DALLOZ

DICTIONNAIRE

PRATIQUE

DE DROIT

Publié sous la direction de MM.

Gaston **GRIOLET**	Charles **VERGÉ**
Docteur en droit	Maltre des requêtes honoraire

Avec le concours de **M. KŒHLER,** docteur en droit,

Et la collaboration de plusieurs magistrats et jurisconsultes.

Première livraison

ÉDITION 1909

PARIS

BUREAU DE LA JURISPRUDENCE GÉNÉRALE DALLOZ

19, RUE DE LILLE, 19

R. DE RIGNY, Administrateur

DICTIONNAIRE

PRATIQUE

DE DROIT

DALLOZ

DICTIONNAIRE

PRATIQUE

DE DROIT

Publié sous la direction de MM.

Gaston GRIOLET | **Charles VERGÉ**

Docteur en droit | Maître des requêtes honoraire

Avec le concours de **M. KŒHLER**, docteur en droit,

Et la collaboration de plusieurs magistrats et jurisconsultes.

Absence — Ivresse

ÉDITION 1909

PARIS

BUREAU DE LA JURISPRUDENCE GÉNÉRALE DALLOZ

19, RUE DE LILLE, 19

R. DE RIGNY, Administrateur

AVERTISSEMENT

Le *Dictionnaire pratique de droit* que nous publions aujourd'hui diffère essentiellement par son objet, par la nature des services qu'il est appelé à rendre, des différentes publications dont se compose la JURISPRUDENCE GÉNÉRALE DALLOZ. Sous des formes diverses, le *Répertoire alphabétique* et son *Supplément*, le *Recueil périodique* et les *Codes annotés* offrent tous les éléments nécessaires pour une étude approfondie de la législation, de la doctrine et de la jurisprudence, qu'ils exposent dans tous leurs détails. Mais cette étude exige des recherches auxquelles on n'a pas toujours le loisir de se livrer.

Cependant la pratique des affaires, ou même les incidents de la vie privée, font surgir constamment des questions de droit sur lesquelles il est nécessaire d'être renseigné et dont il importe que chacun puisse trouver facilement et promptement la solution. Pour répondre à ce besoin, nous avons conçu l'idée d'un ouvrage où, sans entrer dans aucun développement, on se bornerait à présenter un énoncé succinct, mais complet, de toutes les parties du droit français actuel (droit civil et commercial, procédure, droit criminel et pénal, droit politique et administratif, droit des gens). Tel est le plan d'après lequel a été composé notre *Dictionnaire*.

Le but que nous nous sommes proposé est donc essentiellement pratique. Aussi avons-nous laissé de côté toutes explications théoriques, toutes discussions et controverses, pour nous attacher à donner sur chaque point de droit, en termes nets et concis, la solution fournie soit par la législation, soit par la jurisprudence, soit, au besoin, par la doctrine, envisagées dans leur dernier état. Nous n'avons, d'ailleurs, rien négligé de ce qui pouvait contribuer à mieux faire ressortir la portée des règles énoncées, et, à cet effet, tout en restant sobres de détails, nous avons souvent appuyé nos propositions d'exemples empruntés à la jurisprudence.

La nomenclature adoptée est, en principe, celle du *Répertoire* et de son *Supplément;* nous avons pu établir ainsi entre ces ouvrages et le *Dictionnaire* une corrélation dont on appréciera l'utilité : les titres placés en tête de chaque division sont presque toujours suivis d'un renvoi au *Répertoire* et au *Supplément,* permettant de se référer aux explications doctrinales et aux exposés de jurisprudence qui y sont contenus. Toutefois, il nous a paru intéressant de citer directement certains arrêts, bien qu'ils fussent analysés au *Répertoire* ou au *Supplément;* nous avons eu soin, en outre, de mentionner, avec renvoi à notre *Recueil périodique*, toutes les décisions importantes qui, à raison de leur date récente, ne peuvent figurer dans les précédents ouvrages.

Les recherches sont rendues très faciles, non seulement par les nombreuses divisions introduites dans chaque mot du *Dictionnaire*, mais encore par un Index alphabétique extrêmement complet et détaillé.

Notre nouvelle publication n'intéresse pas seulement ceux qui, par profession, ont à s'occuper habituellement de questions juridiques. Elle sera, sans doute, des plus utiles aux hommes de loi, en leur permettant de trouver presque instantanément les renseignements dont ils peuvent avoir besoin; mais elle s'adresse aussi à toutes les personnes étrangères à l'étude et à la pratique du droit, auxquelles elle fournira un moyen prompt et facile de s'éclairer sur leurs droits et leurs obligations.

Le *Dictionnaire,* en raison de son caractère pratique et de son étendue relativement restreinte, peut se rattacher à la collection de nos *Petits Codes annotés,* dont il forme le complément naturel. Il offre en outre, pour les possesseurs du *Supplément au Répertoire,* l'avantage de faire connaître les modifications qui se sont produites dans la législation et la jurisprudence depuis la publication de ce dernier ouvrage.

Explication des abréviations.

R. Répertoire alphabétique de législation, de doctrine et de jurisprudence Dalloz.

S. Supplément au Répertoire alphabétique Dalloz.

D. P. Recueil périodique Dalloz (1re *Partie*, Cour de cassation; — 2e *Partie*, Cours d'appel, Tribunaux de première instance et juridictions étrangères; — 3e *Partie*, Conseil d'État et Tribunal des conflits; — 4e *Partie*, Législation; — 5e *Partie*, Sommaires; — *Tables*.

Req. Arrêt de la chambre des requêtes de la Cour de cassation.

Civ. c. Arrêt de la chambre civile de la Cour de cassation qui casse.

Civ. r. Arrêt de la chambre civile de la Cour de cassation qui rejette.

Cr. c. Arrêt de la chambre criminelle de la Cour de cassation qui casse.

Cr. r. Arrêt de la chambre criminelle de la Cour de cassation qui rejette.

Ch. réun. r. Arrêt des chambres réunies de la Cour de cassation qui rejette.

C. cass. de Belgique. Cour de cassation de Belgique.

Cons. d'Ét. Arrêt du Conseil d'État.

Trib. Jugement d'un tribunal.

Trib. civ. Jugement d'un tribunal, chambre civile.

Trib. corr. Jugement d'un tribunal, chambre correctionnelle.

Trib. com. Jugement d'un tribunal de commerce.

Trib. confl. Décision du Tribunal des conflits.

Instr. admin. Enreg. Instruction de l'administration de l'Enregistrement.

Sol. admin. Enreg. Solution de l'administration de l'Enregistrement.

Art. Article.

Civ. Code civil.

Pr. Code de procédure civile.

Com. Code de commerce.

Instr. Code d'instruction criminelle.

Pén. Code pénal.

For. Code forestier.

C. just. mil. Code de justice militaire

L. Loi.

Décr. Décret.

Constit. Constitution.

Conv. Convention.

Contrà. Solution contraire.

Conf. Solution conforme.

Sol. impl. Solution implicite.

Comp. Comparez.

V. Voyez.

eod. v°. Même mot que celui qui vient d'être cité.

suprâ. Ci-dessus.

infrà. Ci-dessous.

p. Page.

t. t'me

v° ou v-is. *Verbo* ou *verbis*.

Exemples des renvois cités au cours de l'ouvrage et explication des abréviations.

R. v° *Absence*, p. 5. — Signifie : Répertoire alphabétique de législation, de doctrine et de jurisprudence Dalloz, au mot « Absence », page 5. — [Lorsque, au cours d'un traité du Dictionnaire, se trouve un renvoi comme celui-ci : R. p. 5, le mot du Répertoire sous-entendu est celui qui est visé sous le titre du traité.]

S. v° *Absence*, p. 5. — Signifie : Supplément au Répertoire alphabétique Dalloz, au mot « Absence », p. 5. — [Même remarque que ci-dessus pour les renvois de la forme : S. p. 5.]

Civ. r. 23 juill. 1902, D. P. 1902. 1. 582. — Signifie : Arrêt de la chambre civile de la Cour de cassation du 23 juillet 1902, qui rejette, rapporté au Recueil périodique Dalloz, année 1902, première partie, page 582.

Paris, 16 févr. 1901, D. P. 1902. 2. 230. — Signifie : Arrêt de la Cour d'appel de Paris, du 16 févr. 1901, rapporté au Recueil périodique Dalloz, année 1902, deuxième partie, page 230.

L. 9 avr. 1898, D. P. 98. 4. 49. — Signifie : Loi du 9 avril 1898, avec sa discussion à la Chambre des députés et au Sénat, rapportée au Recueil périodique Dalloz, année 1898, quatrième partie, page 49.

DICTIONNAIRE
PRATIQUE
DE DROIT

A

ABSENCE

(R. v° *Absence*; S. *eod.* v°).

1. L'*absence*, au sens juridique du mot, celle qui fait l'objet du titre *des Absents* au Code civil (art. 112 à 143), est la situation de ceux qui, éloignés de leur résidence habituelle, ont cessé de donner de leurs nouvelles depuis un temps plus ou moins prolongé, et dont, par suite, l'existence est devenue incertaine.

2. Par opposition à l'*absent* proprement dit, on qualifie de *non-présent* celui qui n'est présent ni à son domicile, ni à sa résidence, sans que son existence soit devenue incertaine. La loi n'a pas réglé d'une façon générale la situation des non-présents; mais on trouve, dans le Code civil, soit dans le Code de procédure, diverses dispositions spéciales qui ont pour objet, à divers points de vue, la conservation de leurs droits (V. notamment: Civ. 819, 838, 840; Pr. 911, 942). Il est, d'ailleurs, généralement admis que les règles tracées par le Code civil à l'égard des présumés absents (V. *infrà*, n°s 4 et s.) ne sauraient, en principe, être étendues aux non-présents.

3. On distingue dans l'absence trois périodes successives, ayant chacune ses règles propres : la première est celle de la présomption d'absence; la seconde s'ouvre par la déclaration d'absence, qui donne lieu à l'*envoi en possession provisoire* des droits subordonnés à la condition du décès de l'absent; la troisième est celle qui commence avec l'*envoi en possession définitif* des mêmes droits.

ART. 1er. — DE LA PRÉSOMPTION D'ABSENCE (R. 53 et s.; S. 5 et s.).

4. La présomption d'absence est un état de fait qui commence avec l'incertitude sur le sort de l'absent, et se prolonge aussi longtemps qu'il n'est pas intervenu à son égard de déclaration judiciaire. — Il appartient aux tribunaux de reconnaître la présomption d'absence, de déterminer l'époque où elle a commencé, c'est-à-dire le jour où l'existence du présumé absent est devenue douteuse, et d'ordonner les mesures propres à sauvegarder son patrimoine (Civ. 112). — Ces mesures ne doivent être prescrites que s'il y a *nécessité*. Les juges apprécient, suivant les cas, si cette nécessité existe ou s'il s'étend à la totalité ou seulement à une partie des biens.

5. Le tribunal ne peut ordonner que des mesures d'administration; il ne pourrait, par exemple, autoriser la vente des immeubles appartenant au présumé absent (Bordeaux,

30 juill. 1895 (motifs), D. P. 98. 2. 253). Mais la nature de ces mesures est, en principe, abandonnée à la prudence du juge. Il peut, notamment, nommer un *curateur* ou administrateur pour représenter le présumé absent. — Les pouvoirs du curateur sont restreints aux actes conservatoires ou d'administration : il peut, par exemple, recevoir le payement des sommes dues à l'absent, intenter une action possessoire; mais il ne peut faire aucun acte d'aliénation ni introduire en son nom une action immobilière ou une action en partage. Les actes accomplis par le curateur dans la limite de ses attributions sont opposables à l'absent lors de son retour. Le curateur doit compte de sa gestion. Il peut lui être alloué des honoraires.

6. Le législateur a prévu un cas spécial, celui où l'absent présumé est intéressé dans un *inventaire*, un *compte*, un *partage* ou une *liquidation*. Elle exige qu'il soit commis un *notaire* pour représenter le présumé absent dans ces opérations (Civ. 113). L'art. 113 ne s'applique pas seulement en matière de succession, mais dans tous les cas où il peut y avoir lieu à des inventaires, comptes, etc. La mission du notaire est restreinte aux opérations qui se font à l'amiable; il n'a le droit ni de provoquer les opérations dont il s'agit par une action en justice, ni même de défendre aux demandes qui seraient formées à leur occasion; mais ce droit pourrait lui appartenir en vertu d'une décision expresse ou implicite du tribunal. Le notaire nommé conformément à l'art. 113 ne peut faire aucun acte de disposition; il n'a le pouvoir ni de transiger, ni de compromettre. Mais il peut encaisser les sommes qui sont attribuées à l'absent par le résultat des opérations auxquelles il a concouru.

7. Les tribunaux ne peuvent pas ordonner d'office les mesures que la présomption d'absence rend nécessaires; leur décision doit être provoquée par une réquisition des parties intéressées. — Les parties intéressées qui sont recevables à provoquer la décision du tribunal sont, notamment : les créanciers du présumé absent, surtout ceux dont la créance n'est pas exigible; ses associés; les communistes possédant quelques biens indivis avec lui; le fermier, à l'égard du bailleur, et réciproquement; le conjoint de l'absent présumé; ses ascendants ou descendants qui ont contre lui la créance alimentaire, et, plus généralement, tous les tiers qui ont un intérêt à la conservation du patrimoine de l'absent ou qui ont des droits à faire valoir sur ce

patrimoine, lorsque l'absence apporte une gêne à l'exercice de ces droits ou risque de les compromettre. — La faculté de requérir les mesures prévues par l'art. 112 appartient même aux personnes dont l'intérêt est purement éventuel, par exemple aux héritiers présomptifs, aux légataires.

8. Le tribunal compétent pour statuer en cas de présomption d'absence est celui du domicile ou, à défaut, de la dernière résidence du présumé absent. — La demande s'introduit par une requête présentée au président de tribunal, avec pièces et documents à l'appui; un juge commis fait son rapport, et le ministère public donne ses conclusions (Pr. 859).

9. Les règles exposées ci-dessus souffrent exception dans le cas où l'absent, lors de sa disparition, a laissé un « procureur fondé » (Civ. 112). La justice n'a pas alors, en général, à intervenir dans une administration à laquelle l'absent a lui-même pourvu. Il en est ainsi même lorsque le présumé absent se trouve intéressé dans une des opérations prévues par l'art. 113 (V. *supra*, n° 6), à moins toutefois que le mandataire n'ait pas de pouvoirs suffisants.

10. Le ministère public est chargé de veiller aux intérêts du présumé absent (Civ. 114); il a, par suite, le pouvoir de provoquer d'office, et par voie d'action, les mesures conservatoires prévues par l'art. 112. Mais il n'a pas le droit d'agir directement en justice contre les tiers au nom du présumé absent. D'autre part, le ministère public doit donner ses conclusions dans les affaires qui concernent les présumés absents (Civ. 114; Comp. Pr. 83, § 7, et 859).

ART. 2. — DE LA DÉCLARATION D'ABSENCE.

§ 1er. — *Des conditions suivant lesquelles la déclaration d'absence peut avoir lieu, des personnes qui ont qualité pour la demander, et de ses formes* (R. 153 et s.; S. 11 et s.).

11. La déclaration d'absence, qui ouvre la seconde période de l'absence, ne peut être demandée qu'aux conditions suivantes, savoir : 1° que l'absent ait cessé de paraître au domicile ou de sa résidence; 2° qu'on n'en ait pas de nouvelles; 3° qu'il se soit écoulé quatre années depuis son éloignement ou depuis les dernières nouvelles reçues de lui (Civ. 115). — Ce délai est porté à dix ans lorsque l'absent a laissé, avant de partir, une procuration pour l'administration de ses biens (Civ. 121 et 122).

1

12. Le droit de demander la déclaration d'absence appartient, suivant l'opinion qui a prévalu, à tous ceux, mais à ceux-là seulement, qui ont, sur le patrimoine de l'absent, des droits subordonnés à la condition de ce décès et qui, à ce titre, ont droit à l'envoi en possession provisoire (V. *infrà*, n°° 17 et s.). — Tels sont les héritiers présomptifs, l'époux de l'absent, son enfant naturel reconnu, celui auquel il a fait une donation par contrat de mariage, ses légataires. Au contraire, ce droit est refusé aux créanciers de l'absent (Comp. *suprà*, n° 7). Le ministère public n'a pas non plus qualité pour former la demande en déclaration d'absence; son rôle consiste, au contraire, à s'opposer à cette mesure dans l'intérêt de l'absent.

13. Le tribunal compétent pour statuer sur la demande en déclaration d'absence est celui du dernier domicile de l'absent, ou celui de sa dernière résidence s'il n'avait pas de domicile connu. — Les règles concernant l'introduction et l'instruction de la demande, sont celles que prescrit l'art. 859 c. pr. civ. (V. *suprà*, n° 8). Si la demande paraît de prime abord dénuée de fondement, elle est rejetée *de plano*. Dans le cas contraire, le tribunal ne peut prononcer de suite la déclaration d'absence (Civ. 116); il doit nécessairement ordonner une enquête.

14. L'objet de cette mesure est de constater la disparition de l'absent, d'en déterminer la date, d'en découvrir les causes. — L'enquête a lieu dans les formes des enquêtes ordinaires (V. *infrà*, *Enquête*), contradictoirement avec le ministère public. Si l'absent avait un domicile et une résidence distincts dans deux arrondissements différents, le tribunal du domicile, en ordonnant l'enquête, pourra qu'elle sera faite dans l'un et l'autre arrondissement (Civ. 116).

15. Le tribunal statue d'après les résultats de l'enquête, en ayant égard aux motifs de l'absence et aux circonstances qui ont empêché d'avoir des nouvelles du présumé absent (Civ. 117). Le jugement définitif déclarant l'absence ne peut, d'ailleurs, intervenir qu'un an après le jugement qui a ordonné l'enquête (Civ. 119).

16. Le jugement qui ordonne l'enquête et celui qui déclare l'absence doivent l'un et l'autre, aussitôt qu'ils sont rendus, être transmis, par le procureur de la République, au ministre de la Justice, qui est chargé de les rendre publics (Civ. 118). La publication résulte de l'insertion des jugements par extrait au *Journal officiel*.

§ 2. — *Effets de la déclaration d'absence.*

A. — Envoi en possession provisoire.
(R. 206 et s.; S. 19 et s.).

17. La déclaration d'absence a pour effet principal d'autoriser l'envoi en possession provisoire des biens de l'absent, lequel constitue une sorte d'ouverture provisoire de sa succession. Le droit de demander cet envoi en possession appartient tout d'abord aux héritiers présomptifs de l'absent. Ces héritiers sont ceux qui étaient appelés éventuellement à la succession de l'absent lors de sa disparition ou de ses dernières nouvelles, et non pas ceux qui seraient successibles au premier rang lors de la déclaration d'absence (Civ. 120). — En cas d'inaction des parents les plus proches pour obtenir l'envoi en possession, il pourrait être obtenu par les parents plus éloignés. A défaut d'héritiers légitimes, les successeurs irréguliers, tels notamment son enfant naturel, l'État, pourraient exercer le même droit.

18. Le droit d'obtenir l'envoi en possession provisoire appartient non seulement aux héritiers présomptifs, mais encore, pour ce qui peut les concerner, aux donataires, légataires et généralement à tous ceux qui sur les biens de l'absent un droit subordonné

à la condition de son décès. Le plus souvent, les héritiers présomptifs obtiendront d'abord l'envoi en possession de l'ensemble des biens composant le patrimoine de l'absent. Le testament, s'il en existe un, sera ouvert; les intéressés formeront leur demande contre les héritiers, et pourront exercer provisoirement leurs droits (Civ. 123). Mais il peut arriver que les héritiers négligent ou refusent de demander l'envoi en possession : en ce cas, on admet que tous ceux qui ont, sur les biens de l'absent, des droits subordonnés à la condition de son décès, peuvent, après avoir mis les héritiers en demeure d'agir, poursuivre l'exercice de ces droits.

19. L'envoi en possession provisoire s'applique au patrimoine de l'absent tel qu'il existait à la date de la disparition ou des dernières nouvelles; il ne s'étend pas aux droits éventuels qui se sont ouverts depuis à son profit sous la condition de son existence, par exemple à une succession, ouverte depuis cette date, et à laquelle il aurait vocation.

20. Il n'est pas nécessaire que la déclaration d'absence et l'envoi en possession provisoire soient prononcés par deux jugements distincts; le tribunal peut accorder l'envoi en possession par le jugement même qui déclare l'absence. — Si la demande d'envoi en possession est formée séparément, et en vertu du jugement déclaratif d'absence, elle doit être portée devant le tribunal qui a rendu ce jugement. — Les formes de procédure sont, comme pour la demande en déclaration d'absence (V. *suprà*, n° 8), celles qu'édicte l'art. 859 c. pr. civ.

21. L'envoi en possession n'a lieu, au profit soit des héritiers présomptifs, soit des autres envoyés en possession provisoire, qu'à la charge de donner caution (Civ. 120, 123). — La caution doit présenter les garanties déterminées par les art. 2018 et s. c. civ. (V. *infrà*, *Cautionnement*, n° 11). Le ministère public peut seul la contester. A plus forte raison a-t-il qualité pour exiger qu'elle soit fournie. Si l'envoyé en possession provisoire est dans l'impossibilité de donner caution, on admet qu'il est admis à fournir en remplacement un gage ou une hypothèque (Civ. 2041). Dans le cas où il ne pourrait pas non plus fournir une sûreté de cette nature, on admet généralement qu'il y a lieu d'appliquer par analogie les dispositions des art. 602 et 603 relatives à l'usufruit (V. *infrà*, *Usufruit*).

22. Les envoyés en possession provisoire sont tenus de procéder à l'inventaire du mobilier et des titres de l'absent. L'inventaire doit avoir lieu en présence du procureur de la République ou d'un juge de paix requis par ce magistrat (Civ. 126). Aucun délai n'est fixé pour sa confection; il doit seulement précéder l'entrée en jouissance. Les frais de l'inventaire doivent être pris sur les biens de l'absent. — Quant aux immeubles, les envoyés en possession en provoquer la visite par un expert que nommera le tribunal, et qui en constatera l'état. Cette mesure est facultative de la part des envoyés, mais à laquelle leur intérêt est de recourir (Civ. 126, § 3).

23. L'art. 126, § 2, autorise le tribunal, après la clôture de l'inventaire, à ordonner, s'il y a lieu, la vente de tout ou partie du mobilier : il appartient aux juges d'apprécier, eu égard à l'intérêt de l'absent, ce qui doit être conservé et ce qui doit être vendu. Le tribunal détermine les conditions de forme dans lesquelles la vente aura lieu. L'envoyé en possession doit faire emploi du prix du mobilier dont le tribunal a ordonné la vente ainsi que des fruits échus (Civ. 126), des deniers qui se trouveraient disponibles au moment où il entre en jouissance, et des capitaux qu'il viendrait à percevoir ultérieurement. — La nature et le mode de l'emploi sont laissés à l'appréciation de l'envoyé en possession, qui l'effectue sous sa responsa-

bilité. — Aucun délai n'est imposé à l'envoyé en possession pour faire cet emploi; suivant l'opinion générale, il n'y a pas lieu d'appliquer ici par analogie les dispositions soit des art. 455 et 456, en matière de tutelle, soit des art. 1065 et 1066, en matière de substitution.

24. Les envoyés en possession provisoire sont chargés de l'administration des biens de l'absent (Civ. 125). En ce qui concerne les pouvoirs qui leur appartiennent à ce titre, la loi dispose expressément que les envoyés en possession ne peuvent aliéner ni hypothéquer les immeubles de l'absent (Civ. 128). Ils peuvent toutefois y être autorisés par la justice. — Les envoyés en possession provisoire peuvent faire, en général, tous les actes d'administration, notamment donner à bail les immeubles de l'absent. On discute sur le point de savoir s'ils sont tenus de se conformer, en ce qui concerne la durée des baux et à l'époque de leur renouvellement, aux dispositions restrictives des art. 1429 et 1430 c. civ. — L'envoyé en possession peut également, suivant l'opinion dominante, vendre, sans autorisation spéciale, ceux des meubles de l'absent dont l'aliénation n'a pas été ordonnée (V. *suprà*, n° 23), et qui sont restés entre ses mains, même les meubles incorporels, notamment les créances. Il ne peut contracter un emprunt au nom de l'absent.

25. Les envoyés en possession provisoire ont qualité pour défendre à toutes actions relatives au bien de l'absent, sans avoir besoin à cet effet d'aucune autorisation, et c'est contre eux seuls que les tiers peuvent agir (Civ. 134). — On leur reconnaît également, à l'inverse, le droit d'exercer les actions qui peuvent compéter à l'absent; toutefois, on discute sur le point de savoir s'ils peuvent intenter même les actions immobilières sans l'autorisation de la justice. — Il est certain, en tout cas, que cette autorisation leur serait nécessaire pour transiger ou pour procéder au partage des matières immobilières.

26. La loi attribue aux envoyés en possession une portion des fruits par eux recueillis durant leur administration. Cette portion est plus ou moins considérable suivant que l'absent reparaît avant ou après quinze années révolues depuis sa disparition : elle est, dans le premier cas, des quatre cinquièmes; dans le second cas, des neuf dixièmes des revenus perçus depuis l'envoi en possession (Civ. 127, § 1er). Lorsqu'il s'est écoulé trente ans depuis la disparition de l'absent ou ses dernières nouvelles (ou cent ans depuis l'époque de sa naissance), ils n'ont plus aucune restitution à opérer : la totalité des revenus leur appartient.

27. Les envoyés en possession provisoire sont tenus d'apporter à leur gestion les soins d'un bon père de famille, et répondent, suivant l'opinion générale, même de leurs fautes légères. — Ils doivent faire procéder aux réparations nécessaires, faire emploi des fonds disponibles. Ils sont tenus, sous leur responsabilité, d'interrompre les prescriptions qui courent contre l'absent. Ils ne peuvent d'ailleurs prescrire contre ce dernier.

28. Suivant la doctrine généralement admise, lorsque l'envoi en possession a été obtenu simultanément par plusieurs héritiers présomptifs, ceux-ci sont assimilés, dans une certaine mesure, à des cohéritiers. Ils peuvent, en conséquence, procéder au partage provisoire du patrimoine de l'absent en suivant les règles relatives au partage d'une hérédité. Ce partage ne saurait, d'ailleurs, avoir un caractère définitif et porte seulement sur l'administration et la jouissance. Les envoyés en possession ont même le droit de liciter les immeubles impartageables, mais à la condition de procéder entre eux à cette opération, les étrangers devant en être exclus. — Il est également admis par la plupart des auteurs que les héritiers présomptifs envoyés en possession peuvent se contraindre réciproquement au rapport des dons qu'ils auraient reçus de leur auteur.

29. Au regard des tiers, les envoyés en possession provisoire sont assimilés à des héritiers bénéficiaires; ils ne sont donc tenus des dettes de l'absent que dans la mesure de l'émolument qu'ils recueillent et ne peuvent être poursuivis par les créanciers de l'absent sur leurs propres biens.

B. — Droits du conjoint présent (R. 370 et s.; S. 45 et s.).

30. Les principes généraux qui régissent l'envoi en possession provisoire reçoivent une exception notable en faveur de l'époux présent lorsqu'il est commun en biens. La loi accorde à cet époux la faculté d'opter, soit pour la dissolution provisoire, soit pour la continuation de la communauté. Au premier cas, les règles générales de l'envoi en possession provisoire reçoivent leur application ; au second cas, la communauté est considérée provisoirement comme existant encore, et on applique les dispositions exceptionnelles édictées par l'art. 124 c. civ. — Ces dispositions ne deviennent applicables qu'après la déclaration d'absence et lorsque se pose la question de l'envoi en possession provisoire. Tant que l'absence est présumée, la situation de l'époux présent n'est nullement modifiée; il y a lieu seulement aux mesures conservatoires autorisées par l'art. 112. D'autre part, l'art. 124 ne peut être appliqué qu'après l'envoi définitif. — Les dispositions spéciales dont il s'agit ne peuvent être invoquées lorsque les époux sont mariés sous un régime autre que celui de la communauté, par exemple le régime dotal ou la séparation de biens; mais elles s'appliquent par cela seul qu'il y a communauté, sans qu'il y ait à distinguer entre la communauté légale et la communauté conventionnelle, et même dans le cas d'une société d'acquêts stipulée sous le régime dotal.

31. L'époux présent qui opte pour la continuation de la communauté prend ou conserve par préférence l'administration des biens de l'absent, et empêche ainsi l'envoi en possession provisoire des héritiers ou successeurs présomptifs de l'absent, ainsi que l'exercice provisoire de tous les droits subordonnés à la condition de son décès. Le patrimoine entier de l'absent se trouve ainsi placé sous l'administration du conjoint présent, sans qu'il y ait lieu d'excepter les biens exclus de la communauté même quant à la jouissance.

32. Le droit d'opter pour la continuation de la communauté appartient à l'époux présent quel qu'il soit; mais les pouvoirs de cet époux diffèrent suivant que c'est le mari ou la femme. En cas d'absence de la femme, le mari conserve, sur les biens de la communauté, les droits que lui attribuait sa qualité de chef de la communauté conjugale ; il peut donc, relativement à ces biens, faire tous actes d'administration ou d'aliénation, et même en disposer à titre gratuit, sous les distinctions établies par l'art. 1422 c. civ. (V. infrà, Communauté). Le mari qui opte pour la continuation de la communauté doit, d'ailleurs, faire inventaire non seulement des biens personnels de la femme, mais aussi de ceux de la communauté. — A la différence du mari, la femme qui a usé du bénéfice conféré à l'époux présent par l'art. 124 n'a sur les biens de la communauté, comme sur les biens propres de l'absent, d'autres pouvoirs que ceux attribués par la loi aux envoyés en possession provisoire. On admet généralement que l'époux présent qui opte pour la continuation de la communauté, que ce soit le mari ou la femme,

n'est pas tenu de donner caution. — L'époux qui a opté pour la continuation de la communauté a droit, en sa qualité d'administrateur légal, à la quotité de fruits déterminée par l'art. 127 (V. suprà, n° 26); il est assimilé, sous ce rapport, aux envoyés en possession provisoire.

33. La communauté qui s'est provisoirement continuée par suite de l'option de l'époux présent se dissout : 1° soit par la preuve acquise du décès de l'absent ; 2° soit par l'envoi en possession définitif; 3° soit par la mort du conjoint présent. — Elle peut cesser aussi, bien qu'on ait contesté, 4° par la seule volonté de l'époux présent, lorsqu'il renonce ultérieurement à la continuation pour laquelle il avait opté d'abord.

34. Lorsque l'époux présent opte pour la dissolution de la communauté, celle-ci est provisoirement dissoute, de même que la succession de l'absent est provisoirement ouverte; on suit les règles ordinaires de l'envoi provisoire, et il y a lieu à l'exercice de tous les droits subordonnés au décès de l'absent au profit des ayants droit et de l'époux présent. Celui-ci est alors tenu de donner caution; mais on n'est pas d'accord sur le point de savoir s'il est obligé de prendre les mesures conservatoires prescrites par l'art. 126, notamment de faire inventaire.

§ 3. — De l'envoi en possession définitif (R. 426 et s.; S. 56 et s.).

35. L'envoi en possession définitif peut être demandé lorsque, la déclaration d'absence ayant été prononcée, il s'est écoulé trente ans depuis cette déclaration (et non, malgré les termes de l'art. 129, depuis l'époque de l'envoi provisoire ou depuis l'époque où l'époux commun a pris l'administration des biens de l'absent), ou cent ans depuis la naissance de l'absent. Dans l'une et l'autre hypothèse, il n'est pas nécessaire que la déclaration d'absence ait été suivie de l'envoi en possession provisoire ou de l'option de l'époux commun en biens pour la continuation de la communauté. — L'envoi définitif peut être demandé par les parties ayant qualité pour demander l'envoi provisoire des biens de l'absent ou l'exercice provisoire des droits subordonnés à son décès, tels que les héritiers présomptifs, donataires, légataires, etc. ... Mais si l'envoi provisoire avait été accordé à d'autres qu'aux véritables ayants droit, ceux-ci pourraient, de préférence aux bénéficiaires de cet envoi, demander l'envoi définitif. — L'envoi définitif doit être ordonné par le tribunal, qui n'est d'ailleurs pas tenu, du moins suivant l'opinion générale, de procéder préalablement à une enquête.

36. Entre les divers envois, l'envoi en possession définitif produit, en ce qui concerne le patrimoine de l'absent, les effets qu'aurait entraînés l'ouverture réelle de la succession, lors de la disparition ou des dernières nouvelles. Les ayants droit peuvent donc demander le partage définitif de tous les biens compris dans le patrimoine de l'absent (Civ. 129); et, le partage qui aurait pu avoir lieu durant la seconde période de l'absence n'étant que provisoire, tout héritier qui y a pris part peut, en principe, revenir sur ce partage lors de l'envoi définitif.

37. Au regard des tiers, les envoyés en possession définitive sont considérés comme propriétaires des biens de l'absent et peuvent, à ce titre, faire sur ces biens meubles ou immeubles tous actes de disposition à titre onéreux, les vendre, les hypothéquer, etc., sans formalité d'aucune sorte et même en disposer à titre gratuit. Ils sont admis à exercer contre les tiers toutes les actions auxquelles donnerait ouverture le décès une fois prouvé de l'absent. S'ils sont réservataires, ils ont le droit de demander, contre les donataires entre vifs des biens de l'absent, la

réduction des dispositions excédant la quotité disponible. — Toutefois il ne se produit pas de confusion entre le patrimoine de l'absent et celui des envoyés en possession définitive, et ceux-ci ne sont pas tenus, ultra vires et sur leur propre patrimoine, des dettes de l'absent. — Quant aux effets de l'envoi en possession définitif au regard de l'absent lui-même s'il vient à reparaître, V. infrà, n° 49.

38. Les cautions qui avaient été fournies lors de l'envoi en possession provisoire sont déchargées à partir de l'époque où l'envoi définitif peut être demandé, et cela non seulement pour l'avenir, mais aussi pour le passé.

ART. 3. — EFFETS GÉNÉRAUX DE L'ABSENCE.

§ 1er. — Situation légale de l'absent (R. 457 et s.; S. 65 et s.).

39. La question de savoir quelle est la situation légale de l'absent pendant les différentes périodes de l'absence est généralement résolue en ce sens qu'il n'y a, à aucune époque, ni présomption de vie, ni présomption de mort; qu'en conséquence c'est à celui qui a intérêt à se prévaloir soit de l'existence de l'absent, soit de son décès, à en fournir la preuve. Par application de ce principe, la jurisprudence la plus récente décide que les traités faits relativement à la succession de l'absent entre les héritiers présomptifs de celui-ci ne peuvent être argués de nullité comme constituant des parts sur succession future (Civ. 1130), si la preuve du décès de l'absent n'est pas rapportée. On conclut encore du même principe que la légitimité d'un enfant, conçu postérieurement à la disparition de l'absent, mais inscrit comme né de lui et de sa femme légitime et investi d'une possession d'état conforme à son acte de naissance, ne peut être contestée qu'à la charge par les contestants de rapporter la preuve du décès de l'absent à l'époque de sa conception. — De même, la femme d'un absent ne peut obtenir l'annulation des engagements qu'elle a contractés sans autorisation en qualité de veuve, que si elle prouve l'existence de son mari à l'époque du contrat. — De même enfin, un acte ne peut acquérir date certaine par l'absence d'un de ses signataires : l'absence, à ce point de vue, ne saurait être assimilée au décès (V. Civ. 1328, et infrà, Preuve littérale).

§ 2. — Droits éventuels compétant à l'absent (R. 476 et s.; S. 77 et s.).

40. Les ayants cause de l'absent ne peuvent exercer les droits échus à ce dernier, réclamer les successions auxquelles il est appelé, qu'à la condition d'établir qu'il existait encore à l'époque où ces droits se sont ouverts (Civ. 135-136). — Cette règle s'applique quelle que soit la période dans laquelle on se trouve, que l'absence soit déjà déclarée ou qu'elle ne soit encore que présumée. Elle s'étend à tous les droits ouverts en faveur de l'absent, aux successions testamentaires aussi bien qu'aux successions ab intestat. — Au reste, pour être admis, sous la condition sus-énoncée, à exercer les droits échus à l'absent, les ayants cause de celui-ci sont tenus d'établir préalablement le décès de leur auteur.

41. Les droits dont l'absent est exclu, faute par les intéressés de fournir la preuve exigée par la loi, sont dévolus entièrement à ceux avec lesquels il aurait été appelé à concourir, ou à ceux qui les auraient recueillis à son défaut; il en est ainsi, notamment, dans le cas d'ouverture d'une succession (Civ. 136). Les personnes qui recueillent ainsi, à défaut de l'absent, un droit ouvert en sa faveur, ne sont pas réputées ses représentants et ont la libre disposition des biens qui leur sont dévolus. Aussi ne sont-ils pas tenus de fournir les garanties que la loi exige des envoyés en possession provisoire; ils ne sont obligés, notamment, ni à donner caution, ni, du moins suivant l'opinion qui a prévalu, à faire inventaire.

§ 3. — *Effets de l'absence relativement au mariage* (R. 524 et s.; S. 83 et s.).

42. Le mariage que l'absent avait contracté subsiste malgré l'absence; le conjoint présent ne peut donc se remarier tant que dure l'absence, si longue qu'ait été sa durée. — Mais il n'y a là qu'un empêchement prohibitif, en ce sens que si, malgré la prohibition, un nouveau mariage a été contracté, il reste inattaquable tant que dure l'absence.

43. En cas de cessation de l'absence, les règles diffèrent suivant que l'absence prend fin par la preuve acquise du décès de l'absent ou par la preuve de son existence. Au premier cas, le second mariage ne saurait être attaqué, alors même que la date de sa célébration serait antérieure à celle du décès de l'absent. — Au second cas, le nouveau mariage peut, sans aucun doute, être attaqué par l'absent lui-même, ou par son fondé de pouvoir, muni de la preuve de son existence (Civ. 139) et porteur d'une procuration *spéciale* à l'effet d'intenter l'action en nullité de mariage. Mais, suivant l'opinion qui semble avoir prévalu, et malgré les termes, en apparence contraires, de l'art. 139, la nullité de ce mariage pourrait être demandée conformément au droit commun (Civ. 184, 187, 190) non seulement par l'absent, mais aussi par les époux eux-mêmes, voire par toutes personnes intéressées et par le ministère public. Il est, d'ailleurs, généralement admis que l'art. 139 est applicable au nouveau mariage célébré pendant la période de présomption d'absence comme à celui qui a été contracté après l'absence déclarée.

§ 4. — *Effets de l'absence relativement à la surveillance des enfants mineurs de l'absent* (R. 545 et s.; S. 89 et s.).

44. La loi, dans les art. 141 à 143 c. civ., s'est occupée du sort des enfants mineurs de l'absent, mais seulement durant la présomption d'absence. En cas de disparition du père, la mère, si elle est présente, sera investie des droits de la puissance paternelle, de l'éducation des enfants et de l'administration de leurs biens (Civ. 141). — La mère n'a pas alors la qualité de tutrice, et ses immeubles, dès lors, ne sont pas grevés d'une hypothèque légale au profit des mineurs; d'autre part, il n'y a pas lieu de nommer un subrogé tuteur.

45. Si la mère était décédée avant la disparition du père, ou si la mère vient à décéder avant que l'absence ait été déclarée, la surveillance des enfants est déférée par le conseil de famille à l'un des ascendants les plus proches, et, à leur défaut, à un tuteur provisoire (Civ. 142). Il s'agit là d'une véritable tutelle. Elle ne doit être déférée que six mois après la disparition (ou les dernières nouvelles) du père. Si le décès de la mère avait lieu après l'expiration des six mois, le conseil de famille devrait statuer immédiatement après le décès. — On admet généralement que les dispositions de l'art. 142 devraient être appliquées au cas de disparitions successives ou simultanées du père et de la mère, de même qu'au cas de disparition de la mère, précédée ou suivie du décès du père. — Enfin, elles sont également applicables dans le cas où l'époux qui disparaît laisserait des enfants mineurs issus d'un précédent mariage (Civ. 143).

46. L'absence une fois déclarée, les règles ordinaires de la tutelle deviennent applicables; et il en est ainsi, suivant l'opinion qui paraît avoir prévalu, non seulement dans le cas où, le conjoint de l'absent étant décédé, une tutelle provisoire avait dû être organisée conformément à l'art. 142, mais

aussi lorsque le conjoint de l'absent existe encore et est investi de la surveillance de l'enfant, ainsi que de l'administration de ses biens.

ART. 4. — CESSATION DE L'ABSENCE
(R. 572 et s.; S. 95 et s.).

47. L'absence cesse, à quelque période qu'elle soit arrivée : 1° par la preuve acquise du décès de l'absent; 2° par la preuve acquise de son existence, soit qu'il reparaisse, soit qu'il donne de ses nouvelles. — Dans le premier cas, la succession de l'absent sera ouverte du jour de son décès prouvé, au profit des héritiers les plus proches à cette époque; et ceux-ci ont le droit de se faire restituer les biens par ceux qui en ont joui, notamment par ceux qui avaient obtenu l'envoi en possession comme étant les plus proches héritiers de l'absent lors de sa disparition ou de ses dernières nouvelles (Civ. 130). Mais leur action n'est recevable qu'à la condition d'être exercée avant l'expiration du délai de la prescription, c'est-à-dire dans les trente années à partir du décès de l'absent. — Les possesseurs évincés gardent, bien entendu, les fruits qu'ils ont acquis en vertu de l'art. 127 (Civ. 130).

48. Si l'absent reparaît, ou si l'on reçoit de ses nouvelles pendant l'envoi en possession provisoire, la déclaration d'absence et l'envoi provisoire cessent de plein droit de produire effet (Civ. 131). Les envoyés en possession provisoire, et ceux qui ont exercé des droits subordonnés à la condition du décès de l'absent, doivent rendre compte de leur gestion à l'absent ou à son représentant et restituer, tels que l'absent les avait laissés, les biens et droits dont ils n'avaient que la jouissance provisoire et l'administration, sous la réserve, toutefois, du droit qu'ils ont de conserver les fruits perçus dans la mesure fixée par l'art. 127 (V. supra, n° 26).

49. Si l'absent reparaît, ou si son existence est prouvée après l'envoi définitif, la propriété attribuée aux envoyés est révoquée, et l'absent doit être remis en possession de son patrimoine. L'action de l'absent est recevable quel que soit le délai écoulé depuis l'envoi en possession définitive, et les envoyés ne peuvent lui opposer aucune prescription. Le droit des envoyés en possession définitive ne disparaît que pour l'avenir; d'où il résulte que l'absent de retour doit respecter les actes de disposition, quels qu'ils soient, effectués par eux. Il reprend en nature les biens non aliénés, mais dans l'état où ils se trouvent. Quant aux biens aliénés, si l'aliénation a eu lieu à titre onéreux, il a droit soit au prix, soit aux biens acquis en remploi du prix; si elle a été faite à titre gratuit, il n'a pas, en principe, de répétition à exercer contre l'envoyé.

50. Les envoyés en possession peuvent être évincés par l'apparition non seulement de l'absent lui-même, mais d'enfants ou descendants directs de celui-ci restés inconnus pendant les diverses périodes de l'absence. À la différence de l'action donnée à l'absent, qui est imprescriptible (V. supra, n° 49), l'action accordée aux enfants ou descendants directs est limitée à une durée de trente ans à compter de l'envoi définitif. Cette restitution s'opère dans les mêmes conditions que celle qui est faite à l'absent (Civ. 133). — La disposition de l'art. 133, suivant la doctrine généralement admise, constitue un privilège qui ne saurait être étendu à d'autres que les enfants ou descendants directs de l'absent.

ART. 5. — DES MILITAIRES ABSENTS
(R. 625 et s.; S. 100 et s.).

51. La situation des militaires absents a été l'objet d'une réglementation particulière qui résulte de plusieurs lois antérieures ou postérieures à la promulgation du Code civil.

Cette législation spéciale a trois objets distincts : 1° les droits éventuels des militaires absents, c'est-à-dire les successions soit *ab intestat*, soit testamentaires, qui peuvent s'ouvrir au profit des militaires *après leur départ* : à cette matière se rapporte la loi du 16 fruct. suivant (R. v° *Absence*, p. 140); 2° la conservation des biens qui appartenaient aux militaires *avant leur départ* : à cette matière se réfère la loi du 6 brum. an 5, prorogée par celle du 21 déc. 1814 (R. v° *cit.*, p. 141); 3° les moyens de constater le sort des militaires absents : tel est l'objet de la loi du 13 janv. 1817 (R. v° *cit.*, p. 143).

52. La question de savoir si ces diverses dispositions législatives sont restées en vigueur a soulevé des controverses. La solution affirmative a prévalu en ce qui concerne la loi du 11 vent. an 2. — Au contraire, on s'accorde pour reconnaître que la loi du 6 brum. an 5 a cessé d'être applicable à partir des traités de paix qui ont suivi la chute du premier Empire. Il en est ainsi, du moins d'après la doctrine la plus récente, des défenseurs de la patrie sous la protection des agents municipaux de chaque commune. — Quant à la loi du 13 janv. 1817, dont l'application était restreinte aux militaires et marins qui s'étaient trouvés en activité de service durant les guerres soutenues par la France de 1792 à 1815, elle a été remise en vigueur pour la constatation judiciaire du sort des Français ayant appartenu aux armées de terre et de mer et disparus depuis le 14 juill. 1870 jusqu'au 31 mai 1871; et ces dispositions ont même été étendues « à tous Français qui auraient disparu dans le même temps, par suite de faits de guerre » (L. 9 août 1871, D. P. 71. 4. 143).

53. Au reste, les dispositions du titre 4 du livre 1er du Code civil, formant la loi commune sur l'absence, ont toujours été reconnues applicables aux militaires comme aux autres citoyens sur tous les points qui n'ont pas été spécialement réglés par les lois précitées.

ART. 6. — ENREGISTREMENT ET TIMBRE.

§ 1er. — *Actes judiciaires et jugements.*

54. Les actes judiciaires et jugements qui peuvent intervenir dans les diverses périodes de l'absence sont soumis aux règles générales établies pour la perception des droits sur les actes et jugements. Lorsque ces actes sont faits à la requête des héritiers présomptifs ou des parties intéressées, ils sont dressés sur timbre et enregistrés au comptant. Mais lorsqu'il est procédé d'office, à la requête du ministère public, les actes et jugements sont visés pour timbre et enregistrés en débet.

§ 2. — *Droits de mutation par décès.*

55. Dans la première période de l'absence, lorsqu'un individu a disparu, tant que l'absence n'est pas déclarée, il ne peut y avoir lieu à réclamation du droit de mutation par décès. — Après quatre ans écoulés, sans nouvelles, depuis la disparition de l'absent, si les parties intéressées ne se présentent pour faire déclarer l'absence, le juge, au lieu de la déclarer, se borne à nommer des administrateurs provisoires des biens de l'absent, la Régie ne peut pas davantage réclamer le droit de mutation.

56. L'envoi en possession provisoire des biens de l'absent donne ouverture aux droits de mutation par décès au profit du Trésor et sert de point de départ au délai dans lequel les héritiers doivent acquitter l'impôt (L. 28 avr. 1816, art. 40, R. v° *Enregistrement*, t. 21, p. 39). — La prise de possession effective par les héritiers présomptifs produit le même résultat. — L'envoi en possession ou la prise de possession déterminant l'exigibilité des droits de mutation, il s'ensuit qu'ils doivent être perçus sur tous les biens composant la fortune du défunt à cette date et suivant le tarif en vigueur à la même époque.

57. Contrairement à la règle écrite dans l'art. 32 de la loi du 22 frim. an 7 (R. v° *cit.*, t. 21, p. 26), qui impose la solidarité aux cohéritiers pour le payement des droits de mutation par décès, il a été jugé qu'en matière d'envoi en possession des biens d'un absent, le droit de mutation n'est exigible qu'à l'égard de ceux des héritiers qui ont réclamé cette possession.

58. Par exception à la disposition de l'art. 60 de la loi du 22 frim. an 7, d'après laquelle les droits d'enregistrement régulièrement perçus ne sont pas restitués, quels que soient les événements ultérieurs, lorsque les droits de mutation par décès ont été payés sur l'envoi en possession des biens d'un absent, il a été jugé que l'art. 40 de la loi du 28 avr. 1816 autorise la restitution des droits perçus, sous la déduction de celui auquel aura donné lieu la jouissance des envoyés en possession. — Ce dernier droit est liquidé d'après la durée de la jouissance et ne doit, en aucun cas, dépasser le denier dix. — La restitution est soumise à la déchéance quinquennale que l'art. 9 de la loi du 29 janv. 1831 édicte contre les créanciers de l'État (R. v° *Trésor public*, p. 1144).

§ 3. — *Militaires absents.*

59. L'absence des militaires, qui est spécialement réglementée par les lois précitées des 11 vent. an 2, 13 janv. 1817 et 9 août 1871, est d'ailleurs, au point de vue fiscal, soumise au régime général. — Les actes de notoriété et les procès-verbaux rédigés par les juges de paix pour constater les causes et les circonstances de la disparition des militaires sont exempts de timbre et d'enregistrement (Décis. min. Fin. 26 janv. 1824; Instr. Reg. 1124).

ABUS DE CONFIANCE

(R. v° *Abus de confiance*; S. *eod.* v°).

1. La loi punit sous la qualification d'*abus de confiance* : l'abus des besoins, des faiblesses ou des passions d'un mineur (Pén. 406); l'abus de blanc-seing (Pén. 407); le détournement d'objets confiés à titre de louage, dépôt, mandat, etc. (Pén. 408); le détournement de pièces produites dans une contestation judiciaire (Pén. 409).

Art. 1er. — Abus des besoins, des faiblesses ou des passions d'un mineur (R. 4 et s.; S. 4 et s.).

2. Le délit prévu et puni par l'art. 406 c. pén. suppose : 1° la minorité de celui envers lequel il a été commis; 2° la constatation d'un abus de ses besoins, de ses faiblesses ou de ses passions; 3° la souscription d'engagements par le mineur; 4° l'existence d'un préjudice; 5° une intention criminelle. — Il est puni d'un emprisonnement de deux mois à deux ans et d'une amende de vingt-cinq francs au moins, qui ne peut excéder le quart des restitutions et dommages-intérêts. Cette amende est calculée non d'après le bénéfice réalisé par l'auteur du délit, mais d'après le préjudice éprouvé par la partie lésée. Elle peut être prononcée encore qu'il n'y ait pas de partie civile en cause.

3. Le mineur protégé par l'art. 406 c. pén., est l'individu qui n'a pas vingt et un ans accomplis; peu importe qu'il soit, ou non, émancipé. Mais on admet généralement que l'abus prévu par la loi n'est pas punissable lorsque le mineur est commerçant et que les actes qu'on lui a fait souscrire sont relatifs à son négoce. — Les circonstances pouvant constituer l'abus qu'a voulu atteindre l'art. 406 c. pén. sont abandonnées à l'appréciation des juges, qui sont tenus seulement d'affirmer l'existence de cet abus. Le délit, d'ailleurs, peut exister encore que le mineur ait agi en pleine connaissance et que sa confiance n'ait pas été trompée; mais il ne s'agit pas ici d'abus de confiance proprement dit. — Il faut que le mineur se soit obligé pour cause de *prêt* contre la remise, soit de sommes d'argent, soit de choses mobilières ou d'effets par lui reçus pour être convertis en argent, et dont il a donné quittance ou décharge. Ainsi l'art. 406 ne s'applique pas à la vente à crédit, faite pour un cafetier à des mineurs, d'objets de consommation. — Il n'est pas nécessaire que les obligations aient été souscrites au profit de l'auteur de la pression abusive, ni même que ce soit lui qui ait effectué les prêts. — L'obligation souscrite doit être de nature à causer un préjudice au mineur; tel est le cas de l'usurier qui s'est fait souscrire par des mineurs des obligations excédant la valeur légitime des avances par lui faites.

Art. 2. — Abus de blanc-seing (R. 22 et s.; S. 11 et s.).

4. Le blanc-seing est une signature donnée d'avance pour ratifier une écriture privée qui peut être placée au-dessus. L'abus de blanc-seing, puni par l'art. 407, consiste dans le fait d'une personne qui inscrit frauduleusement, au-dessus d'une signature qui lui a été ainsi confiée, un acte préjudiciable au signataire. — Les éléments constitutifs de ce délit sont : 1° l'existence d'un blanc-seing; 2° la remise de ce blanc-seing à la personne qui en a abusé; 3° la fabrication, au-dessus de ce blanc-seing et au préjudice du signataire, d'un acte autre que celui en vue duquel il a été remis; 4° l'intention criminelle de l'agent. — Il est puni d'un emprisonnement d'un à cinq ans et d'une amende de 50 à 3 000 fr. (Pén. 405).

5. Le blanc-seing s'entend non seulement de la simple *signature* donnée d'avance, mais même de celle qui serait accompagnée de termes propres à indiquer la nature de l'acte en vue duquel elle a été apposée, par exemple des mots : *bon pour une somme* indiquée, ou *bon à titre de cautionnement*. — La remise du blanc-seing doit avoir été *volontaire* et faite à celui qui en a abusé. Si la signature en blanc a été obtenue par fraude ou par surprise, ou bien si l'abus a été commis par un autre que celui auquel le blanc-seing a été remis, l'acte devient un faux (Pén. 147; V. *infrà*, *Faux*). — L'acte écrit au-dessus du blanc-seing doit consister dans « une obligation en décharge ou tout autre acte pouvant compromettre la personne ou la fortune de celui qui a remis le blanc-seing ». — Sur la preuve du délit d'abus de blanc-seing, V. *infrà*, n° 22 et s.

Art. 3. — Abus de confiance par détournement d'objets confiés à titre de louage, de dépôt, de mandat, de nantissement, de prêt à usage ou pour un travail salarié ou non salarié.

§ 1er. — *Caractères généraux* (R. 59 et s.; S. 19 et s.).

6. L'abus de confiance prévu par l'art. 408 c. pén. se distingue du vol en ce qu'il implique le détournement d'une chose confiée et non d'une chose soustraite, et de l'escroquerie, en ce qu'il ne concerne que le détournement d'une chose confiée en exécution d'un contrat non entaché d'une des fraudes énumérées dans l'art. 405 c. pén. Il s'entend du fait, par l'individu auquel, en vertu de l'un des contrats énumérés dans l'art. 408 c. pén., une chose d'une certaine nature a été confiée avec charge de la rendre ou représenter ou d'en faire un usage ou un emploi déterminé, de l'avoir, en violation de ce contrat, détournée ou dissipée frauduleusement et au préjudice de son propriétaire, possesseur ou détenteur. — Les peines applicables au délit d'abus de confiance sont celles indiquées *supra*, n° 2.

7. Le détournement doit être frauduleux. Le seul fait d'avoir disposé des objets confiés n'est pas considéré comme un détournement frauduleux, si le prévenu établit qu'il n'a eu l'intention de faire de la chose confiée qu'un emploi momentané, encore que des événements postérieurs ne lui aient plus permis de la restituer ou de la rendre à sa destination. — Mais l'intention frauduleuse d'appropriation, dont la constatation sera exclusive de la bonne foi de l'agent, pourra soit résulter de l'état d'insolvabilité où se trouvait ce dernier, dans son intérêt personnel, de la chose à lui confiée, soit consister, en dehors de toute idée d'insolvabilité, dans la dissimulation de l'acte d'appropriation : c'est le cas, par exemple d'un mandataire qui dissimule un recouvrement opéré pour le compte de son mandant, ou qui fait croire à celui-ci que le recouvrement éprouve des retards.

8. Le détournement ne peut résulter que de faits de nature à empêcher l'auteur de remplir son obligation de rendre, de représenter ou d'employer à l'usage convenu la chose qui lui a été remise. — Ainsi, on ne saurait voir un détournement dans le simple retard apporté à l'exécution de cette obligation, dans la rétention non frauduleuse, plus ou moins prolongée, de la chose confiée ou des sommes reçues par un mandataire, ou le fait de garder la chose louée au delà du terme convenu.

9. La restitution de la chose confiée, lorsqu'elle n'est pas spontanée, peut être insuffisante pour couvrir le délit. Ainsi, la mauvaise foi est suffisamment établie par l'arrêt qui déclare que le prévenu, après avoir laissé sans réponse plusieurs réclamations et une sommation qui lui avaient été adressées par la partie civile, n'a effectué la restitution des choses qui lui avaient été confiées à titre de mandat qu'après s'être laissé condamner par défaut (Cr. r. 21 avr. 1898, D. P. 98. 1. 433). — L'application de l'art. 408 n'est d'ailleurs pas subordonnée à la condition que le prévenu ait été, avant toute poursuite, mis en demeure de remplir ses engagements et, spécialement, de restituer les objets qui lui avaient été confiés; il suffit que les faits matériels et l'intention constatés établissent qu'il y a eu détournement et excluent la supposition d'un simple retard de restitution.

10. Au lieu d'une restitution, on peut supposer un règlement survenu entre l'auteur du détournement et la personne lésée. Si ce règlement (en pratique, la souscription de billets) a lieu avant toutes poursuites, la jurisprudence paraît disposée à le considérer comme exclusif du délit d'abus de confiance. Au contraire, s'il est postérieur à des poursuites commencées ou même à de simples menaces de poursuites, on lui a toujours refusé l'effet d'exonérer l'auteur du détournement frauduleux de la responsabilité pénale de son délit, les transactions sur l'intérêt civil résultant d'un délit n'empêchant pas les poursuites du ministère public.

11. Les objets détournés ou dissipés doivent, aux termes de l'art. 408 c. pén., consister en « effets, deniers, marchandises, billets, quittances ou tous autres écrits contenant ou opérant obligation ou décharge »; l'abus de confiance ne peut donc avoir pour objet que des choses mobilières. — Les faits de détournement doivent avoir été commis au préjudice des propriétaires possesseurs ou détenteurs de l'objet confié; néanmoins, toute personne lésée par le délit d'abus de confiance, alors même qu'elle n'aurait jamais eu la propriété, la possession ou la détention de la chose détournée, a le droit de poursuivre devant le juge de répression la réparation du dommage que ce délit lui fait éprouver, mais à la condition que le préjudice qui sert de base à l'action ait sa source dans celui que le délit a causé au propriétaire possesseur ou détenteur. — Le détournement ou la dissipation des objets confiés doit avoir été commis en violation de l'un des contrats énumérés dans l'art. 408 c. pén. — Et le détournement de la chose remise en exécution de ce contrat constitue l'abus de confiance, alors même que ce contrat serait nul, notamment comme ayant une cause illicite.

§ 2. — *Abus de confiance en matière de louage* (R. 95 et s.; S. 55 et s.).

12. Le détournement frauduleux d'une chose mobilière remise à titre de louage constitue un abus de confiance; mais la prolongation de jouissance de la chose louée au delà du terme convenu n'est pas, par elle-même, un délit. Ainsi, ne peut être poursuivi celui auquel il est seulement reproché d'avoir gardé plusieurs jours une voiture louée pour trois quarts d'heure (Cr. r. 21 oct. 1897, D. P. 98. 1. 315). — Le détournement des choses faisant l'objet d'un bail à ferme ou d'un bail à cheptel (cheptel simple ou cheptel de fer) peut également constituer un abus de confiance. Dans le cheptel de fer, le preneur peut disposer individuellement des animaux qui le composent, mais il doit conserver constamment dans la ferme un fonds égal en valeur à celui qu'il a reçu; dès lors, des actes de disposition impliquant de la part du preneur l'intention frauduleuse de s'approprier, en tout ou en partie, le cheptel ou sa valeur en argent, au préjudice du bailleur, constitueront un détournement frauduleux.

§ 3. — *Violation de dépôt* (R. 101 et s.; S. 61 et s.).

13. Le délit d'abus de confiance peut consister dans le détournement ou la dissipation par le dépositaire de la chose à lui confiée à titre de dépôt. Dans certains cas, ce détournement constitue un délit spécial (V. Pén. 169 à 172, 254 à 256, 386, 400; V. *infra, Forfaiture, Vol*). — Il n'est pas nécessaire qu'il y ait une tradition réelle de la chose; ainsi il y a abus de confiance dans le détournement frauduleux d'un billet à ordre par le porteur quand, après payement ou après renouvellement, ce billet a été laissé dans ses mains à charge de le remettre. Il y a abus de dépôt dans le fait par le vendeur d'un fonds de commerce d'avoir détourné, au préjudice de l'acheteur, une partie des objets dont il avait cédé la propriété lorsque, par l'effet de la convention, le vendeur n'en était plus à ce moment que le dépositaire. — Parfois, la remise et la réception d'une chose avec obligation de la restituer ne fait pas même naître l'obligation de la garder; c'est ce qui a lieu quand la restitution doit être immédiate. Il n'y a pas alors de véritable dépôt. Spécialement, l'individu qui détourne frauduleusement des montres qu'il s'était fait remettre pour les voir, ne peut être considéré comme ayant détourné des choses à lui remises à titre de dépôt, ni, par suite, comme coupable d'abus de confiance (V. *infra, Vol*). — Le dépôt supposant essentiellement que la chose remise doit être restituée in *specie*, l'art. 408 est inapplicable au détournement d'une chose dont la remise a eu lieu avec la qualification de dépôt, s'il a été convenu qu'elle serait restituable en choses pareilles.

§ 4. — *Violation de mandat* (R. 148 et s. S. 75 et s.).

14. Le mandataire, salarié ou non, qui détourne ou dissipe frauduleusement la chose qui lui a été remise, commet un abus de confiance. — Les personnes qualifiées de mandataires, dans le sens de l'art. 408 c. pén., sont, notamment : 1° Les associés.

— La jurisprudence admet que les associés responsables et solidaires, chargés d'administrer les affaires sociales, sont des mandataires à l'égard de leurs coassociés et qu'ils se rendent coupables d'abus de confiance lorsqu'ils détournent des fonds sociaux pour les employer en dehors des conditions stipulées par le pacte social ou pour les affecter à d'autres besoins que ceux de la société. C'est ce qui a été décidé à l'égard du gérant d'une société en commandite, et même à l'égard des membres d'une association en participation. La même solution doit être étendue au gérant d'une société en nom collectif et au directeur d'une société anonyme. Enfin, on doit décider de même, dans les sociétés civiles, à l'égard de l'associé qui administre soit en vertu d'une stipulation de l'acte de société, soit en vertu des pouvoirs que lui confère l'art. 1859 c. civ. — 2° Celui qui exerce un mandat dans son intérêt en même temps que dans celui du mandant, par exemple, l'héritier chargé d'administrer une succession indivise. — 3° Le mandataire légal, par exemple le tuteur. — 4° Les mandataires commerciaux, particulièrement les commissionnaires. — 5° Le gérant d'affaires. — 6° Le prête-nom. — 7° Le mandataire substitué.

15. Les choses remises à titre de mandat, au sens de l'art. 408, sont non seulement celles que le mandataire a reçues du mandant lui-même, mais aussi celles qu'il a reçues des tiers, à la charge de les restituer à son mandant, par exemple celles que l'employé reçoit pour être remises à son patron. — La remise d'effets négociables peut être réputée faite à titre de mandat, même lorsqu'elle a eu lieu au moyen d'un endossement, bien qu'un endossement régulier transfère la propriété de ces effets; ainsi, commet un abus de confiance par abus de mandat celui qui détourne frauduleusement (en appliquant à ses affaires personnelles) le produit d'effets de commerce qu'il avait mandat de négocier. — Il y a également abus de mandat dans le fait, de la part d'un commissionnaire (V. *supra*, n° 14), de détourner des fonds qui lui ont été remis par une maison de commerce, alors que cette remise n'a eu lieu qu'en vue des acquisitions à opérer pour le commettant, à la charge de rendre compte de leur emploi. De même, commet un abus de mandat l'individu qui, chargé de vendre des marchandises pour le compte d'une autre personne, à laquelle il est tenu de verser le produit des ventes effectuées et de rendre les marchandises non vendues, détourne une partie de l'argent provenant de ces ventes. Mais la convention peut prendre le caractère d'une vente à condition; il en est ainsi au cas de remise des marchandises à un commerçant « à la charge par lui de les rendre ou d'en restituer *le prix* s'il qu'il a été fixé d'avance par les parties : si le commerçant ne restitue ni les marchandises ni le prix, il n'y a pas lieu à poursuite pour abus de confiance. Au contraire, l'individu auquel ont été confiées des marchandises qui lui ont été remises à titre d'échantillons afin de lui permettre de les présenter à ses clients personnels et d'arriver par ce moyen à la vente d'un lot plus considérable de ces mêmes marchandises, doit être considéré comme un véritable mandataire : on prétendrait à tort que la remise de ces marchandises a été faite à titre de vente conditionnelle (Cr. r. 21 avr. 1893, D. P. 98. 1. 433).

§ 5. — *Détournement d'objets remis pour un travail salarié ou non* (R. 167 et s.; S. 112 et s.).

15. Le détournement ou la dissipation, par l'individu chargé d'un travail salarié ou non, de la chose à lui confiée pour l'exécution de ce travail constitue un abus de confiance.

Par exemple, le meunier qui dépouille la farine de sa partie nutritive, avant de la remettre au propriétaire, se rend coupable d'abus de confiance. — L'art. 408 s'applique au louage des gens de travail et au louage de ceux qui entreprennent un ouvrage déterminé par suite de devis et marchés. Il n'y a pas lieu de distinguer entre les travaux dépendant d'un art mécanique et ceux dépendant d'une profession libérale.

§ 6. — *Abus de confiance en matière de nantissement* (S. 118 et s.).

17. Le détournement du gage par le créancier gagiste est rangé, depuis la loi du 13 mai 1863 (D. P. 63. 4. 79), au nombre des cas d'abus de confiance visés par l'art. 408. — Le versement à un patron par ses employés de sommes à lui remises comme garantie de leur gestion est un nantissement et un cautionnement, et le détournement de ces sommes par le patron constitue un abus de confiance. Il en est ainsi, par exemple, du directeur d'un directeur de théâtre, de sommes versées entre ses mains par les ouvreuses comme garantie de leur gestion. La règle a même été appliquée au contrat pour lequel un personne, en devenant employé intéressé aux bénéfices dans une maison de commerce, verse une somme d'argent portant un intérêt déterminé et restituable six mois après la résiliation du contrat; il a été décidé que cette convention ne constitue ni une société, ni un prêt de consommation, alors que les clauses accessoires démontrent que l'intéressé demeure, vis-à-vis du patron, dans une situation de dépendance qui exclut la qualité d'associé, qu'il s'agit là d'un nantissement, et que le détournement, par le patron, de la somme versée, présente le caractère d'un abus de confiance (Cr. r. 20 avr. 1901, D. P. 1901. 1. 369).

§ 7. — *Abus de confiance en matière de prêt à usage* (S. 124 et s.).

18. La loi du 13 mai 1863 a fait aussi rentrer dans les cas d'abus de confiance prévus par l'art. 408 le détournement, par le commodataire, de la chose à lui prêtée. — Il n'y a prêt à usage qu'autant que la chose a été remise en vue d'un *usage déterminé* et dans l'intérêt de celui auquel elle a été prêtée (V. *infra, Prêt*). La simple remise d'une chose faite à un individu, sans qu'il lui soit permis de s'en servir, et dans l'unique but, par exemple, de lui permettre de la voir par curiosité, ne saurait constituer un prêt à usage dans le sens de l'art. 408, pas plus qu'un dépôt (V. *supra*, n° 13). Il y aurait, au contraire, prêt à usage, si la remise avait eu lieu sur le désir, exprimé par la personne à qui elle a été faite, d'examiner ou essayer les objets à elle confiés, avant d'en faire l'achat, et sauf restitution pour le cas où elle ne les agréerait pas. De même, il faut voir un contrat de prêt à usage dans la remise de titres indiqués dans la convention comme corps certain, dont le prêteur se réserve la propriété et autorise l'emprunteur à faire usage en les employant en nantissement dans un établissement de crédit désigné, pour un temps déterminé, à charge de les rendre en nature; l'emprunteur qui a fait vendre ces titres, ou les a remis à un créancier personnel qui les a réalisés, est donc coupable d'abus de confiance (Cr. r. 11 mai 1901, D. P. 1902. 1. 415).

§ 8. — *Causes d'aggravation du délit d'abus de confiance* (R. 171 et s.; S. 128 et s.).

19. L'abus de confiance devient un crime, puni de la réclusion (Pén. 408, § 2), lorsqu'il est commis par un domestique, un homme de service à gages, clerc, élève, commis, ouvrier, compagnon ou apprenti, au préjudice de son maître (depuis la loi du 28 avr. 1832, R. v° *Peine*, p. 533), par un officier public ou ministériel (depuis la loi du 13 mai 1863).

20. La confiance nécessaire qui, dans les rapports d'ouvrier à maître, aggrave la criminalité de l'abus de confiance, n'existe qu'à l'égard de l'ouvrier travaillant dans l'atelier ou dans le magasin, et sous l'autorité d'un maître auquel il loue, non pas une industrie dont il conserve le libre emploi, mais son *temps*, moyennant un salaire fixé au jour, au mois ou à l'année. — Par *élève*, il faut entendre celui qui apprend une science, un art, une industrie, comme l'élève en pharmacie, en architecture, en peinture. — Celui qui *travaillerait habituellement* chez celui au préjudice duquel l'abus de confiance a été commis sans avoir une des qualités énumérées plus haut, ne serait pas frappé de l'aggravation de peine portée par le paragraphe 2 de l'art. 408. — Lorsque la chose a été reçue en vertu d'un mandat émané du maître, il importe peu que la remise en ait été faite par un tiers ; mais, en l'absence d'un mandat du maître, il n'y a plus qu'un abus de confiance simple. — Le fait du domestique qui, chargé par son maître de faire au comptant des achats de provision pour la maison, opère ces achats à crédit et s'approprie les sommes d'argent qu'il a reçues pour en payer le prix, constitue non un abus de confiance à l'égard du maître (qui n'en a pas moins reçu les marchandises), mais un délit d'escroquerie à l'égard du fournisseur.

21. Certains détournements commis par des personnes investies d'un caractère public sont rangées par le Code pénal au nombre des crimes ou délits contre la chose publique. C'est ainsi que les art. 169 et 172 répriment tantôt comme un crime et tantôt comme un délit contre la chose publique, selon la valeur de la chose qui en est l'objet, le détournement par un percepteur, dépositaire ou comptable public, d'effets mobiliers, même privés, se trouvant dans ses mains à raison de sa fonction (V. Pén. 173, 254 à 256, et *infrà, Dépôt-Séquestre, Forfaiture*, etc.). Ces divers articles punissent un fait de fonctions, et c'est par ce motif que les détournements qu'ils prévoient sont qualifiés de crimes ou délits contre la chose publique. Mais la loi prévoit, en outre, le détournement commis par les *officiers publics ou ministériels*, qui n'a pas le caractère d'un fait de fonctions, et le punit comme crime d'abus de confiance qualifié, à raison de la circonstance aggravante résultant de la qualité de son auteur (Pén. 408, § 2). Pour que ces détournements constituent un crime, il n'est pas nécessaire que les effets ou valeurs détournés ou dissipés aient été remis à l'officier public ou ministériel à l'occasion de l'exercice légal et obligé de ses fonctions ; il suffit que cette remise ait été déterminée par la confiance qu'inspire sa qualité. — Les détournements commis dans ces circonstances constituent toujours un crime, à la différence de ceux que prévoient les art. 169 et s. c. pén., sans qu'il y ait à prendre en considération la valeur de la chose détournée. Mais ils ne sont punis que comme délits lorsque ce n'est pas la qualité de l'officier public ou ministériel qui a déterminé la confiance de la personne lésée.

§ 9. — *Preuve de l'abus de confiance*
(R. 184 et s. ; S. 149 et s.).

22. Lorsque la convention dont la violation constitue un abus de confiance est déniée, le juge de répression est compétent pour statuer sur l'existence de cette convention, un tel moyen de défense soulevant non pas une question préjudicielle à résoudre préalablement par le juge civil, mais une simple exception inséparable de l'appréciation du fait poursuivi, et placée, comme ce fait, dans les attributions du juge de la poursuite. — Le juge de répression est également compétent pour connaître des moyens de défense tirés de ce que le prévenu, niant l'existence de ce que le contrat passé avec lui ne rentrerait pas dans l'un de ceux déterminés par l'art.

408, soit de ce que l'engagement, né d'abord de l'un de ces contrats, aurait, par l'effet d'actes ou de conventions survenus postérieurement, cessé d'avoir sa cause dans une convention de cette nature, en sorte qu'il ne trouverait plus sa sanction dans la responsabilité pénale de l'art. 408.

23. La preuve de la convention préexistante à l'abus de confiance, dont la violation constitue soit le délit d'abus de confiance, soit le délit d'abus de blanc-seing, est soumise aux règles du droit civil. Cette preuve ne peut donc être faite par témoins qu'autant que la loi civile autorise la preuve testimoniale (V. *infrà, Preuve*). Ainsi, lorsque la valeur du contrat dont l'abus est poursuivi correctionnellement aux termes de l'art. 408 est supérieure à 150 fr., elle doit, selon l'art. 1341 c. civ., en être faite par écrit à l'exclusion de la preuve testimoniale. — Mais la prohibition de la preuve testimoniale cesse devant la juridiction répressive dans les mêmes cas où, par exception, cette preuve devient admissible devant les tribunaux civils. Il en est ainsi : 1° Lorsqu'il existe un commencement de preuve par écrit, et on considère comme ayant ce caractère les réponses du prévenu lors de son interrogatoire devant le juge d'instruction ; — 2° lorsque le prévenu qui invoque la preuve testimoniale a été dans l'impossibilité de se procurer une preuve écrite, par exemple, lorsqu'il est allégué que le contrat, et la remise de valeurs qui l'a suivi, ont été déterminés par des moyens frauduleux. Mais pour que la preuve testimoniale soit admissible, il ne suffit pas d'une fraude entachant le consentement ; il faut que les manœuvres frauduleuses aient empêché la partie lésée de se faire délivrer un titre établissant la remise de la chose détournée à son préjudice ; telle est, du moins, la doctrine consacrée par la jurisprudence la plus récente ; — 3° lorsqu'il s'agit de la violation d'un dépôt nécessaire, ou d'autres cas analogues, tel qu'un détournement de fonds par un commis, alors que la nature des relations entre celui-ci et son patron ne permet pas une preuve par écrit de la remise ; — 4° Quand il s'agit d'une convention ayant un caractère commercial, notamment dans le cas d'un mandat dont l'objet est commercial ou, en matière d'abus de blanc-seing, quand le blanc-seing a été remis pour un acte de commerce, notamment lorsque l'écrit incriminé a la forme d'une lettre de change. Si le prévenu ne dénie pas l'existence de la convention, son *aveu* peut être considéré comme valant une preuve écrite.

ART. 4. — DÉTOURNEMENT DE PIÈCES DANS UN PROCÈS (Pén. 409).

24. Quiconque, après avoir produit, dans une contestation judiciaire, quelque titre, pièce ou mémoire, l'a soustrait de quelque manière que ce soit, est puni d'une amende de 25 francs à 300 francs. Cette peine est prononcée par le tribunal saisi de la contestation. Les tribunaux n'ont eu que très rarement à s'occuper de la répression de ce délit.

ACCIDENTS DU TRAVAIL

§ 1er. — *Principe du risque professionnel.*

1. Depuis la loi du 9 avr. 1898 (D. P. 98. 4. 49), les accidents survenus aux ouvriers et employés par le fait ou à l'occasion de leur travail sont, au point de vue des réparations civiles auxquelles ils donnent droit, soumis à un régime spécial et exceptionnel. Cette loi, complétée pour trois décrets d'administration publique qui en règlent l'exécution (Décr. 28 févr. 1899, D. P. 99. 4. 10, 11 et 12), a été modifiée sur de nombreux points par celles du 22 mars 1902 (D. P. 1902. 4. 33) et du 31 mars 1905 (D. P. 1905. 4. 101). Il a été jugé que, dans le

dispositions où la loi du 31 mars 1905 est une loi de compétence et de procédure, elle a un effet rétroactif et s'applique aux accidents antérieurs à sa promulgation (Trib. de paix de Paris, 5e arrond., 12 mai 1905, D. P. 1905. 5. 9). — Primitivement, la loi du 9 avr. 1898 ne régissait que les entreprises industrielles (V. *infrà*, n° 15) ; son application a été successivement étendue à certaines entreprises agricoles par la loi du 30 juin 1899 (D. P. 99. 4. 92), et à toutes les entreprises commerciales par celle du 12 avr. 1906 (D. P. 1906. 4. 116). — Enfin, une loi du 18 juill. 1907 (*Journ. off.* du 21 juill. 1907, et *Bulletin Dalloz*, septembre 1907) permet aux employeurs et aux salariés non assujettis à la législation sur les accidents du travail de se placer sous le régime de ladite législation par une *adhésion* donnée dans les formes déterminées par cette loi (V. *infrà*, n° 28). — La loi du 12 avr. 1906 n'est entrée en vigueur, conformément à son art. 8, que trois mois après la promulgation du décret du 27 sept. 1906 (V. *infrà*, n° 126). Les détails d'application de la loi du 12 avr. 1906 ont été déterminés par le décret du 18 févr. 1907, portant règlement d'administration publique (D. P. 1907. 4. 79, et *Bulletin Dalloz*, mars 1907). Ces détails portent sur la constitution du fonds de garantie, sur l'indication dans chaque quittance de primes d'assurance de la contribution pour le fonds de garantie (art. 1er) ; sur les énonciations et la vérification d'un *répertoire* imposé, soit aux syndicats de garantie, soit aux sociétés d'assurances (art. 2) ; sur le lieu et le délai du versement et sur l'état qui le constate (art. 3) ; sur la détermination par un décret des conditions imposées aux versements effectués par la Caisse nationale des accidents (art. 4) ; sur les perceptions spéciales opérées par le receveur de l'enregistrement (art. 5) ; sur les états transmis par les greffiers des tribunaux et des cours (art. 6) (V. *infrà*, n° 123 et s.). — Les art. 34 de la loi du 9 avr. 1898, et 7 de la loi du 12 avr. 1906 ont confié à des règlements d'administration publique le soin de déterminer les conditions d'application de ces lois à l'Algérie et aux colonies.

2. Il ne reste plus, depuis 1906, en dehors de l'application de la loi du 9 avr. 1898, que les professions libérales et les entreprises agricoles, toutes les fois que, dans ces dernières entreprises, l'accident a été déterminé par l'emploi de machines actionnées par des moteurs animés (V. *infrà*, n° 23). Encore ces exceptions peuvent-elles disparaître par l'*adhésion* des patrons, des ouvriers et des employés à la législation des accidents du travail, conformément à la loi du 18 juill. 1907 (V. *suprà*, n° 1, et *infrà*, n°s 28 et s.).

3. L'innovation législative résultant de la loi du 9 avr. 1898 réside en deux points essentiels : 1° la responsabilité des accidents du travail incombe de plein droit à certaines personnes déterminées, en vertu du principe du *risque professionnel* ; 2° cette responsabilité se traduit par des indemnités forfaitaires, fixées par la loi elle-même, sous forme d'indemnités journalières si l'accident n'a entraîné qu'une incapacité de travail purement temporaire, et sous forme de rentes viagères si l'accident a entraîné une incapacité permanente ou la mort.

4. Le principe qui forme la base du régime institué par la loi du 9 avr. 1898 et le différencie essentiellement du principe général de responsabilité écrit dans l'art. 1382 c. civ., c'est que la victime de l'accident ou ses représentants ont droit à l'indemnité due par le chef d'entreprise sans avoir à justifier d'une faute à la charge de celui-ci. Cette responsabilité existe par le fait seul de l'accident, considéré comme une conséquence directe de l'exercice de la profession ; c'est ce qu'on appelle le principe du *risque professionnel*. Inversement, et toujours en vertu de ce même principe, la faute de la victime ne permet plus d'exonérer le chef d'entreprise.

5. La faute de l'un ou de l'autre n'est plus prise en considération que pour modifier, le cas échéant, le *quantum* de l'indemnité forfaitaire édictée par la loi : pour la faire réduire, si la faute émane de l'ouvrier, ou la faire majorer, si la faute émane du patron. Encore la faute n'a-t-elle ce résultat que lorsqu'elle est *inexcusable* (L. 9 avr. 1898, art. 20). Par ce mot, on ne peut entendre une faute qui ne serait que grave, mais seulement une faute commise en pleine connaissance de cause, une faute qui dénote une incurie en quelque sorte coupable, et allant jusqu'à la méchanceté et au mauvais vouloir. Il suit de là qu'un acte seulement téméraire ne constitue pas une faute inexcusable. Ainsi, d'après la jurisprudence, un ouvrier d'une usine métallurgique qui soulève, pendant quelques instants, les lunettes protectrices qui lui ont été remises pour l'exécution de son travail, ou un mécanicien qui introduit sa main dans la cage d'une machine en marche pour en régulariser le fonctionnement, ne commettent point une faute inexcusable (Rouen, 22 mars 1901, D. P. 1901. 2. 457; Besançon, 28 févr. 1900, D. P. 1900. 2. 227; Trib. civ. de Roanne, 10 juill. 1906, D. P. 1906. 5. 53). En somme, les cas où cette faute peut être relevée à la charge de l'ouvrier sont assez rares. Cependant, on a vu une faute inexcusable dans le cas d'un ouvrier de chemin de fer qui, son travail fini, traverse les voies sans se servir d'un souterrain, malgré les règlements et les avertissements des personnes présentes (Trib. civ. de la Seine, 24 août 1900, D. P. 1901. 5. 276), ou dans le cas d'un mécanicien qui fait franchir à son train, sans l'arrêter, un disque fixe d'arrêt absolu (Montpellier, 3 mai 1901, D. P. 1904. 1. 76). L'ivresse a été fréquemment considérée comme constituant la faute inexcusable, alors du moins qu'elle mettait l'ouvrier dans l'incapacité de conduire normalement son travail.

6. Du chef du patron, il a été jugé qu'un patron carrier ne saurait être déclaré coupable d'une faute inexcusable résultant de ce qu'il aurait toléré de la part d'un de ses ouvriers, mort victime d'un éboulement, un mode d'exploitation dangereux d'une carrière, alors, d'une part, que le procédé employé par cet ouvrier, conforme à la pratique ancienne et aux prescriptions réglementaires, n'a jamais été l'objet d'aucune critique ni même d'aucune observation de la part des autorités compétentes et n'a donné lieu, après l'accident, à aucune poursuite correctionnelle contre le patron; et alors, d'autre part, que la faute, s'il en avait été commis une, serait imputable à l'ouvrier lui-même, chargé de ce genre de travail, qu'il avait entrepris à la tâche, et qu'il lui appartenait de diriger en prenant les précautions nécessaires tant dans son propre intérêt que dans l'intérêt des ouvriers qu'il s'était adjoints (Amiens, 24 mars 1900, D. P. 1900. 2. 268). — De même, il n'y a pas faute inexcusable de la part d'un entrepreneur, dans le fait de tolérer sur son chantier l'introduction de morceaux de bois entre les rayons des roues des wagonnets afin d'en ralentir la marche, au lieu de prescrire l'usage de freins mécaniques, cette manœuvre périlleuse n'étant pas, d'ailleurs, de nature à entraîner fatalement un accident (Nancy, 19 déc. 1905, D. P. 1906. 5. 24; Comp. Besançon, 28 févr. 1900, D. P. 1900. 2. 227; Bordeaux, 24 juin 1902, D. P. 1902. 2. 481; Rouen, 13 août 1903, D. P. 1904. 2. 293; Pau, 27 mars 1903, D. P. 1904. 2. 258). Jugé de même qu'il n'y a pas faute inexcusable de la part d'une compagnie de chemins de fer, qui, avertie par le bulletin de traction d'un mécanicien du mauvais état d'une voie, ne prend pas les mesures propres

à conjurer le danger signalé, si l'accident n'a été causé ni par la défectuosité de la voie, dont au contraire la force de résistance a été reconnue, ni par l'état du matériel, ni par la vitesse du train, d'ailleurs conforme aux règlements (Pau, 27 mars 1903, D. P. 1904. 2. 258).

7. Il n'est pas nécessaire que la faute inexcusable soit imputable au patron lui-même : la faute inexcusable du préposé du patron engage celui-ci comme si elle émanait de lui. Ainsi, il a été jugé que la rente due aux ayants droit d'un employé mort dans le service devait être majorée pour faute inexcusable des préposés du patron (dans l'espèce, une compagnie de chemins de fer), si, par exemple, l'accident avait eu pour cause une violation volontaire des règlements et spécialement l'exagération de vitesse, portée du simple au double par le mécanicien, en connaissance du danger, sans autre excuse que la pensée d'atteindre plus tôt l'heure du repos, et, en tout cas, sans qu'une utilité ou une nécessité industrielle pût l'expliquer ou la justifier, et alors surtout que, de son côté, un autre préposé, le chef de train, avait également commis une faute inexcusable en négligeant de sonner la cloche pour donner au mécanicien l'ordre de ralentir et de revenir à la vitesse réglementaire (Trib. civ. de Montbrison, 13 avr. 1900, D. P. 1900. 2. 478).—Jugé, de même, que la rente devait être majorée pour faute inexcusable du préposé d'un patron carrier, lorsque celui-ci, loin d'enflammer la mèche d'une cartouche de dynamite alors qu'elle était encore dans les mains de l'ouvrier chargé de la mettre en place, exposant ainsi ce dernier à un danger évident, sinon certain (Riom, 4 avr. 1900, D. P. 1900. 2. 178).

8. En cas de faute inexcusable du patron ou de ses préposés, les indemnités allouées sous forme de rentes pour incapacité permanente ou mort (mais non les indemnités journalières pour simple incapacité temporaire) peuvent être majorées, le maximum de la rente ou des rentes pouvant alors être égal au montant du salaire annuel. — En cas de faute inexcusable de l'ouvrier, elles peuvent être réduites au minimum de 1 franc. — Il n'y a qu'un cas où elles peuvent être entièrement supprimées : c'est celui où l'accident provient, de la part de l'ouvrier, d'un fait constituant non pas seulement une faute inexcusable, mais un acte volontaire : si, en un mot, la victime avait agi dans le but de produire l'accident, aucune indemnité ne serait due (L. 1898, art. 20). C'est ainsi qu'une rente a été refusée à la veuve d'un employé de chemin de fer, qui s'était tué volontairement, dans son service, en se jetant sous les roues d'un train en marche : peu importerait même, a-t-il été jugé, que cet homme eût agi en état d'aliénation mentale (Trib. civ. de la Seine, 17 mars 1900, D. P. 1901. 2. 11).

9. La loi du 9 avr. 1898 est d'ordre public; aussi doit-elle, sous peine d'amende de 1 à 15 francs, être affichée dans chaque atelier avec les règlements d'administration publique relatifs à son exécution (art. 31). Le défaut d'affichage, tout à la fois, de la loi et des règlements d'administration publique, ne constitue qu'une seule contravention (Cr. 6 janv. 1900, D. P. 1906. 1. 24). — La victime ou ses ayants droit ne peuvent se prévaloir contre le patron ou ses préposés d'aucune disposition législative autre que celles de cette loi (art. 2). L'interdiction dont il s'agit s'applique incontestablement au fond du droit. Elle a pour objet essentiel d'écarter l'application de l'art. 1382 c. civ. et de l'ancienne théorie de la faute, remplacée par le régime du risque professionnel. En conséquence, dans tous les cas

régis par la loi du 9 avr. 1898, c'est-à-dire lorsqu'il s'agit d'un accident présentant les caractères exigés par elle, survenu à un ouvrier ou employé dans une entreprise assujettie à ladite loi, le chef d'entreprise ne peut être actionné qu'en vertu des dispositions qu'elle contient, soit que l'action émane de l'ouvrier lui-même, soit qu'elle émane de ses ayants droit. Mais pour qu'il en soit ainsi, il faut, bien entendu, que le débat ait trait à une espèce où cette loi soit applicable; par conséquent, l'ouvrier qui a été débouté de son action formée en vertu de la loi du 9 avr. 1898, parce que, par exemple, l'accident n'a pas été considéré comme survenu par le fait ou à l'occasion du travail, peut se prévaloir des art. 1382 et s. c. civ. pour former une nouvelle demande.

10. L'interdiction formulée par l'art. 2 de la loi du 9 avr. 1898 n'est pas seulement de nature à rendre irrecevables certains moyens de droit formulés par les demandeurs, c'est-à-dire ceux qui sont fondés sur l'art. 1382; elle entraîne encore l'irrecevabilité de toute demande quelconque émanant de certaines personnes dont l'action n'est pas admise par la loi du 9 avr. 1898. Ainsi, cette loi limitant à un nombre restreint d'ayants droit (conjoint, enfants, ascendants ou descendants à la charge de la victime) le droit d'agir contre le patron en cas de mort de celle-ci, les autres ayants droit, qui eussent été recevables à demander des dommages-intérêts en vertu de l'art. 1382, ne le sont plus à demander une rente en vertu de la loi du 9 avr. 1898; il en est de même pour les ayants droit, résidant à l'étranger, d'un ouvrier étranger (V. *infrà*, nos 79 et s.).

11. L'interdiction de recourir au droit commun, formulée par l'art. 2 de la loi du 9 avr. 1898, n'est pas moins rigoureuse en ce qui concerne les questions de compétence réglées par les art. 15 et s., soit qu'il s'agisse de la compétence *ratione materiæ*, attribuée respectivement au juge de paix, au président du tribunal civil ou à ce tribunal lui-même, soit qu'il s'agisse de la compétence *ratione loci*, attribuée d'une façon générale aux juges du lieu de l'accident. — De même, en ce qui concerne la procédure, le tribunal saisi doit surseoir à statuer tant que les formalités substantielles prescrites par la loi (enquête du juge de paix, tentative de conciliation par le président du tribunal civil) n'ont pas été accomplies. — En revanche, sur les points non réglés par la loi, par exemple en matière d'interruption de prescription, le droit commun reste applicable (V. *infrà*, nos 113 et s.).

12. Le caractère d'ordre public imposé à la loi du 9 avr. 1898 est sanctionné par la nullité des conventions qui seraient contraires, sans qu'il y ait lieu de distinguer entre les conventions antérieures ou postérieures à l'accident (art. 30). — Antérieurement à l'accident, le patron ne peut, par exemple, se décharger conventionnellement des indemnités mises à sa charge, ou encore en rejeter indirectement le poids sur l'ouvrier en faisant supporter à celui-ci tout ou partie de l'assurance qu'il aurait contractée pour s'en couvrir. S'il l'a fait, la convention est nulle, et même, depuis la loi du 31 mars 1905, qui a modifié sur ce point l'art. 30 de celle du 9 avr. 1898, le patron encourt une amende de 16 à 300 francs, et, en cas de récidive, de 500 à 2000 francs. Il n'en est autrement que si l'assurance a pour objet, non point de couvrir la responsabilité imposée par cette loi au chef d'entreprise, mais de procurer à l'ouvrier un avantage auquel, sans cette assurance, il ne pourrait prétendre et, spécialement, un secours pour accident du travail n'entraînant qu'une incapacité de plus de quatre jours, ou encore un secours et des frais médicaux pour simple maladie non accidentelle. — Postérieurement à l'accident, l'indemnité due à l'ouvrier en vertu de la loi du 9 avr. 1898 ne pouvant être fixée amiablement, en vertu de l'art. 16 de cette loi, que sous la médiation du président du tribunal, qui constate par ordonnance l'accord intervenu en sa présence, il s'ensuit que toute convention amiable intervenue à ce sujet en dehors du président est nulle de plein droit, à moins qu'il ne s'agisse que d'une indemnité journalière pour incapacité temporaire.

13. En dehors des conventions intervenues entre l'ouvrier et le patron, la loi du 31 mars 1905, complétant sur ce point l'art. 30 de la loi du 9 avr. 1898, a frappé d'une nullité radicale les conventions intervenues entre l'ouvrier et un agent d'affaires, à l'effet d'assurer au premier, moyennant finance, le bénéfice des instances ou des accords, dont la loi a tenu essentiellement à garantir la gratuité au moyen de l'assistance judiciaire accordée de plein droit. — La loi du 31 mars 1905 a, en outre, sanctionné cette dernière nullité par une peine correctionnelle contre l'agent d'affaires : le seul fait d'avoir offert à l'ouvrier les services dont il s'agit expose l'intermédiaire qui a fait cette offre à une amende de 16 à 300 francs, et de 500 à 2000 francs en cas de récidive.

14. La victime, quoique dispensée de prouver la faute du chef d'entreprise, n'en reste pas moins tenue, comme tout demandeur, d'établir le bien fondé de sa demande, c'est-à-dire : 1° l'assujettissement de cette entreprise à la loi de 1898 ; 2° sa qualité d'ouvrier ou d'employé ; 3° le fait même de l'accident ; 4° la relation de cet accident avec le travail (Civ. r. 23 juill. 1902, D. P. 1902. 1. 582).

§ 2. — *Entreprises assujetties.*

15. La loi du 9 avr. 1898 régit, à l'exclusion de toute autre disposition législative (art. 2), les entreprises énumérées dans l'art. 1er, savoir : 1° l'industrie du bâtiment, les usines, manufactures, chantiers, les entreprises de transport par terre et par eau, de chargement et de déchargement, les magasins publics, mines, minières, carrières ; 2° toute exploitation ou partie d'exploitation où sont fabriquées ou mises en œuvre des matières explosives ; 3° toute exploitation ou partie d'exploitation où il est fait usage d'une machine mue par une force autre que celle de l'homme ou des animaux. — L'énumération faite par la loi est limitative ; toutefois, les termes dont elle se sert sont assez compréhensifs pour atteindre toutes les entreprises, industries ou exploitations présentant, pour ceux qui y sont employés, des dangers manifestes et en quelque sorte inévitables, constituant des risques professionnels inhérents à la profession même, indépendamment de toute faute des patrons ou des ouvriers. — Le Comité consultatif des assurances contre les accidents, qui fonctionne au ministère du Travail, ayant été réorganisé par décret du 20 mai 1905 (D. P. 1905. 4. 124), a été appelé à se prononcer sur l'application de la loi de 1898 à un grand nombre de professions et d'établissements divers (V. les avis de ce Comité, rapportés D. P. 1900. 4. 18 et s., 72). — Sur l'assujettissement éventuel d'une entreprise, d'un employeur ou d'un salarié à la loi des accidents du travail par voie d'*adhésion volontaire*, V. *infra*, n° 28.

16. Le risque professionnel embrasse d'abord toutes les industries qui ressortissent au *bâtiment* (les maçons, puisatiers, terrassiers, démolisseurs, tailleurs de pierre, charretiers, charpentiers, cimentiers, mosaïstes, paveurs, couvreurs, plombiers, zingueurs, menuisiers, parqueteurs, plâtriers, peintres, vitriers, marbriers, serruriers, fumistes, ramoneurs de cheminée, tôliers,

etc., et même les architectes ou métreurs-vérificateurs ; V. quant aux puisatiers : Bordeaux, 9 janv. 1906, D. P. 1906. 5. 45) ; mais le risque professionnel ne s'étend pas aux industries dont les produits ont un caractère mobilier (ameublement proprement dit, tapisserie, etc.). Toutefois, celles-ci peuvent, depuis la loi du 12 avr. 1906, être assujetties à titre d'entreprises commerciales.

17. Les *usines, manufactures, fabriques, ateliers*, sont indistinctement assujettis en tant qu'établissements industriels, sans qu'il y ait à rechercher si l'industrie est dangereuse ou non, petite ou grande (Civ. c. 3 août 1903 et 5 juill. 1904, D. P. 1904. 1. 553). En ce qui touche les ateliers, la distinction que la jurisprudence avait établie, avant 1906, entre les ateliers *industriels* et les ateliers *commerciaux*, ne présente plus d'intérêt, la loi du 12 avr. 1906 appliquant, aux uns comme aux autres, le régime de la loi du 9 avr. 1898.

18. De même, quant aux *chantiers*, il n'y a plus à distinguer, comme l'avaient fait les décisions judiciaires, entre les chantiers dépendant des usines et manufactures et ceux qui constituaient les magasins ou entrepôts des commerçants ; les divergences constatées, à cet égard, entre la jurisprudence du conseil d'État et celle de la Cour de cassation n'ont plus d'intérêt. Depuis la loi du 12 avr. 1906, tous les chantiers, soit industriels, soit commerciaux, sont régis par la loi du 9 avr. 1898.

19. Les *entreprises de transport* comprennent, pour la voie de terre, les chemins de fer, les tramways, omnibus, diligences, fiacres, servant au transport des personnes, les services de roulage, camionnage, factage, servant au transport des choses, et, pour la voie d'eau, toute entreprise de navigation sur les fleuves, rivières, lacs et canaux, c'est-à-dire celles qui sont exercées par des mariniers, à l'exclusion des marins et pêcheurs naviguant sur mer, qui sont soumis, par la loi du 21 avr. 1898 (D. P. 98. 4. 86), à un régime spécial.

20. Par *entreprises de chargement et de déchargement*, le texte de l'art. 1er de la loi du 9 avr. 1898 vise le chargement et le déchargement des navires dans les ports, lorsqu'il a le caractère d'une entreprise, c'est-à-dire qu'il constitue pour l'usage du public. Mais une compagnie de transports maritimes ne devenant pas entrepreneur de chargement et de déchargement par cela seul qu'elle fait décharger par des hommes du bord le matériel se trouvant sur l'un de ses bateaux, la loi du 9 avr. 1898 n'est pas applicable aux compagnies de transports maritimes en qualité d'entrepreneurs de chargement et de déchargement (Civ. c. 5 juill. 1904, D. P. 1904. 1. 553).

21. Par les mots *magasins publics*, la loi vise les docks, magasins généraux, monts-de-piété, entrepôts de douane, etc. Il a même été jugé qu'on peut considérer comme un magasin public la salle de vente d'un commissaire-priseur dans laquelle des employés, travaillant sous la responsabilité et payés par lui, effectuent des opérations de chargement, de déchargement et de manutention des objets vendus (Cons. d'Et. 24 juill. 1903, D. P. 1904. 3. 73).

22. En ce qui concerne les *établissements commerciaux*, la jurisprudence antérieure à la loi du 12 avr. 1906 étendait l'application de la loi de 1898 lorsqu'ils présentaient, à un certain degré, les caractères des entreprises industrielles prévues par l'art. 1er, notamment lorsqu'ils comportaient un travail proprement industriel, tel que la préparation de matières, la fabrication de produits ou l'emploi de moteurs inanimés. Cette distinction ne présente plus d'intérêt depuis la loi du 12 avr. 1906, qui étend l'application de la loi du 9 avr. 1898 à toutes les entreprises commerciales (V. *supra*, n°s 1, 17, 18). Parmi les salariés des entreprises commer-

ciales ainsi soumises à la loi de 1898, on doit comprendre : 1° les *ouvriers caristes et tonneliers*, employés à l'année ou pendant une période suffisamment longue, à la différence des ouvriers qui, travaillant d'habitude pour leur compte personnel et employés comme journaliers, pendant peu de jours, chez un commerçant, n'ont, en réalité, pas de patron ; — 2° les *voyageurs de commerce*, attachés par contrat à une maison, à la différence des *voyageurs à la commission*, qui peuvent représenter plusieurs maisons ; — 3° aux *employés de commerce*, chargés des écritures (Discussion de la loi du 12 avr. 1906 à la Chambre des députés et au Sénat).

23. La loi de 1898 ne s'applique aux *entreprises agricoles* qu'autant qu'il s'agit d'accidents occasionnés par l'emploi de machines agricoles mues par des moteurs inanimés et dont sont victimes, par le fait ou à l'occasion du travail, les personnes, quelles qu'elles soient, occupées à la conduite ou au service de ces moteurs ou machines ; dans ce cas, c'est l'exploitant du moteur (individu ou collectivité), qui est considéré comme chef d'entreprise (L. 30 juin 1899, D. P. 99. 4. 92). — Les *coupes et exploitations de forêts*, étant des exploitations agricoles, suivant la jurisprudence constante de la Cour de cassation, et comportant un travail effectué dans des conditions particulières, ne pourront être soumises à la loi de 1898 que par la loi spéciale à l'agriculture, actuellement en préparation (Discussion de la loi du 12 avr. 1906 au Sénat).

24. Pour qu'on puisse appliquer aux accidents qui se produisent par le fait ou à l'occasion du travail agricole le principe du risque professionnel établi par la loi du 9 avr. 1898, il ne suffit pas qu'il ait été fait usage du moteur inanimé, d'une machine à battre, il faut que l'accident soit le résultat direct de l'emploi de la machine, que l'emploi de la machine soit la cause de l'accident, en sorte qu'il existe une relation étroite entre l'accident et l'emploi du moteur ou de la machine (Req. 5 janv. 1903, D. P. 1904. 1. 516). L'accident entraînera donc l'application de la loi du 9 avr. 1898, s'il est survenu, pendant le fonctionnement du moteur et par le fait de ce fonctionnement, au mécanicien ou au chauffeur, ou aux pourvoyeurs placés sur la plate-forme même de la machine et exposés à toutes les causes de danger provenant de l'activité même de l'instrument (Bordeaux, 30 mai 1905, D. P. 1906. 5. 36). Au contraire, le principe du risque professionnel ne s'applique pas aux accidents qui, survenus au cours d'un travail effectué à l'aide de cet instrument, sont le résultat d'une cause indépendante de son emploi, et spécialement à l'accident résultant d'une chute de l'ouvrier agricole placé en dehors de la machine, et chargé, par exemple, de transmettre aux pourvoyeurs de la batteuse les gerbes d'une meule (Riom, 3 déc. 1900. D. P. 1901. 2. 61). A plus forte raison, la loi du 30 juin 1899 est inapplicable à un ouvrier blessé en dehors de toute opération de battage et, par exemple, au moment où, poussant à la roue, il aidait, dans une ferme au démarrage d'une batteuse, alors que le moteur à vapeur de cette batteuse était, à ce moment, sorti de la ferme (Civ. r. 4 août 1902, D. P. 1902. 1. 581), ou encore au chauffeur d'une machine à vapeur qui, pendant qu'il la conduisait d'un village à un autre, a été blessé par suite de la rupture d'une chaîne d'atlelage (Civ. r. 6 janv. 1903, D. P. 1903. 1. 178).

25. Dans les cas où la loi du 30 juin 1899 est applicable, elle peut être invoquée par toutes les personnes, quelles qu'elles soient, occupées à la conduite ou au service du moteur inanimé. Peu importe que ces personnes soient liées ou non à l'exploitant du moteur par un contrat de louage de services

(Civ. r. 6 janv. 1903, D. P. 1903. 1. 178).
Le fait que l'exploitant n'aurait pas eu connaissance de la participation de cette personne à la conduite ou au service du moteur inanimé ne paraît pas pouvoir suffire à le relever de sa responsabilité.

26. La personne responsable de l'accident, aux termes de la loi du 30 juin 1899, est, non pas le chef de l'entreprise agricole, mais l'exploitant de la machine. Contre le chef de l'entreprise agricole, l'ouvrier n'a de recours qu'à la condition d'établir contre celui-ci, conformément au droit commun, l'existence d'une faute génératrice de l'accident. Mais la loi du 30 juin 1899 n'a mis à la charge de l'exploitant que les accidents occasionnés par l'emploi des machines agricoles à moteur inanimé que parce qu'elle déclarait que la loi du 9 avr. 1898 n'était pas applicable à l'agriculture, et qu'elle voulait assurer un recours aux victimes de ces accidents, ouvriers ou non, ayant concouru au travail de la machine (Civ. r. 6 août 1902, D. P. 1902. 1. 580). Et, d'autre part, les dispositions de la loi du 9 avr. 1898, notamment l'art. 2 de ladite loi, excluent l'éventualité d'une double responsabilité se trouvant engagée vis-à-vis de la victime de l'accident, sauf, toutefois, le cas spécial prévu par l'art. 7 de la loi du 9 avr. 1898 (V. infrà, nᵒˢ 35 et s.).

27. Pour les personnes non salariées ou ne touchant pas de salaire fixe, l'indemnité due en cas d'accident agricole est calculée, aux termes du paragraphe 3 de l'article unique de la loi du 30 juin 1899, « d'après le salaire moyen des ouvriers agricoles de la commune ou le salaire moyen des ouvriers agricoles de la commune. » Parmi les travailleurs ne touchant pas un salaire fixe, il y a lieu de ranger les « aides accidentels », dont la rémunération est plutôt une étrenne qu'un salaire régulier susceptible de servir de base à la fixation de l'indemnité. Toutefois, dans la pratique, ces distinctions soulèvent de nombreuses difficultés. Il appartient aux juges de paix de faire connaître dans leur enquête les usages du pays et de mentionner tous les renseignements susceptibles de préciser la nature du contrat intervenu entre l'employeur et l'employé. Si la consistance de l'accident s'est produit n'a pas été relevée par l'enquête du juge de paix, elle peut être établie par tous modes de preuve.

28. Le bénéfice du risque professionnel peut être étendu, depuis la loi du 18 juill. 1907 (V. suprà, nᵒˢ 1, 2 et 15), à toutes les professions et entreprises, par voie d'adhésion des employeurs et des salariés à la législation sur les accidents du travail. Aux termes de cette loi, tout employeur non assujetti à ladite législation peut s'y soumettre, à l'égard de tous les accidents qui surviendraient à ses ouvriers, employés ou domestiques, par le fait du travail ou à l'occasion du travail. Il dépose, à cet effet, à la mairie du siège de son exploitation, ou, s'il n'y a pas d'exploitation, à la mairie de sa résidence personnelle, une déclaration dont il lui est remis gratuitement récépissé et qui est immédiatement transcrite sur un registre spéciale tenu à la disposition des intéressés. Il doit présenter en même temps un carnet destiné à recevoir l'adhésion de ses salariés, sur lequel le maire appose son visa en faisant mention de la déclaration et de sa date. Ce carnet doit être conservé par l'employeur pour être, le cas échéant, représenté en justice (art. 1ᵉʳ). — Les formes de la déclaration et du carnet ont été déterminées par décret du 30 juill. 1907 (Journ. off. du 31 juill. 1907).

29. L'adhésion de l'employeur a pour effet de rendre la législation sur les accidents du travail applicable de plein droit à tous ceux de ses ouvriers, employés ou domestiques qui ont donné leur adhésion, signée et datée en toutes lettres par eux, au

carnet prévu à l'art. 1ᵉʳ (V. suprà, nᵒ 28). Si l'ouvrier, employé ou domestique, ne sait ou ne peut signer, son adhésion est reçue par le maire, qui la mentionne sur le carnet. Il en est de même pour l'adhésion des mineurs et des femmes mariées, sans qu'ils aient besoin, à cet effet, de l'autorisation du père, tuteur ou mari (art. 2). — Une autre conséquence de l'adhésion du patron est sa contribution au fonds de garantie dans les conditions spécifiées par l'art. 5 de la loi du 12 avr. 1906 (V. infrà, nᵒ 128), à condition qu'il ne soit point par ailleurs obligatoirement assujetti à la législation sur les accidents du travail (art. 4).

30. L'employeur peut, pour l'avenir, faire cesser son assujettissement à cette législation par une déclaration spéciale à la mairie. Cette déclaration, dont il lui est immédiatement donné récépissé, est transcrite sur le registre visé suprà, nᵒ 28, à la suite de la déclaration primitive, ainsi que sur le carnet. La cessation d'assujettissement n'a point effet vis-à-vis des ouvriers, employés ou domestiques qui ont accepté, dans les formes prévues à l'art. 2 de la loi (V. suprà, nᵒ 29), d'être soumis à la législation sur les accidents du travail (art. 3).

§ 3. — Personnes responsables du risque professionnel

31. L'art. 1ᵉʳ de la loi du 9 avr. 1898 met la responsabilité à la charge du chef d'entreprise en vertu de sa seule qualité. Toutefois, d'après le paragraphe 2 dudit article, il n'y a pas d'entreprise comportant un chef responsable, quand celui qui l'exploite travaille habituellement : le fait qu'il se serait fait exceptionnellement assister d'un aide ne lui enlèverait pas sa qualité de simple ouvrier, et ne le transformerait pas en un patron responsable. En revanche, il suffit qu'un petit patron emploie habituellement même un seul ouvrier pour qu'il tombe sous le coup de la loi.

32. Le chef d'entreprise est responsable, soit qu'il dirige personnellement une entreprise pour le compte d'un tiers, comme sous-entrepreneur, soit qu'il fasse ou laisse travailler ses ouvriers pour le compte d'un tiers, celui-ci fût-il un autre entrepreneur. Dans le premier cas, il a été jugé qu'un entrepreneur de travaux publics est responsable, dans les termes de la loi du 9 avr. 1898, d'un accident survenu à un ouvrier, alors même que le travail devait s'effectuer sous la surveillance même de cet ouvrier, s'il est constaté que l'entrepreneur de travaux publics n'en doit pas moins être considéré, au regard de l'ouvrier qu'il avait embauché, qu'il payait et qui travaillait sur ses chantiers, comme le chef de l'entreprise (Req. 6 juill. 1903, D. P. 1903. 1. 533); et il a été jugé, dans le second cas, qu'un chef d'entreprise qui, ayant loué les services de l'ouvrier, met celui-ci à la disposition d'un autre chef d'entreprise qui dirigeait le travail au cours duquel l'accident est survenu, demeure responsable à l'égard de la victime ou de la responsabilité édictée par la loi du 9 avr. 1898, et que la législation n'a d'action que contre lui (Civ. r. 14 mars 1904, 1ᵉʳ arrêt, D. P. 1904. 1. 553).

33. D'autre part, on ne doit réputer chef d'entreprise que celui qui fait exécuter à ses risques et périls les travaux de sa profession et qui en recueille les bénéfices, déduction faite des frais généraux, parmi lesquels on doit compter le risque professionnel; en conséquence, les personnes que ne concerne pas la loi du 9 avr. 1898 demeurent régies par le droit commun, alors même qu'elles font, par exception, exécuter par des ouvriers de leur choix et sous leur direction des travaux qui rentrent dans la classe de ceux que vise cette loi quand ils sont entrepris par des personnes auxquelles elle est applicable (Civ. r. 21 déc. 1903, D. P.

1904. 1. 73). Il en est ainsi d'un propriétaire rural, qui n'est ni industriel, ni entrepreneur, lorsqu'il fait exécuter, sur son fonds et pour son propre compte, des travaux de démolition par un maçon expérimenté (Chambéry, 30 mars 1904, D. P. 1906. 2. 71).

34. L'État est, comme chef d'entreprise. Il est tenu, notamment, de réparer conformément à cette loi l'accident survenu à un ouvrier dans un arsenal militaire (Besançon, 11 juill. 1900, D. P. 1901. 2. 457). Il y a exception toutefois en ce qui concerne les ouvriers, apprentis ou journaliers appartenant aux ateliers de la marine, et les ouvriers immatriculés des manufactures d'armes dépendant du ministère de la Guerre (L. 1898, art. 32). — Quant aux départements et aux communes, ils sont responsables des accidents survenus au personnel ouvrier qu'ils emploient directement, dans les cas où le seraient les chefs d'entreprise avec lesquels ils auraient pu traiter pour la même catégorie de travaux (Av. Com. consult. 29 nov. 1899, D. P. 1900. 4. 19). — Les établissements municipaux d'assistance par le travail sont soumis à la loi du 9 avr. 1898, toutes les fois que les chefs d'entreprise, faisant exécuter les mêmes travaux, y seraient eux-mêmes assujettis (Av. Com. consult. 20 déc. 1899, ibid.).

35. Indépendamment de l'action ainsi organisée contre le patron, la victime ou ses représentants conservent contre les auteurs de l'accident — autres, toutefois, que le patron ou ses préposés (V. infrà, nᵒ 36) — le droit de réclamer la réparation du préjudice causé, conformément aux règles du droit commun formulées par les art. 1382 et s. c. civ. Cette réparation doit comprendre les mêmes éléments que celle que la loi met à la charge du patron (V. infrà, nᵒˢ 67 et s.); en conséquence, elle ne peut consister en une allocation de capital, mais seulement en une allocation de rente (L. 1898, art. 7, modifié par la loi du 22 mars 1902); toutefois, pour déterminer le quantum de cette rente, les tribunaux ne sont pas tenus d'adopter le tarif forfaitaire édicté dans les rapports du patron et de l'ouvrier. — L'action contre les tiers responsables peut être exercée soit par l'ouvrier ou ses ayants cause, soit par le patron, à ses risques et périls, au lieu et place de la victime ou de ses représentants, si ceux-ci négligent d'en faire usage. — Elle peut être portée devant toute juridiction, civile, commerciale ou répressive; mais elle ne peut pas être introduite par la victime ou ses ayants droit dans la même instance que l'action spéciale qu'ils dirigent contre le patron en vertu de la loi du 9 avr. 1898. — Elle exonère à due concurrence le patron des obligations mises à sa charge.

36. L'ouvrier ou ses ayants droit, n'ayant contre le patron ou ses préposés que l'action spéciale organisée par la loi du 9 avr. 1898, ne peuvent exercer que leur réserve l'art. 7 de cette loi que contre les tiers autres que le patron ou ses préposés. En conséquence, dans le cas où l'accident est survenu sous la direction d'une personne qui doit être considérée comme le préposé du patron (spécialement, à la disposition duquel l'ouvrier avait été mis par son patron habituel), le second chef d'entreprise, étant réputé simple préposé du patron habituel, n'est pas un tiers; par suite, il ne peut être actionné en vertu de l'art. 7 de la loi du 9 avr. 1898, et l'ouvrier n'a ici qu'une seule action contre son patron habituel. Notamment, une compagnie de chemins de fer, à la disposition de laquelle des entrepreneurs de roulage ont mis des ouvriers pour la manœuvre des wagons dans l'intérieur d'une gare, n'est pas un tiers au sens de l'art. 7 de la loi du 9 avr. 1898, et, par suite, ne peut, au cas d'accident survenu à un de ces ouvriers au cours de la manœuvre des wagons, être assignée en responsabilité conformément à l'art. 1382 c. civ., soit par l'ouvrier, soit par l'entrepreneur de roulage (Civ. c. 14 mars 1904, D. P. 1904. 1. 553).

37. Quant au patron, pour qu'il puisse agir, en vertu de l'art. 7 de la loi du 9 avr. 1898, contre le tiers responsable, il faut, en premier lieu, que l'accident ait eu pour effet de l'obliger en vertu de la loi du 9 avr. 1898, et, par conséquent, qu'il ait entraîné au moins une incapacité temporaire de plus de quatre jours; il faut, en second lieu, que la victime ou ses représentants aient négligé d'agir contre le tiers responsable, c'est-à-dire qu'ils n'aient pas introduit leur action contre celui-ci. Toutefois, en vertu de l'art. 7, § 3, de la loi du 9 avr. 1898, modifié par la loi du 22 mars 1902, le patron est recevable à intervenir dans l'action déjà introduite par l'ouvrier ou ses ayants droit, et ce, pour obtenir du tiers le remboursement de l'indemnité temporaire et des frais médicaux, pharmaceutiques et funéraires qu'il aurait déjà payés; et cette intervention est recevable devant les tribunaux répressifs aussi bien que devant les tribunaux civils (Cr. c. 13 févr. 1904, D. P. 1904. 1. 533). — Le patron peut, comme la victime elle-même, agir devant la juridiction civile, commerciale ou répressive, mais non pas par voie de garantie dans l'action spéciale introduite contre lui-même par la victime, en vertu de la loi du 9 avr. 1898. — L'action du patron ne peut pas être intentée contre son propre préposé, sauf le cas d'attentat criminel de celui-ci; par suite, lorsqu'un patron a mis ses ouvriers à la disposition d'un second chef d'entreprise qui dirigeait le travail et doit être réputé son préposé, il ne peut, en cas d'accident survenu à l'un de ses ouvriers, exercer le recours de l'art. 7 de la loi du 9 avr. 1898 contre le second chef d'entreprise (Civ. c. 14 mars 1904, D. P. 1904. 1. 553).

§ 4. — *Personnes protégées.*

38. La loi du 9 avr. 1898 suppose un *louage d'ouvrage* régulièrement intervenu entre le patron et l'ouvrier ou employé. Elle ne peut être invoquée, par exemple, par un tâcheron travaillant à ses pièces (Civ. c. 6 août 1902, D. P. 1902. 1. 579). Mais le fait qu'un ouvrier aurait loué, en même temps que ses services et moyennant une rémunération supplémentaire, son cheval et sa voiture, ne l'empêcherait pas d'être protégé par la loi (Civ. r. 25 juin 1902, D. P. 1902. 1. 841). Peu importe d'ailleurs, que l'ouvrier ou l'employé participent aux bénéfices de l'exploitation, cette circonstance ne leur conférant pas la qualité d'associés et l'assimilation au chef d'entreprise, mais restent les subordonnés. Peu importe encore qu'ils travaillent en coopération, le caractère coopératif de leur travail n'en supprimant pas le caractère industriel; en conséquence, dans une société coopérative de production réalisant une production industrielle et payant des salaires aux sociétaires employés, ceux-ci peuvent se trouver à la fois créanciers de la société comme victimes d'accidents et débiteurs comme actionnaires, mais en vertu de dispositions législatives et contractuelles d'ordre différent (Av. Cons. consult. du 31 mai 1899, D. P. 1900. 4. 19). — Il faut, d'autre part, que le contrat de louage d'ouvrage soit valable : un embauchage obtenu par fraude ou dol (spécialement, au moyen d'un faux nom) n'ouvrirait pas à l'ouvrier ou à ses ayants cause les droits résultant de la loi du 9 avr. 1898 (Req. 2 déc. 1901, D. P. 1902. 1. 403).

39. Il peut arriver que, malgré l'existence d'un contrat de louage d'ouvrage régulier, la victime de l'accident ne puisse point in-

voquer les dispositions protectrices de la loi du 9 avr. 1898, ou ne puisse les invoquer que partiellement. D'abord, si l'accident survient dans l'entreprise d'un petit patron, travaillant seul d'ordinaire et n'empruntant qu'accidentellement la collaboration d'un ou plusieurs camarades, la loi de 1898 est inapplicable (V. *suprà*, n° 31). D'autre part, les ouvriers ou employés dont le salaire annuel dépasse 2400 francs ne bénéficient des dispositions de la loi, en ce qui touche les rentes (V. *infrà*, n° 73), que jusqu'à concurrence de cette somme; pour le surplus, ils n'ont droit qu'au quart des rentes stipulées, sauf convention contraire élevant le chiffre de la quotité (art. 2). Mais, en vertu de la loi du 22 mars 1902, cette restriction ne s'applique qu'aux rentes et non à l'indemnité temporaire (V. *infrà*, n° 63), contrairement à ce qu'avait édicté d'abord la loi du 9 avr. 1898 (Même article, modifié par la loi du 22 mars 1902).

§ 5. — *Définition de l'accident.*

40. L'*accident* est une atteinte au corps humain, provenant de l'action soudaine et violente d'une force extérieure. L'accident, supposant une atteinte au corps humain, doit s'entendre de toute lésion de l'organisme, apparente ou non apparente, interne ou externe, profonde ou superficielle; ainsi, la folie résultant d'une vive émotion peut constituer un accident. L'accident se distingue de la maladie en ce qu'il a toujours une *cause extérieure* et que cette cause se manifeste toujours d'une façon *soudaine* et *violente*; au contraire, la maladie a souvent une cause intérieure et souvent aussi une évolution lente et continue; en conséquence, il y a accident, au point de vue de la loi du 9 avr. 1898, non seulement en cas de mort ou de blessures externes ou internes, mais au cas de lésions physiques offrant un caractère de soudaineté. Jugé, notamment, qu'on doit considérer comme accidents du travail, donnant ouverture aux indemnités prévues par la loi du 9 avr. 1898, la lésion interne (suivie de mort après deux mois de traitement) dont une ouvrière tisseuse a été atteinte en soulevant une contrepoids de son métier (Lyon, 7 juin 1900, D. P. 1901. 2. 12).

41. La loi du 9 avr. 1898 ne visant que les accidents, il s'ensuit que les *maladies professionnelles*, auxquelles on ne saurait assigner une origine et une date déterminées, sont exclues du bénéfice de cette loi (Req. 23 juill. 1902, D. P. 1903. 1. 274). Sont exclues, notamment : ...les intoxications saturnines ou coliques de plomb; ...la nécrose des allumettiers; ...la phtisie des mineurs ou carriers; ...le tremblement mercuriel des ouvriers qui fabriquent les glaces; ...les maladies pulmonaires provoquées par une respiration prolongée de chaux vive ou de poussières de scories phosphoriques. Une affection constitutionnelle (diabète, alcoolisme, etc.), même aggravée par le travail au point de devenir mortelle, ne cesse pas de constituer une maladie. Cependant, l'intoxication et autres phénomènes analogues devraient être classés parmi les accidents, s'ils revêtaient un caractère soudain et violent.

42. Les lombagos, sciatiques, tours de reins, ont un caractère indécis que les tribunaux doivent déterminer d'après les circonstances. — En ce qui concerne la hernie, il y a lieu de distinguer : si la hernie est uniquement le résultat d'un vice de naissance (hernie congénitale) ou d'une dégénérescence morbide (hernie de faiblesse), elle sera considérée comme une maladie et non comme un accident; si, au contraire, elle est le résultat d'un traumatisme (hernie de force), bien que dans ce cas encore elle suppose une certaine malformation natu-

relle, elle sera considérée comme un accident.

§ 6. — *Relation entre l'accident et le travail.*

43. Pour qu'un accident donne droit aux indemnités fixées par la loi du 9 avr. 1898, il faut qu'il soit survenu *par le fait* du travail ou *à l'occasion* du travail de la victime. — On entend par *travail* l'accomplissement de la fonction spéciale à laquelle la victime de l'accident est préposée, et même l'ensemble des actes de sa fonction auxquels elle concourt. Ainsi, le risque professionnel, mis par la loi du 9 avr. 1898 à la charge de certains chefs d'entreprise, est inhérent non seulement au travail assigné à chaque ouvrier, mais encore à l'ensemble des moyens mis en œuvre dans l'entreprise pour atteindre une production déterminée (Civ. r. 17 févr. 1902, D. P. 1902. 1. 273; Civ. c. 8 juill. 1903, D. P. 1903. 1. 510).

44. L'accident est réputé survenu *par le fait* du travail, lorsqu'il a eu pour cause immédiate et directe du travail même que l'ouvrier était en train d'exécuter; tel est le cas, par exemple, de l'ouvrier menuisier qui se blesse avec le marteau ou avec la scie qu'il est en train de manier. L'accident survenu par le fait du travail donne lieu à l'application de la loi du 9 avr. 1898, dès lors que le travail est un de ceux qui sont assujettis à ladite loi, et que l'ouvrier a pour fonction dans l'entreprise de se livrer à ce travail même.

45. Lorsque l'ouvrier est blessé par le fait d'un travail exécuté par lui, mais étranger à son occupation normale, il faut distinguer. Si le travail est le fait duquel l'ouvrier est blessé est à la fois un travail *assujetti* à la loi du 9 avr. 1898 et un travail *commandé* (ou *sciemment toléré*) du patron, la loi est applicable. Ainsi, on doit réputer victime d'un accident professionnel, régi par la loi du 9 avr. 1898, le charretier d'un raffineur de soufre, qui est blessé en transportant la récolte d'un propriétaire-viticulteur au service duquel son patron l'avait mis, pendant la morte-saison de son industrie, organisant ainsi une entreprise de transport.

46. La loi du 9 avr. 1898 est inapplicable, au contraire, si l'ouvrier a été blessé au cours d'un travail, même assujetti, en principe, à ladite loi, mais qui n'était ni *commandé*, ni *tacitement autorisé* par le patron. Spécialement, cette loi ne peut pas être invoquée par un ouvrier uniquement chargé, dans une scierie, de retirer et placer les planches débitées par la scie, si, avant l'ouverture du travail, il a pris sur lui, sans ordre du patron, de graisser les rouages de l'usine, en remplacement d'un autre ouvrier préposé à cette tâche, et si, dans l'exécution de ce travail non commandé, il s'est exposé à un accident (Dijon, 25 févr. 1901, D. P. 1901. 2. 372). — La loi du 9 avr. 1898 est encore inapplicable dans l'hypothèse inverse, si l'accident est survenu par le fait d'un travail qui, bien que commandé par le patron, n'est pas, par lui-même, un travail *assujetti* à ladite loi. Ainsi, alors même qu'une entreprise rentre dans la catégorie des usines et manufactures assujetties à la loi du 9 avr. 1898, les accidents qui s'y produisent ne donnent point lieu à l'application de ladite loi, s'ils ne sont survenus ni par le fait ni à l'occasion d'un travail industriel,mais au cours d'un travail domestique (spécialement, au cours du broyage de pommes à cidre pour la consommation personnelle du patron et de sa famille) (Civ. 31 oct. 1900, D. P. 1902. 2. 68). De même, on ne saurait déclarer victime d'un accident professionnel l'ouvrier carrier qui est blessé, tandis que, sur l'ordre de son patron, il était occupé à faire partir des bombes pour concourir à une réjouissance publique (Trib. civ. de Saint-Gaudens, 12 mars 1900, D. P. 1901. 2. 82).

47. Pour qu'un accident tombe sous le coup de la loi du 9 avr. 1898, il n'est pas nécessaire qu'il survienne par le fait du travail de la victime; il suffit qu'il se produise *à l'occasion de ce travail*, par le fait du travail des autres ouvriers ou même des machines dont le patron est appelé à répondre; il faut seulement que la cause de l'accident soit inhérente au travail effectué pour le compte et dans l'intérêt du patron, et que cet accident se rattache par un lien plus ou moins étroit à l'exercice de la profession de la victime; par exemple, lorsqu'un cocher reçoit des coups mortels dans une discussion relative au prix d'une course (Trib. civ. de la Seine, 6 juin 1905, D. P. 1906. 5. 5). — L'accident doit être réputé survenu à l'occasion du travail, lorsqu'il s'est produit : ... sur le lieu et pendant le temps du travail, ... par le fait du matériel de l'entreprise, ... ou par le fait du personnel dont le voisinage était imposé pour l'exécution du travail, ... ou même par le fait des forces de la nature, si le travail a eu pour conséquence d'en provoquer ou d'en aggraver l'action.

48. Pour que l'accident soit réputé survenu à l'occasion du travail de l'ouvrier, il faut qu'il se soit produit à un moment où le patron avait l'obligation d'assurer la sécurité de son ouvrier; or l'obligation, pour le chef d'entreprise, d'assurer la sécurité de ses ouvriers ne cesse que là où son autorité prend fin (Civ. c. 8 juill. 1903, D. P. 1903. 1. 510). La responsabilité que la loi du 9 avr. 1898 met à la charge du chef d'entreprise étant en corrélation avec les obligations que le contrat de louage de services impose à ses ouvriers ou employés, le travail, au sens de cette loi, commence dès que l'ouvrier est à la disposition du patron, et ne prend fin que lorsque l'ouvrier recouvre sa liberté (Civ. c. 10 nov. 1903, D. P. 1904. 1. 73); dès lors, on doit considérer comme survenu à l'occasion du travail, aux termes de l'art. 1er de la loi du 9 avr. 1898, tout accident arrivé dans le lieu et pendant le temps où l'ouvrier victime était soumis à la direction du chef de l'entreprise (Civ. r. 17 févr. 1902, et Civ. c. 8 juill. 1903, précités).

49. Le *lieu* du travail n'est pas forcément limité au poste assigné à l'ouvrier, mais il ne comprend pas non plus nécessairement l'ensemble des établissements placés sous la direction d'un même chef d'entreprise : il doit être déterminé d'après les conditions dans lesquelles s'effectuait le travail (Civ. c. 3 mars 1903, D. P. 1903. 1. 273). Ainsi, un accident engage la responsabilité du patron dans les termes de l'art. 1er de la loi du 9 avr. 1898, comme étant survenu à l'occasion du travail de l'ouvrier, si celui-ci est blessé par suite de l'effondrement du plancher d'un local où il était à table, et était spécialement affecté à l'usage du personnel pour y déposer les provisions de la semaine, s'y reposer et y prendre les repas (Nîmes, 10 août 1900, D. P. 1901. 2. 130).

50. Le *temps* du travail comporte une appréciation analogue. Ainsi, le séjour obligatoire sur le lieu du travail, en dehors des heures du travail proprement dit, doit être considéré comme rentrant dans le temps du travail. En conséquence, un patron de bateau s'est noyé en tombant du pont du bateau, on ne saurait rejeter la demande en indemnité formulée par la veuve, sous prétexte que la victime n'avait plus aucune manœuvre à exécuter, alors qu'il y avait pour elle obligation de demeurer à bord pendant la nuit (Civ. c. 10 nov. 1903, D. P. 1904. 1. 73). — Inversement, la loi du 9 avr. 1898 n'est pas applicable si l'accident

n'est pas survenu au temps du travail (Civ. r. 2 mars 1903, D. P. 1903. 1. 273). Ainsi, il n'y a pas accident survenu à l'occasion du travail, lorsque, le travail étant fini et le chantier abandonné par le patron et par l'ouvrier, celui-ci revient une heure après et remonte sur l'échafaudage pour relever une corde qui en pendait, malgré la défense antérieure du patron (Req. 20 mai 1903, D. P. 1904. 1. 116). Il en est de même, d'ailleurs, si l'abandon du chantier résulte, non pas de la fin normale de la journée de travail, mais d'un incident inopiné, tel que l'incendie de l'usine (Dijon, 9 mai 1900, D. P. 1901. 2. 133).

51. Les courts déplacements ou les courtes interruptions de travail, qui constituent un incident normal de la vie ouvrière, doivent être considérés comme rentrant dans le temps du travail. On doit donc admettre l'existence d'un accident du travail, lorsqu'un ouvrier, occupé depuis un temps assez prolongé pour qu'il dût, la nuit, prendre quelque nourriture, s'est retiré dans le baraquement des machines pour y faire son repas, est allé en jeter les restes dans un endroit faisant partie du chantier et a fait une chute provenant du défaut d'éclairage du chantier (Civ. r. 23 avr. 1902, D. P. 1902. 1. 273), ... ou bien, lorsqu'à la cessation du travail, l'ouvrier, avant de quitter le chantier, est allé chercher ses effets personnels (Bordeaux, 20 juin 1905, D. P. 1906. 5. 37).

52. Le trajet accompli par l'ouvrier pour se rendre au travail et en revenir ne doit pas être compté dans le temps du travail. En conséquence, un accident ne peut être considéré comme survenu par le fait ou à l'occasion du travail, lorsqu'il est arrivé avant que l'ouvrier, qui en a été la victime, soit parvenu sur le lieu du travail ou après qu'il s'en est éloigné, notamment au moment où l'ouvrier, se rendant à son poste à la gare où il devait prendre son service quelques minutes plus tard, est tué sur les voies principales de la ligne, qu'il traversait au lieu de suivre un chemin latéral, créé par la compagnie, longeant la voie et permettant de la traverser sans danger par un souterrain (Civ. c. 3 mars 1903, D. P. 1903. 1. 273). De même, ne rentre pas dans les termes de la loi du 9 avr. 1898 l'accident survenu à un employé d'une compagnie de chemin de fer chargé de nettoyer des machines en stationnement sur une voie déterminée, qui, son travail fini et étant de repos, a dû sortir de la gare pour aller prendre son repas dans un village où il habite, a pris une voie que les règlements lui interdisaient de prendre et a été renversé par un train au moment où il s'efforçait de monter sur le marchepied du dernier wagon pour abréger sa route (Req. 25 févr. 1902, D. P. 1902. 1. 273). Exceptionnellement, le trajet accompli par l'ouvrier pour se rendre au travail devrait être compté dans le temps du travail, s'il était effectué par un moyen de transport mis par le patron lui-même à la disposition de ses ouvriers (Trib. civ. de la Seine, 24 août 1900, D. P. 1901. 2. 276).

53. On doit réputer accidents du travail les accidents causés par le matériel ou l'outillage de l'entreprise, que la nature du travail accompli ne mette pas nécessairement ces engins en contact avec l'ouvrier. Dans ce cas, la responsabilité du chef de l'entreprise n'est dégagée que si la victime a provoqué l'accident intentionnellement (Civ. c. 4 août 1903, D. P. 1903. 1. 510). Et il importe peu que l'ouvrier ne se soit approché de l'engin (spécialement du laminoir) qui l'a blessé, contrairement aux ordres qu'il avait reçus, que dans un but de curiosité ou d'amusement, ces circonstances étant seulement de nature à établir que l'ouvrier a commis une faute dont le juge aura à appré-

cier le caractère inexcusable (Civ. c. 8 juill. 1903, 1er arrêt, D. P. 1903. 1. 510).

54. Par un motif analogue, un accident engage la responsabilité du patron, en vertu du principe du risque professionnel, comme étant survenu à l'occasion du travail, si l'accident résulte du fait des autres ouvriers dont le patron est appelé à répondre : par exemple, si l'ouvrier a été blessé par un objet fortement lancé par un de ses voisins, dont son travail lui imposait le voisinage (Civ. r. 23 avr. 1902, précité).

55. La loi du 9 avr. 1898 ne s'applique pas, en principe, aux accidents dus à l'action des forces de la nature, même quand ils sont survenus pendant le travail (Civ. r. 2 mars 1904, D. P. 1904. 1. 533; Conf., pour un cas de congélation, Trib. civ. de Verdun, 23 janv. 1906, D. P. 1906. 5. 61); il n'en est autrement que si le travail a contribué à amener ces forces en mouvement ou à en aggraver les effets. — Ainsi, on ne doit pas, en principe, considérer comme un accident du travail la mort par la foudre; mais il y a accident du travail, lorsque la foudre a blessé un ouvrier travaillant sur le faîte d'une maison en construction, alors, d'ailleurs, que l'élévation du bâtiment, situé dans une plaine ouverte, la conductilité électrique des murs et du plancher devaient exposer plus spécialement l'ouvrier à la foudre et en ont aggravé les effets; qu'en outre l'ouvrier était réglementairement tenu de continuer son travail jusqu'à un signal d'arrêt (Trib. de paix de Villeurbanne (Rhône), 26 janv. 1906, D. P. 1906. 5. 22). De même, l'insolation, étant un risque commun à tous les hommes, ne peut pas, en principe, être réputée survenue par le fait ou à l'occasion du travail, alors, du moins, que cet accident de force majeure, dû à l'action des rayons du soleil, n'a été ni provoqué, ni aggravé par le travail imposé à l'ouvrier (Civ. r. 10 déc. 1902, D. P. 1903. 1. 331), s'il est établi, par exemple, qu'un cocher livreur mort des suites d'une insolation a été frappé dans une voiture dont le toit abritait des rayons du soleil la place où la victime se tenait nécessairement pendant son travail sur cheval (Req. 15 juin 1903, D. P. 1904. 2. 262). — Au contraire, la loi du 9 avr. 1898 peut être invoquée par l'ouvrier victime d'une insolation survenue au mois de juillet, au cours d'un travail exécuté en plein soleil, dans des conditions qui aggravaient les dangers que faisait courir la température (Civ. r. 2 mars 1904, D. P. 1904. 1. 533).

§ 7. — *Des diverses sortes d'indemnités.*

56. Les indemnités comprennent deux éléments : 1° le remboursement des déboursés, tels que les frais médicaux ou funéraires (art. 4); 2° l'allocation de sommes remplaçant le salaire perdu par le fait de l'accident (art. 3).

A. — *Frais médicaux et funéraires.*

57. Les frais médicaux comprennent les frais pharmaceutiques (art. 4). Ils peuvent comporter les honoraires d'un spécialiste, tel qu'un dentiste par exemple, si l'accident a eu pour conséquence une lésion dentaire. Mais la Cour de cassation a refusé d'y comprendre le prix d'un appareil orthopédique, et l'allocation annuelle (en dehors de la rente) d'une somme pour le renouvellement et l'entretien de cet appareil (Civ. c. 25 juin 1902, D. P. 1902. 1. 341). Le remboursement des frais médicaux et pharmaceutiques est dû pendant tout le temps que court l'indemnité temporaire (Req. 26 oct. 1903, D. P. 1904. 1. 510), c'est-à-dire à partir du cinquième jour après l'accident (ou même, depuis la loi du 31 mars 1905, à partir du premier jour, si l'incapacité a duré plus de dix jours), jusqu'au jour de la guérison ou de la consolidation de la blessure, ou du décès (V. *infrà*, n° 64). — Le patron peut se décharger de l'obligation de payer les frais médicaux, moyennant certaines conditions qui seront exposées à l'occasion de l'indemnité temporaire (V. *infrà*, n° 66).

58. L'ouvrier peut s'adresser soit à un médecin, soit à un pharmacien de son choix, aux termes de l'art. 30 de la loi du 9 avr. 1898, modifié par la loi du 31 mars 1905, il est interdit, sous peine d'une amende correctionnelle, de porter atteinte ou tenter de porter atteinte à ce droit, notamment par menace de renvoi ou par refus ou menace de refus des indemnités dues en vertu de la loi. — Le patron a seulement le droit de surveiller le traitement. Ce droit du patron a été réglementé par la loi du 31 mars 1905 : en vertu du texte nouveau de l'art. 4 de la loi du 9 avr. 1898, le patron est autorisé à désigner au juge de paix un médecin chargé de le renseigner sur l'état de la victime, qui doit se laisser visiter par lui, une fois par semaine, en présence du médecin traitant, prévenu deux jours à l'avance, par lettre recommandée. Si la victime refuse de se prêter à cette visite, le juge de paix peut décider, après l'avoir convoquée par lettre recommandée, que le payement de l'indemnité temporaire sera suspendu. En cas de contestation sur le point de savoir si la victime peut reprendre le travail, le patron peut requérir du juge de paix une expertise médicale, qui devra avoir lieu dans les cinq jours ; toutefois, ce droit est limité au cas d'incapacité purement temporaire.

59. Le médecin traitant et le pharmacien sont autorisés à se faire payer conformément aux conventions ou à l'usage. Sous l'empire du texte primitif de l'art. 4 de la loi du 9 avr. 1898, le patron n'était tenu de contribuer à ce payement que pour partie, à concurrence d'une somme taxée par le juge de paix du canton où était survenu l'accident, conformément au tarif en vigueur pour l'assistance médicale gratuite. Depuis la loi du 31 mars 1905, la somme jusqu'à concurrence de laquelle le chef d'entreprise peut être tenu des frais médicaux et pharmaceutiques est fixée par le juge de paix, conformément à un tarif établi par arrêté du ministre du Commerce, après avis d'une commission spéciale, et qui ne peut être modifié qu'à intervalles de deux ans.

60. Sous le régime de la loi du 9 avr. 1898, on admettait que le chef d'entreprise devait, outre l'indemnité journalière, les frais d'hospitalisation, à moins que la victime, refusant les frais médicaux et pharmaceutiques assurés par l'entreprise, n'eût elle-même fait choix de l'hospitalisation (Av. Com. consult. 10 janv. 1900, D. P. 1900. 4. 20). Depuis la loi du 31 mars 1905, les frais d'hospitalisation sont dus sans distinction par le patron, et l'art. 4 nouveau de la loi du 9 avr. 1898 édicte seulement un tarif maximum. D'après ce texte, l'établissement hospitalier peut actionner directement le chef d'entreprise en payement de ces frais.

61. En cas d'accident mortel, le patron doit, à concurrence de 100 francs, le remboursement des frais funéraires (la levée, le transport et la sépulture du corps, les frais de faire-part, etc.). Et le patron ne peut pas se décharger de cette obligation en affiliant son ouvrier à une caisse de secours.

B. — Indemnité temporaire.

62. Pour le calcul des indemnités destinées à suppléer au salaire perdu, la loi distingue suivant la nature des conséquences de l'accident. S'il s'agit d'une incapacité de travail purement *temporaire*, c'est-à-dire destinée à disparaître complètement après la guérison, la victime a droit jusqu'à ce moment à une *indemnité journalière*. Si l'incapacité est *permanente*, c'est-à-dire comporte après guérison des suites telles que le salaire se trouve anéanti (incapacité permanente absolue) ou simplement réduit (incapacité permanente partielle), la victime a droit à une *rente viagère*. En cas de mort, certaines personnes ont également droit à une rente.

63. L'*indemnité journalière*, en cas d'incapacité temporaire, est égale à la moitié du salaire touché par l'ouvrier au moment de l'accident (art. 3), alors même que ce salaire correspondrait à un salaire annuel excédant 2400 francs. — Le salaire qui doit ainsi servir de base à l'indemnité temporaire doit s'entendre du salaire effectivement touché par l'ouvrier dans la journée même de l'accident (Req. 3 déc. 1901, D. P. 1902. 1. 381) ; ce n'est pas, comme lorsqu'il s'agit de déterminer la base des rentes viagères, le salaire moyen des douze mois écoulés avant l'accident (V. *infrà*, n° 86). — Dans le cas d'un salaire variable de jour en jour (spécialement si le patron, au lieu d'allouer à ses ouvriers un salaire fixe et journalier, les paye par quinzaine suivant les résultats de l'entreprise), l'art. 8 de la loi du 9 avr. 1898, modifié par la loi du 31 mars 1905, précise qu'on doit prendre pour base le salaire moyen des journées de travail pendant le mois qui a précédé l'accident : c'est donc à la moitié de ce salaire moyen que doit être fixée l'indemnité temporaire. — Pour les ouvriers mineurs de seize ans et les apprentis, elle est égale à la moitié du salaire le plus bas des ouvriers valides de la même catégorie employés dans l'entreprise, sans toutefois que ce demi-salaire fictif puisse dépasser le montant du salaire réel (art. 8).

64. L'indemnité temporaire, destinée à tenir lieu partiellement du salaire suspendu, est due à l'ouvrier *pour chaque jour de suspension de travail*. Toutefois, pour le jour même de l'accident, l'ouvrier a droit à son plein salaire (Av. Com. consult. 19 déc. 1900, D. P. 1901. 4. 83). En ce qui concerne les jours suivants, il faut distinguer. Si l'incapacité a duré *dix jours ou moins de dix jours*, il n'est dû aucune indemnité temporaire pour les *quatre premiers jours d'incapacité* (non compris le jour même de l'accident) : l'indemnité temporaire n'est donc due et n'a jamais été due, sous l'empire de la loi du 9 avr. 1898, qu'à partir du cinquième jour après celui de l'accident. Au contraire, si l'incapacité a duré *plus de dix jours*, la loi du 31 mars 1905 édicte, contrairement à ce que décidait le texte primitif de la loi du 9 avr. 1898, que l'indemnité temporaire est due *à partir du premier jour*. — Elle est due pour tous les jours, y compris les dimanches et jours fériés, alors même qu'avant l'accident l'ouvrier ne travaillait pas ces jours-là ; y compris aussi les jours où l'ouvrier a été hospitalisé. — Elle est due jusqu'à la guérison, ou, plus exactement, jusqu'à la consolidation de la blessure (V. sur le sens de cette expression, *infrà*, n° 75) (L. 9 avr. 1898, art. 15, modifié par la loi du 31 mars 1905). Mais elle peut être suspendue si la victime refuse de se laisser visiter par le médecin que le patron a chargé de surveiller le traitement.

65. L'indemnité temporaire doit être acquittée aux époques usitées pour le payement des salaires dans l'entreprise à laquelle appartient la victime. Toutefois, d'après l'art. 3 de la loi du 9 avr. 1898, modifié par la loi du 31 mars 1905, l'intervalle entre deux payements d'indemnité temporaire ne peut excéder seize jours. D'après ce même texte, l'indemnité temporaire doit être payée au lieu usité dans l'entreprise. — L'indemnité temporaire est insaisissable, aussi bien que les rentes prévues par ladite loi : en conséquence, elle ne peut être compensée avec les dépens mis à la charge de l'ouvrier dans une précédente instance.

66. Le patron peut se décharger, pendant les 30, 60 ou 90 premiers jours à partir de l'accident, de tout ou partie des frais médicaux et pharmaceutiques, ainsi que des frais médicaux et pharmaceutiques, à charge de justifier : 1° qu'il a affilié ses ouvriers à des sociétés de secours mutuels et pris à sa charge une quotepart de la cotisation, déterminée d'un commun accord et non inférieure au tiers ; 2° que ces sociétés assurent à leurs membres, pendant 30, 60 ou 90 jours, les soins médicaux et pharmaceutiques et une indemnité journalière. Si cette dernière est moindre que le demi-salaire, le patron doit compléter la différence (art. 5). — De même, les exploitants de mines, minières et carrières peuvent se décharger des frais médicaux et de l'indemnité temporaire, moyennant une subvention annuelle versée aux sociétés ou caisses de secours constituées chez les entreprises en vertu de la loi du 29 juin 1894 (V. *infrà*, *Mines, minières, carrières*, n° 79 et s.). Le montant et les conditions de cette subvention doivent être acceptés par la société et approuvés par le ministre des Travaux publics. La même faculté est ouverte à tous autres chefs d'industrie qui auront créé en faveur de leurs ouvriers des caisses particulières de secours en conformité de la susdite loi de 1894, avec cette seule différence que, pour ceux-ci, l'approbation doit émaner du ministre du Commerce et de l'Industrie (art. 6).

C. — Rente viagère.

67. En cas d'incapacité permanente (partielle ou absolue), la victime a droit d'abord, comme en cas d'incapacité temporaire, au remboursement des frais médicaux et à l'indemnité journalière jusqu'au jour de la consolidation de la blessure (V. sur le sens de ces mots, *infrà*, n° 75) ; elle a droit, en outre, à une allocation non en capital, mais en rente viagère (art. 3). Cette rente est déterminée à forfait par la loi et établie de manière à ne réparer qu'incomplètement le préjudice subi par la victime, qui, dans la pensée du législateur, doit supporter une part du dommage, en compensation de la sûreté qu'elle a d'obtenir dans tous les cas une réparation au moins partielle.

68. La rente doit être allouée sans modification, telle qu'elle est déterminée par la loi ; toute convention contraire est nulle (art. 30). — Toutefois, en vertu de l'art. 21, les parties peuvent convenir que le service de cette rente sera *provisoirement* suspendu et remplacé par tout autre mode de réparation ; mais cette faculté est subordonnée à deux conditions : 1° que le chiffre de la rente ait été préalablement déterminé conformément à la loi, c'est-à-dire par accord devant le président du tribunal civil ou par jugement ; 2° que la suspension du service de la rente et son remplacement par un autre mode de réparation aient un caractère précaire, et puissent toujours prendre fin à première demande de l'une ou l'autre des parties. Dans un cas seulement, la loi autorise, à *titre définitif*, la conversion de la rente en un capital : c'est quand la rente n'excède pas 100 francs, encore faut-il, dans ce cas, depuis la loi du 31 mars 1905, que le titulaire de la rente soit majeur.

69. L'art. 9 de la loi du 9 avr. 1898 autorise dans deux autres cas une modification partielle de la rente allouée à l'ouvrier atteint d'une incapacité permanente : en premier lieu, l'ouvrier peut demander que le quart au plus de cette rente soit converti en un capital ; en second lieu, la victime peut demander que le capital correspondant à sa rente (ou ce capital diminué du quart, en cas d'application de l'art. 9, § 1er) serve à constituer une rente réversible pour moitié au plus sur la tête de son conjoint, pourvu qu'il n'en résulte aucune aggravation de la charge imposée au patron. — La conversion de la rente en capital, quand elle est autorisée, doit se faire d'après le tarif de la Caisse nationale des retraites (art. 21).

70. En dehors des cas où le rachat conventionnel de la rente est exceptionnellement permis, la loi ordonne, dans deux cas particuliers, le rachat de plein droit : 1° le conjoint qui a obtenu une rente viagère reçoit, en cas de nouveau mariage et pour solde d'indemnité, un capital égal à trois annuités de cette rente (art. 3, à); 2° l'ouvrier étranger qui quitte le territoire français reçoit également pour solde, un capital égal au triple de la rente annuelle qui lui avait été allouée (art. 3, in fine). La déchéance, édictée contre l'ouvrier étranger qui cesse de résider sur le territoire français, s'applique, à plus forte raison, à l'ouvrier qui, résidant à l'étranger, vient travailler en France, et a été victime d'un accident au cours de son travail en France, alors qu'il résidait à l'étranger (Civ. 7 juill. 1903).

71. Les demandes prévues par l'art. 9 de la loi du 9 avr. 1898 doivent être portées devant le tribunal, après le délai de révision prévu à l'art. 19 de la même loi, et au plus tard dans le mois qui suit l'expiration du délai imparti pour l'action en revision. Il en est autrement pour la demande de conversion autorisée par l'art. 21, laquelle est recevable au cours même du délai de revision. — Le tribunal statue sur ces demandes en chambre du conseil (art. 9).

a. — Incapacité permanente partielle.

72. Le premier cas où une rente est due est celui où l'ouvrier subit une incapacité permanente partielle, c'est-à-dire lorsque l'accident, tout en le laissant capable de travailler, a eu pour conséquence à l'avenir une *diminution de sa capacité de travail* et une *réduction de ses salaires*. L'incapacité permanente partielle se distingue de l'incapacité purement temporaire en ce que, malgré la guérison de la blessure proprement dite, l'ouvrier reste atteint d'une diminution définitive de son aptitude au travail. Elle se distingue de l'incapacité permanente absolue en ce que la capacité de travail (car, par suite, l'aptitude au salaire) est seulement réduite au lieu d'être supprimée tout à fait. La caractéristique de l'incapacité permanente partielle, c'est qu'elle doit normalement se traduire par une réduction de salaire. Par conséquent, certaines traces physiques, même très visibles, de l'accident peuvent être réputées insuffisantes à constituer une incapacité permanente partielle, si elles n'ont pas pour effet de diminuer l'aptitude au salaire. Toutefois, il n'est pas nécessaire que le salaire se trouve effectivement réduit : pour apprécier la réduction qu'une incapacité partielle et permanente fait subir au salaire d'un ouvrier dans les conditions prévues par la loi du 9 avr. 1898, le juge n'est pas tenu de considérer exclusivement le salaire effectivement touché par cet ouvrier après la reprise de son travail; il doit rechercher dans quelle proportion la capacité professionnelle de l'ouvrier a été diminuée par suite de l'accident et quel abaissement correspondant de salaire doit normalement s'ensuivre (Civ. r. 19 janv. 1903, D. P. 1903. 1. 108; Trib. civ. de Roanne, 10 juill. 1906, D. P. 1906. 5. 53).

73. La rente due à l'ouvrier atteint d'une incapacité permanente partielle est, d'après l'art. 3 de la loi du 9 avr. 1898, égale à la moitié de la réduction que l'accident a fait subir au salaire. Toutefois, cette proportion de moitié n'est rigoureusement applicable que lorsque le salaire n'excède pas 2400 francs (art. 2). Si le salaire est supérieur à 2400 francs, la rente n'est calculée conformément au taux de l'art. 3 que sur un salaire fictif équivalent à ce chiffre. Pour le surplus, c'est-à-dire pour la différence entre le salaire réel et la somme de 2400 francs, la victime a bien droit à une rente supplémentaire; mais cette rente n'est, en principe, que du quart du chiffre qu'elle atteindrait sans cette limitation. Ainsi, dans le cas d'un salaire réel de 3000 francs, le calcul de la rente qui est due à l'ouvrier ou employé en cas d'incapacité permanente donne lieu à une double opération : on calcule d'abord la rente afférente à 2400 francs; en second lieu, on calcule la rente afférente à la différence entre 2400 et le salaire réel (soit 600 francs), et on divise cette dernière rente par 4; on totalise ensuite. D'ailleurs, la réduction au quart de la rente correspondant à la portion de salaire qui excède 2400 francs n'est pas d'ordre public : l'art. 2, contraire en cela au principe forfaitaire de la loi du 9 avr. 1898 qui est inscrit dans l'art. 30 de ladite loi, autorise, en ce qui concerne cette quotité, les « conventions contraires », pourvu qu'il s'agisse de conventions ayant pour objet d'élever la quotité du quart et non de la réduire, et sans qu'il soit permis de dépasser le tarif de droit commun édicté par l'art. 3.

74. Le salaire qui doit servir de base au calcul de la rente viagère est déterminé, dans chaque espèce, d'après les prescriptions des art. 8 et 10 de la loi du 9 avr. 1898 (V. *infrà*, n° 86). Quant à l'importance de la réduction de salaire qui doit servir de base à la fixation de la rente, en cas d'incapacité permanente partielle, les tribunaux ont plein pouvoir pour l'apprécier. Mais, la loi du 9 avr. 1898 déterminant, d'après le salaire de base, le *quantum* de la rente due à l'ouvrier, le jugement doit faire connaître avec précision, outre le salaire effectif de l'ouvrier, la réduction que l'accident lui fera normalement subir, afin de permettre à la Cour de cassation d'exercer son contrôle, et, depuis la loi du 31 mars 1905, portant modification de l'art. 16 de la loi du 9 avr. 1898, il en est de même de l'ordonnance du président du tribunal fixant la rente, en cas d'accord entre les parties. Il n'est pas permis de faire descendre la rente au-dessous du taux normal correspondant à l'incapacité constatée, sous prétexte que la gravité actuelle de cette incapacité serait imputable à une maladie ou infirmité antérieure de l'ouvrier (Req. 30 juin 1903, D. P. 1903. 1. 532) : spécialement, quand un ouvrier était, avant d'entrer dans un établissement industriel, atteint d'une ophtalmie de l'œil droit qui en diminuait l'acuité visuelle, l'indemnité due à la suite d'un accident de travail qui lui a fait perdre l'œil gauche doit être calculée sans tenir compte de l'infirmité antérieure (Civ. c. 25 juill. 1904, D. P. 1904. 1. 553). Mais les rentes dues pour accidents du travail peuvent être réduites quand la victime a volontairement aggravé son mal, notamment en contrevenant aux soins dont elle était l'objet (par exemple, en arrachant les pansements et bandages appliqués sur une fracture) (Trib. civ. de Montmorillon, 17 mai 1905, D. P. 1907. 2. 195).

75. Le point de départ de la rente due en cas d'incapacité permanente partielle doit être, non pas la décision judiciaire définitive, mais le moment où, la maladie ayant pris fin, les parties peuvent fixer le salaire nouveau que le blessé pourra gagner : c'est le moment dit de la *consolidation de la blessure* (Req. 24 févr. 1902, D. P. 1902. 1. 339; Civ. 25 nov. 1903, D. P. 1904. 1. 73). Pendant la période de temps qui s'écoule du jour de la consolidation de la blessure au jour de la décision définitive, le payement de l'indemnité temporaire est fait à titre de provision (Civ. c. 17 févr. 1903, D. P. 1903. 1. 109; Req. 13 juill. 1903, D. P. 1903. 1. 531); en conséquence, les sommes versées comme indemnité temporaire à l'ou-

vrier postérieurement à la date de la consolidation de la blessure s'imputent sur les arrérages de la rente due à partir de cette date (Mêmes arrêts). — Toutefois, d'après l'art. 16 de la loi du 9 avr. 1898, modifié par celle du 31 mars 1905, si le montant de l'indemnité temporaire payée à titre de provision excède les arrérages dus jusqu'à la date de la fixation de la rente, le tribunal peut ordonner que le surplus sera précompté sur les arrérages ultérieurs dans une certaine proportion qu'il détermine. Au moyen de cette limitation de l'imputation, on échappe à l'inconvénient que présentait la jurisprudence antérieure à la loi du 9 avr. 1898, laquelle mettait quelquefois la victime pendant plusieurs mois, ou même plusieurs années, dans l'impossibilité de toucher sa rente, tant que les termes cumulés de celle-ci n'avaient pas atteint le chiffre de l'indemnité temporaire touchée à titre de provision.

76. Les rentes constituées en vertu de la loi du 9 avr. 1898 sont payables à la résidence du titulaire, ou au chef-lieu de canton de cette résidence, et, si elles sont servies par la Caisse nationale des retraites, chez le préposé de cet établissement désigné par le titulaire. — Elles sont payables par trimestre et à terme échu; toutefois, le tribunal peut ordonner le payement d'avance de la moitié du premier arrérage. — Ces rentes sont incessibles et insaisissables (L. 1898, art. 3, modifié par la loi du 31 mars 1905). Elles ne peuvent être l'objet d'une *compensation légale* avec une dette de l'ouvrier envers le patron, spécialement avec la dette résultant d'une condamnation de l'ouvrier aux dépens de l'instance dans laquelle sa rente a été liquidée (Req. 16 janv. 1905, D. P. 1906. 1. 69).

b. — Incapacité permanente absolue.

77. Le second cas où une rente est due est celui de l'incapacité permanente et absolue, c'est-à-dire où la victime de l'accident se trouve dans l'impossibilité définitive et complète de se livrer à aucun travail lucratif, et conséquemment de gagner aucun salaire. — Pour que l'incapacité soit réputée absolue, il ne suffit pas que l'ouvrier se trouve obligé de renoncer à sa profession ordinaire; il faut que l'accident le rende inhabile à toute espèce de travail et le prive de tout moyen d'existence (Dijon, 15 nov. 1905, D. P. 1906. 5. 22 et les arrêts cités en note). Il n'est, d'ailleurs, pas nécessaire que l'inaptitude absolue au travail de l'accident lui-même : il suffit que l'accident ait aggravé, au point de la rendre absolue, une inaptitude partielle préexistante à cet accident; l'état d'infirmité dans lequel se trouvait la victime avant l'accident n'important pas au point de vue de la détermination de son état actuel, et, par suite, l'indemnité à laquelle elle a droit; le juge ne peut pas allouer à l'ouvrier atteint d'une incapacité permanente et absolue l'indemnité moindre fixée pour l'incapacité permanente et partielle, sous le prétexte que telles eussent été les suites de l'accident si cet ouvrier n'eût été déjà infirme au moment du travail et du blessé (Civ. c. 11 nov. 1903, D. P. 1904. 1. 73; Civ. c. 25 juill. 1904, D. P. 1904. 1. 553). En conséquence, un ouvrier borgne à droit intégralement, s'il perd son autre œil, à la rente afférente au cas d'incapacité permanente et absolue.

78. La rente due en cas d'incapacité permanente absolue est égale aux deux tiers du salaire perdu par suite de l'accident (art. 3), sous réserve de l'application de l'art. 2 au cas où le salaire de base excède 2400 francs (V. *supràn*, n° 73). — Elle est, quant au payement, soumise aux mêmes règles que la rente due pour incapacité permanente partielle (V. *supràn*, n° 76).

c. — Accident mortel.

79. En cas de mort de la victime, le conjoint, les descendants et les ascendants ont droit à une rente dans les conditions ci-après, pourvu que la victime ait été de nationalité française ou que, si elle était de nationalité étrangère, ses ayants droit résident, lors de l'accident, sur le territoire français (V. *infrà*, n° 85). Cette rente est régie, en ce qui concerne le salaire de base, les termes et le mode de payement, l'insaisissabilité, etc., par les règles relatives à la rente qui est accordée, en cas d'incapacité permanente, à la victime elle-même (V. *suprà*, n° 76, et *infrà*, n° 86). — Si la mort n'est survenue qu'au bout d'une certaine période de traitement curatif, on doit admettre que, malgré le silence de la loi, le blessé a droit, pendant cette période, aux mêmes allocations que le blessé atteint d'incapacité permanente, c'est-à-dire à l'indemnité journalière et au remboursement des frais médicaux. — Il y a preuve suffisante qu'un ouvrier est mort des conséquences d'un accident du travail, lorsque le premier symptôme de la maladie à laquelle il a succombé s'est manifesté par suite de l'accident (Paris, 30 juill. 1902, D. P. 1906. 2. 357). — Comp. *ibid.*, Lyon, 28 mai 1904 ; Rennes, 6 janv. 1902, et Douai, 8 mai 1904.

80. Le *conjoint* a droit à une rente égale à 20 pour cent du salaire de la victime. Cette rente est due, sans distinction de sexe, aussi bien au veuf qu'à une victime qu'à la veuve d'un ouvrier. Elle ne comporte aucune réduction par le fait du concours du conjoint survivant avec des enfants, également créanciers d'une rente. Il faut seulement que le mariage soit antérieur à l'accident et qu'il ne soit intervenu ni séparation de corps ni divorce. En cas de nouveau mariage, le conjoint survivant perd son droit à la rente viagère, dont il reçoit seulement trois annuités à titre d'indemnité totale (L. 1898, art. 3 ; V. *suprà*, n° 70).

81. Les *enfants* légitimes ou naturels (pourvu que ceux-ci aient été reconnus avant l'accident) sont traités sur le même pied. Ils ont droit à une rente, mais seulement jusqu'à l'âge de seize ans. Cette rente varie suivant que, par le décès de la victime, ils deviennent simplement orphelins de père ou de mère, ou orphelins à la fois de père et de mère. Dans le premier cas, elle est de 15 pour cent du salaire, s'il n'y a qu'un enfant ; 25 pour cent, s'il y en a deux ; 35 pour cent, s'il y en a trois ; 40 pour cent, s'il y en a quatre ou davantage. Dans le second cas, la rente est, pour chaque enfant, de 20 pour cent, avec maximum total de 60 pour cent (art. 3, B). Au cas où l'ensemble des rentes excède le maximum de 40 ou 60 pour cent, chacune d'elles est proportionnellement réduite jusqu'à ce que le plus âgé des enfants atteigne seize ans ; à ce moment, il est procédé entre les autres à une nouvelle répartition du maximum, et ainsi de suite.

82. Le conjoint survivant et les enfants ont droit cumulativement aux rentes qui leur sont respectivement allouées. Ainsi, si la victime laisse à la fois trois enfants d'un premier lit, orphelins de père et mère, et une seconde femme, le chef d'entreprise devra payer des rentes s'élevant à 60 pour cent pour les enfants et 20 pour cent pour la veuve, au total 80 pour cent. Mais la rente de la veuve est seule viagère ; les autres ne sont dues aux enfants que jusqu'à l'expiration de leur seizième année.

83. À l'inverse du conjoint et des enfants, les *ascendants* ne cumulent jamais leur rente avec d'autres ayants droit de la victime : ils ne sont appelés à en recevoir une que si la victime n'a ni conjoint, ni enfant dans les termes énoncés à l'art. 3. Encore faut-il qu'ils soient *à la charge* de la victime. Ces mots sont entendus dans le sens le plus rigoureux. C'est ainsi qu'un père et une

mère, qui recevaient de leur fils une part, même importante, du salaire de celui-ci, sont sans droit à une rente, s'il apparaît que cette remise avait le caractère d'un simple secours et n'était pas la seule et unique ressource des parents. — La rente due aux ascendants est, comme celle du conjoint, *viagère*. Elle est fixée à forfait, et les juges ne peuvent pas la réduire en dehors du cas de faute inexcusable (V. *suprà*, n° 5), notamment sous prétexte que les ayants droit ne sont pas uniquement à la charge de la victime. — Le *quantum* de la rente due à chaque ascendant est égal à 10 pour cent du salaire de la victime. Le total des rentes que le patron peut être appelé à servir aux ascendants est de 30 pour cent. Si ces ayants droit se trouvaient être au nombre de plus de trois, le maximum de 30 pour cent ainsi fixé ne permettrait pas de leur allouer à chacun 10 pour cent : il y aurait donc lieu de répartir entre eux ce maximum par portions égales, comme on le fait pour les orphelins. Au fur et à mesure de l'extinction des autres rentes, qui avaient nécessité la répartition du maximum, celles-ci accroîtront au profit des survivants.

84. Les *descendants autres que les enfants* peuvent avoir droit à une rente dans les mêmes conditions que les ascendants, avec cette différence, toutefois, que la rente des descendants, au lieu d'être viagère comme celle des ascendants, s'éteint avec leur seizième année, comme celle des enfants du premier degré. Les descendants dont il est ici question ne sont autres que les *petits-enfants* du défunt. Pour qu'ils aient droit à une rente, il faut, en premier lieu, qu'il n'ait existé au moment du décès ni un conjoint non divorcé, ni un enfant mineur de seize ans et ayant, comme tel, droit à une rente ; mais l'existence d'un ascendant ayant droit à une rente ne les exclurait pas : il y aurait seulement lieu à concours dans la limite du maximum de 30 pour cent. Il faut, en second lieu, que les descendants justifient avoir été, du vivant de la victime, *à sa charge*.

85. La rente due en cas d'accident mortel est soumise à des règles particulières dans le cas où la victime était un ouvrier *étranger*. — Si, au moment de l'accident, ses ayants droit résidaient en France, ils ont les mêmes droits, en principe, que les représentants d'un ouvrier français. Mais si, après l'accident, ils cessent de résider sur le territoire français, l'art. 3 de la loi du 9 avr. 1898, tel qu'il a été modifié par la loi du 31 mars 1905, décide qu'ils n'ont plus droit, pour toute indemnité, qu'à un capital égal à trois fois la rente qui leur était allouée, sans que d'ailleurs ce capital puisse dépasser la valeur actuelle de la rente d'après le tarif visé à l'art. 28 de ladite loi du 9 avr. 1898. — Si, au moment de l'accident, les ayants droit de l'ouvrier étranger ne résidaient pas sur le territoire français, l'objet d'une disposition rigoureuse, qui se retrouve d'ailleurs, dans la plupart des législations étrangères : ils n'ont aucun droit aux rentes édictées par l'art. 3 de la loi du 9 avr. 1898. Et comme, d'autre part, l'art. 2 de cette loi (V. *suprà*, n° 10) les empêche d'invoquer aucun autre texte, et particulièrement l'art. 1382 c. civ., il s'ensuit que, dans ce cas, ils n'ont droit à aucune réparation sous aucune forme. Mais la déchéance susvisée est personnelle à chacun des ayants droit de l'ouvrier étranger. En conséquence, si, au moment d'un accident mortel, la veuve de l'ouvrier étranger a été victime résidait seule en France avec lui, tandis que leur enfant mineur résidait à l'étranger, la demande d'indemnité formée en vertu de la loi du 9 avr. 1898 serait recevable au nom de la veuve, mais ne le serait pas au nom de l'en-

fant mineur. — La part de ceux qui sont ainsi déchus n'accroît pas aux autres : les ayants droit résidant en France ne reçoivent donc que la part qu'ils auraient reçue si les autres n'avaient résidé également.

d. — Salaire de base.

86. Les rentes accordées à la victime ou à ses représentants étant proportionnelles au salaire, la loi a dû déterminer le montant du salaire, dit *salaire de base*, qui sert à établir cette proportion (art. 8 et 10). Le salaire de base se calcule différemment, suivant qu'il s'agit de déterminer les rentes viagères ou l'indemnité journalière (art. 3). Pour déterminer l'indemnité *journalière*, on recherche le salaire gagné par l'ouvrier le *jour* de l'accident (V. *suprà*, n° 63). Pour déterminer la rente *annuelle* due à l'ouvrier ou à son représentant, on recherche le salaire gagné par lui dans l'*année* de l'accident. La différence peut être notable si l'accident s'est produit non à une époque moyenne, mais à une époque exceptionnelle, soit de morte-saison, soit au contraire, de plein travail (Req. 3 déc. 1901, D. P. 1902. 1. 381).

87. En principe, le salaire de base s'entend de la *rémunération effective* que l'ouvrier recevait avant l'accident (art. 10). Toutefois, pour l'apprenti ou l'ouvrier mineur de seize ans, la loi a adopté un salaire de base fictif, qui ne doit pas être inférieur au salaire le plus bas des ouvriers majeurs et valides de la même catégorie occupés dans l'entreprise (art. 8). Pour ouvriers « de la même catégorie », il faut entendre les ouvriers de la catégorie à laquelle le mineur de seize ans ou l'apprenti se destine ou se prépare (Av. Com. consult., 7 févr. 1900, D. P. 1900. 4. 19). À défaut d'ouvriers de cette catégorie actuellement employés dans l'entreprise, on prendra comme élément de comparaison les ouvriers validés de la même catégorie récemment employés dans l'entreprise ou subsidiairement dans des entreprises analogues de la localité ou du voisinage (Même avis). De la disposition de l'art. 8, il suit que le salaire de base pour l'ouvrier mineur de seize ans ou pour l'apprenti est son salaire réel, si ce salaire égale ou dépasse celui des ouvriers valides de la même catégorie, et le salaire le plus bas des ouvriers valides de la même catégorie, si son salaire réel est inférieur. Il n'y a pas place pour un autre mode d'évaluation, qui ne pourrait procéder du pouvoir d'appréciation que la loi refuse aux tribunaux. Ainsi, l'indemnité due à l'ouvrier mineur de seize ans victime d'un accident du travail doit être calculée, soit sur son salaire effectif s'il dépasse le salaire le plus bas des ouvriers valides de la même catégorie occupés dans l'entreprise, soit d'après ce salaire minimum s'il est supérieur au salaire effectif ; mais le juge ne pourrait fixer le salaire devant servir de base au calcul de l'indemnité à un chiffre différent soit du salaire effectif, soit d'après le salaire minimum légal (Civ. c. 5 juill. 1904, D. P. 1904. 1. 553).

88. Le calcul du salaire annuel ne présente pas de difficulté, s'il s'agit d'un ouvrier ayant régulièrement travaillé toute l'année dans l'entreprise : il suffit alors de rechercher la rémunération qu'il a effectivement reçue pendant les douze mois écoulés avant l'accident (art. 10, § 1er). — S'il s'agit d'un ouvrier qui, sans avoir fourni douze mois de travail, était cependant employé *depuis plus de douze mois dans l'usine*, d'ailleurs ouverte toute l'année, il faut appliquer non pas l'art. 10, § 2, de la loi du 9 avr. 1898, relatif aux ouvriers embauchés dans l'entreprise depuis moins d'un an, ni l'art. 10, § 3, relatif aux industries à travail discontinu et à chômages périodiques, mais l'art. 10, § 1er, suivant lequel le salaire de base s'entend de la rémunération effective allouée à l'ouvrier, soit en argent, soit en nature, pendant les douze derniers mois. On ne doit donc pas, en principe, ajouter au salaire effectivement perçu par l'ouvrier une somme correspondant aux jours de chômage, notamment quand l'interruption de travail est due, soit à la paresse, soit à une faute personnelle de la victime. Pour le même motif, on ne doit pas ajouter au salaire effectif la rémunération correspondante au chômage normal des dimanches et jours de fête, en sorte que le salaire de base doit, en thèse générale, être calculé sur trois cents jours seulement. Mais si l'ouvrier a chômé exceptionnellement, et pour des causes indépendantes de sa volonté, il doit être fait état du salaire moyen qui eût correspondu à ces chômages (L. 9 avr. 1898, art. 10, § 4, ajouté par la loi du 31 mars 1905).

89. Le cas de grève a donné lieu à des difficultés particulières. La jurisprudence des cours d'appel tendait à voir dans la grève un simple chômage volontaire ou involontaire, suivant qu'il dépendait ou non de l'ouvrier de suivre le mouvement. Suivant la Cour de cassation, au contraire, la grève a le caractère, non d'une simple suspension, mais d'une interruption définitive du contrat de travail, et, lorsqu'elle a pris fin, c'est un nouveau contrat qui se forme entre le patron et l'ouvrier (Civ. c. 4 mai 1904, D. P. 1904. 1. 289). Par suite, si un ouvrier est victime d'un accident entraînant une incapacité permanente, moins de douze mois après la cessation de la grève, le salaire qui servira de base à sa pension doit être calculé, non pas suivant l'art. 10, § 1er, qui concerne les ouvriers employés depuis plus de douze mois dans l'entreprise, mais suivant l'art. 10, § 2, spécial aux ouvriers embauchés depuis moins de douze mois : ce salaire doit donc être celui qu'il a effectivement touché depuis la date de sa rentrée, augmenté (sous l'empire du texte primitif de la loi du 9 avr. 1898) de la rémunération moyenne qu'ont reçue, pendant la période nécessaire pour compléter les douze mois, les ouvriers de la même catégorie (Civ. c. 4 mai 1904, précité). V. le numéro suivant.

90. S'il s'agit (deuxième hypothèse) d'une entreprise ouverte toute l'année, mais où l'ouvrier n'était embauché que *depuis moins de douze mois*, le salaire de base doit comprendre, outre la rémunération effective qu'il a reçue depuis son entrée dans l'entreprise, une somme complémentaire. D'après la loi du 9 avr. 1898, on devait ici faire état d'une somme correspondant à la rémunération moyenne qu'avaient reçue dans la même entreprise, pendant la période nécessaire pour compléter les douze mois, les ouvriers de la même catégorie. Depuis la loi du 31 mars 1905, la somme complémentaire dont on doit faire état est celle *que l'ouvrier lui-même aurait dû recevoir* pendant la période nécessaire pour compléter les douze mois, d'après la rémunération moyenne des ouvriers de la même catégorie pendant ladite période.

91. S'il s'agit (troisième hypothèse) d'une entreprise *où le travail est discontinu*, c'est-à-dire d'une entreprise qui chôme et reste fermée pendant une partie de chaque année, il faut, pour calculer le salaire de base, ajouter au salaire effectivement gagné par l'ouvrier dans l'entreprise, pendant le temps où elle fonctionne, les gains réalisés par lui-même en dehors de cette entreprise pendant le temps où elle est en chômage.

92. Au point de vue des *éléments* qui constituent le salaire de base, on considère non seulement le salaire en argent proprement dit, mais toute autre rémunération accessoire, soit en argent, soit en nature (art. 10). — Comme rémunération accessoire en argent, on compte les gratifications habituelles payées par les patrons, et même les pourboires

payés par les clients si, dans la profession, ils ont un tel caractère de fixité et de périodicité, que les parties en fassent état pour la détermination du salaire proprement dit. Les primes de parcours, de vitesse, d'économie de combustibles, allouées par une compagnie de chemins de fer à ses mécaniciens, représentent la rémunération d'un travail spécial et, conséquemment, doivent être comptées dans le salaire de base. Quant aux indemnités de déplacement payées par une compagnie de chemins de fer à ses employés, elles sont ou non comptées dans le salaire de base, suivant qu'elles laissent un bénéfice à l'employé ou qu'au contraire elles représentent le simple remboursement des dépenses nécessitées par le déplacement. — Comme rémunération accessoire en nature, on comptera les allocations de combustibles, le logement fourni gratuitement, etc.

§ 8. — *Compétence et procédure.*

93. La loi du 9 avr. 1898 (art. 11 et s.) a édicté, pour l'exécution de ses dispositions, tout un système spécial de procédure, relatif non seulement à l'instance elle-même, mais encore à certaines formalités préalables à l'instance. Cette procédure est centralisée dans les juridictions diverses (tribunal de paix, tribunal civil, cour d'appel) auxquelles ressortit le lieu de l'accident. Exceptionnellement, la juridiction compétente est celle du lieu où est situé l'établissement ou le dépôt auquel est attachée la victime, si celle-ci ou son ayant droit le requiert par demande adressée au juge de paix du canton de l'accident, avant que ce magistrat ait été saisi ou ait clos l'enquête prescrite par l'art. 13. Si l'accident s'est produit à l'étranger, c'est le juge de paix du canton où se trouve l'établissement ou le dépôt auquel la victime est attachée qui est compétent (L. 1898, art. 15, modifié par la loi du 31 mars 1905).

94. La procédure spéciale commence aussitôt après l'accident. Dès ce moment, et au plus tard dans les quarante-huit heures qui suivent (non compris les dimanches et jours fériés), la déclaration doit en être faite par le chef d'entreprise ou ses préposés au maire de la commune où l'accident s'est produit (art. 11). Cette prescription ne s'applique, bien entendu, qu'aux accidents ayant produit ou paraissant devoir produire une incapacité de travail permanente ou temporaire. — Le défaut de déclaration d'accident par le patron ou ses préposés constitue une contravention punie d'une amende de 1 à 15 francs, qui, en cas de récidive, peut être élevée jusqu'à 300 francs, le tout sauf application de l'art. 463 c. pén. (art. 14). En revanche, la déclaration ne peut être considérée, de la part du patron, comme une reconnaissance du droit de l'ouvrier. — Si le patron ou ses préposés négligent de faire la déclaration d'accident, l'ouvrier ou ses représentants peuvent accomplir eux-mêmes cette formalité jusqu'à l'expiration de l'année qui suit l'accident. — Quelle que soit la personne de qui émane la déclaration, le maire en dresse procès-verbal et en délivre immédiatement récépissé. — La déclaration et le procès-verbal doivent indiquer, en dehors du nom de la victime, les nom, qualité et adresse du chef d'entreprise, le lieu précis, l'heure et la nature de l'accident, les circonstances dans lesquelles il s'est produit, la nature des blessures, les noms et adresses des témoins (art. 11).

95. Si, au bout de quatre jours, l'ouvrier n'a pas repris son travail, le chef d'entreprise doit déposer à la mairie, contre récépissé, un certificat médical indiquant l'état de la victime, les suites probables de l'accident, l'époque à laquelle il sera possible d'en connaître les conséquences définitives (art. 11). — Immédiatement après qu'il a reçu la déclaration d'accident, le maire en donne avis à l'inspecteur départemental du

travail ou à l'ingénieur ordinaire des mines chargé de la surveillance de l'entreprise (Même article). Puis, dans les vingt-quatre heures qui suivent le dépôt du certificat médical et, au plus tard, dans les cinq jours qui suivent la déclaration de l'accident, le maire transmet au juge de paix la déclaration d'accident, le certificat ou une attestation qu'il n'a pas été produit de certificat (art. 12).

96. Si l'accident paraît ne devoir entraîner qu'une incapacité temporaire, le juge de paix se borne à classer le dossier au greffe. Il aura ultérieurement à statuer sur l'indemnité temporaire ainsi que sur les frais médicaux, s'il est saisi par la victime d'une demande tendant à les fixer. — Sur l'indemnité temporaire, il doit statuer dans la quinzaine, et son jugement sera en dernier ressort, à quelque chiffre que la demande puisse s'élever. L'appel est donc, en principe, non recevable. Toutefois, conformément au principe suivant lequel les jugements rendus par les juges de paix sont sujets à appel quand ils ont statué sur une question de compétence, l'appel est recevable contre un jugement de justice de paix qui, à l'occasion d'une demande en payement de sommes pour frais de maladie et indemnité temporaire formée par un ouvrier blessé, tranche une question de compétence, par exemple en rejetant une exception d'incompétence proposée par le patron, et basée sur la non-applicabilité de la loi du 9 avr. 1898 (Civ. c. 23 oct. 1903, D. P. 1904. 1. 73). Mais, si l'appel contre un tel jugement est exceptionnellement recevable, il n'y a pas lieu d'étendre à ce cas la disposition de l'art. 17 de la loi du 9 avr. 1898, qui détermine un délai spécial en ce qui concerne l'appel dont sont susceptibles les jugements des tribunaux de première instance statuant sur les indemnités dues en cas de mort ou d'incapacité permanente, et fait courir le délai de la date du jugement, et non de la date de la signification (V. *infrà*, n° 110). Par suite, le délai de l'appel, fixé par l'art. 13 de la loi du 25 mai 1838 à trente jours à compter de la signification du jugement, est de la même durée et à la même date de départ pour les jugements des juges de paix rendus en matière d'accidents du travail (Civ. c. 25 nov. 1903, D. P. 1904. 1. 73). — Quant au pourvoi en cassation, il est recevable contre le jugement du juge de paix non seulement pour excès de pouvoir, mais pour simple violation de la loi (L. 1898, art. 15, modifié par la loi du 31 mars 1905).

97. En ce qui concerne les frais médicaux, le juge de paix n'est pas tenu de statuer dans la quinzaine. Son jugement est en dernier ressort que si la demande n'excède pas 300 francs; il est susceptible d'appel si la demande excède ce chiffre ou s'il s'agit d'une question de compétence. Il semble résulter de l'intention du législateur (bien que le texte soit muet) que le pourvoi en cassation est ici recevable, comme en matière d'indemnité temporaire, pour simple violation de la loi.

98. S'il appert du certificat que la blessure paraît devoir entraîner une incapacité permanente, ou encore en cas de mort déjà survenue, le juge de paix doit procéder à une enquête (art. 12). Cette enquête porte sur les faits suivants : 1° cause, nature et circonstances de l'accident ; 2° noms des victimes et lieu où elles se trouvent, lieu et date de leur naissance ; 3° nature des lésions ; 4° ayants droit éventuels à une indemnité en cas de mort ; 5° salaire quotidien et salaire annuel de la victime ; 6° sociétés d'assurances ou syndicats de garantie auxquels le chef d'entreprise est assuré ou affilié (Même article). Le juge de paix n'a pas à apprécier si l'accident s'est produit par le fait ou à l'occasion du travail, ni si l'industrie est assujettie au risque professionnel, ces questions rentrant dans la compétence exclusive du tribunal civil (Req. 13 juin 1903, D. P. 1904. 1. 510). — L'enquête a lieu contradictoirement, dans les formes prescrites au Code de procédure pour les enquêtes devant les tribunaux de paix (V. infrà, Enquête, nᵒˢ 63 et s.), en présence des parties intéressées ou elles convoquées d'urgence par lettre recommandée. Si la victime est dans l'impossibilité d'assister à l'enquête, le juge de paix doit se rendre auprès d'elle. Sauf le cas d'impossibilité matérielle, dûment constatée dans le procès-verbal, l'enquête doit être close au plus tard dans les dix jours de l'accident (art. 13).

99. Parallèlement à l'enquête, le juge de paix peut faire procéder à une expertise (art. 13). Celle-ci peut être médicale ou professionnelle. — S'il s'agit d'une expertise médicale, l'expert ne peut être ni le médecin qui a soigné le blessé, ni un médecin attaché à l'entreprise ou à la société d'assurances à laquelle le chef d'entreprise est affilié. Cette incompatibilité existe aussi bien devant le tribunal de première instance ou la cour d'appel que devant le juge de paix (art. 17, modifié par la loi du 22 mars 1902). — Quant à l'expertise professionnelle, elle ne peut pas être ordonnée s'il s'agit soit d'une entreprise administrativement surveillée, ou d'une entreprise de l'État placée sous le contrôle d'un service distinct du service de gestion, soit d'un établissement national où s'effectuent des travaux que la sécurité publique oblige à tenir secrets. Dans ces derniers cas, l'expertise est remplacée par le rapport des fonctionnaires chargés de la surveillance ou du contrôle, ou bien, en ce qui concerne les mines, par le rapport des délégués mineurs (art. 13).

100. L'enquête et l'expertise une fois closes, le juge de paix en avertit les parties par lettre recommandée, avec avis du dépôt de la minute au greffe, où elles peuvent, pendant cinq jours, en prendre connaissance et s'en faire délivrer expédition, affranchie de timbre et d'enregistrement. Passé ce délai, le juge de paix transmet le dossier au président du tribunal civil (art. 13). — D'autre part, l'art. 15 de la loi du 9 avr. 1898, modifié par la loi du 31 mars 1905, décide que, s'il est saisi d'un certificat médical déclarant l'incapacité permanente, le juge de paix doit se déclarer incompétent par une décision dont il transmet, dans les trois jours, expédition au président du tribunal civil, mais doit fixer en même temps, s'il ne l'a fait antérieurement, le *quantum* journalier de l'indemnité temporaire. Il suit de la que le juge de paix est compétent pour fixer la valeur de l'indemnité journalière, même si la victime prétend souffrir d'une incapacité permanente, mais qu'au tribunal civil est réservée, en cas d'incapacité permanente, la fixation du point de départ de la rente due à partir du jour de la consolidation de la blessure, aussi bien que la détermination de la rente elle-même. C'est ce point de vue, que depuis la loi du 31 mars 1905, le juge de paix, saisi d'une demande d'indemnité temporaire, doit se déclarer incompétent et renvoyer les parties devant le tribunal civil, si le patron conteste la date de la consolidation de la blessure (Trib. de paix de Paris, 5ᵉ arrond., 12 mai 1905, D. P. 1905.5.3). — Si l'accident a été mortel, le juge de paix doit statuer sur les frais funéraires, dans les quinze jours de la demande, par jugement non susceptible d'appel, mais susceptible de pourvoi en cassation dans les mêmes conditions que son jugement relatif à l'indemnité temporaire (V. supra, nᵒ 96 in fine).

101. Le président du tribunal civil, saisi du dossier par le juge de paix, convoque à fin de conciliation la victime ou ses ayants droit, le chef d'entreprise, qui peut se faire

représenter, et l'assureur, s'il y a assurance (art. 16). La convocation en conciliation n'émane donc pas du demandeur, comme en matière ordinaire, mais du président. La loi accorde au président un délai de cinq jours pour convoquer les parties en conciliation. Depuis la loi du 31 mars 1905, le point de départ de ce délai est variable. En cas de décès, le délai court soit de la transmission du dossier par le juge de paix, si la victime est décédée au cours de l'enquête, soit de la production de l'acte de décès par la partie la plus diligente. En cas d'incapacité permanente, le délai court, soit de la production, par la partie la plus diligente, d'un accord écrit des parties reconnaissant le caractère permanent de l'incapacité, soit de la réception de la décision du juge de paix, qui se déclare incompétent pour statuer sur l'indemnité temporaire ou le caractère permanent de l'incapacité. — Si le président n'a été saisi d'aucune de ces pièces et qu'il ait connaissance de l'expiration prochaine du délai de prescription, il doit convoquer les parties en conciliation dans les cinq jours précédant l'expiration de ce délai. Quoique, dans cette dernière hypothèse, le texte paraisse limiter aux cinq derniers jours du délai de prescription la nécessité de la citation en conciliation, le président aurait évidemment le droit de lancer la convocation, sans attendre une époque aussi tardive. — La convocation est faite par lettre chargée ou par cédule confiée au juge de paix, au maire, au commissaire de police.

102. En conciliation, les parties tombent ou non d'accord sur les droits de la victime ou de ses ayants cause. Dans le premier cas, le président dresse un procès-verbal donnant acte de cet accord ; dans le second, il renvoie devant le tribunal (art. 16). Mais il n'a le choix qu'entre ces deux partis, et, notamment, il n'a pas qualité pour décider de son chef si la loi de 1898 est ou n'est pas applicable : le fait seul qu'une contestation est soulevée sur ce point oblige le président au renvoi devant le tribunal. Toutefois, depuis la loi du 31 mars 1905, le président peut, à conditions que les parties y consentent, nommer un expert, qui doit déposer son rapport dans la huitaine.

103. En cas d'accord, l'indemnité est définitivement fixée par l'ordonnance du président, qui en donne acte, en spécifiant, s'il y a assurance, que l'assureur est substitué au patron dans les termes du titre 4 de la loi, de façon à supprimer tout recours de la victime contre le patron. Le président doit, en outre, depuis la loi du 31 mars 1905, modificative de l'art. 16 sur ce point, indiquer le salaire de base et la réduction que l'accident a fait subir au salaire. Cette double indication du salaire de base et de la réduction est prescrite à peine de nullité, nullité qui pourrait être requise par tout intéressé. D'autre part, l'art. 16 exigeant que l'accord soit « conforme aux prescriptions de la présente loi », cet accord serait également nul si la rente convenue n'était pas exactement celle que fixe impérativement l'art. 3 de la loi du 9 avr. 1898, d'après la double base du salaire, d'une part, et de la réduction, de l'autre : la nullité, non formulée par l'art. 16, résulterait alors de l'art. 30 de la loi.

104. En cas de désaccord, le président renvoie devant le tribunal. La loi du 31 mars 1905, modifiant l'art. 16, permet alors au président de substituer à l'indemnité journalière une provision, inférieure au demi-salaire, mais incessible et insaisissable comme l'indemnité journalière, et payable dans les mêmes conditions que celle-ci (V. supra, nᵒ 65). Il peut également allouer, dans les mêmes conditions, une provision aux ayants droit de l'ouvrier mort de l'accident. Cette provision s'imputera ultérieurement sur la rente, dans une proportion à déter-

miner par le tribunal (art. 16, modifié par la loi du 31 mars 1905).

105. Le tribunal, en cas de renvoi, est saisi par une assignation du demandeur. Cette assignation, si le défendeur est un département ou une commune, n'a pas besoin d'être précédée du mémoire préalable prescrit par le droit commun (art. 18, modifié par la loi du 22 mars 1902). Le tribunal statue comme en matière sommaire (art. 16). Si l'accident a donné lieu à des poursuites criminelles, le tribunal peut prendre connaissance du dossier, qui doit, en tout cas, être communiqué aux parties (art. 20, modifié par la loi du 22 mars 1902). Sa décision porte essentiellement sur la fixation de la rente.

106. Le tribunal saisi de la demande de rente a le choix entre plusieurs partis. En premier lieu, il peut rejeter la demande, s'il lui paraît soit qu'il n'y a point d'incapacité permanente, soit que la loi du 9 avr. 1898 n'est pas applicable ; mais il n'est pas tenu de juger ainsi, encore que le juge de paix, sans contester d'ailleurs l'existence de l'accident, ait décidé que ledit accident ne réunissait pas toutes les conditions exigées par la loi du 9 avr. 1898, et repoussé la demande d'indemnité journalière ; de cette décision ne résulte aucune exception de chose jugée contre la demande de rente viagère formée devant le tribunal civil (Req. 10 nov. 1903, D. P. 1904. 1. 327).

107. En second lieu, le tribunal, s'il juge qu'il y a incapacité permanente, peut condamner le patron à payer une rente, qu'il arbitre d'après les bases imposées par l'art. 3. Au cas d'assurance, le tribunal doit spécifier, dans son jugement, que l'assureur est substitué au patron dans les termes du titre IV de la loi, de façon à supprimer tout recours de la victime contre lui (art. 16, modifié par la loi du 31 mars 1905).

108. En troisième lieu, si le tribunal n'a pas, quant à présent, les éléments nécessaires pour statuer au fond, — par exemple, quand il y a doute sur le point de savoir si l'ouvrier, victime d'un accident du travail, est atteint d'une incapacité permanente ou temporaire, — le tribunal civil peut ordonner une mesure d'instruction : une expertise (sauf à se conformer, pour le choix du médecin-expert, aux prescriptions de l'art. 17) (V. supra, nᵒ 99) ou même une enquête, si celle du juge de paix lui paraît insuffisante. Dans ce cas, le tribunal peut-il allouer au demandeur une provision, si la présente ne l'a pas faite ? Sous l'empire du texte primitif de la loi du 9 avr. 1898, l'affirmative n'était pas douteuse : on décidait seulement que l'allocation d'une provision était facultative pour le tribunal. D'après la loi du 31 mars 1905, qui a modifié sur ce point l'art. 16 de la loi du 9 avr. 1898, il semble que, dans cet état de la procédure, l'allocation d'une provision soit réservée au président, statuant en référé sans appel.

109. Si le jugement a été rendu par défaut contre partie, il est susceptible d'opposition, mais seulement pendant quinze jours à partir de la signification, au cas où celle-ci a été faite à personne (art. 17, § 2).

110. Les jugements rendus en exécution de la loi du 9 avr. 1898 sont susceptibles d'appel (art. 17, § 1ᵉʳ), et l'appel est suspensif, en cette matière comme en toute autre. — Le délai de l'appel diffère doublement de celui du droit commun, par la durée et par le point de départ. Si le jugement est contradictoire, le délai d'appel est de trente jours (et non de deux mois) à partir du jour du jugement (et non de la signification) ; si le jugement est par défaut, le délai de l'appel est de quinze jours (et non de deux mois) à partir du jour où l'opposition n'est plus recevable (art. 17, modifié par la loi du 22 mars 1902). Ce délai d'appel ne comprend pas le jour de la prononciation du jugement, qui en est le point de départ

(Grenoble, 24 nov. 1905, D. P. 1906. 5. 22). L'art. 449 c. pr. civ., qui interdit l'appel dans la huitaine du jugement, est applicable en matière d'accidents du travail (Même art. 17). L'appel ne peut donc être interjeté que pendant trois semaines, du neuvième au trentième jour. A défaut d'une disposition expresse dans la loi du 9 avr. 1898, le délai d'appel en cette matière ne doit pas être augmenté à raison des distances (Agen, 7 août 1900, D. P. 1901. 2. 60). — La cour d'appel doit statuer d'urgence dans le mois; mais cette prescription est dépourvue de sanction (art. 17).

111. Les parties peuvent se pourvoir en cassation (art. 17) conformément au droit commun, qui, sur ce point, est intégralement applicable.

§ 9. — Prescription.

112. L'action en indemnité se prescrit par un an. Ce délai court, en principe, du jour de l'accident (art. 18). Néanmoins, la prescription est suspendue jusqu'à la clôture de l'enquête à laquelle il doit être procédé par le juge de paix (art. 18, modifié par la loi du 22 mars 1902). D'autre part, elle est également suspendue jusqu'au jour de la cessation du payement de l'indemnité temporaire (Même article). — Quant à l'interruption, cette prescription spéciale est soumise à toutes les règles du droit commun.

113. La prescription de la demande d'indemnité temporaire ou de remboursement des frais médicaux, pharmaceutiques et funéraires est interrompue par la citation, délivrée par l'ouvrier au patron, à l'effet de s'entendre condamner à lui payer cette indemnité ou à lui rembourser ces frais. Mais une semblable citation, uniquement relative au payement de l'indemnité temporaire ou au remboursement des frais médicaux, pharmaceutiques ou funéraires, ne peut avoir pour effet d'interrompre la prescription de l'action à fin de rente (Paris, 27 juill. 1901, D. P. 1901. 2. 489; Comp. Req. 10 nov. 1903, D. P. 1904. 1. 327). Cette prescription est interrompue par l'assignation à comparaître devant le tribunal civil, délivrée par l'ouvrier ou ses ayants droit au patron, en vue de voir prononcer sa condamnation au payement de cette rente. Pour conserver et exercer leur action, la victime d'un accident du travail ou ses représentants doivent se conformer aux règles du droit commun, mais seulement dans la mesure où celles-ci sont compatibles avec les dispositions de la loi spéciale du 9 avr. 1898 sur les accidents du travail (Civ. c. 9 mars 1903, D. P. 1904. 1. 161; Civ. r. 2 mars 1904, ibid.). En conséquence, lorsque le président du tribunal civil n'a pas convoqué les parties, la prescription est interrompue, même par une assignation ne portant pas copie du procès-verbal de non-conciliation ou de la mention de non-comparution exigée en droit commun par l'art. 65 c. pr. civ.; cette formalité étant incompatible avec la procédure spéciale organisée par la loi du 9 avr. 1898, l'assignation ainsi libellée n'est pas nulle pour défaut de forme (V. les décisions rapportées D. P. 1904. 1. 161). Au contraire, l'action compétant à l'ouvrier ou à ses représentants en vertu de la loi du 9 avr. 1898 est prescrite s'ils n'ont pas délivré au patron en temps utile une citation devant le tribunal, et malgré l'inaction du magistrat (spécialement du maire) dont la déclaration d'accident devait provoquer l'intervention (Req. 24 nov. 1903, D. P. 1904. 1. 302).

114. La prescription est également interrompue par une reconnaissance, expresse ou tacite, du patron, relativement au droit prétendu pour l'ouvrier ou ses ayants cause. Cette reconnaissance peut résulter, notamment, d'offres faites par le patron, ou de sa comparution à la tentative de conciliation visée supra, n° 101 (V. les décisions rappor-

tées D. P. 1901. 2. 489). Mais on ne saurait, en principe, voir une reconnaissance interruptive de prescription dans le simple fait, par le patron, d'avoir fait donner des soins à l'ouvrier blessé ou d'avoir payé les frais médicaux (Civ. r. 30 mars et 11 nov. 1903, D. P. 1904. 1. 161).

115. Mais la prescription n'est pas interrompue par la déclaration d'accident que l'ouvrier ou ses représentants font ou renouvellent en produisant le certificat médical qui constate que l'accident paraît devoir entraîner la mort ou une incapacité permanente de travail (Civ. c. 9 mars 1903, précité). ni par la comparution à l'enquête du juge de paix (Civ. c. 27 oct. 1903, D. P. 1904. 1. 161). Au contraire, la prescription est interrompue par la convocation en conciliation que le président du tribunal civil adresse, conformément à l'art. 16 de la loi du 9 avr. 1898, à la victime ou à ses ayants droit et au chef d'entreprise (V. les décisions rapportées D. P. 1904. 1. 161).

116. Quant à l'action en dommages-intérêts formée contre le patron par l'ouvrier victime d'un accident en vertu de l'art. 1382 c. civ., elle n'interrompt pas la prescription annale de l'action à fin de rente viagère dérivant de la loi du 9 avr. 1898 (Req. 17 déc. 1902, D. P. 1904. 1. 515).

117. La suspension de la prescription résulte, en droit commun, de la minorité ou de l'interdiction du créancier; mais, en matière d'accident du travail, la prescription édictée par la loi du 9 avr. 1898 n'est pas susceptible d'être suspendue, la loi voulant limiter la responsabilité nouvelle qu'elle impose aux chefs d'industrie aux seuls accidents dont les suites se révéleraient dans un délai assez court. Elle n'est, dès lors, pas suspendue pendant la minorité ou l'interdiction de la victime de l'accident ou de ses représentants (Civ. c. 8 déc. 1903, D. P. 1904. 1. 161). Elle ne l'est pas davantage, l'incapacité ayant d'abord paru purement temporaire, jusqu'au jour de la mort de la victime ou de la manifestation d'une incapacité permanente (Civ. r. 2 mars 1904, D. P. ibid.). — En revanche, la loi du 22 mars 1902 a institué en matière d'accident du travail, comme on l'a vu supra, n° 112, deux cas spéciaux de suspension de la prescription : celle-ci, qui court, en principe, du jour même de l'accident, est cependant suspendue jusqu'à la clôture de l'enquête du juge de paix ou jusqu'à la cessation du payement de l'indemnité temporaire (art. 18, modifié par la loi du 22 mars 1902).

§ 10. — Revision.

118. La loi du 9 avr. 1898 (art. 19) et la loi du 31 mars 1905, qui l'a modifiée à cet égard sur des points importants, admettent, pour cause d'aggravation ou d'atténuation de l'incapacité, la revision des indemnités qu'elle accorde, et ce, soit que l'indemnité consiste en une rente ou pension viagère, soit qu'elle consiste en un capital représentatif de cette rente viagère dans les cas prévus par les art. 3, 9 et 21 de la loi du 9 avr. 1898, soit même que cette indemnité soit simplement une indemnité temporaire. Ce dernier point a été contesté par la loi du 31 mars 1905, qui déclare l'action en revision recevable, même en l'absence d'un accord ou d'une décision définitive allouant une rente, et, par conséquent, même en dehors du cas où l'incapacité avait, dès l'abord, été réputée permanente. Et, sur ce dernier point, la loi du 31 mars 1905 doit être réputée interprétative de la loi du 9 avr. 1898, en sorte qu'elle a un effet rétroactif (Civ. 12 avr. 1905, D. P. 1905. 1. 225). — L'action en revision est recevable, non seulement dans le cas où la question de la permanence de l'incapacité ne s'est pas encore posée en justice, mais même si une précédente action de l'ouvrier, tendant à

l'allocation d'une rente pour indemnité permanente, a été rejetée comme prescrite;... ou même si l'ouvrier avait été, dans une précédente instance, débouté d'une demande initiale à fin de rente, faute d'avoir pu justifier de la permanence de son incapacité;... ou bien, encore, lors même que l'incapacité a été déclarée purement temporaire par jugement et arrêt passés en force de chose jugée (Lyon, 20 avr. 1905, D. P. 1905. 5. 29); ou même enfin si l'ouvrier a déjà été, dans une précédente instance, débouté d'une demande en revision, faute d'avoir pu justifier d'une aggravation dans son état, les demandes de cette nature pouvant toujours être reproduites, sans se heurter à une fin de non-recevoir, tant que le délai de trois ans ouvert pour la revision n'est pas expiré (Douai, 25 nov. 1902, D. P. 1904. 2. 97).

119. L'action en revision autorisée par l'art. 19 de la loi du 9 avr. 1898 n'est pas une voie de recours. Elle suppose donc la découverte d'un fait nouveau. En conséquence, elle n'est pas recevable s'il apparaît qu'elle n'est qu'un prétexte pour faire revenir indéfiniment les juges sur des faits déjà appréciés par eux. Le fait nouveau, pour être de nature pouvant toujours rendre recevable l'action en revision, doit consister dans une atténuation ou une aggravation de l'incapacité de travail. Mais il ne suffit pas d'une atténuation ou d'une aggravation de l'infirmité considérée en elle-même, si non résulte de cette modification d'état aucune répercussion sur la capacité de travail ou le salaire : ainsi, un ouvrier déjà réduit, par la perte des deux bras d'un œil, à l'état d'incapacité absolue de travail, est non recevable à demander la revision, alors même qu'il viendrait à perdre l'autre œil. — Afin de permettre la découverte du fait nouveau qui peut donner ouverture à l'action en revision pour atténuation de l'incapacité, l'art. 19 de la loi du 9 avr. 1898, modifié par la loi du 31 mars 1905, autorise le patron à organiser, autour de l'ouvrier, une surveillance médicale analogue à celle qu'elle permet pour contrôler l'incapacité temporaire. Le médecin chargé de la surveillance est désigné par le patron au président du tribunal, qui vise la désignation; l'ouvrier doit se prêter à la visite une fois par trimestre, à défaut de quoi tout payement d'arrérage peut être suspendu par le président, après convocation de la victime par lettre recommandée (art. 19). — L'indemnité basée sur le nouvel état de l'ouvrier doit prendre cours à partir du jour où cet état nouveau s'est manifesté d'une manière certaine.

120. L'action en revision est ouverte pendant trois ans. Ce délai court, en principe, du jour même où a été rendue « la décision judiciaire passée en force de chose jugée » qui a fixé l'indemnité dont la revision est demandée, et non pas du jour où cette décision est passée en force de chose jugée. Si, à défaut de jugement, la rente a été allouée par un accord des parties, passé devant le président du tribunal, conformément à l'art. 16 (V. supra, n° 103), c'est le jour même du procès-verbal constatant cet accord qui ouvre cours au délai de trois ans. S'il n'est intervenu ni jugement ni accord devant le président reconnaissant à l'incapacité un caractère définitif, le point de départ du délai de revision est le jour auquel l'indemnité temporaire a cessé d'être due (L. 1898, art. 19, modifié par la loi du 31 mars 1905).

121. Les règles spéciales de compétence ratione materiæ et ratione loci que la loi du 9 avr. 1898 a établies pour l'exercice de l'action initiale à fin de rente sont applicables à l'instance en revision. Il en est de même des délais spéciaux d'opposition et d'appel (art. 19, modifié par la loi du 31 mars 1905). Cette même loi prescrit impérativement, pour les demandes en revision, l'accomplissement des règles de procédure édictées par l'art. 16 de la loi du 9 avr. 1898 pour les demandes initiales à fin de rente, et, conformément au droit commun pour les lois de procédure, ladite loi est devenue applicable, même aux instances en cours, dès le jour où elle a été exécutoire. — Pour la tentative de conciliation, le président est saisi au moyen d'une simple déclaration faite au greffe par le patron ou l'ouvrier qui entend demander la revision. Dans le cas où un accord survient devant le président, il ne suffit pas que le procès-verbal mentionne cet accord : il faut, sous peine de nullité, — et par une précaution analogue à celle que prescrit l'art. 16 (nouveau) pour les demandes initiales, — que le procès-verbal spécifie l'aggravation ou l'atténuation de l'infirmité. En cas de désaccord devant le président, le tribunal est saisi par la partie la plus diligente.

§ 11. — Garanties.

122. Les créances nées au profit des victimes d'accidents sont pourvues de garanties spéciales.—L'indemnité temporaire comporte un privilège sur la généralité des meubles du patron, ajouté à la liste de l'art. 2101 c. civ. : destinée à tenir lieu du salaire, elle est garantie dans des conditions analogues. Il en est de même pour les frais médicaux, pharmaceutiques et funéraires (art. 23, § 1er).

123. Pour les rentes dues en cas d'incapacité permanente et de mort, le système est plus compliqué. Le législateur a d'abord cherché à obtenir que ces rentes fussent efficacement garanties par des assurances, que les patrons restent libres de contracter ou non, mais qu'en réalité ils contractent presque toujours sous l'empire, non pas d'une obligation légale, mais d'une nécessité de fait. La loi a donc fait en sorte que le fonctionnement des établissements d'assurances fût aussi régulier et aussi sérieux que possible. A cet effet, étendant le régime spécial institué pour les compagnies d'assurances sur la vie par l'art. 66 de la loi du 24 juill. 1867 (D. P. 67. 4. 98), elle a soumis au contrôle et à la surveillance de l'Etat les compagnies d'assurances contre les accidents, mutuelles ou à primes fixes, françaises ou étrangères (L. 1898, art. 27), et un décret d'administration publique du 28 févr. 1899 (D. P. 99. 4. 11) a réglementé ce contrôle et cette surveillance. Les sociétés dont il s'agit sont astreintes à constituer des réserves ou cautionnements dans les conditions déterminées par le décret, réserves ou cautionnements qui sont affectés par privilège au payement des rentes (art. 27). — Pour faciliter, à cet égard, la transition entre le régime antérieur à la loi de 1898 ou à la loi du 12 avr. 1906 et le régime actuel, le législateur a autorisé les intéressés (assureur ou assurés) à dénoncer, dans un délai de trois mois à partir de la mise en application de chacune de ces lois, tous contrats d'assurance antérieurs contre les accidents, ne garantissant pas le risque prévu par les lois des 9 avr. 1898, 22 mars 1902, 31 mars 1905 et 12 avr. 1906 (L. 22 juin 1899, D. P. 99. 4. 90; L. 12 avr. 1906, précitée, art. 2). — Cette dénonciation peut être faite soit par acte extrajudiciaire, soit par lettre recommandée (L. 12 avr. 1906, art. 2). — Même faculté a été accordée, par l'art. 3 de la même loi, pour les contrats mixtes d'assurance, c'est-à-dire pour ceux par lesquels l'assureur a prévu le risque de droit commun et le risque spécial de la loi de 1898, au cas où cette loi serait déclarée applicable ; toutefois, l'assurance pourra être maintenue, malgré la dénonciation, si, dans les huit jours, l'assureur accepte, sans augmentation de prime, les aggravations de risque résultant des lois de 1898, art. 3).

124. La loi a, en outre, prévu l'organisation de syndicats de garantie (L. 1898,

art. 27), lesquels ont pour objet de lier solidairement leurs adhérents pour le payement des rentes dues par ceux-ci (Décr. 28 févr. 1899, art. 21 et suiv., modifiés par décret du 27 déc. 1906, D. P. 1907. 4. 79), et qui sont également soumis à la surveillance et au contrôle de l'Etat. Ces syndicats doivent être autorisés par décrets rendus en Conseil d'Etat, après avis du Comité consultatif des assurances contre les accidents du travail; toutefois, ils peuvent l'être par arrêtés ministériels, lorsque leurs statuts sont conformes aux statuts-types approuvés par décret en la même forme. Ces statuts-types ont été approuvés par un règlement d'administration publique du 27 déc. 1906 (D. P. 1907. 4. 105). Ils doivent comprendre, sans distinction entre les entreprises industrielles et commerciales, au moins cinq mille ouvriers assurés et dix chefs d'entreprise adhérents, dont cinq avec au moins trois cents ouvriers, ou bien deux mille ouvriers assurés et trois cents chefs d'entreprise adhérents, dont trente ayant au moins chacun trois ouvriers (L. 12 avr. 1906, art. 6).

125. A toute époque, un arrêté du ministre du Travail et de la prévoyance sociale peut mettre fin aux opérations de l'assureur qui ne remplit pas les conditions prévues par la loi ou dont la situation financière ne donne pas des garanties suffisantes pour lui permettre de remplir ses engagements. Cet arrêté est pris après avis conforme du Comité consultatif des assurances contre les accidents du travail, l'assureur ayant été mis en demeure de fournir ses observations par écrit (L. 1898, art. 25, modifié par la loi du 31 mars 1905). Les frais de surveillance et de contrôle sont couverts au moyen de contributions imposées aux sociétés d'assurances et syndicats de garantie, en proportion de leurs réserves (art. 27).

126. A défaut, soit par les chefs d'entreprise débiteurs, soit par les sociétés d'assurances ou syndicats de garantie, de s'acquitter, au moment de leur exigibilité, des rentes mises à leur charge, le payement en est assuré aux intéressés par les soins de la Caisse nationale des retraites pour la vieillesse, au moyen d'un fonds spécial de garantie dont la gestion est confiée à celle-ci (L. 1898, art. 24). Ce fonds est constitué par une taxe spéciale établie de la façon suivante. Pour les entreprises assujetties à la loi du 9 avr. 1898, c'est-à-dire pour les entreprises industrielles désignées en l'art. 1er de ladite loi, et énumérées supra, n° 15, le chef d'entreprise est passible d'une taxe de quatre centimes additionnels à la contribution des patentes (art. 25). Exceptionnellement, pour les mines, la taxe additionnelle est de cinq centimes par hectare concédé (Même article). — Pour les exploitations exclusivement commerciales, y compris les chantiers de manutention et de dépôt, — mais non compris les ateliers de toute nature, qui sont soumis à la taxe spéciale de quatre centimes, — cette taxe est réduite à une centime et demi (L. 12 avr. 1906, art. 4) (Sur la fixation et le mode de perception de ces différentes taxes, V. infra, n° 128.) La liste desdites exploitations doit être arrêtée, dans les six mois de la promulgation de ladite loi, par décret rendu sur la proposition des ministres du Commerce (aujourd'hui, du Travail et de la prévoyance sociale) et des Finances, après avis du Comité consultatif des assurances contre les accidents du travail; elle est soumise tous les cinq ans à la sanction législative (Même article). Conformément à cette disposition, la liste dont il s'agit a été arrêtée par un décret du 27 sept. 1906 (D. P. 1906. 4. 119). — Un décret du 17 janv. 1907 (Journ. off. du 19 janv.) a approuvé le nouveau tarif de la caisse nationale d'assurances en cas d'accidents.

127. L'art. 5 de la loi du 12 avr. 1906 a décidé qu'un règlement d'administration

publique déterminerait les conditions des versements prescrits pour l'alimentation du fonds de garantie. Ce règlement a été pris par décret du 18 févr. 1907 (D. P. 1907. 4. 79, et Bulletin Dalloz, mars 1907). V. supra, n° 1. — Les contraventions à ses dispositions sont punies d'une amende de 100 à 1000 francs. Le rapporteur de la loi au Sénat estime que l'art. 463 est applicable à ces contraventions; la question peut, cependant, être controversée, à raison du silence de la loi spéciale de 1906 sur ce point.

128. Pour celles des exploitations industrielles (assujetties à la loi du 9 avr. 1898) qui ne sont pas soumises à l'impôt des patentes, et pour les exploitations agricoles régies par la loi du 30 juin 1899, la taxe spéciale consiste en une contribution annuelle sur chaque contrat d'assurance, dont le montant est fixé tous les cinq ans par la loi de finances en proportion des primes, et qui est recouvrée en même temps que ces primes, par les sociétés d'assurances, les syndicats de garantie ou la caisse nationale d'assurances qui en opèrent le versement au fonds de garantie (L. 12 avr. 1906, art. 4). — En ce qui concerne les exploitants non assurés, il est perçu, lors des liquidations de rentes mises à leur charge, une contribution dont le montant doit être fixé dans les mêmes formes, en proportion du capital constitutif desdites rentes, et recouvré, pour le compte du fonds de garantie, par les soins de l'administration de l'Enregistrement (Même article). — La taxe de quatre centimes additionnels à la contribution des patentes, instituée par l'art. 25 de la loi du 9 avr. 1898, peut, suivant les besoins, être majorée ou réduite tous les ans par la loi de finances (art. 25). La taxe de un centime et demi instituée par la loi du 12 avr. 1906 peut être modifiée par décret, dans la limite de quatre centimes au maximum (art. 4 de ladite loi). — Pour les exploitations commerciales non soumises à l'impôt des patentes (Même loi, art. 5), la loi de finances du 30 janv. 1907, art. 2 (D. P. 1908. 4. 24), a fixé pour 5 années à compter du 1er janv. 1907, la contribution annuelle des exploitants au fonds de garantie; pour les exploitants assurés, la taxe est de 2 p. 100 du montant des primes dues par eux, à moins qu'ils ne soient assurés que contre le risque d'incapacité temporaire; pour les exploitants non assurés, la contribution est égale à 4 p. 100 des capitaux constitutifs des rentes mises à leur charge.

129. La Caisse nationale des retraites pour la vieillesse a, lorsqu'elle a payé, un recours contre le chef d'entreprise ou, si celui-ci est assuré, contre la compagnie d'assurances, recours qui est garanti par le privilège de l'art. 2102 c. civ. sur l'indemnité due par l'assureur (L. 9 avr. 1898, art. 26). Le décret précité du 28 févr. 1899 (art. 17 et s.) réglemente ce recours, qui s'effectue par voie de contrainte. Le versement du capital représentatif des rentes peut être effectué spontanément par le débiteur à la Caisse nationale des retraites, mais ne peut être exigé de lui, à moins qu'il ne cesse son industrie, soit volontairement, soit par décès, liquidation judiciaire ou faillite; dans ces cas, le capital, déterminé par un tarif spécial, devient exigible de plein droit et doit être versé à la Caisse (L. 9 avr. 1898, art. 28); il n'y a dispense de versement immédiat que si le débiteur fournit certaines garanties, qui ont été déterminées par un règlement d'administration publique du 28 févr. 1899 (D. P. 99. 4. 12).

§ 12. — Assistance judiciaire.

130. Les procédures engagées en vertu de la loi du 9 avr. 1898 et de celles qui l'ont complétée ou modifiée bénéficient de l'assistance judiciaire dans les conditions ci-après. — L'ouvrier ou ses ayants droit ont, de plein droit, le bénéfice de l'assistance judiciaire devant le juge de paix, sans avoir besoin à cet effet d'aucune décision d'admission par le bureau compétent, ni d'aucun visa. — Ils jouissent du même bénéfice, moyennant un simple visa du procureur de la République, devant le président du tribunal civil en conciliation (depuis la loi du 22 mars 1902), devant le tribunal, en première instance, du moins en ce qui touche les demandes initiales à fin de rente (art. 22), mais non en ce qui touche les demandes en révision. Ces dernières ne profitent de plein droit que de la dispense de timbre et d'enregistrement édictée par l'art. 29 de la loi du 9 avr. 1898. — L'ouvrier ou ses ayants cause jouissent encore de plein droit du bénéfice de l'assistance judiciaire pour la signification de l'acte d'appel, sur simple demande adressée au premier président. Mais, pour l'instance devant la cour d'appel, une décision du bureau d'assistance établi près cette cour leur est nécessaire : ils sont seulement dispensés de fournir les pièces justificatives d'indigence. — Devant la Cour de cassation, ils restent, au point de vue de l'assistance judiciaire, sous l'empire du droit commun. — Pour les actes d'exécution, le bénéfice de l'assistance existe de plein droit, sauf détermination de ces actes par le bureau du domicile de l'assisté.

§ 13. — Enregistrement et timbre.

131. Tous les actes de procédure, au sens large, prescrits par la loi de 1898, c'est-à-dire, d'une façon générale, tous les procès-verbaux, certificats, actes de notoriété, significations, jugements et autres actes faits ou rendus en vertu et pour l'exécution de cette loi, jouissent du privilège de la gratuité; ils sont visés pour timbre et enregistrés gratis, s'il y a lieu à cette formalité (L. 1898, art. 29). — L'exemption des droits de timbre et d'enregistrement a été également applicable : aux certificats médicaux et aux certificats de vie (Sol. compt. publ. 21 mars 1901); ... aux procurations données, soit par les ouvriers, soit par les patrons, en vue de se faire représenter en justice de paix dans les instances en matière d'accidents du travail (Décis. min. Fin. 8 avr. 1902, D. P. 1902. 5. 265); ... aux polices d'assurances mutuelles ou à primes fixes contre les accidents dont les ouvriers sont victimes dans les exploitations industrielles ou agricoles visées par les lois du 9 avr. 1898 et du 30 juin 1899 (Décis. min. Fin. 20 nov. 1900, D. P. 1901. 5. 243); ... aux contrats ayant pour objet la création et le fonctionnement des syndicats de garantie et les traités passés par les chefs d'entreprises et les sociétés de secours mutuels, conformément aux art. 27 et 5 de la loi du 9 avr. 1898 (Mêmes décisions).

ACQUIESCEMENT
(R. v° *Acquiescement*; S. *eod. v°*).

1. L'acquiescement est l'adhésion expresse ou tacite à une décision ou à un acte judiciaire; en d'autres termes, le consentement donné à l'exécution de ce jugement ou de cet acte.

SECT. Iʳᵉ. — Acquiescement en matière civile.

ART. 1ᵉʳ. — NATURE ET CARACTÈRE DE L'ACQUIESCEMENT (R. 22 et s.; S. 2).

2. L'acquiescement est une véritable convention soumise aux règles du Code civil concernant les contrats en général. C'est un contrat judiciaire lorsqu'il est passé devant les tribunaux, extrajudiciaire lorsqu'il est consenti hors de la présence des magistrats, qui n'ont eu ni à le constater, ni à en donner acte aux parties. — Il appartient à la classe des contrats unilatéraux; ce n'est qu'exceptionnellement qu'il reçoit le caractère d'un contrat synallagmatique, le cas où

des engagements sont pris par les deux parties en cause.

ART. 2. — CONSENTEMENT (R. 31 et s.; S. 3 et s.).

3. L'acquiescement, étant un contrat, exige, pour sa formation, le consentement réciproque des parties. Il doit donc être accepté par la partie en faveur de laquelle il intervient. Ce principe s'applique aussi bien aux décisions en dernier ressort qu'aux décisions susceptibles d'appel. Ainsi l'acquiescement résultant de la signification d'une décision quelconque faite sans réserves est réputé non avenu, s'il n'est pas accepté par la partie à laquelle cette décision est signifiée. — D'ailleurs, lorsque l'acquiescement est pur et simple, il n'a pas besoin, pour être irrévocable, d'être accepté expressément; l'acceptation se présume. Mais cette présomption cesse si l'autre partie attaque la décision acquiescée dans les chefs qui lui préjudicient; le concours des volontés fait alors défaut, et celle qui a acquiescé est déliée de ses engagements. — D'autre part, au cas d'une acceptation expresse, la partie qui a acquiescé n'est liée qu'autant que cette acceptation a lieu sans conditions ni réserves.

4. L'acquiescement n'est d'ailleurs valable que si le consentement de celui qui acquiesce est exempt de dol, de violence et d'erreur. D'une manière générale, les vices du consentement doivent être appréciés suivant les principes posés par les art. 1109 et s. du C. civ. (V. *infrà*, Contrats et conventions, n°ˢ 16 et s.).

ART. 3. — CONDITIONS ET RÉSERVES (R. 52 et s.; S. 14 et s.).

5. L'acquiescement peut être subordonné à des conditions ou à des réserves qui en suspendent ou en limitent la portée, qui peuvent même lui retirer toute efficacité et le faire réputer non avenu. — Par *condition*, on entend un événement futur et incertain, qui peut, dans la pensée de l'acquiesçant, suspendre ou résoudre l'acquiescement. Les *réserves* sont les conditions par lesquelles celui qui acquiesce cherche à sauvegarder ses intérêts, à expliquer, modifier ou restreindre la portée de ce qu'il accomplit. — Les réserves, pour être efficaces, doivent être précises; elles peuvent être réputées sans valeur lorsqu'elles sont exprimées d'une manière vague et trop générale. Elles sont non avenues, d'autre part, lorsqu'elles sont démenties par une exécution qui est en opposition manifeste avec elles, comme dans le cas, par exemple, où celui qui poursuit l'exécution du jugement y joint des réserves d'appeler.

ART. 4. — DES PERSONNES QUI PEUVENT ACQUIESCER (R. 96 et s.; S. 14 et s.).

6. La faculté d'acquiescer n'appartient qu'à ceux qui ont la libre disposition de leurs droits. Elle est, par conséquent, refusée au mineur en tutelle, au mineur émancipé pour les objets placés en dehors de sa capacité; à l'interdit; au prodigue ou au faible d'esprit non assisté de son conseil judiciaire; à la femme mariée non autorisée de son mari ou de justice. — Toutefois le failli, bien que dessaisi de l'administration de ses biens, peut donner un acquiescement valable, à la condition que cet acquiescement ne soit pas susceptible de nuire à la masse des créanciers. Il peut, notamment, acquiescer au jugement déclaratif.

7. Les mandataires conventionnels ne peuvent acquiescer qu'autant que les termes de leur mandat les y autorisent. — Cette autorisation ne résulte pas suffisamment du mandat *ad litem* confié aux avoués et aux avocats; ces mandataires ne peuvent acquiescer au nom de leur client que s'ils en ont expressément reçu le pouvoir ou s'il résulte des circonstances que ce pouvoir leur a été

conféré. — A plus forte raison, le pouvoir d'acquiescer n'appartient-il pas aux huissiers chargés des actes d'exécution.

8. Les représentants légaux des incapables (tuteur, père administrateur légal des biens de ses enfants, envoyé en possession provisoire des biens d'un absent, etc.) ont le pouvoir d'acquiescer en matière mobilière, mais non en matière immobilière. — Les curateurs aux successions vacantes doivent, pour acquiescer, être autorisés de justice. — Les syndics de faillite n'ont pas le pouvoir d'acquiescer. — Le maire ne peut acquiescer au nom de la commune sous la condition d'y être autorisé par une délibération du conseil municipal régulièrement approuvée. L'autorisation de plaider accordée à la commune n'implique pas l'autorisation d'acquiescer (*Contrà* : Metz, 12 juill. 1849, D. P. 49. 2. 200). V. *infrà*, Commune, n° 454.

9. L'acquiescement donné au nom de l'État, dans les instances qui intéressent le Domaine et les grandes administrations fiscales, n'est valable qu'autant que le fonctionnaire qui le donne est le représentant légal de l'État et agit en vertu d'un pouvoir suffisant. — Quant au *ministère public*, il ne peut enchaîner son action par un acquiescement exprès ou tacite; par suite, il est recevable à interjeter appel d'un jugement rendu conformément à ses conclusions.

ART. 5. — MATIÈRES DANS LESQUELLES L'ACQUIESCEMENT N'EST PAS PERMIS (R. 171 et s.; S. 26 et s.).

10. D'une manière générale, l'acquiescement n'est permis que dans les matières qui touchent aux intérêts privés; il est sans effet légal dans celles qui, intéressant l'ordre public et les bonnes mœurs, ne peuvent faire l'objet de conventions. — Ainsi, il ne peut y avoir acquiescement en matière de droits politiques ou droits qui dérivent de la nationalité; de questions d'état, c'est-à-dire en matière de mariage, de filiation, de paternité, de séparation de corps et de divorce, d'organisation de la tutelle; d'interdiction, de nomination de conseil judiciaire, de discipline, d'élections consulaires. En matière de dotalité, est nul l'acquiescement à un jugement qui, directement ou par voie détournée, autoriserait l'aliénation du fonds dotal. Le jugement qui rejetterait la demande en révocation d'une donation entre époux faite pendant le mariage ne pourrait pas non plus être l'objet d'un acquiescement. — On peut acquiescer à un jugement entaché d'incompétence *ratione loci*; au contraire, l'acquiescement n'est pas possible en cas d'incompétence *ratione materiæ*. L'acquiescement couvre les nullités de forme des jugements ou actes judiciaires, par exemple celles résultant de ce que la décision n'aurait pas été rendue publiquement;... de ce que les qualités n'y seraient pas mentionnées, etc.

ART. 6. — ACTES ET FAITS CONSTITUTIFS DE L'ACQUIESCEMENT.

§ 1ᵉʳ. — Généralités (R. 244 et s.; S. 37 et s.).

11. Les actes et les faits d'où peut résulter l'acquiescement sont de nature très diverses, et il est impossible de les énumérer ni même d'en faire l'objet d'une classification précise. L'intention des parties étant une condition essentielle de la convention, il appartient aux tribunaux de rechercher si elle se dégage des faits ou des actes invoqués comme constitutifs de l'acquiescement.

12. En général, l'acquiescement ne peut s'induire que de faits postérieurs au jugement. Il est des cas, cependant, où il peut résulter de faits antérieurs : c'est ce qui a lieu lorsque les conclusions de l'une des plaideurs ont été adoptées intégralement par le juge; aussi reconnaît-on qu'une partie ne peut valablement appeler d'une décision qui consacre ses prétentions telles qu'elle les a formulées. Au contraire, son droit d'appel reste intact si ses conclusions n'ont été admises qu'en partie. — Il y a encore une sorte d'acquiescement dans la prorogation de juridiction. Au contraire, la déclaration de s'en rapporter à justice n'a point par elle-même ce caractère.

§ 2. — Actes d'exécution (R. 276 et s.; S. 41 et s.).

13. Parmi les faits postérieurs au jugement qui impliquent acquiescement, il faut placer en première ligne les actes d'exécution ; mais ces actes ont une force probante plus ou moins grande suivant que la décision est en premier ou en dernier ressort, et selon qu'ils émanent de la partie condamnée ou de la partie gagnante.

14. L'exécution par la partie condamnée d'un jugement *en premier ressort*, lorsqu'elle est libre et spontanée, antérieure à toute signification, implique acquiescement, à moins que le jugement ne soit exécutoire par provision (V. *infrà*, n° 16). — Mais l'exécution, même spontanée, n'implique acquiescement qu'autant qu'elle constitue l'accomplissement définitif et complet des dispositions du jugement ; dans le cas contraire, l'acquiescement ne peut résulter que des circonstances qui accompagnent l'exécution. — L'acquiescement peut ici, comme dans tous les autres cas, résulter d'actes directs et positifs, tels que le payement ou l'engagement de payer le montant de la condamnation, etc., et aussi de faits ou d'actes qui le supposent implicitement, faits dont l'appréciation est nécessairement abandonnée au juge.

15. Lorsque la décision est *en dernier ressort*, ou même lorsqu'elle est *qualifiée à tort en dernier ressort*, l'exécution implique à un moindre degré la volonté d'acquiescer : elle peut, en effet, n'avoir d'autre but que d'éviter les frais et d'obéir à une décision souveraine dont l'exécution est inévitable. Aussi implique-t-elle acquiescement qu'autant que l'exécution a lieu sans aucune provocation de l'adversaire et d'une manière absolument spontanée. Il suffit que les poursuites soient commencées, ou même que la partie condamnée ait eu connaissance de l'imminence des poursuites, pour que l'acquiescement ne doive pas être présumé. A plus forte raison en est-il ainsi lorsque l'exécution est accompagnée de réserves.

16. Ce qui vient d'être dit des jugements en dernier ressort s'applique aux jugements *exécutoires par provision*. L'exécution de ces jugements n'implique l'intention d'acquiescer, chez la partie contre laquelle ils sont rendus, que si cette intention résulte sans équivoque des faits qui accompagnent l'exécution.

17. En ce qui concerne la partie gagnante, les actes faits par elle pour parvenir à l'exécution constituent, en règle générale, un acquiescement à la décision ; il en est ainsi, spécialement, en ce qui concerne les jugements exécutoires par provision. — Les effets de la signification du jugement par cette partie varient suivant qu'elle est faite à l'avoué seulement ou à la fois à la partie et à l'avoué. Toutes les fois que la loi exige que la signification soit faite à la fois à l'avoué et à la partie, la signification à l'avoué seul n'implique pas acquiescement. Si la loi exige seulement la signification à l'avoué, comme, par exemple, dans le cas d'assignation pour être présent à une enquête (Pr. 261), ou dans celui de signification de jugements d'ordre (Pr. 669 et s.), on décide généralement que la signification à avoué implique acquiescement. — Quant à la signification à partie d'une décision, soit en premier, soit en dernier ressort, elle implique toujours acquiescement. — Mais, qu'il s'agisse d'une signification à avoué ou d'une signification à

partie, la présomption d'acquiescement cesse si la signification est accompagnée de réserves même générales. Il est nécessaire, d'ailleurs, que ces réserves soient portées à la connaissance de celui auquel la signification est faite ; il ne suffirait pas qu'elles fussent formulées dans l'original si elles n'étaient pas reproduites dans la copie.

18. Le fait d'exercer des poursuites, par exemple de faire commandement de payer, implique, plus encore que la signification, l'intention d'acquiescer. — Il en est ainsi alors même que les actes de poursuite seraient accompagnés de réserves, à moins que celles-ci n'eussent trait à des chefs du jugement dont l'exécution ne serait pas poursuivie et qui seraient entièrement distincts de ceux qui font l'objet des poursuites. — La réception du payement, c'est-à-dire du montant des condamnations prononcées, est également lorsque ce payement est offert purement et simplement et accepté sans réserves d'appel ou de pourvoi.

§ 3. — Payement ou réception des frais (R. 435 et s.; S. 59 et s.).

19. Le *payement* des frais fait spontanément, en l'absence de toute poursuite, par celui qui a succombé, implique acquiescement s'il s'agit d'un jugement en premier ressort. Le même effet s'attache à la promesse de payement. — Le payement des frais (il en est de même de la promesse de payement) doit, d'ailleurs, être prouvé conformément aux règles légales sur la preuve. Si le payement est accompagné de réserves, la jurisprudence tend à admettre qu'il n'emporte pas acquiescement. — A l'égard des décisions en dernier ressort, le payement volontaire des frais n'a pas la même portée. La jurisprudence a varié sur ce point ; mais, en général, ce payement n'est pas considéré comme impliquant un acquiescement. Cette solution n'est d'ailleurs pas douteuse dans le cas où des réserves sont formulées lors du payement. — Quant au payement des frais fait sur commandement, ou en vertu d'un exécutoire, il n'implique nullement acquiescement, que la décision soit en premier ou en dernier ressort. — Dans tous les cas, le payement des frais, volontaire ou forcé, n'emporte acquiescement que s'il est effectué par la partie elle-même ou par un mandataire ayant pouvoir d'exécuter la condamnation ; il n'a pas cet effet quand il est opéré par l'avoué non muni du pouvoir spécial.

20. En ce qui concerne la *réception* des frais sans réserves, la jurisprudence est moins nette ; elle paraît s'attacher à la distinction suivante : la réception des frais impliquerait acquiescement lorsque les conclusions de la partie ont été accueillies en totalité ou qu'elles ont subi seulement une réduction dans leur chiffre et leur quotité ; mais si la partie qui a reçu les frais a succombé sur certains chefs et a gagné le procès sur d'autres, la réception des dépens relatifs à ces derniers chefs n'emporte pas acquiescement aux autres chefs.

§ 4. — Demande de remise de cause, de sursis, etc. (R. 491 et s.; S. 70 et s.).

21. Les demandes de remise de cause, de sursis pour plaider ou pour produire une pièce, n'ont pas, en général, le caractère d'un acte constitutif d'acquiescement aux conclusions au fond. Il en est autrement, toutefois, lorsqu'elles impliquent forcément adhésion à un jugement interlocutoire : par exemple, lorsqu'une pareille demande est formulée après un jugement rejetant un déclinatoire d'incompétence, il y a acquiescement à la décision par laquelle le tribunal se déclare compétent. — Une demande de délai pour payer implique, en principe, acquiescement à la condamnation.

§ 5. — Silence ou inaction des parties (R. 518 et s.; S. 72 et s.).

22. Dans certains cas, l'acquiescement à une décision peut s'induire du silence gardé par une partie, comme dans le cas où elle laisse écouler les délais d'opposition ou d'appel et se ferme ainsi toute voie de recours. Toutefois, la jurisprudence se montre fort réservée lorsqu'il s'agit de déduire l'acquiescement de faits négatifs : ainsi l'absence d'une partie convoquée à une mesure d'instruction, ou sa comparution passive, n'impliquent point par elles-mêmes acquiescement à la décision qui prescrit cette mesure ; il faut qu'à ces faits négatifs se joignent des circonstances qui en caractérisent la portée. — Il en est autrement du concours actif et personnel donné par une partie à l'exécution d'un jugement, tout au moins lorsqu'il s'agit d'une décision en premier ressort.

§ 6. — Règles concernant certaines catégories de jugements.

23. 1° *Jugements préjudiciels ou sur exception* (R. 615 et s.; S. 83 et s.). — Lorsque les parties plaident à toutes fins après avoir posé des conclusions préjudicielles, les conclusions prises au fond n'impliquent pas l'abandon de celles qui ont été formulées préjudiciellement. Mais, s'il a été d'abord statué sur l'exception par un jugement qui l'a rejetée en ordonnant de plaider au fond, le fait, par la partie qui avait soulevé l'exception, de plaider sans protestation ni réserve, emporte en général acquiescement de sa part à ce jugement. — De même, le fait de plaider au fond après le rejet d'un déclinatoire d'incompétence *ratione personæ* constitue un acquiescement au jugement qui prononce ce rejet. — Il en serait autrement si, avant de plaider au fond, la partie avait demandé acte des réserves par elle faites d'interjeter appel dudit jugement : telle paraît être, du moins, la doctrine de la Cour de cassation.

24. 2° *Jugements préparatoires ou interlocutoires* (R. 660 et s.; S. 88 et s.). — En principe, l'exécution des jugements préparatoires n'emporte pas acquiescement, en ce sens qu'il n'en peut résulter une fin de non-recevoir contre l'appel dont ces jugements peuvent être l'objet en même temps que le jugement définitif. — Il en est autrement, toutefois, lorsque le jugement préparatoire a été rendu sur les conclusions des parties et à leur commune demande. En outre, l'exécution d'un jugement préparatoire peut quelquefois engendrer une fin de non-recevoir contre certains moyens, par exemple contre ceux qui seraient tirés de la nullité du jugement préparatoire ou de tout autre vice particulier à ce jugement. — Quant aux jugements interlocutoires, tels que ceux qui ordonnent une enquête, une expertise, il est admis aujourd'hui que l'exécution volontaire et sans réserves emporte acquiescement. Bien plus, cet acquiescement réagit sur la solution définitive, en ce sens que cette décision ne peut être attaquée par des moyens qui seraient en opposition avec la décision interlocutoire subie sans réserves. — Si l'exécution est accompagnée de réserves, il n'y a pas acquiescement, pourvu qu'elles soient concomitantes à l'exécution ; des réserves antérieures ou postérieures à l'exécution seraient sans effet. — La jurisprudence ne distingue d'ailleurs pas, en général, entre les décisions interlocutoires rendues en premier ou en dernier ressort.

25. 3° *Jugements ordonnant un serment supplétoire* (R. 634 et s.; S. 86 et s.). — A l'égard de ces jugements, la jurisprudence n'est pas bien fixée sur les conditions dans lesquelles ils sont susceptibles d'acquiescement. Des divergences existent, notamment, sur le point de savoir si l'assistance par une partie, sans protestations ni réserves, à la

---

prestation du serment par l'autre partie, constitue un acquiescement, alors que le serment a été prêté aussitôt après avoir été déféré par le juge. — Au contraire, si la partie, mise en demeure d'être présente au jour fixé pour la prestation du serment déféré à son adversaire, assiste effectivement à cette prestation sans formuler de protestations, on admet sans difficulté qu'il y a acquiescement de sa part au jugement qui a ordonné le serment supplétoire. Mais il n'y aurait pas acquiescement si l'avoué de la partie adverse avait assisté seul, sans mandat spécial, à la prestation de serment.

26. 4° *Jugements en matière de saisie, d'adjudication, etc.* (R. 742 et s.; S. 99 et s.). — Dans ces différentes matières, l'acquiescement est subordonné aux règles générales exposées aux paragraphes précédents. Cependant, on peut noter ici certains particuliers d'acquiescement tacite. Ainsi, de la part de la partie saisissante, la saisie constitue un acquiescement au jugement, qui la rend irrecevable à l'attaquer autrement que par appel incident, sauf lorsqu'il a été rendu par défaut (Pr. 159). De même, le saisi qui laisse procéder à la saisie sans protestations ni réserves, qui plaide sur un incident, qui demande un délai, la distraction de certains objets, est par là même réputé acquiescer au jugement ordonnant la saisie. Il en est ainsi, du moins, lorsque ce jugement a été rendu contradictoirement : l'art. 159 c. pr. civ. ne permet pas d'appliquer la même solution au cas d'un jugement par défaut. — Quant au fait d'accepter les fonctions de gardien de la saisie, il ne constitue pas un acquiescement de la part du saisi. — D'ailleurs, ici encore, les réserves jointes à l'exécution sont opérantes, si elles ne sont point démenties par un fait contraire.

ART. 7. — FORMES DE L'ACQUIESCEMENT (R. 787 et s.; S. 103 et s.).

27. L'acquiescement est *exprès* ou *tacite*. — Il n'est astreint à aucune forme particulière. — Mais, dans tous les cas, il doit être *formel*, c'est-à-dire ne laisser place à aucune équivoque, à aucun doute sur l'intention de son auteur. Lorsqu'il est donné expressément à l'audience, en présence du juge et avant le prononcé de la sentence, il n'est pas nécessaire qu'il soit constaté par écrit et signé par l'acquiesçant. Au contraire, il doit être donné par acte devant être extrajudiciaire ou même à l'audience après le prononcé du jugement. La signature de la partie ne peut être suppléée par celle de l'avoué ou de l'huissier qui signifie l'acte. — L'acceptation de l'acquiescement n'est même assujettie à aucune forme ; elle est, d'ailleurs, le plus souvent tacite, et même virtuelle dans certains cas (V. *suprà*, n° 3, 11 et s.).

ART. 8. — INTERPRÉTATION DE L'ACQUIESCEMENT (R. 83 et s.; S. 13).

28. Les actes et faits dont on prétend faire résulter un acquiescement doivent être interprétés restrictivement. On ne doit admettre contre celui qui a acquiescé que ce qui s'induit clairement des termes dont il s'est servi, ou ce qui est la conséquence naturelle et directe des actes qu'il a accomplis. En cas de doute, les clauses d'usage que la loi supplée dans les contrats ne sont pas pleinement applicables à l'acquiescement. L'acquiescement ne peut être réputé s'étendre à des actes que l'acquiesçant ne connaissait pas et qu'il ne pouvait, par conséquent, avoir l'intention d'exécuter.

ART. 9. — EFFETS DE L'ACQUIESCEMENT (R. 814 et s.; S. 106 et s.).

29. L'acquiescement a pour effet de terminer un débat sur lequel est intervenu un jugement qui pouvait être réformé au moyen des voies de recours ouvertes par la loi. Cependant la fin de non-recevoir qui en

résulte contre l'emploi de ces voies de recours n'est pas d'ordre public et ne peut, par conséquent, être suppléée d'office par le juge; elle est couverte par les défenses au fond, et ne peut être proposée pour la première fois devant la Cour de cassation. — Il donne au jugement lequel il porte l'autorité de la chose jugée.

30. Une autre conséquence de l'acquiescement est d'enlever à la partie qui a obtenu gain de cause le droit de faire signifier, aux frais de l'adversaire, le jugement ou l'arrêt, à moins qu'elle ne conserve un intérêt à cette formalité, comme dans le cas, où l'acquiescement est nul ou irrégulier, ou, en matière réelle, si le jugement constitue pour la partie un titre de propriété. Les tribunaux apprécient souverainement si cet intérêt existe.

31. L'acquiescement n'est pas, de son essence, indivisible. Lorsqu'un jugement contient des chefs distincts, indépendants les uns des autres, les effets de l'acquiescement sont limités à ceux de ces chefs qui en sont spécialement l'objet; il laisse subsister le droit de recours à l'égard des autres. Ainsi l'acquiescement donné à la partie d'un jugement qui statue sur la demande principale n'interdit pas le recours contre la partie relative à une demande reconventionnelle. De même, s'il s'agit de jugements différents intervenus dans une même instance, l'acquiescement à l'une des décisions n'entraîne point acquiescement aux autres et ne fait pas obstacle à ce qu'elles soient l'objet d'un recours. — Toutefois, lorsque les différentes dispositions d'un jugement ou les différentes décisions rendues dans une même instance se lient d'une manière intime, ou lorsqu'elles statuent sur un objet indivisible, l'acquiescement donné aux unes réfléchit sur les autres.

32. L'acquiescement donné par l'une des parties en cause ne lie pas ses *litis consorts* et ne leur profite que si l'objet du litige est indivisible. Ainsi, l'acquiescement du mari ne lie la femme que lorsque leurs intérêts ne se distinguent pas légalement; il ne l'oblige pas si le mari a figuré dans l'instance avec un intérêt distinct de celui de la femme ou encore simplement pour l'autoriser et l'assister. — De même, l'acquiescement donné par le débiteur principal n'est pas opposable au garant. — Les ayants cause, notamment les héritiers, les créanciers chirographaires et hypothécaires sont liés par l'acquiescement de leur auteur ou de leur débiteur. Au contraire, l'acquiescement émané de l'ayant cause est sans effet à l'égard de celui dont il tient ses droits. — L'acquiescement oblige les incapables lorsqu'il est donné par leurs représentants légaux dans la limite de leurs pouvoirs. — L'acquiescement ne peut ni profiter ni nuire aux tiers, en vertu du principe général que les conventions n'ont d'effet qu'entre ceux qui y sont parties (Civ. 1165). V. *infrà*, Contrats et Conventions en général, n° 69 et s.

ART. 10. — COMPÉTENCE (R. 867 et s.).

33. Tout tribunal compétent à raison de la matière, devant lequel un acquiescement est opposé soit par action principale, soit par voie d'exception, peut en connaître. Ainsi un tribunal civil, saisi de l'exécution d'un jugement du tribunal de commerce, peut statuer sur l'acquiescement dont ce jugement aurait été l'objet.

SECT. II. — Acquiescement en matière criminelle (R. 873 et s.; S. 117 et s.).

34. En matière criminelle, la faculté d'acquiescer appartient à la partie civile et aux administrations publiques qui ont, concurremment avec le ministère public, l'action en répression des délits concernant les intérêts qui leur sont conférés (V. *infrà*, Douanes, Forêts, Impôts indirects). Il y a lieu

de leur appliquer les règles de l'acquiescement en matière civile (V. *suprà*, n°s 2 et s.). — Quant au condamné, il ne peut acquiescer au jugement prononcé contre lui ni par une déclaration expresse ni par l'exécution spontanée de ce jugement, mais seulement par son inaction pendant les délais qui lui sont accordés à l'effet d'en poursuivre la réformation. Il peut, au contraire, acquiescer aux condamnations relatives aux réparations civiles. — L'acquiescement n'est pas possible non plus de la part du ministère public; c'est ainsi qu'il peut toujours, à la condition d'observer les délais, appeler des jugements où il a été partie, même lorsqu'ils ont été rendus conformément à ses conclusions (V. *suprà*, n° 9). Il n'est pas lié davantage par l'acquiescement des parties civiles ou des administrations publiques qui ont exercé les poursuites concurremment avec lui. — Au reste, la règle qui interdit l'acquiescement à la partie condamnée et au ministère public ne s'applique qu'aux décisions proprement dites; les nullités de procédure ou d'instruction peuvent être couvertes par l'acquiescement ou le silence des parties quelles qu'elles soient, à moins que les garanties essentielles ne se trouvent compromises (Instr. 408-413).

35. Les formes de l'acquiescement en matière criminelle sont les mêmes qu'en matière civile; mais elles sont rigoureusement limitées à celui qui l'a donné.

SECT. III. — Acquiescement en matière administrative (R. 924 et s.; S. 118 et s.).

36. Les règles admises en matière civile et criminelle s'appliquent en matière administrative.

SECT. IV. — Enregistrement et timbre.

37. Les acquiescements purs et simples donnés par acte sous seing privé ou notarié sont soumis au droit fixe de 3 francs (L. 22 frim. an 7, art. 68, § 1er, n° 4, R. v° *Enregistrement*, t. 21, p. 26; 28 avr. 1816, art. 43, n° 2, *ibid.*, p. 39; 28 févr. 1872, art. 4, D. P. 72. 4. 12). Si l'acte est passé au greffe d'un tribunal civil, il est assujetti au droit fixe de 4 fr. 50 (L. 22 frim. an 7, art. 68, § 2, n° 6; 28 avr. 1816, art. 44, n° 10; 28 févr. 1872, art. 4); ... au greffe d'une justice de paix, il est passible du droit de 1 fr. 50 (L. 22 frim. an 7, art. 68, § 1er, n° 51; 28 févr. 1872, art. 4). Enfin, lorsque l'acquiescement résulte d'un acte d'avoué à avoué, il est exempt d'enregistrement (L. 26 janv. 1892, art. 5, D. P. 92. 4. 9), ... à moins qu'il ne soit signé de la partie, auquel cas il est, malgré la formalité et tarifé au droit fixe de 3 francs comme acquiescement sous seing privé.

38. Lorsqu'un acquiescement est donné par plusieurs personnes dans le même acte, si tous les acquiescents sont liés entre eux par un intérêt commun, l'acte ne donne ouverture qu'à un seul droit; mais, au cas contraire, il est perçu autant de droits qu'il y a de parties ayant un intérêt distinct (L. 22 frim. an 7, art. 11). Spécialement, on applique la pluralité des droits à un acte constatant les acquiescements donnés par plusieurs propriétaires à un procès-verbal d'arpentage et de délimitation de leurs biens (R. v° *Enregistrement*, 448).

39. Les acquiescements donnés sous condition ou moyennant un prix ou une obligation quelconque peuvent donner ouverture au droit proportionnel, qui est alors déterminé suivant la nature de la convention ainsi formée.

ACTE DE COMMERCE

(R. v° *Acte de commerce*; S. eod. v°).

§ 1er. — *Définition et législation* (R. 1 et s.; S. 1 et s.).

1. Le Code de commerce ne traite des *actes de commerce* qu'à l'occasion de la compétence des tribunaux de commerce, dans les art. 632, 633 et 638. Il est, d'ailleurs, impossible d'en donner une définition précise; on ne peut qu'en référer à l'énumération contenue dans ces articles. — Cette énumération n'est pas absolument limitative. Mais la volonté seule des parties ne saurait suffire pour attribuer à un acte le caractère commercial; il faut, en outre, qu'il rentre, par sa nature ou son objet, dans l'une des opérations que lesdits articles réputent constituer des actes de commerce. Ces opérations se divisent en deux grandes catégories : 1° les actes qui sont commerciaux par leur nature; 2° les actes qui sont présumés commerciaux à raison de la qualité des personnes.

2. Le même acte peut être à la fois commercial de la part d'une partie, et purement civil de la part de l'autre; il en est ainsi, par exemple, lorsqu'un propriétaire vend sa récolte à un tiers qui l'achète pour la revendre et en vue de tirer un bénéfice de cette revente; l'acte n'est commercial, dans ce cas, que par rapport à l'acheteur; il est civil à l'égard du vendeur. De même, le louage d'ouvrage par lequel un commerçant prend à son service des commis ou ouvriers n'est commercial que pour lui (V. infrà, n° 34); il est civil pour les commis ou ces ouvriers. — Il y a, d'autre part, des actes que la jurisprudence considère comme ne pouvant jamais constituer des actes de commerce; ce sont les actes illicites ou immoraux, notamment l'achat d'une maison de tolérance.

3. Quant à l'intérêt de la distinction entre les actes de commerce et les autres actes, il consiste surtout en ce que les actes de commerce sont de la compétence des tribunaux de commerce (V. infrà, Compétence commerciale) et qu'ils permettent aux parties la stipulation d'intérêts illimités (L. 12 janvier 1886, D. P. 86. 4. 32), tandis qu'en matière civile, le taux de l'intérêt conventionnel est limité (V. infrà, Intérêts). — En outre, l'exercice habituel des actes commerciaux par leur nature peut seul conférer la qualité de commerçant (V. infrà, Commerçant, n° 1), et une capacité spéciale est exigée pour leur accomplissement.

§ 2. — Des actes qui sont commerciaux par leur nature.

A. — Achats pour revendre ou pour louer (R. 25 et s.; S. 8 et s.).

4. La loi répute tout d'abord acte de commerce, tout achat de denrées et marchandises pour les revendre ou même pour en louer simplement l'usage (Com. 632, § 1er). — Trois conditions sont donc nécessaires pour qu'une acquisition constitue un acte de commerce.

5. La première, c'est qu'elle ait eu lieu par voie d'achat et non par l'effet d'une transmission à titre gratuit; mais toute acquisition à titre onéreux, par exemple un échange, devrait être assimilée à l'achat.

6. La seconde condition, c'est que l'acquisition porte sur des denrées ou marchandises, ce qui comprend toutes espèces de meubles, même incorporels, par exemple des créances. L'achat d'immeubles, même opéré dans un but de spéculation, ne constitue pas un acte de commerce. — Toutefois, la jurisprudence considère que l'achat d'immeubles devient commercial lorsque le spéculateur n'achète ces immeubles que pour les revendre après y avoir élevé des constructions, et qu'en fait la spéculation sur ces constructions a été l'objet principal de l'opération, dont l'achat des terrains n'a été que l'accessoire (V. infrà, n° 19).

7. La troisième condition nécessaire pour constituer l'acte de commerce, c'est que l'achat soit fait avec intention de revendre la marchandise achetée, ou d'en relouer l'usage. L'achat fait sans intention de revendre ou de relouer n'est

donc pas un acte de commerce, encore que l'acheteur ait, en fait, revendu ou reloué la chose achetée. Un achat ne devient commercial par cela seul qu'il a été accompagné de l'intention de revendre ou de sous-louer, encore que la revente ou la relocation n'ait pas été réalisée, quelle que soit la cause de sa non-réalisation. — Toutefois, même s'il a été fait en vue d'une revente ou d'une relocation, l'achat ne constitue un acte de commerce que si l'acheteur a entendu réaliser des bénéfices au moyen de cette revente ou de cette relocation, c'est-à-dire s'il a entendu spéculer; il n'y a pas, par exemple, acte de commerce dans le cas d'une personne qui achète pour revendre au prix coûtant dans un but d'obligeance ou de bienfaisance, ou encore d'intérêt public. — La question de savoir si, en fait, l'acheteur a voulu ou non spéculer est, d'ailleurs, abandonnée au pouvoir discrétionnaire des tribunaux.

8. Certaines acquisitions constituent des actes de commerce alors même qu'elles ne sont pas accompagnées de l'intention de revendre. Ainsi, d'après l'opinion qui a prévalu, constituent des actes de commerce : l'achat d'un fond de commerce, non seulement lorsqu'il est fait en vue de revendre ce fonds, mais même lorsqu'il est fait en vue de l'exploiter; ... la souscription de parts d'intérêts ou d'actions dans une société commerciale, et, d'une façon générale, de valeurs de bourse, non seulement lorsque cette opération est faite avec l'intention de spéculer en les revendant, mais même quand on se propose de garder ces parts d'intérêts ou ces valeurs. Au contraire, conformément à la règle générale, l'achat d'une part d'intérêt, d'une action ou de toute autre valeur de bourse n'est commercial que si l'acheteur l'opère avec l'intention de spéculer. De même les préposés de l'État ou des administrations publiques, spécialement les débitants de tabac, ne font pas davantage acte de commerce en achetant les objets qu'ils sont chargés de revendre, car il leur manque l'intention de spéculer. Par suite, l'achat de la gérance d'un bureau de tabac constitue un acte purement civil.

9. L'achat de denrées ou marchandises pour les revendre ne cesse point de constituer un acte de commerce parce qu'au lieu d'être revendues en nature, elles ne le sont qu'après avoir été travaillées et mises en œuvre (Com. 632, § 1er). Spécialement, fait acte de commerce le boulanger qui achète des farines; ... l'éditeur qui achète un manuscrit pour le publier. Toutefois, l'achat perd son caractère commercial si la chose achetée ne demeure pas principale au moment de la revente et ne peut, au contraire, être considérée alors que comme l'accessoire d'un autre objet non acheté. — Ainsi, ne font pas acte de commerce : l'ouvrier ou l'artisan qui achète les outils nécessaires à l'exercice de sa profession, et même celui qui achète les matières premières pour les revendre après les avoir transformées, parce qu'au moins qu'il n'opère ces achats qu'au fur et à mesure des commandes qu'il reçoit, de telle sorte que, de sa part, la spéculation porte plus sur son travail que sur la matière première; ... l'artiste, peintre, sculpteur, etc., qui achètent la toile, les couleurs, le marbre, etc., qu'ils revendent ensuite convertis en tableaux, en statues, etc.; ... l'écrivain qui, éditant lui-même son ouvrage, achète toutes les fournitures nécessaires à l'impression de cet ouvrage; ... le propriétaire-rédacteur d'un journal qui achète les papiers et tous autres matériaux employés à son impression, alors qu'en fait il doit être considéré, lorsqu'il vend ce journal, comme vendant le produit de son propre travail; ... les maîtres de pension qui font les achats nécessaires soit à la nourriture, soit à l'instruction de leurs élèves; ... les agriculteurs qui font les achats nécessités

par les besoins de leur exploitation agricole et, notamment, ceux qui achètent des animaux pour les revendre après les avoir engraissés sur leurs terres. — Mais l'achat par un cultivateur d'animaux pour les revendre prendrait le caractère commercial, si cette spéculation cessait d'être l'accessoire d'une exploitation agricole.

10. Les mêmes principes sont applicables à l'achat de meubles pour les relouer; par suite, cet achat cesse d'être commercial si les meubles achetés sont destinés à être loués accessoirement au bail d'un immeuble. Mais il reprendrait ce caractère si, en fait, le propriétaire, en les louant en même temps que tout ou partie de son immeuble, se livrait à une véritable exploitation d'hôtel garni.

B. — Vente de marchandises. — Louage pour sous-louer. Sous-location (R. 135 et s.; S. 137 et s.).

11. La vente de denrées ou marchandises achetées pour être revendues constitue, de même que l'achat de ces marchandises, un acte de commerce. Spécialement, est commerciale : la vente faite par un commerçant d'objets de son commerce; ... la cession d'un brevet d'invention par le cessionnaire qui l'avait acheté pour le revendre.

12. Au contraire, n'est point commerciale la vente de choses dont le vendeur est devenu propriétaire autrement que par voie d'achat fait avec intention de revendre. — En particulier, ne fait point acte de commerce : l'écrivain qui vend son manuscrit à un éditeur; ... l'inventeur d'un procédé industriel qui le cède à un tiers; ... le propriétaire, cultivateur ou vigneron, qui vend les denrées de son cru (Com. 638, § 1er); ... le pépiniériste ou le champignonniste qui vend les produits de son fonds; ... le concessionnaire d'une prise d'eau qui l'exploite. — La non-commercialité des ventes ainsi opérées, par ces diverses personnes, de produits recueillis par eux dans leur exploitation, s'étend à l'hypothèse où les mêmes produits seraient vendus après avoir été travaillés, alors, du moins, que le travail auquel ils ont été soumis ne prend pas l'importance d'une entreprise de manufacture (V. infrà, n° 15). Ainsi, ne fait pas acte de commerce le propriétaire qui, au lieu de vendre en nature les produits de ses vignes, les vend après les avoir convertis en vins.

13. La location (ou la sous-location) pour sous-louer constitue un acte de commerce lorsqu'elle porte sur des meubles. — Elle n'est qu'un acte civil lorsqu'elle ne porte, au contraire, que sur des immeubles ou même lorsqu'elle porte à la fois sur des meubles et sur des immeubles, si les meubles doivent être considérés comme l'accessoire des immeubles. — Mais elle deviendrait commerciale s'il résultait des circonstances que le locataire, en faisant cette sous-location, a entendu se livrer à une exploitation d'hôtel garni.

C. — Entreprises de manufactures, de commission, de transport, de fournitures, de constructions et autres travaux, d'agences, de ventes à l'encan et de spectacles publics (R. 151 et s.; S. 148 et s.).

14. Toutes ces entreprises sont déclarées commerciales par la loi (Com. 632, § 2). — Mais un fait isolé ou accidentel de fabrication, de commission, de transport, etc., ne constitue pas une entreprise; il faut toute une série de faits de cette nature.

15. L'entreprise de manufactures, c'est-à-dire celle qui consiste dans la transformation de matières premières en objets de fabrication, est commerciale, par cela seul que celui qui s'y livre l'exécute non pas lui-même, mais par des ouvriers à ses ordres, et qu'il spécule ainsi sur le travail d'autrui. Peu importe que ces ouvriers travaillent dans un établissement qui lui appartient ou seulement à leur propre domicile. Peu importe aussi que les matières premières soient achetées par l'entrepreneur, ou qu'elles lui soient confiées par des tiers, et qu'il ne soit ainsi qu'un entrepreneur à façon. — Mais le propriétaire qui manipule les produits de son fonds pour les vendre après les avoir travaillés ne fait pas acte de commerce, si cette manipulation n'est que l'accessoire de son exploitation agricole (V. *supra*, n° 12). Il en serait autrement si, en fait, la manipulation subie par les produits du fonds était telle qu'elle dût être considérée comme formant, par son importance, l'objet principal de l'industrie de ce propriétaire.

16. L'entreprise de commission est un acte de commerce pour le commissionnaire qui agit *en son nom propre* ou sous un nom social, pour le compte du commettant, alors même que les opérations ainsi faites par le commissionnaire ne seraient pas des opérations commerciales pour le commettant. Au contraire, un acte isolé de commission constitue, pour le commissionnaire, un acte civil dans ses rapports avec le commettant, et un acte civil ou commercial dans ses rapports avec les tiers, selon qu'il fait avec eux une opération civile ou commerciale. — Quant au commissionnaire qui agit *au nom du commettant*, il ne fait qu'un acte civil, et cela sans qu'il y ait lieu de distinguer entre une opération isolée et des opérations multiples (V. *infrà*, *Commissionnaire*, n° 2).

17. Les entreprises de transports par terre et par eau (autres que par mer) sont commerciales, soit qu'elles aient pour objet le transport des personnes ou celui des choses, soit qu'il s'agisse d'entreprises de transports publiques ou privées. Peu importe que ces entreprises soient soumises à la nécessité d'une autorisation administrative et qu'elles jouissent d'un monopole de droit, ou qu'elles soient assujetties à des tarifs; c'est ainsi, notamment, que les compagnies d'omnibus, de tramways et de chemins de fer font des actes de commerce. Il en est ainsi même de l'administration des chemins de fer de l'État (Req. 8 juill. 1889, D. P. 89. 1. 353).

18. Les entreprises de fournitures sont des actes de commerce, alors même qu'elles n'ont pas pour objet de transmettre la propriété, mais seulement une location l'usage des choses qui en sont la matière. Il en est ainsi, par exemple, des cercles de lecture ou même des entreprises de pompes funèbres, lorsqu'elles sont exploitées par un adjudicataire, et non par la fabrique ou le consistoire. Mais encore faut-il que les choses à fournir aient été achetées par l'entrepreneur; l'entreprise serait purement civile s'il s'agissait, par exemple, d'un propriétaire tirant de son fonds les denrées, terres ou matériaux à livrer. — De même, les entreprises littéraires nommées *souscriptions*, lesquelles constituent des entreprises de fournitures et sont commerciales en principe, cessent d'avoir ce caractère lorsqu'elles sont organisées par l'auteur de l'ouvrage.

19. Les entreprises de constructions terrestres sont des actes de commerce lorsque, indépendamment de la main-d'œuvre, l'entrepreneur fournit ou s'engage à fournir les matériaux nécessaires à la construction, et ce, alors même qu'il s'agit d'entreprises de travaux publics (V. *infrà*, *Travaux publics*). Mais la jurisprudence considère comme simplement civiles les entreprises de construction où l'entrepreneur ne fournit que la main-d'œuvre, et non les matériaux. En tout cas, il n'y a certainement pas acte de commerce de la part des propriétaires qui entreprennent des constructions sur leur propre fonds, à moins, toutefois, que ces propriétaires ne soient des spéculateurs n'ayant acheté les terrains que pour les revendre après y avoir élevé des constructions (V. *supra*, n° 6).

20. Les entreprises d'agences et bureaux d'affaires sont commerciales non seulement si les affaires dont elles s'occupent sont elles-mêmes commerciales, mais même si elles sont civiles. C'est ainsi, par exemple, que font des actes de commerce : les gérants professionnels d'immeubles; ... les receveurs de rentes; ... les administrateurs de tontines; ... les bureaux de traduction; ... les entrepreneurs d'agences matrimoniales. — Il en est ainsi alors même qu'il s'agit d'agents d'affaires dont les occupations habituelles consistent à représenter les parties en justice. — Toutefois, ne font des actes de commerce ni les avocats, ni les avoués, huissiers et notaires, qui se bornent à exercer leur profession, et même, suivant la jurisprudence, les agréés et les syndics de faillite.

21. Les entreprises d'assurances terrestres à prime sont commerciales; celles d'assurances terrestres mutuelles sont, au contraire, purement civiles, et ce, alors même qu'elles seraient faites entre commerçants et pour risques commerciaux (V. *infrà*, n° 31).

22. Les établissements de vente à l'encan constituent des actes de commerce. — Il en est de même des entreprises de spectacles publics, c'est-à-dire de toutes entreprises dans lesquelles des divertissements, quel qu'en soit le mode d'exécution ou d'exhibition, sont offerts au public : théâtres proprement dits, concerts, fêtes et bals publics, spectacles forains, feux d'artifices, etc. — Au contraire, les artistes engagés par ces entreprises ne font pas des actes de commerce (V. *infrà*, *Théâtre-Spectacle*).

D. — Opérations de change, banque et courtage.
— Banques publiques. — Effets de commerce (R. 344 et s.; S. 265 et s.).

23. Les opérations, même isolées, de change manuel ou de change sont des actes de commerce (Com. 632, § 4), quelle que soit la personne qui s'y livre, fût-ce un officier ministériel, par exemple un notaire. — Il en est de même des opérations de courtage (Com. 632, § 4), fussent-elles également isolées, qu'elles soient faites par des courtiers professionnels, libres ou privilégiés, ou par des agents de change, ou encore par de simples particuliers, si ces particuliers, en faisant ces opérations, usurpent les fonctions de courtiers privilégiés ou d'agents de change. Mais c'est une question controversée que celle de savoir si les courtiers, qu'il s'agisse de courtiers professionnels ou de particuliers, ne font un acte de commerce qu'autant que l'opération conclue par leur entremise est elle-même une opération commerciale. La jurisprudence tend à se prononcer pour l'affirmative et décide, en conséquence, que le courtage des immeubles n'est pas commercial. Il est constant, au contraire, que les opérations des agents de change sont commerciales encore qu'elles aient pour objet des négociations purement civiles.

24. Sont aussi des actes de commerce les opérations des banques publiques (Banque de France, banques coloniales, etc.) (Com. 632, § 5), ... ou des sociétés de crédit foncier (V. *infrà*, *Crédit foncier*, n° 3 et s.). — Au contraire, les établissements de monts-de-piété ne font pas des actes de commerce.

25. Pareillement, les lettres de change constituent des actes de commerce (Com. 632, § 7) de la part de tous leurs signataires, quelle que soit la qualité en laquelle ils les ont signés : tireurs, accepteurs, endosseurs, donneurs d'aval, et ce, encore que ce soient des non-commerçants et qu'ils soient engagés pour une cause non commerciale, ou encore bien que la lettre ne contienne pas de remise de place en place (L. 7 juin 1894, D. P. 94. 4. 54). — Il n'en est toutefois ainsi que si la lettre réunit toutes les conditions exigées par la loi pour sa validité (V. *infrà*, *Lettre de change*); à défaut de ces conditions ou de l'une d'elles, la lettre de change

irrégulière n'est point un fait de commerce, à moins qu'elle n'ait ce caractère à raison de sa cause ou de la qualité des personnes obligées. Ainsi, par exemple, n'est point commerciale par elle-même la lettre de change qui ne renferme pas l'énonciation de la valeur fournie par le preneur ou tireur, ou celle qui contient supposition soit de nom, soit de qualité (Com. 112, modifié par la loi du 7 juin 1894, précitée, et 636). De même, la lettre de change souscrite par des incapables, par exemple par un mineur non autorisé à faire le commerce, n'est point un acte de commerce à son égard (Com. 114). — La jurisprudence décide, au contraire, que les lettres de change souscrites par des femmes ou filles non marchandes publiques conservent, même à l'égard de ces personnes, le caractère commercial attaché à toute lettre de change, quelle qu'en soit la cause (V. *infrà*, *Lettre de change*).

26. Quant au billet à ordre, il n'est jamais un acte de commerce par lui-même; il ne l'est, conformément aux règles du droit commun, qu'à l'égard de ses signataires pour lesquels il a une cause commerciale, ou du moins présumée telle à raison de leur qualité de commerçant. — Il en est ainsi même du billet à domicile, c'est-à-dire du billet à ordre qui contient une remise de place en place (L. 7 juin 1894, précitée; Trib. civ. de Carcassonne, 25 juill. 1894, D. P. 94. 2. 550). La même règle est applicable au mandat ou rescription, au billet en marchandises, au chèque (L. 14 juin 1865, D. P. 65. 4. 46).

E. — Exploitation des mines, minières et carrières (R. 276 et s.; S. 316 et s.).

27. Est purement civile l'exploitation des mines (L. 21 avr. 1810, art. 32, R. v° *Mines*, p. 618), même de mines de sel, de minières, de carrières, quelles que soient les personnes qui fassent cette exploitation : concessionnaires, permissionnaires, propriétaires du sol ou tiers cessionnaires, simples particuliers ou sociétés. Toutefois, ladite exploitation devient commerciale si, en fait, elle n'est que l'accessoire d'une entreprise commerciale. Il en est de même, depuis la loi du 1er août 1893 (art. 6, D. P. 93. 4. 68), lorsque l'exploitation est faite par une société en commandite ou anonyme (V. *infrà*, *Société*). — Enfin, la jurisprudence considère comme acte de commerce l'exploitation d'une carrière par une personne autre que le propriétaire (Req. 30 juill. 1901, D. P. 1901. 1. 470).

F. — Navigation et commerce maritime (R. 295 et s.; S. 344 et s.).

28. La loi répute acte de commerce (art. 633) : toute entreprise de construction de bâtiments pour la navigation intérieure et extérieure, et cela sans qu'il y ait à distinguer, comme pour les constructions terrestres (V. *supra*, n° 19), selon que l'entrepreneur fournit les matériaux ou seulement la main-d'œuvre; ... tous achats ou ventes volontaires et revente des ces bâtiments, pourvu toutefois que, conformément au droit commun (V. *supra*, n° 7), ils impliquent une idée de spéculation de la part de ceux qui les font : ainsi, n'est pas commercial l'achat d'un navire de plaisance destiné à des voyages d'étude ou d'agrément (Req. 23 janv. 1888, D. P. 88. 1. 405); — toutes expéditions maritimes; — tous achats ou ventes d'agrès, apparaux et armements; toutefois, la vente de ces objets ne constitue un acte de commerce que si ce caractère lui appartient d'après le droit commun, c'est-à-dire si elle implique une spéculation : ainsi la vente qu'un propriétaire ferait de denrées provenant de son cru, pour avitailler le navire, ne constituerait qu'un acte purement civil.

29. Constituent encore des actes de commerce : tout affrètement (ou nolissement), c'est-à-dire tout contrat ayant pour objet le transport de marchandises par mer, du moins au regard du fréteur ou transporteur: ce contrat n'est, au contraire, commercial pour l'affréteur que si ce dernier a affrété le navire en vue d'une opération commerciale, et non s'il. l'a affrété dans un autre but, par exemple pour le transport d'un mobilier servant à son usage personnel; — tout contrat de transport de passagers et de leurs bagages, quant au transporteur seulement : le contrat est purement civil pour le passager; — tout prêt à la grosse, aussi bien pour le prêteur que pour l'emprunteur; — toutes assurances maritimes, soit à primes, non seulement pour l'assureur, mais aussi pour l'assuré, lorsque le contrat couvre des risques commerciaux, soit même mutuelles; — tous autres contrats concernant le commerce de mer, notamment la convention par laquelle une pacotille est confiée à un capitaine pour la vendre en voyage et en partager le prix au retour; — tous accords et conventions pour salaires et loyers d'équipages, ainsi que tous engagements de gens de mer pour le service de bâtiments de commerce; et ce, non seulement à l'égard de l'armateur, mais encore des gens de mer eux-mêmes : capitaines, matelots, pilotes (Civ. c. 5 févr. 1896, D. P. 96. 1. 575).

§ 3. — *Des actes qui sont présumés commerciaux à raison de la qualité des personnes* (R. 303 et s.; S. 367 et s.).

30. Sont commerciaux, tous les actes d'un commerçant relatifs à son commerce, sans distinction entre ceux qui constituent ce commerce, et ceux qui, n'ayant pour but d'en faciliter l'exercice, en sont simplement l'accessoire. C'est la règle connue sous le nom de théorie de l'*accessoire*. Par suite, est commercial : l'achat ou le louage que fait un commerçant de choses mobilières pour les besoins de son commerce, par exemple d'une voiture pour le transport de ses marchandises; ... le contrat par lequel il fait faire des réparations à ses magasins; ... celui par lequel il engage à son service les commis et ouvriers nécessaires à son exploitation; ... l'emprunt qu'il fait de fonds destinés à faire face à ses obligations commerciales; ... l'assurance à prime qu'il contracte pour ses risques commerciaux : incendie de ses marchandises, etc.; ... le nantissement qu'il consent pour sûreté d'une obligation concernant son commerce; ... le mandat qu'il donne pour une affaire rentrant également dans ce commerce, alors même qu'il s'agit d'un mandat *ad litem*; ... la vente qu'il fait de son fonds de commerce (Req. 23 mars 1891, D. P. 91. 1. 485). — Quant à l'achat de ce fonds, V. *supra*, n° 8.

31. Par exception, toutefois, sont purement civiles : les assurances mutuelles que le commerçant contracte, même pour risques commerciaux (Paris, 18 févr. 1890, D. P. 91. 2. 367); ... les opérations ayant des immeubles pour objet, bien que ces immeubles soient affectés à l'exercice de son commerce: ainsi, n'est pas commercial l'achat ou le louage par un commerçant d'un immeuble destiné à l'exploitation de son commerce. — Toutefois, l'achat, le bail, deviennent commerciaux de la part de l'acheteur ou du preneur lorsqu'ils comprennent, outre les bâtiments destinés à une exploitation commerciale, le matériel de cette exploitation, le matériel apparaît que comme un accessoire de l'établissement acheté ou loué. En outre, la jurisprudence considère comme faisant acte de commerce le commerçant qui fait construire des bâtiments pour l'usage de son commerce et, à plus forte raison, celui qui y fait exécuter de simples travaux de réparation. V. *supra*, n° 19.

32. La théorie de l'accessoire s'applique également aux engagements d'un commerçant nés soit de quasi-contrats, soit de délits ou quasi-délits, à la condition que les faits dont ils résultent se rattachent par un lien direct et immédiat à l'exercice de son commerce (Civ. r. 9 déc. 1901, D. P. 1902. 1. 311), et alors même que celui envers lequel il est obligé n'est pas un commerçant. Spécialement, est commerciale l'obligation, pour un agent d'affaires, de restituer les sommes par lui indûment reçues, à raison de l'affaire dont il a été chargé; ... pour un commerçant, qui a fait des actes de concurrence déloyale, de réparer le préjudice par lui causé; ... pour le propriétaire d'un bateau marchand qui en a abordé un autre, de payer les dégâts occasionnés par cet abordage.

33. Au contraire, sont purement civils les actes d'un commerçant qui ont une cause étrangère à son commerce, par exemple les achats de denrées pour son usage particulier (Com. 638, § 1). — Mais la loi présume relatifs à son commerce, et, en conséquence, réputé commerciaux, tous les engagements d'un commerçant (Com. 632, § 5, et 638, § 2); et cela, quelle qu'en soit la forme, c'est-à-dire qu'ils soient souscrits par billet, par acte authentique ou verbalement, alors même qu'ils sont contractés envers un non-commerçant. Toutefois, cette présomption de commercialité n'est qu'une présomption simple contre laquelle la preuve contraire est toujours admissible et peut être faite par tous les moyens.

34. Les obligations contractées par un non-commerçant ne deviennent point commerciales et elles ne le sont point par nature, par cela seul qu'il les a contractées envers un commerçant; par exemple, le louage d'ouvrage des commis ou ouvriers est purement civil à leur égard; ... ou même parce qu'il les a contractées conjointement avec un commerçant; le caractère de l'engagement de chacun des débiteurs principaux doit être apprécié en lui-même et abstraction faite de celui auquel il est joint. Pareillement, le cautionnement, même solidaire, d'une obligation commerciale, constitue, lorsqu'il a été consenti par un non-commerçant, un engagement purement civil, à moins toutefois qu'il ne soit fait désintéressé : la caution est obligée commercialement lorsqu'elle a un intérêt dans l'opération. Il en est de même du cautionnement consenti par un commerçant en dehors de son commerce. — Par exception, l'aval d'une lettre de change est commercial pour toute personne et quelle qu'en soit la cause. V. *supra*, n° 25. — Quant à l'aval d'un billet à ordre, la jurisprudence décide qu'il participe de la nature de l'engagement du signataire cautionné; que, dès lors, il est civil ou commercial selon que cet engagement a, lui-même, une cause civile ou commerciale; que, par suite, le non-commerçant qui a revêtu de son aval le billet à ordre souscrit par un commerçant pour fait de commerce de celui-ci, est obligé commercialement.

§ 4. — *Enregistrement et timbre.*

35. Les actes de commerce sont régis, au point de vue des droits d'enregistrement, par les art. 22 et 23 de la loi du 23 juin 1859 (D. P. 59. 4. 45), ainsi conçus : « Art. 22. — Les marchés et traités réputés actes de commerce par les art. 632, 633 et 634, n° 1, c. com., faits ou passés sous signatures privées et donnant lieu au droit proportionnel, suivant l'art. 69, § 3, n° 1, de la loi du 22 frimaire an 7 (R. v° *Enregistrement*, t. 21, p. 33), seront enregistrés provisoirement moyennant un droit fixe de 2 francs, et les autres droits fixes auxquels leurs dispositions peuvent donner ouverture, d'après les lois en vigueur. Les droits proportionnels édictés par ledit article seront perçus lorsqu'un jugement portant condamnation, liquidation, collocation ou reconnaissance, interviendra sur ces marchés et traités, ou qu'un acte public sera fait ou rédigé en conséquence, mais seulement sur la partie des prix ou des sommes faisant l'objet soit de la condamnation, liquidation, collocation ou reconnaissance, soit des dispositions de l'acte public. Dans le cas prévu par l'art. 57 de la loi du 28 avril 1816 (R. v° *Enregistrement*, t. 21, p. 39), le double droit dû en vertu de cet article sera réglé conformément aux dispositions de l'art. 22 de la présente loi, et pour être perçu lors de l'enregistrement du jugement. »

A. — Conditions d'exigibilité du droit fixe.

36. Trois conditions sont nécessaires pour que l'enregistrement provisoire au droit fixe soit admis; il faut : 1° qu'il s'agisse d'actes de commerce; mais il importe peu que l'acte soit commercial à l'égard d'une seule des parties; 2° que l'acte présenté à la formalité soit fait sous signatures privées, d'où exclusion du bénéfice de la loi pour les actes authentiques ou passés dans la forme administrative; 3° que l'acte à enregistrer rentre dans la catégorie des marchés et traités que l'art. 69 de la loi du 22 frimaire an 7 tarife aux droits de 1 pour cent ou 2 pour cent, d'où exclusion du bénéfice de la loi pour les marchés administratifs, tels que billets à ordre ou effets de commerce. — Le droit fixe de 2 francs a été élevé à 3 francs par la disposition générale de l'art. 4 de la loi du 28 février 1872 (D. P. 72. 4. 12).

B. — Perception du droit proportionnel.

37. Le droit proportionnel applicable aux actes de commerce enregistrés provisoirement au droit fixe, devient exigible dans deux cas, savoir : 1° lorsqu'un jugement portant condamnation, collocation, liquidation ou reconnaissance, intervient sur ces marchés; 2° lorsqu'un acte public est fait ou rédigé en conséquence. La première partie de cette disposition doit être rapprochée de l'art. 69, § 2, n° 9, de la loi du 22 frimaire an 7, relative à la perception du droit de titre sur les jugements, les difficultés étant les mêmes dans les deux cas.

38. Le principe qui domine la matière est que le droit de titres n'est dû et ne peut être perçu que sur ce qui a été jugé, non pas de la convention litigieuse, mais seulement du litige, que sur ce qui a été *in lite*. — D'autre part, le jugement constituant un titre légal pour les parties, dans la mesure de ce qu'il déclare obligatoire entre elles, c'est dans la même mesure qu'il donne ouverture au droit proportionnel applicable aux marchés commerciaux; d'où la conséquence que, lorsque les contestations portent sur l'ensemble des comptes, que le tribunal a dû opérer une liquidation complète du marché et que ce marché a été, tout entier et dans chacune de ses parties, l'objet de son examen et de sa décision, le droit proportionnel est dû sur l'intégralité du prix stipulé, encore qu'il ait été payé en partie avant l'instance.

39. En ce qui concerne l'usage dans un acte public, la disposition ne fait pas dépendre l'exigibilité du droit proportionnel du cas où l'acte public contient liquidation ou reconnaissance des sommes restant dues; elle n'exige pas davantage que les signatures dont les marchés sont revêtus soient reconnues et qu'ils acquièrent eux-mêmes l'authenticité; elle se borne à dire que le droit proportionnel sera perçu sur les marchés, dès qu'un acte public sera fait ou rédigé en conséquence. Mais une simple mention de l'acte de commerce n'est pas suffisante pour rendre le droit proportionnel exigible, surtout si elle a été faite sans utilité pour les parties, et si elle n'est susceptible de produire aucun effet juridique. Il faut, suivant le texte de la loi, que l'acte public soit « passé en conséquence », qu'il présente quelque utilité pour les parties.

40. La perception du droit proportionnel sur les marchés de commerce en conséquence desquels un acte public a été dressé est régie par les mêmes règles que celles concernant la perception du droit proportionnel sur les jugements rendus au sujet des marchés commerciaux.

ACTE CONSERVATOIRE

(R. vᵒ *Acte conservatoire*; S. *eod. vᵒ*.)

On entend par là tout acte ayant pour objet de conserver l'existence d'un droit ou le gage qui peut en assurer l'utile exécution, et non d'exercer ce droit, d'en réclamer le bénéfice immédiat. Tels sont, par exemple, l'acte destiné à interrompre une prescription, le fait de prendre ou de renouveler une inscription hypothécaire. — Les actes conservatoires peuvent s'appliquer à des droits purement éventuels, notamment à des droits suspendus par une condition (V. *infrà*, *Obligations*). Ils sont permis même aux incapables et rentrent dans les pouvoirs de tout mandataire ou administrateur des intérêts d'autrui.

ACTES DE L'ÉTAT CIVIL

(R. vᵒ *Actes de l'état civil*; S. *eod. vᵒ*.)

1. On entend par *actes de l'état civil* les écrits destinés à constater les faits qui constituent ou modifient l'état des personnes. La loi a dû tracer les règles qui doivent être observées pour la rédaction de ces actes et les mesures propres à en assurer la conservation. Les plus importants parmi les faits dont il s'agit sont la naissance, le mariage et la mort; ce sont eux que la loi a eu principalement en vue. Il faut y ajouter la reconnaissance des enfants naturels, l'adoption et le divorce, qui intéressent également l'état des personnes et doivent, en conséquence, être mentionnés ou consignés parmi les actes de l'état civil.

2. La matière des actes de l'état civil fait l'objet du titre II du livre Iᵉʳ du Code civil (art. 34 à 101). — Plusieurs modifications ont été introduites dans les dispositions de ce titre par des lois récentes, savoir : 1ᵒ celle du 8 juin 1893 (D. P. 94. 4. 4), qui a modifié ou complété les art. 47, 48, 59 à 62, 80, 99, 101, et substitué de nouvelles dispositions à celles des art. 88 à 98; 2ᵒ celle du 17 août 1897 (D. P. 97. 4. 76), qui a modifié ou complété les art. 45, 49, 76; 3ᵒ celle du 17 déc. 1897 (D. P. 97. 4. 133), qui a modifié l'art. 37; 4ᵒ celle du 17 mai 1900 (D. P. 1900. 4. 47), qui a complété l'art. 98; 5ᵉ celle du 21 juin 1903 (D. P. 1903. 4. 68), qui a complété l'art. 55. — En outre, diverses lois sont intervenues pour remédier à l'irrégularité des actes reçus ou à la disparition des actes détruits au cours des événements de la guerre de 1870-1871, et des troubles insurrectionnels qui ont suivi. Ce sont, notamment, les lois du 10 juill. 1871, relative au mode de suppléer aux actes de l'état civil du département de la Seine détruits par l'insurrection du 18 mars 1871 (D. P. 71. 4. 136); du 19 juill. 1871, relative à la nullité des actes de l'état civil reçus à Paris et dans le département de la Seine depuis le 18 mars 1871 (D. P. 71. 4. 137); du 6 janv. 1872, relative à la réorganisation de l'état civil dans les départements (D. P. 72. 4. 7); du 12 févr. 1872, relative à la reconstitution des actes de l'état civil de Paris (D. P. 72. 4. 29). Les dispositions de cette dernière loi ont été modifiées par diverses lois postérieures, dont la plus récente est du 5 juin 1893 (D. P. 94. 4. 2).

§ 1. — *Officiers compétents pour recevoir les actes de l'état civil* (R. 28 et s.; S. 14 et s.).

3. Dans l'ancien droit, les actes de l'état civil étaient reçus par le clergé catholique. Depuis la loi du 20 sept. 1792 (R. p. 489), qui a confié la constatation de ces actes aux municipalités, les ministres du culte ont perdu toute compétence à cet égard; les actes par eux rédigés ne peuvent donc suppléer ceux qui doivent être reçus par les officiers de l'état civil.

4. C'est au maire qu'appartiennent en principe, dans chaque commune, les fonctions d'officier de l'état civil (L. 5 avr. 1884, art. 82, D. P. 84. 4. 25). — En cas d'absence, de suspension, de révocation ou de tout autre empêchement, le maire est remplacé par l'adjoint ou l'un des adjoints dans l'ordre des nominations, et, à défaut d'adjoints, par un conseiller municipal désigné par le conseil, sinon pris dans l'ordre du tableau (Même loi, art. 84). — Une délégation spéciale n'est pas nécessaire lorsqu'il y a lieu de remplacer le maire *absent* ou *empêché*. Les pouvoirs du maire, en ce cas, passent de plein droit à l'adjoint le premier dans l'ordre du tableau. Cet adjoint doit simplement mentionner, dans l'acte qu'il reçoit, l'absence ou l'empêchement du maire.

5. Si le maire est présent et non empêché, il est généralement admis que l'adjoint ne peut remplir les fonctions d'officier de l'état civil qu'à la condition d'avoir reçu du maire une délégation, soit générale, soit pour certains actes spéciaux. Une dérogation a été apportée à cette règle en ce qui concerne les adjoints des arrondissements de Paris (Av. Cons. d'Ét. 8 mars 1808); néanmoins, il est préférable que ces adjoints reçoivent une délégation expresse comme ceux des autres villes (Instr. min. just. 16 juin 1882, S. vᵒ *Ville de Paris*, 81). — La délégation peut, d'ailleurs, être faite à l'un quelconque des adjoints, sans qu'il y ait aucun rang à observer entre eux (L. 5 avr. 1884, art. 82). — La délégation donnée par le maire à un conseiller municipal n'est régulière que si l'adjoint ou les adjoints sont tous absents ou empêchés (Même article). Mais il n'est pas nécessaire, pour la régularité de la délégation, que le maire se soit conformé à l'ordre du tableau des conseillers municipaux. — L'inobservation des règles ci-dessus n'entraîne pas la nullité des actes faits par le délégué. Ainsi, dans le cas où un conseiller municipal aurait été délégué par le maire sans que l'absence ou l'empêchement des adjoints ait été constatée, les actes reçus par ce conseiller n'en seraient pas moins valables.

6. La délégation, quand il y a lieu, est donnée pour une ou plusieurs années, ou pour une partie d'une année; elle se fait par un arrêté spécial, signé du maire et rédigé en double exemplaire, dont l'un est envoyé au tribunal d'arrondissement, l'autre déposé à la mairie. L'acte reçu par l'adjoint ou le conseiller municipal délégué doit toujours faire mention de la délégation. — La délégation n'enlève d'ailleurs pas au maire le pouvoir de recevoir des actes concurremment avec le délégué.

7. Si le maire refusait ou négligeait d'exercer ses fonctions d'officier de l'état civil, celles-ci pourraient être déléguées par le préfet à un adjoint ou à un conseiller municipal (Comp. L. 5 avr. 1884, art. 85); mais le préfet ne pourrait exercer ces fonctions lui-même ni choisir le délégué hors du conseil municipal. — En cas de dissolution du conseil municipal ou de démission de tous ses membres en exercice, ou lorsque aucun conseil municipal n'a pu être constitué, les fonctions d'officier de l'état civil appartiennent au président et aux membres de la *délégation spéciale* qui est nommée en pareil cas (L. 5 avr. 1884, art. 44 et 87). — Dans certaines localités où les communications avec le chef-lieu de la commune sont impossibles, dangereuses ou momentanément impossibles, il appartient un adjoint spécial, qui remplit les fonctions d'officier de l'état civil dans cette partie distincte de la commune. — Il est des cas exceptionnels où le rôle d'officier de l'état civil est dévolu à des fonctionnaires autres que les maires et adjoints. Il en est ainsi, notamment, dans les *lazarets* et les *formations sanitaires*, où les actes de l'état civil, ou du moins les actes de naissance et de décès, sont reçus par des fonctionnaires attachés à ces établissements (L. 3 mars 1822, art. 19, R. vᵒ *Salubrité publique*, p. 669; Décr. 4 janv. 1896, art. 122 et 124).

8. Les actes de l'état civil sont entachés de nullité lorsqu'ils ont été reçus par une personne qui exerçait les fonctions d'officier de l'état civil sans en avoir été légalement investie. Tel serait le cas d'un individu qui ne tiendrait ses pouvoirs que d'une usurpation, ou dont la nomination n'aurait pas eu lieu conformément à la loi; les actes qu'il aurait reçus seraient entachés de nullité. — Cette règle a trouvé son application au cours des événements de 1870-1871, en ce qui concerne les actes reçus soit par des maires ou adjoints provisoires, irrégulièrement désignés dans les localités occupées par l'ennemi, soit par les personnes qui avaient usurpé les fonctions d'officier de l'état civil pendant l'insurrection communaliste, à Paris et dans les autres communes du département de la Seine; aussi des lois spéciales ont-elles dû intervenir pour régulariser ces actes, qui étaient radicalement nuls (L. 6 janv. 1872, D. P. 72. 4. 7; 19 juill. 1871, D. P. 71. 4. 137; 23 août 1871, D. P. 71. 4. 138).

9. Il n'est point permis à l'officier de l'état civil de dresser des actes dans lesquels il serait personnellement parents, témoins ou déclarants. — Toutefois, en cas de contravention à cette règle, l'acte ne serait pas nécessairement nul; il appartiendrait aux juges de valider ou d'annuler l'acte, suivant les circonstances. — Rien ne s'oppose, d'ailleurs, à ce qu'un officier de l'état civil reçoive un acte dans lequel un de ses parents ou alliés, à quelque degré que ce soit, serait intéressé.

10. Aucun acte de l'état civil ne peut être dressé d'office. Si l'officier de l'état civil apprend que des naissances ou décès ne lui ont pas été déclarés, il doit en informer sur-le-champ le ministère public; celui-ci poursuit l'application des peines qui ont pu être encourues, et pourvoit à ce que les naissances ou les décès soient constatés.

11. La compétence des officiers de l'état civil est territoriale et non personnelle. Par conséquent, d'une part, ils ne peuvent agir en dehors du territoire de leurs communes; d'autre part, ils ont qualité pour constater les faits et recevoir les actes qui s'accomplissent ou se passent sur leurs communes, quel que soit le domicile des parties intéressées. — V. toutefois, en ce qui concerne les actes de mariage, *infrà*, *Mariage*.

12. Comme officiers de l'état civil, les maires et adjoints sont agents de l'ordre judiciaire, et, à ce titre, ils relèvent exclusivement des procureurs généraux et de la République et du ministre de la justice. — Sur les autres attributions conférées au maire, soit comme agent du Gouvernement, soit comme administrateur de la commune, soit comme officier de police judiciaire, V. *infrà*, *Commune*, *Instruction criminelle*.

§ 2. — *Registres de l'état civil* (R. 39 et s.; S. 22 et s.).

13. Les actes de l'état civil doivent être inscrits sur des registres. Ces registres sont généralement au nombre de trois, dont un pour les actes de naissance, un pour les actes de mariage, un pour les actes de décès. Quoiqu'il ne soit pas obligatoire, et les divers actes de l'état civil peuvent être écrits sur un seul et même registre. Mais, qu'il y ait un seul ou plusieurs registres, ils doivent toujours être tenus doubles (Civ. 40). — En outre, il y a dans chaque commune un registre destiné à l'inscription des publications de mariage; mais ce registre n'est pas tenu double (Civ. 63). — V. *infrà*, *Mariage*.

14. L'inscription des actes doit se faire à la fois sur les deux registres *sans désemparer*; on ne peut se contenter de faire signer l'un des registres en blanc. — Les actes de l'état civil ne doivent pas être inscrits ailleurs que sur les registres; ils ne peuvent notamment être portés sur des feuilles volantes. V. pour la sanction de cette règle, *infrà*, n° 110. — Mais ces irrégularités n'infirmeraient pas nécessairement la preuve qui peut résulter de l'acte. — V. *infrà*, n° 77.

15. Les inscriptions sur les registres se font gratuitement; les droits perçus par les officiers de l'état civil ne se réfèrent qu'aux expéditions des actes dressés par eux (Décr. 12 juill. 1807, art. 4, R. p. 508). V. *infrà*, n° 28. — La dépense nécessitée par la fourniture des registres est à la charge des communes.

16. Les registres ne doivent pas, en principe, être déplacés. Il n'y a d'exception à cette règle que dans le cas où l'une des parties se trouverait dans l'impossibilité de se présenter devant l'officier de l'état civil, et dans celui où un jugement ordonnerait l'apport du registre devant le tribunal.

17. Les registres doivent être cotés par première et dernière et parafés sur chaque feuille par le président du tribunal ou le juge qui le remplace (Civ. 41). La première feuille doit porter l'indication du nombre total des feuilles dont le registre se compose; chaque feuille doit porter un numéro et le parafe du président. — Le tribunal dont il s'agit dans l'art. 41 est celui de l'arrondissement où les registres sont employés. La cote et le parafe ne donnent lieu à aucuns frais.

18. Les actes doivent être inscrits sur les registres de suite et sans aucun blanc. Les renvois et ratures sur les actes inscrits doivent être approuvés et signés de la même manière que le corps de l'acte, et non pas seulement parafés. Rien ne doit être écrit par abréviation; aucune date ne peut être mise en chiffres (Civ. 42). — Les interlignes et les surcharges sont défendus; l'officier de l'état civil doit dans tous les cas opérer un renvoi. — Les actes inscrits sur les registres doivent tous porter chacun un numéro d'ordre écrit en marge; il n'y a qu'un seul numérotage pour chaque registre jusqu'à la fin de l'année. — Si un acte préparé n'a pu être consommé, parce que les parties se sont retirées ou pour tout autre motif, l'officier de l'état civil doit le bâtonner et, sous une mention en marge ou au pied, signée de lui, expliquer pourquoi l'acte est resté imparfait.

19. Les registres doivent être clos et arrêtés à la fin de chaque année, c'est-à-dire exactement au 31 décembre. — La clôture est faite sous la forme d'un procès-verbal par le maire ou par son adjoint, quand celui-ci remplit les fonctions d'officier de l'état civil. — Après la clôture des registres, il doit être dressé une *table alphabétique* des actes contenus dans chaque registre. En outre, tous les dix ans, les tables annuelles doivent être refondues en une seule pour chaque commune (L. 20 sept. 1792, R. p. 489). — Pour les règles concernant la confection de ces tables, V. 20 juill. 1807, R. p. 508. — Il n'est pas fait de tables, soit annuelles, soit décennales, pour les actes de publications de mariage.

20. Dans le mois qui suit la clôture des registres (et après la confection des tables annuelles), l'un des doubles doit être déposé aux archives de la commune, l'autre au greffe du tribunal de première instance (Civ. 43). Dans les communes où il n'y a pas d'archives, les doubles qui devraient y être déposés sont conservés à la mairie, sous la

responsabilité du maire. — Le dépôt au greffe peut être fait soit par le maire lui-même ou une personne qu'il charge de ce soin, soit par l'intermédiaire du préfet ou du sous-préfet, soit par un envoi direct à l'adresse du procureur de la République, sous bandes croisées et signées par le maire ou l'adjoint. — Lors du dépôt, il est fait un bref inventaire des registres ainsi que des pièces annexées. L'officier de l'état civil peut exiger du greffier une décharge au bas de l'inventaire. — Il n'est dû aucun droit au greffier à l'occasion du dépôt.

21. Les procurations et toutes autres pièces dont il a fallu justifier à l'officier de l'état civil doivent demeurer annexées à l'acte. Il en est ainsi, par exemple, en cas de mariage, des actes de naissance des futurs époux, des actes de notoriété et jugements en tenant lieu, des actes portant consentement des ascendants, des actes respectueux, etc. De même, dans le cas où un adjoint ou un conseiller municipal a agi par délégation du maire, la délégation doit être annexée au registre. — Les pièces qui doivent demeurer annexées sont parafées par la personne qui les a produites et par l'officier de l'état civil. Il y a lieu de faire mention de l'annexe ainsi que de la cause qui aurait empêché l'apposition du parafe. — Les pièces dont il s'agit doivent être déposées au greffe du tribunal avec le double des registres dont le dépôt est ordonné par l'art. 44 c. civ.

22. Il est un certain nombre de cas dans lesquels les actes de l'état civil doivent être mentionnés en marge d'un autre acte déjà inscrit (Civ. 62, 67, 76, 101, 251, 331). V. *infrà*, n° 58, et *Filiation naturelle*, *Mariage*. — Dans d'autres cas, il y a lieu, non pas de *mentionner* en marge d'un autre acte, mais de *transcrire* sur le registre, dans l'ordre de leur inscription, certains actes passés d'autres lieux (Civ. 60, 86, 92, 94, 98, 171, 198, 359). — V. *infrà*, *Adoption*, *Mariage*.

23. Les mentions dont l'inscription en marge des actes de l'état civil est prescrite doivent être faites *d'office* par l'officier de l'état civil. Celui-ci est tenu d'effectuer cette mention dans un délai de trois jours. L'obligation qui lui est ainsi imposée s'applique non seulement au cas où il a dressé lui-même l'acte donnant lieu à mention, mais encore lorsqu'il s'est borné à transcrire sur ses registres un acte rédigé ailleurs, par exemple un acte de mariage rédigé à l'étranger, un acte de reconnaissance d'enfant naturel reçu par un notaire, etc. (Civ. 49, modifié par la loi du 17 août 1897, al. 1 et 2, D. P. 97. 4. 76; Circ. min. just. 1er oct. 1897). — L'officier de l'état civil doit, en outre, dans le même délai de trois jours, adresser un avis au procureur de la République de son arrondissement, lorsque la mairie ne possède pas les registres sur lesquels la mention doit être faite ou lorsqu'elle ne possède qu'un exemplaire de ces registres. Il doit avoir soin, en transmettant au parquet le texte de la mention, de l'accompagner d'une lettre d'envoi renfermant les renseignements qui permettent de trouver sans peine l'acte sur lequel la mention devra être inscrite. Le procureur de la République veille à ce que la mention qui lui est ainsi adressée soit transcrite, d'une façon uniforme, partout où il existe un exemplaire de l'acte destiné à la recevoir (Civ. 49, modifié par la loi précitée du 17 août 1897; Circ. min. just. 1er oct. 1897). — La mention marginale étant elle-même un acte, l'officier de l'état civil doit la dater et la signer. Elle doit être effectuée à la fois sur les deux registres.

24. Des *livrets de famille* doivent être remis gratuitement aux conjoints, lors de la célébration de leur mariage. Ils sont destinés à recevoir par extrait les énonciations

principales des actes de l'état civil intéressant chaque famille. — Les frais de ces livrets sont obligatoires pour les communes. — Le livret de famille doit être représenté toutes les fois qu'il y a lieu de faire dresser un acte de naissance ou de décès; à chaque nouvelle déclaration, l'officier de l'état civil appose, à la suite de la mention sommaire consignée sur le livret, sa signature et le cachet de la mairie (Circ. min. 18 nov. 1876, et 15 mai 1884). — Ces prescriptions sont, d'ailleurs, dépourvues de sanction.

§ 3. — *Délivrance des extraits* (R. 98 et s.; S. 31 et s.).

25. Toute personne peut se faire délivrer par les dépositaires des extraits des registres de l'état civil (Civ. 45). Les extraits ne peuvent être refusés à qui le soit et sous aucun prétexte, à peine de dommages-intérêts. — Mais la communication des registres ne peut être exigée; elle ne doit être faite qu'aux fonctionnaires publics légalement autorisés (tels que les préfets, les procureurs de la République, les préposés de l'Enregistrement) ou aux tribunaux. — Un maire n'est même pas tenu de faire les recherches réclamées par les particuliers dans les registres de l'état civil; ce soin incombe au greffier du tribunal où les registres sont déposés. En mettant à la disposition de toutes personnes les tables décennales, le maire satisfait aux obligations que la loi lui impose (Bordeaux, 30 août 1880, S. p. 193).

26. Les extraits doivent être délivrés conformes aux registres (Civ. 45). L'extrait doit reproduire l'acte intégralement, y compris les mentions qui se trouvent en marge. — Il ne peut contenir ni blancs, ni surcharges, ni abréviations, ni dates en chiffres; les renvois, s'il y en a, doivent être approuvés et signés particulièrement.

27. Les fonctionnaires auxquels il appartient de délivrer des extraits sont: les officiers de l'état civil; les greffiers pour les registres dont ils sont dépositaires; les archivistes des ministères de la guerre, de la marine et des affaires étrangères, pour les actes reçus hors de France; les gardiens des archives des préfectures, pour les doubles des registres tenus depuis la loi du 20 sept. 1792 jusqu'à la promulgation du livre I, titre II, du Code civil. — C'est au dépositaire seul qu'il appartient de signer les extraits. Les signatures des employés ou secrétaires de mairie sont insuffisantes. — Lorsque des extraits des registres ont été déposés chez un notaire, celui-ci doit s'abstenir d'en délivrer des expéditions; on admet généralement que de pareilles expéditions ne feraient pas foi complète, et n'auraient que la valeur de simples renseignements.

28. Les droits d'expédition des actes de l'état civil sont fixés comme suit par le décret du 12 juill. 1807 (R. p. 508): 1° dans les communes au-dessous de 50 000 habitants, 30 centimes par chaque expédition des actes de naissance, de décès ou de publication de mariage; 60 centimes pour celles des actes de mariage, d'adoption ou de divorce; 2° dans les villes de 50 000 habitants et au-dessus, 50 centimes pour chaque expédition des actes de naissance, de décès ou de publication de mariage; 1 franc pour celles des actes de mariage, de divorce ou d'adoption; 3° à Paris, 75 centimes pour la première catégorie d'actes, et fr. 50 cent. pour la seconde. Les actes de reconnaissance doivent, au point de vue de la taxe, être assimilés aux actes de naissance.

29. La signature de l'officier de l'état civil qui a délivré l'expédition d'un acte doit être légalisée (Civ. 45). Toutefois, on admet généralement que la légalisation n'est obligatoire qu'au cas où l'extrait doit être employé hors de l'arrondissement. — La légalisation est faite par le président du tribunal (Civ. 45). Toutefois, dans les cantons autres que celui où siège le tribunal, la légalisation peut également être faite par le juge de paix (L. 2 mai 1861, art. 1, D. P. 61. 4. 54). Une rétribution de 25 centimes par chaque légalisation est attribuée aux greffiers des tribunaux civils ou de paix. Toutefois, cette rétribution n'est pas due pour la légalisation des expéditions des lois dispensent du timbre (L. 21 vent. an 7, art. 14; R. v° *Enregistrement*, t. 22, p. 696; L. 2 mai 1861, art. 3).

30. Les extraits de l'état civil doivent porter en toutes lettres la date de leur délivrance (Civ. 45, complété par la loi du 17 août 1897). — Cette prescription est générale et s'applique aux extraits des registres des mariages et des décès aussi bien qu'à ceux des registres des naissances (Circ. min. just. 1er oct. 1897). Comp. Civ. 70, et *infrà, Mariage*.

§ 4. — Rédaction des actes de l'état civil.

A. — Règles générales (R. 175 et s.; S. 45 et s.).

31. Les actes de l'état civil doivent être rédigés en français, suivant la règle générale établie pour les actes authentiques. V. *infrà, Preuve littérale*. — Ils doivent contenir l'indication *de l'année, du jour* et *de l'heure* (c'est-à-dire du quantième et du mois) (Civ. 34). — Chacun des actes du même jour doit avoir sa date propre. — L'acte doit contenir la désignation précise de l'officier qui l'a reçu; si ce n'est pas le maire, mention doit être faite de la cause d'empêchement ou de la délégation donnée à l'adjoint ou au conseiller municipal signataire de l'acte. V. *supra*, n° 4 et s. — L'acte doit énoncer les prénoms, noms, âges, professions et domiciles de tous ceux qui y sont dénommés, la qualité en laquelle ils se présentent, ainsi que les surnoms qui servent à distinguer les membres d'une même famille. — Par domicile, on doit entendre ici la simple *résidence*. — V. *infrà, Domicile*.

32. L'omission de l'une des énonciations prescrites par l'art. 34 n'infirme pas la preuve résultant de l'acte de l'état civil, si elle ne fait naître aucun doute sur l'identité de la personne désignée. — Il en est ainsi, par exemple, de l'omission d'un prénom (Poitiers, 30 juill. 1857, D. P. 58. 2. 73). Il pourrait en être autrement si une personne avait été désignée sous un prénom qui ne lui appartient pas, ce qui pourrait rendre incertaine son identité.

33. Bien que la loi ne le prescrive pas, on doit mentionner les *qualités* des parties ou des témoins, telles que celles de sénateur, de député, de membre de la Légion d'honneur, les titres nobiliaires, à la condition que la propriété de ces titres soit régulièrement constatée. V. *infrà, Noblesse*. — Si l'officier de l'état civil refusait de mentionner le titre appartenant à l'une des parties, celle-ci pourrait en demander la rectification de l'acte (Civ. c. 1er juin 1863, D. P. 63. 1. 216). — Lorsqu'une partie est représentée par un mandataire (V. *infrà*, n° 38), celui-ci doit être désigné conformément aux règles qui précèdent, comme il le serait la partie elle-même.

34. Aux termes de l'art. 35, l'officier de l'état civil ne doit mentionner, dans les actes par lui dressés, que ce qui est déclaré par les parties; il ne peut, à l'aide de ses renseignements personnels, suppléer au silence des comparants lorsque ceux-ci ne veulent ou ne peuvent lui faire les déclarations prescrites. — A l'inverse, il doit s'abstenir de relater les déclarations étrangères au fait ou à l'acte juridique qu'il s'agit de constater, alors même qu'elles s'y rapporteraient plus ou moins directement. Par exemple, il ne doit pas, dans un acte de décès, indi-

quer le genre de mort. — D'autre part, l'officier de l'état civil doit recevoir, sans les contrôler, les déclarations qui lui sont faites, alors même qu'elles seraient évidemment mensongères : ainsi, il ne pourrait refuser de recevoir, dans un acte de mariage, la déclaration de reconnaissance d'un enfant et, par suite, sa légitimation, sous le prétexte que la paternité ne serait pas possible eu égard à l'âge du futur époux. — Toutefois, l'officier de l'état civil ne peut être obligé de recevoir des déclarations qui tendraient à faire constater des faits contraires à la loi et dont il connaîtrait personnellement l'illégalité, par exemple la déclaration de reconnaissance, par une personne qu'il sait mariée, d'un enfant né hors de son mariage et pendant le mariage (V. *infrà, Filiation naturelle*); ... celle qu'un enfant naturel qui lui est présenté a pour père tel individu, n'est présent à l'acte et non représenté. Il doit, au contraire, refuser de pareilles déclarations, car elles seraient de nature à engager sa responsabilité et à l'exposer à une action en dommages-intérêts, à raison du préjudice qu'elles pourraient causer à des tiers. En cas de doute, l'officier de l'état civil devrait en référer au ministère public, ou bien même au garde des sceaux; et, si ses doutes persistaient, attendre que la difficulté eût été soumise aux tribunaux et résolue par eux.

35. Plusieurs classes de personnes peuvent prendre part à la rédaction des actes de l'état civil; ce sont : 1° les parties, c'est-à-dire les personnes que l'acte intéresse; 2° les déclarants ou comparants, qui portent à la connaissance de l'officier de l'état civil les faits qu'il est chargé de constater; 3° les témoins.

36. Le rôle de déclarant peut être rempli par toute personne moralement capable de fournir un témoignage sérieux. Aucune condition n'est exigée; un mineur même peut figurer dans l'acte comme déclarant. Au contraire, pour servir de témoin dans un acte de l'état civil, il faut être majeur de vingt et un ans; mais c'est la seule condition requise (Civ. 37, modifié par la loi du 7 déc. 1897, D. P. 97. 4. 133). — La femme majeure peut donc aujourd'hui être témoin. Il n'y a pas à distinguer si elle est mariée ou non, et, dans le premier cas, l'autorisation de son mari ne lui est pas nécessaire. Mais rien ne paraît s'opposer à ce que l'un des époux soit déclarant, l'autre témoin dans un même acte de naissance. — Les étrangers peuvent être employés comme témoins dans les actes de l'état civil. Mais il est indispensable qu'ils comprennent le français ou qu'ils soient accompagnés d'un interprète. — Malgré le silence de l'art. 37, la même faculté doit être refusée aux individus qui ont été frappés de dégradation civique ou déclarés par la justice déchus du droit de figurer comme témoins dans un acte (V. Pén. 34, 42).

37. Les témoins sont choisis par les personnes intéressées (Civ. 37) ou les déclarants, même lorsqu'ils n'ont pas d'intérêt à l'acte. Ils peuvent être unis par des liens de parenté, à un degré quelconque, soit entre eux, soit avec les parties. — Si les comparants ne pouvaient se procurer de témoins, l'officier de l'état civil pourrait lui-même en appeler, mais à la condition de s'adresser à des personnes qui auraient eu connaissance du fait. — L'officier de l'état civil, dans le cas des comparants et les témoins ne sont pas connus de lui, doit s'assurer de leur identité. Si les comparants se présentaient sous des noms supposés, ou s'il y avait quelque autre indice sérieux de fraude, il devrait surseoir à la rédaction de l'acte. — Le nombre des témoins pour chaque acte

ne doit pas excéder celui qui est fixé par la loi (V. *infrà*, n°s 52, 60, et *Mariage*); toutefois, aucune nullité ne résulterait de ce que ce nombre aurait été dépassé.

38. En principe, les parties intéressées peuvent se faire représenter par un mandataire dans un acte de l'état civil (Civ. 36). Ainsi les père et mère peuvent donner leur consentement au mariage de leur enfant par un fondé de pouvoir; de même, la reconnaissance d'un enfant naturel peut être faite par procuration. Le même droit est généralement accordé aux déclarants et aux témoins. — La loi fait exception pour les cas où les parties intéressées sont obligées de comparaître en personne (Civ. 36). Dans l'état actuel de la législation (Comp. Civ. 264 et alin. suiv., aujourd'hui abrogés), cette obligation n'existe qu'à l'égard des futurs époux; encore la question de savoir s'ils ne peuvent se faire représenter à la célébration du mariage est-elle discutée. V. *infrà, Mariage*. — La procuration dont parle l'art. 36 doit être spéciale, c'est-à-dire donnée en vue de l'acte à rédiger, et authentique, c'est-à-dire constatée par acte notarié.

39. Quand la rédaction de l'acte est achevée, l'officier de l'état civil doit en donner lecture aux parties comparantes et aux témoins; et il doit être fait mention dans l'acte de l'accomplissement de cette formalité (Civ. 38). — Dans les régions où la langue française est peu familière au peuple, l'officier de l'état civil doit aussi donner l'interprétation de l'acte dans l'idiome du pays; et il en est fait mention dans l'acte.

40. Les actes de l'état civil doivent être signés par l'officier de l'état civil, par les comparants et les témoins. On doit indiquer la cause qui empêcherait l'un ou plusieurs des témoins ou comparants de signer (Civ. 39). La loi exige une signature proprement dite; l'officier de l'état civil ne doit pas se contenter de la marque d'un individu qui ne sait pas signer, mais faire la mention prescrite par l'art. 39. — Le défaut d'une signature, même celle de l'officier de l'état civil, n'entraîne pas nécessairement la nullité de l'acte; les tribunaux ont à cet égard un pouvoir souverain d'appréciation. Mais il en pourrait être autrement du refus de signature du comparant, qui laisse présumer que celui-ci a reconnu, à la lecture, que l'acte n'est pas conforme à la déclaration qu'il a entendu faire. — Les signatures doivent être apposées immédiatement, en présence de l'officier de l'état civil.

41. Une fois les signatures apposées, l'acte est irrévocable. Cependant, si l'on s'apercevait à l'instant même d'une erreur, elle pourrait être rectifiée avec le concours de tous ceux qui ont concouru à l'acte; hors ce cas, il faut un jugement de rectification. — Dans le cas où l'acte n'a pas été signé immédiatement et où il ne peut plus l'être, par exemple, en raison du décès de l'officier de l'état civil, il est également nécessaire de recourir à un jugement de rectification; le successeur de l'officier décédé ne pourrait réparer l'omission en signant l'acte.

B. — Actes de naissance (R. 207 et s.; S. 53 et s.).

42. Toute naissance survenue en France doit faire l'objet d'une déclaration, alors même que les parents seraient étrangers, et que la naissance aurait déjà été déclarée devant l'agent diplomatique ou consulaire de la nation à laquelle ces parents appartiennent (Circ. min. just. 31 mai 1897).

43. La déclaration est nécessaire même pour les enfants qui naissent morts. — D'après certains arrêts, il en est ainsi à quelque période de la gestation soit parvenue, pourvu que l'enfant présente la forme d'un être humain (V. Paris, 13 juin 1865, D. P. 65. 2. 138). Suivant d'autres, la déclaration de naissance ne serait pas obligatoire en pareil cas (V. Nancy, 17 sept. 1839, R. p. 585).

44. En cas d'accouchement d'un enfant mort-né, il n'y a pas lieu à la rédaction d'un acte de naissance; l'officier de l'état civil doit porter l'acte sur les registres de décès, alors même qu'il lui serait déclaré que l'enfant a vécu pendant quelques heures; cet acte doit exprimer non que l'enfant est décédé, mais qu'il a été présenté *sans vie* à l'officier de l'état civil, et il n'en peut résulter aucun préjugé sur la question de savoir si l'enfant a vécu ou non. — Cet acte de décès doit mentionner les déclarations des témoins, relativement aux noms, prénoms, qualité et demeure des père et mère de l'enfant, et la désignation des an, jour et heure auxquels a eu lieu l'accouchement (Décr. 3 juill. 1806, art. 1 et 2, R. p. 508).

45. La déclaration de naissance doit être faite devant l'officier de l'état civil du lieu de l'accouchement (Civ. 55), alors même qu'il ne serait pas celui du domicile de la mère. — Si l'accouchement a eu lieu sur une route, c'est le maire du territoire où l'enfant est venu au monde qui a seul qualité pour recevoir l'acte. Si l'accouchement est survenu au cours d'un voyage en chemin de fer, la déclaration peut être valablement faite à l'officier de l'état civil de la commune où l'accouchée a dû interrompre son voyage.

46. La déclaration doit être faite dans les trois jours de l'accouchement (Civ. 55). V. toutefois *infrà*, n° 70. — Le jour de l'accouchement n'est pas compris dans ce délai. — A défaut de déclaration dans le délai de trois jours, il y a lieu à l'application des peines portées dans l'art. 346 c. pén. (V. *infrà*, n° 112). — Les trois jours expirés, l'officier de l'état civil ne peut plus recevoir la déclaration de naissance; la naissance ne peut alors être inscrite sur les registres qu'en vertu d'une décision judiciaire qu'il appartient au ministère public de provoquer, les parties dûment appelées. Toutefois, la circonstance que l'acte de naissance aurait été dressé sur une déclaration tardive n'emporterait pas nullité de l'acte; il appartient en ce cas aux tribunaux d'apprécier, suivant les circonstances, le degré de foi dû à l'acte tardivement dressé. — La cérémonie du baptême peut précéder la constatation de la naissance.

47. L'enfant dont la naissance est déclarée doit être présenté à l'officier de l'état civil. Cette formalité doit toujours être observée, sauf dans les cas où il y aurait danger pour la vie de l'enfant. — La présentation de l'enfant à l'officier de l'état civil ne doit pas nécessairement avoir lieu dans le local de l'état civil; elle peut régulièrement être faite au domicile de l'accouchée (Circ. min. int. 9 avr. 1870, D. P. 71. 3. 41). — Si l'officier public se déplace pour dresser l'acte de naissance, il doit faire mention du lieu où l'acte est passé, et des causes qui ont empêché qu'il ne fût rédigé à la mairie. — Les maires peuvent, d'ailleurs, prendre des arrêtés pour faire opérer sans frais la constatation des naissances à domicile par un médecin ou sage-femme délégué. Ces arrêtés doivent être, avant leur exécution, communiqués au procureur de la République (Circ. min. int. 9 avr. 1870, précitée). — Sur l'organisation du service de la constatation des naissances à Paris, V. Arrêtés du préfet de la Seine des 29 déc. 1868 et 19 janv. 1889, D. P. 71. 3. 41, 42. — Actuellement, dans la plupart des villes importantes, un service est organisé dans des conditions analogues; la constatation est faite, en général, par le médecin ou la sage-femme qui a procédé à l'accouchement. — Dans tous les cas, le défaut de présentation de l'enfant n'entraîne pas la nullité de l'acte de naissance.

48. Lorsque le père de l'enfant est présent, c'est à lui qu'incombe, au premier chef, l'obligation de déclarer la naissance (Civ. 56). — S'il est absent au moment de l'accouchement, cette obligation cesse; et on admet généralement que le père n'est pas tenu de faire la déclaration dans le cas même où il serait de retour avant l'expiration du délai de trois jours. — L'obligation dont il s'agit n'est imposée qu'au père légitime, et non au père naturel, à moins que celui-ci n'ait reconnu l'enfant par acte authentique avant sa naissance. V. *infrà*, Filiation naturelle.

49. *A défaut du père*, la déclaration doit être faite par les docteurs en médecine ou en chirurgie, sages-femmes ou autres personnes qui ont assisté à l'accouchement (Civ. 56). Par personnes qui ont *assisté* à l'accouchement, il faut entendre non seulement celles qui ont donné ou devaient donner des soins à l'accouchée, par exemple une garde-malade, mais encore celles qui se sont trouvées fortuitement témoins de l'accouchement, à un titre quelconque. — Les personnes visées par l'art. 56 c. civ. ne sont tenues de déclarer la naissance que si le père est mort, absent ou hors d'état d'agir pour quelque cause que ce soit; et elles n'encourent aucune peine pour avoir omis la déclaration, s'il est établi que le père était à même de la faire. — Suivant l'opinion qui semble avoir prévalu, les personnes auxquelles la loi impose l'obligation de déclarer la naissance, à défaut du père, y sont assujetties non pas successivement dans l'ordre indiqué par l'art. 56, mais *simultanément*. Ainsi, à défaut du père, la présence du médecin ou d'une sage-femme n'affranchit pas les autres personnes ayant assisté à l'accouchement de l'obligation de déclarer la naissance, et si la déclaration n'était pas faite, ces personnes seraient, aussi bien que le médecin ou la sage-femme, passibles des peines prononcées par l'art. 346 c. pén.

50. Lorsque la femme est accouchée hors de son domicile, la personne chez qui elle est accouchée est tenue de faire la déclaration; mais cette obligation ne lui est imposée qu'en cas d'absence ou d'empêchement du père. C'est celui-ci, s'il est présent, qui est tenu de faire la déclaration, comme dans le cas où l'accouchement a eu lieu au domicile de la mère. — Dans cette même hypothèse, il est généralement admis que les gens de l'art et les autres personnes qui ont assisté à l'accouchement sont, comme dans le cas où la femme est accouchée à son domicile, tenus de faire la déclaration; cette obligation leur incombe *concurremment* avec le tiers chez qui la femme est accouchée, et non pas seulement en cas d'absence ou d'empêchement de ce tiers.

51. Une déclaration de naissance ne doit pas, en principe, être faite par d'autres personnes que celles qui sont énumérées par l'art. 56. Le maire serait donc en droit de refuser la déclaration d'une personne non dénommée dans cet article; cependant il pourrait, sans illégalité, l'accueillir, et cela encore que le déclarant ne fût pas majeur, pourvu que son témoignage offrît des garanties suffisamment sérieuses. — La mère n'est, dans aucun cas, tenue de déclarer la naissance. Toutefois, sa déclaration devrait être reçue, dans le cas tout au moins d'accouchement inopiné en lieu écarté et sans témoin, sauf à l'officier de l'état civil à mentionner la cause qui a empêché l'attestation obligée des témoins de l'accouchement. — Quant aux autres parents, ils ne sont pas assujettis à la déclaration en cette seule qualité, mais seulement, comme toutes autres personnes, s'ils avaient assisté à l'accouchement.

52. L'acte de naissance doit être rédigé, aussitôt après la déclaration, en présence de deux témoins (Civ. 56, al. 2). Il doit énoncer 'e jour, l'heure et le lieu de la naissance, le sexe de l'enfant et les prénoms qui lui seront donnés (Civ. 57). — Les noms en usage dans les différents calendriers et ceux des personnages connus de l'histoire ancienne peuvent seuls être reçus comme prénoms de l'enfant; il est interdit aux officiers de l'état civil d'en admettre d'autres dans leurs actes (L. 11 germ. an 11, art. 1, R. v° *Nom-Prénom*, p. 509).

53. L'acte doit mentionner aussi les noms, prénoms, professions et domicile des père et mère. Cette mention est obligatoire quand l'enfant est légitime. — La loi ne prescrit pas d'énoncer en outre que le père et la mère sont mariés; mais, dans la pratique, les actes de l'état civil contiennent habituellement cette mention. — C'est, dans tous les cas, le mari qui doit être indiqué comme père, alors même qu'il se présenterait en faisant connaître que l'enfant n'est pas né de lui. — Aux mentions des prénoms, noms, professions et domicile des père et mère, exigées par l'art. 57, il faut ajouter celle de leur âge (Civ. 34).

54. S'il s'agit d'un enfant naturel, le nom du père ne doit être mentionné qu'autant que celui-ci reconnaît l'enfant, par lui-même ou par un mandataire spécial; s'il n'y a pas reconnaissance de la part du père, l'enfant est porté sur les registres comme né de père inconnu. L'officier de l'état civil devrait même se refuser à indiquer le nom du père, si cette indication faisait ressortir la filiation adultérine ou incestueuse de l'enfant. — En ce qui concerne la mère naturelle, la question s'est posée de savoir si les déclarants sont obligés de faire connaître son nom; la jurisprudence l'a résolue en ce sens qu'il leur suffit de déclarer le fait matériel de la naissance, sans être tenus de divulguer le nom de la mère. Mais si les déclarants, bien qu'ils n'y soient pas obligés, indiquent le nom de la mère, l'officier de l'état civil peut et doit, suivant la doctrine généralement admise, mentionner ce nom dans l'acte. — Si ni le père, ni la mère ne sont déclarés, l'enfant est inscrit comme né de père et de mère inconnus.

55. Outre les énonciations prescrites par l'art. 57, l'acte doit mentionner la *présentation* de l'enfant.

56. Lorsque des enfants jumeaux sont présentés à l'officier de l'état civil, il doit être dressé un acte séparé pour chacun d'eux. Il importe de constater avec soin l'heure de la naissance de chaque jumeau, la déclaration de l'ordre dans lequel ils sont nés et l'indication des marques qu'ils auraient sur le corps. — Celui des deux jumeaux qui est venu au monde le premier est réputé l'aîné. — Sur l'intérêt que présente la question au point de vue de l'application de la loi militaire, V. *infrà*, Recrutement de l'armée.

57. Toute personne qui trouve un enfant nouveau-né est tenue de le remettre à l'officier de l'état civil, ainsi que les vêtements et autres effets trouvés avec l'enfant, et de déclarer toutes les circonstances du temps et du lieu où il aura été trouvé (Civ. 58). — Aucun délai n'est fixé pour la remise exigée par l'art. 58; celui de trois jours établi pour les déclarations de naissance en général n'est donc pas applicable ici. — Néanmoins les prescriptions de cet article sont sanctionnées par la loi pénale (Pén. 347). — La remise doit être faite à l'officier de l'état civil de la commune où l'enfant a été trouvé. Il est dressé un procès-verbal de la remise, qui doit énoncer, outre l'âge apparent de l'enfant, son sexe, les noms qui lui seront donnés par l'autorité civile à laquelle il sera remis (Civ. 58). Il convient d'ajouter à ces mentions toutes les énonciations particulières de nature à faire reconnaître l'identité de l'enfant, telles que l'étoffe, la couleur, le marque des langes et enveloppes, etc. — L'officier de l'état civil doit s'abstenir de mentionner le nom de la personne qui lui serait désignée comme mère de l'enfant. — Le procès-verbal tient lieu de l'acte de naissance et doit être transcrit en entier sur les registres de l'état civil (Civ. 58). — La présence de deux témoins n'est pas nécessaire pour sa confection ; cependant, si le déclarant en présente, ils doivent être admis. — Quant à l'autorité à laquelle les enfants trouvés doivent ensuite être confiés, et aux mesures administratives prescrites à cet égard, V. infrà, Secours publics.

58. Les actes de reconnaissance d'enfants doivent être inscrits à leur date sur les registres des actes de naissance (Civ. 62). Il en est ainsi même lorsque la reconnaissance a été faite autrement que devant l'officier de l'état civil. — Il y a lieu d'observer, pour cet acte, les formalités auxquelles sont assujettis les actes de l'état civil. — Il est fait mention de l'acte de reconnaissance en marge de l'acte de naissance de l'enfant, s'il en existe un. Cette mention est faite d'office (Civ. 49, modifié par la loi du 17 août 1897). V. supra, nº 23. — Au reste, la transcription de l'acte de reconnaissance sur les registres de l'état civil n'est pas nécessaire à sa validité.

C. — Actes de mariage.

59. V. infrà, Mariage.

D. — Actes de décès (R. 280 et s.; S. 67 et s.).

60. L'acte de décès est rédigé sur la déclaration de deux témoins qui jouent en même temps le rôle de déclarants. — Ces personnes doivent être, autant que possible, des parents ou voisins. Si le défunt est mort hors de son domicile, la déclaration est faite par la personne chez laquelle il est décédé et par un parent ou autre (Civ. 78). La personne chez laquelle le décès a eu lieu peut d'ailleurs se faire remplacer. — La loi ne fixe pas le délai dans lequel les déclarations de décès doivent être faites ; aucune peine ne peut donc être encourue pour déclaration tardive ; mais si l'officier de l'état civil juge qu'il y a eu retard dans la déclaration, il peut refuser de recevoir l'acte. — Régulièrement, la déclaration de décès doit être faite avant l'inhumation ; c'est une question que de savoir si, l'inhumation une fois faite, la déclaration pourrait encore être reçue par l'officier de l'état civil, ou s'il ne serait pas nécessaire de recourir à un jugement de rectification.

61. Pour le cas de décès d'un enfant nouveau-né, V. supra, nº 43. — Si la mère et l'enfant périssent dans l'accouchement, il y a lieu de dresser deux actes distincts, l'un pour la mère, l'autre pour l'enfant. — De même, en cas de mort simultanée de deux jumeaux, il doit être dressé un acte de décès pour chacun d'eux. — Sur les prescriptions à suivre en cas de décès d'un enfant placé en nourrice, en sevrage ou en garde, V. L. 23 déc. 1874, sur la protection des enfants du premier âge, art. 9 (D. P. 75. 4. 79).

62. L'acte de décès doit énoncer les nom, prénoms, âge, profession et domicile de la personne décédée, ainsi que des déclarants ; les prénoms de l'autre époux, si la personne décédée était mariée ; si les déclarants sont parents, leur degré de parenté ; enfin, autant que possible, les prénoms, noms, profession et domicile des père et mère du défunt et le lieu de sa naissance (Civ. 79). — La loi n'exigeant pas la mention du jour et de l'heure, la doctrine est divisée sur le point de savoir si cette mention est néanmoins obligatoire, ou si, du moins, elle peut être insérée dans l'acte, et c'est dans ce cas, où la preuve probante. On paraît admettre en général que l'énonciation dont il s'agit est facultative, mais qu'elle fait foi que jusqu'à preuve

contraire et non jusqu'à inscription de faux. Lorsque l'acte ne contient aucune énonciation à cet égard, si la preuve du moment précis du décès n'est pas rapportée, c'est le jour où il est constaté par l'acte de l'état civil qui doit être réputé le jour de la mort.

63. Le maire, ou à son défaut l'adjoint, est tenu de donner avis, sans aucun délai, au juge de paix du canton, du décès de toute personne qui laisse pour héritiers des pupilles, des mineurs ou des absents. En conséquence, lors de la déclaration de chaque décès, l'officier de l'état civil doit demander aux déclarants si le défunt laisse des mineurs ou des absents ou des pupilles, et, en cas de réponse affirmative, il rédige une feuille de déclaration et l'adresse au juge de paix. Ces mesures sont applicables dans toutes les communes, y compris celle de Paris (Arr. 22 prair. an 5, R. vº Commune, p. 196 ; Circ. min. int. 10 déc. 1887). — Les maires ou leurs adjoints sont encore tenus d'adresser aux juges de paix du canton des copies (sur papier libre) des actes de décès des rentiers, viagers ou pensionnaires de l'État, décédés dans leur commune. — Ils doivent informer immédiatement les juges de paix du décès des officiers généraux ou supérieurs, des intendants ou sous-intendants militaires, officiers de santé en chef des armées, fonctionnaires ou agents du département de la Marine, retraités ou en activité de service, de tous fonctionnaires publics qui, par la nature de leurs fonctions, ont pu être dépositaires de secrets d'État ou de titres appartenant au gouvernement. — Ils doivent adresser au procureur de la République copie (sur papier libre) de l'acte de décès des membres de la Légion d'honneur morts dans leur commune. En outre, il leur est prescrit d'envoyer au sous-préfet de l'arrondissement, dans les dix premiers jours de janvier, avril, juillet, octobre, un double état nominatif des membres de la Légion d'honneur et des décorés de la médaille militaire décédés dans leur commune, avec l'indication du grade du titulaire et la date du décès. — Ils doivent également fournir tous les trois mois, aux receveurs de l'enregistrement, un relevé des actes de décès, et ce sous peine d'amende. V. infrà, Enregistrement. — Lors de la déclaration du décès de tout homme soumis par son âge aux obligations militaires, l'officier de l'état civil doit immédiatement en donner avis au bureau de recrutement de la subdivision dont relève la commune (Circ. min. int. 20 mars 1877).

64. L'art. 80 c. civ. (modifié par la loi du 8 juin 1893, D. P. 93. 4. 4) vise le cas où des décès se produisent dans les hôpitaux ou formations sanitaires, les hôpitaux maritimes, coloniaux, civils, ou autres établissements publics, soit en France, soit dans les colonies ou les pays de protectorat. Les registres qui doivent être tenus dans les hôpitaux ou autres maisons publiques n'ont trait qu'à l'ordre intérieur, ils ne font pas foi en justice et ne peuvent servir que de renseignements en cas d'absence ou de perte des registres de l'état civil. — L'art. 84 édicte, pour le cas de décès dans les prisons ou les maisons de réclusion ou de détention, une disposition analogue à celle de l'art. 80 (§ 1 et 2). — Sur la rédaction de l'acte de décès après une exécution capitale, V. Civ. 83.

65. Sur les dispositions de l'art. 77 c. civ. relatives aux conditions exigées pour que l'inhumation puisse avoir lieu, V. infrà, Sépulture.

§ 5. — Règles spéciales à certaines catégories d'actes de l'état civil (R. 328 et s. ; S. 80 et s.).

66. Des règles spéciales sont tracées par la loi en ce qui concerne les naissances et les décès survenus pendant un voyage maritime (Civ. 59 à 61, 86 à 92, modifiés

par la loi du 8 juin 1893) ; elles s'appliquent à toutes les parties du voyage, sans qu'il y ait à distinguer si la naissance ou le décès survient pendant un voyage en mer proprement dit ou pendant qu'un navire se rend d'un port situé dans une rivière à une rade ou à la mer, ou inversement.

67. Les règles générales concernant les actes de l'état civil sont, en principe, applicables aux militaires, aux marins de l'État, et aux personnes employées à la suite des armées (Civ. 93, modifié par la loi du 8 juin 1893). — Seulement, dans certains cas déterminés, la loi attribue à des autorités spéciales, sans exclure les autorités de droit commun, le pouvoir de recevoir les actes intéressant ces catégories de personnes. Les prescriptions générales de la loi n'en doivent pas moins être observées dans les cas dont il s'agit. — Toutefois, une exception a été introduite en ce qui concerne les actes de naissance : le délai dans lequel la déclaration doit être faite a été porté de trois à dix jours (art. 93, al. 4, ajouté par la loi du 17 mai 1900, D. P. 1900. 4. 47). — Du reste, les actes doivent être dressés alors même qu'il serait impossible, par suite des événements de la guerre, de se conformer à toutes les dispositions prescrites par la loi ; il suffirait d'indiquer dans l'acte les motifs pour lesquels certaines dispositions n'ont pu être observées (Instr. min. guerre, 8 mars 1893).

68. L'art. 93 prévoit deux hypothèses distinctes : 1º hors de France, les dispositions qu'il édicte sont toujours applicables, en temps de paix comme en temps de guerre. La compétence des officiers instrumentaires pas celle des fonctionnaires étrangers ou des agents diplomatiques ou consulaires (V. infrà, nºs 70 et s.) : il est loisible de s'adresser aux uns ou aux autres ; 2º En France, au contraire, les officiers de l'état civil restent exclusivement compétents en temps ordinaire ; mais, à partir du jour où est proclamée la mobilisation, les officiers de l'état civil militaire sont simultanément compétence, sans priorité ou préférence pour les uns ou pour les autres. Il en est de même en cas de siège effectif d'une ville, mais non lorsqu'il y a simple proclamation de l'état de siège.

69. Les règles spéciales édictées par les art. 93 et s. ne s'appliquent ... ni au Français établis dans un pays étranger qui serait envahi par une armée française ; ... ni aux militaires prisonniers de l'ennemi. Dans ces divers cas, il y a lieu d'appliquer les règles du droit commun. — Quant à ce touche : ... la transmission d'une expédition des actes qui doit être faite par l'officier instrumentaire au ministère de la guerre ou de la marine, V. Civ. 94 ; ... la tenue des registres destinés à recevoir les actes de l'état civil des militaires, marins, etc., V. Civ. 95, 96.

70. Les actes de l'état civil des Français en pays étranger peuvent être dressés dans les formes usitées en ce pays (Civ. 47, al. 1). Ils peuvent être aussi par des agents diplomatiques ou par les consuls français (Civ. 48, al. 1). Il est loisible aux intéressés de choisir entre les deux modes de procéder. — Dans le second cas, les règles à suivre sont les mêmes qu'en France ; toutefois, en ce qui concerne les actes de naissance, le délai de trois jours dans lequel la déclaration doit être faite (V. supra, nº 48) est porté à dix jours, et ce délai peut être prolongé, dans certaines circonscriptions consulaires, en vertu d'un décret du président de la République (Civ. 55, 2ª al., ajouté par la loi du 24 juin 1893, D. P. 1893. 4. 63).

71. Les actes passés dans la forme consucrée par la loi étrangère sont valables sans qu'il y ait à distinguer suivant qu'ils intéressent à la fois des Français et des étrangers (comme, par exemple, un acte de mariage entre un Français et une étrangère), ou qu'ils concernent seulement des Français : ainsi l'acte de naissance, l'acte de décès d'un Français, l'acte de mariage de deux Français, reçus à l'étranger en la forme du pays, sont réguliers et ont force probante aux yeux de la loi française. — La loi territoriale étrangère serait applicable alors même qu'elle n'exigerait point d'écrit : les naissances, mariages et décès pourraient toujours, dans ce cas, être prouvés par témoins sans commencement de preuve par écrit. — Lorsqu'il s'agit d'un acte qui, d'après la loi du pays où il a été fait, devait être inscrit sur les registres de l'état civil, et que les intéressés ne peuvent produire un extrait de ces registres, il y a lieu de procéder suivant les règles établies pour les cas d'inexistence ou de perte des registres en France (Civ. 46). V. *infra*, nos 85 et s. — C'est d'ailleurs seulement au point de vue de la forme que les actes reçus à l'étranger par les autorités étrangères sont soumis à la loi locale. La question de savoir si, au fond, l'acte est valable et quels en sont les effets légaux, question qui ne se pose guère, d'ailleurs, qu'en ce qui concerne les actes de mariage, demeure réservée (V. *infra*, *Mariage*). — Pour faire foi en France, il n'est pas nécessaire, en général du moins, que l'acte passé à l'étranger soit légalisé par l'agent diplomatique français résidant dans le pays où il a été rédigé. La légalisation par le consul du pays d'où l'acte émane suffit dans la plupart des cas (Circ. min. int. 30 sept. 1883).

72. La transcription des actes passés à l'étranger sur les registres de l'état civil français n'est pas, en principe, nécessaire pour qu'ils puissent être invoqués en France. — V. toutefois, en ce qui concerne les actes de mariage, Civ. 171, et *infra*, *Mariage*. — Mais cette transcription est utile au point de vue de la conservation des actes, et elle ne peut, dès lors, être refusée lorsqu'elle est requise par le Français que l'acte concerne. Elle est d'ailleurs prescrite par une circulaire ministérielle du 11 mai 1875 (S. p. 205).

73. Un certain nombre de conventions diplomatiques (notamment avec l'Italie, la Belgique, l'Autriche-Hongrie) assurent l'échange périodique entre la France et les autres nations contractantes concernant leurs sujets respectifs. — Pour l'exécution de ces conventions, il est prescrit aux maires d'envoyer tous les six mois, par l'intermédiaire des préfets et sous-préfets, les actes reçus par eux et concernant les étrangers, au ministre de l'intérieur, qui les transmet à son tour au ministre des affaires étrangères (Circ. min. just. 11 mai 1875). — Quant aux actes concernant les Français, qui, à l'inverse, parviennent de l'étranger au ministre des affaires étrangères, ils y restent en dépôt, et les expéditions peuvent en être délivrées (Civ. 47, complété par la loi du 8 juin 1893).

74. En principe, la compétence des agents diplomatiques ou consulaires français ne s'applique qu'aux actes concernant des nationaux français (V. toutefois, *infra*, *Mariage*). — Les règles qu'ils ont à suivre pour la réception et la rédaction des actes sont déterminées par une ordonnance du 23 oct. 1833 (R. vo *Consul*, p. 263).

75. Une expédition de tout acte de l'état civil dressé par les agents diplomatiques ou consulaires français à l'étranger doit être immédiatement transmise par eux au ministre des affaires étrangères (Ord. 23 oct. 1833, art. 2), qui la fait parvenir par l'intermédiaire du ministre de l'intérieur à l'officier de l'état civil de la commune d'où est originaire la personne que l'acte concerne. —

Indépendamment de cet envoi, les agents diplomatiques et consulaires doivent, à la fin de chaque année, adresser au ministre des affaires étrangères un double des registres de l'état civil tenu par eux ; le ministre des affaires étrangères est chargé d'assurer la garde de ces registres et peut en délivrer des extraits (Civ. 48, complété par la loi du 8 juin 1893).

76. Bien que ce cas n'ait pas été prévu par la loi, on admet que les agents diplomatiques ou consulaires étrangers ont, aux yeux de la loi française, des pouvoirs semblables à ceux qui appartiennent aux agents français investis par leur propre loi. Ils peuvent donc valablement recevoir tous actes de l'état civil intéressant leurs nationaux. Mais l'acte, pour avoir force probante, doit être légalisé par les autorités françaises.

§ 6. — *Force probante des actes de l'état civil*
(R. 389 et s.; S. 96 et s.)

77. Les actes de l'état civil rédigés conformément à la loi et inscrits sur les registres font foi jusqu'à inscription de faux, conformément à la règle applicable à tous actes authentiques (V. *infra*, *Preuve*), ... à la condition, d'ailleurs, d'avoir été reçus par l'officier compétent : aucune valeur ne saurait être reconnue à des actes émanés de personnes sans mission légale pour constater les naissances, mariages et décès (V. *supra*, no 8. — L'inobservation des règles relatives à la forme des actes de l'état civil n'enlève pas toujours et nécessairement à ces actes leur force probante; il appartient aux tribunaux d'apprécier, dans chaque cas particulier, le degré de foi dû aux actes qui présentent des irrégularités plus ou moins graves.

78. Suivant la doctrine généralement admise, la foi jusqu'à inscription de faux n'est attachée qu'aux mentions relatives à ce que l'officier de l'état civil a constaté personnellement ; elle ne s'étend pas aux déclarations que cet officier n'a fait que recueillir : celles-ci ne font foi que jusqu'à preuve du contraire. Il en est ainsi, suivant l'opinion générale, même des déclarations émanées des personnes qui en sont chargées par la loi. Ainsi, un acte de l'état civil ne fait pas foi jusqu'à inscription de faux de l'identité des personnes auxquelles sont attribuées les déclarations qui ont été faites, alors surtout que l'acte ne porte pas leurs signatures, mais se borne à mentionner qu'elles ne savent pas signer (Civ. c. 7 nov. 1855, D. P. 55. 1. 482).

79. L'acte de *naissance* constate, jusqu'à inscription de faux, la présentation de l'enfant à l'officier de l'état civil, son existence à ce moment, les nom et prénoms qui lui sont donnés, son sexe. Il prouve de la même manière que l'enfant est né vivant, mais non qu'il est né viable. — L'acte de naissance ne prouve l'accouchement de la personne désignée comme la mère que jusqu'à preuve contraire. Il ne prouve pas l'identité de l'individu qui prétend être celui que désigne l'acte. V. *infra*, *Filiation légitime*, *Filiation naturelle*. — Quant aux énonciations relatives au lieu, au jour, à l'heure de la naissance, aux noms, professions, domicile des père et mère de l'enfant, l'acte constate authentiquement qu'elles sont conformes à la déclaration des parties ; mais l'authenticité ne s'attache pas à la déclaration elle-même, qui peut être combattue par tous les modes de preuve.

80. L'acte de *mariage* fait foi, jusqu'à inscription de faux, de l'accomplissement des formalités qu'il relate (Aix, 18 août 1870, D. P. 71. 2. 249).

81. Dans les actes de *décès*, la constatation du décès fait foi jusqu'à inscription de faux, alors du moins qu'il est relaté dans l'acte que

l'officier de l'état civil s'est assuré personnellement du fait du décès. Mais les autres mentions contenues dans l'acte de décès, par exemple celles de l'âge du décédé, de ses prénoms, du jour du décès, ne font pas preuve jusqu'à inscription de faux.

82. Les registres de l'état civil déposés au greffe du tribunal civil ont le même caractère d'authenticité et la même force probante que les registres déposés à la mairie (Trib. civ. Perpignan, 11 févr. 1896. D. P. 1902. 1. 364). — Sur la force probante des actes reconstitués en vertu de la loi du 12 févr. 1872, V. l'art. 3, alin. 3, de cette loi (D. P. 72. 4. 29).

83. En principe, les actes de l'état civil ne font preuve des faits qu'ils constatent qu'à la condition d'être inscrits sur les registres de la tenue est prescrite par la loi. Toutefois, on admet généralement — sauf controverse en ce qui concerne les actes de mariage (V. *infra*, *Mariage*), — qu'un acte écrit sur une feuille volante, malgré l'irrégularité dont il est entaché, peut être pris en considération par les tribunaux et les autorise à admettre la preuve testimoniale à l'effet de compléter les indices qui en résultent. Certains auteurs vont même plus loin et estiment que les juges pourraient, du moins en matière de naissance ou de décès, considérer comme suffisamment probants par eux-mêmes des actes portés sur de simples feuilles volantes.

84. Les extraits des registres font foi jusqu'à inscription de faux (Civ. 45). Ils ont donc la même force probante que les registres eux-mêmes. Cette force probante n'appartient qu'aux extraits *conformes aux registres* ; la conformité est présumée, et, suivant l'opinion généralement admise, on ne peut exiger qu'il en soit justifié par la présentation des registres eux-mêmes.

§ 7. — *Perte ou inexistence des registres*
(R. 113 et s.; S. 34 et s.)

85. L'art. 46 c. civ. prévoit deux hypothèses : celle où il n'a pas existé de registres et celle où ils ont été perdus ; les règles à suivre sont les mêmes dans l'un et l'autre cas.

86. Si un seul des deux registres a été perdu ou détruit, l'autre continue à faire preuve complète des actes qu'il contient. L'Administration pourrait alors faire dresser une copie collationnée de ce registre, pour suppléer à celui qui est perdu ; mais les extraits de cette copie qui seraient délivrés ensuite ne vaudraient que comme copies de copie conformément à l'art. 1335 c. civ. V. *infra*, *Preuve*. — Il appartient au ministère public de poursuivre d'office le remplacement du registre qui a disparu par une cause quelconque, et le tribunal peut, sur ses réquisitions, ordonner la confection d'un nouveau registre à l'aide du double qui subsiste (Trib. civ. Seine, 30 juin 1858, D. P. 70. 3. 114). — Le ministère public pourrait même procéder d'office à la reconstitution du registre détruit ; mais le tribunal seul pourrait vérifier la fidélité de la copie et déclarer qu'elle suppléera au double manquant (Décis. min. just. 16 juill. 1877). — Lorsque les deux registres ont été détruits, il peut aussi y être procédé administrativement par des mesures spéciales. — Sur le rôle du ministère public en pareil cas, V. Décis. min. just. 27 févr. 1877. — A la suite des événements de 1870-1871, plusieurs lois ont édicté des mesures spéciales pour la reconstitution des actes de l'état civil de Paris ou des départements qui avaient été détruits, par suite des faits de guerre ou de l'insurrection du 18 mars 1871. V. *supra*, no 2.

87. Les dispositions de l'art. 46 c. civ. doivent être étendues d'abord aux cas où, bien qu'il existât des registres, il aurait été, à raison de circonstances extraordinaires, absolument impossible de faire dresser les actes de l'état civil. — D'autre part, on assimile au cas d'inexistence des registres celui où ils ont été irrégulièrement tenus, notamment lorsqu'ils présentent des lacunes ou des omissions. — De même, par assimilation avec le cas de perte de registres, on applique l'art. 46 au cas où un ou plusieurs feuillets ont été arrachés ou sont devenus illisibles. — La jurisprudence étend même l'application de l'art. 46, contrairement à l'opinion de plusieurs auteurs, au cas où, les registres paraissant complets et régulièrement tenus, le réclamant allègue que l'on a omis d'inscrire l'acte relatif au fait dont il veut établir l'existence, et cela quand il s'agit d'un acte de mariage aussi bien que lorsqu'il s'agit d'un acte de naissance ou de décès. Elle réserve toutefois aux tribunaux le droit d'apprécier souverainement les circonstances et d'admettre ou de refuser, suivant les cas, la preuve offerte.

88. L'art. 46 est applicable dans tous les cas de perte de registres contenant la preuve d'un état civil quelconque, par exemple en cas de perte de registres contenant la preuve d'adoption ou de reconnaissance d'enfants naturels. — Il y a lieu, d'ailleurs, en ce qui concerne les actes de naissance, de réserver la question de savoir quelle est l'étendue de la preuve fournie autrement que par les énonciations régulières des registres de l'état civil, notamment si cette preuve peut entraîner le cas échéant, celle de la filiation légitime, soit, le cas échéant, celle de la filiation naturelle. V. *infrà*, *Filiation légitime*, *Filiation naturelle*.

89. L'inexistence, la perte ou la tenue irrégulière des registres doivent être l'objet d'une preuve préalable régulièrement faite. Les tribunaux peuvent rejeter l'offre de faire cette preuve, en se fondant notamment sur l'invraisemblance des faits allégués.

90. L'inexistence ou la perte des registres (ou autre fait assimilable) étant préalablement établie, les mariages, naissances et décès *pourront être prouvés...* (Civ. 46). La preuve ne doit donc pas nécessairement être admise ; ici encore, les tribunaux ont la faculté d'ordonner ou de ne pas accueillir la preuve offerte, suivant que les faits articulés leur paraissent, ou non, pertinents. — La preuve de la naissance, du mariage ou du décès, quand elle admise, peut être faite par les registres et papiers émanés des pères et mères décédés que par témoignage (Civ. 46). Les deux modes de preuve visés par la loi ne sont pas cumulativement exigés ; il est permis de ne recourir qu'à l'un ou à l'autre. D'autre part, cette expression de l'art. 46, *registres et papiers émanés des pères et mères décédés*, n'est pas restrictive et permet l'emploi de tout autre titre, tel que décisions de l'autorité administrative, documents officiels, etc. On peut invoquer des pièces non authentiques, par exemple les tableaux généalogiques. Lorsque les actes invoqués sont authentiques, il y a lieu d'autoriser les recherches dans les dépôts qui les renferment. Quant à la preuve testimoniale, elle est admissible sans qu'il soit besoin d'un commencement de preuve par écrit. — V. toutefois, pour le cas où il s'agit de suppléer à l'acte de naissance, en vue d'établir la filiation légitime, *infrà*, *Filiation légitime*.

§ 8. — *Rectification des actes de l'état civil* (R. 416 et s.; S. 101 et s.).

91. Les actes de l'état civil peuvent être rectifiés toutes les fois que leur inscription a été défectueuse. Il en est ainsi, notamment, lorsqu'un nom de famille ou un prénom a été altéré, lorsqu'il y a eu dans son indication une erreur ou une omission quelconque. — Une simple inexactitude orthographique suffit pour qu'il puisse y avoir lieu

à rectification. — Par application de cette règle, on admet que la rectification peut être demandée dans le cas où la syllabe *de* qui précède un patronymique aurait été réunie à ce nom, ou encore lorsqu'elle aurait été supprimée. Dans ce dernier cas, la demande tendant au rétablissement de la particule ne constitue pas une revendication de titre nobiliaire, et les tribunaux civils sont compétents pour en connaître, alors qu'il s'agit simplement de rechercher quel est exactement le nom que le réclamant a le droit de porter.

92. La rectification d'un acte de l'état civil peut être ordonnée lorsqu'il ne renferme pas toutes les énonciations qu'il devrait contenir, comme par exemple si un acte de naissance n'énonçait pas le jour de l'accouchement ou les noms des parents légitimes, ou si l'acte n'avait pas été signé par l'officier de l'état civil et les parties. — Elle pourrait l'être dans le cas où l'omission porterait sur des énonciations non substantielles, si elles sont propres à mieux constater l'identité des personnes dénommées dans l'acte (Civ. c. 17 juin 1863, D. P. 63. 1. 216). — Il y a eu controverse sur le point de savoir si, par application de cette règle, l'énonciation d'un titre nobiliaire pouvait être demandée par voie de rectification. D'après le système qui a prévalu devant la cour de cassation, une pareille demande est recevable lorsqu'un acte régulier de collation ou de reconnaissance est produit ; au contraire, l'autorité judiciaire est incompétente pour en connaître toutes les fois qu'un pareil acte n'est pas produit et qu'on est obligé d'y suppléer par l'appréciation des faits de possession. — Il y a encore lieu à rectification quand il existe dans la rédaction de l'acte quelque obscurité qui peut en rendre le sens douteux, ... ou quand l'acte est inscrit sur une feuille volante. V. *supra*, n° 14 (Av. Cons. d'Et. 8 brum. an 11, R. p. 495). — Les tribunaux peuvent également ordonner, par voie de rectification, la suppression dans les actes de l'état civil des énonciations interdites par la loi, par exemple des titres de noblesse qui y auraient été indûment énoncés, des noms prohibés qui auraient été donnés à un enfant dans son acte de naissance (V. *supra*, n° 52). — Il y a lieu à rectification ... lorsqu'un acte de l'état civil n'a pas été inscrit sur les registres dans les délais prescrits par la loi (Av. Cons. d'Et. 8 brum. an 11, précité), ... lorsqu'un officier de l'état civil a, sans motif valable, refusé de recevoir un acte, par exemple un acte de naissance (18 mai 1853, D. P. 54. 5. 13). — Il n'y a pas lieu de recourir à la voie judiciaire de la rectification lorsqu'une personne demande à changer de nom ou à ajouter un nouveau nom à celui qu'elle porte. — Sur les formes à suivre pour obtenir l'autorisation nécessaire en pareil cas et sur la compétence, V. *infrà*, *Noblesse*, *Nom*. — D'autre part, la voie de la demande en rectification n'est pas ouverte lorsque la prétention du réclamant soulève une question d'état (V. *infrà*, *Filiation légitime*).

93. Tant que la rectification n'en a pas été judiciairement ordonnée, c'est l'acte de naissance d'un individu qui doit toujours servir de base à la rédaction des actes ultérieurs concernant son état civil (Civ. c. 29 juin 1863, D. P. 63. 1. 451). — Par exception à cette règle, lorsqu'une personne, à la veille de se marier, désire relever une erreur dans l'orthographe ou l'ordre de ses noms ou prénoms commise dans son acte de naissance, afin que cette erreur ne soit pas reproduite dans son acte de mariage, un jugement n'est pas nécessaire ; l'attestation de ses père et mère ou autres ascendants suffit (Av. Cons. d'Et. 19-30 mars 1808, R. v° *Mariage*, 357).

94. En principe, la rectification des actes de l'état civil ne peut être demandée que par les parties intéressées. Ce sont, tout d'abord, les personnes que l'acte concerne. — Le père ou la mère peuvent être admis, à titre de parties intéressées, à poursuivre la rectification des actes de l'état civil concernant leur enfant, notamment de son acte de naissance. — Des tiers qui n'ont pas été parties à l'acte et n'ont aucun lien de parenté avec celui qu'il concerne peuvent même parfois avoir intérêt et sont, par suite, recevables à en demander la rectification. Tel serait, par exemple, le cas d'un individu auquel l'acte attribue sans son consentement la paternité d'un enfant. — Un intérêt simplement moral peut suffire pour rendre admissible l'action en rectification. Ainsi, des parents collatéraux pourraient demander la rectification d'actes de l'état civil mensongers, encore que cette rectification ne présentât pas actuellement pour eux un intérêt pécuniaire. — De même, bien que le contraire ait été jugé, on doit reconnaître à la veuve le droit de demander la rectification de l'acte de l'état civil d'un tiers qui usurperait le nom de son mari.

95. La question de savoir si le ministère public a le droit de poursuivre d'office la rectification des actes de l'état civil a été longtemps controversée. D'après le système qui a prévalu dans la jurisprudence, ce droit doit être reconnu, bien qu'il ne soit consacré par aucun texte, alors du moins qu'il y a un intérêt d'ordre public à ce que la rectification soit opérée. Il en est ainsi, par exemple, ... lorsqu'il s'agit de faire rectifier un acte constatant une filiation incestueuse ou adultérine, ou de faire annuler un mariage et, par suite, l'acte qui en a été dressé, pour cause de bigamie, d'inceste ou d'impuberté ; ... lorsque, le mariage ayant été célébré au domicile de l'un des futurs époux, l'acte porte par erreur que la célébration a eu lieu dans la maison commune ; ... dans le cas où des actes reçus par l'officier de l'état civil ne figurent pas sur les registres, et où le nombre des omissions est relativement considérable (Av. Cons. d'Et. 8 brum. an 11 ; Lett. min. just. 11 déc. 1876, 24 et 30 avr. 1877) ; ... quand il s'agit de faire retrancher d'un acte de l'état civil un titre nobiliaire, ou même une particule indûment attribuée à une partie ou à un témoin instrumentaire. — Au contraire, l'ordre public n'est pas intéressé, et le ministère public n'a dès lors pas qualité pour agir, lorsqu'il n'y a en cause qu'un intérêt individuel, par exemple si un acte de l'état civil isolé n'a pas été inscrit sur les registres, ou si un acte de naissance porte des indications erronées de nature à rendre incertaine la filiation. — Le ministère public est recevable à interjeter appel d'un jugement relatif à la rectification des actes de l'état civil, non seulement lorsqu'il a été partie principale en première instance ou qu'il s'est constitué défendeur ou intervenant, mais encore au cas où il s'est borné à donner des conclusions et n'a été que partie jointe.

96. La rectification ne peut avoir lieu qu'en vertu d'une décision de l'autorité judiciaire. Ni l'officier de l'état civil, ni le procureur de la République ne peuvent opérer d'eux-mêmes et de leur propre autorité une rectification sur les registres. — C'est devant la juridiction civile que la demande doit être portée. — V. toutefois Civ. 198, et *infrà*, *Mariage*.

97. Il appartient aux tribunaux français de connaître des demandes en rectification des actes reçus en France, alors même qu'il s'agit d'actes concernant des étrangers (Paris, 3 mars 1898, D. P. 98. 2. 120). — Le tribunal compétent est toujours celui du lieu où l'acte a été reçu et au greffe duquel le registre est ou doit être déposé (Civ. 99, modifié par la loi du 8 juin 1893, al. 1). Ainsi, un tribunal ne peut, du moins en principe, rectifier que les actes de l'état civil qui ont été reçus dans son arrondissement (Limoges, 22 juill. 1895, D. P. 95. 2. 163). — Toutefois, lorsque la demande tend non pas à la rectification d'un acte préexistant, mais à l'inscription sur les registres d'un acte qui n'y a jamais été porté, c'est le tribunal du domicile du réclamant qui est compétent pour statuer sur la demande. — La règle n'est pas non plus applicable quand la demande en rectification constitue une véritable réclamation d'état, comme dans le cas, par exemple, où un enfant né durant le mariage de sa mère, et inscrit sur les registres comme né d'un père inconnu, demande la rectification de son acte de naissance : l'action, en ce cas, devrait être portée devant le tribunal du domicile du défendeur.

98. En ce qui concerne les actes reçus hors de France, il faut distinguer : si l'acte constate l'état civil d'un étranger, les tribunaux ne sont pas compétents pour connaître de la rectification; dans le cas où l'acte dressé à l'étranger intéresse un Français, la rectification doit être demandée au tribunal dans le ressort duquel l'acte a été transcrit conformément à la loi (Civ. 99, al. 2). — Par « actes dressés à l'étranger », il faut entendre ceux qui ont été reçus par les autorités étrangères aussi bien que ceux dressés par les consuls ou agents diplomatiques français à l'étranger. La rectification peut également être poursuivie devant le tribunal civil de la Seine à l'égard de tous les actes qui ont été l'objet du dépôt au ministère des affaires étrangères en exécution de l'art. 47 c. civ., au moins pour ceux d'entre eux qui n'ont été transcrits sur aucun registre de l'état civil en France (V. *supra*, n° 88) (Trib.-civ. Seine, 14 avr. 1894, D. P. 99. 2. 389). — Le tribunal du lieu où l'acte a été transcrit est également compétent pour statuer sur la rectification à l'égard des actes de l'état civil dressés au cours d'un voyage maritime ou aux armées. Il en est de même pour les actes de décès des personnes mortes dans les hôpitaux ou formations sanitaires, etc., en France ou dans les colonies (Civ. 99, modifié par la loi du 8 juin 1893, al. 2).

99. La rectification des jugements rendus pour tenir lieu d'actes de l'état civil doit, en principe, être poursuivie devant le tribunal qui a rendu la décision. Il en est ainsi, spécialement, en ce qui concerne les jugements portant déclaration de décès conformément aux art. 88 et s. c. civ. Toutefois, lorsque le jugement n'a pas été rendu par un tribunal de la métropole, le tribunal dans le ressort duquel la déclaration aura été transcrite conformément à l'art. 92 est compétent pour connaître de la demande en rectification (Civ. 99, modifié par la loi du 8 juin 1893, al. 3). L'action peut, d'ailleurs aussi, dans ce dernier cas, être portée devant le tribunal colonial, suivant la règle générale établie par la loi.

100. Aux termes de l'art. 855 c. civ., celui qui veut obtenir la rectification d'un acte de l'état civil présente à cet effet une requête au président du tribunal de première instance. Mais le demandeur peut aussi assigner directement les personnes qui auraient intérêt à contester sa demande, s'il les connaît. — La rectification demandée pour cause d'erreur, omission, etc., n'a lieu qu'après une instruction dans laquelle la preuve doit être faite conformément au droit commun, notamment au moyen d'une enquête. On ne saurait, en principe, recourir à des actes de notoriété. Le tribunal peut ordonner que les parties intéressées seront appelées en cause. Il y aura lieu alors de

les assigner par un exploit d'ajournement, sans qu'il soit d'ailleurs besoin de recourir au préliminaire de conciliation. Si la demande en rectification était formée incidemment à une instance pendante entre le demandeur et les parties intéressées, un acte d'avoué suffirait. Le tribunal peut, s'il le juge à propos, ordonner que le conseil de famille sera préalablement convoqué à l'effet de délibérer et de donner son avis sur la demande (Pr. 856). Cette convocation peut être ordonnée même lorsque toutes les parties sont majeures.

101. Les demandes en rectification d'acte de l'état civil doivent être portées à l'audience lorsque les parties intéressées ont été appelées par exploit ou que la rectification est demandée incidemment à une action principale. Si elle n'est point poursuivie contradictoirement et que le demandeur y figure seul, le jugement est rendu en la chambre du conseil. Dans les deux cas, le tribunal statue sur le rapport d'un juge et les conclusions du ministère public. — Lorsque le demandeur en rectification n'a pas eu de contradicteur, la décision qui intervient n'a pas un caractère contentieux ; émanant de la juridiction gracieuse, elle n'a pas l'autorité de la chose jugée et est, dès lors, susceptible d'être rapportée ou modifiée ; la partie qui l'a obtenue peut donc présenter ultérieurement une nouvelle requête pour solliciter d'autres rectifications dans les actes de l'état civil la concernant (Civ. c. 24 déc. 1901, D. P. 1902. 1. 364).

102. Les frais des jugements de rectification doivent être supportés par la partie qui a demandé la rectification, ou par celle qui a succombé, si l'instance est contradictoire. Ils ne peuvent être mis à la charge de l'officier de l'état civil qu'autant qu'il s'est rendu coupable d'une faute inexcusable. — Si la rectification a été poursuivie d'office par le ministère public, les frais sont à la charge de l'État, sauf recours contre qui de droit.

103. Les jugements portant rectification des actes de l'état civil sont susceptibles d'appel. D'après l'art. 858 c. pr. civ., le délai pour interjeter appel est de trois mois ; il faut cependant savoir si, nonobstant ce texte, il n'y a pas lieu d'appliquer ici la règle générale qui fixe à deux mois le délai d'appel (Pr. 343, modifié par la loi du 3 mai 1862, D. P. 62. 4. 43). V. Bordeaux, 15 févr. 1888, D. P. 89. 2. 197. — Si le demandeur en rectification est seul en cause, le délai de l'appel court à partir de la date du jugement. Dans le cas où d'autres parties ont figuré dans l'instance, le délai court de la signification du jugement, s'il est contradictoire, et du jour de l'opposition n'est plus recevable, s'il est par défaut. Lorsque le demandeur en rectification a figuré seul, l'appel est formé au moyen d'une requête qui est présentée au président et sur laquelle sera indiqué le jour où il sera statué. À la différence de ce qui a lieu en première instance, l'affaire est jugée à l'audience sur les conclusions du ministère public (Pr. 858) ; il n'y a pas lieu à la nomination d'un rapporteur.

104. La rectification a la même force probante que les énonciations primitives qu'elle corrige. L'effet en est absolu, en ce sens que les juges ne pourraient la restreindre à un seul acte de la vie civile et décider, par exemple, qu'elle ne vaudra que pour le mariage. Mais le jugement de rectification n'est pas opposable aux parties *intéressées* qui n'ont point requis le jugement ou n'y ont point été appelées. Et ces parties n'ont pas besoin de recourir à la voie de la tierce opposition, lorsqu'elles se bornent à repousser l'application dudit jugement à leur égard, sans demander d'une manière absolue la rétractation des rectifications qu'il ordonne (Pr. 100). — L'expression *parties*

intéressées ne peut, d'ailleurs, s'appliquer qu'à ceux qui ont un intérêt direct et personnel dans un acte de l'état civil, et non à des tiers, tels que débiteurs, créanciers, fermiers, etc...; ceux-ci ne pourraient prétendre que le jugement de rectification ne leur est pas opposable, sous le prétexte qu'ils n'y ont pas été appelés.

105. Le jugement qui prononce la rectification doit être transcrit sur les registres de l'état civil, et mention en doit être faite en marge de l'acte réformé, sans qu'il soit permis d'opérer aucun changement sur l'acte lui-même (Pr. 857). — L'officier de l'état civil n'est pas obligé de copier in extenso la grosse entière du jugement rectificatif, y compris l'exposé des faits et la procédure; il lui suffit d'en transcrire textuellement les considérants et le dispositif. Le jugement doit rester au nombre des pièces justificatives annexées qui sont déposées avec les registres. — Tout jugement portant rectification d'acte de l'état civil doit être transmis immédiatement par le procureur de la République à l'officier de l'état civil du lieu où se trouve inscrit l'acte réformé (Civ. 101, modifié par la loi du 8 juin 1893). Les parties pourraient, d'ailleurs, demander elles-mêmes la transcription, si le ministère public omettait de la faire opérer. — Une fois la transcription opérée, l'acte ne peut plus être délivré qu'en y joignant les rectifications ordonnées (Pr. 857). L'officier de l'état civil n'en doit pas moins expédier l'acte tel qu'il se trouve sur les registres, sans y apporter aucun changement; seulement il ajoute à la suite, non pas une simple énonciation de la date du jugement de rectification, mais la mention expresse de la rectification, telle qu'elle doit se trouver au regard de l'acte réformé (Av. Cons. d'Et. 4 mars 1808).

§ 9. — *Peines et responsabilités civiles*

(R. 486 et s. s. S. 124 et s.).

106. Toute contravention aux dispositions contenues dans les art. 34 à 49 donne lieu, contre les fonctionnaires dénommés dans ces articles, à une amende qui ne peut excéder 100 francs (Civ. 50). — Les contraventions dont il s'agit ne peuvent être excusées par la bonne foi du contrevenant. — Il paraît généralement admis aujourd'hui, après controverse, que la disposition de l'art. 50 ne peut pas être étendue, sous prétexte d'analogie, au cas où il y a eu inobservation de formalités non prévues par les art. 34 à 49.

107. C'est au tribunal civil qu'il appartient de prononcer la peine dont il s'agit (Civ. 50). — Bien que l'amende soit inférieure au taux de la compétence en dernier ressort des tribunaux civils (1500 fr.), on admet généralement que le jugement qui statue sur la poursuite est toujours susceptible d'appel.

108. L'amende édictée par l'art. 50 a un caractère mixte, en ce sens que, si elle offre, à divers points de vue, les caractères habituels de l'amende en matière répressive, elle en diffère sur certains points importants : il n'y aura pas lieu notamment, qu'il ne peut être question ici ni de circonstances atténuantes ni d'aggravation de la peine à raison de la récidive; que si plusieurs infractions distinctes sont relevées à la charge d'une même personne, chacune d'elles comporte une répression spéciale, sans qu'il y ait lieu d'appliquer l'art. 365 c. instr. cr.; que l'action tendant à l'application de la peine se prescrit, non par trois ans (Instr. 638), mais par trente ans; que l'action en recouvrement de l'amende se prescrira également par trente ans (Instr. 636).

109. Les faux commis par les officiers de l'état civil rentrent dans la classe des faux commis par les fonctionnaires publics et sont punis comme tels (Pén. 145, 148, 163,

164). V. *infrà*, *Faux*. — Les officiers de l'état civil, étant considérés comme des fonctionnaires publics, sont punissables, comme ces derniers, pour les concussions et les destructions ou soustractions de pièces dont ils se rendent coupables (Pén. 173, 174, 177, 178, 254, 256).

110. Une disposition spéciale du Code pénal (art. 192) punit le fait d'inscrire les actes de l'état civil sur une feuille volante. La peine consiste dans un emprisonnement d'un à trois mois et une amende de 16 à 200 francs. Cette peine n'est pas applicable au cas où l'inscription aurait eu lieu sur un registre autre que celui où elle devait être faite; mais il y aurait lieu, en pareil cas, à l'application de l'art. 50 c. civ. — L'art. 192 c. pén. ne s'applique qu'aux seuls officiers de l'état civil; les simples employés de la mairie qui commettraient l'infraction prévue par cet article n'encourraient pas les peines qu'il prononce. — Des dispositions spéciales répriment certains délits relatifs aux actes de mariage (Civ. 156, 157, 192, 193, 228). V. *infrà*, *Mariage*.

111. Indépendamment des pénalités que peuvent encourir les officiers de l'état civil à raison des infractions par eux commises, leur responsabilité peut être engagée envers les parties lésées. Ainsi la contravention à l'une des dispositions visées par l'art. 50 peut donner lieu contre eux à une condamnation à des dommages-intérêts, s'il en est résulté un préjudice pour les intéressés. De même, les officiers de l'état civil peuvent être passibles de dommages-intérêts en cas de faux ou d'inscription d'actes de l'état civil sur une feuille volante (Civ. 52). — Ils sont responsables, d'ailleurs, même en dehors des cas où la loi prononce une peine, toutes les fois que, dans l'exercice de leurs fonctions, ils ont causé un dommage par leur faute ou leur négligence (Civ. 1382, 1383). Il en est ainsi, notamment, en cas d'altération soit des registres (Civ. 51), soit des actes de l'état civil (Civ. 52). Mais leur responsabilité n'est engagée que s'il est prouvé que l'altération provient soit de leur fait, soit du fait de ceux dont ils répondent, et qu'elle n'est pas due à un cas de force majeure.

112. Les personnes qui concourent, avec les officiers de l'état civil, à la rédaction des actes peuvent aussi, dans certains cas, encourir des pénalités. Ainsi, les déclarants, les témoins pourraient être poursuivis en cas de fausse déclaration, de faux témoignage. — En ce qui concerne les actes de naissance, le défaut de déclaration est puni par l'art. 346 c. pén.; mais cette sanction n'atteint que ceux qui ont *assisté* à l'accouchement. V. sur ce délit et sur les autres infractions qui peuvent être commises au préjudice d'enfants nouveau-nés, *infrà*, *Crimes et délits envers l'enfant* (Pén. 345, 347, 349, 354).

§ 10. — *Enregistrement et timbre.*

113. 1° *Enregistrement.* — Les actes de naissance, mariage, décès et les extraits qui en sont délivrés sont dispensés de la formalité de l'enregistrement (L. 22 frimaire an 7, art. 70, § 3, n° 8; R. v° *Enregistrement*, t. 21, p. 34). Cette exemption s'étend même aux actes qui sont passés en pays étranger, ainsi qu'aux traductions de ces actes annexées aux actes de l'état civil dressés en France (Sol. admin. enreg., août 1871 : Instr. Reg. 2132, § 7. — S. v° *Enregistrement*, 2766). Par suite, les expéditions de ces actes peuvent être annexées aux actes notariés sans être soumises à la formalité. — Les autres actes de l'état civil (reconnaissance d'enfant naturel et décès), assujettis à l'enregistrement (L. 22 frim. an 7, art. 7, alin. 5).

114. 2° *Timbre.* — Les registres de l'état civil doivent être en papier timbré (Décr. 20-25 sept. 1792, art. 2, R. p. 489; 13 brum.

an 7, art. 12, R. v° *Enregistrement*, t. 22, p. 737; L. 5 avr. 1884, art. 136-4°, D. P. 84. 4. 25). — Il en est de même des annuelles de ces registres. Pour les tables décennales, qui sont établies en triple expédition, deux de ces expéditions sont rédigées sur papier timbré, la troisième est exempte de timbre (Décr. 20-25 sept. et 19-24 déc. 1792, R. p. 491; Décr. 20 juill. 1807, art. 4, R. p. 508; Instr. Reg. 770 et 1064).

115. Lorsque les registres de l'état civil ont été perdus par suite d'événements de force majeure (incendie, inondation, événements de guerre, etc.), les communes peuvent être autorisées par le ministre des finances à les reconstituer sur papier visé pour timbre gratis (L. 25 mars 1817, art. 75, et 6 janv. 1872, art. 3; R. v° *Enregistrement*, t. 21, p. 41, et D. P. 72. 4. 7). Mais c'est là une exception dont le bénéfice ne saurait être étendu à des cas autres que ceux expressément prévus, notamment aux cas de disparition des registres à la suite d'événements inconnus (Décis. min. fin. 25 janv. 1887) ou par négligence et manque de soins (Décis. min. fin. 13-17 août 1892).

116. Les expéditions ou extraits des actes de l'état civil ne peuvent être délivrés que sur moyen papier (à 1 fr. 80) (L. 13 brum. an 7, art. 12 et 19; 28 avril 1816, art. 63, R. v° *Enregistrement*, t. 22, p. 741). — Les extraits des actes de l'état civil délivrés sous forme de *bulletins* destinés à fournir de simples renseignements peuvent être rédigés sur papier non timbré, mais à la condition de n'être revêtus d'aucun signe, grille ou signature pouvant leur enlever le caractère de pièce purement privée et dénuée de force probante. Dans tous les autres cas, ils sont soumis à la règle générale et doivent être dressés sur papier timbré (Décis. min. fin. 21 janv. et 7 oct. 1879; D. P. 80. 3. 24).

117. Les expéditions ou extraits d'actes de l'état civil nécessaires aux jeunes gens qui veulent contracter un engagement militaire ou réclamer l'exemption du service militaire sont dispensés du timbre (Décis. min. fin. 6 août 1818 et 17 janvier 1835; Instr. Reg. 851, 856 et 1483). Sont également exempts d'un timbre tous les actes de l'état civil relatifs à l'exécution de la loi sur la caisse des retraites pour la vieillesse (L. 18 juin 1850, art. 11, D. P. 50. 4. 140). — D'une manière générale, les actes admis au bénéfice de pareilles immunités doivent mentionner expressément leur destination, et ils ne peuvent, sous peine d'amende, servir à d'autres fins (Comp. L. 10 déc. 1850, art. 7, D. P. 51. 4. 9).

ACTE JUDICIAIRE

(R. v° *Jugement*; S. eod. v°.)

Cette expression désigne, d'une façon générale, tous les actes quelconques qui se font en justice. Parmi ces actes, les uns émanent des officiers ministériels (huissiers, avoués ou greffiers) tels sont, notamment, les significations faites au cours d'une instance. On les oppose aux actes *extrajudiciaires*, qui interviennent en dehors d'un procès, tels qu'une sommation, une offre de payement, etc... Les autres sont l'œuvre du juge lui-même. Dans un sens large, on peut y comprendre même les jugements; mais l'expression désigne plus particulièrement les actes du juge qui appartiennent à la juridiction gracieuse (V. sur cette distinction, *infrà*, *Jugement*). Sur les règles applicables aux actes judiciaires en matière d'enregistrement et de timbre, V. *infrà*, *Avoué*, *Exploit*, *Jugement*.

ACTE DE NOTORIÉTÉ

(R. v° *Acte de notoriété*; S. eod. v°.)

1. On désigne sous ce nom un acte passé devant un officier public et où sont constatées les déclarations de personnes ou témoins qui

attestent un fait notoire afin de suppléer un acte écrit qu'on est hors d'état de produire. — La loi autorise ou impose des actes de notoriété dans différents cas; on se bornera à citer ici ceux qui se présentent le plus fréquemment.

2. En matière d'*actes de mariage*, il est permis de remplacer par un acte de notoriété soit l'acte de naissance de l'un des futurs époux ou de tous deux (Civ. 70, 71 et 72), soit l'acte de décès de l'ascendant auquel aurait dû être fait un acte respectueux (Civ. 155).

3. Les actes de notoriété sont très usités en matière de *succession*, soit pour suppléer au défaut d'*intitulé d'inventaire*, soit pour faire rectifier, à l'effet d'établir la qualité des successibles et, par conséquent, leurs droits héréditaires. — L'acte de notoriété, supplément à l'absence d'intitulé d'inventaire, doit contenir les mêmes mentions que celui-ci, au sujet de la désignation du défunt et des successibles. — Celui qui est destiné à rectifier l'intitulé d'inventaire doit, autant que possible, être mentionné en marge de l'inventaire. — Un acte de notoriété est utile quand la famille du défunt n'est pas connue dans le lieu où s'ouvre la succession et où doit se faire l'inventaire.

4. Il est encore fait usage d'actes de notoriété : 1° pour obtenir la rectification d'erreurs dans les noms et prénoms d'un *créancier* de l'État porté sur le grand livre de la Dette publique. Cet acte de notoriété est délivré sur l'attestation de deux témoins, reçue par un notaire, dont il doit rester minute (L. 8 fruct. an 5, art. 1 ; Arrêté 27 frim. an 11, R. v° *Trésor public*, p. 1110 et 1120); — 2° pour permettre à l'héritier d'un *rentier* de l'État de faire inscrire les rentes à son nom, s'il n'y a eu ni inventaire ni partage, ni transmission à titre gratuit de ces rentes. L'acte de notoriété est délivré par le juge de paix sur l'attestation de deux témoins (L. 28 flor. an 7, art. 6, R. v° cit., p. 1113).

5. La loi a, dans certains cas, déterminé la forme des actes de notoriété, l'officier public compétent, le nombre des témoins, etc. Dans le silence de la loi, il y a lieu d'attribuer compétence à la fois aux notaires et aux juges de paix, assistés de leur greffier. — Les notaires peuvent le rédiger en minute ou en brevet. — Les personnes qui font leur déclaration dans un acte de notoriété, bien qu'on les désigne usuellement sous le nom de témoins, ne sont pas soumises aux règles légales sur les qualités que doivent avoir les témoins dans les actes publics ou dans les actes notariés.

6. L'autorité de l'acte de notoriété dépend de la confiance qu'inspirent les personnes entendues; elles ne sont pas sujettes à l'application des prescriptions pénales qui atteignent le faux témoignage.

7. *Enregistrement et timbre.* — Les actes de notoriété dressés soit par un notaire, soit par un juge de paix, sont tarifés au droit fixe de 3 francs en principal (L. 22 frim. an 7, art. 68, § 1er, n° 5; 28 avr. 1816, art. 43, n° 2, R. v° *Enregistrement*, t. 21, p. 31 et 39; 28 févr. 1872, art. 4, D. P. 72. 4. 12). — Les actes de notoriété passés devant les juges de paix et destinés à constater les ressources des demandeurs en concession de terres en Algérie, sont tarifés exceptionnellement à 1 fr. 50 cent. (Décr. 23 avr. 1852, art. 2, D. P. 55. 4. 12; L. 28 févr. 1872, art. 4). — Lorsque l'acte de notoriété renferme des attestations indépendantes les unes des autres et que ces attestations ont pour cause, non un intérêt collectif et indivisible, mais des intérêts distincts, il est dû autant de droits qu'il y a d'attestations se rapportant à des intérêts distincts.

8. Sont dispensés des droits et, par conséquent, doivent être visés pour timbre et enregistrés gratis, les actes de notoriété dressés, notamment : 1° pour la rectification ou la reconstitution d'office d'actes de l'état civil (L. 25 mars 1817, art. 75, R. v° *Enregistrement*, t. 21, p. 41); 2° pour constater la disparition de militaires et l'indigence de leurs veuves (Décis. min. fin. 26 janv. 1824; Instr. Reg. 1124); 3° pour l'exécution de la loi sur la caisse de retraites ou rentes viagères sur la vieillesse (L. 18 juin 1850, art. 11, D. P. 50. 4. 138; Instr. Reg. 1887); 4° pour le mariage des indigents (L. 10 déc. 1850, D. P. 51. 4. 9; Circ. min. just. 29 mars 1851, D. P. 51. 3. 30); 5° pour l'exécution de la loi du 11 juill. 1868, qui a créé deux caisses d'assurances, l'une en cas de décès, et l'autre en cas d'accidents résultant des travaux agricoles et industriels (L. 11 juill. 1868, art. 19, D. P. 68. 4. 93; Décr. 10 août 1868, D. P. 68. 4. 102); 6° pour la reconstitution des actes de l'état civil détruits par la Commune (L. 10 juill. 1871, art. 1, D. P. 71. 4. 136); 7° pour la justification des droits des héritiers au remboursement des sommes déposées par leur auteur à une caisse d'épargne postale ou ordinaire (L. 9 avr. 1881, art. 20 et 21, D. P. 81. 4. 114; Décis. min. fin. 11 juin 1888, D. P. 88. 5. 443); 8° pour la reconstitution des actes de l'état civil qui intéressent les indigents (L. 5 juin 1893, art. 4, D. P. 94. 4. 2).

ACTION
(R. v° *Action*; S. eod. v°).

ART. 1er. — GÉNÉRALITÉS.

1. L'action est le droit de poursuivre en justice ce qui nous est dû ou ce qui nous appartient. Elle ne doit pas être confondue avec la poursuite ou l'instance, laquelle n'est que l'exercice de ce droit. — L'action fait partie du patrimoine, c'est un bien transmissible, du moins en général : elle passe aux héritiers, qui, réciproquement, sont soumis aux actions dont leur auteur était tenu. C'est aussi un bien divisible, du moins lorsque telle est la nature du droit auquel elle s'applique; elle ne peut donc être exercée ou au contre chacun des héritiers que pour sa part. — Le siège de la matière est l'art. 59 c. pr. civ., qui, d'ailleurs, ne s'occupe des actions qu'au point de vue de la procédure. — V., sur les règles édictées par cet article, *infra*, *Compétence civile des tribunaux d'arrondissement*.

ART. 2. — DISTINCTION DES ACTIONS
(R. 67 et s.; S. 2 et s.).

2. Les principales classifications des actions sont celles qui les divisent en actions personnelles, réelles ou mixtes, et en actions mobilières ou immobilières. — Sur la distinction entre les actions pétitoires et les actions possessoires, V. *infra*, *Action possessoire*.

§ 1er. — *Actions personnelles, réelles ou mixtes* (R. 73 et s.; S. 3 et s.).

3. L'art. 59, § 1, c. pr. civ. n'envisage les actions personnelles, réelles ou mixtes, que sous le rapport du tribunal compétent pour en connaître; mais la distinction de ces actions n'a pas le seul intérêt pour objet : fondée sur la nature même des choses et sur la différence essentielle des droits qu'on veut acquérir, elle a pour but de définir le caractère et l'étendue de l'action elle-même, dont les effets varient suivant qu'elle est personnelle, réelle ou mixte.

A. — Actions personnelles (R. 75 et s.; S. 4 et s.).

4. L'action personnelle est celle qui tend à faire respecter ou exécuter un droit ou une obligation personnelle résultant soit de la loi, soit d'un contrat ou quasi-contrat, soit d'une disposition à titre gratuit, soit d'un délit ou quasi-délit. Elle suit partout et toujours la personne obligée et même ses héritiers, dans quelque position qu'ils se trouvent et alors même que la chose promise

ne serait plus en leur pouvoir. — Pour déterminer le caractère d'une telle action, il n'y a pas à se préoccuper de l'origine de l'obligation : peu importe qu'elle se rattache à l'établissement ou au mode d'exercice d'un droit réel, du moment que la contestation qui motive l'action ne porte pas sur le droit réel lui-même. Ainsi, est personnelle l'action formée par le vendeur d'un immeuble contre l'acquéreur, à fin de réalisation de la vente et de payement du prix convenu (Civ. c. 5 mars 1860, D. P. 50. 1. 102).

5. Il est impossible de donner une énumération des actions personnelles. On doit considérer comme telles, par exemple, les actions qui naissent des obligations imposées par les lois, notamment pour le payement des impôts, et, en général, de toutes les charges publiques personnelles auxquelles chaque citoyen est obligé de contribuer. Le même caractère s'attache aux actions dérivant des obligations que la loi établit entre les personnes à raison de leurs rapports de famille, comme, par exemple, des devoirs entre époux, de ceux des pères et des enfants, des devoirs de tutelle, des dettes alimentaires, etc. — A l'égard des obligations et, par suite, des actions qui naissent des contrats, il y a lieu de distinguer entre les obligations de donner une chose fongible et les obligations de délivrer un corps certain et déterminé : les premières ne produisent aucun droit de propriété, ni aucun droit réel, ne constituent que des actions personnelles, tandis que les secondes engendrent immédiatement des droits réels et, par suite, des actions de même nature, qui se joignent aux actions personnelles lorsqu'elles s'exercent contre les obligés.

6. Il est un grand nombre d'actions sur le caractère desquelles aucun doute ne peut s'élever : ainsi, sont évidemment personnelles, l'action en payement d'un billet, alors même que le défendeur prétendrait que l'obligation est sans cause; l'action en résolution d'une transaction relative à des droits dérivant d'obligations personnelles; l'action en résolution d'un contrat de vente et en restitution du prix, intentée par l'acheteur contre le vendeur; l'action en nullité ou en rescision d'une obligation de faire ou de donner une chose fongible, etc. — Il y a, au contraire, controverse sur le point de savoir quel est le caractère d'un certain nombre d'autres actions, notamment de l'action paulienne (V. *infra*, *Obligations*), de l'action du bailleur contre le preneur en dguerpissement des lieux loués ou en réparations locatives.

B. — Actions réelles (R. 111 et s.; S. 10 et s.).

7. L'action réelle a pour principe la propriété d'une chose ou de l'un de ses démembrements, et, dans certains cas, un droit réel équivaut au démembrement même de la propriété. Elle suit la chose en quelque main qu'elle passe, quoique le détenteur n'ait contracté aucune obligation personnelle à l'égard de la bonne foi de la possession; mais celui-ci ou ses héritiers s'en affranchissent en abandonnant ou en cessant de posséder la chose ou les droits réclamés, pourvu toutefois que cet abandon ait lieu de bonne foi. — Les droits qui donnent naissance aux actions réelles sont, notamment : la propriété avec ses démembrements, tels que l'usufruit, les servitudes, les droits d'usage, d'habitation et de superficie, le droit d'hypothèque, la possession, lorsqu'elle est annale, paisible, publique et non précaire.

8. D'après ces principes, il faut, entre autres actions, considérer comme réelles : l'action en délaissement d'un immeuble prétendu usurpé, dirigée contre un tiers détenteur, et cela, d'après la jurisprudence de la cour de cassation, alors même que des conclusions à fin de dommages-intérêts y au-

raient été jointes; l'action en radiation d'une inscription hypothécaire, fondée sur un vice de forme de l'inscription; les demandes à fin d'ordre; l'action de la femme en revendication de ses immeubles dotaux aliénés pendant le mariage; l'action en maintien d'un droit d'usage sur un immeuble, dirigée contre le détenteur; l'action en payement de la valeur de la mitoyenneté exercée par le propriétaire sur lequel la mitoyenneté a été acquise : d'où il résulte, notamment, que cette action pourra être dirigée contre le tiers-détenteur qui a bénéficié de la mitoyenneté, aussi bien que contre le voisin qui en a fait l'acquisition.

C. — Actions mixtes (R. 130 et s.; S. 14 et s.).

9. L'action mixte est celle qui a son principe tout à la fois dans un droit personnel et dans un droit réel : elle consiste, en réalité, dans la réunion de deux actions tendant l'une et l'autre au même objet. En dehors des actions en bornage, en partage et en pétition d'hérédité, qui seules autrefois étaient considérées comme mixtes, on peut citer notamment, comme ayant ce caractère : l'action de l'acquéreur en délivrance de la chose vendue; les actions en nullité, rescision ou résolution de contrats translatifs de droits réels immobiliers, dirigées contre l'acquéreur ou le donataire, ou leurs ayants cause à titre universel, telles, par exemple, que l'action en résolution d'une vente d'immeuble intentée contre l'acheteur pour défaut de payement du prix, l'action en révocation d'une donation immobilière pour inexécution des conditions, l'action en rescision d'une vente pour cause de lésion; l'action hypothécaire exercée contre le débiteur ou son héritier, détenteur du bien hypothéqué; enfin, suivant certains auteurs, l'action en pétition d'hérédité.

§ 2. — *Actions mobilières ou immobilières* (R. 152 et s.; S. 20 et s.).

10. Les actions sont mobilières ou immobilières, suivant qu'elles ont pour objet un meuble ou un droit mobilier, ou bien un immeuble ou un droit immobilier. Elles diffèrent entre elles à différents points de vue, notamment en ce que les actions mobilières se portent devant le juge du domicile du défendeur, les actions immobilières devant celui de la situation des biens litigieux.

11. L'action mobilière ne doit pas être confondue avec l'action personnelle : toute action mobilière n'est pas nécessairement personnelle; ainsi la revendication d'un meuble perdu ou volé (Civ. 2279) contre le tiers acquéreur, est une action réelle, quoique mobilière. A l'inverse, si les actions immobilières sont le plus souvent réelles, elles peuvent avoir exceptionnellement le caractère d'actions personnelles, comme dans le cas où l'on se serait engagé à fournir une certaine étendue de terrain in genere. — On doit considérer comme ayant pour objet un meuble ou un droit mobilier et, par suite, comme mobilière, toute action tendant à obtenir une chose qui, aux termes des art. 527 à 537 c. civ., est réputée meuble par sa nature ou par la détermination de la loi. Sont mobilières, notamment, bien qu'il y ait difficulté en ce qui les concerne : l'action en cohéritier en restitution des fruits perçus par son cohéritier depuis l'ouverture d'une succession; l'action en reprise de sommes réputées propres à l'un des époux; l'action en payement des arrérages de rentes foncières, etc.

12. Comme exemple d'actions immobilières, on peut citer : l'action en partage et en licitation d'immeubles indivis (Cons. d'Et. 28 févr. 1866, D. P. 66. 3. 107); l'action à fin d'interprétation et d'exécution d'un contrat constitutif de servitude (Civ. c. 9 mai 1870, D. P. 71. 1. 44); l'action en dommages-intérêts fondée sur l'inexécution d'une promesse verbale de vente d'immeuble, alors que cette promesse est contestée (Civ. c. 9 avr. 1879, D. P. 79. 1. 261); l'action hypothécaire.

13. Le caractère mobilier ou immobilier de l'objet peut quelquefois dépendre de l'usage auquel le destine celui qui s'en rend acquéreur ; l'action qui tend à obtenir cet objet sera donc, suivant les cas, mobilière ou immobilière : par exemple, celui qui a acheté une maison pour la conserver aura une action immobilière ; si c'est une maison à démolir qui fait l'objet de l'acquisition, l'action sera mobilière. De même, est mobilière l'action par laquelle l'acquéreur d'une coupe de bois réclame du propriétaire l'autorisation d'abattre les bois vendus.

ART. 3. — EXERCICE DES ACTIONS (R. 168 et s.; S. 25 et s.).

§ 1ᵉʳ. — *Règles générales.*

A. — Intérêt de l'action.

14. C'est un principe fondamental qu'on ne peut exercer une action qu'autant qu'on y a intérêt et dans la mesure de cet intérêt. Par application de ce principe, il a été jugé, par exemple, que des héritiers légitimes, exhérédés par deux testaments successifs dont le dernier contient une clause révoquant le premier, ne peuvent poursuivre l'annulation du dernier testament, lorsque le premier est reconnu valable (Req. 10 juill. 1883, D. P. 84. 1. 159); ... qu'une partie est sans qualité pour demander la nullité d'une sentence arbitrale sous prétexte que les tiers arbitre ne s'est pas borné à adopter l'avis d'un des deux arbitres, mais a apporté une modification à l'avis de l'arbitre auquel il s'est rallié, alors qu'en fait la modification était favorable à cette partie (Civ. r. 5 juill. 1897, D. P. 97. 1. 552), etc. — Au contraire, il a été décidé que le créancier muni d'un titre exécutoire ne peut être déclaré sans intérêt dans l'action qu'il dirige contre son débiteur en retard, à raison de ce titre ne lui confère les avantages d'une hypothèque conventionnelle suffisante et stipule que la simple demande suffit pour faire courir les intérêts (Colmar, 24 juill. 1851, D. P. 52. 2. 294); ... que, de même, le créancier porteur d'un titre exécutoire relatif à une créance non liquide peut agir en justice contre son débiteur, afin de faire liquider sa créance (Chambéry, 19 févr. 1875, D. P. 76. 2. 236), etc.

15. Un intérêt purement moral peut, aussi bien qu'un intérêt pécuniaire, servir de base à une action en justice. Il a été décidé, par exemple, que toute personne faisant partie d'une association dont l'objet est illicite, ou prétendu tel, a un intérêt moral, et, par suite, légal à en provoquer la liquidation, encore que son intérêt pécuniaire soit contraire (Paris, 19 avr. 1897 (1ʳᵉ esp.), D. P. 99. 2. 244). — Il en est de même d'un intérêt d'honneur, ou d'un intérêt de famille ; c'est sur un intérêt de cet ordre que sont fondées les actions en réparation d'injures ou de diffamation. — L'intérêt moral qui sert de base à l'action peut être un intérêt de famille : par exemple, les parents collatéraux ont un intérêt suffisant pour demander en justice la réparation d'une violation de la sépulture de famille commise par un tiers (Poitiers, 11 août 1873, D. P. 74. 2. 206).

16. L'action, pour être recevable, doit être basée sur un intérêt né et actuel : un intérêt purement éventuel ne suffirait pas (Douai, 15 déc. 1898, D. P. 1900. 2. 420). Mais la menace d'un préjudice éventuel peut une cause légitime d'action lorsqu'elle est assez sérieuse et imminente pour constituer un intérêt actuel : il en est ainsi, par exemple, de la menace grave d'un procès ; de même, celui qui est dans les liens d'un engagement est fondé à en demander la rescision ou la nullité contre ceux qui pourraient un jour s'en prévaloir, et cela avant toute poursuite.

17. A cet ordre d'idées se rattache le principe généralement admis qui exclut les actions simplement interrogatoires, dont l'objet serait de mettre les défendeurs en demeure de s'expliquer sur certaines prétentions qu'ils pourraient émettre, ou sur la manière dont ils entendent user de tel ou tel droit leur appartenant (Douai, 15 déc. 1898, D. P. 1900. 2. 420). — Quant à l'ancienne action de *jactance*, c'est-à-dire l'action dirigée contre une personne qui se targuait publiquement de certaines prétentions au détriment d'autrui, dans le but de la contraindre à agir en justice ou à subir un silence perpétuel, il est douteux qu'elle soit encore en vigueur aujourd'hui ; la jurisprudence n'est pas nettement établie sur ce point (V. Civ. c. 14 mars 1888, D. P. 88. 1. 417).

B. — Droit légal sur lequel repose l'action (R. 224 et s.; S. 38).

18. Une action ne peut naître que d'un droit actuellement ouvert, reconnu et protégé par la loi ; les conventions illicites ne peuvent engendrer aucune action (Paris, 9 avr. 1897, D. P. 99. 2. 245). Il en est de même des obligations naturelles (V. *infrà*, *Obligations*). — D'autre part, on ne saurait faire résulter une action d'un fait qui n'est que l'accomplissement d'un devoir : il a été jugé, par exemple, que le maître qui a donné les premiers soins à un apprenti, victime d'un accident, ne peut prétendre à aucune indemnité à raison de ce secours (Lyon, 19 juill. 1853, D. P. 53. 2. 233). Cependant un acte de pure bienfaisance ou de dévouement pourrait, dans certains cas, donner lieu à une action en réparation, s'il en était dont résulté un préjudice réel pour celui qui l'a accompli.

C. — Qualité pour exercer l'action (R. 227 et s.; S. 39 et s.).

19. Pour exercer l'action, il faut avoir qualité à cet effet. Cette qualité appartient au titulaire du droit ou à ses représentants, soit légaux, soit conventionnels. — Exceptionnellement, une personne peut être admise à exercer, dans son intérêt propre, une action dont elle n'est pas titulaire ; il en est ainsi, notamment, des créanciers agissant en vertu de l'art. 1166 c. civ. (V. *infrà*, *Obligations*). — La fin de non-recevoir tirée du défaut de qualité du demandeur est péremptoire, et, dès lors, peut être proposée pour la première fois en appel (Req. 27 avr. 1875, D. P. 75. 1. 483).

D. — Contre qui l'action doit être exercée (R. 245 et s.; S. 43 et s.).

20. L'action personnelle doit être exercée contre la personne directement obligée, ou contre ses successeurs ; l'action réelle, contre celui qui détient actuellement la chose.

E. — A qui appartiennent les rôles de demandeur ou de défendeur (R. 257 et s.; S. 45).

21. En général, on doit regarder comme demandeur celui qui a introduit l'instance, et comme défendeur celui contre qui elle est dirigée. Mais le défendeur peut lui-même devenir demandeur au cours du litige, lorsqu'il formule à son tour une réclamation, ou même s'il oppose une exception à la demande : *Reus in excipiendo fit actor*.

§ 2. — *De la règle que « nul en France ne plaide par procureur »* (R. 265 et s.; S. 46 et s.).

22. Cette règle, qui remonte au milieu du XVIᵉ siècle et est restée en vigueur dans le droit actuel, signifie qu'il est interdit de se faire représenter en justice par un mandataire dont le nom figurerait seul dans l'instance. Mais, pourvu qu'il soit personnellement dénommé dans les actes de procédure, le titulaire d'une action est libre de charger de la défense de ses intérêts un mandataire dont le nom pourra même être mentionné à côté du sien (Req. 22 janv. 1894, D. P. 94. 1. 136).

23. Il est de nombreuses hypothèses qui échappent à l'application de la maxime « nul en France ne plaide par procureur ». Ainsi, cette règle ne s'oppose pas à ce que l'on agisse en justice par l'intermédiaire d'un prête-nom (V. note D. P. 93. 2. 373). D'autre part, elle est étrangère au mandat légal et au mandat judiciaire.

24. Les mandataires *légaux* sont ceux qui tiennent de la loi le pouvoir de représenter les incapables ou les personnes morales dans tous les actes de leur vie civile. On considère comme personnes morales, admises par suite au bénéfice de la représentation légale, outre les personnes publiques (Etat, départements, communes, établissements de bienfaisance, etc.), les sociétés commerciales, et même, d'après l'opinion qui a prévalu, les sociétés civiles (Req. 2 mars 1892, D. P. 93. 1. 169); les ordres d'avocats (Chambéry, 20 juill. 1872, D. P. 73. 2. 9); les chambres d'officiers ministériels (Req. 25 juill. 1870, D. P. 72, 1. 25), etc. La loi du 21 mars 1884, art. 6 (D. P. 84. 4. 129), a expressément accordé aux syndicats professionnels le droit d'ester en justice par leurs représentants légaux. — Quant aux membres d'associations ou de groupements dépourvus de personnalité civile, ils ne peuvent être représentés par l'un d'entre eux, dans une instance judiciaire, qu'autant que celui-ci a reçu à cet effet un mandat spécial de chacun des membres et que ces derniers sont individuellement désignés dans la procédure. Il en est ainsi en ce qui concerne notamment les associations en participation, les chambres de commerce (Trib. corr. Seine, 10 août 1882, D. P. 84. 2. 71), les cercles (Civ. c. 7 déc. 1880, D. P. 81. 1. 148), les sapeurs-pompiers (Civ. c. 24 nov. 1875, D. P. 76. 1. 115), etc. — Les simples associations de fait (Lyon, 26 mars 1891, D. P. 91. 2. 201).

25. Les mandataires *judiciaires*, c'est-à-dire ceux qui sont nommés par justice, tels que les syndics de faillite, les administrateurs de successions, etc.: ils sont assimilés aux mandataires légaux : ils ont également qualité pour agir en justice au nom des intérêts collectifs qu'ils représentent.

26. Enfin, la règle « nul ne plaide par procureur » est étrangère à l'exécution des obligations solidaires ou indivisibles, qui peut être poursuivie par un seul des cointéressés au nom de tous.

27. La règle « nul en France ne plaide par procureur » reçoit application, en droit commercial, dans le cas de l'art. 17 de la loi du 24 juill. 1867 (D. P. 67. 4. 98), qui permet à un groupe d'actionnaires, représentant le vingtième au moins du capital social, de charger un ou plusieurs mandataires de soutenir dans leur intérêt commun, contre les gérants ou les membres du conseil de surveillance de la société, une action tant en demandant qu'en défendant. — Une autre dérogation peut être signalée si l'on admet, avec certains auteurs, que le commissionnaire a le droit de poursuivre personnellement l'exécution des contrats qu'il a passés avec des tiers dans le cas même où il aurait traité non pas en son nom propre, comme cela se fait d'habitude, mais au nom et pour le compte du commettant. — Comp. *infrà*, *Commissionnaire*.

28. La règle « nul en France ne plaide par procureur » n'étant pas d'ordre public ; aussi est-il permis d'y déroger par des conventions particulières et de renoncer par avance à s'en prévaloir (Req. 13 nov. 1895, D. P. 96. 1. 234). Elle peut être invoquée en tout état de cause, même en appel, mais non pour la première fois devant la cour de cassation.

§ 3. — *Concours et cumul d'actions*
(R. 286 et s.; S. 70 et s.).

29. Il y a *concours* d'actions lorsque, plusieurs actions tendant au même but, chacune d'elles dérive d'un lien de droit distinct. Le *cumul* d'actions suppose plusieurs actions attachées à un droit unique. — Cette coexistence d'actions multiples a soulevé des difficultés qui tenaient à l'intervention de certaines maximes anciennes d'une application très contestable. La plus célèbre est l'adage *una electa via, non datur regressus ad alteram*; il signifie que le demandeur qui a le choix entre plusieurs actions ne peut, après en avoir intenté une, y renoncer pour en exercer une autre. La jurisprudence ne paraît pas admettre ce principe ; plusieurs arrêts ont, en effet, décidé que, tant qu'il n'y a pas chose jugée sur l'action qui avait d'abord été formée, le demandeur reste libre de renoncer à cette action pour en suivre une autre. — Toutefois, l'application de la maxime *una electa via ...* est admise, dans une certaine mesure, relativement aux actions qui dérivent du dommage causé par un crime, un délit ou une contravention. V. *infrà, Action civile.*

ACTION CIVILE

(R. vº *Instruction criminelle*; S. vº *Procédure criminelle*).

1. Dans un sens général et par opposition aux actions administratives, commerciales, criminelles, etc., on nomme actions civiles celles qui sont intentées devant les tribunaux civils proprement dits. Dans le sens particulier où l'expression est employée ici, *l'action civile* est celle qui appartient à la personne troublée ou lésée par un crime, un délit ou une contravention. Son objet est la réparation du préjudice causé. Elle peut, en principe, être exercée, soit devant la juridiction répressive, soit devant les tribunaux civils.

ART. 1ᵉʳ. — FAITS DONNANT LIEU A L'ACTION CIVILE (R. 23 et s.; S. 44 et s.).

2. L'action civile, ayant pour objet la réparation du dommage causé par une infraction, suppose nécessairement un fait à la fois puni par la loi et dommageable.

A. — Fait punissable.

3. Il n'y a lieu à l'action civile qu'autant que le dommage prend sa source dans un fait qualifié crime, délit ou contravention. Ainsi, en matière de tenue d'une maison de prêts sur gages sans autorisation, ou en matière d'usure, où les faits ne deviennent délictueux que par l'habitude, un emprunteur, lésé par un fait unique, ne sera pas recevable à intenter l'action civile ou à intervenir en qualité de partie civile. La jurisprudence admet même, en ce qui concerne l'usure, alors qu'il y a ont été consentis plusieurs prêts usuraires, ce qui constitue, de la part du créancier prêteur, le délit d'habitude d'usure, ne serait pas recevable à saisir la juridiction correctionnelle de son action en restitution contre le prêteur, aucun des faits dont l'emprunteur prétend avoir souffert ne pouvant, considéré isolément, être qualifié délit. — Par application du même principe, le juge qui admet, en matière d'injure, l'excuse de provocation, ne peut plus statuer sur l'action civile basée sur cette injure. — De même encore, le juge de police est incompétent pour connaître de l'action en réparation du dommage, si le fait qui motive la poursuite n'a ni les caractères ni la qualification d'une contravention, et, par exemple,

s'il ne constitue qu'une infraction à un arrêté municipal ayant pour objet les intérêts privés de la commune. — Mais, dès que le dommage résulte d'un fait punissable, l'action civile est recevable, quelle que soit la nature de l'infraction qui lui sert de base ; et il n'est pas nécessaire, d'autre part, que cette infraction donne lieu à l'application d'une peine.

B. — Fait dommageable.

4. L'action civile suppose un dommage. Les dommages-intérêts seront donc refusés à la partie civile lorsqu'il sera constaté que celle-ci n'a éprouvé aucun préjudice. Ainsi, on a déclaré mal fondée l'action en dommages-intérêts formée par des pharmaciens contre des herboristes ou autres pour vente de médicaments, alors que ces remèdes, vendus à des clients supposés, envoyés par les pharmaciens avec lesquels ils s'étaient concertés, ne devaient recevoir et n'avaient reçu aucun emploi. Il faut, en outre, que le dommage dont on se plaint provienne *directement* du fait punissable ; il ne suffit pas que ce dommage ait été souffert à l'*occasion* d'un délit. Par exemple, un chasseur ne pourrait poursuivre correctionnellement un autre chasseur pour délit de chasse sans permis, en se fondant sur le préjudice que ce dernier lui aurait causé en tirant sur un gibier qui était devenu sa propriété du plaignant.

5. L'action civile, dont peuvent connaître les tribunaux de répression, s'entend de celle qui a pour objet la *réparation du dommage* résultant pour la *partie plaignante* du délit commis à *son préjudice*. Les autres actions civiles, qui naissent bien de l'infraction, mais qui n'ont pas cependant pour objet la réparation du préjudice, échappent aussi à la compétence des tribunaux criminels. Il en est ainsi : de l'action en séparation de corps pour cause d'adultère ; de l'action tendant à faire déclarer indigne de succéder celui qui a été condamné pour avoir donné ou tenté de donner la mort au défunt ; de l'action en désaveu fondée sur l'adultère, que le mari est autorisé à intenter en cas de recel de l'enfant. De même, la juridiction répressive n'est pas compétente pour connaître de l'action en garantie formée par le prévenu contre les tiers auxquels il impute d'avoir été la cause du fait pour lequel il a été poursuivi.

ART. 2. — PAR QUI ET A QUELLES CONDITIONS L'ACTION CIVILE PEUT ÊTRE EXERCÉE.

§ 1ᵉʳ. — *Généralités* (R. 78 et s.; S. 150, 204).

6. L'action civile appartient à tous ceux qui ont souffert du dommage résultant de l'infraction (Instr. 1, § 2), mais à ceux-là seulement ou à leurs représentants légaux. Toutefois, lorsque le plaignant s'est constitué partie civile devant le prévenu, celui-ci peut à son tour se porter partie civile contre le plaignant. — Le ministère public ne peut jamais exercer l'action civile, ni exercer une voie de recours relativement à cette action.

§ 2. — *Conditions requises pour exercer l'action civile* (R. 85 et s.; S. 151 et s., 183 et s.).

A. — Préjudice personnel.

7. L'action civile n'est recevable qu'autant que la partie qui l'intente a été personnellement lésée par le délit imputé au prévenu. Par exemple, une société fondée pour la répression du braconnage ne serait recevable à se porter partie civile à raison d'un délit de vente de gibier en temps prohibé, qu'elle ne peut pas établir que c'est le gibier de ses adhérents qui est vendu (Trib. corr. de la Seine, 5 déc. 1894). — Mais les personnes auxquelles un même fait illégal cause préjudice peuvent s'entendre pour se porter conjointement parties civiles et réclamer une indemnité collective, sauf au tribunal à fixer

le chiffre de cette indemnité d'après le dommage réellement subi (Cr. r. 31 mars 1859, D. P. 59. 1. 191). En matière de diffamation, lorsque l'imputation, conçue en termes généraux, a atteint une pluralité de personnes, chacune d'elles a qualité pour agir, à moins que l'imputation ne s'adresse à un nombre trop considérable de personnes pour que chacune d'elles puisse se considérer comme personnellement atteinte.

8. La jurisprudence de la cour de cassation semble admettre qu'un intérêt *direct* peut seul servir de base à une intervention civile devant les juridictions répressives. Mais plusieurs cours d'appel se sont prononcées en ce sens que la réparation existe pour tous ceux qui ont souffert *directement* ou *indirectement*, d'une manière réelle et certaine.

9. Il n'est pas nécessaire, pour être recevable à exercer l'action civile, d'avoir éprouvé un préjudice matériel ; il suffit d'un préjudice moral. Dans certains cas même, il a été tenu compte d'un simple intérêt d'affection : c'est sur ce fondement que reposent certaines décisions qui ont alloué des dommages-intérêts aux familles de voyageurs tués dans des accidents de chemins de fer, sans qu'il fût justifié d'aucune autre cause de dommage.

10. Le dommage peut être *personnel* à celui qui prétend intenter l'action civile, sans que l'infraction ait été précisément dirigée contre sa personne et sans qu'il en ait lui-même été victime. Il suffit, pour qu'une personne puisse agir, qu'en frappant directement d'autres individus, l'infraction ait porté en même temps atteinte à son honneur ou à sa fortune. Il en est ainsi, par exemple, dans le cas où le père se trouve personnellement lésé par le délit dont son fils a été victime, dans le cas où le mari a subi une lésion morale ou matérielle par suite d'un délit portant atteinte à la personne, à la considération ou à la fortune de sa femme. Le père, le mari ont, en pareil cas, une action fondée sur le préjudice personnel qu'ils ont éprouvé, et ils l'exercent cette action *proprio nomine*. Le mari a même une action personnelle lorsque le dommage causé, par une infraction, à la *fortune* de sa femme, retombe sur lui. Les maîtres et commettants peuvent également agir par voie d'action civile en leur nom personnel toutes les fois que l'infraction qui a lésé leurs domestiques ou préposés leur a causé à eux-mêmes un préjudice. — Mais le père, le mari, le maître ou le commettant, n'ont point d'action à raison de l'infraction dont l'enfant, la femme, le préposé ont été victimes, s'ils n'en ont éprouvé personnellement aucun dommage. Cela ne doit s'entendre, d'ailleurs, que de l'action qu'ils prétendraient exercer en leur propre nom : il est bien entendu qu'une personne peut toujours, sans y avoir aucun intérêt personnel, exercer l'action civile en son nom et comme représentant des individus qu'elle a sous sa puissance, par exemple, comme père, comme tuteur, à raison des délits commis à leur préjudice.

B. — Préjudice né et actuel.

11. Pour être recevable à se constituer partie civile, il faut avoir un droit *formé*, un droit actuel à la réparation du délit. L'action civile qui n'aurait pour cause qu'un dommage éventuel, un dommage à venir, par conséquent non encore appréciable, ne serait pas admissible.

C. — Capacité.

12. La capacité d'ester en justice est la troisième condition à laquelle se subordonnée la faculté de se porter partie civile. On doit donc refuser cette faculté au mineur, à l'interdit, au prodigue, à la femme mariée, non représentés, assistés ou autorisés légalement. — Les condamnés en état d'interdiction légale ne sont pas recevables à se constituer parties civiles. L'étranger peut se porter partie civile à la condition de donner, si l'inculpé le requiert, la caution *judicatum solvi* (qu'il ne faut pas confondre avec l'obligation de consigner, en matière correctionnelle, la somme présumée nécessaire pour les frais (V. *infrà*, *Frais et dépens*). Mais l'étranger ne serait pas tenu à la caution si le prévenu était lui-même étranger. V. *infrà*, *Exceptions*.

§ 3. — *Droits, en cas de décès d'une personne lésée, de sa famille et de ses héritiers, sur l'action civile* (R. 100 et s.; S. 190 et s.).

A. — *Cas où une personne a perdu la vie par le crime ou l'imprudence d'un tiers.*

13. L'action civile est ouverte à la *famille* du mort ; mais si les parents n'invoquent, pour intervenir dans les procès criminels, que les liens du sang qui les attachaient au défunt, leur action, en principe du moins, n'est pas recevable, quel que soit le degré de parenté (V. toutefois *suprà*, n° 9). Au contraire, si le crime leur a fait éprouver un préjudice appréciable, ils doivent être admis à se porter partie civile, non pas successivement et à l'exclusion l'un de l'autre, comme dans l'ancien droit, mais simultanément et dans la mesure de leur intérêt, sans limitation de degré de parenté. Il suffit même que le délit ait causé aux proches de la victime un préjudice moral, dans le sens juridique de ce mot, c'est-à-dire une atteinte quelconque à leur sûreté, à leur considération, à leur honneur et à leur réputation, pour qu'ils puissent exercer l'action civile et prétendre de ce chef une réparation pécuniaire. — En cas d'homicide, non seulement toute personne qui subsistait des secours reçus de la victime, mais même toutes les personnes à la charge desquelles retombe l'obligation d'entretenir ceux qui recevaient ces secours, ou pour lesquels cette obligation se trouve aggravée, peuvent se porter parties civiles.

14. Les héritiers de la personne décédée par suite du crime ou de l'accident ont-ils, *en tant qu'héritiers*, l'action civile ? La question est discutée. D'après le système qui paraît prévaloir en jurisprudence, d'une part, l'action civile ne naît pas directement au profit des héritiers, parce qu'ils ne sont point lésés (c'est, en effet, au décès même qu'ils doivent l'avantage d'être héritiers), et, d'autre part, cette action ne peut être exercée par eux du chef de leur auteur, puisque, le crime ou le délit ayant causé sa mort, cette action n'a pu lui appartenir et, par conséquent, leur être transmise.

B. — *Cas où l'infraction a été commise antérieurement à la mort de la victime de cette infraction.*

15. Les héritiers sont fondés à suivre l'action, si la personne lésée a porté plainte avant de mourir ; au cas contraire, les héritiers pourront intenter l'action, puisqu'elle se trouvera parmi les biens du défunt et qu'ils succèdent aux droits de ce dernier. — Mais le défunt a pu, avant sa mort, renoncer à exercer l'action civile, soit expressément, soit tacitement. En matière de délit de diffamation ou d'injure, la renonciation tacite résulte de ce fait seul que celui-ci qui l'action appartenait est mort sans avoir intentée : il est présumé avoir pardonné ; aussi l'action dérivant des délits de ce genre ne se passe-t-elle pas aux héritiers. Il en est de même en ce qui concerne le délit d'adultère.

C. — *Injures et diffamations contre la mémoire des morts.*

16. V. *infrà*, *Presse-outrage*.

§ 4. — *Droits des créanciers et des cessionnaires* (R. 105 et s.; S. 201 et s.).

17. Les créanciers de la partie lésée peuvent exercer l'action pour tous les délits qui atteignent le patrimoine de leur débiteur. Mais on discute la question de savoir s'ils

ont également cette action à raison des délits contre la personne de ce dernier. Il y a lieu, ce semble, de distinguer : l'action doit être refusée aux créanciers de la partie lésée au cas où elle a pour cause un dommage moral, qui atteint la personne dans sa considération ou son honneur, par exemple, lorsqu'il s'agit d'une injure ou d'une diffamation. Au contraire, l'action doit être accordée dans le cas où le délit commis contre la personne du débiteur a causé un dommage matériel soit à celui-ci, soit aux créanciers eux-mêmes.

18. L'action civile résultant d'un délit est susceptible d'être cédée comme tout autre droit pécuniaire. Le cessionnaire pourra exercer l'action civile devant les tribunaux civils. Il sera également admissible à se porter partie civile. Il a même (bien que le contraire ait été jugé) le droit de citation directe devant cette juridiction.

§ 5. — *Personnes morales.* — *Personnes exerçant certaines professions* (R. 107 et s. ; S. 208 et s., 169 et s.).

19. Les *personnes morales publiques*, comme les communes, les départements, etc., peuvent, par leurs représentants, exercer l'action civile devant les tribunaux répressifs, aussi bien que les particuliers. Mais il faut, comme pour ceux-ci, que la personne morale ait été lésée dans ses intérêts et que la lésion soit le résultat d'une infraction à la loi pénale. Il est nécessaire, en outre, que les règles de son institution lui attribuent compétence à l'égard des intérêts qu'elle veut sauvegarder en exerçant l'action civile. Ainsi une chambre de commerce, n'ayant pas qualité pour défendre les communes, les départements, etc., commerçants de son ressort, ne pourrait pas se porter partie civile dans une action correctionnelle pour faire valoir leurs droits. — Les corps visés par l'art. 30 de la loi du 29 juill. 1881, sur la presse (D. P. 81. 4. 65), ne peuvent se constituer parties civiles à l'effet d'obtenir réparation des diffamations et des injures dont ils ont pu être l'objet, que s'ils ont la personnalité civile et peuvent ester en justice (V. *suprà*, n° 12). Ce droit doit donc être refusé aux cours et tribunaux, à l'armée de terre ou de mer, aux conseils généraux, municipaux, etc.

20. Les *personnes morales privées*, c'est-à-dire les êtres collectifs privés qui possèdent la *personnalité civile*, ont le droit de poursuivre devant la justice répressive, aussi bien que devant les tribunaux civils, la réparation du préjudice qui leur a été causé par un délit, par leurs représentants. Ainsi, le droit d'exercer l'action civile appartient aux sociétés commerciales, spécialement aux sociétés anonymes telles que les compagnies de chemins de fer, et même aux sociétés civiles, si on leur reconnaît aussi, conformément à l'opinion qui paraît prévaloir en jurisprudence, le caractère de personnes morales (V. *suprà*, *Action*, n° 24, et *infrà*, *Société*). — Le même droit a été reconnu aux syndicats professionnels, aux sociétés ou associations organisées avec le concours ou l'approbation de l'autorité publique, spécialement à l'ordre des avocats formant barreau, à la corporation des mesureurs et peseurs jurés autorisée administrativement. — S'il s'agit d'un groupe qui ne constitue pas une véritable personne civile, ayant une capacité juridique plus ou moins complète et la faculté d'ester en justice pour y soutenir ses droits, les individus qui le composent pourront agir personnellement et individuellement contre celle-ci les ait personnellement et individuellement lésés ; mais la collectivité elle-même n'aura point d'action. — Les congrégations autorisées sont également recevables à exercer l'action civile. Quant aux membres

des congrégations non autorisées, ils ne peuvent agir qu'individuellement (Comp. *infrà*, *Presse-outrage*). — Les cercles constituent des associations dépourvues de toute personnalité civile et ne peuvent agir en justice par leurs administrateurs ; mais les membres d'un cercle peuvent donner à l'un d'eux mandat de poursuivre en justice la réparation du préjudice commun. Toutefois, en vertu de la règle « nul en France ne plaide par procureur », la procédure ne sera régulière que si tous les membres du cercle sont nominativement désignés dans les actes de procédure.

21. Les personnes qui exercent une profession assujettie à certaines conditions d'aptitude et de capacité, telles que les médecins, les pharmaciens, les notaires, etc., ont-elles le droit d'agir contre les tiers qui s'immiscent indûment dans l'exercice de leur profession ? En tant que formant une *collectivité*, l'action en dommages-intérêts ne peut leur appartenir qu'autant qu'elles sont admises à se constituer en syndicats professionnels soit, comme les pharmaciens, en vertu de la loi du 21 mars 1884 (D. P. 84. 4. 129), soit, comme les médecins, chirurgiens-dentistes, sages-femmes, en vertu de la loi du 30 nov. 1892 (D. P. 92. 4. 8 et 38). V. *infrà*, *Médecine*. Mais elles sont recevables à exercer *individuellement* des poursuites pour la répression des faits d'exercice illégal de leur profession, et la jurisprudence se montre très large à cet égard : elle accorde sans restriction l'action civile à tous les membres de la collectivité, quelque éloignée que soit du lieu du délit la localité qu'ils habitent. — Les mêmes solutions sont applicables quand le dommage dont on se plaint a pour cause un mode illicite d'exercer la profession.

§ 6. — *Contre qui s'exerce l'action civile* (R. 115 et s. ; S. 223 et s.).

22. L'action civile s'exerce : 1° Contre les auteurs et complices de l'infraction. — Si le délit a été commis par plusieurs personnes, la partie lésée n'est pas tenue de les mettre toutes en cause simultanément ; — 2° Contre les personnes civilement responsables des auteurs et des complices de l'infraction, à la condition, si l'action est intentée devant la juridiction répressive, de mettre en cause l'auteur du délit (V. *infrà*, *Responsabilité*) ; — 3° Contre les héritiers des auteurs ou complices, ou des personnes civilement responsables. En ce cas, la juridiction civile est seule compétente si l'action est directement intentée contre les héritiers de l'auteur du dommage. — Sur le cas où le tribunal de répression a été saisi de l'action civile du vivant du coupable décédé pendant l'instance, V. *infrà*, n° 35.

23. Si le défendeur est incapable, la partie lésée qui veut exercer contre lui l'action civile doit-elle mettre en cause son représentant légal ? En ce qui concerne la femme mariée, celle-ci, poursuivie comme auteur de fait dommageable, peut être actionnée en dommages-intérêts devant la juridiction répressive, sans que le demandeur ait besoin de justifier de l'autorisation du mari ou de justice (V. *infrà*, *Autorisation de femme*). Mais si la femme mariée est citée devant le tribunal répressif comme civilement responsable, l'autorisation du mari devient nécessaire. D'après la jurisprudence, les mineurs, les interdits, les personnes munies d'un conseil judiciaire peuvent être actionnés en dommages-intérêts devant la juridiction répressive saisie de l'action publique, sans que la partie lésée ait à mettre en cause leurs représentants légaux. — Dans le cas où une commune est actionnée en responsabilité à raison d'un crime ou d'un délit commis par attroupement, l'action de la partie lésée est soumise à l'accomplissement des formalités prescrites par les art. 121 et 124 de la loi du 5 avr. 1884 (D. P. 84. 4. 25). V. *infrà*, *Commune*.

§ 7. — *Comment s'exerce l'action civile* (R. 138 et s. ; S. 277 et s.).

24. La partie lésée par une infraction a, en principe, le choix entre la voie civile et la voie criminelle (Instr. 3). Mais cette règle comporte plusieurs exceptions : 1° en matière de banqueroute, en vertu de l'art. 601 c. com. (V. *infrà*, *Faillite*) ; — 2° La partie lésée par une infraction de la compétence des tribunaux exceptionnels, comme les conseils de guerre, ne peut porter son action civile que devant les tribunaux civils, sauf dans certains cas (V. *infrà*, *Justice militaire*. — C. just. mil. 9 juin 1857, art. 75, D. P. 57. 4. 115) ; — 3° L'action civile résultant des délits de diffamation par la voie de la presse envers les personnes publiques, et à l'occasion desquels il est permis de faire la preuve des faits diffamatoires, ne peut pas être poursuivie séparément de l'action publique. L'incompétence des tribunaux civils est radicale et absolue. — La même règle n'existe pas en ce qui concerne les délits de diffamation envers les directeurs des entreprises industrielles ou financières, bien que la vérité des imputations puisse être également établie contre eux. V. *infrà*, *Presse-outrage*.

25. Contrairement au principe général exposé *suprà*, *Action*, n° 29, la partie lésée qui a formé sa demande devant le tribunal civil ne peut plus la porter devant le tribunal de répression (*una electa via non datur recursus ad alteram*), sauf, aux termes de l'art. 5 de la loi du 25 mai 1838 sur les justices de paix (R. v° *Compétence civile des tribunaux de paix*, p. 110), en matière d'actions civiles pour diffamation verbale, pour injures adressées autrement que par la voie de la presse ou pour rixes ou voies de fait. — Cette règle n'est pas applicable au ministère public, même lorsqu'il agit sur la plainte d'une partie civile qui avait antérieurement saisi la juridiction civile. — Elle ne s'oppose pas, d'ailleurs, à ce qu'une partie, après avoir intenté son action devant le tribunal civil, porte ensuite plainte au parquet. — L'application de la règle suppose, du reste, que les deux juridictions ont été saisies de la même action ; la maxime *una electa via*... ne peut donc être opposée que s'il y a identité d'objet, de cause et de partie. V. sur ce point *infrà*, *Chose jugée*.

26. La règle qui interdit la voie criminelle après que l'on a pris la voie civile souffre quelques exceptions : 1° en cas de faux (Pr. 250. — V. *infrà*, *Faux*) ; 2° au cas où le tribunal civil auquel la partie lésée a soumis sa demande s'est déclaré incompétent ; 3° au cas où, depuis l'introduction devant la juridiction civile d'une demande dont les éléments paraissaient exclusivement civils, il a été découvert des faits, ignorés jusque-là, qui peuvent donner à l'affaire un caractère criminel ; 4° au cas, enfin, où la partie lésée ne s'était pourvue au civil qu'après que le ministère public avait, de son côté, commencé les poursuites : cette partie peut alors se désister de sa première demande et se porter partie civile dans le procès criminel.

27. Dans l'hypothèse inverse de celle dont il vient d'être question, c'est-à-dire lorsque la partie a saisi d'abord la juridiction criminelle, il est admis par la jurisprudence et une partie de la doctrine que la maxime *una electa via* ne s'applique pas. Ainsi, la partie qui s'était d'abord adressée aux tribunaux criminels peut se désister de sa plainte et porter son action devant la justice civile.

28. Les tribunaux de répression ne peuvent connaître de l'action civile que lorsqu'elle est exercée *accessoirement* à l'action publique dont ils se trouvent *en même temps* saisis. Le tribunal de répression ne peut statuer sur l'action civile que par le même jugement qui applique la loi pénale. Lorsqu'il prononce l'acquittement du prévenu, il se trouve dessaisi de l'action criminelle et devient, par suite, incompétent pour statuer sur les intérêts privés, pour accorder ou refuser des dommages-intérêts à la partie civile. Cette dernière règle, toutefois, n'existe pas devant la cour d'assises (V. *infrà*, *Instruction criminelle*), sauf en matière de presse (V. *infrà*, *Presse-outrage*). — En outre, même en matière correctionnelle, elle souffre exception : 1° dans le cas de l'art. 202-2° c. instr. cr. (V. *infrà*, *Appel criminel*), et 2° dans le cas d'opposition faite par la partie civile à un arrêt rendu par défaut contre elle V. *infrà*, *Jugement par défaut*.

29. L'action civile ne peut plus s'exercer devant les tribunaux de répression toutes les fois que l'action publique est irrecevable, soit que le fait dommageable, bien que prévu par la loi pénale, ne donne pas ouverture à l'action publique (comme en cas de soustraction entre époux), soit que l'action publique se trouve suspendue ou éteinte par le décès du prévenu (V. *infrà*, n° 35), par l'amnistie, par la prescription, ou parce qu'il y a chose jugée sur l'action publique. — L'action civile, lorsqu'elle a été soumise aux tribunaux civils et définitivement jugée par eux, ne peut plus revivre, même accessoirement à l'action publique, V. *infrà*, *Chose jugée*.

§ 8. — *Indépendance de l'action civile par rapport à l'action publique* (R. 133 et s. ; S. 263 et s.).

30. L'action civile est entièrement distincte de l'action publique. Il en résulte : 1° que l'action civile peut être définitivement éteinte en vertu de l'autorité de la chose jugée, tandis que l'action publique subsiste encore par l'effet d'un appel ou d'un pourvoi ; 2° que lorsque l'initiative des poursuites a été prise par le ministère public, la partie lésée peut intervenir en tout état de cause et jusqu'à la clôture des débats en se constituant partie civile ; 3° que l'action civile résultant d'un délit peut être exercée devant les tribunaux civils, quoique le délit n'ait été l'objet d'aucune action publique, ou alors même que le fait incriminé a donné lieu à des poursuites devant les tribunaux de répression, si la partie lésée ne s'est pas constituée partie civile dans l'instance criminelle.

§ 9. — *Suspension et extinction de l'action civile* (R. 117 et s. ; S. 335 et s., 355 et s.).

31. 1° *Suspension*. — La principale cause de suspension de l'action publique résulte de la règle suivant laquelle « le criminel tient le civil en état ». V. *infrà*, *Question préjudicielle*.

32. 2° *Extinction*. — Le décès du prévenu n'éteint pas l'action civile, qui peut être alors exercée contre ses représentants (Instr. 2, § 2). Ceux-ci ne peuvent plus être poursuivis en réparation du dommage que devant la juridiction civile (V. *suprà*, n° 22).

33. L'action civile n'est point éteinte par l'amnistie, en ce sens que celle-ci laisse subsister le droit de la partie lésée à réclamer une indemnité pour le préjudice qui lui a été causé par le délit amnistié. Les lois spéciales d'amnistie contiennent d'ailleurs, en général, des dispositions à cet égard.

34. L'action civile s'éteint par le désistement de la partie lésée, par sa renonciation, par la transaction que celle-ci viendrait à consentir. — En ce qui concerne l'extinction de l'action civile par la chose jugée, V. *infrà*, *Chose jugée* ; ... par la prescription, V. *infrà*, *Prescription criminelle*.

35. Lorsque les deux actions, publique et civile, ont été exercées simultanément devant la juridiction répressive, cette juridiction peut-elle continuer à connaître de l'action civile, alors qu'une cause d'extinction survenue postérieurement a mis fin à l'action publique ; ou bien, au contraire, la partie lé-sée est-elle alors obligée de porter son action devant la juridiction civile ? Parmi les différents cas d'extinction publique qui peuvent se présenter, il en est un qui est expressément (prévu par la loi : c'est celui où, un jugement en premier ressort ayant été rendu en faveur du prévenu, tant sur l'action publique que sur l'action civile, le ministère public n'interjette pas appel dans les délais légaux : l'action publique se trouve, dès lors, éteinte ; mais l'action civile n'en subsiste pas moins, et, en cas d'appel par la partie civile, il devra y être statué par la juridiction du second degré (Instr. 202-2°). En dehors de cette hypothèse, notamment dans le cas de survenance, au cours de l'instance, du décès du prévenu ou d'une amnistie, la question est très discutée ; mais, d'après la jurisprudence la plus récente, les tribunaux répressifs cessent, dans tous les cas, d'être compétents pour statuer sur l'action civile. Ainsi, le décès du prévenu survenu alors que la cour de cassation est saisie de son pourvoi et n'a pas encore statué, éteint l'action publique et aussi l'action civile portée devant le tribunal de répression (Cr. r. 3 août 1883, D. P. 84. 1. 382).

ACTION POSSESSOIRE

(R. v° *Action possessoire* ; S. eod. v°.)

1. Les actions possessoires sont celles qui ont pour objet de protéger la possession. Elles sont régies par les art. 23 à 27 c. pr. civ. (1re partie, liv. I, tit. 4), et par la loi du 25 mai 1838, art. 6 (R. v° *Compétence civile des tribunaux de paix*, p. 110).

ART. 1er. — CARACTÈRES DISTINCTIFS. (R. 25 et s. ; S. 8 et s.).

2. De la définition même des actions possessoires, il résulte que ce qui les caractérise c'est qu'à la différence des actions pétitoires, qui tendent à faire trancher la question de propriété, les actions possessoires portent seulement sur la possession, sans toucher au fond du droit. — Il y a lieu, à cet égard, de considérer exclusivement la nature de la demande principale, sans se préoccuper ni des moyens invoqués à l'appui de cette demande, ni des conclusions accessoires du demandeur : une action demeure possessoire, quoique celui qui l'intente et conclut à la cessation de l'atteinte portée à sa possession réclame en même temps des dommages-intérêts pour le préjudice à lui causé. — Une action peut même être possessoire bien que le demandeur ne conclue ainsi qu'à des dommages-intérêts, sans demander la remise effective des choses en l'état primitif : ainsi en est-il si la destruction de l'objet litigieux rend impossible le rétablissement du *statu quo* (Req. 25 juill. 1892, D. P. 92. 1. 455). — A plus forte raison n'y a-t-il pas lieu de se préoccuper des moyens opposés par le défendeur. — L'action reste possessoire bien que ce dernier prétende être propriétaire, ou n'avoir agi que conformément à son titre, mais qu'il déclare ne point contester la possession du demandeur, du moment d'ailleurs que les faits allégués constituent une atteinte réelle à cette possession (Civ. c. 8 août 1888, D. P. 89. 1. 120).

ART. 2. — DES DIFFÉRENTES ESPÈCES D'ACTIONS POSSESSOIRES ET DES FAITS QUI Y DONNENT LIEU (R. 51 et s. ; S. 12 et s.).

3. On distingue trois sortes d'actions possessoires : la complainte, la réintégrande et la dénonciation de nouvel œuvre (L. 25 mai 1838, art. 6).

§ 1er. — *Complainte* (R. 51 et s. ; S. 12 et s.).

4. Il est nécessaire, mais il suffit, pour qu'il y ait lieu à complainte, que le demandeur soit actuellement troublé dans sa possession. Ce trouble peut être ou un trouble de fait, ou un trouble de droit.

5. Le *trouble de fait* résulte d'un empêchement matériel, partiel ou total, apporté à la jouissance du possesseur. — Toutefois, ce trouble ne peut donner lieu à complainte que s'il consiste en un acte volontaire supposant contradiction de la possession : ainsi, il n'y a pas trouble pouvant motiver une action possessoire dans le simple dommage causé à une propriété par l'écroulement d'un mur; en pareil cas, il y a lieu simplement à une action en dommages-intérêts contre les personnes responsables de l'accident (Civ. c. 27 nov. 1895, D. P. 96. 1. 247). — De même, lorsqu'une commune possède un immeuble à l'état de terrain vague affecté de tout temps au passage et à l'usage public des habitants, le fait qu'un propriétaire riverain, en sa qualité d'habitant, a, pour accéder à ce terrain, pratiqué une ouverture et placé une barrière dans un mur contigu lui appartenant, ne constitue pas un trouble dont la commune soit recevable à se plaindre : la possession d'un terrain affecté au service du public n'est, en effet, nullement contredite par des faits d'usage, accomplis précisément en conformité de cette destination même (Req. 27 févr. 1899, D. P. 99. 1. 244).

6. Le trouble de fait existe, au contraire, et donne ouverture à la complainte, dès que le tiers fait un acte quelconque impliquant, par lui-même et par sa nature, une prétention à la jouissance de la chose, au regard du possesseur, bien que ce tiers, devenu défendeur, vienne ensuite prétendre devant le juge qu'il ne conteste pas la possession.

7. Il importe peu, au surplus, que l'acte qui constitue le trouble ait été commis de bonne ou de mauvaise foi (Civ. c. 1er mai 1889, D. P. 90. 1. 479); ... ou qu'il ait eu lieu sur le terrain du demandeur ou sur celui du défendeur; ... ou encore qu'il soit, ou non, préjudiciable dans son résultat : il suffit qu'il réalise un empiètement sur les droits qui découlent naturellement de la possession (Ch. réun. c. 25 févr. 1889, D. P. 90. 1. 478). — Toutefois, les questions de trouble et de préjudice sont d'ordinaire, et par la force des choses, inséparables quand il s'agit de droits d'usage exercés par divers riverains sur un cours d'eau, et plus généralement sur une chose qui est l'objet d'une jouissance commune; l'un des usagers ne peut se dire réellement troublé dans sa possession par un acte d'un autre usager que si ce dernier porte atteinte aux avantages effectifs dont jouissait eu fait le premier et à la destination de la chose indivisément possédée. D'autre part, il va de soi qu'en matière de servitude un simple changement à l'exercice de cette servitude ne peut constituer un trouble à la possession que s'il a pour résultat d'aggraver la condition du fonds servant : et, là encore, le préjudice est indispensable.

8. Le trouble apporté à la possession autorise la complainte, alors même qu'il serait le résultat de l'exécution d'un jugement rendu en faveur de l'auteur du trouble, à la condition, bien entendu, que le possesseur n'ait point été partie à ce jugement. — Sur les troubles provenant de travaux exécutés par l'Administration, V. *infrà*, nos 42 et s.

9. Le *trouble de droit* résulte de l'acte judiciaire ou extrajudiciaire par lequel un tiers conteste au possesseur son droit à la possession. Constituent, notamment, un trouble de droit : le fait par un tiers d'exercer lui-même une action possessoire contre ledit possesseur; la prétention manifestée en justice, par une commune riveraine d'un chemin, d'en user à titre de voie publique, alors que les autres riverains prétendent, au contraire, l'avoir constamment possédé à titre de chemin d'exploitation privé et comme propriétaires. Mais l'exercice d'une action en revendication, ne portant que sur la propriété, n'est pas, au contraire, un trouble de droit, une contestation, et, par conséquent, ne donne pas lieu à complainte.

Il en est de même de l'exception de propriété opposée par le défendeur à des poursuites correctionnelles.

§ 2. — *Réintégrande* (R. 97 et s.; S. 21 et s.).

10. La réintégrande n'est ouverte que lorsque la possession a été *effectivement dépossédé*, soit en totalité, soit en partie, de l'immeuble détenu par lui; un simple trouble n'est pas suffisant. Ainsi, elle n'est pas recevable de la part du possesseur qui se plaint simplement en justice qu'un tiers a passé sur son terrain et brisé une barrière lui servant de clôture. — Il ne suffit même pas, pour la recevabilité de la réintégrande, qu'il y ait dépossession; il faut, en outre, que cette dépossession ait été opérée au moyen de voies de fait exercées sur la personne ou le fonds même du plaignant, qui mettent en mouvement le droit de légitime défense et soient de nature à troubler, dans une certaine mesure, la paix publique (Req. 19 nov. 1888, D. P. 90. 1. 16).

11. La réintégrande ne doit donc pas être admise si les actes de dépossession n'ont point ce caractère de gravité (Civ. c. 10 mai 1897, D. P. 98. 1. 105). Spécialement, lorsque les eaux pluviales d'un bâtiment sont projetées par des tuyaux de décharge à un mètre du mur, sur le fonds voisin, le fait, par le propriétaire de ce fonds, de substituer à ces tuyaux des conduites descendant le long du mur jusque dans l'intérieur du sol, ne peut donner ouverture à ladite action. — Il est même généralement admis que la voie de fait commise sans mauvaise foi ne peut servir de base à la réintégrande, laquelle n'a pour objet que la répression d'un délit ou d'un quasi-délit; ainsi, cette action ne pourrait être intentée contre le cultivateur qui reprendrait une portion de terre labourée à son voisin, ni contre celui qui s'emparerait d'un immeuble qu'il croirait lui appartenir, s'il n'avait pas dû raisonnablement supposer que le possesseur chercherait à s'y opposer (Trib. civ. de Perpignan, 5 mars 1895, D. P. 95. 2. 248). — A plus forte raison n'y a-t-il pas lieu à la réintégrande si la dépossession résulte des travaux effectués par un tiers sur son propre fonds. Spécialement, ne peut la motiver le fait du propriétaire d'un canal d'avoir construit, sur ce canal, un barrage dont l'établissement a eu pour résultat de priver un riverain inférieur des eaux qui arrosaient son pré.

12. D'après la jurisprudence de la cour de cassation, on doit considérer comme une voie de fait autorisant l'exercice de la réintégrande, notamment : le fait de s'emparer, au détriment du possesseur, d'un terrain ensemencé et d'en détruire la récolte; ... celui de rendre impraticable un terrain appartenant au possesseur en labourant une partie de son sol, et en démolissant une passerelle établie sur un ruisseau; ... celui d'abattre des arbres formant haie d'un terrain litigieux (Req. 22 févr. 1883, D. P. 88. 1. 387).

§ 3. — *Dénonciation de nouvel œuvre* (R. 140 et s.; S. 37 et s.).

13. La dénonciation de nouvel œuvre a pour objet de faire ordonner la discontinuation de travaux qui, sans troubler actuellement la possession du demandeur, auraient ce résultat s'ils venaient à être achevés. Cette action diffère donc de la complainte en ce qu'elle peut être formée à raison d'un trouble simplement éventuel. V. *suprà*, n° 4. Mais, en revanche, elle ne peut point être quand il y a trouble actuel, et, notamment, lorsque les travaux sont achevés, ou même, avant qu'ils soient achevés, lorsqu'ils sont exécutés sur le fonds même du demandeur; il y a lieu alors à complainte.

ART. 3. — CHOSES QUI PEUVENT ÊTRE L'OBJET D'ACTIONS POSSESSOIRES (R. 203 et s.; S. 66 et s.).

14. Les meubles, soit corporels, soit incorporels, par exemple les offices ministé-

riels, les valeurs mobilières, ne sont pas protégés par les actions possessoires; et ce, non seulement lorsqu'il s'agit de meubles isolés, mais même dans l'hypothèse d'universalités, telles qu'une succession mobilière. — Au contraire, tous les immeubles peuvent, en principe, être l'objet de ces actions. C'est ainsi, par exemple, qu'elles peuvent être exercées même en ce qui concerne les arbres considérés isolément et distinctement du sol où ils sont attachés : l'action possessoire est alors admise non seulement dans le cas où celui qui a planté les arbres se prétend en même temps possesseur du sol et agit à la fois la possession du terrain et celle des arbres, mais encore dans le cas où il avoue que le sol ne lui appartient pas et se borne à invoquer une possession limitée aux arbres (Req. 21 juill. 1892, D. P. 92. 1. 455).

15. Il n'y a pas non plus à distinguer selon la qualité du propriétaire de l'immeuble : les biens du domaine privé de l'Etat, notamment, ainsi que ceux du département et de la commune, par exemple les lais et relais de la mer, peuvent donner lieu à l'exercice des actions possessoires. Il en est de même des voies rurales non reconnues.

16. Il n'y a d'exception que pour les immeubles du domaine public, tels que les chemins de fer et leurs dépendances, les routes nationales ou départementales, les chemins vicinaux, les chemins ruraux reconnus, les rues et places publiques, les églises et chapelles affectées au culte, les murs, fossés et remparts des places fortes, etc. (V. *infrà*, *Biens* (*Distinction des*). Ni la complainte, ni la dénonciation de nouvel œuvre ne peuvent, en effet, jamais être intentées par un particulier contre l'Administration à raison de ces immeubles. Mais, du moins suivant la jurisprudence, il en est autrement de la réintégrande. — Lorsqu'il s'agit, au contraire, pour l'Etat, le département ou la commune en possession d'un immeuble du domaine public, de faire réprimer l'empiètement commis par un particulier, l'Administration a toujours le droit d'user, à cet effet, des actions possessoires, si elle ne préfère recourir à la voie administrative, qui lui appartient en principe. — D'autre part, même en ce qui concerne les immeubles du domaine public, un simple particulier peut lui-même agir au possessoire contre un autre particulier qui a troublé sa possession; spécialement, le propriétaire d'une usine, en possession d'un cours d'eau navigable sur lequel l'usine est régulièrement établie, peut, en cas de trouble de cette possession par les autres riverains, introduire contre eux une action possessoire.

17. Ce n'est pas seulement la possession des immeubles eux-mêmes qui est protégée par les actions possessoires; c'est aussi, en principe, la quasi-possession des droits réels dont ces immeubles sont susceptibles. — Peuvent notamment donner lieu à ces actions les servitudes dérivant de la situation des lieux. Spécialement, le propriétaire du fonds supérieur peut agir au possessoire contre celui du fonds inférieur qui empêche l'écoulement des eaux découlant naturellement du fonds supérieur. De même, si, dès la sortie du fonds où elles surgissent, des eaux de source forment un cours d'eau offrant le caractère d'eaux publiques et courantes, le propriétaire qui les aurait détournée au cours naturel peut être actionné au possessoire par les usagers inférieurs (Civ. 643, modifié par la loi du 8 avr. 1898, D. P. 98. 4. 136).

18. L'usage des cours d'eau naturels non compris dans le domaine public constitue aussi une quasi-possession propre à donner ouverture à l'action possessoire en faveur de celui qui en a joui, contre tout autre riverain qui commet, sur ce cours d'eau, une entreprise de nature à porter atteinte à cette jouissance telle qu'elle doit être exercée, comme si, par exemple, du fait d'un riverain supérieur, les eaux n'arrivent plus au riverain inférieur que diminuées de volume, ou dans des conditions nuisibles à sa jouissance. Et, du moins suivant la jurisprudence, le défendeur ne peut, pour repousser l'action possessoire, se prévaloir de ce que son entreprise, contre laquelle réclame le demandeur, n'est autre chose que l'exercice légitime de la faculté légale qui lui est accordée, quant à l'usage des eaux, par l'art. 644 c. civ. V. *infrà, Servitude*.

19. La jouissance des eaux pluviales tombant sur un terrain privé autorise également le propriétaire de ce terrain, ou, d'une façon générale, celui qui a cette jouissance à agir au possessoire contre ceux qui y portent atteinte. — Quant aux eaux pluviales tombant sur un chemin public, la jurisprudence décide qu'elles sont *res nullius*, et que, par suite, elles ne peuvent être l'objet de faits de possession de nature à servir de base à une action possessoire ; que, par suite, tout riverain du chemin public peut prendre les eaux pluviales qui y coulent pour les conduire dans sa propriété, malgré les faits de jouissance dont les mêmes eaux auraient été l'objet de la part d'un riverain inférieur, et sans que ce dernier ait le droit de lui opposer, par voie de complainte, qu'au moyen de travaux apparents, existant depuis plus d'un an, il amenait dans sa propriété les eaux pluviales ainsi détournées par le riverain supérieur. — Mais les eaux pluviales tombant sur un chemin public cessent d'être *res nullius*, et peuvent, dès lors, être l'objet d'une action possessoire, lorsqu'elles passent du fonds riverain du chemin dans un second fonds à l'aide d'un travail établi par le premier ; et, spécialement, le propriétaire inférieur qui a construit sur le terrain supérieur un aqueduc par lequel les eaux pluviales, qui ont été recueillies par la voie publique, débouchent dans sa prairie et s'y distribuent au moyen de rigoles correspondant à l'origine de l'aqueduc, peut se faire maintenir par voie d'action possessoire dans la jouissance des eaux pluviales ainsi amenées sur sa propriété.

20. Les servitudes établies par la loi peuvent aussi, le cas échéant, faire l'objet d'actions possessoires. Spécialement, le propriétaire d'un fonds enclavé qui, depuis une année au moins, a exercé le passage par un endroit déterminé, est autorisé à exercer une complainte en cas de trouble à cet exercice, et ce, bien qu'il n'ait pas fait régler, conformément aux art. 682 et s., l'assiette du passage et l'indemnité qui peut être due au propriétaire du fonds servant (Civ. c. 17 nov. 1896, D. P. 97. 1. 423). Par exception, toutefois, si l'enclave résulte de la division d'un fonds par suite de vente, d'échange, de partage ou de tout autre contrat, l'assiette de la servitude devant alors être établie par les termes qui ont fait l'objet desdits actes, les faits de passage accomplis par le propriétaire de la portion enclavée sur d'autres terrains ne peuvent motiver la complainte.

21. Les servitudes établies par le fait de l'homme, qui sont à la fois continues et apparentes, peuvent également servir de base aux actions possessoires. Mais il en est autrement de celles qui sont discontinues ou non apparentes, et, par exemple, de la servitude de passage, de celle de puisage, de celle de pacage, etc. — Cependant, ces servitudes elles-mêmes peuvent donner ouverture à une action possessoire si le demandeur produit un titre à l'appui de sa quasi-possession. Il faut seulement que le titre paraisse propre à établir la servitude et que, par suite, il émane de la personne qui passait pour être propriétaire du fonds servant ;

mais il n'est pas nécessaire qu'il constitue une preuve complète de cette servitude, il suffit qu'il fasse présumer que la quasi-possession n'est pas l'effet d'une pure tolérance, mais s'est exercée en vertu d'un droit (Req. 7 nov. 1888, D. P. 89. 1. 379 ; Req. 5 juill. 1897, D. P. 97. 1. 467). — La destination du père de famille, dans les termes des art. 693 et 694, c. civ., doit également être considérée comme valant titre, à ce point de vue (V. *infrà, Servitude*). — Et, d'autre part, si un titre est ainsi exigé, pour l'exercice des actions possessoires, de celui qui n'a usé desdits droits de passage, puisage ou autres, qu'à titre de servitude, il n'est point requis de lui lorsqu'il les a possédés à titre de propriétaire ou de copropriétaire.

22. L'usufruit, l'usage et l'habitation sont aussi susceptibles de former l'objet d'une action possessoire, et ce, alors même qu'ils ne sont pas fondés en titre. Il en est ainsi, spécialement, du droit de chasse et de celui de pêche, si, à raison des circonstances, ces droits doivent être considérés comme exercés à titres de droits réels d'usage. — Il en est de même des droits d'usage, dans les bois et forêts autres que ceux de l'État, pourvu qu'ils aient été exercés conformément aux règles établies par le Code forestier.

ART. 4. — CONDITIONS EXIGÉES POUR L'EXERCICE DES ACTIONS POSSESSOIRES.

§ 1er. — *Possession requise* (R. 176 et s. ; S. 42 et s.).

23. Toute action possessoire, même la réintégrande, suppose nécessairement que celui qui l'intente avait la possession au moment du trouble ou de la voie de fait dont il se plaint.

24. Il faut même, pour la complainte et la dénonciation de nouvel œuvre, qu'il ait cette possession depuis un an au moins avant le trouble, et qu'elle réunisse toutes les conditions exigées pour prescrire, c'est-à-dire qu'elle soit paisible, publique, non précaire, continue, non interrompue, et enfin non équivoque (Pr. 23). — Sur les différentes qualités de cette possession, V. *infrà, Possession*. — Au contraire, il n'est pas nécessaire, pour la réintégrande, que la possession du demandeur se soit prolongée pendant un an, ni qu'elle ait été exercée *animo domini* ; il suffit qu'elle soit paisible et publique. A vrai dire, c'est plutôt une simple détention matérielle et actuelle qu'on exige de lui (Civ. c. 17 nov. 1891, D. P. 92. 1. 424).

25. La jurisprudence estime, d'ailleurs, qu'à la différence de la complainte ordinaire, réglée par l'art. 23 c. pr. civ., l'action possessoire spéciale tendant à la répression des entreprises commises dans les propriétés ou aux mouvements des usines, laquelle a son fondement dans l'art. 6 de la loi du 25 mai 1838, n'est pas subordonnée à la preuve d'une possession annale. Mais cette disposition exceptionnelle ne s'applique pas aux canaux artificiels (Civ. r. 12 nov. 1889, D. P. 90. 1. 5, et Req. 22 déc. 1891, D. P. 93. 1. 76).

§ 2. — *Personnes qui peuvent exercer les actions possessoires* (R. 510 et s. ; S. 144 et s.).

26. Les actions possessoires peuvent toutes être intentées, selon la nature du droit qu'elles

ont pour objet de protéger, non seulement par le propriétaire lui-même, mais par l'usufruitier, l'usager, l'ayant droit à une servitude prescriptible, l'emphytéote. — Ces diverses personnes peuvent même, le cas échéant, agir les unes contre les autres ; un usufruitier, par exemple, est recevable à intenter la complainte pour tout trouble apporté à sa jouissance par le nu-propriétaire. — De même, en cas d'indivision, les actions possessoires sont recevables entre communistes à raison de tout fait qui nuit à la jouissance des autres communistes, ou qui étend la jouissance de l'un d'eux contrairement à la destination de la chose commune (Civ. c. 18 déc. 1901, D. P. 1902. 1. 165).

27. La réintégrande est seule ouverte aux individus qui ne possèdent que pour le compte d'autrui, tels que le fermier, le locataire, le créancier antichrèste (c'est-à-dire celui auquel un immeuble a été donné en nantissement). — La complainte et la dénonciation de nouvel œuvre peuvent être formées contre eux lorsqu'ils sont les auteurs du trouble à la possession, sauf à eux à appeler en garantie celui pour le compte duquel ils possèdent. A plus forte raison la personne qui, même à titre de simple mandataire, cause, par des voies de fait, une atteinte à la jouissance d'un tiers, peut-elle être personnellement actionnée, par voie d'action en réintégrande, en cessation de ce trouble et en dommages-intérêts (Civ. r. 25 juin 1889, D. P. 90. 1. 151).

28. Il suffit, pour agir au possessoire, d'avoir la capacité d'ester en justice ; celle de disposer n'est pas nécessaire. Le mineur émancipé n'a, en conséquence, besoin d'aucune autorisation à cet effet. Mais il n'en est pas de même du prodigue auquel il a été nommé un conseil judiciaire, sans l'assistance duquel il ne peut plaider. — De même, la femme mariée a besoin de l'autorisation de son mari ou du juge, quant aux biens dont elle a l'administration ; à moins toutefois qu'elle ne soit séparée de corps (L. 6 févr. 1893, D. P. 93. 4. 41).

29. Les administrateurs des biens d'autrui ont, sauf exception, le droit d'exercer les actions possessoires sans avoir besoin d'une autorisation spéciale. Ainsi en est-il, par exemple, du tuteur quant aux biens de son pupille, ou du mari quant à ceux de sa femme dont il a l'administration. — De même, le maire peut, sans autorisation préalable du conseil de préfecture, introduire une action possessoire au nom de la commune qu'il représente ou y défendre (L. 5 avr. 1884, art. 122, D. P. 84. 4. 25). Mais l'autorisation du conseil général ou de la commission départementale est nécessaire au préfet pour agir au nom du département (L. 10 août 1871, art. 46-15° et 54, D. P. 71. 4. 102).

§ 3. — *Délai dans lequel les actions possessoires doivent être intentées* (R. 575 et s. ; S. 152 et s.).

30. Les actions possessoires ne sont recevables que si elles sont formées dans l'année du trouble ou de la dépossession (Pr. 2 ; L. 25 mai 1838, art. 6), sans qu'il y ait à distinguer, à cet égard, entre le trouble de droit et le trouble de fait (Civ. 18 déc. 1899, D. P. 1900. 1. 131). — Mais, au cas de troubles successifs, la complainte fondée sur ceux commis dans l'année doit être accueillie alors même que les premiers faits de trouble seraient antérieurs de plus d'une année. Il en serait autrement que si, à raison de la répétition de ces troubles, la possession devait être considérée comme ayant cessé d'être paisible.

31. Ce délai court contre toutes personnes, même contre les mineurs et interdits. Mais il est soumis aux mêmes interruptions que la prescription ordinaire.

32. C'est, d'ailleurs, suivant la jurisprudence, au demandeur lui-même qu'il appartient de prouver que son action est recevable comme ayant été formée dans l'année du trouble (Civ. c. 28 oct. 1891, D. P. 92. 1. 385).

§ 4. — *Préséance du possessoire sur le pétitoire* (R. 618 et s.; S. 168 et s.).

33. Celui qui veut agir au possessoire doit se garder d'agir d'abord au pétitoire : toute demande au pétitoire rend, en effet, son auteur non recevable à former une action possessoire pour tous les troubles antérieurs à son introduction (Pr. 26), et ce, alors même qu'elle serait formée devant un juge incompétent ou qu'elle serait l'objet d'un désistement (Req. 22 juin 1897, D. P. 97. 1. 560). — Mais, bien entendu, une véritable action en revendication peut seule produire cet effet; une simple citation en conciliation ne serait pas suffisante, ni, à plus forte raison, une simple allégation de propriété, même faite en justice. — En outre, le demandeur au pétitoire n'en garde pas moins le droit d'agir au possessoire contre le défendeur à raison de faits nouveaux, commis par celui-ci, pendant le cours de l'instance commencée.

34. Le défendeur au pétitoire peut toujours, au contraire, et à la différence du demandeur, agir au possessoire contre ce dernier, à raison d'un fait de trouble soit antérieur, soit postérieur à l'introduction de l'instance pétitoire.

ART. 5. — COMPÉTENCE, PROCÉDURE (R. 589 et s., 644 et s.; S. 157 et s., 175 et s.).

35. Les actions possessoires sont de la compétence du juge de paix de la situation de l'immeuble (Pr. 3, § 2; L. 25 mai 1888, art. 6-1°).

36. La procédure à laquelle elles sont soumises est celle du droit commun des affaires de justice de paix (V. *infrà, Procédure civile en justice de paix*). — C'est ainsi qu'elle s'engage par une citation précédée non du préliminaire de conciliation, mais seulement de ce qu'on appelle la « petite conciliation » (V. *infrà, Conciliation*). Toutefois, et par dérogation aux règles ordinaires, les actions possessoires peuvent être intentées contre l'Etat, le département ou les communes, sans dépôt préalable du mémoire exigé en général dans les actions contre ces personnalités juridiques. — Le juge peut, de même, recourir à toutes mesures d'instruction qu'il a d'habitude le droit d'ordonner, notamment prescrire une enquête, se transporter sur les lieux, etc.

37. Mais les mesures d'instruction ordonnées avant dire droit, et spécialement l'enquête (Pr. 24), doivent porter seulement sur le possessoire sans toucher au fond : il est, en effet, de règle que *le possessoire et le pétitoire ne peuvent jamais être cumulés* (Pr. 25). — Pour la même raison, une fois l'instance possessoire commencée, une action pétitoire ne peut être concurremment engagée; le défendeur au possessoire ne peut donc se pourvoir au pétitoire que lorsque cette instance au possessoire est terminée (Pr. 27). Et il en est de même du demandeur au possessoire lui-même; tout au moins, s'il se pourvoit au pétitoire avant la fin de l'instance possessoire, il est censé, en formant cette nouvelle action, se désister de la première.

ART. 6. — JUGEMENT.

1er. — *Décisions que peut prendre le juge* (R. 676 et s.; S. 176 et s.).

38. Si le demandeur ne justifie point de sa prétention, notamment s'il ne fait point preuve de sa possession, il doit être débouté

de sa demande et condamné aux dépens, et ce, alors même que, de son côté, le défendeur n'aurait pas non plus établi sa possession.

39. Lorsque, au contraire, le demandeur démontre le bien fondé de ses prétentions, le juge de paix doit ordonner les mesures nécessaires pour faire cesser l'atteinte portée à la possession. A cet effet, il doit condamner le défendeur au délaissement de l'immeuble litigieux ou ordonner le rétablissement des choses dans leur ancien état et, par suite, la suppression des travaux par lesquels le trouble a été causé. — Toutefois, d'une part, en cas de dénonciation de nouvel œuvre, il ne peut que prescrire la discontinuation des travaux commencés, et non leur destruction. Et, d'autre part, la cour de cassation reconnaît aux juges, même en matière de complainte, le droit de décider, à raison des circonstances, que la démolition des travaux n'aura lieu que si le défendeur ne s'est pas pourvu au pétitoire dans un délai déterminé. — Le juge de paix qui constate le bien fondé de l'action possessoire peut, en tout cas, accorder des dommages-intérêts au demandeur pour la réparation du préjudice qui lui a été causé par le trouble ou la dépossession.

40. Il peut arriver que les deux parties aient, en fait, exercé l'une et l'autre, et simultanément, des actes de possession sur le même fonds. Si ces actes sont de nature distincte; si, par exemple, l'une a émondé les arbres et l'autre fauché les herbes d'un même terrain, le juge doit les maintenir chacune dans leur possession respective. Si, au contraire, ces actes sont identiques; si toutes deux, par exemple, ont fait paître leurs troupeaux dans le même pâturage, le juge de paix peut, soit les maintenir dans cette possession commune, soit les renvoyer à se pourvoir au pétitoire, en établissant un séquestre qui maintiendra la durée de ce procès au pétitoire, ou en accordant la *recréance*, c'est-à-dire la garde provisoire de l'objet litigieux à l'une ou l'autre des parties, à la charge de rendre compte des fruits, le cas échéant (Civ. r. 7 janv. 1895, D. P. 95. 1. 808).

§ 2. — *Restrictions aux pouvoirs du juge.*

41. Les pouvoirs du juge en matière d'action possessoire subissent deux séries de restrictions importantes tenant, les unes au principe de la séparation des pouvoirs, les autres à la règle du non-cumul du pétitoire et du possessoire.

A. — *Restrictions tenant au principe de la séparation des pouvoirs* (R. 91 et s.; S. 19).

42. Le juge de paix est incompétent pour connaître d'une action possessoire quand cette action a pour but de paralyser l'effet d'actes administratifs que l'autorité a accompli en une matière rentrant dans ses attributions. — Spécialement, doit se déclarer incompétent le juge de paix saisi, par le curé et le conseil de fabrique, d'une complainte fondée sur un trouble de droit résultant, suivant les demandeurs, d'une délibération prise par le conseil municipal pour l'affectation à une école publique de l'immeuble affecté d'ancienne date au presbytère (Civ. r. 20 avr. 1891, D. P. 91. 1. 351). Pareillement, les propriétaires riverains de l'avenue d'une gare qui se sont vu refuser, par des arrêtés ministériels ou préfectoraux non attaqués, tout accès et droit d'usage sur cette avenue, ainsi réservée à une destination spéciale, ne sont pas recevables à saisir le juge de paix d'une action basée sur le prétendu trouble apporté par la compagnie du chemin de fer à leur possession plus qu'annale de cette voie publique. — De même, en cas de travaux entrepris dans un intérêt public, toute action possessoire doit être déclarée non recevable, encore qu'elle ait pour

but non pas la cessation des travaux, mais une simple condamnation à des dommages-intérêts.

43. Toutefois, si, des actes administratifs et des travaux exécutés dans un intérêt public, il résulte pour un particulier une véritable expropriation, ce particulier a le droit de s'adresser au juge de paix pour faire constater sa possession sur les terrains dont il est ainsi dépossédé, et ce, à l'effet d'obtenir par là, non pas sa réintégration dans la possession desdits terrains, mais un titre à une indemnité pécuniaire à régler ultérieurement. Spécialement, celui dont la propriété se trouve comprise dans le sol attribué à un chemin vicinal par l'arrêté préfectoral qui fixe la largeur de ce chemin, est recevable à intenter une action possessoire, non dans le but de se faire maintenir ou réintégrer dans une possession que l'arrêté préfectoral lui a définitivement enlevée, mais pour faire constater sa possession antérieure à l'effet d'établir son droit à une indemnité.

44. En pareil cas, si l'Administration prétend que le terrain litigieux fait partie du domaine public, le juge de paix n'est pas tenu de surseoir jusqu'à ce que l'autorité administrative ait vidé ce débat; il peut statuer immédiatement au possessoire, et il doit même le faire, s'il trouve dans les faits et documents de la cause des éléments de conviction suffisants pour apprécier et déterminer les véritables caractères de la possession. — C'est ainsi, par exemple, que le juge devant lequel une commune, défenderesse à l'action en complainte, allègue que le terrain en litige dépend du domaine public comme dépendance d'un chemin vicinal, n'est pas obligé de renvoyer préalablement le débat devant l'autorité administrative; il a qualité, au contraire, pour reconnaître que cette allégation est dénuée de preuves, et qu'en fait le fonds dont il s'agit est distinct et séparé du chemin, ce qui a permis à la possession de s'exercer utilement.

45. Toutefois, si le juge du possessoire est ainsi compétent en principe pour apprécier l'exception de domanialité, ce n'est qu'autant qu'il ne lui est pas nécessaire pour cela d'interpréter des actes administratifs obscurs ou ambigus : il est incompétent, en effet, pour se livrer à leur interprétation lorsqu'elle prête à difficulté et il doit, en ce cas, surseoir jusqu'à ce que cette interprétation ait été donnée par l'autorité administrative. — Mais il n'est pas lié par les arrêtés municipaux qui, en fait, auraient réglementé les terrains litigieux comme s'ils faisaient partie du domaine public; et il notamment, il est certain que, s'il appartient à un maire de prendre un arrêté pour faire cesser les obstacles apportés par un particulier à la circulation sur un chemin dont il se prétend propriétaire, cet arrêté ne fait pas obstacle à ce que le juge de paix statue au possessoire sur les prétentions respectives de ce particulier et de la commune.

B. — *Restrictions résultant de la prohibition de cumuler le possessoire et le pétitoire* (R. 724 et s.; S. 183 et s.).

46. Il va de soi qu'en vertu de cette prohibition, le juge du possessoire doit s'abstenir, dans le dispositif de son jugement, de statuer à un titre quelconque sur le fond du droit. Il ne peut, notamment, sur une demande en maintenue de possession d'un immeuble, non seulement accorder cette maintenue, mais disposer en outre et formellement que la propriété de l'immeuble en litige repose sur la tête du demandeur.

47. Le juge du possessoire ne doit pas seulement se borner à statuer sur la possession; il lui est interdit, en outre, de baser son jugement sur des motifs tirés exclusivement du fond du droit : sinon il y a cumul du possessoire et du pétitoire (Civ. c. 13 juin 1895, D. P. 95. 1. 488). — Cette règle est violée lorsque, sans constater en fait la possession du demandeur, le juge le maintient cependant en possession sous le prétexte qu'il est propriétaire, ou que la possession est établie en sa faveur par son titre de propriété, ou qu'enfin la propriété lui a été reconnue par un jugement antérieur. — Spécialement, cumule le possessoire et le pétitoire, et doit être cassé, le jugement qui, pour accueillir une action possessoire tendant à la suppression d'un déversoir établi par un riverain sur la berge d'un canal, se borne, dans ses motifs, à déclarer que le réclamant avait sur les berges du canal un droit de copropriété (Civ. c. 15 juin 1892, D. P. 92. 1. 412). De même, le juge qui, pour accueillir l'action en complainte de celui qui se prétend troublé dans l'usage plus qu'annal d'un chemin conduisant à son fonds, déclare, dans les motifs de sa décision, que le demandeur « tient son droit de la situation des lieux et de la loi », cumule le possessoire et le pétitoire (Civ. c. 31 juill. 1893, D. P. 96. 1. 547). V. aussi Civ. c. 22 déc. 1903, D. P. 1903. 1. 119.

48. A l'inverse, il y a pareillement cumul du possessoire et du pétitoire lorsque, sans s'attacher au fait matériel et aux caractères légaux de la possession, le juge, saisi de l'action possessoire, rejette cette action par l'unique motif que le fait, qualifié de trouble à cette possession, n'a été, de la part du défendeur, que l'exercice d'un droit (Civ. c. 25 janvier 1893, D. P. 93. 1. 83). Tel est le cas, notamment, où il repousse une complainte pour entreprise sur un cours d'eau par la seule raison que le défendeur n'a fait qu'user de son droit tel qu'il est réglé par l'art. 644 c. civ. — Il en est de même lorsque, sur une complainte relative à une servitude d'égout des eaux, le juge se fonde, pour repousser l'action, sur ce seul motif que le défendeur avait le droit de faire le changement par lui apporté à l'état des lieux (Civ. c. 13 juin 1895, D. P. 95. 1. 488).

49. Le juge de paix ne peut pas non plus, sous peine de cumuler le possessoire et le pétitoire, apprécier les droits que les titres lui confèrent quant au fond du droit. — Spécialement, il y a cumul du possessoire et du pétitoire dans le jugement qui rejette une complainte en se fondant uniquement sur ce que les titres invoqués par le demandeur ne s'appliquent pas à l'immeuble litigieux, alors que c'est au contraire le défendeur, d'après ses propres titres, en est incontestablement propriétaire;... dans la sentence qui, pour repousser une action en complainte basée sur le trouble causé à une personne par la pose d'une barrière à l'entrée d'un chemin de passage, se borne à dire que ladite barrière était imposée à cette servitude de passage (Civ. c. 17 juill. 1901. D. P. 1901. 1. 507);... dans le jugement qui, sans vider l'action possessoire, renverrait les parties à se pourvoir au pétitoire, par la raison qu'il serait, en l'état, impossible d'apprécier si le trouble causé à une terrain litigieux constitue un chemin de desserte ou une voie communale.

50. Mais le cumul du pétitoire et du possessoire interdit par la loi ne résulte pas de cela seul que le jugement contient surabondamment dans ses motifs, en outre des constatations relatives à la possession, des considérants touchant au fond du droit, si, d'ailleurs, le juge s'est, dans le dispositif, strictement renfermé dans les limites du possessoire (Req. 27 févr. 1899, D. P. 99. 1. 244). — Pareillement, le juge ne cumule pas le possessoire et le pétitoire lorsque, en consultant les titres versés au débat pour éclairer les parties et caractériser la possession de l'une d'elles, il se place au point de vue purement possessoire (Req.

18 juill. 1900. D. P. 1902. 1. 191). Et, à cet égard, il a le droit, sauf lorsqu'il s'agit d'actes administratifs (V. supra, n° 42), d'interpréter lesdits titres, si le sens en est incertain (Civ. c. 10 juin 1896, D. P. 96. 1. 446). — Spécialement, il lui appartient d'examiner les titres produits devant lui, à l'effet de vérifier, à seule fin de statuer sur le possessoire, si un cours d'eau, dans la possession duquel le demandeur se prétend troublé, est un cours d'eau non navigable ou un canal creusé de main d'homme (Cr. r. 16 févr. 1899, D. P. 99. 1. 201);... ou encore si le chemin qui fait l'objet du litige dépend, ou non, du domaine public et si, par conséquent, la possession invoquée par le particulier se trouve, ou non, entachée de précarité. — De même, il n'y a pas cumul du possessoire et du pétitoire quand le juge, dans les motifs de sa décision, examine les titres et les prétentions des parties uniquement afin d'éclairer le caractère de la possession invoquée et de déterminer l'étendue des recherches à faire pour établir les effets matériels du trouble prétendu (Req. 18 déc. 1901, D. P. 1902. 1. 160).

51. L'examen des titres, qui n'est en général que facultatif pour le juge du possessoire, devient obligatoire pour lui lorsqu'il s'agit de droits (ou d'objets) qui ne peuvent être utilement possédés sans titre (V. supra, n° 21). Ainsi en est-il, par exemple, lorsqu'il s'agit de servitudes discontinues ou négatives, et, en particulier, d'une servitude de passage ou de puisage. — De même, dans le cas d'une concession faite par l'État, un département ou une commune, il est nécessaire de consulter le titre pour savoir si le concessionnaire est, ou non, un possessoire précaire.

ART. 7. —— EFFETS DU JUGEMENT POSSESSOIRE
(R. 812 et s.; S. 199 et s.).

52. Le jugement possessoire attribue à la partie qui obtient gain de cause la jouissance de la chose litigieuse jusqu'au jugement sur la propriété. Et il lui confère le rôle de défendeur dans l'instance du pétitoire dont le procès au possessoire peut être suivi, le faisant ainsi profiter du bénéfice qu'a, en général, tout défendeur de rejeter sur son adversaire le fardeau de la preuve et d'être absous si celui-ci ne justifie pas de sa demande.

53. La loi interdit même au défendeur qui a succombé au possessoire de se pourvoir au pétitoire avant d'avoir pleinement satisfait aux condamnations intervenues contre lui (Pr. 27. § 1);... et ce, quand même le droit invoqué au pétitoire serait différent de celui invoqué au possessoire, dès lors que l'objet des deux actions est le même. Si donc le défendeur à une action possessoire ayant pour objet le rétablissement dans son état primitif d'un passage dont il a déplacé l'assiette a succombé, il doit exécuter le jugement sur le possessoire avant d'agir au pétitoire pour obtenir, conformément à l'art. 701 c. civ., le transport de l'exercice de la servitude dans un endroit différent de celui où elle avait été primitivement installée (Req. 26 avr. 1892, D. P. 93. 1. 121). — Mais cette prohibition ne s'applique pas quand les deux actions n'ont pas le même but, fussent-elles relatives au même immeuble, comme si, par exemple, l'instance pétitoire tend à faire supprimer une digue que l'une des parties a établie dans son propre intérêt, tandis que la demande possessoire a pour objet la suppression d'une autre digue construite par l'autre partie.

54. Au surplus, la partie contre laquelle les condamnations ont été obtenues au possessoire a le droit, si l'autre partie est en retard de les faire liquider, de demander au juge du pétitoire de fixer, pour cette liquidation, un délai après lequel l'action au pétitoire sera reçue (Pr. 27, § 2). —

Aucun délai n'est, au contraire, imposé au demandeur au possessoire pour former une action pétitoire; bien qu'il ait succombé sur l'instance possessoire, il est néanmoins recevable à agir au pétitoire, avant d'avoir satisfait aux condamnations portées contre lui.

55. La décision rendue au possessoire ne lie pas, au reste, le juge du pétitoire, ni quant aux faits même de possession, ni quant aux caractères de ces faits: dès lors, les mêmes faits qui ont été regardés par le juge du possessoire comme prouvant une possession civile, peuvent être considérés comme sans valeur par le juge du pétitoire. Par suite, la sentence rendue au possessoire en faveur du demandeur ne met en aucune façon obstacle à ce que le juge du pétitoire décide que c'est, au contraire, la partie adverse qui a exercé la possession, et cette partie peut, dès lors, en tirer utilité quant à la preuve à faire du droit de propriété.

ART. 8. —— VOIES DE RECOURS

56. Les voies de recours dont sont susceptibles les jugements possessoires sont celles applicables, en général, aux jugements rendus par les juges de paix. Il suffit de remarquer que ces jugements peuvent toujours être frappés d'appel, quelle que soit la valeur du litige (L. 25 mai 1838, art. 6, § 1).

ACTION PUBLIQUE

(R. v° *Instruction criminelle*; S. v° *Procédure criminelle*).

1. L'action publique est celle qui appartient à la société pour le maintien de l'ordre public. Elle est exercée au nom de celle-ci par les fonctionnaires que la loi désigne à cet effet. Son objet est l'application des peines, tandis que l'action civile se propose la réparation du préjudice privé qui a été causé à un particulier. V. supra, *Action civile*, n° 1.

2. La matière de l'action publique fait l'objet des dispositions préliminaires du Code d'instruction criminelle. Le seul changement à signaler dans la législation sur l'action publique est celui que résulte de la loi du 27 juin 1866 relative à la poursuite des crimes, délits et contraventions commis à l'étranger (D. P. 66. 4. 73). — V. infrà, *Compétence criminelle*.

ART. 1er. — FAITS DONNANT LIEU A L'ACTION PUBLIQUE (R. 23 et s.; S. 41 et s.).

3. Les faits prévus et réprimés par une loi pénale peuvent seuls donner lieu à l'action publique. — A l'inverse, toute infraction à la loi pénale peut donner naissance à cette même action. Toutefois, par exception, et en raison d'immunités consacrées par la loi du 29 juillet 1881 sur la presse (D. P. 81. 4. 65), certaines infractions sont soustraites aux poursuites répressives. V. infrà, *Presse-outrage*. — Sur les crimes, délits et contraventions à l'égard desquels l'action publique peut être exercée, et sur la manière dont les tribunaux répressifs sont saisis, V. infrà, *Compétence criminelle*.

ART. 2. — EXERCICE DE L'ACTION PUBLIQUE (R. 37 et s.; S. 63 et s.).

4. L'action publique appartient à la société, qui en délègue l'exercice aux magistrats du ministère public, sans leur abandonner d'ailleurs le droit d'en disposer (V. infrà, n° 60). — L'exercice de l'action publique comprend: toutes les actes qui tendent à saisir de l'action les juridictions compétentes: la réquisition, devant ces juridictions, de toutes les mesures utiles à l'instruction de l'affaire; la réquisition de la peine applicable; l'exercice des voies de recours.

5. Le droit d'exercer l'action publique implique celui de la mettre en mouvement; mais le droit de mettre en mouvement l'action publique n'implique pas celui de l'exercer. Les particuliers lésés ont le droit de mettre l'action publique en mouvement en saisissant les tribunaux de répression ; mais là se borne leur droit : en général, ils ne peuvent pas faire un *second* acte de poursuite. — Au reste, l'action publique une fois intentée devant la juridiction pénale, le ministère public ne peut en arrêter la marche, alors même qu'il désapprouverait la poursuite. Dès lors que la juridiction pénale est saisie, l'action publique doit se développer jusqu'au jugement définitif.

§ 1er. — Qui exerce l'action publique.

A. — Ministère public (R. 41 et s. ; S. 68 et s.).

6. Les fonctionnaires auxquels est confié l'exercice de l'action publique sont : le procureur général près la haute cour de justice et ses substituts ; les procureurs généraux près les cours d'appel, leurs avocats généraux et substituts ; les procureurs de la République près les tribunaux de première instance et leurs substituts ; les commissaires de police, maires et adjoints des maires chargés des fonctions du ministère public près les tribunaux de simple police. — Le ministre de la justice n'exerce pas l'action publique. Cette action n'appartient pas non plus au procureur général près la cour de cassation.

7. Les tribunaux ne peuvent exercer l'action publique ni se saisir eux-mêmes. Ainsi, un individu qui ne comparaît devant le tribunal de répression que comme partie civile ne peut, en l'absence de réquisitions du ministère public, être reconnu coupable d'un délit et condamné. De même, le juge de répression ne peut, soit surseoir à statuer pour appeler aux débats comme prévenu un individu non régulièrement mis en cause à cette fin par la partie publique, soit ordonner qu'il sera procédé à une information sur une inculpation autre que celle dont il est régulièrement saisi. — Sur l'indépendance du ministère public à l'égard des tribunaux, V. *infrà*, n° 28.

8. Le ministère public est un et indivisible en ce sens que chacun de ses membres, lorsqu'il remplit sa fonction, représente l'institution elle-même. Mais l'exercice de l'action publique n'est pas également réparti entre tous les officiers du ministère public.

9. Le procureur général près la cour d'appel est investi, dans son ressort, de la direction suprême de l'action publique. En outre, il est chargé personnellement de l'exercice de l'action publique auprès de la cour d'appel, auprès de la cour d'assises du département où siège la cour d'appel et, s'il le juge utile, auprès des autres cours d'assises de son ressort. — Sur le droit exclusif du procureur général de citer certains fonctionnaires et hauts dignitaires devant la première chambre de la cour d'appel, V. *infrà*, *Mise en jugement des fonctionnaires publics*.

10. Le procureur de la République est chargé, dans le ressort du tribunal auquel il est attaché, de la recherche et de la poursuite de toutes les infractions qui doivent être déférées aux tribunaux de police correctionnelle et aux cours d'assises. Il a donc, dans son arrondissement, le plein et entier exercice de l'action publique. La liberté d'action du procureur de la République est restreinte en ce qui concerne les membres du Parlement : ceux-ci ne peuvent, pendant les sessions, être poursuivis ou arrêtés, en matière criminelle ou correctionnelle, qu'avec l'autorisation de la Chambre dont ils font partie, sauf le cas de flagrant délit. V. *infrà*, n° 36.

B. — Chambre des députés (S. 72).

11. La loi constitutionnelle du 16 juill. 1875 (D. P. 75. 4. 114) a investi la Chambre des députés du pouvoir d'exercer l'action publique contre le président de la République

et contre les ministres, pour crimes commis dans l'exercice de leurs fonctions.

C. — Administrations publiques (R. 48 et s. ; S. 78 et s.).

12. 1° *Contributions indirectes, Octrois, Douanes.* — Parmi les contraventions aux lois sur les contributions indirectes et sur les douanes, les unes sont purement fiscales, les autres ont un caractère mixte, en ce sens qu'elles intéressent non pas seulement le fisc et ses recettes, mais encore l'ordre public dont le ministère public a particulièrement la garde. — L'action en condamnation à l'amende pour les contraventions fiscales proprement dites appartient, dans toute sa plénitude, à la Régie, à l'exclusion du ministère public. Mais c'est au ministère public qu'appartient le droit de poursuivre lorsque la contravention est passible de l'emprisonnement. En ce second cas, l'Administration peut intervenir aux débats pour demander l'application de la peine fiscale.

13. 2° *Forêts.* — L'administration des Forêts a le droit de poursuivre, concurremment avec le ministère public, les contraventions et délits forestiers, que la peine applicable soit l'amende ou l'emprisonnement, sauf lorsque le délit, bien que constituant exclusivement une atteinte au sol forestier, n'est prévu et puni que par la loi pénale ordinaire (Cr. c. 4 janv. 1855, D. P. 55. 1. 15).

14. 3° *Postes.* — L'administration des Postes dresse les procès-verbaux qui constatent le délit ; c'est le ministère public qui exerce l'action publique. L'Administration peut se porter partie civile.

15. Ces différentes administrations ont le droit de transiger avec les contrevenants. Si la transaction intervient avant la condamnation, elle éteint, en principe, l'action publique tant au point de vue des peines pécuniaires qu'au point de vue des peines corporelles, et, par conséquent, elle empêche de prononcer l'amende et l'emprisonnement. Au contraire, lorsqu'un jugement définitif a été rendu, la transaction ne peut porter que sur le recouvrement total ou partiel de l'amende. — Exceptionnellement, pour certains délits de contributions indirectes, la transaction n'est autorisée qu'après jugement et seulement sur le montant des condamnations pécuniaires. V. *infrà*, *Douanes*, *Forêts*, *Impôts indirects*.

§ 2. — Qui met en mouvement l'action publique (R. 60 et s. ; S. 90 et s.).

16. 1° *Ministère public.* — Le droit d'engager la poursuite appartient au ministère public dans la très grande majorité des cas. Il fait l'acte initial de la procédure et la conduit à son terme en exerçant l'action devant la juridiction compétente jusqu'à la fin du procès pénal.

17. 2° *Partie lésée.* — La partie lésée participe incontestablement au droit de mettre l'action publique en mouvement par l'exercice du droit de citation directe, en police correctionnelle et en simple police, et, dans certains cas, en matière de presse. La citation de la partie civile saisit le tribunal de l'action publique en même temps que de l'action civile. Le tribunal peut, en ce cas, même sans réquisitions du ministère public, prononcer les peines attachées par la loi aux faits qui résultent de l'examen et pourvu que la partie civile ait qualité pour agir et que l'action civile soit régulièrement introduite. Si l'une ou l'autre de ces conditions faisait défaut ; par exemple, si la partie civile était non recevable faute d'intérêt, ou si son action avait été introduite à l'audience par de simples conclusions reconventionnelles, le tribunal serait incompétent pour appliquer la peine aussi bien que pour statuer sur les dommages-intérêts. L'intervention du minis-

tère public ne couvrirait pas la nullité, et, pour contraindre le tribunal à statuer, il devrait introduire régulièrement une action nouvelle.

18. Le ministère public n'est pas obligé de poursuivre sur les plaintes et dénonciations qui lui sont adressées. — Mais on décide généralement, bien que la question soit controversée, que la plainte déposée entre les mains du juge d'instruction, avec constitution de partie civile, par un particulier se prétendant lésé par un délit, met en mouvement l'action publique, en sorte que l'information doit alors être poursuivie même sur les réquisitions contraires du ministère public.

19. Lorsque l'action publique a été mise en mouvement par la citation de la partie civile, les conclusions du ministère public sont exigées à peine de nullité, soit devant les tribunaux de simple police, soit devant les tribunaux de police correctionnelle. Mais il n'est pas indispensable que ces conclusions tendent à l'application de la peine : le tribunal peut prononcer la peine encourue alors même que le ministère public aurait conclu à l'acquittement, ou même aurait refusé de conclure.

20. Le procureur général est seul recevable, à l'exclusion de la partie civile, à saisir la juridiction de répression en cas de prévention de *délit* contre un membre ou un officier de police judiciaire ou un des fonctionnaires désignés en l'art. 10 de la loi du 20 avril 1810. Dans cette hypothèse, la partie lésée peut-elle ou non mettre l'action publique en mouvement soit par la citation directe, soit même par la plainte au juge d'instruction avec constitution de partie civile. Mais si le procureur général a cité le magistrat ou le fonctionnaire, la partie civile a le droit d'intervenir. — En cas de *crime* commis dans l'exercice ou à l'occasion de l'exercice de leurs fonctions par des personnes ci-dessus indiquées, la cour de cassation a décidé que le premier président (qui, en ce cas, remplit les fonctions ordinairement dévolues au juge d'instruction) est compétent pour recevoir les plaintes des parties se prétendant lésées et peut, s'il y a lieu, les renvoyer devant la juridiction de droit commun, après les avoir communiquées au procureur général (Cr. r. 12 mai 1881, D. P. 81. 1. 385). Plusieurs cours d'appel se sont prononcées, au contraire, pour la compétence du juge d'instruction dans les termes du droit commun, et des hypothèses où il s'agissait, non d'un magistrat ou d'un officier de police judiciaire, mais d'une des personnes désignées à l'art. 10 de la loi du 20 avril 1810 (R. v° *Organisation judiciaire*, p. 1496).

21. 3° *Tribunaux.* — Les tribunaux ne peuvent mettre l'action publique en mouvement que dans trois cas déterminés : 1° L'art. 11 de la loi du 20 avril 1810 donne aux cours d'appel, chambres assemblées, le pouvoir, sur la dénonciation de crimes ou délits qui leur est faite par un de leurs membres, de mander le procureur général et de lui enjoindre de poursuivre à raison des faits dénoncés. — 2° Les chambres d'accusation ont le droit, dans toutes les affaires dont elles sont saisies, d'ordonner d'office des poursuites soit à l'égard d'individus non impliqués dans la procédure en cours, soit à l'égard de faits connexes à ceux qui font déjà l'objet de l'information (Instr. 235). — 3° Enfin les juridictions pénales peuvent se saisir elles-mêmes dans l'hypothèse d'un crime ou d'un délit commis à l'audience ; le ministère public doit, au reste, être entendu dans ses conclusions, s'il le demande.

§ 3. — Contre qui s'exerce l'action publique (R. 71 et s. ; S. 128 et s.).

22. L'action publique doit être dirigée contre l'auteur du fait puni par la loi. —

Le ministère public peut requérir le juge d'instruction d'informer contre les auteurs encore inconnus d'un fait délictueux. Mais lorsque l'information est terminée, le juge d'instruction ou la chambre d'accusation ne peuvent ordonner le renvoi devant la juridiction de jugement que d'un individu certain et déterminé et, à moins qu'il n'ait dissimulé son identité, désigné par son nom.

23. Il résulte du principe de la personnalité des peines que l'action publique ne peut être exercée que contre les auteurs mêmes ou les complices de l'infraction; elle ne peut donc l'être contre leurs héritiers — Cette règle comporte cependant quelques exceptions. Dans certaines matières spéciales, la responsabilité pénale d'une infraction peut incomber à un individu qui n'est pas personnellement l'auteur de cette infraction. Il en est ainsi en matière de police du roulage ou lorsqu'il s'agit de professions industrielles réglementées, à l'égard du patron pénalement responsable du fait de ses employés ou ouvriers. Il en est de même en matière forestière : spécialement, en cas de délit de pâturage commis par les bestiaux des usagers, l'Administration peut poursuivre soit le pâtre commun, soit le propriétaire des animaux trouvés en délit.

24. En principe, l'action publique ne peut être exercée contre des êtres collectifs formant un être moral, que l'Etat, une commune, une société, une corporation. Mais on peut poursuivre pénalement les administrateurs, les chefs de ces collectivités ou les individus qui les composent, par exemple le directeur d'un établissement commercial ou les administrateurs d'une société anonyme. — Toutefois, il est des cas exceptionnels où les personnes morales peuvent être poursuivies pénalement. En cas d'infraction à la police des mines commise par des ouvriers et régisseurs d'une compagnie de mines, la compagnie propriétaire est responsable de l'amende prononcée par les art. 93 et 96 de la loi du 21 avril 1810. (R. vº *Mines*, p. 618.) Il en est de même, en matière de chemin de fer, à l'égard des compagnies concessionnaires, pour certaines contraventions de voirie ou en cas d'infraction aux règles tracées pour l'établissement, l'entretien et la surveillance de la voie, la composition et la circulation des convois. — La jurisprudence paraît également admettre qu'en matière forestière l'action publique en réparation d'un délit peut être intentée, et une amende prononcée contre une commune.

25. La partie lésée ne peut traduire devant le tribunal de répression les personnes civilement responsables qu'autant qu'elle y traduit également le prévenu lui-même; si elle cite, le juge civilement responsable est seule cité, le juge doit non pas renvoyer celle-ci purement et simplement de la plainte, mais surseoir à statuer et fixer un délai dans lequel la partie lésée devra mettre en cause l'auteur du délit.

26. Un inculpé ne peut demander à mettre en cause, pour sa justification, celui auquel il fait remonter la responsabilité du fait reprochable à raison duquel il est poursuivi. Ainsi le prévenu de vente ou mise en vente d'une substance ou boisson falsifiée ou corrompue n'a pas la faculté de mettre en cause les personnes dont il prétend tenir cette substance ou cette boisson.

§ 4. — *Conditions d'exercice de l'action publique* (R. 119 et s.; S. 242 et s.).

27. L'indépendance du ministère public est absolue. Il a la faculté d'agir ou de ne pas agir suivant son jugement et sa conscience. Toutefois, il est obligé d'agir quand il en reçoit l'ordre de ses supérieurs hiérarchiques, ou lorsque l'action publique est mise en mouvement par la partie civile (V. *suprà*, nºˢ 17 et 18). Le ministre de la justice

peut également, bien que n'exerçant pas l'action publique (V. *suprà*, nº 6), contraindre les officiers du ministère public à l'intenter. Mais, dans ces différents cas, ceux-ci restent libres d'exprimer leur opinion personnelle et même de conclure au rejet de leurs réquisitions : « la plume est serve, mais la parole est libre. »

28. Les membres du parquet jouissent également d'une indépendance absolue à l'égard des magistrats du siège. Les juges n'ont pas le droit d'*enjoindre* au ministère public de poursuivre des individus contre lesquels il ne croit pas devoir procéder (V. cependant *suprà*, nº 21). Ils ne sauraient davantage prononcer une *censure* contre ses actes. Mais ils peuvent, sans encourir le reproche de critiquer le ministère public, se déclarer insuffisamment éclairés par les documents et les preuves présentés.

29. L'action publique peut incontestablement s'exercer d'office, sans avoir été provoquée par une plainte ou par une dénonciation. C'est ce qui a été jugé, notamment, en matière d'escroquerie (Cr. r. 9 mai 1885, D. P. 86. 1. 89), et d'usurpation d'un nom de commerce (Paris, 15 nov. 1875, D. P. 78. 1. 494). Il n'en est autrement que dans les cas où la loi a formellement subordonné l'exercice de l'action publique à la nécessité d'une plainte. V. *infrà*, nº 32.

30. L'action publique appartient à la société (V. *suprà*, nº 4) et non au ministère public, celui-ci n'a le droit ni de transiger sur l'infraction (sur le droit de transaction de certaines administrations, V. *suprà*, nº 15), ni de se désister des poursuites, sauf le droit qu'il a de reconnaître que l'action est dénuée de fondement, et de demander l'acquittement du prévenu. Le ministère public ne peut renoncer d'avance à la faculté d'exercer les voies de recours que la loi ouvre contre les jugements, appel ou pourvoi en cassation. Il ne peut non plus se désister des recours qu'il a exercés.

31. Le ministère public a le choix, du moins en matière correctionnelle, entre la voie de la citation directe à l'audience et la voie de la réquisition d'une instruction préparatoire; il peut, en outre, une fois son choix fait, modifier sa décision.

§ 5. — *Indépendance de l'action publique par rapport à l'action civile* (R. 133 et s.; S. 263 et s.).

32. L'action publique et l'action civile sont entièrement distinctes et indépendantes l'une de l'autre; chacune d'elles est soumise à des règles qui lui sont propres (V. *suprà*, *Action civile*, nº 3). — Il en résulte plusieurs conséquences importantes : 1º L'action publique existe par le seul fait du délit, indépendamment de tout dommage privé, ou alors même qu'aucune action ne serait donnée à la partie lésée en réparation du préjudice causé, comme dans le cas, par exemple, où l'obligation qui aurait pu donner naissance à l'action civile est nulle comme reposant sur une cause illicite. — 2º L'action publique ne peut jamais être entravée par l'action civile, qui doit, au contraire, être suspendue jusqu'au jugement de l'action publique (Instr. 3). — 3º La réparation du préjudice causé ne peut jamais excuser un délit consommé ni arrêter l'action publique. Ainsi la convention passée entre la victime d'une escroquerie ou d'un abus de confiance et l'auteur du délit, et portant sur les objets ou valeurs escroqués ou détournés, n'éteint pas l'action civile. — 4º Le désistement ou la renonciation de la partie civile est également sans effet sur les poursuites. Il importe peu, à cet égard, que l'action publique soit de celles qui, comme par exemple en matière de brevets d'invention, ne peuvent être mises en mouvement que sur la plainte de la partie lésée (V. *infrà*, nº 33). — Tou-

tefois, il est des exceptions à cette dernière règle : l'époux qui a porté une plainte en adultère peut, jusqu'au jugement définitif, faire tomber par son désistement la poursuite du ministère public (V. *infrà*, *Adultère*, nº 5). De même, en matière de diffamation ou d'injure envers les particuliers, le désistement du plaignant arrête la poursuite commencée (V. *infrà*, *Presse-outrage*). — 5º La chose jugée au civil ne paralyse pas l'action publique (V. *infrà*, *Chose jugée*). — 6º La non-recevabilité de l'action civile ne peut rejaillir sur l'action publique. Ainsi, la circonstance que le plaignant aurait déjà actionné pour le même fait la partie dénoncée devant le juge civil ne fait pas obstacle à ce que le ministère public donne suite à la plainte; et on ne saurait, en ce cas, opposer la règle : *una electa via...* (V. *suprà*, *Action civile*, nºˢ 25 et s.), alors surtout que le plaignant, au lieu d'intervenir à la poursuite comme partie civile, a seulement déclaré réserver son droit à cet égard.

§ 6. — *Suspension de l'action publique* (R. 181 et s.; S. 316 et s.).

33. 1º L'action publique est suspendue par suite du défaut de plainte de la partie lésée, quand le délit est de la nature de ceux qui ne peuvent être poursuivis que sur cette plainte. Le principe d'après lequel l'action publique peut être exercée sans avoir été provoquée par les parties lésées (V. *suprà*, nº 29) comporte, en effet, diverses exceptions. Les délits dont la poursuite est subordonnée à la plainte de la partie lésée sont : le délit d'adultère (Pén. 336, 339); l'enlèvement d'une fille mineure, lorsqu'elle a été épousée par le ravisseur (Pén. 357; V. *infrà*, *Crimes contre les personnes*); les délits des fournisseurs des armées (Pén. 430 à 433), les délits de chasse (L. 3 mai 1844, art. 26, R. vº *Chasse*, p. 106) ou de pêche (L. 15 avr. 1829, art. 67, R. vº *Pêche fluviale*, p. 443); dans certains cas, les délits de contrefaçon de brevets d'inventions (L. 5 juill. 1844, art. 45, R. vº *Brevet d'invention*, p. 562); les délits commis à l'étranger (Instr. 5); enfin les injures ou diffamations dans les cas et suivant les distinctions établies par la loi du 29 juill. 1881, sur la presse, art. 47. (V. *infrà*, *Presse-outrage*).

34. Lorsque la loi exige une plainte ou une dénonciation de la partie lésée, celle-ci doit témoigner d'une manière évidente sa volonté de mettre l'action publique en mouvement; mais cette condition est suffisante, et il n'est pas nécessaire que la plainte ou la dénonciation réunisse les conditions exigées pour les art. 31 et 63 c. instr. crim. — Le plaignant n'est pas tenu de se constituer partie civile (V. *suprà*, *Action civile*, nº 35). — Dès que la plainte ou la dénonciation est régulièrement formée, le ministère public reprend son indépendance; il peut exercer l'action sans le concours du plaignant, spécialement interjeter appel ou se pourvoir en cassation. — Quant à l'effet du désistement du plaignant sur l'exercice de l'action publique, V. *suprà*, nº 32.

35. 2º Une autre cause de suspension de l'action publique résulte de la nécessité de faire résoudre préalablement une question préjudicielle dont la solution doit influer sur le sort de cette action (V. sur ce point, *infrà*, *Question préjudicielle*).

36. 3º L'immunité politique existant à l'égard du président de la République, des ministres, des sénateurs et députés (V. *suprà*, nºˢ 10 et 11), n'empêche pas tout exercice de l'action publique, mais seulement les actes d'instruction ou de poursuite qui exigent la présence de l'inculpé : elle suspend seulement la poursuite personnelle et ne fait pas obstacle à l'audition des témoins, aux expertises, aux perquisitions, aux procès-verbaux de constat.

37. La démence de l'inculpé survenue depuis l'infraction suspend l'exercice de l'action publique et aussi l'instruction.

§ 7. — *Extinction de l'action publique*
(R. 202 et s.; S. 338 et s.).

38. Les causes d'extinction de l'action publique sont : 1° le décès du prévenu ; 2° la prescription (V. *infrà, Prescription criminelle*) ; 3° la chose jugée (V. *infrà, Chose jugée*) ; 4° l'amnistie (V. *infrà, Amnistie*).

39. Le décès de l'inculpé éteint l'action publique à quelque moment qu'il se produise, notamment pendant l'instance d'appel ou même pendant l'instance en cassation. — L'extinction de l'action publique produit son effet non seulement à l'égard des peines corporelles, mais encore à l'égard des peines pécuniaires, même reconnus, en ce qui concerne les amendes fiscales. Mais si l'amende ne peut être prononcée après la mort du prévenu, rien ne s'oppose à ce qu'elle soit recouvrée contre les héritiers du condamné, pourvu que la condamnation, prononcée avant la mort du prévenu, ait acquis, avant cette époque, l'autorité de la chose jugée. — Sur les effets du décès du prévenu relativement à l'extinction de l'action publique, en matière d'adultère, V. *infrà, Adultère*, n° 5.

40. La renonciation ou la transaction de la partie civile n'exerce, en principe, aucune influence sur l'action publique (V. *suprà*, n° 32), sauf certaines exceptions (V. *suprà*, n°s 15 et 32).

41. La jurisprudence n'admet pas que l'épuisement de la pénalité par des condamnations antérieures éteigne l'action publique. Ainsi, il a été jugé que lorsque, pendant le cours d'un procès correctionnel, le prévenu vient à être poursuivi pour un fait plus grave devant la cour d'assises et condamné à une peine afflictive et infamante, cette circonstance ne dessaisit pas le tribunal correctionnel du procès à lui soumis, en ce sens que ce tribunal, bien qu'il ne puisse plus prononcer aucune peine à raison du délit, demeure compétent pour déclarer et caractériser le fait dont il avait été saisi, et statuer sur l'action civile en dommages-intérêts (Cr. r. 16 juin 1841, R. v° *Compétence criminelle*, 519). — De même, d'après la jurisprudence, la prohibition du cumul des peines (Pén. 365) ; en d'autres termes, la règle d'après laquelle la peine la plus forte doit seule être appliquée en cas de concours d'infractions commises par le même agent, n'a pas pour effet d'éteindre l'action publique à l'égard de toutes les infractions découvertes dans le cours des débats ou après la condamnation et emportant des peines moins graves que la première. — V. aussi *infrà, Peine*.

ADOPTION

. (R. v° *Adoption et Tutelle officieuse*; S. eod. v°).

1. L'adoption est un contrat solennel, soumis à l'approbation de la justice, qui crée entre l'adoptant et l'adopté des rapports fictifs ou purement civils de paternité et de filiation. Elle fait l'objet du tit. VIII du liv. Ier du Code civil (art. 343 à 370).

ART. 1er. — CONDITIONS REQUISES POUR L'ADOPTION.

2. Ces conditions doivent être envisagées dans la personne de l'adoptant et dans celle de l'adopté. Une condition commune à l'un et à l'autre, c'est d'être Français. V. *infrà, Étranger*.

§ 1er. — *Conditions nécessaires pour adopter*
(R. 76 et s.; S. 8 et s.).

3. Toute personne peut adopter pourvu qu'elle réunisse les conditions requises par la loi. Ainsi les femmes, les célibataires, les prêtres catholiques peuvent adopter. L'interdit légal, l'interdit judiciaire dans un intervalle lucide, le prodigue ou le faible d'esprit peuvent également faire une adoption.

4. Les conditions spéciales prescrites par le Code civil pour pouvoir adopter sont les suivantes :

1° L'adoptant doit avoir cinquante ans révolus et avoir au moins quinze ans de plus que la personne qu'il se propose d'adopter (Civ. 343).

2° Il doit n'avoir « à l'époque de l'adoption » ni enfants, ni descendants légitimes. L'existence d'un enfant présumé ou déclaré absent empêche l'adoption. — Un enfant ou descendant légitime, même simplement conçu à l'époque de l'adoption, y met également obstacle. — L'existence d'enfants naturels, même reconnus, n'est point un obstacle à l'adoption. Mais, si l'enfant naturel avait été légitimé avant l'adoption, l'adoption serait nulle. — La présence d'un enfant adoptif n'empêche pas une nouvelle adoption.

3° L'adoptant doit jouir d'une bonne réputation. Les tribunaux apprécient souverainement cette condition.

4° Si l'adoptant est marié, il doit obtenir le consentement de l'autre époux, sauf dans le cas d'une adoption testamentaire (Civ. 344, § 2). Il en est ainsi même dans le cas où les époux sont séparés de corps.

5° L'adoptant doit avoir fourni des secours et donné des soins non interrompus à l'adopté (Civ. 345, § 1er). Il n'est pas nécessaire que les soins aient été donnés en vue de l'adoption : le tuteur peut adopter son pupille auquel il a donné des soins pendant le temps exigé par la loi.

5. Quelques-unes de ces conditions cessent d'être exigées dans le cas où l'adopté a sauvé la vie à l'adoptant, soit dans un combat, soit en le retirant des flammes ou des flots ». L'adoption est dite alors *rémunératoire* ou *privilégiée*. Il suffit, en pareil cas, « que l'adoptant soit majeur, plus âgé que l'adopté, sans enfants ni descendants légitimes, et, s'il est marié, que son conjoint consente à l'adoption » (Civ. 345, § 2).

6. Les expressions de l'art. 345 ne sont pas limitatives : l'adoption rémunératoire est possible toutes les fois que l'individu à adopter a, par un acte de dévouement spontané et en exposant ses jours, arraché l'adoptant à un danger de mort imminent. Mais on admet généralement que le fait du médecin ou de l'avocat qui, dans l'exercice de son devoir professionnel, a sauvé la vie de son client, ne suffit pas pour donner lieu à l'adoption rémunératoire.

§ 2. — *Conditions nécessaires pour être adopté* (R. 103 et s.; S. 18 et s.).

7. Il faut : 1° Que l'adopté soit majeur (Civ. 346), sauf dans le cas d'adoption testamentaire (Civ. 366).

2° Qu'il ait obtenu l'autorisation de ses père et mère ou du survivant, s'il a moins de vingt-cinq ans, sans distinction de sexe ; qu'il ait requis leur conseil, s'il a dépassé cet âge (Civ. 346). Le consentement des ascendants autres que les père et mère n'est point exigé pour l'adoption. — En cas de dissentiment entre le père et la mère, le consentement du père ne prévaut pas. Si l'un d'eux est dans l'impossibilité démontrée de manifester sa volonté, le consentement de l'autre suffit.

3° Qu'il n'ait pas déjà été adopté par une autre personne, à moins que ce ne soit par le conjoint de l'adoptant.

8. On peut adopter une personne mariée. Si c'est le mari, l'adoption se fera sans le consentement de la femme ; si c'est la femme, il faudra le consentement du mari ou de justice. — D'après la jurisprudence la plus récente de la cour de cassation, l'enfant naturel peut être adopté par son père ou sa mère qui l'a reconnu (Req. 8 juin 1861, D. P. 61. 1. 336). — Mais, suivant l'opinion qui paraît prévaloir, les père ou mère ne peuvent pas adopter leur enfant adultérin ou incestueux. Cependant, si cette filiation n'est pas légalement établie, il est défendu d'en fournir la preuve ; les juges peuvent seulement refuser d'homologuer l'adoption en se fondant sur des motifs d'ordre public.

ART. 2. — FORMES DE L'ADOPTION
(R. 133 et s.; S. 23 et s.).

9. L'adoption, ordinaire ou rémunératoire, exige pour sa perfection quatre formalités successives : 1° L'adoptant et l'adopté doivent passer acte de leur consentement respectif devant le juge de paix du domicile de l'adoptant (Civ. 353). On admet généralement que les parties peuvent se faire représenter, mais on exige qu'elles donnent une procuration spéciale et authentique. — L'officier public compétent est le juge de paix du domicile de l'adoptant ; toutefois, dans les cas prévus par l'art. 93 c. civ. (V. *suprà, Actes de l'état civil*, n° 68), l'acte sera dressé par un fonctionnaire de l'intendance ou par un officier du commissariat (Civ. 353, al. 2, ajouté par la loi du 17 mai 1900 ; D. P. 1900. 4. 47). — Le juge de paix est chargé de dresser acte du consentement des parties. Il n'a pas mission de vérifier l'existence des conditions requises pour l'adoption. — L'acte passé devant le juge de paix lie immédiatement les parties. Elles peuvent bien le tenir pour non avenu d'un commun accord, en s'abstenant d'en requérir l'homologation ; mais l'une des parties a le droit de poursuivre l'homologation, encore que l'autre changerait de volonté.

10. 2° Une expédition de l'acte d'adoption doit être remise au procureur de la République. Cette transmission de l'expédition est faite par la partie *la plus diligente* (Civ. 354, § 1), dans un délai de dix jours. Mais, suivant la jurisprudence, ce délai n'est pas prescrit à peine de nullité ; le tribunal et la cour appelée à homologuer apprécient les causes du retard. — Sur le cas où l'acte d'adoption a été reçu par un fonctionnaire de l'intendance ou un officier du commissariat, V. Civ. 354, § 2.

11. 3° L'acte d'adoption doit être *homologué* par l'autorité judiciaire. La remise des pièces au procureur de la République vaut demande en homologation de l'adoption ; mais, dans la pratique, les parties ou l'une d'elles adressent une requête au tribunal par le ministère de l'avoué. — Le tribunal, après s'être procuré les renseignements convenables, vérifie, en chambre du conseil, si les conditions légales sont remplies et si la personne qui se propose d'adopter jouit d'une bonne réputation. Il peut charger un de ses membres de lui faire un rapport. Le procureur de la République est entendu. Le tribunal prononce, sans énoncer de motifs, en ces termes : *il y a lieu* ou *il n'y a pas lieu à l'adoption* (Civ. 356).

12. La cour d'appel est à son tour appelée à statuer à la suite de cette décision, qu'elle soit favorable ou défavorable à l'adoption. — Pour saisir la cour, il y a lieu de transmettre une expédition du jugement et les pièces à l'appui au procureur général. Le ministère de l'avoué, devant la cour, comme en première instance, est facultatif. — Cette transmission doit s'effectuer dans le mois du jugement. Mais, d'après l'opinion générale, ce délai n'est pas prescrit à peine de nullité (Civ. 357). Sur le cas où la cour siégera en audience ordinaire, et non en audience solennelle (Décr. 26 nov. 1899, D. P. 1900. 4. 25). — L'arrêt ne doit porter que : *le jugement est confirmé* ou *le jugement est réformé*; en conséquence, *il y a lieu* ou *il n'y a pas lieu à l'adoption* (Civ. 357). S'il n'y a pas lieu à l'adoption, l'arrêt est prononcé en chambre du conseil ; dans le cas contraire, il doit être prononcé à l'audience. — L'inobservation de ces règles serait une cause de nullité. — La cour d'appel, lorsqu'elle admet l'adoption, peut ordonner que son arrêt sera rendu public par voie d'affiches (Civ. 358).

13. Les jugements qui statuent en matière d'adoption sont des actes de juridiction gracieuse ne présentant aucun des caractères des décisions sur contestation judiciaire. En conséquence, l'arrêt qui accorde ou refuse l'homologation n'est pas susceptible d'être attaqué par la voie du recours en cassation. Il en est ainsi, d'après la jurisprudence la plus récente de la cour de cassation, même dans le cas où il serait argué d'un vice de forme. Dans tous les cas, la seule voie ouverte est l'action en nullité de l'adoption (V. *infra*, n° 17) (Civ. c. 10 févr. 1892, D. P. 92. 1. 329).

14. 4° Dans les trois mois, l'arrêt qui admet l'adoption doit être inscrit, à la réquisition de l'une ou l'autre partie, sur le registre de l'état civil du lieu où l'*adoptant* est domicilié (Civ. 359, § 1er). Ce délai est fatal ; l'adoption reste sans effet si elle n'a pas été inscrite dans ce délai (Civ. 359, § 2).

15. Le décès de l'adoptant, survenu après sa déclaration reçue par le juge de paix, soit que les tribunaux aient déjà été saisis, soit même, suivant l'opinion dominante, que le contrat n'ait pas encore été transmis au ministère public, ne fera pas obstacle à ce que l'instruction soit continuée et à ce que l'adoption soit admise s'il y a lieu (Civ. 360, § 1er). L'adoption peut alors être inscrite à la requête de l'adopté survivant. Les héritiers peuvent, d'ailleurs, remettre au ministère public tous mémoires et observations tendant au rejet de l'adoption (Civ. 360, § 2).

ART. 3. — IRRÉVOCABILITÉ DE L'ADOPTION. — NULLITÉ (R. 217 et s.; S. 58 et s.).

16. L'adoption, révocable du consentement *des deux parties* jusqu'à l'inscription sur les registres de l'état civil (V. *supra*, n° 9), devient définitive à partir de cette inscription ; les parties ne peuvent désormais, même d'un commun accord, la mettre à néant. — Elle ne peut pas être révoquée pour survenance d'enfant, ni pour ingratitude. L'adopté pourrait seulement être écarté de la succession de l'adoptant comme indigne, dans les cas prévus par l'art. 730 c. civ.

17. L'adoption, bien qu'elle soit irrévocable dans ses effets, peut être affectée d'une cause de nullité. Dans le silence du Code sur les causes de nullité, il faut appliquer les principes généraux. — La nullité peut être absolue ou relative. Elle est absolue : 1° si l'une ou l'autre des parties n'a pas donné son consentement (V. *infra*, *Interdiction*) ; 2° si l'une des formes solennelles auxquelles l'adoption est soumise n'a pas été observée ou était elle-même irrégulière ; 3° si les conditions exigées dans la personne de l'adoptant ou de l'adopté faisaient défaut. — La nullité est relative : 1° en l'absence du consentement des père et mère de l'adopté ; 2° si le consentement des parties est entaché d'erreur, de violence ou de dol. — La nullité absolue peut être demandée par tout intéressé ; la nullité relative ne peut l'être que par les père et mère qui n'ont pas consenti, ou par la partie dont le consentement a été vicié, et ses héritiers.

ART. 4. — EFFETS DE L'ADOPTION.

§ 1er. — *Transmission du nom* (R. 170 et s.; S. 41 et s.).

18. L'adoption confère le nom de l'adoptant à l'adopté, qui l'ajoute au sien propre. Pour ne porter que le nom de l'adoptant, il devrait obtenir l'autorisation du gouvernement (Cons. d'Et. 18 juill. 1873, D. P. 74. 3. 39). — Le nom de l'adoptant passe aux enfants de l'adopté nés après l'adoption, même s'ils étaient conçus avant. Mais on décide généralement que les enfants de l'adopté nés avant l'adoption n'acquièrent pas le nom de l'adoptant. — La chancellerie admet aussi que l'adoption transmet de plein droit à l'adopté les titres de noblesse de l'adoptant. Mais il existe un arrêt de la cour de Paris en sens contraire (Paris, 18 juill. 1893, D. P. 94. 2. 7).

§ 2. — *Etat de famille.* — *Empêchement de mariage.* — *Obligation alimentaire* (R. 174 et s.; S. 43 et s.).

19. L'adopté reste dans sa famille naturelle et y conserve tous ses droits, en même temps que tous ses devoirs. Il demeure sous la puissance paternelle de ses père et mère, à qui il doit demander leur consentement s'il se marie. L'obligation alimentaire subsiste entre lui et sa famille naturelle.

20. Il n'entre pas dans la famille de l'adoptant. Cependant le mariage est prohibé (Civ. 348) : entre l'adoptant, l'adopté et ses descendants ; entre les enfants adoptifs du même individu ; entre l'adopté et les enfants qui pourraient survenir à l'adoptant ; entre l'adopté et le conjoint de l'adoptant, et réciproquement entre l'adoptant et le conjoint de l'adopté. — D'après l'opinion dominante, l'empêchement au mariage résultant de ces dispositions est seulement prohibitif (V. *infra*, *Mariage*).

21. D'autre part, il a été jugé que l'adoption crée l'*alliance* entre l'adoptant et le conjoint de l'adopté ; qu'en conséquence, ils ne peuvent faire partie d'un même conseil municipal dans une commune de plus de 500 habitants (L. 21 mars 1831, art. 20, R. v° *Commune*, p. 231 ; L. 5 avr. 1884, art. 35, D. P. 84. 4. 25 ; Ch. réun. c. 6 déc. 1844, D. P. 45. 1. 10).

22. L'obligation alimentaire existe entre l'adoptant et l'adopté. On admet, en général, que cette obligation s'étend aux descendants de l'adopté, mais non aux ascendants de l'adopté.

§ 3. — *Successibilité* (R. 183 et s.; S. 45 et s.).

23. Les droits de successibilité réciproque subsistent entre l'adopté et les membres de sa *famille naturelle*.

24. L'adopté a, dans la *succession de l'adoptant*, tous les droits d'un enfant légitime, alors même qu'il serait né à l'adoptant des enfants légitimes depuis l'adoption (Civ. 350). Il exclut donc les ascendants de l'adoptant. — D'autre part, il a la même réserve que l'enfant légitime : il en résulte pour lui le droit d'agir en réduction des libéralités excessives. Dans l'opinion qui a prévalu, il peut faire réduire, non seulement les libéralités postérieures à l'adoption, mais même celles qui lui sont antérieures. — La majorité des auteurs lui reconnaît également le droit de demander, en vertu de l'art. 1098 Civ., la réduction des libéralités faites à son conjoint par l'adoptant qui viendrait à se marier après l'adoption : on assimile l'adopté à un enfant du premier lit. Mais l'adoption n'entraîne pas, comme la survenance d'enfant, la révocation de plein droit des donations faites par l'adoptant. L'adopté profiterait cependant de cette révocation s'il survenait un enfant à l'adoptant postérieurement à l'adoption. — L'adopté n'acquiert aucun droit de successibilité sur les biens des parents de l'adoptant (Civ. 350).

25. D'après la jurisprudence, les *enfants de l'adopté* ont les mêmes droits et les mêmes obligations que leur auteur et, par conséquent, ils recueillent, comme lui, la succession de l'adoptant, soit de leur chef, soit par représentation. — Et il n'y a pas lieu de distinguer entre les enfants de l'adopté nés après l'adoption et ceux qui sont nés avant.

26. L'adoptant ne succède pas à l'adopté, dont les biens sont dévolus, à son décès, à ses parents naturels. Toutefois, la loi ouvre au profit de l'adoptant et de ses descendants un droit de *retour successoral* sur les biens qui ont été donnés par l'adoptant à l'adopté ou que celui-ci a recueillis dans sa succession (Civ. 351).

27. L'ouverture de ce droit est subordonnée au décès de l'adopté sans descendants *légitimes*. On admet généralement que la présence d'un enfant adoptif de l'adopté y met également obstacle. — Même dans le cas où l'adopté a laissé des descendants légitimes, le droit de retour peut encore s'exercer, si ceux-ci meurent sans postérité. Mais alors le droit n'appartient qu'à l'adoptant lui-même et ne passe pas à ses descendants (Civ. 352). — Le droit de retour n'existe jamais au profit des enfants adoptifs de l'adoptant.

28. De ce que le droit établi au profit de l'adoptant et de ses descendants est un droit de retour, il résulte qu'il ne s'exerce que sur les biens qui existent *en nature* dans la succession de l'adopté. Ceux qui ont été aliénés entre vifs ou par testament n'en sont pas frappés. — Mais, d'après l'opinion générale, celui qui peut exercer le droit de retour est admis à réclamer le prix encore dû des biens aliénés ou à exercer les actions en reprise qui compétent à l'adopté ou à ses descendants (actions en réméré, en rescision, en nullité). — Le droit de retour ne s'exerce, d'ailleurs, qu'à charge de respecter les droits réels établis sur les biens soumis au retour.

29. De ce que le droit de retour est un droit successoral, il résulte : 1° que celui qui l'exerce est tenu des dettes proportionnellement à la valeur des biens qu'il recueille comparée à la valeur totale de la succession ; 2° que les règles de l'indignité lui sont applicables ; 3° qu'il est passible des droits de succession.

ART. 5. — TUTELLE OFFICIEUSE. — ADOPTION TESTAMENTAIRE (R. 229 et s.; S. 66 et s.).

30. La tutelle officieuse est un contrat de bienfaisance par lequel une personne se charge d'élever gratuitement un enfant et de le mettre en état de gagner sa vie. Son objet principal est de préparer l'adoption.

31. 1° *Conditions.* — Le tuteur officieux doit être âgé de plus de cinquante ans, n'avoir ni enfants, ni descendants légitimes, obtenir le consentement de son conjoint s'il est marié, être capable d'exercer la tutelle, sous cette réserve que la femme peut être tutrice officieuse (Civ. 361, 362). — Le pupille doit être âgé de moins de quinze ans et avoir le consentement de ses parents dans les conditions déterminées par l'art. 361 (Civ. 364).

32. 2° *Formes.* — Le contrat est dressé par le juge de paix (Civ. 363). Il n'est pas besoin de le faire homologuer. — On admet généralement qu'il y a lieu de nommer un subrogé tuteur.

33. 3° *Droits et obligations du tuteur officieux.* — Le tuteur officieux prend le gouvernement de la personne et l'administration des biens du mineur, même dans le cas où celui-ci a encore ses père et mère. Cependant le père garde l'usufruit légal et l'administration des biens dont il a l'usufruit. La puissance paternelle reste également aux père et mère. Les tribunaux tranchent les conflits qui peuvent se produire avec le tuteur officieux. — Le tuteur officieux est tenu de nourrir et d'élever le pupille à ses frais. Si celui-ci a des biens, le tuteur doit compte de son administration comme un tuteur ordinaire ; il ne peut, d'ailleurs, imputer les dépenses de l'éducation sur les revenus du pupille

(Civ. 365). — Ses immeubles sont grevés de l'hypothèque légale du mineur.

34. 4° *Effets de la tutelle officieuse quant à l'adoption.* — *Adoption testamentaire.* — La tutelle officieuse, lorsqu'elle a duré cinq ans au moins, rend possible l'adoption testamentaire. — Les cinq ans doivent être écoulés à l'époque du testament; il ne suffirait pas qu'ils fussent expirés lors du décès. — L'adoption testamentaire est dispensée de quelques-unes des conditions requises pour l'adoption ordinaire. Ainsi, quant aux formes, il suffit d'observer celles des testaments. Au fond, le consentement du conjoint n'est jamais exigé. Mais l'adoption testamentaire n'est valable que si l'adoptant ne laisse point d'enfants légitimes (Civ. 366).

35. L'adoption testamentaire devient caduque à la majorité du mineur, si le tuteur officieux vit encore à ce moment. — Le pupille adopté par testament peut, devenu majeur, accepter l'adoption, ou y renoncer. Il a besoin, pour accepter, du consentement de ses père et mère. — Si le tuteur officieux meurt sans avoir adopté son pupille, il doit être fourni au mineur, durant sa minorité, des moyens de subsister dont la quotité et l'espèce, s'il n'y a été antérieurement pourvu par une convention formelle, seront réglées soit amiablement entre les représentants respectifs du tuteur et du pupille, soit judiciairement en cas de contestation (Civ. 367). Il en est ainsi lors même que le pupille a des revenus suffisants.

36. Si le tuteur officieux, qui n'a pas procédé à l'adoption testamentaire, vit encore à la majorité du pupille, il devra, s'il veut l'adopter et que le pupille y consente, recourir aux formes de l'adoption ordinaire (Civ. 368). Il en serait de même dans le cas où l'adoption testamentaire aurait eu lieu, cette adoption devenant caduque par l'arrivée du pupille à sa majorité du vivant du tuteur (V. *supra,* n° 35). — L'adoption est facultative de la part du tuteur officieux; mais le pupille, devenu majeur, peut le mettre en demeure d'y procéder, et, si les réquisitions à fin d'adoption demeurent sans résultat, le tuteur officieux peut être condamné à une indemnité au profit de l'espèce, de revenus suffisants. — Cette condamnation ne peut être obtenue qu'autant que les réquisitions dont il s'agit ont été faites dans un délai de trois mois à compter de la majorité (Civ. 369), délai qui est prescrit à peine de déchéance.

Art. 6. — Enregistrement et timbre.

37. Le procès-verbal dressé par le juge de paix pour constater les consentements respectifs de l'adoptant et de l'adopté est assujetti au droit fixe de 1 fr. 50 (L. 22 frim. an 7, art. 68, § 1, n° 9, R. v° *Enregistrement*, t. 21, p. 26; et 28 févr. 1872, art. 4, D. P. 72. 4. 12). — L'expédition de ce procès-verbal est délivrée sur papier non timbré (L. 26 janv. 1892, art. 12, D. P. 92. 4. 9).

38. Le jugement du tribunal de première instance est soumis au droit fixe de 75 francs s'il autorise l'adoption (L. 28 avr. 1816, art. 48, n° 2, R. v° *Enregistrement*, t. 21, p. 39; 28 févr. 1872, art. 4; 26 janv. 1892, art. 17, n° 11, et de 7 fr. 50 s'il refuse d'homologuer (L. 26 janv. 1892, art. 17, n° 4). — L'arrêt de la cour d'appel est soumis au droit principal de 150 francs s'il confirme l'adoption (L. 28 avr. 1816, art. 49, n° 1; 28 févr. 1872, art. 4, et 26 janv. 1892, art. 17, n° 12), et de 25 francs s'il refuse la confirmation (L. 26 janv. 1892, art. 17, n° 8). — Les affiches dont l'apposition est ordonnée par l'art. 358 c. civ. doivent être imprimées sur timbre de dimension (Circ. Reg. 1908).

39. Les actes de tutelle officieuse sont assujettis à la formalité de l'enregistrement et soumis à un droit principal fixé à 50 francs par la loi du 28 avr. 1816, art 48, n° 1, et porté à 75 francs par l'art. 4 de la loi du 28 févr. 1872.

40. L'acte contenant adoption testamentaire est un acte de dernière volonté assujetti comme tel au droit fixe de 7 fr. 50 (L. 22 frim. an 7, art. 68, § 3, n° 5, et 28 avr. 1816, art. 45, n° 4).

ADULTÈRE

(R. v° *Adultère*; S. *eod.* v°).

§ 1ᵉʳ. — *Eléments constitutifs du délit* (R. 10 et s.; S. 5 et s.).

1. Le délit d'adultère est la violation de la foi conjugale, commise par une personne mariée qui a des rapports sexuels avec une autre personne que son conjoint (Pén. 336-338). — Trois conditions sont donc nécessaires pour l'existence de ce délit : 1° la consommation des rapports sexuels; 2° le fait que l'un des deux coupables, au moins, est marié; 3° la volonté ou l'intention criminelle.

2. En ce qui concerne l'adultère commis par le mari, il faut, en outre, qu'il y ait eu : 1° *entretien* d'une concubine; 2° *présence de cette femme au domicile conjugal.* — L'entretien suppose un commerce suivi. Il y a lieu, d'ailleurs, de considérer comme une concubine entretenue, non seulement la femme que le mari aurait installée chez lui dans le but unique d'avoir avec elle des relations illicites, mais encore toute femme qui, se trouvant au domicile de son mari, soit comme domestique, soit même comme faisant partie de la famille, vit en concubinage avec lui. Mais un fait isolé d'adultère, même commis au domicile conjugal, serait insuffisant pour constituer le délit. — Le domicile conjugal doit s'entendre, non seulement du domicile principal et ordinaire des époux, mais de tout endroit où le mari va habiter, pour ses affaires, par exemple, car il doit toujours être prêt à y recevoir sa femme. On ne saurait assimiler à la maison conjugale les résidences passagères du mari dans les hôtels garnis où il aurait séjourné avec sa concubine. Mais le logement que mari occupe en commun avec une concubine doit, bien que le bail ait été fait sous un nom supposé, être considéré, au point de vue de l'adultère, comme le domicile conjugal lorsque le mari est, en réalité, le seul et véritable locataire, qu'il l'a garni de meubles lui appartenant, et que, d'ailleurs, il n'a pas d'autre domicile. — L'entretien par le mari d'une concubine dans le domicile conjugal est encore punissable même lorsqu'il a lieu *pendant l'instance* en séparation de corps ou en divorce. Mais le mari ne peut être condamné pour adultère s'il entretient une concubine dans son domicile *après* la séparation de corps. — La concubine entretenue au domicile conjugal par le mari peut être condamnée comme complice de celui-ci, par application des principes généraux sur la complicité. Si cette concubine est elle-même mariée, elle pourra être poursuivie sans que son mari ait porté plainte contre elle. V. *infrà*, Peine.

§ 2. — *Exercice de l'action* (R. 27 et s.; S. 17 et s.).

3. L'adultère de l'un des époux ne peut être poursuivi que sur la dénonciation formelle de l'autre conjoint, signée par lui ou par son fondé de pouvoirs. Le ministère public peut, d'ailleurs, poursuivre d'office les délits qui seraient connexes au délit d'adultère, par exemple un délit d'outrage public à la pudeur ou le délit d'excitation de mineur à la débauche.

4. Le mari qui a dénoncé sa femme peut intervenir dans la poursuite, en se portant partie civile, sans toutefois y être tenu. Si le mari s'est contenté de porter plainte, le ministère public est le maître de diriger la poursuite comme il l'entend; il n'a pas besoin, notamment, du concours du mari pour interjeter appel ni pour se pourvoir en cassation. Quant au mari qui ne s'est pas porté partie civile, il n'a pas le droit de se saisir de la poursuite, et, par exemple, il ne pourrait pas interjeter appel. Au contraire, si le mari s'est constitué partie civile, il a le droit, aussi bien que le ministère public, de poursuivre la répression pénale du délit devant toutes les juridictions; et son appel suffit, contrairement au droit commun (Instr. 202), pour permettre à la cour d'aggraver la peine prononcée par les premiers juges.

5. Le conjoint plaignant peut, en tout état de cause, faire tomber la poursuite du ministère public en se désistant de sa plainte (ce point est contesté cependant au cas d'adultère du mari). — Le désistement de la plainte, intervenu avant que le jugement de condamnation soit devenu définitif, éteint l'action publique à l'égard du complice de l'époux coupable. Le mari qui se désiste n'est pas tenu de reprendre sa femme. La jurisprudence, dans son dernier état, paraît admettre que le décès du conjoint survenu pendant la poursuite n'éteint pas l'action publique à l'égard de l'époux coupable. — Contrairement au principe général d'après lequel, en matière de complicité, le décès de l'auteur principal n'arrête pas la poursuite à l'égard des complices, le décès de la femme pendant la poursuite éteint l'action publique à l'égard de son complice.

§ 3. — *Fins de non-recevoir* (R. 72 et s.; S. 52 et s.).

6. Les fins de non-recevoir qui peuvent être opposées à la poursuite *par l'un ou l'autre des époux* sont :

1° La nullité du mariage, qu'il s'agisse d'une nullité relative ou d'une nullité absolue; il y a là une question préjudicielle dont la décision est réservée à la juridiction civile et devant laquelle le tribunal de répression doit s'arrêter;

2° La réconciliation des époux, laquelle a pour effet d'éteindre l'action publique, non seulement vis-à-vis de l'époux inculpé, mais encore à l'égard de son complice, et cela encore qu'elle soit intervenue après le jugement de condamnation, pourvu que ce jugement n'ait pas acquis, à l'égard de l'époux condamné, l'autorité de la chose jugée. — La cohabitation des deux époux sous le même toit ne suffit pas pour faire présumer la réconciliation; mais ce fait peut servir à établir qu'un rapprochement s'est opéré entre eux;

3° La prescription, qui est de trois ans, comme pour tous les délits en général (Instr. 638). L'adultère, au moins celui de la femme, n'est un délit *successif*; chaque fait d'adultère consommé constitue par lui-même un délit, et, par conséquent, la prescription court pour chaque fait, à partir du jour où il s'est produit; au contraire, l'adultère du mari n'existant que s'il y a eu entretien d'une concubine au domicile conjugal, il semble que la prescription ne doive commencer à courir qu'à partir du dernier acte d'adultère;

4° La chose jugée. — Pour que cette exception soit opposable, il faut que les faits d'adultère qui motivent la seconde poursuite soient identiquement les mêmes que ceux qui ont été l'objet de la première.

7. L'adultère du mari, à la condition qu'il soit délictueux, c'est-à-dire qu'il y ait eu entretien d'une concubine dans la maison conjugale (V. *supra*, n° 2), peut être invoqué comme fin de non-recevoir par la femme à qui le même délit est imputé (Pén. 336). Toutefois il faut qu'il s'agisse d'un adultère contemporain de celui de la femme; celle-ci ne pourrait pas invoquer un adultère commis anciennement par son mari. — Le domicile du mari cessant d'être le domicile conjugal après la séparation de corps, la femme séparée de corps ne peut plus opposer à la plainte du mari la fin de non-recevoir tirée de l'adultère de celui-ci. La jurisprudence est divisée sur le point de savoir si la connivence du mari rend celui-ci non recevable à dénoncer les faits qu'il a autorisés. — L'adultère de la femme ne constitue pas une fin de non-recevoir pour le mari.

§ 4. — *Preuves* (R. 96 et s.; S. 75 et s.).

8. En ce qui concerne les *preuves* du délit d'adultère, il est admis que ce délit peut, à l'égard des époux et de la concubine du mari, être établi à l'aide de tous les genres de preuve autorisés par le droit commun : procès-verbaux, témoignages, aveux, écrits, présomptions. — Le mari est admis à prouver l'adultère de sa femme au moyen de lettres saisies par lui et même de lettres qu'il aurait achetées au complice de celle-ci.

9. Mais les seules preuves admises contre *le complice de la femme* sont celles du flagrant délit ou celles résultant de lettres ou autres pièces écrites par le prévenu (Pén. 338, § 2). Pour qu'il y ait flagrant délit d'adultère, il n'est pas nécessaire que le délit soit constaté au moment où il se commet (Comp. Instr. 41); il suffit que la femme et le complice aient été vus ou entendus dans des circonstances qui supposent nécessairement que l'adultère a été commis. Ainsi, le flagrant délit résulte suffisamment de ce qu'un individu a été trouvé la nuit, ou même le jour, les vêtements en désordre, enfermé dans une chambre, avec une femme mariée. — Il ne faut pas confondre les circonstances constitutives du flagrant délit avec les moyens de preuve à l'aide desquels le flagrant délit peut être constaté. La loi exige un flagrant délit pour que le complice de la femme puisse être condamné; mais ce flagrant délit peut, suivant la règle générale, être établi, non seulement par des procès-verbaux, mais par des dépositions de témoins reçues par le juge d'instruction ou faites devant le tribunal. — Les lettres et autres pièces émanées du prévenu peuvent être considérées comme des preuves suffisantes, alors même qu'elles ne renferment pas, d'une manière expresse, l'aveu des relations adultérines. — L'aveu fait par le prévenu de complicité d'adultère avec une femme mariée et consigné dans un interrogatoire subi par lui devant le juge d'instruction ou devant un officier de police judiciaire, peut être assimilé à une pièce écrite et constituer la preuve requise par l'art. 338, § 2, c. pén.

§ 5. — *Peines et effets de l'adultère* (R. 116 et s.; S. 87 et s.).

10. L'adultère de la femme est puni d'un emprisonnement de trois mois à deux ans (Pén. 337, § 1er). Cette peine est applicable à la femme et à son complice; ce dernier est, en outre, passible d'une amende de 100 à 2 000 francs (Pén. 338, § 1er). L'adultère du mari est puni d'une amende de 100 à 2 000 francs (Pén. 339). La concubine du mari encourt la même peine que celui-ci.

11. L'adultère peut motiver une condamnation à des dommages-intérêts au profit de l'époux lésé, à la charge tant de l'époux coupable que de son complice. Mais l'époux lésé n'est plus recevable dans son action en dommages-intérêts lorsqu'il y a eu réconciliation ou qu'il s'est désisté de sa plainte. — L'adultère n'entraîne pas par lui-même, et sauf les effets de la séparation de corps ou du divorce, la révocation des donations faites à l'époux coupable par son conjoint, ni la perte de sa dot pour la femme. Mais il peut entraîner certaines déchéances ou incapacités, V. *infrà, Peine*.

12. Sur l'excuse qui existe au profit du

mari qui commet un meurtre sur sa femme au moment où il la surprend en flagrant délit dans le domicile conjugal, V. *infrà, Peine.*

13. Il faut distinguer l'adultère en tant que délit, de l'adultère constituant une cause de divorce et de séparation de corps. Dans ce dernier cas, l'adultère du mari est assimilé à l'adultère de la femme : l'adultère du mari constitue une cause de divorce ou de séparation de corps, sans qu'il soit nécessaire qu'il ait eu entretien de la concubine dans la maison conjugale (V. *infrà, Divorce, Séparation de corps*). On a vu, *suprà,* n° 2, que cette condition est exigée pour que l'adultère du mari soit punissable.

AFFICHE

(R. v° *Affiche-afficheur*; S. *eod. v°*).

1. On entend par *affiches* les feuilles manuscrites ou imprimées qui sont apposées dans un lieu public, ou encore les inscriptions qui sont peintes sur les murs et dont ont pour objet de rendre publiques des énonciations ou annonces relatives à un commerce privé, ou des défenses de police. L'affichage est réglementé par la loi du 29 juill. 1881, art. 15 à 17 (D. P. 81. 4. 65).

§ 1er. — *Diverses espèces d'affiches* (R. 26 et s.; S. 3 et s.).

2. Dans chaque commune, le maire doit désigner, par arrêté, les lieux exclusivement destinés à recevoir les affiches *des lois* et autres *actes de l'autorité publique*, apposées par ordre du Gouvernement ou de l'Administration (L. 1881, art. 15, § 1er).

3. La loi prescrit d'apposer les affiches, soit en matière civile ou commerciale, soit en matière administrative, soit en matière pénale, dans un très grand nombre de cas où se trouvent engagés plus ou moins directement les intérêts des citoyens en général.

4. Les tribunaux de tous ordres peuvent, *en matière civile,* ordonner, même d'office, l'affiche de leurs jugements (Pr. 1036). Ils ont la même faculté en matière pénale dans certains cas limitativement déterminés par les lois. V. *infrà, Brevet d'invention, Discipline, Peine, Usure, Vente de substances falsifiées,* etc. — Toute disposition d'un jugement ou arrêt qui, en dehors de ces cas, ordonnerait l'affiche d'une condamnation devrait être déclarée nulle. — Cependant les tribunaux de répression peuvent toujours, sur la demande de la partie civile, ordonner l'affiche du jugement, *à titre de dommages-intérêts*.

5. Les *affiches quelconques des particuliers* peuvent toujours être apposées sans autorisation ni visa d'aucune sorte. L'affichage même des écrits politiques est entièrement libre. — Toutefois, il est interdit aux particuliers de placarder aucune affiche dans les endroits réservés, par arrêté du maire, aux affiches des lois et actes de l'autorité publique (L. 1881, art. 15, § 2), et ce sous peine d'une amende de 5 à 15 francs prononcée contre l'afficheur.

§ 2. — *Conditions auxquelles sont soumises les affiches* (R. 124 et s.; S. 34 et s.).

6. Les affiches des actes émanés de l'autorité peuvent seules être imprimées sur *papier blanc* (L. 1881, art. 15, § 3). L'apposition d'affiches privées, même électorales, imprimées sur papier blanc est punie d'une amende de 5 à 15 francs. D'après la jurisprudence de la cour de cassation, c'est l'afficheur, et non l'imprimeur, qui en est passible (Cr. c. 7 mars 1896, D. P. 96. 1. 511). — De même, les affiches électorales qui comprennent une combinaison des trois couleurs bleu, blanc et rouge, sont interdites à peine pour l'imprimeur d'une amende de

50 francs par contravention (L. 30 mars 1902, art. 44; D. P. 1902. 4. 61).

7. Les affiches électorales peuvent être placardées sur tous les édifices publics, à l'exception des édifices consacrés aux cultes et sauf dans les emplacements réservés, par arrêtés municipaux, aux actes de l'autorité (L. 29 juill. 1881, art. 16). — Cependant, les maires et, à leur défaut, les préfets dans les départements, le préfet de la Seine à Paris, ont le droit d'interdire l'affichage, même en temps d'élections, sur les édifices et monuments ayant un caractère artistique. Les contrevenants sont punis d'une amende de 5 à 15 francs par contravention (L. 27 janv. 1902, D. P. 1902. 4. 27).

8. La profession d'afficheur est entièrement libre. — L'autorité municipale n'a aucun pouvoir pour en réglementer l'exercice.

§ 3. — *Destruction des affiches* (R. 139 et s.; S. 48 et s.).

9. Le fait d'avoir enlevé, déchiré, recouvert ou altéré par un procédé quelconque, de manière à les travestir ou à les rendre illisibles, des *affiches apposées par ordre de l'Administration, dans les emplacements à ce réservés,* est puni, soit d'une amende de 5 à 15 francs, s'il a été commis par un simple particulier, soit d'une amende de 16 à 100 francs et d'un emprisonnement de six jours à un mois, ou de l'une de ces deux peines seulement, s'il a été commis par un fonctionnaire ou agent de l'autorité (L. 29 juill. 1881, art. 17).

10. Le fait d'avoir détruit ou altéré des *affiches électorales* émanant de simples particuliers, apposées ailleurs que sur les propriétés de celui qui commet cette lacération, est puni des mêmes peines (L. 29 juill. 1881, art. 16 et 17). La peine portée, en ce cas, contre le fonctionnaire est applicable alors même que les affiches lacérées contiendraient des imputations injurieuses pour le Gouvernement ou pour des tiers et que la lacération aurait été commise par un commissaire de police agissant par ordre de ses chefs (Trib. corr. de Reims, 13 nov. 1889, D. P. 91. 3. 31) ; ... à moins que les affiches n'aient été apposées sur les emplacements réservés, par arrêtés municipaux, aux actes de l'autorité (L. 29 juill. 1881, art. 17, *in fine*).

11. La destruction ou altération d'une affiche de l'autorité ou d'une affiche électorale n'est jamais punissable que si elle a été commise avec intention, et, en outre, lorsqu'il s'agit d'une affiche de l'autorité, que si cette affiche avait été apposée dans un emplacement à ce réservé par arrêté du maire, V. *suprà,* n° 2.

12. Le propriétaire d'un immeuble a toujours le droit de détruire ou faire détruire les affiches de l'autorité et les affiches électorales apposées sans son consentement sur sa propriété, alors même qu'il n'y habite pas ; ... à moins que la jouissance de l'immeuble n'appartienne, en totalité, à un tiers à titre de locataire ou d'usufruitier. C'est, en ce cas, au locataire ou à l'usufruitier qu'appartient le droit de lacération.

13. Le curé ou desservant a pareillement le droit de lacérer les affiches apposées sur son presbytère, à moins qu'il ne s'agisse d'affiches apposées par ordre de l'Administration, et si les murs du presbytère ont été réservés, par arrêté municipal, à l'affichage des actes officiels.

14. Lorsque les affiches d'un particulier, même candidat aux élections, ont été placardées sur un immeuble privé, sans le consentement du propriétaire, de l'usufruitier ou du locataire, ce particulier peut être condamné à les enlever et, en outre, à réparer le dommage matériel causé par leur apposition.

6

15. La destruction d'affiches privées autres que les affiches électorales ne constitue, quel que soit l'auteur de cette destruction, ni un délit, ni une contravention. — Mais lorsqu'elle a été opérée par un autre que le propriétaire de l'immeuble, elle peut constituer une *faute* et motiver la condamnation de son auteur à des dommages-intérêts (Req. 19 mars 1900, D. P. 1900. 1. 262).

16. La destruction de l'affiche contenant le texte de la loi du 23 janv. 1873 sur l'*ivresse*, qui doit être placardée dans tout débit de boissons, est punie, aux termes de l'art. 12 de cette loi, d'une amende de 1 à 15 francs, outre les frais de rétablissement de l'affiche.

§ 4. — *Enregistrement et timbre.*

17. Les affiches ne sont pas assujetties à la formalité de l'enregistrement.

18. On les divise, au point de vue du timbre, en *affiches sur papier* et *affiches peintes*. Les affiches sur papier, imprimées ou manuscrites, sont, en principe, soumises au timbre. Le droit est réglé d'après la dimension des affiches et fixé de la manière suivante :

Par feuille de 12 dmq. 1/2 et au-dessous.	0 fr. 05
Au-dessus de 12 dmq. 1/2 jusqu'à 25 dmq.	0 fr. 10
Au-dessus de 25 dmq. jusqu'à 50 dmq. . .	0 fr. 15
Au delà de cette dernière dimension. . .	0 fr. 20

(L. 18 juill. 1866, art. 4, D. P. 66. 4. 129), plus deux décimes (L. 23 août 1871, art. 2 ; D. P. 71. 4. 54). — Les droits sont perçus : par le timbrage à l'extraordinaire (L. 15 mai 1818, art. 76, R. v° *Enregistrement*, t. 22, p. 742), ou par l'apposition de timbres mobiles (L. 27 juill. 1870, art. 6, et 30 mars 1880, art. 1er, D. P. 70. 4. 59 et 80. 4. 82).

19. Sont exemptes de l'impôt du timbre : les affiches administratives ou de l'autorité publique (L. 9 vendém. an 6, art. 56, R. v° *Enregistrement*, t. 22, p. 736 ; 13 brum. an 7, art. 16, *ibid.*, p. 737) ; les affiches se rapportant à l'administration des monts-de-piété (L. 24 juin 1851, art. 8, D. P. 51. 4. 134) ; les affiches intéressant les sociétés de secours mutuels (Décr. 26 mars 1852, art. 11, D. P. 52. 4. 101) ; les affiches électorales d'un candidat contenant sa profession de foi, une circulaire signée de lui ou seulement son nom (L. 11 mai 1868, art. 3, § 3, D. P. 68. 4. 52 ; 8 déc. 1883, D. P. 84. 4. 9 ; 5 nov. 1884, art. 14, D. P. 84. 4. 25) ; les affiches nécessaires pour le service des caisses d'épargne (L. 9 avr. 1881, art. 20 et 21, D. P. 81. 4. 114) ; les affiches relatives à la conciliation et à l'arbitrage facultatifs entre patrons et ouvriers (L. 27 déc. 1892, art. 12, D. P. 93. 4. 33) ; les affiches manuscrites concernant exclusivement les demandes et les offres d'emplois (L. 26 juill. 1893, art. 18, D. P. 94. 4. 47).

20. Ne sont pas considérés comme de véritables affiches et, par suite, ne sont pas soumis au timbre, les écriteaux qui sont apposés sur une maison à louer ou à vendre, de même que les enseignes placées à la devanture d'un magasin pour faire connaître le genre de commerce qui s'y exploite (Décis. min. 7 brum. an 6, R. v° *Enregistrement*, 6185 ; Circ. 1124 ; Instr. Reg. 1675).

21. L'apposition d'une affiche non timbrée rend applicables les peines suivantes : amende de 20 francs, à l'auteur de l'affiche (L. 28 avr. 1816, art. 69, R. v° *Enregistrement*, t. 22, p. 741 ; 16 juin 1824, art. 10, *ibid.*, t. 24, p. 42) ; — si l'affiche est imprimée, amende de 50 francs contre l'imprimeur, mais seulement lorsque la contravention lui est personnellement imputable (L. 28 avr. 1816, art. 69 ; 16 juin 1824, art. 10 ; 28 déc. 1895, art. 10, D. P. 96. 4. 38) ; — contre l'afficheur, les peines déterminées par l'art. 474 c. pén. (L. 28 avr. 1816, art. 69). — En outre, l'imprimeur est passible d'une amende de 5 à 15 francs, dans le cas où il aurait

fait usage de papier blanc pour des affiches autres que celles émanées de l'autorité publique, ou en cas d'omission sur les affiches de l'indication de son nom et de son adresse (L. 29 juill. 1881, art. 2, D. P. 81. 4. 65).

22. Les affiches dont l'apposition est ordonnée par la loi sont assujetties au timbre de dimension (Décis. min. fin. 18 vendém. an 9 ; Circ. 13 brum. an 9, n° 1908 ; Instr. Reg. 187 et 326-1°).

23. Toute affiche inscrite dans un lieu public, sur un mur, sur une construction ou de tout autre procédé, donne ouverture à une taxe unique pour toute la durée de l'affiche, fixée, par mètre carré, à : 1 franc dans les communes dont la population n'excède pas 5 000 habitants ; 1 fr. 50 dans les communes de 5 001 à 50 000 habitants ; 2 francs dans les communes dont la population est supérieure à 50 000 habitants ; 2 fr. 50 à Paris. — Pour la liquidation du droit, toute fraction de mètre carré est comptée pour un mètre (L. 26 juill. 1893, art. 19, D. P. 94. 4. 47). — Les droits sont acquittés sur la déclaration que les contribuables sont tenus de faire, préalablement à l'apposition, au bureau de l'enregistrement dans la circonscription duquel l'affiche doit être placée (Décr. 18 févr. 1891, art. 1er, D. P. 91. 4. 63), et ce, sous peine d'une amende de 100 francs en principal (L. 26 déc. 1890, art. 8, D. P. 91. 4. 50, et 26 juill. 1893, art. 19).

AGENT D'AFFAIRES

(R. v° *Agent d'affaires* ; S. eod. v°).

1. L'agent d'affaires est celui qui, sans aucun caractère public, se charge habituellement de gérer les affaires d'autrui, moyennant un salaire.

§ 1er. — *Caractères distinctifs des agents d'affaires* (R. 4 et s. ; S. 2 et s.).

2. La qualité d'agent d'affaires n'appartient qu'à celui qui fait sa profession *habituelle* de gérer ainsi les affaires d'autrui. — Trois circonstances caractérisent donc la profession de gérant d'affaires : l'habitude, l'absence de caractère public, le salaire.

3. Est agent d'affaires : celui qui rédige des mémoires, donne des conseils, et se charge de toutes sortes de liquidations ; ... celui qui, en vertu de mandats verbaux, sert d'intermédiaire aux tiers ; ... celui qui gère les biens de plusieurs particuliers ; ... celui qui accepte des procurations pour représenter habituellement les parties devant la justice de paix, les tribunaux de commerce, ou les administrations publiques ou particulières ; ... celui qui se charge du placement ou du recouvrement des capitaux, de la perception de leurs intérêts, de la vente et de l'achat d'effets publics, de créances, de fonds de commerce, d'immeubles, etc. ; ... celui qui s'occupe habituellement de la recherche des successions vacantes et de la révélation aux intéressés de leur qualité d'héritiers ; ... le gérant d'un établissement qui sert d'intermédiaire pour les mariages ; ... celui qui se charge habituellement de traduire des actes et documents en langue étrangère ; ... l'avocat étranger qui tient un cabinet où il ne se borne pas à donner des consultations sur le droit de son pays, mais rédige des actes, reçoit des mandats et se charge d'opérations de recouvrement à l'étranger ; ... le directeur d'une agence de funérailles ; ... l'entrepreneur de publicité (Paris, 5 août 1873) ; ... le directeur d'une agence ou bureau de placement.

4. Ne sont considérés comme agents d'affaires : ni les sociétés d'assurance à prime ; ... ni les sociétés d'assurances mutuelles ; ... ni les directeurs ou administrateurs de ces sociétés ; ... à moins que ceux-ci ne soient

chargés, à forfait, de tous les frais d'administration de la société (Paris, 28 juin 1867). — Est, au contraire, agent d'affaires, un agent d'une compagnie d'assurances à primes qui mutuelle qui est chargé de rechercher des assurances et de s'occuper des affaires de la société moyennant des remises ou des avantages déterminés.

5. La convention qui intervient entre l'agent d'affaires et la personne qui le charge de ses intérêts n'est ni un louage d'industrie, ni un quasi-contrat de gestion d'affaires, ni un contrat innommé ; elle est un mandat salarié. V. *infrà*, Mandat. — La mission de l'agent d'affaires est, par suite, révocable au gré du client.

6. Mais la convention peut comprendre, à côté du mandat, des éléments d'une autre nature. Tel est le cas où un héritier s'engage à abandonner à un agent d'affaires une quote-part de ce qu'il recevra dans une succession dont cet agent s'offre à lui révéler l'existence : une pareille convention contient, d'une part, un contrat d'une nature spéciale par lequel l'agent s'oblige à révéler l'existence d'un droit ignoré du titulaire, et d'autre part, un mandat salarié donné par ce dernier pour arriver à la réalisation de ce droit. Et, ce mandat n'étant que la suite et le mode d'exécution de la convention relative à la révélation du secret, la jurisprudence en conclut qu'il forme avec elle un tout indivisible et ne peut être révoqué que du consentement réciproque de l'agent d'affaires et de l'héritier, comme tout mandat donné à la fois dans l'intérêt du mandataire et du mandant. Il n'en est autrement que lorsque l'absence d'un secret à révéler réduit la convention à un simple mandat. V. *infrà*, n° 13.

7. L'agent d'affaires est commerçant, alors même que les opérations auxquelles il se livre sont purement civiles. V. *supra*, Acte de commerce.

§ 2. — *Obligations des agents d'affaires* (R. 22 et s. ; S. 13 et s.).

8. Les obligations et la responsabilité de l'agent d'affaires sont celles d'un mandataire salarié. V. *infrà*, Mandat. — Il répond, vis-à-vis de son mandant, du dommage qu'il lui a causé soit par l'inexécution totale ou partielle du mandat, soit par les fautes qu'il a commises dans sa gestion, et sa responsabilité doit être appréciée d'autant plus rigoureusement qu'il reçoit un salaire (Civ. 1991, 1992).

9. Il répond, en outre, du dommage qu'il cause par sa faute, à des tiers, dans l'exercice de son mandat. C'est ainsi que le directeur d'une agence de renseignements qui transmet à son client des informations défavorables et inexactes sur la solvabilité d'un commerçant commet une faute engageant sa responsabilité, lors même qu'il n'y aurait de sa part aucune mauvaise foi ou intention de nuire. — De même, le directeur d'une agence de placement qui, après s'être constitué intermédiaire entre un patron qui demandait un employé et un employé aux apport intéressé et clair qui recherchent un emploi de cette nature, donne à un tiers des renseignements inexacts sur la situation commerciale dudit patron et sur sa solvabilité, engage sa propre responsabilité. — L'agent d'affaires qui se borne à procurer un prêt n'est pas responsable des erreurs commises par le notaire dans la rédaction du contrat (Paris, 24 nov. 1871).

10. L'agent d'affaires doit se renfermer dans les limites du mandat qu'il a reçu ; il ne peut les dépasser sous peine de dommages-intérêts envers son client, ou même envers les tiers avec qui il a traité, et doit rendre compte de sa gestion à son client. V. *infrà*, Mandat.

11. L'agent d'affaires doit s'abstenir de toute immixtion dans les fonctions des officiers ministériels. Toute infraction à cette prohibition constitue le délit de *postulation illicite* et rend son auteur passible des peines portées par l'art. 258 c. pén. et par les lois spéciales, alors même que l'agent d'affaires n'aurait pas formellement pris la qualité d'officier ministériel. — Il y a notamment immixtion d'un agent d'affaires dans les fonctions notariales lorsque, dans le but de faire croire que les actes rédigés avec son concours ont la même valeur que des actes notariés, il a recours à des formules spéciales de rédaction, appositions de cachet, formalités de conservation de minutes, etc., dont l'utilité n'existe que dans l'accomplissement même du ministère des notaires.

§ 3. — *Salaire des agents d'affaires* (R. 15 et s.; S. 4 et s., et v° *Mandat*, 41 et s.; *Obligations*, 179 et s.).

12. Le client est tenu de payer à l'agent d'affaires, qui s'est acquitté de son mandat, la rémunération convenue. Cependant les tribunaux peuvent, nonobstant la convention intervenue entre l'agent d'affaires et son client, réduire le chiffre de cette rémunération, s'il est prouvé : ... soit que la conclusion de l'affaire qu'ont eue en vue les parties n'est pas entièrement due à l'entremise de l'agent d'affaires ; ... soit que le salaire convenu d'avance est manifestement hors de proportion avec l'importance de l'affaire et les soins qu'elle a exigés. — Les tribunaux peuvent même, dans ces cas, ordonner la *restitution* des sommes déjà versées à l'agent d'affaires par son client, s'il n'est pas établi que ce lui-ci ait connu, lorsqu'il a payé lesdites sommes, le vice dont était entachée son obligation. V. *infrà*, *Mandat*. — Le droit d'appréciation reconnu, en cette matière, aux tribunaux par la jurisprudence leur appartient, non seulement quand le mandat a été conféré ouvertement et expressément à l'agent d'affaires, mais encore quand il a été dissimulé sous la forme d'un autre contrat. — La rémunération convenue entre l'agent d'affaires et son client ne peut plus être réduite par les tribunaux lorsque, à l'expiration du mandat, le client a vérifié les éléments du compte de son mandataire, l'a approuvé et s'est formellement reconnu débiteur du solde de ce compte.

13. Lorsque le mandat reçu par l'agent d'affaires est contraire à la morale ou à l'ordre public, la convention est nulle et le mandataire ne peut réclamer aucune rétribution. Ainsi, la jurisprudence déclare nulle, comme contraire aux bonnes mœurs, la convention par laquelle un entremetteur de mariage stipule une prime à forfait, subordonnée à la conclusion d'un mariage pour lequel il propose son office. — Mais, même en ce cas, l'agent matrimonial a le droit de réclamer une indemnité calculée sur le temps employé et les dépenses faites par lui. On doit de même reconnaître comme valable la stipulation fixée par lui d'une simple rémunération pour ses démarches, si cette rémunération n'est pas subordonnée au succès desdites démarches. Est pareillement licite, la convention par laquelle un agent d'affaires, moyennant la promesse soit d'une somme déterminée, soit d'une quote-part des valeurs recueillies, s'engage à révéler à un individu l'existence d'une succession qui lui est échue et à en poursuivre le recouvrement à ses risques et périls; l'héritier ne peut refuser de payer la rémunération ainsi stipulée, à moins, cependant, qu'il ne soit prouvé que l'agent d'affaires a appris à l'autre partie un fait qui serait certainement parvenu à sa connaissance par d'autres voies; la convention serait, en ce cas, nulle faute d'objet, c'est-à-dire de secret à révéler.

14. L'agent d'affaires n'a pas le droit de retenir jusqu'au payement de son salaire les pièces à lui confiées. V. *infrà*, *Avoué*. —

Son action en payement de ses frais et de sa rémunération se prescrit par trente ans, et non par les délais plus courts de l'art. 2273 c. civ. V. *infrà*, *Prescription civile*.

§ 4. — *Compétence* (R. 11, 19; S. 3, 11 et v° *Compétence commerciale*, 28, 54).

15. L'agent d'affaires étant commerçant, la juridiction commerciale est compétente pour connaître de toutes les actions dirigées contre lui, à raison des actes de son ministère, alors même que l'affaire pour laquelle il s'est entremis aurait un caractère purement civil. — Il est notamment justiciable du tribunal de commerce pour le payement des actes d'huissiers faits dans les affaires dont il est chargé.

16. L'action de l'agent d'affaires en payement de son salaire doit être portée devant le tribunal civil ou devant le tribunal de commerce, suivant que l'opération qui a fait l'objet de son entremise est civile ou commerciale. V. *suprà*, *Acte de commerce*, n° 3.

17. Sur la patente des agents d'affaires, V. *infrà*, *Patente*; ... Sur leur exclusion de la profession d'avocat, V. *infrà*, *Avocat*; ... Sur les droits à percevoir sur les cessions de clientèle d'agents d'affaires, V. *infrà*, *Fonds de commerce*.

AGENT DE CHANGE

(R. v^{ts} *Bourse de commerce*, *Trésor public*; S. eisd. v^{is}).

1. Les agents de change sont des officiers ministériels ayant pour principale fonction de négocier les valeurs mobilières pour le compte d'autrui et d'en constater le cours (Com. 76).

2. Le Code de commerce s'est occupé des agents de change dans ses art. 74 à 76, 81, 83 à 90 (liv. Ier, tit. 5, sect. 2), dont quelques-uns ont été modifiés par la loi du 2 juill. 1862 (D. P. 62. 4. 71) et celle du 28 mars 1885 (D. P. 85. 4. 25). — De nombreux décrets ont, en outre, réglé leur situation, notamment ceux du 1er oct. 1862 (D. P. 64. 4. 122) et du 7 oct. 1890 (D. P. 91. 4. 79), modifié lui-même par un autre décret du 29 juin 1898 (D. P. 98. 4. 149). — Enfin, sont applicables aux agents de change un grand nombre de dispositions législatives et réglementaires relatives aux bourses de commerce (V. ce mot) et aux valeurs mobilières (V. ce mot).

ART. 1er. — ORGANISATION DES OFFICES D'AGENT DE CHANGE (R. v° *Bourse de commerce*, 182 et s.; S. v^{is} *Bourse de commerce*, 39 et s., *Trésor public*, 917 et s.).

3. 1° *Création et suppression des offices*. — Il ne peut être créé, ou supprimé, d'office d'agent de change qu'en vertu d'un décret (Décr. 7 oct. 1890, art. 13 et 14). — Il y a actuellement à Paris soixante-dix agents de change (Décr. 29 juin 1898, art. 1er).

4. 2° *Nomination*. — Nul ne peut être agent de change : 1° s'il n'est Français; 2° s'il n'a vingt-cinq ans accomplis; 3° s'il ne jouit de ses droits civils et n'a satisfait aux obligations de la loi sur le recrutement; 4° s'il n'a travaillé pendant quatre ans au moins chez un agent de change, dans une maison de banque ou chez un notaire (Décr. 1890, art. 1 et 3, § 1).

5. La présentation du candidat est faite dans les formes indiquées *infrà*, *Office*. — Elle doit être accompagnée notamment du traité qu'il a souscrit, ledit traité appuyé, s'il y a lieu, de la démission du titulaire, de la déclaration, signée par les diverses parties en cause, qu'il n'a stipulé aucun avantage en dehors du prix indiqué au traité, et dans les bourses non pourvues d'un parquet, d'un état des produits bruts de l'office pendant les cinq dernières années (Décr. 1890,

art. 3). Sur les bourses munies d'un parquet, V. *infrà*, *Bourse de commerce*. — La présentation est, ainsi que le traité et les autres pièces, soumise à l'approbation de la chambre syndicale. S'il n'y a pas de chambre syndicale, on se borne à demander l'avis de l'assemblée générale des agents de change ainsi que du tribunal de commerce (Décr. 1890, art. 4).

6. Les agents de change sont nommés par décrets contresignés, soit par le ministre des finances, soit par le ministre du commerce, suivant qu'ils exercent leur ministère près d'une bourse pourvue, ou non, d'un parquet (Décr. 1890, art. 2).

7. Les agents de change ne peuvent entrer en fonctions qu'après avoir versé un cautionnement (250 000 fr. pour Paris) et après avoir prêté devant le tribunal de commerce ou, à défaut de tribunal de commerce, devant le tribunal civil, le serment de remplir leurs fonctions avec honneur et probité (Décr. 1890, art. 5).

8. Les agents de change près des bourses pourvues d'un parquet peuvent s'adjoindre des bailleurs de fonds intéressés, participant aux bénéfices et aux pertes résultant de l'exploitation de l'office et de la liquidation de la valeur (Com. 75, modifié par la loi du 2 juill. 1862). — Toutefois, cette adjonction de bailleurs de fonds n'est permise qu'à une double condition: 1° le titulaire de l'office doit toujours être propriétaire en son nom personnel du quart au moins de la somme représentant le prix de l'office et le montant du cautionnement; 2° les bailleurs de fonds ne sont tenus des pertes que jusqu'à concurrence des capitaux par eux engagés. En outre, les actes relatifs à l'adjonction des bailleurs de fonds sont soumis à l'approbation de la chambre syndicale et communiqués au ministre des finances. Il en est de même des actes relatifs aux modifications apportées dans le personnel des bailleurs de fonds ou dans la répartition des parts d'intérêts (Décr. 1890, art. 3-3° et 6). — L'adjonction des bailleurs de fonds constitue, entre eux et l'agent de change, une société commerciale qui, à certains égards, ressemble à la société en commandite (V. *infrà*, *Société*): elle est, notamment, soumise aux mêmes formalités de publicité (Com. 75, *in fine*); et les bailleurs de fonds, obligés seulement dans la limite de leur apport comme les commanditaires, doivent aussi, en principe, s'interdire tout acte d'immixtion dans les faits de la charge. Toutefois, à ce dernier point de vue, rien n'empêche qu'ils ne soient investis des fonctions de commis principal ou de fondé de pouvoir (V. *infrà*, n°s 9 et 10), et qu'à ce titre ils aient le droit, sans avoir à craindre la responsabilité indéfinie des art. 27 et 28 c. com., d'exercer certains actes de la charge. La société entre agent de change et bailleur de fonds n'a point, d'ailleurs, de raison sociale.

9. 3° *Auxiliaires des agents de change*. — Tout agent de change peut constituer, pour les actes autres que ceux de la négociation, la signature des bordereaux et les certifications prévues *infrà*, n°s 36 et 39, des *fondés de pouvoir*, en vertu de procurations qui sont soumises, s'il y a une chambre syndicale, à l'approbation de cette chambre, et dont une expédition doit, dans tous les cas, déposée au tribunal de commerce et affichée aux bureaux de l'agent de change (Décr. 1890, art. 34, § 1). — Tous les écrits émanés de l'agent de change doivent être revêtus, à défaut de sa propre signature, de la signature de ses fondés de pouvoir précédée de la mention qu'ils agissent en vertu de leur procuration (même art., § 2).

10. Les agents de change près les bourses pourvues d'un parquet peuvent aussi avoir, sous le nom de *commis principaux*, des mandataires spéciaux chargés de prendre part aux négociations dans la limite déterminée par leur mandat, au nom et sous la responsabilité de leurs mandants (art. 35, § 1). Il est interdit aux agents de change et aux commis principaux de vendre ou de céder les fonctions de commis principal moyennant un prix ou une redevance quelconque (art. 37). Les commis principaux sont, d'ailleurs, soumis à l'action disciplinaire de la chambre syndicale, qui statue sur leur admission et peut prononcer d'office leur suspension ou leur révocation (art. 36).

ART. 2. — CARACTÈRE DES FONCTIONS DES AGENTS DE CHANGE (R. vᵒ Bourse de commerce, 217 et s.; S. eod. vᵗ, 53 et s.).

11. Les agents de change sont des officiers ministériels; ils sont donc soumis, comme tels, à la législation spéciale applicable à ces officiers en général; spécialement, ils ont, en ce qui concerne la transmission de leur charge, le droit de présenter leur successeur à l'agrément du Gouvernement (L. 28 avr. 1816, art. 91). V. infrà, Office.

12. Les agents de change sont, en outre, des commerçants. V. suprà, Acte de commerce. Ils sont notamment, par suite, électeurs et éligibles au tribunal de commerce (L. 8 déc. 1883, art. 1, D. P. 84. 4. 9). — Ils peuvent, de même, s'ils sont en état de cessation de payements, être déclarés en faillite; ils sont même, dans ce cas, poursuivis comme banqueroutiers (Com. 89), et passibles de la peine des travaux forcés à temps : la peine est celle des travaux forcés à perpétuité s'ils sont convaincus de banqueroute frauduleuse (Pén. 404).

ART. 3. — ATTRIBUTIONS DES AGENTS DE CHANGE (R. vᵒ Bourse de commerce, 229 et s.; S. eod. vᵒ, 57 et s., et vᵒ Trésor public, 950 et s., 1066 et s.).

§ 1er. — Négociation des valeurs mobilières.

A. — Monopole des agents de change (S. vᵗ Trésor public, 1066 et s.).

13. Les agents de change ont seuls le droit, en principe, de faire en leur nom propre, pour le compte d'autrui, les négociations des valeurs mobilières admises à la cote officielle de la Bourse (Com. 76, et L. 13 avr. 1898, art. 14, D. P. 98. 4. 97). Sur ce qu'il faut entendre par valeurs mobilières, V. infrà, Valeurs mobilières.

14. C'est la chambre syndicale qui statue sur l'admission des valeurs à la cote officielle (Décr. 1890, art. 80). — Elle est, à cet égard, « maîtresse de la cote » et peut, par exemple, refuser l'admission sans qu'aucune action en responsabilité puisse, du chef de ce refus, être dirigée contre elle. Par exception, toutefois, les fonds d'État français doivent être portés de droit à la cote officielle (même art.). — A l'inverse, la chambre syndicale peut admettre à la cote officielle toutes les valeurs qu'elle estime donner lieu ou pouvoir donner lieu sur la place à un nombre suffisant de transactions (même art.). Il a de soi, cependant, qu'à peine de s'engager sa responsabilité, elle ne peut admettre que celles à la négociabilité desquelles il n'y a pas un obstacle légal (Sur les valeurs non négociables, V. infrà, Société). Elle n'est pas garante, au contraire, du succès de l'entreprise à laquelle se rattachent les valeurs régulièrement admises par elle à la cote, et ne saurait, par suite, être responsable des dépréciations subies par ces valeurs. — Quant aux valeurs étrangères, si la chambre syndicale a également le droit de les admettre à son gré, elle ne peut cependant le faire qu'après s'être fait remettre certaines pièces et justifications. En outre, les actions admises à la cote ne peuvent être de moins de 25 francs lorsque le capital des entreprises n'excède pas 200 000 francs, ni de moins de 100 francs si le capital est supérieur; elles

doivent être libérées de 25 francs lorsqu'elles sont de moins de 100 francs, et du quart lorsqu'elles sont de 100 francs ou plus. Le ministre des finances peut toujours, d'ailleurs, interdire la négociation en France d'une valeur étrangère (Décr. 6 févr. 1880, D. P. 81. 4. 32; 1er déc. 1893 et 10 août 1896, D. P. 95. 4. 6, et 97. 4. 90).

15. Toute négociation faite en violation de ce privilège des agents de change constitue l'intermédiaire ou coulissier qui l'a faite (et même les banquiers et négociants qui la lui ont confiée) coupable d'un délit puni d'une amende qui est du sixième au plus et du douzième au moins du cautionnement exigé des agents de change du lieu où ce délit a été commis (V. suprà, nᵒ 7; L. 28 vent. an 9, art. 8, R. vᵒ Bourse de commerce, p. 415; Arr. 27 prair. an 10, art. 6, ibid., p. 416). — En outre, cette négociation est frappée d'une nullité qui est d'ordre public (Civ. c. 15 mars 1899, D. P. 99. 1. 313); ... de telle sorte qu'elle peut être invoquée par tout intéressé, aussi bien par l'intermédiaire lui-même que par son client; ... qu'elle doit être prononcée d'office par le tribunal et peut être prononcée pour la première fois en appel; ... qu'elle ne peut être couverte par une ratification postérieure. — Cette nullité peut être opposée par voie d'exception, en ce sens que l'intermédiaire peut refuser de livrer au client les titres achetés ou de lui payer le prix des titres vendus, et que, de son côté, le client peut refuser de payer à l'intermédiaire le prix des titres achetés ou de lui livrer les titres vendus. — Mais la jurisprudence décide qu'aucune action en répétition n'est recevable de la part de l'une ou de l'autre des parties. Tout au moins le client ne peut-il réclamer à l'intermédiaire (ou réciproquement) les sommes en titre qu'il lui a remis, lorsqu'il est intervenu entre eux un règlement définitif, c'est-à-dire un payement ou un acte équivalent (Civ. r. 15 mars 1809, précité). La tendance des arrêts paraît être d'admettre, au contraire, qu'aussi longtemps qu'il n'est pas intervenu un tel règlement définitif, le client a le droit de se faire rembourser par l'intermédiaire les fonds qu'il a versés à titre de couverture (Req. 9 déc. 1895, D. P. 97. 1. 177). — Il est bien entendu, d'ailleurs, qu'une action en répétition est toujours ouverte au client qui ignorait, même au moment de la négociation, que la négociation avait été faite sans l'entremise d'un agent de change.

B. — Mode des négociations en Bourse (S. vᵗ Trésor public, 950 et s.).

16. Les négociations en bourse se font soit au comptant, soit à terme, et, dans ce dernier cas, soit ferme, soit à prime. — Sur ces différentes formes de négociations, V. infrà, Valeurs mobilières.

17. 1ᵒ Rapports des agents de change entre eux. — C'est en leur nom propre, et non au nom de leur clients, que les agents de change font les négociations. Ils les font habituellement avec leurs confrères; à cet effet, aux jour et heure fixés pour la bourse (V. suprà, Bourse de commerce), les prix offerts et demandés sont, pour les opérations au comptant, préalablement inscrits sur un registre spécial; en outre, pour toutes opérations, ils sont, dans les bourses munies de parquet, annoncés à haute voix. Les négociations peuvent toutefois être faites par voie d'application, c'est-à-dire que l'agent de change qui a, dans sa clientèle, à la fois un acheteur et un vendeur des mêmes valeurs, jusqu'à due concurrence, appliquer à son client acheteur les valeurs que veut aliéner son client vendeur; il doit seulement, avant de réaliser l'application, faire constater par un des membres de la chambre syndicale l'absence de demandes ou d'offres plus favorables (Décr. 1890, art. 43, § 3).

18. Les négociations entre agents de change ne portent que sur des quantités, sans aucune spécification, par voie d'indication de numéros ou autrement, des titres négociés (Décr. 1890, art. 46).

19. Les agents de change ne se livrent entre eux que des titres au porteur, sauf en ce qui concerne les valeurs qui ne peuvent, d'après la loi ou les statuts de l'établissement émetteur, affecter d'autre forme que la forme nominative, et les autres valeurs qui seraient spécialement déterminées par le règlement de la compagnie d'agents de change (Décr. 1890, art. 47). Pour exécuter la négociation de ces valeurs, les agents de change peuvent faire effectuer en leur nom, sous la dénomination de transferts d'ordre, des transferts provisoires; ces transferts ne conservent leur caractère provisoire que pendant un délai de dix jours, à l'expiration duquel ils sont considérés comme définitive-ment opérés au nom de l'agent de change (art. 49).

20. Les délais de livraison, d'acceptation et de payement sont déterminés, pour les négociations au comptant, par les règlements de la compagnie des agents de change (Décr. 1890, art. 52); à Paris, les titres au porteur doivent être livrés par l'agent vendeur avant la cinquième bourse qui suit la négociation; les effets nominatifs, avant la douzième.

21. Les échéances des négociations à terme sont également fixées, pour chaque compagnie, par son règlement (Décr. 1890, art. 60). A chaque échéance, il est procédé à la liquidation générale des opérations engagées pour cette échéance (art. 65); à Paris, il est procédé ainsi à deux liquidations par mois; pour certaines valeurs cependant, par exemple les rentes sur l'État, il n'y a qu'une seule liquidation à la fin du mois. — La liquidation générale est faite par la chambre syndicale; les compensations sont établies d'après un cours uniforme déterminé par le syndic ou un agent de service d'après les cours cotés le premier jour de la liquidation des différentes valeurs. Par l'effet de cette liquidation, toutes les opérations entre agents de change sont compensées de façon à faire ressortir le solde en deniers ou en titres à la charge ou au profit de chacun d'eux; les différents soldes débiteurs ou créditeurs sont réglés par l'intermédiaire de la chambre syndicale (art. 67 et 68).

22. A défaut soit d'acceptation ou de payement par l'agent de change acheteur, soit de livraison par l'agent de change vendeur, la revente ou l'achat des valeurs négociées peuvent être, à la requête de l'agent de change avec lequel la négociation a été traitée, effectués par l'intermédiaire du syndic ou d'un adjoint de service, aux risques et périls de l'agent de change en défaut (art. 53). — En outre, lorsque la chambre syndicale a constaté qu'un agent cesse d'exécuter les marchés qui le lient à ses confrères, lesdits marchés sont liquidés en prenant pour base le cours moyen du jour de cette constatation. Les créances que cette liquidation peut faire ressortir à la charge de l'agent de change défaillant ne sont exigibles qu'à l'échéance primitive de chacune des opérations liquidées. Les donneurs d'ordre sont mis, par l'administrateur provisoire de la charge, en demeure d'opter sans délai entre la liquidation de leur marché dans les conditions ci-dessus spécifiées et le maintien de leur position chez l'agent de change défaillant (art. 56); ... sous réserve, pour les donneurs d'ordre, en ce qui concerne les bourses comportant plus de quarante agents de change, de leur action solidaire en responsabilité contre ces agents (Décr. 29 juin 1898, D. P. 98. 4. 149). V. infrà, nᵒˢ 28 et 58.

23. 2ᵒ Rapports des agents de change avec leurs clients. — Dans tous les marchés au comptant, l'agent de change est en droit d'exiger que le donneur d'ordre lui remette, avant toute négociation, les effets à négocier ou les fonds destinés à acquitter le montant de la négociation (Décr. 1890, art. 58). — Autrefois ce nantissement préalable était obligatoire pour l'agent de change (Arr. 27 prair. an 10, art. 13) ; il a cessé de l'être, l'art. 13 précité, tel qu'il a été modifié par la loi du 28 mars 1885, art. 4 (D. P. 85. 4. 25), n'édictant plus cette obligation. Il peut arriver que l'agent de change n'ait pas usé du droit qui lui appartient d'exiger la remise préalable des valeurs ou des fonds ; en pareil cas, si, après avertissement par lettre recommandée, le donneur d'ordre n'a pas, dans les trois jours à partir de l'envoi de cette lettre, remis soit les valeurs accompagnées, s'il y a lieu, d'une déclaration de transfert, soit les fonds destinés à acquitter le montant de la négociation et accompagnés, le cas échéant, de son acceptation, l'agent de change a le droit de procéder, sans autre mise en demeure, aux risques et périls du donneur d'ordre, à l'achat de va leurs semblables ou à la vente des valeurs acquises (Décr. 1890, art. 59).

24. De même, dans les marchés à terme, l'agent de change est en droit d'exiger, avant d'accepter un ordre et sauf à faire compte à l'échéance, la remise d'une couverture, soit en argent, soit en valeurs. Cette couverture est faite, non pas à titre de gage, mais à titre de payement anticipé ; de telle sorte que, lorsqu'elle consiste en valeurs, l'agent de change a le droit de les aliéner et dès s'en appliquer le prix faute de livraison ou de payement à l'échéance par le donneur d'ordre (art. 61). — Le montant de la couverture est fixé en considération des risques que court l'agent de change ; si donc le donneur d'ordre s'est réservé la faculté d'abandonner le marché moyennant une prime, la couverture exigée ne peut être supérieure au montant de la prime, sauf à l'agent de change à exiger qu'il lui soit remis, le jour de la réponse et dans un délai déterminé avant l'heure fixée pour cette réponse, un supplément de couverture. Faute par le donneur d'ordre de satisfaire à cette demande, l'agent de change est en droit de liquider l'opération à l'expiration du délai imparti au donneur d'ordre (art. 62). — En tout cas, le donneur d'ordre doit, dès le premier jour de la liquidation et avant la bourse, remettre à l'agent de change, suivant les cas, les titres accompagnés, s'il y a lieu, de la déclaration de transfert, ou les fonds, accompagnés, le cas échéant, de son acceptation ; faute par lui de ce faire, l'agent de change peut l'exécuter immédiatement, c'est-à-dire procéder, sans mise en demeure, aux risques et périls du donneur d'ordre, à l'achat en bourse de valeurs semblables à celles qu'il devait livrer ou à la vente des valeurs acquises par lui. Le donneur peut, il est vrai, se faire reporter s'il trouve un reporteur à cet effet (Sur le contrat de report, V. infrà, Valeurs mobilières) ; mais les droits de l'agent de change sont les mêmes à l'égard du donneur d'ordre dont les ordres ont été ainsi reportés en tout ou en partie, s'il ne remplit ses obligations avant la fin de la liquidation (art. 69). — D'ailleurs, pour faciliter le règlement, toutes les opérations engagées à terme chez chaque agent de change par un même donneur d'ordre sont compensées, à la liquidation, en deniers et en titres de même nature ; et même les opérations engagées chez plusieurs agents de change par un ou plusieurs donneurs d'ordres peuvent être compensées, si les diverses parties intéressées y consentent (art. 66).

25. L'agent de change est également en droit d'exiger que les titres à lui remis par son client soient réguliers et non frappés d'opposition. Il a, par suite, une action en garantie contre ce client lorsque, ce dernier

lui ayant livré des titres qui, à ce moment, étaient déjà frappés d'opposition, il est obligé de rembourser l'acheteur évincé par l'opposant ; toutefois, comme l'agent de change est lui-même en faute de n'avoir point, de son côté, consulté le bulletin des oppositions, la jurisprudence ne lui accorde guère, en fait, ce recours que lorsqu'il y a mauvaise foi démontrée de la part du client. V. infrà, Valeurs mobilières.

26. Un droit de courtage est alloué aux agents de change pour toutes leurs opérations, soit au comptant, soit à terme. Le taux en est déterminé d'une façon spéciale, pour chaque compagnie ; et il est obligatoire pour eux, en ce sens qu'ils ne peuvent consentir à aucun de leurs clients des remises sur son montant (Décr. 1890, art. 38).

27. En retour, l'agent de change est tenu d'exécuter, sans délai et au jour indiqué par son client, les ordres qui lui ont été transmis, et il est responsable du retard qu'il a apporté à leur exécution dans le cas où ce retard cause un préjudice à ce client. — Une fois l'opération exécutée, il doit en rendre compte à son client et lui livrer les titres ou les fonds qui lui reviennent (Arr. 27 prair. an 10, art. 13, précité) ; les délais dans lesquels doit avoir lieu cette livraison ou ce payement sont fixés, pour chaque compagnie d'agents de change, par son règlement particulier (Décr. 1890, art. 52).

28. Si, en dehors de toute contestation sur le fond du droit, la livraison ou le payement n'est pas effectué dans ces délais, le donneur d'ordre peut non seulement actionner l'agent de change, mais encore, après l'avoir mis en demeure par acte extra-judiciaire, notifier, en la même forme, dans le délai de vingt-quatre heures, cette mise en demeure à la chambre syndicale. Au reçu de cette notification, la chambre syndicale prend à l'égard de l'agent de change les mesures propres à l'exécution du marché ; elle l'exécute elle-même, au besoin, au mieux des intérêts du donneur d'ordre et pour le compte et aux risques et périls de l'agent de change en défaut ; elle ne peut s'y refuser qu'en dénonçant la situation dans le délai de trois jours au président du tribunal de commerce (Décr. 1890, art. 55, § 1 et 2). — Les agents de change sont, à cet égard, solidaires entre eux au moins dans les bourses comportant plus de quarante agents ; en ce sens que, dans ces bourses, « la chambre syndicale ne peut se refuser à exécuter le marché pour le compte de l'agent de change en défaut, dans la limite de la valeur totale des offices de la compagnie, calculée d'après les dernières cessions, du fonds commun et du montant des cautionnements » (art. 55, § 3, modifié par le décret du 29 juin 1898). — Sauf convention contraire, l'agent de change agit de même, vis-à-vis de son client, de l'exécution de l'opération pour celui de ses confrères avec lequel il l'a effectuée (Décr. 1890, art. 54) ; à cet égard, il est une sorte de commissionnaire ducroire.

29. L'agent de change ne peut, d'autre part, livrer à son client que des titres valables et en bonne forme ; s'il a livré un titre irrégulier, amorti, ou encore frappé d'opposition entre ses mains ou figurant au Bulletin des oppositions, il est tenu de lui livrer un autre dans les trois jours au plus tard à partir de la réclamation, sauf son recours, s'il y a lieu, contre l'agent de change vendeur. — Il peut même, le cas échéant, être condamné, à raison de ces faits, à des dommages-intérêts (art. 48). Ainsi en est-il spécialement lorsqu'il a livré à son client des titres perdus ou volés (L. 15 juin 1872, art. 12, § 1, D. P. 72. 4. 112). V. infrà, Valeurs mobilières. Toutefois, sauf le cas où sa mauvaise foi est démontrée, il n'est responsable, à ce dernier égard, des négociations faites par son entremise que lorsque

l'opposition du propriétaire dépossédé lui a été notifiée personnellement ou qu'elle a été publiée au Bulletin des oppositions (L. 15 juin 1872, art. 12, § 2). — Cette action en responsabilité se prescrit par trente ans, conformément au droit commun. — L'agent de change n'est d'ailleurs pas responsable de la valeur intrinsèque des titres achetés par son intermédiaire.

30. L'agent de change est, de même, responsable vis-à-vis de son client, lorsque ce dernier, étant un incapable dont l'incapacité lui est connue ou lui est révélée par les titres, il n'a pas, pour l'exécution de la négociation dont il est chargé, exigé l'accomplissement des formalités prescrites par la loi pour la validité de cette négociation. Spécialement, avant de procéder à la négociation des valeurs appartenant à des interdits, à des mineurs, l'agent de change doit s'assurer que la négociation a été autorisée dans les conditions déterminées par la loi du 27 févr. 1880 (Décr. 1890, art. 72). V. infrà, Minorité. Pareillement, il est tenu, au cas où l'objet de la négociation est une valeur dotale dont l'aliénation n'est permise qu'à charge de remploi, de prendre toutes les précautions pour s'assurer que les fonds provenant du remploi reçoivent l'emploi auquel ils sont destinés (Paris, 30 mars 1898, D. P. 98. 2. 300). — Mais, si rien ne révèle l'incapacité du vendeur, il cesse d'être responsable (Paris, 17 juin 1897, D. P. 98. 2. 422). — Spécialement, l'agent de change qui a reçu d'un père, administrateur légal des biens de son fils mineur, l'ordre de vendre, à charge d'emploi, des valeurs mobilières appartenant à celui-ci, n'est pas responsable du fait que ce père avait été pourvu d'un conseil judiciaire par une décision qu'il ne pouvait soupçonner (Paris, 21 févr. 1896, D. P. 96. 2. 191).

C. — Règles spéciales aux négociations judiciaires ou forcées.

31. Un agent de change peut être commis par justice à l'effet de négocier des valeurs mobilières. Les formes à suivre pour cette négociation sont déterminées par l'art. 70, § 1 et 2, du décret de 1890. Elles sont également applicables dans le cas de négociation de valeurs réalisées, soit en vertu de l'art. 93 c. com., après que l'agent de change s'est fait justifier de l'accomplissement des formalités prévues par cet article (V. infrà, Nantissement), soit pour défaut de versement par le propriétaire d'un titre dont les termes appelés sur le montant de ce titre (art. 71, § 1 et 2).

32. L'agent de change peut même, dans ces divers cas, procéder à la vente de valeurs qui ne figurent pas à la partie officielle de la cote. Le mode de procéder en pareil cas est réglé par l'art. 70, al. 3, du décret.

§ 2. — Négociation d'effets commerçables et de valeurs métalliques (R. vº Bourse de commerce, 241 et s. ; S. eod. vº, 85 et s.).

33. Les agents de change ont seuls le droit de faire, pour le compte d'autrui, les négociations des lettres de change ou billets et de tous papiers commerçables (Com. 76). Mais, en fait, et à Paris en particulier, ils ne s'occupent point de ces négociations et les abandonnent aux banquiers.

34. Les agents de change peuvent faire également, mais concurremment avec les courtiers de marchandises, dont la profession est aujourd'hui entièrement libre (V. infrà, Courtier), les négociations et le courtage des ventes ou achats de matières métalliques (art. 76, § 2). En fait, ils s'abstiennent également de faire ces opérations.

§ 3. — Constatation des cours (R. vº Bourse de commerce, 257 ; S. eod. vº, 95).

35. Les agents de change sont chargés de constater officiellement le cours du change, des matières métalliques et des valeurs mobilières cotées à la Bourse (Com. 76). — A cet effet, les agents de change se réunissent, à l'issue de chaque bourse, pour fixer ce cours et dresser le bulletin de la cote. Le bulletin indique au moins le premier et le dernier cours, ainsi que le plus haut et le plus bas des cours auxquels des marchés ont été conclus. Dans les bourses pourvues d'un parquet, il comprend une partie permanente dite *officielle* comprenant les valeurs qui ont été préalablement reconnues par la chambre syndicale donner lieu ou pouvoir donner lieu à un nombre suffisant de transactions (V. *supra*, n° 14); les valeurs non comprises dans cette partie officielle figurent à la seconde partie du bulletin de la cote (Décr. 1890, art. 80).

§ 4. — *Certifications en matière de transferts* (R. v° *Bourse de commerce*, 250).

36. Les agents de change délivrent les certifications exigées pour le transfert des inscriptions au grand-livre de la Dette publique et pour celui de toutes les valeurs nominatives à l'égard desquelles l'ont exigé soit les lois ou règlements, soit les statuts des établissements qui les ont émises, c'est-à-dire, en fait, pour presque toutes les valeurs nominatives (Décr. 1890, art. 76).

ART. 4. — OBLIGATIONS SPÉCIALES DES AGENTS DE CHANGE. — DISCIPLINE (R. v° *Bourse de commerce*, 217 et s.; S. *eod.* v°, 102 et s., et v° *Trésor public*, 939 et s.).

37. Les agents de change sont obligés de prêter leur ministère à tous ceux qui le requièrent, sauf à leur demander une couverture (V. *supra*, n° 23); ... à condition, bien entendu, qu'il s'agisse de valeurs régulièrement négociables. V. *infrà*, *Valeurs mobilières*. — Par exception, toutefois, ils doivent refuser toute négociation pour le compte d'un failli (Arr. 27 prair. an 10, art. 27) ou d'un liquidé judiciaire.

38. Ils sont tenus d'avoir un *livre-journal* revêtu des formes indiquées *infrà*, *Commerçant*, et sur lequel ils doivent consigner, jour par jour et par ordre de date, sans ratures, interlignes ni transpositions, et sans abréviations ni chiffres, toutes les conditions des ventes, achats, assurances, négociations et, en général, de toutes les opérations faites par leur ministère (Com. 84). — Il leur est prescrit, en outre, de tenir un carnet sur lequel doit être portée, au moment où elle est faite, toute opération conclue par eux ou par leurs commis principaux (Décr. 1890, art. 41). — Ils doivent également inscrire sur leurs livres les numéros des titres qu'ils achètent ou qu'ils vendent (L. 15 juin 1872, art. 13). Spécialement, ils doivent tenir un livre contenant, dans des colonnes distinctes, les noms des donneurs d'ordres vendeurs, la nature des titres vendus et leurs numéros, la date de la livraison par le vendeur et celle de la vente (Décr. 8 mai 1902, art. 2, D. P. 1902. 4. 33). — Ces livres n'ont pas un caractère authentique; toutefois leur altération par l'agent de change constitue un crime de faux. Leurs énonciations font, en outre, preuve contre lui; mais elles ne peuvent être invoquées par lui, sauf lorsque l'opération a un caractère commercial.

39. Les agents de change doivent délivrer un reçu des fonds ou des valeurs qui leur sont remis (Décr. 1890, art. 42). Ils sont également tenus de remettre à leurs clients un *bordereau*, c'est-à-dire un écrit constatant les opérations faites pour le compte de ceux-ci. — Ce bordereau peut être signé par l'agent de change et les parties (Com. 109); mais, en fait, il n'est signé que par l'agent de change; la signature de ce dernier est, d'ailleurs, indispensable et ne peut être suppléée par aucune autre, notamment par celle

de l'un de ses fondés de pouvoir (Décr. 1890, art. 34). — Les bordereaux d'achat de valeurs mobilières doivent mentionner les numéros livrés (L. 15 juin 1872, art. 13, § 2); les bordereaux auxquels donnent lieu les négociations de lettres de change ou de billets constatant la quantité, la nature, l'échéance et le prix des effets; les mêmes règles s'appliquent à la négociation par les agents de change des matières métalliques (Décr. 1890, art. 74 et 75). — Les bordereaux sont des actes authentiques et font foi jusqu'à inscription de faux. En outre, lorsqu'il s'agit de négociations judiciaires ou forcées ou qui ont pour objet des valeurs appartenant à des mineurs ou à des interdits, le bordereau constitue le procès-verbal de la vente, et doit contenir la spécification des titres vendus (Décr. 1890, art. 73).

40. Les agents de change doivent enfin garder le secret le plus inviolable aux personnes qui les chargent de négociations (Décr. 1890, art. 40); ... à moins toutefois que les parties ne consentent à être nommées (même art.); ... ou que la nature de l'opération ne l'exige (même art.), comme si, par exemple, il résulte du marché conclu le principe d'une action de l'un des contractants contre l'autre; et cela sans préjudice du droit d'investigation qui appartient à la chambre syndicale (V. *supra*, n° 28) et qu'elle n'exerce, d'ailleurs, elle-même que sous le sceau du secret professionnel (même art.). — Ils n'ont plus l'obligation de se faire remettre, par leurs clients, avant l'opération, les titres qu'ils sont chargés de vendre ou les sommes nécessaires pour payer ceux qu'ils sont chargés d'acheter; ils en ont seulement la faculté. V. *supra*, n° 23.

41. Les agents de change sont l'objet d'une surveillance spéciale de leur chambre syndicale (Décr. 1890, art. 21, § 1er). V. *infrà*, n° 55 et s. — Celle-ci peut les mander devant elle, leur ordonner la production de leur carnet et de leurs livres, et leur prescrire toutes mesures de précaution qu'elle juge utiles, en particulier la constitution, dans la caisse syndicale, d'un dépôt de garantie (Décr. 1890, art. 22).

42. Elle peut même, suivant la gravité des cas, soit d'office, soit sur l'initiative du syndic ou d'un de ses membres, soit sur une plainte, blâmer les membres de la compagnie, les censurer, leur interdire l'entrée de la bourse pendant une durée qui ne peut excéder un mois, et provoquer leur suspension ou leur destitution (Décr. 1890, art. 23, § 1er). — La suspension est prononcée par arrêté du ministre des finances et ne peut excéder deux mois; la révocation est prononcée par décret. Ces deux peines peuvent, d'ailleurs, être prononcées d'office, après, toutefois, que la chambre syndicale a été appelée à émettre son avis (art. 23, § 2).

43. L'honorariat peut être conféré par décret à l'agent de change qui se retire après quinze ans d'exercice (art. 9-12).

ART. 5. — PROHIBITIONS (R. v° *Bourse de commerce*, 291 et s., 158 et s.; S. *eod.* v°, 112 et s., 158 et s.).

44. Les agents de change ne peuvent former entre eux aucune association particulière pour les opérations de leur ministère (Décr. 1890, art. 39). — Mais chacun d'eux peut s'adjoindre des bailleurs de fonds comme il est dit *supra*, n° 8.

45. Il est interdit aux agents de change d'avoir, soit en France sur une place autre que celle pour laquelle ils ont été nommés, soit à l'étranger, des délégués chargés de les représenter ou de leur transmettre directement des ordres (Décr. 1er oct. 1862, art. 7, D. P. 62. 4. 122).

46. Un agent de change ne peut non

plus, dans aucun cas et sous aucun prétexte, faire des opérations de commerce ou de banque pour son compte (Com. 85, § 1er), spécialement, tirer, accepter ou endosser des lettres de change ou faire des opérations de report dans son intérêt personnel (Lyon, 6 mars 1896, D. P. 99. 2. 9). Il ne peut davantage s'intéresser directement ou indirectement, sous son nom ou sous un nom interposé, dans aucune entreprise commerciale (Com. 85, § 2). — Par exception, toutefois, le même individu peut, si l'acte du Gouvernement qui l'institue l'y autorise, cumuler les fonctions d'agent de change, de courtier maritime ou d'assureur maritime (Com. 81). — Toute contravention aux interdictions ci-dessus entraîne contre lui une amende qui ne peut excéder 3000 francs et la peine de la destitution (Com. 87), peine qui ne peut alors être prononcée que par le tribunal correctionnel, et qui l'empêche à jamais de pouvoir être réintégré dans ses fonctions (Com. 88). — Mais les opérations par lui faites au mépris de ces prohibitions ne sont pas nulles, et ses cocontractants ne peuvent refuser de remplir les engagements qui en résultent pour eux; ils peuvent seulement réclamer de lui des dommages-intérêts pour réparation du préjudice qu'ils auraient éprouvé (Com. 87 *in fine*).

47. Il était autrefois interdit aux agents de change de recevoir ou de payer pour le compte de leurs commettants et de se rendre garants de l'exécution des marchés conclus par leur entremise (Com. 86). Cette prohibition a disparu, les agents de change n'étant plus tenus d'exiger la remise préalable des titres, en cas d'ordre de vente, ou des sommes, en cas d'ordre d'achat. V. *supra*, n°s 23 et 40.

ART. 6. — RESPONSABILITÉ (R. v° *Bourse de commerce*, 355 et s.; S. *eod.* v°, 160 et s.).

48. La responsabilité des agents de change à l'égard de leurs clients, à raison des négociations par eux faites pour le compte de ces derniers, a été examinée *supra*, n° 27 et s. Mais leur responsabilité peut aussi se trouver engagée vis-à-vis des tiers lorsqu'ils ont commis, dans l'exercice de leurs fonctions, une faute assez grave pour constituer le délit ou quasi-délit civil visé par l'art. 1382 c. civ. (V. *infrà*, *Responsabilité*). Ainsi en est-il si, en cas de transfert de titres nominatifs, ils certifient, sans vérification préalable, les signatures fausses apposées sur les pièces destinées à opérer ce transfert. Et cette responsabilité s'applique également au cas de conversion de titres nominatifs en titres au porteur, cette conversion constituant un véritable transfert (Req. 29 janv. 1902, D. P. 1902. 1. 223).

49. S'il s'agit de rentes sur l'État, ils sont même responsables, tant à l'égard des tiers que du Trésor public, de la validité des transferts en ce qui touche l'identité du propriétaire, la vérité de la signature et des pièces produites qu'ils ont à certifier (Arr. 27 prair. an 10, art. 15, R. v° *Bourse de commerce*, p. 416; Ordonn. 14 avr. 1819, R. v° *Trésor public*, p. 1136); ... sans qu'il soit besoin d'établir une négligence à leur charge, et sans qu'ils puissent se décharger de cette responsabilité en prouvant qu'ils n'ont pas commis de faute. — Toutefois, ladite responsabilité ne peut être invoquée que pendant cinq ans à partir de sa déclaration du transfert (Même arrêté, art. 16). — Sur la question de savoir dans quels cas l'agent de change est responsable de la capacité du vendeur, V. *supra*, n° 30.

50. L'agent de change peut également se trouver responsable vis-à-vis des tiers lorsque la négociation faite par lui a porté sur des titres au porteur perdus ou volés; ainsi en est-il, par exemple, s'il a vendu des titres frappés d'opposition par le propriétaire dépossédé : l'acheteur, client de son confrère, dont l'achat est annulé à l'égard de l'opposant, a une action en responsabilité contre l'agent de change vendeur (L. 15 juin 1872, art. 12, § 1er). — Toutefois, là encore, et à moins qu'une mauvaise foi ne soit démontrée, cet agent de change n'est responsable que si l'opposition lui a été personnellement signifiée ou si elle a été publiée au *Bulletin des oppositions* (V. *suprà*, n° 29). Encore faut-il ajouter que c'est seulement au moment où il inscrit sur ses livres les numéros des titres à lui remis par son client vendeur que l'agent de change est tenu de vérifier le *Bulletin des oppositions* : il n'est pas responsable des oppositions qui surviennent ensuite (L. 1872, art. 13, § 3, modifié par la loi du 8 févr. 1902, D. P. 1902. 4. 30). — V. *infrà*, *Valeurs mobilières*.

51. Les agents de change sont responsables non seulement de leur fait personnel, mais encore du fait de leurs commis, en tant du moins qu'il s'agit d'actes accomplis par ces commis en leur dite qualité.

52. Toutes actions en responsabilité, et, d'une façon générale, toutes actions du client contre l'agent de change, peuvent être portées, soit devant le tribunal civil, soit devant le tribunal de commerce, au choix du demandeur, à moins que l'opération ne constitue, de la part de ce dernier, un acte de commerce : en ce cas, la juridiction commerciale est seule compétente. — V. *infrà*, *Compétence commerciale*.

53. Les cautionnements (V. *suprà*, n° 7) fournis par les agents de change sont affectés, par premier privilège, à la garantie de toutes les créances nées contre eux de faits relatifs à leurs fonctions (Art. 29 germ. an 9, art. 12, R. v° *Bourse de commerce*, p. 415).

ART. 7. — CHAMBRES SYNDICALES ET ASSEMBLÉES GÉNÉRALES D'AGENTS DE CHANGE (R. v° *Bourse de commerce*, 438 et s. ; S. *eod.* v°, 223 et s., et v° *Trésor public*, 924 et s.).

54. Chaque compagnie d'agents de change constitue une personne morale. Mais il n'existe de chambre syndicale spéciale aux agents de change que dans les bourses pourvues d'un parquet ; ailleurs, les chambres syndicales sont mixtes, c'est-à-dire que, dans ces bourses, les courtiers d'assurances, les courtiers maritimes et les agents de change sont réunis sous la juridiction d'une seule chambre syndicale ; si même le nombre des titulaires est inférieur à six, c'est le tribunal de commerce qui remplit les fonctions de chambre syndicale (Décr. 5 janv. 1867, art. 12, D. P. 67. 4. 28). — Les dispositions qui vont suivre sont, au surplus, applicables aux chambres syndicales mixtes comme aux chambres syndicales ordinaires (Décr. 1890, art. 30).

55. La chambre syndicale est élue chaque année par l'assemblée générale des agents de change. Elle se compose d'un président appelé *syndic* et d'un certain nombre de membres *adjoints* (Décr. 1890, art. 17, modifié par le décret du 29 juin 1898, D. P. 98. 4. 140).

56. Les attributions générales de la chambre syndicale sont : 1° de prononcer ou de provoquer, suivant le cas, l'application des mesures disciplinaires contre les agents de change (V. *suprà*, n° 41) ; 2° de prévenir ou concilier tous les différends que les agents de change peuvent avoir à raison de leurs fonctions, soit entre eux, soit avec des tiers, et d'émettre, s'il y a lieu, son avis au cas de non-conciliation ; 3° de représenter collectivement tous les membres de la compagnie pour faire valoir leurs droits, privilèges et intérêts communs (Décr.

1890, art. 21). — Il est institué, en outre, dans les compagnies ayant une chambre syndicale, une caisse commune administrée par cette chambre. A ladite caisse sont versés les prélèvements sur les courtages, contributions diverses, fonds de réserve ou dépôts de garantie prévus par les règlements (Décr. 1890, art. 26).

57. Le syndic est chargé de l'exécution des délibérations de la chambre syndicale et de la compagnie. Il représente cette dernière en justice et dans les actes de la vie civile ; mais il ne peut ester en justice, soit en demandant, soit en défendant, qu'en vertu de l'autorisation de la chambre syndicale (Décr. 1890, art. 27, § 1er, 2, 3).

58. La responsabilité de la chambre syndicale peut se trouver engagée, envers les tiers, en vertu des règles du droit commun lorsqu'elle vient à commettre, dans l'exercice de ses attributions, une faute tombant sous le coup de l'art. 1382 c. civ. V. *infrà*, *Responsabilité*. Il en est ainsi, par exemple, si, lors de la nomination d'un agent de change, elle n'a pas fait un examen sérieux du traité et des autres pièces soumis à son approbation : elle devient alors responsable des dommages causés par l'agent dont elle a ainsi appuyé imprudemment la candidature. De même, elle encourt une responsabilité si elle admet à la cote officielle des valeurs mobilières qui régulièrement ne peuvent y être admises. V. *suprà*, n° 14. — En outre, dans les bourses comportant plus de quarante agents de change, la chambre syndicale est tenue, lorsqu'un de ces agents ne peut pas faire face à ses engagements, de les remplir à sa place dans les limites indiquées *suprà*, n° 28 (Décr. 1890, art. 55, § 3, modifié par le décret du 29 juin 1898).

ART. 8. — ENREGISTREMENT ET TIMBRE.

59. Les récépissés des effets, valeurs et sommes qui sont remis aux agents de change sont assujettis au timbre de 0 fr. 10 (L. 23 août 1871, art. 18, D. P. 71. 4. 54). — Le livre-journal et le carnet où ils sont tenus de relever toutes leurs opérations sont exempts de timbre (Décis. min. fin. 31 janv. 1851). — Les certificats de transfert de rentes sur l'Etat dressés par les agents de change sont exempts de timbre et d'enregistrement (L. 22 frim. an 7, art. 70, § 3, n° 3, R. v° *Enregistrement*, p. 26) ; mais les certificats relatifs au transfert des autres valeurs doivent être rédigés sur papier timbré et soumis à l'enregistrement lorsqu'il en est fait usage en justice ou dans un acte notarié.

60. Les bordereaux constatant les négociations opérées par l'intermédiaire des agents de change étaient primitivement assujettis au timbre de dimension ; mais la loi du 28 avr. 1893 (D. P. 93. 4. 79), en créant la taxe sur les opérations de bourse, a rendu leur délivrance obligatoire et confondu le droit de timbre auquel ils étaient soumis avec la nouvelle taxe (V. le n° suivant).

61. Les opérations de bourse ayant pour objet l'achat ou la vente au comptant ou à terme de valeurs de toute nature sont assujetties à un droit spécial de timbre par la loi du 28 avril 1893, qui a été modifiée par la loi du 28 décembre 1895 et du 13 avr. 1898 (D. P. 96. 4. 38 et 98. 4. 97). — Cette taxe est de cinq centimes par mille francs ou fraction de mille francs pour les opérations portant sur des valeurs autres que les rentes françaises, et de un centime et quart lorsque l'opération porte sur ces dernières valeurs. Ces droits, qui sont réduits de moitié pour les opérations de report, ne sont pas soumis aux décimes. Ils sont payés au vu d'extraits du répertoire déposés au bureau de l'enregistrement par les agents de change ou autres assujettis.

AGENT DIPLOMATIQUE

(R. v° *Agent diplomatique* ; S. *eod.* v°).

1. On appelle agents diplomatiques toutes les personnes qui ont, d'après les lois constitutionnelles des Etats et les lois générales du droit international, le pouvoir et la faculté d'entretenir des rapports diplomatiques entre un Etat et un autre Etat, et de faire les actes dans lesquels ils représentent officiellement l'Etat qui les investit du pouvoir de négocier en son nom.

ART. 1er. — DES AGENTS DIPLOMATIQUES EN GÉNÉRAL.

§ 1er. — *Des diverses espèces d'agents diplomatiques ou ministres publics* (R. 7 et s. ; S. 3 et s.).

2. On divise ordinairement les agents diplomatiques en quatre classes : 1° celle des ambassadeurs, légats ou nonces ; 2° celle des envoyés, ministres plénipotentiaires ou internonces accrédités auprès des souverains ; 3° celle des ministres résidents ; enfin 4° celle des chargés d'affaires accrédités auprès des ministres des affaires étrangères. — Toutefois, la différence est difficile à préciser entre les agents des deux premières classes. Ils sont exactement sur la même ligne au point de vue du caractère comme à celui des attributions, et ne se distinguent entre eux hiérarchiquement que par la différence du titre qui sert à les désigner.

3. Certains fonctionnaires faisant partie du personnel attaché à la légation, tels que les secrétaires d'ambassade ou de légation, exercent quelquefois les fonctions diplomatiques. Bien qu'ils ne rentrent dans aucune des catégories ci-dessus indiquées, ils possèdent le caractère représentatif et jouissent de la même protection et des mêmes immunités que les ministres publics.

4. Les ministres publics prennent rang entre eux dans chaque classe d'après la date de la notification officielle de leur arrivée à la cour près de laquelle ils sont accrédités. Un renouvellement postérieur de lettres de créance ou un changement survenu dans la constitution intérieure du pays où ils sont envoyés, sont sans portée à cet égard (Décis. Corps diplom. de Madrid, 19 févr. 1875). — On appelle *Corps diplomatique* la réunion des ministres publics de toutes classes accrédités près du même gouvernement. Ce corps n'est ni une personne juridique, ni un corps politique.

§ 2. — *Des qualités nécessaires pour remplir les fonctions diplomatiques* (R. 28 et s. ; S. 7 et s.).

5. La loi française ne permet pas d'exercer des fonctions diplomatiques avant l'âge de vingt-cinq ans. La règle ne s'étend, d'ailleurs, pas aux ministres envoyés par les gouvernements étrangers. La France, de même que plusieurs Etats étrangers, refuse, en principe, de recevoir un de ses nationaux comme agent diplomatique étranger. — D'autres puissances, comme l'Allemagne, acceptent leurs nationaux, mais en leur imposant l'obligation de rester soumis aux lois territoriales pour leurs personnes et pour leurs biens. — Un même ministre peut représenter plusieurs puissances, de même qu'un gouvernement peut se faire représenter dans plusieurs Etats par le même ministre.

§ 3. — *De l'envoi et du refus des agents diplomatiques* (R. 35 et s. ; S. 10 et s.).

6. La souveraineté est la condition suffisante, mais indispensable, du droit d'ambassade, c'est-à-dire du droit d'avoir à l'étranger des représentants diplomatiques. L'exercice en fait de la souveraineté suffit, d'ailleurs, à conférer ce droit. — La papauté, quoique ayant perdu la souveraineté temporelle, peut accréditer des agents diplomatiques avec le même caractère et les mêmes prérogatives que ceux qui sont envoyés par les autres gouvernements (L. italienne des *garanties* du 13 mai 1871, art. 11).

7. Lorsque plusieurs Etats souverains se réunissent pour former une confédération, le pacte fédéral règle l'exercice du droit d'ambassade. Aux Etats-Unis, ce droit est exclusivement conféré au pouvoir central. D'après la constitution de l'Empire allemand, au contraire, bien qu'il existe des agents diplomatiques chargés de représenter l'Empire à l'étranger, les Etats ont conservé le droit de légation pour la représentation de leurs intérêts particuliers.

8. Un gouvernement ne peut, sans une juste cause, refuser de recevoir les ministres publics d'une nation étrangère; et le refus d'entretenir avec un pays des relations diplomatiques peut prendre, suivant les circonstances, le caractère d'hostilité ouverte.

§ 4. — *Des droits, privilèges et immunités des ministres publics, de leurs auxiliaires, de leurs femmes et des gens de leur suite* (R. 71 et s.; S. 19 et s.).

9. Les agents diplomatiques, en vertu du principe de l'*exterritorialité*, sont censés n'avoir pas quitté leur patrie, et ils y conservent leur domicile légal. Il s'ensuit que, en cas de décès, leurs successions sont ouvertes au lieu de ce domicile, et que, d'une manière générale, ils ne sont pas obligés de suivre, pour la forme des actes relatifs à leurs personnes, à leurs familles et à leurs biens, les lois du pays où ils exercent leurs fonctions.

10. La personne des ambassadeurs, même ennemis, est regardée comme sacrée. En France, l'outrage commis publiquement envers les ambassadeurs et ministres plénipotentiaires, envoyés, chargés d'affaires et autres agents accrédités près du gouvernement de la République, est puni d'un emprisonnement de huit jours à un an et d'une amende de 50 à 2 000 francs, ou de l'une de ces deux peines seulement (L. 29 juill. 1881, art. 37, D. P. 81. 4. 65). — L'outrage prévu par l'art. 37 de la loi de 1881 est réprimé alors même qu'il attaque l'agent diplomatique pour des faits qui ne sont pas relatifs à ses fonctions.

11. La poursuite peut avoir lieu, soit à la requête de l'agent diplomatique, soit d'office sur la demande adressée au ministre des affaires étrangères, et par celui-ci au ministre de la justice; la partie lésée a également, en pareil cas, le droit de citation directe devant la cour d'assises (L. 29 juill. 1881, art. 47-5e). — Mais l'agent diplomatique étranger qui, ayant cessé d'être accrédité en France, est outragé pour un fait relatif au caractère dont il a été revêtu, n'est pas fondé à invoquer l'art. 37 de la loi de 1881, et il ne peut, dès lors, poursuivre les coupables que comme simple citoyen.

12. Les agents diplomatiques sont soustraits à la juridiction du pays où ils exercent leurs fonctions. Les auteurs ne sont pas d'accord sur l'étendue de cette immunité en matière civile; mais la jurisprudence paraît lui attribuer une portée très large et tend à l'appliquer aux actes accomplis par l'agent diplomatique même en qualité de personne privée. — Quant aux biens meubles et immeubles de l'agent diplomatique existant sur le territoire de l'Etat où il réside, ils ne sont pas, en principe, exemptés de la juridiction locale; toutefois, cette règle souffre exception à l'égard des biens nécessaires à l'exercice des fonctions diplomatiques (hôtel de l'ambassade, mobilier du ministre, etc.).

13. L'inviolabilité des agents diplomatiques les soustrait à la juridiction étrangère en matière criminelle comme en matière civile; le privilège d'exemption est en ce cas si absolu, qu'eux-mêmes ne sauraient y renoncer. —

Ce privilège ne doit cependant pas être converti en principe absolu d'impunité pour les crimes et délits qu'ils viendraient à commettre soit contre les particuliers, soit contre la sûreté de l'Etat auprès duquel ils sont accrédités. Mais on reconnaît, en général, au gouvernement seul qui a envoyé l'agent coupable le droit de le punir, sauf au gouvernement offensé à prendre à l'égard de cet agent les mesures de surveillance et de sûreté que pourrait exiger sa défense, et, si les circonstances l'exigeaient, à l'expulser de son territoire.

14. Les magistrats instructeurs ne peuvent ordonner à des agents diplomatiques étrangers de venir en personne déposer devant eux.

15. L'inviolabilité de l'ambassadeur entraîne la franchise de son hôtel, en ce sens que son habitation est inaccessible aux ministres ordinaires de la justice, aux officiers de police, employés de douanes, etc. Mais l'hôtel de l'ambassade ne peut, comme autrefois, servir d'asile à des individus prévenus de crimes, pour les soustraire à la juridiction compétente.

16. D'après la loi française, tout Français qui exerce à l'étranger des fonctions diplomatiques est exempté de la tutelle et de la curatelle (Civ. 428, 429).

17. Les impôts personnels directs ne sauraient peser sur les agents diplomatiques, car ils ne sont pas sujets de l'Etat où ils résident. — En ce qui concerne l'impôt foncier, la question, en théorie du moins, n'est pas nettement résolue. Il semble que l'hôtel de l'ambassade, s'il appartient à l'Etat étranger, doive échapper à cet impôt. En fait, il n'y est certainement pas assujetti. — Mais les immeubles appartenant à l'agent diplomatique personnellement sont soumis à la contribution foncière. Néanmoins, l'agent qui loue un hôtel ou un appartement doit être exempt de la contribution des portes et fenêtres, et le propriétaire ne peut lui en réclamer le montant.

18. Les impôts indirects, comme les droits d'enregistrement ou de mutation par décès, sont applicables aux agents diplomatiques, à moins qu'il n'y ait, en leur faveur, une dispense spéciale, ou qu'il n'existe, à l'étranger, au profit des agents du gouvernement français, une loi de réciprocité. — Cependant, le mobilier de l'hôtel d'un ambassadeur étranger, décédé en France, n'est assujetti à aucun droit de mutation par décès, parce qu'il est réputé en terre étrangère.

19. En ce qui concerne les droits de douanes, tout ce qui accompagne l'agent diplomatique lorsqu'il vient prendre possession de son poste est exempt de la visite et des droits; tout ce qui lui est transmis ensuite doit être déclaré à l'Administration. L'exemption des droits est, d'ailleurs, accordée généralement pour certains objets, notamment pour ceux qui servent à l'usage personnel et ce qui est destiné à l'alimentation.

20. Les agents diplomatiques n'ont pas la franchise du port des lettres, à moins qu'elle ne leur soit accordée expressément.

21. La femme d'un agent diplomatique participe aux droits et aux immunités dont jouit son mari. — Les secrétaires, attachés et, en général, tous les fonctionnaires de l'ambassade en jouissent également. Mais il en est autrement des personnes attachées au service personnel de l'agent diplomatique. Ainsi les délits commis dans l'hôtel de l'ambassade par un individu attaché au service personnel de l'ambassadeur, sont régulièrement déférés, sur la plainte de celui-ci, aux tribunaux locaux.

§ 5. — *Des fonctions et de l'autorité des agents diplomatiques* (R. 168 et s.).

22. Les fonctions des ambassadeurs consistent, en premier lieu, dans la négociation des affaires d'Etat. — Au moment et comme

condition de leur entrée en fonctions, les agents diplomatiques présentent au gouvernement près duquel ils sont envoyés leurs lettres de créance. Les légats ou nonces du pape présentent, au lieu de lettres de créance, les bulles qui les nomment. — Sur les attributions des agents diplomatiques en matière d'actes de l'état civil, de mariage, de testament, V. *supra*, *Actes de l'état civil*, *no* 70, et *infra*, *Mariage*, *Testament*. — Un ministre ne peut entamer une négociation diplomatique qu'autant qu'il est muni d'un plein pouvoir *ad hoc*, et cela encore qu'il serait déjà muni d'un plein pouvoir général.

23. D'autre part, les agents diplomatiques sont chargés de la protection et de la défense des intérêts de leurs nationaux. Les agents diplomatiques français à l'étranger peuvent dresser les actes de l'état civil des Français y résidant.

24. La mission d'un ministre public ne peut cesser que par les lettres de rappel de son gouvernement, ou encore en cas d'affront reçu par l'ambassadeur, de rupture et de déclaration de guerre.

ART. 2. — DE L'ORGANISATION DES MISSIONS DIPLOMATIQUES FRANÇAISES. — DES PENSIONS (R. 211 et s.; S. 41 et s.).

25. Les cadres d'activité du personnel du corps diplomatique sont fixés ainsi qu'il suit : 9 ambassadeurs, 12 ministres plénipotentiaires de première classe, 16 ministres plénipotentiaires de seconde classe, 32 consuls généraux, 12 secrétaires d'ambassade, 40 consuls généraux, 50 consuls de première classe, 18 secrétaires d'ambassade, 80 consuls de deuxième classe, 36 secrétaires d'ambassade de troisième classe, 100 vice-consuls et 24 élèves-consuls (Décr. 31 mars 1882, D. P. 83. 4. 24, et 12 nov. 1891).

26. L'admission dans la carrière diplomatique est réglée par un concours annuel, ouvert aux jeunes Français jouissant de leurs droits et ayant satisfait à la loi militaire, ayant plus de 21 ans et moins de 27 (28 ans pour les docteurs en droit), ayant obtenu le diplôme de la licence en droit, ès sciences ou ès lettres, ou sortant d'une école du gouvernement. Nul candidat ne peut prendre part au concours plus de trois fois (Décr. 10 juill. 1902).

27. Les agents diplomatiques sont nommés par décret du président de la République. Les avancements de classes ont lieu par décret pour les ministres plénipotentiaires et les secrétaires d'ambassade, et par arrêté ministériel pour tous les autres agents. Les changements de poste ne sont effectués par décret qu'en ce qui concerne les ambassadeurs, ministres plénipotentiaires, chargés d'affaires, consuls généraux et vice-consuls.

28. Les émoluments attribués aux agents diplomatiques et consulaires sont constitués par un traitement unique, sans distinction entre les frais de représentation et le traitement du grade. — Les différentes situations des agents absents en vertu d'un congé régulier, des intérimaires, des agents retenus par ordre après un congé expiré, des agents rappelés ou retenus en France pour cause de guerre, de force majeure ou pour un motif politique, etc., sont réglées par le décret du 3 janv. 1884 (D. P. 84. 4. 82).

29. Les pensions de retraite des agents diplomatiques sont réglées par la loi du 9 juin 1853 sur les pensions civiles. V. *infra*, *Pension*.

AGRÉÉ
(R. v° *Agréé*; S. *eod.* v°).

1. On nomme agréé la personne désignée ou agréée par un tribunal de commerce à l'effet de représenter habituellement les parties devant cette juridiction. — L'institution des agréés n'a pas, à proprement parler, d'existence légale et ne repose que sur un usage ancien et de pure tolérance. — Les tribunaux de commerce n'ont pas le pouvoir de créer des corps d'agréés, de réglementer l'exercice de leur profession. Toutefois, en fait, les différentes compagnies d'agréés sont soumises à des règles posées par les tribunaux de commerce près desquels elles sont constituées.

2. Les charges d'agréés, n'ayant pas d'existence légale, ne peuvent faire l'objet d'une cession. V. *infrà, Office.* Cependant, dans la pratique, on tolère cette cession et l'exercice par les agréés du droit de présentation; c'est le tribunal de commerce qui admet le successeur désigné à exercer devant lui. — En tout cas, la *clientèle* attachée au cabinet de l'agréé peut être valablement cédée; et le prix de cette cession constitue une créance privilégiée (Civ. 2102-4°).

3. L'agréé est tenu au secret professionnel. — Il est soumis à la patente; mais il n'est pas commerçant.

4. Un agréé ne peut représenter une partie devant un tribunal de commerce que s'il est muni d'une procuration spéciale (Pr. 421; Com. 627). — Cette procuration peut être donnée verbalement à l'audience, pourvu que ce soit en termes formels. La seule présence de la partie à l'audience où un agréé se présente en son nom n'équivaut pas à un mandat. — Le pouvoir donné par une partie à l'agréé, de la représenter dans l'instance, n'emporte élection de domicile dans son étude que si l'acte l'exprime formellement. V. *infrà, Domicile élu.* — Dès que l'agréé a produit devant le tribunal la procuration reçue de son client, celui-ci est censé avoir comparu, et le jugement qui serait ensuite rendu par défaut contre lui serait réputé par défaut faute de conclure, et non faute de comparaître. V. *infrà, Jugement par défaut.*

5. Les agréés n'ont pas le pouvoir d'acquiescer au nom de leurs clients, en vertu du mandat général que ceux-ci leur ont donné à l'effet de les représenter devant le tribunal de commerce; ce pouvoir ne saurait leur appartenir qu'en vertu d'un mandat spécial émané de leurs clients (Paris, 4 août 1896, D. P. 97. 2. 64). — Il est généralement admis que lorsqu'un agréé a fait un aveu, une offre ou une renonciation qu'il n'avait pas mandat de faire, son client peut demander l'annulation de cette déclaration ou de cet acte, sans être tenu de recourir à la procédure du *désaveu* (Pr. 352 s.). A supposer que la procédure de désaveu dût être employée, ce serait devant le tribunal civil, et non devant le tribunal de commerce, que devrait être portée la demande. — Quoi qu'il en soit, l'agréé qui aurait d'avoir compromis les intérêts de son client en excédant les limites de son mandat, est passible de dommages-intérêts. Mais le tribunal de commerce ne peut pas mettre directement à la charge de l'agréé les frais d'un incident mal à propos soulevé par lui : le client dont les intérêts ont été compromis ne peut qu'agir par voie de demande principale en dommages-intérêts.

6. Les tarifs des émoluments des agréés établis par les tribunaux de commerce n'ont d'autre valeur que celle d'une mesure d'ordre intérieur et n'obligent en rien les parties. — Les dépens auxquels la partie perdante est condamnée ne peuvent pas comprendre les honoraires dus à l'agréé de la partie adverse.

7. Suivant l'opinion qui paraît prévaloir en jurisprudence, le tribunal de commerce est compétent pour connaître de la demande en payement d'honoraires formée par l'agréé contre son client, toutes les fois que celui-ci est commerçant et que le litige a à l'occasion duquel les honoraires sont dus a un carac-

tère commercial (Bordeaux, 24 nov. 1902, D. P. 1903. 2. 320). Mais, même en ce cas, l'agréé peut, s'il le préfère, citer son client devant le tribunal civil du domicile de celui-ci. — S'il opte pour la juridiction commerciale, il peut porter sa demande en payement d'honoraires soit devant le tribunal de commerce du domicile de son client, soit devant celui auprès duquel il exerce ses fonctions, alors du moins qu'il a été expressément ou tacitement convenu que les honoraires seraient payés en son étude (Pr. 420) (Dijon, 11 déc. 1883, D. P. 84. 2. 228). — Les tribunaux civils sont, d'ailleurs, seuls compétents pour connaître de la demande en dommages-intérêts formée par le client contre son agréé, pour faute commise par celui-ci dans l'exécution de son mandat.

AGRICULTURE

(R. v° *Organisation économique*; S. *eod.* v°).

§ 1er. — *Ministère de l'agriculture*
(R. 5 et s.; S. 2 et s.).

1. Jusqu'en 1881, l'agriculture avait toujours été rattachée à un autre département. C'est en 1881 que fut créé le ministère de l'agriculture (Décr. 14 nov. 1881). — Ce ministère comprend des services suivants : 1° la division du secrétariat, du personnel central et de la comptabilité; 2° la direction de l'agriculture, qui s'occupe de l'enseignement agricole, des services vétérinaires, des épizooties, des encouragements à l'agriculture; 3° la direction des eaux et forêts; 4° la direction de l'hydraulique agricole; 5° la direction des haras (Décr. 21 oct. 1898). — Du ministère de l'agriculture dépendent le corps de l'inspection de l'agriculture, qui a été réorganisé par l'arrêté ministériel du 1er décembre 1883, ainsi que d'autres inspections spécialement chargées des écoles vétérinaires (V. *infrà, Vétérinaire*), de l'enseignement agricole et des stations agronomiques (V. *infrà, Enseignement*).

2. Au ministère de l'agriculture sont attachés différents conseils ou comités consultatifs. Ce sont : le conseil supérieur de l'agriculture, qui a pour attribution de donner son avis sur toutes les questions d'intérêt général qui lui sont soumises par le ministre; le comité consultatif de statistique agricole, les commissions supérieures du phylloxera et de l'hydraulique agricole; les comités consultatifs des épizooties (V. *infrà, Salubrité publique*) et des stations agronomiques; le conseil de perfectionnement des écoles vétérinaires (V. *infrà, Vétérinaire*); les conseils supérieurs des forêts (V. *infrà, Forêts*) et des haras (V. *infrà, Haras*), les commissions pour l'étude de la destruction des insectes et cryptogames (V. *infrà,* n° 19), du *Stud Book* des chevaux de pur sang et du *Stud Book* des chevaux de demi-sang (V. *infrà, Haras*); la commission du *Herd Book*, chargée de réunir les renseignements relatifs à la généalogie des animaux de la race Durham. — Il existe encore au ministère de l'agriculture un office de renseignements agricoles (Décr. 25 avr. 1901). — V. aussi, sur les enquêtes agricoles, Décr. 27 août 1902.

§ 2. — *Représentation des intérêts agricoles*
(R. 9 et s.; S. 14 et s.).

3. La représentation officielle des intérêts agricoles a été organisée par la loi du 20 mars 1851 (D. P. 51. 4. 54). Des divers organes institués à cet effet par cette loi, le seul qui fonctionne aujourd'hui est celui des *comices agricoles.* — Ce sont des associations privées et qui sont indépendantes de l'Administration pour tout ce qui concerne leur organisation intérieure et la gestion de leurs intérêts. Ils ne peuvent recevoir des dons et des legs qu'autant qu'ils ont été reconnus d'utilité publique. Il en existe un ou plusieurs dans chaque arrondissement; leur circons-

cription est fixée par l'Administration (L. 1851, art. 1 et 4). — Ont le droit de faire partie d'un comice agricole les propriétaires, fermiers, colons et leurs enfants âgés de vingt et un ans et domiciliés ou ayant leur propriété dans la circonscription de ce comice. Les comices peuvent, en outre, admettre, par des délibérations spéciales, mais en proportion restreinte, les personnes qui ne remplissent pas ces conditions (L. 1851, art. 2). — Chaque comice établit ses statuts, qui doivent être approuvés par le préfet. Le conseil d'État reconnaît, d'ailleurs, aux préfets le droit de dissoudre un comice à raison d'irrégularités commises dans son fonctionnement (Cons. d'Et. 4 mai 1888, D. P. 89. 3. 76). — Les comices sont particulièrement chargés des intérêts agricoles pratiques de leur circonscription, du jugement des concours agricoles, de la distribution des primes et autres récompenses (L. 1851, art. 5). — Pour subvenir à leurs dépenses, ils peuvent imposer à leurs membres le payement d'une cotisation; en outre, ils reçoivent souvent des subventions de l'Administration.

4. En dehors des comices agricoles, qui ont un caractère public, les intérêts agricoles trouvent leur représentation dans diverses sociétés ou associations privées. — Au premier rang, il faut mentionner la *Société nationale d'agriculture de France*, créée en 1761 et réorganisée en dernier lieu par un décret du 25 août 1878. Elle est reconnue comme établissement d'utilité publique. D'autres sociétés exercent aussi une action générale, comme la *Société des agriculteurs de France*, la *Société d'encouragement à l'agriculture*, ou n'ont pour objet qu'une branche du travail agricole, comme la *Société nationale d'horticulture*, la *Société nationale d'aviculture*, les sociétés hippiques (V. *infrà, Courses de chevaux*), etc. — Les agriculteurs ont encore les représentants autorisés dans tout un ensemble d'associations qui ont le caractère d'associations professionnelles et sont placées, par conséquent, sous le régime de la loi du 21 mars 1884 (D. P. 84. 4. 129) : ce sont les syndicats agricoles. V. *infrà, Syndicats professionnels.* — Enfin des associations syndicales agricoles ont pour objet l'exécution de certains travaux ou opérations agricoles d'intérêt commun, comme les associations régies par la loi du 21 juin 1865 (D. P. 65. 4. 77; V. *infrà, Associations syndicales*), les syndicats pour la défense contre le phylloxera (V. *infrà,* n° 13), etc.

§ 3. — *Encouragements à l'agriculture*
(R. 119 et s.; S. 140 et s.).

5. Tous les ans, des *concours agricoles régionaux* ont lieu dans cinq départements. Organisés par l'Administration, ils ont pour objet de récompenser les améliorations les plus utiles dans la pratique de l'agriculture, des irrigations, des travaux agricoles, et de décerner des prix aux écoles d'agriculture et aux ouvriers ruraux. — Mais ce que l'on appelle plus ordinairement concours régionaux, ce sont des concours annexés aux précédents et dans lesquels sont distribuées des récompenses pour les propriétaires des animaux, instruments et produits agricoles. Un concours général agricole de ce genre est ouvert tous les ans à Paris. — Il existe aussi des concours, ordinairement spéciaux à une branche de l'agriculture, qui sont organisés périodiquement par les comices ou associations agricoles. Ces comices et associations contribuent aussi à décerner des prix dans ces concours régionaux.

6. Indépendamment des récompenses décernées dans les concours régionaux aux ouvriers agricoles (V. *suprà,* n° 5), le décret du 17 juin 1890 a institué des médailles d'honneur pour récompenser les ouvriers ruraux comptant plus de trente années de services dans la même exploitation. Ces médailles sont décernées par le ministre de l'agriculture.

7. Différentes mesures législatives ont pour objet d'encourager certaines cultures. Telles sont : les lois des 13 janv. 1892 (D. P. 92. 4. 33) et 2 avr. 1898 (D. P. 99. 4. 24), qui, pour favoriser la sériciculture, allouent des primes aux cultivateurs et éducateurs de vers à soie ; les lois des 13 janv. 1892 et 9 avr. 1898 (D. P. 99. 4. 6), accordant des primes aux agriculteurs qui cultivent le lin et le chanvre.

8. En ce qui concerne l'enseignement agricole , V. *infrà, Enseignement;* ... les institutions de crédit agricole , V. *infrà, Crédit agricole;* ... l'ordre du Mérite agricole , V. *infrà, Ordres civils et militaires.*

§ 4. — Insectes et végétaux nuisibles
(S. 144 et s.).

9. Il s'agit ici des mesures destinées à protéger l'agriculture contre les ravages causés par les insectes et végétaux.

10. 1° *Phylloxera et doryphora.* — C'est par la loi du 15 juill. 1878 (D. P. 79. 4. 1), toujours en vigueur, qu'on a eu, pour la première fois, recours à des moyens énergiques pour arrêter la propagation de ces fléaux. Le titre 1er de cette loi est relatif au phylloxera, le titre 2 au doryphora.

11. Il appartient au président de la République d'interdire par décret, ou au ministre de l'agriculture de réglementer, l'entrée et la circulation en France des plants, sarments, feuilles et débris de vignes, etc., provenant d'un pays étranger ou de parties du territoire français déjà envahies par le phylloxera (art. 1 et 2). Ces deux premières dispositions, en ce qui concerne l'importation, ont donné lieu à une convention internationale, signée à Berne, le 3 nov. 1881.

12. Les art. 3, 4 et 5, complétés par un règlement d'administration publique du 16 déc. 1878 (D. P. 79. 4. 31) et modifiés par la loi du 2 août 1879 (D. P. 79. 4. 87), organisent, pour la préservation de l'ancien vignoble indemne ou partiellement atteint, un système de visite et de traitement des vignes imposé aux propriétaires aux frais de l'État, de subventions ajoutées à celles des départements et des communes pour les propriétaires traitant leurs vignes, et de subventions allouées aux associations syndicales temporaires approuvées par l'autorité administrative pour le traitement des vignes ou la recherche du phylloxera.

13. Ces dispositions ont été complétées par des mesures spéciales relatives à la création d'associations syndicales autorisées ayant pour objet de défendre les vignes menacées (L. 15 déc. 1888 et décr. 19 févr. 1890, D. P. 89. 4. 44 et 91. 4. 73). — Les associations dont il s'agit sont régies, en principe, par la loi du 21 juin 1865 (V. *infrà, Associations syndicales*). La loi de 1888 contient seulement les particularités de leur régime spécial. À ce point de vue, elle a consacré deux innovations importantes : 1° les syndicats antiphylloxériques peuvent être imposés à tous les propriétaires d'un périmètre déterminé, sur la demande d'un ou plusieurs d'entre eux et sur un vote de la majorité dans les conditions prévues; 2° ils peuvent, en décidant la submersion des vignes, imposer aux fonds intermédiaires une servitude pour la conduite des eaux en vue de cette submersion.

14. La loi de 1878 permet d'allouer des indemnités aux propriétaires dont les récoltes auraient été détruites par application de l'une des mesures prescrites. Les contestations relatives aux indemnités réclamées sont de la compétence des juges de paix, qui statuent sans appel jusqu'à la valeur de 100 francs (art. 11). Enfin la même loi prononce différentes pénalités pour réprimer les contraventions à ses dispositions (art. 12 à 15). — D'autre part, la loi du 6 avr. 1879 (D. P. 79. 4. 30) a ordonné la création de commissions régionales chargées de rechercher et de vulgariser les pratiques agricoles les plus efficaces contre le phylloxera au double point de vue de la défense et de la reconstitution des vignobles.

15. La loi du 3 août 1891 (D. P. 91. 4. 73) a eu pour objet de favoriser la reconstitution des vignobles détruits. — Cette loi n'abroge pas la loi de 1878, qui reste en vigueur, sauf dans ce qu'elle a de contraire à la loi de 1891. Celle-ci (art. 1er et 2) donne au conseil général le droit d'autoriser, dans tout ou partie du département, la libre circulation des sarments et plants de vignes, quelle que soit leur provenance, et, sous certaines conditions, d'autoriser dans une commune l'introduction de vignes résistantes. La même (art. 3) établit, pour la reconstitution des vignobles au moyen de cépages résistants, un système d'encouragements et de subventions analogue à celui établi par les lois de 1878 et 1879.

16. Pour compléter cet aperçu de la législation relative au phylloxera, il y a lieu de mentionner différentes dispositions législatives spéciales à la défense contre le phylloxera en Algérie (V. *infrà, Algérie,* n° 221); ... aux exemptions d'impôts accordées aux terrains plantés ou replantés en vignes dans les départements phylloxérés (V. *infrà, Impôts directs*); ... au règlement des difficultés qui peuvent s'élever entre bailleurs et preneurs de vignes phylloxérées louées à complant (V. *infrà, Louage à complant*).

17. En ce qui concerne le *doryphora*, la loi de 1878 (V. *suprà,* n° 10) édicte, dans son titre 2, une série de mesures analogues à celles que l'on vient de résumer. Elle organise des restrictions à la circulation des pommes de terre, plants et débris de cette plante, sacs et autres objets d'emballage servant ou ayant servi à leur transport et provenant de pays où l'existence de l'insecte aurait été signalée (art. 6, 7 et 8. V. aussi *infrà, Douanes*). De plus, elle prescrit à tout propriétaire, fermier ou colon, qui constate la présence du doryphora dans un champ cultivé par lui, d'en faire immédiatement la déclaration au maire (art. 9). Enfin, elle autorise le ministre à prendre toutes les mesures nécessaires et à ordonner, sous certaines garanties , la destruction des pommes de terre existant sur le terrain contaminé et les terrains voisins (art. 10). — Les infractions au titre 2 de la loi de 1878 sont réprimées, comme celles du titre 1er, par les peines portées dans les art. 12 à 15. De même , les indemnités auxquelles peut donner lieu l'application des mesures prescrites sont réglées et déterminées par l'art. 11. V. *suprà,* n° 14.

18. 2° *Autres insectes et végétaux nuisibles.* — En dehors du phylloxera et du doryphora, un grand nombre d'insectes, comme les hannetons, les pyrales, les sauterelles, les différentes variétés de pucerons, sont une cause de dommages pour l'agriculture. Il en est de même de toute une série de végétaux de l'espèce des cryptogames ou phanérogames, tels que l'oïdium, le mildew, les parasites des arbres et autres plantes, comme le chardon et la cuscute. La loi du 24 déc. 1888 (D. P. 89. 4. 32) a eu pour objet de combattre et de prévenir les ravages qu'ils occasionnent. — Cette loi, tout en maintenant expressément les lois spéciales au phylloxera et au doryphora, tend à opérer la destruction de toute espèce d'insectes ou de végétaux nuisibles à l'agriculture. À cet effet, elle confère aux préfets le droit de prescrire, sous l'approbation du conseil général et du ministre de l'agriculture, toutes les mesures nécessaires pour arrêter ou prévenir les dommages causés par des insectes ou parasites végétaux (art. 1er). — Les propriétaires, colons, fermiers ou usufruitiers sont tenus d'exécuter sur leurs fonds les mesures ainsi commandées et ne peuvent s'opposer à la surveillance qu'exercent à cet égard, sur leurs terrains, les agents de l'Administration (art. 2). En cas de refus de leur part, ils sont cités devant le juge de paix, qui ordonne l'exécution, même nonobstant opposition ou appel, des prescriptions de l'arrêté préfectoral (art. 3). Si les intéressés persistent dans leur refus, ces mesures sont mises à exécution à leurs frais par les soins de l'Administration (art. 4). Les art. 5 et 6 répriment et punissent les infractions à la loi. Enfin la loi de 1888 (art. 1er) a créé une commission siégeant au ministère de l'agriculture, qui a pour mission l'étude de la destruction des insectes et des cryptogames.

19. Un décret peut interdire l'entrée en France des végétaux, fleurs, feuilles, terres, composts et objets quelconques susceptibles de servir à l'introduction d'animaux , de larves, de plantes ou de cryptogames reconnus dangereux, et peut étendre l'interdiction à la détention et au transport de ces animaux, etc. — Des arrêtés du ministre de l'agriculture règlent les conditions dans lesquelles peuvent entrer et circuler en France les végétaux soupçonnés dangereux et provenant de pays étrangers ou des parties du territoire français déjà envahies et auxquelles s'appliquent pas les décrets d'interdiction (L. 21 juin 1898, art. 81 et 82, D. P. 98. 4. 136).

ALGÉRIE
(R. v° *Organisation de l'Algérie;* S. eod. v°).

L'Algérie est une colonie soumise à un régime particulier. Le caractère de colonie, qui lui a été longtemps contesté, ne peut plus lui être refusé depuis la loi du 19 déc. 1900 (D. P. 1901. 4. 21), qui reconnaît à l'Algérie la personnalité civile et financière.

CHAP. Ier. — RÉGIME LÉGISLATIF DE L'ALGÉRIE
(R. 808 et s. ; S. 607 et s.).

1. Le régime législatif de l'Algérie est très complexe. Elle a été soumise au régime des décrets par la loi du 24 avr. 1833 (R. v° *Organisation des colonies,* p. 1094), et ce principe, rappelé par l'ordonnance du 22 juill. 1834 (R. p. 765), n'a pas été aboli. Le président de la République exerce le pouvoir législatif en Algérie de deux manières différentes : 1° en édictant des décrets spéciaux à l'Algérie; 2° en déclarant certaines lois métropolitaines applicables à l'Algérie et en ordonnant qu'elles y soient promulguées en tout ou en partie. Le chef de l'État reste libre, après avoir déclaré une loi applicable en Algérie, de rapporter cette promulgation ou de modifier par un décret nouveau le texte promulgué. — La promulgation est opérée par un arrêté du gouverneur général (Décr. 27 déc. 1873). Le décret-loi devient obligatoire par le fait de son insertion au *Bulletin officiel de l'Algérie.*

2. Indépendamment des décrets du chef de l'État, les lois françaises votées par les Chambres et promulguées par le président de la République peuvent être appliquées en Algérie soit quand elles sont faites spécialement pour elle, comme la loi du 19 déc. 1900 sur le budget algérien (V. *infrà,* n° 20), la loi du 21 avr. 1903 sur le régime forestier a.gérien (V. *infrà,* n° 219), etc., soit quand un article de ces lois dispose qu'elles y seront applicables (L. 29 juill. 1881 sur la presse (D. P. 81. 4. 65), 5 avr. 1884 sur l'organisation municipale (D. P. 84. 4. 25), etc. — La promulgation de ces lois s'opère comme en France. Elles deviennent obligatoires un jour franc après la date de l'arrivée à la

sous-préfecture du *Journal officiel* qui les contient (Décr. 5 nov. 1870). V. *infrà*, *Lois*.
— Quand le pouvoir législatif métropolitain a fait une loi pour l'Algérie, la matière qui fait l'objet de cette loi échappe désormais au pouvoir législatif du président de la République; la délégation générale qu'il a reçue en 1833 lui est partiellement retirée.

3. Enfin, d'après la jurisprudence, certaines lois, faites pour la métropole et ne faisant dans leur texte aucune mention de l'Algérie, y sont cependant appliquées sans avoir fait l'objet d'une promulgation spéciale. — Ce sont : 1° les lois métropolitaines d'intérêt général antérieures à l'ordonnance du 22 juill. 1834. Il est de principe que le droit métropolitain devient applicable aux pays conquis dans la mesure où les circonstances locales le permettent, sans qu'il soit besoin de promulgation et par le seul fait de la déclaration de la conquête. C'est par application de ce principe que les codes ont été reconnus applicables en Algérie (Cr. c. 5 janv. 1871, D. P. 71. 1. 65). — Toutefois, le fait que ces lois, antérieures à 1834, seraient exécutoires de plein droit sans promulgation ne met pas obstacle à ce que des lois spéciales à l'Algérie soient faites ultérieurement dans les formes particulières que comporte la législation de ce pays, par exemple par décret. C'est ainsi que, bien que le code d'instruction criminelle soit applicable en Algérie, la cour de cassation a reconnu la légalité du décret du 29 mars 1902 (D. P. 1902. 4. 80), qui a constitué des tribunaux répressifs spéciaux pour juger les délits des indigènes (Cr. r. 2 août 1902, D. P. 1902. 1. 504).

4. Sont encore applicables sans promulgation spéciale : 2° Les lois métropolitaines qui modifient des dispositions de lois antérieures spécialement en Algérie sans y avoir été promulguées (Cr. c. 18 août 1902). 3° Les lois d'intérêt général, mais postérieures à 1834, quand il n'existe pas de législation spéciale à l'Algérie (Alger, 11 avr. 1850, D. P. 50. 1. 196). — 4° Les sénatus-consultes rendus sous le second Empire : ils ont force de loi et ne peuvent être abrogés que par des lois. — 5° Les traités internationaux : ils ont également force de loi en Algérie dans celles de leurs dispositions qui sont applicables à l'ensemble du territoire et des possessions françaises.

CHAP. II. — ORGANISATION ADMINISTRATIVE.

5. L'Algérie proprement dite est actuellement une colonie divisée en trois départements. De plus, les territoires du sud de l'Algérie constituent une seconde colonie distincte de la première, pourvue de la personnalité civile et financière (L. 24 déc. 1902, D. P. 1903. 4. 16). Il existe en Algérie une organisation centrale, une organisation départementale et une organisation communale.

SECT. Ire. — Administration centrale de l'Algérie.

ART. 1er. — ORGANISATION ET ATTRIBUTIONS DES DIVERS ROUAGES DE L'ADMINISTRATION CENTRALE.

§ 1er. — *Gouverneur général* (R. 47 et s.; S. 12 et s.).

6. L'Algérie a à sa tête un gouverneur général civil qui est nommé, sur la proposition du ministre de l'intérieur, en conseil des ministres (Décr. 23 août 1898, D. P. 98. 4. 98). Il centralise à Alger le gouvernement et la haute administration. Il est tout à la fois le gouverneur de l'Etat et celui de la colonie (L. 19 déc. 1900 et 24 déc. 1902). — En qualité d'agent de l'Etat, il est détenteur de la puissance publique. Il effectue la promulgation des lois et décrets, soit

sur l'ordre qu'il reçoit du Gouvernement, soit de lui-même. Il assure la publication des lois et décrets qui sont applicables de plein droit en Algérie. Il peut faire des règlements de police pour assurer l'exécution des lois et décrets. — Les rapports du gouverneur général avec l'autorité militaire sont réglés par un décret du 27 juin 1901. Il peut déclarer tout ou partie de l'Algérie en état de siège (L. 3 avr. 1878, D. P. 78. 4. 27).

7. Quant à la police intérieure de l'Algérie, le gouverneur général exerce sur les étrangers les pouvoirs de haute police qui appartiennent en France au ministre de l'intérieur ou aux préfets des départements frontières. Il peut les expulser (L. 3 déc. 1849, D. P. 49. 4. 171). — A l'égard des indigènes il peut prendre certaines mesures très graves. Il lui appartient, notamment, d'ordonner leur internement dans certaines localités de l'Algérie ou de prononcer, sur des arrêtés pris en conseil de gouvernement, la mise sous séquestre des biens des individus ou des biens d'une tribu (Décr. 23 août 1898, art. 3). — A l'égard des corps administratifs de l'Algérie (délégations financières, conseils généraux ou municipaux), il exerce la tutelle administrative.

8. Chef de l'administration algérienne, il a le droit de préséance sur tous les fonctionnaires civils et militaires (Décr. 23 août 1898, art. 2). Quoique, depuis les décrets du 31 déc. 1896 (D. P. 97. 4. 93) et du 23 août 1898, qui ont abrogé les décrets de rattachement du 26 août 1881 (D. P. 82. 4. 84 et s.), le gouverneur général se trouve plus spécialement sous l'autorité du ministre de l'intérieur, il est en relation avec les différents ministres qui mettent sur sa demande une partie des agents à sa disposition.

9. La loi du 19 déc. 1900 ayant fait de tous les services civils en Algérie des services coloniaux rétribués exclusivement par l'Algérie, c'est le gouverneur général qui a la haute main sur tout le personnel administratif. — Il nomme et révoque les officiers ministériels (Décr. 27 juin 1901). Pour la nomination de tous les hauts fonctionnaires (préfets, magistrats, juges de paix, ingénieurs, etc.), il doit être consulté (Décr. 23 août 1898). Enfin, tous les fonctionnaires des services particuliers à l'Algérie sont placés sous sa direction exclusive.

10. En qualité de représentant de la colonie, il prépare les affaires qui seront soumises aux délibérations des assemblées algériennes ou à la décision du Gouvernement. Il fait exécuter ces délibérations, représente la colonie dans les divers actes de sa vie civile et dans ses procès. Il prépare son budget, ordonnance ses dépenses, peut faire titres de recette en recouvrement (L. 19 déc. 1900).

§ 2. — *Secrétaire général* (R. 55; S. 26).

11. Le gouverneur général est assisté, dans l'administration de l'Algérie, par un secrétaire général et par les bureaux du Gouvernement (Décr. 15 nov. 1879). Le secrétaire général assure l'exécution des ordres du gouverneur général (Décr. 8 juin 1903). Les services chargés de l'administration de l'Algérie sont placés sous son autorité. En cas d'absence ou d'empêchement du gouverneur, il exerce tous ses pouvoirs à seul qualité pour le suppléer devant les délégations financières.

§ 3. — *Conseil de gouvernement* (R. 56 et s.; S. 27 et s.).

12. Le conseil de gouvernement, créé par décret du 10 déc. 1860 (D. P. 61. 4. 9), a été réorganisé par les décrets des 23 août 1898 et 8 juin 1901. Il comprend le gouverneur général, président; le secrétaire général, vice-président; le premier président de la cour d'appel d'Alger et le procureur géné-

ral, l'archevêque d'Alger, l'amiral commandant la marine, le commandant supérieur du génie, le recteur de l'académie, l'inspecteur général des ponts et chaussées, l'ingénieur en chef des mines, l'inspecteur général des finances, le conservateur des forêts, les conseillers rapporteurs. Les préfets et les généraux commandant les territoires de commandement peuvent être appelés par le gouverneur général à assister aux séances du conseil de gouvernement; ils y ont voix délibérative et siègent dans l'ordre de préséance qui leur appartient (Décr. 11 août 1875, D. P. 76. 4. 67). — Ce conseil n'a que des attributions consultatives.

§ 4. — *Délégations financières.*

13. Les délégations financières sont une assemblée formée des représentants des diverses catégories d'intérêts qui sont en lutte sur le territoire de l'Algérie : ceux des colons, ceux des contribuables des villes et ceux des indigènes. Elles ont été constituées par le décret du 23 août 1898. — Sur leurs attributions, V. *infrà*, n° 39. — La première délégation est celle des colons, c'est-à-dire des propriétaires ou concessionnaires de biens ruraux, auxquels il faut ajouter les chefs d'exploitation ou fermiers des mêmes biens. Elle se compose de 24 membres élus directement par les colons au scrutin individuel, à raison de 8 par département. — La seconde délégation est généralement composée de 24 membres élus au scrutin individuel, à raison de 8 par département, par les contribuables autres que les colons, inscrits aux rôles des contributions directes ou des taxes assimilées.

14. Pour être électeur dans l'une ou l'autre des deux premières délégations, il faut réunir les conditions suivantes : 1° être inscrit sur les listes électorales municipales, ou justifier qu'on devait y être inscrit au 1er janvier de l'année de l'élection ; 2° être âgé de 25 ans ; 3° être Français depuis 12 ans au moins, ces années se comptant à partir de la date du décret de naturalisation ou de l'expiration du délai accordé pour répudier la nationalité française (Décr. 4 juin 1900) ; 4° résider en Algérie depuis trois ans. — Sont éligibles aux deux premières délégations financières tous les électeurs qui ne sont pas dans un des cas d'incapacité ou d'incompatibilité prévus par les art. 7-10 du décret du 23 sept. 1875 sur les conseils généraux (D. P. 76. 4. 51).

15. La troisième délégation se compose de 21 indigènes musulmans, savoir : 1° 9 délégués indigènes des territoires civils, élus au scrutin individuel, à raison de trois par département, par les conseillers municipaux au titre indigène des communes de plein exercice et par les membres indigènes des commissions municipales des communes mixtes ; 2° 6 délégués indigènes des territoires de commandement, désignés par le gouverneur général sur une triple liste de présentation dressée par le général commandant la division ; 3° 6 délégués kabyles, élus au scrutin individuel par les chefs de groupe dits *khorouba*. Ces derniers forment une section spéciale de la troisième délégation.

16. Les élections des membres des diverses délégations peuvent être attaquées devant le Conseil d'Etat.

17. Chaque délégation et la section kabyle délibèrent séparément. Elles peuvent délibérer en séance plénière pour le vote du budget (L. 19 déc. 1900) et quand le gouverneur général autorise par arrêté spécial leur réunion pour discuter des mesures d'intérêt commun (Décr. 23 août 1898, art. 9). — Les délégations sont convoquées et leurs sessions sont ouvertes et closes par arrêté du gouverneur général (même décret, art. 10). Le gouverneur peut les dissoudre et annuler celles de leurs délibérations qui seraient illégales.

§ 5. — *Conseil supérieur* (R. 59 et s.; S. 32 et s.).

18. Le conseil supérieur de gouvernement forme la seconde assemblée délibérante de l'Algérie. Créé par décret du 10 déc. 1860 (D. P. 61. 4. 9), il a été réorganisé par les décrets du 23 août 1898 et du 8 juin 1901. — Il comprend actuellement des membres de droit, des membres nommés et des membres élus. Les membres de droit sont tous les membres du conseil de gouvernement, auxquels il faut ajouter les préfets des trois départements algériens et les trois généraux commandant les divisions. Les membres nommés sont désignés par le gouverneur général; ils sont au nombre de sept, dont 3 notables indigènes et 4 fonctionnaires algériens choisis à raison de leur compétence et de leurs services. La troisième catégorie de membres se compose de 15 conseillers généraux, élus par leurs collègues à raison de cinq par département, et de 16 membres des délégations financières élus par elles, à raison de six pour chacune des deux premières, de trois pour la section arabe et d'un pour la section kabyle.

19. Le conseil supérieur se réunit chaque année en session ordinaire, après la session des délégations financières. Il est présidé par le gouverneur général. — Il délibère sur toutes les questions relatives à l'administration de l'Algérie qui lui sont soumises par le gouverneur général. Il émet des vœux sur ces questions. Seuls, les vœux politiques lui sont interdits. Sur ses attributions en matière financière et budgétaire, V. *infrà*, n° 39.

ART. 2. — BUDGET GÉNÉRAL DE L'ALGÉRIE (R. 63 et s.; S. 35 et s.).

20. Antérieurement à la loi du 19 déc. 1900, le budget de l'Algérie était incorporé dans le budget de l'État et voté par les chambres législatives. L'Algérie n'ayant aucune personnalité, c'était l'État qui acquittait les dettes afférentes à tous les services publics civils et militaires qui n'avaient pas un caractère départemental ou communal. C'était lui également qui établissait et percevait les impôts destinés à couvrir ces dépenses. Ce régime a été complètement transformé par la loi du 19 déc. 1900 (D. P. 1901. 4. 21).

21. Tout d'abord cette loi fait le départ des recettes et dépenses qui doivent appartenir à l'État et celles qui doivent appartenir à l'Algérie. De toutes les dépenses que l'État faisait en Algérie, les seules que la loi du 19 déc. 1900 laisse à sa charge sont : 1° les dépenses militaires; 2° les pensions des fonctionnaires de l'Algérie jusqu'au 1er janvier 1901; 3° les garanties d'intérêts des chemins de fer ouverts à l'exploitation avant le 1er janvier 1901. — Quant aux recettes, l'État ne s'est réservé que la taxe militaire et le produit de la vente en Algérie des monopoles de l'État (poudres, allumettes et tabac). Toutes autres recettes sont abandonnées à l'Algérie.

§ 1er. — *Recettes de l'Algérie* (R. 428 et s.; S. 294 et s.).

22. Le budget de l'Algérie comprend, en recettes : 1° les impôts de toute nature, redevances, fonds de concours et autres produits antérieurement perçus par le Trésor à quelque titre que ce soit; 2° le produit des impôts qui pourront être ultérieurement créés. La liste des recettes de l'Algérie se trouve dans les tableaux annexés aux lois qui autorisent la perception des diverses recettes de la colonie (V. notamment L. 22 déc. 1902). — Les recettes de l'Algérie sont classées en : 1° contributions directes; 2° contributions indirectes; 3° contributions diverses; 4° produits des monopoles et exploitations industrielles de l'État; 5° produits du domaine de l'État; 6° porduits divers; 7° recettes d'ordre.

A. — Contributions directes (R. 431 et s., 468 et s.; S. 298 et s., 348 et s.).

23. Les seules contributions directes qui existent en Algérie sont la contribution foncière sur les propriétés bâties et la contribution des patentes.

24. La contribution foncière sur les propriétés bâties a été établie par la loi du 23 déc. 1884 (D. P. 85. 4. 36). La loi du 20 juill. 1891 (D. P. 91. 4. 83) en a réduit le taux à trois francs vingt pour cent du revenu net imposable. Il est procédé tous les cinq ans à l'évaluation des propriétés bâties. Le revenu net imposable est le revenu défini par la loi du 3 frim. an 7 (R. v° *Impôts directs*, p. 242). Il comprend le revenu du sol sur lequel sont assises les constructions imposables. — Sont imposables les maisons, usines et, généralement, toutes les propriétés bâties situées en Algérie. Certains immeubles sont exemptés de la contribution (L. 1884, art. 2). — La contribution foncière est un impôt de quotité. Au principal de l'impôt s'ajoutent les centimes additionnels destinés à couvrir les non-valeurs. — Les règles appliquées en France pour l'évaluation des propriétés, le contentieux et les dégrèvements en matière de contributions directes, sont applicables en Algérie (L. 23 déc. 1884, art. 1er; L. 18 déc. 1895, D. P. 96. 4. 38).

25. La contribution des patentes est régie, en Algérie, par le décret du 26 déc. 1881 (D. P. 83. 4. 20), qui a rendu applicable la loi du 15 juill. 1880 (D. P. 81. 4. 1), sous réserve de quelques modifications de détail. D'autre part, les lois ultérieures qui ont, en France, modifié la législation des patentes, ont été promulguées en Algérie par les décrets des 2 déc. 1885 (D. P. 86. 4. 72), 25 nov. 1890 (D. P. 91. 4. 106), et 21 sept. 1893 (D. P. 94. 4. 120). Sont, en conséquence, assujettis à la patente tous individus français, indigènes ou étrangers qui exercent, dans les communes de plein exercice, dans les communes mixtes ou les centres de population agglomérée situés hors du territoire de ces communes, une profession non comprise dans les exemptions. Les droits sont réglés par trois tableaux A, B, C, comme en France. — Le taux du droit proportionnel est fixé à la moitié des tarifs déterminés au tableau D annexé à la loi du 15 juill. 1880.

26. Sont établies et perçues d'après les mêmes règles qu'en France les taxes assimilées aux contributions directes suivantes : les redevances minières (Décr. 21 mars 1852, 23 oct. 1852, D. P. 52. 4. 214; 4 août 1860, D. P. 60. 4. 135; 7 mai 1874, D. P. 75. 4. 5); les droits de vérification des poids et mesures (Décr. 26 déc. 1842, R. p. 778; Arr. 22 mai 1846); les droits de visite dans les épiceries, pharmacies et drogueries, d'inspection des fabriques et dépôts d'eaux minérales; les droits d'épreuve des appareils à vapeur.

27. A ces contributions et taxes, il faut ajouter les impôts arabes, c'est-à-dire les impôts que le gouvernement beylical percevait autrefois sur les indigènes et qui ont été maintenus par le gouvernement français. — Ces impôts sont tous des impôts de quotité. Ils ont été placés, par l'art. 4 du sénatus-consulte du 22 avr. 1863 (D. P. 63. 4. 47), sous le régime des décrets en conseil d'État. — Les impôts arabes n'atteignent que les indigènes. Encore y échappent-ils quand ils sont naturalisés (Cons. d'Ét. 26 déc. 1879, D. P. 80. 3. 43). Ainsi les israélites indigènes ne le doivent plus depuis le décret du 24 oct. 1870 (D. P. 70. 4. 124), à condition, toutefois, qu'ils aient fait la preuve de leur nationalité conformément au décret du 7 oct. 1871 (D. P. 71. 4. 165). — Les impôts arabes sont : l'*achour*, impôt foncier sur les terres cultivées; le *hockor*, impôt perçu sur les terres *azels*, c'est-à-dire sur les terres dépendant du domaine qui ont été concédées ou vendues aux indigènes; le *zekhat*, impôt sur les troupeaux; les *lezmas*, mot désignant divers impôts dont l'assiette varie suivant les régions. — Les règles spéciales à la perception et aux réclamations en matière de contributions directes sont applicables aux réclamations formées devant les conseils de préfecture en matière d'impôts arabes (Ord. 10 janv. 1843, art. 1, R. p. 782).

B. — Contributions indirectes (R. 463 et s.; S. 326 et s.).

28. Sous cette dénomination sont rangés les droits d'enregistrement, de timbre, de greffe et d'hypothèque, les droits de douane et de navigation. Les lois qui régissent ces droits en France sont applicables en Algérie, sauf certaines exceptions et modifications (Ord. 19 oct. 1841, R. p. 766). — En ce qui concerne les droits de timbre et d'enregistrement, V. *infrà*, n°s 222 et s.

29. Les droits de douane perçus en Algérie sont, en principe, les mêmes que ceux perçus en France. Depuis la loi du 17 juill. 1867 (D. P. 67. 4. 87), les tarifs douaniers applicables aux frontières de France sont applicables en Algérie toutes les fois que des textes spéciaux n'y apportent pas des modifications ou atténuations. — Les produits originaires de France ou nationalisés par l'acquit des droits en France sont admis en franchise en Algérie (L. 17 juill. 1867, art. 2). Les importations provenant de l'étranger sont faites dans les conditions déterminées par la loi du 18 déc. 1895, art. 12 et s. (D. P. 96. 4. 38). — Les exportations directes en France des produits naturels ou fabriqués en Algérie ont lieu en franchise, sous réserve des prohibitions ou restrictions établies par le tarif général des douanes dans un intérêt public ou à raison des monopoles réservés à l'État. Les vins algériens n'entrent en franchise en France que s'ils sont naturels et de raisins frais. — Les produits étrangers réexportés d'Algérie en France ne peuvent être admis en franchise que s'ils ont acquitté tous les droits portés au tarif. — Les règles relatives aux entrepôts réels ou fictifs sont applicables en Algérie. — Quant aux droits de douane, l'administration des Douanes perçoit les droits de navigation, de magasinage, de quai et les redevances à l'exportation des phosphates.

C. — Contributions diverses (R. 448 et s.; S. 345 et s.).

30. On désigne sous ce nom en Algérie les divers impôts de consommation qui, en France, sont perçus par l'administration des Contributions indirectes. Ces droits sont bien moins nombreux qu'en France. Il n'est perçu aucun droit sur les boissons hygiéniques, le sel, les huiles, bougies, vinaigres, voitures publiques et chemins de fer. — En revanche, on a établi en Algérie la *licence*, qui est régie actuellement par la loi du 28 avr. 1893 (D. P. 93. 4. 79) et les décrets des 27 juin 1893 (D. P. 93. 4. 105) et 2 mai 1902. Ceux qui vendent au détail des boissons, du café, du tabac sont astreints au payement de la licence, conformément à ces tarifs annexés à la loi de 1893. Certaines catégories de personnes sont toutefois exceptées de cette obligation. — La seule boisson qui soit frappée spécialement d'un droit de consommation est l'alcool (L. 26 janv. 1892, art. 32, D. P. 92. 4. 9). Le droit a été porté à 100 francs par hectolitre d'alcool pur par la loi du 13 avr. 1898, art. 30 et s. (D. P. 98. 4. 97).

31. La législation française sur la garantie des matières d'or et d'argent a été introduite en Algérie par le décret du 24 juill. 1857 (D. P. 57. 4. 170). Un décret du 11 juin 1872 (D. P. 72. 4. 120) a élevé les droits.

D. — Produits des monopoles de l'État.

32. Les monopoles de l'Etat sont moins nombreux en Algérie qu'en France. — Celui de la fabrication des allumettes n'y a jamais été introduit. — Quant au tabac, la culture, la fabrication et la vente en sont libres en Algérie comme en France (Ord. 4 sept. 1844, R. p. 785). La vente a lieu au profit de l'Etat. — Au contraire, tous les produits perçus en Algérie par l'administration des Postes, Télégraphes et Téléphones sont versés dans la caisse de la colonie.

E. — Produits du domaine de l'État.

33. Tous les produits du domaine de l'Etat, public ou privé, sont abandonnés à la colonie. Il en est ainsi des redevances dues par les concessionnaires de chutes d'eau, des rentes et créances appartenant à l'Etat, des produits de l'exploitation des établissements régis ou affermés par l'Etat. La loi du 22 déc. 1902 (D. P. 1903. 4. 47) mentionne même le produit des aliénations domaniales mobilières ou immobilières, des successions en déshérence, des biens vacants et sans maître. — La loi attribue encore à la colonie tous les produits, quels qu'ils soient, du domaine forestier (Annexes, États E, I, § 3).

F. — Produits divers.

34. Sous ce nom figurent des recettes multiples, telles que la taxe des brevets d'invention, les droits d'extraction exigés des amodiataires des gisements de phosphates, les produits des maisons pénitentiaires, etc.

G. — Recettes d'ordre.

35. On désigne ainsi des recettes qui compensent en totalité ou en partie des dépenses auxquelles elles sont spécialement affectées. Il en est ainsi des fonds de concours consentis par des personnes morales ou des particuliers pour l'exécution de travaux publics, des produits des divers établissements universitaires, des amendes et condamnations pécuniaires prononcées par les tribunaux, etc.

36. A ces diverses recettes viennent s'ajouter les impôts nouveaux que les assemblées algériennes jugent à propos d'établir. V. *supra*, n° 22. — L'art. 10 de la loi du 19 déc. 1900 indique dans quelles conditions sont établis les nouveaux impôts : sauf les droits de douane, qui restent soumis aux dispositions des lois en vigueur et ne peuvent, par suite, être modifiés que par des lois métropolitaines, les créations ou suppressions d'impôts, les modifications de leur assiette, de leur mode de perception et de leurs tarifs sont délibérés, sur la proposition du gouverneur général ou de l'une des délégations financières et sur le rapport de la commission des finances, par l'assemblée plénière des délégations. Le conseil supérieur de gouvernement, saisi à son tour, ne peut qu'adopter ou rejeter en bloc les décisions prises par les délégations. Le droit d'amendement lui est refusé. S'il repousse, le rejet est définitif. S'il adopte, la décision n'est exécutoire qu'après avoir été homologuée par un décret rendu en conseil d'Etat. Par le fait de cette homologation, la décision des assemblées algériennes devient une loi fiscale algérienne (V. Décr. 21 mars 1902). — Chaque année une loi spéciale autorise la perception des droits, produits et revenus applicables au budget spécial de l'Algérie.

§ 2. — *Dépenses* (R. 66 et s.; S. 37 et s.).

37. Le budget de l'Algérie comprend, en dépenses : 1° l'ensemble des dépenses des services civils; 2° les dépenses de la gendarmerie; 3° les pensions des fonctionnaires et agents coloniaux qui seront liquidées, à partir du 1er janv. 1901, proportionnellement à la durée des services accomplis depuis

cette date. — Un règlement d'administration publique du 7 juin 1902 a déterminé de quelle manière se ferait la répartition des charges de ces pensions entre l'Etat et l'Algérie.

38. Les dépenses inscrites au budget de l'Algérie se divisent en dépenses obligatoires et en dépenses facultatives. — Sont obligatoires : 1° l'acquittement des dettes exigibles; — 2° les dépenses d'administration générale et celles des services civils qui relevaient précédemment de l'Etat; — 3° les traitements des agents et fonctionnaires mis à la disposition de la colonie; — 4° les dépenses de la gendarmerie; — 5° celles des services musulmans et des affaires indigènes (L. 19 déc. 1900, art. 5).

ART. 3. — LÉGISLATION BUDGÉTAIRE ET COMPTABLE DE L'ALGÉRIE.

39. Le projet de budget est établi par le gouverneur général, sous le contrôle du ministre de l'intérieur (L. 19 déc. 1900, art. 6). Ce projet est soumis aux assemblées locales dans les six premiers mois de l'année. Chaque délégation délibère séparément sur les amendements que les délégués proposent au projet de leur budget (art. 7). Le projet de budget et les amendements adoptés par chacune des délégations est ensuite discuté et voté par l'assemblée plénière des délégations. — Il est transmis au conseil supérieur de gouvernement, qui délibère sur le rapport de sa commission des finances, composée de neuf membres élus au scrutin de liste. Le conseil supérieur ne peut prendre l'initiative d'aucune dépense nouvelle ni relever les crédits votés par les délégations financières. Il peut, au contraire, les rejeter ou les réduire. Sa décision est définitive, il n'y a pas de renvoi aux délégations financières (art. 8).

40. Le budget est réglé par décret, sur le rapport du ministre de l'intérieur (L. 19 déc. 1900, art. 11). Le gouverneur général est ordonnateur des dépenses de l'Algérie; il peut déléguer ses pouvoirs à des fonctionnaires inférieurs. L'Algérie a pour comptable le trésorier-payeur d'Alger (L. 19 déc. 1900, art. 14, § 3). Auprès du gouverneur général est placé un agent chargé du contrôle des dépenses engagées. — Après la clôture de l'exercice, le compte administratif est successivement présenté aux délégations financières et au conseil supérieur, qui statuent par voie de déclaration. Ce compte, provisoirement arrêté par les assemblées locales, est définitivement réglé par décret. De son côté, le trésorier-payeur de la colonie, justiciable de la cour des comptes, produit un compte de gestion qui est remis aux assemblées locales en même temps que le compte administratif du gouverneur général (art. 14, § 1, 2 et 4).

41. Le régime financier de l'Algérie est réglé dans ses détails par un décret du 16 janv. 1902. Le décret étend à l'Algérie le bénéfice de la déchéance quinquennale établie au profit de l'Etat par la loi du 29 janv. 1831. V. *infra*, Trésor public.

ART. 4. — TERRITOIRES DU SUD.

42. La loi du 24 déc. 1902 (D. P. 1903. 4. 16) a dédoublé l'Algérie en constituant le Sud africain à l'état de personne morale distincte et autonome Les territoires du Sud comprennent toutes les fractions du territoire situées au sud des circonscriptions visées par l'art. 1er de la loi. Ils ont une administration et un budget distincts de ceux de l'Algérie; ils sont dotés de la personnalité civile, peuvent posséder des biens, concéder des chemins de fer, entreprendre de grands travaux publics, contracter des emprunts. Pour autoriser ces grands travaux et ces emprunts, une loi est nécessaire.

43. Le gouverneur général représente les territoires dans les actes de leur vie civile.

Il prépare leur budget, qui est transmis avant le 1er juillet au ministre de l'intérieur et réglé par décret sur le rapport des ministres de l'intérieur, de la guerre et des finances.

SECT. II. — Organisation départementale.

44. Le territoire entier de l'Algérie forme trois départements (Arr. 9 et 16 déc. 1848, D. P. 49. 4. 15; 24 oct. 1870, D. P. 70. 4. 123). Chacun d'eux comprend un territoire civil, dont l'organisation a été de plus en plus rapprochée de l'organisation départementale de la métropole, et un territoire militaire ou de commandement.

ART. 1er. — ADMINISTRATION DU TERRITOIRE CIVIL (R. 73 et s.; S. 39 et s.).

45. Les préfets, secrétaires généraux, sous-préfets et conseillers de préfecture sont placés sous l'autorité du gouverneur général. Les attributions des préfets sont celles qui sont conférées aux préfets des autres départements de la République. Un décret du 27 oct. 1858 (D. P. 58. 4. 157) a rendu applicable en Algérie le décret-loi du 25 mars 1852 (D. P. 52. 4. 90). Ils statuent par délégation du gouverneur général sur les objets énumérés dans les arrêtés des 31 déc. 1873, 18 janv. 1898 et 29 janv. 1900. — Le préfet est assisté de deux secrétaires généraux, l'un pour l'administration, l'autre pour la police (Décr. 11 janv. 1901). C'est l'un d'eux qui supplée le préfet en cas d'absence (Décr. 22 févr. 1898, art. 3). — Les sous-préfets ont des attributions plus étendues que celles des sous-préfets de France.

46. Les conseils de préfecture ont la même organisation et les mêmes attributions qu'en France. V. *infra*, Conseil de préfecture. Leur compétence s'étend aussi bien sur le territoire militaire que sur le territoire civil. — Un décret du 24 juill. 1889 a rendu applicable en Algérie la loi du 22 juill. 1889, relative à la procédure à suivre devant les conseils de préfecture, sauf deux modifications qui doublent les délais prévus aux art. 10 et 44. Les conseillers de préfecture doivent remplir les mêmes conditions de capacité qu'en France.

47. Il existe dans chaque département un conseil général. Le gouvernement n'a pas déclaré la loi du 10 août 1871, sur les conseils généraux, applicable purement et simplement à l'Algérie; mais, dans un décret du 23 sept. 1875 (D. P. 76. 4. 51), il a reproduit la plupart des dispositions de cette loi, adaptées aux besoins spéciaux de la colonie. Ce décret, qui forme la base de la législation des conseils généraux, a été modifié par les décrets des 3 mars 1876 (D. P. 4. 111), 6 mars 1877 (D. P. 77. 4. 40), 3 août 1880 (D. P. 81. 4. 92), 23 mars 1883, 1er avr. 1892 (D. P. 93. 4. 21), 6 janv. 1901, qui ont introduit en Algérie les diverses modifications apportées en France à l'organisation ou aux attributions des conseils généraux. Les particularités suivantes sont à signaler : 1° Aux membres français sont adjoints des assesseurs musulmans siégeant au même titre ; ils sont choisis directement par le gouverneur général parmi les notables indigènes domiciliés dans le département et possédant des propriétés; leur nombre est invariablement fixé à six. 2° Les cantons n'existant pas en Algérie, les circonscriptions électorales y sont déterminées par le gouverneur général (Décr. 23 sept. 1875, art. 4, D. P. 76. 4. 51). — Les règles relatives aux conditions de l'électorat et à l'éligibilité sont, d'une façon générale, les mêmes qu'en France. — Le conseil général élit une *commission départementale* de six membres, cinq Français et un musulman, ce dernier désigné par le gouverneur général. Le rôle de cette commission est le même qu'en France.

48. Les conseils généraux algériens n'ont pas les attributions politiques conférées aux conseils métropolitains par la loi du 15 févr. 1872 (D. P. 72. 4. 39), qui n'a pas été promulguée en Algérie. L'art. 39 du décret du 23 sept. 1875 donne au gouverneur général, en conseil de gouvernement, le soin de pourvoir à la répartition des impôts directs. Ce texte n'a pas d'application, tous les impôts étant de quotité. — Le budget départemental algérien est alimenté : 1° par l'abandon que fait la colonie au département de la moitié du produit des impôts arabes; 2° par les centimes additionnels au principal de la contribution foncière des propriétés bâties; 3° par la taxe sur les vignes; 4° par les contingents de la colonie et des communes dans les services des aliénés, des enfants assistés, etc.; 5° par les centimes extraordinaires votés annuellement par les conseils généraux dans les limites déterminées par des lois spéciales. Le budget est préparé par le préfet, de concert avec le général commandant la division.

ART. 2. — ADMINISTRATION DES TERRITOIRES MILITAIRES (R. 215 et s.; S. 151 et s.).

49. Les territoires militaires, ou de commandement, sont encore aujourd'hui dans les attributions des généraux commandant les divisions. Ils font à certains égards partie des départements, notamment au point de vue du budget et des pouvoirs du conseil général, qui s'étendent à ces territoires. Le préfet y dirige certains services. Mais les attributions administratives restent dans les mains des généraux commandant les divisions, qui y exercent les attributions dévolues au préfet en territoire civil (Décr. 23 sept. 1875, art. 3). — L'administration des indigènes des territoires de commandement est placée sous l'autorité supérieure du gouverneur général. Le service central des affaires indigènes a été supprimé et réparti entre les bureaux du gouvernement général (Arr. 2 mars 1885).

50. Le territoire militaire de chaque département est réparti en subdivisions administrées, sous les ordres des généraux de division, par les généraux de brigade qui les commandent. Les subdivisions sont divisées elles-mêmes en cercles et en annexes ayant à leur tête des officiers supérieurs. Chacun de ces officiers généraux ou supérieurs a auprès de lui des bureaux, dits *bureaux arabes*, composés d'un chef, d'un ou plusieurs adjoints, d'interprètes, de secrétaires, d'un *khodja* et d'un *chaouch*. Le chef et les adjoints du bureau arabe sont des officiers recrutés dans les diverses armes de l'armée (Décr. 11 juin 1850, 19 févr. 1852 et 5 mars 1866, R. p. 796, 799 et 811).

51. Le service des bureaux arabes est encore actuellement réglé par une instruction du 21 mars 1867. Autrefois investis de pouvoirs propres, les bureaux arabes ne sont plus aujourd'hui chargés que de préparer et expédier les ordres et autres travaux relatifs à la conduite des affaires arabes, à la surveillance des marchés et à l'établissement des comptes de toute nature à rendre au gouverneur général sur la situation politique et administrative du pays. Ils ne décident rien, mais se bornent à instruire les affaires qui doivent être décidées par les commandants. Les officiers des bureaux arabes continuent cependant à être investis de la qualité d'officiers de police judiciaire pour la recherche des crimes, délits et contraventions commis en territoire militaire, tant par les indigènes que par les Européens (Décr. 15 mars 1860 et 1er févr. 1874, D. P. 60. 4. 36 et 74. 4. 63).

SECT. III. — Organisation communale.

52. L'organisation communale actuelle de l'Algérie comprend trois catégories de communes : 1° les communes de plein exercice; 2° les communes mixtes; 3° les communes indigènes. — Les premières sont toutes en territoire civil, les dernières sont toutes en territoire militaire. Quant aux communes mixtes, il en existe dans le territoire militaire comme dans le territoire civil.

ART. 1er. — COMMUNES DE PLEIN EXERCICE (S. 84 et s.).

53. Elles sont soumises à la loi du 5 avr. 1884 (D. P. 84. 4. 25) et entièrement assimilées aux communes métropolitaines, sauf un petit nombre de particularités réservées par l'art. 164 de la loi précitée. — 1° Par dérogation aux art. 5 et 6, la création d'une commune, au lieu d'être faite par une loi, est faite par un décret du président de la République sur la proposition du gouverneur général en conseil de gouvernement, sur le rapport du ministre de l'intérieur. Le conseil général est appelé à donner son avis. — 2° Par dérogation à l'art. 74 de la loi du 5 avr. 1884, les conseils municipaux peuvent voter à leurs maires une indemnité de fonctions, avec l'approbation du gouverneur général. — 3° L'art. 164 de la même loi réserve ce qui concerne la représentation dans le conseil municipal des indigènes musulmans. La représentation de ces derniers est réglée par le décret du 7 avr. 1884 (D. P. 84. 4. 69). Le nombre des conseillers municipaux français étant déterminé eu égard au chiffre de la population française ou naturalisée, le nombre des conseillers au titre indigène vient s'ajouter au nombre des conseillers français dans une proportion qui est fixée par l'art. 1er du décret précité. Les conseillers musulmans sont élus au scrutin de liste pour un corps électoral restreint. Les conditions requises pour être électeur sont déterminées par l'art. 2; celles de l'éligibilité, par l'art. 3 du même décret.

54. Dans les communes de plein exercice où la population indigène est assez nombreuse pour qu'il y ait lieu d'exercer à son égard une surveillance spéciale, cette population est administrée, sous l'autorité immédiate du maire, par des adjoints indigènes. C'est le préfet qui, par arrêté, détermine les communes où seront créés les emplois d'adjoint indigène; il nomme les titulaires sur la présentation du maire, mais sans être tenu de les choisir parmi les candidats présentés. — Ces adjoints ne sont à aucun titre les délégués du conseil municipal, mais de simples agents du maire. Ils n'ont d'autorité que sur leurs coreligionnaires. Le maire peut leur déléguer une partie de ses attributions. En outre, ils sont chargés de fournir au maire tous les renseignements intéressant la tranquillité et la police du pays, d'assister les agents du Trésor dans la commune pendant les opérations de recouvrement ou d'assiette des taxes et impôts, de prêter leur concours, à toute réquisition, aux agents préposés au recouvrement des deniers publics, de veiller à ce que leurs coreligionnaires fassent exactement à l'officier de l'état civil les déclarations obligatoires. Ils peuvent être chargés, par délégation, de la tenue des registres de l'état civil ou de recevoir les déclarations quand les distances sont trop grandes. Ils ne sont pas des officiers de police judiciaire, mais de simples auxiliaires de la police administrative (Décr. 7 avr. 1884, art. 7). — Sur l'administration des finances communales, V. *infrà*, n°s 64 et s.

ART. 2. — COMMUNES MIXTES (S. 114 et s., 155 et s.).

55. La commune mixte n'est pas, comme celle de plein exercice, une institution permanente, mais une institution provisoire, devant préparer des divers groupements qui la composent à la vie municipale et propre à ménager la transition du régime militaire au régime communal de droit commun. Elle ne se compose pas d'un centre unique de population, mais constitue une agrégation de territoires (centres de colonisation, douars et tribus), qui forme, en vertu d'un arrêté du gouverneur général, une circonscription politique et administrative ayant le caractère de personne civile. Ces communes sont très peu nombreuses en territoire militaire.

56. Toutes les communes mixtes sont créées par un arrêté du gouverneur général en conseil de gouvernement (Décr. 7 avr. 1884, art. 7). Les arrêtés de création délimitent la commune mixte, désignent les centres qui la composent, fixent la composition du corps municipal et le nombre des membres français qui doivent en faire partie. — Chaque fraction de la commune mixte a une existence propre possédant une représentation particulière, ayant son domaine séparé et la personnalité civile que la loi reconnaît aux sections de communes. Les centres de colonisation reçoivent une dotation immobilière à mesure qu'ils se créent. Les douars, constitués en vertu du sénatus-consulte du 22 avr. 1863, forment une section distincte (Arr. 20 mai 1868, art. 55; 24 nov. 1871, art. 8; L. 26 juill. 1873, art. 3, D. P. 74. 4. 4). Les tribus non délimitées ont, en dehors des terres de culture dont chaque habitant a la jouissance exclusive, des biens communaux (L. 26 juill. 1873, art. 3).

57. Au point de vue de la constitution des organes de la commune mixte, la seule différence qui existe entre celles du territoire militaire et celles du territoire civil est que les premières sont administrées par le commandant du cercle ou de l'annexe et les secondes par un administrateur civil (Arr. 20 mai 1868 et 24 déc. 1875). — D'après un décret du 29 mars 1898 (D. P. 98. *Table alphabétique*, v° *Algérie*, n° 7), les administrateurs civils de communes mixtes sont nommés par le gouverneur général, qui fixe, par ses arrêtés, les conditions de nomination, de service, d'avancement, etc. Ils doivent être Français, avoir trente ans, justifier de cinq ans de services en Algérie, soit dans l'administration centrale ou départementale, soit comme magistrat, soit comme officier de l'armée active, soit dans une administration financière recrutée au concours. — Les administrateurs sont à la fois agents de la puissance publique et administrateurs de la commune. Comme agents de la puissance publique, ils remplissent les fonctions d'officier de l'état civil, d'officier de police judiciaire (Arr. 24 déc. 1875; Décr. 3 oct. 1888, D. P. 89. 4. 51), de ministère public près le tribunal de simple police et le tribunal répressif indigène (Décr. 29 mars 1902, D. P. 1902. 4. 80). Ils publient les lois, décrets, arrêtés, règlements, pourvoient à l'exécution des mesures de police générale et de surveillance politique des indigènes, remplissent les fonctions des maires en matière d'élections, de recrutement, d'impôts, etc. Enfin ils exercent la juridiction disciplinaire sur les indigènes. V. *infrà*, n°s 124, 151.

58. Les administrateurs sont secondés par des adjoints français élus par les citoyens français de la section européenne inscrits sur les listes électorales (Décr. 7 avr. 1884). La durée de leur mandat est de quatre ans (Décr. 12 avr. 1887). Ils sont officiers de l'état civil, assurent l'exécution des règlements de police et reçoivent les délégations de l'administrateur. Des adjoints indigènes sont préposés à l'administration des douars et des tribus dans les mêmes conditions que dans les communes de plein exercice.

59. Il existe dans chaque commune mixte une commission municipale de représentants des centres, des douars et des tribus. Les membres français de la commission municipale sont élus pour quatre ans par les citoyens français inscrits sur les listes électorales (Décr. 7 avr. 1884, art. 7). On applique à ces élections toutes les dispositions de la loi du 5 avr. 1884 (Cons. d'Et. 16 janv. 1892, D. P. 93. 3. 61). Les membres indigènes sont choisis par le préfet ou par le général de division, suivant la portion du territoire où se trouve la commune. — Les commissions municipales n'ont que des attributions consultatives et aucune attribution réglementaire. Elles délibèrent sur tout ce qui intéresse la gestion des biens, les actes de la vie civile, les actions judiciaires, le budget et la comptabilité de la commune (Ord. 28 sept. 1847; Arr. 4 nov. 1848, R. p. 794; Décr. 28 juill. 1860, D. P. 60. 4. 136; Arr. 20 mai 1868). — Les intérêts spéciaux des douars et des tribus sont représentés d'une manière permanente par leurs *djemmaâs*. V. *infrà*, nº 63.

ART. 3. — COMMUNES INDIGÈNES (S. 156 et s.).

60. Les communes indigènes actuelles ont remplacé, en vertu de l'arrêté du 13 nov. 1874, les communes subdivisionnaires qu'avait instituées l'arrêté du 20 mai 1868. C'est au gouverneur général qu'il appartient de créer ces communes, d'en modifier le territoire et de les organiser (Décr. 7 avr. 1884, art. 7). — Bien que soumises au régime du commandement, elles ont la personnalité civile, un budget et un domaine propres. Le commandant du cercle ou de l'annexe, y remplissant les fonctions de maire, est assisté parfois d'un adjoint civil spécial, nommé par le gouverneur général, rétribué par la colonie et pouvant recevoir une indemnité de la commune (Arr. 13 nov. 1874, art. 4).

61. Il existe dans chaque commune indigène une commission municipale composée d'éléments civils, militaires et indigènes (Arr. 20 mai 1868, 13 nov. 1874). Elle délibère sur tous les objets énumérés par l'art. 29 de l'arrêté de 1868; ses délibérations sont soumises à l'approbation du général de division ou du gouverneur général.

62. Les *douars* ont été constitués en sections indigènes en exécution du sénatus-consulte du 28 avr. 1863. Ils ont une administration propre, constituée par une assemblée appelée *djemmaâ*. L'organisation de cette assemblée est actuellement régie par un arrêté du 11 sept. 1895.

63. La *djemmaâ* se compose de l'adjoint indigène, président, et de notables nommés par le préfet ou le général de division, pour trois ans. — Les *djemmaâs* délibèrent sur toutes les affaires énumérées dans l'art. 14 de l'arrêté du 11 sept. 1895. Cette énumération vise toutes les matières relatives à l'administration des biens ou des finances de la section. Les délibérations des *djemmaâs* sont transmises à la commission municipale de la commune. Celle-ci prend à son tour une délibération qui n'est exécutoire qu'après approbation par le préfet ou par le général de division. La *djemmaâ*, ou toute partie intéressée, peut déférer au gouverneur général l'arrêté du préfet ou du général (V. Arr. 25 août 1896 et 28 mars 1897).

ART. 4. — BUDGETS COMMUNAUX (R. 151 et s.; S. 859 et s.).

64. Pour faire face aux dépenses que les lois et décrets leur imposent, les communes d'Algérie ont à leur disposition les mêmes recettes que les communes de la métropole et quelques recettes spéciales. — Elles tirent d'importantes ressources de leur domaine public ou privé et de l'exploitation de leurs services publics. En outre, un prélèvement est opéré au profit des communes sur le principal de la contribution des patentes, sur certaines amendes et confiscations. — Les communes peuvent encore recourir à l'établissement de certains impôts. Ce sont : des centimes additionnels au principal de la contribution foncière sur les propriétés bâties, que les conseils municipaux sont autorisés à voter dans la limite fixée par la loi et par

les conseils généraux. Ils peuvent voter des centimes ordinaires ou extraordinaires.

65. Une taxe sur les loyers a été établie par l'arrêté du chef du pouvoir exécutif du 4 nov. 1848, dont les dispositions sont calquées sur celles de la loi du 21 avr. 1832 relative à la contribution mobilière (R. vº *Impôts directs*, p. 269). Cette taxe des loyers est purement municipale. Elle est réglée aujourd'hui par un décret du 15 juin 1899. Elle a pour base la valeur locative de l'habitation, dont elle ne peut dépasser le dixième. — Ayant pour cause le fait même de l'habitation, elle est due par tout individu, Français, indigène ou étranger, de l'un ou l'autre sexe, qui a à sa disposition une habitation personnelle et distincte. Pour donner lieu à l'imposition, il faut que l'habitation ait un certain caractère de permanence. Une personne qui passe la saison d'hiver à Alger dans une maison meublée n'est pas imposable (Cons. d'Et. 19 juill. 1878, D. P. 79. 3. 19). Si l'habitation est permanente, la taxe est due même si l'appartement est meublé. On doit seulement déduire de l'évaluation la valeur des meubles (Cons. d'Et. 27 avr. 1883). — Le conseil détermine le *quantum* de la taxe. Pourvu que le maximum du dixième ne soit pas dépassé, il est libre de faire varier la taxe suivant l'importance du loyer (Cons. d'Et. 13 août 1863, R. 161). Il peut exonérer les loyers inférieurs à un certain chiffre. — Toutes les opérations relatives à la confection des rôles, au payement, à l'annualité de la taxe, à la responsabilité des propriétaires, au contentieux, sont reproduites de la loi du 21 avr. 1832.

66. La taxe des prestations pour l'entretien des chemins vicinaux a été établie en Algérie par le décret du 5 juill. 1854 (R. p. 800), remplacé aujourd'hui par celui du 15 juin 1899, art. 16 et s. — La taxe sur les chiens a été appliquée en Algérie par un décret du 4 août 1855 (R. p. 803), modifié par le décret du 15 juin 1899.

67. L'une des ressources les plus importantes des communes algériennes est l'octroi. En Algérie, cet impôt, au lieu d'être perçu, comme en France, aux portes de chaque commune, est perçu aux frontières. Il porte le nom d'*octroi de mer*, bien que, depuis le décret du 11 août 1853 (D. P. 56. 4. 143), il soit perçu aux frontières de terre comme aux frontières de mer. — Ce droit ne se perçoit pas seulement sur les objets importés ; toute personne qui récolte, prépare ou fabrique, dans l'intérieur du territoire soumis aux droits de l'octroi de mer, des objets compris au tarif, est tenue d'en faire la déclaration et, si elle ne réclame pas la faculté d'entrepôt, d'acquitter immédiatement les droits (Décr. 26 déc. 1884, art. 2).

68. La perception des droits est assurée, aux frontières de mer, par le service des douanes et, aux frontières de terre, par celui des contributions diverses. Ce dernier est également chargé de constater et recouvrer les droits dus dans l'intérieur, aussi bien en territoire militaire qu'en territoire civil. Un règlement dans la forme des règlements d'administration publique, du 27 juin 1887, fixe l'étendue des territoires soumis aux droits, le mode de répartition du produit de l'octroi, la règle la perception à l'intérieur, l'entrepôt commercial et industriel, le transit, les abonnements, le contentieux. — Le juge de paix est compétent, à l'exclusion du tribunal de première instance, pour toutes les contestations auxquelles peut donner lieu l'application du tarif ou la quotité du droit réclamé (art. 37 et 38). Les contraventions sont jugées par le tribunal correctionnel (art. 34).

69. Les dépenses des communes, en Algérie comme en France, sont ordinaires et extraordinaires. Les unes et les autres sont obligatoires ou facultatives. Sont obligatoires

toutes celles énumérées dans l'art. 136 de la loi du 5 avr. 1884. En outre, de nombreuses dépenses ont été déclarées obligatoires par des textes spéciaux. — La comptabilité des communes de plein exercice est régie, comme celle des communes métropolitaines, par la loi du 5 avr. 1884. La seule différence est que les receveurs municipaux sont rémunérés au moyen de remises proportionnelles sur les recettes et payements qu'ils font. — Le budget des communes mixtes est préparé par l'administrateur, délibéré par la commission municipale et réglé définitivement par le préfet (Arr. 31 déc. 1873). — Le budget des communes indigènes est préparé par le commandant du cercle, voté par la commission municipale, réglé par le général commandant la division et approuvé par le gouverneur général.

CHAP. III. — ORGANISATION DES SERVICES PUBLICS.

SECT. Iʳᵉ. — **Armée de terre et de mer.**

ART. 1ᵉʳ. — ARMÉE DE TERRE (S. 227 et s.).

70. Les forces militaires qui occupent l'Algérie composent le 19ᵉ corps d'armée. Elles comprennent, outre des corps de troupes appartenant aux diverses armes de l'armée métropolitaine, des corps spéciaux, les régiments de zouaves, de tirailleurs indigènes, la légion étrangère, les bataillons d'infanterie légère d'Afrique, les compagnies de discipline, les régiments de chasseurs d'Afrique, de spahis (L. 13 mars 1875, art. 3 et 4, D. P. 75. 4. 103). Ces troupes sont destinées à défendre seulement l'Algérie ; elles peuvent être appelées à défendre le territoire métropolitain et à seconder l'armée coloniale dans les expéditions (L. 7 juill. 1900, D. P. 1900. 4. 66).

71. Au point de vue du recrutement, les citoyens français domiciliés en Algérie sont soumis aux dispositions de la loi du 15 juill. 1889 (D. P. 89. 4. 73), qui édicte, en ce qui les concerne, quelques dispositions spéciales. D'après l'art. 81 de cette loi, les Français et naturalisés résidant en Algérie sont incorporés dans les corps stationnés en Algérie et, après une année de présence effective sous les drapeaux, envoyés dans la disponibilité s'ils ont satisfait aux conditions de conduite et d'instruction militaire déterminées par le ministre de la guerre. En cas de mobilisation générale, les hommes valides qui ont terminé leurs 25 ans de service sont réincorporés dans la réserve de l'armée territoriale, sans cependant pouvoir être appelés à servir hors du territoire de l'Algérie. — Si un Français ou naturalisé, ayant bénéficié de la réduction du temps de service actif, transporte son établissement en France avant l'âge de trente ans accomplis, il doit compléter, dans un corps de la métropole, le temps de service dans l'armée active prescrit par l'art. 37, sans pouvoir être retenu sous les drapeaux au delà de l'âge de trente ans. — La taxe militaire fonctionne en Algérie d'après les règles particulières (L. 15 juill. 1898, D. P. 98. 4. 97). — Les indigènes musulmans ne sont pas assujettis au service militaire obligatoire, mais ils sont admis à s'engager dans des corps spéciaux.

72. Les douaniers et les forestiers d'Algérie ont reçu, comme ceux de la métropole, une organisation militaire (Décr. 15 mars 1890, D. P. 91. 4. 46, et 2 avr. 1892, D. P. 92. 4. 75). De même, les corps de sapeurs-pompiers sont soumis aux règles du décret du 2 févr. 1876 (D. P. 76. 4. 103), qui rend applicable en Algérie le décret du 24 déc. 1875 (D. P. 76. 4. 81). Enfin, les colons appartenant par leur âge à la réserve de l'armée active ou à l'armée territoriale sont constamment pourvus d'armes, d'effets de guerre et de munitions lorsqu'ils habitent des communes privées de garnison. Une loi du 27 avr. 1881 (D. P. 82. 4. 24) fixe les conditions sous lesquelles ces armes peuvent être prêtées. — En dehors des forces régulières, il existe en Algérie une milice indigène qui, sous diverses dénominations, concourt, sous le commandement des officiers des bureaux arabes, à la police et à la défense du territoire. — Les réquisitions militaires, en Algérie, sont pratiquées selon les formes édictées par un décret du 8 août 1885 (D. P. 86. 4. 15), qui rend la loi du 3 juill. 1877 (D. P. 77. 4. 53) applicable sous certaines réserves.

ART. 2. — MARINE MILITAIRE (S. 235 et s.).

73. — Les inscrits portés sur la matricule des gens de mer en Algérie et domiciliés dans cette possession au moment de la levée sont soumis aux mêmes règles que les inscrits de la métropole. Toutefois, ces marins sont envoyés en congé illimité après un an de présence effective sous les drapeaux si leur conduite n'a pas laissé à désirer et s'ils ont satisfait aux conditions d'instruction militaire déterminées par le ministre de la marine. Ceux d'entre eux qui transportent leur établissement en France doivent compléter, dans les équipages de la flotte, la durée du service effectif exigé des inscrits de la métropole, sans toutefois pouvoir être levés à cette fin après l'âge de vingt-neuf ans, ni retenus au delà de celui de trente ans (L. 24 déc. 1896, art. 62, D. P. 97. 4. 2). — Une loi du 18 juill. 1903 (D. P. 1903. 4. 73) a créé, sous le nom de *baharia*, une sorte d'inscription maritime indigène.

SECT. II. — **Gendarmerie, Police, Service pénitentiaire.**

ART. 1er. — GENDARMERIE (R. 352; S. 238).

74. Il existe en Algérie une légion de gendarmerie comportant 149 brigades à cheval, 51 à pied et des gendarmes auxiliaires indigènes (Ord. 31 août 1839, R. v° *Gendarme*, p. 497; Décr. 30 oct. 1860, R. 352). — Les sous-officiers ou commandants de brigade de gendarmerie sont officiers de police judiciaire, auxiliaires du procureur de la République dans toute l'étendue du territoire civil (Décr. 29 juill. 1900, D. P. 1900. 4. 87).

ART. 2. — POLICE (R. 61; S. 34).

75. Le gouverneur général de l'Algérie a, dans la colonie, en matière de police, les mêmes attributions que le ministre de l'intérieur dans la métropole (Décr. 26 févr. 1898). Le service de la police et de la sûreté générale est organisé par des arrêtés du gouverneur des 20 et 26 sept. 1895, 21 juin 1898, 10 juill. 1899 et 15 sept. 1901.

ART. 3. — RÉGIME PÉNITENTIAIRE.

76. Le service des prisons et établissements pénitentiaires de l'Algérie est placé sous l'autorité directe du gouverneur général (Décr. 3 févr. 1902, art. 1). Les lois, ordonnances, décrets et arrêtés qui régissent en France le service des prisons et établissements pénitentiaires, s'appliquent en Algérie dans toutes celles de leurs dispositions auxquelles ne déroge pas la législation spéciale de la colonie. Le gouverneur général exerce en Algérie, en matière d'administration pénitentiaire, les attributions dévolues en France au ministre de l'intérieur.

SECT. III. — **Services financiers** (R. 411 et s., 496 et s.; S. 283 et s., 391 et s.).

77. Les services financiers existant en Algérie comprennent le service de la trésorerie, le service de la topographie et du cadastre, et ceux des régies des contributions directes, des contributions diverses, de l'enregistrement, du domaine et du timbre et des douanes.

78. Le service de la trésorerie est actuellement régi par un décret du 16 janv. 1902. Il existe à Alger un trésorier-payeur général, qui est à la fois le comptable de l'État, celui de la colonie et celui du département (V. *suprà*, n° 40); il est justiciable de la Cour des comptes. Entre lui et les comptables inférieurs de la colonie et des communes, sont interposés trois payeurs principaux résidant à Oran, Constantine et Bône. Ils effectuent les recettes et les dépenses de l'État, et peuvent payer, pour le compte du trésorier général, toutes les dépenses de l'Algérie.

79. Le service topographique a été institué par un arrêté ministériel du 14 oct. 1846. Les opérations dont il est chargé constituent des opérations cadastrales : triangulation, arpentage, reconnaissance et estimation nécessaires pour la colonisation, etc. — Une loi du 23 mars 1898 (D. P. 99. 4. 7) dispose que nul ne peut s'opposer à l'installation, sur son terrain, des bornes et autres signes apparents destinés à marquer les points géométriques nécessaires à l'exécution des cartes et plans du territoire de l'Algérie, sous réserve du payement ultérieur de telle indemnité que de droit. Lorsque ces signaux doivent être établis sur une propriété particulière, l'État peut exproprier ce terrain dans les conditions spécifiées par la législation algérienne. La destruction ou la détérioration des bornes ou signaux est punie des peines prévues à l'art. 257 c. pén.

80. Le service des contributions directes, introduit en Algérie par décret du 8 mai 1872 (D. P. 72. 4. 110), est régi actuellement par un décret du 21 août 1898 (D. P. 99. 4. 101). Il est chargé de l'assiette des contributions directes, des taxes assimilées et des impôts arabes. Enfin le service des Douanes est régi par deux décrets des 20 juill. et 7 août 1901.

81. Un autre décret du 21 août 1898 a réorganisé le service des contributions diverses, qui est chargé : 1° de l'assiette et du recouvrement des contributions indirectes ainsi que d'une partie de l'octroi de mer (Décr. 27 nov. 1884); 2° de la perception des contributions directes et taxes assimilées (V. Ord. 2 janv. 1846, D. P. 46. 3. 30).

82. La régie financière de l'Enregistrement et des Domaines est chargée de la gestion du domaine national et colonial et de la perception des droits d'enregistrement, de timbre, de greffe, d'hypothèques, de l'impôt sur les valeurs mobilières, du droit d'accroissement. Ce service est régi aujourd'hui par le décret du 25 mai 1898, qui édicte des dispositions analogues à celles des décrets du 21 août 1898. Le gouverneur général a sous ses ordres directs les agents du personnel algérien. La direction générale de l'Enregistrement exerce en Algérie les mêmes attributions que dans la métropole quant à l'assiette et à la perception des droits, amendes et contraventions. Les directeurs de chaque département correspondent directement avec la direction générale à Paris.

83. A l'exception du service de la trésorerie, dont le personnel est sous la direction du ministre des finances, les autres services énumérés ci-dessus sont placés sous l'autorité directe du gouverneur général.

SECT. IV. — **Cultes.**

ART. 1er. — CULTE CATHOLIQUE (R. 234 et s.; S. 160 et s.).

84. Un décret du 9 janv. 1867 (D. P. 67. 4. 32) a divisé l'Algérie en trois diocèses, dont un métropolitain et deux suffragants. L'administration des paroisses est confiée à des conseils de fabriques organisés comme en France et soumis aux mêmes règles de comptabilité (Décr. 31 déc. 1895, D. P. 97. 4. 21). Les obligations des communes sont les mêmes qu'en France; elles résultent de la loi du 5 avr. 1884, pour les communes de plein exercice, et de l'ordonnance du 28 sept. 1847 (D. P. 47. 3. 181), pour les communes mixtes.

ART. 2. — CULTES PROTESTANTS (R. 237 et s.; S. 162).

85. Les deux cultes protestants reconnus en France le sont aussi en Algérie. Ils sont régis par les décrets des 14 sept. 1859 (D. P. 59. 4. 93.) et 12 janv. 1867 (R. 240), qui ont fondé cette organisation sur la base d'institutions mixtes et communes aux deux Églises. Les églises (paroisses) sont administrées par des conseils presbytéraux, dont les membres sont pris en nombre égal dans chaque confession. Dans chacun des trois départements, les conseils presbytéraux sont placés sous l'autorité d'un consistoire composé des pasteurs de la circonscription et de représentants laïques, élus par les conseils presbytéraux, et pris par moitié dans les deux cultes. — Sous réserve de ces règles spéciales, la législation métropolitaine est applicable aux cultes protestants en Algérie. Il en est ainsi, notamment, en ce qui concerne le culte de la confession d'Augsbourg, de la loi du 1er août 1879 (D. P. 80. 4. 7), portant réorganisation de ce culte, et du décret du 12 mars 1880 (D. P. 81. 4. 94), rendu pour l'exécution de cette loi (V. *infrà*, *Culte*), lequel a, d'ailleurs, été modifié dans son application à l'Algérie par un décret du 30 avr. 1891.

ART. 3. — CULTE ISRAÉLITE (R. 243 et s.; S. 163 et s.).

86. L'organisation de ce culte est actuellement régie par un décret du 23 août 1898 (D. P. 99. 4. 100), dont les dispositions sont reproduites et complétées par un autre décret du 27 sept. 1903. Aux termes de ces décrets, les consistoires établis dans chacun des départements algériens, par l'ordonnance du 9 nov. 1845 et le décret du 16 sept. 1867, sont supprimés et remplacés par des consistoires d'arrondissement, composés du grand rabbin ou d'un rabbin et de six membres laïques. — Les consistoires israélites ont la personnalité civile (Décr. 10 juill. 1861, R. p. 806). On applique aux consistoires israélites les règles de comptabilité prescrites pour les fabriques (Décr. 31 déc. 1895). V. *suprà*, n° 84.

ART. 4. — CULTE MUSULMAN (R. 251; S. 168).

87. Ce culte est pratiqué librement par les indigènes, sous la surveillance du gouverneur général. Il n'a été l'objet d'aucune organisation spéciale ne comporte, d'ailleurs, pas d'organisation analogue au clergé catholique. Toutefois les agents du culte sont nommés, les uns par le gouverneur général, les autres par le préfet.

SECT. V. — **Instruction publique** (R. 252 et s.; S. 169 et s.).

88. L'organisation de l'instruction publique en Algérie a pour base un décret du 15 août 1875 (D. P. 76. 4. 55), qui rend applicable, en principe, la législation française, sauf les modifications qu'il édicte. — Le service de l'instruction publique est resté rattaché au ministère de l'instruction publique en France, même depuis le décret du 23 août 1898. Toutefois, le gouverneur général a la direction de l'enseignement des indigènes (Décr. 31 déc. 1896). — L'Algérie forme une circonscription académique. Elle a un recteur, dont les pouvoirs sont plus étendus que ceux des recteurs de la métropole, et un conseil académique, dont la composition, surtout quant aux membres élus, diffère de celle des conseils métropolitains.

89. L'enseignement supérieur est donné, à Alger, dans des écoles préparatoires à l'enseignement du droit, des sciences et des lettres, ayant chacune à sa tête un directeur (non un doyen) (Décr. 5 juin 1880, D. P. 81. 4. 29; 30 juill. 1886); et dans une école de plein exercice de médecine et de pharmacie (Décr. 31 déc. 1888). — Il existe en Algérie trois écoles musulmanes ou *médercas*, qui doivent former les candidats aux fonctions du culte, de la justice et de l'instruction publique musulmane (Arr. gouv. gén. 21 nov. 1882).

90. L'enseignement secondaire se donne dans des lycées et des collèges communaux. Il existe, en outre, pour les indigènes, des collèges arabes français. La législation métropolitaine est demeurée entièrement applicable en ce qui touche à l'enseignement secondaire.

91. Quant à l'enseignement primaire, la loi du 30 oct. 1886 (D. P. 87. 4. 1) a déclaré applicable en Algérie, en même temps que ses propres dispositions, celles des lois du 16 juin 1881 (D. P. 82. 4. 24) et du 28 mars 1882 (D. P. 82. 4. 64). — La loi du 19 juill. 1889, sur les dépenses ordinaires de l'instruction publique (D. P. 90. 4. 35), édicte des dispositions spéciales à l'Algérie. — Un décret du 18 oct. 1892 règle l'enseignement primaire des indigènes.

SECT. VI. — Assistance, Prévoyance, Hygiène.

ART. 1er. — ASSISTANCE PUBLIQUE (R. 275 et s.; S. 196 et s.).

92. Le gouverneur général a sous sa haute autorité les services d'assistance. Il est assisté d'un comité consultatif. Le service de l'assistance médicale et de l'assistance hospitalière est régi par le décret du 23 déc. 1874 (D. P. 75. 4. 75). — La loi du 15 juill. 1893, sur l'assistance médicale gratuite (D. P. 94. 4. 22), n'est pas applicable en Algérie (Cons. d'Ét. 2 déc. 1895). Mais les dépenses d'assistance hospitalière n'en sont pas moins obligatoires pour les communes où les indigents malades ont leur domicile de secours. Un décret du 16 déc. 1902 a édicté à cet égard des règles nouvelles. — La législation des bureaux de bienfaisance, des aliénés et des enfants assistés, est celle de la métropole.

ART. 2. — INSTITUTIONS DE PRÉVOYANCE (R. 319 et s.; S. 214 et s.).

93. Toutes les institutions de prévoyance qui existent en France, établissements publics ou d'utilité publique, caisses d'épargne, monts-de-piété, caisses d'assurances en cas de décès ou d'accidents, caisses de retraites, sociétés de secours mutuels, existent aussi en Algérie et sont régies par les mêmes dispositions. — Une loi du 14 avr. 1893 (D. P. 94. 4. 88) a organisé une institution nouvelle et spéciale à l'Algérie, celle des *sociétés indigènes de prévoyance*, de secours et de prêts mutuels des communes de l'Algérie, dont le but est de venir en aide, par des secours temporaires, aux indigènes ouvriers agricoles ou cultivateurs pauvres, gravement atteints par les maladies ou les accidents, de permettre, par des prêts annuels en nature ou en argent, aux indigènes *fellahs* ou *khammès*, de maintenir ou développer leurs cultures, d'améliorer et d'augmenter leur outillage et leurs troupeaux.

ART. 3. — HYGIÈNE PUBLIQUE (R. 293 et s.; S. 206 et s.).

94. L'organisation, en Algérie, des services sanitaires est soumise aux mêmes principes que dans la métropole : les conseils d'hygiène et de salubrité publique et les commissions d'hygiène ont été institués par un décret du 23 avr. 1852 (R. 298). Un décret du 28 août 1852 a promulgué en Algérie la loi du 13 avr. 1850 (D. P. 50. 4. 74) sur les logements insalubres. La loi du 15 févr. 1902

(D. P. 1902. 4. 41), sur la protection de la santé publique, a prescrit que des règlements d'administration publique détermineraient les conditions d'application de cette loi à l'Algérie, qui reste provisoirement soumise à l'ancienne législation. — Quant à la police sanitaire maritime, elle est actuellement régie par les décrets des 4 janv. 1896 et 23 nov. 1899.

95. L'institution des médecins de colonisation, créée par un arrêté ministériel du 21 janv. 1853, a été réorganisée par un décret du 23 mars 1883. Ils ont pour mission de donner gratuitement leurs soins à toute personne indigente de leur circonscription, de diriger médicalement les infirmeries civiles et de délivrer les médicaments là où il n'existe pas de pharmacie.

96. L'exercice de la médecine est soumis, en ce qui concerne les Européens, aux conditions exigées dans la métropole. La loi du 30 nov. 1892 (D. P. 93. 4. 8) a été rendue applicable en Algérie sous réserve de certaines dispositions spéciales (art. 35; Décr. 7 août 1896, D. P. 97. 4. 92). — L'exercice de la pharmacie est subordonné aux mêmes conditions qu'en France (Décr. 12 juill. 1851, R. p. 797).

97. La législation des établissements dangereux, incommodes et insalubres est la même qu'en France.

SECT. VII. — Travaux publics, Agriculture, Eaux et Forêts.

98. Les services des travaux publics et des mines sont actuellement régis par un décret du 18 août 1897 (D. P. 97. 4. 97). Les fonctionnaires et agents du cadre métropolitain sont mis à la disposition du gouverneur général et considérés comme en service détaché. Le gouverneur a les attributions dévolues en France au ministre en matière de travaux publics, de grande voirie, d'outillage des ports maritimes, de contrôle des voies ferrées, de surveillance des mines, carrières et appareils à vapeur. Un décret du 23 mars 1899 (D. P. 99. 4. 98), relatif au service de l'agriculture en Algérie, renferme des dispositions semblables. — Les lois et décrets qui régissent en France les services ressortissant au ministère des travaux publics s'appliquent en Algérie dans toutes celles de leurs dispositions auxquelles il n'est pas dérogé par la législation spéciale.

99. La loi du 21 févr. 1903 dispose (art. 2) que les agents des eaux et forêts employés en Algérie font partie du personnel de la métropole et sont soumis aux mêmes dispositions légales et réglementaires. Ils exercent leurs fonctions sous l'autorité du gouverneur général. Les préposés sont recrutés suivant les mêmes règles que dans la métropole. Les indigènes ayant servi dans l'armée ou dans l'Administration peuvent, sous certaines conditions, être admis comme gardes forestiers indigènes.

SECT. VIII. — Postes, Télégraphes et Téléphones (R. 399 et s., 414 et s.; S. 279 et s.).

100. Ce service est placé, par le décret du 12 octobre 1901, sous la direction du gouverneur général. Celui-ci dirige et assure le service au moyen tant du personnel recruté et mis à sa disposition par l'administration métropolitaine que du cadre recruté en Algérie et constituant un cadre algérien.

101. Les lois, décrets et règlements qui régissent en France les services des postes, etc., s'appliquent en Algérie dans toutes celles de leurs dispositions auxquelles il n'est pas dérogé par la législation spéciale de l'Algérie. Le gouverneur exerce les attributions du ministre, à moins qu'il ne doive être statué par une loi ou un décret.

CHAP. IV. — ORGANISATION JUDICIAIRE (R. 564 et s.; S. 438 et s.).

102. L'organisation judiciaire en Algérie repose encore aujourd'hui sur l'ordonnance du 6 sept. 1842 (R. p. 767), qui établit une distinction entre les tribunaux français et les tribunaux musulmans. — Le service de la justice française est placé dans les attributions du ministre de la justice. Il en est ainsi même depuis les décrets des 31 déc. 1896 et 23 août 1898 (art. 5), qui ont maintenu sur ce point le rattachement. La justice musulmane est placée dans les attributions du gouverneur général.

SECT. Ire. — Tribunaux français (R. 569 et s.; S. 439 et s.).

103. Les tribunaux français sont: les justices de paix, les tribunaux de première instance, la cour d'appel d'Alger, les tribunaux de commerce, les conseils de prudhommes. Les magistrats qui composent la cour d'Alger et les tribunaux de première instance sont, d'une manière générale, soumis aux mêmes règles que les magistrats des cours et tribunaux métropolitains. Ils sont nommés par décrets et ont les mêmes attributions. La loi du 30 août 1883 (D. P. 83. 4. 58), sur la réforme de l'organisation judiciaire, leur est applicable dans celles de ses dispositions qui ont trait à l'organisation des tribunaux; elle fixe (art. 2 et 8) la composition de la cour et des tribunaux dont y sont ressortissant ainsi que les traitements des magistrats. Mais là s'arrête l'assimilation : elle n'a pas conféré aux magistrats des tribunaux algériens le bénéfice de l'inamovibilité. D'autre part, au point de vue de la discipline, les magistrats de ces tribunaux ne sont pas soumis aux règles édictées par l'art. 14 de la loi précitée, qui ne leur est pas applicable, mais aux dispositions de la loi du 20 avril 1810 (R. v° *Organisation judiciaire*, p. 1496). — Les assesseurs musulmans qui étaient attachés à la cour d'Alger et aux tribunaux de première instance, pour les contestations entre musulmans, ont été supprimés par voie d'extinction (Décr. 17 avr. 1889, art. 40, D. P. 90. 4. 45). Ils n'ont, d'ailleurs, que voix consultative (Avis Cour de cassation 30 avr. 1885; Cons. d'Ét. 23 juin 1893, D. P. 93. 3. 65).

ART. 1er. — JURIDICTIONS CIVILES.

§ 1er. — *Justices de paix* (R. 561 et s.; S. 441 et s.).

104. Elles ont été divisées par le décret du 19 août 1854 (D. P. 54. 4. 138) en deux catégories: 1° les justices de paix à compétence restreinte; 2° les justices de paix à compétence étendue. Divers décrets ont déterminé les localités où siègent les juges de paix de l'une et l'autre catégorie, et l'étendue de leurs ressorts.

105. Les juges de paix à compétence restreinte exercent leur juridiction dans les mêmes conditions que les juges de paix métropolitains; leur compétence est renfermée dans les mêmes limites. V. *infra*, *Compétence civile des juges de paix*.

106. Les juges de paix à compétence étendue connaissent de toutes les actions personnelles et mobilières, jusqu'à concurrence de 500 francs en dernier ressort et de 1 000 francs en premier ressort. Ils exercent en outre les attributions conférées aux présidents de première instance en référé et dans les mêmes limites, en toutes matières. — Ils peuvent ordonner toutes mesures conservatoires non seulement en matière de référé, mais en toutes matières. — Dans les limites du taux fixé par le décret de 1854, la compétence étendue des juges de paix est exclusive de celle des tribunaux de première instance et de commerce. — Les restrictions apportées en droit commun par la législation spéciale aux justices de paix ne sont pas applicables aux justices de paix à compétence étendue. Ainsi, ne s'applique pas à ces juridictions l'art. 15 de la loi du 25 mai 1838, d'après lequel leurs décisions en dernier ressort ne peuvent être déférées à la cour de cassation que pour excès de pouvoir et non pour violation de la loi (Civ. c. 26 juin 1882, D. P. 83. 1. 78). Au reste, l'appel des jugements rendus par les juges de paix à compétence étendue doit, comme celui des jugements des autres juges de paix, être porté devant le tribunal de première instance (Alger 30 juill. 1877, D. P. 78. 2. 226). — Les juges de paix à compétence étendue sont divisés en quatre classes; la classe est personnelle au fonctionnaire, sans avoir égard à la résidence.

107. Outre les audiences au siège de leur tribunal, les juges de paix tiennent des audiences foraines, tantôt tous les quinze jours, tantôt tous les mois, dans certaines localités de leur ressort (Décr. 10 août 1875, D. P. 76. 4. 67).

108. A côté des juges de paix, il existe des suppléants rétribués qui peuvent, en vertu d'une délégation du premier président, conférée sur réquisitoire du procureur général, être momentanément détachés de leur canton et chargés des fonctions de juge de paix dans un autre canton (Décr. 10 août 1875; 19 avr. 1879, D. P. 79. 4. 55). — Sur la juridiction des juges de paix comme tribunaux musulmans, V. infrà, n° 145.

§ 2. — Tribunaux de première instance
(R. 584 et s.; S. 454 et s.).

109. Il y a en Algérie seize tribunaux de première instance. Leur composition est réglée par les art. 2 et 5 de la loi du 30 août 1883 (D. P. 83. 4. 58). — Ils connaissent de toutes les affaires civiles et commerciales entre Français, ou entre Français et indigènes. Cependant, leur compétence commerciale disparaît dans les arrondissements où existent les tribunaux de commerce.

110. Dans les litiges où ne figurent que des musulmans, il faut distinguer suivant que les tribunaux civils sont appelés à statuer en première instance ou comme juges d'appel des décisions rendues par les juges de paix ou les cadis. — En première instance, ils sont compétents à l'égard des musulmans naturalisés et, à l'égard des non naturalisés, toutes les fois qu'il ne s'agit pas de leur statut personnel, de leurs successions, de celles de leurs immeubles dont la propriété n'est pas établie conformément à la loi du 26 juill. 1873 (D. P. 74. 4. 4), ou par un titre français notarié ou judiciaire, ou encore au cas où les musulmans renoncent à l'application de leurs lois et coutumes pour se soumettre à la législation française (Décr. 17 avr. 1889, art. 1-3, D. P. 90. 4. 45). Cette renonciation résulte, soit d'une déclaration expresse insérée dans la convention originaire sous une convention spéciale, soit même de la circonstance que la convention originaire a été reçue par un officier public français sans que cette convention contienne une déclaration contraire. — Comme tribunaux d'appel, les tribunaux civils statuent sur les appels des jugements rendus en premier ressort par les juges de paix et les cadis, même en dehors du Tell, et cela en toute matière, même lorsqu'il s'agit du statut personnel ou des droits successoraux.

111. En ce qui concerne les contestations entre étrangers, les tribunaux français sont certainement compétents dans tous les cas où les tribunaux de la métropole le sont également. V. infrà, Étranger. Mais plusieurs lextes, notamment l'ordonnance du 10 août 1834 (R. p. 765), qui a organisé la justice française en Algérie, paraissent leur attribuer compétence d'une façon générale,

et dans tous les cas sans distinction. Néanmoins, la jurisprudence est fixée en ce sens que cette solution doit être restreinte aux procès entre étrangers résidant en Algérie; et, même à l'égard de ceux-ci, on reconnaît que les tribunaux français sont incompétents pour statuer sur les questions d'état s'élevant entre des étrangers (Alger, 4 mars 1874, 21 avril 1890), sauf quand il s'agit de mesures urgentes ou provisoires (Alger, 18 mai 1886), ou lorsque les parties acceptent leur juridiction (Alger, 13 janvier 1892).

§ 3. — Cour d'appel (R. 647 et s.; S. 488 et s.).

112. La composition de la cour d'Alger est réglée par la loi du 30 août 1883. Le ressort de la cour d'Alger embrasse la totalité de l'Algérie (Ord. 26 sept. 1842, art. 4). Sa compétence est la même que celle des autres cours. Elle s'étend de plus aux matières musulmanes. — Depuis le décret du 25 mai 1892 (D. P. 93. 4. 20), la cour n'a plus à connaître de l'appel des jugements rendus en premier ressort par les juges de paix et les cadis de l'arrondissement d'Alger. Ces jugements sont déférés, suivant la règle générale, au tribunal d'arrondissement. Mais, d'autre part, le même décret a conféré à la cour, en matière musulmane, le pouvoir de réviser d'office les jugements rendus en dernier ressort contrairement aux principes des droits et coutumes régissant les musulmans. Cette revision s'exerce à la requête du procureur général, qui doit déférer à la cour les jugements de cette nature dans un délai de deux mois à partir du jour où ils sont prononcés (art. 52).

§ 4. — Tribunaux de commerce (R. 716 et s.; S. 519 et s.).

113. La juridiction consulaire a été introduite en Algérie par une ordonnance du 10 août 1834 (R. p. 765). Toutefois, l'élection des juges n'a été établie que par ordonnance du 24 nov. 1847 (D. P. 48. 4. 1). Cette élection est régie par la loi du 21 déc. 1871 (D. P. 72. 4. 3), rendue applicable en Algérie par le décret du 10 mai 1872 (D. P. 72. 4. 88). Les juges aux tribunaux de commerce d'Algérie sont indéfiniment rééligibles (Civ. r. 28 juin 1893, D. P. 94. 1. 277). — Le procureur général exerce un droit de surveillance sur les tribunaux de commerce; il n'a pas le droit de critiquer les inscriptions sur la liste électorale, mais peut arguer de nullité les élections devant la cour d'appel (Req. 25 juin 1873, D. P. 74. 1. 261). Les électeurs peuvent demander à toute époque la radiation de commerçants indûment inscrits. — La compétence des tribunaux de commerce est la même qu'en France.

§ 5. — Conseils de prud'hommes (S. 523).

114. Une loi du 23 févr. 1881 (D. P. 82. 4. 20) a étendu à l'Algérie les lois des 1er juin 1853, 4 juin 1864 et 7 févr. 1880 (D. P. 53. 4. 94, 64. 4. 80 et 80. 4. 77), mais avec quelques modifications. — Sont électeurs : les patrons âgés de 25 ans accomplis, patentés depuis trois années au moins, et, depuis un an, dans la circonscription du conseil; les chefs d'atelier, contremaîtres et ouvriers âgés de 25 ans exerçant leur industrie depuis trois ans au moins et domiciliés depuis un an dans la circonscription du conseil. Sont éligibles les électeurs âgés de 30 ans accomplis, sachant lire et écrire le français et domiciliés depuis deux ans. Les ouvriers étrangers ne sont ni électeurs, ni éligibles. Les conseils comprennent des assesseurs prud'hommes musulmans, élus par les musulmans non naturalisés remplissant les conditions indiquées à l'art. 12 de la loi de 1881.

Art. 2. — Tribunaux répressifs.

§ 1er. — Juges de paix (R. 722 et s.; S. 527 et s.).

115. Les juges de paix à compétence restreinte ont les mêmes attributions que les juges de paix de France en matière de simple police : ils connaissent des infractions ayant le caractère de contraventions. Toutefois, des textes spéciaux leur ont conféré la connaissance de certains délits de la compétence des tribunaux correctionnels, notamment des délits forestiers n'entraînant pas une amende de plus de 150 francs.

116. Quant aux juges de paix à compétence étendue, ils connaissent, en matière correctionnelle, de tous délits n'emportant pas une peine supérieure à six mois de prison et 500 francs d'amende; des infractions aux lois sur la chasse; de toutes les contraventions de la compétence des tribunaux correctionnels.

117. Conformément à la règle générale (V. infrà, Appel en matière criminelle), les jugements rendus en matière de simple police ne sont pas susceptibles d'appel de la part du ministère public. Au contraire, les jugements rendus en matière correctionnelle, par les juges de paix à compétence étendue sont susceptibles d'appel devant le tribunal correctionnel de l'arrondissement.

118. Un officier de police désigné par le procureur général remplit auprès du juge de paix les fonctions du ministère public (Décr. 19 mai 1854, art. 2).

§ 2. — Tribunaux correctionnels (R. 728 et s.; S. 534).

119. C'est par les tribunaux de première instance, comme en France, qu'est rendue la justice correctionnelle. Leur compétence est la même que celle des tribunaux de la métropole, sauf l'exception résultant de l'existence des juges de paix à compétence étendue. V. supra, n° 116. — Avant le décret du 29 mars 1902 (D. P. 1902. 4. 80), ils jugeaient tous les délits commis par les Français, les Européens et les indigènes. Depuis la constitution des tribunaux répressifs indigènes (V. infrà, n° 125), ils ne jugent plus directement que les deux premières catégories d'habitants; ils ne statuent sur les délits des indigènes que comme juges d'appel des décisions de ces tribunaux.

§ 3. — Cour d'appel.

120. En matière répressive, la cour d'Alger, de même que celles de la métropole, connaît de l'appel des jugements rendus par les tribunaux correctionnels. Il y existe aussi une chambre des mises en accusation.

§ 4. — Cours d'assises (R. 733 et s.; S. 535 et s.).

121. Les cours d'assises sont organisées et fonctionnent, en tous points, comme celles de la métropole. La loi du 21 nov. 1872 sur le jury (D. P. 72. 4. 132) a été déclarée applicable à l'Algérie (L. 30 déc. 1902, D. P. 1903. 4. 48). Les fonctions du ministère public auprès des cours d'assises sont remplies par le procureur général et ses substituts à Alger, par les procureurs de la République et leurs substituts dans les autres localités où elles siègent. Les cours d'assises ne connaissent que des crimes des Français et des étrangers non musulmans, des crimes des indigènes non musulmans et des étrangers musulmans accomplis avec la participation de Français, de musulmans non musulmans ou d'indigènes musulmans naturalisés.

Art. 3. — Justice française en territoire militaire (R. 750 et s.; S. 547 et s.).

122. Les Européens, les israélites, les musulmans naturalisés établis en territoire militaire sont placés sous la juridiction des juges de paix, tant pour les matières civiles et commerciales que pour les contraventions de simple police (Décr. 15 mars 1860, D. P. 60. 4. 36). Dans les cercles ou annexes de l'extrême Sud, où n'existent pas de justices de paix, le gouverneur général peut charger un officier de remplir provisoirement les fonctions de juge de paix (Décr. 10 août 1875, D. P. 76. 4. 67). — Les crimes et délits commis en territoire militaire par des Européens ou des israélites sont déférés aux cours d'assises ou aux tribunaux correctionnels (Décr. 15 mars 1860). En cas de complicité de militaires et d'individus étrangers à l'armée, tous les inculpés sont traduits devant la juridiction ordinaire, sauf pour les cas où il s'agirait d'un crime ou d'un délit prévu par le titre 2 du livre 4 du Code de justice militaire, auquel cas le conseil de guerre est compétent à l'égard de tous les inculpés. — En ce qui concerne les crimes ou délits commis par les musulmans, V. infrà, n° 126.

123. Les officiers des bureaux arabes sont officiers de police judiciaire, chargés de rechercher les crimes, délits et contraventions, non seulement des indigènes (Décr. 15 mars 1860), mais encore des Européens (Décr. 1er févr. 1874).

ART. 4. — JURIDICTIONS RÉPRESSIVES CONCERNANT LES INDIGÈNES MUSULMANS.

124. En ce qui concerne les contraventions de simple police, la juridiction compétente est la même que pour les non musulmans. V. supra, n° 115. Toutefois, dans les communes mixtes, l'administrateur est juge des contraventions (Décr. 9 août 1903, art. 28, D. P. 1903. 4. 50).

125. Tous les délits commis en territoire civil par des indigènes sont jugés par un tribunal répressif qui siège au chef-lieu de la justice de paix. Ce tribunal est composé du juge de paix, président, assisté de deux assesseurs, l'un choisi parmi les fonctionnaires ou notables français, l'autre parmi les fonctionnaires ou notables indigènes désignés chaque année par le gouverneur général sur une liste double de candidats présentée par les chefs de la cour. Les fonctions de ministère public sont exercées par le procureur de la République ou par une personne désignée par le gouverneur général sur la proposition du procureur général. — Pour l'instruction, les prescriptions de la loi du 8 déc. 1897 (D. P. 97. 4. 113) concernant l'assistance du conseil du prévenu aux interrogatoires et aux confrontations, ne sont pas obligatoires. Le ministère public doit seulement aviser l'inculpé qu'il peut demander un conseil. Le jugement ne peut être frappé d'opposition que si l'opposant justifie avoir été dans l'impossibilité de se défendre. L'appel, qui doit être formé dans le délai de deux jours, est porté au tribunal correctionnel (Décr. 9 août 1903, art. 1, 2, 6, 10, 12, 21).

126. La loi du 30 déc. 1902 (D. P. 1903. 4. 48) a institué dans chaque arrondissement une cour criminelle, qui connaîtra des crimes exclusivement imputables aux musulmans non naturalisés et aux étrangers musulmans dans toute l'étendue du territoire civil. Cette cour est composée : à Alger, d'un conseiller à la cour d'appel, président, de deux assesseurs pris parmi les conseillers à la cour d'appel, ou, en cas d'empêchement, parmi les juges au tribunal ; dans les autres arrondissements, d'un conseiller, ou, en cas d'empêchement, du président du tribunal civil et de deux assesseurs pris parmi les juges ; de deux assesseurs jurés citoyens français, et de deux assesseurs jurés indigènes. — La cour prononce à la majorité des voix et par des dispositions distinctes sur chaque chef d'accusation et sur l'admission ou le rejet des circonstances atténuantes ; les décisions rendues sont en dernier ressort ;

mais elles sont susceptibles de pourvoi en cassation.

127. En territoire militaire, les indigènes musulmans sont, quant aux crimes et délits commis par eux, justiciables des conseils de guerre (Ord. 26 sept. 1842, R. p. 767).

ART. 5. — PROCÉDURE (R. 602 et s. ; S. 466 et s.).

§ 1er. — Matières civiles.

128. Le Code de procédure civile a été promulgué en Algérie, avec quelques modifications, par l'ordonnance du 16 avr. 1843 (R. p. 782). Les changements successifs qui ont été apportés en France aux dispositions de ce Code sont applicables de plein droit en Algérie, à moins qu'elles ne soient contraires aux dispositions exceptionnelles de la législation algérienne. Les principales particularités de la procédure devant les tribunaux algériens sont les suivantes :

129. D'après l'ordonnance du 16 avr. 1843 (art. 2), lorsqu'il s'agit de droits ou actions ayant pris naissance en Algérie, le demandeur peut assigner, à son choix, devant le tribunal du domicile en France du défendeur ou devant le tribunal de l'Algérie dans le ressort duquel le droit ou l'action a pris naissance. Cette disposition, dérogeant à l'art. 59 c. pr. civ., n'est pas applicable en matière commerciale et ne porte aucune atteinte aux prescriptions de l'art. 420 c. com. (Req. 7 août 1860, R. p. 607) ou de l'art. 635 (Civ. 24 janv. 1887, D. P. 87. 1. 214). L'art. 2 de l'ordonnance est également inapplicable si, dans le contrat, les parties ont élu domicile en France et attribué juridiction au tribunal du lieu du domicile (Alger, 24 mars 1895).

130. En Algérie, la résidence habituelle vaut domicile (Ord. 1843, art. 2) ; le défendeur peut donc être assigné devant le tribunal de sa résidence. Cette résidence doit être constatée non seulement au moment où l'obligation a pris naissance, mais encore au moment où l'assignation est donnée (Alger, 11 juill. 1855, R. 605). D'ailleurs, l'art. 2 laisse subsister le domicile légal que le résident avait en France avant d'établir sa résidence en Algérie ; il peut donc, lorsque cette résidence a cessé, être actionné à ce domicile, même à raison d'obligations contractées en Algérie (Req. 7 juin 1852, D. P. 52. 1. 165). D'autre part, la disposition précitée ne vaut qu'à l'égard des personnes qui ont leur résidence en France et leur résidence habituelle en Algérie ; elle ne s'applique pas à celles qui ont leur domicile en Algérie. Une citation au lieu de leur résidence serait nulle (Civ. 16 mai 1889, D. P. 90. 1. 189).

131. D'autre part, les citations et significations peuvent être faites non seulement au domicile ordinaire (ou à la résidence), mais encore au domicile d'élection de la partie (Ord. 1843, art. 3). Ce domicile d'élection n'est pas celui de l'art. 111 c. civ., mais un domicile élu d'une manière générale pour tous les procès à venir. — Les citations et significations peuvent être également faites à la personne ou au domicile du mandataire de la partie citée, mais à la condition que ce mandataire soit muni d'un pouvoir spécial et formel de défendre à la demande, et ce à peine de nullité (même article ; Civ. 11 févr. 1889, D. P. 89. 1. 316). — L'art. 4 de l'ordonnance du 16 avr. 1843 prescrivait des formalités spéciales pour le cas où le lieu du domicile ou de la résidence de la partie citée ne serait pas connu ; mais cet article a été abrogé, et il y a lieu de se conformer aux dispositions de l'art. 69, § 4, c. pr. civ. (Décr. 18 nov. 1876, D. P. 77. 4. 12).

132. Les personnes habitant l'Algérie peuvent être citées devant les tribunaux français dans les formes ordinaires et par les huissiers qui exercent en Algérie (L. 8 mars 1882, D. P. 82. 4. 57). Si le défen-

deur habite en dehors de la France et de l'Algérie, il y a lieu de signifier l'exploit au parquet du tribunal saisi, qui le transmet au ministère de la justice. — Les exploits signifiés à un musulman doivent être accompagnés d'une analyse sommaire en langue arabe, faite et notifiée par un interprète assermenté, à peine de 20 francs d'amende contre l'huissier, pour chaque omission ; la nullité de l'acte peut, en outre, être prononcée (Ord. 26 sept. 1842, art. 68).

133. Le délai ordinaire des ajournements est de huitaine, conformément à l'art. 72 c. pr. civ., qui s'applique à ceux qui sont domiciliés ou résident en Algérie (Ord. 16 avr. 1843, art. 5). Ce délai est augmenté d'un jour par myriamètre de distance par terre entre le tribunal saisi et le domicile ou la résidence de la partie citée (art. 6). Si la partie citée ne peut se rendre au tribunal que par voie de mer, il y a, indépendamment du délai précédent, un délai fixe de trente jours pour la traversée maritime (art. 7). Cette disposition ne s'applique qu'aux ajournements. — Le délai des ajournements entre la France et l'Algérie est déterminé par l'art. 73 c. pr. civ., modifié par la loi du 3 mai 1862, art. 8 (D. P. 62. 4. 43). Il est fixé à un mois. — Dans le cas où la partie citée demeure hors de la France continentale ou de l'Algérie, le délai, fixé par l'art. 9 de l'ordonnance du 16 avr. 1843, est de 60 jours pour ceux qui demeurent à Tunis, et de 90 jours pour ceux qui demeurent dans les États limitrophes de l'Algérie. Pour les personnes domiciliées en d'autres lieux, il y a lieu d'appliquer les art. 73 et 74 c. pr. civ. — Dans le cas où le domicile ou la résidence du défendeur est inconnu, le délai de l'ajournement est ainsi fixé par l'art. 10 de l'ordonnance du 16 avr. 1843 : 1° si la partie est française, le délai sera d'un mois (L. 3 mai 1862) ; 2° si elle est étrangère, ce sera le délai réglé par l'art. 9 ; 3° si le domicile d'origine de la partie est inconnu, ce sera le délai ordinaire des ajournements. — Les art. 37 et s. de l'ordonnance fixent les cas où il y a lieu d'augmenter les délais de distance dans les significations, sommations, etc., et règlent les autres délais de procédure.

134. En Algérie, toutes les matières sont réputées sommaires et jugées sur simples conclusions motivées, signées par le défenseur constitué, respectivement signifiées dans la forme des actes d'avoué à avoué, vingt-quatre heures avant l'audience.

135. En matière civile et de commerce, les frais présumés de timbre et d'enregistrement doivent, pour chaque instance, être préalablement déposés entre les mains du greffier (Arr. 23 juin 1843). — L'étranger demandeur qui n'a pas sa résidence habituelle ou un établissement en Algérie peut être soumis à la caution judicatum solvi (Ord. 16 avr. 1843, art. 18-20 ; Alger, 23 juin 1896, D. P. 1901. 2. 257).

136. Les créanciers munis d'une autorisation judiciaire ont une garantie spéciale consistant à empêcher que le débiteur ne quitte le sol algérien par mer. Ils doivent demander au président du tribunal du lieu d'embarquement une ordonnance d'opposition au départ. Cette procédure est réglée par les art. 23 et s. de l'ordonnance de 1843.

137. D'après l'art. 69 de l'ordonnance du 26 sept. 1842, les nullités des actes d'exploits et de procédure sont facultatives pour le juge. Mais il s'agit là seulement des nullités qui ont été édictées par les ordonnances antérieures à celle du 16 avr. 1843. Ainsi un exploit d'ajournement qui n'aurait été signifié ni à personne, ni à domicile, et ne satisferait à aucune des conditions exigées par l'art. 3 de l'ordonnance du 16 avr. 1843, devrait nécessairement être déclaré nul (Civ. c. 20 mai 1863, D. P. 63. 1. 291).

138. Le délai d'appel est d'un mois à dater de la signification à personne ou à domicile réel ou élu (Ord. 26 sept. 1842, art. 56). Le délai de distance pour ceux qui ne sont pas assignés de France en Algérie, ou d'Algérie en France, est d'un jour par myriamètre : il doit se calculer d'après la distance entre le domicile de l'appelant et celui de l'intimé (Req. 5 août 1874). La prolongation du délai, lorsque la localité n'est accessible que par mer, s'applique au cas d'appel. — Quand une des parties est domiciliée en France, le délai d'appel est de deux mois si le jugement a été rendu en Algérie, et de trois mois s'il a été rendu en France (Ord. 1843, art. 16, et L. 3 mai 1862). Ce délai est franc.

139. La disposition de la loi du 30 août 1883 (D. P. 83. 4. 58) qui réduit à cinq le nombre des conseillers nécessaire pour rendre un arrêt s'applique à la cour d'Alger (Civ. r. 27 mars 1887, D. P. 87. 1. 271). — En matière musulmane, les magistrats des juridictions d'appel doivent siéger en nombre impair et au nombre de trois au moins (Décr. 17 avr. 1889, art. 39).

140. Les décisions des tribunaux algériens, rendues en dernier ressort, peuvent être déférées à la cour de cassation. Le délai est de trois mois (L. 11 juin 1859, D. P. 59. 4. 54, et 3 mai 1862).

§ 2. — Matières criminelles.

141. Les règles concernant les poursuites et la procédure devant les diverses juridictions criminelles sont les mêmes en Algérie qu'en France; on suit donc, d'une façon générale, les dispositions du code d'instruction criminelle.

SECT. II. — Tribunaux musulmans (R. 765 et s.; S. 557 et s.).

142. Sous l'empire du décret du 31 déc. 1899, la justice musulmane est rendue par deux sortes de juridictions : 1° les tribunaux indigènes ou makaknas; 2° les juges de paix.

§ 1er. — Juridiction des makakmas (S. 559 et s.).

143. Les makakmas sont institués et supprimés par décret: ils se composent d'un cadi, d'un ou plusieurs bachadels ou suppléants et d'un ou plusieurs adels ou greffiers. Tous sont nommés par le gouverneur général (Décr. 23 août 1898). — Les cadis ne sont plus, comme autrefois, les juges de droit commun à l'égard des musulmans. Leur compétence est restreinte à certaines matières. En premier ressort, ils connaissent des contestations relatives au statut personnel et de celles concernant les successions d'une valeur supérieure à 500 francs ; en dernier ressort, des contestations relatives aux successions inférieures à ce chiffre et, en matière personnelle et mobilière, des litiges sur les marchés jusqu'à concurrence de 200 francs. En matière de successions, la compétence des cadis est restreinte aux difficultés relatives à la qualité des cohéritiers et à la capacité pour succéder entre musulmans dans les successions musulmanes et aux opérations de comptes, liquidations et partages de ces successions quand elles sont purement mobilières. S'il s'agit de successions immobilières ou comprenant à la fois des meubles et des immeubles, ce sont les notaires français ou les greffiers-notaires qui sont compétents (Civ. c. 30 mai 1892, D. P. 92. 5. 25).

144. Outre les audiences ordinaires, les tribunaux indigènes peuvent tenir des audiences foraines, en vertu d'un arrêté du garde des sceaux qui détermine le lieu, les jours et heures de ces audiences. De plus, dans les localités déterminées par décret en Conseil d'État, le ministre de la justice peut autoriser le cadi à se transporter sur les marchés qui auront lieu dans ces localités pour y juger, à la demande de toutes les parties intéressées et sans déplacement, entre indigènes musulmans, les contestations personnelles et mobilières dont la valeur ne dépasse pas 200 francs en principal. Les décisions rendues par les cadis dans ces conditions sont toujours en dernier ressort.

§ 2. — Juridiction des juges de paix (S. 570 et s.).

145. Les juges de paix sont juges du droit commun en matière musulmane, et ils statuent sur toutes les affaires entre musulmans autres que les questions réservées aux cadis. Même sur ces questions, ils sont compétents lorsque les parties décident, d'un commun accord, de leur déférer le jugement du différend (Décr. 17 avr. 1889, art. 7). — Les juges de paix jugent les difficultés entre musulmans relativement aux immeubles possédés au titre arabe. Leur compétence s'exerce en matière commerciale ou civile. En toute matière, sauf dans les contestations relatives au statut personnel, qui leur sont déférées par la volonté des parties, les juges de paix, statuant comme juges musulmans, prononcent en dernier ressort sur les litiges dont la valeur n'excède pas 500 francs, et en premier ressort au delà de ce taux. Ils peuvent, en outre, statuer en référé ou rendre des ordonnances sur requête (Décr. 1889, art. 26).

§ 3. — Régimes spéciaux (S. 574 et s.).

146. Les règles ci-dessus exposées ne s'appliquent pas indistinctement à tout le territoire algérien : 1° En Kabylie, il n'y a plus aujourd'hui d'autre juge, en matière musulmane, que le juge de paix. Les assesseurs musulmans qui devaient l'assister ont été supprimés (Décr. 17 avr. 1889, art. 76). Toutefois, en matière de statut personnel, il peut, d'office ou sur la demande de toutes les parties en cause, se faire assister du cadi-notaire (V. infra) ou de son suppléant, ou, à leur défaut, d'un notable préalablement désigné par le procureur général. Cet assesseur a voix consultative. — La compétence des juges de paix en Kabylie diffère de celle des juges de paix du reste du territoire algérien. Elle est déterminée par les décrets des 29 août 1874 et 13 déc. 1879 (D. P. 75. 4. 42 et 80. 4. 76). — Les cadis ont conservé, comme cadis-notaires, la mission d'exécuter les jugements ou arrêts définitifs rendus entre indigènes ou musulmans étrangers par les juges de paix, les tribunaux ou la cour d'Alger.

147. 2° En territoire de commandement, le juge de droit commun, en matière musulmane, est le cadi. Il connaît en premier ressort de toutes les affaires civiles et commerciales ainsi que des questions d'état. Il statue en dernier ressort sur les actions personnelles et mobilières jusqu'à la valeur de 200 francs, et sur les actions immobilières jusqu'à 20 francs de revenu (Décr. 8 janv. 1870, art. 5, D. P. 70. 4. 24).

148. 3° Enfin, depuis l'annexion du Mzab en 1882, les Mozabites établis en dehors du Mzab sont soumis à un régime spécial réglé par un décret du 29 déc. 1890 (D. P. 91. 4. 108).

§ 4. — Voies de recours (S. 585 et s.).

149. L'appel des jugements rendus en premier ressort par les cadis et les juges de paix est porté devant le tribunal civil de l'arrondissement (Décr. 17 avr. 1889 et 25 mai 1892, D. P. 93. 4. 20). Cette règle s'applique dans toute l'étendue de l'Algérie, y compris la Kabylie et les territoires de commandement. Le délai d'appel est de trente jours. Il est interjeté par une déclaration faite à l'adel du cadi ou au greffier de la justice de paix. — Dans les territoires de commandement, l'appel doit être précédé de la soumission de l'affaire au midjelès (assemblée consultative), qui donne son avis. Les parties peuvent, d'un commun accord, renoncer à cette consultation. Si l'avis du midjelès est conforme au jugement du cadi, l'appel reste sans suite, à moins que la contestation ne porte sur une question d'état ou sur une valeur dépassant 2 000 francs en capital.

150. En matière musulmane, la législation n'admet pas, en principe, le pourvoi en cassation (Décr. 1er déc. 1854, 13 déc. 1866, 29 août 1874, D. P. 75. 4. 42). Toutefois, dans la région du Tell, les jugements en dernier ressort sont susceptibles de recours en cassation, pour incompétence et excès de pouvoir seulement (Décr. 17 avr. 1889; Req. 13 janv. 1897). Ailleurs, le recours en cassation est remplacé par le pouvoir conféré à la cour d'Alger de réformer les décisions contraires aux principes des droits et coutumes qui régissent les indigènes musulmans (V. suprà, n° 112). (Req. 17 mars 1897, D. P. 97. 1. 564). Les jugements définitifs rendus en matière musulmane peuvent être attaqués par la voie de la requête civile (Décr. 17 avr. 1889, art. 50).

§ 5. — Juridiction disciplinaire des indigènes (R. 187; S. 142 et 554).

151. Indépendamment des diverses juridictions chargées d'appliquer aux indigènes les lois répressives françaises qui atteignent de la même façon les Français et les étrangers (V. suprà, nos 115 et s.), les indigènes musulmans sont encore soumis à une législation spéciale que l'on appelle le Code de l'indigénat. Une loi du 21 déc. 1897 (D. P. 98. 4. 33) énumère, dans un tableau, tous les faits qui, parfaitement licites pour les Français et des Européens, deviennent des contraventions pour les indigènes. Les peines applicables sont les peines de simple police. — Les infractions au Code de l'indigénat sont soumises au juge de paix dans les communes de plein exercice, à l'administrateur dans les communes mixtes. En territoire militaire, la juridiction disciplinaire est exercée par les commandants militaires du territoire. Ceux-ci sont assistés de commissions disciplinaires, composées d'éléments civils et militaires, et dont les pouvoirs ont été déterminés en dernier lieu par un arrêté du 14 nov. 1874.

SECT. III. — Auxiliaires de la justice et officiers ministériels.

§ 1er. — Règles générales.

152. Aux termes d'un décret du 27 juin 1901, le personnel de tous les officiers publics et ministériels de l'Algérie est placé sous la haute autorité du gouverneur général (art. 1er). En conséquence, les greffiers de la cour, des tribunaux de première instance et de commerce, des justices de paix, les notaires, défenseurs et avoués près la cour et les tribunaux, les huissiers, les interprètes judiciaires et traducteurs commissaires-priseurs, sont nommés et révoqués par le gouverneur général au vu des propositions qui lui sont soumises par le premier président et le procureur général (art. 2). Une commission de trois membres choisis par le gouverneur général dresse une liste de trois noms pour chaque nomination. Avec l'adjonction de l'officier ministériel en résidence à Alger, elle constitue une commission de discipline, sur l'avis de laquelle le gouverneur général prononce les peines disciplinaires. — Nul ne peut remplir un office ou une fonction d'officier ministériel en Algérie s'il n'est Français et s'il n'a satisfait aux lois sur le recrutement militaire. Sont toutefois maintenues en faveur des indigènes les dispositions exceptionnelles du décret du 21 avr. 1866 (D. P. 66. 4. 41). En Algérie, les officiers ministéririels n'ont pas la faculté de présenter leur successeur.

§ 2. — *Défenseurs, avoués, avocats* (R. 675 et s. ; S. 497 et s.).

153. À l'origine, il a été institué, sous le nom de *défenseurs*, un corps d'officiers ministériels destinés à représenter les parties en justice. Ils cumulaient les fonctions d'avoué et celles d'avocat. En 1848, furent créés des collèges d'avocats près la cour d'Alger et les divers tribunaux du ressort. Les défenseurs ont néanmoins conservé le droit de plaider, qu'ils ont exercé, depuis lors, en commun avec les avocats. Enfin, un décret du 27 déc. 1881 (D. P. 83. 4. 20) a séparé la postulation de la plaidoirie et introduit en Algérie le ministère des avoués. Les défenseurs alors en service ont conservé leurs fonctions, mais il n'en a plus été créé d'autres ; l'institution doit donc disparaître par voie d'extinction. — Les avoués et les avocats ont la même organisation et les mêmes obligations. V. *infrà, Avocat, Avoué.*

§ 3. — *Greffiers* (R. 589 et s. ; S. 457 et s.).

154. L'institution des greffiers est régie par le décret du 3 sept. 1884 (D. P. 85. 4. 14), qui soumet leur nomination à des conditions d'aptitude déterminées et précise les diverses fonctions qu'il leur est permis d'exercer.

§ 4. — *Interprètes* (R. 700 et s. ; S. 507 et s.).

155. La création de cette classe spéciale d'officiers a eu pour but de faciliter les rapports administratifs des Arabes et des autorités françaises. On distingue les interprètes militaires et les interprètes civils, qui se divisent en interprètes judiciaires et interprètes traducteurs assermentés. — Les règles concernant la situation légale et les attributions de ces diverses catégories d'interprètes sont contenues dans des décrets ou ordonnances des 19 mai 1846, 25 avr. 1854, 4 févr. 1854, 13 déc. 1854, 12 août 1861 et 13 déc. 1879 (D. P. 80. 4. 76).

§ 5. — *Notaires* (R. 853 et s. ; S. 664 et s.).

156. Le notariat en Algérie est régi par l'ordonnance du 26 sept. 1842, modifiée par le décret du 27 juin 1901. Pour être notaire, il faut être âgé de vingt-cinq ans, avoir satisfait à la loi du recrutement, avoir fait un stage de cinq ans dans une étude de notaire ou se trouver dans un des cas de dispense de ce stage, justifier du certificat d'études de droit administratif et de coutumes indigènes (Décr. 9 oct. 1882, D. P. 83. 4. 53). Les notaires sont nommés par le gouverneur général, qui peut les suspendre ou les révoquer. — La compétence des notaires résidant au chef-lieu d'un tribunal s'étend à tout l'arrondissement ; celle des notaires qui résident au chef-lieu d'une justice de paix s'étend au ressort de ce tribunal. — D'après un décret du 18 janv. 1875 (D. P. 75. 4. 91), dans les cantons judiciaires où il n'existe pas de notaire, les greffiers de justice de paix peuvent être désignés par la garde des sceaux pour en remplir les fonctions.

157. Les attributions des notaires en Algérie sont, en principe, les mêmes qu'en France. Ils sont tenus des mêmes obligations en ce qui concerne l'enregistrement des actes, la tenue des répertoires. Les amendes qui sanctionnent ces prescriptions sont applicables aux notaires de l'Algérie.

158. Les actes notariés sont reçus en Algérie par le notaire, en présence de deux témoins, et, s'il s'agit d'un testament public, en présence de quatre témoins mâles, majeurs, citoyens français, jouissant de leurs droits civils et justifiant de leur inscription sur les listes électorales, sachant signer et domiciliés dans l'arrondissement où l'acte est passé (Décr. 26 oct. 1886, D. P. 87. 4. 55).

Quand les parties ne parlent pas la même langue, les notaires doivent, pour recevoir les actes, être assistés d'un interprète qui doit signer l'acte comme témoin additionnel. Il en est de même quand un des témoins ne parle pas la langue française (Arr. 30 déc. 1842, art. 16, R. p. 779). — Entre musulmans, les notaires sont compétents quand ceux-ci réclament leur ministère et renoncent ainsi à leur loi personnelle pour adopter la loi française, ou lorsqu'il s'agit d'immeubles francisés dans les conditions de la loi de 1873, ou enfin pour les opérations de liquidation et de partage des successions d'indigènes musulmans comprenant à la fois des meubles et des immeubles, ou purement immobilières (Décr. 17 avr. 1889, art. 52).

159. En territoire militaire, la jurisprudence dénie toute force exécutoire aux actes passés devant les commandants de place. Ceux-ci n'ont pas qualité pour exercer les fonctions notariales (Alger, 21 mai et 13 juill. 1875). — Les cadis ont conservé le droit de recevoir les actes publics passés exclusivement entre musulmans, dans les circonscriptions où ils ont conservé les fonctions de juge (Décr. 17 avr. 1889). En outre, il existe en Kabylie et dans certaines circonscriptions des autres parties de l'Algérie, où le cadi n'a plus d'attributions juridictionnelles, des cadis notaires. V. *suprà*, n° 145.

§ 6. — *Huissiers* (R. 712 et s. ; S. 512 et s.).

160. Les huissiers sont régis, en principe, par l'arrêté ministériel du 26 nov. 1842 (R. p. 771), dont les dispositions, au point de vue des devoirs et de la discipline, se rapprochent sensiblement de la législation de la métropole. Certaines règles spéciales ont été édictées par un décret du 13 déc. 1879 (D. P. 80. 4. 87).

§ 7. — *Curateurs à successions vacantes* (R. 715 et s. ; S. 517 et s.).

161. La fréquence de la vacance des successions en Algérie, par suite de l'ignorance du lieu où se trouvent les héritiers, a nécessité des mesures spéciales pour la conservation des droits des appelés. Une ordonnance du 26 déc. 1842 (R. p. 776) pourvoit à la curatelle de ces successions. Il est institué, dans le ressort de chaque tribunal, des *curateurs aux successions vacantes*. Ce sont de véritables officiers publics. Ils sont nommés par le procureur général. D'après un décret du 3 sept. 1884 (D. P. 85. 4. 14), ces fonctions sont exclusivement confiées aux greffiers de justice de paix.

162. Une succession est réputée vacante quand, au moment de son ouverture, aucun héritier ne se présente soit en personne, soit par un mandataire spécial, ou lorsque les héritiers présents ou reconnus y ont renoncé (Ord. 26 déc. 1842, art. 2). Le curateur entre de plein droit en fonctions dès qu'il est avisé d'un décès sans héritiers connus ou apparents (art. 9 ; Req. 20 oct. 1885, D. P. 86. 1. 402). — Le curateur est le représentant de la succession, mais non des héritiers inconnus de cette succession, ni des créanciers (Alger, 30 avr. 1888). Il doit rechercher et revendiquer tous les biens héréditaires qui seraient entre les mains de tiers et assurer la conservation de ceux qui étaient aux mains du défunt (Req. 20 oct. 1885). Le curateur doit verser immédiatement dans la caisse du receveur des domaines tout le numéraire trouvé dans la succession, ainsi que les deniers provenant du recouvrement des créances actives et de la vente des meubles ou immeubles.

163. L'ordonnance de 1842 (art. 47) dispose qu'elle ne s'applique pas aux successions musulmanes ou aux successions étrangères. Pour les premières, il y a lieu de se référer aux droit et coutumes musulmans (Décr. 17 avr. 1889, art. 1 et 2).

CHAP. V. — RÉGIME CIVIL DE L'ALGÉRIE.

SECT. Iʳᵉ. — État des personnes.

164. La population de l'Algérie comprend quatre éléments principaux différant entre eux par la race, l'origine, la religion, et qui ont été soumis à des législations différentes : les Français, les israélites, les indigènes musulmans et les étrangers.

§ 1ᵉʳ. — *Français* (S. 617 et s.).

165. Les Français nés en Algérie ou venus pour y fonder un établissement sont soumis à la loi française, même alors qu'ils prétendraient y renoncer, par exemple en embrassant la religion mahométane et en déclarant vouloir se soumettre à la législation musulmane. La femme française qui épouse un indigène musulman reste soumise au statut personnel français.

§ 2. — *Israélites indigènes* (R. 823 et s. ; S. 637 et s.).

166. Les indigènes israélites avaient été, depuis la conquête, soumis à une condition analogue à celle des musulmans. Ils étaient sujets français, mais n'étaient admis à la jouissance des droits civils que sur leur demande et par un décret en conseil d'État. Sinon, ils continuaient à être régis par la loi mosaïque en ce qui concerne leur statut personnel. Le sénatus-consulte du 14 juill. 1865, art. 2 (D. P. 65. 4. 114), avait maintenu cet état de choses en le précisant. Un décret du 24 oct. 1870 (D. P. 70. 4. 123) déclara citoyens français les israélites indigènes des départements algériens. Un autre décret, du 7 oct. 1871 (D. P. 71. 4. 165), a défini l'indigénat, de façon à restreindre la portée du décret du 24 oct. 1870.

157. D'après le décret du 7 oct. 1871, sont considérés comme indigènes et, à ce titre, demeurent inscrits sur les listes électorales, s'ils remplissent d'ailleurs les autres conditions de capacité civile, les israélites nés en Algérie avant l'occupation française ou nés depuis de parents établis en Algérie à l'époque où elle s'est produite. La légalité de ce décret a été reconnue par la jurisprudence (Civ. r. 27 avr. 1896, D. P. 96. 1. 361). Les israélites nés en Algérie de parents qui ne s'y étaient établis que postérieurement à la conquête ne peuvent prétendre à la qualité de citoyens ; il leur faut, pour être inscrits sur les listes électorales, établir leur indigénat au moyen de la décision du juge de paix ou du registre de notoriété prévu à l'art. 3 (même arrêt). — Les israélites non citoyens français conservent leur statut personnel ; il doit leur être appliqué toutes les fois qu'ils n'y ont pas renoncé.

§ 3. — *Indigènes musulmans* (R. 823 et s. ; S. 619 et s.).

168. L'indigène musulman est sujet français, mais continue à être régi, en ce qui concerne son statut personnel, par les lois et coutumes musulmanes tant qu'il n'a pas acquis, dans les formes prévues par le sénatus-consulte du 14 juill. 1865 et le décret du 21 avr. 1866 (D. P. 66. 4. 41), la qualité de citoyen français. Il en est de même, en matière de succession (Décr. 17 avr. 1889, art. 1ᵉʳ). Il reste soumis, à ces deux points de vue, à la coutume de son pays d'origine ou à celle du rite spécial auquel il appartient (art. 4).

169. L'indigène peut être admis à servir dans les armées de terre et de mer. Il peut être appelé à des fonctions et emplois civils en Algérie (Sén.-cons. 1865, art. 2, al. 2).

170. L'indigène musulman peut, sur sa demande, être admis à jouir des droits de citoyen français ; dans ce cas, il est régi par les lois civiles françaises. La qualité de citoyen est conférée à l'indigène par un décret rendu en conseil d'État (Sén.-cons. 1865, art. 2 et 4). Les formalités à remplir pour l'obtention de ce décret sont celles qui sont prescrites pour la naturalisation des étrangers. V. *infrà*, n° 172.

171. La constitution d'un état civil régulier pour les indigènes musulmans a été très difficile. Presque tous sont dépourvus de noms patronymiques, et, quand ils en ont, ils ne s'en servent pas dans les actes. Une loi du 23 mars 1882 (D. P. 82. 4. 107) impose à tout indigène l'obligation d'avoir un nom patronymique. C'est le chef de la famille qui le choisit. Les détails d'exécution de cette prescription ont été réglés par un décret du 13 mars 1883 (D. P. 83. 4. 88). La loi rend obligatoires les déclarations de décès, de naissance, de mariage et de divorce, à partir du moment où l'usage des noms patronymiques est devenu lui-même obligatoire dans une circonscription par l'arrêté du gouverneur général homologuant le travail de constitution de l'état civil opéré par le commissaire civil.

§ 4. — *Étrangers* (R. 832 ; S. 649 et s.).

172. Ils ont en Algérie la même situation qu'en France. Ceux qui arrivent en Algérie autrement que pour y hiverner doivent faire une déclaration à la mairie. La naturalisation des étrangers en Algérie est possible après une résidence de trois années, sans admission préalable au domicile, conformément au sénatus-consulte du 14 juill. 1865. Les formalités à remplir sont déterminées par les décrets du 21 avr. 1866 (D. P. 66. 4. 41) et du 5 févr. 1868 (D. P. 68. 4. 21).

SECT. II. — **Droit civil** (R. 833 et s. ; S. 653 et s.).

173. La législation algérienne présente dans diverses matières certaines particularités intéressantes.

174. 1° *Preuve des conventions.* — Pendant longtemps, cette preuve a été régie par l'art. 37, § 4, de l'ordonnance du 26 sept. 1842, qui, dans les litiges entre Européens et indigènes, laissait au juge la faculté d'appliquer soit la loi française, soit celle du pays. Cette disposition ayant été abrogée (Décr. 17 avr. 1889, art. 77), les règles de la preuve, telles qu'elles sont établies par le Code civil, sont, en principe, applicables aujourd'hui dans les contestations entre Européens et indigènes ; notamment, la preuve testimoniale n'est admissible que conformément à ces règles. Toutefois, en matière personnelle et mobilière, le juge doit tenir compte, dans l'admission de la preuve, des coutumes et usages des parties. — Toute convention sous seing privé intervenant *entre Européen et indigène* doit être écrite à la fois en français et en arabe (Arr. gouv. gén. 9 juin 1831 ; Alger, 31 oct. 1889). L'inobservation de cette formalité enlève à l'acte défectueux la valeur même d'un commencement de preuve par écrit (Alger, 2 févr. 1880). Mais la partie qui a exécuté le contrat en connaissance de cause ne pourrait se prévaloir de la nullité de l'acte (Alger, 2 janv. 1883).

175. 2° *Baux.* — En l'absence d'usages en Algérie sur les délais de congé, une ordonnance du 16 août 1846 (D. P. 46. 3. 160) a fixé ces délais.

176. 3° *Prêt à intérêt.* — D'après la législation actuellement en vigueur, l'intérêt conventionnel en matière civile et commerciale ne peut excéder huit pour cent ; l'intérêt légal, en matière civile et commerciale, est fixé à cinq pour cent (L. 13 avr. 1898, art. 60 et 63, D. P. 98. 4. 97). La loi du 19 déc. 1850 (D. P. 51. 4. 119) sur l'usure est applicable en Algérie. — La loi du 27 août 1881 (D. P. 82. 4. 80) a réglé la situation des acquéreurs de propriétés immobilières au moyen de rentes perpétuelles. Elle accorde aux débiteurs de rentes un délai de cinq ans, pendant lequel ils peuvent se libérer en prenant pour base le taux d'intérêt sous l'em-

pire duquel ils ont contracté. Une loi du 30 juill. 1900 (D. P. 1900. 4. 86) a édicté une disposition analogue à l'égard des débiteurs de rentes constituées au profit du domaine, pour prix de vente ou de concession d'immeubles ou pour cession de droits immobiliers ; le délai est de trois ans.

CHAP. VI. — **RÉGIME DE LA PROPRIÉTÉ EN ALGÉRIE.**

SECT. Ire. — **Domaine de l'État.**

177. Le domaine de l'État, en Algérie comme dans la métropole, se divise en domaine public et en domaine privé.

ART. 1er. — DOMAINE PUBLIC (R. 879 et s. ; S. 678 et s.).

178. Aux termes de la loi du 16 juin 1851 (D. P. 51. 4. 91), le domaine public en Algérie se compose : 1° des biens de toute nature que le Code civil et les lois générales de la France déclarent non susceptibles de propriété privée ; 2° des canaux d'irrigation et de dessèchement exécutés par l'État ou pour son compte dans un but d'utilité publique, et des dépendances de ces canaux ; des aqueducs et des puits à l'usage du public ; des lacs salés, des cours d'eau *de toute sorte* et des sources. — La loi de 1851 a toutefois réservé et maintenu, tels qu'ils existaient, les droits privés de propriété, d'usufruit ou d'usage légalement acquis, antérieurement à la promulgation de la loi, que les lacs salés, les cours d'eau et les sources. Avant la conquête, en effet, les cours d'eau en Algérie étaient susceptibles d'appropriation privée (Cons. d'Ét. 13 juill. 1877, D. P. 77. 3. 102). L'individu qui a ainsi acquis un droit privatif avant 1851 est dans une situation analogue à celui qui, en France, a acquis des droits sur un cours d'eau navigable avant 1566, ou en vertu d'une vente nationale. Il n'a droit qu'à la force motrice utilisée au moment de l'acquisition (Civ. c. 15 juin 1881, D. P. 81. 1. 463). — Les tribunaux ordinaires sont seuls juges des contestations qui peuvent s'élever sur les droits dont il s'agit.

179. Les biens du domaine public, en Algérie comme en France, sont inaliénables et imprescriptibles. — De ce que les cours d'eau en Algérie sont tous du domaine public, il résulte que toutes les usurpations ou dégradations commises sur ces cours d'eau constituent des contraventions de grande voirie relevant de la compétence du conseil de préfecture ; que les permissions accordées peuvent donner lieu à la perception de redevances au profit de la colonie ; que ces permissions sont précaires et révocables, et que la clause de non-indemnité en cas de retrait est légale. Cependant, les riverains ne sont pas astreints à la servitude de halage ni à la servitude de marchepied (Cons. d'Ét. 2 déc. 1882).

180. Les règles de la domanialité maritime s'appliquent en Algérie (Décr. 21 févr. 1852 et 19 mars 1886, D. P. 52. 4. 67 et 87. 4. 36). — Les établissements de pêche permanents et les occupations temporaires du domaine public maritime sont autorisés dans les formes et conditions fixées par un décret du 20 mars 1875 (D. P. 75. 4. 108) et un arrêté du gouverneur général du 13 avr. 1875.

181. Les chemins de fer d'Algérie, qu'ils soient d'intérêt général ou local, sont régis par la même législation que ceux de France (Décr. 14 et 27 juill. 1862, D. P. 62. 4. 82 et 114).

ART. 2. — DOMAINE PRIVÉ DE L'ÉTAT.

§ 1er. — *Origine et composition du domaine de l'État* (R. 920 et s. ; S. 704 et s.).

182. D'après la loi du 16 juin 1851 (art. 4), le domaine privé de l'État en Algérie se compose : 1° des biens qui, en France, sont dévolus à l'État par les art. 33, 539, 541, 713,

723 c. civ., par la législation sur les épaves, et par suite de déshérence, en vertu de l'art. 768 c. civ., pour ce qui concerne les Français et les étrangers, et en vertu du droit musulman dit indirectement, en ce qui concerne les indigènes. — D'après une ordonnance du 26 déc. 1842 (art. 28), si une succession n'a pas été réclamée dans la cours de trois années à compter du jour de son ouverture, elle est de plein droit, à l'expiration de ce délai, présumée en déshérence.

183. 2° Des biens et droits mobiliers et immobiliers provenant du *beylick*, et tous autres réunis au Domaine par des arrêtés ou ordonnances rendus antérieurement à la loi de 1851.

184. 3° Des biens d'indigènes séquestrés réunis définitivement au domaine de l'État dans les cas et suivant les formes prévus par l'ordonnance du 31 oct. 1845 (D. P. 46. 3. 3). — Le séquestre étant une mesure de haute administration, les tribunaux civils ne peuvent y faire obstacle ni directement, ni indirectement. La mainlevée doit être, préalablement à toute instance en revendication, prononcée par le gouverneur général (Req. 4 juill. 1881, D. P. 82. 1. 180).

185. 4° Des bois et forêts, sous la réserve des droits de propriété et d'usage régulièrement acquis avant la promulgation de la loi de 1851. V. *supra*, n° 178. — 5° Des rentes constituées au profit de l'État pour prix de vente ou de concession d'immeubles domaniaux ou pour concession de droits immobiliers. Le taux de rachat de ces rentes a été fixé par la loi du 9 juill. 1900. — 6° Des biens acquis à l'amiable ou par voie d'expropriation pour cause d'utilité publique. V. *infrà*, n°s 208 et s.

§ 2. — *Gestion et administration des biens du domaine de l'État* (R. 1004 et s. ; S. 740 et s.).

186. L'administration du domaine de l'État en Algérie est confiée soit aux divers services publics affectataires, soit aux agents de l'administration des Domaines. Les biens domaniaux peuvent être aliénés, concédés, donnés à bail ou affectés à des services publics (L. 16 juin 1851). — L'affectation à un service public est faite par un arrêté du gouverneur en conseil de gouvernement (Ord. 9 nov. 1845, art. 2 ; Décr. 30 avr. 1861, D. P. 61. 4. 59). — Les baux peuvent, dans certains cas, être passés par le préfet, assisté du conseil de préfecture ; dans d'autres cas, le gouverneur doit statuer avec l'intervention du conseil de gouvernement ; enfin, pour certains baux, un décret rendu en Conseil d'État est nécessaire (Ord. 1845, art. 5 ; Décr. 30 déc. 1858, D. P. 57. 4. 42 et 58. 4. 157 ; 19 déc. 1861, art. 10). Les baux sont faits aux enchères publiques ou, dans des circonstances exceptionnelles, de gré à gré.

187. Les biens du domaine public ou affectés à un service public peuvent être affermés ; mais les baux sont résiliables sans indemnité. Ils ne peuvent être cédés sans autorisation préalable de l'Administration. — Les terres *azels*, c'est-à-dire les terres domaniales occupées de temps immémorial par des indigènes groupés en tribus ou en douars, sont louées à ceux-ci par voie d'adjudication.

§ 3. — *Différents modes d'aliénation. Colonisation* (R. 1033 et s. ; S. 762 et s.).

188. Les deux procédés employés pour assurer la mise en valeur du domaine de l'État sont la vente et la concession.

189. Le gouverneur général peut, par arrêté en conseil de gouvernement, prescrire la vente, aux enchères publiques, de lots de fermes et de terres qui ne peuvent être utilisées qu'au pacage. Il peut aussi ordonner la vente aux enchères ou de gré à gré, aux conditions qu'il détermine, et sans conditions d'origine pour les acquéreurs, des lots dits *industriels* à former dans les centres de population (Décr. 30 sept. 1878, art. 26-27, D. P. 79. 4. 13).

190. Les concessions de terres domaniales peuvent être faites aux communes ou aux particuliers. En ce qui concerne les premières, V. *infrà*, n° 199. — Quant aux secondes, elles sont régies par les dispositions suivantes, contenues dans le décret du 30 sept. 1878.

191. Les terres domaniales comprises dans le périmètre d'un centre de population et affectées au service de la colonisation sont divisées en lots de villages et en lots de fermes. Un lot de village ne peut excéder 40 hectares; un lot de ferme, 100 hectares. Les terres impropres à la culture qui ne sauraient être utilement comprises dans le périmètre d'un groupe de population peuvent faire l'objet de lots plus considérables (art. 1er). — Les seuls individus à qui ces concessions peuvent être faites sont les Français, les Européens naturalisés ou en instance de naturalisation et, à titre de récompense pour services exceptionnels et dûment constatés, les indigènes, naturalisés ou non. En outre, des concessions peuvent être faites à des sociétés de peuplement, qui s'obligent à installer dans les villages des familles à qui elles transmettent les terres (art. 2, 7).

192. La concession est toujours purement gratuite. Elle attribue au concessionnaire la propriété de l'immeuble sous la condition suspensive de l'accomplissement des clauses stipulées. Le concessionnaire jouit immédiatement de l'immeuble et de ses fruits, sans répétition en cas de déchéance. — Tout individu qui sollicite une concession doit s'engager à transporter son domicile et à résider sur la terre concédée avec sa famille, d'une manière effective et permanente, pendant les cinq années qui suivront la concession. Il doit déclarer qu'il n'est ni locataire, ni concessionnaire, ni adjudicataire de terres domaniales (art. 3). Les demandeurs peuvent toutefois, sous certaines conditions, être dispensés de la résidence, mais seulement pour les lots de fermes (art. 4).

193. Pendant les cinq premières années, la concession est provisoire; le concessionnaire n'a qu'un droit de jouissance sous condition de mise en valeur. — Il peut céder sa concession, après un an de résidence, à un Français ou à un Européen naturalisé avec l'approbation du préfet ou du général commandant la division. La décision du préfet ou du général commandant n'est pas intervenue dans un délai de deux mois, la cession est définitive (art. 11). — Le concessionnaire peut également hypothéquer sa concession, mais seulement au bénéfice des prêteurs qui lui fournissent des sommes destinées aux travaux de construction, de réparation ou d'agrandissement des bâtiments d'exploitation ou d'habitation, à des travaux agricoles constituant des améliorations durables et permanentes, à l'acquisition d'un cheptel. Les créanciers peuvent faire vendre les concessions (art. 12).

194. Le concessionnaire provisoire qui n'accomplit pas les conditions imposées par la concession encourt la déchéance. — La déchéance est prononcée par le préfet ou le général, immédiatement s'il n'y a pas eu de commencement d'exécution, et, s'il y a eu commencement d'exécution, après mise en demeure d'avoir à s'y conformer dans les trois mois. Dans les trente jours de la notification de l'arrêté de déchéance, le concessionnaire déchu peut faire opposition devant le conseil de préfecture. Si des améliorations utiles ont été apportées par le concessionnaire, le conseil de préfecture en fixe le montant et prescrit la vente aux enchères

aux clauses et conditions imposées au concessionnaire (art. 17 et s.).

195. Le concessionnaire, lorsqu'il a rempli toutes les conditions qui lui ont été imposées, peut, au bout de cinq ans, obtenir la délivrance d'un titre définitif de propriété. Il demande ce titre au préfet ou au général. Dans les deux mois, il est statué sur cette demande. Si elle est rejetée, le concessionnaire peut former opposition devant le conseil de préfecture. À défaut de notification d'un arrêté de rejet dans les deux mois, la propriété définitive des terres concédées est partinte au demandeur. Il peut même obtenir ce titre définitif après trois ans de résidence, s'il justifie d'une dépense moyenne de 100 francs par hectare réalisée en améliorations utiles et permanentes (art. 22-25). — Dès lors, le concessionnaire est propriétaire incommutable, et il peut aliéner et hypothéquer librement. Toutefois, il est interdit à tout individu, devenu propriétaire d'une terre d'origine domaniale par achat ou concession, de la vendre ou céder aux indigènes non naturalisés pendant vingt ans, si elle provient de lots de fermes, et pendant dix ans, si elle provient de lots de villages. Ces délais partent du jour de la concession définitive. Les ventes faites en violation de cette prohibition seraient nulles et de nul effet. Les terres aliénées seraient reprises entre les mains des acquéreurs par l'administration des Domaines et feraient retour à l'État, sauf le droit, pour les créanciers hypothécaires, d'exiger la mise en vente (art. 28). Pendant dix ans à compter de la concession, les terres concédées sont exemptes des impôts sur la propriété immobilière (art. 30).

§ 4. — *Actions domaniales* (R. 1072 et s.; S. 793 et s.).

196. Le Domaine est représenté en justice par le préfet (Req. 9 juill. 1878, D. P. 79. 1. 40). Il en est ainsi dans toute l'étendue du territoire algérien. — Les actions immobilières intentées par le Domaine ou contre lui sont, en territoire civil, portées devant le tribunal civil de la situation des biens (L. 16 juin 1851, art. 3); ou, s'il s'agit de biens situés en territoire militaire, devant le tribunal le plus proche. La compétence judiciaire s'étend même aux affaires domaniales qui, en France, sont jugées par le conseil de préfecture (Req. 4 août 1891, D. P. 92. 5. 42).

197. La procédure des actions domaniales est réglée par le décret du 28 déc. 1855 (R. p. 802), qui impose aux particuliers et au Domaine l'obligation de faire précéder l'assignation de l'envoi d'un mémoire préalable.

ART. 3. — DOMAINE DÉPARTEMENTAL ET COMMUNAL (R. 1096 et s.; S. 806 et s.).

198. Le domaine départemental, en Algérie, se compose des mêmes éléments que celui des départements de la métropole; il comprend, notamment, les édifices et bâtiments qui sont affectés aux services départementaux (L. 16 juin 1851, art. 8). — C'est au pouvoir central qu'il appartient de statuer sur les concessions d'immeubles domaniaux. — Ces biens sont gérés conformément aux principes de la législation métropolitaine (Décr. 23 sept. 1875, art. 46, 48, D. P. 76. 4. 51).

199. Quant au domaine communal, il comprend (L. 16 juin 1851, art. 9) : 1° les édifices et bâtiments domaniaux affectés aux différents services de l'administration communale; 2° les biens déclarés biens communaux et les droits conférés aux communes par la législation de France; 3° les biens ou dotations qui sont ou qui pourraient être attribués aux communes par la législation spéciale de l'Algérie. — Ces concessions aux communes sont confirmées par un décret du 28 déc. 1900. Elles sont faites gratuitement

ou à prix réduit, par décret rendu sur les propositions du gouverneur général en conseil de gouvernement; ce décret fixe la destination de l'immeuble. Le décret de 1900 prévoit quatre destinations et quatre régimes distincts; les biens peuvent être : 1° affectés à des services ou usages publics; 2° abandonnés à la jouissance en nature des habitants; 3° amodiés au profit du budget communal; 4° destinés à former les voies publiques.

SECT. II. — **Propriété privée** (R. 1126 et s.; S. 814 et s.).

§ 1er. — *Sa constitution.*

200. La propriété privée et individuelle, qui n'existait pas autrefois en Algérie, n'a pu s'y établir, après la conquête, que dans des conditions qui n'offraient aucune certitude ni aucune sécurité. Pour remédier à cet inconvénient, le législateur a eu recours successivement à des mesures très diverses : tel a été, notamment, l'objet de l'ordonnance du 1er oct. 1844 (R. p. 786) et de celle du 21 juill. 1846 (D. P. 46. 3. 154). — Un nouveau régime qui, encore aujourd'hui, est partiellement en vigueur, a été introduit par la loi du 26 juill. 1873 (D. P. 74. 4. 4). Cette loi a eu pour but de soumettre la propriété foncière en Algérie à une législation uniforme (la législation française de préférence à toute autre); de constituer partout la propriété individuelle; de tracer des règles d'exécution dégagées de toute complication inutile, mais protectrices de tous les droits légitimes pour que l'affranchissement du sol s'opère facilement.

201. Aux termes de cette loi, l'établissement de la propriété immobilière, sa conservation et la transmission contractuelle des immeubles et droits immobiliers, quels que soient les propriétaires, sont régis par la loi française. En conséquence, sont abolis tous droits réels, servitudes ou causes de résolution quelconques, fondés sur le droit musulman ou kabyle, qui seraient contraires à la loi française. Le droit de *cheffaâ*, ou de retrait successoral, est restreint dans les termes de l'art. 841 c. civ.; l'exercice de ce privilège est, d'ailleurs, limité aux parents successibles d'après le droit musulman (L. 1873, art. 1er). Les lois françaises, notamment celle du 23 mars 1855 sur la transcription (D. P. 55. 4. 27), seront appliquées aux transactions immobilières (art. 2). Lorsque l'existence de droits de propriété privée non constatés par acte notarié ou administratif aura été reconnue, des titres nouveaux seront délivrés aux propriétaires. Ces titres délivrés formeront, après leur transcription, le point de départ unique de la propriété, à l'exclusion de tous autres (art. 3, § 3). Il sera procédé administrativement à la reconnaissance de la propriété privée et à sa constitution partout où le sol est possédé à titre collectif (art. 1er). — La loi de 1873 consacrait son titre 2 à poser les règles de la procédure à suivre dans ces deux opérations. — Un sénatus-consulte du 22 avr. 1863 (D. P. 63. 4. 48), après avoir déclaré les tribus de l'Algérie propriétaires des territoires dont elles avaient la jouissance permanente et traditionnelle à quelque titre que ce fût (art. 1), avait ordonné qu'il serait procédé administrativement à la délimitation des territoires des tribus, et à leur répartition entre les différents douars de chaque tribu (art. 2). Ces opérations avaient été suspendues en 1870. Le législateur de 1873 n'a pas entendu qu'elles fussent abandonnées; mais, dans sa pensée, elles devaient se confondre avec celles ayant pour objet la constitution de la propriété individuelle (D. P. 74. 4. 7, note 1).

202. Une loi du 28 avr. 1887 (D. P. 87. 4. 65) a apporté à la loi de 1873 diverses modifications et additions. Elle a décidé, notamment (art. 1er), que les opérations prescrites par cette dernière loi pour la constitution de la propriété individuelle seraient précédées d'opérations de délimitation et de répartition entre les tribus et les douars, prévues par le sénatus-consulte du 22 avr. 1863 (V. *supra*, n° 201), partout où ces opérations n'avaient pas déjà été exécutées (art. 2). Les formes à suivre pour ces opérations ont été réglées par un décret du 22 sept. 1887 (D. P. 88. 4. 10).

203. Après quelques hésitations, la jurisprudence a décidé que la possession d'un acte notarié ou administratif, constatant le droit de propriété, dispensait le propriétaire de toutes les formalités du titre 2 de la loi de 1873-1887, rendait la terre pour toujours française et la plaçait sous la juridiction des tribunaux français (Civ. c. 13 nov. 1888, D. P. 89. 1. 17). Mais on ne doit pas considérer comme des titres français les décisions des cadis, ni même celles rendues par les tribunaux français sur appel des décisions du cadi (Alger, 28 mai 1894, D. P. 96. 2. 30).

204. Une loi du 16 févr. 1897 (D. P. 97. 4. 9) a encore édicté de nouvelles dispositions. Cette loi supprime pour l'avenir les procédures d'ensemble et les partielles instituées par les lois des 26 juill. 1873 et 28 avr. 1887 pour la constitution de la propriété individuelle; mais elle laisse subsister le titre Ier de la loi de 1873 et certaines dispositions de la loi de 1887, notamment celles qui concernent les opérations prescrites par application du sénatus-consulte de 1863.

§ 2. — *Règles concernant la transmission de la propriété privée* (R. 1202 et s.; S. 910 et s.).

205. D'après l'art. 16 de la loi du 16 juin 1851, les transmissions de biens entre musulmans continuent à être régies par la loi musulmane. Cette disposition n'a plus qu'une portée très restreinte, car l'application de la loi musulmane se trouve actuellement limitée aux immeubles dont la propriété n'est pas établie conformément aux lois de 1873, 1887 et 1897, ou par un titre français notarié ou administratif. Cependant les immeubles français échappent, dans certains cas, à l'application de la loi française. Aussi des règles spéciales de procédure sont édictées pour les partages et licitations des immeubles francisés, quand il s'agit du premier partage après la francisation (L. 1887, art. 11 et s.). L'art. 827 c. civ. est inapplicable quand les copropriétaires d'un immeuble à partager sont pour moitié des indigènes (L. 1897, art. 17). Enfin, dans certains territoires, les actes relatifs à des transactions entre indigènes sont reçus par les cadis (art. 16). — La propriété des immeubles appartenant à des indigènes musulmans s'acquiert, conformément au droit musulman, par une possession de dix ans entre étrangers et de quarante ans entre parents, sans qu'il soit besoin de justifier d'un titre ou de la bonne foi (Civ. c. 14 mai 1889, D. P. 88. 1. 324).

206. Une institution propre à la législation musulmane est celle des biens *habbous*. On désigne ainsi des biens dont un particulier, en réservant la jouissance pour certains bénéficiaires dans un ordre déterminé, confère la nue-propriété à un établissement de piété, de charité ou d'utilité publique. Le plus souvent, la constitution des biens *habbous* était faite au profit des héritiers du constituant. Cette constitution avait pour résultat l'inaliénabilité tant de la nue-propriété que de l'usufruit. Tout ce que pouvait faire le détenteur était de louer cet immeuble, souvent sans limitation de durée. — Un décret du 30 oct. 1858 (D. P. 58. 4. 161) a supprimé cette inaliénabilité et l'imprescriptibilité qui en était la suite. Aussi, en cas de vente des *habbous*, soit à des Européens,

soit à des indigènes, l'acte ne peut être attaqué par le motif que les immeubles étaient inaliénables (L. 16 juin 1851, art. 17). Ces biens sont saisissables et, en cas d'aliénation partielle, assujettis au droit de *cheffad* (V. *supra* n° 201) (droit de préemption ou de retrait d'indivision).

§ 3. — *Principe de l'inviolabilité de la propriété privée. Exceptions qu'il comporte* (R. 1246 et s.; S. 935 et s.).

207. Le principe est posé par l'art. 10 de la loi du 16 juin 1851. Il comporte plusieurs restrictions : 1° l'expropriation pour cause d'utilité publique fonctionne en Algérie comme en France (V. *infra*, n°s 208 et s.); 2° l'État peut séquestrer les biens des indigènes (V. *supra*, n° 184); 3° un acquéreur ou concessionnaire de bien domanial ne peut, pendant un certain nombre d'années, vendre sa propriété à un indigène non naturalisé (V. *supra*, n° 195); 4° les propriétaires de forêts de chênes-lièges ne peuvent les exploiter librement (V. *infra*, n° 220).

§ 4. — *De l'expropriation pour cause d'utilité publique* (R. 1248 et s.; S. 949 et s.).

208. Les textes qui régissent l'expropriation en Algérie sont : l'ordonnance du 1er oct. 1844 (R. p. 786), la loi du 16 juin 1851, les décrets des 5 déc. 1855 (*ibid.*, p. 802), 11 juin 1858 (*ibid.*, p. 804), 8 sept. 1859 (*ibid.*, p. 805).

209. — En Algérie, comme en France, le sacrifice des propriétés particulières ne peut être exigé, au nom de l'utilité publique, que sous la condition du payement d'une juste et préalable indemnité (L. 16 juin 1851, art. 18); mais le système que consacrent les textes précités diffère sur plusieurs points de celui de la loi du 3 mai 1841 (R. v° *Expropriation publique*, p. 512).

210. 1° *Dans quels cas l'expropriation peut avoir lieu.* — L'expropriation peut être prononcée pour la fondation des villes, villages et hameaux, ou pour l'agrandissement de leur enceinte ou de leur territoire; pour l'établissement des ouvrages de défense et des lieux de campement des troupes; pour l'établissement de fontaines, d'aqueducs, d'abreuvoirs; pour l'ouverture de routes, chemins, canaux de dessèchement, d'irrigation ou de navigation et l'établissement de moulins à farine; pour toutes les autres causes prévues et déterminées par la loi française. En outre, toutes les fois qu'une loi française aura autorisé l'expropriation dans des cas spéciaux en dehors de ceux prévus par la loi du 3 mai 1841, cette expropriation pourra être également poursuivie en Algérie, alors même que ce cas spécial ne figurerait pas dans l'énumération de la loi du 16 juin 1851 (art. 19).

211. 2° *Formes de l'expropriation.* — Le préfet en territoire civil, le commandant de division en territoire militaire, fait afficher, dans la commune de la situation des biens, un avis indiquant la nature et la situation des travaux à entreprendre, la désignation des immeubles qui doivent être soumis à l'expropriation, leur nature, leur situation et les noms des propriétaires. Pendant dix jours, le plan parcellaire, ainsi qu'un registre, est mis à la disposition des intéressés pour consigner leurs observations. Ces formalités remplacent l'enquête prescrite par l'art. 3 de la loi du 3 mai 1841. Le Gouvernement n'a pas à consulter, en Algérie, les localités sur l'utilité publique des travaux. Le préfet, en conseil de préfecture, constate les résultats de l'enquête et donne son avis.

212. L'utilité publique doit ensuite être déclarée. La déclaration doit être faite par une loi ou par un décret en Conseil d'État, suivant l'importance des travaux. Toutefois, lorsqu'il s'agit de travaux départementaux ou communaux, elle paraît rentrer dans les

attributions du gouverneur général. — La déclaration d'utilité publique une fois prononcée, un extrait en est inséré dans le journal des annonces judiciaires et affiché dans la localité où se trouvent les biens à exproprier. Une nouvelle enquête est ouverte. Elle a la même durée que celle qui a précédé la déclaration d'utilité publique. Le conseil de préfecture remplace la commission d'enquête prévue par l'art. 8 de la loi de 1841. — L'expropriation est prononcée, non par l'autorité judiciaire, mais par un arrêté du gouverneur général. Un extrait de cet arrêté, portant indication des immeubles expropriés, est publié de la même manière que la déclaration d'utilité publique. L'arrêté peut être attaqué par la voie du recours d'État (Cons. d'Ét. 1er févr. 1884, D. P. 85. 3. 101).

213. 3° *Effets de l'expropriation.* — Immédiatement après sa notification aux intéressés, l'arrêté d'expropriation est transcrit au bureau de la conservation des hypothèques. Cette transcription fait courir un délai de quinzaine, dans lequel les créanciers privilégiés et hypothécaires, *antérieurs à la publication de l'arrêté d'expropriation*, doivent faire inscrire leurs droits. À l'expiration de ce délai, l'immeuble exproprié devient libre de tout privilège et de toute hypothèque non encore inscrits.

214. 4° *Règlement de l'indemnité.* — Le propriétaire qui veut faire valoir son droit à une indemnité doit justifier de son droit de propriété. Il est, d'ailleurs, assujetti aux obligations imposées aux propriétaires par la loi de 1841. Il peut, comme en France, demander l'expropriation totale des bâtiments, dont une partie seulement est comprise dans l'expropriation; mais la même faculté ne s'étend pas au cas d'expropriation partielle d'un terrain non bâti. — L'Administration notifie ses offres d'indemnité, et les intéressés font connaître leurs demandes. Si les offres ne sont pas acceptées, les propriétaires sont cités devant le tribunal civil, qui est chargé de fixer les indemnités. — À la différence du jury d'expropriation, le tribunal peut nommer des experts pour évaluer les immeubles expropriés. L'affaire s'instruit par écrit, sans aucune discussion d'audience. Contrairement à ce qui se pratique en France, la plus-value résultant, pour la partie non expropriée d'un immeuble, de l'exécution des travaux d'utilité publique, peut être admise jusqu'à concurrence du montant total de l'indemnité; mais le propriétaire ne peut jamais être obligé de payer une soulte à raison de cette plus-value. — La décision du tribunal fixant l'indemnité ne peut être attaquée que par la voie du recours en cassation, pour vice de forme. L'appel n'est pas possible sur les points du jugement étrangers à la fixation de l'indemnité. Celle-ci doit être fixée en une même capitale (Civ. c. 26 févr. 1889, D. P. 89. 1. 280). — L'art. 60 du 3 mai 1841, qui accorde aux propriétaires expropriés le droit de réclamer la rétrocession des terrains que l'État n'emploie pas aux travaux en vue desquels il les avait acquis, n'est pas applicable en Algérie (Req. 28 janv. 1874, D. P. 74. 1. 209).

215. 5° *Prise de possession en cas d'urgence.* — Elle s'exerce dans les formes fixées par les deux décrets des 11 juin 1858 et 8 sept. 1859 (R. p. 804 et 805). Bien que la légalité de ces décrets soit contestable, les tribunaux les appliquent (Cons. d'Et. 1er févr. 1884, D. P. 85. 3. 101; Req. 22 mars 1881, D. P. 81. 1. 383).

§ 5. — *Occupation temporaire* (R. 1342 et s.; S. 974 et s.).

216. La loi du 29 déc. 1892, relative à l'occupation temporaire (D. P. 93. 4. 36), n'a pas été déclarée applicable en Algérie. **Le décret du 8 févr. 1908** (D. P. 68. 4. 11), modifié par celui du 11 sept. 1869 (S. n° 975, note), y a conservé son application.

SECT. III. — Propriétés spéciales.

ART. 1er. — MINES (R. 385 et s., 1027; S. 257 et s.).

217. L'art. 5 de la loi du 16 juin 1851 a soumis les mines au régime de la législation métropolitaine. Les lois minières de la métropole ont été promulguées en Algérie par un arrêté du gouverneur général du 21 mars 1852. Un décret du 23 juin 1866 (R. p. 811) y a rendu applicable la loi du 9 mai 1866 (D. P. 66. 4. 42) sur l'exploitation minière.

ART. 2. — CARRIÈRES DE PHOSPHATES DE CHAUX (S. 259).

218. Parmi les propriétés qui sont soumises à une législation particulière en Algérie, il faut signaler les gisements de phosphates de chaux. La matière est actuellement régie par un décret du 25 mars 1898.

ART. 3. — FORÊTS (R. 391 et s.; S. 269 et s.).

219. La législation forestière algérienne est aujourd'hui constituée par une loi du 21 févr. 1903, qui abroge toutes les dispositions contraires antérieures. D'après cette loi, sont soumis au régime forestier : 1° les bois du domaine de l'État; 2° ceux des communes, sections de communes et établissements publics qui seront reconnus susceptibles d'une exploitation régulière; 3° ceux dans lesquels l'État, les communes ou les établissements publics ont des droits de propriété indivis avec des particuliers; 4° les terrains nus ou couverts de broussailles, dont le reboisement aura été reconnu et déclaré d'utilité publique. — Sont également soumis à ce régime, mais à titre provisoire : 1° les biens présumés appartenir à l'État; 2° ceux qui font l'objet d'un litige entre les diverses catégories de propriétaires ci-dessus, ou entre eux et des particuliers. — Les bois du territoire de commandement sont soumis au régime forestier, mais administrés suivant les formes arrêtées par le gouverneur général (art. 1). — La loi suit les divisions du Code forestier, mais en les simplifiant dans plusieurs cas. Entre autres particularités édictées par le Code algérien, on signalera les suivantes :

220. Certaines mesures de police imposées par le Code forestier métropolitain pour le pâturage, telles que le pâtre commun, la marque des bestiaux, l'usage des clochettes, sont supprimées. Les usagers ayant des droits sur le bois sont dispensés d'avoir un entrepreneur responsable; ils contribuent aux frais d'entretien des bois par des journées de prestations (art. 78). L'expropriation peut être prononcée en vue d'assurer le transport des produits provenant des forêts soumises au régime forestier (art. 76). Des sanctions pénales sont édictées contre l'enlèvement des bornes et les clôtures et le labour en forêt (art. 117 et 120). Le droit de transaction après jugement, attribué à l'administration forestière, est restreint aux réparations civiles (art. 140). Les pénalités sont sensiblement réduites. On a supprimé les dispositions du Code de 1827 touchant les distances dans lesquelles les constructions voisines des forêts étaient prohibées. Des précautions particulières sont prises pour éviter les incendies (art. 123 et s.). Les bois des particuliers sont régis par les articles 97 et suivants. Ils sont soumis, pour le défrichement, à la même législation qu'en France, et les propriétaires peuvent, comme l'État, affranchir leurs bois des droits d'usage par le cantonnement ou le rachat.

ART. 4. — VIGNES (S. 395 et s.).

221. La protection du vignoble algérien contre le phylloxera a donné lieu à une législation spéciale qui se trouve dans les lois des 21 mars 1883 (D. P. 83. 4. 73); 28 juill. 1886 (D. P. 87. 4. 40); 5 mars 1887 (D. P. 87. 4. 71), et 20 mars 1899. La première de ces lois consacre une sorte d'expropriation temporaire pour cause d'utilité publique de la propriété vinicole. Sous réserve du droit du propriétaire à une indemnité, elle autorise la destruction des vignes, échalas ou tuteurs atteints par le phylloxera ou compris dans une zone environnante déterminée par le gouverneur général (art. 4), la désinfection du sol et l'interdiction de planter pendant cinq ans au plus. En cas de destruction d'une vigne phylloxérée, le propriétaire a droit à une indemnité qui ne peut excéder la valeur du produit net de trois récoltes moyennes, déduction faite des frais de culture, de main-d'œuvre, etc. L'indemnité est fixée par le ministre, sauf recours au Conseil d'État. — Le détenteur de vignes qui a contrevenu aux prescriptions de la loi est déchu de tout droit à une indemnité. En outre, il encourt les responsabilités civiles des art. 1382 et s. c. civ. et les pénalités édictées par les lois des 15 juill. 1878 et 2 août 1879 (D. P. 79. 4. 1 et 79. 4. 87). — Le préfet doit faire visiter les vignes tous les ans, et plus souvent s'il est nécessaire (L. 28 juill. 1886, art. 1). Les frais de visite, d'abord à la charge des communes, ont été mis à la charge des propriétaires. — La loi du 28 juill. 1886 autorise l'établissement de syndicats départementaux formés de propriétaires de vignes. Il suffit que les propriétaires représentant plus de la moitié des surfaces complantées en vignes dans un département demandent la formation de ce syndicat, pour que tous les autres y soient englobés. Ces syndicats ont la personnalité civile et peuvent ester en justice pour la défense des intérêts communs en vue desquels ils ont été constitués (Cons. d'Et. 10 mars 1893, D. P. 94. 3. 33), mais non pour exercer les actions individuelles de leurs membres.

CHAP. VII. — ENREGISTREMENT ET TIMBRE.

222. Les lois, décrets et ordonnances qui régissent les droits d'enregistrement ont été, en général, rendus exécutoires en Algérie. On y perçoit les droits de timbre, dont le tarif est le même que dans la métropole (Ord. 10 janv. 1843). La plupart des droits d'enregistrement, soit fixes, soit proportionnels, qui sont perçus en France le sont aussi en Algérie, mais réduits de moitié (Ord. 19 oct. 1841, R. 46). Il en est ainsi des droits de transmission sur les cessions de titres d'actions et d'obligations des sociétés et établissements publics (Décr. 18 mai 1874, D. P. 75. 4. 8); de la taxe sur les valeurs mobilières, intérêts, dividendes, revenus et autres produits des actions de toute nature des sociétés, compagnies et entreprises quelconques (Décr. 20 avril 1891); de l'impôt sur les congrégations et associations religieuses (Décr. 3 janv. 1887, D. P. 87. 4. 63); de la taxe proportionnelle établie sur les formalités hypothécaires par la loi du 27 juill. 1900 (Décr. 9 déc. 1900). Mais les mutations sont seules exemptes de ces droits (Ord. 19 oct. 1841, art. 4). Il en est de même des locations verbales (Décr. 22 févr. 1879, D. P. 79. 4. 55).

223. Il est perçu en Algérie, au profit du service de l'assistance publique, un seul décime en sus du principal, tel qu'il est établi et fixé dans la colonie, des impôts qui, en France, sont passibles des décimes (L. 29 juill. 1882, art. 2. D. P. 83. 4. 38).

224. Les actes notariés ou sous seings privés passés en Algérie doivent être soumis à

l'enregistrement en France et y supporter le complément de droits exigible : 1° lorsque les parties veulent en faire usage en France (L. 22. frim. an. 7, art. 42; 28 avr. 1816, art. 58, R. v° Enregistrement, t. 21, p. 26 et 39); 2° lorsqu'ils ont pour objet la transmission de propriété, d'usufruit ou de jouissance d'immeubles situés en France, ou la cession à titre onéreux d'un fonds de commerce également situé en France. — Les lois des 22 frim. an 7, 27 vent. an 9 et 28 février 1872 ayant été rendues exécutoires en Algérie, les règles que l'on vient d'indiquer sont applicables aux actes passés en France et contenant transmission de propriété ou d'usufruit d'immeubles situés en Algérie, et cession à titre onéreux d'un fonds de commerce également situé en Algérie. — Les droits sont acquittés au bureau de la situation des biens, au vu d'un des originaux de l'acte sous seing privé, d'une expédition de l'acte notarié, ou sur une déclaration de mutation.

ALIÉNÉS
(R. v° Aliénés; S. eod. v°).

1. La matière est encore régie par la loi du 30 juin 1838 sur les aliénés (R. p. 448). — Depuis longtemps il est question de reviser cette législation; mais jusqu'à ce jour les diverses propositions de lois qui ont été successivement formulées dans ce but n'ont pas abouti. La plus récente est celle dont la Chambre des députés a été saisie par M. Dubief, le 2 juill. 1902.

ART. 1er. — DES ÉTABLISSEMENTS D'ALIÉNÉS.

2. Les établissements d'aliénés sont les lieux dans lesquels les aliénés sont reçus pour y être soumis à la surveillance et aux soins que nécessite leur état. Ils se divisent en établissements publics et établissements privés.

§ 1er. — Établissements publics (R. 42 et s.; S. 6 et s.).

3. Les établissements publics sont fondés ou entretenus aux frais de l'État, des départements ou des communes. La plupart sont des établissements départementaux. En effet, chaque département est obligé d'assurer le traitement des aliénés dans l'étendue de son territoire; mais il n'est pas tenu de posséder un établissement en propre : il a l'option entre la création d'un établissement public spécial et le placement des aliénés dans un établissement public ou privé, soit de ce département lui-même soit d'un autre département (L. 30 juin 1838, art. 1). — C'est au conseil général qui exerce le droit d'option, qu'il appartient aussi de statuer : il n'est plus soumis aujourd'hui à aucune approbation (L. 10 août 1871, art. 46, § 17, D. P. 71. 4. 102). Mais il ne peut qu'opter entre la création d'un établissement public et la conclusion d'un traité pour assurer ce service; ainsi, il excéderait ses pouvoirs en mettant en adjudication l'installation et l'entretien des aliénés du département.

4. Les établissements publics d'aliénés, qu'ils aient été créés ou soient entretenus aux frais de l'État, des départements ou des communes, sont placés sous la direction de l'autorité publique (L. 1838, art. 2), à laquelle il appartient de réglementer leur service intérieur, leur service médical et leurs dépenses. — En vertu des lois de 1866 et de 1871, le conseil général a le droit de statuer sur les questions financières concernant les asiles départementaux : le rôle de cette assemblée est limité aux questions de recettes et de dépenses; le surplus demeure exclusivement réservé à l'Administration.

5. L'administration des établissements publics d'aliénés est réglée par le titre Ier de l'ordonnance du 18 déc. 1839 (R. p. 451), complétée par un arrêté ministériel du 20 mars 1859, qui a établi un modèle de règlement. Cette administration est confiée à un directeur responsable, placé sous l'autorité du ministre de l'Intérieur et des préfets, et sous le contrôle d'une commission de surveillance, composée de cinq membres, nommés par le préfet, et dont le rôle est purement consultatif (Ord. 1839, art. 2).

6. Les directeurs des établissements publics d'aliénés sont nommés ou révoqués conformément aux prescriptions de l'art. 3 (§ 1, 2 et 4) de l'ordonnance de 1839. Le directeur est chargé de l'administration intérieure de l'établissement et de la gestion de ses biens et revenus (Ord. 1839, art. 6, § 1). Il ne peut intervenir dans les actes d'acquisition, de vente, d'échange intéressant l'établissement sans une délégation spéciale du préfet. Il pourvoit, sous les conditions prescrites par la loi, à l'admission et à la sortie des personnes placées dans l'établissement (art. 6, § 2). V. infrà, n° 22. Il est exclusivement chargé de pourvoir au bon ordre et à la police de l'asile (art. 7, § 1). La correspondance avec le préfet, le ministre de l'Intérieur et les autres fonctionnaires appelés à surveiller l'établissement n'appartient qu'à lui (V. toutefois art. 6, § 3).

7. Le personnel du service médical de l'asile comprend : un médecin en chef, un médecin adjoint, un chirurgien (du moins dans les grands établissements), un pharmacien, un ou plusieurs élèves internes, des *surveillants, infirmiers et gardiens.*

8. Les médecins et chirurgiens sont, quant à leur nomination ou leur révocation, soumis aux mêmes règles que les directeurs (Ord. 1839, art. 3). La réunion des fonctions de directeur et de médecin peut être autorisée, ou même ordonnée d'office par le ministre (art. 13). — Le médecin en chef a la direction du service médical pour tout ce qui concerne le régime physique et moral, ainsi que la police médicale et personnelle des aliénés. Les médecins adjoints, les élèves internes, les surveillants, les infirmiers et les gardiens sont, pour le service médical, placés sous son autorité. En principe, c'est lui qui remplit les obligations imposées au médecin par la loi du 30 juin 1838, et qui délivre les certificats relatifs à ses fonctions (Ord. 1839, art. 8 et 9). — Sur les attributions des médecins adjoints, V. Régl. 1857, art. 69 à 72. V. aussi Ord. 1839, art. 9, § 2 ; ... des chirurgiens, V. Régl. 1857, art. 73 à 80.

9. Sur la nomination des élèves internes, la durée de leurs fonctions, V. Ord. 1839, art. 3, § 3 ; Régl. 1857, art. 54, 89 ; ... leur révocation , même règlement, art. 55 ; ... leurs attributions, même règlement, art. 88 et s. — Sur la nomination, la révocation, les attributions des surveillants, infirmiers et gardiens, V. Ord. 1839, art. 6 ; Régl. 1857, art. 56, 103 à 107. — Sur les sœurs hospitalières attachées au service médical, V. Régl 1857, art. 95 et s.

10. Sur l'organisation du service religieux dans les établissements publics d'aliénés, V. Régl. 1857, art. 103 et s.

11. Sur les conditions auxquelles des quartiers d'aliénés peuvent être créés dans les hospices civils, V. Ord. 1839, art. 11 et 12.

12. Les asiles publics d'aliénés, notamment ceux qui dépendent des départements, ne jouissent pas de la personnalité civile ; en conséquence, les actes relatifs aux acquisitions, aliénations, acceptations de libéralités, instances en justice, adjudications de travaux ou fournitures, etc., intéressant ces asiles sont passés par le préfet en sa qualité de représentant du département, comme les actes de même nature qui intéressent le département lui-même. — Mais il appartient au conseil général de statuer définitivement sur ces divers objets (L. 10 août 1871, art. 46). Au reste, si l'asile départemental

n'a pas de personnalité civile , il n'en a pas moins une sorte de personnalité financière ; c'est un service qui a sa dotation propre, et son budget ne se confond pas avec celui du département.

13. Le conseil général règle les budgets des asiles publics départementaux et approuve les comptes de ces établissements (L. 10 août 1871, art. 46, § 17). Les excédents de recettes doivent servir soit à couvrir le déficit des années moins favorisées, soit à solder les dépenses extraordinaires de construction et de réparation ; et le conseil général ne pourrait affecter les fonds disponibles de l'asile départemental à d'autres services départementale (Cons. d'Et. 23 mars 1880, D. P. 80. 3. 114). — En principe, les établissements publics d'aliénés sont régis par les lois et règlements relatifs à l'administration générale des hospices et établissements de bienfaisance, en ce qui concerne la comptabilité et l'organisation de leurs services financiers (Ord. 1839, art. 16). Le receveur est nommé par le préfet, sur une liste de candidats présentés par le directeur. Il est exclusivement chargé de la perception des revenus et du payement des dépenses. V. au surplus, sur ses attributions et obligations, Régl. 1857, art. 26 à 32. — Outre le receveur, il y a dans les asiles publics d'aliénés un économe également nommé par le préfet. Sur ses attributions, V. Régl. 1857, art. 33 à 48. Ses fonctions sont souvent réunies à celles de receveur.

§ 2. — *Établissements privés* (R. 73 et s. ; S. 33 et s.).

14. Les établissements privés d'aliénés sont placés sous la surveillance de l'autorité publique (L. 30 juin 1838, art. 3). L'Administration n'exerce, à l'égard de ces établissements, qu'un droit de police et non de direction absolue. Les asiles privés qui reçoivent des aliénés indigents placés au compte des départements (V. suprà, n° 3) doivent être soumis au contrôle de commissions de surveillance spéciales, nommées et renouvelées dans les formes prescrites par l'ordonnance du 18 déc. 1839. Sur le fonctionnement et les attributions de ces commissions, V. Circ. min. 15 juin 1860, D. P. 60. 3. 59.

15. On ne peut diriger ou former un établissement privé d'aliénés sans une autorisation administrative, donnée par le préfet (L. 1838, art. 5, § 1 ; Décr. 13 avr. 1861, tableau A, § 37). Les conditions auxquelles est subordonnée l'autorisation, et les obligations imposées aux établissements autorisés sont déterminées par le titre 2 de l'ordonnance de 1839 (art. 17 à 30). — Le postulant qui s'est mis en règle, qui a produit les pièces et fourni les garanties exigées par l'ordonnance de 1839, n'a de ce chef acquis aucun droit, et il ne pourrait se pourvoir devant le Conseil d'État par la voie contentieuse ou pour excès de pouvoir contre la décision portant refus d'autorisation : l'Administration exerce en cette matière un pouvoir discrétionnaire et purement gracieux. Sur les retraits d'autorisation, V. Ord. 1839, art. 31-33.

16. Les établissements privés consacrés au traitement d'autres maladies ne peuvent recevoir les personnes atteintes d'aliénation mentale, à moins qu'elles ne soient placées dans un local entièrement séparé. Il y a, dans ce cas, deux établissements distincts : l'un qui est soumis, comme maison de santé ordinaire, qu'à la surveillance du commissaire de police, dont le droit entre incessamment ouvert aux magistrats chargés de le visiter. La loi n'exige, d'ailleurs, pas un bâtiment distinct pour chaque établissement ; il suffit qu'on assigne aux aliénés des quartiers séparés dans les maisons où sont reçus d'autres malades (L. 1838, art. 5, § 2).

Les établissements privés consacrés au traitement d'autres maladies que l'aliénation mentale ne peuvent recevoir des aliénés qu'autant qu'ils ont été spécialement autorisés à cet effet par le préfet (L. 1838, art. 5, § 3 ; et s.).

ART. 2. — SURVEILLANCE ET POLICE DES ÉTABLISSEMENTS D'ALIÉNÉS (R. 93 et s. ; S. 39 et s.).

17. Les établissements d'aliénés, tant publics que privés, sont soumis à un contrôle vigilant et fréquemment renouvelé, de la part de certains fonctionnaires publics qui sont chargés de les visiter (L. 1838, art. 4). — Ces fonctionnaires sont : 1° le préfet du département, ou les sous-préfets agissant dans chaque arrondissement comme délégués du préfet. Ils doivent visiter au moins une fois par trimestre les asiles situés dans leur ressort et adresser un rapport au ministre après chaque visite (Circ. min. 15 mars 1890). — 2° Des personnes spécialement déléguées par le préfet, soit par le ministre de l'Intérieur. L'inspection administrative des établissements d'aliénés avait autrefois été l'objet d'une organisation spéciale qui n'existe plus aujourd'hui. — 3° Divers magistrats de l'ordre judiciaire, savoir : le président du tribunal, le procureur de la République de l'arrondissement, qui doivent visiter au moins une fois par trimestre les établissements privés, et le juge de paix du canton. Les magistrats qui se transportent à plus de cinq kilomètres de leur résidence pour visiter les établissements d'aliénés ont droit à une indemnité (Ord. 2 mai 1844, R. p. 464). — 4° Le maire de la commune sur le territoire de laquelle est situé l'établissement d'aliénés. — Les personnes chargées de visiter les établissements d'aliénés adressent, s'il y a lieu, leurs observations sur le régime de la maison à l'autorité administrative investie du pouvoir nécessaire pour faire cesser les abus, et celles relatives au personnel aux officiers de police judiciaire, qui peuvent alors procéder aux enquêtes nécessaires pour constater les faits délictueux.

18. Les aliénés non placés dans les établissements spéciaux ne sont l'objet d'aucune surveillance de la part de l'Administration. A moins que ces aliénés non interdits ne menacent la tranquillité publique ou qu'ils ne nuisent à leur famille, aucune autorité n'a le droit d'intervenir pour critiquer soit le traitement auquel ils sont soumis, soit le mode de gestion de leurs biens, soit même l'absence de tous soins ou traitement. Ils ne sont protégés que par les dispositions générales des lois sur la liberté individuelle, s'ils sont séquestrés sans nécessité, et par les lois pénales ordinaires, s'ils sont victimes de violences.

ART. 3. — DU PLACEMENT DANS LES ÉTABLISSEMENTS D'ALIÉNÉS.

19. Les placements dans les établissements d'aliénés sont volontaires ou forcés. Les placements volontaires sont ceux que fait la famille de l'aliéné ; les placements forcés sont ceux qui ont lieu sur l'initiative de l'autorité publique, dans le cas où l'état de l'aliéné présente des caractères dangereux pour l'ordre ou la sûreté publique. — Le placement dans un établissement d'aliénés est une mesure distincte de l'interdiction, et qui peut s'appliquer soit aux personnes interdites, soit à celles qui ne le sont pas.

§ 1er. — *Du placement volontaire* (R. 105 et s. ; S. 45 et s.).

20. Pour le placement volontaire dans un établissement public, celui qui veut l'opérer doit s'adresser aux chefs ou préposés responsables de l'établissement, afin d'obtenir une place pour l'aliéné conformément au règlement de la maison. S'il s'agit du placement dans un établissement privé, il y a lieu de s'adresser au directeur, afin de traiter de gré à gré avec lui (L. 1838, art. 8, § 1).

21. *Toute personne* peut réclamer l'admission de l'aliéné ; aucune condition de parenté n'est exigée par la loi. Ainsi un ami, un voisin, a qualité pour requérir l'admission. — L'aliéné qui a des intervalles lucides peut être admis, sur sa propre demande, dans un établissement public ou privé, en présentant un certificat de médecin constatant son état mental et en justifiant de son identité.

22. Celui qui veut faire recevoir une personne dans un asile d'aliénés doit produire tout d'abord une demande écrite d'admission contenant les indications spécifiées par l'art. 8-1° de la loi de 1838. S'il s'agit d'un interdit, le tuteur qui désire le faire interner doit produire un extrait du jugement d'interdiction. — Le chef, préposé ou directeur, doit s'assurer de l'individualité du demandeur en admission. A cet effet, on pourra recourir à l'attestation de deux citoyens majeurs, conformément à la règle édictée par l'art. 9 de la loi du 25 ventôse an 11 sur le notariat (R. v° *Notaire*, p. 576). — L'état de la personne dont on réclame l'admission doit être constaté par un certificat de médecin pour la délivrance duquel la loi exige certaines garanties (L. 1838, art. 8-2°). Ce certificat doit constater l'état mental de la personne à placer, spécifier les particularités de sa maladie et la nécessité de la faire traiter dans un établissement d'aliénés et de l'y tenir renfermée ; mais il n'est pas nécessaire qu'il indique les causes de cette maladie. Le certificat ne peut être admis s'il a été délivré plus de quinze jours avant sa remise au directeur ou préposé, ou s'il émane d'un médecin attaché à l'établissement, ou d'un médecin parent ou allié au second degré inclusivement, soit du chef de l'établissement, soit du malade. En cas d'urgence, mais seulement s'il s'agit d'une admission dans un établissement public, le certificat d'un médecin n'est pas exigé. — Il doit être joint, à la demande d'admission et certificat du médecin, le passeport ou toute autre pièce propre à constater l'individualité de la personne à placer (L. 1838, art. 8-3°). L'acte de naissance n'est pas exigé. — Un bulletin d'entrée annonçant la réception de chaque aliéné doit être envoyé dans les vingt-quatre heures aux autorités désignées par l'art. 8-4° de la loi de 1838. — Cette loi (art. 9 à 12) prescrit diverses autres formalités qui ont pour but d'empêcher les séquestrations arbitraires de personnes non aliénées et d'assurer le bon ordre dans l'établissement. C'est ainsi, notamment, que, dans les trois jours de la réception du bulletin d'entrée, le préfet doit charger un ou plusieurs hommes de l'art de visiter la personne désignée dans ce bulletin et d'en faire un rapport sur-le-champ (art. 9) ; que, dans les quinze jours après l'entrée du malade, un nouveau certificat, émané du médecin de l'établissement et constatant l'état du malade, est adressé au préfet (art. 11) ; que, de mois en mois, cette constatation est renouvelée et mentionnée sur le registre dont la tenue est prescrite par la loi (art. 12).

23. Le placement volontaire peut cesser : 1° par la déclaration des médecins attestant la guérison de l'aliéné (L. 1838, art. 13, § 1°). Dès que cette attestation se trouve inscrite sur le registre de l'établissement, la personne qu'elle concerne ne peut être retenue, et le directeur qui refuserait de la rendre à la liberté s'exposerait à être poursuivi comme coupable de détention arbitraire (Pén. 120). Pour le cas où il s'agit d'un mineur ou d'un interdit, V. L. 1838, art. 13, § 2. — 2° Sur la réquisition de

certaines personnes, savoir : le curateur nommé en exécution de l'art. 38 (V. *infra*, n° 49) ; — l'époux ou l'épouse ; — s'il n'y a pas d'époux ou d'épouse, les ascendants ; — s'il n'y a pas d'ascendants, les descendants ; — la personne qui aura signé la demande d'admission, à moins d'opposition d'un parent ; — toute autre personne à ce autorisée par le conseil de famille. Les parents collatéraux, même les frères et sœurs, ne peuvent faire sortir l'aliéné qu'avec l'autorisation du conseil de famille. Pour les mineurs ou interdits, le tuteur a seul qualité pour agir (L. 1838, art. 14). — Il peut être sursis à la sortie lorsque le médecin de l'établissement émet l'avis que l'état mental du malade pourrait compromettre l'ordre public ou la sûreté des personnes (art. 14, § 3). — 3° Par ordre du préfet. Ce magistrat jouit, à cet égard, d'un pouvoir discrétionnaire ; il peut toujours ordonner la sortie, contrairement à l'avis du médecin (art. 16). L'interdit doit, dans tous les cas, être remis à son tuteur ; le mineur, aux personnes sous l'autorité desquelles il est placé par la loi (art. 17).

§ 2. — *Du placement ordonné par l'autorité publique*
(R. 155 et s. ; S. 66 et s.).

24. Le droit de prescrire d'office le placement dans un établissement d'aliénés appartient : à Paris, au préfet de police, et, ailleurs, au préfet du département où se trouve l'aliéné. Le placement d'office ne peut s'appliquer qu'aux personnes dont l'état d'aliénation compromettrait l'ordre public ou la sûreté des personnes (L. 1838, art. 18, § 1). Il doit être tenu dans chaque établissement d'aliénés un registre où sont inscrits les placements d'office (art. 18, § 2). — Les individus détenus dans une prison, en vertu d'une condamnation, qui sont frappés d'aliénation mentale, peuvent être placés dans un établissement public par ordre du préfet. Il en est de même des individus poursuivis devant les tribunaux et dont l'état d'aliénation mentale aurait été reconnu. — En cas de danger imminent attesté par le certificat d'un médecin ou par la notoriété publique, les commissaires de police, à Paris, et les maires dans les autres communes, sont chargés d'ordonner, à l'égard des aliénés, toutes les mesures provisoires nécessaires (L. 1838, art. 19). — V. aussi L. 5 avr. 1884, sur l'organisation municipale, art. 97, § 7 (D. P. 84. 4. 25). Le même pouvoir appartient aux sous-préfets. — Les mesures dont il s'agit peuvent notamment consister dans la séquestration provisoire de l'aliéné dans un asile ; mais il doit en être référé au préfet dans les vingt-quatre heures.

25. Un état ou rapport doit être adressé au préfet au commencement de chaque semestre sur l'état des aliénés dont le placement a eu lieu d'office. Le préfet décide s'il y a lieu de les maintenir dans l'établissement ou d'ordonner leur sortie (L. 1838, art. 20). C'est à lui seul qu'il appartient de faire cesser le placement ordonné par l'autorité publique. Comp., en ce qui concerne le placement volontaire, *supra*, n° 23.

26. Sur le cas où, dans l'intervalle entre les rapports prescrits par l'art. 20, les médecins déclarent que la sortie peut être ordonnée, V. art. 23. — Sur la conversion du placement volontaire en placement forcé, V. art. 21. — Sur les notifications qui doivent être faites aux diverses autorités chargées d'exercer une action protectrice à l'égard des aliénés, V. art. 22. — Sur le dépôt provisoire des aliénés en dehors des établissements où ils doivent être internés, V. art. 24. — Sur les établissements dans lesquels sont conduits soit les aliénés placés d'office, soit les aliénés placés volontairement, V. art. 25.

Art. 4. — Dépenses du service des aliénés (R. 194 et s. ; S. 78 et s.).

27. 1° *Frais de transport des aliénés.* — V. L. 1838, art. 26, § 1.

28. 2° *Frais de séjour provisoire des aliénés.* — Quand un aliéné a été déposé provisoirement dans un hospice communal, la dépense est payée, sur règlement du préfet du département où est situé cet établissement, par la famille de l'aliéné ou, s'il est indigent, par le département auquel il appartient.

29. 3° *Frais d'entretien, de séjour et de traitement des aliénés.* — Le tarif de ces dépenses, en ce qui concerne les établissements publics d'aliénés, est réglé, d'après un tarif, non plus par le préfet, mais par le conseil général (L. 10 août 1871, art. 46, § 17). Quant à la dépense des aliénés placés dans les quartiers d'aliénés d'hospices communaux, elle est réglée par le préfet (L. 1838, art. 26, § 2). — Lorsque le département traite avec un établissement privé, pour le placement de ses aliénés, la fixation des frais d'entretien est subordonnée aux conditions arrêtées entre le département et l'établissement. V. *supra*, n° 3.

30. 4° *A qui incombe la charge des dépenses.* — Les dépenses, soit des aliénés dangereux dont le placement a été ordonné par l'autorité compétente dans un établissement public ou privé, soit des aliénés non dangereux admis dans les établissements départementaux, sont, en premier lieu, à la charge de l'aliéné lui-même. A son défaut, elles incombent aux personnes qui lui doivent des aliments. — En cas de contestation, soit sur l'obligation de fournir des aliments, soit sur leur quotité, il est statué par le tribunal compétent, c'est-à-dire par le juge de paix ou par le tribunal civil, suivant la quotité de la pension. L'action est suivie par le tuteur de l'aliéné, s'il est interdit ; s'il n'est pas interdit, par l'administrateur désigné en exécution des art. 31 et 32 de la loi de 1838, à l'exclusion du préfet (Trib. civ. de Cusset, 13 févr. 1901, D. P. 1902. 2. 20). — Le recouvrement des dépenses a lieu, sur les personnes qui sont tenues, à la diligence de l'administration de l'enregistrement (L. 1838, art. 27). Ainsi, le président de la commission de surveillance, administrateur de l'asile, agissant comme administrateur provisoire des biens de l'aliéné, n'est pas recevable à réclamer le versement entre ses mains du montant de la pension (Req. 9 janv. 1809, D. P. 99. 1. 535).

31. Enfin, lorsque ni l'aliéné ni sa famille n'ont les ressources nécessaires pour y subvenir, les dépenses d'entretien, de séjour et de traitement sont à la charge du département auquel appartient l'aliéné, c'est-à-dire du département dans le territoire duquel se trouve la commune du domicile de secours. Le domicile dont il s'agit est le *domicile de secours*, tel qu'il est fixé par la loi du 15 juill. 1893 (V. *infra*, Secours publics ; Cons. d'Et. 12 févr. 1897, D. P. 98. 3. 49). — Les dépenses dont il s'agit, autrefois obligatoires, sont aujourd'hui *facultatives* (L. 10 août 1871, art. 60-61). Elles figurent au budget ordinaire des départements ; il y est pourvu au moyen des centimes et des produits éventuels ordinaires. Elles ne pèsent pas uniquement sur la commune dans laquelle l'aliéné a son domicile de secours est tenue d'y concourir (L. 1838, art. 28-1°). Le conseil général règle *définitivement* la part de la dépense des aliénés mise à la charge des communes et les bases de la répartition à faire entre elles (L. 10 août 1871, art. 46, § 19). La délibération n'est pas susceptible d'être déférée au conseil d'Etat pour excès de pouvoir.

32. La subvention imposée de ce chef à une commune par le conseil général est au nombre de ses dépenses obligatoires. Elle peut donc être inscrite d'office à son budget par arrêté préfectoral; et la commune n'est pas recevable à poursuivre l'annulation de cet arrêté, en se fondant soit sur ce que le placement de l'aliéné aurait été ordonné par le préfet sans motifs suffisants (Cons. d'Ét. 8 août 1895, D. P. 96. 3. 84) ; ... soit sur ce que la dépense incombait à l'aliéné lui-même ou à sa famille, qui étaient en état d'y subvenir, — sauf le recours qu'il lui appartient d'exercer contre ces derniers devant la juridiction compétente (Cons. d'Ét. 7 févr. 1890, D. P. 91. 3. 74; 21 avr. 1893, D. P. 94. 3. 44).

33. Les hospices peuvent aussi, dans certains cas, être appelés à contribuer à la dépense des aliénés. Il en est ainsi lorsque, chargés, en vertu de dons ou de legs, de soigner des aliénés, et ne pouvant satisfaire aux prescriptions de la loi en affectant un local séparé aux malades de cette catégorie, ils les ont fait admettre dans un établissement spécial. Ils sont alors tenus de payer une indemnité à cet établissement. C'est au conseil général qu'il appartient de régler cette indemnité (L. 18 juill. 1866, D. P. 66. 4. 129). Les contestations qui peuvent s'élever au sujet de ce règlement sont de la compétence du conseil de préfecture (L. 1838, art. 28, § 3).

34. Des difficultés se sont élevées sur le point de savoir à qui incombent les dépenses des aliénés qui n'ont pas de domicile de secours, par exemple des aliénés étrangers. D'après la jurisprudence, elles ressent à la charge du département qui a recueilli les aliénés dont il s'agit. En tout cas, ce département ne peut exercer aucun recours contre l'Etat, qui n'est assujetti par aucun texte à l'obligation de les supporter (l'art. 8 de la loi du 15 juill. 1893, aux termes duquel, à défaut de domicile de secours, l'assistance des indigents malades incombe à l'Etat, n'est pas applicable aux aliénés) (Cons. d'Ét. 8 juill. 1898, D. P. 99. 3. 97).

ART. 5. — DE LA RÉCLAMATION JUDICIAIRE AYANT POUR OBJET DE FAIRE CESSER LA SÉQUESTRATION (R. 231 et s. ; S. 105 et s.).

35. L'autorité judiciaire a le droit de faire cesser la séquestration des personnes placées dans les établissements d'aliénés, soit qu'elle ait eu lieu volontairement, soit même qu'elle ait été ordonnée d'office par l'autorité administrative. — Les personnes qui ont qualité pour former la demande en cessation de la séquestration sont : celui-là même qui est placé ou retenu dans l'établissement; son tuteur, s'il est mineur; son curateur; tout parent ou ami; la personne qui a demandé le placement, et le procureur de la République (L. 1838, art. 29, § 1 et 2). Si l'interné est interdit, la demande ne peut être formée que par son tuteur (art. 29, § 3).

36. La juridiction compétente pour statuer sur la réclamation est le tribunal de première instance dans le ressort duquel est situé l'établissement, à l'exclusion du tribunal du lieu du domicile de l'aliéné (art. 22, § 1). La décision est rendue sans délai, sur simple requête, en la chambre du conseil, et sans motifs exprimés. Le tribunal, après les vérifications nécessaires, ordonne, s'il y a lieu, la sortie immédiate. En cas de rejet de la demande, le jugement est susceptible d'appel.

37. Il est interdit aux chefs d'établissements d'aliénés de supprimer ou retenir les enquêtes et réclamations adressées par les malades aux représentants de l'autorité judiciaire ou administrative (L. 1838, art. 29, *in fine*), alors même que les termes dans lesquels elles sont conçues porteraient en elles la preuve évidente de l'aliénation mentale de celui qui les a écrites. Mais cette interdiction ne concerne pas les lettres adressées à d'autres personnes que les représen-

tants de l'autorité administrative ou judiciaire, notamment à des particuliers.

ART. 6. — MESURES AYANT POUR OBJET LA GESTION DES BIENS DE L'ALIÉNÉ ET LA PROTECTION DE SA PERSONNE.

38. La loi a pourvu aux intérêts pécuniaires de l'aliéné en confiant la gestion de ses biens à un *administrateur provisoire*, et en attribuant la mission de le représenter dans les contestations judiciaires qui l'intéressent à un *mandataire spécial*. D'autre part, elle autorise, le cas échéant, la nomination d'un *curateur* chargé particulièrement de veiller au soin de la personne de l'aliéné et à l'amélioration de son sort. — Ces diverses mesures ne sont d'ailleurs applicables qu'autant que l'aliéné n'est pas interdit.

§ 1er. — *Administrateur provisoire* (R. 240 et s.; S. 111 et s.).

39. A l'égard des aliénés placés dans un établissement public, les fonctions d'administrateur provisoire appartiennent de plein droit à la commission administrative de cet établissement, qui désigne un ou ses membres pour les remplir (L. 1838, art. 31). La commission administrative peut, d'ailleurs, se décharger de l'administration provisoire qui lui appartient légalement, en provoquant la nomination par justice d'un administrateur pris hors de son sein. D'autre part, cette nomination peut également avoir lieu sur l'initiative, soit des parents ou du conjoint de l'aliéné, soit du ministère public (art. 31, § 4, et 32).

40. Quant aux personnes placées dans un établissement privé, il n'existe pas, en ce qui les concerne, d'administrateur provisoire légale ; l'administrateur provisoire, dans tous les cas, nommé par justice. La nomination est faite en la chambre du conseil sur les conclusions du ministère public. Elle doit toujours être précédée de l'avis d'une délibération du conseil de famille. L'appel n'est pas admis (L. 1838, art. 32). — Le tribunal n'est d'ailleurs pas obligé de faire droit à la requête, la mesure sollicitée pouvant lui paraître inopportune ou sans intérêt. L'individu interné dans un établissement privé peut donc se trouver sans administrateur provisoire, soit que personne n'en ait provoqué la nomination, soit que le tribunal ait rejeté la demande dont il était saisi.

41. Les fonctions d'administrateur provisoire sont gratuites et, en principe, obligatoires. Les dispositions du Code civil sur les causes de dispense, les incapacités, les exclusions et destitutions en matière de tutelle s'appliquent à l'administrateur provisoire.

42. Sur la demande des parties intéressées ou sur celle du ministère public, le tribunal peut constituer sur les biens de cet administrateur, pour la garantie de sa gestion, une hypothèque, soit générale, soit spéciale, jusqu'à concurrence d'une somme déterminée. Cette hypothèque doit être inscrite à la diligence de procureur de la République, dans le délai de quinzaine, et elle prend rang que du jour de l'inscription (L. 1838, art. 38). On admet généralement que cette hypothèque peut être constituée par le jugement même qui nomme l'administrateur provisoire, ou qu'elle ne peut l'être par une décision postérieure.

43. En fonctions de l'administrateur provisoire sont, en général, restreintes aux mesures de conservation et aux actes d'administration présentant un caractère d'urgence. Il peut recouvrer des sommes dues à l'aliéné, acquitter ses dettes, passer des baux n'excédant pas trois ans; enfin, mais seulement avec une autorisation spéciale du président du tribunal civil, vendre le mobilier du do-

micile de l'aliéné (L. 1838, art. 31, § 1). — En ce qui concerne l'aliénation des valeurs mobilières, les formalités prescrites par la loi du 27 févr. 1880 (D. P. 80. 4. 47) doivent être suivies. Si l'aliéné est placé dans un établissement public, c'est la commission de surveillance qui remplit les fonctions attribuées par cette loi au conseil de famille du mineur. Dans cette même hypothèse, les sommes dues à l'aliéné ne peuvent être touchées par l'administrateur; elles sont versées directement dans la caisse de l'établissement pour être employées, s'il y a lieu, au profit de l'aliéné. — L'obligation, qui incombe au receveur, de restituer le reliquat du compte des recettes et dépenses de l'aliéné, est garantie par le cautionnement de cet agent (L. 1838, art. 31, § 2 et 3). En outre, en cas de faute lourde imputable aux membres de la commission ou à celui qui exerce les fonctions d'administrateur provisoire, la responsabilité de l'établissement est engagée.

44. Les significations concernant la personne placée dans un établissement d'aliénés doivent être faites à l'administrateur provisoire; mais cette règle ne s'applique qu'au cas où celui-ci a été nommé par jugement. Dans toute autre hypothèse, c'est-à-dire lorsque, l'aliéné étant placé dans un établissement public, l'administration provisoire appartient à un membre de la commission administrative de surveillance, ou encore lorsqu'il n'y a pas d'administrateur provisoire, les significations sont valablement faites à la personne ou au domicile de l'aliéné. — Il y a, d'ailleurs, exception en ce qui concerne les protêts : il n'est en aucun cas nécessaire de les signifier à l'administrateur provisoire (L. 1838, art. 35, § 3); mais cette exception ne s'étend ni aux dénonciations des protêts ni aux autres actes de la procédure commerciale. Les significations qui n'ont pas été faites à l'administrateur provisoire, conformément à l'art. 35, ne sont pas nécessairement nulles; les tribunaux peuvent les valider ou les annuler suivant les circonstances.

45. L'administrateur provisoire a qualité pour représenter l'aliéné dans les inventaires, comptes, partages ou liquidations où il peut être intéressé (L. 1838, art. 36). Si l'aliéné n'est pas pourvu d'un administrateur provisoire, le tribunal nomme un notaire pour le représenter (Comp. Civ. 113).

§ 2. — *Mandataire ad litem* (R. 258 et s.; S. 126 et s.).

46. L'aliéné ne peut figurer dans une instance, soit en demandant, soit en défendant, qu'à la condition d'y être représenté par un mandataire, que celui doit lui être donné spécialement à cet effet. Il en est ainsi dans le cas même où l'aliéné a un administrateur provisoire, celui-ci n'ayant pas qualité pour ester en justice au nom de l'aliéné. — La désignation d'un mandataire *ad litem* est facultative et restreinte aux cas d'urgence, lorsqu'il s'agit d'une action à intenter. Elle est, au contraire, prescrite à peine de nullité de la procédure pour les contestations judiciaires dans lesquelles l'aliéné se trouvait engagé lors de son internement, ou les actions qui sont intentées postérieurement contre lui. — C'est là une règle générale et absolue qui s'applique à toutes les instances, quelle qu'en soit la nature (Civ. 7 juill. 1899, D. P. 1900. 1. 8), sans excepter celles qui ont un caractère personnel, comme les instances en séparation de corps ou en divorce. Toutefois, il est généralement admis que l'aliéné doit être mis personnellement en cause lorsqu'une demande en interdiction est formée contre lui; mais on n'est pas d'accord sur le point de savoir s'il doit être assisté d'un mandataire spécial nommé conformément à l'art. 33 de la loi du 30 juin 1838.

47. L'aliéné peut être représenté par un mandataire *ad litem* dans une action en liquidation et partage de succession comme dans toute autre instance. Cette solution, toutefois, fait difficulté dans le cas où il s'agit d'une succession qui n'avait pas été acceptée par l'aliéné avant son admission dans l'asile : le partage, en effet, implique acceptation, et il est douteux que le tribunal puisse conférer, expressément ou implicitement, à un administrateur provisoire, le pouvoir d'accepter, du moins purement et simplement, une succession ouverte au profit de l'aliéné (Paris, 26 janv. et 25 mars 1892, D. P. 92. 2, 87 et 229).

48. Le mandataire *ad litem*, désigné par justice à l'effet d'intenter une action au nom de l'aliéné, n'est pas obligé de se munir de pouvoirs nouveaux à chaque phase de la procédure et à chaque degré de juridiction ; il peut notamment interjeter appel du jugement rendu sur son action, s'il fait grief à l'aliéné (Cr. r. 3 août 1895, D. P. 1900. 5. 19).

§ 3. — *Curateur à la personne de l'aliéné* (R. 278 et s.; S. 144).

49. Le curateur peut être nommé sur la demande de l'intéressé, de l'un de ses parents, de l'époux ou de l'épouse, d'un ami, ou sur la provocation du procureur de la République. Le jugement de nomination n'est pas susceptible d'appel. — Le curateur ne peut être choisi parmi les héritiers présomptifs de l'aliéné (L. 1838, art. 38). Suivant une opinion, il y a lieu de lui appliquer les causes d'excuses, d'incapacité et d'exclusion admises en matière de tutelle et d'administration provisoire ; mais le point est contesté.

50. Les fonctions de curateur à la personne peuvent se cumuler avec celles de mandataire *ad litem*, mais non avec celles d'administrateur provisoire. — Elles consistent à veiller : 1° à ce que les revenus de l'aliéné soient employés à adoucir son sort et à accélérer sa guérison ; 2° à ce qu'il soit rendu au libre exercice de ses droits aussitôt que sa situation le permettra (L. 1838, art. 38).

§ 4. — *Cessation des fonctions et des pouvoirs de l'administrateur provisoire, du mandataire* ad litem *et du curateur à la personne* (R. 275 et s.; S. 143, 145).

51. Les fonctions de l'administrateur provisoire, du mandataire *ad litem* et du curateur à la personne prennent fin de plein droit quand la personne placée dans l'établissement d'aliénés cesse d'y être retenue, ou lorsque, son interdiction venant d'être prononcée, elle est pourvue d'un tuteur (L. 1838, art. 37, § 1).

52. Les pouvoirs de l'administrateur provisoire cessent de plein droit à l'expiration d'un délai de trois ans ; mais cette règle ne concerne que les administrateurs provisoires nommés par jugement, et encore n'est-elle pas applicable à ceux qui sont donnés aux aliénés entretenus dans l'administration dans des établissements privés (L. 1838, art. 37, § 1).

§ 5. — *Sort des actes faits par l'aliéné* (R. 283 et s.; S. 146 et s.).

53. Les actes faits par l'individu non interdit placé dans un établissement d'aliénés, public ou privé, peuvent être attaqués pour cause de démence (L. 1838, art. 39, § 1). Il n'y a pas à distinguer si cet individu est, ou non, pourvu d'un administrateur provisoire ou d'un curateur. — Pour que la nullité soit encourue, il n'est pas nécessaire que l'acte porte en lui la preuve de la démence. D'ailleurs, le fait que l'auteur de l'acte se trouvait, lorsqu'il l'a passé, interné dans un asile, ne constitue pas une présomption légale de démence, mais une présomption de fait, abandonnée à l'appréciation des tribunaux. — Les règles ci-dessus ne s'appliquent pas aux actes antérieurs à l'internement de l'aliéné, lesquels restent soumis à l'application des articles 503 et 504 c. civ. V. *infrà, Interdiction.*

54. L'action en nullité des actes faits par l'aliéné se prescrit, conformément à la règle générale (Civ. 1304), par dix ans, qui courent à dater de la signification qui lui en aura été faite ou de la connaissance qu'il en aura acquise de toute autre manière, après sa sortie définitive de l'établissement. La même règle est applicable à ses héritiers (L. 1838, art. 39, § 2 et 3); au reste, le délai continuerait de courir contre eux s'il avait commencé de courir contre l'aliéné lui-même. — La nullité dont il s'agit est relative; elle ne peut être invoquée par les personnes capables qui ont contracté avec l'aliéné.

Art. 7. — Sanctions pénales (R. 295 et s.; S. 150).

55. Des dispositions pénales sanctionnent l'inobservation des dispositions contenues dans la loi du 30 juin 1838, savoir, les art. 5, 8, 11, 12, 13, § 2, 15, 17, 20, 21, 29, § 6. Les personnes auxquelles ces dispositions sont applicables, le cas échéant, sont les chefs-directeurs ou préposés responsables des établissements publics ou privés d'aliénés. — Les peines consistent en un emprisonnement de cinq jours à un an et en une amende de 50 à 3 000 francs; une de ces peines peut être prononcée. L'art. 463 c. pén., sur les circonstances atténuantes, peut être appliqué (L. 1838, art. 41). — Il y a lieu de signaler, en outre, la disposition de l'art. 30 qui punit le fait d'avoir retenu indûment une personne placée dans un établissement d'aliénés.

Art. 8. — Enregistrement et timbre.

56. La demande d'admission dans un établissement public d'aliénés est sujette au timbre, mais n'est pas soumise à l'enregistrement dans un délai déterminé, même lorsqu'elle contient, d'après la formule prescrite, l'engagement de payer la pension aux prix et conditions fixés. Quand l'acte est présenté volontairement à la formalité, il donne ouverture au droit fixe de 3 fr. (Décis. min. fin. 2 avr. 1845; Instr. Reg. 1731).

57. Le traité par lequel une administration départementale ou un asile privé s'engage à nourrir et entretenir, pendant un certain temps, un ou plusieurs aliénés, moyennant une redevance annuelle, constitue un bail à nourriture de personnes, qui donne lieu au droit proportionnel de 20 centimes pour cent sur le prix cumulé des années du bail ou de la convention (Reg. 21 nov. 1892, D. P. 93. 1. 291; Instr. Reg. 2834, § 6).

58. La requête, le jugement et les autres actes auxquels peut donner lieu la réclamation formée contre un internement ne sont visés pour timbre et enregistrés en débet (L. 30 juin 1838, art. 29; Instr. Reg. 1666 et 1731, D. P. 45. 3. 147).

ALIMENTS
(R. v° *Mariage*; S. *eod. v°*).

1. La loi impose à certaines personnes l'obligation réciproque de se fournir des aliments en cas de besoin (Civ., 203 à 211). Par *aliments*, il faut entendre tout ce qui est nécessaire à la vie : nourriture, logement, vêtements, frais de maladie, etc.

§ 1er. — *Quelles personnes se doivent réciproquement des aliments* (R. 621 et s.; S. 339 et s.).

2. L'obligation alimentaire existe : 1° entre ascendants et descendants; 2° entre certains alliés en ligne directe; 3° entre époux. En principe, cette obligation est réciproque. Elle n'existe pas entre collatéraux, notamment entre frères et sœurs.

3. 1° *Entre ascendants et descendants.* — Les enfants doivent des aliments à leurs père et mère et autres ascendants. Les père et mère et autres ascendants doivent des aliments à leurs enfants et descendants. L'obligation alimentaire existe entre les père et mère naturels et leurs enfants naturels, adultérins ou incestueux, lorsque la filiation est légalement établie. Malgré le caractère de réciprocité de l'obligation alimentaire, les auteurs récents refusent aux père et mère de l'enfant adultérin ou incestueux le droit de demander des aliments à cet enfant. — Les enfants naturels ne doivent pas d'aliments à leurs père et mère naturels, et réciproquement. — Les père et mère d'un enfant naturel sont tenus de l'obligation alimentaire envers les descendants légitimes de cet enfant naturel, et réciproquement. — Sur l'obligation alimentaire résultant de l'adoption, V. *suprà, Adoption,* n° 22.

4. 2° *Entre certains alliés en ligne directe.* — L'obligation alimentaire existe entre beau-père et belle-mère d'une part, gendre et belle-fille d'autre part. La loi désigne sous le nom de beau-père et belle-mère le père et la mère du conjoint, non le second mari de la mère ou la seconde femme du père ; et, sous le nom de belle-fille, la femme du fils ou bru, et non la fille d'un premier mariage par rapport au second conjoint. — Les gendres et brus doivent-ils des aliments aux ascendants de leurs beaux-pères ou belles-mères ? La question est discutée.

5. L'obligation alimentaire entre le beau-père et la belle-mère d'un côté, le gendre et la belle-fille de l'autre, cesse dans trois cas : 1° En cas de divorce. L'époux divorcé ne peut plus réclamer d'aliments aux père et mère de son ex-conjoint et ne leur en doit plus ; — 2° Lorsque celui des époux qui produisait l'affinité et les enfants issus de leur union avec l'autre époux sont décédés. L'extinction de l'obligation alimentaire est en ce cas absolue et réciproque ; — 3° Lorsque la belle-mère (mais non le beau-père) a convolé en secondes noces. — Le gendre ou la bru, qui cessent alors d'être tenus de l'obligation alimentaire envers leur belle-mère qui a convolé, conservent-ils le droit de lui demander des aliments ? Les auteurs sont en désaccord et les tribunaux ne paraissent pas avoir eu à se prononcer sur la question. — Au reste, la mère qui se remarie ne perd pas le droit de demander des aliments à ses enfants. — On décide généralement que la bru qui, ayant des enfants du mariage, se remarie, perd le droit de demander des aliments aux père et mère de son premier mari. — La dissolution du second mariage ne ferait pas renaître le droit aux aliments, ni pour la belle-mère, ni pour la bru.

6. 3° *Entre époux.* — L'obligation alimentaire entre époux résulte des devoirs de secours et d'assistance que leur impose l'art. 212 c. civ. V. *infrà, Mariage.* — Elle survit à la séparation de corps, même au profit de celui contre qui la séparation a été prononcée. — Elle ne survit pas au divorce. Cependant, par application de l'art. 301 c. civ., l'époux contre qui le divorce a été prononcé peut être condamné à servir à l'autre une pension alimentaire ne pouvant excéder le tiers de ses revenus. V. *infrà, Divorce.*

7. D'après l'opinion dominante en doctrine, les différentes classes de personnes auxquelles la loi impose l'obligation alimentaire n'en sont pas tenues concurremment, mais successivement, les unes à défaut des autres et dans l'ordre suivant : 1° le conjoint ; 2° les descendants; 3° les ascendants; 4° les gendres et belles-filles; 5° les beaux-pères et belles-mères. — La jurisprudence est plutôt disposée à admettre qu'il appartient aux tribunaux de décider laquelle des différentes personnes, tenues de la dette alimentaire, doit la supporter en totalité, ou pour une part plus ou moins large. — L'action en payement de la dette alimentaire est personnelle ; elle ne peut être exercée par les créanciers, ni par la commune qui a pris un indigent à sa charge.

§ 2. — *L'obligation alimentaire passe-t-elle aux héritiers ? — Droit du conjoint survivant* (R. 652 et s. ; S. 353 et s.).

8. D'après l'opinion qui a prévalu en doctrine et en jurisprudence, l'obligation alimentaire ne passe pas aux héritiers comme tels ; elle cesse par la mort de celui qui la doit. Les héritiers sont seulement tenus de payer les arrérages d'une pension alimentaire échue au moment du décès du débiteur. — Par exception, la succession de l'époux prédécédé doit des aliments à l'époux survivant (Civ. 205, modifié par la loi du 9 mars 1891, D. P. 91. 4. 17). Mais, conformément à la règle générale (V. *infrà*, n° 11), il faut que celui-ci se trouve dans le besoin. En outre, la pension alimentaire n'est due qu'autant que le besoin se manifeste dans l'année qui suit le décès ou, en tout cas, avant l'achèvement du partage de la succession laissée par le défunt ou la liquidation de ses droits dans la communauté.

9. La pension alimentaire est prélevée sur l'hérédité. Il ne s'agit pas d'un prélèvement de capital. La rente est acquittée par annuités dont le payement est garanti par le droit qu'a tout créancier de demander la séparation des patrimoines et de prendre une inscription en vertu de l'art. 2111 c. civ. — La pension est supportée par tous les héritiers, mais ceux-ci n'en sont pas tenus sur leurs biens personnels. La pension ne peut être prise que sur l'actif héréditaire, déduction faite du passif. — En cas d'insuffisance, la charge pèse sur les légataires. Les legs sont réduits au marc le franc, à moins que le testateur n'ait manifesté la volonté que tel legs fût exécuté de préférence aux autres (Civ. 927). La réduction atteint les legs universels comme les legs particuliers. Les donations ne sont jamais atteintes.

10. La pension fixée au moment du décès peut être réduite ou supprimée, si les besoins de l'époux survivant viennent à diminuer ou à disparaître. Mais, contrairement à la règle générale (V. *infrà*, n° 19), le changement qui se produirait dans la situation de fortune des héritiers ne modifierait pas le taux de la pension.

§ 3. — *Circonstances qui donnent naissance à l'obligation alimentaire* (R. 653 et s. ; S. 361 et s.).

11. Pour avoir droit à des aliments, il faut être *dans le besoin*. La question de savoir si celui qui réclame les aliments se trouve dans cette situation est laissée à l'appréciation souveraine du juge. C'est au réclamant à prouver qu'il est dans le besoin. — Celui qui a des biens peut être dans le besoin, s'ils sont improductifs et s'il apparaît qu'il ne pourrait les vendre qu'à un prix dérisoire. Celui qui peut se procurer par son travail les choses indispensables à ses besoins et à ceux de sa famille ne peut réclamer une pension alimentaire. On doit toutefois tenir compte de la difficulté plus ou moins grande que le réclamant a à trouver du travail, eu égard à la profession qu'il exerce et à sa condition sociale.

12. Le dénuement, qui justifie la demande d'une pension alimentaire, peut provenir de causes diverses, comme une catastrophe fortuite, la maladie ou même la prodigalité du réclamant. La pension est due dans tous les cas, sauf au juge à la réduire au minimum, si la cause du dénuement est

imputable au réclamant. — Les torts plus ou moins graves du réclamant envers celui à qui il demande des aliments ne le rendent pas non recevable dans sa demande ; tel est le cas, par exemple, s'il s'est marié contre le gré de ses parents à qui il demande des aliments. Tout au plus pourrait-on hésiter, s'il s'était rendu coupable d'actes de nature à le faire exclure de la succession de celui à qui il réclame des aliments. — Le juge peut allouer un secours provisoire, si le besoin est dû à une cause passagère.

13. En ce qui concerne spécialement l'obligation alimentaire entre époux, les circonstances dans lesquelles elle prend naissance varient suivant que les époux vivent ensemble, qu'ils sont séparés de fait, divorcés ou séparés de corps. S'ils vivent ensemble, il n'est pas dû de pension alimentaire. Chacun contribue aux besoins du ménage dans la proportion fixée par la loi ou le contrat de mariage. Il en serait toutefois autrement, si le mari était interdit et avait pour tuteur un étranger, ou s'il était enfermé dans un asile d'aliénés : la femme aurait alors le droit d'exiger une pension. Dans tous les cas, elle pourrait obliger son mari à lui fournir les sommes nécessaires pour son entretien selon ses facultés et son état. — S'ils vivent séparés de fait, celui par la volonté duquel la séparation s'est produite ne peut demander une pension ; mais il peut être tenu d'en fournir. S'ils sont divorcés, la dette alimentaire ne peut avoir pour cause que l'art. 301 c. civ. (V. *suprà*, n° 6). S'ils sont séparés de corps, c'est le dénuement de l'un des époux qui donne naissance à l'obligation alimentaire.

14. Les pensions alimentaires, étant accordées pour les besoins présents, n'*arréragent* pas. Le créancier ne peut pas réclamer les annuités afférentes à des années écoulées, à moins qu'il ne justifie qu'il a contracté des dettes pour cause d'aliments.

§ 4. — *Étendue de l'obligation. Mode de prestation. Sûretés. Solidarité. Indivisibilité* (R. 672 et s. ; S. 372 et s.).

15. L'obligation alimentaire se mesure sur les besoins du créancier et sur la fortune de celui qui en est tenu (Civ. 208). Le juge apprécie souverainement les besoins du créancier alimentaire et la fortune de celui qui doit les aliments. Ces besoins varient notamment d'après l'âge, le sexe, la position sociale, l'état de santé, etc. — L'obligation de fournir les aliments n'emporte pas celle de payer les dettes. Si cependant des dettes avaient été contractées pour cause de besoins alimentaires, celui qui doit les aliments pourrait être condamné à les payer.

16. En règle générale, l'obligation alimentaire doit être acquittée en argent. Exceptionnellement, le débiteur peut être admis à fournir les aliments chez lui, en justifiant de l'impossibilité de payer une pension (Civ. 210). Bien plus, les père et mère peuvent y être autorisés sans avoir à fournir cette justification (Civ. 211). Cette faveur s'applique aux père et mère naturels comme aux père et mère légitimes, mais elle n'est pas accordée aux autres ascendants. — La pension, lorsqu'elle doit être servie en argent, est payée à des époques périodiques fixées par le tribunal, et d'avance. Le tribunal peut décider que la dette alimentaire sera *portable et non quérable*.

17. La condamnation à fournir une pension alimentaire, comme tout autre jugement de condamnation, emporte hypothèque judiciaire sur tous les immeubles du débiteur, sauf à celui-ci à la faire réduire. (V. *infrà*, *Privilèges et hypothèques*). — D'après l'opinion qui paraît prévaloir, l'hypothèque légale de la femme garantit la créance alimentaire qu'elle a contre son mari, même en cas de divorce. L'hypothèque judiciaire résultant au

profit de la femme du jugement qui lui accorde une pension n'est pas soumise à la restriction édictée par l'art. 563 c. com. pour son hypothèque légale, en cas de faillite du mari. — Les tribunaux peuvent, d'autre part, obliger le débiteur à fournir une hypothèque ou une caution, ou même à placer une somme destinée à assurer le service de la pension soit en obligations hypothécaires, soit en rentes sur l'État ; mais ils ne doivent user de cette faculté qu'au cas où le débiteur chercherait à se soustraire à son obligation. — Si le débiteur de la pension alimentaire tombe en faillite ou en déconfiture, ses créanciers ne sont pas obligés de respecter l'hypothèque qui grève ses immeubles pour garantie de la pension alimentaire. Il en serait autrement si, en dehors de toute condamnation, le débiteur avait constitué une hypothèque pour la garantie de la pension qu'il se serait engagé à servir.

18. Contrairement à l'opinion qui prévalait autrefois, les auteurs admettent généralement aujourd'hui que l'obligation alimentaire n'est ni solidaire, ni indivisible. La jurisprudence reste cependant divisée.

§ 5. — *Cessation, réduction, augmentation de l'obligation alimentaire* (R. 714 et s. ; S. 394 et s.).

19. L'obligation alimentaire se mesurant sur le besoin de celui qui la réclame et la fortune de celui qui en est tenu, la modification subie par l'un de ces éléments modifie l'obligation alimentaire : si le besoin du créancier disparaît ou si le débiteur n'est plus en état de fournir des aliments, l'obligation alimentaire cesse. La quotité de la pension doit être augmentée, si le besoin du créancier augmente ou si la fortune du débiteur vient à s'accroître. Elle doit être diminuée, si le besoin du créancier ou si les ressources du débiteur diminuent. — Les créanciers du débiteur de la pension ne peuvent la faire réduire. — Lorsque la dette alimentaire a été fixée par convention dans une intention de libéralité et sans que les bénéficiaires fussent dans le besoin, elle n'est pas soumise à ces variations. — Les torts du créancier envers le débiteur, qui ne font pas obstacle à la naissance de l'obligation alimentaire, ne justifieraient pas non plus sa suppression, mais seulement sa réduction.

§ 6. — *Répétition des aliments* (R. 725 et s. ; S. 399 et s.).

20. Celui qui était tenu, à raison de sa qualité, de la dette alimentaire n'a pas d'action en répétition contre celui à qui il a fourni des aliments, si celui-ci revient à meilleure fortune. — De même, si, de deux personnes tenues de l'obligation alimentaire, une seule a payé, parce qu'elle était seule en état de fournir les aliments, elle est sans recours contre l'autre, lorsque c'est le juge qui l'a désignée comme étant seule en mesure de fournir des aliments. Elle pourra seulement exiger que le fardeau de la dette alimentaire soit partagé pour l'avenir.

21. Ceux qui ont fourni des aliments sans y être obligés et sans avoir eu l'intention de faire une libéralité, peuvent-ils agir en répétition ? Ils peuvent certainement agir contre le débiteur s'il les avait chargés de fournir les aliments en son lieu et place. Ainsi les maîtres peuvent ont action contre les père et mère à raison des aliments qu'ils ont fournis aux enfants qui leur ont été confiés. À défaut de convention, ils peuvent encore agir par l'action de gestion d'affaires contre le débiteur de l'obligation alimentaire, dans la mesure où ils ont acquitté sa dette. Ils seraient sans action dans ce cas pour la fourniture des choses superflues. — Quant à celui qui a reçu des aliments, l'opinion qui a prévalu est que les fournisseurs peuvent agir contre lui et le faire condamner éventuellement pour le cas où les débiteurs de l'obligation alimentaire ne payeraient pas, mais seulement dans la mesure des avantages qu'il a retirés des prestations dont il s'agit. Cette solution est applicable, notamment, dans les rapports de l'instituteur avec l'enfant qui lui a été confié.

§ 7. — Des provisions alimentaires (R. 737 et s. ; S. 404).

22. On entend par *provision alimentaire* la somme adjugée par la justice ou convenue entre les parties, à titre d'aliments, en attendant le résultat d'une instance qui doit établir s'il y a lieu, ou non, à adjuger une pension. — Il y a lieu à provision alimentaire, notamment : 1° Au profit de la femme ou du mari au cours de l'instance en divorce ou en séparation de corps (V. sur les règles applicables à cette hypothèque, *infrà, Divorce, Séparation de corps*) ; 2° Au profit de l'enfant dont la légitimité est contestée.

§ 8. — Insaisissabilité des aliments (R. 701 et s. ; S. 382 et s.).

23. Les *provisions alimentaires* adjugées par justice ne peuvent être saisies que pour cause d'aliments (Pr. 581, 582). La saisie peut être opérée par ceux qui ont fourni des aliments, soit avant, soit après le jugement qui alloue la provision. — Les *pensions alimentaires* constituées à titre gratuit peuvent être saisies par tout créancier *postérieur* à l'acte de donation ou à l'ouverture du legs, mais seulement en vertu de la permission du juge et pour la portion qu'il détermine. Le donateur ou le testateur ne pourrait en interdire la saisie d'une manière absolue. — Quant aux pensions alimentaires accordées par justice, la jurisprudence les assimile, au point de vue de la saisie, aux provisions alimentaires adjugées par justice ; mais il a été jugé qu'on devait les assimiler aux pensions constituées à titre gratuit : la saisie pourrait donc en être permise à tout créancier postérieur pour la portion fixée par le juge. — Les pensions que le débiteur s'est constituées lui-même, par exemple par la stipulation d'une rente viagère, peuvent être saisies conformément au droit commun.

24. Le débiteur d'une dette alimentaire insaisissable ne peut s'en libérer par voie de compensation, à moins qu'il ne figure en même temps parmi les créanciers qui peuvent saisir.

25. On ne peut compromettre sur les dons et legs d'aliments, logement et vêtements (Pr. 1004). Mais cette prohibition ne s'étend pas aux pensions alimentaires allouées par justice ou convenues entre les parties.

26. La question de savoir si une pension alimentaire insaisissable peut être cédée est très controversée. Les distinctions suivantes paraissent devoir être admises : — S'il s'agit d'une pension alimentaire donnée ou léguée, il faut, avant tout, consulter la volonté du donateur ou testateur ; — S'il s'agit d'une pension alimentaire due en vertu de la loi, elle ne peut pas céder le droit à la pension ; il ne peut être cédé même après que le *quantum* en est fixé. On ne peut pas non plus céder les arrérages à échoir, sauf pour cause d'aliments. Il en est autrement des arrérages échus.

§ 9. — Compétence (R. v° *Compétence civile des tribunaux de paix*, 284 et s. ; S. eod. v°, 127).

27. Les demandes en pension alimentaire sont, en principe, de la compétence des tribunaux civils d'arrondissement. Toutefois il appartient aux juges de paix d'en connaître, à charge d'appel, lorsqu'elles n'excèdent pas 150 francs par an, et à la condition qu'elles soient formées en vertu des art. 205 à 207 c. civ. (L. 25 mai 1838, art. 6-4,

R. v° *Compétence civile des tribunaux de paix*, p. 110). Cette compétence exceptionnelle s'étend aux demandes formées par ou contre les enfants naturels, à moins qu'il n'y ait contestation sur la qualité d'enfant naturel ; et il en est de même à l'égard des enfants adoptifs, pourvu que l'existence ou la validité de l'adoption ne soit pas discutée.

§ 10. — Enregistrement et timbre.

28. L'obligation alimentaire peut être remplie volontairement ou imposée par décision de justice.

29. 1° *Conventions amiables.* — La constitution d'aliments ne créant pas une obligation, mais constituant simplement la liquidation amiable d'une créance dont le titre est dans la loi, ne devrait, dans aucun cas, donner ouverture au droit proportionnel. L'administration établit cependant une distinction : lorsque l'acte ne contient que la déclaration par les débiteurs qu'ils se soumettent à remplir les obligations que la loi leur impose, mais sans détermination des sommes, il n'est dû que le droit fixe de 3 francs (Décis. min. fin. 12 sept. 1809; Instr. Reg. 450). Si l'acte contient l'obligation d'acquitter annuellement des prestations indiquées ou une somme convenue pour tenir lieu des aliments, il doit être alors considéré comme bail à nourriture et assujetti au droit de 0 fr. 20 pour cent.

30. La loi civile n'ayant pas déterminé de quelle manière les aliments ou la pension alimentaire seraient fournis, en quels objets ils doivent consister, on peut convenir qu'ils seront payables autrement qu'en argent ou en prestations sans que le caractère de la convention en soit altéré. L'administration le reconnaît pour le cas où c'est la jouissance d'un immeuble qui est abandonnée par d'un enfants à leur père, à titre de pension alimentaire. Mais elle soutient que lorsque le débiteur des aliments se dégage de son obligation en abandonnant l'usufruit ou la propriété d'un immeuble ou en versant une somme d'argent, le droit de donation est exigible, et la jurisprudence s'est prononcée en ce sens (Trib. civ. Seine, 5 févr. 1880, D. P. 81. 5. 168). Même solution dans le cas où une rente sur l'État est immatriculée, pour l'usufruit, au nom du créancier des aliments, pour lui tenir lieu de pension (Trib. civ. de Montmédy, 16 juin 1899). — De même, si la personne qui s'engage à fournir des aliments n'y est pas obligée ou si le bénéficiaire n'est pas réellement dans le besoin, la constitution est considérée comme dissimulant une véritable libéralité et assujettie au droit de donation.

31. Lorsque la pension alimentaire n'est pas créée à titre gratuit, mais en retour d'avantages concédés au constituant, il y a constitution de pension ou de rente ordinaire, et le contrat est soumis au droit de 2 pour cent. — Dans les cas où le droit proportionnel est exigible, il est calculé sur dix fois la redevance annuelle ou l'évaluation qui en est faite par les parties, lorsqu'elle est payable en nature (L. 22 frim. an 7, art. 14, n° 9, R. v° *Enregistrement*, t. 21, p. 26).

32. 2° *Jugements.* — Le jugement qui statue sur une demande d'aliments ne donne pas ouverture à la perception du droit de titre, la demande étant fondée sur une obligation dont le titre réside dans la loi.

33. Si le droit à la pension n'est pas contesté et si le tribunal se borne à fixer le mode de prestation des aliments, le jugement, ne contenant pas de condamnation proprement dite, ne donne ouverture qu'au droit fixe. Mais si le jugement contient condamnation du débiteur tenue au service des aliments, le droit proportionnel de condamnation est dû sur le capital au denier dix de la pension.

AMNISTIE

(R. v° *Amnistie*; S. eod. v°).

§ 1er. — Caractères de l'amnistie; qui peut l'accorder (R. 9 et s. ; S. 7 et s.).

1. L'amnistie constitue une mesure d'ordre général appliquée à tous les inculpés d'une même catégorie de crimes, de délits ou de contraventions et faisant remise aussi bien des poursuites à exercer que des condamnations prononcées. Elle s'applique aux infractions, abstraction faite de ceux qui les ont commises ; elle se distingue ainsi de la grâce, qui est un acte de clémence spécial accordé à un condamné personnellement et qui fait remise d'une peine prononcée et irrévocable. L'amnistie efface l'infraction, elle anéantit les faits délictueux, si bien que l'amnistié est relevé à la fois de la peine et des déchéances accessoires ; la grâce n'agit que pour l'avenir, la remise de la peine n'efface pas le fait délictueux et laisse subsister certaines incapacités accessoires. V. *infrà, Grâce*.

L'amnistie peut être conditionnelle, c'est-à-dire soumettre à quelque condition ceux qui en sont l'objet. Quelquefois, cette condition consiste dans l'accomplissement d'un fait qui dépend de la volonté de l'amnistié. Par exemple, les lois des 27 déc. 1900 et 1er avr. 1904 (D. P. 1901. 4. 9 et 1904. 4e partie) ont subordonné l'amnistie à la condition du payement des frais de justice et (pour certaines contraventions) du payement de la gratification dans les agents verbalisateurs. V. *infrà*, n° 10. — D'autres fois, au contraire, il s'agit d'un fait indépendant de la volonté de l'amnistié : c'est ainsi que les lois des 8 mars 1879 et 11 juill. 1880 (D. P. 79. 4. 25 et 80. 4. 57) n'ont accordé amnistie aux individus condamnés pour participation aux événements insurrectionnels survenus en 1870-1871 et depuis cette époque, qu'autant qu'ils auraient été l'objet d'un décret de grâce rendu par le président de la République.

3. L'amnistie peut être générale, c'est-à-dire ne faire aucune exception de personne ; le plus souvent elle exclut certains individus. V. *infrà*, n° 10. — Les amnisties ne peuvent être accordées que par une loi (L. constit. 25 févr. 1875, art. 3, D. P. 75. 4. 30).

§ 2. — Faits et personnes auxquels s'applique l'amnistie (R. 46 et s. ; S. 29 et s.).

4. L'amnistie peut couvrir toute espèce de crimes, de délits ou de contraventions. — Quant à l'étendue d'un acte d'amnistie, elle se détermine surtout d'après ses termes et d'après l'intention de celui dont il émane. Cette considération explique que, sur beaucoup de points, on ne puisse poser de principe, puisque la solution dépendra souvent du texte de la loi d'amnistie et des règles particulières qu'elle aura édictées.

5. En particulier, l'amnistie accordée aux *délits de presse* doit-elle être considérée comme s'étendant à tous les délits prévus par les lois sur la presse, par exemple aux délits d'outrage aux bonnes mœurs, de propagation de fausses nouvelles? La jurisprudence a varié à cet égard. Elle a d'abord décidé que la publication orale de fausses nouvelles ne rentrait pas (sous l'empire de la loi sur la presse du 17 mai 1819, R. v° *Presse-outrage*, p. 406) dans la qualification de délit de presse. Lorsqu'il a été fait application de la loi d'amnistie du 11 juill. 1880, la jurisprudence a déclaré que le condamné pour outrage aux bonnes mœurs par paroles proférées publiquement n'était pas compris dans l'amnistie, qui visait seulement les délits commis par la voie de la presse ou par tout autre mode de publication.

6. En ce qui concerne la loi d'amnistie du 27 déc. 1900, il a été reconnu que cette loi s'appliquait au délit d'injures publiques prévu par les articles 29 et 33 de la loi du 29 juill. 1881 (D. P. 81. 4. 65), mais non au délit d'injures par correspondance à découvert, réprimé par la loi du 11 juin 1887 (D. P. 87. 4. 53) (Cr. r. 10 mai 1901, D. P. 1901. 1. 305). D'autre part, il a été décidé que la loi de 1900 précitée, qui accorde amnistie aux délits et contraventions prévus par les lois et ordonnances relatives à la police des chemins de fer et des tramways, s'appliquait au délit de blessures par imprudence prévu et réprimé par l'art. 19 de la loi du 15 juill. 1845 et par l'art. 37 de la loi du 11 juin 1880 (Cr. c. 26 avr. 1901, D. P. 1901. 1. 305). Au contraire, la loi du 1er avril 1904, qui renferme une disposition semblable, exclut du bénéfice de l'amnistie les infractions réprimées par les art. 19 et 20 de la loi de 1845.

7. En général, les lois d'amnistie comprennent, dans la mesure de clémence qu'elles accordent, les faits qui se sont passés jusqu'à la date de leur promulgation. Toutefois, cette règle n'est pas absolue. La loi du 27 déc. 1900 a accordé expressément amnistie, pour certains faits, s'ils étaient antérieurs à sa promulgation (art. 1, § 1er et 2), et, pour certains autres, s'ils étaient antérieurs au 15 déc. 1900 (art. 1, § 3 et s.). — V. aussi L. 1er avr. 1904, art. 1, § 1er. — Il n'y a pas à distinguer entre les faits non encore poursuivis et ceux qui ont déjà donné lieu à une poursuite. — En ce qui concerne la loi de 1900 précitée, il a été jugé que la disposition de l'art. 2 de cette loi, aux termes de laquelle sont exclus de l'amnistie les délinquants ou contrevenants visés aux paragraphes 6 et 7 de l'art. 1er qui n'auront pas justifié du payement des droits, des frais de toute nature avancés par la partie poursuivante et de la part revenant aux agents, ne s'appliquait qu'aux individus qui avaient été l'objet d'une condamnation passée en force de chose jugée au moment de cette loi (Cr. 4 et 5 janv. 1901, D. P. 1901. 1. 86). — V. conf. L. 1er avr. 1904, art. 2-1o.

8. L'amnistie, sans que sa nature en soit altérée, peut comporter des restrictions applicables à certaines catégories d'infractions ou de délinquants, pourvu que ces catégories soient déterminées d'une manière générale. La loi d'amnistie du 3 mars 1879 excluait les individus qui, indépendamment des peines encourues pour participation aux insurrections de 1871, avaient été condamnés, pour crimes ou délits de droit commun, à plus d'une année d'emprisonnement. La loi du 1er avr. 1904 exclut de l'amnistie les délinquants et contrevenants de certaines catégories qui auraient été constitués plusieurs fois en contravention dans les deux années précédentes, et ceux qui auraient commis des infractions pour lesquelles le minimum des pénalités édictées par la loi est supérieur à 600 fr. (art. 2-2o). — V. aussi L. 1er avr. 1904, art. 2-3o.

§ 3. — *Effets de l'amnistie* (R. 117 et s.; S. 34 et s.).

9. L'amnistie éteint l'action publique à l'égard des faits visés par la loi qui la proclame. La jurisprudence en a conclu qu'à l'égard des poursuites relatives à ces faits, il doit être déclaré non-lieu à statuer soit par le juge de première instance, soit par le juge d'appel, qui annulera, s'il y a lieu, la condamnation prononcée en première instance. Pour la même raison il a été jugé, par la cour de cassation, qu'il n'y a pas lieu pour elle de statuer soit sur un pourvoi formé par un inculpé contre une condamnation prononcée pour des faits délictueux visés par une loi d'amnistie, soit sur un pourvoi formé par le ministère public contre une décision de relaxe (Cr. 4 et 5 janv. 1901, D. P. 1901. 1. 86).

10. Mais une difficulté s'est élevée à raison d'une disposition de la loi d'amnistie du 19 juill. 1889, reproduite par la loi du 27 déc. 1900, aux termes de laquelle le bénéfice de l'amnistie était subordonné au payement, par le délinquant, des frais de justice et de la part due aux agents verbalisateurs (V. *suprà,* no 2). Lors de l'application de la loi de 1889, la cour de cassation a décidé qu'il devait être statué sur toutes les poursuites, pour en apprécier la légalité, puisque le prévenu ne pouvait être affranchi de la peine, nonobstant l'amnistie, qu'à la condition d'avoir satisfait au payement des frais (Cr. c. 27 déc. 1889. D. P. 90. 1. 285). Au contraire, lorsque la cour de cassation a eu à faire l'application de la loi du 27 déc. 1900, la solution qu'elle a consacrée dans les espèces visées *suprà,* no 7, *in fine,* l'a conduite à décider qu'il n'y avait pas lieu à statuer sur le pourvoi (Cr. 4 et 5 janv. 1901, précité).

11. Le bénéfice de l'amnistie ne peut être refusé par un condamné, malgré l'intérêt qu'il pourrait avoir, si la condamnation n'est pas encore définitive, à ce que la poursuite aboutit à un acquittement. Cette solution, qui avait été contestée, a été mise hors de doute par la dernière jurisprudence de la cour de cassation. V. *suprà,* no 9, *in fine.*

12. Lorsque l'action civile a été intentée accessoirement à l'action publique et portée devant le tribunal de répression, ce tribunal reste compétent pour statuer sur l'action civile, bien que, l'action publique étant éteinte, il en soit dessaisi. La loi d'amnistie du 27 déc. 1900 contenait une disposition spéciale à ce sujet (art. 2); elle attribuait compétence à la juridiction répressive pour statuer sur l'action civile dans le cas où il était déjà intervenu un jugement contradictoire sur le fond; dans les autres cas, les tiers devaient porter leur action devant la juridiction civile. Ainsi il a été jugé, sous l'empire de cette loi, que la cour saisie de l'appel d'un jugement rendu contradictoirement entre le prévenu et la partie civile est tenue de statuer sur les conclusions respectives de la partie civile et du prévenu, et ne peut, malgré l'extinction de l'action publique, renvoyer la cause devant la juridiction civile (Cr. c. 1er mars 1901 et Cr. r. 26 avr. 1901, D. P. 1901. 1. 305). Lorsque, au cours d'une instance devant la cour de cassation, une amnistie intervient, cette cour reste saisie du pourvoi; mais elle déclare l'action publique éteinte et statue au seul point de vue de l'action civile, s'il y a une partie civile en cause.

13. L'amnistie rétablit ceux qui en sont l'objet dans les droits civils dont la condamnation les avait dépouillés (sur la privation de ces droits, V. *infrà, Droits civils, Peine),* et dans la jouissance de leurs droits politiques : ainsi, l'amnistié recouvre ses droits électoraux, il est électeur et éligible. — Mais elle ne peut pas réagir contre des faits matériels; ainsi, un officier condamné et bénéficiant d'une amnistie ne peut réclamer, pour la période antérieure à l'amnistie, la solde afférente à aucune des situations dans lesquelles un officier peut être placé. — La question est discutée de savoir si l'amnistié réintègre celui qui en bénéficie dans la qualité de membre de la Légion d'honneur, qu'il avait perdue par suite de sa condamnation.

14. L'amnistie laisse intacts les droits des tiers. Les lois d'amnistie contiennent même, en général, une disposition expresse en ce sens. (V. notamment : L. 27 déc. 1900, art. 2, *in fine,* L. 2 avr. 1904, art. 2-d.) Les tiers, agissant comme partie civile, peuvent donc réclamer des dommages-intérêts aux auteurs d'infractions qui bénéficient de l'amnistie en ce qui concerne la répression pénale. De même, les tiers conservent la faculté d'exercer la contrainte par corps pour le recouvrement du montant des condamnations pronon-

cées en police correctionnelle, à raison des délits déjà soumis à cette juridiction avant la loi d'amnistie (Cr. 28 nov. 1901).

15. L'amnistie s'étend - elle aux frais de poursuite et de jugement? Cette question, d'après ce qui est dit *suprà,* no 4, peut comporter des solutions différentes suivant les termes de la loi d'amnistie. Celle du 11 juill. 1880 portait que les frais de justice applicables aux condamnations prévues par elle, et qui ne seraient pas encore payés à la date de sa promulgation, ne seraient pas réclamés. — En général, les sommes recouvrées auparavant ne sont pas remboursées; les lois des 27 déc. 1900 et 2 avr. 1904 renferment une disposition expresse en ce sens. Cependant, en ce qui concerne les *amendes,* la loi du 2 avr. 1878 (D. P. 78. 4. 25), portant amnistie des délits de presse, disposait que les amendes acquittées par suite de condamnations prononcées en raison de faits qui se seraient produits pendant l'exercice 1877 seraient restituées à la condition d'être réclamées dans un délai de six mois. Au contraire, d'autres lois d'amnistie ont subordonné le bénéfice de l'amnistie au payement des frais de justice (V. *suprà,* nos 2 et 10).

APPEL

(R. v^{is} *Appel civil,* nos 1 et s., et *Degrés de juridiction,* no 16; S. eisd. v^{is}).

1. L'appel est le recours à un tribunal supérieur contre une décision rendue par un tribunal ou un juge inférieur. On nomme *intimé* celui contre lequel l'appel est interjeté.

2. Ce recours est une voie de *réformation,* en ce sens qu'il a pour objet de faire réformer la décision frappée d'appel. — C'est, d'autre part, une voie de *recours ordinaire,* en ce sens qu'il appartient de droit commun aux intéressés et ne peut leur être refusé que lorsqu'une disposition exceptionnelle de la loi l'a formellement déclaré, en décidant, par exemple, que, dans tel cas, le tribunal inférieur statuera en premier et dernier ressort (Req. 7 nov. 1888, D. P. 1889. 1. 258). Par suite, lorsqu'il y a contestation entre les parties sur l'admission de l'appel, c'est à celle qui prétend qu'il est non recevable d'en faire la preuve.

3. Mais un litige ne peut parcourir plus de deux degrés de juridiction ; en d'autres termes, il n'y a jamais qu'un degré d'appel ; spécialement, le jugement d'un tribunal d'arrondissement qui a statué en degré de la sentence d'un juge de paix n'est pas susceptible d'appel à la cour (Req. 3 août 1891, D. P. 92. 1. 408).

4. L'appel est ou *principal* ou *incident.* L'appel *principal* est celui qui a été interjeté le premier ; l'appel *incident* est celui qui est formé ensuite contre le même jugement par la partie intimée sur l'appel principal.

5. Sur l'appel en matière administrative, V. *infrà, Conseil d'Etat ;* ... en matière civile, commerciale, criminelle, V. ces différents mots.

APPEL EN MATIÈRE CIVILE ET COMMERCIALE

(R. v° *Appel civil ;* S. eod. v°).

1. Les arrêts des cours d'appel sont toujours en dernier ressort, et, par suite, ne sont jamais susceptibles d'appel ; il en est ainsi non seulement lorsque, conformément à la règle générale, ils interviennent eux-mêmes à la suite d'un appel, mais même lorsqu'il s'agit d'affaires qui, par exception, peuvent ou doivent être portées directement devant la cour sans avoir passé par le premier degré de juridiction. V. *infrà, Compétence.* — Il ne peut donc être question ici que de l'appel des jugements des tribunaux d'arrondissement, des juges de paix et des juridictions commerciales (tribunaux de commerce et conseils des prud'hommes). Il faut, toutefois, y ajouter l'appel des ordonnances qui, dans des cas très nombreux, peuvent être rendues par le président du tribunal d'arrondissement, ou même simplement par l'un des juges de ce tribunal. V. infrà, Ordonnance du juge.

SECT. 1re. — Appel des jugements des tribunaux d'arrondissement.

2. L'appel des jugements des tribunaux d'arrondissement est régi par les art. 443 à 473 du Code de procédure civile (Ire part., liv. III, titre unique), dont quelques-uns ont été modifiés par les art. 1er et 2 de la loi du 11 avr. 1888 (R. vo Organisation judiciaire, p. 1507) et par la loi du 3 mai 1862 (D. P. 62. 4. 43).

ART. 1er. — JUGEMENTS SUSCEPTIBLES D'APPEL.

§ 1er. — Principes généraux (R. 121 et s.; S. 8 et s.).

3. En principe, conformément à la règle posée suprà, Appel, no 2, tous les jugements des tribunaux d'arrondissement sont susceptibles d'appel. Il en est ainsi non seulement des jugements contradictoires, mais aussi des jugements de défaut, même de défaut-congé. — Il n'y a pas à distinguer non plus entre les jugements sur le fond et les jugements avant faire droit, par exemple les jugements préparatoires et interlocutoires. Spécialement, le jugement qui ordonne un serment dont doit dépendre la solution du litige est susceptible d'appel (Chambéry, 19 mai 1897, D. P. 97. 2. 335). — Les jugements interprétatifs d'une précédente décision judiciaire sont eux-mêmes passibles de cette voie de recours (Req. 7 nov. 1888, cité suprà, Appel, no 2). — Peu importe encore la nature de la demande; l'appel est possible non seulement en matière d'actions personnelles ou réelles, mobilières ou immobilières, mais aussi dans les questions d'état, par exemple en matière de nullité de mariage, de filiation, de divorce, etc. — Peu importe enfin la cause pour laquelle le jugement est attaqué; la voie de l'appel doit être suivie aussi bien pour faire annuler un jugement vicieux dans la forme ou incompétemment rendu que pour en obtenir la réformation du chef de mal jugé.

4. Mais il va de soi qu'on ne peut en user que si c'est le dispositif même que l'on incrimine; l'appel n'est pas recevable si l'on n'entend critiquer que les motifs du jugement. — Il faut, d'autre part, pour que l'appel soit recevable, que l'on soit en présence d'un acte ayant le caractère d'un jugement véritable. L'appel n'est donc possible : ... ni contre les actes de la juridiction gracieuse, lesquels ne supposent l'existence d'aucune contestation, par exemple, contre la décision qui, aux termes de l'art. 467 c. civ. et en l'absence de toute contradiction, homologue une transaction dans laquelle un mineur est intéressé ; ... ni contre les jugements d'expédient, lesquels ne sont que des contrats judiciaires (Bordeaux, 2 mai 1895, D. P. 96. 2. 394) ; ... ni contre les actes judiciaires qui ne constatent que le procès-verbal de l'accomplissement d'une formalité, par exemple la décision par laquelle un tribunal donne acte de la prestation d'un serment supplétif précédemment ordonné ; ... ni, à plus forte raison, contre les décisions qui ne constituent que des mesures d'ordre et d'administration intérieure de la justice. Et la jurisprudence considère comme telles, notamment, celles qui prononcent une remise de cause.

5. Les parties ont la faculté de renoncer au droit d'appeler, non seulement une fois

le jugement rendu, mais même d'avance et avant que ce jugement soit intervenu. En d'autres termes, dans les affaires susceptibles d'appel, elles peuvent proroger la juridiction du tribunal et convenir que sa décision sera considérée, par elles, comme rendue en premier et dernier ressort.

6. Il est des cas où la loi elle-même a supprimé le droit d'appel, soit à raison de la nature de la demande, soit à raison de sa faible importance. L'appel est alors irrecevable quand bien même les juges auraient qualifié le jugement en premier ressort ou auraient omis de le qualifier (Pr. 453, § 2). — Inversement, le jugement qualifié en dernier ressort est susceptible de cette voie de recours, alors qu'il a été rendu par des juges qui ne pouvaient statuer qu'en première instance (Pr. 453, § 1er).

§ 2. — Cas où l'appel est interdit à raison de la nature de la demande (R. vo Degrés de juridiction, 46 et s.; S. eod. vo, 16 et s.).

7. Ne sont pas susceptibles d'appel, en vertu de textes formels : ... les jugements en matière d'impôts indirects, d'enregistrement et de timbre (L. 7 sept. 1790, art. 7 ; L. 22 frim. an 7, art. 64 et 65 ; V. infrà, Enregistrement, Impôts indirects, Timbre); ... ceux qui nomment un administrateur provisoire aux biens d'une personne placée, sans être interdite, dans un établissement d'aliénés (L. 30 juin 1838, art. 32; V. suprà, Aliénés, no 40) ; ... certains jugements en matière de faillite (Com. 583 ; V. infrà, Faillite), ... des saisies immobilières, d'ordre, de vente d'immeubles sur licitation ou sur surenchère après aliénation volontaire (Pr. 703, 730, 739, 746, 838, 973; V. infrà, Ordre, Surenchère, Vente sur licitation), ... des saisies de rentes constituées sur des particuliers (Pr. 652 ; V. infrà, Saisie de rente) ; ... les décisions disciplinaires intervenues contre les magistrats, les avoués et les huissiers (L. 20 avr. 1810, art. 50 ; Décr. 30 mars 1808, art. 103, R. vo Organisation judiciaire, p. 1496 et 1493). V. infrà, Discipline judiciaire.

§ 3. — Cas où l'appel est interdit à raison de la modicité du litige (R. vo Degrés de juridiction, 64 et s., 350 et s., 399 et s.; S. eod. vo, 21 et s., 116 et s., 132 et s.).

8. 1o Règle générale. — Le droit d'appeler existe sans qu'il y ait à considérer l'importance du litige dans toutes les actions autres que les actions mobilières ou immobilières ; il en est ainsi, notamment, dans les actions relatives à l'état des personnes, par exemple dans les contestations sur la qualité d'enfant légitime ou naturel, de femme mariée, de tuteur, d'héritier, etc.

9. Quant aux actions mobilières ou immobilières, l'appel en est déclaré irrecevable : 1o pour toutes les actions mobilières, si la valeur du litige, telle qu'elle a été fixée par le demandeur lui-même, n'excède pas 1500 francs de principal ; 2o pour les actions immobilières, réelles ou mixtes, si cette valeur, déterminée soit en rente, soit en revenu, n'excède pas 60 francs de revenu (L. 11 avr. 1838, art. 1er, § 1er). — Sur la fixation de ces diverses actions, V. suprà, Action, nos 10 et s.

10. 2o Demandes indéterminées. — Il suit de là, en premier lieu, qu'en ce qui concerne les actions mobilières, l'appel est possible non seulement si le chiffre de la demande excède 1500 francs, mais encore s'il n'est pas fixé par le demandeur lui-même, et quelle que soit la cause pour laquelle ce dernier ne l'a pas effectivement fixé. Il en est ainsi d'abord lorsque, par sa nature même, la valeur de cette demande est indéterminée ; par exemple : ... s'il s'agit d'une action en reddition de compte, en pétition d'hérédité, en apposition et levée de scellés, en remise de titre ou à fin d'accomplissement d'une formalité ; ... de questions de résiliation, relocation, validité de congé et expulsion de lieux en matière de bail ; ... de difficultés relatives à l'existence, à l'interprétation et à l'application d'un contrat de rente viagère ; ... ou d'assurances à primes fixes ou mutuelles.

11. Ainsi en est-il encore, même s'il s'agit d'une demande susceptible d'être évaluée en argent, si le demandeur n'a point voulu l'évaluer lui-même : ni le défendeur, ni le tribunal ne sont autorisés à suppléer, par leur appréciation, à son silence ; et, par suite, cette demande est susceptible, comme indéterminée, des deux degrés de juridiction (Civ. c. 7 janv. 1902, D. P. 1902. 1. 533). Est donc indéterminée, notamment, l'action par laquelle le demandeur conclut, sans évaluer la valeur de sa réclamation, à la restitution d'animaux ou d'objets mobiliers ; ... ou à l'enlèvement de décombres, la destruction de travaux faits et le rétablissement des lieux dans le statu quo ; ... à l'insertion du jugement à intervenir dans un certain nombre de journaux ; ... ou même, du moins suivant l'opinion dominante, au payement de denrées dont le prix figurent sur les mercuriales, ou de titres cotés à la Bourse : même alors, les juges ne peuvent prendre pour base de détermination de la valeur du litige les cours des marchés ou les cours des bourses. Il va de soi, toutefois, que le demandeur, sans expressément formuler le chiffre auquel il évalue son action mobilière, a cependant fourni, dans sa demande elle-même ou dans les pièces et documents qui l'appuient, les éléments de calcul propres à déterminer cette situation, le tribunal est autorisé à faire état des renseignements qu'il a sous les yeux pour en déduire si le litige est, ou non, supérieur à 1500 francs. Ainsi, en cas de réclamation d'une somme dont le montant n'est pas précisé en chiffres, mais se réfère à des tarifs émanés de l'autorité publique, tels que ceux des chemins de fer dont l'application est demandée, le taux du litige se trouve implicitement indiqué, puisqu'il ne dépend que d'une simple opération de calcul à effectuer et suivant les propres indications de la demande (Bordeaux, 3 nov. 1897, D. P. 98. 2. 288).

12. Mais la jurisprudence considère comme indéterminées les demandes faites simplement sous menace de telle somme fixe à payer à titre de dommages-intérêts en cas d'inexécution, mais sans fixation de valeur de l'objet réclamé lui-même ; et elle décide, notamment, que l'action en remise de meubles, dont le prix n'est déterminé ni par la citation, ni par les conclusions, ne peut être jugée qu'à charge d'appel, alors même qu'elle serait faite sous la contrainte de 1000 francs, qui seraient acquis au demandeur faute par le défendeur d'effectuer cette remise dans les vingt-quatre heures du jugement à intervenir. — A plus forte raison une demande en condamnation à de justes dommages-intérêts sans fixation du chiffre a-t-elle un caractère indéterminé (Civ. c. 25 janv. 1899, D. P. 99. 1. 215).

13. Des règles énoncées suprà, no 9, il résulte, en second lieu, qu'en ce qui concerne les actions immobilières réelles ou mixtes, l'appel est recevable, non seulement si le revenu de l'immeuble excède 60 francs, mais même s'il n'est pas déterminé par contrat de bail ou de rente perpétuelle (L. 1838, art. 1er, § 1er) ; ... quels que soient, d'ailleurs, les moyens par lesquels on établirait qu'en fait il ne dépasse point ce chiffre (Req. 20 nov. 1900, D. P. 1901. 1. 541). Spécialement, le jugement intervenu sur une action en revendication d'immeuble est nécessairement en premier ressort si ... le revenu de cet immeuble n'est point déterminé ; ... ou s'il ne l'est que par une expertise ; ... par un contrat autre qu'un contrat de bail ou de rente, par exemple par un contrat de vente ; ... et, à plus forte raison, par une simple évaluation des parties elles-mêmes (Req. 30 juill. 1888, D. P. 89. 1. 213). — Toutefois, il a été décidé qu'en l'absence de toute fixation en rente ou par prix de bail des revenus d'un immeuble, l'évaluation de cet immeuble, faite d'un commun accord par les parties et confirmée par la matrice cadastrale, doit servir à déterminer le taux du ressort (Nancy, 16 nov. 1888, D. P. 89. 2. 289).

14. A plus forte raison sont susceptibles d'appel, comme ne pouvant s'établir par un revenu en rente ou en prix de bail, les demandes relatives aux servitudes (Civ. r. 11 mars 1896, D. P. 96. 1. 324). Il en est de même : ... soit des contestations concernant le droit qui résulte pour une famille d'une concession de terrain dans un cimetière ; ... soit de l'action hypothécaire dirigée contre un tiers détenteur, par exemple à fin de délaissement, et ce, alors même que la créance garantie serait inférieure au taux du dernier ressort. — Mais on doit, au contraire, considérer comme non susceptible d'appel l'action hypothécaire dirigée contre le débiteur lui-même, si la créance garantie n'excède point ce taux. Et la même solution doit être donnée pour les actions en radiation ou réduction d'inscription hypothécaire.

15. 3° *Comment s'apprécie la valeur du litige.* — En tout cas, et qu'il s'agisse soit d'une action mobilière, soit d'une action immobilière, c'est uniquement du chiffre de la demande qu'en principe il y a lieu de tenir compte pour déterminer si l'affaire est, ou non, passible d'appel. Il n'y a pas à se préoccuper ni du montant de la condamnation, ni de la valeur du titre sur lequel le demandeur appuie sa prétention : alors même que cette valeur est supérieure au taux du dernier ressort, si néanmoins le tribunal n'est appelé à statuer, par voie décisoire, que sur un objet dont la valeur n'atteint pas 1500 francs, la cause n'est pas susceptible du second degré de juridiction. — Il en serait autrement, bien entendu, si la prétention du demandeur, inférieure elle-même à 1500 francs, obligeait le tribunal à trancher une question d'un intérêt supérieur ou indéterminé ; par exemple, une demande en dommages-intérêts d'une somme ne dépassant point le taux du dernier ressort est susceptible d'appel si elle est subordonnée à la solution d'une question de propriété d'immeuble d'une valeur excédant ce taux (Paris, 21 nov. 1895, D. P. 96. 2. 442).

16. Le chiffre de la demande est celui fixé par le demandeur dans ses dernières conclusions (Civ. c. 25 janv. 1899, D. P. 99. 1. 215). Si, par suite, le demandeur prend, au cours de l'instance, des conclusions additionnelles qui élèvent, au-dessus du taux du dernier ressort, le montant de sa demande d'abord inférieur à ce taux, l'affaire devient susceptible d'appel (Civ. r. 28 janv. 1891, D. P. 92. 1. 53). — Inversement, cette voie de recours cesse d'être recevable si, par des conclusions restrictives, le demandeur abaisse au-dessous du taux du dernier ressort le chiffre primitif de sa demande, qu'il avait d'abord fixé à une somme supérieure (Nancy, 20 juin 1894, D. P. 95. 2. 168). — Par suite encore, le décès du demandeur, survenu après la clôture des plaidoiries, ou, à plus forte raison, après le prononcé du jugement, n'apporte pas de changement au caractère de la décision judiciaire ; et si, vis-à-vis de lui, le jugement était en dernier ressort seulement, chacun de ses héritiers est recevable à le frapper d'appel, alors même que, pour chacun d'eux, l'intérêt serait inférieur au taux du dernier ressort (Chambéry, 16 mai 1899, D. P. 1900. 2. 308).

17. Le chiffre de la demande peut se trouver modifié, en tant qu'il sert à fixer le taux du dernier ressort, par le fait même du défendeur. C'est ainsi, par exemple, qu'un litige cesse d'être susceptible d'appel, en matière mobilière, alors que la demande, qui se chiffrait tout d'abord à plus de 1500 francs, a été réduite au-dessous de cette somme, par suite d'un payement partiel, d'offres réelles partielles dûment réalisées ou par un acquiescement partiel, pourvu que le tout ait été fait par le défendeur avant le jugement et accepté par le demandeur (Douai, 24 juill. 1891, D. P. 92. 2. 320) ; ... ou, à plus forte raison, par suite d'un accord entre les parties, accord constaté par leurs conclusions réciproques (Req. 24 oct. 1893, D. P. 94. 1. 211). — Mais il n'appartient pas aux juges de modifier eux-mêmes, par exemple parce qu'ils la trouvent exagérée, le montant de la réclamation du demandeur ; à cet égard, l'évaluation faite par ce dernier s'impose à eux, alors même que cette exagération ne leur paraîtrait avoir d'autre but que de se ménager le recours de l'appel.

18. C'est, d'ailleurs, dans la *demande principale* qu'il faut chercher la détermination du taux du ressort ; les *accessoires* de cette demande n'entrent pas en ligne de compte pour établir ce taux. Il n'y a donc lieu de tenir compte que des intérêts échus avant l'assignation, et non de ceux courus depuis ; ... ni des frais antérieurs à la demande, mais non des frais de cette demande elle-même et de ceux de l'instance, ni même des frais du protêt et du compte en retour qui ont précédé ladite demande. — Toutefois la cour de cassation décide, contrairement, il est vrai, à beaucoup de cours d'appel, qu'il y a toujours lieu de faire entrer en ligne de compte, pour la fixation du taux du degré de juridiction, les dommages-intérêts réclamés par le demandeur, non seulement lorsqu'ils ont une cause antérieure à la demande, mais même lorsqu'ils ont une cause postérieure (Civ. c. 7 juill. 1890, D. P. 90. 1. 362).

19. Le taux du ressort se calcule naturellement pour chaque instance ; et, même lorsque plusieurs actions viennent à être jointes par jugement, chacune de ces actions comprises dans la sentence de jonction demeure, ou non, susceptible d'appel divisément, suivant que sa valeur individuelle est, ou non, supérieure au taux du dernier ressort.

20. 4° *Pluralité de demandeurs ou de défendeurs.* — Des difficultés spéciales peuvent s'élever à raison de la pluralité des demandeurs ou des défendeurs. Suppose-t-on d'abord qu'il n'y a qu'un seul demandeur plaidant contre un seul défendeur et qu'il réunisse dans la même action plusieurs demandes, il y a lieu de prendre en considération l'ensemble de ces demandes, qu'elles aient des causes connexes ou indépendantes les unes des autres ; est donc susceptible d'appel le jugement rendu dans une instance où le demandeur réclame 1000 francs à titre de dépôt et 1000 francs à titre de prêt.

21. S'il n'y a encore qu'un seul demandeur, mais qu'il plaide contre plusieurs défendeurs, il faut distinguer suivant qu'il agit contre eux en vertu de titres personnels à chacun d'eux ou en vertu d'un titre commun à tous. — 1° Agit-il en vertu de titres personnels ? Il faut considérer individuellement chacune des demandes ; lors donc qu'aucune d'elles, prise isolément, ne dépasse 1500 francs, le tribunal prononce en dernier ressort, quand même toutes réunies excéderaient ce chiffre. — 2° Agit-il en vertu d'un titre commun ? Le jugement intervenu n'est pas susceptible d'appel, quel que soit le chiffre total de la demande, si, d'une part, l'intérêt des défendeurs pris séparément

n'excède pas le taux du dernier ressort, et si, d'autre part, il n'y a ni indivisibilité, ni solidarité, réelle ou alléguée, **entre ces défendeurs** ; il en est ainsi, par exemple, au cas de deux héritiers poursuivis collectivement en payement d'une dette chirographaire de 2000 francs laissée par le défunt, pourvu toutefois que le décès de ce dernier soit survenu avant le jugement. (Dans le cas contraire, V. *suprà*, n° 16.) (Req. 26 nov. 1895, D. P. 96. 1. 303.) — A l'inverse, si le caractère de divisibilité fait défaut à la demande ; s'il s'agit, par exemple, d'une action tendant à une condamnation solidaire, ou à l'accomplissement d'une obligation non susceptible, soit en elle-même, soit par l'intention des parties, d'être fractionnée, en ce cas, le tout se trouvant réclamé à chacun, c'est la valeur même de ce tout qui est appelée à déterminer le ressort. Et, à cet égard, la jurisprudence considère comme indivisible la demande faite en payement d'une dette héréditaire formée contre plusieurs héritiers chacun pour sa part et portion et *hypothécairement* pour le tout ; de telle sorte qu'alors on doit s'attacher, pour fixer le taux du dernier ressort, non pas à la part de chacun dans la dette, mais au montant intégral de cette dette (Bordeaux, 9 juin 1891, D. P. 92. 2. 301).

22. Des solutions analogues doivent être données pour le cas où plusieurs demandeurs agissent contre un seul défendeur. C'est ainsi, tout d'abord, que la réunion par plusieurs demandeurs, dans un seul exploit unique, de diverses demandes dirigées contre la même partie, mais reposant sur des titres distincts, n'empêche pas la cause d'être en dernier ressort si chacune des demandes, prise isolément, n'excède pas le taux de ce dernier ressort, alors même que toutes procèdent par un moyen commun et sont combattues par une même exception (Poitiers, 31 mai 1886, D. P. 87. 2. 182). Ainsi encore, la jurisprudence décide que, même au cas où plusieurs parties, par exemple plusieurs héritiers, agissant par un seul exploit en vertu du même titre ou d'une même cause, concluent à une condamnation unique et collective, le taux du ressort doit être calculé sur la part de chacun des demandeurs (Civ. c. 25 janv. 1899, précité). — Il n'en est autrement que s'il existe entre les divers demandeurs un lien d'indivisibilité ou de solidarité réelle ou alléguée ; dans cette dernière hypothèse, le taux du ressort est déterminé par le chiffre total de la demande collective, lors même que les créanciers auraient conclu devant le tribunal à ce que l'objet de l'obligation leur fût réparti divisément et chacun pour sa part et portion virile (Civ. r. 21 mai 1889, D. P. 90. 1. 132).

23. En ce qui concerne le cas où il y a simultanément, et dans la même instance, plusieurs demandeurs et plusieurs défendeurs, il suffit, pour le régler, de combiner les principes qui viennent d'être exposés séparément sur la pluralité des défendeurs, d'une part, et, d'autre part, sur celle des demandeurs. Dès lors qu'il y a pluralité de demandeurs, sans lien de solidarité ni d'indivisibilité, la demande se divise entre eux, faisant apparaître la quotité d'intérêt dans laquelle chacun d'eux est intéressé dans la réclamation collective ; inversement, du moment où il y a plusieurs défendeurs non solidaires ni indivisibles, on doit également faire acception de la division de dette qui s'opère entre eux et qui a pour résultat de fractionner la part individuelle de créance de chacun des demandeurs en autant de portions qu'il y a de défendeurs.

24. 5° *Multiplicité des objets sur lesquels porte l'action.* — Des complications peuvent aussi survenir à raison de la multiplicité des objets sur lesquels porte l'action. Ainsi en est-il, par exemple, dans le cas d'obligation *alternative;* il faut alors distinguer suivant que le choix appartient au créancier et au débiteur. Appartient-il au créancier? La valeur de la demande s'apprécie d'après l'objet pour lequel opte ce dernier. Appartient-il au débiteur? Il y a lieu à appel par cela seul qu'un des objets dépasse le taux du dernier ressort et est, par exemple, d'une valeur indéterminée. — Cette dernière solution est étendue, par la jurisprudence, à tous les cas où une option, pour s'acquitter, est laissée par le demandeur au défendeur : il suffit que l'une des branches de l'option soit indéterminée pour qu'il y ait ouverture à appel, bien que l'autre branche, celle qui se chiffre en argent, ait une valeur inférieure au taux du dernier ressort. Spécialement, il en est ainsi du jugement qui statue sur des conclusions tendant à ce que le défendeur soit condamné à exécuter des travaux, si mieux il n'aime payer une somme déterminée inférieure au taux de l'appel. — Mais il en est autrement dans le cas d'une obligation simplement *facultative* : il n'y a à prendre en considération que l'objet dû par le débiteur, et non celui qu'il a la faculté de livrer à la place.

25. D'une façon générale, au surplus, et que l'action soit mobilière ou immobilière, lorsqu'une demande renferme des chefs déterminés et des chefs indéterminés, les chefs indéterminés rendent le litige tout entier susceptible du double degré de juridiction; ainsi, une demande en dommages-intérêts, bien que le chiffre en soit inférieur au taux de l'appel, ne peut être jugée qu'en premier ressort, si elle soulève une question de propriété ou de servitude d'une valeur indéterminée. De même, une cause devient susceptible d'appel si le demandeur, à une action mobilière inférieure à 1500 francs, joint, par exemple, une demande à fin d'insertion dans les journaux du jugement à intervenir. — Il va de soi, toutefois, que l'affaire est en dernier ressort, alors même qu'au premier chef de demande, inférieur à 1500 francs, le demandeur en a joint un second d'une valeur indéterminée, si le second chef ne constitue qu'une demande accessoire, complément forcé du premier et intimement lié à lui; tel est le cas d'une demande en remise de pièces formée uniquement comme conséquence d'une demande en payement de moins de 1500 francs (Dijon, 5 nov. 1897, D. P. 99. 2. 117).

26. 6° *Jugements d'incident.* — Au point de vue des règles qui précèdent, les jugements *provisoires,* par exemple ceux qui prononcent sur une demande de mise en séquestre, de provision *ad litem,* etc., doivent être considérés isolément et abstraction faite des contestations sur le fond. Il faut s'attacher exclusivement au montant de la réclamation provisoire pour savoir s'il peut, ou non, en être interjeté appel; de telle sorte, par exemple, que cette réclamation sera jugée en dernier ressort si elle n'excède pas 1500 fr., bien que le procès sur le fond dépasse cette somme. — Au contraire, les autres jugements d'incident, préparatoires, interlocutoires ou même définitifs, ne sont, en quelque sorte, que des accessoires du jugement sur le fond; et, par suite, ils sont, ou non, susceptibles d'appel suivant que le jugement lui-même comporte, ou non, cette voie de recours; ainsi en est-il, par exemple, des jugements qui statuent sur les demandes d'enquête ou d'expertise, d'inscription de faux, de vérification d'écritures, etc. (Req. 28 oct. 1891, D. P. 92. 1. 476). — Par exception, toutefois, peuvent toujours être déférés à la cour d'appel, même dans les affaires en dernier ressort quant au fond, les jugements sur la compétence soit *ratione materiæ,* soit même *ratione personæ* (Pr. 454). — En ce qui concerne les jugements statuant sur les demandes en récusation (Pr. 391), V. *infrà, Récusation;* ... en renvoi pour cause de parenté ou d'alliance, V. *infrà, Renvoi;* ... sur les exceptions de litispendance ou de connexité, V. *infrà, Exception.*

27. 7° *Exceptions ou moyens de défense.* — Abstraction faite de celles qui ont ainsi pour objet le dessaisissement du tribunal ou sa composition, les exceptions et moyens de défense soulevés par le demandeur ne doivent jamais être pris en considération pour la fixation du ressort. Ainsi en est-il, par exemple, des exceptions de prescription soulevées par le défendeur, ... ou même de la dénégation, par ce dernier, de la qualité en laquelle il est poursuivi : spécialement, le jugement rendu sur là demande en payement d'une somme n'excédant pas 1500 francs est en dernier ressort, même dans le cas où le défendeur, actionné comme héritier, contesterait cette qualité. — Toutefois, ces solutions ne sont vraies que si les prétentions du défendeur ne mettent pas le tribunal en demeure de se prononcer par voie décisoire; autrement, ces prétentions constituent une demande reconventionnelle et en produisent l'effet (V. le numéro suivant) (Civ. r. 30 nov. 1891, D. P. 92. 1. 390).

28. En ce qui concerne les demandes reconventionnelles, il y a lieu de remarquer d'abord qu'elles ne se cumulent pas avec la demande principale; que, par conséquent, si celle-ci n'étant pas supérieure à 1500 fr., la demande reconventionnelle n'excède pas non plus ce chiffre, la cause, dans son ensemble, ne sera pas susceptible d'appel, alors même que les demandes réunies dépasseraient le taux du dernier ressort (L. 11 avr. 1838, art. 2, § 1er). — Mais, dès qu'une demande reconventionnelle excède le taux du premier ressort, elle rend la demande originaire elle-même susceptible d'appel, lors même que cette dernière, envisagée séparément, ne l'est point (L. 1838, art. 2, § 2) (Civ. non recev. 13 mai 1896, D. P. 96. 1. 421). — Il ne suffit pas, d'ailleurs, pour qu'une demande, qualifiée reconventionnelle, exerce une influence sur le taux du ressort, qu'elle soit produite par voie reconventionnelle; il faut encore que l'objet de la contestation n'en est ni transformé, ni modifié, et si l'on n'a, en réalité, présenté sous cette forme qu'un moyen de défense (Civ. c. 7 août 1893, D. P. 94. 1. 373). — Par exception, toutefois, il est toujours statué en dernier ressort sur les demandes en dommages-intérêts, lorsqu'elles sont fondées exclusivement sur la demande principale elle-même (L. 1838, art. 2, § 3). Ainsi, au cas où une partie actionnée en payement d'une somme inférieure à 1500 fr. répond en demandant la nullité du commandement ou de la saisie dirigée contre elle et une condamnation à des dommages-intérêts, cette dernière demande doit, comme l'action principale elle-même, être jugée en dernier ressort (Paris, 7 nov. 1894, D. P. 95. 2. 119). Ainsi encore, lorsque le créancier qui poursuit contre un débiteur le payement de sa créance est toujours demandeur principal dans l'instance engagée à l'occasion de ces poursuites : ce rôle lui appartient, non seulement lorsqu'il demande au tribunal un jugement de condamnation, mais même lorsque, ayant obtenu un jugement, il agit par voie d'exécution forcée; et ce, quand même le tribunal ne se trouve saisi que par l'opposition du débiteur au commandement qui lui a été notifié; en conséquence, lorsque le débiteur forme une action en dommages-intérêts en même temps que son opposition, cette demande est reconventionnelle, et, dès lors, le tribunal statue en dernier ressort, si la demande principale est inférieure à 1500 francs, et si la demande reconventionnelle est fondée sur le préjudice résultant du procès (Besançon, 29 janv. 1896, D. P. 97. 2. 85).

30. Au contraire, la demande reconventionnelle, même en dommages-intérêts, rend l'appel recevable si elle porte sur une somme supérieure à 1500 francs, quand elle a pour objet la réparation du préjudice résultant d'agissements ou de faits vexatoires étrangers à l'instance actuelle (Civ. c. 22 oct. 1902, D. P. 1902. 1. 535).

31. Il appartient aux tribunaux d'apprécier si la demande en dommages-intérêts est, ou non, fondée exclusivement sur la demande principale (Besançon, 8 mars 1893, D. P. 94. 2. 368). Mais il est généralement admis que, si les causes de cette demande en dommages-intérêts ne sont pas précisées, elle doit être présumée n'avoir d'autre base que ladite demande principale.

32. 8° *Demandes en garantie ou en intervention.* — La demande en garantie incidente est de même, en principe, sans influence sur la demande principale, au point de vue de la recevabilité de l'appel, et réciproquement; chacune d'elles suit, à cet égard, sa loi propre. Si donc la demande en garantie porte sur une valeur indéterminée ou supérieure au taux du dernier ressort, elle est susceptible d'appel, alors même que la demande principale ne l'est point comme étant, par son chiffre, inférieure au taux (Civ. c. 17 oct. 1893, D. P. 94. 1. 413). Inversement, si c'est la demande principale qui dépasse ledit taux, tandis que la demande en garantie ne l'atteint pas, la demande principale peut seule être déférée à la cour, à l'exclusion de la demande en garantie; mais il y a lieu d'observer que si, en appel, le défendeur principal est renvoyé déchargé de la demande suivie contre lui, par cela seul tombe la condamnation qu'il a lui-même obtenue du tribunal à titre de garantie. — Les règles qui précèdent cesseraient, au surplus, de s'appliquer, si, en fait, la demande en garantie était au fond liée intimement à la demande principale et si elle formait l'un des éléments; elle serait alors traitée comme cette dernière demande quant à la question du ressort.

33. La demande en intervention est également sans influence sur la demande principale. C'est d'après les conclusions mêmes de l'intervenant que se détermine le point de savoir si le jugement sur cet incident est, ou non, en dernier ressort. L'intervenant se borne-t-il à prendre part au débat originaire tel qu'il est engagé entre le demandeur primitif et le défendeur, son action n'a rien, comme valeur, qui la distingue du litige principal, et elle suit, dès lors, le sort de ce litige en ce qui concerne le degré de juridiction. Au contraire, l'intervenant prend-il des conclusions plus restreintes ou plus amples, sa demande personnelle est alors susceptible, ou non, d'appel par elle-même et indépendamment du caractère du procès originaire.

ART. 2. — PERSONNES QUI PEUVENT APPELER OU AUXQUELLES L'APPEL PROFITE.

§ 1er. — *Personnes qui peuvent appeler* (R. 431 et s.; S. 72 et s. — V. aussi R. v° *Appel incident,* 104 et s.; S. *eod.* v°, 15 et s.).

34. Nul ne peut appeler, même incidemment, d'un jugement s'il n'y a été personnellement partie ou s'il n'y a été dûment représenté. — Ainsi, par exemple, ne peuvent appeler des jugements rendus en matière de saisie immobilière les personnes qui ont figuré en première instance, à l'exclusion des créanciers inscrits qui, bien qu'intéressés, n'y ont été parties. V. aussi *infrà, Distribution par contribution; Ordre.*

35. Au contraire, peuvent former appel tous ceux qui ont, à un titre quelconque, été parties au jugement, alors même qu'ils n'y ont pas été parties principales, mais simplement parties intervenantes, ou, s'il s'agit du ministère public, qu'il y a été simplement partie jointe, pourvu toutefois que l'ordre public fût intéressé (Nancy, 12 mars 1891, D. P. 92. 2. 30). V. *infrà, Ministère public.*

36. Cette voie de recours est aussi recevable de la part de ceux qui, sans avoir été parties eux-mêmes à l'instance, y ont été représentés. Elle peut ainsi être exercée, notamment : ... par les héritiers et autres successeurs universels de l'une des parties ; ... par les successeurs particuliers (acheteurs, donataires, légataires ou autres) de cette partie, en tant qu'ils tiennent leurs droits sur l'objet litigieux d'un titre postérieur au jugement ; ... par les créanciers chirographaires agissant en vertu de l'art. 1166 c. civ.

37. L'appel incident ne peut être formé que par l'intimé (Pr. 443, § 3), ou par les parties qui, bien que l'appel principal n'ait pas été formé contre elles, doivent néanmoins être considérées comme intimées, telles, par exemple, qu'un garant assigné par le garanti en déclaration d'arrêt commun. — Il ne saurait, en principe, être interjeté par l'appelant principal ; toutefois, si ce dernier a restreint son appel à quelques chefs du jugement, il peut, après un appel incident formé par l'intimé, interjeter un nouvel appel, de manière à rendre au débat toute l'étendue qu'il avait en première instance.

38. D'ailleurs, l'intérêt étant la mesure des actions, l'appel, soit principal, soit incident, d'un jugement n'est admissible que de la part de ceux qui ont été lésés par ce jugement. Il n'est donc point possible de la part de celui à qui ce jugement a alloué toutes ses conclusions et ne cause aucun grief. Et c'est par le dispositif du jugement qu'il faut avoir été lésé : on ne peut appeler des motifs seuls. V. *suprà*, n° 4.

39. Mais il suffit d'avoir intérêt à faire réformer une partie quelconque du dispositif du jugement pour que le droit d'appel puisse être exercé. Il peut l'être, par suite, spécialement par celui qui a échoué sur ses conclusions principales, bien qu'il ait triomphé sur ses conclusions subsidiaires, ou par celui qui, tout en gagnant son procès au fond, a été condamné à tout ou partie des dépens.

40. Si l'intérêt d'une partie à exercer le droit d'appel vient à disparaître, cette partie cesse, par cela même, de pouvoir en user ; ainsi en est-il, par exemple, lorsqu'elle a acquiescé au jugement rendu contre elle. — Cette règle n'est vraie toutefois, d'une manière absolue, que pour l'appel principal ; elle reçoit, quant à l'appel incident, une restriction considérable provenant de ce que cet appel peut être formé en tout état de cause, alors même que l'intimé aurait signifié le jugement sans protestation (Pr. 443, § 3) (V. *infrà*, n° 76), ou qu'il aurait conclu à la confirmation de ce jugement (Civ. r. 3 avr. 1895, D. P. 95. 1. 451).

41. Inversement, il est vrai, l'appel incident ne peut être interjeté que s'il existe un appel principal. Mais, du moins suivant l'opinion générale, il suffit que cet appel principal ait été formé ; peu importe qu'il soit valable ou nul, recevable ou non, ou encore qu'il ait été l'objet d'un désistement : le désistement de l'appel principal laisse subsister l'appel incident, soit qu'il ait précédé, soit qu'il ait suivi cet appel ; il n'en serait autrement que si l'intimé avait accepté le désistement. — Aussi bien l'intimé n'est-il pas toujours obligé de recourir à la voie de l'appel incident pour obtenir un jugement : c'est ainsi, par exemple, qu'il peut reproduire, sans interjeter d'appel, une exception repoussée par les premiers juges ou des conclusions subsidiaires qu'il avait prises devant eux, et sur lesquelles ils

n'avaient pas statué. De même, aucun appel incident n'est nécessaire de la part d'un intimé lorsqu'il a formé en première instance une demande reconventionnelle dont la jonction à l'instance principale a été admise et dont l'effet subsiste en appel (Req. 16 juill. 1895, D. P. 96. 1. 411).

42. Au reste, il va de soi que, pour appeler, il faut exister, et exister légalement, au moment où cette voie de recours est formée ; que, par suite, est nul, par exemple, l'appel signifié au nom d'une corporation supprimée ou d'une partie décédée.

43. Quant à la capacité exigée pour interjeter appel, c'est celle requise pour ester en première instance ; en d'autres termes, si c'est le demandeur originaire qui, ayant succombé, forme cet appel, il lui faut la même capacité que s'il avait à introduire une nouvelle demande ; et, si c'est le défendeur, il a besoin de celle qui lui serait nécessaire pour défendre à une nouvelle demande. — V., en ce qui concerne spécialement le mineur émancipé, *infrà, Émancipation* ; ... le prodigue ou le faible d'esprit pourvu d'un conseil judiciaire, *infrà, Conseil judiciaire* ; ... le tuteur et le subrogé-tuteur, *infrà, Tutelle.*

44. Le mari a qualité pour interjeter appel au lieu et place de sa femme dans les cas où il est son représentant, spécialement sous le régime dotal et pour la dot, sous le régime de communauté en matière mobilière ou possessoire, ou à l'occasion de l'administration des biens propres de la femme. — Quant à la femme elle-même, V. *infrà, Autorisation de femme.*

45. Pareillement, le droit d'appeler appartient au syndic de faillite et ce, suivant une jurisprudence récente, à l'exclusion du failli (V. *infrà, Faillite*) ; ... aux envoyés en possession provisoire ou définitive pour le compte de l'absent ; au maire, pour le compte de la commune. Toutefois, le maire ne peut suivre sur l'appel sans une nouvelle autorisation du conseil de préfecture (L. 5 avril 1884, art. 122 (V. *infrà, Commune*) ; ... au préfet, pour l'État ou le département (V. *infrà, Département*).

46. On peut interjeter appel par l'intermédiaire d'un mandataire conventionnel. — Mais, bien entendu, c'est le nom du mandant qui doit figurer dans l'acte d'appel. — Et, d'autre part, il ne suffit pas, pour la validité de l'appel formé par un mandataire conventionnel, d'un mandat vague et général ; il faut que ce mandat soit exprès et spécial.

§ 2. — *Personnes auxquelles l'appel profite* (R. 582 et s. ; S. 111 et s.).

47. En principe, lorsqu'une affaire est commune à plusieurs, l'appel interjeté par l'un profite aux autres (Civ. c. 2 janv. 1894, D. P. 94. 1. 120). Ainsi, dans un procès ayant pour objet une dette divisible et non solidaire, les héritiers qui n'ont pas interjeté appel dans les délais de la loi ne peuvent profiter de l'appel interjeté par leurs cohéritiers. — L'identité d'intérêt ne suffit même point pour motiver une dérogation à cette règle. Toutefois, l'appel formé par l'un de plusieurs débiteurs solidaires profite aux autres quand il est fondé sur des moyens résultant de la nature de l'obligation ou de toute autre circonstance commune à tous les obligés (Civ. 1208 ; Req. 10 nov. 1890, D. P. 92. 1. 8) ; et ce sans qu'il y ait à distinguer suivant que la solidarité résulte d'une convention ou d'un délit ou quasi-délit (Caen, 5 mars 1894, D. P. 95. 2. 329), et lors même que le droit revendiqué est

48. De même, dans les matières indivisibles, l'appel interjeté par l'une des parties profite aux autres (Civ. r. 18 juin 1895, D. P. 95. 1. 471), ... alors même que l'une des parties était personnellement déchue de la

faculté d'exercer cette voie de recours, soit par l'expiration des délais légaux (Req. 9 nov. 1892, D. P. 93. 1. 211), soit par l'exécution donnée au jugement (Civ. c. 4 févr. 1895, D. P. 95. 1. 359). Ainsi, en matière de partage, l'appel introduit dans les délais légaux par l'une des parties relève les autres de la déchéance qu'elles ont encourue (Civ. r. 27 juin 1894, D. P. 94. 1. 511).

49. En matière de garantie formelle, l'appel du garant profite au garanti lorsqu'il remet en question l'objet même du débat soulevé entre le garanti et le demandeur principal (Civ. c. 30 juin 1896, D. P. 98. 1. 268), sans distinction entre le cas où le garant formel ayant pris le fait et cause du garanti, celui-ci a, de son côté, obtenu sa mise hors de cause, et le cas où le garanti est resté en cause et a été personnellement condamné, et lors même que le garanti aurait acquiescé. — La règle est la même en matière de garantie simple : l'appel du garant profite également au garanti, alors, du moins, qu'il porte sur la demande principale elle-même, et non sur la question de garantie. — Inversement, l'appel interjeté par le garanti profite au garant.

ART. 3. — PERSONNES CONTRE LESQUELLES ON PEUT ET DOIT APPELER ET AUXQUELLES L'APPEL PEUT ÊTRE OPPOSÉ.

§ 1er. — *Personnes contre lesquelles on peut et doit appeler* (R. 601 et s. ; S. 126 et s. — V. aussi R. v° *Appel incident*, 125 et s. ; S. *eod.* v°, 18 et s.).

50. L'appel ne peut être interjeté que contre ceux qui ont été parties en première instance et qui ont un intérêt dans la cause. — Inversement, l'appelant est obligé de mettre en cause tous ceux qui, après avoir été parties en première instance, sont encore intéressés à l'appel. C'est ainsi, en particulier, que l'action en partage doit être dirigée contre tous les copartageants qui ont figuré en première instance et qui ont un intérêt à être mis en cause (Besançon, 15 juin 1894, D. P. 94. 2. 472).

51. Quant à l'appel incident, il n'est recevable que contre l'appelant principal. Il ne l'est point d'intimé à intimé (Civ. r. 2 janv. 1894, D. P. 94. 1. 120), à moins, toutefois, que l'objet du litige ne soit indivisible (Civ. r. 29 avr. 1895, D. P. 95. 1. 454). De même, le garanti contre qui le demandeur originaire a interjeté appel ne peut appeler incidemment contre le garant. De même encore, le garanti mis en cause par le garant sur l'appel du demandeur originaire ne peut former appel incident contre ce dernier (Req. 8 févr. 1888, D. P. 88. 1. 245). — Au contraire, en cas d'appel du garant contre le demandeur originaire, celui-ci peut former un appel incident contre le garant seul, mais il est tenu de diriger son appel contre le garanti.

§ 2. — *Personnes auxquelles l'appel peut être opposé* (R. 621 et s. ; S. 130 et s.).

52. En principe, l'appel ne peut être opposé qu'aux parties au regard desquelles il a été interjeté. Il en est autrement lorsque la matière est indivisible : l'appel interjeté en temps utile contre l'une des parties peut être opposé à toutes. Mais la jurisprudence n'étend pas cette solution au cas de solidarité : elle décide que l'appel formé dans les délais contre l'un des débiteurs solidaires ne conserve pas le droit de l'appelant à l'égard des autres ; d'où la conséquence qu'il doit déclarer irrecevable l'appel dont l'acte n'a pas été dirigé contre eux, mais contre un seul d'entre eux (Besançon, 15 juin 1894, précité).

ART. 4. — FORMALITÉS DE L'APPEL (R. 635 et s. ; S. 133 et s. — V. aussi R. v° *Appel incident*, 143 et s. ; S. *eod.* v°, 23 et s.).

53. L'appel ne peut être formé que par un acte spécial et exprès : la simple décla ration qu'on veut appeler ne serait donc point suffisante. L'acte d'appel ne peut être, en principe, qu'un exploit d'huissier. — Il en est autrement, toutefois, en matière de renvoi pour parenté ou alliance (Pr. 377) ou de récusation de juges (Pr. 392) : dans ces deux cas, l'appel est fait par un acte au greffe. — De même, si le jugement a été rendu sur requête, c'est seulement par voie de requête qu'appel de ce jugement peut être interjeté.

54. L'acte d'appel est soumis, en principe, pour sa validité, aux mêmes conditions que l'ajournement (Civ. r. 14 nov. 1898, D. P. 99. 1. 65). C'est ainsi, par exemple, qu'outre les mentions exigées pour tous les exploits (V. infrà, *Exploit*), il doit contenir : 1° la constitution d'un avoué pour l'appelant (Alger, 13 mai 1896, D. P. 96. 2. 527); 2° l'indication de la cour qui doit connaître de l'appel et qui est, d'ailleurs, le même que pour l'ajournement (V. infrà, *Procédure*). — Toutefois, et à la différence de ce dernier exploit, il peut ne pas faire connaître l'objet de la demande, ni les moyens ou griefs de l'appelant (Douai, 2 déc. 1895, D. P. 97. 2. 164). Mais il doit nécessairement indiquer, d'une manière précise, le jugement attaqué (Civ. r. 25 févr. 1890, D. P. 91. 1. 24). L'acte d'appel est nul, notamment, si, deux jugements ayant été rendus le même jour, par le même tribunal, entre les mêmes parties, il se borne à indiquer la date du jugement frappé d'appel, de telle sorte qu'il est impossible de savoir quel est celui des deux jugements que l'appelant a voulu attaquer (Bordeaux, 25 avr. 1890, D. P. 90. 2. 262).

55. La signification de l'acte d'appel est également régie par les mêmes règles que celle de tous exploits en général (V. infrà, *Exploit*). Elle doit, par suite, être faite à la personne de l'intimé, ou à son domicile (Pr. 456) et non à son avoué, et, à défaut, aux personnes indiquées infrà, eod. v°. Et, lorsque la copie en est remise à toute autre personne que l'intimé lui-même ou le procureur de la République, elle doit être délivrée sous enveloppe fermée, suivant la règle générale édictée par la loi du 15 févr. 1899 (Bordeaux, 23 févr. 1900, D. P. 1900. 2. 393).

56. Tout ce qui précède n'est applicable qu'à l'appel principal; la loi n'impose aucune forme spéciale à l'appel incident, lequel ne comporte pas non plus de délais d'assignation (V. infrà, n° 76). Il suffit, pour sa régularité, que, devant les juges du second degré, l'intimé ait pris des conclusions tendant à sa réformation de la décision de première instance et précisant les chefs sur lesquels la réformation doit porter (Req. 4 janv. 1899, D. P. 99. 1. 118).

57. L'appelant doit consigner, au greffe de la cour d'appel, pour le cas où il succomberait, une amende de 10 francs (Pr. 471). Cette consignation doit être préalable au jugement, à peine d'une amende de 50 francs encourue par les avoués et le greffier (Arr. 10 flor. an 11, art. 8, R. v° *Organisation judiciaire*, p. 1489; 16 janv. 1824, art. 10, R. v° *Enregistrement*, t. 21, p. 41). Mais elle n'est pas exigée en cas de nullité de la procédure. — Elle n'est, d'ailleurs, pas imposée en cas d'appel incident.

ART. 5. — DÉLAIS DE L'APPEL.

§ 1er. — *Délai dans lequel il ne peut être fait appel* (R. 836 et s.; S. 163 et s.).

58. Il n'est possible de faire appel immédiatement que si le jugement est à la fois contradictoire, exécutoire par provision, et non préparatoire. En d'autres termes, il y a trois catégories de jugements pour lesquels la faculté d'appeler ne peut être exercée aussitôt après ce jugement rendu : 1° les

jugements par défaut; 2° les jugements non exécutoires par provision; 3° les jugements préparatoires.

A. — Jugements par défaut (R. 1059 et s.; S. 194 et s.).

59. L'appel des jugements par défaut n'est pas recevable pendant la durée du délai pour l'opposition (Pr. 455). — Sur la durée de ce délai, V. infrà, *Jugement par défaut*. — Cette prohibition est générale et s'applique, en principe, à toutes les parties, aussi bien à la partie qui a requis le jugement qu'à la partie défaillante; ... en toute matière, même en matière de divorce (Alger, 7 nov. 1893, D. P. 94. 2. 144); ... à tous les jugements, y compris ceux qui sont exécutoires par provision. Et elle conduit même à décider que la voie de l'opposition ne peut abandonner cette voie, par exemple au moyen d'un désistement, pour recourir à l'appel. — Il en serait autrement que si l'opposition ainsi formée était nulle, comme ayant été faite irrégulièrement ou tardivement (Grenoble, 25 mars 1898, D. P. 1900. 2. 48).

60. Mais la prohibition dont il s'agit est étrangère aux jugements de défaut rendus à la suite d'un défaut profit-joint, puisque ces jugements ne sont pas susceptibles d'opposition (V. infrà, *Jugement*) (Grenoble, 5 déc. 1890, D. P. 92. 2. 337). Et, même en ce qui concerne les jugements par défaut ordinaires susceptibles d'opposition, il faut qu'en fait le délai de l'opposition soit susceptible de courir, et que, par suite, le jugement ait été signifié; si donc, à raison des circonstances, il était inutile de signifier, faute d'intérêt, le jugement par défaut, bien qu'il n'ait pas encore été signifié. — L'interdiction de faire appel des jugements par défaut pendant la durée du délai pour l'opposition est, d'ailleurs, d'ordre public et peut être relevée d'office par la cour d'appel.

B. — Jugements non exécutoires par provision (R. 837 et s., 906 et s.; S. 166).

61. Aucun appel d'un jugement non exécutoire par provision ne peut être interjeté dans le délai de huitaine à dater du jour du jugement (Pr. 449). — Ce jour lui-même n'est pas compris dans ce délai (Req. 1er août 1892, D. P. 92. 1. 558). Il en est autrement, du moins suivant l'opinion générale, du jour de l'échéance. — Cette règle s'oppose même à ce que la partie condamnée puisse, dans ledit délai, présenter requête au président de la cour à l'effet d'être autorisée à assigner l'intimé à bref délai. Elle est générale et a été appliquée même au cas d'un jugement rendu sur une demande de mise en liberté d'un débiteur écroué pour dettes. Mais elle ne s'applique pas aux jugements qui, sans être exécutoires provisoirement, ont, en fait, été l'objet d'une exécution immédiate et prématurée; spécialement, un jugement en séparation de corps peut, dans la huitaine, être frappé d'appel par le mari contre qui a été prononcé, si, aussitôt après avoir obtenu ce jugement, la femme a fait procéder à sa lecture et à sa publication (Poitiers, 31 déc. 1890, D. P. 92. 2. 297).

62. La règle dont il s'agit n'est pas d'ordre public, et la nullité qu'elle engendre est une nullité relative, susceptible d'être couverte, qui ne peut être invoquée que par l'intimé et doit l'être au début de l'instance. D'ailleurs, lorsque la partie a été déclaré nul pour avoir été formé prématurément, l'appelant peut le renouveler s'il se trouve encore dans le délai durant lequel l'appel peut être formé (Pr. 449).

63. Il va de soi, d'ailleurs, qu'une fois le délai de huitaine expiré, on peut appeler, même d'un jugement non exécutoire par provision, sans attendre qu'il ait été signifié (Civ. r. 18 oct. 1899, D. P. 1900. 1. 102).

C. — Jugements préparatoires (R. 1112 et s.; S. 201).

64. L'appel d'un jugement préparatoire ne peut être interjeté qu'après le jugement définitif et conjointement avec l'appel de ce jugement (Pr. 451, § 1er). La jurisprudence décide même, en général, que cette prescription est d'ordre public et que son inobservation doit, dans le silence de l'intimé, être suppléée d'office par le juge. — Au contraire, l'appel d'un jugement provisoire ou interlocutoire peut être interjeté avant le jugement définitif (Pr. 451, § 2). — Sur la distinction entre les jugements préparatoires, provisoires et interlocutoires, V. infrà, *Jugement d'avant dire droit*.

§ 2. — *Délai dans lequel l'appel doit être interjeté.*

A. — Appel principal (R. 810 et s.; S. 161 et s.).

65. 1° *Règles générales.* — Le délai durant lequel l'appel peut être interjeté est, en principe, de deux mois (Pr. 443, modifié par la loi du 3 mai 1862 : D. P. 62. 4. 44). — Il se calcule d'après le calendrier grégorien, date pour date, sans avoir égard au nombre de jours dont chaque mois se compose. — Il ne comprend ni le jour même à partir duquel il commence à courir (*dies a quo*), ni celui de l'échéance (*dies ad quem*) (Riom, 21 nov. 1887, D. P. 90. 2. 38). — Ce délai s'augmente, à raison des distances, au profit de ceux qui demeurent hors de la France continentale, du délai des ajournements réglé par l'art. 73 c. pr. civ. (Pr. 445, modifié par la loi du 3 mai 1862). Ceux qui sont absents du territoire européen de la République ou du territoire de l'Algérie pour cause de service public ont même, pour interjeter appel, outre le délai de deux mois, un délai supplémentaire de huit mois; et il en est de même en faveur des gens de mer absents pour cause de navigation (Pr. 446, modifié par la loi du 3 mai 1862).

66. C'est, en principe, la signification du jugement à partie qui fait courir le délai (Pr. 443, § 1er). — Aussi longtemps que cette signification n'est pas faite, l'appel est recevable, ou, du moins, il reste possible pendant trente ans, que le jugement ait été exécuté ou non.

67. La signification doit être faite dans les formes communes à tous les exploits; elle serait donc sans effet, si, par exemple, elle ne mentionnait pas la requête de qui elle est faite. V. infrà, *Exploit*. — Elle doit contenir copie du texte du jugement dans son entier, copie qui doit être faite sur la grosse, ou une expédition de ce jugement délivrée par le greffier. Toutefois, la partie qui, ayant reçu signification d'un jugement, veut à son tour le signifier, n'est pas tenue d'en lever une seconde expédition; elle peut se contenter de faire une copie de celle qui lui a été signifiée.

68. La signification ne peut être faite que par l'une des parties ayant figuré au jugement et ayant capacité pour la faire, ou par son mandataire légal ou conventionnel; elle serait donc inefficace si elle était faite au nom d'une partie décédée. — Elle peut, d'ailleurs, bien qu'il y ait plusieurs parties intéressées à la faire, n'être signifiée qu'au nom de l'une d'elles; mais, dans ce cas, elle ne produit d'effet qu'au profit de celle-ci et non au profit des autres, à moins qu'il ne s'agisse d'une matière indivisible. — De même, et sauf également en matière indivisible, elle ne fait courir le délai qu'à l'égard de ceux des cointéressés auxquels elle est signifiée; spécialement, elle ne fait point courir le délai contre la caution si elle est signifiée seulement au débiteur principal, ni contre le garant si elle ne l'est qu'au garanti (Chambéry, 13 mai 1896, D. P. 96. 2. 351).

69. Si le jugement a été rendu contre un mineur non émancipé ou interdit, la signification doit être faite non seulement au tuteur, mais encore au subrogé-tuteur, bien que ce dernier n'ait pas été en cause en première instance (Pr. 444); et c'est seulement à compter de la seconde signification que commence à courir le délai d'appel. Si même le subrogé-tuteur faisait fonction de tuteur à raison de l'opposition d'intérêts existant entre ce dernier et son pupille, ledit délai ne partirait que de la signification au subrogé-tuteur *ad hoc* spécialement nommé à cet effet (Req. 23 févr. 1892, D. P. 92. 1. 507.). — Dans le cas d'une femme mariée, d'un individu pourvu d'un conseil judiciaire ou d'un mineur émancipé, le jugement doit être signifié non seulement à l'intéressé, mais encore au mari, au conseil judiciaire ou au curateur sous l'autorité duquel il est placé.

70. La signification doit être faite à personne et à domicile (Pr. 443, § 1er). — Par... ni sa résidence temporaire [Riom, 21 nov. 1887, D. P. 90. 2. 38); — ... ni le domicile élu par elle dans un acte de procédure ou une convention, à moins toutefois qu'il n'ait été formellement convenu entre les intéressés que, sous ce rapport, le domicile élu remplacerait le domicile réel; ... ni le domicile de son avoué. — Mais, du moins suivant la jurisprudence, la signification à partie n'a pas besoin, pour faire courir le délai d'appel, d'être précédée d'une signification à avoué. En tout cas, la mention de la signification à avoué dans la signification à personne ou à domicile n'est pas prescrite à peine de nullité.

71. Le délai de l'appel est suspendu par la mort de la partie condamnée (Pr. 447, § 1er). Il ne reprend son cours qu'après la signification du jugement, faite suivant les formes ordinaires des exploits, à compter des délais pour faire inventaire et délibérer, si le jugement a été signifié avant que ces derniers délais fussent expirés (Pr. 477, § 2). — Cette signification peut, d'ailleurs, par dérogation au droit commun, être faite aux héritiers collectivement et sans désignation des noms et qualités (Pr. 447, § 3).

72. Dans le cas où le jugement aurait été rendu sur une pièce fausse, ou si la partie avait été condamnée faute de représenter une pièce décisive qui était retenue par son adversaire, les délais de l'appel ne courraient que du jour où le faux aurait été reconnu ou juridiquement constaté, ou que de jour où la pièce aurait été recouvrée, pourvu que, dans ce dernier cas, il y eût preuve par écrit du jour où la pièce a été recouvrée, et non autrement (Pr. 448). — Les circonstances de force majeure entraînent également la prorogation du délai d'appel. Ainsi le délai ne peut courir contre les individus habitant hors du continent à une époque où toute communication est, en fait, impossible avec le lieu de leur résidence.

73. Une fois le délai de l'appel expiré, la partie, quelle qu'elle soit, peut être relevée de la déchéance par elle encourue, sauf son recours contre qui de droit (Pr. 444). — Cette déchéance est même considérée par la jurisprudence comme étant d'ordre public; et, par conséquent, elle peut être invoquée par les parties en tout état de cause et même suppléée d'office par le juge.

74. 2° *Exceptions.* — La règle générale exposée ci-dessus comporte de nombreuses exceptions, qui peuvent se classer en deux groupes distincts. — Le premier comprend les cas où le délai reste de deux mois et se calcule comme il a été dit *supra*, n° 65, mais où il a un point de départ autre que la signification à partie. Ces cas, qui tiennent à *la nature* des jugements, sont au nombre

de trois et comprennent : 1° les jugements *par défaut*, pour lesquels le délai de l'appel ne commence à courir que du jour où l'opposition n'est plus recevable (Pr. 443, § 2). — Sur la détermination de l'époque à compter de laquelle opposition ne peut plus être faite à un jugement par défaut, V. *infrà*, *Jugement par défaut*; — 2° les jugements *préparatoires* pour lesquels le délai d'appel ne court que du jour de la signification du jugement définitif, l'appel étant, d'ailleurs, recevable encore que le jugement préparatoire ait été exécuté sans réserve (Pr. 451, § 1er), V. *supra*, n° 64; — 3° les jugements *interlocutoires*, dont l'appel peut sans doute être interjeté avec le jugement définitif (V. *supra*, n° 64), mais peut aussi l'être après (Dijon, 17 janv. 1898, D. P. 99. 2. 144), et, du moins suivant la jurisprudence, tant que l'appel du jugement définitif est lui-même recevable. — Les jugements *provisoires* restent, au contraire, soumis au droit commun, et ils ne peuvent être attaqués par voie d'appel que dans les deux mois de leur propre signification.

75. Le second groupe d'exceptions embrasse les cas où, à raison de la *matière*, le législateur a cru devoir abréger le *délai* d'appel. C'est ainsi que ce délai est réduit : 1° à cinq jours à partir du jugement, en matière de récusation ou de demande en renvoi pour parenté ou alliance (Pr. 377 et 392); — 2° à huit jours à partir de la signification du jugement à avoué, en matière d'incident de saisie de rente sur particuliers (Pr. 651); — 3° à dix jours à partir de la signification du jugement à avoué en matière de distribution par contribution (Pr. 669), d'incidents de saisies immobilières (Pr. 731), d'ordre (Pr. 762), de jugement d'adjudication par suite de surenchère sur aliénation volontaire (Pr. 838), de vente de biens de mineurs (Pr. 964), de vente sur licitation (Pr. 973), de vente d'immeubles d'une succession bénéficiaire (Pr. 988), de vente d'immeubles dotaux dans le cas où elle est exceptionnellement permise (Pr. 988); — 4° à dix jours à partir de la signification à partie, en matière de déchéance de la puissance paternelle (L. 24 juill. 1889, art. 7, D. P. 90. 4. 15); — 5° à quinze jours à partir de la signification en matière de faillite (Civ. 582); — 6° à trente jours à partir du jugement s'il est contradictoire, et quinze jours du jour où l'opposition n'est plus recevable s'il est par défaut, dans les instances relatives aux accidents du travail (L. 9 avr. 1898, art. 18, D. P. 98. 4. 49, modifié par la loi du 22 mars 1902, Pr. D. P. 1902. 4. 33). — Il convient d'ajouter qu'à l'égard du ministère public agissant comme partie jointe, le délai d'appel est de deux mois, conformément au droit commun, ce délai courant du jour du jugement lui-même, et non de la signification.

B. — Appel incident (R. v° *Appel incident*, 157 et s., S. 26 et s.).

76. L'appel incident est recevable en tout état de cause (Pr. 443, § 3), même sur les chefs non frappés d'appel par l'appelant principal, sans qu'il y ait à distinguer entre le cas où le jugement a été signifié à l'intimé et celui où il ne l'a pas été. — Il peut l'être même devant la cour saisie, par renvoi, après cassation, de la connaissance du litige, ou après un arrêt de partage, lequel remet la cause en entier état qu'avant toute plaidoirie, ou encore après le renvoi à huitaine pour entendre les conclusions du ministère public (Paris, 16 nov. 1886, D. P. 87. 2. 171). — Mais il ne peut plus l'être après la clôture des débats, et notamment après l'audition du ministère public.

ART. 6. — EFFETS DE L'APPEL.

77. L'appel a deux effets principaux : 1° il est *suspensif*; 2° il est *dévolutif*.

§ 1er. — *Effet suspensif* (R. 1208 et s.; S. 214 et s.).

78. L'appel d'un jugement a pour effet, en principe, d'en suspendre l'exécution (Pr. 458, § 1er). Par suite, est nul tout acte d'exécution d'un jugement frappé de cette voie de recours. Il en est ainsi, du moins suivant la jurisprudence, lors même que cet appel serait nul lui-même, et quelle que soit la cause de cette nullité. Spécialement, n'est pas valable l'expertise à laquelle il a été procédé postérieurement à l'appel interjeté contre le jugement qui l'ordonnait, bien que cet appel ait été déclaré non recevable comme formé contre un jugement préparatoire (Civ. c. 27 janv. 1890, D. P. 90. 1. 391). Mais lorsqu'un jugement ordonnant une enquête a été frappé d'appel, l'enquête à laquelle il est procédé nonobstant cet appel est viciée de nullité, et le jugement qui statue sur le fond en la prenant pour base de sa décision est affecté du même vice dont elle est entachée, alors même que l'appel a été ultérieurement déclaré non recevable par la juridiction compétente (Civ. c. 10 août 1891, D. P. 92. 1. 17).

79. L'effet suspensif de l'appel est absolu; des poursuites exercées postérieurement à l'appel sont radicalement nulles et peuvent motiver une condamnation à des dommages-intérêts contre celui qui les exerce. — De même, cet effet suspensif s'applique aussi bien aux condamnations accessoires qu'aux condamnations principales; ainsi, par exemple, l'avoué qui a obtenu distraction des dépens ne peut plus en poursuivre le payement avant appel, sous peine de dommages-intérêts envers l'appelant. — Pareillement encore, l'effet suspensif empêche que les délais accordés par un jugement pour exécuter ses prescriptions ne s'accomplissent et qu'une déchéance ne puisse être acquise; dans le cas, notamment, où un jugement, en fixant un délai pour son exécution, a prononcé une condamnation à des dommages-intérêts par chaque jour de retard, l'appel de ce jugement a pour effet de suspendre le cours du délai et des dommages-intérêts.

80. Toutefois, l'effet suspensif de l'appel n'arrête que l'exécution du jugement attaqué sur la personne et sur les biens; il n'est point relatif aux errements de la procédure; en conséquence, l'appel formé contre un jugement qui a statué sur un incident de procédure ou sur le fond ne peut empêcher les premiers juges de statuer au fond. A plus forte raison l'appel, s'il suspend l'exécution, n'anéantit pas les conséquences légales des jugements; ainsi, en présence d'un jugement qui ordonne l'envoi en possession d'un légataire universel, la Régie peut, malgré l'appel, exiger le payement des droits de mutation.

81. D'ailleurs, ce n'est que *momentanément* que l'exécution d'un jugement frappé d'appel est suspendue; ce jugement reprend force dès qu'il devient confirmatif (Bourges, 21 déc. 1891, D. P. 92. 2. 112). En conséquence, lorsque le jugement porte condamnation à des dommages-intérêts pour chaque jour de retard apporté à son exécution, les dommages-intérêts ne sont pas dus seulement depuis le jour de l'arrêt confirmatif, mais à dater du jour fixé par la sentence confirmée (Lyon, 16 mars 1893, D. P. 94. 2. 376).

82. Il y a deux cas, par exception, où l'effet suspensif ne se produit point. Il en est ainsi, d'abord, pour les jugements *exécutoires par provision* (Pr. 457, § 1er). Si même l'exécution provisoire a été prononcée dans un cas où elle est autorisée (V. *infrà*, *Jugement*), l'intimé peut, par simple acte, la faire ordonner à l'audience avant le jugement de l'appel (Pr. 458), et ce, quand même il ne l'aurait pas demandée en première instance. De même, à l'égard des jugements non qualifiés, ou qualifiés en premier ressort, et dans lesquels les juges étaient autorisés à prononcer en dernier ressort, l'exécution provisoire peut en être ordonnée par la cour d'appel à l'audience et sur un simple acte (Pr. 457, § 3). Inversement, si l'exécution provisoire a été ordonnée hors de ces cas prévus par la loi, l'appelant peut obtenir à bref délai, sans qu'il puisse en être accordé une requête non communiquée (Pr. 459). — En aucune autre hypothèse, il ne peut être accordé de défenses ni être rendu aucun jugement tendant à arrêter directement ou indirectement l'exécution, à peine de nullité (Pr. 460). Toutefois, cette prohibition n'est exclusivement applicable aux parties qui ont figuré dans l'instance; l'exécution, au contraire, peut être suspendue ou arrêtée sur l'opposition de tiers qui n'ont été ni parties ni représentées au procès.

83. Le second cas où l'appel interjeté n'arrête pas l'exécution du jugement est celui où le tribunal a, *par erreur*, qualifié sa décision de jugement *en dernier ressort*. En pareille hypothèse, l'exécution ne peut être suspendue qu'en vertu de défenses obtenues par l'appelant, à l'audience de la cour d'appel, sur assignation à bref délai (Pr. 457, § 2).

84. Ce n'est, en tout cas, que l'appel seul est suspensif de l'exécution, et non le *délai* de l'appel lui-même; en conséquence, les poursuites d'exécution d'un jugement susceptible de plein droit que si elles ont eu lieu postérieurement à l'appel; si elles sont antérieures, la nullité en est subordonnée à l'infirmation du jugement. Par exception, cependant, le délai d'appel est par lui-même suspensif, en matière de faux (Pén. 241), de divorce (L. 18 avr. 1886, D. P. 86. 4. 27) et d'interdiction judiciaire (Civ. 505). V. *infrà*, *Divorce*, *Interdiction* et *Procédure civile*. Il l'est également lorsque l'exécution est poursuivie contre un tiers (Pr. 548, 549, 550). V. *infrà*, *Jugement*.

§ 2. — *Effet dévolutif* (R. 1166 et s.; S. 205 et s.).

85. L'appel est dévolutif en ce sens qu'il remet en question devant les juges supérieurs toutes les difficultés qui ont été débattues devant les premiers juges et résolues par eux, et sur lesquelles il est interjeté. C'est ainsi, par exemple, que, dans le cas d'un appel formé contre un jugement prononçant la solidarité de diverses personnes responsables, la cour est libre de modifier la répartition des dommages-intérêts telle qu'elle a été réglée en première instance (Civ. r. 14 févr. 1898, D. P. 1900. 1. 73). — Par voie de conséquence, les juges inférieurs se trouvent dessaisis; et il en est ainsi encore que le jugement dont est appel ne soit pas définitif, mais simplement interlocutoire (Trib. civ. de Douai, 30 janv. 1895, D. P. 96. 2. 513).

86. Mais la cour n'est saisie et le tribunal n'est dessaisi que dans la mesure de l'appel lui-même : *tantum devolutum quantum appellatum*. Et ce sont les termes mêmes de l'acte d'appel qui fixent l'étendue de cette dévolution et si elle est totale ou partielle. — Ainsi l'appel n'est pas dévolutif au fond qu'il résulte de cet acte que la cour n'a été saisie par l'appelant que du moyen tiré de la compétence. De même, l'appel ne saisit les juges supérieurs du droit de réformer le jugement que sur les chefs critiqués par l'appelant; en particulier, ils ne peuvent modifier le jugement dans un sens favorable à l'intimé que si ce dernier a formé un appel incident, et non s'il s'est borné à demander la confirmation du jugement (Req. 24 oct. 1893, D. P. 94. 1. 14). Pareillement, l'appel dirigé exclusivement

contre le jugement définitif ne peut emporter appel du jugement interlocutoire qui l'a précédé. — Toutefois, d'une part, l'appel remettant en question la demande avec tous les moyens sur lesquels elle s'appuie, l'intimé qui a obtenu gain de cause peut, sans être obligé de relever appel incident, reprendre devant la cour toutes les conclusions qu'il avait prises devant le tribunal, même celles qui ont été rejetées par le jugement. D'autre part, l'appel d'un jugement qui a rejeté une demande saisit la cour de la connaissance du fond du litige comme de toutes les exceptions et défenses des parties; et, par suite, laisse à la cour le droit d'ordonner toutes les mesures d'avant faire droit, par exemple une expertise, qu'elle juge nécessaires, sans s'arrêter aux décisions d'instruction rendues par les premiers juges avant leur jugement définitif (Civ. r. 15 janv. 1895, D. P. 95. 1. 257).

87. L'appel formé en termes généraux et sans réserves a, en tout cas, pour effet de porter devant la cour tous les points sur lesquels le jugement a statué, même ceux qui ne faisaient pas grief à l'appelant, et quoique celui-ci ait, dans ses conclusions, restreint son appel en demandant la confirmation du jugement sur un point déterminé (Req. 11 févr. 1895, D. P. 95. 1. 230). C'est même un devoir strict pour la cour à laquelle est déféré un jugement qui a statué sur le fond du débat de vider le litige, sauf à prescrire telle mesure préalable d'instruction qu'elle juge nécessaire; en conséquence, lorsqu'elle annule, comme entachée d'excès de pouvoir, le jugement frappé d'appel, il lui est interdit de se dessaisir, si la matière rentre dans sa compétence (Civ. c. 10 juin 1896, D. P. 96. 1. 446).

88. La loi est allée plus loin, et, par dérogation à la règle que le juge d'appel n'est saisi que dans la mesure de l'appel (V. *suprà*, n° 86), elle a donné à la cour le droit d'*évocation*, c'est-à-dire le droit de juger le fond même de l'affaire, bien qu'elle ne soit saisie que de l'appel d'un jugement incident (Pr. 473). Peu importe, d'ailleurs, la nature du jugement, que ce soit un jugement provisoire, un jugement interlocutoire, ou même un jugement ayant statué définitivement sur une partie du litige; un incident de procédure (Civ. r. 15 janv. 1895, précité), et, notamment, un point déterminé d'incompétence (Req. 30 janv. 1894, D. P. 94. 1. 152).

89. Toutefois, ce droit d'évocation ne peut être exercé qu'à cinq conditions. — La première, c'est que le jugement soit infirmé (Civ. c. 21 mars 1893, D. P. 93. 1. 318), quelle que soit, d'ailleurs, la raison de cette infirmation, fût-ce, par exemple, une cause de nullité, et sans qu'il y ait à distinguer entre les divers cas pour lesquels ladite nullité est prononcée : vice de forme, composition irrégulière du tribunal, défaut de communication au ministère public, etc., ou encore pour incompétence (Civ. c. 24 juill. 1889, D. P. 90. 1. 264).

90. La seconde condition, c'est qu'il reste quelque chose à juger; c'est ainsi, par exemple, que le juge d'appel ne peut évoquer lorsqu'il déclare périmée la procédure de première instance, et infirme, par voie de conséquence, la décision du juge du premier degré.

91. La troisième condition, c'est que la cause soit en état d'être jugée au fond et de recevoir une solution définitive. L'évocation n'est donc pas possible si l'on est obligé de faire subir à l'affaire une instruction, si légère soit-elle. Il suit de là que l'évocation n'est possible qu'autant que les deux parties ont pris des conclusions sur le fond du litige. Mais il n'est pas nécessaire qu'elles aient conclu au fond devant la cour. Spécialement, le juge d'appel peut évoquer alors même que

l'intimé s'est borné à conclure devant lui à la confirmation du jugement interlocutoire (Req. 9 avr. 1895, D. P. 95. 1. 239). — Il appartient, d'ailleurs, aux juges d'appel d'apprécier si, à raison des faits, la cause est, ou non, susceptible d'être jugée par eux définitivement et en connaissance de cause, sans nouvelles mesures d'instruction, et, par suite, d'être évoquée. — La jurisprudence décide, d'autre part, que les parties peuvent valablement autoriser la cour à évoquer si elles sont d'accord sur ce point, bien que l'affaire ne soit pas, quant à présent, en état de recevoir une solution définitive (Montpellier, 20 févr. 1893, D. P. 94. 2. 12).

92. Il faut, en quatrième lieu, que la cour statue sur le tout, c'est-à-dire sur l'appel interjeté contre le jugement d'incident et sur le fond, par un seul et même arrêt. Par exemple, si la cour infirme un jugement sur la compétence et déclare incompétent le tribunal qui avait décidé le contraire, elle doit, par un seul et même arrêt, statuer sur la compétence et sur le fond (Dijon, 9 mars 1894, D. P. 95. 2. 314).

93. Enfin, cinquième condition, les juges d'appel doivent être, d'après les règles de la compétence, ceux que la loi désigne comme étant les juges du second degré de l'affaire (Civ. c. 17 mars 1896, D. P. 96. 1. 299). C'est ainsi, par exemple, qu'une cour d'appel ne peut user du droit d'évocation à l'égard de jugements de tribunaux d'arrondissement qui ne se trouvent pas dans son ressort; ... ni de jugements de justice de paix. — Toutefois, la jurisprudence admet que la cour d'appel a le droit d'évoquer lorsqu'elle infirme un jugement pour cause d'incompétence et pour toute autre cause, bien que ce jugement ait été rendu en dernier ressort (Paris, 2 juill. 1897, D. P. 98. 2. 122).

94. Lorsque ces diverses conditions se trouvent réunies, la cour *peut* évoquer; mais c'est là pour elle une simple faculté : l'évocation n'est jamais obligatoire pour le juge d'appel. — Il convient de rappeler, au surplus, que le droit d'évocation cesse lorsque le tribunal de première instance a jugé le fond même de la contestation; en pareil cas, c'est par l'effet dévolutif de l'appel que la cour est saisie (Civ. c. 22 oct. 1890, D. P. 92. 1. 342). Par suite, en pareil cas, non seulement la cour ne peut point se dessaisir de la matière et tua de sa compétence (V. *suprà*, n° 87), mais, en outre, elle n'est pas obligée de statuer sur l'incident et sur le fond par un seul et même arrêt (Req. 8 avr. 1895, D. P. 95. 1. 360).

ART. 7. — COMPÉTENCE, PROCÉDURE ET ARRÊT SUR L'APPEL (R. 1269 et s.; S. 232).

95. Les appels formés contre les jugements d'un tribunal d'arrondissement doivent être portés devant la cour dans le ressort de laquelle il se trouve (L. 27 vent. an 8, art. 22, et 20 avr. 1810, art. 2). — Quant aux règles applicables à la procédure et aux arrêts sur appel, V. *infrà*, *Jugement*, *Procédure*.

SECT. II. — **Appel des jugements des juges de paix.**

96. La législation applicable à l'appel des jugements des juges de paix est contenue, en principe, dans la loi du 25 mai 1838 (R. v° *Compétence civile des tribunaux de paix*, p. 110), modifiée, par les lois des 20 mai 1854 (D. P. 54. 4. 83) et 2 mai 1855 (D. P. 55. 4. 52). — Mais de nombreuses lois spéciales sont, en outre, intervenues à cet égard surtout dans ces dernières années.

ART. 1er. — JUGEMENTS SUSCEPTIBLES D'APPEL (R. v° *Degrés de juridiction*, 21 et s.; S. *eod.* v°, 11 et s.).

97. La règle à suivre est simple lorsqu'il s'agit d'affaires rentrant dans la compétence *ordinaire* des juges de paix (V. *infrà*, *Com-*

pétence civile des juges de paix) : sont susceptibles d'appel tous les jugements de ces magistrats portant sur une valeur supérieure à 100 francs (L. 1838, art. 1ᵉʳ); et ce, qu'ils soient contradictoires ou par défaut.

98. Au contraire, lorsqu'il s'agit de matières ressortissant de leur compétence *exceptionnelle*, le taux du dernier ressort varie essentiellement suivant ces matières. D'une façon générale, ce taux se calcule, pour les jugements de juges de paix, d'après les mêmes règles que pour ceux des tribunaux d'arrondissement (V. *suprà*, nᵒˢ 16 et s.). C'est ainsi, par exemple, que, pour le déterminer, il faut s'attacher au montant de la demande, tel qu'il résulte des dernières conclusions, et non à celui de la condamnation; ... que, lorsque plusieurs demandes, formées par la même partie, sont réunies dans une même instance, le juge de paix ne prononce sur le tout qu'à charge d'appel, si leur valeur totale dépasse le chiffre du dernier ressort, quand même quelqu'une de ces demandes serait inférieure à ce chiffre (L. 1838, art. 8, § 2, et art. 9) ; ... qu'au contraire, on n'a pas égard, en principe, aux moyens et exceptions du défendeur; que, cependant, une sentence de juge de paix peut toujours être frappée d'appel pour *cause* d'incompétence, quelle que soit la modicité de la valeur du litige (L. 1838, art. 14, § 2).

99. De même, si, sur une demande principale de la compétence en dernier ressort du juge de paix, il est formé une demande reconventionnelle ne dépassant point non plus cette compétence, le magistrat prononce sans qu'il y ait lieu à appel (L. 1838, art. 8, § 1ᵉʳ). Au contraire, si l'une de ces deux demandes n'est susceptible d'être jugée qu'à charge de cette voie de recours, il ne statue sur les deux qu'en premier ressort (L. 1838, art. 8, § 2; Civ. c. 23 avr. 1894, D. P. 94. 1. 328). Et il en est ainsi alors même que la demande reconventionnelle est une demande en dommages-intérêts fondée exclusivement sur la demande principale : à la différence du cas où une pareille demande est formée devant un tribunal civil d'arrondissement (V. *suprà*, nᵒ 28), est susceptible d'appel, dès lors qu'elle excède le taux du dernier ressort, bien que la demande principale y soit elle-même inférieure.

100. De même encore, il n'y a pas lieu, pour décider si l'appel est, ou non, recevable, de tenir compte de la qualification donnée par le magistrat à sa décision : ne sont donc pas sujets à appel les jugements mal à propos qualifiés en premier ressort ou qui, étant en dernier ressort, n'auraient point été qualifiés. Inversement, sont susceptibles d'appel les jugements qualifiés en dernier ressort s'ils ont statué sur des difficultés dont le juge ne pouvait connaître qu'en premier ressort (L. 1838, art. 14, § 1 et 2).

101. Mais il convient de signaler cette particularité que, dans le cas où, un interlocutoire ayant été ordonné et la cause n'ayant pas été jugée définitivement dans les quatre mois du jugement, l'instance se trouve périmée de plein droit (V. *infrà, Procédure devant les juges de paix*), le jugement qui serait rendu sur le fond serait sujet à l'appel, même dans les matières dont le juge de paix connaît en dernier ressort, et devrait être annulé sur la réquisition de la partie intéressée (L. 1838, art. 15).

ART. 2. — PERSONNES QUI PEUVENT APPELER OU AUXQUELLES L'APPEL PROFITE.

102. Les règles ici applicables sont celles indiquées pour l'appel des jugements des tribunaux d'arrondissement. V. *suprà*, nᵒˢ 34 et s.

ART. 3. — PERSONNES CONTRE LESQUELLES ON PEUT ET DOIT APPELER ET AUXQUELLES L'APPEL PEUT ÊTRE OPPOSÉ.

103. Ici encore, il y a lieu d'étendre les explications données *suprà*, nᵒˢ 50 et s.

ART. 4. — FORMALITÉS DE L'APPEL.

104. Les formalités de l'appel des jugements de justice de paix sont aussi celles exposées *suprà*, nᵒˢ 53 et s., à l'exception du taux de l'amende à consigner, laquelle est seulement de cinq francs (Pr. 471).

ART. 5. — DÉLAI DE L'APPEL.

§ 1ᵉʳ. — *Délai dans lequel il ne peut être fait appel* (R. 59 et s.).

105. Comme pour les jugements des tribunaux d'arrondissement, il ne peut être fait appel des sentences des juges de paix pendant la durée du délai d'opposition, lorsqu'elles sont par défaut. V. *suprà*, nᵒ 59. — L'appel des décisions de ces magistrats n'est pas non plus recevable avant les *trois jours* qui suivent celui de leur prononciation, à moins qu'il n'y ait lieu à exécution provisoire (L. 1838, art. 13).

106. Pareillement, il n'y a lieu à l'appel des jugements préparatoires qu'après le jugement définitif et conjointement avec l'appel de ce jugement, sans que, d'ailleurs, l'exécution de ces jugements préparatoires empêche, en quoi que ce soit, les parties d'user à leur égard de ce droit d'appeler; elles ne sont même pas obligées de faire, lorsque le juge statue, lors de ladite exécution, aucune protestation ni réserve (Pr. 31, § 1ᵉʳ). Lorsqu'un jugement a été proposé et que le juge de paix s'est déclaré compétent, l'appel ne peut être interjeté qu'après le jugement définitif (L. 25 mai 1838, art. 14, § 3). — Au contraire, l'appel des jugements interlocutoires est permis avant que le jugement définitif ait été rendu (Pr. 31, § 1ᵉʳ). Il en est de même des jugements provisoires. V. *suprà*, nᵒˢ 61 et s.

§ 2. — *Délai dans lequel l'appel doit être interjeté* (R. 871, 888).

107. Les règles à cet égard diffèrent sur plusieurs points de celles qui régissent l'appel des jugements des tribunaux civils. — Le délai dans lequel l'appel des jugements de juges de paix peut être formé est seulement de trente jours à compter de leur signification (L. 1838, art. 13, § 1ᵉʳ). Il se compte jour par jour, et non de date à date, c'est-à-dire qu'il faut y comprendre les trente et unième jour dans les mois de trente et un jours et en exclure ce qui manque au mois de février. Suivant la jurisprudence, ce délai n'est pas franc; et, par conséquent, n'est pas valable l'appel interjeté le trente et unième jour (Civ. c. 2 août 1887, D. P. 88. 1. 180). Pour toutes les personnes domiciliées hors du canton, il s'augmente à raison des distances, conformément aux dispositions des art. 73 et 1033 c. pr. civ. V. *infrà, Exploit* (L. 1838, art. 13).

ART. 6. — EFFETS DE L'APPEL (S. 205. — V. aussi S. vᵒ *Degrés de juridiction*, 214 et s.).

108. L'appel des jugements de justice de paix est *suspensif* et *dévolutif* dans la même mesure que celui des jugements des tribunaux d'arrondissement. — C'est ainsi, par exemple, qu'au point de vue dévolutif il remet en question devant le tribunal qui est saisi toutes les difficultés qui ont été débattues devant le juge de paix et résolues par lui, et sur lesquelles l'appel a été interjeté ; spécialement, ce tribunal, statuant ainsi comme juge du second degré sur l'appel d'une sentence de justice de paix qui a déclaré tardive une opposition à un jugement par défaut, peut faire à la cause l'application de l'art. 21 c. pr. civ., aux termes duquel le juge de paix

est autorisé à relever de la rigueur du délai imparti pour former opposition le défaillant qui justifie n'avoir pu, notamment à raison d'absence, être instruit de la procédure. V. *infrà, Jugement par défaut.* — C'est même une obligation pour le tribunal saisi de l'appel d'une sentence qui a statué au fond de vider le litige comme tribunal du second degré : il ne peut renvoyer de nouveau les parties devant le juge de paix, sauf à ordonner au préalable telle mesure d'instruction qu'il juge nécessaire.

109. Le droit d'évocation appartient aussi au tribunal juge de l'appel, mais sous la réserve indiquée *suprà*, nᵒ 93; c'est donc à condition qu'il soit lui-même compétent pour trancher l'affaire en dernier ressort; par suite, le tribunal de première instance qui réforme, comme incompétemment rendu, un jugement de justice de paix, ne peut évoquer le fond s'il ne peut lui-même connaître du litige qu'à charge d'appel, par exemple parce que la demande a un objet indéterminé (Civ. c. 17 mars 1896, D. P. 96. 1. 299). Au contraire, le tribunal saisi de l'appel de la sentence d'un juge de paix par laquelle celui-ci s'est déclaré à tort compétent peut évoquer le fond et y statuer, lorsque l'affaire est de la compétence en dernier ressort de ce tribunal. — La décision du tribunal qui évoque le fond, contrairement à la règle précitée, n'est d'ailleurs pas elle-même susceptible d'appel.

ART. 7. — COMPÉTENCE, PROCÉDURE ET JUGEMENT SUR L'APPEL (R. 1269 et s.; S. 232).

110. L'appel d'une sentence de justice de paix doit être déféré au tribunal d'arrondissement dans le ressort duquel est située cette justice de paix. V. *infrà, Compétence.*

111. La procédure à suivre sur l'appel, ainsi que les règles concernant les jugements auxquels il donne lieu, sont indiquées *infrà, Jugement, Procédure civile.*

SECT. III. — Appel des jugements des tribunaux de commerce.

112. L'appel des jugements des tribunaux de commerce est réglé par les art. 639, 644, 645 à 648 c. com., dont quelques-uns ont été modifiés par les lois des 3 mars 1840 (R. vᵒ *Organisation judiciaire*, p. 1507) et 3 mai 1862 (D. P. 62. 4. 43).

ART. 1ᵉʳ. — JUGEMENTS SUSCEPTIBLES D'APPEL (R. vᵒ *Degrés de juridiction*, 66, 413).

113. Sont susceptibles d'appel tous les jugements des tribunaux de commerce qui statuent sur des demandes d'une valeur indéterminée ou excédant 1500 fr. (Com. 639 modifié par la loi du 3 mars 1840).

114. Le taux du ressort se calcule, pour ces jugements, de la même manière que pour ceux des tribunaux d'arrondissement. V. *suprà*, nᵒ 16. C'est ainsi, par exemple, qu'il se détermine non par le montant de la condamnation, mais par le chiffre de la demande tel qu'il est formulé par les derniers conclusions du demandeur; et que, dans ce chiffre, il n'y a lieu de comprendre ni les intérêts courus depuis le protêt ou les frais de ce protêt et ceux faits depuis, mais seulement les intérêts et les frais courus ou faits auparavant.

115. Les dispositions sur la compétence peuvent toujours, pour les jugements des tribunaux de commerce comme pour ceux des tribunaux d'arrondissement, être attaquées par la voie de l'appel (Pr. 425).

116. D'autre part, le tribunal de commerce juge en premier ressort les demandes reconventionnelles ou en compensation, lors même que, réunies à la demande principale, elles excèdent le taux du dernier ressort (Com. 639, § 4). — Mais il suffit que l'une des deux demandes principale ou reconventionnelle s'élève au-dessus de ce taux, pour que le tribunal ne prononce sur toutes qu'en premier ressort (Com. 639, § 5). — Néanmoins, le tribunal de commerce, de même que le tribunal civil (V. *supra*, n° 29), statue en dernier ressort sur les demandes en dommages-intérêts, lorsqu'elles sont fondées exclusivement sur la demande principale elle-même (Com. 639, § 6).

117. De même que les tribunaux d'arrondissement (V. *supra*, n° 5), les tribunaux de commerce jugent en dernier ressort toutes les demandes dans lesquelles les parties sont justiciables de ces tribunaux, et, usant de leurs droits, déclarent vouloir être jugées définitivement et sans appel (Com. 639, § 1ᵉʳ).

118. Enfin, il n'y a pas à tenir compte de la qualification donnée par les juges à leur jugement; par suite, dans les limites de la compétence fixée pour le dernier ressort, l'appel n'est pas reçu, encore que le jugement n'énonce pas qu'il est rendu en dernier ressort, et même quand il énoncerait qu'il est rendu à la charge d'appel (Com. 646, modifié par la loi du 3 mars 1840). V. *supra*, n° 6.

119. Il y a, d'autre part, en matière de faillite, un certain nombre de décisions du tribunal de commerce qui ne peuvent jamais être attaquées par la voie de l'appel (Com. 583). V. *infra*, Faillite.

ART. 2. — PERSONNES QUI PEUVENT APPELER OU AUXQUELLES L'APPEL PROFITE.

120. Ces personnes sont les mêmes que pour les tribunaux civils d'arrondissement. V. *supra*, n° 34 et s.

ART. 3. — PERSONNES CONTRE LESQUELLES ON PEUT ET DOIT APPELER, ET AUXQUELLES L'APPEL PEUT ÊTRE OPPOSÉ.

121. Ces personnes sont également les mêmes que pour les tribunaux civils d'arrondissement. V. *supra*, n° 50 et s.

ART. 4. — FORMALITÉS DE L'APPEL.

122. Les formalités sont identiques à celles indiquées *supra*, n° 53 et s.

ART. 5. — DÉLAIS DE L'APPEL.

§ 1ᵉʳ. — *Délai dans lequel il ne peut être fait appel.*

123. En principe, il peut être fait immédiatement appel de tous les jugements du tribunal de commerce, non seulement de ceux qui sont contradictoires, mais encore de ceux qui sont par défaut. L'appel peut, même en ce qui concerne ces derniers, être interjeté dès le jour du jugement, et, par conséquent, dès avant l'expiration des délais d'opposition (Com. 645, *in fine*).

124. Par exception, toutefois, il ne peut être interjeté appel des jugements préparatoires qu'après le jugement définitif et conjointement avec l'appel de ce jugement. Mais il n'en est pas de même pour les jugements interlocutoires ni pour les jugements provisoires, dont l'appel est recevable aussitôt qu'ils sont rendus.

§ 2. — *Délai dans lequel l'appel doit être interjeté.*

125. Il y a lieu, en thèse générale, de se référer aux règles posées *supra*, n° 65 et s. C'est ainsi que le délai pour interjeter appel des jugements des tribunaux de commerce est de deux mois, à compter du jour de la signification du jugement, pour ceux qui ont été rendus contradictoirement, et du jour de l'expiration du délai d'opposition, pour ceux qui ont été rendus par défaut (Com. 645, modifié par la loi du 3 mai 1862). Seulement, tandis que, de droit commun (V. *supra*, n° 70), le délai ne commence à courir que du jour de la signification à la personne ou au domicile réel, la jurisprudence décide qu'il suffit ici, pour faire courir le délai d'appel, d'une signification au domicile élu et

mentionnée sur le plumitif de l'audience, et même, à défaut de cette formalité, d'une signification faite au greffe (Alger, 22 nov. 1897, D. P. 1900. 2. 243). Et la signification au greffe ferait courir le délai d'appel alors même que la partie adverse aurait élu un domicile dans le cours et par un acte de la procédure (Req. 17 mai 1887, D. P. 87. 1. 247).

ART. 6. — EFFETS DE L'APPEL.

126. L'appel n'a pas d'effet suspensif en ce qui concerne l'exécution des jugements des tribunaux de commerce, ces jugements étant toujours exécutoires par provision (V. *infra*, Jugement). — La cour d'appel ne peut même en aucun cas, à peine de nullité, et même de dommages-intérêts, parties, s'il y a lieu, accorder des défenses ni surseoir à l'exécution desdits jugements, quand même ils seraient attaqués pour incompétence; elle peut seulement, suivant l'exigence des cas, accorder la permission de citer extraordinairement à jour et à heure fixes, pour plaider sur l'appel (Com. 647).

127. L'appel des jugements des tribunaux de commerce est *dévolutif*, comme celui des jugements des tribunaux d'arrondissement. V. *supra*, n° 85 et s.

128. La cour d'appel saisie d'un jugement du tribunal de commerce peut aussi évoquer, mais seulement dans les conditions indiquées *supra*, n° 93. Il en résulte notamment que la cour d'appel qui infirme un jugement du tribunal de commerce pour avoir statué sur une affaire de la compétence du juge de paix, ne peut régulièrement évoquer le fond du litige et statuer, n'étant pas juge d'appel des contestations dont la compétence appartient au juge de paix.

ART. 7. — COMPÉTENCE, PROCÉDURE ET ARRÊT SUR L'APPEL.

129. L'appel des jugements des tribunaux de commerce doit être porté devant la cour dans le ressort de laquelle ces tribunaux sont situés (L. 27 vent. an 8, art. 22, et Com. 644).

130. En ce qui concerne la procédure qui doit être suivie sur cet appel et les règles spéciales à l'arrêt qui le vide, V. *infra*, Jugement, Procédure.

SECT. 4. — Appel des jugements des conseils de prud'hommes.

131. Les règles relatives à l'appel des jugements des conseils de prud'hommes sont contenues dans l'art. 38 du décret du 11 juin 1809 (R. v° *Prud'hommes*, p. 532), modifié sur avis du Conseil d'État du 20 févr. 1810, et dans l'art. 13 de la loi du 1ᵉʳ juin 1853 (D. P. 53. 4. 94), laquelle a remplacé, sur ce point, l'art. 2 du décret du 3 août 1810 (R. v° cit., p. 534).

ART. 1ᵉʳ. — JUGEMENTS SUSCEPTIBLES D'APPEL (R. v° *Prudhommes*, 122 et s.; S. eod. v°, 431 et s.).

132. Les jugements des conseils de prud'hommes ne sont susceptibles d'appel que s'ils portent sur des différends excédant 200 francs (L. 1853, art. 13), ou d'une valeur indéterminée, tels, par exemple, qu'une question de compétence.

133. Ici encore, c'est le chiffre de la demande qu'il faut considérer, et non celui de la condamnation. — Ce chiffre est celui du capital (L. 1853, art. 1ᵉʳ). Il n'y a donc à tenir compte ni des intérêts du capital courus depuis la demande, ni des frais de l'instance (Civ. c. 6 janv. 1897, D. P. 97. 1. 48).

134. L'appel est recevable quand un même jugement statue sur plusieurs demandes dont aucune n'excède isolément le taux du dernier ressort, mais qui le dépassent par leur réunion (Comp. *supra*, n° 97).

135. La demande reconventionnelle a pour

effet, lorsqu'elle est supérieure à ce taux, de rendre susceptible d'appel la demande principale, alors que cette dernière ne l'atteint point; et réciproquement (V. *supra*, n° 28). — Par exception, toutefois, les demandes reconventionnelles en dommages-intérêts, exclusivement fondées sur la demande principale elle-même, sont sans influence sur le degré de juridiction et sont toujours rendues en dernier ressort (Civ. c. 22 déc. 1897, D. P. 98. 1. 135). Spécialement, on doit considérer comme fondée exclusivement sur la demande principale, et par suite comme rendue en dernier ressort, la demande d'un patron qui, reconventionnellement à la demande principale introduite contre lui par un ouvrier en payement d'une indemnité de 68 francs pour refus non justifié de travail et temps perdu, tend elle-même à faire condamner ledit ouvrier à lui payer une somme de 250 francs de dommages-intérêts à raison du préjudice à lui causé par l'introduction de la demande principale, les dérangements de toutes sortes et le trouble qui en sont résultés dans ses ateliers (Civ. c. 31 oct. 1893, D. P. 94. 1. 326). — Au contraire, lorsqu'un patron, assigné par un ancien ouvrier en payement de salaire, demande reconventionnellement des dommages-intérêts en réparation du préjudice causé par le brusque départ de l'ouvrier, cette demande reconventionnelle ayant une cause juridique indépendante de la demande principale ; en conséquence, si cette demande reconventionnelle excède le taux du dernier ressort, le conseil des prud'hommes ne connaît qu'à charge d'appel des demandes respectives des parties, bien que la demande principale rentre dans les limites du dernier ressort (Civ. c. 27 déc. 1899, D. P. 1900. 1. 256).

136. Il y a lieu d'étendre aux conseils de prud'hommes le principe d'après lequel les parties peuvent, devant un juge compétent en premier ressort, déclarer vouloir être jugées par lui définitivement et sans appel, et proroger ainsi sa compétence en dernier ressort (V. *supra*, n° 6).

ART. 2. — PERSONNES QUI PEUVENT APPELER OU AUXQUELLES L'APPEL PROFITE.

137. Ce sont les mêmes personnes que pour le tribunal d'arrondissement. V. *supra*, n° 34 et s.

ART. 3. — PERSONNES CONTRE LESQUELLES ON PEUT ET DOIT APPELER ET AUXQUELLES L'APPEL PEUT ÊTRE OPPOSÉ.

138. Ces personnes sont également les mêmes que pour le tribunal d'arrondissement. V. *supra*, n° 50 et s.

ART. 4. — FORMALITÉS DE L'APPEL.

139. Les formalités se réduisent à la signification d'un acte d'appel : il n'y a pas lieu ici à consignation d'une amende de fol appel. — Cet acte d'appel est soumis aux mêmes formes que l'acte d'appel des jugements rendus par les tribunaux civils, sauf cette différence qu'il ne contient pas de constitution d'avoué, les appels des sentences des conseils de prud'hommes étant portés au tribunal de commerce (V. *infra*, n° 143), et, par suite, étant jugées sans l'intervention d'avoués.

ART. 5. — DÉLAIS DE L'APPEL (R. v° *Prudhommes*, 127 ; S. eod. v°, 139).

§ 1ᵉʳ. — *Délai dans lequel il ne peut être fait appel.*

140. En principe, il peut être interjeté appel *immédiatement* de toutes les décisions des conseils de prud'hommes. Exception est faite, toutefois, pour les jugements préparatoires, dont l'appel ne peut être interjeté qu'après le jugement définitif et conjointement avec l'appel de ce jugement, sans que, d'ailleurs, l'exécution de ces jugements préparatoires fasse obstacle au droit des parties d'en appeler, et sans même que celles-ci soient obligées de faire à cet égard aucune protestation ni réserve (Décr. 1809, art. 47).

§ 2. — *Délai dans lequel l'appel doit être interjeté.*

141. L'appel des jugements des conseils de prud'hommes est recevable pendant trois mois à compter de leur signification (même décret, art. 38).

ART. 6. — EFFETS DE L'APPEL.

142. Pas plus que celui des jugements des tribunaux civils (V. *supra*, n° 126), l'appel des sentences des conseils de prud'hommes n'est *suspensif*. — Mais il est *dévolutif* et confère au tribunal qui en connaît comme juge de second degré le droit d'évocation dans la mesure indiquée *supra*, n°⁸ 88 et s.

ART. 7. — COMPÉTENCE, PROCÉDURE ET JUGEMENT SUR L'APPEL.

143. Le juge de l'appel des sentences du conseil de prud'hommes est le tribunal de commerce (ou le tribunal d'arrondissement qui en fait fonctions) dans le ressort duquel se trouve le conseil (L. 1er juin 1853, art. 13, § 2).

144. Quant à la procédure sur cet appel et au jugement qui le tranche, V. *infra*, *Procédure.*

SECT. 5. — Enregistrement et timbre.

145. Les exploits de signification d'appel des jugements des juges de paix, en matière civile, sont soumis au droit fixe de 5 francs (L. 22 frim. an 7, art. 68, § 4, n° 3, R. v° *Enregistrement*, t. 21, p. 26; 28 févr. 1872, art. 4, D. P. 72. 4. 12; 19 févr. 1874, art. 2, D. P. 74. 4. 41; 26 janv. 1892, art. 7, § 1er, D. P. 92. 4. 9).

146. Les appels des décisions des conseils de prud'hommes, tarifés avant la loi du 26 janv. 1892 à 3 francs comme exploits devant le tribunal de commerce, sont assujettis au droit fixe de 2 francs par suite de la réduction d'un tiers prononcée par l'art. 7 de ladite loi.

147. Les significations d'appel des jugements des tribunaux civils, de commerce ou d'arbitrage, sont soumis au droit fixe de 10 francs (L. 22 frim. an 7, art. 68, § 5; 28 févr. 1872, art. 4; 19 févr. 1874, art. 2; 26 janv. 1892, art. 7, § 1er).

148. Lorsque l'acte émane de plusieurs appelants on est dirigé contre plusieurs intimés, il est dû autant de droits qu'il y a de parties non cointéressées (L. 22 frim. an 7, art. 68, § 1er, n° 30, et 27 vent. an 9, art. 13). Toutefois, dans les procédures de délaissement par hypothèque, et purge des hypothèques légales ou inscrites, de saisie immobilière, d'ordre judiciaire et de contribution judiciaire, il n'est dû qu'un seul droit, quel que soit le nombre des demandeurs et des défendeurs (L. 28 avr. 1803, art. 23, D. P. 93. 4. 79). — Les déclarations d'appel faites au greffe, ou devant notaire, non soumises aux mêmes tarifs; mais les significations qui en sont faites ensuite ne sont plus assujetties qu'aux droits dus sur les exploits ordinaires (Circ. Reg. 9 frim. an 8, n° 1704).

149. L'appel incident signifié par acte d'avoué à avoué est exempt de timbre et d'enregistrement, par application de l'art. 5 de la loi du 26 janv. 1892 (D. P. 92. 4. 9).

APPEL EN MATIÈRE CRIMINELLE

(R. v° *Appel en matière criminelle*; S. *eod.* v°).

1. Les décisions susceptibles d'appel en matière criminelle sont : 1° les ordonnances des juges d'instruction (Instr. 135-136); 2° les jugements des tribunaux de simple

police (Instr. 172-178); 3° les jugements des tribunaux correctionnels (Instr. 199-215). Les arrêts des cours d'assises ne comportent pas cette voie de recours.

ART. 1er. — DE L'APPEL DES ORDONNANCES DES JUGES D'INSTRUCTION (R. 12 et s.; S. 7 et s.).

2. L'appel — connu dans la pratique sous le nom d'*opposition* — des ordonnances du juge d'instruction peut être formé par la partie publique, par la partie civile, par le prévenu et par le procureur général. — Le procureur de la République et le procureur général ont le droit de faire opposition à toutes les ordonnances du juge d'instruction (Instr. 135, § 1 et 9). — La partie civile n'a ce droit qu'à l'égard des ordonnances *faisant grief à ses intérêts civils*, telles que, par exemple, l'ordonnance de non-lieu ou l'ordonnance de dessaisissement pour incompétence. Elle peut être condamnée à des dommages-intérêts envers le prévenu, si elle succombe dans son opposition (Instr. 135, § 2; 136). — Le prévenu n'a le droit d'opposition que dans deux cas : 1° quand la mise en liberté provisoire lui est refusée; 2° quand il a excipé de l'incompétence et que le juge s'est déclaré compétent (Instr. 135, § 3). Ainsi, est non recevable l'opposition du prévenu à l'ordonnance du juge d'instruction qui fixe le renvoi devant la juridiction correctionnelle.

3. Le délai de l'opposition est : pour le procureur de la République, de vingt-quatre heures, à compter du jour de l'ordonnance; pour le procureur général, de dix jours à partir de l'ordonnance; pour le prévenu, de vingt-quatre heures à compter de la communication ou de la signification de l'ordonnance, suivant qu'il est détenu ou en liberté; pour la partie civile, de vingt-quatre heures à compter de la signification qui lui est faite de l'ordonnance (Instr. 135, § 4); la connaissance que cette partie aurait acquise de l'ordonnance, et certaine qu'elle fût, ne saurait équivaloir à une signification (Cr. c. 28 févr. 1902, D. P. 1903. 5. 426). — Ces délais se comptent du jour, et non de l'heure de l'ordonnance, et ils ne sont pas augmentés quand le dernier jour tombe un jour férié ou un dimanche.

4. L'opposition se forme par une déclaration au greffe. L'opposition du procureur général doit être notifiée dans les dix jours à la personne même du prévenu.

5. C'est la chambre d'accusation qui statue sur les oppositions à ordonnance du juge d'instruction (V. *infra*, *Cours et tribunaux* et *Instruction criminelle*).

ART. 2. — DE L'APPEL EN MATIÈRE DE SIMPLE POLICE (R. 64 et s.; S. 16 et s.).

6. Les jugements de simple police ne peuvent être attaqués par la voie de l'appel que lorsqu'ils se prononcent un emprisonnement ou lorsque les amendes, restitutions et autres réparations civiles prononcées par le jugement (la recevabilité de cet appel se règle sur les condamnations prononcées, et non sur les conclusions des parties) excèdent, par leur réunion, la somme de cinq francs, outre les dépens (Instr. 172); ou lorsque le jugement prononce une condamnation indéterminée, par exemple quand il ordonne la destruction d'un ouvrage. — Lorsqu'un jugement prononce une condamnation à plusieurs amendes, pour plusieurs contraventions comprises dans la même poursuite, il y a lieu de totaliser les amendes pour savoir si le jugement est susceptible d'appel. — Les décisions interlocutoires qui se bornent à statuer sur la compétence ou sur une exception préjudicielle ne sont pas en elles-mêmes susceptibles d'appel; mais le prévenu qui a interjeté appel du jugement sur le fond par lequel le tribunal a prononcé contre lui une condamnation à l'emprisonnement ou à une

amende excédant 5 francs peut remettre en discussion, devant le juge du second degré, la question résolue par le jugement interlocutoire.

7. La faculté d'appeler appartient au prévenu condamné et à la partie civilement responsable; elle n'est accordée dans aucun cas au ministère public. — Quant à la partie civile, la voie de l'appel lui est généralement fermée lorsqu'elle n'a pas obtenu les réparations par elle réclamées; elle n'est admise à appeler que dans le cas où elle a été condamnée envers le prévenu à des dommages-intérêts excédant 5 francs.

8. L'appel est porté au tribunal correctionnel (Instr. 174).

9. L'appel doit être interjeté dans les dix jours après celui où le jugement a été prononcé et, si le jugement est par défaut, dans les dix jours de la signification de la sentence à personne ou à domicile (Instr. 174, modifié par la loi du 6 avr. 1897, D. P. 97. 4. 25). Ces délais sont augmentés d'un jour par trois myriamètres. L'exécution du jugement est suspendue non seulement une fois, par l'appel interjeté, mais aussi pendant le délai de l'appel (Instr. 173).

10. La position du prévenu, en matière de simple police comme en matière correctionnelle (V. *infra*, n° 22), ne peut pas être aggravée par son appel.

11. La forme de l'appel en matière de simple police est la même qu'en matière correctionnelle (V. *infra*, n° 14). — Quant à la procédure et au jugement, il y a lieu d'appliquer les règles suivies pour les appels des sentences des justices de paix (Instr. 174, précité). Le tribunal d'appel a la faculté d'admettre ou de refuser l'audition des témoins proposés, soit qu'il s'agisse de témoins déjà entendus en première instance, ou de témoins nouveaux (Instr. 175). — Il n'est pas nécessaire, en matière correctionnelle (V. *infra*, n° 29), que le jugement soit précédé de la lecture d'un rapport. — Il n'y a pas lieu à évocation de la part des tribunaux correctionnels jugeant en appel des sentences des tribunaux de simple police (Comp. *infra*, n° 28). Toutefois, si le tribunal correctionnel annule une sentence de simple police pour vice de forme, il peut statuer sur le fond, à la condition de le faire par le même jugement.

ART. 3. — DE L'APPEL EN MATIÈRE CORRECTIONNELLE.

§ 1er. — *Jugements dont on peut appeler* (R. 129 et s.; S. 81 et s.).

12. Les jugements définitifs rendus en matière correctionnelle peuvent tous être attaqués par la voie de l'appel (Instr. 199). — Parmi les jugements d'avant dire droit, les jugements interlocutoires, par exemple ceux qui statuent séparément sur des exceptions ou sur des incidents, sont susceptibles d'être attaqués par la voie de l'appel avant le jugement définitif; les jugements préparatoires et de simple instruction ne peuvent être frappés d'appel qu'en même temps que le jugement définitif.

§ 2. — *Personnes qui peuvent appeler* (R. 157 et s.; S. 35 et s.).

13. Les personnes auxquelles appartient la faculté de faire appel sont (Instr. 202) : 1° la partie prévenue, c'est-à-dire non seulement le prévenu condamné, mais également celui qui, absous ou acquitté, a été condamné aux dépens ou auquel le tribunal a refusé les indemnités par lui réclamées à raison des poursuites dont il a été l'objet; 2° la partie civilement responsable; 3° la partie civile, en cas d'acquittement du prévenu et nonobstant l'inaction du ministère public, mais quant à ses intérêts civils seulement; 4° l'Administration forestière et celles des autres administrations publiques qui ont l'exercice de l action publique; 5° le ministère public, c'est-à-dire, d'une part, le procureur de la République et, d'autre part, le procureur général, qui exerce ce droit d'une manière personnelle et indépendante. Le ministère public peut former appel *a maxima*, c'est-à-dire pour demander une peine plus douce, aussi bien qu'*a minima*, c'est-à-dire pour réclamer une peine plus sévère.

§ 3. — *Formes de l'appel* (R. 237 et s.; S. 60 et s.).

14. L'appel est formé par une déclaration au greffe du tribunal qui a rendu le jugement (Instr. 203). — Cette déclaration doit être faite par l'appelant en personne. Ainsi, est non recevable l'appel d'un condamné, en matière correctionnelle, qui, au lieu de se présenter au greffe du tribunal dont il attaque la décision, se borne à lui adresser par la poste une lettre par laquelle il déclare interjeter appel de cette décision (Cr. r. 4 déc. 1902, D. P. 1903. 1. 65). A plus forte raison doit-il en être de même d'un appel interjeté par dépêche télégraphique. — Une requête contenant les moyens d'appel peut être remise au greffe dans le même délai (Instr. 204); mais cette remise est purement facultative.

15. Lorsque le prévenu est détenu, l'appel est formé par une déclaration *au greffier*, dans la prison. Enfin, le procureur de la République, dans quelques parquets, notamment au parquet de la Seine, déclare appel toutes les fois qu'un prévenu l'avertit par lettre de son désir d'appeler. — L'appel peut être formé par un mandataire muni d'une procuration spéciale ou, sans qu'il soit besoin d'une procuration, par un avoué, ou par le père du prévenu mineur. Le mari n'a pas qualité pour interjeter appel au nom de sa femme.

§ 4. — *Juridiction compétente* (R. 139; S. 1).

16. Depuis la loi du 13 juin 1856 (D. P. 56. 4. 63), la connaissance des appels des jugements des tribunaux correctionnels appartient aux cours d'appel sans aucune exception et d'une manière exclusive (Instr. 201).

§ 5. — *Délai de l'appel* (R. 200 et s.; S. 44 et s.).

17. Le délai d'appel est de dix jours. — A l'égard du prévenu, il court, pour les jugements contradictoires, du prononcé du jugement. — En ce qui concerne les jugements par défaut, il ne court que seulement de l'expiration du délai de l'opposition; il a, comme ce dernier délai, pour point de départ la signification du jugement; par suite, la déclaration d'appeler peut être faite au greffe sans que la partie condamnée soit tenue d'attendre l'expiration des délais d'opposition (Instr. 203). — Le prévenu qui a fait un appel tardif peut être relevé de sa déchéance s'il prouve qu'il a été empêché d'agir dans le délai par un cas de force majeure. — En ce qui concerne la partie poursuivante, ministère public ou partie civile, le délai, pour les jugements par défaut comme pour les jugements contradictoires, court à partir du prononcé du jugement, et non de la signification de ce jugement. — Dans le délai de dix jours, il faut comprendre le jour de l'échéance du délai; par suite, c'est irrecevable l'appel formé le onzième jour. Ce délai est augmenté d'un jour par trois myriamètres.

18. Le procureur général a, pour former appel, deux mois à partir du prononcé du jugement; ce délai est réduit à un mois à partir de la signification, lorsque le jugement lui a été signifié par l'une des parties (Instr. 205). — Il doit, à peine de non-recevabilité, notifier son appel au prévenu et à la partie responsable, à personne ou domicile; mais une déclaration d'appel faite par le ministère public au nom du procureur général, et dont il lui est donné acte par le jugement, rend la notification inutile quand le prévenu était présent à l'audience. — La notification de l'appel n'est, d'ailleurs, exigée que lorsque l'appel émane du procureur général, et non lorsqu'il est formé par le procureur de la République ou la partie civile.

§ 6. — *Effets de l'appel*.

19. L'appel produit un effet suspensif et un effet dévolutif.

A. — Effet suspensif (R. 295 et s.; S. 74 et s.).

20. L'exécution du jugement est suspendue pendant les délais d'appel (qu'il y ait, ou non, appel interjeté) pendant le délai de dix jours, mais aussi pendant le délai de deux mois accordé au procureur général (V. *suprà*, n° 18). Mais les mandats décernés contre le prévenu avant la condamnation continuent d'être exécutés. — L'effet suspensif s'attache non seulement aux jugements portant condamnation ou acquittement, mais à tous les jugements définitifs qui statuent sur les incidents ou sur des exceptions. — Le condamné peut renoncer à son appel; ce désistement n'est régulier qu'après qu'il en a été donné acte.

B. — Effet dévolutif (R. 302 et s., 336 et s.; S. 99 et s.).

21. L'appel est dévolutif en ce sens qu'il porte la connaissance de l'affaire devant le tribunal supérieur et qu'il remet en question, devant cette juridiction, tous les points de fait et de droit qui ont été jugés en première instance. Mais la juridiction supérieure n'étant saisie que par l'appel, sa compétence est circonscrite par les termes mêmes de cet acte, et l'appel ne remet pas toujours en question toutes les questions du jugement attaqué. — L'effet dévolutif de l'appel varie notablement suivant que le juge d'appel a été saisi par l'appel du prévenu, par celui de la partie civile ou par celui du ministère public.

22. 1° *Appel du prévenu*. — Le tribunal n'est saisi par l'appel du prévenu que des chefs qui font grief à celui-ci. Il en résulte qu'en matière correctionnelle, comme en matière de simple police, lorsque l'appel a été interjeté par le prévenu seul et que le ministère public a gardé le silence, le tribunal d'appel ne peut pas aggraver la condition de l'appelant (Av. Cons. d'Et. 12 nov. 1806). Ainsi, le juge d'appel ne peut : ni augmenter les condamnations, soit pécuniaires, soit pénales, prononcées par les premiers juges; ... ni ajouter une peine nouvelle, par exemple, une peine d'amende à celle d'emprisonnement, alors qu'il ne réduirait pas la durée de celle-ci (il peut, au contraire, substituer une peine d'amende à une peine d'emprisonnement, quelle que soit l'importance ou la durée de chacune d'elles); ... ni appliquer une peine accessoire (par exemple, l'interdiction des droits mentionnés dans l'art. 42 c. pén.) qui n'a pas été prononcée par le premier juge; ... ni décider, par réformation du jugement attaqué, que la détention préventive ne s'imputera pas sur la durée de la peine; ... ni augmenter les dommages-intérêts ou aggraver les réparations civiles prononcées par le premier juge; ... ni condamner le prévenu appelant pour une infraction non relevée ou écartée en première instance. — Mais le juge d'appel peut apprécier les faits d'après tous les éléments de l'instruction et des débats, et non pas seulement d'après les éléments pris en considération par le jugement attaqué. Il lui est même permis de modifier la qualification du délit, alors qu'il n'en doit résulter aucune aggravation de peine.

23. Le juge d'appel ne peut, lorsqu'il n'est saisi que du seul appel du prévenu et que celui-ci n'a pas déposé des conclusions d'incompétence, se déclarer d'office incompétent par le motif, même fondé, que les faits de la prévention ont le caractère d'un délit, mais d'un crime justiciable de la cour d'assises; il y aurait lieu d'annuler l'arrêt par lequel la cour d'appel se serait, dans ces conditions, déclarée incompétente. — Mais le prévenu, seul appelant, peut décliner, pour la première fois en appel, la compétence de la juridiction correctionnelle, si le fait a été mal qualifié et constitue, en réalité, non un délit, mais un crime.

24. 2° *Appel de la partie civile*. — Les juges d'appel, saisis par l'appel de la partie civile seule, doivent statuer sur l'action civile, et non sur l'action publique, laquelle ne peut résulter de cet appel ni condamnation pénale contre le prévenu, s'il a été acquitté en première instance (Cr. c. 9 août 1902, D. P. 1903. 1. 522), ni aggravation de peine s'il a été condamné, alors même que le ministère public aurait requis devant la cour l'application de cette peine. — Mais les juges d'appel, bien que la partie civile soit seule appelée, doivent se livrer à une nouvelle appréciation des faits; ils peuvent modifier la qualification, accorder des dommages-intérêts ou en augmenter le chiffre.

25. 3° *Appel du ministère public*. — L'appel interjeté par le ministère public a pour effet de saisir le juge du second degré de tous les chefs de la prévention sur lesquels ont statué les premiers juges et lui donne compétence générale à l'effet d'examiner tous les faits tant à charge qu'à décharge. — Dans le cas où le ministère public a restreint son appel à quelques-uns des chefs du jugement, le jugement passe, pour le surplus, en force de chose jugée.

26. Sur l'appel du ministère public, les juges statuent librement sur la quotité de la peine; ils peuvent, malgré les conclusions contraires du ministère public, élever la peine prononcée par les premiers juges ou, même en l'absence d'un appel de la part du prévenu, atténuer la peine prononcée contre celui-ci ou l'en décharger complètement. Ils peuvent également modifier la qualification légale du délit.

27. L'appel du ministère public est sans effet sur l'action civile; ainsi, la cour d'appel qui acquitte le prévenu ne peut pas le décharger, sur le seul appel du ministère public, des dommages-intérêts alloués à la partie civile par les premiers juges.

C. — Évocation (R. 346 et s.; S. 96 et s.).

28. La cour d'appel qui annule un jugement correctionnel pour violation ou omission des formes prescrites par la loi doit évoquer la cause et prononcer sur le litige (Instr. 215). L'évocation qui, en matière civile, est facultative (V. *suprà*, *Appel civil* n° 94), est donc forcée en matière correctionnelle. — Elle ne doit, d'ailleurs, pas être restreinte aux cas prévus par l'art. 214 c. instr. crim.; il y a lieu d'évoquer dans tous les cas, excepté lorsque l'annulation est prononcée pour incompétence, sans qu'il y ait, en outre, à distinguer si l'irrégularité s'attache à l'instruction et au jugement ou si elle se réfère à la citation.

§ 7. — *Procédure sur appel* (R. 305 et s.; S. 79 et s.).

29. La décision sur l'appel d'un jugement correctionnel doit, à peine de nullité, être précédée d'un rapport fait à l'audience par l'un des conseillers (Instr. 209); le conseiller rapporteur doit, à peine de nullité, avoir été présent à toutes les audiences. Le rapport est nécessaire aussi bien lorsqu'il s'agit de statuer sur un incident, par exemple une question préjudicielle, que pour le jugement du fond. Il suffit d'un seul rapport au début de l'audience, alors même que le ministère public produirait des documents nouveaux au cours des débats; mais un second rapport est nécessaire, s'il y a eu, en vertu d'un arrêt d'avant faire droit, une information nouvelle. — La loi abandonne la forme et l'étendue du rapport, ainsi que les éléments qu'il doit comprendre, à la conscience et à l'appréciation du magistrat qui en est chargé. Elle le laisse juge de l'opportunité et de l'utilité des pièces dont il doit donner lecture.

30. Immédiatement après la lecture du rapport, il est procédé à l'interrogatoire du prévenu (Instr. 210). Mais l'accomplissement de cette formalité n'est pas prescrit à peine de nullité. Il en résulte que le prévenu ne peut faire, de son omission, un moyen de nullité. Il ne serait point fondé non plus à se plaindre de ce que l'interrogatoire ait eu lieu avant la lecture du rapport. Toutefois, le prévenu pourrait tirer un moyen de nullité de l'omission ou de l'accomplissement irrégulier de son interrogatoire, s'il en était résulté une atteinte à son droit de défense.

31. L'interrogatoire du prévenu est suivi de l'audition des témoins, s'il y a lieu. L'audition de *nouveaux* témoins est purement facultative pour le juge d'appel, de même que celle des témoins qui ont déposé en première instance (V. *infrà*, Témoin). — Le ministère public doit être entendu : c'est une formalité substantielle qui, dans tous les cas, doit être observée à peine de nullité (V. *infrà*, Jugement, Ministère public).

32. L'appel doit être jugé dans le mois (Instr. 209); mais cette règle n'est pas prescrite à peine de nullité. — Lorsque le prévenu a été cité à jour fixe devant la cour, il ne peut être jugé par défaut un autre jour, sans avoir été mis en demeure de comparaître à cette nouvelle date. — Le juge d'appel est tenu de statuer sur tous les chefs de prévention.

ART. 4. — ENREGISTREMENT ET TIMBRE.

33. Les appels des jugements rendus par les tribunaux de simple police et correctionnels, tarifés au droit fixe de 1 franc par l'art. 68, § 1er, no 48 de la loi du 22 frim. an 7 (R. vo *Enregistrement*, n. 21, p. 72), ont été portés à 1 fr. 50 par l'art. 4 de la loi du 28 févr. 1872 (D. P. 72. 4. 12) et ramenés à 1 fr. par l'art. 22 de la loi du 28 avr. 1893 (D. P. 93. 4. 79). — Le droit fixe doit être perçu autant de fois qu'il y a d'appelants (Circ. Reg. 9 frim. an 8, no 1704).

34. Les déclarations d'appel en matière correctionnelle doivent être visées pour timbre et enregistrées en début : 1o lorsqu'il n'y a pas de partie civile poursuivante, obligée, en cette qualité, de faire l'avance des frais (Décis. min. fin. et just. 11 et 15 févr. 1861, D. P. 61. 3. 47); 2o lorsque l'appelant est emprisonné (L. 25 mars 1817, art. 74).

35. Lorsque l'appel est formé par le ministère public, cet acte, concernant la police générale, est exempt de timbre et d'enregistrement (Circ. Reg. 9 frim. an 8, no 1704).

ARBITRAGE

(R. vo *Arbitrage*; S. eod. vo).

1. La loi a organisé des tribunaux divers chargés de trancher les différends qui peuvent s'élever entre les citoyens; mais en même temps elle a permis à ceux-ci, au lieu de recourir à ces tribunaux, de se choisir eux-mêmes des juges : ces juges s'appellent *arbitres*; l'opération à laquelle ils procèdent se nomme *arbitrage*; le contrat par lequel les parties les choisissent et déterminent leur mission est le *compromis*. — La matière fait l'objet du livre 3 de la 2e partie du code de procédure civile (art. 1003 à 1028).

2. Indépendamment de cet arbitrage volontaire, il existait, avant 1856, une sorte d'arbitrage qu'on appelait arbitrage forcé. D'après l'art. 51 c. com., toute contestation entre associés et pour raison de la société devait être jugée par des arbitres. La loi du 17 juill. 1856 (D. P. 56. 4. 413) a abrogé cette institution.

ART. 1er. — NATURE ET CARACTÈRES DE L'ARBITRAGE (R. 45 et s.; S. 7 et s.).

3. Il est parfois assez difficile de savoir si l'on se trouve en présence de véritables arbitres ou de simples experts, et l'art. 429 c. pr. civ. a confondu ces deux dénominations. La distinction dépend, en général, de l'étendue des pouvoirs conférés aux mandataires des parties : s'ils ont mission de rendre une *décision obligatoire* pour les mandants, ce seront des arbitres; s'ils ne doivent émettre qu'un *avis*, ce seront des experts. Ainsi, le tiers à la décision duquel est attribuée la mission de déterminer un prix de vente (Civ. 1592) est considéré comme un arbitre, parce que sa décision sur le prix est obligatoire pour les parties. Au contraire, les personnes devant lesquelles les tribunaux de commerce sont, dans certains cas, autorisés à renvoyer les parties pour les concilier, si faire se peut, ou sinon pour donner leur avis sur l'affaire, et qui sont désignés sous le nom d'arbitres-rapporteurs, ne sont en réalité que des experts, parce que leur opinion n'est obligatoire ni pour les parties, ni pour le juge.

4. L'arbitrage ne doit pas davantage être confondu avec la *transaction*. Ainsi, lorsque les parties ont remis à un tiers un blanc-seing, avec faculté d'y insérer une convention qui doit terminer leur différend, il y aura arbitrage si les parties ont fait préalablement un compromis; il n'y aura qu'une transaction dans le cas contraire, et l'acte ne sera susceptible que des causes d'annulation admises par l'art. 2059 c. civ. contre les transactions, et non de celles qui peuvent atteindre les sentences arbitrales aux termes de l'art. 1028 c. pr. civ.

ART. 2. — QUI PEUT COMPROMETTRE (R. 219 et s.; S. 26 et s.).

5. En principe, pour compromettre, c'est-à-dire pour confier à des arbitres la mission de juger une contestation, il faut avoir la libre disposition des droits en litige (Pr. 1003). Par suite, certaines personnes sont absolument incapables de compromettre, parce qu'elles n'ont pas la libre disposition des biens litigieux. Tels sont : l'État, les départements, les communes, les fabriques, hospices et autres établissements publics; les mineurs, les interdits, les personnes non interdites, mais placées dans une maison d'aliénés; les faillis; le tuteur du mineur et celui de l'interdit; le syndic de faillite; le mari relativement aux biens propres de sa femme (du moins quant à la propriété de ces biens) sous le régime de communauté, à ses paraphernaux sous le régime dotal, à tous ses biens sous le régime de séparation de biens; le curateur à une succession vacante ou aux biens d'un absent; l'envoyé en possession provisoire; le liquidateur judiciaire; le débiteur qui a fait cession de biens.

6. D'autres personnes peuvent compromettre, mais dans certaines limites et sous certaines conditions. Ainsi, on admet généralement que le mineur émancipé peut compromettre pour les actes de pure administration. La femme mariée peut compromettre, à moins qu'elle ne soit mariée sous le régime dotal et qu'il ne s'agisse de ses biens dotaux (Pr. 83-6o); mais, à moins d'être séparée de corps, elle a besoin de l'autorisation de son mari, et cette autorisation ne peut être suppléée par celle de justice. Le mari peut compromettre relativement à la jouissance des biens de la femme, lorsque cette jouissance lui appartient. Il en est de même du père, administrateur légal des biens de ses enfants mineurs, quant aux revenus de ces biens.

L'individu pourvu d'un conseil judiciaire ne peut compromettre qu'avec l'assistance de ce conseil.

7. Le mandataire doit être muni d'un pouvoir spécial lui donnant le droit de faire un compromis; il en est de même des avoués, huissiers, etc. Il en est encore de même des administrateurs d'une société anonyme : ils ne peuvent compromettre qu'autant qu'ils y sont formellement autorisés par les statuts ou par des actes spéciaux. Enfin la même règle s'applique aux gérants, administrateurs ou liquidateurs de sociétés civiles ou commerciales, nommés à l'amiable ou commis par justice; ils doivent rapporter un pouvoir spécial et exprès. — Le pouvoir de transiger n'entraîne pas pouvoir de compromettre. Mais le compromis devient valable, s'il est ensuite ratifié par le mandant. La ratification n'a, d'ailleurs, pas d'effet rétroactif à l'égard de l'autre partie au compromis; de sorte que le compromis ne prend date que du jour où elle est intervenue, et, en conséquence, c'est de ce jour seulement que court le délai prévu par l'art. 1007 c. pr. civ. (V. *infrà*, no 20).

8. La doctrine et la jurisprudence admettent, par application de l'art. 1125 c. civ., que la nullité résultant de ce que le compromis a été passé par un incapable ne peut être invoquée que par cet incapable, au profit de qui elle est édictée.

ART. 3. — CHOSES SUR LESQUELLES ON PEUT COMPROMETTRE (R. 301 et s.; S. 31 et s.).

9. Le compromis est, en général, permis sur toutes matières; exceptionnellement la loi le défend sur les dons et legs d'aliments, logement et vêtements, sur les séparations de corps, les divorces, les questions d'état, et sur toutes les contestations qui, aux termes de l'art. 83 c. pr. civ., sont sujettes à communication au ministère public (Pr. 1004). — La communication au ministère public étant prescrite dans tous les cas où l'ordre public est intéressé, il en résulte, notamment, que l'on ne peut compromettre sur l'intérêt civil d'un délit ni sur le prix de cession d'un office ministériel, ni sur les biens dotaux d'une femme mariée sous le régime dotal.

ART. 4. — DES ARBITRES (R. 328 et s.; S. 36 et s.).

10. Les arbitres sont des juges choisis par les parties pour une ou plusieurs affaires déterminées. On peut désigner un seul arbitre ou plusieurs, et il n'est pas nécessaire qu'ils soient un nombre impair. — Les arbitres ne sont pas des magistrats, et ils en diffèrent à beaucoup d'égards. Ainsi, ils peuvent recevoir des honoraires (V. *infrà*, no 74); ils ne sont pas exposés à la prise à partie; leurs décisions sont toujours susceptibles d'appel, même dans les cas où les décisions d'un tribunal ne le seraient pas; leurs pouvoirs sont essentiellement temporaires et finissent avec le litige qu'ils ont pour objet de régler; ils peuvent, dans certains cas, être dispensés d'appliquer les règles du droit strict et d'observer les formes de la procédure; leurs sentences ne sont pas exécutoires par elles-mêmes. — Inversement, les arbitres ne sont pas de simples mandataires, car leurs décisions ont l'autorité de la chose jugée; elles entraînent hypothèque judiciaire; elles peuvent devenir exécutoires avec la ratification du juge; elles font foi jusqu'à inscription de faux; enfin les arbitres peuvent être récusés comme les juges. Leurs fonctions sont donc, en quelque sorte, mixtes, et tiennent à la fois du mandat et de la fonction publique.

11. La loi n'indique pas quelles conditions on doit remplir pour pouvoir être choisi comme arbitre; aussi des divergences existent-elles sur certains points dans la doctrine et la jurisprudence. — On s'accorde à décider que les fonctions d'arbitres ne peuvent être remplies par l'interdit pour cause de démence, par l'aliéné non interdit, par un individu muni d'un conseil judiciaire. Mais on se demande si l'on peut nommer arbitre un mineur, émancipé ou non, une femme mariée ou non mariée. — D'autre part, il semble que la capacité d'être arbitre doive être refusée aux personnes dégradées civiquement ou frappées de l'interdiction de certains droits en vertu de l'art. 42 du Code pénal. Au contraire, peuvent être arbitres : les étrangers, les sourds, les muets ou aveugles, pourvu qu'ils puissent connaître les éléments de la contestation et manifester leurs décisions ; les personnes pourvues d'un conseil judiciaire ; les faillis ; les débiteurs qui ont fait cession de biens ; les parents, alliés ou mandataires des parties en cause. De même encore, on peut choisir comme arbitres un ou plusieurs membres d'un tribunal désignés individuellement, ou un juge de paix ; et il a été jugé que, lorsque les parties désignent un arbitre par ses fonctions, par exemple, le juge de paix de telle localité, celui qui exerce la fonction au moment où naît la contestation doit être considéré comme l'arbitre désigné, si les parties ont entendu s'attacher plutôt à la fonction qu'à son titulaire personnellement (Chambéry, 30 juin 1885, D. P. 86. 2. 271).

12. Les arbitres sont libres d'accepter ou de refuser la mission que les parties leur confient (Pr. 1012). Leur acceptation est expresse ou tacite ; elle résulte notamment de ce que les arbitres ont prescrit une mesure préliminaire ou ont convoqué les parties pour exposer devant eux la contestation. — Il leur est loisible, après avoir accepté, de renoncer ensuite aux fonctions qui leur sont dévolues ; c'est ce qu'on appelle le *déport*. Cette renonciation cesse d'être permise lorsque les opérations de l'arbitrage ont commencé (Pr. 1014). Comme on ne peut pas contraindre un arbitre à juger malgré lui, le déport se résoudra ainsi en dommages-intérêts, s'il porte préjudice à l'une des parties, et s'il n'a pas une cause légitime. Le déport aurait une cause légitime dans le cas où l'arbitre serait empêché de continuer ses fonctions par maladie, ou par des complications survenant dans ses propres affaires et qui ne lui laisseraient pas le loisir de s'occuper de celles d'autrui.

13. La *récusation* n'est admise que pour causes survenues *depuis le compromis*. Les causes de récusation sont les mêmes que celles indiquées par la loi pour la récusation des juges. La connaissance en appartient aux tribunaux civils et non aux arbitres eux-mêmes. — La récusation doit être faite dans les formes prescrites par les art. 384 et s. c. pr. civ. ; la partie qui succombe encourt l'amende de l'art. 390. Tant que la récusation n'est pas jugée, les arbitres doivent surseoir à statuer.

14. La *révocation* des arbitres ne peut résulter que du consentement unanime des parties (Pr. 1008). Elle n'est, d'ailleurs, soumise à aucune condition de forme, et peut être expresse ou tacite, comme dans le cas, par exemple, où les parties décideraient de porter leur différend devant les tribunaux ordinaires, ou nommeraient d'autres arbitres.

Art. 5. — Du compromis.

§ 1er. — *Conditions de validité.* — *Forme du compromis* (R. 367 et s. ; S. 40 et s.).

15. Le compromis doit réunir les conditions indispensables pour la validité de tout contrat en général : la capacité des contractants, leur consentement, un objet et une cause licite. Il doit être exempt d'erreur, de dol et de violence. A ces points de vue, le compromis est soumis au droit commun. — Mais, en ce qui touche la preuve, la loi

exige, comme pour la transaction (Civ. 2044, § 2), qu'il soit constaté par écrit (Pr. 1005) ; le compromis ne peut donc jamais être prouvé par témoins, alors même que le litige roulerait sur une somme inférieure à 150 francs, ou qu'il existe un commencement de preuve par écrit. On admet du reste, généralement, que l'écrit n'est pas exigé *solemnitatis causa ;* qu'en conséquence la preuve du compromis peut résulter de l'aveu ou du serment.

16. L'écrit nécessaire à la validité du compromis peut être authentique ou sous seing privé. Il peut être dressé par le juge de paix saisi, comme juge, d'une affaire de sa compétence, ou être mentionné dans un procès-verbal de conciliation. Il peut enfin, et c'est ce qui a lieu le plus souvent, être constaté par le procès-verbal des arbitres choisis (Pr. 1005). — Lorsqu'il est constaté par acte sous seing privé, le compromis doit être rédigé en autant d'originaux qu'il y a de parties ayant un intérêt distinct (Civ. 1325 ; Nîmes, 1er mai 1901, D. P. 1903. 2. 478) ; il en est autrement, toutefois, et un seul acte suffit, quand il est constaté par le procès-verbal dressé par les arbitres. Dans tous les cas, il doit être signé par les parties ou leurs mandataires spéciaux, à peine de nullité. Il n'est pas rigoureusement nécessaire que le compromis soit daté (*Contrà :* Nîmes, 1er mai 1901, précité), bien que la date soit utile pour fixer le point de départ du délai du compromis (Comp. *infrà*, n° 20).

§ 2. — *Désignation du litige et des noms des arbitres* (R. 431 et s. ; S. 46 et s.).

17. Le compromis doit désigner l'objet du litige, à peine de nullité (Pr. 1006). La jurisprudence se montre, en général, très large sur le point de savoir si cette désignation est suffisamment précise ; en tout cas, la question est laissée à l'appréciation souveraine des juges du fait. — On admet comme valable le compromis qui donne aux arbitres la mission de prononcer sur toutes les difficultés qui s'élèvent ou pourront s'élever sur l'exécution de tel contrat, sans d'ailleurs spécifier ces difficultés ; ... le compromis qui soumet aux experts les difficultés qui se sont élevées entre les parties et qui sont expliquées dans les écrits du procès, celles qui se sont élevées ou pourront s'élever entre les parties relativement à leurs opérations de banque, de telle à telle époque, etc.

18. Les accessoires et dépendances naturelles de la contestation principale indiquée au compromis doivent être considérés comme compris dans l'arbitrage. Ainsi, les arbitres appelés à se prononcer sur l'existence d'une créance sont compétents pour statuer sur les intérêts ; de même, si la question principale est de savoir si un immeuble appartient à tel ou tel, ils ont compétence pour statuer sur les restitutions de fruits ou sur les dommages-intérêts dus à raison des dégradations commises sur cet immeuble par le détenteur. Par contre, le compromis sur le mode d'exécution d'un acte ne donne pas aux arbitres le droit de statuer sur la validité de cet acte.

19. Le compromis doit contenir les noms des arbitres, à peine de nullité (Pr. 1006). Mais, ici encore, la jurisprudence se montre très large dans l'application de la loi : elle n'exige pas que les arbitres soient désignés nominativement et se contente d'une désignation quelconque qui permette de reconnaître exactement quels sont les arbitres nommés ; ainsi, elle déclare valable le compromis qui indique un être moral, une corporation, telle que la chambre des notaires de tel arrondissement, ou une personne non désignée nominalement, mais occupant une fonction qui permet de la reconnaître, par exemple le bâtonnier de l'ordre des avocats de tel tribunal, le juge de paix de tel canton.

§ 3. — *Délai de l'arbitrage* (R. 682 et s. ; S. 68 et s.).

20. Il appartient aux parties de fixer le délai dans lequel les arbitres devront rendre leur sentence. Mais ce n'est point pour elles une obligation, et le compromis est valable bien qu'il ne fixe pas de délai. En ce cas, la loi décide que les fonctions des arbitres ne pourront pas durer plus de trois mois (Pr. 1007, 1012-2°). — Le délai de trois mois court du jour du compromis ; ce jour n'est pas compris dans le délai. — Les parties ne pourraient pas laisser en blanc la date du compromis, et abandonner aux experts le soin de déterminer postérieurement, par l'apposition d'une date choisie par eux, le point de départ du délai stipulé pour la durée de l'arbitrage.

21. Il n'est pas permis aux juges de prolonger le délai stipulé au compromis ou fixé par la loi, en raison des circonstances spéciales de l'affaire. Au contraire, les parties peuvent, postérieurement au compromis, convenir que le délai primitivement fixé sera prorogé pendant le temps qu'elles détermineront ; si, prorogeant le délai fixé d'abord, elles n'indiquent pas la durée de la prorogation, le délai nouveau ne s'étendra pas au delà de trois mois. — La jurisprudence exige que la prorogation soit, comme le compromis lui-même, constatée par un écrit authentique ou sous seing privé. Une simple mention au procès-verbal, donc pas prorogation du délai ; il faut en être autant de la comparution volontaire des parties devant les arbitres après l'expiration du délai primitivement fixé. En d'autres termes, la prorogation ne peut pas être tacite et ne saurait résulter de simples faits dénotant la commune intention des parties.

22. Il existe, d'ailleurs, une cause légale de prorogation : lorsqu'il y a lieu à l'intervention d'un tiers arbitre, les pouvoirs des premiers arbitres ne prennent fin qu'avec ceux du tiers arbitre (Pr. 1018), c'est-à-dire un mois du jour de son acceptation ; mais ils ne se prolongent que jusqu'à la sentence du tiers arbitre, s'il prononce avant l'expiration de ce délai. — D'autre part, lorsqu'il survient, au cours d'un arbitrage, un incident de procédure qui doit être jugé par le tribunal civil, par exemple une question d'état, une inscription de faux, etc., le délai de l'arbitrage est suspendu tant que le tribunal compétent n'a pas rendu sa décision ; et il ne recommence à courir, pour s'ajouter au temps qui s'était déjà écoulé avant l'incident, qu'à partir du jugement qui statue sur celui-ci (Pr. 1015). De même, lorsqu'une partie meurt laissant des héritiers majeurs, le délai de l'arbitrage est suspendu pendant les trois mois et quarante jours que la loi leur accorde pour faire inventaire et délibérer (Pr. 1013).

§ 4. — *Nullité du compromis* (R. 56 ; S. 44, 76).

23. Le compromis peut être nul pour des causes diverses. Cette nullité peut, en principe, être invoquée par les deux parties, à moins qu'elle ne résulte de l'incapacité de l'un des contractants, auquel cas elle ne peut être invoquée que par l'incapable en faveur de qui elle est édictée (V. *suprà*, n°s 5 et 6). Cette nullité peut se couvrir par une ratification expresse ou tacite, notamment par l'exécution volontaire, excepté dans le cas où la nullité résulte de ce que le compromis a porté sur une question qui touche à l'ordre public, par exemple une question d'état.

§ 5. — *Clause compromissoire* (R. 454 et s. ; S. 51 et s.).

24. On appelle clause compromissoire la stipulation ajoutée à un contrat, et d'après laquelle toutes les contestations qui pourront s'élever sur l'exécution de ce contrat seront jugées par des arbitres, qui, d'ailleurs, ne sont pas encore désignés. La question de savoir si cette stipulation est valable avait soulevé de graves controverses ; aujourd'hui la jurisprudence est définitivement fixée en ce sens que la clause compromissoire est nulle, parce qu'elle ne contient ni une désignation suffisante de l'objet du litige, ni une désignation suffisante des arbitres. Mais, en même temps, on admet que cette nullité n'est pas d'ordre public ; elle ne peut donc pas être prononcée d'office et se couvre par le silence des parties, par leur renonciation formelle, ou par l'exécution du compromis, ce qui a lieu lorsque les contestants désignent postérieurement les arbitres. — Exceptionnellement, la clause compromissoire est valable en matière d'assurances maritimes (Com. 332).

§ 6. — *Causes qui mettent fin au compromis* (R. 578 et s. ; S. 57 et s.).

25. Les causes qui mettent fin au compromis sont :
1° Le décès de l'un des arbitres (Pr. 1012-1°) ou l'incapacité dont il viendrait à être atteint ;
26. 2° Le décès de l'une des parties, si ses héritiers sont *mineurs* (Pr. 1013). — Pour le cas où ils sont majeurs, V. *infra*, n° 22, *in fine;*
27. 3° Le refus, le déport (V. *supra*, n° 12) ou l'empêchement de l'un des arbitres, s'il n'y a clause qu'il sera passé outre ou que le remplacement de l'arbitre qui refuse, se déporte ou est empêché, appartiendra aux parties ou aux arbitres restants (Pr. 1012-1°) ;
28. 4° La récusation, la révocation des arbitres (V. *supra*, n°s 13 et 14) ;
29. 5° L'extinction du droit litigieux, notamment par la perte de la chose faisant l'objet de la contestation ;
30. 6° L'expiration du délai légal de trois mois, ou du délai conventionnel fixé par les parties, ou enfin du délai prorogé (V. *supra*, n° 21). — Désormais, la sentence que rendraient les arbitres serait nulle, et cette nullité emporterait nullité du compromis lui-même. Mais la décision des arbitres délibérée par eux dans le délai du compromis ou dans le délai de trois mois serait valable alors même qu'elle ne serait signée qu'après l'expiration de ce délai ;
31. 7° Le partage ; si les arbitres n'ont pas le pouvoir de prendre un tiers arbitre (Pr. 1012-3°). V. *infra*, n° 33.
32. Lorsque le compromis prend fin pour une quelconque des causes qui viennent d'être énumérées, tout ce qui a été fait pour son exécution est nul et non avenu ; notamment, si un des actes de procédure contient un aveu d'une des parties, cet aveu ne pourra pas lui être opposé par la suite.

ART. 6. — **TIERS ARBITRE** (R. 742 et s. ; S. 78 et s.).

33. Lorsque les parties ont nommé plusieurs arbitres, la décision est arrêtée par la majorité. Mais il est possible que les arbitres se partagent en deux ou plusieurs opinions égales en nombre ; cela se conçoit d'autant mieux que la loi ne prescrit pas de choisir les arbitres en nombre impair (V. *supra*, n° 10). En pareil cas, l'arbitrage ne peut aboutir que par l'intervention d'un tiers arbitre. Mais il faut que la nomination de ce tiers arbitre ait été autorisée par le compromis ou que les parties, prévoyant le cas de partage, aient d'avance désigné le tiers arbitre. Dans le cas contraire, le compromis prend fin. V. *supra*, n° 31.
34. Le plus souvent, c'est aux arbitres qu'est dévolu le soin de nommer, le cas échéant, le tiers arbitre. Ils doivent faire cette nomination en même temps qu'ils constatent leur partage : cette constatation n'est, d'ailleurs, soumise à aucune forme ; elle peut

être tacite et résulter, par exemple, de la remise au tiers arbitre des conclusions des arbitres. — Si les arbitres ne s'accordent pas sur le choix, le tiers arbitre est désigné par le président du tribunal qui est compétent pour rendre la sentence arbitrale exécutoire, c'est-à-dire par le président du tribunal civil de l'arrondissement dans le ressort duquel les arbitres ont jugé, ou, si l'arbitrage a lieu sur appel, par le premier président de la cour (Pr. 1017, § 1 et 2), sur une requête à lui présentée par la partie la plus diligente. — Dans tous les cas, les arbitres doivent rédiger et consigner, dans leur procès-verbal, les opinions distinctes qui se sont formées (Pr. 1017, § 3) ; mais cette formalité n'est pas prescrite à peine de nullité, et il suffit, d'après la jurisprudence, que le tiers arbitre ait pu connaître, d'une manière quelconque, à défaut de procès-verbal, l'avis de chacun des arbitres.
35. Le tiers arbitre doit réunir les mêmes conditions de capacité que les arbitres ; il est, comme eux, soumis à la récusation et à la révocation (V. *supra*, n°s 11, 13 et 14). D'ailleurs, il peut être nommé plusieurs tiers arbitres, si les parties le jugent à propos.
36. Le tiers arbitre doit juger dans le délai d'un mois, qui commence à courir à partir de son acceptation, expresse ou tacite, à moins que ce délai n'ait été prorogé dans l'acte de nomination (Pr. 1018, § 1er). — On a vu (*supra*, n° 22) que la juridiction des arbitres choisis par les parties est nécessairement prorogée pendant tout le délai, légal ou conventionnel, imparti au tiers arbitre pour rendre sa sentence. Le délai d'un mois accordé au tiers arbitre ne peut être dépassé, à peine de nullité.
37. En principe, le tiers arbitre ne peut prononcer qu'après avoir conféré avec les arbitres divisés, qui doivent, à peine de nullité, être sommés de se réunir à cet effet (Pr. 1018, § 1er). Toutefois, les parties pourraient dispenser les arbitres de cette conférence préliminaire, soit explicitement, soit implicitement, par exemple en affranchissant le tiers arbitre de toute forme de procédure, auquel cas il devient amiable compositeur (V. *infra*, n° 49). — Si les arbitres, ou quelques-uns d'entre eux, ne se rendent pas à la convocation du tiers arbitre, celui-ci statue seul (Pr. 1018, § 2).
38. La mission du tiers arbitre consiste uniquement à départager les arbitres. Elle ne s'étend pas aux chefs de demande à l'égard desquels les arbitres sont d'accord : ces points étant définitivement réglés, il n'y a pas partage à leur égard, et, par conséquent, le tiers arbitre n'a pas à y intervenir. Le tiers arbitre ne peut pas non plus connaître des conclusions nouvelles qui seraient prises pour la première fois devant lui.
39. D'autre part, il ne doit pas donner son avis personnel sur les difficultés qui divisent les parties, mais seulement faire un choix entre les opinions contradictoires émises par les arbitres, en adoptant celle qui lui paraît préférable, sans la modifier (Pr. 1018, § 2). — Cette règle lui est imposée à peine de nullité (Civ. 27 mars 1900, D. P. 1901. 1. 365), et elle reste applicable, alors même que le tiers arbitre a l'avis amiable compositeur. Il semble, d'ailleurs, que la demande en nullité devrait être rejetée pour défaut d'intérêt si la modification apportée par le tiers arbitre à l'avis auquel il s'est rallié était favorable au demandeur (Civ. r. 5 juill. 1897, D. P. 97. 1. 552. — V. toutefois Civ. r. 27 mars 1900, précité). — Si la demande soumise à l'arbitrage comprend plusieurs chefs, le tiers arbitre peut adopter l'avis d'un des arbitres sur un point et l'avis d'un autre arbitre sur un autre point, sa décision sur chaque chef devant être considérée comme une sentence distincte et complète par elle-même. — L'irrégularité résul-

tant de ce que le tiers arbitre a proposé une solution nouvelle disparaît, d'ailleurs, de l'adhésion qu'y donnerait l'un des arbitres, et cette solution pourrait être convertie en sentence définitive.
40. Le tiers arbitre doit signer sa sentence, et son avis personnel serait insuffisant s'il était simplement mentionné sous chaque chef, alors que seuls les arbitres auraient signé la décision.

ART. 7. — **INSTRUCTION DEVANT LES ARBITRES** (R. 894 et s. ; S. 87 et s.).

41. En principe, les arbitres doivent observer les formes et délais de procédure établis pour les tribunaux civils, à moins que les parties n'en soient autrement convenues (Pr. 1009). — Au contraire, on devra suivre les règles ordinaires pour les enquêtes, instructions par écrit, interrogatoires sur faits et articles, comparution personnelle des parties ou expertises. Le compromis, ou un acte postérieur, peut d'ailleurs dispenser les experts de l'application stricte du droit et des formes de la procédure : les arbitres agissent alors comme amiables compositeurs (V. *infra*, n° 49).
42. Les actes d'instruction, enquêtes, expertises, etc., sont faits par tous les arbitres. Toutefois, le compromis peut donner à l'un d'eux le droit d'y procéder seul, ou conférer aux arbitres le droit de désigner celui d'entre eux qui procédera aux mesures d'instruction (Pr. 1011). — Les arbitres peuvent ordonner une vérification d'écritures ou faire opérer le relevé des livres et registres des parties par un comptable, et s'approprier dans leur sentence les résultats de ce travail. Ils peuvent également décerner des commissions rogatoires par lesquelles ils chargent un juge de procéder à un acte d'instruction. Enfin, ils peuvent encore recevoir un serment décisoire ou ordonner un serment supplétoire, accorder un délai de grâce à la partie qu'ils condamnent ou lui imposer l'obligation de fournir caution. — Les arbitres doivent procéder eux-mêmes, et, sauf le cas de commission rogatoire ou d'autorisation spéciale contenue dans le compromis, ils n'ont pas le droit de déléguer leurs pouvoirs à un tiers.
43. Chaque partie est tenue de produire ses pièces et défenses quinze jours au moins avant l'expiration du délai du compromis (Pr. 1016) ; mais ce délai n'est que comminatoire, et son inobservation n'est pas une cause de nullité : de sorte qu'en réalité chaque plaideur peut produire tant que la sentence n'a pas été rendue. Les défenses et productions sont faites à la partie adverse. — Rien n'empêche une partie de prendre copie des pièces produites contre elle par son adversaire ; elle peut même prendre communication des originaux. C'est aux arbitres qu'il appartient de prescrire le mode de communication qui leur paraîtra convenable. La partie qui se rendrait coupable de soustraction d'une des pièces à elle confiées en communication s'exposerait aux peines de l'art. 409 c. pén., c'est-à-dire à une amende de 25 à 300 francs. Bien que cet article ajoute : « cette peine sera prononcée par le tribunal saisi de la contestation, » il est certain que les arbitres n'auraient pas qualité pour l'infliger, et que le tribunal correctionnel serait seul compétent à cet effet.
44. Les arbitres ont toute compétence pour

statuer sur les divers incidents soulevés devant eux au cours de leurs opérations, tant qu'il s'agit d'incidents de pure procédure relatifs à l'arbitrage. Au contraire, ils seraient incompétents si, au cours de leurs opérations, il s'élevait une question réservée aux tribunaux civils, par exemple une question d'état, de mariage ou de divorce, ou si la validité du compromis était mise en doute, ou s'ils étaient l'objet d'une récusation individuelle ou collective, ou s'il était formé une inscription de faux, ou enfin s'il s'élevait quelque incident de la compétence des tribunaux criminels. Dans ces divers cas, les arbitres devraient surseoir à statuer jusqu'à la décision des tribunaux compétents, et les délais de l'arbitrage seraient suspendus jusqu'à cette décision (Pr. 1015) (V. *supra*, n° 22).

45. En général, les arbitres peuvent convoquer les parties où bon leur semble, à moins que le compromis ne fixe l'endroit où devra se faire l'instruction et se rendre la sentence. Dans la pratique, les séances se tiennent chez le plus âgé des arbitres, qui reste aussi détenteur des pièces ; la rédaction du procès-verbal est confiée au plus jeune, qui fait ainsi fonctions de greffier.

ART. 8. — PRINCIPES D'APRÈS LESQUELS LES ARBITRES DOIVENT JUGER. — AMIABLES COMPOSITEURS (R. 958 et s. ; S. 90 et s.).

46. Le compromis fixe la compétence des arbitres, et celle-ci ne peut pas être étendue au delà des limites qu'il a tracées. Si la sentence statuait en dehors du compromis, les parties pourraient la paralyser en faisant opposition à l'ordonnance d'exécution et en demandant l'annulation de la sentence arbitrale. — Mais il ne faut pas exagérer la portée de cette règle : les arbitres sont de véritables juges, et ils en ont tous les pouvoirs. Ainsi, ils peuvent prononcer sur des questions, non énoncées dans le compromis, qui sont un accessoire et une suite nécessaire de celles qui y sont formellement prévues, par exemple sur les intérêts d'une créance litigieuse, sur les restitutions de fruits et les dommages-intérêts pour dégradation d'un immeuble qui fait l'objet d'une revendication, etc. (V. *supra*, n° 18).

47. Il appartient aux arbitres d'interpréter les termes du compromis pour fixer l'étendue de leur propre compétence ; mais leur interprétation est susceptible d'être réformée par les juges d'appel. — De même, d'ailleurs, statuer sur la validité du compromis qui les nomme, et, si ce compromis est l'objet d'une demande en nullité, ils doivent surseoir à leurs opérations jusqu'à la décision des tribunaux civils qui en sont saisis. — De même encore, leurs pouvoirs s'arrêtent devant les matières d'ordre public et devant les questions d'état qui sont soulevées incidemment (V. *supra*, n° 44). Enfin, ils sont incompétents pour prononcer des amendes ou autres peines, notamment contre les parties ou les tiers qui troubleraient le bon ordre de leurs séances. Ils ne pourraient même pas, en ce cas, requérir la force publique pour faire cesser le trouble, mais seulement provoquer son intervention comme tout citoyen pourrait le faire.

48. Les arbitres peuvent et doivent encore liquider et taxer les dépens ; il leur appartient même de prescrire, le cas échéant, l'affichage de leur sentence, et ordonner provisoire, dans les cas où elle est permise par la loi ; ils peuvent aussi ordonner que la partie condamnée fournira caution et, peut-être même, procéder à la réception de cette caution, ordonner la suppression d'écrits injurieux et diffamatoires, etc.

49. Par dérogation à la règle générale suivant laquelle les arbitres doivent, en principe, juger d'après les règles du droit, les parties peuvent donner mission aux arbitres de juger sans formalités et d'après la seule équité (Pr. 1019). Les arbitres sont dits alors *amiables compositeurs*. Il n'est pas nécessaire, d'ailleurs, que le compromis emploie l'expression d'amiables compositeurs ; mais l'intention des parties doit en résulter sans équivoque. — On admet généralement que les amiables compositeurs sont à la fois dispensés de suivre les règles du droit et les formes de la procédure, et qu'on ne peut pas appeler de leurs décisions, à moins d'une réserve formelle du compromis. — Il pourrait, d'ailleurs, être stipulé qu'ils seront dispensés seulement des formes de la procédure ; en pareil cas, ils seraient tenus, quant au fond, de se conformer à la loi. — La jurisprudence étend la dispense des règles du droit et de la procédure au tiers arbitre nommé par les amiables compositeurs et aux nouveaux arbitres qui, après l'expiration des pouvoirs de ceux qui avaient été primitivement nommés, leur auraient été substitués, s'il est établi qu'ils n'ont fait que continuer la mission des premiers arbitres.

50. Bien que les amiables compositeurs soient dispensés de juger d'après les règles du droit et de la procédure, leurs pouvoirs ne sont cependant pas illimités. Ils sont, dans tous les cas, tenus de se renfermer dans les limites du compromis ; ainsi ils ne pourraient, à peine de nullité, ni faire abstraction d'une sentence antérieure ayant acquis l'autorité de la chose jugée, ni enfreindre des règles d'ordre public.

ART. 9. — JUGEMENT ARBITRAL. — FORMES (R. 1032 et s. ; S. 100 et s.).

51. Tous les arbitres doivent prendre part à la délibération, à peine de nullité. La sentence est rendue à la majorité des voix. Il s'ensuit que, si les parties ont nommé deux arbitres, il ne peut y avoir jugement qu'autant qu'ils sont tous deux du même avis. — Sur le cas de partage entre les arbitres, V. *supra*, n° 33.

52. Les sentences arbitrales doivent, en principe, à moins de dispense renfermée dans le compromis, renfermer les mêmes mentions que les jugements des tribunaux ordinaires, et satisfaire, comme eux, aux prescriptions de l'art. 141 c. pr. civ. Elles doivent donc contenir : les noms, qualités et demeures des parties et des arbitres, les conclusions des plaideurs, les points de fait et de droit, les motifs et un dispositif. Ces diverses mentions peuvent d'ailleurs être suppléées par des équivalents ; mais l'omission complète de l'une d'elles, par exemple des conclusions des parties, pourrait être une cause de nullité. — Il est à remarquer que, contrairement à ce qui a lieu pour les jugements rendus par les tribunaux civils (V. *infrà*, *Jugement*), les qualités des sentences arbitrales sont l'œuvre des arbitres eux-mêmes.

53. La sentence arbitrale doit être datée. Mais on admet que l'absence de date n'est pas, à elle seule, une cause de nullité et qu'elle n'empêche pas la sentence d'être valable si celle-ci a acquis date certaine par l'enregistrement ou l'un des autres modes prévus par la loi (Civ. 1328) avant l'expiration du délai légal. — Elle peut, d'ailleurs, être rendue un jour férié. — Enfin, il n'est pas indispensable qu'elle indique le lieu où les arbitres se sont réunis, ni qu'elle mentionne expressément que les parties ont été entendues dans leurs conclusions et dûment appelées.

54. La sentence doit être signée par tous les arbitres, à peine de nullité, et, autant que possible, dans le même jour qu'ils ont été réunis pour statuer. Toutefois, la jurisprudence admet que la sentence pourrait encore être signée après l'expiration de ce délai, car il y a jugement dès que l'opinion des arbitres s'est fixée dans un sens déterminé. — Si la minorité refuse de signer le jugement, les autres arbitres en font mention, et la sentence a le même effet que si elle portait toutes les signatures. Mais l'absence d'une signature entraînerait la nullité de la sentence si celle-ci ne contenait pas mention du refus de signer ou de l'empêchement qui s'est produit, alors même que tous les arbitres auraient pris part à la délibération.

55. Il n'est pas nécessaire que la sentence arbitrale soit lue aux parties ou à leurs représentants ; elle est parfaite dès qu'elle est signée par les arbitres.

56. Si, dans une sentence arbitrale, certains chefs ont été jugés irrégulièrement, en dehors des termes du compromis et de la compétence des arbitres, la sentence peut être annulée sur ces chefs spéciaux ; mais elle reste valable sur les autres, à moins qu'il n'y ait entre ces divers points une connexité qui la rende indivisible. On doit considérer, en effet, chaque chef comme faisant l'objet d'une décision arbitrale spéciale ; d'ailleurs, les arbitres auraient le droit de procéder ainsi et de rendre autant de jugements qu'il y a de points distincts dans la contestation.

57. Les dépens sont mis à la charge de la partie qui succombe, suivant la règle générale (Pr. 130), sauf la compensation dans les cas où le droit commun l'autorise, et sauf clause contraire au compromis. — Ils sont taxés et liquidés par les arbitres dans leur sentence, ou dans une sentence postérieure, s'ils sont encore dans les délais pour statuer, et, dans le cas contraire, par le président qui rend l'ordonnance d'exequatur.

ART. 10. — EFFETS DES JUGEMENTS ARBITRAUX. — ORDONNANCE D'EXÉCUTION (R. 1146 et s. ; S. 104 et s.).

58. Les sentences arbitrales sont assimilées complètement aux jugements ordinaires au point de vue de la force probante (Trib. civ. d'Avignon, 12 mars 1901, D. P. 1903. 2. 478). Ainsi, elles font foi jusqu'à inscription de faux de toutes les mentions qu'elles renferment relativement à ce qui s'est passé devant les arbitres, notamment de celles qui concernent l'époque de la remise des pièces par les parties ou la restitution qui leur en a été faite, les aveux, acquiescement ou conclusions, leur date, l'accomplissement des diverses formalités dont les arbitres n'ont pas été dispensés, la délibération en commun, etc.

59. Une fois rendue, la sentence arbitrale a autorité de chose jugée, si elle n'est pas attaquée dans les délais fixés pour chaque mode de recours. Il en est ainsi avant même qu'elle soit revêtue de l'ordonnance d'exequatur, et, si une des parties voulait porter la contestation devant une autre juridiction, l'autre pourrait, avant l'ordonnance d'exécution, lui opposer l'exception de chose jugée. — Cette autorité est telle que les tribunaux appelés à statuer sur les effets d'une sentence arbitrale ne peuvent ni la modifier, ni, à plus forte raison, remettre en question les points qu'elle a jugés. Il s'ensuit encore qu'à partir du moment où elle a été rendue, la sentence ne peut être ni modifiée ni rapportée par les arbitres ; que, si elle renferme une erreur, celle-ci ne peut plus être rectifiée ultérieurement, et que les arbitres n'ont pas compétence pour interpréter les décisions qu'ils ont rendues : ce pouvoir n'appartient qu'aux tribunaux civils.

60. Les sentences arbitrales, comme les jugements, confèrent une hypothèque générale sur tous les biens de la partie condamnée, à condition toutefois d'être munies de l'ordonnance d'exequatur (V. *infrà*, n° 61). — Elles ne produisent d'effet qu'à l'égard des parties entre lesquelles elles ont été rendues, leurs héritiers ou ayants cause, et ne peuvent, pas plus qu'une convention, être opposées aux tiers (Pr. 1022).

61. La sentence arbitrale ne peut être exécutoire qu'en vertu d'une ordonnance du président du tribunal civil. A cet effet, la minute en est déposée dans les trois jours par un des arbitres au greffe de ce tribunal (Pr. 1020, § 1er). On admet, d'ailleurs, que ce dépôt peut être effectué non seulement par un des arbitres, mais encore par une des parties ou même par un tiers. Tout au plus le greffier pourrait-il refuser de recevoir le dépôt s'il émanait d'un inconnu étranger au procès. — Le dépôt ne peut se faire qu'au greffe et non chez un avoué, un notaire ou un autre officier ministériel, même du consentement des parties. Il a pour effet de rendre la sentence irrévocable et de saisir le tribunal. — Il n'est d'ailleurs pas nécessaire de déposer au greffe toutes les sentences qui peuvent être rendues par les arbitres ; cette obligation ne concerne que les jugements statuant sur le fond, et non ceux qui prononcent seulement sur des incidents : ceux-ci seront valablement déposés en même temps que la décision au fond. — Le délai de trois jours, fixé par l'art. 1020, court à partir de la date du jugement arbitral, et il n'est pas fatal, c'est-à-dire que, même après son expiration, le dépôt peut encore être effectué sans qu'il en résulte aucune nullité du jugement.

62. L'ordonnance d'exequatur est indispensable pour qu'une sentence arbitrale puisse être mise à exécution, qu'il s'agisse de sentence définitive ou de jugement simplement interlocutoire ou d'instruction ; il ne serait pas permis aux parties de déclarer soit dans le compromis, soit dans un acte postérieur, que le jugement des arbitres sera exécutoire sans ordonnance d'exequatur. — Le magistrat compétent pour la rendre est le président du tribunal civil dans le ressort duquel les arbitres ont jugé, ou, si le compromis était sur appel, le premier président de la cour d'appel ; jamais l'ordonnance ne peut être rendue par un juge de paix ou par le président du tribunal de commerce, alors même que la contestation serait inférieure à 200 francs, ou de nature commerciale. — L'ordonnance d'exécution est mise au bas ou en marge de la minute, avec laquelle elle fait corps dorénavant, de sorte qu'elle doit figurer comme elle sur toutes les expéditions. Le magistrat qui la rend doit être assisté de son greffier ; mais la signature de cet officier ministériel n'est pas indispensable.

63. Le rôle du président en cette matière n'est pas de pure forme : il peut ordonner ou refuser l'exécution. Et il devrait le refuser s'il découvrait dans l'arbitrage des dispositions contraires à l'ordre public, comme, par exemple, si les arbitres, excédant leurs pouvoirs, avaient statué sur une question d'état, ou si l'acte qui lui est présenté ne présentait pas les caractères extérieurs d'un jugement, par exemple s'il n'était pas signé, s'il émanait de personnes notoirement incapables d'être arbitres. Mais alors il doit refuser purement et simplement l'ordonnance qui lui est demandée ; il ne peut ni corriger, ni modifier la sentence arbitrale. — On admet généralement que la décision du président, soit qu'elle accorde, soit qu'elle refuse l'exequatur, est susceptible d'appel. — En ce qui concerne les sentences arbitrales étrangères, V. *infrà, Étranger.*

ART. 11. — DES VOIES DE RECOURS CONTRE LES SENTENCES ARBITRALES (R. 1206 et s. ; S. 116 et s.).

64. Les jugements arbitraux peuvent être l'objet de diverses voies de recours, qui varient suivant les cas. Mais toutes celles dont les jugements des tribunaux ordinaires sont susceptibles ne leur sont pas applicables. Ainsi un jugement arbitral n'est, dans

aucun cas, sujet à opposition (Pr. 1016, § 3). D'autre part, on admet généralement que la tierce opposition n'est pas recevable contre les sentences arbitrales, celles-ci ne pouvant jamais être opposées aux tiers (Pr. 1022). Mais, si la décision des arbitres avait été frappée d'appel et confirmée, les tiers pourraient alors former tierce opposition à la décision du juge d'appel. Les sentences arbitrales ne sont pas non plus susceptibles de recours en cassation. Enfin, d'après l'opinion générale, la prise à partie n'est pas recevable contre les arbitres ; les intéressés auraient seulement recours contre eux une action en dommages - intérêts. — Les voies de recours admises contre les sentences arbitrales sont : l'appel, la requête civile et l'opposition à l'ordonnance d'exequatur.

§ 1er. — *Appel* (R. 1253 et s. ; S. 120 et s.).

65. L'appel est toujours ouvert contre les décisions arbitrales, même dans les cas où il serait irrecevable s'il s'agissait d'un jugement ordinaire. Les arbitres ne statuent pas en dernier ressort, quelle que soit la modicité du litige. Toutefois, il va de soi que lorsque l'arbitrage a lieu sur appel ou sur requête civile, la sentence arbitrale est définitive et sans appel (Pr. 1010, § 2). — Les parties peuvent, d'ailleurs, renoncer à la faculté d'interjeter appel, dans le compromis ou postérieurement (Pr. 1010, § 1er). Cette renonciation peut être tacite, et elle résulterait notamment de ce que les arbitres n'ont été investis du caractère d'amiables compositeurs, à moins que le droit d'appel n'eût été formellement réservé dans le compromis. V. *suprà,* n° 49.

66. L'appel est porté devant les tribunaux de première instance, qui s'il n'y eût point eu d'arbitrage, eussent été, soit en premier, soit en dernier ressort, de la compétence du juge de paix, et devant les cours d'appel pour les matières qui eussent été, soit en premier, soit en dernier ressort, de la compétence des tribunaux de première instance (civils ou de commerce) (Pr. 1023). S'il s'agit d'affaires qui, à défaut de compromis, eussent été de la compétence des conseils de prud'hommes en premier ou en dernier ressort, l'appel est déféré au tribunal de commerce. — Ces règles de compétence sont d'ordre public, en ce sens que les parties ne pourraient pas choisir comme juge d'appel un tribunal incompétent *ratione materiæ,* par exemple convenir de porter l'appel devant un tribunal de commerce, alors que le tribunal civil serait compétent. Mais il leur serait loisible de désigner un tribunal incompétent *ratione personæ* ou *loci.*

67. L'appel se forme, selon le droit commun, par un acte d'huissier contenant assignation devant le tribunal d'appel. Le délai est de trente jours ou de deux mois, suivant qu'il s'agit d'une affaire de la compétence du juge de paix, ou d'une affaire de la compétence du tribunal de première instance ou de commerce. Il commence à courir à partir de la signification du jugement arbitral à personne ou à domicile. — L'appel peut être interjeté avant même que la sentence ait été rendue exécutoire ; mais il ne peut pas être formé avant l'expiration du délai de trois jours ou de huit jours fixé par la loi du 25 mai 1838 (art. 13) et par l'art. 449 c. pr. civ. (V. *suprà, Appel en matière civile,* n°s 59 et 61).

68. L'appel interjeté sur un incident ne permettrait pas, semble-t-il, aux juges d'appel d'évoquer l'affaire de la main par application de l'art. 473 c. pr. civ. — L'appel est, en principe, suspensif ; mais les arbitres peuvent ordonner l'exécution provisoire, conformément au droit commun (Pr. 1024). — L'appelant qui succombe est condamné à l'amende ordinaire (Pr. 1025).

§ 2. — *Requête civile* (R. 1283 et s. ; S. 121).

69. La requête civile est portée non devant les arbitres, mais devant le tribunal civil qui serait compétent pour connaître de l'appel (Pr. 1026, § 2). Elle n'est ouverte que dans les cas où l'appel serait impossible, dans celui notamment où les arbitres ont été autorisés par les parties à statuer sans appel, la requête civile n'étant recevable que contre les jugements en dernier ressort (Pr. 480). Elle est recevable dans les cas où elle est admise contre les jugements des tribunaux, sauf 1° dans celui de l'inobservation des formes ordinaires de procédure, quand les arbitres n'ont pas été dispensés de l'observation de ces formes ; 2° dans celui où il a été statué sur choses non demandées et où l'on peut se pourvoir par voie d'opposition à l'ordonnance d'exécution (Pr. 1027). V. *infrà,* n° 71.

70. La requête civile est soumise aux délais et formes prescrites pour les jugements des tribunaux ordinaires (Pr. 1026, § 1er, et 480 et s.). — Les parties peuvent renoncer à la requête civile, soit dans le compromis, soit dans un acte postérieur (Besançon, 16 mars 1870, D. P. 72. 2. 76).

§ 3. — *Opposition à l'ordonnance d'exécution* (R. 1299 et s. ; S. 123 et s.).

71. C'est là une voie de recours spéciale à l'arbitrage. Malgré son nom, elle ne suppose pas que la sentence des arbitres a été rendue par défaut. — L'opposition à l'ordonnance d'exequatur est admise dans les cas suivants : 1° si le jugement a été rendu sans compromis ou hors des termes du compromis ; 2° sur un compromis nul ou expiré ; 3° s'il n'a été rendu que par quelques arbitres non autorisés à juger en l'absence des autres ; 4° ... ou par un tiers arbitre qui n'a pas conféré avec les arbitres partagés ; 5° ou enfin s'il a été prononcé sur choses non demandées (Pr. 1028). — Il est généralement admis que cette énumération de l'art. 1028 est limitative et ne peut pas être étendue ; l'opposition à l'ordonnance d'exécution n'est pas recevable dans les cas, notamment, où l'arbitre a violé les règles de compétence auxquelles les parties (Nîmes, 1er mai 1901, D. P. 1903. 2. 478). A l'inverse, suivant l'opinion dominante, la sentence arbitrale ne peut être attaquée pour l'un des cinq griefs énumérés par l'art. 1028 que par voie d'opposition à l'ordonnance d'exequatur ; dans ces diverses hypothèses, la voie de l'appel ne saurait être employée.

72. Aucun délai n'étant fixé pour l'opposition à l'ordonnance d'exécution, les parties peuvent la former pendant trente ans, à condition, bien entendu, qu'il ne puisse leur être opposée aucune fin de non-recevoir résultant notamment d'un acte d'exécution qui serait intervenu auparavant. — Avant l'exécution de la sentence arbitrale, l'opposition se forme par une assignation devant le tribunal civil ; si elle a lieu lors de l'exécution, elle peut se faire par une simple déclaration sur l'acte d'exécution, suivie d'une assignation, comme dans le cas précédent.

73. A la différence de ce qui a lieu pour l'appel et la requête civile, on ne peut pas d'avance renoncer, dans le compromis, au droit de former opposition à l'ordonnance d'exécution, laquelle suppose toujours une question d'ordre public. Cette renonciation ne pourrait résulter davantage de ce que les arbitres auraient été constitués amiables compositeurs (V. *supra,* n° 49).

ART. 12. — HONORAIRES DES ARBITRES (R. 1348 et s. ; S. 126 et s.).

74. Les arbitres ont droit, non seulement au remboursement de leurs frais et débours, mais encore à des honoraires spéciaux qui sont la rémunération de leur travail et de leur temps. Cependant, on n'admet pas qu'un nagistrat choisi comme arbitre reçoive des onoraires. La clause du compromis qui ccorderait des honoraires à un juge désigné omme arbitre devrait être réputée non crite; mais elle n'entraînerait pas la nullité u compromis tout entier. — Dans la pra-ique, les honoraires des arbitres sont mis à la charge de chacune des par-ies et non pour le tout à la charge de celle ui succombe, sauf convention contraire.

75. Les arbitres ne peuvent réclamer 'honoraires qu'autant qu'ils ont accompli eur mission dans le délai légal de trois nois. Au cas contraire, ils n'y auraient pas droit, à moins qu'ils n'eussent été de bonne oi et se fussent trompés sur la durée de eurs pouvoirs. — Les arbitres ont une action ontre les parties pour obtenir le payement le leurs honoraires, et on décide même que elles-ci sont tenues solidairement, sauf eur recours l'une contre l'autre jusqu'à con-urrence de leur part contributive.

76. Si les honoraires ont été fixés par le ompromis, on exécute la convention ; dans e silence du compromis, les honoraires sont ixés par les arbitres eux-mêmes ; mais les parties ont le droit de se pourvoir en justice pour les faire réduire en cas d'exagération. — Le tribunal compétent est celui du domi-ile de la partie qui se laisse poursuivre, u celui de l'arbitre en cas de demande en éduction. Il n'y a pas lieu d'appliquer la lisposition exceptionnelle de l'art. 60 c. pr. iv. qui, pour les demandes en payement le frais introduites par des officiers minis-ériels, attribue compétence au tribunal où ces frais ont été faits.

77. Quant à leurs frais et avances, les arbitres les taxent et en poursuivent le rem-boursement par les voies ordinaires ; mais ils ne pourraient pas agir par voie de commande-ment fondé sur la taxe qu'ils ont faite dans leur sentence ; ils doivent, au préalable, obtenir jugement. — Les arbitres n'ont pas le droit de retenir jusqu'au payement de leurs honoraires les pièces qui leur ont été remises.

ART. 13. — ENREGISTREMENT ET TIMBRE.

78. Les compromis qui ne contiennent aucune obligation de sommes et valeurs don-nent lieu au droit proportionnel, sont sou-mis au droit fixe de 4 fr. 50 (L. 22 frim. an 7, art. 68, § 1er, n° 19, R. v° *Enregis-trement*, t. 21, p. 26; 28 avr. 1816, art. 44, n° 2, *ibid.*, p. 39; 28 févr. 1872, art. 4, et 19 févr. 1874, art. 2, D. P. 72. 4. 12 et 74. 4. 41). — Le compromis stipulé dans un contrat relativement à son exécution doit être considéré comme l'une des conditions essentielles de la convention, et, par suite, ne donne pas lieu à un droit particulier d'enregistrement.

79. Les sentences arbitrales doivent être écrites sur timbre (L. 13 brum. an 7, art. 12, R. v° *Enregistrement*, t. 22, p. 737). — Celles qui sont interlocutoires ou préparatoires sont soumises au droit fixe de 4 fr. 50 (L. 26 janv. 1892, art. 17, D. P. 92. 4. 9). Les jugements définitifs sont assujettis aux droits de 5 fr. en matière commerciale, et de 7 fr. 50 en matière civile (même loi, art. 17, n°s 3 et 4). Enfin s'ils portent débouté de demande, quelque soit le ressort, le droit est de 10 fr. en ma-ière commerciale, et de 20 fr. en matière civile (même loi, art. 17, n°s 5 et 6).

80. Les jugements arbitraux rendus sur ppel ou sur requête civile, étant définitifs t sans appel (Pr. 1010), sont soumis aux roits fixés pour les arrêts des cours d'appel, 25 francs s'ils sont définitifs, et 30 francs lorsqu'ils portent débouté de demande (L. 6 janv. 1892, art. 17, n°s 4, 8 et 9). — La loi e 1892 ne contenant aucune disposition à et égard, lorsque le jugement arbitral est éfinitif parce que les parties ont renoncé

à l'appel, il reste néanmoins soumis aux droits ordinaires des jugements de première instance.

81. Les droits fixes que l'on vient d'indi-quer, sauf ceux applicables aux jugements portant débouté de demande, ne doivent être considérés que comme minimum du droit proportionnel, les jugements arbitraux étant soumis à la taxe judiciaire établie par l'art. 15 de la loi du 26 janvier 1892. Le mode de perception de cette taxe sera indiqué *infrà, Jugement.*

82. Les sentences non déposées au greffe, et ayant le caractère d'un acte volontaire et non d'un acte judiciaire, sont soumises aux droits afférents aux transactions ordinaires et non à la taxe des frais de justice.

83. L'ordonnance d'exequatur est assu-jettie au droit fixe de 4 fr. 50 (L. 28 avr. 1816, art. 44, n° 10, et 28 févr. 1872, art. 4).

84. Les droits d'enregistrement d'une sen-tence arbitrale, ainsi que les droits exigibles sur les actes qui ont fait l'objet de la déci-sion, peuvent être exigés indistinctement de toutes les parties qui ont figuré dans la sentence.

ARBITRAGE INTERNATIONAL
(R. v° *Droit naturel et des gens*, 87 et s. ; S. *eod.* v°, 35 et s.).

§ 1er. — *Notions générales.*

1. Les moyens par lesquels peuvent être tranchés les différends survenus entre États sont ou violents, comme la guerre (V. *infrà, Guerre*), ou pacifiques. Ceux-ci sont de diverses natures.

2. Le plus simple consiste à établir une entente directe entre les deux États, soit à l'aide des relations diplomatiques ordinaires, soit par l'institution d'une commission mixte composée de nationaux des deux pays, desti-née à trancher le litige, soit enfin en consti-tuant une commission internationale d'en-quête composée de nationaux des deux pays et d'étrangers, et destinée seulement à pro-poser une solution (Convention de La Haye, pour le règlement pacifique des litiges inter-nationaux, art. 9 à 15).

3. Les autres procédés pacifiques im-pliquent l'intervention d'un troisième État. — Ce dernier peut d'abord *interposer ses bons offices*. C'est une intervention discrète, par laquelle le tiers se propose seulement d'amener les adversaires à se rapprocher et à s'entendre directement.

4. Lorsque le tiers va plus loin, quand il étudie le litige en lui-même et propose une solution, il y a *médiation*. Entre la média-tion et les bons offices il n'y a qu'une différence de degré ; ces modes d'action sont l'un et l'autre des procédés amicaux, et les deux adversaires doivent les tenir pour tels (Con-vention précitée, art. 2 à 9). — Le média-teur se borne à proposer une solution sur les bases de laquelle les deux États concluent ensuite un traité. Tel fut le rôle du pape, appelé à se prononcer sur le conflit qui surgit, en 1885, entre l'Espagne et l'Allemagne au sujet de la souveraineté des îles Carolines.

5. Tout autre est le caractère de l'*arbi-trage international*. Il peut être défini : le procédé auquel recourent deux États qui, après avoir essayé vainement de résoudre par des négociations le conflit qui les divise, s'en-tendent pour demander à un tiers, que eux désigné en commun, de trancher le différend. A la différence du médiateur, l'arbitre rend une sentence proprement dite. — C'est un procédé relativement moderne, dont l'usage ne s'est guère développé qu'au XIXe siècle, et surtout depuis l'affaire de l'*Alabama*. Durant la guerre de Sécession, les confé-dérés du Sud firent armer et équiper dans les ports anglais plusieurs navires, entre autres l'*Alabama*. Les fédéraux considé-

rèrent ce fait comme une violation de la neutralité, et, la guerre terminée, le gou-vernement des États-Unis en demanda répa-ration au gouvernement anglais. Cette de-mande n'ayant pas été accueillie, il en ré-sulta un conflit que les deux États con-vinrent de trancher par voie d'arbitrage. Par un accord signé à Washington, le 8 mai 1871, les parties, après avoir établi certains prin-cipes concernant les devoirs de la neutra-lité, s'en rapportèrent, pour l'appréciation de la question de responsabilité, à un tri-bunal arbitral composé de cinq membres désignés par le roi d'Angleterre, les États-Unis, le roi d'Italie, le président de la Confédération suisse et l'empereur du Brésil. Le jugement fut rendu à Genève le 24 mai 1872. L'Angle-terre, dont la responsabilité fut reconnue, exécuta la sentence. — Depuis lors les arbi-trages se sont multipliés, et la plupart des publicistes estiment que cette institution est susceptible de recevoir un développement de plus en plus considérable.

§ 2. — *Litiges susceptibles d'être tranchés par l'arbitrage.*

6. En général, l'arbitrage est considéré comme n'étant pas susceptible de s'appliquer à tous les conflits, quelle qu'en soit la na-ture. — En ce qui concerne les litiges d'ordre économique, commercial ou strictement ju-ridique, l'emploi de ce procédé ne peut sou-lever aucune difficulté. C'est en fait à ces catégories de litiges que se réfèrent la plu-part des arbitrages : fixation de frontières, indemnité aux nationaux victimes de mou-vements insurrectionnels, question d'éti-quette, responsabilité en matière postale ; expulsion de nationaux, etc. Au contraire, échappent à l'arbitrage tous les litiges inté-ressant l'honneur, l'indépendance, l'exis-tence ou la souveraineté des États (V. le sens le traité d'arbitrage franco-anglais du 14 octobre 1903, art. 1er).

§ 3. — *Du contrat de compromis et de la clause compromissoire.*

7. Le contrat de *compromis* est l'accord intervenu entre deux États convenant de sou-mettre leur litige à la décision d'un tiers. Cet accord implique nécessairement le con-sentement des contractants et leur capacité. Il peut porter sur tous les litiges, exception faite de ceux auxquels l'arbitrage ne peut s'appliquer (V. *supra*, n° 6). Il doit conte-nir la désignation des arbitres et préciser les points qu'ils auront à trancher.

8. Les États sont entièrement libres quant au choix des arbitres. Ce choix s'exerce de façons très diverses. Le plus souvent c'est un souverain étranger qui est appelé à sta-tuer (le roi d'Angleterre, dans le conflit de limites entre le Chili et la République Argen-tine, en novembre 1902). Parfois, c'est un tri-bunal composé de juges choisis par les par-ties et par des tiers (affaire de l'*Alabama*. V. *supra*, n° 5). Quelquefois, c'est un corps judiciaire (la cour de cassation de France, pour le litige entre la France et le Nicara-gua). L'arbitre peut enfin être un particulier (M. l'avocat général Desjardins dans le litige anglo-belge, à propos de l'expulsion de Ben-Tillet, novembre-décembre 1898).

9. A la différence du compromis, la *clause compromissoire* institue le recours à l'arbi-trage pour une série indéterminée de litiges à survenir entre les États. — Cette clause est plus ou moins étendue. Tantôt la clause com-promissoire, sans viser un litige déterminé, s'applique à tous les conflits d'une certaine nature (Traité d'arbitrage chilo-argentin du 28 mai 1902; Traité d'arbitrage franco-anglais du 14 oct. 1903) ; tantôt elle vise tous les conflits à venir sans distinction (Traité italo-argentin du 23 juill. 1881, art. 6; et un grand nombre de traités passés entre républiques de l'Amérique du Sud). Dans les deux hypothèses, il y a traité d'arbitrage permanent.

§ 4. — De la procédure d'arbitrage.

10. Il n'y a pas de règles fixes pour la procédure à suivre; les contractants sont libres de déterminer celles qui doivent être suivies dans chaque cas particulier. A défaut de dispositions contractuelles, les arbitres devront suivre les habitudes normales, entendre les parties, s'éclairer de toutes manières, statuer à la majorité et, en cas de désaccord, avoir recours à un surarbitre.

11. L'Institut de droit international, dans sa session de La Haye, en 1875, a tracé les règles de procédure; mais ce n'est là qu'une simple indication. — D'autre part, la convention de La Haye de 1899, pour le règlement pacifique des litiges internationaux, a établi une procédure que M. Léon Bourgeois, délégué français. Sur le rapport de cette dernière, la conférence vota la convention pour le règlement pacifique des litiges internationaux. Les vingt-six Etats représentés y ont adhéré. Elle a été promulguée en France, par décret du 28 nov. 1900 (D. P. 1901. 4. 84).

13. Les puissances signataires conviennent d'employer tous leurs efforts à la solution pacifique des litiges internationaux (art. 1er), d'avoir recours, autant que possible, à la médiation et aux bons offices. Elles déclarent également utile le recours à des commissions internationales d'enquête (V. supra, nos 2 à 4). Enfin, la convention établit une procédure d'arbitrage.

14. Le tribunal arbitral doit comprendre deux arbitres pour chaque litigant, plus un surarbitre désigné par les arbitres ou par un ou deux Etats tiers, en cas de non entente des arbitres. Le tribunal siège à La Haye, à moins que les parties ne désignent un autre lieu.

15. Les puissances n'ont pas imposé le recours à l'arbitrage; elles ont seulement reconnu que, dans les questions d'ordre juridique, l'arbitrage est le moyen le plus efficace et le plus équitable pour régler les litiges non résolus par la voie diplomatique (art. 16). Elles n'ont même pas imposé le recours obligatoire à une juridiction de conciliation et se sont bornées à créer une cour permanente d'arbitrage.

§ 6. — Cour permanente d'arbitrage.

16. La cour permanente d'arbitrage est constituée par les Etats signataires, chacun désignant 4 délégués, nommés pour 6 ans. Un bureau international, séant à La Haye, sert de greffe (art. 22). La cour est compétente pour tous les litiges.

17. Les Etats en désaccord choisissent les arbitres sur la liste des juges de la cour. S'ils ne peuvent s'entendre, chacun choisit deux arbitres qui désignent un surarbitre. En cas de partage des voix, le choix du surarbitre est confié à une puissance tierce désignée de commun accord par les parties ou, en cas de désaccord, par deux puissances (art. 24). — Le tribunal ainsi établi fonctionne, en principe, à La Haye (art. 25).

18. La procédure, qui est également applicable en cas d'arbitrage ordinaire (V. supra,

nº 11), comprend deux phases : l'instruction et les débats. — Les débats ont lieu dans la langue fixée par le tribunal. En principe, ils ne sont pas publics; mais les parties peuvent s'y faire représenter, et les juges poser des questions. Les décisions sont prises à la majorité, et les sentences motivées et lues en séance publique. — Il peut y avoir revision en cas de découverte de fait nouveau; la demande en est adressée au tribunal qui a rendu la sentence (art. 30 à 58).

19. Les arbitres doivent se borner à juger le différend qui leur a été soumis. Ils ne peuvent aller au delà, sauf disposition contraire du compromis. Dans ces limites, leur sentence est obligatoire pour les deux parties à l'égal de la convention établissant le recours à l'arbitrage.

20. Un point important à noter, c'est que le recours à la cour de La Haye n'est jamais obligatoire. Les puissances signataires ont seulement déclaré considérer comme un devoir, dans le cas où un conflit aigu viendrait à éclater entre deux ou plusieurs d'entre elles, de rappeler à celles-ci que la cour permanente leur est ouverte (art. 27). C'est là un acte de bons offices (V. supra, nº 3).

ARCHITECTE
(R. vº Architecte; S. eod. vº).

1. L'architecte est celui qui fait profession de dresser des plans et devis pour les constructions et de diriger les travaux. A cette profession il joint souvent celle d'entrepreneur et celle d'expert.

2. Comme auteur de plans et devis et directeur de travaux, il a un droit privatif sur son œuvre en vertu des lois relatives à la propriété intellectuelle.

3. Il est rémunéré par des honoraires fixés d'avance par convention ou, à défaut, laissés à l'appréciation des tribunaux. L'avis du conseil des bâtiments civils du 12 pluv. an 8, qui règle ses émoluments à cinq pour cent pour les travaux communaux ou ceux exécutés pour le compte d'établissements publics, et qui est habituellement suivi pour les travaux des particuliers, n'a cependant que la valeur d'un simple renseignement. — Si des changements aux plans et devis primitifs sont demandés par le propriétaire, le nouveau travail de l'architecte lui est réglé sur un taux moins élevé que le premier, qui contenait déjà l'émolument correspondant à la responsabilité qu'il encourt. — Dans un délai de trente ans pour réclamer le payement de ses honoraires. — Sur le droit proportionnel de patente auquel il est soumis, V. infra, Patente.

4. L'architecte doit observer les lois et règlements administratifs sur la construction. Il est responsable envers le propriétaire des suites qui résultent de l'inobservation des lois ou règlements concernant la voirie ou le voisinage. — Sur la responsabilité qui peut lui incomber à raison des fautes par lui commises dans la direction des travaux et des vices des plans qu'il a établis, et la durée de cette responsabilité, V. infra, Louage d'industrie.

5. Comme entrepreneur, il est rémunéré par le prix convenu avec celui pour le compte duquel il construit. Il n'a pas droit en plus à des honoraires comme architecte. Il est responsable des vices de construction, conformément aux art. 1792 et 2270 c. civ. V. infra, Louage d'industrie. — Il jouit du privilège de l'art. 2103-4º c. civ. (V. infra, Privilèges et hypothèques).

6. Comme expert désigné par les tribunaux, l'architecte a droit à des honoraires dont le montant est fixé par le tarif du 15 août 1903 (art. 90 à 93) en matière civile, et par celui du 18 juin 1811, art. 2 (V. vº Frais et dépens, p. 67) en matière criminelle. Il est soumis à la taxe : le juge peut réduire

le nombre des vacations, s'il lui paraît exagéré.

ARCHIVES
(R. vº Archives; S. eod. vº).

1. Les archives publiques peuvent se diviser en deux catégories principales : 1º les archives centrales, comprenant, d'une part, les archives nationales, et, d'autre part, celles des grands corps de l'Etat et des ministères; 2º les archives locales, qui comprennent notamment les archives départementales, les archives communales, celles des établissements publics.

§ 1er. — Organisation générale
(R. 3 et s.; S. 1).

2. Les Archives nationales sont dans les attributions du ministre de l'Instruction publique. Il en est de même aujourd'hui des archives départementales, communales et hospitalières (Décr. 21 mars 1884, art. 1er, D. P. 84. 4. 111).

3. Trois inspecteurs généraux des bibliothèques et des archives vérifient, au moyen de visites, l'état des dépôts d'archives dépendant du ministère de l'Instruction publique, et indiquent les améliorations qu'il convient d'y apporter (Arr. min. instr. publ. 7 nov. 1884 et 16 mai 1887, art. 4, S. p. 505).

4. Une commission supérieure des archives, composée de quatorze membres, nommés par le ministre, donne son avis sur toutes les questions techniques ou scientifiques relatives aux archives (Arr. min. 16 mai 1887, art. 3; Décr. 24 févr. 1897, art. 6, D. P. 98. 4. Table alphab., col. 24). Ses membres peuvent être individuellement chargés de vérifier annuellement le fonctionnement du service des Archives nationales (même arrêté, art. 4).

§ 2. — Archives centrales (R. 13 et s.; S. 2 et s.).

5. L'organisation des Archives nationales est actuellement réglée par le décret du 14 mai 1887 (S. p. 502), l'arrêté ministériel précité du 16 mai 1887, le règlement intérieur pris par le garde général des archives, en 1888, en exécution de l'art. 26 de l'arrêté de 1887, les décrets des 24 févr. 1897 et 12 janv. 1898. En outre, diverses dispositions d'un arrêté ministériel du 12 nov. 1856 (S. p. 503), portant également sur les archives, sont encore en vigueur.

6. La conservation et l'administration des Archives nationales sont confiées au directeur des Archives, placé sous l'autorité du ministre de l'Instruction publique et des Beaux-Arts, et nommé par décret (Décr. 14 mai 1887, art. 13; Décr. 24 févr. 1897, art. 4). — Les attributions de ce fonctionnaire sont déterminées par les art. 1 à 7 de l'arrêté du 12 nov. 1856 et l'art. 4 du décret du 24 févr. 1897.

7. Le service des archives et les documents qui y sont conservés sont divisés en trois sections. — La première comprend les archives législatives et administratives modernes : elle est ouverte aux versements faits par les assemblées législatives, les ministères et les corps constitués postérieurs à 1790. La seconde comprend les archives des juridictions et des administrations de l'ancien régime. La troisième comprend le trésor des chartes, les collections de l'ancienne section historique, les titres domaniaux et les fonds ecclésiastiques antérieurs à 1790 (Décr. 24 févr. 1897, art. 1 et 2). — Chaque section est chargée de la conservation, du classement, de l'inventaire, de la communication au public et de la délivrance d'expéditions des documents qu'elle contient.

8. Un secrétariat est chargé de la correspondance, de la comptabilité, du matériel et de la surveillance générale, et, en outre, du service des archives départementales, communales et hospitalières (Décr. 24 févr. 1897, art. 3). La correspondance relative à ce dernier service est préparée et soumise à la signature du ministre par le directeur des archives (même décret, art. 4).

9. Le personnel des Archives nationales comprend : 3 chefs de section, 3 sous-chefs, 1 secrétaire, 1 secrétaire adjoint, 17 archivistes, 2 commis, nommés et révoqués par le ministre; 1 mouleur et 14 hommes de service nommés par le directeur (Décr. 14 mai 1887, art. 4 et s.; Décr. 24 févr. 1897, art. 5). — Pour obtenir un emploi aux Archives nationales, celui de commis excepté, il faut être pourvu du diplôme d'archiviste paléographe, ou, à défaut, d'un certificat d'aptitude délivré par une commission spéciale, après examen (Décr. 14 mai 1887, art. 7). — Les art. 8 et s. du décret de 1887 fixent les traitements et règlementent la discipline du personnel des archives (Décr. 23 janv. 1888, D. P. 88. 4. 42).

10. Les règles à observer pour le classement des documents et pour leur communication au public sont posées par l'arrêté de 1887 et par le décret du 12 janv. 1898, art. 5.

11. Les parties intéressées peuvent toujours se faire délivrer des expéditions authentiques des pièces déposées aux Archives. L'authenticité de ces expéditions est régie par l'art. 18 du décret du 14 mai 1887. — Quant aux épreuves de sceaux, leur authenticité est garantie par un certificat d'origine signé du directeur et scellé du sceau des Archives. — La Bibliothèque nationale, bien que dépositaire d'un grand nombre de pièces d'archives, incorporées dans le département des manuscrits, ne peut pas livrer d'expéditions authentiques. On doit, pour obtenir des copies certifiées, se faire assister d'un notaire. — Les dispositions de l'arrêté ministériel du 1er juin 1877, qui établit les règles à suivre pour obtenir la reproduction photographique des documents conservés dans les établissements scientifiques et littéraires, sont applicables aux pièces déposées aux Archives.

12. L'art. 2 de la loi de finances du 29 déc. 1888 (D. P. 90. 4. 26) fixe le tarif des droits à percevoir pour la délivrance des expéditions de pièces déposées aux Archives. — La consignation des droits doit précéder toute recherche ou délivrance d'expédition (Décr. 22 mars 1856, art. 4; Arr. min. 16 mai 1887, art. 18). — Sur les exemptions de frais de recherches ou de délivrance d'expéditions, V. Décr. 22 mars 1856, art. 5; Arr. min. 16 mai 1887, art. 18.

13. L'art. 2 du décret du 22 déc. 1855, et les art. 1 et s. du décret du 12 janv. 1898 déterminent les documents qui doivent être déposés dans les Archives nationales par les ministères et par les administrations qui en dépendent. — Les Archives nationales reçoivent encore les documents imprimés pour l'usage des administrations, tels que rapports, circulaires, instructions, etc.

14. Les anciennes Archives de la couronne ont été rattachées au ministère de l'Instruction publique.

15. Les archives du Sénat et celles de la Chambre des députés reçoivent les procès-verbaux des délibérations de ces assemblées, de leurs bureaux et commissions pour l'étude des projets de lois.

16. Trois grands corps judiciaires, le Conseil d'État, la Cour de cassation et la Cour des comptes, ont des archives propres, qui restent à leur disposition.

17. Les ministères des Affaires étrangères, de la Guerre et de la Marine ne font pas aux Archives nationales les versements prescrits par les décrets de 1887 et 1898 et ont des archives spéciales. — Les pièces des archives de la marine qui avaient un caractère uniquement historique, ont été déposées aux

Archives nationales (Décr. 28 mai 1899, D. P. 99. 4. *Table alphab.*, col. 28).

§ 3. — *Archives locales* (R. 54 et s.; S. 48 et s.).

18. Les archives départementales sont placées sous l'autorité du préfet et sous la surveillance du secrétaire général de la préfecture. — Les frais de garde et de conservation de ces archives constituent des dépenses ordinaires, mais non obligatoires pour les départements. La commission départementale vérifie l'état des archives du département et rend compte au conseil général du résultat de son examen.

19. Les archivistes départementaux sont nommés et révoqués par le préfet, qui doit les choisir parmi les élèves diplômés de l'École des Chartes, et, à défaut, parmi les personnes qui auront reçu un certificat d'aptitude délivré après examen par la commission supérieure des archives. — Sur les fonctions des archivistes départementaux, V. Règl. 6 mars 1843, art. 2 et s.

20. Sur la communication des pièces déposées dans les archives départementales et la délivrance d'expéditions, V. L. 7 mess. an 2, art. 37 (R. p. 204); Av. Cons. d'Et. 18 août 1807 (R. 70); Règl. 6 mars 1843, art. 14 à 24 (R. p. 220); Décr. 21 mars 1884, art. 2 (D. P. 84. 4. 111); L. 29 déc. 1888, art. 2 (D. P. 90. 4. 26). — Sur les versements à faire par les bureaux aux archives départementales, V. Règl. 6 mars 1843, art. 25 et s. — Sur le classement et l'inventaire des archives et sur la suppression des papiers inutiles, V. Circ. min. int. 24 avr. 1841 (R. p. 219); Règl. 6 mars 1843; Instr. min. int. 11 nov. 1874; Circ. min. instr. publ. 12 août 1887 et 26 oct. 1891.

21. Les archives des *sous-préfectures* sont soumises aux mêmes règles que les archives départementales. Mais, en principe, on n'y conserve que les papiers postérieurs à 1851; les autres sont transportés au chef-lieu du département.

22. Les *archives communales* sont confiées à la garde du maire et placées sous la surveillance du sous-préfet, qui doit les inspecter dans ses tournées (Instr. min. 16 juin 1842, R. p. 229). — Les frais de leur conservation sont pour les communes une dépense obligatoire.

23. Les maires et adjoints délivrent les expéditions ou extraits des actes déposés à la mairie et sont seuls qualifiés pour les signer. Le produit de ces expéditions ou extraits figure parmi les recettes ordinaires du budget communal (L. 5 avr. 1884, art. 133, D. P. 84. 4. 25). — Les droits à percevoir pour la délivrance des expéditions de documents départementaux et communaux sont fixés à 75 centimes par rôle (Décr. 7 mess. an 2, art. 37).

24. Une circulaire du 10 juin 1854 a réglé la méthode à suivre pour le classement et l'inventaire des archives *hospitalières*. — V. aussi la circulaire du 3 août 1860, relative à la conservation, en cas d'aliénation d'immeubles appartenant aux hospices, des documents précieux pour l'histoire des localités et des établissements de bienfaisance.

§ 4. — *Dispositions communes.*

25. Les archives publiques font partie du domaine de l'État, des départements, des communes ou des établissements publics auxquels elles appartiennent, et, par suite, sont inaliénables et imprescriptibles. Il en est ainsi, spécialement, des documents déposés aux archives de l'État (Décr. 22 déc. 1855, art. 2, D. P. 56. 4. 3; Req. 17 juin 1896, D. P. 97. 1. 257), ... des départements, ... des communes, ... des établissements religieux ou de bienfaisance de l'ancien régime (Trib. civ. de Lyon, 25 janv. 1899, D. P. 99. 2. 230). — L'Administration a le droit de revendi-

quer les documents qui ont fait partie des archives publiques, contre tout détenteur, sans que celui-ci puisse arguer de sa bonne foi pour prétendre à une indemnité (Arrêt et jugement précités).

26. Sur les soustractions ou destructions de pièces contenues dans les archives, V. *infrà*, Vol.

§ 5. — *École des Chartes* (R. 27; S. 73 et s.).

27. L'organisation de l'École des Chartes et les prérogatives attachées au diplôme d'archiviste - paléographe sont établies par les ordonnances des 2 févr. 1821, 11 nov. 1829, 31 déc. 1846 (D. P. 47. 3. 43), les décrets des 18 oct. 1849, 4 févr. 1850, 18 août 1866, 30 janv. 1869; l'arrêté du 19 mars 1881; le décret du 1er juill. 1897, art. 6.

ARMÉE

(R. v° *Organisation militaire*; S. eod. v°).

1. L'armée comprend l'ensemble des forces organisées pour la défense du territoire de la métropole, des colonies ou pays de protectorat, et pour la protection des nationaux et des intérêts français sur tous les points du globe. Elle se divise en armée de terre et en armée de mer. Celle-ci fera l'objet d'une étude spéciale (V. *infrà, Marine militaire*). — Quant à l'armée de terre, la seule dont on s'occupe ici, elle comprend les forces organisées pour la défense du territoire et le maintien de l'ordre à l'intérieur, ou *armée continentale*, et les forces entretenues en vue de l'occupation et de la défense des colonies et pays de protectorat, ou *armée coloniale*. Cet ensemble de forces est placé sous l'autorité du ministre de la guerre; mais chacune des deux armées a ses cadres et son organisation spéciale (L. 7 juill. 1900, D. P. 1900. 4. 66). — En ce qui concerne le recrutement de l'armée, V. *infrà, Recrutement de l'armée*.

SECT. 1re. — Administration générale. — Commandement supérieur.

2. Le chef suprême de l'armée est le président de la République. Il dispose de la force armée et nomme à tous les grades et emplois dont les titulaires ont rang d'officiers (L. constit. 25 févr. 1875, art. 3). — Sous l'autorité du président de la République, le chef hiérarchique de l'armée est le ministre de la guerre, auquel ressortissent l'organisation, le commandement et l'administration de l'armée. Il est assisté dans cette mission par le chef de l'état-major de l'armée, les généraux inspecteurs d'armée (V. *infrà*, n°s 23 et 29), l'état-major général de l'armée et les divers services et commissions du ministère de la guerre. L'organisation de ce ministère est aujourd'hui réglée par les décrets des 29 juill. 1899 (*Journ. off.* du 1er août 1899) et 21 janv. 1901 (*Bull. off. min. guerre*, 1901, p. 134).

3. En dehors de l'état-major particulier du ministre, les différents services du ministère sont : 1° Le *cabinet du ministre*, qui centralise la correspondance, la répartit entre les bureaux intéressés et traite, sous l'autorité du ministre, les affaires qui ne sont pas du ressort des directions, ou qui ont un caractère confidentiel, ou encore qui ont trait à la sécurité intérieure de l'État et au maintien de l'ordre public. — Le cabinet du ministre a, en outre, dans ses attributions le haut personnel de l'armée, officiers généraux et assimilés, la discipline des troupes, le personnel de l'Administration centrale, etc.; 2° Les *directions d'armes* : de l'infanterie, de la cavalerie, de l'artillerie, du génie, des services administratifs, des poudres et salpêtres, du service de santé, des troupes coloniales; — La *direction du contrôle*, dont l'action s'étend sur les opérations et les comptes tant de l'Administration centrale que des services extérieurs sur lesquels elle s'exerce au moyen de tournées d'inspection, de vérifications et de missions spéciales (Décr. 28 oct. 1882, *Journ. milit.* 1882, Part. régl., p. 332; 4 sept. 1883, *ibid.* 1883, Part. régl., p. 257; 15 nov. 1884, *ibid.* 1884, Part. régl., p. 632; — 4° La *direction du contentieux* et de la *justice militaire* (Décr. 13 janv. 1899, *Journ. off.* du 14 janv. 1899); — 5° Le *service intérieur*, qui a pour attributions les pensions et gratifications de réforme, le matériel de l'Administration centrale et des archives administratives, etc. Ce service est complété par une agence comptable chargée de tous les payements à faire au personnel de l'Administration centrale; — 6° Les *commissions* ou *comités consultatifs* institués pour éclairer le ministre de leurs avis.

4. De ce nombre est, en premier lieu, le *conseil supérieur* de la guerre, constitué par le décret du 27 juill. 1872 et réorganisé par les décrets des 12 mai 1888 (*Journ. off.* du 13 mai 1888), 28 sept. 1893 (*Journ. off.* du 29 sept. 1893), 24 oct. 1899 (*Journ. off.* du 25 oct. 1899), et 15 févr. 1903 (*Bull. off. min. guerre*, 1903, p. 164). — Le ministre de la guerre et le chef de l'état-major de l'armée sont membres de droit de ce conseil; il est présidé par le ministre de la guerre ou par un vice-président choisi chaque année par le ministre, et qui, ordinairement, est l'officier général désigné éventuellement pour prendre, en cas de mobilisation, le commandement supérieur du principal groupe d'armées. Le conseil supérieur de la guerre est spécialement chargé d'examiner les questions qui se rattachent à la préparation de la guerre et à la défense du territoire.

5. Les *comités techniques* d'armes ou de services (comités d'état-major, de l'infanterie, de la cavalerie, de l'artillerie, du génie, de l'intendance, de santé, de gendarmerie, des troupes coloniales) ont pour mission de se prononcer sur les questions relatives à l'organisation et au fonctionnement de leur arme ou service, à l'amélioration du matériel, etc., et sur les questions qui leur sont déférées par le ministre (Décr. 31 juill. 1888).

6. Les autres comités ou commissions sont : 1° La *commission militaire supérieure des chemins de fer*, composée de membres civils et militaires nommés par décret, et présidée par le chef d'état-major général; elle émet son avis sur toutes les questions relatives à l'emploi des chemins de fer pour les besoins de la mobilisation (Décr. 5 févr. 1889); — 2° Le *comité permanent des subsistances*, qui étudie les mesures propres à assurer, en temps de guerre, le ravitaillement des places fortes et des armées en campagne (Décr. 3 août 1889); — 3° La *commission mixte des travaux publics*, qui examine ou discute les projets dont l'exécution, dans la zone frontière, intéresse la défense du territoire (Décr. 8 sept. 1878; L. 10 févr. 1890, D. P. 90. 4. 128); — 4° le *comité des poudres et salpêtres*, qui donne son avis sur les questions administratives et techniques concernant le service des poudres (Décr. 13 nov. 1873, D. P. 74. 4. 24; 12 juill. 1876; D. P. 76. 4. 118; 9 mai 1876, art. 18, D. P. 76. 4. 112); — 5° La *commission des substances explosives*, qui étudie, au point de vue scientifique, les questions relatives à la fabrication et à l'emploi des substances explosives de toute nature (Décr. 14 juin 1878, *Journ. milit.* 1878, Part. régl., p. 180; Décr. 23 juin 1897, *Bull. off. min. guerre*, 1897, Part. régl., p. 872); — 6° La *commission mixte de fabrication des poudres et explosifs de guerre* (Décis. min. 24 avr. 1897); — 7° La *commission des travaux géographiques*, qui a pour mission de coordonner les travaux de levés et des cartes exécutés aux frais de l'Etat, et qui est composée de fonctionnaires des ministères ayant dans leurs attributions les travaux de géodésie, topo-

graphie, géographie et cartographie (Décr. 10 juin 1891, *Bull. off. min. guerre*, 1891, Part. régl., p. 729); — 8° La *commission consultative de télégraphie militaire*, composée de membres militaires et de fonctionnaires des postes et télégraphes (Décr. 27 sept. 1889, *Bull. off. min. guerre*, 1889, Part. régl., p. 701; Arr. 5 mai 1890, *ibid.*, 1890, p. 845); — 9° La *commission d'aérostation militaire* (Arr. 12 oct. 1888, *Bull. off. min. guerre*, 1888, Part. régl., p. 275); — 10° La *commission de classement des sous-officiers pour les emplois civils*, qui dresse la liste des emplois réservés aux sous-officiers et statue souverainement sur les candidatures (L. 18 mars 1889, art. 24-27, D. P. 90. 4. 49); — 11° La *commission de médecine et d'hygiène vétérinaire* (Décr. 11 déc. 1894, *Bull. off. min. guerre*, 1894, Part. régl., p. 573); — 12° La *commission des écoles militaires*, ressortissant à la direction de l'infanterie (Décis. min. 30 juill. 1890, *Bull. off. min. guerre*, 1890, Part. suppl., p. 203); — 13° Le comité supérieur de la *caisse des offrandes nationales*, chargé de diriger et de contrôler les opérations administratives et financières de cette caisse; — 14° Enfin il existe au ministère de la guerre un *comité d'administration centrale*, chargé d'assurer l'unité de vues dans l'exécution des divers services et de coordonner les mesures générales (Décr. 23 août 1882, *Journ. off.* du 24 août 1882).

7. Un service ayant pour attributions les études et recherches relatives à la rectification, la mise à jour et la publication de la carte de France et la cartographie étrangère constitue, sous le nom de *service géographique de l'armée*, un établissement spécial s'administrant en dehors de l'administration centrale. — La *brigade topographique du génie* y est rattachée. Le personnel se compose : 1° d'officiers supérieurs, choisis dans toutes les armes; 2° d'un personnel civil (Décr. 24 mai 1887).

SECT. II. — **Armée continentale.**

ART. 1er. — CADRES ET EFFECTIFS DE L'ARMÉE.

8. L'armée se compose : 1° des corps de troupes, c'est-à-dire : l'infanterie, la cavalerie, l'artillerie, le génie, le train des équipages militaires; 2° du personnel de l'état-major général et des services généraux de l'armée; 3° du personnel des états-majors et des services particuliers; 4° de la gendarmerie; 5° du régiment des sapeurs-pompiers de la ville de Paris.

§ 1er. — *Corps de troupes* (R. 103 et s.; S. 96 et s.).

9. L'*infanterie* comprend aujourd'hui : 163 régiments d'infanterie de ligne, à trois ou quatre bataillons, de quatre compagnies, dont 145 sont dits régiments *subdivisionnaires* comme étant recrutés, tout au moins au point de vue des réserves, dans la subdivision de région où ils sont stationnés. Les dix-huit autres régiments sont dits régiments *régionaux*, parce qu'ils sont recrutés, autant que possible, à raison de un par région de corps d'armée, sur l'ensemble de la région (L. 13 mars 1875, art. 3, D. P. 75. 4. 129; L. 25 juill. 1887, art. 4, D. P. 87. 4. 96; L. 20 juill. 1894, D. P. 91. 4. 83; L. 4 mars 1897, D. P. 97. 4. 24). — Chaque régiment d'infanterie subdivisionnaire a un cadre complémentaire, employé en partie au commandement du quatrième bataillon constitué dans un certain nombre de régiments pour encadrer les formations éventuelles prévues pour le jour de la mobilisation ; ce cadre comprend, dans 72 régiments, un lieutenant-colonel et un chef de bataillon, dans 73 régiments, deux chefs de bataillon, dans tous les régiments huit capitaines et quatre lieutenants (L. 25 juill. 1893, art. 1er, D. P. 94. 4. 40).

10. L'infanterie comprend encore 30 *bataillons de chasseurs à pied*, en général à six compagnies, dont douze, affectés à la frontière du sud-est, sont dits *alpins* (L. 24 déc. 1888; Décr. 2 janv. 1889, *Bull. off. min. guerre*, 1889, Part. régl., p. 60; Décr. 19 nov. 1889, *ibid.*, p. 1133; Décr. 1er mars 1890); 4 *régiments de zouaves* à cinq bataillons, affectés à la 19e région (Algérie) (L. 9 févr. 1899, D. P. 99. 4. 91; Décr. 2 févr. 1891, D. P. 91. 4. 109; Décr. 22 févr. 1897, *Bull. off. min. guerre*, 1897, Part. régl., p. 294, 19 juin 1898, *ibid.*, 1898, p. 445; 23 nov. 1899, *ibid.*, 1899, p. 1131). Il existe enfin des troupes sahariennes composées de fantassins et de cavaliers montés à méhara (L. 5 déc. 1894, D. P. 95. 4. 62).

11. Les effectifs des corps d'infanterie sur le pied de paix et sur le pied de guerre sont fixés par les lois d'organisation.

12. La *cavalerie*, d'après les lois des 13 mars 1875, art. 4, et 25 juill. 1887 (D. P. 87. 4. 96), devrait se composer de 91 régiments ; actuellement, elle n'en compte plus que 89 : 13 régiments de cuirassiers (au lieu de 14), 31 régiments de dragons (au lieu de 32), 21 régiments de chasseurs, 14 de hussards, 6 régiments de chasseurs d'Afrique, 4 régiments de spahis. — Les régiments de l'intérieur sont formés en dix-neuf brigades de corps d'armée, groupées en six arrondissements d'inspection générale, commandés par des généraux de division inspecteurs permanents de cavalerie, et en *brigades et divisions indépendantes* placées en dehors du corps d'armée. — Les régiments de l'Algérie et de la Tunisie (chasseurs d'Afrique et spahis) sont sous les ordres de trois généraux de brigade, placés eux-mêmes sous le commandement du général de division commandant la cavalerie d'Algérie. — Tous les régiments de cavalerie sont à cinq escadrons. — La cavalerie comprend, en outre : 19 escadrons d'éclaireurs volontaires, qui ne doivent être constitués qu'au moment de la mobilisation ; 8 compagnies de cavaliers de remonte affectés aux dépôts de remonte de France et d'Algérie (V. *infra*, no 54); enfin des cavaliers de manège, qui font partie des cadres des Ecoles d'application de cavalerie, spéciale militaire et supérieure de guerre.

13. Les régiments d'*artillerie*, au nombre de 40, sont répartis par brigades, à raison d'une brigade par corps d'armée. L'artillerie comprend, en outre : 18 bataillons d'artillerie à pied (les deux derniers n'ont pas été créés), douze batteries d'artillerie de montagne, rattachées aux brigades d'artillerie des 14e et 15e corps d'armée; 16 batteries pour le service de l'Algérie, de la Tunisie et de la Corse, rattachées à la 19e brigade d'artillerie (L. 24 juill. 1883, D. P. 83. 4. 95; 28 déc. 1888, D. P. 89. 4. 112; 15 juill. 1889, D. P. 90. 4. 69; 25 juill. 1893, D. P. 94. 4. 41; 29 juin 1894, D. P. 95. 4. 57). — Les cadres de l'artillerie comportent, en outre, dix compagnies d'*ouvriers d'artillerie*, chargés de la construction de la partie du matériel de l'artillerie, du génie et du train des équipages dont la confection n'est pas confiée à l'industrie civile, et trois compagnies d'*artificiers*.

14. L'arme du *génie*, depuis la loi du 29 juin 1894 (D. P. 95. 4. 57) qui lui a transféré le service des ponts (art. 3), se compose de 6 régiments, dans lesquels les bataillons sont répartis par décret, et qui ont chacun une compagnie de sapeurs conducteurs, et d'un régiment de sapeurs de chemins de fer. — Les compagnies stationnées en Algérie et en Tunisie forment un bataillon spécial ; les compagnies affectées au service de l'aérostation constituent un bataillon d'*aérostiers* (L. 9 déc. 1900, D. P. 1901. 4. 71). Un bataillon de *télégraphistes*, créé par la loi du 24 juill. 1900 (D. P. 1900. 4. 85), est attaché au 5e régiment du génie.

15. Le *train des équipages militaires* comprend 20 escadrons à trois compagnies.

16. La *gendarmerie* compte 27 légions ayant un nombre de compagnies variable, la garde républicaine, la gendarmerie coloniale et la gendarmerie maritime.

17. Le régiment des *sapeurs-pompiers de Paris* a une organisation spéciale qui peut être modifiée par décret, de concert avec la Ville de Paris, et suivant les besoins du service (L. 13 mars 1875, art. 33) ; les sapeurs-pompiers sont soumis au régime militaire.

18. L'armée territoriale a ses cadres constitués de tout temps ; l'*infanterie* comprend 145 régiments d'infanterie, à raison de un par subdivision de région (sauf dans la subdivision de Marseille, qui en a deux), comportant un nombre de bataillons variable, déterminé par le ministre, et un dépôt ; des bataillons de chasseurs dont la composition est déterminée par le ministre (L. 13 mars 1875, art. 47, modifié par la loi du 27 juill. 1891) ; 10 bataillons de zouaves en Algérie. — La *cavalerie* comprend, par région de corps d'armée, 4 escadrons de dragons et 4 escadrons de cavalerie légère rattachés, pour l'administration et le commandement, aux régiments de la même subdivision d'arme de la brigade de cavalerie de chaque corps d'armée ; 4 escadrons territoriaux de chasseurs d'Afrique sont rattachés aux régiments de cette arme en Algérie. — L'*artillerie* se compose de batteries, rattachées, comme les escadrons de cavalerie, aux régiments de chaque brigade d'artillerie. Le génie comprend 18 bataillons. Enfin l'armée territoriale comporte des escadrons du train des équipages, des sections de commis et d'ouvriers d'administration et des sections d'infirmiers territoriaux.

19. En temps de guerre, l'armée comprend, en outre, le *corps militaire des douanes*, formant des compagnies et sections affectées au service des places fortes, et le corps des *chasseurs forestiers*, composé par le personnel des forêts.

§ 2. — *État-major général et services généraux de l'armée.*

A. — État-major général (R. 73 et s. ; S. 86 et s.).

20. L'*état-major général*, qui ne doit pas être confondu avec l'*état-major de l'armée*, est composé des officiers généraux. Ces officiers, provenant des diverses armes, n'appartiennent plus à aucune en particulier lorsqu'ils sont promus au grade de général, et ils peuvent être indifféremment appelés à commander des troupes de l'une ou de l'autre arme. — Au premier rang de l'état-major général se placent les maréchaux de France. Le maréchalat est à la fois un grade et une dignité ; il est maintenu, en droit, dans la loi (V. L. 13 mars 1875, art. 8 ; Décr. 3 janv. 1891 et 15 févr. 1900, *Journ. off.* 18 févr. 1900) ; en fait, il ne peut être actuellement conféré, la

loi spéciale qui, aux termes de l'art. 8 de la loi du 13 mars 1875, doit régler le nombre et les conditions de nomination des maréchaux de France, n'ayant pas été votée.

21. Dans l'état actuel, l'état-major général se compose des *généraux de division* et des *généraux de brigade*. Il se divise en deux sections ; la première se compose des officiers généraux dans la position d'activité, c'est-à-dire pourvus d'un emploi, et des officiers généraux non employés et placés dans la position de disponibilité. L'effectif de cette première section est de 110 généraux de division et 220 généraux de brigade (L. 25 juill. 1893, art. 9, D. P. 94. 4. 40). La deuxième section se compose des officiers généraux du cadre de réserve, c'est-à-dire des généraux de division qui ont atteint soixante-cinq ans, des généraux de brigade ayant atteint l'âge de soixante-deux ans, et des officiers qui sont placés par anticipation dans le cadre de réserve pour raison de santé (L. 13 mars 1875, art. 8). — Les dispositions concernant le cadre de réserve sont applicables aux fonctionnaires des corps du contrôle, de l'intendance et de santé qui jouissent de l'assimilation au grade d'officier général (L. 13 mars 1875, art. 37).

B. — Grands commandements militaires
(R. 75 et s. ; S. 82 et s.).

22. Les éléments de l'armée sont, sauf quelques rares exceptions, groupés, dès le temps de paix, en brigades, divisions et corps d'armée. Les grands commandements sont exercés par les inspecteurs d'armée, les gouverneurs de Paris et de Lyon, les commandants de corps d'armée, les généraux commandants supérieurs de la défense des places fortes.

23. Les *inspecteurs d'armée* sont les membres du conseil supérieur de la guerre qui, désignés pour commander des armées en temps de guerre, reçoivent les lettres de service leur faisant connaître les corps d'armée sur lesquels s'étendra éventuellement leur autorité (Décr. 2 mars 1899, *Journ. off.* du 4 mars 1899 ; 24 oct. 1899, *Journ. off.* du 25 oct. 1899).

24. Les *gouverneurs de Paris et de Lyon* ont sous leurs ordres, au point de vue de la discipline générale, du service et des mesures d'ordre public, les troupes stationnées dans les départements de la Seine, de Seine-et-Oise et du Rhône. Pour le surplus (mobilisation, instruction, etc.), ces troupes restent sous l'autorité des généraux commandant les corps d'armée auxquels elles appartiennent.

25. Les *commandants de corps d'armée*, ayant sous leurs ordres toutes les troupes actives et territoriales, tous les services ou établissements militaires de la région et le commandement territorial, sont nommés par décret pour trois ans (L. 24 juill. 1873, art. 1er, D. P. 73. 4. 81 ; 16 mars 1882, art. 10 et 11, D. P. 82. 4. 123). A dater du jour où ils ont reçu l'ordre de mobilisation, ces généraux sont assistés dans leur commandement par des généraux désignés d'avance pour les remplacer et prendre le commandement de la région lorsque le corps d'armée mobilisé en quitte le territoire.

26. Les *commandants supérieurs de la défense*, du grade de général ou tout au moins de colonel, sont chargés, dans chacun des groupes de places fortes constitués par un décret du 23 mars 1887, de la préparation de la défense. Leurs attributions sont réglées par le décret du 22 avr. 1898 (*Journ. off.* du 24 avr. 1898).

C. — Service d'état-major (R. 85 et s. ; S. 90 et s.).

27. L'état-major est l'auxiliaire du commandement. Le service dans les états-majors est réglé dans ses détails par le décret du 3 janv. 1891 (*Bull. off. min. guerre*, 1891,

Part. régl., p. 68), le décret du 15 févr. 1900 (*Journ. off.* du 18 févr. 1900) et l'instruction ministérielle du 20 févr. 1900 (*Bull. off. min. guerre*, 1900, Part. régl., p. 214).

28. Le service d'état-major comprend : 1° l'état-major de l'armée ; 2° les états-majors des gouvernements militaires de Paris et de Lyon et des corps d'armée ; 3° les états-majors des divisions et brigades. Les états-majors particuliers du génie et de l'artillerie (V. *infrà*, nos 34 et 35) sont plutôt des services spéciaux à ces armes qu'un service d'état-major.

29. L'*état-major de l'armée*, constitué au ministère de la guerre (Décr. 6 mai 1890, *Journ. off.* du 7 mai), est spécialement chargé de l'étude des questions relatives à la défense du territoire et de la préparation des opérations de guerre. Il se divise en deux sections, dont l'une, en temps de guerre, doit fournir au commandement en chef aux diverses armées les éléments essentiels de leurs états-majors particuliers ; l'autre section reste auprès du ministre de la guerre pour assurer la marche du service central.

30. Les *états-majors de corps d'armée* se divisent également en deux sections dont l'une, active, marche avec le corps mobilisé, tandis que l'autre, territoriale, reste chargée de tous les services territoriaux.

31. Le personnel du service de l'état-major, dont l'effectif est réglé par la loi du 24 juill. 1890 (D. P. 91. 4. 4), se compose d'officiers appartenant à toutes les armes, qui sont placés hors cadres, mais doivent rentrer dans les corps et y exercer un commandement effectif de leur grade pendant deux années avant d'être promus au grade supérieur. Ces officiers doivent être brevetés d'état-major ; ils se recrutent : 1° parmi les capitaines et lieutenants qui, admis à suivre les cours de l'École supérieure de guerre, ont satisfait aux examens de sortie de cette école (V. *infrà*, n° 66) ; 2° parmi les officiers supérieurs qui, à la suite des épreuves déterminées par un règlement ministériel, ont obtenu le brevet d'état-major (L. 20 mars 1880, art. 3, D. P. 80. 4. 41 ; Décr. 3 janv. 1891, art. 10 et s.).

32. Le service d'état-major est assuré : 1° par les officiers brevetés du service d'état-major ; 2° par les officiers brevetés accomplissant le stage d'état-major prescrit par les lois des 20 mars 1880 et 24 juin 1890, et détachés de leur arme ; 3° par les officiers d'ordonnance brevetés placés hors cadre ou détachés de leur arme, et, à leur défaut, par les officiers non brevetés détachés de leur arme. — Le service des bureaux et la conservation des archives sont assurés par les officiers d'administration des services d'état-major et recrutement (anciens archivistes d'état-major et recrutement), et par les secrétaires des sections d'état-major et du recrutement (L. 20 mars 1880, art. 1er et 9, modifiés par la loi du 18 févr. 1901, D. P. 1901. 4. 74). — Les officiers d'administration des services d'état-major et du recrutement ont une hiérarchie propre et jouissent du bénéfice de la loi du 19 avr. 1832 sur l'état-major.

33. La direction supérieure du personnel et du service d'état-major, le choix des officiers appelés à en faire partie, leur instruction, rentrent dans les attributions du chef d'état-major de l'armée (Décr. 3 janv. 1891, art. 8).

D. — États-majors et services particuliers (R. 195 et s. ; S. 163 et s.).

a. — *État-major de l'artillerie.*

34. L'état-major particulier de l'artillerie est chargé d'assurer aux armées le service des états-majors de l'artillerie, et la direction des divers services de l'arme ; à l'intérieur, le fonctionnement des établissements et des services de l'arme. — Cet état-major, outre des officiers d'artillerie du grade de colonel, lieutenant-colonel, chef d'escadron, capitaine, détachés du service des corps, comprend un personnel recruté exclusivement parmi les sous-officiers de l'armée; ce sont les *officiers d'administration du service de l'artillerie* (anciennement gardes d'artillerie) (L. 2 juill. 1900, D. P. 1900. 4. 80); des officiers d'administration contrôleurs d'armes (anciennement contrôleurs d'armes) (L. 7 mars 1902, D. P. 1902. 4. 91). Les officiers d'administration de l'artillerie et les contrôleurs d'armes sont soumis, quant à la hiérarchie et à l'assimilation, aux règles posées par la loi du 2 juill. 1900. — L'état-major particulier de l'artillerie comprend aussi des gardiens des batteries ayant rang d'adjudant, et des sous-lieutenants élèves de l'École d'application de Fontainebleau; enfin, des ouvriers d'état de première et de deuxième classe.

b. — État-major du génie.

35. L'état-major particulier du génie assure aux armées le service des états-majors du génie et la direction des services de l'arme; à l'intérieur, le fonctionnement des établissements et services du génie, ainsi que des écoles régimentaires. — Comme celui de l'artillerie, l'état-major du génie comprend, en dehors des officiers, un personnel militaire se recrutant exclusivement parmi les sous-officiers de l'arme; ce sont les officiers d'administration du service du génie (autrefois adjoints du génie) (L. 2 juill. 1900), des ouvriers d'état, des portiers-consignes, enfin les sous-lieutenants élèves de l'École d'application de Fontainebleau.

c. — Aumôniers militaires.

36. La loi du 8 juill. 1880 (D. P. 81. 4. 26) fait une obligation pour le Gouvernement d'attacher des ministres des différents cultes aux camps, forts détachés et autres garnisons placées hors de l'enceinte des villes, lorsqu'ils contiennent un rassemblement de 2000 hommes au moins et sont éloignés des églises paroissiales et des temples de plus de trois kilomètres. Il en est de même pour les hôpitaux et établissements militaires. En cas de mobilisation, des aumôniers doivent être attachés aux armées, corps d'armée et divisions en campagne (L. 8 juill. 1880; Décr. 27 avr. 1881, D. P. 82. 4. 57).

d. — Vétérinaires militaires.

37. Les attributions du *service vétérinaire* consistent : dans la conservation de la santé des animaux, le traitement de ceux qui sont atteints de maladies, la maréchalerie, la visite des animaux de boucherie et l'examen des viandes destinées aux troupes en station et en campagne. Ce service est actuellement réglé par le décret du 14 mars 1896 (*Bull. off. min. guerre*, 1896, Part. régl., p. 308). La hiérarchie du corps des vétérinaires est assimilée à celle de l'armée. Ce corps se recrute d'après un concours à l'École d'application de cavalerie, auquel peuvent prendre part les vétérinaires civils, les militaires sous les drapeaux diplômés vétérinaires et les élèves militaires des écoles vétérinaires en possession de ce diplôme (Instr. min. guerre 11 juill. 1897, *Bull. off. min. guerre*, 1897, Part. suppl., p. 8; Décr. 30 mai 1896, art. 1er et 2, *Bull. off. min. guerre*, 1896, Part. régl., p. 390).

e. — Interprètes militaires.

38. Le personnel des interprètes militaires forme un corps distinct ayant sa hiérarchie propre (interprète stagiaire, officiers interprètes de 3e, 2e, 1re classe, officier interprète principal) avec assimilation aux grades de la hiérarchie militaire. Les interprètes stagiaires se recrutent au concours parmi les Français, sujets français ou tunisiens qui ont accompli au moins une année de service militaire (L. 18 févr. 1901, D. P. 1901. 4. 70).

f. — Recrutement et mobilisation.

39. Dans chacune des subdivisions de région entre lesquelles le territoire est divisé, les services du recrutement, de la mobilisation et de l'armée territoriale sont assurés par un bureau de recrutement. À Paris et à Lyon, dans les colonies et protectorats soumis au recrutement, le service est assuré suivant des règles spéciales déterminées par le ministre de la guerre. — Les bureaux de recrutement sont sous les ordres d'un officier supérieur placé lui-même sous l'autorité hiérarchique des généraux de division et de brigade commandant le territoire, et sous l'autorité supérieure des commandants de corps d'armée. — Le personnel des bureaux comprend : 1° des officiers en activité de service placés hors cadre, continuant à appartenir à leur arme et à y concourir pour l'avancement, et des officiers maintenus en fonctions après leur admission à la retraite; 2° des officiers d'administration du corps des officiers d'administration des services d'état-major et du recrutement (V. *supra*, n° 32), et des secrétaires pris dans les sections de secrétaires d'état-major et du recrutement (L. 13 mars 1875, art. 18, modifié par la loi du 18 févr. 1901, art. 2, D. P. 1901. 4. 75).

g. — Service de la trésorerie et des postes.

40. Le service de la trésorerie et des postes, qui relève directement du commandement en temps de guerre, est organisé en tout temps au moyen d'agents du ministère des finances et du service des postes (Décr. 24 mars 1877, D. P. 77. 4. 46).

h. — Service de la télégraphie militaire.

41. Le service de la télégraphie militaire embrasse toutes les communications par voies aériennes : 1° la télégraphie proprement dite; 2° la télégraphie optique; 3° la télégraphie légère des corps de cavalerie; 4° les colombiers militaires; 5° l'aérostation militaire. Le service de télégraphie militaire proprement dite comprend des troupes actives de télégraphie, composant un bataillon, rattaché au 5e régiment du génie. Il comprend, de plus, des sections techniques de télégraphie. En outre, en temps de guerre, le personnel civil de l'administration des Postes et Télégraphes, dans la zone des opérations détermínée par les ministres de la Guerre et du Commerce, est placé sous les ordres directs du commandant des armées (L. 24 juill. 1900, D. P. 1900. 4. 85).

42. Le service de *télégraphie optique*, destiné à relier le réseau des forteresses, est organisé en tout temps et, comme le service de télégraphie proprement dite, assuré par le génie. — La *télégraphie légère* des régiments de cavalerie, qui permet la transmission rapide des renseignements et des ordres entre les avant-gardes et le gros des armées, est organisée par les règlements militaires.

43. Le service des colombiers militaires, installé à Paris et dans les places désignées par le ministre, a pour objet la transmission des dépêches par pigeons voyageurs. Il est régi par le décret du 13 oct. 1888 (*Journ. off.* du 15 oct. 1888). — En temps de paix, le service des colombiers militaires s'occupe du dressage des pigeons et des relations avec les sociétés colombophiles (V. *infrà*, *Pigeon voyageur*); les pigeons qui appartiennent à ces sociétés peuvent, en cas de réquisitionnés par l'autorité militaire.

i. — Service des chemins de fer.

44. Le service des chemins de fer passe tout entier, à la mobilisation, entre les mains de l'autorité militaire et sous la direction du chef d'état-major général (L. 13 mars 1875, art. 22 et s., modifiée par la loi du 28 déc. 1888, D. P. 90. 4. 28), et est mis à la disposition des commandants d'armée, de groupes d'armée ou de corps d'armée opérant isolément dans la partie du territoire assignée à leurs opérations. — Le service des chemins de fer est assuré, dans la zone d'opérations des armées, par les sections de chemins de fer de campagne, au nombre de neuf, formées au moyen du personnel des six grands réseaux et du réseau de l'État, organisées par le décret du 5 févr. 1889 (*Journ. off.* du 6 févr. 1889), et par le régiment des sapeurs de chemins de fer (5e régiment du génie). — Le personnel des sections de chemins de fer est soumis à toutes les obligations du service militaire, et jouit des droits des belligérants. — Chaque administration de chemins de fer est représentée en tout temps, auprès du ministre de la guerre, par un agent agréé par lui et composant, avec un officier supérieur nommé par le ministre, la *commission de réseau*, qui a pour mission, en temps de paix, la préparation des transports du temps de guerre, et doit, lors de la mobilisation, prendre en main le service du réseau sous l'autorité du ministre de la guerre (L. 13 mars 1875, art. 25, modifié par le décret du 5 févr. 1889, *Journ. off.* du 6 févr. 1889).

45. Le service des chemins de fer, en dehors de la zone des opérations des armées, compose, avec le service des étapes, ce qu'on appelle les *services de l'arrière*, dans les armées en campagne. Ces services comprennent les communications par toutes les voies en arrière de la zone d'opération des armées. Ils sont réglementés par le décret du 11 févr. 1900 (*Bull. off. min. guerre*, 1900, Part. régl., p. 165) et le règlement ministériel du 25 avr. 1900 (*ibid.*, p. 698). Aux services de l'arrière se rattachent les services de garde des voies de communication, assuré par des troupes de l'armée territoriale.

E. — Corps administratifs et de santé (R. 195 et s.; S. 163 et s.).

a. — Corps de l'intendance.

46. Le corps de l'intendance a une hiérarchie propre, déterminée par l'art. 28 de la loi du 16 mars 1882 (adjoint à l'intendance militaire, sous-intendant militaire de 3e classe, de 2e classe, de 1re classe, intendant militaire, intendant général). — Les fonctionnaires de l'intendance jouissent de l'état d'officier, avec correspondance entre les grades : celui d'adjoint à l'intendance correspond au grade de capitaine, et ainsi de suite jusqu'à l'intendant général, dont le grade correspond à celui de général de division. — Le corps de l'intendance se recrute parmi les capitaines, les chefs de bataillon et d'escadron et les officiers d'administration principaux, de 1re et de 2e classe, des services de l'habillement et du campement, des subsistances et des bureaux de l'intendance. Il a lieu d'après un concours dont les conditions sont déterminées par le ministre de la guerre (L. 16 mars 1882, art. 29; Décr. 13 juin 1890, *Bull. off. min. guerre*, 1890, Part. régl., p. 1563: Notes minist. du 16 févr. 1898, *ibid.*, 1898, Part. régl., p. 87; 14 juin 1899, *ibid.*, 1899, p. 583).

47. L'intendance est chargée de diriger les services administratifs de l'armée et de surveiller et vérifier toutes les dépenses et consommations nécessaires pour les services militaires (Décr. 10 févr. 1890, *Journ. off.* du 14 févr. 1890). C'est la direction seule des services qui lui est confiée; la gestion appartient aux officiers d'administration. Ceux-ci sont répartis en trois sections : 1° officiers d'administration des bureaux de l'intendance; 2° officiers d'administration des subsistances; 3° officiers d'administration de l'habillement et du campement. Ils ont une hiérarchie propre, qui est la même que celle de tous les corps d'officiers d'administration. Ils jouissent du bénéfice de la loi du 19 mai 1834, sur l'état des officiers. Le corps se recrute parmi les sous-officiers élèves de l'École d'administration de Vincennes ayant subi avec succès les examens de sortie de cette école (L. 28 avr. 1900, D. P. 1900. 4. 56).

b. — Corps du contrôle.

48. Le corps du contrôle, créé par la loi du 16 mars 1882, a une hiérarchie propre déterminée par l'art. 42 de cette loi, mais ne comportant aucune assimilation avec les grades de l'armée. Les contrôleurs ne relèvent que du ministre et de leurs supérieurs dans la hiérarchie propre ; ils jouissent du bénéfice de la loi du 19 mai 1834 sur l'état des officiers. Le cadre des contrôleurs généraux comprend un cadre d'activité et un cadre de réserve. — Le recrutement du corps de contrôle est réglé par l'art. 43 de la loi du 16 mars 1882.

c. — Corps de santé.

49. Le personnel du service militaire de santé comprend : 1° les médecins et pharmaciens militaires ; 2° les officiers d'administration des hôpitaux ; 3° les sections d'infirmiers militaires.

50. Les médecins et pharmaciens militaires jouissent du bénéfice de la loi de 1834 sur l'état des officiers (L. 19 mai 1834, art. 26 ; L. 16 mars 1882, art. 37) ; ils ont une hiérarchie propre, avec correspondance des grades à ceux de la hiérarchie militaire. Ceux du grade le moins élevé (aides-majors de 2e classe) se recrutent parmi les élèves du service de santé militaire. — Les conditions de l'avancement sont déterminées par un décret du 23 mars 1852, art. 21-22 (D. P. 52. 4. 120). Pour être promu au grade de médecin ou de pharmacien principal de 2e classe, de médecin ou de pharmacien-major de 1re classe, il faut avoir subi avec succès un examen dont les conditions sont réglées par décision ministérielle (Décis. min. 10 juin 1896, Bull. off. min. guerre, 1896, Part. régl., p. 496). Toutefois la règle comporte certaines exceptions (Instr. min. 1er mai 1898, Bull. off. min. guerre, 1898, p. 34). Un décret du 9 août 1897 (Journ. off. du 15 août 1897) fixe tout ce qui concerne le recrutement et l'avancement des médecins et pharmaciens de la réserve et de l'armée territoriale.

51. Les étudiants en médecine possédant douze inscriptions valables pour le doctorat sont admis à subir un examen d'aptitude en vue d'obtenir l'emploi de médecin auxiliaire, correspondant au grade d'adjudant élève (Décr. 6 avr. 1888, Journ. off. du 10 avr. 1888 ; Règl. du 6 avr. 1888, Bull. off. min. guerre, 1888, Part. régl., p. 317). Ils sont nommés par le commandant de corps d'armée.

52. Le corps des officiers d'administration du service des hôpitaux a la même situation, hiérarchie, recrutement et avancement que celui des officiers de l'intendance (L. 16 mars 1882, art. 40 bis ; L. 28 avr. 1900, D. P. 1900. 4. 56). — Le cadre auxiliaire des officiers (réserve et armée territoriale) est régi par le décret du 11 mars 1889 (Bull. off. min. guerre, 1889, Part. régl., p. 749), le règlement du 3 décembre de la même année (ibid., p. 1467) et le décret du 19 avr. 1898 (Journ. off. du 28 avr. 1898).

53. Les sections d'infirmiers militaires, au nombre de 25, sont commandées par un officier d'administration du service des hôpitaux et placées sous l'autorité supérieure des médecins militaires chefs du service de santé.

d. — Personnel du service des remontes.

54. Le personnel de ce service est déterminé par un décret du 9 août 1891 (Bull. off. min. guerre, 1891, Part. régl., p. 48), un règlement du 1er août 1896 (Bull. off. min. guerre, 1896, Part. régl., n° 34) et un décret du 9 août 1895 (ibid., p. 48).

F. — Écoles militaires (R. 569 et ss. ; S. 429 et ss.).

a. — Écoles ayant pour but d'assurer le recrutement des officiers et assimilés.

55. Ce sont : 1° L'École polytechnique, destinée à former des élèves officiers pour l'artillerie de terre et coloniale, le génie militaire, le génie maritime, la marine nationale, le corps des ingénieurs hydrographes, le commissariat de la marine, le commissariat des colonies, les ponts et chaussées et les mines, les poudres et salpêtres, les postes et télégraphes, les manufactures de l'État, etc. La durée des études est de deux ans. — L'école se recrute exclusivement par le concours ; pour concourir, il faut être Français, âgé de dix-sept ans au moins et un an au plus au 1er janvier de l'année du concours (L. 2 mars 1894, D. P. 95. 4. 66). — L'École est soumise au régime militaire et placée dans les attributions du ministre de la guerre ; elle est régie actuellement par la loi du 5 juin 1850 (D. P. 50. 4. 114), la loi du 2 mars 1894 et le décret du 13 mars 1894 portant règlement sur l'organisation de l'École.

56. 2° L'École spéciale militaire de Saint-Cyr. — Elle forme des officiers pour l'infanterie, la cavalerie et l'infanterie coloniale. La durée des études est de deux ans. Nul n'y est admis qu'après un concours dont le mode, les conditions et l'époque sont déterminés par le ministre de la guerre. Les élèves doivent contracter, avant leur entrée à l'école, un engagement volontaire de trois ans au moins s'ils sont âgés de dix-huit ans ou dès qu'ils ont atteint cet âge. Pour concourir, il faut être Français ou naturalisé, vacciné, robuste et bien constitué, avoir au dix-sept ans au moins et vingt ans au plus au 1er janvier de l'année du concours (Décr. 18 mars 1901, Bull. off. min. guerre, 1901, p. 435). L'école constitue un bataillon et une section de cavalerie ; elle est commandée par un général de brigade, assisté d'un commandant en second du grade de colonel ou lieutenant-colonel, et du nombre d'officiers d'infanterie et de cavalerie nécessaire à la formation du cadre. Le corps enseignant est composé d'officiers et de professeurs civils.

57. 3° L'École militaire d'infanterie. — Établie à Saint-Maixent, elle a pour but de compléter l'instruction militaire des sous-officiers de cette arme jugés aptes aux grades d'officiers. Les études durent une année ; les sous-officiers qui ont satisfait aux examens de sortie sont promus sous-lieutenants ; les autres rentrent dans leurs corps (Décr. 22 mars 1884, modifié par ceux des 8 avr. 1884, 19 juin et 11 oct. 1886, 8 sept. 1888, 15 nov. 1890, 31 janv. 1894, 19 mars 1898, et la décision présidentielle du 26 avr. 1895).

58. 4° L'École des sous-officiers élèves officiers de cavalerie, formant une des divisions de l'école d'application de cavalerie de Saumur. Elle a pour but de perfectionner l'instruction des sous-officiers de cavalerie, et de les préparer aux fonctions d'officier (Décr. 25 mai 1888, art. 12).

59. 5° L'École militaire d'artillerie et du génie de Versailles remplit pour ces deux armes un but analogue à celle de Saint-Maixent pour l'infanterie (Décr. 4 nov. 1886, Journ. milit. 1886, Part. régl., p. 900 ; Décr. 3 mars 1893, Bull. off. min. guerre, 1893, Part. régl., p. 155).

60. 6° L'École du service de santé militaire, établie à Lyon (L. 14 déc. 1888, D. P. 90. 4. 41 ; Décr. 25 déc. 1888, D. P. 90. 4. 43), a pour objet de recruter des médecins de l'armée et de donner aux élèves du service de santé militaire l'instruction jusqu'à leur passage à l'École d'application du Val-de-Grâce (V. infra, n° 65). — Les élèves se recrutent par la voie du concours parmi les étudiants en médecine.

61. 7° L'École d'administration militaire, établie à Vincennes. Elle a pour but de former, par un enseignement spécial, les adjudants élèves des bureaux de l'intendance, des subsistances militaires, de l'habillement, du campement, des hôpitaux, destinés à recruter les officiers d'administration. Cette école se recrute parmi les sous-officiers de toutes armes et de tous services (L. 28 avr. 1900, art. 2, D. P. 1900. 4. 56 ; Décr. 31 juill. 1900, Bull. off. min. guerre, 1900, p. 1765).

62. 8° L'École des sous-officiers de gendarmerie, établie à Paris, a pour but de compléter l'éducation des sous-officiers de cette arme aptes au grade de sous-lieutenant, et de leur donner accès à ce grade après des examens et un classement (Décr. 3 janv. 1901, Bull. off. min. guerre, 1901, p. 9).

b. — Écoles d'application.

63. Ce sont : 1° L'École d'application de cavalerie, établie à Saumur. — Elle a pour but : de perfectionner l'instruction hippique d'un certain nombre de lieutenants de cavalerie, d'artillerie et du génie désignés chaque année par l'inspecteur général ; de compléter l'instruction des élèves de la section de cavalerie de l'École spéciale militaire de Saint-Cyr ; de perfectionner et d'uniformiser l'instruction des sous-officiers reconnus aptes au grade de sous-lieutenant (V. supra, n° 58) ; enfin de compléter l'instruction technique des aides-vétérinaires stagiaires. — Son organisation est réglée par le décret du 11 oct. 1899, qui a abrogé toutes les dispositions antérieures (Bull. off. min. guerre, 1899, Part. régl., p. 988).

64. 2° L'École d'application de l'artillerie et du génie de Fontainebleau, qui donne aux officiers provenant de l'École polytechnique l'instruction militaire et technique. Elle est régie par le décret du 17 août 1897 (Bull. off. min. guerre, 1897, Part. régl., p. 228).

65. 3° L'École d'application de médecine et de pharmacie militaire, qui fonctionne à l'hôpital militaire du Val-de-Grâce, à Paris, est instituée pour donner aux médecins et pharmaciens stagiaires l'instruction professionnelle militaire spéciale, théorique et pratique, nécessaire pour remplir dans l'armée les obligations de service qui incombent au corps de santé militaire. Elle est régie par le décret du 29 oct. 1898 (Journ. off. du 7 nov. 1898), qui a abrogé toutes les dispositions antérieures. — Outre les élèves provenant de l'École de santé militaire de Lyon, l'école du Val-de-Grâce reçoit, et sous certaines conditions, des docteurs en médecine et des pharmaciens de 1re classe nommés au concours et qui contractent, comme les élèves de l'École de santé militaire (V. supra, n° 60), l'engagement de servir pendant six ans dans l'armée active (L. 14 déc. 1888 ; L. 14 déc. 1899 ; Décr. 8 mai 1900, Journ. off. du 13 mai 1900).

66. 4° L'École supérieure de guerre, destinée à développer les hautes études militaires dans l'armée et à recruter les officiers du service d'état-major (L. 20 mars 1880, art. 3). Placée sous le commandement d'un général de division de brigade, elle se recrute par un concours où sont admis les capitaines, les lieutenants de toutes armes ayant accompli cinq ans de service comme officiers, dont trois ans de service actif dans les troupes, quel que soit leur grade. Les cours durent deux années, au bout desquelles les élèves de l'école sont appelés à passer les examens pour le brevet d'état-major.

67. Il convient de citer encore, parmi les écoles qui dépendent du ministère de la guerre : l'École centrale de pyrotechnie, établie à Bourges, destinée à former des praticiens habiles chargés de porter dans les corps de troupe un mode d'enseignement et des méthodes uniformes en ce qui concerne la confection et l'emploi des artifices de guerre ; — l'École normale de gymnastique et d'escrime de Joinville-le-Pont, qui forme des instructeurs de gymnastique et des maîtres d'armes pour les régiments ; — l'École normale de tir du camp de Châlons, qui est à la fois une commission d'études techniques et d'expériences relatives au tir de l'infanterie et une école d'instruction de tir pour les officiers de cette arme; — les Écoles spéciales ou techniques du génie et de l'artillerie; — le *Prytanée militaire* de La Flèche, institué pour donner à des fils de militaires des armées de terre et de mer, après concours, une éducation qui les prépare à la carrière militaire; — les écoles militaires préparatoires, au nombre de six, destinées à recevoir les fils de soldats, sous-officiers, etc., qui autrefois étaient admis dans un corps de troupe comme *enfants de troupe* jusqu'à l'âge de treize ans (L. 19 juill. 1884, D. P. 84. 4. 127).

G. — Cadres de l'armée territoriale.

68. L'armée territoriale a un cadre spécial d'officiers qui se recrute, pour les différents grades, parmi les officiers et fonctionnaires démissionnaires ou en retraite des armées de terre et de mer et les officiers de réserve ayant accompli, dans l'armée active et sa réserve, le temps de service exigé par la loi; pour le grade de sous-lieutenant, parmi les sous-officiers de l'armée active ou de la réserve appelés pour leur temps de service à passer dans l'armée territoriale, et les sous-officiers de l'armée territoriale. La loi du 19 juill. 1892 (D. P. 92. 4. 101) autorise le ministre de la guerre, quand les besoins du service l'exigeront, à affecter des officiers du cadre actif ou de réserve à des formations territoriales et, inversement, des officiers territoriaux, sur leur demande, à des formations de l'armée active. Les sous-officiers, caporaux et brigadiers sont recrutés au moyen de sous-officiers, caporaux et brigadiers de l'armée active versés dans l'armée territoriale à l'expiration de leur temps de service actif, ou au moyen de promotions directes faites par le général commandant le corps d'armée.

ART. 2. — ÉTAT DES OFFICIERS.

§ 1er. — *Officiers du cadre actif* (R. 159 et s.; S. 125 et s.).

69. L'état des officiers est régi par la loi du 19 mai 1834 (R. p. 1687). Le *grade* constitue l'état de l'officier (L. 1834, art. 1er). L'*emploi* est la *fonction* qui lui est actuellement attribuée, et qui peut être différente suivant les besoins du service. La *position* (activité, disponibilité, etc.) est la situation même de l'officier relativement aux emplois dont il peut être pourvu ou privé. Le *rang d'ancienneté* fait partie de l'état de l'officier et constitue pour lui un droit auquel il ne peut être porté atteinte que dans les conditions prévues par la loi. — Le bénéfice de la loi du 19 mai 1834 s'applique non seulement aux officiers combattants, mais encore aux fonctionnaires des différents services administratifs de l'armée (V. *suprà*, nos 47 et 48).

70. Le grade est conféré par le chef de l'État. Il constitue, pour l'officier, une sorte de propriété, puisqu'il ne peut lui être retiré, si ce n'est dans l'un des cas énumérés par l'art. 1er de la loi du 19 mai 1834, c'est-à-dire : 1° la *démission*, lorsqu'elle a été acceptée par le président de la République. Jusqu'à cette acceptation, l'officier conserve son grade; la démission peut toujours être refusée; — 2° la *perte de la qualité de Français*, à la condition qu'elle ait été déclarée par un jugement; — 3° la *condamnation à une peine afflictive ou infamante*, prononcée par une décision contradictoire devenue définitive. En cas de contumace, le grade est conservé à l'officier jusqu'au jugement définitif; l'emploi seul peut lui être retiré; — 4° la *condamnation à une peine correctionnelle* en vertu des art. 379 à 403, 405, 406 et 407 c. pén.; — 5° la condamnation correctionnelle important cumulativement la peine de l'*emprisonnement*, l'*interdiction de séjour*, la *privation des droits civils et de famille*; —

6° la *destitution* prononcée par un conseil de guerre soit dans l'un des cas prévus par les art. 210, 214, 215, 217 et 218, 219, 220, 223, 224, 226, 233, 237, 248, 250, 253, 254, 255, 257, 262, 263, 265 c. just. milit., soit pour absence illégale au corps après trois mois, ou pour résidence non autorisée hors de France après quinze jours d'absence, ou pour mariage contracté sans autorisation (V. *infrà*, Mariage) (Décr. 16 juin 1808). — La perte du grade est définitive par l'effet de la destitution, et l'officier ne peut être réintégré, au cas de réhabilitation, dans les termes de l'art. 634 c. instr. cr., modifié par la loi du 14 août 1885 (D. P. 85. 4. 60); au cas d'amnistie, l'administration de la Guerre a, dans certains cas, admis que l'officier pouvait être réintégré dans les cadres. — L'officier qui encourt la perte de son grade est rayé des contrôles de l'armée sur le vu de la décision qui le condamne ou qui prononce sa destitution.

71. Les *positions* de l'officier sont : l'activité, la disponibilité, la non-activité, la réforme et la retraite.

72. L'*activité* est la situation de l'officier appartenant à l'un des cadres constitués de l'armée, pourvu d'emploi, ou de l'officier hors cadre employé temporairement à un service spécial ou à une mission.

73. La *disponibilité* est la position spéciale de l'officier général ou d'état-major, des officiers des états-majors particuliers de l'artillerie ou du génie, des contrôleurs de l'administration de l'armée, des médecins et des fonctionnaires de l'intendance appartenant au cadre constitutif et momentanément sans emploi.

74. La *non-activité* est la position de l'officier hors cadre et sans emploi. — L'officier ne peut être mis en non-activité que par licenciement de corps, suppression d'emploi, rentrée de captivité à l'ennemi, lorsque l'officier prisonnier de guerre est remplacé dans son emploi, infirmités temporaires, retrait ou suspension d'emploi, enfin condamnation par jugement à un emprisonnement de plus de six mois. Les causes de mise en non-activité sont limitatives. — La mise en non-activité ne peut être prononcée que par un décret du président de la République, sur le rapport du ministre de la guerre (L. 1834, art. 6). Il en est de même du rappel à l'activité. Les officiers mis en non-activité par licenciement de corps, suppression d'emploi, rentrée de captivité, ont droit à la moitié des emplois vacants de leur grade, dans leur arme; et le temps qu'ils passent en non-activité est compté comme service effectif (L. 1834, art. 7). La mise en non-activité pour infirmités temporaires n'est prononcée qu'autant que l'officier a été pendant plus de six mois incapable de faire aucun service ou qu'il est atteint d'une maladie ou d'une infirmité qui doit le mettre pour plus de six mois hors d'état de faire son service (Décis. min. 18 mai 1835; Instr. min. guerre, 20 mars 1890, *Bull. off.* guerre, 1890, Part. régl., p. 404). Lorsque la mise en non-activité est prononcée pour infirmités temporaires ou par retrait ou suspension d'emploi, le temps passé en non-activité vaut pour la réforme ou la retraite (L. 1834, art. 8, § 2).

75. Dans le cas de retrait ou de suspension d'emploi, la mise en non-activité a un caractère disciplinaire; elle est le résultat de l'inconduite, de fautes dans le service, d'incapacité ou d'autres fautes laissées à l'appréciation de l'autorité militaire. Nécessairement moins graves que celles qui entraînent la réforme, elles ne nécessitent pas l'avis d'un conseil d'enquête. — L'officier en non-activité reste soumis aux règles générales de la discipline et de la subordination, sous la surveillance du général commandant la subdivision de région où il est autorisé à résider;

il ne peut changer de résidence sans l'autorisation de ce général. Les officiers en non-activité pour retrait ou suspension d'emploi ne peuvent porter l'uniforme que dans le cas où ils sont convoqués devant l'autorité militaire.

76. Les officiers en non-activité pour infirmités temporaires peuvent toujours être rappelés à l'activité. Au cas de suspension d'emploi, ils ne sont pas remplacés dans leurs corps pendant un an et peuvent y être réintégrés de ce délai. Le retrait d'emploi a une durée indéfinie, mais qui ne peut excéder trois années sans qu'un conseil d'enquête donne son avis sur la question de savoir si l'officier doit être mis en réforme (Règlem. sur le service intérieur, infanterie, 20 oct. 1892, art. 323).

77. 4° La *réforme* est la position de l'officier sans emploi qui, n'étant pas susceptible d'être rappelé à l'activité, n'a pas de droit acquis à la pension de retraite. Elle peut être prononcée pour infirmités incurables ou par mesure de discipline. — La réforme pour *infirmités incurables* s'applique aux officiers qui, n'ayant pas vingt-cinq ans de service, sont atteints d'infirmités incurables dont les causes ne rentrent pas dans les circonstances qui, aux termes de la loi du 11 avril 1831 (R. p. 1889) donnent droit à la pension de retraite (V. *infrà*, Pension). — La réforme par *mesure disciplinaire* ne peut être prononcée que pour un des motifs limitativement énumérés par l'art. 12 de la loi de 1834, c'est-à-dire l'inconduite habituelle, les fautes graves dans le service ou contre la discipline, les fautes contre l'honneur, la prolongation au delà de trois ans de la position de non-activité, lorsque le conseil d'enquête déclare que l'officier ne peut être rappelé à l'activité (art. 13). Enfin, à ces causes s'ajoute la condamnation par jugement à un emprisonnement de plus de six mois (L. 19 mai 1834, art. 27).

78. La réforme est prononcée par décision du président de la République, sur le rapport du ministre de la guerre. Cette décision est un acte d'administration qui ne peut être déféré au Conseil d'État que pour violation des formes légales, par exemple irrégularité dans la composition et le fonctionnement du conseil d'enquête (V. *infrà*, nos 79 et s.). Le pourvoi doit être formé dans le délai ordinaire des pourvois au Conseil d'État. Pour faire courir le délai, la notification doit énoncer que la mise en réforme a lieu par application de l'art. 13 de la loi de 1834. Les officiers et assimilés mis en réforme n'ont plus le droit de porter l'uniforme (Décr. 24 juill. 1886, *Journ. milit.* 1886, Part. régl., p. 627).

79. La mise en réforme ne peut être prononcée sans l'avis du conseil d'enquête réuni et fonctionnant dans les conditions réglées par le décret du 29 juin 1878 (D. P. 78. 4. 99). L'avis de ce conseil ne peut être modifié en sens favorable à l'officier.

80. Il y a trois espèces de conseil d'enquête : 1° le conseil d'enquête de régiment ou de corps de troupe formant bataillon ou escadron; 2° le conseil d'enquête de région ou de corps d'armée; 3° le conseil d'enquête spécial pour les généraux (Décr. 1878, art. 1er). — Les conseils d'enquête, dans tous les cas où ils doivent être consultés, sont composés de cinq membres désignés d'après le grade et l'emploi de l'officier objet de l'enquête, conformément aux tableaux annexés au décret du 29 juin 1878; deux de ces membres au moins doivent appartenir à la même arme ou au même service que l'officier. Ils sont choisis parmi les officiers ou assimilés en activité, soit d'un grade supérieur, soit plus anciens de grade que l'officier objet de l'enquête. L'autorité chargée de les désigner et de nommer le président varie suivant que le conseil d'enquête appartient à l'une des trois catégories ci-dessus indiquées. En principe, les membres autres que le président sont pris à tour de rôle et par ancienneté de grade parmi les officiers du corps de troupe de la région, ou parmi les officiers généraux et assimilés, suivant la nature du conseil d'enquête (Décr. 1878, art. 2 et 3).

81. Le renvoi d'un officier devant un conseil d'enquête ne peut avoir lieu, en France et en Algérie, que sur un ordre du ministre de la guerre ; au dehors et en temps de guerre, sur l'ordre des gouverneurs et des généraux en chef, hors le cas où l'enquête a pour objet un officier général ou assimilé (Décr. 1878, art. 6 et 22). La décision du ministre est prise sur un rapport qui lui est transmis, avec la plainte s'il y en a une, par la voie hiérarchique (Décr. 1878, art. 7, § 1er). Le conseil est convoqué sur l'ordre du ministre, qui fait parvenir le dossier par la voie hiérarchique au général chargé de la convocation et de la désignation du président et du rapporteur. Lorsqu'il s'agit d'un conseil d'enquête spécial, le ministre de la guerre remplit lui-même les formalités de convocation et de désignation du président. Le rapporteur fait connaître à l'officier qu'elle concerne l'objet de l'enquête (Décr. 1878, art. 10 et 11). — Le conseil réuni entend, en présence de l'officier objet de l'enquête, toutes les personnes qui peuvent le renseigner et qui sont appelées soit d'office, soit sur la demande de l'officier ; celui-ci présente ensuite ses observations, se retire lorsque le conseil se déclare suffisamment éclairé ; le président pose alors des questions limitativement déterminées pour chaque cas (Décr. 29 juin 1878, art. 16 à 18). Sur ces questions, chaque membre vote au scrutin secret ; la majorité forme l'avis du conseil, qui est consigné au procès-verbal ; celui-ci est signé de tous les membres et renvoyé au ministre de la guerre. Les séances des conseils d'enquête ont lieu à huis clos (Décr. 1878, art. 17 à 21).

82. 5° La *retraite*, position définitive de l'officier rendu à la vie civile et admis à la jouissance d'une pension (L. 19 mai 1834, art. 2, 3, 4, 5, 9, 10, 14, 27). — En principe, les officiers ne sont mis à la retraite qu'après trente ans de services effectifs et soit sur leur demande, soit parce qu'ils ont atteint l'âge réglementaire fixé à raison de leur grade ; mais ils peuvent être mis à la retraite d'office dès qu'ils ont le temps de service exigé pour avoir droit à la pension, ou pour cause de discipline. Les officiers mis à la retraite restent pendant cinq ans à la disposition du ministre de la guerre, qui peut leur donner un emploi de leur grade comme officiers de réserve ou même d'un grade supérieur dans l'armée territoriale (L. 22 juin 1878, art. 2, D. P. 78. 4. 84).

§ 2. — *Officiers de réserve et de l'armée territoriale* (S. 149 et s.).

83. L'état des officiers de réserve et des officiers de l'armée territoriale, créés par la loi du 24 juill. 1873 (D. P. 73. 4. 81), devait, aux termes des art. 45 et 58 de la loi du 13 mars 1875 (D. P. 75. 4. 136-137), être réglé par une loi spéciale et transitoirement par décret. Le régime transitoire subsiste encore : il est déterminé par le décret du 31 août 1878 (D. P. 79. 4. 5), modifié dans quelques-unes de ses parties par ceux des 3 févr. 1880 (D. P. 81. 4. 30), 20 mars 1890 (D. P. 91. 4. 47) et 16 janv. 1903 (*Bull. off. min. guerre*, 1903, p. 13). Le *grade*, qui constitue l'état de l'officier de réserve et de l'armée territoriale, est conféré par décret du président de la République, sur la proposition du ministre de la guerre ; il ne peut être perdu que pour les causes limitatives ci-après :

84. 1° *Radiation des cadres.* — Les officiers de réserve sont rayés des cadres de l'armée active, pour être inscrits dans les cadres de l'armée territoriale, lorsqu'ils sont appelés par leur âge à passer dans cette armée et qu'ils auront accompli le temps de service exigé pour l'armée active, à moins que, sur leur demande, ils ne soient maintenus dans le cadre des officiers de réserve par une décision du commandant du corps d'armée (Décr. 31 août 1878, art. 2, D. P. 79. 4. 5; Décis. min. guerre 28 déc. 1898, art. 3). Dans ce cas, ils ne sont rayés des cadres de l'armée active que lorsqu'ils ont accompli les 25 ans de service exigés par la loi. — Les officiers de réserve rayés des cadres de l'armée active à l'expiration du temps de service dans cette armée passent, avec leur grade, dans le cadre des officiers de l'armée territoriale. En principe, ils sont définitivement rayés des cadres lorsqu'ils ont accompli le temps de service exigé par la loi dans l'armée territoriale. Toutefois ils peuvent y être maintenus sur leur demande, jusqu'à l'âge de 65 ans pour les officiers supérieurs et de 60 ans pour les autres. La radiation est prononcée par décret. — Quant aux officiers *retraités*, ils sont rayés des cadres de la réserve ou de l'armée territoriale lorsqu'ils ont accompli les cinq années pendant lesquelles ils sont à la disposition du ministre de la guerre, à moins qu'ils n'aient été exceptionnellement maintenus dans la réserve ou dans l'armée territoriale après l'expiration des cinq ans (Décr. 31 août 1878, art. 3). — La radiation des cadres peut encore être prononcée par décret sur les certificats de médecins désignés par l'autorité militaire et après avis du conseil de santé des armées, en cas d'infirmités incurables ou lorsque l'officier a été placé hors cadres pour raisons de santé depuis trois ans (Décr. 31 août 1878, art. 5 et 11). — 2° *Démission acceptée.* — Lorsque l'officier de réserve ou de l'armée territoriale n'a pas accompli les 25 ans de service exigés par la loi, il est affecté, comme sous-officier, caporal ou soldat, dans un corps de l'armée territoriale jusqu'à l'expiration de ce temps de service ; — 3° *Perte de la qualité de Français* prononcée par jugement ; — 4° *Condamnation à une peine afflictive ou infamante;* — 5° *Condamnation à une peine correctionnelle* d'emprisonnement pour délits prévus par l'art. 379 à 407 C. pén. ; — 6° *Condamnation à une peine correctionnelle* d'emprisonnement qui, en outre, a fait interdire au condamné le séjour dans certaines localités et l'a privé des droits civiques, civils et de famille ; — 7° *Destitution* prononcée par un jugement de conseil de guerre ; — 8° *Révocation* prononcée dans les formes et conditions prévues par les art. 6 et 7 du décret du 31 août 1878, c'est-à-dire par décret du président de la République. La révocation est *nécessairement* encourue par tout officier déclaré en faillite, ou destitué par jugement, ou révoqué par mesure disciplinaire d'une charge d'officier ministériel. Elle *peut* être prononcée sur l'avis conforme d'un conseil d'enquête pour : révocation d'un emploi civil par mesure disciplinaire ; faute contre l'honneur, à quelque chapitre qu'elle ait été commise ; inconduite habituelle ; fautes graves dans le service ou contre la discipline ; condamnation à une peine correctionnelle, lorsque la nature du délit et la gravité de la peine paraissent rendre cette mesure nécessaire. La révocation peut également être prononcée contre tout officier qui, ayant été suspendu pendant un an pour n'avoir pas fait connaître ses changements de résidence (L. 15 juill. 1889, art. 55, D. P. 89. 4. 73), n'a pas, à l'expiration de cette peine disciplinaire, fait connaître officiellement sa résidence ou a commis une seconde infraction du même genre ; contre celui qui, hors des périodes d'activité, adresse à ses supérieurs ou publie contre eux un écrit injurieux, ou commet envers l'un d'eux un acte offensant ;

contre celui qui publie ou divulgue, dans des conditions nuisibles aux intérêts de l'armée, des renseignements parvenus à sa connaissance en raison de sa position militaire ; enfin contre celui qui, ayant été suspendu de son grade, a été, en cas de mobilisation, l'objet d'un avis défavorable du conseil d'enquête (V. *infra*, n° 85).

85. L'officier de réserve ou de l'armée territoriale peut être suspendu disciplinairement de ses fonctions. Cette suspension est prononcée par décret du président de la République, sur rapport du ministre de la guerre, pour trois mois au moins et un an au plus (Décr. 31 août 1878, art. 14). Les causes de suspension sont abandonnées à l'appréciation de l'autorité militaire. — L'officier suspendu pour un an est remplacé dans son emploi. En cas de mobilisation, il est renvoyé devant un conseil d'enquête et révoqué ou réintégré dans un emploi de son grade, suivant l'avis de ce conseil. La suspension pour moins d'un an n'entraîne pas le remplacement de l'officier dans son emploi ; il est réintégré en cas de mobilisation (Décr. 31 août 1878, art. 15, 16).

86. Les conseils d'enquête appelés à émettre un avis sur la situation d'un officier de réserve, en dehors de la période d'activité, sont nommés et fonctionnent comme les conseils d'enquête de l'armée active, soit de régiment ou de corps de troupe, soit de région ou du corps d'armée, suivant les cas. — Lorsqu'il s'agit d'un officier de l'armée territoriale, ils fonctionnent comme les conseils d'enquête de région ou de corps d'armée. Toutefois l'officier le plus élevé en grade doit appartenir à la réserve ou à l'armée territoriale, selon que l'officier déféré au conseil appartient à l'un ou à l'autre cadre ; les autres officiers appartiennent à l'armée active. Pendant les périodes d'activité, les conseils d'enquête fonctionnent dans les mêmes conditions que les conseils d'enquête de l'armée active (V. *supra*, n°s 79 et s.). L'officier est envoyé devant le conseil par une décision du ministre de la guerre, prise d'office, ou sur le rapport des autorités militaires desquelles dépend l'officier (Décr. 31 août 1878, art. 17 à 22).

87. Les officiers de réserve ou de l'armée territoriale sont compris dans les cadres, ou placés hors cadres, ou enfin à la suite. — Les officiers mis à la suite sont ceux qui ont été remplacés dans leur emploi en vertu du droit de préférence attribué pour les emplois de l'armée territoriale aux officiers de l'armée active en retraite et laissés à la disposition du ministre de la guerre pendant cinq ans. — Les officiers mis hors cadres sont ceux qui ne comptent dans aucun corps de troupe ni service en raison de leurs fonctions civiles, ceux qui sont reconnus par les médecins militaires, désignés à cet effet, incapables d'exercer leurs fonctions militaires pendant six mois au moins, et les officiers suspendus pour un an. La nomenclature des fonctions civiles qui entraînent la mise hors cadres des officiers qui en sont pourvus est donnée par plusieurs décrets : 24 oct. 1878, D. P. 79. 4. 22 ; 25 sept. 1879, D. P. 80. 4. 74; 20 mars 1881, D. P. 82. 4. 54; 26 mai 1882, D. P. 83. 4. 43 ; 21 août 1892, D. P. 93. 4. 43; 2 mai 1892, 31 mars 1899, 22 avr. 1899, etc. Le temps passé hors cadres ne compte pas pour l'ancienneté (Décr. 31 août 1878, art. 8 à 13).

ART. 3. — HIÉRARCHIE MILITAIRE ET AVANCEMENT (R. 127 et s.; S. 120 et s.).

88. La hiérarchie militaire comprend les grades suivants : caporal ou brigadier, sous-officier (sergent, maréchal des logis, sergent-fourrier ou maréchal des logis fourrier, tambour-major ou trompette-major, sergent-major ou maréchal des logis chef, adjudant sous-officier), sous-lieutenant, lieutenant,

capitaine, chef de bataillon, d'escadron ou major, lieutenant-colonel, colonel, général de brigade, général de division, maréchal de France. — Le droit au commandement est attaché à la supériorité de grade et, dans le même grade, à la supériorité d'emploi et à l'ancienneté. En l'absence de son chef titulaire, toute unité, division ou subdivision, est commandée par celui dont le grade ou l'emploi est le plus élevé parmi les grades présents et qui, dans ce grade ou emploi, est le plus ancien. Il est investi, à l'égard de la troupe placée sous ses ordres, de tous les droits et de toute la responsabilité du chef titulaire, sauf les restrictions indiquées par le règlement sur le service intérieur.

89. Les conditions de l'avancement dans l'armée sont déterminées, d'une manière générale, par la loi du 14 avr. 1832 (R. p. 1892), modifiée par les lois des 5 janv. 1872 (D. P. 72. 4. 6), 26 mars 1891 (D. P. 91. 4. 83) et les décrets des 2 avr. 1889, 13 janv. 1895 et 22 mars 1898.

90. Pour les hommes de troupe, la désignation des soldats de première classe, la nomination aux grades de caporal ou brigadier et de sous-officier sont faites par le colonel ou chef de corps, d'après un tableau d'avancement préparé par les capitaines et chefs de bataillon ou d'escadron, annoté par le lieutenant-colonel, dressé par le colonel et arrêté par l'inspecteur général. L'avancement a lieu exclusivement au choix ; le grade de caporal ou brigadier ne peut être conféré qu'après six mois (après quatre mois, pour les militaires ayant acquis avant leur incorporation la pratique de certains exercices ; L. 8 avr. 1903, D. P. 1903. 4. 55) ; celui de sergent qu'après six mois de grade de caporal ; celui de sergent-major qu'après six mois de grade de sergent, lorsque le candidat a tenu l'emploi de sergent-fourrier, trois mois comme sergent de section ; celui d'adjudant qu'après un an de grade de sous-officier (L. 14 avr. 1832, art. 1-2 ; Ord. 16 mars 1838, art. 12, 13 et s., R. p. 1898). — Ces règles, établies pour l'infanterie, sont applicables aux autres armes.

91. Les conditions exigées pour la nomination et l'avancement dans les grades d'officier sont énumérées dans les art. 3 à 10 de la loi du 14 avr. 1832, sauf certaines modifications qui résultent de textes postérieurs. C'est ainsi que, tandis que la loi de 1832 exigeait, pour la nomination au grade de sous-lieutenant, soit deux ans d'études à l'École militaire ou à l'École polytechnique, soit deux ans de grade de sous-officier, il faut de plus, aujourd'hui, en temps de paix, que le sous-officier ait suivi avec succès les cours des écoles de Saint-Maixent, de Saumur ou de Versailles (L. 14 avr. 1832, art. 3 ; Décr. 22 mars 1883, art. 1er ; 25 mai 1883, art. 1er ; 4 nov. 1886 ; 30 juill. 1888 ; 2 août 1889). — La promotion aux grades supérieurs à celui de sous-lieutenant est subordonnée tout d'abord à des conditions de temps passé dans le grade inférieur : deux ans pour le grade de lieutenant ; deux ans pour celui de capitaine ; quatre ans pour celui de commandant, chef d'escadron ou major ; trois ans pour celui de lieutenant-colonel ; deux ans pour celui de colonel ; trois ans pour les grades supérieurs à celui de colonel (L. 1832, art. 3 à 10).

92. L'avancement des officiers a lieu soit à *l'ancienneté*, soit au *choix*. L'avancement à l'ancienneté est un droit conféré par la loi aux sous-lieutenants, lieutenants et capitaines, droit qui est déterminé par la durée seule de leurs services et le rang qu'elle leur assigne à l'égard de leurs collègues, et qu'ils peuvent faire valoir au besoin au moyen d'un recours au Conseil d'État. L'avancement au choix est donné aux officiers qui réunissent les conditions légales d'aptitude et sont inscrits au tableau d'avancement

d'après le mérite que leur reconnaît l'autorité compétente, et sans que l'officier puisse invoquer aucun droit déterminé par la durée de ses services. Depuis la loi du 5 janv. 1872, l'avancement à l'ancienneté n'a plus lieu par corps ou régiment ; dans toutes les armes et dans chaque grade, il a lieu sur la totalité de l'arme.

93. La promotion au grade de sous-lieutenant ne peut avoir lieu qu'au profit des élèves sortant des écoles. L'avancement des sous-lieutenants a lieu aujourd'hui exclusivement à l'ancienneté et par le seul fait de l'expiration de la deuxième année de grade (L. 26 mars 1891, art. 1, D. P. 91. 4. 83). L'avancement au grade de capitaine est donné pour les *deux tiers* à l'ancienneté et pour *un tiers* au choix, sur la totalité de l'arme. — Il est pour *moitié* au choix et *moitié* à l'ancienneté pour les grades de commandant et de chef d'escadron ; l'emploi de major est toujours donné au choix. — Les grades de lieutenant-colonel et les grades qui lui sont supérieurs sont conférés exclusivement au choix (L. 14 avr. 1832, art. 11-12, modifiés par la loi du 26 mars 1891, art. 13).

94. Les conditions de temps passé dans le grade inférieur ne sont modifiées en cas de guerre et dans les colonies. Le temps exigé par les art. 5 à 10 de la loi du 14 avr. 1832 peut être réduit de moitié. Aucune condition de temps n'est même exigée : 1o au cas d'une action d'éclat dûment justifiée et mise à l'ordre de l'armée ; 2o lorsqu'il n'est pas possible de pourvoir autrement aux vacances des corps en présence de l'ennemi (L. 14 avr. 1832, art. 18 et 19). Enfin, la moitié seulement des grades de lieutenant et de capitaine est conférée à l'ancienneté ; la totalité des grades de chef de bataillon est donnée au choix. — Dans les places de guerre *investies*, le commandant supérieur est autorisé à faire des nominations provisoires dont il est rendu compte, le plus promptement possible, au commandant en chef et au ministre.

95. Tandis que le *grade* ne peut être perdu que dans les conditions déterminées par la loi (V. *suprà*, nos 70 et s.), l'*emploi*, c'est-à-dire la mise en œuvre des services de l'officier à un poste déterminé, est à la disposition du président de la République ou du ministre de la guerre. Le ministre peut donc changer un officier d'emploi dans le même grade sans que l'officier ait aucun recours contentieux contre cette mesure.

96. Aux termes de l'art. 2 de la loi du 5 janv. 1872 (D. P. 72. 4. 6), les tableaux d'avancement au choix pour chaque arme sont établis par une commission d'officiers généraux et insérés au *Bulletin officiel du ministère de la guerre*. L'établissement des tableaux d'avancement et des tableaux de concours pour la Légion d'honneur et la Médaille militaire est aujourd'hui réglé par le décret du 3 janv. 1900 (*Journ. off.* du 10 janv. 1900). L'établissement des propositions pour l'avancement et pour la Légion d'honneur concernant les officiers généraux, les colonels et assimilés, est actuellement régi par le décret du 29 sept. 1899 (*Journ. off.* du 30 sept. 1899).

ART. 4. — ORGANISATION TERRITORIALE
(R. 535 et s. ; S. 419 et s.).

97. Le territoire continental de la France est actuellement divisé, pour l'organisation de l'armée active, la réserve de l'armée active, de l'armée territoriale et de sa réserve, en dix-neuf régions de corps d'armée et en subdivisions de régions. Chaque corps d'armée (sauf le 20e, qui a trois divisions d'infanterie, dont une à trois brigades), a une composition uniforme : deux divisions d'infanterie de deux brigades chacune, une brigade de cavalerie, une brigade d'artillerie et les unités des autres armes

nécessaires au fonctionnement des divers services (L. 24 juill. 1873, art. 1, modifié par la loi du 5 déc. 1897, et art. 6, D. P. 73. 4. 81 et 98. 4. 10). En outre, un corps spécial, le 19e, est stationné en Algérie.

98. Chaque région occupée par un corps d'armée, qui y tient garnison, est muni de magasins généraux et de magasins de subdivision qui renferment les armes et munitions, les effets d'habillement, d'armement, de harnachement, d'équipement et de campement nécessaires aux divers éléments du corps d'armée et de ses réserves actives et territoriales (L. 24 juill. 1873, art. 3 et 4). Dans chacune des subdivisions de région, un ou plusieurs bureaux de recrutement sont chargés de la tenue des registres matricules prévus par la loi du recrutement (V. *infrà*, *Recrutement de l'armée*) et de l'administration des hommes de la disponibilité, de la réserve et de l'armée territoriale domiciliés dans la région, du recensement des chevaux et mulets et des voitures, etc. (L. 24 juill. 1873, art. 5).

99. Les corps d'armée sont en tout temps pourvus du commandement, des états-majors et de tous les services administratifs qui leur sont nécessaires pour une entrée immédiate en campagne ; le matériel roulant est emmagasiné sur roues (L. 24 juill. 1873, art. 9).

100. Bien que la loi de 1873 ait posé en principe que le recrutement de l'armée active aurait lieu sur tout le territoire, en fait ce recrutement est régional, en ce sens qu'on incorpore dans la plupart des corps de troupe des jeunes gens provenant de localités rapprochées. — Dans tous les cas, le recrutement des réserves et de l'armée territoriale est purement régional ; toutefois, en cas d'insuffisance des ressources d'une région, le ministre de la guerre peut compléter les effectifs au moyen de prélèvements sur le contingent des autres régions (L. 15 juill. 1889, art. 48, § 7).

101. Les commandants de corps d'armée réunissent en temps de paix, au commandement des troupes actives, celui du territoire de la région ; ils y assurent, sous leur responsabilité personnelle, l'exécution des ordres généraux du ministre et veillent à la préparation des troupes à la guerre. Ils exercent, en outre, sur le personnel et les services des établissements spéciaux existant dans la région et destinés à satisfaire aux besoins généraux de l'armée (fonderies de canons, ateliers de construction et fabrication, écoles militaires, etc.), une surveillance générale et permanente au point de vue de l'ordre et de la discipline ; à ce point de vue, ces établissements restent sous l'autorité immédiate du ministre de la guerre. — Enfin ils commandent aux troupes détachées des autres corps d'armée et momentanément employées sur le territoire placé sous leurs ordres (L. 24 juill. 1873, art. 14 et 15).

102. Outre les corps d'armée, le territoire comprend deux gouvernements militaires de Paris et de Lyon, organisés par la loi du 5 janv. 1875 (D. P. 75. 4. 85). — Les troupes stationnées dans l'étendue de ces gouvernements militaires relèvent des gouverneurs au point de vue du service et des mesures d'ordre public.

103. Dans chaque corps d'armée, l'armée territoriale a ses cadres entièrement constitués (V. *suprà*, no 69). Les militaires de tous grades qui la composent vivent dans leurs foyers et ne sont réunis ou appelés à l'activité que sur l'ordre de l'autorité militaire, et, sauf les exercices prévus par la loi, en cas de mobilisation (L. 24 juill. 1873, art. 29 et 30).

ART. 5. — ADMINISTRATION DE L'ARMÉE.

§ 1er. — *Dispositions générales* (R. 605 et s. ; S. 445 et s.).

104. L'administration militaire est régie par la loi du 16 mars 1882 (D. P. 82. 4.

123), qui consacre les principes suivants : 1° subordination de l'administration au commandement ; 2° indépendance du service de santé vis-à-vis de l'administration ; 3° établissement d'un contrôle indépendant. — L'administration de l'armée est placée sous la haute direction du ministre de la guerre, qui en est le *chef responsable*.

105. L'administration de l'armée comprend les services de l'artillerie, du génie, de l'intendance, des poudres et salpêtres ; le service de santé, l'administration intérieure des corps de troupe et des établissements considérés comme constituant le corps. Le service de la trésorerie et des postes aux armées, qui relève directement du commandement, fait l'objet d'un règlement général entre le ministre de la guerre et les ministres compétents (L. 16 mars 1882, art. 2). Dans tous ces services, la direction, la gestion ou exécution et le contrôle sont distincts. La gestion est confiée, dans les différents services, à des personnels militaires spéciaux, particulièrement dans le service de l'intendance, aux officiers d'administration de ce service. La direction ne participe pas aux actes de la gestion qui lui est soumise ; le contrôle ne prend part ni à la direction ni à la gestion (L. 26 mars 1882, art. 3).

106. La comptabilité militaire fait l'objet de règlements spéciaux pour servir, en ce qui concerne la comptabilité des corps, à l'application du décret du 31 mai 1862 sur la comptabilité publique (*Journ. milit.*, t. XII, p. 266) ; 14 janv. 1889, sur la comptabilité des corps de troupes (*Bull. off. min. guerre*, 1889, Part. régl., n° 6) ; Notes min. guerre, 26 janv. 1898 (*Bull. off. min. guerre*, 1898, p. 38), 3 juin 1900 (*ibid.*, 1900, p. 812), 10 juin 1889, sur la comptabilité des corps de troupes en campagne (*ibid.*, 1889, p. 1114) ; Décis. présidentielle 4 août 1899 (*ibid.*, 1899, Part. régl., p. 600), 26 juill. 1893, sur l'administration et la comptabilité des écoles militaires ; Instr. min. guerre 27 déc. 1897 (*ibid.*, 1897, Part. régl., p. 607), et 16 janv. 1899 (*ibid.*, 1899, page spéciale) ; etc.

107. La délégation des crédits est faite par le ministre aux directeurs des services, qui sont chargés de l'ordonnancement des dépenses. Dans le service de l'intendance, les directeurs ont la faculté de sous-déléguer tout ou partie de leurs crédits aux fonctionnaires de l'intendance soumis à leur direction (L. 16 mars 1882, art. 4).

108. Le principe de la *subordination de l'administration au commandement* (V. *suprà*, n° 104) fait du commandant de corps d'armée, en temps de paix comme en temps de guerre, le *chef responsable*, vis-à-vis du ministre, de l'administration du corps d'armée. Il est le centre administratif vers lequel converge toute l'administration et l'intermédiaire obligé entre les divers services et le ministre (L. 1882, art. 9). Les obligations qui lui incombent sont déterminées par l'art. 10 de la loi de 1882. Il ne peut, en dehors des cas prévus par les ordonnances, décrets et règlements, engager aucune dépense à la charge de l'État, sauf dans les circonstances urgentes et pour un ordre écrit délivré sous sa responsabilité même pécuniaire (art. 11). Les généraux de division et de brigade sont, dans leurs circonscriptions respectives, les auxiliaires du commandant de corps d'armée dans sa mission de direction et de surveillance ; ils exercent cette mission dans les conditions indiquées par l'art. 12 de la loi de 1882.

109. Les chefs de service, dans les divisions, sont sous les ordres des généraux qui les commandent et reçoivent directement des directeurs du service des corps d'armée les instructions relatives à la comptabilité, à l'exécution technique du service et aux détails d'ordre intérieur (L. 1882, art. 13).

§ 2. — *Établissements et services spéciaux* (R. 544 et s. ; S. 414 et s.).

110. Les établissements et services spéciaux destinés à assurer la défense générale du pays et à pourvoir aux besoins généraux de l'armée, sont déterminés par un règlement d'administration publique du 3 juill. 1883 (*Journ. milit.* 1883, Part. régl., p. 6). Ils sont placés sous l'autorité immédiate du ministre de la guerre (L. 16 mars 1882, art. 7). La situation du personnel civil des mêmes établissements est réglée par le décret du 26 févr. 1897 (*Bull. off. min. guerre*, 1897, Part. régl.), 18 nov. 1898 (*ibid.*, 1898, p. 254), 13 févr. 1899 (*ibid.*, 1899, p. 60) et diverses instructions ministérielles.

A. — Service de l'artillerie.

111. Les établissements et services de l'artillerie comprennent : 1° La section *technique de l'artillerie*, chargée de l'examen des questions qui lui sont soumises par le ministre ; — 2° Les *écoles d'artillerie* existant dans chaque corps d'armée et destinées à compléter l'instruction des officiers et sous-officiers d'artillerie ; — 3° *L'École centrale de pyrotechnie* établie à Bourges (V. *suprà*, n° 67) ; — 4° Les *directions d'artillerie*, qui pourvoient à la préparation de la défense, aux services généraux de l'approvisionnement des troupes en armes et en munitions ; — 5° La *poudrerie militaire* du Bouchet ; — 6° Les *manufactures d'armes* de Châtellerault, Saint-Étienne et Tulle, pour la fabrication des armes à feu portatives et des armes blanches de l'armée ; — 7° Les *directions* et les sous-directions des *forges* (Décis. min. 11 janv. 1898, *Bull. off. min. guerre*, Part. régl., p. 22) ; — 8° La *fonderie* de Bourges ; — 9° Les *ateliers de construction* de Bourges, Douai, Puteaux, Tarbes, Rennes et Vernon, destinés à la confection et à la réparation des affûts et autres objets nécessaires au service de l'artillerie. — Il y a lieu de noter encore les commissions d'expériences de Bourges, Calais et Versailles ; enfin l'inspection permanente des fabrications de l'artillerie (Décr. 16 déc. 1897, *Bull. off. min. guerre*, 1897, p. 717).

B. — Service du génie.

112. Les établissements du génie comprennent : 1° les *écoles du génie* (V. *suprà*, n° 59 et 64) ; 2° les quarante directions du génie, chargées de la construction et de l'entretien des fortifications et des bâtiments militaires et comprenant plusieurs *chefferies* ; 3° la brigade topographique ; 4° la direction du service télégraphique de l'armée (V. *suprà*, n° 41) et le service de l'aérostation militaire.

C. — Service de l'intendance.

113. Le service de l'*intendance* comprend, comme établissements spéciaux placés sous l'autorité immédiate du ministre de la guerre : 1° les docks de l'administration militaire à Paris ; 2° des magasins de subsistances ; 3° des magasins d'habillement ; 4° le service central des lits militaires (V. *infrà*, n° 127) ; 5° le service de la fourniture des draps et des confections militaires ; 6° l'atelier de construction de Vincennes.

D. — Service des poudres et salpêtres.

114. V. *infrà*, *Poudres et salpêtres*.

E. — Service de santé.

115. Les établissements du service de santé comprennent : 1° les *infirmeries régimentaires* et les *dépôts de convalescents* ; 2° les *hôpitaux militaires permanents* ou sédentaires, qui comprennent les hôpitaux *temporaires*, c'est-à-dire établis pour le service de guerre ou pour les circonstances imprévues ; les hôpitaux d'eaux minérales (V. *infrà*, *Hospices*) ; 3° les magasins d'approvisionnement (magasins de mobiliers, pharmacies d'approvisionnement et pharmacies régionales) ; 4° les ambulances actives ; 5° les hôpitaux de campagne ; 6° les infirmeries de gares et celles de gîtes d'étapes.

F. — Service de la justice militaire.

116. Les établissements de ce service sont : 1° les *conseils de guerre permanents*, dont deux à Paris, un à Lyon, un dans chaque corps d'armée, et cinq en Afrique ; 2° les *conseils de revision*, siégeant l'un à Paris, l'autre à Alger ; 3° les ateliers de *condamnés aux travaux publics*, établis en Algérie au nombre de cinq ; 4° les *pénitenciers militaires*, au nombre de six ; 5° les *prisons militaires* (V. *infrà*, Justice militaire).

G. — Hôtel des Invalides.

117. L'organisation de l'hôtel des Invalides est régie par un décret du 21 mars 1882 (D. P. 83. 4. 23). Nul ne peut y être admis s'il n'est en possession d'une pension militaire de retraite. Les admissions ont lieu d'après un ordre de priorité déterminé par le décret précité.

H. — Service de la remonte.

118. Le service de la remonte a pour objet de procurer des chevaux de selle et de trait à tous les services de l'armée. Ce service comporte : pour effectuer les achats de chevaux, des *dépôts de remonte* ; des *annexes de remonte*, qui conservent les jeunes chevaux achetés au-dessous de cinq ans jusqu'au moment de leur livraison aux corps de troupe ; les *établissements hippiques* de Suippes ; le *comité d'achat* de Cuperly ; *l'École de dressage* de Saumur. — Les achats, la mise en route des chevaux achetés, leur livraison, le service dans les dépôts et les annexes, le mode de payement des dépenses, etc., sont déterminés par un règlement du 1ᵉʳ août 1896 (*Bull. off. min. guerre*, 1896, Part. régl., n° 34).

119. La remonte des officiers est réglée par un décret du 14 août 1896 (*Bull. off. min. guerre*, 1896, Part. régl., n° 31, et 1898, p. 305) et par des circulaires ministérielles (*Bull. off. min. guerre*, 1898, Part. régl., p. 62, 233 et 234 ; 1899, *ibid.*, p. 1465). Les chevaux nécessaires aux officiers leur sont livrés, suivant les cas, soit à titre gratuit, soit par abonnement, soit à titre onéreux.

I. — Écoles militaires.

120. V. *suprà*, n° 55 et s.

J. — Service géographique de l'armée.

121. V. *suprà*, n° 7.

K. — Dépôt de la guerre. Archives.

122. Le service du *dépôt de la guerre*, qui renfermait les archives historiques du ministère de la guerre, est actuellement relié au troisième bureau du service intérieur du ministère. C'est ce bureau qui est chargé de la tenue et de la conservation des archives du ministère, de la publication du *Bulletin officiel* et de *l'Annuaire*, etc.

L. — Bibliothèques militaires.

123. Elles comprennent : la bibliothèque du dépôt de la guerre, qui n'est accessible aux personnes étrangères à l'état-major qu'avec une autorisation signée du ministre ; les bibliothèques des diverses écoles militaires ; la bibliothèque de garnisons placées dans les attributions du service d'état-major, les bibliothèques régimentaires, etc.

M. — Service de la solde.

124. Le service de la solde est destiné à pourvoir à toutes les prestations pécuniaires auxquelles ont droit les militaires de tout grade, soit individuellement, soit collectivement. La solde comprend : la solde proprement dite, les accessoires de solde, les masses.

Elle est fixée par des décisions ou décrets du président de la République (Décr. 14 janv. 1889, *Bull. off. min. guerre*, 1889, Part. régl., n° 6; 29 mai 1890, *ibid.*, 1890, n° 36; Décis. 6 oct. 1898, *ibid.*, 1898, p. 167; 4 févr. et 22 déc. 1899, *ibid.*, 1899, p. 46 et 1369; 18 févr., 19 mars, 25 et 28 mai 1900, *ibid.*, 1900, p. 212, 334, 793, 797; Décr. 27 déc. 1890, *ibid.*, 1890, p. 1363), et diverses décisions présidentielles insérées au *Bulletin officiel du ministère de la guerre*, Partie réglementaire (1895, p. 423; 1897, p. 607, 527, 588; 1898, p. 473 et 467; 1899, p. 468, 855, 1136, 782, 1109; 1900, p. 797). — Les *accessoires de solde* comprennent les indemnités de diverses natures (déplacement, frais de bureau, de route, de résidence dans Paris, en Afrique, de rassemblement, de remplacement de vivres, d'entrée en campagne, etc., les primes, hautes payes et gratifications). — Les *masses* sont des allocations pécuniaires attribuées aux corps de troupes par abonnement et ayant pour objet de subvenir à certaines dépenses d'intérêt collectif; telles sont, par exemple, la masse de casernement, destinée à l'entretien, par les corps de troupes, du casernement qu'ils occupent; la masse des écoles, qui a pour objet de subvenir aux dépenses des écoles régimentaires, etc.

N. — Service des subsistances militaires.

125. Le service des subsistances comprend : 1° les vivres; 2° le fourrage; 3° le chauffage et l'éclairage (Règlem. 26 mai 1866, *Journ. milit.*, 1866, vol. spéc.; 15 janv. 1890, *Bull. off. min. guerre*, 1890, Part. régl., p. 78). — La direction de ce service appartient aux intendants et sous-intendants; la gestion, à des officiers d'administration de l'intendance opérant par voie de gestion directe, ou à des entrepreneurs de la ration. Dans les régiments, l'achat, la réception et la distribution des denrées à la charge des ordinaires est opérée par la *commission des ordinaires*.

O. — Service de l'habillement, du campement et du harnachement.

126. Le matériel de l'*habillement* comprend des matières premières, des effets d'habillement, des effets et ustensiles de campement. Les fournitures générales et confections font l'objet de marchés (V. *infrà*, *Marchés de fournitures*). Dans les corps de troupes, le service est soumis au règlement du 16 juin 1897 (*Bull. off. min. guerre*, 1897, Part. régl., p. 6), et aux circulaires des 21 juill. 1897 (*ibid.*, p. 1), 24 juin 1899 (*ibid.*, 1899, p. 443), 5 mai 1900 (*ibid.*, 1900, p. 739). — Le service du *campement* est réglé par des décisions ministérielles qui donnent la description des divers objets et ustensiles en usage dans les corps de troupes; celui du *harnachement* est réglé par un décret du 9 janv. 1896 (*Bull. off. min. guerre*, 1896, Part. régl., p. 4), modifié par celui du 8 oct. 1899 (*ibid.*, 1899, p. 807).

P. — Service du logement.

127. Les troupes sont ou casernées dans les bâtiments de l'État, ou logées dans des baraquements, ou, exceptionnellement, chez l'habitant. — Les effets de couchage et d'ameublement nécessaires aux militaires sont fournis par le service des *lits militaires*. Le logement des troupes sous la tente, dans des baraques ou au bivouac, est régi par le règlement sur le service en campagne (Décr. 28 mai 1895). — Pour le logement chez l'habitant, V. *infrà*, *Réquisitions militaires*.

Q. — Service de marche et des transports.

128. Indépendamment du service des *étapes* (Décr. 10 oct. 1889, *Journ. off.* du 11 oct. 1889), qui ne fonctionne qu'en temps de guerre, fait partie des services de l'arrière

et a pour objet d'assurer les communications des armées avec leurs centres d'approvisionnement et de recrutement, le service de marche comprend les *convois militaires*. Dans ce service rentrent : les *transports par voies ferrées* des militaires isolés, des corps et des détachements, qui sont effectués sur le vu de la feuille de route ou du titre de permission, ou encore sur bons individuels ou collectifs délivrés et mandatés par l'intendance; les *convois par terre* en temps de paix (Règlem. 27 févr. 1894, *Bull. off. min. guerre*, 1894, Part. régl., p. 94); les *convois par eau*, effectués par la navigation fluviale ou le long des côtes, en vertu de bons délivrés et mandatés par l'intendance; les *transports par mer*, qui ont lieu dans les conditions réglées par le règlement précité du 27 févr. 1894. Enfin le *transport*, en temps de paix, du *matériel de la guerre* est assuré par un marché conclu entre l'État et les compagnies de chemins de fer (Traité 15 juill. 1891, *Bull. off. min. guerre*, 1891, Part. régl., p. 147).

SECT. III. — Armée coloniale.

129. L'armée coloniale, organisée par une loi du 7 juill. 1900 (D. P. 1900. 4. 66), est surtout destinée à l'occupation et à la défense des colonies et pays de protectorat. Mais elle peut être employée à la défense du territoire métropolitain et aussi à certaines expéditions militaires auxquelles l'armée métropolitaine, telle qu'elle est organisée, ne pourrait être employée sans inconvénients.

130. L'armée coloniale a une composition et une existence propre; bien que rattachée au ministère de la guerre, elle n'est pas simplement un corps de l'armée métropolitaine ayant une affectation spéciale; elle a, au contraire, une autonomie complète. Ainsi, elle comprend un état-major général, un service d'état-major, des troupes recrutées à l'aide d'éléments français et des contingents fournis par les colonies soumises aux lois de recrutement, des troupes recrutées à l'aide d'éléments indigènes dans les diverses colonies et pays de protectorat, des états-majors particuliers de l'infanterie et de l'artillerie coloniale, un service de recrutement colonial, un service de justice militaire, des services administratifs et de santé (L. 7 juill. 1900, art. 1, 2, 4).

131. Les troupes coloniales peuvent être stationnées tant en France, en Algérie et en Tunisie, que dans les colonies et pays de protectorat. Celles qui sont stationnées en France, en Algérie et en Tunisie se composent de régiments d'infanterie coloniale, de régiments d'artillerie, de compagnies d'ouvriers d'artillerie et artificiers (Décr. 28 déc. 1900, *Bull. off. min. mar.*, 1901, p. 453-481, 500). Aux colonies, les troupes coloniales comprennent des régiments ou unités d'infanterie et d'artillerie, des compagnies d'ouvriers d'artillerie ou d'artificiers, des régiments ou unités recrutés à l'aide d'éléments indigènes, un corps disciplinaire (L. 7 juill. 1900, art. 2, 5). — Le nombre des diverses unités composant l'armée coloniale n'est pas fixé par la loi d'une manière invariable; c'est par des décrets que ces unités doivent être créées d'après les besoins du service, déterminés eux-mêmes tant par l'étendue des pays occupés que par les nécessités de la relève des troupes stationnées dans les colonies par les troupes stationnées dans la métropole. Les conditions dans lesquelles cette opération de la relève doit s'exécuter sont elles-mêmes réglées par des décrets rendus sur le rapport des ministres de la guerre et des colonies; ces conditions sont essentiellement variables d'une colonie à l'autre, suivant leur degré de salubrité ou d'insalubrité (L. 7 juill. 1900, art. 5, 12; Décr. 28 déc. 1900, *Bull. off. min. mar.*, 1901, p. 506). La loi se borne à disposer que chaque

régiment d'infanterie comprend un cadre complémentaire.

132. Les régiments d'infanterie et la brigade d'artillerie stationnés en France forment un corps d'armée de deux divisions comprenant chacune 5 régiments (Décr. 11 juin 1901, *Bull. off. min. guerre*, 1901, p. 1024). Quant aux autres troupes, simplement réunies en brigades, elles sont placées sous l'action directe des généraux de brigade de l'état-major général des troupes coloniales, qui en ont le commandement, et sous l'autorité des commandants de corps d'armée sur le territoire desquels elles sont stationnées. — Dans les colonies, les effectifs des armes autres que l'infanterie et l'artillerie, c'est-à-dire de la cavalerie et du génie, ainsi que des autres services qu'il peut y avoir lieu d'y détacher, sont trop restreints pour que ces armes puissent avoir une existence propre et être placées sous l'autorité de l'armée coloniale. Leur personnel européen est fourni par l'armée métropolitaine, dont il est détaché et placé hors cadres. Ce personnel peut être complété par un personnel indigène, officiers, sous-officiers et soldats, recruté sur place. Quant aux troupes formées à l'aide d'éléments indigènes, elles sont constituées par décrets suivant les besoins du service et les crédits budgétaires; leurs cadres français sont fournis par l'armée coloniale. Le ministre de la guerre peut, d'ailleurs, employer au service colonial la légion étrangère, les bataillons d'infanterie légère d'Afrique et les régiments de tirailleurs algériens, à la condition que les unités de ces corps ainsi employées seront en sus de celles qui sont prévues par la loi du 13 mars 1875. Les compagnies de discipline peuvent être employées en tout temps aux colonies.

133. Le commandement des troupes coloniales appartient exclusivement aux officiers de l'armée coloniale. Les officiers de l'armée métropolitaine ne peuvent passer dans l'armée coloniale et, réciproquement, les officiers de l'armée coloniale ne peuvent entrer dans l'armée métropolitaine, qu'au moyen de permutations pour convenances personnelles prononcées par un décret suivant les règles générales admises pour les permutations (L. 7 juill. 1900, art. 13; Instr. min. 16 juill. 1901, *Bull. off. min. guerre*, 1901, t. II, p. 346). — Cette spécialisation des officiers cesse toutefois pour les officiers généraux qui composent l'état-major des troupes coloniales. Ceux-ci peuvent être pourvus d'emplois et de commandements dans l'armée métropolitaine. Réciproquement, les officiers généraux de l'armée métropolitaine peuvent, dans des circonstances exceptionnelles, être pourvus d'emplois et de commandements dans les troupes coloniales (L. 1900, art. 9).

134 Le service d'état-major de l'armée coloniale comprend des officiers de l'infanterie et de l'artillerie coloniale (brevetés, et, au cas d'insuffisance, non brevetés) et mis hors cadres (L. 1900, art. 10).

135. Les officiers du commissariat colonial et du corps des colonies jouissent du même état des officiers, et assurent les services administratifs et de santé des troupes coloniales (L. 1900, art. 11).

136. L'administration des troupes coloniales est réglée par un décret du 11 juin 1901 (*Bull. off. min. guerre*, 1901, t. I, p. 1025), qui applique à cette administration les principes posés par la loi du 16 mars 1882 sur l'administration de l'armée (V. *supra*, n°ˢ 104 et s.). — Les attributions dévolues dans l'armée métropolitaine au corps de l'intendance sont exercées par le corps du commissariat des troupes coloniales : la hiérarchie et le recrutement de ce corps sont réglés par les art. 8 et s. du décret précité du 11 juin 1901. — Le service de *santé* est organisé et réglementé par les art. 14 et s. du même décret.

137. Au point de vue de l'administration
es troupes coloniales, la loi du 7 juill. 1900
rt. 12) prescrit de diviser le budget spécial
e ces troupes en deux parties distinctes :
une, formant une section spéciale du bud-
et du ministère de la guerre, comprend
utes les dépenses afférentes aux troupes
oloniales stationnées en France, en Algérie
a en Tunisie; l'autre, formant une section
éciale du budget du ministère des colonies,
omprend toutes les dépenses à la charge
oit du budget métropolitain, soit des bud-
ets locaux afférentes aux unités stationnées
ans les colonies ou pays de protectorat
utres que l'Algérie et la Tunisie, et aux ou-
rages de défense de ces colonies.

ARMES

(R. v° *Armes*; S. *eod.* v°).

1. Les armes se divisent en armes de commerce, ou ordinaires, et en armes de guerre,
u réglementaires. On peut y ajouter les
rmes dites *d'honneur*, c'est-à-dire celles
ui sont données à des militaires en récom-
ense d'actions d'éclat.

2. La législation sur les armes comprend
eux ordres de dispositions distinctes : d'une
art, l'art. 101 c. pén., qui a trait aux armes
onsidérées comme instruments de crimes ou
e délits ; d'autre part, une série de dispo-
itions relatives à la fabrication, au com-
erce et au port des armes, savoir : la loi
u 24 mai 1834 (R. p. 252), sur la déten-
eurs d'armes ou de munitions de guerre ;
a loi du 14 juill. 1860 (D. P. 60. 4. 86), sur
a fabrication et le commerce des armes de
uerre ; le décret du 22 avr. 1868 (D. P. 68.
. 80), réglementant les épreuves d'armes
feu portatives ; la loi du 19 juin 1871 (D.
. 71. 4. 101), abrogeant le décret du 4 sept.
870 (D. P. 70. 4. 85), qui rendait la fabri-
ation, le commerce et la vente de toutes
rmes absolument libres ; la loi du 14 août
885 (D. P. 85. 4. 77), sur la fabrication et
e commerce des armes et munitions non
hargées ; la loi du 18 déc. 1893 (D. P. 94.
. 18), portant addition et modification à
art. 3 de la loi du 19 juin 1871 sur les explo-
ifs ; enfin la loi du 13 avr. 1895 (D. P. 95.
. 71), modifiant les conditions dans les-
uelles le ministre de la guerre peut inter-
ire l'exportation des armes, pièces d'armes
t munitions de toute espèce. — Il y a lieu
e citer, en outre, l'avis du Conseil d'Etat
u 5 brum. an 13, relatif aux armes d'hon-
eur (R. p. 254).

1er. — *Des armes considérées comme instruments de crimes ou de délits* (R. 31 et
s.; S. 6).

3. Le fait de s'être muni d'une arme pour
a perpétration d'un crime ou d'un délit est,
ans divers cas, soit une circonstance cons-
itutive de l'infraction, comme pour le
rime de bandes armées contre la sûreté de
Etat, soit une circonstance aggravante,
omme pour le délit de vagabondage, le crime
e vol, etc. Il est donc nécessaire de précier les objets auxquels peut s'appliquer la
ualification d'*armes*. — Aux termes de l'art.
01 c. pén., « sont compris dans le mot *armes*
utes machines, tous instruments ou usten-
iles, tranchants, perçants ou contondants. »
ar exception, certains objets, bien qu'ils
uissent servir à trancher, percer ou pro-
uire des contusions, ne sont réputés armes
ue s'il est établi qu'on en a fait usage pour
uer, blesser ou frapper (Pén. 101, § 2). Ce
ont : les couteaux et ciseaux de poche et
s cannes simples. Ainsi, à l'égard de ces
bjets, le seul fait d'en avoir été détenteur
u moment de l'infraction ne suffit pas pour
ue celle-ci existe ou soit aggravée.

4. La disposition de l'art. 101, § 2, n'est
oint limitative, mais seulement démonstra-
ve : les canifs, les poinçons, les compas,

etc., seraient aussi réputés armes s'il en
était fait usage pour blesser, tuer ou frapper. Mais on ne peut assimiler aux cannes
ordinaires, seules exceptées de la prohibition
générale de tous instruments contondants,
les bâtons ferrés et noueux, et il y aurait lieu,
en conséquence, de réputer rassemblement
armé le rassemblement d'individus armés
de bâtons. — Les pierres, état des instruments contondants, sont comprises dans la
deuxième disposition de l'art. 101 c. pén.,
de sorte qu'elles ont, par elles-mêmes, la
qualité d'armes, indépendamment de l'usage
qui peut en être fait. Ainsi, le fait, par
un individu, de s'être muni de pierres, au
moment où il résistait avec violence à des
agents de la force publique dans l'exercice
de leurs fonctions, le constitue en état de
rébellion armée, alors même qu'il n'a pas
fait usage de ces pierres (Cr. c. 30 avr. 1824,
R. p. 257).

5. Les objets visés par l'art. 101, § 2,
ne prenant la qualité d'armes que s'il en a
été fait usage pour *tuer, blesser* ou *frapper*,
il en résulte que celui qui, par exemple,
n'a fait usage d'un couteau de poche que
pour menacer ou effrayer, sans intention de
frapper, n'encourt pas l'aggravation de peine
résultant de l'emploi d'une arme. — Cependant, la menace de faire usage des armes
dont on est porteur est, dans certains cas,
une circonstance aggravante du crime accompli ou tenté sous cette menace (Pén. 301-5°).

6. Lorsqu'un crime ou délit a été commis, la saisie des armes qui paraissent avoir
servi ou avoir été destinées à le commettre
est un devoir pour le magistrat qui constate
l'infraction (Instr. 35).

§ 2. — *De la fabrication, du commerce,
de l'importation et de l'exportation des
armes* (R. 48 et s.; S. 7 et s.).

7. Il y a lieu de distinguer, d'une part, les
armes non réglementaires ou de commerce,
et, d'autre part, les armes ou pièces d'armes
de modèles réglementaires en France : ces
dernières sont les armes en service dans les
armées de terre et de mer; elles sont définies par les tables de construction approuvées par le ministre de la guerre et le ministre de la marine (L. 14 août 1885, art. 2).

8. La fabrication et le commerce des
armes de toute espèce, non réglementaires
en France, y compris les armes d'affût (canons, mitrailleuses, etc.), les armes blanches
et les revolvers, et les munitions non chargées employées pour les armes (douilles de
cartouches, projectiles, fusées), sont entièrement libres. La règle est générale aujourd'hui ; la prohibition qui existait autrefois à l'égard de certaines armes (Pén. 314,
§ 1, et L. 24 mai 1834, art. 1, § 1) n'existe
plus aujourd'hui (L. 14 août 1885, art. 1
et 5). L'importation, l'exportation et le
transit des mêmes armes sont libres, sous
réserve de l'application des droits de douane,
et peuvent avoir lieu par tous les bureaux
de douane, sans exception (L. 14 août 1885,
art. 7 et 10).

9. Quant aux armes ou pièces d'armes
dites réglementaires en France, et aux munitions correspondantes, la fabrication et le
commerce en sont également libres; mais
toute personne qui veut se livrer à leur fabrication ou à leur commerce doit adresser
une déclaration à l'autorité préfectorale et
tenir un registre spécial visé par le préfet
ou le sous-préfet (L. 14 août 1885, art. 3
et 4). — L'importation et l'exportation des
armes et munitions de guerre ont lieu sur
une déclaration faite à la préfecture du département d'où les armes sont expédiées; le
préfet délivre un récépissé qui reste entre
les mains de l'exportateur ou de l'importateur, et un duplicata qui sert de permis et
accompagne les armes durant le trajet qu'elles
effectuent en France. — De même que les

armes non réglementaires (V. *suprà*, n° 8),
les armes de guerre importées ou exportées
peuvent passer par tous les bureaux de douane
sans exception, et le fabricant ou commerçant n'est pas tenu de mentionner dans sa
déclaration l'itinéraire qu'il a choisi (L. 14
août 1885, art. 10).

10. En cas de guerre nationale et continentale, un décret rendu sur la proposition
du ministre de la guerre peut interdire l'exportation des armes, pièces d'armes ou munitions de toute espèce (L. 14 août 1885,
art. 10 et 11; L. 13 avr. 1895).

§ 3. — *Du port et de la détention des armes*
(R. 50 et s.; S. 9 et s.).

11. Le droit de porter des armes apparentes appartient à tout Français qui n'en a
pas été privé par un jugement. — Il en est
autrement de certaines armes dont la fabrication et le commerce, autrefois prohibés,
sont devenus libres (V. *suprà*, n° 8), mais
dont le port demeure interdit. Ce sont : les
poignards, couteaux en forme de poignards,
soit de poche, soit de fusil, les baïonnettes,
pistolets de poche, cannes-épées, bâtons à
ferrements autres que ceux qui sont ferrés
par le bout, les fusils et pistolets à vent, les
stylets et les tromblons. Cette nomenclature
n'est d'ailleurs pas limitative ; la prohibition
atteint, d'une manière générale, toutes armes
offensives, cachées et secrètes (Décl. 25 mars
1728; Décr. 2 niv. an 14; Décr. 12 mars 1806;
Pén. 314, § 1 ; Ord. 23 févr. 1837). — La
peine applicable au port d'armes prohibées
est un emprisonnement de six jours à six
mois et une amende de 16 à 200 francs (L.
24 mai 1834, art. 1, § 2).

12. La simple détention d'armes prohibées,
— à moins qu'il ne s'agisse d'un dépôt (V.
infrà, n° 13), ne tombe pas sous l'application de la loi. Ainsi, il a été jugé que
le fait, par un voyageur, d'avoir dans sa
malle des pistolets de poche ou des poignards ne constitue pas le délit de port
d'armes prohibées (Douai, 11 mars 1861, D.
P. 61. 5. 80).

13. Tandis que la simple *détention* d'armes
prohibées ne constitue pas un délit et que
le *port* de ces armes est seul défendu (V. *suprà*, n° 11), la détention d'armes de guerre
tombe sous le coup de la loi. Elle est passible d'un emprisonnement d'un mois à deux
ans et d'une amende de 16 à 1000 francs.
Il en est de même de la *distribution* d'armes
de guerre (L. 24 mai 1834, art. 3). — Tout
dépôt d'armes quelconques est prohibé et
puni des peines portées à l'art. 3 précité.

14. Dans les cas prévus par la loi de 1834,
alors même qu'il existe des circonstances
atténuantes, l'art. 11 permettait de placer
les condamnés sous la surveillance de la
haute police. Cette peine est aujourd'hui
remplacée par l'interdiction de paraître dans
certains lieux, signifiée par le Gouvernement au condamné avant sa libération (L.
27 mai 1885, art. 19, D. P. 85. 4. 45).

15. Des dispositions spéciales prohibent le
port des armes dans les assemblées réunies
à l'effet de procéder à des élections (V. *infrà*,
Elections).

16. Sur la fabrication, le débit et la détention de la poudre, V. *infrà*, *Poudres et
salpêtres*.

§ 4. — *Du port d'armes dans les mouvements insurrectionnels* (R. 88 et s.; S. 84
et s.).

17. Les individus qui, dans un mouvement insurrectionnel, auront porté, soit des
armes ou munitions, soit un uniforme ou
d'autres insignes civils ou militaires, sont
punis de la détention. La déportation est
prononcée contre ceux qui, porteurs d'armes
ou de munitions, auront en même temps été
revêtus d'un uniforme ou d'autres insignes
civils ou militaires, et la peine de mort

contre ceux qui auront fait usage de leurs armes (L. 24 mai 1884, art. 5). — Il faut, pour que l'art. 5 de la loi de 1834 soit applicable, que l'accusé ait porté les armes *dans un mouvement insurrectionnel;* mais il n'est pas nécessaire qu'il ait été *arrêté dans l'insurrection.* — L'excuse établie par l'art. 100 c. pén. au profit de ceux qui, ayant fait partie de bandes armées, sans y exercer de commandement ni d'emploi, se sont retirés au premier avertissement des autorités civiles ou militaires, ne peut être invoquée par les prévenus du crime prévu par l'art. 5 précité (Cr. r. 28 sept. 1849, D. P. 49. 1. 263). — Sur les peines applicables à divers autres crimes commis dans des mouvements insurrectionnels, V. L. 24 mai 1834, art. 6 à 9.

ASSISTANCE JUDICIAIRE

(R. v° *Organisation judiciaire; S. eod. v°*).

1. L'assistance judiciaire a pour but de permettre à ceux qui n'ont pas les ressources nécessaires de faire valoir leurs droits en justice sans être tenus d'avancer aucuns frais. Les règles relatives à l'assistance judiciaire se trouvent contenues dans la loi du 22 janv. 1851 (D. P. 51. 4. 25), dont les art. 1 à 21 ont été modifiés par l'article unique de la loi du 10 juill. 1901 (D. P. 1902. 4. 9).

§ 1er. — *A quelles personnes et à quelles conditions l'assistance judiciaire peut être accordée.*

2. L'assistance judiciaire peut être accordée, en tout état de cause, à toutes personnes, ainsi qu'à tous établissements publics ou d'utilité publique, et aux associations privées ayant pour objet une œuvre d'assistance et jouissant de la personnalité civile (L. 1901, art. 1er, § 1er).

3. Pour obtenir l'assistance judiciaire, il n'est pas nécessaire d'être indigent; il suffit de ne pas avoir les ressources nécessaires pour soutenir ses droits en justice. — Peu importe, du reste, que l'on ait à plaider comme demandeur ou comme défendeur, ou comme partie civile devant les juridictions d'instruction ou de répression (V. *infra*, n° 5). L'assistance judiciaire peut être accordée au cours d'une instance déjà introduite et en tout état de cause.

§ 2. — *Dans quels cas, pour quels actes et dans quelle mesure l'assistance judiciaire est accordée.*

4. L'assistance judiciaire est applicable en premier lieu à tous les litiges portés devant les tribunaux civils, les juges des référés, la chambre du conseil, les tribunaux de commerce, les juges de paix, les cours d'appel, la cour de cassation, les conseils de préfecture, le conseil d'Etat, le tribunal des conflits. — En second lieu, elle est applicable, en dehors de tout litige, aux actes de juridiction gracieuse et aux actes conservatoires (art. 1er, § 2).

5. L'assistance judiciaire s'étend de plein droit aux actes et procédures d'exécution à opérer en vertu des décisions en vue desquelles elle a été accordée (art. 2). Mais le bureau qui l'a précédemment accordée doit alors, sur la demande de l'assisté, déterminer la nature des actes et procédures d'exécution auxquels elle s'appliquera (art. 4). En pareil cas, d'ailleurs, la constatation précédemment faite de l'insuffisance des ressources reste acquise de plein droit. — L'assistance peut, en outre, être accordée pour tous actes et procédures d'exécution à opérer en vertu de décisions obtenues sans le bénéfice de cette assistance, ou de tous actes, même conventionnels, si les ressources de la partie qui poursuit l'exécution sont insuffisantes (art. 2).

6. Pour les instances que les actes et procédures d'exécution ainsi déterminés

peuvent, dans les deux cas, faire naître, soit entre l'assisté et la partie poursuivie, soit entre l'assisté et un tiers, le bénéfice de la précédente décision du bureau subsiste en ce qui concerne la constatation de l'insuffisance des ressources; mais l'assistance sera prononcée au fond par le bureau compétent selon les distinctions établies *infrà*, n°s 16 et s. (art. 4).

§ 3. — *Formes de la demande d'assistance.*

7. Toute personne qui réclame l'assistance judiciaire pour introduire une instance ou pour exécuter un acte dans les conditions indiquées *suprà*, n°s 4 et s., adresse sa demande écrite sur papier libre, ou verbale, au procureur de la République du tribunal de son domicile (art. 8, § 1er). — Elle peut également adresser cette demande, écrite sur papier libre ou verbale, au juge de son domicile, qui la transmet immédiatement, en ce cas, au procureur de la République avec les pièces justificatives (art. 8, § 2).

8. Celui qui réclame l'assistance doit joindre à sa demande : 1° un extrait du rôle de ses contributions ou un certificat du percepteur de son domicile constatant qu'il n'est pas imposé; 2° une déclaration attestant qu'il est, à cause de l'insuffisance de ses ressources, dans l'impossibilité d'exercer ses droits en justice et contenant l'énumération détaillée de ses moyens d'existence, quels qu'ils soient. Le réclamant affirme la sincérité de sa déclaration devant le maire de la commune de son domicile; le maire lui en donne acte au bas de sa déclaration (art. 10). — Le procureur de la République envoie le dossier au bureau d'assistance établi près le tribunal.

9. Lorsque celui qui réclame l'assistance forme cette demande pour émettre un appel, ou pour former un pourvoi en cassation, il doit, qu'il ait ou non obtenu l'assistance judiciaire pour la précédente instance (V. *infrà*, n° 26), adresser sa demande accompagnée de la copie signifiée ou d'une expédition (délivrée avec le bénéfice de l'assistance judiciaire, si elle lui avait été précédemment accordée) de la décision contre laquelle il entend former appel ou pourvoi, savoir : s'il s'agit d'un appel à porter devant le tribunal civil, au procureur de la République près le tribunal; s'il s'agit d'un appel à porter devant la cour d'appel, au procureur général près cette cour; s'il s'agit de pourvois, savoir : en cassation, au procureur général près la cour de cassation; devant le conseil d'Etat, au secrétaire général du conseil; devant le tribunal des conflits, au secrétaire du tribunal. Le magistrat auquel la demande est adressée en fait la remise au bureau compétent (art. 9).

10. Dans le cas où l'assistance judiciaire est demandée pour les actes et procédures d'exécution à opérer (V. *suprà*, n° 5), elle est prononcée par le bureau établi près le tribunal civil de première instance du domicile de la partie qui la sollicite, lequel détermine également dans la demande les actes et procédures d'exécution pour lesquels l'assistance est donnée (art. 4, § 2).

§ 4. — *Bureaux d'assistance judiciaire.*

11. 1° *Siège et composition.* — Pour les instances qui doivent être portées devant les justices de paix, les tribunaux de simple police, les tribunaux civils et correctionnels, les tribunaux de commerce, les conseils de préfecture, les cours d'assises, le bureau qui doit accorder l'assistance judiciaire est établi au chef-lieu judiciaire de l'arrondissement où siège la juridiction compétente (art. 3-1°). — Il est composé : 1° du directeur de l'Enregistrement et des Domaines ou d'un agent de cette Administration désigné par lui; 2° d'un délégué du préfet; 3° de trois membres pris parmi les anciens magistrats, les avo-

cats ou anciens avocats, les avoués ou anciens avoués, les notaires ou anciens notaires. Ces trois membres sont nommés par le tribunal civil; néanmoins, dans les arrondissements où il y a au moins quinze avocats inscrits au tableau, un de ces trois membres est nommé par le conseil de discipline de l'ordre des avocats et un autre par la chambre des avoués près le tribunal civil; le troisième est choisi par le tribunal comme il est dit ci-dessus (art. 3-1°).

12. Pour les instances qui doivent être portées devant une cour d'appel, l'assistance est accordée par un bureau établi au siège de la cour. — Le bureau établi près la cour d'appel est composé : 1° du directeur de l'Enregistrement et des Domaines ou d'un agent de cette Administration délégué par lui; 2° d'un délégué du préfet; 3° et de cinq membres choisis de la manière suivante : deux par la cour, en assemblée générale, parmi les citoyens des qualités énoncées sous le numéro 3 du paragraphe précédent; deux par le conseil de discipline de l'ordre des avocats, et un par la chambre de discipline des avoués à la cour (art. 3-2°).

13. Pour les pourvois devant la cour de cassation, le conseil d'Etat et le tribunal des conflits, les demandes d'assistance sont examinées par deux bureaux établis à Paris et qui siègent l'un à la cour de cassation, l'autre au conseil d'Etat. — Chacun de ces bureaux est composé de sept membres, parmi lesquels deux délégués du ministre des finances; trois autres membres sont choisis, savoir : pour le bureau près la cour de cassation, par la cour en assemblée générale, parmi les anciens membres de la cour, les avocats et les anciens avocats au conseil d'Etat et à la cour de cassation, les professeurs et les anciens professeurs de droit; et pour le bureau près le conseil d'Etat et le tribunal des conflits, par le conseil d'Etat en assemblée générale, parmi les anciens conseillers d'Etat, les anciens maîtres des requêtes, les anciens préfets, les avocats et les anciens avocats au conseil d'Etat et à la cour de cassation. Près de ces deux bureaux, les deux derniers membres sont pris au conseil de discipline de l'ordre des avocats au conseil d'Etat et à la cour de cassation (art. 3-3°).

14. Lorsque le nombre des affaires l'exige, tout bureau peut, en vertu d'une décision du ministre de la justice prise sur l'avis de la juridiction près laquelle le bureau est établi, être divisé en plusieurs sections. Dans ce cas, les règles prescrites par l'art. 3 (V. *suprà*, n°s 11 et s.), relativement au nombre des membres du bureau et à leur nomination, s'appliquent à chaque section (art. 5).

15. Chaque bureau d'assistance judiciaire ou chaque section nomme son président. Les fonctions de secrétaire sont remplies par le greffier de la cour ou du tribunal près duquel le bureau est établi, ou par un de ses commis assermentés; et, pour le bureau établi près le conseil d'Etat et le tribunal des conflits, par le secrétaire général près le conseil d'Etat ou un secrétaire de son choix délégué par lui (art. 6). — Les membres du bureau, autres que les délégués de l'Administration, sont soumis au renouvellement au commencement de chaque année judiciaire et dans le mois qui suit la rentrée (art. 7).

16. 2° *Fonctionnement.* — Le bureau d'assistance est saisi des demandes par le ministère public de la juridiction près laquelle il siège (V. *suprà*, n°s 8 et 9), sauf dans l'art. 2 (V. *suprà*, n° 10). — Le bureau, aussitôt qu'il est saisi du dossier, prend toutes les informations nécessaires pour s'éclairer sur l'insuffisance des ressources du demandeur, si l'instruction déjà faite par le bureau du domicile du demandeur, dans le cas prévu par l'art. 8, ne lui fournit pas, à cet égard, des documents suffisants. — Il donne avis à la partie adverse qu'elle peut se présenter devant lui, soit pour contester l'insuffisance des ressources, soit pour fournir des explications sur le fond. — Si elle comparaît, le bureau emploie ses bons offices pour opérer un arrangement amiable (art. 11).

17. Lorsque le bureau saisi n'est pas en même temps celui établi près la juridiction compétente pour statuer sur le litige (par exemple, si le bureau établi près le tribunal de première instance est saisi d'une demande faite par l'assisté pour interjeter appel ou pour former un pourvoi en cassation), il se borne à recueillir des renseignements tant sur l'insuffisance des ressources que sur le fond de l'affaire. Il peut entendre les parties. Si elles ne peuvent s'accorder, il transmet, par l'intermédiaire du procureur de la République, la demande, le résultat de ses informations et les pièces au bureau établi près de la juridiction compétente (art. 8, § 3).

18. Le bureau doit statuer dans le plus bref délai possible (art. 8, § 3). Il ne peut délibérer qu'autant que la moitié plus un de ses membres sont présents, non compris le secrétaire, qui n'a pas voix délibérative. Les décisions sont prises à la majorité : en cas de partage, la voix du président est prépondérante (art. 6, § 3).

§ 5. — *Décision du bureau.*

19. Le bureau d'assistance judiciaire accorde ou refuse l'assistance. — Les décisions du bureau ne contiennent que l'exposé sommaire des faits et moyens et la déclaration que l'assistance est accordée ou qu'elle est refusée, sans expression de motifs dans l'un ni dans l'autre cas (art. 12, § 1er).

20. Les décisions du bureau ne peuvent être communiquées qu'au procureur de la République, à la personne qui a demandé l'assistance et à ses conseils, le tout sans déplacement. Elles ne peuvent être produites ni discutées en justice, si ce n'est devant la police correctionnelle, dans le cas prévu par l'art. 26 de la présente loi (art. 12, § 5, et 16).

21. Les décisions du bureau ne sont susceptibles d'aucun recours (art. 12, § 2). Néanmoins le procureur général, après avoir pris communication de la décision d'un bureau établi près d'un tribunal civil et des pièces à l'appui, peut, sans retard de l'instruction ou du jugement, déférer cette décision au bureau établi près la cour d'appel, pour y être réformée, s'il y a lieu. Le procureur général près la cour de cassation, le secrétaire général du conseil d'Etat et le procureur général près la cour d'appel peuvent se faire renvoyer les décisions des bureaux d'assistance qui ont été rendues dans une affaire sur laquelle le bureau d'assistance établi près de l'une ou l'autre juridiction est appelé à statuer, si ce dernier bureau en fait la demande (art. 12, § 3 et 4).

22. Dans les cas d'extrême urgence, notamment dans les affaires où des déchéances seraient imminentes, où les actions et les recours devront être exercés dans des délais très brefs, le bureau, quel que soit le nombre des membres présents, le président, ou à son défaut le membre le plus ancien ayant voix prépondérante, et même un seul membre, peut accorder l'assistance judiciaire à titre provisoire (art. 6, § 3).

23. Dans ces mêmes cas, par exception : 1° le magistrat du ministère public auquel doit être adressée la demande d'assistance udiciaire peut d'office, s'il y a lieu, convoquer le bureau ; 2° ce bureau, même s'il n'a, dans l'espèce, qualité que pour recueillir des renseignements dans les termes

de l'art. 8 (V. *suprà*, n° 17), a cependant, si les circonstances l'exigent, le droit de prononcer l'admission provisoire (art. 6, § 4).

24. Lorsque l'admission n'a été, dans les conditions qui précèdent, que provisoire, le bureau compétent statue à bref délai sur le maintien ou le refus de l'assistance demandée (art. 6, § 5).

§ 6. — *Portée de l'assistance judiciaire.*

25. Celui qui a été admis à l'assistance judiciaire devant une première juridiction continue à en jouir sur l'appel interjeté contre lui, dans le cas même où il se rendrait incidemment appelant. Il continue pareillement à en jouir sur le pourvoi formé contre lui en cassation, devant le conseil d'Etat ou le tribunal des conflits (art. 9, § 2).

26. Au contraire, lorsque c'est l'assisté qui émet un appel principal ou qui forme un pourvoi, il ne peut, sur cet appel ou sur ce pourvoi, jouir de l'assistance judiciaire qu'autant qu'il y est admis par une décision nouvelle, émanant du bureau établi auprès de la juridiction compétente (art. 9, § 3). Il doit, en pareil cas, agir ainsi qu'il a été indiqué *suprà*, n° 9.

27. Si la juridiction devant laquelle l'assistance judiciaire a été admise se déclare incompétente et que, par suite de cette décision, l'affaire soit portée devant une autre juridiction de même nature et de même ordre, le bénéfice de l'assistance subsiste devant cette dernière juridiction (art. 9, § 1er). Mais l'admission à l'assistance ne demeure valable que dans le cas où, le tribunal s'étant déclaré incompétent, l'affaire est portée devant un tribunal de *même ordre* et de *même nature*. Si la nouvelle juridiction devant laquelle l'affaire doit être portée n'est pas de la même nature ni du même ordre que celle originairement saisie ; par exemple, si la juridiction ordinaire s'est déclarée incompétente en reconnaissant que l'affaire est de contentieux administratif, le demandeur devra obtenir l'assistance auprès du bureau de cette juridiction.

§ 7. — *Effets de l'assistance judiciaire.*

A. — Avantages pour l'assisté.

28. L'assistance judiciaire apporte deux ordres d'avantages à celui qui l'a obtenue. D'une part, elle assure à l'assisté le concours des auxiliaires de la justice. En second lieu, sans l'exonérer d'une façon définitive des frais de justice, elle le dispense *provisoirement* de tout débours.

29. A l'effet de lui procurer le premier de ces avantages, la loi prescrit au président du bureau d'envoyer, dans les trois jours de l'admission à l'assistance judiciaire, par l'intermédiaire du magistrat du ministère public, au président de la juridiction compétente ou au juge compétent, un extrait de la décision portant seulement que l'assistance est accordée ; il y joint les pièces de l'affaire (art. 13, § 1er).

30. Si la cause est portée devant une cour ou un tribunal civil, le président invite le bâtonnier de l'ordre des avocats, le président de la chambre des avoués et le syndic des huissiers à désigner l'avocat, l'avoué et l'huissier qui prêteront leur ministère à l'assisté. S'il n'existe pas de bâtonnier ou s'il n'y a pas de chambre de discipline des avoués, la désignation est faite par le président du tribunal (art. 13, § 2, 3).

31. Si la cause est portée devant un conseil de préfecture, un tribunal de commerce ou devant un juge de paix, le président du conseil, le président du tribunal ou le juge de paix se borne à inviter le syndic des huissiers à désigner un huissier (art. 13, § 4).

32. Si la cause est portée devant la cour de cassation, le conseil d'Etat ou le tribunal des conflits, le président de la cour de cas-

sation, du conseil d'Etat ou du tribunal des conflits, selon le cas, invite le président du conseil de l'ordre des avocats près le conseil d'Etat à commettre un membre de l'ordre qui prêtera son ministère à l'assisté dans les affaires où son ministère est obligatoire, et le syndic des huissiers, s'il y a lieu, à désigner un huissier (art. 13, § 5).

33. S'il s'agit d'actes et procédures d'exécution, les pièces sont transmises au président du tribunal civil du lieu où l'exécution doit se poursuivre, lequel invite le syndic des huissiers, et, s'il y a lieu, le président de la chambre des avoués, à désigner l'huissier et l'avoué qui prêteront leur ministère à l'assisté (art. 13, § 6). Les désignations prescrites dans ces divers cas doivent être faites dans le plus bref délai (art. 13, § 7).

34. D'autre part, pour avertir le Trésor de la dispense de consignation des frais dont jouit l'assisté, le secrétaire du bureau d'assistance envoie, dans les trois jours de l'admission, un extrait de la décision au receveur de l'Enregistrement (art. 13, *in fine*).

35. L'assisté est dispensé provisoirement, c'est-à-dire sous la condition résolutoire du retrait de l'assistance (V. *infrà*, n° 47) : 1° du payement des sommes dues au Trésor pour droits de timbre, d'enregistrement et de greffe, ainsi que de toute consignation d'amende ; 2° du payement des sommes dues aux greffiers, aux officiers ministériels et aux avocats pour droits, émoluments et honoraires (art. 14, § 1 et 2). — Les actes faits à la requête de l'assisté et ceux produits par lui sont, d'ailleurs, soumis à la formalité en débet. Toutefois, par dérogation aux art. 7, 11 et 18 de la loi du 13 brum. an 7 (R. v° *Enregistrement*, t. 22, p. 737), le visa pour timbre n'est requis qu'après la rédaction des actes (Instr. Reg. 1102).

36. De même, sont visés pour timbre et enregistrés en débet : 1° les actes de procédure faits à la requête de l'assisté ; 2° les actes et titres produits par l'assisté pour justifier de ses droits et qualités. Le visa pour timbre est donné sur l'original au moment de son enregistrement. Le visa pour timbre et l'enregistrement en débet doivent mentionner la date de la décision qui admet au bénéfice de l'assistance judiciaire. Ces formalités n'ont d'effet, quant aux actes et titres produits par l'assisté, que pour le procès à l'occasion duquel elles ont eu lieu (art. 14, § 3, 4, 5 et 8). Il ne peut être fait aucun autre usage des actes enregistrés sans que le payement des droits ait été effectué, sous peine d'amende contre les officiers publics contrevenants (Trib. civ. de Bagnères, 17 févr. 1868, D. P. 68. 3. 15).

38. Les actes et titres produits par l'assisté peuvent être du nombre de ceux qui, d'après les lois de la matière, doivent être produits dans un délai préfixe sous peine du double droit. Dans ce cas, les droits d'enregistrement afférents auxdits actes et titres ne sont exigibles qu'après le jugement définitif. Il en est de même des sommes dues pour contravention aux lois sur le timbre (art. 14, § 6).

39. Si ces actes et titres ne sont pas du nombre de ceux dont les lois ordonnent l'enregistrement dans un délai déterminé, les droits d'enregistrement de ces actes et titres ne sont assimilés à ceux des actes de procédure (art. 14, § 7).

40. Les notaires, greffiers et tous autres dépositaires publics ne sont tenus de la délivrance gratuite des actes et expéditions réclamés par l'assisté que sur une ordonnance du juge de paix ou du président (art. 16).

41. Le ministère public doit être entendu dans toutes les affaires dans lesquelles l'une des parties a été admise au bénéfice de l'assistance judiciaire (art. 15).

B. — Recouvrement des frais.

42. Lorsque l'adversaire de l'assisté perd son procès, il est condamné aux dépens ; la taxe comprend tous les droits, frais de toute nature, honoraires et émoluments auxquels l'assisté aurait été tenu s'il n'y avait pas eu d'assistance judiciaire (art. 17).

43. La condamnation est prononcée contre l'adversaire de l'assisté, et l'exécutoire est délivré au nom de l'administration de l'Enregistrement et des Domaines, qui en poursuit le recouvrement comme en matière d'enregistrement (V. infrà, Enregistrement). — L'assisté a, d'ailleurs, le droit de concourir aux actes de poursuite, conjointement avec l'Administration, lorsque cela est utile pour exécuter les décisions rendues et en conserver les effets (art. 18, § 1er) ; cette disposition fournit à l'assisté un moyen d'exécution du jugement dans un certain nombre de cas où cette exécution n'est possible qu'au moyen de la poursuite en payement des frais, et où elle doit intervenir dans un temps donné, par exemple pour empêcher la péremption d'un jugement par défaut.

44. L'administration de l'Enregistrement est directement investie par la loi d'un droit propre pour le recouvrement des dépens auxquels a été condamné l'adversaire de l'assisté judiciairement. Elle peut, en conséquence, poursuivre, malgré une transaction intervenue entre l'assisté judiciairement et son adversaire, d'après laquelle chaque partie garde à sa charge les frais exposés (Civ. r. 22 oct. 1900, D. P. 1901. 1. 20).

45. Il est délivré un exécutoire séparé au nom de ladite Administration pour les droits qui, ne devant pas être compris dans l'exécutoire délivré contre la partie adverse, restent dus à l'assisté au Trésor, conformément au paragraphe 6 de l'art. 14. L'administration de l'Enregistrement et des Domaines fait immédiatement aux divers ayants droit la distribution des sommes recouvrées. La créance du Trésor, pour les avances qu'il a faites, ainsi que pour tous droits de greffe, d'enregistrement et de timbre, a la préférence sur celle de tous autres ayants droit (art. 18, § 3, 4 et 5).

46. Lorsque, au contraire, c'est l'assisté qui perd son procès et qui est condamné aux dépens, le Trésor peut recouvrer immédiatement contre lui les sommes qui lui sont dues pour les frais indiqués suprà, nos 36 et 38 (art. 19). Quant aux autres droits dont l'Etat a fait l'avance, ils ne peuvent être répétés contre l'assisté que dans le cas où l'assistance judiciaire lui a été retirée (V. infrà, nos 49 et s.). L'assisté doit également payer les dépens de la partie adverse à l'égard desquels il reste soumis aux règles de droit commun (Grenoble, 20 mars 1868, D. P. 68. 5. 24).

§ 8. — Retrait de l'assistance judiciaire.

47. Le bénéfice de l'assistance judiciaire peut être retiré en tout état de cause, même après la fin des instances et procédures pour lesquelles elle a été accordée : 1° s'il survient à l'assisté des ressources reconnues suffisantes ; 2° s'il a surpris la décision du bureau par une déclaration frauduleuse (art. 21).

48. Le retrait de l'assistance peut être demandé, soit par le ministère public, soit par la partie adverse, soit être prononcé d'office par le bureau. La décision du bureau qui retire l'assistance doit être motivée ; elle ne peut être rendue qu'après que l'assisté a été entendu ou mis en demeure de s'ex-

pliquer (L. 22 janv. 1851, art. 22 et 23). Le secrétaire du bureau avertit immédiatement le receveur de l'Enregistrement (art. 25, § 2).

49. Le retrait de l'assistance judiciaire a pour effet de rendre immédiatement exigibles les droits, honoraires, émoluments et avances de toute nature, dont l'assisté avait été dispensé (art. 24).

50. Si le retrait de l'assistance a pour cause une déclaration frauduleuse de l'assisté, relativement à son indigence, celui-ci peut, sur l'avis du bureau, être traduit devant le tribunal de police correctionnelle et condamné, indépendamment du payement des droits et frais de toute nature dont il avait été dispensé, à une amende égale au montant total de ses droits et frais, sans que cette amende puisse être inférieure à 100 francs, et à un emprisonnement de huit jours au moins et de six mois au plus. L'art. 463 c. pén. est applicable (art. 26).

§ 9. — Cas où l'assistance judiciaire est accordée de plein droit.

51. Le bénéfice de l'assistance judiciaire est accordé de plein droit, sur le visa du procureur de la République, à la victime d'un accident de travail prévu par la loi du 9 avr. 1898 ou à ses ayants droit devant le tribunal (L. 1898, art. 22). V. suprà, Accidents du travail, n° 52.

52. De même, l'assistance judiciaire est accordée de plein droit par la loi du 29 juin 1894, art. 27, § 2 (D. P. 94. 4. 57), pour les différends relatifs à l'exécution de la loi sur les caisses de retraites des ouvriers mineurs.

§ 10. — De l'assistance judiciaire en matière criminelle.

53. L'assistance judiciaire produit, en matière civile, deux effets au profit de celui qui l'a obtenue. Le concours des auxiliaires de la justice est assuré à l'assisté, qui, de plus, est dispensé, en particulier, des droits de timbre et d'enregistrement (V. suprà, n° 28). Dans quelle mesure, à ce point de vue, la défense est-elle protégée en matière répressive ?

54. Tout d'abord, en ce qui concerne la désignation d'un avocat, en matière de grand criminel, c'est-à-dire à l'égard des individus traduits devant la cour d'assises, l'art. 28 de la loi de 1851 s'en réfère à l'art. 294 c. instr. cr. (V. infrà, Instruction criminelle). En matière correctionnelle, l'art. 29 dispose que les présidents des tribunaux correctionnels désigneront un défenseur d'office aux prévenus qui en feront la demande et qui justifieront de leur indigence. En outre, un défenseur doit être nommé d'office, à peine de nullité, au prévenu dans le cas où la poursuite est de nature à entraîner l'application de la relégation (L. 27 mai 1885, art. 11, D. P. 85. 4. 45). V. infrà, Récidive. — Enfin, lors de la première comparution devant le juge d'instruction, si l'inculpation est maintenue, le magistrat donne avis à l'inculpé de son droit de choisir un conseil parmi les avocats ou les avoués et, à défaut de choix, lui en fait désigner un d'office, si l'inculpé le demande (L. 8 déc. 1897, art. 3, D. P. 97. 4. 113).

55. Les présidents des cours d'assises et les présidents des tribunaux correctionnels peuvent, sur la demande de l'accusé ou du prévenu indigent, ordonner l'assignation de témoins indiqués par ces derniers (L. 1851, art. 30). Mais c'est là un pouvoir dont l'exercice est laissé à l'appréciation du président (V. Cr. r. 7 sept. 1876, Bull. crim., n° 203).

56. Quant aux frais, timbre et enregistrement : 1° le Trésor, devant les tribunaux de répression, avance toujours les frais ; 2° les actes sont timbrés et enregistrés en débet (L. 13 brum. an 7, art. 16, n° 1, et 22 frim. an 7, art. 70, § 3, n° 9, R. v° Enregistrement, t. 21, p. 26).

57. Enfin, l'art. 1er, § 2, nouveau, de la loi de 1851, modifié par la loi du 10 juill. 1901, permet d'accorder l'assistance judiciaire aux parties civiles devant les juridictions d'instruction et de répression.

ASSOCIATIONS ET CONGRÉGATIONS

1. Bien que la faculté pour les hommes de s'associer ait été depuis longtemps considérée comme constituant un droit naturel, c'est seulement la loi du 1er juill. 1901 (D. P. 1901. 4. 105) qui a consacré d'une manière générale le droit de former librement des associations. Jusqu'alors, ce droit n'avait été reconnu que d'une manière tout exceptionnelle au profit de certains intérêts : ainsi la loi du 21 juin 1865 (D. P. 65. 4. 77) avait autorisé la formation d'associations syndicales entre propriétaires pour la défense ou l'amélioration de leurs propriétés ; la loi du 12 juill. 1875 (D. P. 75. 4. 137) avait autorisé la formation d'associations libres en vue de favoriser le développement de l'enseignement supérieur ; la loi du 21 mars 1884 (D. P. 84. 4. 129) permet la création de syndicats professionnels formés, sans aucune pensée de lucre, pour l'étude ou la défense des intérêts économiques, industriels, commerciaux ou agricoles ; la loi du 1er avr. 1898 (D. P. 99. 4. 27) établit aussi la liberté d'association pour les sociétés de secours mutuels.

2. En dehors de ces quelques dispositions libérales, le droit commun des associations se trouvait encore constitué par les art. 291 et s. c. pén., modifiés et aggravés par la loi du 10 avr. 1834 (R. v° Associations illicites, p. 289), aux termes desquels toute association de plus de vingt membres était illicite si elle s'était formée sans avoir obtenu l'autorisation du préfet. Cette autorisation de police n'avait d'autre effet que de soustraire les membres de l'association aux sévérités de la loi pénale : elle ne conférait pas à l'association la personnalité civile, qui ne pouvait résulter que de sa reconnaissance comme établissement d'utilité publique par décret rendu en conseil d'Etat. Des prohibitions particulières étaient édictées contre les sociétés secrètes par le décr. du 28 juill. 1848, art. 13 (D. P. 48. 4. 130), maintenu par le décret-loi du 25 mars 1852 (D. P. 52. 4. 94) et la loi du 30 juin 1881, art. 12 (D. P. 81. 4. 101). Cette même loi (art. 7) avait maintenu également l'interdiction des clubs. Une loi du 14 mars 1872 (D. P. 72. 4. 42) avait prescrit que toute association internationale qui, sous quelque dénomination que ce soit, aurait pour but de provoquer à la suspension du travail, à l'abolition du droit de propriété, de la famille, de la religion et du libre exercice des cultes, constituerait, par le seul fait de son existence et de ses ramifications sur le territoire français, un attentat contre la paix publique.

3. Enfin les congrégations religieuses étaient soumises à une législation particulière dont les prescriptions se trouvaient disséminées dans de nombreux textes : L. 13 févr. 1790 (R. v° Culte, p. 665), 18 août 1792 (ibid., p. 676), 18 germ. an 10 (art. 11) (ibid., p. 685) ; Décret-loi du 3 mess. an 12 (ibid., p. 697) ; L. 2 janv. 1817 (ibid., p. 712) ; L. 24 mai 1825 (ibid., p. 717), et décret-loi du 31 janv. 1852 (D. P. 52. 4. 45). De l'ensemble de ces textes, il résultait que les congrégations religieuses ne pouvaient exister régulièrement en France que si elles avaient été l'objet d'une reconnaissance légale prononcée, en principe, par une loi, et, dans certains cas limitativement énumérés, par décret en conseil d'Etat. Cette autorisation préalable du législateur était nécessaire aux congrégations, non seulement pour qu'elles pussent jouir de la personnalité civile, mais encore pour qu'elles pussent avoir une existence de fait licite. Si, en pratique, cette règle n'était pas observée et si un très grand nombre de congrégations d'hommes et de femmes s'étaient constituées sans demander d'autorisation, elles n'avaient tiré de cette tolérance du Gouvernement aucun droit. La jurisprudence avait reconnu au Gouvernement le droit de prononcer la dissolution, par mesure administrative, de ces congrégations et la fermeture de leurs maisons. Un arrêt de la cour de Paris, du 6 mars 1900, avait jugé que ce droit de fermeture administrative se combinait, pour le Gouvernement, avec le droit de poursuivre les membres des congrégations non autorisées par application des art. 291 et s. c. pén.

4. La loi du 1er juill. 1901 abroge expressément les art. 291-293 c. pén., ainsi que les dispositions de l'art. 294 relatives aux associations, et la loi précitée du 10 av. 1834, qui avait aggravé les dispositions de ces articles. Par là même, sont affranchies de la nécessité de l'autorisation des associations diverses, telles que les cercles, les sociétés musicales, les sociétés charitables, les sociétés de tir et de gymnastique, les comices agricoles, les confréries religieuses, les comités électoraux.

5. La loi abroge encore : l'ordonnance des 5-8 juill. 1820 (R. v° *Organisation de l'instruction publique*, p. 1343), qui prohibait les associations d'étudiants ; le décret du 28 juill. 1848, art. 13, qui interdisait les sociétés secrètes ; l'art. 7 de la loi du 30 juin 1881, qui interdisait les clubs ; la loi du 14 mars 1872, qui punissait l'affiliation à toute association internationale. Elle abroge l'art. 2, § 2, de la loi du 24 mai 1825 (R. v° *Culte*, p. 717) et le décret-loi du 31 janv. 1852 (D. P. 52. 4. 45), qui admettait que les congrégations de femmes pussent, en certains cas, être reconnues par décret. L'art. 21 de la loi se termine ainsi : « et généralement toutes les dispositions contraires à la présente loi. » Les tribunaux auront à déterminer quelles sont les anciennes lois qui tombent sous le coup de cette abrogation implicite.

6. La loi du 1er juill. 1901 laisse sous l'empire de la législation spéciale qui les régissait les associations syndicales, les syndicats professionnels et les sociétés de secours mutuels. Elle a dicté tout un ensemble de dispositions qui régissent les associations, et elle a, tout en maintenant en vigueur certaines dispositions des lois antérieures relatives aux congrégations religieuses, édicté à leur égard de nouvelles règles et des sanctions pénales pour réprimer les infractions. La loi du 1er juill. 1901 doit donc être étudiée : 1° dans celles de ses dispositions qui concernent les associations ; 2° dans celles qui visent les congrégations.

SECT. Ire. — Associations.

ART. 1er. — GÉNÉRALITÉS SUR LE CONTRAT D'ASSOCIATION.

§ 1er. — *Définition.*

7. L'association est la convention par laquelle deux ou plusieurs personnes mettent en commun, d'une manière permanente, leurs connaissances ou leur activité, dans un but autre que de partager des bénéfices (art. 1er). — Cette définition a pour but et pour effet d'établir une distinction entre les associations, d'une part, les sociétés et les réunions, d'autre part. — Ce qui distingue l'association de la société, c'est que l'association est avant tout une union de personnes qui mettent en commun leurs connaissances, leur activité, dans un but désintéressé, exempt de tout esprit de lucre, tandis que la société est, d'après l'art. 1832 c. civ. et les art. 18 et s. c. com., le contrat par lequel plusieurs personnes s'unissent pour mettre une chose en commun et en partager les bénéfices. — D'autre part, ce qui

distingue l'association de la réunion, c'est que cette dernière n'établit aucun lien, aucun engagement entre les divers assistants et maintient entière leur indépendance à l'égard les uns des autres, et que, de plus, elle a un caractère essentiellement temporaire, tandis que l'association offre un caractère de permanence et suppose une organisation en vue d'une action commune et durable.

§ 2. — *Éléments constitutifs du contrat d'association.*

8. L'association est une convention synallagmatique ; elle implique, en effet, l'accord de deux ou plusieurs personnes s'entendant pour contracter des obligations réciproques. Ces obligations se perpétuent tant que dure l'association, qui crée ainsi entre ses membres une succession de devoirs réciproques. Si l'association implique un caractère de permanence, elle ne comporte pas une idée de perpétuité.

9. Dans l'association, l'apport des associés consiste dans leurs facultés, leurs efforts personnels en vue d'un résultat dénué de tout intérêt pécuniaire. Le but de l'association peut être de venir en aide aux malheureux, de développer l'instruction scientifique, littéraire ou artistique, de propager une doctrine religieuse, politique ou sociale, de procurer aux membres de l'association des profits intellectuels ou moraux, ou même de simples délassements, et non de donner un profit matériel appréciable en argent. Aucun des associés ne cherche à faire un gain. L'association ne conduira donc pas à un partage de bénéfices.

10. De ce principe, il ne faut pas conclure que l'association n'aura jamais de moyens d'action matériels. Les associés pourront, dans les conditions déterminées par la loi, mettre en commun certaines ressources matérielles destinées uniquement à réaliser ou à favoriser le but que se propose l'association. Ce caractère désintéressé de l'association, qui est essentiel, doit faire refuser le caractère d'association à certains groupements qui présentent avec les associations certaines analogies, par exemple : les tontines, dans lesquelles chaque associé fait abandon de sa part au profit des survivants ; les syndicats de propriétaires, qui s'unissent pour garantir leurs biens contre des dommages éventuels ; les syndicats de plaideurs, qui s'unissent pour défendre en commun leurs intérêts menacés ; les *trusts*, formés entre exploitants ou faisant le commerce de produits similaires, qui sont destinés à réglementer la production et le prix de vente de ces produits. — Cependant, une loi du 3 févr. 1902 (D. P. 1902. 4. 81) a autorisé à fonctionner, dans les conditions prévues par l'art. 5 de la loi du 1er juill. 1901, les sociétés de prévoyance, actuellement existantes, ayant pour objet de partager entre leurs adhérents, au bout d'une certaine durée de sociétariat, une part des intérêts du capital social et non la durée est illimitée. Les sociétés de cette nature, dont la plus célèbre est celle des *Prévoyants de l'avenir*, présentent un caractère mixte : en partie institution de prévoyance, en partie société à but lucratif.

§ 3. — *Conditions de validité du contrat d'association.*

11. L'association étant un contrat, l'art. 2 de la loi en tire cette conséquence qu'elle est régie, quant à sa validité, par les principes généraux du droit applicables aux contrats et obligations. — Elle est soumise, notamment, à la règle consacrée par l'art. 1133 c. civ., portant que la cause de l'obligation est illicite quand elle est prohibée par la loi, contraire aux bonnes mœurs et à l'ordre public. Conformément à cette règle, l'art. 3 de la loi du 1er juill. 1901 déclare que toute

association, fondée sur une cause ou en vue d'un objet illicite, contraire aux lois, aux bonnes mœurs, ou qui aurait pour but de porter atteinte à l'intégrité du territoire national, est nulle et de nul effet. De cet article il résulte que tout ce qui tombe sous le coup d'une prohibition expresse de la loi n'est pas susceptible de faire l'objet d'un contrat d'association.

12. La loi du 1er juill. 1901 divise les associations en trois groupes : les associations libres, les associations déclarées, les associations reconnues d'utilité publique.

ART. 2. — ASSOCIATIONS LIBRES.

13. Les associations de personnes peuvent se former librement, sans autorisation ni déclaration préalable ; mais elles ne jouissent de la capacité juridique que si elles se sont conformées aux dispositions de l'art. 5, c'est-à-dire si elles ont fait la déclaration de leur existence à l'Administration. — Cette disposition vise toutes les associations, quel que soit leur but, même les associations qui, sans constituer des congrégations, poursuivent un but religieux.

14. Quand les associés veulent constater leurs engagements dans un acte écrit, ils peuvent recourir indifféremment à un acte authentique ou à un acte sous-seing privé. L'existence de l'association se prouve d'après les règles ordinaires du droit commun.

15. Les associations libres ne jouissent d'aucune capacité juridique ; elles ne peuvent posséder aucun bien meuble ou immeuble, ni ester en justice, ni même recevoir des cotisations.

ART. 3. — ASSOCIATIONS DÉCLARÉES.

§ 1er. — *Conditions de formation. — Déclaration.*

16. Toute association qui veut obtenir la capacité juridique doit être rendue publique au moyen d'une déclaration préalable. — La déclaration doit être faite une fois que le contrat est conclu et que les statuts sont arrêtés. Elle doit avoir lieu préalablement à tout acte de la vie civile. Tant que les formalités de publicité ne sont pas remplies, elle n'a pas de capacité juridique. Les actes qui seraient faits en son nom avant la déclaration seraient nuls.

17. La déclaration préalable doit être faite par écrit. Elle fait connaître le titre et l'objet de l'association, le siège de ses établissements et les noms, professions et domiciles de ceux qui, à un titre quelconque, sont chargés de son administration ou de sa direction. Le titre de l'association est son nom, sa raison sociale, sa propriété. Quiconque se servirait de ce nom excéderait son droit. La déclaration doit mentionner non seulement le siège social, mais encore l'adresse de tous les locaux séparés où fonctionnent des services dépendant de l'association. Enfin elle doit donner l'adresse de tous les directeurs et administrateurs qui représentent l'association au regard de l'État et du public. En cas de procès, c'est au siège de l'association, et non à leur domicile propre, que les administrateurs devraient être assignés. A la déclaration doivent être joints deux exemplaires des statuts de l'association.

18. Le soin de faire la déclaration incombe aux fondateurs de l'association (L. 1901, art. 5, § 1), c'est-à-dire à ceux qui, à un titre quelconque, sont chargés de l'administration ou de la direction (Décr. 16 août 1901, art. 1, D. P. 1901. 4. 132). — Elle est faite à la préfecture ou à la sous-préfecture de l'arrondissement où se trouve le siège de l'association. A Paris et dans le département de la Seine, c'est à la préfecture de police que doit être fait le dépôt, tant de la déclaration que des pièces annexées.

19. L'autorité qui reçoit la déclaration est tenue de délivrer un récépissé (art. 5). Ce récépissé doit contenir l'énumération des pièces annexées à la déclaration : il est daté et signé par le préfet ou son délégué ou par le sous-préfet (Décr. 16 août 1901, art. 5). C'est le titre légal qui doit permettre à l'association de prouver qu'elle a la personnalité civile. Dans aucun cas le préfet ou le sous-préfet ne peut, sans excès de pouvoir, se refuser à délivrer le récépissé. Il ne lui appartient pas, en effet, de vérifier la régularité des statuts ou la légalité, le caractère licite ou illicite de l'association. Seuls les tribunaux judiciaires sont compétents pour se prononcer sur ces questions. Si le préfet ou le sous-préfet estime que l'association dont il s'agit est contraire à la loi, il peut transmettre un des exemplaires des statuts au parquet, qui devra, s'il y a lieu, poursuivre la dissolution de cette association.

20. Cette déclaration initiale n'est pas la seule à laquelle les associations soient assujetties. Elles sont encore tenues de faire connaître, dans les trois mois, tous les changements survenus dans leur administration ou direction, ainsi que toutes les modifications apportées à leurs statuts. Ces modifications et changements seront, en outre, consignés sur un registre spécial qui devra être présenté aux autorités administratives et judiciaires chaque fois qu'elles en feront la demande (L. 1er juill. 1901, art. 5).

21. L'art. 3 du décret du 16 août 1901 indique les mentions que doivent contenir les déclarations relatives aux changements survenus dans l'administration ou la direction de l'association. Ces déclarations nouvelles doivent être faites à la sous-préfecture de l'arrondissement où la déclaration primitive a été déposée et, en cas de changement du siège social, à la sous-préfecture du nouveau siège. Le délai pour faire ces déclarations court à partir du jour où ils sont définitifs.

22. Les modifications apportées aux statuts et les changements survenus dans l'administration ou la direction de l'association sont transcrits sur un registre tenu au siège de toute association déclarée. La présentation de ce registre aux autorités administratives ou judiciaires, sur leur demande, se fait sans déplacement au siège social (Décr. 16 août 1901, art. 6). L'administration est tenue de délivrer un récépissé de ces déclarations comme de la déclaration initiale (Décr. 16 août 1901, art. 31).

23. Dans le délai d'un mois, la déclaration est rendue publique, par les soins des fondateurs ou directeurs, au moyen de l'insertion au *Journal officiel* d'un extrait contenant la date de la déclaration, le titre et l'objet de l'association et l'indication de son siège social. L'extrait est reproduit par les soins du préfet au *Recueil des actes administratifs* de la préfecture (Décr. 16 août 1901, art. 1er). Seules les mentions essentielles de la déclaration doivent être reproduites dans l'extrait.

24. Toute personne a le droit de prendre communication, sans déplacement, au secrétariat de la préfecture ou de la sous-préfecture, des statuts et déclarations ainsi que des pièces faisant connaître les modifications des statuts et les changements survenus dans l'administration ou la direction. Elle peut même s'en faire délivrer, à ses frais, expédition ou extrait (Décr. 1901, art. 2).

§ 2. — *Capacité juridique de l'association déclarée.*

25. Les associations déclarées jouissent de la personnalité civile; mais cette personnalité n'est pas entière, comme celle des associations reconnues d'utilité publique (V. infra, n° 33); les effets en sont restreints à certains actes déterminés.

26. Aux termes de l'art. 6 de la loi de 1901, les associations régulièrement déclarées peuvent, sans aucune autorisation spéciale : 1° ester en justice. — En principe, ce sont les administrateurs ou directeurs chargés de représenter l'association dans les actes de la vie civile qui la représentent aussi en justice (Décr. 16 août 1901, art. 28). Evidemment, les seules actions que puissent intenter et soutenir ces administrateurs sont celles qui ont trait à la défense des intérêts collectifs de l'association, et non à celle des intérêts individuels de chaque associé. — Les statuts pourraient, d'ailleurs, confier cette mission d'agent judiciaire à l'un des associés. Le représentant doit, pour engager ou soutenir l'action, se faire habiliter par une décision spéciale, à moins que les statuts n'aient délégué expressément ce pouvoir aux directeurs. — L'association, qui peut plaider, peut aussi transiger, se désister, acquiescer. Elle doit être assignée devant le tribunal de l'arrondissement où est situé son siège social. Si cependant elle possède des établissements pourvus d'une administration distincte et traitant directement avec les tiers, elle pourra être assignée devant les tribunaux dans le ressort desquels sont situés ces établissements. Quand une association est condamnée, l'exécution de ces condamnations peut être poursuivie sur tous ses biens mobiliers et immobiliers.

27. 2° Les associations déclarées peuvent posséder et administrer les cotisations de leurs membres ou les sommes au moyen desquelles ces cotisations ont été rédimées. — Les cotisations sont les sommes que les associés s'engagent à verser chaque année pour contribuer à la marche de l'association. Les associés peuvent s'affranchir de ce versement annuel par le versement d'une somme payée une fois pour toutes. Cependant, si le chiffre de la cotisation est illimité, la loi assigne une limite au rachat de ces cotisations, qui ne peut dépasser 500 francs. Cette limitation du droit de rachat des cotisations n'implique pas que toutes les cotisations doivent être nécessairement égales. Il peut y avoir des membres fondateurs, donateurs, adhérents, versant des cotisations différentes. La seule condition à exiger pour que ces prestations conservent réellement le caractère de cotisations, c'est que le montant de chacune d'elles soit réglé par les statuts. — Toute somme donnée par un associé, en dehors des prévisions statutaires, peut être considérée comme une libéralité prohibée. Il en est de même de tout versement quelconque à titre gratuit effectué par une personne ne faisant pas partie de l'association. — Les associations ont le droit de placer la portion des cotisations qui excède leurs dépenses; mais elles ne peuvent se livrer à des opérations commerciales. Toutefois, quand, dans l'exercice de leurs fonctions, elles font des fournitures ou des prestations, elles peuvent se faire rembourser le prix du service ou de la fourniture, à condition de ne pas faire de bénéfice.

28. 3° Les associations déclarées peuvent acquérir, à titre onéreux, le local destiné à l'administration de l'association et à la réunion de ses membres, et les immeubles strictement nécessaires à l'accomplissement du but qu'elles se proposent (art. 6). Elles peuvent ainsi acquérir tous biens immeubles qui sont affectés à leurs services sociaux. Ce que la loi veut empêcher, c'est la possession par des associations d'immeubles productifs de revenus. A l'égard des immeubles qu'elles possèdent, les associations peuvent les échanger, les hypothéquer. Enfin la loi ne limite pas leur droit de posséder des meubles.

29. 4° Les associations déclarées ne peuvent recevoir de libéralités. Cependant elles peuvent recevoir des subventions de l'Etat, des départements et des communes (art. 6), sous la réserve, bien entendu, que leur objet soit de ceux que les départements et communes puissent encourager.

ART. 4. — ASSOCIATIONS RECONNUES D'UTILITÉ PUBLIQUE.

§ 1er. — *Reconnaissance d'utilité publique. — Conditions requises pour l'obtenir.*

30. En vertu de l'art. 10 de la loi nouvelle, « les associations peuvent être reconnues d'utilité publique par décrets rendus en la forme des règlements d'administration publique. » Les associations qui sollicitent la reconnaissance d'utilité publique doivent avoir rempli au préalable les formalités imposées aux associations déclarées (Décr. 16 août 1901, art. 8).

31. La demande en reconnaissance d'utilité publique est présentée et signée par toutes les personnes déléguées à cet effet par l'assemblée générale (Décr. 16 août 1901, art. 9). L'art. 10 énumère les pièces qui doivent être jointes à cette demande, au nombre desquelles figurent les statuts de l'association; l'art. 11 du même décret indique ce que doivent contenir les statuts.

32. La demande est adressée au ministre de l'intérieur; il en est donné un récépissé daté et signé, avec l'indication des pièces jointes. Le ministre fait procéder, s'il y a lieu, à l'instruction de la demande, notamment en provoquant l'avis du conseil municipal de la commune où l'association est établie et un rapport du préfet. Après avoir consulté les ministres intéressés, il transmet le dossier au conseil d'Etat (Décr. 16 août 1901, art. 12). — Le ministre a un pouvoir discrétionnaire pour faire ou ne pas faire l'instruction des demandes en reconnaissance. Il n'est pas obligé de transmettre au conseil d'Etat toutes les demandes. Il lui appartient d'apprécier le bien fondé ou l'opportunité de la demande, et, s'il le juge à propos, de se refuser à y donner suite.

§ 2. — *Capacité juridique des associations reconnues. — Restrictions.*

33. Les associations reconnues peuvent faire tous les actes de la vie civile qui ne sont pas interdits par leurs statuts (L. 1er juill. 1901, art. 11). Pour l'exercice de ces droits, elles ne relèvent d'aucune autorité.

34. L'art. 11 de la loi édicte trois restrictions à la capacité civile des associations reconnues : 1° elles ne peuvent posséder ou acquérir d'autres immeubles que ceux qui sont nécessaires au but qu'elles se proposent. Elles sont placées à cet égard sous le même régime que les associations déclarées; 2° toutes les valeurs mobilières qui leur appartiennent doivent être placées en titres nominatifs. Elles sont d'ailleurs libres de choisir les valeurs mobilières qu'elles entendent acheter; 3° enfin les associations reconnues ne peuvent recevoir des dons et legs dans les conditions prévues par l'art. 910 c. civ. et l'art. 5 de la loi du 4 févr. 1901 (D. P. 1901. 4. 14).

35. Toute libéralité, même les dons manuels, qu'elle soit pure et simple ou grevée de charges et de conditions, doit être soumise à l'autorisation de l'Etat. — L'acceptation des dons et legs faits aux établissements reconnus d'utilité publique est autorisée par le préfet du département où est le siège de l'établissement. Toutefois, si la donation a une valeur supérieure en immeubles d'une valeur supérieure à 3 000 francs, l'autorisation est accordée par décret en conseil d'Etat. Dans tous les cas où les dons et legs donnent lieu à des réclamations des familles, l'autorisation de les accepter est donnée par décret en conseil d'Etat. Les associations reconnues peuvent accepter provisoirement et à titre conservatoire les dons et legs qui leur sont faits (L. 4 févr. 1901, art. 5, 7 et 8). Elles ne peuvent accepter une donation mobilière ou immobilière avec réserve d'usufruit au profit du donateur (art. 11). — D'autre part, les associations reconnues, comme tous les établissements publics ou d'utilité publique, sont soumises au principe de la spécialité : c'est dire qu'elles ne peuvent être autorisées à accepter les libéralités grevées de charges qui ne rentreraient pas dans leur compétence telle qu'elle est déterminée par les statuts. — Les dons et legs faits aux associations reconnues sont acceptés par ceux qui ont mission de les représenter dans les actes de la vie civile. L'instruction de la demande d'autorisation est faite dans les formes prévues par le décret du 1er févr. 1896 (D. P. 96. 4. 105) et celui du 24 déc. 1901 (D. P. 1902. 4. 23).

36. Les immeubles compris dans un acte de donation ou dans une disposition testamentaire qui ne seraient pas nécessaires au fonctionnement de l'association sont aliénés dans les délais et la forme prescrite par le décret ou l'arrêté qui autorise l'acceptation de la libéralité ; le prix en est versé à la caisse de l'association. L'acte d'autorisation fixe les délais ; il peut donc ajourner la vente à une époque ultérieure, si l'aliénation immédiate présente de graves inconvénients pour l'association. Il détermine également les formes de la vente (L. 4 févr. 1901, art. 11).

37. Le Gouvernement ne se reconnaît pas le droit d'autoriser d'office l'acceptation d'une libéralité que l'association a refusée. Il lui appartient de refuser l'autorisation d'accepter, lorsque l'intérêt général ou celui des familles lui paraît devoir prévaloir sur celui de l'association. Il peut n'autoriser l'acceptation que pour partie.

ART. 5. — UNIONS D'ASSOCIATIONS.

38. Il résulte, sinon du texte formel de la loi, du moins des travaux préparatoires, que les associations peuvent se fédérer entre elles pour former des unions d'associations. — S'il s'agit d'organiser une union d'associations non déclarées, il n'y a aucune formalité à remplir. S'agit-il de former une union d'associations déclarées, le cas est régi par l'art. 7 du décret du 16 août 1901, ainsi conçu : « Les unions d'associations ayant une administration ou une direction centrale sont soumises aux dispositions qui précèdent. Elles déclarent en outre le titre, l'objet et le siège des associations qui les composent. Elles font connaître dans les trois mois les nouvelles associations adhérentes. Elles doivent faire connaître les noms, professions, domiciles des administrateurs ou directeurs. Les représentants de l'union doivent faire publier cette déclaration au *Journal officiel*. » — Les unions d'associations peuvent être reconnues d'utilité publique.

ART. 6. — RAPPORTS DES ASSOCIATIONS AVEC LEURS MEMBRES.

39. Les rapports entre les associés et l'association sont réglés par les statuts, qui fixent les conditions à remplir pour adhérer à l'association, ainsi que les droits et obligations de chaque catégorie de membres. Notamment, les statuts doivent énoncer le prix maximum des rétributions qui seront perçues à un titre quelconque dans les établissements de l'association où la gratuité n'est pas absolue (Décr. 16 août 1901, art. 11-6°). Ils doivent indiquer le taux des cotisations et les conditions d'exigibilité. — Quant à la durée des associations, les statuts fixent en général l'époque à partir de laquelle les associés sont engagés. Si les statuts sont muets, les obligations naissent du jour où les associés se sont mis d'accord. Les statuts fixent l'époque à laquelle l'association prend fin. Si aucun terme n'est assigné, la durée de l'association est déterminée d'après

le but qu'elle se propose. Si l'objet de l'association ne comporte pas de terme limité, l'association est formée pour une durée indéterminée. Ce caractère appartient à une association contractée pour toute la vie des associés.

40. L'art. 4 de la loi confère aux membres des associations qui ne sont pas formées pour un temps déterminé la faculté de se retirer en tout temps, après payement des cotisations échues et de l'année courante, nonobstant toute clause contraire. Les associés n'ont pas le droit de renoncer à cette faculté par une clause statutaire. En cas de décès d'un associé, ses héritiers sont tenus de payer sa cotisation de l'année courante. — Quand une association est constituée pour une durée limitée, les associés ne peuvent s'en dégager avant le temps, à moins d'une clause contraire des statuts leur réservant ce droit ou d'une violation par l'association de ses engagements envers l'associé, auquel cas il pourrait intenter une action en résolution du contrat.

41. Les statuts déterminent les conditions de radiation des associés. Ils peuvent exiger des associés certaines conditions d'aptitude, conférer aussi à l'association le droit d'exclure ceux de ses membres qui ne rempliraient pas les conditions exigées ou violeraient les engagements pris. — Les cas d'exclusion doivent être limitativement déterminés, ainsi que la procédure à suivre pour prononcer l'exclusion ; et aucun membre ne peut être exclu pour des motifs autres que ceux prévus par les statuts. Le droit de prononcer l'exclusion est réservé tantôt à l'assemblée générale, tantôt aux administrateurs. Nul ne peut être exclu sans avoir été mis à même de s'expliquer. Contre l'exclusion, l'associé a toujours un recours devant les tribunaux judiciaires, qui peuvent soit annuler cette mesure, si elle a été prononcée irrégulièrement et contrairement aux statuts, soit accorder à l'exclu des dommages-intérêts. Ce recours est possible même dans les cas où les statuts donneraient à l'association le pouvoir de prononcer sans appel. Une telle clause a été jugée nulle à propos de sociétés de secours mutuels. Si les statuts ne prévoient pas l'exclusion, l'assemblée générale ni les administrateurs ne peuvent la prononcer, mais l'association a une action devant les tribunaux pour faire résoudre le contrat. Pas plus dans le cas de démission que dans celui d'exclusion, le membre qui abandonne l'association ne peut demander le partage du fonds social.

ART. 7. — DISSOLUTION DES ASSOCIATIONS.

§ 1er. — *Divers modes de dissolution.*

42. La dissolution peut être volontaire ou forcée. — Le contrat d'association prend fin quand arrive le terme fixé pour son expiration. Les statuts peuvent, quand un terme est fixé, contenir une clause permettant de proroger l'association pour une nouvelle période par tacite reconduction. Quand cette clause n'existe pas, il faut un nouvel accord des associés pour proroger l'association. Si cet accord ne peut s'établir, l'association se dissout d'elle-même. S'établit-il, un procès-verbal constatant la prorogation des relations sociales doit être dressé et faire l'objet d'une déclaration. — Même quand une association est formée pour une durée indéterminée, les associés peuvent s'entendre pour décider la dissolution. Il faut que cette dissolution soit votée par l'unanimité des membres, à moins que les statuts ne donnent à la majorité le droit de décider cette mesure. — L'association cesse de plein droit du jour où elle ne compte plus qu'un membre. Elle finit de même par la réalisation du but en vue duquel elle a été formée. Mais elle ne se dissout pas par la mort de l'un de ses

membres : le lien subsiste entre les survivants.

43. La dissolution est forcée quand l'association est fondée sur une cause ou en vue d'un objet illicite, fonctionne contrairement aux lois ou enfreint les dispositions relatives à la capacité juridique des associations déclarées. Cette dissolution est obligatoire ou facultative, suivant la gravité de l'infraction à la loi. Elle est prononcée par les tribunaux judiciaires, à la requête du ministère public ou des intéressés (L. 1er juill. 1901, art. 7). — La dissolution peut aussi être prononcée par les tribunaux sur la demande d'intéressés se plaignant de violation des dispositions statutaires.

44. Indépendamment de ce droit de dissolution conféré aux tribunaux judiciaires sur toutes les associations, la loi a conféré au Gouvernement des pouvoirs exceptionnels sur quelques-unes d'entre elles. — 1° A l'égard des associations reconnues d'utilité publique, il peut, par un décret dans la forme des règlements d'administration publique, prononcer le retrait de la reconnaissance. Cette mesure n'entraîne pas nécessairement la dissolution de l'association ; elle la prive seulement des avantages que lui procurait la reconnaissance et la replace sous le régime des associations déclarées. — 2° L'art. 12 de la loi du 1er juillet 1901 confère au Gouvernement le droit de dissoudre, par un décret rendu en conseil des ministres, certaines associations, savoir : les associations composées en majeure partie d'étrangers, celles ayant des administrateurs étrangers ou leur siège à l'étranger, et dont les agissements seraient de nature soit à fausser les conditions normales du marché des valeurs ou des marchandises, soit à menacer la sûreté intérieure ou extérieure de l'Etat, dans les conditions prévues aux art. 75 à 101 c. pén. — Pour encourir cette mesure, il faut d'ailleurs que ces associations l'aient provoquée par leurs agissements. L'association qui se croirait fondée à soutenir que le décret de dissolution a été pris en violation des formes ou des conditions prescrites par l'art. 12 pourrait le déférer au conseil d'Etat pour excès de pouvoir.

§ 2. — *Dévolution des biens.*

45. La dissolution volontaire ou forcée d'une association entraîne la liquidation de ses biens. Les statuts peuvent régler le mode suivant lequel doit s'opérer cette liquidation ; sinon le tribunal nommera un liquidateur. — Quant à la dévolution des biens, elle est réglée par l'art. 9 de la loi et l'art. 14 du décret du 16 août 1901. « En cas de dissolution volontaire, statutaire ou prononcée par justice, les biens de l'association seront dévolus conformément aux statuts ou, à défaut de disposition statutaire, suivant les règles déterminées en assemblée générale. Si les statuts n'ont pas prévu les conditions de liquidation et de dévolution des biens d'une association en cas de dissolution par quelque mode que ce soit, ou si l'assemblée générale qui a prononcé la dissolution volontaire n'a pas pris de décision à cet égard, le tribunal, à la requête du ministère public, nomme un curateur. Le curateur provoque, dans le délai déterminé par le tribunal, la réunion d'une assemblée générale dont le mandat est uniquement de statuer sur la dévolution des biens ; il exerce les pouvoirs conférés par l'art. 813 c. civ. aux curateurs des successions vacantes.

46. Les statuts peuvent régler l'attribution du patrimoine social à des associations de même nature poursuivant un objet semblable ou analogue. Il y a cependant une décision que les statuts, ni la décision de l'assemblée ne peuvent prendre : c'est celle du partage entre associés. D'après l'art. 15 du décret du 16 août 1901, lorsque l'assemblée générale est appelée à se prononcer sur la dévolution des biens, quel que soit le mode de dévolution, elle ne peut, conformément aux dispositions de l'art. 1er de la loi, attribuer aux associés, en dehors de la reprise des apports, une part quelconque des biens de l'association. Si les statuts ne contiennent pas de clause d'affectation à une œuvre similaire et si l'assemblée générale ne décide rien, les biens acquis par dons ou legs pourront être revendiqués par les donateurs et les héritiers des testateurs quand ce retour aura été stipulé, ou, à défaut de stipulation expresse, si ce retour est jugé conforme aux intentions des parties. Enfin, après que ces divers droits auront été exercés, le reliquat des biens de l'association, étant sans maître, fera retour à l'État en vertu des art. 539 et 713 c. civ.

ART. 8. — SANCTIONS DES PRESCRIPTIONS VISANT LES ASSOCIATIONS.

47. La loi de 1901 a édicté, pour faire respecter ses prescriptions, des sanctions, civiles ou pénales.

§ 1er. — Sanctions civiles.

48. Quand le consentement des parties fait défaut, ou quand une association a été constituée en vue d'un objet illicite, la convention est nulle et de nul effet (art. 3). La nullité peut alors être invoquée non seulement par toute partie intéressée, mais encore par le ministère public, parce qu'elle est d'ordre public. La dissolution de l'association est prononcée par le tribunal civil (art. 7). La même mesure paraît devoir être appliquée à une association qui, constituée avec un objet licite, dévierait de son but, ou à une association qui déguiserait sous un objet licite un but contraire aux lois.

49. Les associations non déclarées sont, d'après la loi, dépourvues de toute capacité juridique. D'après l'art. 17 de la loi, sont nuls tous les actes entre vifs ou testamentaires, à titre onéreux ou gratuit, accomplis directement ou par personne interposée, ou toute autre voie indirecte ayant pour objet de permettre aux associations légalement ou illégalement formées de se soustraire aux obligations de l'art. 2. Cette nullité est d'ordre public et peut être poursuivie soit à la diligence du ministère public, soit à la requête de toute partie intéressée. Le ministère public dirigera son action contre les directeurs ou administrateurs.

50. En ce qui concerne les associations déclarées, la loi établit deux sanctions civiles : « En cas d'infractions aux dispositions de l'art. 5, la dissolution pourra être prononcée à la requête de tout intéressé ou du ministère public (art. 7). Le tribunal peut graduer la pénalité suivant la gravité de l'infraction. En outre, les changements et modifications qui n'auraient pas été déclarés conformément à l'art. 5 ne sont pas, jusqu'à ce moment, opposables aux tiers. »

51. L'art. 17 frappe aussi de nullité tous actes de la vie civile des associations déclarées qui excéderaient les bornes de la capacité juridique accordée par la loi à ces associations. Cette nullité, qui est d'ordre public, vise tous les moyens, toutes les fraudes qui auraient pour but de tourner les prescriptions légales : elle ne peut être couverte par aucun acquiescement ou ratification. — Aucun délai n'est imparti aux intéressés ou au ministère public pour faire rentrer les choses dans l'ordre. Aucune prescription ne leur est opposable. Le tribunal devra annuler l'acte fait en fraude de la loi et remettre les choses dans l'état antérieur. L'art. 17 s'applique également aux actes qui auraient pour but d'échapper aux prescriptions de l'art. 9, relatif à la dissolution et à la dévolution des biens, ou de l'art. 11, concernant la capacité des associations reconnues d'utilité publique.

§ 2. — Sanctions pénales.

52. L'art. 8 de la loi dispose : « Seront punis d'une amende de 16 à 200 francs et, en cas de récidive, d'une amende double, ceux qui auront contrevenu aux dispositions de l'art. 5. » Bien que l'infraction entraîne une peine correctionnelle, elle constitue non un délit, mais une contravention, en ce sens que la peine est encourue par le seul fait de l'inobservation des formalités prescrites, sans qu'il y ait à se préoccuper de l'intention de l'auteur de l'infraction, qu'il soit de bonne ou de mauvaise foi. — Les personnes responsables sont les directeurs ou administrateurs à qui incombait le soin de faire les déclarations prescrites.

53. Sont punis d'une amende de 16 à 5 000 francs et d'un emprisonnement de six jours à un an les fondateurs, directeurs ou administrateurs de l'association qui se serait maintenue ou reconstituée illégalement après le jugement de dissolution. L'intention délictueuse est ici nécessaire. L'art. 12 étend les mêmes pénalités aux directeurs ou fondateurs qui maintiendraient ou reconstitueraient une association dissoute par décret. Les mêmes peines sont applicables à toutes personnes qui auront favorisé la réunion des membres de l'association dissoute en consentant l'usage d'un local dont elles disposent. Il est ici à remarquer que, pour que la peine soit encourue, il faut que le possesseur du local ait eu l'intention de violer la loi.

SECT. II. — Congrégations religieuses.

ART. 1er. — FORMATION DES CONGRÉGATIONS.

§ 1er. — Définition. Signes caractéristiques.

54. La loi du 1er juill. 1901 fait aux congrégations religieuses un régime distinct de celui des associations. « Aucune congrégation religieuse ne peut se former sans une autorisation donnée par une loi qui déterminera les conditions de son fonctionnement. » (L. 1er juill. 1901, art. 13, § 1er.) — Le législateur, qui a donné une définition du contrat d'association (V. supra, n° 7), s'est volontairement refusé à donner aucune définition de la congrégation, laissant ainsi aux tribunaux le soin de décider dans chaque espèce, d'après les circonstances de fait, si une agrégation déterminée constitue une congrégation ou une association (V. Trib. civ. de Saint-Étienne, 18 mars 1902 ; de Saint-Omer, 9 avr. 1902 ; de Reims, 4 juin 1902).

55. Les principaux signes qui servent à distinguer une congrégation d'une association ordinaire sont : la prestation de vœux, la soumission à des statuts ou à une règle approuvée par l'autorité canonique, la vie en commun, auxquels peuvent s'ajouter quelques signes secondaires : le nom de l'association, le costume, le but pieux de l'œuvre poursuivie, etc. (Comp. Lyon, 12 juin 1902, D. P. 1902. 2. 257 ; Trib. civ. de Valence, 16 mars 1903). — Les vœux sont les engagements que prennent les personnes qui embrassent la profession religieuse. Ces vœux sont ceux de chasteté, de pauvreté et d'obéissance. Ils sont, suivant les congrégations, simples ou temporaires et solennels ou perpétuels. Les vœux ne sont pas sanctionnés par la loi civile ; mais ils n'en constituent pas moins un fait dont le législateur peut tenir compte pour accorder ou refuser l'autorisation, et les tribunaux pour déterminer le caractère de l'association (Lyon, 12 juin 1902, précité). — La règle est la partie des statuts qui détermine les obligations auxquelles se soumettent les congréganistes soit pour l'entrée en religion, soit pour le régime de la vie matérielle ou spirituelle. Cette règle doit être approuvée par l'autorité canonique. Le vœu d'obéissance à la règle que prononce le religieux a pour

effet de le soumettre entièrement aux ordres du supérieur et d'absorber la personne du congréganiste dans celle de l'être moral. — La vie en commun doit s'entendre, non seulement du fait de la cohabitation matérielle dans un même immeuble, mais du simple rattachement des congréganistes à un centre où ils vivent en commun. Par exemple, les missionnaires qui sont envoyés par une congrégation pour évangéliser les infidèles, quoique isolés, n'en sont pas moins congréganistes. De même, les frères ou les sœurs que leurs congrégations placent à la tête d'une école ou d'un établissement charitable, fussent-ils seuls, se rattachent à la congrégation. C'est que l'on fait dire que, là où est un congréganiste poursuivant l'œuvre de la congrégation, là est la congrégation.

56. Il n'est pas nécessaire que tous ces signes soient réunis pour que l'on se trouve en présence d'une congrégation. On a reconnu le caractère de congrégation à une association de personnes vivant en commun, prenant un même titre religieux, portant un costume différent de celui des prêtres séculiers, placées sous la direction d'un supérieur, alors même qu'il ne serait pas établi que ces personnes soient affectées à un ordre reconnu par l'Église, ni qu'elles soient liées par des vœux (Trib. corr. de Marseille, 1er avr. 1903). — Quoi qu'il en soit, une congrégation n'est qu'une association d'une espèce particulière ; dès lors, elle implique nécessairement une entente entre plusieurs personnes qui mettent en commun, d'une manière permanente, leurs connaissances, leur activité en vue d'une œuvre déterminée (Trib. civ. de Reims, 4 juin 1902). Une personne seule ne peut former une congrégation (Trib. corr. de Troyes, 10 juin 1902). Toutefois, quand une congrégation a été reconnue et a existé, elle peut continuer à exister comme être moral, alors même qu'elle ne compterait plus qu'un seul membre (Civ. r. 23 mai 1849, D. P. 49. 1. 161 ; Av. Cons. d'Ét. 21 mars 1901).

57. Les difficultés d'appréciation ne peuvent se présenter qu'à propos de congrégations qui se seraient formées sans autorisation ou en se déguisant sous la forme d'associations ou de sociétés civiles ou commerciales. Pour les autres, la demande d'autorisation qu'elles forment est la reconnaissance par elles-mêmes de leur caractère.

§ 2. — Demandes en autorisation et instruction des demandes.

58. Les formalités requises pour les demandes en autorisation sont exposées dans les art. 17 à 20 du décret du 16 août 1901. — L'art. 19 porte que les statuts contiendront les mêmes indications et engagements que ceux des associations reconnues d'utilité publique, sous réserve des dispositions de l'art. 7 de la loi du 24 mai 1825 relatives à la dévolution des biens en cas de dissolution. Il faut donc combiner les dispositions de l'art. 19 et celles de l'art. 11 du même décret (V. supra, n° 31).

59. Le ministre de l'Intérieur fait procéder à l'instruction de la demande, notamment en provoquant l'avis du conseil municipal de la commune dans laquelle est établie ou doit s'établir la congrégation, et un rapport du préfet. Après avoir consulté les ministres intéressés, il soumet à l'une ou l'autre des deux Chambres la demande des congrégations. Le ministre de l'Intérieur centralise toutes les demandes d'associations ou de congrégations. Il se borne à consulter le ministre de l'Instruction publique sur les demandes des congrégations enseignantes (Décr. 16 août 1901, modifié par le décret du 28 nov. 1902, D. P. 1902. 4. 104).

§ 3. — Loi d'autorisation.

60. Le ministre de l'Intérieur est tenu de transmettre toutes les demandes d'autorisation dont il est saisi. Il ne peut donc se faire juge de leur bien ou mal fondé, et prendre sur lui de les rejeter sans instruction. — Les demandes sont soumises à l'une ou l'autre Chambre (Décr. 16 août 1901, modifié par le décret du 28 nov. 1902). Il n'est donc pas nécessaire, bien que le contraire ait été jugé par quelques tribunaux, que les deux Chambres statuent successivement.

61. Après le vote de rejet de la Chambre saisie de la demande d'autorisation, « la décision est notifiée aux demandeurs par les soins du ministre de l'Intérieur et par la voie administrative. » Cette notification met les fondateurs en demeure de se disperser, faute de quoi ils deviennent passibles des pénalités édictées par la loi. Si l'autorisation est accordée, le dossier est retourné au préfet du département où la congrégation a son siège, et ampliation de la loi est transmise par le préfet aux demandeurs (Décr. 16 août 1901, art. 25).

ART. 2. — FORMATION DES ÉTABLISSEMENTS D'UNE CONGRÉGATION AUTORISÉE.

§ 1ᵉʳ. — *Définition de l'établissement.*

62. D'après l'art. 13, § 2, de la loi du 1ᵉʳ juill. 1901, une congrégation ne peut fonder aucun *nouvel établissement* qu'en vertu d'un décret rendu en Conseil d'État. — Que faut-il entendre par un établissement fondé par la congrégation? Sous l'empire de la loi du 24 mai 1825, le mot *établissement* était entendu dans un sens étroit : on ne l'appliquait qu'aux succursales pourvues d'une personnalité civile distincte de la congrégation dont elles dépendaient. La question s'est posée de savoir si, dans l'art. 13 de la loi du 1ᵉʳ juillet, cette expression a conservé la même signification restreinte, ou s'il ne doit pas être entendu de toute maison dans laquelle, à un titre quelconque, un ou plusieurs congréganistes poursuivraient l'œuvre de la congrégation. La question s'est posée, notamment, à propos des écoles primaires fondées par des particuliers ou appartenant à des sociétés civiles, et dans lesquelles l'enseignement était donné par des congréganistes. Elle a été résolue par le conseil d'État et par la cour de cassation, en ce sens qu'il s'agit là d'établissements dans le sens de l'art. 13, § 2, et que, par conséquent, leur fondation ne peut avoir lieu qu'en vertu d'un décret rendu en conseil d'État (Cons. d'Et. 20 juin 1903, D. P. 1903. 3. 65; Civ. c. 27 nov. 1903, D. P. 1904, 1ʳᵉ part.).

§ 2. — *Formalités requises pour l'autorisation des établissements.*

63. Toute congrégation, déjà régulièrement autorisée à fonder un ou plusieurs établissements, et qui veut en fonder un nouveau, doit présenter une demande signée par les personnes chargées de l'administration ou de la direction de la congrégation. La demande est adressée au ministre de l'Intérieur. Il en est donné récépissé daté et signé avec indication des pièces jointes (Décr. 16 août 1901, art. 22). L'art. 23 du décret indique les documents qui doivent être joints à la demande.

64. Le ministre fait procéder, s'il y a lieu, à l'instruction, notamment en provoquant l'avis du conseil municipal de la commune où l'établissement doit être ouvert et les rapports des préfets, tant du département où l'établissement doit avoir son siège que de celui où doit se trouver la congrégation. Le décret d'autorisation règle les conditions spéciales de fonctionnement de l'établissement. Les mots « s'il y a lieu » montrent que le ministre a un pouvoir discrétionnaire pour instruire, ou non, la demande d'autorisation. Il lui appartient de repousser par une décision

émanée de lui seul la demande d'autorisation (art. 24).

ART. 3. — CAPACITÉ JURIDIQUE ET FONCTIONNEMENT DES CONGRÉGATIONS ET ÉTABLISSEMENTS.

§ 1ᵉʳ. — *Etendue de la capacité juridique de la congrégation. — Restrictions à cette capacité.*

65. La loi qui autorise une congrégation lui confère la personnalité civile, lui reconnaît des droits, des biens, distincts de ceux qui appartiennent à chacun de ses membres. Comme toutes personnes morales, elle peut ester en justice dans la personne de ses directeurs ou administrateurs : elle peut faire tous les actes de la vie civile. Toutefois, comme pour toutes les personnes morales, la capacité juridique de la congrégation est limitée par le principe de spécialité, celle-ci résultant notamment des statuts approuvés par le législateur. D'autre part, la loi d'autorisation détermine les conditions de fonctionnement de la congrégation ; elle indique notamment dans quelle mesure s'exerce sur les actes de la congrégation la tutelle du Gouvernement.

66. La loi du 1ᵉʳ juill. 1901 maintient implicitement les dispositions de la loi du 24 mai 1825 sur les congrégations de femmes, qui restreignent la capacité de ces congrégations, de même que celles de la loi du 2 janv. 1817 (R. vᵉ Culte, p. 712) et de l'ordonnance du 14 janv. 1831 (R. eod. vᵒ, p. 718) contenant des dispositions restrictives communes à tous les établissements religieux. — Sauf ces restrictions, les congrégations sont libres d'administrer leur patrimoine. Elles peuvent ester en justice sans avoir besoin de demander l'autorisation du conseil de préfecture (Av. Cons. d'Et. 6 janv. 1864). — Les congrégations ne peuvent accepter de libéralités grevées de charges qui tendraient à les détourner de l'objet déterminé par leurs statuts (Av. Cons. d'Et. 29 janv. 1890).

§ 2. — *Surveillance exercée sur les congrégations autorisées.*

67. L'art. 30 du décret du 16 août 1901 déclare applicables aux congrégations les dispositions édictées par les art. 2 à 6 des associations déclarées par les art. 2 à 6 du même décret (V. *supra*, nᵒˢ 20 et s.).

68. L'art. 15 de la loi impose aux congrégations autorisées certaines obligations nouvelles. Toute congrégation tient un état de ses recettes et dépenses ; elle dresse chaque année le compte financier de l'année écoulée et l'état inventorié de ses biens meubles et immeubles. La liste complète de ses membres, mentionnant leur nom patronymique, ainsi que le nom sous lequel ils sont désignés dans la congrégation, leur nationalité, âge et lieu de naissance, la date de leur entrée, doit se trouver au siège de la congrégation. Celle-ci est tenue de représenter sans déplacement, sur toute réquisition du préfet, à lui-même ou à son délégué, les comptes, états et listes sus-indiqués. — Sur les registres qui doivent être tenus par la congrégation, V. Décr. 16 août 1901, art. 26, 29, 31.

ART. 4. — DISSOLUTION DES CONGRÉGATIONS ET FERMETURE DES ÉTABLISSEMENTS.

§ 1ᵉʳ. — *Formes.*

69. L'art. 13 de la loi du 1ᵉʳ juill. 1901 dispose que la dissolution de la congrégation ou la fermeture de tout établissement pourront être prononcées par décret rendu en conseil des ministres. Cette mesure est un acte de puissance publique qui ne peut être attaqué que pour excès de pouvoir. Le Gouvernement apprécie discrétionnairement si une congrégation ou un établissement pré-

sente pour la société des inconvénients qui en justifient la suppression. Mais le décret de dissolution pourra être déféré au conseil d'État s'il n'a pas été rendu en conseil des ministres, ou si l'établissement contre lequel le décret a été pris soutient qu'il ne constitue pas une congrégation, mais une simple association, ou encore si l'on conteste que la maison fermée constitue un établissement de la congrégation dans le sens de la loi (Cons. d'Et. 20 juin 1903).

70. Il est également admis que les membres d'une congrégation ne peuvent convenir que celle-ci cessera d'exister. Ils peuvent, il est vrai, former les divers établissements de la congrégation, se disperser, rentrer individuellement dans le monde. La congrégation sera alors éteinte de fait. Mais, tant qu'un décret en conseil des ministres n'aura pas retiré l'autorisation, elle existera encore en droit (Décr. 3 août 1882 et 20 nov. 1889). Il faut de même un décret pour autoriser la fusion d'une congrégation ou d'un établissement avec un autre : l'autorité ecclésiastique diocésaine est impuissante à elle seule pour dissoudre une congrégation (Av. Cons. d'Et. 25 avr. 1824).

§ 2. — *Effets de la dissolution et de la fermeture.*

71. La dissolution de la congrégation détruit la personnalité civile et entraîne la liquidation de son patrimoine. Comment s'opérera cette liquidation? L'art. 18 de la loi du 1ᵉʳ juill. 1901 édicte des règles à cet égard ; mais il ne vise que les congrégations *non autorisées* qui existaient au moment de la loi de 1901, et ses dispositions ne paraissent pas applicables à la liquidation des congrégations autorisées. Pour celles de ces congrégations qui existaient avant le 1ᵉʳ juill. 1901, on suivra les règles anciennes de liquidation.

72. Ces règles, pour les congrégations de femmes, sont exposées dans l'art. 7 de la loi du 24 mai 1825 ainsi conçu : « En cas d'extinction d'une congrégation ou maison religieuse de femmes, ou de révocation de l'autorisation qui lui aurait été accordée, les biens acquis par donation entre vifs, ou par disposition à cause de mort, feront retour aux donateurs ou à leurs parents au degré successible, ainsi qu'à ceux des testateurs au même degré. Quant aux biens qui ne feraient pas retour ou qui auraient été acquis à titre onéreux, ils seront attribués et répartis moitié aux établissements ecclésiastiques, avec aux hospices du département dans lesquels seraient situés les établissements éteints. » Enfin les membres de la congrégation dissoute ont droit à une pension alimentaire prélevée : 1ᵒ sur les biens acquis à titre onéreux; 2ᵒ subsidiairement sur les biens acquis à titre gratuit, lesquels, en ce cas, ne font retour aux familles des donateurs ou testateurs qu'après l'extinction desdites pensions. — En ce qui concerne les congrégations d'hommes, la loi du 2 janv. 1817 ne contenant aucune règle relative à la dévolution de leurs biens, on admet généralement que l'être moral disparaissant et les membres de la congrégation ne pouvant prétendre aucun droit sur le patrimoine commun, ce patrimoine constitue une masse de biens vacants et sans maître. Pour les congrégations qui seront autorisées après la loi de 1901, ce sont les lois qui les autoriseront qui régleront les conditions de dévolution de leurs biens.

73. La fermeture de l'établissement d'une congrégation n'a pas pour effet d'entraîner la liquidation, même partielle, des biens qui formaient la dotation de cet établissement. Le personnel qui le composait se retirera dans les autres maisons de la congrégation. Les biens qui ne pourront être conservés en nature seront aliénés au profit de la congrégation (Av. Cons. d'Et. 27 oct. 1880). Il n'y aurait de difficulté que pour les biens qui auraient été donnés ou légués dans l'intérêt exclusif de l'établissement supprimé.

ART. 5. — SANCTIONS DES PRESCRIPTIONS DE LA LOI CONCERNANT LES CONGRÉGATIONS.

74. Pour assurer l'observation de ses prescriptions, la loi du 1er juill. 1901, complétée par celle du 4 déc. 1902 (D. P. 1903. 4. 9), a édicté des sanctions pénales et civiles tant contre les membres et directeurs des congrégations que contre les tiers qui les aideraient à se soustraire aux prescriptions légales.

§ 1er. — *Sanctions pénales.*

75. Aux termes de l'art. 16 de la loi du 1er juill. 1901, « toute congrégation formée sans autorisation sera déclarée illicite; ceux qui en auront fait partie seront punis des peines édictées à l'art. 8, § 2. » Ces peines consistent en une amende de 16 à 5000 francs et un emprisonnement de six jours à un an. Quand il s'agit d'associations, elles ne sont applicables qu'aux fondateurs et administrateurs d'une association qui se serait maintenue ou reconstituée illégalement après le jugement de dissolution. Appliquées aux congrégations, elles atteignent chacun des membres. Les fondateurs et administrateurs encourent une peine double.

76. L'art. 15, § 4, punit des mêmes peines les représentants d'une congrégation autorisée qui auraient fait des communications mensongères ou refusé d'obtempérer aux réquisitions du préfet dans les cas prévus à cet article. L'article 14 applique encore ces mêmes pénalités aux membres des congrégations non autorisées qui continueraient à diriger un établissement ou à y donner l'enseignement. Cet article ajoute que la fermeture de l'établissement pourra en outre être prononcée par le jugement de condamnation. Enfin la loi du 4 déc. 1902 (D. P. 1903. 4. 9) a complété de la manière suivante l'art. 16 de la loi du 1er juill. 1901 : Seront passibles des peines portées à l'art. 8, § 2 : 1° tous individus qui, sans être munis de l'autorisation exigée par l'art. 18, § 2, auraient ouvert ou dirigé un établissement congréganiste, de quelque nature qu'il soit, que cet établissement appartienne ou à des tiers, qu'il comprenne un ou plusieurs congréganistes; 2° tous ceux qui auraient continué à faire partie d'un établissement dont la fermeture aura été ordonnée conformément à l'art. 13, § 3; 3° tous ceux qui auront favorisé l'organisation ou le fonctionnement d'un établissement visé par le présent article en consentant l'usage d'un local dont ils disposent.

77. L'art. 16 embrasse dans la généralité de ses termes toutes les congrégations non autorisées, quelle que soit l'époque de leur formation, c'est-à-dire aussi bien celles qui existaient avant 1901 que celles qui ont été formées sans autorisation depuis lors (Cr. c. 6 nov. 1902, D. P. 1903. 1. 308). D'autre part, le caractère de congrégation autorisée a été refusé aux associations religieuses reconnues d'utilité publique à titre scolaire ou charitable (Trib. civ. de la Seine, 15 juill. 1903).

78. Les mots « fermeture d'un établissement congréganiste » n'impliquent pas nécessairement l'abandon et la clôture matérielle de l'immeuble où cet établissement était installé, mais seulement la cessation du fonctionnement de cet établissement et l'abandon de l'œuvre qui s'y poursuivait. Il a été jugé que le fait, par des religieuses appartenant à une congrégation non autorisée, après avoir déféré à l'ordre du Gouvernement de fermer un de leurs établissements non autorisé, d'être restées dans l'immeuble pour le garder et l'entretenir, ne tombait pas sous le coup de la loi du 4 déc. 1902

(Riom, 16 juill. 1903, D. P. 1903. 2. 393). Pour que le délit existe, il faut encore que, après l'époque fixée par la loi pour la dissolution de la congrégation, les membres de cette congrégation aient manifesté, par des actes extérieurs, la persistance de leur affiliation et la continuation de l'œuvre de la congrégation (Paris, 23 juill. 1902).

79. L'état de membre d'une congrégation non autorisée étant réputé délictueux, les juges doivent l'apprécier conformément aux principes du droit pénal. En conséquence, c'est au ministère public qu'incombe la charge de prouver l'existence du délit au moment où il prétend le constater (Trib. corr. de Die, 16 mars 1902, D. P. 1902. 2. 257). La bonne foi exclut l'intention délictueuse et entraîne l'acquittement (Riom, 16 juill. 1903, précité).

80. Mais, en vue d'échapper aux sanctions pénales, beaucoup de congréganistes ont prétendu avoir été relevés de leurs vœux et avoir cessé d'appartenir à la congrégation dont ils faisaient partie. Ce moyen a soulevé des difficultés très délicates relatives à la régularité et à la sincérité de la sécularisation. (La sécularisation est l'acte par lequel un religieux, s'il est prêtre, est remis au rang de membre du clergé séculier, et, s'il n'est pas prêtre, redevient un simple laïc.) D'après l'opinion qui semble avoir prévalu, il ne suffit au congréganiste d'affirmer qu'il a cessé d'appartenir à la congrégation; il doit rapporter la preuve, soit par une pièce écrite émanée de l'autorité compétente, soit par l'ensemble de sa conduite, que ses vœux ont été anéantis (Paris, 22 juill. 1902). Si le congréganiste prétendu sécularisé ne produit aucun document prouvant la régularité de cette sécularisation apparente, et que, d'ailleurs, il tienne la même conduite et remplisse les mêmes devoirs religieux qu'auparavant, sa déclaration doit être tenue pour non avenue (Lyon, 12 juin 1902, D. P. 1902. 2. 257). — La cour de cassation a, d'ailleurs, décidé que la persistance de la vie en commun et la continuation de l'œuvre de la congrégation dissoute par les anciens congréganistes poursuivis constituaient contre eux une présomption ne suffisait pas à détruire une décision épiscopale d'incorporation au clergé séculier; que les vœux religieux ne constituant pas, d'après la loi du 1er juill. 1901, un élément essentiel des congrégations, la considération que les religieux ont été déliés de leurs vœux ne dispense pas le juge de rechercher si la persistance de la congrégation ne résulte pas d'autres éléments de fait (Cr. c. 1er mai 1903, D. P. 1903. 1. 397). Mais, d'autre part, elle a jugé que le fait par d'anciens congréganistes qui avaient continué, après la dissolution de leur congrégation, à prêcher, confesser, dire la messe dans les églises paroissiales, en vertu d'autorisations des curés ou des évêques, ne pouvait être considéré comme une manifestation extérieure de la persistance de la congrégation, ces droits dérivant de la qualité de prêtre et non de celle de congréganiste (Cr. c. 11 juin 1903, D. P. 1903. 1. 397).

81. L'art. 14 de la loi édicte contre les membres des congrégations non autorisées une incapacité particulière qu'il sanctionne par les peines prévues à l'art. 8. « Nul n'est admis à diriger, soit directement, soit par personne interposée, un établissement d'enseignement de quelque ordre qu'il soit, ni à y donner l'enseignement, s'il appartient à une congrégation religieuse non autorisée. » Pour ce délit, comme pour celui examiné précédemment, il appartient au ministère public de prouver que l'individu poursuivi a été affilié à la congrégation dissoute. C'est ensuite à l'inculpé à prouver que son affiliation a cessé. Il n'y a évidemment délit qu'autant que l'inculpé appartient encore à la congrégation. Les individus qui ont véri-

tablement cessé d'être congréganistes peuvent enseigner comme les autres citoyens (Chambéry, 5 et 9 juin 1902, D. P. 1902. 2. 257).

82. La loi interdit aux membres des congrégations non autorisées de diriger un établissement d'enseignement quelconque, soit directement, soit par personne interposée. Elle leur interdit également d'y donner l'enseignement à un titre quelconque. Ils ne peuvent donc être ni professeurs, ni même surveillants, maîtres d'études, économes, aumôniers. Ils ne pourraient être autorisés à ouvrir des écoles dans lesquelles on se bornerait à préparer les élèves à suivre les écoles publiques. Ont été considérés comme faits d'enseignement, tombant sous l'interdiction de la loi, la correction de compositions, ainsi que des examens, ou des répétitions données aux élèves d'un établissement d'une congrégation dissoute, par un ancien professeur de cet établissement (Cr. c. 25 juill. 1902, D. P. 1902. 1. 465). L'interdiction d'enseigner s'applique aussi bien dans les écoles primaires que dans les établissements secondaires ou supérieurs (Trib. corr. de Saint-Omer, 9 avr. 1902).

§ 2. — *Sanctions civiles.*

83. Les congrégations non autorisées sont dépourvues de toute personnalité civile. Les congrégations autorisées ont cette personnalité; mais elle est restreinte par des dispositions des lois de 1817, de 1825 et de 1901.

84. Pour rendre efficaces les incapacités qu'elle édictait, la loi a établi une sanction rigoureuse (art. 17). Sont nuls tous actes entre vifs ou testamentaires, à titre onéreux ou gratuit, accomplis soit directement, soit par personne interposée ou toute autre voie indirecte ayant pour objet de permettre aux associations, légalement ou illégalement formées, de se soustraire aux dispositions des art. 2, 6, 9, 11, 13, 14 et 16. Tombent sous le coup de cette disposition tous les procédés employés avant 1901 par les congrégations pour échapper aux conséquences de leur incapacité civile : libéralités faites à des membres de la congrégation qui, acceptant nominalement propriétaires et n'étaient en réalité que dépositaires du bien dont le donateur ou testateur avait entendu gratifier la communauté; libéralités déguisées sous l'apparence d'un contrat à titre onéreux, d'une vente, par exemple (Toulouse, 15 déc. 1865, D. P. 65. 2. 214); sociétés civiles ou commerciales en apparence, mais dans lesquelles l'esprit de lucre faisait complètement défaut. Il importe peu que la personne chargée du fidéicommis soit de bonne foi ou non. Il suffit, pour que la disposition soit nulle, que l'intention du donateur ou testateur, le donataire ou légataire apparent n'ait été qu'un intermédiaire. — Il est permis à tous intéressés de démontrer l'existence des illégalités qu'ils allèguent par tous les moyens de preuve mis par la loi à leur disposition.

85. La loi du 1er juill. 1901 a, d'ailleurs, édicté, à l'encontre de certaines personnes, diverses présomptions légales d'interposition de personnes qui auront pour effet de dispenser les intéressés de l'obligation de faire une preuve souvent très difficile. Sont légalement présumées personnes interposées au profit de congrégations religieuses, mais sous réserve de la preuve contraire : 1° les associés à qui ont été consenties des ventes ou fait des dons ou legs; à moins, s'il s'agit de dons ou legs, que le bénéficiaire ne soit l'héritier en ligne directe du disposant; 2° l'associé, ou la société civile ou commerciale, composée, en tout ou partie, de membres de la congrégation, propriétaire de tout immeuble occupé par l'association. Ainsi, quand on est en présence d'un religieux, ou d'une société composée en partie de religieux, et que la congrégation occupe un immeuble appartenant à ce congréganiste ou à cette société, tout acte à titre onéreux ou gratuit fait par ce religieux est présumé fait au nom de la congrégation ; 3° le propriétaire de tout immeuble occupé par la congrégation après qu'elle aura été dissoute. Tous les actes faits pour le compte de ce propriétaire sont présumés faits au profit de la congrégation. La preuve contraire est réservée, ce qui revient à dire que la loi de 1901 a renversé le fardeau de la preuve. Ces présomptions légales sont applicables même aux congrégations qui existaient avant la loi du 1er juill. 1901.

86. La nullité des actes ou conventions faits en fraude de la loi peut être prononcée soit à la diligence du ministère public, soit à la requête de tout intéressé (art. 17, *in fine*). Les personnes intéressées sont celles qui ont contracté avec l'incapable, celles qui ont disposé en sa faveur, leurs ayants cause, leurs créanciers, leurs héritiers. Cette nullité, étant d'ordre public, n'est susceptible d'aucune ratification expresse ou tacite. — Lorsque la congrégation incapable a reçu de l'intermédiaire les biens qui lui étaient destinés, elle doit les restituer. Si ces biens ont été dissipés, l'intermédiaire peut être exposé à une demande en indemnité de la part des intéressés.

ART. 6. — DISPOSITIONS TRANSITOIRES APPLICABLES AUX CONGRÉGATIONS QUI EXISTAIENT ANTÉRIEUREMENT A LA LOI DU 1er JUILL. 1901.

§ 1er. — *Congrégations autorisées.*

87. La loi de 1901 n'a pas touché aux congrégations qui avaient été, antérieurement à sa promulgation, autorisées ou légalement reconnues conformément à la législation alors en vigueur. — Quant aux établissements dépendant de ces congrégations, qui avaient été ouverts sans autorisation, le Gouvernement a considéré que leur situation devait être régularisée par la présentation d'une demande d'autorisation pour chacun d'eux. Beaucoup de congrégations ayant omis de former ces demandes, des décrets rendus en conseil des ministres les 25 juill. et 1er août 1902 ont prononcé la fermeture desdits établissements. Cette opération fut exécutée administrativement, sur les ordres des préfets, par les commissaires de police, assistés de gendarmes ou de troupes. Les maisons dans lesquelles étaient installés ces établissements furent évacuées, et on apposa des scellés sur les portes et les fenêtres.

88. La légalité de ces mesures a été contestée, et des demandes en mainlevée des scellés ont été formées. Elles ont été accueillies par quelques tribunaux (Trib. du Mans, 12 juill. 1902 ; de Lyon, 13 août 1902 ; de Ploermel, 22 sept. 1902 ; de Châteaulin, 4 oct. 1902). Des arrêtés de conflit ont été pris contre ces jugements. Saisi de la question, le tribunal des conflits a décidé, le 2 déc. 1902 (D. P. 1903. 3. 41), qu'en prescrivant l'évacuation immédiate des immeubles occupés par un établissement non autorisé d'une congrégation autorisée, en vertu des ordres donnés par le ministre de l'Intérieur pour l'exécution du décret de fermeture et de la loi de 1901, le préfet agissait dans le cercle de ses attributions comme délégué du pouvoir exécutif ; que l'apposition des scellés ne constituait pas un acte de dépossession de nature à servir de base à une action judiciaire, mais un simple acte administratif d'exécution ; en conséquence, il a validé les arrêtés de conflit. — Il est à remarquer, d'ailleurs, que la loi du 1er juill. 1901 n'avait édicté aucune sanction spéciale contre le maintien, après les délais, d'un établissement non autorisé, et que, dès lors, la fermeture matérielle par mesure administra-

tive était le seul moyen d'assurer l'exécution de la loi. Depuis la loi du 4 déc. 1902 (D. P. 1903. 4. 9), il n'est plus possible de procéder ainsi ; un procès-verbal doit être dressé, et il appartient au tribunal, après avoir constaté l'infraction à la loi, de prononcer la fermeture de l'immeuble.

89. D'autre part, des propriétaires, considérant l'apposition des scellés sur leurs immeubles constituait une voie de fait illégale, ont brisé les scellés apposés par l'administration. Poursuivis devant les tribunaux correctionnels, ils ont excipé de l'illégalité de la mesure prise. Contrairement à la décision de plusieurs tribunaux, la cour de cassation a décidé que la fermeture d'écoles prononcée par un décret constituait une mesure obligatoire pour les citoyens tant qu'elle n'avait pas été annulée ou rapportée, et que, par suite, les scellés apposés en vertu de cet ordre devaient être respectés (Cr. 28 nov. 1902, D. P. 1903. 1. 193).

§ 2. — *Congrégations non autorisées.*

90. Les congrégations existantes au moment de la promulgation de la loi, qui n'avaient pas été antérieurement autorisées ou reconnues, ont dû, dans le délai de trois mois, justifier qu'elles avaient fait les diligences nécessaires pour se conformer aux prescriptions de la loi (art. 18). Les formalités que les congrégations non autorisées avaient à suivre pour demander cette autorisation leur ont été tracées par un arrêté du ministre de l'intérieur du 1er juill. 1901.

91. Les congrégations qui, dans le délai de trois mois à elles imparti, ont formé une demande d'autorisation, ont été mises à l'abri des mesures de coercition jusqu'au jour où leur demande a été rejetée. Quant à celles qui, dans ce délai, n'avaient pas fait de demande, elles ont été réputées dissoutes de plein droit. Il en a été de même de celles dont la demande a été repoussée (art. 18, § 2). Ces congrégations ont été mises en demeure de se disperser, les premières, du jour de l'expiration du délai de trois mois ; les autres, à partir de la notification qui leur a été faite du refus d'autorisation.

§ 3. — *Liquidation des biens des congrégations dissoutes.*

92. La loi du 1er juill. 1901 ne s'est pas bornée à prescrire la dispersion des congrégations non autorisées : elle a également ordonné la liquidation de leur patrimoine. — La liquidation des biens détenus par les congrégations a lieu en justice. Le tribunal, à la requête du ministère public, nomme, pour y procéder, un liquidateur qui est investi, pendant toute la durée de la liquidation, de tous les pouvoirs d'un administrateur séquestre. Le liquidateur doit être unique pour toute la congrégation, considérée comme formant un seul tout, alors même qu'elle aurait des établissements divers.

93. Le tribunal compétent pour désigner le liquidateur est le tribunal du siège principal, si la maison-mère est en France. Si elle est hors de France, la nomination du liquidateur pourra être demandée à tout tribunal dans le ressort duquel se trouve l'un des établissements.

94. La décision qui nomme le liquidateur a le caractère d'un acte d'administration ; elle ne peut être attaquée ni par la voie de la tierce opposition, ni par celle de l'opposition (Bordeaux, 7 juill. 1902).

95. A partir de cette décision, l'administration de tous les biens détenus par la congrégation doit passer entre les mains du liquidateur. Les membres de la congrégation qui pourraient avoir des actions à exercer, ainsi que les propriétaires apparents, sont dessaisis provisoirement. — Le liquida-

teur a tous les pouvoirs d'un administrateur séquestre (art. 18, § 3). Il doit donc se mettre en possession de tous les biens détenus par la congrégation, rechercher les biens de toute nature dont se composait son patrimoine, l'origine de ces biens, et déterminer leur valeur.

96. Le liquidateur est responsable de ses actes devant le tribunal qui l'a nommé. En sa qualité d'administrateur-séquestre, il doit veiller à l'entretien des biens inventoriés, les administrer en bon père de famille ; il peut faire tous actes conservatoires, payer les créanciers, recouvrer les sommes dues et donner quittance. S'il estime que des biens sont passés indûment entre les mains de tiers, il peut intenter toutes actions pour faire déclarer nuls les contrats passés en fraude de la loi. — Le liquidateur dépose à la Caisse des dépôts et consignations le produit des ventes au fur et à mesure de leur réalisation. Il prélève sur les fonds déposés les sommes nécessaires pour payer les dettes de la liquidation (Décr. 16 août 1901, art. 5). — Il a droit à des honoraires qui sont fixés par le tribunal, au remboursement de ses avances, à une indemnité, s'il subit un dommage à l'occasion de ses fonctions. — « Le tribunal qui a nommé le liquidateur est seul compétent pour connaître, en matière civile, de toute action formée par le liquidateur ou contre lui » (L. 1er juill. 1901, art. 18, § 3, modifié par la loi du 17 juill. 1903, D. P. 1903. 4. 42).

97. Aux termes de l'art. 18, les biens et valeurs appartenant aux membres de la congrégation avant leur entrée dans la congrégation, ou qui leur seraient échus depuis, soit par succession *ab intestat* en ligne directe ou collatérale, soit par des donations ou legs en ligne directe, leur seront restitués. Les dons et legs qui leur auraient été faits autrement qu'en ligne directe pourront être également revendiqués, mais à charge par les bénéficiaires de faire la preuve qu'ils n'ont pas été les personnes interposées prévues par l'art. 17. Lors donc qu'il est établi, d'une façon certaine, par des documents authentiques, que les immeubles revendiqués par un ancien membre de la congrégation dissoute avaient été acquis avec ses fonds personnels avant la création de la congrégation, et que le mobilier provenant de successions ou d'acquisitions également antérieures à la formation de la congrégation, ces biens doivent lui être restitués (Nantes, 8 avr. 1902 ; Montpellier, 18 mars 1903).

98. Les biens et valeurs acquis à titre gratuit, et qui n'auraient pas été spécialement affectés par l'acte de libéralité à une œuvre d'assistance, peuvent être revendiqués par le donateur, ses héritiers ou ayants droit, ou par les héritiers ou ayants droit du testateur, sans qu'il puisse leur être opposé aucune prescription pour le temps écoulé avant le jugement prononçant la liquidation. Si les biens ont été donnés ou légués, non en vue de gratifier les congréganistes, mais de pourvoir à une œuvre d'assistance, ils ne pourront être revendiqués qu'à charge de pourvoir à l'accomplissement du but assigné à la libéralité (art. 18, § 7 et 8).

99. Toute action en reprise ou en revendication doit, à peine de forclusion, être formée contre le liquidateur dans le délai de six mois à dater de la publication du jugement. Les jugements rendus contradictoirement avec le liquidateur sont opposables à tous les intéressés quand ils ont l'autorité de la chose jugée (art. 18, § 9). Passé le délai de six mois, le liquidateur procédera à la vente en justice de tous les immeubles qui n'auraient pas été revendiqués ou qui ne seraient pas affectés à une œuvre d'assistance. Le produit de la vente, ainsi que toutes les valeurs mobilières, sera déposé à la Caisse des dépôts et consignations. L'entretien des pauvres hospitalisés sera, jusqu'à l'achèvement de la liquidation, considéré comme frais privilégiés de liquidation (art. 18, § 10 et s.). La loi du 17 juill. 1903 a prescrit que le liquidateur ferait procéder à ces ventes suivant les formes prescrites pour les ventes de biens de mineurs.

100. Sur l'actif resté libre après les prélèvements ci-dessus indiqués, des allocations en capital ou sous forme de rentes viagères sont attribuées aux membres de la congrégation dissoute qui n'auraient pas de moyens d'existence assurés ou qui justifieraient avoir contribué à l'acquisition des valeurs mises en distribution par le produit de leur travail personnel; la loi a renvoyé à un règlement d'administration publique le soin de déterminer le montant de ces allocations (art. 18, § 14). Les art. 6 et s. du décret du 16 août 1901 indiquent comment les allocations sont établies.

101. Lorsqu'il n'y a pas de contestation, ou que toutes les actions formées dans le délai prescrit ont été jugées, l'actif n'est pas attribué à l'État, suivant le système proposé par la commission, mais réparti entre les ayants droit (art. 18, § 13) dans la mesure déterminée, pour chaque espèce, par les tribunaux.

Art. 7. — Situation des associations et congrégations en Algérie et aux colonies.

102. La loi du 1er juill. 1901 ne contient aucun article qui la déclare expressément applicable en Algérie, et depuis sa promulgation il n'est intervenu aucun décret pour décider qu'elle y serait appliquée. C'est une question de savoir si elle n'y est pas applicable de plein droit, sans promulgation spéciale. Il est, en effet, de jurisprudence que les lois générales en vigueur au moment de l'annexion de l'Algérie y sont applicables sans qu'une promulgation spéciale ait été nécessaire (V. supra, Algérie, nos 3 et 4); de ce nombre sont les Codes. La cour de cassation admet aussi que les lois qui modifient les lois métropolitaines appliquées en Algérie sans promulgation spéciale y sont également applicables de plein droit. Cela étant, la loi du 1er juill. 1901 doit être considérée comme une loi modificatrice du Code pénal et des lois antérieures à 1833, car elle abroge les art. 291 et s. du Code pénal, et crée, pour les associations et les congrégations, un régime nouveau.

103. Au contraire, dans les colonies autres que l'Algérie, il est de principe qu'aucun texte législatif ne peut y être appliqué sans y avoir fait l'objet d'une promulgation spéciale. Il a été déclaré, au cours de la discussion, que le Gouvernement se réservait le droit de promulguer la loi dans les possessions coloniales au moment où il le jugerait convenable, et que, jusqu'à ce moment, la loi n'y serait pas appliquée. Il en est de même dans les pays de protectorat, et, à plus forte raison, dans les pays d'Orient et d'Extrême-Orient, où la France exerce une sorte de protectorat général sur les établissements religieux.

Art. 8. — Enregistrement et timbre.

104. Les associations et congrégations sont assujetties aux mêmes charges fiscales que les individus et ont, en outre, à supporter des contributions spéciales parmi lesquelles figurent la taxe sur le revenu et la taxe d'accroissement, qui sont établies et perçues par l'administration de l'Enregistrement.

§ 1er. — *Taxe sur le revenu.*

105. Établie par la loi du 29 juin 1872 (D. P. 72. 4. 116) sur les intérêts, divi-

dendes, revenus et tous autres produits des actions de toute nature, des sociétés, compagnies ou entreprises quelconques, financières, industrielles, commerciales ou civiles et sur les intérêts, produits et bénéfices annuels des parts d'intérêts et commandites dans les sociétés, compagnies et commandites dont le produit n'est pas divisé en actions, cette taxe a été étendue par l'art. 3 de la loi du 28 déc. 1880 (D. P. 81. 4. 97) aux sociétés dans lesquelles les produits ne doivent pas être distribués en tout ou en partie entre leurs membres; aux associations reconnues et aux sociétés ou associations même de fait existant entre tous ou quelques-uns des membres des associations reconnues ou non reconnues. Enfin l'art. 9 de la loi du 29 déc. 1884 (D. P. 85. 4. 38) y a assujetti les congrégations, communautés et associations religieuses, autorisées ou non autorisées, et les sociétés ou associations dont l'objet n'est pas de distribuer leurs produits, en tout ou en partie, entre leurs membres.

106. En résumé, toutes les congrégations, communautés et associations religieuses sont passibles de la taxe sur le revenu. Aucune distinction n'est établie entre celles qui ont une existence juridique et celles qui n'ont qu'une existence de fait, et il n'y a pas lieu de se préoccuper de leur but ni de la forme de leur institution : la taxe est due à raison du seul fait qu'elles sont des congrégations ou associations religieuses (Req. 14 mai 1901, D. P. 1902. 1. 508). Par *association religieuse*, il faut entendre celle qui poursuit un but religieux (Civ. c. 4 févr. 1903, D. P. 1904, 1re partie). Spécialement, on doit considérer comme une association religieuse, passible de l'impôt sur le revenu, celle qui résulte d'une acquisition conjointe d'immeubles, réalisée avec ou même sans clause d'accroissement au profit du survivant, lorsque le caractère religieux de cette acquisition ressort du but que les coacquéreurs ont en vue (Req. 7 janv. 1903, D. P. 1904. 1. 121). — Mais les associations régies par la loi de 1901, constituées uniquement dans le but de procurer des avantages moraux, des distractions intellectuelles ou des agréments non appréciables en argent, ne sont pas passibles de la taxe.

107. La taxe, dont le taux, primitivement fixé à 3 pour cent du revenu, est actuellement de 4 pour cent (L. 28 déc. 1890, art. 4, D. P. 91. 4. 50), est calculée sur un revenu déterminé à raison de 5 pour cent de la valeur brute des biens meubles et immeubles possédés ou occupés par les congrégations, communautés ou associations religieuses, à moins qu'un revenu supérieur ne soit constaté. Elle est acquittée sur la remise d'une déclaration détaillée faisant connaître distinctement la consistance et la valeur de ces biens (L. 29 déc. 1884, art. 9, § 2). — Le payement en est fait au bureau de l'enregistrement du siège social, c'est-à-dire dans le ressort duquel est située la maison mère, en une seule fois, pour chaque année expirée, dans les trois premiers mois de l'année suivante.

108. Tout retard dans la remise de la déclaration et le payement de la taxe est puni d'une amende de 100 à 5 000 francs. — En cas d'omission dans ou d'insuffisance d'évaluation des biens déclarés, la congrégation est passible d'un droit en sus.

109. Pour assurer la perception régulière de l'impôt, l'Administration peut procéder à des vérifications, tant à la maison mère qu'aux sièges des succursales, et s'y faire représenter les livres, registres et documents de comptabilité de la congrégation.

110. La taxe de 4 pour cent est encore exigible sur les arrérages et intérêts annuels des emprunts contractés par les congrégations religieuses autorisées (L. 29 juin 1872,

art. 1er, § 2, D. P. 72. 4. 116; Civ. c. 27 nov. 1894, D. P. 95. 1. 185), et sur les intérêts des emprunts contractés, soit par une congrégation non autorisée, soit par quelques membres de cette congrégation, en leur nom personnel, lorsque la congrégation s'est constituée sous la forme d'une véritable société civile (Instr. Reg. 27 mars 1893).

§ 2. — *Taxe d'accroissement.*

111. La taxe d'accroissement a été établie par l'art. 4 de la loi du 28 déc. 1880 (D. P. 81. 4. 97), pour tenir lieu du droit de mutation à percevoir lors de la réalisation de la clause de réversion prévue dans les statuts d'un certain nombre d'associations.

112. Exigible, d'après cette loi, au moment où se produisait l'accroissement, le droit d'accroissement fut converti par la loi du 16 avr. 1895, art. 3 (D. P. 95. 4. 92), en une taxe annuelle sur la valeur brute des biens meubles et immeubles possédés par les congrégations, communautés et associations religieuses, autorisées ou non, et par les sociétés ou associations civiles qui admettent l'adjonction de nouveaux membres et dont les statuts contiennent une clause de réversion.

113. Le paragraphe 2 de l'art. 3 de la loi de 1895 exempte de la taxe les biens acquis avec l'autorisation du Gouvernement, en tant qu'ils sont affectés et qu'ils continuent d'être réellement employés, soit à des œuvres d'assistance gratuite en faveur des infirmes, des malades, des indigents, des orphelins ou des enfants abandonnés; soit aux œuvres des missions françaises à l'étranger. L'exemption est accordée ou retirée, s'il y a lieu, par un décret rendu en conseil d'État.

114. Suivant un avis du conseil d'État du 23 juill. 1896, les congrégations peuvent obtenir l'exemption de l'impôt en ce qui concerne leur mobilier, sans avoir à justifier qu'il a été acquis avec l'autorisation du Gouvernement.

115. La taxe d'accroissement est payable aux mêmes époques que l'impôt sur le revenu, dans le même bureau d'enregistrement, sur la remise d'une déclaration analogue, mais comprenant seulement la valeur vénale des biens possédés (L. 16 avr. 1895, art. 4). Les deux impôts peuvent, d'ailleurs, être payés en même temps et sur la remise d'une déclaration unique (Instr. Reg. 6 mai 1895, nº 2882). V. supra, nº 107.

116. Le taux de la taxe est fixé à 0 fr. 30 pour cent; il est porté à 0 fr. 40 pour cent pour les immeubles possédés par les congrégations, communautés et associations qui ne sont pas assujetties à la taxe de mainmorte établie par la loi du 20 févr. 1849 (D. P. 49. 4. 46). La taxe n'est pas soumise aux décimes (L. 1895, art. 4).

117. Le défaut de payement dans le délai fixé est puni d'un demi-droit en sus, lequel ne peut être inférieur à 100 francs. Un droit en sus est exigible en cas d'omission ou d'insuffisance d'évaluation commise dans la déclaration fournie pour l'assiette de l'impôt (même loi, art. 4).

§ 3. — *Taxe des biens de main-morte.*

118. Les associations et congrégations investies de la personnalité civile payent également la taxe des biens de main-morte, qui est la représentation des droits d'enregistrement sur les transmissions entre vifs ou par décès que le Trésor aurait perçus, si ces biens étaient restés entre les mains des particuliers.

119. Le recouvrement de cette taxe étant confié à l'administration des Contributions directes, elle sera étudiée *infrà*, Impôts *directs*.

§ 4. — *Timbre.*

120. Une décision du ministre des Finances du 13 févr. 1903, portée à la connaissance des préfets par une circulaire du ministre de l'Intérieur du 26 mars 1903, déclare que toutes les pièces se rapportant aux déclarations d'existence des associations (L. 1er juill. 1901, art. 5) sont soumises au timbre de dimension. — Pour les déclarations elles-mêmes et les documents déposés à l'appui (exemplaires des statuts), ainsi que pour les récépissés qui en sont délivrés, la quotité du droit est déterminée uniquement par la dimension du papier employé, sans autre minimum que celui de 0 fr. 60. Quant aux expéditions et extraits des déclarations et des statuts, dont toute personne peut requérir la délivrance, ils comportent l'emploi du moyen papier de 1 fr. 80.

ASSOCIATIONS DE MALFAITEURS
(R. v° *Association de malfaiteurs*; S. eod. v°).

1. L'organisation d'une association dirigée contre les personnes ou les propriétés constitue par elle-même un crime distinct de ceux dont elle a pour objet la perpétration. Les associations de malfaiteurs diffèrent soit des attroupements (V. ce mot), en ce que ceux-ci ne consistent que dans une réunion accidentelle et non organisée, soit des bandes armées, dont s'occupent les art. 96 et 97 c. pén., en ce qu'elles dirigent leurs attaques contre la sûreté des particuliers, contre les propriétés privées, tandis que les bandes dont il s'agit menacent principalement la sûreté de l'État et les propriétés publiques.

2. Le Code pénal considérait toute association de malfaiteurs contre les personnes ou les propriétés comme un crime contre la paix publique. Toutefois, le crime n'était caractérisé que par « l'organisation de bandes ou de correspondances entre elles et leurs chefs ». Cette condition n'est plus exigée par la législation actuelle, telle qu'elle résulte des modifications apportées à l'art. 265 c. pén. par la loi du 18 déc. 1893 (D. P. 94. 4. 11).

3. L'association de malfaiteurs tombe sous l'application de la loi pénale, quelle que soit la durée de l'association et quel que soit le nombre de ses membres. A l'association proprement dite est assimilée toute entente établie dans le but de préparer ou de commettre des *crimes* contre les personnes ou les propriétés (Comp. Pén. 89). La loi n'atteint pas les associations de malfaiteurs formées dans le but de commettre de simples délits. — Mais il a été jugé que son application ne doit pas être limitée au cas où l'entente serait établie en vue de crimes déterminés d'une manière précise (Cr. r. 12 mai 1894, *Bull. crim.*, p. 200, n° 129). Dans l'espèce sur laquelle a statué cet arrêt, les poursuites étaient dirigées contre des individus faisant partie d'un groupe anarchiste.

4. L'art 266 c. pén. punit des travaux forcés à temps les affiliés à l'association et ceux qui ont participé à l'entente prévue par l'art. 265. La peine de la relégation peut, en outre, être prononcée. Les coupables de l'une et l'autre catégorie sont exempts de peine si, avant toute poursuite, ils ont révélé aux autorités constituées l'entente établie ou fait connaître l'existence de l'association (Pén. 266, modifié par la loi du 18 déc. 1893). Ceux qui ont fourni des instruments de crime, moyens de correspondance, logement ou lieu de réunion, sont punis de la réclusion. Le coupable peut, en outre, être frappé, pour sa vie ou à temps, de l'interdiction de séjour établie par l'art. 19 de la loi du 27 mai 1885 (D. P. 85. 4. 45) (Pén. 267, modifié par la loi du 18 déc. 1893).

ASSOCIATIONS SYNDICALES
(S. v° *Associations syndicales*).

1. Les associations syndicales sont des associations plus ou moins volontaires formées entre propriétaires intéressés à un travail

d'utilité collective (Décr. 9 mars 1894, art. 1er, D. P. 95. 4. 68). — Les travaux publics sont généralement exécutés par l'Administration; mais ceux qui ne présentent d'intérêt que pour une certaine collectivité d'individus ne sauraient être entrepris aux frais de l'État ou des communes. Tels sont, par exemple, les travaux pour l'approfondissement d'un cours d'eau, pour l'irrigation d'une région donnée, etc. Ce sont alors les intéressés qui doivent agir.

2. La législation sur les associations syndicales a passé par trois phases successives : 1° Avant 1865, ces associations se constituèrent conformément aux lois du 14 flor. an 11 (R. v° *Eaux*, p. 326) et du 16 sept. 1807 (R. v° *Marais*, p. 57), soit qu'elles fussent établies sans le concours de l'Administration, soit qu'elles le fussent avec ce concours à titre d'associations volontaires. — 2° La loi du 21 juin 1865 (D. P. 65. 4. 77) a réalisé deux grandes innovations : elle a fait des associations syndicales des personnes morales, capables d'ester en justice, de contracter, d'acquérir, d'emprunter, etc., et elle a créé le type de l'association syndicale autorisée. En outre, elle a simplifié les formalités, réglé des questions de compétence, etc. — 3° Enfin, la loi du 22 déc. 1888 (D. P. 89. 4. 4), à part certaines mesures de détail, a réalisé également deux innovations : elle a ajouté aux travaux agricoles, dont s'occupaient les lois antérieures comme susceptibles de faire l'objet d'une association syndicale, les travaux urbains, c'est-à-dire les travaux d'assainissement, de voirie, etc., dans les villes et les villages; d'autre part, elle a étendu le cercle d'action des associations syndicales autorisées, en leur permettant d'exécuter des travaux d'amélioration et non plus seulement de défense pour les propriétés. A cette loi se rattache le décret du 9 mars 1894, portant règlement d'administration publique sur les associations syndicales.

§ 1er. — *Règles générales sur les associations syndicales* (S. 15 et s.).

3. Une association syndicale entre propriétaires intéressés peut avoir pour objet l'exécution et l'entretien des travaux énumérés dans l'art. 1er de la loi du 21 juin 1865 (modifié par la loi du 22 déc. 1888), ainsi que dans des lois spéciales. Après avoir indiqué certains travaux, l'article précité vise, dans son n° 10, « toute amélioration agricole ayant un caractère d'intérêt collectif, » et, dans son n° 7, « tout amélioration ayant un caractère d'intérêt public dans les villes et faubourgs, bourgs, villages et hameaux. » Il résulte de ces deux formules très compréhensives que le législateur a voulu permettre aux associations syndicales l'exécution de tous les travaux d'utilité ou d'intérêt collectifs, que ces travaux soient agricoles ou urbains. Il est donc inutile de chercher à en faire une énumération complète; il suffira de citer, à titre d'exemple, les travaux d'endiguement, de drainage, de défense contre le phylloxera, etc.

4. Il y a trois espèces d'associations syndicales : 1° Les *associations libres*, qui se constituent sans l'intervention de l'Administration et par le consentement unanime des associés; elles peuvent faire toutes sortes de travaux d'intérêt collectif; — 2° Les *associations autorisées*, constituées par un acte de l'autorité administrative; le concours de l'Administration est nécessaire, avec le consentement d'une certaine majorité d'intéressés; elles ne peuvent entreprendre que les travaux mentionnés aux n° 1 à 6 de l'art. 1er de la loi de 1865; — 3° Les *associations forcées*, que le Gouvernement peut constituer pour assurer l'exécution de certains travaux d'intérêt collectif (L. 1865, art. 26).

5. On ne traitera pas ici des associations syndicales qui ont pu être constituées pour le dessèchement des marais avant la promulgation de la loi du 16 sept. 1807 (V. sur ces associations *infrà*, Marais), ni des associations syndicales volontaires constituées administrativement avant la promulgation de la loi du 21 juin 1865.

6. Toutes les associations syndicales ont la personnalité civile (L. 1865, art. 3). Seulement, les associations libres s'administrent conformément aux statuts volontairement arrêtés par les adhérents, tandis que les associations autorisées sont aujourd'hui des établissements publics et fonctionnent suivant les règles propres à ces établissements.

7. Dans le cas où certains propriétaires intéressés sont incapables, leur adhésion à l'association syndicale est valablement donnée par leurs représentants légaux, sous la condition que certaines autorisations soient obtenues (tuteurs pour les biens des mineurs; préfets pour les biens des départements; maires pour les biens des communes, etc.) (L. 1865, art. 4, modifié par la loi du 22 déc. 1888). — Les immeubles dotaux et les majorats peuvent être valablement compris dans le périmètre des terrains soumis à l'action des associations syndicales. — Les mesures destinées à faciliter l'adhésion des incapables ne s'appliquent qu'aux associations libres et aux associations autorisées; elles sont sans application en ce qui concerne les associations forcées.

§ 2. — *Associations syndicales libres* (S. 36 et s.).

8. Elles se forment sans l'intervention de l'Administration et par le consentement *unanime* des associés (L. 1865, art. 5). Le consentement doit être donné par écrit. En droit, le ministère d'un notaire n'est pas obligatoire; l'acte d'association peut être fait sous seing privé, mais il faut alors autant d'originaux qu'il y a de parties contractantes (Civ. 1323). L'acte est enregistré au droit gradué établi pour les sociétés par la loi du 28 févr. 1872 (D. P. 72. 4. 12). En fait, on a presque toujours recours à la forme notariée.

9. Un extrait de l'acte d'association doit, dans le délai d'un mois à partir de sa date, être publié dans un journal d'annonces légales de l'arrondissement ou dans un journal du département (L. 1865, art. 6). La loi n'indiquant pas les mentions que doit contenir cet extrait, les tribunaux apprécient en fait si les tiers ont été suffisamment avertis des dispositions essentielles de l'acte Le défaut de publication prive l'association des droits qui constituent la personnalité civile (L. 1865, art. 7); mais l'omission de cette formalité ne peut être opposée aux tiers car les associés; les associés ne peuvent pas non plus s'en prévaloir à l'égard des autres. L'extrait doit, en outre, être transmis et inséré dans le *Recueil des actes de la préfecture*. — L'acte d'association spécifie le but de l'entreprise et les pouvoirs de l'administration. Il faut donc consulter les statuts pour connaître les pouvoirs des administrateurs ou syndics, le mode de recouvrement des cotisations, etc.

10. Les associations syndicales sont des entreprises purement privées. Néanmoins, d'après l'art. 2 de la loi du 22 déc. 1888, l'État, les départements, les communes peuvent en faire partie. Il suit de là que les travaux qu'elles exécutent ne sont pas des travaux publics, et que le conseil de préfecture n'est pas compétent pour le contentieux qui s'y rapporte. D'autre part, elles n'ont pas le droit d'exproprier ni de lever des taxes ou cotisations autres que celles consenties par les adhérents. Mais elles ont toutes, comme il a été dit, la personnalité civile et, par conséquent, peuvent acquérir, emprunter, ester en justice, etc.

15

11. D'après l'art. 8 de la loi de 1865, une association syndicale libre peut être convertie, par arrêté préfectoral, en association autorisée ; il faut pour cela une délibération préalable de l'assemblée générale, prise à la majorité des intéressés telle qu'elle est déterminée par l'art. 12 (V. *infrà*, n° 13). L'association transformée reste une société libre toujours composée d'adhérents qui ont donné leur consentement ; seulement, elle bénéficie des avantages résultant des art. 15 à 19 de la loi de 1865 (possibilité de l'expropriation publique pour l'acquisition des terrains nécessaires, etc.). En pratique, on l'appelle quelquefois une *association libre autorisée*.

§ 3. — *Associations syndicales autorisées* (S. 57 et s.).

12. Elles peuvent être constituées par la majorité des propriétaires intéressés et avec l'approbation de l'Administration. S'il s'agit d'exécuter les travaux d'intérêt collectif prévus aux n°s 1 à 6 de l'art. 1er de la loi de 1865, un arrêté préfectoral suffit pour réunir en association syndicale les propriétaires intéressés ; ce sont des travaux de défense ou de conservation (défense contre la mer ou les torrents, assainissement dans les villes, etc.), mais non des travaux de simple amélioration. Pour ceux-ci, prévus aux n°s 7 à 10 de l'art. 1er, le préfet ne peut réunir les intéressés en association syndicale que si les travaux ont été reconnus d'utilité publique par un décret rendu en conseil d'État (L. 1865, art. 9).

13. L'initiative est prise par un ou plusieurs intéressés, ou par le préfet. Les formalités relatives à la constitution des associations autorisées sont indiquées par les art. 10 à 14 de la loi de 1865, modifiés par la loi du 22 déc. 1888 et par les art. 5 et s. du décret du 9 mars 1894. Le point le plus important est la formation de la majorité nécessaire. — Pour les travaux spécifiés dans les cinq premiers numéros de l'art. 1er, la loi exige l'adhésion de la majorité des intéressés représentant au moins les deux tiers de la superficie des terrains, ou des deux tiers des intéressés représentant plus de la moitié de la superficie. Pour les travaux prévus par les n°s 6 à 10 du même article, elle exige l'adhésion des trois quarts des intéressés représentant au moins les deux tiers de la superficie et payant au moins les deux tiers de l'impôt foncier afférent à l'ensemble des immeubles, ou des deux tiers des intéressés représentant au moins les trois quarts de la superficie et payant au moins les trois quarts de l'impôt foncier (art. 12).

14. La loi a dû concilier les droits de la minorité et ses résistances légitimes avec l'intérêt collectif. Elle permet notamment aux propriétaires qui n'adhèrent pas au projet d'association de *délaisser* leurs terrains moyennant une indemnité. Les conditions dans lesquelles s'opère ce délaissement et les formalités à remplir sont déterminées par l'art. 14 de la loi de 1865. Toutefois, le délaissement ne peut pas s'appliquer aux travaux d'endiguement ou de curage (L. 1865, art. 1er et 2), qui sont obligatoires et constituent pour les propriétaires une servitude légale.

15. La loi ouvre un recours contre l'arrêté d'autorisation, non seulement aux propriétaires dissidents, mais, d'une façon générale, à tout propriétaire intéressé et même aux tiers, c'est-à-dire à ceux qui, ne se trouvant pas compris dans l'association, pourraient néanmoins être exposés, par exemple, à une expropriation ou à une servitude dommageable. L'art. 13 indique les formes et les conditions de ce recours, sur lequel il est statué par un décret rendu en conseil d'État. — Nul propriétaire ne peut, après un délai de quatre mois, à partir de la notification du premier rôle des taxes qui doivent être imposées aux intéressés pour le payement des travaux, contester sa qualité d'associé ou la validité de l'association (art. 17). La déchéance prononcée par l'art. 17 ne s'applique d'ailleurs pas en dehors des contestations qu'il prévoit. Ainsi, tout propriétaire intéressé conserve après l'expiration du délai susindiqué le droit de réclamer, dans les trois mois de la publication des rôles annuels, contre le mode d'exécution des statuts, de prétendre que son terrain a été mal classé, etc.

16. Une question délicate est celle du caractère des charges résultant pour les propriétaires intéressés de la constitution de l'association syndicale autorisée. On se demande s'il s'agit d'une obligation personnelle ne pouvant être transmise aux nouveaux acquéreurs de l'immeuble compris dans le périmètre de l'association qu'en vertu d'une clause formelle de l'acte de vente, ou s'il existe, au contraire, une charge réelle suivant de plein droit la propriété en quelques mains qu'elle passe. L'opinion générale est qu'il s'agit ici d'une *charge réelle*, justifiée par l'intérêt même de la propriété foncière et par l'instabilité que présenterait un simple engagement personnel. Le conseil d'État a rendu plusieurs décisions en ce sens (Comp. *infrà*, n° 26).

17. Les associations syndicales ont le droit de recourir à l'expropriation des terrains nécessaires pour l'exécution des travaux qu'elles entreprennent, et situés dans leur périmètre. Quand il s'agit de travaux spécifiés dans les n°s 6 et 7 de l'art. 1er de la loi de 1865, c'est-à-dire de travaux d'irrigation, de colmatage ou de drainage, il est fait application des règles édictées par la loi du 3 mai 1841 (R. v° *Expropriation publique*, p. 512). Lorsqu'il s'agit d'autres travaux, on suit les prescriptions de la loi du 21 mai 1836 (R. v° *Voirie par terre*, p. 201), après déclaration d'utilité publique par décret rendu en conseil d'État (art. 18). — L'expropriation par les associations autorisées doit être précédée d'une enquête dans les communes où sont situés les immeubles à exproprier. Les formalités de cette enquête sont réglées par l'art. 49 du décret du 9 mars 1894.

18. L'organisation et l'administration des associations syndicales autorisées sont régies par les art. 20 à 24 de la loi du 21 juin 1865 et par les art. 21 à 40 du décret du 9 mars 1894. Les associations ont pour organes administratifs l'assemblée générale, le syndicat et le directeur. — L'*assemblée générale* est un organe délibérant de l'association ; mais il ne lui appartient de délibérer que sur quelques points particulièrement importants, par exemple sur les propositions de modifications aux statuts (Décr. 9 mars 1894, art. 31). Les conditions d'admission à l'assemblée générale sont réglées par l'acte constitutif de l'association (L. 1865, art. 20) qui fixe le minimum d'intérêt donnant le droit de faire partie de l'assemblée, le maximum de voix attribué à un même propriétaire, le mode de convocation et le lieu de réunion de l'assemblée générale, etc. Si les statuts ne s'expliquent pas à cet égard, le préfet doit prendre les mesures nécessaires.

19. D'après l'art. 1er du décret du 9 mars 1894, le *syndicat* est la réunion des personnes désignées pour administrer l'association. L'assemblée générale a le droit de nommer les syndics titulaires ou suppléants et de les remplacer avant l'expiration de leur mandat (Décr. 9 mars 1894, art. 22). Les statuts fixent généralement la majorité requise pour être élu. S'ils ne s'expliquent pas à cet égard, il faut obtenir, d'après le droit commun, la moitié plus un des suffrages exprimés. Dans le cas où l'assemblée générale, après deux convocations successives, ne s'est pas réunie ou n'a pas procédé à l'élection, c'est le préfet qui nomme les syndics (L. 1865, art. 22-3°). En outre, lorsque, sur la demande du syndicat, il est accordé une subvention par l'État, par le département, par une commune, par une chambre de commerce, le préfet, la commission départementale, le conseil municipal, la chambre de commerce, ont respectivement le droit de nommer, suivant le cas, un nombre de syndics proportionné à la part que la subvention représente dans l'ensemble de l'entreprise (L. 1865, art. 23, modifié par l'art. 8 de la loi du 22 déc. 1888). Les réclamations contre la nomination des syndics sont jugées par le conseil de préfecture, sauf recours au conseil d'État (Décr. 9 mars 1894, art. 30).

20. Les syndics, après leur nomination, élisent l'un d'eux pour remplir les fonctions de *directeur*, et, s'il y a lieu, un *directeur-adjoint* chargé de le remplacer en cas d'absence ou d'empêchement (L. 1865, art. 24). — La durée des fonctions des syndics est déterminée par l'acte constitutif de l'association (L. 1864, art. 21). Ces fonctions peuvent cesser par suite de démission volontaire ou de démission d'office lorsque, sans motif reconnu légitime, ils ont manqué à trois réunions successives (Décr. 9 mars 1894, art. 33, 35).

21. Le décret du 9 mars 1894 réglemente les attributions des syndics. Le syndicat est l'organe administratif le plus important des associations syndicales. C'est un organe à la fois *délibérant* et *exécutif*. D'une façon générale, ses attributions sont essentiellement des pouvoirs d'administration de l'association, déterminés d'après les principes qui régissent les attributions des conseils municipaux. C'est ainsi que le syndicat vote le budget annuel, approuve les marchés et les adjudications, autorise les actions en justice, etc.; en un mot, règle, par ses délibérations, toutes les affaires de l'association. Mais il a aussi des attributions d'exécution : c'est ainsi qu'il nomme les agents de l'association (Décr. 9 mars 1894, art. 36), qu'il dresse les rôles de taxes, etc.

22. Il peut arriver que les syndics refusent ou cessent de remplir leurs fonctions. Le préfet, dans ce cas, a le droit de désigner, après mise en demeure régulière, un *agent spécial* chargé de suppléer au syndicat. Les statuts de l'association ont pu prévoir cette éventualité et régler ainsi les attributions de cet agent spécial. Il est admis généralement que, en cas de silence des statuts, ses pouvoirs se restreignent aux mesures indispensables à l'administration de l'association.

23. Le *directeur* est un organe *exécutif* de l'association : il a pour attributions de faire exécuter les décisions du syndicat (Décr. 9 mars 1894, art. 40). D'une façon générale, ses pouvoirs sont analogues aux pouvoirs conférés au maire par l'art. 90 de la loi du 5 avr. 1884 (D. P. 84. 4. 25) ; ainsi, il peut agir en justice au nom de l'association, il prépare les projets de budget, etc.; en outre, il préside les réunions du syndicat. Cependant, l'importance de ses fonctions est diminuée par suite des attributions exécutives du syndicat (V. *supra*, n° 21).

24. La détermination des actes pour lesquels l'approbation administrative est nécessaire a soulevé autrefois des difficultés. Depuis le décret du 9 mars 1894, les actes des associations syndicales ne sont que peu soumis, en principe, à ce qu'on appelle la *tutelle administrative*. L'art. 36, *in fine*, du décret déclare en effet que « les délibérations du syndicat sont définitives et exécutoires par elles-mêmes, sauf celles portant sur des objets pour lesquels l'approbation de l'assemblée générale ou de l'Administration sont exigées par le présent règlement », et il faut ajouter « ou par des lois spéciales ». C'est ainsi que l'Administration n'a pas à intervenir pour les instances devant les tribunaux judiciaires ou administratifs : d'après l'art. 36 précité, le syndicat autorise ces instances; d'après l'art. 40 du décret, le directeur représente l'association en justice, et ces deux textes ne parlent d'aucune autorisation administrative. Comme exemple d'acte soumis, par exception, à la tutelle administrative, on peut citer les emprunts, qui doivent être autorisés par le ministre compétent ou par le préfet, suivant les cas (Décr. 1894, art. 37). — En ce qui concerne spécialement les libéralités faites par actes entre vifs ou par dispositions testamentaires, si l'on admet que les associations autorisées ont la capacité de recevoir à titre gratuit, l'acceptation ou le refus est autorisé par arrêté du préfet.

25. Les associations syndicales autorisées sont des *établissements publics*. La question faisait doute autrefois : le conseil d'Etat avait admis ce caractère d'établissement public ; au contraire, la cour de cassation regardait des associations syndicales autorisées comme des associations privées. Le tribunal des conflits, par une décision du 9 déc. 1899 (D. P. 1901. 3. 42), a tranché définitivement la question dans le sens de la jurisprudence du conseil d'Etat. Il en résulte les conséquences suivantes : 1° Les voies d'exécution instituées par le Code de procédure civile pour le recouvrement des créances sur des particuliers ne peuvent pas être suivies à l'égard de ces associations; c'est au préfet seul qu'il appartient, d'après les art. 58 et 61 du décret du 9 mars 1894, de prescrire les mesures nécessaires pour assurer le payement des sommes dues aux tiers (Arrêt précité du 9 déc. 1899); — 2° L'original des actes signifiés aux associations autorisée est soumis à la formalité du visa prescrite par les art. 69 et 1039 c. pr. civ.; — 3° Les associations autorisées exercent certains droits de puissance publique : les travaux qu'elles exécutent sont des travaux publics (contentieux soumis aux conseils de préfecture, etc. V. *infrà, Travaux publics*); elles peuvent exproprier des immeubles sur lesquels les travaux doivent être faits (L. 1865, art. 18); leur comptabilité est soumise aux règles de la comptabilité publique (Décr. 9 mars 1894, art. 59-66); enfin elles peuvent lever des taxes assimilées aux contributions directes (V. *infrà*, n° 29).

26. Le recouvrement des taxes est réglé par les art. 15 et s. de la loi de 1865 et par les art. 41 à 44, 59 à 62 du décret de 1894. — C'est au syndicat qu'il appartient de dresser et d'émettre les rôles des taxes ou des cotisations des associés, en cas de refus du syndicat, le préfet fait procéder à la confection des rôles. — Les opérations pour l'établissement des rôles sont d'abord l'estimation des propriétés par zones et la détermination de la valeur attribuée à chaque classe de parcelles ; puis le dossier est déposé à la mairie de chaque commune avec un registre ouvert aux réclamations possibles ; le préfet approuve et rend exécutoires les rôles de taxes ou cotisations dressés par le syndicat, etc. Un recours au conseil de préfecture peut être formé contre toutes ces opérations dans les trois mois après la publication du premier rôle (Décr. 1894, art. 43), et il peut ensuite être interjeté appel devant le conseil d'Etat. Les taxes syndicales peuvent d'ailleurs, à la

différence des contributions directes, faire l'objet de conventions entre les intéressés. Elles constituent des charges réelles transmissibles aux acquéreurs des immeubles protégés par l'association, et cela indépendamment de toute mention spéciale dans l'acte de vente (V. *suprà*, n° 16).

27. Lorsqu'une association autorisée n'exécute pas les travaux en vue desquels elle a été constituée, l'autorisation est révoquée, s'il y a lieu, après mise en demeure, par arrêté du préfet. Si l'autorisation avait été accordée par un décret rendu en conseil d'Etat, il est statué dans la même forme (art. 25).

§ 4. — *Associations syndicales forcées* (S. 204 et s.).

28. Le Gouvernement a le droit de constituer des associations syndicales forcées pour assurer l'exécution de certains travaux d'intérêt collectif au cas où la sécurité ou la salubrité publiques les rend nécessaires et où les propriétaires intéressés ne forment pas eux-mêmes une association libre ou autorisée (L. 1865, art. 26). Il faut, pour cela, qu'il s'agisse des travaux spécifiés aux n°s 1, 2 et 3 de l'art. 1er de la loi de 1865, c'est-à-dire de travaux de défense contre la mer, les fleuves, etc., de travaux de curage, approfondissement, etc., de cours d'eau non navigables, ou de dessèchement de marais. — L'Administration a le droit de réunir alors les intéressés en associations syndicales sans leur consentement ; mais la constitution du syndicat ne peut résulter que d'un décret rendu dans la forme des règlements d'administration publique. L'Administration a, du reste, coutume de dresser préalablement un avant-projet et de le soumettre à une enquête.

29. Les associations syndicales forcées sont, de même que les associations autorisées et à plus forte raison (V. *suprà*, n° 25), des établissements publics. Par suite, les travaux qu'elles exécutent sont des travaux publics ; elles ont le droit d'exproprier, de lever des taxes, etc.

30. Les taxes sont établies par la *commission spéciale* dont parle la loi du 16 sept. 1807 (art. 42-45), et qui existe encore aujourd'hui (mais que cela ait été contesté. Un recours contre ses opérations et ses décisions est possible devant le conseil de préfecture, sauf appel au conseil d'Etat. D'après l'art. 16 de la loi du 21 juin 1865, le conseil de préfecture est seul compétent pour connaître des réclamations contre les taxes, soit que le réclamant conteste les bases mêmes de la taxe, soit qu'il se borne à contester l'application qui lui a été faite de ces bases. La forme de l'association forcée est, du reste, destinée à rester rare en pratique. Il faut supposer, en effet, qu'il n'existe pas une majorité de propriétaires consentant à exécuter les travaux ; autrement il y aurait association libre ou autorisée. Si alors les intéressés, associés sans leur consentement, ne veulent pas agir, l'Administration devra faire exécuter les travaux en régie.

§ 5. — *Compétence* (S. 208 et s.).

31. 1° *Associations libres.* — Les associations libres constituant des sociétés civiles, toutes les contestations dans lesquelles elles sont intéressées sont de la compétence de l'autorité judiciaire. Les tribunaux civils statuent donc sur les litiges relatifs à la formation de l'association, à son administration, aux travaux qu'elle exécute, etc. Quant aux difficultés relatives au payement des cotisations, le juge de paix statue en dernier ressort si le montant de la réclamation n'excède pas 100 francs, et, à charge d'appel, jusqu'à la valeur de 200 francs. Au delà de ce dernier chiffre, le tribunal civil est seul compétent.

32. 2° *Associations autorisées.* — Les dif-

ficultés relatives à ces associations doivent être soumises à la juridiction administrative. — En ce qui concerne la formation de l'association, le recours contre l'arrêté d'autorisation doit être porté devant le conseil d'Etat (V. *suprà*, n° 15). — Les réclamations contre les élections des syndics doivent être soumises, non pas aux conseils de préfecture, mais au ministre de l'agriculture, sauf recours au conseil d'Etat. — C'est aux conseils de préfecture qu'il appartient de statuer sur les contestations entre le syndicat et ses membres relativement aux engagements de ces derniers ou aux litiges concernant l'exécution des travaux des syndicats autorisés (L. 1865, art. 16). Mais les contrats de droit civil conclus à l'occasion des travaux d'une association syndicale restent soumis à l'autorité judiciaire. Il en est de même de l'action qu'un syndicat exercerait contre les tiers qui auraient profité des travaux de l'association. — Les litiges concernant l'établissement des servitudes d'aqueduc ou d'appui (L. 29 avr. 1845, D. P. 45. 3. 115; 11 juill. 1847, D. P. 47. 3. 120; 10 juin 1854, D. P. 54. 4. 96), lorsque les associations autorisées réclament ces servitudes, sont déférés au juge de paix (art. 19). — Enfin toutes les contestations relatives à l'assiette et au recouvrement des taxes syndicales sont portées devant le conseil de préfecture (art. 16).

§ 6. — *Enregistrement et timbre.*

33. Les associations syndicales, n'offrant pas les caractères de sociétés proprement dites, ne sont pas, en principe, assujetties aux droits d'enregistrement qui frappent les sociétés : ainsi leurs actes constitutifs ne sont point passibles du droit gradué, mais seulement du droit fixe de 3 francs ; de même, elles échappent à la taxe établie sur les revenus des sociétés ou entreprises. Il en serait autrement, toutefois, si l'association avait pour objet non pas seulement des travaux défensifs ou de salubrité, mais la réalisation de bénéfices, notamment par voie de spéculation.

34. En ce qui concerne les droits de timbre, les associations syndicales sont soumises aux règles du droit commun.

ASSURANCES

(R. v^is *Assurances, Assurances terrestres;*
S. v° *Assurances terrestres*).

1. L'assurance est un contrat par lequel un ou plusieurs individus stipulent qu'ils seront garantis contre les résultats d'un événement préjudiciable, désigné dans la pratique sous le nom de sinistre. C'est un contrat d'indemnité qui ne doit jamais constituer pour l'assuré une source de gains, mais seulement un moyen de se couvrir des pertes qu'un sinistre lui a fait éprouver.

2. Il y a plusieurs sortes d'assurances. Les assurances maritimes, qui ont pour objet les risques de mer, forment une catégorie à part ; elles sont régies par un ensemble de dispositions contenues au Code de commerce (V. *infrà, Assurances maritimes*). Les autres, dont le législateur ne s'est pas spécialement occupé (V. toutefois *infrà*, n° 3), sont : 1° les assurances contre l'incendie et autres sinistres, tels que la foudre, la grêle, etc.; 2° les assurances sur la vie des hommes; 3° les assurances contre les accidents.

3. Ces diverses sortes d'assurances ont des règles communes sur divers points, notamment en ce qui concerne la compétence. Les contestations auxquelles elles peuvent donner lieu sont, *ratione materiæ*, de la compétence soit des tribunaux civils d'arrondissement, soit des juges de paix, suivant l'importance du litige. — Quant à la compétence *ratione personæ*, une loi du 2 janv. 1902 (D. P. 1902. 4. 26) a édicté les règles suivantes : En matière de contrats d'assurances et de litiges auxquels ils donnent lieu, le défendeur sera assigné devant la juridiction compétente, dans le ressort de laquelle se trouvent : 1° le domicile de l'assuré, de quelque espèce d'assurance qu'il s'agisse, sauf l'application de la disposition qui suit ; 2° les immeubles par nature ou meubles par nature assurés, s'il s'agit d'assurances contre les risques les concernant ; 3° le lieu où s'est produit l'accident, s'il s'agit d'assurance contre les accidents de toute nature dont sont victimes les personnes ou les animaux, le tout lorsque l'instance est relative à la fixation et au règlement des indemnités dues (art. 1er). Toute convention antérieure à la naissance du litige, contraire aux régles ci-dessus, est nulle de plein droit. La loi réserve, d'ailleurs, l'effet des stipulations contenues dans les polices en cours de sa promulgation (art. 2). Elle ne s'applique qu'aux assurances terrestres, et ne déroge pas aux lois qui régissent les assurances maritimes (art. 1er in fine).

SECT. Ire. — Assurances contre l'incendie et autres sinistres.

4. Dans l'exposé qui va suivre, on visera plus spécialement l'assurance contre l'incendie, de beaucoup la plus importante, et dont les régles, en général, s'appliquent également aux assurances contre les autres sinistres.

ART. 1er. — DIVERS MODES D'ASSURANCES : ASSURANCES A PRIMES ET ASSURANCES MUTUELLES (R. 15 et s.; S. 13 et s.).

5. Il existe deux modes d'assurances : l'assurance à prime et l'assurance mutuelle. — Dans l'assurance à prime, l'assureur perçoit périodiquement une certaine somme moyennant laquelle il s'engage à couvrir l'assuré contre les conséquences dommageables du sinistre prévu par le contrat. Cette somme appelée prime est fixée et est payée par l'assuré soit à la conclusion du contrat, soit à une date ultérieure, qu'il y ait ou non sinistre ; d'autre part, les rôles d'assureur et d'assuré sont nettement séparés et appartiennent à deux personnes distinctes.

6. L'assurance mutuelle est formée par la réunion de divers intéressés qui mettent en commun leurs risques, et s'obligent à supporter, proportionnellement à leur intérêt respectif, le préjudice dont l'un d'entre eux pourra être atteint. Les deux rôles d'assureur et assuré y sont confondus ; il n'y a pas de sommes fixes à payer, et la cotisation mise à la charge de chaque assuré varie suivant le nombre et l'importance des sinistres. Toutefois, la variabilité du taux des cotisations n'est pas une condition touchant à l'essence même du contrat d'assurance mutuelle ; c'est la répartition proportionnelle des charges et des bénéfices entre les associés qui constitue avant tout la mutualité (Besançon, 30 déc. 1891, D. P. 92. 2. 155).

7. Les compagnies d'assurances ont des caractères différents, suivant qu'elles ont adopté l'un ou l'autre de ces deux modes d'assurance. Il en résulte, d'une part, que le consentement d'un assuré qui, croyant traiter avec une compagnie d'assurances à primes, s'est engagé envers une société d'assurances mutuelles, est entaché d'une erreur grave qui autorise cet assuré à demander la nullité de son engagement (Trib. civ. de la Seine, 12 juin 1894, D. P. 95. 2. 192) ; d'autre part, qu'une société d'assurances mutuelles ne peut consentir des assurances à primes fixes, à moins que ses statuts ne l'y autorisent expressément, l'adjonction d'assurés à primes fixes dans une société d'assurances mutuelles équivalant à la constitution d'une nouvelle société (Rouen, 4 avr. 1881, D. P. 85. 1. 61). — V. au surplus, sur les compagnies d'assurances, *infrà, Société.*

ART. 2. — FORMES DU CONTRAT D'ASSURANCE (R. 148 et s.; S. 99 et s.).

8. La forme du contrat diffère selon que l'assurance est à prime ou mutuelle. Les personnes qui veulent se faire garantir par une assurance à prime en font d'abord la déclaration écrite entre les mains d'un agent ou employé d'une compagnie. Cette déclaration ne devient obligatoire que lorsque les propositions qu'elle renferme ont été acceptées et que l'assureur a signé la police : c'est la police qui forme le titre entre les parties. Dans les assurances mutuelles, l'engagement se contracte par une déclaration d'adhésion aux statuts de la société, déclaration qui doit être inscrite sur les registres et qui contient l'évaluation de l'objet assuré ; le directeur délivre ensuite un acte reconnaissant qu'en vertu de l'adhésion aux statuts, la personne désignée est devenue sociétaire (Paris, 27 nov. 1895, D. P. 97. 2. 205).

9. La rédaction par écrit du contrat d'assurance à prime n'est pas nécessaire à la validité intrinsèque de la convention : elle ne l'est que pour la preuve (Nancy, 24 janv. 1891, D. P. 92. 2. 19). Si donc l'existence de ce contrat est reconnue, l'absence d'acte ne pourra pas être opposée (Besançon, 7 nov. 1900, D. P. 1903. 2. 252). Mais si l'engagement est nié, son existence ne pourra être établie par témoins, conformément au droit commun, qu'autant qu'il existera un commencement de preuve par écrit, ou que l'intérêt engagé n'excédera pas 150 francs (Besançon, 7 nov. 1900, précité).

10. La question de savoir ce qu'il faut entendre en cette matière par un commencement de preuve par écrit doit être résolue conformément au droit commun (Civ. 1347). Ainsi, doit être considérée comme constituant un commencement de preuve par écrit, la police qui détermine les noms des parties, les objets assurés, la date et l'heure du contrat, et qui, non signée par l'assuré, porte la signature du représentant de la compagnie d'assurances.

11. La preuve par témoins du contrat d'assurance serait recevable *sans aucune restriction*, en cas de perte de l'écrit établissant la convention (Civ. 1348).

12. Les polices peuvent être rédigées soit par acte authentique, soit par acte sous-seings privés ; cette dernière forme est seule usitée. Lorsque la police est sous signatures privées, elle est soumise aux prescriptions de l'art. 1325 c. civ. concernant le nombre des originaux et la mention de ce nombre. Mais les prescriptions de cet article ne sont applicables qu'autant que l'assureur est engagé ; en matière d'assurance mutuelle, la preuve du contrat peut résulter de deux écrits successifs : 1° l'acte d'adhésion de l'assuré ; 2° la police qui est rédigée ultérieurement et qui n'est que l'acte par lequel l'assureur reconnaît que la personne désignée est devenue sociétaire.

13. Si, en principe, la rédaction d'un écrit n'est pas une condition essentielle du contrat d'assurance, cette solution est modifiée, en fait, dans une certaine mesure, par l'usage où sont les compagnies d'assurances de subordonner à la signature des polices la conclusion définitive du contrat. Il a été jugé en ce sens que, jusqu'à la signature de la police, les parties ne sont pas réciproquement engagées l'une envers l'autre, et, spécialement, que l'adhésion donnée par l'administration centrale d'une compagnie d'assurances à un projet de contrat intervenu de ses agents locaux et un particulier, ne la lie pas envers ce dernier si la police n'a pas été signée par lui (Douai, 9 août 1856, D. P. 57. 2. 71).

14. Les clauses imprimées contenues dans les polices d'assurances sont obligatoires

comme les clauses manuscrites. Il en est ainsi alors même que ces clauses imprimées sont précédées de la signature de l'assuré, laquelle se trouve parfois placée au bas des conditions manuscrites insérées en tête de la police. — En cas de contradiction entre les clauses imprimées et les clauses manuscrites, c'est à celles-ci que l'on doit donner la préférence (Paris, 21 déc. 1889, D. P. 90. 2. 191).

15. La police doit être datée ; toutefois, le défaut de date ne serait pas une cause de nullité ; il en résulterait seulement une difficulté pour fixer le commencement des engagements des parties. — Lorsque la police est datée, elle fait foi de la date qui y est indiquée (Civ. 1322), mais elle n'acquiert date certaine vis-à-vis des tiers, conformément au droit commun, que par l'enregistrement, ou l'un des modes indiqués par l'art. 1328 c. civ. — Si la police était antidatée, l'assurance n'en produirait pas moins ses effets à compter de la date qui lui a été assignée par les parties, sauf le cas où l'antidate aurait eu pour but de dissimuler une fraude.

16. La police énonce les noms, prénoms, domicile des parties contractantes, la qualité de celui qui fait assurer, la désignation précise des choses assurées ; mais il n'est pas besoin d'une mention expresse lorsqu'il s'agit d'un objet qui est une annexe nécessaire de ces choses : ainsi, l'assurance d'un appartement et des objets mobiliers qui s'y trouvent s'applique virtuellement aux dépendances accessoires de cet appartement, telles que cave et grenier. Il n'est pas besoin non plus d'insérer dans la police la valeur et l'estimation des choses assurées.

17. La police indique encore la nature et la durée des risques, la somme jusqu'à concurrence de laquelle l'assurance pourra s'élever, le montant et le mode de payement de la prime, etc. Elle désigne la partie qui devra supporter les frais d'enregistrement et de timbre.

18. Lorsqu'il se produit dans les conditions de l'assurance des changements qui doivent être déclarés, par exemple des changements portant sur les objets assurés, sur les risques, sur la personne de l'assuré, etc., ils sont habituellement constatés au moyen d'un acte qui se confond avec la police elle-même et qui s'appelle *avenant*. L'avenant est soumis aux mêmes conditions que l'acte primitif, dont il n'est que la modification. — La rédaction d'un avenant est, d'ailleurs, pas indispensable ; les modifications survenues peuvent être l'objet d'une simple mention sur la police ; et même, en l'absence de toute constatation formelle, elles pourront être établies par les pièces et les correspondances échangées (Paris, 11 mars 1898, D. P. 98. 2. 392).

ART. 3. — PERSONNES QUI INTERVIENNENT AU CONTRAT D'ASSURANCE.

§ 1er. — *Assureur* (R. 37 et s.; S. 20 et s.).

19. Les assurances terrestres sont, dans la pratique, contractées par des compagnies et non par des particuliers isolés ; toutefois, les conventions d'assurances consenties par ceux-ci seraient parfaitement valables : les questions de capacité obéiraient, en ce cas, aux principes généraux des contrats.

20. Les compagnies qui ont pour but les assurances terrestres peuvent se organiser sous toutes les formes de sociétés reconnues par le Code de commerce, c'est-à-dire en nom collectif, en commandite, ou anonymes. Les sociétés d'assurances à primes constituent seules des sociétés commerciales ; ce caractère n'appartient pas aux associations qui ont pour base la mutualité et qui ne sont que des sociétés civiles (Req. 28 déc. 1886, D. P. 87. 1. 311).

21. Les sociétés d'assurances étrangères

peuvent fonctionner en France comme les sociétés françaises, à condition d'observer toutes les prescriptions de la loi française. Mais, depuis la loi du 30 mai 1857 (D. P. 57. 4. 75), les sociétés anonymes constituées à l'étranger ne sont admises à exercer leurs droits en France qu'en vertu d'un décret rendu par application de l'art. 2 de cette loi : en fait, le bénéfice de cet article a été successivement étendu à presque tous les pays (V. *infrà*, *Société*).

22. Par réciprocité, les compagnies françaises peuvent être assureurs à l'étranger ; toutefois elles pourraient rencontrer un obstacle dans la législation du pays où elles voudraient étendre leurs opérations. C'est ainsi qu'elles ne peuvent plus fonctionner en Alsace-Lorraine, un arrêté ministériel du 11 mars 1881 ayant interdit le fonctionnement dans ce pays de toutes les sociétés d'assurances étrangères qui ne seraient pas dûment autorisées par l'autorité compétente.

23. En principe, les compagnies d'assurances sont engagées par le fait de leurs agents locaux (Paris, 2 déc. 1898, D. P. 1900. 2. 299). Toutefois, suivant une opinion, il en serait autrement dans le cas où l'agent aurait excédé les limites de son mandat et contrevenu aux statuts. On admet, du reste, généralement que les actes émanés d'une personne qui, sans avoir reçu aucun mandat d'une compagnie, passe aux yeux du public pour son représentant, notamment les polices qu'elle aurait souscrites, seraient valables.

24. Les compagnies ne sont pas responsables, en principe, du fait des sous-agents ou des courtiers qui, sans avoir reçu d'elles aucun mandat, s'interposent entre l'assureur et les assurés (Paris, 5 juill. 1892, D. P. 93. 2. 407). Il en est autrement, toutefois, lorsque des circonstances spéciales ont pu autoriser les tiers à considérer les sous-agents comme de véritables mandataires de la compagnie.

25. En ce qui concerne la révocation des agents par la compagnie et l'indemnité qui peut, en ce cas, leur être due, V. *infrà*, *Mandat.* — Sur le point de savoir si les agences d'assurances peuvent faire l'objet d'une cession valable et celle-ci est opposable à la compagnie, V. *infrà*, *Vente*.

§ 2. — *Assuré* (R. 42 et s. ; S. 22 et s.).

26. Pour pouvoir s'engager valablement par une convention d'assurance, l'assuré doit avoir la capacité générale de contracter.

27. L'assurance, étant un acte d'administration, peut valablement être contractée par un mineur émancipé (Civ. 481) ; la même solution paraît devoir être adoptée en ce qui concerne le mineur non émancipé. Le contrat d'assurance, à raison de son caractère aléatoire, ne peut être rescindé par application de l'art. 1305 c. civ. et doit être exécuté par le mineur, sauf dans le cas où l'assureur aurait agi de mauvaise foi et profité de l'inexpérience de l'assuré pour lui faire accepter des conditions désavantageuses. Telle est, du moins, l'opinion qui tend à prévaloir. — Quant au prodigue ou au faible d'esprit, ils peuvent valablement contracter une assurance sans être assistés de leur conseil judiciaire : cette assistance leur serait, au contraire, nécessaire pour recevoir l'indemnité qui leur serait allouée en cas de sinistre, et pour en donner décharge (Civ. 499 et 513). — L'individu non interdit qui est placé dans un établissement d'aliénés, étant privé de l'administration de ses biens, ne peut conclure un contrat d'assurance, et le contrat auquel il aurait participé serait susceptible d'être attaqué conformément à l'art. 39 de la loi du 30 juin 1838.

28. La capacité de la femme mariée ne s'applique, en matière d'assurance, qu'aux biens dont l'administration lui appartient,

en vertu du régime sous lequel elle est placée ; par suite, sous le régime de la communauté, la femme, dont les propres sont administrés par le mari, ne peut valablement conclure un contrat d'assurance. La femme marchande publique peut, sans autorisation spéciale, faire assurer les objets de son négoce ; mais, pour que le contrat soit valable, il faut qu'elle ait été dûment autorisée à faire le commerce.

29. Pour qu'une assurance puisse recevoir son exécution, il ne suffit pas que celui qui l'a souscrite ait été légalement capable ; il faut de plus qu'il ait eu qualité pour passer cet acte et qu'il l'ait actuellement pour en réclamer les effets ; la qualité nécessaire se résume dans un intérêt légal à l'assurance. Cet intérêt doit exister au moment du contrat pour qu'il soit valable, et au jour du sinistre pour que la convention puisse recevoir son exécution.

30. 1° *Associés.* — Lorsque la loi, comme dans les sociétés commerciales, ou la convention, désigne ceux des associés qui doivent administrer, ces derniers seuls, d'après l'opinion généralement admise, ont le pouvoir de faire assurer les choses sociales. A défaut de désignation, les pouvoirs d'administration dont jouit en ce cas chaque associé, aux termes de l'art. 1589 c. civ., ne suffisent pas pour autoriser l'un d'entre eux à passer un contrat d'assurance au nom de tous.

31. 2° *Mandataires légaux.* — Le mandataire légal du propriétaire a qualité, comme le propriétaire lui-même, pour faire assurer. Ainsi le tuteur peut présenter à l'assurance les biens du mineur ou de l'interdit ; mais n'est-ce pour lui qu'une simple faculté ou bien une obligation dont l'inexécution engage sa responsabilité ? La question est diversement résolue. De même le mari, lorsqu'il a l'administration des biens de sa femme, peut certainement les assurer ; mais, s'il a omis de le faire, on se demande s'il est responsable des conséquences de cette omission.

32. Le maire a qualité pour assurer les biens communaux, mais après avoir soumis les conditions de l'assurance à l'approbation du conseil municipal. Il en est de même du préfet en ce qui concerne les propriétés du département : le contrat doit être autorisé par le conseil général. Enfin les biens domaniaux peuvent être assurés par l'administration des Domaines ; ceux des établissements publics ou d'utilité publique, tels que les hospices, les bureaux de bienfaisance, etc., par les personnes chargées de la gestion de ces biens, conformément à l'avis des conseils ou commissions sous le contrôle desquels s'exerce cette gestion.

33. 3° *Mandataires conventionnels.* — L'assurance peut être valablement contractée non seulement par celui qui a reçu un mandat spécial à cet effet, mais encore par un mandataire chargé, en termes généraux, d'administrer soit tous les biens d'une personne, soit certains biens déterminés.

34. Les effets du contrat d'assurance conclu par un commissionnaire diffèrent suivant que celui-ci a contracté en son nom propre, ou pour le compte de son commettant qu'il a fait connaître : au premier cas, c'est lui seul qui est engagé et qui peut, le cas échéant, invoquer le bénéfice de l'assurance ; au second cas, le contrat ne lie que le commettant et ne profite qu'à lui. Lorsque la police est contractée « pour le compte de qui il appartiendra », l'indemnité est due, non pas au commissionnaire lui-même, mais au tiers qui établira que les marchandises sinistrées étaient sa propriété (Req. 18 mars 1890, D. P. 90. 1. 411).

35. L'assurance peut être aussi valablement stipulée par un prête-nom ; elle est obligatoire pour l'assureur, bien que l'emploi

du prête-nom ait été concerté à son insu entre son agent et le véritable assuré.

36. 4° *Gérant d'affaires.* — L'assurance conclue par un gérant d'affaires pour le compte d'autrui n'est valable qu'autant que le stipulant déclare sa qualité de *negotiorum gestor* et fait connaître le propriétaire pour le compte duquel il agit. En outre, il est généralement admis que la ratification de ce propriétaire, intervenue avant le sinistre, est nécessaire pour que le contrat produise ses effets.

37. 5° *Vendeur, acquéreur.* — La vente de l'objet assuré fait perdre au vendeur tout droit à l'indemnité, de même qu'elle le dégage de ses obligations ; mais le bénéfice du contrat n'est pas transmis nécessairement et de plein droit à l'acquéreur ; celui-ci, d'après l'opinion qui paraît avoir prévalu, ne peut, même en vertu d'une cession formelle, exiger la continuation de l'assurance à son profit, à moins que l'assureur y donne son consentement. Ces solutions semblent devoir être adoptées aussi bien en matière d'assurances à primes qu'en matière d'assurances mutuelles.

38. 6° *Adjudicataire.* — L'adjudicataire d'un immeuble exproprié peut, en qualité de propriétaire, contracter une assurance ; si l'expropriation est annulée, le saisi qui rentre dans ses biens peut profiter des droits que la police a fait acquérir à l'adjudicataire, en considérant ce dernier comme un *negotiorum gestor*. En ce qui concerne la question de savoir si l'assurance conclue avant l'adjudication conserve ses effets postérieurement à cette adjudication, il semble que les raisons de décider soient les mêmes qu'en cas de vente ordinaire (V. *suprà*, n° 37). — L'adjudicataire sur folle enchère peut réclamer l'indemnité d'assurance, à raison d'un sinistre survenu depuis le jugement d'adjudication rendu à son profit, bien qu'antérieurement à la signification de ce jugement ; si, au contraire, l'immeuble était détruit avant l'adjudication sur folle enchère, l'indemnité profiterait au fol enchérisseur (Req. 3 juin 1893, D. P. 94. 1. 118).

39. 7° *Usufruitier ; nu propriétaire.* — Lorsque l'assurance ayant pour objet une chose grevée d'un droit d'usufruit porte sur la valeur entière de la chose, la question de savoir quels sont les effets de cette assurance se résout par les distinctions suivantes : lorsque la police a été conclue par le nu propriétaire, si le sinistre ne survient qu'après la cessation de l'usufruit, l'assurance produira tout son effet au profit de ce nu propriétaire ; celui-ci aura droit à une indemnité calculée sur la valeur de la propriété entière. Au contraire, si la chose est détruite pendant la durée de l'usufruit, il ne sera indemnisé que jusqu'à concurrence de la valeur de la nue propriété, et l'assurance ne devra pas, pour l'excédent, profiter à l'usufruitier. Lorsque c'est l'usufruitier qui a fait assurer la chose pour sa valeur entière, il ne peut se faire attribuer l'indemnité, en cas de sinistre, que dans les limites de son droit de jouissance, et, comme dans le cas inverse, cette indemnité ne devra pas être attribuée pour le surplus au nu propriétaire (Comp. Toulouse, 24 mars 1885, D. P. 88. 1. 177). — Quand le nu propriétaire, en contractant l'assurance, a déclaré agir tant en son nom personnel que pour le compte de l'usufruitier, ou quand ce dernier a stipulé dans la police à la fois pour son propre compte et pour celui du nu propriétaire, tous deux peuvent se prévaloir du contrat dans la proportion de leurs droits respectifs.

40. 8° *Locataire, bailleur.* — Suivant l'opinion dominante, le fermier ou le locataire n'a pas qualité pour assurer l'immeuble qui lui a été donné à bail. Toutefois la jurisprudence a quelquefois admis, à raison des circonstances particulières dans lesquelles elle était intervenue, la validité d'une telle assurance (V. notamment : Req. 8 juill. 1873, D. P. 74. 1. 172). A l'inverse, l'assurance contre le risque locatif, qu'il appartient au locataire de contracter en son nom (V. *infrà*, n° 66), peut l'être, à son défaut, par le propriétaire lui-même, ce dernier stipulant, en ce cas, moins dans l'intérêt du preneur que dans son intérêt personnel.

41. 9° *Dépositaire.* — Le dépositaire peut faire assurer contre l'incendie les choses dont la garde lui a été confiée; mais il n'y est pas obligé (Lyon, 15 mai 1895, D. P. 96. 2. 199). — Ces solutions s'appliquent, notamment, aux entrepreneurs de magasins généraux, à l'entrepreneur de travaux de constructions ou autres, à l'ouvrier qui a reçu, pour les mettre en œuvre, des matières appartenant à autrui (Lyon, 15 mai 1895, précité).

42. 10° *Héritiers ou autres successeurs à titre universel.* — Le contrat d'assurance se continue, après le décès de l'assuré, avec ses héritiers ou autres ayants cause à titre universel; tant que la succession n'est pas partagée, tous les cohéritiers sont tenus au payement des primes, chacun pour sa part héréditaire, et l'indemnité, le cas échéant, se répartit entre eux dans la même proportion. Mais, après le partage, celui dans le lot duquel se trouve compris l'objet assuré est seul assujetti aux obligations du contrat; c'est à lui seul que l'indemnité est due en cas de sinistre.

43. 11° *Créanciers.* — Les créanciers soit hypothécaires, soit même chirographaires, ont qualité pour assurer les biens de leur débiteur. D'autre part, ils peuvent stipuler l'assurance à leur profit personnel, et non pas seulement au nom et comme gérants d'affaires du débiteur, de telle sorte qu'en cas de sinistre, c'est à eux-mêmes que l'indemnité doit être directement attribuée. L'indemnité que le créancier, qui a conclu la police, pourra réclamer ne sera pas toujours égale à la valeur de sa créance : pour en déterminer le montant, il y aura lieu d'apprécier quel aurait été le résultat des poursuites exercées par le créancier au cas où l'objet assuré n'eût pas été détruit. S'il s'agit d'un créancier hypothécaire qui a fait assurer l'immeuble à lui hypothéqué, il faudra rechercher si ce créancier aurait été colloqué en ordre utile : c'est à cette condition seulement qu'il pourra se prévaloir du contrat d'assurance. S'il n'avait dû obtenir qu'une collocation partielle, l'indemnité serait réduite en proportion. S'il s'agit d'une créance conclue par un créancier chirographaire, il faudra déterminer quelle eût été la part de l'assuré dans l'attribution de l'actif net du débiteur entre tous ses créanciers au cas où le sinistre n'aurait pas eu lieu. — L'assurance contractée pour la valeur totale de l'immeuble hypothéqué par un créancier hypothécaire dont la créance est d'une valeur moindre ne peut profiter au créancier que jusqu'à concurrence de cette dernière valeur; elle produit ses effets pour l'excédent au profit du débiteur.

ART. 4. — **OBJET DU CONTRAT D'ASSURANCE.**

§ 1er. — *Choses qui peuvent être assurées* (R. 87 et s.; S. 55 et s.).

44. Comme toute autre convention, le contrat d'assurance n'est valable qu'autant qu'il s'applique à un objet; ainsi, l'assurance d'une chose qui n'existe plus, par exemple d'une maison détruite par un incendie au moment où on la présente à l'assurance, est nulle. Il en est de même de l'assurance d'une chose qui n'existe pas encore; toutefois, il n'est pas nécessaire que, à l'époque du contrat, la chose assurée appartienne déjà au stipulant : l'assurance produira son effet pourvu qu'il soit établi qu'elle était sa pro-

priété au moment du sinistre ; c'est ce qui a lieu spécialement dans le cas où les marchandises faisant l'objet d'un commerce ont été assurées en bloc, sans désignation spéciale ; la garantie s'appliquant à une certaine quantité d'objets *in genere* et non à tels ou tels objets individuellement spécifiés, il suffira à l'assuré de démontrer qu'il possédait une quantité de marchandises à peu près égale à celle qu'il s'y trouvait à l'instant du contrat. — L'assurance est faite aussi parfois *avec désignation*, lorsque les marchandises doivent demeurer au même endroit, ou bien qu'elles sont en dépôt chez un consignataire, ou qu'elles sont destinées à sortir de chez lui telles qu'elles y sont entrées ; l'assuré ne peut alors obtenir l'indemnité stipulée qu'à la condition d'établir l'existence, lors du sinistre, des objets désignés par la police.

45. Toutes choses susceptibles d'être détruites ou endommagées par l'incendie ou par d'autres accidents fortuits peuvent être assurées. Toutefois, en ce qui concerne les marchandises de contrebande, la validité du contrat n'est reconnue que dans le cas où l'importation ou l'exportation des marchandises est prohibée seulement par la loi étrangère ; l'assurance est nulle si la contrebande existe au regard de la loi française. On ne peut assurer non plus le profit espéré des marchandises sujettes à un risque, ni des loyers à échoir, ni même des loyers échus.

§ 2. — *Réassurance* (R. 97; S. 58 et s.).

46. La réassurance est le contrat par lequel l'assureur se garantit lui-même contre les effets de l'assurance qu'il a consentie. La validité de cette convention est universellement admise. La réassurance est étrangère à l'assuré primitif, et elle n'établit aucun lien de droit entre lui et le réassureur (Lyon, 14 févr. 1890, D. P. 90. 2. 367). Comp. *infrà*, n° 125. — Lorsqu'il y a transmission, au profit de la compagnie d'assurances, du droit de toucher les primes qui deviendront exigibles à partir d'une certaine époque, à charge par elle de payer les indemnités qui pourront être dues aux assurés, la réassurance constitue une cession de portefeuille qui fait acquérir à ladite compagnie la propriété des polices de la compagnie cédante (Req. 13 juin 1893, D. P. 93. 1. 524).

47. D'autre part, on admet généralement que l'assuré a le droit de contracter, pour le même objet, une nouvelle assurance avec un autre assureur. — Mais, si la validité de l'assurance multiple est admise en principe, on n'est pas d'accord sur ses effets. Suivant une opinion, la perte occasionnée par le sinistre se répartira proportionnellement entre les assureurs, conformément à la règle consacrée en matière d'assurance maritime par l'art. 359 c. com. pour le cas où plusieurs polices ont été contractées à la même date. Le premier assureur peut être contraint de payer à l'assuré l'indemnité tout entière ; mais il a un recours contre le second assureur pour la part proportionnelle à la valeur assurée par celui-ci. — D'après un autre système, la disposition de l'art. 359 c. com. s'appliquerait par analogie aux assurances terrestres, et, par suite, le premier contrat devrait seul produire ses effets s'il garantissait la valeur totale des objets assurés (Req. 8 janv. 1878, D. P. 78. 1. 223). — Au reste, la difficulté est, en général, prévue par les polices, qui stipulent, en cas d'assurances multiples, le concours proportionnel des assureurs. Cette stipulation est valable. Il en est de même de la clause qui impose à l'assuré, sous peine de nullité, l'obligation de déclarer à son premier assureur la nouvelle assurance qu'il se propose de conclure, et de la clause inverse qui l'oblige à déclarer à son second

assureur les contrats qu'il avait précédemment conclus avec d'autres compagnies. Ces clauses sont impératives, et leur inobservation entraîne l'annulation des conventions (Lyon, 27 nov. 1897, D. P. 1900. 1. 381). Mais on doit les interpréter restrictivement, puisqu'elles imposent à l'assuré une obligation dont il ne serait pas tenu de plein droit.

48. L'assureur ne pourrait invoquer la clause de déchéance stipulée dans la police si la première assurance, dont la déclaration a été omise, se trouvait annulée, s'il résultait des circonstances qu'il n'a pu ignorer l'existence de cette assurance. — La même solution a été appliquée par la jurisprudence au cas où les diverses assurances auraient été contractées avec un même agent représentant des compagnies différentes ; il a été jugé qu'en ce cas, l'une des compagnies ne saurait se faire un grief de ce que l'assuré, en contractant avec elle, n'aurait pas déclaré les polices qu'il avait déjà conclues avec les autres compagnies (Paris, 9 juin 1863, S. 60).

49. Lorsque la première assurance n'a pas été maintenue, le second assureur ne peut pas se refuser à payer, en cas de sinistre, la portion de l'indemnité qui aurait été à la charge du premier assureur si la police conclue avec ce dernier eût conservé ses effets.

§ 3. — *Reprise d'assurance* (R. 109 et s.; S. 62).

50. Celui qui craint que son assureur ne puisse tenir ses engagements peut faire reprendre son assurance par un autre assureur. Celui-ci se trouve substitué à l'assuré pour l'exécution de son contrat : il paye la prime aux lieu et place de l'assuré, et, en cas de sinistre, il poursuit le payement de l'indemnité, en exerçant les droits et actions de l'assuré auquel il est subrogé. D'autre part, il reçoit lui-même une prime et est, le cas échéant, personnellement débiteur de l'indemnité. La reprise d'assurance est indépendante du premier contrat ; les conditions peuvent en être entièrement différentes ; c'est un nouvel engagement que contracte l'assuré sans qu'il puisse pour cela se dégager du premier.

ART. 5. — **DES RISQUES.**

§ 1er. — *Règles générales* (R. 113 et s.; S. 65 et s.).

51. On entend par *risque*, en matière d'assurance, tout danger incertain dans son événement et son résultat, et qui expose une personne à quelque perte pécuniaire. L'existence d'un risque est une des conditions essentielles à la validité de l'assurance; le contrat serait nul s'il faisait défaut.

52. A la différence de ce qui a lieu en matière d'assurance maritime (Com. 351), l'assurance terrestre ne couvre pas seulement les risques résultant d'un cas fortuit; elle s'étend aussi, en principe, à ceux qui proviennent du fait ou de la faute de l'homme; ainsi l'assureur est tenu de garantir le sinistre même lorsqu'il est dû à l'imprudence ou à la négligence de l'assuré lui-même, à moins toutefois qu'il ne s'agisse d'une faute lourde assimilable au dol (Req. 12 déc. 1893, D. P. 94. 1. 340).

53. L'infraction à des dispositions législatives ou réglementaires ne doit pas être considérée comme une faute grave de nature à dégager la responsabilité de l'assureur; ainsi l'assureur ne peut échapper à la responsabilité qui lui incombe à raison de l'incendie causé par une explosion de pétrole, sous le prétexte que l'accident aurait été le résultat d'une contravention de l'assuré aux prescriptions du décret du 18 avr. 1866 (D. P. 66. 4. 40), alors qu'il n'y a eu ni dol ni faute lourde de l'assuré, et encore que celui-ci ait encouru, à la suite du sinistre, une condamnation correctionnelle pour blessures involontairement causées à des tiers, par imprudence, négligence et inobservation des règlements (Req. 22 mars 1875, D. P. 76. 1. 398).

54. La responsabilité des accidents qui seraient dus à une faute lourde de l'assuré ne saurait incomber à l'assureur, même en vertu d'une clause expresse de la police. — L'assureur est, d'ailleurs, tenu de prouver l'existence du dol ou de la faute lourde qu'il impute à l'assuré (Poitiers, 12 mai 1875, D. P. 76. 2. 239).

55. Si l'assurance ne peut garantir l'assuré contre les conséquences de son dol ou de sa faute lourde, à plus forte raison demeure-t-elle sans effet lorsque le sinistre est le résultat d'un crime commis par l'assuré. La preuve de ce crime, qui, en principe, incomberait à l'assureur, résulterait nécessairement d'un arrêt de condamnation prononcé par la cour d'assises; à l'inverse, si l'assuré avait été acquitté, l'assureur n'en serait pas moins recevable encore à contester son droit, la déclaration de non-culpabilité émanée du jury n'impliquant pas nécessairement que l'assuré n'ait pas été l'auteur du sinistre, ni même qu'il n'ait pas commis une faute de nature à engager sa responsabilité. L'assureur aurait, par suite, le droit de prouver l'existence de cette faute devant la juridiction civile (Comp. *infrà, Chose jugée*).

56. L'assureur répond de plein droit du sinistre imputable à des personnes dont l'assuré est civilement responsable. Cette solution, toutefois, fait difficulté dans le cas où il y a eu, de la part de ces personnes, faute lourde, dol ou fait criminel. — Quant à la faute des tiers, l'assureur en est certainement responsable dans tous les cas; elle équivaut, au regard de l'assuré, à un cas fortuit. Cette solution s'applique même au cas où le sinistre aurait été causé par une personne ayant sur l'objet des droits communs avec l'assuré; ainsi, la déchéance du droit à indemnité résultant pour le mari de ce qu'il a volontairement incendié les objets assurés ne peut être opposée à la femme : celle-ci conserve le droit de réclamer la part qui lui revient dans l'indemnité d'assurance (Nancy, 30 mai 1856, D. P. 56. 2. 252).

57. L'assurance couvre les risques provenant du vice propre de la chose. Ici encore l'assurance terrestre diffère de l'assurance maritime (Com. 352). Ainsi, en cas d'assurance contre l'incendie, l'assuré a droit à la réparation du sinistre causé par la construction vicieuse de l'immeuble. Mais, pour qu'il en soit ainsi, il faut que la perte ou la détérioration de la chose provienne d'un risque garanti par le contrat. D'autre part, l'indemnité ne serait pas due si, au moment où l'assurance a été contractée, l'objet assuré était déjà sous le coup d'une destruction imminente qu'un vice du vice dont il était atteint, ou si, connaissant ce vice, l'assuré ne l'avait pas déclaré en concluant l'assurance.

§ 2. — *Étendue des risques* (R. 122 et s.; S. 78 et s.).

58. L'étendue du risque dont répond l'assureur dépend des termes de la police, qu'il appartient au juge d'interpréter. Ainsi, il a été jugé que l'assurance contractée par un entrepreneur pour garantir des objets mobiliers « nécessaires à l'exercice de sa profession » comprend non seulement l'assurance d'outils déterminés, ceux qui existaient au jour du contrat, mais encore l'assurance de tout le matériel courant nécessaire à l'exercice du métier d'entrepreneur, sujet, par cela même, par suite de son usage, d'un renouvellement permanent (Rennes, 22 févr. 1893, D. P. 93. 2. 516).

59. Les statuts des compagnies stipulent d'ordinaire qu'un même risque ne pourra être assuré au delà d'une somme déterminée. Cette somme, appelée *plein*, ne doit pas être dépassée. Mais il a été jugé qu'une assurance portant à la fois sur plusieurs objets était valable bien que ceux-ci eussent une valeur totale supérieure au maximum fixé par les statuts, s'il résultait de la nature de ces objets et de la disposition des lieux où ils étaient situés qu'ils présentaient des risques divisés, et si d'ailleurs la valeur des objets compris dans un même risque était inférieure au maximum (Paris, 20 juin 1860). — Une réunion d'objets qui, par leur juxtaposition, sont exposés à être détruits par un même incendie, ne forme qu'un seul risque. Ce qui distingue et sépare les risques, c'est la difficulté présumée qu'éprouve le feu à se propager d'un risque à l'autre. L'assurance de chaque risque distinct constitue un contrat distinct, ce qui n'empêche pas d'ailleurs de réunir l'assurance de plusieurs risques sur une police unique; en cas d'incendie, il y a lieu à autant d'évaluations séparées pour fixer l'indemnité qu'il y a de risques distincts.

§ 3. — *Durée des risques* (R. 127 et s.; S. 97 et s.).

60. La durée des risques dépend des stipulations constatées par la police. Dans le silence du contrat, les risques commenceraient à partir de la signature de la police; quant à leur cessation, ils dépendraient de la nature de l'objet assuré; par exemple, l'assurance d'une récolte serait censée faite seulement pour l'année.

§ 4. — *Quels risques sont à la charge de l'assureur?*

A. — Risque d'incendie proprement dit (R. 131 et s.; S. 81 et s.).

61. L'assurance contre l'incendie ne couvre que les risques des dégâts causés par le feu; elle ne s'applique pas aux accidents occasionnés par un excès de chaleur qui n'a pas donné naissance à une combustion ou à un embrasement. Elle ne garantit pas non plus de plein droit les accidents causés par les explosions. Toutefois, si l'explosion avait déterminé un incendie, la responsabilité de l'assureur serait engagée; mais elle ne s'appliquerait qu'aux dommages causés par le feu et non à ceux qui seraient les résultats directs de l'explosion : à l'inverse, si l'explosion avait été précédée de l'incendie et causée par lui, les pertes seraient couvertes en totalité par l'assurance, sans qu'il y ait à distinguer entre celles provenant de l'incendie lui-même et celles qui résulteraient de l'explosion.

62. En ce qui concerne les accidents causés par la foudre, il a été jugé que l'assurance contre l'incendie, même causé par la foudre, s'applique non seulement au cas où la perte des objets assurés provient de l'incendie que la foudre a déterminé dans les lieux où se trouvaient ces objets, mais encore au cas où la perte est le résultat immédiat de l'action du feu du ciel, et qu'une telle assurance, invoquée notamment en cas de perte de bestiaux, garantit aussi bien les bestiaux que la foudre a détruits dans les champs que ceux qu'elle a frappés dans les lieux couverts (Civ. r. 14 avr. 1858, D. P. 58. 1. 213).

63. Les compagnies qui assurent contre l'incendie stipulent en général qu'elles ne garantissent pas les incendies provenant d'émeute, guerre, sédition populaire, invasion, etc. Cette clause ne peut cependant être entendue en ce sens que les assurances doivent être considérées comme suspendues pendant la durée de la guerre ou de l'invasion. Le contrat d'assurance subsiste, et continue à produire ses effets légaux malgré l'invasion, la compagnie restant toujours garante des risques ordinaires, c'est-à-dire des incendies qui, bien que se produisant au cours de l'invasion, n'ont point été occasionnés par elle. D'autre part, la survenance d'une invasion ennemie n'a pas pour effet de faire présumer que tout incendie qui se produit pendant la guerre ou se rattachant à la guerre, et de mettre à la charge de l'assuré la preuve que la cause réelle de l'incendie est une de celles dont l'assureur continue à répondre : c'est à celui-ci qu'il incombe de prouver que le sinistre rentre sous l'application de la clause exceptionnelle insérée dans le contrat.

64. L'assurance contre l'incendie s'étend-elle de plein droit au risque de la démolition des immeubles assurés qui serait ordonnée par l'autorité pour arrêter les progrès du feu? La question pourrait faire difficulté; mais, en général, les compagnies garantissent expressément les assurés contre ce risque.

65. La responsabilité de l'assureur n'est pas restreinte aux dommages causés par l'action du feu; il répond encore de ceux qui se produisent à l'occasion de l'incendie et peuvent en être considérés comme le résultat direct et immédiat, par exemple des détériorations que les objets assurés auraient subies par suite des intempéries auxquelles ils se sont trouvés exposés avant qu'on ait pu les mettre à l'abri, ou de la chute d'un bâtiment atteint par le feu, si ces dommages se sont produits peu de temps après l'incendie et en sont la conséquence nécessaire. Toutefois, ce qui reste des objets assurés n'est pas, dans tous les cas, aux risques de l'assureur; celui-ci ne répondrait pas des accidents autres qu'un incendie qui surviendraient postérieurement et causeraient de nouveaux dommages à ces objets, ni, à plus forte raison, des détériorations imputables à l'assuré qui n'aurait pas pris les précautions nécessaires pour leur conservation.

B. — Risques locatifs (R. 141 et s.; S. 94).

66. Le locataire, qui ne peut pas faire assurer en son nom l'immeuble donné à bail, peut se faire garantir par un assureur contre les suites de la responsabilité locative que lui imposent les art. 1733 et 1734 c. civ. — Pour que l'assureur soit tenu, il faut, par suite, que le locataire soit responsable envers le propriétaire, ce qui suppose à la charge de ce locataire une faute présumée ou prouvée, commise dans les lieux loués. Si donc le fait d'où est résulté l'incendie s'est produit en dehors de ces lieux, l'assureur n'est pas, en principe, responsable (Civ. c. 22 févr. 1899, D. P. 1902. 1. 153). Toutefois cette solution n'est pas appliquée d'une façon absolue par la jurisprudence; et il a été jugé, notamment, que l'assurance du risque locatif s'étend même à un incendie qui aurait commencé hors des bâtiments loués, lorsque les faits à raison desquels l'assuré a été déclaré responsable se rattachent à l'exercice de ses droits de locataire (Civ. r. 28 nov. 1881, D. P. 82. 1. 217).

C. — Risque du voisin (R. 144 et s.; S. 95 et s.).

67. Le propriétaire d'une maison incendiée a un recours contre ceux qui ont communiqué le feu; le risque que court ainsi chaque habitant, exposé à répondre de l'incendie qui aura détruit ou endommagé les maisons voisines, est la matière d'une assurance spéciale, appelée assurance du *recours des voisins*. La convention n'a son effet qu'autant que, le feu ayant pris aux maisons voisines par la communication de la maison de l'assuré, celui-ci serait déclaré responsable envers ses voisins.

68. On s'est demandé si cette assurance

pent être invoquée par l'assuré, lorsque celui-ci a été condamné à indemniser son locataire, habitant avec lui l'immeuble incendié, du préjudice causé par la communication du feu. Il y a lieu, ce semble, de distinguer : si l'incendie a été le résultat d'un vice de construction ou d'entretien, l'assuré n'a pu être condamné que comme bailleur et non en qualité de voisin, et l'assurance qu'il a contractée ne le garantit pas contre une pareille condamnation. L'assureur est, au contraire, tenu de l'indemniser, quand le sinistre a été causé par son imprudence ou sa négligence, car c'est alors à titre de voisin qu'il est responsable envers son locataire. — À l'inverse, le locataire qui s'est assuré contre les risques du voisinage ne peut se faire indemniser des condamnations qu'il aurait encourues envers le propriétaire de l'immeuble incendié ; l'assurance contre les risques locatifs le mettrait seule à couvert contre de pareilles condamnations. Mais il pourrait se prévaloir du contrat s'il avait subi des dommages soit envers les propriétaires ou locataires des maisons voisines auxquelles le feu se serait communiqué, soit envers ses colocataires.

69. L'assurance contre le recours des voisins comprend la garantie des condamnations encourues par l'assuré par suite d'une faute imputable à lui ou aux siens, mais non la garantie des frais avancés par l'assuré pour se défendre contre des actions témérairement intentées contre lui par des voisins.

§ 5. — *De l'aggravation des risques* (R. 279 et s.; S. 148 et s.).

70. L'assuré, pendant la durée du contrat, ne peut modifier ou aggraver les risques prévus par la police sans en avertir l'assureur. Tout changement de risque assuré autorise l'assureur à résilier le contrat, et l'assuré qui aurait négligé de porter ce changement à sa connaissance ne pourrait, en cas de sinistre, réclamer aucune indemnité. Par exemple, l'assuré est déchu de son droit à l'indemnité s'il a introduit dans les bâtiments, sans en prévenir l'assureur, des objets que la police répute matières hasardeuses, telles que du chanvre, ainsi que des ouvriers étrangers chargés de peigner et de manipuler ce chanvre.

71. Mais il faut que les changements qui se sont produits constituent véritablement une aggravation de risques. C'est ainsi que le pharmacien en détail qui a joint à son industrie le commerce de pharmacie en demi-gros, n'a pas été considéré comme ayant aggravé les risques garantis par l'assureur, alors que, pour l'exercice de ce commerce, il n'avait pas introduit dans les bâtiments assurés des manipulations de nature à augmenter le danger d'incendie (Req. 17 mars 1880, D. P. 80. 1. 406.)

72. Le déplacement des objets assurés peut, dans certains cas, entraîner une augmentation de risques et être une cause de déchéance s'il a lieu sans déclaration préalable ; ainsi, l'assuré qui déplace des objets garantis contre l'incendie et les transporte dans des bâtiments non assurés où ils courent de plus grands risques encourt la déchéance. Mais, d'autre part, il a été décidé que le fait de déplacer un poêle sans que le danger d'incendie en soit augmenté ne peut être rangé au nombre des changements prévus par les polices, et qui exposent l'assuré à la déchéance lorsqu'ils ne sont pas déclarés à l'assureur (Lyon, 23 janv. 1860). — Il appartient, d'ailleurs, aux juges du fond d'apprécier souverainement si les changements opérés dans les lieux assurés augmentent les chances d'incendie, et si l'introduction d'objets susceptibles d'aggraver les risques rentre dans les prévisions du contrat.

73. L'assuré est tenu, sous peine de déchéance, d'informer l'assureur, non seulement des changements survenus dans les lieux assurés, mais aussi de ceux qui se produisent dans les propriétés voisines, alors que ces changements sont de nature à aggraver les risques prévus par le contrat. Les clauses de déchéance contenues à cet égard dans les polices doivent d'ailleurs être entendues restrictivement (Douai, 12 janv. 1900, D. P. 1900. 2. 467). — Quand il s'agit de modifications dont l'assuré est l'auteur, il doit en faire la déclaration avant qu'elles soient opérées ; dans le cas contraire, cette déclaration ne peut intervenir qu'une fois les innovations accomplies, et les polices lui accordent d'ordinaire un délai (généralement un mois) pour informer la compagnie de ces innovations. Si les changements qui aggravent les risques, et dont l'assuré n'a pas fait la déclaration, sont parvenus d'une autre manière à la connaissance de l'assureur, il semble que, l'absence de déclaration ne causant à ce dernier aucun préjudice, la déchéance ne saurait être encourue (V. toutefois : Paris, 5 mai 1875, S. 155).

74. Le défaut de déclaration par l'assuré d'une augmentation de risques survenue depuis le contrat emporte nullité de l'assurance, alors même que cette augmentation de risques n'aurait pas influé sur le dommage ou la perte de l'objet assuré. — L'assureur qui oppose à l'assuré la déchéance doit, dans tous les cas, prouver l'existence du changement sur lequel il appuie sa prétention ; il doit, de plus, si le changement n'était pas prévu par la police, établir qu'il a entraîné une augmentation de risques. Si, en présence de la déclaration qui lui est faite du changement survenu, l'assureur ne résilie pas le contrat, il a droit, en général, à une *surprime* représentant l'aggravation du risque.

ART. 6. — **DES OBLIGATIONS DE L'ASSUREUR** (R. 202 et s.; S. 170 et s.).

75. L'assureur doit réparer le dommage subi par l'assuré : cette réparation consiste, en principe, dans une indemnité payable en argent, dont le montant est déterminé par les conditions fixées dans la police et ne peut être modifié au gré de l'assureur pendant la durée du contrat. Cette indemnité, dont le payement ne peut être exigé que de la compagnie d'assurances elle-même et non de ses directeur ou administrateur personnellement, n'est due qu'autant que le sinistre prévu par le contrat a été la cause d'un dommage pour l'assuré.

§ 1er. — *Bases de l'indemnité* (R. 203 et s.; S. 174 et s.).

76. L'indemnité doit être fixée d'après l'étendue du dommage réellement subi par l'assuré au moment du sinistre, c'est-à-dire eu égard à la valeur qu'avaient les objets assurés à ce moment, et non pas à l'époque où l'assurance a été contractée. Par suite, les évaluations contenues dans la police ne peuvent pas, en principe, servir de base à la fixation de l'indemnité : elles ne lient pas l'assureur et ne dispensent pas l'assuré, en cas de sinistre, d'établir la valeur des objets assurés. Cependant la jurisprudence n'est pas unanime sur ce point. Elle admet, dans tous les cas, que lorsque le sinistre a détruit entièrement la chose assurée, l'évaluation donnée dans le contrat d'assurance peut être considérée comme une présomption en faveur de l'assuré, de nature, en l'absence de toute preuve contraire, à justifier sa demande d'indemnité (Civ. r. 21 févr. 1898, D. P. 1903. 1. 483). D'autre part, si l'évaluation contenue dans la police a eu pour objet de régler d'avance, d'une façon précise, l'étendue de l'obligation de l'assureur, elle lie ce dernier d'une façon définitive.

77. La valeur des objets assurés n'est pas le seul élément dont il y ait à tenir compte pour la fixation de l'indemnité. Le contrat renferme d'ordinaire l'indication d'une somme pour laquelle il est contracté l'assurance et qui fixe la limite des droits de l'assuré. L'étendue de ces droits varie suivant que la somme assurée est égale, supérieure ou inférieure à la valeur des objets assurés. Si la somme est égale à la valeur et que la chose ait péri en entier, l'assureur devra toute la somme ; il ne devra, s'il y a sinistre partiel, qu'une partie de la somme, correspondante au rapport de la perte avec la valeur. Il en est de même dans le cas où la somme assurée est supérieure à la valeur des objets assurés ; l'assurance, s'il n'y a pas eu fraude, est réductible à la valeur réelle. Si, au contraire, la somme assurée est inférieure à la valeur, les parties sont présumées n'avoir pas voulu couvrir la valeur entière, l'assuré est considéré comme étant resté son propre assureur pour ce qui excède ladite somme ; par suite, si la destruction n'est que partielle, la perte se répartit entre l'assureur et l'assuré, et ce dernier doit supporter sa part de dommages au centime le franc. Cette dernière solution est consacrée par toutes les polices sous le nom de *règle proportionnelle.*

78. Pour apprécier si l'assuré doit, ou non, subir l'application de la règle proportionnelle, il faut se reporter, suivant une opinion, à l'époque où le contrat a été signé ; suivant un autre système, à la date du sinistre. Les parties peuvent toujours, par une convention contraire insérée dans la police, écarter l'application de la règle proportionnelle : cette dérogation doit même être présumée dans certains cas, notamment dans le contrat de réassurance, dans l'assurance du recours des voisins (où l'application de la règle proportionnelle est impossible en fait), et dans celle des risques locatifs.

79. La règle proportionnelle s'appliquerait à l'assurance particulière pour un créancier hypothécaire. Pour déterminer, en cas de perte partielle, la portion de dommages qui incomberait à l'assureur, il faut considérer quelle était la somme que le créancier avait intérêt à faire garantir. Si, par exemple, la créance était de 12 000 francs, l'assurance ait été contractée pour 4 000 francs, et qu'en tenant compte tant des frais d'expropriation que d'une créance inscrite en premier ordre, il eût pu obtenir 8 000 francs sur le prix de l'immeuble, l'indemnité devra être égale à la moitié des dommages. Le créancier échapperait à l'application de la règle proportionnelle s'il serait venu en ordre utile pour la somme pour laquelle il serait venu en ordre utile n'excédait pas le capital assuré.

§ 2. — *Preuve du dommage* (R. 225; S. 185 et s.).

80. Pour établir le montant des dommages causés par le sinistre, il faut recourir à une expertise. L'assureur qui prend part à cette expertise ne conserve plus le droit d'opposer à l'assuré les déchéances qu'il a pu encourir (Req. 6 juin 1896, D. P. 96. 1. 494).

81. Les experts sont libres de recourir à tous les moyens de vérification dont ils peuvent disposer. Les parties ne sont pas liées par les résultats de l'expertise et peuvent recourir à la justice pour faire rectifier les évaluations des experts. L'assuré, en sa qualité de demandeur, doit justifier de l'importance du dommage ; et dès lors les évaluations des experts doivent, en général, être tenues pour exactes alors que rien ne démontre qu'elles soient insuffisantes ou erronées. — Il y a lieu de prendre en considération, dans l'évaluation du dommage, l'état de vétusté plus ou moins grande où se trouvaient les objets assurés ; en d'autres termes, il faut tenir compte de la différence du neuf au vieux. D'autre part, il faut faire abstraction du prix d'affection que l'assuré pouvait attacher aux objets sinistrés.

82. Les frais de l'expertise amiable doivent, en général, être partagés entre les contractants, à moins d'une stipulation contraire insérée dans la police. Au contraire, les frais de l'expertise judiciaire, c'est-à-dire de celle ordonnée par les juges saisis d'une contestation entre l'assureur et l'assuré, font partie intégrante des dépens de l'instance, et peuvent être mis en totalité à la charge de la partie qui succombe.

§ 3. — *Fixation de l'indemnité* (R. 224, 234 et s.; S. 191 et s.).

83. En principe, l'indemnité est égale au montant des pertes; mais le chiffre peut en être modifié, d'une part à raison des frais de sauvetage qui doivent être payés ou remboursés par l'assureur, d'autre part par suite des déductions qu'il peut y avoir lieu de lui faire subir.

84. 1° *Remboursement des frais de sauvetage.* — L'assureur ne peut être tenu de rembourser que les frais nécessités par le sauvetage au moment de l'incendie : ceux qui sont postérieurs à l'incendie et ont eu pour but, non de préserver les objets de l'atteinte du feu, mais de les conserver dans l'état où ils se trouvaient après le sinistre, sont à la charge de l'assuré.

85. 2° *Déduction à faire sur le montant des indemnités.* — A. Primes échues. — L'assureur a toujours le droit de déduire de l'indemnité le montant des primes échues. Il en est ainsi même en cas de faillite de l'assuré.

86. B. *Valeur des objets sauvés.* — La valeur vénale des objets sauvés et qui, avariés ou non, restent en principe la propriété de l'assuré, doit être déduite du montant de l'indemnité. La diminution de valeur que ces objets pourraient subir après le sinistre et avant le règlement de l'indemnité est à la charge de l'assureur, il en serait ainsi alors même que cette dépréciation résulterait de l'absence de travaux propres à leur conservation, par exemple du défaut de construction d'une toiture.

87. C. *Déduction des bois d'usage.* — D'après la cour de cassation, l'assureur n'a pas le droit de précompter sur le montant de l'indemnité la valeur des bois dont l'assuré pourrait réclamer la délivrance gratuite en vertu d'un droit d'usage (Civ. c. 10 mai 1869, D. P. 69. 1. 280).

88. L'assureur peut payer l'indemnité sans déduction, en prenant à son compte les objets échappés au sinistre; mais cette reprise est pour lui purement facultative.

§ 4. — *Payement de l'indemnité* (R. 228 et s.; S. 200 et s.).

89. Le payement de l'indemnité doit avoir lieu, en principe, dès que la liquidation est terminée, à moins qu'un délai n'ait été stipulé dans la police ou qu'il ne s'élève des contestations qui retardent le payement; il en est ainsi, notamment, quand des créanciers de l'assuré forment opposition entre les mains de l'assureur. Cette opposition fait obstacle à la cession par l'assuré de son droit à l'indemnité; mais le même obstacle ne résulte pas de la saisie dont l'immeuble assuré aurait été l'objet; il a été jugé que l'indemnité due en cas d'incendie d'un immeuble assuré, étant un bien mobilier, n'est pas immobilisée par l'effet de la transcription et de la dénonciation aux créanciers faite antérieurement au sinistre, de la saisie dont avait été frappé cet immeuble, et que, par suite, elle peut, malgré ces formalités, être valablement cédée par le saisi (Colmar, 11 mars 1852, D. P. 55. 2. 251). — La faillite de l'assuré n'apporte, en principe, aucune modification

aux obligations de l'assureur en ce qui touche le payement de l'indemnité.

90. Les dommages-intérêts auxquels a droit l'assuré, à raison du retard apporté par l'assureur au payement de l'indemnité, ne peuvent consister que dans l'allocation des intérêts légaux, conformément à l'art. 1153 c. civ. Mais cette règle cesse d'être applicable lorsque le retard résulte de manœuvres manifestant, de la part du débiteur, l'intention de se soustraire à l'exécution de ses engagements; les dommages-intérêts sont dus alors en vertu du principe consacré par l'art. 1382 c. civ., et ils peuvent excéder le taux de l'intérêt légal.

§ 5. — *Attribution de l'indemnité* (R. 84, 143; S. 207 et s.).

91. Avant la loi du 19 févr. 1889 (D. P. 89. 4. 29), l'indemnité tombait dans le patrimoine de l'assuré et devenait le gage commun de ses créanciers (Civ. 2092). Comme elle n'était pas la représentation de l'objet assuré, toutes les causes de préférence qui, avant le sinistre, auraient fait attribuer le prix de l'immeuble incendié à tel créancier plutôt qu'à tel autre, avaient cessé d'exister; les droits réels sur la chose étaient éteints; un droit purement personnel sur l'indemnité naissait alors au profit des créanciers dans les termes du droit commun, et il n'y avait plus de distinction à faire entre les créanciers privilégiés, hypothécaires et chirographaires; tous avaient sur l'indemnité un droit proportionnel au chiffre de leur créance. Pour éviter la perte de leur droit de préférence, les créanciers privilégiés ou hypothécaires agissaient donc prudemment en se faisant consentir, dans l'acte même qui constituait leur gage, la subrogation à leur profit du droit éventuel que pourrait avoir leur débiteur à l'indemnité d'assurance.

92. La loi du 19 févr. 1889 a décidé (art. 2) que les indemnités d'assurance seraient attribuées, sans qu'il y ait besoin de délégation expresse, aux créanciers privilégiés ou hypothécaires, suivant leur rang. Il en résulte que les sûretés qui grèvent un bien sont transférées de plein droit sur l'indemnité due en cas d'assurance. — Le même art. 2 ajoute que les payements faits de bonne foi avant opposition sont valables. L'opposition suffit, par suite, à constituer l'assureur de mauvaise foi. Elle n'est, d'ailleurs, assujettie à aucune forme spéciale ; les créanciers peuvent notamment procéder par voie de saisie-arrêt entre les mains de la compagnie d'assurance, s'ils ont de justes sujets de craindre que des payements ne soient faits à leur détriment à d'autres créanciers (Req. 15 janv. 1901, D. P. 1901. 1. 102). En dehors de l'opposition, la preuve que l'assureur connaissait les créances donnant ouverture au droit de délégation prévu par la loi de 1889 supplée à une opposition régulièrement signifiée. Le créancier conserve donc son droit à l'assurance en le faisant connaître par un moyen quelconque, mais suffisant pour que l'assureur sache à qui doit payer et jusqu'à concurrence de quelle somme (V. *infrà, Privilèges et hypothèques*).

93. Aux termes de l'art. 3, § 1er, de la loi du 19 févr. 1889, les indemnités dues en cas de sinistre par le locataire ou le voisin, par application des art. 1733 et 1382 c. civ. sont, comme les indemnités d'assurance, déléguées de plein droit aux créanciers privilégiés ou hypothécaires (V. *infrà, Privilèges et hypothèques*).

94. Enfin, en cas d'assurance du risque locatif ou du recours du voisin, le paragraphe 2 de l'art. 3 dispose que l'assuré ou ses ayants droit ne peuvent toucher tout ou partie de l'indemnité sans que le propriétaire de l'objet loué, le voisin, ou le tiers subrogé à leurs droits, aient été désintéressés des conséquences du sinistre. Il résulte de ce

texte que le propriétaire de l'immeuble sinistré a le droit de percevoir directement, et par préférence aux créanciers du locataire ou du voisin, l'indemnité d'assurance due à celui-ci. Cette indemnité est également soumise à la règle de l'art. 2 et doit être attribuée, le cas échéant, aux créanciers privilégiés ou hypothécaires du propriétaire (V. *infrà, Privilèges et hypothèques*).

95. Le droit éventuel à l'indemnité d'assurance peut, d'ailleurs, être l'objet d'une cession de la part de l'assuré ; cette cession, pour être opposable aux tiers, doit être signifiée à la compagnie d'assurances conformément à l'art. 1690 c. civ. (Req. 17 mars 1891, D. P. 92. 1. 26).

§ 6. — *Faculté de rétablir en nature les objets détruits* (R. 239 et s.; S. 220 et s.).

96. Le rétablissement des objets en nature est purement facultatif pour l'assureur; il doit, en ce cas, reconstituer la chose assurée exactement telle qu'elle était avant le sinistre. Si les objets qu'il fournit ont une valeur supérieure à celle des objets sinistrés, il ne peut pas exiger que l'assuré lui tienne compte de la plus-value.

§ 7. — *Faculté de résiliation en cas de sinistre* (R. 246; S. 223 et s.).

97. Les compagnies peuvent valablement se réserver dans les polices la faculté, en cas de sinistre, de résilier l'assurance pour l'avenir, et stipuler que, dans cette hypothèse, elles ne seront tenues à aucune restitution de primes.

§ 8. — *Subrogation de l'assureur dans les droits de l'assuré contre les auteurs du sinistre* (R. 247 et s.; S. 225 et s.).

98. Outre qu'il a contre les tiers responsables du sinistre une action directe en vertu du principe général formulé par les art. 1382 et 1383 c. civ., l'assureur peut être subrogé aux droits et actions de l'assuré contre ces tiers. La subrogation n'a pas lieu de plein droit au profit de l'assureur; mais elle peut résulter d'une convention expresse. Cette subrogation conventionnelle peut valablement intervenir jusqu'à ce que l'assureur ait payé l'indemnité. Elle doit être nettement stipulée. — Lorsque l'intention de subroger est bien établie, l'assureur est investi sans restriction de tous les droits de l'assuré; il peut notamment invoquer du chef de ce dernier, propriétaire de l'immeuble incendié, la présomption établie contre les locataires par l'art. 1733 c. civ. Il a également action, en cas d'incendie par la faute du locataire, non seulement contre celui-ci, mais, par application de l'art. 1166 c. civ., contre la compagnie qui a assuré les risques locatifs de ce locataire.

99. Au lieu d'une subrogation proprement dite, l'assuré pourrait consentir à l'assureur une *cession* de ses droits. Les effets de cette cession ne sont pas, comme ceux de la subrogation, subordonnés au payement de l'indemnité; l'assureur a le droit de poursuivre les tiers responsables du dommage sans être tenu de justifier de ce payement (Alger, 25 nov. 1893, D. P. 94. 2. 503). — La cession doit, pour être efficace à l'égard des tiers, notamment pour autoriser l'assureur à agir contre l'auteur du sinistre, être signifiée à celui-ci, conformément à la règle générale édictée par l'art. 1690 c. civ.

§ 9. — *Extinction du droit à indemnité; prescription* (R. 306 et s.; S. 268 et s.).

100. En principe, la prescription applicable à l'action en payement de l'indemnité est celle de trente ans; toutefois les polices peuvent valablement stipuler, en fait elles stipulent toujours, une prescription plus courte (d'ordinaire six mois). Cette stipulation est licite et obligatoire (Req. 26 mars 1902, D. P. 1902. 1. 248). Mais, lorsqu'il est stipulé, dans la police, que « les dommages résultant de l'incendie doivent être *réclamés* dans un délai de six mois du jour de l'incendie ou des dernières poursuites », le fait de provoquer une expertise amiable dans ce délai de six mois avec l'assistance de l'assureur peut être considéré comme constituant ladite réclamation et empêchant la déchéance (Civ. c. 22 févr. 1899, D. P. 1902. 1. 153).

101. Le point de départ de la prescription est, en général, le jour où le sinistre s'est produit, sauf dans le cas où l'assurance a pour but de garantir l'assuré contre la responsabilité qu'il peut encourir à l'égard des tiers (assurance contre les risques locatifs et contre les recours des voisins) ; la prescription ne peut alors courir qu'à partir du moment où des poursuites sont engagées contre l'assuré à fin de réparations civiles du dommage d'incendie.

102. La prescription, en cette matière comme en toute autre, est susceptible d'interruption. Cette interruption ne peut résulter que de l'un des actes prévus par les art. 2244 et 2245 c. civ. Ainsi, la prescription n'est pas interrompue par une demande d'assistance judiciaire (Dijon, 25 juill. 1902, D. P. 1903. 2. 103).

ART. 7. — Des obligations de l'assuré.

§ 1er. — *Des obligations de l'assuré lors de la conclusion du contrat* (R. 166 et s. ; S. 113 et s.).

103. L'assuré est tenu, au moment où se forme le contrat, de faire des déclarations exactes et complètes sur tout ce qui doit être porté à la connaissance de l'assureur ; il doit, sous peine de déchéance, s'abstenir de toute réticence, de toute fausse déclaration.

104. 1° *Réticences.* — La réticence dans les déclarations de l'assuré n'entraîne l'annulation du contrat que lorsqu'elle est susceptible d'influer sur *l'opinion du risque*. Il y a là une question de fait, dont l'appréciation appartient souverainement aux juges du fond (Req. 10 déc. 1902, D. P. 1903. 1. 156). — Parmi les réticences qui sont en général de nature à modifier l'appréciation des risques, on peut citer celles concernant la qualité de l'assuré (propriétaire, usufruitier, mandataire, locataire, etc.) (Req. 7 mars 1898, D. P. 98. 1. 215) et celles relatives aux objets soumis aux risques. Il a été jugé, par exemple, à cet égard, que le silence gardé sur l'existence d'une fabrique de bondes en bois au moyen de machines-outils, et principalement d'une scie mue par la vapeur, dans une maison formant l'objet d'un contrat d'assurance, devait être considéré comme une réticence de nature à entraîner la nullité de ce contrat (Lyon, 23 janv. 1895, D. P. 98. 2. 59).

105. 2° *Fausses déclarations.* — Les fausses déclarations entraînent la nullité du contrat lorsqu'elles sont de nature à influer sur l'opinion du risque, et cela alors même qu'elles ne seraient pas frauduleuses de la part de l'assuré. Si, au contraire, elles n'ont pas eu pour effet de diminuer l'opinion du risque ou n'en ont point changé le sujet, elles ne constituent que de simples inexactitudes sans conséquence, et n'enlèvent pas à l'assuré le bénéfice du contrat. — L'exécution donnée au contrat par la réception du montant des primes pendant un certain temps n'enlève pas à l'assureur le droit d'invoquer la déchéance encourue par l'assuré pour fausse déclaration. Ce droit subsiste-t-il bien que l'agent de la compagnie ait visité les lieux auxquels devait s'appliquer l'assurance, et ait pu acquérir ainsi une connaissance exacte et complète des risques incombant à la compagnie ? La question a été diversement résolue par la jurisprudence.

§ 2. — *Des obligations de l'assuré pendant la durée du contrat* (R. 172 et s. ; S. 124 et s.).

106. Pendant la durée du contrat, l'obligation principale de l'assuré est de payer le prix stipulé pour la compensation des risques, et dont la consistance varie suivant qu'il s'agit d'une assurance mutuelle ou d'une assurance à primes fixes. Cette obligation passe aux héritiers de l'assuré de même qu'à ses autres successeurs à titre universel ; ses successeurs à titre particulier peuvent également être assujettis, mais à la condition que l'assurance soit maintenue à leur profit (V. *supra*, n° 42).

107. La prime reste acquise à l'assureur par cela seul que le risque a existé, si courte qu'en ait été la durée ; par suite, l'assureur conserve la prime entière bien que le contrat vienne à être résolu au cours de son exécution, et qu'ainsi l'assurance n'ait pas eu toute la durée qui lui avait été assignée par les parties. Mais cette solution ne s'applique qu'aux cas où la rupture du contrat n'est pas imputable à l'assureur lui-même ; ainsi, si l'assureur, après règlement d'un sinistre, usait de la faculté de résilier l'assurance au moyen d'une simple notification, il devrait, sauf convention contraire, restituer à l'assuré les primes payées d'avance, en tant qu'elles s'appliqueraient à la période postérieure à la résiliation. Il n'en serait pas de même si, l'assuré ayant versé d'avance, moyennant escompte, le montant total des primes pour toute la durée du contrat, l'assurance venait à prendre fin, par suite d'un sinistre, avant l'expiration de la période pour laquelle elle avait été conclue. .

108. En cas de non-payement de la prime par l'assuré, l'assureur peut ou bien exiger le versement des sommes arriérées, ou bien, s'il le préfère, poursuivre en justice la résolution du contrat. Si le payement de la prime était effectué au cours de l'instance en résolution, la demande n'aurait plus d'objet, et si un sinistre venait ensuite à se produire, l'assureur serait tenu d'indemniser l'assuré, alors même que l'acceptation du payement aurait été accompagnée de réserves.

109. Les polices stipulent d'ordinaire que, faute par l'assuré d'être acquitté à l'échéance ou dans un certain délai à partir de la date fixée pour le payement de la prime, le contrat sera résolu *de plein droit* et sans qu'il soit besoin d'une mise en demeure ; cette clause, qui doit être interprétée restrictivement, est licite et obligatoire (Civ. c. 4 nov. 1891, D. P. 92. 1. 313). En pareil cas, l'assuré est déchu du bénéfice de l'assurance par cela seul qu'il a laissé passer, sans effectuer le payement, le délai fixé par la police, et il ne pourrait ensuite, même au moyen d'offres réelles, se faire relever de la déchéance encourue. Il appartient à l'assureur de se prévaloir de cette clause, ou, s'il le préfère, de poursuivre l'exécution du contrat ; son option n'est assujettie à aucun délai, mais elle peut résulter de certaines circonstances ; ainsi, la compagnie est censée avoir renoncé à se prévaloir de la résiliation, lorsqu'elle a introduit une demande en payement des primes arriérées, à moins cependant qu'elle n'ait inséré des réserves dans son exploit. L'assurance subsisterait a fortiori, nonobstant la clause de résiliation, si, après la déchéance encourue, l'assureur avait reçu volontairement le payement de la prime ; il n'en serait autrement que si le sinistre s'était déjà produit au moment où le payement a eu lieu. Par suite de cette disposition, l'assuré n'a droit à aucune indemnité dans le cas où un sinistre surviendrait après l'expiration du délai convenu.

110. Il est fréquemment stipulé dans les polices qu'à défaut de payement de la prime dans un certain délai à partir de l'échéance,

l'effet de l'assurance sera, jusqu'au payement, suspendu de plein droit et sans qu'il soit besoin que ce payement soit demandé ; l'assuré ne sera pas en demeure de l'effectuer, à moins que l'assureur n'opte pour la continuation de l'assurance. Une pareille clause est licite et obligatoire. Est valable également dans les polices, la clause, la plus souvent employée, que « la suspension de l'assurance et la déchéance du droit à indemnité stipulées contre l'assuré doivent être appliquées même pendant les poursuites que la compagnie peut exercer pour le recouvrement de la prime échue ».

111. La concession d'un délai de grâce laisse subsister, en principe, tous les effets de la clause de suspension, et n'astreint pas la compagnie à une mise en demeure après l'expiration du délai par elle accordé ; par suite, l'assuré qui a laissé s'écouler ce délai sans acquitter la prime arriérée n'a droit à aucune indemnité dans le cas où un sinistre se déclarerait ultérieurement, bien qu'il n'ait pas été mis en demeure par la compagnie. La clause de suspension laisse subsister le contrat d'assurance, nonobstant le défaut de payement de la prime dans le délai fixé ; mais si la résiliation paraissait préférable à l'assureur, il lui serait loisible de la faire prononcer conformément au droit commun.

112. La clause d'après laquelle l'assuré, en cas de retard dans le payement de la prime, est déchu de son droit à l'indemnité, sans qu'il soit nécessaire de le mettre en demeure, ne saurait s'appliquer lorsque le payement doit s'effectuer au domicile du débiteur. Cette clause suppose que la prime est, contrairement au droit commun (Civ. 1247, § 2 ; V. *infrà*, *Obligation*), portable et non *quérable.* — D'autre part, même dans le cas où la prime a été stipulée portable, l'assureur n'est pas admis à se prévaloir de la clause de déchéance, malgré même une stipulation contraire insérée dans la police, lorsqu'il a dérogé à la convention relative au mode de payement des primes par l'habitude qu'il a prise de faire recouvrer celles-ci par ses agents au domicile de l'assuré ; en pareil cas, la déchéance ne saurait être encourue sans que l'assuré ait été mis en demeure d'exécuter son obligation.

113. La modification apportée au contrat en ce qui touche le mode de payement de la prime doit être prouvée par l'assuré ; il devra établir que les recouvrements effectués à domicile sont devenus l'objet d'un véritable usage sur lequel il a pu compter, qu'il ne s'agissait pas d'actes officieux de la part des agents de la compagnie.

114. La mise en demeure, nécessaire pour faire encourir à l'assuré la déchéance stipulée par la police, soit que la prime n'ait pas été déclarée portable, soit que, de portable, elle ait été rendue quérable (Req. 25 janv. 1888, D. P. 88. 1. 432), ne peut résulter, en principe, que d'une sommation faite par exploit d'huissier. Ainsi, une simple lettre missive ne suffirait pas (Paris, 2 mars 1893, D. P. 93. 2. 256).

115. L'assureur, pour le payement de la prime, n'a pas de privilège sur la chose assurée.

§ 3. — *Des obligations de l'assuré après le sinistre* (R. 196 et s. ; S. 162 et s.).

116. L'assuré est tenu, en cas de sinistre, d'en faire, sans retard, la déclaration à l'assureur. Si le défaut de déclaration en temps utile ne l'expose pas nécessairement à la déchéance, lorsque cette sanction n'a pas formellement édictée contre lui, il en est autrement dans le cas où une clause expresse de la police porte qu'il sera déchu du bénéfice de l'assurance faute d'avoir fait cette déclaration dans le délai fixé. Toutefois, même dans cette hypothèse, il conserverait son droit à l'indemnité s'il était établi que l'absence de déclaration a été le résultat d'un cas fortuit ou de force majeure (Req. 27 déc. 1887, D. P. 88. 1. 284).

117. Indépendamment de la déclaration qui doit être adressée à la compagnie, l'assuré doit, d'ordinaire, aux termes de la police, en faire une autre devant le juge de paix du canton ou le maire de la commune où s'est produit le sinistre. Ce fonctionnaire n'est pas tenu de la recevoir ni d'en dresser procès-verbal. En tout cas, ce procès-verbal, dressé par le maire ou le juge de paix, ne peut constituer que la preuve du fait matériel de l'incendie. Quant aux causes et aux résultats du sinistre, il n'établit que des indices qui peuvent être détruits ou corroborés par des preuves ultérieures, écrites ou verbales. — L'assuré est tenu, en outre, d'après la plupart des polices, de fournir à la compagnie, dans un certain délai (habituellement quinze jours) un état estimatif et détaillé, aussi exact et complet que possible, des objets détruits, avariés et sauvés. La clause d'usage, d'après laquelle l'assuré qui a exagéré *sciemment* l'importance du dommage est déchu du droit à l'assurance, est licite et obligatoire (Req. 19 févr. 1894, D. P. 94. 1. 397). La déchéance serait encourue, d'après un arrêt de la cour de cassation, alors même que l'assuré serait revenu sur ses déclarations primitives et en aurait corrigé l'exagération (Req. 11 mai 1869, D. P. 69. 1. 448). L'assureur est, d'ailleurs, tenu de prouver la fraude qu'il impute à l'assuré, et la preuve qui lui incombe doit être absolue et complète. Cette preuve peut être faite par tous les moyens, même à l'aide de simples présomptions (Bordeaux, 21 mars 1899, D. P. 1900. 2. 13).

118. L'assuré doit, en cas de sinistre, faire en sorte de sauver autant que possible les objets assurés. Mais, en l'absence d'une clause de la police stipulant la déchéance contre l'assuré coupable de négligence ou d'inaction, la déchéance ne saurait lui être infligée ; il encourrait seulement une condamnation à des dommages-intérêts. Ce point, toutefois, est controversé.

ART. 8. — DES CAUSES QUI METTENT FIN AU CONTRAT D'ASSURANCE.

1er. — *Annulation de l'assurance* (R. 270 et s. ; S. 243 et s.).

119. L'assurance est nulle si elle a été passée entre personnes incapables, si elle a porté sur un objet non susceptible d'assurance, s'il n'y avait pas de risques, si aucune prime n'a été stipulée, si le consentement des parties est vicié de dol, de violence ou d'erreur. En ce cas, c'est seulement l'erreur de fait, et non l'erreur de droit, qui peut entraîner la nullité du contrat. — Le contrat serait également nul s'il avait été souscrit sans l'accomplissement des formalités nécessaires, d'après les statuts de la compagnie, pour sa formation. Il en serait ainsi, par exemple, dans le cas où la police qui, d'après les statuts, devait être revêtue de la signature d'un des administrateurs, aurait été signée par un simple commis s'attribuant faussement la qualité d'administrateur élu.

120. Si l'assurance est nulle pour incapacité de l'assuré, celui-ci a seul le droit de proposer la nullité. Si la nullité provient du défaut de risque ou d'intérêt de l'assuré, au cas où les deux parties ont connu le vice du contrat, le contrat est nul à l'égard de l'une et de l'autre ; dans le cas où l'assuré seul connaissait le vice du contrat, il ne peut se prévaloir de la nullité pour se soustraire à ses engagements envers l'assureur. Si les deux parties ont été de bonne foi, elles sont également recevables à demander l'annulation ; seulement l'assureur a droit à une indemnité.

121. En ce qui concerne l'annulation du contrat pour réticences ou fausses déclarations, V. *suprà*, nos 104 et s.

§ 2. — *Résolution de l'assurance* (R. 276 et s. ; S. 247 et s.).

122. La résolution a lieu lorsque le contrat, valable dans son origine, se trouve anéanti par une cause postérieure ; cette cause est, en général, l'inexécution, par l'une des parties, de ses obligations (V. *suprà*, no 109). Elle n'est pas spéciale aux assurances à primes et peut s'appliquer également lorsque le contrat a été conclu avec une compagnie d'assurances mutuelles. Elle ne laisse rien subsister des obligations dérivant du contrat ; elle a pour effet de dégager non seulement la partie qui a obtenu la résolution, mais aussi celle qui n'avait pas rempli ses engagements et contre qui elle a été prononcée ; c'est là une règle générale à laquelle les parties ne seraient pas libres de déroger.

123. La résolution peut résulter aussi de telle ou telle circonstance spécifiée dans la police et n'impliquant aucune infraction aux obligations dérivant du contrat ; cette dernière hypothèse est plus spécialement désignée dans la pratique sous le nom de *résiliation*. C'est aux tribunaux qu'il appartient d'apprécier, en cas de doute, si les parties ont entendu subordonner à une condition résolutoire l'existence de la convention.

124. La faillite de l'une des parties entraîne la résiliation de l'assurance. Cette résiliation n'a pas lieu de plein droit ; elle doit être prononcée par les tribunaux, et le failli peut l'éviter en fournissant caution. La clause qui exige que la déclaration de la faillite de l'assuré soit faite à la compagnie dans un certain délai, et stipule qu'en l'absence de cette déclaration le contrat sera résolu, ou que ses effets seront suspendus de plein droit, est licite et obligatoire ; chacune des parties, et le syndic de la faillite, peuvent s'en prévaloir. Si, au contraire (ce qui est le cas le plus ordinaire), la police ne stipule pas qu'en cas de faillite de l'assuré, le contrat sera résilié de plein droit, l'assureur seul peut intenter l'action en résolution. La déconfiture doit être assimilée à la faillite de l'assuré ; elle entraîne, comme celle-ci, la résiliation de l'assurance. — Quant à la faillite de l'assureur, qui n'est point fixée par les polices, elle ne peut donner lieu qu'à une résolution judiciaire : le contrat subsiste donc si la résiliation n'en a pas été réclamée par l'assuré. La mise en liquidation de l'assureur n'autorise l'assuré à demander la résiliation du contrat qu'autant que la liquidation a pour cause la nullité dont la société serait atteinte par suite des irrégularités qui auraient vicié sa constitution : l'assuré ne peut pas se prévaloir de la liquidation volontaire ou forcée de la société, c'est-à-dire de celle qui a été provoquée ou ordonnée par justice, pour se délier de ses engagements. Ces solutions ne sont applicables qu'aux compagnies d'assurances à primes fixes ; dans les compagnies mutuelles, la dissolution et la mise en liquidation font cesser l'assurance pour l'avenir (Paris, 12 janv. 1887, D. P. 89. 2. 44).

125. La réassurance faite par une compagnie à une autre compagnie de son portefeuille, en totalité ou en partie, ne peut pas être invoquée par un assuré comme une cause de résolution. Il en est de même de la cession de son portefeuille opérée par une société à une autre société, alors du moins que la société cédante continue de subsister pour l'exécution des polices en cours ; les assurés ne seraient déliés de leurs engagements que si la société cédante compromettait son existence légale en transformant ses actions en titres d'une autre société, ou si elle diminuait les garanties offertes en aliénant son actif et en distribuant à ses actionnaires le prix de l'aliénation (Lyon, 14 févr. 1890, D. P. 90. 2. 367).

126. Lorsqu'un contrat d'assurance s'applique à plusieurs objets distincts, les causes de nullité, de résolution ou de déchéance qui peuvent se produire n'affectent souvent que l'un ou quelques-uns des objets ; on peut se demander si leur effet ne s'étend pas, en ce cas, au contrat tout entier, mais doit être limité aux articles de la police qui en sont spécialement atteints. La question a été diversement résolue.

§ 3. — *Extinction de l'assurance* (R. 291 et s. ; S. 259 et s.).

127. Le sinistre prévu fait cesser l'assurance ; la police est également éteinte lorsque l'objet sur lequel elle porte cesse d'exister par un événement autre que celui prévu par le contrat. Cette cause d'extinction n'agit que pour l'avenir et n'a aucun effet sur tout ce qui a existé jusqu'alors. — L'assurance s'éteint encore par l'expiration du temps pour lequel elle a été conclue.

128. La clause dite de *tacite reconduction*, insérée dans la plupart des polices, d'après laquelle l'assurance continue de plein droit après le terme qui lui est assigné si l'assuré n'a pas, dans un certain délai avant l'arrivée de ce terme, fait connaître sa volonté de ne pas renouveler la convention, est licite et obligatoire. Il en serait autrement si les statuts de la compagnie n'autorisaient pas la tacite reconduction. — Pour empêcher la tacite reconduction, l'assuré, s'il a traité avec une compagnie d'assurances à primes, doit suivre les prescriptions de la police relatives à la forme dans laquelle il doit spécifier à la compagnie son *désistement* ; s'il appartient à une société mutuelle, il est tenu de faire, soit une déclaration au siège social ou chez l'agent local, dont il lui soit donné récépissé, soit un acte extrajudiciaire, soit enfin d'employer les formes qui seraient prescrites par les statuts (Décr. 22 janv. 1868, art. 25, D. P. 68. 4. 15). En conséquence, il peut user de la voie de l'acte extrajudiciaire, bien que celle-ci ne soit pas prévue par les statuts de la société ; mais il ne peut recourir à l'emploi d'une lettre chargée que si les statuts autorisent expressément ce mode de désistement.

SECT. II. — Assurance sur la vie.

§ 1er. — *Définitions* (R. 311 et s. ; S. 300 et s.).

129. On comprend sous la dénomination générique d'assurances sur la vie les contrats qui stipulent le payement d'un capital ou d'une rente viagère, *en cas de vie*, à une certaine époque, ou, au contraire, *en cas de décès* d'une personne déterminée. — L'assurance en cas de vie est désignée dans la pratique sous les noms d'assurance de *capitaux différés* ou contrat de *rente viagère différée*, suivant que la compagnie promet un capital ou une rente. — L'assurance en cas de décès porte les noms de : *assurance sur la vie entière*, lorsque le payement est promis pour le moment du décès de l'assuré, quelle qu'en soit l'époque ; — *assurance temporaire*, si la compagnie ne s'engage que sous la condition que le décès survienne dans un délai déterminé ; — *assurance de survie*, si la compagnie s'engage que sous la condition que le bénéficiaire survive à l'assuré. — L'*assurance mixte* est une combinaison de l'assurance différée et de l'assurance en cas de décès : c'est celle par laquelle la compagnie promet de payer un capital, soit à une époque déterminée si l'assuré est alors vivant, soit au jour de son décès s'il a survécu à l'époque convenue.

130. On appelle *preneur d'assurance*, *contractant* ou *stipulant*, celui qui traite avec la compagnie ; — *bénéficiaire*, celui qui est appelé à recueillir le bénéfice du contrat; — *assuré*, celui dont la survie ou le décès donnera ouverture au bénéfice. Si cette personne est autre que le contractant lui-même, elle est désignée sous le nom de *tiers assuré*. Quoique le tiers assuré ne soit pas partie contractante, son assentiment est nécessaire à la validité du contrat.

§ 2. — *Formation du contrat* (S. 337 et s.).

131. Toute personne désirant souscrire une assurance sur la vie adresse à la compagnie une *proposition d'assurance* et une série de *déclarations* contenant ses réponses à un questionnaire formulé par la compagnie. Ces déclarations ont trait essentiellement à l'état de santé de la personne (le proposant ou un tiers) sur la tête de qui doit reposer l'assurance, et sur les autres propositions qui ont pu être faites à d'autres compagnies au sujet de la même personne. De convention expresse, ces déclarations serviront de base au contrat, et les inexactitudes ou réticences qui y seraient relevées pourraient avoir pour conséquence d'en entraîner la nullité (V. *infrà*, nᵒˢ 151 et s.). — La compagnie se fait, en outre, remettre un *rapport médical* dressé, après examen personnel, par un médecin de son choix, et des *renseignements confidentiels* émanant de son agent.

132. Si la compagnie accepte l'assurance, il est rédigé une *police*, contenant des conditions générales imprimées et des conditions particulières manuscrites, toutes également obligatoires. Les modifications conventionnelles qui peuvent survenir au cours de cette police, par exemple, au sujet de l'attribution du bénéfice de l'assurance, seront constatées par un *avenant*. L'avenant, lorsqu'il survient, est juridiquement considéré comme une partie intégrante de la police, avec laquelle il forme un tout indivisible : la police est alors réglée suivant ce qu'elle était, dès l'origine, rédigée telle que l'ont faite les modifications résultant de l'avenant (Bordeaux, 27 nov. 1896, D. P. 97. 2. 233).

133. Malgré la signature de la police, l'assurance n'a d'existence et d'effet qu'après le payement de la première prime. C'est une application particulière du principe suivant lequel, en matière d'assurance-vie, la prime est toujours payable d'avance (V. *infrà*, nᵒ 135).

§ 3. — *Capacité* (R. 316 et s.; S. 314 et s.).

134. La capacité de l'assuré n'est soumise à aucune règle spéciale; elle s'apprécie d'après les principes généraux du droit. — Ainsi l'assurance contractée par un *mineur* agissant seul serait, non pas nulle, mais seulement rescindable pour lésion. Elle pourrait être contractée par le tuteur au nom du mineur, pourvu que ce ne fût pas au profit d'un tiers à titre gratuit. — Le *mineur émancipé* peut aussi, sous cette dernière réserve, contracter une assurance. — L'*interdit* ne le peut pas, puisque, tous ses actes étant nuls de droit (Civ. 502), la nullité de l'assurance qu'il aurait contractée devrait être prononcée sur la demande ou celle de ses représentants légaux. — Le *prodigue* peut contracter une assurance, même au profit d'un tiers, à charge de prélever les primes sur les revenus dont il a la disposition. — La *femme mariée*, incapable de faire aucun acte sans le consentement de son mari, ne peut pas contracter seule une assurance sur la vie; mais le payement des primes au moyen de fonds remis par le mari constituerait, de la part de celui-ci, une ratification. La femme séparée de corps est, au contraire, pleinement capable. Quant à la femme séparée de biens, elle peut, sur ses revenus, contracter et entretenir une assurance, même au profit d'un tiers. — Le *failli* a toute capacité pour contracter une assurance, mais non le syndic en son nom.

§ 4. — *De la prime* (S. 366 et s.).

135. La *prime* est ordinairement annuelle. Elle est toujours payable d'avance. — Le payement en est *facultatif* pour l'assuré, qui peut, chaque année, renoncer à continuer l'assurance. Un tiers, même son syndic en cas de faillite, ne peut la payer contre son gré, car son consentement est toujours nécessaire au maintien comme à la création d'une assurance reposant sur sa tête. Toutefois, s'il avait, à titre onéreux, contracté l'assurance au profit d'un tiers, il serait censé avoir autorisé d'avance celui-ci à entretenir le contrat par le payement des primes.

136. La prime est toujours stipulée portable à la caisse de l'assureur. Mais, en fait, l'usage constant chez les compagnies de la faire encaisser à domicile la rend toujours quérable.

137. Si elle n'est pas payée à l'échéance, le contrat est résilié. Les compagnies consentent, toutefois, un délai de grâce de trente jours, à l'expiration duquel elles adressent à l'assuré une lettre recommandée extraite d'un livre à souche et contenant rappel de l'échéance; et, de par une clause spéciale des polices, la résiliation n'est encourue que huit jours après l'envoi de cette lettre, qui constitue, de convention expresse entre les parties, une mise en demeure suffisante. Cette lettre est adressée à l'assuré lui-même : elle n'est due ni au souscripteur ni au bénéficiaire de la police, à moins d'une convention spéciale entre eux et l'assuré.

138. La résiliation de l'assurance, résultant du non payement de la prime, produit des effets tout à fait particuliers et spéciaux au contrat d'assurance sur la vie : elle donne lieu alternativement à la *réduction* ou au *rachat* de l'assurance. — De plein droit, l'assurance est réduite quand la prime cesse d'être servie, c'est-à-dire que la compagnie n'est plus alors tenue de payer à l'assuré qu'une somme restant payable à l'échéance et dans les conditions primitivement convenues, mais qui est inférieure au capital assuré, et déterminée par la police suivant le nombre des primes antérieurement acquittées : c'est ce qu'on appelle la *réduction*. Dans certaines compagnies étrangères, la réduction donne lieu à la délivrance d'une nouvelle police, dite police libérée. — Si l'assuré le préfère, il peut escompter cette somme et la recevoir de suite, moyennant une retenue fixée par la compagnie : c'est ce qu'on appelle le *rachat*. — Il n'y a lieu ni à réduction ni à rachat tant que trois primes au moins n'ont pas été payées.

§ 5. — *Transmission ou attribution du bénéfice de l'assurance*.

A. — *Transmission* (S. 402 et s.).

139. Le bénéfice de l'assurance, constituant une créance contre la compagnie, peut, comme toute créance, être transmis à titre gratuit ou onéreux. A titre onéreux, elle peut faire l'objet d'un *transport-cession* conforme aux dispositions des art. 1689-1690 c. civ., c'est-à-dire réalisé par acte public ou sous seing privé, enregistré et signifié à la compagnie, si on veut le rendre opposable aux tiers. Le transport peut n'être fait qu'à titre de simple transport en garantie, pour constituer un gage : il faut alors que la police soit remise en la possession du créancier gagiste, conformément à l'art. 2075 c. civ

140. La police stipule souvent qu'elle sera transmissible par simple *endossement*. Une telle stipulation est indispensable pour que ce mode de transmission, organisé par la loi pour les titres commerciaux, soit applicable à une police d'assurance-vie. L'endossement de la police doit revêtir toutes les formalités requises par l'art. 137 c. com., et notamment mentionner la valeur fournie; faute de quoi il serait réputé ne valoir que procuration, en conformité de l'art. 138. Toutefois, le porteur d'une police endossée irrégulièrement est recevable à prouver, sinon contre les tiers, du moins contre l'endosseur, qu'il a fourni la valeur (Paris, 20 févr. 1894, D. P. 95. 2. 401). — L'endossement de la police, sans mention de valeur fournie, pourrait même, d'après certains arrêts de cours d'appel, opérer une transmission régulière, lorsque celle-ci a lieu à titre gratuit et que l'endossement est suivi d'une remise manuelle de la police. Toutefois, la validité de cette pratique, qui n'a pas encore reçu l'approbation de la cour de cassation, est très discutée (Civ. c. 6 mai 1891, D. P. 93. 1. 177). — L'endossement de la police peut servir à conférer un simple gage, moyennant remise de la police au créancier gagiste (Com. 93); toutefois, il n'en saurait être ainsi que dans le cas où le nantissement a un caractère commercial.

141. Certaines polices anciennes autorisent, dans leurs conditions générales, le *transfert sur le titre même*. Cette clause, dont l'usage a disparu, est le plus souvent considérée comme équivalente à une autorisation d'endossement.

142. La créance résultant de la police peut être transférée par *testament*. Une mention de transfert écrite, datée et signée de la main de l'assuré au dos même de la police, pourrait, suivant les circonstances, être considérée comme un testament olographe valable (Civ. c. 6 mai 1891, précité).

143. La police peut aussi, d'après certains arrêts, être transmise par don manuel, à condition d'avoir été préalablement endossée en blanc (V. *suprà*, nᵒ 140); mais cette solution est très contestable.

B. — *Attribution du bénéfice* (S. 424 et s.).

144. Tandis que les créances ordinaires ne peuvent devenir la propriété d'un tiers que par l'un des modes de transmission analysés ci-dessus, le bénéfice d'une assurance sur la vie peut, par le jeu d'une théorie spéciale à ce contrat, être *attribué* directement à un tiers, dans des conditions telles qu'il ne soit pas censé y avoir transmission d'un patrimoine à un autre.

145. L'attribution du bénéfice de l'assurance à un tiers peut être réalisé, par l'assuré, soit dans la police même, soit dans un avenant, qui est dit alors avenant d'attribution. Cet avenant étant censé faire corps avec la police (V. *suprà*, nᵒ 132), il s'ensuit que, lorsqu'il intervient, le bénéficiaire est censé avoir été saisi par la police même, et non par un acte de transmission : il est donc réputé avoir eu droit à l'assurance dès le jour du contrat primitif, non pas seulement du jour de l'avenant (Civ. c. 7 août 1888, D. P. 89. 1. 118); à la différence de ce qui a lieu en cas de transmission. Cette distinction est essentielle.

146. L'attribution du bénéfice par la police ou par un avenant postérieur constitue une stipulation pour autrui régie par l'art. 1121 c. civ.: elle a pour effet de conférer au bénéficiaire un droit propre et personnel au bénéfice de l'assurance, lequel est censé n'avoir jamais fait partie du patrimoine de l'assuré (Civ. c. 24 févr. 1902, D. P. 1903. 1. 433). Il en est ainsi encore que la police ou l'avenant réservent au contractant certaines facultés, telles que la faculté de cession, de rachat, d'emprunt, etc. (Civ. c. 8 avr. 1895, D. P. 95. 1. 441).

147. Que l'attribution résulte de la police ou d'un avenant ultérieur, elle est soumise à un ensemble de règles, qui ont trait : 1ᵒ à la désignation du bénéficiaire; 2ᵒ à la révocation de l'attribution; 3ᵒ à son acceptation.

148. La désignation du bénéficiaire doit déterminer nettement son individualité. Une stipulation faite au profit des *héritiers* du contractant serait réputée viser, non pas telles personnes déterminées, mais les personnes quelconques et inconnues qui se trouveront, au jour du décès, être les héritiers du stipulant : elle ne leur conférerait donc aucun droit propre au bénéfice de l'assurance (Civ. r. 15 déc. 1873, D. P. 74. 1. 113). — Il en serait de même de la stipulation faite au profit des *enfants* de l'assuré, à moins qu'on ne pût être interprétée comme visant nommément ceux qu'il a actuellement, à l'exclusion de ceux qui pourraient lui survenir par la suite. La jurisprudence refuse, en effet, de reconnaître la validité des stipulations faites au profit des enfants à naître de l'accusé (Rennes, 5 déc. 1899, D. P. 1903. 2. 377), et elle répute faits au profit de personnes indéterminées celles qui visent indistinctement les enfants nés et les enfants à naître (Req. 7 mars 1893, D. P. 94. 1. 77).

149. La révocation de l'attribution est permise tant que le bénéficiaire n'a pas déclaré vouloir en profiter (Civ. 1121). Elle l'est même encore après cette acceptation (Civ. 1096), lorsque l'attribution a eu le caractère d'une libéralité entre époux. La révocation peut être tacite, et résulter, par exemple, de la cession ou d'une nouvelle attribution du bénéfice.

150. L'acceptation (ou, pour employer les expressions de la loi, la déclaration par le bénéficiaire qu'il entend profiter de la stipulation) a pour unique objet de faire obstacle à la révocation (Civ. 1121). Elle ne saurait être assimilée à l'acceptation d'une offre faite par le stipulant, ayant pour but de réaliser entre lui et le bénéficiaire un contrat d'acquisition (Civ. c. 8 févr. 1888, D. P. 88. 1. 193). Il suit de là qu'elle peut intervenir à un moment où le concours des volontés n'est plus juridiquement possible, c'est-à-dire après la mort du stipulant (Req. 22 juin 1891, D. P. 92. 1. 205) ou après sa faillite (Civ. c. 8 avr. 1895, D. P. 95. 1. 441). Elle peut être expresse ou tacite.

§ 6. — Déchéances (S. 484 et s.).

151. L'assuré peut se trouver exposé à certaines déchéances en vertu de clauses qui se rencontrent dans toutes les polices. Celles-ci ont trait particulièrement aux cas de *réticence* ou d'*aggravation des risques*.

152. 1° *Réticence.* — Les polices contiennent toujours une clause rappelant que les déclarations faites par l'assuré au moment de contracter servent de base au contrat, et que, conséquemment, conformément à l'art. 348 c. com., toute réticence, toute fausse déclaration qui diminuerait l'opinion du risque ou qui en changeraient le sujet, annulent l'assurance. Ces déchéances ont surtout pour objet de couper court aux assurances frauduleuses contractées, par exemple, sur la tête d'un individu apparemment valide, mais menacé d'une mort prochaine, sans que l'assureur ait le moyen de déjouer ce calcul. Un tel danger se trouvant écarté, par la nature des choses, après que le contrat a duré un certain temps, les compagnies ont coutume de renoncer à la déchéance au bout de trois ou cinq ans. Cette renonciation, formulée dans la police, est connue sous le nom de *clause d'incontestabilité.*

153. C'est ordinairement sur l'état de santé de l'assuré que porte la réticence. Le contrat doit d'abord être annulé pour dol, chaque fois que l'assuré a dissimulé une maladie dont il ne pouvait pas ne pas avoir conscience. Mais, en dehors même de tout dol, la déchéance est encourue chaque fois que l'assuré, même de bonne foi, aura gardé le silence sur un fait qu'il connaissait et qu'ainsi sa déclaration, se trouvant inexacte,

aura induit la compagnie en erreur (Paris, 5 juill. 1878, D. P. 81. 2. 234). Toutefois faut-il, pour qu'il en soit ainsi, que le fait non déclaré ait été d'une gravité réelle : l'omission d'une indisposition légère et passagère, sans influence sur la santé générale, ne saurait constituer une réticence.

154. La déchéance peut encore résulter de la non déclaration d'une précédente proposition d'assurance rejetée par une autre compagnie. Un tel fait suffisant à rendre suspecte la santé de la personne dont l'assurance a été refusée, les compagnies ne manquent jamais de formuler à cet égard une question précise, et elles sont fondées à invoquer la déchéance quand elles ont été induites en erreur.

155. 2° *Aggravation des risques.* — Les compagnies, traitant en vue de certains risques dont elles ont apprécié d'avance la gravité, entendent exclure les risques exceptionnels. Les polices attachent donc un effet de déchéance à certaines causes de mort et à certaines circonstances comportant des chances de mort particulièrement graves. Les causes de mort exclues de l'assurance sont : la mort de l'assuré provenant du fait du bénéficiaire, la mort par suite de duel ou de condamnation capitale, et le suicide ; toutefois l'effet de déchéance n'est attaché qu'au suicide conscient, et la jurisprudence exige de l'assureur la preuve que le suicide n'a pas été l'œuvre d'un fou (Paris, 16 juill. 1892, D. P. 93. 2. 233). Les risques exclus comme trop graves sont : le voyage et le séjour dans certaines régions considérées comme particulièrement insalubres (la zone tropicale, et l'Asie, à l'exception de l'Asie Mineure), la profession de marin, le risque de guerre. Ces risques ne sont ordinairement garantis que moyennant une prime supplémentaire ou *surprime.*

§ 7. — Payement des sommes assurées (S. 384 et s.).

156. La police exige la justification du décès et du genre de décès. Sur le premier point, la preuve ne peut résulter que de la production de l'acte de l'état civil ; un envoi en possession pour absence ne suffirait pas. Quant à la cause du décès, elle ne peut ordinairement être révélée que par un certificat médical, mais souvent le secret professionnel en empêche la délivrance ; dans ce cas, le payement doit avoir lieu sans cette justification (Paris, 4 févr. 1891, D. P. 91. 2. 317).

157. Les compagnies stipulent en outre qu'elles ne payeront que contre remise de la police. Il ne peut être suppléé à cette formalité par aucun équivalent, dans le cas où la police est *à ordre,* car l'assureur qui payerait sans se faire remettre la police endossable s'exposerait à payer deux fois. Dans ce cas, l'usage est que la compagnie fasse des offres réelles suivies de consignation : le capital ne peut alors être touché que trente ans après le décès, et les intérêts cinq ans après leur échéance.

158. En cas de faillite de l'assureur, l'assuré a droit, non pas au montant même de l'assurance, puisque le contrat n'a pas été conduit jusqu'à son terme, mais à la valeur actuelle de sa créance, c'est-à-dire à la valeur du rachat (V. *suprà,* n° 138).

159. En cas de convention spéciale, l'assuré peut avoir droit, en dehors du capital ou de la rente viagère assurée par le contrat, à ce qu'on appelle la *participation aux bénéfices* de la compagnie. Cette participation se traduit, suivant les conventions, soit par une augmentation du capital ou de la rente, soit par une diminution (généralement 10 pour cent) de la prime.

§ 8. — Droits des tiers (S. 440 et s.).

160. 1° *Créanciers.* — Si l'assurance a été contractée sans désignation de bénéficiaire,

les créanciers de l'assuré peuvent en saisir-arrêter le montant, comme de toute autre créance appartenant à leur débiteur. Il en est autrement si la police a été contractée au profit de tiers qui a ainsi acquis un droit propre à l'assurance ; dans ce cas, les créanciers du contractant n'y peuvent rien prétendre, même si celui-ci est tombé en faillite (Civ. c. 8 avr. 1895, D. P. 95. 1. 441).

161. Les créanciers de l'assuré (ni son syndic en cas de faillite) ne peuvent révoquer l'attribution du bénéfice par lui faite au profit d'un tiers (Paris, 10 mars 1896, D. P. 96. 2. 465). Ils ne peuvent non plus attaquer cette attribution comme faite en fraude de leurs droits (Civ. r. 9 mars 1896, D. P. 96. 1. 391) ; mais ils peuvent être fondés, suivant les circonstances, à exiger du bénéficiaire qu'il leur soit tenu compte des primes, si celles-ci ont été prélevées sur le capital de l'assuré ou sur des revenus qui, excédant notoirement ses besoins, auraient dû légitimement être employés à l'acquit de ses dettes (Civ. r. 22 févr. 1888, D. P. 88. 1. 193). Ces principes s'appliquent même au cas où l'attribution du bénéfice à un tiers est postérieure à la faillite de l'assuré (Civ. r. 27 mars 1888, D. P. 88. 1. 193) et où le bénéficiaire est la femme de celui-ci (Civ. r. 23 juill. 1889, D. P. 90. 1. 383).

162. 2° *Héritiers.* — Lorsque l'assurance a été contractée par l'assuré sans désignation de bénéficiaire, ses héritiers s'en partagent le bénéfice, et aucune difficulté ne peut naître. — Lorsqu'un bénéficiaire a été désigné par la police ou par un avenant, et qu'il recueille, en vertu d'un droit qui lui est propre, le bénéfice de l'assurance, la question se pose de savoir si l'avantage qui lui advient ainsi ne constitue pas une libéralité dont il doive le rapport, soit effectivement s'il est un des héritiers et qu'il y ait lieu de réaliser l'égalité du partage, soit fictivement à l'effet de calculer la quotité disponible. Après de longues hésitations, la jurisprudence est aujourd'hui fixée en ce sens que le capital assuré, n'étant pas sorti du patrimoine du *de cujus,* ne doit être l'objet d'aucun rapport (Civ. r. 29 juin 1896, D. P. 97. 1. 73). — Quant aux primes qui ont servi à constituer ce capital, elles peuvent faire l'objet d'un rapport (réel ou fictif) suivant les circonstances, c'est-à-dire suivant qu'elles excédaient ou non les sommes que le contractant pouvait raisonnablement dépenser soit pour sa vie personnelle, soit pour les besoins de sa maison (Paris, 10 janv. 1900, D. P. 1900. 2. 489).

163. Au cas où le bénéfice de l'assurance n'a pas été attribué au bénéficiaire par un mode d'acquisition directe comme la police ou l'avenant, mais lui a été transféré par un acte de transmission (tel qu'un testament, par exemple), le capital est rapportable (Civ. r. 27 janv. 1902).

164. 3° *Communauté entre époux.* — L'assurance contractée par un époux, sans désignation de bénéficiaire, tombe en communauté (Civ. c. 24 févr. 1902, D. P. 1903. 1. 433).

165. L'assurance contractée par un mari au profit de sa femme ne tombe pas en communauté (Douai, 16 janv. 1897, D. P. 97. 2. 425) ; mais la femme doit récompense du montant des primes (pour moitié ou pour le tout, suivant qu'elle accepte ou répudie la communauté), à moins que le mari n'ait eu l'intention, ordinairement présumée, de la dispenser de cette récompense, à titre de libéralité (Nancy, 21 janv. 1882, D. P. 82. 2. 174). La solution serait la même dans le cas (fort rare en pratique) d'une assurance contractée par la femme au profit du mari (Paris, 26 nov. 1878, D. P. 79. 2. 152).

166. L'assurance contractée conjointement par deux époux au profit du survivant d'eux (cas très fréquent connu sous le nom d'*assurance sur deux têtes*) doit être considérée, suivant l'occurrence du premier décès, soit comme une assurance par le mari au profit de la femme, soit comme une assurance par la femme au profit du mari (Civ. r. 28 mars 1877, D. P. 77. 1. 241). Les principes qui viennent d'être énoncés sont donc applicables à cette hypothèse.

SECT. III. — Assurance contre les accidents corporels.

§ 1ᵉʳ. — *Historique.* — *Législation.*

167. La loi du 9 avr. 1898 a accordé aux victimes des accidents du travail différentes indemnités qu'elle a mises de plein droit à la charge du chef d'entreprise. Le système établi par cette loi est exposé *suprà*, *Accidents du travail*, nᵒ 56. Antérieurement, les ouvriers, en cas d'accident, devaient, pour obtenir une indemnité, établir l'existence d'une faute à la charge de leurs patrons, suivant le principe général posé dans l'art. 1382 c. civ. Cette preuve étant fort difficile, certains souscrivaient parfois des polices d'assurance. Ces assurances individuelles avaient pour objet de les garantir contre les conséquences des accidents provenant directement d'une cause violente, extérieure, involontaire, et de leur payer, en cas de blessures, les indemnités stipulées dans la police. En cas de mort, la compagnie devait une indemnité soit au bénéficiaire désigné dans la police, soit, à défaut du bénéficiaire, à la femme ou aux enfants de l'assuré. — De leur côté, les patrons souscrivaient souvent des polices d'assurance collectives qui avaient pour objet de les garantir dans une mesure déterminée contre les conséquences pécuniaires des accidents corporels de toute nature pouvant atteindre les ouvriers ou salariés pendant les heures de travail, et provenant de causes violentes, fortuites et involontaires. Cette assurance comprenait tout le personnel pour eux employé (Bordeaux, 9 juin 1893, D. P. 94. 2. 161). — Les patrons s'assuraient encore fréquemment contre la responsabilité civile qui pouvait leur incomber par suite des accidents éprouvés par leurs commis ou leurs ouvriers. Cette assurance, bien qu'elle formât l'objet d'une police séparée, n'était que le complément de la police collective et ne pouvait être contractée isolément (Paris, 29 déc. 1890, D. P. 91. 2. 320). — Ces différentes polices individuelles, collectives et de responsabilité civile, sont devenues sans objet à l'égard des patrons et des salariés auxquels la loi du 9 avr. 1898 est applicable. Elles conservent encore leur utilité dans les hypothèses, assez rares d'ailleurs, qui demeurent régies par les principes du droit commun (V. *suprà*, *Accidents du travail*, nᵒˢ 8 et s.).

168. Les modifications apportées à la loi du 9 avr. 1898 aux risques prévus par les contrats d'assurances souscrits sous l'empire du Code civil ont eu pour effet de faire disparaître le risque couvert par les polices de responsabilité civile et les polices collectives contractées sous l'empire de la législation antérieure. Aussi une loi du 29 juin 1899 (D. P. 99. 4. 90) a-t-elle autorisé les assureurs et les assurés à dénoncer, pendant une période d'un an à partir du jour de sa promulgation, les polices d'assurances-accidents concernant les industries prévues à l'art. 1ᵉʳ de la loi du 9 avr. 1898.

169. La loi du 29 juin 1899 portait, dans son paragraphe 2, que les polices non dénoncées seraient régies par le droit commun : cette disposition avait pour objet de réserver aux parties qui n'auraient pas fait usage de la faculté de dénonciation que le paragraphe 1ᵉʳ de la loi leur conférait, le droit de faire trancher par les tribunaux la question du maintien ou de la résiliation de ces polices, en présence du régime nouveau institué par la loi du 9 avr. 1898. Le risque couvert par les polices de responsabilité civile contractées sous l'empire de la législation antérieure ayant disparu, il a été jugé que de telles polices, devenues sans objet, devaient être considérées comme résiliées à partir du 1ᵉʳ juillet 1899, date de la mise en vigueur de la loi du 9 avr. 1898, et que la résiliation de ces polices entraînait nécessairement la résiliation des polices collectives, qui, formant avec elles un tout, devaient suivre le même sort (Paris, 22 et 27 mars 1902, D. P. 1903. 2. 93).

§ 2. — *Accidents donnant lieu aux risques* (S. 502 et s.).

170. Les polices soit individuelles, soit collectives exceptent, en général, de la garantie la mort, l'infirmité ou l'incapacité de travail provenant de certaines maladies qu'elles énumèrent, ou qui sont dues au suicide, à l'ivresse, à des faits de guerre, d'émeute, à des rixes, etc.

171. Les polices d'assurances collectives stipulent d'habitude que l'indemnité ne sera due que si l'accident s'est produit *durant les heures de travail*. — Il suffit, dans tous les cas, pour donner cours à l'assurance, que les ouvriers victimes de l'accident aient été atteints dans le travail commandé et payé par l'entrepreneur, et par suite de ce travail.

172. L'indemnité stipulée à la charge de l'assureur est due dans le cas même où l'accident est le résultat d'une faute, d'une imprudence commise par celui qui est atteint, à moins que cette imprudence ne soit assimilable à un dol. — En ce qui concerne l'assurance contre la responsabilité civile des patrons peuvent être tenus, on refuse à l'assuré le bénéfice du contrat lorsque l'accident a été la conséquence d'une faute par lui commise, à la condition toutefois qu'il s'agisse d'une faute lourde.

173. La clause insérée dans la plupart des polices, aux termes de laquelle il n'est pas dû d'indemnité à raison des accidents provenant d'infractions aux lois ou aux prescriptions réglementaires, est non seulement licite et obligatoire, mais encore d'ordre public.

§ 3. — *Obligations résultant du contrat.*

A. — Obligations de l'assuré (S. 509 et s.).

174. L'assuré est tenu de faire, au moment où l'assurance se contracte, des déclarations exactes et complètes sur tous les points qu'il importe à l'assureur de connaître. Toute réticence, toute fausse déclaration pourrait priver l'assuré du bénéfice du contrat. — De même, les modifications qui pourraient survenir au cours de l'assurance dans la situation de l'assuré et qui sont de nature à modifier les risques, telles qu'un changement de profession, la survenance d'une infirmité, doivent, sous peine de déchéance, être portées à la connaissance de l'assureur. Comp. *suprà*, nᵒ 70 et s.

175. L'assuré est assujetti au payement de la prime aux époques fixées par le contrat, et les polices stipulent d'ordinaire que l'inexécution de cette obligation entraîne la suspension de l'assurance (Civ. c. 28 mai 1900, D. P. 1900. 1. 254). En cas d'assurance collective, c'est le patron qui est tenu de cette obligation envers l'assureur. — L'assuré doit porter, dans un délai déterminé, l'accident à la connaissance de la compagnie. Ce délai doit être observé sous peine de déchéance. La stipulation qui renferme à cet égard les polices est obligatoire; mais la déchéance n'est encourue que si c'est par suite d'une faute, d'une négligence que la déclaration a été tardivement faite (Req. 21 déc. 1891, D. P. 92. 1. 460).

B. — Obligations de l'assureur (S. 512 et s.).

176. L'assureur doit payer l'indemnité convenue lorsque l'accident prévu se réalise.

— L'action en indemnité ne peut être dirigée contre lui, en cas d'assurance collective, que par le patron et non par les ouvriers au profit desquels la police a été conclue (Civ. c. 23 juill. 1884, D. P. 85. 1. 168; Nîmes, 2 juill. 1895, D. P. 96. 2. 73).

177. Les ouvriers, qui n'ont pas, en vertu de l'assurance conclue dans leur intérêt, d'action directe contre l'assureur, ont par contre le droit d'agir contre leur patron pour lui réclamer l'indemnité stipulée dans la police, si les sommes nécessaires à l'acquittement des primes ont été retenues sur leurs salaires (Civ. c. 19 déc. 1900, D. P. 1901. 1. 353), ... ou si le patron s'est engagé à leur (Civ. c. 5 août 1902, D. D. 1903. 1. 307). Par suite, l'action de l'assuré n'est pas, en pareil cas, subordonnée à l'existence d'une faute commise par le patron.

§ 4. — *Attribution de l'indemnité.*

178. Lorsqu'un patron a fait assurer ses ouvriers contre les chances d'accidents industriels pouvant entraîner leur mort, l'indemnité que l'assureur doit payer le cas échéant ne revient pas nécessairement, et d'une manière exclusive, aux héritiers de l'ouvrier; cette indemnité doit profiter aux personnes qui souffrent du dommage causé par l'accident, à la veuve notamment, dans une proportion qu'il appartient à la justice de déterminer, en cas de contestation entre les intéressés.

179. Les polices stipulent d'ordinaire que la compagnie sera subrogée dans les droits et actions de la victime contre les tiers responsables de l'accident. La subrogation peut donc être exigée par l'assureur, lors du payement de l'indemnité.

SECT. 4. — Caisses d'assurances créées par l'État (S. 489 et s.).

180. Une loi du 11 juill. 1868 (D. P. 68. 4. 93) a créé, sous la garantie de l'État, une caisse d'assurance en cas de décès et une caisse d'assurance pour les accidents résultant de travaux agricoles ou industriels. Les règles auxquelles sont soumises les assurances contractées par application de cette loi sont, en général, conformes à celles adoptées par les compagnies. La matière a été réglementée dans ses détails par un décret du 19 août 1868 (D. P. 68. 4. 102). — Une loi du 24 mai 1899 (D. P. 99. 4. 40) a étendu les opérations de la caisse nationale d'assurance en cas d'accidents aux risques prévus par la loi du 9 avr. 1898, pour les accidents ayant entraîné la mort ou une incapacité permanente, absolue ou partielle. Le tarif des primes actuellement en vigueur pour l'application de cette loi est celui qui est annexé à un décret du 14 août 1900 (D. P. 1901. 4. 89), portant approbation dudit tarif.

SECT. 5. — Enregistrement et Timbre.

§ 1ᵉʳ. — *Enregistrement.*

181. Les assurances non soumises, en ce qui concerne l'enregistrement, à des règles de perception particulières. Les contrats d'assurance autres que l'assurance contre l'incendie (assurance sur la vie, contre la grêle, les accidents, etc.) ne sont soumis à l'enregistrement que lorsqu'il y a lieu d'en faire usage en justice ou par acte public (L. 22 frim. an 7, art. 23, R. vᵒ *Enregistrement*, t. 21, p. 26). Ils sont alors assujettis au droit de bail en temps de paix et de 0,50 pour cent en temps de guerre, liquidé sur le capital qui représente la valeur totale des primes (L. 22 frim. an 7, art. 69, § 2, nᵒ 2 et art. 1816. art. 51, nᵒ 2, R. *eod.* vᵒ, t. 21, p. 39). Ce capital est déterminé, dans les assurances à vie entière, et dans les assurances mixtes, par la déclaration estimative des parties (Trib. civ. de la Seine,

15 avr. 1809); dans les assurances à durée limitée, par le montant de la prime annuelle multiplié par la durée du contrat.

182. Aux termes de l'art. 6 de la loi du 24 juin 1875 (D. P. 75. 4. 108), « sont considérés, pour la perception du droit de mutation par décès, comme faisant partie de la succession d'un assuré, sous la réserve des droits de communauté s'il en existe une, les sommes, rentes ou émoluments quelconques dus par l'assureur, à raison du décès de l'assuré. Les bénéficiaires à titre gratuit de ces sommes, rentes ou émoluments, sont soumis aux droits de mutation suivant la nature de leurs titres et leurs relations avec le défunt, conformément au droit commun. » Cette disposition est générale et s'applique à toutes les sommes dues par l'assureur, par suite du décès de l'assuré. — Les dispositions de la loi de 1875 ne sont applicables, toutefois, qu'au cas où le bénéfice de l'assurance est acquis à titre gratuit par le bénéficiaire. Si l'assuré se dessaisit, pendant sa vie, par une cession *à titre onéreux*, de l'émolument éventuel de l'assurance, le cessionnaire qui recueille cet émolument au décès de l'assuré ne doit pas le droit de mutation par décès (Instr. Reg. 23 juin 1875, n° 2517, D. P. 75. 4. 112, note 1).

183. Les certificats, actes de notoriété et autres pièces exclusivement relatives à l'exécution de la loi du 11 juill. 1868 (D. P. 68. 4. 93), portant création de deux caisses d'assurances, l'une en cas de décès, et l'autre en cas d'accidents résultant de travaux agricoles et industriels, sont dispensées des droits de timbre et d'enregistrement (L. 11 juill. 1868, art. 19; Décr. 10 août 1868, D. P. 68. 4. 102).

184. La loi du 23 août 1871 (D. P. 71. 4. 54) a modifié la législation fiscale sur les contrats d'assurance contre l'incendie en transformant le droit d'acte, qui n'était exigible que dans certains cas déterminés, en une taxe obligatoire. Aux termes de l'art. 6 de cette loi, tout contrat d'assurance contre l'incendie, ainsi que toute convention postérieure contenant prolongation de l'assurance, augmentation dans la prime ou le capital assuré, désignation d'une somme en risque ou d'une prime à payer, est soumis à une taxe obligatoire, moyennant le payement de laquelle la formalité de l'enregistrement est donnée gratis, toutes les fois qu'elle est requise. — Par application de cette disposition, l'Administration a décidé que les officiers publics qui veulent faire usage des polices et contrats d'assurance soumis à la taxe sont dispensés de les faire enregistrer préalablement, comme le prescrivent les art. 23 et 42 de la loi du 22 frim. an 7, et, en outre, de l'obligation qui leur est imposée par l'art. 49 de la loi du 5 juin 1850 sur le timbre (D. P. 50. 4. 114), pour le cas où un écrit énoncé dans un acte public ne doit pas être représenté à l'enregistrement de cet acte, de déclarer, dans l'acte énonciatif, si l'acte énoncé est revêtu du timbre prescrit et de mentionner le droit de timbre payé (Instr. Reg. 19 oct. 1872, D. P. 73. 3. 79). L'Administration admet également que les avenants, de quelque espèce qu'ils soient, ainsi que les copies des polices d'assurances assujetties à la taxe, sont exempts d'enregistrement (Sol. admin. Enreg. 19 sept. 1872 et 22 mai 1874, D. P. 73. 5. 196 et 75. 5. 182).

185. Les contrats de réassurance ne sont pas assujettis à la taxe, à moins que l'assurance primitive souscrite à l'étranger n'ait pas été soumise au droit (L. 23 août 1871, art. 6).

186. La taxe est fixée, annuellement, à raison de 8 francs pour 100 (10 fr. avec les décimes) du montant des primes, et, en cas d'assurance mutuelle, de 40 francs pour cent des cotisations et contributions (L. 23 août 1871, art. 1 et 6, et 30 déc. 1873, art. 2,

D. P. 74. 4. 30). Pour les caisses départementales d'assurances, elle est due sur le montant des collectes (Civ. r. 11 févr. 1880, D. P. 80. 1. 113). — Elle se calcule sur l'*intégralité* des primes, cotisations ou contributions constatées dans les écritures des compagnies, sociétés et assureurs (Décr. 25 nov. 1871, art. 5, D. P. 71. 4. 74); le principe de la perception de 20 fr. en 20 fr., prescrit pour les assurances maritimes (V. *infrà*, *Assurances maritimes*, n° 135), n'est pas applicable aux autres assurances (Sol. admin. Enreg. 7 nov. 1871, et Instr. Reg. 2 déc. 1871, D. P. 73. 5. 197).

187. Aucune déduction ne peut être admise, même pour les sommes acquittées au moyen d'un prélèvement sur les fonds de réserve de la société et qui, par suite, n'ont pas été réclamées aux assurés (Civ. c. 18 févr. 1879, D. P. 79. 1. 362). — Toutefois, on admet la déduction, pour le calcul de la taxe : 1° des sommes payées pour l'abonnement au timbre et comprises dans les cotisations ou contributions (Sol. admin. Enreg. 8 sept. 1872, D. P. 73. 5. 197); 2° des sommes fixes payées au moment de la rédaction des contrats pour coût de la police ou pour prix de la plaque à apposer sur les bâtiments assurés; 3° des commissions payées aux agents de certaines compagnies par les assurés, qui usent de la faculté accordée par dérogation aux statuts de se libérer ailleurs qu'au siège de la société, si ces commissions n'entrent pas dans la caisse de la société et si elles profitent directement aux intermédiaires (Instr. Reg. 2 déc. 1871, n° 2425, § 2, D. P. 73. 5. 197); 4° des primes, cotisations ou contributions relatives à des biens situés à l'étranger (L. 23 août 1871, art. 8 et 9); 5° des primes perçues pour réassurances, à moins que l'assurance primitive souscrite à l'étranger n'ait pas été soumise au taxe; 6° des primes, cotisations ou contributions non recouvrées par suite de réalisation ou d'annulation, sans distinction entre l'exercice auquel appartient la prime non recouvrée et celui où s'est produite la résiliation ou l'annulation (Décr. 25 nov. 1871, art. 5; Civ. c. 18 déc. 1894, D. P. 95. 1. 209).

188. La taxe est perçue pour le compte du Trésor par les compagnies, sociétés et assureurs. Le payement en est effectué, pour chaque trimestre, avant le dixième jour du troisième mois du trimestre suivant, au bureau de l'Enregistrement du siège des sociétés ou compagnies ou du domicile de l'assureur. — Pour les sociétés d'assurances mutuelles dans lesquelles le montant des cotisations annuelles est, d'après les statuts, exigible par avance le 1er janvier de chaque année, le payement de la taxe afférente aux contrats existant à cette époque est effectué par quart et dans les dix jours qui suivent l'expiration de chaque trimestre (Décr. 25 nov. 1871, art. 6). Toutefois, la taxe sur la contribution dans les sinistres, qui est toujours payant à la fin de chaque exercice, doit être acquittée au plus tard le neuvième jour du troisième mois qui suit la fin du dernier trimestre (Req. 14 févr. 1876, D. P. 76. 1. 274).

189. Les dispositions de l'art. 6 de la loi du 23 août 1871, et celles de la loi du 5 juin 1850, sont applicables aux sociétés et assureurs étrangers qui ont un établissement ou une succursale en France (L. 23 août 1871, art. 7). — Les contrats d'assurance passés à l'étranger pour des immeubles situés en France, ou pour des biens qui, situés à l'étranger, appartiennent à des Français, doivent être enregistrés avant toute utilisation ou usage en France, à peine d'un droit en sus qui ne peut être inférieur à 50 francs (même loi, art. 8). Le droit dû pour ces polices est fixé à raison de 10 pour cent du montant des primes, multiplié par le nombre d'années pour lesquelles l'assurance a été contractée. — Enfin, les contrats d'assurance contre l'incendie passés

en France pour des immeubles ou objets mobiliers situés à l'étranger ne sont pas assujettis au payement de la taxe; mais il ne peut en être fait aucun usage en France, soit par acte public, soit en justice ou devant toute autre autorité constituée, sans qu'ils aient été préalablement enregistrés. Le droit est perçu au taux fixé par l'article 8 de la loi de 1871, mais seulement pour les années restant à courir (art. 9).

190. L'article 9 de la loi de 1871 n'est pas applicable aux polices souscrites en France pour garantir des biens situés en Algérie; ces biens sont considérés, au point de vue de la perception, comme situés en France, et les assurances qui les concernent sont assujetties à la taxe obligatoire (Sol. admin. Enreg. 27 août 1873, D. P. 73. 5. 199). — La loi du 23 août 1871 ayant été déclarée exécutoire en Algérie à dater du 1er janv. 1872 par un décret du 12 déc. 1871 (D. P. 72. 4. 1), les contrats d'assurance passés en Algérie pour des biens qui y sont situés sont soumis à la taxe, mais seulement au taux de 4 pour cent, moitié du tarif de la métropole, augmenté d'un seul décime.

191. Les compagnies, sociétés et assureurs étrangers qui font en France des opérations d'assurances contre l'incendie sont soumis aux dispositions de la loi du 23 août 1871 et au règlement d'administration publique du 25 novembre 1871. De plus, ils doivent, avant toute opération ou déclaration, faire agréer par l'administration de l'Enregistrement un représentant français personnellement responsable des droits et amendes (Décr. 25 nov. 1871, art. 10).

192. Pour permettre à l'Etat de subventionner plus largement les compagnies de sapeurs-pompiers, les art. 17 et 18 de la loi du 13 avr. 1898 (D. P. 98. 4. 97) ont assujetti les compagnies d'assurances françaises et étrangères contre l'incendie, à l'exception des caisses départementales organisées par les conseils généraux, à une taxe fixe annuelle calculée à raison de 6 francs par million sur le capital qu'elles assurent en France. Le mode de perception et les époques de payement de cette taxe ont été établis par le règlement d'administration publique du 12 juill. 1898 (D. P. 99. 4. 55), qui n'est que la reproduction du décret du 25 nov. 1871 relatif à la taxe de 8 fr. pour cent.

§ 2. — *Timbre.*

193. Les polices d'assurances ont été de tout temps assujetties au timbre de dimension. — La loi du 5 juin 1850 (D. P. 50. 4. 114) a eu pour but d'assurer par des mesures spéciales de contrôle et par une pénalité plus sévère le recouvrement des droits de timbre. — Cette loi, tout en confirmant la législation antérieure, soumet au timbre les contrats d'assurance en général, ainsi que les conventions postérieures contenant prolongation de l'assurance, augmentation dans la prime ou le capital assuré, et ce, sous peine, en cas de contravention, d'une amende de 50 francs contre l'assureur, sans aucun recours contre l'assuré (art. 33). En ce qui concerne les mesures de contrôle, la même loi impose aux assureurs l'obligation : 1° de souscrire au bureau de l'Enregistrement du lieu de leur principal établissement une déclaration indiquant la nature des opérations et les noms du directeur de la société ou du chef de l'établissement (art. 34 et 43); 2° de tenir, au siège de l'établissement, un répertoire sommaire de toutes les opérations faites, soit directement, soit par leurs agents (art. 35 et 44); 3° de communiquer les répertoires et polices aux agents de l'enregistrement (art. 35, 44 et 45).

194. La loi du 5 juin 1850 a accordé aux compagnies et assureurs contre l'incendie et contre la grêle la faculté de s'affranchir de l'obligation d'employer le papier timbré pour la rédaction de leurs contrats, en souscrivant un abonnement les obligeant au payement d'une taxe annuelle déterminée d'après le total des sommes assurées (art. 37). — Cette faculté de contracter un abonnement a été étendue aux assurances contre la mortalité des bestiaux, la gelée, les inondations et autres risques agricoles, par la loi du 9 mai 1860 (D. P. 60. 4. 47); aux sociétés et assureurs étrangers qui ont un établissement ou une succursale en France, par l'art. 7 de la loi du 23 août 1871; aux contrats de rentes viagères passés par les sociétés, compagnies d'assurances et tous autres assureurs sur la vie, par l'art. 16 de la loi du 13 avr. 1898 (D. P. 98. 4. 97). La faculté de s'abonner au timbre a été transformée en obligation par la loi du 29 déc. 1884 (D. P. 85. 4. 38), en ce qui concerne les assurances sur la vie et contre l'incendie.

195. Aux termes de la loi du 5 juin 1850, l'abonnement avait été établi pour tenir lieu du timbre de dimension afférent au contrat même d'assurance et aux conventions postérieures contenant prolongation de l'assurance, augmentation dans la prime ou le capital assuré. — L'art. 8, § 1er, de la loi du 29 déc. 1884 étend la dispense à tous les actes, quels qu'ils soient, qui ont exclusivement pour objet la formation, la modification ou la résiliation amiable des contrats d'assurance. Cette disposition a une portée générale; elle embrasse, non seulement les polices et les actes qui servent à les préparer, tels que les propositions d'assurance et les procès-verbaux d'estimation, mais encore les avenants de changement de domicile, de diminution, de prolongation ou d'augmentation de prime ou de capital assuré (Instr. Reg. 8 mars 1885, n° 2708, D. P. 86. 5. 418). — Mais sont exclus de la dispense tous les actes qui n'ont pas pour objet exclusif la formation, la modification ou la résiliation amiable du contrat d'assurance, notamment les quittances de primes ou d'indemnités, les déclarations et règlements de sinistres, les procès-verbaux d'expertise, etc. Ces actes continuent à être soumis au timbre de dimension par application de l'art. 12 de la loi du 13 brum. an 7 (R. v° *Enregistrement*, t. 22, p. 737; même instruction du 8 mars 1885).

196. L'abonnement couvre uniquement l'impôt exigible à raison des originaux mêmes des contrats; il ne saurait s'appliquer aux copies ou duplicata délivrés ultérieurement. Ces copies sont soumises aux droits ordinaires de timbre d'après leurs dimensions (Req. 8 nov. 1876, D. P. 77. 1. 167).

197. Les contrats d'assurance passés en pays étranger et ayant exclusivement pour objet des immeubles, des meubles ou des valeurs situés à l'étranger sont exempts de l'impôt du timbre; mais ces contrats doivent être soumis au timbre moyennant le payement du droit au comptant, avant qu'il puisse en être fait aucun usage en France, soit dans un acte public, soit dans une déclaration quelconque, soit devant une autorité judiciaire ou administrative, à peine d'une amende de 50 francs (art. 33 de la loi du 5 juin 1850 (Civ. c. 23 janv. 1854, D. P. 54. 1. 65). — Toutefois, les contrats de réassurance passés en France, s'appliquant aux. D. P. 77. 4. 27; Instr. Reg. 2 janv. 1877, n° 2567, D. P. 77. 3. 80). — Cette exemption n'est pas applicable aux contrats passés en Algérie par les compagnies ou assureurs français, pour les valeurs situées en Algérie, l'art. 8 de la loi du 29 déc. 1884 ayant été rendu exécutoire en Algérie par décret du 16 avr. 1885 (D. P. 85. 4. 83).

198. Les réassurances, constituant de véritables contrats d'assurance, sont sujettes au timbre de dimension, par application de la disposition générale de l'art. 33 de la loi du 5 juin 1850 (Civ. c. 23 janv. 1854, D. P. 54. 1. 65). — Toutefois, les contrats de réassurance passés en France, s'appliquant aux

polices souscrites à l'étranger et ayant pour objet exclusif des valeurs situées à l'étranger, sont exempts de l'impôt du timbre lorsqu'ils sont réalisés par actes sous signatures privées (L. 30 déc. 1876, § 2). — De même, la taxe annuelle n'est pas applicable aux actes de réassurance lorsque cette taxe a été payée par l'assureur primitif (L. 29 déc. 1884, art. 8, § 5).

199. Le taux de la taxe d'abonnement, qui avait été fixé par l'art. 37 de la loi du 5 juin 1850 à 2 centimes par 1 000 francs du total des sommes assurées pour les compagnies d'assurances contre l'incendie et contre la grêle, à 1 pour cent du total des collectes de l'année pour les caisses départementales administrées gratuitement, et à 2 francs par 1 000 du total des versements faits chaque année aux compagnies pour les compagnies d'assurances sur la vie, a été successivement augmenté par les lois des 2 juill. 1862 (D. P. 62. 4. 60), 23 août 1871 et 29 déc. 1884. — Dans l'état actuel de la législation, cette taxe est de : 1° 4 centimes par 1 000 francs du total des sommes assurées, pour les assurances à primes contre l'incendie; 2° 3 centimes par 1 000 francs du total des sommes assurées, pour les assurances mutuelles contre l'incendie; 3° 3 centimes 6 dixièmes du total des sommes assurées, pour les assurances contre la mortalité des bestiaux, la gelée, les inondations et autres risques agricoles; 4° 1 fr. 20 centimes pour cent du total des collectes de l'année, pour les caisses départementales administrées gratuitement; 5° 2 fr. 40 centimes par 1 000 francs du total des versements faits chaque année par les assurés pour les assurances sur la vie.

200. La taxe d'abonnement est perçue, aux termes de l'art. 8, § 6, de la loi du 29 déc. 1884, dans les délais et suivant les formes déterminées par les art. 5 et s. du règlement d'administration publique du 25 nov. 1871, relatif à la perception de la taxe d'enregistrement établie par la loi du 23 août 1871 (V. *supra*, n° 194) et s.). Elle est en conséquence établie sur l'intégralité des sommes assurées ou des recettes effectuées pour l'année courante et constatées dans les écritures des compagnies, sociétés et assureurs, sous déduction, toutefois, des sommes assurées ou reçues : 1° en vertu de contrats ayant acquitté le droit de timbre au comptant; 2° en vertu des polices passées à l'étranger, ou pour l'assurance de biens situés à l'étranger, ou pour les assurances et autres contrats viagers souscrits dans les agences établies à l'étranger par des personnes domiciliées à l'étranger (L. 13 avr. 1898, art. 16, § 3); 3° pour les contrats de réassurance, lorsque la taxe a été payée par l'assureur primitif (L. 29 déc. 1884, art. 8, § 5); 4° en vertu de contrats annulés ou résiliés avant que la perception afférente à l'exercice ait été réalisée.

201. Le défaut de payement dans les délais fixés par le décret du 25 nov. 1871 est puni d'une amende de 100 à 5 000 francs, sans préjudice des peines portées par l'art. 39 de la loi du 22 frim. an 7 pour omission ou insuffisance d'évaluation (L. 23 juin 1857, art. 10, D. P. 57. 4. 94; 29 déc. 1884, art. 8, § 6).

202. Les sociétés, compagnies et assureurs pour lesquels l'abonnement est facultatif sont tenus, lorsqu'ils ont souscrit cet abonnement, de soumettre au timbre spécial dit d'abonnement, avant d'en faire usage, les papiers destinés aux polices d'assurances et autres actes couverts par l'abonnement. Ce timbre est apposé sans frais dans tous les chefs-lieux de département (Décr. 27 juill. 1891, art. 5, D. P. 50. 4. 179). — Les sociétés, compagnies d'assurances et tous autres assureurs soumis à une taxe obligatoire sont dispensés de faire apposer l'empreinte du timbre sur les polices et autres actes spécifiés à l'art. 8, § 1er, de la loi du

29 déc. 1884. L'avis de l'acquittement du droit, inséré au *Journal officiel*, équivaut à l'apposition du timbre (L. 29 déc. 1884, art. 8, § 7).

ASSURANCES MARITIMES

(R. v° *Droit maritime*, 1426 et s.; S. *eod.* v°, 1544 et s.).

1. L'assurance maritime peut être définie : une convention par laquelle l'un des contractants, l'assureur, se charge, moyennant un prix convenu, appelé prime, d'indemniser l'autre, l'assuré, des pertes ou dommages qu'éprouveront sur mer et par accidents de force majeure les choses exposées aux dangers de la navigation. — Elle est régie par le titre 10 du livre 2 du Code de commerce (art. 332 à 396).

2. Ces dispositions sont applicables aux transports par rivières ou canaux quand le navire ou les marchandises empruntent au début ou à la fin du voyage les rivières ou canaux qui relient à la mer leur point de départ ou d'arrivée. Ils sont également applicables, d'après la majorité des auteurs, aux transports qui auront lieu exclusivement en rivière ou par canaux (Com. 335). — Les dispositions des polices étendent même quelquefois les règles des assurances maritimes aux transports de terre qui ont lieu entre le point de départ et d'arrivée des marchandises et la mer.

3. L'assurance à *prime fixe* est la seule pratiquée en France, bien que l'assurance maritime puisse revêtir la forme *mutuelle*; le Code ne s'occupe même que de la première.

ART. 1er. — NATURE ET CARACTÈRES GÉNÉRAUX DU CONTRAT D'ASSURANCE (R. 1427 et s.; S. 1553 et s.).

4. Indépendamment du consentement des parties, trois éléments sont essentiels à l'existence du contrat d'assurance : 1° une chose assurée; 2° des risques auxquels cette chose est exposée; 3° une somme promise à l'assureur pour se charger de ces risques. — La *chose assurée* peut consister dans tout objet estimable à prix d'argent, à l'exception des sommes empruntées à la grosse (Com. 347), qui existe ou tout au moins que l'on croit exister au moment du contrat. La chose peut être assurée avec ou sans estimation; elle peut n'être désignée qu'ultérieurement. — Les *risques* doivent être des risques de navigation, c'est-à-dire tels que l'existence de la chose assurée puisse être directement compromise par une fortune de mer. Ainsi, une créance chirographaire née d'un prêt ordinaire pour les besoins d'un navire ne peut être l'objet d'une assurance. Les risques doivent, en outre, exister pour l'assuré ou tout au moins pour celui dans l'intérêt duquel l'assurance est souscrite, ce qui exclut l'*assurance par gageure*. — La *somme promise* à l'assureur revêt la forme d'une prime, excepté dans le cas d'assurance mutuelle, où elle prendrait celle d'une *cotisation*.

5. Il est de l'essence du contrat d'assurance que celle-ci ne puisse jamais être pour l'assuré un moyen de réaliser un bénéfice, de sorte que l'assuré ne peut jamais obtenir, par le contrat, plus qu'il n'aurait eu si le sinistre ne s'était pas produit; mais, dans l'assurance maritime, il peut obtenir tout ce qu'il aurait eu en pareil cas, c'est-à-dire à la fois la perte subie et le gain manqué. C'est ainsi que, depuis la loi du 12 août 1885 (D. P. 86. 4. 25), on peut assurer le fret à faire et le profit espéré.

ART. 2. — PERSONNES QUI PEUVENT ASSURER OU FAIRE ASSURER (R. 1433 et s.; S. 1563 et s.).

6. 1° *Assureur*. — En droit, une assurance peut être consentie par toute personne ayant la capacité de faire des actes de commerce. Mais, en fait, l'assurance n'est guère pratiquée que par des compagnies, constituées en la forme de sociétés anonymes, soumises, en ce qui concerne leur constitution et leur fonctionnement, à la surveillance du Gouvernement (L. 24 juill. 1867, art. 66 et 67, D. P. 67. 4. 98; Décr. 22 janv. 1868, D. P. 68. 4. 15). — Les sociétés étrangères peuvent faire des assurances en France lorsqu'elles y sont autorisées soit spécialement, soit en vertu d'une mesure générale applicable à toutes les sociétés d'une nationalité.

7. Les compagnies d'assurances traitent généralement par l'intermédiaire de leurs agents, qui sont des mandataires salariés agissant en leur nom et les obligeant envers les tiers. Ces agents ne peuvent lier les compagnies que dans la limite des pouvoirs qu'ils ont reçus; quelquefois ils traitent sous réserve de ratification. — Les compagnies d'assurances maritimes sont tenues d'avoir, dans chacune de leurs agences, un répertoire coté et parafé par le juge de paix ou le tribunal de commerce pour y porter les assurances faites sans intermédiaire de courtier ou de notaire (L. 5 juin 1850, art. 44, D. P. 50. 4. 120).

8. *2° Assuré.* — Pour contracter une assurance en vue d'une expédition maritime, il faut d'abord avoir la capacité de faire un acte de commerce (V. *supra*, *Acte de commerce*). Mais cette capacité n'est pas exigée de celui qui, en contractant l'assurance, fait un acte purement conservatoire, par exemple, d'un passager qui fait assurer ses bagages. — Les étrangers peuvent, comme les Français, faire assurer en France leurs navires et leurs marchandises.

9. En second lieu, il faut avoir intérêt à la conservation de la chose assurée (Com. 334). Il n'est, d'ailleurs, pas nécessaire d'en être propriétaire : ainsi on admet le créancier hypothécaire à faire assurer le navire hypothéqué à son profit; de là, à plus forte raison, reconnaît-on ce droit au créancier qui a sur la chose un droit de privilège ou de gage.

10. L'assurance peut être contractée par un intermédiaire. Celui-ci peut agir en qualité de mandataire et pour *personne dénommée*, en vertu d'un mandat exprès ou tacite; tel est le gérant d'une société, un administrateur légal, etc. En pareil cas, c'est le mandant qui, juridiquement, est partie au contrat, à l'exclusion de l'intermédiaire, qui y reste personnellement étranger. — La qualité de mandataire n'appartient pas de plein droit au capitaine; il ne peut assurer le navire que s'il en a reçu le mandat spécial, ou les marchandises s'il n'est en même temps subrécargue (V. *infrà*, *Marine marchande*). Toutefois, il est libre d'assurer le navire ou la cargaison en son propre nom et pour sauvegarder sa responsabilité. — Le *consignataire* ne peut assurer que les marchandises qui lui sont consignées.

11. Dans la pratique, l'intermédiaire qui contracte l'assurance agit généralement comme commissionnaire; le commettant n'est pas dénommé, et l'assurance est faite *pour compte d'ami*, *pour compte d'un tiers à nommer*, *pour compte de qui il appartiendra.* — Le commissionnaire, traitant en son nom personnel, assume les obligations qui incombent à l'assuré; il est tenu au payement de la prime, et c'est alors même que le commettant a été désigné dans la police. Toutefois, suivant certaines décisions, la prime peut également, dans cette dernière hypothèse, être réclamée au commettant. Dans tous les cas, celui-ci a le droit, le cas échéant, de poursuivre le payement de l'indemnité. — La clause pour compte de *qui il appartiendra* a, d'ailleurs, des effets très étendus. Elle permet d'invoquer l'assurance à l'égard de tous ceux qui, soit

en tant que propriétaires, soit à tout autre titre, avaient avant la formation du contrat, ou ont acquis depuis cette formation et avant la réalisation du sinistre, un intérêt personnel à la conservation de la chose assurée (Req. 27 juin 1899, D. P. 1900. 1. 165).

12. Dans les rapports du commissionnaire et du commettant, les règles du mandat doivent être appliquées. Le commissionnaire, notamment, serait, en cas de sinistre, responsable envers le commettant, s'il avait négligé de contracter l'assurance en temps utile. — Lorsqu'il a payé la prime, le commissionnaire a droit au remboursement de ses avances; il est, pour cela, subrogé au privilège de l'assureur (Civ. 1251) et jouit du privilège de l'art. 2102, § 3, c. civ. pour les frais qu'il a faits en vue de la conservation de la chose assurée; mais on lui refuse le privilège attribué par l'art. 95 c. com. au commissionnaire sur la valeur des marchandises à lui expédiées, déposées ou consignées.

13. L'assurance pour compte faite par un individu qui est à la fois le commissionnaire de l'assuré et le mandataire de l'assureur est valable quand elle a été de bonne foi (Civ. r. 11 avr. 1860, D. P. 60. 1. 240).

14. Enfin, les assurances maritimes peuvent être faites par les *courtiers d'assurances maritimes*, qui ont qualité pour s'entremettre entre l'assureur et l'assuré et pour rédiger, concurremment avec les notaires, les polices que les parties ne rédigent pas sous leur seule signature. Ils sont, dans la pratique, considérés comme ayant stipulé pour l'assuré, et leur mandat peut être établi par tous les modes de preuve admis en matière commerciale. — Le courtier n'est pas tenu au payement de la prime.

ART. 3. — FORMES DU CONTRAT. — POLICE D'ASSURANCE (R. 1458 et s.; S. 1590 et s.).

15. Le contrat d'assurances maritimes doit être rédigé par écrit (Com. 332). Cependant, à défaut d'acte que la loi n'exige pas à peine de nullité, il peut être prouvé par les livres de commerce et la correspondance. La preuve pourrait en résulter également de l'aveu et du serment. Mais l'assurance ne peut être prouvée ni par présomption ni par témoins, à moins qu'il n'y ait un commencement de preuve par écrit, ou que l'acte ait été perdu par cas fortuit (Civ. 132, 1348).

16. L'écrit qui constate le contrat d'assurance s'appelle *police.* — Il peut être rédigé sous seing privé sous être, d'après l'opinion la plus répandue, soumis à la formalité des doubles. La police peut également revêtir la forme authentique; elle est alors l'œuvre des notaires, et surtout des courtiers d'assurances maritimes, qui sont officiers ministériels (Com. 79; L. 18 juill. 1866. D. P. 66. 4. 118). Lorsqu'elle est souscrite par plusieurs assureurs, la police, signée par chacun d'eux, est close par le courtier, qui la signe à son tour et, dans la pratique, la remet à l'assuré sans que celui-ci ait à la signer. — Les notaires, lorsqu'ils rédigent une police, ne sont pas astreints à observer les formes de la loi du 25 vent. an 11 (R. v° *Notaire*, p. 576), et peuvent s'interposer entre les parties pour la négociation de l'assurance. Que la police soit rédigée par un courtier ou par un notaire, elle fait, comme acte authentique, foi jusqu'à inscription de faux, mais elle n'emporte pas *exécution parée.* — A l'étranger, les polices peuvent être passées devant les chanceliers des consulats dans les formes prescrites pour les actes reçus par ces agents, ou rédigées dans la forme usitée dans le pays.

17. La police ne doit contenir aucun blanc (Com. 332); cependant l'existence de blancs n'entraîne la nullité de la police que s'il y a eu omission d'une clause essentielle. Tous

les renvois, additions et ratures doivent être approuvés par les parties. Dans la pratique, on emploie pour la rédaction des polices des formules imprimées dans lesquelles les vides sont comblés au moyen d'annotations manuscrites ou de traits. Les clauses imprimées ont la même valeur que les clauses manuscrites; mais, en cas d'antinomie entre les unes et les autres, ce sont les clauses manuscrites qui doivent prévaloir (Comp. *supra*, *Assurances*, n° 14). — Les clauses dérogatoires ou supplémentaires qu'on entend insérer dans la police font généralement l'objet d'un acte séparé appelé *avenant.*

18. La police doit contenir un certain nombre d'énonciations, qui sont énumérées par l'art. 332 c. com. Elles ne sont pas toutes essentielles. Ce sont :

19. 1° ... *La date du contrat,* c'est-à-dire l'année, le mois, le jour, et la mention que le contrat a été passé avant ou après midi. Dans le cas où l'assurance est couverte par plusieurs assureurs, la date de l'assurance est celle de la première souscription. — Le défaut de date n'a, d'ailleurs, aucune influence sur les parties sur la validité de la police; mais la police non datée n'est pas opposable aux tiers qui ont traité avec les parties avant qu'elle ait reçu date certaine.

20. 2° ... *Le nom et le domicile de celui qui fait assurer;* tout au moins doit-il être désigné de telle façon qu'il n'y ait aucun doute sur son individualité. La police doit, en outre, énoncer s'il contracte comme propriétaire ou comme commissionnaire : dans ce dernier cas, on emploie des formules qui permettent à tout intéressé de se prévaloir de l'assurance (V. *supra*, n° 11). — Les polices, d'ailleurs, peuvent être à *ordre*, ce qui implique l'obligation pour l'assureur de payer, en cas de sinistre, le montant de l'indemnité, soit à l'assuré lui-même, soit à toute personne à laquelle la police a été transmise par voie d'endossement. Lorsque la police est *au porteur*, elle peut être invoquée par toute personne qui la détient, à la condition qu'elle justifie de son intérêt à la conservation de la chose assurée. La preuve de l'intérêt se fait ordinairement à l'aide du connaissement.

21. 3° ... *Le nom et la désignation du navire*, c'est-à-dire sa qualité, son tonnage, son mode de propulsion, sa nationalité, s'il voyage sur lest ou avec chargement. — Dans l'assurance *sur corps* (V. *infrà*, n° 45), cette désignation est toujours nécessaire. Elle ne l'est pas, dans l'assurance *sur facultés,* lorsque celle-ci est faite *in quo vis* (V. *infrà*, n° 46).

22. 4° ... *Le nom du capitaine.* — Cette énonciation, sauf le cas de fraude, peut être omise sans qu'il y ait nullité de la police. — Le capitaine désigné dans la police ne peut être changé, hors le cas de force majeure, sans l'assentiment des assureurs, à moins que l'on n'ait ajouté la clause : *ou tout autre pour lui.*

23. 5° ... *Le lieu où les marchandises ont été ou doivent être chargées*; le port d'où le navire a dû ou doit partir; les ports ou rades dans lesquels il doit charger ou décharger; ceux dans lesquels il doit entrer. — Ces indications ne sont pas rigoureusement obligatoires, et elles peuvent être omises sans inconvénient lorsqu'elles n'ont pas pour but et pour effet d'altérer l'opinion des risques. Il est admis, par exemple, que le lieu d'arrivée peut ne pas être précisé et qu'on peut faire l'assurance pour une mer désignée, sans spécifier le port de débarquement. — Si l'assurance est faite, non pour tel voyage, mais *à temps,* ce qui est le cas le plus fréquent, il est inutile de désigner les ports d'où le navire doit partir et ceux où il doit se rendre (ces ports peuvent, d'ailleurs, être incertains au moment du contrat); il suffit de faire connaître l'époque où les risques doivent commencer et celle où ils doivent cesser.

24. 6° ... *La nature et la valeur* ou *l'estimation des marchandises ou objets que l'on fait assurer.* — En principe, la nature et la quantité des objets assurés doit être indiquée. Toutefois, cette indication n'est pas toujours possible; il en est ainsi, notamment, dans les polices *flottantes.* — Quant à l'évaluation desdits objets, elle n'est pas indispensable, et, d'ailleurs, lorsqu'elle est contenue dans la police, elle ne lie pas toujours l'assureur. Si elle est le fait de l'assuré seul, cette évaluation fixe seulement le maximum des prétentions qu'il pourra émettre; elle n'empêche pas l'assureur d'exiger que l'assuré prouve l'exactitude de ses évaluations. Au contraire, lorsque l'estimation est présentée dans la police comme *valeur agréée* ou valeur *convenue*, l'assureur qui, l'ayant acceptée, en conteste l'exactitude, sera obligé de fournir la preuve qu'elle était exagérée. A cet effet, il pourra faire procéder à la vérification et estimation des objets, sans préjudice de toutes autres poursuites soit civiles, soit criminelles contre l'assuré (Com. 336). Il en est ainsi, non seulement lorsqu'il y a fraude dans l'estimation des effets assurés, supposition ou falsification, ainsi que le prévoit l'article précité, mais encore au cas de simple erreur.

25. Lorsque l'évaluation a été faite dans le contrat en monnaie étrangère, on doit convertir cette évaluation en monnaie française suivant le cours à l'époque de la signature de la police (Com. 338). Selon certains auteurs, il y a une règle d'ordre public, à laquelle il ne serait pas permis de déroger.

26. Lorsque l'évaluation n'a pas été faite dans la police, il appartiendra à l'assuré de l'établir. Les art. 339-340 c. com. indiquent comment cette preuve sera faite en ce qui concerne les marchandises. Quant au navire, il sera justifié de sa valeur, soit à l'aide des actes d'achat ou autres documents analogues, ou encore à l'aide des indications fournies par les agences de renseignements, telles que le bureau *Veritas.* — Au reste, les énonciations dont il s'agit peuvent être plus ou moins précises : si l'assurance porte sur certains objets en tant que corps certains, il est nécessaire que ces objets soient spécifiés individuellement, au moyen, par exemple, de marques et numéros des caisses qui les renferment. Si elle porte sur des marchandises d'une certaine nature en quantité déterminée, il suffit de faire connaître leur nature et leur poids ou leur volume, et l'assurance ne peut porter que sur des marchandises de la nature indiquée. Dans l'assurance portant sur le chargement ou une quote-part du chargement, il suffit que l'assurance exprime qu'elle porte sur tout ou partie du chargement sans qu'il y ait à spécifier les marchandises. Enfin, dans l'assurance *in quo vis* (V. *infrà*, n° 46), où l'indétermination est de règle (V. *supra*, n° 21), les marchandises peuvent n'être pas spécifiées.

27. 7° ... *Le temps où commencent et celui où finissent les risques.* — Il doit être énoncé dans la police (Com. 332), sinon il est réglé par la loi (Com. 341). V. *infrà,* n°ˢ 75 et s.

28. 8° ... *La somme assurée.* — Cette énonciation ne se confond pas avec celle de la valeur de la chose assurée (V. *supra,* n° 24), l'assurance pouvant ne couvrir qu'une partie de cette valeur. Elle n'est pas indispensable; si elle a été omise, l'assurance est réputée s'étendre à la valeur totale.

29. 9° ... *La prime.* — Elle doit, en principe, être fixée par la police, qui énonce en quoi elle consiste et quel en est le taux ou le *quantum*. Mais il suffit qu'il apparaisse qu'une prime a été stipulée pour que la po-

lice soit valable quand même elle n'y serait pas fixée : on a recours alors soit à la correspondance des parties, soit aux livres ou au cours de la place. La police doit indiquer encore les conditions dans lesquelles est due la prime, notamment l'époque où elle sera exigible; à défaut de quoi et d'autres documents tels qu'un billet de prime, la prime serait payable comptant ; le mode de payement, dans la mesure où laquelle il se fera ; enfin, en cas d'assurance de la prime, il doit en être fait déclaration.

30. 10° ... *La soumission des parties à des arbitres en cas de contestation, si elle a été convenue.* — Cette convention est autorisée, par dérogation à la règle générale, qui prohibe les clauses compromissoires (V. *supra,* Arbitrage, n° 24). Il n'est, d'ailleurs, pas nécessaire que les arbitres soient désignés dans la police.

31. Enfin la police doit énoncer les autres conditions dont les parties sont convenues, conditions qui sont valables dès qu'elles ne sont pas contraires aux lois et aux bonnes mœurs et n'altèrent pas la nature du contrat.

32. La même police peut contenir plusieurs assurances, soit à raison des marchandises, soit à raison du taux de la prime, soit à raison de différents assureurs (Com. 333). Mais, bien que plusieurs marchandises soient assurées par la même police, il y a une seule assurance si la prime est unique et si les marchandises ont été évaluées en bloc, ou si l'on a affecté une prime différente à diverses parties de la cargaison, estimées séparément. De même, bien qu'il y ait plusieurs assureurs, il est clair que l'assurance est unique s'ils se sont engagés solidairement.

ART. 4. — OBJETS ET MODALITÉS DE L'ASSURANCE.

§ 1ᵉʳ. — *Choses qui peuvent être assurées* (R. 1565 et s. ; S. 1663 et s.).

33. L'énumération des choses qui peuvent être assurées, donnée par l'art. 334 c. com., n'a rien de limitatif; et, d'une manière générale, on peut dire que toute chose pouvant être l'objet d'une transaction commerciale et être exposée à des risques maritimes est susceptible de faire l'objet d'une assurance maritime. La nouvelle rédaction donnée à l'art. 334 par la loi du 12 août 1885 ne laisse subsister qu'une exception, celle des sommes prêtées à la grosse (Com. 347). — Toute personne intéressée peut donc faire assurer :

34. 1° ... Le *navire et ses accessoires,* c'est-à-dire non seulement les corps et quille du vaisseau, mais les agrès, apparaux, armements, etc.

35. 2° ... *Les marchandises chargées sur le navire.* — Il faut excepter les marchandises dont l'importation en France ou l'exportation de France est prohibée par les lois françaises, mais non celles qui sont destinées à être introduites en contrebande dans les pays étrangers.

36. 3° ... Le *fret net,* c'est-à-dire le bénéfice que tire le fréteur, comme transporteur, du transport, et, comme bailleur, du louage, par opposition au *fret brut,* qui représente, en outre, l'usure du navire et les dépenses de victuailles, d'armement, et, en général, toutes *mises dehors* : le fret net peut seul être assuré. — L'assurance du fret peut être faite par toute personne intéressée ; il peut donc l'être non seulement par le créancier du fret, mais aussi par celui qui le doit.

37. 4° ... Le *profit espéré.* — Il peut faire l'objet d'une assurance par toute personne ayant dans le voyage un bénéfice à espérer, tels que l'expéditeur, le consignataire qui a accepté des traites, l'acheteur à livrer, etc., aussi bien que par le propriétaire des marchandises.

38. 5° ... Les *loyers des gens de mer.* — Ils peuvent être assurés tant par l'armateur, qui a intérêt à faire cette assurance, les loyers étant dus même en cas de perte du navire (Com. 258. V. *infrà, Marine marchande*), que par les gens de mer eux-mêmes (Com. 334).

39. 6° ... Les *sommes prêtées à la grosse et le profit maritime.* — Elles peuvent être assurées par le prêteur. L'assurance porte sur ces sommes mêmes, et non sur la chose affectée au prêt : l'assureur ne répond que des fortunes de mer auxquelles est subordonné le remboursement du prêt. — Au contraire, les sommes empruntées à la grosse ne peuvent être assurées par l'emprunteur (Com. 347).

40. 7° ... Le *coût de l'assurance,* c'est-à-dire la prime et les frais accessoires qu'elle occasionne (timbre, courtage, etc.) (Com. 334-342, § 2). — Cette assurance peut être faite non seulement par l'assuré, mais par tout intéressé, par exemple par celui qui aurait fait l'avance du coût de l'assurance et voudrait s'en garantir personnellement.

41. 8° ... La *solvabilité* de l'assureur; le second assureur n'est pas, en ce cas, une caution du premier et ne peut opposer le bénéfice de discussion : il est tenu de payer dès que l'insolvabilité du premier assureur est constatée. — On peut également faire assurer, au moyen d'une assurance complémentaire, des risques qui n'ont pas été couverts par une première police : par exemple, les dépenses faites pour le navire dans un port de relâche et dont l'armateur n'est pas couvert par les assurances sur corps.

42. L'assureur peut, de son côté, se faire garantir les risques qu'il court du fait de l'assurance qu'il a consentie; c'est ce qu'on appelle la *réassurance* (Com. 342, § 1ᵉʳ.). — Le contrat de réassurance est totalement distinct du premier, de sorte que l'assuré n'a aucune action directe contre le réassureur s'il n'y a eu stipulation contraire. — La réassurance ne saurait être plus étendue que l'assurance, mais elle peut l'être moins. On admet généralement que l'assureur peut comprendre dans la réassurance la prime qui lui est due par l'assuré. Quant à la prime de réassurance, elle peut être moindre ou plus forte que celle de l'assurance (Com. 342, § 3).

§ 2. — *Des différentes manières dont l'assurance peut être faite* (R. 1606 et s. ; S. 1700 et s.).

43. Il est impossible de prévoir les diverses combinaisons qui peuvent être employées en matière d'assurance maritime. L'art. 335 c. com. donne à cet égard une énumération qui n'a rien de limitatif. — L'assurance peut être *totale* ou l'engagement de l'assureur s'étend à la pleine valeur de la chose assurée; elle est *partielle* si elle ne la couvre que dans une proportion déterminée. En pareil cas, les deux parties sont réputées assureurs par indivis dans la proportion résultant de la police et du découvert. Par exemple, au cas où une police de 50000 francs est souscrite sur des marchandises d'une valeur de 100000 francs, l'assureur n'est engagé que jusqu'à concurrence de la moitié de la perte ou des avaries qui peuvent survenir.

44. L'assurance peut être faite *conjointement* ou *séparément.* Par rapport aux assureurs, elle est faite conjointement s'ils garantissent solidairement la totalité de l'assurance ou s'il existe entre eux une société de commerce; elle est faite séparément si chacun d'eux s'engage pour une somme distincte, ou conjointement sans solidarité. Par rapport aux choses assurées, l'assurance est *conjointe* lorsqu'elle comprend dans une seule masse tous les objets assurés, *séparée* lorsque la police désigne un ou plusieurs objets assurés pour des sommes différentes. — L'intérêt de la distinction consiste en ce que les vices qui peuvent affecter une des assurances n'ont aucune influence sur l'autre dans le cas d'assurances séparées, tandis que, dans le cas d'assurances conjointes, le vice de l'une affecte également les autres.

45. L'assurance *sur corps*, c'est-à-dire celle qui a pour objet le navire, s'étend, en principe, aux accessoires du bâtiment sans lesquels il n'existerait pas en tant qu'instrument de navigation, tels que, par exemple, la machine d'un bateau à vapeur. — Au reste, les accessoires peuvent faire l'objet d'une assurance séparée qui, au lieu d'être régie par les règles de l'assurance sur corps, est soumise à des règles spéciales.

46. Les assurances *sur facultés*, c'est-à-dire sur le contenu du navire, peuvent être plus ou moins compréhensives. Ainsi il peut y avoir : assurance d'objets déterminés ; assurance d'une quantité déterminée d'objets d'une certaine nature ; assurance des facultés ou du chargement en tout ou en partie ; assurance des marchandises chargées et à charger. — L'assurance sur facultés peut être faite *in quo vis*, c'est-à-dire en vue de marchandises à transporter par un navire indéterminé. La validité en est admise non seulement pour les chargements faits aux Échelles du Levant, aux côtes d'Afrique et aux autres parties du monde pour l'Europe (Com. 337), mais aussi d'une façon générale, peu importe le lieu du chargement et celui de la destination.

47. On peut assurer aussi, d'une façon générale, toutes les marchandises que l'on expédiera ou que l'on recevra, par un navire quelconque, pendant une période de temps déterminée : la police est alors dite *flottante* ou *par abonnement*.

48. Les assurances *in quo vis* ou par abonnement sont définitives, dès l'instant où les marchandises ont été chargées dans les conditions prévues par le contrat : c'est le fait du chargement qui donne vie à l'assurance, sans qu'il soit besoin d'une nouvelle manifestation de la volonté des contractants (Paris, 21 déc. 1892, D. P. 93. 2. 109).

49. L'assurance peut être faite en temps de paix ou en temps de guerre, avant ou pendant le voyage du vaisseau, pour l'aller et le retour ou seulement pour l'un des deux.

50. Toute assurance *cumulative* est prohibée (Com. 334, modifié par la loi du 12 août 1885, § 2) : ainsi, l'armateur ne pourrait faire assurer à la fois l'entier montant du fret d'une part, et, d'autre part, les frais d'armement, victuailles, loyers des gens de mer et autres dépenses de l'expédition que le fret a pour objet de couvrir. S'il y a eu dol ou fraude de la part de l'assuré, l'assurance est nulle à son égard. S'il n'y a eu ni dol ni fraude, l'assurance reste valable ; mais elle est réduite à toute la valeur de l'objet deux fois assuré. S'il y a eu cumul au moyen de plusieurs assurances successives, la réduction porte sur la plus récente.

ART. 5. — DU RISQUE MARITIME (R. 1776 et s. ; S. 1845 et s.).

51. L'existence d'un risque maritime est nécessaire à l'existence du contrat d'assurance maritime. De là cette première conséquence que le contrat est résilié *ipso facto* lorsque le risque n'est pas encouru, spécialement si le voyage est rompu avant le départ (Com. 349) ou, plus exactement, avant que les risques aient commencé à courir. En pareil cas, et sauf convention contraire, l'art. 349 alloue à l'assureur une indemnité de *ristourne* de demi pour cent de la somme assurée, à la condition que la rupture du contrat provienne du fait de l'assuré, sans toutefois qu'il y ait fraude de sa part : au

cas de fraude de l'assuré, l'assureur aurait droit à la prime entière. En revanche, l'assureur n'a droit à aucune indemnité si le contrat est ristourné par suite d'un fait illicite qui lui soit propre, ou qui lui soit commun avec l'assuré.

52. Lorsque l'assurance a pour objet des marchandises assurées pour l'aller et le retour et que le vaisseau, parvenu à sa première destination, ne fait pas de chargement ou ne fait qu'un chargement incomplet pour le retour, l'assureur, sauf stipulation contraire, ne reçoit que les deux tiers proportionnels de la prime convenue (Com. 356). Peu importe le défaut de chargement de retour soit le fait de l'assuré ; la prime n'en est pas moins réduite du tiers. Cette réduction, toutefois, ne devrait pas avoir lieu si l'assurance comportait la faculté de décharger et renouveler tout ou partie de la cargaison dans les ports d'échelle.

53. La cessation du risque met également obstacle à la formation du contrat. Toutefois, l'assurance, bien que contractée après la cessation du risque, est valable lorsque ni l'assureur ni l'assuré n'ont connu ou ne pouvaient être présumés connaître cet événement au moment de la signature du contrat (Com. 365). — Aux termes de l'art. 366, la cessation des risques est présumée connue si, en comptant trois quarts de myriamètres par heure, il est établi que l'endroit de l'arrivée ou de la perte du vaisseau, ou du lieu où la première nouvelle en est arrivée, elle a pu être portée dans le lieu où le contrat d'assurance a été passé avant qu'il ait été signé. Cette présomption est généralement remplacée dans les polices par la présomption, plus conforme à la réalité des faits, que la nouvelle doit être réputée connue des parties dès qu'elle est parvenue, d'une façon quelconque, même par la voie des journaux, dans la localité où l'assurance a été contractée.

54. La présomption établie par les art. 365 et 366 n'est pas applicable lorsque l'assurance est faite *sur bonnes ou mauvaises nouvelles* : en pareil cas, le contrat n'est annulé que s'il est établi que l'une des parties connaissait la cessation des risques, même faussement annoncée, avant la signature du contrat (Com. 367). La preuve de cette connaissance peut être faite par tous les moyens.

55. L'assuré qui a frauduleusement contracté sachant la perte des objets assurés doit payer à l'assureur une double prime ; l'assureur qui a contracté connaissant l'heureuse arrivée doit restituer à l'assuré la prime qu'il a perçue et une somme double de cette prime. En outre, la partie convaincue de fraude est passible de poursuites correctionnelles et de l'application de l'art. 405 c. pén. Dans le cas où il y a simple présomption que l'une des parties connaissait la cessation des risques, elle n'encourt ni pénalité, ni dommages-intérêts.

56. Une autre conséquence du même principe, c'est qu'il est interdit de faire assurer une chose pour une somme supérieure à sa valeur : aux termes de l'art. 357 c. com., le contrat d'assurance ou de réassurance consenti pour une somme excédant la valeur des effets assurés est nul à l'égard de l'assuré et de ses ayants cause, s'il est prouvé qu'il y a eu dol ou fraude de sa part ; l'assurance subsiste à l'égard de l'assureur, qui peut, en cas d'heureuse arrivée, exiger et conserver la prime et, en cas de sinistre, faire valoir la nullité de l'assurance. — C'est aux assureurs à fournir la preuve du dol et de la fraude ; ils peuvent, pour cela, recourir à tous les moyens de preuve. Le dol ou la fraude peuvent même s'induire dans certains cas de la seule exagération de la valeur. — En l'absence de dol et de fraude, le contrat est valable jusqu'à

concurrence de la valeur de la chose assurée. La prime est réduite proportionnellement, mais avec une indemnité de demi pour cent sur la partie réduite de la somme assurée (Com. 358). — Les art. 357 et 358, bien qu'ils ne visent que l'assurance des *effets chargés*, s'appliquent également à l'assurance sur corps.

57. Enfin, du principe qu'il ne peut y avoir d'assurance là où il n'y a point de risques découle encore la prohibition des assurances multiples dont le total excéderait la valeur entière des objets assurés. L'art. 359 dispose que s'il existe plusieurs contrats d'assurance faits successivement sur le même chargement, et que le premier contrat assure l'entière valeur des effets chargés, il subsistera seul. Cette disposition, bien qu'elle ne paraisse viser que l'assurance du chargement, s'applique à toutes les assurances maritimes, quel qu'en soit l'objet. — Elle suppose l'existence de plusieurs assurances faites sur le même objet, en prévision des mêmes risques, par un même assuré ou pour son compte. Lorsque la première des assurances couvre à elle seule la valeur des effets chargés, elle subsiste seule : les assureurs qui ont signé les contrats subséquents sont libérés et reçoivent demi pour cent de la somme assurée. Si l'entière valeur des objets assurés n'est pas assurée par le premier contrat, les assureurs qui ont signé les contrats subséquents répondent de l'excédent en suivant l'ordre de la date des contrats (Com. 359, § 2 et 3). La résolution des contrats n'a d'ailleurs lieu qu'au moment où les risques sont échus, de telle sorte que, si la première ou l'une des premières assurances vient à être annulée ou devient caduque par l'effet d'une condition, l'assureur subséquent n'est pas libéré et doit acquitter le risque sans pouvoir invoquer l'existence de la précédente assurance.

58. L'art. 359 suppose que l'assuré est de bonne foi ; sinon le nouveau contrat n'est nul qu'à l'égard de l'assuré, et l'assureur a droit alors non pas seulement à l'indemnité d'un demi pour cent, mais à la prime entière.

ART. 6. — OBLIGATIONS DE L'ASSUREUR.

59. La principale obligation de l'assureur est d'indemniser l'assuré du dommage qu'il subit par suite des risques dont il est garant. Cette obligation a pour limite le montant de la somme assurée, laquelle ne doit pas excéder la valeur de la chose (V. *suprà*, n° 56).

60. Si l'assureur tombe en faillite au cours des risques, l'assuré peut demander caution ou la résiliation du contrat (Com. 346). On estime généralement que la caution peut être réclamée sans que la faillite soit déclarée, dès qu'il y a cessation de payements, et qu'elle peut l'être également au cas de liquidation judiciaire. — L'assuré n'est admis à user de son droit que pour sûreté des risques non réalisés au moment où l'assureur tombe en faillite. Aux risques non réalisés, on assimile ceux dont la réalisation n'était pas connue des parties. — Faute par l'assureur, ou plutôt par le syndic de sa faillite, de donner caution, l'assuré doit poursuivre en justice la résiliation du contrat, si la police ne stipule pas que la faillite aura lieu de plein droit. — La solvabilité de la caution est laissée à l'appréciation des tribunaux ; il n'est pas nécessaire qu'elle réunisse les conditions et qualités requises par le Code civil (V. *infrà, Cautionnement*). — Quand la faillite a lieu après que la cessation des risques est connue des parties, l'assuré ne peut plus que produire à la faillite pour le montant de l'indemnité ; mais, suivant l'opinion la plus répandue, il peut compenser la prime dont il est débiteur avec cette indemnité.

61. L'assureur qui a indemnisé l'assuré sinistré est fondé à recourir contre l'auteur du sinistre, s'il a été subrogé conventionnellement dans les droits qui appartenaient à l'assuré contre ce dernier (Paris, 26 mars 1891, D. P. 95. 1. 145).

§ 1er. — *Risques à la charge de l'assureur* (R. 1817 et s.; S. 1870 et s.).

62. Les risques à la charge de l'assureur sont, à défaut de stipulations dans la police, déterminés par les art. 350 et s. c. com. D'une manière générale, l'assureur ne répond que des pertes et dommages qui sont la conséquence d'une fortune de mer, c'est-à-dire qui sont occasionnés par la mer ou survenus sur mer.

63. L'art. 350 contient une énumération des principaux événements constituant des fortunes de mer, énumération qui n'est d'ailleurs pas limitative. Ce sont: 1° La *tempête,* c'est-à-dire une agitation des flots assez considérable pour compromettre le salut d'un navire en bon état. — 2° Le *naufrage,* ce qui ne comprend pas seulement le cas de rupture du navire; un navire avarié et abandonné de son équipage peut être considéré comme naufragé. — 3° L'*échouement,* c'est-à-dire la position du navire engravé sur un bas-fond, avec ou sans bris, à la condition qu'il soit fortuit ou la conséquence du voyage, comme lorsque le navire a pour destination un port qui assèche à marée basse. — 4° L'*abordage,* même quand il n'est pas purement fortuit, mais *douteux,* c'est-à-dire lorsqu'on ne peut savoir à qui en imputer la faute (V. *infrà, Avaries*). — 5° Le *changement de route, de voyage, de vaisseau,* lorsqu'il est forcé, c'est-à-dire imposé à l'assuré par des circonstances indépendantes de sa volonté; il faut en outre autant de la *relâche* rendue nécessaire par un accident de mer. — 6° Le *jet:* l'assureur doit, suivant les cas, payer la valeur des objets et même subir le délaissement si l'importance de la perte le permet, ou indemniser l'assuré de ce que celui-ci paye pour sa part dans la contribution. — C'est l'assureur du fret qui supporte la contribution du fret à l'avarie commune; toutefois, la contribution du fret à l'avarie grosse reste à la charge de l'assureur sur corps, si les assurés ont pris l'engagement de ne pas faire assurer le fret. — 7° Le *feu,* si l'incendie ne résulte pas du vice propre de la chose; peu importe qu'il ait été communiqué aux objets assurés par d'autres objets étrangers à l'assurance. — 8° La *prise,* même lorsque le navire est relâché et la prise annulée. — 9° Le *pillage,* même qu'il ne soit le fait de belligérants et puisse être réputé fait de guerre. — 10° L'*arrêt par ordre de puissance,* qui comprend : l'*angarie,* ou obligation imposée par un gouvernement aux bâtiments arrêtés dans ses ports d'effectuer pour son compte des transports de troupes ou de munitions et approvisionnements militaires, et l'*embargo,* ou défense de laisser sortir d'un port les navires, nationaux ou autres, qui s'y trouvent. — 11° La *confiscation,* sauf dans le cas où elle est prononcée pour cause de contrebande prohibée par la loi française. — 12° Les faits de *guerre* ou de *représailles;* les risques résultant de ces faits sont généralement exclus par les polices françaises sur corps. On assimile au fait de guerre le blocus et l'interdiction de commerce.

64. Les pertes et dommages qui sont à la charge des assureurs comme résultant des accidents de mer s'entendent non seulement des avaries matérielles, mais encore des dépenses et des pertes pécuniaires qui ont été la conséquence de ces accidents (Civ. c. 25 déc. 1857, D. P. 58. 1. 51). Ainsi, sont à la charge de l'assureur : la perte subie sur le prix de marchandises qui ont dû être vendues au cours du voyage pour subvenir aux réparations du navire nécessitées par une fortune de mer; l'emprunt à la grosse contracté pour le même objet; le dommage occasionné par la saisie et la vente du navire ordonnées par un tribunal étranger à la suite de l'impossibilité dans laquelle se serait trouvé le capitaine de se procurer des fonds pour acquitter le coût des réparations; le remboursement des sommes fournies par des tiers pour la réparation du navire déclaré innavigable après son arrivée à destination.

65. L'assurance ne couvrant que les risques provenant d'accidents ou de fortune de mer, ne garantit ni les déperditions normales causées par le fait même du voyage, ni les dommages qui en sont la conséquence ordinaire et ne proviennent pas d'un cas fortuit et anormal. L'assureur ne supporte ni les frais du voyage, ni les droits de pilotage, de touage, de port, etc., si ces frais n'ont pas été occasionnés par une fortune de mer.

66. L'assurance ne couvre pas les pertes ou dommages quelconques qui sont le fait des assurés (propriétaires, affréteurs ou chargeurs) ou de leurs préposés (Com. 351, 352). L'assurance maritime diffère à cet égard de l'assurance terrestre, notamment de l'assurance contre l'incendie, dans laquelle l'assureur répond du sinistre, alors même qu'il a pour cause une faute de l'assuré, pourvu qu'elle ne soit pas, en raison de sa gravité, assimilable au dol (V. *supra, Assurances,* n° 52). Par exemple, l'assureur ne répondrait pas des avaries occasionnées aux marchandises assurées alors que le navire, d'abord mis en lieu sûr, a chaviré, ayant été, à la demande de l'assuré, approché de ses magasins (Poitiers, 24 juin 1831, R. 1936). — Il est généralement admis que les parties ne peuvent déroger à la règle qui affranchit les assureurs des pertes et dommages provenant du fait de l'assuré.

67. Le changement de voyage, ayant pour conséquence de modifier le risque et pouvant l'aggraver, a pour effet de décharger l'assureur s'il a lieu par le fait de l'assuré et non par le fait du capitaine (C. cass. de Turin, 26 nov. 1892, D. P. 94. 2. 188). Il y a changement de voyage dès que la destination du navire, telle qu'elle a été déterminée dans le contrat, se trouve modifiée postérieurement à la mise en risques, et cela dans le cas même où le nouveau voyage comporterait pour partie une route commune; par exemple, il y aurait changement de voyage si un navire, se dirigeant d'un port de l'océan Atlantique sur Marseille, se rendait à Cette. — L'assureur est également déchargé des risques en cas de prolongation du voyage, c'est-à-dire lorsque l'assuré envoie le vaisseau en un lieu plus éloigné que celui qui est désigné par le contrat, quoique sur la même route. Dans l'un et l'autre cas, la prime reste acquise à l'assureur s'il a commencé à courir les risques.

68. Le changement de route a le même effet que le changement de voyage. — L'assureur est encore libéré par le changement de capitaine s'il a lieu sans son assentiment et sans nécessité. Il en est ainsi non seulement dans l'assurance sur corps, mais aussi dans l'assurance sur facultés, lorsque, bien entendu, que le vaisseau sur lequel devaient être chargées les marchandises ait été désigné. Peu importerait que le bâtiment substitué présentât des mêmes garanties ou des garanties de sécurité supérieures et que la chose assurée eût également péri dans le premier navire. — On admet que le changement de capitaine a les mêmes effets vis-à-vis de l'assureur que le changement de vaisseau; et, suivant l'opinion dominante, il en est encore ainsi du changement portant sur le propriétaire du navire, alors du moins que l'assurance est à personne dénommée. — Les règles ci-dessus, de même que celles exposées au numéro précédent, ne sont applicables que sauf convention contraire, et, en fait, il y est souvent dérogé dans les polices.

69. Aux termes de l'art. 352 c. com., les déchets, diminutions ou pertes qui proviennent du vice propre de la chose ne sont pas à la charge de l'assureur, soit que l'assurance ne vise le vice propre de la chose transportée, soit qu'elle s'applique aux objets transportés. Il est, d'ailleurs, permis de déroger à cette règle; l'assureur peut consentir la garantie des risques du vice propre, à la condition que ce vice ne se rattache pas à une dissimulation frauduleuse. La dérogation peut être expresse, ou résulter implicitement des conditions dans lesquelles le contrat a été passé. — D'autre part, l'assureur n'est indemne qu'autant que le vice propre a été la cause déterminante du dommage, qu'il s'est manifesté par le seul fait de la navigation et non par suite d'une fortune de mer. Ainsi la perte du navire assuré sera supportée par l'assureur, nonobstant l'état défectueux dans lequel se trouvait ce navire, si c'est un ouragan qui a été la cause directe du sinistre. L'assureur est également responsable si le vice propre ne s'est développé que par l'effet d'un événement de mer ou par un retard causé par un pareil événement. S'il est reconnu que le vice propre a occasionné l'avarie, mais qu'il se serait développé d'une façon moins complète si l'accident de mer n'était pas survenu, l'assureur est tenu dans la mesure de l'aggravation de dommage qui est le résultat de l'accident de mer. C'est là, d'ailleurs, une pure question de fait qu'il appartient aux juges de résoudre d'après les circonstances.

70. L'assureur ne peut se prévaloir du vice propre qu'autant que c'est la chose assurée qui en est atteinte. Il en résulte que le vice propre du navire n'est pas opposable aux chargeurs par celui qui a assuré les marchandises et, réciproquement, que l'assureur du navire ne peut opposer à l'armateur le vice propre des marchandises chargées.

71. L'assureur est tenu de prouver l'existence du vice propre et d'établir que ce vice a été la cause du dommage (Req. 9 déc. 1902, D. P. 1903. 1. 111); il peut employer, à cet effet, tous les modes de preuve admis par la loi. Toutefois, en ce qui concerne le navire, le vice propre devrait être présumé si le certificat de visite prévu par l'art. 225 c. com. (V. *infrà, Marine marchande*) n'avait pas été délivré. A l'inverse, la preuve du vice propre serait admissible nonobstant l'existence de ce certificat.

72. L'assureur n'est pas, sauf convention contraire, tenu de la *baraterie de patron,* expression qui comprend non seulement les prévarications du capitaine, mais toutes les fautes dommageables commises, dans leurs fonctions, par le capitaine et les gens de l'équipage, sans qu'il y ait à rechercher si ces fautes constituent, ou non, un manquement au devoir professionnel. L'assureur, d'ailleurs, n'est déchargé qu'autant qu'il s'agit de fautes commises par le capitaine ou les gens de l'équipage du navire assuré ou du navire porteur des marchandises assurées; sa responsabilité subsiste en ce qui concerne les faits imputables aux passagers, au capitaine ou à l'équipage d'un remorqueur et, suivant une opinion, aux pilotes côtiers. — C'est à l'assureur qu'incombe, en principe, l'obligation de prouver la baraterie de même que la faute de l'assuré; mais il peut user de tout mode de preuve.

73. La disposition de l'art. 358 n'est plus guère applicable aujourd'hui, les polices françaises mettant, en général, la responsabilité de la baraterie à la charge de l'assureur, sauf exception pour certains faits déterminés. En pareil cas, l'assureur ne peut se prévaloir contre l'assuré de ce que les avaries de la marchandise assurée tiennent à la négligence du capitaine, qui n'a pas apporté les soins nécessaires à la conservation de la chose (Paris, 13 févr. 1890, D. P. 92. 2. 273). Au contraire, il ne serait pas garant des pertes occasionnées par des fautes commises par le capitaine dans l'accomplissement d'un mandat étranger à ses fonctions, tel que la gestion d'opérations commerciales autres que celles qui ont trait à l'équipement et à l'armement du navire.

74. Les risques peuvent être diminués en faveur de l'assureur soit par des conventions particulières intervenues entre les parties, soit par la clause générale soit, dite *franc d'avaries* (Com. 409). Cette clause affranchit l'assureur de toutes avaries, soit communes soit particulières, excepté dans les cas qui donnent ouverture au délaissement; l'assureur reste garant des sinistres majeurs indiqués par les art. 369 et s. c. com.

§ 2. — *Durée des risques* (R. 1951 et s.; S. 1987 et s.).

75. En principe, l'assureur court les risques du voyage assuré pendant toute sa durée quelle qu'elle soit, à moins que le temps du risque n'ait été expressément limité. Ce n'est que dans le silence de la police que la loi fixe le moment où les risques commencent et celui où ils prennent fin.

76. Dans l'assurance au voyage, la durée des risques se détermine conformément aux règles posées par l'art. 328 c. com. pour le contrat à la grosse (Com. 341; V. *infrà*, *Prêt à la grosse*). — A l'égard du navire, des agrès, apparaux, armement et victuailles, les risques courent du jour où le navire a fait voile; et d'autres termes, du moment où il a démarré ou levé l'ancre (Civ. c. 19 juin 1900, D. P. 1902. 1. 549), jusqu'au jour où il est ancré ou amarré au lieu de sa destination. Toutefois, les risques peuvent se prolonger au delà du moment fixé par l'art. 328; par exemple, lorsque le navire a subi des avaries en cours de route, ils subsistent pendant toute la durée des réparations, ou pendant le voyage que le navire a dû faire, sur l'avis des experts, pour se rendre dans un port où les réparations peuvent être faites.

77. En ce qui concerne l'assurance des marchandises, les risques ont pour point de départ le jour où elles sont chargées dans le navire ou dans les gabares pour les y porter, et prennent fin le jour où les marchandises sont délivrées à terre. Ainsi les risques d'*allèges* sont à la charge des assureurs, à moins, suivant une opinion, que le capitaine, ayant la liberté d'entrer dans un port, ne fasse usage des allèges pour éviter des retards. Toutefois, lorsque le capitaine a la liberté d'entrer dans différents ports pour compléter ou échanger son chargement, l'assureur ne court les risques des objets assurés que lorsqu'ils sont à bord, s'il n'y a convention contraire (Com. 362), ce qui est, dans la pratique, le cas habituel.

78. Lorsque l'assurance est faite pour un temps déterminé, la durée des risques est celle qui a été stipulée à la convention elle-même. L'assureur est libéré après l'expiration du temps fixé, et l'assuré peut faire assurer les nouveaux risques (Com. 363).

79. Dans l'assurance sur le *fret à faire*, il semble que le risque doive courir du jour où le droit au fret est acquis à l'armateur, sauf événement de mer, et prendre fin au moment où le fret lui est définitivement acquis par l'arrivée du navire au port de destination.

Art. 7. — Actions de l'assuré contre l'assureur (R. 1980 et s.; S. 2013 et s.).

80. L'assuré peut faire valoir contre l'assureur, pour obtenir l'exécution du contrat d'assurance, soit l'*action en délaissement*, soit l'*action d'avaries*. La première suppose que la chose a péri entièrement ou presque entièrement; elle est exceptionnelle, spéciale

à l'assurance maritime et purement facultative pour l'assuré. La seconde, au contraire, est de droit commun; spécialement utile dans le cas où l'objet assuré n'a subi qu'une détérioration partielle, l'assuré est cependant toujours libre d'y recourir, alors même qu'on se trouverait dans un des cas qui donnent ouverture au délaissement. — Ces deux actions ne peuvent être cumulées.

§ 1er. — *Action en délaissement.*

81. L'action en délaissement a pour but d'obtenir le payement de toute la somme assurée, moyennant l'abandon par l'assuré de ce qui reste des choses assurées et de ses droits par rapport à ces choses. — L'assuré peut y renoncer, soit expressément, soit tacitement. Mais, dans ce dernier cas, la renonciation doit résulter manifestement des faits constatés (Req. 8 déc. 1890, D. P. 94. 2. 386).

A. — Cas de délaissement (R. 1981 et s.; S. 2014 et s.).

82. Le délaissement ne peut être exercé que dans les cas expressément admis par la loi; mais lorsqu'on se trouve dans un de ces cas, les événements ultérieurs ne peuvent modifier le droit de l'assuré : par exemple, le droit ouvert au cas de naufrage subsiste nonobstant le sauvetage ultérieur du navire. — On reconnaît, d'ailleurs, aux parties le droit d'étendre la faculté du délaissement à des cas non prévus par la loi, ou réciproquement.

83. Le délaissement peut être fait (Com. 369) : 1° En cas de *prise* : il faut que le navire soit resté au moins vingt-quatre heures aux mains de l'ennemi et, d'après certains auteurs, qu'il n'ait pas été relâché avant que l'assuré ait signifié le délaissement.

84. 2° En cas de *naufrage*. — On a vu *suprà*, n° 63, ce qu'il faut entendre par naufrage. — Dès qu'il y a naufrage, le délaissement peut s'exercer, que la chose ait été, ou non, perdue en totalité. Spécialement, le délaissement des marchandises peut être fait à l'assureur avec facultés, alors même qu'elles n'auraient subi aucune atteinte. Il peut, d'ailleurs, être dérogé à cette règle; et souvent les polices stipulent que le délaissement ne pourra être exercé qu'au cas de perte des marchandises dans une proportion déterminée, ou même de perte totale.

85. 3° En cas d'*échouement avec bris.* — Cette expression a été diversement interprétée : il semble que le bris doit être assez important pour former avec l'échouement un accident majeur, c'est-à-dire que le navire doit être atteint dans ses parties essentielles, de telle sorte qu'il lui soit impossible de naviguer; cette hypothèse se confond donc, pour ainsi dire, avec le cas d'innavigabilité (V. *infrà*, n° 84). — Au point de vue du délaissement des marchandises, il y a lieu d'appliquer les mêmes règles qu'au cas de naufrage.

86. 4° En cas d'*innavigabilité par fortune de mer*. — Cette cause de délaissement suppose, soit d'un sinistre majeur, soit d'un simple accident moins grave, tel qu'un échouement, un abordage, etc. — La jurisprudence distingue entre l'innavigabilité *absolue* et l'innavigabilité *relative*. L'innavigabilité absolue est celle qui procède de l'état matériel du navire, qu'il est impossible de rendre à la mer, comme dans le cas, par exemple, où la coque est détruite. L'innavigabilité relative est, d'une manière générale, celle qui provient plutôt des circonstances dans lesquelles se trouve le navire après l'accident que de la gravité même de cet accident et de son état matériel; tel est le cas où le navire doit subir des réparations telles qu'elles absorbent (d'après la plupart des polices) au moins les trois quarts de sa valeur agréée. L'innavigabilité relative peut résulter aussi de l'impossibilité pour le capitaine de se procurer

les fonds nécessaires aux réparations (Req. 16 déc. 1889, D. P. 91. 1. 65), ou de ce que le navire, réparé à l'aide d'une somme empruntée, a dû être vendu pour le remboursement de cette somme. Mais l'innavigabilité n'est admise qu'autant que le capitaine ou armateur ont fait tout ce qui était en leur pouvoir pour l'éviter. — L'innavigabilité dûment constatée ne donne ouverture au délaissement de la marchandise qu'autant que celle-ci ne peut être transportée à sa destination et que le capitaine n'a pas, dans les délais qui lui sont impartis par les art. 390 à 394 c. com., trouvé un autre navire pour achever le transport. Les polices substituent d'ailleurs le plus souvent, à ces délais trop longs, un délai plus court qui permet le délaissement lorsque les marchandises n'ont pas été remises au destinataire avant qu'il soit expiré et sans qu'il y ait de distinction à faire entre l'innavigabilité absolue et l'innavigabilité relative. — Il n'est pas nécessaire, pour que le délaissement soit possible, que l'innavigabilité ait été prononcée par une décision de justice, comme l'exige l'art. 237 c. com. pour que le capitaine soit autorisé à vendre le navire; car la décision rendue au point de vue de la vente ne lie pas le juge saisi de l'action en délaissement.

87. 5° En cas d'*arrêt, soit de la part d'une puissance étrangère, soit de la part du gouvernement français.* — Il faut dans l'un et l'autre cas, et non pas seulement dans le second (nonobstant les termes de l'art. 369), que le voyage assuré soit commencé au moment où se produit cette mesure.

88. 6° En cas de *perte ou détérioration des objets assurés*, si la perte ou détérioration est au moins des trois quarts. — Cette cause de délaissement est commune à l'assurance sur corps et à l'assurance sur facultés. L'évaluation de la perte ou détérioration, lorsqu'il s'agit d'un navire, se fait par la comparaison de sa valeur à l'état sain, c'est-à-dire au port de départ, et sa valeur après le sinistre. La valeur à l'état sain, si elle n'est fournie par la police, peut être obtenue par les modes usités pour évaluer le navire au moment où on l'assure (V. *suprà*, n° 26). Quant à la valeur après le sinistre, on l'obtient en évaluant le coût des réparations nécessaires, déduction faite de la valeur des débris, pour remettre le navire à l'état sain. On ne doit, d'ailleurs, tenir compte dans l'évaluation de la perte que des détériorations mêmes du navire, abstraction faite de toutes dépenses et frais accessoires, tels que frais de nourriture et gages de l'équipage pendant la relâche forcée du navire. En revanche, lorsque le montant de la dépense nécessaire aux réparations elles-mêmes atteint ou dépasse les trois quarts de la valeur du navire, il n'y a pas lieu de retrancher du montant de cette dépense ce qu'il peut rester de prix aux divers objets dépendant du navire; on n'opère pas non plus de déduction, comme en cas de règlement d'avaries (V. *infrà*, *Avaries*, n° 68) pour différence du neuf au vieux.

89. Pour les marchandises, l'évaluation ne peut, dans la plupart des cas, se faire, comme pour le navire, en constatant le coût des réparations nécessaires pour les remettre en état. Le système le plus suivi dans la pratique consiste à comparer la valeur de la marchandise dans le lieu où elle se trouve, où elle doit être vendue (et non dans le port de destination) avec la valeur assurée; le délaissement sera admis lorsque la valeur actuelle ne dépassera pas le quart de la valeur assurée.

90. Lorsque l'assurance porte sur une somme prêtée à la grosse, la créance peut être délaissée à la condition que la créance du donneur se trouve perdue pour les trois quarts au moins par suite de la perte ou de la détérioration de plus des trois quarts de la chose affectée au prêt.

91. 7° Le *défaut de nouvelles* pendant six mois à compter du jour du départ ou du jour auquel se rapportent les dernières nouvelles, s'il s'agit d'un voyage ordinaire, et pendant un an, s'il s'agit d'un voyage au long cours, constitue une cause de délaissement tant du navire que des facultés (Com. 375). — Sur les voyages qui sont réputés au long cours, V. Com. 377; L. 30 janv. 1893, art. 1er, D. P. 94. 4. 60). — Ces délais sont fréquemment modifiés par les polices. — Lorsqu'ils sont expirés sans qu'aucune nouvelle, même vague ou incertaine, soit parvenue à l'assuré, le délaissement peut être exercé. L'assuré jouit alors, pour faire le délaissement, des délais impartis par l'art. 373 (V. *infra*, n° 100), qui courent à partir de l'expiration des six mois ou de l'année et sont comptés d'après le lieu du départ si l'on n'a eu aucune nouvelle depuis qu'il a eu lieu, ou d'après le lieu où le navire a été signalé pour la dernière fois.

92. Dans le cas d'une assurance pour temps limité, après l'expiration des délais ci-dessus, la perte du navire est, sauf preuve contraire, présumée arrivée dans le temps de l'assurance (Com. 376). — Cette règle est absolue et ne comporte aucune distinction : elle est applicable non seulement quand l'assurance avait commencé à courir avant le départ du navire qui depuis n'a pas reparu, et antérieurement à la réception de ses dernières nouvelles, mais aussi quand elle n'a pris cours que depuis (Civ. c. 3 mars 1896, D. P. 97. 1. 489).

B. — Obligations particulières de l'assuré dans certains cas de délaissement (R. 2102 et s.; S. 2104 et s.).

93. Dans le cas de sinistre, spécialement de naufrage ou d'échouement avec bris, l'assuré doit travailler au sauvetage (Com. 381). Son abstention n'entraînerait cependant pas la déchéance de son droit et pourrait seulement donner lieu à des dommages-intérêts au profit de l'assureur. Lorsqu'il travaille au sauvetage, l'assuré n'est pas réputé renoncer à son droit d'option entre l'action en délaissement et l'action d'avaries; l'assureur, dans la même hypothèse, n'est pas réputé accepter le délaissement.

94. L'assuré qui a fait des avances de fonds pour parvenir au sauvetage des objets assurés doit en être remboursé par l'assureur, mais seulement jusqu'à concurrence de la valeur des objets recouvrés (Com. 381). Il a, d'ailleurs, pour ce recouvrement, le privilège qui appartient à tout sauveteur d'un navire et de sa cargaison. Le remboursement doit avoir lieu sur la simple affirmation de l'assuré, sauf le droit, pour l'assureur, de lui déférer le serment. — L'assuré est, en outre, tenu envers l'assureur à faire toutes les démarches et formalités propres à conserver les droits qu'il pourrait avoir contre les tiers qui seraient responsables du sinistre. Les assureurs ont la faculté d'intervenir de leur côté et de faire, soit de concert avec les assurés, soit séparément, toutes les démarches et prendre toutes les mesures nécessaires.

95. En cas d'*arrêt de puissance*, l'assuré est tenu d'en faire la signification à l'assureur dans les trois jours de la réception de la nouvelle et ne peut faire le délaissement qu'après un délai partant de cette signification et variable suivant l'éloignement des contrées où l'arrêt a lieu (Com. 387-388). En outre, il doit, pendant ce délai, faire tout ce qui dépend de lui pour obtenir la levée de l'arrêt, à peine de dommages-intérêts; s'il réussit, l'assureur doit en supporter les frais; il en est de même si l'assuré échoue.

96. Le délaissement à titre d'innavigabilité n'est pas admis si le navire peut être

réparé et continuer sa route. S'il est déclaré innavigable, l'assuré ne peut faire le délaissement des objets chargés sur le navire qu'après avoir notifié l'innavigabilité à l'assureur sur facultés dans le délai de trois jours de la réception de la nouvelle (Com. 390) et si, dans les délais impartis par l'art. 387, le capitaine n'a pu trouver un autre navire pour transporter les marchandises à destination. — La notification prescrite par l'art. 390 n'est assujettie à aucune forme déterminée ; il suffirait, par exemple, d'un avis donné par lettre (Paris, 13 févr. 1890, D. P. 92. 2. 275). Le défaut de notification n'empêcherait pas le délaissement, mais il exposerait l'assuré à une condamnation à des dommages-intérêts. — L'assureur ne peut, d'ailleurs, se prévaloir du défaut de notification s'il a connaissance du sinistre.

97. Lorsque le capitaine, l'assureur ou même l'assuré ont trouvé un nouveau navire pour transporter les objets assurés à destination, l'assureur court les risques des marchandises ainsi réexpédiées et est tenu des avaries, frais de déchargement, de magasinage et de rembarquement, de l'excédent de fret et de tous les autres frais qui auraient été faits pour sauver les objets assurés jusqu'à concurrence de la somme assurée (Com. 393).

98. Sur les obligations et les droits respectifs de l'assureur et de l'assuré en cas de *prise*, V. Com. 395 et 396.

C. — Objets que doit comprendre le délaissement (R. 2132 et s.; S. 2124 et s.).

99. Le délaissement des objets assurés ne peut être ni partiel, ni conditionnel. Il ne s'étend qu'aux effets qui sont de l'assurance et du risque (Com. 372). — Lorsque la chose assurée consiste en une marchandise dont l'importation ou l'exportation donne lieu à une prime, le délaissement ne comprend pas cette prime. — Le délaissement du navire, dans l'assurance sur corps, ne comprend le fret que s'il fait l'objet de la même assurance (l'art. 386 c. com., aux termes duquel le fret faisait dans tous les cas partie du délaissement, a été abrogé par la loi du 12 août 1885). Le fret lui-même peut être délaissé par celui qui l'a assuré dans tous les cas où le délaissement des objets assurés est autorisé, notamment lorsque la perte du fret s'élève aux trois quarts. Le délaissement doit alors comprendre tout le fret gagné depuis le commencement du risque, y compris celui des marchandises débarquées avant le sinistre, et y compris le prix de transport des passagers.

D. — Quand le délaissement peut être fait (R. 2155 et s.; S. 2141 et s.).

100. Le délaissement ne peut être fait avant le voyage commencé (Com. 370), c'est-à-dire avant le commencement des risques. — Il ne peut être fait après un certain délai, qui court de la réception de la nouvelle positive du sinistre et, en cas de prise, de la conduite du navire dans un port. Ce délai est de six mois si la perte est arrivée aux côtes de l'Europe, d'Asie et d'Afrique dans la Méditerranée ; d'un an, si la perte est arrivée ou la prise conduite en Afrique en deçà du cap de Bonne-Espérance ou en Amérique en deçà du cap Horn ; de dix-huit mois dans toutes les autres parties du monde (Com. 373).

101. Pour que le délaissement soit valable, l'assuré doit joindre à l'acte extra-judiciaire, par lequel il met l'assureur en demeure de payer la somme assurée, une demande en validité du délaissement : une simple proposition de délaissement, faite par lettre missive restée sans réponse, ne suffirait pas à interrompre le cours du délai ; il faudrait que cette proposition fût acceptée formellement par l'assureur ou que l'on se

trouvât dans un des cas, prévus par l'art. 434 c. com., où la prescription ne peut s'accomplir, c'est-à-dire qu'il y eût cédule, obligation, arrêté de compte ou interpellation judiciaire.

E. — Qualité pour faire le délaissement. — Formes (R. 2173 et s.; S. 2147 et s.).

102. Le délaissement peut être fait : ... Par l'*assuré*, sans qu'on puisse lui opposer comme fin de non-recevoir les actes qu'il aurait accomplis pour la conservation des objets assurés ; — ... Par un *fondé de pouvoirs* muni d'un mandat précis et spécial ; le capitaine lui-même ne saurait s'en passer. — L'assuré est tenu, en faisant le délaissement, de déclarer toutes les assurances qu'il a faites ou fait faire, même celles qu'il ignore si elles ont été effectuées, et les emprunts à la grosse, soit sur le navire, soit sur les facultés. — Le défaut de déclaration des assurances a pour effet de proroger les délais de payement, qui, au lieu de courir du jour où la déclaration des assurances a été faite, sans que, en même temps, il y ait eu mandat au délai du délaissement (Com. 379).

103. Le délaissement n'est soumis à aucune forme particulière : il est soumis aux règles des art. 435 et 436 (V. *infra*, n°s 132 et s.) toutes les fois qu'il n'y est pas dérogé par les dispositions spéciales au délaissement.

F. — Effets du délaissement (R. 2188 et s.; S. 2153 et s.).

104. Le délaissement oblige l'assureur à payer à l'assuré le montant de l'assurance, dans le délai de trois mois à partir de la signification du délaissement (Com. 382) ou de la déclaration des autres assurances, prescrite par l'art. 379 c. com., si l'assuré a fait cette déclaration postérieurement au délaissement, sauf, bien entendu, le cas où la police détermine un autre délai pour le payement. — La signification du délaissement ne doit pas nécessairement, pour faire courir ce délai, être accompagnée de la signification des actes justificatifs de la perte ; il suffit que ces actes soient signifiés dans les trois mois. — L'indemnité porte intérêt, suivant une opinion, du jour de la signification du délaissement ; d'après une autre doctrine, du jour de la notification des pièces justificatives ; enfin, selon un troisième système, qui paraît préférable, du jour de la demande ou de la sommation de payer (Civ. 1153).

105. Pour produire effet, le délaissement doit être accepté ou validé ; l'acceptation peut être tacite et résulter de tous actes de l'assureur autres que ceux qui ont pour but le sauvetage des objets assurés. Mais les mesures de sauvetage prises par l'assureur ne constituent pas une acceptation tacite du délaissement (Req. 23 avr. 1903, D. P. 1903. 1. 447). — Une fois validé ou accepté, le délaissement transfère de plein droit et d'une manière irrévocable à l'assureur la pleine propriété des objets délaissés. Il en est ainsi alors même que l'assureur viendrait à tomber ultérieurement en faillite et que l'assuré se trouverait, par suite, réduit à un dividende pour l'indemnité. — Enfin, le délaissement remonte, quant à ses effets, au jour du sinistre, de telle sorte que le sauvetage qui s'opère, même fait par des mandataires, est fait pour le compte et aux risques des assureurs (Paris, 18 déc. 1889, D. P. 91. 2. 289).

106. Lorsque le délaissement porte sur les facultés, l'assureur est saisi de la propriété à l'égard des tiers sans avoir besoin de remplir les mesures de publicité requises par la loi, mutation en douane, cession de connaissement, etc. Mais, hors le cas où il s'agit de simples débris, le délaissement un navire n'est opposable aux tiers que s'il en a été fait inscription sur l'acte de francisation ; de plus, le navire délaissé n'est acquis à l'assureur que grevé des privilèges qui le priment, en vertu de l'art. 191 c. com.

§ 2. — Action d'avarie (R. 2202 et s.; S. 2164 et s.).

A. — Cas où il y a lieu à l'action d'avarie (R. 2207 et s.; S. 2167 et s.).

107. L'action d'avarie est ouverte à l'assuré pour obtenir la réparation de tout dommage éprouvé par la chose assurée, de toute dépense extraordinaire faite à cause d'elle par l'effet d'un des événements dont l'assureur a assumé la responsabilité. Toutefois, l'action en avarie ne peut être exercée contre l'assureur qu'autant que l'avarie excède un pour cent (Com. 408). — D'ailleurs, l'art. 408 est à peu près tombé en désuétude, et, à la franchise légale qu'il établit, les polices substituent des franchises conventionnelles qui ne permettent l'action d'avarie que lorsque le dommage dépasse une quotité variant de 3 à 15 pour cent de la valeur assurée.

B. — Époque où l'action peut être formée (R. 2214 et s.; S. 2170).

108. L'action d'avarie ne peut, en général, être formée qu'après l'événement qui a mis fin aux risques, c'est-à-dire après l'achèvement du voyage assuré ou sa rupture. — Mais l'assureur ne peut réclamer, pour se libérer, le bénéfice du délai de trois mois qui lui est accordé en cas de délaissement ; les polices lui réservent, en général, un délai de trente jours. L'assuré peut d'ailleurs exercer l'action d'avarie dès que le dommage s'est produit, sans attendre la fin des risques. — Les règles du délaissement s'appliquent en ce qui concerne les intérêts de l'indemnité.

C. — Avaries à la charge de l'assureur (R. 2228 et s.; S. 2181 et s.).

109. 1° *Avaries du navire.* — En cas d'avaries soufferte par le navire, il faut distinguer deux hypothèses : 1° le navire est irréparable et doit être mis en vente ; 2° le navire est réparable. — Dans la première hypothèse, l'assuré a droit à la différence entre la valeur que le navire avait au lieu du départ (V. quant au mode d'évaluation de cette valeur, *suprà*, n° 26) et la valeur ou son prix de vente après le sinistre, défalcation faite de la dépréciation résultant de l'effet ordinaire du temps et de la navigation, ainsi que des charges dont le fret acquis à l'assuré se trouve grevé. — Dans la seconde hypothèse, l'assureur est tenu de rembourser à l'assuré toutes les dépenses des réparations rendues nécessaires par l'avarie, auxquelles s'ajoutent les dépenses accessoires, frais de pilotage, de port, de chargement et déchargement provisoires, primes des emprunts contractés pour les réparations, et, dans une certaine mesure, les vivres et gages de l'équipage. Mais on doit défalquer du prix des réparations la valeur des débris et faire la différence du neuf au vieux, alors même que la police ne le prescrit pas. — Cette différence est ordinairement fixée, dans les polices, au tiers de la valeur du neuf. — Les polices actuellement en usage accordent, en général, aux assureurs sur corps une franchise de 3 pour cent sur la somme assurée pour les avaries particulières.

110. 2° *Avaries de la marchandise.* — En cas de perte totale, si l'assurance est limitée, l'assuré peut réclamer toute la somme assurée ; s'il y avait eu surélévation, la dette de l'assureur pourrait être réduite, mais dans le cas seulement où l'assurance ne comprendrait pas le profit espéré. — En cas de perte partielle, l'assureur doit à l'assuré une somme proportionnelle aux quantités perdues.

111. En cas de détérioration, le règlement se fait *par différence*, c'est-à-dire d'après le rapport existant entre la valeur que les marchandises détériorées auraient eue aux temps et lieu du déchargement si elles étaient restées dans le même état que lors du départ, et la valeur qu'elles ont réellement dans l'état où les ont réduites les fortunes de mer. Mais ce mode de règlement n'est employé qu'autant que l'assurance comporte celle du profit espéré. Dans le cas contraire, le règlement se fait *par quotité* ; ici encore, on commence par déterminer la différence entre le produit de la marchandise à l'état sain et son produit à l'état d'avarie au port de destination ; mais l'indemnité d'assurance n'est pas égale à cette différence : celle-ci ne sert qu'à déterminer la proportion entre l'indemnité à payer et la valeur des marchandises au départ ou la somme assurée, si elle est fixée dans la police ; si, par exemple, la marchandise à l'état d'avarie n'a que moitié de sa valeur à l'état sain, l'assureur doit la moitié de la valeur au départ ou la somme assurée. — Le règlement doit se faire au brut, et non pas au net, c'est-à-dire sans déduire du produit des marchandises à l'état sain et de leur produit à l'état d'avarie les dépenses faites depuis le départ. La valeur des marchandises avariées s'obtiendra soit par leur vente aux enchères, soit à l'amiable, soit au moyen d'une expertise ; celle-ci, du reste, comme en toute matière, n'est pas de juge.

112. L'avarie, d'ailleurs, n'est pas toujours matérielle ; elle peut provenir de la *mévente* des marchandises, par exemple lorsqu'il a été nécessaire de les vendre dans un port intermédiaire ; il y a lieu alors de tenir compte de la différence de la valeur obtenue avec celle que la marchandise aurait eue au port de destination.

113. Les *avaries-frais*, c'est-à-dire les dépenses faites dans l'intérêt de la marchandise, sont intégralement à la charge des assureurs sur l'état qui en est dressé, sauf toutefois les franchises stipulées par la police.

114. 3° *Avaries communes.* — Dans les cas d'avaries communes, l'assureur est tenu : 1° envers celui dont le bâtiment ou les marchandises ont été atteints par le sacrifice ; 2° envers celui pour lequel le dommage réside dans la contribution qu'ont dû subir le navire, le fret, etc. Pour le règlement de sa dette dans le cas de contribution, l'assureur est lié par le règlement judiciaire intervenu devant un tribunal compétent, bien qu'il n'y ait pas été appelé ; il ne serait pas lié par un règlement amiable. Les assureurs ont, d'ailleurs, le droit d'intervenir au règlement amiable, et, en première instance, au règlement judiciaire dans lequel l'assuré est intéressé ; en appel, ils ne pourraient intervenir pour la première fois, étant réputés représentés à l'instance par l'assuré.

115. Le règlement des avaries communes détermine, à l'égard de l'assureur, la quotité proportionnelle de la perte éprouvée par la marchandise assurée ; pour fixer la somme à payer par l'assureur, il y a lieu de comparer cette quotité avec la valeur de la chose assurée aux temps et au lieu du chargement. — Si certaines marchandises ont subi des avaries particulières au cours du voyage, il y a lieu, pour déterminer le capital à raison duquel l'assureur sera tenu de contribuer à l'avarie commune, de retrancher de la somme assurée le montant de ces avaries particulières (Civ. c. 10 août 1871, D. P. 71. 1. 113).

116. L'assureur doit enfin supporter, à titre d'accessoires de l'avarie, les frais de vente, d'expertise, etc., dans la proportion où il contribue aux avaries.

§ 3. — *Preuves à la charge de l'assuré* (R. 1750 et s., 2223 et s.; S. 1829 et s., 2179 et s.).

117. L'assuré, soit qu'il agisse en délaissement, soit qu'il exerce l'action d'avaries, est tenu de prouver d'abord la mise en risque de l'objet assuré, c'est-à-dire le chargement s'il s'agit de marchandises, le départ du navire s'il s'agit d'une assurance sur corps (Com. 383). — La preuve du chargement se fait ordinairement à l'aide du connaissement ; mais l'assuré peut invoquer d'autres pièces justificatives, telles que factures, pièces de douane, etc., ou recourir à tous autres moyens de preuve admis en matière commerciale. Au reste, le connaissement, lorsqu'il est souscrit sous la réserve *que dit être*, ne constitue pas à lui seul une preuve suffisante (Paris, 24 déc. 1884, D. P. 91. 1. 436). — Quand il s'agit de marchandises appartenant au capitaine, le connaissement ne peut être invoqué comme preuve du chargement qu'à la condition d'être signé par deux des principaux de l'équipage ; le capitaine est tenu, en outre, de prouver l'achat des marchandises (Com. 344). — En ce qui concerne les marchandises apportées des pays étrangers et assurées en France, V. Com. 345.

118. L'assuré doit encore prouver le fait du sinistre qui donne lieu au délaissement ou à l'action d'avaries. Mais, jusqu'à preuve contraire, ce sinistre est réputé provenir de fortune de mer, et c'est à l'assureur à prouver qu'il a eu une autre cause (Com. 384, § 1er). Les modes de preuve, qui varient suivant la nature de l'événement, sont laissés à l'appréciation du juge.

119. Les actes justificatifs du chargement et de la perte doivent être signifiés à l'assureur préalablement à toute poursuite en payement des sommes assurées (Com. 383, § 1er). — L'assureur est toujours admis à faire la preuve des faits contraires à ceux que relatent les attestations (Com. 384, § 1er).

120. Sans attendre l'issue des contestations soulevées par l'assureur, le juge peut prononcer contre celui-ci une condamnation provisoire au payement de la somme assurée ; il peut même, si la contestation lui paraît purement dilatoire, passer outre et prononcer une condamnation définitive (Com. 384, § 2). La condamnation provisoire ne peut, d'ailleurs, être prononcée contre l'assureur avant l'expiration du délai de trois mois qui lui est accordé pour se libérer (Com. 382), et qu'à charge par l'assuré de fournir une caution qui s'engage à restituer à l'assureur le montant de la somme provisoirement payée au cas où la contestation serait définitivement accueillie. L'engagement de cette caution dure quatre années à dater du jour où, admise volontairement ou en justice, elle a fait sa soumission, s'il n'y a pas eu de poursuite en restitution contre l'assuré (Com. 384, § 3) ; s'il y avait eu des poursuites, la caution ne serait déchargée que lorsque l'assuré serait lui-même libéré. — Enfin, le jugement de condamnation provisoire ne peut être déclaré exécutoire par provision ; l'assureur peut donc en arrêter l'exécution par la voie de l'appel.

121. L'assuré peut encore être tenu de justifier : ... 1° De son intérêt à la conservation de la chose assurée. La preuve de cet intérêt peut être fournie de différentes manières, notamment, dans l'assurance sur corps, par l'acte constatant l'acquisition du navire par l'assuré ; dans l'assurance sur facultés, par le connaissement. — ... 2° De la valeur de la chose assurée, lorsque la police n'en contient pas l'évaluation ; dans le cas contraire, c'est à l'assureur, qui conteste cette évaluation, à prouver qu'elle est exagérée.

ART. 8. — OBLIGATIONS DE L'ASSURÉ.

122. Les principales obligations de l'assuré sont : 1° de s'abstenir de toute réticence ou fausse déclaration ; 2° de payer la prime convenue ; 3° de signifier à l'assureur les avis qu'il reçoit concernant les accidents.

§ 1er. — *Réticences ou fausses déclarations* (R. 1677 et s. ; S. 1758 et s.).

123. Toute réticence, toute fausse déclaration de la part de l'assuré entraîne la nullité de l'assurance (Com. 348), alors même qu'elle serait le résultat non du dol ou de la mauvaise foi de l'assuré, mais d'une simple négligence ou inadvertance (Rouen, 13 janv. 1897, D. P. 1900. 1. 154). — Il n'en est ainsi toutefois que si la réticence ou la fausse déclaration a eu pour effet de diminuer l'opinion du risque ou d'en changer le sujet dans l'esprit de l'assureur. Ainsi, l'assuré n'encourt pas l'application de l'art. 348 pour avoir omis de révéler des faits dont l'assureur avait connaissance ou qui étaient de notoriété publique (par exemple, que le navire était hypothéqué), ou des faits qu'il ignorait lui-même, alors du moins que cette ignorance n'impliquait de sa part aucune négligence.

124. D'après la jurisprudence de la cour de cassation, contraire à la doctrine des auteurs, la réticence est une cause d'annulation de l'assurance, alors même qu'elle porte sur des faits postérieurs à la convention, lesquels n'ont pu influer sur l'opinion du risque. Ainsi, il y aurait réticence dans le fait de celui qui omettrait de déclarer un contrat conclu par lui avec un autre assureur postérieurement au premier.

125. Au surplus, les faits qui sont susceptibles de constituer la réticence et d'influer sur l'opinion du risque varient suivant la nature de l'assurance : s'il s'agit de l'assurance d'un navire, la réticence pourra consister dans la dissimulation des faits propres à renseigner l'assureur sur la véritable valeur de ce navire au point de vue de sa résistance aux périls de la mer. Elle peut porter sur le nom du navire, sur le nombre et la nature des réparations qu'il a subies, sur le mode d'emploi dont il est susceptible, sur sa nationalité, lorsque, en raison de l'état de guerre, il est exposé à la prise. Il y a fausse déclaration lorsque l'assuré donne à l'assureur de faux renseignements sur ces divers points. — Il peut y avoir également réticence ou fausse déclaration relativement au nom du capitaine, au but du voyage, aux relâches projetées, etc.

126. Dans l'assurance sur facultés, la réticence ou la fausse déclaration peuvent consister dans la déclaration fausse ou incomplète de la nature du chargement que doit recevoir le navire, certaines marchandises étant de nature à faire courir au navire des risques spéciaux. Elles peuvent consister aussi dans l'attribution à la marchandise d'une valeur autre que celle qu'elle a réellement, dans la dissimulation d'avaries subies par la marchandise.

127. Seul l'assureur peut demander la nullité du contrat pour cause de réticence ou de fausse déclaration. Mais l'assuré qui, s'apercevant d'une erreur dans ses déclarations, voudrait la réparer, pourrait contraindre l'assureur à se prononcer immédiatement pour le maintien de l'assurance ou pour son annulation. D'ailleurs, le silence de l'assureur ou le fait qu'il discuterait le montant de sa dette le rendrait irrecevable à demander ensuite la nullité de l'assurance pour cause de réticence. — La nullité prononcée par l'art. 348 n'est, d'ailleurs, que relative et peut être couverte par la ratification expresse ou tacite du contrat par l'assureur. La ratification tacite résulterait, notamment, de ce fait qu'il aurait volontairement encaissé la prime convenue après avoir eu connaissance de la réticence ou de la fausseté de la déclaration.

128. L'application de l'art. 348 n'exclut pas les poursuites criminelles contre l'assuré en raison des faits qui, en dehors des réticences ou fausses déclarations, présenteraient le caractère d'un délit d'escroquerie.

§ 2. — *Payement de la prime* (R. 1705 et s. ; S. 1797 et s.).

129. En principe, le débiteur de la prime est celui au profit duquel l'assurance a été souscrite ; cependant, au cas où l'assurance a eu lieu par commissionnaire, celui-ci est personnellement débiteur de la prime. — Elle est due telle qu'elle a été stipulée dans la police et ne peut être augmentée en dehors des cas où cette augmentation a été prévue, tel que celui d'une prolongation de la navigation dans certains parages réputés dangereux ou celui de survenance d'une guerre.

130. Dans l'usage, la prime est quérable. Le payement en est garanti par un privilège sur la chose assurée.

131. L'assureur peut, en cas de faillite de l'assuré au cours de l'assurance, exiger une caution pour le payement de la prime due, à raison des risques non encore réalisés, ou même de ceux dont la réalisation n'est pas connue des parties (Com. 346). — La caution peut être réclamée dès qu'il y a cessation des payements, avant que la faillite ait été déclarée. L'art. 346 s'applique, d'ailleurs, en cas de déconfiture d'un assuré qui ne serait pas commerçant.

§ 3. — *Notification des avis relatifs aux accidents* (R. 1742 et s. ; S. 1817 et s.).

132. L'assuré doit signifier à l'assureur, dans les trois jours de leur réception, les avis relatifs aux accidents survenus à la chose assurée (Com. 374). Dans la pratique, cette obligation est restreinte aux sinistres majeurs ; mais, en droit, elle s'applique également aux simples avaries, alors même que, par la clause « francs d'avaries », l'assureur est dégagé de toute responsabilité en ce qui les concerne. — L'assuré est tenu de notifier l'avis qui lui parvient, quelle qu'en soit la source, qu'il relate un accident ou de simples inquiétudes, qu'il lui ait été adressé en particulier ou qu'il lui soit parvenu par la voie de la presse. Mais il n'est pas tenu de contrôler l'exactitude des renseignements qu'on lui fait parvenir. — Le mot *signification* employé par l'art. 374 ne doit pas être pris à la lettre, et l'on admet généralement que l'avis peut être donné par tout moyen, même verbalement, pourvu qu'on puisse constater qu'il a été fourni. — Quant au délai de trois jours, il est susceptible de l'augmentation légale à raison des distances.

133. L'obligation édictée par l'art. 374 n'est pas prescrite à peine de nullité du contrat ; l'assuré qui y contrevient est seulement passible de dommages-intérêts dans les termes du droit commun (Civ. 1382).

ART. 9. — PRESCRIPTION ET FIN DE NON RECEVOIR (R. 2258 et s. ; S. 2208 et s.).

134. Toute action dérivant du contrat d'assurance se prescrit par cinq ans (Com. 432). Il en est ainsi, notamment, de l'action en payement de la prime, de l'action d'avarie. Cette prescription est applicable au contrat de réassurance (Req. 8 nov. 1898, D. P. 99. 1. 317). Des délais particuliers sont prescrits pour l'exercice de l'action en délaissement ; mais la prescription de cinq ans serait applicable à cette action dans le cas où, en raison de l'époque tardive où la nouvelle du sinistre a été reçue, ces délais ne seraient pas encore écoulés, ou n'auraient même pas commencé à courir lors de l'expiration des cinq ans. — La prescription quinquennale court dans tous les cas *du jour du contrat*, et non pas du jour où s'est produit l'événement qui a donné lieu à l'action. Elle est opposable aux mineurs, aux interdits. —

Il n'est pas permis aux parties d'en prolonger conventionnellement la durée ; cette durée peut, au contraire, être abrégée par une clause de la police.

135. Indépendamment de la prescription qui peut l'éteindre, l'action d'avarie, lorsque l'assurance a pour objet des marchandises, est susceptible d'être paralysée par une fin de non recevoir. Elle cesse d'être recevable si la réception des marchandises n'a pas été accompagnée d'une protestation, qui doit être signifiée dans les vingt-quatre heures et suivie dans le mois d'une demande en justice (Com. 435). — V. sur cette fin de non recevoir, qui s'applique également à l'action contre le capitaine pour dommage arrivé à la marchandise, *infrà, Avaries*, n° 78.

ART. 10. — ENREGISTREMENT ET TIMBRE.

§ 1er. — *Enregistrement.*

136. Comme les assurances contre l'incendie, les assurances maritimes ont été soumises, par la loi du 23 août 1871 (D. P. 71. 4. 54), à une taxe obligatoire, moyennant le payement de laquelle tous les contrats d'assurance, ainsi que les conventions postérieures contenant prolongation d'assurance, augmentation dans la prime ou le capital assuré, reçoivent la formalité de l'enregistrement gratis. — Cette taxe, fixée à 0 fr. 52 cent. pour cent du montant des primes et accessoires de primes, est calculée, sur chaque contrat, en suivant les sommes de 20 francs en 20 francs, sans fraction, et avec un minimum de perception de 0 fr. 26 cent., décimes compris (L. 23 août 1871, art. 6, et 30 déc. 1873, art. 2, D. P. 74. 4. 30).

137. Elle est perçue pour le compte du Trésor par les compagnies, sociétés et tous autres assureurs, courtiers ou notaires qui ont rédigé le contrat (L. 23 août 1871, art. 7). Lorsque le contrat est souscrit par plusieurs sociétés, compagnies ou assureurs, le montant intégral de la taxe est perçu par le *premier* signataire désigné sous le nom d'*apériteur* de la police ; toutes les parties restent néanmoins tenues solidairement au payement des droits (Décr. 25 nov. 1871, art. 1er, D. P. 71. 4. 74). — La taxe n'est pas due sur les contrats de réassurance lorsque la police primitive y a été assujettie. — Le versement du montant des taxes perçues par les courtiers, notaires, sociétés, compagnies ou tous autres assureurs a lieu dans les dix premiers jours qui suivent l'expiration de chaque trimestre, et au moment du dépôt des livres et répertoires assujettis au visa trimestriel du receveur de l'enregistrement. Il est déposé, à l'appui du versement, un relevé, article par article, de toutes les polices inscrites pendant le trimestre précédent, soit au livre de courtiers ou notaires, soit au répertoire des compagnies, sociétés ou assureurs. Ce relevé est visé, arrêté et certifié. — Les polices souscrites sans intermédiaire de courtiers ou de notaires sont inscrites, avec mention de la taxe perçue, au répertoire des compagnies, sociétés et assureurs.

138. Les compagnies, sociétés et assureurs étrangers qui font en France des opérations d'assurances maritimes sont, comme ceux qui ont traité des assurances contre l'incendie (V. *supràa, Assurances*, n° 191), soumis aux dispositions de la loi du 23 août 1871 et du décret du 25 novembre suivant. — Mais les contrats d'assurances maritimes passés à l'étranger, soit par des assureurs étrangers, soit par des représentants de compagnies françaises, ne sont sujets à l'enregistrement en France que lorsqu'ils y sont publiés ou qu'il en est fait usage (Ch. réun. r. 28 mars 1895, D. P. 95. 1. 417).

139. La taxe obligatoire d'enregistrement édictée pour les assurances maritimes n'atteint pas les contrats qui se rapportent aux risques de la navigation sur les fleuves, rivières et canaux, tant que ces risques ne sont pas soumis à l'action de la mer. Elle ne s'applique pas, par suite, aux contrats qui ont pour objet de couvrir les risques de navires stationnant dans un port ou naviguant sur un canal dont l'entrée se trouve en amont de la limite de la mer (Civ. c. 21 juill. 1896, D. P. 97. 1. 119).

§ 2. — Timbre.

140. Tout contrat d'assurance maritime, ainsi que toute convention postérieure contenant prolongation de l'assurance, augmentation dans la prime ou dans le capital assuré, ou bien (en cas de police flottante) portant désignation d'une somme en risque ou d'une prime à payer, doit être rédigé sur papier d'un timbre de dimension, sous peine de 50 francs d'amende contre chacun des assureurs et assurés (L. 5 juin 1850, art. 42, D. P. 50. 4. 114).

141. Afin d'assurer la perception du droit de timbre, le législateur de 1850 a pris les mesures suivantes. Les compagnies doivent, avant de commencer leurs opérations, faire au bureau d'enregistrement du siège de leur établissement et à celui du siège de chaque agence une déclaration constatant la nature des opérations et les noms du directeur et de l'agent de la compagnie, et ce sous peine d'une amende de 1000 francs (L. 5 juin 1850, art. 43). — Les compagnies sont, en outre, tenues d'avoir dans chaque agence un répertoire non sujet au timbre, mais coté, parafé et visé, soit par un des juges du tribunal de commerce, soit par le juge de paix, sur lequel sont, dans les trois jours de leur date, portées, par ordre de numéros, les assurances qui ont été faites dans ladite agence, sans intermédiaire de courtier ou de notaire, ainsi que les conventions qui prolongent l'assurance, augmentent la prime ou le capital assuré, ou bien (en cas de police flottante) qui portent la désignation d'une somme en risque ou d'une prime à payer. — Ce répertoire est soumis au visa des préposés de l'enregistrement, selon la forme prescrit par la loi du 22 frim. an 7 (R. v° *Enregistrement*, t. 21, p. 26), c'est-à-dire, dans les dix premiers jours de chacun des mois de janvier, avril, juillet et octobre, sont tenues les fois que les préposés le requièrent (L. 5 juin 1850, art. 44).

142. Les agents de l'enregistrement sont autorisés à prendre communication des polices d'assurances, au lieu où elles sont déposées, et sans limitation (L. 5 juin 1850, art. 44; 23 août 1871, art. 22, et 21 juin 1875, art. 7, D. P. 75. 4. 112). Les personnes qui veulent faire des assurances maritimes accidentellement et sans en faire leur profession habituelle ne sont soumises à aucune obligation, si elles font ces assurances par l'intermédiaire de notaires ou de courtiers. Mais si elles les font directement ou par des agents, elles doivent se conformer aux prescriptions des art. 43 et 44 de la loi du 5 juin 1850 ci-dessus analysées. Leur répertoire n'est cependant soumis qu'au visa trimestriel, et la représentation des polices ne leur est exigée qu'au moment du visa (L. 5 juin 1850, art. 45).

143. Les contrats d'assurances maritimes passés à l'étranger ne sont pas plus sujets par eux-mêmes au droit de timbre qu'ils ne sont assujettis à la taxe obligatoire d'enregistrement. Ainsi, l'inscription au répertoire n'est obligatoire pour aucun contrat passé à l'étranger, alors même que l'assureur est une compagnie française ayant son siège social en France (V *supra*, n° 138).

144. Chaque contravention aux prescriptions des art. 44 et 45 de la loi du 5 juin 1850 est punie d'une amende de 10 francs. Le livre que les courtiers doivent tenir, conformément à l'art. 84 c. com., est assujetti au timbre de dimension. — Les notaires sont tenus, comme les courtiers, d'avoir un registre spécial et timbré sur lequel ils transcrivent les polices des assurances faites par leur ministère. — Le livre des courtiers et le registre des notaires sont soumis au visa des préposés de l'enregistrement toutes les fois que ceux-ci le requièrent. Toute contravention aux dispositions de cet article est punie d'une amende de 50 francs (L. 5 juin 1850, art. 47). — Enfin, dernière sanction, tout courtier ou notaire qui serait convaincu d'avoir rédigé une police d'assurance ou d'en avoir délivré une expédition ou un extrait sur papier non timbré encourt une amende de 500 francs et, en cas de récidive, une amende de 1000 francs, outre les peines disciplinaires prononcées par les lois spéciales (même loi, art. 48).

ATTENTATS AUX MŒURS

(R. v° *Attentats aux mœurs*; S. eod. v°).

1. L'expression *attentats aux mœurs* désigne un certain nombre d'infractions qui ont ce caractère commun de porter atteinte à la pudeur. Elles sont réprimées par les art. 330 à 335 c. pén., dont les deux derniers ont été modifiés par une loi du 3 avr. 1903 (D. P. 1903. 4. 52).

§ 1er. — Outrage public à la pudeur (R. 19 et s.; S. 8 et s.).

2. Les éléments du délit d'outrage public à la pudeur sont : 1° un fait d'outrage à la pudeur; 2° la publicité de cet outrage; 3° l'intention criminelle. Il est puni d'un emprisonnement de trois mois à deux ans et d'une amende de seize à deux cents francs (Pén. 330).

3. Le délit d'outrage public à la pudeur suppose nécessairement un acte matériel et physique; il ne peut pas être commis par paroles ou par écrit. La loi ne pouvait pas définir ce genre d'outrage, qui peut se commettre sous les formes les plus diverses. A la différence de l'attentat à la pudeur, et alors même qu'en fait il n'aurait pas eu de témoins, il ne peut pas nécessairement avoir été commis envers une personne déterminée.

4. Il y a publicité de l'outrage lorsqu'il a été commis dans un lieu public et même, dans certains cas, dans un lieu privé. L'outrage à la pudeur tombe sous l'application de la loi par cela seul qu'il a été commis dans un lieu public, et alors même qu'en fait il n'aurait pas eu de témoins. — On considère comme des lieux publics les rues, les places, les chemins, les sentiers. Peu importe que l'outrage ait été commis la nuit. Mais il n'y a pas délit si le fait s'est passé en rase campagne, à une heure avancée de la nuit et à distance d'un chemin.

5. Si le lieu n'est public qu'à certains intervalles et sous certaines conditions, comme les églises, écoles, théâtres, auberges, cafés, l'outrage à la pudeur ne doit, en principe, être réputé avoir été commis dans un lieu public qu'autant qu'il a été perpétré pendant que ces lieux sont ouverts au public. Les hôpitaux, les écoles, communautés, etc., sont des lieux publics, non pas au sens absolu du mot, puisque toute personne ne peut pas y pénétrer, mais relativement aux malades et employés de l'hôpital, aux élèves de l'école, aux personnes étrangères à l'établissement qui y ont temporairement pénétré. Dès lors il suffit, pour qu'il y ait outrage à la pudeur punissable, que les lieux où il a été commis soient à ce moment accessibles à ce public restreint.

6. En ce qui concerne les boutiques et magasins des marchands, la question de savoir si l'on doit y voir des lieux publics est très délicate; la jurisprudence ne s'est pas encore prononcée à cet égard, et toutes les décisions par lesquelles elle réprime un outrage qui s'y est commis constatent que la boutique était accessible aux regards du public qui pouvait librement y pénétrer. L'outrage à la pudeur commis dans une voiture publique en présence de voyageurs doit être considéré comme public. S'il a été commis dans une voiture privée circulant sur la voie publique, le délit n'existe que si le fait a pu être aperçu du public, par exemple si les stores n'étaient pas baissés. — Les actes d'immoralité commis dans un wagon de chemin de fer sont punissables s'ils se sont produits dans une station pendant l'arrêt du train ou s'ils ont eu lieu pendant la marche du train en présence d'autres voyageurs ; il en est de même lorsque le fait incriminé, commis pendant la marche d'un train, a pu, même en l'absence de voyageurs, être aperçu du public.

7. Lorsque l'acte immoral s'est passé dans un *lieu privé*, il faut distinguer suivant qu'il a été ou non été aperçu de témoins involontaires, ou qu'au contraire les personnes qui y ont assisté en ont été les témoins volontaires. — Dans le premier cas, il y a délit. Il faut supposer, d'ailleurs, que l'auteur de l'acte immoral s'est, en l'accomplissant, exposé aux regards du public, soit par sa volonté, soit par sa négligence. Ainsi il y aura outrage public toutes les fois que l'acte immoral aura pu, à raison de la disposition des lieux, être aperçu par des tiers, par exemple si le fait s'est passé dans un jardin voisin d'un chemin public et exposé aux regards des passants, ou dans un appartement particulier prenant jour sur la voie publique et même dans un appartement ne prenant jour sur aucun lieu public, si les voisins ont pu apercevoir les actes obscènes. De même encore, l'art. 330 c. pén. est applicable lorsque le fait a été accompli ouvertement et sans aucune précaution en présence de témoins qui se sont trouvés par hasard dans la même chambre que les délinquants. Le nombre des témoins est, d'ailleurs, une circonstance indifférente, et l'acte contraire à la pudeur serait puni alors même qu'il aurait été accompli devant un seul témoin.

8. Au contraire, c'est-à-dire dans le second cas, lorsque les actes immoraux se sont accomplis en présence de témoins volontaires, il n'y a pas de délit. C'est ainsi que la publicité à laquelle est subordonnée l'application de l'art. 330 fait défaut lorsque l'auteur des actes immoraux a pris des mesures suffisantes pour qu'on ne puisse pas les apercevoir et que ces mesures ne sont devenues illusoires que par le fait de témoins indiscrets. De même, il n'y a pas de publicité et, partant, pas de délit, lorsque les personnes qui ont aperçu l'acte immoral (commis dans un lieu privé) ont consenti à en être les témoins ou à y participer (Cr. c. 14 nov. 1903, D. P. 1903. 1. 592).

9. L'élément intentionnel résulte suffisamment de ce que le prévenu s'est volontairement et sans nécessité exposé à être vu du public dans une situation déshonnête, sans qu'il se soit proposé de braver directement le sentiment public. Ainsi, il importe peu que l'acte incriminé n'ait pas été accompli avec la volonté d'outrager la pudeur publique.

§ 2. — Attentat à la pudeur sans violence (R. 33 et s.; S. 26 et s.).

10. L'attentat à la pudeur est tout acte exercé directement sur une personne déterminée dans le but de blesser la pudeur et qui est de nature à produire ce résultat. — Lorsque cet acte est consommé ou tenté sans violence sur la personne d'un enfant de l'un ou de l'autre sexe âgé de moins de treize ans, il est puni de la réclusion (Pén. 331).

11. L'attentat à la pudeur sans violence est caractérisé par les éléments constitutifs suivants : 1° l'existence d'un attentat à la pudeur; 2° l'absence de tous actes de violence; 3° l'âge de la victime. La publicité n'est pas un élément de ce crime. — Le crime d'attentat à la pudeur existe, soit que l'acte s'exerce sur la personne de l'enfant, soit qu'il s'accomplisse par l'enfant sur la personne de celui qui le souille. Il n'y a pas à se préoccuper du mobile de l'agent du crime; peu importe que celui-ci ait voulu satisfaire ses passions ou sa curiosité. Ainsi, l'action de relever jusqu'à la ceinture les vêtements de jeunes filles âgées de moins de treize ans constitue, quel qu'en ait été le mobile, un attentat à la pudeur.

12. L'attentat à la pudeur commis sans violence cesse d'être punissable s'il est commis à l'égard d'un enfant de plus de treize ans (autrefois, de plus de onze ans). Toutefois, l'attentat à la pudeur, lorsqu'il est commis par un ascendant, est punissable même lorsque le mineur qui en est victime est âgé de plus de treize ans, s'il n'est pas émancipé par le mariage (Pén. 331, modifié par la loi du 13 mai 1863, D. P. 63. 4. 79). Cette disposition ne s'applique qu'aux ascendants naturels, et non aux ascendants par alliance. Il n'est, d'ailleurs, pas nécessaire que l'ascendant ait sur l'enfant une autorité légale et, notamment, que la puissance paternelle soit exercée par lui.

§ 3. — *Du viol* (R. 52 et s.; S. 35 et s.).

13. Le viol est un attentat aux mœurs commis sur une personne, dans le but de se procurer une jouissance charnelle par le rapprochement des sexes. Les éléments constitutifs de ce crime sont : 1° l'existence d'un fait matériel de viol; 2° des actes de violence; 3° le caractère illicite de ces actes; 4° une intention criminelle. — Le viol est prévu et puni, par l'art. 332 c. pén., des travaux forcés à temps, peine qui doit être portée au maximum si le crime a été accompli sur un enfant de moins de quinze ans.

14. Le viol n'existe qu'autant qu'il y a conjonction illicite des sexes, accompagnée de violences, à tel point que des actes obscènes qui auraient eu pour résultat la défloration, sans conjonction des sexes, de la personne sur laquelle ils ont eu lieu, ne peuvent constituer que le crime d'attentat à la pudeur. — La tentative de viol est punissable, comme toute tentative de crime (Pén. 2). Elle ne doit pas être confondue avec l'attentat à la pudeur avec violence; car, dans le premier cas, c'est un rapprochement de sexe qui a été tenté, tandis qu'il y a attentat à la pudeur par de simples attouchements obscènes, indépendamment de toute idée de conjonction charnelle.

15. La violence est de l'essence même du viol. Il n'est pas nécessaire que cette violence soit matérielle, qu'elle consiste uniquement dans l'emploi de la force. Pour qu'il y ait crime de viol, il suffit, d'après la jurisprudence, que le commerce illicite ait eu lieu contre la volonté, ou même sans le consentement de la femme; en d'autres termes, qu'il ait été obtenu par un moyen de contrainte quelconque ou par surprise. Ainsi, il y a crime de viol de la part de l'individu qui, après s'être furtivement introduit au domicile, dans la chambre et jusque dans le lit d'une femme mariée, abuse de sa personne à la faveur tant du demi-sommeil dans lequel elle se trouve, que de l'obscurité qui l'environne, et à l'aide de manœuvres frauduleuses tendant à lui faire croire qu'elle se livre à son mari. Il en serait de même si la non-résistance de la femme était le résultat de l'absorption d'un narcotique, ou était due à un état de léthargie ou de défaillance.

16. La violence n'est constitutive du viol qu'autant qu'elle est illicite. Ainsi le mari qui emploierait la force avec sa femme pour en obtenir un rapprochement sexuel ne se rendrait pas coupable de viol. Sur le cas où il voudrait se livrer avec elle à des actes contre nature, V. *infrà*, n° 18. — La circonstance qu'un individu aurait vécu précédemment avec la personne qu'il a violée ne serait pas exclusive du crime de viol.

17. Sur les circonstances aggravantes du crime de viol, V. *infrà*, n°s 20 et s. — Sur le mode de position au jury des questions relatives au crime de viol, V. *infrà*, Cour d'assises.

§ 4. — *De l'attentat à la pudeur avec violence* (R. 74 et s.; S. 39 et s.).

18. Les éléments constitutifs du crime d'attentat à la pudeur avec violence sont : 1° l'existence d'un attentat à la pudeur; 2° les actes de violence illicites et intentionnels. — Ce crime est puni de la réclusion (Pén. 332, § 3). Il peut y avoir attentat à la pudeur de la part d'une personne sur une autre personne du même sexe, alors même que les actes illicites n'auraient pas eu lieu dans un esprit de lubricité, mais simplement par haine ou par vengeance. — A la différence du viol, l'attentat à la pudeur peut se rencontrer dans les relations conjugales. Ainsi, le mari qui emploie la violence, non pour parvenir aux relations conformes aux fins du mariage, mais pour avoir avec sa femme des relations illicites, commet un attentat à la pudeur avec violence.

19. En ce qui concerne la violence nécessaire pour constituer le crime prévu par l'art. 332 c. pén., il faut reconnaître qu'en principe elle ne peut résulter que d'une contrainte physique. Mais la jurisprudence admet aujourd'hui que les actes obscènes ou lubriques accomplis sur une personne endormie, surprise dans son sommeil, au moyen de manœuvres frauduleuses, constituent l'attentat à la pudeur avec violence (V. *suprà*, n° 15). Sur la position des questions au jury, V. *infrà*, Cour d'assises.

§ 5. — *Des circonstances aggravantes du viol et de l'attentat à la pudeur avec violence* (R. 94 et s.; S. 46 et s.).

20. Le crime de viol et celui d'attentat à la pudeur avec violence sont aggravés lorsqu'ils sont commis sur un enfant au-dessous de quinze ans accomplis. Il faut, d'ailleurs, qu'il y ait violence; le consentement de l'enfant, n'eût-il pas quinze ans, serait exclusif de crime. Ainsi, l'âge de la victime, qui est un élément constitutif de l'attentat à la pudeur sans violence, est une circonstance aggravante du viol et de l'attentat à la pudeur avec violence. Les peines sont alors celle des travaux forcés à temps pour l'attentat à la pudeur avec violence, et le maximum de la même peine pour le viol (Pén. 332, § 2 et 4).

21. Un second cas d'aggravation résulte de la qualité de l'agent. La peine est celle des travaux forcés à temps en cas d'attentat à la pudeur sans violence commis ou tenté sur un enfant de moins de treize ans; elle est des travaux forcés à perpétuité en cas de viol ou d'outrage à la pudeur avec violence, quel que soit l'âge de la victime (Pén. 333). Sont frappés de l'aggravation de peine à raison de leur qualité : les ascendants de la victime; ceux ayant sur elle une autorité; ses instituteurs ou serviteurs à gages; les serviteurs à gages des personnes précédemment désignées; les fonctionnaires ou ministres d'un culte. L'aggravation prononcée contre ceux qui ont autorité sur la victime est applicable que cette autorité soit permanente ou discontinue, légitime ou usurpée et illégitime. On comprend au nombre des personnes qui ont autorité : le maître à l'égard de sa domestique, le contremaître d'atelier à l'égard d'une personne placée sous sa surveillance, le mari à l'égard de sa femme, dans le cas d'attentat avec violence pour s'être livré sur elle à des actes contre nature (V. *suprà*, n° 18), le mari à l'égard des enfants du premier mariage de sa femme, ou à l'égard des enfants naturels mineurs de sa femme, le concubin d'une femme à l'égard des enfants mineurs de sa concubine, les professeurs à l'égard de leurs élèves. — Un domestique qui se rend coupable d'un viol ou d'un attentat avec violence sur la personne d'un autre domestique soumis à l'autorité du même maître est passible de l'aggravation de l'art. 333. — L'aggravation de peine prononcée contre les fonctionnaires et les ministres du culte est encourue par le seul fait de la qualité de l'agent, indépendamment des relations que ses fonctions ont pu établir entre lui et la victime.

22. L'art. 333 c. pén. considère comme également aggravante des crimes de viol et d'attentat à la pudeur la circonstance que l'agent a été aidé dans la perpétration par une ou plusieurs personnes. Cette circonstance peut se rencontrer dans tout attentat à la pudeur, même sans violence, sauf dans le cas de l'art. 331, § 2. — Il faut se garder de confondre l'aide qui constitue la circonstance aggravante de l'art. 333 et l'aide qui constitue la complicité. Ce que l'art. 333 a considéré comme une cause d'aggravation du viol ou de l'attentat à la pudeur, c'est la pluralité des coupables s'entr'aidant soit pour vaincre la résistance de la victime, s'il s'agit d'un viol ou d'un attentat avec violence; soit pour assouvir tour à tour leur passion, s'il s'agit d'un attentat sans violence sur un enfant. Au contraire l'aide, en matière de complicité, suppose l'unité d'auteur.

§ 6. — *Excitation à la débauche, embauchage, etc.* (R. 136 et s.; S. 62 et s.).

23. L'art. 334 c. pén., modifié par la loi du 3 avr. 1903 (D. P. 1903. 4. 52), punit d'un emprisonnement de six mois à trois ans et d'une amende de 50 à 5000 francs divers délits contre les mœurs. — Il vise en premier lieu ceux qui ont excité, favorisé ou facilité habituellement la débauche de mineurs de vingt et un ans. Les éléments constitutifs de ce délit sont : 1° des faits de nature à exciter, favoriser ou faciliter la débauche ou la corruption; 2° la minorité de la victime; 3° l'habitude.

24. L'art. 334-1° s'applique d'abord aux proxénètes de profession, c'est-à-dire à ceux qui se livrent à l'excitation dans un but de lucre; il s'applique également à tout individu qui, quel que soit le mobile de son intervention et alors même qu'il y serait étranger, s'entremet pour favoriser ou faciliter la débauche des mineurs. — En principe, celui qui, en excitant les mineurs à la débauche, n'a pour but que la satisfaction de ses penchants dépravés, n'est point passible des peines édictées par l'art. 334; mais la jurisprudence considère l'art. 334 comme applicable toutes les fois qu'aux faits de séduction tendant à la satisfaction des passions personnelles de leur auteur, se joignent des circonstances d'où l'on peut induire qu'il a été pour le mineur un intermédiaire ou un agent de corruption; il en est ainsi, notamment : 1° lorsque le prévenu s'est livré à des actes d'impudicité sur sa personne en présence de plusieurs mineurs; 2° lorsque, tout en recherchant une jouissance personnelle, il a excité les mineurs à satisfaire eux-mêmes leurs propres passions en sa présence sur d'autres personnes; 3° lorsqu'il s'agit d'actes contraires à la nature, que la passion ne saurait expliquer.

25. L'art. 334 n'ayant pas défini les actes constituant l'excitation des mineurs à la débauche, les juges jouissent d'une entière latitude pour apprécier si les faits incriminés constituent des actes propres à corrompre les mineurs. L'excitation à la débauche peut, notamment, avoir lieu par paroles, au moyen de conseils persistants et répétés; elle peut résulter du fait de donner un spectacle à des mineurs des actes de lubricité. Ainsi l'homme et la femme qui ont des rapports intimes, de même que la fille publique qui se livre à des actes immoraux, en présence de mineurs, se rendent coupables du délit d'excitation à la débauche. Mais la jurisprudence admet que des faits de débauche accomplis par une fille publique qui se livre successivement à plusieurs mineurs ne sauraient tomber sous l'application de l'art. 334, alors que ces faits se sont produits isolément et sans témoins, et encore que cette fille agisse, non pour la satisfaction de ses passions personnelles, mais dans une pensée de lucre (Civ. r. 27 oct. 1900, D. P. 1901. 1. 173). — L'excitation à la débauche peut résulter, de la part d'une mère, de la tolérance et du concours qu'elle apporte aux relations de sa fille mineure avec un homme, dans son propre appartement.

26. L'art. 334 n'exige pas que l'excitation à la débauche ait été suivie d'effet et que le mineur ait succombé aux efforts du corrupteur. D'autre part, l'excitation est punissable même lorsqu'elle se produit à l'égard de mineurs antérieurement corrompus; il en est ainsi du fait d'admettre dans une maison de tolérance une fille mineure déjà inscrite comme prostituée.

27. La location d'une maison à un entremetteur de prostitution ne constitue pas un fait de complicité du délit prévu par l'art. 334 c. pén. — Mais la location d'une chambre garnie à des mineurs, lorsque le propriétaire n'ignore pas qu'elle est faite dans le but de perpétrer des actes de débauche, tombe sous l'application de cet article. Ainsi, le propriétaire dont la maison est entièrement habitée par des filles de mauvaise vie, qui loue une chambre meublée à une mineure la sachant inscrite elle-même comme fille publique sur les registres de la police, commet le délit prévu par l'art. 334 c. pén. — Le délit est également commis par l'individu qui, ayant loué sciemment une chambre dans sa maison au séducteur d'une jeune fille dont il connaissait l'état de minorité, le séducteur fût-il majeur, a toléré pendant un certain temps (douze jours dans l'espèce) que son locataire fît, sous ses yeux, partager à cette jeune fille sa chambre et son lit.

28. Les mineurs protégés sont ceux qui n'ont pas atteint l'âge de vingt et un ans. L'état de la victime peut, à défaut de production de l'acte de naissance, être établi à l'aide de toute preuve fournie par l'instruction et les débats. Il n'est pas nécessaire que le juge constate d'une manière expresse que le prévenu avait connaissance de l'état de minorité de la victime.

29. L'habitude de favoriser la débauche des mineurs est une circonstance essentielle de l'existence du délit prévu par l'art. 334. Ainsi, ce délit n'existe pas lorsqu'il n'est relevé contre le prévenu qu'un fait unique d'excitation à la débauche envers une seule mineure. Mais les faits qui constituent l'habitude doivent être considérés relativement à celui qui en est l'auteur et non par rapport à ceux qui en sont l'objet; par suite, l'habitude peut résulter soit de faits de corruption répétés à différentes époques envers la même personne, soit des mêmes faits successivement pratiqués envers des personnes différentes. Mais la succession des faits ne peut constituer l'habitude que si des intervalles les ont séparés; ainsi, une scène de débauche dans laquelle la prévenue a attiré deux mineurs, et qui s'est accomplie dans un seul trait de temps et en temps assez court, ne tombe pas sous l'application de l'art. 334.

30. Sont passibles, en outre, des peines édictées par l'art. 334 nouveau : 2° Quiconque, pour satisfaire les passions d'autrui, aura

embauché, entraîné ou détourné, même avec son consentement, une femme ou fille mineure, en vue de la débauche; — 3° Quiconque, pour satisfaire les passions d'autrui, par fraude ou à l'aide de violences, menaces, abus d'autorité ou tout autre moyen de contrainte, aura embauché, entraîné ou détourné une femme ou une fille majeure en vue de la débauche; — 4° Quiconque aura, par les mêmes moyens, retenu contre son gré, même pour cause de dettes contractées, une personne, même majeure, dans une maison de débauche, ou l'aura contrainte à se livrer à la prostitution.

31. Dans certains cas, les délits ci-dessus sont passibles d'une aggravation de peine : lorsque la prostitution ou la corruption a été excitée, favorisée ou facilitée par le père, mère, tuteur ou les autres personnes énumérées dans l'art. 333 (V. supra, n° 24), la peine d'emprisonnement est de trois à cinq ans (Pén. 334, § 2).

32. Les pénalités édictées par l'art. 334 doivent être prononcées alors même que les divers actes qui sont les éléments constitutifs des infractions auraient été accomplis dans des pays différents (Pén. 334, in fine).

33. Indépendamment des peines édictées par l'art. 334, les délits prévus par cet article sont frappés de peines accessoires consistant dans certaines déchéances ayant trait aux droits de famille, et dans l'interdiction de séjour (Pén. 335 nouveau).

ATTROUPEMENT

(R. v° Attroupement; S. eod. v°.)

1. La matière de l'attroupement est régie par la loi du 7 juin 1848 (D. P. 48. 4. 105), à laquelle les lois postérieures n'ont apporté aucune modification, sauf en ce qui concerne la compétence. Le décret du 25 févr. 1852 (D. P. 52. 4. 61) a abrogé l'art. 10 de la loi de 1848, qui déférait à la cour d'assises les poursuites pour crimes et délits d'attroupement, et l'a rendu à la connaissance des délits aux tribunaux correctionnels.

2. La loi ne précise pas le nombre de personnes dont la réunion est nécessaire pour constituer un attroupement. Il y a lieu de se référer au décret des 27 juill.-3 août 1791 et d'exiger une réunion d'au moins quinze personnes. — Tout rassemblement sur la voie publique ne constitue pas un attroupement prohibé. Les attroupements calmes et pacifiques ne sont pas réprimés par la loi de 1848; ils pourraient seulement, au cas où ils gêneraient la circulation, constituer une contravention de police. L'attroupement n'est punissable que s'il est armé, ou que si, sans être armé, il peut troubler la tranquillité publique (Cr. c. 24 nov. 1899, D. P. 1900. 1. 4. 47). Un attroupement est réputé armé :1° quand plusieurs des individus qui le composent sont porteurs d'armes apparentes ou cachées; 2° lorsqu'un seul de ces individus, porteur d'armes apparentes, n'a pas été immédiatement expulsé de l'attroupement par ceux qui en font partie. Quant à l'attroupement non armé, c'est à l'autorité qu'il appartient de discerner s'il peut troubler la tranquillité publique, et d'apprécier l'opportunité qu'il peut y avoir à le dissoudre.

3. Lorsqu'un attroupement, armé ou non armé, est formé sur la voie publique, le maire ou l'un de ses adjoints, à leur défaut un commissaire de police ou tout agent dépositaire de la force publique et du pouvoir exécutif (ce qui comprend notamment le préfet ou le sous-préfet et les autres officiers civils chargés de la police ou de la police judiciaire), se rend sur le lieu de l'attroupement pour y faire les sommations légales. Il doit, à peine de nullité des sommations (sauf le cas de force majeure), être revêtu de l'écharpe tricolore, sans qu'il y ait à distinguer suivant que l'agent est, ou non, revêtu d'un uniforme

(Cr. r. 4 déc. 1903, D. P. 1903. 1. 624). Un roulement de tambour doit annoncer l'arrivée du magistrat et précéder chacune des sommations qui seront faites. Si l'attroupement est armé, le magistrat devra faire deux sommations de se dissoudre et de se retirer, après lesquelles l'attroupement sera dispersé par la force. S'il s'agit d'un attroupement non armé, le magistrat, après un premier roulement de tambour, fera une exhortation aux citoyens de se disperser; si les citoyens ne se retirent pas, il faudra faire trois sommations avant de dissiper l'attroupement par la force.

4. Si le rassemblement non armé s'est dissipé avant toute sommation, aucune peine ne peut être appliquée. L'infraction ne se produit qu'à partir de la première sommation faite régulièrement. De même, en cas d'attroupement armé, aucune peine ne peut être prononcée contre ceux qui, ayant fait partie de l'attroupement non armé personnellement armés, se sont retirés à la première sommation. Les pénalités applicables dans les autres cas sont édictées par les art. 4 et 5 de la loi du 7 juin 1848; la gravité des peines varie d'un mois d'emprisonnement à la réclusion, suivant la résistance opposée, le fait d'être armé ou non, la nature du rassemblement, la circonstance de nuit.

5. Celui qui a provoqué l'attroupement est puni des mêmes peines que ceux qui en ont fait partie (L. 7 juin 1848, art. 6). Mais la loi ne réprime que la provocation directe, ressortant réellement des termes de l'article de journal ou du discours provocateurs. — Par provocation directe, il faut entendre celle qui est flagrante et expresse et résulte des termes mêmes de l'écrit. Mais la provocation n'est pas moins punissable lorsqu'elle n'est pas suivie d'effet. La provocation à un attroupement non suivie d'effet doit s'entendre non seulement de celle qui n'a amené personne au lieu désigné, mais aussi de celle d'où est résulté un rassemblement qui, à aucune de ses phases, n'est devenu délictueux; en conséquence, celui qui a provoqué à un tel attroupement ne pourrait se prévaloir de la disposition qui punit la provocation suivie d'effet des mêmes peines que l'attroupement lui-même, pour prétendre que l'attroupement qu'il a provoqué n'étant pas punissable, il doit échapper lui-même à toute répression (Cr. c. 12 févr. 1897, D. P. 99. 1. 89).

6. Les peines portées par la loi de 1848 sont prononcées sans préjudice de celles encourues pour infraction punies par le Code pénal ou réprimées par les lois spéciales et commises par les auteurs de crimes et délits qu'aurait produits l'attroupement, sauf, bien entendu, l'application du principe du non-cumul des peines.

7. Les peines prononcées par la loi étant des peines criminelles ou des peines correctionnelles, la compétence est, dans le premier cas, celle de la cour d'assises, et, dans le second, celle des tribunaux correctionnels. Ces derniers tribunaux sont compétents à l'égard des délits d'attroupement sans qu'il y ait à distinguer s'ils ont ou non un caractère politique (V. infra, Délit politique).

AUTORISATION MARITALE

(R. v° Mariage; S. eod. v°).

1. La femme mariée est incapable en ce sens que l'autorisation de son mari lui est nécessaire, en principe, soit pour ester en justice, soit pour accomplir des actes juridiques. — La nécessité de l'autorisation maritale existe sous tous les régimes matrimoniaux; la femme y est donc soumise encore qu'elle soit non commune ou séparée de biens (Civ. 215, 217). — Elle constitue une règle d'ordre public, et il n'y peut, dès lors, être dérogé même par contrat de mariage (V. *infrà, Contrat de mariage*). — L'autorisation maritale n'est assujettie à aucune forme ; elle peut être donnée soit expressément, soit tacitement. — Il peut y être suppléée, en principe, par une autorisation émanée de la justice (V. *infrà*, n°s 20 et s.). — L'incapacité de la femme commence avec le mariage et ne cesse régulièrement que par la dissolution du mariage. Toutefois, elle prend fin, aujourd'hui, en cas de séparation de corps (Civ. 311, modifié par la loi du 6 févr. 1893, D. P. 93. 4. 41).

ART. 1er. — DE L'AUTORISATION MARITALE EN MATIÈRE JUDICIAIRE.

§ 1er. — *Dans quels cas l'autorisation est nécessaire* (R. 775 et s.; S. 426 et s.).

2. Le principe d'après lequel la femme ne peut ester en justice sans l'autorisation de son mari est absolu, et s'applique alors même que l'instance se référerait à des actes qu'elle est, par exception, capable de faire sans cette autorisation, comme, par exemple, des actes d'administration lorsqu'elle est mariée sous le régime de la séparation de biens (V. *infrà*, n° 15; Civ. c. 13 nov. 1844, D. P. 45. 1. 33). — La règle que la femme, quand même la femme serait « marchande publique », et, par conséquent, autorisée par son mari à faire le commerce (elle n'en a pas moins besoin, dans ce cas, d'une autorisation spéciale pour toute instance, même commerciale, qu'elle voudrait engager.

3. L'autorisation est exigée devant toute juridiction en matière civile, notamment devant le jury en matière d'expropriation pour cause d'utilité publique (Civ. c. 9 mars 1896, D. P. 96. 1. 152). — L'autorisation est nécessaire à la femme, non seulement pour soutenir ses droits en justice, mais aussi pour recourir aux voies d'exécution qui lui sont ouvertes, notamment pour exercer des poursuites de saisie immobilière (V. *infrà*, *Saisie immobilière*; V. aussi *infrà*, *Ordre entre créanciers*, *Surenchère*, etc.) ... — La femme est non recevable à ester en justice sans autorisation, alors même qu'il s'agit d'une demande formée par elle contre son mari; cette règle a été appliquée, notamment, aux demandes en nullité de mariage.

4. L'autorisation maritale est nécessaire alors même que le procès a commencé avant le mariage ; à moins que la cause ne soit *en état* au moment de la célébration, la femme ne peut continuer la procédure sans y être autorisée. Mais les actes de procédure faits par l'adversaire de la femme sont valables tant que le changement d'état de la femme ne lui a pas été notifié; cette notification une fois faite, la procédure ne peut être continuée régulièrement sans que le mari soit mis en cause. — Si l'adversaire de la femme auquel a été notifié le changement d'état de celle-ci est défendeur dans l'instance, il a le droit de demander que, préalablement, la femme se fasse autoriser par son mari. — Après le jugement rendu, bien qu'il n'y ait pas eu de notification du changement d'état, on rentre dans le droit commun, et l'appel ne peut être poursuivi sans que le mari soit mis en cause.

5. La règle qui interdit à la femme d'ester en justice sans autorisation souffre exception en matière de divorce ou de séparation de corps (V. *infrà*, *Divorce*, *Séparation de corps*). — On admet aussi que la femme peut, sans autorisation, introduire une instance en référé.

6. Il y a encore exception à la règle en matière répressive : la femme n'a besoin d'aucune autorisation pour défendre à l'action publique formée contre elle devant un tribunal criminel, correctionnel ou de simple police (Civ. 216). — Quant à l'action civile

résultant du fait délictueux imputé à la femme, celle-ci peut également y défendre sans autorisation, si cette action est dirigée contre la femme en même temps que l'action publique. Mais, d'après la doctrine qui a prévalu, lorsque l'action civile est intentée seule, directement et principalement, soit devant le tribunal correctionnel (Instr. 182), soit devant le tribunal de simple police (Instr. 145), soit, en matière d'injure ou de diffamation, devant la cour d'assises (L. 29 juill. 1881, art. 47-6°, D. P. 81. 4. 65), l'autorisation redevient nécessaire. A plus forte raison en est-il ainsi dans le cas où la partie civile intenterait une action en dommages-intérêts devant la juridiction civile. — L'exception édictée par l'art. 216 c. civ. ne concerne d'ailleurs que le cas où la femme est poursuivie; si c'est elle, au contraire, qui exerce une action devant la juridiction répressive, elle doit être autorisée.

§ 2. — *Étendue de l'autorisation* (R. 781 et s., 918-919, et v° *Péremption*, 45; S. 430 et s., 519).

7. L'autorisation de plaider obtenue par la femme ne lui donne pas le droit de transiger. — On admet généralement que la femme autorisée à intenter une action ne peut se désister de cette action sans une nouvelle autorisation. Quant à la question de savoir si l'autorisation donnée à la femme de défendre à une demande dirigée contre elle lui donne le pouvoir d'acquiescer sans autorisation nouvelle, soit à cette demande, soit au jugement rendu contre elle, elle est diversement résolue; l'affirmative a été admise par la cour de cassation. — L'autorisation d'ester en justice conférée à la femme ne lui donne pas le pouvoir soit de déférer le serment décisoire, d'accepter celui qui lui est déféré ou de le référer, soit de faire des aveux spontanés; toutefois, la femme n'aurait pas besoin d'une autorisation spéciale pour répondre à un interrogatoire sur faits et articles ou aux interpellations adressées par le juge lors d'une comparution des parties en personne.

8. L'autorisation est nécessaire à la femme non seulement pour figurer dans l'instance proprement dite, mais même pour se présenter en conciliation devant le juge de paix. — Si l'autorisation n'a été donnée que pour le préliminaire de conciliation, il en faut une nouvelle pour la première instance. — La femme autorisée à ester en justice n'a pas besoin d'une autorisation nouvelle pour former opposition à un jugement ou arrêt par défaut rendu dans l'instance ; ... ni pour demander la péremption d'une instance engagée contre elle. — Sur la question de savoir si la femme autorisée à plaider en première instance a besoin d'une nouvelle autorisation pour ester en appel, la jurisprudence admet des distinctions : si la femme a perdu son procès en première instance, a besoin d'une nouvelle autorisation pour interjeter appel. Dans le cas où elle a obtenu gain de cause devant les premiers juges, une autorisation nouvelle lui est encore nécessaire si, intimée en appel, elle était déjà défenderesse en première instance; au contraire, c'est elle qui avait introduit l'instance, l'autorisation qui lui avait été donnée à cet effet suffit pour lui permettre de défendre à l'appel. — La femme a toujours besoin d'une autorisation spéciale soit pour se pourvoir en cassation, soit même pour défendre au pourvoi formé contre elle.

§ 3. — *Par qui l'autorisation doit être demandée* (R. 859 et s., 948 et s.; S. 482, 522, 534 et s.).

9. Lorsque la femme est demanderesse, soit en première instance, soit en appel, soit en cassation, c'est par elle que l'autorisation doit être requise. — Il n'est pas né-

cessaire que l'autorisation du mari soit obtenue avant le commencement de l'instance ; il suffit qu'elle le soit avant le jugement définitif. — Si la femme néglige de se pourvoir de l'autorisation dont elle a besoin, la partie qui plaide contre elle peut, soit appeler le mari en cause, soit opposer à la femme une exception dilatoire jusqu'à ce qu'elle se soit fait autoriser.

10. Quand la femme est défenderesse, l'autorisation doit être requise par son adversaire, et celui-ci doit mettre en cause le mari pour voir dire qu'il donnera son autorisation ou qu'il y sera suppléé par le tribunal saisi de l'affaire. — Dans le cas où la femme est intimée, cette mise en cause doit avoir lieu, sous peine de déchéance, avant l'expiration du délai d'appel.

11. Le mari qui autorise sa femme à ester en justice ne contracte de ce chef aucune obligation et ne peut, le cas échéant, être condamné personnellement.

ART. 2. — DE L'AUTORISATION MARITALE EN MATIÈRE EXTRAJUDICIAIRE (R. 802 et s.; S. 449 et s.).

12. L'art. 217 c. civ. énumère un certain nombre d'actes que la femme ne peut faire sans être autorisée par son mari ; mais cette énumération n'est pas limitative : la règle est générale, et l'autorisation est nécessaire, en principe, pour toute espèce d'actes, quelle qu'en soit la nature.

13. La femme ne peut faire aucune donation sans l'autorisation de son mari (V. *infrà*, *Dispositions entre vifs et testamentaires*). — Cette autorisation lui est nécessaire pour faire un acte d'aliénation quelconque de ses biens meubles ou immeubles ; ... pour renoncer à une succession (V. *infrà*, *Succession*), ... ou à une prescription acquise (V. *infrà*, *Prescription*).

14. L'autorisation maritale est nécessaire pour tous les contrats par lesquels la femme mariée s'oblige envers des tiers, quelle que soit la cause de l'obligation, alors même, notamment, que l'obligation aurait sa source dans un délit et que le contrat passé par la femme n'aurait d'autre objet que de déterminer la mesure du préjudice à réparer. — Mais la femme peut, sans autorisation, renouveler des billets ou autres effets de commerce qu'elle avait souscrits antérieurement à son mariage. — Elle doit aussi être autorisée de son mari pour consentir un nantissement ; ... pour recevoir un payement ; ... pour accepter un mandat (V. *infrà*, *Mandat*) ; ... pour contracter une assurance sur la vie (V. *suprà*, *Assurances*, n° 134) ; ... pour accepter une succession, un legs universel ou particulier (V. *infrà*, *Donation*, *Legs*, *Succession*).

15. La règle d'après laquelle l'autorisation maritale est nécessaire à la femme sous quelque régime qu'elle soit mariée comporte certaines exceptions. Ainsi, en cas de séparation de biens, contractuelle ou judiciaire, la femme est dispensée de l'autorisation maritale dans la mesure du droit de libre administration qui lui appartient (V. *infrà*, *Séparation de biens*). Il en est de même de la femme dotale en ce qui concerne ses biens paraphernaux (V. *infrà*, *Régime dotal*).

16. D'autre part, il est certains actes qui, par leur nature, échappent à la nécessité de l'autorisation maritale. — Ainsi, la femme peut, sans autorisation : faire son testament ou le révoquer (Civ. 226) (V. *infrà*, *Testament*) ; ... révoquer les donations qu'elle aurait faites à son mari pendant le mariage (V. *infrà*, *Donation entre époux*) ; ... reconnaître un enfant naturel (V. *infrà*, *Filiation naturelle*) ; ... consentir au mariage d'un de ses enfants (V. *infrà*, *Mariage*) ; ... accepter une donation faite à son enfant mineur (V. *infrà*, *Donation*). La femme est capable aussi de faire seule les actes purement conservatoires de ses droits ; elle peut, par exemple, prendre sans autorisation une inscription hypothécaire. — Toutefois, l'autorisation est nécessaire lorsqu'il s'agit d'un acte conservatoire qui exige l'introduction d'une demande en justice ou qui impose quelque obligation à la femme. Celle-ci, par exemple, ne peut, sans autorisation, demander la validité d'une saisie-arrêt. — Enfin la femme peut se trouver engagée, indépendamment de toute autorisation, lorsqu'il s'agit d'obligations dérivant soit de la loi, comme par exemple les obligations résultant de la tutelle dont elle serait investie ; ... soit du fait d'un tiers, telles que celles résultant du quasi-contrat de gestion d'affaires ; ... soit de délits ou de quasi-délits dont elle serait l'auteur. — En ce qui concerne les actes faits par la femme marchande publique, V. *infrà, Commerçant*.

ART. 3. — FORMES DE L'AUTORISATION MARITALE.

§ 1er. — *Autorisation en matière extrajudiciaire* (R. 828 et s. ; S. 467 et s.).

17. L'autorisation du mari n'est pas soumise à des formes spéciales ou à des termes sacramentels. Elle peut être expresse ou tacite. — L'autorisation *expresse* doit être donnée par écrit (Civ. 217) ; elle ne peut l'être verbalement, en ce sens du moins que l'on ne pourrait recourir à la preuve testimoniale à l'effet de prouver l'existence d'une autorisation purement verbale, alors même qu'il s'agirait d'une valeur inférieure à 150 francs, ou qu'il y aurait un commencement de preuve par écrit de cette autorisation ; l'aveu, la délation du serment décisoire seraient les seuls modes de preuve admissibles en pareil cas. — L'autorisation peut être donnée soit par acte authentique, soit par acte sous seing privé et même par simple lettre. Toutefois, lorsqu'il s'agit d'un acte qui doit être fait dans la forme authentique, par exemple d'une donation, la jurisprudence paraît exiger que l'autorisation soit donnée dans la même forme (Comp. *infrà, Donation*).

18. L'autorisation *tacite* résulte du concours du mari dans l'acte (Civ. 217). Ce concours existe nécessairement lorsque le mari est lui-même partie à l'acte, notamment lorsqu'il s'oblige solidairement ou conjointement avec la femme ; mais ce n'est point là une condition nécessaire : le concours du mari peut résulter de toutes circonstances impliquant de sa part connaissance de l'acte passé par la femme, notamment de sa présence constatée audit acte, alors même qu'il n'y aurait pas apposé sa signature. A l'inverse, la juxtaposition, sur un acte, de la signature du mari à côté de celle de la femme, n'impliquant pas que les deux signatures aient été données en même temps, ne prouve pas, d'une manière non équivoque, le concours à l'acte ou le consentement prescrit par la loi ; et, dès lors, l'obligation souscrite par la femme doit être déclarée nulle, si le contexte du dit acte ne comporte aucun engagement collectif des deux époux (Req. 30 déc. 1902, D. P. 1903. 1. 150). — La cour de cassation a posé en principe que le concours du mari dans l'acte est le seul fait d'où puisse s'induire l'autorisation tacite ; qu'il ne peut être suppléé à ce concours par des équivalents tirés des circonstances qui ont précédé ou suivi l'engagement pris par la femme (Civ. c. 20 juin 1881, D. P. 81. 1. 354). Cependant cette règle, contestée en doctrine, n'est pas admise sans restriction par la jurisprudence elle-même. C'est ainsi, notamment, que, suivant plusieurs arrêts, l'abandon d'une femme par son mari implique pour elle l'autorisation tacite de louer ses services

et son industrie pour subvenir à ses besoins et à ceux de ses enfants (Req. 6 août 1878, D. P. 79. 1. 490).

§ 2. — *Autorisation en matière judiciaire* (S. 428, 471).

19. L'autorisation d'ester en justice peut, comme l'autorisation en matière judiciaire, être tacite (Cr. c. 29 juin 1895, D. P. 95. 1. 463). Elle résulte, notamment, de ce que l'action est intentée par le mari conjointement avec la femme. — Si c'est le mari qui, dans l'instance, est l'adversaire de la femme, celle-ci est réputée autorisée par cela seul que le mari l'a citée en justice.

ART. 4. — DE L'AUTORISATION DONNÉE PAR LA JUSTICE.

§ 1er. — *Cas où cette autorisation est nécessaire* (R. 863 et s. ; S. 483 et s.).

20. Si le mari refuse à la femme l'autorisation de plaider, cette autorisation peut lui être donnée par la justice (Civ. 218). — L'autorisation conférée par le juge n'a pas plus d'étendue que celle qui émane du mari. Ainsi, celle qui est donnée au début de l'instance, même en termes généraux, ne s'applique qu'à l'instance devant les premiers juges ; une nouvelle autorisation sera nécessaire à la femme pour interjeter appel ou se pourvoir en cassation, mais elle suffira pour permettre à la femme d'exercer des poursuites en vertu de la condamnation obtenue par elle (Comp. *infrà, Vente publique d'immeubles*).

21. La femme peut également, si le mari lui refuse l'autorisation de passer un acte, être habilitée à cet effet par la justice (Civ. 220). — Il est des actes cependant pour lesquels l'autorisation de la justice ne peut remplacer celle du mari ; tels sont : l'acceptation des fonctions d'exécuteur testamentaire (Civ. 1026 ; V. *infrà, Testament*) ; ... les compromis (Pr. 83-6e, 1004). On s'est demandé si les tribunaux peuvent, au refus du mari, autoriser la femme à exercer une profession quelconque, par exemple à contracter un engagement dramatique ; la jurisprudence est divisée sur ce point. — Quant à la question de savoir si la femme peut être autorisée par justice à faire le commerce, V. *infrà, Commerçant*. — A l'inverse, il est des cas exceptionnels où l'autorisation de la justice est insuffisante pour habiliter la femme et où l'autorisation de la justice est nécessaire (V. notamment Civ. 1558, et *infrà, Régime dotal*). — Mais il n'y a lieu de ranger parmi ces cas, ni celui où la femme contracte envers des tiers une obligation dans le seul intérêt du mari, ... ni celui où il s'agit d'actes qui interviennent entre le mari et la femme : dans l'une et l'autre hypothèse, l'autorisation du mari est suffisante, et il n'est pas besoin de demander en outre l'autorisation de justice. — En matière extrajudiciaire, l'autorisation doit, en principe, être préalable à l'acte. — Si elle n'intervenait qu'après la passation de l'acte, elle serait impuissante à le valider, tout au moins au regard du mari.

22. Indépendamment du cas où le mari refuse injustement l'autorisation, la justice peut être appelée à autoriser la femme dans les cas où le mari se trouve dans l'impossibilité de le faire lui-même. — Il en est ainsi d'abord quand le mari est frappé d'une condamnation emportant peine afflictive ou infamante (Civ. 221). La femme ne peut alors, pendant la durée de la peine, ester en justice ni contracter qu'après s'y être fait autoriser par le juge. Cette règle s'applique même au cas où la peine est celle du bannissement, mais non pas à celui où le mari est frappé seulement de la dégradation civique. Elle est généralement applicable au cas où la condamnation a été prononcée par

contumace, et cela tant que la peine n'est pas prescrite.

23. Il en est de même quand le mari est interdit. En ce cas, la femme doit se faire autoriser par justice pour les actes concernant ses propres biens, alors même qu'elle est tutrice de son mari. — Au cas où le mari est interdit, il y a lieu d'assimiler, bien que des divergences se soient produites à cet égard, celui où il est placé dans un établissement d'aliénés, et celui où il est pourvu d'un conseil judiciaire. — Enfin, la même solution est applicable au cas d'absence du mari (Civ. 222), sans qu'il y ait d'ailleurs à distinguer selon que celui-ci a été déclaré absent ou qu'il y a seulement présomption d'absence. Mais elle ne doit pas être étendue au cas de simple non-présence ; la femme ne peut s'adresser *de plano* au tribunal, elle doit attendre le retour du mari ou solliciter de lui l'autorisation par lettre.

24. Enfin, c'est encore par la justice que l'autorisation doit être donnée en cas de minorité du mari. Toutefois, on admet que la femme pourra valablement autoriser sa femme pour tous les actes qu'il peut faire, en sa qualité de mineur émancipé, sans l'assistance de son curateur.

§ 2. — *Formes dans lesquelles l'autorisation de justice est demandée et accordée* (R. 883 et s. ; S. 496 et s.).

25. Lorsque le mari est présent et capable, la femme doit d'abord le mettre en demeure par une sommation d'avoir à lui donner l'autorisation dont elle a besoin. En cas de refus, elle présente requête au président du tribunal, qui rend une ordonnance permettant de citer le mari à jour indiqué devant la chambre du conseil pour déduire les causes de son refus (Pr. 861). — Si le mari est absent ou incapable, la femme ne doit pas lui faire de sommation ; elle doit seulement présenter requête au président à l'effet d'obtenir l'autorisation du tribunal, en joignant à sa requête les pièces de nature à constater l'absence ou l'incapacité du mari. — Il en est de même lorsque le mari est mineur, alors du moins qu'il s'agit d'un acte qu'il ne pourrait faire seul et pour lequel, par conséquent, il ne peut autoriser sa femme ; toutefois, le tribunal saisi de la demande d'autorisation peut appeler le mari mineur en la chambre du conseil pour fournir des renseignements et explications.

26. C'est au tribunal de première instance de l'arrondissement du domicile commun, c'est-à-dire du domicile du mari, que la femme doit, en principe, demander l'autorisation. Par exception, si le mari n'a ni domicile ni résidence connus, la femme pourra s'adresser au tribunal de son propre domicile. — Le mari, s'il comparaît, doit être entendu en la chambre du conseil (Civ. 219 ; Pr. 861). — Les débats se passent à huis clos ; mais le jugement doit, à peine de nullité, être rendu en audience publique. — Le tribunal accorde ou refuse l'autorisation, suivant les circonstances qu'il lui appartient d'apprécier souverainement. Il peut, d'ailleurs, en accordant l'autorisation, y mettre certaines conditions qu'il détermine. — Le jugement est susceptible d'appel de la part, soit du mari, soit de la femme.

27. La jurisprudence est divisée sur le point de savoir si c'est, d'après la règle qui vient d'être exposée, au tribunal du domicile commun des époux qu'il appartient de donner à la femme l'autorisation dont elle a besoin pour interjeter appel, ou si c'est la juridiction appelée à statuer sur cet appel qui est compétente à cet effet. Cette dernière solution paraît préférable, et il y a lieu d'admettre que la femme n'est pas tenue de procéder suivant les formes prescrites par les art. 219 c. civ. et 861 et s. c. pr. civ., mais qu'il lui suffit de demander l'autorisation par des conclusions sur lesquelles il sera statué en même temps que sur le fond du litige. De même, ces formes de procédure ne sont pas applicables, lorsqu'il s'agit pour la femme d'être autorisée à ester en justice pour défendre à une action dirigée contre elle. C'est à celui qui agit contre la femme à la faire autoriser; il doit, à cet effet, assigner le mari conjointement avec la femme devant le tribunal qui doit connaître du fond du litige et conclure à ce que, faute par le mari d'autoriser la défenderesse à ester en justice, cette autorisation soit donnée par le juge. L'autorisation est alors donnée à la femme par le jugement même qui statue sur la demande.

28. Les jugements par lesquels une femme mariée est autorisée à passer un acte juridique appartiennent à la juridiction gracieuse; par suite, ils n'emportent pas chose jugée, en ce sens qu'on peut les attaquer et les faire tomber lorsqu'ils n'ont pas été rendus légalement. Toutefois, ces jugements, lorsqu'ils sont définitifs, ne peuvent être attaqués sous le seul prétexte qu'ils auraient été rendus contrairement aux intérêts de la femme; en d'autres termes, ils sont critiquables pour violation de la loi, mais non pour erreur de fait.

Art. 5. — Spécialité de l'autorisation (R. 846 et s.; S. 476 et s.).

29. L'autorisation donnée à la femme, soit à l'effet de plaider, soit en matière extrajudiciaire, doit être spéciale. Toute autorisation générale est frappée de nullité, et il n'y a pas à distinguer suivant qu'elle a été donnée par contrat de mariage ou pendant le mariage. — La règle s'applique à l'autorisation donnée par la justice comme à celle qui émane du mari.

30. La prohibition de l'autorisation générale ne s'applique pas aux actes d'administration (Civ. 223). Il y a encore exception en ce qui concerne l'autorisation de faire le commerce : cette autorisation peut être donnée en termes généraux, et elle habilite la femme à faire tous les actes que comporte l'exercice de son négoce (V. infrà, Commerçant).

31. La règle d'après laquelle l'autorisation doit être spéciale s'entend en ce sens qu'elle doit être donnée distinctement pour chaque procès, pour chaque acte juridique que la femme se propose de soutenir ou de passer. La question de savoir si l'autorisation peut être considérée comme spéciale n'est pas toujours, en pratique, exempte de difficultés; mais la jurisprudence paraît fixée sur certains points : ainsi, il est peu douteux que l'autorisation conférée à la femme d'aliéner ou d'hypothéquer ses immeubles est générale et à ce titre entachée de nullité. Les immeubles qu'il s'agit d'aliéner doivent être individuellement désignés; mais il n'est pas nécessaire de spécifier le prix et les autres conditions de la vente, non plus que le nom de l'acquéreur. Serait nulle également, pour défaut de spécialité, l'autorisation donnée à la femme de contracter des emprunts, de cautionner des avances qui seraient faites au mari sans que l'engagement fût limité quant au montant desdites avances (Civ. 16 mars 1898, D. P. 98. 1. 214), etc. De même encore, devrait être réputée nulle l'autorisation donnée à la femme d'ester en justice, tant en demandant qu'en défendant, pour tous les besoins du commerce qu'elle exerce.

Art. 6. — Effets de l'autorisation ou du défaut d'autorisation (R. 913 et s.; S. 512 et s.).

32. L'autorisation, soit qu'elle émane du mari, soit qu'elle soit donnée par la justice, a pour effet de rendre la femme capable de faire les actes pour lesquels cette autorisa-

tion lui a été donnée. — Mais cet effet ne se produit que dans les limites où l'autorisation a été accordée (V. suprà, n° 29). Si elle est conçue en termes généraux, elle ne confère à la femme aucune capacité, si ce n'est pour les actes d'administration (Civ. 223); les actes de disposition faits en vertu d'une telle autorisation ne sont donc pas valables.

33. En ce qui concerne le mari, les effets de l'autorisation peuvent différer suivant qu'elle émane de lui ou qu'elle a été donnée par le juge. En principe, le mari qui autorise la femme à passer un acte ne s'oblige pas personnellement. De même, le mari qui ne fait qu'autoriser la femme à ester en justice ne peut encourir aucune condamnation. Par exception, lorsque les époux sont mariés sous le régime de la communauté, les engagements contractés par la femme avec l'autorisation du mari obligent le mari lui-même (Civ. 419; Req. 4 juin 1894, D. P. 94. 1. 567). Et, même sous tout autre régime que celui de la communauté, le mari, bien que non tenu personnellement des engagements de la femme, est obligé d'en souffrir l'exécution sur les biens de la femme dont il a la jouissance en vertu du contrat de mariage. Au contraire, l'autorisation donnée par le juge ne peut jamais préjudicier au mari. Ainsi, les obligations que la femme a contractées, les condamnations qu'elle a subies ensuite d'une telle autorisation ne peuvent recevoir exécution ni sur les biens personnels du mari ni sur ceux de la communauté. Et même cette exécution ne peut être poursuivie sur les biens personnels de la femme que sous la réserve de la jouissance qui appartient au mari, lorsque cette jouissance lui a été attribuée par le contrat de mariage (V. infrà, Communauté). De même, dans le cas où les époux sont communs en biens, le payement des frais et dépens du procès que la femme a soutenu avec la seule autorisation de justice ne peut être poursuivi ni contre le mari ni contre la communauté.

34. L'autorisation accordée par le mari peut être révoquée par lui, et alors elle cesse de produire ses effets pour l'avenir. — La révocation de l'autorisation peut être notifiée à la femme et aux tiers intéressés, par exploit d'huissier; elle peut aussi être portée à la connaissance du public par la voie des journaux. L'autorisation de justice est aussi susceptible d'être révoquée, elle peut l'être, notamment, sur la demande du mari.

35. Le défaut d'autorisation entraîne la nullité des actes pour lesquels la femme devait être autorisée. — Les actes passés par la femme non autorisée sont nuls, alors même qu'elle aurait trompé les tiers en se donnant pour fille ou veuve. Et la femme ne peut, en pareil cas, être condamnée à réparer, sous forme de dommages-intérêts, le préjudice résultant de l'inobservation de l'acte (Civ. c. 6 avr. 1898, D. P. 98. 1. 305). Mais lorsqu'elle a employé des manœuvres frauduleuses pour induire les tiers en erreur sur son état, créer à la femme n'est pas recevable à invoquer la nullité résultant du défaut d'autorisation. Il en est de même quand, par sa manière de vivre et par l'ensemble de ses actes, elle a volontairement induit le public en erreur sur sa véritable situation. D'autre part, les engagements contractés par la femme sans autorisation doivent, lorsqu'ils ont tourné à son profit, être validés jusqu'à concurrence de ce profit (Req. 26 avr. 1900, D. P. 1900. 1. 455).

36. La nullité qui résulte du défaut d'autorisation est simplement relative et ne peut être proposée que par la femme, le mari ou leurs héritiers (Civ. 225; Paris, 12 mai 1898, D. P. 99. 2. 313). — La femme peut invoquer cette nullité soit pendant le mariage, soit après sa dissolution, tant que son action

n'est pas atteinte par la prescription décennale (V. infrà, Nullité). — Quant au mari, il est admis à invoquer la nullité pendant le mariage, quel que soit son intérêt; mais après la dissolution du mariage il ne peut l'opposer que s'il y a un intérêt pécuniaire. — Les héritiers de la femme ou de même droit que celle-ci. Ceux du mari, de même que leur auteur, ne peuvent, après la dissolution du mariage, exercer l'action en nullité qu'autant qu'ils ont un intérêt pécuniaire à l'annulation de l'acte pour lequel l'autorisation était nécessaire. — La nullité ne peut être invoquée ni par les tiers qui ont contracté avec la femme, ni par ceux qui ont plaidé contre elle. Ainsi, lorsque la femme non autorisée a ester en justice a obtenu gain de cause, son adversaire ne peut demander la nullité d'autorisation (Civ. r. 6 avr. 1898, D. P. 98. 1. 305). De même, si la femme donnait, sans assignation à un tiers sans s'être fait préalablement autoriser, ce tiers ne pourrait demander la nullité de l'assignation; il pourrait seulement ou appeler le mari en cause et pourvoir lui-même à ce que l'autorisation soit donnée à la femme, soit opposer à la femme une exception dilatoire jusqu'à ce qu'elle se soit fait autoriser. Le droit d'opposer la nullité résultant du défaut d'autorisation est généralement reconnu aux créanciers de la femme, et même aux créanciers du mari, alors du moins que l'action en nullité présente un intérêt pécuniaire (Civ. 1166).

37. En ce qui concerne les actes extrajudiciaires, le moyen pris de ce que la femme a contracté sans autorisation peut être proposé pour la première fois en appel, mais non pas en cassation (Req. 4 août 1856, D. P. 56. 1. 319). Au contraire, en matière judiciaire, la nullité résultant du défaut d'autorisation est considérée comme d'ordre public; elle peut donc être opposée devant la cour de cassation, bien qu'elle ne l'ait pas été devant les juges du fond (Civ. c. 9 mars 1896, D. P. 96. 1. 152).

38. Les jugements rendus contre la femme non autorisée acquièrent force de chose jugée comme toute autre décision judiciaire et ne peuvent, en conséquence, être attaqués que par les voies ordinaires (opposition, appel, pourvoi en cassation). — Il est généralement admis que la femme ne peut pas se pourvoir par voie de requête civile contre les jugements ou arrêts rendus contre elle sans qu'elle ait été autorisée. Quant aux actes extrajudiciaires passés par la femme sans autorisation, l'action en nullité de ces actes se prescrit par dix ans (V. infrà, Nullité).

39. La nullité résultant du défaut d'autorisation est susceptible d'être couverte. Ainsi l'acte devient valable lorsqu'il est ratifié par les deux époux conjointement ou (ce qui revient au même) par la femme autorisée du mari. La ratification des deux époux peut même avoir lieu tacitement. — Tant que dure le mariage, aucune ratification ne peut émaner de la femme seule. Quant au mari, il peut bien, en ce qui le concerne, renoncer à l'action en nullité qui lui appartient personnellement; mais, suivant l'opinion généralement admise, le mari ne peut, pendant le mariage, couvrir la nullité des actes passés par la femme non autorisée par une ratification donnée sans le concours de la femme. — Après la dissolution du mariage, chaque époux (ou ses héritiers) peut renoncer à l'action en nullité qui lui appartient; mais la ratification de l'un des époux ne peut pas porter préjudice aux intérêts de l'autre.

Art. 7. — Enregistrement et timbre.

40. L'autorisation maritale donnée dans l'acte même pour lequel elle est nécessaire constitue une disposition dépendante qui ne donne lieu à la perception d'aucun droit particulier. — Donnée par acte distinct, elle est soumise au droit fixe de trois francs (L. 22 frim. an 7, art. 68, § 1er, n° 12, R. v° *Enregistrement*, t. 21, p. 26; 28 avr. 1816, art. 43, n° 2, *ibid.*, p. 39; 28 févr. 1872, art. 4, D. P. 72. 4. 12).

41. Les déclarations d'autorisation maritale consenties, en temps de guerre ou pendant une expédition, par les militaires, les marins de l'État, les personnes employées à la suite des armées ou embarquées à bord des bâtiments de l'État, et au cours d'un voyage maritime par les personnes présentes à bord, peuvent être écrites, sans contravention, sur papier non timbré, et ne sont pas soumises à l'enregistrement dans un délai déterminé; mais elles ne peuvent être valablement utilisées en France qu'après avoir été timbrées et enregistrées (L. 8 juin 1893, D. P. 94. 4. 8).

AVARIES

(R. v° *Droit maritime*; S. *eod. v°*).

1. On désigne, en droit maritime, sous la dénomination d'*avaries*, les dommages survenus au navire ou à sa cargaison. La matière fait l'objet du titre 11 du livre II du Code de commerce (art. 397-409), auquel se rattache le titre suivant : *Du jet et de la contribution* (art. 410-429).

Art. 1er. — Généralités (R. 1062 et s.; S. 1175 et s.).

2. Dans un sens large, l'expression *avaries* comprend tous dommages quelconques, même les pertes totales ; mais, dans un sens plus restreint, on n'entend par là que les dommages. résultant de pertes partielles ou détériorations. — Le mot *avaries* ne désigne pas seulement les dommages matériels, mais aussi les dépenses qui sont faites pour le navire ou la cargaison (Com. 397). C'est ce qu'on appelle les *avaries-frais*, par opposition aux *avaries-dommages*. La *dépréciation* qu'éprouve la marchandise qui ne parvient pas à destination est autrement caractérisée au point de départ (Com. 371 et 397 combinés) constitue également une avarie; mais il en est autrement du préjudice causé par le retard dans le transport, lequel ne donne pas lieu à une dépense extraordinaire.

3. Pour qu'il y ait avarie, il faut que la détérioration ou la dépense soit *exceptionnelle et accidentelle*. La dépréciation n'est point avaries : l'usure du navire, les frais de navigation, le déchet de route. De même, les lamanages, touages, pilotages pour entrer dans les havres ou rivières, ou pour en sortir, les droits de congés, visites et autres droits de navigation ne sont point avaries; ils sont de simples frais à la charge du navire (Com. 406); ... à moins que ces dépenses ne soient faites à l'entrée d'un port où le navire est contraint de relâcher par une fortune de mer.

4. Les parties peuvent faire, relativement aux avaries, toutes stipulations qu'elles jugent convenables. C'est seulement à défaut de conventions spéciales que les avaries sont réglées conformément aux dispositions édictées par la loi (Com. 398). — Ces règles sont d'ailleurs spéciales au commerce *maritime;* elles sont inapplicables aux transports par terre et à la navigation fluviale.

5. La loi distingue (Com. 399) deux classes d'avaries : les avaries *grosses* ou *communes* (V. *infrà*, n° 6 et s.) et les avaries *simples* ou *particulières* (V. *infrà*, n° 25 et s.). — Des règles spéciales sont appliquées aux avaries résultant de l'abordage (V. *infrà*, n° 32 et s.).

Art. 2. — Avaries communes (R. 1069 et s.; S. 1185 et s.).

6. L'avarie grosse, ou commune, est un dommage volontaire souffert ou une

dépense faite pour le bien et le salut commun du navire et de la cargaison en vue d'un sinistre futur à éviter.

7. Pour qu'il y ait avarie commune, six conditions doivent se trouver réalisées. Il faut : 1° *Qu'un sacrifice ait été réalisé*.

8. ... 2° Que ce sacrifice soit *volontairement accompli;* l'avarie simple, au contraire, peut être fortuite.

9. ... 3° Que le sacrifice ait été accompli *dans un but de conservation*. Sont, au contraire, avaries simples celles qui résultent de la faute ou de la négligence du capitaine ou de l'équipage (Com. 405), ou même d'un sacrifice librement accompli pour échapper à un danger occasionné par une faute du capitaine; ... à moins que le propriétaire du navire ne se soit, par une clause spéciale, affranchi des conséquences des fautes du capitaine, auquel cas les avaries résultant de ces fautes sont communes (Civ. c. 28 oct. 1901, D. P. 1902. 1. 126). — Il y a encore avarie simple, et non avarie commune, quand le sacrifice a été accompli pour éviter un péril suscité par la faute du chargeur.

10. ... 4° Que le dommage ait été souffert ou que la dépense ait été faite *en vertu d'une délibération motivée des principaux de l'équipage* constatant que c'est en vue du salut commun du navire et de la cargaison que le sacrifice constitutif de l'avarie commune a été résolu (Com. 410). — Cette délibération n'est pas rigoureusement obligatoire; il peut y être suppléé par un autre mode de preuve, spécialement par le rapport du capitaine (Com. 242) attestant le péril du navire et de la cargaison, ainsi que la nécessité des dépenses faites pour leur salut (Civ. r. 16 mars 1896, D. P. 96. 1. 248). — Le capitaine doit rédiger par écrit la délibération, aussitôt qu'il en a les moyens; la délibération exprime les motifs qui ont déterminé le sacrifice, les objets jetés ou endommagés. Elle porte la signature des délibérants, et est transcrite sur le registre de bord (Com. 412). Au premier port où le navire arrive, le capitaine doit, dans les vingt-quatre heures de son arrivée, *affirmer* les faits contenus dans cette délibération (Com. 413). — Ces formalités sont inapplicables quand il s'agit de bâtiments affectés au petit cabotage. Du reste, même lorsqu'il s'agit de navigation au grand cabotage ou au long cours, elles ne sont pas rigoureusement obligatoires, et la nécessité du sacrifice peut se prouver par tous documents.

11. ... 5° Que le sacrifice ait été réalisé *pour la conservation du navire et de la cargaison*, c'est-à-dire que le danger auquel on avait en vue d'échapper menaçât *à la fois* le navire et la marchandise. — Il faut, d'ailleurs, que la mesure prise ne se trouve pas en disproportion avec le but proposé.

12. ... 6° Que le sacrifice *ait eu un résultat profitable à l'intérêt commun*, les mots *intérêt commun* étant ici entendus dans le sens le plus large. Ainsi, il y a avarie commune toute la cargaison a été sacrifiée pour le salut du navire.

13. Ces conditions sont les seules exigées pour qu'il y ait avarie commune : il n'est pas nécessaire que les dommages volontairement soufferts ou les dépenses faites aient pour cause un *péril imminent*, il suffit d'un danger *réel*, de nature à compromettre la sécurité de l'équipage et du navire (Rouen, 14 févr. 1900, D. P. 1901. 2. 30).

14. L'art. 400 c. com. énumère un certain nombre d'avaries communes. Ce sont : 1° Les *choses données, par composition et à titre de rachat du navire et des marchandises,* aux corsaires ou pirates, quelle que soit leur nature (argent, marchandises, etc.).

15. ... 2° Les *choses jetées à la mer* dans l'intérêt commun. — L'art. 411 c. com. fixe l'ordre que le capitaine doit suivre, autant

que possible, pour le jet du chargement : « Les choses les moins nécessaires, les plus pesantes et de moindre prix sont jetées les premières, et ensuite les marchandises du premier pont, au choix du capitaine et sur l'avis des principaux de l'équipage. » — Le capitaine devra jeter avant toutes autres les marchandises chargées sans connaissement et celles chargées sur le tillac, si le navire navigue au long cours ou au grand cabotage. Au reste, dans ce dernier cas, le jet des marchandises chargées sur le tillac ne constitue pas une avarie grosse, mais une avarie particulière. Il en est autrement dans la navigation au petit cabotage (Req. 25 juill. 1892, D. P. 92. 1. 532). — Les choses jetées ne cessent pas d'appartenir à leurs anciens maîtres, à qui elles doivent toujours être restituées, si elles sont recouvrées.

16. ... 3° Les *mâts ou câbles rompus ou coupés...* et les dommages causés par l'exécution de la mesure aux marchandises et au navire lui-même. Si les objets sacrifiés ne peuvent être remplacés et que le navire devienne par suite innavigable, on classe même comme une avarie commune la valeur du navire (déduction faite de son prix de vente).

17. ... 4° *Les ancres et autres effets abandonnés pour le salut commun*.

18. ... 5° *Les dommages occasionnés par le jet aux marchandises restées dans le navire... et au navire lui-même.*

19. ... 6° *Les pansements et nourriture des matelots blessés en défendant le navire; les loyer et nourriture des matelots pendant la détention, quand le navire est arrêté en voyage par ordre d'une puissance, et pendant les réparations des dommages volontairement soufferts pour le salut commun, si le navire est affrété au mois.* (Comp. Com. 262, 263). La nourriture et le loyer des matelots, pendant les réparations des dommages soufferts volontairement pour le salut commun, sont avaries particulières, quand le navire est affrété *au voyage*.

20. ... 7° *Les frais de déchargement pour alléger le navire et entrer dans un havre ou dans une rivière, quand le navire est contraint de le faire par tempête ou par la poursuite de l'ennemi.* Les frais de l'allégement rendus nécessaires par une avarie particulière, ou par une faute du capitaine ou du chargeur, sont, au contraire, avarie simple.

21. En principe, la perte ou détérioration des marchandises mises dans des barques pour alléger le navire entrant dans un port ou une rivière est assimilée à la perte résultant de ces marchandises opéré pour le salut commun : dès lors, c'est une avarie commune (Com. 427, § 1er), ... pourvu que l'allégement ait été nécessité par des circonstances fortuites et imprévues. — Les marchandises ainsi mises dans des barques pour alléger le navire ne contribuent pas, même lorsqu'elles sont arrivées à bon port, à la perte du navire et du reste de son chargement (Com. 427, § 2).

22. ... 8° *Les frais faits pour remettre à flot le navire échoué, dans l'intention d'éviter la perte totale ou la perte,* ainsi que ceux faits pour réparer le dommage causé au navire par cet échouement. — L'échouement n'est pas avarie grosse, même lorsqu'il a eu lieu à la suite de l'exécution d'une mesure délibérée pour le salut commun du navire, s'il n'en est pas la conséquence *immédiate et directe*. — Les frais de renflouement et autres faits à la suite de l'échouement sont avarie grosse, si cet échouement a mis le navire et la cargaison en état de péril commun; sinon, ils sont avarie particulière.

23. L'énumération qui précède n'est pas limitative. En effet, l'art. 400, par une disposition finale, déclare avaries communes tous les dommages, quels qu'ils soient, soufferts volontairement pour le salut commun du navire et des marchandises depuis leur départ et chargement jusqu'à leur retour et déchargement.

24. En vertu de cette disposition, on considère comme avaries communes, notamment : ... les frais de remorquage, alors que cette mesure n'a pas été prise pour vaincre une difficulté normale, mais qu'on a dû y recourir pour sauver d'un péril commun le navire et la cargaison ; — ... les dommages causés par une manœuvre au moyen de laquelle un pilote, de concert avec le capitaine, au milieu d'une tempête, afin d'éviter la perte totale du navire, lui fait franchir la passe d'un chenal ; — ... les frais de sauvetage, de voyage et autres payés pour retirer le navire et la cargaison des mains de sauveteurs étrangers ; — ... les frais de relâche, quand celle-ci a été délibérée et résolue pour soustraire le navire et le chargement à la perte totale dont les menaçait la tempête ou tout autre événement de mer, même survenu à la suite d'une avarie particulière. Et il en est de même des dépenses extraordinaires, telles que frais de chargement, magasinage et rechargement, auxquelles a donné lieu la relâche ; — ... les dommages résultant du *forcement de voiles* opéré volontairement pour le salut commun ; — ... les détériorations causées *par l'eau*, dans un *incendie* provenant d'autre cause que le vice propre ou la faute du capitaine, aux marchandises non atteintes par le feu ; — ... le *sabordement* du navire opéré pour faciliter le jet des marchandises dans l'intérêt commun du navire et de la cargaison, alors même qu'il aurait été précédé d'une avarie particulière (Com. 422, 426).

ART. 3. — AVARIES PARTICULIÈRES (R. 1114 et s. ; S. 1242 et s.).

25. Les *avaries particulières* ou *avaries simples* sont les dépenses faites et le dommage souffert pour le navire seul ou pour les marchandises seules, depuis leur chargement et départ jusqu'à leur retour et déchargement (Com. 403). — Ce que l'on doit considérer, c'est l'objet pour la sauvegarde duquel la mesure a été prise, et non celui sur lequel le sacrifice a porté. — Les sacrifices ou impenses qui sont réalisés pour l'ensemble de la cargaison sont répartis proportionnellement entre les chargeurs.

26. L'art. 403 énumère, à titre d'exemple, les avaries particulières suivantes : ... 1° Le *dommage arrivé aux marchandises par leur vice propre, par tempête, prise, naufrage ou échouement*, à moins que l'échouement n'ait eu lieu pour sauver le navire poursuivi par l'ennemi. — Le vice propre du navire (vice de construction, pourriture, etc.) ne donne lieu aussi qu'à avarie particulière (Req. 18 oct. 1892, D. P. 92. 1. 596). — Pour les marchandises, le vice propre consiste soit dans un état de dégradation préexistant, soit dans la propension que les liquides à s'évaporer, à couler, à se décomposer, ou qu'ont certaines marchandises à se corrompre, à fermenter, à prendre feu, à se briser par l'effet du roulis, etc. — Si le vice propre du navire atteint la cargaison, l'avarie de la marchandise est particulière à celle-ci ; mais si le propriétaire du navire ou le capitaine a commis quelque faute, le propriétaire de la marchandise avariée a recours contre lui (Com. 405). — Le même recours lui appartient en cas de dommage causé aux marchandises par une faute, s'il prouve l'existence d'une faute ou d'une négligence à la charge du capitaine ou de l'équipage (Bastia, 1er févr. 1892, D. P. 92. 2. 152).

27. ... 2° Les *frais faits pour sauver les marchandises*. — Il faut supposer que les dépenses ont été exposées pour le salut des marchandises exclusivement. Si elles avaient eu pour objet le salut commun du navire et de la marchandise, elles auraient le caractère d'avaries communes (V. *supra*, n°s 6 et s.).

28. ... 3° *La perte des câbles, ancres, voiles, mâts, cordages, causée par tempête ou autre accident de mer ; les dépenses résultant de toutes relâches occasionnées, soit par la perte fortuite de ces objets, soit par le besoin d'avitaillement, soit par voie d'eau à réparer*. — Cette disposition cesse d'être applicable au cas extraordinaire où, à la suite d'un événement de mer, un danger imminent de perte totale venant à menacer à la fois le navire et le chargement, la relâche a été décidée pour leur salut commun ; dans ce cas, les frais de relâche, et aussi ceux de sauvetage, sont avaries communes (Civ. c. 29 mars 1892, D. P. 92. 1. 330).

29. ... 4° *La nourriture et le loyer des matelots pendant la détention, quand le navire est arrêté en voyage par ordre d'une puissance, et pendant les réparations qu'on est obligé d'y faire, si le navire est affrété au voyage*.

30. ... 5° *La nourriture et le loyer des matelots pendant la quarantaine, que le navire soit loué au voyage ou au mois*. — Les frais de quarantaine, de lazaret, d'assainissement, etc., sont tantôt de simples frais de navigation, à la charge du fréteur, lorsqu'ils ont été prévus au moment du contrat ; tantôt des avaries particulières au navire, quand ils sont causés par une fortune de mer, par exemple quand le navire, atteint par une voie d'eau, a dû entrer dans un port de relâche et est, durant le séjour dans ce port, soumis à l'arrivée à une quarantaine.

31. L'énumération de l'art. 403 n'est pas limitative. Ainsi sont encore avaries particulières : les dommages qu'occasionne le feu de l'ennemi, quand il n'y a pas lieu de les classer comme avaries communes ; ... les dommages ou impenses extraordinaires qui ont subi au navire ou à la cargaison un incendie, un abordage, etc. ; ... les frais de traitement, de rapatriement, de sépulture des matelots blessés au service du navire ou qui tombent malades en cours de voyage ; ... le fret supplémentaire, dû pour le transbordement de la cargaison sur un autre bâtiment (Com. 296) ; ... les ravages causés par les rats, etc.

ART. 4. — ABORDAGE (R. 1136 et s. ; S. 1252 et s.).

32. L'abordage est tout choc d'un navire contre un autre (mais non contre une jetée, une épave, etc.). — Les règles édictées par le Code de commerce (art. 407) ne concernent que l'abordage *maritime* ; elles ne peuvent s'appliquer à l'abordage *fluvial* que lorsqu'elles sanctionnent des principes de droit commun (comme, par exemple, les deux premiers alinéas de l'art. 407, *infrà*, n°s 34 et s.). — Suivant l'opinion dominante, l'abordage est maritime s'il a lieu en mer ou dans la partie maritime d'un fleuve ou d'une rivière ; il est fluvial, s'il se produit sur un lac, un canal, sur un fleuve ou une rivière en deçà des limites de l'inscription maritime ; il n'y a pas à tenir compte de la nature et de l'affectation des bâtiments. — Sur les règlements internationaux ayant pour but de prévenir les abordages, V. *infrà, Navigation*.

33. Il y a trois sortes d'abordage : 1° l'abordage *fortuit* ; 2° l'abordage *fautif* ; 3° l'abordage *mixte ou douteux*.

34. 1° L'*abordage fortuit* est celui qui a lieu d'une façon accidentelle, sans qu'une faute puisse être relevée à la charge des deux capitaines (Req. 18 déc. 1901, D. P. 1903. 1. 303). — En cas d'abordage fortuit, le dommage est supporté par celui des navires qui l'a éprouvé (Com. 407, § 1er), — sauf son recours, s'il y a lieu, contre ses assureurs.

35. 2° L'*abordage fautif* est celui qui est causé par la faute de l'un des capitaines ou

de son équipage. La faute n'est jamais présumée, même à la charge du capitaine du navire abordeur : si le demandeur en indemnité ne peut établir cette faute, l'abordage est douteux. — Lorsque l'abordage est fautif, le dommage est payé par celui qui l'a causé (Com. 407, § 2). Le capitaine ou le marin en faute est tenu personnellement ; l'armateur est civilement responsable (Com. 216). L'auteur de la faute peut, en outre, être passible, suivant les cas, d'une peine disciplinaire ou d'une peine proprement dite. Si l'abordage provient du fait du *pilote* de l'un des bâtiments, ce pilote est responsable, ainsi que l'armateur.

36. Il appartient aux tribunaux, sous le contrôle de la cour de cassation, d'apprécier les faits qui ont déterminé l'abordage présentent le caractère juridique de la *faute*. — En général, il y a lieu, dans l'appréciation des fautes commises, de tenir compte de l'inobservation des prescriptions réglementaires, spécialement de celles du règlement international du 1er août 1884, de celui du 21 févr. 1897, des usages locaux et de la pratique maritime universelle. Il est des cas, toutefois, où la prudence commande de s'écarter de ces règles pour éviter un péril immédiat, et où la faute pourrait résulter de l'observation trop stricte des règlements ou usages.

37. Si l'abordage est le résultat de la *faute commune* des deux capitaines, on doit appliquer les règles du droit commun : le dommage est supporté par chacun d'eux, proportionnellement à la gravité de la faute commise par lui. — Toutefois, au regard des tiers qui ont souffert de l'abordage, les deux capitaines sont tenus *solidairement* pour le tout (Civ. c. 11 juill. 1892, D. P. 94. 1. 513).

38. L'*abordage mixte ou douteux* est celui dont la cause ne peut être précisée. L'abordage est douteux, notamment, lorsqu'il n'y a pas de preuve ni d'un cas fortuit, ni de l'imputabilité de la faute à l'un ou à l'autre des capitaines, et que, par conséquent, on ne sait ni à qui, ni à quoi attribuer l'abordage. — Lorsqu'il y a doute sur les causes de l'abordage, le dommage est réparé à frais communs, et par égale portion, par les navires qui l'ont fait et souffert (Com. 407, § 3). Cette règle, qui est une dérogation aux principes du droit commun, doit être interprétée restrictivement.

39. Des principes ci-dessus exposés, il résulte : 1° que l'abordage fortuit ne donne naissance à aucune action (sauf celle résultant, s'il y a lieu, du contrat d'assurance) ; chacun supporte sans recours le dommage qu'il a souffert ; — 2° qu'en cas d'abordage fautif des actions naissent au profit des propriétaires des navires endommagés, des chargeurs, des personnes blessées et des héritiers des personnes tuées, contre le capitaine auteur de la faute et contre le propriétaire dont il est le préposé. Ce propriétaire a lui-même contre son capitaine un recours dérivant, non de l'abordage, mais du contrat d'engagement, s'il n'est pas lui-même le prouver la fait dudit capitaine ; — 3° qu'en cas d'abordage douteux, les propriétaires des navires ont action l'un contre l'autre pour la répartition par portions égales du dommage causé aux bâtiments ; ils n'ont aucune action contre les capitaines de ces bâtiments. Les chargeurs, ceux qui ont été blessés et les héritiers de ceux qui ont été tués, n'ont aucune action (sauf le cas où il y aurait lieu d'appliquer la loi du 9 avr. 1898 sur les accidents du travail).

40. Quant à l'étendue de la responsabilité des capitaines, et, par conséquent, des propriétaires de navires, elle varie suivant qu'il s'agit d'un abordage fautif ou d'un abordage douteux. — En cas d'abordage fautif, elle comprend la réparation de tous les dommages causés par l'abordage, c'est-à-dire des dommages matériels soufferts par le navire abordé, des dépenses occasionnées par l'abordage (*damnum emergens*) et même des bénéfices dont le propriétaire, le capitaine et les gens de l'équipage du navire endommagé ont été privés (*lucrum cessans*), si cette perte est le résultat *direct et nécessaire* de l'abordage. — En cas d'abordage douteux, la masse des dommages à supporter en commun comprend tous les dommages matériels subis par les navires, y compris les frais du chômage nécessité par les travaux de réparation (évalués par l'usage à 50 cent. par tonne et par jour), mais non les dommages qu'ont éprouvés les marchandises (à l'égard desquelles l'abordage douteux est réputé fortuit, si la preuve d'une faute n'est pas apportée à la charge de l'un des capitaines), ni les bénéfices dont les propriétaires des bâtiments ont été privés par suite de l'interruption de la navigation causée par l'abordage.

41. Les actions directes en réparation des dommages peuvent être intentées : 1° par le capitaine, qui personnifie le navire ; ... 2° par le propriétaire du navire ou par l'armateur gérant, qui tient lieu et place du propriétaire ; ... 3° par le chargeur, pour le dommage causé à la cargaison ; ... 4° par les gens de mer ou les passagers blessés et les héritiers des personnes tuées dans l'abordage. — Ces actions peuvent être exercées contre le capitaine du navire aborbeur et contre le propriétaire-armateur. Le capitaine et l'armateur ne sont, d'ailleurs, pas tenus solidairement, s'il y a lieu, au propriétaire et à l'armateur déclaré responsable, contre celui de leurs préposés par la faute duquel la collision a eu lieu.

42. En principe, ce sont les tribunaux de commerce qui sont compétents pour connaître de toutes les actions nées de l'abordage, même de celles des personnes blessées ou des héritiers des personnes tuées dans l'abordage. — Cependant, le demandeur pourrait saisir, à son choix, le tribunal civil ou le tribunal de commerce s'il n'était pas commerçant (par exemple, si le navire abordé était un bateau de plaisance). Si c'est le défendeur qui n'est pas commerçant, le tribunal civil est seul compétent.

43. Si le navire aborbeur est un navire de guerre, un navire appartenant à l'administration des douanes ou des ponts et chaussées, ou un navire de commerce loué par l'État et naviguant sous sa direction, l'action doit être portée devant les tribunaux administratifs, et non devant les tribunaux de droit commun, à moins que l'action ne soit dirigée contre les agents du Gouvernement, à raison de faits qui leur sont personnels.

44. En cas d'abordage, le demandeur peut, à son choix, assigner devant le tribunal du domicile du défendeur ou devant celui du port français dans lequel en premier lieu, soit l'un, soit l'autre des navires s'est réfugié. On doit considérer comme port de refuge tout port dans lequel s'est rendu l'un des deux navires, et au-delà duquel il ne pouvait naviguer sans un danger imminent ; il importe peu que ce port soit aussi le port de destination du navire (Rouen, 16 juill. 1902, D. P. 1903. 2. 142). Si l'abordage est survenu dans la limite des eaux soumises à la juridiction française, l'assignation peut également être donnée devant le tribunal dans le ressort duquel la collision s'est produite (Com. 407, complété par la loi du 14 déc. 1897, § 5 et 6 ; D. P. 98. 4. 10). — En outre, en cas d'abordage entre un navire français et un navire étranger, le Français demandeur a toujours le droit, en vertu de l'art. 14 c. civ., d'appeler devant le tribunal de son propre domicile le défendeur étranger qui n'a en France ni domicile, ni résidence.

45. Le demandeur est tenu de prouver le fait même de l'abordage, sa nature et ses conséquences dommageables. Le fait de l'abordage est prouvé à l'aide du livre de bord et du rapport que fait le capitaine, si le sinistre a lieu en cours de voyage ; à l'aide du procès-verbal rédigé par le capitaine, si l'abordage a lieu dans la rade ou dans le port. — Si le demandeur prétend que l'abordage est fautif, le défendeur devra prouver qu'il est fortuit, sans quoi on le considérera comme douteux. Il ne lui suffirait pas, pour s'exonérer de toute responsabilité, de prouver qu'il y a une faute de la part du demandeur, car alors il y aurait faute réciproque engageant dans une certaine mesure la responsabilité des deux parties. — Le demandeur doit, en outre, établir quelles ont été les avaries causées par l'abordage. Cette preuve se fait à l'aide des énonciations du livre de bord, du rapport, du procès-verbal ; mais il est prudent, pour le demandeur, de faire constater immédiatement par des experts les avaries survenues. Ces experts seront désignés, sur sa demande, en France, par le président du tribunal de commerce et, à défaut, par le juge de paix ; à l'étranger, par le consul ou, à défaut, par les autorités locales. — Quant à l'étendue du dommage, c'est également aux experts qu'elle est fixée (Com. 407, § 4). Toutefois, l'expertise, bien que prescrite en ce cas par la loi, n'est pas absolument obligatoire ; les juges peuvent ordonner que l'évaluation du dommage aura lieu *par état*, ou que le dommage sera réparé directement par le capitaine du navire aborbeur ou à ses frais. L'expertise est, d'ailleurs, dans les deux cas ci-dessus, soumise aux règles du droit commun (Pr. 429 et s.).

46. Les règles de l'art. 407 c. com., qui concernent l'abordage fortuit et l'abordage fautif, n'étant que la sanction des principes du droit commun (V. *supra*, n°s 34 et s.), doivent toujours, à leur défaut, être appliquées par les tribunaux français, même aux navires étrangers. — Il n'en est pas de même de la règle concernant l'abordage douteux, laquelle déroge au droit commun (V. *supra*, n° 38 et s.) ; on admet généralement les distinctions suivantes : 1° si l'abordage a lieu dans les eaux territoriales, françaises ou étrangères, c'est la loi du pays où le sinistre s'est produit qui est appliquée ; 2° si l'abordage a eu lieu en pleine mer entre navires français, on applique la loi française ; 3° lorsque l'abordage en pleine mer a eu lieu entre navires de nationalités différentes, si ces navires sont régis par des lois semblables, elles leur sont appliquées ; si les deux lois sont différentes, on applique la loi du navire abordé, alors même qu'elle lui serait moins avantageuse. Si on ne peut déterminer quel est le navire abordé, on doit appliquer celle des deux lois qui s'écarte le moins des principes généraux et du droit commun maritime.

ART. 5. — DU JET (R. 1147 et s.; S. 1314).

47. Sur le jet, qui est une avarie commune ordinaire, V. *supra*, n° 15.

ART. 6. — DE LA CONTRIBUTION.

48. Le *règlement d'avaries* est l'opération qui consiste à déterminer ceux qui doivent supporter le dommage ou la dépense, et la mesure dans laquelle ils doivent contribuer, si le dommage ou la dépense sont susceptibles de répartition.

§ 1er. — *Cas où il y a lieu à contribution* (R. 1163 et s.; S. 1316 et s.).

49. Il n'y a de règlement proprement dit que pour les avaries communes, qui se répartissent par voie de contribution. L'avarie particulière ne peut donner lieu à contribution : la dépense est supportée uniquement par le propriétaire du navire ou de l'objet avarié. Toutefois, si des avaries particulières atteignent l'ensemble du chargement (par exemple, les frais de sauvetage faits dans l'intérêt commun de tous les chargeurs), les divers propriétaires du chargement les supportent au prorata de leur intérêt dans ce chargement, sans, d'ailleurs, qu'il y ait lieu de rechercher à quel moment ou à l'aide de quel moyen a pu sauver ou l'objet avarié (Civ. r. 24 févr. 1892, D. P. 92. 1. 156).

50. Aux termes de l'art. 408 c. com., une demande pour avaries n'est point recevable, si l'avarie commune n'excède pas 1 pour 100 de la valeur cumulée du navire et des marchandises, et si l'avarie particulière n'excède pas aussi 1 pour 100 de la valeur de la chose endommagée. Cette règle, même en tant qu'elle vise les avaries communes, ne s'applique qu'aux actions exercées par les chargeurs ou armateurs contre les assureurs ; elle ne concerne pas les contributions d'avaries communes entre l'armateur et les chargeurs : le dommage résultant d'une avarie commune donne ouverture à l'action en contribution, quel que soit le peu d'importance de ce dommage relativement à la valeur cumulée du navire et de la cargaison.

51. Le sacrifice opéré pour le salut commun n'a le caractère d'une avarie grosse, donnant lieu à contribution, qu'autant qu'il a sauvé le navire, et, avec lui, la cargaison (Com. 423). Le navire est, ce cas, réputé sauvé par cela seul que, grâce au sacrifice opéré, il a pu continuer sa course et opérer le salut du chargement, alors même qu'il serait arrivé au point de vue d'innavigabilité.

52. Si le jet (ou autre avarie grosse) a sauvé le navire et si le navire, en continuant sa route, vient à se perdre par l'effet d'un nouveau sinistre, les effets sauvés contribuent sur le pied de leur valeur, en l'état où ils se trouvent après le second sinistre, déduction faite des frais de sauvetage (Com. 424) et du fret. Les chargeurs qui ont tout perdu ne sont soumis à aucune contribution. — La diminution du nombre des contribuables, résultant des pertes occasionnées par le second sinistre, n'a pas pour effet de mettre à la charge des contribuables restants la portion de contribution qui eût afféré aux propriétaires des effets perdus dans le dernier naufrage.

53. Les effets sacrifiés pour le salut commun du navire et de la cargaison ne contribuent pas aux nouvelles avaries éprouvées depuis par les marchandises sauvées, alors même qu'ils sont par la suite recouvrés. Ils ne contribuent pas non plus au payement du navire perdu ou rendu innavigable (Com. 425).

54. Sur la perte des marchandises placées dans des *allèges*, V. *supra*, n° 21.

55. L'action en contribution est *réelle*, en ce sens qu'elle ne peut être exercée utilement que jusqu'à concurrence de la valeur de l'objet qui en est grevé, dans l'état où il se trouve au moment de son arrivée.

§ 2. — *Des choses qui doivent contribuer* (R. 1177 et s.; S. 1329 et s.).

56. La *masse payante*, qui contribue aux avaries communes, comprend d'abord toutes les marchandises, même celles qui ont été sacrifiées ; elles contribuent pour leur valeur totale à *la moitié* de la valeur du navire et du fret (Com. 401, 417). — Le fret, dont la moitié doit contribuer aux avaries communes, comprend : la portion de ce fret payée d'avance avec clause qu'elle ne sera pas remboursable en cas de perte de marchandises par l'un des événements prévus par l'art. 302 c. com.; ... le fret déclaré payable à tout événement; ... le prix du transport des passagers.

57. Quand c'est sur le navire qu'a porté

19

le sacrifice, la cour de cassation a décidé que les parties sacrifiées doivent être réunies fictivement au navire, et contribuent non pour la totalité, mais seulement pour la moitié de leur valeur; mais cette solution est contestée.

58. Les munitions de guerre et de bouche destinées à l'usage du navire, et les hardes des gens de l'équipage, ne contribuent point; la valeur de celles qui ont été sacrifiées est payée par contribution sur tous les autres effets (Com. 419). — Sont encore exempts de contribution : l'argent que le capitaine a en caisse et qui est destiné à être dépensé, et les loyers des gens de l'équipage.

59. Les effets dont il n'y a pas de connaissement ou de déclaration du capitaine sur le livre du bord contribuent, s'ils sont sauvés; ils ne sont pas payés, s'ils éprouvent une avarie grosse (Com. 420). — Il en est de même des marchandises qui ont été chargées sur le tillac, sauf dans la navigation au petit cabotage (Com. 421).

§ 3. — Comment il est procédé à la contribution (R. 1197 et s.; S. 1340 et s.).

60. Le règlement des avaries communes consiste : d'une part, dans la constatation et l'évaluation des pertes et dommages constitutifs de l'avarie, c'est-à-dire de la *masse prenante*; d'autre part, dans l'évaluation des objets qui doivent contribuer à la réparation des avaries communes, c'est-à-dire de la *masse payante*. — Les règles posées à cet égard par le Code de commerce ne sont pas d'ordre public, et les parties, dès lors, peuvent y déroger (Com. 398).

61. 1° *Formes du règlement d'avaries.* — Le capitaine doit, comme représentant des divers intéressés, faire nommer, au lieu du déchargement, des experts chargés de dresser le règlement et généralement appelés *dispacheurs*. Ces experts (à moins que les parties ne s'accordent pour les choisir elles-mêmes) sont nommés, si le déchargement se fait dans un port français, par le tribunal de commerce, et, à défaut de tribunal de commerce, par le juge de paix; ... si le déchargement se fait dans un port étranger, par le consul de France, et, à son défaut, par le magistrat du lieu (Com. 414).

62. L'état de répartition dressé par les experts est rendu exécutoire, en France, par l'homologation du tribunal; dans les ports étrangers, par le consul de France, ou, à son défaut, par tout tribunal compétent sur les lieux (Com. 416). — Ces règles de compétence sont applicables même à l'égard de l'Etat, lorsqu'il figure au nombre des chargeurs.

63. La demande est introduite par un ajournement. — La preuve de l'avarie et de sa nature est faite devant le tribunal à l'aide des énonciations indiquées *supra*, n° 45. S'il n'y a pas eu de délibération de l'équipage, on a recours au rapport de mer et, à défaut, à tout autre mode de constatation. — Sur le délai à observer pour les protestations et réclamations, V. *infrà*, n° 79 et s.

64. Les experts, s'ils n'en ont pas été dispensés, prêtent serment (Com. 414) et observent les règles de forme prescrites par les art. 499 et s. c. pr. civ. (V. *infrà*, *Expertise*). — Tout contribuable a le droit de contester le règlement dressé par les experts et de s'opposer à son homologation.

65. 2° *Détermination de la masse prenante.* — La masse active, ou *masse prenante*, comprend les marchandises sacrifiées ou endommagées, les dommages subis par le navire, les dépenses extraordinaires faites dans l'intérêt commun, et les frais du règlement d'avaries.

66. Les marchandises sacrifiées sont estimées suivant le prix courant du lieu du déchargement; leur qualité est constatée par la production des connaissements et des factures, s'il y en a (Com. 415). Les experts peuvent d'ailleurs recourir, pour s'éclairer, à tous autres documents. Ils doivent tenir compte de l'état de la marchandise et, par suite, des avaries particulières qu'elle avait déjà subies. Il y a lieu de défalquer de la valeur brute les frais que le chargeur aurait eu à supporter si, au lieu d'être sacrifiée, la marchandise avait été transportée à destination (droits de douane, frais de débarquement, courtages, etc.). Mais il ne faut pas déduire le fret, le chargeur en restant débiteur malgré le sacrifice.

67. Lorsque l'avarie commune porte sur le navire ou sur ses accessoires et qu'elle est irréparable, on en détermine le montant d'après la valeur du navire au port de débarquement. Si, au contraire, elle est réparable, le montant du sacrifice porté à la masse active de la contribution est celui de la dépense occasionnée par les réparations ou le remplacement des objets sacrifiés ou, plus exactement, de la dépense qu'elles auraient occasionnée dans le port de débarquement.

68. La fixation de l'indemnité ne doit jamais être une source de profit pour celui qui a souffert le dommage; on doit donc en déduire : la valeur que possèdent encore les objets au remplacement desquels on a procédé; ... le prix pour lequel ont été vendus les débris des objets sacrifiés; ... la valeur qui représente la différence du neuf au vieux. L'usage a introduit, sur ce point, une sorte de forfait : on déduit un *tiers* de la somme totale des réparations, sauf pour les objets dont l'usure est imperceptible (ancres, chaînes, etc.). Cet usage, toutefois, ne lie nullement les experts et les juges.

69. Les avaries-frais sont, en général, égales au coût des dépenses. — Elles comprennent les frais accessoires de relâche, de séjour, de débarquement, magasinage, rembarquement des marchandises, et même les frais de constatation des avaries et de règlement, en tant qu'ils sont une suite nécessaire de l'avarie. — Les marchandises vendues pour payer une avarie commune sont évaluées suivant les règles posées à l'égard des marchandises jetées (V. *supra*, n° 66); on tient compte non pas du prix obtenu au port de relâche, mais de la valeur des marchandises de même qualité, à l'époque et à l'arrivée au port de débarquement.

70. 3° *Détermination de la masse payante.* — Pour la détermination de la masse passive, ou *masse payante*, l'estimation des marchandises sacrifiées ou sauvées et de la moitié du navire et du fret est faite d'après la valeur qu'ils ont ou auraient eue au port de déchargement (Com. 401, 402, 417).

71. La valeur des marchandises est ici la valeur *nette*, c'est-à-dire déduction faite : 1° des frais faits depuis le moment du sacrifice jusqu'à ce que le déchargement soit un fait accompli, y compris les frais de sauvetage, et 2° du fret dont est tenu le chargeur envers le destinataire, puisqu'en cas de perte il n'aurait pas eu à en effectuer le payement. Dans la masse payante les marchandises figurent, au contraire, sans déduction du fret (V. *supra*, n° 66). — La quantité et la qualité des marchandises se déterminent directement, si les marchandises sont encore dans le port de débarquement et dans les mains du destinataire. Si elles ont été vendues et livrées, ou réexpédiées, on recourt aux connaissements et aux factures, et, à leur défaut, à tous documents susceptibles de fournir les renseignements nécessaires. — Si la qualité des marchandises a été déguisée par le connaissement, et qu'elles se trouvent d'une plus grande valeur, si elles sont sauvées; elles sont payées d'après la qualité désignée par le connaissement, si elles sont perdues. Si les marchandises déclarées sont d'une qualité inférieure à celle qui est indiquée par le connaissement, elles contribuent d'après la qualité indiquée par le connaissement, si elles sont sauvées; elles sont payées sur le pied de leur valeur, si elles sont jetées ou endommagées (Com. 418).

72. Le navire doit être estimé, comme les marchandises, pour sa contribution aux avaries communes, d'après sa valeur au lieu du déchargement, et non d'après celle qu'il avait au lieu du départ. On lui réunit fictivement toutes ses parties qui ont été sacrifiées pour le salut commun.

73. Le quantum du fret est déterminé par les connaissements et, à défaut, par le livre de bord ou la facture générale du chargement. Il comprend même la portion payée d'avance avec clause qu'elle ne sera pas remboursable en cas de perte de marchandises (Bordeaux, 6 avr. 1892, D. P. 94. 2. 108).

74. 4° *Détermination de la contribution.* — Après que les deux masses ont été composées conformément à ces règles, le règlement d'avaries fait la répartition entre les intéressés et détermine pour chacun le taux de la contribution; il n'y a pour cela qu'à faire une simple règle de proportion. — Un modèle de compte d'avaries et de contribution a été dressé par la cour de cassation, à la suite des observations sur le rapport du Code de commerce (R. p. 544).

75. Le capitaine et l'équipage ont, pour le montant de ce qui est dû par chaque contribuable, un privilège sur les marchandises ou le prix en provenant, savoir : l'équipage, à raison de ce qui lui revient dans la contribution; le capitaine, pour ce qui revient, tant à lui qu'à chacun de ceux à qui il est dû indemnité (Com. 423).

76. Si, postérieurement à la répartition, les effets jetés sont recouvrés par leurs propriétaires, ceux-ci sont tenus de rapporter au capitaine et aux intéressés ce qu'ils ont reçu dans la contribution, sauf déduction des dommages causés par le jet et des frais de recouvrement, auxquels se réduit alors l'avarie commune à répartir (Com. 429).

77. Quelle est la loi applicable en matière de règlement d'avaries, lorsque le port où se termine le voyage dépend d'un pays autre que celui de la nationalité du navire? Au point de vue des formes suivant lesquelles le règlement doit s'accomplir, on applique la législation en vigueur dans la localité où s'exécutent les opérations: *locus regit actum*. Quant au fond, c'est-à-dire quant à la fixation du caractère de l'avarie et à la détermination du mode de répartition à adopter, on applique la loi en vigueur dans le port de débarquement, à moins que tous les intéressés n'aient la même nationalité, cas auquel on leur appliquerait leur loi propre.

ART. 7. — FINS DE NON-RECEVOIR. — PRESCRIPTION (R. 2275 et s.; S. 2239 et s.).

78. Toute action contre le capitaine (ou l'armateur) pour avaries subies par des marchandises transportées est non-recevable si elle est reçue sans protestation (Com. 435, § 1, modifié par la loi du 24 mars 1891, D. P. 91. 4. 41). — Il en est ainsi quelle que soit la nature de l'avarie (déficit, détérioration) ou sa cause (fût-elle même le résultat d'un détournement, alors du moins qu'aucun fait de fraude ou d'infidélité n'est relevé à la charge personnelle du capitaine, de l'armateur ou de leurs agents). Mais il faut que la marchandise soit arrivée à destination et ait été régulièrement délivrée au destinataire : par exemple, la déchéance ne serait pas encourue pour défaut de protestation au cas où la marchandise aurait été retirée au port de départ par l'expéditeur, après une expertise qui l'a déclarée hors d'état d'être expédiée.

79. La protestation doit être faite et signifiée dans les vingt-quatre heures ; ce délai court, dans le premier cas, de la prise de possession réelle et effective de la chose par le destinataire ; dans le second, de la délivrance des marchandises et du payement du fret. Elle n'est assujettie à aucune forme spéciale ; elle peut avoir lieu, notamment, par lettre ou par télégramme. — En outre, la protestation doit, sous peine de déchéance, être suivie, dans le mois, d'une demande en justice (Com. 435, § 3).

80. Les mêmes règles s'appliquent aux actions contre l'affréteur pour avaries (Com. 435, § 2 et 3). — Par avaries, il faut entendre ici non seulement les dommages causés au navire par la cargaison, mais aussi les avances faites dans l'intérêt de cette cargaison et les contributions aux avaries communes. L'affréteur ne peut, d'ailleurs, opposer cette fin de non-recevoir s'il n'est intervenu, avant la livraison des marchandises, aucune convention entre lui et le capitaine pour le règlement des avaries.

81. La même fin de non-recevoir s'appliquait autrefois à l'action en indemnité pour dommage provenant d'abordage. Il n'en est plus de même aujourd'hui ; la nécessité des protestations a été supprimée en cette matière ; l'action est seulement sujette à prescription. Le délai de la prescription est d'un an ; il court à partir de l'abordage (Com. 436, modifié par la loi du 24 mars 1891), et non du jour où l'événement est parvenu à la connaissance de chaque intéressé. — La règle est applicable au cas de perte totale du navire aussi bien qu'au cas de simples avaries. — Mais la courte prescription établie par l'art. 436 c. com. s'applique exclusivement aux actions qui ont pour objet le dommage causé au navire et à la cargaison ; elle ne s'étend pas à celles qui sont motivées par des accidents survenus aux personnes : ces dernières actions sont régies, quant à leur durée, par les règles édictées par les art. 637 et s. c. com. ; la prescription de trois ans relative aux délits leur est donc applicable (Req. 13 mars 1900, D. P. 1903. 1. 89).

AVOCAT

(R. v° *Avocat* ; S. eod. v°).

SECT. Iʳᵉ. — **Des avocats près les cours d'appel et les tribunaux de première instance.**

1. L'exercice de la profession d'avocat est régi, sauf certaines modifications résultant de dispositions postérieures, par les ordonnances des 20 nov. 1822 (R. p. 465) et 27 août 1830 (R. p. 471). Il faut y ajouter les règlements particuliers et les usages du barreau, qui ont force obligatoire.

ART. 1ᵉʳ. — CONDITIONS D'ADMISSION ET DE RÉCEPTION.

2. La profession d'avocat est subordonnée à certaines conditions. Les unes sont exigées pour acquérir le titre : telles sont l'âge, la licence, le serment ; les autres pour permettre à celui qui a obtenu le titre d'entrer dans l'ordre des avocats et lui faire acquérir les droits et privilèges attachés à la profession : telles sont le stage et l'inscription au tableau.

§ 1ᵉʳ. — *De l'âge et de la licence* (R. 69 et s. ; S. 20 et s.).

3. Il n'y a d'autres conditions d'âge que celle qui résulte implicitement de la loi du 22 vent. an 12 (R. v° *Organisation de l'instruction publique*, p. 1335), dont l'art. 1ᵉʳ exige l'âge de seize ans pour l'admission dans les écoles de droit et fixe à trois années la durée des études de licence. — Mais si le mineur peut exercer la profession d'avocat, celle-ci ne saurait être ouverte à l'interdit

ni, semble-t-il, à l'individu pourvu d'un conseil judiciaire. — Il n'y a plus aujourd'hui d'incapacité résultant du sexe : les femmes sont, aux mêmes conditions que les hommes, admises à exercer la profession d'avocat (L. 1ᵉʳ déc. 1900, D. P. 1900. 4. 81). — L'aspirant à la profession d'avocat n'est admis au serment que sur la présentation de son diplôme de licencié en droit.

§ 2. — *Du serment à prêter par le récipiendaire* (R. 77 et s. ; S. 26 et s.).

4. Le candidat doit prêter serment à l'audience publique de la cour d'appel de son domicile ou devant celle dans le ressort de laquelle il veut exercer. La formule du serment est la suivante : « Je jure de ne rien dire ou publier, comme défenseur ou conseil, de contraire aux lois, aux règlements, à la sûreté de l'Etat et à la paix publique, et de ne jamais m'écarter du respect dû aux tribunaux et aux autorités publiques. » — La qualité de Français, mais non la jouissance des droits politiques, est exigée pour être admis au serment.

§ 3. — *Du stage* (R. 93 et s. ; S. 31 et s.).

5. Le stage est une condition indispensable de la profession d'avocat. Il n'appartiendrait pas au conseil de l'ordre d'affranchir un avocat de l'obligation du stage (Ord. 20 nov. 1822, art. 13 et 30). De même, les conseils de discipline et les tribunaux ne pourraient abréger la durée du stage. Il a été décidé cependant, mais cette solution est contestable, que l'exercice de fonctions dans la magistrature équivalait au stage réglementaire dans un barreau (Dijon, 31 janv. 1894, D. P. 95. 2. 27).

6. Le stage ne doit pas être interrompu pendant plus de trois mois (Ord. 20 nov. 1822, art. 31) ; ce qui doit être entendu en ce sens que les interruptions ne dépassant pas trois mois ne sont pas déduites de la durée du stage, tandis que le temps des interruptions plus longues est perdu pour le stagiaire ; mais, dans ce dernier cas, l'avocat n'en conserve pas moins le bénéfice du temps de stage accompli ; il n'est pas tenu de recommencer le stage en entier (Montpellier, 31 juill. 1901, D. P. 1902. 2. 88).

7. Le conseil de l'ordre statue sur la demande d'admission. La question de savoir si sa décision est souveraine a été diversement résolue : la jurisprudence la plus récente accorde au postulant dont la demande est rejetée un droit d'appel (Civ. r. 8 janv. 1868, D. P. 68. 1. 54). Ce même droit d'appel appartient également à l'avocat dont le stage serait prorogé.

8. Indépendamment de l'assiduité aux audiences, les avocats stagiaires sont soumis, à Paris, à la double obligation d'assister aux séances de la conférence qui a été légalement reconnue par l'art. 5 du décret du 22 mars 1852 (D. P. 52. 4. 87), et aux réunions des colonnes qui ont pour objet d'initier les stagiaires à la connaissance des usages, règles, devoirs et droits de la profession. Ils sont répartis, par la voie du sort, entre les différentes colonnes, qui sont au nombre de sept ; chacune d'elles est présidée par un membre du conseil assisté d'un secrétaire de la conférence.

9. Les stagiaires ont le droit de plaider, de donner des consultations et de communiquer avec leurs confrères ; cependant, aux termes des art. 34 et 36 combinés de l'ordonnance du 20 nov. 1822, les stagiaires qui n'ont pas atteint l'âge de vingt-deux ans ne peuvent plaider ni écrire dans aucune cause sans avoir obtenu du membre du conseil de discipline un certificat constatant leur assiduité aux audiences pendant deux années et visé par le conseil de discipline. Mais cette restriction est tombée en désuétude.

§ 4. — *De l'inscription au tableau* (R. 131 et s. ; S. 49 et s.).

10. C'est au conseil de discipline qu'il appartient de statuer sur la demande d'admission au tableau, comme sur la demande d'admission au stage. Ici encore s'est posée la question de savoir s'il jouissait d'un pouvoir discrétionnaire dans l'appréciation de la demande ; en d'autres termes, si le conseil devait être considéré comme maître absolu de son tableau. Après de longues controverses, la question a été définitivement tranchée par la cour de cassation, de même qu'en ce qui concerne l'admission au stage (V. *suprà*, n° 7), dans le sens de la recevabilité de l'appel (Ord. 20 nov. 1822, art. 12, § 1ᵉʳ, et 13). Et il n'y a pas à distinguer suivant que l'admission au tableau est refusée par le motif que le postulant ne remplit pas les conditions imposées par les lois ou règlements et celui où la décision du conseil est fondée sur une appréciation des qualités personnelles, de la moralité ou de la dignité du candidat. Même dans ce dernier cas, le droit d'appel a été reconnu par la cour de cassation (Req. 14 févr. 1872, D. P. 72. 1. 111). — L'appel est porté devant la cour. Le délai est de dix jours comme pour l'appel contre les décisions rendues en matière disciplinaire.

11. Tout avocat qui demande son inscription au tableau doit justifier d'un stage régulièrement et complètement fait, à moins qu'il ne soit déjà inscrit sur le tableau d'un autre tribunal que celui dans le ressort duquel il forme sa demande, auquel cas il lui suffit de justifier de son inscription dans la résidence par lui abandonnée.

12. Aucun texte de loi n'impose aux avocats l'obligation de résider dans la ville où siège le tribunal près duquel ils veulent exercer, et cette condition ne peut être imposée par le conseil de l'ordre (Civ. c. 9 mai 1893, D. P. 93. 1. 337). Toutefois, elle a toujours été formellement exigée au barreau de Paris ; et un arrêté du conseil de l'ordre, du 13 mars 1849, décide en termes explicites que l'avocat doit avoir son domicile dans l'enceinte de Paris. En tout cas, tout avocat inscrit au tableau doit avoir son domicile ou tout au moins sa résidence dans le ressort du tribunal auprès duquel il est établi (Req. 9 janv. 1888, D. P. 89. 2. 173 ; Civ. c. 9 mai 1893, précité ; Comp. Toulouse, 11 févr. 1885, D. P. 85. 2. 233).

ART. 2. — DES PROFESSIONS INCOMPATIBLES AVEC CELLE D'AVOCAT (R. 162 et s. ; S. 82 et s.).

13. Aux termes de l'art. 42 de l'ordonnance du 20 nov. 1822, la profession d'avocat est incompatible avec toutes les fonctions de l'ordre judiciaire, à l'exception de celles de juge suppléant ; avec les fonctions de préfet, de sous-préfet et de secrétaire général de préfecture ; avec celles de greffier, de notaire et d'avoué ; avec les emplois à gages et ceux d'agents comptables ; avec toute espèce de négoce. En sont exclues toutes personnes exerçant la profession d'agents d'affaires. — Cette énumération n'est pas considérée comme limitative, et la jurisprudence des conseils de discipline étend l'incompatibilité à beaucoup de cas présentant plus ou moins d'analogie avec ceux que vise l'ordonnance.

14. Certaines situations sont réputées incompatibles d'une manière absolue avec la profession d'avocat ; d'autres ne constituent qu'un empêchement temporaire à l'exercice de cette profession. — Au nombre des incompatibilités absolues, le conseil de discipline de Paris range celle qui résulte de la qualité d'ancien huissier, d'ecclésiastique (V. aussi Cons. de l'ordre des av. d'Angers, 20 mars 1901, D. P. 1901. 2. 414) ; d'ancien agent d'affaires ; d'ancien employé chez un agent d'affaires. Mais ces solutions sont contestées.

15. Parmi les situations emportant incompatibilité temporaire, on peut citer, d'après les décisions du même conseil, celles de rédacteur appointé au ministère de la justice ; de secrétaire du président de la cour des comptes ; de secrétaire intime du préfet ; d'archiviste public ; de directeur ou de membre du conseil d'administration d'une société anonyme, de membre du conseil de surveillance ; d'employé pour les expropriations dans une compagnie de chemin de fer ; de rédacteur en chef d'un journal, lorsqu'il est appointé par l'imprimeur propriétaire ; de sous-inspecteur des écoles primaires ; de sous-chef dans les bureaux d'une préfecture.

16. Au contraire, ont été, entre autres, considérées comme ne constituant pas une incompatibilité, les fonctions de président de la Chambre des députés ou du Sénat, de chef de cabinet du président de la Chambre des députés, de secrétaire du président du conseil d'Etat, de secrétaire aux présidences du Sénat et de la cour de cassation, de conseiller d'Etat en service extraordinaire et auditeur de deuxième classe au conseil d'Etat, d'auditeur à la cour des comptes, d'attaché sans appointements et sans assiduité obligée au contentieux des communes au ministère de l'intérieur, de magistrat honoraire, de membre de la société des Gens de lettres, de conseil judiciaire (pourvu que, s'il est attaché une rémunération aux fonctions, elle soit complètement volontaire), de médecin (pourvu que les cartes de visite ne mentionnent que l'une des deux professions). — Les fonctions de conseiller de préfecture sont incompatibles avec l'exercice d'une profession (L. 22 juin 1865, art. 3), notamment de celle d'avocat ; mais cette incompatibilité cesse lorsque le conseiller de préfecture est mis en disponibilité sans traitement (Lyon, 1er juill. 1891, D. P. 92. 2. 73).

17. D'une façon générale, les conseils de discipline semblent admettre, par une interprétation rigoureuse des mots « emplois à gage », contenus dans l'ordonnance de 1822 (V. supra, no 13), que la profession d'avocat est incompatible avec toute fonction donnant lieu à un travail salarié. Tel est le principe qui sert de base à la plupart des solutions visées supra, no 15. Mais une interprétation moins rigoureuse tend à prévaloir auprès des cours d'appel : ainsi, aux termes d'un arrêt, l'expression « emplois à gages » ne comprend pas toutes les fonctions qui sont l'objet d'une rémunération, mais seulement celles qui, par leur nature, créeraient entre celui qui reçoit la rémunération et celui qui donne une situation telle que l'indépendance du premier pourrait en être atteinte. Et, par application de cette idée, le même arrêt déclare qu'il n'existe aucune incompatibilité entre la profession d'avocat et les fonctions de secrétaire particulier de maire d'une grande ville, bien qu'un traitement soit attaché à ces fonctions (Lyon, 12 juill. 1901, D. P. 1903. 2. 161).

ART. 3. — DES DROITS ET DES DEVOIRS DES AVOCATS

18. Les textes relatifs à cette matière sont les art. 14 et 45 de l'ordonnance du 20 nov. 1822 ; l'art. 14, concernant les attributions des conseils de discipline, vise « les principes de modération, de désintéressement et de probité sur lesquels repose l'honneur de l'ordre des avocats ». L'art. 45 maintient les usages observés dans le barreau relativement aux droits et aux devoirs des avocats dans l'exercice de leur profession, mais sans déterminer ces droits et ces devoirs.

§ 1er. — Des droits et privilèges des avocats (R. 215 et s.; S. 94).

19. 1o De la plaidoirie (R. 219 et s.; S. 95 et s.). — Les avocats plaident dans toutes les juridictions, à l'exception de la cour des comptes, du conseil d'Etat, de la cour de cassation et du tribunal des conflits. Ils ont seuls le droit de plaider devant les cours d'appel et les tribunaux de première instance, sauf les exceptions admises à l'égard des parties qui obtiennent du tribunal l'autorisation de défendre leur propre cause, et, dans certains cas, au profit des avoués (V. infrà, Procédure).

20. En principe, la défense est libre. Elle l'est, d'une part, au regard du juge en ce sens que l'avocat doit avoir le choix des moyens de défense et de la forme sous laquelle il entend les présenter à la barre dans la limite des lois et des convenances. Elle l'est encore vis-à-vis du client, ce qui signifie que l'avocat est maître d'accepter ou de repousser une cause, et qu'il ne répond que devant sa conscience des motifs de sa décision.

21. Ce principe souffre exception lorsque l'avocat est commis d'office en cas d'assistance judiciaire ; il ne lui est pas loisible, en ce cas, de refuser la mission qui lui est conférée. Son refus peut cependant être admis s'il s'appuie sur de graves motifs ; mais il doit faire connaître ces motifs au conseil. L'avocat ne peut se relever lui-même de sa charge, alors même que le client déclarerait ne pas accepter le concours de son ministère.

22. D'autre part, les usages du barreau veulent qu'une cause, une fois acceptée, ne puisse être abandonnée d'une manière intempestive, l'abandon non justifié de la défense, au criminel comme au civil, spécialement le jour de l'audience, au moment où les débats vont s'engager, constitue une faute grave entraînant une répression disciplinaire. L'avocat ne peut, d'ailleurs, se substituer un confrère pour plaider sans l'agrément du client qui l'a chargé, alors surtout que cette substitution aurait pour résultat d'augmenter le chiffre des honoraires. Mais le refus de plaider serait excusable si, l'avocat ayant accepté de se rendre dans une ville éloignée, le client ne lui avait pas fourni les moyens de faire un voyage long et dispendieux.

23. 2o Des honoraires (R. 241 et s.; S. 108 et s.). — Aucune loi n'interdit à l'avocat de se pourvoir judiciairement en payement de ses honoraires. Par suite, l'avocat peut opposer, en compensation à l'action de ses créanciers, les honoraires dont ils lui sont redevables. Les tribunaux d'ailleurs le pouvoir d'apprécier le montant des honoraires réclamés d'après le mérite de l'avocat et l'importance de l'affaire plaidée, et de les réduire lorsqu'ils paraissent exagérés. — L'action de l'avocat est une action personnelle et mobilière, de la compétence des mêmes juridictions et soumise aux mêmes formes de procédure que les actions ordinaires (Comp. Req. 27 févr. 1883, D. P. 84. 1. 69).

24. Si la jurisprudence accorde à l'avocat une action pour obtenir le payement des honoraires qui lui sont dus, la plupart des conseils de discipline ont adopté une règle beaucoup plus rigoureuse, qui interdit ce droit aux membres du barreau. L'infraction à cette règle est punie comme un des manquements les plus graves aux devoirs professionnels. Toutefois, tandis que les anciens usages frappaient l'avocat contrevenant de la peine de la radiation, les délibérations plus récentes se bornent à prononcer l'avertissement (V. notamment Arr. Cons. de l'ordre des av. de Paris, 10 juill. 1860).

25. Les honoraires doivent toujours être volontaires, il résulte que l'avocat doit s'interdire : 1o toute réclamation directe ou indirecte (lettre, démarche chez le client) et, à plus forte raison, tout acte quelconque tendant à les obtenir, qui pourrait être considéré comme une inconvenance professionnelle, spécialement l'abandon de la défense au dernier moment, qui serait le plus répréhensible de ces actes ; 2o toute rétention de pièces pour garantie de ses honoraires.

26. Dans les causes plaidées d'office, non seulement l'avocat commis ne doit pas demander d'honoraires, mais encore il ne peut pas en accepter lorsque le client lui en offre, soit avant la plaidoirie, soit même après. L'avocat ne peut, d'ailleurs, se charger d'une affaire de ce genre qu'en vertu d'une commission régulière ; si un avocat, sollicité par celui qui a obtenu l'assistance judiciaire, accepte de plaider sa cause, il doit obtenir la commission du bâtonnier.

27. Les conseils de discipline sont les juges naturels des contestations entre plaideurs et avocats sur la fixation des honoraires. Ils apprécient également leur mode de détermination : à ce point de vue, ils n'admettent pas, notamment, les honoraires fixés à tant par mois ou à tant par affaire. Ils s'accordent, d'autre part, avec la jurisprudence pour prohiber le pacte de quota litis, c'est-à-dire la convention qui associe l'avocat aux chances du procès en lui allouant pour honoraires une partie de ce qui pourra être obtenu (Civ. 22 avr. 1898, D. P. 98. 1. 415).

28. 3o De la suppléance dans les fonctions de magistrat (R. 271 et s.; S. 133 et s.). — Les avocats sont, dans certains cas, appelés à compléter le tribunal ou la cour, ou même à suppléer les officiers du ministère public (L. 25 vent. an 12, art. 30; Décr. 14 déc. 1810, P. no 465). Ils peuvent aussi siéger à la suite d'un partage (Pr. 118 et 468). Il y a exception à l'égard des femmes qui exercent la profession d'avocat (L. 1er déc. 1900). — C'est là une obligation légale, à laquelle l'avocat ne peut se soustraire sans commettre une faute professionnelle.

29. 4o Des assemblées générales de l'ordre (R. 288 et s.; S. 135 et s.). — L'ordre peut, sans aucun doute, se réunir en assemblée générale lorsqu'il s'agit d'élire un bâtonnier. — Il le peut aussi, semble-t-il, pour délibérer sur ses propres affaires et traiter des questions relatives à l'exercice de la profession. Toutefois, le contraire a été décidé (Bordeaux, 4 août 1858, D. P. 58. 2. 211).

§ 2. — Des devoirs des avocats (R. 293 et s.; S. 140 et s.).

30. Le premier des devoirs professionnels de l'avocat est la véracité. Il doit, dans l'exercice de son ministère, éviter avec soin toute altération de faits de nature à compromettre sciemment le droit d'autrui.

31. Le secret professionnel est pour l'avocat un devoir absolu (Pr. 378). Aussi est-il admis que les membres du barreau ne peuvent être tenus de déposer sur les faits dont ils n'ont eu connaissance que dans l'exercice de leur profession. — Le ministère public ne peut exercer une perquisition dans le cabinet d'un avocat, pour y rechercher et saisir des papiers qui touchent à une instruction criminelle, que si l'avocat est lui-même poursuivi, ou si les pièces recherchées sont étrangères à l'exercice de la profession. Hors de ces deux cas, l'avocat n'est tenu ni de les livrer, ni d'en révéler l'existence. Le magistrat du parquet qui voudrait l'y contraindre violerait les dispositions de la loi sur le secret professionnel.

32. Il est interdit aux avocats de se livrer à tout acte ayant le caractère d'un négoce ou se rapprochant de l'agence d'affaires. C'est une conséquence de l'incompatibilité dont il est parlé supra, no 13. Aussi il a été décidé qu'il y a manquement grave aux règles de la profession de la part de l'avocat qui s'est livré, avec un agent d'affaires, à de nombreuses opérations commerciales d'escompte et de renouvellement de traites pour lesquelles il a perçu des commissions excessives (Req. 25 juill. 1898, D. P. 98. 1. 526).

33. La recherche de la clientèle est interdite à l'avocat, et on a considéré comme blâmable la conduite de l'avocat qui, tout en ne se livrant pas personnellement à la recherche de la clientèle, tolère des demandes en ce sens de la part de son secrétaire et rémunère celles faites par des courtiers rabatteurs (Req. 19 janv. 1898, D. P. 98. 1. 80). — Enfin, on peut citer comme des infractions aux devoirs de l'avocat : la conservation d'honoraires pour des affaires qu'il n'a ni plaidées, ni suivies; le fait, par un avocat, après s'être chargé des intérêts d'un client dont il a reçu les pièces, les explications et un acompte d'honoraires, d'accepter la défense de l'adversaire de ce client (même arrêt).

34. L'avocat peut être *arbitre-juge*, même avec d'autres que ses confrères. Mais le rôle d'*arbitre rapporteur*, alors du moins qu'il prend un caractère professionnel et non purement accidentel, est inconciliable avec la profession d'avocat.

35. L'avocat ne peut donner ni reçu, ni reconnaissance des pièces dont on le constitue dépositaire. Il est responsable des pièces qui lui sont confiées et ne peut en dénier l'existence devant la justice ou ses mandataires lorsqu'ont passé par ses mains. Il ne peut les retenir en garantie de ses honoraires. Lorsqu'une opposition a été remise lui a été signifiée, n'étant pas juge du droit des tiers, il ne doit se dessaisir que contre mainlevée de la saisie-arrêt.

§ 3. — *De la responsabilité des avocats* (R. 349 et s.; S. 158 et s.).

36. En ce qui concerne les faits relatifs aux particuliers, soit parties au procès, soit étrangers à la cause, l'avocat est responsable de ses paroles lorsqu'elles ont été intentionnellement injurieuses ou diffamatoires ou qu'elles ont été prononcées sans nécessité et dans le but de nuire.

37. L'avocat ne répond pas de l'issue du procès : en plaidant pour sa partie, en effet, il ne l'engage pas par ses paroles. Aussi les déclarations de l'avocat ne peuvent être considérées comme un aveu liant la partie qu'au cas où elles paraissent avoir été confirmées par le silence du client présent à la plaidoirie ou de son avoué. La déclaration de l'avocat devant être confirmée par le client ou par l'avoué, il s'ensuit que cette déclaration ne peut valoir comme aveu toutes les fois qu'elle est contredite par les dernières conclusions. Mais il a été jugé que les déclarations de l'avocat en présence de l'avoué, sans contestation de la partie, peuvent avoir le caractère d'un aveu judiciaire à l'égard de la partie si elles sont nettes, claires et précises (Civ. r. 22 mars 1870, D. P. 71. 1. 41).

ART. 4. — DE LA DISCIPLINE DES AVOCATS.

§ 1er. — *Du conseil de discipline* (R. 370 et s.; S. 167 et s.).

38. Le conseil de discipline de l'ordre des avocats est composé au minimum de cinq membres (Ord. 27 août 1830). Cette règle s'oppose à ce qu'un barreau de moins de six membres puisse élire un conseil de discipline. C'est au tribunal de première instance qu'il appartient, en ce cas, d'exercer les fonctions du conseil de discipline (Grenoble, 31 déc. 1902, D. P. 1903. 2. 475). — L'élection des membres du conseil est faite par l'assemblée générale des avocats *inscrits au tableau :* la participation d'un stagiaire au vote serait irrégulière et vicierait l'élection. L'élection a lieu au scrutin de liste et à la majorité absolue des votants. Si le nombre des avocats qui ont concouru à l'élection est inférieur au tiers, l'élection est nulle (Alger, 4 nov. 1889, D. P. 91. 2. 144). Les bulletins blancs ne doivent pas être comptés. — Le bâtonnier est élu dans les mêmes conditions que les membres du conseil de l'ordre (Décr. 10 mars 1870, art. 1er, D. P. 70. 4. 30).

39. Le ministère public et les cours d'appel ont un droit de contrôle sur les élections du conseil de discipline et du bâtonnier. Le procès-verbal des élections est communiqué au procureur général, qui peut et doit poursuivre la nullité des élections qui lui paraissent irrégulières (Décr. 30 mars 1808, art. 79; L. 20 avr. 1810, art. 46, R. v° *Organisation judiciaire*, p. 1493 et 1496).

40. Les attributions du conseil de discipline consistent : 1° à statuer sur l'admission au stage et sur l'inscription au tableau (Ord. 20 nov. 1822, art. 13); 2° à surveiller la conduite des stagiaires (Ord. 1822, art. 14); 3° à dresser le tableau de l'ordre (Ord. 1822, art. 12 et 13); 4° à exercer la surveillance que l'honneur et les intérêts de l'ordre rendent nécessaire (Ord. 1822, art. 12 et 13); 5° à maintenir les principes de modération, de désintéressement et de probité qui sont les devoirs essentiels du barreau (Ord. 1822, art. 14); 6° à réprimer les infractions commises par les avocats, en appliquant les peines disciplinaires (Ord. 1822, art. 12, 15 et 18).

41. La compétence du conseil de l'ordre en matière disciplinaire est fort étendue; en présence des termes très larges de l'art. 14 de l'ordonnance de 1822, il n'y a pas, semble-t-il, à distinguer entre les actes d'un caractère intime et privé et ceux qui se rapportent à l'exercice des fonctions d'avocat; tous ressortissent à la juridiction du conseil et sont passibles de peines disciplinaires. Cependant, en ce qui concerne les actes de la vie privée, les conseils de discipline, celui de Paris notamment, limitent leur intervention au cas où il y a scandale.

42. Le conseil de discipline exerce son pouvoir disciplinaire : 1° soit sur une plainte portée contre l'avocat et émanée soit du ministère public ou d'une partie, ou d'un confrère; 2° soit sur l'initiative de l'avocat lui-même, qui, se voyant l'objet d'imputations injustes, soumet spontanément sa conduite à l'appréciation de ce conseil; 3° soit enfin lorsqu'il se saisit d'office. Dans tous les cas, c'est par voie de dénonciation, et non de citation, que le conseil est saisi.

43. Les peines disciplinaires sont : l'avertissement, la réprimande, l'interdiction temporaire et la radiation du tableau. L'interdiction temporaire ne peut excéder le terme d'une année (Ord. 1822, art. 18). L'avocat frappé d'une peine disciplinaire peut, suivant les circonstances et par la même décision qui prononce la peine, être privé du droit de faire partie du conseil de discipline pendant un espace de temps qui n'excédera pas dix ans (Décr. 22 mars 1852, art. 3).

44. Les conseils de discipline jugeant disciplinairement procèdent comme un tribunal de famille et ne sont pas, dès lors, assujettis à constater par la voie rigoureuse de l'enquête les faits poursuivis. Ils peuvent recourir à tous autres moyens de vérification moins officiels et moins préjudiciables à l'inculpé. Mais rien ne les empêche d'entendre des témoins s'ils le jugent utile. D'ailleurs, le principe du droit de défense doit toujours être respecté par eux : l'avocat poursuivi doit être entendu, ou tout au moins mis en demeure de se justifier.

45. Les décisions disciplinaires sont susceptibles d'opposition de la part de l'avocat condamné, lorsqu'elles ont été rendues par défaut. — Le droit d'appel n'est ouvert à l'avocat qu'en cas d'interdiction ou de radiation (Ord. 1822, art. 24 et 25), sauf le cas où la décision serait attaquée pour incompétence et dans celui où l'avocat en contesterait la légalité. Il appartient, au contraire, au ministère public contre toute décision quelle qu'elle soit. L'appel du procureur général est admis même *a minima*, c'est-à-dire lorsqu'il a pour objet de faire prononcer contre l'avocat une peine plus forte. — L'appel soit du procureur général, soit de l'avocat, doit être interjeté dans les dix jours de la notification à l'appelant de la décision attaquée (Ord. 1822, art. 76). Lorsque l'appel est relevé par le ministère public non pour simple mal jugé, mais pour violation de la loi ou excès de pouvoir, son action n'est soumise à aucun délai. — L'appel est porté devant la cour, qui statue en assemblée générale et en chambre du conseil. L'arrêt serait nul s'il était rendu en audience publique.

46. Les décisions du conseil de discipline ne peuvent être attaquées par la voie de la requête civile. L'arrêt de la cour rendu sur appel de la décision du conseil de discipline peut être attaqué par la voie du recours en cassation pour violation de la loi ou excès de pouvoir.

47. Les cours d'appel ont un droit propre de surveillance sur les conseils de l'ordre eux-mêmes, agissant soit comme représentants du barreau, soit comme exerçant les attributions disciplinaires qui leur sont conférées par la loi. En pareil cas, si une faute est commise, offense à la magistrature, violation de la loi, excès de pouvoir, les cours d'appel ont le pouvoir de statuer, sur la poursuite directe du ministère public.

§ 2. — *Du pouvoir des tribunaux relativement aux délits d'audience* (R. 475 et s.; S. 232 et s.).

48. Le pouvoir qui appartient aux tribunaux de réprimer les fautes disciplinaires, commises ou simplement découvertes à l'audience, est expressément reconnu, en ce qui concerne spécialement les avocats, par les art. 16 et 43 de l'ordonnance de 1822, qui ne dérogent en rien aux dispositions régissant la matière (Pr. 89, 90 et 1036; Instr. 504 et 505; Pén. 377, 103; Décr. 30 mars 1808; L. 29 juill. 1881, art. 41, D. P. 81. 4. 65).

49. En principe, ce pouvoir de répression appartient aux juridictions d'exception, notamment aux conseils de préfecture (Cons. d'Et. 5 mars 1886, D. P. 86. 3. 33). Mais ces juridictions ont-elles, comme les tribunaux de droit commun, la plénitude du pouvoir disciplinaire pour la répression instantanée des fautes commises par les avocats à leur audience? En d'autres termes, les peines disciplinaires prononcées par un tribunal exceptionnel, par exemple la suspension, la radiation, peuvent-elles avoir un effet général et atteindre l'avocat dans l'exercice de sa profession, non seulement devant ce tribunal, mais encore devant les autres juridictions? La jurisprudence paraît incliner vers l'affirmative (V. notamment Req. 23 avr. 1850, D. P. 50. 1. 315); mais cette solution est contestable.

50. La juridiction des conseils de discipline peut s'étendre aux faits commis par des avocats à l'audience; mais ces conseils doivent s'abstenir, dans l'exercice de cette juridiction, de toute censure directe ou indirecte de la conduite des magistrats relativement à ces faits, à l'audience où ils se sont passés.

51. La répression du manquement commis par l'avocat à l'audience doit être immédiate, en ce sens que, si le jugement ou l'arrêt ne sont pas forcément rendus séance tenante, ils ne peuvent l'être valablement que tant que les magistrats restent saisis de l'affaire à l'occasion de laquelle l'infraction s'est produite (Civ. r. 22 mai 1890, D. P. 90. 1. 495). Ils sont susceptibles d'appel; l'appel doit être porté, non pas devant l'assemblée générale de la cour, comme l'appel des décisions disciplinaires, mais devant le juge, soit civil, soit correctionnel, qui se trouve placé hiérarchiquement au-dessus de celui dont émane la décision attaquée : par exemple, si c'est un tribunal correctionnel qui a statué, c'est la chambre des appels de police correctionnelle qui doit être saisie. — **Le jugement est exécutoire par provision.** Ainsi, lorsqu'un tribunal de première instance réprimande un avocat à l'audience et lui fait simplement injonction d'être plus circonspect à l'avenir, il n'y a pas lieu à appel.

52. L'arrêt peut être déféré à la cour de cassation pour incompétence ou excès de pouvoir, et même pour tout autre grief de nature à motiver ce recours dans les termes du droit commun, si la peine prononcée est celle de la suspension (Comp. Décr. 30 mars 1808, art. 103).

SECT. II. — *Des avocats au conseil d'Etat et à la cour de cassation.*

53. L'ordre des avocats au conseil d'Etat et à la cour de cassation a son origine dans l'ancienne institution des avocats au conseil. Son organisation actuelle date de l'ordonnance du 10 sept. 1817 (R. p. 584). Certaines règles qui lui sont applicables dérivent du règlement du 28 juin 1738 concernant la procédure du conseil (2e partie, titre 17).

§ 1er. — *Conditions d'admission* (R. 519 et s.).

54. L'ordre des avocats au conseil d'Etat et à la cour de cassation est composé de soixante membres, qui tous ont le droit d'exercer près des deux juridictions suprêmes. — Pour y être admis, il faut avoir la qualité de Français, et jouir des droits civils et civiques, avoir atteint l'âge de vingt-cinq ans, justifier du titre d'avocat exerçant au barreau depuis trois ans et d'un certificat de stage pendant ce temps. Le candidat doit être reçu par le conseil de l'ordre, après examen sur les matières dont la connaissance est nécessaire (Règl. 1738, tit. 17, art. 3), et obtenir l'avis favorable de la cour de cassation (ces formalités ne sont exigées qu'à titre consultatif) ; être libre de toute qualité ou profession incompatible avec ses fonctions futures (V. *supra*, n° 13) ; être présenté à l'un des avocats titulaires et agréé par le chef de l'Etat ; verser un cautionnement de 7000 francs ; prêter serment en audience publique devant le conseil d'Etat et la cour de cassation.

§ 2. — *Droits et devoirs* (R. 527 et s.).

55. La plupart des règles tracées pour les avocats près des cours d'appel sont applicables aux avocats à la cour de cassation et au conseil d'Etat. Ainsi, ces avocats ont les mêmes prérogatives que les avocats à la cour d'appel, quant aux dispositions en justice, à l'inviolabilité du cabinet ; ils sont soumis à la même responsabilité à raison de leurs discours (V. *supra*, n° 36).

56. Les avocats aux conseils ont les mêmes devoirs que les avocats près des cours d'appel pour tout ce qui tient aux traditions et aux règles de la profession. — Ils ne sont pas soumis à un tarif particulier en ce qui concerne le règlement de leurs honoraires, dont la fixation est abandonnée à leur conscience. Ils ont le droit de réclamer ces honoraires en justice ; mais les règlements de l'ordre leur interdisent d'user de ce droit. Ils peuvent seulement poursuivre le remboursement de leurs frais et débours, après avoir épuisé tous les moyens de conciliation et en cas de préjudice notable.

57. Devant la cour de cassation, les avocats ont seuls le droit de postuler et de conclure, et leur ministère est obligatoire pour les parties, sauf dans certains cas exceptionnels. — Comme avocats au conseil d'Etat, ils ont le droit exclusif d'instruire et de soutenir les recours portés devant l'assemblée statuant au contentieux, et de suivre les affaires ressortissant aux différentes sections administratives.

58. Ils ont seuls qualité, si les parties n'agissent elles-mêmes, pour signer les réclamations et les mémoires en matière contentieuse qui sont présentés au gouvernement, aux ministères et aux administrations qui en dépendent. Il leur appartient aussi exclusivement de présenter des mémoires et des observations devant le tribunal des conflits et devant le conseil des prises. Enfin ils ont la faculté de plaider devant toutes autres juridictions, tant de l'ordre administratif que de l'ordre judiciaire ; mais il leur est prescrit par le règlement de l'ordre de n'user de cette faculté qu'avec l'autorisation du conseil de discipline, et, en fait, ils n'en usent jamais, sauf devant les conseils de préfecture.

§ 3. — *Du conseil de l'ordre et du pouvoir disciplinaire* (R. 547 et s.; S. 249).

59. Il existe, pour la discipline intérieure de l'ordre, un conseil composé d'un président (ou bâtonnier) et de neuf membres (dont deux ont la qualité de syndic, et un troisième celle de secrétaire-trésorier). Tous, y compris le président (Décr. 28 oct. 1850, D. P. 50. 4. 202), sont nommés directement pour trois ans par l'assemblée générale de l'ordre.

60. Les attributions principales du conseil consistent à faire tous les règlements de police et de discipline intérieure, à examiner les candidats qui se présentent pour faire partie de l'ordre, à exercer la surveillance pour l'honneur et les intérêts de l'ordre.

61. Le conseil de l'ordre prononce définitivement lorsqu'il s'agit de police et discipline intérieure. Les peines qu'il peut prononcer sont l'avertissement et la réprimande. Il émet seulement un avis dans les autres cas, c'est-à-dire lorsqu'il s'agit de faits relatifs aux fonctions de l'avocat. Cet avis est homologué soit par la cour de cassation, statuant toutes chambres réunies (Ch. réun. 4 août 1873, D. P. 75. 1. 478), soit par le conseil d'Etat (Cons. d'Et. 4 juin 1897, D. P. 98. 3. 105), suivant que la poursuite se réfère aux fonctions de l'avocat devant l'une ou l'autre juridiction.

62. Indépendamment de leur autorité disciplinaire, la cour de cassation et le conseil d'Etat ont le pouvoir de punir immédiatement les fautes commises à leurs audiences par les avocats qui exercent auprès d'eux, ou les fautes découvertes à l'audience.

SECT. III. — **Enregistrement et timbre.**

63. Les consultations, mémoires, observations et précis signés des avocats sont soumis au timbre de dimension (L. 13 brum. an 7, art. 12-1°, § 7, R. v° *Enregistrement*, t. 22, p. 737).

64. Les requêtes et mémoires présentés par les avocats au conseil d'Etat doivent également être rédigés sur papier timbré (Décr. 22 juill. 1806, art. 48, R. v° *Conseil d'Etat*, p. 180; Instr. Reg. 22 févr. 1808 et 7 sept. 1811, n°s 366, § 3, et 542).

65. Les actes d'avocat à avocat, signifiés dans les affaires devant le conseil d'Etat et la cour de cassation, n'ayant pas été compris parmi ceux que la loi du 26 janv. 1892 (D. P. 92. 4. 9) a dispensés de la formalité de l'enregistrement, leur signification est assujettie au droit fixe de 3 francs (L. 28 avr. 1816, art. 44, n° 11, R. v° *Enregistrement*, t. 21, p. 39; 19 févr. 1874, art. 2, D. P. 74. 4. 41; 28 avr. 1893, art. 22, D. P. 93. 4. 79).

AVORTEMENT

(R. v° *Avortement*; S. eod. v°).

1. L'avortement, crime puni par l'art. 317 c. pén., est essentiellement distinct de l'infanticide; il ne peut s'exercer que sur un enfant qui n'a pas encore vu le jour, tandis que l'infanticide consiste dans l'homicide volontaire d'un enfant nouveau-né. — Les éléments du crime d'avortement sont : 1° la grossesse de la femme (les manœuvres ayant pour objet l'avortement d'une femme dont la grossesse n'est qu'apparente ne tombent pas sous l'application de l'art. 317); 2° des faits matériels de nature à provoquer l'avortement (sur les manœuvres abortives qui peuvent être employées, V. *infra*, *Médecine*); 3° une volonté criminelle (l'avortement occasionné par des remèdes administrés de bonne foi n'est pas réprimé par l'art. 317).

2. La loi punit, d'une part, le tiers qui a procuré l'avortement d'une femme enceinte; d'autre part, la femme, soit lorsqu'elle s'est procuré l'avortement à elle-même, soit quand elle a consenti à faire usage des moyens à elle indiqués ou administrés à cet effet. Mais, dans l'un et l'autre cas, la femme n'est punissable qu'autant que l'avortement a réellement eu lieu; tandis que, pour tout autre que la femme, la seule tentative d'avortement est assimilée au crime accompli (Cr. r. 22 sept. 1881, S. 5).

3. La peine est, en principe, celle de la reclusion. Celle des travaux forcés est applicable aux médecins, chirurgiens et autres officiers de santé qui auront indiqué ou administré les substances destinées à procurer l'avortement. Cette aggravation de peine est applicable aux sages-femmes; elle ne l'est pas, au contraire, aux herboristes. — Elle n'est encourue que si l'avortement a eu lieu. Mais si, à l'inverse, l'avortement ne s'est pas produit, les médecins, pharmaciens, etc., ne jouissent pas de l'immunité accordée dans ce cas à la femme; la jurisprudence leur applique la même règle qu'aux tiers quelconques qui ont procuré l'avortement (Civ. 317, § 1; Cr. r. 7 oct. 1858, D. P. 58. 1. 474).

4. Celui qui procure l'avortement d'une femme enceinte avec le consentement de celle-ci commet lui-même le crime d'avortement; c'est un coauteur. Au contraire, celui qui a seulement fourni à l'auteur du crime le moyen de se procurer, ou qui n'a fait qu'aider ou assister l'auteur de l'avortement, n'est qu'un complice, et dès lors, si c'est la femme elle-même qui est l'auteur de l'avortement, il n'encourt aucune peine si l'avortement n'a pas été consommé (Cr. r. 3 mars 1864, D. P. 64. 1. 406).

5. Le fait d'avoir exercé sur une femme, pour la faire avorter, des violences qui ont occasionné sa mort, ne constitue ni le crime de meurtre, en raison de l'absence d'intention de donner la mort, ni le simple délit d'homicide par imprudence, mais le crime de blessures volontaires ayant occasionné la mort sans intention de la donner. Ce fait peut ainsi, en dehors du crime commis envers l'enfant, présenter, en tant que se rapportant à la femme, les éléments d'une seconde accusation. Mais ce chef d'accusation ne saurait être relevé s'il apparaissait que le décès de la femme est dû, non à des violences exercées directement sur sa personne, mais aux suites de l'avortement, par exemple à la présence de l'embryon qui serait resté dans la matrice et s'y serait putréfié (Cr. r. 2 juill. 1863, D. P. 63. 1. 481).

AVOUÉ

(R. v° *Avoué*; S. eod. v°).

1. L'avoué est l'officier ministériel qui représente les parties devant le tribunal civil ou la cour d'appel. Les règles fondamentales concernant l'exercice de la profession d'avoué sont contenues dans la loi du 27 vent. an 8 et dans celle du 22 vent. an 12 (R. p. 4 et 6).

§ 1er. — *Nomination des avoués.* — *Incompatibilités* (R. 32 et s.; S. 3 et s.).

2. Les avoués sont nommés par le chef de l'Etat, sur la présentation d'un titulaire, de sa veuve ou de ses héritiers, et sur celle du tribunal , ou , en cas de vacance, sur la seule présentation du tribunal. — Les conditions requises pour être nommé sont : 1° justifier, par un certificat du maire de son domicile, qu'on ne se trouve dans aucun des cas de suspension ou de privation des droits civils ou politiques qui empêchent d'exercer une fonction publique ; — 2° avoir satisfait aux lois sur le recrutement ; — 3° être âgé de vingt-cinq ans accomplis ; — 4° produire : un certificat de capacité délivré par la chambre des avoués près duquel on veut exercer ; ... un certificat de bonnes vie et mœurs délivré par le maire du domicile du candidat ; ... un certificat de capacité obtenu, après examen, dans une faculté de droit, ou le diplôme de bachelier ou de licencié en droit ; — 5° justifier de cinq années de cléricature dans une étude d'avoué (trois années suffisent pour les candidats aux fonctions d'avoué de première instance munis du diplôme de licencié) ; — 6° produire : le traité passé entre le candidat et le titulaire démissionnaire ou ses ayants cause ; ... la démission du titulaire ou son acte de décès ; ... un état des produits de l'étude pendant les cinq dernières années de l'exercice du titulaire, certifié par celui-ci et par l'impétrant et vérifié par le procureur général pour les avoués d'appel, par le procureur de la République pour ceux de première instance ; ... une expédition de la délibération du tribunal ayant pour objet l'admission du candidat ; ... une déclaration de non-parenté ou alliance avec les membres du tribunal près duquel le postulant doit exercer et de la cour à laquelle ressortit ce tribunal , ou , en cas de parenté, déclaration du degré de parenté ou alliance. — Toutes ces pièces doivent être timbrées et légalisées. — L'avoué, avant d'être admis à l'exercice de ses fonctions, doit justifier du versement d'un cautionnement dont l'importance varie selon les tarifs annexés à la loi du 28 avr. 1816 (R. v° Enregistrement, t. 21, p. 39). Il doit ensuite prêter le serment professionnel. — Le titre d'avoué honoraire peut être conféré par le chef de l'État aux avoués qui résignent leurs fonctions après vingt ans d'exercice.

3. Les fonctions d'avoué sont incompatibles avec celles de juge de paix, de juge dans les tribunaux de première instance, de conseiller de cour d'appel, d'organe du ministère public, de notaire, d'huissier, d'avocat, de greffier, de receveur des contributions ou de receveur des finances, de commissaire de police, de conseiller de préfecture. Elles ne sont pas incompatibles avec celles de syndic, d'arbitre, d'expert ou de liquidateur en matière commerciale.

§ 2. — *Caractères, attributions et privilèges des avoués* (R. 50 et s.; S. 9 et s.).

4. Les avoués ont seuls le droit de postuler et de prendre des conclusions devant le tribunal près lequel ils sont établis. Toutefois, en matière de contributions indirectes, d'enregistrement, de timbre, de douane, leur ministère n'étant pas exigé, les préposés de ces administrations et les particuliers peuvent conclure eux-mêmes. — Dans les procédures d'expropriation pour cause d'utilité publique, le ministère des avoués est interdit, sauf le cas de prise de possession pour cause d'urgence ; l'avoué qui occupe pour l'Administration ou des particuliers devant le jury d'expropriation n'est qu'un simple mandataire ordinaire. — Hors ces exceptions, les justiciables ne peuvent se passer de l'assistance des avoués, même lorsque le tribunal les admet à se défendre eux-mêmes.

5. Les avoués de première instance ont le droit exclusif de remplir les formalités préalables à toutes les ventes judiciaires d'immeubles devant le tribunal ou renvoyées devant notaire ; ... alors même que ce renvoi a eu lieu par arrêt infirmatif, sans que les avoués d'appel puissent prétendre qu'il leur appartient de suivre l'exécution de l'arrêt.

6. Les avoués peuvent occuper pour leurs parents même les plus proches. — Mais ils ne peuvent, à peine de nullité, occuper devant une cour ou un tribunal, quand, parmi les magistrats appelés à siéger comme juges (mais non comme membres du ministère public), se trouve un de leurs parents ou alliés jusqu'au troisième degré inclusivement (L. 30 août 1883, art. 10, D. P. 83. 4. 58). — Un avoué peut occuper pour lui-même, sauf ne se porter adjudicataire, lorsqu'il est poursuivant (Pr. 711). V. *infrà, Vente publique d'immeubles*.

7. Les avoués ont coutume de rédiger la plupart des actes nécessaires à l'instruction des procès, même ceux qui ne sont pas de leur ministère ; ainsi, ils préparent et envoient aux huissiers leurs exploits prêts à être signifiés ; mais ils n'ont pas le droit d'obliger les huissiers à signifier les actes ainsi préparés, sauf les ajournements, en matière civile. Dans certains tribunaux, ils rédigent des actes du greffe, surtout ceux où ils figurent pour représenter et assister leurs clients. Les juges-commissaires, dans les ordres et les distributions par contribution, ont souvent recours aux avoués pour dresser les états de collocation provisoire et les règlements définitifs.

8. L'avocat ne peut changer les conclusions que l'avoué a prises, si ce n'est avec l'agrément de ce dernier ou de la partie elle-même.

9. Sur le droit de *plaider*, exceptionnellement accordé aux avoués, V. *infrà, Procédure*.

10. Les avoués n'ont pas qualité pour occuper hors du ressort du siège où ils sont attachés. Néanmoins, ils peuvent certifier des écritures en tête d'exploits signifiés hors de ce ressort et se rattachant à des instances dans lesquelles ils occupent. — Lorsqu'une enquête ou une adjudication renvoyée devant un avoué est faite hors du ressort, l'avoué ne peut réclamer ni frais de transport, ni droits de vacation (Req. 21 juin 1886, D. P. 88. 1. 54). — Si l'enquête a été ordonnée par arrêt, les avoués près le tribunal où se fait l'enquête ont seuls, à l'exclusion des avoués d'appel, le droit de représenter les parties.

11. Les avoués ne jouissent pas du privilège de donner à leurs actes une véritable authenticité (V. *infrà, Preuve*).

12. Les avoués ont le droit d'être appelés, à défaut d'avocats présents et en suivant l'ordre du tableau , à compléter le tribunal ou la cour qui , par suite d'absences, de récusations, d'empêchements, ou pour toute autre cause, ne se trouve pas en nombre pour délibérer (V. *infrà, Cours et tribunaux*).

§ 3. — *Devoirs des avoués* (R. 78 et s.; S. 16 et s.).

13. L'avoué ne peut, sans motif légitime, refuser d'occuper pour une partie qui l'en charge. — En cas de refus de sa part, la partie peut s'adresser au président du tribunal à qui il appartient de le commettre d'office. — Lorsque la partie a obtenu l'assistance judiciaire, l'avoué est toujours commis d'office.

14. Tout avoué doit tenir un registre coté et parafé par le président du tribunal, sur lequel il inscrit, par ordre de date et sans aucun blanc, les sommes qu'il reçoit de ses parties. Faute par lui de représenter ce registre, il est non recevable dans sa demande en payement de frais ; ... à moins qu'il ne puisse fournir une preuve de sa créance autre que celle tirée des mentions des registres facultatifs tenus en son étude ; ... ou

que son client et lui ne soient d'accord sur les versements que le registre aurait dû constater et que la contestation ne porte que sur le chiffre des honoraires réclamés par l'avoué ; ... ou même, d'après un arrêt, lorsqu'il poursuit, non pas son propre client, mais la partie adverse contre qui il a obtenu la distraction des dépens (Metz, 22 déc. 1864, S. 18).

15. Les avoués doivent signer les actes de leur ministère. Les huissiers doivent refuser de signifier les actes du palais dont les originaux et les copies ne sont pas signés des avoués, et les parties adverses peuvent les arguer de nullité.

16. Les avoués sont tenus au secret professionnel (V. *infrà, Révélation de secret*).

17. Ils ne peuvent devenir cessionnaires des procès, droits et actions litigieux qui sont de la compétence du tribunal dans le ressort duquel ils exercent leurs fonctions. Mais ils peuvent acquérir ceux qui sont de la compétence d'un autre tribunal, même situé dans le ressort de la même cour.

18. Ils doivent avoir leur domicile dans la ville où siège la cour ou le tribunal auquel ils sont attachés ; ils ne peuvent postuler dans deux villes différentes.

§ 4. — *Actions qui appartiennent aux avoués* (R. 112 et s.; S. 23 et s.).

19. L'avoué est recevable à agir en justice toutes les fois qu'il a intérêt à le faire en son nom personnel, à l'occasion du mandat que lui a donné sa partie et pour prévenir les effets de sa responsabilité. — Il a, pour le payement de ses frais et honoraires, un recours personnel contre le client dont il est le mandataire. — S'il a, dans une instance , représenté plusieurs personnes ayant un intérêt commun, il a contre elles une action solidaire.

20. L'avoué a, contre son client, une action personnelle en remboursement des honoraires qu'il a avancés à l'avocat, si ceux-ci n'ont rien d'exagéré. — Sur les règles de compétence applicables aux demandes en payement de frais formées par les avoués, V. *infrà, Compétence*. — Sur le taux des frais et honoraires dus aux avoués, sur la prescription de leur action, V. *infrà, Frais et dépens, Prescription civile*.

21. Les avoués n'ont le droit de réclamer les intérêts de leurs avances qu'à partir du jour de la sommation de payer par eux adressée à leur client (Civ. 1153, modifié par la loi du 7 avr. 1900, § 3, D. P. 1900. 4. 43). — L'avoué qui, en dehors des fonctions d'officier ministériel, a été chargé de démarches et soins exceptionnels, a droit à une rémunération supplémentaire, en dehors des frais taxés.

22. L'avoué de la partie qui a triomphé dans une instance a, par l'effet de la *distraction des dépens* (Pr. 133), une double action pour le recouvrement de ses frais : 1° une action contre son client ; 2° une action contre la partie qui a succombé (V. *infrà, Frais et dépens*).

23. L'avoué a le droit de *retenir* les actes de procédure et les titres qu'il s'est procurés au moyen de ses avances, mais les titres que lui a remis son client, jusqu'à l'entier payement de ses déboursés et honoraires (V. *infrà, Rétention*).

§ 5. — *Mandat, constitution et révocation des avoués* (R. 138 et s.; S. 31 et s.).

24. L'avoué est le mandataire de sa partie ; celle-ci est liée par ses faits ou déclarations, jusqu'à *désaveu* de sa part, alors même qu'il s'agirait d'une instance où le ministère de l'avoué serait facultatif.

25. L'avoué ne peut occuper pour une partie que s'il est *constitué*. La constitution d'avoué est la déclaration portant qu'un avoué occupera pour une partie dans une instance. — La constitution de l'avoué du demandeur ou de l'appelant doit, à peine de nullité, être faite par l'exploit d'ajournement ou l'acte d'appel (V. *suprà*, *Appel en matière civile*, n° 54, et *infrà*, *Procédure*).

26. La constitution de l'avoué du défendeur ou de l'intimé se fait, en principe, par acte d'avoué, dans les délais de l'ajournement ou de l'appel, ou même tant qu'il n'a pas été pris de jugement ou d'arrêt par défaut (V. *infrà*, *Procédure*).

27. La remise des pièces à un avoué par une partie équivaut, à moins de preuve du contraire, à un mandat *ad litem* donné par cette partie et accepté par l'avoué.

28. Le mandat *ad litem* confère à l'avoué le droit d'accomplir tous les actes nécessaires pour parvenir au jugement qui doit terminer l'instance, de faire des offres et des aveux, de donner ou accepter des consentements, sauf, s'il n'a pas reçu un mandat *spécial* de faire ces offres, aveux ou consentements (Pr. 352), la faculté pour sa partie de le désavouer (V. *suprà*, *Acquiescement*, n° 7, et *infrà*, *Désaveu*).

29. Le pouvoir de l'avoué ne s'étend pas, en principe, au delà du mandat *ad litem*. Ainsi, il ne peut, sans mandat exprès, interjeter appel d'un jugement. — Il n'est pas, non plus, tenu de prendre les mesures conservatoires de la créance dont il est chargé de poursuivre le recouvrement, à moins qu'il n'en ait été chargé, soit expressément, soit tacitement, par son client.

30. C'est à l'avoué représentant la partie que se signifient la plupart des actes de l'instruction ; il reçoit même des significations qui, sans être faites à son client, font courir un délai fatal.

31. Le ministère de l'avoué, qui commence au moment où il est constitué, ne se termine pas au jugement du procès. L'avoué de la partie qui a gagné a le droit de lever et de signifier le jugement ; l'avoué adverse peut former opposition aux qualités et à la taxe. — L'avoué qui a occupé dans une affaire a le droit et même le devoir d'occuper, sans nouveau mandat, sur l'exécution du jugement définitif poursuivie dans l'année (Pr. 1033). Mais l'initiative de l'exécution ne lui appartient pas.

32. En cas de *décès*, *démission*, *interdiction* ou *destitution* de l'avoué, il y a lieu à constitution d'un nouvel avoué, à peine de nullité des actes postérieurs au décès, à la démission, etc. (Pr. 344 ; V. *infrà*, *Reprise d'instance*).

33. La *révocation* de l'avoué par son client n'est soumise à aucune formalité. A défaut d'acte écrit, la partie est toujours admise à prouver cette révocation par témoins, s'il y a commencement de preuve par écrit. La même faculté appartient à l'avoué contre son client. — Mais, à l'égard de la partie adverse, la révocation n'a d'effet que si elle lui a été signifiée par acte du palais constituant un nouvel avoué.

34. En matière correctionnelle ou criminelle, le ministère des avoués est facultatif, soit pour le prévenu, soit pour la partie civile. — Toutefois, d'après l'opinion qui a prévalu devant la cour de cassation, les frais dus à l'avoué de la partie civile, dans une instance correctionnelle ou criminelle, peuvent être compris dans la liquidation des dépens et mis à la charge de la partie qui a succombé, si le tribunal ou la cour déclare expressément que l'intervention de l'officier ministériel était utile dans l'espèce (Cr. c. 7 nov. 1884, D. P. 1886. 1. 142). En ce cas, les frais sont taxés comme en matière civile.

§ 6. — *Postulation illicite* (R. 204 et s.; S. 53 et s.).

35. Il y a délit de postulation illicite toutes les fois qu'une personne autre qu'un avoué se livre à des actes qui sont exclusivement du ministère de l'avoué : ainsi, celui qui rédige des requêtes, dresse des conclusions, des qualités, s'il n'est pas avoué, commet le délit de postulation illicite. — Ce délit ne résulte pas d'un seul acte de postulation, mais d'un certain nombre de faits constituant une habitude.

36. L'initiative des poursuites appartient aux chambres des avoués dont les intérêts se trouvent lésés par le délit, et au ministère public. — La chambre des avoués peut demander l'autorisation de faire, en présence du juge de paix ou d'un commissaire de police, les perquisitions nécessaires pour arriver à la constatation du délit ; cette autorisation est donnée par le président du tribunal. — Ce sont les tribunaux civils, et non les tribunaux correctionnels, qui doivent connaître du délit de postulation. Lorsqu'il s'agit d'un délit de postulation devant une cour d'appel, c'est directement devant cette cour que l'assignation doit être donnée.

§ 7. — *Responsabilité des avoués* (R. 219 et s.; S. 56 et s.).

37. Sur la responsabilité des avoués à raison des actes qui ressortissent directement de leur ministère, V. *infrà*, *Désaveu*, *Frais et dépens*, *Vente publique d'immeubles*. — Sur leur responsabilité à raison de tous autres actes, V. *infrà*, *Responsabilité*.

§ 8. — *Chambre des avoués.* — *Discipline* (R. 248 et s.; S. 90 et s.).

38. Il y a, près de chaque cour et de chaque tribunal de première instance, une chambre des avoués pour leur discipline intérieure ; elle est composée de membres pris dans leur sein et nommés par eux au nombre de quatre à quinze, suivant le nombre des membres de la corporation. Elle se renouvelle par tiers tous les ans ; les membres sortants ne sont rééligibles qu'après une année d'intervalle. Elle élit tous les ans un président, un syndic, un rapporteur, un secrétaire et un trésorier, qui sont rééligibles.

39. Les attributions de la chambre des avoués consistent : 1° à maintenir la discipline intérieure entre les avoués et à prononcer les peines disciplinaires ; 2° à prévenir ou concilier tous différends entre avoués, sur des communications, remises ou rétentions de pièces, sur des questions de préférence ou concurrence dans les poursuites ou dans l'assistance aux levées des scellés et inventaires, et, en cas de non-conciliation, émettre son opinion ; 3° à prévenir toute plainte et réclamation de la part de tiers contre des avoués à raison de leurs fonctions ; concilier celles qui pourraient avoir lieu, émettre son opinion sur les réparations civiles qui pourraient en résulter, et réprimer par voie de discipline et censure les infractions qui en seraient l'objet, sans préjudice de l'action publique devant les tribunaux, s'il y a lieu ; 4° à donner son avis, comme tiers, sur les difficultés qui peuvent s'élever lors de la taxe de tous frais et dépens, et même sur les articles soumis à la taxe lorsqu'elle se poursuit contre partie ou lorsque l'avoué fait défaut : cet avis peut être donné par un des membres commis par la chambre ; 5° à former dans son sein un bureau de consultation gratuite pour les indigents, dont la chambre distribue les affaires aux divers avoués pour les suivre, quand il y a lieu ; 6° à délivrer, s'il y a lieu, tous certificats de moralité et de capacité aux candidats aux fonctions d'avoué ; 7° à représenter tous les avoués du tribunal collectivement, pour la défense de leurs droits et intérêts communs.

40. Sur la discipline des avoués, V. *infrà*, *Discipline judiciaire*.

§ 9. — *Enregistrement et timbre.*

41. Les actes rédigés par les avoués, et qui ne sont pas signifiés d'avoué à avoué, doivent être écrits sur papier timbré et soumis à la formalité de l'enregistrement, dans le délai de vingt jours, au droit fixe de 1 fr. 50 en principal (L. 22 frim. an 7, art. 20 et 68, § 1er, n° 51, R. v° *Enregistrement*, t. 21, p. 26 ; 28 févr. 1872, art. 4, D. P. 72. 4. 12). Tels sont : le cahier des charges dressé pour parvenir à une vente judiciaire d'immeubles, l'original de placards ; le certificat de non opposition ni appel, les copies collationnées des contrats translatifs de propriété faites pour être déposées au greffe, dans le cas de purge d'hypothèques légales (Sol. admin. Enreg. 2 août 1856, D. P. 57. 3. 41) ; les certificats de publication des jugements de séparation de corps ou de biens, etc.

42. L'acte de *produit*, c'est-à-dire l'acte par lequel un créancier, en produisant ses titres, demande sa collocation dans un ordre ou une distribution, ne donne lieu qu'au droit de 50 centimes en principal (L. 26 janv. 1892, art. 9, D. P. 92. 4. 9).

43. Les copies destinées aux significations de tous jugements, actes et pièces, doivent être correctes, lisibles et sans abréviations. Elles ne peuvent contenir : sur le petit papier, plus de 30 lignes à la page et de 30 syllabes à la ligne ; sur le moyen papier, plus de 35 lignes à la page et de 35 syllabes à la ligne ; sur le grand papier, plus de 40 lignes à la page et de 40 syllabes à la ligne ; et sur le grand registre, plus de 45 lignes à la page et de 45 syllabes à la ligne (L. 2 juill. 1862, art. 20 ; Décr. 30 juill. 1862, art. 1er, D. P. 62. 4. 60 et 83).

44. Les actes d'avoué à avoué, qui avaient été assujettis à l'enregistrement par la loi du 27 vent. an 9, ont été dispensés de la formalité du timbre et de l'enregistrement par l'art. 5 de la loi du 26 janv. 1892.

45. Le décret du 23 juin 1892 (D. P. 92. 4. 84), rendu en exécution de l'art. 25 de la loi du 26 janvier précédent, porte que le papier servant aux actes d'avoué à avoué doit être de la même qualité et des mêmes dimensions que le petit papier ou la demi-feuille visés au tableau de l'art. 3 de la loi du 13 brum. an 7 (R. v° *Enregistrement*, t. 22, p. 737), et que, seuls pourront être admis en taxe les actes d'avoué à avoué rédigés sur du papier ayant la qualité et les dimensions sus-indiquées. — Dans le but de permettre aux préposés de l'enregistrement de surveiller les faits pouvant donner naissance aux droits, l'art. 18 de la même loi impose à l'huissier instrumentaire l'obligation de présenter au receveur de l'enregistrement, dans les quatre jours de la signification, les originaux des conclusions respectivement signifiées, et ce, sous peine d'une amende de 10 francs pour chaque original non représenté. Ces originaux sont visés, cotés, paraphés par les receveurs, qui ont la faculté d'en tirer copie, et ils ne peuvent être admis en taxe que lorsqu'ils ont été revêtus de ce visa.

46. Les états de frais dressés par les avoués sont soumis au timbre et au droit fixe d'enregistrement de 1 fr. 50. Ils doivent faire ressortir distinctement, dans une colonne spéciale, et pour chaque débours, le montant des droits de toute nature payés au Trésor, sous peine d'une amende de 10 francs en principal, qui est recouvrée sous peine d'une amende d'enregistrement (L. 26 janv. 1892, art. 21).

47. L'art. 11, § 2, de la loi du 16 juin 1824 (R. v° *Enregistrement*, t. 21, p. 42) a étendu aux avoués l'application des art. 41 et 42 de la loi du 22 frim. an 7, qui interdisent aux notaires, huissiers et greffiers d'agir en conséquence d'un acte public ou sous seing privé, non enregistré.

48. Les dispositions des art. 49 de la loi du 5 juin 1850 (D. P. 50. 4. 114) et 2 de la loi du 30 mars 1872 (D. P. 72. 4. 33), relatives à l'énonciation des actes, titres ou pièces soumis au timbre, étant générales, sont également applicables aux avoués.

49. Les récépissés donnés par les avoués dans les cas prévus par les art. 106 et 189 c. pr. civ., pour les pièces qui leur sont communiquées, ne constituent pas des actes judiciaires, et ne sont sujets à l'enregistrement que dans le cas où il en est fait usage en justice, par acte public ou devant une autorité constituée (Instr. Reg. n° 436, § 14 et 18).

B

BANQUE — BANQUIER

(R. v^la *Banque, Banquier*; S. eisd. v^is).

§ 1er. — *Généralités* (R. 4 et s.; S. 1 et s.).

1. Les opérations de banque sont des plus diverses ; elles présentent toutefois ce caractère commun de s'exercer sur l'or et l'argent, sur les monnaies, sur les valeurs mobilières et les effets de commerce. — Les principales des opérations consistent dans des prêts ou avances, dans le recouvrement, dans la négociation ou l'escompte des effets de commerce, dans la vente et l'achat de valeurs mobilières, dans les émissions directes d'obligations et d'actions, dans l'ouverture de comptes courants, dans l'acceptation de dépôts de fonds, dans la création de billets au porteur et à vue appelés billets de banque.

2. Toutes constituent, en outre, des actes de commerce (Civ. 632) ; et, par suite, les personnes qui en font leur profession habituelle, c'est-à-dire les banquiers, sont des commerçants (V. *suprà, Acte de commerce*).

3. Le commerce de banque est libre et peut être exercé sans aucune condition ni autorisation par toute personne ayant capacité de faire le commerce, aussi bien par les sociétés que par les simples particuliers. Il y a exception, toutefois, en ce qui concerne la faculté d'émettre des billets de banque (V. *infrà*, n° 12).

4. Il va de soi que les banquiers ont le droit de réclamer une rémunération à raison de leurs opérations. Et cette rémunération, qui comprend, en pratique, non seulement, suivant les cas, les intérêts des capitaux prêtés par eux, ou un droit d'escompte, ou de courtage ou de change, mais encore un droit de commission, est librement fixée par la loi (L. 12 janv. 1886, D. P. 86. 4. 32; V. *infrà, Intérêts*). — Toutefois, la cour de cassation décide que le juge du fait doit rechercher si le droit de commission correspond à un service réellement rendu et est en proportion de ce service, et qu'à cet égard son appréciation est souveraine (Civ. r. 8 mars 1897, D. P. 97. 1. 311).

5. Quant à la responsabilité des banquiers, elle est purement et simplement réglée par les règles du droit commun : c'est celle soit du mandataire salarié, soit du dépositaire, soit du prêteur ou du vendeur, suivant que, par suite de la nature des opérations par eux faites, ils doivent être considérés comme ayant agi dans l'une ou l'autre de ces qualités.

§ 2. — *Banque de France* (R. 73 et s.; S. 13 et s.).

6. La Banque de France est une institution de crédit placée sous le contrôle de l'Etat, et dont l'organisation et le fonctionnement sont régis par des dispositions spéciales. Les textes fondamentaux à cet égard sont la loi du 22 avr. 1806, et le décret du 16 janv. 1808 (R. p. 97-98), qui a arrêté les statuts de la Banque de France.

7. L'administration de la Banque de France s'exerce sous l'autorité de *l'assemblée générale des actionnaires*. Elle est confiée à quinze *régents*, qui exercent leurs fonctions sous la surveillance de trois *censeurs*; les uns et les autres sont choisis par l'assemblée (L. 1806, art. 6 et s.). La direction supérieure de la Banque appartient à un *gouverneur* et à deux *sous-gouverneurs*, nommés par le Gouvernement (L. 1806, art. 10 et 11), et qui, avec les régents et les censeurs, composent le *conseil général* de la Banque (Décr. 1808, art. 34). — C'est au conseil général qu'appartient la direction effective des affaires. V., pour le détail de ses attributions, L. 22 avr. 1806, art. 17; Décr. 16 janv. 1808, art. 35 et s.

8. Les actions judiciaires concernant la Banque de France sont, en principe, du ressort des tribunaux qui doivent en connaître suivant les règles ordinaires de la compétence. Par exception, il appartient au Conseil d'Etat de connaître des infractions aux lois et règlements qui régissent la Banque, et des contestations relatives à sa police et à son administration intérieure (L. 1806, art. 21).

9. Les opérations de la Banque consistent : 1° à escompter à toutes personnes des lettres de change et autres effets de commerce à ordre à des échéances déterminées ne pouvant excéder trois mois, et souscrits par des commerçants, par des syndicats agricoles ou autres, et par toutes autres personnes notoirement solvables ; — 2° à se charger, pour le compte des particuliers et des établissements publics, du recouvrement des effets qui lui sont remis ; — 3° à recevoir en compte courant les sommes qui lui sont versées par des particuliers et des établissements publics, et à payer les dispositions faites sur elle et les engagements pris à son domicile, jusqu'à concurrence des sommes encaissées ; — 4° à tenir une caisse de dépôts volontaires pour tous titres, lingots et monnaies d'or et d'argent de toute espèce (Décr. 16 janv. 1808, art. 9; L. 17 nov. 1897, art. 1er, D. P. 97. 4. 46). — Diverses lois ont élargi, depuis sa création, le cercle des opérations de la Banque, particulièrement dans ses rapports avec l'Etat. La Banque ne peut, d'ailleurs, dans aucun cas, faire d'autres opérations que celles qui lui sont permises par les lois et les statuts (Décr. 16 janv. 1808, art. 8).

10. La Banque n'escompte que le papier souscrit par des négociants ou banquiers admis à l'escompte, c'est-à-dire inscrits sur une liste qui est dressée par le Gouverneur général (L. 1806, art. 17 et 19 ; Décr. 1808, art. 31). L'admission a lieu sur une demande formée dans les conditions prescrites par les art. 51 et 52 des statuts du 2 sept. 1830. Les effets de commerce présentés à l'escompte doivent être garantis par trois signatures au moins, notoirement solvables (Décr. 1808, art. 11 et 12). — Lorsque les effets sont créés pour fait de marchandises, on peut, pour remplacer la troisième signature, donner en garantie des actions de la Banque de France ou des effets publics français (Décr. 1808, art. 12; L. 30 juin 1840, art. 3, R. p. 113).

11. La Banque fournit des récépissés des dépôts volontaires qu'elle reçoit. Ces récépissés délivrés ne sont point à ordre et ne

peuvent être transmis par la voie de l'endossement (Décr. 1808, art. 18). Elle peut faire des avances sur les dépôts de lingots ou monnaies étrangères d'or et d'argent (art. 20). — Elle fait aussi des avances sur titres, mais seulement sur les effets publics français (L. 17 mai 1834, art. 3, R. p. 103); les actions et obligations de chemins de fer français (Décr. 3 mars 1852, D. P. 52. 4. 77); les obligations de la Ville de Paris (Décr. 28 mars 1852, D. P. 52. 4. 91); les obligations du Crédit foncier (L. 9 juin 1857, D. P. 57. 4. 71).

12. La Banque de France jouit du privilège exclusif d'émettre des billets de banque pour le territoire continental. (Ce privilège, qui lui a été concédé à l'origine par la loi du 24 germ. an 11 (R. p. 91), a été prorogé successivement par diverses lois, en dernier lieu par la loi du 17 nov. 1897, art. 1er (D. P. 97. 4. 46) pour une durée de 23 ans). Le même privilège appartient à la Banque d'Algérie et aux banques coloniales, pour chacune des colonies (L. 3 avr. 1880, art. 2, D. P. 81. 4. 60, et 24 juin 1874, art. 4, D. P. 75. 4. 1). — D'après la loi du 12 août 1870 (D. P. 70. 4. 76), ces billets ont cours obligatoire comme le numéraire, en ce sens que le créancier auquel ils sont remis en payement ne peut les refuser (Civ. r. 28 déc. 1887, D. P. 88. 1. 217); mais la Banque est toujours tenue de les rembourser à présentation. — Les billets de la Banque de France sont encore assimilés au numéraire, en ce sens qu'en cas de perte ou de vol leur propriétaire ne peut les revendiquer entre les mains du tiers porteur de bonne foi, ni faire opposition à leur payement entre les mains de la Banque, ni exiger de cette dernière d'autres billets en remplacement (L. 15 juin 1872, art. 16, D. P. 72. 4. 112). — La jurisprudence décide même qu'en cas de destruction matérielle complète et dûment établie, le remboursement ne peut être demandé à la Banque. Celle-ci ne doit le remboursement que lorsque le billet, se trouvant détruit seulement en partie, les fragments qui en restent portent les marques nécessaires pour en vérifier l'identité.

13. Les actions de la Banque de France jouissent de divers privilèges. Elles ont, notamment, celui de pouvoir être immobilisées (V. *infrà, Biens*, n° 28, *Régime dotal*).

§ 3. — *Enregistrement et timbre*.

14. Les droits d'enregistrement et de timbre à percevoir sur les opérations de banque seront examinés sous chaque mot traitant spécialement de ces opérations. On indiquera seulement ici les droits qui sont perçus sur les billets au porteur et à vue émis par la Banque de France et la Banque d'Algérie, et qui ont reçu la dénomination de *billets de banque*.

15. La loi du 24 germ. an 11 (R. p. 91), en accordant à la Banque de France le privilège d'émettre des billets au porteur et à vue, lui avait imposé l'obligation de souscrire un abonnement annuel pour les timbres de ces billets. Cette disposition fut modifiée par l'art. 9 de la loi du 30 juin 1840 (R. p. 113), qui décida que les droits de timbre à la charge de la Banque seraient perçus sur la moyenne des billets tenus en circulation pendant le cours de chaque année. Plus tard, à la suite de la convention passée entre le ministre des finances et le gouverneur de la Banque de France, relative à l'augmentation de l'avance permanente de la Banque au Trésor, intervint la loi du 13 juin 1878 (D. P. 78. 4. 74), décidant que le droit à percevoir ne porterait, à l'avenir, que sur la quotité moyenne des billets en circulation, correspondant aux opérations productives et commerciales, telles que l'escompte, le prêt ou les avances, et que la quotité des billets au porteur ou à ordre formant le complément de la circulation moyenne serait passible d'un droit de timbre de 0 fr. 20 par 1 000 seulement.

16. Le mode de calcul à suivre pour établir le chiffre de la circulation passible des droits de timbre ordinaires de 1 fr. par 1 000 (réduit à 0,50 par 1 000 par l'art. 2 de la loi du 22 déc. 1878, D. P. 79. 4. 10) ou de 0 fr. 20 par 1 000, est déterminé par un arrêté du ministre des finances du 24 juin 1878.

17. La loi du 4 avril 1851 (D. P. 51. 4. 148), qui a autorisé la fondation de la Banque d'Algérie, a décidé (art. 14) que les billets émis par cette banque seraient affranchis de la formalité préalable du timbre proportionnel et que le droit serait perçu par voie d'abonnement, conformément à l'art. 9 de la loi du 30 juin 1840. — Le régime de faveur accordé à la Banque de France par la loi du 13 juin 1878 a été étendu à la Banque d'Algérie par l'art. 10 de la loi du 5 juillet 1900 (D. P. 1900. 4. 70), portant que le tarif établi par l'art. 1er de la loi du 22 déc. 1878 est applicable uniquement à la partie de la circulation excédant l'encaisse en numéraire, et que le complément n'est passible que du droit de 0 fr. 20 par 1 000.

BIBLIOTHÈQUES PUBLIQUES

(R. v° *Bibliothèque*; S. *eod. v°*).

1. Parmi les bibliothèques publiques, les unes appartiennent à l'État, d'autres à des établissements publics ou à des corps constitués, d'autres enfin aux départements, à certaines communes, etc.

2. La Bibliothèque nationale est la plus importante des bibliothèques appartenant à l'État. Son organisation est réglée par un décret du 17 juin 1885 (D. P. 86. 4. 64). La direction en est confiée à un administrateur général. Celui-ci est placé sous l'autorité du ministre de l'Instruction publique; il est nommé et révoqué par décret, et tenu de résider à la Bibliothèque. — Le personnel de la Bibliothèque nationale comprend en outre quatre conservateurs, des conservateurs adjoints (huit au maximum), des bibliothécaires divisés en six classes, des sous-bibliothécaires partagés en quatre classes, des stagiaires, des commis, des ouvriers et gagistes, tous nommés par le ministre, qui peut les révoquer. Un secrétaire-trésorier est placé à la tête d'un bureau d'administration chargé de la correspondance, de la comptabilité, du matériel et de la surveillance générale.

3. La Bibliothèque nationale est divisée en quatre départements, dirigés chacun par un conservateur : 1° département des imprimés et cartes; 2° département des manuscrits, chartes et diplômes; 3° département des médailles, pierres gravées et antiques; 4° département des estampes. Les conservateurs, réunis sous la présidence de l'administrateur général et assistés des conservateurs adjoints, forment le *comité consultatif*, dans lequel chacun des départements, quel que soit le nombre de ses représentants, n'a droit qu'à un suffrage.

4. Les autres bibliothèques appartenant à l'État sont : la bibliothèque de l'Arsenal, la bibliothèque de Sainte-Geneviève, la bibliothèque Mazarine, à laquelle a été annexée la bibliothèque des Sociétés savantes. — L'organisation de ces bibliothèques est réglementée par les décrets des 7 avr. 1887 (D. P. 87. 4. 75), 23 janv. 1888 (D. P. 88. 4. 42) et 1er juill. 1897.

5. Les principales bibliothèques appartenant à des corps constitués ou à des établissements publics sont celles du Sénat, de la Chambre des députés, du Conseil d'État, du Comité de législation étrangère, celles des différents ministères, celles des palais nationaux de Fontainebleau, Compiègne et Pau, celle de l'Institut, celles de l'ordre des avocats à la Cour d'appel de Paris, de l'Ecole des Mines, de l'École des Beaux-Arts, des Archives, de la Chambre de commerce, du Jardin des Plantes, du Conservatoire des arts et métiers, du Conservatoire de musique, de l'Opéra, de la Société asiatique, les bibliothèques des universités et facultés, les bibliothèques militaires, celles de la marine, des colonies, les bibliothèques pénitentiaires, etc.

6. Les départements possèdent des bibliothèques administratives de préfecture et de sous-préfecture. — Il existe aussi dans un certain nombre de villes des bibliothèques municipales. Un décret du 1er juillet 1897 a arrêté diverses dispositions relatives à l'organisation de ces bibliothèques. Un comité d'inspection et d'achat de livres est établi par le ministre de l'Instruction publique dans toutes les villes qui possèdent une bibliothèque (art. 3). Les bibliothécaires sont nommés par les maires; pour les bibliothèques dont l'importance a été signalée au ministre, ils doivent être choisis parmi les élèves diplômés de l'École des Chartes, ou les candidats dont l'aptitude à ces fonctions aura été constatée après examen (art. 6).

7. Les livres et manuscrits des bibliothèques de l'État, des départements et des communes font partie du domaine public national, départemental ou communal; ils sont inaliénables (Décr. 1er juill. 1897, art. 4) et imprescriptibles, et peuvent être perpétuellement revendiqués, même contre un possesseur de bonne foi (Req. 17 juin 1896, D. P. 97. 1. 257). — Le vol de livres commis dans une bibliothèque publique constitue le crime prévu par les art. 254 et s. c. pén. (V. *infrà*, Vol).

BIENS (DISTINCTION DES)

(R. v° *Biens*; S. *eod. v°*).

1. Les choses deviennent des *biens*, au sens juridique du mot, lorsqu'elles sont appropriées ou susceptibles d'appropriation. Les biens se divisent : en *meubles* et *immeubles*, c'est la division à laquelle s'attache principalement le Code civil (Civ. 516); en *choses corporelles*, c'est-à-dire qui ont une existence matérielle, et *choses incorporelles*, qui ne peuvent être vues ni touchées. — Les choses corporelles se divisent elles-mêmes en choses *qui se consomment par le premier usage* et celles qui ne se consomment pas; en choses *fongibles* et *non fongibles*, c'est-à-dire qui peuvent, ou non, se remplacer par d'autres de même espèce et qualité; en choses *divisibles* et *indivisibles*. — La matière de la distinction des biens fait l'objet du titre II du livre II du Code civil.

ART. 1er. — DES IMMEUBLES

2. Les biens sont immeubles par leur nature, par leur destination ou par l'objet auquel ils s'appliquent (Civ. 517).

§ 1er. — *Immeubles par nature* (R. 18 et s.; S. 3e et s.).

3. Les immeubles par excellence sont les fonds de terre (Civ. 518), c'est-à-dire les terrains urbains ou ruraux. Les bâtiments sont également immeubles par leur nature, pourvu qu'ils soient incorporés au fonds, sans qu'il soit nécessaire que cette incorporation ait lieu à perpétuelle demeure; le caractère d'immeuble par nature d'un bâtiment ne dépend pas de la volonté du propriétaire, mais de son incorporation au sol. C'est ainsi qu'une construction élevée sur une dépendance du domaine public, en vertu d'une permission essentiellement temporaire et révocable, a le caractère d'immeuble. Mais des constructions simplement posées sur le sol, telles que les boutiques de foire, ne sont pas des immeubles. — Un bâtiment ne cesse pas d'être immeuble quoi-qu'il ait été construit par un autre que le propriétaire du sol, tel qu'un locataire, un tiers détenteur, etc. Une construction ainsi élevée ne devient meuble que lorsqu'elle a été démolie.

4. Suivant l'opinion la plus générale, les tuyaux servant à la conduite des eaux dans un fonds ou dans une maison, par exemple les tuyaux employés aux canalisations d'eau et de gaz établies sous les voies publiques, sont immeubles par nature.

5. Les moulins, qui peuvent être immeubles par destination (V. *infrà*, n°s 9 et s.), sont immeubles par nature lorsqu'ils sont, soit incorporés au bâtiment, soit fixés sur piliers. — Le moulin à vent placé sur piliers n'est immeuble qu'autant qu'il est *fixé* aux piliers établis dans le sol; il est meuble lorsqu'il est simplement superposé sans adhérence aux piliers ou au sol. — Les moulins à eau et autres usines fixées sur piliers sont immeubles, non seulement lorsqu'ils sont placés sur une rivière non navigable ni flottable, mais encore lorsqu'ils le sont sur une rivière dépendant du domaine public.

6. Sont encore immeubles par nature tous les produits de la terre, de quelque nature qu'ils soient, végétaux ou minéraux, tant qu'ils sont adhérents au sol ou en font partie intégrante. Ils deviennent meubles à mesure qu'ils en sont séparés. — Ainsi sont immeubles jusqu'au moment où ils sont coupés ou recueillis : les récoltes pendantes par racines et les fruits des arbres (Civ. 520); les arbres des bois taillis et des futaies tant qu'ils ne sont pas abattus (Civ. 521). Les mêmes règles sont inversement applicables aux semences : elles perdent leur caractère de meubles et deviennent immeubles par nature lorsqu'elles sont jetées en terre.

7. Les bois mis en coupes réglées ne deviennent pas meubles du moment où la coupe doit être faite, mais seulement à mesure que les arbres sont abattus. Ainsi, tant qu'ils sont laissés debout, ils continuent à faire partie de l'immeuble et peuvent être compris dans la saisie qui en est opérée. — Mais les fruits pendants et les bois non coupés ne sont immeubles qu'à l'égard du propriétaire du fonds; ils sont réputés meubles relativement à celui qui les achète séparément du fonds. Ainsi la vente de bois de haute futaie, vendus pour être exploités, est purement mobilière, et elle ne confère à l'acquéreur qu'un simple droit de créance contre le vendeur; ce droit n'est pas opposable à celui qui aurait postérieurement acquis, du même vendeur, l'immeuble lui-même, sol et superficie. — Les solutions qui précèdent sont applicables aux pierres ou au minerai renfermés dans un terrain; la cession du droit d'extraire les pierres, d'exploiter le minerai, constitue une vente mobilière à l'égard du cédant et du cessionnaire; mais à l'égard des tiers le minerai ne devient meuble que lorsqu'il est extrait.

8. Les arbres, arbustes et plantes des pépinières sont immeubles dans la main du propriétaire du sol tant qu'ils ne sont pas arrachés; au contraire, sont meubles ceux des arbustes ou autres plantes qui sont plantés dans des caisses ou des pots. Mais sont immeubles par nature des plants qui, enlevés de la terre où a produits, ont été transportés dans un terrain que l'on destine à s'y fortifier; toutefois, s'ils ne sont transportés dans un terrain que pour y rester en dépôt jusqu'à ce qu'ils soient vendus, ils prennent le caractère de meubles.

§ 2. — *Immeubles par destination.*

9. Les immeubles par destination se divisent en deux catégories : 1° les objets que le propriétaire d'un fonds y a placés pour le service et l'exploitation de ce fonds; 2° les effets mobiliers que le propriétaire a attachés au fond à perpétuelle demeure.

A. — Objets placés par le propriétaire pour le service et l'exploitation du fonds (R. 63 et s.; S. 16 et s.).

10. La loi contient (Civ. 522 et 524, § 1er à 12) une énumération de ces objets, laquelle n'est, d'ailleurs, pas limitative. Sont immeubles par destination :

11. 1° Les *animaux attachés à la culture*. — L'immobilisation ne s'applique pas à tous les animaux que le propriétaire nourrit sur le fonds et qui sont propres à la culture, mais seulement à ceux qui, en fait, sont employés à l'exploitation ; ainsi, sont immeubles les animaux de trait employés au labourage, mais non les chevaux de selle et autres destinés au service personnel du propriétaire. Un troupeau de moutons destiné à fournir les engrais, les vaches qui fournissent le lait à une fromagerie, ont le caractère d'immeubles par destination. Il en est autrement des animaux qui ont été achetés pour être revendus après avoir été engraissés.

12. Les animaux placés sur un fonds par le propriétaire pour le service et l'exploitation de ce fonds sont immeubles par destination, soit que le propriétaire exploite lui-même son héritage (Civ. 524, § 3), soit qu'il l'ait donné à bail, et que les animaux aient été remis au fermier ou métayer pour la culture (Civ. 522). Dans le cas où le fonds est affermé, les animaux qui y auraient été placés par le fermier lui-même conserveraient le caractère de meubles. — L'immobilisation des animaux fournis par le propriétaire se produit alors même qu'ils n'auraient été estimés. Elle s'applique non seulement aux animaux employés à la culture proprement dite, mais à tous ceux qui sont attachés au domaine, même à ceux qui n'ont d'autre destination que la consommation des fourrages et la production des engrais. Elle a lieu alors même que le fermier payerait un prix particulier pour la jouissance du cheptel, indépendamment du fermage stipulé pour le fonds. L'immobilisation s'étend au croît du cheptel. — Les animaux livrés au fermier perdent leur caractère d'immeubles par destination à l'instant même où ils sont vendus par le propriétaire, soit au fermier, soit à tout autre ; mais ils ne le perdent pas par la seule expiration du bail. — Le caractère immobilier de ces animaux n'empêche pas qu'ils ne restent meubles au point de vue des art. 379 et 408 c. pén., qui punissent le détournement et la soustraction frauduleuse des objets mobiliers ; ces articles sont donc applicables notamment au fermier qui aurait détourné des animaux reçus par lui du propriétaire à titre de cheptel de fer. — Les règles qui précèdent sont applicables au cheptel à moitié, constitué entre le fermier ou métayer et le propriétaire du domaine.

13. 2° Les *ustensiles aratoires*.

14. 3° Les *semences*. — Elles sont immeubles par destination, soit que le propriétaire cultive lui-même, soit que le fonds soit affermé. L'immobilisation a lieu même avant que les semences soient confiées à la terre (V. *suprà*, n° 6 *in fine*).

15. 4° Les *pigeons des colombiers*, les *lapins des garennes et les poissons des étangs*. — Sont meubles, au contraire, les pigeons de volière, les lapins de clapier et les poissons de vivier. L'immobilisation des lapins de garenne est subordonnée à la condition essentielle que les terrains dans lesquels ils vivent aient le caractère de garenne, c'est-à-dire qu'ils aient été spécialement destinés par le propriétaire à l'élevage des lapins ; il ne suffit pas que des lapins existent sur un terrain pour que celui-ci constitue une garenne.

16. 5° Les *ruches à miel*.

17. 6° Les *pressoirs, chaudières, alambics, cuves et tonnes*. — Ces objets sont immeubles par destination, quelles que soient leurs dimensions et leur plus ou moins d'adhérence au sol. Les vases vinaires connus sous le nom de *foudres*, employés dans les chais, sont compris dans l'expression *cuves et tonnes* tant qu'ils restent affectés à cet usage ; au contraire, les tonneaux qui sont destinés à être vendus avec le vin et ceux qui contiennent l'approvisionnement du propriétaire, restent meubles. D'une façon générale, les objets attachés à un établissement industriel prennent le caractère d'immeubles par destination, si cet établissement constitue lui-même un bien immeuble par sa nature et si lesdits objets en constituent des accessoires indispensables.

18. 7° Les *ustensiles nécessaires à l'exploitation des forges, papeteries et autres usines*. — Sont immeubles par destination, notamment : les métiers à tisser le coton, les machines servant à carder ou à filer dans les usines affectées à ce genre d'industrie ; les machines et décors d'un théâtre ; les tuyaux, chaudières, baignoires et robinets affectés au service d'un établissement de bains ; le matériel roulant d'un chemin de fer ainsi que les engins servant au chargement et au déchargement des marchandises ; les machines, agrès, outils et ustensiles servant à l'exploitation des mines ; les chevaux attachés aux travaux intérieurs des mines (L. 21 avr. 1810, R. v° *Mines*, p. 618). Les presses d'imprimerie sont également immeubles par destination, alors du moins qu'elles ont été placées par le propriétaire dans un bâtiment consacré spécialement à l'exploitation d'une imprimerie ; dans le cas contraire, elles seraient considérées comme meubles. — Du reste, suivant l'opinion générale, le caractère d'immeuble ne se communique qu'aux objets qui sont les agents nécessaires du système de production auquel l'établissement est affecté. Ainsi il ne s'étend pas à ceux qui sont destinés au transport à l'extérieur des objets fabriqués. Si, par exemple, les chevaux employés, dans une brasserie, à mettre un mécanisme en mouvement sont immeubles par destination, ceux qui servent à transporter au dehors les produits de la brasserie sont meubles. — Enfin, on ne doit considérer comme immeubles que les ustensiles affectés au service d'une usine, d'un véritable établissement industriel ; cette disposition ne s'applique pas aux outils et métiers qu'un simple artisan emploie à l'exercice de sa profession.

19. 8° Les *pailles et engrais*. — Ces objets ne doivent être considérés comme immeubles par destination que s'ils doivent être employés sur le fond en vue de son exploitation, et non si l'usage du propriétaire est de les vendre. Les pailles sont immeubles alors même qu'auraient pas été placées sur le fonds par le propriétaire, si elles y ont été récoltées. Par *engrais*, on entend non seulement le fumier, mais toutes les espèces d'engrais que l'on amassés pour fertiliser le fonds, alors même qu'ils ne seraient pas le produit de la terre. — Les pailles et engrais sont l'accessoire du fonds dans son ensemble et non spécialement de telle ou telle parcelle ; si le fonds est divisé par voie d'aliénation partielle, il y a lieu d'apprécier le caractère et l'étendue de l'aliénation, pour décider si, en dehors de toute stipulation des parties, l'acquéreur a droit à une part correspondante et proportionnelle des pailles et engrais (Req. 1er juill. 1896, D. P. 97. 1. 388).

20. L'art. 524 c. civ. ne parlant pas des foins et autres fourrages, on doit, en principe, les considérer comme meubles. Cepen-

dant, d'après une opinion, ils doivent être considérés comme immeubles par destination s'ils ont été placés sur le fonds par le propriétaire pour la nourriture des animaux attachés à la culture.

B. — Objets attachés au fonds à perpétuelle demeure (R. 106 et s.; S. 28 et s.).

21. Des effets mobiliers sont réputés avoir été attachés au fonds à perpétuelle demeure quand ils y sont scellés à plâtre, à chaux ou à ciment, ou lorsqu'on ne peut les détacher sans les fracturer ou les détériorer, ou sans briser ou détériorer la partie du fonds à laquelle ils sont attachés (Civ. 525, § 1er). Tels sont : les glaces, tableaux ou autres ornements d'un appartement, lorsque le parquet sur lequel ils sont attachés fait corps avec la boiserie ; les statues placées dans une niche pratiquée pour les recevoir, encore qu'elles puissent être enlevées sans fracture ni détérioration (Civ. 525 *in fine*).

22. Il est généralement admis en doctrine que la disposition de l'art. 525, qui indique certains signes auxquels se reconnaît l'intention du propriétaire d'immobiliser un objet mobilier de sa nature, n'est pas limitative ; que l'immobilisation peut résulter de tout autre signe extérieur attestant clairement la volonté d'attacher tel objet à un fonds à perpétuelle demeure. — Cependant la jurisprudence n'est pas nettement fixée sur ce point ; et, en ce qui concerne les glaces notamment, il paraît résulter de ses décisions les plus récentes que, pour pouvoir être considérées comme immeubles par destination, il est nécessaire qu'elles aient été l'objet sinon du mode spécial d'incorporation déterminé par l'art. 524, § 2, du moins d'un mode d'agencement ou d'incorporation comportant le fait matériel d'une adhérence apparente et durable.

C. — Règles communes aux divers objets immobilisés par destination (R. 119 et s.; S. 31 et s.).

23. Une condition indispensable pour que des objets mobiliers puissent devenir immeubles par destination, c'est qu'ils aient été placés sur le fonds par le propriétaire lui-même. Toutefois, l'immobilisation peut aussi provenir du fait d'un copropriétaire par indivis ; ... ou d'un locataire, lorsque celui-ci a agi pour le compte du propriétaire, et que les objets placés par lui sur le fonds doivent rester au propriétaire à la fin du bail ; ... ou du possesseur *animo domini*, qu'il soit de bonne ou de mauvaise foi. — Mais, suivant l'opinion dominante, il n'y a pas lieu de considérer comme immeubles par destination les meubles placés sur le fonds par l'usufruitier, l'emphytéote, le fermier ou locataire, sauf le cas, visé ci-dessus, où il aurait agi comme représentant du propriétaire.

24. L'immobilisation cesse avec la cause qui l'a produite. Ainsi, les immeubles par destination redeviennent meubles lorsqu'ils étaient détachés du fonds au service duquel ils étaient affectés. — Il dépend donc de la volonté du propriétaire de faire cesser l'immobilisation en détachant du fonds les objets qu'il y avait placés pour son service et son exploitation. — Mais une séparation momentanée ne suffit pas toujours pour que les immeubles par destination redeviennent meubles ; ainsi des bestiaux attachés à l'exploitation d'un fonds ne cesseraient pas d'être immeubles par cela seul qu'ils auraient été accidentellement déplacés pour être employés ailleurs à des travaux urgents.

25. L'immobilisation cesse encore lorsque, par l'effet des circonstances, les objets immobilisés ne peuvent remplir le but pour lequel ils avaient été attachés au fonds. — En dehors de ces cas, l'immobilisation persiste et elle survit même au décès du propriétaire, s'il n'a pas manifesté une volonté contraire.

§ 3. — *Immeubles par l'objet auquel ils s'appliquent* (R. 137 et s.; S. 35 et s.).

26. Cette troisième catégorie conprend les droits qui ont des immeubles pour objet ; ce sont des immeubles *incorporels*. Les choses incorporelles, c'est-à-dire les droits, sont meubles ou immeubles suivant qu'ils s'appliquent à un droit mobilier ou à un droit immobilier. Ainsi l'usufruit est immeuble lorsqu'il est établi sur des choses immobilières, et meuble lorsqu'il a pour objet des choses mobilières. — Du reste, l'immobilisation ne s'applique qu'à l'usufruit lui-même et ne s'étend pas aux avantages qu'il peut procurer : ainsi les fruits, fermages et loyers d'un fonds grevé d'usufruit sont meubles. — Sont encore immeubles les droits de servitude qui, par essence, grèvent un immeuble, les actions qui tendent à revendiquer soit la propriété d'un immeuble, soit quelque démembrement de cette propriété, celles que les actions en délivrance de l'immeuble vendu, en nullité ou rescision, en restitution de la vente faute de payement du prix, les actions en revendication d'une servitude, etc. (Civ. 526). V. *supra*, *Action*, n° 12.

27. L'énumération contenue dans l'art. 526 n'est pas limitative; ainsi sont immeubles par l'objet auquel ils s'appliquent : les droits d'usage et d'habitation (V. *infrà*, *Usage et habitation*); ... le droit de l'emphytéote (V. *infrà*, *Louage emphytéotique*); ... le droit résultant du bail à domaine congéable, à compliant (V. *infrà*, *Louage à domaine congéable*); ... le droit de superficie (V. *infrà*, *Propriété*). — Quant au droit d'hypothèque, V. *supra*, *Action*, n° 12.

§ 4. — *Immeubles par la détermination de la loi* (R. 167 et s.; S. 39 et s.).

28. Il existe enfin des immeubles par détermination de la loi, c'est-à-dire des droits et actions que, malgré le caractère mobilier de leur objet, des lois particulières ont permis d'immobiliser, en remplissant certaines formalités; par exemple, les rentes sur l'État acquises pour servir de remploi (L. 2 juill. 1862, art. 46, D. P. 62. 4. 60), les actions de la Banque de France.

ART. 2. — DES MEUBLES.

29. Aux termes de l'art. 527 c. civ., les biens sont meubles par leur nature ou par la détermination de la loi.

§ 1er. — *Meubles par leur nature* (R. 170 et s.; S. 41 et s.).

30. Les meubles par leur nature sont les corps qui peuvent se transporter d'un lieu à un autre, soit qu'ils se meuvent par eux-mêmes, comme les animaux, soit qu'ils aient besoin de l'intervention d'une force étrangère soit nécessaire pour se déplacer, comme les choses inanimées (Civ. 528) : tels sont les bateaux, bacs, navires, moulins et bains sur bateaux, et généralement toutes usines non fixées sur des piliers (Civ. 531). — Rentrent encore dans cette catégorie les barques lavandières qui ne sont ni fixées sur des piliers ni adhérentes au sol. — Il en est de même des matériaux provenant de la démolition d'un édifice, alors même que cet édifice n'est démoli que pour faire place à une construction nouvelle et que ces matériaux doivent être employés. Mais il faut que l'édifice soit totalement démoli : des matériaux détachés momentanément pour une réparation conservent leur caractère immobilier. Les matériaux assemblés pour une construction restent meubles jusqu'au moment où ils sont employés. Enfin les matériaux provenant

d'un édifice et destinés par le propriétaire à la réparation d'un autre immeuble conservent leur nature immobilière dans leur passage d'un édifice à l'autre.

§ 2. — *Meubles par la détermination de la loi* (R. 178 et s.; S. 44 et s.).

31. Les meubles par détermination de la loi sont en réalité des meubles par l'objet auquel ils s'appliquent. L'art. 529 c. civ. en donne une énumération qui est purement énonciative et, d'ailleurs, incomplète.

32. Dans l'expression : *obligations et actions qui ont pour objet des sommes exigibles ou des effets mobiliers*, sont compris tous les droits qu'on peut avoir sur une chose mobilière ou à l'occasion d'une chose mobilière. Parmi ces droits figurent, en première ligne, les créances, même les créances hypothécaires et celles qui résultent de la vente d'un immeuble. — Il n'y a pas à distinguer entre les créances pures et simples et celles qui sont à terme ou conditionnelles.

33. Les actions ou intérêts dans une société, c'est-à-dire les droits qu'on peut avoir à une quote-part de l'actif actuel et futur de cette société, sont des biens purement mobiliers, alors même que la société est propriétaire d'immeubles. Il en résulte que, tant que dure la société, un associé ne peut ni vendre ni hypothéquer une part d'immeuble proportionnelle à son droit; il ne peut que céder son action. — Le caractère mobilier du droit des associés subsiste même après la dissolution de la société jusqu'à la fin de sa liquidation. La règle s'étend à toutes les sociétés, et non pas seulement à celles qui, en raison de leur importance, méritent ou prennent le nom de compagnie. Elle s'applique non seulement aux sociétés de finance ou d'industrie ou autres ayant un caractère commercial, que vise spécialement l'art. 529 c. civ., mais à toutes les sociétés, même civiles, douées de la personnalité juridique (V. *infrà*, *Société*).

34. Les rentes sur l'État sont meubles, à l'exception, toutefois, de celles qui ont été immobilisées (V. *infrà*, n° 28). De même sont meubles les rentes des particuliers, qu'elles soient constituées foncières ou viagères, et même dans le cas où elles sont garanties par une hypothèque (V. *infrà*, *Rente constituée*, *Rente foncière*).

35. Les fonds de commerce, leur titre, leur achalandage, les marchandises qui les constituent, sont meubles (Req. 13 mars 1888, D. P. 88. 1. 351).

36. Enfin il faut ranger parmi les droits mobiliers les offices ministériels, les droits de propriété littéraire et artistique et ceux qui sont attachés aux brevets d'invention et aux marques de fabrique.

§ 3. — *Signification des expressions* meubles, meubles meublants, *etc.* (R. 215 et s.; S. 50 et s.).

37. Le législateur a cru devoir préciser (Civ. 533 à 536) le sens de certains mots qui désignent, d'une manière plus ou moins générale, des choses mobilières : *meubles*, *meubles meublants*, *biens meubles*, *effets mobiliers*. Mais la signification assignée à ces expressions n'est pas toujours conforme à celle qu'on leur prête l'usage ; aussi, lorsque ces mots se trouvent employés dans des conventions ou des dispositions testamentaires, les tribunaux s'attachent plutôt à la véritable intention des parties qu'aux définitions légales.

38. Sans indiquer directement ce que comprend le mot *meubles*, la loi (art. 533) énumère un certain nombre d'objets qui ne sont pas compris dans cette expression lorsqu'elle est employée seule dans les dispositions de la loi ou de l'homme, sans autre addition ni désignation. Cette énumération

n'est pas limitative ; on y ajoute généralement divers autres objets, tels que les collections de tableaux ou de porcelaines qui peuvent se trouver dans des pièces ou galeries particulières, les portraits de famille, l'or ou l'argent en lingots, les montres ou bijoux, les animaux, etc. — D'ailleurs le mot *meubles*, dans plusieurs dispositions de la loi où il est employé seul, n'a pas le sens restreint que lui assigne l'art. 533 (V. notamment : Civ. 453, 805, 825, 2101, 2102, 2119 et 2279). — Lorsqu'il est mis en opposition avec le mot *immeubles*, le mot meubles comprend tous les biens, moins les immeubles.

39. Le mot meubles accompagné du mot *meublants* comprend seulement les meubles destinés à l'usage et à l'ornement des appartements tels que tapisseries, lits, sièges, glaces, pendules, tables, porcelaines et autres objets de cette nature (Civ. 534), tels que la batterie de cuisine, le linge de table, les bibliothèques, mais non l'argenterie. — Les objets d'art, tels que les tableaux et les statues, rentrent dans la catégorie des meubles meublants, à moins qu'ils ne soient placés dans des galeries ou des pièces particulières disposées exprès pour les recevoir.

40. D'après l'art. 535, § 1er, c. civ., les expressions *biens meubles*, *mobilier* ou *effets mobiliers* comprennent tout ce qui est réputé meuble, c'est-à-dire tout ce qui n'est pas immeuble; mais souvent les parties n'entendent pas donner à ces expressions une telle extension ; par exemple, un testateur, léguant son mobilier ou ses effets mobiliers, peut n'entendre léguer que les choses qui garnissent sa maison ou servent à son usage, à l'exclusion des créances et de l'argent comptant. Aussi y a-t-il là, avant tout, une question d'intention qu'il appartient au juge de résoudre souverainement, suivant les circonstances propres à chaque espèce. — La vente ou le don d'une maison meublée ne comprend que les meubles meublants (Civ. 535, § 2), à l'exclusion des meubles qui seraient seulement en dépôt dans la maison.

41. En principe, la vente ou le don d'une maison avec tout ce qui s'y trouve ne comprend pas l'argent comptant, ni les titres actives et autres dont les titres peuvent être déposés dans la maison (Civ. 536); toutefois, il peut en être autrement si les termes de l'acte révèlent chez le disposant la volonté de donner au legs ou à la vente une portée plus étendue. Ici encore il appartient aux juges d'apprécier souverainement la volonté des parties.

ART. 3. — DES BIENS DANS LEURS RAPPORTS AVEC CEUX QUI LES POSSÈDENT (R. 253 et s.; S. 55 et s.).

42. Envisagés dans leurs rapports avec ceux qui les possèdent, les biens se divisent en biens faisant l'objet d'un droit de propriété individuelle, c'est-à-dire appartenant à des particuliers, et en biens faisant l'objet d'un droit de propriété collective, c'est-à-dire appartenant à des personnes civiles (Civ. 537). Cette dernière catégorie comprend les biens du domaine public ou du domaine privé de l'État, des départements ou des communes, des établissements publics ou reconnus d'utilité publique, des sociétés commerciales ou civiles (V. *infrà*, *Domaine public*, *Établissements publics*, etc.).

BIGAMIE

(R. v° *Bigamie*; S. *eod.* v°)

1. La bigamie est l'état de la personne qui, déjà engagée dans les liens du mariage, en contracte un nouveau, avec un autre que son conjoint, avant la dissolution du premier mariage. — Les éléments constitutifs de ce crime sont : 1° l'existence d'un premier mariage ; 2° le fait d'en contracter un nouveau avant la dissolution du premier ; 3° le dol ou la mauvaise foi. Le crime de bigamie est puni des travaux forcés à temps (Pén. 340).

2. Le crime de bigamie suppose donc l'existence d'un premier mariage. Il faut, de plus, que ce mariage soit valable ; la nullité du premier mariage est exclusive du crime de bigamie, sans qu'il y ait à distinguer, suivant l'opinion qui paraît avoir prévalu, entre les nullités absolues et les nullités relatives. D'après la jurisprudence, la validité du premier mariage est une question préjudicielle que les tribunaux civils ont seuls compétence pour résoudre.

3. Il n'est pas besoin, pour l'application de l'art. 340, que la célébration du second mariage ait été consommée ; il suffit qu'elle ait été tentée dans les termes de l'art. 2 c. pén. (V. *infrà, Tentative*). Il y a tentative punissable dans le cas, notamment, où le second mariage serait nul par suite d'une irrégularité qui lui serait propre et qui ne résulterait pas de l'existence du premier mariage.

4. L'absence d'intention criminelle ou la bonne foi de la part de l'agent est exclusive du crime de bigamie, comme de tout autre crime. La bonne foi ne peut consister, de la part de l'accusé de bigamie, dans des considérations, quelque graves qu'elles fussent, qui ont pu le déterminer à un second mariage, mais dans l'opinion raisonnable, fondée sur de très fortes probabilités, qui l'ont porté à croire que son premier mariage était dissous : tel est le cas, notamment, où le second mariage aurait été contracté par le conjoint d'un *absent* (V. *suprà, Absence*, n° 42).

5. La loi considère comme complice l'officier public qui a prêté son ministère au second mariage, connaissant l'existence du premier ; mais la personne avec laquelle a été contracté par l'époux encore marié le nouveau mariage constitutif du crime de bigamie ne peut être poursuivie ni comme un complice ordinaire, ni en qualité de co-auteur.

6. La poursuite est exercée d'office, par le ministère public, à la différence de la poursuite pour adultère, qui est subordonnée à la plainte de l'époux envers lequel le délit a été commis. Dans certains cas, la poursuite du ministère public est irrecevable ; par exemple, dans le cas où il aurait d'abord poursuivi la nullité du second mariage devant les tribunaux civils en vertu de l'art. 184 c. civ. et aurait succombé dans cette demande en nullité, le maintien du second mariage impliquant forcément l'inexistence légale du premier et, dès lors, l'absence d'un des éléments constitutifs du crime de bigamie.

7. La bigamie n'étant pas un crime *successif*, la prescription est acquise au bout de dix années écoulées sans poursuites, à compter du jour où a été contracté le second mariage. Mais le ministère public peut toujours faire déclarer par la voie civile la nullité de ce second mariage.

BILLET A ORDRE

(R. v° *Effets de commerce* ; S. *eod.* v°).

ART. 1ᵉʳ. — DÉFINITION ET LÉGISLATION (R. 164 et s.; S. 60 et s.).

1. Le billet à ordre est un écrit par lequel une personne (le *souscripteur*) s'oblige à payer une somme d'argent à l'ordre d'une autre (le *bénéficiaire*). — Il n'est pas un acte de commerce par lui-même ; il ne l'est qu'à l'égard de ses signataires lorsqu'il a pour eux une cause commerciale, ou du moins présumée telle à raison de leur qualité de commerçant (V. *supra, Acte de com-*

merce, n° 34). — Et il n'y a pas à distinguer, sur ce point, suivant que le billet est payable, ou non, dans le lieu où il est souscrit : le *billet à domicile*, c'est-à-dire le billet à ordre fait d'une place sur une autre, est soumis aux mêmes règles que le billet à ordre ordinaire (L. 7 juin 1894, D. P. 94. 4. 54 ; Trib. civ. de Carcassonne, 25 juillet 1894, D. P. 94. 2. 550).

2. Les billets à ordre font l'objet des sections 2 et 3 du livre I, titre 8, du Code de commerce (art. 187 à 189).

ART. 2. — CONDITIONS DE VALIDITÉ.

§ 1ᵉʳ. — *Formes du billet à ordre* (R. 166 et s.; S. 62 et s.).

3. Le billet à ordre doit être signé par le souscripteur. Il n'est pas nécessaire que celui-ci l'écrive en entier de sa main ; mais, s'il n'est pas commerçant, il doit faire précéder sa signature d'un *bon* et *approuvé* portant en toutes lettres la somme pour laquelle il s'oblige (Civ. 1326). V. *infrà, Preuve*.

4. Le billet à ordre doit être daté et énoncer la somme à payer, le nom de celui à l'ordre de qui il est souscrit, l'époque du payement, et la valeur fournie au souscripteur par le bénéficiaire (Com. 188). — Sur la manière dont cette valeur doit être indiquée, V. *infrà, Lettre de change.*

5. Le billet à ordre qui ne contient pas toutes ces mentions est nul comme tel ; mais il n'en vaut pas moins comme simple promesse si la mention absente est de celles qui ne sont point indispensables pour la validité des obligations en général, si par exemple il a omis seulement d'indiquer l'époque du payement ou la valeur fournie. Le billet à ordre dégénère également en simple promesse lorsqu'il contient une supposition de nom ou de qualité (V. *infrà, Lettre de change*). Mais cette supposition ne peut être opposée au tiers porteur de bonne foi (Paris, 23 mars 1892, D. P. 92. 2. 240). — Il est, d'ailleurs, à remarquer que le billet à ordre dégénéré en simple promesse n'en reste pas moins transmissible par voie d'endossement s'il contient la clause à ordre.

6. Mais le billet à ordre qui manquerait de l'une des conditions essentielles à la formation des contrats serait, au contraire, radicalement nul ; il en serait ainsi, par exemple, d'un billet sans cause ou qui n'aurait qu'une cause illicite. Sont nuls, par suite, les billets de complaisance (V. *infrà, Effets de commerce*). Mais cette nullité ne peut, elle non plus, être invoquée à l'encontre d'un tiers porteur de bonne foi ; et, spécialement, le défaut de cause licite ne peut être opposé à ce dernier, si le billet énonce une cause licite (Paris, 23 mars 1892, précité). Elle peut l'être, au contraire, à l'encontre d'un tiers porteur de mauvaise foi, si ce tiers porteur savait, par exemple, que ce billet n'était qu'un billet de complaisance.

§ 2. — *Capacité* (R. 172 ; S. 64).

7. La capacité exigée pour souscrire un billet à ordre est celle requise pour les obligations civiles ou commerciales, suivant que ce billet est civil ou commercial. La jurisprudence déclare toutefois qu'il y a lieu d'étendre au billet à ordre l'art. 113 c. com., relatif à la lettre de change (V. *infrà, Lettre de change*), et de décider que la signature sur ce billet des femmes et des filles non négociantes ou marchandes publiques ne vaut, à leur égard, que comme simple promesse (Paris, 13 mars 1888, D. P. 89. 2. 135).

ART. 3. — TRANSMISSION DU BILLET A ORDRE.

8. La transmission du billet à ordre s'opère comme celle de la lettre de change (Com. 187). V. *infrà, Lettre de change.*

ART. 4. — GARANTIES SPÉCIALES DE PAYEMENT DU BILLET A ORDRE (R. 489 et s.; S. 200 et s.).

9. Des quatre garanties spéciales organisées par la loi pour la traite (V. *infrà, Lettre de change*), l'aval et la solidarité sont les deux seules qui existent pour le billet à ordre ; mais elles sont régies, dans un cas comme dans l'autre, par les mêmes dispositions (Com. 187) ; et, par suite, il suffit d'étendre ici les solutions données *infrà, eod.* v°, en appliquant au souscripteur du billet tout ce qui concerne l'accepteur de la traite.

10. Il en est ainsi même à l'égard des signataires du billet civilement obligés. Spécialement, ils sont tenus solidairement comme ceux qui sont obligés pour une cause commerciale ; un donneur d'aval, par exemple, est tenu solidairement avec celui pour qui il s'est engagé, alors même qu'il n'est pas commerçant et que le billet à ordre est purement civil (Montpellier, 18 déc. 1893, D. P. 94. 2. 455). — Toutefois l'art. 1326 c. civ., d'après lequel le souscripteur d'une obligation sous seing privé doit mettre un « bon pour » en toutes lettres avant l'acte qu'il souscrit, est applicable, alors du moins que l'aval du billet constitue un acte civil, c'est-à-dire quand l'engagement du signataire cautionné à lui-même une cause civile (V. *supra, Acte de commerce*, n° 34).

ART. 5. — PAYEMENT DU BILLET A ORDRE.

§ 1ᵉʳ. — *Époque, lieu et mode de payement* (R. 573 et s.; S. 244 et s.).

11. Les mêmes règles sont applicables ici qu'en matière de traite (Com. 187). V. *infrà, Lettre de change*. — Il va de soi seulement que le billet à ordre n'étant pas susceptible d'acceptation, le délai de vue part du jour de la simple présentation au débiteur, lorsque celui-ci est à un certain délai de vue (V. *infrà, eod.* v°).

§ 2. — *Personnes qui peuvent demander le payement (cas de perte du billet)* (R. 535 et s.; S. 224 et s.).

12. Comme pour la traite, le porteur du titre a seul qualité pour demander le payement (V. *infrà, Lettre de change*). — Les règles concernant le cas d'une lettre de change dont tous les exemplaires ont été perdus s'appliquent également en cas de perte d'un billet à ordre, alors même que ce billet aurait été souscrit par des non commerçants et pour une cause non commerciale. Par suite, celui qui prétend avoir perdu un billet à ordre peut en obtenir payement sur ordonnance du juge et moyennant caution ; il ne peut contraindre le souscripteur à lui donner un duplicata de ce titre (V. *infrà, Lettre de change*).

§ 3. — *Conditions de validité et effets du payement* (R. 535 et s., 560 et s.; S. 224 et s., 242 et s., 251).

13. Le payement régulièrement opéré par le souscripteur a pour effet de le libérer personnellement ainsi que tous les autres signataires du billet à l'égard du porteur. — Mais, pour être valable, ce payement doit être fait dans les conditions indiquées *infrà, Lettre de change.*

§ 4. — *Refus de payement* (R. 737 et s.; S. 313 et s.).

14. Il y a lieu d'étendre ici les règles exposées *infrà, Lettre de change*, et spécialement celles relatives au protêt, aux droits et devoirs du porteur, aux actions récursoires des coobligés et au payement par intervention (Com. 187). C'est ainsi, par exemple, que le porteur d'un billet à ordre a le droit de faire une saisie conservatoire dans les conditions indiquées *infrà, eod. v°*, et ce, même si ce billet a une cause civile. — Exception doit seulement être faite, bien entendu, pour celles de ces règles qui concernent l'acceptation ou la provision de la traite : il n'y a, en matière de billet à ordre, ni tiré ni tireur, mais un souscripteur, lequel est, à cet égard, dans la même situation que le tiré accepteur en matière de lettre de change (V. *infrà, Lettre de change*).

ART. 6. — MODES D'EXTINCTION AUTRES QUE LE PAYEMENT. — PRESCRIPTION (R. 811 et s.; S. 345 et s.).

15. Ici encore il y a lieu d'appliquer au billet à ordre les solutions données *infrà, Lettre de change.* — Toutefois, la prescription quinquennale n'est applicable qu'aux billets à ordre souscrits pour cause commerciale ou par des commerçants (Com. 189) : les arrêts tendent même à décider, d'accord avec les auteurs, qu'elle n'est pas applicable aux billets souscrits par des commerçants pour cause civile (Paris, 28 juill. 1898, D. P. 1900. 2. 25). — Mais ils admettent, d'autre part, que lorsque la prescription est invoquée par un des signataires, engagé commercialement, elle peut l'être même par ceux qui ne sont engagés que civilement.

ART. 7. — BILLET A ORDRE TIRÉ DE OU SUR L'ÉTRANGER (R. 876 et s.; S. 389 et s.).

16. Les principes qui régissent, sur ce point, la lettre de change (V. *infrà, Lettre de change*), sont également applicables au billet à ordre.

ART. 8. — COMPÉTENCE.

17. V. *infrà, Effets de commerce.*

ART. 9. — ENREGISTREMENT ET TIMBRE.

18. Les billets à ordre sont, comme tous autres effets négociables, assujettis au droit de timbre en raison des sommes qui en font l'objet (L. 13 brum. an 7, art. 14, R. v° *Enregistrement*, t. 22, p. 737). V. *infrà, Effets de commerce.*

19. Ils sont soumis au droit proportionnel de 0 fr. 50 pour cent, mais leur enregistrement n'est obligatoire qu'avec les prétêts qui en sont faits (L. 28 févr. 1872, art. 10, D. P. 72. 4. 12). Un notaire n'est donc pas obligé de faire préalablement enregistrer un billet à ordre pour pouvoir le mentionner dans un acte de son ministère. Il en serait autrement si le billet n'avait pas le caractère d'effet de commerce et n'était, au fond, qu'une simple reconnaissance de dette (Sol. admin. Enreg. 22 juill. 1864, D. P. 64. 3. 102; 12 mars 1891).

20. Les billets à ordre et autres actes de commerce unilatéraux ne peuvent être admis à l'enregistrement provisoire, au droit fixe, par application de l'art. 22 de la loi du 11 juin 1859 (D. P. 59. 4. 34), relatif à l'enregistrement des traités et marchés réputés actes de commerce (Circ. 18 juin 1859, D. P. 59. 3. 71).

21. L'affectation hypothécaire donnée pour sûreté du payement d'un billet à ordre constitue une obligation civile distincte de l'engagement commercial, et entraîne, à ce titre, la perception du droit proportionnel d'obligation de 1 pour cent.

BORNAGE

(R. v° *Bornage;* S. *eod. v°*).

1. Le bornage est l'opération qui a pour objet de fixer la ligne séparative de deux fonds de terre contigus, à l'aide de signes matériels appelés bornes. — Les textes relatifs au bornage sont : l'art. 646 c. civ. et l'art. 6-2° de la loi du 25 mai 1838 sur les justices de paix (R. v° *Compétence civile des tribunaux de paix*, p. 110).

§ 1er. — *De la nature et des conditions de l'action en bornage* (R. 9 et s.; S. 3 et s.).

2. Tout propriétaire peut obliger son voisin au bornage de leurs propriétés contiguës (Civ. 646).

3. L'action en bornage est *mixte;* elle participe à la fois de l'action réelle et de l'action personnelle (V. *suprà, Action,* 4 et s., 7 et s.). C'est une action *pétitoire,* même lorsqu'elle est de la compétence du juge de paix, et elle ne doit pas être confondue avec l'action pour déplacement ou suppression de bornes. — Elle diffère de l'action en revendication en ce que le demandeur est seulement tenu d'établir que la contenance respective des terrains contigus est, comparée aux titres réciproquement produits, en déficit chez lui et en excédant chez le voisin, sans être tenu de prouver son droit de propriété à l'encontre du défendeur; tandis que dans l'action en revendication, au contraire, le demandeur doit prouver son droit de propriété d'une manière spéciale et directe. Dans l'action en bornage, la fixation des limites peut être faite contrairement à la possession actuelle des parties, même à l'aide de documents ou signes matériels qui seraient insuffisants pour faire réussir contre le possesseur une revendication de propriété.

4. Pour que l'action en bornage puisse être intentée, il faut : 1° qu'il s'agisse de *fonds ruraux,* c'est-à-dire d'immeubles non bâtis, ou tout au moins que l'un des deux fonds ne soit pas surbâti; ... 2° que les fonds soient *contigus,* il ne doit pas considérer comme contigus des fonds séparés par un cours d'eau, même non navigable ni flottable, puisque la loi du 8 avr. 1898, art. 3 (D. P. 98. 4. 136), attribue la propriété d'un tel cours d'eau, pour moitié, à chacun des riverains (Civ. c. 11 déc. 1901, D. P. 1902. 1. 353). D'ailleurs, quand il ressort de l'examen des titres que les deux voisins n'ont pas leur contenance respective, la mise en cause d'un autre voisin non contigu peut être ordonnée et même prononcée d'office; de sorte que, par suite de recours successifs , la délimitation peut s'étendre à tous les ténements dont dépendent les propriétés à borner (Civ. r. 22 janv. 1902, D. P. 1902. 1. 293); ... 3° que les fonds appartiennent à des *propriétaires différents;* ... 4° qu'il n'existe pas de bornes entre ces fonds. L'existence de haies, barrières ou constructions formant clôture ne met pas obstacle à l'action en bornage si ces clôtures n'ont pas été établies contradictoirement entre les intéressés, et ne présentent pas les caractères des bornes usitées (Civ. c. 30 déc. 1818, R. p. 314). L'action peut être intentée alors même qu'il n'existe aucune contestation sur les limites des deux propriétés, dans le seul but de faire établir les bornes; ... 5° que les fonds soient l'objet d'un droit de propriété privée, ou fassent partie du domaine privé de l'État, des départements et des communes.

5. Sur la délimitation ... des fonds dépendant du domaine public, V. *infrà, Domaine public;* ... des terrains militaires et des zones de défense, V. *infrà, Place de guerre;* ... des routes et des chemins vicinaux et ruraux, V. *infrà, Voirie;* ... des rivages de la mer, V. *infrà, Domaine public;* ... des cours d'eau, V. *infrà, Eaux;* ... des forêts domaniales et communales, V. *infrà, Forêts.*

§ 2. — *Par qui et contre qui peut être intentée l'action en bornage* (R. 22 et s.; S. 13 et s.).

6. L'action en bornage peut être exercée par quiconque a un *droit réel* sur l'im-

meuble, notamment par le propriétaire, ... l'usufruitier, ... le nu propriétaire, ... l'emphytéote, ... l'usager, ... le copropriétaire par indivis; ... mais non par le fermier ou locataire, ... ni par l'envoyé en possession provisoire sans autorisation de justice.

7. Il y a controverse sur le point de savoir si l'action en bornage peut être intentée par le mari, lorsque son contrat de mariage lui donne l'administration des immeubles de sa femme; ... par le tuteur du mineur ou de l'interdit, sans l'autorisation du conseil de famille; ... par le mineur émancipé sans assistance de son curateur. — En ce qui concerne les actions en bornage intéressant les départements, les communes, V. *infrà, Commune, Organisation administrative.* — Les personnes qui ont qualité pour intenter l'action en bornage ont également qualité pour y défendre.

§ 3. — *Compétence* (R. 26 et s.; S. 19 et s.).

8. L'action doit être portée devant le juge de paix de la situation des lieux, quand la propriété ou les titres qui l'établissent ne sont pas contestés, et, dans le cas contraire, devant le tribunal civil de l'arrondissement (L. 25 mai 1838, art. 6, § 2).

9. Encore faut-il, pour que le juge de paix cesse d'être compétent, que la contestation soulevée soit sérieuse (Req. 3 mars 1903, D. P. 1903. 1. 304), et qu'elle n'ait pas exclusivement pour but d'entraver l'œuvre à laquelle il est procédé (Civ. r. 20 déc. 1899, D. P. 1900. 1. 132). Ce magistrat n'est donc pas tenu de se déclarer incompétent si, en définitive, la contestation ne constitue qu'un moyen dilatoire (Req. 7 févr. 1899, D. P. 99. 1. 301). A plus forte raison garde-t-il le droit de connaître d'une action en bornage, quoique les parties aient formulé dans l'expertise des prétentions opposées quant au bornage à opérer, si le désaccord est né seulement au sujet de la détermination matérielle de la ligne divisoire des deux fonds, sans aucune contestation soit sur le droit respectif de propriété, soit sur les titres, qui n'étaient même pas invoqués, ni produits (Civ. r. 5 janv. 1892, et Req. 6 déc. 1898, D. P. 92. 1. 135 et 98. 1. 572). De même, dans une instance en bornage, les recherches de la ligne divisoire par l'application de titres non contestés rentre dans la compétence du juge de paix, alors même que ces titres sont l'objet d'une interprétation nécessaire; il peut ainsi décider que la ligne divisoire des deux propriétés doit être fixée d'après l'état ancien d'un ruisseau au moment où le titre produit a été créé, et non pas d'après l'état actuel et nouveau de ce même cours d'eau au moment du bornage (Civ. r. 25 avr. 1894, D. P. 96. 1. 12).

10. Mais le juge de paix qui, au cours d'une instance en bornage, décide qu'un fossé, dont l'une des parties revendiquait la propriété exclusive, est mitoyen, tranche une question de propriété qui excède les limites de sa compétence (Civ. c. 10 mars 1897, D. P. 97. 1. 328). Pareillement, la contestation entre deux voisins qui, d'après les termes de l'assignation, porte sur la propriété d'une bande de terrain déterminée à laquelle chacun prétend, et qui soumet aux juges l'appréciation d'un titre dont l'autorité, invoquée par l'un des plaideurs, est niée par l'autre, constitue, quand même le but final du litige est l'abornement des terrains contigus, une action en revendication, et non une simple action en bornage; elle échappe donc à la compétence du juge de paix (Req. 21 mars 1892, D. P. 92. 2. 248). Il y a également contestation de propriété, qui n'est pas action en reconnaissance de bornes, dans le litige qui porte sur une parcelle de terrain que l'un des contestants revendique en invoquant les données d'un bornage antérieur (Civ. c. 26 juin 1888, D. P. 88. 1. 480).

11. La compétence du tribunal civil comme juge d'appel en matière de bornage est renfermée dans les mêmes limites que celle du juge de paix (Req. 7 mars 1900, D. P. 1902. 1. 495).

§ 4. — *Procédure* (R. 30 et s.; S. 23 et s.).

12. Deux hypothèses peuvent se présenter : 1° les parties sont d'accord sur la limite de leurs héritages, et il s'agit seulement de fixer cette délimitation par des bornes ; cette hypothèse se réalise notamment lorsque, au cours d'une instance devant le juge de paix (par exemple, dans une action possessoire), les parties tombent d'accord pour mettre fin au procès et font, à titre de transaction, une convention de bornage par laquelle elles s'entendent sur la délimitation de leurs héritages. En pareil cas, le juge de paix leur donne acte de ce qu'elles reconnaissent que la ligne séparative de leurs propriétés se trouve à tel point fixe qu'il indique dans son jugement. Il se transporte ensuite sur les lieux, accompagné des parties, avec ou sans experts, et fait planter des bornes sur la ligne divisoire indiquée par son jugement. Procès-verbal circonstancié de cette opération est dressé par le greffier avec désignation des bornes, des témoins, etc.; — 2° sans contester la propriété ni les titres, les parties ne sont pas d'accord sur les limites de leurs fonds. Le juge de paix se fait remettre les titres des parties et ordonne l'arpentage des pièces par des experts qu'il désigne. Au jour indiqué par son jugement, il se transporte sur les lieux avec les parties et les experts qui procèdent à l'arpentage. Après avoir reçu le rapport des experts et, s'il est nécessaire, opéré une nouvelle descente sur les lieux, le juge de paix fixe les limites des propriétés et ordonne la plantation des bornes. Procès-verbal circonstancié de cette opération est dressé.

13. Dans l'action en bornage, toutes les parties sont respectivement demanderesses, et chacune d'elles doit faire la preuve de ses prétentions. — S'il existe un titre émané de l'auteur commun des parties, le juge doit s'y conformer, à moins que les limites n'aient été modifiées par une convention ultérieure. A défaut d'un tel titre, on admet que chaque partie peut invoquer tout autre titre écrit, alors même que son adversaire n'y aurait pas figuré, sauf au juge à y avoir tel égard que de raison.

14. La prescription trentenaire l'emporte sur les titres ; le bornage doit être fait dans les limites de la possession actuelle, lorsqu'elle est assez ancienne pour que la prescription soit acquise. — Lorsque la possession n'est pas assez ancienne pour fonder la prescription, il n'y a pas lieu de s'y attacher uniquement : on doit consulter les documents publics ou privés, la configuration des lieux et les accidents du terrain, et notamment les titres anciens ou nouveaux, même n'émanant pas d'un auteur commun, les anciens plans et états de section, le cadastre, les signes de délimitation, les traces de culture et autres moyens de vérification, et comparer tous ces moyens avec la possession (Civ. r. 5 janv. 1892, D. P. 92. 1. 135).

15. Le jugement sur l'action en bornage doit : 1° fixer la ligne divisoire des héritages suivant les droits reconnus des parties ; 2° prescrire la plantation des bornes sur cette ligne ; 3° ordonner la restitution des fruits en faveur de celui auquel la délimitation rend une partie de son terrain, si le possesseur a été de mauvaise foi, conformément aux art. 549 et s. c. civ.

16. Aux termes de l'art. 646, « le bornage se fait à frais communs. » Conformément à cette disposition, les frais d'achat et de plantation des bornes se partagent par moitié entre les propriétaires intéressés. Quant aux frais d'arpentage, ils doivent, suivant l'opinion dominante, être répartis entre les propriétaires proportionnellement à la contenance de leurs fonds. — Si des contestations sont soulevées pendant l'opération, les frais qu'elles occasionnent sont supportés par la partie qui succombe dans le jugement de ces contestations (Pr. 130). — Les autres frais de l'action en bornage se répartissent également entre tous les intéressés.

§ 5. — *Enregistrement et timbre.*

17. Les jugements des juges de paix en matière de bornage sont soumis au droit fixe minimum de 1 franc, à moins qu'ils ne renferment des dispositions passibles d'un droit proportionnel plus élevé (L. 26 janv. 1892, art. 11 et 17, § 1er, D. P. 92. 4. 9). — Il n'est dû qu'un seul droit fixe, quelque soit le nombre des parties en cause et des dispositions indépendantes et non sujettes au droit proportionnel (même loi, art. 11).

18. Les procès-verbaux de bornage sont assujettis au droit fixe de 3 francs (L. 28 avr. 1816, art. 43, § 16, R. v° *Enregistrement*, t. 21, p. 39; 28 févr. 1872, art. 4, D. P. 72. 4. 12). — Le procès-verbal de bornage dressé à la requête d'un seul propriétaire n'est passible que d'un seul droit, quelque soit le nombre des propriétaires riverains ayant concouru à l'opération (Sol. admin. Enreg. 16 janv. 1866, D. P. 67. 3. 64).

BOURSE DE COMMERCE

(R. v° *Bourse de commerce;* S. eod. v°).

§ 1er. — *Définition et législation* (R. 4 et s.; S. 5 et s.).

1. Légalement, les bourses de commerce sont des réunions de commerçants et d'intermédiaires qui, sous l'autorité du Gouvernement, se tiennent à des jours et à des heures fixes, dans des endroits déterminés, pour y conclure des opérations et constater le cours des marchandises et des valeurs (Com. 71). — Dans la pratique, le mot *bourse* s'emploie souvent aussi pour désigner le lieu où se tiennent ces réunions.

2. Les bourses de commerce sont régies par la loi du 28 vent. an 9 (R. p. 415), par deux arrêtés, l'un du 29 germ. an 9 et l'autre du 27 prair. an 10 (*ibid.*, p. 415 et 416), et par les art. 71 à 73 c. com. (livre 1er, titre 5, section 1re).

§ 2. — *Établissement des bourses* (R. 131 et s.; S. 23).

3. Le Gouvernement seul peut établir des bourses de commerce. Il peut en établir partout où il le juge convenable (L. 28 vent. an 9, art. 1er). Il a toujours, d'autre part, le droit de les supprimer.

4. L'administration des bourses de commerce est confiée aux Chambres de commerce existant dans le lieu où les bourses siègent. Un arrêté préfectoral désigne le local affecté à la tenue de la bourse (L. 9 avr. 1898, art. 20, D. P. 99. 4. 12). Exception est faite pour les bourses des valeurs de Paris, dont la Ville est propriétaire (L. 17 juin 1829, R. 49) et qu'elle fait administrer par la direction des services municipaux.

§ 3. — *Opérations des bourses* (R. 136 et s.; S. 24 et s.).

5. Les opérations qui peuvent être faites dans les bourses sont : la vente des matières métalliques, la vente de toute espèce de marchandises, les assurances maritimes, l'affrètement des navires, les transports par terre et par mer, les négociations de valeurs mobilières (Com. 72 et 76).

6. Ces opérations se divisent, en fait, en deux grandes catégories : 1° celles qui portent sur les valeurs mobilières, et auxquelles on réserve habituellement le nom d'opérations de bourse ; 2° celles qui portent sur tout autre objet : marchandises, assurances, etc. — Ces deux classes d'opérations se font rarement dans les mêmes réunions, mais dans des réunions qui se tiennent à des heures différentes et parfois même, comme à Paris, dans des locaux différents : on appelle alors plus spécialement *bourse des valeurs* la réunion dans laquelle se font les opérations relatives aux valeurs mobilières, et *bourse de marchandises,* et même, plus simplement, *bourse de commerce,* celle où ont lieu les autres opérations. En outre, les intermédiaires par lesquels peuvent être faites ces diverses opérations ne sont pas les mêmes : ce sont, pour les valeurs mobilières, les agents de change ; pour les autres opérations, les courtiers (V. suprà, *Agent de change,* nos 13 et s., et infrà, *Courtier*).

7. Les bourses de valeurs mobilières sont elles-mêmes de deux catégories, suivant qu'elles sont ou non munies d'un *parquet :* on appelle de ce nom un lieu séparé et placé à la vue du public, dans lequel les agents de change se réunissent pour la négociation des valeurs mobilières. — Il ne peut exister de parquet que dans les bourses comportant au moins six offices d'agents de change (Décr. 7 oct. 1890, art. 15, D. P. 91. 4. 79). Le parquet est créé en vertu d'un décret rendu sur la proposition du ministre des Finances et du ministre du Commerce et de l'Industrie, après avis des agents de change réunis en assemblée générale, du Conseil municipal, du Tribunal de commerce ou de la Chambre de commerce, s'il n'y a pas de Chambre de commerce, de la Chambre consultative des arts et manufactures, du sous-préfet et du préfet (même article). Les mêmes formalités sont applicables à la suppression d'un parquet existant (art. 16). Il y a actuellement sept bourses munies de parquet : ce sont celles de Paris, Lyon, Marseille, Bordeaux, Lille, Toulouse et Nantes.

8. Le résultat des négociations et des transactions qui s'opèrent dans la bourse détermine le cours du change, des marchandises, des assurances, du fret ou nolis, du prix des transports par terre ou par eau, des effets publics et autres valeurs mobilières (Com. 72). — Ces divers cours sont constatés par les agents de change et les courtiers (V. suprà, *Agent de change,* n° 35, et infrà, *Courtier*).

§ 4. — *Police des bourses* (R. 150 et s.; S. 31 et s.).

9. La police des bourses appartient au préfet de police à Paris, et au maire dans les départements. — Un règlement de police indique, notamment, les heures d'ouverture et de fermeture de la bourse. Il est défendu de s'assembler ailleurs qu'à la bourse et à d'autres heures que celles fixées par le règlement de police, pour proposer et faire des négociations, à peine de destitution des agents de change ou courtiers qui auraient contrevenu, et, pour les autres individus, sous les peines portées par la loi contre ceux qui s'immiscent dans les négociations sans titre légal (Arr. 27 prair. an 10, art. 3). — Sur ces peines, V. suprà, *Agent de change,* n° 15, et infrà, *Courtier.*

10. Tous les Français, jouissant ou non de leurs droits politiques, et même les étrangers, ont, en principe, la droit d'entrée à la bourse (Arr. 27 prair. an 10, art. 1er). Ce droit n'est refusé qu'1° aux femmes même commerçantes ; ... 2° aux mineurs non commerçants ; ... 3° aux individus condamnés à des peines afflictives ou infamantes ; ... 4° aux faillis et aux liquidés judiciaires non réhabilités ; ... 5° à tous ceux qui, ayant été condamnés pour immixtion dans les fonctions d'agent de change ou de courtier, ont été privés du droit d'entrer à la bourse par décision du maire ou du préfet de police (même arrêté, art. 5).

BREVET D'INVENTION

(R. v° *Brevet d'invention*; S. *eod. v°*).

ART. 1ᵉʳ. — DÉFINITION ET LÉGISLATION (R. 2 et s.; S. 1 et s.).

1. On appelle brevet d'invention le titre délivré par le Gouvernement à celui qui prétend avoir fait une découverte ou une invention industrielle et veut s'assurer, sous diverses conditions et pour un certain temps, le droit exclusif d'exploiter cette découverte ou invention. Le brevet consiste dans un arrêté du ministre du Commerce constatant la régularité de la demande. — Au point de vue des effets du brevet, des conditions de sa validité, des formes de la demande et de la délivrance, il n'existe qu'une catégorie de brevets. Cependant le terme *brevet de perfectionnement* s'est conservé pour désigner plus particulièrement celui que prend un inventeur déjà breveté pour garantir les perfectionnements qu'il apporte à l'invention faisant l'objet de son premier brevet et pour lequel il a, relativement à la demande de brevet principal qui serait formée par un autre inventeur, et sous certaines conditions, un droit de préférence (V. *infra*, n° 52). A part cette différence, rien ne distingue un brevet de perfectionnement d'un brevet d'invention (V. cependant, pour les certificats d'addition, *infra*, nᵒˢ 52 et s.). — C'est seulement l'obtention d'un brevet valable qui confère à l'inventeur ce droit exclusif d'exploitation : le seul fait de l'invention ne confère aucun privilège à son auteur.

2. Les principales dispositions législatives relatives aux brevets d'invention sont : la loi du 5 juill. 1844 (R. p. 562), qui constitue le texte fondamental de la matière ; l'arrêté du 21 oct. 1848 (D. P. 48. 4. 189), qui a réglé l'application de la loi de 1844 aux colonies ; la loi du 23 mai 1868 (D. P. 68. 4. 67), relative à la garantie provisoire des inventions brevetables admises aux expositions publiques autorisées par l'Administration ; la loi du 9 juill. 1901 (D. P. 1901. 4. 100), ayant pour objet l'organisation et le fonctionnement, au Conservatoire national des arts et métiers, d'un office national des brevets d'invention et des marques de fabrique ; la loi du 7 avr. 1902 (D. P. 1902. 4. 50), complétée par les arrêtés du ministre du Commerce du 31 mai 1902 (D. P. 1902. 4. 52) et du 11 août 1903 (D. P. 1903. 4. 46), modifiant les art. 11, 24 et 32 de la loi du 5 juill. 1844, le dernier de ces articles déjà modifié, sur un point de détail, par la loi du 31 mai 1856 (D. P. 56. 4. 59). — A ces divers actes législatifs, il faut ajouter la convention internationale de Paris du 20 mars 1883, rendue exécutoire en France par décret du 8 juill. 1884 (D. P. 84. 4. 116), modifiée par l'acte additionnel de Bruxelles du 14 déc. 1900, promulgué en France par décret du 26 août 1902 (D. P. 1903. 4. 46), par laquelle les pays contractants se sont constitués à l'état d'Union pour la protection de la propriété industrielle, et qui apporte des dérogations à la législation française en matière de brevets. Les pays faisant actuellement partie de l'Union sont, outre la France, la Belgique, le Brésil, le Danemark, la République dominicaine, l'Espagne, les États-Unis d'Amérique, l'Angleterre, l'Italie, le Japon, les Pays-Bas, le Portugal, la Serbie, la Suède, la Norvège, la Suisse et la Tunisie. La convention porte, d'une façon générale, que les sujets ou citoyens de chacun des États contractants jouiront, dans les autres États de l'Union, des mêmes droits et avantages que les nationaux, et les assimile aux sujets ou citoyens des États contractants les citoyens ou sujets d'États non contractants domiciliés, ou ayant des établissements industriels ou commerciaux sérieux, sur le territoire de l'un des États de l'Union.

ART. 2. — CARACTÈRES DE L'INVENTION BREVETABLE.

3. Pour qu'un brevet puisse être valablement obtenu, il faut : 1° qu'il se rapporte à une *invention* ou *découverte* ; 2° que cette invention ou découverte soit *nouvelle* ; 3° qu'elle ait un caractère *industriel* ; 4° qu'elle soit *licite*.

§ 1ᵉʳ. — *Existence d'une découverte ou invention* (R. 42 et s.; S. 24 et s.).

4. L'*invention* est l'action de trouver une chose qui n'existait pas auparavant ; la *découverte* est l'action de mettre en lumière une chose existante, mais non encore observée. L'invention et la découverte confèrent à leur auteur des droits identiques. Il n'y a ni invention ni découverte dans le fait d'avoir remis en usage des objets ou procédés connus, mais abandonnés.

5. Toute invention donne droit à l'obtention d'un brevet, quelque minime que puisse être ou paraître son importance pratique (Cr. c. 19 déc. 1895, D. P. 96. 1. 165). Le défaut d'utilité d'une invention ne peut influer que sur la fixation des dommages-intérêts à prononcer contre le contrefacteur. C'est ainsi qu'il a été jugé qu'un brevet d'invention, portant sur la simplification dans le mécanisme employé pour faire parler les poupées, ne peut être déclaré nul par cela seul que la modification apportée au mécanisme est peu importante. De même, les imperfections de l'invention ne sauraient empêcher d'être brevetée : les défectuosités d'un appareil ne peuvent suffire à le faire déclarer non brevetable.

6. Les inventions et découvertes susceptibles d'être brevetées peuvent consister soit dans de nouveaux produits industriels, soit de nouveaux moyens industriels pour obtenir des produits déjà en circulation, soit des applications nouvelles des moyens connus pour l'obtention de produits ou de résultats industriels (L. 5 juill. 1844, art. 2). L'invention a porté sur un produit nouveau, quand elle a obtenu, pour la première fois, de la soude ; sur un moyen nouveau quand, postérieurement, elle a retiré la soude du sel marin à l'aide de l'acide sulfurique ; sur une application nouvelle de moyens connus, lorsqu'elle a appliqué la vapeur, déjà connue, au blanchiment des tissus de fil, déjà pratiqué par d'autres procédés.

7. 1° *Produit nouveau.* — Il ne faut pas confondre le produit industriel et le *résultat* industriel. Le mot *produit* s'entend surtout d'un corps déterminé, susceptible d'entrer dans le commerce : celui qui, le premier, a fabriqué du papier a inventé un produit industriel. Le mot *résultat* s'entend de tout avantage obtenu dans la production, relativement à la qualité, la quantité ou à la diminution des frais : il y a eu obtention d'un résultat nouveau dans la découverte d'un procédé pour souder le plomb par le plomb à l'aide du chalumeau, parce que le soudage était précédemment obtenu par des procédés plus dispendieux et plus compliqués. — Cette distinction est importante, car le produit nouveau est toujours brevetable, tandis que le résultat ne l'est pas en lui-même, indépendamment du moyen qui le produit : un brevet pris à raison de l'obtention d'un résultat industriel nouveau par un certain moyen n'empêche donc pas un tiers d'obtenir le même résultat par un autre moyen ; d'autre part, le résultat nouveau obtenu par une plus grande habileté d'exécution, mais sans moyen industriel nouveau, n'est pas brevetable.

8. Pour qu'un produit soit nouveau, il n'est pas nécessaire qu'il n'ait jamais eu de similaires ; il suffit qu'il se distingue des similaires par des caractères nouveaux et essentiels. Mais quand y a-t-il véritablement transformation d'un produit déjà connu? Quand y a-t-il simple amélioration, ne constituant qu'un résultat industriel? On peut poser la règle suivante : pour qu'un produit soit nouveau, il faut qu'il se distingue des similaires autrement que par une amélioration, même considérable, des qualités que les similaires possédaient déjà, ne fût-ce que d'une manière imparfaite ; il faut qu'il possède des qualités qui lui soient propres et qui ne se trouvent à aucun degré dans les produits similaires. Par exemple, un drap qui, par un apprêt particulier, présente l'aspect et le toucher du velours, constitue un produit nouveau : il y aurait, au contraire, un simple résultat industriel nouveau dans la fabrication d'un drap qui, en ayant plus de solidité que les draps antérieurs, conserverait l'aspect et le toucher ordinaire du drap.

9. 2° *Moyen nouveau.* — Par moyen nouveau, on entend tout agent, organe ou procédé nouveau : les agents sont plus spécialement les moyens chimiques ; les organes sont plus spécialement les moyens mécaniques ; les procédés sont des manières diverses de mettre en œuvre et de combiner les moyens soit chimiques, soit mécaniques. Il n'est pas nécessaire, pour que l'invention d'un moyen nouveau soit brevetable, qu'elle aboutisse à un résultat industriel nouveau ; il suffit que la manière d'obtenir ce résultat soit nouvelle (Cr. c. 2 mars 1894, D. P. 95. 1. 339). Ainsi, sont brevetables le perfectionnement apporté à un appareil ou à un outil tombé dans le domaine public ; l'emploi de la *toluidine* au lieu de l'*aniline* pour la production de la matière colorante rouge, etc. Celui qui invente des moyens nouveaux d'obtenir des produits ou résultats déjà connus est libre de se faire garantir par un brevet, soit l'exploitation exclusive de ces nouveaux procédés, quels qu'en puissent être les produits ou résultats, soit seulement leur emploi à l'obtention de certains produits ou résultats déterminés.

10. 3° *Application nouvelle de moyens connus.* — La nouveauté d'une invention peut résider, non dans le moyen lui-même, mais dans l'application nouvelle qui en est faite. Appliquer d'une manière nouvelle, c'est simplement employer des moyens connus, sans même y rien changer, pour en tirer un résultat différent de celui qu'ils avaient produit jusque-là. Ainsi, un système d'ouverture des portières de voitures, par des moyens connus, mais non encore appliqués à cet usage spécial, peut faire l'objet d'un brevet. — Peu importe la nature du moyen employé. Ainsi on peut breveter l'emploi d'un agent naturel, tel que l'eau, ou l'application d'une loi de la nature ou d'un principe scientifique à la condition, toutefois, que cet emploi ou cette application résultent de procédés nouveaux ou de combinaisons nouvelles pouvant produire des résultats industriels utiles : on a, par exemple, considéré comme brevetable l'emploi, pour la fabrication du sucre, d'une quantité de chaux et d'un degré de calorique autres que ceux employés jusque-là, parce que cet emploi, bien que ne se manifestant pas par un organe extérieur, consistait dans une combinaison nouvelle d'agents chimiques connus. Au contraire, on a considéré comme non brevetable la décantation, par l'emploi de sels métalliques, à l'aide de laquelle on effectue, dans les fosses d'aisances elles-mêmes, la séparation des liquides et des solides, parce qu'il s'agissait là d'un phénomène naturel produisant un résultat par sa propre nature et sans intervention d'aucun procédé particulier.

11. Pour qu'une application nouvelle de procédés soit brevetable, il n'est pas nécessaire que le résultat produit soit nouveau ; il suffit que les moyens employés n'aient jamais servi à obtenir le résultat que cette fois ils donnent; pour juger si une application est nouvelle, il faut se demander uniquement si les moyens employés l'ont été auparavant dans le même but, en vue du même résultat, pour la même fonction; s'ils n'ont jamais eu la destination qu'on leur donne, il y a application nouvelle.

12. L'application nouvelle de moyens connus peut consister d'abord dans l'emploi de procédés et appareils connus. Tout emploi de procédés ou appareils connus peut faire l'objet d'un brevet s'il produit un résultat industriel, que cet emploi se réalise par le transport des procédés ou appareils d'une industrie dans une autre, ou par des changements de forme, de proportions, de matière, etc. : ainsi, l'emploi, comme agent de pression, d'un appareil qui n'avait été antérieurement employé que comme appareil élévatoire constitue une invention brevetable, alors que, de cette manière de l'utiliser, il résulte un avantage industriel sérieux. — L'application doit, d'ailleurs, être réputée nouvelle, bien que l'objet qui constitue le moyen connu ait déjà joué le même rôle, si le but poursuivi et le résultat industriel sont différents : il a été jugé, en ce sens, que, bien que la bobine d'induction eût déjà été employée dans les télégraphes harmoniques (appareils transmetteurs des sons musicaux), son application aux téléphones articulants (appareils transmetteurs de la parole) constitue une innovation brevetable, parce qu'elle permet la création de réseaux téléphoniques transmettant à grande distance la parole articulée (Paris, 19 févr. 1891, D. P. 91. 2. 83). Au contraire, il n'y a pas application nouvelle quand le moyen, même appliqué à un autre objet ou à une matière différente, ne donne, par cet emploi, que les résultats qu'on en obtenait antérieurement; c'est que la comparaison entre les résultats obtenus par l'invention et les résultats qu'on obtenait antérieurement que doit se décider la question de savoir s'il y a application nouvelle.

13. L'application nouvelle de moyens connus peut consister aussi, et consiste le plus souvent, dans une combinaison nouvelle d'éléments et de moyens connus : une telle combinaison est brevetable chaque fois que, par la réunion des éléments dont elle se compose, on obtient un résultat différent de celui qu'aurait procuré l'emploi séparé des mêmes éléments (Req. 26 oct. 1896, D. P. 97. 1. 390), ce résultat consistât-il simplement dans une accélération, une simplification ou une diminution du prix de la production. Il y a eu, par exemple, application nouvelle : dans la réunion dans deux opérations mécaniques du décatissage et du ramage, dans le but d'accomplir le ramage au moment où l'étoffe se trouve sous l'action de la vapeur du décatissage; ou, d'une façon plus générale, dans la combinaison nouvelle de procédés connus pour la fabrication d'un produit également connu, si elle a pour résultat l'obtention plus rapide, plus simple et moins coûteuse du produit (Paris, 10 janv. 1901, D. P. 1901. 2. 438); ou dans la combinaison d'éléments déjà connus appliqués pour la première fois à un instrument et produisant un perfectionnement notable.

14. Par contre, il n'y a pas application nouvelle dans la combinaison d'éléments connus ne produisant que des résultats déjà obtenus antérieurement, notamment dans la réunion de deux organes connus non susceptibles d'amener un résultat sérieux; ainsi n'est pas brevetable le procédé consistant à enfermer des pelotes de fil dans des boîtes ou capsules percées d'un trou pour faciliter le dévidage sans enchevêtrement et assurer la préservation du fil de tout contact extérieur et de l'influence de l'air, si le même

résultat est obtenu par d'autres boîtes ou capsules tombées dans le domaine public. — Une modification de détail dans l'application d'un procédé connu (par exemple, celui qui consiste à rendre les plafonds souples et incassables par l'emploi d'une toile recouverte d'une mince couche de plâtre), alors même qu'elle permet d'obtenir un résultat meilleur, ne constitue qu'une habileté de mise en pratique, et non une invention brevetable (Dijon, 5 juin 1899, D. P. 1900. 2. 214).

15. Il faut, pour l'appréciation de la combinaison, ne pas considérer isolément ses éléments; la combinaison doit être appréciée dans son ensemble : une combinaison est nouvelle, bien que chacun de ses éléments soit dans le domaine public, s'ils n'ont jamais été réunis de la même manière et dans le même but. Un appareil ne peut donc être déclaré non brevetable par le seul motif que chacun des organes qui le composent était antérieurement connu, la combinaison de ces organes pouvant constituer un procédé nouveau susceptible d'être breveté.

§ 2. — *Nouveauté de la découverte ou invention* (R. 58 et s. ; S. 36 et s.).

16. Pour être brevetable, l'invention doit être *nouvelle*, et ce caractère lui fait défaut lorsque, antérieurement au dépôt de la demande de brevet, elle a reçu, en France ou à l'étranger, une publicité suffisante pour pouvoir être exécutée (L. 5 juill. 1844, art. 31). Mais les faits de publicité qui se seraient produits entre la demande et la délivrance du brevet laissent intacte la nouveauté de l'invention.

17. La question de savoir si la publicité a été, ou non, suffisante pour que l'invention pût être exécutée est une question de fait qui ne peut être résolue que suivant les circonstances de chaque espèce, et qui rentre dans l'appréciation souveraine des juges du fond (Req. 7 mai 1902, D. P. 1902. 1. 287). Toutefois, on peut poser en principe que la publicité ne consiste pas nécessairement dans la connaissance effective, mais plutôt dans la possibilité qu'avait le public d'acquérir cette connaissance. Aussi la communication de l'invention, même à une seule personne, pourrait-elle, dans certains cas, constituer une divulgation suffisante, entraînant la nullité du brevet. Mais, pour que la publicité puisse avoir l'effet d'annuler le brevet, il faut qu'il y ait identité entre l'objet qui a reçu la publicité et l'objet breveté. L'identité doit être appréciée quant aux éléments essentiels des objets : ainsi des différences de détail n'empêchent pas l'identité d'exister, dès lors qu'elle est constatée sur tous les points essentiels; par contre, l'identité n'existe pas si elle n'affecte que des points accessoires.

18. Tous les faits qui ont rendu possible l'exécution de l'invention sont constitutifs de publicité qui met obstacle à la validité de brevet; on a coutume de les appeler des *antériorités*. Les faits suivants se doivent donc être considérés que comme des exemples.

19. 1° *Communications verbales ou écrites à un tiers.* — L'antériorité peut résulter de communications faites, soit verbalement, soit par correspondance (dans une lettre commerciale, par exemple), à une personne à qui le secret n'aura pas été demandé, ou même à une personne qui a violé le secret qui lui était demandé, sauf la responsabilité de cette dernière envers l'inventeur. — Sur la divulgation frauduleuse, V. *infrà*, n° 30.

20. 2° *Description dans un ouvrage, un recueil, un mémoire adressé à une société savante,* etc. — L'antériorité peut résulter de toute publication faite, en France ou à l'étranger, en langue française ou en langue étrangère, dans un ouvrage, un recueil, un mémoire adressé à une société savante ou prospectus, une leçon professée en pu-

blic, etc. Il faut, et il suffit, qu'il y ait eu publication : ainsi, l'antériorité résulte d'un livre mis en vente, encore qu'il se serait peu ou ne se serait pas vendu; elle ne résulte pas d'un livre écrit, mais non publié, ou d'un mémoire déposé sous pli cacheté et ouvert postérieurement à la demande de brevet. — Mais il ne faut pas considérer comme une antériorité la publication où l'invention ne serait qu'en germe, par exemple la publication scientifique qui signale un phénomène ou la propriété d'un corps, sans en signaler les applications industrielles possibles : ainsi celui qui, le premier, a découvert et appliqué les qualités tinctoriales du rouge d'aniline connu sous le nom de fuchsine a pu prendre un brevet valable, bien que les chimistes eussent antérieurement constaté que, sous l'influence de certains réactifs, l'aniline se colorait en rouge. La découverte du savant ne constituerait une antériorité que si elle pouvait passer telle quelle dans le domaine de l'industrie : on pourrait citer, en ce genre, la bougie stéarique inventée par Chevreul. — De même, l'antériorité n'existe, quel que soit le genre de publication, que si l'invention y a été publiquement décrite pour pouvoir être réalisée industriellement; ainsi la substitution de l'air chaud à l'air froid, dans les machines soufflantes, à l'effet d'activer la combustion, peut être brevetée, alors même que la découverte aurait été annoncée dans les journaux, mais sans description des moyens d'exécution.

21. 3° *Mise en pratique de l'invention* (*essais, fabrication, vente*). — Les expériences auxquelles l'inventeur a pu se livrer avant la demande de brevet peuvent constituer une publicité suffisante : il en est ainsi quand l'expérience a eu lieu dans de telles conditions de publicité et sur une invention parvenue à tel degré de perfection, que les assistants ont pu se rendre compte du mécanisme de l'invention. Mais les recherches, les essais, les expériences, qui sont presque toujours nécessaires en pareil cas, et qui peuvent exiger le concours de plusieurs personnes, ne constituent pas une divulgation, s'il y a été procédé, même publiquement, sur une invention non encore parvenue à son état définitif de perfection, ou avec des précautions suffisantes pour que le public ne pût en saisir le fonctionnement.

22. La fabrication, antérieure à la demande de brevet, du produit qui en fait l'objet, laisse intact le droit de l'inventeur tant qu'elle est restée secrète; mais il en est autrement quand elle a lieu d'une façon publique : ainsi, une invention est réputée avoir reçu une publicité suffisante pour entraîner la nullité du brevet, quand le procédé breveté a fonctionné longtemps, même à l'étranger, dans plusieurs ateliers indépendants, avec le concours de nombreux ouvriers, et que ce procédé était d'une simplicité telle, que son fonctionnement en rendait l'exécution facile et en a amené la vulgarisation.

23. En ce qui concerne la vente ou, d'une façon plus générale, la mise en circulation, elles constituent des divulgations suffisantes, si le seul examen du produit permet à l'acheteur ou au détenteur de se rendre compte de sa composition ou des procédés par lesquels il a été fabriqué : ainsi, la vente d'un certain nombre de lampes à réflecteurs entraîne la nullité du brevet pris postérieurement, si la vue de ces appareils a révélé la combinaison nouvelle. Au contraire, il n'y aura pas divulgation si le cas où la vente n'a pas permis à l'acheteur de se rendre compte de la composition du produit (si l'invention porte sur un produit nouveau) ou de procédés de fabrication (si l'invention porte sur une nouvelle manière de fabriquer un produit connu).

24. 4° *Dépôt au conseil des prud'hommes.* — Il arrive parfois que l'inventeur, confondant les effets du dépôt au conseil des prud'hommes avec les effets d'un brevet, commence par faire le dépôt, se proposant de se faire ultérieurement breveter. Le dépôt, étant tenu rigoureusement secret, ne serait pas par lui-même une antériorité; mais il a presque toujours pour résultat de conduire l'inventeur, qui s'imagine ainsi être protégé, à fabriquer et à vendre l'objet déposé à tort; et l'objet a ainsi perdu sa nouveauté lorsque, satisfait du succès de cette vente, l'inventeur se décide à prendre un brevet : il n'a ainsi ni brevet valable, faute de nouveauté, ni dépôt valable, parce que les caractères qui font qu'un objet pourrait être breveté ne sont pas ceux auxquels peut s'appliquer un dépôt (V. sur le dépôt, *infrà*, *Propriété industrielle*).

25. 5° *Exhibition dans une exposition publique.* — L'exhibition dans une exposition est un des faits qui détruisent le plus sûrement la nouveauté de l'invention : l'exposition publique, à un concours régional, d'une machine nouvelle suffit, par exemple, à entraîner la nullité du brevet pris ultérieurement. Mais la loi du 23 mai 1868 (V. *supra*, n° 2) fournit aux inventeurs le moyen de produire dans les expositions leurs inventions ou découvertes, sans avoir à redouter les conséquences de cette publicité, pour le cas où ils voudraient plus tard obtenir un brevet. Aux termes de cette loi, tout Français ou étranger auteur d'une invention ou découverte susceptible d'être brevetée, ou ses ayants droit, peuvent, s'ils sont admis dans une exposition publique autorisée par l'Administration, se faire délivrer, par le préfet ou le sous-préfet dans le département ou l'arrondissement duquel cette exposition est ouverte, un certificat descriptif de l'objet exposé. Ce certificat assure à celui qui l'obtient les mêmes droits que lui aurait conférés un brevet d'invention à dater du jour de l'admission jusqu'à la fin du troisième mois qui suivra la clôture de l'exposition, sans préjudice du brevet que l'exposant peut prendre avant l'expiration de ce terme. La demande de certificat doit être faite dans le premier mois, au plus tard, de l'ouverture de l'exposition. — Sur les formalités de cette demande, V. L. 23 mai 1868, art. 3. — Lorsque l'inventeur s'est pourvu de ce certificat provisoire, sa participation à l'exposition ne peut plus constituer une antériorité contre le brevet qu'il prendrait au cours de l'exposition ou dans les trois mois de sa clôture, à la condition toutefois que la description jointe à sa demande soit suffisante.

26. 6° *Possession antérieure non publique par un tiers.* — Si, antérieurement à la demande de brevet, une ou plusieurs tierces personnes étaient, sans fraude, en possession, même non publique, de l'objet breveté, par exemple s'ils connaissaient le procédé ultérieurement breveté, *sans toutefois que le public fût à même de connaître l'invention*, le brevet ainsi pris sera-t-il valable? Il faut distinguer : le brevet n'est pas opposable au possesseur antérieur, mais il est opposable au public; autrement dit, le possesseur antérieur, à l'égard duquel l'invention n'est pas nouvelle, peut légitimement fabriquer et livrer le produit breveté, mais toutes autres personnes, à l'égard desquelles l'invention est nouvelle, ne pourraient fabriquer ce produit sans s'exposer à des poursuites en contrefaçon. Le droit du possesseur antérieur n'existe, d'ailleurs, qu'autant que sa possession est loyale; il disparaîtrait si la possession était frauduleuse, par exemple si le possesseur avait surpris par des manœuvres les secrets de l'inventeur; les juges du fond ont, à cet égard, un pouvoir souverain d'appréciation (Req. 29 avr. 1901, D. P. 1901. 1. 553).

27. 7° *Existence d'un brevet français antérieur.* — Un brevet antérieurement pris en France pour le même objet a nécessairement pour effet de faire considérer l'invention comme divulguée. Mais l'antériorité n'existe que si l'invention à laquelle s'applique le nouveau brevet se confond avec celle qui avait été antérieurement brevetée : ainsi un brevet qui expose, d'une manière générale, l'emploi de certains produits alcalins pour l'épuration des eaux n'est pas opposable, comme antériorité, à un brevet pris pour un agent épurateur nettement décrit et individualisé. De même, il faut, pour que le brevet antérieur puisse être réputé avoir publié la découverte, que l'invention nouvelle s'y trouve dans son ensemble : le brevet antérieur ne constitue une antériorité si l'on y trouve quelques-uns des éléments du second brevet, mais non son élément essentiel et caractéristique. Inversement, la circonstance que les parties de l'invention nouvelle auraient été déjà brevetées séparément ne suffirait pas pour faire déclarer nul le brevet qui réunit ces parties pour en former un tout (Douai, 25 juill. 1892, D. P. 95. 1. 92). L'existence d'un brevet antérieur suffit à entraîner la nullité du brevet postérieur identique, sans qu'il y ait à distinguer suivant que le premier est, ou non, expiré.

28. 8° *Prise d'un brevet à l'étranger.* — L'existence d'un brevet pris à l'étranger, comme l'existence d'un brevet français, met obstacle à la validité d'un nouveau brevet obtenu en France, soit que le brevet français et le brevet étranger aient été pris par la même personne, soit qu'ils aient été pris par deux personnes différentes, à condition toutefois que la délivrance du brevet étranger ait été accompagnée d'une publicité de nature à divulguer l'invention (Grenoble, 3 août 1892, D. P. 93. 2. 21). Ainsi seront nuls : le brevet pris en France pour une invention déjà brevetée dans un pays, tel que la Belgique, dont la législation prescrit la communication au public des descriptions et dessins annexés aux brevets; ou le brevet qui a été procédé d'un brevet étranger dont le procédé a été inséré par analyse dans un recueil spécial. Au contraire, sera valable le brevet pris en France pour une invention qui a déjà fait l'objet d'un brevet pris en Autriche sous le sceau du secret, conformément à la loi autrichienne, et brevetée postérieurement à la demande faite en France. Lorsque l'antériorité prétendue consiste, non pas dans la délivrance d'un brevet, mais seulement dans le dépôt d'une demande de brevet accompagnée d'une description de l'invention, il faut faire une distinction : si la demande n'est, comme en France, soumise à aucun examen que quant à sa régularité ou même si l'examen, portant sur l'invention elle-même, est fait secrètement, le seul fait du dépôt ne constitue pas une divulgation; si, au contraire, le public a participé, comme l'exigent certaines législations, à l'examen de la demande, il y aura divulgation; par exemple, la demande d'un brevet, faite à Berlin, publiée dans le journal officiel allemand et restée exposée pendant huit semaines dans les bureaux de l'Office des brevets, avec une description complète des procédés nouveaux, entraîne la nullité du brevet ultérieurement pris en France.

29. L'art. 4 de la convention internationale du 20 mars 1883, modifiée par celle du 14 déc. 1900 (V. *supra*, n° 2), déroge à l'art. 31 de la loi de 1844, dans les relations entre les citoyens des divers États contractants (auxquels sont assimilés ceux des États ne faisant pas partie de l'Union, qui sont domiciliés ou ont des établissements effectifs et sérieux sur le territoire de l'un de ces États) : celui qui a régulièrement fait le dé-

pôt d'une demande de brevet dans l'un des États a un droit de priorité de douze mois pour effectuer le dépôt dans les autres États. En conséquence, le dépôt opéré dans ces autres États, avant l'expiration du délai de douze mois, n'est pas invalidé par des faits accomplis dans l'intervalle, notamment par un autre dépôt, par la publication de l'invention ou par son exploitation, que ces faits émanent d'un tiers ou du breveté lui-même. La dérogation à l'art. 31 de la loi de 1844 doit, semble-t-il, profiter, non seulement aux étrangers, mais encore aux Français qui ont pris un brevet à l'étranger avant d'en prendre un en France.

30. Quand la divulgation de l'invention est établie, il n'y a pas lieu de tenir compte de son origine : elle entraîne la nullité du brevet, qu'elle émane de l'inventeur ou d'un tiers, qu'elle ait été intentionnelle ou non. Même dans le cas où elle provient d'une fraude commise envers l'inventeur, les tiers peuvent s'en emparer comme d'une antériorité : seul l'auteur de la divulgation ne pourra invoquer cette antériorité, et, de plus, il sera exposé à une action en dommages-intérêts de la part de l'inventeur.

§ 3. — *Caractère industriel de l'invention ou découverte* (R. 79 et s.; S. 70 et s.).

31. L'invention, pour être brevetable, doit être industrielle : il ne suffit pas, à cet égard, qu'elle ait un rapport plus ou moins éloigné avec l'industrie; il faut qu'elle nécessite un effort de fabrication. Ainsi, sont dépourvus de caractère industriel : une méthode destinée à éviter les erreurs dans la comptabilité; l'idée de faire des tableaux indicateurs portant le plan d'une ville avec l'indication des principaux établissements qui s'y trouvent. De même, ni les idées abstraites qui inspirent les recherches d'un inventeur, ni le but qu'il se propose ne peuvent être par eux-mêmes, et indépendamment de l'organisme mécanique qui les réalise, l'objet d'un brevet : toute personne peut donc poursuivre la réalisation des mêmes idées ou du même but, si elle y arrive par d'autres procédés.

§ 4. — *Caractère licite de l'invention ou découverte* (R. 84 et s.; S. 76 et s.).

32. Toute invention contraire à l'ordre ou à la sûreté publics, aux bonnes mœurs ou aux lois, est non brevetable. Mais il peut arriver que l'objet d'un brevet soit licite et que seule son exploitation soit interdite : ainsi une invention relative à la fabrication des cigares ou cigarettes serait brevetable; mais l'inventeur ne pourrait exploiter lui-même son brevet, l'État ayant le monopole de la manutention, de la préparation et de la vente du tabac.

33. Aux inventions dont l'objet même est illicite, il faut assimiler celles que la loi place en dehors du régime des brevets. Telles sont les compositions pharmaceutiques, qui ne sont pas susceptibles d'être brevetées (L. 5 juill. 1844, art. 30-2°), qu'elles soient destinées à l'homme ou aux animaux. Mais on ne doit pas considérer comme compositions pharmaceutiques les compositions alimentaires, encore qu'il y entre un élément destiné à fortifier la santé (chocolat dans la composition duquel entre de l'huile de foie de morue), non plus que les produits dont la destination n'est pas exclusivement pharmaceutique (une liqueur hygiénique, par exemple). La prohibition ne vise, d'ailleurs, que les produits; les procédés pour les préparer ou les administrer sont brevetables. De même, sont brevetables les appareils orthopédiques, les instruments de chirurgie, etc. Les plans et combinaisons de crédit ou de finances ne sont pas susceptibles d'être brevetés (L. 5 juill. 1844, art. 3-2°, art. 30-2°).

Art. 3. — Durée et taxe des brevets (R. 102 et s.; S. 88 et s.).

34. La durée des brevets est de cinq, dix ou quinze années, au choix de l'inventeur; elle court du jour du dépôt de la demande de brevet; elle ne peut être prolongée que par une loi (L. 5 juill. 1844, art. 4, 8, 15). — La durée d'un brevet pris en France pour une invention déjà brevetée à l'étranger ne peut excéder celle des brevets antérieurement pris à l'étranger (L. 5 juill. 1844, art. 29). Cette restriction à la durée du brevet s'applique aussi bien quand l'inventeur est Français que lorsqu'il est étranger; elle s'applique également quelle que soit la cause qui a mis fin au brevet étranger, expiration de sa durée normale ou déchéance; elle s'applique enfin à toutes les espèces de brevets, provisoires ou définitifs, admis par les législations étrangères, dès lors qu'il en résulte un droit privatif.

35. Tout brevet donne lieu au payement d'une taxe, qui est de 500 francs pour un brevet de cinq ans, de 1 000 francs pour un brevet de dix ans, de 1 500 francs pour un brevet de quinze ans. Cette taxe est acquittée par annuités de 100 francs, payables avant le commencement de chaque année de jouissance (sur la déchéance en cas de non payement, V. *infrà*, n° 84). Les annuités se payent à la caisse du trésorier général du département et, à Paris, à la recette centrale. — La taxe est restituée quand la demande de brevet est rejetée, comme portant sur un objet exclu du régime des brevets (V. *suprà*, n° 38). La moitié seulement est restituée, quand la demande est rejetée comme irrégulière en la forme; mais il est tenu compte de la totalité du versement, si la demande est reproduite régulièrement dans les trois mois à dater du jour de la notification du rejet (L. 5 juill. 1844, art. 12 et 13).

Art. 4. — Demande et délivrance des brevets. — Publication des brevets, descriptions et dessins.

36. Le droit de prendre un brevet appartient à toute personne, y compris les personnes morales (en ce qui concerne l'État, V. *infrà*, n° 65) et les incapables ou ceux dont la capacité est soumise à une restriction quelconque (mineurs, femmes mariées, faillis, etc.). Il appartient aux étrangers aussi bien qu'aux Français, et aux fonctionnaires ou employés de l'État, sous réserve, pour ces derniers, de certaines modifications relatives à l'étendue des droits conférés par le brevet (V. *infrà*, n° 65).

37. Le droit de prendre un brevet est personnel, mais il peut être cédé par l'inventeur à un tiers, et il peut être exercé par les héritiers de l'inventeur, si celui-ci est mort avant d'avoir fait sa demande. — Les créanciers de l'inventeur ne sont pas admis à prendre un brevet au nom de leur débiteur: ils peuvent seulement faire annuler la cession que celui-ci aurait consentie du droit de se faire breveter, si cette cession était frauduleuse.

§ 1er. — *Demande des brevets* (R. 115 et s.; S. 93 et s.).

38. Quiconque veut prendre un brevet d'invention doit déposer, sous pli cacheté, au secrétariat de la préfecture, dans le département où il est domicilié, ou dans tout autre département, en y élisant domicile: 1° sa demande adressée au ministre du Commerce; 2° une description de la découverte, invention ou application faisant l'objet du brevet demandé; 3° les dessins ou échantillons qui seraient nécessaires à l'intelligence de la description; 4° un bordereau des pièces déposées (L. 5 juill. 1844, art. 5).

39. Si l'inventeur réside à l'étranger, le dépôt de la demande peut être fait par l'intermédiaire des agents diplomatiques. Lorsque la demande est faite aux colonies, la procédure suit la même qu'en France avec cette différence que les pièces, au lieu d'être déposées en *double*, le sont en *triple* exemplaire (Arr. 21 oct. 1848, art. 2, D. P. 48. 4. 189); mais cette formalité supplémentaire, applicable aux demandes faites aux colonies, n'est pas exigée pour l'exercice, dans une colonie, des droits résultant d'un brevet délivré sur une demande faite en France.

40. 1° *Formes de la demande.* — La demande de brevet, qui peut être faite sous forme de requête, de mémoire ou de simple lettre, doit être datée et indiquer les nom et prénoms du demandeur, sa nationalité et le pays où il réside au moment du dépôt, et ce pays est différent de la nationalité, enfin son adresse exacte, avec élection de domicile chez son mandataire, s'il en a constitué (Arr. min. com. 11 août 1903, art. 6-1° et 2°). — La demande doit être limitée à un seul objet principal, avec les objets de détail qui le constituent et l'indication des applications que l'inventeur veut se réserver (L. 5 juill. 1844, art. 6, § 1er); mais, s'il est reconnu qu'une demande ou description n'est pas limitée à une seule invention, l'office national de la propriété industrielle peut autoriser le demandeur à restreindre sa demande à un seul objet principal (Arrêté précité, art. 3). — La demande doit faire connaître la durée que le demandeur entend assigner à son brevet dans les limites admises par la loi (L. 5 juill. 1844, art. 6, § 2). Elle ne doit contenir ni conditions, ni réserves (même article). — Enfin la demande doit indiquer un titre renfermant une désignation *sommaire* et *précise* de l'invention (L. 5 juill. 1844, art. 6, § 3; Arrêté précité, art. 2-6°). Le défaut de précision du titre pourrait être un motif de rejet de la demande; mais, une fois le brevet délivré, sa validité ne pourrait être contestée, sauf dans le cas où l'inexactitude du titre serait frauduleuse. Le titre peut, d'ailleurs, être modifié ou complété tant que le brevet n'a pas été délivré.

41. 2° *Description.* — La description consiste dans une explication complète de l'invention dans tous ses détails, dans tous les éléments qui la constituent. — Les règles à suivre pour sa rédaction sont contenues dans l'art. 5, § 4, de la loi du 5 juill. 1844 et dans les art. 2 et 5 de l'arrêté du 11 août 1903. L'inexactitude de la description ne pourrait entraîner le refus du brevet par le ministre; mais le brevet obtenu serait nul. Le dépôt de la description est indispensable; les dessins peuvent la rendre plus claire et permettre de la simplifier, mais ils ne peuvent la remplacer. — Sur les conditions auxquelles le demandeur peut obtenir, avant la délivrance du brevet, une copie officielle de la description déposée par lui, V. Arr. 11 août 1903, art. 10.

42. 3° *Dessins, échantillons et modèles.* — Les conditions que doivent remplir les dessins, dont l'adjonction à la description est facultative, ont été minutieusement réglées par les art. 4 et 5 de l'arrêté ministériel précité du 11 août 1903. De même que pour la description, l'inexactitude du dessin ne permettrait pas le refus du brevet, mais entraînerait sa nullité. En principe, ce qui figure au dessin, mais n'est pas mentionné à la description, n'est pas brevetable. Cependant cette règle peut souffrir exception pour des détails de l'invention, lorsqu'ils sont d'une intelligence facile et que l'intention de l'inventeur de les comprendre dans son droit privatif est évidente, à moins, toutefois, que le silence absolu de la description n'ait pu induire les tiers en erreur. S'il arrive, au contraire, que la portée de la description soit restreinte par les dessins, le brevet ne s'applique pas

aux détails figurant au mémoire descriptif et ne figurant pas aux dessins.

43. 4° *Pièces annexées à la demande.* — Toutes ces pièces doivent être signées par le demandeur, ou par un mandataire dont le pouvoir reste annexé à la demande (L. 5 juill. 1844, art. 6, § 7). Elles sont établies sur papier libre. — Sur le bordereau desdites pièces et sur la remise du tout sous enveloppe fermée, V. Arr. 11 août 1903, art. 6, nos 4 et 5.

44. Aucun dépôt de demande n'est reçu que sur la production d'un récépissé constatant le versement d'une somme de 100 francs à valoir sur le montant de la taxe du brevet. Un procès-verbal, dressé sans frais par le secrétaire général de la préfecture sur un registre spécial et signé par le demandeur, constate le dépôt, en énonçant le jour et l'heure de la remise des pièces. Une expédition en est remise au déposant, moyennant le remboursement des frais de timbre (L. 5 juill. 1844, art. 7).

45. Avant la délivrance, toute demande de brevet peut être retirée par son auteur, s'il le réclame par écrit; les pièces déposées lui sont restituées, la taxe versée l'est également, mais seulement si le retrait a été demandé dans les deux mois à partir du dépôt. Le retrait ne peut être obtenu par celui qui a demandé une copie officielle de la description (V. *suprà*, n° 41; Arr. 11 août 1903, art. 8). — Les descriptions et les dessins irréguliers sont renvoyés au demandeur, avec invitation d'avoir à fournir de nouvelles pièces régulières dans le délai d'un mois: passé ce délai, qui toutefois peut être augmenté en cas de nécessité justifiée, la demande est rejetée (V. *infrà*, n° 48); il ne peut être apporté aux descriptions et dessins, sous peine de rejet, aucune modification de nature à augmenter l'étendue et la portée de l'invention.

§ 2. — *Délivrance des brevets* (R. 138 et s.; S. 111 et s.).

46. Dans les cinq jours de la date du dépôt de la demande, les préfets transmettent les pièces déposées à l'Office national de la propriété industrielle, en y joignant une copie certifiée du procès-verbal de dépôt et le récépissé constatant le versement de la taxe (L. 5 juill. 1844, art. 9). A l'arrivée des pièces à l'Office national, il est procédé à l'ouverture, à l'enregistrement et à l'expédition des brevets dans l'ordre de la réception des demandes (art. 10). Un arrêté du ministre du Commerce constatant la régularité de la demande constitue le brevet d'invention. Dès que l'arrêté a été rendu, avis en est donné au demandeur, avec indication de la date de l'arrêté et du numéro d'ordre donné au brevet; lorsque la description et les dessins du brevet sont imprimés (V. *infrà*, n° 61), une ampliation de l'arrêté est expédiée au demandeur avec un exemplaire imprimé de la description et des dessins, après que la conformité avec l'expédition originale a été reconnue et établie au besoin (L. 5 juill. 1844, art. 11, modifié par la loi du 7 avr. 1902, D. P. 1902. 4. 50).

47. La délivrance du brevet n'a lieu qu'un an après le jour du dépôt de la demande si celle-ci renferme une réquisition expresse à cet égard; mais celle-ci ne peut être réclamée par ceux qui auraient déjà profité des délais de priorité accordés par les traités de réciprocité, notamment par la convention internationale de 1883 (V. *suprà*, n° 29). — La première expédition du brevet est délivrée sans frais. Toute expédition ultérieure demandée par le breveté ou ses ayants cause donne lieu au payement d'une taxe de 25 francs. Les frais de dessin, s'il y a lieu, sont à la charge de l'impétrant (L. 5 juill. 1844, art. 11, modifié par la loi du 7 avr. 1902; Arr. min. 11 août 1903, art. 9).

48. L'Administration ne peut, avant de délivrer le brevet, procéder à un examen *ou fond* de la demande, c'est-à-dire apprécier les causes, telles que le défaut de nouveauté ou de caractère industriel, qui peuvent entraîner la nullité du brevet. Elle ne peut pas davantage rechercher si celui qui requiert le brevet est l'auteur de l'invention, ni examiner sa capacité civile. C'est aux tribunaux qu'il appartient de statuer sur la validité ou la propriété du brevet, qui est délivré au demandeur à ses risques et périls. — Au contraire, l'Administration a le droit de se livrer à un examen de *forme* portant sur la régularité des pièces produites. Le ministre pourra donc rejeter les demandes irrégulièrement formées, à raison soit d'irrégularités matérielles (ratures, surcharges, défaut de mémoire descriptif, dessins non tracés à l'encre, etc.), soit de l'imprécision du titre (question controversée), soit de la complexité du brevet demandé (V. *supra*, nᵒ 40), etc. Le ministre peut, en outre, rejeter la demande qui porterait sur une invention dont l'objet est mis par la loi en dehors du régime des brevets (V. *supra*, nᵒ 33), notamment la demande relative à un produit pharmaceutique, alors qu'il ne précise aucune des prétendues applications industrielles dont l'invention serait susceptible (Cons. d'Ét. 5 juill. 1901, D. P. 1903. 3. 11); mais on admet généralement qu'en pareil cas la demande ne peut être rejetée que si son vice ressort du titre lui-même : s'il était nécessaire de se livrer à l'examen du mémoire descriptif, c'est aux tribunaux seuls qu'il appartiendrait de statuer.

49. Le rejet d'une demande de brevet, au moins pour simple irrégularité de forme, ne peut être prononcé qu'après avis conforme de la commission technique de l'Office national de la propriété industrielle, le demandeur entendu ou dûment appelé (Arr. 11 août 1903, art. 13). Sur les effets du rejet quant à la taxe versée, V. *supra*, nᵒ 35. — La décision ministérielle rejetant une demande de brevet est susceptible de recours au Conseil d'État pour excès de pouvoir, dans le délai de deux mois à dater de sa notification au demandeur (Cons. d'Et. 5 août 1901, D. P. 1903. 3. 13).

50. La demande rejetée comme irrégulière peut être reproduite dans un délai de trois mois à compter de la date de la notification du rejet. En ce cas, le brevet, dont les effets remontent au jour de la demande, sera-t-il censé avoir été demandé au jour de la première demande, de telle sorte que l'inventeur ne puisse être devancé dans l'intervalle des deux demandes par une demande de brevet émanant d'un tiers? La question est controversée.

51. Lorsque le brevet a été délivré, il ne peut plus être attaqué à raison des vices et irrégularités de la demande, mais seulement à raison des causes de nullité et de déchéance spécifiées par la loi (V. *infra*, nᵒˢ 79 et s.) : les irrégularités ne peuvent donc servir de base ni à une action en justice, ni à une défense dans une poursuite en contrefaçon. Cependant, suivant certains auteurs, l'arrêté ministériel qui aurait admis une demande irrégulière pourrait être déféré au Conseil d'État, pour excès de pouvoir, par les tiers intéressés.

§ 3. — *Certificats d'addition* (R. 160 et s.; S. 120 et s.).

52. Le perfectionnement peut constituer une invention ; tout auteur d'un perfectionnement peut donc s'en réserver la propriété par un brevet. Mais la qualité de breveté donne à celui qui en est revêtu, pour la protection des perfectionnements qu'il apporte à l'invention garantie par son brevet, un double avantage : d'abord il peut seul, pendant toute la durée de son brevet, prendre

pour ces perfectionnements de simples *certificats d'addition* qui s'incorporent à son brevet principal, et éviter ainsi la taxe annuelle d'un ou de plusieurs brevets ; en second lieu, soit qu'il demande un certificat, soit qu'il prenne un second brevet, il jouit, pendant la première année de son brevet principal, d'un droit de préférence à l'égard de toute personne qui aurait, avant lui, pendant le cours de ce délai, demandé un brevet pour le même perfectionnement.

53. Le perfectionnement brevetable ne consiste pas dans un simple *degré* de perfection résultant du fini du travail, de la qualité de la matière, mais dans un nouveau *genre* de perfection, résultant d'une idée nouvelle dont la réalisation a pour effet de faciliter, simplifier ou étendre l'application de l'invention principale : un changement de forme ou de proportion, l'addition d'ornements, ne constituent un perfectionnement que s'ils produisent un résultat nouveau (V. *supra*, nᵒˢ 7, 10 et 11). Le perfectionnement n'a pas besoin d'être d'une grande importance, mais il doit remplir les conditions de brevetabilité de toute invention, notamment celle de la nouveauté : on ne saurait considérer comme perfectionnement une modification de détail insignifiante.

54. On peut demander le certificat d'addition pendant toute la durée du brevet principal, à la condition de remplir, pour le dépôt de la demande, les formalités prescrites pour la demande d'un brevet ordinaire ; les certificats d'addition sont délivrés, les descriptions et dessins en sont publiés dans les mêmes conditions que pour les brevets principaux. Le certificat d'addition pris par un des ayants droit profite à tous les autres. Chaque certificat d'addition donne lieu au payement d'une taxe de 20 francs (L. 5 juill. 1844, art. 16). Tous ceux qui ont le droit de profiter des certificats d'addition peuvent en lever une expédition à l'Office national de la propriété industrielle, moyennant un droit de 20 francs (art. 22).

55. Le certificat d'addition est une dépendance du brevet principal dont il partage le sort à tous égards. Ainsi, le certificat d'addition prend fin à l'expiration du temps pour lequel le brevet a été pris, soit par suite des nullités ou déchéances dont le brevet serait frappé (Dijon, 5 juin 1899, D. P. 1900. 2. 214) : le perfectionnement ne peut survivre à la perte du brevet principal que lorsqu'il est protégé par un brevet principal indépendant (V. *infra*, nᵒ 57). De même, la cession du brevet comprend, sauf convention contraire, la cession du certificat d'addition ; la concession du droit d'exploiter l'invention comprend toujours, sauf convention contraire, le droit d'exploiter l'objet du certificat d'addition (L. 5 juill. 1844, art. 22).

56. Le certificat doit se rattacher au brevet : le défaut de relation entre les deux titres est une cause de nullité des certificats. Aussi un système différent de celui du brevet ne peut faire l'objet d'un certificat d'addition ; mais, d'après la jurisprudence, il suffit pour la validité du certificat d'addition qu'il se rattache même indirectement au brevet (Douai, 20 mars 1896, D. P. 98. 2. 531). C'est ainsi qu'on a décidé qu'il y a relation suffisante entre le brevet pris pour un appareil à laver la laine et l'addition qui a pour objet l'adjonction à l'appareil à laver d'un organe ayant pour fonction d'extraire la laine à mesure qu'elle est lavée. Au contraire, on a jugé qu'il n'y avait pas simplement perfectionnement, changement ou addition au brevet, pouvant faire l'objet d'un certificat d'addition, mais invention de moyens nouveaux, dans le fait par l'inventeur d'un paquet-poste destiné à l'envoi d'échantillons, de supprimer les agrafes, la planchette, de

remplacer le double fil en caoutchouc par un seul fil, le système de fermeture ainsi obtenu étant tout différent du précédent (Douai, 20 mars 1896, précité).

57. Au lieu de prendre un certificat d'addition, l'inventeur *peut*, s'il le préfère, prendre un brevet séparé (*brevet de perfectionnement*), qui survivra au brevet principal et ne sera pas exposé à la nullité spéciale au certificat pour défaut de relation avec le brevet principal (Bordeaux, 23 nov. 1896, D. P. 97. 2. 397). Il est *obligé* de prendre un brevet distinct s'il a cédé son premier brevet.

58. Le droit d'option entre un brevet spécial et un certificat d'addition n'appartient qu'au propriétaire du brevet originaire. Les tiers ne peuvent obtenir qu'un brevet assujetti aux mêmes formalités, droits et conditions que les brevets primordiaux ; de plus, la demande d'un brevet pour changement, addition ou perfectionnement à une découverte déjà brevetée doit, si elle est formée dans l'année à partir de la demande du brevet originaire, rester déposée sous cachet à l'Office national. Le cachet n'est brisé et le brevet n'est délivré qu'à l'expiration de ce délai d'un an (L. 5 juill. 1844, art. 18) ; mais le breveté principal a un droit de préférence pour les changements, additions ou perfectionnements pour lesquels il aurait lui-même, pendant l'année, demandé un certificat d'addition ou un brevet. — Le droit de préférence du breveté principal n'existe d'ailleurs que si la seconde invention se rattache d'une façon étroite à l'objet du premier brevet, et cette relation est soumise à l'appréciation souveraine des tribunaux. — Le droit de préférence ne s'applique qu'une fois à la même invention ; en d'autres termes, les brevets pris pour des perfectionnements à cette invention ne font pas courir, au profit de l'inventeur, un nouveau délai pendant lequel il pourrait exercer son privilège pour les nouveaux perfectionnements qu'il viendrait à imaginer.

59. Dans le cas où un brevet a été pris contrairement aux dispositions de l'art. 18, le breveté principal ne peut revendiquer pour lui-même le brevet pris au mépris de son droit de préférence : ce brevet est nul, et la nullité peut en être invoquée par tous. Il ne peut davantage, s'il est encore dans le délai de préférence, prendre lui-même, pour le même objet, un certificat d'addition ou un brevet de perfectionnement, la divulgation provenant de l'infraction à l'art. 18 a rendu l'invention non brevetable. Le breveté principal n'a, contre l'auteur de l'infraction, qu'une action en dommages-intérêts.

60. Celui qui prend un brevet pour un perfectionnement apporté à une invention faisant l'objet d'un autre brevet ne lui appartenant pas n'a aucun droit d'exploiter l'invention déjà brevetée, et, réciproquement, le titulaire du brevet primitif ne peut exploiter l'objet du nouveau brevet (L. 5 juill. 1844, art. 19). L'invention perfectionnée ne pourra donc être exploitée que par une entente entre les deux brevetés, sinon l'auteur du perfectionnement sera obligé d'attendre que l'objet du premier brevet soit tombé dans le domaine public, à moins que le perfectionnement ne puisse être exploité séparément de l'invention principale.

§ 4. — *Publication des brevets, descriptions et dessins* (R. 228 et s.; S. 196 et s.).

61. Un décret du président de la République, inséré au *Bulletin des lois*, proclame, tous les trois mois, les brevets délivrés. Il est tenu à l'Office national de la propriété industrielle un registre sur lequel sont inscrites les mutations intervenues sur chaque brevet, et, tous les trois mois, un décret proclame les mutations enregistrées pendant le trimestre expiré (L. 5 juill. 1844, art. 14 et 21). La nullité ou déchéance absolue d'un brevet, prononcée à la requête ou sur l'intervention du ministère public (V. *infrà*, n° 95), doit être publiée dans la même forme que la proclamation des brevets (art. 39).

62. Les descriptions, dessins, échantillons et modèles des brevets délivrés restent, jusqu'à l'expiration des brevets, déposés à l'Office national de la propriété industrielle, où ils sont communiqués, sans frais, à toute réquisition (L. 5 juill. 1844, art. 23). — Après l'expiration des brevets, les originaux des descriptions et dessins restent déposés à l'Office national (L. 1844, art. 26, combiné avec la loi du 9 juill. 1901, D. P. 1901. 4. 100). — Sur l'impression et la publication des descriptions et dessins des brevets et certificats d'addition, V. L. 1844, art. 24, modifié par la loi du 7 avr. 1902; Arr. 11 août 1903, art. 9 et 11.

ART. 5. — PROPRIÉTÉ DES BREVETS ; DROITS QUI EN RÉSULTENT ; TRANSMISSION.

§ 1er. — *Propriété des brevets* (R. 175 et s. ; S. 138 et s.).

63. En principe, le brevet appartient à celui qui l'a obtenu. Il n'a pas à justifier qu'il est le véritable auteur de l'invention ; d'autre part, on n'est pas recevable à établir qu'il n'est pas l'inventeur, ni à repousser une poursuite en contrefaçon en démontrant qu'un tiers serait le véritable propriétaire de l'invention. Toutefois, si le breveté s'est attribué l'invention par des moyens frauduleux (vol, corruption d'ouvriers, etc.), le propriétaire spolié serait fondé à revendiquer la propriété du brevet contre lui ou ses concessionnaires même de bonne foi, ou tout au moins à s'opposer à ce que ceux-ci fassent usage du brevet.

64. Le brevet peut encore être revendiqué par celui qui fonde son droit sur un contrat ou un quasi-contrat intervenu entre lui et le breveté ou l'inventeur. Tel serait le cas où la subrogation aux droits du breveté serait demandée par l'acquéreur du brevet, le contrat de cession n'ayant pas été exécuté par le breveté : le cessionnaire pourrait d'ailleurs, en remplissant certaines formalités, rendre la cession définitive et opposable aux tiers (V. *infrà*, n° 76). De même, la revendication du brevet peut être exercée par l'associé non inventeur contre l'associé inventeur, si celui-ci s'est engagé à apporter à la société les inventions qu'il pourrait faire, ou même si ces inventions peuvent être considérées comme le résultat des travaux dont il était chargé pour la société. Mais, en principe, l'apport d'industrie dans une société ne comprend pas les inventions futures de l'apporteur.

65. Le patron peut-il revendiquer le brevet pris par son ouvrier ou son employé ? Il faut distinguer : la revendication sera fondée si l'ouvrier ou employé s'est engagé à attribuer au patron la propriété des inventions qu'il pourrait faire, s'il a reçu mission de rechercher des perfectionnements ou si l'invention, se rattachant au travail dont il est chargé, est le résultat des instructions qui lui ont été données. Au contraire, si l'invention est étrangère au service de l'ouvrier ou employé et provient uniquement de son travail personnel, le brevet lui appartient exclusivement. Quand l'invention de l'ouvrier est le fruit de son travail personnel, mais que son service la lui a facilitée, par exemple parce que les instructions qu'il a reçues l'ont mis sur la voie ou qu'il a profité des appareils mis à sa disposition, les tribunaux auront à examiner si l'invention est due principalement à l'initiative de l'ouvrier ou aux moyens mis à sa disposition ; dans le cas où ces deux éléments auraient eu une part égale dans l'invention, celle-ci

pourrait être déclarée la propriété commune du patron et de l'ouvrier. — Ces règles s'appliquent-elles aux rapports entre l'Etat et les fonctionnaires ? Oui, si l'on admet que l'Etat peut être propriétaire de brevets (question controversée sur laquelle la jurisprudence n'a pas eu à se prononcer), avec cette restriction cependant que la revendication de l'Etat, si elle triomphait, serait limitée aux besoins de son service et laisserait la propriété du brevet à l'inventeur pour son application à l'industrie privée. Si l'on admet, au contraire, que l'Etat ne peut être propriétaire de brevets, le fonctionnaire restera toujours propriétaire du brevet, avec cette restriction également que, dans le cas où l'invention serait due à son service, il ne pourrait opposer son brevet à l'Etat et ne serait maître des applications de son invention que pour l'industrie privée.

66. Le brevet peut être la propriété de plusieurs personnes, notamment de l'inventeur et du bailleur de fonds qui a fourni les moyens de mettre l'invention en exploitation : chaque copropriétaire peut valablement agir envers les tiers, et il aura, ou non, à rendre compte aux autres copropriétaires des profits qu'il tire du brevet, selon les conventions intervenues entre eux. Chacun des copropriétaires peut demander qu'il soit mis fin à l'indivision (Civ. 815) : la licitation du brevet peut alors être ordonnée, mais on admet généralement que les tribunaux peuvent se borner à décider que tous les propriétaires jouiront simultanément du droit d'exploiter le brevet.

67. Le brevet peut être la propriété d'une société, notamment lorsqu'elle l'a acquis par cession ou par apport. L'apport d'un brevet dans une société n'est, d'ailleurs, pas assujetti aux formalités prescrites pour la cession d'un brevet (V. *infrà*, n° 76; Civ. r. 22 mars 1898, D. P. 1903. 1. 397). — Le breveté qui cède ou apporte à une société la propriété de son brevet peut s'en réserver la reprise à l'expiration ou à la dissolution de la société ; mais, en l'absence d'une telle convention, la société est propriétaire du brevet et a le droit, lors de la liquidation, de le vendre ou de l'attribuer à un associé sans que le breveté, sans qu'il y ait lieu, dans ce dernier cas, aux formalités de la cession.

68. Le brevet tombe dans la communauté conjugale (V. *infrà*, Communauté).

69. Le brevet est le gage des créanciers du breveté, qui peuvent le saisir et le vendre. On discute sur la procédure qui doit être suivie pour arriver à la saisie : il a été jugé qu'on doit suivre les règles édictées par les art. 561 et 569 c. pr. civ. pour les saisies-arrêts entre les mains des dépositaires publics, le dépositaire étant, en pareil cas, le ministre du Commerce.

70. Le privilège du bailleur (Civ. 2102-1°) s'exerce sur les objets brevetés, meubles corporels, mais non sur le brevet lui-même, meuble incorporel.

§ 2. — *Droits résultant du brevet* (R. 191 et s. ; S. 164 et s.).

71. Le brevet confère, pendant sa durée, à celui qui l'obtient, le droit exclusif d'exploiter par lui-même ou par ses ayants cause, cessionnaires ou concessionnaires de licence, l'invention brevetée. Il s'applique à la totalité de l'invention brevetée, il en protège toutes les parties essentielles, telles qu'elles résultent de la description jointe à la demande ; mais il ne protège ni les éléments accessoires de l'invention, ni les éléments étrangers à l'invention, bien qu'ils soient mentionnés à la description (V. *infrà*, n° 104).

72. Le possesseur d'un brevet régulièrement obtenu peut seul prendre la qualité de breveté. Le fait de prendre, dans des en-

seignes, annonces, prospectus, etc., la qualité de breveté, sans posséder un brevet régulier ou après expiration d'un brevet, constitue une usurpation de brevet, punie d'une amende de 50 à 1 000 francs qui peut être portée au double en cas de récidive (L. 5 juill. 1844, art. 33). L'usurpation existe également quand on mentionne comme compris dans un brevet des objets auxquels il ne s'applique pas. — Toute personne lésée par une de ces infractions peut poursuivre son auteur devant le tribunal correctionnel.

73. Tout breveté doit faire suivre la mention de sa qualité des mots « sans garantie du Gouvernement », sous peine des amendes indiquées au numéro précédent (L. 5 juill. 1844, art. 33). Suivant un usage constant, les brevetés se contentent de l'abréviation « s. g. d. g. », et cette pratique est habituellement tolérée, bien qu'elle ne satisfasse pas aux prescriptions de la loi.

§ 3. — *Transmission et cession des brevets* (R. 200 et s. ; S. 171 et s.).

74. Le breveté peut céder son brevet (L. 5 juill. 1844, art. 20). La cession peut être totale, et, dans ce cas, le breveté se dépouille entièrement du droit d'exploiter son invention. Elle peut être partielle, soit que le breveté se réserve le droit de vendre et ne cède que le droit de fabriquer, ou inversement, soit qu'il ne permette au concessionnaire d'exploiter qu'une partie de son idée, quand il s'agit de procédés ou de produits divisibles, soit qu'il autorise l'exploitation entière et exclusive, mais seulement dans une localité ou une région déterminées.

75. Il faut distinguer la cession, qui transfère au cessionnaire la propriété du brevet, de la simple licence d'exploitation par laquelle le breveté concède la faculté d'exploiter le brevet, tout en en conservant la propriété. En principe, la cession, même partielle, est exclusive de toute autre cession portant sur les mêmes droits ; elle permet au cessionnaire de céder le brevet à son tour ; au contraire, la concession d'une licence n'exclut pas celle d'autres licences concurrentes, et le concessionnaire de la licence ne peut transmettre son droit à autrui sans l'agrément du breveté, sauf à ses héritiers et peut-être à son successeur commercial. — La convention des parties peut, d'ailleurs, restreindre ou étendre les droits transmis : il appartiendra aux tribunaux de déterminer la nature de leur contrat, en s'inspirant de cette règle que l'acte qui concède un droit exclusif est une cession, et que la concession non exclusive est une licence. La distinction est importante à l'égard des tiers, le cessionnaire pouvant, à la différence du licencié, poursuivre la contrefaçon ; il est vrai que parfois l'acte de licence confère au licencié le droit de poursuite, mais la validité de cette clause est douteuse ; en tout cas, le licencié ne peut être, à l'égard des tiers, considéré comme investi du droit de poursuite que par l'accomplissement des formalités prévues par l'art. 20 de la loi de 1844 (V. *infrà*, n° 76 ; Req. 13 juill. 1892, D. P. 93. 1. 450).

76. La cession est parfaite entre les parties dès qu'elle a été conclue. Elle est, au contraire, soumise à diverses conditions pour sa validité à l'égard des tiers : elle doit être passée par acte notarié, être précédée du payement de toutes les annuités de la taxe restant à échoir et être enregistrée au secrétariat de la préfecture du département dans lequel l'acte a été passé, sur la production et le dépôt d'un extrait authentique de l'acte de cession ou mutation (L. 5 juill. 1844, art. 20). Cet enregistrement a lieu sans frais (sauf le droit dû à la Régie de l'Enregistrement sur le prix de la cession) (V. *infrà*, n° 142). Les formalités établies par l'art. 20 ne sont prescrites que pour les cessions totales ou partielles, et non pour les licences d'exploitation, excepté dans le cas où ces dernières comprendraient le droit de poursuivre la contrefaçon et où cette clause serait considérée comme licite (V. *suprà*, n° 75). — La cession permet au cessionnaire de poursuivre les contrefacteurs et de saisir les objets contrefaits dès qu'elle a été enregistrée, avant même qu'elle ait été publiée par l'Administration.

77. On discute la question de savoir si l'authenticité de l'acte de cession est prescrite à peine de nullité. La jurisprudence semble admettre que la cession faite par acte sous seing privé est valable entre les parties , mais qu'elle n'est pas opposable aux tiers (Nancy, 14 nov. 1894, D. P. 95. 2. 349), et même que la procuration donnée à un mandataire de consentir une cession doit elle-même être donnée par acte notarié, sous peine de nullité à l'égard des tiers. L'enregistrement de la cession ne peut être suppléé par aucun autre acte, et, à son défaut, le cessionnaire n'est pas recevable à poursuivre les tiers pour contrefaçon. Aucun délai n'est imparti pour y faire procéder ; mais il y a intérêt à accomplir sans retard cette formalité, la cession enregistrée la première primant les autres et le cessionnaire ne pouvant poursuivre les faits de contrefaçon antérieurs à l'accomplissement de cette formalité.

78. Il est généralement admis que la cession est nulle faute d'objet, quand le brevet est entaché de nullité, et que par suite le cessionnaire peut réclamer la restitution du prix. Certains arrêts font entrer en compensation de la restitution due par le cédant les bénéfices que l'exploitation du brevet a rapportés au cessionnaire tant que la validité du brevet n'a pas été contestée. En tout cas, le cessionnaire peut réclamer la restitution des annuités payées par lui jusqu'au jour où, par la nullité prononcée, la cession a cessé d'avoir un effet utile (Civ. c. 29 juill. 1891, D. P. 92. 1. 150). V. aussi *infrà*, n° 84.

ART. 6. — NULLITÉS ET DÉCHÉANCES.

79. La nullité d'un brevet procède du vice dont l'invention était affectée lors de la demande. Le brevet annulé est censé n'avoir jamais existé. La déchéance est la conséquence d'une infraction commise par le breveté postérieurement à la demande; elle met fin à l'existence du brevet seulement à partir du jour de cette infraction. Les causes de nullité et de déchéance sont limitativement énumérées par la loi.

§ 1er. — *Nullités* (R. 244 et s.; S. 204 et s.).

80. La nullité peut être absolue ou relative (V. *infrà*, n° 98). L'invention n'étant pas nécessairement indivisible, la nullité peut ne l'affecter que dans une ou plusieurs de ses parties. Les causes de nullité s'appliquent aux certificats d'addition aussi bien qu'aux brevets, mais la nullité spéciale du certificat pour défaut de relation avec le brevet principal (V. *suprà*, n° 56). — Les causes de nullité sont : le défaut de nouveauté (V. *suprà*, n° 14 et s.); le défaut de brevetabilité pour exclusion de l'invention du régime des brevets (V. *suprà*, n° 33); le défaut de caractère industriel (V. *suprà*, n° 31); le caractère illicite de l'invention (V. *suprà*, n° 32); la prise d'un brevet pour un perfectionnement à un brevet antérieur, au mépris des droits du premier breveté (V. *suprà*, n° 58 et 59); la fausseté du titre; l'insuffisance de la description (L. 5 juill. 1844, art. 30-5°).

81. Pour qu'un brevet puisse être annulé pour fausseté du titre, il ne suffit pas que le titre soit insuffisant ou inexact; il faut que l'inexactitude ait été commise frauduleuse-

ment, en vue de tromper l'Administration ou les tiers.

82. L'insuffisance de la description est une cause de nullité, qu'elle provienne, ou non, de la mauvaise foi du breveté. La description est insuffisante quand elle n'est pas assez complète ou assez claire pour qu'en se conformant à ses indications on puisse exécuter l'invention : il y a là une question de fait qui ne peut être appréciée que relativement à chaque espèce et qui est tranchée souverainement par les tribunaux ; ceux-ci doivent tenir compte du degré d'instruction technique de ceux auxquels s'adresse naturellement l'invention, de l'importance plus ou moins grande des omissions qui ont été commises, etc. Ainsi une description sommaire pourra être considérée comme suffisante s'il s'agit simplement de l'application nouvelle d'un appareil connu. Au contraire, est nul le brevet dont la description est trop vague pour qu'on puisse, d'après ses termes, exécuter l'objet de l'invention. — Les dessins peuvent servir à compléter et à éclairer, sinon à remplacer le mémoire descriptif ; il en est de même des échantillons ou modèles. Au contraire, l'insuffisance de la description ne pourrait être couverte par la prise d'un certificat d'addition destiné à réparer les erreurs ou omissions du mémoire descriptif.

§ 2. — *Déchéances* (R. 256 et s.; S. 220 et s.).

83. Les causes de déchéance sont : le défaut de payement d'une annuité de la taxe ; le défaut d'exploitation de l'invention pendant deux ans ; l'importation d'objets fabriqués à l'étranger et semblables à ceux qui sont garantis par le brevet.

84. 1° Le breveté doit acquitter la taxe avant le commencement de chacune des années de la durée de son brevet. Le délai se compte de jour à jour, non d'heure à heure, et, d'autre part, le jour qui forme le point de départ du délai légal (*dies a quo*) n'y est pas compris, de sorte que la totalité du jour anniversaire du dépôt de la demande de brevet appartient au titulaire pour effectuer le payement de l'annuité (Paris, 9 juill. 1902, D. P. 1904. 2. 65). Si le jour anniversaire est un jour férié, le breveté doit payer la veille, et non le lendemain. — A défaut du payement d'une seule annuité en temps voulu, le breveté est, de plein droit et à l'égard de tous, déchu de tous ses droits, à moins qu'il ne justifie d'un cas de force majeure. — Le breveté peut aujourd'hui échapper à la déchéance en payant son annuité dans un délai supplémentaire de trois mois, à condition d'acquitter en même temps une taxe supplémentaire qui est de 5, 10 ou 15 francs, suivant qu'il effectue le payement dans le premier, le second ou le troisième mois (L. 1844, art. 30, modifié par la loi du 7 avr. 1902). — Jusqu'au jour où la déchéance a été judiciairement constatée, le brevet conserve une existence de fait : par suite, le breveté n'est pas fondé à répéter le montant des annuités qu'il aurait continué à payer; de même, le cessionnaire d'une licence ne peut réclamer le remboursement des redevances qu'il aurait payées après la déchéance encourue, mais avant qu'elle fût constatée (V. *suprà*, n° 78). La déchéance engage, vis-à-vis de ceux qui avaient des droits sur le brevet, la responsabilité de celui à qui incombait la charge du payement des annuités, notamment du concessionnaire de licence à qui le contrat aurait, expressément ou tacitement, imposé l'obligation de payer les annuités. — La déchéance du brevet n'est pas encourue pour le retard apporté au payement de la totalité des annuités à échoir, prévu par les cas de cession (V. *suprà*, n° 76); elle ne s'applique qu'au défaut de payement annuel.

85. 2° Le brevet est frappé de déchéance

par le défaut d'exploitation pendant deux années *consécutives*, soit que l'exploitation n'ait pas commencé dans les deux années qui ont suivi la *délivrance* (et non la *demande*) du brevet, soit que l'exploitation commencée ait été interrompue pendant deux années. Dans les relations internationales, et pour les pays faisant partie de l'Union pour la protection de la propriété industrielle (V. *suprà*, n° 2), le délai pour exploiter est de *trois* ans, à dater de la *demande* de brevet (Acte additionnel du 14 déc. 1900, art. 2). — L'exploitation doit être sérieuse : quelques actes isolés d'exploitation ne satisfont pas à la loi. Quant à l'exploitation partielle, elle met le breveté à l'abri de la déchéance pour la totalité ou seulement pour la partie exploitée, suivant qu'il existe, ou non, un lien intime entre cette partie et les parties non exploitées : il y a là une question d'appréciation dont les tribunaux sont souverains juges (Dijon, 4 avr. 1900, D. P. 1901. 2. 70). Ainsi, l'exploitation d'un certificat d'addition sauvera de la déchéance le brevet lui-même s'il y a entre eux une relation étroite; il en serait différemment si l'invention qui fait l'objet du certificat était distincte de l'objet du brevet principal : en pareil cas, le certificat serait nul pour défaut de relation avec le brevet, et le brevet serait frappé de déchéance pour défaut d'exploitation.

86. Il suffit, pour qu'il y ait exploitation, que le public soit mis à même de profiter de l'objet du brevet : si cet objet est un produit, le breveté doit le fabriquer et le vendre; si l'objet du brevet n'est qu'un moyen, il suffit que le breveté mette à la disposition du public les produits obtenus par l'emploi de ce moyen. L'objet exploité doit, d'ailleurs, être le même que celui du brevet; mais il n'y aurait pas déchéance si les différences entre l'objet du brevet et l'objet exploité étaient de détail et non essentielles (Civ. r. 8 mai 1894, D. P. 95. 1. 9) : il y a lieu d'appliquer ici les règles indiquées *infrà*, n° 104. — L'exploitation doit avoir lieu en France ou dans les possessions françaises. — Il n'est pas nécessaire qu'elle soit le fait du breveté lui-même : toute exploitation autorisée par lui, par exemple celle du concessionnaire d'une licence, le met à l'abri de la déchéance (Paris, 11 avr. 1892, D. P. 92. 2. 593). Le breveté n'est pas garanti de la déchéance par l'exploitation d'un contrefacteur contre lequel il a dirigé des poursuites; mais il semble qu'il puisse invoquer l'exploitation d'une contrefaçon qu'il aurait tolérée.

87. Le breveté qui n'est pas en règle au point de vue de l'exploitation est admis à justifier des causes qui l'ont empêché d'exploiter (L. 5 juill. 1844, art. 32, modifié par la loi du 7 avr. 1902, art. 1er). Il n'est pas nécessaire que les obstacles qui ont empêché l'exploitation constituent des cas de force majeure; ces causes peuvent être de toute nature : insuffisance de ressources, concurrence des contrefacteurs, non adoption par le public de l'objet breveté, etc. : les juges du fond apprécient souverainement les faits justificatifs allégués. — La déchéance n'est pas non plus encourue si le défaut d'exploitation provient d'un obstacle légal : ainsi, la fabrication des cigares faisant l'objet d'un monopole de l'État, l'État ne pourrait invoquer la déchéance faute d'exploitation pour employer, sans le consentement de l'inventeur, une machine destinée à la fabrication des cigares.

88. 3° Est déchu de tous ses droits le breveté qui aura introduit en France des objets fabriqués à l'étranger et semblables à ceux qui sont garantis par son brevet. Néanmoins le ministre du Commerce peut autoriser l'introduction : 1° des modèles de machines; 2° des objets destinés à des expositions publiques ou à des essais faits avec l'assentiment du Gouvernement (L. 5 juill. 1844, art. 32, modifié par la loi du 7 avr. 1902, art. 1er). Ce qui est prohibé à peine de déchéance, c'est l'importation commerciale faite dans un but de vente, ne portât-elle que sur un seul objet (Cr. r. 12 févr. 1886, D. P. 88. 1. 237). Au contraire, l'importation à titre de modèle, ou en vue d'une exposition, est permise : on admet généralement que cette importation, même faite sans l'autorisation du ministre, ne frappe pas le brevet de déchéance si le breveté démontre qu'elle n'a pas eu pour but de tourner la loi. Par contre, il semble certain que lorsque le breveté, muni de l'autorisation ministérielle, a en réalité introduit les objets dans un but commercial, l'autorisation ne préserve pas le brevet de la déchéance.

89. L'introduction n'est une cause de déchéance que lorsqu'elle a lieu du fait ou du consentement de celui ou de l'un de ceux à qui appartient le brevet. Quant au concessionnaire de licence, comme il n'a aucun droit sur le brevet, mais seulement une permission de l'exploiter, l'exploitation à laquelle il se livre ne peut faire déchoir le brevet.

90. Pour que la déchéance soit encourue, il faut que l'objet importé soit tel, qu'il eût été protégé s'il avait été fabriqué en France par le breveté. La prohibition ne s'applique pas aux matières premières qui peuvent servir à sa fabrication ni aux machines nécessaires à l'exploitation, quand le brevet a pour objet, non la fabrication de ces machines, mais seulement une application nouvelle dont elles sont susceptibles, ni aux éléments ou organes dont il peut se composer, si ces éléments ne sont pas isolément compris dans le brevet : il en serait toutefois autrement si toutes les pièces d'une machine avaient été introduites séparément en vue de les assembler en France. De même, n'est pas frappée la réimportation en France de l'objet breveté, fabriqué en France, qui a été exporté à l'étranger pour y entrer dans la composition d'un autre objet (montures de parapluies brevetées, fabriquées en France, expédiées en Angleterre pour y être recouvertes, et réintroduites en France).

91. On admet généralement que le brevet n'est pas frappé de déchéance par l'importation en *transit*, c'est-à-dire par l'expédition des objets dont l'introduction est prohibée de l'étranger à l'étranger en empruntant les voies de transport françaises, non plus que par l'importation en *entrepôt*, c'est-à-dire par l'introduction et le séjour des objets en franchise des droits de douane sous condition qu'ils soient réexpédiés à l'étranger, si la réexportation a lieu effectivement.

92. La déchéance pour importation n'est pas applicable aux sujets des Etats signataires de l'Union pour la protection de la propriété industrielle ou aux assimilés (Conv. internat. 20 mars 1883, art. 5; V. *supra*, n° 2). Cette dérogation doit, semble-t-il, profiter non seulement aux étrangers, mais encore aux Français qui importent des objets fabriqués dans un des Etats de l'Union. — La faculté d'introduire sans déchéance des objets semblables aux objets brevetés ne dispense pas le breveté de l'obligation d'exploiter son brevet; mais le délai pour exploiter cet objet est l'objet d'une fixation spéciale (V. *supra*, n° 85).

93. Il intervient généralement, pour les objets exposés aux expositions universelles, des lois dérogeant, dans une certaine mesure, aux règles ordinaires relatives aux déchéances (V. L. 30 oct. 1888, D. P. 89. 4. 51; L. 30 déc. 1899, D. P. 1901. 4. 95). L'art. 11 de la convention du 23 mars 1883, modifié par l'acte du 14 déc. 1900, impose, d'ailleurs, aux nations contractantes l'obligation d'accorder une protection temporaire aux

inventions brevetables pour les produits figurant aux expositions internationales officielles.

§ 3. — *Actions en nullité et en déchéance* (R. 269 et s. ; S. 249 et s.).

94. L'action en nullité ou en déchéance d'un brevet peut être exercée par tous ceux qui y ont intérêt (L. 5 juill. 1844, art. 34). L'intérêt doit être sérieux. Il doit être apprécié d'après les circonstances de chaque espèce, sans qu'il soit possible d'en donner une définition absolue. L'intérêt du demandeur étant justifié, son action est recevable, sans qu'on puisse lui opposer des actes qui paraîtraient impliquer de sa part une reconnaissance de la validité du brevet. Mais cette règle ne s'applique qu'à ceux à qui le brevet est opposable et qui veulent s'affranchir du monopole réservé au breveté : ceux qui ont des droits sur le brevet ne paraissent pas être admis à en demander euxmêmes la nullité ; ainsi, dans le cas d'une association pour l'exploitation d'un brevet, l'un des associés ne peut poursuivre l'annulation du brevet.

95. Le ministère public peut intervenir dans toute instance en nullité ou déchéance et prendre des réquisitions pour faire prononcer la nullité ou la déchéance (L. 5 juill. 1844, art. 37). Il peut même se pourvoir directement, par action principale, pour faire prononcer la *nullité*, mais seulement dans les cas prévus aux n° 2, 4 et 5 de l'art. 30 de la loi de 1844 (V. *supra*, n° 33 et 80). Il ne peut jamais demander la *déchéance* par action principale.

96. Les tribunaux civils sont compétents, à l'exclusion de tous autres tribunaux et de l'autorité administrative, pour connaître de toute action en nullité ou déchéance sur quelque motif qu'elle soit fondée, ainsi que de toutes contestations relatives à la propriété des brevets. Mais les juridictions qui sont incompétentes pour statuer sur une demande en nullité ou déchéance le sont-elles également pour statuer sur l'exception de nullité, lorsqu'elle se présente comme une défense à une demande de leur compétence ? En ce qui concerne les tribunaux correctionnels, ils ont compétence pour statuer, dans les instances en contrefaçon dont ils sont saisis, « sur les exceptions qui seraient tirées par le prévenu de la nullité ou de la déchéance du brevet, soit de questions relatives à la propriété dudit brevet » (L. 5 juill. 1844, art. 46). Quant aux tribunaux de commerce ou à la juridiction arbitrale, on admet généralement leur incompétence. — Les parties peuvent trancher entre elles la question de validité d'un brevet par une transaction; mais elles ne peuvent, en cette matière, faire un compromis.

97. La demande en nullité doit, conformément au droit commun, être portée devant le tribunal du domicile du défendeur. Par dérogation à l'art. 59, § 2, c. pr. civ., elle doit nécessairement être portée devant ce tribunal, même lorsqu'elle est dirigée en même temps contre le breveté et un ou plusieurs cessionnaires partiels (L. 5 juill. 1844, art. 35). Elle doit, à peine de nullité, être communiquée au procureur de la République. Elle est instruite et jugée dans la forme prescrite pour les matières sommaires par les art. 405 et s. c. pr. civ. (L. 5 juill. 1844, art. 36).

98. Les effets de la chose jugée sont différents suivant que la nullité a été prononcée sur la demande de la partie privée, ou sur la demande ou l'intervention du ministère public. Dans le premier cas, la nullité est relative, c'est-à-dire qu'elle n'est acquise qu'en faveur du demandeur : le brevet, nul à son égard, conserve toute sa force vis-à-vis des tiers. Dans le second cas, la nullité est absolue et profite à tout le monde,

même aux tiers qui auraient précédemment succombé dans une demande en nullité. — Quand la demande en nullité a été repoussée, l'effet de la chose jugée est le même, que la demande ait été formée par une partie privée ou que le ministère public l'ait introduite ou y soit intervenu : ceux qui n'ont pas été partie au procès conservent le droit d'attaquer le brevet.

99. Le rejet d'une demande en nullité n'empêche pas le demandeur de former une demande en déchéance, et réciproquement. D'autre part, une demande en déchéance, déclarée mal fondée, peut être renouvelée si la déchéance est encourue pour des faits postérieurs à la première demande. Au contraire, après le rejet d'une demande en nullité fondée sur le défaut de nouveauté, on ne peut en former une seconde, à raison d'antériorités qui n'auraient pas été apportées à l'appui de la première. Mais, suivant l'opinion généralement admise, on peut, après avoir échoué dans une demande en nullité fondée sur l'une des causes de nullité indiquées par l'art. 30 de la loi de 1844 (V. *supra*, n° 80), la renouveler en invoquant une autre cause de nullité.

Art. 7. — Contrefaçon; poursuites et peines.

§ 1er. — *Caractères de la contrefaçon et des délits assimilés* (R. 292 et s.; S. 272 et s.).

100. Toute atteinte portée aux droits du breveté par la fabrication de produits ou l'emploi de moyens compris dans le brevet constitue le délit de contrefaçon. Sont assimilés à la contrefaçon la vente, la mise en vente, l'introduction ou le recel d'objets contrefaits (L. 5 juill. 1844, art. 40 et 41). La contrefaçon est punissable, indépendamment de la bonne ou mauvaise foi de son auteur; au contraire, les délits assimilés à la contrefaçon n'existent que s'ils ont été accomplis de mauvaise foi, c'est-à-dire en connaissance du brevet relatif aux objets contrefaits.

101. En principe, l'existence d'un brevet, dans le cas de contrefaçon, et la connaissance de l'existence du brevet, dans le cas de délits assimilés, suffisent à constituer le délit. On admet cependant assez généralement que, lorsque le prévenu a, par des motifs sérieux, été induit en erreur sur l'étendue du brevet, il doit être acquitté, et que le contrefacteur lui-même peut être renvoyé des poursuites s'il a eu de justes causes d'ignorer l'existence du brevet; mais les objets contrefaits n'en doivent pas moins, dans tous les cas, être confisqués (V. *infra*, n° 132). Les personnes morales, et notamment l'Etat, peuvent être déclarées contrefacteurs (Civ. r. 1er févr. 1892, D. P. 92. 1. 417); mais elles ne peuvent être condamnées pénalement (V. *infra*, n° 132).

102. Le délit de contrefaçon n'existe qu'autant que les trois conditions suivantes se trouvent réunies, savoir : 1° qu'il existe un brevet valable; 2° qu'une atteinte ait été portée aux droits du breveté; 3° que cette atteinte résulte, soit de la fabrication des produits, soit de l'emploi des moyens qui font l'objet du brevet.

103. 1° *Existence d'un brevet valable.* — La validité du brevet étant une condition essentielle du délit de contrefaçon, l'auteur du fait incriminé a le droit de contester cette validité et d'invoquer tous les moyens qu'il aurait pu présenter à l'appui d'une demande en nullité ou en déchéance du brevet; peu importe, d'ailleurs, qu'il soit conclu à la nullité ou la déchéance avant ou seulement pendant les poursuites. Lorsque le brevet n'est pas entièrement nul, le prévenu peut néanmoins le discuter pour en réduire l'objet (Sur la nullité partielle, V. *supra*, n° 80). — Il y a contrefaçon du moment que le brevet était encore en vigueur lorsque l'acte incriminé a été accompli : ainsi, celui qui n'aurait fabriqué que peu de temps avant l'expiration du brevet n'en serait pas moins contrefacteur, quand bien même il n'aurait eu pour but que d'être en mesure de vendre après l'expiration du brevet. — De même, la déchéance d'un brevet ne couvre pas les faits de contrefaçon accomplis avant qu'elle ait été prononcée (Cr. c. 10 janv. 1889, D. P. 89. 1. 319).

104. 2° *Atteinte aux droits du breveté.* — Il faut que l'objet argué de contrefaçon ou que les moyens qui ont servi à le produire soient semblables à l'objet ou aux moyens définis par le brevet. Mais il n'est pas nécessaire que la ressemblance porte sur tous les points garantis par le brevet : la contrefaçon est punissable, quoique partielle. Il faut, et il suffit, que l'imitation porte sur tout ou partie de ce qui donne à l'invention le caractère de brevetabilité : sur un ou plusieurs éléments séparés de l'objet breveté, si ces éléments sont individuellement nouveaux et brevetables ; sur leur combinaison, si c'est à la combinaison d'éléments connus que l'invention doit sa brevetabilité. Mais l'imitation n'est constitutive de la contrefaçon qu'autant qu'elle porte sur une partie essentielle du brevet, c'est-à-dire sur un élément caractéristique de l'invention. — Lorsque les ressemblances essentielles sont constatées, les différences qui peuvent exister entre les deux objets n'empêchent pas qu'il y ait contrefaçon. Ainsi, dans le cas d'un brevet pris pour un appareil qui, par une combinaison nouvelle d'éléments connus, produit un résultat industriel nouveau, il y a contrefaçon dans le fait de fabriquer un autre appareil qui, malgré certaines dissemblances avec le premier, reproduit la première combinaison dans ce qu'elle a de principal au point de vue de ce qui but recherché et atteint par l'inventeur.

105. La contrefaçon n'existe pas si le prévenu a agi qu'avec l'autorisation du breveté. Cette autorisation n'est soumise à aucune forme particulière ; elle peut être expresse ou tacite. Mais il ne faut pas confondre avec une autorisation tacite la simple tolérance du breveté qui, pour avoir laissé la contrefaçon se continuer pendant un certain temps, n'en est pas moins recevable à la poursuivre tant que la prescription n'est pas acquise. Lorsque l'autorisation résulte d'une concession ou d'une licence, le concessionnaire ou licencié commet une contrefaçon s'il dépasse l'étendue de l'exploitation concédée, par exemple s'il exploite en dehors du périmètre qui lui est assigné par le contrat ; mais s'il n'observe pas les clauses du contrat qui sont les conditions ou charges constituant la contre-partie de la concession, par exemple s'il ne paye pas le prix convenu, il ne pourra être condamné pour contrefaçon : le breveté pourra seulement poursuivre l'exécution du contrat ou en demander la résolution, avec dommages-intérêts dans les deux cas. — A ceux qui agissent avec l'autorisation du breveté, il faut assimiler ceux qui, à un titre quelconque, ont qualité pour se servir des procédés brevetés : tels sont, par exemple, les créanciers du breveté, qui peuvent exercer ses droits. De même, le copropriétaire d'un brevet, qui ne se conforme pas aux conditions convenues avec son copropriétaire pour l'exploitation du brevet, ne saurait être poursuivi par ce dernier comme contrefacteur et n'est passible que de dommages-intérêts pour inexécution des conventions intervenues (Req. 5 mars 1900, D. P. 1900. 1. 465). — Enfin, si le breveté, soupçonnant la contrefaçon, la provoque par une commande afin de la constater, le délit disparaîtra, la provocation étant assimilée à une autorisation ; mais on ne peut assimiler à une com-

mande l'achat que le breveté ferait, ou ferait faire par ses agents, d'un objet argué de contrefaçon : c'est là un moyen légitime de constater la contrefaçon.

106. Lorsque la contrefaçon est établie, le breveté n'a pas à justifier d'un préjudice spécial ; l'atteinte à ses droits constitue un dommage suffisant pour lui permettre d'en poursuivre la répression. De même, le peu d'importance de l'invention ne saurait faire disparaître le délit de contrefaçon ; elle pourrait seulement être prise en considération pour la fixation des dommages-intérêts.

107. 3° *Fabrication d'objets contrefaits et emploi des moyens brevetés.* — Toute fabrication, quelque restreinte qu'elle soit, est par elle-même une contrefaçon : toutefois, de simples essais n'ayant d'autre but que d'éprouver la valeur de l'objet breveté, soit par pure curiosité, soit en vue de s'entendre avec le breveté pour l'obtention d'une licence ou l'exploitation de l'invention en commun, s'il y a été apporté un perfectionnement, ne sont pas une contrefaçon. Mais le fait que l'objet fabriqué serait seulement destiné à figurer comme modèle dans une collection n'empêcherait pas qu'il fût contrefait, s'il était susceptible d'être employé industriellement. — Il y a contrefaçon de la part de celui qui commande l'objet contrefait et le fait exécuter par un tiers ; en ce cas, le délit est commis à la fois par celui qui fabrique et par celui qui fait fabriquer. — Il arrive souvent que la fabrication n'a pour objet qu'un élément isolé de l'objet breveté. Si cet élément pris en lui-même est protégé par le brevet, il y a contrefaçon. Si, au contraire, cet élément séparé appartient au domaine public, il n'y a pas contrefaçon, dès lors que la production de cet élément est bien le seul but de la fabrication ; mais il en est autrement si cette fabrication se relie à d'autres, établies pour la production des divers éléments de l'objet breveté en vue de leur réunion ; si, par exemple, le prévenu avait fabriqué séparément les divers rouages d'une machine qui, isolément, sont du domaine public, en vue de les réunir suivant la combinaison qui fait l'objet du brevet. — La contrefaçon existe, d'après l'opinion la plus répandue, dès que la fabrication a commencé. La réparation par un tiers d'un objet fabriqué et vendu par le breveté ne constitue pas une contrefaçon, à moins qu'elle ne soit tellement importante qu'elle constitue en réalité une réfection complète de l'objet.

108. Par l'emploi des moyens brevetés, qui constitue, au même titre que la fabrication d'objets contrefaits, le délit de contrefaçon, on n'entend pas seulement, dans l'opinion la plus suivie, la fabrication à l'aide des procédés brevetés, en d'autres termes l'emploi industriel des procédés, mais encore tout usage illicite de l'invention, qu'elle ait pour objet un procédé ou un produit. Ainsi, l'acheteur d'un appareil contrefait qui en use, même de bonne foi, pour une exploitation commerciale et en retire des avantages identiques à ceux que donne l'appareil de l'inventeur, est un contrefacteur. — Mais l'usage du produit contrefait n'est délictueux que s'il a lieu dans un intérêt industriel ou commercial (Ch. réun. c. 30 oct. 1899, D. P. 1900. 1. 337); l'usage purement personnel d'un objet contrefait n'a pas les caractères de la contrefaçon (à moins qu'il n'ait lieu de mauvaise foi et ne constitue ainsi un acte de complicité par recel, délit assimilé à la contrefaçon). Ainsi, le fait d'acheter des objets contrefaits et de les conserver, mais pour les vendre, ou pour les employer à son usage personnel, n'est pas un fait de contrefaçon : tel est le cas, par exemple, du cultivateur qui a acheté des instruments contrefaits et les emploie pour améliorer les produits de sa culture ; il n'y a pas lieu, en pareil cas,

à la confiscation des objets contrefaits, l'art. 49 de la loi du 5 juill. 1844, qui ordonne cette confiscation même en cas d'acquittement, ne s'appliquant qu'aux contrefacteurs, receleurs, introducteurs ou débitants. Mais l'industriel qui possédant un appareil agricole contrefait, aurait métier de le louer aux cultivateurs ou de traiter leurs produits moyennant salaire, commettrait le délit de contrefaçon. — La contrefaçon ne résulte, d'ailleurs, pas du seul fait d'avoir obtenu un résultat industriel identique à celui de l'invention brevetée, alors que les moyens employés sont autres que ceux décrits dans le brevet, ou que les combinaisons adoptées de part et d'autre pour arriver au même résultat sont des applications de moyens connus, mais essentiellement différentes entre elles (Req. 3 août 1897, D. P. 98. 1. 16).

109. 4° *Délits assimilés à la contrefaçon.* — L'art. 41 de la loi de 1844 assimile à la contrefaçon la vente ou l'exposition en vente, l'introduction en France et le recel d'objets contrefaits. — Cette énumération est limitative ; aussi, en dehors de ces cas, il n'y a pas de complicité punissable dans le délit de contrefaçon. Ainsi, aucune peine ne peut être prononcée contre celui qui a été sciemment l'intermédiaire du contrefacteur auprès d'un acheteur des objets provenant de la contrefaçon.

110. Les poursuites peuvent être exercées contre les auteurs des délits assimilés à la contrefaçon séparément et alors même qu'elles ne pourraient plus l'être contre l'auteur de la contrefaçon même ; de même, la prescription de la contrefaçon ne couvre pas nécessairement les délits assimilés. Il peut, d'ailleurs, y avoir responsabilité solidaire des divers délinquants dans la mesure où il y a eu entre chacun d'eux entente en vue des actes délictueux.

111. La *vente* d'objets contrefaits est délictueuse, qu'elle n'ait été qu'un fait isolé ou qu'il ait été fait un véritable commerce de ces objets, que le vendeur soit, ou non, commerçant, que la vente soit faite pour la consommation en France ou pour l'exportation. Mais il n'y a pas délit de vente dans le fait de celui qui, ayant exécuté l'objet sur la commande du breveté n'étant point payé, le retient et le revend pour se payer de ce qui lui est dû, ou dans le fait du créancier du breveté qui fait vendre les objets brevetés appartenant à celui-ci. On ne peut considérer davantage comme délictueuse la vente faite en France d'un objet fabriqué à l'étranger et devant être livré à l'étranger.

112. L'*exposition en vente* est un délit de contrefaçon comme la vente elle-même : elle existe, semble-t-il, non seulement quand les objets sont offerts aux yeux des acheteurs, mais chaque fois qu'à la détention de l'objet se joint un fait, tel que l'envoi de circulaires ou prospectus, destiné à provoquer l'achat. On doit de même considérer comme exposés en vente les objets figurant dans une exposition, même s'ils n'y peuvent être vendus, dès lors que, par le fait de leur exhibition, l'acheteur est averti qu'il peut s'en procurer de semblables dans les magasins de l'exposant. Il semble qu'il doive en être différemment des objets qui, dans une exposition internationale ouverte en France, figureraient dans les sections étrangères, s'ils ne peuvent être vendus pendant l'exposition et doivent ensuite être réexportés.

113. L'*introduction* en France, par d'autres que le breveté, d'objets semblables à l'objet du brevet est délictueuse, qu'elle soit destinée à un usage personnel ou à un emploi commercial, sans que leur déclaration à la douane et le payement des droits aient une influence sur son caractère. Mais on admet généralement que l'introduction en transit d'objets fabriqués à l'étranger et expédiés dans un pays étranger en passant par la France n'est pas délictueuse, non plus que l'introduction en entrepôt si l'objet est ré-expédié à l'étranger (questions controversées). Sur l'introduction en France faite par le breveté lui-même, V. *supra*, n°s 88 et s.

114. Le délit de *recel* existe du moment qu'il y a à la fois détention d'un objet contrefait et connaissance de la contrefaçon, que la détention ait lieu pour un usage personnel ou dans un but commercial; mais il faut que ces deux éléments soient réunis.

§ 2. — *Tribunaux compétents* (R. 328 et s.; S. 309 et s.).

115. Le breveté peut poursuivre la contrefaçon soit par la voie correctionnelle, s'il veut assurer la répression pénale du délit et obtenir la réparation pécuniaire du préjudice subi, soit par la voie civile, s'il entend se contenter de la réparation pécuniaire : en ce dernier cas, ce sont les tribunaux civils de première instance qui sont seuls compétents, à l'exclusion des juges de paix et des tribunaux de commerce. — Cette règle de compétence ne déroge, d'ailleurs, ni aux règles spéciales qui, en matière répressive, peuvent être applicables à certains prévenus en raison de leur qualité (V. *infra*, *Compétence criminelle*), ni, devant les tribunaux civils ou correctionnels, aux règles de la compétence *ratione materiæ* ou *ratione loci*, de la litispendance, de la connexité, etc. La compétence exclusive du tribunal de première instance n'empêche pas les parties de soumettre leur différend à des arbitres, à l'exception toutefois des questions de validité ou de propriété des brevets soulevées par le défendeur (V. *supra*, n° 96). L'autorité judiciaire est seule compétente, à l'exclusion de l'autorité administrative, pour connaître des contestations relatives à la validité ou à la propriété des brevets d'invention et, par suite, des actions en contrefaçon (Trib. confl. 27 juill. 1895, D. P. 95. 3. 87; Civ. r. 1er févr. 1892, D. P. 92. 1. 417).

116. Le tribunal correctionnel, saisi de l'action en contrefaçon, est compétent pour apprécier les moyens de défense du prévenu, notamment les moyens tirés de la nullité ou de la déchéance du brevet, base de la poursuite, ou les questions relatives à la propriété du brevet (L. 5 juill. 1844, art. 46); il lui est toutefois loisible de surseoir à statuer dans le cas où une instance civile est engagée (V. *infra*, n° 130). Il est seul compétent, à l'exclusion de l'Administration, pour prononcer la déchéance du brevet à défaut de payement de la taxe.

§ 3. — *Droit de poursuite; procédure* (R. 339 et s.; S. 317 et s.).

117. L'action en contrefaçon appartient au propriétaire du brevet. S'il y a plusieurs propriétaires, l'action appartient à tous ou à un ou plusieurs d'entre eux, selon que la contrefaçon portera atteinte aux droits de tous ou seulement d'un ou plusieurs : par exemple, en cas de cession du brevet pour un territoire déterminé, la poursuite appartiendra au cessionnaire ou au breveté, suivant que la contrefaçon affectera la région cédée ou la région que le breveté s'est réservée. — Le simple licencié ne possède pas, en principe, l'action en contrefaçon (V. *supra*, n° 75).

118. Le ministère public ne peut exercer l'action correctionnelle, pour l'application des peines, que sur la plainte de la partie lésée (L. 5 juill. 1844, art. 45). Mais le désistement de cette partie n'arrête pas les poursuites engagées.

119. Lorsque la contrefaçon a été commise dans les ateliers ou établissements d'une société, la société, simple personne morale, ne peut être appelée devant le tribunal correctionnel que comme civilement responsable du fait de ses agents : ce sont les agents seuls

qui doivent être poursuivis. Mais on ne peut considérer comme contrefacteurs que ceux qui ont, dans leurs attributions, la direction de la fabrication ou qui ont personnellement, par des ordres ou des autorisations, concouru au fait incriminé (directeurs, administrateurs, associés participant à l'administration, etc.), et non les agents subalternes, qui n'ont fait qu'exécuter le travail à eux commandé.

120. Le breveté qui veut poursuivre la contrefaçon peut en fournir la preuve par tous les moyens en sa possession. Mais il y a un moyen de preuve spécial qui, sans être obligatoire, est le plus communément adopté : c'est la *description* par huissier des objets ou moyens contrefaits, avec ou sans *saisie* (L. 5 juill. 1844, art. 47). La saisie n'est pas indispensable; elle constitue, comme moyen de preuve, un complément utile de la description; mais il est des cas où la preuve ne peut être faite que par la description, par exemple lorsqu'il s'agit de procédés chimiques qui ne sont susceptibles d'être compris que par leur mise en œuvre, si l'on parvient à les surprendre au moment de leur exécution. En pareil cas, d'ailleurs, la saisie restera utile, non plus comme moyen de preuve, mais au point de vue de la confiscation des instruments servant à la contrefaçon et des produits qui en proviennent.

121. La saisie ne peut avoir lieu qu'en vertu d'une ordonnance du président du tribunal l'autorisant et rendue sur requête. Il ne peut être rendu d'ordonnance autorisant la saisie que sur représentation d'un brevet *non expiré*, sans d'ailleurs que le président puisse exiger la preuve de la nouveauté. L'ordonnance peut, s'il y a lieu, contenir la nomination d'un expert pour assister l'huissier; le choix de l'expert appartient au président, qui n'est pas tenu de se conformer à la désignation habituellement faite dans sa requête par le breveté; le choix de l'huissier appartient, au contraire, exclusivement au breveté. Lorsqu'il autorise la saisie, le président *peut* imposer au demandeur en contrefaçon une consignation en argent que celui-ci sera tenu de consigner avant la saisie; il *doit* l'imposer aux brevetés étrangers, sauf quand il s'agit d'étrangers admis en France à la jouissance des droits civils : le défaut de versement du cautionnement, quand ce versement a été ordonné, empêche la saisie, mais non la description des objets argués de contrefaçon. Il doit être laissé copie au détenteur des objets décrits ou saisis tant de l'ordonnance que, le cas échéant, de l'acte constatant le dépôt du cautionnement.

122. Le président peut autoriser la saisie totale des objets prétendus contrefaits. Mais peut-il, quand le breveté requiert une saisie totale, n'autoriser qu'une saisie partielle? Peut-il décider qu'il sera procédé à une simple description, s'il juge la saisie inutile? On lui reconnaît généralement ce double droit, bien que la question soit controversée. — Le président peut autoriser le breveté à faire parapher les livres du saisi par le commissaire de police, requis pour assister l'huissier; mais il ne semble pas admissible qu'il permette au breveté de procéder lui-même à l'examen des livres. Il a été jugé toutefois que le président peut autoriser des visites et recherches domiciliaires, l'examen des livres, correspondances et papiers et la saisie de ceux qui renfermeraient la preuve de la contrefaçon. Dans le silence de l'ordonnance, le saisi est en droit de refuser l'entrée de ses locaux au saisissant; mais il appartient au président de décider, s'il le juge opportun, que le saisissant pourra assister à la saisie. — L'ordonnance désigne habituellement les personnes chez qui la saisie doit être opérée; mais il a été jugé, bien que cette solution ne soit pas sans difficulté, que l'ordonnance peut autoriser le

breveté à pratiquer la saisie chez tous les contrefacteurs, sans désignation de personnes. On s'accorde, au contraire, à reconnaître que l'ordonnance peut autoriser le breveté à faire procéder en tous lieux à la saisie; il semble toutefois que l'autorisation du commandant d'armes soit, en outre, nécessaire quand il s'agit de pénétrer dans un établissement militaire (Décr. 4 nov. 1811).

123. L'ordonnance autorisant la saisie est généralement considérée comme un acte de juridiction gracieuse contre lequel il n'existe aucun recours. Mais il est admis, en pratique, qu'en cas de difficultés soulevées par l'exécution de l'ordonnance, il peut en être référé au président, et c'est ce qui est habituellement prévu par les termes de l'ordonnance; la décision de référé qui intervient en pareil cas est, à la différence de l'ordonnance autorisant la saisie, un acte de juridiction contentieuse, susceptible, comme tel, d'appel. — Le président peut, après avoir rendu une ordonnance autorisant la saisie, modifier cette ordonnance, par exemple substituer à la saisie une simple description, alors que l'assignation en contrefaçon n'a pas encore été délivrée (Paris, 10 août 1889, D. P. 92. 2. 23); mais il ne peut rétracter d'une façon absolue la permission de décrire et saisir, alors surtout que la saisie est déjà soumise à l'appréciation du tribunal (Req. 31 mai 1886, D. P. 87. 1. 59).

124. Aucun délai n'est imparti au breveté pour exécuter l'ordonnance autorisant la saisie; mais les tribunaux pourront examiner en fait si la saisie a été une exécution régulière de l'ordonnance, notamment si l'exécution n'a pas été appliquée à des faits postérieurs à l'ordonnance, au lieu de l'être exclusivement aux faits en vue desquels elle a été rendue.

125. L'huissier, quand il procède à la description, doit décrire l'objet prétendu contrefait d'une façon suffisamment détaillée pour qu'on puisse juger de sa ressemblance avec l'objet breveté : il ne peut se borner à constater que l'objet à lui présenté est une contrefaçon de l'objet breveté.

126. La saisie doit, à peine de nullité, être suivie d'une assignation devant le tribunal civil ou correctionnel dans le délai de huitaine, outre un jour par trois myriamètres de distance entre le lieu de la saisie et le domicile du saisi (L. 5 juill. 1844, art. 48); on excepte toutefois le cas de force majeure. S'il y a plusieurs saisies, chaque assignation doit suivre, dans le délai prescrit, la saisie à laquelle elle correspond. Le délai de huitaine ne s'applique pas aux saisies qui seraient pratiquées au cours d'une instance devant le tribunal civil et qui peuvent faire l'objet de simples conclusions additionnelles; il semble, au contraire, que lorsque l'action a été engagée devant le tribunal correctionnel, il soit nécessaire de délivrer une assignation distincte dans la huitaine de la saisie.

127. Lorsque la procédure a commencé par la saisie, l'assignation donnée au civil est dispensée de plein droit du préliminaire de conciliation; on a soutenu qu'il doit en être de même quand il n'y a pas eu de saisie ou quand la saisie est nulle, mais cette solution est douteuse. — L'assignation, ou la citation correctionnelle, doit être le titre en vertu duquel la poursuite est exercée. Quant aux certificats d'addition, ils sont implicitement visés par l'assignation qui mentionne le brevet, s'ils sont antérieurs à l'introduction de l'instance : s'ils sont postérieurs, ils donnent lieu à une instance nouvelle.

128. Le défendeur à l'action en contrefaçon peut opposer à la demande non seulement les exceptions tirées de la nullité ou de la déchéance du brevet, mais toutes exceptions utiles à sa défense, notamment l'exception tirée de ce qu'il était autorisé par le breveté à faire ce qu'il a fait, par exemple, parce qu'il était cessionnaire d'une licence de fabrication concédée par le brevet et devant être considérée, non comme exclusivement personnelle, mais comme transmissible; il peut établir que l'objet argué de contrefaçon n'est pas semblable à l'objet breveté, que le brevet ne lui est pas opposable parce qu'il était lui-même en possession de l'invention avant le brevet, etc.

129. L'intervention devant le tribunal correctionnel est recevable de la part de ceux qui, étant copropriétaires du brevet, se joignent au plaignant pour obtenir la répression du délit; l'intervention n'est pas admissible du côté du prévenu, si ce n'est celle de la partie civilement responsable.

130. Les effets de la chose jugée sur la contrefaçon sont plus ou moins étendus, suivant que le jugement est rendu au civil ou au correctionnel. Lorsqu'un jugement civil, passé en force de chose jugée, a prononcé la validité ou la nullité du brevet, la question ne peut plus être débattue entre les parties, pas plus devant le juge civil que devant le juge correctionnel auquel seraient déférés de nouveaux faits argués de contrefaçon en vertu du même brevet (V. cependant *suprà*, n° 99). Au contraire, le jugement correctionnel qui a statué sur l'exception de nullité ou déchéance soulevée par le prévenu, n'emporte pas chose jugée sur la validité du brevet, mais seulement sur le caractère, délictueux ou non, du fait spécial qui lui est déféré : de là cette double conséquence, d'une part que le tribunal correctionnel, saisi de nouveaux faits, doit examiner derechef l'exception de nullité ou déchéance, si elle est soulevée, et, d'autre part, que le tribunal civil peut, toujours en cas de nouveaux faits incriminés, résoudre la question de validité en sens contraire de la solution antérieurement adoptée par le tribunal correctionnel.

131. L'action en contrefaçon s'exerce aux colonies de la même manière qu'en France, et elle est recevable bien que le brevet n'ait pas été revêtu du visa de l'autorité coloniale, exigé dans certains cas, pour la mise à exécution des actes venant de France ou de l'étranger, par l'arrêté du 8 vent. an 12.

§ 4. — *Peines et réparations civiles* (R. 363 et s.; S. 358 et s.).

132. La contrefaçon et les délits assimilés sont punis d'une amende de 100 à 2000 francs (L. 5 juill. 1844, art. 40 et 41). Les peines ne pouvant être cumulées, la peine la plus forte doit seule être prononcée pour tous les faits antérieurs au premier acte de poursuite (art. 42). En cas de récidive, il est prononcé, outre l'amende, un emprisonnement de un à six mois : il y a récidive lorsqu'il a été rendu contre le prévenu, dans les cinq années antérieures, une première condamnation pour contrefaçon d'un délit assimilé (art. 43), et on ne distingue pas suivant qu'il y a eu atteinte successive à deux brevets différents ou atteinte réitérée au même brevet. — La condamnation prononcée par le tribunal civil ne peut servir de base à l'application des peines de la récidive, sur une poursuite ultérieure devant le tribunal correctionnel; le prévenu n'est pas non plus en état de récidive si son premier délit est de ceux prévus par l'art. 33 de la loi de 1844 (V. *supra*, n° 72 et 73). Est assimilée à la récidive, au point de vue de la peine, la contrefaçon commise par l'ouvrier ou employé ayant travaillé dans les établissements du breveté ou avec la participation de l'ouvrier ou employé par qui le contrefacteur aurait eu connaissance des procédés brevetés, et qui, en pareil cas, pourra être poursuivi comme complice (art. 43). D'après l'opinion qui tend à prévaloir, cette disposition s'applique seulement

aux faits de contrefaçon postérieurs à la prise du brevet et commis ou facilités par un ouvrier ou employé ayant participé à l'exploitation de l'invention par le breveté. Quant aux faits de divulgation antérieurs au brevet, ils ne peuvent donner lieu qu'à des dommages-intérêts (V. *supra*, n° 30).

133. L'art. 463 c. pén., relatif aux circonstances atténuantes, peut être appliqué aux délits réprimés par la loi de 1844 (art. 44), y compris les délits prévus par l'art. 33 et même en cas de récidive.

134. Le jugement qui reconnaît la contrefaçon prononce la confiscation des objets contrefaits (L. 5 juill. 1844, art. 49); cette mesure est obligatoire (Cr. c. 14 janv. 1898 et 9 juin 1899, D. P. 1903. 1. 253), même en cas d'acquittement. La confiscation n'est pas une peine, et doit être prononcée aussi bien par le juge civil que par le juge correctionnel. Elle s'applique aux objets contrefaits appartenant à l'État (Civ. r. 1er févr. 1892, D. P. 92. 1. 417).

135. La confiscation porte tout d'abord sur les objets contrefaits. Quand le brevet concerne un produit nouveau, tous les produits semblables sont des objets contrefaits. Lorsque le brevet concerne un procédé nouveau servant à obtenir un produit connu, le procédé, qui est parfois immatériel (une opération chimique, par exemple), pourra échapper à la confiscation; mais les produits obtenus pourront-ils être confisqués? On admet généralement que la confiscation n'est possible que si ces produits ont subi, par suite de l'application usurpée du procédé breveté, des modifications dans leur forme, leur apparence ou leur valeur telles qu'ils doivent être eux-mêmes considérés comme des objets contrefaits; mais la jurisprudence semble aujourd'hui admettre la confiscation de tous les objets obtenus par le procédé breveté, même s'ils n'ont subi aucune modification dans leur substance ou leur nature (Req. 27 juin 1893, D. P. 94. 1. 21). — La confiscation porte, en second lieu, sur les instruments ou ustensiles destinés spécialement à la fabrication des objets contrefaits; les matières premières peuvent être considérées comme des instruments du délit, s'il est établi qu'elles étaient employées uniquement à la fabrication des objets contrefaits. — La jurisprudence admet que la confiscation doit porter sur tous les objets contrefaits, saisis ou non saisis, décrits ou non décrits; mais elle ne peut être prononcée contre le contrefacteur que si ces objets sont encore en sa possession, sinon elle est remplacée par des dommages-intérêts (Cr. c. 14 janv. 1898 et 9 juin 1899, cités *supra*, n° 134). Lorsqu'un objet, composé de diverses parties non indivisibles, n'est entaché de contrefaçon que dans une de ses parties (par exemple, un bateau contrefait dans sa forme, dont les machines peuvent être détachées), la confiscation ne doit porter que sur la partie contrefaite; elle porte, au contraire, sur le tout, quand les éléments contrefaits sont indivisibles des éléments non contrefaits, s'il s'agit, par exemple, d'un tissu non contrefait auquel a été appliquée une teinture contrefaite. Les objets inachevés doivent être confisqués, s'ils n'étaient pas préparés en vue de la contrefaçon.

136. La bonne foi du détenteur des objets contrefaits n'est pas un obstacle à la confiscation. L'expiration du brevet ne s'oppose pas à ce que la confiscation soit prononcée. La confiscation est obligatoire, alors même que la valeur des produits de la contrefaçon dépasserait de beaucoup le préjudice causé au breveté. Les objets confisqués sont remis au breveté (Cr. c. 14 janv. 1898 et 9 juin 1899, précités) et non détruits; les frais de cette remise sont à la charge du contrefacteur.

137. Les tribunaux civils ou correctionnels peuvent ordonner l'affichage de la condamnation pour contrefaçon ou son insertion dans un certain nombre de journaux : l'insertion peut même être ordonnée au profit du défendeur quand la contrefaçon n'est pas établie. Lorsque le jugement n'a pas ordonné l'affichage ou l'insertion, il n'appartient pas à la partie gagnante d'y procéder à ses frais; il ne semble pas non plus qu'elle puisse annoncer le fait même de la condamnation. La partie qui a obtenu par jugement l'affichage ou l'insertion peut y procéder nonobstant l'appel, sauf la responsabilité qu'elle encourrait en cas d'infirmation.

§ 5. — *Voies de recours* (R. 387 et s.; S. 373).

138. L'opposition contre les jugements par défaut, l'appel et le pourvoi en cassation contre les jugements contradictoires, sont régis par le droit commun (V. *supra*, *Appel en matière civile et commerciale*, *Appel en matière criminelle*, *Cassation*, *Instruction criminelle*, *Jugement par défaut*).

§ 6. — *Prescription* (R. 397 et s.; S. 374 et s.).

139. La prescription des actions en contrefaçon et celle des condamnations se règlent suivant le droit commun (V. *infra*, *Prescription civile*, *Prescription criminelle*). La prescription est de trois ans, aussi bien pour les actions portées devant le tribunal civil que pour celles portées devant le tribunal correctionnel. Elle ne commence à courir, à l'égard du délit de contrefaçon, qu'à compter du dernier des actes dont celle-ci se compose. Mais chaque fait de fabrication, de vente, etc., est un délit distinct, qui se prescrit séparément des autres et à partir de sa date. Les délits de contrefaçon, de vente, de recel, d'introduction, sont également distincts les uns des autres : la prescription de l'un n'entraîne pas la prescription des autres. Quant aux condamnations, la prescription est de cinq ans pour les peines et de trente ans pour les réparations civiles, même si elles résultent de jugements correctionnels.

ART. 8. — ENREGISTREMENT ET TIMBRE.

140. Les pièces produites à l'appui de la demande d'un brevet, y compris le pouvoir donné par l'inventeur qui constitue un mandataire, les brevets, certificats d'addition et les expéditions qui en sont délivrées, sont exempts du timbre et de l'enregistrement. Toutefois, l'expédition du procès-verbal de dépôt, remise au déposant, doit être timbrée (L. 5 juill. 1844, art. 7; Instr. admin. Enreg. 1272, § 11).

141. Les quittances de taxes sont soumises au droit de timbre spécial de 0 fr. 25, établi par les lois des 8 juillet 1865 et 23 août 1871 (D. P. 65. 4. 101 et 71. 4. 54) (Trib. civ. de Dijon, 18 mai 1858, D. P. 58. 3. 39).

142. La cession d'un brevet d'invention ou d'une licence d'exploitation ne tombe pas, en principe, sous l'application de la loi du 28 févr. 1872 (D. P. 72. 4. 12) lorsqu'elle est consentie isolément. En cas de présentation à la formalité, cette cession donne ouverture, soit au droit proportionnel de 2 pour 100 auquel sont soumises les ventes d'objets mobiliers par l'art. 69, § 5, n° 1, de la loi du 22 frim. an 7 (R. v° *Enregistrement*, t. 21, p. 26), soit, ce qui concerne les cessions de licences, au droit fixe de 3 francs, lorsque la cession remplit les conditions exigées par la loi du 11 juin 1859 (D. P. 59. 4. 54). Mais lorsque la cession comprend, à la fois, le fonds de commerce créé pour l'exploitation de l'invention et le brevet ou la licence d'exploitation, l'ensemble constitue l'universalité juridique dont la mutation

·est soumise, par la loi du 28 févr. 1872, à l'enregistrement, dans un délai déterminé, au droit proportionnel de 2 pour 100 (V. *infrà, Fonds de commerce*) (Civ. c. 12 juill. 1897, D. P. 1900. 1. 604).

143. La cession du droit d'exploiter un brevet dans une localité déterminée et jusqu'à son extinction, quoique qualifiée par les parties de bail résiliable à la volonté du cessionnaire seulement, et consentie moyennant une redevance annuelle, est considérée comme vente passible du droit proportionnel de 2 pour 100 (Trib. civ. de Bazas, 5 juill. 1859, D. P. 60. 3. 62).

C

CAISSES D'ÉPARGNE

(R. v° *Établissements d'épargne et de prévoyance;* S. *eod.* v°).

1. On nomme *caisses d'épargne* des caisses publiques qui reçoivent, même par fractions minimes, les sommes qu'on leur confie, en payent l'intérêt suivant certaines conditions et les restituent, en tout ou en partie, à la volonté des déposants. — On distingue deux sortes de caisses d'épargne : les *caisses d'épargne ordinaires* et la *Caisse nationale d'épargne,* dite aussi *Caisse d'épargne postale.* — Les caisses d'épargne ordinaires sont régies par la loi organique du 30 juin 1851 (D. P. 51. 4. 115), modifiée par les lois des 20 juill. 1895 (D. P. 96. 4. 1) et 6 avr. 1901 (D. P. 1901. 4. 76), et par les décrets des 17 août 1895 (D. P. 96. 4. 14) et 20 sept. 1896. Le fonctionnement de la Caisse nationale d'épargne est réglé par la loi du 9 avr. 1881 (D. P. 81. 4. 114), complétée et modifiée par les lois du 3 août 1882 (D. P. 82. 4. 120) et du 20 juill. 1895 précitée, par les décrets des 31 août 1881 (D. P. 82. 4. 118), 30 nov. 1882 (D. P. 83. 4. 80) et 18 mars 1885 (D. P. 85. 4. 24).

2. Il est interdit de donner le nom de caisse d'épargne à tout établissement qui n'aurait pas été régulièrement autorisé dans ce but (L. 20 juill. 1895, art. 13). — Le fait de provoquer ou tenter de provoquer par des nouvelles fausses, semées à dessein dans le public, ou par des moyens frauduleux quelconques, les retraits de fonds des caisses d'épargne, est puni des peines portées par l'art. 420 cod. pén. (L. 3 févr. 1893, art. 1er, D. P. 93. 4. 59), c'est-à-dire d'un emprisonnement de 2 mois au moins et de 2 ans au plus, et d'une amende de 1000 francs à 20000 francs.

ART. 1er. — CAISSES D'ÉPARGNE ORDINAIRES.

§ 1er. — *Organisation des caisses d'épargne* (R. 52 et s.; S. 11 et s.).

3. Ces caisses, quoique créées dans un but d'intérêt général et d'utilité publique, sont néanmoins des établissements privés auxquels les principes du droit commun sont applicables. Elles peuvent donc, comme de simples particuliers, plaider devant les tribunaux civils sans autorisation administrative ; les condamnations obtenues contre elles sont exécutées sans qu'il soit nécessaire de se pourvoir administrativement. Elles n'ont pas d'hypothèque légale sur les immeubles de leurs comptables. Leurs préposés et agents n'ont pas le caractère de

fonctionnaires publics. — Les caisses d'épargne ne sont pas des établissements de bienfaisance.

4. Les caisses d'épargne sont fondées par délibération du conseil municipal de la commune où elles se constituent. Cette délibération contient le texte du projet des statuts, qui doit être approuvé par décret rendu dans la forme des règlements d'administration publique. Toute modification des statuts est également soumise à l'approbation du Gouvernement. — La caisse d'épargne de Paris a été constituée directement par un décret spécial. — L'existence d'une caisse d'épargne ordinaire ou d'une de ses succursales dans une commune fait obstacle à l'ouverture, dans cette commune, d'une autre caisse d'épargne ou de la succursale d'une autre caisse (L. 20 juill. 1895, art. 22). — Le Gouvernement exige, pour autoriser une caisse d'épargne, que celle-ci dispose de ressources suffisantes pour assurer son fonctionnement. L'Administration impose, en outre, l'adoption de statuts conformes à un type uniformément établi. — Le ressort des caisses d'épargne peut embrasser le département, l'arrondissement ou la ville pour lesquels elles sont établies. — Des *succursales* peuvent être créées dans les communes où le besoin en est constaté.

5. Les caisses d'épargne doivent verser à la Caisse des dépôts et consignations toutes les sommes qu'elles reçoivent de leurs déposants. Ces sommes sont employées par la Caisse des dépôts, sous réserve des fonds jugés nécessaires pour assurer le service des remboursements : 1° en valeurs de l'État français ou garanties par lui ; 2° en obligations négociables et entièrement libérées des départements, communes ou chambres de commerce, en obligations foncières ou communales du Crédit foncier. Les achats et ventes de rentes sur l'État doivent être effectués avec publicité et concurrence sur la désignation de la commission de surveillance et avec approbation du ministre des Finances. Les sommes non employées ne peuvent excéder dix pour cent du montant des dépôts au 1er janvier ; elles sont placées, soit en compte courant au Trésor, soit en dépôt à la Banque de France ; le compte courant au Trésor ne peut dépasser cent millions (L. 20 juill. 1895, art. 1er). Toute somme portée à son crédit, valeur au 1er ou au 16 de chaque mois le jour du versement. Les retraits de fonds à la Caisse des dépôts s'effectuent en vertu d'un avis préalable, donné au moins cinq jours à l'avance au receveur des finances et signé de deux administrateurs (Décr. 15 avr. 1852, art. 12).

6. L'intérêt servi aux caisses d'épargne par la Caisse des dépôts et consignations est déterminé en tenant compte du revenu des valeurs du portefeuille et du compte courant au Trésor. Les variations de ce taux ont lieu par fractions indivisibles de vingt-cinq centimes pour cent. Toute modification de ce taux est fixée par décret, avant le 1er novembre, pour l'exercice suivant (L. 30 juill. 1895, art. 5). Les art. 6 et 7 de la loi de 1895 déterminent les règles pour la constitution et la gestion d'un *fonds de garantie* par la Caisse des dépôts et consignations. Chaque caisse d'épargne a, en outre, un fonds de réserve et de garantie dont la constitution est réglée par les art. 8 et 9 de loi de 1895.

7. Les caisses d'épargne sont autorisées à employer leur fortune personnelle en achat de valeurs de la nature de celles déterminées *suprà,* n° 5, et, en outre, en achat ou construction des immeubles nécessaires à leurs services. Elles peuvent aussi employer leurs revenus et le cinquième de leur capital en valeurs locales dont l'art. 10 donne l'énumération. Enfin, lorsque leur fonds de réserve atteint deux pour cent des dépôts, elles peuvent employer un cinquième de leur boni

annuel à l'augmentation du taux de l'intérêt des livrets sur lesquels le mouvement des retraits et dépôts n'a pas dépassé 500 francs (L. 1895, art. 10).

§ 2. — *Rapports des caisses d'épargne avec les déposants* (R. 103 et s.; S. 44 et s.).

8. Le contrat qui intervient entre la caisse d'épargne et celui qui y verse une somme d'argent n'est pas un contrat de dépôt : c'est un contrat innommé qui participe à la fois du dépôt, du contrat de bienfaisance et du prêt, mais qui semble devoir être assimilé principalement au prêt à intérêt. En conséquence, les sommes versées ne demeurent pas la propriété des déposants, mais deviennent la propriété de la caisse (Civ. r. 5 mars 1856, D. P. 56. 1. 121). — Une caisse d'épargne ne peut pas refuser le versement que veut lui faire un déposant, si ce versement est fait dans des conditions régulières.

9. Le minimum de chaque versement est de 1 franc. — Toutefois, les caisses peuvent émettre des bons ou timbres d'un prix inférieur, qu'elles reçoivent comme espèces quand leur total représente 1 franc (L. 20 juill. 1895, art. 8). — Le compte ouvert à chaque déposant ne peut pas dépasser 1500 fr. Dès qu'un compte dépasse ce chiffre, il en est donné avis au déposant, et le service des intérêts cesse sur la somme dépassant 1500 francs. Si, dans les trois mois, le déposant n'a pas réduit le crédit de son compte, il lui est acheté, d'office et sans frais, 20 fr. de rente sur l'État (L. 1895, art. 4). Le montant total des versements faits dans une année, à un même compte, ne peut dépasser 1500 francs. Cette dernière disposition n'est pas applicable aux sociétés de secours mutuels et aux institutions autorisées par le ministre à déposer aux caisses d'épargne. En outre, le maximum de leurs comptes est de 15000 francs.

10. Les *livrets* délivrés aux déposants sont nominatifs. Toute somme versée à une caisse d'épargne est, au regard de celle-ci, la propriété du titulaire du livret (L. 1895, art. 16). — Les mineurs peuvent se faire ouvrir des livrets sans intervention de leur représentant légal. Ils peuvent, à partir de seize ans, retirer également sans cette intervention les sommes figurant sur les livrets ainsi ouverts, sauf opposition de la part de leur représentant légal. — Les femmes mariées, sous quelque régime que ce soit, peuvent se faire ouvrir des livrets sans assistance de leur mari ; elles peuvent retirer sans cette assistance les sommes inscrites aux livrets ainsi ouverts, sauf opposition du mari. En cas d'opposition, il est sursis au retrait du dépôt pendant un mois ; si, dans ce délai, la femme ne s'est pas pourvue contre ladite opposition, le mari peut toucher seul le montant du livret, lorsque son régime matrimonial l'y autorise. Les oppositions en sont faites par actes extrajudiciaires (L. 1895, art. 16 et 17).

11. Nul ne peut être en même temps titulaire d'un livret de la Caisse nationale d'épargne et d'un livret de caisse d'épargne ordinaire, ou d'un ou plusieurs livrets, soit de la Caisse nationale, soit des caisses ordinaires, sous peine de perdre l'intérêt de la totalité des sommes déposées (L. 1895, art. 18). Toutefois, cette retenue d'intérêts ne peut pas remonter à plus de trois ans à compter du jour de la constatation de la contravention (L. 6 avr. 1901, art. 1er).

12. L'*intérêt* servi aux déposants est alloué sur toute somme ronde d'un franc. Il est réglé à la fin de l'année et s'ajoute au capital. Il commence à courir le 1er ou le 16 de chaque mois après le jour du versement, et cesse de courir du 1er au 16 qui a précédé le jour du remboursement. — Le *taux* de cet intérêt est réglé, pour chaque caisse d'épargne, d'après celui que lui sert la Caisse des dépôts et consignations, réduit par la retenue dont il va être parlé. — Sur l'intérêt que la Caisse des dépôts bonifie aux caisses d'épargne, celles-ci opèrent un prélèvement de 0 fr. 25 à 0 fr. 50 pour 100, destiné à faire face à leurs frais d'administration et à l'établissement d'un fonds de réserve (L. 1895, art. 8). Le taux de cette retenue est déterminé, au mois de décembre de chaque année, pour l'année suivante, par le conseil des directeurs. — Le taux de l'intérêt servi aux déposants peut être le même pour tous les comptes, ou être gradué, ou même augmenté par des primes, de façon à favoriser les comptes sur lesquels le mouvement des retraits et dépôts de l'année n'a pas dépassé 500 francs et les livrets collectifs des sociétés de secours mutuels et des institutions de bienfaisance (L. 1895, art. 8). — La moyenne de l'intérêt servi à l'ensemble des déposants ne peut jamais dépasser le chiffre de celui alloué par la Caisse des dépôts, déduction faite du prélèvement ci-dessus, ... sauf toutefois la faveur spéciale accordée, dans certains cas, aux livrets dont le mouvement n'a pas dépassé 500 francs dans l'année (V. *suprà*, n° 7 *in fine*).

13. Le titulaire d'un livret peut en *céder* le montant. — Il peut le faire *transférer* d'une caisse d'épargne dans une autre. — Le donateur d'une somme portée au compte d'un déposant peut en stipuler l'*incessibilité*.

14. Les caisses d'épargne peuvent rembourser à vue le fonds déposés ; mais les remboursements ne sont exigibles que dans un délai de quinzaine (L. 1895, art. 3). Cependant, en cas de force majeure, un décret rendu en Conseil d'Etat pourrait autoriser les caisses d'épargne à n'opérer le remboursement que par acomptes de 50 francs par quinzaine. Cette clause, dite *de sauvegarde*, doit être inscrite en tête des livrets. — Le déposant doit donner quittance de tout remboursement qu'il reçoit. S'il ne se présente pas lui-même, le tiers qui le remplace doit produire une procuration sous seing privé ou authentique. Si le déposant ne peut signer et que son identité soit constante, la quittance peut être remplacée par un certificat signé de deux témoins. — En cas de décès du déposant, ses héritiers doivent, pour obtenir le remboursement de son livret, produire un certificat de propriété délivré, suivant les cas, par un notaire ou par le juge de paix du domicile, sur attestation de deux citoyens. — Sur les remboursements à mineurs et aux femmes mariées, V. *suprà*, n° 10.

15. Tout déposant dont le crédit est suffisant pour acheter 10 francs de rente sur l'Etat au moins, peut faire opérer cet achat en titre nominatif, sans frais, par la caisse d'épargne. Celle-ci peut rester dépositaire du titre et en toucher les arrérages, au crédit du titulaire. Elle peut le faire vendre sur la demande du déposant ; mais le prix de cette vente ne porte pas intérêt (L. 1895, art. 2). Les caisses d'épargne peuvent aussi servir d'intermédiaires entre déposants et la *Caisse des retraites pour la vieillesse* (L. 18 juin 1850, D. P. 50. 4. 18).

16. Lorsqu'il s'est écoulé trente ans à partir tant du dernier versement ou remboursement que de tout achat de rentes et de toute autre opération effectuée à la demande des déposants, les sommes que demandent ceux-ci sont *prescrites* à leur égard. Elles sont attribuées, pour les deux cinquièmes aux caisses d'épargne, et pour les trois cinquièmes aux sociétés de secours mutuels ayant des caisses de retraite (L. 1895, art. 20). Le fait, pour le titulaire d'un livret, de le présenter à la Caisse d'épargne pour y faire inscrire les intérêts échus, a les caractères d'une *opération* effectuée à la requête de ce titulaire, et suffit, par conséquent,

pour interrompre la prescription dont il s'agit (Civ. r. 7 janv. 1903, D. P. 1904, 1re partie).

17. Les sommes déposées dans les caisses d'épargne peuvent être l'objet de *saisies-arrêts*. — Mais ces saisies n'ont d'effet que pendant cinq ans (L. 1895, art. 24).

§ 3. — *Compétence* (R. 77 ; S. 29).

18. C'est aux tribunaux ordinaires qu'il appartient de statuer sur tous les litiges qui s'élèvent, soit entre les caisses et les déposants, soit entre les caisses et leurs agents, soit entre les déposants et les administrateurs personnellement ; l'exécution des condamnations obtenues peut être poursuivie contre les caisses comme contre les simples particuliers.

Art. 2. — Caisse nationale d'épargne.

§ 1er. — *Organisation et administration* (S. 76 et s.).

19. Cette Caisse, dite aussi *Caisse d'épargne postale*, fonctionne sous la garantie de l'Etat et est placée sous l'autorité du ministre des Postes et télégraphes. Elle constitue un établissement public. — Tous les bureaux de poste de France, d'Algérie, de Tunisie et de Monaco, ainsi que certains bureaux de poste français à l'étranger, sont ouverts au service de la Caisse nationale d'épargne. — Les fonds de cette caisse sont versés à la Caisse des dépôts et consignations.

20. Sont applicables à la Caisse nationale d'épargne les dispositions législatives concernant les caisses d'épargne ordinaires, qui sont relatives à l'emploi des fonds appartenant à ces caisses par la Caisse des dépôts (V. *suprà*, n° 5) ; au maximum du compte ouvert à chaque déposant, aux procédés à suivre pour sa réduction et au maximum des versements annuels de chaque déposant (V. *suprà*, n° 9) ; ... à l'ouverture des livrets et au retrait des sommes qui y sont inscrites (V. *suprà*, n° 10) ; ... aux oppositions qui peuvent frapper ces sommes (V. *suprà*, n°s 10 et 17) ; ... à l'interdiction de la pluralité des livrets pour une même personne (V. *suprà*, n° 11) ; ... aux remboursements aux déposants et à la clause de sauvegarde (V. *suprà*, n° 14) ; ... aux achats de rente pour le compte des déposants (V. *suprà*, n° 15) ; ... au visa pour timbre et à l'enregistrement gratis des certificats de propriété et actes de notoriété (V. *infrà*, n° 28) (L. 1895, art. 25).

21. L'intérêt servi à ses déposants par la Caisse nationale d'épargne est établi suivant le mode déterminé *suprà*, n°s 6 et 12, déduction faite d'un prélèvement pour frais d'administration qui ne peut être inférieur à 0 fr. 50 pour 100 et doit avoir pour effet d'abaisser le taux d'intérêt à 0 fr. 75 pour 100 au-dessous de celui que sert la Caisse des dépôts et consignations aux caisses d'épargne ordinaires (L. 1895, art. 21). La Caisse nationale peut accorder à certaines catégories de déposants des avantages analogues à ceux que leur accordent les caisses ordinaires (V. *suprà*, n° 12) (L. 1895, art. 8 et 25).

22. La *dotation* de la Caisse nationale d'épargne est formée : 1° du boni réalisé sur les frais d'administration, lorsque celui-ci n'atteint pas le produit du prélèvement destiné à couvrir ces frais ; 2° des dons et legs ; 3° des produits des reliquats de dépôts attribués à la Caisse ; 4° de la capitalisation des intérêts de ces divers fonds demeurés libres après le prélèvement autorisé par l'art. 5 ; 5° enfin de la différence d'intérêt produite par les arrérages des valeurs et le taux servi à la caisse après le prélèvement autorisé. Les fonds constituant cette dotation ne peuvent être aliénés qu'en vertu d'une loi.

§ 2. — *Rapports avec les déposants* (S. 86 et s.).

23. Tout déposant qui fait pour la première fois un versement à la Caisse d'épargne postale forme en même temps une demande de livret dans laquelle il énonce ses nom, prénoms, âge, date et lieu de naissance, et dans laquelle il déclare qu'il n'est titulaire d'aucun autre livret de caisse d'épargne. Le livret est délivré gratuitement dans les trois jours ; il est toujours nominatif. Tout déposant peut continuer ses versements et opérer ses retraits dans tous les bureaux de poste français dûment organisés en agences de la caisse.

24. L'inscription des *versements* est faite par le receveur qui les reçoit. Le montant de la somme versée est constaté par l'apposition d'un *timbre épargne* comportant une combinaison de nombres dont le total représente la somme versée, laquelle est en outre écrite en toutes lettres et en chiffres par le receveur. Les timbres-épargne sont frappés du timbre à date du bureau de poste et revêtus de la signature du receveur. — En outre, sont mis à la disposition du public des *bulletins d'épargne* sur lesquels tout titulaire d'un livret peut apposer des timbres-poste. Lorsque ces timbres atteignent la somme d'un franc, le possesseur du bulletin peut faire le versement de ce bulletin à un bureau de poste qui le reçoit pour comptant, pourvu que les timbres ne soient ni altérés, ni maculés, ni déchirés. Il ne peut être versé au moyen de timbres-poste, pour le compte d'une même personne, plus de 10 francs par mois. — Les *remboursements* sont demandés à l'avance et sont effectués sur la production de l'autorisation de la direction.

§ 3. — *Succursales* (S. 97 et s.).

25. Des *succursales de plein exercice* de la Caisse nationale d'épargne peuvent être créées dans les départements, dans les conditions déterminées par des décrets des 14 déc. 1889 (D. P. 90. 4. 104) et 4 avr. 1891 (D. P. 91. 4. 111).

26. Il existe à bord de chacun des bâtiments de l'Etat une succursale de la Caisse d'épargne postale (Décr. 18 mars 1885, D. P. 85. 4. 24), gérée par le conseil d'administration ou le capitaine comptable. Ses opérations ne sont effectuées qu'aux jours fixés pour le payement de la solde des équipages. Les déclarations de versement et les demandes de remboursement doivent être remises trois jours au moins à l'avance. Les versements peuvent être inférieurs à un franc ou comprendre des fractions de franc ne produisant pas d'intérêt en faveur des déposants.

Art. 3. — Enregistrement et timbre.

27. Les imprimés, écrits et actes de toute espèce nécessaires pour les services des caisses d'épargne postales et ordinaires sont exempts des formalités du timbre et de l'enregistrement (L. 9 avr. 1881, art. 20 et 21, D. P. 81. 4. 114). — En ce qui concerne les caisses d'épargne ordinaires, la loi du 9 avr. 1881 a confirmé des dispositions antérieures qui exemptaient du droit de timbre : 1° les testaments et livres à l'usage des caisses d'épargne (L. 5 juin 1835, art. 9, R. p. 17 ; Instr. Reg. 11 août 1835, n° 1492) ; 2° les quittances des sommes déposées aux caisses d'épargne, ainsi que les quittances des sommes remboursées aux déposants (Décr. 23 août 1875, art. 9, D. P. 76. 4. 44 ; Instr. Reg. 11 oct. 1875, n° 2528, D. P. 76. 5. 435).

28. Les certificats de propriété et les actes de notoriété exigés par les caisses d'épargne pour effectuer le remboursement, le transfert ou le renouvellement des livrets appartenant aux titulaires décédés ou déclarés absents, tout en restant exempts des droits de timbre et d'enregistrement, ont été soumis à la double formalité du visa pour timbre et de l'enregistrement gratis (L. 20 juill. 1895, art. 23, D. P. 96. 4. 1; Instr. Reg. n° 2888, § 1). L'administration de l'Enregistrement avait émis l'avis que les seuls actes de notoriété qui puissent bénéficier du visa pour timbre et de l'enregistrement gratis sont les actes dressés en brevet pour être remis aux caisses d'épargne; les actes dressés en minute sont assujettis à l'enregistrement et au timbre, même dans le cas où ils portent la mention de leur affectation à la caisse d'épargne (Sol. admin. Enreg. 11 oct. 1899 et 3 avr. 1900, D. P. 1900. 5. 283 et 284). Mais elle paraît être revenue sur cette appréciation; en effet, dans son instruction 3029, elle déclare qu'en ce qui concerne les actes de notoriété, il n'y a pas lieu de distinguer entre ceux qui sont reçus en minute et ceux qui sont reçus en brevet; qu'ils bénéficient de la gratuité dans tous les cas, pourvu qu'ils mentionnent qu'ils sont destinés au service de la caisse d'épargne.

29. Les dispositions des art. 20 et 21 de la loi du 9 avril 1881 ne s'appliquent qu'aux actes strictement nécessaires au fonctionnement des caisses d'épargne vis-à-vis de leurs déposants, et non à ceux qui se rattachent uniquement à la gestion de la fortune particulière de chaque caisse (Sol. admin. Enreg. 6 août 1894).

CASIER JUDICIAIRE

(R. v° *Organisation judiciaire;* S. *eod.* v°).

1. Le casier judiciaire a pour but de faire connaître la situation de chaque individu au point de vue des condamnations pénales qui ont pu être prononcées contre lui, ainsi que des déclarations de faillite et des décisions disciplinaires entraînant des incapacités. Cette institution fonctionne au moyen de fiches individuelles appelées *bulletins.* Ces bulletins sont de diverses sortes et sont désignés par des numéros : bulletin n° 1, bulletin n° 2, bulletin n° 3.

2. Le casier judiciaire, qui n'était régi que par des circulaires, a été organisé législativement par la loi du 5 août 1899 (D. P. 99. 1. 113), complété par la loi du 11 juill. 1900 (D. P. 1900. 4. 60). Divers décrets d'administration publique ont été rendus en exécution de ces lois.

§ 1er. — *Bulletin n° 1* (Comp. S. 449 et s.).

3. Le bulletin n° 1 constate : 1° Les condamnations contradictoires ou par contumace et les condamnations par défaut non frappées d'opposition, prononcées pour crime ou délit, par toute juridiction répressive. Ainsi, toute condamnation pour un fait passible de plus de cinq jours de prison et de 15 francs d'amende est relevé au casier, et la notice doit être envoyée dans le lieu de naissance du condamné. La règle est applicable sans distinction, quelle que soit la nature de l'infraction, et alors même qu'il s'agirait de délits d'un caractère spécial, tels que délits de chasse, de pêche, etc. ; — 2° Les décisions prononcées par application de l'art. 66 c. pén. (mincurs de seize ans) V. *infrà, Peine;* — 3° Les décisions disciplinaires prononcées par l'autorité judiciaire ou par autorité administrative, lorsqu'elles entraînent ou édictent des incapacités; — 4° Les jugements déclaratifs de faillite ou de liquidation judiciaire; — 5° Les arrêtés d'expulsion contre les étrangers (L. 5 août 1899, art. 1er).

4. Le greffier de la juridiction qui a rendu la décision de condamnation ou qui a prononcé la faillite dresse le bulletin n° 1, qu'il transmet au greffier du tribunal de la circonscription où est né le condamné. Il suffit donc de connaître le lieu de naissance

d'une personne pour avoir son casier judiciaire. — Il est fait mention sur les bulletins n° 1 des grâces, commutations ou réductions de peines, des décisions qui suspendent l'exécution d'une première condamnation (V. *infrà, Peine*), des arrêtés de mise en liberté conditionnelle et de révocation, des réhabilitations et des jugements relevant de l'art. 16 de la loi du 27 mai 1885, des décisions qui rapportent les arrêtés d'expulsion, ainsi que de la date de l'expiration de la peine et du payement de l'amende (L. 5 août 1899, art. 2).

5. Pour les personnes qui ne sont pas nées en France, le système du groupement des notices au lieu de la naissance ne pouvant être appliqué, les bulletins n° 1 qui les concernent sont réunis au *casier judiciaire central* institué au ministère de la justice. Il en est de même des bulletins qui s'appliquent à ceux dont l'acte de naissance n'a pas été retrouvé. — Toutefois, les bulletins n° 1 concernant les musulmans du Maroc, du Soudan et de la Tripolitaine sont centralisés au greffe de la cour d'Alger (L. 1899, art. 3, modifié par la loi du 11 juill. 1900).

6. Des duplicata de bulletins n° 1 sont envoyés dans certains cas aux autorités civiles et militaires. Ainsi, en cas de condamnation, faillite, liquidation judiciaire ou destitution d'un officier ministériel, prononcée contre un individu soumis à l'obligation du service militaire, il en est donné connaissance aux autorités militaires ou maritimes par l'envoi d'un duplicata du bulletin n° 1 (L. 1899, art. 5). De plus, pour établir la condition électorale des citoyens, un duplicata de chaque bulletin n° 1, constatant une décision entraînant la privation des droits électoraux, est adressé à l'autorité administrative du domicile de tout Français ou de tout étranger naturalisé. Cette autorité prend les mesures nécessaires en vue de la rectification de la liste électorale et renvoie, si le condamné est né en France, le duplicata à la sous-préfecture de son département d'origine (même article).

§ 2. — *Bulletin n° 2* (Comp. S. 462 et s.).

7. Le relevé intégral des bulletins n° 1, applicables à la même personne, est porté sur un bulletin appelé bulletin n° 2. — Le bulletin n° 2 est délivré aux magistrats du parquet et de l'instruction, au préfet de police, aux présidents des tribunaux de commerce, pour être joint aux procédures de faillites et de liquidations judiciaires, aux autorités militaires et maritimes pour les appelés des classes et de l'inscription maritime, ainsi que pour les jeunes gens qui demandent à contracter un engagement, et aux sociétés reconnues d'utilité publique à cet effet, pour les personnes assistées par elles. Il est aussi délivré aux juges de paix qui le réclament pour le jugement d'une contestation en matière d'inscription sur les listes électorales. Il est également aux Administrations publiques de l'Etat, saisies de demandes d'emplois publics, de provisions relatives à des distinctions honorifiques, ou de soumissions pour des adjudications de travaux ou de marchés publics, ou en vue de poursuites disciplinaires ou de l'ouverture d'une école privée, conformément à la loi du 30 oct. 1886 (D. P. 87. 4. 1). Toutefois, la mention des décisions prononcées en vertu de l'art. 66 c. pén. (mineurs de seize ans), n'est faite que sur les bulletins délivrés aux magistrats et au préfet de police. Les bulletins n° 2, déréclamés par les administrations publiques de l'Etat pour l'exercice des droits politiques, ne comprennent que les décisions entraînant des incapacités prévues par les lois relatives à l'exercice des droits politiques (V. *suprà,* n° 3). — Lorsqu'il n'existe pas de

bulletin n° 1 au casier judiciaire, le bulletin n° 2 porte la mention : *néant* (L. 5 août 1899, art. 4, modifié par la loi du 11 juill. 1900).

§ 3. — *Bulletin n° 3.*

8. Le bulletin n° 3 est une création de la loi du 5 août 1899. Il peut être réclamé par la personne qu'il concerne. Il ne doit, dans aucun cas, être délivré à un tiers (L. 1899, art. 6). — Ce bulletin n'est pas la reproduction intégrale du bulletin n° 2. Toutes les condamnations n'y sont pas inscrites (V. *infrà,* n° 9). En outre, après un certain laps de temps, certaines condamnations qui y étaient mentionnées ne doivent plus y être portées (V. *infrà,* n° 10).

9. Ne sont pas inscrites au bulletin n° 3 (L. 5 août 1899, art. 2) : 1° les décisions prononcées par application de l'art. 66 c. pén.; 2° les condamnations effacées par la réhabilitation ou par application de l'art. 4 de la loi du 26 mars 1891 (D. P. 91. 4. 24) sur l'atténuation et l'aggravation des peines; 3° les condamnations prononcées en pays étranger pour des faits non prévus par les lois pénales françaises; 4° les condamnations pour délits prévus par les lois sur la presse, à l'exception de celles qui ont été prononcées pour diffamation ou pour outrages aux bonnes mœurs, ou en vertu des art. 23, 24 et 25 de la loi du 29 juill. 1881 (D. P. 81. 4. 65); 5° une première condamnation à un emprisonnement de trois mois ou de moins de trois mois prononcée par application des art. 67, 68 et 69 c. pén.; 6° la condamnation avec sursis à un mois ou moins d'un mois d'emprisonnement, avec ou sans amende; 7° les déclarations de faillite, si le failli a été déclaré excusable par le tribunal ou a obtenu un concordat homologué et les déclarations de liquidation judiciaire.

§ 4. — *Prescription.*

10. La loi de 1899 a établi la *prescription du casier judiciaire.* Au bout d'un certain temps, variable suivant leur gravité, les condamnations primitivement inscrites sur le bulletin n° 3 cessent d'y figurer. Aux termes de l'art. 8 de la loi du 5 août 1899, modifié par la loi du 11 juill. 1900, cessent d'être inscrites au bulletin n° 3 au simple particulier : 1° *deux ans* après l'expiration de la peine corporelle, la condamnation unique à moins de six jours d'emprisonnement, ou à cette peine jointe à une amende ne dépassant pas vingt-cinq francs ; deux ans après qu'elle sera devenue définitive, la condamnation unique à une amende ne dépassant pas cinquante francs ; 2° *cinq ans* après l'expiration de la peine corporelle, la condamnation unique à six mois de prison ou moins de six mois d'emprisonnement, ou à cette peine jointe à une amende ; cinq ans après qu'elles seront devenues définitives, les condamnations à une amende supérieure à cinquante francs ; 3° *dix ans* après l'expiration des peines corporelles, la condamnation unique à une peine de deux ans ou moins de deux ans de prison, ou les condamnations multiples dont l'ensemble ne dépasse pas un an, ou à des peines jointes à des amendes (dans le cas de concours de condamnations à des peines corporelles et de condamnations à des peines pécuniaires, le délai courra du jour où les peines corporelles auront été subies et où les condamnations pécuniaires seront devenues définitives) ; 4° *quinze ans* après l'expiration de la peine corporelle, la condamnation unique supérieure à deux années d'emprisonnement, ou à cette peine jointe à une amende.

11. Ces dispositions ne dérogent pas à l'art. 4 de la loi du 26 mars 1891 sur l'atténuation et l'aggravation des peines (loi Bérenger). V. *infrà, Peine.* Aux termes de ce dernier article, la peine prononcée avec sursis est inscrite au casier judiciaire, mais avec la mention expresse de la suspension accordée. Et, si aucune poursuite suivie de condamnation n'est intervenue dans le délai de cinq ans, la condamnation prononcée avec sursis ne doit plus être inscrite dans les extraits délivrés aux parties (bulletin n° 3).

§ 5. — *Peines.*

12. La loi du 5 août 1899 a édicté des pénalités contre ceux qui ont déterminé des inscriptions frauduleuses sur le casier ou qui ont obtenu frauduleusement le casier d'un tiers : Quiconque aura pris le nom d'un tiers dans des circonstances qui ont déterminé l'inscription d'une condamnation au casier de ce tiers sera puni de six mois à cinq ans d'emprisonnement, sans préjudice des poursuites à exercer pour le crime de faux, s'il y échet. Sera puni de la même peine celui qui, par de fausses déclarations relatives à l'état civil d'un inculpé, aura sciemment été la cause de l'inscription d'une condamnation sur le casier judiciaire d'un autre que cet inculpé. Quiconque, en prenant un faux nom ou une fausse qualité, se fera délivrer le bulletin n° 3 d'un tiers sera puni d'un mois à un an d'emprisonnement (art. 11 et 12).

§ 6. — *Rectification des casiers judiciaires.*

13. La loi du 5 août 1899 contient à cet égard les dispositions suivantes (art. 14) : Celui qui voudra faire rectifier une mention portée à son casier judiciaire présentera requête au président du tribunal ou de la cour qui aura rendu la décision. Si la décision a été rendue par une cour d'assises, la requête sera remise au premier président de la cour d'appel qui saisira la chambre correctionnelle de la cour. Le président communiquera la requête au ministère public et commettra un magistrat pour faire le rapport. Le tribunal ou la cour pourra ordonner d'assigner la personne objet de la condamnation. Le ministère public aura le droit d'agir d'office dans la même forme en rectification de casier judiciaire. Mention de la décision rendue sera faite en marge du jugement ou de l'arrêt visé par la demande en rectification. Ces actes, jugements et arrêts seront visés pour timbre et enregistrés en débet.

14. Il est à remarquer que ces dispositions ne sont pas applicables lorsqu'il s'agit de procéder à la reconnaissance de l'identité d'un individu condamné sous un autre nom que le sien. En pareil cas, ce sont les art. 518 à 520 c. instr. cr. qui déterminent la compétence et la procédure (Cr. c. 21 juin 1902). V. *infrà, Instruction criminelle.*

§ 7. — *Enregistrement et timbre.*

15. Les bulletins n°ˢ 1 et 2 sont, à raison de leur nature même, dispensés du timbre et de l'enregistrement. — Le bulletin n° 3 est dispensé du timbre, mais soumis à un droit d'enregistrement de 20 centimes en principal (L. 26 janv. 1892, art. 5, D. P. 92. 4. 16).

16. Les actes, jugements et arrêts concernant les instances en rectification de casier judiciaire sont visés pour timbre et enregistrés en débet (L. 5 août 1899, art. 14, modifié par la loi du 11 juillet 1900).

CASSATION (Pourvoi en)

(R. v° *Cassation*; S. *eod.* v°).

1. Le pourvoi en cassation est une voie extraordinaire de recours par laquelle on poursuit, devant une juridiction supérieure, appelée *cour de cassation* (V. sur l'organisation de cette juridiction, *infrà, Cours et tribunaux*), l'annulation de décisions définitives et en dernier ressort. — Cette voie de recours ne s'applique, du reste, qu'aux décisions rendues par des tribunaux de l'ordre judiciaire, à l'exclusion des décisions administratives, qui ne peuvent jamais être déférées à la cour de cassation. — Les règles qui la concernent diffèrent suivant qu'il s'agit du pourvoi en matière civile ou en matière criminelle.

SECT. 1ʳᵉ. — *Pourvoi en matière civile.*

2. Le pourvoi en cassation, en matière civile, est encore actuellement régi par le règlement du 28 juin 1738 (R. p. 5), qui traçait la procédure à suivre devant le Conseil du roi, complété et modifié sur certains points par le décret du 2 brum. an 4 (R. p. 29) et l'ordonnance du 15 janv. 1826 (R. p. 45).

ART. 1ᵉʳ. — Décisions susceptibles de pourvoi (R. 60 et s.; S. 23 et s.).

3. En général, les jugements ou arrêts rendus en matière civile ou commerciale, de quelque juridiction qu'ils émanent, sont sujets au recours en cassation. — Toutefois, sauf dans certaines matières spéciales, notamment en matière électorale (V. *infrà, Elections*), le pourvoi contre les sentences émanées des juges de paix ne peut être formé que pour excès de pouvoir (L. 25 mai 1838, art. 15, R. v° *Compétence civile des tribunaux de paix*, p. 110). Et à l'excès de pouvoir, on ne saurait assimiler l'incompétence, même *ratione materia* (Req. 9 juill. 1894, D. P. 94. 1. 52).

4. Les décisions des conseils de prud'hommes sont, conformément à la règle générale, susceptibles d'être déférées à la cour de cassation, et cela dans tous les cas où cette voie de recours est autorisée par le droit commun. Il en est autrement des décisions émanées des *prud'hommes pêcheurs;* elles ne peuvent faire l'objet d'un pourvoi en cassation, alors du moins qu'elles ne sont pas constatées par écrit.

5. Les sentences rendues par des arbitres ne peuvent être déférées à la cour de cassation; mais si un jugement arbitral a été frappé d'appel ou de requête civile, la décision judiciaire qui intervient en pareil cas peut être l'objet d'un pourvoi (Pr. 1028). V. *suprà, Arbitrage*, n° 64.

6. Les jugements rendus en matière d'adoption ne sont pas attaquables par la voie du recours en cassation (V. *suprà, Adoption*, n° 13). — Il en est de même des jugements d'expédient (V. *infrà, Jugement*); ... de certaines décisions en matière de faillite (V. *infrà, Faillite*), ... de divorce ou de séparation de corps (V. *infrà, Divorce, Séparation de corps*). — En ce qui concerne les décisions rendues en matière disciplinaire, V. *infrà, Discipline judiciaire.*

7. Plusieurs conditions sont nécessaires pour qu'une décision soit susceptible de recours en cassation : 1° Il faut qu'elle émane du pouvoir judiciaire. Ainsi, les actes émanés du pouvoir législatif ne peuvent être déférés à la cour de cassation, alors même qu'ils constitueraient un empiétement sur le domaine du pouvoir judiciaire. — De même, les décisions de l'autorité administrative ne peuvent jamais être déférées à la cour de cassation. Il n'appartient pas non plus à cette cour d'interpréter les actes administratifs dont le sens est obscur. Mais elle n'est pas liée par les actes illégaux des fonctionnaires administratifs, quoiqu'ils n'aient été ni dénoncés à l'autorité supérieure ni réformés par elle.

8. 2° Il faut que la décision ait le caractère d'un jugement ou d'un acte juridictionnel. Les mesures de règlement intérieur prises par les magistrats pour l'expédition des affaires ne peuvent être déférées à la cour de cassation.

9. 3° La décision doit être définitive. — Toutefois, il n'est pas nécessaire qu'elle statue sur le fond du litige; ainsi les jugements *interlocutoires*, c'est-à-dire ceux qui, tout en n'ordonnant qu'une mesure d'instruction, préjugent le fond, peuvent être l'objet d'un pourvoi en cassation même avant que la décision sur le fond soit intervenue. Il en est de même des jugements *provisionnels*, statuant sur une mesure provisoire, et des jugements *préjudiciels*, tels que ceux qui statuent sur une exception. — Au contraire, les jugements simplement *préparatoires*, qui ne préjugent aucunement le fond, ne peuvent être déférés à la cour de cassation avant le jugement définitif.

10. Les jugements *par défaut*, lorsqu'ils sont définitifs, peuvent être l'objet d'un pourvoi, mais seulement après que les délais de l'opposition sont expirés. — Une taxe de dépens, étant susceptible d'opposition, ne constitue pas un acte définitif et n'est, dès lors, pas susceptible de pourvoi; cette voie de recours ne peut être ouverte que lorsque l'opposition a été formée et que les tribunaux compétents ont statué.

11. Le pourvoi en cassation peut-il s'appliquer aux jugements rendus en matière de saisie immobilière? V. *infrà, Saisie immobilière;* ... aux ordonnances de référé? V. *infrà, Référé.*

12. 4° Le pourvoi en cassation n'est recevable qu'autant que la décision rendue est en dernier ressort, comme par exemple un jugement qui statue sur une demande inférieure à 1500 francs (Civ. r. 20 oct. 1902, D. P. 1902. 1. 519). Ainsi les jugements en premier ressort, à l'égard desquels la voie de l'appel n'a pas été employée, ne peuvent être attaqués par la voie du recours en cassation; et les pourvois formés contre ces jugements doivent, dans tous les cas, être déclarés non recevables. Il importerait peu que les parties fussent privées de la voie de l'appel par suite, soit de l'expiration des délais, soit d'une tardive acquiescement à la décision attaquée, soit pour toute autre cause, et que cette décision eût acquis ainsi l'autorité de la chose jugée : la voie du recours en cassation n'en resterait pas moins fermée en pareil cas. — Il n'y a pas lieu, d'ailleurs, de tenir compte de la qualification erronée que les juges ont pu donner à leur décision en ce qui concerne le ressort : ainsi un jugement inexactement qualifié en dernier ressort, mais, en réalité, susceptible d'appel, ne peut être attaqué par la voie du recours en cassation, et réciproquement.

ART. 2. — Personnes qui peuvent former un pourvoi ou y défendre.

§ 1ᵉʳ. — *Demandeurs* (R. 266 et s.; S. 67 et s.).

13. I. — La première condition exigée pour la recevabilité du pourvoi, c'est que le demandeur ait été partie au procès. Cette règle est absolue; elle a été appliquée notamment en matière électorale et en matière d'expropriation pour cause d'utilité publique. — En principe, c'est en se référant aux qualités de la décision attaquée qu'on reconnaît si une personne a été, ou non, partie. — Il n'est, d'ailleurs, pas nécessaire d'avoir figuré personnellement dans l'instance; il suffit d'y avoir été régulièrement représenté. Ainsi le pourvoi peut être valablement formé par les héritiers ou les ayants successeurs à titre universel de celui qui a été partie au procès.

14. Les *créanciers* peuvent, comme exerçant les droits de leur débiteur, former au nom de celui-ci un pourvoi en cassation. Et ils n'ont pas besoin, pour cela, d'obtenir un jugement préalable qui constate leur qualité de créanciers. Mais le créancier n'a le droit d'agir qu'en cas d'inaction du débiteur; si donc ce dernier avait lui-même formé un pourvoi, celui qu'intenterait le créancier devrait être rejeté avec condamnation aux dépens. Le créancier serait toutefois recevable à intervenir pour prévenir des déchéances, et notamment pour signifier l'arrêt d'admission (V. *infrà*, nᵒˢ 62 et s.) obtenu par le débiteur. — A l'inverse, le pourvoi formé par le créancier n'empêcherait pas le débiteur, notamment après le rejet de ce pourvoi, d'en former un à son tour.

15. La *caution* est recevable à se pourvoir en cassation, malgré l'inaction du débiteur principal. Après le rejet du pourvoi de la caution, le débiteur principal aurait le droit de former lui-même un nouveau recours en son nom personnel.

16. Le *garant* et le *garanti* ont l'un et l'autre le droit de se pourvoir en cassation. — Le garant est recevable à se pourvoir seul, dans le silence du garanti, contre la décision qui les a condamnés l'un et l'autre, et à faire valoir, à l'appui de son pourvoi, indépendamment des moyens qui lui sont propres, les droits et moyens du garanti.

17. Quant aux personnes qui n'ont pas la disposition de leurs droits et actions, le pourvoi en cassation doit être formé en leur nom par leurs représentants légaux. — Ainsi c'est le *tuteur* qui a qualité pour exercer cette voie de recours contre les décisions rendues au préjudice du mineur (ou de l'interdit); mais il a besoin, pour cela, de l'autorisation du conseil de famille. — Le *mari* peut se pourvoir *seul* dans l'intérêt de sa femme; l'exercice des actions appartenant à celle-ci lui appartient en vertu du régime sous lequel les époux sont mariés. Mais il est non recevable à se pourvoir en son nom personnel, s'il n'a figuré dans la cause que pour la régularité de la procédure dans laquelle la femme était partie, et la condamnation n'a pas été prononcée contre lui personnellement, mais seulement en sa qualité de mari. — L'individu pourvu d'un conseil judiciaire ne peut se pourvoir en cassation, dans les procès qui l'intéressent, qu'avec l'assistance de son conseil.

18. A partir du jugement déclaratif de la faillite, le *failli* est dépouillé de la faculté d'ester en justice, et, par conséquent, de former un pourvoi en cassation pour faire valoir les droits relatifs à son patrimoine; il est, à cet égard, représenté par les syndics (V. *infrà*, *Faillite*). — Il est toutefois des cas où le failli conserve le droit d'agir, parce qu'il a des intérêts différents de ceux de ses créanciers; et il serait alors recevable à se pourvoir contre les décisions rendues contre ses syndics sans qu'il eût lui-même figuré dans l'instance.

19. Dans les affaires qui intéressent l'État, le pourvoi doit être formé par le *préfet*. — Le *maire* a seul qualité pour former un pourvoi dans l'intérêt de la commune; les habitants, quel que soit leur intérêt direct ou indirect dans la contestation, ne peuvent agir seuls et sans l'intervention du maire. Le pourvoi ne peut, d'ailleurs, être formé qu'avec l'agrément du conseil municipal. L'autorisation du conseil de préfecture est, en outre, nécessaire (V. *infrà*, *Commune*).

20. Le pourvoi en cassation peut être valablement formé par un *mandataire*, conformément à la règle générale applicable à toute action. Un mandat spécial n'est pas nécessaire; il suffit d'un pouvoir général, tel que celui d'intenter toutes demandes devant les tribunaux. La procuration à l'effet de se pourvoir en cassation n'a pas besoin d'être produite ou annexée.

21. Le pourvoi en cassation n'est pas recevable s'il a été formé au nom d'une *personne décédée*; et il en serait ainsi encore que la signification de l'arrêt d'admission et la citation devant la chambre civile (V. *infrà*, nᵒˢ 62 et s.) eussent été faites au nom de ses héritiers.

22. En principe, le *ministère public* n'a le droit de se pourvoir que dans les cas exceptionnels où il a été partie principale

dans l'instance; ce droit ne lui appartient pas lorsqu'il n'y est intervenu que comme partie jointe ou par voie de réquisition (Req. 5 mars 1901, D. P. 1901. 1. 112). Toutefois, la jurisprudence, d'après laquelle le ministère public a le droit de poursuivre d'office l'exécution de toutes mesures intéressant l'ordre public (V. *infrà*, *Ministère public*), lui reconnaît la faculté de se pourvoir en cassation contre les décisions où l'ordre public est intéressé, bien qu'il n'y ait pas figuré comme partie principale.

23. II. — Une seconde condition exigée pour la recevabilité du pourvoi, c'est que le demandeur en cassation ait *intérêt* à faire annuler la décision qu'il attaque (Civ. r. 30 déc. 1902, D. P. 1903. 1. 34). La question de savoir si cette condition est, ou non, réalisée dépend des circonstances, variable suivant les espèces. D'ailleurs, un intérêt, si minime qu'il soit, suffit pour rendre le pourvoi recevable. — Il faut que l'intérêt ait existé à l'époque où la décision qu'on veut attaquer a été rendue; mais il importerait peu que l'intérêt eût disparu depuis; le pourvoi n'en serait pas moins recevable.

§ 2. — *Défendeurs* (R. 334 et s.; S. 85 et s.).

24. C'est un principe général que le pourvoi doit être formé contre la personne au profit de laquelle a été rendue la décision attaquée et qui a été partie à cette décision, ou contre ses représentants légaux. Mais si cette personne est décédée depuis, le pourvoi doit l'être contre ses héritiers ou ayants cause à titre universel.

25. Le pourvoi doit être dirigé, non pas contre toutes personnes ayant figuré au procès, mais contre celles-là seulement qui bénéficient de la décision attaquée. D'ailleurs, toutes les parties ayant intérêt à cette décision doivent être mises en cause par le pourvoi : c'est ainsi, par exemple, qu'en matière de garantie, la partie condamnée comme dernier garant doit mettre en cause, si elle se pourvoit, non seulement celui au profit duquel la condamnation a été prononcée, mais le garanti directement condamné et les garantis intermédiaires.

ART. 3. — FINS DE NON-RECEVOIR (R. 354).

26. Des fins de non-recevoir diverses peuvent être élevées contre le pourvoi en cassation. L'une des principales est celle qui résulte de l'acquiescement ou de l'exécution dont la décision attaquée a été l'objet de la part du demandeur. Sur les actes qui, au point de vue du pourvoi en cassation, constituent un acquiescement, V. *suprà*, *Acquiescement*. — Une autre fin de non-recevoir est tirée de l'expiration du délai dans lequel le pourvoi doit être formé (V. *infrà*, nᵒˢ 27 et s.). — Le défendeur au pourvoi ne peut plus, après avoir conclu au principal, opposer des fins de non-recevoir contre l'admissibilité du pourvoi (Règl. 28 juin 1738, 2ᵉ part., tit. 7, art. 7).

ART. 4. — DÉLAI DU POURVOI (R. 458 et s.; S. 107 et s.).

27. Le délai pour former le recours en cassation est de deux mois pour tous ceux qui habitent le territoire continental de la France (L. 2 juin 1862, art. 1ᵉʳ, D. P. 62. 4. 47). — Ce délai est augmenté d'un mois pour les personnes domiciliées en Corse, en Algérie, dans les îles Britanniques, en Italie, dans les Pays-Bas et dans les Etats ou confédérations limitrophes de la France continentale. L'augmentation est de deux mois, si le demandeur est domicilié dans les autres Etats, soit de l'Europe, soit de la Méditerranée et de la mer Noire; de cinq mois, s'il est domicilié hors d'Europe, en deçà des détroits de Malacca et de la Sonde, ou du cap Horn; de huit mois, s'il est domicilié au delà des détroits de Malacca et de la

Sonde, ou au delà du cap Horn. — Toutes ces prolongations de délai sont doublées en cas de guerre maritime (même loi, art. 5). La loi n'a pas prévu le cas de guerre continentale; c'est par des dispositions spéciales que les délais ordinaires sont prolongés en pareille hypothèse : il en a été ainsi lors de la guerre franco-allemande de 1870-71 (V. Décr. 9-14 sept. 1870, D. P. 70. 4. 87; Comp. Décr. 25 oct.-7 nov. 1870, D. P. 70. 4. 123). — Le délai ordinaire est prolongé de huit mois en faveur des demandeurs en cassation absents du territoire français de l'Europe ou de l'Algérie, soit pour cause de service public, soit pour cause de navigation (L. 2 juin 1862, art. 4).

28. Le délai fixé par la loi est de rigueur, c'est-à-dire qu'il n'existe aucun moyen d'éviter la déchéance encourue par l'expiration du délai. — Il en est ainsi à l'égard de toutes personnes, notamment des femmes et des mineurs. La règle s'applique également à l'Etat, aux communes, en ce qui concerne les décisions rendues à leur préjudice. — La fin de non-recevoir résultant de la tardiveté du pourvoi est d'ordre public et devrait, dès lors, être prononcée d'office par la cour, si elle n'était pas soulevée par les intéressés (Civ. 29 oct. 1902, D. P. 1903. 1. 85).

29. En principe, lorsqu'une décision a été rendue contre plusieurs parties ayant le même intérêt, par exemple contre plusieurs cohéritiers, le pourvoi formé en temps utile par l'une d'elles ne relève pas les autres de la déchéance qu'elles ont encourue. — Il en est autrement, toutefois, en matière solidaire ou indivisible : ici le pourvoi formé dans le délai par l'un des cointéressés profite aux autres, et ceux-ci ont le droit de se joindre à la demande après l'expiration du délai pendant lequel ils auraient pu se pourvoir eux-mêmes. — Il y a également exception à la règle en matière de garantie : ainsi le pourvoi formé par le dernier garant profite au garanti et à tous les garants antérieurs.

30. Le point de départ du délai du pourvoi est la signification du jugement ou de l'arrêt attaqué à personne ou à domicile. Tant que cette signification n'a pas eu lieu, le délai ne court pas et aucune déchéance ne peut être encourue, si ce n'est par l'expiration du délai de trente ans (Civ. 2262) à partir de la date de la décision. — La règle ci-dessus ne s'applique, d'ailleurs, pas aux décisions rendues sur requête sans qu'aucun défendeur ait été assigné, par exemple à un arrêt statuant sur requête à fin de rectification d'un acte de l'état civil : en pareil cas, le délai court du jour même de la décision a été rendue (Req. 23 janv. 1900, D. P. 1900. 1. 175).

31. Lorsque le jugement ou arrêt a été rendu au profit de plusieurs parties, le délai du pourvoi ne court qu'à l'égard de celles qui ont fait signifier la décision; mais toutefois qu'il n'existe entre ces parties un lien de solidarité ou d'indivisibilité.

32. La signification du jugement ou de l'arrêt ne fait courir le délai du pourvoi qu'à la condition d'être régulièrement faite : si elle était entachée de nullité, notamment à raison d'un vice de forme quelconque, le délai ne courrait pas. — Si la décision a été rendue contre un mineur, il suffit pour faire courir le délai que la signification soit faite au tuteur; il n'est pas nécessaire, comme en matière d'appel (V. *suprà*, *Appel en matière civile*, nᵒ 69), qu'elle soit faite, en outre, au subrogé tuteur.

33. La règle que le délai du pourvoi en cassation court de la signification du jugement trouve son application en ce qui concerne les jugements interlocutoires, qui peuvent être déférés à la cour de cassation avant que le jugement définitif soit rendu : le pourvoi dont ils sont l'objet n'est donc recevable que s'il est formé dans les deux mois de leur signification.

34. Le délai du pourvoi en cassation court de la signification à personne ou à domicile, sans qu'il soit besoin d'une signification préalable à avoué. — Il y a toutefois exception à cette règle en matière d'ordre (V. *infrà, Ordre entre créanciers*).

35. Le délai du pourvoi est franc, c'est-à-dire qu'on ne tient pas compte du jour de la signification, et les deux mois se comptent de jour à jour. Si, par exemple, un arrêt a été signifié le 5 mai, le dernier jour où l'on pourra se pourvoir sera le 6 juillet. Lorsque le dernier jour est un jour férié, le délai est prorogé au lendemain (L. 2 juin 1862, art. 9).

36. Le pourvoi en cassation est assujetti à des délais particuliers en matière d'expropriation pour cause d'utilité publique et d'élections (V. *infrà, Elections, Expropriation pour cause d'utilité publique*).

Art. 5. — Formalités du pourvoi (R. 798 et s.; S. 172 et s.).

37. Le pourvoi ne peut être formé et instruit que par le ministère d'un avocat à la cour de cassation. — Le ministère des avocats à la cour de cassation est obligatoire en matière civile, en ce sens qu'ils ne peuvent se refuser à former un pourvoi quand ils en sont requis et que le demandeur leur a remis une provision suffisante pour faire face aux frais; mais ils ne sont pas tenus de le soutenir devant la cour, s'il ne leur paraît pas reposer sur des moyens valables, dont l'appréciation est laissée à leur discrétion. — Par exception, les pourvois formés au nom de l'Etat, notamment par les préfets, en matière domaniale, sont dispensés du ministère d'un avocat à la cour de cassation. — La même dispense existe en matière d'expropriation pour cause d'utilité publique et en matière électorale (V. *infrà, Elections, Expropriation pour cause d'utilité publique*).

38. Le pourvoi s'introduit par une requête qui doit être déposée au greffe de la cour de cassation. Cette formalité est exigée à peine de déchéance. — Le dépôt de la requête ne peut être fait au greffe du tribunal ou de la cour qui a rendu la décision.

39. La requête doit être présentée par un avocat à la cour de cassation et revêtue de la signature de cet avocat, sauf dans les cas exceptionnels où le ministère des avocats à la cour de cassation n'est pas obligatoire (V. *supra*, n° 37). Le demandeur est tenu, à peine d'être déclaré non recevable, d'indiquer les moyens de cassation qu'il prétend invoquer; mais il suffit d'une indication sommaire, sans aucun développement. — Il est nécessaire aussi que la requête cite la disposition de loi dont on reproche la violation aux juges du fond.

40. A la requête sont jointes, pour être déposées avec elle, différentes pièces, savoir : 1° Une copie de la décision attaquée. Cette copie peut être, soit la copie signifiée, soit une expédition en forme; un simple extrait ne suffirait pas (Civ. c. 20 févr. 1900, D. P. 1901. 1. 92). Elle peut, à la rigueur, être produite après le dépôt du pourvoi, pourvu que ce soit avant l'expiration du délai du pourvoi. — 2° La quittance de la consignation d'amende (V. *infrà*, n° 42). — 3° Les titres ou actes que le demandeur en cassation se propose d'invoquer. La requête doit contenir l'énumération des pièces produites; mais le défaut de mention desdites pièces ne serait pas une cause de nullité, si elles étaient réellement annexées à la requête.

41. Dans certaines matières spéciales, les formalités du pourvoi sont soumises à des règles particulières. Il en est ainsi, notamment, en matière d'expropriation pour cause d'utilité publique et d'élections (V. *infrà*,

Elections, Expropriation pour cause d'utilité publique).

Art. 6. — Consignation d'amende (R. 598 et s.; S. 137 et s.).

42. En principe, pour qu'un recours en cassation soit recevable, il faut qu'une amende de 150 francs au cas de pourvoi contre une décision contradictoire, de 75 francs s'il s'agit d'une décision par défaut, ait été consignée par le demandeur en cassation. — Cette consignation représente le montant de l'amende à laquelle le demandeur doit être condamné lorsqu'il succombe devant la chambre des requêtes; elle n'est que la moitié de l'amende que doit le demandeur en cas de rejet du pourvoi par la chambre civile après un arrêt d'admission. Quant à l'autre moitié et quant à l'indemnité due à la partie adverse, le recouvrement en est poursuivi contre le demandeur dont la requête a été rejetée par la chambre civile (V. *infrà*, n°s 112 et 113). — La réduction de l'amende concernant les décisions par défaut s'applique à l'une et à l'autre partie, c'est-à-dire non seulement à celle qui a fait défaut, mais encore à celle qui a comparu et qui, tout en obtenant défaut contre son adversaire, a néanmoins succombé en ce que la demande n'était pas vérifiée, ou bien qui a formé un pourvoi fondé sur ce que la condamnation prononcée contre le défaillant lui paraissait insuffisante. — Sur le montant de l'amende à consigner dans les pourvois en matière d'expropriation pour cause d'utilité publique, V. *infrà, Expropriation pour cause d'utilité publique*.

43. L'amende est soumise aux décimes et demi-décimes successivement établis par les lois de finance. Le chiffre actuel de l'amende à consigner est, pour un jugement ou un arrêt contradictoire, de 187 fr. 50 cent.; pour un jugement ou arrêt par défaut, de 93 fr. 75 cent. — Le droit d'enregistrement du pourvoi s'élève aujourd'hui, avec les décimes et demi-décimes, à 46 fr. 87 cent.

44. L'obligation de consigner l'amende est générale et s'applique, en principe, à tous les pourvois, quelle que soit la juridiction dont émane la décision attaquée et quelle que soit la matière dans laquelle elle a été rendue. — Mais la règle comporte des exceptions. Les unes tiennent à la qualité du demandeur en cassation : ainsi, sont dispensées de la consignation le ministère public, les préfets, mais seulement lorsqu'ils agissent au nom de l'Etat, non lorsqu'ils représentent le département; les agents des diverses administrations qui assurent les services publics d'intérêt général, telle que l'administration de l'Enregistrement et du Timbre, celle des Contributions directes, celle des Contributions indirectes, celle des forêts de l'Etat. Les maires, lorsqu'ils forment un pourvoi au nom de leur commune, ne sont pas dispensés de la consignation. — D'autres exceptions concernent certaines matières spéciales ; la consignation n'est pas exigée, notamment, en matière électorale (Décr. 17 févr. 1852, art. 23; V. *infrà, Elections*). V. aussi L. 29 juin 1894, sur les caisses de secours et de retraites des ouvriers mineurs, art. 13 (V. *infrà, Mines*); L. 1er avr. 1898, relative aux sociétés de secours mutuels, art. 6 (V. *infrà, Secours publics*).

45. D'autre part, il est accordé dispense de la consignation de l'amende aux personnes qui justifient de leur état d'indigence dans la forme déterminée par la loi (L. 14 brum. an 5, art. 2, R. p. 31). — Deux pièces sont nécessaires pour la constatation de l'indigence : 1° un certificat délivré par le maire de la commune; 2° un extrait du rôle des contributions directes.

46. Le certificat d'indigence doit avoir été délivré spécialement en vue du pourvoi à

former; s'il était antérieur à la décision attaquée, il ne suffirait pas pour dispenser de la consignation d'amende. — Il ne peut être suppléé à ce certificat par des pièces équivalentes, tel qu'un acte émané d'autorités étrangères et non revêtu, d'ailleurs, des légalisations exigées par la loi française.

47. C'est au maire du *domicile*, et non de la *résidence*, qu'il appartient de délivrer le certificat d'indigence. Le maire doit donner une attestation personnelle de l'indigence. Ainsi, serait sans valeur suffisante l'attestation du maire faite d'après les déclarations qu'il a reçues de personnes tierces, et, à plus forte raison, le certificat dans lequel le maire s'est borné à reproduire la déclaration d'indigence faite par le demandeur lui-même. On ne saurait considérer non plus comme équivalant à une attestation d'indigence la constatation faite par le maire que celui auquel le certificat est délivré ne possède rien dans la localité, ou qu'il n'est propriétaire d'aucun immeuble dans la commune et n'a que ses gages pour tout moyen d'existence, ou autres constatations analogues. — Le certificat du maire, rédigé dans la forme prescrite en matière d'assistance judiciaire (V. *supra, Assistance judiciaire*, n° 8), est insuffisant pour dispenser de la consignation d'amende.

48. Le certificat d'indigence doit être approuvé par le préfet, ou, dans les arrondissements autres que celui du chef-lieu du département, par le sous-préfet (L. 28 juin 1877, D. P. 77. 4. 51).

49. Le certificat d'indigence doit, à peine de nullité, être accompagné d'un extrait des contributions du demandeur, d'où il résulte qu'il paye moins de 6 francs d'impôt, ou d'un certificat constatant qu'il n'est pas imposé. — L'extrait (ou le certificat de non-imposition) doit émaner du *percepteur*, et non d'un autre agent ; par exemple, l'extrait délivré par un adjoint au maire ne serait pas valable. C'est par le percepteur du domicile de la partie, et non par celui de sa résidence, qu'il doit être délivré.

50. L'irrégularité du certificat d'indigence peut être réparée, même après l'expiration des délais du pourvoi, par la production d'un certificat régulier, pourvu que cette production ait lieu avant l'admission du pourvoi par la chambre des requêtes.

51. La dispense de consignation pour cause d'indigence est indépendante du bénéfice de l'assistance judiciaire (V. *supra, Assistance judiciaire*), auquel la partie qui veut se pourvoir en cassation peut préférer le pas recourir. Le demandeur qui a été admis à l'assistance judiciaire est, d'ailleurs, dispensé par là même non seulement de la consignation d'amende, mais aussi de la production d'un certificat d'indigence.

52. L'accomplissement de la formalité de la consignation de l'amende se prouve au moyen de la production de la quittance délivrée par le receveur de l'Enregistrement. Cette production doit avoir lieu avant l'expiration du délai ouvert pour se pourvoir. En fait, le dépôt de pourvoi n'est admis qu'autant que la quittance d'amende y est annexée.

53. Lorsqu'il n'y a qu'un seul demandeur en cassation et une seule décision attaquée, une seule amende doit être consignée, quand même la décision renfermerait des dispositions particulières et distinctes en faveur de différentes personnes. — Dans le même cas d'un seul demandeur, bien que plusieurs jugements ou arrêts aient été rendus dans la même affaire, une seule consignation suffit si ces jugements ou arrêts sont la conséquence les uns des autres; il en est ainsi, par exemple, dans le cas où le pourvoi est formé contre deux jugements rendus dans la même instance et sur la même action, l'un statuant sur la compétence, l'autre, définitif, sur le fond. — Mais il faut autant de consignations qu'il y a de décisions attaquées, si celles-ci sont distinctes et différentes dans leur objet comme dans leur effet, encore que le pourvoi soit formé par un seul et même acte.

54. Lorsque plusieurs personnes se pourvoient ensemble contre un jugement ou arrêt, une seule consignation d'amende suffit pour toutes les parties, si elles n'ont qu'un seul et même intérêt (Civ. r. 31 déc. 1902, D. P. 1903. 1. 126). Il en est autrement si les demandeurs en cassation ont des intérêts distincts : il faut alors autant de consignations qu'il y a de parties.

Art. 7. — Effet suspensif (R. 929 et s. ; S. 189 et s.).

55. En matière civile, c'est une règle fondamentale que le pourvoi ne peut suspendre l'exécution de la décision attaquée au profit de celui qui l'a obtenue. Alors même qu'il serait certain, d'après les circonstances de la cause et la situation particulière des parties, que l'exécution d'une sentence ayant acquis force de chose jugée doit entraîner des conséquences irréparables pour celui qui l'attaque, la cour ne pourrait interdire ni suspendre cette exécution, ni procurer des sûretés (telles qu'une caution) au réclamant.

56. Cette règle ne comporte qu'un petit nombre d'exceptions. Le pourvoi est suspensif : 1° en matière de divorce et en matière de séparation de corps (V. infra, Divorce, Séparation de corps). — Suivant une opinion, la même solution devrait être étendue au cas d'un arrêt donnant mainlevée d'une opposition à un mariage, ou en prononçant l'annulation ; 2° en matière d'inscription de faux, dans le cas prévu par l'art. 241 c. pr. civ. (V. infra, Faux incident) ; 3° à l'égard des jugements (ou arrêts) en vertu desquels un payement doit être fait par le Trésor public ou par la caisse d'une des administrations publiques de l'État : ces jugements ne peuvent être exécutés, en cas de pourvoi, qu'à charge, par les parties qui les ont obtenus, de donner caution.

Art. 8. — Procédure devant la cour de cassation.

§ 1er. — Règles générales (R. 1072 et s.).

57. Il est tenu pour le service de la cour un registre général, sur lequel sont inscrites toutes les affaires par ordre de dates et de numéros au moment de leur dépôt au greffe (Ord. 15 janv. 1826, art. 7). — Toutes les affaires sont jugées sur le rapport fait par un conseiller à la Cour de cassation (même ordonnance, art. 13 à 16 et 36). En principe, la plaidoirie, comme l'instruction des affaires, est exclusivement réservée aux avocats à la Cour de cassation. Les parties ne peuvent être entendues qu'en vertu d'une permission spéciale de la cour. Toutes les affaires sont communiquées au ministère public, qui doit donner ses conclusions à l'audience (même ordonnance, art. 22 à 24). — Les arrêts sont rendus après une délibération qui peut avoir lieu à la chambre du conseil ; les arrêts sont toujours prononcés à l'audience publique, et doivent être motivés (V. toutefois, infra, n° 61).

§ 2. — Procédure devant la chambre des requêtes (R. 1124 et s. ; S. 228 et s.).

58. Les demandes, en matière civile, doivent être d'abord portées devant la chambre des requêtes, sauf dans certaines affaires spéciales dont la connaissance est attribuée en propre à la chambre civile et dont celle-ci est saisie directement. — Le seul acte de procédure important devant cette chambre est la production d'un mémoire ampliatif, dans lequel sont développés les moyens invoqués dans la requête sommaire. Ces moyens peuvent, d'ailleurs, être modifiés ; d'autres peuvent aussi y être utilement ajoutés, pourvu qu'ils soient relatifs à des chefs de décision déjà attaqués, au moins implicitement, dans la requête introductive. — Le délai pour la production du mémoire ampliatif est d'un mois ou deux mois suivant la nature des affaires. Mais ce délai n'est pas de rigueur, et, en fait, il est presque toujours notablement dépassé. En même temps que le mémoire ampliatif, les avocats à la Cour de cassation ont coutume de déposer une copie sur papier libre de la décision attaquée, dite copie lisible.

59. Dans le cas où une autorisation est exigée pour la formation du pourvoi (comme dans le cas, par exemple, où le recours est formé par une commune), il n'est pas nécessaire que cette justification soit fournie devant la chambre des requêtes ; elle peut l'être après l'admission du pourvoi, et c'est, dès lors, seulement devant la chambre civile que le défaut d'autorisation peut être opposé.

60. Devant la chambre des requêtes, à l'exception des demandes en règlement de juges (V. infra, Règlement de juges), le débat n'est pas contradictoire ; il n'y a qu'une partie en cause, le demandeur en cassation. Le défendeur éventuel ne peut faire représenter par un avocat. Il est admis toutefois à faire présenter officieusement, sous le titre de consultation, des observations écrites tendant à justifier la décision attaquée.

61. La chambre des requêtes statue sur le pourvoi, après avoir entendu : 1° la lecture du rapport fait par un des conseillers, et dans lequel ce dernier fait connaître son opinion personnelle ; 2° les observations orales de l'avocat du demandeur, s'il juge à propos d'en présenter ; 3° les conclusions de l'avocat général. — La chambre des requêtes rend un arrêt de rejet ou d'admission. S'il y a rejet, la décision attaquée acquiert irrévocablement l'autorité de la chose jugée, et l'arrêt emporte, contre le demandeur, la condamnation à l'amende consignée. A la différence des arrêts de rejet, les arrêts d'admission ne sont pas motivés ; ils sont conçus d'ordinaire en ces termes : « La cour admet la requête. » — Les arrêts de la chambre des requêtes ne peuvent être attaqués par aucune voie ordinaire ou extraordinaire. Ils ne sont pas, notamment, susceptibles d'opposition ; la décision de la chambre des requêtes n'est jamais rendue par défaut.

§ 3. — Signification de l'arrêt d'admission (R. 1128 et s. ; S. 230 et s.).

62. L'arrêt d'admission prononcé par la chambre des requêtes ne suffit pas pour saisir la chambre civile ; il faut que cet arrêt soit signifié au défendeur, avec la requête et les mémoires produits, suivant certaines formes et dans un délai déterminé. A défaut de signification régulière, le demandeur est déchu de son pourvoi. S'il y a plusieurs défendeurs, la régularité de la signification faite à l'un ou quelques-uns d'entre eux n'empêche pas la déchéance d'être encourue à l'égard de ceux auxquels l'arrêt d'admission n'a pas été ou a été irrégulièrement signifié. Il en serait autrement, toutefois, s'il y avait solidarité entre les défendeurs ou si la matière était indivisible. Inversement, la déchéance encourue par le demandeur à l'égard des parties auxquelles il n'a pas fait signifier l'arrêt d'admission ne profite pas aux autres parties auxquelles cette signification a été faite en temps utile. Cependant, en matière de garantie, la déchéance du pourvoi vis-à-vis du garanti profite au garant, bien que celui-ci ait été régulièrement assigné.

63. La signification de l'arrêt d'admission emporte de plein droit obligation, pour les parties défenderesses, de se présenter devant la chambre civile dans le délai légal, sans qu'il soit nécessaire de leur faire aucune sommation à cet effet.

64. Le délai dans lequel la signification doit être faite est de deux mois, à partir de la date de l'arrêt d'admission (L. 2 juin 1862, art. 2). Il peut être augmenté, conformément aux art. 4, 5, 6, § 1er, et 9 de la loi du 2 juin 1862, lorsque les parties, ou l'une d'elles, sont domiciliées hors du territoire français ; mais il ne comporte pas l'augmentation à raison des distances édictée par l'art. 1033 c. pr. civ. — Ce délai est franc, comme celui dans lequel le pourvoi doit être formé (même loi, art. 9) ; il ne comprend donc ni le jour où l'arrêt a été rendu, ni celui de la signification. Si le dernier jour est un jour férié, le délai est prorogé au lendemain. — Le défaut de signification dans le délai entraîne déchéance du pourvoi (Civ. 14 mars 1900, D. P. 1901. 1. 61). Cette déchéance est d'ordre public et doit être prononcée d'office. Le délai ne peut être prorogé au profit d'aucun demandeur, même au profit de l'État ou au profit de mineurs qui se trouveraient sans tuteur. La force majeure aurait seule pour effet de suspendre le délai ; il en serait ainsi, suivant un arrêt déjà cité, dans le cas d'interruption absolue des communications entre la capitale et la localité où doit se faire la signification, ce qui s'est produit au cours de la guerre de 1870-71.

65. La procédure devant la chambre civile, bien qu'étant la continuation d'un même procès, constitue cependant une instance nouvelle ; aussi les conditions de forme et de fond auxquelles la signification de l'arrêt d'admission doit satisfaire sont-elles, en principe, celles que doit remplir l'exploit d'ajournement (Pr. 61), quoique l'accomplissement de ces conditions soit, à certains égards, moins rigoureusement exigé. — Les formalités requises doivent avoir été exactement observées, non seulement dans l'original, mais aussi dans la copie.

66. 1° L'acte de signification doit être daté, c'est-à-dire énoncer le jour, le mois et l'année où elle est faite. Mais la jurisprudence de la Cour de cassation se montre assez large au point de vue de la date ; l'omission de l'un des éléments dont se compose la date n'est une cause de nullité qu'autant que l'exploit ne renferme aucune énonciation qui permette de suppléer à l'omission.

67. 2° L'acte doit mentionner les nom, prénoms, profession et domicile du demandeur. Ici encore la jurisprudence se montre peu rigoureuse ; c'est ainsi, notamment, que le défaut d'indication du domicile n'est pas considéré comme une cause de nullité. — Mais, en cas de décès du demandeur survenu postérieurement au pourvoi, la signification de l'arrêt d'admission doit être faite au nom des héritiers agissant en leur nom personnel. Faite au nom du défunt, elle serait nulle, et il en résulterait la déchéance du pourvoi, si la signification n'était pas renouvelée régulièrement dans le délai prescrit.

68. 3° Il n'est pas nécessaire que l'acte de signification porte la signature de l'avocat du demandeur, ni qu'il mentionne expressément la constitution de cet avocat devant la chambre civile.

69. 4° La signification de l'arrêt d'admission ne peut être faite que par huissier ; ainsi serait nulle la signification faite par lettre chargée à la poste. Dans les départements, l'un quelconque des huissiers instrumentant dans la circonscription territoriale où le défendeur est domicilié a qualité pour délivrer la signification ; mais, si l'exploit doit être signifié à Paris, la notification ne peut être faite, à peine de nullité, que par un des huissiers audienciers de la Cour de cassation (L. 2 brum. an 4, art. 2). —

Cette dernière règle est de rigueur, et son inobservation entraîne la nullité du pourvoi, laquelle est même prononcée d'office par la cour. L'acte de signification dont non seulement être revêtu de la signature de l'huissier, mais encore contenir l'*immatricule* de ce dernier, avec l'indication du nom, de la demeure et de la qualité, et cela, à peine de nullité (Civ. r. 17 mai 1892, D. P. 92. 1. 320).

70. 5° La signification doit être faite aux personnes qui ont été parties dans la décision attaquée et figurent nominativement dans les qualités de cette décision ; elle ne peut l'être qu'à ces personnes, à moins que la chambre des requêtes ait autorisé, en outre, l'assignation d'autres personnes qui n'y ont pas figuré. — L'arrêt d'admission doit être signifié dans le délai légal à toutes les parties ayant un intérêt distinct, à peine de déchéance du pourvoi au regard des parties auxquelles la signification n'aurait pas été faite. Une copie séparée doit être délivrée à chacune de ces parties. — Lorsque le défendeur est un incapable, la signification doit être faite à son représentant légal, par exemple au tuteur, si le défendeur est mineur ou interdit. En ce qui concerne la femme mariée, il faut distinguer selon le régime matrimonial des époux : s'ils sont mariés sous un régime qui ne laisse pas à la femme l'exercice de ses actions, une seule signification, adressée au mari, est suffisante. Si, au contraire, la femme a l'administration de ses intérêts pécuniaires, comme en cas de séparation de biens contractuelle ou judiciaire, il est nécessaire de faire une signification distincte à chacun des époux. Si le défendeur est pourvu d'un conseil judiciaire, deux significations seront également nécessaires, l'une au prodigue (ou faible d'esprit), l'autre à son conseil. Enfin, au regard d'un mineur émancipé, il suffira d'une seule signification faite à ce mineur, si l'action est mobilière ; s'il s'agit d'une action immobilière, il y aura lieu, en outre, d'adresser une signification à son curateur.

71. 6° Au cas où le défendeur est décédé depuis la formation du pourvoi, soit avant, soit après l'arrêt d'admission, la signification doit être faite à ses héritiers ; elle serait nulle si elle s'adressait au défendeur, et la nullité serait encourue bien que le décès n'eût été l'objet d'aucune notification. Lorsqu'un changement est survenu dans l'état ou la capacité du défendeur, la signification n'est valable qu'autant qu'elle a été délivrée à la personne ayant qualité pour la recevoir par suite de ce changement. C'est ainsi que l'arrêt d'admission, obtenu contre un tuteur en cette qualité, doit être signifié au pupille, si celui-ci est devenu majeur depuis cet arrêt ; que si le défendeur est tombé en faillite postérieurement au pourvoi, la signification ne peut être faite valablement qu'aux syndics.

72. 7° La signification de l'arrêt d'admission est valablement faite soit à la personne même à qui elle s'adresse, en quelque lieu qu'elle soit rencontrée, soit à son domicile ; en ce dernier cas, elle n'est valable qu'autant qu'elle a été remise au domicile réel et véritable du défendeur, ou du moins à celui qu'il a lui-même indiqué comme tel dans les actes de procédure. Elle serait nulle si elle était faite à un domicile d'élection, à moins que ce domicile n'ait été élu précisément en vue de l'instance même de cassation. — En ce qui concerne les établissements publics ou d'utilité publique, les sociétés commerciales poursuivies à leur siège social, il y a lieu d'appliquer l'art. 69-6° c. proc. civ. — Sont également valables les dispositions des paragraphes 5, 8 et 9 du même article, concernant les cas où les exploits doivent être délivrés au parquet du procureur de la République, avec cette diffé-

rence que la signification doit alors être faite au parquet du procureur général près la Cour de cassation. — L'huissier doit, à peine de nullité, faire mention, dans l'acte, du lieu où la copie a été signifiée et de la personne à qui la remise a été faite.

§ 4. — *Procédure devant la chambre civile* (R. 1166 et s. ; S. 245 et s.).

73. Le demandeur en cassation, pour saisir la chambre civile, dépose au greffe la grosse de l'arrêt d'admission, dont les qualités, rédigées au greffe de la cour, contiennent la requête introductive du pourvoi et le mémoire ampliatif. Il doit y joindre l'original de l'exploit de signification de l'arrêt d'admission. Devant la chambre civile, le débat s'engage contradictoirement ; le défendeur doit, dans le délai qui lui est imparti à cet effet, comparaître par le ministère d'un avocat à la Cour de cassation. Celui-ci est réputé avoir pouvoir suffisant à l'effet d'occuper pour le défendeur, par la simple remise des copies signifiées des arrêts, exploits et autres actes introductifs de l'instance.

74. Le délai accordé pour comparaître devant la chambre civile est d'un mois, à partir de la signification de l'arrêt d'admission, pour tout défendeur domicilié sur le territoire continental de la France (L. 2 juin 1862, art. 3). Ce délai comporte les mêmes augmentations, à raison des distances, que celui qui est imparti au demandeur pour la signification de l'arrêt d'admission (L. 2 juin 1862, art. 4, 5, 6, § 2, et 9). V. *supra*, n° 64. — Après la signification de l'arrêt d'admission, régulièrement opérée, le pourvoi est en état, et la chambre civile est obligée de statuer quels que soient les changements survenus ultérieurement dans la qualité des parties, et sans que, en cas de décès du demandeur ou du défendeur, les héritiers de celui-ci aient à reprendre l'instance.

§ 5. — *Incidents de procédure.*

75. 1° *Intervention* (R. 1086 et s. ; S. 213 et s.). — L'intervention peut être admise devant la Cour de cassation même de la part de tiers qui ne sont pas intervenus devant les juges du fond, mais à la condition qu'elle soit justifiée par les circonstances et des intérêts exceptionnels, qu'il appartient à la cour d'apprécier.

76. 2° *Garantie* (R. 1092 ; S. 217). — Le garant mis hors de cause par l'arrêt attaqué peut avoir intérêt, et il est recevable, à intervenir devant la Cour de cassation, pour défendre au pourvoi qui tend à faire annuler cet arrêt. D'autre part, le garanti, s'il a triomphé devant les juges du fond, a intérêt et est recevable à mettre en cause son garant, en prévision d'un arrêt de cassation qui remettrait l'affaire en question ; aussi l'appel en garantie est-il admissible devant la Cour de cassation.

77. 3° *Faux incident* (R. 1101 et s. ; S. 222 et s.). — Il s'agit là d'une procédure spéciale à laquelle on a recours lorsqu'une pièce est arguée de faux par l'une des parties devant la Cour de cassation. Elle n'est autorisée qu'autant que le requérant a été dans l'impossibilité de faire valoir sa prétention devant les juges du fond, c'est-à-dire si le faux n'est apparu qu'après que ceux-ci étaient dessaisis : tel est le cas où une décision en dernier ressort mentionnerait la présence d'un magistrat qui en réalité n'y a point pris part. Les règles à suivre sont celles que trace le règlement du 28 juin 1738, 2e partie, titre 10.

78. 4° *Désaveu* (R. 1093 et s. ; S. 218). — La partie qui veut faire annuler des actes émanés de l'avocat chargé d'occuper pour elle devant la Cour de cassation doit recourir à la procédure du désaveu. Les règles de

cette procédure sont contenues dans le titre 9, 2e partie, du règlement de 1738.

79. 5° *Défaut et forclusion* (R. 1095 et s. ; S. 219 et s.). — Lorsque la partie assignée en vertu d'un arrêt d'admission devant la chambre civile ne comparaît pas, le demandeur peut obtenir contre elle un arrêt par défaut. Le défendeur défaillant peut, sous certaines conditions de forme, se faire restituer contre cet arrêt. Il est prononcé à la requête un arrêt de restitution, qui doit être signifié à l'avocat de la partie qui a obtenu l'arrêt par défaut dans un délai de deux mois à partir de la signification de cet arrêt faite à son domicile. — Il n'y a pas de défaut profit joint devant la Cour de cassation. Si donc un arrêt de cassation est rendu au regard de plusieurs parties ayant un intérêt commun et dont les unes ont comparu, les autres fait défaut, ces dernières conservent le droit de former opposition. — La *forclusion* est encourue par la partie qui, après avoir constitué un avocat, s'est abstenue, pendant le délai de deux mois, de produire ses pièces. Elle peut atteindre soit le demandeur, soit le défendeur. La cour statue alors sur la production faite par la partie adverse ; son arrêt est réputé contradictoire et, par suite, non susceptible d'opposition.

80. 6° *Péremption* (R. 1113 et s.). — Les instances devant la Cour de cassation ne sont pas susceptibles de péremption ; en d'autres termes, une instance ne peut être déclarée éteinte par le motif qu'on aurait négligé de la poursuivre pendant le laps de trois ans (V. *infra*, Péremption).

81. 7° *Désistement* (R. 1107 ; S. 224). — Le désistement peut avoir lieu devant la Cour de cassation, comme devant les juridictions ordinaires. Il ne peut être formé que par un avocat à la cour, lequel doit être muni d'un pouvoir spécial. Ce pouvoir peut émaner du demandeur lui-même ou de son fondé de procuration exprès et spécial. Il est fait par une déclaration au greffe. Si l'instance est pendante devant la chambre civile, le désistement doit être accepté par le défendeur. — Les règles générales en matière de désistement reçoivent, d'ailleurs, ici leur application (V. *infra*, Désistement).

Art. 9. — Ouverture a cassation (R. 1297 et s. ; S. 275).

82. La Cour de cassation n'a pas pour mission de redresser toutes les erreurs commises par les juges, mais seulement de maintenir l'exacte observation de la loi. Il suit de là, d'une part, que l'injustice flagrante d'une sentence, qui ne contrevient à aucune disposition de loi, constitue un simple *mal jugé* ne tombant pas sous la censure de la Cour de cassation, et, d'autre part, que la violation de la loi donne seule ouverture à cassation. Cette violation peut, d'ailleurs, se produire à différents points de vue, et l'on distingue plusieurs causes d'ouverture à cassation, dont les unes sont indiquées par la loi, les autres déterminées par la jurisprudence.

§ 1er. — *Violation ou fausse application de la loi* (L. 27 nov. 1790, art. 3 ; R. 1350 et s. ; S. 282 et s.).

83. C'est la cause d'ouverture de beaucoup la plus importante. Elle suppose tout d'abord l'existence d'une loi qu'on prétend être violée. Le mot *loi* doit être entendu ici dans le sens le plus large : il ne s'agit pas seulement de l'acte du pouvoir législatif qui seul constitue la loi au sens propre du mot, mais encore de tous les actes ayant force de loi. Ces actes sont nombreux et de natures très diverses. — En ce qui concerne les dispositions qui avaient force de loi avant 1789, ordonnances royales, coutumes, lois romaines, arrêts du Conseil, arrêts de règlement, etc., elles ont sur certains points conservé leur application, notamment à l'effet de combler les lacunes de la législation nouvelle, et leur inobservation pourrait alors donner ouverture à cassation. Il n'en saurait être ainsi, toutefois, dans les matières qui ont fait l'objet du nouveau Code civil, leur abrogation ayant été prononcée par la loi du 30 vent. an 12 (R. v° *Lois codifiées*, p. 226) par cela seul qu'elles avaient trait à ces matières. Le même principe et la même distinction sont applicables aux actes législatifs de la période intermédiaire.

84. Il y a lieu d'assimiler aux lois proprement dites les actes qui ont été faits à certaines époques par le pouvoir exécutif exerçant plus ou moins régulièrement les fonctions législatives. Tels sont : les décrets du premier Empire ; les actes du Gouvernement provisoire de 1848 ; les décrets rendus pendant la période dictatoriale de 1852 ; les décrets du Gouvernement du 4 septembre 1870, non annulés par l'Assemblée nationale. Il faut en dire autant des actes du pouvoir exécutif qui ont pour objet soit de pourvoir à la mise en exécution d'une loi, soit de réglementer une matière en vertu d'une délégation expresse du pouvoir législatif. Les traités internationaux, lorsqu'ils ont été régulièrement conclus, doivent être également assimilés aux lois, et les tribunaux sont tenus de les appliquer sous peine de recours en cassation.

85. Les *usages* que la loi reconnaît et consacre en s'y référant expressément ont la même force obligatoire que la loi elle-même ; tels sont les usages commerciaux visés par la loi du 13 juin 1866 (D. P. 66. 4. 67). En sens inverse, s'il s'agit d'un usage en contradiction avec une loi formelle, il ne saurait être question d'un recours en cassation pour violation de cet usage. Mais il y a difficulté pour le cas d'un usage que la loi n'a pas consacré, mais qui cependant n'est pas en contradiction avec elle, et la question de savoir si la décision qui ne tiendrait pas compte d'un tel usage serait susceptible de pourvoi est controversée. — La contravention à une jurisprudence établie, ancienne ou nouvelle, qui n'est pas fondée sur une loi, ne donne pas ouverture à cassation. — Les *maximes de droit* ne peuvent, en règle générale, servir de base à un moyen de cassation. Il n'en est autrement que si la maxime dont la violation est invoquée doit être considérée comme l'expression d'un principe de droit formulé implicitement dans une disposition de loi, comme, par exemple, la maxime : *Locus regit actum* (V. *infrà*, n° 86), ou tout au moins sous-entendu d'une manière certaine dans notre législation, comme la maxime : *Nul en France ne plaide par procureur* (V. *suprà*, Action, n° 22).

86. Les lois étrangères n'ayant, en principe, aucune autorité en France, leur violation ne peut constituer un moyen de cassation (Cr. r. 15 juin 1899, D. P. 1900, 1. 81). Il en est autrement lorsqu'un traité international a donné force de loi en France à une loi étrangère ; ... ou lorsque la violation d'une loi étrangère implique une contravention à la loi française, comme dans les cas, par exemple, où la loi française renvoie à la loi étrangère pour la forme des actes passés en pays étranger, suivant la maxime : *Locus regit actum* (V. Civ. 47, 170, 999). — Le contrôle de la Cour de cassation doit, d'ailleurs, sans aucun doute s'exercer dans le cas où le législateur ne s'est pas borné à renvoyer à une législation étrangère, mais s'en est approprié les dispositions sur telle ou telle matière spécialement visée ; et c'est ainsi en ce qui concerne le droit musulman, applicable aux indigènes des colonies françaises de l'Inde et de l'Algérie.

87. Les tarifs des compagnies françaises de chemins de fer, lorsqu'ils ont été dûment homologués par l'autorité compétente, ont force de loi, et, dès lors, les juges sont tenus de les appliquer sous peine de recours en cassation. Il en est autrement, suivant la règle énoncée ci-dessus, des tarifs des compagnies étrangères, à moins que leur violation n'implique une contravention à la loi française.

88. La jurisprudence considère comme une cause d'ouverture à cassation toute contravention manifeste non seulement au *texte*, mais encore à l'*esprit* de la loi. La *fausse interprétation* de la loi suffit donc à motiver l'intervention de la Cour de cassation. Il en est de même de la *fausse application* de la loi, alors du moins qu'elle équivaut, comme il arrive le plus souvent, à la violation, soit de la loi faussement étendue à un cas pour lequel elle n'avait pas été édictée, soit d'une autre loi qui aurait dû être appliquée, et dont le juge n'a pas tenu compte.

89. L'*erreur de droit* n'est autre chose que violation ou une fausse application de la loi, et peut, à ce titre, constituer un moyen de cassation. Il en est autrement de l'erreur de fait, qui échappe à la censure de la Cour de cassation, celle-ci n'étant juge que du droit. — Lorsque la disposition de loi appliquée ne correspond pas au texte visé par le juge, il n'y a là qu'une erreur de fait qui ne peut donner ouverture à cassation. La loi le décide formellement en matière criminelle (Instr. 411 ; V. *infrà*, n° 184), et il y a même raison de décider en matière civile. — L'erreur de droit n'est, d'ailleurs, une cause de cassation que si elle entache le *dispositif* de la décision attaquée ; l'erreur contenue seulement dans les motifs du jugement ou de l'arrêt ne peut servir de base à un pourvoi si, en dehors des motifs énoncés, il en existe d'autres qui justifient la solution admise (Req. 21 avr. 1902, D. P. 1902. 1. 268), ... qu'ils soient, ou non, énoncés dans la décision attaquée.

§ 2. — *Incompétence ou excès de pouvoir* (L. 27 vent. an 8, art. 80 et 88 ; R. 1471 et s. ; S. 308 et s.).

90. Il y a *excès de pouvoir* lorsqu'un tribunal a franchi les limites de ses attributions pour empiéter sur celles du pouvoir législatif ou administratif, comme par exemple dans le cas où il aurait interprété lui-même un acte administratif dont le sens était contesté, au lieu de surseoir jusqu'à ce que cette interprétation eût été donnée par l'autorité compétente, ainsi que l'y obligeait le principe de la séparation des pouvoirs. La violation de la loi ne constitue pas un excès de pouvoir (Civ. 29 janv. 1901, D. P. 1901. 1. 57). — L'excès de pouvoir peut donner lieu à une demande en annulation de la part du procureur général près la Cour de cassation agissant sur l'ordre du garde des sceaux (V. *infrà*, n° 123 et s.). Mais il peut également être invoqué par les parties intéressées comme un moyen de cassation. C'est, d'ailleurs, en principe du moins, la seule cause d'ouverture à cassation contre les sentences des tribunaux de paix (V. *suprà*, n° 1).

91. Il y a *incompétence* lorsqu'un tribunal, sans sortir des attributions conférées au pouvoir judiciaire, connaît d'une affaire que la loi réserve à un autre tribunal. A la différence de l'excès de pouvoir, l'incompétence ne donne pas toujours, en matière civile, ouverture à cassation ; il faut distinguer, à cet égard, entre l'incompétence relative (*ratione personæ* et *loci*) et l'incompétence absolue (*ratione materiæ*) ; sur cette distinction *infrà*, Compétence. — Cette dernière constitue une règle d'ordre public à laquelle les tribunaux sont tenus

de se conformer d'office, et dont l'inobservation peut être invoquée en tout état de cause, même pour la première fois devant la Cour de cassation. Au contraire, l'incompétence relative ne peut donner lieu à cassation que si les parties n'y ont pas renoncé : or leur renonciation est présumée, la nullité réputée couverte par cela seul que l'exception d'incompétence n'a pas été proposée au début de l'instance (*in limine litis*). Cette exception ne peut donc être invoquée devant la Cour de cassation que si la décision attaquée a été rendue par défaut, ou si, ayant été invoquée devant les juges du fond, elle a été repoussée par eux.

§ 3. — *Violation des formes légales* (L. 27 nov. 1790, art. 3 ; 20 avr. 1810, art. 7 ; R. 1310 et s. ; S. 276 et s.).

92. Par *formes légales*, il faut entendre ici les formalités prescrites par les lois relatives à la procédure. La violation de ces formes ne constitue pas seulement une cause d'ouverture à cassation ; elle figure également au nombre des cas où la requête civile peut être employée (Pr. 480-2°). V. *infrà*, Requête civile. — Ces deux voies de recours ne sont pas ouvertes cumulativement et indistinctement dans les mêmes cas : d'abord, l'exercice de la requête civile est restreint à la violation des formes *prescrites à peine de nullité* ; le recours en cassation pourra être employé lorsqu'il s'agira de formes pour l'inobservation desquelles la loi a négligé de prononcer expressément la peine de nullité, mais qui cependant tiennent à l'essence même des actes. Il pourra l'être également en cas d'inobservation des formalités prescrites pour la validité des jugements, et dont l'omission constitue, aux termes de l'art. 7 de la loi du 20 avr. 1810 (R. v° *Organisation judiciaire*, p. 496), une ouverture à cassation. En ce qui concerne les formes prescrites à peine de nullité, il y a lieu de distinguer : si le moyen de nullité n'a pas été invoqué devant les juges, c'est à la requête civile que l'on doit recourir ; si, au contraire, le moyen a été proposé devant le tribunal et rejeté par lui, c'est la voie du pourvoi en cassation qui doit s'ouvrir.

§ 4. — *Omission de statuer* — Ultra petita (R. 1482 et s. ; S. 319 et s.).

93. En principe, l'omission de statuer sur un ou plusieurs chefs de conclusions donne ouverture à la requête civile (Pr. 480), et non au pourvoi en cassation (Req. 18 déc. 1889, D. P. 90. 1. 373). De même, le fait de statuer *ultra petita*, c'est-à-dire d'accorder plus qu'il n'était demandé, n'est pas une cause de cassation, mais seulement de requête civile (Pr. 373). Toutefois, il pourrait y avoir ouverture à cassation si la condamnation prononcée *ultra petita* renfermait, en outre, une violation de la loi (Civ. c. 8 juin 1891, D. P. 92. 1. 270). — Au reste, l'omission de statuer et l'*ultra petita* peuvent devenir des moyens de cassation, lorsque le grief qui en résulte, ayant été présenté à l'appui d'une requête civile aux juges du fond, ceux-ci ont refusé de l'admettre.

§ 5. — *Contrariété de jugements* (R. 1507 et s. ; S. 324 et s.).

94. La contrariété de jugements peut donner ouverture à cassation lorsqu'elle se présente dans les conditions prévues par l'art. 504 c. pr. civ. — 1° Les décisions entre lesquelles il y a contrariété doivent émaner de tribunaux différents : s'ils avaient été rendus par le même tribunal, la contrariété fournirait un moyen de requête civile, et non de cassation. Il importe peu, d'ailleurs, que les décisions émanent de juridictions de degrés différents, par exemple l'une d'une cour d'appel, l'autre d'un tribunal de première instance, pourvu que celle-ci ait acquis l'autorité de la chose jugée. Mais il est nécessaire, bien entendu, que les juridictions qui les ont rendues appartiennent à la même hiérarchie judiciaire : ainsi le recours en cassation ne serait pas possible en cas de contradiction entre une décision administrative et un jugement rendu par un tribunal ordinaire. — 2° Il faut que les décisions contraires aient été rendues en dernier ressort. — 3° La contrariété de jugements supposant une atteinte à l'autorité de la chose jugée, l'existence de cette contrariété est subordonnée à la réunion des conditions constitutives de la chose jugée; en d'autres termes, il faut qu'il y ait, entre les deux sentences rendues en dernier ressort, identité de cause, de moyens et de parties (V., sur ces conditions, *infra*, *Chose jugée*).

ART. 10. — POUVOIRS RESPECTIFS DES JUGES DU FOND ET DE LA COUR DE CASSATION (R. 1194 et s., 1579 et s.; S. 257 et s., 350 et s.).

95. La Cour de cassation n'étant pas un degré supérieur de juridiction et n'ayant pas à entrer dans l'examen du fond des affaires (V. *infra*, *Cours et tribunaux*), il résulte, d'une façon générale, que le droit de contrôle qui lui appartient sur les décisions déférées à sa censure ne doit s'exercer qu'au point de vue du droit, à l'exclusion des questions de fait, dont la solution est exclusivement réservée aux juges du fond. L'application de ce principe, qui ne laisse pas d'être parfois assez délicate, se rencontre dans des matières et sous des aspects très divers.

96. En vertu de la distinction ci-dessus indiquée entre le domaine du droit et le domaine du fait, les tribunaux ont le droit d'interpréter souverainement les actes et les conventions, de constater quelle a été la volonté et l'intention des parties. Les constatations et les appréciations qui contiennent leurs décisions, si erronées qu'elles puissent paraître, échappent au contrôle de la Cour de cassation. — Le pouvoir des juges du fond, à cet égard, est si étendu, qu'il leur permet de s'écarter des termes de l'acte litigieux et de les rectifier s'ils ne leur paraissent pas traduire exactement l'intention des parties. Telle est du moins la doctrine qui ressort de l'ensemble de la jurisprudence de la Cour de cassation, et que l'on trouve formulée, notamment, dans un arrêt du 22 nov. 1865 (D. P. 66. 1. 103), ainsi que dans les conclusions de M. l'avocat général Paul Fabre, sur lesquelles il a été rendu. Cet arrêt fournit une application remarquable de la doctrine susénoncée. Dans l'espèce sur laquelle il a statué, il avait été jugé que l'énonciation de cent quatre-vingts paires de bœufs, dans un acte de vente, était une erreur de rédaction et que les parties avaient seulement voulu dire quatre-vingts paires : la Cour de cassation a déclaré qu'en statuant ainsi les juges du fond s'étaient livrés à une interprétation souveraine qui, à supposer qu'elle contînt un mal jugé, n'impliquait la violation d'aucune loi. — Toutefois, un autre système moins absolu, dont on trouve la trace dans plusieurs arrêts postérieurs à celui du 22 nov. 1865, restreint dans une certaine mesure le pouvoir d'appréciation des tribunaux : ce pouvoir ne s'exercerait en toute liberté que lorsqu'il s'agit d'actes obscurs ou ambigus; les juges ne pourraient, sans encourir la censure de la Cour de cassation, substituer une interprétation de volonté aux termes clairs et positifs du contrat; leur décision ne serait souveraine qu'autant qu'elle se bornerait à fixer la véritable portée des actes invoqués devant eux, *sans en dénaturer le sens* (V. Civ. c. 4 déc. 1900, D. P. 1901. 1. 251).

97. Quoi qu'il en soit, il est d'autres points sur lesquels le contrôle de la Cour de cassation s'exerce sans conteste : il lui appartient de contrôler la *qualification légale* qui a été donnée par les juges du fond aux actes ou contrats dont ils ont à connaître; par exemple, de vérifier si une convention, qu'ils ont considérée comme une vente, ne constituait pas plutôt un contrat de bail. — Elle a également le droit incontestable de vérifier si les juges ont fait une exacte application des conséquences légales que comportait la convention dont ils ont constaté l'existence; par exemple, si, étant donné que cette convention constituait une vente, ils ne se sont pas mépris sur la nature et l'étendue des obligations qui en dérivaient à la charge, soit du vendeur, soit de l'acheteur.

98. Les principes qui viennent d'être posés sur les pouvoirs respectifs des juges du fond et de la Cour de cassation ont été appliqués par la jurisprudence dans des hypothèses très nombreuses et à l'égard de toutes sortes d'actes ou conventions, notamment en matière de donation (Req. 27 juin 1899, D. P. 99. 1. 592); de testament (Civ. r. 30 déc. 1902, D. P. 1903. 1. 151); de contrat de mariage (Civ. r. 9 févr. 1897, D. P. 97. 1. 147); de novation (Civ. c. 30 nov. 1897, D. P. 98. 1. 189); etc.

99. En dehors des actes et des conventions, le pouvoir souverain des juges du fond s'exerce toutes les fois qu'il s'agit de constater les faits ou circonstances quelconques d'où peut dépendre la solution d'un litige. Les applications qui ont été faites de cette règle par la jurisprudence sont innombrables et se réfèrent aux matières les plus diverses. Il appartient, par exemple, aux tribunaux de décider souverainement si une construction élevée sur le fonds servant ne met pas obstacle à l'exercice d'une servitude;... à quelle époque remonte la cessation des payements d'un commerçant;... si le débiteur a été empêché de s'acquitter de son obligation par suite de force majeure;... si l'une des causes pour lesquelles la loi autorise à demander le divorce ou la séparation de corps se trouve réalisée dans l'espèce;... si les faits de démence articulés à l'appui d'une demande en interdiction sont pertinents et admissibles. Mais ici encore se retrouve la distinction établie, en ce qui concerne les actes et les conventions, entre les constatations de pur fait et les appréciations d'un caractère juridique : le pouvoir discrétionnaire des tribunaux cesse lorsqu'il s'agit de déterminer la portée ou la conséquence légales des faits par eux constatés. C'est ainsi, par exemple, qu'il appartient à la Cour de cassation de contrôler l'appréciation des juges sur le point de savoir si l'acte dont l'existence est constatée par eux constitue, ou non, une acceptation de succession. — Cette distinction offre une importance particulière en matière de responsabilité : les juges du fond constatent souverainement l'existence de l'acte ou de l'omission qui sert de base à la demande, ainsi que le préjudice qui en est résulté. Mais, sur la question de savoir si cet acte ou cette omission a les caractères d'une faute, leur décision tombe sous le contrôle de la Cour de cassation, et il en est ainsi du moins dans les cas où il s'agit de savoir s'il y a eu infraction à une obligation ou à une défense expressément édictée par la loi.

100. En ce qui concerne les faits constitutifs de la fraude, du dol, de la simulation ou de la violence, de la bonne ou de la mauvaise foi, l'appréciation des juges du fond échappe, en général, au contrôle de la Cour de cassation : il s'agit, en effet, d'apprécier des faits et des intentions, ce qui rentre dans le pouvoir souverain des tribunaux (Req. 23 janv. 1901, D. P. 1901. 1. 124; Civ. r. 30 déc. 1902, D. P. 1903. 1. 151).

101. En matière de preuve, il peut s'éle-

ver des questions de droit sur la solution desquelles la Cour de cassation aura à exercer son contrôle : il lui appartient, par exemple, de contrôler l'application qui a été faite de la règle d'après laquelle le commencement de preuve par écrit, nécessaire en principe pour que la preuve testimoniale soit admissible au-dessus de 150 francs, doit émaner de la personne à laquelle on l'oppose. — Les juges du fond sont, au contraire, souverains, dans tous les cas où la preuve testimoniale est autorisée par la loi, pour décider si les faits articulés sont pertinents, et s'il y a lieu de admettre la preuve (Req. 8 mai 1899, D. P. 99. 1. 256). Il leur appartient également d'apprécier souverainement la force probante des éléments de preuve fournis.

102. Dans tous les cas où la loi n'a pas indiqué les conditions auxquelles on doit reconnaître l'exécution volontaire ou forcée des actes et des conventions, la décision par laquelle les juges du fond constatent cette exécution est souveraine. Il en est autrement quand les conditions de cette exécution sont déterminées par la loi : ainsi, pour l'exécution des transports par chemins de fer, les délais impartis aux compagnies résultant de dispositions ayant force légale, il appartient à la Cour de cassation de vérifier l'application qui en a été faite.

ART. 11. — MOYENS NOUVEAUX (R. 1801 et s.; S. 419 et s.).

103. C'est un principe fondamental que les *moyens nouveaux* ne sont pas recevables devant la Cour de cassation. Les moyens nouveaux se distinguent des demandes nouvelles, qui élargissent le débat et en modifient l'objet, et qui, non recevables en appel (V. *infra*, *Demande nouvelle*), ne le sont pas, à plus forte raison, devant la Cour de cassation. Celui qui invoque des moyens nouveaux ne modifie pas ses prétentions, mais cherche à atteindre un résultat identique par une voie différente : il fonde sa réclamation sur un rapport de droit dont il avait négligé de se prévaloir antérieurement (Req. 5 août 1901, D. P. 1903. 1. 86). Comme exemple de moyen nouveau, on peut citer le cas d'un acheteur qui, après avoir, devant les juges du fond, demandé la résiliation du marché en se fondant sur la non-conformité de la marchandise avec les conditions du marché, sans alléguer les vices rédhibitoires dont elle aurait été affectée, invoque pour la première fois, devant la Cour de cassation, l'existence de pareils vices. C'est là un moyen nouveau, qui doit être écarté comme non recevable.

104. Pour reconnaître si un moyen est nouveau, la Cour de cassation prend pour base de son examen le dernier état de la cause. Sont donc nouveaux non seulement les moyens qui n'ont été soumis au juge ni en première instance ni en appel, mais encore ceux qui, ayant été invoqués au premier degré, n'ont pas été reproduits, au moins implicitement, au second degré de juridiction. — D'ailleurs, les moyens qui sont constatés dans les jugements ou arrêts sont seuls réputés avoir été invoqués devant les juges du fond; tout moyen qui n'est pas mentionné aux qualités est considéré comme nouveau, alors même qu'en fait il a été soumis aux juges et plaidé devant eux.

105. Il faut distinguer des moyens nouveaux les *arguments nouveaux*, appelés aussi moyens de pur droit, qui ont pour but de justifier avec plus de force les moyens invoqués. Les arguments nouveaux sont admis en tout état de cause, et même devant la Cour de cassation. Tels sont, notamment, les arguments tirés de dispositions législatives que l'on avait omis d'invoquer devant les juges du fond. Par exemple, un mandataire qui réclamait les intérêts de ses avances à partir du jour où il les avait faites est recevable à invoquer, pour la première fois, devant la Cour de cassation, la disposition de l'art. 2001 c. civ. contre la décision qui ne lui avait alloué ces intérêts qu'à partir du jour de la demande. — Mais si l'on peut, à l'appui d'un pourvoi, invoquer des arguments nouveaux, c'est à la condition qu'ils aient un caractère purement juridique, qu'il ne s'y mêle aucun élément de fait. C'est la règle qu'on exprime en disant que les moyens *mélangés de fait et de droit* ne sont pas recevables devant la Cour de cassation. Tel est, par exemple, le moyen tiré de la nullité d'un acte de société au regard des tiers pour inobservation des formalités de publicité prescrites par la loi du 24 juillet 1867 (Civ. r. 13 janv. 1903, D. P. 1903. 1. 122) ; ... le moyen tiré de ce qu'une tierce opposition ne serait pas recevable parce que le préjudice éprouvé par le tiers opposant a pour cause unique sa propre faute (Cr. r. 17 déc. 1902, D. P. 1903. 1. 144).

105. Par exception à la règle générale, les moyens qui tiennent à l'ordre public peuvent être invoqués pour la première fois devant la Cour de cassation. Il en est ainsi, par exemple, du moyen tiré de l'irrecevabilité de l'appel à raison de l'expiration du délai légal ;... du moyen fondé sur l'incompétence *ratione materia* ;... du défaut d'autorisation de plaider, dans le cas où cette autorisation est exigée par la loi ; ... des moyens qui intéressent l'ordre des juridictions (Civ. c. 6 août 1902, D. P. 1902. 1. 510) ; etc. Mais il faut pour cela que les juges du fond aient été à même de reconnaître l'existence du moyen, c'est-à-dire que celui-ci ressorte des éléments du débat ou des errements de la procédure.

Art. 12. — Effets, étendue et autorité des arrêts de la cour de cassation.

§ 1er. — *Arrêts de rejet* (R. 1964 et s. ; S. 455).

107. L'arrêt de rejet, qu'il émane de la chambre des requêtes ou de la chambre civile, a pour effet d'attribuer à la décision attaquée la force de la chose irrévocablement jugée, et de proscrire, par suite, toute possibilité de nouvelle contestation et de nouveau recours, dans la même affaire et entre les mêmes parties.

§ 2. — *Arrêts de cassation* (R. 1998 et s. ; S. 456 et s.).

108. La cassation a pour effet d'annuler complètement la décision attaquée, de la faire considérer comme n'ayant jamais existé, et de remettre les parties au même et semblable état où elles étaient auparavant. Elle entraine de plein droit l'annulation de tous actes d'exécution faits en vertu de cette décision (Civ. c. 5 mars 1895, D. P. 95. 1. 128), et aussi des jugements ou arrêts qui auraient été rendus pour son exécution (Civ. c. 8 juill. 1901, D. P. 1902. 1. 36). — Il en est de même de l'inscription hypothécaire prise par celui qui l'a obtenue sur les immeubles de la partie condamnée. La nullité n'atteint, d'ailleurs, que la décision cassée et les actes postérieurs, et non les actes de la procédure antérieure, qui demeurent acquis au débat.

109. L'arrêt de cassation a encore cet effet d'obliger de plein droit les parties qui avaient obtenu l'arrêt cassé à restituer toutes les sommes qu'elles avaient reçues en exécution de cet arrêt; et cela encore que la Cour de cassation n'ait pas ordonné cette restitution. La restitution doit comprendre les intérêts desdites sommes à partir de la signification de l'arrêt d'admission avec assignation devant la chambre civile.

110. L'étendue de l'annulation, alors même qu'elle est prononcée en termes généraux, est limitée à la portée du moyen qui lui sert de base. Ainsi la cassation laisse subsister tous les chefs contre lesquels le pourvoi n'a pas été dirigé et ceux qui ont été maintenus par le rejet des moyens inutilement proposés. Il en est autrement, toutefois, lorsqu'il existe entre les divers chefs de la même décision un lien de connexité ou d'indivisibilité.

111. La cassation prononcée n'a d'effet, en principe, qu'au regard des personnes qui ont été parties à l'arrêt intervenu. Cette règle souffre exception en matière solidaire ou indivisible, et aussi dans le cas où la demande principale, qui a fait l'objet du pourvoi, se rattache à une demande récursoire par un lien de dépendance et de subordination, comme en cas d'appel en garantie : la cassation, motivée quant au demandeur principal, doit être prononcée à l'égard de toutes les parties.

§ 3. — *Amende* (R. 747 et s.).

112. Le rejet du pourvoi, que celui-ci soit déclaré non recevable ou mal fondé, entraine la condamnation à l'amende. Si le rejet est prononcé par la chambre des requêtes, le demandeur n'est condamné qu'à la partie de l'amende qui avait été consignée, soit 150 francs (en principal) si la décision attaquée est contradictoire, et 75 francs si le jugement est par défaut. Le rejet par la chambre civile entraine la condamnation à une amende de 300 francs, dans laquelle se trouve comprise celle de 150 francs consignée lors de l'introduction du pourvoi. — La condamnation à l'amende n'est prononcée, en général, contre les personnes qui sont dispensées de la consignation (V. *supra*, nos 44 et s.). Il en est autrement, toutefois, des indigents : s'ils échouent dans leur pourvoi, ils sont tenus de payer l'amende. — Lorsque la cassation est prononcée, il y a lieu à restitution de l'amende, et cette restitution doit être entière, même dans le cas où la cassation ne porterait que sur un ou plusieurs chefs de la décision attaquée. — Le désistement, en matière civile, ne donne jamais lieu à restitution de l'amende.

§ 4. — *Indemnité* (R. 752 et s.).

113. En outre de la condamnation à l'amende, le demandeur qui succombe dans son pourvoi devant la chambre civile doit être condamné envers le défendeur à une indemnité de 150 francs. Cette indemnité est due par toute partie dont le pourvoi est rejeté, même par celles qui sont dispensées de consigner et de payer l'amende, telles que les régies ou administrations publiques. — En principe, il est dû autant d'indemnités qu'il y a de parties défenderesses, à moins que celles-ci n'aient le même intérêt et qu'elles n'aient obtenu gain de cause par le même arrêt. — En cas de désistement de pourvoi, l'indemnité n'est pas due, si le désistement précède la signification de l'arrêt d'admission et la production du défendeur; elle est due, au contraire, si le désistement n'a lieu que postérieurement.

§ 5. — *Frais et dépens.*

114. V. *infrà*, Frais et dépens.

Art. 13. — Renvoi après cassation (R. 2122 et s., 2155 et s. ; S. 470 et s., 478 et s.).

115. En prononçant l'annulation de la décision attaquée, la Cour de cassation désigne un autre tribunal, qui connaîtra à nouveau du fond de l'affaire. Celle-ci ne peut, en règle générale, être renvoyée devant le tribunal qui a statué la première fois. Il y a exception à cette règle, notamment, à l'égard des juridictions coloniales ; mais alors il est tout au moins nécessaire que le tribunal ou la cour soit composé de juges n'ayant pas siégé lors de la précédente instance. — Le tribunal désigné doit, du moins en matière civile, être l'un des plus voisins de celui qui a précédemment connu de l'affaire. Il doit être du même degré que celui-ci ; ainsi, après la cassation d'un jugement, les parties ne peuvent être renvoyées devant une Cour d'appel. — La disposition de l'arrêt de cassation qui désigne la cour ou le tribunal de renvoi n'est qu'un acte d'administration judiciaire, que la cour peut toujours modifier après coup.

116. Pour saisir le tribunal de renvoi, la partie qui a obtenu la cassation doit signifier l'arrêt de cassation à la partie adverse et l'assigner devant ce tribunal. Les deux actes peuvent être et sont habituellement faits par le même exploit. L'instance se trouve ainsi engagée devant le juge de renvoi ; mais il n'y a pas lieu de signifier de nouvelles conclusions, ni de recommencer la procédure : les frais qui seraient exposés à cet égard seraient frustratoires et n'entreraient pas en taxe. Il en est autrement, toutefois, lorsque l'annulation porte seulement sur la décision elle-même, mais sur la procédure qui se trouvait entachée de quelque vice. En pareil cas, la procédure est reprise à partir du premier acte où les formes n'ont pas été observées.

117. Le tribunal de renvoi ne peut statuer qu'à l'égard des parties qui ont figuré au pourvoi soit comme demandeurs, soit comme défenderesses. — Toutefois l'appelé en garantie, à l'égard duquel la décision cassée n'avait pas eu à statuer à raison du rejet de la demande principale et qui, par suite, n'a pas été mis en cause devant la Cour de cassation, peut être valablement appelé devant la cour de renvoi.

118. Les attributions du juge de renvoi sont subordonnées à l'étendue de la cassation, ou, ce qui revient au même, à la portée du pourvoi dont la cour était saisie. — Si le pourvoi portait sur la décision tout entière, la cour de renvoi aura à connaître de toutes les questions jugées par le premier tribunal, même de celles qui ne l'ont été qu'implicitement. Il pourra même avoir à se prononcer sur les difficultés dont le premier tribunal n'avait pas connu : ainsi, par exemple, l'arrêt cassé n'avait statué que sur une fin de non-recevoir ou une question préjudicielle, il pourra statuer non seulement sur cette fin de non-recevoir ou cette exception, mais aussi sur le fond. Si, au contraire, la décision attaquée n'a été cassée que dans certaines de ses parties seulement, les autres parties continuent de subsister, et, dès lors, la cour de renvoi décide à bon droit qu'elles ont acquis l'autorité de la chose jugée (Req. 28 déc. 1903, D. P. 1904. 1. 94). — D'autre part, le juge de renvoi peut connaître de toutes les demandes et exceptions que l'état de la cause comporte et qui eussent été recevables devant le tribunal qui a rendu la décision attaquée. A plus forte raison, les parties peuvent-elles modifier leurs conclusions originaires et présenter des moyens nouveaux.

119. Le juge de renvoi jouit d'une entière liberté quant à la solution des points de droit qui avaient fait l'objet du pourvoi, et au sujet desquels la cassation a été prononcée. Lorsque cet arrêt est identique à celle du tribunal qui avait statué en premier lieu, et qu'il est formé un nouveau pourvoi fondé sur les mêmes moyens que le premier, l'affaire est portée directement devant les chambres réunies de la Cour de cassation. S'il intervient alors un second arrêt de cassation, l'affaire est renvoyée devant un troisième tribunal, qui est tenu de se conformer à la décision des chambres réunies (L. 1er avr. 1837, art. 1 et 2, R. v° *Organisation judiciaire*, n° 422). Toutefois, les seconds juges de renvoi ne sont tenus de se conformer à cette décision que sur le point de droit ; ils peuvent, dès lors, apprécier les faits d'une façon différente et changer ainsi la face du procès, telle qu'elle résultait des précédentes décisions. — D'autre part, le tribunal de renvoi n'est lié que sur les points jugés par les chambres réunies, et non sur d'autres points, que le premier arrêt de cassation avait appréciés, mais dont les chambres réunies n'avaient pas eu à connaître.

Art. 14. — Cassation sans renvoi (R. 2238 et s.; S. 497 et s.).

120. Par exception, et dans des cas très rares, la cassation a lieu sans renvoi devant un autre tribunal. Il en est ainsi, notamment, lorsque l'annulation n'est prononcée que dans l'intérêt de la loi (V. *infrà*, n° 122),... ou lorsque la Cour de cassation annule un arrêt qui a reçu illégalement un appel interjeté contre un jugement en dernier ressort;... mais non, d'après la jurisprudence de la Cour de cassation, d'ailleurs contraire à la doctrine généralement admise, dans le cas où la cassation est prononcée pour contrariété de jugements.

Art. 15. — Pourvoi dans l'intérêt de la loi (R. 985 et s.; S. 199).

121. Le pourvoi dans l'intérêt de la loi est une voie particulière de recours, qui est ouverte au procureur général près la Cour de cassation (L. 27 vent. an 8, art. 88, R. v° *Organisation judiciaire*, p. 1485). Ce magistrat a seul qualité pour se pourvoir dans l'intérêt de la loi, à l'exclusion de tout autre membre du ministère public, notamment du procureur de la République siégeant près le tribunal qui a rendu la décision attaquée. — Le recours dont il s'agit peut être formé pour une violation quelconque de la loi, soit au fond, soit dans la forme de procéder, ou pour excès de pouvoir. Il est ouvert contre les décisions de toutes les juridictions, ordinaires ou exceptionnelles; les sentences des juges de paix peuvent être attaquées ainsi pour les mêmes causes que toutes autres décisions, et non pas seulement pour excès de pouvoir (Comp. *suprà*, n° 3).

122. Le pourvoi dans l'intérêt de la loi est porté directement devant la chambre civile, sans être soumis préalablement à l'examen de la chambre des requêtes (Civ. c. 6 févr. 1889, D. P. 90. 1. 464). — Les parties n'ont pas le droit d'intervenir devant la cour. — La cassation prononcée dans l'intérêt de la loi est sans influence sur le sort des parties; à l'égard de celles-ci, la décision cassée n'en doit pas moins être exécutée dans toute sa teneur. — Après la cassation prononcée dans l'intérêt de la loi, il n'y a pas lieu de renvoyer l'affaire devant une autre juridiction.

Art. 16. — Annulation pour excès de pouvoir (R. 1039 et s.; S. 205 et s.).

123. L'annulation pour excès de pouvoir est une mesure poursuivie dans un intérêt politique et gouvernemental; elle a pour but de réprimer les actes par lesquels les juges ont excédé leurs pouvoirs et entravé soit le cours de la justice, soit la marche et l'action du Gouvernement. — Le recours tendant à cette annulation est, comme le pourvoi dans l'intérêt de la loi, exercé par le procureur général près la Cour de cassation; mais, ici, ce magistrat ne peut agir que sur l'ordre du ministre de la Justice (L. 27 vent. an 8, art. 80).

124. L'annulation pour excès de pouvoir s'applique non seulement aux actes judiciaires ou d'administration intérieure, mais encore aux jugements ou arrêts. — L'excès de pouvoir peut résulter d'actes divers, qu'il est difficile de comprendre dans une formule générale : on peut dire, cependant, qu'il y a excès de pouvoir lorsque l'ordre public a été blessé, ou la sécurité de l'État compro-

mise, ou l'ordre des juridictions troublé, ou lorsque, franchissant le cercle dans lequel la loi a renfermé le pouvoir qu'elle lui a confié, le juge a entrepris sur les fonctions du législateur, ou sur les attributions de l'autorité administrative.

125. Le recours à fin d'annulation pour excès de pouvoir est porté devant la chambre des requêtes, qui prononce définitivement, sans renvoi à la chambre civile (Req. 23 déc. 1890, D. P. 91. 1. 169). — Aucune intervention n'est admise du chef des parties intéressées. — L'annulation, lorsqu'elle est prononcée, est absolue, et, à la différence de la cassation dans l'intérêt de la loi (V. *suprà*, n° 122), elle profite, en général, aux intérêts privés. Du reste, les parties auxquelles l'excès de pouvoir a causé préjudice ont toujours le droit de former elles-mêmes un recours indépendant de celui du procureur général, et qui pourrait aboutir à une solution différente, par exemple à une cassation, alors qu'il y aurait rejet sur ce dernier recours.

SECT. II. — Pourvoi en matière criminelle.

126. Les textes qui régissent le pourvoi en matière criminelle sont les chapitres 1 et 2 du titre 2 du livre 2 c. instr. cr. (art. 407 à 442), dont certaines dispositions ont été modifiées, notamment par les lois des 28 juin 1877 (D. P. 77. 4. 51) et 19 avr. 1900 (D. P. 1900. 4. 31). — Adde : L. 29 avr. 1806, art. 2; 21 avr. 1837 (R. v° *Lois*, p. 191).

Art. 1er. — Décisions susceptibles de pourvoi (R. 132 et s.; S. 49 et s.).

127. La voie du recours en cassation est, en principe, ouverte, en matière criminelle, quel que soit le juge dont émane la décision. Il n'existe aujourd'hui qu'une seule juridiction répressive dont les décisions soient et dans tous les cas à l'abri du contrôle de la Cour de cassation : c'est celle du Sénat, lorsqu'il est appelé à faire fonction de Haute Cour de justice. — Les sentences émanées des tribunaux militaires sont, en général, susceptibles de pourvoi; elles peuvent toutefois être attaquées par cette voie pour cause d'incompétence. — Quant aux juridictions coloniales, le pourvoi en cassation est ouvert contre leurs décisions, comme contre celles des tribunaux de la métropole. Il n'y a d'exception qu'à l'égard des établissements de la Côte d'Or et du Gabon; encore le pourvoi en cassation y est-il autorisé dans l'intérêt de la loi. — En ce qui concerne les décisions en matière disciplinaire, V. *infrà*, Discipline judiciaire.

128. Les conditions nécessaires pour qu'une décision soit susceptible de pourvoi sont, en matière criminelle, les mêmes qu'en matière civile. — Il faut, en premier lieu, que la décision présente le caractère d'un jugement. Ainsi les mesures qui ne constituent que de simples actes judiciaires, par exemple la position des questions au jury, le tirage au sort du jury de session, ne sont pas susceptibles d'être déférées à la Cour de cassation.

129. En second lieu, la décision doit être définitive et en dernier ressort. En conséquence, le pourvoi en cassation n'est pas recevable tant que la voie de l'opposition ou de l'appel demeure ouverte. — Il ne l'est pas non plus à l'égard des jugements contre lesquels l'appel n'aurait pas été interjeté dans les délais. — Quant aux décisions qui précèdent et préparent le jugement définitif, la distinction établie en matière civile (V. *suprà*, n° 9) est également applicable ici. Les jugements préparatoires et d'instruction, qui ne font que préparer la décision à intervenir sur le fond sans la préjuger, ne peuvent être attaqués au cours de l'instance, mais seulement lorsque celle-ci est terminée et

en même temps que le jugement sur le fond (Instr. 416, § 1er). Il en est ainsi, par exemple : d'un jugement qui accorde ou refuse un sursis demandé par le prévenu; de l'arrêt qui rejette un moyen tiré de l'irrégularité de la procédure, ou de la composition de la cour d'assises, etc. D'ailleurs, le pourvoi dirigé contre le jugement définitif s'applique même temps aux décisions préparatoires qui l'ont précédé, sans qu'il soit besoin de les attaquer d'une manière spéciale et distincte. Au contraire, les jugements interlocutoires qui, sans statuer sur le fond, préjugent, sont susceptibles de pourvoi avant la décision définitive et doivent, à peine de non recevabilité, être attaqués dans le délai légal à partir de leur prononciation ; tel est, par exemple, le jugement de simple police (ou correctionnel) qui ordonne une enquête ou une expertise, du résultat de laquelle dépend le sort de la poursuite. — Les jugements ou arrêts qui statuent sur la compétence sont considérés comme définitifs et, par suite, susceptibles d'être attaqués immédiatement par la voie du recours en cassation (Instr. 416, § 2).

130. Les ordonnances rendues par le juge d'instruction, n'étant jamais en dernier ressort, ne peuvent faire l'objet d'un pourvoi en cassation. — Il en est autrement des arrêts des chambres des mises en accusation, lorsqu'ils sont définitifs. Des distinctions doivent toutefois être faites entre les diverses décisions que ces juridictions peuvent être appelées à rendre. Ainsi, contre les arrêts de renvoi en cour d'assises, le recours en cassation est ouvert au ministère public, soit à l'accusé, non seulement dans les cas énumérés dans l'art. 299 c. instr. cr., mais aussi, suivant la doctrine qui a prévalu en jurisprudence, pour toute cause de nullité, conformément à l'art. 408 du même Code. — Quant aux arrêts de renvoi devant le tribunal correctionnel, il y a lieu de leur appliquer le droit commun en matière de cassation : ainsi, le recours n'est pas ouvert contre les arrêts qui se bornent à renvoyer le prévenu devant le juge correctionnel, et statuant sur la prévention du délit, de telles décisions étant simplement préparatoires. Le pourvoi serait, au contraire, recevable contre l'arrêt qui, en prononçant le renvoi, préjugeait, par quelques dispositions définitives, certaines questions du procès. — Les arrêts de non-lieu peuvent être déférés à la Cour de cassation, mais seulement par le ministère public, et non par la partie civile (Cr. 14 mars 1895, D. P. 99. 5. 84).

131. En ce qui concerne les jugements statuant au fond, sont susceptibles de pourvoi en cassation les jugements rendus en dernier ressort par le tribunal de simple police et les jugements rendus par le tribunal correctionnel sur l'appel des jugements de police (Instr. 177). — Les jugements en matière correctionnelle, étant toujours susceptibles d'appel (Instr. 199), ne peuvent être attaqués par la voie du recours en cassation; cette voie n'est ouverte que contre les décisions des tribunaux du second degré, c'est-à-dire contre les arrêts des cours d'appel. — Le pourvoi contre les décisions rendues sur le fond en dernier ressort est recevable sans qu'il y ait à distinguer, d'une part, entre celles qui prononcent une condamnation et, d'autre part, celles qui prononcent un acquittement ou une absolution.

132. Les arrêts des cours d'assises, étant définitifs et en dernier ressort, peuvent être déférés à la Cour de cassation; ils ne comportent, d'ailleurs, aucune autre voie de recours. Il en est ainsi soit des arrêts de condamnation, soit des arrêts d'absolution (V. toutefois, en ce qui concerne ces derniers arrêts, *infrà*, n° 137). — Pour les ordonnances d'acquittement, V. également *infrà*, *ibid.* — Quant aux arrêts relatifs à l'instruction ou à des incidents, ils ne peuvent, à raison de leur caractère préparatoire (V. *suprà*, n° 129), être attaqués avant la décision définitive.

133. Le verdict du jury n'est susceptible d'aucun recours (Instr. 350). Il ne peut donner lieu, notamment, à un pourvoi en cassation. — Sur les cas où le verdict est irrégulier en la forme ou contradictoire, V. *infrà*, *Instruction criminelle*.

ART. 2. — PERSONNES QUI ONT QUALITÉ POUR SE POURVOIR (R. 353 et s. ; S. 92 et s.).

134. Le droit pour les prévenus et accusés de se pourvoir contre les décisions qui portent des condamnations contre eux leur est reconnu en toute matière : simple police, correctionnelle ou criminelle (Instr. 177). Le même droit appartient aux personnes civilement responsables (Instr. 216).

135. En principe, le ministère public a, devant toutes les juridictions de répression, le droit d'exercer le recours en cassation. Ce droit, toutefois, comporte des restrictions : d'une part, le ministère public ne peut se pourvoir contre les arrêts d'absolution qu'au cas où « l'absolution a été prononcée sur le fondement de la non-existence d'une loi pénale, qui pourtant aurait existé » (Instr. 410) ; d'autre part, cette voie de recours ne lui est ouverte, contre les ordonnances d'acquittement, que dans l'intérêt de la loi (Instr. 409). — Le pourvoi du ministère public, étant formé dans un intérêt général et d'ordre public, peut avoir pour conséquence non pas seulement d'aggraver la condamnation, mais aussi de l'atténuer ou de la faire disparaître, comme dans le cas, par exemple, où la Cour de cassation reconnaîtrait, soit d'office, soit sur les conclusions du prévenu, l'existence d'une cause de nullité dont serait entachée la décision objet du pourvoi (Cr. c. 25 janv. 1895, D. P. 95. 1. 538). Mais le pourvoi du ministère public ne serait pas recevable s'il avait pour objet la protection d'intérêts privés, comme ceux de la partie civile. — Les magistrats du ministère public à qui appartient le droit de recourir à la voie de la cassation sont exclusivement ceux qui exercent leurs fonctions près la juridiction dont émane la décision qu'il s'agit d'attaquer. Ainsi le procureur de la République n'a qualité pour se pourvoir en cassation, en matière correctionnelle, que contre les jugements rendus en dernier ressort par le tribunal correctionnel : les jugements de simple police ne peuvent être attaqués que par le commissaire de police ou le fonctionnaire qui le remplace régulièrement (Cr. 16 oct. 1902, D. P. 1904. 1. 61).

136. La partie civile peut se pourvoir, en matière de simple police ou correctionnelle, quant à des intérêts civils, et cela encore que le ministère public ne soit pas pourvu. — Au contraire, en matière de grand criminel, la voie du recours en cassation n'est pas, en principe, ouverte à la partie civile. Il y a exception dans le cas où, une décision d'acquittement ou d'absolution, l'arrêt aurait prononcé contre cette partie à des condamnations civiles supérieures aux demandes de la partie acquittée ou absoute (Instr. 412).

137. Le ministère public, le prévenu, la partie civile, ne sont recevables à se pourvoir qu'autant qu'ils ont un intérêt quelconque, mais réel, à la cassation demandée. chacun dans la mesure du droit qui lui appartient. — La question, dans la pratique, se pose principalement à l'égard du prévenu. Celui-ci peut avoir intérêt à faire réformer une décision qui, sans prononcer aucune condamnation contre lui, le déclare cependant, à tort, coupable du délit qui lui est imputé : tel est le cas d'une veuve qui, déclarée, par un arrêt, coupable de sous-

traction d'objets ayant appartenu à son mari, sans d'ailleurs qu'aucune peine soit prononcée contre elle (V. Pén. 380) ; le préjudice moral qu'elle éprouve de ce chef suffit pour autoriser sa part un pourvoi en cassation. A plus forte raison, une condamnation à des dommages-intérêts suffit-elle pour rendre le pourvoi recevable. — Au contraire, le pourvoi du prévenu serait dépourvu d'intérêt et doit être écarté lorsqu'aucune condamnation n'a été prononcée contre lui, par exemple : ... lorsqu'il est intervenu un arrêt d'absolution ; ... lorsque le grief invoqué consiste dans une violation de la loi, une nullité ou une erreur qui n'ont eu aucune influence sur la condamnation : ainsi des irrégularités dont seraient entachées certaines réponses du jury, si les autres réponses, faites dans des conditions régulières, légitiment à elles seules la peine prononcée. A plus forte raison en est-il de même quand le pourvoi est fondé sur une violation de la loi pénale dont le prévenu a bénéficié, comme dans le cas où la cour d'assises a prononcé une peine inférieure à celle qui était applicable au crime commis par l'accusé. Enfin doit être rejeté comme dépourvu d'intérêt le pourvoi en cassation fondé sur une erreur dans la qualification du délit, laquelle ne peut entraîner aucun changement dans l'application de la peine ; ... ou sur une erreur dans la citation de la loi pénale.

ART. 3. — DÉLAI DU POURVOI (R. 524 et s. ; S. 119 et s.).

138. Le délai du pourvoi contre les arrêts des *cours d'assises* est de trois jours à partir de la prononciation de l'arrêt (Instr. 373). Il s'applique tant au condamné qu'au ministère public et à la partie civile. Ce délai est franc ; il ne comprend donc ni le jour où l'arrêt a été rendu, ni celui où le pourvoi est déposé. Ainsi le pourvoi contre un arrêt rendu le 27 juin est valablement formé dans la journée du 1er juillet. Cette règle reçoit certaines exceptions, notamment en matière de presse (V. *infrà*, *Presse-Outrage*). Le délai de trois jours n'est d'ailleurs pas susceptible de prorogation lorsque le dernier jour en est un jour férié (Cr. 2 juin 1900. D. P. 1900. 1. 616) (V. *infrà*, *Jour férié*). — Le délai court indépendamment de toute signification ; il ne suit ainsi à l'égard de l'accusé, alors même qu'il n'aurait pas assisté à la prononciation de l'arrêt, du moment qu'il était en son pouvoir de le faire.

139. Par exception, le délai est réduit à vingt-quatre heures : 1° à l'égard du pourvoi formé par le ministère public, dans l'intérêt de la loi, contre les ordonnances d'acquittement (Instr. 374, 409) ; V. *suprà*, n° 135) ; 2° quand il s'agit du pourvoi de la partie civile condamnée à des dommages-intérêts supérieurs à ceux que réclamait l'accusé (Instr. 374. 410) ; V. *suprà*, n° 136). — Suivant une opinion, le délai dont il s'agit doit s'entendre des vingt-quatre heures qui suivent le jour du prononcé de l'arrêt ; mais la Cour de cassation a décidé, en dernier lieu, que les vingt-quatre heures courent du moment même de l'arrêt d'acquittement a été rendue (Cr. c. 1er mai 1891, D. P. 92. 1. 251).

140. En ce qui concerne les arrêts de la chambre des *mises en accusation*, le délai du pourvoi est en principe celui de trois jours, fixé par l'art. 373 c. instr. cr. Exceptionnellement, l'accusé et le ministère public ont un délai de cinq jours pour se pourvoir en nullité contre l'arrêt de renvoi en cour d'assises (Instr. 296. 298). Il en est ainsi dans les quatre cas suivants : 1° incompétence ; 2° si le fait n'est pas qualifié crime par la loi ; 3° si le coupable n'a pas été entendu ; 4° si l'arrêt n'a pas été rendu par le nombre de juges fixé par la loi (Instr.

299). — Le délai pour se pourvoir contre les arrêts de la chambre des mises en accusation, que ce délai soit celui de l'art. 373 ou celui de l'art. 296 c. instr. cr., ne commence à courir, à l'égard de l'accusé, que du jour où la décision a été portée à sa connaissance soit par la notification de l'arrêt de renvoi, soit par l'avertissement donné par le président lors de l'interrogatoire.

141. En l'absence d'une disposition de loi concernant le pourvoi en matière *correctionnelle* et de *simple police*, on applique le délai de trois jours édicté par l'art. 373 c. instr. cr. pour les arrêts criminels. Le délai court, en principe, du jour de la décision, mais à la condition que le prévenu ait été présent ou mis en demeure d'assister au prononcé.

142. Si le jugement est par défaut, il y a lieu de distinguer, quant au point de départ du délai, entre le pourvoi du prévenu et celui du ministère public. — De la part du prévenu, le pourvoi ne peut être formé, et, par conséquent, le délai accordé à cet effet ne peut courir que lorsque le délai de l'opposition est lui-même expiré (V. *infrà*, *Jugement par défaut*). — A l'égard du ministère public, s'il s'agit d'un jugement d'acquittement, le délai du pourvoi court du jour du prononcé de ce jugement, comme dans le cas où il est rendu contradictoirement. Quant aux jugements de condamnation, le délai accordé au ministère public pour se pourvoir a, en principe, pour point de départ l'expiration du délai qui est accordé au condamné pour former opposition, le pourvoi du ministère public n'étant pas recevable tant que ce délai n'est pas expiré. Cette règle reçoit toutefois exception en matière correctionnelle, en ce sens que le ministère public est, dans tous les cas, recevable à se pourvoir, et qu'en conséquence le délai du pourvoi court contre lui, dès qu'il s'est écoulé cinq jours à partir de la notification du jugement par défaut, alors même que cette notification n'aurait pas été faite à la *personne* du condamné et que, par conséquent, le droit de former opposition subsisterait à son profit.

143. Le délai du pourvoi est, d'ailleurs, susceptible de prorogation lorsqu'il est justifié d'un cas de force majeure qui a fait obstacle à l'accomplissement des formalités légales en temps utile.

ART. 4. — CONDITIONS REQUISES DANS CERTAINS CAS POUR LA VALIDITÉ DU POURVOI.

§ 1er. — *Consignation d'amende*
(R. 833 et s. ; S. 141 et s.).

144. La consignation d'amende ne constitue plus aujourd'hui qu'un cas exceptionnel. En effet, elle n'est pas exigée en matière criminelle ; elle ne l'est pas non plus en matière correctionnelle ou de police, à l'égard des décisions portant condamnation à des peines privatives de liberté (Instr. 419, modifié par la loi du 28 juin 1877, D. P. 77. 4. 51. Mais les demandeurs en cassation condamnés en police correctionnelle ou en simple police à une peine n'emportant pas privation de liberté sont obligés de consigner l'amende, à peine de déchéance. Cette obligation incombe également, dans tous les cas, à la partie civile qui forme un recours en cassation (Instr. 419). Elle lui est imposée même en matière de grand criminel.

145. Le taux de l'amende est de 150 francs, et, avec les deux décimes et demi, de 187 fr. 50 (Instr. 419). Il est de la moitié de cette somme si la condamnation est par contumace ou par défaut (Instr. 419). L'amende doit être consignée intégralement, y compris les décimes, à peine de déchéance (Cr. r. 6 déc. 1895, D. P. 96. 1. 305). — Sur le nombre d'amendes à consigner, il y a lieu d'appliquer les règles exposées en ce qui concerne le pourvoi en matière civile (V. *suprà*, n° 53).

146. La consignation de l'amende peut être faite non seulement au bureau de l'Enregistrement de la Cour de cassation, établi au Palais de justice, à Paris, mais aussi entre les mains du receveur de l'Enregistrement de la localité où la décision attaquée a été rendue. — Il n'est pas nécessaire, en principe, que la quittance constatant la consignation de l'amende soit jointe à l'acte de pourvoi. Jusqu'au moment où l'affaire est rapportée à l'audience, cette quittance (ou le certificat d'indigence) (V. *infrà*, n° 148) peut être utilement produite et empêcher que la déchéance soit encourue. Mais il y a lieu de prononcer la déchéance si, au moment où la cour procède à l'examen de l'affaire, la quittance n'est pas produite.

147. Indépendamment des condamnés à des peines criminelles, ou à des peines correctionnelles ou de simple police emportant privation de la liberté, sont dispensés de la consignation de l'amende : ... le ministère public, les agents des administrations publiques agissant dans l'intérêt du Trésor public ou de l'État, telles que ceux des Douanes, des Contributions indirectes, etc. Mais la dispense ne s'applique pas en matière d'octroi, que les poursuites soient exercées par le maire ou par le fermier de l'octroi. — Le mineur de seize ans envoyé dans une maison de correction à la suite d'un acquittement, comme ayant agi sans discernement, doit être assimilé au prévenu qui a encouru la peine de l'emprisonnement et, par suite, est affranchi de la consignation. — Il existe une exception spéciale en matière de presse (V. L. 29 juill. 1881, art. 61, D. P. 81. 4. 65, et *infrà*, *Presse-Outrage*).

148. Enfin, il y a dispense de la consignation de l'amende en faveur des parties qui justifient de leur indigence dans la forme déterminée. Les règles exposées à ce sujet, en ce qui concerne le pourvoi en matière civile (V. *suprà*, n°ˢ 45 et s.), s'appliquent au pourvoi en matière criminelle. Toutefois, la loi n'exige pas ici que le certificat du maire soit revêtu à la fois du visa du sous-préfet et de l'approbation du préfet. Mais il faut un *approuvé* émanant soit du sous-préfet, soit du préfet, suivant qu'il a été porté, ou non, dans l'arrondissement du chef-lieu. Un simple visa ou la légalisation de la signature du maire (Cr. c. 26 janv. 1893, D. P. 94. 1. 112), ne suffiraient pas. — La dispense de consignation n'implique pas, du reste, que celui qui en a bénéficié doive être exempt de la condamnation à l'amende, s'il succombe dans son pourvoi. Parmi ceux auxquels cette dispense est accordée, il en est qui échappent également à la condamnation, tandis que d'autres doivent être condamnés à l'amende, si leur pourvoi est rejeté (V. *infrà*, n° 194.)

§ 2. — *De la mise en état* (R. 714 et s.; S. 156 et s.).

149. La mise en état consiste dans l'obligation, imposée au condamné, de se constituer préalablement prisonnier pour rendre son pourvoi recevable. Elle est imposée à tout demandeur en cassation condamné à une peine entraînant privation de liberté pour une durée de plus de six mois, à peine de déchéance du pourvoi (Instr. 421, modifié par la loi du 28 juin 1877). — L'obligation de se mettre en état ne peut, d'ailleurs, s'appliquer en fait qu'aux condamnés correctionnels ou de police, les condamnés à des peines afflictives ou infamantes étant assujettis à la détention préventive.

150. En principe, le condamné peut se mettre en état soit dans la prison du lieu où a été rendue la décision attaquée, soit dans la maison de justice du lieu où siège la Cour de cassation, où il est reçu sur la représentation de la demande adressée au procureur

général près de cette cour et visée par ce magistrat (Instr. 421, § 3).

151. Il n'y a pas lieu à la mise en état lorsque la liberté provisoire a été accordée au condamné, avec ou sans caution (Instr. 421). Si la liberté provisoire avait été obtenue antérieurement à la décision judiciaire objet du pourvoi en cassation, par exemple, si elle avait été accordée par ordonnance du juge d'instruction, le pourvoi ne serait recevable, à défaut de mise en état, qu'autant qu'une nouvelle mise en liberté provisoire aurait été prononcée par la juridiction dont émane la décision attaquée.

152. La preuve de la mise en état ou de la mise en liberté provisoire est fournie par la production soit de l'acte d'écrou, dans le premier cas, soit de l'acte de mise en liberté provisoire, dans le second (Instr. 421, § 2).

Art. 5. — FORMES DU POURVOI
(R. 819 et s.; S. 175 et s.).

153. Les formalités prescrites par la loi pour la formation du pourvoi doivent être rigoureusement observées, à peine de déchéance du pourvoi, tant en matière de grand criminel qu'en matière correctionnelle ou de simple police, sans qu'il soit permis d'y suppléer par des équivalents.

154. La déclaration du pourvoi n'a pas lieu, comme en matière civile (V. *suprà*, n°ˢ 37 et s.), au greffe de la Cour de cassation et par le ministère d'un avocat à cette cour; elle est faite par la partie elle-même, au greffe de la cour ou du tribunal qui a rendu la décision attaquée (Instr. 417). — Il n'est, d'ailleurs, pas indispensable que la déclaration soit faite dans les bureaux du greffe; elle peut, à la rigueur, être faite à la personne du greffier, en quelque lieu qu'il se trouve. — La déclaration du pourvoi doit, à peine de nullité, être transcrite au greffe sur un registre *ad hoc* et signée par la partie et par le greffier.

155. Une déclaration proprement dite est nécessaire pour la régularité du pourvoi. Ainsi le pourvoi ne serait pas régulièrement formé par une lettre (ou une dépêche télégraphique) adressée soit au greffier, ... soit, à plus forte raison, à la cour ou au tribunal, ou au procureur général près de la cour d'appel (Cr. 10 févr. 1900, D. P. 1900. 1 614); ... par un acte judiciaire quelconque (Cr. 26 oct. 1894, D. P. 97. 1. 332), encore que cette lettre ou cet acte judiciaire auraient été transmis au greffe et enregistré par celui-ci sur le registre *ad hoc*.

156. Exceptionnellement, l'absence de déclaration au greffe du tribunal n'entraîne pas déchéance du pourvoi lorsqu'elle n'a pu être reçue par suite d'un cas de force majeure (Cr. 26 oct. 1894, précité), comme en cas de refus par le greffier de recevoir la déclaration : il pourrait alors être suppléé à la déclaration par une sommation faite au greffier, par acte d'huissier, et constatant son refus. — De même, l'observation des formalités prescrites par l'art. 417 n'est pas exigée en ce qui concerne les pourvois formés par le détenu : il suffit que le condamné détenu ait manifesté en temps utile la volonté de se pourvoir. Ainsi le condamné détenu pourrait valablement former son pourvoi par une lettre adressée dans les délais au surveillant de la maison cellulaire (Cr. r. 17 mai 1895, D. P. 97. 1. 332).

157. Le pourvoi peut être formé par un mandataire; mais, à la différence de ce qui a lieu au civil (V. *suprà*, n° 37), il faut, en principe, que le mandataire soit muni d'un pouvoir spécial. — Par exception, l'avoué de la partie condamnée peut former le pourvoi sans être muni d'un pareil pouvoir, il n'est même pas nécessaire, pour la régularité du pourvoi, qu'il émane de l'avoué qui a occupé dans la cause pour le condamné; la déclaration du pourvoi peut être légalement faite,

sans pouvoir spécial, par un avoué quelconque du tribunal ou de la cour qui a rendu la décision attaquée. — La question de savoir si l'exception admise à l'égard de l'avoué ne doit pas être étendue à l'avocat, a été diversement résolue.

158. Le pouvoir spécial du mandataire doit être annexé à la déclaration (Instr. 417, § 2); mais il n'est pas nécessaire d'énoncer dans la déclaration que ce pouvoir y est annexé. — Le pouvoir spécial, n'est valable que s'il est signé par le mandant; ainsi il ne peut être donné valablement par télégramme (Cr. r. 17 févr. 1900).

159. Les formalités prescrites par l'art. 417 et les règles exposées *supra*, n°ˢ 154 et s., s'appliquent, en principe, au pourvoi formé par le ministère public. Mais, de plus, la partie civile et le ministère public qui se pourvoient sont tenus de notifier leur recours dans un délai de trois jours à la partie contre laquelle il est dirigé (Instr. 418). — La notification du pourvoi n'est d'ailleurs pas une cause de nullité; à plus forte raison le pourvoi est-il valable bien que la notification ait eu lieu après l'expiration du délai de trois jours. L'absence de notification dans le délai prescrit donnerait seulement au prévenu le droit de former opposition à l'arrêt qui serait rendu par la Cour de cassation sans qu'il eût comparu (V. *infrà*, n° 171).

160. À la différence de la partie condamnée, la partie civile est tenue, sous peine de déchéance, de produire à l'appui de son pourvoi une expédition authentique de la décision attaquée (Instr. 419, § 1er). Il en est de même du ministère public, demandeur en cassation.

161. Le demandeur en cassation a la faculté (mais non l'obligation) de déposer une requête ou mémoire indiquant et développant les moyens de cassation qu'il invoque à l'appui de son pourvoi. Cette faculté appartient non seulement au condamné, mais au ministère public ou à la partie civile, qui se pourvoit en cassation; et celle-ci doit en user sous peine de voir son pourvoi rejeté sur un arrêt de forme, ni le rapporteur, ni le ministère public ne pouvant soulever en sa faveur des moyens d'office.

162. Le dépôt de la requête doit être effectué soit au moment de la déclaration, soit dans les dix jours qui suivent, au greffe de la cour ou du tribunal qui a rendu la décision attaquée. Ce délai n'est, d'ailleurs, pas prescrit à peine de déchéance et peut être excédé. Le greffier doit donner reconnaissance de la requête à la partie qui l'a produit et la remettre sur-le-champ au ministère public (Instr. 422).

163. Les pièces du procès et les requêtes des parties, s'il en a été déposé, doivent, après les dix jours qui ont suivi la déclaration de pourvoi, être transmises par le ministère public au procureur général près la Cour de cassation (Instr. 423, § 1er, modifié par la loi du 19 avr. 1900, D. P. 1900. 4. 31). — Le greffier du tribunal ou de la cour qui a rendu la décision attaquée doit, sous peine de 100 francs d'amende, dresser un inventaire détaillé des pièces et les joindre à la requête (Instr. 423, § 2). — L'inobservation de cette formalité ne saurait, d'ailleurs, entraîner le rejet du pourvoi.

164. La partie condamnée, qui s'est pourvue en cassation, a la faculté, au lieu de déposer sa requête, ainsi que les pièces à l'appui, au greffe du tribunal ou de la cour qui a statué, de les transmettre directement au greffe de la Cour de cassation. En ce cas, le demandeur encourrait la déchéance de son pourvoi si quelque pièce essentielle, telle que la quittance de la consignation d'amende, ne se trouvait pas comprise dans l'envoi. Il en est autrement, lorsque la transmission a été faite par le ministère public.

165. A la différence du condamné, la partie civile, demanderesse en cassation, n'a pas la faculté de transmettre directement au greffe de la Cour de cassation sa requête et les pièces à l'appui. Si elle n'a pas effectué le dépôt prévu par l'art. 422, elle est obligée de recourir au ministère d'un avocat à la Cour de cassation, qui produira en son nom, devant cette cour, les documents dont il s'agit (Instr. 424). Toute production qui serait faite par elle, en dehors du concours d'un avocat, serait tenue pour non avenue par la cour.

ART. 6. — EFFET SUSPENSIF DU POURVOI (R. 948 et s.; S. 195 et s.).

166. En matière criminelle, à l'inverse de ce qui a lieu en matière civile, le pourvoi a un effet suspensif. Il est sursis à l'exécution de l'arrêt, d'abord pendant les trois jours accordés pour se pourvoir, et en outre, si un recours a été formé, *jusqu'à la réception de l'arrêt de la Cour de cassation* (Instr. 373, § 4). — Bien que la règle ne soit formellement énoncée qu'à l'égard des pourvois formés contre les arrêts d'assises, on lui reconnaît une portée générale; et la jurisprudence en étend l'application aux pourvois correctionnels ou de simple police et aux pourvois contre les arrêts des chambres de mise en accusation. — Elle s'applique aux jugements ou arrêts interlocutoires, par exemple à celui qui admet une preuve que l'une des parties repoussait comme irrecevable, ainsi qu'aux arrêts rendus sur la compétence.

167. L'effet suspensif se produit nonobstant les irrégularités qui pourraient rendre le pourvoi non recevable, comme dans le cas où la déclaration aurait été faite après l'expiration du délai légal, où il n'y aurait pas eu de consignation d'amende; la Cour de cassation ayant seule qualité pour prononcer sur les conséquences de ces irrégularités au point de vue de la recevabilité du pourvoi (Cr. c. 20 mai 1896, D. P. 1901. 1. 430).

168. De l'effet suspensif du pourvoi il résulte, entre autres conséquences : qu'une décision frappée de pourvoi ne peut servir de fondement à l'application des peines de la récidive (Civ. c. 7 févr. 1862, D. P. 62. 1. 253); ... que la durée de toute peine privative de la liberté ne doit être comptée qu'à partir du jour où le pourvoi a été rejeté (Cr. r. 20 juin 1895, D. P. 95. 1. 325).

169. L'effet suspensif du pouvoir est absolu et se produit non seulement en faveur du condamné, mais aussi, le cas échéant, à son préjudice. Toutefois une distinction doit être faite, à cet égard, entre les matières de grand criminel et celles de police simple ou correctionnel. En matière de police simple ou correctionnel, quelle que soit la décision rendue, que le prévenu soit acquitté ou condamné, le pourvoi du ministère public a toujours pour effet de faire suspendre l'exécution de la sentence dans l'un et l'autre cas et d'empêcher la mise en liberté du prévenu s'il en est état de détention. En matière de grand criminel, le pourvoi du ministère public a également pour effet de suspendre l'exécution, si c'est un arrêt d'absolution qui est intervenu; au contraire, lorsque le verdict négatif du jury, le président de la cour d'assises a prononcé l'acquittement, le pourvoi du ministère public n'a pas pour effet de suspendre la mise en liberté immédiate de l'accusé.

ART. 7. — PROCÉDURE DEVANT LA COUR DE CASSATION (R. 1181 et s.; S. 247 et s.).

170. Les pourvois en matière criminelle sont portés directement devant la chambre criminelle de la Cour de cassation, sans avoir

été l'objet, comme en matière civile, d'un examen préalable et d'une admission par la chambre des requêtes.

171. Lorsque le pourvoi est formé par le condamné, celui-ci n'est pas tenu de citer le défendeur, c'est-à-dire le ministère public ou la partie civile, à comparaître ou à produire. C'est au défendeur à surveiller ses intérêts et à se tenir prêt à soutenir en temps utile le bien jugé de la sentence attaquée. Dans le cas, au contraire, où c'est la partie civile ou le ministère public qui est demandeur en cassation, le prévenu est mis en demeure de défendre au pourvoi par la notification qui doit lui être adressée (Instr. 418). V. *supra*, n° 159.

172. Le ministère d'un avocat à la Cour de cassation n'est pas obligatoire devant la chambre criminelle; mais les parties sont libres d'y recourir (V. toutefois, en ce qui concerne la partie civile, *supra*, n° 165). En ce dernier cas, l'avocat peut produire des observations écrites à l'appui du pourvoi, sous forme de mémoire ou de conclusions.

173. La chambre criminelle peut statuer aussitôt après l'expiration des délais dans lesquels les pièces concernant le pourvoi doivent lui être transmises (Instr. 422). Elle doit rendre son arrêt dans le mois, au plus tard, à compter du jour où ces délais sont expirés (Instr. 425); mais le délai dont il s'agit n'est pas de rigueur, et son inobservation ne peut, d'ailleurs, entraîner aucune conséquence au préjudice du demandeur en cassation.

174. La chambre statue, comme en matière civile, après audition du rapport d'un conseiller et sur les conclusions de l'avocat général. Si le demandeur a eu recours au ministère d'un avocat à la Cour de cassation, celui-ci peut, avant les conclusions de l'avocat général, présenter des observations orales à l'appui du pourvoi. — Les parties ont aussi la faculté de prendre elles-mêmes la parole pour leur défense (Ord. 15 janv. 1826, art. 37), mais à la condition d'en avoir obtenu la permission de la cour. Cette permission ne peut être obtenue que pour des motifs graves, et, en fait, elle est très rarement accordée.

175. Les arrêts de la chambre criminelle sont, en principe, réputés contradictoires, et, par suite, non susceptibles d'opposition. La règle est sans exception à l'égard du ministère public ou de la partie civile. Elle s'applique également au prévenu lorsqu'il a reçu la notification prescrite par l'art. 418 c. instr. cr., et alors même qu'il n'a pas comparu devant la cour. Au contraire, si la notification n'a pas été faite, ou si elle ne l'a pas été dans le délai prescrit, l'arrêt est rendu par défaut, et le prévenu a le droit d'y former opposition. — Le condamné, demandeur en cassation, ne peut jamais former opposition à l'arrêt de la chambre criminelle qui a rejeté son pourvoi. — L'opposition, lorsqu'elle est recevable, doit être faite dans les formes et délais déterminés par le droit commun pour l'opposition aux jugements par défaut (Instr. 151, 187) (V. *infra*, Jugement par défaut).

176. A la différence de ce qui a lieu en matière civile (V. *supra*, n° 67), le décès du condamné durant l'instance devant la chambre criminelle dessaisit la Cour de cassation du pourvoi formé soit par le condamné, soit par le ministère public, soit même, du moins suivant la jurisprudence qui paraît avoir prévalu, par la partie civile, sauf à celle-ci à agir contre les héritiers du prévenu devant la juridiction civile. — Une amnistie s'appliquant au fait qui a motivé la condamnation mettrait également obstacle à ce qu'il fût statué sur le pourvoi. Toutefois, l'amnistie laissant subsister la condamnation aux frais et à l'indemnité envers la partie civile, la Cour de cassation pourrait,

à ce point de vue, être amenée à prononcer sur la régularité de la décision attaquée (V. *supra*, Amnistie, n° 12, *in fine*).

177. Le pourvoi en cassation prend fin encore, et la chambre criminelle n'a point à statuer, en cas de désistement du demandeur en cassation. Le désistement peut avoir lieu soit par une déclaration au greffe de la juridiction où a été formé le pourvoi, soit par une lettre adressée au greffe de la Cour de cassation, dont la signature doit être légalisée, soit par une déclaration d'un avocat à la Cour de cassation, déposée au greffe de ladite cour. — L'avocat qui remplit cette formalité n'a pas besoin d'aucun pouvoir, à la différence de la règle suivie en matière civile (V. *supra*, n° 81); dans la pratique, toutefois, les avocats exigent une déclaration écrite de leur client, pour mettre leur responsabilité à couvert. — Ces formes sont applicables au désistement de la partie civile comme à celui du condamné. — Le désistement ne devient irrévocable que lorsque la Cour de cassation en a donné acte; jusque-là, le condamné a le droit de se rétracter (Cr. r. 20 mars 1878).

178. En matière criminelle, le droit d'intervention (V. *supra*, n° 75) n'appartient qu'à la partie civile ou à la partie civilement responsable. C'est l'application de la règle générale concernant l'intervention en matière criminelle (V. *infra*, Intervention). Ainsi ni le maire d'une commune, ni cette commune elle-même, ne sont recevables à intervenir sur le pourvoi d'un individu condamné pour infraction à un arrêté du maire, dont il allègue l'illégalité (Cr. c. 29 oct. 1896, D. P. 98. 1. 20; Cr. r. 28 juill. 1898, D. P. 1902. 1. 144). — Le ministère public n'est pas non plus recevable à intervenir au pourvoi formé par le prévenu (Cr. r. 11 mars 1892, D. P. 93. 1. 301). — La partie civile n'est, d'ailleurs, admise à intervenir que si elle a intérêt; et cet intérêt n'existerait pas dans le cas, notamment, où le prévenu aurait expressément limité l'effet de son pourvoi aux condamnations prononcées sur la réquisition du ministère public.

ART. 8. — OUVERTURES ET MOYENS DE CASSATION.

179. Les ouvertures ou moyens de cassation, en matière criminelle, correctionnelle ou de simple police, sont : les violations des formes légales; la violation ou la fausse application de la loi; l'incompétence et l'excès de pouvoir; l'omission de prononcer et l'*ultra petita*; la contrariété et la violation de la chose jugée (Instr. 408, 413).

§ 1er. — *Violation des formes légales* (R. 1336 et s.; S. 278 et s.).

180. La requête civile étant étrangère aux matières criminelles, les difficultés que soulève, dans certains cas, en matière civile, la coexistence des voies de recours et du pourvoi en cassation (V. *supra*, n° 92) ne se rencontrent pas ici. — Bien que la solution contraire paraisse résulter des termes de l'art. 408 c. instr. cr., on admet qu'il y a ouverture à cassation dans tous les cas où une formalité substantielle a été omise, encore qu'elle ne soit pas expressément prescrite par le législateur *à peine de nullité*, et bien que l'observation n'en ait pas été réclamée par les parties devant les juges du fond. — Il ne suffit pas que les formalités substantielles ont prescrites à peine de nullité aient, en fait, été observées; il faut que l'accomplissement en soit constaté par une mention expresse. C'est ainsi qu'il y a lieu à cassation dans le cas, par exemple, où le verdict du jury, constatant l'admission de circonstances atténuantes, n'indique pas que cette décision a été prise à la majorité.

181. En matière de grand criminel, les irrégularités de forme antérieures à l'arrêt de la chambre d'accusation sont couvertes, au point de vue du recours en cassation, quand l'accusé ne les a pas relevées au moyen d'un recours dirigé contre cet arrêt. — De même, en matière correctionnelle, les nullités commises dans l'instruction ou pendant les débats sont couvertes, si elles n'ont pas été relevées avant l'arrêt de la Cour d'appel (L. 29 avr. 1806, art. 2). On étend la même règle aux affaires de simple police.

§ 2. — *Violation ou fausse application de la loi* (R. 1351 et s.; S. 283 et s.).

182. En ce qui concerne la violation de la loi, les principes sont les mêmes qu'en matière civile (V. *suprà*, nos 83 et s.). — Quant à la fausse application de la loi, elle constitue généralement, en matière criminelle, une fausse application de la peine et implique, dès lors, une violation, soit de l'art. 4, soit de l'art. 65 c. pén. Un texte formel (Instr. 410, § 1er) dispose qu'il y a, en pareil cas, ouverture à cassation. — La fausse interprétation de la loi, équivalant à une violation de la loi, est une cause de cassation en matière criminelle comme en matière civile.

183. De même qu'en matière civile (V. *suprà*, n° 89), l'erreur contenue dans les motifs d'un arrêt ne peut donner ouverture à cassation lorsque le dispositif, conforme à la loi, se justifie par d'autres motifs. Et il appartient à la Cour de cassation de suppléer, à l'appui du dispositif conforme à la loi, les motifs de droit qui peuvent le justifier. Il suit de là que le pourvoi en cassation ne peut être dirigé uniquement contre les motifs d'un arrêt dont le dispositif, reconnu régulier, se justifie suffisamment par d'autres motifs.

184. L'erreur de fait échappe à la censure de la Cour de cassation, qui n'est juge que du droit. Cependant, le dispositif d'un jugement peut se trouver vicié par suite d'une erreur de fait : il en est ainsi quand une disposition de la loi applicable ne correspond pas au texte visé. Néanmoins, s'il résulte des faits de la cause que la loi appliquée l'a été exactement, l'erreur commise n'entraîne pas l'annulation de la décision (Instr. 411; V. *infrà*, *Peine*). — Comp., sur l'application de cette règle en matière civile, *suprà*, n° 89.

§ 3. — *Incompétence ou excès de pouvoir* (R. 1477 et s.; S. 313 et s.).

185. Bien qu'aucun texte ne le dise expressément, l'excès de pouvoir est comme l'incompétence une cause d'ouverture à cassation, en matière criminelle comme en matière civile (V. *suprà*, n° 90); et cette expression a même ici une signification plus étendue : cela résulte de l'art. 441 c. instr. cr., qui autorise le ministre de la Justice à dénoncer à la chambre criminelle les arrêts ou jugements *contraires à la loi* (V. *infrà*, n° 207).

§ 4. — *Omission de statuer.* — Ultra petita (R. 1490 et s.; S. 321 et s.).

186. A la différence de ce qui a lieu en matière civile (V. *suprà*, n° 93), l'omission de statuer constitue une cause d'ouverture à cassation en matière criminelle, où la voie de requête n'existe pas. La règle a une portée générale ; elle s'applique aux jugements de simple police, aux arrêts rendus en matière correctionnelle, aux arrêts des chambres d'accusation, enfin aux arrêts des cours d'assises.

187. Il y a également ouverture à cassation en cas d'*ultra petita*, c'est-à-dire quand il a été prononcé des condamnations non requises par le ministère public ou la partie civile.

§ 5. — *Contrariété de jugements* (R. 1507 et s.; S. 324 et s.).

188. En matière criminelle, où la requête civile n'est pas admise, la contrariété de jugements ou d'arrêts est toujours un moyen de cassation, soit que les décisions contraires sient été rendues par des tribunaux différents, soit que par les mêmes tribunaux, soit que la contrariété existe entre différentes dispositions d'un même jugement ou arrêt (Comp. *suprà*, n° 94).

§ 6. — *Pouvoir d'appréciation des juges du fond* (R. 1745 et s.; S. 413 et s.).

189. La constatation *matérielle* des faits qui ont servi de base à la poursuite rentre, sans aucun doute, dans le pouvoir souverain des juges du fond. A cet égard, le contrôle de la Cour de cassation ne saurait s'exercer. — Il en est de même de l'appréciation *morale* des mêmes faits. C'est ainsi, par exemple, qu'il appartient aux juges du fait d'apprécier souverainement si l'inculpé, en tirant un coup de feu sur un individu, a ou non agi dans l'intention de lui donner la mort; si un comptable poursuivi pour avoir inscrit sur son livre de caisse des sommes inférieures à celles qu'il recevait réellement, a agi dans un but frauduleux; si les faits dont l'imputation est poursuivie comme diffamatoire sont faux et ont été publiés de mauvaise foi, etc. — La Cour de cassation n'a pas non plus à contrôler la valeur des preuves sur la foi desquelles les juges du fond ont admis l'existence de certains faits. Ainsi on ne saurait alléguer, devant la Cour de cassation, que les témoignages qui ont servi de base à la condamnation étaient inspirés par la haine.

190. Au contraire, la Cour de cassation peut et doit contrôler l'appréciation légale à laquelle se sont livrés les juges du fond, c'est-à-dire vérifier si les faits constatés ont les caractères légaux nécessaires pour constituer tel ou tel délit. Ainsi, en matière de vol, où les juges du fond ont à constater successivement : 1° que l'inculpé a appréhendé la chose d'autrui; 2° que cette appréhension a été frauduleuse; 3° que cette appréhension a été frauduleuse; 3° qu'elle constitue une soustraction, le fait matériel de l'appréhension et son caractère frauduleux seront souverainement constatés par le tribunal correctionnel, tandis que, sur le point de savoir s'il y a eu légalement *soustraction frauduleuse*, son appréciation sera sujette à contrôle. — Le droit de contrôle de la Cour de cassation s'exerce encore dans le cas où il y aurait contradiction entre l'appréciation du juge et les faits qu'il aurait constatés (Civ. 31 janv. 1902, D. P. 1903. 5. 96).

§ 7. — *Moyens nouveaux* (R. 1913 et s.; S. 450 et s.).

191. En matière criminelle, comme en matière civile (V. *suprà*, n° 103), on ne peut, en principe, présenter à l'appui du pourvoi en cassation, des moyens qui n'ont pas été proposés devant les juges du fond (Comp. *suprà*, n° 181). — Mais on ne doit point assimiler aux moyens proprement dits les arguments ou moyens de droit qu'une partie fait valoir à l'appui de sa prétention (Comp. *suprà*, n° 105). Ces arguments peuvent être invoqués pour la première fois devant la Cour de cassation. — De même, des titres ou actes qui n'ont pas été produits devant les juges du fond ne peuvent être présentés à l'appui du pourvoi.

192. La règle ci-dessus ne s'applique pas aux moyens qui intéressent l'ordre public : non seulement ils peuvent être proposés pour la première fois devant la Cour de cassation, mais encore ils sont susceptibles d'être relevés d'office par la cour. Tels sont, notamment, les moyens qui se réfèrent à l'ordre des juridictions, à la compétence, sans d'ailleurs qu'il y ait à distinguer (du moins d'après la jurisprudence la plus récente) suivant que l'incompétence résulte soit du défaut de pouvoir du juge (incompé-

tence *ratione materiæ*), soit de la qualité de la personne, soit du territoire où l'acte délictueux a été commis (incompétence *ratione personæ* ou *loci*); la violation du droit de défense, de la règle qui prohibe le cumul des peines; l'exception de prescription, celle tirée de la chose jugée, etc.

Art. 9. — Effets et autorité des arrêts de la Cour de cassation.

§ 1er. — *Arrêts de rejet* (R. 1964 et s.; S. 455).

193. De même qu'en matière civile (V. *suprà*, n° 107), l'arrêt de rejet rendu par la chambre criminelle a pour effet principal d'attribuer à la décision attaquée la force de la chose irrévocablement jugée. Et la partie qui avait formé le pourvoi ne peut plus se pourvoir en cassation contre le même arrêt ou jugement, sous quelque prétexte et par quelque moyen que ce soit (Instr. 438).

194. D'autre part, comme en matière civile (V. *suprà*, n° 112), le demandeur dont le pourvoi est rejeté doit, en principe, être condamné à l'amende par le même arrêt. — Sont soustraits à la condamnation à l'amende : 1° les condamnés pour crime, même à une peine correctionnelle; 2° le ministère public; 3° les administrations ou régies de l'Etat. — L'amende applicable n'est, en matière criminelle, que de 150 fr. (187 fr. 58 cent. avec les décimes) (Instr. 436).

195. Il y a lieu, en outre, dans certains cas, à la condamnation à une indemnité. Cette condamnation n'est encourue que par la partie civile, les régies ou administrations de l'Etat ou les agents publics, qui succombent dans leur pourvoi (Instr. 436). Par agents publics, il faut entendre les représentants des diverses administrations de l'Etat, mais non le ministère public. — Le condamné qui succombe dans son pourvoi n'est pas non plus passible de l'indemnité. La partie civile n'est tenue de payer l'indemnité qu'autant qu'il y a eu acquittement, absolution ou renvoi de l'accusé; elle en est affranchie, si elle se désiste de son pourvoi.

196. L'indemnité est fixée invariablement à la somme de 150 francs, sans qu'il y ait à distinguer, comme pour l'amende, si la décision attaquée est contradictoire ou par défaut.

§ 2. — *Arrêts de cassation* (R. 2087 et s.; S. 466 et s.).

197. La cassation a pour effet de mettre à néant la décision attaquée. Mais lorsqu'une décision contient plusieurs chefs distincts, le pourvoi peut n'être dirigé que contre certains d'entre eux : en pareil cas, la cassation porte exclusivement sur ces chefs; elle ne s'étend pas aux autres dispositions, laissées en dehors du pourvoi. — Par application de ce principe, la cassation prononcée sur le recours de la partie civile n'a d'effet que quant au chef de l'arrêt relatif aux intérêts civils du demandeur (Cr. c. 19 mai 1809, D. P. 1901. 1. 143). — Il en résulte encore que le pourvoi du condamné, ne déférant à la Cour de cassation que les chefs qui lui font grief, ne peut avoir pour effet d'aggraver sa situation.

198. La règle ci-dessus souffre exception en cas de connexité entre les différents chefs d'une même décision : l'annulation des chefs déférés à la Cour de cassation entraîne alors la cassation totale de la décision. Cette exception reçoit une application très étendue en matière correctionnelle, où, pour que la décision entière soit cassée, il suffit, d'après la jurisprudence, que les chefs déférés à la Cour de cassation, et ceux non attaqués, se réfèrent à des délits qui ne sont pas absolument distincts.

199. Les mêmes solutions s'appliquent au cas où le pourvoi, portant sur la décision entière, est reconnu fondé sur certains chefs et mal fondé sur d'autres. En principe, la cassation n'atteint que les premiers; c'est ce que décide expressément l'art. 434, § 3, c. instr. cr., en ce qui concerne les arrêts de cours d'assises. Il en est autrement en cas de connexité ou d'indivisibilité entre les différents chefs de la décision.

200. Lorsque la cassation est prononcée, l'amende qui avait été consignée doit être restituée sans délai (Instr. 437). — La restitution doit avoir lieu intégralement, alors même que la cassation ne porterait que sur un ou plusieurs chefs de la décision. Il y a lieu également à restitution de l'amende en cas de désistement du pourvoi ou lorsque le condamné vient à bénéficier d'une amnistie.

201. La cassation a également pour effet de faire cesser immédiatement la mise en état, sauf en matière de grand criminel, où la détention préventive est de règle.

§ 3. — Du renvoi après cassation
(R. 2187 et s.; S. 488 et s.).

202. De même qu'en matière civile (V. *suprà*, n° 115), lorsqu'il y a cassation, la cause doit être renvoyée devant d'autres juges, qui statueront à nouveau. Ces juges doivent être du même degré et ceux qui ont déjà connu de l'affaire; telle est la règle expressément formulée par la loi, tant pour les matières de police simple ou correctionnelle (Instr. 427) que pour celles de grand criminel (Instr. 428 et s.).

203. La portée du renvoi est subordonnée à l'étendue de la cassation : si celle-ci a été prononcée sur le seul pourvoi du condamné, elle n'atteint que les chefs lui faisant grief (V. *suprà*, n° 197), et, par suite, la juridiction de renvoi ne peut ni revenir sur les chefs de poursuite écartés par la décision cassée, ni considérer comme revivant devant elle l'appel *a minima* interjeté par le ministère public, si cet appel a été rejeté. — Mais, de même qu'en matière civile, les juges saisis du renvoi d'une affaire criminelle peuvent examiner tous les moyens présentés à l'appui du même chef de cassation, même ceux que la cour suprême a écartés comme mal fondés. De même, le juge de renvoi n'est pas lié, quant à l'appréciation des faits, par la déclaration des premiers juges.

204. En matière de grand criminel, une distinction doit être faite suivant que la cassation atteint la déclaration du jury ou simplement l'arrêt de la cour d'assises prononçant l'application de la peine. Dans le premier cas, il doit être procédé à de nouveaux débats devant la cour de renvoi. Dans le second cas, la décision du jury est maintenue, et la cour de renvoi doit statuer uniquement sur l'application de la peine. Cette cour pourrait alors prononcer une peine supérieure à celle qu'appliquait l'arrêt cassé, et cela, encore que la cassation soit intervenue sur le pourvoi du condamné seul. — De même, en matière correctionnelle, bien que la cassation ait été prononcée sur le seul pourvoi du prévenu, la cour de renvoi n'est pas tenue de se renfermer, quant à l'application de la peine, dans les limites de la condamnation contenue dans l'arrêt cassé : elle peut, si elle admet également l'existence du délit, prononcer une peine plus sévère. Mais la peine ne peut être plus élevée que celle appliquée par le jugement de première instance; il en est ainsi, du moins, lorsque la cour de renvoi ne se trouve saisie que par le seul appel du prévenu.

205. En ce qui concerne le renvoi après deux cassations, V. *suprà*, n° 119.

206. En matière criminelle, la cassation peut être prononcée sans renvoi, et par voie de retranchement, dans les mêmes cas où elle peut l'être en matière civile (V. *suprà*, n° 120); mais elle est possible encore dans d'autres hypothèses. Ainsi, lorsqu'un arrêt

est annulé parce que le fait qui a motivé la condamnation ne constitue pas un délit qualifié tel par la loi, il n'y a pas lieu à renvoi, *s'il n'y a pas de partie civile en cause* (Instr. 429-6°). Il en est de même dans le cas où l'action publique se trouve éteinte par la prescription (Cr. c. 15 juin 1893, D. P. 93. 1. 607); ... lorsqu'il y a eu violation de la règle du non-cumul des peines (Cr. c. 26 juill. 1895, D. P. 97. 1. 302), etc.

ART. 10. — POURVOI DANS L'INTÉRÊT DE LA LOI (R. 985 et s.; S. 199 et s.).

207. De même qu'en matière civile (V. *suprà*, n° 121), les décisions rendues par les juridictions répressives peuvent être l'objet d'un recours d'office devant la Cour de cassation, dans l'intérêt de la loi. C'est, en principe, au procureur général près la Cour de cassation qu'il appartient de former ce recours (Instr. 442). — Il y a exception pour les ordonnances d'acquittement rendues en matière de grand criminel, lesquelles peuvent être l'objet d'un pourvoi dans l'intérêt de la loi de la part du ministère public près la cour d'assises (V. *suprà*, n° 135).

208. Le pourvoi dans l'intérêt de la loi peut être formé pour une violation quelconque de la loi, soit au fond, soit dans les formes de procéder, soit pour excès de pouvoir, mais seulement contre les jugements et arrêts. — Il ne peut être formé qu'après l'expiration des délais accordés aux parties intéressées pour se pourvoir.

209. La cassation prononcée dans l'intérêt de la loi ne peut profiter ni nuire aux parties.

ART. 11. — ANNULATION POUR EXCÈS DE POUVOIR (R. 1051 et s.; S. 208 et s.).

210. Le recours pour *excès de pouvoir* existe en matière criminelle comme en matière civile (Instr. 441). Comp. *suprà*, n° 123.

211. De même que le pourvoi dans l'intérêt de la loi (V. *suprà*, n° 207), c'est au procureur général près la Cour de cassation qu'il appartient de former le recours pour excès de pouvoir; seulement, ici, il agit non d'office, mais sur l'ordre du ministre de la Justice.

212. Cette voie de recours est ouverte non seulement, comme le pourvoi dans l'intérêt de la loi, contre les arrêts et jugements en dernier ressort, mais encore contre tous *actes judiciaires* ou jugements contraires à la loi, dans quelques circonstances qu'ils se soient produits, et que les parties soient, ou non, encore dans les délais pour interjeter appel ou se pourvoir en cassation. — L'annulation d'une décision pour excès de pouvoir ne peut jamais avoir pour effet de préjudicier au condamné et d'aggraver sa situation; de même qu'en matière civile, elle profite au condamné, alors que celui-ci n'a pu ou voulu se pourvoir.

SECT. III. — Enregistrement et timbre.

213. 1° *Matière civile.* — Le premier acte de recours, quel qu'en soit l'objet, soit par requête, mémoire ou déclaration, doit être soumis à la formalité de l'enregistrement, avant le dépôt au greffe, sous peine d'être déclaré non recevable (Cr. c. 21 août 1884, D. P. 85. 1. 480). Il est tarifé au droit fixe de 25 francs (L. 22 frim. an 7, art. 68, § 6, n° 3, R. v° *Enregistrement*, t. 21, p. 26; 28 avr. 1816, art. 47, n° 1, *ibid.*, p. 39; 19 févr. 1874, art. 2, D. P. 74. 4. 41; 28 avril 1893, art. 22, D. P. 93. 4. 79).

214. Les autres exploits signifiés au cours de la procédure devant la Cour de cassation, jusques et y compris les significations des arrêts définitifs sont assujettis au droit fixe de 5 francs (L. 28 avr. 1816, art. 44, n° 11; 19 févr. 1874, art. 2, et 28 avr. 1893, art. 22), et les significations d'avocat à avocat au droit fixe de 3 francs (mêmes lois). — Le droit d'en-

registrement est de 15 francs pour les arrêts d'admission et pour les arrêts préparatoires ou interlocutoires, et de 37 fr. 50 pour les arrêts définitifs (L. 28 avr. 1816, art. 46-3°; 28 févr. 1872, art. 4, D. P. 72. 4. 12).

215. Il n'est dû, dans tous les cas, qu'un droit unique sur les actes de recours et les exploits signifiés dans les procédures devant la Cour de cassation, les demandeurs et les défendeurs, lorsqu'il y en a plusieurs, étant toujours cointéressés, à raison du but unique et commun qu'ils poursuivent : la cassation ou le maintien de la décision attaquée.

216. Dans certaines matières, notamment en matière d'élections (V. *infrà*, *Elections*, *Secours publics*, *Travail*), le recours en cassation est dispensé du timbre et de l'enregistrement.

217. 2° *Matière criminelle.* — De même qu'en matière civile (V. *suprà*, n° 213), les actes de recours en matière de simple police ou de police correctionnelle sont assujettis à la formalité de l'enregistrement. Mais la déclaration de pourvoi, lorsqu'elle émane du condamné, non de la partie civile, doit être enregistrée en débet; elle est, de même, visée pour timbre. — D'autre part, le mémoire contenant les moyens de cassation doit être rédigé sur papier timbré. Jugé que la Cour de cassation ne peut faire état du mémoire produit par la partie civile, et contenant ses moyens de cassation, qu'autant que ce document est sur papier timbré (Cr. 12 janv. 1901, D. P. 1904. 1. 103). — Ces règles ne s'appliquent pas au pourvoi du condamné en matière de grand criminel, qui est totalement exempt de timbre et d'enregistrement.

CAUTIONNEMENT
(R. v° *Cautionnement*; S. eod. v°).

ART. 1er. — NATURE ET CARACTÈRES (R. 14 et s.; S. 3 et s.).

1. Le cautionnement est l'engagement ou contrat par lequel une personne se soumet, envers le créancier d'une obligation, à satisfaire à cette obligation si le débiteur n'y satisfait pas lui-même (Civ. 2011). Il est régi par le titre 14 du livre III du Code civil (art. 2011 à 2043).

2. Le cautionnement résulte le plus souvent d'une convention; mais il peut aussi être *légal* ou *judiciaire* (V. *infrà*, n° 46). Contrat accessoire, il se rattache à une obligation principale dont il suppose nécessairement l'existence. C'est un contrat civil, qui conserve ce caractère alors même que l'opération principale est commerciale. — Comme tout autre contrat, il exige le consentement des parties et, par conséquent, l'acceptation des créanciers sans qu'elle ait besoin d'être expresse. — En principe, il est unilatéral, et il ne devient synallagmatique que si le créancier prend envers la caution un engagement direct, dont le débiteur profite. Gratuit par nature, il ne l'est pas par essence, de sorte que la caution peut stipuler du débiteur le prix de la garantie qu'elle lui fournit. — Enfin le cautionnement constitue, de la part de la caution, un engagement personnel, en quoi il diffère du contrat par lequel on garantit la dette d'un tiers au moyen d'un gage ou d'une hypothèque. Toutefois, le transfert d'une créance privilégiée ou hypothécaire peut avoir lieu à titre de cautionnement, comme dans le cas où la femme mariée consent à subroger un créancier de son mari dans son hypothèque légale.

3. Le cautionnement ne se présume point, il doit être exprès. Ainsi, il ne saurait résulter de la simple invitation de prêter une somme ou de fournir des marchandises à un tiers, à moins que cette invitation ou recommandation ne se produise dans des termes tels qu'ils impliquent, de la part de celui qui les a faites, l'intention de s'engager (Toulouse, 1er févr. 1889, D. P. 90. 2. 53). Au contraire, celui qui, par des assertions présentées comme positives dans des lettres de recommandation, a imprudemment procuré à un commerçant un crédit que ne justifiait pas sa véritable position, répond à l'égard des tiers qui n'ont contracté avec le commerçant recommandé que sur la foi des renseignements contenus dans ces lettres, de la perte à laquelle leur confiance a pu les entraîner. — Au reste, il appartient aux tribunaux d'apprécier souverainement l'intention des contractants ou les termes des actes, et de décider s'il y a eu volonté de s'obliger et de s'obliger soit comme débiteur principal, soit comme caution. Il leur appartient aussi de décider, par interprétation des clauses de l'acte et par appréciation de l'intention des contractants, si la partie qui s'oblige a entendu contracter une obligation directe ou un simple cautionnement lui conférant les droits attachés à la qualité de caution.

ART. 2. — OBLIGATIONS QUI PEUVENT ÊTRE CAUTIONNÉES (R. 50 et s.; S. 14 et s.).

4. Toute obligation, si elle est valable, peut être cautionnée, quel que soit le fait qui lui donne naissance, les personnes entre lesquelles elle est intervenue, son objet, son caractère et les conditions auxquelles elle est soumise. On peut notamment, du moins suivant l'opinion dominante, cautionner une obligation naturelle; mais cette solution ne saurait être étendue aux obligations morales ou de conscience. — L'obligation cautionnée peut n'être pas actuellement déterminée, il suffit qu'elle soit susceptible de l'être ultérieurement; ainsi on peut cautionner les obligations résultant d'une gestion, d'une tutelle. — La dette principale peut même être future; le cautionnement est alors subordonné à la condition que cette dette prendra naissance, mais il ne peut être révoqué.

5. En principe, la validité du cautionnement est subordonnée à celle de l'obligation principale. — Toutefois, on peut cautionner une obligation entachée d'une nullité simplement relative tenant à la personne du contractant : telle est, par exemple, l'obligation contractée par un mineur capable de discernement (Civ. 2012). Mais, d'après la majorité des auteurs, le cautionnement donné pour les obligations contractées par un mineur en une qualité, spécialement celle d'héritier, qu'il aurait prise sans observer les formalités légales, est annulé si le mineur obtient sa restitution. — Sont également susceptibles d'être cautionnées les obligations contractées par l'interdit dans un intervalle lucide; par celui qui est pourvu d'un conseil judiciaire (Paris, 16 nov. 1892, D. P. 93. 2. 207); par une femme mariée non régulièrement autorisée. — On peut même cautionner la vente non autorisée du fonds dotal. — Lorsque l'obligation principale est atteinte d'une nullité substantielle, cette nullité s'étend au cautionnement, et elle subsiste alors même que le débiteur principal satisferait à son obligation. — Toutefois, si, en annulant l'obligation, la loi fait peser sur celui qui s'était engagé une responsabilité quelconque se résolvant en des dommages-intérêts, le cautionnement est valable jusqu'à concurrence de la quotité des dommages-intérêts. Il en serait ainsi, notamment, dans le cas où l'on aurait cautionné l'obligation du vendeur de la chose d'autrui (V. infrà, Vente).

ART. 3. — ÉTENDUE DU CAUTIONNEMENT (R. 73 et s.; S. 22 et s.).

6. Le cautionnement ne peut excéder ce qui est dû par le débiteur, ni être contracté sous des conditions plus onéreuses (Civ. 2013, § 1er). Si le cautionnement excède la dette, il n'est pas nul, mais simplement réductible à la mesure de l'obligation principale (Civ. 2013, § 3). — Il en est ainsi, notamment, dans le cas d'une dette non liquide qui a été cautionnée pour une somme supérieure à celle que la liquidation vient à fixer : le cautionnement est alors réduit à cette dernière somme. — La caution ne peut être tenue de payer dans un temps plus court que celui assigné au débiteur principal; tout engagement qu'elle prendrait à cet égard ne l'empêcherait pas de profiter du délai accordé au débiteur. Cette règle est applicable au cas où le créancier accorde un sursis au débiteur principal; la caution profiterait de la prolongation du délai, alors même que le créancier déclarerait qu'il entend en restreindre le bénéfice au débiteur seul. — La caution n'est tenue de payer qu'au lieu déterminé par l'obligation principale, alors même qu'elle aurait promis de payer en un lieu plus éloigné. — Il est à remarquer que si la dette de la caution ne peut être supérieure à celle de l'obligé principal, c'est uniquement au point de vue de l'objet même de l'obligation; quant à la qualité du lien, rien ne s'oppose à ce qu'elle soit plus étroitement et plus rigoureusement obligée. Ainsi, la caution peut constituer une hypothèque sur ses biens, quoique le débiteur principal n'en ait pas consenti sur les siens propres.

7. Si le cautionnement ne peut excéder ce qui est dû par le débiteur, il peut, au contraire, être contracté pour une partie de la dette seulement ou sous des conditions moins onéreuses (Civ. 2013, § 2). — Ainsi la caution peut n'accéder que sous condition à l'obligation pure et simple du débiteur.

8. Le cautionnement ne peut être étendu au delà des limites dans lesquelles il a été contracté (Civ. 2015); il doit toujours être interprété dans un sens restrictif. Les tribunaux ne peuvent, sous prétexte d'interprétation, en étendre l'application dans une mesure quelconque : il en est ainsi, du moins, lorsque l'acte détermine d'une manière précise la portée du cautionnement.

9. Contrairement à la règle générale que l'accessoire suit le principal, le cautionnement limité ne s'étend pas, en général, aux accessoires de la dette, par exemple, à l'obligation principale a pour objet une somme déterminée, aux intérêts de cette somme. Au contraire, le cautionnement donné en termes généraux et indéfinis s'étend à tous les accessoires de la dette, même aux frais de la première demande; mais il ne saurait être étendu aux frais subséquents qu'autant que la demande a été dénoncée à la caution et que celle-ci a été mise en demeure de payer (Civ. 2016). — Suivant une opinion, la caution serait tenue des frais d'une instance introduite par le débiteur contre le créancier et dans laquelle le débiteur aurait succombé. — L'engagement de la caution, lorsqu'il est indéfini, garantit le créancier contre les conséquences de la fraude ou du dol commis par le débiteur principal. Mais il ne saurait être étendu aux obligations dérivant d'une cause étrangère à la dette cautionnée.

10. L'obligation de la caution passe à ses héritiers (Civ. 2017); mais ceux-ci ne sont tenus que chacun pour leur part héréditaire et non solidairement.

ART. 4. — PERSONNES QUI PEUVENT SE RENDRE CAUTION (R. 125 et s.; S. 29 et s.).

11. Aux termes de l'art. 2018 c. civ., la caution doit être capable de contracter, avoir un bien suffisant pour répondre de l'objet de l'obligation et être domiciliée dans le ressort de la Cour d'appel où le cautionnement doit être donné (Civ. 2018). Mais ces prescriptions ne concernent que le cas où l'on est obligé de fournir une caution; elles ne sont pas applicables à la caution conventionnelle, librement agréée par le créancier.

12. La capacité exigée de la caution est la capacité générale de s'obliger. La femme mariée doit être autorisée de son mari. Si elle est dotale, il faut, en outre, qu'elle ait des biens paraphernaux suffisants pour répondre de son engagement.

13. La solvabilité de la caution (excepté en matière de commerce, ou si la dette est modique) ne s'estime qu'eu égard à ses propriétés foncières (Civ. 2019). On admet cependant, comme tempérament à cette règle, qu'il peut être suppléé au défaut d'immeubles par un nantissement en rentes sur l'État ou en argent. — Les immeubles sur lesquels repose le cautionnement doivent offrir, déduction faite des charges dont ils peuvent être grevés, une valeur suffisante pour répondre de l'objet de l'obligation. On ne tient pas compte des immeubles litigieux, ni de ceux dont la discussion serait trop difficile en raison de leur éloignement, ce qu'il appartient aux juges d'apprécier. — Si la caution devient insolvable, le débiteur doit en fournir une nouvelle, à moins que le créancier n'ait choisi lui-même pour caution une personne déterminée ou que la caution n'ait été fournie à l'insu du débiteur. — Cette obligation n'existe qu'autant que la caution est devenue insolvable; il ne suffit pas que sa solvabilité ait seulement été diminuée.

14. Le domicile réel dans le ressort de la Cour d'appel n'est pas rigoureusement exigé; il suffit, en général, que la caution ait, dans ce ressort, un domicile d'élection. — Lorsque la caution domiciliée dans le ressort de la Cour d'appel vient à changer de domicile, le créancier peut l'obliger à faire élection de domicile dans le ressort.

ART. 5. — FORMES DU CAUTIONNEMENT (R. 156 et s.; S. 35 et s.).

15. Le cautionnement n'est assujetti à aucune forme particulière; il peut être donné par acte authentique ou sous seing privé, par lettre ou même verbalement, quelle que soit l'espèce d'obligation qu'il ait pour objet de garantir; il suffit que les expressions du titre invoqué impliquent virtuellement, de la part de celui dont elles émanent, l'intention de se constituer caution. — S'il est donné par acte sous seing privé, il n'est pas besoin qu'il soit rédigé en double original, tout au moins lorsqu'il ne contient aucune obligation contractée par le créancier. Mais, d'après l'opinion dominante, il doit être revêtu du bon ou approuvé dans les conditions de l'art. 1326 c. civ. Toutefois, l'absence du bon ou approuvé n'a d'autre effet que d'empêcher l'acte de faire preuve complète de l'engagement; il lui laisse la valeur d'un commencement de preuve par écrit. Le cautionnement sous seing privé n'a, d'ailleurs, pas besoin d'être enregistré, en dehors des cas où la loi rend cette formalité obligatoire, notamment lorsqu'il doit en être fait usage en justice. — Rien ne s'oppose à ce que le cautionnement soit fourni par voie d'endossement d'un effet de commerce (Dijon, 13 juill. 1896, D. P. 99. 1. 197).

16. La preuve du cautionnement est régie par les règles du Code civil, sans qu'il y ait à distinguer d'après la nature de l'obligation principale. Ainsi, il demeure soumis à ces règles, alors même qu'il garantit une obligation commerciale, à moins qu'il n'ait été donné dans la forme commerciale, comme lorsqu'il s'agit de l'aval d'une lettre de change. — Pour être opposable aux tiers, il doit avoir acquis date certaine, notamment par l'enregistrement.

ART. 6. — EFFETS DU CAUTIONNEMENT.

§ 1er. — *Effets entre le créancier et la caution* (R. 164 et s.).

17. Entre le créancier et la caution, les effets du cautionnement sont réglés avant tout par le contrat ; ce n'est qu'à défaut de stipulation que la loi a réglé ces effets. Il est toutefois des dispositions auxquelles il n'est pas permis de déroger ; telle est celle qui s'oppose à ce que l'obligation de la caution excède ce qui est dû par le débiteur principal. — La caution n'est tenue de payer que le créancier qu'à défaut du débiteur ; elle ne peut donc être poursuivie que dans le cas où le débiteur pourrait l'être lui-même. Il faut excepter cependant le cas où le débiteur jouit d'une exception purement personnelle. La caution a le droit d'invoquer les délais ou sursis accordés au débiteur. Elle peut même opposer au créancier toutes les exceptions dilatoires ou péremptoires que le débiteur a le droit, mais négligerait de faire valoir. Elle peut enfin, suivant la majorité des auteurs, invoquer le bénéfice du terme, bien que le débiteur en soit déchu, notamment par sa faillite ou sa déconfiture.

18. Le créancier a le droit d'agir directement contre la caution par cela seul que la dette n'est pas payée à son échéance, et sans être tenu de mettre préalablement le débiteur principal en demeure, alors surtout que l'insolvabilité du débiteur principal ressort des poursuites qui ont été engagées en vertu des condamnations prononcées contre lui (Civ. r. 21 déc. 1897, D. P. 98. 1. 262). — Mais la caution peut opposer aux poursuites du créancier le bénéfice de discussion (Civ. 2021), c'est-à-dire obliger le créancier à discuter d'abord le débiteur dans ses biens. — Le bénéfice de discussion cesse d'être opposable lorsque la caution est devenue héritière du débiteur ou lorsque celui-ci est notoirement insolvable ou en état de faillite. Il en est de même lorsque la caution a renoncé au bénéfice de discussion ou lorsqu'elle s'est engagée solidairement avec le débiteur principal.

19. Le bénéfice de discussion doit être réclamé par la caution ; la discussion ne peut être ordonnée d'office (Civ. 2022), à moins que le contrat n'exprime formellement que le créancier ne pourra poursuivre la caution avant d'avoir discuté le débiteur. — L'exception de discussion doit être exposée sur les *premières poursuites*, c'est-à-dire avant toute défense au fond. Toutefois, si la caution s'est bornée à nier l'existence de l'obligation principale, ou bien à contester, soit le fait, soit la validité de son propre engagement, on n'en saurait tirer contre elle aucune fin de non-recevoir. — La caution pourrait, d'ailleurs, même après les premières poursuites, invoquer le bénéfice d'ordre, si les biens dont elle demande la discussion n'étaient échus au débiteur que depuis la contestation.

20. La caution qui requiert la discussion est tenue d'indiquer au créancier les biens du débiteur principal et d'avancer les deniers suffisants pour faire la discussion (Civ. 2023, § 1er) ; cette double condition est de rigueur. — La dénonciation des biens peut comprendre des biens meubles comme des immeubles ; mais elle ne doit pas indiquer les biens dont la discussion serait trop difficile, c'est-à-dire des biens litigieux ou situés en dehors du ressort de la Cour d'appel, ou hypothéqués à la dette et qui ne seraient plus en la possession du débiteur (Civ. 2023, § 2). — L'indication des biens à discuter peut se faire en une seule fois ; toutefois une indication nouvelle pourrait faire s'il survenait au débiteur des biens qui, lors de la première, ne faisaient pas encore partie de son patrimoine ou étaient inconnus de la caution. — L'avance des deniers n'est obligatoire que si le créancier la requiert.

21. Lorsque l'indication des biens du débiteur et l'avance des deniers ont été faites, le créancier devient, jusqu'à concurrence de la valeur des biens indiqués, responsable à l'égard de la caution de l'insolvabilité du débiteur principal qui serait la conséquence soit du défaut de poursuites, soit de la négligence apportée dans leur exercice (Civ. 2024). Mais la caution ne serait pas libérée si l'insolvabilité du débiteur survenait avant que le créancier fût en mesure d'agir, ou bien au cours des poursuites diligemment exercées. — Le créancier doit, pour poursuivre ensuite la caution, établir l'insuffisance des biens dénoncés. — La valeur de ces biens s'impute d'abord sur les intérêts, lorsque le créancier les a garantis, et ensuite sur le capital. La caution doit payer le surplus.

22. Lorsque plusieurs personnes se sont rendues caution d'une même dette contractée par un même débiteur, elles sont obligées chacune à toute la dette (Civ. 2025). Mais elles peuvent exiger que le créancier divise son action et la réduise contre chacune d'elles à sa part et portion de la dette. C'est le bénéfice de division (Civ. 2026). — L'exception qui en résulte est péremptoire et peut être opposée en tout état de cause, tant que le jugement qui condamne la caution à payer reste susceptible d'être réformé par les voies de droit. — Si le créancier agit en vertu d'un titre exécutoire, la caution peut réclamer le bénéfice de division, même après la vente de ses biens, tant que le payement n'est pas effectué.

23. La division n'a pas lieu de plein droit entre les cautions : elle doit être demandée, et chacune des cautions est responsable de l'insolvabilité des autres, si elle est survenue avant que la division soit prononcée (Civ. 2026, § 2). — De plus, les cautions peuvent renoncer au bénéfice de division, et cette renonciation résulte de cela seul qu'elles ont déclaré s'obliger *solidairement et comme débiteurs principaux* ou seulement *solidairement* (Req. 16 mars 1898, D. P. 98. 1. 301).

24. Le bénéfice de division ne peut être réclamé par les donneurs d'aval d'une lettre de change : ils sont réputés s'être obligés solidairement. — Il n'a lieu qu'entre ceux qui ont cautionné la *même* dette du *même* débiteur et qui sont solvables au moment, non pas où la division est demandée, mais où elle est prononcée par le juge. — L'incapable qui ne fait restituer contre son engagement est assimilé à l'insolvable. — Le fait que l'une des cautions s'est obligée purement et simplement, tandis que l'autre ne s'est obligée qu'à terme ou sous condition, ne fait pas obstacle à la division ; mais la caution pure et simple sera tenue de la totalité si la condition ne s'accomplit pas ou si, à l'échéance du terme, l'autre caution est insolvable. — En cas de contestation entre le créancier et la caution qui réclame la division sur la solvabilité des autres fidéjusseurs, cette caution est recevable, en offrant de payer sa part, à demander la discussion préalable à ses risques et périls.

25. Le créancier qui a divisé lui-même et volontairement son action ne peut plus revenir sur cette division et supporte la perte résultant des insolvabilités, même de celles qui se seraient produites avant l'époque où il l'a consentie (Civ. 2027). Le créancier divise son action lorsqu'il reçoit divisément la part de l'une des cautions. Il suffit même, pour que la division s'opère, que le créancier réclame de l'une des cautions sa part dans la dette, à moins que cette caution n'ait renoncé au bénéfice de division, auquel cas le créancier n'a lieu qu'autant que la caution a acquiescé à la demande ou qu'il est intervenu contre elle un jugement de condamnation.

§ 2. — *Effets entre le débiteur et la caution* (R. 230 et s.; S. 54 et s.).

26. La caution qui a payé a un recours contre le débiteur principal, alors même que le cautionnement aurait été donné à l'insu du débiteur (Civ. 2027, § 1er) et même, d'après l'opinion dominante, contre sa volonté. — Le recours contre le débiteur est ouvert à la caution non seulement en cas de payement, mais à raison de tout acte, de quelque nature qu'il soit, qui a libéré le débiteur principal, comme, par exemple, lorsque la caution a éteint la dette en la compensant avec une créance qu'elle avait elle-même contre le débiteur. — Pour que la caution ait un recours contre le débiteur principal, il faut qu'elle n'ait pas négligé de faire valoir les exceptions que le débiteur aurait pu opposer au créancier, ou qu'elle l'ait appelé en cause pour les faire valoir lui-même.

27. Le recours qui appartient à la caution s'exerce tant pour le principal que pour les intérêts et pour les frais qu'elle a faits *depuis qu'elle a dénoncé au débiteur les poursuites dirigées contre elle*. Cependant on lui refuse le droit de réclamer le remboursement des frais qui ne seraient pas la conséquence nécessaire et légitime du cautionnement, tels que ceux qui résulteraient d'une contestation injuste soutenue par elle de concert avec le débiteur. — La caution a droit aux intérêts de toutes les sommes par elle payées pour la libération du débiteur, sans distinction entre celles payées au créancier pour intérêts et celles payées pour capital. — Les intérêts des sommes que la caution a déboursées courent de plein droit à son profit à partir du payement. — Elle peut aussi, dans les circonstances que les juges apprécient souverainement, obtenir des dommages-intérêts.

28. La caution est subrogée de plein droit à tous les droits du créancier contre le débiteur (Civ. 2029). — Mais cette subrogation est limitée aux droits que le créancier pouvait exercer ; la caution pourrait s'en prévaloir pour une créance supplémentaire, par exemple pour la créance des dommages-intérêts qu'elle aurait contre le débiteur. — Pour que la subrogation se produise, il faut que la dette cautionnée ait été préalablement payée. Cependant la caution pourrait s'en prévaloir si elle l'avait déchargée dans le but de lui faire une libéralité personnelle ne devant pas profiter au débiteur. — Mais, en dehors de ce cas, elle ne peut pas être subrogée aux droits du créancier ; spécialement, elle ne l'est pas dans les cas prévus par l'art. 2032 (V. *infrà*, n° 31), où son droit de poursuivre le débiteur lui est purement personnel. — Si le créancier n'a été payé qu'en partie, la subrogation ne peut lui nuire (Civ. 1252) ; il peut donc, en pareil cas, exercer, par préférence à la caution, les droits de privilège et d'hypothèque qui garantissaient sa créance ; mais il doit subir la concurrence de la caution si la créance était purement chirographaire.

29. Lorsqu'il y avait plusieurs codébiteurs solidaires, la caution qui les avait tous cautionnés peut recourir pour le tout contre chacun d'eux (Civ. 2030), tandis que, si les codébiteurs étaient engagés sans solidarité, la caution n'aurait d'action contre chacun d'eux que pour sa part. — Dans le cas où la caution n'a cautionné que quelques-uns des débiteurs solidaires, la jurisprudence et la doctrine sont divisées sur le point de savoir quelle est l'étendue de ses droits : la solution qui paraît préférable ne lui accorde son recours aux droits du créancier que contre ceux des débiteurs auxquels s'applique son engagement, et ne lui permet de recourir contre les autres que jusqu'à concurrence de la part individuelle de chacun d'eux dans la dette. Et il importerait peu, semble-t-il, que la caution se fût fait expressément subroger dans les droits du créancier.

30. La caution qui, faute d'avoir été

instruite du payement précédemment effectué par le débiteur, a payé de nouveau sur les poursuites du créancier de mauvaise foi, est fondée à recourir contre le débiteur en faute de ne l'avoir pas avertie. — Inversement, si la caution a payé sans en avertir le débiteur principal, elle n'a pas de recours contre ce débiteur qui aurait payé une seconde fois, ou qui, au moment du payement, aurait eu des moyens pour faire déclarer la dette éteinte ; il ne lui reste qu'une action en répétition contre le créancier (Civ. 2031).

31. La caution est autorisée à poursuivre le débiteur même avant d'avoir effectué le payement, dès qu'elle a juste crainte d'être obligée de payer la dette (Civ. 2032). Elle peut agir contre le débiteur : 1° lorsqu'elle est poursuivie en justice pour le payement ; — 2° lorsque le débiteur est en faillite ou en déconfiture ; il suffit même que ses affaires soient gravement compromises, il n'est pas nécessaire qu'il soit en déconfiture totale ; toutefois, en cas de faillite, la caution ne peut venir en concurrence avec le créancier au profit duquel a eu lieu le cautionnement ; — 3° lorsque le débiteur s'est engagé à lui rapporter sa décharge dans un certain temps ; — 4° lorsque la dette est devenue exigible par l'échéance du terme ; — 5° au bout de dix années, lorsque l'obligation principale n'a point de terme fixe d'échéance, à moins que l'obligation principale, telle qu'une tutelle, ne soit pas de nature à pouvoir être éteinte avant un temps déterminé.

32. Une convention peut intervenir entre le débiteur et la caution au sujet du recours que celle-ci pourra exercer contre lui ; par exemple, pour éviter ce recours, le débiteur peut remettre à la caution des valeurs qui la couvrent de ses débours. Cette remise, toutefois, ne serait valable, en cas de faillite du débiteur, que si elle était antérieure à la cessation de payements.

33. Le recours prévu par l'art. 2032 c. civ. appartient à celui qui a cautionné le débiteur à son insu, mais non à celui qui l'a cautionné malgré lui. Il peut être exercé même par la caution qui s'est engagée solidairement avec le débiteur. — Il devient même objet lorsque la qualité de caution et celle de créancier se trouvent réunies par confusion sur la même tête.

§ 3. — *Effets entre les cofidéjusseurs*
(R. 285 et s.; S. 71 et s.).

34. Lorsque plusieurs personnes ont cautionné un même débiteur pour une même dette, celle qui a acquitté la dette a un recours contre les autres cautions, chacune pour sa part et portion (Civ. 2033, § 1er). La caution peut recourir contre les fidéjusseurs, tant comme subrogée aux droits du créancier que de son chef et comme ayant géré leurs affaires. On n'est pas d'accord sur le point de savoir si ce recours est garanti par la subrogation légale de la caution dans les droits et actions du créancier ou si elle ne s'exerce que par l'action résultant de la gestion d'affaires. — Dans tous les cas, il n'appartient à la caution qu'autant qu'elle a payé la dette dans l'un des cinq cas énoncés à l'art. 2032 (Civ. 2033, § 2). — Il peut, d'ailleurs, être exercé même contre les cofidéjusseurs dont le cautionnement a été donné par des actes séparés et successifs. — La perte résultant de l'insolvabilité de l'une des cautions est supportée par tous ceux qui sont restés solvables. Le certificateur de caution, c'est-à-dire celui qui a cautionné l'engagement de la caution, a son recours soit contre la caution, soit contre le débiteur.

ART. 7. — EXTINCTION DU CAUTIONNEMENT
(R. 297 et s.; S. 75 et s.).

35. Le cautionnement s'éteint en même temps que l'obligation principale, par les mêmes causes que les autres obligations (Civ. 2034). Mais il peut cesser bien que l'obligation principale subsiste, par exemple lorsqu'il a été donné sous une condition résolutoire, tandis que l'obligation principale a été contractée purement et simplement.

36. Les acomptes payés par le débiteur doivent, en cas de cautionnement partiel, être imputés en premier lieu sur la partie non cautionnée de la dette (Civ. c. 12 janv. 1857, D. P. 57. 1. 278), ... à moins de stipulation contraire dans l'acte de cautionnement (Req. 18 nov. 1861, D. P. 62. 1. 133). — Mais, lorsque le même débiteur a contracté, envers le même créancier, plusieurs dettes dont quelques-unes seulement cautionnées, les payements partiels doivent être imputés de préférence sur les dettes cautionnées.

37. Sur les effets de la novation, de la compensation, de la remise de la dette, de la confusion, lorsque ces différentes extinctions de l'obligation se produisent relativement à une obligation garantie par un cautionnement, V. *infra*, *Obligations*. — V. aussi, en ce qui concerne la chose jugée, la prescription, la prestation du serment décisoire, *infra*, *Chose jugée*, *Prescription civile*, *Preuve*.

38. La caution peut opposer au créancier toutes les exceptions qui appartiennent au débiteur principal et qui sont inhérentes à la dette ; mais elle ne peut opposer les exceptions qui sont purement personnelles de son incapacité (Civ. 2036). Il en est ainsi même de la caution solidaire.

39. Le cautionnement est encore éteint lorsque la subrogation de la caution dans les droits, hypothèques et privilèges du créancier ne peut plus s'opérer par le fait de ce dernier (Civ. 2037). C'est par voie d'exception seulement que la caution peut faire valoir cette cause d'extinction ; elle ne peut l'invoquer par voie d'action principale. L'exception dont il s'agit, dite de *cession d'actions*, peut être opposée aussi bien par la caution solidaire que par la caution simple. Le fait du créancier qui, rendant la subrogation impossible, décharge la caution, peut être non seulement un fait *positif*, mais aussi l'*omission* ou la *négligence* qui lui aurait fait perdre une des sûretés de la dette (Nancy, 22 déc. 1900, D. P. 1901. 2. 434), comme dans le cas, par exemple, où il aurait omis de prendre ou de renouveler en temps utile une inscription hypothécaire. — La caution ne peut, d'ailleurs, se prévaloir de l'art. 2037 que si le fait imputé au créancier a eu pour effet de lui faire perdre un droit certain, définitivement acquis, et non un simple espoir que dépendait du débiteur de faire évanouir. — D'autre part, la responsabilité imposée au créancier par l'art. 2037 ne s'applique pas au cas où la créance consiste dans une dette chirographaire et n'était garantie que par une action personnelle contre le créancier : la caution, en pareil cas, n'a pas le droit de se plaindre que le créancier ait laissé sa créance s'éteindre et soit hors d'état de lui abandonner sa créance et son action. Il n'en serait autrement que si le créancier avait laissé la créance s'éteindre par la prescription. Ainsi, le fait que le créancier aurait laissé le débiteur devenir insolvable, et ne le poursuivrait pas après l'échéance du terme, ne déchargerait pas la caution, celle-ci ayant d'ailleurs la faculté d'agir elle-même contre le débiteur en vertu de l'art. 2032. — L'art. 2037 est encore inapplicable lorsque la subrogation est devenue impossible, non par la faute du créancier, mais par le fait d'un tiers, ou, à plus forte raison, par le fait du débiteur lui-même.

41. La caution n'est admise à invoquer le bénéfice de l'art. 2037 qu'autant que le fait qu'elle impute au créancier lui a réellement porté préjudice. Ainsi le recours de la caution n'est pas recevable lorsque les sûretés perdues par le fait du créancier ne pouvaient être efficaces, par exemple dans le cas où le créancier a renoncé à une hypothèque en vertu de laquelle il n'aurait pu obtenir une collocation utile (Req. 4 nov. 1896, D. P. 97. 1. 569). — Le fait, par le créancier, d'avoir fait prononcer la faillite du débiteur principal n'a pas pour résultat de décharger la caution. — La caution n'est pas fondée à se prévaloir de ce que le créancier aurait laissé perdre des garanties qui n'auraient été acquises que postérieurement au cautionnement.

42. Enfin, l'art. 2037 ne s'applique que dans la proportion où la subrogation est devenue totalement impossible ; si cette impossibilité n'est que partielle, la caution reste tenue dans la mesure où la subrogation conserve son efficacité.

43. La caution peut renoncer à se prévaloir de l'art. 2037. Cette renonciation peut être implicite.

44. L'acceptation volontaire que le créancier a faite d'un immeuble ou d'un effet quelconque en payement de la dette décharge la caution ; cette décharge est définitive et conserve son effet encore que le créancier vienne ensuite à être évincé (Civ. 2038). Il n'y a pas à distinguer à cet égard entre la caution simple et la caution solidaire. — La disposition de l'art. 2038 n'est pas applicable lorsque la dation en payement a été faite en exécution de l'acte même de cautionnement et n'avait pas été prévue lors du cautionnement. — D'autre part, elle ne peut être invoquée dans le cas où le créancier s'est rendu adjudicataire de l'immeuble hypothéqué à sa créance moyennant un prix qui, après l'accomplissement des formalités de la purge, se trouve être absorbé par des inscriptions antérieures à la sienne. — Elle ne s'applique pas non plus au cas d'un payement postérieurement annulé, notamment par suite de la faillite postérieure du débiteur et par application de l'art. 447 c. com.

45. La caution (simple ou solidaire) n'est pas libérée par la simple prorogation du terme accordée au débiteur par le créancier. Mais cette prorogation ne peut nuire à ses droits : elle peut donc poursuivre le débiteur pour le contraindre à payer ou à lui procurer la décharge de son cautionnement (Civ. Civ. c. 31 juill. 1900, D. P. 1901. 1. 296). — Au surplus, si la caution ne s'est engagée que pour un temps, elle est libérée à l'expiration de ce temps, nonobstant toute prorogation du terme convenu entre le créancier et le débiteur.

ART. 8. — CAUTION LÉGALE ET CAUTION JUDICIAIRE (R. 372 et s.; S. 106 et s.).

46. La *caution légale* est celle que la loi exige dans certains cas et de certaines personnes (usufruitier, héritier bénéficiaire, surenchérisseur, etc.). — La *caution judiciaire* est celle qui est ordonnée par le juge et sanctionnée par un jugement. — Ces cautions doivent remplir les conditions prescrites par les art. 2018 et 2019 (Civ. 2040. § 1er). V. *supra*, nos 11 et s. — Depuis la loi du 22 juill. 1867, abrogeant la contrainte par corps, il n'est plus nécessaire, comme autrefois (Civ. 2040, § 2), que la caution judiciaire soit susceptible de contrainte par corps ; ce rôle peut, par conséquent, être rempli par une société anonyme. — Celui qui ne peut trouver une caution peut donner à la place un gage ou nantissement suffisant, ou, d'après l'opinion qui a prévalu, une hypothèque. — La caution judiciaire, à la différence de la caution légale, ne peut invoquer le bénéfice de discussion (Civ. 2042). De même, celui qui a cautionné la caution judiciaire ne peut demander la discussion du débiteur principal et de la caution (Civ. 2043).

47. Lorsqu'une partie est obligée, soit par la loi, soit par un jugement, de fournir caution, cette partie présente, et son adversaire accepte ou refuse, le garant. En cas de refus, la justice prononce. Le garant réalise le cautionnement en s'engageant; c'est ce qu'on appelle *la réception de caution.*

48. La procédure de la réception de caution est réglée par les dispositions du titre I, livre 5, du Code de procédure civile. Le jugement pour la caution judiciaire (Pr. 517), la loi pour la caution légale (V. notamment Pr. 832, 993, etc.), déterminent le délai dans lequel la caution doit être présentée et celui dans lequel elle doit être acceptée ou contestée. — Lorsque la loi exige que la solvabilité de la caution soit établie par titres, les titres de la caution sont déposés au greffe pour que l'adversaire puisse en prendre connaissance. L'expédition de l'acte de dépôt délivrée par le greffier est signifiée à l'adversaire ou à son avoué, s'il en a un. Lorsque le dépôt des titres n'est pas exigé, on se borne à signifier que l'on offre la garantie de telle personne, avec assignation à l'adversaire de comparaître à la prochaine audience pour voir prononcer, s'il y a lieu, sur l'admission de la caution (Pr. 518). — Toutefois, cette signification n'étant pas exigée par la loi, aucune nullité ne résulterait des irrégularités qu'elle pourrait contenir. — L'acceptation de la caution peut être expresse, c'est-à-dire résulter d'une signification d'acceptation, ou tacite, lorsque la partie laisse écouler sans protester le délai fixé. — Si la partie conteste la caution dans le délai fixé par le jugement, l'audience est poursuivie sur simple acte d'avoué, à moins qu'il n'ait été donné *avenir* dans la signification d'offre de la caution (Pr. 520). L'incident est jugé sommairement (Pr. 521). — La caution n'est pas recevable à intervenir au débat. Le jugement est, ou non, susceptible d'appel suivant que le jugement qui prescrit la prestation d'une caution est lui-même en premier ou en dernier ressort. Il est, le cas échéant, exécutoire nonobstant appel. — La caution acceptée ou admise en justice fait immédiatement sa soumission (Pr. 519, 520). Cette formalité doit être remplie dans le délai imparti par le juge; s'il n'en a pas été fixé, la partie adverse peut en poursuivre en justice la réalisation. En principe, elle est faite au greffe avec assistance d'un avoué; mais elle peut également avoir lieu devant notaire.

49. En justice de paix, la caution est reçue par le juge (L. 25 mai 1838, art. 11, § 2, R. v° *Compétence civile des tribunaux de paix,* p. 110). En cas de contestation, le jugement qui statue sur l'admission de la caution est exécutoire par provision. — Si la caution est devenue insolvable doit être remplacée, la nouvelle caution est, comme la première, reçue par le juge de paix.

50. La réception de caution en matière commerciale se fait conformément aux dispositions des art. 440 et 441 c. pr. civ.

ART. 9. — ENREGISTREMENT ET TIMBRE.

51. Les cautionnements de sommes et d'objets mobiliers, les garanties mobilières et les indemnités de même nature sont été soumis, par l'art. 69, § 2, n° 8, de la loi du 22 frim. an 7 (R. v° *Enregistrement,* t. 21, p. 26), au droit proportionnel de 50 centimes pour 100 du montant de l'obligation garantie. Ce droit est perçu indépendamment de celui qui est appliqué à la convention principale; *mais il ne peut l'excéder* (même loi). D'où la conséquence, que si la convention principale est exempte du droit, le cautionnement en sera pareillement dispensé. Il en résulte aussi que, si la convention est sou-

mise au droit fixe, le droit maximum de cautionnement ne peut excéder ce droit fixe (Instr. Reg. 323, 1256-2, 1643-5, 2155-2; Sol. admin. Enreg. 10 nov. 1888). — Les cautionnements des baux sont soumis au tarif réduit de 10 centimes pour 100 sur toutes les années à courir du bail (L. 16 juin 1824, art. 1er).

52. Le cautionnement d'une obligation soumise à une condition suspensive est enregistré au droit fixe; le droit proportionnel devient seulement exigible lors de la réalisation de la condition. Le cautionnement conditionnel d'une obligation pure et simple ne donne également ouverture au droit proportionnel qu'après l'accomplissement de la condition prévue. Si, cependant, la condition était potestative pour le créancier, comme dans le cas où l'adjudicataire qui a élu command est tenu de cautionner l'adjudicataire définitif, si le vendeur l'exige, le droit proportionnel serait dû immédiatement (Trib. civ. de Bressure, 19 juin 1883). — Le cautionnement constitué pour une obligation future n'est soumis qu'à présent, qu'au droit fixe d'enregistrement; le droit proportionnel ne devient exigible qu'autant qu'il est justifié de la réalisation de l'obligation.

53. En principe, le cautionnement, ne se présumant pas, doit être stipulé expressément pour donner ouverture au droit. Il doit, enfin, être souscrit par un autre que le débiteur, nul ne pouvant être, à la fois, débiteur principal et caution. Par suite, le droit de cautionnement ne saurait jamais être exigible sur un engagement souscrit par celui qui est obligé principalement. — La même solution s'étend aux engagements pris par deux époux (Av. Cons. d'Et. 27 juin 1832; Instr. Reg. 1403) et aux obligations solidaires. Cependant, la perception du droit de cautionnement est justifiée lors-que quelques-uns des débiteurs sont, en réalité, sans intérêt ou n'ont qu'un intérêt insignifiant ou illusoire (Trib. civ. de Caen, 31 oct. 1899, D. P. 1900. 5. 285).

54. Le porte-fort contractant en son nom et à titre d'obligé principal, l'obligation qu'il souscrit ne donne pas ouverture au droit de cautionnement.

55. L'affectation hypothécaire souscrite pour garantie de la dette d'un tiers, obligeant le constituant qui ne veut pas être déposséder à payer la somme garantie au cas de refus ou d'insolvabilité du débiteur, constitue un véritable cautionnement et est soumise, comme telle, au droit de 50 centimes pour 100 (Civ. c. 30 juill. 1873, D. P. 74. 1. 65).

56. La certification de caution, ou le cautionnement de la caution, n'est soumise qu'au droit fixe de 3 francs (L. 22 frim. an 7, art. 68, § 1er, n° 16; 28 avr. 1816, art. 43-6°, R. v° *Enregistrement,* t. 21, p. 39; 28 févr. 1872, art. 4, D. P. 72. 4. 12).

57. Lorsque plusieurs personnes cautionnent la même obligation par le même acte, ou par des actes séparés, il n'est dû qu'un seul droit proportionnel (Délib. 25 mars 1828; Instr. Reg. 1249, § 6, n° 2).

58. Le cautionnement judiciaire fourni et s. c. pr. civ., comme le cautionnement conventionnel, soumis au droit proportionnel. — Le droit est calculé sur les sommes ou valeurs qui en font l'objet; mais, comme il ne peut jamais excéder le droit perçu sur l'obligation principale, si le jugement n'a été enregistré qu'au droit fixe, il ne donne également lieu qu'au droit fixe.

59. L'acte de cautionnement doit être rédigé sur papier timbré; mais il peut être écrit à la suite de l'obligation principale, lorsqu'il forme une partie intégrante de cet acte, notamment lorsqu'il a été stipulé comme condition de la convention (Décis. min. fin. 19 févr. 1819; Instr. Reg. 2089).

CAUTIONNEMENT DE FONCTIONNAIRES, TITULAIRES ET COMPTABLES

(R. v° *Cautionnement de fonctionnaires, etc.; S. eod. v°*).

1. On désigne, dans la pratique, sous le nom impropre de *cautionnement,* soit la somme que certains fonctionnaires, comptables, officiers ministériels, régisseurs ou adjudicataires, sont tenus de verser au Trésor, comme garantie de leur gestion ou de la bonne exécution de leur entreprise, soit la garantie en rentes ou en immeubles qu'ils fournissent, aux lieu et place de cette somme, à l'Etat, aux départements, communes ou établissements publics. — La nomenclature des fonctionnaires ou agents qui sont soumis à la constitution d'un cautionnement est trop longue pour que l'on puisse la présenter ici.

§ 1er. — *Constitution du cautionnement.*
(R. 26 et s.; S. 4 et s.).

2. La constitution du cautionnement par celui qui y est astreint doit avoir lieu avant son entrée en fonctions, et même avant sa prestation de serment si celui-ci est exigé. Il en est justifié par la présentation de la quittance du versement en numéraire ou du certificat de cautionnement en rentes délivré par le directeur de la Dette inscrite. — Toutefois, lorsqu'il s'agit de la constitution d'un simple supplément de cautionnement, des sursis sont souvent accordés.

3. Un fonctionnaire ne peut faire servir pour son cautionnement celui qui a été constitué par son prédécesseur, ou celui qu'il a lui-même constitué précédemment, en qualité de titulaire d'une fonction différente. — Mais il en est autrement (sauf pour les officiers ministériels) lorsqu'il s'agit d'un simple changement de résidence ou d'une promotion à une fonction de la même nature que la précédente; l'ancien cautionnement du fonctionnaire, autre qu'un officier ministériel, peut garantir sa nouvelle gestion et doit simplement être augmenté, s'il y a lieu (Décr. 2 juill. 1898, art. 3, 6, D. P. 98. 4. 150; L. 30 mai 1899, art. 31, D. P. 99. 4. 76).

4. Tout cautionnement peut être constitué en totalité ou en partie, soit en numéraire, soit en rentes sur l'Etat (L. 13 avr. 1898, art. 56, D. P. 98. 4. 97; Décr. 2 juill. 1898, art. 1er). — En outre, des lois spéciales autorisent certains fonctionnaires à constituer leur cautionnement en immeubles. Il en est ainsi, notamment, des conservateurs des hypothèques (L. 30 mai 1899, art. 31).

5. Lorsque le cautionnement est constitué *en numéraire,* le versement se fait à Paris, à la caisse centrale du Trésor, et, dans les départements, aux caisses des trésoriers-payeurs généraux et des receveurs particuliers des finances. — Les adjudicataires des travaux généraux versent leurs cautionnements à la Caisse des dépôts et consignations. — Les cautionnements en numéraire portent intérêt au profit des titulaires. — Cet intérêt est actuellement fixé à 2 fr. 50 pour 100 (L. 13 avr. 1898, art. 55). Il court à partir du jour du versement en numéraire, et le payement en est fait (sauf opposition) soit au titulaire, soit au bailleur de fonds, sur le vu de la lettre d'avis qui lui est adressée, et moyennant quittance donnée sur une formule spéciale. — Ces intérêts se prescrivent par cinq ans.

6. Les cautionnements *en rentes sur l'Etat,* réalisés au Trésor public, sont constitués au moyen d'inscriptions nominatives directes des différents fonds de la dette publique: les titres au porteur et les inscriptions *mixtes* ne peuvent recevoir cette affectation (Décr. 2 juill. 1898, art. 1er et 2, § 2). Des rentes de divers fonds et appartenant à plusieurs titulaires peuvent être employées à constituer un même cautionnement. — La valeur des rentes à affecter à un cautionnement est calculée d'après le cours moyen officiel à la bourse de Paris du jour de la nomination, sans que cette valeur puisse dépasser le pair. Si le montant d'un cautionnement fixé en argent ne peut exactement s'appliquer à acquérir des rentes, l'intéressé parfait la différence, de façon que le cautionnement en rentes ne puisse être inférieur à ce qu'il eût été en numéraire (Décr. 2 juill. 1898, art. 2; L. 30 mai 1899, art. 31).

7. Pour la constitution du cautionnement en rentes, le ou les titulaires des rentes à y affecter font parvenir au ministre des Finances leurs extraits d'inscription accompagnés d'une *déclaration d'affectation* établie sur papier timbré conformément aux modèles arrêtés par le ministre des Finances. Cette déclaration d'affectation doit être renouvelée en cas de changement, soit de fonctions, soit de résidence du fonctionnaire, lorsqu'elle ne garantit sa gestion que pour un emploi ou un poste déterminé (Décr. 2 juill. 1898, art. 3). — Mention est faite sur le Grand-Livre, sur son double et sur les inscriptions : 1° de l'affectation; 2° du nom du fonctionnaire et de sa fonction; 3° du lieu où celle-ci est exercée, si le cautionnement ne répond de la gestion que pour un poste déterminé. La mention d'affectation suit la rente en quelques mains qu'elle passe (même décret, art. 4). — Sur les règles à suivre en cas de rente amortissable, V. Décr. 2 juill. 1898, art. 7.

8. La nature du cautionnement ne peut être modifiée pendant la durée des fonctions du titulaire que si, celui-ci changeant simplement de poste, son cautionnement doit recevoir l'affectation à sa nouvelle gestion (L. 13 avr. 1898, art. 56; Décr. 2 juill. 1898, art. 6, 7).

9. Lorsqu'il y a lieu de procéder à l'exécution d'un cautionnement constitué en rentes, cette mesure est ordonnée par décision ministérielle : le capital et les arrérages non perçus sont vendus jusqu'à due concurrence, sur les poursuites de l'agent judiciaire du Trésor, qui fait, en temps utile, opposition au payement des arrérages. Si cet agent n'est pas en possession des extraits des inscriptions affectées au cautionnement, la direction de la Dette inscrite établit, après autorisation du ministre des Finances, des copies figurées des extraits d'inscription, lesquelles sont remises à l'agent judiciaire pour parvenir à l'aliénation. L'agent judiciaire signe tous les transferts nécessaires à l'exécution des cautionnements. Si le cautionnement à exécuter appartient partie au débiteur, partie à des tiers, on doit procéder d'abord à la vente des rentes appartenant au débiteur. Celles qui appartiennent aux tiers sont ensuite, à défaut d'accord entre ces tiers, vendues proportionnellement à l'importance de la somme garantie par chacun d'eux. Le produit de la négociation est versé au Trésor public, qui en assure la remise à qui de droit. La portion de rente non aliénée demeure grevée de l'affectation du cautionnement. Si, après prélèvement sur le cautionnement en rentes, le reliquat existant est trop faible pour être employé en rentes, il reste provisoirement déposé au Trésor, sans être productif d'intérêts (Décr. 2 juill. 1898, art. 8, 9, 10).

§ 2. — *Droits des créanciers sur le cautionnement* (R. 52 et s.; S. 7 et s.).

10. Un *privilège* de premier ordre sur le cautionnement en numéraire, ou sur le produit de l'aliénation du cautionnement en rentes, est accordé aux *créanciers pour faits de charge,* c'est-à-dire à l'Etat ou aux particuliers qui sont victimes de prévarications ou d'abus commis par le fonctionnaire ou le titulaire d'office, dans l'exercice de ses fonctions (Civ. 2102-7°). — Un privilège de second rang est en outre accordé aux *bailleurs de fonds* qui ont prêté les sommes ou affecté les rentes nécessaires à la constitution du cautionnement (L. 25 niv. et 6 vent. an 13, R. p. 9 et 10). Les autres créanciers du titulaire ne viennent qu'après ces deux ordres de privilégiés.

11. Pour qu'il y ait lieu au privilège pour faits de charge, il faut, d'une part, que la partie lésée qui prétend l'invoquer se soit adressée au fonctionnaire en tant qu'officier public, *ex necessitate officii*, et, d'autre part, que ce fonctionnaire ait agi dans l'exercice de ses fonctions. — Si la partie lésée s'est au contraire adressée au fonctionnaire dans un cas où il était indifférent qu'elle eût recours à lui ou à tout autre, et pour un acte qui n'entrait pas nécessairement dans les devoirs de sa charge, il n'est tenu envers elle que comme tout mandataire; il n'y a pas lieu au privilège pour fait de charge. — L'application de ces principes présente, dans la pratique, de nombreuses difficultés, particulièrement à l'occasion de l'exercice des fonctions de notaire. Il a été jugé, notamment, qu'il n'y a pas fait de charge de la part du notaire qui détourne une somme remise entre ses mains par un acquéreur pour être employée à payer des créanciers inscrits sur des quittances que le notaire était chargé de recevoir (Civ. c. 28 juill. 1868, D. P. 68. 1. 438).

12. Les divers créanciers pour faits de charge d'un même fonctionnaire sont tous payés en concurrence; il n'existe entre eux aucune cause de préférence, et on n'a égard aux dates ni de leurs créances, ni des oppositions par eux formées.

13. Le privilège des créanciers pour faits de charge affecte les intérêts comme le capital du cautionnement. — Il frappe le cautionnement tout entier, y compris ce qui est versé à titre de supplément, et il en est ainsi dans le cas même où le fonctionnaire, étant chargé de deux gestions distinctes, aurait été tenu de fournir ce supplément à raison de l'une d'elles; l'intégralité du cautionnement doit alors être affectée à chacune des gestions conférées;... à moins, cependant, que le supplément ainsi exigé ne l'ait été à raison d'un emploi dont la comptabilité est entièrement distincte et concerne des fonds autres que ceux de l'Etat. En ce cas, les faits de charge se rattachant à l'une des gestions ne doivent pas, à moins de disposition contraire de la loi, affecter le cautionnement qui a été versé pour garantie de l'autre. — Lorsqu'il s'agit d'un officier ministériel, le privilège des créanciers pour faits de charge ne frappe pas le prix de l'office lui-même (V. *infra, Office*).

14. Un privilège sur le cautionnement des officiers ministériels est généralement reconnu au Trésor pour payement des droits dus par eux à raison des actes de leur ministère; mais ce privilège ne vient qu'après celui des créanciers pour faits de charge. — La Cour de cassation décide que le Trésor n'est pas privilégié sur le cautionnement des fonctionnaires pour le payement des amendes auxquelles ceux-ci sont condamnés pour crimes ou délits commis dans l'exercice de leurs fonctions, mais qu'il a au contraire un privilège pour le recouvrement des amendes purement civiles encourues par les fonctionnaires, pour contravention aux règles de leur profession.

15. Le privilège attribué aux *bailleurs de fonds* qui ont prêté au titulaire les sommes nécessaires à la constitution de son cautionnement ne s'exerce qu'après le privilège des créanciers pour faits de charge. — Il n'existe que sous la condition d'une déclaration formelle faite en faveur des bailleurs de fonds par le titulaire au moment même du versement du cautionnement (L. 25 niv. an 13, art. 4). Cette déclaration ne doit pas nécessairement avoir lieu au moment du versement. Elle peut intervenir postérieurement (Décr. 22 août 1808). Elle ne peut être faite que par acte notarié, rédigé suivant un modèle et légalisée par le président du tribunal, accompagnée en outre d'un certificat de non-opposition délivré par le greffier du tribunal, lorsque ladite déclaration est postérieure de plus de huit jours au versement, certificat qui doit être mentionné dans la déclaration (Décr. 23 déc. 1812). La déclaration doit, en outre, être inscrite au Trésor, sur le registre des oppositions. La loi n'exige pas la preuve que les fonds employés au cautionnement proviennent réellement du prêt consenti au titulaire; la seule déclaration des parties fait preuve de l'origine des deniers versés au Trésor, sauf la faculté pour les intéressés de fournir la preuve contraire. — Lorsque les formalités prescrites pour la constitution du privilège des bailleurs de fonds ont été omises, il ne peut y être suppléé par d'autres modes de preuve établissant l'origine des deniers. — Il est délivré au bailleur de fonds, régulièrement inscrit au Trésor sur le registre des oppositions, un certificat constatant l'existence de son privilège. — Il ne peut transférer ce privilège à un autre prêteur qu'au moyen d'une subrogation consentie par lui, au moment même où il reçoit son remboursement de ce nouveau bailleur de fonds.

16. Le privilège ne peut exister que lorsque les fonds ont été fournis par un tiers : le titulaire qui fait lui-même les fonds de son cautionnement ne peut constituer de privilège en faveur d'un tiers prêteur. — La déclaration dite *de propriété* faite en faveur du bailleur de fonds ne rend nullement celui-ci propriétaire du cautionnement, qui reste la propriété du fonctionnaire; elle n'a d'autre effet que d'assurer au bailleur de fonds le privilège de second ordre. — Il en résulte que le payement fait, que ce cautionnement, de la créance pour sûreté de laquelle il avait été fourni, n'opère pas subrogation légale du bailleur de fonds aux droits et actions du Trésor public, par exemple, dans le privilège de gagiste qu'aurait stipulé ce dernier, indépendamment du cautionnement. — Mais il a été jugé que le titre nominatif de rente sur l'Etat affecté à un cautionnement demeure la propriété du titulaire de la rente, alors qu'il n'a pas été transféré dans la forme prescrite, que, suivant les conventions arrêtées entre les parties, le transfert n'en devait être opéré qu'après le payement de sa valeur, et que les effets souscrits pour la réalisation de ce payement n'ont pas été acquittés (Toulouse, 11 mars 1885, D. P. 86. 2. 108).

17. Le privilège de second ordre existe non seulement au profit des bailleurs de fonds qui ont fourni le cautionnement d'un fonctionnaire, mais aussi au profit de ceux qui ont fourni le cautionnement des fournisseurs ou entrepreneurs de l'Etat.

§ 3. — *Oppositions ou saisies-arrêts* (R. 97 et s.; S. 23 et s.).

18. Tous les créanciers, même non privilégiés, du fonctionnaire ou comptable ont la faculté de former, pour sûreté de leur créance, *opposition* sur les fonds du cautionnement de leur débiteur (Pr. 557 et s.). — L'opposition doit être motivée, c'est-à-dire énoncer la créance à raison de laquelle elle est faite; elle est signifiée soit directement au bureau des oppositions du ministère des Finances, soit au greffe du tribunal dans le ressort duquel le titulaire exerce ses fonctions, savoir, pour les agents de change et courtiers, au greffe du tribunal de commerce, et, pour tous les autres, au greffe du tribunal civil. — L'opposition au greffe empêche le remboursement du capital du cautionnement, mais non le payement des intérêts.

19. L'art. 14 de la loi du 9 juill. 1886 (R. vᵒ *Trésor public*, p. 1151), aux termes duquel les saisies-arrêts ou oppositions sur des sommes dues par l'Etat n'auront d'effet que pendant cinq années à compter de leur date, s'applique aux saisies-arrêts ou oppositions formées sur les cautionnements de fonctionnaires, et spécialement à la saisie-arrêt faite au Trésor public sur le cautionnement d'un notaire (Civ. c. 9 août 1892, D. P. 92. 1. 573).

20. L'opposition du créancier pour fait de charge affecte le cautionnement à l'instant même où elle est formée. Celle du bailleur de fonds ou de tout autre créancier ne produit effet sur le capital du cautionnement qu'au jour de la cessation des fonctions du titulaire : c'est à ce moment seulement que les fonds du cautionnement peuvent être distribués à ces créanciers; jusque-là les intérêts du cautionnement peuvent seuls être saisis.

21. Les sommes formant le cautionnement d'un fonctionnaire peuvent être l'objet d'un *transport* au profit d'un tiers : celui-ci le fait signifier au bureau des oppositions du ministère des finances, dont le chef appose son visa sur l'original. Le cessionnaire est, par l'effet de ce transport, régulièrement saisi de la propriété du cautionnement, et le Trésor peut valablement en verser le montant entre ses mains, sauf opposition de la part des créanciers nantis d'un privilège sur ce cautionnement.

§ 4. — *Remboursement du cautionnement* (R. 115 et s.; S. 27).

22. Le remboursement des cautionnements en numéraire est effectué à Paris, aux caisses du Trésor, et en province à celles des receveurs généraux et particuliers. — Le fonctionnaire qui veut obtenir le remboursement de son cautionnement doit déclarer au greffe du tribunal (civil ou de commerce, suivant la distinction faite *suprà*, nᵒ 18) dans le ressort duquel il exerce, qu'il cesse ses fonctions; cette déclaration est affichée, pendant trois mois, dans le lieu des séances du tribunal. Le cautionnement n'est remis au titulaire qu'après l'expiration de ce délai et après la mainlevée des oppositions qui auraient été faites au Trésor, sur le vu d'un certificat du greffier visé par le président, qui constate que la déclaration prescrite a été affichée pendant le délai fixé, que, pendant cet intervalle, il n'a été prononcé contre le titulaire aucune condamnation pour faits de charge, et qu'il n'existe au greffe aucune opposition ou que celles survenues ont été levées. Les agents de change doivent aussi remplir ces formalités à la bourse (L. 25 niv. an 13, art. 5). En outre, le réclamant doit fournir un certain nombre de pièces énumérées par les instructions ministérielles et destinées à établir qu'il est bien le véritable propriétaire des fonds. — L'accomplissement de toutes ces formalités est exigé pour le remboursement des cautionnements, non seulement des fonctionnaires et titulaires d'offices, mais aussi des comptables et de toutes autres personnes assujetties à un cautionnement. — Il est également imposé aux héritiers du fonctionnaire ou comptable décédé. — Enfin, les créanciers de celui-ci peuvent également, à son défaut, remplir les formalités ci-dessus.

23. Lorsque le cautionnement a été constitué en rentes, les mêmes formalités doivent être accomplies. Sur le vu des pièces exigées

pour le remboursement des cautionnements en numéraire, et à la suite d'une décision ministérielle, il est délivré au titulaire, en échange des inscriptions grevées, de nouvelles inscriptions libres de toute affectation (Décr. 2 juill. 1898, art. 11).

§ 5. — *Compétence* (R. 131 et s.; S. 28).

24. En matière de cautionnement de fonctionnaires, la juridiction administrative est compétente toutes les fois qu'il y a lieu d'apprécier la nature, le sens ou l'étendue d'un acte administratif. — La juridiction civile a compétence dans tous les autres cas, notamment pour statuer sur la validité d'une saisie-arrêt pratiquée sur le cautionnement d'un fonctionnaire public.

§ 6. — *Enregistrement et timbre.*

25. L'art. 69, § 2, nᵒ 8, de la loi du 22 frim. an 7 (R. vᵒ *Enregistrement*, t. 21, p. 26), après avoir établi le tarif du droit de cautionnement à 50 centimes pour 100, porte, *in fine* : « Il ne sera perçu qu'un demi-droit pour le cautionnement des comptables envers la République. » — Ce demi-droit n'atteint pas les cautionnements en *numéraire* fournis par les comptables pour la garantie de leur gestion, le récépissé constatant le versement étant, en effet, exempt de l'enregistrement (L. 22 frim. an 7, art. 70, § 3, nᵒ 7); mais il s'applique aux cautionnements immobiliers que ces comptables fournissent eux-mêmes et, à plus forte raison, à ceux de même espèce qui sont fournis par des tiers. — Le tarif plein est applicable aux actes de cautionnement des comptables privés.

26. A titres exceptionnels, sont seulement soumis au droit fixe de 3 francs :
1º Les cautionnements des conservateurs des hypothèques (L. 21 vent. an 7, art. 5, R. p. 3; 18 mai 1850, art. 8, D. P. 50. 4. 87; 28 févr. 1872, art. 4, D. P. 72. 4. 12); —
2º ceux des receveurs particuliers de la navigation intérieure (Arr. 3 prair. an 11, art. 11, R. vᵒ *Voirie par eau*, p. 721; L. 18 mai 1850, art. 8; 28 févr. 1872, art. 4).

27. Les cautionnements en rentes sur l'Etat étant reçus soit par le directeur du Domaines, soit par l'agent judiciaire du Trésor, sont exempts d'enregistrement (L. 15 mai 1818, art. 78 et 80, R. vᵒ *Enregistrement*, p. 41).

28. Les déclarations de privilège de second ordre, établies conformément au modèle annexé au décret du 22 déc. 1812, sont soumises au droit fixe de 3 francs (Décr. 22 déc. 1812, art. 3, R. p. 12; L. 18 mai 1850, art. 8, et 28 févr. 1872, art. 4).

29. Les demandes à fins d'inscription, soit du cautionnement versé au Trésor public par un fonctionnaire, soit du privilège du bailleur de fonds, sont exemptes du timbre; mais le droit de timbre est exigible sur les demandes tendant au remboursement du capital ou des intérêts de ce cautionnement (Décis. min. fin. 7 juill. 1851, D. P. 52. 3. 7).

CHANGE - CHANGEUR
(R. vᵒ *Change-Changeur*; S. eod. vᵒ).

1. Le change, au sens technique du mot, exprime la permutation d'une monnaie contre une autre, par exemple d'une monnaie nationale contre une monnaie étrangère; mais il s'entend aussi du bénéfice réalisé par la personne qui consent à faire cette opération au profit d'une autre, c'est-à-dire de la différence du cours entre les deux monnaies. — Quant au contrat de change, c'est-à-dire à l'opération dont l'objet est de faire payer dans un certain lieu une somme reçue dans un autre, V. *infrà*, Lettre de change.
2. La profession de changeur est libre et peut être exercée par tout individu, sans

condition aucune; seulement, les opérations de change sont des actes de commerce (V. *suprà*, *Acte de commerce*, nᵒ 23) et, par conséquent, ceux qui exercent cette profession sont soumis aux règles communes à tous les commerçants. — En outre, les changeurs sont tenus à certaines obligations de police; spécialement, ils doivent porter sur un double registre tous les articles de leurs recettes, ainsi que les noms des propriétaires des espèces et matières par eux échangées (Décr. 19 et 21 mai 1791, art. 5, R. vᵒ *Monnaie*, p. 873).
3. En fait, les changeurs s'occupent aussi de l'achat et de la vente des valeurs mobilières; mais, à cet égard, leur situation est entièrement régie par le droit commun (V. *infrà*, Valeurs mobilières).

CHANTAGE — EXTORSION DE TITRE ET DE SIGNATURE
(R. vᵒ *Vol et Escroquerie*; S. eod. vᵒ).

§ 1ᵉʳ. — *Chantage* (R. 617 et s.; S. 89 et s.).

1. Le délit de chantage, prévu par l'art. 400, § 2, c. pén. et puni d'un emprisonnement de un à cinq ans et d'une amende de 50 à 3000 francs, exige la réunion de trois éléments.
2. Le premier élément consiste dans la menace écrite ou verbale de révéler ou d'énoncer un fait *diffamatoire*, c'est-à-dire portant atteinte à l'honneur et à la considération de la personne menacée. Il n'y aurait pas chantage, s'il y avait menace de nuire soit par abus d'influence, soit par tout autre moyen que la diffamation (Paris, 18 mai 1898, D. P. 97. 2. 324). — Il faut que cette menace fasse craindre d'une façon précise une révélation ou une imputation diffamatoire : il ne suffirait pas, pour constituer le délit, d'une menace qui ne pourrait avoir qu'une influence de contrainte morale. Ainsi, le juge ne pourrait fonder une condamnation pour délit de chantage sur les termes d'une lettre au plaignant contenant la menace de le « faire marcher jusqu'au bout », sans spécifier par suite de quelles circonstances de fait cette menace impliquerait celle de révélations ou d'imputations diffamatoires (Cr. c. 7 déc. 1901, D. P. 1904. 1. 159). — Mais il n'est pas nécessaire que le fait, objet de la diffamation ou de l'imputation diffamatoire, soit énoncé ou précisé dans la menace écrite ou verbale; il suffit que cette menace y fasse une allusion suffisante pour que la victime puisse craindre une révélation ou une imputation de la nature de celles que prévoit l'art. 400, § 2. Ainsi, la menace de publications diffamatoires, quoique déguisée sous des réticences, dissimulée sous les artifices de langage, n'en constitue pas moins l'un des éléments du délit prévu par l'art. 400, § 2, c. pén., lorsqu'elle a exercé une pression sur la victime et a entraîné le payement d'une somme d'argent. De même, et à plus forte raison, est punissable la menace d'impliquer une personne dans un procès de mœurs, de vol et d'assassinat, puisqu'elle suppose nécessairement la révélation préalable de faits susceptibles de motiver l'introduction d'une poursuite criminelle (Cr. r. 7 déc. 1900, D. P. 1901. 1. 512).
3. Le délit n'existe pas moins dans le cas où le fait diffamatoire est exact et non calomnieux, ainsi lorsqu'il s'agit d'un fait public, tel qu'une condamnation encourue. — En outre, il n'est pas nécessaire que la menace ait été adressée à la personne visée par l'imputation ou la révélation et paraissant avoir l'intérêt le plus direct à en éviter la divulgation. Ainsi, la menace faite par écrit à une mère, aux fins d'une certaine somme d'argent, de révéler un crime de faux commis par son fils, constitue le délit

25

de chantage (Cr. c. 25 avr. 1896, D. P. 98. 1. 92).

4. Il faut, en second lieu, que la menace écrite ou verbale de révéler un fait diffamatoire soit faite dans un but de *cupidité illégitime*. — La cupidité consiste en ce que l'objet direct de la menace est d'extorquer une somme d'argent ou un titre. Si l'auteur de la menace agissait par haine, par désir de vengeance, il pourrait commettre dans certains cas un délit de diffamation ; il ne se rendrait pas coupable du délit de chantage. — En outre, il faut que le profit qu'on cherche à se procurer soit illégitime, que l'auteur de la menace réclame ce qui ne lui est pas dû ; en conséquence, celui qui menace de dénonciation l'auteur d'un crime ou d'un délit dont il a été victime, et qui obtient ainsi réparation du préjudice qu'il a éprouvé, ne commet pas un acte illicite.

5. Enfin, une troisième condition, c'est que l'auteur de la menace soit de *mauvaise foi*. Si la somme qu'il prétend être en droit de réclamer ne lui est pas due et s'il ne peut se faire aucune illusion sur l'inanité de ses prétentions, il y a mauvaise foi constitutive du délit de chantage. Au contraire, le délit n'existerait pas si l'auteur de la menace se croyait en droit de réclamer légitimement la somme au versement de laquelle il subordonnait son silence (Cr. r. 2 avr. 1897, D. P. 98. 1. 150).

§ 2. — *Extorsion de titre et de signature* (R. 603 et s.; S. 88).

6. L'art. 400, § 1er, c. pén. punit des travaux forcés à temps l'extorsion par force, violence ou contrainte, d'une signature, de la remise d'un écrit, d'un acte, d'un titre, d'une pièce quelconque opérant obligation, disposition ou décharge. — Il est nécessaire que l'écrit extorqué contienne ou opère obligation, disposition ou décharge ; mais l'extorsion ne serait pas moins punissable bien que cet écrit fût affecté d'une irrégularité qui le rendrait inefficace, à la condition toutefois qu'il ne s'agisse que d'une nullité relative. Ainsi, le fait d'avoir contraint une femme mariée d'apposer au bas d'un billet sa signature accompagnée d'un *bon pour* est punissable, quoique le billet puisse être annulé pour défaut d'autorisation du mari, ce vice étant de ceux qui peuvent être couverts. S'il s'agit, au contraire, d'une nullité absolue ; si le titre est atteint d'un vice radical, il ne peut pas, semble-t-il, y avoir de crime. Cependant, si la nullité est indépendante de la volonté de l'agent ; si elle est une circonstance qu'il n'a pas prévue et qui lui est étrangère, l'acte pourrait être considéré comme une tentative du crime d'extorsion, tentative n'ayant manqué son effet que par une circonstance indépendante de la volonté de son auteur.

CHARTE-PARTIE
(R. v° *Droit maritime*; S. eod. v°).

1. On appelle charte-partie, en droit maritime, un contrat par lequel une personne, le *fréteur*, loue à une autre, l'*affréteur*, un navire, en tout ou partie, pour un usage convenu, moyennant un prix stipulé qu'on appelle *fret* (sur l'Océan) ou *nolis* (sur la Méditerranée). — La matière fait l'objet des titres 6, 7 et 8 du livre 2 du Code de commerce (art. 273 à 310).

Art. 1er. — RÈGLES GÉNÉRALES (R. 783 et s.; S. 858 et s.).

2. La charte-partie constitue un *contrat de louage* auquel il convient d'étendre, en général, les principes du droit civil sur les points qui n'ont pas été réglés par la loi commerciale. — La charte-partie peut être conclue par les propriétaires du navire (ou la majorité d'entre eux), par leur fondé de

pouvoirs, ou par le capitaine agissant comme leur mandataire. Toutefois, le capitaine, dans le lieu de la demeure des propriétaires ou de leurs fondés de pouvoirs, ne peut fréter le navire sans leur autorisation spéciale (Com. 232).

3. L'affrètement peut avoir lieu pour la *totalité* ou pour *partie* du bâtiment, pour un *voyage* entier ou pour un *temps limité*, au *tonneau*, au *quintal*, à *forfait* ou à *cueillette*, avec désignation du tonnage du vaisseau (Com. 286). Si le navire est frété *au mois*, et s'il n'y a convention contraire, le fret court du jour où le navire a fait voile (Com. 275), jusqu'au moment où les marchandises ont été mises au lieu de destination.

4. Dans l'affrètement *au tonneau*, c'est le tonneau de mer, mesure de capacité s'appliquant aux marchandises, qui sert à déterminer le montant du fret ; on tient compte, pour le fixer, à la fois du poids et du volume des marchandises. Un décret du 25 août 1861 (D. P. 61. 4. 118) a fixé de façon uniforme, pour tous les ports, la composition du tonneau ; selon la catégorie des marchandises, le tonneau est de 150 à 1 000 kilogrammes. — Sur le tonneau de jauge, V. *infrà*, *Navigation*. — Le fret *au quintal* est ordinairement calculé sur le poids *brut* de la marchandise. — L'affrètement à *forfait* est celui dans lequel on convient d'un prix pour le transport d'une quantité de marchandises présentées en bloc. — Enfin, il y a affrètement à *cueillette* lorsque le fréteur ne s'engage à prendre les marchandises de l'affréteur qu'autant qu'il parviendra à compléter, par l'effet d'autres chartes-parties, le chargement de son navire, dans un certain délai, passé lequel le contrat sera résolu, si le chargement n'est pas complet.

5. Les effets de la charte-partie ne sont pas limités au transporteur et au chargeur, entre lesquels elle est intervenue. Elle peut être invoquée par le destinataire (Civ. 1121) et lui est opposable, mais seulement dans la mesure où le comportent les énonciations du connaissement, qui seules lui font connaître les conditions du transport (Req. 22 févr. 1898, D. P. 1900. 1. 297).

Art. 2. — FORMES DE LA CHARTE-PARTIE (R. 802 et s.; S. 870 et s.).

6. Toute charte-partie doit être rédigée *par écrit* (Com. 273). L'écrit peut être soit un acte authentique, passé devant un notaire, un courtier maritime, ou, à l'étranger, devant un chancelier de consulat ou une autorité locale compétente à cet effet, soit par acte sous seing privés. — Il n'est même pas besoin d'un acte proprement dit : des documents écrits quelconques, tels que la correspondance, les livres des parties, peuvent y suppléer. Dans l'usage, l'affrètement des bâtiments destinés au petit cabotage se fait sans écrit. — La formalité de l'écriture n'est, d'ailleurs, exigée que pour la preuve et non pour la validité du contrat.

7. La charte-partie énonce le nom et le tonnage du navire et du nom du capitaine ; les noms du fréteur et de l'affréteur ; le lieu et le temps convenus pour la charge et pour la décharge ; le prix du fret ou nolis ; si l'affrètement est total ou partiel ; l'indemnité convenue pour les cas de retard (Com. 273) ; et, enfin, toutes les conditions particulières qu'il plait aux parties de stipuler. — Les noms du navire, du fréteur et de l'affréteur doivent, à peine de nullité, être énoncés dans la charte-partie ; les autres énonciations ne sont pas essentielles, et leur absence n'entraîne pas la nullité du contrat.

8. Si le temps de la *charge* et de la *décharge* du navire n'est point fixé par la convention, il est réglé suivant l'usage des lieux (Com. 274). — On appelle *staries* ou

jours de planche le délai dans lequel l'affréteur est tenu d'amener à quai les marchandises que le capitaine doit charger dans le navire, et le délai dans lequel le chargeur doit recevoir du capitaine les mêmes marchandises après l'arrivée du bâtiment. Les jours employés, en sus des staries fixées par la convention ou l'usage, pour le chargement ou le déchargement, s'appellent *surestaries*. On ne fait entrer dans le compte des jours de starie et de surestarie que les jours ouvrables, sauf convention contraire des parties (résultant notamment de la fixation des staries en *jours courants*). — Le taux de l'indemnité due à raison des surestaries est fixé par la convention ou par l'usage : il est généralement évalué à 50 centimes par tonneau de jauge et par jour.

9. Les surestaries ne sont dues que dans le cas où le retard est imputable au propriétaire des marchandises ou à ses préposés (Com. 294) ; elles ne le sont pas quand il y a pour cause un cas de force majeure ou le fait du capitaine. — Le délai de staries est suspendu quand un obstacle fortuit, tel qu'un accident de la nature ou un fait de l'Administration, rend le chargement ou le déchargement momentanément impossible. On admet, en général, que les mêmes règles sont applicables au calcul des jours de surestaries. — Quand la charte-partie limite la durée des surestaries, le temps employé en sus de ce second délai forme une troisième période, celle des *contrestaries*. Le taux des contrestaries est fixé par la charte-partie, sinon par l'usage.

10. D'après la jurisprudence de la cour de cassation, la créance résultant des surestaries et contrestaries est l'accessoire et le complément du fret, et non pas une simple créance de dommages-intérêts. Par conséquent, elle s'éteint avec le fret en cas de perte des marchandises par cas fortuit (Com. 302) ; elle est, comme lui, garantie par un privilège sur le navire (V. *infrà*, n° 56) ; elle est soumise à la prescription de l'art. 432 c. com.

11. Les surestaries et contrestaries sont dues par celui par la faute de qui le retard se produit ; c'est-à-dire par l'affréteur, en cas de retard dans le chargement, et par le destinataire, en cas de retard dans le déchargement.

12. Il n'y a aucun rapport entre les jours de planche et le délai pour mettre à la voile. Si le chargement est opéré avant l'expiration des staries, le capitaine doit faire partir son navire sans attendre qu'elles soient écoulées ; sinon il encourt, après une simple mise en demeure, des dommages-intérêts pour retard (Com. 295).

13. En règle générale, dans le contrat d'affrètement, les clauses d'un sens douteux doivent être interprétées contre l'affréteur. Pour l'interprétation des clauses du contrat, il y a lieu de présumer que les parties ont entendu se référer à la loi et aux usages du pays où ce contrat est passé. — En ce qui concerne les opérations d'embarquement et de débarquement, on doit se conformer aux usages du port où elles s'accomplissent.

Art. 3. — OBLIGATIONS DU FRÉTEUR ET DU CAPITAINE.

§ 1er. — *Délivrance du connaissement* (R. 831 et s.; S. 920 et s.).

14. Le fréteur, ou le capitaine, son mandataire, doit fournir au chargeur un *connaissement*, appelé aussi *police de chargement*, qui sert à constater que les marchandises ont été effectivement chargées, qui tient lieu de la voiture qui, dans les transports par terre, est remise au voiturier. L'existence d'une charte-partie ne dispense pas de dresser un connaissement constatant la réalisation de l'engagement pris dans la charte-partie de charger des marchandises ; mais le connaissement peut, au contraire, remplacer la charte-partie.

15. Le connaissement affecte ordinairement la forme d'un acte sous seing privé ; en général, il est imprimé avec des blancs que les parties remplissent. L'art. 281 c. com. énumère les énonciations que doit contenir le connaissement, et auxquelles il y a lieu d'ajouter la *date*, bien que la loi ne l'exige pas (Alger, 31 janv. 1893, D. P. 93. 2. 536).

16. Ce sont : 1° La *nature* et la *quantité*, ainsi que les *espèces* ou *qualités* *des objets à transporter*. — Le capitaine est responsable des colis tels qu'ils ont été décrits dans le connaissement, sans pouvoir se soustraire à cette responsabilité en alléguant une erreur. Toutefois, lorsque le connaissement contient la réserve : *sans approuver, poids inconnu*, ou *que dit être*, le capitaine n'est pas garant du poids ou de la mesure, ni de la qualité, mais seulement du nombre de tonneaux, caisses ou ballots, à moins qu'il ne soit prouvé qu'en fait il a connu le poids, la quantité ou la qualité des marchandises chargées, auquel cas il serait responsable de ce poids, de cette quantité ou de cette qualité vis-à-vis de tout tiers porteur du connaissement (mais non vis-à-vis du chargeur qui a signé la déclaration inexacte, ou de ses représentants).

17. 2° Le *nom du chargeur*, le nom et l'adresse de celui à qui l'expédition est faite (à moins que le connaissement ne soit à l'ordre du chargeur, ou au porteur). V. infra, n° 23. La loi n'exige pas l'indication du *propriétaire* ni de *pour quel compte*.

18. 3° Le *nom* et le *domicile du capitaine*.

19. 4° Le *nom* et le *tonnage du navire*. — Le fréteur ne peut substituer un autre bâtiment à celui désigné dans la charte-partie.

20. 5° Le *lieu du départ* et celui de la *destination*.

21. 6° Le *prix du fret*, et souvent aussi le *lieu* et le *mode de payement*. — En cas de défaut d'indication de ce prix, s'il n'est pas non plus réglé par la charte-partie, il est fixé, en cas de contestation, par des experts, d'après l'usage des lieux et le taux du commerce.

22. 7° La mention, faite en marge, des *marques et numéros des objets à transporter*.

23. Le connaissement peut être à ordre, ou au porteur, ou à personne dénommée (Com. 281). — L'endossement d'un connaissement à ordre transfère la propriété des marchandises, s'il est régulier ; sinon, il ne vaut que comme simple procuration. Le connaissement au porteur se transmet de la main à la main (V. infra, *Effets de commerce*).

24. Le connaissement doit être fait en *quatre originaux* au moins : un pour le chargeur, un pour celui à qui les marchandises sont adressées, un pour le capitaine, un pour l'armateur du bâtiment (Com. 282). Chaque original doit mentionner en combien d'exemplaires le connaissement a été dressé, à peine d'une amende fiscale, mais non de la nullité de l'acte. — Les quatre originaux sont signés par le chargeur et par le capitaine, dans les vingt-quatre heures après le chargement (Com. 282). La signature est essentielle. Ainsi, faute d'être signé par le chargeur, le connaissement ne pourrait être invoqué par l'armateur à l'effet de prouver l'existence de clauses défavorables au chargeur ou au destinataire (Douai, 30 juill. 1902, D. P. 1903. 2. 110). — Le chargeur est tenu de fournir au capitaine, dans le même délai de vingt-quatre heures, les acquits des marchandises chargées (Com. 282), c'est-à-dire les acquits de payement ou les acquits-à-caution des douanes.

25. Le connaissement régulier en la forme fait foi de son contenu à l'égard des parties intéressées au chargement (Com. 283), c'est-à-dire de tous ceux qui ont intérêt à établir le fait du chargement et la nature ou la quantité des objets chargés. Le connaissement irrégulier ne fait pas foi contre les tiers intéressés (Com. 283) ; mais, entre les signataires, il fait preuve des faits qu'il relate.

26. Le porteur du connaissement, qui en a été régulièrement saisi, a le droit exclusif de se faire remettre la marchandise à l'arrivée, à la condition, toutefois, de se soumettre aux obligations qu'il impose, par exemple de payer le fret stipulé. Si le connaissement reproduit la charte-partie ou s'y réfère expressément, le porteur est lié par les clauses de la charte-partie ; sinon, il n'a d'autres obligations que celles qui sont consignées dans le connaissement. — S'il y a divergence entre la charte-partie et le connaissement, les parties sont présumées avoir entendu déroger au premier de ces actes par le second. — En cas de divergence entre les divers connaissements d'un même chargement, celui qui est entre les mains du capitaine fait foi, s'il est rempli de la main du chargeur ou de celle de son commissionnaire ; et celui qui est présenté par le chargeur ou le consignataire est suivi, s'il est rempli de la main du capitaine (Com. 284).

27. Pour mettre, en cours de voyage, les marchandises à la disposition d'une personne, il suffit de lui transférer le connaissement. A l'arrivée du bâtiment, plusieurs personnes, toutes également de bonne foi, peuvent se trouver en possession d'exemplaires du même connaissement. En ce cas, si le chargeur demeuré en possession d'un des exemplaires du connaissement, ou le destinataire encore muni d'un des exemplaires qui lui ont été adressés, se trouve en rivalité avec une personne à qui un autre exemplaire a été transféré, c'est cette personne qui vient toujours en première ligne, alors même qu'elle tiendrait le connaissement d'un simple mandataire ou commissionnaire qui l'aurait négocié frauduleusement. Si divers exemplaires du connaissement ont été transmis, soit par le chargeur, soit par le destinataire, à plusieurs individus qui viennent concurremment réclamer la marchandise, la préférence appartient à celui qui, le premier, a été régulièrement nanti du connaissement (Civ. r. 31 mai 1892, D. P. 94. 1. 185).

§ 2. — *Obligation de mettre l'affréteur en jouissance du navire, pour l'usage convenu* (R. 881 et s. ; S. 983 et s.).

28. Le fréteur doit mettre le navire à la disposition de l'affréteur, en vue du chargement, dans le lieu et à l'époque indiqués, et dans la mesure où il a fait l'objet du contrat. — Le navire doit être en état de navigabilité ; l'affréteur aurait droit à des dommages-intérêts s'il était prouvé que, lorsque le navire a fait voile, il était hors d'état de naviguer, alors même que le capitaine en aurait ignoré le vice et nonobstant tous certificats de visite au départ (Com. 297).

29. Lorsque l'affrètement a pour objet la totalité ou une quote-part du navire, le capitaine est garant de la contenance qu'il a déclarée. Le capitaine qui a déclaré le navire d'un *plus grand port* qu'il n'est doit des dommages-intérêts à l'affréteur, si sa fausse déclaration a porté préjudice à celui-ci (Com. 289), à moins que cette déclaration ne soit conforme au certificat de jauge, ou que l'erreur ne soit pas de plus d'un quarantième (Com. 290). — La fausse déclaration du tonnage pourrait même être une cause de résiliation du contrat (Civ. 1184).

30. Lorsque le navire a été loué en *totalité*, et que l'affréteur ne lui donne pas toute sa charge, le capitaine ne peut prendre d'autres marchandises sans le consentement de l'affréteur. L'affréteur profite du fret des marchandises qui complètent le chargement du navire qu'il a entièrement affrété (Com. 287). D'ailleurs, en cas de sous-affrètement, sans son autorisation, de la place laissée disponible par ses marchandises, l'affréteur peut faire annuler le contrat. Quand le navire n'est loué qu'en partie, l'affréteur n'a droit qu'à l'espace loué ; le fréteur peut disposer du surplus.

31. Le capitaine, n'étant tenu de recevoir que les marchandises indiquées dans la convention, peut faire mettre à terre, *dans le lieu du chargement*, les marchandises trouvées dans son navire, si elles ne lui ont point été déclarées, ou en prendre le fret au plus haut prix payé dans le même lieu pour les marchandises de même nature (Com. 292). Il ne peut faire décharger en cours de route les marchandises chargées sans son aveu, que si elles sont une surcharge dangereuse pour le navire, ou doivent faire, à l'arrivée, une concurrence nuisible au reste de la cargaison.

§ 3. — *Obligations relatives au transport des marchandises* (R. 910 et s. ; S. 1004 et s.).

32. Le transport doit avoir lieu dans le délai fixé. Le capitaine doit mettre à la voile dans le laps de temps imparti par la convention ou l'usage à compter du moment où le chargement est terminé, si le temps le permet. Il doit ensuite se rendre à destination sans perdre de temps. — Si le voyage a été retardé par le fait du capitaine, soit au départ, soit en cours de route, soit au lieu de la décharge, l'affréteur a droit à des dommages-intérêts. Ceux-ci sont réglés par experts (Com. 295) ; l'expertise est, d'ailleurs, facultative pour le juge (Civ. r. 24 oct. 1893, D. P. 94. 1. 13). Les dommages-intérêts ne sont pas dus lorsque le retard est le résultat de la force majeure.

33. Si, avant le départ du navire, il y a *interdiction de commerce* (quelle qu'en soit la cause) avec le pays pour lequel il est destiné, les conventions sont résolues sans dommages-intérêts de part ni d'autre. Le chargeur est tenu des frais de la charge et de la décharge de ses marchandises (Com. 276). — Si la force majeure n'empêche que pour un temps la sortie du navire, les conventions subsistent, et il n'y a pas lieu à dommages-intérêts à raison du retard. Elles subsistent également, et il n'y a lieu à aucune augmentation de fret, si la force majeure arrive pendant le voyage (Com. 277). — Le chargeur peut, pendant l'arrêt du navire (soit avant le départ, soit dans un port de relâche), faire décharger ses marchandises à ses frais, à condition de les faire recharger ou d'indemniser le capitaine (Com. 278).

34. Le capitaine, à l'arrivée, est tenu de livrer les marchandises au destinataire. Cette délivrance doit être faite dans le port de destination. — Dans le cas où ce port est frappé de *blocus*, le capitaine est tenu, s'il n'a des ordres contraires, de se rendre dans un des ports de la même puissance où il lui sera permis d'aborder (Com. 279).

35. La livraison doit être faite à celui qui a le droit de réclamer les marchandises (V. supra, n° 26-27). — Tout commissionnaire ou consignataire qui reçoit les marchandises mentionnées dans les connaissements ou chartes-parties est tenu d'en donner reçu au capitaine qui le demande, à peine de tous dépens, dommages-intérêts, même de ceux de retardement (Com. 285).

36. Si l'on constate un manquant ou des avaries importantes, le destinataire peut laisser la marchandise pour compte. Si l'on ne sait où loger celle-ci ou si elle est sujette à dépérissement, elle peut être consignée (Com. 306), ... ou bien le tribunal peut en ordonner la vente, avec consignation du prix. — Le destinataire peut, malgré le déficit ou l'avarie, prendre livraison, mais en insérant, dans le reçu qu'il délivre, des réserves qui lui conservent le droit de réclamer une indemnité au capitaine et à l'armateur.

ART. 4. — OBLIGATIONS DE L'AFFRÉTEUR.

§ 1er. — *Obligations au départ et à l'arrivée* (R. 961 et s.; S. 1039 et s., 1069 et s.).

37. L'affréteur doit fournir, à l'époque fixée pour le chargement, les marchandises dont celui-ci doit se composer. — Les marchandises doivent être en quantité suffisante pour garantir le payement du fret; sinon le fréteur peut exiger une caution ou même demander la résiliation du contrat. — A l'arrivée, le chargeur (ou le destinataire) doit prendre livraison de la marchandise et procéder à son enlèvement dans les délais fixés par la convention ou les usages.

38. Ces obligations sont sanctionnées par les surestaries et les contrestaries qui peuvent être dues, en cas de retard dans l'enlèvement ou le chargement des marchandises au départ, soit dans leur enlèvement à l'arrivée (V. *suprà*, nos 8 et s.). — L'affréteur est, d'ailleurs, responsable, d'une façon générale, de tout retard que le voyage peut avoir subi par son fait, soit au départ, soit pendant la route, soit à l'arrivée. Il doit, en pareil cas, les *frais du retardement*, c'est-à-dire des dommages-intérêts calculés d'après le préjudice éprouvé par le fréteur (Com. 294, § 1er).

§ 2. — *Payement du fret* (R. 940 et s., 975 et s.; S. 1044 et s., 1079 et s.).

39. L'affréteur doit *payer le fret convenu*. Il ne peut, en principe, en demander la réduction, sous aucun prétexte (Com. 309). Toutefois, en cas d'affrètement partiel ayant pour objet la place nécessaire pour loger une certaine quantité de marchandises, le fret, calculé à raison du poids de celles-ci, pourrait être réduit si le chargeur ou le destinataire prouvait qu'il y a eu erreur dans la mention du poids portée au connaissement, le navire n'ayant pu contenir la totalité des marchandises auxquelles cette mention s'appliquait. — A l'inverse, le fret pourrait, sur la demande du fréteur, être augmenté, si le poids reconnu lors du déchargement était supérieur à celui qui résulte du connaissement. — L'art. 288 suppose, d'ailleurs, qu'il s'agit d'un affrètement proprement dit, c'est-à-dire qu'il y a location d'un navire déterminé, spécialement affecté à transporter la partie aux marchandises à transporter. Il est inapplicable au cas où un armateur s'est simplement engagé à transporter d'un point à un autre, moyennant un fret fixé d'après leur poids, une certaine quantité de marchandises : en pareil cas, le chargeur qui ne fait partir qu'une partie des marchandises prévues par le contrat peut seulement être condamné à des dommages-intérêts, pour inexécution des conventions intervenues (Paris, 27 nov. 1900, D. P. 1901. 2. 158).

40. Le fret doit être payé par le destinataire (Rennes, 18 avr. 1893, D. P. 93. 2. 333), ou par le consignataire des marchandises. Ce dernier est tenu directement et personnellement au payement du fret (Civ. r. 1er août 1894, D. P. 95. 1. 143), sans préjudice de l'action qui peut être exercée subsidiairement contre le chargeur. — Il en est autrement du consignataire du *navire*, mandataire de l'affréteur, qui représente ce dernier pour remplir les formalités et prendre les mesures que comporte l'arrivée du navire, aucun lien de droit n'existant, en principe, entre ce consignataire et l'armateur (même arrêt).

41. Le payement est reçu par le capitaine, en sa qualité de mandataire du fréteur. En l'absence de stipulations contraires dans le connaissement, le fret doit être payé immédiatement après le débarquement. C'est, par conséquent, le tribunal du lieu de l'arrivée qui est, en principe, compétent pour connaître des difficultés que fait naître le règlement du fret.

42. Si le consignataire refuse de recevoir les marchandises (ou de payer le fret), le capitaine peut, par autorité de justice, en faire vendre jusqu'à concurrence de son fret, et faire ordonner le dépôt du surplus (Com. 305). Les marchandises sont vendues aux enchères, avec les formalités ordinaires. Si le produit de la vente est insuffisant pour le payement du fret, le capitaine conserve son recours contre le chargeur (Com. 305).

43. Le capitaine peut aussi se borner à demander le dépôt des marchandises en mains tierces : il n'a pas le droit de les retenir dans son navire (Com. 306). Le dépositaire, si les parties ne s'accordent pas pour le choisir, est nommé par le tribunal du lieu. Les frais du dépôt sont à la charge du destinataire.

44. L'affréteur, alors même qu'il n'a pas chargé la quantité de marchandises portée sur la charte-partie, est tenu de payer le fret en entier, et pour le chargement complet auquel il s'est engagé, à condition, toutefois, que le fréteur l'ait mis en demeure de charger et en déduisant du fret les frais qu'aurait occasionnés au fréteur le transport des marchandises non chargées. — Si l'affréteur charge sur le navire, du consentement du capitaine, une quantité de marchandises supérieure à celle portée au contrat, ou si les marchandises occupent une place supérieure à celle qui a été indiquée, le fret de l'excédent doit être réglé d'après le prix fixé dans la charte-partie (Com. 288, § 1 et 2).

45. L'affréteur qui rompt le voyage avant le départ du navire, sans avoir rien chargé, doit payer la moitié du fret convenu, quel qu'ait été le mode d'affrètement (Com. 288-3°). — Le demi-fret, étant dû en pareil cas à titre d'indemnité de résiliation, n'est pas garanti par le privilège de l'art. 307 (V. *infrà*, nos 55 et s.); et, d'autre part, le capitaine n'y a droit que s'il a mis l'affréteur en demeure d'exécuter le contrat. — Cette faculté de résiliation moyennant le payement du demi-fret n'existe qu'avant tout chargement : l'affréteur qui rompt le voyage après que le navire a reçu une partie de son chargement, doit le fret entier si le navire part à non-charge (Com. 288-4°). Toutefois, lorsque le navire est chargé à *cueillette*, soit au quintal, au tonneau ou à forfait, le chargeur peut retirer ses marchandises avant le départ du navire, en payant le demi-fret (Com. 291).

46. Le chargeur qui retire ses marchandises pendant le voyage est tenu de payer le fret en entier et tous les frais de déplacement occasionnés par le déchargement; si les marchandises sont retirées pour cause de faits ou de fautes du capitaine, celui-ci est responsable de tous les frais (Com. 293). — Si le navire a été frété pour l'aller et le retour, l'affréteur qui déclare ne pas vouloir faire de chargement au retour doit le fret entier, ou pas seulement le demi-fret (Com. 294, § 2).

47. Si le capitaine est contraint de faire radouber le navire pendant le voyage, l'affréteur est tenu d'attendre ou de payer le fret en entier. Au cas où le navire ne peut être radoubé ou si, par suite d'une fortune de mer quelconque (prise, naufrage, etc.), il est mis hors d'état de continuer le voyage, le capitaine est tenu d'en louer un autre. Si le capitaine n'a pu louer un autre navire,

le fret n'est dû qu'à proportion de ce que le voyage est avancé (Com. 296).

48. Le fret est dû dans son intégralité, bien que le voyage ait été retardé par le fait du capitaine; mais il peut se compenser avec les dommages-intérêts auxquels l'affréteur peut avoir droit en raison de ce retard (V. *suprà*, n° 32). Au contraire, si le navire était hors d'état de naviguer lorsqu'il a fait voile (V. *suprà*, n° 28), l'affréteur ne doit pas le fret.

49. Le fret est dû à raison des marchandises que le capitaine a été contraint de vendre pour subvenir aux victuailles, radoubs et autres nécessités pressantes du navire, en tenant par lui compte de leur valeur, au prix que le reste ou autre pareille marchandise de même qualité est vendu au lieu de la décharge, si le navire arrive à bon port. Si, au contraire, le navire se perd, le capitaine doit tenir compte des marchandises sur le pied qu'il les a vendues, en retenant également le fret porté aux connaissements (Com. 298, § 1 et 2). — Dans ces deux cas, les propriétaires du navire ont la faculté de s'affranchir de toute obligation vis-à-vis des affréteurs en abandonnant le navire et le fret (Com. 216, 298, § 3). — Sur la répartition de la perte à laquelle peut donner lieu l'exercice de ce droit, V. Com. 298, § 4.

50. Le capitaine est payé du fret des marchandises jetées à la mer pour le salut commun, à charge de contribution (Com. 301).

51. S'il survient une interdiction de commerce avec le pays pour lequel le navire *est en route*, et qu'il soit obligé de revenir avec son chargement, il n'est dû au capitaine que le fret de l'aller, quoique le vaisseau ait été affrété pour l'aller et le retour (Com. 299). — Au cas où le vaisseau est arrêté dans le cours de son voyage par l'ordre d'une puissance, il n'est dû aucun fret pour le temps de la détention si le navire est affrété au mois, ni augmentation de fret s'il est loué au voyage (Com. 300).

52. Il n'est dû aucun fret pour les marchandises perdues par naufrage ou échouement, pillées par des pirates, ou prises par les ennemis, et en général pour les marchandises péries par cas fortuit. Le capitaine est même tenu de restituer le fret qui lui aurait été avancé (Com. 302). — Les parties peuvent déroger à ces principes par la clause dite du « fret à tout événement », ou autre analogue (Civ. r. 25 janv. 1895, D. P. 94. 1. 49). — Si le sinistre n'a occasionné qu'une perte partielle du chargement, le fret, à moins de convention contraire, est dû seulement pour la partie des marchandises qui n'a pas été perdue (Civ. r. 15 févr. 1893, D. P. 93. 1. 264). — Si le navire et les marchandises sont sauvés du naufrage, le capitaine est payé du fret jusqu'au lieu de la prise ou du naufrage. Il est payé du fret entier en contribuant au rachat, s'il conduit les marchandises au lieu de leur destination (Com. 303).

53. A la différence du cas où il y a perte partielle du chargement, le chargeur ne peut, lorsqu'il y a eu simple *détérioration* ou *diminution de valeur* des marchandises, ni réclamer une diminution du fret, ni faire l'abandon de ces marchandises pour le payement du fret (Com. 310), ... à moins que la détérioration ou dépréciation ne soit la conséquence d'une faute du capitaine ou du capitaine. — Le chargeur n'est pas davantage autorisé à abandonner, pour le payement du fret, les marchandises non diminuées de prix, ni détériorées. Par exception, lorsqu'il s'agit de liquides qui ont coulé et que les futailles sont vides ou presque vides, l'abandon pour payement du fret est admis (Com. 310), ... à moins que le coulage ne soit la suite du mauvais état des futailles ou d'un vice propre.

Art. 5. — Privilèges en matière d'affrètement (R. 1035 et s.; S. 1140 et s.).

54. Les obligations résultant du contrat d'affrètement sont sanctionnées par un privilège réciproque : 1° au profit du chargeur, sur le navire, les agrès ou apparaux et le fret dû par les affréteurs autres que celui qui exerce ce privilège; 2° au profit de l'armateur et du capitaine, sur les marchandises chargées à bord (Com. 280).

55. Les chargeurs n'ont de privilège que pour les dommages-intérêts qui peuvent leur être dus pour défaut de délivrance des marchandises chargées ou pour avaries de ces marchandises par le fait du capitaine ou des gens de l'équipage. — Le privilège du fréteur garantit le payement du fret et des sommes dues accessoirement au fret, par exemple pour surestaries ou contrestaries, et les sommes dues pour avaries.

56. Les privilèges de l'armateur et du capitaine priment tous les autres, sauf ceux qui résulteraient des frais faits dans l'intérêt exclusif du fréteur. — Ils sont soumis, quant à la durée et aux causes d'extinction, aux règles de droit commun. Toutefois, le privilège de l'armateur et du capitaine subsiste non seulement pendant que les marchandises sont dans le navire, mais encore pendant quinze jours après leur délivrance, si elles n'ont pas passé en mains tierces (Com. 307, 308).

Art. 6. — Règles concernant le transport des passagers (R. 1041 et s.; S. 1148 et s.).

57. Le Code de commerce ne s'est point occupé du transport des voyageurs par mer. Le contrat suppose : 1° un navire, sur lequel on loue une ou plusieurs places; 2° un usage déterminé à faire de ce navire, un voyage à réaliser; 3° un prix. — Il ne doit pas nécessairement être rédigé par écrit.

58. L'armateur doit : 1° mettre à la disposition du passager avec lequel il a traité le navire indiqué au contrat, dans le lieu et à l'époque fixés, sauf toutefois le cas de force majeure; 2° livrer le navire en état de servir, muni des appareils de sauvetage nécessaires (canots, etc.), des ustensiles destinés à l'alimentation et logements affectés à la réception des passagers, convenablement aménagés; 3° assurer au passager la jouissance du navire dans les conditions prévues au contrat; 4° faire partir le navire à l'époque fixée et le faire parvenir à destination sans retard. En cas de retard, sauf le cas de force majeure, le passager peut réclamer des dommages-intérêts; 5° pourvoir à la nourriture du passager (les frais de nourriture sont habituellement compris dans le prix du voyage); 6° veiller à la sécurité du passager et à la conservation de ses bagages. — En cas d'accidents ou d'avaries, c'est à l'armateur et au capitaine, toujours présumés responsables, de prouver que le dommage a une cause indépendante du fait et de celui de leurs préposés (cas fortuit, faute du passager, vice propre, etc.). L'armateur ne peut pas stipuler à l'avance qu'il ne répondra pas de ses fautes ou de celles de ses préposés.

59. Le passager est tenu : 1° de se mettre, lui et ses bagages, à la disposition du capitaine dans les délais convenus, sous peine de dommages-intérêts qui seront généralement, en cas de rupture du voyage, égaux au montant du prix du passage; 2° de se conformer aux ordres du capitaine, en ce qui concerne le maintien de l'ordre à bord (Décr. 24 mars 1852, art. 52 et 54, D. P. 52. 4. 127); 3° de payer le prix du passage et du transport des bagages, s'il y a lieu.

60. Le contrat de transport du passager prend fin, comme l'affrètement, soit *avant le départ,* lorsqu'un cas de force majeure (interdiction de commerce, blocus) met obstacle à la réalisation du voyage projeté ou l'ajourne indéfiniment; ... soit *après le départ,* par exemple si le port de destination devient inaccessible. Dans ces deux cas, le contrat est résilié sans dommages-intérêts de part ni d'autre; mais, dans le second, le prix est dû par le passager proportionnellement à la distance déjà parcourue.

61. Les obligations respectives du transporteur et du passager ne sont point garanties par les privilèges accordés à l'affréteur et au fréteur (V. *suprà,* nos 55 et s.); les privilèges du droit commun sont seuls applicables. — Le passager n'a aucun privilège sur le navire pour les indemnités auxquelles il aurait droit, notamment à raison des avaries subies par ses bagages ou des blessures qu'il aurait reçues. Quant à l'armateur, il jouit, sur les bagages du voyageur, du privilège établi par l'art. 2102-6° c. civ., pour le payement du prix du transport et des dépenses accessoires.

Art. 7. — Prescription (R. 2261, 2266 et s.; S. 2219 et s., 2231 et s.).

62. Certaines actions, en matière d'affrètement, sont soumises à une prescription spéciale, dont le délai est d'un an. Ce sont : 1° l'action en payement du fret (Com. 433, § 1er) ou de ses accessoires, tels que les surestaries ou contrestaries; 2° l'action en délivrance des marchandises ou en dommages-intérêts pour avaries ou pour retard dans leur transport (Com. 433, § 5, modifié par la loi du 14 déc. 1897); 3° l'action des passagers contre le capitaine et les propriétaires du navire pour dommage ou retard éprouvé pendant le voyage (Com. 433, § 6). — La prescription d'un an a pour point de départ l'arrivée du navire. — Sur les causes qui mettent obstacle à cette prescription (Com. 434), V. *infrà, Marine marchande.*

Art. 8. — Enregistrement et timbre.

63. Le contrat de charte-partie pouvant, suivant les conditions stipulées, constituer ou un louage de service, ou une cession de jouissance d'un navire, donne ouverture aux droits de 1 pour 100 ou 20 cent. pour 100 afférents à ces conventions.

64. Les chartes-parties sont soumises au timbre de dimension (Décr. 3 janv. 1809, art. 1er, modifiant la loi du 6 prair. an 7, art. 5, R. v° *Enregistrement,* t. 22, p. 739).

CHASSE — LOUVETERIE

(R. v° *Chasse;* S. *eod.* v°)

CHAP. Ier. — De la chasse.

1. La chasse consiste dans la recherche, la poursuite et la capture des animaux sauvages; elle comprend tous les moyens de s'en emparer. La matière est réglée par la loi du 3 mai 1844 (R. p. 106), dont les art. 3 et 9 ont été modifiés par la loi du 22 janv. 1874 (D. P. 74. 4. 49) et la loi du 16 févr. 1898 (D. P. 98. 4. 29).

SECT. Ire. — Faits constitutifs de la chasse.

Art. 1er. — Éléments constitutifs de la chasse (R. 15 et s.; S. 18 et s.).

2. La loi du 3 mai 1844 (art. 1er), qui subordonne le droit de chasse à certaines conditions, s'applique à tous les actes ou faits de chasse, de quelque manière et par quelque procédé qu'ils soient exécutés. C'est aux tribunaux qu'il appartient, d'après les circonstances particulières de chaque affaire, de décider si le fait incriminé constitue, ou non, un fait de chasse.

§ 1er. — *Actes de chasse proprement dits* (R. 18 et s.; S. 21 et s.).

3. La chasse s'opère le plus souvent à l'aide d'*armes à feu,* dont l'emploi constitue l'un des moyens légaux les plus efficaces pour parvenir à la capture du gibier. Mais il peut également y avoir acte de chasse de la part de l'individu qui poursuit un gibier avec des pierres ou avec un bâton, à la condition que cet individu ait réellement l'intention, ou tout au moins une certaine possibilité de l'atteindre.

4. La simple détention d'*engins de chasse* est par elle-même un délit, lorsqu'il s'agit d'engins prohibés (V. *infrà,* n° 214). Mais elle est insuffisante pour constituer un acte de chasse; celui-ci ne résulte que de l'*emploi* des engins, autorisés ou non. On doit voir un acte de chasse dans le fait de tendre des filets, ou même de les relever, bien qu'on n'ait rien pris.

5. L'*attitude de chasse* constitue souvent un acte véritable de chasse; parfois elle n'est qu'un acte purement préparatoire. Ainsi, l'individu trouvé sur un terrain propre à la chasse, armé et dans l'attitude d'un chasseur, doit être considéré comme faisant acte de chasse (Cr. c. 19 juill. 1901, D. P. 1902. 5. 84). Il en est de même de l'individu qui, porteur d'un fusil, suit lentement le chemin de bornage dépendant d'une forêt, en regardant de tous côtés autour de soi. Le fait de se placer à l'affût sur le passage du gibier constitue aussi un acte de chasse. Toutefois, la *recherche du gibier* ne constitue un fait de chasse qu'autant qu'il s'y joint, soit l'intention par le chasseur de s'emparer du gibier, soit au moins la possibilité par son chef de l'atteindre; ainsi on ne saurait réputer en action de chasse celui qui, en se promenant sur l'ouverture de la chasse, se borne à rechercher *par soi-même* les endroits giboyeux (Comp. *infrà,* n° 8). Le fait de revendiquer le gibier tué ne constitue pas non plus lui-même un acte de chasse (Cr. r. 6 juill. 1895, D. P. 1900. 1. 478). Enfin, la seule circonstance qu'un individu a été rencontré dans le costume et avec tout l'attirail d'un chasseur ne suffit pas pour prouver qu'il a fait acte de chasse, pas plus que le seul fait de tenir à la main un fusil armé, bien qu'il y ait là une forte présomption de chasse.

6. En ce qui concerne la *quête* et la *poursuite* du gibier par les chiens, on doit regarder, d'une façon générale, comme faisant acte de chasse l'individu qui fait ou laisse volontairement chasser ses chiens, soit qu'il s'agisse de chiens d'arrêt, soit qu'il s'agisse de chiens courants. L'action volontaire de faire quêter son chien constitue un acte de chasse, alors même que le chien ne fait lever aucune pièce. Le piqueur qui *fait le bois* avec les chiens (chiens courants) en liberté fait acte de chasse. — La *poursuite* du gibier par le maître qui fait ou laisse volontairement poursuivre le gibier par ses chiens, alors même qu'il ne serait pas armé.

7. La *quête à trait de limier* consiste à faire le bois ou, en d'autres termes, à rechercher et suivre des pistes d'animaux sauvages au moyen d'un chien limier tenu en laisse, en vue de les chasser ultérieurement. Elle se distingue de la poursuite, laquelle a pour but direct et immédiat la capture du gibier. D'après la cour de cassation, la quête du gibier à l'aide d'un limier ne constitue pas une simple préparation des moyens de chasse, elle en est l'acte initial et le début nécessaire, et tombe sous le coup de la loi, alors même qu'elle n'est suivie ni de la poursuite, ni de la capture du gibier (Cr. r. 13 juill. 1899, D. P. 1901. 1. 485; V. aussi *infrà,* n° 13).

8. D'après l'opinion qui a prévalu en jurisprudence, il y a acte de chasse de la part de celui qui, même sans arme, fait quêter ses chiens d'arrêt avant l'ouverture de la chasse, alors même que cette manœuvre aurait pour but, non de poursuivre et de capturer actuellement le gibier, mais d'y exercer le chien et de le préparer à entrer plus fructueusement en chasse les jours suivants. Il en est ainsi qu'il s'agisse de chiens d'arrêt ou de chiens courants (V. *su-prà*, n° 5).

9. La *divagation des chiens* est suscep tible de constituer un délit de chasse à la charge de leur maître, pourvu qu'elle soit volontaire de la part de ce dernier. Ainsi, fait acte de chasse l'individu dont le chien, après avoir suivi la voiture de son maître, quitte la route et se met à battre la plaine où il poursuit et prend un levreau. En pareil cas, toutefois, le maître doit être acquitté si, en laissant courir son chien, il n'a pas eu l'intention de chasser.

10. Mais si le chien chasse en l'absence ou à l'insu de son maître, celui-ci ne peut être constitué en délit, d'après la jurispru dence (Civ. r. 11 nov. 1902, D. P. 1904. 1. 126), si rien n'établit qu'il ait volontaire ment employé son chien à la poursuite du gibier, qu'il l'ait fait suivre, ou tout au moins qu'il ait profité de la capture faite par le chien. Il pourrait seulement être civilement responsable des dommages cau sés.

11. Lorsque la divagation des chiens est prohibée par un arrêté préfectoral, l'infrac tion à cet arrêté peut constituer le délit des art. 9 et 11 de la loi du 3 mai 1844, si cette interdiction a pour but de prévenir la des truction des œufs et couvées d'oiseaux (V. *in-frà*, n°s 171 et s.). — La divagation des chiens tombe, au contraire, sous l'application soit de l'art. 471, n° 15, c. pén., si elle est prohi bée par un arrêté municipal pris en vue d'assurer la sécurité publique (V. *infrà*, *Communes*), soit de l'art. 475, n° 7, du même Code (V. *infrà*, *Contravention*). Il y a lieu de noter, à ce sujet, que l'art. 16 de la loi du 21 juin 1898 (D. P. 98. 4. 125) per met aux propriétaires ou fermiers de tuer les chiens errants sur leurs fonds.

12. Ce n'est pas chasser que d'assister en simple spectateur ou d'invité à la chasse faite par des tiers. Il en est ainsi, soit qu'il s'agisse de chasse au chien d'arrêt ou de chasse à tir au chien courant, soit même, d'après la cour de cassation, de chasse à courre (V. r. 28 juill. 1881, D. P. 82. 1. 185).

13. Les *auxiliaires* des chasseurs ne doivent pas tous être également réputés faire acte de chasse. — Le *piqueur* fait acte de chasse, bien qu'il soit sans armes et seulement muni d'un fouet et d'un cor. Il est donc tenu per sonnellement d'avoir un permis de chasse (V. *infrà*, n° 49). — De même, le *valet de limier* peut être réputé faire acte de chasse. Ainsi, le valet de limier surpris dans une forêt n'appartenant pas à son maître « fai sant le bois avec un limier, lequel était à bout de trait déployé, cherchant le gibier dans une ligne de tir, chemin non clos », ré servé aux chasseurs », est à bon droit déclaré coupable du délit de chasse sur le terrain d'autrui (Cr. r. 13 juill. 1899, D. P. 1901. 1. 485). V. *supra*, n° 7. — Le *traque* cons titue un acte de chasse de la part du tra queur; mais celui-ci n'a pas besoin d'avoir un permis de chasse, si le chasseur au profit duquel il traque en est muni. — Au con traire, le *valet de chiens* qui se borne soit à soigner les chiens, soit à les coupler ou découpler sans les exciter et sans poursuivre le gibier, ne fait pas acte de chasse (Cr. r. 6 juill. 1895, D. P. 1900. 1. 478). La même solution s'applique au *rabatteur*. De même, ne fait pas acte de chasse celui qui se borne à suivre le chasseur dont il porte le car nier.

14. La *capture du gibier* constitue l'un des faits les plus caractéristiques de la chasse, alors, du moins, qu'il s'agit d'un gibier vi vant et non d'un animal mortellement blessé. Et, à cet égard, il n'y a pas à se préoccu-

per de l'intention du chasseur et du but qu'il poursuit en s'emparant du gibier.

§ 2. — *Actes préparatoires de chasse* (S. 82 et s.).

15. Les actes préparatoires de chasse sont ceux qui ont pour objet de faciliter la chasse. Ils se distinguent des faits de chasse propre ment dits en ce qu'ils ne sont pas, en gé néral, suffisants pour caractériser le délit de chasse (V. les exemples cités *suprà*, n°s 8 et s.). — L'emploi de *banderoles*, d'après les cours d'appel, ne constitue pas un acte de chasse, mais un simple acte préparatoire (V. *infrà*, n° 119). Il en est de même du fait de planter des piquets destinés à sup porter les nappes ou filets dont on se sert pour la chasse aux oiseaux.

ART. 2. — ANIMAUX POUVANT ÊTRE L'OBJET DE LA CHASSE (R. 15 et s.; S. 87 et s.).

16. La chasse n'a pour objet que les *ani maux sauvages*, c'est-à-dire ceux que ni la nature, ni l'habitude n'ont façonnés au joug ou à la société de l'homme, ou, en d'autres termes, les animaux qui sont à l'état parfaitement libre.

17. Les animaux sauvages sont : tous les quadrupèdes qui sont naturellement en li berté; les oiseaux de passage; les oiseaux de proie; les pigeons ramiers; les petits oiseaux; le gibier d'eau; les carnivores aqua tiques, comme la loutre.

18. Il n'y a pas à distinguer parmi les ani maux sauvages suivant qu'ils sont, ou non, propres à l'alimentation, utiles ou non, inof fensifs, malfaisants ou nuisibles. Cependant, il ne faut pas confondre avec la chasse proprement dite : 1° la destruction des ani maux malfaisants ou nuisibles (V. *infrà*, n°s 130 et s.); 2° la destruction des bêtes fauves, en cas de légitime défense (V. *in frà*, n°s 141 et s.).

19. La réglementation de la chasse s'ap plique également, suivant la cour de cassa tion, au *gibier de mer*. Mais, dans certains départements, les préfets autorisent la chasse sur le bord de la mer pendant toute l'année, et dans d'autres, cette chasse est tolérée par l'Administration.

20. La recherche et la capture des pois sons, même à l'aide d'un fusil, constitue un fait de pêche et non de chasse. Il en est de même des grenouilles (V. *infrà*, *Pêche flu viale*).

21. La chasse ne s'applique pas aux ani maux domestiques. Leur capture constitue un vol. — Sur leur destruction, V. *infrà*, n°s 142 et s. — Cette règle s'étend, en prin cipe, aux animaux sédentaires ou apprivoi sés : abeilles, pigeons de colombier, lapins de clapier, lapins de garennes fermées, fai sans de volières.

SECT. II. — Terrains soumis à l'application de la loi du 3 mai 1844 (S. 103 et s.).

22. La loi du 3 mai 1844 régit les actes de recherche, de poursuite et de capture du gibier qui sont accomplis sur un terrain *quelconque*, aussi bien dans les villes ou villages que dans les campagnes, sur les routes et chemins aussi bien que sur les terrains privés. Ainsi, on a considéré comme acte de chasse le fait : de tirer sur une par celle, même du intérieur d'une ville; de tirer sur des petits oiseaux dans un lieu pu blic, dans un jardin, etc.

23. La loi de 1844 s'applique aux faits de chasse pratiqués sur les cours d'eau (V. *in frà*, n° 124) ou sur les étangs. Il y a lieu de remarquer toutefois que le droit de pêche dans un étang comprend la chasse au gibier d'eau (V. *infrà*, *Pêche fluviale*).

24. Mais la loi précitée est étrangère aux faits de chasse accomplis sur un cours d'eau ou les étangs salés (V. *infrà*, *Pêche maritime*, et *supra*, n° 19).

SECT. III. — Propriété du droit de chasse (R. 40 et s.; S. 108 et s.).

25. Les personnes auxquelles appartient le droit de chasse (qu'il ne faut pas con fondre avec celles qui ont l'exercice du droit de chasse) sont, en premier lieu, le *pro priétaire* du sol. Lorsque le fonds est indi vis, le droit de chasse appartient à chacun des copropriétaires.

26. L'usufruitier a la faculté de chasser sur les terres soumises à son usufruit, à l'exclusion du nu propriétaire, sauf le cas de clause contraire. Mais on n'est pas d'ac cord sur le point de savoir si le nu proprié taire qui chasserait contre le gré de l'usu fruitier serait passible de peines correction nelles ou seulement d'une action en dom mages-intérêts. — L'*usager* n'a pas le droit de chasse, à moins que son droit ne porte sur une maison entière et l'enclos y atte nant.

27. Lorsque la terre est donnée à bail, il est admis par la jurisprudence qu'en prin cipe, dans le silence du bail, le droit de chasse demeure réservé au propriétaire du terrain. Ainsi, le droit de chasse n'est transféré au fermier qu'autant que cette circonstance résulte des stipulations du bail ou des circonstances spé ciales de fait équivalentes. Ainsi, par exemple, la faculté de chasser devrait être reconnue au locataire d'une maison de campagne et d'un jardin, d'un château et d'un parc, qui, on doit le supposer, a entendu, en prenant à bail une propriété de cette nature, jouir de tous les agréments qu'elle pouvait pro curer.

28. Si le preneur, alors que le droit de chasse ne lui a pas été concédé expressé ment ou tacitement, chasse, sans le con sentement du bailleur, sur le terrain affermé, il commet le délit de chasse sur le terrain d'autrui. Au contraire, le bailleur ne commet pas ce délit lorsqu'il chasse sur l'héritage loué sans le consentement du preneur auquel le droit de chasse appartient (V. *infrà*, n° 89). — Sur la question de savoir si le bailleur est alors passible de dommages-intérêts envers le preneur, V. *infrà*, n° 210.

SECT. IV. — Propriété du gibier; droits des chasseurs sur le gibier (R. 172 et s.; S. 142 et s.).

29. Les animaux sauvages en état de liberté naturelle sont *res nullius* et, en con séquence, appartiennent par voie d'occupation à celui qui s'en empare le premier. Par suite, le chasseur ne saurait être inculpé de vol, à raison de l'appréhension ou de l'en lèvement du gibier dont il est devenu pro priétaire par ce moyen.

30. On admet généralement que le gibier appartient au premier occupant, alors même que la capture ou tout autre acte d'occupa tion s'est accompli sur le fonds d'autrui et sans le consentement du propriétaire de ce fonds (*Contrà* : Req. 22 juin 1843, R. p. 141). — A l'inverse, le propriétaire du terrain qui s'empare du gibier appréhendé ac quis par le chasseur par voie d'occupation serait passible de poursuites correction nelles pour délit de vol, si son intention frau duleuse était nettement établie.

31. L'acquisition du gibier par voie d'oc cupation résulte de tout acte qui met l'ani mal en la puissance du chasseur de manière à ne pouvoir lui échapper. — Tout d'abord, le fait de tuer une pièce de gibier en trans fère la propriété au chasseur immédiate ment, indépendamment de toute appréhen sion. De même, le gibier blessé mortelle ment appartient au chasseur qui lui a porté cette blessure, et cela encore que ce gibier serait allé tomber et mourir sur le fonds d'autrui. La blessure est seulement mor telle lorsqu'elle est assez grave pour empê cher le gibier d'échapper au chasseur ou à ses chiens. — A plus forte raison une pièce de gibier mortellement blessée appartient-elle au chasseur qui, après l'avoir atteinte, la *poursuit*. Ainsi, un autre chasseur ne peut, en *achevant* le même animal, se croire en droit de se l'approprier.

32. Si deux chasseurs tirent *simultanément* le même animal, le point de savoir auquel il appartient est une question de fait; il faut tenir compte de la direction du tir, de la distance, du numéro du plomb, du siège de la blessure. En cas de doute, les chasseurs partagent ou tirent au sort. — Un animal tiré *successivement* par deux chasseurs appartient exclusivement à celui d'entre eux qui l'a blessé mortellement, et si tous deux lui ont porté des blessures mortelles, au premier qui l'a atteint. Celui qui s'empare d'une pièce de gibier mortellement blessée par un autre commet un vol. Au contraire, une simple blessure ou blessure légère, faite par un chasseur à une pièce de gibier, ne saurait lui attribuer la propriété de celle-ci. Ainsi, l'animal poursuivi, blessé, mais de manière à pouvoir s'échapper, peut être tué et pris par tout autre chasseur malgré la poursuite dont il est l'objet; il peut, notamment, être pris par le propriétaire du terrain sur lequel il est entré.

33. La simple poursuite du gibier par des chiens ne peut être considérée comme un commencement d'occupation; elle n'a pas pour effet de conférer immédiatement au maître des chiens la propriété de l'animal poursuivi. A plus forte raison, la poursuite d'un gibier sur le fonds d'autrui ne doit pas être regardée comme attributive de propriété en faveur du chasseur, alors même que l'animal a été lancé sur le terrain de ce dernier. D'autre part, le propriétaire du terrain sur lequel se trouve une pièce de gibier lancée sur une propriété voisine peut la chasser à son tour et s'en emparer.

34. La bête qui est *sur ses fins* ou forcée, de manière que sa prise est imminente et certaine, appartient au chasseur dont les chiens l'ont mise en cet état. — Le gibier *pris par un chien* devient immédiatement la propriété du maître du chien, alors même que celui-ci est absent; le tiers qui s'emparerait de ce gibier commettrait un vol. — De même, le gibier pris à un piège autorisé devient la propriété de celui qui a tendu le piège, alors du moins que celui-ci a été tendu sur le terrain du chasseur. — Au contraire, l'individu qui prend des animaux sauvages au moyen de pièges ou d'engins prohibés n'acquiert aucun droit de propriété sur ces animaux, alors même qu'il a tendu le piège sur son terrain.

35. Le chasseur qui abandonne la poursuite d'une pièce de gibier dont il avait acquis la propriété par occupation cesse d'en être propriétaire. De même, le gibier tiré par un chasseur, mais non retrouvé par lui, peut être pris et emporté par le premier occupant, si le chasseur a abandonné sans esprit de retour l'endroit où il présume que l'animal a dû tomber. Enfin, n'est pas coupable de vol le tiers qui enlève une pièce de gibier tuée qu'il trouve dans un bois ou dans un champ, quoique rien lui indique que le chasseur en ait conservé la propriété (par exemple, en le couvrant de feuilles ou en l'attachant à un arbre).

SECT. V. — **Conditions d'exercice du droit de chasse.**

ART. 1er. — OUVERTURE ET CLOTURE DE LA CHASSE (R. 63 et s.; S. 184 et s.).

36. Il est interdit de chasser avant l'ouverture et après la clôture de la chasse (L. 3 mai 1844, art. 1er et 12, § 1er). Cette prohibition s'applique à toute espèce de terrain, sauf les terrains clos et attenant à une habitation, à toute espèce de gibier, à tout mode

de chasse. — Mais la prohibition de chasser pendant la fermeture ne vise ni la destruction par le propriétaire des animaux malfaisants ou nuisibles (V. *infrà*, n° 139) ou des bêtes fauves (V. *infrà*, n° 144), ni la chasse des oiseaux de passage et du gibier d'eau, qui peut avoir lieu à des époques différentes (V. *infrà*, n° 122 et s.).

37. Le soin de déterminer, dans chaque département, l'époque d'ouverture et celle de fermeture de la chasse appartient au préfet seul (L. 1844, art. 3), qui ne peut déléguer son droit aux sous-préfets ou aux maires. Le préfet a toute liberté pour faire cette détermination. En fait, tous les départements sont divisés en plusieurs groupes ou zones, d'après les analogies de culture et de climat, et l'ouverture de la chasse est fixée annuellement, après entente entre les préfets et le ministre de l'Agriculture, auquel sont actuellement dévolues les attributions autre fois exercées par le ministre de l'intérieur (Décr. 24 févr. 1897), à une date unique pour tous les départements de la même zone.

38. Le préfet ne peut fixer l'époque de l'ouverture et celle de la clôture par un arrêté unique. Il doit prendre deux arrêtés.

39. Le jour indiqué pour l'ouverture est compris dans l'autorisation. En ce qui concerne l'arrêté de clôture, la prohibition commence le jour même indiqué.

40. Le préfet ne peut, dans son département, fixer l'ouverture de la chasse à des époques différentes à raison de la nature des cultures ou des récoltes. C'est ce qu'admet la jurisprudence en déclarant non obligatoire, notamment, l'arrêté préfectoral qui, fixant l'ouverture de la chasse, en prohibe l'exercice dans les vignes encore chargées de leurs fruits. De même, le consentement du propriétaire suffit pour faire évanouir le délit de chasse sur des terrains chargés de récoltes. — Mais le maire peut interdire, même aux propriétaires, notamment de chasser dans les vignes ou jusqu'à une certaine distance des vignes. Toutefois, l'infraction à ces arrêtés constitue non un délit de chasse, mais une simple contravention de police.

41. Le préfet ne peut, au point de vue de l'ouverture et de la clôture de la chasse, faire aucune distinction entre la chasse au chien courant et celle au chien d'arrêt. Mais il peut fixer une date différente pour la chasse à tir et la chasse à courre (L. 1844, art. 3, modifié par la loi du 22 janv. 1874). Il a également la faculté, sur l'avis du Conseil général et par un arrêté publié dix jours à l'avance, de retarder la date de l'ouverture et d'avancer la date de la clôture de la chasse à l'égard d'une espèce de gibier (L. 1844, art. 3, modifié par la loi du 16 févr. 1898).

42. Les arrêtés préfectoraux déterminant l'époque d'ouverture ou de clôture de la chasse doivent être publiés au moins *dix jours* à l'avance. Ce délai de dix jours est franc. Par exemple, pour ouvrir la chasse le 1er septembre, il faut que l'arrêté préfectoral soit publié au plus tard le 21 août.

43. La publication des arrêtés doit, comme pour les autres arrêtés préfectoraux, résulter d'une publicité donnée selon les formes usitées dans la localité, c'est-à-dire ordinairement, soit par un coup de trompe ou de tambour, soit par des affiches (V. *infrà*, *Règlement administratif*). Un individu ne saurait être condamné pour avoir fait acte de chasse sur le territoire d'une commune en contravention à un arrêté, si celui-ci n'a pas été dûment publié.

44. Les arrêtés pris par les préfets, en matière de chasse, doivent recevoir leur exécution tant qu'ils n'ont pas été rapportés, réformés ou suspendus. Le préfet a, en matière de chasse comme en toute autre

matière, le droit de modifier, de rapporter les arrêtés émanés de lui ou de ses prédécesseurs. Ainsi, le préfet peut rapporter un premier arrêté qui fixait l'ouverture de la chasse et renvoyer cette ouverture à une date postérieure. Mais cet arrêté n'est obligatoire que s'il intervient avant l'exécution du premier, c'est-à-dire pendant que la chasse est encore fermée. — Quant au délai de publication de ce second arrêté, il est admis par la cour de cassation que ce n'est obligatoire avant l'expiration du délai de dix jours (V. *suprà*, n° 42), dès que les citoyens en ont eu régulièrement connaissance (Cr. r. 14 déc. 1860, D. P. 61. 1. 402). Le délai de dix jours est, au contraire, nécessaire pour la validité de l'arrêté qui modifie les dates d'ouverture et de fermeture pour certaines espèces de gibier (Cr. r. 10 avr. 1895, D. P. 1900. 1. 443).

45. Les maires, qui ne peuvent ni déterminer ni modifier les arrêtés préfectoraux relatifs à l'ouverture et à la fermeture de la chasse (V. *suprà*, n° 37), peuvent néanmoins restreindre indirectement l'exercice de la chasse, par exemple, en interdisant de chasser à tir sur les chemins qui traversent les dépendances rurales d'une ville (V. *suprà*, n° 40).

ART. 2. — DU PERMIS DE CHASSE.

§ 1er. — *Nécessité du permis* (R. 104 et s.; S. 244 et s.).

46. L'exercice de la chasse est subordonné à la délivrance préalable d'un permis de chasse (L. 1844, art. 1er). L'obligation du permis existe pour tout chasseur, pour toute espèce et pour tout mode de chasse, à courre et à tir. — Les fonctions publiques, quelque élevées qu'elles soient, ne confèrent aucune dispense au point de vue de l'obligation du permis. — La nécessité d'un permis s'étend à la chasse de toute espèce d'oiseaux, quel qu'en soit le mode, par exemple à la chasse des oiseaux de passage autrement qu'avec des armes à feu.

47. Toutefois, l'obligation du permis de chasse souffre exception au profit : du propriétaire ou possesseur d'un enclos attenant à une habitation; du propriétaire, possesseur ou fermier qui exerce le droit de destruction des animaux malfaisants ou nuisibles ou des bêtes fauves (V. *infrà*, nos 139 et 144); du louvetier qui accomplit des actes de sa fonction, ainsi que des personnes qui participent soit aux battues, soit aux chasses collectives ou individuelles autorisées par les préfets pour la destruction des animaux malfaisants (V. *infrà*, nos 286 et s.); des personnes qui prennent part aux chasses communales pour la destruction des animaux nuisibles (V. *infrà*, *Commune*).

48. Le permis de chasse est essentiellement personnel à l'individu auquel il a été délivré. Nul ne saurait utiliser le permis délivré à autrui, sous peine de poursuite correctionnelle pour délit de chasse sans permis. Ainsi, le permis de chasse du mari ne peut être utilisé par sa femme. — Il résulte du même principe que le permis délivré à une personne ne couvre pas les faits de chasse accomplis par d'autres chasseurs. Notamment, le piqueur doit être personnellement pourvu d'un permis, alors même qu'il se borne à appuyer les chiens de son maître sans être porteur d'un fusil.

49. Mais l'obligation du permis ne concerne que les individus qui font personnellement acte de chasse; elle est, en principe, étrangère aux simples auxiliaires de chasse qui opèrent dans l'intérêt d'autrui, à la condition, toutefois, qu'ils remplissent un rôle purement accessoire, comme, par exemple, les auxiliaires employés pour la chasse aux alouettes (Comp. *suprà*, n° 13).

50. Les auxiliaires ne sont dispensés du

permis qu'autant que le chasseur qu'ils assistent est porteur d'un permis. A défaut de permis du chasseur, l'auxiliaire, et notamment le traqueur, doit être condamné soit comme auteur, soit comme complice du délit de chasse sans permis imputable au chasseur (Cr. c. 2 janv. 1880, S. p. 334). C'est au traqueur à établir que le chasseur était muni du permis et non au ministère public à faire la preuve contraire.

51. Les permis de chasse sont valables pour toute la France, la Corse et l'Algérie. — Le modèle du permis de chasse a été, en dernier lieu, déterminé par un décret du 9 déc. 1899 (D. P. 1901. 4. 97).

§ 2. — *Durée du permis* (R. 127 ; S. 279 et s.).

52. Le permis est valable pour un an (L. 1844, art. 5, § 3). Le point de départ de ce délai est la date du permis énoncée sur cet acte. L'impétrant a le droit de chasse le jour même de la délivrance de son permis, mais seulement à partir du moment où le permis lui est remis. — Le délai d'un an expire à la fin du jour anniversaire de la délivrance du permis. Par exemple, le permis délivré le 4 septembre est encore valable le 4 septembre de l'année suivante.

§ 3. — *Formalités de la demande de permis* (R. 121 et s.; S. 290 et s.).

53. La demande de permis est faite par l'intéressé lui-même, s'il est majeur ; par les personnes qui ont autorité sur lui, père, mère ou tuteur, s'il est mineur non émancipé ; par son curateur, s'il est mineur émancipé. La femme mariée n'a besoin d'aucune autorisation pour demander un permis si elle est majeure ; si elle est mineure, elle a besoin de l'autorisation de son mari.

54. La loi n'a édicté aucune règle spéciale pour la rédaction de la demande de permis. D'ordinaire, elle est rédigée sous forme de lettre. Il y a lieu d'y joindre la quittance du percepteur constatant le payement des droits (V. *infra*, n° 57). Il est, en outre, utile, sinon nécessaire, de donner son signalement.

55. La demande de permis est remise au maire de la résidence de l'impétrant (V. *infra*, n° 56), qui la transmet, avec son avis, au sous-préfet ou au préfet ; elle peut être adressée directement à ces fonctionnaires. A Paris, les demandes de permis sont remises à la préfecture de police.

56. Le maire auquel celui qui demande un permis doit s'adresser est le maire de son domicile ou de sa résidence. Par résidence, il faut entendre un établissement assez notable et ayant duré un temps assez long pour que l'autorité administrative puisse connaître les antécédents de l'impétrant. Ainsi, la campagne où l'on habite chaque année, pendant quelques semaines, constitue une résidence au point de vue de l'obtention du permis.

57. La délivrance du permis de chasse entraîne le payement d'un droit de 28 francs, dont 18 francs au profit de l'Etat et 10 francs en faveur de la commune. Ce droit est acquitté entre les mains du percepteur préalablement à la demande de permis.

§ 4. — *Délivrance du permis* (R. 112, 121, 130 et s.; S. 321 et s.).

58. Le permis de chasse est délivré soit par le préfet, dans l'arrondissement du chef-lieu du département, soit par le sous-préfet, dans chacun des autres arrondissements, aux personnes qui ont leur domicile ou leur résidence dans ces circonscriptions. Mais l'incompétence territoriale du fonctionnaire qui a délivré le permis de chasse n'est pas une cause de nullité de ce permis.

59. Le préfet (ou le sous-préfet) doit dater la formule du permis du jour de son envoi au destinataire. Le permis est adressé directement au maire de la commune, qui doit le faire remettre à l'intéressé.

60. Le permis peut être refusé : 1° à tout individu majeur qui n'est pas personnellement inscrit au rôle des contributions directes, ou dont le père ou la mère n'est pas inscrit à ce rôle (L. 1844, art. 6, § 1er-1°). Il suffit d'être inscrit au rôle, il n'est pas nécessaire d'avoir acquitté ses impositions ; le contribuable en retard ne saurait être privé de permis ; — 2° à tout individu condamné soit à la privation de l'un ou de plusieurs des droits civils, civiques et de famille spécifiés dans l'art. 42 c. pén. autres que le droit de port d'armes (L. 1844, art. 6, § 1er-2°) ; soit à un emprisonnement de plus de six mois pour rébellion (Pén. 209 et s.) ou violences envers les agents de la force publique (Pén. 208 et s. ; L. 1844, art. 6, § 1er-3°) ; soit pour délit d'association illicite, de fabrication, débit ou distribution de poudre, armes ou munitions de guerre (Pén. 314 ; L. 24 mai 1834, R. v° *Armes*, p. 252; L. 14 août 1885, D. P. 85. 4. 77), de menaces écrites ou verbales avec ordre ou sous condition (Pén. 305 et s.), d'entraves à la circulation des grains (L. 21 prair. an 5, art. 2, R. v° *Grains*, p. 538), de dévastation d'arbres, de récoltes sur pieds ou de plants (Pén. 444 et s. ; L. 1844, art. 6, § 1er-4°) ; soit pour vagabondage (Pén. 269 et s.), mendicité (Pén. 274 et s.), vol (Pén. 379 et s.), escroquerie (Pén. 405), abus de confiance, ce qui comprend tous les délits prévus par les art. 406 à 409 c. pén. (L. 1844, art. 6, § 1er-5°). — Ces condamnations ne peuvent motiver un refus de permis que si elles sont devenues définitives. C'est à l'Administration à prouver que l'impétrant a encouru l'une de ces condamnations, et non à celui-ci à justifier qu'il ne se trouve pas dans l'un de ces cas.

61. Dans les différentes hypothèses prévues par l'art. 6 de la loi de 1844, il appartient aux préfets ou sous-préfets d'accorder ou de refuser le permis selon qu'ils le jugent convenable et sans être tenus de motiver leur décision. Mais l'individu à qui le permis a été refusé peut se pourvoir devant le ministre de l'Intérieur ou, s'il prétend ne pas se trouver dans la catégorie des personnes auxquelles le permis peut ou doit être refusé, former un recours devant le Conseil d'Etat au contentieux pour excès de pouvoir.

62. La faculté de refuser le permis aux condamnés mentionnés dans les numéros 3, 4 et 5 de l'art. 6, § 1er, de la loi de 1844 cesse cinq ans après l'expiration de la peine (L. 1844, art. 6 *in fine*), s'il s'agit d'une peine d'emprisonnement, et, quand il s'agit d'une peine d'amende, soit du jour du payement de l'amende, soit, d'après une autre opinion, du jour où la condamnation est devenue irrévocable. Quant aux condamnés visés par l'art. 6, § 1er-2°, la faculté pour l'autorité administrative de leur refuser le permis subsiste indéfiniment. — La réhabilitation, l'amnistie s'opposent à ce que le permis soit désormais refusé. Il en est autrement de la grâce.

63. A côté de ces cas dans lesquels le préfet (ou le sous-préfet) a la faculté de refuser le permis (V. *supra*, n° 60), il en est d'autres dans lesquels c'est pour lui une *obligation* de le refuser à l'impétrant. En premier lieu, le permis de chasse *doit* être refusé à certaines personnes à raison de leur *incapacité*, savoir : 1° aux mineurs de seize ans (L. 1844, art. 7, § 1er) ou aux mineurs, même de plus de seize ans, si le permis n'est pas demandé pour eux par leur père, mère ou tuteur et, lorsqu'ils sont émancipés, par leur curateur (L. 1844, art. 7, § 2) ; 3° aux interdits légalement (L. 1844, art. 7, § 3).

64. La délivrance d'un permis doit, en second lieu, être refusée, pour cause d'*incompatibilité* (L. 1844, art. 7, § 4) : 1° aux gardes champêtres, y compris les gardes-messiers et les gardes-vignes, les gardes-pêche, les gardes forestiers de l'Etat, des communes et établissements publics, même dans le cas où ils sont aussi gardes particuliers et sollicitent un permis en cette dernière qualité ; par *gardes forestiers*, il faut entendre aussi bien les *brigadiers forestiers* que les *simples gardes*. Ces diverses personnes ont, d'ailleurs, la faculté de porter des armes pour leur défense.

65. Les cas d'incapacité et d'incompatibilité prévus par l'art. 7 de la loi de 1844 ne doivent pas être étendus en dehors des termes de cet article. Ainsi le permis peut être délivré aux ecclésiastiques, aux femmes, aux étrangers ayant une résidence fixe en France, aux gardes particuliers (champêtres ou forestiers), aux gardes-coupes (V. *infrà*, *Forêts*), aux agents forestiers proprement dits : gardes généraux, inspecteurs, conservateurs. L'interdiction du permis ne s'applique pas non plus aux préposés, sous-brigadiers et brigadiers des douanes ni aux gendarmes ; mais, quant aux premiers, l'administration des Douanes leur défend de chasser, et les seconds ne peuvent le faire qu'avec une autorisation spéciale.

66. En troisième lieu, le permis doit être refusé, à raison de l'*indignité* résultant des condamnations énumérées à l'art. 8 de la loi de 1844 : 1° à ceux qui, par suite de condamnations, sont privés du droit de port d'armes (art. 8, § 1er, et 18 ; Pén. 34 et 42), ce qu'il faut entendre en ce sens que l'incapacité ainsi établie n'existe que pendant la durée de la condamnation ; 2° à ceux qui n'ont pas exécuté les condamnations prononcées contre eux pour l'un des délits prévus par la loi de 1844 (art. 8, § 2) ; il s'agit des condamnations encourues *à titre de peine*, à l'exclusion des condamnations concernant les réparations civiles au profit de particuliers ; 3° à tout condamné à l'interdiction de séjour (L. 1844, art. 8, § 3 ; L. 27 mai 1885, art. 19, D. P. 85. 4. 45).

67. Le recours contre le refus de permis à raison des circonstances d'incapacité ou d'indignité prévues par les art. 7 et 8 de la loi de 1844 est soumis aux mêmes règles que le recours contre le refus de permis dans les cas spécifiés à l'art. 6 (V. *supra*, n° 61 *in fine*).

68. L'individu qui a obtenu un permis de chasse, lorsqu'il existait une cause antérieure d'incapacité, d'incompatibilité ou d'indignité visée aux art. 7 et 8 de la loi de 1844, et qui fait acte de chasse, ne peut pas être déclaré coupable du délit de chasse sans permis. C'est ce qui a été décidé au profit de gardes champêtres qui avaient obtenu, malgré leur qualité, la délivrance du permis de chasse (Cr. r. 28 janv. 1858, D. P. 58. 1. 232). Mais il en serait autrement si la cause d'incapacité, d'incompatibilité ou d'indignité était postérieure à la délivrance du permis. La condamnation porte nécessairement atteinte à la valeur du permis antérieurement délivré au délinquant, et ce permis se trouve vicié dans son élément essentiel. Il en est ainsi, tout au moins, quand la condamnation dont il s'agit porte interdiction d'obtenir un permis de chasse (Cr. r. 4 janv. 1895; L. 1844, art. 18).

§ 5. — *Retrait du permis* (R. 160 et s.; S. 393 et s.).

69. Le préfet (ou le sous-préfet) a le droit de retirer le permis qu'il a, par erreur, délivré à un individu légalement incapable ou indigne de l'obtenir. Celui-ci ne peut plus, après avoir reçu notification de l'arrêté de retrait, faire acte de chasse sans s'exposer à une poursuite pour délit de chasse sans permis. Mais le retrait de permis ne peut pas s'exercer à l'encontre des personnes auxquelles (V. *suprà*, n° 60) le préfet (ou le sous-préfet) a seulement la *faculté* de ne pas délivrer de permis.

§ 6. — *Représentation et justification du permis* (R. 231 et s.; S. 399 et s.).

70. L'individu qui chasse est passible de poursuites s'il ne justifie pas d'un permis obtenu avant la perpétration du fait relevé contre lui, bien qu'il n'ait pas été préalablement sommé de faire cette justification. Il ne saurait même échapper à la répression en justifiant qu'il a fait les diligences nécessaires pour obtenir le permis, ou déposé le montant des droits entre les mains du percepteur.

71. Le délit de chasse sans permis (L. 1844, art. 1er et 16) ne s'applique qu'au fait d'avoir chassé sans délivrance préalable du permis. Mais il n'est pas exigé que le chasseur soit constamment *porteur* de son permis. Pour que le prévenu soit acquitté, il lui suffit de justifier devant le tribunal que le permis lui a été délivré antérieurement au fait de chasse qui lui est reproché.

72. Le préfet ne pourrait prendre un arrêté ordonnant aux chasseurs d'être porteurs de leurs permis ou de le produire à toute réquisition.

§ 7. — *Destruction, perte, etc., du permis* (R. 127; S. 404 et s.).

73. Le permis détruit par un événement de force majeure peut être remplacé, sans que le titulaire ait à payer de nouveaux droits. Il en est de même en cas de perte du permis. Le titulaire peut se faire délivrer alors par le percepteur un duplicata de quittance des droits de permis de chasse. Celui qui a perdu son permis ne doit se livrer à l'exercice de la chasse qu'après en avoir obtenu un second.

SECT. VI. — **Terrains sur lesquels ont lieu les actes de chasse.**

ART. 1er. — CHASSE SUR SON PROPRE TERRAIN (R. 7 et s.; S. 116 et s.).

74. Le propriétaire du sol a, en vertu de son droit de propriété, le droit de chasse sur son propre terrain (V. *suprà*, n° 25). Ce droit appartient également à ceux qui jouissent sur une terre de certains démembrements du droit de propriété; il peut appartenir aussi au locataire ou fermier du fonds, sous les distinctions indiquées *suprà*, n° 27.

ART. 2. — CHASSE SUR LE TERRAIN D'AUTRUI.

75. Celui qui fait acte de chasse sur le terrain d'autrui commet le délit prévu par l'art. 1er et puni par l'art. 11-2° de la loi de 1844 (V. *infrà*, n°s 208 et s.), à moins qu'il ne justifie du consentement du propriétaire ou de ses ayants droit.

§ 1er. — *Faits de chasse sur le terrain d'autrui* (R. 28 et s., 237 et s.; S. 411 et s.).

76. Il y a incontestablement délit de chasse sans autorisation, de la part de celui qui, placé sur le terrain d'autrui, tire ou laisse le consentement du propriétaire ou de ses ayants droit, une pièce de gibier qui s'y trouve également. — Mais la question est délicate s'il on suppose le chasseur et le gibier qu'il tire placés sur des terrains différents. Il est généralement admis, bien que le contraire ait été jugé, qu'il n'y a point délit de chasse de la part de l'individu qui, de la propriété d'autrui, tire un gibier sur une propriété voisine dans laquelle il a le droit de chasse. On considère, au contraire, comme coupable de ce délit, l'individu qui, se trouvant *sur son propre terrain*, tire une pièce de gibier *posée* ou *courant* sur le terrain d'autrui. Il n'y a pas de difficulté à

l'égard du gibier tiré au vol; mais, d'après l'opinion dominante, la même solution doit être appliquée en pareil cas : ainsi, le chasseur qui tire au vol une pièce de gibier lorsqu'elle se trouve au-dessus de la propriété d'autrui commet le délit de chasse sur le terrain d'autrui, bien qu'il fait lever sur son propre terrain et qu'il y soit encore placé au moment du coup de feu.

77. L'attitude de chasse constituant un acte de chasse (V. *suprà*, n° 5), celui qui se trouve en attitude de chasse commet le délit de chasse sur la propriété d'autrui sans le consentement du propriétaire ou de ses ayants droit, alors qu'il a pour objectif certain et prouvé la recherche ou la capture du gibier sur ce terrain.

78. En ce qui concerne la quête et la poursuite du gibier par les chiens (V. *suprà*, n°s 6 et 7), il a été décidé (Cr. r. 17 juill. 1884, D. P. 85. 1. 95) que celui qui, pendant que son chien quête dans le bois d'autrui, stationne au dehors et à la limite de ce bois, en attendant, son fusil à la main, la sortie du gibier, fait acte de chasse sur le terrain d'autrui.

79. Mais le chasseur qui ne fait que *passer* sur le terrain d'autrui, sans être en attitude de chasse, ne fait pas acte de chasse. Quant au passage, sur le terrain d'autrui, de chiens courants et des chasseurs qui les accompagnent, V. *infrà*, n° 212. — Sur le cas où le passage sur le terrain d'autrui constitue une contravention de police, V. *infrà*, n° 210.

80. La *traque*, étant un acte de chasse (V. *suprà*, n° 13), ne saurait s'exercer sur le terrain d'autrui sans le consentement du propriétaire. La responsabilité pénale incombe aussi bien au traqueur ou rabatteur qu'au chasseur lui-même, et il ne saurait en être affranchi sous le prétexte qu'il n'aurait fait que se conformer aux ordres du chasseur. — La traque pratiquée sur le terrain d'autrui sans le consentement du propriétaire constitue en délit les chasseurs, alors même qu'ils sont restés en dehors de ce fonds pour tirer sur le gibier qui viendrait à y être levé et leur serait renvoyé par les traqueurs.

81. En ce qui concerne l'*occupation* ou la *capture du gibier* (V. *suprà*, n°s 29 et s.), il est à remarquer que les actes accomplis par le chasseur, relativement à des animaux sauvages dont il est devenu propriétaire par voie d'occupation, ne constituent pas des faits de chasse.

82. La chasse prenant fin par la *capture* ou la *mort* du gibier et même par une *blessure mortelle*, il n'y a pas délit de chasse sans autorisation de la part du chasseur qui se borne à ramasser sur le terrain d'autrui, où elle est tombée morte et blessée mortellement, une pièce de gibier tirée sur son propre terrain. A plus forte raison, le fait de prendre un animal sauvage trouvé mort n'est-il pas un acte de chasse, quand sa mort ne peut être considérée, ni directement ni indirectement, comme la suite d'un acte volontaire du prévenu.

83. Il faut admettre la même solution à l'égard de l'occupation du gibier *sur ses fins*. Ainsi, lorsqu'une pièce de gibier, à bout de forces et tout à fait sur ses fins, entre sur le terrain d'autrui, suivie de chiens courants qui la prennent, le chasseur qui fait ou laisse entrer ses chiens pour la prendre, ou même entre avec eux dans ce but, ne commet pas de délit et doit être assimilé au chasseur qui va chercher la bête mortellement blessée. — Mais il en est autrement du gibier simplement *blessé*. Il y a fait de chasse de la part du chasseur qui achève sur le fonds d'autrui une pièce de gibier, bien qu'il l'ait tirée sur son fonds, s'il ne l'avait que blessée (Cr. c. 20 déc. 1894, D. P. 95. 1. 160).

84. Enfin, quant à l'*acte préparatoire de chasse*, ce fait ne constituant pas un acte de chasse proprement dit (V. *suprà*, n° 15), son accomplissement sur le terrain d'autrui, sans le consentement du propriétaire, ne constitue pas un délit.

85. Le fait de chasse sur le terrain d'autrui, sans le consentement du propriétaire, constitue un délit, alors même que le chasseur est *de bonne foi*. Ainsi, les personnes qui répondent à une invitation de chasse en assument toutes les conséquences pénales et ne sont pas recevables, en cas de poursuites, à exciper de leur bonne foi. C'est à elles à s'assurer que le chasseur qui dirige la chasse a le droit de chasser sur les terres où il les conduit, et que toutes les précautions ont été prises pour les mettre à l'abri d'un délit.

§ 2. — *Consentement du propriétaire du terrain où a lieu la chasse.*

A. — Personnes ayant qualité pour donner le consentement (S. 444).

86. L'autorisation de chasser sur le terrain d'autrui doit émaner du propriétaire ou de ses ayants droit ; en d'autres termes, des personnes à qui le droit de chasser appartient. Elle peut aussi être donnée par leurs mandataires ou représentants légaux.

B. — Modes de consentement, cession et concession du droit de chasse par les particuliers (S. 445 et s.).

87. 1° *Cession du droit de chasse.* — Le droit de chasse étant un attribut de la propriété (V. *suprà*, n° 25), le propriétaire a la faculté non seulement de l'exercer personnellement, mais aussi d'en disposer au profit d'autrui. Le propriétaire peut, à titre gratuit ou à titre onéreux, céder *à titre temporaire* le droit de chasse sur son terrain.

88. Le droit de chasse peut même, d'après la jurisprudence de la Cour de cassation, être aliéné *à perpétuité* au profit d'un fonds. Cette concession engendre une véritable servitude réelle, transmissible activement et passivement à tous les propriétaires successifs des deux héritages. — Au contraire, la cession perpétuelle du droit de chasse au profit d'une ou plusieurs *personnes* est déterminées, par exemple au profit des propriétaires successifs d'un autre fonds, est entachée de nullité comme créant une servitude personnelle prohibée par la loi (Civ. 686; V. *infrà*, Servitude). Ainsi, le bénéficiaire de la servitude constituée ne serait pas recevable à poursuivre un individu qui aurait chassé sur le fonds prétendu assujetti (Cr. r. 9 janv. 1891, D. P. 91. 1. 89).

89. 2° *Location de chasse.* — Le droit de chasse peut être loué ou affermé, soit conjointement avec le fonds, soit séparément. — La faculté de donner à bail le droit de chasse appartient tout d'abord au propriétaire du fonds. Celui-ci, son droit de chasse ainsi cédé, s'il n'y a aucune réserve à son profit, se rend passible d'une action civile en dommages-intérêts de la part du preneur, s'il chasse sans le consentement de ce dernier sur le fonds afferme (V. *infrà*, n° 210). Mais il semble, bien que la question soit discutée, que le fait de chasse du bailleur ne doive pas engendrer contre lui une action correctionnelle (Comp. *suprà*, n°s 26 et 28). — L'usufruitier peut également consentir des baux de chasse. A la cessation de l'usufruit, le nu-propriétaire est tenu de respecter les baux qu'il a consentis aux limites fixées par les art. 1429 et 1430 c. civ. — Le bail de chasse est souvent consenti en faveur de *sociétés de chasse*. Des particuliers peuvent valablement se constituer en société pour la mise en commun et l'exploitation du droit de chasse leur appartenant, soit comme propriétaires de terres, soit comme fermiers de la chasse, sur des terres à eux louées à cet effet. L'association contractée pour la location d'une chasse est de la nature de celles qui sont consenties en considération de la personne, et, dès lors, l'un des associés ne peut, sans le consentement des autres, se substituer un tiers.

90. Le locataire de chasse peut céder son droit (Civ. 1717), à moins que cette faculté ne lui soit refusée soit expressément, par une clause formelle du bail, soit implicitement.

91. Le bail de chasse peut être verbal ou écrit (Civ. 1714), par acte authentique ou sous-seing privé ; dans ce dernier cas, il est nécessaire de rédiger autant d'originaux qu'il y a de parties ayant un intérêt distinct (Civ. 1325).

92. Le propriétaire du fonds ne peut, après avoir affermé, sans réserve, à une personne le droit de chasser sur son terrain, concéder à une autre personne une nouvelle location ou une permission de chasse sur le même terrain ; cette nouvelle location ou permission demeurerait sans effet pendant toute la durée de la première (Cr. c. 22 déc. 1899, D. P. 1901. 1. 484). Mais si, des deux concessions, l'une seulement était constatée par un écrit ayant date certaine, elle devrait l'emporter sur l'autre concession, alors même que celle-ci aurait été faite antérieurement (Cr. r. 17 juin 1899, D. P. 1900. 5. 87).

93. Les règles du droit commun concernant la cessation du bail (V. infrà, Louage) s'appliquent au bail du droit de chasse. Il en est de même en ce qui touche la tacite reconduction (V. à cet égard : Req. 13 avr. 1899, D. P. 99. 1. 598).

94. 3° Permission de chasse. — La permission de chasse ne doit pas être confondue avec le bail de chasse. Elle s'en distingue en ce qu'elle n'enlève pas au concédant le droit de chasser lui-même ; elle en diffère encore par le caractère personnel du droit transmis au concessionnaire, par sa gratuité et sa révocabilité.

95. La permission de chasse peut être accordée par le propriétaire du fonds, à moins qu'il n'ait antérieurement concédé le droit de chasse sur le même terrain (V. suprà, n° 92). Lorsque le fonds est indivis, la jurisprudence décide qu'un des co-propriétaires ne peut valablement accorder à un tiers la permission de chasser sur le fonds commun ; ce tiers doit obtenir le consentement de tous les communistes ; sinon, en usant de la permission irrégulière d'un seul, il commet le délit de chasse sur le terrain d'autrui. — Le preneur ou fermier du fonds peut autoriser des tiers à y chasser, s'il a le droit d'y chasser lui-même (V. suprà, n°s 27 et 28). Le locataire de chasse peut accorder des permissions de chasse, à moins que ce droit ne lui soit refusé explicitement ou implicitement par le bail ou le cahier des charges. — La permission de chasse est présumée personnelle et incessible lorsqu'elle a été délivrée à titre gratuit. Si elle a été concédée à titre onéreux, la question de savoir si le permissionnaire peut céder son droit dépend des circonstances.

96. Le propriétaire qui a donné son consentement est libre de le révoquer. — L'autorisation donnée par un propriétaire, de chasser sur son terrain, ne s'éteint pas de plein droit à sa mort ; elle profite au permissionnaire tant qu'elle n'est pas révoquée par les héritiers.

97. 4° Invitation de chasse. — L'invitation de chasse est, en principe, soumise aux mêmes règles que la permission de chasse. Comme celle-ci, elle constitue une autorisation de chasse personnelle, précaire. Elle en diffère, toutefois, en ce que l'invité ne fait que participer à la chasse exercée par une autre personne, tandis que le permissionnaire a la faculté de chasser isolément.

§ 3. — Concession du droit de chasse dans les propriétés de l'Etat, des communes et des établissements publics (R. 11, 14, 169 ; S. 522 et s.).

98. 1° Chasse dans les propriétés de l'Etat. — Les formalités et les conditions de la chasse dans les forêts domaniales sont régies, en thèse générale, par l'ordonnance du 20 juin 1845 (R. p. 115). Les détails d'exécution en sont réglés par un cahier des charges établi par le ministre de l'agriculture. Les baux sont consentis pour une durée de neuf années. — Les propriétés du domaine privé de l'Etat qui ne sont pas boisées et qui ne font pas partie intégrante d'une forêt sont, en général, régies par l'administration des Domaines, à qui est confié le soin de concéder l'autorisation de chasser sur des terrains de cette nature. — En ce qui concerne la chasse sur les routes nationales, V. infrà, n° 111. — L'administration militaire a dans ses attributions l'exercice du droit de chasse sur les terrains militaires.

99. 2° Chasse dans les propriétés des communes. — Les communes ont la faculté de louer le droit de chasse dans leurs bois. C'est le conseil municipal, et non le maire, qui a qualité pour régler, en observant les formes administratives, les permissions de chasse et les baux de chasse de moins de dix-huit ans dans les bois communaux ; ces baux doivent se faire, en principe, par une adjudication publique à laquelle procède le maire assisté de deux membres du conseil municipal (V. infrà, Commune). Ces règles sont communes aux locations ou permissions de chasse sur les propriétés communales non boisées.

100. 3° Chasse sur l'ensemble des terrains appartenant aux habitants d'une commune en tout ou en partie. — Dans beaucoup de communes, il est d'usage d'affermer la chasse, au moyen d'une délibération du conseil municipal, homologuée par le préfet, sur les biens communaux et sur les terrains des propriétaires qui ont déclaré renoncer à exercer ce droit par eux-mêmes, moyennant une redevance destinée à la caisse municipale. Mais la commune n'a le droit de louer la chasse sur les fonds des propriétaires qui n'y consentent pas. Dans quelques localités, des propriétaires forment entre eux un syndicat en vue d'affermer à une ou plusieurs personnes le droit exclusif de chasser sur leurs domaines ou de concéder des permissions de chasse moyennant un prix déterminé qu'ils se partagent proportionnellement à la contenance de leurs propriétés.

101. 4° Chasse dans les propriétés des établissements publics. — Le droit de chasse sur les propriétés des établissements publics peut être loué selon les règles édictées pour les baux à ferme. Notamment, il appartient à la commission administrative d'un hospice de déterminer, sans l'approbation du préfet, les conditions de cette location, même lorsque les terrains dépassent une durée supérieure à dix-huit ans (L. 7 août 1851, art. 8, D. P. 51. 4. 154). — Bien que la location doive, en principe, s'effectuer par adjudication publique, elle peut avoir lieu de gré à gré si l'intérêt de l'établissement propriétaire le demande.

ART. 3. — CHASSE DANS UN ENCLOS ATTENANT A UNE HABITATION (R. 78 et s. ; S. 559 et s.).

102. Le propriétaire ou possesseur peut chasser ou faire chasser en tout temps (c'est-à-dire même pendant la clôture de la chasse, la nuit ou en temps de neige) et sans permis de chasse sur ses terrains attenant à une habitation (L. 1844, art. 2). Mais il lui est interdit d'y chasser avec des engins prohibés (V. infrà, n° 121).

103. Les immunités consacrées par l'art. 2 de la loi de 1844 s'appliquent non seulement au propriétaire ou possesseur, mais à toutes les personnes qui ont l'exercice du droit de chasse sur l'enclos attenant à une habitation, notamment au locataire ou au fermier, quand le droit de chasse lui a été réservé, et même au locataire, adjudicataire ou permissionnaire de chasse.

104. L'habitation à laquelle l'enclos doit être attenant s'entend de toute construction actuellement habitée ou, du moins, destinée à l'habitation, par exemple, une résidence d'été ou même d'un simple pavillon qui n'est occupé qu'à de longs intervalles. Mais on ne saurait considérer comme une habitation, au point de vue de la chasse : un pavillon d'agrément qui n'est pas habité ; une construction servant, l'hiver et l'enclos des olives, de pressoir et d'usine à huile et qui n'est occupée que pendant la mouture par les ouvriers employés à ce genre de travail ; une simple cabane ou maisonnette dépourvue de tout mobilier et affectée seulement pendant une certaine époque de l'année au séchage des châtaignes.

105. Pour que la faculté de chasse en tout temps et sans permis existe sur un terrain, il ne suffit pas que ce terrain soit l'annexe, la dépendance d'une habitation : il faut, de plus, que l'habitation et l'enclos soient dans la même main, c'est-à-dire que le propriétaire possesseur ou fermier de l'habitation soit propriétaire possesseur ou fermier de chasse.

106. Une autre condition exigée, c'est que le terrain soit entouré d'une clôture continue, faisant obstacle à toute communication avec les héritages voisins (Cr. r. 15 févr. 1889, D. P. 90. 1. 46). Il suffit, d'ailleurs, que cette clôture empêche l'introduction des hommes sans qu'il soit nécessaire qu'elle fasse obstacle, en outre, au passage des chiens et du gibier.

107. Les murs sont les sortes de clôture qui répondent le mieux à l'intention du législateur ; il appartient aux juges d'apprécier si l'élévation en est suffisante. Mais l'immunité peut résulter aussi d'une haie sèche suffisamment solide et élevée ; de palissades, pieux, plantes, claires-voies et fils de fer, lorsque le rapprochement, la hauteur et la solidité de ces matériaux s'opposent à ce que l'on pénètre aisément dans l'enclos (Comp. Paris, 17 juin 1904, D. P. 1904, 2e partie) ; d'un fossé, s'il est difficile à franchir à raison de sa largeur, de sa profondeur ou de l'eau qui le remplit. — Au contraire, doit être considérée comme insuffisante une clôture de roseaux les uns plantés verticalement, les autres placés horizontalement et reliés aux premiers, si cette clôture peut, en certains endroits, être enjambée sans effort ou être traversée en écartant les roseaux avec la main sans détérioration.

108. Les rivières non navigables ni flottables peuvent être considérées comme une clôture, au sens de l'art. 2 de la loi de 1844 ; mais la question est douteuse en ce qui concerne les fleuves et rivières navigables ou flottables.

109. La clôture doit être continue, et cette condition n'est pas remplie lorsqu'il existe dans les murs ou les haies des brèches ou des ouvertures d'une certaine importance. Mais une clôture conserve son caractère de continuité malgré les portes ou barrières, même ouvrantes, pratiquées dans son étendue.

110. La faculté de chasser en tout temps et sans permis ne concerne que les faits de chasse accomplis dans l'étendue de l'enclos attenant à une habitation. Le chasseur doit, non seulement se trouver dans l'enceinte attenant à une habitation, mais encore tirer sur une pièce de gibier qui se trouve dans cette enceinte. Le fait seul de suivre le gibier hors de l'enceinte privilégié suffit pour constituer en délit le propriétaire de cette enceinte quand il n'a pas de permis. Mais le chasseur peut aller ramasser le gibier en dehors de sa propriété, s'il l'a tué ou blessé mortellement pendant que ce gibier se trouvait dans cette propriété.

Art. 4. — Chasse sur les routes, chemins, fleuves et rivières (R. 170 et 191; S. 602 et s.).

111. La chasse sur les *chemins privés*, chemins d'exploitation, lignes ou tranchées qui bordent ou traversent une forêt ou un bois et qui, par conséquent, appartiennent au propriétaire de la plaine ou du bois, ne peut s'exercer qu'avec le consentement de ce propriétaire ou de son ayant droit. — Au contraire, on peut, en principe, chasser sur les *routes* et *chemins publics* sans avoir besoin d'autorisation. Si ces routes et chemins traversent une forêt de l'État, celui-ci peut, d'après l'opinion générale, concéder à un particulier la faculté d'y chasser. Mais si la chasse de la forêt a été donnée à bail, le droit du preneur s'étend aux routes qui traversent la forêt, et celui qui y chasserait commettrait un délit.

112. Le droit de chasse sur les rivières non navigables ni flottables appartient au propriétaire du lit et des bords, et des tiers ne peuvent y chasser qu'avec son autorisation. Quant aux fleuves et aux rivières navigables ou flottables, la jurisprudence décide que l'on ne peut y chasser qu'avec l'autorisation de l'État représenté par l'administration des Ponts et Chaussées.

SECT. VII. — Modes de chasse autorisés.

Art. 1er. — Chasse de nuit, a tir et a courre. — Engins ou instruments prohibés (R. 176 et s.; S. 619 et s.).

113. Le permis donne le droit de chasser le jour (L. 1844, art. 9, § 1er). Toute chasse de nuit est prohibée. Le mot *jour* doit être entendu en cette matière dans sa signification la plus usuelle. — C'est aux tribunaux à apprécier, suivant les circonstances, si les faits de chasse qui lui sont soumis ont eu lieu la nuit ou le jour. Ainsi, on a considéré comme ayant eu lieu la nuit les faits de chasse accomplis le 10 septembre, à six heures et demie du soir; le 6 octobre, à six heures et demie du soir; le 4 décembre, à cinq heures du soir; le 15 décembre, à cinq heures et quelques minutes du soir; le 27 décembre, vers sept heures et demie ou huit heures trois quarts du matin.

114. En principe, la défense de chasser la nuit s'applique à toute espèce de gibier et à tout mode de chasse, notamment à la chasse à l'affût. Mais il faut excepter de cette prohibition les faits de chasse accomplis par le propriétaire ou le possesseur dans les terrains clos attenant à une habitation et les faits de destruction des animaux malfaisants ou nuisibles (V. *infra*, n° 138), des bêtes fauves (V. *infra*, n° 148), des pigeons (V. *infra*, n° 150). Cette prohibition ne concerne pas non plus l'exécution des dispositions particulières à la louveterie (V. *infra*, n°° 269 et s.).

115. La loi de 1844 (art. 9, § 1er) n'autorise que la chasse à *tir* et la chasse à *courre*. La chasse à tir se fait habituellement à l'aide du fusil; mais on pourrait employer toute arme non prohibée par les règlements. On peut, en ce qui concerne les projectiles, faire usage de plomb et même de grenaille de fer. Les préfets n'ont pas le droit de réglementer l'emploi des projectiles.

116. La chasse à tir a lieu au chien d'arrêt ou aux chiens courants. — La chasse à courre consiste à poursuivre le gibier à cheval, un fouet à la main, en excitant les chiens. Néanmoins, la chasse à courre peut conserver son caractère bien que tous les chasseurs ne soient pas à cheval. De même, on peut admettre l'emploi des armes à feu,

à condition qu'il n'en soit fait qu'un usage exceptionnel et en cas de péril imminent.

117. Après avoir déclaré que le permis donne le droit de chasser à tir ou à courre, la loi ajoute (art. 9, § 2) : « Tous autres moyens de chasse, à l'exception des furets et des bourses à prendre le lapin, sont formellement prohibés. » Ainsi se trouve proscrite, notamment, la chasse à l'aide d'oiseaux de proie, à l'aide du faucon;... la chasse au chien lévrier (art. 9, § 4-2°).

118. D'autre part, la chasse ne peut avoir lieu qu'à l'aide d'engins ou instruments non prohibés (L. 1844, art. 12-2°). Il y a lieu de considérer comme prohibés, en principe, tous les engins et instruments autres que le fusil et les instruments autorisés par les préfets dans les cas prévus par la loi (V. *infra*, n° 123). Les mots *engins* et *instruments de chasse* doivent, d'ailleurs, s'entendre seulement de ceux qui, matériellement et directement, saisissent ou tuent le gibier, sans qu'il soit nécessaire de recourir au fusil : ce sont ceux qui, par eux-mêmes, procurent la capture ou la mort du gibier. — On doit considérer comme engins prohibés : les *lacets*, les *collets*, les *lacs* ou *filets*, les *panneaux*, les *raquettes* ou *sautcrelles*, les *tré-buchets*, les *traquenards*, les *maisonnettes à lièvre*, la *glu*.

119. En prohibant tous les *moyens de chasse* autres que ceux qui sont expressément autorisés par l'art. 9, le législateur n'a pas entendu interdire ceux qui, insuffisants par eux-mêmes pour prendre le gibier, peuvent être considérés que comme un accessoire plus ou moins efficace d'un mode de chasse particulier. Ainsi, sont autorisées : la traque ou battue, le miroir, les banderoles (V. *supra*, n° 15), les trappes à bascule ou planchettes mobiles établies dans une clôture, de manière à permettre l'entrée du gibier tout en empêchant sa sortie. Au contraire, est interdit l'emploi des appeaux, c'est-à-dire des instruments servant à imiter le cri des animaux pour les attirer au piège, ainsi que des appelants et chanterelles, c'est-à-dire des oiseaux servant d'appeaux. Cette interdiction s'applique aux petits oiseaux sédentaires. La jurisprudence admet, d'ailleurs, que le propriétaire ou possesseur peut, dans l'enclos attenant à son habitation, chasser avec appeaux, appelants ou chanterelles. La loi de 1844 n'interdit pas la simple détention d'appeaux, appelants ou chanterelles.

120. Il est interdit de chasser avec des engins prohibés sur toute espèce de terrain, même dans un terrain clos et attenant à une habitation (Cr. r. 12 janv. 1894, D. P. 94. 1. 366.).

Art. 2. — Règles spéciales a certaines espèces de chasse (R. 184 et s., 200 et s.; S. 665 et s.).

121. Les préfets ont le pouvoir de régler le mode et l'époque de certaines espèces de chasse (L. 1844, art. 9, § 3 et 4, modifié par la loi du 22 janv. 1874). Leurs arrêtés sont exécutoires de plein droit, indépendamment de toute approbation ministérielle. Ces arrêtés sont permanents, c'est-à-dire demeurent obligatoires tant qu'ils ne sont pas rapportés ni modifiés, sans qu'il soit besoin de les renouveler chaque année. Ils sont, d'ailleurs, soumis aux principes qui régissent d'une manière générale les règlements administratifs (V. *infra*, *Règlement administratif*).

122. 1° *Arrêtés obligatoires : oiseaux de passage, gibier d'eau, animaux malfaisants ou nuisibles, fauves.* — Les arrêtés prévus par l'art. 9, § 3, de la loi du 3 mai 1844, sont obligatoires pour les préfets, en ce sens qu'ils ont le devoir de les prendre.

123. En premier lieu, les préfets doivent déterminer l'époque de la chasse des oiseaux

de passage autres que la caille, la nomenclature des oiseaux et les modes et procédés de chaque chasse pour les diverses espèces (L. 1844, art. 9, § 3, modifié par la loi du 22 janv. 1874). — Ils ont la faculté d'autoriser la chasse des oiseaux de passage avec les instruments et engins, les procédés usités dans le pays, même avec ceux dont l'usage est prohibé pour la chasse du gibier ordinaire. Par contre, il ne leur est pas permis d'interdire, pour la chasse des oiseaux de passage, les procédés autorisés par la loi, c'est-à-dire le fusil. — Le chasseur n'est coupable d'aucun délit lorsque les instruments autorisés pour la chasse des oiseaux de passage lui procurent accidentellement la capture d'*oiseaux de pays*.

124. Les préfets doivent, en second lieu, déterminer le temps pendant lequel il sera permis de chasser le gibier d'eau dans les marais, sur les étangs, fleuves et rivières (L. 1844, art. 9, § 3-2°, modifié par la loi du 22 janv. 1874). Ainsi, la chasse au gibier d'eau sera permise durant le temps indiqué par le préfet et pendant l'ouverture de la chasse.

125. Les préfets ne sont autorisés qu'à régler le temps et non les modes et procédés de chasse du gibier d'eau; ils ne peuvent donc permettre de chasser ce gibier autrement que par les procédés ordinaires, à moins qu'il ne s'agisse d'un gibier d'eau qui, comme la bécassine, soit en même temps oiseau de passage. Il ne leur appartient pas non plus de déterminer les diverses espèces sur lesquelles la chasse peut s'exercer. Si le préfet désignait les espèces de gibier d'eau devant bénéficier de l'ouverture spéciale à cette nature de gibier, les tribunaux n'en devraient pas tenir compte. — L'exercice de la chasse au gibier d'eau est limité aux marais, étangs, fleuves et rivières.

126. 2° *Arrêtés pour la protection et le repeuplement des oiseaux; chiens lévriers; temps de neige* (L. 1844, art. 9, § 4, modifié par la loi du 22 janv. 1874). — Ces arrêtés sont facultatifs, en ce sens que les préfets sont libres de ne pas les prendre. Tout d'abord, les préfets ont la faculté de prendre des arrêtés pour prévenir la destruction des oiseaux et favoriser leur repeuplement (L. 1844, art. 9, § 4-1°). Cette disposition s'applique sans distinction à tous les oiseaux pouvant donner lieu à un fait de chasse (Cr. c. 16 avr. 1896; V. *infra*, n° 171). Les préfets ont également le droit d'interdire la capture et la destruction des œufs et couvées d'oiseaux, et, à cet effet, d'interdire de laisser errer les chiens dans les bois ou la plaine.

127. Les préfets ne sauraient prendre des arrêtés pour prévenir la multiplication des oiseaux de pays sédentaires et favoriser leur destruction. Mais, si certains oiseaux se multiplaient au point de devenir nuisibles, il appartiendrait aux préfets, en les déclarant tels, d'en autoriser la destruction en tout temps.

128. L'emploi des chiens lévriers, interdit en principe (V. *supra*, n° 117, *in fine*), peut être autorisé par les préfets pour la destruction des animaux malfaisants ou nuisibles.

129. Enfin les préfets ont le pouvoir de défendre la chasse en temps de neige (L. 1844, art. 9, § 4-3°). À défaut d'arrêté de cette nature, la chasse en temps de neige est licite. L'arrêté qui interdit la chasse en temps de neige est permanent et, par suite, obligatoire sans renouvellement, lorsque sa durée n'a pas été limitée par une de ses dispositions. — La contravention à un arrêté préfectoral qui interdit de chasser en temps de neige constitue l'infraction prévue et punie par l'art. 19, § 4-4°, et l'art. 11-3°, et non le délit de chasse en temps prohibé, que réprime l'art. 12-1° (V. *infra*, n° 213).

SECT. VIII. — Destruction des animaux malfaisants ou nuisibles, des bêtes fauves et des animaux domestiques.

ART. 1er. — DESTRUCTION DES ANIMAUX MALFAISANTS OU NUISIBLES (R. 193 et s.; S. 710 et s.).

130. La destruction des animaux malfaisants ou nuisibles est réglementée par l'art. 9, § 3-3°, de la loi de 1844 (V. aussi *infrà*, nos 269 et s., et *Commune*). Ce texte enjoint aux préfets de prendre des arrêtés pour déterminer les espèces d'animaux malfaisants ou nuisibles que le propriétaire, possesseur ou fermier pourra, en tout temps, détruire sur ses terres, et les conditions de l'exercice de ce droit. Il importe de remarquer que, de ce texte, ne peut résulter que le droit de *détruire* les animaux nuisibles, dans l'intérêt de la propriété, et non pas la faculté de les chasser. A plus forte raison, ce droit de destruction ne pourrait être invoqué pour créer de véritables faits de chasse.

131. Les personnes qui peuvent invoquer les arrêtés préfectoraux autorisant la destruction des animaux nuisibles sont : le propriétaire, alors même qu'il aurait donné son fonds à bail; le possesseur, c'est-à-dire non seulement l'individu qui détient un domaine pour son propre compte, mais encore l'usufruitier, l'emphytéote et même l'usager, l'antichrésiste et le superficiaire. La loi range également parmi ces personnes le fermier, auquel il faut reconnaître ce droit bien que le droit de chasse ne lui appartienne pas. Le droit de destruction doit être, au contraire, refusé au locataire de la chasse (V. toutefois le numéro suivant, *in fine*).

132. Le propriétaire, possesseur ou fermier, peut déléguer à des tiers le droit de détruire, sur ses terres, les animaux déclarés malfaisants ou nuisibles par arrêté préfectoral. Cette délégation est présumée à l'égard de certaines personnes qui se trouvent en relation permanente d'intérêt commun ou de dépendance avec le propriétaire, possesseur ou fermier, tels que le père, le mari, les enfants, les domestiques et les gardes. Cette délégation tacite ne peut pas être invoquée par le locataire de chasse, mais la délégation peut lui être octroyée explicitement. Il en est ainsi pour les adjudicataires de chasse dans les forêts domaniales.

133. Pour l'exercice du droit de destruction, le propriétaire ou fermier a la faculté de recourir à des auxiliaires jouissant des mêmes immunités que lui.

134. Le droit de destruction spécifié dans la première partie de l'art. 9, § 3-3°, de la loi de 1844 ne s'applique qu'aux animaux déclarés malfaisants ou nuisibles par le préfet du département. D'un autre côté, l'expression *animaux nuisibles* n'est pas prise ici dans le même sens qu'on lui attribue dans l'art. 2 de l'arrêté du 19 pluv. an 5 (R. p. 199) concernant les chasses et battues générales ou particulières aux loups, renards, blaireaux et autres animaux nuisibles.

135. Le préfet a le pouvoir de déterminer les conditions d'exercice du droit de destruction des animaux déclarés malfaisants ou nuisibles (L. 1844, art. 9, § 3-3°). Ainsi le préfet règle les modes, moyens et engins susceptibles d'être employés; il peut autoriser l'emploi du fusil, des chiens, notamment des lévriers, et d'engins quelconques, même de ceux prohibés pour la chasse en général.

136. Les propriétaires, possesseurs ou fermiers ne peuvent détruire, en tout temps, sur leurs terres, les animaux malfaisants ou nuisibles, déclarés tels par l'arrêté préfectoral, que dans les conditions fixées par l'arrêté, sous peine de commettre un délit de chasse réprimé par l'art. 12 de la loi de 1844. Ainsi, le garde qui tendrait un piège à renard à trois cents mètres de tout terrier commet un délit de chasse en temps prohibé si le préfet n'a autorisé l'usage des pièges contre les renards qu'à l'entrée des terriers.

137. Pour les forêts domaniales, l'art. 23 du cahier des charges permet aux adjudicataires de la chasse de procéder, en temps prohibé, à la chasse et à la destruction des animaux dangereux, malfaisants ou nuisibles, par tous les moyens autorisés par le préfet, ou par des chasses ou battues pratiquées conformément à l'arrêté du 19 pluv. an 5.

138. Le préfet n'a pas à indiquer d'époque précise pour l'exercice du droit de destruction, qui peut avoir lieu *en tout temps* (L. 1844, art. 9, § 3-3°). Cette expression comprend le temps de nuit comme le temps de jour, mais non, d'après la Cour de cassation, le temps de neige. Le droit de destruction ne peut donc s'exercer en temps de neige lorsque la chasse en temps de neige est prohibée par un arrêté préfectoral pris en vertu de l'art. 9, § 4-3°.

139. L'exercice du droit de destruction n'est pas subordonné à la nécessité du permis de chasse (Cr. c. 27 oct. 1892, D. P. 93. 1. 188). — Le propriétaire, possesseur ou fermier, peut exercer le droit de destruction indépendamment de tout dommage actuel ou imminent. Mais, d'après la Cour de cassation, même en cas de dommage actuellement causé par les animaux nuisibles, le propriétaire est obligé de se conformer aux conditions de l'arrêté préfectoral qui autorise la destruction.

140. La destruction peut être opérée par le propriétaire, possesseur ou fermier, sur les terres de toute nature, chargées ou non de récoltes, closes ou non, mais non sur le terrain d'autrui sans le consentement du propriétaire, sous peine de commettre le délit prévu et réprimé par les art. 1er et 11-2° de la loi de 1844.

ART. 2. — DESTRUCTION DES BÊTES FAUVES (R. 193, 197 et s.; S. 743 et s.).

141. Le propriétaire ou fermier est autorisé à repousser ou détruire, même avec des armes à feu, les bêtes fauves qui porteraient dommage à ses propriétés, encore qu'elles ne fussent pas classées par l'autorité administrative parmi les animaux nuisibles (L. 1844, art. 9, § 3-3°, *in fine*).

142. Ce droit doit être reconnu non seulement au propriétaire et au fermier *concurremment*, mais aussi à toutes les personnes qui ont le droit de destruction (V. *supra*, n° 131). De même il faut reconnaître à ces personnes la faculté de déléguer leur droit de destruction à des tiers, de se faire assister par des auxiliaires, lesquels bénéficient des mêmes immunités, le tout dans les conditions énumérées *supra*, nos 132 et 133.

143. La loi ne charge pas le préfet de déterminer la nomenclature des bêtes fauves; elle laisse à l'autorité judiciaire le soin d'apprécier à quels animaux appartient cette qualification au point de vue de l'application de l'art. 9, § 3-3°. Des difficultés sérieuses se sont élevées en doctrine en jurisprudence à ce sujet. D'après le système auquel la Cour de cassation semble s'être ralliée d'une manière définitive, l'expression *bête fauve*, qui figure dans l'art. 9, § 3-3° *in fine* de la loi de 1844, doit être entendue dans son acception normale et habituelle, c'est-à-dire avec la signification que lui donnent les ouvrages de vénerie et les anciennes ordonnances (Cr. r. 5 janv. 1883, D. P. 83. 5. 55).

144. L'art. 9 autorise formellement la destruction des bêtes fauves en tout temps, et, par conséquent, pendant la fermeture aussi bien que pendant l'ouverture de la chasse, pendant la nuit et en temps de neige. Un permis n'est pas nécessaire.

145. Les armes à feu et tous autres procédés propres à détruire ces animaux, notamment les pièges ou engins, sont autorisés. On peut employer les pièges ou des engins de toute espèce, de toutes sortes, sauf cependant les engins prohibés. Il est permis de se mettre d'affût ou en embuscade, d'user de chiens courants, d'organiser une battue dans le cas de danger imminent, et même de chasser les fauves à courre.

146. Les propriétés qui sont protégées par le droit de destruction des bêtes fauves sont toutes propriétés immobilières ou même mobilières, telles que les récoltes, les animaux domestiques, spécialement le bétail et les volailles.

147. Le droit de détruire les bêtes fauves est restreint au cas où les bêtes portent dommage aux propriétés de celui qui procède à leur destruction. Il faut donc, en principe, un dommage causé. C'est ainsi que la Cour de cassation a décidé, notamment, que l'immunité de l'art. 9, § 3-3°, ne pouvait pas être invoquée par le propriétaire qui poursuit avec sa meute, dans des bois lui appartenant, un sanglier qui aurait causé des dégâts la veille sur des terrains qui ne lui appartenaient pas (Cr. r. 13 avr. 1865, D. P. 65. 1. 196).

148. Il semble toutefois que l'existence d'un dommage déjà causé ne soit pas dans tous les cas nécessaire; il suffirait d'un dommage *actuel*, ou même *imminent* (Cr. r. 24 juill. 1891, D. P. 92. 1. 171; Besançon, 22 nov. 1900, D. P. 1902. 2. 138). Et la présence prolongée de bêtes fauves sur une propriété où dans son voisinage peut être considérée comme un danger actuel ou imminent, qui justifie l'emploi, pour la destruction de ces animaux, des moyens usités en pareil cas. Ainsi, ne commettent aucun délit les individus qui, sans être munis de permis, et une battue dans un bois à eux appartenant pour faire cesser les dégâts que des sangliers causent presque chaque nuit dans leurs champs contigus à ce bois (Cr. r. 29 déc. 1883, D. P. 84. 1. 96).

ART. 3. — DESTRUCTION DES ANIMAUX DOMESTIQUES (R. 196; S. 794 et s.).

149. Les atteintes portées aux animaux domestiques sont régies par les règles du droit commun en matière de répression. Ainsi le fait de tuer ou blesser des animaux domestiques, notamment des chiens ou des volailles, tombe sous le coup, soit de l'art. 454 c. pén. (V. *infrà*, *Dommage-Destruction*), soit de l'art. 479-1° c. pén. pour dommages aux propriétés mobilières d'autrui (V. *infrà*, *Contravention*). — Cependant le propriétaire, possesseur ou fermier a le droit de tuer les volailles appartenant à autrui lorsqu'elles causent du dommage à son fonds, mais seulement sur les lieux et au moment du dégât (V. *infrà*, *Dommage-Destruction*).

150. La destruction des pigeons est l'objet d'une réglementation particulière (L. 4 avr. 1889, sur le Code rural, D. P. 89. 4. 35). Les préfets prennent, chaque année, après avis des conseils généraux, des arrêtés pour déterminer l'époque de l'ouverture et la fermeture des colombiers (L. 4 avr. 1889, art. 6). — Les pigeons sont considérés comme gibier *pendant le temps où ils doivent être enfermés*; par suite, celui qui les trouve sur son terrain peut les tuer et même les enlever et se les approprier. Cette faculté est reconnue au propriétaire, possesseur, au fermier, à l'usufruitier, en un mot à tous ceux qui ont le droit de faire la récolte; mais ceux-ci ne peuvent exercer le droit de destruction que sur leur terrain, sous les peines portées par l'art. 454 et par l'art. 479-1° c. pén. (V. *supra*, n° 149). L'enlèvement des pigeons tués dans ces conditions constituerait un vol (Pén. 379 et 401). — L'exercice de ce droit de destruction n'est ni subordonné à la délivrance d'un permis de chasse, ni limité à l'ouverture de la chasse. Il peut s'accomplir pendant la nuit. Il n'est pas nécessaire non plus que les pigeons causent un dommage *actuel* aux récoltes.

151. En dehors de l'époque où les pigeons doivent être renfermés, ils appartiennent au propriétaire du colombier : pendant ce temps, celui qui trouve les pigeons sur son propre terrain et y causant du dommage, peut sans doute les tuer au moment du dégât, mais il ne peut se les approprier sans se rendre coupable de vol (L. 4 avr. 1889, art. 4 et 7).

152. Le préfet peut même déclarer les pigeons animaux nuisibles. En ce cas, ils deviennent la propriété de celui qui les a tués légitimement, de même que tous les animaux nuisibles classés comme tels par le préfet. — Si les pigeons n'ont été l'objet d'aucun arrêté préfectoral déterminant l'époque de la fermeture des colombiers, ou rangeant les pigeons au nombre des animaux nuisibles, le propriétaire, possesseur ou fermier peut les tirer, pourvu que ce soit *sur son fonds* et *pendant* qu'ils causent un dommage aux récoltes.

153. Les *pigeons voyageurs* sont l'objet d'une protection spéciale. D'après la doctrine admise en dernier lieu par la Cour de cassation, les lois des 3 mai 1844 et 22 janv. 1874 ne leur sont pas plus applicables qu'aux pigeons attachés à un colombier, et, dès lors, la destruction de ces pigeons, en dehors des circonstances où elle est réprimée par la loi du 4 avr. 1889 sur la police rurale, ne constitue pas un fait de chasse réprimé par l'art. 11 de la loi de 1844 (Ch. réun. r. 8 déc. 1896, D. P. 97. 1. 251). Mais toute personne qui, en n'importe quel lieu ou quel temps, par n'importe quel moyen, a capturé ou détruit, ou tenté de capturer ou de détruire des pigeons voyageurs ne lui appartenant pas, est punie d'une amende de 16 à 100 francs, sans préjudice de tous autres dommages et intérêts et de l'application, le cas échéant, des peines portées aux art. 454 et 401 c. pén. (V. *infrà*, *Dommage-Destruction*, *Vol*).

SECT. IX. — De la défense de vendre, d'acheter, de transporter et de colporter du gibier pendant le temps où la chasse est interdite.

ART. 1er. — DES ACTES COMPRIS DANS LA PROHIBITION (R. 210 et s.; S. 810 et s.).

154. L'art. 4, § 1er, de la loi du 3 mai 1844 défend, sous les peines édictées par l'art. 12-4°, la *mise en vente*, la *vente*, l'*achat*, le *transport* et le *colportage* du gibier pendant le temps où la chasse n'est pas permise.

155. Pendant la fermeture de la chasse, la *mise en vente*, c'est-à-dire l'exposition aux regards du public, l'étalage dans un magasin ou une boutique, est réprimée lors même qu'elle n'a pas été suivie de vente. — De même, la loi réprime le simple transport du gibier, indépendamment de toute intention de vente.

156. Les entrepreneurs de transports, les compagnies de chemins de fer en particulier, sont pénalement responsables du tout transport de gibier en violation des lois et des règlements, alors même que le gibier se trouverait à leur insu dans des bourriches et des paniers, la bonne foi n'étant pas une excuse en matière de chasse (V. *infrà*, n° 265). L'expéditeur doit être puni comme complice. — Toutefois, le fait de transport n'étant délictueux qu'autant qu'il a été commis volontairement, la présomption que le transporteur agissait volontairement doit cé-

der devant la preuve contraire rapportée par lui. Ainsi, un facteur de messageries, poursuivi pour transport de gibier en temps prohibé, a pu être acquitté par le motif que ce facteur n'a ni connu ni pu connaître le contenu du colis dans lequel le gibier était renfermé.

ART. 2. — ANIMAUX AUXQUELS S'APPLIQUE LA PROHIBITION (R. 213 et s.; S. 818 et s.).

157. La défense contenue dans l'art. 4 de la loi de 1844 est générale et s'applique à toute espèce de *gibier*, expression qui ne comprend ici que les animaux sauvages dont la chair est bonne à manger. — Il n'y a point à distinguer entre le gibier vivant et le gibier mort. Mais des *permis de transport* ou *autorisations* de transporter le gibier vivant sont délivrés, soit dans l'intérêt de sa reproduction, soit pour cause de changement de domicile. La demande doit être adressée par lettre au préfet ou au ministre de l'intérieur (Circ. min. int. 12 févr. 1884 ; Note min. agric. 11 févr. 1900).

158. La prohibition s'applique au gibier cuit comme au gibier cru et même au pâté de gibier. La condamnation est encourue par le *consommateur* s'il a pu reconnaître la nature du mets. Mais la prohibition n'est pas applicable aux *conserves de gibier* et aux autres préparations analogues non destinées à une consommation prochaine.

159. L'interdiction de vente, de transport, etc., de gibier en temps prohibé, atteint, en principe, le gibier tué sans contravention, notamment : 1° le gibier tué par les propriétaires de terrains clos attenant à une habitation, qui doit être consommé sur place ; 2° les espèces ayant le caractère de gibier, classées au nombre des animaux malfaisants ou nuisibles, spécialement les lapins de garenne, qui doivent être également consommés sur place ; 3° les bêtes fauves, propres à l'alimentation, tuées par le propriétaire dans l'exercice de son droit de légitime défense. — Mais l'Administration a apporté des tempéraments à cette rigueur : elle autorise le transport des animaux nuisibles ayant le caractère de gibier, pour être consommés au domicile des chasseurs qui ont pris part à la traque ou à la battue (Circ. min. int. 25 avr. 1862). Elle admet que le colportage et la vente des lapins de garenne peuvent être exceptionnellement autorisés dans le département, après la fermeture de la chasse, par le ministre de l'intérieur sur la proposition du préfet. Enfin, elle accorde la même tolérance à l'égard des sangliers tués comme animaux nuisibles, et des bêtes fauves propres à l'alimentation tuées par le propriétaire, possesseur ou fermier, et qui peuvent être transportées par celui-ci à son domicile.

160. Il faut nécessairement excepter de la prohibition de transport de l'art. 4 les animaux qui font l'objet de la chasse à courre, quand ce mode de chasse a été autorisé par le préfet après la fermeture de la chasse ordinaire. De même, la prohibition ne s'applique pas aux oiseaux de passage et au gibier d'eau pendant que cette chasse est permise.

161. Bien que, en principe, le gibier venant de l'étranger tombe sous le coup de l'art. 4 de la loi de 1844, on excepte, en pratique, de la prohibition : les oiseaux rares, le gibier exotique non acclimaté en France, comme : la perdrix blanche, le renne, le sanglier, le gibier d'eau sous certaines conditions, la caille, en général jusqu'au 1er mai, etc.

162. Quant au transit du gibier provenant de l'étranger et expédié à destination de l'étranger sous le plomb de la douane, la prohibition de l'art. 4 ne lui est pas applicable.

163. Les animaux sauvages qui sont im-

propres à l'*alimentation* et qui, par conséquent, ne rentrent pas dans la catégorie du gibier proprement dit, ne sont pas soumis à la prohibition de l'art. 4. Il en est ainsi des animaux malfaisants ou nuisibles et des bêtes fauves dont la chair n'est pas bonne à manger, tels que les loups et les renards, les fouines, les putois.

164. De même, l'art. 4 ne concerne pas les animaux domestiques ou sédentaires, tels que les lapins de clapiers, les oiseaux qui, sauvages de leur nature, tels que les faisans, sont élevés dans des volières ou basses-cours (Orléans, 23 déc. 1902, D. P. 1903. 5. 106) ; ni, à plus forte raison, les animaux de chant ou de plaisir, comme les rossignols, fauvettes, serins (V. cependant *infrà*, n° 167).

ART. 3. — LIEUX, ÉPOQUES, DURÉE DE LA PROHIBITION (R. 219 et s.; S. 858 et s.).

165. En ce qui concerne les lieux auxquels s'applique la prohibition, la clôture de la chasse dans un département y entraîne l'interdiction de vendre et de colporter le gibier, alors même que la chasse est encore ouverte dans le département voisin. De même, on ne peut expédier d'un département où la chasse est fermée du gibier dans un département où la chasse est ouverte, et, réciproquement. Le simple transit du gibier est lui-même prohibé sur un point où la chasse n'est pas ouverte, bien qu'elle le soit au lieu d'expédition ou de départ et au lieu de destination ou d'arrivée.

166. La prohibition de l'art. 4 dure pendant la clôture générale de la chasse. Elle a pour point de départ le jour de la clôture générale et s'applique au gibier tué avant la fermeture. Elle cesse au moment de la réouverture.

167. Le colportage du gibier dans une période pendant laquelle la chasse peut, à raison de circonstances particulières au département, être accidentellement suspendue, ne tombe pas sous le coup de l'art. 12 de la loi de 1844. Ainsi le colportage est permis en temps de neige, bien qu'un arrêté préfectoral ait interdit la chasse pendant ce temps. Mais il a été jugé que le colportage du gibier, interdit pendant le temps où la chasse n'est pas ouverte, ne devient licite pendant la période qui s'écoule entre l'ouverture et la fermeture générales de la chasse qu'autant que la chasse du gibier colporté n'est pas, pendant cette période, légalement prohibée. Ainsi, lorsqu'un arrêté préfectoral interdit en tout temps la destruction, la capture, le colportage et la vente des petits oiseaux, l'interdiction portée par cet arrêté ayant pour effet de prohiber en tout temps la chasse des petits oiseaux, il en résulte que le colportage de ces animaux n'est, à aucun moment, permis, et tombe sous le coup de l'art. 12 de la loi de 1844 (Cr. r. 6 nov. 1897, D. P. 98. 1. 281).

ART. 4. — SAISIE, CONFISCATION ET RECHERCHE DU GIBIER (R. 223 et s.; S. 871 et s.).

168. Le gibier colporté en temps prohibé est saisi (L. 1844, art. 4, § 2). La saisie de ce gibier peut être opérée sur la personne même du délinquant, à la différence du gibier qui entre dans les mains du chasseur. Le gibier ainsi saisi est envoyé à l'établissement de bienfaisance le plus voisin (L. 1844, art. 4, § 2). Il s'agit du gibier mort : le gibier vivant doit être rendu à la liberté.

169. La recherche du gibier, en temps prohibé, peut être faite soit par les fonctionnaires et agents chargés de la police de la chasse, soit par les employés des contributions indirectes et de l'octroi (L. 1844, art. 22 et 23). Elle peut être effectuée soit dans les lieux ouverts au public, c'est-à-dire dans les halles, marchés, places publiques, soit à domicile chez les aubergistes et marchands de comestibles (art. 4, § 3). —

La simple *détention* de gibier par ces derniers, en temps prohibé, constitue-t-elle un délit ? La question est discutée, mais la négative paraît préférable.

170. Les perquisitions au domicile des particuliers, pour y rechercher du gibier en temps prohibé, sont interdites, sauf le droit du juge d'instruction d'y opérer régulièrement une visite domiciliaire. — Les agents chargés de la police de la chasse peuvent, en dehors du domicile, visiter les personnes elles-mêmes pour s'assurer des infractions au paragraphe 1er de l'art. 4.

SECT. X. — **Défense de prendre ou détruire des œufs et couvées** (R. 227 et s.; S. 884 et s.).

171. Il est interdit de prendre ou de détruire sur le terrain d'autrui des œufs et des couvées de faisans, perdrix et cailles (L. 1844, art. 4, § 4). Quant aux œufs et couvées des autres oiseaux, ils sont susceptibles d'être protégés par les arrêtés préfectoraux pris en exécution de l'art. 9, § 4-1° (V. *suprà*, n° 126).

172. La disposition de l'art. 4 est spéciale aux *œufs* et *couvées* des faisans, perdrix et cailles; elle ne concerne pas ces oiseaux eux-mêmes lorsqu'ils ne sont pas à l'état de couvées. En ce cas, leur capture et leur destruction, comme celle des petits de toute autre espèce de gibier, constitue un acte de chasse.

173. Le propriétaire, usufruitier et fermier, a le droit de conserver ou de détruire les œufs et couvées de toute espèce d'oiseaux qui se trouvent sur son fonds, à moins que le préfet n'ait interdit la destruction des œufs et couvées de tous les oiseaux, en vertu de l'art. 9, § 4-1° (V. *suprà*, n° 126).

SECT. XI. — **Constatation des délits.** — **Poursuite.** — **Extinction des actions publique et civile.**

ART. 1er. — CONSTATATION DES DÉLITS DE CHASSE.

§ 1er. — *Modes de preuve des délits de chasse* (R. 361 et s.; S. 1106 et s.).

174. Les délits prévus par la loi sur la police de la chasse sont prouvés soit par procès-verbaux ou rapports, soit, à défaut, par témoins (L. 1844, art. 21), soit même par les autres modes de preuves reçus d'après le droit commun en matière criminelle, comme l'information, la visite des personnes, la visite domiciliaire, l'expertise, l'interrogatoire et l'aveu du prévenu (V. *infrà*, *Instruction criminelle*). — Il est à remarquer, par suite, que l'absence ou la nullité d'un procès-verbal, ou l'irrégularité d'une visite domiciliaire, n'a pas nécessairement pour résultat d'entraîner l'acquittement du prévenu; celui-ci peut néanmoins être condamné si sa culpabilité demeure établie, indépendamment du procès-verbal, par l'un des autres modes de preuve.

175. Les *procès-verbaux* ou *rapports* sont les modes de preuve les plus usuels en matière de délits de chasse. En ce qui touche la forme des procès-verbaux, les divers agents qui ont qualité pour les dresser doivent se conformer aux lois particulières de leur institution, aux modifications explicites ou implicites qui résultent de la loi du 3 mai 1844 (V. *infrà*, *Procès-verbal*). Notamment, le procès-verbal doit être au moins signé par l'agent qui l'a dressé. Mais la validité du procès-verbal n'est pas subordonnée à la condition que le garde ou l'agent verbalisateur soit revêtu de son uniforme ou de ses insignes lors de la constatation de l'infraction, non plus qu'à la nécessité d'une déclaration du rédacteur, avertissant le délinquant qu'il va dresser procès-verbal contre lui.

176. Le procès-verbal doit être rédigé dans les vingt-quatre heures du délit et mentionner l'heure à laquelle le délit a été commis.

177. Il est, de plus, assujetti à la formalité de l'*affirmation* (V. *infrà*, *Procès-verbal*) dans les vingt-quatre heures du délit, à peine de nullité (L. 1844, art. 24) (Douai, 25 janv. 1899, D. P. 1900. 2. 373). Il est nécessaire que le procès-verbal mentionne l'heure à laquelle il a été affirmé. — La formalité de l'affirmation n'est imposée qu'aux gardes champêtres et aux gardes particuliers, gardes forestiers, employés des contributions indirectes et des octrois, non aux autres fonctionnaires ou agents qui constatent des délits de chasse.

178. Les officiers publics qui ont qualité pour recevoir l'affirmation en matière de chasse sont le juge de paix, ou l'un de ses suppléants, ou le maire ou son adjoint (ou à défaut un conseiller municipal), soit de la commune du garde, soit de la commune où le délit a été commis. Ces magistrats sont tous également et concurremment compétents : le garde est libre de choisir celui d'entre eux auquel il veut s'adresser.

179. Les procès-verbaux régulièrement dressés en matière de chasse par les personnes indiquées à l'art. 22 de la loi de 1844 font foi jusqu'à *preuve contraire*. Ils peuvent donc être débattus par des preuves contraires, soit écrites, soit testimoniales, si le tribunal juge à propos de les admettre (Instr. 154, 189). Mais, à défaut de cette preuve contraire, les procès-verbaux de chasse s'imposent aux juges quant aux faits matériels qu'ils constatent, et celui-ci ne saurait méconnaître ces faits, en dehors de toute instruction, soit à l'audience, soit hors de l'audience, en se fondant uniquement soit sur les explications ou les dénégations du prévenu, soit sur la connaissance personnelle qu'il aurait acquise hors de l'audience (V. *infrà*, *Procès-verbal*).

180. Les délits de chasse peuvent se prouver *par témoins* (L. 1844, art. 21), c'est-à-dire : 1° lorsqu'il n'a pas été dressé de procès-verbal; 2° lorsque le procès-verbal est entaché de nullité, par exemple pour n'avoir pas été dressé et affirmé dans les vingt-quatre heures du délit; 3° lorsque le procès-verbal, tout en étant régulier, est insuffisant.

181. Les *visites domiciliaires* peuvent avoir pour but la recherche du gibier en temps prohibé chez les aubergistes et marchands de comestibles (V. *suprà*, n° 169), ou la constatation de la *détention* d'objets prohibés (V. *infrà*, n° 215). Elles peuvent avoir également pour objet de constater les faits de chasse délictueux commis dans les terrains clos et attenant aux habitations. Notamment, les agents chargés de la police de la chasse peuvent constater le délit d'*emploi* d'engins prohibés commis dans un endroit clos attenant à une habitation, mais seulement dans ce cas : 1° lorsqu'ils pénètrent dans l'enclos avec un mandat du juge d'instruction; 2° quand ils s'introduisent en présence soit du juge de paix ou de son suppléant, soit du commissaire de police, soit du maire ou de son adjoint; 3° lorsqu'ils peuvent constater l'infraction de l'extérieur, *sans recourir à aucun moyen indiscret* qui soit susceptible d'être considéré comme une violation indirecte du domicile. Ainsi, les gendarmes qui ont le droit de poursuivre un chasseur jusque dans le domicile où il s'est réfugié, encore bien qu'ils l'auraient perdu de vue; et leur introduction dans ce domicile, en dehors des formes légales, a pour effet, comme constituant un abus d'autorité, d'entacher d'une nullité absolue les constatations qui ont suivi. Toutefois, si les gendarmes n'ont rencontré ni opposition, ni protestation, leur introduction n'est plus qu'une simple irrégularité, couverte par le consentement tacite de la partie intéressée; et, dans ce cas, leur procès-verbal fait foi jusqu'à preuve contraire. De même, le garde champêtre qui, devant leur refus de décliner leurs noms et devant l'attitude menaçante de deux individus surpris en délit de chasse, pénètre à leur suite, après avoir requis l'assistance de la gendarmerie, dans une hôtellerie ouverte à tout le monde, et sans aucune opposition de la part du propriétaire, ne contrevient pas aux dispositions de l'art. 16, § 3, c. instr. cr.

182. La visite domiciliaire effectuée en dehors des conditions ci-dessus indiquées est illégale, et cette illégalité a pour conséquence, d'une part, d'entraîner la nullité du procès-verbal qui en a été la suite, et, d'autre part, d'empêcher le garde ou autre agent qui procède à la visite domiciliaire d'être entendu comme témoin sur le fait par lui irrégulièrement constaté.

183. L'*aveu judiciaire* du délit de chasse, qui émane du prévenu, couvre les nullités du procès-verbal ou supplée à ce document.

§ 2. — *Fonctionnaires, gardes et agents ayant qualité pour constater les délits de chasse* (R. 367 et s.; 375 et s.; S. 1149 et s.).

184. Ces personnes sont : les maires et adjoints, les commissaires de police dans l'étendue de la commune; les officiers, sous-officiers de gendarmerie et les simples gendarmes dans l'étendue de leurs circonscriptions respectives, et en dehors de leurs circonscriptions, quand ils sont dans l'exercice de leurs fonctions, par exemple quand ils reviennent de conduire un prisonnier; les préposés forestiers, c'est-à-dire les brigadiers et gardes soit domaniaux, soit communaux, soit d'établissements publics, soit mixtes; sur les forêts indivises assujetties au régime forestier, mais seulement pour constater les délits de chasse commis dans les *bois soumis au régime forestier*; les gardes champêtres communaux, dans les propriétés rurales et les bois particuliers; les gardes particuliers, dans les propriétés confiées à leur surveillance; les gardes-chasse des adjudicataires ou fermiers de chasse des forêts domaniales; les gardes-messiers et gardes-vignes, dans les propriétés qu'ils sont chargés de surveiller et pendant la durée de leur mission (L. 3 mai 1844, art. 22 et 23).

185. Les employés des contributions indirectes et des octrois ont qualité pour dresser des procès-verbaux, qui font foi jusqu'à preuve contraire lorsqu'ils constatent les délits de mise en vente, vente, achat, colportage et transport du gibier en temps prohibé.

186. En dehors de ces agents, peuvent encore constater les flagrants délits de chasse les magistrats de l'ordre judiciaire : officiers de police judiciaire, procureurs de la République, juges d'instruction, juges de paix.

§ 3. — *Gratifications* (R. 390 et s.; S. 1164 et s.).

187. Des *gratifications* sont allouées aux gardes (gardes-pêche, gardes particuliers, gardes-chasse, gardes forestiers), aux sous-officiers de gendarmerie et gendarmes, à raison des procès-verbaux dressés par eux pour la constatation des délits de chasse (L. 1844, art. 10). La gratification n'est due ni aux agents forestiers, ni aux employés des contributions indirectes, ni à ceux des octrois. Elle est prélevée sur le produit des amendes; toutefois, elle est due même au cas où le délinquant ne serait condamné qu'aux frais, et aussi au cas où il aurait transigé avec l'Administration forestière.

§ 4. — *Désarmement et arrestation des délinquants* (R. 395 et s.; S. 1180 et s.).

188. Les délinquants ne peuvent être désarmés (L. 1844, art. 25). Néanmoins, d'après la jurisprudence, le chasseur se rendrait coupable de rébellion en usant de violences ou voies de fait pour repousser le garde ou agent qui voudrait le désarmer illégalement.

189. De même, les délinquants ne peuvent être arrêtés que dans des cas exceptionnels, savoir : s'ils sont déguisés ou masqués, s'ils refusent de faire connaître leurs noms ou s'ils n'ont pas de domicile connu (L. 1844, art. 25). — Le délinquant est conduit, au besoin par la force, devant le maire, ou, si l'on se trouve sur le territoire du chef-lieu de canton, devant le juge de paix.

ART. 2. — POURSUITE DES DÉLITS DE CHASSE.

§ 1er. — *Droit de poursuite du ministère public* (R. 401 et s.; S. 1190 et s.).

190. Le ministère public a d'une façon générale, et sauf ce qui sera dit plus loin des délits de chasse sur le terrain d'autrui, le droit de poursuivre *d'office tous* les délits de chasse (L. 1844, art. 26). Il a qualité, à l'exclusion des parties civiles, pour poursuivre les infractions qui ne lèsent pas des intérêts privés, tels que les délits de chasse *sans permis* ou de chasse en temps prohibé. En ce qui concerne les délits de chasse *sans autorisation* sur le terrain d'autrui, l'action du ministère public existe sans restriction lorsque le délit se produit : 1° dans un enclos attenant à une habitation; 2° sur un terrain non dépouillé de ses fruits, par exemple sur un champ chargé d'une récolte en maturité, ou même sur des terres simplement mises en état de produire; 3° dans les bois soumis au régime forestier (V. *infrà*, n° 192).

191. Dans les autres cas, l'action du ministère public est subordonnée à la *plainte* de la partie intéressée, qui n'a pas besoin de se porter partie civile. Cette règle s'applique au cas où le délit s'est produit dans le bois d'un particulier ou dans un bois communal non soumis au régime forestier. La simple remise du procès-verbal, qui constate le fait de chasse, au parquet, par le propriétaire sur son ordre, équivaut à une plainte. Quand l'action publique a été mise en mouvement par la plainte de la partie civile, elle ne peut plus être arrêtée par le fait ou l'inaction de cette partie.

§ 2. — *Droit de poursuite de l'Administration forestière* (R. 417, 429 et s.; S. 1208 et s.).

192. Les délits de chasse commis dans les bois *soumis au régime forestier* sont considérés comme des délits forestiers, et sont régis par les règles des délits forestiers (Cr. c. 28 janv. 1897, D. P. 97. 1. 87). Ils peuvent être poursuivis d'office par l'administration des Forêts (V. aussi *infrà*, Forêts). — Celle-ci n'a, au contraire, aucune qualité pour agir dans les bois non soumis au régime forestier.

§ 3. — *Droit de poursuite de la partie civile* (R. 402, 432 et s.; S. 1219 et s.).

193. La partie lésée par un délit de chasse a, indépendamment de la faculté de porter plainte (V. *supra*, n° 191), le droit d'assigner directement devant la juridiction correctionnelle l'auteur du délit et les personnes civilement responsables, conformément à l'art. 182 c. instr. cr. (V. *infrà*, Instruction criminelle). — Lorsqu'un fait de chasse donne lieu en même temps à un délit susceptible d'être poursuivi d'office par le ministère public, par exemple au délit de chasse sans permis, et à un délit d'ordre

privé, par exemple au délit de chasse sans autorisation, la partie lésée peut citer directement à raison de ce dernier délit, indépendamment de l'exercice de l'action publique par le ministère public à raison de l'autre délit.

194. Les personnes qui peuvent poursuivre directement les délits de chasse sont : le propriétaire, le copropriétaire, le possesseur, l'usufruitier, l'emphytéote, le locataire ou l'adjudicataire de chasse, mais non le simple permissionnaire de chasse. — Une société civile de chasse n'est pas recevable à poursuivre un délit de chasse commis sur un terrain où elle a acquis le droit de chasser, si l'acte constitutif de cette société n'a pas date certaine (notamment par l'enregistrement) au jour du délit (Douai, 25 janv. 1899, D. P. 1900. 2. 373).

195. On admet que le droit de poursuivre des infractions commises sur un immeuble rural affermé appartient au bailleur, à l'exclusion du fermier, à moins de convention contraire dans le bail, tout au moins pour les faits de chasse qui ne violent que les droits du bailleur. Le fermier peut poursuivre les faits de chasse qui lèsent son intérêt particulier, tels que ceux commis sur le terrain loué avant qu'il soit dépouillé de ses fruits. En outre, le fermier a, dans tous les cas, une action de la compétence des tribunaux civils, pour la réparation du dommage causé par un fait de chasse aux biens loués.

ART. 3. — COMPÉTENCE EN MATIÈRE DE DÉLITS DE CHASSE (R. 436 et s.; S. 1242 et s.).

196. Les délits de chasse sont de la compétence du tribunal correctionnel.

197. L'action civile résultant des infractions de chasse est soumise aux règles de compétence du droit commun. Il en est de même des exceptions et des questions préjudicielles (V. *infrà*, Compétence criminelle, Question préjudicielle). Ainsi, le tribunal saisi de la poursuite d'un délit de chasse est juge de l'exception tirée de l'existence du consentement du propriétaire du fonds, ou de son ayant droit, relativement au fait de chasse incriminé.

198. Sur le privilège de juridiction dont bénéficient, en matière de chasse comme en d'autres matières, les personnes désignées aux art. 479, 481 et 482 c. instr. cr., V. *infrà*, Mise en jugement des fonctionnaires publics.

ART. 4. — SAISINE ET JUGEMENT (R. 434 et s., 447 et s.; S. 1265 et s.).

199. La juridiction correctionnelle est ordinairement saisie des délits de chasse par citation directe donnée au prévenu par la partie poursuivante (V. *supra*, n° 193). La citation doit renfermer l'exposé des faits, de manière à procurer au prévenu une connaissance suffisante du délit qui lui est imputé.

200. La solidarité des amendes et frais peut être prononcée contre les délinquants qui ont commis conjointement des délits de chasse (L. 1844, art. 27); mais il est nécessaire, pour cela, qu'ils aient agi comme coauteurs ou comme complices.

ART. 5. — EXTINCTION DES ACTIONS PUBLIQUE ET CIVILE (R. 467 et s.; S. 1288 et s.).

201. L'action publique résultant des délits de chasse se prescrit par le délai de trois mois à compter du jour du délit (L. 1844, art. 29). Quant à la supputation du délai, on applique les règles ordinaires en matière de prescription criminelle. Il en est de même en ce qui concerne l'interruption de la prescription (V. *infrà*, Prescription criminelle). — Lorsque la prescription a été interrompue par un acte d'instruction ou de poursuite, c'est la prescription de droit commun, c'est-à-dire celle de trois

ans, qui recommence à courir, et non plus la prescription de trois mois (Lyon, 22 juill. 1890, D. P. 91. 5. 60).

202. La prescription de l'action civile est soumise aux règles de droit commun. Il en est de même de la prescription de la peine (V. *infrà*, Prescription criminelle). — Sur la prescription de l'action en réparation de dommage aux récoltes, V. *infrà*, n° 268.

203. L'action publique résultant des délits de chasse peut être éteinte par l'effet d'une transaction. Suivant l'opinion dominante, le droit attribué à l'administration des Forêts, par l'art. 159, § 4, c. for., de transiger avant jugement sur les délits et contraventions en matière forestière, s'applique aux délits de chasse commis dans les bois soumis au régime forestier comme aux délits forestiers proprement dits, et l'usage qui est fait de ce droit éteint d'une manière absolue l'action publique (V. *infrà*, Forêts).

204. Le droit de transaction des parties civiles ne peut avoir pour objet que des *réparations civiles* résultant du délit de chasse.

205. La grâce, l'amnistie, la réhabilitation, produisent en matière de chasse les effets de droit commun (V. *supra*, Amnistie, n° 9 et s., et *infrà*, Grâce, Réhabilitation).

SECT. XII. — Des peines.

206. Les peines applicables aux délits prévus par la loi de 1844 sur la chasse sont : 1° l'amende, dont le produit est attribué aux communes sur le territoire desquelles les infractions ont été commises, sauf le prélèvement des gratifications aux gardes et gendarmes (L. 1844, art. 19); 2° l'emprisonnement; 3° la confiscation des engins, instruments de chasse, et, dans certains cas, des armes (art. 16); 4° la privation du permis de chasse (art. 18).

ART. 1er. — DÉLITS PUNIS PAR L'ART. 11 DE LA LOI DU 3 MAI 1844 (R. 230 et s.; S. 894 et s.).

207. 1° *Délit de chasse sans permis; contraventions aux arrêtés préfectoraux; destruction d'œufs et de couvées.* — Sont punis d'une amende de 16 à 100 francs : 1° le fait d'avoir chassé sans permis (V. *supra*, n° 46 et s.); — 2° les contraventions aux arrêtés préfectoraux concernant les oiseaux de passage, le gibier d'eau, la protection des oiseaux, l'emploi de chiens lévriers, le temps de neige, la destruction des animaux malfaisants et nuisibles (V. *supra*, n°s 121 et s., 130, 131 et s.). Les contraventions aux arrêtés préfectoraux interdisant le colportage des petits gibiers (V. *supra*, n° 167) sont punies non par l'art. 11, mais par les art. 4 et 12; — 3° le délit de capture ou destruction, sur le terrain d'autrui, des œufs et couvées de faisans, perdrix et cailles (V. *supra*, n° 171); — 4° les contraventions aux clauses et conditions des cahiers des charges relatives à la chasse, soit dans les forêts soumises au régime forestier, soit sur les propriétés dont la chasse est louée au profit des communes ou des établissements publics. — Les locataires de chasse dans les bois et terrains des particuliers qui excèdent sciemment les limites fixées par le contrat à l'exercice de leur droit commettent le délit de chasse sur le terrain d'autrui, et non le délit de l'art. 11-5°.

208. 2° *Délit de chasse sans autorisation sur le terrain d'autrui* (V. *supra*, n°s 75 et s.). — Lorsque ce délit est commis sur un terrain non clos et dépouillé de ses fruits, il est puni d'une amende de 16 à 100 francs (art. 11-2°, § 1er). Cette amende peut être portée au double si le délit a été commis sur des terres *non dépouillées de leurs fruits;* cette expression doit s'entendre des terres susceptibles de produire des fruits propres à être récoltés à une époque plus ou moins prochaine, et auxquelles le passage du chasseur peut causer un dommage. On a même considéré comme rentrant sous cette qualification des champs humides et ensemencés en céréales, quand le passage du chasseur y peut causer du dommage (Cr. r. 10 juin 1864, D. P. 64. 1. 501).

209. Pour donner lieu à l'application de l'art. 11-2°, § 2, de la loi de 1844, il faut que l'acte incriminé constitue un *acte de chasse*. Si cet acte, isolé de toute action de chasse, consiste simplement dans un fait de passage sur le fonds d'autrui sans le consentement du propriétaire ou de son ayant droit, il n'y a là qu'une contravention de simple police réprimée par l'un des art. 471-13°, 475-9°, 475-10° c. pén. (V. *infrà*, *Contravention*).

210. Cette contravention peut, d'ailleurs, être relevée à la charge du propriétaire d'un bien rural qui, l'ayant donné à ferme, en se réservant le droit de chasse, passe en action de chasse sur des terrains préparés, ensemencés ou chargés de récoltes, sans le consentement du fermier (Cr. r. 22 févr. 1895, D. P. 99. 5. 90), sans préjudice des dommages-intérêts auxquels ce dernier peut avoir droit.

211. Une seconde hypothèse est applicable est celle où le fait de chasse sur le terrain d'autrui se produit sur un terrain entouré d'une clôture continue faisant obstacle à toute communication avec les héritages voisins, mais *non attenant* à une habitation (art. 11-2°, § 2). — Sur le cas où cet enclos est attenant à une habitation, V. *infrà*, n° 217.

212. Le passage de *chiens courants* poursuivant sur le terrain d'autrui, sans le consentement du propriétaire de ce terrain, un gibier lancé sur le terrain de leur maître, constitue, en principe, un fait réel de chasse et, par suite, un délit imputable au chasseur maître des chiens. Mais le juge a le pouvoir de réputer, ou non, délictueux le passage des chiens courants et, par conséquent, d'admettre, ou non, une excuse en faveur du chasseur, par appréciation des circonstances qui ont pu motiver ce passage. Pour que cette excuse puisse être accueillie, il faut : 1° qu'il s'agisse de chiens *courants* (ce qui exclut les chiens d'arrêt) ; 2° que ces chiens soient à la suite d'un gibier *lancé sur la propriété de leur maître* ; 3° que le chasseur rapporte la preuve qu'il a fait tous ses efforts pour rappeler ses chiens ou pour les rompre, ou qu'il lui a été impossible de les empêcher de passer sur le terrain d'autrui (Civ. r. 26 nov. 1895, D. P. 96. 1. 236).

ART. 2. — DÉLITS PRÉVUS PAR L'ART. 12 (R. 295 et s.; S. 964 et s.).

213. 1° *Délits de chasse en temps prohibé ; de chasse de nuit ; à l'aide d'engins prohibés.* — *Délits de colportage de gibier en temps prohibé.* — *Emploi de drogues.* — Sont punis d'une amende de 50 à 200 francs et d'un emprisonnement de six jours à deux mois (cette dernière peine étant facultative pour le juge) : 1° le délit de chasse en temps prohibé (V. *suprà*, n°s 36 et s.), à l'exclusion des infractions aux arrêtés préfectoraux en matière de chasses exceptionnelles prévues par l'art. 9 (V. *suprà*, n°s 121 et s.), et alors même que les prévenus auraient chassé sur leurs propres terres ; ... 2° le délit de chasse de nuit (V. *suprà*, n°s 113 et s.), alors même que l'acte de chasse a eu lieu à l'aide d'engins licites ; ... 3° le délit de chasse accompli, soit par des modes prohibés, soit à l'aide d'engins, instruments ou moyens prohibés (V. *suprà*, n°s 117 et s.) ; ... 4° le délit de mise en vente, vente, achat, transport ou colportage

de gibier en temps prohibé (V. *suprà*, n°s 154 et s., et notamment n° 167) ; ... 5° l'emploi de drogues ou appâts de nature à enivrer le gibier ou à le faire périr.

214. 2° *Délit de détention ou de port d'engins prohibés, de détention et d'emploi d'appeaux, appelants et chanterelles.* — La peine édictée par l'art. 12, § 1er-3°, est applicable au fait d'être trouvé muni ou porteur, hors de son domicile, de filets, engins ou instruments de chasse prohibés, et même à la simple détention à domicile de ces objets, indépendamment de tout usage qui pourrait en avoir été fait. L'expression *filets et engins de chasse prohibés* comprend notamment les filets et instruments destinés à la chasse des oiseaux (V. aussi *suprà*, n°s 119 et s.) ; mais elle ne doit pas s'entendre des pièges destinés à la capture des animaux malfaisants ou nuisibles, ni aux engins destinés à prendre des bêtes fauves.

215. La détention et le port d'engins prohibés ne peuvent être recherchés et constatés que suivant les règles du droit commun. Il peut donc y être procédé, dans les lieux ouverts au public, par tous les agents chargés de la police de la chasse. Quant aux perquisitions dans le domicile du prévenu, elles peuvent être faites, dans le cas de *flagrant délit*, par le procureur de la République, le juge de paix, le commissaire de police, les officiers de gendarmerie, et même, mais avec l'assistance soit du juge de paix ou de son suppléant, soit du maire ou de l'adjoint, par les gardes et gendarmes, s'ils sont *à la suite* d'un braconnier porteur d'un engin prohibé. En cas de délit *non flagrant*, la visite domiciliaire ou perquisition ne peut être pratiquée que par le juge d'instruction ou par un officier public muni d'une commission rogatoire de ce magistrat et en vertu d'une ordonnance par lui rendue sur la réquisition du ministère public (Comp. *infrà*, *Instruction criminelle*).

216. L'emploi et la détention d'appeaux, appelants et chanterelles sont également punis des peines énoncées *suprà*, n° 213 (L. 1844, art. 12, § 1er-6°).

ART. 3. — DÉLIT DE CHASSE DANS UN ENCLOS ATTENANT A UNE HABITATION (R. 300 et s.; S. 1024 et s.). ·

217. Est puni d'une amende de 50 à 300 francs et d'un emprisonnement de six jours à trois mois (cette dernière peine facultative pour le juge) celui qui aura chassé, de jour, sans permis sur le terrain d'autrui, dans le cas où ce terrain est attenant à une maison habitée ou servant à l'habitation et est entouré d'une clôture continue faisant obstacle à toute communication avec les héritages voisins (L. 1844, art. 13, § 1er). V. *suprà*, n° 106 et s.

218. Si le délit a été commis pendant la nuit, le délinquant est passible d'une amende de 100 à 1 000 francs et d'un emprisonnement de trois mois à deux ans, sans préjudice, s'il y a lieu, de peines plus graves portées par le Code pénal (L. 1844, art. 13, § 2). Ces peines plus graves peuvent résulter des délits de violences, coups et blessures, etc.

ART. 4. — DES CIRCONSTANCES AGGRAVANTES.

§ 1er. — *Circonstances aggravantes applicables à tous les délits de chasse* (R. 304 et s.; S. 1030 et s.).

219. Les peines portées aux art. 11, 12 et 13 de la loi de 1844 (V. *suprà*, n°s 207, 213 et 217) peuvent être portées au double dans l'un des cinq cas suivants : 1° si le délinquant était en état de *récidive* ; 2° s'il était déguisé ou masqué ; 3° s'il a pris un faux nom ; 4° s'il a usé de violences envers les personnes ; 5° s'il a fait des menaces

(L. 1844, art. 14). — De même que l'art. 13 (V. *suprà*, n° 218), l'art. 14 réserve l'application des peines plus fortes qui pourraient être encourues le cas échéant.

220. Il y a *récidive* lorsque, dans les douze mois qui ont précédé l'infraction, le délinquant a été condamné en vertu de la loi de 1844 (art. 15). Il n'y a récidive punissable que de délit de chasse à délit de chasse. Mais il n'est pas nécessaire que le nouveau délit de chasse ait été commis dans le ressort du même tribunal que le premier. La récidive ne peut résulter que d'une condamnation antérieure *pour délit de chasse*.

§ 2. — *Circonstances aggravantes applicables à certains délits de chasse* (R. 300; S. 1022).

221. 1° *Chasse sur les terrains d'autrui non dépouillés de leurs fruits ou dans les enclos non attenant à une habitation.* — V. *suprà*, n°s 208, 211.

222. 2° *Chasse sur le terrain d'autrui de nuit, avec engins prohibés et avec armes.* — Les peines déterminées par l'art. 12 (V. *suprà*, n°s 213 et s.) peuvent être portées au double si le fait incriminé comprend la réunion des quatre circonstances suivantes, à savoir : 1° que la chasse ait eu lieu sur le terrain d'autrui, sans le consentement du propriétaire ou de ses ayants droit ; 2° de nuit ; 3° par des modes de chasse prohibés ou à l'aide d'engins ou de moyens prohibés ; 4° avec des armes apparentes ou cachées.

223. 3° *Chasse la nuit dans un enclos attenant à une habitation.* — V. *suprà*, n° 218.

224. 4° *Délits de chasse commis par les gardes.* — Lorsque les délits de chasse prévus et punis par les art. 11 et 12 de la loi de 1844 (V. *suprà*, n°s 207 et s., 213 et s.) ont été commis par des gardes champêtres des communes ou par des gardes forestiers domaniaux, communaux ou d'établissements publics, la peine est toujours portée au maximum (L. 1844, art. 12, *in fine*). L'énumération ainsi faite par l'art. 12 est limitative ; il ne faut donc y ajouter ni les gardes champêtres des établissements publics, ni les gardes particuliers. — Cette aggravation de peine est applicable alors même que le délit de chasse a été commis en dehors du territoire confié à la surveillance du garde qui est poursuivi.

225. La disposition de l'art. 198 c. pén. (V. *infrà*, *Fonctionnaire public*) est inapplicable aux délits de chasse.

ART. 5. — PEINES ACCESSOIRES (R. 319 et s.; S. 1042 et s.).

226. 1° *Saisie et confiscation.* — Les agents chargés de la police de la chasse peuvent saisir, sur la personne même des chasseurs, les engins et instruments employés pour commettre un délit de chasse, alors même que ces objets ne sont pas prohibés.

227. Le jugement de condamnation doit prononcer la confiscation des filets, engins et autres instruments de chasse qui ont servi à constater le délit et la destruction de ces instruments de chasse prohibés (L. 1844, art. 16). Cette disposition est étrangère aux simples *moyens* de chasse, tels que appeaux, appelants, chanterelles. Quant aux armes, il est interdit de les saisir sur la personne du chasseur ; mais elles peuvent être saisies quand elles sont *abandonnées*.

228. Le juge qui constate un délit de chasse a l'obligation de prononcer la confiscation des armes dont s'est servi le prévenu, sauf dans le cas où le délit a été commis par un individu muni d'un permis et pendant le temps de la chasse est autorisée (L. 1844, art. 16). Mais, dans tous les cas de condamnation pour délits de chasse en temps prohibé, la confiscation du fusil doit être prononcée, même contre le délinquant muni d'un permis, sans qu'il y ait à distinguer si le délit a lieu en temps de prohibition générale ou s'il a été commis en temps de prohibition momentanée, par exemple en temps de neige.

229. Si les armes, filets, engins et autres instruments de chasse n'ont pas été saisis, le délinquant doit être condamné à les représenter ou à en payer la valeur suivant la fixation qui en sera faite par le jugement, sans qu'elle puisse être au-dessus de 50 fr. (L. 1844, art. 16, § 3).

230. Quant au *gibier*, dans aucun cas le chasseur ne peut en être dépouillé à raison d'une chasse délictueuse. Il en est autrement du gibier colporté ou mis en vente ou vendu en temps prohibé (V. *supra*, nos 168 et s.).

231. 2o *Privation de permis*. — Dans tous les cas de condamnation pour délit de chasse, les tribunaux ont la faculté d'infliger au délinquant la privation du droit d'obtenir un permis de chasse pendant une durée dont le maximum est fixé à cinq ans, mais dont le minimum est indéterminé (L. 1844, art. 18).

ART. 6. — CUMUL DES PEINES (R. 334 et s.; S. 1066 et s.).

232. En cas de conviction de plusieurs délits prévus par la loi de 1844, par le Code pénal ordinaire ou par les lois spéciales, la peine la plus forte sera seule prononcée (L. 1844, art. 17, § 1er). Comp. *infrà*, *Peine*.

233. Cette règle ne s'étend ni aux peines accessoires, confiscation et destruction des engins et instruments, privation du droit de permis, ni à l'interdiction de séjour qui peuvent être prononcées cumulativement avec la peine principale. Mais, par exception, les peines encourues pour les faits de chasse *postérieurs à la déclaration d'un premier procès-verbal* peuvent être prononcées cumulativement avec celles applicables aux faits qui ont motivé ce premier procès-verbal, sans préjudice des peines de la récidive (L. 1844, art. 17, § 2).

ART. 7. — DES CIRCONSTANCES ATTÉNUANTES ET DES EXCUSES (R. 351 et s.; S. 1077 et s.).

234. L'art. 463 c. pén. est inapplicable aux délits prévus par la loi de 1844 (L. 1844, art. 20). Le bénéfice des circonstances atténuantes ne peut donc jamais être accordé.

235. D'autre part, il est admis aujourd'hui que les infractions à la loi sur la chasse et aux arrêtés pris pour en assurer l'exécution participent du caractère des contraventions de police, punissables malgré le défaut d'intention du délinquant de désobéir à la loi. En d'autres termes, elles ne peuvent être excusées ni par la bonne foi, ni par l'erreur de l'auteur contrevenant. — Mais les infractions u sont punissables qu'autant que l'acte incriminé a été librement et volontairement exécuté (V. notamment *supra*, no 10 *in fine*, 156).

236. En ce qui concerne les excuses légales proprement dites (V. *infrà*, *Peine*), l'art. 66 c. pén. est considéré comme applicable en matière de chasse; par suite, le mineur de seize ans qui est convaincu d'avoir commis un délit de chasse doit être acquitté s'il a agi sans discernement, et, de même, s'il est reconnu avoir agi avec discernement, il ne doit être condamné qu'à la moitié de la peine qui serait prononcée contre lui s'il était majeur de seize ans.

ART. 8. — DU SURSIS A L'EXÉCUTION DE LA PEINE.

237. Le sursis à l'exécution de la peine (L. 26 mars 1891; V. *infrà*, *Peine*) peut être appliqué sans aucun doute à la peine

d'emprisonnement prononcée pour délit de chasse. — La solution semble devoir être différente en ce qui concerne l'amende. La Cour de cassation a, en effet, décidé qu'il ne pouvait être sursis à l'exécution d'une condamnation à l'amende prononcée pour délit de chasse à l'aide d'engins prohibés (Cr. c. 28 janv. 1897, D. P. 97. 1. 88).

ART. 9. — COMPLICITÉ (R. 357; S. 1095 et s.).

238. Les règles générales sur la complicité, telles qu'elles résultent des art. 59 et s. c. pén. (V. *infrà*, *Complice-Complicité*), sont applicables aux délits de chasse. Par suite, l'individu qui, sciemment, aide et assiste l'auteur d'un délit de chasse dans sa perpétration, est passible des mêmes peines que l'auteur principal. Il en est ainsi, notamment, des traqueurs ou rabatteurs (V. *supra*, nos 13 et 80).

239. Quant à la complicité par recel (V. *infrà*, *eod. vo*), les règles qui la concernent sont, d'après la jurisprudence, applicables à l'individu qui achète, vend, colporte ou détient le gibier tué ou capturé en délit, alors d'ailleurs qu'il connaît l'origine délictueuse de ce gibier (Cr. c. 16 nov. 1888, D. P. 89. 1. 171).

SECT. XIII. — **Responsabilité civile en matière de chasse.**

ART. 1er. — RESPONSABILITÉ CIVILE RÉSULTANT DU FAIT DES PERSONNES (R. 327 et s., 456 et s.; S. 1319 et s.).

240. 1o *Responsabilité du chasseur.* — Les principes de droit commun, à savoir : que tout fait quelconque de l'homme qui cause à autrui un dommage oblige celui à la faute duquel il est arrivé à le réparer (Civ. 1382), et que chacun est responsable du dommage qu'il a causé, non seulement par son fait, mais encore par sa négligence ou par son imprudence (Civ. 1383), sont applicables en matière de chasse.

241. Les actions en dommages-intérêts à raison des délits de chasse résultent le plus ordinairement de faits de chasse sans autorisation sur le terrain d'autrui. Le propriétaire sur le fonds duquel on a, sans son autorisation, chassé et tué du gibier ou enlevé des couvées de petits oiseaux, est fondé à réclamer une indemnité dont l'appréciation appartient aux tribunaux.

242. Les juges peuvent accorder au propriétaire du fonds, même en l'absence de tout dégât matériel, des dommages-intérêts basés sur l'atteinte portée à son droit de chasse exclusif et sur la privation des bénéfices éventuels qu'il aurait été à même de réaliser en chassant le gibier que des tiers ont chassé sur son terrain sans autorisation.

243. Une responsabilité civile peut également être encourue à raison du fait de poursuivre des animaux sauvages dans l'exercice légitime du droit de chasse. Ainsi, le seul fait du passage, sur l'héritage d'autrui, de chiens courants qui sont à la suite d'un gibier lancé sur la propriété de leur maître, peut donner lieu à une action en dommages-intérêts, alors même qu'il ne constituerait pas un délit de chasse (V. *supra*, no 212).

244. 2o *Responsabilité des père, mère, tuteur, maître et commettant.* — Le père, la mère, le tuteur, les maitres et commettants sont civilement responsables des délits de chasse commis par leurs enfants mineurs, non mariés, pupilles, lorsque ceux-ci demeurent avec eux, et par leurs domestiques ou commis (L. 1844, art. 28, § 1er). Cette énumération est limitative. Notamment, le mari n'est pas civilement responsable des délits de chasse commis par sa femme. — La responsabilité des père, mère, tuteur, cesse quand il est prouvé qu'ils ont été dans l'impossibilité d'empêcher le fait dommageable.

245. Les maitres et commettants sont civilement responsables des délits de chasse commis par leurs domestiques et préposés *dans les fonctions* auxquelles ils les ont employés. Et cette responsabilité (à la différence de celle des père, mère ou tuteur) leur incombe alors même qu'ils ont été dans l'impossibilité d'empêcher le fait dommageable. Mais aucune responsabilité n'est encourue par eux si le délit de chasse a été commis par le domestique ou préposé en dehors de ses fonctions, pendant qu'il n'était pas occupé aux devoirs de son service, par exemple s'il n'est pas établi que le domestique ait chassé par l'ordre ou l'invitation de son maitre, ou même incidemment à une fonction dont il l'aurait chargé.

246. La responsabilité des personnes énumérées par l'art. 28 de la loi de 1844 est soumise par cet article aux règles de l'art. 1384 c. civ. (V. *infrà*, *Responsabilité*); elle est restreinte aux dommages-intérêts et frais. Elle est donc étrangère aux amendes et à la confiscation des engins et des armes. D'autre part, elle ne peut donner lieu à la contrainte par corps (art. 28, § 2).

247. 3o *Responsabilité résultant d'entraves à l'exercice du droit de chasse.* — Les chasseurs peuvent recourir à l'autorité judiciaire pour faire respecter leur droit de chasse, écarter les entraves que des tiers apportent à son exercice et obtenir la réparation du préjudice qu'ils en ont éprouvé. Ainsi, il n'est pas permis à un propriétaire de l'employer, soit personnellement, soit par ses préposés, des procédés vexatoires ayant pour conséquence nécessaire d'écarter le gibier arrivant naturellement sur le territoire du voisin, comme, par exemple, d'aposter des gens chargés d'effrayer le gibier et d'étourdir les chasseurs au moyen de tambours, cors, fouets, crécelles et autres objets. De pareils agissements font naitre au profit du chasseur une action en dommages-intérêts. Mais un propriétaire a le droit, sans s'exposer à une action civile de la part de ses voisins, d'user des moyens convenables pour conserver le gibier qui se trouve sur ses propriétés. Il peut même, si son héritage est entouré d'une clôture, établir dans cette clôture des trappes mobiles donnant accès au gibier et empêchant son retour sur les terres contiguës qu'il a quittées.

248. L'Etat est responsable des dommages de toute nature causés à un propriétaire par les manœuvres militaires exécutées sur sa propriété en dehors des cas prévus par la loi du 24 juill. 1873 (D. P. 73. 4. 81), et notamment du trouble apporté à la jouissance du droit de chasse.

ART. 2. — RESPONSABILITÉ CIVILE RÉSULTANT DES DÉGÂTS CAUSÉS PAR LE GIBIER.

§ 1er. — *Conditions de la responsabilité* (R. 196; S. 1346 et s.).

249. La responsabilité des dégâts causés par le gibier est subordonnée aux conditions ci-après :

250. 1o *Existence d'un dommage.* — Un dommage quelconque ne suffit pas pour entraîner la responsabilité. La présence du gibier dans un bois constitue pour le voisinage une sorte de servitude naturelle dont les inconvénients doivent être supportés, dans de certaines limites, sans pouvoir donner ouverture à aucune action en dommages-intérêts. Pour qu'il y ait lieu à responsabilité, il faut que le gibier ait causé un dommage appréciable, c'est-à-dire sérieux et réel.

251. 2o *Faute, négligence ou imprudence de la personne civilement responsable.* — Le propriétaire d'un bois dans lequel se trouvent des animaux nuisibles n'est, en principe, responsable des dommages causés par eux que si l'on établit à sa charge l'existence d'une faute, d'une imprudence ou d'une négligence, conformément aux dispositions des art. 1382 et 1383 c. civ., sans qu'il soit, d'ailleurs, nécessaire que ce propriétaire soit mis en demeure de détruire ce gibier. Mais la jurisprudence se montre assez rigoureuse pour le propriétaire dans l'appréciation des faits de nature à le constituer en faute : elle va jusqu'à décider que le propriétaire doit faire en sorte que sa propriété ne devienne pas une source de dommages pour autrui, et qu'il peut être responsable des dégâts causés par le gibier, alors même qu'il n'aurait rien fait pour l'attirer et faciliter sa reproduction.

252. Ces principes ont été consacrés le plus souvent au sujet des dégâts causés par les *lapins* aux propriétés voisines. Des décisions les plus récentes de la jurisprudence, il résulte : 1° que le propriétaire d'un bois est en faute lorsqu'il laisse les lapins s'y propager outre mesure, sans se mettre en garde contre les incursions de ces animaux chez les voisins, et qu'il ne suffit pas que le propriétaire ait organisé des chasses et battues, si ce n'était là qu'un moyen destiné à lui permettre de décliner, ou tout au moins de faire atténuer sa responsabilité (Req. 1er mai 1899, D. P. 1900. 1. 549) ; ... 2° que le propriétaire d'un bois doit être déclaré responsable des dégâts causés aux propriétés voisines par les lapins de son bois, lorsque ce dommage est hors de proportion avec celui qui peut résulter naturellement du voisinage d'un bois, et, d'autre part, lorsqu'il existe de nombreux terriers dans le bois et que les battues y ont été tardives (Req. 8 juill. 1901, D. P. 1901. 1. 464). — Il a été jugé également que le propriétaire d'un bois est responsable des dégâts causés aux riverains par les lapins vivant dans ce bois, lorsqu'il n'a pris que des précautions insignifiantes pour parvenir à la réduction du nombre de ces lapins, et qu'il en est ainsi lorsque, à la fin de l'hiver qui a précédé l'instance, il restait dans le bois, après les destructions faites par le propriétaire, une quantité de lapins excessive et hors de proportion avec ceux pouvant s'y trouver normalement; que depuis de longues années la chasse y était sévèrement gardée; que la destruction des bêtes nuisibles au gibier y était rigoureusement poursuivie; que le propriétaire n'avait fait procéder qu'à des battues en nombre tout à fait insuffisant, qu'il n'y avait été procédé à aucun furetage autrement que pour rendre les battues plus fructueuses, et que les terriers qui s'y trouvaient en nombre considérable n'y avaient pas été défoncés (Req. 26 févr. 1901, D. P. 1901. 1. 165) ; ... que, de même, le propriétaire d'un bois est responsable du dommage causé aux champs voisins par les lapins séjournant dans ce bois, lorsqu'il est constaté que la destruction des terriers avait été incomplète et tardive, que le propriétaire, grand amateur de chasse, faisait garder ses biens avec un soin jaloux, que les chasses et battues, dans les conditions où elles étaient faites, étaient absolument insuffisantes (Req. 22 mai 1901, D. P. 1901. 1. 356).

253. L'autorisation de détruire les lapins, accordée aux riverains par le propriétaire, ne saurait en aucune manière le décharger de l'obligation qui lui incombait à lui-même de prendre les mesures nécessaires pour empêcher la multiplication excessive de ces animaux sur sa chasse (Req. 19 févr. 1901, D. P. 1901. 1. 165). A plus forte raison, la responsabilité du propriétaire du bois est-elle engagée par le fait qu'il n'a donné l'autorisation de détruire les lapins que tardivement, par exemple seulement après les dégâts dont la responsabilité était réclamée ou même après la récolte. De même, le propriétaire ne saurait être soustrait à la responsabilité parce qu'il a entouré son bois

d'un grillage, si ce grillage est à fleur de terre et qu'il existe, sous ce grillage, de nombreuses sentes et coulées attestant le passage des lapins sur les terres voisines (Req. 1er mai 1899, D. P. 1900. 1. 549).

254. Le propriétaire d'un bois autre qu'une garenne n'est pas nécessairement et de plein droit responsable des dégâts causés aux propriétaires voisins par les lapins qui habitent ce bois. Il n'est responsable qu'autant qu'il a, *par son fait* ou par sa *négligence*, favorisé la multiplication de ces animaux. Notamment, l'existence de terriers, à elle seule, ne peut constituer une faute, s'il n'est pas en même temps établi que les lapins de ces terriers s'y trouvent en quantité anormale et excessive (Civ. c. 18 janv. 1900, D. P. 1900. 1. 96). Et il importe peu que le propriétaire ait fait garder rigoureusement sa chasse, car il ne fait ainsi qu'exercer un droit dont l'abus seul pourrait engager sa responsabilité (Civ. c. 27 déc. 1898, D. P. 99. 1. 383).

255. En ce qui concerne les dommages causés par les *sangliers*, la jurisprudence admet que le propriétaire d'une forêt dans laquelle se tiennent des sangliers qui causent du dommage aux propriétés voisines, est passible de dommages-intérêts lorsque, par sa faute, son imprudence ou sa négligence, il a attiré ces animaux sur ces terres, favorisé leur multiplication et empêché les voisins de les détruire. Au contraire, il est à l'abri de tout reproche lorsqu'il a fait tout ce qui dépendait de lui pour chasser ou détruire ces animaux.

256. Quant aux dégâts causés par les *cerfs*, les *daims* et les *chevreuils*, la responsabilité du propriétaire n'est engagée que lorsque, pouvant seul prendre les mesures relatives à la destruction de ces animaux, il les a, au contraire, laissés se multiplier d'une façon anormale.

257. Enfin, les *lièvres*, bien qu'ils soient des animaux de plaine aussi bien que de bois, doivent néanmoins être assimilés aux lapins au point de vue de la responsabilité des propriétaires de bois et des locataires de chasse. Ainsi, il suffit que des dommages soient résultés de leur présence en trop grand nombre, et que le propriétaire ait commis quelque faute ou quelque négligence à cet égard, pour qu'il soit passible de dommages-intérêts.

258. 3° *Absence de fraude ou de faute de la part du demandeur en dommages-intérêts.* — Une troisième condition, pour que le propriétaire voisin d'une forêt soit fondé à réclamer une indemnité à raison des dégâts causés à sa propriété, c'est que ces dégâts ne soient imputables ni à son fait, ni à sa faute. Ainsi, dans le cas où le riverain a agi par fraude, notamment dans un but de spéculation, il n'a droit à aucune indemnité. Il en est ainsi, notamment, du cultivateur qui attire des lapins sur ses propriétés par des cultures comme ils y vont se tenir, de manière à se créer un profit de dommages-intérêts.

259. En tout cas, pour la fixation des dommages-intérêts et pour en modérer l'importance, le juge peut tenir compte de l'imprudence ou de la négligence de celui qui les réclame. Par exemple, le propriétaire qui, sans esprit de fraude, sème à proximité d'une forêt des productions dont le gibier est très avide commet une imprudence qui peut toujours être prise en considération par les tribunaux pour modérer le montant des dommages-intérêts.

§ 2. — *Personnes civilement responsables*
(S. 1398 et s.).

260. Les personnes civilement responsables des dégâts causés par le gibier sont celles qui ont la jouissance de la forêt d'où est sorti le gibier, ainsi que celles qui sont

investies du droit de chasse dans cette forêt (V. *suprà*, n°s 25 et s.).

261. En cas de dommage occasionné par le gibier qui fréquente un bois, ce propriétaire est responsable avant toute autre personne, du moins en principe, et lorsqu'il a la jouissance du fonds ou l'exercice du droit de chasse. Si le terrain endommagé par le gibier est entouré de plusieurs bois contigus appartenant à des propriétaires différents, on ne peut pas demander contre eux une condamnation solidaire; il faut admettre que chacun d'eux ne peut être responsable que s'il est établi que les animaux auteurs du dommage sont sortis de son bois.

262. Le bailleur rural n'est tenu de garantir le preneur du préjudice que cause le dernier du gibier existant sur son domaine que si ce préjudice peut être imputé à son fait, ou à sa négligence, ou à son imprudence. Mais, dans ce cas, le bailleur est responsable envers le fermier alors même qu'il s'est réservé exclusivement le droit de chasse.

263. Le locataire de chasse est, en principe, tenu des obligations qui résultent des dégâts causés par le gibier aux propriétés riveraines pendant toute la durée de son bail. Sa responsabilité doit être établie d'après les règles exposées *suprà*, n°s 249 et s. Mais il n'est pas, à moins de clause contraire, responsable des dégâts causés par le gibier sur le fonds affermé.

§ 3. — *De la compétence et de la preuve*
(S. 1428 et s.).

264. La loi du 19 avr. 1901 (D. P. 1901. 4. 68) a apporté, en cette matière, d'importantes dérogations à la compétence ordinaire des juges de paix (Sur cette compétence, V. *infrà*, *Compétence civile des juges de paix*). Aux termes de l'art. 1er de cette loi, les juges de paix connaissent de *toutes* les réparations du dommage causé au riverain par le gibier. Ils statuent en dernier ressort jusqu'à 300 francs, et à charge d'appel, si la demande excède cette somme ou est indéterminée. Au cas où il est formé une demande reconventionnelle en dommages-intérêts, il est jugé sur le tout sans appel, si la demande principale est de la compétence du juge de paix en dernier ressort.

265. Les riverains peuvent formuler dans un seul et même exploit leurs demandes et conclusions. Aux termes de l'art. 2 de la loi nouvelle, il est, en ce cas, statué en premier ou dernier ressort à l'égard de chacun des demandeurs, d'après le montant des dommages - intérêts individuellement réclamés.

266. Le demandeur en responsabilité, notamment le riverain, est tenu de faire, à l'égard du propriétaire de bois ou locataire de chasse, la preuve des éléments constitutifs de cette responsabilité, c'est-à-dire du dommage qu'il a souffert et de la négligence ou de l'imprudence de la personne civilement responsable. Le propriétaire du bois peut offrir de prouver que, non seulement il n'a pas favorisé la conservation ou l'accroissement des lapins, mais qu'il a fait son possible pour les détruire.

267. Il est loisible au juge de paix de recourir aux moyens ordinaires d'instruction à l'effet de déterminer la responsabilité résultant des dégâts causés par le gibier, et, par suite, à une enquête, à une visite des lieux, à une expertise. L'art. 3 de la loi du 19 avr. 1901 lui permet d'ordonner les mesures d'instruction nonobstant toute exception préjudicielle. Il faut même lui reconnaître ce pouvoir au cas où, sur une exception d'incompétence, il s'est déclaré compétent.

268. Par une autre innovation, la loi fixe à six mois, dans son art. 5, la prescription des actions en réparation de dommage causé aux récoltes par le gibier. Ce délai court à partir du jour où les dégâts ont été commis.

CHAP. II. — DE LA LOUVETERIE.

SECT. Ire. — Organisation de la louveterie (R. 501; S. 1462 et s.).

269. Les textes encore en vigueur relatifs à la *louveterie* sont, parmi ceux remontant à l'ancienne monarchie, les ordonnances de janvier 1583, de 1600 et de 1601, ainsi que les arrêts du Conseil du 6 févr. 1697 et du 14 janv. 1698, et, parmi ceux postérieurs à 1789, les arrêtés du 19 pluv. et du 10 mess. an 5 (R. p. 199), les ordonnances du 20 août 1814 (*ibid.*), du 24 juill. 1832 (R. p. 90), du 20 juin 1845 (R. p. 115), le décret du 25 mars 1852 (D. P. 52. 4. 90), l'arrêté du ministre des finances du 3 mai 1852, le décret du 11 avr. 1861, la loi du 3 août et le décret du 28 nov. 1882 (D. P. 82. 4. 122 et 83. 4. 78), la loi du 5 avr. 1884, art. 90 (D. P. 84. 4. 25), et le décret du 24 févr. 1897.

270. La louveterie comprend l'ensemble des mesures dirigées contre les loups et autres animaux nuisibles aux intérêts généraux des campagnes. L'exécution prise dans ce but par l'Administration est confiée aux lieutenants de louveterie qui, d'après l'opinion consacrée par la Cour de cassation, ont pour chef d'administration le directeur des forêts et pour chef de service le conservateur des forêts.

271. Ces mesures, prises dans l'intérêt général, peuvent être mises à exécution sur le terrain d'autrui sans le consentement du propriétaire ou de ses ayants droit, notamment du locataire de chasse. Elles consistent dans les *chasses particulières au loup*; l'*emploi des pièges*; les *battues* et les *chasses collectives*; les *chasses en particulières*; les *permissions individuelles de chasse particulière*. Il faut ajouter le droit reconnu en faveur de *tout particulier* de *tuer le loup* partout où il le rencontre.

272. Ces mesures, relatives à la louveterie, ne doivent pas être confondues avec le *droit de destruction* reconnu à tout propriétaire, possesseur ou fermier, qui a été étudié *supra*, n°s 130 et s., 141 et s.

ART. 1er. — LIEUTENANTS DE LOUVETERIE (R. 502 et s.; S. 1471 et s.).

273. Les *lieutenants de louveterie*, que l'on appelle aussi *officiers de louveterie* ou *louvetiers*, sont des chasseurs expérimentés, revêtus d'un caractère officiel et dont l'institution a pour objet de parvenir plus rapidement et plus sûrement à la destruction des animaux dangereux ou nuisibles, principalement des loups.

274. Ils sont nommés par le préfet, sur l'avis de la proposition du conservateur des forêts (Décr. 25 mars 1852, art. 5-17°; Arr. min. fin. 3 mai 1852, art. 1er). Leur commission ne devrait durer qu'un an; mais on considère que leurs fonctions sont prorogées tacitement, et ils continuent à les exercer tant qu'ils ne sont pas révoqués. En principe, il ne doit pas y avoir plus d'un lieutenant de louveterie par arrondissement (Arr. min. fin. 3 mai 1852, art. 2). — Les fonctions des lieutenants de louveterie sont purement personnelles; ils ne sauraient se faire remplacer.

275. Parmi leurs attributions, il y a lieu de mentionner tout d'abord la chasse officielle particulière au loup avec l'équipage (V. *infrà*, n°s 283 et s.).

276. En second lieu, les officiers de louveterie doivent se procurer les pièges nécessaires pour la destruction des loups, renards et autres animaux nuisibles (Ord. 20 août 1814, art. 7). Ils peuvent, pour cet usage, se servir même d'engins prohibés. Le louvetier peut tendre ces pièges dans toutes les

propriétés ouvertes de sa circonscription. Mais il doit, à peine d'être exposé à des dommages-intérêts, prendre toutes les précautions nécessaires pour éviter les accidents à l'égard des personnes et les dommages aux animaux.

277. Le louvetier a également la direction des battues et des chasses collectives autorisées ou ordonnées par le préfet (V. *infrà*, n°s 286 et s.).

278. Enfin, les lieutenants de louveterie doivent envoyer à la direction des forêts, au ministre de l'agriculture, certains états qui indiquent, notamment, le nombre de loups tués chaque année.

279. Les officiers de louveterie et leurs piqueurs sont dispensés du permis de chasse pour tous les actes qu'ils accomplissent dans l'exercice de leurs fonctions.

280. Il leur est concédé, deux fois par mois, un droit de chasse à courre privilégiée, restreint au sanglier, dans les forêts de l'État de la circonscription du louvetier (Ord. précitées 20 août 1814, art. 8, 20 juin 1845). Ce droit de chasse constitue un privilège personnel au louvetier; il ne peut se faire accompagner de tierces personnes, à moins que celles-ci ne jouent le rôle que de simples spectateurs. Les fermiers ou adjudicataires du droit de chasse ne peuvent apporter aucun obstacle à l'exercice de ce privilège.

281. Les lieutenants de louveterie et leurs piqueurs peuvent porter un uniforme qui est déterminé par l'ordonnance du 20 août 1814.

SECT. II. — Mesures de destruction.

282. Les mesures de destruction contre les animaux sauvages ou nuisibles consistent dans : la chasse officielle particulière au loup par le lieutenant de louveterie; la destruction des loups par les particuliers; les battues et chasses prévues par l'arrêté du 19 pluv. an 5, c'est-à-dire les battues et chasses collectives, les chasses individuelles particulières; les mesures de destruction prévues par la loi municipale du 5 avr. 1884, c'est-à-dire la destruction des animaux nuisibles par le préfet, la destruction des loups et sangliers.

ART. 1er. — CHASSE OFFICIELLE PARTICULIÈRE AU LOUP PAR LE LIEUTENANT DE LOUVETERIE (R. 511 et 512; S. 1608 et s.).

283. La chasse officielle particulière au loup par le lieutenant de louveterie, avec l'équipage, vise uniquement la destruction du loup. Elle ne peut s'exercer à l'égard des autres animaux sauvages, et le lieutenant de louveterie qui chasserait un animal de cette catégorie sur le terrain d'autrui, notamment un sanglier, sans l'autorisation du propriétaire ou sans l'autorisation du préfet, commettrait un délit de chasse (V. d'ailleurs, quant au droit de chasse du louvetier à l'égard des sangliers, *supra*, n° 280).

284. Cette chasse au loup peut avoir lieu à toute époque de l'année, dans toute l'étendue de la circonscription du louvetier (Ord. 20 août 1814, art. 8 et 9), sur toutes les propriétés ouvertes, quelle qu'en soit la nature, même sur le terrain d'autrui sans le consentement ou malgré l'opposition du propriétaire ou de son ayant droit (Circ. min. int. 22 juill. 1851). Le louvetier agit alors en vertu de sa seule commission, sans être astreint de demander l'autorisation du préfet.

ART. 2. — DROIT DE DESTRUCTION DES LOUPS PAR LES PARTICULIERS (S. 1529 et 1530).

285. Tout particulier a le droit de détruire les loups partout où il les rencontre, c'est-à-dire tant sur les propriétés d'autrui que sur les siennes (Ord. 20 août 1814, art. 12). — Sur les primes pour la destruction des loups, V. *infrà*, n° 294.

ART. 3. — DES BATTUES ET DES CHASSES PRÉVUES PAR L'ARRÊTÉ DU 19 PLUVIOSE AN 5.

§ 1er. — Des battues et des chasses collectives (R. 506 et s.; S. 1532 et s.).

286. Les mesures de destruction prévues par les art. 2, 3 et 4 de l'arrêté du 19 pluv. an 5 consistent dans des battues et des chasses collectives (celles-ci se distinguent des battues en ce qu'elles ont lieu à l'aide de chiens).

287. Les animaux auxquels peuvent s'appliquer les arrêtés préfectoraux qui ordonnent ou autorisent des battues et des chasses collective sont : les loups, les renards, les blaireaux (Arr. 19 pluv. an 5, art. 2), les loutres (Ord. de janv. 1600 et de juin 1601) et les autres animaux nuisibles, c'est-à-dire ceux auxquels les tribunaux reconnaissent, par une appréciation qui leur appartient en propre, ce caractère, sans qu'on puisse leur opposer la désignation des animaux nuisibles qui est faite par le préfet, soit dans l'arrêté permanent rendu en vertu de l'art. 9 de la loi de 1844 (V. *supra*, n°s 130 et s.), soit dans l'arrêté spécial qui autorise la battue ou la chasse en vertu des règlements sur la louveterie. La destruction d'un animal non considéré comme nuisible au sens de l'arrêté de l'an 5 constitue un délit de chasse.

288. Les battues et chasses collectives peuvent avoir lieu aussi bien pendant la clôture que pendant l'ouverture de la chasse. Elles ne doivent être permises qu'en cas de nécessité bien démontrée. Quoi qu'elles ne puissent être l'objet d'autorisations permanentes, il n'est cependant pas nécessaire que chaque battue ou chasse collective fasse l'objet d'une autorisation distincte. Ces opérations peuvent être faites tant dans les forêts domaniales que sur les terres et dans les bois non clos des particuliers, sans qu'il soit nécessaire d'obtenir l'autorisation de ces derniers, ni même de les prévenir.

289. En principe, le préfet a seul qualité pour ordonner des battues ou des chasses collectives (Arr. 19 pluv. an 5, art. 3, et Ord. 20 août 1814, art. 11). Il doit se concerter à ce sujet avec les agents de l'administration forestière. Dans certains cas, le maire peut aussi prescrire des mesures de cette nature, non en vertu de l'arrêté de pluviose an 5, mais en vertu de l'art. 97 de la loi du 5 avr. 1884 (V. *infrà*, n° 293).

290. Les habitants peuvent être appelés à y participer en qualité de traqueurs ou de traqueurs. Ceux qui ont été régulièrement requis à cet effet *par le maire* doivent se rendre à la réquisition, sous peine d'encourir une amende de 10 francs (Arr. Du Conseil du 26 févr. 1697 et du 14 janv. 1698), qui est prononcée par le tribunal de simple police. Ils ne reçoivent aucune indemnité. Il n'en est pas non plus aux propriétaires ou fermiers en raison des dommages résultant de l'exécution des battues et chasses régulièrement effectuées sur leurs terrains en exécution des règlements sur la louveterie. — Les animaux nuisibles tués ou pris sont la propriété des chasseurs qui les ont tués, mortellement blessés ou pris, à l'exclusion des propriétaires du sol ou locataires de chasse (V. *supra*, n° 159).

§ 2. — Chasses individuelles (R. 511 et 512; S. 1608 et s.).

291. L'arrêté du 19 pluv. an 5 prévoit dans son art. 5 les permissions individuelles de chasse particulière, concédées dans l'intérêt général, par le préfet à des lieutenants ou à un autre chasseur, à l'effet de détruire les *animaux nuisibles, en tout temps, sur toute espèce de terrain*, mais sous l'inspection et la surveillance des agents forestiers. — Sur ce que l'on doit entendre par animaux nuisibles, V. *suprà*, nᵒ 287).

292. Ces permissions peuvent être délivrées même pendant la clôture de la chasse. — Le permis de chasse n'est pas nécessaire pour l'exercice de ce genre de chasse.

ART. 4. — MESURES PRÉVUES PAR LA LOI MUNICIPALE DU 5 AVR. 1884 (S. 1627 et s.).

293. V. *infrà*, *Commune*, nᵒˢ 206 et s.

SECT. III. — **Primes pour la destruction des animaux nuisibles** (R. 520; S. 1658 et s.).

294. Le montant des primes pour la destruction des *loups* est réglé par la loi du 31 mars 1903, art. 83 (D. P. 1903. 4. 39). Il est de 50 francs par tête de loup ou de louve non pleine, de 75 francs par tête de louve pleine, de 20 francs par tête de louveteau, et de 100 francs quand il est prouvé que le loup tué s'était jeté sur des êtres humains. — La prime appartient à celui qui a tué l'animal. Elle doit être réclamée au maire, dans les vingt-quatre heures de la destruction, et le réclamant doit présenter l'animal entier, recouvert de sa peau (Décr. 28 nov. 1882, art. 1ᵉʳ). La prime doit être payée au plus tard le quinzième jour qui suit la constatation de l'abatage (L. 3 août 1882, art. 4).

295. Aucun tarif de prime n'a été établi pour la destruction des autres animaux. C'est le préfet qui en fixe le chiffre.

CHAP. III. — ENREGISTREMENT ET TIMBRE.

296. Les demandes de permis de chasse doivent être écrites sur papier timbré (Décis. min. fin. 28 août 1849; Instr. Reg. 1888).

297. Les permis de chasse sont exempts de l'enregistrement (L. 15 mai 1818, art. 80, R. vᵒ *Enregistrement*, t. 22, p. 742; Instr. Reg. 834), mais soumis à un droit de timbre dont la quotité a été plusieurs fois modifiée. Elle est actuellement de 28 francs, dont 18 francs sont perçus au profit de l'État et 10 francs au profit de la commune (L. 3 mai 1844, art. 5; 20 déc. 1872, art. 21, D. P. 73. 4. 1; Instr. Reg. 2459, 2; L. 2 juin 1875, art. 6, D. P. 76. 4. 1; Instr. Reg. 2514). Les formules de permis de chasse sont fournies par l'administration de l'Enregistrement, qui les remet aux préfets au fur et à mesure des besoins du service (Ord. 30 nov. 1834, art. 1ᵉʳ).

298. Le bail de chasse est soumis au droit d'enregistrement de 20 cent. pour 100 lorsque la transmission est consentie pour une durée temporaire, et de 4 pour 100 si la durée est illimitée. — La cession du droit de chasse consentie à perpétuité au profit d'un fonds donnerait ouverture au droit de vente immobilière de 5 fr. 50 pour 100, le droit de chasse étant immobilier.

CHEMIN DE FER

(R. vᵒ *Voirie par chemins de fer*; S. *eod.* vᵒ).

1. Il existe plusieurs espèces de chemins de fer : 1ᵒ les chemins de fer d'intérêt général, auxquels se réfère plus particulièrement l'exposé contenu dans les sections 1 à 9 ci-après; 2ᵒ les chemins de fer d'intérêt local, dont on peut rapprocher les tramways (V. *infrà*, sect. 10); 3ᵒ les chemins de fer industriels (V. *infrà*, sect. 11).

2. Parmi les nombreux documents législatifs qui régissent les chemins de fer, il y a lieu de signaler particulièrement, en raison de leur importance : la loi du 15 juill. 1845 (D. P. 45. 3. 163) sur la police des chemins de fer; le titre 7 d'une autre loi, portant la même date, relative au chemin de fer de Paris à la frontière belge, qui, sous la ru-

brique : *Dispositions générales*, renferme certaines prescriptions applicables à tous les chemins de fer; l'ordonnance du 15 nov. 1846 (D. P. 47. 3. 25), portant règlement sur la police, la sûreté et l'exploitation des chemins de fer, modifiée par un décret du 1ᵉʳ mars 1901 (D. P. 1901. 4. 97); la loi du 27 déc. 1890, art. 2 (D. P. 91. 4. 33), dans les rapports des agents des chemins de fer avec les compagnies, complétée par la loi du 10 avr. 1902 (D. P. 1902. 4. 89).

SECT. Iʳᵉ. — **Établissement des chemins de fer.**

3. En principe, les chemins de fer sont exploités par des concessionnaires, en vertu de conventions passées entre eux et l'État. Ces concessionnaires sont, pour les chemins de fer d'intérêt général, les compagnies de l'Est, du Midi, du Nord, d'Orléans, de l'Ouest et de Paris à Lyon et à la Méditerranée. Outre les six grands réseaux exploités par ces compagnies, il existe, depuis 1876, un septième réseau exploité par l'État lui-même.

ART. 1ᵉʳ. — CONCESSION (R. 93 et s.; S. 32 et s.).

4. La concession d'un chemin de fer peut se faire, soit directement, en vertu d'une loi ou d'un décret spécial, soit par voie d'adjudication publique. Une loi est toujours nécessaire si la concession doit entraîner une dépense quelconque pour le Trésor : le traité doit, dans ce cas, être soumis à l'approbation du Parlement pour l'allocation du crédit. — En dehors de ce cas, la concession émane de l'autorité qui a pouvoir pour prononcer la déclaration d'utilité publique. — Pour les chemins de fer d'intérêt général, une distinction s'impose en vertu de la loi du 27 juill. 1870 (D. P. 70. 4. 63). S'agit-il d'une ligne principale ou d'un chemin de fer d'embranchement ayant vingt kilomètres ou plus, une loi est nécessaire. S'agit-il, au contraire, d'un chemin de fer d'embranchement ayant moins de vingt kilomètres, un décret rendu dans la forme des règlements d'administration publique suffit. En ce qui concerne les chemins de fer d'intérêt local, V. *infrà*, nᵒ 102.

5. La durée des concessions a varié avec les époques. Perpétuelle au début, elle a bientôt été limitée à 99 ans; il y a eu des concessions de courte durée (12 ans).

6. Indépendamment de la loi ou du décret portant concession, il intervient, entre l'autorité concédante et le concessionnaire, une convention, signée par les deux parties contractantes et qui contient les dispositions relatives à l'objet de la concession, à l'obligation pour le concessionnaire de se soumettre au cahier des charges, etc. A cette convention demeure annexé le cahier des charges, lequel règle les conditions de construction, d'entretien et d'exploitation du chemin de fer, la durée de la concession, les conditions du rachat et de la déchéance, les taxes maxima pour le transport des voyageurs et des marchandises, etc. — Le cahier des charges est un véritable contrat synallagmatique, et non un règlement administratif ou de police, alors même qu'il serait sanctionné par une loi. Il en résulte qu'un règlement d'administration publique ne saurait modifier les clauses d'un cahier des charges. — Chaque cahier des charges constitue un traité particulier propre à la compagnie dont il régit la concession; mais en fait, à raison de la similitude de leurs dispositions sur la plupart des points, les divers cahiers des charges des grandes compagnies n'en forment en quelque sorte qu'un seul.

7. La concession peut prendre fin de quatre manières : 1ᵒ par l'expiration du délai pour lequel elle a été accordée; 2ᵒ par la cession qui

en est faite; 3ᵒ par la déchéance; 4ᵒ par le rachat.

8. Le concessionnaire qui veut, au cours de la concession, céder ses droits à un tiers, doit obtenir l'autorisation préalable des pouvoirs publics. Une cession faite sans autorisation est radicalement nulle et de nul effet. L'autorisation est nécessaire non seulement pour les cessions amiables, mais aussi pour les cessions à la suite de faillite. Le traité de cession doit, dans ce dernier cas, être approuvé par les créanciers et homologué par le tribunal. — L'autorité compétente pour approuver les traités de cession est la même que celle qui a le pouvoir d'accorder la concession; ainsi, conformément à ce qui a été dit *suprà*, nᵒ 4, tantôt une loi sera nécessaire, tantôt il suffira d'un décret rendu dans la forme des règlements d'administration publique. Au lieu d'une cession de concession, laquelle a pour effet de substituer complètement le second concessionnaire au premier, qui cesse aussi d'être responsable vis-à-vis de l'État, il peut y avoir simple cession d'exploitation, le concessionnaire primitif restant toujours responsable et engagé en raison des obligations qu'il a contractées. La cession d'exploitation ne peut avoir lieu qu'avec l'autorisation du pouvoir législatif, dans le cas tout au moins où les deux compagnies, ou l'une d'elles, sont liées financièrement envers l'État.

9. La déchéance, étant une pénalité, ne peut être prononcée qu'après mise en demeure, à moins que l'acte de concession ne porte expressément qu'aucune avertissement ne sera nécessaire. — L'État est libre d'user ou de ne pas user de la faculté de prononcer la déchéance en cas d'inexécution de la compagnie concessionnaire; et il ne peut encourir aucune responsabilité envers les actionnaires pour avoir mis le chemin de fer sous séquestre au lieu d'exercer la faculté dont il s'agit (Cons. d'État. 24 déc. 1897, D. P. 99. 3. 17). — A la suite de la déchéance, il doit être procédé à l'adjudication des ouvrages exécutés et des parties de ligne ouvertes à l'exploitation; mais il n'y a pas lieu de prononcer des dommages-intérêts contre la compagnie.

10. Quant au rachat, il doit être effectué *in globo*, c'est-à-dire qu'il doit porter sur toutes les lignes du réseau racheté. Pour fixer le prix du rachat, on relève les produits nets annuels obtenus par la compagnie pendant les sept dernières années qui ont précédé celle au cours de laquelle le rachat est effectué; on déduit les produits nets des deux plus faibles années, et on établit le produit moyen des cinq autres : ce produit moyen forme le montant d'une annuité qui sera due et payée à la compagnie pendant chacune des années restant à courir sur la durée de la concession. — Le rachat n'est pas un fait du prince, et il peut donner lieu à des dommages-intérêts contre la compagnie au profit de ses obligataires, lorsqu'il est constaté, en fait, que le rachat a été, non pas sollicité, mais plutôt sollicité et librement consenti.

11. La mise sous séquestre de la concession et la faillite du concessionnaire ne constituent pas des modes de cessation de la concession.

ART. 2. — CARACTÈRES DES SOCIÉTÉS CONCESSIONNAIRES (R. 67 et s.; S. 20 et s.).

12. Les compagnies de chemins de fer sont des sociétés commerciales constituées sous la forme anonyme. Les règles auxquelles elles sont soumises résultent tant de leurs statuts que des dispositions du Code de commerce et de celles contenues dans les lois spéciales qui les concernent. — Les six grandes compagnies ayant été constituées avant la loi du 23 juill. 1867 (D. P. 67. 4. 98), leurs statuts ont été discutés en Conseil d'Etat et approuvés par décret impérial, conformément aux art. 37 et 42 c. com. Elles sont toujours restées soumises au régime antérieur à la loi de 1867. Entre autres règles consacrées par la législation spéciale aux compagnies de chemins de fer, il y a lieu de noter, outre celle, déjà citée, concernant la formation des compagnies concessionnaires, la défense d'émettre des actions ou promesses d'actions négociables avant la constitution de la société, et l'interdiction, pour les fondateurs, de recevoir, à titre de remboursement, autre chose que leurs avances, dont le compte, appuyé de pièces justificatives, aura été accepté par l'assemblée générale des actionnaires (L. 15 juill. 1845, art. 10 et 11).

13. Les rapports des sociétés avec les actionnaires sont précisés dans les statuts qui, pour les six grandes compagnies, sont, à certains détails près, identiques. — Indépendamment du capital fourni par la souscription des actions, les compagnies ont dû, en raison de l'extension considérable des chemins de fer, faire appel au crédit public en contractant des emprunts sous forme d'obligations remboursables par voie de tirage au sort. En France, contrairement à ce qui a lieu, dans certains pays étrangers, il n'y a pas, en cette matière, de réglementation générale ; mais les décrets de 1863 et de 1868, sur le mode d'établissement des comptes des compagnies, ont subordonné l'émission des obligations à l'autorisation du ministre des travaux publics. De plus, le Gouvernement aurait le droit de réglementer, dans les décrets déclaratifs d'utilité publique, l'émission des obligations.

14. Du caractère commercial des entreprises de chemins de fer il résulte, notamment : 1° Qu'il y a lieu de leur appliquer les règles de l'art. 632 c. com. relatif aux opérations réputées actes de commerce et celles qui concernent les obligations des commerçants ; — 2° Que l'émission d'obligations par une société constituée en vue de l'établissement d'un chemin de fer est un acte de commerce ; — 3° Qu'une compagnie de chemins de fer peut être déclarée en faillite.

15. Les compagnies de chemins de fer ne peuvent entreprendre d'autres opérations que celles qui sont permises par leurs statuts approuvés et qui n'excédent pas les limites de l'exploitation du chemin de fer dont la concession leur a été faite. Ainsi elles ne peuvent pas se livrer à un commerce n'ayant aucun rapport avec le transport des voyageurs ou des marchandises (Paris, 2 août 1900, D. P. 1900. 2. 484). Il a été interdit, notamment, à une compagnie de faire le commerce du charbon de terre, alors même que les opérations de vente ne portaient que sur de menues houilles faisant partie du charbon par elles acheté pour les besoins de son exploitation. — Mais cette prohibition ne doit pas être appliquée d'une manière absolue ; et l'on admet qu'elle ne peut faire obstacle à ce que les compagnies apportent, sous la surveillance de l'Administration, toutes les améliorations possibles de nature à donner aux voyageurs plus de bien-être et de commodités. Ainsi, c'est à tort que les restaurateurs leur ont contesté le droit d'établir, pour les exploiter elles-mêmes ou pour les donner en location, des buffets dans les gares. Plus récemment, on leur a reconnu le droit d'ouvrir et d'exploiter, dans une des gares, avec l'autorisation administrative, la construction de cet hôtel devant être considérée comme une amélioration du service des transports de voyageurs ; d'après un arrêt récent, les hôteliers concurrents ne peuvent même se plaindre de ce que l'exploitation de l'hôtel comprend également des soirées et banquets (Paris, 18 févr. 1903, D. P. 1903. 2. 485). De même,

on serait mal fondé à leur contester le droit d'installer dans leurs gares des boutiques où se vendent des objets usuels pour les voyageurs, tels que librairie, jouets d'enfants, articles de fumeurs, etc. — Une controverse s'était élevée au sujet du droit, pour les compagnies, de procéder aux opérations de douane, ces opérations pouvant être considérées comme ne rentrant pas, à la différence des formalités de régie, dans celles du transport. Mais ce droit a été reconnu aux compagnies par la Cour de cassation (Req. 11 févr. 1878, D. P. 78. 1. 488) : il existe actuellement des tarifs régulièrement homologués, fixant les droits que les compagnies sont autorisées à percevoir pour ces opérations.

ART. 3. — RÉMUNÉRATION DES COMPAGNIES CONCESSIONNAIRES (R. 99 et s. ; S. 43 et s.).

16. Par le contrat intervenu entre l'État et le concessionnaire, ce dernier s'engage à exécuter un travail dont il est indemnisé, en premier lieu, par le droit qui lui est attribué de percevoir une rémunération de ceux qui se servent de la ligne ; en second lieu, par des avantages pécuniaires qui lui sont assurés ordinairement par l'État. — De là, entre l'État et les compagnies de chemins de fer, des rapports financiers qui ont donné lieu à un certain nombre de conventions. Les plus importantes sont celles de 1859, qui ont été ratifiées par une loi unique du 11 juin 1859 (D. P. 59. 4. 73), et celles de 1883, qui ont été ratifiées pour les six grandes compagnies, la même date au 20 novembre 1883 (D. P. 84. 4. 17 et 24), et sont actuellement en vigueur.

17. Les conventions de 1859 avaient mis en jeu les garanties d'intérêt, d'une part, le partage des bénéfices, d'autre part, créant ainsi, au regard de l'État et des compagnies de chemins de fer, des droits et des obligations réciproques. Elles ont, en outre, posé un principe qui a servi de base à toutes les conventions qui sont postérieurement intervenues jusqu'en 1883, celui de la division du réseau de chaque compagnie en deux groupes de lignes : l'ancien réseau, composé en général des grandes artères concédées avant 1859, et le nouveau réseau, formé, notamment, des lignes qui ont été concédées depuis 1859, chacun de ces groupes comportant deux comptes distincts des produits nets de l'exploitation. — Les conventions de 1883 ont consacré un régime tout différent. La distinction entre l'ancien et le nouveau réseau a été supprimée ; il n'y a plus qu'un seul compte d'exploitation. La *garantie d'intérêts* ne fonctionne que si les produits d'exploitation de tout le réseau sont insuffisants pour assurer le service des emprunts contractés pour l'ensemble du réseau et pour parfaire la somme nécessaire pour distribuer les dividendes réservés ou garantis par les conventions. Si les produits nets de l'exploitation donnent un excédent, celui-ci doit être d'abord employé à rembourser les avances faites à titre de garantie de l'État ; et, s'il existe une somme disponible, elle constitue le bénéfice à partager avec l'État. — D'autre part, les bénéfices, lorsqu'ils sont suffisants pour permettre de distribuer aux actions, en plus du dividende réservé ou garanti, un dividende supplémentaire dont le maximum est déterminé pour chaque compagnie, sont partagés dans la proportion des deux tiers pour l'État et d'un tiers pour la compagnie.

18. Les rapports existant entre l'État et les compagnies exigent l'établissement par celles-ci de comptes qui doivent être dressés de façon à permettre le jeu des conventions financières. Ces comptes sont de deux sortes : 1° les comptes de premier établissement ; 2° les comptes d'exploitation. — Le compte de premier établissement doit

être arrêté provisoirement avant le 1er janvier qui suit la mise en exploitation des lignes et être clos dans les dix ans à partir de cette même époque. Il ne doit comprendre que les sommes dépensées dans un but d'utilité pour l'établissement du chemin de fer, à l'exclusion des dépenses d'entretien et des frais d'exploitation. — Les conventions de 1883 ont réglé le contenu des comptes d'établissement des six grandes compagnies.

19. Le compte des dépenses d'exploitation comprend, au chapitre des dépenses, toutes celles qui, à partir du 1er janvier qui a suivi la mise en service de la compagnie, ont été faites dans un but d'utilité, pour les réparations ordinaires et extraordinaires, l'exploitation et l'administration du chemin de fer, les frais d'entretien et d'exploitation des propriétés immobilières jusqu'à leur aliénation, le prélèvement opéré pour la réserve statutaire, etc. — Le chapitre des recettes comprend, notamment, les produits bruts du réseau.

20. Les comptes ainsi établis sont examinés par une commission, qui est la même pour toutes les compagnies. Cette commission, avec le concours d'inspecteurs des finances, prépare la décision du ministre des travaux publics. La décision du ministre est susceptible d'être attaquée par la voie contentieuse devant le Conseil d'État, à moins qu'il ne s'agisse d'une contestation sur l'exécution d'engagements pris par l'État, auquel cas c'est le conseil de préfecture qui est compétent.

ART. 4. — EXÉCUTION DES TRAVAUX. — BORNAGE ET CLOTURE DES CHEMINS DE FER (R. 139 et s. ; S. 115 et s.).

21. Les travaux, qu'il s'agisse de travaux de construction ou de travaux complémentaires, doivent être autorisés ; et, avant de les commencer, la compagnie doit faire approuver ses projets par l'Administration supérieure. C'est à celle-ci, en outre, qu'il appartient de déterminer, de concert avec la compagnie et après enquête (cette enquête est distincte de celle dont il est question au numéro suivant), le nombre et l'emplacement des gares et stations.

22. Les projets relatifs à l'établissement des passages à niveau, des passages inférieurs ou supérieurs, doivent être soumis à l'enquête prescrite par le titre 2 de la loi du 3 mai 1841, sur l'expropriation pour cause d'utilité publique (R. v° *Expropriation publique*, p. 513). — C'est au ministre des travaux publics qu'il appartient d'autoriser les modifications qu'il est nécessaire d'apporter aux voies publiques pour l'établissement des chemins de fer, et de régler les conditions dans lesquelles elles doivent être effectuées. — Les déviations régulièrement autorisées ne peuvent donner lieu à une indemnité à raison du préjudice résultant du seul fait de cette déviation.

23. Les décisions, régulièrement prises par le ministre, portant approbation des travaux, sous réserve de modifications, ou enjoignant d'exécuter des travaux supplémentaires, que des celles qui statuent, dans les conditions dans le cahier des charges, sur le rétablissement des communications interceptées par le tracé, sont des actes de pure administration qui ne peuvent être l'objet d'aucun recours au Conseil d'État pour excès de pouvoir. Toutefois, en cas de désaccord, la décision du ministre fait naître un litige à l'occasion de l'exécution du cahier des charges, et la compagnie serait recevable à porter ce litige devant le conseil de préfecture.

24. Le fait, par un concessionnaire, d'avoir contrevenu aux clauses du cahier des charges ou aux décisions ministérielles rendues en exécution de ces clauses, en ce qui concerne le service de la navigation, la viabilité des routes ou l'écoulement des eaux, constitue à sa charge une contravention de grande voirie de la compétence du conseil de préfecture. C'est ce qui a été jugé, notamment, pour le cas de rectification d'un chemin vicinal contrairement à une décision ministérielle (Cons. d'Et. 31 mars 1874, D. P. 75. 3. 26); ... pour le cas d'installation, sur un passage à niveau, de rails faisant saillie, contrairement au cahier des charges ou à la décision ministérielle rendue en exécution de ce cahier des charges (Cons. d'Et. 4 août 1876, D. P. 76. 3. 101). — Chacun des faits de cette nature relevés à la charge du concessionnaire constitue une contravention donnant lieu à une amende distincte. Il peut, d'ailleurs, être fait application de l'art. 463 c. pén. sur les circonstances atténuantes.

25. La loi du 15 juill. 1845 (art. 4) imposait aux compagnies l'obligation de clore le chemin de fer des deux côtés et sur toute l'étendue de la voie. Une loi du 27 déc. 1880 (D. P. 82. 4. 12) a attribué au ministre des travaux publics le pouvoir d'accorder des dispenses d'établir des clôtures pour les lignes à construire à partir de cette date. Puis, une loi du 27 mars 1897 (D. P. 97. 4. 26) a étendu ce pouvoir du ministre aux lignes déjà construites et dans des conditions déterminées. Mais ces dispenses ont toujours un caractère provisoire, et le ministre conserve le droit de prescrire à toute époque, lorsqu'il le reconnaît nécessaire, l'établissement ou le rétablissement de clôtures fixes et de barrières mobiles sur toute ligne ou section de ligne (L. 1897, art. 4).

26. Les clôtures sont établies dans l'intérêt des chemins de fer, pour assurer la sécurité de l'exploitation; elles ont, suivant l'expression consacrée, un caractère *limitatif*, et non *défensif*. Les propriétaires riverains n'ont pas le droit de se plaindre de l'insuffisance ou du défaut d'entretien des clôtures, à moins qu'il ne soit intervenu, entre la compagnie et le riverain, une convention leur imprimant le caractère défensif, comme, par exemple, lorsqu'un engagement a été pris dans ces termes devant le jury d'exploitation (Paris, 29 nov. 1892, D. P. 93. 2. 473). — Au contraire, les barrières des passages à niveau ont un double objet : protéger la circulation sur la voie ferrée et protéger la circulation sur les voies de terre. Mais si la compagnie a été dispensée de munir d'une barrière un passage à niveau, on ne saurait lui imputer à faute le seul défaut de barrière. C'est, d'ailleurs, une règle générale que la compagnie qui s'est conformée aux prescriptions de l'Administration supérieure dans l'exécution des travaux d'établissement de chemins de fer ne peut encourir aucune responsabilité à raison du préjudice qui peut en résulter pour des tiers (Civ. 12 nov. 1900, D. P. 1901. 1. 183).

27. La ligne ne peut être mise en exploitation qu'après la réception des travaux par une commission nommée par le ministre des travaux publics. Le fait d'ouvrir au public avant la réception constitue une contravention.

SECT. II. — **Des chemins de fer envisagés comme dépendances de la grande voirie** (R. 179 et s.; S. 143 et s.).

28. Les chemins de fer sont classés parmi les dépendances de la grande voirie et du domaine public. A ce titre, ils sont imprescriptibles et inaliénables. Il en résulte, notamment : 1° qu'une fois que les immeubles sont devenus partie intégrante d'un chemin de fer, ils ne peuvent être l'objet d'aucune demande en délaissement ou en revendication ; 2° que les compagnies ne peuvent conférer aucun droit réel sur l'objet de leur concession, soit par voie d'aliénation ou de

constitution de servitudes, soit par voie de gage ou d'hypothèque. Aussi, les autorisations d'établir sur le domaine du chemin de fer une construction quelconque (par exemple, une buvette) ne sont accordées qu'à titre précaire et de tolérance.

29. D'après la jurisprudence, le droit du concessionnaire est purement mobilier, comme ne portant que sur les produits de l'exploitation ; ce n'est ni un usufruit, ni une emphytéose, ni un démembrement quelconque de propriété. Il y a toutefois, entre les auteurs, controverse à ce sujet.

30. Font partie de [la grande voirie, en outre de la voie ferrée proprement dite, les dépendances de cette voie, telles qu'elles sont déterminées par les actes de concession, les plans parcellaires, les arrêtés de cessibilité, les actes de bornage, l'alignement, etc. Ces dépendances comprennent : 1° les gares et stations ; 2° les ouvrages d'art servant à la circulation, au-dessus ou au-dessous de la voie, réserve faite toutefois pour les passages inférieurs ou supérieurs desservant les voies particulières ; 3° les passages à niveau ; 4° les avenues d'accès, lorsqu'elles sont exclusivement affectées au service du chemin de fer et qu'elles servent seulement à mettre le chemin de fer en relation avec des routes ou des chemins voisins. Les avenues d'accès sont, au contraire, détachées du domaine public du chemin de fer lorsqu'elles sont classées dans le réseau des voies urbaines, vicinales ou départementales, ou qu'elles ont le caractère de déviation rétablissant une route ou un chemin coupé par la voie ferrée ; 5° les cours des gares, même lorsqu'elles sont situées en dehors des clôtures de la voie ferrée, alors du moins qu'elles se rattachent nécessairement au chemin de fer, qu'elles y ont été réunies par l'expropriation pour cause d'utilité publique et qu'elles doivent faire retour à l'Etat en fin de concession ; 6° les clôtures, talus ; 7° les fossés d'écoulement, contre-fossés et fossés d'assainissement ; 8° les jardins des gardes-barrières ; 9° les ateliers, lorsqu'ils servent à la réparation et à l'entretien du matériel : il en est autrement des ateliers de construction ; 10° les bâtiments affectés à l'Administration, mais non les logements des employés, excepté de ceux dont la présence à proximité de la voie est indispensable, tels que les chefs de gare et les gardes-barrières ; 11° les buffets installés dans les stations.

31. L'Administration supérieure seule a un droit d'action sur le chemin de fer quand il s'agit de la police de la voie ferrée ou de ses dépendances, de la sûreté publique sur le parcours du chemin de fer, de l'exploitation, de la conservation et de l'entretien de la voie ferrée ; ni l'autorité préfectorale, ni l'autorité municipale n'ont qualité pour agir. Toutefois, s'il s'agit de la salubrité publique, on admet que l'autorité municipale doit s'exercer, les pouvoirs du maire s'étendant, à ce point de vue, sur tout le territoire de la commune, même sur la partie de ce territoire qui est comprise dans le domaine public.

32. La domanialité commence à partir de l'affectation à l'un des services du chemin de fer, à la suite d'expropriation par exemple ; elle finit quand l'exploitation vient à cesser, ou quand le terrain, primitivement affecté au service public, est abandonné d'une manière complète et irrévocable. Le non-emploi ne suffit pas : un arrêté de désaffectation paraît indispensable.

SECT. III. — **Mesures relatives à la conservation des chemins de fer. — Servitudes** imposées aux propriétés riveraines (R. 193 et s.; S. 179 et s.).

33. D'après la loi du 15 juill. 1845, les empiétements et les dégradations commises

sur le chemin de fer et ses dépendances constituent des contraventions de grande voirie. Comme exemples de faits ayant donné lieu à des poursuites, on peut citer : l'établissement, dans le talus d'une avenue d'une gare, d'une rampe destinée à permettre l'accès d'une propriété privée ; la destruction d'un fossé servant à l'écoulement des eaux ; la pose de tuyaux sur le domaine de la voie ; la pose d'un drain sous l'avenue d'accès d'une gare ; le bris d'une lanterne, de la rampe ou du vantail d'un passage à niveau, etc. — Il n'y a pas contravention de grande voirie si, au lieu d'atteindre le chemin de fer ou ses dépendances, les empiétements ou dégradations concernent, par exemple, une avenue d'accès faisant partie de la voirie vicinale, un chemin latéral établi seulement pour le service d'exploitations rurales, un terrain non encore affecté au service du chemin de fer, une clôture de gare dont l'établissement n'a pas été autorisé.

34. Quant aux dégradations commises à la voie par les bestiaux ou l'introduction de ceux-ci dans l'enceinte du chemin de fer, il y a lieu de distinguer au point de vue de la qualification du fait. L'introduction est-elle volontaire de la part du propriétaire des bestiaux, il y a contravention aux dispositions de l'ordonnance du 15 nov. 1846, relative à la police des chemins de fer (Limoges, 18 févr. 1898, D. P. 99. 2. 79). Si l'introduction est involontaire, le Conseil d'Etat décide qu'il y a infraction à l'arrêt du Conseil du 16 déc. 1759, qui interdit de laisser répandre les bestiaux sur les bords des grands chemins plantés soit d'arbres, soit de haies d'épines ou autres, et cela alors même que les talus du chemin de fer ne sont recouverts d'aucune plantation et sont uniquement munis de clôtures sèches. La peine édictée par l'arrêt du Conseil est une amende de 100 livres ; mais elle peut être réduite. — D'après la jurisprudence du Conseil d'Etat, il suffit, pour que le fait d'avoir laissé des bestiaux s'introduire sur la voie constitue une contravention, que la clôture soit réglementaire, conforme au modèle approuvé par l'Administration, et en bon état, sans solution de continuité. Il n'y aurait pas contravention si la clôture n'offrait pas les conditions d'entretien réglementaires et présentait une brèche. — L'introduction des animaux sur la voie ferrée par un passage à niveau constitue également une contravention de grande voirie, du moment qu'il n'y a aucune faute à reprocher à la compagnie ; et il n'y a pas faute de celle-ci lorsque les barrières étaient régulièrement ouvertes. Mais il n'y a pas contravention, au moment de l'introduction des animaux, le passage aurait dû être fermé conformément aux règlements administratifs. — Bien que l'arrêté du Conseil du 16 déc. 1759 ne parle que des bestiaux, la jurisprudence l'applique à tout animal quelconque qui s'est introduit sur la voie ferrée.

35. La loi du 15 juill. 1845 déclare applicables aux propriétés riveraines des chemins de fer les servitudes imposées par les lois et règlements sur la grande voirie, en ce qui concerne :

36. 1° *L'alignement.* — Cette servitude s'impose non seulement le long de la voie proprement dite, mais encore le long de toutes les dépendances du chemin de fer, par exemple des déviations des routes nationales ou départementales, des chemins vicinaux et des autres voies communales classées. S'il s'agissait de chemins d'exploitation ou de terrains qui font partie du domaine privé de la compagnie, l'alignement ne serait pas nécessaire.

37. 2° *L'écoulement des eaux.* — Pour les conditions d'exercice de cette servitude,

Il faut se reporter aux anciennes ordonnances des trésoriers de France et du bureau des finances de la généralité de Paris de 1741, 1751, 1754, 1772 et 1781, ainsi qu'à la loi du 29 flor. an 10 (R. v° *Voirie par terre*, p. 189).

38. 3° *L'occupation temporaire des propriétés et l'extraction des matériaux.* — Les compagnies de chemins de fer, substituées à l'État par leur cahier des charges, sont investies de tous les droits que les lois et règlements confèrent à l'Administration en matière de travaux publics, par exemple pour l'extraction des matériaux, l'occupation temporaire des terrains, les dépôts de terre et de matériaux (V. *infrà, Travaux publics*).

39. 4° *Les plantations et l'élagage.* — La servitude imposée à l'égard aux riverains du chemin de fer ne concerne que la distance à observer pour les plantations librement effectuées. Contrairement à ce qui a lieu pour les grandes routes, l'Administration n'a le droit ni d'imposer l'obligation de planter, ni de déterminer les essences des arbres ni d'intervenir dans le remplacement ou l'abattage des arbres existants. La distance à observer est celle de six mètres, comme pour les grandes routes; mais, en fait, elle est souvent réduite à deux mètres. — Ces règles sont applicables aux plantes vives; toutefois, pour celles-ci, l'Administration est libre d'autoriser une distance moindre, même de cinquante centimètres.

40. 5° *Le mode d'exploitation des mines, minières, tourbières, carrières et sablières, dans la zone déterminée à cet effet.*

41. La loi de 1845 a établi, en outre, des servitudes spéciales aux chemins de fer, dans un but de sécurité publique : 1° Il est interdit de *bâtir* à une distance de moins de *deux mètres* (art. 5). — Cette interdiction s'applique aux terrains qui avoisinent la voie proprement dite, ainsi qu'à ceux qui sont contigus aux dépendances du chemin de fer sillonnées par des rails, mais non à ceux qui ne touchent qu'à des magasins, entrepôts, chantiers et dépendances quelconques, ni, par suite, aux riverains du domaine privé de la compagnie. La distance de deux mètres se calcule soit de l'arête supérieure du déblai, soit de l'arête inférieure du talus de remblai, soit du bord extérieur des fossés du chemin de fer, et, à défaut, d'une ligne tracée à un mètre cinquante à partir des rails extérieurs de la voie. Ce mode de calcul doit s'appliquer dans tous les cas, même si le chemin de fer est entouré d'un mur. — La prohibition de bâtir dans la zone de deux mètres ne concerne pas les murs de clôture non percés de jours et issues, lesquels, dans ces conditions, ne sont pas, à proprement parler, des constructions.

42. 2° Les riverains du chemin de fer qui se trouve en remblai de plus de trois mètres au-dessus du terrain naturel ne peuvent pratiquer, sans autorisation préalable, des excavations dans une zone de largeur égale à la hauteur verticale du remblai, mesurée à partir du pied du talus (L. 1845, art. 6).

43. 3° Il est défendu d'établir à moins de vingt mètres d'un chemin de fer desservi par des machines à feu, des couvertures en chaume, des meules de paille, de foin, et aucun autre dépôt de *matières inflammables* (art. 7). — Cette prohibition ne s'étend pas aux dépôts de récoltes faits seulement pour le temps de la moisson; mais elle s'applique aux dépôts de bois de chauffage et de construction. Elle n'atteint que les dépôts de matières inflammables qui sont exposés directement au feu, à l'exclusion des cas où ces matières sont emmagasinées de manière à ne pouvoir être atteintes par les étincelles, comme du pétrole qui serait renfermé dans des réservoirs en tôle hermétiquement clos (Cons. d'Ét. 14 févr. 1902, D. P. 1903. 3. 76).

44. 4° Le *dépôt d'objets, même non inflammables*, est interdit à une distance de moins de cinq mètres. Le préfet peut, d'ailleurs, autoriser le dépôt. — L'autorisation n'est pas nécessaire : 1° pour former, dans les localités où le chemin de fer est en remblai, des dépôts de matières non inflammables dont la hauteur n'excède pas celle du remblai; 2° pour former des dépôts temporaires d'engrais et autres objets nécessaires à la culture des terres (L. 1845, art. 8).

45. Les prescriptions ci-dessus de la loi de 1845 ne s'appliquent que pour l'avenir; c'est ainsi, notamment, que les constructions antérieures à l'établissement du chemin de fer peuvent, même qu'à une distance moindre de deux mètres, être entretenues dans l'état où elles se trouvent lors de cet établissement (L. 1845, art. 5, § 3). Il est interdit seulement d'y faire des travaux confortatifs ou de réparation partielle. — Toutefois, l'Administration a le droit de supprimer, moyennant une indemnité, les constructions, plantations, excavations, couvertures en chaume, amas de matériaux, combustibles ou autres, existant dans les zones spécifiées lors de l'établissement du chemin de fer. Ces indemnités sont réglées conformément à la loi du 3 mai 1841 pour les constructions, et, pour tous les autres cas, conformément à la procédure établie pour les dommages résultant de l'exécution des travaux publics (L. 1845, art. 10).

46. Les contraventions aux dispositions des art. 5 et s. de la loi de 1845 sont poursuivies et réprimées comme les contraventions de grande voirie, et sont de la compétence exclusive de préfecture. — Quant à la pénalité encourue, on distingue : une amende de 16 à 3 000 francs est applicable aux contraventions consistant dans l'infraction aux obligations expressément édictées par la loi de 1845. En ce qui concerne les contraventions aux lois et règlements de grande voirie rendus, d'une manière générale, applicables aux chemins de fer par l'art. 2 de la loi de 1845, les peines édictées par ces lois et règlements sont seules applicables.

SECT. IV. — **Pouvoirs d'organisation, de direction et de contrôle de l'autorité supérieure** (R. 253 et s.; S. 227 et s.).

47. L'intervention du chef de l'État ou du pouvoir législatif s'exerce, à l'égard des compagnies de chemins de fer, dans les limites habituelles de leurs attributions respectives. Le chef de l'État intervient quand un décret est nécessaire, soit pour la déclaration d'utilité publique des lignes d'embranchement ayant moins de vingt kilomètres ou des tramways, soit pour l'organisation des services du contrôle. L'autorité législative s'exerce toutes les fois que les finances de l'État se trouvent engagées; en outre, pour la déclaration d'utilité publique des lignes d'intérêt général ne constituant pas des embranchements ou ayant au moins vingt kilomètres, et des lignes d'intérêt local, quelle qu'en soit la longueur (V. *infrà, Expropriation pour cause d'utilité publique*).

48. Les compagnies de chemins de fer sont soumises, pour l'exécution, l'entretien et l'exploitation de leurs travaux, au contrôle et à la surveillance de l'Administration. Il existe, à cet effet, un service du contrôle, qui a été réorganisé en dernier lieu par un décret du 30 mai 1895 (D. P. 96. 4. 110) et un arrêté ministériel du 26 oct. 1895. Ce service fonctionne sous la haute autorité du ministre des Travaux publics, qui est assisté de plusieurs conseils ou comités, savoir : 1° le comité consultatif des chemins de fer; — 2° le comité de l'exploitation technique des chemins de fer; — 3° la commission militaire supérieure des chemins de fer; — 4° diverses commissions spéciales, telles que la commission d'adjudication des lignes, la commission d'enquête et d'expropriation des terrains, etc.

SECT. V. — **Administration intérieure des chemins de fer** (R. 270 et s.; S. 255 et s.).

49. Il existe, à la tête de chaque compagnie, un conseil d'administration, dont les pouvoirs et les attributions sont déterminés par les statuts. Quant au personnel des compagnies, il est, à quelques détails près, divisé de la même façon pour toutes, en quatre branches : administration centrale, exploitation, traction et travaux, voies et travaux.

50. Le contrat qui lie les agents aux compagnies est un contrat de louage d'ouvrage régi par les art. 1780 et s. C. civ. et par la loi du 27 déc. 1890 (D. P. 91. 4. 33). Sur les difficultés auxquelles peut donner lieu la résiliation du contrat, V. *infrà, Louage d'ouvrage et d'industrie*. — Les agents ne doivent pas être considérés comme des serviteurs, et, à ce titre, ils ne peuvent pas être reprochés comme témoins dans les enquêtes concernant des faits intéressant la compagnie à laquelle ils sont attachés (V. *infrà, Enquête*).

51. Les compagnies ont institué, au profit de leurs agents obligés d'abandonner leur emploi par suite de vieillesse, maladie ou infirmité, des *pensions de retraites*. Le régime des caisses de retraite n'est pas le même dans toutes les compagnies. En général, les employés subissent sur leur traitement une retenue, qui varie suivant les compagnies. Les retenues sont versées tantôt à la Caisse nationale des retraites pour la vieillesse au nom de l'agent, tantôt conservées par la compagnie, qui se constitue le débi-rentier de l'agent. En outre, les compagnies affectent au service des pensions de retraites un certain capital qui est tantôt conservé par elles, tantôt versé à la Caisse nationale des retraites, en augmentation des versements provenant des retenues faites sur le traitement des employés. — Les règlements des caisses de retraite, leur payement, les conditions du fonctionnement de ces caisses servant à les payer particulières, qui, à ce titre, sont obligatoires pour les deux parties. C'est ainsi que la jurisprudence a décidé, notamment : 1° qu'une compagnie de chemin de fer ne peut être obligée de restituer à un agent révoqué les sommes retenues sur son traitement au profit de la caisse des retraites, du moment que le règlement ne prescrit pas cette restitution; 2° qu'il ne suffit pas à un agent de réunir les conditions d'âge et de services exigées par les règlements de la compagnie pour avoir droit à une pension de retraite; ce droit ne lui est acquis, si ces règlements le décident ainsi, que lorsqu'il a été admis à la retraite.

52. La loi du 27 déc. 1890 (art. 2) a obligé les compagnies de chemins de fer à soumettre les statuts et les règlements sur les retraites à l'homologation ministérielle. Elle a été complétée par une loi du 10 avr. 1902 (D. P. 1902. 4. 69), aux termes de laquelle le bénéfice de cette loi ou l'homologation prévue par l'art. 2 de la loi de 1890 n'est accordée que sous réserve de certaines modifications ou additions non acceptées par la compagnie, il sera statué par un décret rendu sur avis conforme du Conseil d'État.

53. Les rapports entre les compagnies de chemins de fer et leurs agents, au point de vue de la compétence, sont régis par le droit commun. Les compagnies de chemins de fer, étant des entreprises commerciales (V. *suprà*, n° 12), sont, à ce titre, justiciables des tribunaux de commerce, même pour les difficultés existant entre elles et leurs agents;

les conseils de prud'hommes ne sont pas compétents. — Quant aux employés des chemins de fer de l'Etat, il est admis que c'est au ministre qu'il appartient de statuer, sauf recours au Conseil d'Etat, sur les litiges existant entre eux et l'administration de ces chemins de fer.

SECT. VI. — Entretien et exploitation de la voie (R. 281 et s.; S. 272 et s.).

54. Les pouvoirs de l'Administration supérieure, en ce qui concerne l'exploitation et la surveillance du chemin de fer, subsistent pendant toute la durée de la concession : en vertu de ce principe, le ministre a prescrit un certain nombre de mesures concernant le service de la voie, le service du matériel, le service des signaux. La nécessité ou l'opportunité des décisions ainsi prises par le ministre, dans la limite de ses pouvoirs de police, ne peut être discutée devant le Conseil d'Etat par voie de recours pour excès de pouvoir. C'est en vertu de règlements de cette nature que les passages à niveau sont, au point de vue du gardiennage, de la manœuvre des barrières et de l'éclairage, divisés en cinq catégories, dont chacune est soumise à des règles spéciales.

55. Il y a lieu de noter, à ce sujet, que, d'après les règlements, les portillons accolés aux barrières des passages à niveau doivent être manœuvrés par les passants à leurs risques et périls. Dès lors, ils ne sont pas placés sous la surveillance des gardes-barrières : les passants les ouvrent et les franchissent librement, à leurs risques et périls, sans responsabilité pour la compagnie (Bordeaux, 16 mai 1894, D. P. 98. 2. 46). Il en serait autrement, toutefois, si un arrêté ministériel portait que les passages accolés aux barrières sont sous la surveillance des gardes-barrières, qui doivent y interdire la circulation à l'approche des trains.

56. Les obligations des compagnies de chemins de fer concernant le matériel, machines, voitures et wagons, la vitesse et la composition des trains, les signaux, ont fait l'objet de nombreuses circulaires ministérielles et d'arrêtés, indépendamment des dispositions contenues au sujet dans l'ordonnance du 15 nov. 1846, modifiée par le décret du 1er mars 1901.

SECT. VII. — Exploitation commerciale. Transport des voyageurs et des marchandises.

ART. 1er. — FORMATION DES TARIFS (R. 293 et s.; S. 281 et s.).

57. Les cahiers des charges des compagnies déterminent les bases sur lesquelles doivent être établis les prix et les conditions de transport. Ces prix et conditions sont déterminés d'une manière précise et détaillée par les *tarifs*, qu'il appartient aux compagnies de dresser. — Ces tarifs ne sont, d'ailleurs, pas obligatoires par eux-mêmes. Ils ne peuvent être mis en vigueur qu'après avoir été homologués (Civ. c. 28 déc. 1896, D. P. 97. 1. 281). L'homologation consiste dans une approbation des tarifs. Ce n'est pas une simple formalité d'enregistrement : le ministre a le droit d'apposer son *veto*, quand même le tarif n'excéderait pas le maximum prévu par le cahier des charges; mais il ne lui appartient pas de modifier d'office les propositions des compagnies.

58. Différentes circulaires ministérielles ont posé les règles concernant la présentation au ministre des propositions des compagnies, l'affichage et la publicité de ces propositions, leur examen et leur mise en vigueur. — L'affichage des propositions est indispensable; mais il n'est pas nécessaire que l'affiche contienne le texte entier de la proposition de la compagnie. La jurisprudence admet même que, si l'étendue des modifications à publier rend impraticable

l'affichage de tableaux détaillés ou présente de sérieux inconvénients, ces tableaux peuvent être remplacés par des livrets mis à la disposition du public, pourvu que cette mise à disposition soit annoncée au public par des affiches sommaires. Les propositions sont communiquées aux chambres de commerce et aux chambres consultatives des arts et manufactures.

59. Avant d'accorder l'homologation, le ministre fait instruire les propositions par les inspecteurs de l'exploitation commerciale et par l'inspecteur général du contrôle. La décision du ministre doit être notifiée dans les vingt-quatre heures au compagnies; les préfets, de leur côté, doivent, par des arrêtés, porter à la connaissance du public les décisions homologatives des tarifs. — L'homologation d'un tarif porte sur l'ensemble de ce tarif, c'est-à-dire à la fois sur les prix des transports et sur les conditions d'application de ce même tarif, lesquelles n'ont pas à faire l'objet d'une homologation particulière. — Une fois homologué, le tarif doit être constamment affiché dans les lieux les plus apparents des gares et stations.

60. Les tarifs ne peuvent être modifiés sans l'approbation de l'Administration supérieure. Les modifications qui seraient mises à exécution par une compagnie, sans approbation régulière, ne seraient pas obligatoires pour le public, et, en cas de préjudice, il pourrait y avoir lieu à réparation. Le relèvement de taxes précédemment abaissées ne peut, d'ailleurs, être introduit dans l'homologation ministérielle qu'après un délai de trois mois au moins pour les voyageurs et d'un an pour les marchandises (Cahier des charges, art. 48). — Le projet de changements à apporter par une compagnie à une disposition d'un tarif n'a pas besoin d'être publié : il suffit que le texte nouveau, proposé à l'homologation, soit porté à la connaissance du public par voie d'affiches (Douai, 4 nov. 1896, D. P. 97. 2. 407).

61. Les tarifs ou modifications de tarifs régulièrement homologués et publiés ont force de loi pour et contre les compagnies, et il n'appartient pas aux tribunaux de critiquer ou d'en entraver l'exécution. Il en résulte : 1° que les compagnies ont droit, nonobstant toute convention expresse ou la cite, à percevoir le montant des frais de transport tel qu'il résulte du tarif, et, par suite, à réclamer le supplément de taxe en cas de perception insuffisante. Et il ne peut, à cet égard, être établi de compensation entre le supplément de taxe réclamé par la compagnie et des dommages-intérêts auxquels prétendrait avoir droit l'expéditeur ou le destinataire, sous prétexte que l'erreur ou l'omission aurait causé un préjudice dont il est dû réparation. Cette compensation devrait être repoussée, même au cas où des renseignements inexacts sur l'application du tarif auraient été fournis par un agent de la compagnie. — 2° De même qu'on ne peut pas déroger au prix d'un tarif et à ses conditions d'application, de même il ne peut être dérogé aux clauses des tarifs et règlements homologués concernant les délais de transport. La compagnie a, nonobstant toute convention contraire, le droit d'user de la totalité des délais réglementaires (Civ. c. 21 janv. et 17 mars 1901, D. P. 1901. 1. 379); et l'on ne saurait, pour la condamner à des dommages-intérêts, invoquer, soit la circonstance qu'habituellement elle n'userait pas de ces délais, soit l'engagement qu'elle aurait pris de faire arriver les marchandises à une heure déterminée (Civ. 14 juin 1899, D. P. 1900. 1. 538), soit enfin le fait que des renseignements erronés ont été fournis par un agent, sur les délais de transport (Civ. c. 21 janv. 1901, précité). L'aveu même d'un prétendu retard, fait au cours d'un procès, serait sans effet, dès lors que

le calcul des délais réglementaires établit qu'il n'y a pas eu retard.

62. Indépendamment des tarifs proprement dits, qui sont soumis à l'homologation ministérielle par les compagnies, il existe des taxes qui, elles, sont *arrêtées* annuellement par le ministre, sous la position des compagnies. Dans cette catégorie, rentrent les prix exceptionnels et les frais accessoires. — Les prix exceptionnels s'appliquent aux objets qui ne sont pas compris dans les catégories tarifées par le cahier des charges. Quant aux frais accessoires ils constituent des taxes destinées à rémunérer des opérations indépendantes du transport lui-même (V. *infra*, n° 82). Les frais de factage et de camionnage sont soumis au même régime que les frais accessoires proprement dits. Ces taxes, arrêtées par le ministre, ont force obligatoire comme les tarifs eux-mêmes. — Les tableaux et frais accessoires approuvés doivent être constamment affichés dans les lieux les plus apparents des gares et stations, ou au moins déposés dans les gares à la disposition du public, qui doit être prévenu de ce dépôt par des affiches sommaires, comme cela a lieu pour les tarifs (V. *supra*, n° 58).

ART. 2. — DES DIFFÉRENTES ESPÈCES DE TARIFS ET DE LEUR APPLICATION.

63. Il y a lieu de distinguer, parmi les tarifs, ceux qui concernent les voyageurs et ceux qui ont trait aux marchandises.

§ 1er. — Voyageurs (R. 314; S. 326 et s.).

64. Il existe, pour les voyageurs, des tarifs généraux et des tarifs spéciaux. Depuis 1892, les bases d'application des tarifs généraux et leurs conditions d'application sont uniformes pour toutes les compagnies. Les prix de ces tarifs sont à base kilométrique, savoir 0 fr. 112 pour la 1re classe, 0 fr. 0756 pour la 2e classe, et 0 fr. 04928 pour la 3e classe, par voyageur et par kilomètre, impôts compris, avec un minimum de 65 c. pour la 1re classe, de 45 cent. pour la 2e classe et de 30 cent. pour la 3e classe. — Le prix du billet est calculé d'après la voie la plus courte, sur les distances réelles parcourues, telles qu'elles résultent des tableaux de distances approuvés par l'Administration, à moins de clauses spéciales, dans les tarifs ou dans les tableaux de la marche des trains, qui autorisent les voyageurs à suivre un itinéraire plus allongé leur permettant d'arriver plus tôt ou à des heures convenables, tout en payant le prix calculé par la voie la plus courte. Tout kilomètre entamé est dû en entier, et, pour toute distance inférieure à six kilomètres, la perception est faite comme pour six kilomètres entiers.

65. Les tarifs spéciaux accordent aux voyageurs, sous certaines conditions, une réduction sur les prix des tarifs généraux : chaque compagnie a ses tarifs spéciaux. — Les principaux tarifs spéciaux concernent : 1° les prix exceptionnels applicables à certains parcours, à certains tracés (trains légers n'admettant ni bagages ni chiens), à certains jours (jours de foire ou de marché); 2° les billets d'aller et retour, valables sous certaines conditions expressément déterminées, notamment au point de vue de leur usage et de la durée de validité; 3° les cartes d'abonnement, les billets de bains de mer, de stations thermales et d'excursions, le transport des colons se rendant en Algérie; 4° enfin les places de faveur et la circulation, sur les lignes d'une compagnie, d'un matériel appartenant à des particuliers ou à une autre compagnie.

§ 2. — Marchandises (R. 315 et s.; S. 346 et s.).

66. Les prix appliqués en ce qui concerne les marchandises ne sont pas ceux qui resortent des bases établies par les cahiers des charges, lesquels sont appelés *prix légaux* u *maxima*. Sous la dénomination de tarifs ifférentiels, de tarifs de transit et d'exportation, de tarifs d'abonnement, de tarifs onditionnels, spéciaux, communs ou internationaux, les compagnies ont fait approuver des prix inférieurs à ceux auxquels elles vaient droit en vertu du cahier des charges. es tarifs généraux eux-mêmes comportent es réductions sur ces prix, par suite de l'introduction dans ces tarifs d'un mode de répartition par séries.

67. Pour les marchandises, comme pour es voyageurs, il existe des tarifs généraux t des tarifs spéciaux. Ces deux catégories e tarifs existent pour tous les transports, oit en grande, soit en petite vitesse.

A. — Grande vitesse.

68. En grande vitesse, les tarifs généraux oncernent, d'une part, les bagages excédant le poids admis en franchise (30 kilos our un voyageur) et, d'autre part, toutes marhandises, avec des prix qui varient suivant les atégories. — Indépendamment de la taxe lle-même, due pour excédent de bagages, es compagnies sont autorisées à percevoir 0 centimes pour l'enregistrement par expédition, et une taxe de manutention de 1 fr. 50 ar tonne pour chargement et déchargement et, s'il y a lieu, transbordement en ours de route pour tout excédent de bagages dépassant 40 kilos. En outre, les compagnies ont le droit, pour la garde des bagages déposés dans les gares, sous leur resonsabilité, soit avant le départ, soit après arrivée des trains, de percevoir un droit ui va en augmentant, à mesure que la urée du dépôt se prolonge : 0 fr. 05 penlant les trois premières périodes de vingtquatre heures et par colis ; 0 fr. 10 pour la quatrième ; 0 fr. 15 pour la cinquième, et fr. 20 pour chaque période en sus (Arr. nin. 27 oct. 1900). — Les tarifs spéciaux de grande vitesse sont peu nombreux. Ils conernent, notamment : les animaux vivants, es denrées, les finances et valeurs, etc.

B. — Petite vitesse.

69. 1° *Tarifs généraux.* — En petite vitesse, es tarifs généraux comprennent six séries ; es prix de chacune de ces séries sont sensiblement les mêmes pour toutes les compagnies. Ces tarifs sont des tarifs différenels, à base décroissante unique pour toute une distance ; mais la base kilométrique n'est pas la même pour toutes les compagnies. Les coupures de poids sont calculées par fractions indivisibles de 10 kilogrammes.

70. 2° *Tarifs spéciaux.* — Les tarifs spéciaux ou conditionnels comprennent tantôt des barêmes kilométriques à base décroissante, tantôt des prix fermes. Les conditions d'application des tarifs spéciaux qui se rencontrent généralement sont les suivantes : 1° Nécessité d'une demande expresse. Cette demande résulte, soit de l'indication des tarifs à appliquer, soit de l'une des mentions, *tarif général, tarif réduit, tarif* et *plus réduit,* avec ou sans indication d'itinéraire. A défaut de cette demande, l'expédition est faite aux prix et conditions des arifs généraux ; — 2° Prolongation du délai V. *infrà,* n° 126) ; — 3° Limitation de l'indemnité, en cas de perte, d'avarie ou de etard (V. *infrà,* n° 148) ; — 4° Nécessité l'expédier par wagon complet ou avec un minimum de tonnage ; — 5° Obligation pour e public de procéder aux opérations de hargement et de déchargement.

71. 3° *Tarifs communs.* — A côté des tarifs propres à chaque compagnie, il xiste des tarifs applicables à plusieurs réseaux, appelés *tarifs communs,* lorsque les éseaux intéressés sont français, et *tarifs nternationaux,* lorsque l'un des réseaux

intéressés est étranger. L'administration supérieure n'a pas le pouvoir d'imposer aux compagnies l'institution de tarifs communs. — Il existe des tarifs communs ou internationaux généraux et des tarifs communs ou internationaux spéciaux. Au point de vue de la nature des relations qu'ils desservent, on divise les tarifs internationaux en trois catégories : les tarifs d'exportation, les tarifs de transit et les tarifs d'importation ou de pénétration.

72. La publication et l'homologation des tarifs internationaux ne diffèrent en rien de celles de tout autre tarif, et c'est à l'autorité judiciaire, non à l'autorité administrative, qu'il appartient de connaître des réclamations auxquelles peut donner lieu, en ce qui concerne la publication et l'homologation réglementaire, un tarif international. L'autorité administrative ne saurait être compétente en raison de ce que les tarifs internationaux s'appliquent à des transports qui, ne s'effectuant qu'en partie sur le territoire français, revêtent un caractère spécial. — Les conditions d'application des tarifs internationaux sont variables. Comme tout tarif spécial, ils constituent une dérogation au droit commun, c'est-à-dire au tarif général, et doivent être appliqués strictement. En expédiant une marchandise sous le régime d'un tarif international, l'expéditeur se soumet à la législation intérieure des pays que traversera la marchandise.

73. 4° *Soudure des tarifs.* — La soudure des tarifs est l'opération qui consiste à fractionner fictivement le parcours de la marchandise, et à réunir ou souder entre elles les taxes afférentes aux diverses sections, quand la taxe totale ainsi obtenue est inférieure à celle du tarif entre les points extrêmes ; la soudure n'a lieu que sur la réquisition de l'expéditeur (Bordeaux, 29 oct. 1894, D. P. 98. 2. 384). Lorsqu'elle est demandée, elle est obligatoire pour le transporteur, à la condition, toutefois, qu'elle soit autorisée par le tarif applicable à l'expédition.

74. 5° *Itinéraire.*— L'expéditeur peut indiquer l'itinéraire qu'il entend faire suivre à la marchandise : la compagnie doit, en ce cas, se conformer à l'indication qui lui est donnée, encore que l'itinéraire désigné ne serait pas le plus court ni le plus économique. Mais l'expéditeur est libre de ne pas fournir cette indication ; il appartient alors à la compagnie de choisir l'itinéraire. Si le transport s'effectue aux conditions du tarif général, la voie la plus courte doit toujours être suivie ; si, au contraire, l'expédition se fait sous l'empire d'un tarif spécial et réduit, c'est la voie la plus économique qui doit être préférée, alors même qu'elle serait plus longue. Il en est ainsi, du moins, lorsque le transport doit s'accomplir sur un seul réseau, ou quand, la marchandise devant emprunter plusieurs réseaux, les compagnies cointéressées un tarif commun.

75. 6° *Clause des stations non dénommées.* — Lorsque les tarifs différentiels sont calculés sous forme de prix ferme fixé entre deux stations désignées, ils contiennent la clause dite *des stations non dénommées ;* aux termes de cette clause, les expéditeurs de ou pour une station non dénommée au tarif, comprise entre deux stations désignées, jouissent du bénéfice de ce tarif en payant pour la distance entière depuis la dernière station dénommée située avant le lieu de départ, jusqu'à la première station après le lieu de destination, pourvu que la taxe ainsi calculée leur est plus avantageuse que celle du tarif général. La clause dont il s'agit doit être appliquée à la lettre et sans aucune extension possible d'un cas prévu à un cas non prévu.

76. 7° *Application des tarifs généraux et spéciaux.* — Les règles relatives à l'applica-

tion des tarifs généraux et spéciaux peuvent se ramener à trois principales.

77. A. — La classification des marchandises transportées par chemin de fer tient à leur nature propre, et non à l'emploi auquel l'expéditeur les destine ou à la qualification qu'il leur donne. Les tarifs doivent, en ce qui concerne les marchandises qui sont dénommées, être appliqués littéralement, et il n'appartient pas aux tribunaux d'en étendre ou d'en restreindre les dispositions en les interprétant, même par les usages du commerce et les pratiques des divers pays.

78. B. — La taxe par assimilation n'est autorisée que lorsque la marchandise ne figure pas dans le tarif ; l'assimilation doit alors se faire avec celles des marchandises qui s'en rapprochent le plus. Il a été fait de cette règle de très nombreuses applications. Par exemple, les choux-fleurs ont été assimilés aux légumes frais, et non aux choux ; les résidus de sulfate de plomb, ou scories de plomb, aux résidus de métaux, et non au sulfate de plomb ; les cuirs tannés avec une préparation de corroyage, aux cuirs tannés, et non aux cuirs corroyés ; les couverts et autres objets argentés par le procédé Ruolz, aux objets plaqués d'or et d'argent, etc.

79. C. — L'application des tarifs spéciaux doit être rigoureusement limitée aux cas qui y sont prévus ; elle ne saurait être étendue en dehors de ces cas, et lorsque, dans le tarif spécial, ne se trouve aucune dénomination s'appliquant littéralement à l'objet transporté, c'est le tarif général qui doit être appliqué (Civ. c. 15 avr. 1899, D. P. 99. 1. 424). La prohibition d'étendre l'application des tarifs spéciaux en dehors des cas qu'ils prévoient s'applique non seulement à la marchandise, mais encore à toutes les conditions d'application desdits tarifs, par exemple aux dispositions qui accordent des réductions de prix pour les marchandises expédiées entre deux gares déterminées. — A l'inverse, il n'est pas possible non plus de restreindre l'application des tarifs spéciaux, toutes les conditions insérées dans un tarif spécial formant un tout indivisible. Par exemple, une compagnie ne saurait refuser l'application d'un tarif spécial qui stipule une réduction de prix sous condition d'un parcours d'un certain nombre de kilomètres, par ce motif que la marchandise devrait, pour parvenir à destination, emprunter une ligne étrangère à son réseau : il suffit que le parcours choisi atteigne le nombre de kilomètres indiqué, le tarif n'exigeant pas que le transport s'effectue, d'une manière continue et non interrompue, sur les lignes de la même compagnie.

80. 8° *Tarifs exceptionnels.* — Certaines marchandises énoncées à l'art. 47 du cahier des charges comportent l'application d'un tarif exceptionnel. Ce sont les petits colis pesant isolément 40 kilos et au-dessous ; les marchandises de faible densité, dites encombrantes, ne pesant pas ensemble ou isolément plus de 200 kilos par mètre cube ; les matières inflammables ou explosibles ; les animaux dangereux, les animaux d'une valeur déclarée supérieure à 5 000 francs ; les finances, valeurs et métaux précieux. — Ce tarif est fixé par le ministre. Il édicte, en ce qui concerne les marchandises encombrantes, une majoration de 50 pour cent sur les prix fixés par le tarif général, selon la série à laquelle elles appartiennent.

81. 9° *Groupage.* — Il consiste à réunir des objets pesant isolément moins de 50 kilos en un seul envoi pesant au total plus de 50 kilos et expédié à une même personne par une même personne, quoique emballés à part. Par le groupage, on évite la majoration de 50 pour cent qui frappe les colis encombrants. On distingue le groupage à couvert, quand les divers colis sont réunis sous une même enveloppe, et le groupage à découvert, quand les colis faisant partie du même envoi sont emballés séparément. — Les particuliers peuvent pratiquer le groupage à couvert ou à découvert. Au contraire, les entrepreneurs de messageries et de roulage et autres intermédiaires de transport ne peuvent pratiquer que le groupage à couvert. Mais, pour réunir les colis en un seul, ils ont la faculté d'employer un mode quelconque ; ils peuvent, notamment, se servir de cordes reliant les paquets, pourvu qu'elles présentent des conditions suffisantes de solidité. — Le groupage n'est obligatoire pour les compagnies que s'il est réclamé par l'expéditeur. — Il n'est pas nécessaire, pour que le groupage soit autorisé, que les objets réunis soient de même nature ou qu'ils soient taxés à la même classe ou à la même série ; mais on ne pourrait grouper des colis tarifés au poids et des colis tarifés *ad valorem*. Des expéditions se composant d'articles séparés ne peuvent être considérés comme réunis en un seul colis, alors même qu'en raison de leur nombre ils ont occupé des wagons complets (Civ. r. 3 août 1903, D. P. 1904, 1re partie).

82. 10o *Frais accessoires.* — Les frais accessoires, qui sont arrêtés annuellement par le ministre, sur la proposition des compagnies (V. *supra*, no 62), comprennent l'enregistrement, la manutention, le pesage, le comptage, les frais de location des grues et appareils de levage, les frais de désinfection et le magasinage (cette dernière expression comprenant à la fois le magasinage proprement dit des marchandises et le dépôt des bagages), ainsi que les frais de stationnement et de fourniture des wagons. L'arrêté ministériel actuellement en vigueur est celui du 27 oct. 1900.

83. Les frais d'*enregistrement* sont de 10 centimes par expédition, pour toute espèce de marchandises (bagages, transports de marchandises en grande vitesse et en petite vitesse).

84. La *manutention* comprend les frais de manutention proprement dite, c'est-à-dire ceux de chargement, de déchargement et de gare, et les frais de transmission. — En grande vitesse, les frais de *manutention* diffèrent suivant la nature des marchandises. En petite vitesse, ils sont de 1 fr. 50 par tonne pour les marchandises transportées sans condition de tonnage, et de 1 fr. pour les marchandises désignées soit dans les tarifs généraux, soit dans les tarifs spéciaux, comme étant transportées par expédition de 4 000 kilos et au-dessus ou par wagon complet. Lorsque le chargement et le déchargement sont laissés par les tarifs aux soins des expéditeurs et des destinataires, les mêmes tarifs stipulent généralement que, si ces opérations sont réellement effectuées par eux, il sera déduit 30 centimes par tonne pour chaque opération. Au contraire, quand le tarif ne réserve pas le chargement et le déchargement au commerce, la déduction dont il s'agit ne peut jamais être réclamée, alors même qu'en fait la compagnie n'aurait pas effectué lesdites opérations. — En cas d'application d'un prix ferme comprenant à la fois le coût du transport et les frais de manutention, la déduction des 30 centimes par opération, au cas où le déchargement et le chargement sont faits par l'expéditeur et le destinataire, n'est pas possible que si le prix est susceptible de division : il n'y a pas lieu à déduction si le prix constitue un forfait indivisible.

85. Les frais de *transmission* représentent la rémunération due aux compagnies pour le transbordement des marchandises passant d'un réseau à un autre. Ils sont de 0 fr. 40 par tonne, lorsque les lignes entre lesquelles a lieu l'échange ont la même largeur de voie, et de 0 fr. 70 dans le cas contraire. Ils ne sont dus qu'autant qu'il y a

passage d'un réseau sur un autre réseau concédé à une compagnie différente ; si c'est la même compagnie qui exploite les deux réseaux, il n'en est pas exigibles, alors même que l'un des réseaux serait exploité comme ligne indépendante au point de vue de la comptabilité de ladite compagnie. — La taxe de transmission est due même lorsque la marchandise voyage sous l'empire d'un tarif spécial à prix ferme, comprenant dans un prix unique, outre les frais de transport, ceux de chargement, de déchargement et de gare, la taxe de transmission constituant, d'après la jurisprudence, un droit spécial distinct de ceux de manutention proprement dite. Il n'en serait autrement que si le tarif appliqué exonérait expressément la marchandise de la taxe de transmission.

86. 11o *Pesage.* — Les frais de pesage sont de 10 centimes par fraction indivisible de 100 kilos, tant en grande qu'en petite vitesse ; ils ne sont dus à la compagnie qu'à la double condition : 1o que cette opération soit faite sur la demande de l'expéditeur ou du destinataire, en dehors du pesage que les compagnies doivent faire à leurs frais au départ, pour établir la taxe ; 2o que ce pesage supplémentaire ne constate pas d'erreur commise au préjudice de l'expéditeur ou du destinataire. — La jurisprudence a conclu de ces dispositions que le pesage gratuit est obligatoire pour les compagnies malgré la déclaration de poids énoncée dans la lettre de voiture et, par suite, que le pesage requis à l'arrivée, faute d'avoir été fait au départ, doit être effectué gratuitement. — Lorsque la gare de départ n'est pas munie d'engins de pesage suffisants eu égard au poids de certaines marchandises, la compagnie peut effectuer le pesage en cours de route, à une gare intermédiaire ou à la gare d'arrivée.

87. 12o *Magasinage.* — En grande vitesse, les droits de magasinage sont, par fraction indivisible de 100 kilos, de 0 fr. 05 par période de vingt-quatre heures pendant les trois premières périodes, et de 10 centimes par chaque période en sus, avec obligation de perception de 10 centimes. Pour les voitures, il est perçu 1 franc par voiture et par période de vingt-quatre heures. Les chiens et autres animaux dont il n'est pas pris livraison à l'arrivée sont mis en fourrière aux frais, risques et périls de qui de droit, et les frais de fourrière sont acquittés sur justification des dépenses. — En petite vitesse, le même droit de 0 fr. 05 est applicable pendant les trois premières périodes de vingt-quatre heures ; il est dû ensuite 0 fr. 10 pour la quatrième période, 0 fr. 15 pour la cinquième et 20 centimes pour chaque période en sus. Le droit de stationnement des wagons non chargés ou déchargés dans les délais ci-après est de 10 francs pour chacune des trois premières périodes de vingt-quatre heures et de 12 francs ensuite. Pour qu'il y ait lieu à la majoration de magasinage à partir de la quatrième période ou des droits de stationnement de wagon, il est nécessaire qu'un avis de souffrance soit adressé à l'expéditeur ; à défaut de cet avis, les droits restent fixés à 0 fr. 05 et à 10 fr.

88. 13o *Fourniture, chargement et déchargement des wagons.* — Aux termes de l'arrêté du 27 oct. 1900, les expéditeurs sont tenus de faire connaître à la gare de départ le nombre de wagons qui leur sont nécessaires pour l'expédition des marchandises, voitures et animaux, en indiquant la nature et le poids de ces objets, ainsi que le réseau destinataire, et en spécifiant si l'expédition doit être faite aux conditions des tarifs généraux ou spéciaux. Dans la journée qui suit la réception de la demande, pourvu que celle-ci ait été adressée à la compagnie de manière à lui parvenir avant l'heure de la fermeture de la gare, la compagnie in-

forme l'expéditeur des jours et heures où les wagons seront mis à sa disposition. — Les délais de transport courent du lendemain du jour de la réception de la demande de l'expéditeur ; ils sont augmentés des retards que subit le chargement des wagons, s'il n'est pas effectué dans le courant de la journée où ils ont été mis à la disposition de l'expéditeur. C'est à partir du même moment que courent les droits de stationnement des wagons (V. *supra*, no 87). Le déchargement doit être effectué dans le courant de la journée du lendemain de l'envoi de la lettre d'avis. Passé ce délai, les droits de stationnement sont dus.

89. L'envoi des avis de mise à disposition des wagons, soit au départ, soit à l'arrivée, peut être effectué par la poste, le télégraphe, le téléphone, par message téléphoné ou par exprès, sans que la taxe à percevoir par la compagnie excède 15 centimes. En cas d'emploi du téléphone, les communications faites sont constatées par l'inscription sur un registre spécial tenu par la compagnie. — Les dimanches et jours fériés ne sont pas comptés dans la supputation des délais fixés pour la mise à disposition des destinataires et pour l'enlèvement des marchandises.

90. Les droits de magasinage et ceux de stationnement des wagons dont quelle que soit la cause pour laquelle l'enlèvement des marchandises ou le chargement ou le déchargement n'a pas été effectué dans les délais réglementaires, ... même au cas où la marchandise est retenue par la compagnie à la suite d'une saisie-arrêt. — Les droits ne sauraient être l'objet d'un accord particulier entre le public et la compagnie.

91. Au départ, les droits de magasinage sont dus pour les marchandises dont le transport ne doit pas avoir lieu immédiatement et qui ont été déposées sans du consentement de la compagnie. Ce consentement peut, d'ailleurs, être tacite et résulter, par exemple, de ce que l'expéditeur a déposé ses marchandises sur les quais de la gare, sans protestation de la compagnie.

92. Le taux fixé par les arrêtés ministériels pour les droits de magasinage est obligatoire et ne saurait être remplacé par un autre, par exemple, par celui des frais de séquestre, déterminés en matière civile, sous le prétexte que les marchandises ont été saisies en gare. Et si les marchandises sont déposées chez un tiers (entrepôt ou particulier), ces mêmes droits sont dus quels que soient les droits réclamés par le particulier. — Lorsque des droits de magasinage sont dus, l'expéditeur est tenu de les payer, si le destinataire ne les acquitte pas.

Art. 3. — ÉGALITÉ DES TAXES. — TRAITÉS PARTICULIERS (R. 334 et s.; S. 465 et s.).

93. Les traités particuliers, autorisés avant 1858 sous certaines conditions, ont été supprimés à partir de cette époque. L'art. 48 du cahier des charges de 1857 les interdit absolument.

94. Des difficultés se sont élevées sur le point de savoir si l'interdiction de conclure des traités particuliers s'applique aux conventions passées entre les compagnies de chemins de fer et les propriétaires d'embranchements particuliers prévus à l'art. 62 du cahier des charges (V. *infra*, no 205). La jurisprudence ne paraît pas encore définitivement fixée à ce sujet. Il semble en résulter que, pour les embranchements particuliers, la taxe fixée à l'art. 62 constitue le tarif légal maximum et qu'elle ne peut être plus élevée que si la majoration représente un élément différent de la location des wagons, par exemple la traction des wagons ou la manutention des marchandises. On peut, d'autre part, admettre que la taxe stipulée peut être inférieure à celle du cahier des charges ;

mais une approbation ministérielle serait nécessaire pour rendre de pareilles conventions licites et obligatoires.

95. Une autre prohibition concerne spécialement les entreprises de transport de voyageurs ou de marchandises par terre ou par eau. L'art. 53 du cahier des charges interdit aux compagnies, à moins d'une autorisation spéciale de l'Administration supérieure, les arrangements qui ne seraient pas consentis en faveur de toutes les entreprises desservant les mêmes voies de communication. Ces dernières expressions ne s'étendent pas aux transports maritimes. — Du reste, l'égalité de traitement, que veut assurer l'art. 53 du cahier des charges, suppose que les entreprises de transport qui la réclament se présentent dans des conditions identiques; et ce caractère ne se rencontre pas entre deux entreprises ayant le même point de départ et le même point de destination, mais dont l'une effectue un service régulier et quotidien, tandis que l'autre ne fonctionne que d'une manière intermittente, en négligeant même parfois une station intermédiaire. — L'Administration supérieure oblige la compagnie qui, sans autorisation spéciale, a conclu un arrangement en violation de l'art. 53 du cahier des charges, à consentir à toutes les entreprises de transport, se trouvant dans des conditions identiques, les mêmes avantages, à peine d'encourir des dommages-intérêts envers les entreprises qui n'en profitent pas.

96. Ce principe d'égalité entre les diverses entreprises de transport s'applique aux services extérieurs et facultatifs organisés et exploités par les compagnies ou pour leur compte, ces services concernant, notamment, le transport des voyageurs des gares aux centres de population, ainsi que le factage et le camionnage au départ. Au contraire, en ce qui concerne le factage et le camionnage à l'arrivée, lesquels sont obligatoires (Cah. des charges, art. 52) et ont un caractère de service public, les compagnies sont, à leur égard, investies de toutes les prérogatives qui leur sont attribuées pour les transports sur la voie ferrée; et, dès lors, elles peuvent, sans enfreindre l'art. 53, ne permettre l'accès des quais aux voitures des entrepreneurs particuliers de transport qu'après le chargement de leurs propres camions.

97. Les compagnies ont le droit d'établir des bureaux de ville pour la réception des colis à expédier; mais elles doivent organiser ces bureaux de telle sorte qu'il ne soit porté aucune atteinte au principe d'égalité à laquelle ont droit tous les entrepreneurs de transport. — Les bureaux de ville ne sauraient être considérés comme des succursales ou des dépendances des gares; ils constituent une propriété privée, et les compagnies ont le droit de percevoir une taxe spéciale, sous forme de droit de camionnage, pour le transport des colis du bureau de ville à la gare.

Art. 4. — Redressement des taxes (S. 487).

98. Le caractère obligatoire des tarifs et des taxes qu'ils prévoient a pour conséquences, d'une part, que la compagnie est tenue de rembourser ce qu'elle a perçu en trop, et, d'autre part, qu'elle a le droit de réclamer ce qu'elle a perçu en moins. — Le public qui n'est pas renseigné sur l'exactitude du prix qui lui est réclamé lors de la livraison des marchandises est fondé à ne le payer que sous réserve, et la compagnie ne pourrait tirer prétexte de ces réserves pour refuser la livraison.

99. En ce qui concerne le payement des surtaxes ou le remboursement des détaxes, les règles qui se dégagent de la jurisprudence sont les suivantes : la surtaxe ou la détaxe suit le sort du prix du transport lui-même, en ce sens que la surtaxe doit être réclamée, ou la détaxe remboursée, à celui qui était tenu, envers la compagnie, du payement du prix du transport : c'est-à-dire, en cas de port payé, à l'expéditeur; en cas de port dû, au destinataire. — Cet expéditeur ou ce destinataire est celui qui figure en nom au contrat de transport, alors même qu'il ne serait qu'intermédiaire, tel, par exemple, qu'un facteur aux halles. Ce dernier point, toutefois, est discuté.

100. C'est à celle des parties (expéditeur, destinataire ou compagnie) qui réclame à faire la preuve de l'existence d'une taxe perçue en trop ou d'une taxe perçue en moins. — De la part du demandeur en détaxe, notamment, cette preuve comporte celle du tarif qui a été revendiqué. Elle peut être faite de toute manière; la déclaration d'expédition constitue, à cet égard, un document important, mais elle n'est pas indispensable. — Il faut, en second lieu, justifier des sommes qui ont été réellement perçues par la compagnie. Cette preuve résulte à l'évidence de la production de la lettre de voiture ou du récépissé au destinataire; mais cette production n'est pas indispensable. La preuve de la perception peut être faite par tous les moyens prévus à l'art. 109 c. com., et même par de simples présomptions. — Enfin, la partie qui réclame doit apporter toutes les justifications susceptibles de prouver l'erreur existant dans la taxe appliquée, par exemple en ce qui concerne la nature des marchandises, ou leur volume, si c'est la majoration applicable aux marchandises encombrantes qui est contestée. A défaut de cette preuve, aucune répétition ne peut être exercée. — Au cours de l'instance, les juges peuvent ordonner, conformément à l'art. 15 c. com., la représentation des livres, notamment de ceux de la compagnie, mais à la condition qu'elle soit utile à la solution du litige et qu'il y ait réellement contestation. La demande de représentation devrait être repoussée à défaut de conclusion précisant l'objet du litige, et si elle n'avait d'autre objet que de permettre au demandeur de s'éclairer sur les chances d'une réclamation à introduire ultérieurement.

101. La jurisprudence reconnaît aux compagnies le droit d'oblitérer, par exemple par l'apposition d'un timbre humide, les récépissés qui leur sont produits, soit à l'amiable, soit au cours d'un procès, à l'appui d'une demande en détaxe.

102. La compagnie qui a laissé un procès s'engager à l'occasion d'une demande de détaxe doit supporter les frais de l'instance si elle succombe. Certaines décisions ont même admis la possibilité d'une condamnation à des dommages-intérêts supérieurs aux intérêts judiciaires, au cas où la résistance de la compagnie est injustifiée, au point de pouvoir être considérée comme un acte de mauvaise foi ou un acte équivalant au dol.

Art. 5. — Tarifs propres a divers services publics (R. 348 et s.; S. 504 et s.).

103. Aux termes des art. 54 et suivants du cahier des charges, les compagnies sont tenues de prêter leur concours à divers services de l'Etat, soit en transportant à des conditions de prix réduites et même gratuites les personnes et le matériel faisant partie de ces services, soit en établissant des installations concernant ces services. Il en est ainsi : 1° pour les établissements des postes et services télégraphiques; 2° pour le transport des prisonniers, accusés, condamnés et jeunes détenus; 3° pour le transport des militaires et marins.

104. Le principe, pour ces derniers, est le transport à quart de tarif, non seulement pour leurs personnes, mais encore pour leurs bagages excédant la franchise de 30 kilogr., étant entendu que cette situation privilégiée ne s'applique qu'au bagage personnel du militaire et non aux bagages de l'armée. — Par militaire et marin, il faut entendre non seulement les individus qui appartiennent aux armées de terre et de mer d'après les lois sur le recrutement, l'organisation et les cadres des armées de terre et de mer, mais encore ceux qui sont porteurs d'un brevet ou d'une commission et ont été assimilés aux marins ou militaires par une loi ou un règlement d'administration publique. L'assimilation résulte, notamment, de la soumission à la juridiction des conseils de guerre. — La famille du militaire voyageant avec lui n'a droit à aucune réduction. — Pour bénéficier du tarif réduit, les militaires ou marins doivent justifier du droit de voyage, par la production d'une feuille de route.

105. Le transport des chevaux de troupe est taxé au quart du tarif, à la condition qu'ils soient accompagnés de leurs cavaliers ou des cavaliers ou ordonnances chargés de les conduire. Par *ordonnance*, il faut entendre le soldat attaché au service de l'officier, et non le domestique civil de celui-ci.

106. L'art. 48 du cahier des charges autorise, entre les ministres et les compagnies, des accords pour le transport à prix réduits ou gratuitement de personnes autres que celles qui sont visées par l'art. 54 du cahier des charges, telles que : les anciens militaires, le personnel enseignant, certains magistrats, les agents des contributions indirectes et des douanes, lorsqu'ils voyagent dans l'intérêt de la perception des droits dus. — L'Etat, dans les conventions qu'il passe avec les compagnies de chemins de fer pour les transports concernant les services publics, n'est pas lié par les tarifs des cahiers des charges.

Art. 6. — Obligations et responsabilité des compagnies de chemin de fer résultant du contrat de transport.

107. Comme entrepreneurs de transport, les compagnies sont tenues des mêmes obligations générales et sont exposées aux mêmes responsabilités que les commissionnaires de transport ou voituriers (V. *infra, Commissionnaire de transport*, n°s 17 et s.). Il existe, en outre, des règles qui leur sont propres.

§ 1er. — *Transport des voyageurs* (R. 366 et s.; S. 526 et s.).

108. Le voyageur muni d'un billet a seul le droit, sauf tolérance de la compagnie, de pénétrer dans la gare. Ce billet lui donne, en outre, le droit d'entrer dans les salles d'attente qui doivent être mises à la disposition des voyageurs même la nuit, si les trains imposent un stationnement. Il peut pénétrer sur les quais de départ et se placer dans les voitures du train qui doit l'emporter au point de formé (Circ. min. 10 mars 1886).

109. Le voyageur n'est pas tenu d'effectuer tout le parcours auquel son billet lui donne droit; il peut descendre à l'une quelconque des stations précédant celle indiquée sur son billet comme lieu de destination, et cela sans qu'il soit nécessaire de le billet ou le tarif autorise expressément cette interruption de parcours. Il faudrait, pour priver le voyageur de ce droit, une disposition formelle d'un tarif ou d'un règlement. Lorsqu'il interrompt ainsi son voyage, le voyageur abandonne son billet pour le parcours supplémentaire. Mais, à l'inverse, le voyageur qui dépasse la destination à laquelle le billet lui donne droit doit, indépendamment des poursuites auxquelles il peut être exposé pour contravention à la police des chemins de fer (V. *infra*, n° 174), payer un supplément de prix.

110. Le voyageur qui a éprouvé un retard dans l'arrivée à destination est fondé à réclamer à la compagnie des dommages-intérêts si, d'une part, le retard provient de la faute de celle-ci, et si, d'autre part, ce retard a causé à ce voyageur un préjudice.— D'après la jurisprudence, sont de nature à motiver l'allocation de dommages-intérêts, notamment : le retard occasionné par une avarie survenue à la machine et qui a pour cause un vice de celle-ci ; ... par le bris d'une pièce de la locomotive, alors que cet accident aurait pu être prévenu par un examen préalable de la machine; ... par la rupture d'un bandage de roue, alors même qu'aucun signe extérieur ne révélerait la défectuosité du bandage, ou par l'échauffement d'un essieu. D'autre part, on a considéré comme une faute: la transformation d'un train omnibus en train mixte de voyageurs et marchandises, laquelle a occasionné un retard dans la marche du train; ... l'accouplement d'un train omnibus à un train express, ce qui a retardé la marche de ce dernier. — Mais le voyageur qui, par suite d'un retard, a manqué sa correspondance, n'a pas droit à des dommages-intérêts, alors que, d'après l'ordre de service réglant la marche des trains, dûment homologué et publié, les trains de la nature de celui qu'avait pris ce voyageur ne sont pas attendus, en cas de retard, par les trains correspondants (Civ. c. 10 juin 1901, D. P. 1901. 1. 421). — Le retard, lorsqu'il est imputable à la compagnie, constitue une infraction à une obligation de faire; on ne peut, dès lors, imposer à celle-ci l'obligation de payer des dommages-intérêts : on ne pourrait exiger d'elle des mesures propres à réparer le retard, telles que la formation d'un train supplémentaire, ou la transmission par ses lignes de dépêches télégraphiques.

111. Quant au préjudice, il peut consister soit dans des dépenses supplémentaires (frais de séjour à l'hôtel, par exemple), soit dans la perte d'un gain, s'il s'agit d'une affaire manquée. On a même admis la possibilité d'un préjudice plutôt moral, tel que le désagrément de passer une partie de la nuit dans une salle d'attente. Au reste, les dommages-intérêts qui peuvent être alloués sont ceux-là seulement qu'on a pu réellement prévoir, et qui sont la conséquence directe du retard (Civ. 1150).

112. La compagnie doit mettre dans tout convoi ordinaire de voyageurs un nombre suffisant de voitures de chaque classe. Si, après avoir délivré un billet, elle se trouve dans la nécessité de placer le voyageur dans une voiture d'une classe inférieure, elle commet une contravention à son cahier des charges et peut être tenue à des dommages-intérêts. — A l'inverse, une compagnie ne peut, sauf le cas de force majeure, faire voyager des personnes munies de billets d'une classe inférieure dans les voitures d'une classe supérieure, et on a même prétendu, — mais cette opinion est contestable, — qu'en pareil cas, les voyageurs de la classe supérieure seraient fondés à réclamer une indemnité de la compagnie.

113. Pour la composition des trains de voyageurs, les compagnies ont le droit d'utiliser les wagons remplissant les conditions exigées par l'ordonnance du 15 nov. 1846 (aujourd'hui, le décret du 1er mars 1901), et dont la mise en service a été autorisée. Peu importe que ces voitures soient d'un modèle ancien et moins confortables que celles des nouveaux types si, d'ailleurs, elles ne sont pas défectueuses. — D'autre part, les compagnies ne sont pas tenues d'assurer des places réunies dans le même compartiment à un voyageur accompagné de sa famille. Elles peuvent être obligées, en vertu d'un règlement ou d'un arrêté ministériel, de réserver dans chaque train un compartiment de chaque classe pour les dames

seules. — Enfin, les trains doivent être éclairés pendant la nuit et au passage des souterrains qui sont désignés par le ministre. Ils doivent être chauffés pendant l'hiver; cette obligation s'étend à toutes les classes, surtout pour les longs parcours.

§ 2. — *Bagages* (R. 371 et s.; S. 537 et s.).

114. Le bagage, en principe, est tout objet quelconque que le voyageur emporte avec lui, sans qu'il y ait à en considérer la forme, le volume et la destination. Le caractère de bagage devrait seulement être refusé aux objets dont le chargement, le transbordement et le déchargement seraient incompatibles avec les nécessités du service. Ainsi le caractère de bagage a été reconnu à une charrue en fer longue de deux mètres, pesant 150 kilos et montée sur roues.

115. Le bagage reçu à l'enregistrement doit suivre le voyageur : la perte du bagage ou le retard dans son arrivée exposent la compagnie à des dommages-intérêts en cas de préjudice subi. — L'art. 105 c. com., modifié par la loi du 11 avr. 1888 (D. P. 88. 4. 17), s'applique aux bagages; dès lors, en cas d'avarie ou de perte partielle, le voyageur qui n'a pas protesté dans les trois jours par acte extrajudiciaire ou par lettre recommandée est irrecevable à agir contre la compagnie.

116. Le bulletin de bagage constitue un titre, et le voyageur qui l'accepte reconnaît implicitement l'exactitude des énonciations qui y sont portées quant au nombre et au poids des colis. C'est un titre au porteur, dont la détention confère le droit à la délivrance des bagages au besoin par voie judiciaire, sans qu'il soit nécessaire de vérifier la qualité et le droit du porteur du bulletin, ni de rechercher s'il en est le véritable propriétaire des bagages. En cas de contestation, la vérification devrait être faite au moment même de la remise des colis : elle serait inopérante si elle était exigée alors que le voyageur a été, durant un certain temps, en possession de ses bagages.

117. La responsabilité des compagnies en ce qui concerne les bagages peut commencer avant la délivrance du bulletin ; ainsi elles sont tenues de surveiller les colis déposés au bureau des bagages par les voyageurs pendant que ceux-ci vont au guichet prendre leur billet.

118. La compagnie est déchargée par la remise des bagages contre restitution du bulletin : il appartient au voyageur d'exercer lui-même une surveillance pour la conservation de ses colis, et celle-ci, en cas de perte ou de vol, ne serait responsable, à moins qu'il n'établisse qu'il y a eu faute personnelle du facteur.

§ 3. — *Transport des marchandises* (R. 378 et s.; S. 546 et s.).

A. — Réception des marchandises par la compagnie.

119. En principe, les compagnies doivent recevoir tous les colis, paquets ou marchandises quelconques qui leur sont présentés. Toutefois, elles sont en droit de refuser celles qui leur sont remises avec une déclaration incomplète, par exemple les marchandises dont l'adresse est insuffisante, celles qui sont fragiles ou mal emballées, ou constituent des substances dangereuses nécessitant, d'après les règlements, un emballage particulier : à défaut de règlement, il appartient aux tribunaux de décider si une marchandise doit être considérée comme dangereuse et nécessite, par suite, un emballage spécial.

120. Les compagnies ont aussi le droit de refuser les marchandises qui leur seraient remises avec des notes d'expédition leur im-

posant de ne livrer que sous certaines conditions, par exemple, à charge de se faire justifier, par le destinataire, qu'il a accepté ou acquitté une traite. Mais, si une gare acceptait un transport dans ces conditions, la responsabilité de la compagnie serait engagée en cas d'inexécution de sa part. — Une compagnie ne peut se refuser à effectuer le transport d'un colis qui lui est adressé par une autre compagnie, et, à l'inverse, elle ne pourrait se refuser à prendre en charge et expédier des marchandises destinées à une gare faisant partie d'un autre réseau, à moins que, pour cause d'encombrement, ce réseau ait déclaré ne pouvoir les accepter, circonstance qui constitue, pour la compagnie desservant le lieu de départ, un empêchement de force majeure.

121. Les marchandises remises au transport doivent être immédiatement enregistrées sur des registres spéciaux. En outre, un récépissé de ces marchandises doit être remis à l'expéditeur, à moins que celui-ci ne préfère que l'expédition soit constatée par une lettre de voiture, conformément à l'art. 102 c. com. — Depuis la loi du 13 mai 1863 (D. P. 63. 4. 58), le récépissé doit être fait en double, l'un remis à l'expéditeur (récépissé à l'expéditeur), l'autre qui doit accompagner l'envoi et être remis au destinataire (récépissé au destinataire). Ces récépissés doivent, en plus des mentions imposées par les art. 50 de l'ordonnance de 1846 et 49 du cahier des charges, énoncer la désignation des colis et les nom et adresse du destinataire. — Le récépissé produit les mêmes effets que la lettre de voiture, qu'il a remplacée en fait.

122. L'expéditeur doit remettre à la compagnie, en même temps que les marchandises à transporter, une déclaration d'expédition, qu'il doit dater et signer et qui indique le nom et l'adresse de l'expéditeur, le nom et l'adresse du destinataire, le nombre, le poids et la nature des colis à expédier, leurs numéros, marque et adresse, la mention de livraison en gare ou à domicile, la somme (en lettres) à faire suivre comme débours ou comme remboursement, et le tarif à appliquer. En outre, l'expéditeur doit fournir les pièces nécessaires à l'accomplissement des formalités de douanes, contributions indirectes et octroi. — La compagnie n'est pas tenue de contrôler ces pièces, ni de rectifier les erreurs qu'elle pourrait s'y rencontrer. Toutefois, si elle n'encourt aucune responsabilité de ce chef vis-à-vis de l'expéditeur, elle n'en reste pas moins responsable vis-à-vis de la douane ou de la Régie, en vertu des lois fiscales.

B. — Délais du transport.

123. Les délais de transport sont fixés par l'arrêté ministériel du 12 mai 1866. — En grande vitesse, les marchandises doivent être expédiées par le premier train omnibus, comprenant des voitures de toute classe et correspondant avec leur destination, pourvu qu'elles soient présentées à l'enregistrement trois heures au moins avant l'heure réglementaire du départ de ce train; faute de quoi elles sont remises au départ suivant. — Les seuls trains obligatoires sont ceux qui figurent sur les tableaux de la marche des trains affichés dans les gares (Civ. c. 13 janv. 1897, D. P. 98. 1. 116). Si un colis est remis après l'heure réglementaire de la fermeture de la gare de grande vitesse, l'enregistrement doit être reporté au lendemain, à l'heure réglementaire de l'ouverture de la gare, sous réserve à partir de laquelle court le délai de trois heures. — Il est, en outre, accordé un délai de deux heures pour la transmission de réseau à réseau. — Les marchandises doivent être mises à la disposition du destinataire à la gare, deux heures après l'arrivée du train obligatoire.

124. En petite vitesse, les marchandises doivent être expédiées dans le jour qui suit celui de la remise à la gare. Le délai de transport est, en principe, d'un jour par 125 kilomètres; il est de vingt-quatre heures par fraction indivisible de 200 kilomètres pour les parcours effectués sur certaines lignes principales ou sections de réseau et pour certaines marchandises. — Le délai de transmission est d'un jour entre les réseaux aboutissant à une même localité, s'il n'y a pas de gare commune. Il est de deux jours lorsque les deux gares distinctes sont en communication par rail; dans le cas contraire, il est de trois jours. — Le délai de transmission doit être compté par cela seul que les colis passent d'un réseau à un autre; peu importe qu'il n'y ait pas de transbordement effectif; mais il faut que chacun des réseaux soit exploité par une compagnie différente. — Les marchandises doivent être mises à la disposition des destinataires dans le jour qui suit celui de leur arrivée effective en gare. — Le délai total est seul obligatoire pour les compagnies.
125. En principe, les délais de transport courent à partir de la remise de la marchandise. Il en est autrement pour les marchandises transportées par wagon complet, lorsque leur chargement et leur déchargement incombent à l'expéditeur et au destinataire (V. supra, n° 70). Pour les marchandises livrables à domicile, les tarifs de factage et de camionnage déterminent les délais supplémentaires accordés aux compagnies pour la livraison.
126. La fixation des délais déterminés dans l'arrêté du 12 mai 1866 ne fait pas obstacle à celle de délais plus longs dans les tarifs spéciaux ou communs régulièrement homologués, et ce comme condition de la réduction des prix consentie par ces tarifs. En général, ce délai supplémentaire est de 5 jours. Il ne peut être calculé qu'une fois lorsque la marchandise est transportée sur plusieurs réseaux aux tarifs spéciaux (Arr. min. 27 oct. 1900).

C. — Livraison des marchandises aux destinataires.

127. Bien que l'art. 52 du cahier des charges impose aux compagnies l'obligation du factage et du camionnage des marchandises à l'arrivée, la jurisprudence décide que le destinataire peut se réserver le droit de faire lui-même le camionnage à ses frais, et cela même au cas où l'expéditeur a demandé que la marchandise fût livrée à domicile. — A l'inverse, lorsqu'une marchandise est livrable en gare, la compagnie est en droit d'effectuer, d'accord avec le destinataire, la livraison à domicile; mais l'expéditeur ne saurait, dans ce cas, être tenu des frais de camionnage ni des frais d'octroi et autres avancés par la compagnie. Il en est tenu, au contraire, si c'est sur son ordre que la marchandise est livrée à domicile et que le destinataire refuse de recevoir les marchandises.
128. Lorsque les marchandises sont en gare, il est d'usage que la compagnie envoie au destinataire une lettre d'avis. Mais cet envoi n'est pas obligatoire. Il en résulte, d'une part, qu'une compagnie de chemin de fer ne saurait être rendue responsable pour retard dans l'arrivée des marchandises, tant que celles-ci ne lui ont pas été réclamées après l'expiration des délais réglementaires, et, d'autre part, qu'elle ne peut subordonner la livraison des marchandises au destinataire à la représentation par celui-ci de cette lettre d'avis.
129. La livraison doit, en principe, être faite à la personne désignée comme destinataire sur la lettre de voiture ou le récépissé, lequel a droit à la livraison, en vertu de l'art. 1121 c. civ. Mais, tant que le destinataire ne manifeste pas la volonté d'accepter la stipulation faite à son profit par l'expéditeur, celui-ci conserve le droit de disposer de la marchandise. Il peut le réclamer en produisant le récépissé qui lui a été délivré au départ; et cela dans le cas même où la compagnie aurait déjà envoyé une lettre d'avis au destinataire.
130. Le destinataire qui veut prendre livraison des marchandises peut, si la compagnie a des doutes sur son identité, être obligé de fournir des justifications à l'appui de sa demande de livraison. La doctrine et la jurisprudence tendent même à admettre qu'il doit produire le récépissé délivré à l'expéditeur. Au reste, bien que le destinataire produise ce récépissé, la compagnie doit refuser la livraison dans trois cas : 1° En cas de faillite de ce destinataire, si l'expéditeur exerce le droit de revendication que lui attribue l'art. 576 c. com. et qu'il conserve bien que les marchandises soient entre les mains de la compagnie, les gares de chemin de fer ne pouvant, en effet, être assimilées aux magasins du failli; — 2° En cas d'expédition contre remboursement, si le destinataire n'offre pas le payement de la somme qui grève la marchandise. Tant que la livraison n'est pas faite contre payement de cette somme, l'expéditeur conserve le droit de disposer de la marchandise et de la reprendre; — 3° Au cas où une opposition aurait été pratiquée entre les mains de la compagnie, frappant les marchandises objet du transport. La compagnie, comme tout tiers saisi, n'a pas à se faire juge du mérite ou de la validité de la saisie-arrêt, et elle ne peut être tenue de remettre ni à l'expéditeur, ni au destinataire, ni à un tiers désigné par les parties, les marchandises saisies-arrêtées.

D. — Dispositions spéciales.

131. L'arrêté du 12 mai 1866, modifié et complété par ceux des 9 mai, 2 déc. 1891 et 1er août 1898, fixe les heures d'ouverture et de fermeture des gares, et les conditions de livraison de certaines marchandises périssables (animaux, poisson, volaille, gibier, etc.).

E. — Responsabilité des compagnies.

132. Cette responsabilité, comme celle de tout voiturier, peut être engagée, soit par suite d'erreur dans la livraison, soit en cas de retard, soit enfin en cas d'avaries ou de perte partielle ou totale.
133. 1° Erreur dans la livraison. — Les compagnies peuvent être responsables lorsque les marchandises sont livrées à une personne autre que le destinataire. Toutefois leur responsabilité n'est pas nécessairement engagée dans tous les cas : il y a lieu, dans chaque espèce, de rechercher, en fait, si une imprudence est imputable aux agents du chemin de fer. Jugé, notamment, qu'une compagnie de chemin de fer n'est pas responsable de la perte de marchandises retirées par une personne autre que le véritable destinataire, alors que la lettre d'avis avait été adressée exactement à celui-ci, que la livraison a été faite sur production de cette lettre d'avis, et qu'aucune circonstance ne faisait supposer que la signature n'était pas celle du véritable destinataire, soit que le porteur de la lettre d'avis n'avait pas mandat d'en prendre livraison (Civ. c. 24 juin 1901, D. P. 1901. 1. 555).
134. 2° Retard. — Il y a retard lorsque le transport n'a pas été accompli dans les délais réglementaires (V. supra, n°s 123 et s.).
135. En cas de retard dans la livraison des marchandises, la compagnie peut être condamnée soit à une indemnité, soit au laissé pour compte. Pour cela il faut, en premier lieu, que le retard soit régulièrement constaté, et que les constatations faites par le juge permettent de vérifier si les dé-lais réglementaires ont ou non été observés. La décision qui ne permettrait pas cette vérification manquerait de base légale et encourrait la cassation (Civ. c. 4 déc. 1900, D. P. 1901. 1. 215). Il en serait ainsi, notamment : du jugement qui ne constaterait pas le jour et l'heure de la remise des objets, laquelle sert de point de départ aux délais (Civ. c. 1er déc. 1897, D. P. 1900. 1. 150); ... ou l'heure de l'arrivée en gare du train transportant les marchandises à réexpédier par un autre train, cette heure étant le point de départ du délai de transmission; ... ou l'heure de la remise au destinataire des objets transportés; ... du jugement qui calculerait le délai sur un point de destination autre que celui qui résulte du tarif applicable. Mais, pour être valable, il n'est pas nécessaire que le jugement contienne soit le calcul des délais, soit l'indication de la date d'expiration de ces délais. — C'est à l'expéditeur qui réclame qu'il appartient d'établir le retard et de le prouver, notamment, que le train qui devait, d'après lui, transporter la marchandise était obligatoire en raison de l'heure de la remise des marchandises.
136. En second lieu, il faut que le retard soit imputable à la compagnie : si celle-ci peut invoquer un événement de force majeure, elle ne doit pas être condamnée. La force majeure résulte, notamment, de l'insuffisance des moyens de transport, de l'encombrement des gares à une époque où il se produit un mouvement exceptionnel et imprévu dans les expéditions, s'il est constant que la compagnie a fait le nécessaire pour obtenir l'agrandissement de ses gares, et que c'est au cours des améliorations et transformations entreprises que s'est produite l'affluence des expéditions.
137. Enfin, l'existence d'un préjudice doit être reconnue : le seul fait du retard ne peut entraîner une condamnation à des dommages-intérêts (V. infra, Commissionnaire de transport, n° 34).
138. Pour la fixation des dommages-intérêts, les juges doivent se conformer aux dispositions des art. 1149 et s. c. civ. (V. infra, Commissionnaire de transport, n° 24). Il peut arriver que le tarif stipule une indemnité en cas de retard : dans ce cas, il ne saurait plus être question de justification de préjudice éprouvé. Une pareille clause est licite; mais l'application en doit être rigoureusement limitée aux cas qu'elle prévoit. Le seul fait du retard donne alors droit à l'indemnité prévue; et, à l'inverse, l'expéditeur ne peut obtenir une indemnité plus forte, quel que soit le dommage qu'il prétende avoir subi. — Toutefois, la jurisprudence semble admettre que la clause dont il s'agit ne peut être invoquée par la compagnie que pour les retards, en quelque sorte normaux, qui ont pu être prévus par les parties, et non en cas de retard considérable ayant pour cause une faute lourde de la compagnie ou de ses agents.
139. Le laissé pour compte ne peut être ordonné que lorsque la marchandise est devenue tout à fait inutilisable pour l'expéditeur ou pour le destinataire (V. infra, Commissionnaire de transport, n° 23).
140. 3° Avaries et perte. — Relativement aux pertes et avaries, les compagnies de chemin de fer sont, en principe, soumises aux mêmes obligations que les voituriers en général (V. infra, Commissionnaire de transport, n°s 18 et s.). Ainsi, elles sont responsables de la perte des marchandises ou des avaries, à moins qu'elles ne prouvent le vice propre de la chose, ou encore le cas fortuit ou la force majeure (Civ. c. 3 déc. 1900, D. P. 1901. 1. 222).
141. Le défaut de réserves au départ ne saurait, d'ailleurs, priver les compagnies du droit d'opposer le vice propre de la mar-

chandise; mais elles sont tenues d'établir l'existence de ce vice. — Pour échapper à cette obligation, les compagnies demandent souvent à l'expéditeur une reconnaissance du vice propre de la marchandise : c'est ce qu'on appelle le *bulletin de garantie*. Ce bulletin, sauf preuve d'une faute, met la compagnie à l'abri de toute action, même de la part du destinataire. L'effet du bulletin de garantie ne peut être étendu au delà des stipulations qu'il contient. La compagnie ne peut l'invoquer que pour se soustraire aux conséquences des avaries se rattachant aux causes qui y ont été prévues.

142. De ce que les compagnies sont, en l'absence de réserves prises au départ, présumées avoir reçu la marchandise en bon état, il résulte qu'elles sont en droit de vérifier les marchandises au départ.

143. Une importante dérogation aux règles qui précèdent résultait autrefois de la clause de non-responsabilité qu'édictaient généralement les tarifs spéciaux, en compensation de la réduction de prix accordée par ces tarifs. Cette clause avait pour effet, non pas d'exonérer la compagnie de la responsabilité qui lui incombe en cas de perte ou d'avaries, mais d'obliger l'expéditeur ou le destinataire, contrairement au droit commun, à établir que l'avarie avait pour cause une faute imputable à la compagnie ou à ses agents. Après controverse, son caractère licite avait été reconnu par la jurisprudence. Mais la clause dont il s'agit a disparu des tarifs spéciaux des compagnies de chemins de fer : une décision du ministre des travaux publics, en date du 27 oct. 1900, homologuant les nouvelles conditions générales d'application desdits tarifs, impose la suppression de toutes les dispositions particulières relatives à la restriction de la responsabilité contenues dans les tarifs spéciaux.

144. Ces nouvelles conditions apportent du reste, sous un autre rapport, une certaine atténuation à la responsabilité des compagnies : elles reproduisent, en effet (art. 2 et 3), le texte des art. 31 et 32 de la convention internationale sur le transport des marchandises par chemin de fer, du 14 oct. 1890, dite Convention de Berne (V. *infra*, n° 154). Cette convention, après avoir posé (art. 130) le principe de la responsabilité des compagnies de chemins de fer, tel qu'il résulte des art. 1784 c. civ. et 103 c. com., indique limitativement, dans les deux articles suivants, les cas dans lesquels les compagnies de chemins de fer ne sont pas responsables. — Les restrictions ainsi apportées à la responsabilité des compagnies tiennent soit au mode de transport, tel que l'emploi de wagons découverts, soit à la nature de leurs marchandises; les compagnies étant responsables *a priori*, il leur incombe de prouver que l'expédition rentre, en fait, dans l'un des cas exceptionnels où cette responsabilité cesse d'être encourue. Toute convention étendant le bénéfice de l'irresponsabilité en dehors de ces cas serait nulle (Req. 1er déc. 1902, D. P. 1903. 1. 23).

145. Dans l'appréciation de la responsabilité qui peut incomber à la compagnie, en cas de perte ou d'avaries, il doit être tenu compte de ce principe, admis en doctrine et en jurisprudence, que les compagnies ne sont pas tenues de donner aux marchandises qui leur sont confiées des soins exceptionnels incompatibles avec la nécessité du service. Les juges ont donc à rechercher et à préciser dans leur jugement le dommage reproché à la compagnie est dû à un défaut de précautions normales, ou s'il provient d'un manque de soins exceptionnels.

146. La responsabilité des compagnies est la même, que le transport ait pour objet des choses inanimées ou des animaux, et,

en principe, cette responsabilité reste engagée alors même que les animaux sont accompagnés par un conducteur.

147. Les compagnies ne sont pas responsables des avaries qui ne sont que la conséquence du mode de chargement ou de transport employé par l'expéditeur, par exemple, pour les marchandises transportées en wagons non couverts ou insuffisamment bâchés, des avaries provenant de la mouille, de la gelée ou de l'exposition au soleil. Mais la responsabilité de la compagnie serait engagée, si l'avarie était la conséquence non pas du mode de transport, mais d'une faute qui lui serait imputable, par exemple, d'un mauvais état de la bâche, ou d'une défectuosité du wagon.

148. En ce qui concerne la perte des marchandises, une des principales questions spéciales à la matière des chemins de fer concerne les objets précieux qui n'ont pas été déclarés par l'expéditeur. A cet égard, on admet une distinction. Lorsque les objets précieux ne sont pas assujettis par le tarif au payement d'une taxe *ad valorem*, la responsabilité de la compagnie reste entière : le défaut de déclaration soumet seulement l'expéditeur à l'obligation de prouver la valeur des objets perdus. Si ce sont des objets tarifés *ad valorem*, l'expéditeur, outre qu'il est exposé à des poursuites pour infraction au tarif, perd le droit de réclamer une indemnité basée sur la nature précieuse des objets transportés. — La question est plus délicate quand les objets précieux sont contenus dans les colis enregistrés comme bagages, en raison du droit, reconnu au voyageur, de constituer ses bagages comme il lui convient et de ce qu'aucune déclaration de valeur n'est exigée pour ceux-ci. A cet égard, il est admis que la responsabilité de la compagnie reste, en principe, entière, sauf le cas d'une faute ou imprudence du voyageur.

149. Les compagnies, en cas de perte, sont responsables de la valeur totale des objets perdus; le nombre, la nature et la valeur de ces objets peuvent être prouvés par tous moyens. Mais la compagnie n'est responsable que de la différence qui existe entre le poids qu'elle livre et celui qu'elle a reçu d'après la note d'expédition; elle ne saurait être condamnée à payer un déficit calculé sur la contenance. — Si l'expédition comporte plusieurs colis avec indication d'un poids unique, la perte ou le manquant doit être calculé sur la totalité de l'expédition. Il en serait autrement si, plusieurs colis de même espèce formant un seul envoi dont le poids total est marqué, ces colis étaient numérotés et divisés, sur la lettre de voiture ou le récépissé, en plusieurs groupes, portant chacun l'indication d'un poids spécial et distinct.

150. La responsabilité des compagnies de chemin de fer, en cas de perte ou d'avaries, peut être atténuée par la faute de l'expéditeur, par exemple, en cas de défectuosité du chargement. Elle peut aussi être limitée par les tarifs à une somme déterminée; cette clause est licite et obligatoire, même pour les bagages. — La clause de limitation de responsabilité est applicable en cas de faute de la compagnie, puisque c'est une sorte de forfait; mais elle ne l'est pas en cas de dol ou de fraude.

151. Le destinataire, avant de prendre livraison, a le droit de vérifier la marchandise; cette vérification peut porter soit sur l'état de la marchandise, soit sur le poids, soit sur l'emballage. — Il peut également exiger la livraison en stipulant des réserves; mais ces réserves ne peuvent être acceptées par la compagnie que si une vérification lui a été proposée. Les réserves, pour être valables, doivent être explicites : des réserves générales, ne précisant pas la nature du

litige soulevé par le destinataire, ne sauraient être imposées à la compagnie.

152. Il est d'usage d'accorder aux compagnies de chemin de fer un déchet de route correspondant à la déperdition, par dessication, coulage, bris, etc., que subissent certaines marchandises en cours de transport.

153. Quant aux personnes qui ont le droit d'agir en cas de perte, de retard ou d'avaries contre une compagnie de chemin de fer et aux exceptions qui peuvent être opposées par celle-ci, les règles sont les mêmes que lorsqu'il s'agit du voiturier en général (V. *infrà*, *Commissionnaire de transport*, n°ˢ 52, 76 et s.).

154. En ce qui concerne les *transports internationaux*, les règles relatives à la formation du contrat international, à sa solution, aux droits et obligations des expéditeurs et destinataires d'une part, des transporteurs d'autre part, ont fait l'objet d'une convention sur le transport international des marchandises par chemins de fer, dite Convention de Berne. Elle porte la date du 14 oct. 1890, a été approuvée par la loi du 29 déc. 1891, ratifiée par décret du 25 nov. 1892 et mise en vigueur le 1er janvier 1893. Une convention additionnelle du 16 juin 1898, approuvée par une loi du 24 mars 1899 et promulguée par décret du 31 juill. 1901, est en vigueur depuis le 1er oct. 1901.

ART. 7. — AUTORITÉS COMPÉTENTES EN MATIÈRE D'APPLICATION DES TARIFS ET D'EXÉCUTION DU CONTRAT DE TRANSPORT (R. 486 et s.; S. 786 et s.).

155. C'est à l'autorité administrative qu'il appartient de donner, entre l'Administration et les compagnies concessionnaires, l'interprétation des cahiers des charges de concession. Au contraire, en ce qui concerne les difficultés entre les compagnies et les particuliers, c'est à l'autorité judiciaire qu'il appartient de statuer; cette compétence n'est pas restreinte aux tribunaux civils : elle s'étend aux tribunaux correctionnels lorsqu'ils sont saisis de contraventions à des tarifs homologués. — Mais l'autorité administrative, ou l'autorité judiciaire, suivant les cas, ne peut saisir qu'autant qu'il existe un litige né et actuel rendant cette interprétation nécessaire.

156. Les tribunaux civils sont compétents pour examiner si les tarifs, dressés en exécution du cahier des charges et de l'ordonnance, ont été faits, publiés et homologués conformément à leurs dispositions. C'est également l'autorité judiciaire qui est compétente pour statuer sur les difficultés existant entre deux compagnies, par exemple, au sujet des droits que l'une doit payer à l'autre pour circulation de wagons. C'est encore à l'autorité judiciaire qu'il appartient de connaître des contestations entre une compagnie de chemin de fer et l'Etat, pour le règlement de transports exécutés, en l'absence de tout marché conclu avec l'Administration, dans les conditions du droit commun.

157. L'existence d'arrêtés ministériels réglant une matière donnant lieu à litige entre une compagnie et un particulier ne fait pas obstacle à la compétence de l'autorité judiciaire : ainsi jugé à l'occasion d'une contestation portant sur la forme et la teneur de ces récépissés soient réglées par des arrêtés ministériels (Dijon, 9 juin 1869, D. P. 69. 2. 244). — Mais la compétence judiciaire cesse, lorsque les actes administratifs dont l'application donne lieu à litige ont un sens ambigu et douteux et une portée incertaine, nécessitant une interprétation : cette interprétation doit alors être donnée par l'autorité administrative.

158. Les actions qui naissent du contrat de transport ont, à l'égard des compagnies, un caractère commercial qui rend compétents les tribunaux de commerce; cette compétence a été étendue par la jurisprudence aux obligations qui résultent d'une faute ou d'un quasi-délit. La même règle est applicable aux actions auxquelles peut donner lieu l'exploitation des chemins de fer par l'Etat. — Sur les questions de compétence pour les litiges relatifs au transport des bagages, V. infrà, *Compétence civile des juges de paix*, n° 23, et *Compétence commerciale*, n° 4.

159. Les compagnies de chemin de fer peuvent être assignées non seulement devant le tribunal du lieu de leur siège social, mais encore devant le juge du lieu où elles ont une succursale. Et on admet comme succursale toute gare ou station ayant quelque importance. Mais il n'en est ainsi qu'autant que l'action qui est intentée a pour cause des faits relatifs aux opérations de la succursale. La question de savoir si une gare est, ou non, une succursale est une pure question de fait, pour la solution de laquelle il y a lieu de prendre en considération l'importance de la gare et de ses opérations. — Lorsqu'une gare est réputée succursale, il en résulte le droit, pour le demandeur, de faire délivrer les exploits au chef de cette gare.

160. Il peut se faire que le tarif revendiqué et appliqué contienne une clause attributive de juridiction. Cette attribution fait la loi des parties et s'impose à elles, même après la résiliation du contrat de transport, pour toutes les contestations qui s'y rattachent.

161. Lorsque plusieurs compagnies ont successivement concouru au transport, on applique les règles exposées infrà, *Commissionnaire de transport*, n°s 53 et s., en cas d'existence de voituriers successifs. La Convention de Berne dispose (art. 27), en ce qui concerne le contrat de transport international, que l'expéditeur, ou le destinataire, ne peut mettre en cause qu'un seul des transporteurs, sauf à ceux-ci à opérer entre eux le départ des responsabilités et à se tenir compte réciproquement des dommages qui seraient de leur fait.

162. Sur le transport des colis postaux, V. infrà, *Postes*.

SECT. VIII. — **Impôts auxquels sont soumis les chemins de fer** (R. 513 et s.; S. 810).

163. V. infrà, n°s 207 et s.; V. aussi *Impôts directs*, *Taxe*, *Voiture*.

SECT. IX. — **Police des chemins de fer.**

164. La police des chemins de fer est réglementée par la loi du 15 juill. 1845, complétée par l'ordonnance du 15 nov. 1846, laquelle a été modifiée par un décret du 1er mars 1901. — Sur les contraventions à la police des chemins de fer envisagés comme faisant partie de la grande voirie, contraventions dont la connaissance appartient aux tribunaux administratifs, V. suprà, n°s 33 et s. Ici, il est question des crimes, délits et contraventions dont la poursuite a lieu devant les tribunaux de droit commun.

ART. 1er. — CRIMES ET DÉLITS SPÉCIAUX PRÉVUS PAR LA LOI DU 15 JUILL. 1845 (R. 540 et s.; S. 812).

165. Les crimes et délits spéciaux, définis et punis par la loi du 15 juill. 1845, sont : 1° Le fait d'avoir volontairement détruit ou dérangé la voie de fer, placé sur la voie un objet faisant obstacle à la circulation, ou employé un moyen quelconque pour entraver la marche des convois ou les faire sortir des rails (art. 16 et 18). — La peine est celle de la reclusion; s'il y a blessures, celle des travaux forcés à temps, et, s'il y a mort, celle de la peine de mort.

166. 2° Les menaces de commettre un des crimes ci-dessus (art. 18). La peine varie suivant que la menace a été faite par écrit, anonyme ou signé, ou verbalement, et selon qu'elle a eu lieu avec ordre de déposer une somme d'argent dans un lieu indiqué, ou sous une condition quelconque.

167. 3° Les faits de maladresse, d'imprudence, inattention, négligence ou inobservation des lois ou règlements ayant entraîné du 15 nov. 1846, modifiée par le décret involontairement la mort ou des blessures (art. 19).

168. 4° Le fait, par un mécanicien ou conducteur garde-frein, d'abandonner son poste pendant la marche du convoi (art. 20).

ART. 2. — CONTRAVENTIONS AUX RÈGLEMENTS D'ADMINISTRATION PUBLIQUE SUR LA POLICE, LA SURETÉ ET L'EXPLOITATION DES CHEMINS DE FER (R. 568 et s.; S. 814 et s.):

169. Ces contraventions peuvent être commises, soit par les compagnies ou leurs agents, soit par le public. Le principal des règlements dont il s'agit est l'ordonnance du 15 nov. 1846, modifiée par le décret du 1er mars 1901; mais la contravention peut consister dans toute infraction à des règlements régulièrement pris par l'autorité administrative compétente (décret, arrêté ministériel, arrêté préfectoral), de même que dans l'inobservation d'un règlement d'une compagnie, lorsque ce règlement a reçu l'approbation du ministre des travaux publics.

170. La peine consiste dans une amende de 16 à 3000 francs. En cas de récidive, l'amende est portée au double, et il peut être prononcé, selon les circonstances, un emprisonnement de trois jours à un mois (L. 1845, art. 21). — Bien qu'elle soit punie de peines délictuelles, la contravention existe nonobstant la bonne foi du contrevenant.

171. Les prescriptions de l'ordonnance de 1846, modifiées par le décret du 1er mars 1901, intéressant les compagnies concessionnaires, concernent l'établissement et la surveillance des gares et de la voie, l'éclairage des gares, des passages à niveau et des tunnels, le matériel employé à l'exploitation, la composition, l'éclairage et le chauffage des trains, le départ, la circulation et l'arrivée des trains, la perception des taxes et frais accessoires (Décr. 1er mars 1901, art. 1er à 50).

172. En ce qui concerne le *public*, les contraventions qui peuvent être relevées à sa charge consistent le plus souvent dans le fait de s'introduire illégalement dans l'enceinte du chemin de fer; d'y jeter, déposer des matériaux ou objets quelconques; d'y introduire ou de laisser s'introduire des chevaux, bestiaux ou autres animaux; d'y faire circuler ou stationner des véhicules étrangers au service; de manœuvrer des appareils qui ne sont pas à la disposition du public, de les déranger ou d'en empêcher le fonctionnement; de dégrader les clôtures, barrières, talus, bâtiments et ouvrages (Décr. 1901, art. 61). — L'art. 70 de l'ordonnance de 1846 (aujourd'hui art. 66 du décret de 1901) prévoit l'introduction, dans les cours ou bâtiments des stations et dans les salles d'attente, de crieurs, vendeurs ou distributeurs d'objets quelconques. Cette introduction est soumise à l'autorisation préalable du préfet du département, sans que l'Administration ait à s'immiscer dans les questions commerciales qui peuvent être engagées (concurrence ou monopole).

173. Quant aux *voyageurs*, les contraventions qu'ils peuvent commettre sont les suivantes : 1° *Fait de voyager sans billet.* — La contravention existe par le seul fait de l'absence de billet, quelle qu'en soit la cause, à moins que le voyageur n'ait pris soin, avant de monter en wagon, d'avertir les agents du voyageur et de mettre, par là même, ceux-ci en mesure de faire la perception de la somme due. — Si c'est un enfant âgé de plus de trois ans qui voyage sans billet, c'est la personne qui l'accompagne qui commet la contravention.

174. 2° *Parcours excédé.* — Le voyageur qui reste dans un wagon après la station pour laquelle il avait pris un billet est assimilé à celui qui voyage sans billet (Paris, 22 nov. 1898, D. P. 99. 2. 234). La jurisprudence semble exiger que le parcours ait été excédé sciemment et volontairement. — Sur la question de savoir s'il n'y a pas escroquerie, lorsque la contravention est accompagnée de manœuvres destinées à la préparer ou à la dissimuler, la jurisprudence est encore divisée; les solutions intervenues sont plutôt des décisions d'espèce.

175. 3° *Emploi d'un billet périmé.*

176. 4° *Emploi d'un billet pour un lieu de départ ou pour un lieu de destination autre que ceux désignés.*

177. 5° *Utilisation d'un coupon de retour ayant servi à un autre voyageur, et vente du coupon de retour.* — Des dispositions formelles introduites dans les tarifs interdisent la vente et l'achat des coupons de retour. Cette vente et cet achat constituent une contravention de la part tant de celui qui a vendu que de celui qui a acheté le coupon de retour. Quant à l'intermédiaire entre le vendeur et l'acheteur, il peut être poursuivi comme complice, en vertu de l'art. 59 c. pén., la jurisprudence admettant que les règles de la complicité sont applicables aux contraventions prévues par les lois spéciales et punies de peines correctionnelles (V. infrà, *Complice-Complicité*, n° 2).

178. 6° *Déclassement.* — C'est le fait, pour un voyageur, de prendre place dans un wagon d'une classe supérieure à celle à laquelle lui donne droit son billet. Le déclassement doit être volontaire.

179. L'ordonnance de 1846, complétée par un décret du 11 août 1883 (D. P. 84. 4. 8) et par celui du 1er mars 1901, contient, en outre, un certain nombre de dispositions relatives à la police intérieure des voitures, telles que : défense d'entrer dans les voitures ou d'en sortir autrement que par la portière qui se trouve du côté où se fait le service du train; de passer d'une voiture dans une autre autrement que par les passages disposés à cet effet; de se pencher au dehors; d'occuper une place non destinée aux voyageurs ou de se placer indûment dans les compartiments ayant une destination spéciale ou portant indiqué le mention : réservé (Paris, 29 avr. 1896, D. P. 97. 2. 127); de monter dans les voitures ou d'en descendre en dehors des gares ou stations et lorsque le train est en marche; de se servir, sans motif plausible, du signal d'alarme mis à la disposition des voyageurs pour faire appel aux agents de la compagnie. — Sur ce dernier point, c'est aux juges du fait qu'il appartient d'apprécier si le motif qui a fait agir le voyageur est plausible; il n'est réputé tel qu'en cas de nécessité touchant au danger.

180. Au point de vue de la commodité des voyageurs et de l'hygiène, il est interdit de fumer dans les salles d'attente ainsi que dans les voitures, excepté dans les compartiments réservés aux fumeurs (en fait, on permet de fumer même dans les autres compartiments lorsqu'aucun des voyageurs présents ne s'y oppose) et de cracher ailleurs que dans les crachoirs disposés à cet effet. — D'autre part, l'entrée des voitures est interdite à toute personne en état d'ivresse, à tous individus porteurs d'armes à feu chargées ou d'objets qui, par leur nature, leur volume ou leur odeur, pourraient gêner ou incommoder les voyageurs. — Enfin, depuis le décret du 1er mars 1901, peuvent être exclues des compartiments affectés au public les personnes atteintes visiblement ou notoirement de maladies dont la contagion serait à redouter pour les voyageurs. Les compartiments dans lesquels elles auraient pris place doivent, dès l'arrivée, être soumis à la désinfection.

181. Les voyageurs sont tenus d'obtempérer aux injonctions des agents de la compagnie pour l'observation des dispositions de l'ordonnance de 1846, concernant l'obligation d'être muni d'un billet régulier, et la police intérieure des voitures. Ainsi ils doivent se prêter au contrôle et au poinçonnage des billets, auxquels les agents ont le droit de procéder (Trib. civ. de la Seine, 26 juill. 1900, D. P. 1901. 2. 332). Les cartes d'abonnement doivent non seulement être présentées, mais remises au contrôleur, sur la réquisition de celui-ci (Douai, 3 mai 1899, D. P. 1900. 2. 460). — Toute résistance avec violence et voies de fait envers les agents dans l'exercice de leurs fonctions est passible des peines de la rébellion (L. 15 juill. 1845, art. 25). Lorsqu'ils sont assermentés, les agents sont des citoyens chargés d'un ministère de service public, et, à ce titre, protégés même contre les outrages et les injures, en vertu des dispositions des art. 224 et 230 c. pén. Au contraire, ce caractère de citoyens chargés d'un ministère de service public est refusé aux agents non assermentés.

182. L'art. 21 de la loi du 15 juill. 1845 permet de poursuivre les fraudes commises en matière de transport de bagages et de marchandises (Civ. c. 27 oct. 1900, D. P. 1901. 1. 341). Il en est ainsi, notamment, de l'emprunt du billet appartenant à un autre voyageur, à l'effet d'éviter le payement de la taxe des excédents de bagages, exception faite, toutefois, pour le cas où les personnes qui réunissent leurs billets font partie, soit d'une même famille, soit d'une même compagnie. — Les cartes d'abonnement permettent de pratiquer une fraude spéciale relativement au transport des bagages. Elle consiste à faire enregistrer comme bagages des colis, alors que l'abonné ne voyage pas, mais se borne à adresser, par la poste, le bulletin de bagage au destinataire des colis. Il y a là une contravention à l'art. 21 de la loi de 1845. La même fraude peut être pratiquée par une personne non abonnée au moyen d'une entente avec l'agent de la compagnie préposé à l'enregistrement. Elle est alors accompagnée d'une circonstance aggravante, en raison de laquelle la contravention disparaît pour faire place au délit d'escroquerie.

183. En ce qui concerne les marchandises, la jurisprudence considère les fausses déclarations sur leur nature, leur valeur ou leur poids, comme une contravention tombant sous le coup de l'art. 21 de la loi de 1845. En outre, si la fausse déclaration est accompagnée de circonstances aggravantes de nature à faire admettre par la compagnie ou ses agents, elle peut être qualifiée d'escroquerie. — En principe, la responsabilité pénale d'une fausse déclaration incombe à celui qui en est l'auteur. Lorsque la déclaration est signée d'un employé, le patron de celui-ci, pour le compte duquel se fait l'expédition, n'est soumis qu'à la responsabilité civile, à moins qu'il ne se soit rendu complice de la fraude, par exemple, en donnant les renseignements nécessaires pour faire la déclaration incriminée.

184. Il appartient au préfet du département de régler l'entrée, le stationnement et la circulation des voitures de toute nature dans les cours dépendant des stations (Décr. 1ᵉʳ mars 1901). Les arrêtés pris à cet égard ont un caractère légal et obligatoire dès lors qu'ils n'ont pas pour but de favoriser certains entrepreneurs au détriment de leurs concurrents et qu'ils n'ont en vue qu'un intérêt de police et de service public. De même, les préfets ont le pouvoir de réglementer

le transport des bagages dans l'intérieur des gares, par exemple, celui de défendre aux cochers de voitures de s'immiscer dans ce transport. En général, à l'exception des voyageurs et des personnes qui les servent ou les accompagnent, seuls les préposés de la compagnie et les agents des services de correspondance agréés par elle peuvent prendre et porter les bagages des voyageurs de l'intérieur des stations aux voitures, et réciproquement. — Les infractions aux arrêtés préfectoraux dont il s'agit constituent des contraventions à l'art. 21 de la loi de 1845.

ART. 3. — CONTRAVENTIONS DE SIMPLE POLICE
(R. 620 et s.; S. 869).

185. Certaines infractions ne constituent que des contraventions de simple police : il en est ainsi des infractions aux arrêtés que les préfets peuvent prendre sans recourir à l'approbation du ministre des travaux publics. Constitue également une contravention de simple police, tombant sous le coup de l'art. 479, § 1ᵉʳ, c. pén., le fait de dégrader le matériel roulant des chemins de fer.

ART. 4. — APPLICATION DES PEINES
(R. 623 et s.; S. 870 et s.).

186. Les peines encourues en matière de police des chemins de fer sont appliquées conformément aux principes généraux (V. infrà, Peine). — La loi de sursis du 26 mars 1891, dite loi Bérenger (D. P. 91. 4. 24), est applicable aux contraventions à la police des chemins de fer.

187. Lorsque l'infraction a causé un préjudice à la compagnie, celle-ci peut en obtenir la réparation par l'allocation d'une somme d'argent, si le préjudice est matériel; par l'autorisation d'insérer ou d'afficher la condamnation, si le préjudice est moral. S'il n'y a pas de préjudice, l'affichage ne peut être ordonné. Il y a là une question de fait à résoudre par appréciation des circonstances.

188. Les infractions aux règlements qui régissent la police des chemins de fer ayant le caractère de contravention, la règle du non cumul des peines ne leur est pas applicable; et il doit être prononcé autant d'amendes distinctes qu'il y a d'infractions commises (Cr. r. 27 janv. 1883, D. P. 84. 1. 229).

189. Les agents appelés à constater les crimes, délits ou contraventions commis sur les chemins de fer ou leurs dépendances sont, concurremment avec les officiers de police judiciaire, au nombre desquels doivent être compris les maires et les adjoints : les ingénieurs des ponts et chaussées et des mines, les conducteurs, gardes-mines, les agents de surveillance et gardes de la compagnie, agréés par l'Administration (L. 1845, art. 25, § 1ᵉʳ). Il faut y ajouter les commissaires de surveillance administrative, fonctionnaires attachés aux gares les plus importantes et chargés spécialement de la surveillance des voies ferrées.

190. Les procès-verbaux constatant ces crimes, délits ou contraventions, font foi jusqu'à preuve contraire (L. 1845, art. 23, § 2). Ils ne sont pas soumis à la formalité de l'affirmation quand ils sont dressés par les officiers de police judiciaire et les ingénieurs ou conducteurs des ponts et chaussées ou des mines. Au contraire, les procès-verbaux dressés par les agents de surveillance et gardes assermentés de la compagnie doivent être affirmés dans les trois jours, à peine de nullité, devant le juge de paix ou le maire, soit du lieu du crime, délit ou contravention, soit de la résidence de l'agent (art. 24, § 2).

191. Au moyen du serment prêté devant le tribunal de première instance de leur

domicile, les agents agréés par l'Administration peuvent verbaliser sur toute la ligne du chemin de fer auquel ils sont attachés (L. 1845, art. 23, § 3). Une nouvelle prestation de serment n'est pas nécessaire, s'il y a seulement changement de résidence ou simple élévation de classe; mais elle est indispensable en cas d'élévation de grade.

SECT. X. — **Chemins de fer d'intérêt local et tramways.**

192. Les chemins de fer d'intérêt local sont ceux qui ne sont pas compris au nombre des lignes composant le réseau d'intérêt général de la France. Ils sont actuellement régis par la loi du 11 juin 1880 (D. P. 81. 4. 21) qui a remplacé celle du 12 juill. 1865 (D. P. 65. 4. 110), et qui s'applique également aux tramways. Cette loi du 11 juill. 1880 a été complétée par un décret du 18 mai 1881 (D. P. 82. 4. 78) portant règlement d'administration publique pour l'exécution des art. 3 et 29 de ladite loi; un décret du 6 août 1881 (D. P. 88. 4. 7), portant règlement d'administration publique pour l'exécution de l'art. 38 de la loi précitée; enfin un autre décret de la même date (D. P. 82. 4. 115), approuvant le cahier des charges type de ces sortes de concessions.

193. Ce qui distingue les chemins de fer d'intérêt local des tramways, c'est que, pour ces derniers, la plate-forme, pour toute leur étendue, aussi bien dans les sections à travers champs que sur les voies publiques empruntées par le tracé, demeure accessible à la circulation ordinaire des voitures et des piétons, ou tout au moins à celle des piétons, tandis que les chemins de fer d'intérêt local sont soustraits à cette servitude, au moins en dehors des sections empruntées aux voies publiques.

ART. 1ᵉʳ. — CHEMINS DE FER D'INTÉRÊT LOCAL (S. 877 et s.).

194. La déclaration d'utilité publique d'un chemin de fer d'intérêt local ne peut résulter que d'une loi, quelle qu'en soit la longueur (L. 1880, art. 2, § 5). — C'est le conseil général qui concède le chemin de fer d'intérêt local, quand celui-ci est établi sur plusieurs communes : si l'établissement n'a lieu que sur une commune, c'est le conseil municipal, sans qu'il soit besoin d'une approbation du préfet. Quand le chemin de fer d'intérêt local doit traverser deux ou plusieurs départements, il y a lieu à entente entre les départements dans les termes des art. 89 et 90 de la loi du 10 août 1871 (L. 1880, art. 2, § 1 à 3).

195. Le cahier des charges annexé à l'acte de concession constitue le contrat qui lie le département au concessionnaire, et il n'est permis ni à l'une ni à l'autre des parties d'y déroger. — En cas d'inexécution des conditions de la concession, la déchéance peut être prononcée par le ministre des travaux publics, sauf recours au Conseil d'État par la voie contentieuse (L. 1880, art. 7). Si le cahier des charges réserve au préfet le droit de prendre, en cas d'interruption de service, les mesures nécessaires pour assurer le service, le concessionnaire est tenu de rembourser au département toutes ses dépenses.

196. Aucune concession ne peut faire obstacle à ce qu'il soit accordé des concessions concurrentes (L. 1880, art. 8). Toute cession totale ou partielle de la concession, la fusion des concessions ou des administrations, tout changement de concessionnaire, la substitution de l'exploitation directe à l'exploitation par concession, ou inversement, enfin l'élévation des tarifs au-dessus du maximum fixé par le cahier des charges, ne peuvent avoir lieu qu'en vertu d'un décret délibéré en Conseil d'État, et à peine de nullité (art. 10). — A toute époque, une ligne d'intérêt local peut être incorporée dans un réseau d'intérêt général (art. 11).

197. La loi de 1880 prévoit les subventions qui peuvent être accordées aux chemins de fer d'intérêt local par l'Etat, les départements, les communes et les particuliers. Le concours de l'Etat ne peut être supérieur à celui des départements, des communes et des particuliers réunis; mais il ne s'ensuit pas qu'il doive payer une subvention équivalente. En aucun cas, elle ne peut avoir pour conséquence d'attribuer au capital de premier établissement plus de 5 pour 100 par an (art. 13 et s.).

198. Les chemins de fer d'intérêt local sont soumis, en ce qui concerne la police et la surveillance, aux dispositions de la loi du 15 juill. 1845. Mais ce sont les préfets qui, sous l'autorité du ministre des travaux publics, exercent les pouvoirs de contrôle et de surveillance. Ils peuvent dispenser de poser des clôtures sur tout ou partie de la voie ferrée, et des barrières au croisement des chemins peu fréquentés (L. 1880, art. 20).

ART. 2. — TRAMWAYS (S. 898 et s.).

199. La concession est accordée par l'Etat, lorsque la ligne doit être établie en tout ou en partie sur une voie dépendant du domaine public de l'Etat (elle peut l'être aux villes ou aux départements intéressés, avec faculté de rétrocession); par le conseil général, au nom du département, lorsque la voie ferrée, sans emprunter une route nationale, doit être établie en tout ou en partie, soit sur une route départementale, soit sur un chemin de grande communication ou d'intérêt commun, ou doit s'étendre sur le territoire de plusieurs communes; enfin, par le conseil municipal, au nom de la commune, lorsque la voie ferrée est établie entièrement sur le territoire de la commune et sur un chemin vicinal ordinaire ou sur un chemin rural (L. 11 juin 1880, art. 27).

200. Les expropriations nécessaires pour l'établissement des tramways sont poursuivies conformément à la loi du 21 mai 1836, sur les chemins vicinaux (R. v° *Voirie par terre*, p. 201) (L. 1880, art. 31).

201. Des subventions de l'Etat peuvent être accordées aux entreprises de tramways; mais le concours financier de l'Etat ne peut être consenti que pour les tramways desservis par des locomotives et destinés au transport des marchandises, en même temps qu'au transport des voyageurs (L. 1880, art. 36).

202. La loi du 15 juill. 1845, sur la police des chemins de fer, est applicable, en principe, aux tramways. Exception est faite pour ceux de les articles qui concernent les chemins de fer en tant que faisant partie de la grande voirie (art. 4 à 10) (L. 1880, art. 37).

203. Les concessionnaires de tramways ne sont pas soumis à l'impôt des prestations établies par la loi du 21 mai 1836, ni au payement de redevances ou de droits de stationnement qui ne seraient pas expressément stipulés dans l'acte de concession (L. 1880, art. 34).

SECT. XI. — **Chemins de fer industriels. — Embranchements particuliers** (S. 905 et s.).

204. Les chemins de fer industriels sont des voies ferrées établies spécialement pour le service des mines et des grandes usines. — En ce qui concerne l'autorité compétente pour en faire la concession, les règles sont les mêmes qu'à l'égard des chemins de fer d'intérêt général (V. *suprà*, n°ˢ 4 et s.). Toutefois les chemins de fer spéciaux doivent être toujours concédés par un décret rendu en Conseil d'Etat, quelle qu'en soit la longueur (L. 27 juill. 1880, art. 44). — Les chemins de fer industriels sont soumis aux disposi-

tions de la loi du 15 juill. 1845. Toutefois, ils peuvent être dispensés de l'établissement de clôtures, dans les mêmes conditions que les chemins de fer d'intérêt local (V. *suprà*, n° 198) (L. 11 juin 1880, art. 22).

205. Indépendamment des chemins de fer industriels, il peut être établi des embranchements particuliers pour relier les mines et les usines aux lignes de chemin de fer existantes (Cah. des charges, art. 62). — Cette disposition a été étendue dans la pratique à d'autres exploitations, telles que carrières, tourbières, chantiers, magasins et dépôts. La loi de finances du 13 avr. 1898, art. 87 (D. P. 98. 4. 123), prescrit qu'à l'avenir les concessions de chemin de fer d'intérêt général ou de tramways à marchandises imposeront l'obligation d'étendre aux propriétaires et aux concessionnaires de l'outillage public des ports maritimes ou de navigation intérieure le droit d'embranchement prévu à l'art. 62 du cahier des charges.

206. Il existe aussi des voies desservant les quais maritimes, lesquelles sont assimilées aux tramways et soumises à un règlement uniforme du 30 avr. 1888.

SECT. XII. — **Enregistrement et timbre.**

207. La concession d'un chemin de fer à un particulier ou à une compagnie, n'emportant pas démembrement de la propriété, qui reste, en son intégralité, une dépendance du domaine public, a le caractère d'un marché et devrait, en principe, être assujettie aux droits afférents à cette sorte de contrat. Mais, en fait, la loi qui autorise la construction d'un chemin de fer d'intérêt général porte toujours que les actes à passer en vertu de cette loi seront enregistrés gratis ou moyennant un simple droit fixe. — En ce qui concerne les chemins de fer d'intérêt local et les tramways établis ou concédés sur les voies dépendant du domaine public de l'Etat, des départements et des communes, les conventions relatives aux concessions et rétrocessions et les cahiers des charges annexés ne sont passibles que du droit fixe d'un franc (L. 11 juin 1880, art. 24 et 39, D. P. 81. 4. 23; Instr. Reg. 2643, § 8).

208. Les compagnies concessionnaires d'un chemin de fer n'en ayant que l'exploitation, leur droit, limité aux produits, est purement mobilier, et les traités portant cession de ces droits ne donnent lieu qu'au droit de mutation mobilière de 2 pour 100 (Civ. c. 15 mai 1861, D. P. 61. 1. 225).

209. Les chemins de fer exploités par l'Etat sont soumis, en ce qui concerne les droits, taxes et contributions de toute nature, au même régime que les chemins de fer concédés aux compagnies (L. 22 déc. 1878, art. 9, D. P. 79. 4. 10). Il s'ensuit que les marchés dont le prix est à la charge de l'administration des chemins de fer de l'Etat doivent être considérés comme des marchés entre particuliers et ne bénéficient pas de l'exemption du droit proportionnel, ni du tarif applicable (Instr. Reg. 28 déc. 1878, D. P. 79. 5. 193). Mais cette disposition n'est pas applicable aux marchés passés pour des chemins de fer qui, non encore concédés, sont construits par le service des travaux publics, pour être remis ultérieurement, soit à une compagnie concessionnaire, soit à l'administration des chemins de fer de l'Etat. Ces marchés sont passibles du droit de 0 fr. 20 cent. pour 100, comme tous ceux dont le prix est payé directement par le Trésor (L. 28 avr. 1893, art. 19, D. P. 93. 1. 35; Décis. min. fin. 26 avr. 1879, D. P. 80. 3. 47; Sol. admin. Enreg. 8 déc. 1879, D. P. 80. 3. 104).

210. L'exemption d'impôt établie en faveur des acquisitions faites par l'Etat ne s'applique pas aux acquisitions, par une compagnie concessionnaire de chemin de fer, de ter-

rains destinés à être incorporés à la voie ferrée, alors que ces acquisitions n'ont pas été précédées d'une déclaration d'utilité publique (Trib. civ. de Figeac, 31 déc. 1887).

211. En ce qui concerne les pièces que les compagnies délivrent en qualité d'entrepreneurs de transport, V. *infrà*, *Commissionnaire de transport*, n°ˢ 125 et s.

212. Pour les titres négociables, actions et obligations émis par les compagnies, V. *infrà*, *Valeurs mobilières*.

CHÈQUE

(R. v° *Warrants et chèques*; S. eod. v°).

§ 1ᵉʳ. — *Définition et législation* (S. 61, 78 et s.).

1. Le chèque est un écrit par lequel une personne (le tireur) donne à une autre (le tiré), chez laquelle elle a des fonds disponibles, l'ordre de remettre tout ou partie de ces fonds à elle-même ou à un tiers (L. 14 juin 1865, art. 1ᵉʳ, D. P. 65. 4. 46). — Il n'est pas un acte de commerce par lui-même (notre loi, art. 4); il ne l'est qu'à l'égard des signataires pour lesquels il a une cause commerciale ou présumée telle à raison de leur qualité de commerçants (V. *suprà*, *Acte de commerce*, n° 30 et s.).

2. Le chèque est régi par la loi du 14 juin 1865, modifiée et complétée par la loi fiscale du 19 févr. 1874 (D. P. 74. 4. 41).

§ 2. — *Formes du chèque* (S. 85 et s., 150 et s.).

3. Le chèque doit être écrit, mais il n'est pas indispensable qu'il le soit par le tireur lui-même; il suffit que ce dernier le signe, sans même être obligé de faire précéder sa signature du « bon pour » de l'art. 1326 c. civ. (V. *infrà*, *Preuve littérale*).

4. Le chèque doit indiquer le lieu d'où il est émis, ainsi que la date du jour où il est tiré; cette date doit être inscrite en toutes lettres au quantième du mois et au mois lui-même, mais non quant au millésime de l'année), en foi du main de celui qui a écrit le chèque (L. 1865, art. 1ᵉʳ, et 19 févr. 1874, art. 5).

5. Le chèque doit pareillement énoncer le montant de la somme à payer, ainsi que le nom de celui qui doit payer. — Mais il n'est pas besoin qu'il indique la valeur fournie.

6. Le chèque doit être nécessairement à vue (L. 1865, art. 1ᵉʳ et 2); toutes stipulations entre le tireur, le bénéficiaire ou le tiré, ayant pour objet de rendre le chèque payable autrement qu'à vue et à première réquisition sont nulles de plein droit (L. 1874, art. 5). — Il peut être souscrit soit au profit d'une personne déterminée, par exemple du tireur lui-même, soit à ordre, soit au porteur (L. 1865, art. 1ᵉʳ).

7. Il doit être fait sous la forme d'un *mandat de payement*. — Le récépissé qu'une personne, ayant des fonds chez une autre, remet à un tiers pour les toucher, n'est pas un chèque. Ce récépissé n'est donc pas soumis aux règles spéciales aux chèques : notamment son porteur n'est que le mandataire du signataire, mais n'est pas cessionnaire de la provision; et, en cas de faillite du signataire, il n'a aucun droit de préférence vis-à-vis de la masse sur cette provision. Mais, inversement, le récépissé échappe aux restrictions imposées aux chèques; en particulier, il n'est pas nécessairement payable à présentation, il peut ne l'être qu'à un certain terme (L. 1874, art. 5).

§ 3. — *Conditions de validité*. — *Provision* (S. 105 et s.).

8. A la différence de ce qui était autrefois prescrit pour la lettre de change (V. *infrà*, *Lettre de change*), il n'est pas nécessaire que le chèque soit tiré d'un lieu sur un autre ; il peut l'être d'un lieu sur le même lieu (L. 1865, art. 3.).

9. Aucune condition n'est exigée quant à la qualité soit du tireur, soit du tiré : ce dernier peut être non seulement un banquier, mais un négociant ou même un non-négociant.

10. La capacité exigée en matière de chèque est celle requise pour les obligations civiles ou commerciales, suivant que le chèque est civil ou commercial (V. *infrà, Commerçant, Obligations*).

11. Le chèque n'est valable que si, *au moment même de son émission*, il y a entre les mains du tiré une provision au moins égale à son montant (L. 1865, art. 2). — Il ne suffit pas que la provision existe lors de l'échéance, ni qu'elle existe entre les mains d'une personne autre que le tiré. Il faut, en outre, qu'elle soit exigible ; elle ne peut donc résulter de l'inscription au compte courant existant entre le tireur et le tiré d'effets non encore échus et remis au dernier moment sous la condition de leur encaissement à l'échéance. — Enfin elle doit être disponible (L. 1865, art. 1er), c'est-à-dire que le dépositaire des fonds doit s'être engagé, au moins tacitement, à tenir à la disposition du déposant les sommes nécessaires pour payer à présentation.

12. L'absence d'une provision réunissant ces conditions entraîne la nullité du chèque comme tel. Elle peut même rendre le tireur passible d'une amende fiscale (V. *infrà*, n° 39). Elle peut même, le cas échéant, motiver contre lui des poursuites pour escroquerie (V. *infrà, Escroquerie*). — Mais le chèque, nul pour défaut de provision, n'est pas moins valable comme lettre de change à vue, s'il en renferme les mentions conformément à l'art. 110 c. com. (V. *infrà, Lettre de change*) ; ... ou comme billet à ordre s'il en remplit les conditions, à défaut de celles de la lettre de change (V. *supra, Billet à ordre*, n°s 3 et s.) ; ... ou comme simple mandat de toucher, quand il n'est pas libellé de façon à rentrer dans la notion d'un effet de commerce régulier, notamment lorsqu'il n'énonce pas l'époque du payement.

§ 4. — *Transmission du chèque* (S. 98 et s.).

13. La transmission du chèque se fait de façon différente selon qu'il est à personne dénommée, à ordre, ou au porteur. — S'il est à personne dénommée, la transmission ne peut s'en effectuer que dans les formes ordinaires de la cession de créances (Civ. 1689 et 1690) (V. *infrà, Obligations*).

14. S'il est à ordre, la transmission peut, en outre, s'opérer au moyen d'un endossement ; et cet endossement, pour être translatif de propriété, n'a besoin de contenir aucune mention, pas même de date ou d'indication de valeur fournie ; il peut être en blanc, il suffit qu'il soit signé de l'endosseur (L. 1865, art. 1er *in fine*). — Le porteur en vertu d'un endos en blanc peut même le remplir après le décès ou la faillite de son endosseur, à moins toutefois qu'il ne résulte des circonstances que ce porteur n'a reçu, en réalité, dudit endosseur, qu'une simple procuration. — Il faut, d'ailleurs, appliquer ici la règle indiquée *infrà, Lettre de change*, d'après laquelle l'endossement d'un titre à ordre n'en transfère jamais la propriété qu'après avoir été accepté par le bénéficiaire de cet endossement.

15. Enfin, si le chèque est au porteur, il se transmet de la main à la main, par simple tradition.

§ 5. — *Garanties spéciales du payement du chèque* (R. 82 ; S. 114, 128, 133 et s.).

16. Le chèque, étant payable à vue, n'est pas, comme la traite (V. *infrà, Lettre de change*), sujet à acceptation. Mais il doit y avoir provision à l'échéance ; le retrait, après l'émission du chèque, de la provision qui a dû être fournie à ce moment (V. *supra*, n° 11), donne au tiré le droit de refuser le payement ; il peut même constituer une escroquerie, mais ne rend point le tireur passible d'une amende fiscale. — D'autre part, lorsqu'il y a provision, le porteur d'un chèque doit également, comme en matière de lettre de change (V. *infrà, Lettre de change*) et à plus forte raison, être considéré comme ayant droit à cette provision, de telle sorte qu'il peut la toucher malgré la faillite du tireur.

17. Les dispositions du Code de commerce relatives à la garantie solidaire du tireur et des endosseurs en matière de traites sont pareillement applicables aux chèques (L. 1865, art. 4, § 2) (V. *infrà, Lettre de change*).

§ 6. — *Payement du chèque* (S. 95, 119 et s., 133).

18. 1° *Époque du payement.* — Le chèque étant nécessairement à vue (V. *supra*, n° 6), le porteur peut en demander payement aussitôt qu'il lui plaît et sans avoir, au préalable, à en aviser le tiré (L. 1865, art. 2). — La loi l'oblige même, sous peine de perdre presque tous ses recours (V. *infrà*, n°s 25 et s.), à réclamer ce payement dans un délai très bref, savoir : dans les cinq jours, *y compris* le jour de la date, si le chèque est tiré de la place sur laquelle il est payable, et dans les huit jours, *y compris* le jour de la date, s'il est tiré d'un autre lieu (L. 1865, art. 5, § 1er).

19. 2° *Personnes qui peuvent demander le payement (cas de perte du chèque).* — Le porteur du titre a seul qualité pour demander le payement. Toutefois, en cas de perte du chèque, le propriétaire dépossédé peut se faire payer sur ordonnance du juge et moyennant caution, comme dans l'hypothèse d'une lettre de change dont tous les exemplaires ont été perdus (V. *infrà, Lettre de change*).

20. 3° *Lieu et mode du payement.* — A cet égard, les règles de la lettre de change sont applicables (V. *infrà, Lettre de change*). Mais, en outre, le chèque, même au porteur, doit être acquitté par celui qui le touche, et cet acquit doit être daté : celui qui payerait un chèque sans exiger qu'il fût acquitté serait passible personnellement, et sans recours, d'une amende de 50 francs (L. 1874, art. 5, § 2, et art. 7).

21. 4° *Effets du payement.* — Le payement du chèque libère les signataires vis-à-vis du porteur ; il libère, en outre, jusqu'à due concurrence, le tiré qui était débiteur du tireur. Ces effets sont subordonnés à la validité du payement. A cet égard, le payement du chèque est soumis aux mêmes règles que celui de la traite (V. *infrà, Lettre de change*). Ainsi le tiré est, en principe, valablement libéré s'il paye de bonne foi, et cela, encore que l'acquit soit donné par un titre sans qualité : il n'a pas, en effet, à s'assurer de l'identité du porteur qui présente le chèque ; car, dans l'usage, l'acquit est donné par avance sur le titre, et tout porteur est qualifié pour toucher, quand même il ne serait pas la personne qui révèle la signature d'acquit. — Mais la responsabilité du tiré serait engagée s'il avait commis une faute en payant, par exemple s'il résultait de grattages apparents que le titre était surchargé.

22. Les solutions qui précèdent supposent que le chèque présenté est véritable ; en d'autres termes, qu'il émane vraiment de la personne désignée comme tireur. Si le chèque était faux, le tiré n'aurait, en principe, aucun recours contre le tireur. Il en serait autrement, toutefois, si le tireur avait commis une faute : si, par exemple, il n'avait pas veillé avec soin sur son carnet de chèques, dont un tiers aurait pu aisément s'emparer. — Souvent le banquier qui remet un carnet de chèques à son client exige de ce dernier l'engagement de subir toutes les conséquences pouvant résulter de la perte du chèque. Cette clause est valable ; cependant elle n'exonère pas le banquier de sa faute lourde, de telle sorte que ce dernier n'en est pas moins responsable si la signature fausse sur laquelle il a payé présentait des différences notables avec celle que son client avait déposée chez lui comme type (Req. 26 oct. 1898, D. P. 98. 1. 560). En tout cas, le tiré qui a payé un faux chèque a un recours contre le porteur de mauvaise foi et même, suivant l'opinion dominante, contre le porteur de bonne foi.

23. 5° *Refus de payement.* — Le refus de payement se constate par un protêt, qui doit être dressé le lendemain du jour où le chèque a été présenté, dans les mêmes formes qu'en matière de lettre de change (L. 1865, art. 4, § 2).

24. Le porteur non payé a un recours solidaire contre tous les signataires. Il peut donc agir en garantie non seulement contre le tireur, mais encore, si le chèque est à ordre, contre tous les endosseurs ; il ne peut, au contraire, agir que contre le tireur, si le chèque est au porteur. — L'action en garantie qui appartient au porteur est soumise, notamment quant aux délais dans lesquels elle doit être exercée, aux mêmes règles que l'action en garantie en matière de lettre de change (L. 1865, art. 4, § 2).

25. Le porteur n'a aucune action contre le tiré si ce dernier n'a pas reçu provision. — Il en a une, au contraire, dans le cas inverse ; et cette action lui appartient alors même qu'il a négligé de présenter le chèque et de le faire protester dans le délai.

26. Contre le tireur qui n'a pas fourni de provision, le porteur conserve son recours, sans avoir à craindre aucune déchéance autre que la prescription, bien qu'il n'ait pas présenté et protesté le chèque dans le délai légal. — Il en est de même si la provision a disparu, pour quelque cause que ce soit, avant l'expiration des délais de présentation. C'est, d'ailleurs, au tireur à établir que la provision existait encore lors de cette expiration. Enfin le recours du porteur subsisterait même au cas où la perte de la provision se serait produite après lesdits délais, si elle était due au fait du tiré. — Si, au contraire, le tireur a fait provision ; si de plus la provision existait encore lors de l'expiration des délais de présentation ou si elle n'a péri depuis que par le fait du tiré, le porteur négligent n'a point de recours contre le tireur.

27. A l'encontre des endosseurs, son recours est, dans tous les cas, subordonné à la condition qu'il ait réclamé le payement dans les délais légaux (L. 1865, art. 5, § 2).

28. La déchéance fondée sur la négligence du porteur ne saurait lui être opposée si le défaut de présentation du chèque dans le délai légal était dû à un fait de force majeure, ... ou à cette circonstance que le chèque n'était pas régulièrement timbré.

§ 7. — *Modes d'extinction autres que le payement.* — *Prescription* (S. 132, 137).

29. Tous les modes d'extinction des obligations sont applicables au chèque. Spécialement, le tiré se trouve libéré jusqu'à due concurrence par l'effet de la compensation lorsqu'il est personnellement créancier du tireur d'une somme liquide, exigible et non contestée.

30. Quant à la prescription dont les chèques sont susceptibles, on admet généralement que c'est la prescription trentenaire de droit commun, et non la prescription quinquennale de l'art. 189 c. com., et cela, semble-t-il, même dans les cas où ils ont un caractère commercial.

§ 8. — *Chèques tirés de ou sur l'étranger* (S. 153).

31. Les formes du chèque sont régies conformément au droit commun (V. *infrà, Lois*) par la loi du pays où ils sont tirés. Au contraire, c'est la loi du pays où ils sont payables qui détermine les formalités exigées pour leur présentation à l'encaissement et la mise en demeure qu'il peut être nécessaire d'adresser au tiré.

§ 9. — *Compétence.*

32. V. *infrà, Effets de commerce.*

§ 10. — *Enregistrement et timbre.*

A. — Enregistrement.

33. Les chèques souscrits à personne dénommée et, par suite, non négociables, sont assujettis à la formalité de l'enregistrement en cas de protêt ou de production en justice. — Les chèques à ordre ou au porteur doivent être enregistrés obligatoirement en cas de protêt seulement. Rentrant dans la catégorie des effets de commerce, ils peuvent être produits en justice et énoncés dans les actes notariés sans avoir été préalablement enregistrés (Sol. admin. Enreg. 12 mars 1891).
34. Le chèque non négociable est soumis, comme obligation pure et simple, au droit de 1 pour 100 (L. 22 frim. an 7, art. 69, § 3, n° 3, R. v° *Enregistrement*, t. 21, p. 26); mais le chèque négociable est assujetti seulement au droit proportionnel de 50 cent. pour 100, établi par l'art. 69, § 2, n° 7, de la loi du 22 frim. an 7, pour les effets négociables en général.

B. — Timbre.

35. Les chèques sont assujettis à un droit fixe de timbre de 10 centimes pour les chèques sur place et de 20 centimes pour les chèques de place en place (L. 23 août 1871, art. 18-2°, D. P. 71. 4. 61, et 19 févr. 1874, D. P. 74. 4. 41). Le tarif a été reconnu applicable au chèque employé pour recouvrement du prix des marchandises, lorsque le prix a été réglé et que les fonds sont devenus disponibles par l'effet de ce règlement antérieurement à l'émission du chèque (Sol. admin. Enreg. 20 nov. 1874, D. P. 74. 5. 437). Mais l'effet qui mentionne la date à laquelle le paiement doit être effectué, ou qui est tiré, alors qu'il n'existe pas de provision préalable, n'est pas un chèque et doit être soumis au timbre proportionnel. — Les acquits inscrits sur les chèques sont exempts du droit de timbre de 10 centimes (L. 23 août 1871, art. 20). Il en est de même des accusés de réception de chèques (L. 30 mars 1872, art. 4, D. P. 72. 4. 83).
36. Les dispositions qui précèdent sont applicables aux chèques tirés hors de France et payables en France (L. 19 févr. 1874, art. 9), ainsi qu'aux chèques venant de l'étranger, payables à l'étranger et négociés, endossés ou acceptés en France. Ces chèques doivent, avant toute négociation ou acceptation en France, être timbrés avec des timbres mobiles, sous peine d'une amende de 6 pour 100, à la charge du bénéficiaire, du premier endosseur et du porteur ou du tiré. Toutes les parties sont solidaires pour le recouvrement des droits et amendes (Instr. Reg. 2480, D. P. 74. 4. 48, note 2).
37. Le chèque-récépissé ou chèque-reçu, ne pouvant former un mandat ou une délégation et constituant un mandat (V. *suprà*, n° 35), ne bénéficie pas du tarif exceptionnel établi pour les chèques et est passible du droit de

timbre proportionnel (L. 19 févr. 1874, art. 4).
38. L'emploi des timbres mobiles de 10 centimes n'est pas autorisé pour le payement du droit établi pour les chèques sur place. Ces chèques doivent être extraits de carnets à souche préalablement timbrés à l'extraordinaire (Instr. Reg. 2413, D. P. 71. 3. 49). — En ce qui concerne les chèques de place à place, le tireur a la faculté, pour les faire timbrer à l'extraordinaire à 20 centimes, ou d'apposer sur des formules timbrées à l'extraordinaire, à 10 centimes, un timbre mobile de 10 centimes pour complément du droit (L. 19 févr. 1874, art. 8). Il peut être fait usage, pour le timbrage des chèques venant de l'étranger, soit des timbres mobiles de 10 centimes pour quittances, reçus et décharges, soit des timbres mobiles proportionnels pour effets de commerce (Trib. com. de la Seine, 25 sept. 1879, D. P. 80. 5. 364).
39. Les règles établies par les lois des 14 juin 1865 et 19 févr. 1874 sur les formes et le timbrage des chèques sont sanctionnées par les dispositions suivantes : Toutes stipulations entre le tireur, le bénéficiaire et le tiré ayant pour objet de rendre le chèque payable autrement qu'à vue, sont nulles de plein droit (L. 19 févr. 1874, art. 5). — Le tireur qui émet un chèque sans date ou non daté en toutes lettres, s'il s'agit d'un chèque de place à place; celui qui revêt un chèque d'une fausse date ou d'une fausse énonciation du lieu d'où il est tiré, est passible d'une amende de 6 pour 100 de la somme pour laquelle le chèque est tiré, sans que cette amende puisse être inférieure à 100 francs. La même amende est due personnellement et sans recours par le premier endosseur ou le porteur d'un chèque sans date ou non daté en toutes lettres, s'il est tiré de place à place, ou portant une date postérieure à celle à laquelle il est endossé ou présenté. Cette amende est due, en outre, par celui qui paye ou reçoit en compensation un chèque sans date ou irrégulièrement daté, ou présenté au payement avant la date d'émission. — Celui qui émet un chèque sans provision préalable et disponible est passible de la même amende, sans préjudice des peines correctionnelles, s'il y a lieu (L. 19 févr. 1874, art. 6). — Enfin, celui qui paye un chèque sans exiger qu'il soit acquitté est passible, personnellement et sans recours, d'une amende de 50 francs (même loi, art. 7). — Ces amendes sont personnelles; les contrevenants ne sont pas solidaires (Instr. Reg. 2480, D. P. 74. 4. 46, notes 1 et 2).
40. Les chèques sur place, émis sur papier non timbré, sont passibles d'une amende de 50 francs en principal (L. 23 août 1871, art. 23). Les chèques de place à place, non timbrés, sont soumis aux dispositions pénales des art. 4, 5, 6, 7 et 8 de la loi du 5 juin 1850, aux termes desquels le tireur, le souscripteur, l'accepteur, le bénéficiaire ou premier endosseur et l'encaisseur, sont passibles chacun d'une amende de 6 pour 100 et soumis solidairement au payement des droits de timbre et des amendes (L. 19 févr. 1874, art. 8).
41. L'irrégularité résultant de la non inscription, en toutes lettres, de la date d'un chèque sur place ne donne lieu à aucune amende contre celui qui a créé le chèque et contre la personne qui l'a payé (Sol. admin. Enreg. 9 sept. 1876 et 8 août 1877, D. P. 77. 5. 429).
42. Chaque contravention relevée sur un chèque venant de l'étranger ne peut donner ouverture qu'à une amende proportionnelle unique; mais le bénéficiaire, le premier endosseur, le porteur et le tiré sont solidaires pour son payement (Sol. admin. Enreg. 2 mai 1892, D. P. 92. 5. 620).

CHOSE JUGÉE
(R. v° *Chose jugée*; S. *eod.* v°).

1. Le mot *chose jugée*, dans le langage juridique, désigne ce qui est décidé par une sentence judiciaire irrévocable. L'autorité qui s'y attache s'oppose à ce que le point sur lequel il a été statué soit remis en question. — Les règles à cet égard sont différentes suivant qu'il s'agit de matières civiles ou de matières criminelles.

SECT. Ire. — Chose jugée en matière civile.

ART. 1er. — DÉCISIONS QUI PRODUISENT, OU NON, LA CHOSE JUGÉE (R. 10 et s.; S. 4 et s.).

2. L'autorité de la chose jugée est attachée uniquement aux jugements rendus en matière contentieuse, à l'exclusion des actes de juridiction gracieuse (V. sur ces actes, *infrà*, Jugement) (Civ. c. 24 déc. 1901, D. P. 1902. 1. 361). Ainsi, n'ont pas l'autorité de la chose jugée : les jugements rendus sur requête (V. en ce qui concerne, notamment, les jugements sur requête portant autorisation d'aliéner ou d'hypothéquer les immeubles dotaux, *infrà, Régime dotal*); ... le jugement qui, sur le refus du mari, autorise la femme à contracter (V. *suprà, Autorisation maritale*, n° 28); ... le jugement qui homologue un acte d'adoption (V. *suprà, Adoption*, n° 13) (Civ. r. 20 juill. 1887, D. P. 88. 1. 171).
3. Bien que, dans certains cas, les jugements d'*homologation de partage* puissent être considérés comme ne constituant que des actes de juridiction gracieuse, il en est autrement toutes les fois que les juges, soit après discussion et contestation, soit sur des conclusions formelles même non contestées, ont déterminé les bases d'après lesquelles les opérations de partage qu'ils ont ensuite homologuées doivent avoir lieu : le juge a fait acte, en ce cas, de juridiction contentieuse, et l'autorité de la chose jugée s'attache, tant au jugement qui a fixé contradictoirement les bases des opérations du partage qu'à celui qui a ultérieurement prononcé l'homologation (Dijon, 18 déc. 1893, D. P. 94. 2. 389). La même autorité s'attache au jugement qui, en ordonnant la liquidation et le partage, fixe la qualité en laquelle chaque partie peut procéder (Orléans, 30 avr. 1897, D. P. 1902. 1. 121).
4. Les *jugements d'adjudication* ne peuvent être considérés comme des décisions contentieuses ayant l'autorité de la chose jugée à l'égard des contestations qui s'élèvent ultérieurement au sujet des immeubles vendus ou licités, ... à moins qu'ils n'aient statué sur quelque incident ayant un caractère contentieux.
5. Les jugements frappés d'*appel* n'ont pas l'autorité de la chose jugée, à moins que l'appelant ne se désiste de son appel, ne laisse périmer l'instance, ou ne laisse prendre contre lui un arrêt de défaut-congé. — Quand l'appel n'a porté que sur un ou plusieurs des chefs du jugement, les chefs non frappés d'appel ont l'autorité de la chose jugée.
6. Le *jugement ou arrêt par défaut* acquiert l'autorité de la chose jugée lorsqu'il n'est plus susceptible d'aucun recours. — Il en est ainsi, d'après la jurisprudence, même du jugement ou arrêt par *défaut-congé* rendu contre le demandeur ou l'appelant qui, dès lors, ne peut plus former une nouvelle demande ou un nouvel appel ayant le même objet, ... à moins toutefois que le jugement n'ait pris soin de réserver au demandeur le droit de justifier ultérieurement sa demande.
7. L'autorité de la chose jugée s'attache aux *sentences arbitrales*. — Elle peut être invoquée devant les arbitres eux-mêmes.
8. En ce qui concerne les décisions des autorités administratives, V. *infrà*, n° 128.

9. Les décisions du *Tribunal des conflits* ont, relativement à la question de compétence, l'autorité de la chose jugée, alors d'ailleurs que les conditions requises à cet effet par l'art. 1351 c. civ. se trouvent réunies.

10. Les *jugements d'expédient*, c'est-à-dire ceux qui ont pour objet de consacrer une convention intervenue entre les parties litigantes, ne sont pas, en général, des décisions contentieuses; on en conclut, dans une opinion, qu'ils n'ont point l'autorité de la chose jugée et n'ont d'autre effet que celui qui peut s'attacher au contrat qu'ils constatent, à moins que le juge n'ait appuyé sa décision sur des motifs de fait ou de droit présentés comme l'expression de sa pensée propre. Mais la solution contraire semble prévaloir (Paris, 24 nov. 1902, D. P. 1903. 2. 86).

11. Les jugements de *donné acte* ont force de chose jugée en ce qui concerne le fait même qu'il a été dans l'intention des parties de constater, mais non en ce qui est fait (Req. 16 févr. 1898, D. P. 98. 1. 159). Ainsi le jugement par lequel il est donné acte à une partie de la déclaration d'un engagement pris par l'autre partie, ou par un tiers intervenant, a force de chose jugée relativement à l'existence du contrat judiciaire intervenu entre les parties, mais non quant à la validité de l'engagement ou de la déclaration, s'il n'y a eu, au moment du donné acte, ni débats, ni conclusions sur ce point.

12. Sur l'autorité attachée aux jugements rendus par les tribunaux étrangers, V. *infrà*, *Droits civils*; ... aux jugements d'avant dire droit, V. *infrà*, *Jugement d'avant dire droit*; ... aux ordonnances de référé, V. *infrà*, *Référé*; ... aux ordonnances de taxe, V. *infrà*, *Frais et dépens*, *Notaire*; ... au règlement d'ordre définitif, lorsqu'il n'a pas été contesté dans la forme et dans les délais prescrits, V. *infrà*, *Ordre entre créanciers*; ... aux décisions rendues par la commission municipale et par le juge de paix en matière électorale, V. *infrà*, *Élections*.

13. En principe, les décisions *entachées de nullité* peuvent être protégées par l'autorité de la chose jugée : c'est par la voie de l'appel, et non par l'action en nullité, que les jugements doivent être attaqués, sans égard au genre de nullité dont ils peuvent être affectés.

14. L'*incompétence* ou l'*excès de pouvoir* dont peut être entachée une décision judiciaire quelconque, émanée d'un tribunal ou d'un juge-commissaire, ne fait pas non plus obstacle à ce que cette décision acquière l'autorité de la chose jugée. Cette solution est généralement considérée comme applicable même au cas où il s'agirait d'une incompétence *ratione materiæ*.

15. L'autorité de la chose jugée ne s'attache qu'au *dispositif* des jugements ou arrêts, et non à leurs *motifs* (Civ. r. 2 avr. 1895, D. P. 95. 1. 312). — Cependant, les motifs d'une décision peuvent servir à interpréter son dispositif et à déterminer le sens et la portée de la chose jugée par celui-ci; ... sans que la contradiction existant entre les motifs et le dispositif puisse enlever à celui-ci l'autorité de la chose jugée.

16. Les jugements n'ont force de chose jugée que relativement aux points qui y sont décidés et non à l'égard de ce qui y est simplement indiqué sous forme énonciative.

17. On ne peut invoquer la chose jugée résultant d'une décision qu'à la condition de produire une expédition ou une copie authentique de celle-ci.

ART. 2. — ÉLÉMENTS CONSTITUTIFS DE LA CHOSE JUGÉE.

18. Pour que l'autorité de la chose jugée par une première sentence puisse être invo-

quée dans une instance postérieure, il faut qu'il y ait dans les deux demandes : 1° identité d'objet; 2° identité de cause; 3° identité de personnes et de qualités (Civ. 1351).

§ 1er. — *Identité d'objet* (R. 104 et s.; S. 60 et s.).

19. Il y a identité d'objet entre deux demandes, lorsque toutes deux portent sur la même chose corporelle, sur une égale quantité d'objets de même espèce, ou sur le même droit.

20. Pour apprécier, sous le rapport de la chose jugée, quel est l'effet d'un jugement, il faut considérer, non l'objet de la demande originaire, mais l'état de la contestation, tel qu'il a été constitué par suite des prétentions respectives des parties. — Il n'est, d'ailleurs, pas nécessaire, pour qu'il y ait lieu à l'exception de la chose jugée, que la nouvelle prétention soit condamnée en termes exprès dans le jugement rendu sur la première; il suffit qu'elle le soit virtuellement et nécessairement (Req. 13 juin 1893, D. P. 93. 1. 447). — Mais on ne peut valablement opposer la chose jugée implicitement par une première décision que s'il existe entre cette chose et celle qui est ensuite expressément demandée un lien nécessaire et absolu qui les identifie l'une à l'autre.

21. Il y a identité d'objet lorsque deux prétentions relatives à la *même chose*, quoique *diversement qualifiées*, présentent finalement au juge une seule et *même question à décider*; ... notamment, lorsque les deux demandes tendent l'une et l'autre à la réparation du même préjudice, quoique sous des formes différentes, par exemple, pour l'une par le remboursement d'un prix versé, pour l'autre par des dommages-intérêts.

22. Lorsque l'objet réclamé n'est pas le même, il n'y a pas lieu à l'exception de la chose jugée, quoique la nouvelle demande présente à résoudre la même question que la première. Ainsi le jugement qui a statué sur des droits (d'enregistrement, par exemple), réclamés pour une période déterminée, ne s'oppose pas à ce qu'un autre jugement statue différemment en ce qui concerne les droits courus postérieurement à cette période (Civ. r. 10 juill. 1901, D. P. 1901. 1. 550).

23. Celui qui a succombé dans la demande de la *totalité* d'un objet ou d'un droit n'est plus recevable à en demander une partie, à moins qu'il ne résulte des termes de la décision du premier juge, en refusant la condamnation demandée, n'a entendu nier que le droit le plus ample et non pas statué sur le droit le moins ample. — A l'inverse, le jugement qui rejette la demande d'une *partie* d'une chose, ou d'un droit, met obstacle à ce que l'on puisse ensuite demander la totalité de cette chose ou de ce droit, toutes les fois que la partie a été demandée au même titre que la chose totale elle-même est réclamée, que celle-ci a été virtuellement l'objet des dispositions du premier jugement. Telle est, du moins, sur ces points, l'opinion dominante.

24. Les jugements rendus au *possessoire* n'ont pas l'autorité de la chose jugée relativement au *pétitoire* (V. *suprà*, *Action possessoire*, n° 55).

25. Les accessoires de la chose qui a fait l'objet de la première demande sont réputés avoir été compris dans celle-ci, et la chose jugée sur cette demande leur est applicable. Ainsi, celui qui a succombé dans la demande d'une somme principale ne peut plus demander les intérêts de cette somme.

26. Le jugement rendu sur les *intérêts* d'une créance a l'autorité de la chose jugée quant au *principal*, lorsque c'est le demandeur qui a succombé dans l'instance en payement d'intérêts, et que le rejet de sa

demande a été motivé sur ce que le capital même n'était pas dû. Mais, si la demande a été rejetée par le motif que le capital ne produisait pas d'intérêts, ou que les intérêts avaient été payés, ou étaient prescrits, rien n'empêche le créancier de faire statuer ultérieurement sur le fond même de sa créance. — Si, au contraire, c'est au préjudice du défendeur que la condamnation au payement des intérêts a été prononcée, cette condamnation, ne pouvant être fondée que sur l'existence de la dette, a force de chose jugée quant au principal.

27. La demande qui a pour objet d'obtenir un jugement sur des points *omis* ou *non formellement résolus* par un précédent jugement n'est pas la même que la première, et le jugement qui l'accueille ne viole pas la chose jugée sur celle-ci. Ainsi, en général, le jugement intervenu dans une instance relative aux applications et aux conséquences d'un titre qui n'a pas été attaqué n'empêche pas le débiteur qui a succombé d'intenter postérieurement une action en annulation de ce titre.

28. L'exception de chose jugée ne peut être invoquée quand l'ordre de choses réglé par une première décision a subi, depuis lors, des modifications, de telle sorte que la demande nouvelle, tout en étant en apparence identique à la première, soumet, en réalité, au *juge un fait nouveau*. Par exemple, le jugement passé en force de chose jugée qui a déclaré valable un acte de vente d'immeubles ne met pas obstacle à ce qu'un autre jugement décide que l'acquéreur, ayant cédé ses droits à un tiers, se trouve par là privé du droit d'invoquer cet acte de vente à l'appui d'une demande en revendication (Req. 29 avr. 1872, D. P. 73. 1. 130).

29. Lorsque les premiers juges n'ont pas prescrit impérativement un *mode d'exécution* déterminé de leur sentence, rien ne s'oppose à ce qu'un nouveau jugement ordonne l'emploi d'une mesure équivalente. Ainsi, le jugement qui décide que le légataire d'un usufruit ne peut se mettre en possession du legs avant d'avoir fourni caution ne préjuge pas la question de savoir si cette obligation ne comporte pas un équivalent et, par conséquent, ne s'oppose pas à ce que le légataire demande à substituer à la caution une hypothèque (Civ. r. 7 août 1882, D. P. 83. 1. 220).

30. L'action en *séparation de biens* est essentiellement différente de l'action en *séparation de corps*, quoique celle-ci ait pour effet de produire la séparation de biens par voie de conséquence; la chose jugée relativement à l'une de ces demandes ne l'est donc pas quant à l'autre. — Sur la chose jugée en matière de séparation de corps et de divorce, V. *infrà*, *Divorce*, *Séparation de corps*.

31. La question de savoir s'il y a, ou non, identité d'objet entre deux demandes peut, d'ailleurs, se présenter dans les circonstances les plus diverses, et les nombreuses décisions que la jurisprudence a eu l'occasion de rendre à ce sujet ne peuvent, en général, être invoquées qu'à titre d'exemple et d'analogie.

§ 2. — *Identité de cause* (R. 191 et s.; S. 96 et s.).

32. Par *cause*, il faut entendre ici le fait juridique qui constitue le fondement direct et immédiat du droit ou du bénéfice légal que fait valoir l'une des parties. Ce fondement varie, du reste, suivant les cas, il n'est pas possible de poser des règles générales sur la manière de le déterminer. — L'identité de cause entre deux demandes successives peut résulter non seulement des demandes elles-mêmes, mais aussi des *exceptions* qui leur ont été opposées.

33. D'après la doctrine dominante, il faut

distinguer la cause directe et immédiate de l'action, *causa proxima actionis*, et la cause secondaire ou médiate, *causa remota*; la première est la seule dont on ait à se préoccuper lorsqu'il s'agit de savoir s'il y a, ou non, chose jugée. Ainsi, dans l'action en nullité d'une convention pour cause de dol, la cause prochaine est le défaut de consentement valable invoqué par le demandeur; le vice particulier allégué, le dol, n'est qu'une cause secondaire. Par conséquent, le demandeur qui a succombé dans son action ne peut demander ensuite la nullité de la même convention pour violence; car la cause de l'action, c'est-à-dire le vice du consentement, est la même dans les deux cas. De même, lorsqu'un testament a été attaqué comme entaché d'un vice de forme déterminé, le jugement qui rejette la demande s'oppose à ce qu'un nouveau vice de forme soit ultérieurement invoqué contre le même testament. — Mais il n'y aurait pas identité de cause si, après avoir demandé la nullité d'une convention pour vice de consentement, on attaquait cette même convention pour incapacité d'une des parties, ou si, après avoir argué un testament de nullité pour vice de forme, on prétendait le faire annuler pour insanité d'esprit du testateur, ou encore si, après avoir demandé la rescision d'un partage pour cause de lésion, on poursuivait la nullité du même partage pour cause d'inégalité des lots (Req. 29 oct. 1900, D. P. 1901. 1. 217). — L'identité de cause fait également défaut lorsqu'une même chose est réclamée successivement en vertu de titres différents. Ainsi, le rejet de la demande d'une somme réclamée à titre de dépôt n'empêche pas qu'on puisse ensuite réclamer la même somme comme ayant fait l'objet d'un prêt.

34. On ne doit pas confondre la *cause* d'une demande avec les *moyens* sur lesquels on prétend la fonder, c'est-à-dire les arguments développements ou arguments pour ou contre telle thèse ou doctrine, pour ou contre telle cause proposée. Il ne cesse pas d'y avoir même cause, par cela qu'on invoque à l'appui d'une nouvelle demande un moyen nouveau. — Enfin, il ne faut pas confondre, non plus, avec la cause d'une action, le *but* dans lequel on l'exerce, le *résultat* que l'on prétend, en cas de succès, en tirer ultérieurement.

35. Lorsqu'une demande pouvait s'appuyer à la fois sur plusieurs causes, la question de savoir si toutes ont été déduites en justice et si, par suite, le rejet de la demande s'oppose à ce qu'aucune d'elles puisse être invoquée désormais, dépend des circonstances, notamment des conclusions prises par les parties et des termes du jugement. Mais, dans tous les cas, celui-ci ne saurait jamais faire obstacle à une demande fondée sur une cause qui n'a pris naissance que depuis qu'il a été rendu.

§ 3. — *Identité de personnes et de qualités* (R. 222 et s.; S. 127 et s.).

36. Les personnes auxquelles la chose jugée peut être opposée sont celles qui ont été *parties dans le débat*, c'est-à-dire celles qui y ont conclu ou qui y ont été appelées, qui ont eu le droit d'y conclure, soit au fond, soit sur des exceptions, à titre de demanderesses ou de défenderesses. Il y a, d'ailleurs, identité entre les parties en cause alors même que la contestation ayant été, dans la première instance, engagée par voie d'action principale, le demandeur agit dans la seconde par voie d'action récursoire en garantie.

37. Un jugement a l'autorité de la chose jugée contre toute partie appelée dans l'instance, alors même qu'il serait intervenu sur un débat auquel elle est demeurée étrangère, sa présence ou sa vocation au procès lui ayant permis de faire valoir ses moyens, au cas où un tel jugement lui eût causé un préjudice.

38. La règle d'après laquelle la chose jugée doit être restreinte aux parties qui ont figuré dans le jugement s'applique en matière de question d'état, comme en toute autre. Ainsi, l'enfant qui a fait accueillir son action en réclamation d'état contre les père et mère qu'il soutenait avoir, a le droit de venir à leurs successions, mais n'est pas recevable à se prévaloir de ce jugement pour exercer des droits de famille étrangers audit jugement.

39. On est réputé avoir été partie dans une instance non seulement quand on y a figuré personnellement, mais encore quand on y a été *régulièrement représenté*. — Ce qui a été jugé avec le tuteur ou le curateur est réputé l'avoir été avec le mineur ou l'interdit, sauf au mineur ou à l'interdit la voie de la requête civile, s'il n'a pas été défendu valablement. — Ce qui a été jugé avec le mari, dans les cas où la loi lui accorde l'exercice des actions de sa femme, est censé jugé avec celle-ci, quoiqu'elle n'ait pas été mise en cause. — La chose jugée avec le syndic d'une faillite agissant dans les limites de ses pouvoirs est opposable au failli et aux créanciers. — Au contraire, la chose jugée avec le liquidateur d'une société n'est pas opposable aux créanciers sociaux, qu'il n'a pas mission de représenter.

40. La décision rendue pour ou contre un *mandataire conventionnel* a force de chose jugée pour ou contre son mandant. — Lorsqu'un individu sans procuration a agi pour un autre en qualité de gérant d'affaires, sans que son adversaire lui ait opposé le défaut de qualité, celui dont les affaires ont été gérées a le droit d'invoquer le jugement rendu s'il lui est favorable, ou de le repousser s'il lui préjudicie. De même, les droits qui, par l'effet de la chose jugée, résultent des jugements rendus contre un commissionnaire ou à son profit, peuvent être invoqués pour ou contre celui dans l'intérêt duquel il a agi. — Sur la chose jugée contre le maire ou contre un contribuable à l'égard de la commune, V. *infrà, Commune*; ... contre l'exécuteur testamentaire, à l'égard des héritiers et légataires, V. *infrà, Testament*.

41. Les *héritiers*, même bénéficiaires, et les autres successeurs à titre universel peuvent invoquer les jugements obtenus par leur auteur, et, à l'inverse, sont liés par les décisions rendues contre lui, sauf le cas de fraude ou de collusion. — Les successeurs à titre particulier ne sont censés avoir été représentés par leur auteur que lorsque leurs titres d'acquisition sont postérieurs à l'introduction des instances liées avec lui, ou ne sont devenus efficaces à l'égard des tiers que depuis cette époque; les jugements rendus en pareil cas, soit pour, soit contre leur auteur, ont à leur égard l'autorité de la chose jugée. — En sens inverse, le jugement rendu contre l'ayant cause ne peut être opposé à son auteur. Ainsi, ce qui a été jugé à l'égard de l'acheteur d'un immeuble depuis la transcription de la vente, n'est pas opposable au vendeur ou à ses héritiers (Civ. 16 avr. 1889, D. P. 90. 1. 176).

42. La chose jugée avec le débiteur peut être opposée à ses *créanciers chirographaires*, ... à moins que ceux-ci n'attaquent l'acte fait par lui comme ayant été accompli en fraude de leurs droits. — Toutefois, les créanciers chirographaires ne sont pas représentés par leur débiteur dans les instances où il s'agit de savoir comment se répartira l'émolument de son patrimoine; ainsi, les jugements qui ont reconnu des privilèges ou des droits de préférence au profit de tels ou tels d'entre eux n'ont pas, quoique rendus avec le débiteur commun, l'autorité de la chose jugée au regard de ceux qui n'y ont jamais été parties.

43. D'après la jurisprudence actuelle de la Cour de cassation, les *créanciers hypothécaires* sont représentés par leur débiteur dans les contestations engagées, même postérieurement à la constitution de leur hypothèque, entre celui-ci et des tiers relativement à l'existence ou à la consistance de ses droits sur les immeubles hypothéqués; ils ne le sont pas, au contraire, dans les contestations où la discussion ne porte que sur les droits respectifs des créanciers, ... non plus que lorsqu'ils allèguent le dol ou la fraude de leur débiteur.

44. Lorsqu'un créancier n'est pas réputé avoir été représenté dans une instance par son débiteur, il ne suffit, pour écarter l'application de ce jugement, d'invoquer la règle *res inter alios judicata*, ... à moins qu'il ne s'agisse d'empêcher l'exécution dudit jugement entre les personnes mêmes qui y ont été parties, auquel cas il est nécessaire de recourir à la voie de la tierce opposition (V. *infrà, Tierce opposition*).

45. Les jugements rendus en matière *indivisible* ont l'autorité de la chose jugée à l'égard de tous les cointéressés, sauf, pour ceux qui n'y ont pas été parties, le droit d'y former tierce opposition (V. *infrà, Obligations, Tierce opposition*). — Au contraire, les jugements rendus en matière *divisible* n'ont d'autorité qu'entre les parties en cause et ne peuvent être invoqués que par elles et contre elles.

46. Le jugement rendu pour ou contre un *héritier* ne peut avoir aucune force à l'égard de ses cohéritiers. — Le jugement rendu contre l'un de plusieurs *copropriétaires* indivis n'a pas d'effet contre les autres, tandis que le jugement rendu en sa faveur leur profite. La même distinction est applicable au nu propriétaire et à l'usufruitier, et, d'après l'opinion dominante, aux *codébiteurs* ou *cocréanciers solidaires* (V. *infrà, Obligations*).

47. De même encore, on admet que le jugement rendu contre la caution ne peut être opposé au *débiteur principal*, tandis que le jugement rendu en faveur de la caution peut être invoqué par le débiteur, à moins qu'il ne statue que sur le fait du cautionnement.

48. Le jugement rendu en faveur du débiteur, sur le fait même de la dette, profite à la *caution*, à moins qu'il n'ait déchargé le débiteur que sur le fondement d'une exception purement personnelle à celui-ci. — Réciproquement, on admet, en général, que le jugement rendu contre le débiteur est opposable à la caution, sauf pour celle-ci la faculté d'y former tierce opposition.

49. La chose jugée contre le *garanti* seul ne l'est pas contre le *garant*; celui-ci peut donc toujours, sur le recours exercé par le garanti, remettre en question ce qui a été jugé sur l'action principale.

50. Pour qu'il y ait chose jugée, il ne suffit pas que les personnes qui agissent dans la seconde instance soient les mêmes que celles qui ont figuré dans la première; il faut encore qu'elles agissent dans la même qualité (Civ. c. 17 mars 1890, D. P. 91. 1. 316). Ainsi, la chose jugée avec le tuteur, comme représentant du mineur, ne peut lui être opposée lorsqu'il reproduit la même demande en son nom personnel. — Cette règle, toutefois, comporte une restriction : le jugement rendu avec une partie procédant en une certaine qualité fait obstacle à ce que cette partie reproduise un nouveau débat ayant la même cause et le même objet, en vertu d'une qualité distincte, si elle réunissait déjà ces deux qualités lors du premier débat.

ART. 3. — EFFETS DE LA CHOSE JUGÉE (R. 293 et s.; S. 193 et s.).

51. La chose jugée ne permet pas de remettre en question ce qui a été précédemment décidé ou reconnu. — Elle est opposable même dans les matières qui touchent à l'ordre public et couvre jusqu'aux vices des actions intentées ou soutenues en violation des lois. — Elle s'oppose à la délation du serment décisoire sur un fait réglé par un jugement passé en force de chose jugée. Elle peut laisser, d'ailleurs, subsister une obligation naturelle à la charge de la partie qui en bénéficie.

52. La chose jugée ne met pas obstacle à l'interprétation des jugements par les juges qui les ont rendus : la faculté qui appartient aux juges d'interpréter, le cas échéant, leurs décisions, n'a d'autres limites que l'interdiction de restreindre, d'étendre ou de modifier les droits consacrés par leur sentence.

53. L'exception de chose jugée est essentiellement *restrictive;* il n'en doit être fait application que dans les cas explicitement prévus par la loi, et alors qu'il n'y a aucun doute possible sur son existence.

54. Quoique, en général, les effets de la chose jugée soient irrévocables, cependant ils peuvent n'avoir qu'un caractère passager ou conditionnel, si telle a été l'intention des juges ou si cela résulte de l'économie de la loi, comme, par exemple, en matière de contributions directes ou d'inscription sur les listes électorales.

55. Le jugement qui réserve les droits des parties n'a pas l'autorité de la chose jugée, en ce sens du moins qu'il ne constitue pas une solution définitive quant au fond du droit contesté. — On ne doit pas non plus considérer comme irrévocables et ayant force de chose jugée les décisions *comminatoires*, c'est-à-dire celles qui condamnent une partie à produire des titres ou à faire une justification dans un certain délai, et qui, à défaut de s'y conformer, déclarent qu'elle sera déboutée ou condamnée à une certaine somme envers son adversaire à titre de dommages-intérêts; ... à moins qu'il ne résulte clairement des termes de la décision que les juges, en fixant la somme à payer par chaque jour de retard, ont entendu statuer d'une façon définitive et absolue.

56. Bien que, en règle générale, l'autorité d'un jugement ne puisse être repoussée sous prétexte qu'il est entaché d'erreur, cependant elle s'oppose pas à ce que l'on demande aux juges de rectifier les *erreurs matérielles*, notamment les erreurs de calcul, qui se sont glissées dans leur décision, même passée en force de chose jugée. D'autre part, si la partie condamnée au payement d'une somme qu'elle niait devoir retrouve la quittance du payement fait par elle ou son auteur, elle peut produire cette quittance et faire tomber le jugement; ... à moins que l'exception de payement n'ait été opposée antérieurement au fait jugement.

57. La découverte de *pièces décisives*, faite depuis le jugement, ne peut amener la rétractation de celui-ci qu'autant que ces pièces auraient été retenues par la partie adverse, et la rétractation, dans ce cas, ne peut avoir lieu que par voie de requête civile.

58. L'autorité de la chose jugée s'applique aux décisions rendues sur les demandes reconventionnelles et les exceptions présentées par le demandeur aussi bien qu'à celles qui statuent sur les conclusions ou demandes principales (Req. 13 nov. 1901, D. P. 1902. 1. 47).

59. L'exception de chose jugée, en matière civile, n'est pas d'ordre public (Req. 11 déc. 1895, D. P. 98. 1. 468); elle constitue un bénéfice personnel auquel l'intéressé peut renoncer formellement ou implicitement. D'autre part, elle ne peut être suppléée d'office par le juge. — Elle peut

être proposée en tout état de cause, même en appel, pourvu que ce soit avant l'audition du ministère public et la clôture des débats. — Mais elle ne peut être invoquée devant la Cour de cassation, lorsqu'elle ne l'a pas été devant le tribunal dont la décision est attaquée (Req. 11 déc. 1895, précité).

SECT. II. — Chose jugée en matière criminelle.

ART. 1er. — RÈGLES GÉNÉRALES (R. 396 et s.; S. 237 et s.).

60. C'est un principe fondamental que celui qui a été jugé, condamné ou absous par un jugement passé en force de chose jugée, ne peut désormais être poursuivi pour le même fait (Instr. 860). — Ce principe, qui constitue l'exception de chose jugée, appelée aussi règle *non bis in idem,* est d'ordre public en matière criminelle (V. au contraire, en matière civile, *supra,* n° 59). Il en résulte : 1° que cette exception peut être proposée pour la première fois en appel ou devant la Cour d'assises ou même devant la Cour de cassation; 2° que l'inculpé ne peut y renoncer, et que le juge doit l'examiner même d'office.

ART. 2. — CONDITIONS D'APPLICATION DE L'EXCEPTION DE CHOSE JUGÉE.

61. Les conditions moyennant lesquelles l'exception de chose jugée est applicable sont au nombre de trois : 1° existence d'un jugement; 2° identité de délits; 3° identité de parties.

§ 1er. — *Existence d'un jugement antérieur.*

62. L'exception de chose jugée, en matière criminelle, suppose nécessairement l'existence d'une décision judiciaire ayant déjà jugé ce qui fait l'objet de la nouvelle poursuite.

A. — *Conditions que doit réunir le jugement antérieur* (R. 400 et s., 435, 438, 445, 448 et s.; S. 241 et s.).

63. Ce jugement doit lui-même réunir les conditions suivantes : 1° être un jugement *criminel*, c'est-à-dire une décision rendue pour l'application des lois pénales par une des diverses juridictions instituées à cet effet. Ainsi, les décisions rendues en matière disciplinaire contre les magistrats, avocats, avoués, greffiers, huissiers, notaires et autres officiers ministériels, et aussi les décisions disciplinaires des différents conseils de l'instruction publique, ne produisent pas l'exception de chose jugée.

64. 2° Avoir prononcé sur le fond même de la poursuite. Ainsi, l'exception de la chose jugée ne saurait résulter d'un jugement ayant ordonné une mesure préparatoire et d'instruction, comme une vérification ou une expertise (V. *infra,* n° 76, *in fine*).

65. 3° Etre irrévocable, c'est-à-dire n'être susceptible d'aucun recours, comme une ordonnance d'acquittement, n'être plus susceptible d'être réformé, les voies de recours n'étant plus ouvertes ou ayant été épuisées. Il n'en est pas ainsi des arrêts rendus par contumace, lesquels n'ont qu'un caractère provisoire, et ne peuvent, dès lors, avoir l'autorité de la chose jugée tant que les délais et la prescription de la peine ne sont pas expirés (Civ. c. 5 janv. 1898, D. P. 99. 1. 50).

66. Il n'est pas nécessaire, malgré le texte de l'art. 360 c. instr. cr., que le jugement qui produit la chose jugée ait été rendu légalement, c'est-à-dire conformément à la loi. Ainsi les jugements, même irréguliers, acquièrent force de chose jugée, quelle que soit la cause de leur irrégularité : il en serait ainsi, notamment, d'un jugement émané d'un tribunal illégalement com-

posé ou incompétent, comme, par exemple, dans le cas où un tribunal correctionnel aurait prononcé sur un fait qualifié crime.

B. — *Décisions diverses d'où peut résulter la chose jugée.*

67. L'autorité de la chose jugée appartient aux décisions des juridictions d'instruction comme à celles des juridictions de jugement.

a. — *Décisions des juridictions d'instruction* (R. 409 et s., S. 230 et s.).

68. 1° *Ordonnances et arrêts de non-lieu* (Instr. 246). — Les arrêts de non-lieu rendus par la chambre d'accusation et portant qu'il n'y a lieu à renvoi, soit en Cour d'assises, soit au tribunal correctionnel, soit au tribunal de simple police, ont l'autorité de la chose jugée, c'est-à-dire qu'ils ont pour effet d'empêcher toute nouvelle poursuite. Il en est de même des ordonnances de non-lieu du juge d'instruction — Une distinction doit, toutefois, être faite à cet égard.

69. Les décisions de non-lieu sont, dans la plupart des cas, *rendues en fait* et motivées sur ce qu'il ne résulte pas de l'information des charges suffisantes contre l'inculpé. Dès lors, celui-ci ne peut plus être poursuivi, ni traduit, soit devant la Cour d'assises, soit devant le tribunal correctionnel ou de police, à raison du même fait. Mais cette décision n'est que provisoire et soumise à une sorte de condition résolutoire qui est la survenance de charges nouvelles, et, lorsque cette condition se réalise, l'autorité de la chose jugée disparaît. — Sur ce que l'on doit entendre par charges nouvelles, V. *infra, Instruction criminelle.*

70. En l'absence de charges nouvelles, non seulement il n'est pas permis à une chambre d'accusation ou à un juge d'instruction de renvoyer le même prévenu, à raison du même fait, devant une juridiction de répression; mais ce prévenu ne peut pas non plus désormais être poursuivi sur la citation directe du ministère public ou de la partie lésée. — Au contraire, la décision de la juridiction d'instruction ne met pas obstacle à ce que, *sur des charges nouvelles,* des poursuites soient reprises contre le prévenu, alors même qu'elle est motivée sur ce que le fait *n'existe pas* ou sur ce qu'il *n'a pas été commis* par l'inculpé.

71. L'autorité des ordonnances ou arrêts de non-lieu est, non pas provisoire, mais *absolue,* lorsqu'ils sont motivés *en droit.* Il en est ainsi quand ils déclarent l'action publique non recevable à cause d'une exception, par exemple, lorsqu'ils sont fondés sur la chose jugée, sur la prescription ou sur l'amnistie. Dans ce cas, la survenance de charges nouvelles serait impuissante pour autoriser à traduire le prévenu devant les tribunaux; la décision est définitive, il y a chose irrévocablement jugée.

72. 2° *Ordonnances et arrêts de renvoi.* — Les ordonnances et arrêts de renvoi, qui ont pour unique effet de saisir les tribunaux de répression, ont l'autorité de la chose jugée sur la question de savoir s'il y a lieu, ou non, d'exercer une poursuite, question qu'elles résolvent par l'affirmative en désignant le tribunal auquel l'affaire doit être renvoyée, et tout acte qui s'opposerait à ce que le tribunal désigné fût saisi serait contraire à la chose jugée. Ainsi, on ne peut ni révoquer la décision de renvoi par une décision de non-lieu postérieure, ni saisir un juge autre que celui que le tribunal a désigné, soit par voie de citation directe, soit par une nouvelle décision de renvoi.

73. Les décisions par lesquelles les juridictions d'instruction renvoient l'accusé ou le prévenu à la cour ou au tribunal chargé de le juger n'ont, en principe, aucune influence sur le jugement de la cause. Ainsi, les tribunaux saisis par l'ordonnance ou l'arrêt de renvoi ne sont pas liés par ces décisions, et ils doivent exercer leur droit d'examen indépendamment de l'opinion qu'ont pu se former les juges qui leur ont renvoyé l'affaire. Il suit de là que les décisions d'instruction ne lient point les juridictions de jugement relativement : 1° à la constatation des faits ; 2° à la culpabilité du prévenu ou de l'accusé ; 3° à l'existence des circonstances aggravantes (sauf dans le cas où la juridiction d'instruction aurait écarté la circonstance aggravante *en droit* par une décision formelle, par exemple si l'arrêt de renvoi avait décidé qu'une fausse clef trouvée n'est pas une fausse clef, ou que l'incendie d'une dépendance de la maison n'est pas l'incendie d'une maison habitée) ; 4° à la qualification qu'a donnée au fait incriminé l'ordonnance ou l'arrêt de renvoi.

74. Les tribunaux correctionnels peuvent juger et condamner le prévenu pour une infraction autre que celle pour laquelle il a été renvoyé, à la condition, toutefois, que la qualification nouvelle soit *implicitement* contenue dans les faits visés par l'ordonnance ou l'arrêt. On peut également, devant la Cour d'assises, poser au jury toutes les questions qui résultent des débats, lors même qu'elles changent le caractère du fait principal, pourvu qu'elles se rattachent à ce fait (V. sur ce point, *infrà*, *Instruction criminelle*).

75. Il résulte encore du même principe que, au point de vue de la compétence, les renvois en police correctionnelle et en simple police sont seulement *indicatifs* et non *attributifs* de juridiction, en ce sens que le tribunal a toujours le droit et même le devoir d'examiner, d'après la nature des faits, s'il est, ou non, compétent. Ainsi, les tribunaux correctionnels doivent se déclarer incompétents lorsqu'ils reconnaissent que le fait dont ils ont été saisis par le renvoi de la juridiction d'instruction porte les caractères de crime. — La même règle n'est pas applicable aux arrêts de renvoi des chambres d'accusation qui saisissent la Cour d'assises. Ces arrêts sont attributifs de juridiction. La Cour d'assises saisie par la chambre d'accusation n'est liée au point de vue de la compétence. Elle ne peut refuser de juger, encore qu'elle ne serait ni la Cour d'assises du lieu du crime, ni celle du domicile de l'inculpé, ni celle du lieu de l'arrestation. La Cour d'assises doit également statuer lorsque le fait, à la suite de la déclaration du jury, ne présente plus que les caractères d'un délit.

b. — *Décisions des juridictions de jugement* (R. 405 et s. ; S. 279 et s.).

76. 1° *Quelles décisions acquièrent l'autorité de la chose jugée.* — Les décisions des juridictions de jugement ont l'autorité de la chose jugée quand elles sont devenues définitives. Il en est ainsi des décisions qui ont statué soit en matière de crime, — arrêts de condamnation ou ordonnances d'acquittement, — soit en matière de délit, soit en matière de contravention. — Toutefois, les jugements préparatoires et d'instruction ne sont pas de nature à produire la chose jugée (V. *supra*, n° 64 ; V. aussi *infrà*, *Jugement d'avant dire droit*).

77. La chose jugée résulte non seulement des jugements rendus par les tribunaux ordinaires, mais encore des décisions rendues par les conseils de guerre, par les tribunaux maritimes, par les juridictions disciplinaires.

78. 2° *Effets des voies de recours sur l'autorité de la chose jugée.* — L'appel n'enlève pas toujours au jugement de première instance toute l'autorité de la chose jugée. En effet, si l'appel a été formé par le seul prévenu, le tribunal d'appel ne peut réformer la décision attaquée contrairement à

l'intérêt du prévenu seul appelant (V. *supra*, *Appel en matière criminelle*, n° 22). En conséquence, le juge du second degré ne peut statuer sur les chefs écartés par les premiers juges et, s'il statue sur les faits pour lesquels il y a eu condamnation, il ne peut aggraver la peine : il y a chose jugée en ce qui concerne cette aggravation. — De même, le juge d'appel, ne pouvant aggraver la situation du prévenu lorsqu'il n'est saisi que par le recours de ce dernier, ne peut, par suite, se déclarer incompétent à raison de ce que le fait poursuivi constituerait un crime et aurait dû être déféré à la Cour d'assises.

79. Si c'est la partie civile seule qui a appelé, son appel ne porte devant la juridiction saisie qu'une simple question civile ; il ne touche donc pas à ce qui a été jugé au point de vue répressif, et le premier jugement garde, sous ce rapport, l'autorité de la chose jugée. — Mais il en est autrement si l'appel a été relevé par le ministère public ; en ce cas, l'appel frappe tout le jugement, qui n'est protégé dans aucune de ses parties par le principe de la chose jugée.

80. La cassation elle-même ne fait pas toujours disparaître l'autorité de la chose jugée (V. sur ce point, *supra*, *Cassation*, n° 197).

81. 3° *De la chose jugée dans ses rapports avec le dispositif de la décision.* — La chose jugée résulte du dispositif du jugement et non de ses motifs. C'est dans le dispositif qu'il faut chercher ce qui a été jugé. Ainsi, l'énonciation, dans les motifs d'un arrêt, que l'appelant se serait rendu coupable d'une infraction autre que celle dont la Cour était saisie, et qui a motivé la condamnation, serait sans effet au point de vue de l'action en responsabilité qui pourrait s'engager sur ce fait devant la juridiction civile. — Cependant, la chose jugée peut aussi résulter des motifs d'un jugement rapprochés de son dispositif (Cr. c. 19 juin et 12 juill. 1902, D. P. 1903. 5. 123).

C. — *Jugements étrangers* (S. 283 et s.).

82. Les jugements criminels rendus à l'étranger ne sont pas susceptibles d'avoir, en France, l'autorité de la chose jugée. Pour l'application de cette règle, il faut supposer un crime ou un délit commis en France par un étranger, qui s'enfuit dans son pays et qui y est poursuivi et jugé à raison de ce crime ou de ce délit. Si cet étranger rentre en France, qu'il ait été acquitté ou condamné à l'étranger, la poursuite pourra avoir lieu à nouveau en France. — En ce qui concerne, au contraire, les crimes et délits commis par un Français en pays étranger, aucune poursuite n'a lieu, si l'inculpé prouve qu'il a été jugé définitivement à l'étranger (Instr. 5, § 3).

§ 2. — *Identité de délits* (R. 451 et s. ; S. 292 et s.).

83. La chose jugée n'existe, en matière criminelle, qu'autant que le fait sur lequel est fondée la nouvelle poursuite est absolument identique dans ses éléments, tant légaux que matériels, à celui qui a motivé la première (Cr. r. 31 oct. 1895, D. P. 97. 1. 334). — D'autre part, l'exception de la chose jugée ne s'applique, en principe, qu'au fait même qui a été l'objet du premier jugement, et non aux autres faits qui ont pu le précéder ou le suivre. Mais il n'en est ainsi qu'autant que ces faits constituent une infraction distincte et séparée. Si le fait objet de la première poursuite a été accompagné ou suivi d'autres faits qui sont liés avec le premier, qui s'y rattachent d'une façon plus ou moins étroite, le jugement intervenu doit protéger contre une nouvelle procédure les faits liés avec celui qui a été jugé, lorsque ces faits forment avec le fait

jugé une infraction unique, s'ils se confondent dans une seule et même action, car cette action a été jugée.

84. 1° *Faits distincts et séparés.* — Lorsque le fait qui donne lieu à une nouvelle accusation est tout à fait séparé de celui qui a motivé la première, sans lieu aucun avec celui-ci, et qui a été jugé par rapport au premier fait est sans influence sur le jugement du second. De même, lorsque les faits, bien que liés entre eux par quelque rapport commun, sont néanmoins distincts, ils donnent lieu à des actions différentes, pouvant être poursuivies séparément, sans que le jugement de l'une porte préjudice au jugement des autres. C'est ainsi, par exemple, que les détournements qu'un faux a eu pour objet de faciliter ou de dissimuler constituent des délits distincts de ce crime et peuvent dès lors, après que l'accusation de faux a été purgée par une déclaration d'acquittement, faire l'objet d'une poursuite correctionnelle, sans qu'il y ait violation du principe de la chose jugée.

85. 2° *Poursuites nouvelles sur certaines circonstances du fait principal.* — Il semble que, lorsque le jugement a été rendu sur le fait principal, il ne doive pas être possible de reprendre en détail et isolément quelques-unes de ces circonstances, lorsqu'elles constitueraient par elles-mêmes des crimes ou des délits, et de les poursuivre comme infractions à part. — Cependant certaines décisions de la Cour de cassation paraissent s'écarter de cette règle. Ainsi, il a été jugé que l'individu acquitté d'une accusation d'attentat à la pudeur avec violence et de tentative d'assassinat sur la même personne peut, sans qu'il y ait violation de la chose jugée, être traduit devant le tribunal correctionnel pour répondre à une inculpation de coups volontaires, fondée sur les violences qui formaient l'un des éléments de l'accusation soumise au jury (Cr. r. 4 août 1865, D. P. 65. 1. 562).

86. 3° *Faits nouveaux.* — Les faits nouveaux, c'est-à-dire postérieurs à un premier jugement, peuvent, à plus forte raison, donner lieu à une nouvelle poursuite. Ainsi, les jugements intervenus à l'occasion de poursuites pour contravention à un arrêté municipal ordonnant la démolition d'un édifice ne peuvent produire les effets de la chose jugée à l'égard d'une autre contravention consistant dans le refus d'obéir aux prescriptions d'un arrêté pris postérieurement à ces jugements pour mettre l'inculpé en demeure d'enlever des terres et des matériaux détachés de sa propriété et encombrant la voie publique, et d'exécuter certains travaux ayant pour but de prévenir des éboulements futurs (Cr. c. 21 mars 1885, S. p. 599).

87. La règle que nous appliquée la poursuite des faits nouveaux a été appliquée spécialement en matière d'*infractions réitérées*, c'est-à-dire de délits distincts, de même nature, successivement commis par la même personne. L'inculpé peut être poursuivi à nouveau, soit qu'il ait été précédemment acquitté, soit, à plus forte raison, qu'il ait été condamné. Ainsi, le jugement correctionnel relaxant une prévenue pour prétendue infraction à un arrêté municipal qui ordonnait son inscription sur le registre des filles publiques n'a pas l'autorité de la chose jugée à l'égard de faits postérieurs de même nature, mais distincts et nouveaux, constatés par un autre procès-verbal à l'égard de la même personne, et, dès lors, celle-ci ne saurait s'en prévaloir pour échapper à une nouvelle poursuite exercée contre elle (Cr. c. 24 oct. 1896, D. P. 97. 1. 563).

88. Une nouvelle poursuite n'est, d'ailleurs, pas recevable lorsqu'il y a, non pas fait nouveau, mais continuation du même fait, notamment dans le cas où un prévenu, déjà condamné pour avoir embarrassé la voie publique par une construction, vient de être poursuivi en raison du maintien de cette construction.

89. Cependant, il est des cas où la continuation du fait pourrait donner lieu à de nouvelles poursuites, soit après acquittement, soit après condamnation. Il en est ainsi, notamment, lorsqu'il s'agit d'un délit successif, qui est alors susceptible d'une nouvelle poursuite à l'occasion de chaque fait qui le renouvelle. Ainsi, l'exploitation illégale d'un établissement insalubre peut, nonobstant l'obtention d'un premier jugement d'acquittement par l'industriel qui l'a entreprise, être l'objet de nouvelles poursuites pour la continuation qui en est faite dans les mêmes conditions; en pareil cas, il n'y a chose jugée que pour l'exploitation antérieure à la première poursuite (Cr. c. 17 déc. 1864, D. P. 66. 1. 366).

90. 4° *Faits collectifs.* — À l'inverse de ce qui a lieu à l'égard des faits distincts et des faits nouveaux (V. *supra*, n°s 84 et 86), l'action publique est éteinte à l'égard de faits nouvellement découverts qui ne forment avec le fait jugé qu'une seule et même infraction. Il en est ainsi à l'égard des *délits d'habitude* constitués par la réunion de plusieurs faits particuliers, comme le délit d'usure ou le délit d'excitation de mineurs à la débauche. En pareil cas, les faits antérieurs à la sentence, quelque nombreux qu'ils soient, ne constituent qu'un seul délit, et l'on ne pourrait, sans violer la chose jugée, rechercher ceux d'entre eux qui viendraient à être découverts plus tard, puisqu'ils ont été virtuellement compris dans les premières poursuites. — Mais, bien entendu, si les faits sont non pas antérieurs mais postérieurs à la sentence, ils peuvent être poursuivis, pourvu qu'ils soient en nombre suffisant pour constituer à eux seuls une nouvelle habitude, quoiqu'aucun des faits antérieurs soit pris en considération.

91. Quant aux *infractions continues*, elles ne sauraient faire l'objet de poursuites successives, puisqu'un semblable délit se compose d'une série non interrompue d'actes punissables et non de plusieurs faits distincts et séparés les uns des autres. Tous les actes antérieurs à la poursuite sont, en ce cas, nécessairement compris dans le délit, poursuivi et jugés par la sentence qui a statué sur ce délit. Il en est ainsi, notamment, en matière de séquestration de personne, de port illégal de décoration, d'exercice illégal de la médecine, de possession de faux poids, d'affiliation à une société secrète.

92. 5° *Faits connexes ou indivisibles.* — La connexité de faits n'est pas, par elle-même, un obstacle à une double poursuite. Ainsi, lorsque deux délits sont connexes, le jugement qui intervient sur l'un n'a pas autorité sur l'autre. Spécialement, l'individu acquitté de l'accusation d'attentat aux mœurs avec violences peut être condamné pour délit d'excitation habituelle à la débauche, quoique les faits constitutifs de ce délit soient antérieurs à l'attentat au sujet duquel est intervenu l'acquittement, et quoiqu'ils aient été commis envers la même personne. Il est de même, à la condition que la condamnation soit motivée sur des faits autres que cet attentat (Cr. c. 5 juill. 1834, R. v° Attentat aux mœurs, p. 435).

93. Lorsque les faits, au lieu d'être simplement connexes, forment un tout *indivisible*, de telle sorte que la criminalité de l'un est nécessairement subordonnée à l'existence de l'autre et que, par suite, le jugement rendu sur l'un d'eux exclut l'existence des autres, ce jugement a nécessairement autorité sur les autres délits et, par conséquent, fait obstacle à des poursuites ultérieures. Ainsi, un individu acquitté du crime de violences contre des agents de la force publique avec blessures ne pourrait ensuite être traduit en police correctionnelle sous l'inculpation de rébellion pour des violences formant avec le crime déjà jugé un tout indivisible.

94. 6° *Cas où un seul fait constitue deux délits différents.* — Un fait peut engendrer plusieurs infractions distinctes, et constituer, par exemple, suivant le point de vue sous lequel il est envisagé, un infanticide ou un homicide volontaire, un faux ou une escroquerie, un viol ou un outrage public à la pudeur. D'après la jurisprudence, le jugement qui statue sur un fait de cette nature ne couvre ce fait lui-même ni ne purge de toutes les incriminations auxquelles il pouvait donner lieu; il n'a force de chose jugée que relativement à la qualification qui lui a été donnée dans la poursuite. Ainsi, l'individu acquitté de l'accusation d'un crime pourra être de nouveau poursuivi à raison du même fait matériel sous une qualification différente : l'art. 360 c. instr. cr., lorsqu'il déclare que toute personne acquittée légalement ne pourra plus être reprise ni accusée à raison du même fait, entend parler, non du même fait matériel, mais du même fait semblablement qualifié. La question, d'ailleurs, ne peut se poser qu'après un acquittement : si, au lieu d'être acquitté, l'accusé avait été condamné ou absous, il est certain qu'on ne pourrait pas le poursuivre de nouveau à raison du même fait qualifié d'une manière différente.

95. La règle qui précède a reçu de fréquentes applications au cas de poursuites correctionnelles postérieures à un acquittement prononcé par la Cour d'assises. Ainsi, on admet : que la femme accusée d'infanticide et acquittée de ce chef peut être ultérieurement poursuivie en police correctionnelle sous la prévention d'exposition et de délaissement d'enfant ; ... que l'individu acquitté sur une accusation de meurtre peut être poursuivi correctionnellement pour homicide involontaire ; ... que l'individu acquitté sur l'accusation de viol ou d'attentat à la pudeur avec violence, ou d'attentat à la pudeur sans violence sur des enfants, peut ensuite être poursuivi par voie correctionnelle pour les mêmes faits envisagés comme constituant le délit d'outrage public à la pudeur ; ... que le failli acquitté sur une accusation de banqueroute frauduleuse peut être ultérieurement poursuivi pour banqueroute simple ; etc.

96. Mais la poursuite nouvelle n'est possible qu'à la condition essentielle que les éléments de la seconde qualification soient distincts des circonstances constitutives de la première. Ainsi, l'individu acquitté de l'accusation d'avoir tenté d'assassiner une personne en lui tirant à bout portant un coup de pistolet ne peut ultérieurement être traduit devant le tribunal correctionnel comme prévenu d'avoir, avec préméditation, porté volontairement des coups et fait des blessures à la même personne par un même coup de pistolet (Amiens, 28 avr. 1866, D. P. 66. 2. 113).

97. Après un acquittement en Cour d'assises, le même fait envisagé sous une qualification différente peut être l'objet, non seulement de nouvelles poursuites en matière correctionnelle, comme dans les cas exposés ci-dessus, mais aussi, le cas échéant, de nouvelles poursuites criminelles. Ainsi, l'acquittement sur l'accusation du crime d'avortement ne met pas obstacle à ce que les faits, objet de cette accusation, soient ultérieurement poursuivis comme constituant le crime de blessures volontaires ayant causé, sans intention de la donner, la mort de la femme sur la personne de laquelle ils ont été pratiqués (Cr. r. 2 juill. 1880, D. P. 63. 1. 467).

98. La condamnation prononcée par un tribunal correctionnel ou par un tribunal de simple police met obstacle d'une façon absolue à ce qu'une seconde poursuite soit dirigée pour le même fait contre le même individu. Ainsi un débitant de boissons, condamné pour avoir ouvert son débit avant d'en avoir obtenu une autorisation administrative, n'a pu être poursuivi, à raison du même fait et des mêmes constatations qui avaient donné lieu à la première poursuite, pour contravention à l'arrêté fixant l'heure de fermeture de lieux publics (Cr. r. 14 mai 1858. S. p. 609).

99. Mais, si la poursuite en police correctionnelle ou en simple police s'est terminée par un acquittement, la Cour de cassation admet qu'il est permis de reprendre le fait dans une qualification différente. En d'autres termes, l'autorité des jugements rendus en matière de police correctionnelle ou de simple police s'applique, comme en matière de grand criminel (V. *supra*, n° 94), non pas au fait même, mais seulement à la qualification qui lui a été donnée dans la poursuite et dans le jugement. Ainsi, l'individu acquitté par le tribunal correctionnel d'une poursuite pour délit d'escroquerie commis au moyen d'un jeu de hasard tenu sur la voie publique peut, sans violation de la chose jugée, être poursuivi devant le tribunal de police sur le même fait de tenue d'un jeu de hasard sur la voie publique, considéré, non plus comme instrument de fraude, mais comme constituant la contravention prévue par l'art. 475-5e c. pén. (Cr. r. 1er août 1861, D. P. 61. 1. 500).

100. 7° *Complicité, tentative.* — Un individu poursuivi comme auteur d'un crime ou d'un délit et acquitté sur cette première poursuite ne peut pas être ensuite poursuivi comme complice de ce même crime ou de ce même délit, sauf s'il s'agit de complicité par recel. — De même, le fait qui a donné lieu à un acquittement ne peut pas être repris sous la tentative, et réciproquement.

§ 3. — *Identité de parties* (R. 496 et s.; S. 348 et s.).

101. En ce qui concerne l'identité de la partie poursuivante, le crime, le délit ou la contravention, une fois jugés contradictoirement avec le ministère public, le sont à l'égard de tous, notamment à l'égard de la partie civile. On admet cependant que l'administration des Contributions indirectes pourrait reprendre une poursuite à laquelle elle n'a pas été partie.

102. Au contraire, la règle qui veut que l'autorité des jugements n'ait que relative trouve son application à l'égard des inculpés. Ainsi, lorsque l'un des prévenus a été *condamné*, une autre personne peut être poursuivie, à raison du même fait, soit comme auteur, soit comme coauteur ou complice, quand même il résulterait des circonstances qu'il n'a pu y avoir qu'un seul coupable, sauf, dans cette hypothèse, la révision des deux condamnations contradictoires (V. *infra*, Revision). De même, l'acquittement de l'accusé ou du prévenu ne forme pas obstacle à une nouvelle poursuite dirigée contre une autre personne à raison du même fait. Ainsi à plus forte raison un même individu peut-il être poursuivi pour un fait distinct, quoique identique. Mais la personne considérée comme civilement responsable profite de l'autorité de la chose jugée résultant d'une décision rendue en faveur du préposé (Civ. c. 11 juill. 1899, D. P. 1900. 1. 437). À l'inverse, si celui-ci a été déclaré coupable, la responsabilité civile du maître en découle nécessairement, et il y a chose jugée sur ce point Civ. r. 14 nov. 1893, D. P. 99. 1. 65.

103. En matière de complicité, il est

admis, d'une part, que l'acquittement de l'auteur principal profite aux complices lorsqu'il est motivé sur ce que le délit n'a point existé, ou sur ce que l'action publique n'est pas recevable à cause d'une exception péremptoire inhérente au fait, telle que la prescription ou l'amnistie ; d'autre part, que si l'acquittement de l'auteur principal a été motivé par des exceptions personnelles, comme la bonne foi, le défaut de discernement ou l'insuffisance des preuves, il ne fait pas obstacle à la poursuite et à la condamnation de ses complices.

ART. 3. — EFFETS DE LA CHOSE JUGÉE
EN MATIÈRE CRIMINELLE.

§ 1er. — *Effets de la chose jugée en matière répressive sur l'action publique* (R. 506 et s.; S. 361 et s.).

104. 1° *Décisions des juridictions d'instruction.* — V. suprà, nos 68 et s.

105. 2° *Décisions des juridictions de jugement.* — Les décisions des cours et tribunaux fournissent à l'accusé une exemption péremptoire de chose jugée contre toute poursuite ultérieure à raison du même fait. Si l'accusé a été acquitté, il ne peut plus être repris pour le même fait, même si des preuves nouvellement découvertes établissaient avec évidence sa culpabilité. S'il a encouru une condamnation, l'autorité de la chose jugée met obstacle à la poursuite que l'on voudrait renouveler, soit pour le punir une seconde fois à raison du même fait (par exemple, lorsque le fait dont il s'est rendu coupable a donné naissance à plusieurs infractions), soit pour lui appliquer une peine plus forte que celle qui a été prononcée contre lui, soit enfin pour ajouter aux peines déjà prononcées d'autres peines, également encourues par le condamné, mais que l'on avait omis de lui infliger.

§ 2. — *Influence de la chose jugée au criminel sur l'action civile, et, en général, sur les contestations civiles.*

A. — Principe général (R. 542 et s.; S. 390 et s.).

106. Les jugements criminels ont une autorité absolue sur les contestations civiles. Il en est ainsi, d'après la jurisprudence, aussi bien lorsque la partie lésée s'est constituée partie civile que lorsqu'elle ne s'est pas constituée partie civile. Ce principe doit être entendu en ce sens qu'il n'est jamais permis au juge civil de méconnaître ce qui a été jugé par les tribunaux de répression, soit quant à l'existence du fait qui forme la base commune de l'action publique et de l'action civile, soit quant à la qualification légale de ce fait, soit quant à la participation ou à la non-participation des personnes à ce même fait. De plus, la juridiction civile est liée, non seulement par le dispositif des décisions rendues au criminel, mais encore par ceux de leurs motifs qui sont examinés et appréciées les qualifications pénales servant de base à ce dispositif.

B. — Jugements criminels qui ont l'autorité de la chose jugée sur les contestations civiles (S. 400 et s.).

107. Tous les jugements criminels, de quelque juridiction qu'ils émanent, même ceux des conseils de préfecture statuant en matière de contraventions, ont la même autorité au civil.

108. Quant aux décisions des juges criminels qui statuent sur l'action civile de la partie lésée ou, au contraire, sur la demande de dommages-intérêts qui peut être formée par le prévenu acquitté, ce sont de simples décisions civiles n'ayant par elles-mêmes l'autorité de la chose jugée que dans les conditions prescrites par l'art. 1351 c. civ., avec cette circonstance que leur effet se

confond souvent avec celui de la décision criminelle elle-même.

109. Le jugement criminel n'a autorité au civil que s'il est antérieur au jugement civil ; mais cette autorité lui appartient bien qu'il soit postérieur à l'introduction de l'instance civile.

C. — Règles suivant lesquelles s'exerce au civil l'autorité des jugements criminels.

a. — *Décisions des juridictions de jugement* (R. 545 et s.; S. 413 et s.).

110. 1° *Jugements de condamnation.* — Le jugement de condamnation ne permet de remettre en question devant le juge civil ni le fait constitutif de délit et ses circonstances légales, ni la qualification pénale que le fait a reçu. Ainsi, le jugement correctionnel qui a déclaré un individu coupable d'avoir commis un abus de confiance en détruisant un acte contenant obligation, qui lui avait été confié à charge de le rendre, établit, avec l'autorité de la chose jugée, l'existence et même la validité de cet acte.

111. Les *qualifications légales* résultant des jugements de condamnation font partie intégrante de la chose jugée et ne peuvent être contredites au civil. Notamment, celui au préjudice duquel une chose mobilière a été détournée au moyen d'un fait qualifié abus de confiance par la juridiction correctionnelle, ne peut soutenir au civil que le détournement présentait les caractères du vol à l'effet d'exercer l'action en revendication permise, en cas de vol, par l'art. 2279 c. civ.

112. Toutefois l'autorité de la chose jugée ne paraît pas s'imposer avec la même rigueur en ce qui concerne les faits constituant des circonstances plus ou moins nécessaires pour la constitution du délit, telles que la désignation des personnes, lieux et circonstances des délits considérés isolément. — La *désignation des personnes* résultant des jugements criminels a, au civil, l'autorité de la chose jugée en ce sens que la désignation de la personne condamnée, non seulement ne permet pas de soutenir devant le juge civil que cette personne n'a pas commis le fait délictueux, mais s'oppose aussi à ce qu'il soit jugé qu'une autre personne l'a commis à l'exclusion de la personne condamnée. Quant à la désignation de la personne lésée, cette désignation a l'autorité de la chose jugée lorsqu'elle est un élément essentiel du fait poursuivi (Montpellier, 2 août 1897, D. P. 1900. 1. 169). Dans le cas inverse, ce n'est qu'une énonciation accessoire que le juge civil pourrait contredire sans méconnaître l'autorité de la décision criminelle.

113. L'autorité de la chose jugée ne s'applique jamais aux *faits ou circonstances qui constituent le délit*, considérés isolément du fait délictueux lui-même. Ainsi, l'affirmation de certaines qualités telles que celles de père, de fils, qui résulte souvent d'une décision criminelle, ne peut être invoquée au civil comme ayant l'autorité de la chose jugée sur les contestations relatives à d'autres faits. De même, le jugement criminel qui affirme l'état de faillite du commerçant pour le condamner aux peines de la banqueroute simple ou frauduleuse n'a pas, au civil, l'autorité de la chose jugée sur la question de savoir si la personne ainsi condamnée devait être déclarée en faillite, ou même si elle était commerçante. — Sur la règle inverse où la même question a été jugée pour un jugement civil, V. infrà, n° 119 in fine.

114. 2° *Jugements d'acquittement ayant une cause autre que la négation du fait incriminé.* — Lorsqu'il s'agit d'un jugement d'acquittement fondé sur la négation, par le juge criminel, de la volonté de l'agent, la responsabilité civile ne peut être affirmée au civil, puisque la volonté est aussi l'élément

essentiel de cette responsabilité. Il en est ainsi, par exemple, lorsque le juge criminel a déclaré que le prévenu était en état de démence ou qu'il a cédé à la contrainte. De même, la légitime défense constatée par le juge criminel exclut toute faute, et il n'en peut résulter une action en dommages-intérêts.

115. 3° *Jugements d'acquittement ayant pour cause la négation du fait incriminé.* — Lorsque le jugement d'acquittement déclare, en termes formels, que le fait incriminé n'a pas existé, ou que l'inculpé n'en est pas l'auteur, ce point ne peut plus être remis en question devant les tribunaux civils, et l'inculpé acquitté ne peut pas être actionné en dommages-intérêts (Douai, 7 févr. 1899, D. P. 1900. 2. 176). — La même solution est applicable au cas où le jugement d'acquittement est fondé sur l'insuffisance de la preuve, par exemple, quand il a déclaré : qu'il n'est pas constant..., qu'il n'est pas établi..., qu'il n'est pas suffisamment établi, etc. (Civ. r. 28 avr. 1903, D. P. 1903. 1. 414) ; ... ou qu'il n'existe aucune relation entre le dommage éprouvé et la faute qui a pu être commise (Req. 2 mars 1897, D. P. 97. 1. 608).

116. 4° *Jugements d'acquittement, et spécialement verdicts du jury déclarant que la personne poursuivie n'est pas coupable.* — La déclaration de non-culpabilité se rencontre très exceptionnellement dans les décisions correctionnelles ; elle est, au contraire, la règle, sauf dans les cas très rares, dans les acquittements émanés des Cours d'assises après les verdicts négatifs du jury. — La déclaration de non-culpabilité s'oppose à ce que le juge civil (ou la Cour d'assises) affirme la criminalité des faits dont l'inculpé a été déclaré non coupable ; mais elle ne fait pas obstacle à ce que la matérialité de ces faits soit constatée par le juge civil, compétent pour statuer sur les dommages-intérêts réclamés au prévenu par la partie civile, même à ce qu'il constate l'existence d'une faute ou de toute autre cause de condamnation civile, distincte de la criminalité. Ainsi, une Cour d'assises ne pourrait, sans violer l'autorité de la chose jugée, prononcer, contre l'accusé déclaré non coupable, une condamnation à des dommages-intérêts motivée sur ce que cet accusé a fait volontairement à la partie civile des blessures qui lui ont occasionné une incapacité de travail de plus de vingt jours. Au contraire, le verdict de non-culpabilité rendu en faveur d'un individu sur le double accusation de complicité et d'usage de faux ne fait pas obstacle à ce que la pièce arguée de faux soit examinée et appréciée au civil au point de vue de sa valeur intrinsèque et de ses effets juridiques (Req. 5 févr. 1895, D. P. 95. 1. 200). De même, le jugement du tribunal correctionnel qui, sans dénier l'existence des faits servant de base à une poursuite pour escroquerie, acquitte l'un des prévenus par le motif que son intention frauduleuse n'est pas suffisamment établie, n'empêche pas que la juridiction civile puisse condamner ce prévenu à payer des dommages-intérêts à la victime du délit, par le motif qu'il a commis la faute de prêter son concours à l'autre prévenu, condamné par la juridiction correctionnelle, dans les actes qui ont déterminé la victime à lui remettre des fonds (Req. 28 avr. 1902, D. P. 1903. 1. 575).

117. Il peut arriver toutefois, dans certaines espèces, qu'il y ait entre la matérialité et la criminalité des faits une indivisibilité telle, que le juge civil ne puisse absolument pas affirmer soit une ou une autre cause d'obligation sans se mettre en contradiction avec la décision criminelle qui a cependant nié cette criminalité (V. notamment Req. 11 déc. 1866, D. P. 67. 1. 171).

30

b. — *Décisions des juridictions d'instruction* (R. 583 et s.; S. 476 et s.).

118. Les ordonnances et arrêts de renvoi sont sans effet au civil. En ce qui concerne les décisions de non-lieu, on attribue, en général, l'autorité de la chose jugée sur les contestations civiles aux ordonnances ou arrêts de non-lieu qui ont admis au profit de l'inculpé une fin de non-recevoir, telle que la prescription. Au contraire, les décisions de non-lieu fondées soit sur la non-criminalité, soit sur l'insuffisance des charges, soit même sur une preuve contraire, sont sans effet au civil (Req. 2 mai 1899, D. P. 99. 1. 280).

§ 3. — *Influence de la chose jugée au civil sur l'action publique et sur l'action civile.*

A. — Influence sur l'action publique (R. 532 et s.; S. 382 et s.).

119. Les jugements rendus par les tribunaux civils ne peuvent, en aucune manière, enchaîner les tribunaux criminels : ceux-ci doivent juger les délits qui leur sont déférés avec la même liberté, la même étendue de pouvoir que si rien n'eût encore été statué sur l'action civile. Les preuves fournies, l'aveu même du prévenu dans le cours d'une procédure à fins civiles, ne peuvent lui être opposés dans l'instance criminelle. C'est ainsi, par exemple, que le jugement qui déclare un individu en faillite n'empêche pas que sa qualité de commerçant ne soit l'objet de nouveau mise en question devant la juridiction criminelle.

120. Mais la règle ci-dessus ne s'applique pas dans les cas où la question jugée au civil était préjudicielle à l'action publique (V. *infrà*, *Question préjudicielle*).

121. On admet également que les jugements rendus par les tribunaux civils en matière de nullité ou de déchéance des brevets d'invention peuvent être invoqués avec l'autorité de la chose jugée devant les tribunaux correctionnels ultérieurement saisis d'une poursuite en contrefaçon.

B. — Influence sur l'action civile (R. 542; S. 390).

122. Les jugements civils conservent tous leurs effets à l'égard des parties entre lesquelles ils ont été rendus pour le règlement de leurs intérêts civils. Il en résulte que la partie lésée par un délit peut être empêchée, par un jugement civil antérieurement rendu contre elle sur son action en réparation du dommage qu'elle a souffert, d'exercer directement l'action civile devant la juridiction criminelle, comme elle l'aurait pu également, ou même d'exercer cette action accessoirement à l'action publique intentée par le ministère public. C'est le cas où s'applique la règle : *Una electa via ...* (V. *supra*, *Action civile*, n° 25).

SECT. III. — De la chose jugée en matière disciplinaire (R. 521 et s.; S. 370 et s.).

123. L'action disciplinaire et l'action publique, quoique nées d'un même fait, sont indépendantes l'une de l'autre; elles demeurent respectivement à l'abri de l'exception de chose jugée qui serait tirée d'un jugement rendu sur l'une d'elles. Ainsi, en premier lieu, une condamnation disciplinaire ne s'oppose pas à ce que des poursuites soient exercées ultérieurement, à raison du même fait, devant un tribunal de répression.

124. A l'inverse, une condamnation prononcée par la juridiction criminelle ou correctionnelle contre un juge, avocat ou officier public, ne s'oppose pas à ce que le condamné soit ultérieurement frappé, en raison du même fait, d'une peine disciplinaire. Ainsi, la Cour de cassation a prononcé la suspension temporaire contre un juge qui,

dans une discussion au conseil municipal où il siégeait avec un adjoint remplaçant le maire, avait laissé échapper des paroles réputées outrageantes et qui avaient motivé d'abord une poursuite correctionnelle. De même, après un acquittement prononcé, soit en Cour d'assises, soit en police correctionnelle, la personne acquittée peut être encore poursuivie disciplinairement pour le même fait. — L'action disciplinaire ne saurait non plus être paralysée par une ordonnance du juge d'instruction portant qu'il n'y a lieu à suivre devant la justice répressive.

125. Mais l'indépendance de la juridiction disciplinaire ne va pas jusqu'à lui permettre de démentir ou de contredire les décisions de la justice répressive. Le pouvoir disciplinaire doit restreindre ses investigations et son appréciation à l'infraction disciplinaire, sans les étendre à l'infraction pénale. Il a été jugé notamment que, lorsqu'un avocat acquitté de poursuites criminelles dirigées contre lui pour altération, dans des opérations électorales, d'une feuille de pointage, par l'addition frauduleuse de signes représentatifs de suffrages au profit d'un candidat, est poursuivi disciplinairement à raison du même fait, la condamnation disciplinaire est nulle si le fait matériel d'addition de suffrages y est désigné sous la même qualification d'altération frauduleuse de la feuille de dépouillement.

126. La chose jugée disciplinairement n'a aucune influence au civil. Ainsi, les décisions disciplinaires pour infraction aux devoirs professionnels n'ont pas l'autorité de la chose jugée relativement aux demandes en nullité fondées sur les mêmes infractions.

127. Enfin, quant à l'influence de la chose jugée en cas de poursuites disciplinaires successives, il y a lieu de distinguer. S'il y a eu décision disciplinaire en jugement, contradictoirement avec le ministère public, concernant un notaire ou un huissier ou bien un avocat ou un officier ministériel, pour faute commise ou découverte à l'audience, il ne peut avoir lieu, soit devant le même tribunal, soit devant une juridiction disciplinaire. — Mais, dans beaucoup de cas, la décision disciplinaire émanée d'une juridiction de discipline inférieure n'empêche pas et même provoque, au contraire, une poursuite devant la juridiction disciplinaire supérieure pour le même fait. Ainsi, le ministre de la justice a le droit de déférer à la Cour de cassation, constituée en conseil supérieur de la magistrature, en demandant la suspension ou même sa déchéance, tout juge qui a subi une condamnation quelconque, disciplinaire ou autre. De même, un officier public, un notaire par exemple, condamné par la chambre disciplinaire, peut être poursuivi disciplinairement devant le tribunal pour s'entendre condamner à une peine plus grave.

SECT. IV. — De la chose jugée en matière administrative (R. 64 et s.; S. 47 et s.).

128. Les décisions des autorités administratives, lorsqu'elles statuent en matière contentieuse et par voie de jugement, sont susceptibles d'acquérir l'autorité de la chose jugée (Besançon, 6 févr. 1895, D. P. 95. 2. 304). Les principes, à cet égard, sont les mêmes qu'en matière civile (V. *supra*, n°s 2 et s.).

COLONIES

(R. v° *Organisation des colonies*; S. eod. v°).

1. Dans cet article, on ne s'occupera que des dispositions de la législation qui s'appliquent à toutes les colonies sans distinction, ou tout au moins à des groupes de colonies.

ART. 1er. — COMPOSITION DE L'EMPIRE COLONIAL DE LA FRANCE (S. 2).

2. La France possède : en Asie, 1° la Cochinchine, à laquelle s'ajoutent le Tonkin (L. 15 juin 1885) et les protectorats de l'Annam, du Cambodge et du Laos (L. 17 juill. 1885, D. P. 86. 4. 79); 2° les établissements de l'Inde; — en Afrique, outre l'Algérie et le protectorat de la Tunisie : 1° le Sénégal, qui, avec la Guinée, la Côte d'Ivoire, le Dahomey, le Chari et les territoires de la Sénégambie et du Niger, forme le gouvernement général de l'Afrique occidentale; 2° le Congo français et l'Oubanghi; 3° l'Île de Madagascar; 4° l'île de la Réunion; 5° les îles de Mayotte et de Nossi-Bé, et le protectorat sur les Comores; 6° Obock et le protectorat de la côte des Somalis; — en Amérique, 1° les pêcheries de Saint-Pierre et Miquelon; 2° quelques Antilles : la Martinique, la Guadeloupe, Saint-Barthélemy; 3° la Guyane; — en Océanie, 1° la Nouvelle-Calédonie et les établissements français de l'Océanie, comprenant Taïti et les Îles sous le Vent.

ART. 2. — RÉGIME LÉGISLATIF DES COLONIES (R. 63 et s.; S. 70 et s.).

3. A cet égard, les colonies ont été divisées par le sénatus-consulte du 3 mai 1854 (D. P. 54. 4. 79), en deux groupes comprenant : l'un, les trois colonies de la Martinique, de la Guadeloupe et de la Réunion; l'autre, le reste de nos possessions coloniales. Ce second groupe était régi par décrets de l'empereur (art. 18). Dans les colonies des Antilles et de la Réunion, le chef de l'État était bien encore le législateur de droit commun; mais certaines matières ne pouvaient être réglées que par des sénatus-consultes. C'étaient : 1° l'exercice des droits politiques; 2° l'état civil des personnes; 3° la distinction des biens et les différentes modifications de la propriété; 4° les contrats et les obligations conventionnelles en général; 5° les manières dont s'acquiert la propriété par succession, donation entre vifs, testament, contrat de mariage, vente, échange et prescription; 6° l'institution du jury; 7° la législation en matière criminelle; 8° l'application aux colonies du principe du recrutement des armées de terre et de mer; 9° le régime commercial.

4. En principe, ce régime existe encore aujourd'hui. Toutefois, depuis 1870, les matières qui devaient faire l'objet de sénatus-consultes sont réglées par des lois. Quant aux anciens sénatus-consultes, des lois seules peuvent les modifier. — D'autre part, si le président de la République a conservé le droit de statuer par décret sur les matières qui avaient été placées dans les attributions du pouvoir exécutif, ce droit cesse de pouvoir s'exercer dans les cas où le pouvoir législatif statue sur les mêmes matières. C'est ainsi qu'aujourd'hui il est statué par des lois, et non plus par des décrets, sur l'administration municipale, l'organisation judiciaire, le régime de la presse. Les décrets du président de la République sur les matières qu'il est appelé à réglementer, étant de véritables actes législatifs, ne sont pas susceptibles d'être déférés au Conseil d'État pour excès de pouvoir (Cons. d'Et. 16 nov. 1894, D. P. 95. 3. 66).

5. Le pouvoir législatif fait tantôt des lois spéciales pour les colonies, pour un groupe de colonies ou pour une colonie particulière (exemple : L. 15 avr. 1890, D. P. 91. 4. 2, sur l'organisation judiciaire dans les colonies de la Guadeloupe, de la Martinique et de la Réunion); tantôt, faisant une loi pour la métropole, il dispose que cette loi sera, en tout ou en partie, applicable aux colonies ou à certaines colonies (exemples : L. 29 juill. 1881, sur la presse, art. 69, D. P. 81. 4. 65;

5 avr. 1884, sur l'organisation municipale, art. 65, D. P. 84. 4. 25; 26 juin 1889, sur la nationalité, art. 2, D. P. 89. 4. 59). — Les lois métropolitaines, modificatives des lois appliquées aux colonies, n'y sont pas applicables de plein droit, mais seulement quand elles édictent une disposition expresse portant qu'elles y seront applicables.

6. En principe, aucune loi ne peut être appliquée aux colonies sans y avoir été promulguée. Par exception, ont été considérés comme applicables à des colonies, bien que la preuve de leur promulgation ne pût être rapportée, certains textes antérieurs à l'époque où ces colonies sont rentrées définitivement sous la domination française. — Enfin la transformation d'un protectorat en annexion pure et simple n'a pas pour effet de rendre applicable à cette colonie toute la législation française et de frapper de caducité des lois locales faites pendant la période de protectorat sous le contrôle de l'Administration française (Cons. d'Et. 24 juill. 1903, sol. impl.).

7. Quand une loi a été faite spécialement pour les colonies, ou y a été déclarée applicable par une disposition expresse du législateur, la promulgation en est effectuée par un arrêté du gouverneur de la colonie, inséré au journal officiel de la colonie. — Dans les matières où le pouvoir législatif lui est délégué, le chef de l'Etat peut rendre des décrets créant une législation spéciale pour les colonies ou bien déclarer qu'une loi faite pour la métropole sera applicable en tout ou en partie aux colonies. Le gouverneur doit alors prendre un arrêté promulguant tout à la fois le décret qui rend la loi applicable et cette loi elle-même. — La jurisprudence n'exige pas que la reproduction au journal officiel de la colonie du texte de la loi ou du décret soit faite intégralement.

8. Les textes législatifs ou réglements promulgués aux colonies sont exécutoires au chef-lieu de la colonie le jour même de la publication du numéro du *Journal officiel* qui publie le texte. Dans les autres localités, la loi est exécutoire à partir d'une date que le gouverneur fixe en tenant compte de la distance (Décr. 15 janv. 1853, art. 3, D. P. 53. 4. 66). — Enfin, les gouverneurs peuvent, en déclarant urgente la publication d'une loi, abréger les délais ordinaires fixés dans leurs arrêtés.

Art. 3. — Organisation générale des colonies.

§ 1er. — *Administration centrale* (S. 7 et s.).

9. L'administration métropolitaine des colonies relève du ministère des colonies, créé par la loi du 20 mars 1894 (D. P. 95. 4. 77). — Indépendamment des bureaux de l'administration centrale, le ministre a auprès de lui divers conseils ou comités. C'est d'abord le Conseil supérieur des colonies, créé par le décret du 9 oct. 1884 (D. P. 84. 4. 75) et régi actuellement par les décrets des 29 mai 1890 (D. P. 91. 4. 103), 19 sept. et 17 oct. 1896; il est composé du ministre, président, des sénateurs et députés des colonies, de délégués élus par les électeurs des colonies non représentées au Parlement, de membres de droit et de membres nommés par le ministre. Il ne délibère que sur les questions qui lui sont soumises par le ministre. — Les autres comités qui assistent le ministre sont : le Comité consultatif du contentieux, celui des travaux publics, celui des concessions coloniales, le Comité supérieur de l'instruction publique, celui de l'agriculture, du commerce et de l'industrie, la Commission des marchés et le Conseil supérieur de santé.

10. L'inspection et le contrôle des services administratifs, financiers et militaires des colonies sont confiés à un corps spécial, l'inspection des colonies, qui, créé par décrets

des 20 juill. et 25 nov. 1887 comme corps civil, a été réorganisé par l'art. 54 de la loi du 25 févr. 1901 (D. P. 1901. 4. 63) sur le modèle du corps du contrôle de l'armée de terre. — Les inspecteurs des colonies ont pour attributions de contrôler l'administration des services civils coloniaux et l'administration de la partie de l'armée coloniale dont les dépenses incombent au ministère des colonies (V. *suprà*, Armée, n° 137). L'objet de ce contrôle est de sauvegarder les intérêts du Trésor et les droits des personnes, et de constater dans tous les services l'observation des lois et règlements réglant le fonctionnement des services administratif, financier, comptable. — Il s'exerce sur tous les services civils et financiers, le commissariat colonial, les services de l'artillerie, du génie, sur les corps de troupes et les établissements militaires, sur certains établissements et services spéciaux.

11. Certains services intéressant les colonies sont organisés dans la métropole, par exemple : l'exposition permanente des colonies, constituée par arrêté ministériel du 25 juin 1861 et réorganisée le 28 juill. 1894; l'Ecole coloniale, créée en 1885. Cette école a reçu la personnalité civile (L. 17 juill. 1889, art. 57, D. P. 90. 4. 71); elle prépare aux carrières administratives coloniales, délivre des diplômes; elle reçoit des élèves français et des élèves indigènes.

§ 2. — *Administration locale.*

12. Au point de vue administratif, il existe deux groupes de colonies : celles qui ont un conseil général et celles qui n'ont qu'un conseil d'administration. Les colonies où il existe un conseil général sont la Martinique, la Guadeloupe, la Réunion (Sénatus-consulte du 3 mai 1854, D. P. 54. 4. 79); la Guyane (Décr. 23 déc. 1878); l'Inde (Décr. 15 janv. 1879); le Sénégal (Décr. 4 avr. 1879); la Nouvelle-Calédonie (Décr. 2 avr. 1885, D. P. 85. 4. 86); Taïti (Décr. 28 déc. 1885). La Cochinchine a un conseil colonial composé en partie de membres nommés et de membres élus (Décr. 8 févr. 1880). Toutes les autres colonies n'ont qu'un conseil d'administration.

A. — Gouverneur (R. 13 et s.; S. 35 et s.).

13. L'administration de chaque colonie est placée sous l'autorité et la direction d'un agent de l'Etat qui porte, suivant les colonies, le nom de gouverneur général, de gouverneur, de lieutenant-gouverneur, de commandant, de commissaire général (Congo), d'administrateur (Mayotte).

14. Il existe trois gouvernements généraux (Indo-Chine, Madagascar et Afrique occidentale). Les gouverneurs sont nommés par décret. Ils ont été constitués en corps spécial 1900, qui fixe les positions dans lesquelles ils peuvent être placés. En un état, en ce sens qu'ils ne peuvent être révoqués qu'après avis motivé d'un conseil d'enquête (Décr. 14 mars 1893). Ils ne peuvent se marier, ni acquérir de propriétés foncières dans la colonie, sans une autorisation donnée par décret.

15. Les gouverneurs ont dans la colonie, comme les préfets dans les départements, la double qualité de représentant de l'Etat et de représentant de la colonie. — Ils sont placés sous l'autorité du ministre des colonies toutes les fois qu'ils agissent comme agents de l'Etat. Il en est de même quand ils agissent comme agents de la colonie dans les colonies qui n'ont pas de représentation élective. Leurs décisions peuvent être réformées par le ministre. — Il en est autrement quand le gouverneur agit comme représentant de la colonie, en exécution d'une délibération du Conseil général.

16. Le gouverneur peut être poursuivi

pour trahison, concussion, abus d'autorité, conformément aux règles en vigueur dans la métropole, et cela sans autorisation préalable (Décr. 2 et 10 déc. 1880, D. P. 82. 4. 13). Mais les poursuites ne peuvent être exercées contre lui qu'après son retour en France et devant les tribunaux de France. Tant qu'il est dans la colonie, il jouit d'une sorte d'immunité analogue à celle qui couvre le président de la République. En outre, durant l'exercice de ses fonctions, aucun acte, aucun jugement ne peut être mis à exécution contre lui.

17. D'anciennes ordonnances plaçaient auprès des gouverneurs, sous le nom de chefs d'administration, des espèces de ministres responsables. C'étaient, notamment, l'ordonnateur et le directeur de l'intérieur. Ces fonctionnaires ont été supprimés (Décr. 15 sept., 3 oct. 1882, et 21 mai 1898). Ce dernier décret, en transférant les attributions du directeur de l'intérieur au gouverneur qui les exerce directement, a eu pour but de créer la responsabilité administrative du gouverneur au regard des représentants élus des colonies.

18. Le premier devoir du gouverneur est de veiller à la sûreté extérieure et intérieure de la colonie. Dans chaque colonie, le gouverneur a sous sa haute autorité le commandant supérieur des troupes, qui est responsable vis-à-vis de lui de la préparation des opérations militaires, de leur conduite et de tout ce qui est relatif à la défense de la colonie. — Aucune opération militaire, sauf le cas d'urgence où il s'agirait de repousser une agression, ne peut être entreprise sans autorisation du gouverneur, qui en fixe le caractère et le but (Décr. 9 nov. 1901). Le gouverneur dispose de la force armée. Il peut requérir les forces navales stationnées dans la colonie. Mais il lui est interdit de prendre le commandement des forces de terre et de mer et d'exercer les pouvoirs d'un commandant en chef, à moins qu'il ne soit titulaire d'un grade supérieur à celui du commandant supérieur des troupes (Décr. 21 janv. 1888, 3 févr. 1890). — En cas de péril imminent résultant de guerre étrangère ou d'insurrection à main armée, le gouverneur peut déclarer l'état de siège (L. 9 août 1849, art. 4, D. P. 49. 4. 135; L. 5 avr. 1878, art. 6, D. P. 78. 4. 27).

19. Dans chaque colonie autre que la Guadeloupe, la Réunion, la Guyane, l'Inde, Saint-Pierre et Miquelon et Taïti, il existe, auprès du gouverneur et sous sa présidence, un conseil de défense composé du commandant supérieur des troupes, de l'officier le plus élevé en grade commandant les troupes d'infanterie, du commandant de l'artillerie, du chef d'état-major (Décr. 31 oct. 1902).

20. Au point de vue de la police intérieure, le gouverneur a le droit de faire des règlements pour procurer l'exécution des lois et assurer l'ordre. — Les arrêtés réglementaires pris en matière d'administration et de police peuvent sanctionner leurs prescriptions de peines allant jusqu'à quinze jours d'emprisonnement et 100 francs d'amende. Mais toutes les fois que les peines pécuniaires ou corporelles excèdent celles du droit commun en matière de contraventions, les règlements qui les édictent doivent, dans un délai de quatre mois, passé lequel ils sont caducs, être transformés en décrets (L. 7 janv. 1877, art. 3, D. P. 77. 4. 29; Décr. 6 mars 1877, D. P. 77. 4. 42).

21. A l'égard des étrangers séjournant dans la colonie, le gouverneur a le même pouvoir d'expulsion que les préfets des départements frontières en France, à charge d'en référer immédiatement au ministre (L. 3 déc. 1849, 29 mai 1874, D. P. 49. 4. 171, 75. 4. 8). — Le gouverneur n'a plus aujourd'hui les pouvoirs extraordinaires qui lui permettaient de mettre en surveillance ou d'expulser de la colonie les fonctionnaires ou toutes autres personnes dont les agissements semblaient de nature à compromettre la sécurité de la colonie (Décr. 7 nov. 1879, D. P. 80. 4. 86). — Dans certaines colonies, notamment dans l'Inde et dans l'Afrique occidentale, les gouverneurs conservent des pouvoirs de police très étendus sur les indigènes. Ils peuvent les interner, mettre leurs biens sous séquestre (Décr. 30 sept. 1887, 12 mars 1897).

22. Le gouverneur a la haute direction de tous les services publics administratifs de la colonie. Il a autorité sur tous les fonctionnaires. Il nomme tous les agents dont la nomination n'est pas réservée au président de la République ou au ministre. — Il a le droit de déplacer et de révoquer les agents qui sont à sa nomination.

23. Au point de vue judiciaire, il veille à la prompte et libre distribution de la justice. Il est investi, à l'égard des magistrats, d'un pouvoir de surveillance et de discipline. — Il a seul qualité pour élever le conflit d'attribution devant les tribunaux judiciaires (Trib. confl. 22 juill. 1899, D. P. 1901. 3. 10).

24. Certains pouvoirs diplomatiques sont attribués au gouverneur. Il peut communiquer directement avec les gouvernements des États qui avoisinent sa colonie, négocier avec eux toutes conventions commerciales relatives à la colonie ; mais il ne peut les conclure qu'avec l'autorisation du Gouvernement.

25. Il existe auprès de chaque gouverneur un secrétaire général, qui n'a pas de pouvoirs propres, mais qui le supplée et est vice-président du Conseil privé (Décr. 21 mai 1898).

B. — *Conseil privé ou Conseil d'administration et Conseil du contentieux administratif* (R. 279 et s. ; S. 160 et s.).

26. Dans chaque colonie, il y a auprès du gouverneur un Conseil, qui porte le nom de Conseil privé dans les colonies où il existe un Conseil général, et de Conseil d'administration dans celles qui n'ont pas d'institutions représentatives. — La composition du Conseil privé n'est pas partout la même. Le secrétaire général, le chef du service administratif et le chef du service judiciaire en font toujours partie ; en outre, la tendance générale est d'y faire entrer les divers chefs de service : le commandant supérieur des troupes, les directeurs des travaux publics, de la santé, de l'administration pénitentiaire, du contrôle et des finances, là où il existe. D'autre part, dans les Conseils supérieurs des gouvernements généraux, on augmente l'élément qui représente la colonie : on y fait entrer les présidents du Conseil général ou colonial, les présidents des Chambres de commerce et d'agriculture.

27. Les Conseils privés ou d'administration ont des attributions administratives et des attributions contentieuses. — Les attributions administratives du Conseil privé sont purement consultatives (Sén.-cons. 3 mai 1854, art. 9). Il ne délibère que sur les affaires qui lui sont soumises par le gouverneur ou par son ordre. Ses avis ne lient jamais le gouverneur, alors même que la loi fait à ce fonctionnaire une obligation de les prendre. Il statue en vertu de pouvoirs propres sur les demandes en autorisation de plaider formées contre les communes (L. 5 avr. 1884, art. 165, D. P. 84. 4. 25).

28. Dans toutes les colonies, le Conseil privé ou d'administration se transforme, par l'adjonction de deux magistrats de l'ordre judiciaire désignés au début de chaque année par un arrêté du gouverneur, en Conseil du contentieux administratif. Ce Conseil est présidé par le gouverneur ou, à son défaut, par le secrétaire général. Les fonctions du mi-

nistère public sont exercées par le directeur du contrôle, là où il existe ; ailleurs, par un officier du commissariat, ou même par un substitut du procureur.

29. Les Conseils du contentieux administratif instruisent et jugent les affaires portées devant eux, conformément aux règles posées dans le décret du 5 août 1881, rendu applicable à toutes les colonies par un décret du 7 sept. 1881. — Ce décret a fait du Conseil du contentieux une juridiction dont les décisions sont exécutoires par elles-mêmes. En revanche, il lui a enlevé quelques attributions qu'il tenait des ordonnances de la Restauration, et qui n'étaient plus conformes aux principes généraux du droit administratif. Il lui a enlevé le pouvoir de casser les décisions des tribunaux judiciaires et aussi le droit de statuer sur les conflits d'attributions.

30. La compétence des Conseils du contentieux administratif est plus étendue que celle des Conseils de préfecture. Ce ne sont pas des tribunaux d'exception ne pouvant juger que les catégories d'affaires qu'un texte formel leur attribue. L'énumération des affaires dont ils connaissent d'après les ordonnances de la Restauration se termine par cette disposition : « et en général du contentieux administratif. »

31. Cela ne veut pas dire que tout litige administratif né aux colonies devra être porté devant les Conseils. D'après la jurisprudence du Conseil d'État, il faut distinguer entre les affaires d'intérêt général, qui ne sont de la compétence du Conseil du contentieux qu'autant qu'un texte exprès leur a attribué compétence, et les affaires d'intérêt local pour lesquelles ils sont compétents de plein droit. Ainsi les marchés de travaux publics et les marchés de fournitures passés par l'État aux colonies sont jugés par le Conseil du contentieux en vertu des dispositions formelles des ordonnances ; mais il est incompétent pour connaître des actions en indemnité dirigées contre l'État à raison de fautes commises par ses agents (Cons. d'Et. 3 mai 1901, D. P. 1902. 5. 101) ; ... des contestations entre l'Etat et ses fonctionnaires relativement aux pensions de retraite ; ... du contentieux des élections au Conseil supérieur des colonies (Cons. d'Et. 7 août 1897). — Il ne peut juger les recours pour excès de pouvoir (Cons. d'Et. 2 avr. 1897, D. P. 98. 3. 77). — Au contraire, il est compétent de plein droit pour toutes les affaires qui intéressent la colonie ou les communes : litiges à propos de l'exécution d'une convention entre la colonie et une société financière (Cons. d'Et. 16 mai 1873, D. P. 74. 3. 41) ; ... entre la colonie et ses agents à propos de leur traitement (Cons. d'Et. 12 déc. 1902) ; ... entre la colonie et des particuliers à propos d'un retrait de concession de terrains domaniaux ou d'un permis de recherches de mines (Cons. d'Et. 11 juill. 1902, D. P. 1903. 5. 127) ; etc. — Les Conseils du contentieux jugent, comme les Conseils de préfecture, les comptes des comptables des communes. — Enfin, ils exercent dans la forme contentieuse une attribution qui, en France, appartient aux préfets ou au Gouvernement : ils accordent par jugement des permissions de prise d'eau pour l'irrigation ou l'industrie, et statuent sur les oppositions formées par les tiers contre les autorisations qu'ils ont accordées (Cons. d'Et. 5 août 1881, art. 3 et 105, D. P. 82. 4. 403 ; Cons. d'Et. 27 mars 1885, D. P. 86. 3. 126).

32. La procédure des Conseils du contentieux est régie par le titre 2 du décret du 5 août 1881. Les requêtes introductives d'instance doivent être adressées au Conseil lui-même. Elles doivent être accompagnées de copies destinées à être notifiées aux parties en cause. Cette production doit être faite dans le délai d'un mois à partir de l'invitation

adressée au demandeur par le secrétaire greffier, à peine de péremption de l'instance. Les notifications sont faites en la forme administrative (art. 17). — Le délai pour former les recours contre les actes de l'Administration portant atteinte aux droits des demandeurs est de trois mois quand le demandeur réside dans la colonie ; il est augmenté à raison des distances dans le cas contraire (art. 11).

33. Les audiences sont publiques. — Le Conseil du contentieux peut ordonner les mêmes mesures d'instruction que les Conseils de préfecture. La procédure des expertises, enquêtes, etc., est réglée par les art. 28 à 60, celle des incidents par les art. 61 à 71, celle des jugements par les art. 72 à 77 du décret du 1881. Les voies de recours sont réglées par les art. 94 à 98 du même décret.

34. Le recours au Conseil d'État contre les arrêtés des Conseils du contentieux se divise en deux opérations. Dans un délai qui varie de trois mois à un an, suivant la résidence du demandeur, celui-ci doit déposer au secrétariat du Conseil du contentieux une déclaration de recours motivée qui est enregistrée et notifiée au défendeur au recours dans un délai de huit jours. Cette notification met le défendeur en demeure de constituer avocat au Conseil d'État dans un délai qui varie de trois mois à un an, suivant sa résidence. D'autre part, dans le même délai, l'auteur du pourvoi est tenu, à peine de déchéance, de faire enregistrer au secrétariat du contentieux du Conseil d'État une requête en recours contenant ses moyens et conclusions. Sa requête doit, à peine de nullité, être accompagnée d'une expédition de l'arrêté attaqué, d'une copie de la déclaration de recours et de la preuve que cette déclaration a été notifiée au défendeur antérieurement à l'enregistrement de la requête au Conseil d'État. — L'avocat du défendeur doit, quand il est constitué, en faire la déclaration au secrétariat du Conseil du contentieux. L'ordonnance de soit-communiqué est ensuite signifiée avec la requête au domicile de l'avocat du défendeur, et la suite de l'affaire s'instruit comme une affaire ordinaire. — Cette procédure ne s'applique pas aux affaires d'élections municipales qui sont instruites dans les formes prévues par la loi du 5 avr. 1884. Les décisions du Conseil du contentieux en matière de comptabilité sont déférées à la Cour des comptes.

C. — *Conseils généraux* (S. 52 et s.).

35. Pendant longtemps, les colonies des Antilles et de la Réunion ont seules été pourvues de Conseils généraux. Depuis 1870, il en a été créé dans plusieurs autres colonies. — L'organisation de ces assemblées n'est pas uniforme : il existe entre les Conseils généraux des diverses colonies des différences notables au point de vue de leur constitution et de leur fonctionnement. D'une manière générale, leur organisation et leurs attributions procèdent à la fois des sénatus-consultes de 1854 et 1866 et de la loi du 10 août 1871 (D. P. 71. 4. 102), qui, dans la métropole, est la base de la législation en cette matière. Dans les anciennes colonies des Antilles et de la Réunion, les dispositions des sénatus-consultes de 1854 et 1866, qui y avaient organisé les Conseils généraux, ont été complétées par l'application, faite pour plusieurs décrets, de divers articles de la loi de 1871 (Décr. 13 févr. 1877, 11 févr. 1882, 1er mars 1886, 2 juill. 1887, 21 août 1889, 30 avr. 1892, 18 avr. 1902) ; et, dans les autres, les décrets organiques sont rapprochés autant que possible du contexte de cette loi.

36. Les particularités concernant l'organisation des Conseils généraux des colonies sont peu nombreuses : 1º Les conseillers sont élus tantôt au scrutin uninominal, tantôt au scrutin de liste (Nouvelle - Calédonie), dans les circonscriptions fixées par un arrêté du gouverneur; 2º Le corps électoral est composé de tous les individus français âgés de vingt et un ans, mâles, jouissant de leurs droits et ayant dans la commune six mois de résidence ; 3º Pour être éligible, il faut avoir vingt-cinq ans, être domicilié dans la colonie ou y être inscrit aux rôles des contributions directes. Un décret du 20 août 1886 a fixé les cas d'inéligibilité et d'incompatibilité dans les trois anciennes colonies; 4º Les réclamations contre les élections, au lieu d'être jugées directement par le Conseil d'État, sont portées devant le Conseil du contentieux administratif, qui doit statuer dans le délai d'un mois, passé lequel les auteurs de la protestation peuvent s'adresser au Conseil d'État. En cas d'annulation de l'élection, le recours au Conseil d'État est suspensif (Décr. 20 déc. 1887); 5º Un décret du 12 juin 1879 a institué une commission coloniale dans les Conseils généraux, alors existants. Les dispositions de ce décret sont calquées sur celles de la loi du 10 août 1871 relatives à la commission départementale. Elles ont été reproduites par les décrets postérieurs qui ont institué des Conseils généraux dans d'autres colonies (Décr. 2 avr. et 28 déc. 1885, D. P. 85. 4. 86).

37. Le fonctionnement des Conseils généraux des colonies est presque semblable à celui des Conseils généraux métropolitains, sauf les différences suivantes : ils n'ont, en général, qu'une session ordinaire par an au lieu de deux. — Seul le gouverneur peut provoquer les sessions extraordinaires. — Le gouverneur peut réunir le Conseil général où il veut. — Les chefs d'administration et de service ne peuvent entrer au Conseil général qu'avec l'autorisation du gouverneur (Décr. 26 juill. 1854, D. P. 54. 4. 138).

38. Les délibérations prises par les Conseils généraux sont de deux sortes : les unes ne sont exécutoires qu'en vertu d'une approbation qui est donnée tantôt par le gouverneur, tantôt par décret en Conseil d'État. Les autres sont définitives ; elles n'ont pas besoin d'être approuvées et deviennent exécutoires, à moins que l'annulation n'en soit prononcée par l'autorité supérieure. Les matières sur lesquelles les Conseils généraux statuent définitivement sont énumérées dans les décrets organiques. — En outre, les Conseils généraux donnent des avis et émettent des vœux. Les derniers décrets organiques autorisent les Conseils à émettre des vœux sur des questions économiques ou sur des questions d'administration générale, ne leur interdisent que les vœux politiques. Les textes plus anciens ne permettent que les vœux intéressant la colonie.

39. Les pouvoirs de tutelle que l'État se réserve à l'égard des Conseils généraux sont partagés entre le gouvernement central et son délégué dans la colonie. Le Gouvernement annule, par un décret rendu dans la forme des règlements d'administration publique, les délibérations entachées d'excès de pouvoir ou prises en violation d'une loi ou d'un règlement d'administration publique. Le gouverneur, par arrêté en Conseil privé, déclare nulles les délibérations prises en dehors des sessions légales. Il peut suspendre pour deux mois le Conseil général et même prononcer sa dissolution, sauf à rendre compte immédiatement au ministre des colonies.

ART. 4. — RÉGIME FINANCIER DES COLONIES. § 1ᵉʳ. — *Répartition des dépenses entre la métropole et les colonies* (R. 74 et s.; S. 77 et s.).

40. D'après l'art. 33 de la loi du 13 avr. 1900 (D. P. 1900. 4. 33), les colonies doivent

supporter seules toutes les dépenses civiles et les dépenses de gendarmerie. Tous les fonctionnaires civils, même le gouverneur et les magistrats, sont payés par la colonie. Les dépenses militaires restent à la charge de la métropole ; mais, dans les colonies qui ont des ressources suffisantes, la loi de finances peut imposer des contingents égaux aux dépenses militaires qu'elles entraînent pour l'État. — La loi de 1900 aggravait sensiblement les charges des colonies ; pour ménager la transition, il est prévu que des subventions pourront être allouées sur les fonds du Trésor à celles qui n'ont pas assez de ressources pour équilibrer leur budget local. Les subventions sont accordées sous une forme globale. Onze colonies reçoivent encore des subventions de cette nature. Trois colonies seulement versent des contingents à l'État : l'Afrique occidentale, l'Indo-Chine et Madagascar pour les dépenses militaires et les frais d'entretien de l'Ecole coloniale, le Congo pour cette dernière dépense seulement.

§ 2. — *Recettes* (S. 79 et s., 196 et s.).

41. Si la loi de 1900 a mis tous les services civils à la charge des colonies, elle a maintenu le principe posé par l'ordonnance du 12 mars 1825, les sénatus - consultes de 1854 et de 1866, que toutes les recettes qui, à un titre quelconque, impôts directs ou indirects, sont faites dans la colonie, profitent au budget local.

42. Les recettes que l'État retire des colonies sont peu nombreuses. En dehors des contingents que certaines sont tenues de verser, on peut citer : le produit de la rente de l'Inde (L. 21 avr. 1832, R. 135); celui du travail des détenus transportés à la Guyane et à la Nouvelle-Calédonie (L. 3 août 1875, 21 mars 1885 et 28 avr. 1893, D. P. 76. 4. 45, 85. 4. 41, et 93. 4. 79); les produits de l'exploitation des câbles du Tonkin et de Majunga; les produits de locations et d'aliénations de domaines appartenant à l'État dans les colonies, et notamment du domaine pénitentiaire à la Nouvelle-Calédonie (L. 30 mars 1888 et 30 mai 1899, D. P. 88. 4. 12 et 99. 4. 76); le produit des ventes du matériel militaire déclassé ou réformé.

43. En ce qui touche les produits domaniaux (concessions, locations, aliénations), ils appartiennent intégralement au budget local dans les colonies que la France possédait en 1825, l'État ayant, à cette époque, abandonné aux colonies de la Martinique, de la Guadeloupe, de la Réunion, de la Guyane, du Sénégal et de l'Inde, la propriété des domaines qu'il y possédait, à l'exception des bâtiments militaires.

44. Relativement aux taxes et impôts, il faut distinguer entre les droits de douane, d'une part, et les autres droits. — La loi du 11 janv. 1892 (D. P. 92. 4. 77) a supprimé le droit d'initiative que le sénatus-consulte du 4 juill. 1866 avait attribué aux Conseils généraux en matière de droits de douane. Depuis 1892, toutes les colonies françaises et les pays de protectorat de l'Indo-Chine sont soumis au tarif douanier métropolitain. Il en est de même de Madagascar. Il n'est fait exception que pour les territoires de la côte occidentale d'Afrique, Nossi-Bé, Obock et les établissements français de l'Inde et de l'Océanie, qui sont soumis à un régime particulier.

45. Les produits étrangers importés dans les colonies non exceptées sont soumis aux mêmes droits que s'ils entraient en France. Cependant, certains produits peuvent être l'objet d'une tarification spéciale, en vertu de décrets rendus, dans la forme des règlements d'administration publique, sur le rapport des ministres des colonies et du commerce, et après avis des Conseils généraux et des Conseils d'administration. Des excep-

tions peuvent aussi, dans les mêmes conditions, être apportées au tarif métropolitain. — Comme compensation à l'application du tarif général, les colonies où cette application a été bénéficient pour leurs exportations dans la métropole : 1º de l'entrée en franchise pour la plupart de leurs produits manufacturés ; 2º de certaines immunités et réductions de droits déterminées par le tableau E, annexé à la loi.

46. Pour les colonies non soumises au tarif général de 1892, des exemptions ou détaxes sont accordées par des décrets en Conseil d'État, qui en établissent la nomenclature par colonie.

47. Enfin les colonies françaises forment entre elles une sorte d'union douanière, en ce sens que les produits originaires d'une colonie française importés dans une autre colonie française ne sont soumis à aucun droit de douane. Les produits étrangers importés d'une colonie française dans une autre sont assujettis, dans cette dernière, au payement de la différence entre les droits du tarif local et ceux du tarif de la colonie d'exportation.

48. L'extension aux colonies des tarifs de douane métropolitains a rendu applicables toutes les règles en vigueur en France en ce qui touche les tarifs et les changements qui pourraient y être apportés. Il en est de même des dispositions de la législation métropolitaine concernant l'assiette, les règles de perception, les modes de poursuites, les pénalités en matière de douanes, dont la promulgation dans les colonies a été ordonnée par un décret du 16 févr. 1895. — Il appartient au chef de l'État de statuer, par décrets en Conseil d'État, sur la création d'entrepôts de douanes aux colonies, la désignation des marchandises qui y sont admises, et la fixation des mesures de surveillance auxquelles les entreposataires doivent être astreints.

49. En ce qui touche les autres taxes et contributions, les pouvoirs des Conseils généraux sont déterminés aujourd'hui par l'art. 33 de la loi du 13 avr. 1900 (D. P. 1900. 4. 33). Le choix des taxes appartient au Conseil général. Mais sa délibération fixant les règles d'assiette, de perception et le tarif des taxes, ne peut être exécutée qu'après approbation par décret rendu en Conseil d'État.

§ 3. — *Dépenses* (S. 77 et s.).

50. En ce qui concerne le vote des dépenses, la loi du 13 avr. 1900 a divisé les colonies en deux groupes. — Dans le premier groupe, qui comprend les Antilles, la Réunion et la Guyane, les dépenses sont votées par le Conseil général. Elles sont facultatives ou obligatoires. La nomenclature des dépenses obligatoires, au lieu d'être fixée par la loi, comme précédemment (Sén.-cons. 4 juill. 1866, D. P. 66. 4. 25; L. 11 janv. 1892, D. P. 92. 4. 77), l'est aujourd'hui par un décret en Conseil d'État, qui en fixe également le maximum. Dans la limite de ce maximum, le montant de la dépense obligatoire est déterminé chaque année, s'il y a lieu, par le ministre des colonies. Il a été statué sur ce point par un décret du 14 août 1900. Les Conseils généraux conservent, d'ailleurs, le droit d'initiative et le droit d'amendement.

51. Dans le second groupe, qui comprend les colonies d'Océanie et les continents d'Asie et d'Afrique où il existe des Conseils généraux, c'est-à-dire l'Inde, la Cochinchine et le Sénégal, la nomenclature des dépenses obligatoires est faite par la loi elle-même. Ces dépenses obligatoires sont : 1º les dettes exigibles ; 2º le minimum fixé par décret au traitement du personnel des secré⸗ⁿⁱⁱ⁵ généraux ; 3º les traitements des fonc⸗ⁱⁱⁿⁿⁱⁱᵉ⁵ nommés par décret; 4º les frais de m.... nerie de la police et de la justice; 5° les frais de représentation du gouverneur, le loyer, l'ameublement et l'entretien de son hôtel, les frais de son secrétariat; 6° les autres dépenses imposées par des dispositions législatives. — Dans ces colonies, l'initiative des dépenses est réservée exclusivement aux gouverneurs.

§ 4. — *Législation budgétaire* (S. 79 et s.).

52. Le budget local est préparé dans chaque colonie par le gouverneur, et présenté par lui à la commission coloniale dix jours avant la réunion du Conseil général. Cette commission fait un rapport sur le projet de budget. Le budget est ensuite voté par le Conseil général. Il est ensuite adressé au gouverneur qui l'arrête. Les pouvoirs du gouverneur à cet égard sont déterminés par les art. 8 et s. des sénatus-consultes de 1866, reproduits dans les articles correspondants des décrets organiques des Conseils généraux.

53. Si des dépenses obligatoires ont été omises, ou si le gouverneur estime que les allocations portées pour une ou plusieurs de ces dépenses sont insuffisantes, le gouverneur y pourvoit provisoirement en les imputant sur le crédit obligatoire porté au budget pour les dépenses imprévues. En cas d'insuffisance de ce fonds, il en réfère au ministre des colonies qui, sur sa proposition, inscrit d'office la dépense omise ou augmente les allocations. Il est pourvu par le gouverneur, en conseil privé, à l'acquittement de ces dépenses au moyen soit d'une diminution des dépenses facultatives, soit d'une imputation sur les fonds libres ou, à défaut de ces moyens, par une augmentation du tarif des taxes. — Les dépenses facultatives ne peuvent être changées ni modifiées par le gouverneur, plus haut, et à moins que les dépenses facultatives n'excèdent les ressources ordinaires de l'exercice après prélèvement des dépenses obligatoires. Le ministre prononce définitivement sur ces changements. — Enfin, si le Conseil général ne se réunissait pas, ou se séparait sans avoir voté le budget, le ministre l'établirait d'office, sur la proposition du gouverneur, en conseil privé.

54. Dans les colonies qui n'ont qu'un Conseil d'administration, le gouverneur soumet son projet de budget en dépenses et en recettes à ce Conseil, qui donne son avis sur les taxes et contributions proposées. Le budget est ensuite transmis par le gouverneur au ministre des colonies, qui l'approuve et peut le modifier.

55. Le budget local est exécuté par le gouverneur, qui en est l'ordonnateur. Le gouverneur engage, liquide et mandate les dépenses au vu de la colonie (Décr. 21 mai 1898). — Quant aux recettes, celles qui ont le caractère d'impôts directs ou indirects sont recouvrées suivant les règles particulières à chacune de ces catégories d'impôts. Les recettes pour lesquelles il n'est prévu aucun mode particulier de recouvrement sont opérées au moyen d'états rendus exécutoires par les gouverneurs, et qui valent jusqu'à opposition de la part des débiteurs de la colonie (L. 25 févr. 1901, art. 53). Le décret du 20 nov. 1882 (D. P. 83. 4. 78) a étendu aux colonies le bénéfice de la déchéance quinquennale qu'elles peuvent opposer à leurs créanciers.

56. Les comptes sont dressés par le trésorier-payeur de la colonie et par le gouverneur. Les premiers sont jugés par la Cour des comptes. Ceux du gouverneur, d'après le décret du 20 nov. 1882, sont soumis à l'examen d'une commission du Conseil privé, qui en certifie la conformité avec ceux du trésorier-payeur. Sur le vu de cette déclaration, le Conseil général délibère sur les comptes qui sont approuvés par le gouverneur en conseil privé.

ART. 5. — RÉGIME MUNICIPAL (S. 69).

57. Dans la plupart des colonies, il n'y a pas de rouage intermédiaire entre l'administration coloniale et l'administration municipale. Il n'y a d'exception à cette règle que dans l'Inde et en Cochinchine.

58. Dans l'Inde, il existe des Conseils locaux élus suivant les mêmes formes que les Conseils généraux, et dont les attributions ont été, par un décret du 12 juill. 1887, réduites au droit d'émettre des vœux et de donner des avis. — En Cochinchine, il existe des Conseils d'arrondissement (Décr. 5 mars 1889). Leurs délibérations sont toujours soumises à l'approbation du gouverneur général; mais aucune mesure intéressant l'arrondissement ne peut être décidée sans avoir été votée par eux. Ils ont un budget qui est préparé par l'administrateur, délibéré par le Conseil et arrêté par le gouverneur en conseil privé. Leurs ressources consistent en centimes additionnels, en subventions du budget local et des communes. Avec ces ressources, ils doivent acquitter certaines dépenses d'intérêt intercommunal.

59. Le régime municipal des colonies n'est pas uniforme: 1° A la Martinique, à la Guadeloupe et à la Réunion, les communes existent et sont administrées dans les conditions prescrites par la loi du 5 avr. 1884, déclarée expressément applicable à ces colonies, sauf quelques particularités.

60. 2° Dans les autres colonies, le Gouvernement a introduit par des décrets spéciaux le régime municipal. Mais cette mesure ne s'est pas étendue à tout le territoire : certaines localités seulement forment des communes au sens juridique du mot; par exemple : Saint-Louis, Gorée, Dakar, au Sénégal; Saïgon, en Cochinchine; Nouméa, en Nouvelle-Calédonie; Saint-Pierre, dans les îles Saint-Pierre et Miquelon. — Dans ces colonies, il existe des communes de plein exercice, des communes mixtes et des communes indigènes (Décr. 13 déc. 1891). Ces dernières n'ont qu'une commission municipale dont les séances ne sont pas publiques, dont les attributions sont purement consultatives et où les dépenses obligatoires sont beaucoup plus nombreuses. — Dans l'Inde et en Cochinchine, les communes ont des conseils municipaux composés d'éléments appartenant aux diverses classes de la population : Français, indigènes renonçant et indigènes ne renonçant pas à leur statut personnel.

61. Les communes coloniales ont un budget. Leurs taxes sont, en principe, établies par un vote du Conseil municipal approuvé par le gouverneur. Leur principale ressource consiste dans l'octroi de mer, qui diffère à plusieurs points de vue de l'octroi municipal métropolitain. Les Conseils généraux votent les tarifs d'octroi de mer sur les objets de toute nature et de toute provenance introduits dans la colonie. Le mode d'assiette, les règles de perception et le mode de répartition de ce droit sont établis par des délibérations du Conseil général ou du Conseil d'administration, approuvées par décrets rendus dans la forme des règlements d'administration publique (L. 11 janv. 1892, art. 6). Quant aux tarifs, ils doivent aussi être approuvés dans les mêmes formes (L. 13 avr. 1900, art. 33, § 3). — Ce droit d'octroi, au lieu d'être, comme en France, perçu aux limites de chaque commune, embrasse le territoire tout entier de la colonie. Son produit, perçu par le service des douanes, est centralisé dans la caisse de la colonie pour le compte des communes et réparti entre elles. Comme l'octroi municipal, il ne porte que sur les objets de consommation. — L'octroi de mer doit être un droit purement fiscal, sans aucun caractère différentiel ou protecteur, et, par suite, lorsqu'un objet est

assujetti aux droits, le droit doit être perçu non seulement sur les objets étrangers ou français importés dans la colonie, mais aussi sur les objets similaires qui y sont récoltés ou fabriqués; sinon, les taxes établies sous ce nom constituent de véritables taxes douanières (Civ. c. 7 janv. 1896, D. P. 98. 1. 361).

ART. 6. — ORGANISATION JUDICIAIRE (R. 146 et s.; S. 136 et s.).

62. L'organisation de la justice varie suivant les colonies. — Les magistrats des colonies ne bénéficient pas de l'inamovibilité; ils dépendent à la fois du ministre de la justice et du ministre des colonies, qui contreignent tous deux les décrets de nomination. — La loi du 30 août 1883, sur la réforme de l'organisation judiciaire (D. P. 83. 4. 58), n'est pas applicable aux colonies (Cr. r. 2 mars 1893, D. P. 94. 1. 142); les magistrats coloniaux ne sont donc pas soumis à l'action disciplinaire de la Cour de cassation.

63. Dans chaque colonie, les fonctions de chef du service judiciaire sont confiées à un magistrat qui fait partie, à ce titre, du Conseil privé ou du Conseil d'administration, et qui a la surveillance et la discipline du personnel judiciaire. Ces fonctions sont exercées par le procureur général, s'il y a une Cour d'appel, ou, dans le cas contraire, par le procureur de la République. — Il n'y a pas de premier président dans les Cours d'appel, mais de simples présidents ayant rang de présidents de chambre.

64. La loi du 15 avr. 1890 (D. P. 91. 4. 2) a imposé aux magistrats coloniaux des Antilles et de la Réunion les mêmes conditions d'âge et de capacité que dans la métropole. La plupart des décrets qui, dans les autres colonies, ont réorganisé la justice, ont exigé les mêmes conditions. Celles-ci, toutefois, ne sont pas exigées des personnes qui sont appelées temporairement à remplir des fonctions intérimaires de la magistrature et qui, en cas d'urgence, peuvent être nommées à ces postes par arrêté du gouverneur (Décr. 9 févr. 1883, D. P. 83. 4. 42).

65. Il y a dans les colonies des Cours d'appel, des tribunaux de première instance et des justices de paix. Ces diverses juridictions ont la même compétence qu'en France. Toutefois, dans certaines colonies, il existe des justices de paix à compétence étendue, qui réunissent les attributions des tribunaux de paix et des tribunaux de première instance. — Dans d'autres colonies, on a adopté le système du juge unique, qui porte le titre de juge président, et est à la fois tribunal civil, tribunal correctionnel et de simple police. — Ailleurs, on a distingué les juridictions françaises et les juridictions indigènes. Celles-ci connaissent des affaires civiles entre indigènes; mais ils peuvent se soustraire à leur juridiction en déclarant dans un acte qu'ils entendent contracter sous l'empire de la loi française. La compétence des tribunaux musulmans est limitée aux questions d'état civil, de successions et de donations. Les parties peuvent s'adresser au tribunal français, qui statue selon la loi française, après s'être adjoint un assesseur musulman. — Ailleurs, les administrateurs ou résidents exercent les attributions de juges de paix.

66. De même, au point de vue de la justice criminelle, il y a une grande variété. Tantôt la répression des crimes est confiée à des Cours d'assises, fonctionnant avec l'assistance du jury; cette institution n'existe que dans les trois anciennes colonies, où elle a été introduite par la loi du 27 juill. 1880 (D. P. 81. 4. 36). Ailleurs, les crimes sont jugés par des Cours ou tribunaux criminels composés de magistrats ou d'assesseurs délibérant ensemble. Dans quelques colonies, les crimes et délits commis par les indigènes sur d'autres indigènes sont jugés par un tribunal composé du résident juge de paix et de deux assesseurs indigènes.

67. La procédure devant les Cours criminelles n'est pas toujours celle qui est instituée par le Code d'instruction criminelle pour les Cours d'assises; c'est, dans certaines colonies, celle des tribunaux correctionnels.

68. La juridiction militaire fonctionne aux colonies (Sén.-cons. 4 juin 1858, D. P. 58. 4. 136; Décr. 4 oct. 1889, D. P. 90. 4. 97). Il n'y a de tribunaux maritimes militaires qu'en Cochinchine (Décr. 31 mars 1874, D. P. 74. 4. 75). Quant aux tribunaux maritimes commerciaux, ils peuvent être organisés dans les colonies (Décr. 14 mars 1852, D. P. 52. 4. 127). Enfin il existe des tribunaux pénitentiaires (Décr. 4 oct. 1889, art. 20 et s., D. P. 90. 4. 96).

ART. 7. — ORGANISATION DES SERVICES PUBLICS (S. 92 et s.).

§ 1er. — *Régime militaire.*

69. Les jeunes gens faisant partie du contingent colonial font leur temps de service dans les corps stationnés dans leur colonie (L. 7 juill. 1900, D. P. 1900. 4. 66). — L'inscription maritime est applicable aux colonies de la Martinique, de la Guadeloupe, de la Réunion, de la Guyane et de Saint-Pierre et Miquelon (Décr. 3 mai 1848, D. P. 48. 4. 90; L. 24 déc. 1896, D. P. 97. 4. 2). Elle peut, par des décrets, être étendue à d'autres colonies.

70. La gendarmerie coloniale est recrutée parmi les officiers, sous-officiers et gendarmes des légions départementales. Les uns et les autres, tout en continuant à faire partie de l'armée de terre quant à l'organisation et au personnel, sont, quant à la direction des services, à l'administration et à la comptabilité, placés sous les ordres du ministre des colonies (Ord. 17 août 1835, R. vo *Gendarme,* p. 494).

71. Il existe dans certaines colonies (Martinique, Guadeloupe, Réunion, Guyane, Gabon, Dahomey, Madagascar, Obock, Cochinchine et Tonkin) des milices placées sous les ordres du gouverneur et recrutées parmi les habitants. Dans certaines colonies, ces milices exercent les fonctions de sapeurs-pompiers. Dans les autres, elles constituent des corps de police.

72. Sur l'organisation de l'armée coloniale fixée par la loi du 7 juill. 1900, V. *suprá, Armée,* nos 129 et s.

§ 2. — *Cultes* (R. 90 et s.).

73. L'organisation des cultes aux colonies est très diverse. — Dans toutes les colonies, le culte catholique est organisé. Des décrets des 18 déc. 1850 et 3 févr. 1851 (D. P. 51. 4. 20 et 40) ont créé des évêchés dans les trois anciennes colonies (Martinique, Guadeloupe et Réunion). Ces évêchés sont organisés conformément aux lois canoniques et civiles sur les autres actes appliqués en France. La jurisprudence a admis que ces textes avaient eu pour effet de promulguer le Concordat dans ces colonies. Les évêques sont nommés par décret et reçoivent l'institution canonique du pape. Ils peuvent correspondre directement avec le Gouvernement, mais sous la condition d'adresser au gouverneur copie de cette correspondance. Les évêques font partie du Conseil privé toutes les fois qu'il y est question d'une affaire intéressant les cultes (Décr. 25 mars 1882).

74. Le clergé inférieur ne comprend pas de curés inamovibles, mais seulement des desservants. Ceux-ci sont nommés par le ministre des colonies; ils ne peuvent être

révoqués et renvoyés en France que d'accord avec l'évêque (Cons. d'Et. 14 janv. 1898, D. P. 99. 3. 40). Le personnel de ce clergé est recruté parmi les Pères du Saint-Esprit, congrégation non autorisée. Le temporel des paroisses est administré par des conseils de fabrique soumis aux dispositions du décret du 30 déc. 1809 (R. vo *Culte,* p. 702).

75. Dans les colonies où il n'y a pas d'évêque, le culte catholique est dirigé par un prêtre nommé par le Gouvernement et institué par le pape, qui porte le titre de *préfet apostolique.* — Dans d'autres, le chef du culte est un vicaire apostolique, qui reçoit son titre du pape seul.

76. Le culte protestant est organisé dans plusieurs colonies, notamment à la Guadeloupe, en Nouvelle-Calédonie, à Taïti. En outre, le culte musulman est exercé au Sénégal, les cultes brahmanique et bouddhique dans l'Inde.

§ 3. — *Instruction publique* (S. 92 et s.).

77. Ce service est organisé, dans les anciennes colonies, par des décrets en Conseil d'Etat; dans les autres, par des décrets simples. Il a pour chef un fonctionnaire qui, dans certaines colonies, est le proviseur du lycée, ailleurs le principal du collège, et qui fait partie du Conseil privé quand les affaires de son service y sont traitées.

78. Les établissements d'enseignement supérieur sont très rares aux colonies : on ne peut guère citer que l'école de droit de la Martinique et celle de Pondichéry. Ces établissements ne délivrent que des brevets de capacité, qui doivent être convertis en France en diplômes.

79. Les anciennes colonies possèdent des lycées et des collèges fonctionnant dans les mêmes conditions que ceux de la métropole. Les colonies de l'Inde, de la Guyane, du Sénégal, de la Nouvelle-Calédonie ont des collèges tenus par des congrégations et subventionnés par les colonies.

80. La législation métropolitaine sur l'enseignement primaire est appliquée à la Martinique, à la Guadeloupe et à la Réunion. L'enseignement y est obligatoire, gratuit et laïque (Décr. 28 août 1902). Dans les autres colonies, le service est organisé par des arrêtés des gouverneurs.

§ 4. — *Travaux publics* (R. 298 et s., 440; S. 102).

81. L'expropriation pour cause d'utilité publique est régie, dans les anciennes colonies, par le sénatus-consulte du 4 mai 1856, qui reproduit les dispositions essentielles de la loi du 3 mai 1841 (R. vo *Expropriation pour cause d'utilité publique,* p. 512). Dans les autres colonies, des décrets spéciaux ont édicté des règles analogues. La déclaration d'utilité publique est prononcée par décret en Conseil d'Etat ou par le gouverneur en Conseil privé, selon que les travaux à exécuter sont à la charge de l'Etat ou de la colonie. L'expropriation est prononcée par jugement du tribunal, et l'indemnité fixée par un jury. La liste des jurés est dressée par le gouverneur. Les décisions du tribunal et du jury peuvent être déférées à la Cour d'appel.

82. Il existe des chemins de fer dans plusieurs colonies. Le régime des chemins de fer coloniaux n'est pas uniforme : il varie d'une colonie à l'autre.

83. Le régime minier a été organisé en Guyane (Décr. 18 mars 1881 et 20 juill. 1901), en Nouvelle-Calédonie (Décr. 22 juill. 1883), dans l'Inde (Décr. 7 nov. 1884), dans l'Afrique occidentale (Décr. 8 juill. 1899 et 4 août 1901), à Mayotte et à Madagascar (Décr. 1er juin et 20 févr. 1902). — La législation minière coloniale diffère sensiblement de la législation métropolitaine. Les recherches sont autorisées par des permis délivrés par le gouverneur. Lorsque l'exportateur la dé-

couvert un gisement, il en fait la déclaration et en demande la délimitation et le bornage. Il devient ainsi propriétaire en qualité de premier occupant. Les exploitations qui peuvent être attribuées au premier occupant sont limitées à une superficie déterminée. L'occupant reçoit de l'Administration un titre dit permis d'exploitation, qui, suivant la colonie, le constitue propriétaire perpétuel ou pour dix ans du terrain occupé. S'il demande à exploiter une superficie supérieure, il est alors procédé, conformément à la loi du 21 avr. 1810 (R. vo *Mines,* p. 618), par voie de concession.

§ 5. — *Postes et télégraphes* (S. 103).

84. Les relations postales entre la France et les colonies sont assurées par des lignes de paquebots subventionnées par l'Etat. Dans l'intérieur des colonies, le service est fait par des bateaux à vapeur locaux, par chemins de fer ou par services de voitures. Il est réglé, dans chaque colonie, par le gouverneur. — Les colonies font partie de l'Union postale universelle. Les recettes se partagent entre la métropole et la colonie, chacune d'elles conservant les recettes qu'elle effectue. — Les franchises postales sont réglées par le gouverneur.

85. Les colonies ont un réseau télégraphique intérieur. Les unes sont reliées directement à la métropole par des câbles, les autres sont seulement reliées à des câbles étrangers.

§ 6. — *Banques coloniales* (R. 406 et s.; S. 207 et s.).

86. La création de banques coloniales a été décidée, en principe, par la loi du 27 avr. 1848 (D. P. 48. 4. 79). Les banques de la Martinique, de la Guadeloupe et de la Réunion ont été créées par une loi du 30 avr. 1849 (D. P. 49. 4. 96), celle de la Guyane par une loi du 11 juill. 1851 (D. P. 51. 4. 142), celle de la Cochinchine, devenue la banque de l'Indo-Chine, par un décret du 21 janv. 1875 (D. P. 75. 4. 92), celle de l'Afrique occidentale par des décrets des 29 juin, 21 déc. 1901, 19 avr. et 11 déc. 1902.

87. Ces banques sont administrées par un conseil composé d'un directeur et quatre administrateurs. Le directeur est nommé par décret. Il préside le conseil d'administration et fait exécuter ses décisions. Le trésorier-payeur général de la colonie est de droit administrateur, les trois autres sont élus par l'assemblée des actionnaires. Le conseil est assisté de deux censeurs, dont l'un est élu par l'assemblée générale des actionnaires.

88. Chaque banque a, dans les limites de la colonie où elle a été établie, le privilège exclusif d'émettre des billets au porteur de 500, 100, 25, 10 et 5 francs (de 100, 20 et 5 piastres en Indo-Chine), remboursables à vue. Ces billets ont cours légal dans la colonie. Le montant des billets mis en circulation ne peut excéder le triple de l'encaisse métallique. Le montant annulé des billets en circulation, des comptes courants et des autres dettes de la banque ne peut excéder le triple du capital social augmenté du numéraire déposé dans la caisse.

89. Les banques coloniales escomptent les effets à ordre ou effets de place à deux ou plusieurs signatures, négocient, escomptent ou achètent des traites ou mandats directs sur la France ou sur l'étranger, escomptent des obligations négociables avec garanties : 1o par des warrants ou des récépissés de marchandises déposées soit dans des magasins publics ou dans des magasins particuliers dont les clefs ont été régulièrement remises à la banque; 2o par des cessions de récoltes pendantes; 3o par des connaissements à ordre ou régulièrement endossés; 4o par des dépôts de lingots, de monnaies, de matières d'or et d'argent; se chargent, pour le compte des particuliers ou des établissements publics, de l'encaissement et du recouvrement des valeurs, dès qu'elles leur sont remises; payent tous mandats et assignations; reçoivent, moyennant un droit de garde, le dépôt volontaire de tous les titres, lingots, monnaies et matières d'or et d'argent; souscrivent à tous les emprunts ouverts par l'Etat, la colonie ou les municipalités jusqu'à concurrence des fonds versés à la réserve; reçoivent, avec l'autorisation du ministre, le produit des souscriptions publiques ouvertes dans la métropole ou dans la colonie; émettent des billets payables à vue, au porteur, des billets à ordre et des traites ou mandats; font commerce des métaux précieux, monnayés ou non monnayés.

90. Les lois du 11 juill. 1851 et 24 juin 1874 (art. 15, D. P. 75. 4. 1) ont institué, auprès du ministre des colonies, une commission de surveillance des banques coloniales, composée de neuf membres. Cette commission reçoit communication de tous les documents parvenus aux ministres sur la gestion des banques; elle est consultée sur les actes du Gouvernement qui les concernent; elle provoque les mesures de vérification et de contrôle et rend chaque année, aux Chambres et au président de la République, un compte de la surveillance et de la situation des établissements. Aucun dividende ne peut être attribué aux actionnaires que sur l'avis conforme de cette commission.

91. Il existe en outre, à Paris, un agent central des banques coloniales nommé par le ministre (Décr. 17 nov. 1852, D. P. 52. 4. 217). — Cet agent représente les banques dans les opérations qu'elles ont à faire avec la métropole; il exerce toutes leurs actions judiciaires et extrajudiciaires.

ART. 8. — RÉGIME DOMANIAL.

92. Dans les colonies, il existe un domaine public et un domaine privé. — Le domaine public comprend les voies publiques, les chemins de fer, et en outre toutes les eaux qui existent dans les colonies, navigables ou non. L'Etat a conservé, dans les colonies, les bâtiments militaires, fortifications et ouvrages de défense. Dans certaines, il a conservé également les cinquante pas géométriques ou *cinquante pas du Roi*, bande de terrain de 81 mètres de largeur environ qui sépare le rivage de la mer de l'intérieur des terres. Cette bande de terrain fait partie du domaine public. Les concessions privatives qui sont accordées sur ces terrains sont, en principe, précaires et révocables. Elles donnent lieu à des redevances partagées entre l'Etat, la colonie et quelquefois les communes. Des décrets du 21 mars 1882 et 4 juin 1887 ont disposé que la Martinique et à la Guadeloupe les concessions de terrains faites dans les limites des bourgs et villages et qui avaient été couvertes de constructions seraient définitives et irrévocables. Ils ont autorisé le Gouvernement à faire dans ces mêmes limites des concessions définitives de terrains non bâtis. Le produit de ces concessions à titre onéreux est porté en recette au budget de l'Etat.

93. Quant au domaine privé, l'Etat l'a, par l'ordonnance du 17 août 1825, abandonné en toute propriété aux colonies que la France possédait alors. Dans les colonies acquises depuis lors, l'Etat a conservé son domaine. En Nouvelle-Calédonie, des arrêtés locaux des 5 oct. 1862 et 12 sept. 1875 avaient attribué à la colonie toutes les propriétés de l'Etat. Un décret du 14 août 1884 revint sur cette concession irrégulière et réserva à l'Etat la propriété des terres alors occupées par les indigènes et qui deviendraient vacantes. En outre, il délimitait la réserve pénitentiaire. Un autre décret, du 10 avr. 1897, a complété la reprise par l'Etat de la partie usurpée de son domaine. Les concessions sont faites par décret, sur l'avis d'une commission spéciale.

94. Des décrets ont fixé le régime du domaine public et du domaine privé, des forêts et de la propriété foncière pour le Congo (Décr. 8 févr., 28 mars, 9 sept. 1899), la Guinée (Décr. 24 mars 1901), le Dahomey (Décr. 5 août 1900), la Côte d'Ivoire (Décr. 20 juill. et 30 août 1900), les Iles Marquises (Décr. 31 mai 1902). Madagascar (Décr. 10 févr. 1900, 26 sept. 1902).

ART. 9. — COLONISATION.

95. Depuis l'abolition de l'esclavage (Décr. 27 avr. 1848), la mise en valeur du territoire colonial ne peut être assurée que par l'immigration, c'est-à-dire l'introduction dans la colonie de travailleurs français ou étrangers, liés par un contrat d'engagement et astreints au travail moyennant le payement d'un salaire stipulé à l'avance.

96. L'immigration est libre ou réglementée. — La première concerne les Français. Elle est soumise aux lois générales sur l'émigration (V. *infrà, Emigration*). Les travailleurs recrutés dans ces conditions ne sont soumis qu'aux obligations du Code civil (Décr. 30 juin 1890, art. 6). Toutefois, ils sont inscrits sur un registre, reçoivent un permis de séjour ou une carte de circulation.

97. L'immigration réglementée est celle qui s'applique à des travailleurs étrangers. Elle a fait l'objet d'actes réglementaires nombreux et de traités passés avec des puissances étrangères (Conv. avec l'Angleterre, 1er juill. 1861; Décr. 13 févr. et 27 mars 1852). Le sénatus-consulte du 4 juill. 1866 (art. 3) dispose que, dans les trois anciennes colonies, les Conseils généraux statuent sur le mode de recrutement et de protection des immigrants. Le rapatriement de ceux-ci à la fin de leur engagement est une dépense obligatoire pour la colonie. Dans les colonies de la Nouvelle-Calédonie, de l'Inde, de la Guyane, les décrets organiques ont conféré les mêmes pouvoirs aux Conseils généraux. Les règlements faits par les Conseils généraux doivent être approuvés par décrets en Conseil d'Etat (Décr. 11 avr. 1866). En exécution de ces textes, il a été fait des règlements du service de l'immigration pour la Guyane (Décr. 13 juin 1887), Mayotte et Nossi-Bé (Décr. 2 oct. 1885), la Réunion (Décr. 27 août 1887), la Guadeloupe (Décr. 30 juin 1890), l'Inde (Décr. 15 juin 1892), l'Océanie (Décr. 5 avr. 1893), la Nouvelle-Calédonie (Décr. 16 juill. 1893).

98. D'après le décret du 31 juin 1890, sont seuls considérés comme immigrants les travailleurs africains ou asiatiques introduits dans la colonie sous les conditions prévues par les décrets de 1852 et tous les enfants nés d'immigrants dans la colonie. Le recrutement des travailleurs s'opère sous la direction d'agents désignés par le Gouvernement (Décr. 27 mars 1852 et 2 oct. 1885). L'immigrant s'engage à servir une personne désignée ou toute personne à qui il sera confié à son arrivée dans la colonie. L'engagement est souscrit pour une durée déterminée. La durée maximum pour les sujets anglais est de cinq ans. L'Administration peut concéder un monopole aux agents de recrutement (Cons. d'Et. 15 juin 1864). Le Gouvernement peut, sans indemnité, suspendre l'émigration.

99. Dans les colonies, le service de l'immigration est confié à un protecteur des immigrants, assisté d'un inspecteur par arrondissement et syndics. Tous ces agents sont officiers de police judiciaire. Ils président à la formation des contrats qui interviennent entre les immigrés et les colons et qui constituent des contrats de louage d'ouvrage. — Les immigrants sont astreints au travail. Des décrets réglementaires fixent les conditions stipulées dans leur intérêt. L'engagiste doit leur construire ou aménager un logement, leur assurer des rations et des vêtements, leur payer un minimum de salaire, leur assurer un repos obligatoire et des soins médicaux, enfin le rapatriement. L'engagement terminé, l'immigrant peut le renouveler; en ce cas, on lui accorde une prime. Il ne peut rester sans engagement dans la colonie, à moins d'y être autorisé par le gouverneur, sous peine d'être poursuivi comme vagabond. — Les difficultés auxquelles donne lieu le contrat relèvent de la compétence du juge de paix.

100. Dans les colonies pénitentiaires, les condamnés aux travaux forcés peuvent, s'ils ne sont pas employés dans les chantiers ou établissements du service pénitentiaire, être affectés à des travaux de colonisation ou d'intérêt public pour le compte de l'Etat ou de ses entrepreneurs. Ils peuvent aussi être mis, par l'Administration, à la disposition des communes, de simples particuliers ou d'autres colonies. Les conditions dans lesquelles se font ces cessions de main-d'œuvre pénale sont réglées par les décrets des 13 déc. 1894, 30 août 1898 et 29 mars 1901. — La colonisation pénale est fournie par trois catégories de condamnés : les déportés, les transportés et les relégués. Sur la déportation et la transportation, V. *infrà, Peine*; ... sur la relégation, V. *infrà, Récidive - Relégation*.

ART. 10. — ENREGISTREMENT ET TIMBRE.

101. 1° *Enregistrement*. — Les règles relatives à la perception des droits d'enregistrement et de timbre sur les actes passés dans les colonies et sur les transmissions des biens situés aux colonies varient suivant que le service de l'enregistrement a été établi ou non dans la colonie. Dans les colonies où le service de l'enregistrement n'est pas établi (Saint-Pierre et Miquelon en Amérique, et le Soudan français en Afrique) et les pays de protectorat, tels que la Tunisie et l'Annam, sont assimilés, au point de vue fiscal, aux pays étrangers (V. *infrà, Etranger*).

102. Les actes passés en France, portant transmission, à titre gratuit ou onéreux, des biens meubles situés dans les colonies où l'enregistrement n'est pas établi, sont soumis aux mêmes droits que les transmissions de même nature ayant pour objet des valeurs françaises (L. 23 août 1871, art. 3 et 4, D. P. 71. 4. 54). — Les actes translatifs de propriété, d'usufruit ou de jouissance de biens immeubles situés dans ces mêmes colonies sont assujettis, en cas de présentation à la formalité, en France, au droit proportionnel de 20 centimes pour 100 (L. 28 févr. 1872, art. 1er, n° 2, et 28 avr. 1893, art. 19, D. P. 72. 4. 12 et 93. 4. 79).

103. Les actes passés en France, translatifs des biens meubles situés dans les colonies où le service de l'enregistrement est établi, sont soumis aux mêmes droits que s'ils avaient pour objet des biens ayant leur assiette en France. — Les actes translatifs de biens immeubles situés dans les mêmes colonies, passés en France, ne sont assujettis qu'au droit fixe établi pour les actes innommés (Civ. c. 21 janv. 1901).

104. Les colonies dans lesquelles l'enregistrement est établi sont considérées comme faisant partie intégrante du territoire français; par suite, les transmissions entre vifs à titre gratuit ou à titre onéreux, les mutations par décès de biens qui y sont situés, sont soumises aux règles établies pour la métropole. Les tarifs édictés pour les colonies sont cependant moins élevés que ceux en vigueur en France. Ils sont fixés par des ordonnances ou décrets du pouvoir exécutif de la métropole, par des délibérations du Conseil général de la colonie et par des arrêtés de son gouverneur. L'enregistrement des actes passés dans la colonie a lieu moyennant le droit déterminé par le tarif spécial à la colonie.

105. Les actes passés en pays étrangers ou dans les colonies doivent, avant tout usage en France, y être enregistrés aux droits établis pour chaque nature de convention, sauf imputation, s'il y a lieu, des droits perçus lors de l'enregistrement dans la colonie (L. 28 avr. 1816, art. 58, R. v° *Enregistrement*, t. 21, p. 39).

106. Les mutations par décès de biens situés dans les colonies t dépendant d'une succession ouverte en France doivent acquitter l'impôt, savoir : dans la colonie, s'il s'agit de meubles ou immeubles corporels ayant une assiette déterminée dans cette colonie ; au domicile du défunt et d'après les tarifs de la métropole, lorsqu'il s'agit de valeurs incorporelles. — Les valeurs incorporelles dues en France, dépendant des successions ouvertes dans une colonie où l'enregistrement n'est pas établi, constituent des biens français, soumis à la loi française et, comme les biens corporels situés en France, doivent acquitter les droits au bureau du domicile du débiteur. — Enfin, en ce qui concerne les successions ouvertes dans une colonie où l'enregistrement est établi, les droits doivent être acquittés dans la colonie, non seulement pour les biens corporels qui y sont situés, mais encore pour les valeurs incorporelles sans assiette déterminée, alors même qu'elles seraient dues en France (Civ. 30 janv. 1893; Instr. Reg. 2842, § 3).

107. 2° *Timbre.* — L'impôt du timbre n'est pas appliqué dans les colonies où l'enregistrement est établi. Il est seulement dans les colonies suivantes, sur des bases et avec des tarifs différents pour chaque colonie. — Afrique : Sénégal, Réunion, Madagascar ; — Amérique : Martinique, Guadeloupe, Guyane ; — Asie : Etablissements français de l'Inde, Indochine, Cochinchine.

COMMERÇANT

(R. v° *Commerçant*; S. eod. v°).

1. Sont commerçants ceux qui exercent des actes de commerce et en font leur profession habituelle (Com. 1). — Le Code de commerce s'est occupé spécialement des commerçants dans le titre 1er de son livre 1er (art. 1 er à 7).

§ 1er. — *Des personnes qui ont la qualité de commerçant* (R. 15 et s.; S. 5 et s.).

2. Deux conditions sont nécessaires pour qu'un individu ait la qualité de commerçant. La première, c'est qu'il fasse des actes de commerce. Ainsi, ne sont des commerçants : ni ceux qui se livrent à une exploitation immorale ou illicite, comme les tenanciers des maisons de tolérance (Rouen, 14 janv. 1899, D. P. 1901. 2. 174); ni les artisans (V. *supra*, *Acte de commerce*, n° 2); ni les maîtres de pension (V. *supra*, *eod. v°*, n° 9); ni les propriétaires ou cultivateurs qui se bornent à vendre les denrées de leur cru (V. *supra*, *eod. v°*, n° 12); ni les concessionnaires ou exploitants de mines ou de minières (V. *supra*, *eod. v°*, n° 27).

3. La seconde condition exigée pour qu'un individu soit commerçant, c'est qu'il fasse, de l'exercice des actes de commerce, sa profession habituelle. N'est donc point commerçant celui qui ne fait que des actes de commerce isolés, ni même celui qui fait habituellement des actes de commerce, s'il ne les fait point par esprit de spéculation, par exemple le propriétaire qui, journellement, pour toucher ses revenus ou s'acquitter de ses engagements, tire ou

accepte des lettres de change, ... ou si ces actes constituent un accessoire de sa profession, qui est civile : tel est le cas du vétérinaire qui achète des drogues pour les revendre à sa clientèle (Caen, 6 mai 1901, D. P. 1903. 2.243). — A plus forte raison, la qualité de commerçant ne résulte-t-elle pas pour une personne de sa seule inscription au rôle des patentes; ... ni du fait de prendre, dans un acte, la qualité de commerçant; ... ni de la simple annonce dans des journaux ou circulaires de l'ouverture d'un établissement commercial. Mais cette qualité devrait, suivant l'opinion générale, être reconnue à celui qui aurait ouvert effectivement un établissement de commerce, bien qu'en fait il n'eût revendu aucune des marchandises par lui achetées. — La question de savoir si les actes de commerce accomplis par un individu sont assez nombreux pour constituer une profession habituelle est, d'ailleurs, une question de fait dont la solution, à la différence de celle consistant à savoir si un acte est ou n'est pas commercial selon les définitions juridiques des art. 632 et 633 (V. *supra*, n° 2), est abandonnée à l'appréciation des tribunaux.

4. La qualité de commerçant résulte de l'exercice habituel d'actes de commerce, alors même que ces actes sont faits pour le compte ou au nom d'autrui; ainsi, doivent être réputés commerçants ceux qui exploitent des maisons de commission, des agences ou bureaux d'affaires. — Il en est de même des agents de change et des courtiers, bien que toute spéculation personnelle leur soit interdite.

5. Si la qualité de commerçant suppose la profession *habituelle* d'exercer des actes de commerce, il n'est pas nécessaire que cette profession soit *principale*. D'où il suit qu'un individu peut être commerçant bien qu'il ait ostensiblement une situation étrangère au commerce, ou même incompatible avec le commerce (V. *infra*, n° 8).

6. Il importe peu d'ailleurs que celui qui fait des actes de commerce sa profession habituelle ne soit pas muni d'une patente. Ainsi, celui qui a cessé d'exercer le commerce, et n'est plus patenté à ce titre, n'en doit pas moins être considéré comme ayant la qualité de commerçant, s'il continue à faire des actes de commerce (Req. 24 févr. 1903, D. P. 1903. 1. 189).

7. Quant aux sociétés, la question de savoir dans quels cas elles sont civiles ou commerciales est examinée *infrà*, *Société*.

§ 2. — *Des personnes capables auxquelles le commerce est interdit* (R. 110 et s.; S. 34 et s.).

8. L'exercice d'un commerce et les actes de commerce même isolés sont interdits, notamment : 1° aux magistrats de l'ordre judiciaire; 2° aux comptables de deniers publics (Décr. 31 mai 1862, art. 18, D. P. 62. 4. 83); 3° aux agents comptables des matières appartenant aux départements de l'agriculture et du commerce (Régl. 1er févr. 1850, art. 5, D. P. 51. 4. 51); 4° aux intendants et administrateurs de la marine (Arr. 2 prair. an 11, art. 122, R. v° *Organisation maritime*, p. 1671); 5° aux consuls établis en pays étrangers, aux élèves consuls et drogmans, ainsi qu'aux chanceliers nommés par le Gouvernement (Ord. 20 août 1833, art. 4); 6° aux avocats (Ord. 20 nov. 1822, art. 42); 7° aux avoués; 8° aux huissiers (Décr. 14 juin 1813, art. 41); 9° aux notaires (Ord. 4 janv. 1843, art. 12); 10° aux militaires; 11° aux instituteurs et institutrices publics (L. 30 déc. 1886, art. 25); 12° aux agents de change et aux courtiers (V. *supra*, *Agent de change*, n° 46, et *infrà*, *Courtier*). — Ces prohibitions s'étendent, d'ailleurs, aux femmes mariées avec les individus qui en sont atteints, à moins qu'il ne soit établi

qu'elles font le commerce pour leur compte exclusif.

9. La sanction des règles ci-dessus consiste dans l'application de mesures disciplinaires aux personnes qui les violent. Mais les actes de commerce faits par ces personnes n'en conservent pas moins leur caractère commercial et leur impriment même la qualité de commerçantes lorsqu'elles s'y livrent habituellement; comme, par exemple, dans le cas d'un notaire qui fait habituellement des opérations de banque et de courtage.

10. Indépendamment des prohibitions énumérées *supra*, n° 8, et dont la portée est générale, la loi interdit à certaines personnes des actes de commerce déterminés. On peut citer, à cet égard, les dispositions des art. 175 et 176 c. pén. concernant les fonctionnaires et les commandants militaires (V. *infrà*, *Forfaiture*); celles de l'art. 31 de l'ordonnance du 1er août 1827, relatives aux agents et gardes-forestiers.

§ 3. — *Des personnes dont la capacité commerciale est soumise à certaines conditions.*

A. — Mineur (R. 130 et s.; S. 44 et s.).

11. Un mineur ne peut faire le commerce (Com. 2) qu'à quatre conditions : 1° qu'il soit émancipé; ... 2° qu'il ait dix-huit ans accomplis; ... 3° qu'il soit préalablement autorisé à le faire par son père, ou, en cas de décès, interdiction, déchéance ou absence même présumée de ce dernier, par sa mère, ou, à défaut du père et de la mère, par le conseil de famille. Cette autorisation doit être expresse et constatée par écrit. Lorsqu'il émane du père ou de la mère, cet écrit peut être sous seing privé; l'autorisation du conseil de famille ne peut résulter, au contraire, que d'une délibération de ce conseil tenue sous la présidence du juge de paix et homologuée par le tribunal civil; ... 4° que l'acte d'autorisation soit enregistré sur un registre spécial tenu au greffe du tribunal de commerce du lieu où le mineur veut établir son domicile et affiché dans l'auditoire du même tribunal. Les quatre conditions précitées sont nécessaires au mineur même pour faire des actes isolés de commerce (Com. 3).

12. A défaut d'une seule de ces conditions, le mineur qui se livre au commerce n'est point commerçant. Ses opérations ne sont point commerciales, et il peut même en faire prononcer la nullité, pourvu toutefois, du moins suivant l'opinion générale, qu'il prouve qu'il a été lésé, sans que ses contractants puissent, de leur côté, poursuivre cette nullité contre lui.

13. Lorsque, au contraire, le mineur est régulièrement habilité à faire le commerce, il est assimilé à un majeur en ce qui concerne le commerce; il a la même capacité que lui et peut même hypothéquer seul ses immeubles pour les besoins dudit commerce (Com. 6, § 1er). — De même, les engagements contractés par lui doivent être présumés, jusqu'à preuve contraire, avoir été contractés pour les nécessités de ce commerce conformément à la règle indiquée *supra*, *Acte de commerce*, n°s 30 et s. Par exception, il ne peut aliéner ses immeubles, même pour cause commerciale, qu'en suivant les formalités prescrites par les art. 457 et s. c. civ. (Com. 6, § 2) (V. *infrà*, *Tutelle*).

14. Il est généralement admis que le mineur dûment autorisé a le droit d'exercer *en société* le commerce pour lequel il a été habilité, dès que l'acte d'autorisation ne le lui défend pas. — Mais la jurisprudence décide que l'autorisation donnée par le père, ou, à son défaut, par la mère à leur enfant mineur de faire un commerce est inopérante pour l'habiliter à contracter, avec le parent émancipateur lui-même, une société pour l'exploitation de ce commerce (Paris, 14 nov. 1901, D. P. 1902. 2. 238). — Suivant une opinion, l'autorisation pourrait alors être demandée, soit par la mère, soit par le conseil de famille, selon que l'incapacité d'autorisation atteint le père ou la mère. Mais cette solution est contestée, et il est douteux qu'il existe aucun expédient permettant l'établissement d'une société dans de pareilles conditions.

15. D'ailleurs, c'est seulement pour les actes relatifs à son commerce que le mineur habilité devient capable; à l'égard des autres, sa situation demeure celle d'un mineur émancipé ordinaire (Req. 16 mars 1898, D. P. 98. 1. 279).

16. Le mineur habilité à faire le commerce cesse de l'être lorsque son émancipation vient à être révoquée; mais on admet généralement que l'autorisation donnée au mineur de faire le commerce ne peut être, de la part des personnes qui l'ont consentie, l'objet d'une révocation directe et indépendante de tout retrait de l'émancipation.

17. Le tuteur ne peut ni exercer le commerce pour son pupille, ni même faire pour lui une opération commerciale isolée.

B. — Interdit (R. 127; S. 76).

18. L'interdit judiciaire ne peut faire le commerce ni même des actes isolés de commerce, soit par lui-même, soit par l'intermédiaire de son tuteur. — Il en est de même de l'interdit légal, sauf toutefois dans les cas spéciaux où il recouvre l'exercice des droits dont il est privé par l'effet des condamnations prononcées contre lui (V. infrà, Peine).

C. — Individu pourvu d'un conseil judiciaire (R. 128; S. 77).

19. L'individu pourvu d'un conseil judiciaire ne peut exercer le commerce, même avec l'assistance de ce conseil; mais il peut, avec cette assistance, faire des actes de commerce isolés.

D. — Femme mariée (R. 160 et s.; S. 79 et s.).

20. La femme mariée, même séparée de biens, a besoin du consentement de son mari pour exercer le commerce. Ce consentement peut, d'ailleurs, n'être que tacite et résulter, par exemple, de ce que la femme exerce le commerce au su de ce dernier. — Il n'est point suffisant, si la femme est mineure : il faut, en outre, qu'elle soit habilitée comme il est dit suprà, n° 11. — Mais la jurisprudence tend à admettre, d'autre part, que le consentement du mari peut être suppléé par une autorisation de justice (V. infrà, n° 22), si le mari le refuse ou s'il est incapable de le donner, par exemple s'il est interdit ou absent.

21. La femme mariée ne peut être réputée commerçante que lorsqu'elle exerce un commerce distinct et séparé de celui de son mari; elle n'est donc point réputée telle lorsqu'elle ne fait que détailler les marchandises du commerce de ce dernier (Civ. 220, § 2; Com. 5, § 2). Toutefois, la jurisprudence décide qu'elle doit être considérée comme commerçante si elle participe au commerce de son mari au point de ne plus être pour lui un simple mandataire, mais de jouer, en fait, le rôle d'un véritable associé. — Au reste, la question de savoir dans quels cas la femme est censée faire un commerce séparé dépend essentiellement des circonstances et est abandonnée à l'appréciation des tribunaux.

22. La femme régulièrement autorisée à faire le commerce a pleine capacité pour tout ce qui concerne son négoce; elle peut notamment, à cet effet, contracter tous engagements et même hypothéquer ou aliéner ses immeubles (Com. 5, § 1er, et 7, § 1er).

Toutefois, si elle est mariée sous le régime dotal, elle ne peut hypothéquer ou aliéner ses biens dotaux que dans les cas prévus par les art. 1557 et 1558 c. civ. (Com. 7, § 2). — Elle peut, sauf avec son mari, former des sociétés (V. infrà, Société). — Mais il lui est interdit, même pour cause commerciale, d'ester en justice, soit en demandant, soit en défendant, sans une autorisation spéciale de son mari ou de justice (Civ. 218) (V. suprà, Autorisation maritale, n° 2).

23. La femme n'est apte à faire seule que les actes rentrant dans le commerce pour lequel elle est autorisée; pour les autres, sa capacité est celle de la femme mariée ordinaire (V. suprà, eod. v°, n°s 12 et s.). Les actes faits par elle sont, d'ailleurs, par application de la règle indiquée suprà, Acte de commerce, n° 30, présumés faits, sauf preuve contraire, pour les besoins de son commerce.

24. Le mari peut toujours révoquer le consentement exprès ou tacite qu'il a donné à sa femme pour l'habiliter à faire le commerce. Mais cette révocation n'est opposable aux tiers que si elle est rendue publique, par exemple par la voie des journaux, ou si les tiers en ont eu personnellement connaissance.

25. La femme marchande publique oblige aussi son mari s'il y a communauté entre eux (Com. 5), et, par conséquent, ses créanciers commerciaux ont alors leur gage sur les biens de ce dernier et sur ceux de la communauté. Toutefois, cette obligation du mari est purement civile; elle n'a point pour effet de le rendre commerçant. — Les créanciers du mari ont, de leur côté, le droit de saisir l'actif du commerce de la femme comme étant compris dans les biens de la communauté.

§ 4. — *Devoirs des commerçants* (R. 225 et s.; S. 112 et s.).

26. Sans parler de l'obligation où ils sont, en général, de payer patente (V. infrà, Patente), les commerçants sont tenus, tout d'abord, de faire publier leur contrat de mariage ainsi que tous jugements prononçant leur séparation de biens (V. infrà, Contrat de mariage).

27. La loi les astreint, en outre, sous la sanction des peines de la banqueroute simple (V. infrà, Faillite), à tenir des livres de commerce. — Les livres dont la tenue est obligatoire sont : 1° Le livre-journal, qui présente, jour par jour, les dettes actives et passives du commerçant, les opérations de son commerce, ses négociations, acceptations, endossements d'effets et, généralement, tout ce qu'il reçoit et paye, à quelque titre que ce soit, qui énonce, mois par mois, les sommes employées à la dépense de sa maison (Com. 8, § 1er); — 2° Le livre-copie de lettres, c'est-à-dire un registre sur lequel il copie les lettres qu'il envoie, en même temps qu'il est tenu de mettre en liasse celles qu'il reçoit (Com. 8, § 2); — 3° Le livre des inventaires. Chaque commerçant est, en effet, tenu de faire, tous les ans, sous seing privé, un inventaire de ses effets mobiliers et immobiliers et de ses dettes actives et passives, et de le copier année par année, sur un registre spécial à ce destiné (Com. 9).

28. Tous ces livres doivent, avant d'être commencés, être cotés, parafés et visés soit par un juge du tribunal de commerce, soit par le maire ou l'adjoint, dans la forme ordinaire et sans frais (Com. 11). — Le livre-journal et le livre des inventaires, mais non le livre-copie de lettres, doivent en outre être parafés et visés une fois par année (Com. 10, § 1 et 2). — Tous doivent être tenus par ordre de date, sans blanc, lacunes ou transports en marge (Com. 10, § 3). — Les commerçants sont tenus de les conserver pendant dix ans (Com. 11) à compter de l'époque à laquelle ils ont été clôturés.

29. Les livres de commerce régulièrement tenus peuvent être admis par le juge pour faire preuve entre commerçants pour faits de commerce (Com. 12). — Sur la foi due à ces livres, V. infrà, Preuve. — Au contraire, les livres que les personnes faisant le commerce sont obligées de tenir, et pour lesquels elles n'ont pas observé les formalités ci-dessus indiquées, ne peuvent être représentés ni faire foi en justice, au profit de ceux qui les ont tenus (V. infrà, Preuve); et ces derniers peuvent, en outre, le cas échéant, être condamnés aux peines de la banqueroute simple (Com. 13) (V. infrà, Faillite).

30. La communication des livres de commerce, c'est-à-dire leur remise soit au greffe du tribunal de commerce ou du tribunal civil, soit entre les mains d'un tiers pour être examinés et compulsés dans toutes leurs parties, ne peut être ordonnée par les tribunaux que dans les affaires de succession, communauté, partage de société, et en cas de faillite (Com. 14). — La simple représentation des livres, c'est-à-dire leur production pour être simplement consultés sur un point déterminé peut, au contraire, être prescrite par les juges, même d'office, dans toute contestation (Com. 15), sans qu'ils soient d'ailleurs tenus de l'ordonner sur la demande des parties; ils ont à cet égard un pouvoir discrétionnaire. — Ils peuvent, d'autre part, lorsque les livres sont dans un lieu éloigné du siège du tribunal, adresser une commission rogatoire au tribunal de ce lieu, ou déléguer un juge de paix pour en prendre connaissance, dresser un procès-verbal de ce commerce et l'envoyer au tribunal saisi de l'affaire (Com. 16). — Enfin, si la partie aux livres de laquelle on offre d'ajouter foi refuse de les représenter, les juges ont la faculté de déférer le serment à l'autre partie (Com. 17) (V. infrà, Preuve).

31. Les obligations qui précèdent sont communes à tous les commerçants. — Mais l'exercice de certaines professions commerciales est, de plus, assujetti à des restrictions particulières (V. infrà, Liberté du commerce et de l'industrie).

§ 5. — *Droits des commerçants* (R. 296; S. 150).

32. Les commerçants sont spécialement investis, en cette qualité, du droit d'élire les membres des tribunaux de commerce et de faire partie de ces tribunaux (V. infrà, Cours et tribunaux), et du droit de composer les chambres de commerce ainsi que les conseils généraux du commerce et des manufactures (V. infrà, Industrie et commerce).

COMMISSAIRE DE POLICE

(R. v° Commissaire de police; S. eod. v°).

§ 1er. — Organisation, nomination des commissaires de police (R. 26 et s.; S. 3 et s.).

1. Le commissaire de police est un fonctionnaire chargé de veiller au maintien du bon ordre, de la sécurité et de la salubrité publiques, de constater les délits et de rechercher et poursuivre, dans certaines limites, les délinquants.

2. Dans les villes de 5 000 à 10 000 habitants, il doit y avoir un commissaire de police; mais dans celles dont la population excède 10 000 âmes, il y a, en outre, un commissaire de police par 10 000 habitants d'excédent. Dans les villes de moins de 5 000 âmes, la police est confiée à l'autorité municipale, qui a sous ses ordres des agents subalternes, gardes champêtres ou agents de police. Toutefois, même dans ces dernières villes, il peut être établi un ou plusieurs commissaires de police; mais leur traitement est à la charge de l'Etat et non de la commune.

3. Les commissaires de police des villes de 6 000 âmes et au-dessous sont nommés par les préfets sur une liste de trois candidats arrêtée par l'inspecteur général du ministère de l'intérieur. Les commissaires de police des villes au-dessus de 6 000 âmes sont nommés par décret, sur la proposition du ministre de l'intérieur (Décr. 28 mars 1852, art. 6, D. P. 52. 4. 111). Ils sont révocables par l'autorité qui les a nommés ; toutefois, la révocation prononcée par le préfet ne devient définitive que par l'approbation du ministre.

4. Nul ne peut être nommé commissaire de police s'il n'est citoyen français, âgé de plus de 25 ans et de moins de 40 ans, et s'il n'a satisfait à un examen spécial, dont les conditions sont déterminées par les arrêtés ministériels du 18 mai 1879 et du 30 déc. 1885.

5. Les fonctions de commissaire de police sont incompatibles avec celles de maire ou d'adjoint, de notaire, d'avoué, de juge suppléant, d'huissier, de greffier, de percepteur. Les commissaires de police sont inéligibles à la Chambre des députés, au Conseil général, au Conseil d'arrondissement et au Conseil municipal. Les officiers de réserve de l'armée territoriale nommés commissaires de police sont placés hors cadres.

6. Les commissaires de police prêtent serment entre les mains des préfets. Leur traitement ne court que du jour de la prestation de ce serment.

7. Les commissaires de police, dans l'exercice de leurs fonctions, ceignent une ceinture ou écharpe tricolore à franges noires. Cependant, ces insignes ne sont pas obligatoires pour l'accomplissement des actes ordinaires de leur ministère, un procès-verbal par exemple. Mais il en est autrement lorsque, pour assurer l'exécution de leurs actes, ils doivent pénétrer dans un domicile ou agir au nom de la loi.

8. Le traitement des commissaires de police est une dépense obligatoire pour les communes dans la mesure où l'établissement de ces fonctionnaires est obligatoire pour elles (V. *supra*, n° 2). La part contributive de chaque commune est fixée par le préfet en conseil de préfecture, et sa décision ne peut être attaquée que devant le ministre. — Est prohibée la concession gratuite par l'administration municipale d'un logement pour le commissaire de police et sa famille (Circ. min. int. 23 janv. 1855).

9. Sur les dispositions spéciales à la ville de Paris et au département de la Seine, V. *infra*, *Ville de Paris* ; ... à la ville de Lyon, V. *infra*, *Ville de Lyon*. — En ce qui concerne la ville de Marseille, V. Décr. 1er mars 1900.

§ 2. — *Fonctions et devoirs des commissaires de police* (R. 38 et s. ; S. 29 et s.).

10. Les commissaires de police sont des fonctionnaires d'un caractère à la fois judiciaire et administratif.

11. En ce qui concerne leurs *fonctions judiciaires*, ils agissent tantôt comme officiers de police judiciaire, et comme tels sont parfois chargés de commissions rogatoires, tantôt comme officiers du ministère public près les tribunaux de simple police. Ils sont alors complètement dépouillés de leur caractère administratif et relèvent, en cas de poursuites dirigées contre eux, des tribunaux civils.

12. L'art. 11 c. instr. cr. charge les commissaires de police : de rechercher les *contraventions de police*, même celles qui sont sous la surveillance spéciale des gardes forestiers et champêtres ; de recevoir les rapports, dénonciations et plaintes qui y sont relatives, de consigner, dans les procès-ver-

baux qu'ils rédigent à cet effet, la nature et les circonstances des contraventions et les preuves ou indices à la charge de ceux qui en sont présumés coupables.

13. Pour ce qui a trait à la constatation des *crimes* et des *délits*, ces fonctionnaires, n'étant que les auxiliaires du parquet, n'ont pas qualité pour y procéder, sauf dans le cas de flagrant délit, ou de réquisition d'un chef de maison. Leur ministère se borne donc, en pareille matière, à recevoir les plaintes et les dénonciations, ou, lorsqu'ils ont connaissance, par toute autre voie, de l'existence d'un crime ou d'un délit, à le dénoncer au ministère public, conformément aux art. 29 et 50 c. instr. cr. — Certaines lois spéciales les ont, en outre, chargés de la recherche et de la constatation de délits déterminés. — V. aussi *infra*, *Instruction criminelle*.

14. Les commissaires de police ont le droit de pénétrer dans tous les lieux publics, notamment dans les cafés, débits de boissons, etc..., pour veiller à l'observation des règlements. — Dans un grand nombre de cas, quand il s'agit de pénétrer dans le domicile d'un citoyen, l'assistance du commissaire de police doit être requise par les officiers ministériels, les agents de la force publique, les employés des contributions indirectes et des douanes.

15. Dans l'exercice de leurs fonctions judiciaires, les commissaires de police sont absolument indépendants de l'autorité administrative. C'est au procureur de la République directement qu'ils doivent adresser les actes d'instruction qu'ils font comme auxiliaires, ainsi que les procès-verbaux qu'ils dressent et les plaintes et dénonciations qu'ils reçoivent.

16. En ce qui concerne leurs *attributions administratives*, les commissaires de police sont placés sous l'autorité des préfets pour tout ce qui regarde la sûreté générale ; mais ils demeurent, pour l'exercice de la police municipale, les auxiliaires des maires, auxquels ils doivent rendre compte de leurs opérations. — Ils n'ont, d'ailleurs, aucun pouvoir propre, et ne sauraient se substituer au maire, chef de la police municipale, pour faire des règlements de police.

17. La police administrative, dont sont chargés les commissaires de police, comprend tout ce qui intéresse le maintien du bon ordre, de la tranquillité, de la salubrité et de la sûreté publiques.

18. Les actes accomplis par les commissaires de police dans l'exercice de leurs fonctions administratives sont de la compétence administrative ; l'autorité judiciaire est incompétente pour connaître des actions intentées contre les commissaires de police à raison de ces actes.

19. Sur la foi due aux procès-verbaux des commissaires de police, V. *infra*, *Procès-verbal*.

20. Les commissaires de police peuvent requérir au besoin les gardes champêtres et les gardes forestiers de leur canton. Mais ils ne peuvent les employer à des services étrangers à leurs fonctions que si la tranquillité publique est menacée. Ils peuvent même, en cas de nécessité absolue, requérir la gendarmerie.

21. Les commissaires de police ne peuvent exercer leurs fonctions hors de leur ressort, si ce n'est dans les cas prévus par les art. 464 c. instr. cr. (crime de faux), et 237 de la loi du 28 avr. 1816 (contravention aux lois sur les boissons) (Décr. 28 mars 1852, art. 4, et 12 oct. 1897, art. 1er).

22. Dans les communes divisées en plusieurs arrondissements, les commissaires de police exercent leurs fonctions dans toute l'étendue de la commune où ils sont établis, sans qu'il puisse être allégué que les contraventions ont été commises hors de la

circonscription à laquelle ils sont spécialement préposés. Il en est ainsi, notamment, des commissaires de police de la ville de Paris.

§ 3. — *Commissaires centraux.* — *Contrôleurs généraux* (R. 61 et s. ; S. 36 et s.).

23. Dans certaines villes importantes, il existe des commissaires centraux, qui sont les chefs responsables de la police vis-à-vis du pouvoir central. — Ils ont, sur les commissaires de police de leur résidence, une autorité directe et permanente. Le préfet (ou le sous-préfet) peut, en outre, déléguer au commissaire central tout ou partie de ses pouvoirs sur les commissaires résidant dans les autres parties de l'arrondissement. Il peut, par une simple autorisation, lui conférer le droit exceptionnel d'instrumenter dans toute l'étendue de l'arrondissement. Comme auxiliaire du procureur général, le commissaire central exerce dans toute cette étendue les fonctions d'officier de police judiciaire (Circ. min. int. 21 juill. 1858, D. P. 58. 4. 79).

24. Trois contrôleurs généraux des services extérieurs de la sûreté sont chargés de vérifier la manière dont les commissaires de police et agents de toute sorte dépendant de la Sûreté générale s'acquittent de leurs fonctions. Ils sont placés sous les ordres du directeur de la Sûreté générale, par délégation du ministre de l'intérieur. Ils ont même rang et mêmes prérogatives que les inspecteurs généraux des services administratifs.

COMMISSAIRE - PRISEUR

(R. v° *Commissaire-priseur* ; S. *eod.* v°).

1. Les commissaires-priseurs sont des officiers ministériels chargés de procéder à l'estimation et à la vente publique des meubles et effets mobiliers. Les dispositions fondamentales qui les régissent sont celles des lois du 27 vent. an 9 et du 28 avr. 1816, art. 89 (R. p. 558 et 559).

2. Ils sont nommés par le chef de l'Etat, sur la présentation du garde des sceaux. Comme tous les officiers ministériels, ils doivent être présentés par un titulaire ou par ses héritiers ou ayants cause, sauf le cas de destitution (V. *infra*, *Office*).

3. Nul ne peut être nommé commissaire-priseur s'il n'est âgé de vingt-cinq ans au moins, citoyen français, jouissant de ses droits civils et ayant satisfait à la loi du recrutement militaire. Aucun stage n'est prescrit par la loi ; mais, en fait, certaines conditions sont exigées à cet égard. — Sauf à Paris, les fonctions de commissaire-priseur sont compatibles avec celles de greffier de tribunal de paix et d'huissier. Les commissaires-priseurs ne peuvent, à peine de destitution, exercer la profession de marchands de meubles ou être associés à aucun commerce de cette nature.

4. Toute demande de nomination aux fonctions de commissaire-priseur doit être adressée au garde des sceaux, accompagnée des pièces suivantes établies sur papier timbré et légalisées : 1° l'acte de naissance du candidat ; 2° un certificat du maire de son domicile constatant qu'il est citoyen français et qu'il a la jouissance et l'exercice des droits civils ; 3° un certificat constatant qu'il a satisfait aux obligations du service militaire ; 4° le traité enregistré de la cession de l'office ; 5° la démission du titulaire ou son acte de décès, si la présentation est faite par ses héritiers ; 6° un état du produit de l'office pendant les cinq dernières années ; 7° à Paris, une expédition de la délibération de la chambre des commissaires-priseurs qui admet le candidat, avec le certificat de capacité et de moralité délivré par cette chambre ; dans les départements, un certificat de capacité et de moralité délivré par le procureur de la République. — Le candidat nommé doit, avant d'entrer en fonctions, verser un cautionnement et prêter serment.

5. La principale attribution des commissaires-priseurs consiste dans le droit de procéder à la vente publique des meubles et effets mobiliers et à leur prisée. Mais ce droit ne leur appartient pas d'une manière exclusive, et d'autres officiers publics ou ministériels en sont également investis dans certains cas (V. à cet égard, *infrà*, *Vente publique de marchandises neuves*, *Vente publique de meubles*).

6. Le privilège des commissaires-priseurs ne s'exerce que dans le chef-lieu de leur établissement; ils n'ont, dans le reste de l'arrondissement, qu'un droit de concurrence avec les notaires, greffiers et huissiers.

7. Les commissaires-priseurs sont obligés de tenir un répertoire sur lequel ils inscrivent leurs procès-verbaux jour par jour, et qui est préalablement visé, coté et parafé par le président du tribunal; ce répertoire est arrêté tous les trois mois par le receveur de l'Enregistrement; une expédition en est déposée, chaque année, avant le 1er mars, au greffe du tribunal civil. — Ils doivent prévenir l'autorité avant de mettre en vente certains objets, tels que : laminoirs, moutons, balanciers et coupoirs dont se servent les orfèvres, horlogers, graveurs et autres artistes et ouvriers. — Ils sont responsables, vis-à-vis du vendeur, du prix de l'adjudication, et, vis-à-vis de l'adjudicataire, de la livraison de l'objet à lui adjugé.

8. Les commissaires-priseurs de Paris, mais non ceux des autres villes, ont une chambre de discipline à laquelle s'appliquent, en général, les règles qui régissent les chambres d'avoués. — Ils sont d'ailleurs, comme les autres officiers ministériels, soumis au pouvoir disciplinaire des tribunaux de première instance. — Sur ce pouvoir disciplinaire et sur les peines qui peuvent être prononcées contre eux, V. *infrà*, *Discipline judiciaire*.

9. Le tarif des droits et honoraires dus aux commissaires-priseurs est fixé par la loi du 18 juin 1843 (R. p. 562). Les commissaires-priseurs ne peuvent rien réclamer au delà, ni même réduire les droits ainsi fixés. — Les dispositions de ce tarif ne sont pas applicables à la taxe des vacations dues aux commissaires-priseurs pour la prisée et la vente des meubles faites par l'administration des Contributions directes; cette taxe s'opère conformément aux règlements faits par les préfets (L. 15 mai 1818, art. 51; 23 juill. 1820, art. 31, R. v° *Impôts directs*, p. 266; Civ. c. 9 févr. 1903, D. P. 1903. 1. 503).

10. Il y a, entre tous les commissaires-priseurs d'une même résidence, une bourse commune, alimentée par le versement qu'y font ces officiers ministériels de la moitié des droits proportionnels à eux alloués dans chaque vente. Toutefois, la quotité des versements à faire à la bourse commune par les commissaires-priseurs attachés aux monts-de-piété et ceux du Domaine est fixée par des traités passés entre eux et les autres commissaires-priseurs. Les fonds de la bourse commune sont affectés comme garantie principale, par privilège, au payement du produit des ventes faites par les commissaires-priseurs. Ils sont ainsi grevés d'un véritable privilège. Le vendeur n'a, d'ailleurs, le droit de saisir que la part revenant dans ces fonds au commissaire-priseur qui a procédé à la vente. — La répartition des émoluments de la bourse commune est faite, tous les deux mois, par portions égales, entre les commissaires-priseurs (L. 18 juin 1843, art. 7 et 8).

11. Sur les règles applicables aux commissaires-priseurs et appréciateurs près les monts-de-piété, V. *infrà*, *Mont-de-piété*.

12. Un décret du 15 mai 1904 (D. P. 1904, 4e partie) a organisé l'honorariat des commissaires-priseurs.

13. *Enregistrement et timbre.* — Le répertoire dont la tenue est prescrite aux commissaires-priseurs doit être écrit sur papier timbré (L. 13 brum. an 7, art. 12-2°. R. v° *Enregistrement*, t. 22, p. 737; 22 frim. an 7, art. 49 à 53, R. *eod.* v°, t. 21, p. 26; Ord. 26 juin 1816, art. 13, R. p. 559; L. 16 juin 1824, art. 11, R. v° *Enregistrement*, t. 21, p. 42). — Les procès-verbaux des ventes publiques de meubles auxquelles ils procèdent doivent également être rédigés sur papier frappé du timbre de dimension. Ils doivent être soumis à la formalité de l'enregistrement dans le délai de quatre jours (Av. Cons. d'Et. 7 oct. 1809; Instr. Reg. 460).

COMMISSION ROGATOIRE

(R. v° *Instruction civile*, 75 et s.; S. *eod.* v°, 17 et s.)

1. On entend par *commission rogatoire* le mandat donné par le tribunal saisi d'un litige à un juge d'un autre siège à l'effet de faire, à sa place, un acte d'instruction. — Ce mode de procéder est autorisé, en matière civile, par les art. 255 et 326 c. pr. civ., et, d'une manière plus générale, par l'art. 1035, quand il s'agit de recevoir un serment, une caution, de procéder à une enquête, à un interrogatoire sur faits et articles, ou de faire une opération quelconque en vertu d'un jugement, et que les parties ou les lieux contentieux sont trop éloignés. — En matière commerciale, la commission rogatoire est également autorisée par l'art. 16 c. com., et on admet qu'elle peut aussi être employée en justice de paix.

2. La commission rogatoire ne peut jamais porter que sur une ou plusieurs opérations d'instruction; le tribunal ne pourrait pas déléguer ses pouvoirs à un autre tribunal pour connaître du fond du procès.

3. Lorsque l'opération à accomplir doit être faite à l'audience même, comme une réception de caution, une prestation de serment, la commission rogatoire doit être donnée au tribunal tout entier. Dans tous les autres cas, le tribunal délégant peut donner commission rogatoire, soit à tout un tribunal, soit à un seul membre de ce tribunal qu'il désigne. Le premier mode de procéder nécessite un second jugement, par lequel le tribunal délégué désignera un de ses membres pour faire l'opération prescrite. — Dans la pratique, la commission rogatoire est donnée au président du tribunal délégué, avec autorisation de nommer par une simple ordonnance un juge de son siège en son lieu et place.

4. Un tribunal peut déléguer un tribunal de rang inférieur ou égal au sien, non une juridiction supérieure : par exemple, un tribunal de première instance peut donner commission rogatoire à un juge de paix ou à un autre tribunal d'arrondissement; il ne pourrait pas la donner à une Cour d'appel ou à un de ses membres. Inversement, une Cour d'appel pourrait donner commission rogatoire à un tribunal de première instance, à un juge ou à un juge de paix. — Les tribunaux peuvent donner commission rogatoire aux consuls ou aux agents diplomatiques de France à l'étranger.

5. Une commission rogatoire peut être donnée à un tribunal étranger. Inversement, les tribunaux français peuvent recevoir des commissions rogatoires des tribunaux étrangers; mais, en principe, il ne leur est pas permis de correspondre directement. A ce sujet, avec les autorités judiciaires étrangères; les commissions rogatoires doivent être transmises au garde des sceaux, qui les fait parvenir aux tribunaux désignés.

6. La commission rogatoire est obligatoire pour le tribunal ou le juge qui la reçoit, et il ne pourrait pas la refuser sans commettre un déni de justice. La même règle serait applicable à l'agent diplomatique ou au consul auquel la commission aurait été adressée. — Au contraire, la délégation n'est pas obligatoire pour le juge étranger; celui-ci peut refuser la commission rogatoire, à moins que les conventions diplomatiques ne s'y opposent.

7. La commission rogatoire est, en général, donnée par le jugement même qui prescrit la mesure d'instruction; toutefois, si sa nécessité ne se révèle que postérieurement, rien n'empêche qu'elle soit donnée par un second jugement. Dans les deux cas, le jugement peut être rendu, soit en audience publique, soit en chambre du conseil. — Elle peut être révoquée par le tribunal qui l'a donnée, à condition que les choses soient entières et qu'elle n'ait pas déjà reçu un commencement d'exécution.

8. Le juge ou l'agent diplomatique français, chargé d'une commission rogatoire, doit suivre les mêmes formes que la cour ou le tribunal qui l'a délégué. Mais les juges étrangers, saisis d'une commission rogatoire par un tribunal français, ne sont astreints, pour l'exécuter, qu'aux formes usitées dans leur propre pays. — La même règle s'applique, en sens inverse, aux commissions rogatoires envoyées à un juge français par un tribunal étranger.

9. L'opération terminée, le juge délégué envoie au juge délégant soit la minute, soit une expédition de son procès-verbal.

COMMISSIONNAIRE

(R. v° *Commissionnaire*; S. *eod.* v°).

1. Les commissionnaires (ou entrepreneurs de commission) sont des commerçants qui font des opérations commerciales pour le compte d'autrui. — Ils peuvent les faire soit en leur nom (Com. 94, § 1er), soit au nom de leur commettant (Com. 94, § 2).

2. Leur situation juridique est très différente, suivant qu'ils procèdent de l'une ou l'autre de ces deux manières. Agissent-ils au nom du commettant? leurs droits et leurs devoirs sont exclusivement déterminés par les règles du Code civil (art. 1984 à 2010) concernant le mandat (Com. 94, § 2). C'est ainsi, par exemple, que le commissionnaire qui agit au nom du commettant ne devient ni débiteur ni créancier des tiers avec lesquels il contracte pour le compte de ce dernier : les effets des actes accomplis par lui se produisent directement et seulement en la personne du commettant. — Au contraire, les commissionnaires qui agissent en leur nom sont soumis à une législation spéciale contenue dans les art. 94 à 102 c. com., dont les deux premiers ont été modifiés par une loi du 23 mai 1863 (D. P. 63. 4. 73).

3. Il ne sera question, dans les explications qui vont suivre, que de l'hypothèse où le commissionnaire agit en son nom, les règles applicables à celle où il agit au nom de son commettant se trouvant ainsi dans la situation d'un mandataire ordinaire étant exposées *infrà*, *Mandat*. — Sur la qualité de commerçant du commissionnaire, et sur le caractère commercial ou civil d'un acte isolé de commission, V. *supra*, *Acte de commerce*, n° 16.

Art. 1er. — DE LA COMMISSION EN GÉNÉRAL.

§ 1er. — *Caractères du contrat de commission* (R. 17 et s.; S. 9 et s.).

4. Ce qui caractérise le contrat de commission, c'est que le commissionnaire fait lui-même l'opération pour le compte de son commettant; il ne sert pas seulement, comme le courtier, d'intermédiaire entre les pares (V. *infrà, Courtier*). — A cet égard, le contrat de commission se rapproche du mandat, dans lequel le mandataire agit aussi pour le compte d'autrui, et il n'en constitue qu'une variété ; mais il s'en distingue en ce qu'il a pour objet une ou plusieurs affaires commerciales : le contrat de commission n'est donc pas autre chose qu'un mandat salarié dans lequel le commettant donne pouvoir de faire pour lui des opérations de commerce déterminées. Il n'y aurait pas commission, au contraire, si le mandat ne portait point sur une opération de commerce, fût-il donné par un commerçant à un autre ; c'est ainsi que le fait par un commerçant de charger un autre d'opérer pour lui le recouvrement d'une traite ne constitue pas un contrat de commission, mais un simple mandat. — Il n'y aurait pas non plus commission si le mandat avait pour objet une branche entière du négoce : celui à qui serait donné un tel mandat ne serait pas un commissionnaire, mais un préposé.

§ 2. — *Formation du contrat de commission* (R. 31 et s. ; S. 13).

5. Le contrat de commission n'est soumis à aucune forme pour sa validité ; s'il suppose le consentement des deux parties, ce consentement peut du moins être tacite.

6. De même, le contrat peut intervenir entre toutes personnes capables de faire des actes de commerce. — Le commissionnaire pouvant agir en son propre nom ou sous un nom social, une société, même une société anonyme, peut être commissionnaire, tout aussi bien qu'un simple particulier (Com. 94, § 1er).

7. La commission peut porter sur toutes les opérations commerciales, quelles qu'elles soient, pourvu qu'elles soient licites. C'est ainsi, par exemple, qu'on peut donner commission à l'effet soit d'acheter ou de vendre des marchandises, soit de tirer, de faire accepter ou d'endosser une lettre de change, soit d'assurer un navire, soit de faire parvenir des marchandises à destination en traitant avec un voiturier, etc.

8. Enfin le contrat de commission peut être prouvé par tous les modes de preuve admis en matière commerciale (Com. 109).

§ 3. — *Obligations du commissionnaire* (R. 35 et s., 48 et s. ; S. 14 et s., 18 et s.).

9. *A l'égard des tiers*, le commissionnaire qui agit en son propre nom est personnellement obligé, et ce, encore qu'il ait traité en présence du commettant. — Mais, en revanche, il a une action directe contre eux si, par suite de l'opération, il est devenu créancier.

10. *Vis-à-vis de son commettant*, le commissionnaire est assujetti à toutes les obligations qui incombent aux mandataires ordinaires vis-à-vis de leurs mandants (V. *infrà, Mandat*). — C'est ainsi qu'il est tenu tout d'abord d'exécuter l'opération dont il a été chargé en se conformant scrupuleusement aux ordres du commettant. Sa responsabilité doit être appréciée d'autant plus rigoureusement qu'il est mandataire salarié. Ce n'est pas à dire toutefois qu'il soit responsable même de sa faute la plus légère : il suffit, mais il est nécessaire, qu'il agisse avec toute la diligence d'un commerçant soigneux de ses intérêts. — Il ne peut, en tout cas, se charger d'intérêts opposés à ceux de son commettant ; il ne peut, notamment, du moins sans le consentement de ce dernier, se porter lui-même acheteur des marchandises qu'il doit vendre pour lui, ni inversement appliquer, dans un ordre d'achat qu'il reçoit de lui, des marchandises qui lui appartiennent en propre. — Quant au droit, pour le commissionnaire, de se substituer un tiers pour l'exécution de la commission, et quant à la responsabilité qui lui incombe

de ce chef, sa situation est la même que celle du mandataire (V. *infrà, Mandat*).

11. Le commissionnaire doit, comme tout mandataire, rendre compte de l'opération qu'il a accomplie (V. *infrà, Mandat*). — Sur le droit pour le commettant de revendiquer, en cas de faillite du commissionnaire, les marchandises (ou leur prix) ou effets de commerce lui appartenant qui se trouvent entre les mains de ce dernier, V. *infrà, Faillite*.

12. En outre, le commissionnaire est assujetti à l'obligation de tenir constamment le commettant au courant de l'opération, et de lui donner tous les renseignements qui peuvent l'intéresser. C'est ainsi, par exemple, s'il s'agit d'une commission d'achat et qu'une hausse des marchandises se produise, qu'il doit avertir son commettant. A plus forte raison doit-il immédiatement l'aviser lorsque l'opération est exécutée.

13. Le commissionnaire est enfin astreint au secret professionnel, en ce sens qu'il ne doit pas faire connaître aux tiers le nom de son commettant. — Mais, à l'inverse, il peut aussi refuser à ce dernier de lui révéler les noms des tiers avec lesquels il a contracté ; sauf toutefois, pour les tribunaux, le droit d'en décider autrement s'ils estiment qu'à raison des circonstances, et par exemple pour vérifier les comptes du commissionnaire, il est nécessaire de se renseigner auprès de ces tiers.

14. Le commissionnaire ne répond ni du cas fortuit, ni de la force majeure, ni de la solvabilité de celui avec qui il traite pour le compte du commettant. — Le contraire peut toutefois être convenu : c'est l'objet de la convention de *ducroire*, en vertu de laquelle le commissionnaire, moyennant l'augmentation du droit de commission, qui est alors, en général, porté au double du droit ordinaire, garantit, vis-à-vis de son commettant, l'exécution du contrat, c'est-à-dire, en cas de vente, le payement du prix, et, en cas d'achat, la livraison de la chose achetée. — Cette convention peut être non seulement expresse, mais encore tacite, et résulter, par exemple, soit des usages locaux, soit du fait que le commissionnaire a stipulé à son profit le droit de commission double ; il appartient aux tribunaux d'apprécier souverainement les circonstances à cet égard. — Ladite convention n'a point, d'ailleurs, pour effet de modifier le caractère du contrat de commission et de transformer, par exemple, le commissionnaire chargé d'acheter en acheteur réel. Le ducroire devient seulement responsable de l'exécution du contrat, et il est tenu de payer à l'échéance, sans que le commettant soit obligé de s'adresser préalablement au tiers contractant et quels que soient les événements, insolvabilité, force majeure, par suite desquels ce dernier n'accomplit pas ses obligations.

15. Il y a controverse sur le point de savoir si, lorsque plusieurs commissionnaires sont chargés en commun d'une même opération, ils sont tenus solidairement envers le commettant des diverses obligations qui précèdent. L'affirmative tend cependant aujourd'hui à prévaloir.

§ 4. — *Obligations du commettant.* — *Privilège du commissionnaire* (R. 85 et s., 127 et s. ; S. 31 et s., 42 et s.).

16. *Vis-à-vis des tiers*, le commettant n'est jamais obligé personnellement par les actes du commissionnaire. — Réciproquement, les tiers ne sont exposés à aucune action directe de la part du commettant.

17. *A l'égard du commissionnaire*, le commettant est astreint à toutes les obligations qui pèsent sur tout mandant en général (V. *infrà, Mandat*). Notamment, le commettant doit rembourser au commissionnaire les avances et frais que celui-ci a légitimement

faits pour lui, ainsi que les intérêts de ses frais et avances à partir du jour du déboursé. — De même, le commettant doit indemniser le commissionnaire de toutes les pertes que celui-ci a éprouvées à l'occasion de la commission, sans imprudence qui lui soit imputable.

18. Enfin le commettant doit payer au commissionnaire le droit de commission dont ils sont convenus, ou, s'il n'y a pas de convention à cet égard, celui qui est alloué par l'usage des lieux. Ce droit de commission est dû alors même que l'affaire n'a pas réussi au gré du commettant, si l'on ne peut reprocher ni fraude, ni faute au commissionnaire. Mais il n'est point dû si l'opération vient à être interrompue avant d'être terminée, quel que soit l'événement qui vienne ainsi l'arrêter (par exemple, décès ou révocation du mandat) ; en pareil cas, le commissionnaire peut seulement, s'il n'y a pas de faute à lui reprocher, réclamer un salaire pour ses peines.

19. Lorsqu'il y a plusieurs commettants, ils sont tenus solidairement, envers le commissionnaire, des diverses obligations qui précèdent (Civ. 2002).

20. L'exécution de ces obligations est garantie spécialement par un privilège (Com. 95, modifié par la loi du 23 mai 1863). — Il grève de plein droit, indépendamment de la rédaction de tout écrit, toutes les marchandises que le commettant a déposées ou consignées entre les mains du commissionnaire ou même lui a simplement expédiées, et ce, par le seul fait du dépôt de la consignation ou de l'expédition (Com. 95, § 1er). — Il y a consignation lorsque le commissionnaire a reçu dans ses magasins les marchandises avec mission de les vendre. Il y a dépôt quand le commettant a remis les marchandises entre les mains du commissionnaire sans le charger d'en opérer la vente. — Il y a expédition quand les marchandises sont mises en route pour parvenir au destinataire, et que le commissionnaire est nanti régulièrement de la lettre de voiture, du récépissé ou du connaissement qui lui en assure la délivrance lors de leur arrivée à destination. Il n'est, d'ailleurs, pas nécessaire que les marchandises lui aient été expédiées directement ; il suffit qu'il ait entre les mains le connaissement ou la lettre de voiture, s'ils sont au porteur ; s'ils sont à ordre, qu'ils aient été endossés à son profit et que l'endossement soit régulier (V. *infrà, Nantissement*). — D'ailleurs, le privilège n'existe, bien entendu, qu'autant que les marchandises continuent à demeurer ainsi à la disposition du commissionnaire (Com. 95, § 2).

21. Le privilège s'exerce pour tous les prêts, avances ou payements faits par le commissionnaire, soit avant la réception des marchandises, soit pendant le temps qu'elles sont en sa possession (Com. 95, § 1er), ainsi que pour toutes les sommes qui peuvent lui être dues à titre d'intérêts, commissions et frais (Com. 95, § 3). — L'effet du privilège est de faire payer le commissionnaire par préférence aux autres créanciers du commettant ; et comme il est fondé sur un droit de gage, il doit primer même celui du vendeur d'objets mobiliers. S'il c'est le commissionnaire lui-même qui vient à vendre les marchandises, il se rembourse d'office sur le produit de la vente (Com. 95, § 4) ; si, au contraire, la vente a été faite par le commettant, il se contente de faire, quant à présent, une saisie-arrêt entre les mains de l'acheteur.

22. Le privilège appartient à tout commissionnaire, non seulement à celui qui est chargé de vendre, mais aussi à celui qui est chargé d'acheter ; ce dernier peut l'exercer sur toutes les marchandises achetées, lorsqu'elles ont été expédiées au commissionnaire par le tiers vendeur. Mais il est exclusivement attaché à la qualité de commissionnaire, et ne saurait être étendu notamment aux bailleurs de fonds prêtés sur nantissement de marchandises ou sur des valeurs industrielles. Telle est, du moins, la solution qui a prévalu en jurisprudence. — Le commissionnaire non payé a, en tout cas, un droit de rétention sur les marchandises qu'il a en sa possession.

§ 5. — *Fin du contrat de commission* (R. 110 et s. ; S. 40).

23. La commission prend fin de la même manière que le mandat (V. *infrà*, *Mandat*).

ART. 2. — RÈGLES SPÉCIALES AUX DIVERSES ESPÈCES DE COMMISSION (R. 219 et s. ; S. 56 et s.).

24. Les obligations du commissionnaire *chargé de vendre* sont de deux sortes : les unes concernent la réception et la conservation des marchandises, les autres ont trait à la vente elle-même. — En ce qui touche la réception et la conservation des marchandises, le commissionnaire est tenu d'y apporter les soins d'un commerçant sérieux. — Quant à la vente elle-même, il est tenu de se conformer aux instructions du commettant. S'il vend à un prix plus élevé que le prix fixé par le commettant, il doit compte du tout ; s'il vend, au contraire, à un prix moindre, il est comptable non seulement de ce prix, mais encore de la différence. — En principe, il ne doit pas vendre à crédit sans autorisation ; et, s'il y est autorisé, il ne doit pas vendre à des personnes notoirement insolvables.

25. De même que le commissionnaire pour vendre, le commissionnaire *pour acheter* a pour premier devoir de se conformer aux ordres du commettant. Si donc il achète des marchandises d'une qualité différente, le commettant peut lui laisser l'opération pour compte. Pareillement, le commissionnaire est garant des défauts de la chose achetée par lui, non seulement des vices apparents, mais des vices qui pourraient être découverts avec beaucoup de soin. — Il n'est pas tenu d'avancer le prix des marchandises achetées pour le compte de son commettant ; par suite, à défaut par le commettant de faire parvenir ce prix à l'époque de la livraison des marchandises, le commissionnaire peut revendre celles-ci pour se libérer envers le vendeur.

26. Quant au commissionnaire d'effets de commerce, sa situation varie suivant l'obligation par lui prise. S'il s'est engagé à tirer, pour le compte d'un commettant, une lettre de change, il est responsable du défaut d'acceptation ou de payement, comme s'il avait tiré en son nom personnel. S'il s'est chargé d'en acheter une, il est obligé envers le vendeur de la même manière que s'il avait acheté toute une marchandise. S'il a commission de la négocier, il doit faire les diligences nécessaires pour l'acceptation et le payement ; si enfin il n'est chargé que du recouvrement, il est seulement tenu de satisfaire à cette obligation (V. *infrà*, *Lettre de change*).

27. Des règles spéciales sont applicables à la commission en matière, soit d'assurances maritimes, soit de transport (V. *suprà*, *Assurances maritimes*, n°s 11 et s., et *infrà*, *Commissionnaire de transport*).

ART. 3. — ENREGISTREMENT.

28. Au point de vue de l'enregistrement, le contrat de commission est assimilé, en principe, au louage d'ouvrage et, par suite, passible du droit proportionnel de 1 pour cent (V. *infrà*, *Louage d'ouvrage*). Toutefois, l'acte qui le constate, constituant un acte de commerce, au moins à l'égard du commissionnaire de profession, doit être enregistré provisoirement au droit fixe de 3 francs, par application de l'art. 22 de la loi du 11 juin 1859, lorsqu'il réunit les conditions exigées par cette loi (V. *suprà*, *Acte de commerce*, n°s 35 et s.).

COMMISSIONNAIRE DE TRANSPORT — VOITURIER

(R. v° *Commissionnaire* ; S. eod. v°).

1. Sous cette rubrique se place l'étude du *contrat de transport*, c'est-à-dire de la convention qui intervient entre celui qui fait transporter des marchandises ou qui veut voyager, et celui qui se charge du transport. Il y a lieu, à ce sujet, de distinguer entre le *commissionnaire de transport*, c'est-à-dire celui qui, en son nom, mais pour le compte d'autrui, fait des marchés avec un entrepreneur pour conduire et rendre les marchandises à destination, et le *voiturier*, c'est-à-dire l'entrepreneur qui conduit et rend lui-même les marchandises à destination. Mais la loi n'a pas fait de distinction entre ces deux industries, et, dans la pratique, les deux situations sont souvent confondues. — Il peut arriver, en fait, qu'un voiturier joue en même temps le rôle de commissionnaire de transport ; c'est ce qui arrive, notamment, pour les compagnies de chemins de fer, lorsque les marchandises voyagent successivement sur plusieurs réseaux. Si, au contraire, le transport ne concerne qu'un réseau, la compagnie joue seulement le rôle de voiturier.

2. Les entreprises de transport, de quelque nature qu'elles soient, constituent des actes de commerce (V. *suprà*, *Acte de commerce*, n° 17) ; par suite, les commissionnaires de transport qui exercent habituellement cette industrie sont des commerçants et sont soumis aux règles générales qui régissent toutes les autres industries commerciales.

3. Les compagnies de chemins de fer sont aujourd'hui les entrepreneurs de transports les plus importants. A côté des règles qui sont propres à ce genre d'industrie (V. *suprà*, *Chemin de fer*), il en est d'autres, tirées du Code civil ou du Code de commerce, qui leur sont applicables comme à tout autre commissionnaire de transport.

4. Le contrat de transport est considéré par la loi comme un louage d'ouvrage ou d'industrie. Il est régi par les art. 1782 à 1786 c. civ., 96 à 108 c. com. Ces dispositions sont applicables non seulement aux transports par terre, mais encore aux transports par eau, qu'elles visent expressément, à l'exclusion toutefois des transports maritimes, qui sont régis par des règles spéciales contenues dans le livre 2 du Code de commerce (Civ. c. 2 févr. 1903, D. P. 1903. 1. 180).

ART. 1er. — FORMATION ET PREUVE DU CONTRAT DE TRANSPORT (R. 299 et s. ; S. 98 et s.).

5. Le *contrat de transport* est parfait par le fait seul de la remise de la chose ; aussi le qualifie-t-on de contrat réel ; mais il n'en exige pas moins, comme tous autres contrats, le consentement et la capacité des parties contractantes. — Ce consentement, d'ailleurs, existe d'avance de la part du commissionnaire de transport (ou du voiturier), de celui-là du moins qui offre ses services au public à des conditions déterminées ; aussi ne pourrait-il se refuser à exécuter le transport qui lui est demandé, dès lors que ces conditions sont acceptées par l'expéditeur. Cette règle est imposée spécialement aux compagnies de chemins de fer par les dispositions de leurs cahiers des charges (art. 49) et de l'ordonnance du 15 nov. 1846 (art. 50) (D. P. 47. 3. 25), qui ont été maintenues sur ce point par le décret du 1er mars 1900 et qui leur prescrivent de transporter avec célérité et sans tour de faveur toutes les marchandises.

6. La preuve du contrat de transport n'est pas assujettie à des règles particulières, et elle peut être faite par témoins, suivant la règle générale en matière commerciale. Mais il est d'usage de constater l'opération de transport par des actes écrits, appelés *lettres de voiture*, pour le transport par terre, et *connaissements*, pour le transport par eau. — D'autre part, les commissionnaires sont tenus d'inscrire sur un livre les remises qui leur sont faites.

7. Il n'est pas indispensable que les lettres de voiture soient faites en doubles originaux ; mais, si l'expéditeur désire avoir la preuve de la remise de la marchandise, il peut réclamer un double pour lui.

8. L'art. 102 c. com. indique quelles sont les mentions que doit contenir la lettre de voiture. Il est admis que toutes ces énonciations ne sont pas exigées à peine de nullité. Les parties sont recevables à réclamer l'exécution du contrat quand bien même elles ne se seraient pas entièrement conformées aux prescriptions de l'art. 102. D'après la jurisprudence de la Cour de cassation, un écrit doit être qualifié lettre de voiture par cela seul qu'il renferme les énonciations propres à établir les engagements respectifs des parties et qu'il a été rédigé afin de constater ces engagements et assurer leur exécution ; ainsi, on doit considérer comme des lettres de voiture les feuilles ou bulletins de chargement remis par une compagnie de chemins de fer aux conducteurs de trains de marchandises, lorsque cette pièce est destinée à servir de lettre de voiture et fait connaître la date du contrat, les noms de l'expéditeur et du destinataire, la nature et le poids de la marchandise, le prix du transport, encore que l'écrit ne porte pas de signature, et même s'il ne porte pas de prix, cette mention pouvant être suppléée par le tarif (Civ. c. 30 janv. 1867, D. P. 67. 1. 72). Au contraire, si ces feuilles sont remises aux conducteurs comme pièces intérieures de comptabilité ou de contrôle, étrangères à l'expéditeur ou au destinataire, on ne peut leur attribuer la valeur de lettres de voiture (Ch. réun. r. 28 mars 1860, D. P. 60. 1. 215). Cette dernière solution s'applique aux bons de bascule remis par les préposés au pesage.

9. Lorsque la lettre de voiture est régulière, elle établit le contrat entre le commissionnaire, l'expéditeur, le voiturier et le destinataire. Il en résulte que le voiturier n'est tenu à l'égard de ce dernier que de la représentation des objets énoncés dans la lettre de voiture. Si le poids seul est porté, il n'a pas à répondre de la contenance. Mais on admet la possibilité de faire la preuve d'une erreur matérielle. — On décide, d'autre part, que la lettre de voiture détermine seule les conditions du contrat de transport et que les énonciations des autres pièces qui accompagnent l'expédition ne peuvent être invoquées par l'expéditeur comme étant susceptibles d'augmenter la responsabilité du voiturier. Par exemple, le voiturier ne peut être responsable, vis-à-vis du destinataire, de ce que l'eau-de-vie transportée n'aurait pas, au moment de l'arrivée, le degré alcoolique indiqué à l'acquit-à-caution accompagnant le transport, alors que ce degré n'est pas porté dans la feuille d'expédition et qu'il n'a été constaté ni déperdition, ni déficit de poids, ni traces d'avaries, ni indice de fraude à la charge des agents du transporteur.

10. Il résulte aussi des mêmes principes que le voiturier ne peut être tenu de remettre les marchandises à d'autres que le destinataire désigné dans la lettre de voiture, et que le tiers non dénommé dans ce titre, qui se prétend propriétaire et destinataire véritable des marchandises transportées, ne peut, sans le concours des parties avec lesquelles le commissionnaire ou le voiturier ont contracté, exercer une action en revendication contre ces derniers (Civ. c. 24 mai 1897, D. P. 98. 1. 23). — Toutefois, certaines décisions ont admis que le propriétaire d'un colis remis par son serviteur ou son préposé à un entrepreneur de transports a, au cas de perte, une action directe contre l'entrepreneur, alors même que le nom de ce propriétaire n'aurait pas été révélé au moment de l'expédition. Cette solution a été appliquée surtout à l'égard des colis remis au transport par un commis-voyageur d'une maison de commerce. La jurisprudence tend de plus en plus à reconnaître à la maison de commerce qualité soit pour intervenir sur l'action intentée par son commis, soit pour se substituer à lui en reprenant l'instance en son lieu et place (Req. 26 oct. 1898, D. P. 98. 1 500).

11. En fait, la lettre de voiture est devenue d'un usage de plus en plus rare. Dans les transports par chemins de fer, elle est remplacée d'une façon presque absolue par le récépissé que les compagnies doivent délivrer en vertu des art. 49 du cahier des charges, 50 de l'ordonnance du 15 nov. 1846 et 15 de l'arrêté ministériel du 12 juin 1866. Ces récépissés ont les mêmes effets que les lettres de voiture et obligent les compagnies de chemins de fer non seulement envers l'expéditeur, mais encore envers le destinataire. — Depuis la loi du 30 mars 1872 (D. P. 72. 4. 77), le récépissé peut même servir pour les transports par chemins de fer, qui, indépendamment des voies ferrées, empruntent les routes, canaux et rivières. — L'art. 10 de la loi du 13 mai 1863 (D. P. 63. 4. 54), complétant l'art. 49 du cahier des charges, indique quelles énonciations doit contenir le récépissé : 1° nature, poids et désignation du colis; 2° nom et adresse du destinataire; 3° prix total du transport; 4° délai dans lequel il doit être effectué. Pendant un certain temps, il était suppléé à cette dernière mention par la reproduction au verso de l'arrêté ministériel fixant les délais de transport. Ces instructions ministérielles récentes ont prescrit l'application littérale de la loi, en exigeant que le délai soit déterminé en jours.

12. Dans l'usage commercial, on avait pris l'habitude d'assimiler la lettre de voiture à une lettre de change, obligeant le commissionnaire de transport vis-à-vis du porteur de cette lettre de voiture et pouvant, à l'instar des connaissements, être transmise par voie d'endossement. — Il y a désaccord sur le point de savoir si le récépissé peut être à ordre comme on l'avait admis pour la lettre de voiture; mais la question a peu d'intérêt, car on reconnaît généralement aux compagnies la faculté de se se libérer en remettant les marchandises au porteur du récépissé, celui-ci devant être considéré comme un mandataire à l'effet de les recevoir.

13. Bien que le destinataire soit étranger à la formation du contrat de transport, il peut réclamer directement du voiturier l'exécution de toutes les obligations naissant en sa faveur du contrat, le principe de son action directe se trouvant dans l'art. 1121 c. civ. (Civ. c. 24 mai 1897, D. P. 1. 23). Ainsi, en cas de perte de marchandise, le destinataire peut agir pour en rembour-sement et en dommages-intérêts contre le voiturier (Req. 1er avr. 1896, D. P. 96. 1. 398). — Cette règle doit être appliquée même si le destinataire désigné dans la lettre de voiture est un commissionnaire chargé de recevoir et de vendre (Civ. c. 20 janv. 1901, D. P. 1901. 1. 240). On a même admis, lorsqu'une expédition a été faite par l'entremise d'un commissionnaire, que le destinataire peut agir directement contre le transporteur, que le commissionnaire s'est substitué, alors même qu'il n'a pas été dénommé dans la lettre de voiture, pourvu que sa qualité soit dûment établie, par exemple par la repré-

sentation du connaissement dressé au lieu d'expédition originaire, de la police d'assurance et des facteurs. Il en est ainsi surtout lorsque, après l'avarie survenue, le commissionnaire transporteur a accepté sans difficulté ni réserves d'entrer en relations avec le destinataire dont il a reconnu la qualité (Paris, 17 mai 1901, D. P. 1902. 2. 92).

14. L'expéditeur conserve, après la remise des marchandises et tant qu'elles sont en cours de route, le droit d'en disposer à son gré; il reste libre soit de faire revenir les marchandises au lieu de l'expédition, soit de changer le lieu de destination, ou la personne du destinataire. Et le voiturier est tenu, en principe, de se conformer aux contre-ordres qu'il reçoit ainsi de l'expéditeur, sous peine d'engager sa responsabilité envers ce dernier au cas où l'inexécution de ces ordres lui causerait préjudice. — Toutefois, il cesse d'en être ainsi lorsque l'expéditeur s'est dessaisi du droit de disposer de la marchandise au profit du destinataire, notamment en adressant à celui-ci la lettre de voiture ou le récépissé : il n'a plus, en pareil cas, le droit d'apporter aucun changement aux conditions du transport, et le voiturier qui obtempérerait à ses nouvelles instructions s'exposerait à une action en dommages-intérêts de la part du destinataire. Aussi reconnaît-on au transporteur le droit d'exiger de l'expéditeur qui lui donne contre-ordre, la preuve qu'il a conservé son droit de disposition, preuve qu'il fournira en présentant la lettre de voiture ou le récépissé demeuré entre ses mains.

15. Le droit de l'expéditeur subsiste même après l'envoi de la lettre d'avis au destinataire (Req. 15 nov. 1893, D. P. 94. 1. 273). Il cesse par la prise de possession des marchandises par le destinataire. A cette délivrance équivaut l'ordre de réexpédition donné par le destinataire : cet ordre met fin au contrat de transport passé entre l'expéditeur et le voiturier, pour faire place à un nouveau contrat de transport entre le voiturier et le destinataire, contrat auquel l'expéditeur est étranger.

16. Le voiturier ne doit pas se rendre juge de la propriété des marchandises qui lui sont confiées. Il en résulte que, si une saisie-arrêt est pratiquée entre ses mains par un créancier de l'expéditeur ou du destinataire, il doit tenir compte de cette saisie-arrêt et retenir la marchandise jusqu'à ce que la mainlevée lui ait été rapportée. Toutefois, si l'opposition est pratiquée par un créancier du destinataire, on admet que l'expéditeur, à la condition de représenter la lettre de voiture ou le récépissé, peut reprendre la marchandise ou la faire livrer à un tiers. — D'autre part, si la marchandise est grevée de remboursement, la saisie-arrêt pratiquée sur le destinataire n'enlève pas à l'expéditeur le droit de disposer de la marchandise; celle-ci reste, en effet, la propriété tant que le destinataire n'a pas acquitté le montant du remboursement entre les mains du voiturier.

ART. 2. — OBLIGATIONS ET RESPONSABILITÉ DU COMMISSIONNAIRE DE TRANSPORT OU DU VOITURIER.

17. Le commissionnaire de transport (ou le voiturier) est tenu de deux obligations principales. Il doit : 1° veiller à la conservation de la chose qu'il reçoit pour en effectuer le transport; 2° faire parvenir cette chose à destination en temps utile.

§ 1er. — *Obligation de veiller à la conservation de la chose* (R. 331 et s.; S. 122 et s.).

18. Cette obligation, et la responsabilité qui en dérive, commencent dès le moment où la marchandise a été remise au voiturier ou à un de ses agents dans ses magasins ou entrepôts. C'est par application de cette règle

que les compagnies de chemins de fer ont été déclarées responsables des effets ou objets déposés par les voyageurs au bureau des bagages pendant qu'ils vont au guichet des billets de place, et cela bien qu'il ne leur ait été délivré ni bulletin d'enregistrement, ni bulletin de dépôt (Trib. civ. de Mâcon, 19 mai 1896, D. P. 99. 2. 164). — Mais la compagnie n'est pas responsable de la perte des effets d'un voyageur, lorsque celui-ci ne se présentant pas à l'heure du départ, la personne chargée de transporter ses effets s'est bornée à les placer sur la banquette destinée au dépôt des bagages, sans prévenir les employés de la compagnie et sans prendre la précaution de les faire régulièrement emmagasiner.

19. Le voiturier doit faire tout ce qui est nécessaire pour la sûreté et la conservation des objets à transporter. Mais, en ce qui concerne des compagnies de chemins de fer, la jurisprudence décide qu'elles ne sont pas obligées de donner à la marchandise des soins exceptionnels non imposés par les tarifs et qui sont incompatibles avec les nécessités de leur exploitation (Civ. c. 11 juin 1898, D. P. 1900. 1. 303). Ainsi a été cassé, comme manquant de base légale, un jugement condamnant une compagnie de chemins de fer comme responsable du coulage d'un fût pour n'avoir pas fait procéder en cours de route au rebattage des cercles, sans indiquer si cette opération était compatible avec les nécessités du service (Civ. c. 15 juill. 1891, D. P. 92. 1. 386). — Toutefois, il a été décidé qu'une compagnie de chemin de fer est responsable de la valeur des bonbonnes de liquides brisées pendant le voyage par la congélation, si elle n'a pas pris les soins nécessaires pour éviter cet accident. Ont été considérés également comme des fautes engageant la responsabilité d'une compagnie : le fait d'avoir soumis les marchandises à un transbordement qui ne pouvait manquer de les détériorer, au lieu d'user de la faculté qui lui appartient de faire circuler ses propres wagons sur les réseaux où le transport doit se continuer; ... le chargement opéré dans un wagon présentant des trous et des interstices, incapable lors de la préserver les marchandises des effets de cet événement dans une saison où la chute des neiges était à prévoir (Req. 2 juill. 1890, D. P. 91. 1. 356); ... l'absence de bâchage des wagons découverts, alors que, à raison de l'atmosphère et de la nature des marchandises, le bâchage était nécessaire pour la conservation de celles-ci, et que, d'ailleurs, cette mesure rentrait dans les soins généraux imposés au transporteur et compatibles avec les nécessités du service (Civ. r. 29 févr. 1892, D. P. 92. 1. 356); ... un choc violent, qui est résulté de manœuvres maladroites et a causé des avaries (Besançon, 30 nov. 1892, D. P. 93. 2. 445). Il en serait autrement des coups de tampon qui, en cours de route, ont pu atteindre les wagons, s'ils n'ont pas été d'une violence spéciale ou d'une fréquence inaccoutumée (Douai, 18 avr. 1893, D. P. 93. 2. 445).

20. De l'obligation de veiller à la conservation de la chose dérive : 1° celle de prendre toutes mesures de nature à empêcher la perte des marchandises et, en cas de perte, à les faire retrouver; 2° celle de prévenir le destinataire de cette perte.

21. Le commissionnaire de transport doit rendre la quantité de chose qui lui a été remise et répond du déficit ou de la soustraction des marchandises transportées, dès lors qu'il justifie au destinataire d'un poids conforme à l'énoncé de la lettre de voiture, sur laquelle les marchandises n'ont été désignées que par un poids (Civ. c. 14 déc. 1887, D. P. 90. 1. 276; Limoges, 22 févr. 1895, D. P. 98. 2. 181). — Toutefois, lorsque des marchandises de même espèce, bien que formant un seul et même envoi dont le poids total est marqué, sont numérotées et marquées en plusieurs groupes portant l'indication d'un poids distinct et spécial, la quotité d'un déficit existant doit être reconnue et évaluée sur le colis spécial où il aura été remarqué, et non sur l'ensemble des colis transportés.

22. L'obligation, pour le voiturier, de remettre les marchandises en même quantité et qualité a pour corollaire le droit qui lui appartient de vérifier les colis qui lui sont remis. Ce droit est formellement reconnu aux compagnies de chemins de fer par leurs tarifs dans le cas où elles ont lieu de présumer une fraude dans les déclarations qui leur sont faites relativement à la nature des marchandises. — La vérification peut avoir lieu soit au départ, soit à l'arrivée, en présence de l'expéditeur ou du destinataire, mais toujours avec le concours d'un représentant de l'autorité (commissaire de surveillance administrative, commandant de gendarmerie de la résidence ou maire de la localité). — Indépendamment de cette vérification exceptionnelle, il est recommandé aux agents des compagnies de procéder, en présence des expéditeurs, à la reconnaissance des marchandises, de vérifier le nombre, le poids et la nature des colis, les marques, numéros et adresses, et de s'assurer si l'expéditeur s'est mis en règle vis-à-vis des administrations des Douanes et des Contributions indirectes.

23. En cas d'avaries, si les objets peuvent encore être employés à l'usage auquel ils sont destinés, le propriétaire doit les prendre, sauf à se faire indemniser. Si, au contraire, les objets sont devenus impropres à cet usage, le propriétaire peut être tenu de les accepter, et les dommages-intérêts sont alors fixés à la valeur totale de la marchandise (Req. 21 nov. 1882, D. P. 83. 1. 380). — Mais le *laissé pour compte* ne peut être imposé que lorsque la marchandise est dans un état qui la rend absolument impropre à l'usage auquel elle était affectée (Dijon, 27 juill. 1899, D. P. 1900. 2. 173; Agen, 12 mai 1899, D. P. 1900. 2. 174). Il a été jugé que, pour l'évaluation des avaries, les juges ne sont pas liés par un règlement édicté par une chambre syndicale de commerçants relativement aux avaries (dans l'espèce, des fûts) provenant du fait du transporteur (Montpellier, 10 déc. 1897, D. P. 99. 2. 45).

24. En cas de perte des marchandises, le voiturier est tenu de rembourser intégralement au propriétaire la valeur qu'elles avaient au moment où la remise en a été faite (Req. 11 juill. 1889, D. P. 91. 1. 29). Cette valeur doit s'apprécier sur la base des justifications produites, avec la majoration que comporte la valeur intrinsèque au lieu de destination des objets perdus. Il n'en est ainsi, toutefois, que si les indications de la lettre de voiture, de la qualité du destinataire et du lieu de livraison étaient de nature à renseigner le voiturier sur leur destination (Bordeaux, 18 mai 1892, D. P. 93. 2. 119). — Un principe domine, en effet, cette matière : c'est que le voiturier n'est tenu, à moins de dol, que des dommages-intérêts qu'il a prévus ou pu prévoir lors de la formation du contrat (Civ. 1150). Ainsi, en cas de perte d'une caisse d'échantillons, et bien qu'il soit admis que le destinataire peut réclamer des dommages-intérêts pour le préjudice que la perte de la marchandise lui a occasionné, le voiturier ne doit pas de dommages-intérêts pour la perte de bénéfices que la réalisation du marché aurait pu procurer à l'expéditeur si, d'une part, la caisse n'a pas été déclarée sous cette spécification caractéristique « échantillons », et, d'autre part, le voiturier n'a pas été averti par la

forme extérieure de la caisse que le colis contenait des échantillons (Bordeaux, 18 mai 1892, précité). — Si, depuis la remise au transport, la chose a subi une baisse de valeur, le destinataire peut exiger le prix qu'elle lui a coûté, au cas où ce prix n'est pas exagéré. — Le recours exercé contre le voiturier à raison des objets manquants ne peut être écarté sous le prétexte que le destinataire, ayant fait assurer la marchandise, est garanti par son contrat.

25. Certaines marchandises, telles que l'or, l'argent, les bijoux, les dentelles, les tableaux et objets d'art, ne peuvent être remises au transport qu'avec une déclaration de valeur d'après laquelle est calculé le prix du transport. On dit de ces marchandises qu'elles sont taxées *ad valorem*. Lorsque la valeur d'une marchandise est ainsi déclarée dans la note d'expédition remise à un voiturier, celui-ci ne peut, en cas de perte du colis, être condamné à payer, à l'expéditeur ou au destinataire, une indemnité supérieure à la valeur indiquée dans la déclaration, celle-ci étant obligatoire pour l'expéditeur (Civ. c. 17 mai 1892, D. P. 92. 1. 520). En conséquence, l'expéditeur qui a sciemment réduit la valeur des objets à transporter ou n'en a pas exactement déclaré la nature afin de payer des frais de transport moins élevés, ne peut avoir le droit d'exiger, en cas de perte, qu'une indemnité correspondant à la valeur déclarée. La déclaration inexacte ou fausse de l'expéditeur n'a, d'ailleurs, pas par elle-même pour effet d'exonérer la compagnie de toute responsabilité. — En ce qui concerne les fausses déclarations en matière de transport par chemin de fer, V. *suprà*, *Chemin de fer*, n° 183.

26. Si les objets ne sont pas taxés *ad valorem*, l'expéditeur a droit, en cas de perte, à toute leur valeur, bien qu'il se soit borné, suivant l'usage, à en déclarer la nature; c'est au transporteur, s'il s'y croit intéressé, à réclamer une déclaration de valeur de ces objets (Req. 4 juin 1872, D. P. 73. 1. 24 : guipures déclarées, merceries; 11 juin 1872, D. P. 73. 1. 120 : passementeries d'or et d'argent ; 3 juin 1874, D. P. 76. 1. 371 : objets dits de nouveauté).

27. Des difficultés se sont élevées sur l'étendue de la responsabilité du voiturier dans le cas de transport d'un *group d'argent* remis au transport fermé et scellé. La Cour de cassation a fini par admettre la non-responsabilité du voiturier en cas de manquant, alors qu'il présente au destinataire le colis intact, tel qu'il l'a reçu, avec poids identique, enveloppes, cachets, cires et plombs intacts (Civ. c. 18 avr. 1894, D. P. 94. 1. 515).

§ 2. — *Obligation de faire parvenir la chose à destination* (R. 339 et s.; S. 131 et s.).

28. Le voiturier est tenu d'exécuter le transport aux conditions prévues par le contrat, ou, à défaut de convention sur ce point, dans les conditions habituelles. Ainsi constitue une faute de la part du voiturier : le fait d'expédier les marchandises par une voie qui n'est pas la plus directe (Civ. c. 19 juill. 1897, D. P. 99. 1. 456); ... le fait de changer le mode de transport convenu ou ordinairement employé; ... la substitution d'un transport par mer à un transport par voie, ou d'un transport par navire à voiles au transport convenu par navire à vapeur; ... le fait de procéder, sans urgence absolue et sans avis préalable, à un déchargement qui ne lui incombait pas (Besançon, 30 nov. 1892, D. P. 93. 2. 445).

29. Il doit prendre toutes mesures nécessaires pour que le transport puisse s'exécuter régulièrement. C'est ainsi que les compagnies de chemin de fer sont responsables des obstacles résultant de l'insuffisance de leur

matériel ou du personnel de leurs gares. — Le voiturier est tenu de se conformer aux lois sur les douanes, les contributions indirectes, l'octroi, et de faire toutes les déclarations nécessaires pour assurer la libre circulation des marchandises. A défaut de renseignements suffisants, le voiturier doit provoquer les instructions de son commettant.

30. A l'arrivée, le commissionnaire ne doit délivrer la marchandise qu'à la personne indiquée dans la lettre de voiture ou le récépissé, à l'exclusion de toute autre. Toute fausse livraison engagerait sa responsabilité.

31. Si la marchandise est expédiée contre remboursement, le voiturier contracte en outre l'obligation de ne livrer la marchandise au destinataire et de ne s'en dessaisir qu'après réception de la somme due à titre de remboursement. Mais le transporteur ne saurait être déclaré garant vis-à-vis de l'expéditeur d'une marchandise expédiée sans clause de remboursement et livrée au véritable destinataire dans les délais. Lorsqu'un transporteur, ayant livré par erreur au destinataire un colis grevé de remboursement sans exiger cette somme, en paye le montant à l'expéditeur, il se forme, par le seul fait du payement, entre ce transporteur et le destinataire, un quasi-contrat qui peut obliger soit le destinataire à rembourser la somme que le transporteur justiferait avoir acquittée utilement pour son compte, soit l'expéditeur, si la dette n'existait pas, à restituer ce qui lui aurait été payé par erreur (Civ. c. 11 janv. 1897, D. P. 98. 1. 45).

32. D'autre part, un commissionnaire de transport n'est pas tenu de livrer les marchandises par lui transportées quand le colis sous toutes réserves et n'offre pas d'en faire une vérification immédiate. — S'il ne lui est pas possible de faire la remise des objets qui lui ont été confiés, le voiturier doit, au cas où ces objets ne lui sont pas réclamés dans les six mois depuis le jour de leur réception, les déclarer aux préposés de la régie de l'Enregistrement (receveur de l'Enregistrement, des Domaines et du Timbre), conformément au décret du 13 avr. 1810, cette disposition s'appliquant non seulement aux colis égarés dont l'expéditeur est inconnu, mais à tous les objets confiés au voiturier pour être transportés en France et qui n'ont pas été réclamés dans le délai de six mois, bien que le propriétaire en soit connu. Le commissionnaire n'est pas tenu, en cas de refus du destinataire, de renvoyer les colis à l'expéditeur.

33. Le commissionnaire est responsable du retard dans le transport de la marchandise. A ce point de vue, une distinction doit être faite : ou bien le délai a été fixé dans la lettre de voiture, ou bien la convention est muette sur ce point.

34. Dans le premier cas, on décide que le seul retard donne lieu à des dommages-intérêts. Si ceux-ci ont été stipulés à l'avance, à titre de clause pénale, ils sont dus de plein droit, sans que le propriétaire ait à justifier d'un dommage. C'est ainsi que l'usage a généralisé la stipulation d'une indemnité sous forme de retenue d'un tiers du montant de la lettre de voiture. De plus, la jurisprudence décide que la stipulation d'une indemnité dans la lettre de voiture ne fait pas obstacle à ce qu'il soit alloué des dommages-intérêts supplémentaires en cas de retard extraordinaire. En l'absence d'une clause pénale, on admet généralement qu'il n'y a lieu à dommages-intérêts que si un préjudice a été réellement éprouvé.

35. Lorsqu'aucun délai n'a été stipulé dans la lettre de voiture, les juges doivent tout d'abord apprécier s'il y a retard, en tenant compte du temps ordinairement employé pour un transport de même nature et des obstacles justifiés par le voiturier; et si le retard rentre dans les limites qu'on pouvait naturellement prévoir, il n'est rien dû au destinataire qui n'a pas stipulé de délai. Ainsi, le voiturier, à moins de dol ou de faute lourde équivalente au dol, ne peut pas, en principe, être condamné, en cas de retard, à rembourser à l'expéditeur un dédit payé par celui-ci au destinataire (Req. 23 nov. 1897, D. P. 99. 1. 547). Si, au contraire, le retard est anormal, des dommages-intérêts peuvent être dus, conformément aux principes en matière d'inexécution des obligations.

36. La distinction ci-dessus est sans application lorsque le voiturier est une compagnie de chemin de fer. Les délais de transport sont toujours déterminés d'avance en pareil cas, non par la convention des parties, mais par les règlements spéciaux (V. *supra, Chemin de fer*, n°s 123 et s.).

37. Quand, par suite du retard, les marchandises ont subi une détérioration ou sont devenues impropres à l'usage pour lequel elles avaient été expédiées au destinataire, celui-ci en droit, comme dans le cas d'avarie, de les refuser ou de s'en faire payer la valeur. Mais, en principe, le retard n'autorise pas le laissé pour compte. Ainsi, si le destinataire était habituellement approvisionné pour faire face aux exigences de sa clientèle, il ne saurait invoquer le retard pour laisser la marchandise pour compte (Poitiers, 30 oct. 1893, D. P. 94. 2. 252).

38. Il va de soi, d'ailleurs, que le retard n'engagerait pas la responsabilité du transporteur s'il n'impliquait aucune faute de sa part. Tel serait le cas où le retard proviendrait d'une saisie-arrêt pratiquée entre les mains du voiturier par un créancier de l'expéditeur ou du destinataire, alors même qu'il n'aurait pas informé le destinataire de l'existence de la saisie-arrêt.

39. En ce qui concerne les dommages-intérêts encourus pour cause de retard, il y a lieu d'appliquer les règles du droit commun, notamment celles qu'édicte l'art. 1150 c. civ. Ainsi la condamnation du transporteur à des dommages-intérêts manque de base légale, si les conséquences dommageables du retard qui s'est produit n'avaient pas été prévues et n'avaient pu l'être au moment du contrat (Civ. c. 22 nov. 1893, D. P. 94. 1. 358).

40. Les règles exposées en ce qui concerne la responsabilité incombant au transporteur en cas de retard dans la remise de la chose transportée sont applicables aux transports par eau, spécialement aux transports maritimes.

§ 3. — *Cas dans lesquels cesse la responsabilité du voiturier.*

A. — Clause de non-responsabilité (R. 343 et s.; S. 147 et s.).

41. Le voiturier (ou le commissionnaire de transport) peut être déchargé de la responsabilité en cas de perte ou d'avaries par une clause spéciale du contrat de transport (Com. 98). — Une pareille stipulation ne doit pas s'entendre d'une manière générale et absolue; elle ne saurait s'étendre aux faits personnels, à raison desquels on ne peut stipuler à l'avance l'immunité. Mais le voiturier peut valablement stipuler qu'il ne répondra pas du fait des personnes à l'intermédiaire desquelles il a recours pour l'exécution du transport : c'est l'application de la règle générale qu'on peut s'exonérer conventionnellement du fait d'autrui. C'est ainsi qu'on admet la validité de la clause, par laquelle le propriétaire d'un navire se dégage de la responsabilité des fautes du capitaine. — En ce qui concerne les clauses de non-responsabilité en matière de transports par chemin de fer, V. *supra, Chemin de fer*, n° 143.

B. — Vice propre, cas fortuit ou force majeure (R. 344 et s.; S. 134 et s.).

42. D'autre part, le voiturier n'est pas responsable des pertes ou avaries qui proviennent du vice propre de la marchandise, ou qui sont dues à un cas de force majeure ou à un cas fortuit (Com. 98, 103). Et il peut invoquer cette cause d'immunité, alors même qu'il aurait reçu les marchandises sans observation ni réserves (Civ. 15 nov. 1897, D. P. 98. 1. 427). En effet, aucune disposition légale ou réglementaire n'oblige le voiturier, spécialement les compagnies de chemins de fer, à vérifier, au départ ou en cours de route, l'état des marchandises qui leur sont confiées, ni à faire des réserves à cet égard (Civ. c. 11 juin 1898, D. P. 99. 1. 548).

43. 1° *Vice propre.* — Le vice propre peut être défini « un genre de détérioration ou de destruction tenant, soit à un défaut de la chose transportée, soit à sa nature même ». Tels sont, par exemple, l'insuffisance d'emballage, la combustion spontanée, le coulage des liquides, la maladie d'un animal. — On admet, d'ailleurs, que le transport par chemin de fer causant nécessairement une certaine détérioration ou déperdition, quelles que soient les précautions prises, certaines avaries doivent être considérées comme la conséquence forcée de ce mode de transport, et comme se rattachant au vice propre; qu'en conséquence, il n'est dû, de ce chef, aucune indemnité. C'est ce que l'on nomme dans l'usage le *déchet de route*. En matière de transport international par chemin de fer, le déchet de route est formellement prévu par la convention de Berne (V. *supra, Chemin de fer*, n° 154).

44. C'est l'expéditeur qui doit supporter les conséquences du vice propre, et si ce vice fait éprouver un dommage au voiturier, l'expéditeur qui n'a pas averti le voiturier du danger doit réparer ce dommage. Ainsi jugé en cas de transport de matières inflammables (Civ. c. 20 mars 1893, D. P. 93. 1. 354). — La responsabilité du voiturier n'est dégagée, lorsque l'existence du vice propre de la chose est constatée, qu'autant qu'il n'a pas aggravé par sa faute les conséquences de ce vice; sinon, sa responsabilité sera engagée, quoique dans une proportion moindre que si la chose n'avait présenté aucun vice.

45. En principe, le commissionnaire qui prétend dégager sa responsabilité est tenu de prouver, d'une part, que la marchandise était susceptible de périr par vice propre; d'autre part, que la perte est due à ce vice, et non à un défaut de soins de sa part. — Cette règle souffre exception lorsqu'il a été remis au voiturier un *bulletin de garantie* : on entend par là une décharge de responsabilité fondée sur certains vices déterminés prévus au moment de l'expédition, tels que l'insuffisance ou la défectuosité de l'emballage, le danger de coulage auquel sont exposés les liquides, objet du transport. En pareil cas, le demandeur en dommages-intérêts est tenu de prouver que l'avarie est due, non à la cause prévue par le bulletin de garantie, mais à la faute du voiturier. On ne saurait mettre à la charge du commissionnaire la preuve que l'avarie provient de la cause prévue au bulletin (Civ. 21 févr. et 20 mars 1893, D. P. 93. 1. 326).

46. 2° *Cas fortuit ou force majeure.* — Le cas fortuit ou la force majeure font disparaître la responsabilité du transporteur en cas de retard (Com. 97, 104) comme en cas de perte ou d'avarie. — Pour que le voiturier puisse invoquer le cas fortuit ou la force majeure, il faut que l'accident ou le fait de force majeure n'ait pas été précédé ou accompagné de quelque faute qui lui soit imputable, et sans laquelle il eût pu régulièrement exécuter son obligation. Ainsi le voi-

turier est responsable de l'avarie résultant d'un cas fortuit ou de force majeure, s'il n'a pas pris les mesures nécessaires pour éviter l'accident.

47. Les faits qui peuvent constituer des cas fortuits ou de force majeure sont de natures très diverses. Le vol à main armée est au nombre de ces faits; il en est autrement du vol simple, qui, impliquant un défaut de surveillance, laisse subsister la responsabilité du transporteur. — L'insuffisance de matériel n'est pas, en principe, un cas de force majeure; mais il prend ce caractère lorsqu'il se produit, à une gare déterminée, un encombrement dû à un mouvement exceptionnel de marchandises, qu'il était impossible de prévoir.

48. Comme autres cas de force majeure, on peut citer : des crises atmosphériques; ... de grandes inondations obligeant à des changements d'itinéraires ou à des interruptions de transport; ... des gelées, à moins que les marchandises n'aient souffert par suite du manque de précautions nécessaires pour les préserver. — Les faits de guerre constituent de toute évidence des cas de force majeure, mais à la condition qu'ils rendent le transport complètement impossible. Ainsi, il a été jugé que l'arrêté enjoignant à une compagnie de tenir ses moyens de transport à la disposition du ministre de la guerre ne constitue pas un cas de force majeure, tant que le ministre n'en a pas fait une réquisition effective (Req. 19 févr. 1872, D. P. 72. 1. 245). Il y a force majeure, par exemple, lorsque la compagnie a dû livrer à l'autorité militaire, sur réquisition, les marchandises qui lui avaient été confiées, ou lorsque ces marchandises ont été détruites en gare par l'ennemi. — L'incendie ne constitue pas par lui-même un cas de force majeure ou un cas fortuit. Le voiturier, pour être exonéré, doit justifier que cet incendie est le résultat d'un fait purement fortuit, ou au moins qu'il n'a pu avoir pour cause une faute, une imprudence ou une négligence de sa part. — La grève des ouvriers n'est pas, en principe, un cas de force majeure; mais il en est différemment lorsque cette grève devient générale (Aix, 21 nov. 1901, D. P. 1902. 2. 197).

49. C'est au voiturier à faire la preuve de la force majeure ou du cas fortuit (Paris, 26 mars 1891, D. P. 95. 2. 145). Mais il n'a pas à prouver d'une manière précise et certaine quand, comment et par quelle cause le cas fortuit s'est produit; il lui suffit d'établir que, par suite, sa prudence et sa surveillance, il est exempt de toute faute. — La preuve des événements de force majeure doit se faire, autant que possible, par des procès-verbaux juridiques, rédigés au moment et sur le lieu de l'accident; mais on admet que tous les genres de preuve peuvent être admis pour justifier qu'il y a eu cas de force majeure, sauf aux tribunaux à apprécier la pertinence des preuves qu'on leur soumet.

50. Dès lors que la force majeure est constatée, le voiturier est exonéré. Ainsi, il ne saurait être condamné à des dommages-intérêts, par ce seul motif qu'il aurait dû aviser en temps utile l'expéditeur ou le destinataire du retard qui en a été la conséquence (Civ. c. 24 juill. 1895, D. P. 96. 1. 261).

51. Les principes ci-dessus exposés s'appliquent aux bateliers qui se bornent à faire le service des rivières, et cela en vertu de l'art. 107 c. com.

§ 4. — *A qui appartient l'action en responsabilité* (R. 382 et s.; S. 199 et s.).

52. L'action en responsabilité peut être intentée par toute personne, expéditeur, destinataire ou ayant cause de ces derniers, qui a éprouvé un préjudice par la faute du commissionnaire. Si c'est l'expéditeur ou le destinaire mentionné sur la lettre de voiture qui agit, il n'a pas à justifier qu'il est propriétaire des marchandises perdues ou avariées, ou qu'il est responsable de leur valeur. L'action qui compète au destinataire peut même, d'après la jurisprudence, être exercée par un acheteur de la marchandise porteur du récépissé.

§ 5. — *Responsabilité des commissionnaires en cas de transports successifs.*

53. Les commissionnaires de transport sont libres de remettre la marchandise à d'autres commissionnaires ou voituriers pour la faire parvenir à destination. Pour les compagnies de chemin de fer, c'est une obligation imposée par l'art. 61 de leur cahier des charges.

A. — Commissionnaire primitif (R. 388 et s.; S. 207 et s.).

54. Le commissionnaire primitif, ou commissionnaire chargeur, est garant des faits du commissionnaire intermédiaire auquel il remet des marchandises (Com. 99). Cette responsabilité spéciale est absolue et n'est pas régie par les règles ordinaires du mandat. — La règle ne reçoit pas exception au cas où la marchandise doit continuer le voyage par voie de mer. Mais, au point de vue des formalités à remplir par l'expéditeur ou le destinataire, il y a, dans ce dernier cas, deux expéditions distinctes et successives, un transport par terre et un transport par mer, et, pour ce dernier, ce sont les règles du transport par mer qui doivent être observées.

55. La responsabilité du commissionnaire primitif s'étend aux faits des commissionnaires intermédiaires qu'il emploie, et même aux agents de ces derniers, sauf son recours contre lesdits commissionnaires. Le commissionnaire primitif demeure donc responsable jusqu'à l'arrivée de la marchandise. Ainsi, un commissionnaire de transport qui avait remis les objets à transporter à un voiturier est jugé responsable envers le destinataire du changement apporté par ce voiturier dans le mode de transport, et, par exemple, de la substitution du transport par la voie d'eau au transport par la voie de terre, sauf son recours contre ledit voiturier (Paris, 24 mai 1848, D. P. 48. 2. 127).

56. Le commissionnaire primitif ne peut s'affranchir de sa responsabilité, ni sous prétexte qu'il n'aurait commis aucune faute en remettant la marchandise à un autre voiturier qui l'aurait perdue ou avariée, ni en indiquant le nom du voiturier intermédiaire , alors même que celui-ci reconnaîtrait avoir reçu les marchandises et être l'auteur de leur perte ou de leur détérioration. Et il n'y a pas, à cet égard, à distinguer entre le commissionnaire libre et les compagnies de chemin de fer. Ainsi, la compagnie de chemin de fer qui accepte un colis à destination d'une localité non desservie par son réseau, et même en pays étranger, se rend responsable des voituriers intermédiaires qu'elle se substitue pour l'exécution de son mandat. — Mais, suivant l'opinion qui paraît prévaloir, la responsabilité du premier voiturier disparaît quand l'expéditeur a lui-même désigné le voiturier intermédiaire auquel les colis seront être remis (Civ. r. 1er févr. 1899, D. P. 99. 1. 337).

57. Au reste, lorsque plusieurs compagnies de chemin de fer coopèrent à un même transport, l'expéditeur, en traitant avec la première, se soumet implicitement aux tarifs de toutes celles qui prennent successivement en charge la marchandise. Par suite, dans les relations de l'expéditeur avec la compagnie originaire, les tarifs des compagnies subséquentes lui sont opposables quant au parcours effectué sur leurs réseaux;

et, notamment, lorsqu'un retard s'est produit sur le réseau de l'une des compagnies subséquentes, dont le tarif fixe le montant de l'indemnité, l'expéditeur n'a droit qu'à cette indemnité, bien qu'il ait actionné la compagnie de départ (Civ. c. 1er déc. 1897, D. P. 99. 1. 544).

B. — Commissionnaires intermédiaires (R. 398 et s.; S. 211 et s.).

58. Le commissionnaire intermédiaire contracte la même obligation que le commissionnaire chargeur. Ainsi, il est tenu de faire parvenir les marchandises à destination, et il répond des sous-commissionnaires qu'il est obligé d'employer. D'autre part, s'il est le dernier transporteur, il a qualité pour régler le prix avec le destinataire pour la totalité du transport et, par conséquent, pour réclamer la rectification des erreurs intervenues dans l'application des tarifs (Aix, 19 déc. 1892, D. P. 96. 1. 61). — Par contre, il est passible de toutes les exceptions qui auraient pu être opposées à chacun des voituriers ou commissionnaires, et de toutes les réclamations qui auraient pu être formées contre eux (Toulouse, 15 nov. 1893, D. P. 94. 1. 413). De même, si, par suite d'erreur dans le calcul des taxes, sur quelque partie du transport que ce soit, des frais de transport ont été indûment perçus, le dernier voiturier est tenu personnellement à la restitution de l'indu, sauf son recours, s'il y a lieu, contre les voituriers précédents (Pau, 21 mai 1894, D. P. 98. 2. 241).

59. Au point de vue des actions qui peuvent être intentées contre le commissionnaire intermédiaire, sa situation n'est pas la même que celle du commissionnaire chargeur. La première condition, pour qu'il puisse être utilement actionné, est qu'il soit établi qu'il a participé au contrat de transport en se chargeant d'en continuer l'exécution. Cette preuve est exigée dans le cas d'un transport effectué par des compagnies de chemins de fer, alors même qu'il aurait voyagé sous l'empire d'un tarif commun aux divers transporteurs. — Elle résultera des circonstances de la cause appréciées souverainement par les juges du fait; le plus souvent, de la prise en charge des colis, laquelle s'induira, par exemple, de l'apposition sur les colis, par le voiturier intermédiaire, d'une étiquette indiquant qu'il les a reçus d'un précédent commissionnaire; apposition qui, d'après la jurisprudence, constitue l'exercice d'un droit.

60. Cette preuve une fois faite, il y a lieu, d'après le dernier état de la jurisprudence, de distinguer, en ce qui concerne la responsabilité du voiturier intermédiaire, entre les avaries apparentes ou extérieures et les avaries intérieures ou occultes. — Pour les premières, le voiturier intermédiaire est traité comme le voiturier chargeur : il est responsable, sauf à lui à fournir la preuve contraire. Cette preuve résulte spécialement de ce que le commissionnaire chargeur a reconnu que l'avarie lui était exclusivement imputable, en souscrivant, au profit du commissionnaire intermédiaire, une obligation de garantie. Elle peut aussi résulter du fait que le voiturier intermédiaire, en recevant les marchandises, a fait constater les avaries. La présomption de faute à, d'ailleurs, été étendue même au cas d'avaries intérieures qui se manifesteraient par des traces extérieures (Pau, 2 avr. 1873, D. P. 74. 5. 35). — Le voiturier intermédiaire cesse d'être responsable des avaries, même apparentes, lorsqu'il a fait des réserves en recevant la marchandise.

61. A l'égard des avaries intérieures ou occultes, au contraire, aucune présomption de faute ne pèse sur le voiturier intermédiaire, et c'est à l'expéditeur ou au destinataire à prouver sa responsabilité, en éta-

blissant non seulement qu'il a reçu les marchandises en bon état, mais encore que les avaries proviennent de sa faute (Civ. c. 29 janv. 1896, D. P. 96. 1. 406).

62. Le commissionnaire intermédiaire est libre, bien entendu, de ne pas demander sa mise hors de cause et de se substituer aux précédents commissionnaires. Dans cet ordre d'idées, on considère comme s'étant substitué aux précédents commissionnaires le dernier voiturier qui réclame au destinataire le prix du transport entier. Il appartient d'ailleurs aux tribunaux d'apprécier, d'après les circonstances, si l'intention du second transporteur a été, ou non, de se substituer au premier (Req. 17 oct. 1888, D. P. 89. 1. 133).

63. En cas de perte, l'expéditeur ou le destinataire devra prouver que le voiturier intermédiaire a reçu les colis, comme lorsqu'il s'agit d'avaries; mais il n'a pas à établir la faute. C'est au voiturier à combattre la présomption de faute en prouvant que la perte est le résultat d'un cas fortuit, ou qu'elle s'est produite entre les mains d'un autre commissionnaire, auquel il avait transmis la marchandise. De même, en cas de retard, l'expéditeur sera tenu d'établir qu'il s'est produit durant la partie du transport effectuée par le voiturier poursuivi.

64. La commissionnaire intermédiaire doit exécuter les ordres de l'expéditeur, bien qu'il n'ait pas traité directement avec lui. Si, toutefois, il a des doutes sur la valeur de ces ordres, il doit prendre avis de celui qui lui a remis les marchandises.

65. En cas de transports successifs, le dernier commissionnaire ne doit remettre la marchandise que contre payement des frais de transport et des autres sommes ayant le même caractère privilégié; sinon, il en est redevable vis-à-vis de ses commettants, sauf son recours contre le destinataire.

66. Le commissionnaire qui a été condamné au regard de l'expéditeur ou du destinataire peut, s'il y a lieu, recourir contre un ou plusieurs des autres commissionnaires qui ont concouru au transport, et par la faute duquel, ou desquels, il prétend que le dommage ou le retard s'est produit. — Au point de vue de la preuve à fournir, les règles sont les mêmes que lorsqu'il s'agit des rapports de l'expéditeur ou du destinataire avec les divers agents du transport.

Art. 3. — Obligations de l'expéditeur et du destinataire (R. 434 et s.; S. 258 et s.).

67. Les obligations de l'expéditeur et du destinataire sont de payer au voiturier le prix du transport et de l'indemniser de toutes les dépenses qu'il a faites dans leur intérêt, ainsi que des pertes qu'il a subies du fait des marchandises qui lui ont été remises. — Le voiturier peut, de même, être lui-même redevable envers eux d'une certaine somme pour retard, pertes ou avaries. Il s'opère alors une compensation qui ne permet au voiturier d'exercer son privilège (V. infrà, n° 70) que jusqu'à concurrence de ce qui lui restera dû, déduction faite de ce qu'il sera reconnu devoir lui-même.

68. Le prix du transport peut être payé, soit au départ et d'avance par l'expéditeur, soit à l'arrivée par le destinataire, suivant ce qui a été convenu entre les parties.

69. L'expéditeur peut refuser d'acquitter le prix si le voiturier ne justifie pas qu'il a exécuté le transport. Le même droit appartient au destinataire, lorsque c'est lui qui doit payer le port. Aussi lui reconnaît-on le droit, avant de recevoir les objets transportés et de payer le prix du transport, de vérifier le contenu des colis, alors même qu'ils se trouveraient en bon état de conditionnement extérieur, afin de s'assurer qu'il n'existe pas à l'intérieur quelque avarie engageant la responsabilité du voiturier. S'il refuse de recevoir les objets transportés, le voiturier a le droit de recourir à l'expertise prévue à l'art. 106 c. com. (V. infrà, n° 81).

70. À défaut de payement, le voiturier a le droit de faire vendre la marchandise. Le produit de cette vente est affecté par privilège à l'acquittement de ce qui lui est dû (Com. 106; Civ. 2102-6°).

71. Il y a controverse sur la question de savoir si l'on doit attribuer comme origine à ce privilège l'augmentation de valeur acquise par la chose par suite du transport, ou s'il faut le considérer comme fondé uniquement sur le droit de rétention. L'intérêt de la question est que, dans le premier cas, le privilège subsiste alors même que le voiturier s'est dessaisi de la marchandise, ce dessaisissement éteignant, au contraire, le privilège dans le second cas. La majorité des auteurs et la jurisprudence sont ralliés à la seconde opinion, et décident que le privilège du voiturier ne subsiste qu'autant que celui-ci est en possession des objets transportés (Req. 26 mars 1902, D. P. 1902. 1. 243). — On décide généralement que le privilège sur la chose transportée ne s'applique qu'aux frais du transport, et non aux sommes dues pour transports antérieurement effectués, même en vertu d'un traité unique, si ces divers transports sont distincts les uns des autres.

72. L'expéditeur est responsable, au regard du voiturier, des renseignements ou documents qu'il lui remet concernant l'accomplissement des formalités exigées pour la libre circulation des marchandises à transporter, et il est tenu de l'indemniser du dommage qu'il subirait de ce chef. — Il doit également faire connaître au voiturier la nature exacte de la marchandise : l'expéditeur qui ferait une déclaration fausse ou incomplète commettrait une faute qui pourrait engager sa responsabilité.

73. Les obligations de l'expéditeur et du destinataire en matière de transports par chemin de fer, notamment en ce qui concerne le payement du prix du transport, sont l'objet de règles spéciales (V. supra, Chemin de fer, n° 66 et s.).

ART. 4. — DU RISQUE DE LA MARCHANDISE EXPÉDIÉE (R. 450 et s.; S. 277 et s.).

74. La marchandise, sortie du magasin du vendeur ou de l'expéditeur, voyage, s'il n'y a convention contraire, aux risques et périls de celui à qui elle appartient, sauf son recours contre le commissionnaire et le voiturier chargé du transport (Com. 100). — Mais qui est le propriétaire de la marchandise? Lorsque la vente a pour objet un corps certain, même consistant en marchandises vendues en bloc, c'est à l'acheteur qu'appartient la marchandise vendue si, au moment où elle est sortie des magasins du vendeur, la vente était parfaite. Et il en est ainsi quand bien même l'expéditeur aurait été chargé de payer le montant des frais de transport. Si les marchandises ont été vendues in genere, il faut distinguer : sont-elles livrables chez l'acheteur, elles voyagent aux risques du vendeur, qui en reste propriétaire jusqu'à la livraison; sont-elles livrables chez le vendeur, ou dans un endroit désigné par les parties, elles voyagent, au contraire, aux risques de l'acheteur. — On admet que la marchandise, vendue à tant la mesure et stipulée livrable sous vergues, est réputée livrée à l'acheteur à compter du jour de l'embarquement qu'elle voyage à ses risques et périls. — Ces règles ne constituent, d'ailleurs, que de simples présomptions, qui peuvent être modifiées par la volonté des parties.

75. De ce que le propriétaire de la marchandise est, en général, l'acheteur, il ne

s'ensuit pas que celui-ci ait seul qualité pour intenter une action en indemnité contre le commissionnaire : l'art. 100 c. com. ne régit que les rapports entre acheteur et vendeur. Ainsi le voiturier ne saurait, en principe, opposer à l'action de l'expéditeur, soit la non-recevoir pour défaut de qualité. Il en serait autrement, toutefois, s'il était certain que la chose appartient au destinataire et que l'expéditeur n'a aucun intérêt à agir contre le commissionnaire.

ART. 5. — DES EXCEPTIONS QUE LE VOITURIER PEUT OPPOSER A L'EXPÉDITEUR OU AU DESTINATAIRE (R. 461 et s.; S. 286 et s.).

76. Les dispositions des art. 105 et 108 c. com. relatives aux exceptions que le voiturier peut opposer, soit à l'expéditeur, soit au destinataire, ont été modifiées par une loi du 11 avr. 1888 (D. P. 88. 4. 17). — D'après le nouvel article 105, la réception des objets transportés et le payement du prix de la voiture n'éteignent plus immédiatement toute action contre le voiturier. Le destinataire pourra encore agir si, dans les trois jours, non compris les jours fériés, qui suivent celui de la réception et du payement, il a notifié au voiturier, par acte extrajudiciaire ou par lettre recommandée, sa protestation motivée. Toutes stipulations contraires à ce droit du destinataire sont nulles et de nul effet. — Toutefois, cette dernière disposition n'est pas applicable aux transports internationaux; par suite, il est loisible de stipuler, dans ces transports, que la réception des marchandises sans réserves éteindra toute action contre le transporteur, et les tribunaux doivent sanctionner cette stipulation (Civ. c. 7 nov. 1893, D. P. 94. 1. 105).

77. Il est généralement admis que les formalités imposées par l'art. 105 pour la notification au voiturier de la protestation motivée du destinataire sont impérativement et limitativement déterminées; les réclamations doivent donc, à peine de nullité, être formulées par acte extrajudiciaire ou par lettre recommandée, et toutes réclamations autrement notifiées devront être réputées non avenues (Civ. c. 25 févr. et 16 avr. 1896, D. P. 96. 1. 104). Dès lors, une lettre missive non recommandée, quand même le voiturier reconnaîtrait l'avoir reçue, ne suffirait pas pour conserver le droit du destinataire (Civ. c. 14 janv. et 11 févr. 1901, D. P. 1901. 1. 188). Il en est de même de simples pourparlers entre le destinataire et le chef de gare, ou de l'assistance de celui-ci au déballage des colis (Civ. c. 14 avr. 1899, D. P. 99. 1. 454). — De même, de simples réserves verbales, formulées au moment de la réception par le destinataire, n'écartent pas la fin de non-recevoir (Civ. c. 16 avr. 1896 précité), ... à moins qu'elles ne soient acceptées expressément, ou même tacitement, par le transporteur. Et cette acceptation résulterait, notamment, de la reconnaissance par le transporteur, sur la lettre de voiture, avant l'enlèvement des marchandises au lieu de destination, d'une différence de poids avec celui qu'énonce la feuille d'expédition. Au contraire, le fait que le destinataire, lors de la livraison des marchandises, a fait constater les avaries subies par elles, n'établit pas suffisamment que les réserves du destinataire ont été acceptées par le transporteur et, dès lors, ne dispense pas le destinataire de l'observation des formalités prescrites par l'art. 105 (Civ. c. 22 janv., 22 juill. et 8 déc. 1902, D. P. 1903. 1. 33).

78. Si une expédition comprend plusieurs colis et que l'un d'eux vienne à manquer, il y a perte partielle et la déchéance encourue faute par le destinataire d'avoir protesté dans le délai de trois jours (Civ. c. 1er juill. 1896, D. P. 98. 1. 396).

79. La fin de non-recevoir de l'art. 105 n'est pas applicable en cas de retard (Req.

27 févr. 1894, D. P. 94. 1. 184). Mais elle s'applique aussi bien aux expéditions en port payé qu'aux expéditions en port dû (Paris, 24 oct. 1892, et Bourges, 13 nov. 1893, D. P. 94. 2. 372). — Quant aux demandes en répétition de sommes perçues par le voiturier, spécialement une compagnie de chemin de fer (actions en détaxe), la fin de non-recevoir ne leur est pas applicable, sans qu'il y ait à distinguer aujourd'hui, comme on le faisait avant la loi du 11 avril 1888, suivant que la demande est fondée sur une erreur de calcul ou sur une violation du tarif, ou bien, au contraire, sur une infraction au contrat de transport. — La déchéance édictée par l'art. 105 est inapplicable aux rapports de l'expéditeur et du destinataire, alors surtout que l'expédition a eu lieu en port payé (Limoges, 9 mai 1894, D. P. 95. 2. 557).

ART. 6. — FORMALITÉS PRESCRITES EN CAS DE REFUS DE LA MARCHANDISE OU DE CONTESTATIONS (R. 462 et s.; S. 392 et s.).

81. Le voiturier qui ne veut pas conserver la garde des marchandises, en cas de refus ou de contestation sur leur réception, peut recourir aux formalités prévues par l'art. 106 c. com., qui n'a pas été modifié par la loi du 11 avr. 1888 et qui est ainsi conçu : « En cas de refus ou de contestation pour la réception des objets transportés, leur état est vérifié et constaté par des experts commis par le président du tribunal de commerce ou, à son défaut, par le juge de paix et par ordonnance au pied d'une requête. Le dépôt ou séquestre, et, ensuite, le transport dans un lieu public peut en être ordonné. La vente peut en être ordonnée en faveur du voiturier jusqu'à concurrence du prix de la voiture. »

82. Les dispositions de cet article ne sont pas applicables aux difficultés qui peuvent naître entre expéditeur et destinataire sur la quantité et la qualité des marchandises (Civ. c. 1er mars 1892, D. P. 92. 1. 235). Toutefois, on admet que l'art. 106 reste applicable tant que le voiturier n'est pas déchargé; par suite, l'expéditeur, bien qu'engagé dans une instance suivie seulement entre lui et le destinataire sur la bonne exécution du marché, peut solliciter du président du tribunal de commerce la vérification, par experts, des objets refusés (Req. 26 nov. 1889, D. P. 90. 1. 53).

83. Les formalités de l'art. 106 ne sont ni impératives ni prescrites à peine de nullité. Ainsi, il est loisible aux parties de ne pas y avoir recours et de faire choix d'un expert. — D'autre part, les formalités et les délais prescrits en matière d'expertise ordinaire ne sont pas applicables à l'expertise prévue par l'art. 106; spécialement, il n'est pas nécessaire que les parties intéressées soient présentes. — Enfin, le voiturier n'est pas tenu de faire procéder à la vente; il peut conserver la marchandise dans ses magasins jusqu'au jour où la livraison en sera demandée; mais il en est alors responsable, sauf le cas de vice propre ou de force majeure (Civ. c. 12 mars et 6 mai 1890, D. P. 90. 1. 370). De même, le dépôt et le transport dans un lieu public constituent de simples facultés pour le voiturier, et non une obligation (Civ. c. 10 nov. 1891, D. P. 92. 1. 428).

84. En procédant à la vente sans observer les formalités de l'art. 106, le voiturier engage, dans une certaine mesure, sa responsabilité; mais il ne peut être tenu de rembourser au destinataire ou à l'expéditeur une somme supérieure au produit de la vente opérée que s'il est établi que l'inobservation des prescriptions de l'art. 106 a été pour eux la cause d'un préjudice. — La responsabilité du voiturier serait encore engagée si, malgré les protestations de l'expéditeur ou du destinataire, il avait précipité la vente des marchandises et leur avait ainsi enlevé leurs moyens de défense (Civ. c. 25 févr. 1896, D. P. 96. 1. 502).

ART. 7. — DE LA PRESCRIPTION (R. 480 et s.; S. 320 et s.).

85. L'art. 108 c. com., modifié par la loi du 11 avr. 1888 (D. P. 88. 4. 17), établit deux prescriptions distinctes en matière de contrat de transport, l'une d'un an, l'autre de cinq ans.

§ 1er. — *Prescription d'un an.*

86. La prescription d'un an s'applique aux actions pour avaries, pertes ou retard auxquelles le contrat de transport peut donner lieu contre le voiturier. Elle protège ce dernier dans les cas où il ne peut pas invoquer la fin de non-recevoir de l'art. 105, notamment en cas de retard ou de perte totale. Elle est applicable sans qu'il y ait lieu de distinguer si le lieu de destination est situé en France ou à l'étranger.

87. La prescription s'applique dans tous les cas de perte, même au cas où la perte est la conséquence de la remise des colis à une personne autre que le destinataire (Civ. c. 16 nov. 1892, D. P. 93. 1. 294). Il n'y a, d'ailleurs, pas à distinguer suivant que la perte (ou l'avarie) s'est produite en cours de route ou alors que les marchandises n'avaient pas encore été mises en route. Mais, pour que la prescription puisse être opposée, il faut que la marchandise soit réellement perdue; elle ne saurait l'être, par exemple, au cas où un colis serait en souffrance dans les magasins de la douane (Civ. r. 19 févr. 1900, D. P. 1900. 1. 505).

88. La prescription d'un an cesse d'être applicable toutes les fois qu'il y a *fraude* ou *infidélité*. Cette exception comprend non seulement le cas où la fraude ou l'infidélité prévues sont imputables au commissionnaire lui-même, mais encore celui où elles sont le fait des agents ou préposés placés sous ses ordres, et il suffit pour cela qu'il soit reconnu que l'acte frauduleux a été commis par les préposés, sans qu'il soit besoin de les désigner nominativement. Les mots *infidélité* et *fraude* désignent des actes de déloyauté, tels que des détournements d'objets, des dissimulations d'avaries; ils ne comprennent pas les négligences, les omissions involontaires, en un mot les fautes non intentionnelles, quelle qu'en soit, d'ailleurs, la gravité.

89. Suivant l'opinion généralement admise, la prescription d'un an n'est pas opposable au cas où la responsabilité du voiturier est invoquée non plus par voie d'action directe, mais par voie d'exception, notamment lorsque l'expéditeur s'en prévaut à l'encontre du voiturier qui agissait contre lui en payement du prix du transport.

§ 2. — *Prescription de cinq ans.*

90. Cette prescription s'applique à toutes actions, autres que celles régies par le premier alinéa de l'art. 108 c. com., auxquelles le contrat de transport peut donner lieu tant contre le voiturier ou le commissionnaire que contre l'expéditeur ou le destinataire. Ainsi sont soumises à cette prescription : l'action pour perte, avaries ou retard, lorsqu'il y a fraude ou infidélité; l'action en détaxe, l'action en payement du prix, l'action en revision du compte qui a pu être arrêté entre les parties, dans le cas où cette revision est admise (Pr. 541).

§ 3. — *Point de départ de la prescription.*

91. Le délai des prescriptions édictées par les deux premiers alinéas de l'art. 108 est compté, dans le cas de perte totale, du jour où la remise de la marchandise aurait dû être effectuée et, dans tous les autres cas, du jour où la marchandise aura été re-

mise ou offerte au destinataire (Com. 108, § 3). — Une disposition spéciale concerne le cas où il s'agit de transports faits pour le compte de l'État (même art., § 5).

§ 4. — *Actions récursoires.*

92. S'il y a lieu à l'exercice d'actions récursoires, le délai pour chaque action est d'un mois, à partir du jour de l'exercice de l'action contre le garanti (Com. 108, § 4).

§ 5. — *Interruption de la prescription* (R. 497 et s.; S. 336 et s.).

93. Les prescriptions édictées par l'art. 108 sont susceptibles d'être interrompues; les causes de l'interruption sont celles qu'admet le droit civil. L'action contre le voiturier est interrompue notamment par la reconnaissance du droit de la partie lésée; mais cette reconnaissance doit être formelle ou résulter d'actes qui ne laissent aucun doute sur l'intention du voiturier. Elle ne peut s'induire, notamment, de pourparlers engagés entre le voiturier et le destinataire à l'occasion d'avaries subies par les marchandises; ... ni même de prétendues promesses de remboursement qui, en raison de leur caractère vague, ne peuvent être considérées que comme de simples pourparlers (Civ. c. 19 juin 1895, D. P. 96. 1. 171); ... ni de la requête en nomination d'expert émanée du voiturier ou de sa participation à une expertise sollicitée par le destinataire (Civ. c. 21 juill. 1890, D. P. 91. 1. 167); ... ni de l'adhésion par le voiturier aux réserves formulées par le destinataire au sujet d'avaries survenues aux objets transportés. — Jugé aussi que la prescription de cinq ans, que le voiturier peut opposer aux actions en détaxe, n'est pas interrompue par l'accusé de réception des titres de transport et de la lettre les accompagnant (Civ. c. 9 déc. 1901, D. P. 1902. 1. 381). — Enfin il est manifeste que la réponse du voiturier qui implique la dénégation du droit de l'expéditeur à une indemnité ne peut avoir pour effet de substituer la prescription trentenaire à la prescription spéciale de l'art. 108.

ART. 8. — DU TRANSPORT DES PERSONNES (S. 257).

94. Les règles relatives au transport des personnes par chemin de fer sont exposées *suprà, Chemin de fer,* nos 108 et s.

95. Il existe encore, en dehors des chemins de fer, des voituriers qui ont pour industrie le transport des personnes et des colis, tels que les voitures de place, les omnibus, les voitures publiques, dans les régions où il n'y a pas de chemin de fer. Bien qu'ils ne soient pas tenus à la formalité de l'enregistrement imposée aux commissionnaires de transport, ils n'en sont pas moins responsables des voyageurs et des bagages qu'ils transportent. — Pour les bagages, cette responsabilité existe tant que le voiturier ne fait pas la preuve que la perte ou les avaries proviennent d'un cas fortuit ou de la force majeure, ou sont dues au vice propre du colis. Ainsi un cocher de voiture de place est responsable de la perte des effets chargés par lui-même ou le voyageur à l'intérieur ou sur l'impériale de la voiture, à moins qu'il ne prouve que cette perte a eu lieu par cas fortuit ou force majeure.

96. La responsabilité du voiturier s'applique même aux objets qu'il est chargé de transporter sans rétribution comme accompagnant les voyageurs. Mais des difficultés se sont élevées sur le point de savoir quelles sont les conséquences de cette responsabilité et sur quelles bases doit être calculée l'indemnité due pour la perte ou le retard d'un bagage, principalement lorsque ce bagage contient des valeurs ou des bijoux. Le système qui a prévalu limite la responsabi-

lité aux valeurs et aux bijoux non spécialement déclarés qui sont en rapport avec les besoins probables du voyage, d'après la position des voyageurs, le juge conservant, d'ailleurs, le pouvoir d'apprécier si la demande porte sur des caractères de la sincérité et, pour le cas où elle paraîtrait entachée de mauvaise foi, d'évaluer le dommage, sans tenir compte des prétentions du voyageur.

97. La responsabilité du voiturier ne s'étend pas aux bagages que les voyageurs conservent avec eux et que, par suite, il n'a pas pris en charge. Ainsi une compagnie de wagons-lits (qui doit être considérée comme un entrepreneur de transports) ne peut, en cette seule qualité, être responsable de la perte d'une valise qu'un voyageur avait conservée par devers lui dans un wagon-lit et qu'il n'avait pas fait enregistrer (Trib. civ. de la Seine, 25 nov. 1892, D. P. 92. 2. 587).

98. La responsabilité édictée par les art. 1784 c. civ. et 103 c. com. ne concerne que le transport des choses; elle ne s'applique pas au transport des personnes. Pour celles-ci, la responsabilité des voituriers est exclusivement réglée par les art. 1382 et s. c. civ. Par suite, le voyageur blessé au cours d'un transport doit, pour obtenir des dommages-intérêts, faire la preuve d'une faute à la charge du voiturier, celui-ci n'étant pas présumé en faute. Telle est du moins la doctrine qui a été consacrée par la Cour de cassation (Req. 1er mai 1899, D. P. 99. 1. 558).

ART. 9. — RÈGLES DE COMPÉTENCE (R. 385 et s.; S. 200 et s.).

99. Les entreprises de transport étant des actes de commerce, les actions qui naissent du contrat de transport ressortissent à la juridiction commerciale, toutes les fois que le transport a été effectué par un commissionnaire ou un voiturier de profession. Les tribunaux de commerce sont exclusivement compétents pour en connaître, que le voiturier joue le rôle de demandeur ou de défendeur, mais dans le cas seulement où la partie adverse est un commerçant. Lorsque cette partie est un non-commerçant, elle a le droit, si elle est demanderesse, de porter l'action à son choix devant le tribunal civil ou devant le tribunal de commerce; si elle est défenderesse, c'est devant la juridiction civile qu'elle doit être appelée.

100. Ces règles s'appliquent au transport des voyageurs, comme au transport des marchandises. — Toutefois, aux termes de l'art. 3, § 2, de la loi du 25 mai 1838, les juges de paix sont compétents pour statuer, sans appel jusqu'à 100 francs, et à charge d'appel jusqu'au taux de la compétence en dernier ressort des tribunaux de première instance (1500 fr.), sur les contestations entre les voyageurs et les voituriers ou bateliers pour retard, frais de route, pertes ou avaries des objets accompagnant les voyageurs. Cette disposition s'applique aux compagnies de chemins de fer. Au reste, d'après la jurisprudence de la Cour de cassation, la compétence ainsi attribuée aux juges de paix n'exclut pas celle des tribunaux de commerce, lorsque le litige a un caractère commercial (Civ. c. 4 nov. 1863, D. P. 63. 1. 473).

ART. 10. — ENREGISTREMENT ET TIMBRE.

101. Les règles concernant l'enregistrement et le timbre des contrats de transport n'étant pas les mêmes pour les différents contrats de cette nature, on étudiera successivement ce qui a trait : aux transports par mer (connaissements et chartes-parties); aux transports par voie de terre et par canaux, fleuves et rivières (lettres de voiture); aux transports par chemins de fer (récépissés), et aux colis postaux (bulletins d'expédition).

§ 1er. — Connaissements et chartes-parties.

102. Les connaissements qui doivent accompagner tout transport par mer et sur les fleuves, rivières et canaux, dans le rayon de l'inscription maritime, sont assujettis au droit fixe de 4 fr. 50 en principal (L. 22 frim. an 7, art. 68, § 1er, n° 20, R. v° *Enregistrement*, t. 21, p. 26; 28 avr. 1816, art. 44, n° 6, R. *eod. v°*, t. 21, p. 39; 28 févr. 1872, art. 4, D. P. 72. 4. 12).

103. La loi du 22 frim. an 7 disposant expressément que le connaissement donne lieu à la perception d'autant de droits qu'il y a de personnes à qui les envois sont faits, il s'ensuit qu'en cas de groupage il est dû autant de droits fixes qu'il y a de destinataires indiqués sur le connaissement, bien qu'il n'y ait qu'un seul destinataire.

104. Les quatre originaux prescrits par l'art. 282 c. com. sont soumis à la formalité du timbre. Celui des originaux qui est destiné à être remis au capitaine est timbré au droit de 2 fr. 40, décimes compris; les autres sont timbrés gratis et revêtus d'une estampille de contrôle, sans indication de prix (L. 30 mars 1872, art. 3, D. P. 72. 4. 77). — Lorsqu'il est créé plus de quatre connaissements, ces connaissements supplémentaires sont soumis chacun à un droit de 0 fr. 60, qui sont perçus au moyen de timbres mobiles apposés sur le connaissement existant entre les mains du capitaine. Le nombre des originaux rédigés doit être mentionné, conformément à l'art. 1325 c. civ., et, dans le cas où cette mention ne serait pas faite sur l'original représenté par le capitaine, il est perçu un droit triple de celui de 2 fr. 40 fixé par l'art. 3 de la loi du 30 mars 1872 (L. 30 mars 1872, art. 5).

105. Le droit de 2 fr. 40 est réduit à 1 fr. 20 pour les expéditions par le petit cabotage, c'est-à-dire par la navigation côtière, dans la même mer et de port français à port français (L. 30 mars 1872, art. 3). — Les expéditions de France en Algérie sont classées dans le grand cabotage (Sol. admin. Enreg. 3 mai 1872 et 30 janv. 1873, D. P. 73. 5. 446). — Mais les transports d'un port de la Manche à un port de l'Océan rentrent dans le petit cabotage (Sol. admin. Enreg. 3 mai 1872). Il en est ainsi pour les transports de peu d'importance entre le continent et les îles du littoral (Sol. admin. Enreg. 8 juill. 1872, D. P. 73. 5. 445).

106. Si le connaissement vient de l'étranger, deux des exemplaires ne devant pas entrer en France, il est perçu sur le connaissement en la possession du capitaine un droit minimum de 1 fr. 20, représentant le timbre du connaissement du capitaine et de celui du consignataire de la marchandise. Ce droit est perçu par l'apposition de timbres mobiles, qui est effectuée lors de la présentation du connaissement qui est faite en douane, par le capitaine, lors de la première arrivée en France (L. 30 mars 1872, art. 4; Sol. admin. Enreg. 7 avr. 1872, D. P. 73. 5. 446). — L'union douanière conclue entre la France et la principauté de Monaco, par convention du 9 nov. 1865 (D. P. 66. 4. 6), ne renfermant aucune disposition qui fasse obstacle à la perception, en France, du droit de timbre sur les connaissements venant de Monaco, ces connaissements sont soumis aux règles applicables à ceux venant de l'étranger (Sol. admin. Enreg. 7 avr. 1872, précitée). — Les connaissements venant des colonies où l'enregistrement n'est pas établi sont assimilés à ceux venant de l'étranger. Si le droit de timbre existe dans la colonie, mais à un tarif différent du tarif de la métropole, le supplément est acquitté au moyen d'un visa apposé par le receveur des douanes.

107. La loi de 1872 n'ayant fait aucune distinction entre le cas où la marchandise chargée serait à l'adresse d'un seul destinataire et celui où les destinataires seraient multiples, le groupage est autorisé. Cependant, tous les exemplaires du connaissement doivent être la reproduction exacte du connaissement chef qui est entre les mains du capitaine. Si les exemplaires à remettre à chacun des destinataires ne sont que les copies du connaissement chef, ils sont simplement soumis à un droit de 0 fr. 60 par titre supplémentaire. Mais si chacun des exemplaires ne porte que la marchandise adressée à chacun des destinataires, ils constituent de véritables connaissements distincts, et doivent être assujettis au timbre de 2 fr. 40 ou de 1 fr. 20, selon qu'il s'agit du grand cabotage ou du petit cabotage (Sol. admin. Enreg. 20 nov. 1872 et 19 janv. 1874, D. P. 75. 5. 439).

108. L'Etat ne se payant pas d'impôt à lui-même, les connaissements concernant les transports maritimes qui se font pour le compte direct de l'Etat sont exempts de timbre (Décis. min. fin. 19 mai 1883, D. P. 83. 5. 430, n° 7; Instr. Reg. 2687, § 9).

109. Les connaissements peuvent être timbrés à l'extraordinaire ou au moyen de timbres mobiles qui sont oblitérés, soit immédiatement par l'apposition d'une griffe à l'encre grasse, noire, faisant connaître la date de l'oblitération, les noms et la raison sociale du chargeur ou de l'expéditeur; soit dans un délai qui ne peut dépasser deux jours, au bureau des douanes, par les agents de ce service (Décr. 25 juin 1890, art. 1er, D. P. 91. 4. 90).

110. Tout connaissement créé en France et non timbré donne lieu à la réclamation de trois amendes personnelles, de 50 francs chacune en principal, l'une contre le chargeur, l'autre contre l'expéditeur et la troisième contre le capitaine. Les capitaines des navires français et étrangers doivent, à peine d'une amende de 100 à 600 francs, exhiber aux agents des douanes, soit à l'entrée, soit à la sortie, les connaissements dont ils doivent être porteurs (L. 30 mars 1872, art. 6, D. P. 72. 4. 80).

111. L'oblitération irrégulière des timbres mobiles apposés sur les connaissements donne ouverture à une amende de 50 francs contre l'auteur de la contravention (L. 30 mars 1872, art. 7).

112. Les contraventions aux dispositions de la loi du 30 mars 1872 sont constatées par les employés des douanes, par ceux des contributions indirectes et par tous les autres agents ayant qualité pour verbaliser en matière de timbre. Il leur est alloué un quart des amendes recouvrées (L. 30 mars 1872, art. 6, § 2 et 3).

113. En ce qui concerne les chartes-parties, V. *supra*, *Charte-partie*, n°s 63 et s.

§ 2. — Lettres de voiture.

114. Les lettres de voiture présentées à l'enregistrement sont assujetties au droit fixe de 3 francs. Il est dû un droit par chaque personne à qui les envois sont faits (L. 22 frim. an 7, art. 68, § 1er, n° 20; 18 mai 1850, art. 2, 28 févr. 1872, art. 4).

115. Les lettres de voiture sont assujetties au timbre de dimension (L. 11 juin 1842, art. 6, R. v° *Enregistrement*, t. 22, p. 743) et au droit de timbre de 0 fr. 10 pour la décharge résultant de la constatation de la remise des objets (L. 23 août 1871, art. 18, D. P. 71. 4. 54). Les deux droits de 0 fr. 60 (minimum du droit de timbre de dimension) et 0 fr. 10 ont été réunis en une taxe unique de 0 fr. 70 par l'art. 11 de la loi du 28 févr. 1872.

116. Les registres de factage, de camionnage, constatant la livraison des colis transportés sont, par suite, affranchis du timbre de 0 fr. 10; mais cette disposition ne concerne pas les quittances de frais de transport supérieur à 10 francs qui sont assujetties au droit de 0 fr. 10 (Instr. Reg. 29 févr. 1872, n° 2433, D. P. 72. 3. 15).

117. La taxe de 0 fr. 70 est réduite à 0 fr. 35, y compris également le droit de décharge, pour les lettres de voiture rédigées au sujet des recouvrements effectués par les entrepreneurs de transport à titre de remboursement des objets transportés (L. 19 févr. 1874, art. 10, D. P. 74. 4. 41).

118. Les notes de chargements ou autres écrits réunissant les conditions essentielles à la garantie de l'expéditeur et du voiturier sont soumis au timbre prescrit pour les lettres de voiture. Toutefois, la note de chargement ne peut être assimilée à une lettre de voiture et n'est pas, dès lors, sujette au timbre, lorsque le transporteur est en même temps le propriétaire de la marchandise, ou encore lorsque le transport est effectué par une personne aux gages du propriétaire (Décis. min. 23 janv. 1890, D. P. 91. 5. 619; Instr. Reg. 2794, § 13).

119. En l'absence de toute disposition spéciale, la même lettre de voiture peut constater l'envoi de colis adressés à des destinataires différents.

120. Les lettres de voiture ne peuvent être rédigées que sur du papier timbré fourni par l'Administration, ou sur du papier timbré à l'extraordinaire et frappé d'un timbre noir et d'un timbre mobile (L. 11 juin 1842, art. 6).

121. Les lettres de voiture rédigées à l'occasion de transports opérés dans l'intérêt de l'Etat sont exemptes de timbre (Décis. min. fin. 16 août 1873 et 10 mai 1883, D. P. 83. 5. 430; Instr. Reg. 2687, § 9).

122. L'usage d'une lettre de voiture non timbrée ou non frappée du timbre noir et du timbre sec est puni d'une amende de 50 francs en principal (L. 11 juin 1842, art. 7; 2 juill. 1862, art. 22, D. P. 62. 4. 68; Instr. Reg. 2225).

123. Les préposés des douanes, les préposés à la perception des droits d'octroi et tous autres agents ayant qualité pour verbaliser en matière de timbre peuvent constater les contraventions aux lois sur le timbre des lettres de voiture (Décr. 16 mess. an 13, art. 1er, R. v° *Enregistrement*, t. 22, p. 740; Civ. c. 28 juill. 1868, D. P. 68. 1. 401). Il leur est accordé la moitié des amendes payées par les contrevenants (Décr. 16 mess. an 13, art. 3 et 4).

124. L'expéditeur et le voiturier sont solidaires pour le payement des droits et de l'amende de timbre exigibles sur une lettre de voiture non timbrée (Décr. 16 mess. an 13, art. 2; L. 11 juin 1842, art. 7).

§ 3. — Récépissés de chemin de fer.

125. Tout transport par chemin de fer donne lieu à la création d'un récépissé soumis au timbre de 0 fr. 70 pour la petite vitesse et de 0 fr. 35 pour la grande vitesse (L. 13 mai 1863, art. 10, D. P. 63. 4. 58; 23 août 1871, art. 2, D. P. 71. 4. 54; 28 févr. 1872, art. 11, D. P. 72. 4. 12; 30 mars 1872, art. 1er, D. P. 72. 4. 77). Le récépissé est nécessaire, lors même que le transport est gratuit. — La taxe est perçue au moyen de l'apposition du timbre à l'extraordinaire, tant sur la souche que sur le récépissé et les doubles.

126. Un arrêté du ministre des finances, du 9 juin 1892, a autorisé les compagnies qui en font la demande à percevoir à leurs risques et périls, et sous leur responsabilité, les droits de timbre dus sur les récépissés de grande et petite vitesse; ces documents sont alors revêtus de cette mention : « Droits de timbre en compte avec le Trésor. » Ces droits sont payés par les compagnies le 1er de chaque mois, par anticipation; ils sont calculés à raison de 85 pour cent de la recette du mois correspondant de l'année précédente. Le règlement définitif a lieu dans les 75 jours qui suivent l'expiration du mois auquel s'est appliqué le versement provisionnel. A l'appui de leurs versements, les compagnies produisent des décomptes soumis au contrôle de l'Administration (Arr. min. fin. 9 juin 1892, D. P. 92. 5. 622; Instr. Reg. 2822).

127. Les expéditions internationales sont régies par la convention de Berne du 14 oct. 1890, qui a été approuvée par une loi du 29 déc. 1891, et promulguée par un décret du 25 nov. 1892 (D. P. 94. 4. 15). Cette convention établit une législation uniforme pour les transports internationaux de marchandises par chemins de fer, en grande et en petite vitesse, sur la base d'une lettre de voiture directe, valable pour les expéditions effectuées du territoire de l'un des Etats contractants à destination du territoire d'un autre Etat contractant. Cette lettre de voiture est assimilée, au point de vue du timbre, aux récépissés des chemins de fer.

128. Les récépissés accompagnant les marchandises venant de l'étranger sont timbrés au moyen de timbres mobiles, apposés et oblitérés par les receveurs des bureaux de douanes frontières de terre placés dans les gares de chemins de fer, soit à la frontière même, soit à l'arrivée pour les expéditions en transit dirigées sur Paris ou autres douanes à l'intérieur établies près des gares (Décis. min. fin. 23 oct. 1874, D. P. 74. 5. 504).

129. Si toute expédition par chemin de fer doit être accompagnée d'un récépissé timbré, l'impôt n'est dû qu'une seule fois pour chaque expédition. Le récépissé remis à l'expéditeur et le double qui, d'après le troisième alinéa de l'art. 10 de la loi du 13 mai 1863, doit accompagner l'expédition, sont timbrés moyennant le payement d'un seul droit (Instr. Reg. 18 juin 1863, n° 2252).

130. Les lettres de voiture créées par les particuliers sur papier timbré à 0 fr. 60, et qui ont déjà acquitté la marchandise par voie de terre ou par eau, doivent être acceptées par les compagnies pour la suite du transport par voie ferrée, à la condition qu'aucune modification ne soit apportée à leur texte; elles doivent toutefois être revêtues d'un timbre supplémentaire de 0 fr. 10.

131. La loi du 30 mars 1872, spéciale aux transports en petite vitesse, autorise l'usage des récépissés pour la suite des transports que la marchandise peut effectuer, soit par voie de terre, soit sur les canaux et rivières. La même faveur n'a pas été édictée pour les récépissés de grande vitesse.

132. Les récépissés que les compagnies de chemin de fer délivrent à l'occasion des transports qu'elles sont chargées de faire pour les différents services de l'Etat sont exempts de timbre (Décis. min. fin. 16 août 1873 et 10 mai 1883, D. P. 83. 5. 496; Instr. Reg. 2687, § 9).

133. Les recouvrements effectués par des entrepreneurs de transport, à titre de remboursement des objets transportés, quelque soit, d'ailleurs, le mode employé pour la remise des fonds au créancier, ainsi que tous autres transports fictifs ou réels de monnaies ou de valeurs, sont assujettis à la délivrance d'un récépissé dûment timbré au droit de 0 fr. 35, y compris le droit de décharge (L. 19 févr. 1874, art. 10, D. P. 74. 4. 41).

134. Les reçus donnés par les intermédiaires sont considérés comme simples pièces d'ordre exemptes de timbre pour les expéditions faites directement par chemin de fer; mais, en dehors de là, les reçus des intermédiaires sont sujets au timbre de 0 fr. 10, de même que tous autres reçus, comme faisant titre entre les mains de ceux à qui ils sont délivrés (Trib. civ. de la Seine, 25 mars 1881, D. P. 82. 3. 63).

135. Les expéditions collectives faites par des entrepreneurs de transport qui groupent, soit à couvert, soit à découvert, des marchandises remises par un expéditeur à l'adresse de plusieurs destinataires ou par plusieurs expéditeurs à l'adresse d'un seul ou de plusieurs destinataires, sont régies par l'art. 2 de la loi du 30 mars 1872, ainsi conçu : « Les entrepreneurs de messageries et autres intermédiaires de transports, qui réunissent en une ou plusieurs expéditions des colis ou paquets envoyés à des destinataires différents, seront tenus de remettre aux gares expéditrices un bordereau détaillé et certifié, écrit sur du papier non timbré, et faisant connaître le nom et l'adresse de chacun des destinataires réels. — Il sera délivré, outre le récépissé pour l'envoi collectif, un récépissé spécial à chaque destinataire. Ces récépissés spéciaux ne donneront pas lieu à la perception du droit d'enregistrement au profit des compagnies de chemins de fer, mais ils seront établis par les entrepreneurs de transports eux-mêmes, sur des formules timbrées que les compagnies de chemins de fer tiendront à leur disposition, moyennant remboursement des droits et frais. Les numéros de ces récépissés seront mentionnés sur le registre de factage ou de camionnage que lesdits entrepreneurs ou intermédiaires seront tenus de faire signer pour décharge par les destinataires. — Ces livres ou registres seront représentés à toute réquisition des agents de l'enregistrement. »

136. La loi du 30 mars 1872 s'applique à toutes les expéditions, qu'elles aient lieu par grande ou petite vitesse (Instr. Reg. 2441, § 2, D. P. 73. 5. 463). — Mais elle vise seulement les entrepreneurs de transports, et ne serait pas applicable à des expéditions faites par des négociants et propriétaires à plusieurs destinataires (Sol. admin. Enreg. 17 janv. 1878, D. P. 73. 5. 465).

137. Les récépissés spéciaux, établis sur papier bleu, sont extraits d'un registre à souche divisé en trois parties : la souche qui reste entre les mains de l'entrepreneur, une formule pour l'expéditeur et une autre formule qui doit accompagner la marchandise et être remise au destinataire. Le timbre est apposé sur chacune de ces parties pour le prix unique de 0 fr. 35 ou 0 fr. 70.

138. La loi du 30 mars 1872 s'applique aux envois groupés à destination de l'étranger, comme à ceux qui ont lieu dans l'étendue du territoire (Décis. min. fin. 5 déc. 1878). En ce qui concerne les envois groupés venant de l'étranger, le timbre afférent aux récépissés spéciaux doit être perçu à l'entrée en France, au moyen de timbres mobiles apposés sur les documents accompagnant les envois et pouvant tenir lieu de ces récépissés.

139. Chaque contravention aux dispositions qui précèdent est punie d'une amende de 50 francs en principal, et de 100 francs en cas de récidive dans le délai d'un an (L. 13 mai 1863, art. 10, et 30 mars 1872, art. 2). Les contraventions sont constatées par les agents ayant qualité pour verbaliser en matière de timbre, et par les commissaires de surveillance administrative établis dans les principales gares (L. 30 mars 1872, art. 2).

140. Un avis du Conseil d'Etat du 27 oct. 1891 ayant assimilé les tramways aux chemins de fer, relativement à la délivrance des récépissés, les dispositions des lois des 13 mai 1863, 28 févr. 1872 et 30 mars 1872 leur sont devenues applicables (Instr. Reg. 2823, § 17). Mais le droit de timbre des récépissés a été réduit à 0 fr. 10 pour chaque expédition, y compris le droit de décharge, par l'art. 38 de la loi du 28 avr. 1893 (D. P. 93. 4. 90).

§ 4. — *Bulletins d'expédition de colis postaux.*

141. Les bulletins d'expédition qui doivent accompagner tout envoi de colis postaux sont soumis à un droit de timbre uniforme de 0 fr. 10 pour chaque expédition, y compris le droit de la décharge donnée par le destinataire (L. 3 mars 1881, art. 5, D. P. 82. 4. 41).

142. Le droit de timbre établi sur les connaissements pour les transports maritimes de colis postaux est également réduit à 0 fr. 10. Un seul droit est applicable à l'expédition d'un colis postal transporté successivement dans un droit de 0 fr. 35 pour le récépissé collectif délivré à l'entrepreneur de transport, qui ne peut jouir de la disposition tout exceptionnelle que la loi du 3 mars 1883 accorde seulement aux expéditeurs et aux destinataires réels (Sol. admin. Enreg. 4 juin 1889; L. 3 mars 1881, art. 5; Instr. Reg. 2648).

144. Le droit de timbre établi par l'art. 10 de la loi du 19 févr. 1874 sur les recouvrements effectués par les entrepreneurs de transport, à titre de remboursement des objets transportés, est réduit à 0 fr. 10 par chaque expédition pour les colis postaux désignés dans la loi du 25 juill. 1881 (L. 25 juill. 1881, art. 5; Instr. Reg. 2652). Cette disposition ne déroge qu'en ce qui concerne le tarif à la loi du 19 févr. 1874.

145. La réexpédition sur une localité de la France continentale des sommes perçues, à titre de remboursement, sur un colis postal doit être considérée comme une expédition donnant ouverture à un droit de timbre de 0 fr. 10 (Décr. 24 août 1881, art. 5, D. P. 83. 4. 3).

146. Les récépissés, bulletins d'expédition et décharges relatifs au transport des colis postaux expédiés et distribués dans l'intérieur de la même ville, sont exempts du timbre de 0 fr. 10 (L. 25 juill. 1881, art. 6; Instr. Reg. 2652). Cette exemption ne doit pas être étendue à la transmission des sommes encaissées à titre de remboursement (Décr. 11 oct. 1881, art. 3).

147. Les bulletins d'expédition de colis postaux expédiés de l'étranger, et transitant par la France ou l'Algérie, sont exempts du droit de timbre de 0 fr. 10 (L. 25 juill. 1881, art. 1er).

148. Chaque contravention aux dispositions des lois et décrets sur les colis postaux est passible d'une amende de 50 francs en principal (L. 3 mars 1881, art. 5). Les contraventions peuvent être relevées par tous les agents ayant qualité pour verbaliser en matière de timbre des lettres de voiture, récépissés de chemins de fer et connaissements (Instr. Reg. 2648).

149. Les actes de toute nature relatifs aux marchés passés par l'Etat, et ayant exclusivement pour objet les services des colis postaux, sont dispensés de la formalité du timbre et de celle de l'enregistrement (L. 3 mars 1881, art. 8; 25 juill. 1881, art. 7; 12 avr. 1892, art. 5, D. P. 92. 4. 44).

§ 5. — *Questions diverses. — Contrôle.*

150. Les bulletins de bagages et les bulletins de consignation de bagages sont considérés, non comme des reçus d'objets, mais comme des quittances de sommes et

143. La loi du 3 mars 1881 ne contenant aucune dérogation aux lois spéciales sur le timbre, les dispositions de la loi du 30 mars 1872 sont applicables aux envois collectifs des colis postaux, toutes les fois que les expéditions se font par des intermédiaires de transports. Ces expéditions donnent lieu à autant de droits de 10 centimes qu'il y a de colis groupés, et à un droit de 0 fr. 35

sont, à ce titre, soumis au droit de timbre de 0 fr. 10 lorsque la somme perçue excède 10 francs. Les billets de places délivrés par les compagnies et entrepreneurs, et dont le prix excède 10 francs, sont également soumis au timbre de 0 fr. 10.

151. Ces billets peuvent n'être revêtus d'aucun timbre si la demande en est faite ; les compagnies et entrepreneurs sont tenus d'opérer le versement des droits dus au Trésor suivant le mode et aux époques prescrites par l'art. 6 du décret du 27 nov. 1871 (D. P. 71. 4. 75). Les principales compagnies de chemins de fer ont obtenu d'user de cette faculté, non seulement pour les billets de voyageurs, de recettes supplémentaires, de correspondances et. de chiens, mais encore pour les bulletins de bagages dont le prix excède 10 francs (Arr. dir. gén. Enreg. 29 déc. 1871; Instr. Reg. 2431).

152. Les écrits, même sous forme de lettre missive, par lesquels des particuliers autorisent, d'une manière permanente, le chef de gare à livrer à des personnes déterminées les colis expédiés à leur adresse, constituent de véritables titres et doivent être rédigés sur papier timbré (Décis. min. fin. 25 sept. 1890; Circ. min. trav. publ. 7 oct. 1890, D. P. 92. 3. 15; Instr. Reg. 2823, § 8). Mais les bons à livrer qui ont seulement pour but d'inviter le chef de gare à remettre, soit au camionneur de la compagnie, soit à une personne désignée, un colis spécial, qu'ils soient rédigés au pied de la lettre d'avis envoyée au destinataire ou même qu'ils fassent l'objet d'une lettre séparée, se rattachent au contrat de transport représenté par le récépissé qui a été délivré et, couverts par le droit de timbre auquel ce récépissé a été soumis, peuvent être rédigés sur papier non timbré.

153. Le contrôle de l'administration du Timbre, en ce qui concerne les connaissements, les lettres de voiture, les récépissés de chemins de fer, les colis postaux et le timbre des quittances, s'opère principalement par l'exercice du droit de la législation confère à ses agents de prendre communication des livres, registres et pièces de comptabilité, livres ou registres de factage ou de camionnage, de tous les entrepreneurs de transports (L. 13 mai 1863, art. 10, D. P. 63. 4. 54; Instr. Reg. 2252; L. 23 août 1871, art. 22; 30 mars 1872, art. 2; 21 juin 1875, art. 7, D. P. 75. 4. 107). Tout refus de communication est puni d'un procès-verbal et puni d'une amende de 100 à 1000 francs (L. 23 août 1871, art. 22).

COMMUNAUTÉ ENTRE ÉPOUX

(R. v° *Contrat de mariage;* S. *eod. v°*).

SECT. Iʳᵉ. — Généralités (R. 541 et s. ; S. 168 et s.).

1. La communauté conjugale est la société de biens ou d'intérêts existant entre le mari et la femme. Les règles concernant ce régime matrimonial font l'objet du chapitre 2 du titre 5 du livre 3 du Code civil (art. 1399 à 1539).

2. La communauté est légale ou conventionnelle. La communauté légale est celle qui s'établit soit par la simple déclaration, dans le contrat de mariage, que l'on adopte le régime de la communauté, soit par le fait que les époux se marient sans faire de contrat (Civ. 1400). La communauté conventionnelle est celle qui résulte de clauses apportant des modifications quelconques au régime de la communauté légale ; les plus usitées parmi ces clauses sont prévues par la loi (V. *infrà,* nᵒˢ 216 et s.) — On y rattache celles qui, sans stipuler le régime dotal, excluent la communauté et constituent, soit le régime simplement exclusif de

communauté, soit le régime de la séparation de biens (V. *infrà,* nᵒˢ 265 et s.).

3. La communauté, soit légale, soit conventionnelle, commence du jour où le mariage est contracté devant l'officier de l'état civil. Serait nulle toute stipulation ayant pour but de la faire commencer à une autre époque (Civ. 1399). — Sur la question de savoir si l'existence de la communauté entre époux peut être subordonnée à une condition, V. *infrà, Contrat de mariage.*

4. La communauté ne constitue pas, à l'égard des tiers, une personne morale distincte de celle des époux (Req. 10 févr. 1896, D. P. 96. 1. 559). Il en résulte, notamment, que les créanciers de la communauté n'ont, à la dissolution de celle-ci, aucun droit de préférence sur les biens communs, à l'encontre des créanciers du mari ou des créanciers de la femme acceptante. Mais, entre les époux, et au point de vue du règlement de leurs comptes respectifs, la communauté n'en doit pas moins être envisagée comme ayant des intérêts distincts.

SECT. II. — De la communauté légale.

5. Les règles concernant la communauté légale ont pour objet : sa composition en actif et passif, son administration, sa dissolution et la détermination des droits des époux après la dissolution.

ART. 1ᵉʳ. — ACTIF DE LA COMMUNAUTÉ.

6. L'actif de la communauté comprend : 1° tout le *mobilier* présent et futur des époux ; 2° les *fruits* des immeubles qui leur sont propres ; 3° les *acquêts* ou *conquêts* de la communauté, c'est-à-dire les immeubles acquis en commun par les époux pendant le mariage.

§ 1ᵉʳ. — *Du mobilier* (R. 578 et s. ; S. 174 et s.).

7. Le *mobilier* doit s'entendre ici dans le sens de l'art. 535 c. civ. et comprendre tout ce qui est censé meuble, suivant les règles établies au chapitre 2 du titre de *la Distinction des biens* (V. *suprà, Biens* [Distinction des], nᵒˢ 29 et s.). La communauté comprend, par conséquent, non seulement les meubles corporels, mais aussi les meubles incorporels, tels que les créances, les droits d'usufruits que les époux possèdent sur des choses mobilières.

8. Les créances qui appartiennent aux époux au moment du mariage tombent dans la communauté par cela seul qu'elles sont mobilières et quelle que soit leur origine, alors même qu'elles résultent d'une vente ou d'un partage d'immeubles.

9. La communauté profite également du prix, remboursé pendant le mariage à l'un des époux, d'un immeuble qu'il avait acheté avec faculté de rachat pour le vendeur. — L'indemnité d'assurance due à l'un des époux par suite de l'incendie de l'un de ses immeubles, survenu avant le mariage, tombe en communauté.

10. Une obligation de *faire* doit, suivant l'opinion dominante, être considérée comme mobilière et entrer en communauté, alors même que l'objet de la prestation est un immeuble, comme dans le cas où l'on s'est obligé à construire une maison.

11. Le droit de jouissance du fermier ou du preneur sur la chose louée est purement personnel et, par conséquent, toujours mobilier, alors même qu'il porte sur des immeubles : ce droit tombe dans la communauté du chef de l'époux auquel il appartient.

12. Les actions ou intérêts dans les compagnies de finance, de commerce ou d'industrie, étant meubles, encore que ces compagnies soient propriétaires d'immeubles, il en résulte que les valeurs de ce genre qui appartiennent à l'un des époux au moment

du mariage tombent en communauté. Il n'en est ainsi, toutefois, que si la société existe encore ; si elle était déjà dissoute ou en liquidation, le droit de l'époux consisterait dans une part indivise dans le fonds social ; cette part serait réputée mobilière ou immobilière suivant l'effet du partage, et la communauté n'en profiterait qu'autant que l'émolument attribué à l'époux par le partage serait mobilier. Mais, si la société n'est dissoute que pendant que les immeubles soient attribués à l'époux dans le partage, ces immeubles entreront en communauté. — Les mêmes solutions sont applicables au cas où l'un des époux est propriétaire d'une part dans une société civile, et toutefois on admet, conformément à l'opinion dominante (V. *infrà, Société*), que les sociétés civiles constituent, comme les sociétés commerciales, des personnes morales.

13. Les rentes perpétuelles ou viagères sur l'État, sur des compagnies ou des particuliers, tombent en communauté tant pour le capital que pour les arrérages. Peu importe que les titres de rente soient nominatifs ou au porteur. Il en est autrement, toutefois, des rentes ou pensions déclarées incessibles ou insaisissables par la loi ou par le constituant, telles que les pensions de réforme ou de retraite, les pensions militaires de la Légion d'honneur, les rentes viagères sur la Caisse des retraites pour la vieillesse (bien que ces dernières ne soient incessibles et insaisissables que jusqu'à concurrence de 360 fr. (V. L. 18 mars 1850, art. 4 et 5, D. P. 50. 4. 138; L. 12 juin 1860, art. 7, D. P. 60. 4. 71), l'indemnité accordée aux victimes du coup d'État du 2 déc. 1851 (L. 30 juill. 1881, D. P. 82. 4. 40). Ne tombent pas non plus en communauté les pensions constituées à titre d'aliments, lorsqu'elles sont dues en vertu de la parenté ou de l'alliance (Civ. 205 et s.), et même, suivant une opinion, quand elles résultent d'un acte de libéralité.

14. De même que les rentes viagères appartenant à l'un des époux avant le mariage, et à plus forte raison, les rentes qui seraient créées pendant le mariage avec les deniers de la communauté ou autrement, sur la tête, soit des deux époux, soit de l'un d'eux, font partie de la communauté ; elles doivent donc être comprises dans la masse des biens partageables lors de la dissolution de la communauté, et les arrérages se partagent entre le survivant titulaire de la rente et les ayants cause du conjoint prédécédé. — Il en est autrement, d'après l'opinion qui a prévalu, si la rente viagère ainsi constituée a été stipulée reversible sur la tête du survivant ; mais ce dernier ne peut bénéficier de la reute viagère acquise avec les biens de la communauté qu'à charge de récompense pour le profit personnel qui lui est ainsi procuré. Le montant de la récompense doit être équivalent à la valeur de la rente au jour de la dissolution. La rente est servie par une compagnie d'assurances, on admet généralement que la récompense sera égale à sa valeur estimative à cette époque, calculée d'après le tarif de la compagnie qui sert la rente. D'après un autre système, la récompense serait égale à la somme versée à la compagnie d'assurance pour prix de la reversibilité, calculée à l'époque du contrat, et non à la date du décès du prémourant (Paris, 6 nov. 1903, D. P. 1904. 1. 177) (Comp. *infrà,* n° 119). Si la rente est servie par un particulier, on prendra pour base la somme payée originairement pour sa constitution, en tenant compte de l'âge de l'époux survivant. — Sur la question de savoir si le bénéfice d'une assurance sur la vie contractée par l'un des époux pendant le mariage tombe en communauté, V. *suprà, Assurances,* nᵒˢ 164 et s.

15. Le mobilier qui échoit aux époux pendant le mariage, à titre de succession ou de donation, entre dans la communauté. Il en est de même du mobilier qui provient aux époux ou à l'un d'eux du partage d'une communauté ou d'une société. — Si la succession est composée en partie de meubles et en partie d'immeubles, c'est le résultat du partage qui, suivant l'opinion dominante, détermine le droit de la communauté ; en vertu de la fiction établie par l'art. 883 c. civ., ce droit portera sur les meubles qui seront mis dans le lot de l'époux auquel la succession est échue, sans qu'il y ait à tenir compte de la quotité du droit qui appartient à cet époux dans le mobilier héréditaire lors de l'ouverture de la succession (Req. 11 avr. 1902, D. P. 1903. 1. 465). Mais cette application de l'art. 883 ne doit pas être étendue aux soultes ou retours de lots dus à l'époux héritier pour compenser l'infériorité de son lot en immeubles (même arrêt), ni au prix de licitation des immeubles héréditaires, du moment que ces soultes ou ce prix de licitation ne lui sont pas fournis en valeurs dépendant de l'hérédité. Ces sommes constituent des propres, comme l'auraient été les immeubles dont elles tiennent lieu, et doivent, dès lors, être prélevées par l'époux à la dissolution de la communauté.

16. La propriété littéraire ou artistique tombe dans la communauté, non seulement pour les bénéfices qui en résultent pendant le mariage, mais pour le droit lui-même. — Il en est autrement des manuscrits non publiés, alors même, suivant l'opinion générale, qu'ils auraient été destinés à l'être.

17. La valeur vénale des offices pour lesquels il est permis aux titulaires de présenter un successeur à l'agrément du chef de l'État tombe aussi dans la communauté. — Lorsque le mari était déjà titulaire de son office au moment du mariage, il a pu se le réserver en propre. En pareil cas, la plus-value que l'office peut acquérir pendant le mariage ne tombe dans l'actif de la communauté, alors du moins que cette plus-value provient seulement de l'augmentation de la valeur des offices. Si elle est le résultat de l'industrie et des efforts personnels du mari, c'est à la communauté, d'après quelques arrêts, que cette plus-value devrait profiter. — En cas de destitution du titulaire de l'office marié sous le régime de la communauté, la question de savoir si la somme que son successeur peut être astreint à déposer dans l'intérêt des ayants droit tombe dans l'actif de la communauté a été diversement résolue.

18. Les fonds de commerce ou d'industrie tombent en communauté comme choses mobilières, soit qu'ils aient été acquis pendant le mariage, soit que l'un des époux en ait eu la possession antérieurement.

19. Tous les profits réalisés par le travail de l'un ou l'autre des époux ou par leur collaboration commune entrent dans la communauté. Il en est de même des profits résultant pour eux des effets du hasard, des gains faits au jeu ou à la loterie, etc. — On applique généralement cette solution au trésor découvert dans le fonds propre à l'un des époux, et on décide que ce trésor, qui constitue une valeur distincte du fonds, appartient à la communauté, pour la part que la loi réserve au propriétaire du sol (V. Civ. 716, et *infrà, Propriété*). — Au contraire, les primes de remboursement ou les lots gagnés par l'époux qui possède en propre des obligations remboursables avec prime ou d'autres valeurs à lots, lesquels ne sont qu'un accroissement du capital propre à l'époux, ne tombent pas en communauté.

20. On doit également comprendre dans l'actif de la communauté les dommages-intérêts obtenus par l'un des époux à raison d'un délit dont il a souffert dans sa personne ou dans la personne des siens.

21. Par exception, certains meubles sont exclus de la communauté légale et restent propres à l'un ou à l'autre des époux. Ce sont : 1° Les meubles qui proviennent d'un propre sans être des fruits ; tels sont, dans certains cas, les produits de mines ou de carrières (V. *infrà*, n° 26), les lots et primes de remboursement (V. *supra*, n° 19, *in fine*).

22. 2° Les meubles substitués à des biens propres : toute valeur mobilière qui, durant la communauté, se trouve substituée à un immeuble propre, est propre elle-même. Il en est ainsi, par exemple, du prix de l'immeuble propre à l'un des époux, tant que ce prix n'a pas été versé dans la communauté ; ... de la soulte due à l'un des époux pour moins-value de son lot dans un partage d'immeubles ; ... de l'indemnité due par une compagnie d'assurances en cas de sinistre survenu à l'immeuble propre à l'un des époux pendant le mariage, à la différence du cas où le sinistre se serait produit antérieurement au mariage (V. *supra*, n° 9). Peu importe que les primes payées à la compagnie aient été tirées de la communauté.

23. 3° Les meubles donnés ou légués sous la condition qu'ils n'entreront pas en communauté (Civ. 1401-1°, *in fine*). Il suffit que l'intention du donateur ou du testateur à cet égard résulte, sans équivoque, de la donation ou du testament ; il n'est pas nécessaire qu'elle soit formulée en termes exprès. — Mais, d'après la jurisprudence de la Cour de cassation, dans le cas où l'époux donataire est héritier réservataire du donateur, la condition dont il s'agit est nulle en ce qui concerne la réserve.

24. 4° Certains objets mobiliers qui, en raison de leur nature ou de leur destination, sont réputés purement personnels ; tels sont les souvenirs, papiers ou portraits de famille, armes, décorations. A cette catégorie appartiennent les traitements, pensions, dotations ou retraites que la loi déclare incessibles, etc. (V. *supra*, n° 13). — C'est à l'époux qui prétend qu'un objet mobilier se trouve, pour une des causes exceptionnelles ci-dessus indiquées, par exception, exclu de la communauté, à en faire la preuve. Cette preuve se fait suivant les règles du droit commun. Il ne suffirait pas à l'un des époux, pour se faire attribuer un objet comme propre, de prouver qu'il a été acheté par lui ou en son nom.

§ 2. — *Fruits et revenus* (R. 671 et s. ; S. 215 et s.).

25. La communauté acquiert les fruits comme le fait un usufruitier, c'est-à-dire les fruits civils jour par jour, les fruits naturels ou industriels par la perception (V. *infrà, Usufruit*). Il y a toutefois entre la communauté et l'usufruitier des différences, fondées sur ce que la communauté ne doit pas s'enrichir aux dépens des propres des époux, ni les époux aux dépens de la communauté. Ainsi, tandis que l'usufruitier n'a droit à aucune indemnité pour les coupes ordinaires, soit de bois taillis, soit de futaie, qu'il aurait pu faire pendant sa jouissance, il est dû récompense à la communauté (et non à l'époux non-propriétaire du fonds) pour les coupes qui, pouvant être faites durant la communauté, ne l'auraient pas été (Civ. 1403, § 2). Il y a lieu, d'après l'opinion générale, d'étendre cette solution à toutes les récoltes qui doivent être faites pendant la communauté. — De même, l'époux qui, à la dissolution de la communauté, trouve ses immeubles labourés et ensemencés, doit récompense à la communauté.

26. La communauté a, sur les coupes de bois et les produits des carrières ou des mines, tous les droits qui appartiennent à l'usufruitier (Civ. 1403, § 1er). Il y a donc lieu de lui appliquer, en ce qui concerne les coupes de bois, les règles contenues dans les art. 590 à 594 c. civ. (V. *infrà, Usufruit*). — Relativement aux mines et aux carrières, ce sont également les règles de l'usufruit qui sont applicables. Leurs produits tombent dans la communauté si elles étaient ouvertes ; si, au contraire, l'ouverture a eu lieu pendant le mariage, ils n'y tombent pas, ou du moins n'y tombent que sauf récompense (Civ. 598, 1403, § 3). La communauté a, d'ailleurs, en pareil cas, le droit de retenir le montant des dépenses qu'elle a dû faire pour l'ouverture de la carrière ou de la mine et pour son exploitation ; elle a le droit aussi de se faire indemniser de la perte de fruits qu'elle a subie si, par suite de l'ouverture de la carrière ou de la mine, le fonds n'a plus pu être cultivé.

§ 3. — *Des immeubles* (R. 715 et s. ; S. 224 et s.).

27. Les immeubles qui entrent en communauté sont : 1° Les immeubles acquis à titre onéreux pendant le mariage (acquêts ou conquêts de communauté), que l'acquisition ait été faite par l'un des époux seulement ou par les deux époux conjointement. Peu importe que le prix en ait été payé avec des valeurs propres à l'un ou à l'autre époux ; même en ce cas, l'immeuble acquis est commun, à moins que les conditions exigées pour le remploi (V. *infrà*, n°s 105 et s.) n'aient été observées. Ainsi l'immeuble donné en payement d'une créance propre à l'un des époux tombe en communauté. — L'usufruit qui grevait un propre de l'un des époux et qui a été acquis pendant le mariage entre au contraire en communauté. — Mais on ne devrait pas considérer comme immeubles acquis à titre onéreux pendant le mariage et comme appartenant, par suite, à la communauté, les constructions, si importantes qu'elles fussent, qui auraient été édifiées sur un terrain propre à l'un des époux. En vertu du principe *superficies solo cedit* (Civ. 552), ces constructions deviennent propres à l'époux propriétaire du terrain, qui doit seulement récompense à la communauté pour la plus-value de son immeuble.

28. 2° Les immeubles acquis à titre onéreux par l'un des époux dans l'intervalle compris entre le contrat de mariage et le mariage, à moins que l'acquisition n'ait été faite en vertu d'une clause du contrat de mariage (Civ. 1404-2°). — Les auteurs ne sont pas d'accord sur le point de savoir si, au cas inverse, où l'un des époux aurait converti en argent avant le mariage un immeuble dont il était propriétaire lors du contrat, le capital provenant de l'immeuble aliéné serait rester propre à l'époux vendeur.

29. 3° Les immeubles donnés ou légués aux époux ou à l'un d'eux sous la condition expresse qu'ils appartiendront à la communauté (Civ. 1405) (V. *infrà*, n° 33).

30. En principe, les immeubles sont réputés acquêts de communauté : c'est à l'époux qui prétend qu'un immeuble lui appartient en propre à en fournir la preuve (Civ. 1402). Cette preuve n'est soumise à aucune règle spéciale.

ART. 2. — DES IMMEUBLES QUI SONT EXCLUS DE LA COMMUNAUTÉ.

31. Les immeubles peuvent être exclus de la communauté et constituer des biens propres à l'un des époux pour cinq causes différentes, savoir : 1° la propriété ou la possession antérieure au mariage ; 2° l'acquisition pendant le mariage à titre de succession ou de donation ; 3° l'acquisition en avancement d'hoirie, en vertu de certains arrangements de famille; 4° l'acquisition à titre d'échange, de remploi ou de subrogation avec un propre; 5° l'acquisition d'une part indivise dans un fonds dont une autre part appartient à l'un des époux.

§ 1er. — *Propriété ou possession antérieure au mariage* (R. 737 et s. ; S. 235 et s.).

32. L'immeuble dont l'un des époux est propriétaire au moment du mariage lui reste propre. Peu importe qu'il n'en ait pas encore la possession, comme dans le cas où l'immeuble, ayant été acheté par lui, ne lui a pas encore été livré. — Il n'est, d'ailleurs, pas nécessaire que l'acquisition soit définitive le jour du mariage; il suffit que le titre ou la cause en vertu de laquelle l'époux se trouvera propriétaire soit antérieur. C'est ainsi que l'immeuble acheté sous condition suspensive, ou aliéné sous condition résolutoire, sera propre, bien que la condition ne se réalise qu'après le mariage. De même l'immeuble, aliéné avant le mariage, qui rentre dans le patrimoine d'un des époux par l'effet d'une action en nullité, en rescision, en révocation, ou même, bien qu'on l'ait contesté, en résolution de vente pour défaut de payement du prix, exercée pendant le mariage, reste propre à cet époux.

33. L'époux auquel un immeuble est donné par contrat de mariage en étant propriétaire avant le mariage, cet immeuble lui est propre. Si l'immeuble est donné aux deux époux conjointement, il sera propre à chacun d'eux. Toutefois, si la donation était faite par un ascendant de l'un des époux, ou par une personne dont l'un des époux est l'héritier présomptif, il y aurait lieu, en général, malgré les termes du contrat, de présumer que l'intention du donateur a été de gratifier son descendant ou son héritier, et de considérer l'immeuble comme propre à ce dernier.

34. Sont également propres les immeubles dont un époux avait la *possession légale* antérieurement au mariage. La possession légale est celle qui réunit les caractères requis par la loi pour servir de base à la prescription ; c'est donc une possession à titre de propriété, paisible, publique, non équivoque et non interrompue (Civ. 2229) (V. *infrà, Prescription*). — Il n'est pas nécessaire que la possession de l'époux remonte à plus d'une année avant le mariage. La prescription accomplie avant le mariage, ou même après sa dissolution, a un effet rétroactif au jour où la possession a commencé; dès lors, l'immeuble acquis par ce moyen est propre à l'époux qui le possédait déjà avant le mariage.

35. Les époux conservent comme propres, avec les immeubles dont ils avaient la propriété ou la possession lors du mariage, tous les accessoires de ces immeubles. Ainsi les constructions qui sont édifiées sur le sol de l'immeuble de l'un des époux sont propres à celui-ci (V. *suprà*, n° 22). Ainsi encore l'alluvion qui se forme le long d'un immeuble propre devient propre comme l'héritage auquel elle s'incorpore, et il en est de même de tous autres accroissements immobiliers. — Mais on ne peut considérer comme l'accessoire d'un immeuble propre que ce qui est uni réellement à cet immeuble. Si, par exemple, pendant le mariage, les époux achètent un bâtiment contigu à la maison propre à l'un d'eux et réunissent les deux édifices, pour les habiter ou les louer ensemble, l'immeuble ainsi acquis n'est pas un propre, mais un conquêt de communauté.

§ 2. — *Succession ou donation* (R. 766 et s.; S. 242 et s.).

36. Les immeubles échus par succession à l'un des époux pendant le mariage lui restent propres. Il en est ainsi de ceux que

l'époux recueille par l'effet du retour légal (Civ. 747); ... ou par l'exercice du retrait successoral (Civ. 841), sauf récompense à la communauté si elle a fourni le prix du retrait. — Lorsque la succession est en partie mobilière, en partie immobilière, il n'y a à tenir compte que des résultats du partage (V. *suprà*, n° 15).

37. Les immeubles provenant de donations faites à l'un des époux sous quelque forme que ce soit ne tombent pas en communauté, mais appartiennent au donataire seul (Civ. 1405). Il en est de même des immeubles légués. — Il y a controverse sur le point de savoir si les immeubles donnés ou légués aux deux époux conjointement sont propres à chacun d'eux pour moitié ou deviennent conquêts de communauté (V. en ce dernier sens : Chambéry, 3 avr. 1901, D. P. 1908. 2. 54).

38. La règle d'après laquelle les immeubles donnés ou légués restent propres au donataire ou au légataire souffre exception lorsque le contraire a été expressément stipulé par le donateur ou le testateur. — Cette clause ne serait pas valable en tant que les immeubles donnés ou légués feraient partie de la quotité réservée au donataire ou au légataire dans la succession du disposant (Comp. *suprà*, n° 23, *in fine*).

39. La donation d'immeubles faite à la femme peut être subordonnée à la condition que le mari n'en aura pas l'administration et que la femme pourra toucher les revenus sur ses seules quittances. Si toutefois la femme était héritière réservataire du donateur, la condition dont il s'agit ne serait valable que jusqu'à concurrence de la quotité disponible du disposant.

§ 3. — *Arrangements de famille faits en avancement d'hoirie* (R. 792 et s.; S. 251 et s.).

40. L'immeuble cédé à l'un des époux par son ascendant, en payement de ce que celui-ci lui doit, ou à charge d'acquitter les dettes de cet ascendant envers des tiers, reste propre à l'époux cessionnaire, bien qu'il soit acquis à titre onéreux, sauf récompense envers la communauté (Civ. 1406). — Cette disposition est exceptionnelle et ne doit pas être étendue en dehors de l'hypothèse qu'elle prévoit expressément. Ainsi, en cas de cession faite dans les mêmes conditions par un collatéral, l'immeuble cédé deviendrait un conquêt. Mais l'art. 1406 est applicable alors même que le descendant n'est pas l'héritier présomptif du cédant.

§ 4. — *Échange ou subrogation* (R. 802 et s.; S. 254 et s.).

41. L'immeuble acquis en échange d'un propre n'entre pas en communauté; il est subrogé aux lieu et place du propre aliéné. Les conditions prescrites en matière de remploi (déclaration du mari, acceptation de la femme, si l'acquisition a lieu à son profit : V. *infrà*, n°s 105, 106), ne sont pas exigées ici. — En principe, l'immeuble acquis en échange est propre en totalité bien qu'une soulte ait été stipulée pour l'excédent de valeur; il y a lieu seulement à récompense au profit de la communauté qui aura payé cette soulte. Suivant une opinion, la règle conserverait son application même au cas où la soulte serait considérable et où elle excéderait la valeur de l'immeuble aliéné. Suivant un autre système, l'immeuble acquis devrait être considéré comme propre jusqu'à concurrence seulement de la valeur du propre cédé, et comme conquêt pour le surplus, à concurrence de la valeur de la soulte. La jurisprudence n'a pas résolu formellement la question.

42. La règle édictée pour le cas d'échange d'un immeuble propre contre un autre immeuble s'applique également au cas où la

valeur acquise en contre-échange est un meuble déterminé, une créance, une rente viagère. Cette valeur appartient en propre à l'époux qui était propriétaire de l'immeuble échangé.

§ 5. — *Réunion à un propre d'une part indivise du même fonds* (R. 811 et s.; S. 259 et s.).

43. Deux hypothèses distinctes sont prévues par l'art. 1408 : 1° celle où il est fait acquisition pendant le mariage d'une part indivise d'un immeuble dont l'un des époux était copropriétaire pour partie; 2° celle où le mari acquiert en son nom personnel un immeuble dont la femme est propriétaire par indivis. — D'après l'opinion générale, l'art. 1408, dans ses deux dispositions, est applicable non seulement sous le régime légal ou conventionnel, mais encore sous les autres régimes, et notamment sous le régime dotal.

44. *Première hypothèse* (Civ. 1408, § 1er). — Lorsque, l'un des époux étant propriétaire par indivis d'un immeuble, une autre part indivise de cet immeuble est acquise à titre onéreux pendant le mariage, cette part ne forme pas un conquêt, mais devient propre à l'époux copropriétaire, sauf l'indemnité due à la communauté à raison de la somme qu'elle aura payée pour cette acquisition. — Peu importe que l'acquisition soit faite par ce dernier seul ou par les deux époux conjointement. Mais la règle dont il s'agit est étrangère au cas où l'époux non copropriétaire s'est porté seul acquéreur. En pareil cas, il y a lieu de distinguer suivant que cet époux est la femme ou le mari : si c'est la femme qui acquiert seule (autorisée du mari ou de justice) la part indivise d'un immeuble dont le mari est copropriétaire, cette part rentre dans la communauté suivant la règle générale (Civ. 1401-3°; Pau, 9 déc. 1889). Si l'on suppose, à l'inverse, que le mari acquiert seul la part du copropriétaire de la femme, c'est la seconde des deux hypothèses prévues par l'art. 1408 (V. *infrà*, n° 47).

45. La disposition de l'art. 1408, § 1er, ne s'applique qu'autant que l'indivision subsiste encore au moment où l'acquisition est faite; il ne suffirait pas que l'immeuble fût resté l'objet d'une jouissance indivise entre l'époux et les autres copropriétaires, si la propriété en avait été partagée avant l'acquisition. — D'après la doctrine qui a prévalu en jurisprudence, il n'est pas nécessaire que l'indivision ait cessé totalement; l'art. 1408, § 1er, serait applicable alors même que l'acquisition n'aurait eu pour résultat que d'accroître la part de l'époux propriétaire par indivis.

46. Il n'y a pas à distinguer suivant le mode et le titre de l'acquisition : peu importe que celle-ci résulte d'une vente, d'une licitation ou d'une transaction ou, suivant l'opinion générale, qu'elle ait eu lieu sur expropriation forcée. — La règle de l'art. 1408, § 1er, s'applique encore au cas où l'acquisition porte, non pas sur un ou plusieurs immeubles déterminés, mais sur les droits successifs, mobiliers et immobiliers, des cohéritiers de l'un des conjoints. En ce cas, si les droits mobiliers et immobiliers ont été acquis pour un prix unique, la récompense qui sera due à la communauté sera déterminée d'après une ventilation.

47. *Deuxième hypothèse* (Civ. 1408, § 2). — Lorsque le mari acquiert en son nom personnel une part indivise de la totalité d'un immeuble dont la femme est copropriétaire, la femme a le choix, lors de la dissolution de la communauté, ou d'abandonner l'*effet* à la communauté ou de retirer l'immeuble; en d'autres termes, d'exercer le *retrait d'indivision*. — La jurisprudence n'est pas fixée sur le point de savoir si le droit d'option dont il s'agit existe non seulement dans le cas où le mari s'est rendu acquéreur d'une part indivise d'un immeuble déterminé, mais aussi lorsque l'acquisition par lui faite porte sur des droits éventuels et indéterminés, tels que la part d'un cohéritier de la femme dans une succession en partie mobilière et en partie immobilière ; la question a été résolue négativement par un arrêt de la Cour de cassation (Req. 25 juill. 1844, R. p. 188), mais en sens contraire par des décisions de Cours d'appel plus récentes (V. notamment : Montpellier, 5 avr. 1870, D. P. 70. 2. 226). — Comp. ce qui est dit sur le même sujet à l'occasion de l'art. 1408, § 1er, *suprà*, n° 46.

48. Pour que la disposition de l'art. 1408, § 2, soit applicable, il faut que l'acquisition ait eu lieu *à titre onéreux*. Peu importe, d'ailleurs, qu'elle ait été faite par acte volontaire ou par adjudication. Il faut, en outre, que le mari ait fait l'acquisition seul et en son nom personnel ; il n'y aurait pas lieu à l'option si le mari avait acheté l'immeuble au nom de sa femme, avec le concours de celle-ci ou en vertu d'un mandat qu'elle lui aurait donné, ni dans le cas où la femme aurait acheté personnellement avec l'autorisation de son mari : l'immeuble lui serait alors acquis définitivement dès le jour de l'achat, et elle ne pourrait le laisser à la communauté. — Si le mari avait acheté l'immeuble au nom de la femme, par un mandat de celle-ci et sans son concours dans l'acte, la femme conserverait son droit d'option.

49. Le droit d'option conféré à la femme par l'art. 1408, § 2, passe après sa mort à ses héritiers ; mais, suivant la Cour de cassation, c'est un droit personnel qui ne peut être exercé par les créanciers de la femme (V. aussi : Trib. civ. de Lyon, 26 avr. 1893, D. P. 98. 1. 68). — L'option doit se faire lors de la dissolution de la communauté ; jusqu'à cette époque, la femme ne peut être contrainte à prendre parti, et même, d'après la jurisprudence, il lui est interdit de le faire : toute déclaration antérieure étant prématurée et, par suite, inefficace (Rennes, 9 févr. 1891, D. P. 91. 2. 174).

50. L'exercice du droit d'option n'est assujetti à aucune forme spéciale ; il suffit que la volonté de la femme se manifeste d'une façon non équivoque. L'option doit avoir lieu dans un délai de trente ans à partir de la dissolution de la communauté. Si ce délai s'écoulait sans que l'option eût été faite, la portion acquise par le mari appartiendrait à la femme à titre définitif.

51. Quant aux effets de l'option, si la femme opte *pour l'abandon de l'immeuble* à la communauté, deux cas sont à distinguer : ou le mari s'est rendu adjudicataire de tout l'immeuble, y compris la portion indivise de la femme, et alors l'immeuble entier appartiendra à la communauté, à charge par elle de tenir compte à la femme de la part revenant à celle-ci dans le prix ; ou l'acquisition du mari n'a porté que sur une ou plusieurs portions de l'immeuble autres que celles de la femme, et dans ce cas, celle-ci gardera la part qui lui appartient en propre, sans pouvoir ni contraindre son mari à l'acquérir, ni être forcée de la lui céder.

52. L'option de la femme *pour le retrait* a un effet rétroactif ; elle fait donc tomber les aliénations et les hypothèques qui ont pu être consenties sur l'immeuble par le mari durant la communauté. Toutefois, la femme ne pourrait plus exercer le retrait au préjudice des tiers au profit desquels le mari aurait aliéné l'immeuble ou consenti une hypothèque, si elle avait concouru à l'aliénation ou à la constitution de l'hypothèque. — Au reste, malgré l'effet rétroactif attaché à son option pour le retrait, la femme ne prend pas la place du mari à l'égard des

tiers dont il a acquis les parts indivises, et ne devient pas personnellement débitrice envers eux du prix de l'acquisition.

ART. 3. — DU PASSIF DE LA COMMUNAUTÉ.

53. D'une façon générale, le passif de la communauté comprend : 1° les dettes mobilières des époux antérieures au mariage ; 2° les dettes des successions et donations mobilières échues aux époux pendant le mariage ; 3° les dettes contractées pendant le mariage, soit par les deux époux, soit par le mari seul, soit par la femme avec le consentement du mari ; 4° les arrérages et intérêts des rentes et dettes passives, personnelles aux époux ; 5° les réparations usufructuaires de leurs immeubles personnels ; 6° enfin, les aliments des époux, les dépenses d'entretien et d'éducation des enfants et toutes autres charges du mariage. — La communauté ne supporte pas définitivement toutes les dettes comprises dans son passif ; il en est qui, personnelles à l'un des époux, ne sont payées par elle que sauf recours ou récompense.

§ 1er. — *Dettes des époux antérieures au mariage* (R. 863 et s. ; S. 287 et s.).

54. Les dettes mobilières des époux antérieures au mariage sont à la charge de la communauté (Civ. 1409-1°), ... sans qu'il y ait à faire aucune distinction suivant le plus ou moins de valeur des apports mobiliers des époux, et quelle que soit l'inégalité qui puisse en résulter entre eux.

55. On doit considérer comme mobilières, et faisant partie, à ce titre, du passif de la communauté, toutes les dettes qui ont pour objet direct le payement d'une somme d'argent ou de quelque autre chose de nature mobilière, ou encore l'accomplissement d'un fait quelconque, et même, suivant l'opinion générale, la construction d'une maison. — L'obligation de garantie incombant à l'époux vendeur d'un immeuble est mobilière et, par suite, à la charge de la communauté. Au contraire, l'obligation de délivrance est immobilière, alors du moins qu'elle a pour objet un immeuble indéterminé, par exemple, tant d'hectares à prendre dans un terrain appartenant au vendeur. — L'hypothèque qui garantit la dette ne lui enlève pas son caractère mobilier.

56. La règle d'après laquelle les dettes mobilières des époux antérieures au mariage sont à la charge de la communauté souffre exception en ce qui concerne les dettes *relatives à des immeubles propres à l'un ou à l'autre des époux* (Civ. 1409-1°, in fine). La communauté est tenue d'acquitter ces dettes, mais elle n'en effectue le payement que sauf la récompense qui lui est due par l'époux débiteur. Les dettes dont il s'agit sont, notamment, celles du prix d'un immeuble que l'un des époux avait acquis avant le mariage, celle de la soulte d'un partage effectué avant le mariage, et par lequel des immeubles lui avaient été attribués, ... mais non les dettes incombant à l'un des époux par l'effet d'une succession même purement immobilière qu'il aurait recueillie avant le mariage ; la dette dont l'un des époux était tenu, non pas personnellement, mais comme détenteur d'un immeuble grevé d'hypothèque qu'il avait acquis antérieurement au mariage. La communauté n'a d'ailleurs droit à récompense qu'autant que l'immeuble auquel se réfère la dette existait encore dans son patrimoine lors du mariage ; si, par exemple, l'époux avait revendu avant cette époque l'immeuble dont il devait encore le prix d'acquisition, le payement de ce prix resterait à la charge de la communauté. — Si l'immeuble de l'un des époux avait été acquis moyennant une rente viagère, il serait dû récompense des arrérages payés par la communauté, mais en tant seulement

qu'ils excéderaient les revenus de l'immeuble.

57. En ce qui concerne les dettes de la femme, la communauté n'en est tenue qu'autant qu'elles résultent d'un acte authentique antérieur au mariage, ou que l'acte sous-seing privé qui les constate a reçu, avant le mariage, date certaine par l'enregistrement ou de toute autre manière (Civ. 1410, 1328). — Par application des principes généraux sur la preuve, la date certaine n'est pas exigée : 1° à l'égard des dettes pour lesquelles il n'est pas possible de se procurer une preuve littérale, telles que les obligations résultant d'un quasi-contrat, d'un délit ou d'un quasi-délit ; 2° pour celles qui, n'excédant pas 150 francs, peuvent être prouvées autrement que par écrit ; 3° pour les dettes commerciales. Dans ces divers cas, il suffira d'établir d'une manière quelconque, par témoins notamment, que la dette est antérieure au mariage.

58. Lorsqu'une dette de la femme n'a point date certaine avant le mariage, le créancier ne peut en poursuivre le payement que sur la nue-propriété des biens personnels de la femme (Civ. 1410). — Si le mari payait volontairement cette dette, il n'en pourrait demander la récompense ni à la femme, ni à ses héritiers. Toutefois, il pourrait se ménager un recours en faisant des réserves lors du payement, en déclarant, par exemple, dans la quittance, qu'il n'entend pas reconnaître que la date est antérieure au mariage, ou qu'il paye, non comme chef de la communauté, mais comme tiers et pour venir en aide à la femme.

§ 2. — *Dettes des successions ou donations*.

A. — *Dettes des successions considérées dans les rapports des époux avec la communauté* (R. 925 et s. ; S. 304 et s.).

59. Les dettes des successions purement mobilières échues aux époux pendant le mariage sont pour le tout à la charge de la communauté (Civ. 1411), sans distinction entre les dettes mobilières et les dettes immobilières, et quelle que soit l'importance de ces dettes, alors même qu'elles excéderaient l'actif héréditaire. — Au contraire, les dettes grevant les successions purement immobilières ne tombent point dans le passif de la communauté (Civ. 1412, § 1er). — Enfin, lorsque la succession est en partie mobilière et en partie immobilière, la charge des dettes doit être grevée se répartir entre la communauté et l'époux qui a recueilli cette succession, proportionnellement à la valeur comparée du mobilier et des immeubles (Civ. 1414, § 1er). Cette valeur comparative s'établit au moyen d'un inventaire auquel le mari est tenu de faire procéder soit de son chef, pour les successions qu'il recueille, soit comme administrateur des biens de sa femme pour les successions recueillies par celle-ci. Cette obligation existe pour le mari même lorsque la succession a été acceptée avec l'autorisation de justice (Civ. 1414, § 2). — Le mari doit, en outre, faire dresser un état des immeubles avec estimation de leur valeur.

60. A défaut d'inventaire, la femme ou ses héritiers sont admis, lors de la dissolution de la communauté, à faire preuve de la consistance et de la valeur du mobilier non inventorié, tant par titres et papiers domestiques que par ___, et, au besoin, par la commune ren___ ___, pour déterminer par voie de conséquence la part contributoire de la communauté dans les dettes de la succession (Sur ce qu'on entend par ce mode de preuve, V. *infrà*, Preuve ; Comp. Civ. 1442, 1504). — La femme pourrait employer ces modes de preuve dans le cas même où un inventaire aurait été fait, à l'effet d'établir qu'il est défectueux et incomplet. — Le mari n'est jamais recevable à faire la preuve par commune renommée (Civ. 1415, § 2); la preuve par témoins lui est même interdite; à défaut d'inventaire, il ne peut prouver la consistance des successions échues soit à lui, soit à la femme, que par des actes opposables à celle-ci (Comp. Civ. 1504). — Les héritiers du mari sont, à cet égard, dans la même situation que leur auteur.

B. — Dettes des successions envisagées dans les rapports des époux et de la communauté avec les créanciers (R. 950 et s.; S. 312 et s.).

60. Les créanciers d'une succession échue au mari, qu'elle soit purement mobilière, purement immobilière ou en partie mobilière et en partie immobilière, peuvent agir dans tous les cas tant sur les biens de la communauté que sur les biens propres de l'héritier (Civ. 1442). — En ce qui concerne les successions échues à la femme, il y a lieu de distinguer. Si la femme a accepté la succession sur l'autorisation du mari, les créanciers ont action tant sur les biens de la femme que sur ceux de la communauté et même sur ceux du mari, à l'exception du cas où la succession est purement immobilière; ils ne peuvent alors exercer leurs poursuites que sur la pleine propriété des biens personnels de la femme, et cela seulement en cas d'insuffisance des biens de la succession. — Si la femme n'a accepté qu'avec autorisation de justice, les créanciers n'ont action, en principe, que sur les biens provenant de la succession, et, en cas d'insuffisance, sur la nue-propriété des autres biens de la femme. Il n'en est ainsi, toutefois, dans le cas d'une succession composée de meubles, en totalité ou en partie, qu'autant qu'il a été fait inventaire du mobilier héréditaire. Si le mari a négligé cette formalité, les créanciers peuvent exercer leurs poursuites sur les biens de la communauté et même sur ceux du mari.

C. — Dettes dépendantes de donations (R. 960 et s.; S. 316 et s.).

62. Les règles concernant le passif des successions s'appliquent en tous points aux dettes qui peuvent grever les donations ou les legs faits à l'un ou à l'autre des époux.

§ 3. — Dettes contractées par les époux pendant le mariage.

A. — Dettes contractées par le mari (R. 964 et s.; S. 318 et s.).

63. Les dettes contractées par le mari pendant la communauté sont à la charge de celle-ci, quelle qu'en soit la cause, qu'elles résultent d'un contrat, d'un quasi-contrat, d'un quasi-délit ou même d'un délit (Civ. 1409-2°). Seulement le mari doit récompense à la communauté pour les dettes qu'il a contractées dans son intérêt propre et dont il a tiré un profit personnel. La communauté est, d'ailleurs, tenue des dettes du mari encore qu'elles n'aient pas acquis date certaine avant sa dissolution, sauf à la femme ou à ses héritiers à prouver l'antidate. Jusqu'à preuve contraire, les dettes contractées par le mari pendant la communauté sont présumées l'avoir été dans l'intérêt de celle-ci (Req. 22 oct. 1902, D. P. 1902. 1. 515).

64. La communauté est même tenue de payer les amendes encourues par le mari pour crime ou pour toute autre infraction de droit criminel; mais il lui est dû récompense de ce chef par le mari (Civ. 1424). Au contraire, le mari ne doit pas récompense, d'après la Cour de cassation, pour les réparations civiles auxquelles il a été condamné à raison d'un crime ou d'un délit, ni pour les dépens de l'instance criminelle ou civile à la suite de laquelle est intervenue sa condamnation (Civ. c. 9 déc. 1874, D. P. 75. 1. 518).

B. — Dettes contractées par la femme (R. 982 et s.; S. 323 et s.).

65. 1° *Femme autorisée du mari* (R. 995 et s.; S. 324 et s.). — Les dettes contractées par la femme avec l'autorisation du mari sont à la charge de la communauté (Civ. 1409-2°), et elles peuvent être poursuivies tant sur les biens communs que sur ceux de la femme et sur ceux du mari. Les deux époux sont tenus *solidairement* au payement de ces dettes; il en résulte, notamment, que les actes interruptifs de la prescription, tels que les commandements, notifiés à la femme, produisent leur effet à l'égard du mari ou de ses héritiers (Civ. 1206; Civ. r. 16 juill. 1902, D. P. 1903. 1. 401). Au reste, si la dette a été contractée exclusivement dans l'intérêt de la femme, celle-ci devra récompense à la communauté (Civ. 1409-2° *in fine*, et 1419).

66. La règle que les obligations contractées par la femme autorisée du mari obligent la communauté et le mari, comporte deux exceptions : la première est relative aux successions purement immobilières échues à la femme (V. *supra*, n° 61). — La seconde exception a lieu lorsque le mari autorise la femme à aliéner un de ses immeubles; dans ce cas, à moins que le mari se soit obligé d'une manière expresse, il n'est pas tenu, non plus que la communauté, de l'obligation de garantie (Civ. 1432, sol. impl.).

67. 2° *Femme mandataire du mari* (R. 1002 et s.; S. 329 et s.). — La femme peut agir comme mandataire du mari, et les dettes qu'elle contracte en cette qualité ne l'obligent pas elle-même; mais elles obligent le mari et la communauté (Civ. 1420). — Quand elle agit ainsi, la femme, restant soumise à l'autorité maritale, n'est pas responsable vis-à-vis du mari comme le serait un mandataire ordinaire, mais seulement en cas de dol ou de fraude. Elle n'est pas non plus assujettie à l'obligation de rendre compte.

68. Le mandat de la femme peut n'être que tacite; le mari est présumé le lui avoir conféré pour tout ce qui concerne le ménage. Les dettes résultant des marchés qu'elle contracte pour les besoins de la vie commune, des fournitures qui lui sont faites, sont alors à la charge du mari et de la communauté suivant la règle posée ci-dessus, et la femme elle-même n'en est pas tenue. Il en serait autrement, toutefois, s'il était établi que les créanciers ont exigé son engagement personnel. La femme pourrait aussi, en cas d'insolvabilité du mari, être poursuivie jusqu'à concurrence du profit qu'elle a tiré personnellement des dépenses faites.

69. Le mari peut faire cesser le mandat qu'il a donné à la femme. Le moyen le plus sûr à cet effet est de signifier aux fournisseurs individuellement une sommation de ne plus rien vendre à la femme. Le mari peut aussi recourir à des insertions dans les journaux; mais ce mode d'avertissement est d'une efficacité plus douteuse, les fournisseurs pouvant prétendre qu'ils n'ont pas eu connaissance de l'avertissement ou ont traité dans l'ignorance de la révocation du mandat. — Lorsque le mari a ainsi retiré à la femme son mandat, il cesse d'être tenu de toutes les dépenses excédant les besoins communs; mais les dépenses nécessaires ou même simplement utiles faites postérieurement, et dont le ménage a tiré profit, n'en doivent pas moins rester à la charge de la communauté et du mari, les fournisseurs ayant de ce chef, à défaut de l'action résultant du mandat conféré à la femme, une action de gestion d'affaires, ou tout au moins une action *de in rem verso*.

70. La cessation légale de la vie commune résultant de la séparation de corps met fin au mandat tacite émané du mari. Cet effet se produit même dès le début de l'instance,

en vertu de l'ordonnance de non-conciliation rendue par le président du tribunal civil (Paris, 17 juin 1889, D. P. 1900. 2. 105). — La simple séparation de fait entraine, en principe, la même conséquence; il y a lieu, toutefois, d'observer certaines distinctions. La séparation peut être due à la volonté d'un seul des époux : en ce cas, si c'est le mari qui a abandonné la femme ou refuse de la recevoir, la femme continue à être réputée mandataire; si c'est la femme qui a quitté le domicile conjugal, le mandat est considéré comme révoqué. — Au cas de séparation résultant de l'accord des deux époux, si le mari a gardé tous les revenus communs, celle-ci conserve le pouvoir de l'obliger par ses propres dépenses; il en est de même si le mari a créé une situation confuse ayant aux yeux des tiers les apparences de la vie commune. Mais le mandat tacite de la femme prend fin lorsque l'état de séparation est notoire et que le mari assure à la femme des ressources suffisantes.

71. 3° *Femme commerçante* (R. 1028 et s.; S. 340 et s.). — La femme qui exerce le commerce *séparément* avec le consentement ou tout au moins au vu et au su de son mari, s'oblige personnellement et oblige en même temps la communauté et le mari par les engagements qu'elle contracte pour le fait de son négoce (Civ. 1426; Comp. Civ. 220, Com. 5 et 7; V. aussi *supra*, *Commerçant*, n° 25).

72. 4° *Femme obligée solidairement avec son mari* (R. 1051 et s.; S. 343 et s.). — La femme qui s'est obligée solidairement avec son mari, *pour les affaires de la communauté ou du mari*, n'est répétable, vis-à-vis de ce dernier ou de la communauté, s'être obligée que comme caution; elle doit, par suite, être indemnisée de l'obligation tombée à sa charge (Civ. 1431). Si l'obligation a été contractée, non pour les affaires du mari ou de la communauté, mais dans l'intérêt exclusif de la femme, ou en partie dans son intérêt personnel et en partie dans l'intérêt du mari, la femme n'a droit à aucune indemnité, ou elle ne doit être indemnisée que pour partie. C'est au mari à prouver que l'obligation a été contractée en tout ou en partie dans l'intérêt personnel de la femme; la présomption étant que l'opération a lieu dans l'intérêt de la communauté, à défaut de cette preuve, la femme a un recours pour la totalité de la dette payée par elle. — La femme n'est répétable caution qu'à l'égard du mari; vis-à-vis de tous autres, notamment du créancier, elle est débitrice solidaire au même titre que le mari. Il en résulte, notamment, que la femme ne saurait pas admise à invoquer, à l'encontre du créancier, le bénéfice de l'art. 2037 c. civ. (V. *supra*, *Cautionnement*, n°s 39 et s.). — Si les époux, au lieu de s'engager solidairement, se sont seulement obligés conjointement, la femme pourra être poursuivie par le créancier pour la moitié de la dette; la femme sera encore réputée caution, et elle aura un recours pour la moitié qu'elle aura payée.

73. 5° *Femme autorisée par justice* (R. 1067 et s.; S. 351 et s.). — Les actes faits par la femme sans le consentement du mari, et même avec l'autorisation de justice, n'engagent pas la communauté (Civ. 1426). Cette règle s'applique aux actions judiciaires; ainsi, lorsque la femme, sur le refus du mari, s'est fait autoriser par la justice à suivre un procès, les condamnations prononcées contre elle ne doivent être supportées ni par le mari, ni par la communauté. — Exceptionnellement, les engagements contractés par la femme avec la seule autorisation de justice obligent la communauté et le mari lorsqu'ils ont pour objet : 1° de tirer le mari de prison, c'est-à-dire de le libérer de la contrainte par corps (Sur les cas où cette voie d'exécution existe encore dans la législation actuelle, V. *infrà*, *Contrainte par corps*); 2° de pourvoir à l'établissement des enfants et descendants issus du mariage existant (non des enfants que la femme aurait eus d'un précédent mariage) en cas d'absence du mari, ce qui doit s'entendre même d'une simple absence de fait.

74. 6° *Dettes résultant de délits ou de quasi-délits* (R. 986; S. 323). — Les amendes encourues par la femme ne peuvent s'exécuter que sur la nue-propriété de ses biens personnels, jamais sur la communauté (Civ. 1424). La même règle doit être étendue aux réparations civiles auxquelles la femme est condamnée par suite d'un délit commis par elle. Cependant, dans certaines matières spéciales (délits ruraux, délits de pêche, délits forestiers, contraventions en matière de contributions indirectes, etc.), le mari est déclaré responsable des infractions commises par la femme. — Quant aux dommages résultant de quasi-délits (négligence, imprudence, etc.), le mari n'en est pas responsable du chef de la femme, à moins qu'ils n'aient été causés par celle-ci dans une fonction à laquelle il l'avait préposée.

§ 4. — *Intérêts et arrérages* (R. 1095 et s.; S. 364).

75. La communauté supporte les intérêts et arrérages des rentes et capitaux dus par les époux (Civ. 1409-3°). C'est là une charge de l'usufruit.

§ 5. — *Réparations usufructuaires* (R. 1098 et s.; S. 365 et s.).

76. Ce sont les réparations d'entretien des immeubles propres. Elles sont à la charge de la communauté (Civ. 1409-4°). Il faut y ajouter les charges annuelles de l'héritage (Civ. 608), telles que les contributions ou autres dépenses qui, dans l'usage, sont censées charges des fruits. — Quant aux grosses réparations, la communauté en est tenue si elles sont une conséquence du défaut d'entretien (Civ. 608).

§ 6. — *Aliments; éducation, entretien des enfants et autres charges du mariage* (Civ. 1409-5°) (R. 1104 et s.; S. 369 et s.).

77. Les aliments des époux sont à la charge de la communauté, et cela, même quand ils sont séparés de fait. — La communauté est tenue de pourvoir à l'entretien et à l'éducation tant des enfants communs que des enfants issus d'un précédent mariage de l'un ou l'autre des époux et des enfants naturels reconnus par l'un d'eux avant le mariage, mais non de ceux dont la reconnaissance volontaire, ou même, d'après la jurisprudence de la Cour de cassation, la reconnaissance judiciaire (Civ. c. 16 déc. 1861, D. P. 62. 1. 39), serait postérieure au mariage. — Les autres charges du mariage comprennent, notamment, les aliments dus en vertu de la loi, notamment à des ascendants, les frais de maladie de l'un des conjoints, etc.

ART. 4. — ADMINISTRATION DE LA COMMUNAUTÉ.

§ 1ᵉʳ. — *De l'administration du mari en général* (R. 1111 et s.; S. 376 et s.).

78. L'administration de la communauté appartient exclusivement au mari (Civ. 1421, § 1ᵉʳ). C'est là une règle d'ordre public à laquelle il n'est pas permis de déroger par contrat de mariage (V. *infrà*, *Contrat de mariage*). Ses pouvoirs ne sont, d'ailleurs, pas restreints aux actes d'administration, tels que baux, réception et placement de capitaux, etc.; ils s'étendent, sauf certaines restrictions, aux actes de disposition (V. *infrà*, nᵒˢ 80 et s., 83 et s.). — La femme ne participe en aucune façon à l'administration de la communauté, bien qu'elle ait,

même pendant le mariage, un droit de propriété sur les biens communs.

79. En cas d'interdiction du mari, l'administration de la communauté passe à son tuteur, mais dans les limites seulement des pouvoirs d'un tuteur, qui sont beaucoup moins étendus que ceux du mari. Pour les actes que le tuteur ne peut faire seul, le conseil de famille, et, en certains cas, la justice, doit intervenir pour les autoriser.

— Le mari pourvu d'un conseil judiciaire a besoin de l'assistance de ce conseil pour faire, relativement aux biens communs, même comme lorsqu'il s'agit de ses biens propres, les actes énumérés dans les art. 499 et 511 c. civ. — La circonstance que la femme est interdite ou pourvue d'un conseil judiciaire ne modifie en aucune façon les pouvoirs du mari comme administrateur de la communauté.

§ 2. — *Aliénations à titre onéreux* (R. 1127 et s.; S. 381 et s.).

80. Le mari peut, sans le concours de la femme, aliéner à titre onéreux, par vente ou autrement, et hypothéquer les biens de la communauté (Civ. 1421, § 2). — Il est libre de les aliéner sous telles conditions qu'il lui plaît, même de les vendre avec réserve d'usufruit à son profit, ou moyennant une rente viagère constituée sur sa tête seule ou stipulée reversible en sa faveur. En pareil cas, les produits de l'usufruit ou les arrérages de la rente tomberont dans la communauté tant qu'elle durera. Si la dissolution arrive par la mort du mari, l'usufruit ou la rente s'éteindront. Mais si la communauté se dissout par la séparation de biens ou la mort de la femme, l'usufruit ou la rente, constituant un acquêt de communauté, devra se partager entre le mari et la femme ou ses héritiers (Comp. *suprà*, nᵒ 14).

81. Le mari intente ou suit, comme demandeur ou comme défendeur, toutes les actions judiciaires intéressant la communauté. — Il peut exercer seul : 1° tous les droits et actions concernant les biens communs, en particulier ceux relatifs aux biens tombés dans la communauté ou qui doivent y tomber du chef de la femme; 2° les droits et actions appartenant à la communauté comme usufruitière des biens propres de la femme et ayant pour objet d'assurer ou de conserver l'exercice de l'usufruit auquel ces biens sont soumis au profit de la communauté. Toutefois les tiers auraient intérêt, en ce cas, à provoquer la mise en cause de la femme, afin de rendre opposables à celle-ci les jugements qui interviendraient. — Réciproquement, le mari peut être actionné seul pour toutes les dettes communes, et notamment pour les dettes mobilières de la femme, tombées dans la communauté; mais les créanciers de la femme auraient intérêt, pour obtenir hypothèque sur ses biens, à l'actionner conjointement avec le mari.

82. Bien que le mari ait le droit de disposer librement des biens communs, il est cependant tenu, lors de la dissolution de la communauté, de justifier, s'il en est requis, sinon de l'utilité ou de la légitimité, au moins de la réalité ou de l'importance des actes de disposition qu'il prétend avoir faits. Il devrait donc récompense à raison des sommes qu'il aurait reçues pendant la communauté et dont il ne pourrait justifier l'emploi ou dont il aurait tiré un profit personnel. — D'autre part, le mari ne peut pas détourner les biens de la communauté *en fraude* des droits de la femme (Civ. 1167. Comp. art. 271; Civ. r. 11 nov. 1895, D. P. 96. 1. 44). L'annulation des actes frauduleux peut être poursuivie même contre les tiers avec lesquels ils ont été passés, mais à charge de prouver qu'ils ont été complices de la fraude. — Les actes par lesquels le mari a disposé des biens de la communauté

n'ont, d'ailleurs, pas besoin, pour être opposables à la femme ou à ses héritiers, d'avoir date certaine avant la dissolution de la communauté.

§ 3. — *Aliénations à titre gratuit* (R. 1163 et s.; S. 402 et s.).

83. 1° *Donations entre vifs* (R. 1164 et s.; S. 402 et s.). — En principe, le mari ne peut disposer à titre gratuit ni des immeubles communs, ni de l'universalité ou d'une quotité (par exemple du tiers, du quart) du mobilier. — Toutefois, de pareilles donations sont permises au mari lorsqu'elles ont pour objet l'*établissement des enfants communs*. Il s'agit là non seulement du mariage, mais de tout autre établissement tel que l'acquisition d'un office, d'un fonds de commerce, etc. — En dehors de cette exception, la prohibition est absolue : il est, notamment, interdit au mari de disposer soit d'immeubles, soit de la totalité ou d'une quotité du mobilier de la communauté pour l'établissement d'un enfant que lui aurait d'un premier mariage. De pareils actes de disposition ne lui sont pas permis, même à charge de récompense au profit de la communauté.

84. Le mari peut faire des donations à titre particulier d'effets mobiliers de la communauté, à la condition qu'il ne réserve pas l'usufruit des biens donnés. Ces donations peuvent avoir lieu au profit de toutes personnes, notamment en faveur d'enfants nés d'un premier mariage du donateur ou de la femme de celui-ci. Dans ce dernier cas, le mari est réputé donateur pour le tout, et non pas seulement pour la moitié de l'objet donné; et, par suite, la donation devra être imputée pour la totalité sur la quotité disponible de la succession du mari.

85. En principe, le mari ou ses héritiers ne doivent aucune récompense à la communauté à raison des donations d'effets mobiliers qu'il a faites dans les conditions prévues par l'art. 1422. Peu importe que ces donations aient eu lieu en faveur de parents au degré successible, par exemple d'une nièce pour la dotter. — Il en est autrement dans le cas où le donataire est un enfant né d'un premier mariage du mari, non seulement lorsque la libéralité a eu pour objet de constituer une dot à cet enfant (Civ. 1469), mais aussi, d'après la jurisprudence la plus récente, lorsqu'il s'agit d'une simple libéralité faite à l'enfant du premier lit, déjà marié et doté.

86. Le mari ne peut, au moyen de donations particulières et successives, éluder la prohibition de disposer de l'universalité ou d'une quotité du mobilier en épuisant la communauté. La jurisprudence décide même qu'une donation à titre particulier d'effets mobiliers de la communauté peut être annulée pour cause d'excès, lorsque la valeur des objets donnés forme une portion notable de l'actif commun, par exemple la moitié de cet actif (Agen, 11 févr. 1896, D. P. 97. 2. 511).

87. Les actes de dispositions entre vifs interdits au mari, par exemple les donations d'immeubles de la communauté peuvent être faits valablement par lui avec le consentement de la femme ou par les deux époux conjointement (Nancy, 14 mars 1903, D. P. 1903. 2. 331). — Du reste, la femme qui a, conjointement avec son mari, fait donation de biens communs, conserve la faculté de renoncer à la communauté, et elle n'est pas tenue, en cas de renonciation, de faire raison à son mari de la moitié des biens donnés, la donation étant alors réputée faite par le mari seul.

88. La donation faite par le mari seul, contrairement aux prescriptions de la loi, n'est pas frappée d'une nullité absolue, mais seulement d'une nullité relative à l'égard de la femme ou de ses héritiers. Elle devient donc valable si la femme renonce à la communauté. Au cas d'acceptation, au contraire, la femme (ou ses représentants) peut demander la réunion des biens donnés à la masse commune pour qu'ils soient compris dans le partage. Si ces biens tombent dans le lot du mari, la donation reste encore valable ; elle ne sera révoquée que si lesdits biens tombent au lot de la femme, et, en ce cas, le donataire pourra réclamer au mari une indemnité égale à la valeur totale des biens donnés (Agen, 11 févr. 1896, précité). — La femme a, d'ailleurs, le choix ou d'exercer l'action en nullité contre le donataire, ou de se faire indemniser par le mari de la valeur des biens donnés, lors du partage de la communauté. C'est seulement à la dissolution de la communauté, que la femme peut attaquer la donation faite par le mari en dehors de ses pouvoirs. — Quant au mari, il ne lui appartient pas, même comme chef de la communauté, de provoquer la nullité de cette donation.

89. 2° *Dispositions testamentaires* (R. 1186 et s. ; S. 425 et s.). — Le mari ne peut léguer au delà de la moitié qui doit lui revenir dans les biens communs. Mais le legs fait par le mari de plus de moitié de la communauté, ou même de la totalité, conserverait son efficacité au cas de renonciation de la femme. — Quant au legs portant sur un objet particulier de la communauté, la loi, par dérogation à l'art. 1021 c. civ., qui déclare nul le legs de la chose d'autrui (V. infrà, *Legs*), lui donne effet pour le tout, lors même que l'objet est tombé au lot de la femme ou a été divisé entre les copartageants. Le legs sera délivré en nature si la chose est mise au lot des héritiers du mari, en argent si elle est mise au lot de la femme, et la somme équivalente se prendra qui est la part des héritiers dans la communauté, soit sur les biens personnels du testateur. — Ces règles sont applicables au cas où le legs est fait par le mari en faveur de la femme elle-même. Mais l'intention du testateur a pu être de ne donner à la femme que sa part de l'objet légué pour qu'elle la réunît à sa propre part : en pareil cas, la femme est tenue de prélever cet objet avant tout partage sur la masse de la communauté ; elle n'a pas le droit d'exiger qu'il soit d'abord procédé au partage, avec faculté pour elle de prendre dans le lot des héritiers du mari, soit l'effet qui lui a été légué s'il y est tombé, soit sa valeur totale s'il est tombé dans le sien.

90. Il y a controverse sur la question de savoir si les dispositions exceptionnelles de l'art. 1423 c. civ. sont applicables aux legs faits par la femme comme à ceux faits par le mari, ou si, conformément aux principes généraux, l'efficacité du legs doit être subordonnée à la double condition que les héritiers de la femme accepteront la communauté et que, s'ils l'acceptent, l'objet légué tombera dans leur lot.

ART. 5. — DE L'ADMINISTRATION DES BIENS PERSONNELS DE LA FEMME.

§ 1er. — *Des actes d'administration en général* (R. 1287 et s. ; S. 471 et s.).

91. Le mari a l'administration de tous les biens personnels de la femme (Civ. 1428, § 1er). Il a le pouvoir de faire seul, relativement à ces biens, tous les actes ayant le caractère d'actes d'administration. Telles sont, notamment, les réparations nécessaires pour l'entretien et la conservation des bâtiments appartenant à la femme, mais non la réfection de ceux qui seraient tombés en ruines ou l'addition à un domaine d'une construction nouvelle, lesquelles exigeraient le consentement de la femme. Il a le droit de toucher le montant des créances appartenant en propre à la femme et d'en donner quittance ; il n'y a pas à distinguer suivant

la nature des créances, et le droit du mari s'étend notamment aux créances provenant à la femme de la vente ou de la licitation de ses immeubles propres.

92. Par exception, la femme peut, dans certains cas, avoir l'administration des biens à elle propres : il en est ainsi lorsqu'elle s'est réservé par contrat de mariage l'administration de certains biens et dans le cas où il lui a été fait une donation ou un legs sous la condition qu'elle administrerait elle-même les biens donnés ou légués. — D'autre part, la femme dûment autorisée à faire le commerce perçoit elle-même les produits de son commerce ; elle doit seulement verser ses bénéfices dans la communauté. Il en est de même, d'après un arrêt, de la femme qui exerce la profession d'artiste dramatique ; elle peut aussi toucher elle-même ses appointements, sauf à en remettre le montant à son mari, déduction faite des dépenses relatives à sa profession.

93. De même que les actes accomplis par le mari comme chef de la communauté (V. suprà, n° 82, *in fine*), ceux qu'il fait comme administrateur des biens personnels de la femme n'ont pas besoin d'avoir acquis date certaine avant la dissolution de la communauté pour être opposables à la femme.

§ 2. — *Des baux* (R. 1364 et s. ; S. 491 et s.).

94. Le mari a le droit de louer seul les immeubles personnels de la femme ; mais la durée des baux passés par lui ne doit pas excéder neuf années. Le bail de plus de neuf ans fait par le mari n'est pas nul ; il produit tous ses effets tant que dure la communauté : il peut seulement être réduit, sur la demande de la femme ou de ses héritiers, à ce qui restera à courir de la période de neuf ans pendant laquelle la communauté viendra à se dissoudre (Civ. 1429). Le droit de demander la réduction du bail n'appartient donc pas au mari. — D'autre part, les baux des immeubles de la femme ne peuvent être renouvelés valablement par le mari plus de deux ans avant l'expiration du bail s'il s'agit de maisons, ou plus de trois ans avant la même époque, s'il s'agit de biens ruraux (Civ. 1430). Toutefois, le renouvellement fait par le mari plus de deux ou trois ans avant l'expiration du bail précédent serait valable si l'exécution du nouveau bail avait commencé avant la dissolution de la communauté.

95. Les règles qui précèdent se réfèrent, d'ailleurs, au cas où le bail a été consenti ou renouvelé par le mari seul ; s'il l'a été par le mari avec le concours de la femme, il sera pleinement obligatoire pour celle-ci, quelle que soit sa durée ou l'époque à laquelle le renouvellement a eu lieu. Le bail fait par le mari, même pour un temps qui n'excède pas neuf ans ou renouvelé moins de trois ou deux ans avant la dissolution de la communauté, ne serait pas obligatoire pour la femme ou ses héritiers s'il avait été fait en fraude de leurs droits.

96. Quant aux quittances ou cessions anticipées de loyers ou de fermages faites par le mari, elles sont valables sans restriction tant que dure la communauté ; mais elles ne peuvent être opposées à la femme en tant qu'elles portent sur des loyers ou fermages à courir postérieurement à la dissolution de la communauté, à moins que le payement ou le transport par anticipation ne soit autorisé par l'usage ou ne puisse être considéré comme un acte de bonne administration.

97. Le mari peut résilier les baux des immeubles de la femme, quelle que soit la durée qui en reste à courir.

§ 3. — *Des aliénations* (R. 1305 et s. ; S. 478 et s.).

98. Le mari ne peut aliéner les immeubles personnels de la femme sans son

consentement (Civ. 1428, § 2). Cette interdiction comprend non seulement les actes d'aliénation proprement dits, mais encore tous actes de disposition qui dépassent les limites de la simple administration : c'est ainsi, par exemple, que le mari ne pourrait concéder seul l'ouverture d'une carrière ou d'une minière sur un propre de la femme.

99. La vente d'un immeuble propre à la femme faite par le mari, malgré la prohibition de l'art. 1428, est nulle à l'égard de la femme. Si elle renonce à la communauté, il est certain que la femme peut revendiquer son immeuble ; le tiers acquéreur aura seulement un recours en garantie contre le mari. Mais, au cas où elle accepte la communauté, la question de savoir quels sont les droits de la femme divise les auteurs : suivant la doctrine qui paraît prévaloir aujourd'hui, la femme peut, comme dans le cas où elle est renonçante, revendiquer l'immeuble en totalité ; mais elle est assujettie à la restitution de la moitié du prix payé par l'acheteur et au payement de la moitié des dommages-intérêts qui peuvent lui être dus. — Il y a controverse sur le point de savoir si la femme peut agir en revendication contre le tiers acquéreur avant la dissolution de la communauté.

§ 4. — *Des actions en justice* (R. 1319 et s. ; S. 484 et s.).

100. Le mari peut exercer seul les actions mobilières qui appartiennent à la femme personnellement, telles que celles relatives à des meubles qui ne sont pas entrés en communauté, soit par l'effet d'une réserve du contrat de mariage, soit par suite d'une condition apposée à une donation ou à un legs fait à la femme, ou encore l'action en payement du prix d'un immeuble propre vendu par la femme dûment autorisée. Le mari pourrait également intenter devant la juridiction répressive les actions en dommages-intérêts résultant des délits dont la femme a été personnellement victime. — Il appartient aussi au mari d'exercer les actions possessoires concernant les immeubles propres de la femme. — Les jugements rendus contre le mari en matière mobilière ou possessoire sont opposables à la femme comme si elle avait figuré dans l'instance ; et la femme ne serait pas recevable à attaquer ces jugements par voie de tierce opposition.

101. Si le mari se refusait à exercer une action mobilière ou possessoire de la femme, celle-ci pourrait se faire autoriser par justice à l'exercer elle-même. Le mari pourrait, d'ailleurs, au lieu d'agir lui-même, autoriser la femme à exercer l'action ; et il semble même que le pouvoir d'agir seul, conféré en principe au mari, doive subir exception lorsqu'il s'agit d'actions d'un caractère personnel, telles que la demande formée par la femme contre sa belle-mère à l'effet d'obtenir des aliments (Bordeaux, 17 févr. 1897, D. P. 98. 2. 198) ; c'est à la femme qu'il appartient d'intenter de pareilles actions avec l'autorisation de son mari ou de la justice.

102. Le mari n'a pas le pouvoir d'exercer seul les actions pétitoires immobilières appartenant à la femme. Toutefois, on lui reconnaît le droit d'agir, même en pétitoire, en tant qu'il s'agit de revendiquer ou de conserver le droit de jouissance qui appartient à la communauté sur les propres de la femme. — A plus forte raison a-t-il qualité pour défendre à l'action en revendication d'un immeuble appartenant à la femme (Orléans, 21 janv. 1898, D. P. 99. 2. 174). Celle-ci, en pareil cas, sera étrangère au procès, dont l'issue ne pourra ni lui profiter ni lui nuire, à moins qu'elle n'y soit intervenue ou que le tiers, adversaire du mari, ne l'ait mise en cause.

§ 5. — *De la responsabilité du mari*
(R. 1383 et s. ; S. 500 et s.).

103. Le mari est responsable de tout dépérissement des biens personnels de la femme causé par défaut d'actes conservatoires (Civ. 1428, § 4). Sa responsabilité doit être appréciée suivant le droit commun (Civ. 1137) ; en d'autres termes, il est tenu d'apporter à la gestion du patrimoine de la femme tous les soins d'un bon père de famille. Il doit, notamment, avoir soin d'interrompre les prescriptions acquises ou libératoires qui courent contre la femme, veiller au payement des capitaux compris dans sa dot et en poursuivre au besoin le recouvrement. — Il ne pourrait rejeter tout ou partie de sa responsabilité sur la femme et serait, par exemple, responsable du placement de deniers à elle appartenant, encore qu'elle eût fait elle-même ce placement comme mandataire de son mari. — La femme peut, du reste, faire elle-même tous actes conservatoires de ses droits, alors surtout que ses intérêts sont en opposition avec ceux de son mari.

ART. 6. — DU REMPLOI (R. 1399 et s. ; S. 507 et s.).

104. En principe, lorsqu'un immeuble propre à l'un des époux est aliéné pendant le mariage, le prix qui le représente étant une valeur mobilière, tombe dans la communauté et, s'il est ensuite employé à l'acquisition d'un autre immeuble, celui-ci forme un conquêt ; l'époux droit à une récompense lors de la dissolution de la communauté. Par exception, et moyennant certaines conditions déterminées par la loi, l'immeuble acquis des deniers provenant de la vente peut être propre à l'époux comme celui qui a été aliéné et dont il vient prendre la place. On dit alors qu'il y a *remploi*. — Parmi les règles qui régissent la matière, les unes sont générales et applicables quel que soit celui des époux à l'égard duquel le remploi doit avoir lieu ; les autres sont particulières au remploi des biens du mari ou à celui des biens de la femme.

105. Pour que l'immeuble acquis à la suite de la vente d'un immeuble propre prenne la place de celui-ci ; en d'autres termes, pour qu'il y ait remploi, il faut que l'acte d'acquisition contienne la double déclaration : 1° que l'acquisition a lieu des deniers provenant de la vente d'un propre ; 2° qu'elle est faite pour tenir lieu de remploi à l'époux auquel l'immeuble appartenait. Cette seconde indication est indispensable ; la seule mention de l'origine des deniers serait insuffisante. La double déclaration doit être faite dans l'acte même d'acquisition, que le remploi ait lieu dans l'intérêt du mari, ou qu'il soit fait pour le compte de la femme. — Il n'est, d'ailleurs, pas nécessaire que les deniers qui servent à payer l'acquisition nouvelle soient identiquement les mêmes que ceux qui proviennent de l'immeuble aliéné. Le remploi peut, en effet, s'accomplir alors même que le prix de l'immeuble aliéné est encore dû, et il reste valable quand même l'immeuble acquis ne serait pas payé pendant la communauté. — Il n'est même pas nécessaire que l'immeuble propre soit déjà vendu ; en d'autres termes, le remploi peut avoir lieu par anticipation en vue d'une aliénation simplement projetée.

106. Le remploi des biens du mari est définitif et irrévocable par le fait même de la déclaration contenue dans l'acte. — Pour que le remploi ait lieu au profit de la *femme*, la déclaration du mari ne suffit pas ; il est nécessaire que le remploi soit accepté par elle, soit dans l'acte même d'acquisition, soit dans un acte ultérieur. L'acceptation, aux termes de la loi, doit être *formelle* ; elle

ne résulte donc pas, d'après la jurisprudence de la Cour de cassation, du seul concours de la femme à l'acte. Elle doit intervenir pendant la durée de la communauté ; celle-ci une fois dissoute, l'acceptation n'est plus possible. — La déclaration du mari ne constitue, d'ailleurs, qu'une offre faite à la femme ; elle peut donc être révoquée tant que la femme n'a pas accepté le remploi. — La question de savoir si l'acceptation de la femme a un effet rétroactif au jour de l'acquisition est très discutée en doctrine. Suivant l'opinion qui paraît prévaloir, l'acceptation ne rétroagit pas au préjudice des tiers qui auraient acquis des droits sur l'immeuble par des actes volontaires du mari, notamment par une aliénation ou une constitution d'hypothèque. Mais si l'immeuble venait à être grevé, dans l'intervalle entre la déclaration et l'acceptation de la femme, de droits à l'établissement desquels le mari n'aurait pas participé, tels que des hypothèques légales ou judiciaires, ces droits s'évanouiraient par l'effet de l'acceptation.

107. En principe, le remploi est facultatif ; mais il peut être rendu obligatoire par le contrat de mariage, spécialement à l'égard des propres de la femme ; il faut pour cela une clause formelle qui ne laisse aucun doute sur l'intention des parties. Dans ce cas, suivant l'opinion dominante, la femme a une action pour contraindre le mari à l'effectuer. — Il est même permis de stipuler dans le contrat de mariage que les immeubles de la femme ne pourront être aliénés qu'à charge de remploi, avec obligation pour les tiers acquéreurs de surveiller le remploi, c'est-à-dire de ne payer le prix de vente que sur la preuve du remploi effectué. Mais cette clause doit être exprimée en termes formels, propres à avertir les tiers de la responsabilité qu'ils encourraient à défaut de remploi ; autrement, on présumerait qu'elle n'a été insérée qu'à l'égard du mari, et les tiers acquéreurs seraient à l'abri de tout recours. — La clause dont il s'agit n'équivaut pas à une stipulation d'inaliénabilité dotale : elle ne rend pas la femme incapable de s'obliger, et n'empêche pas ses créanciers de poursuivre le payement de ce qui leur est dû sur ces propres ; elle ne s'oppose pas non plus à ce que la femme consente des hypothèques sur ces biens, si ce n'est pour subroger un créancier de son mari dans l'hypothèque légale qui lui appartient pour sûreté du remboursement du prix de ses propres aliénés. Son seul effet est que, si les tiers acquéreurs payent sans qu'il y ait eu remploi, ils restent débiteurs du prix, la vente n'est pas nulle, mais, à défaut de remploi, la femme pourra obliger l'acquéreur à payer une seconde fois. — Il en serait autrement que si la condition de remploi était imposée par le contrat de mariage sous peine de nullité des aliénations qui auraient lieu sans remploi : une pareille clause équivaudrait à une stipulation d'inaliénabilité ; elle n'aurait, d'ailleurs, rien d'incompatible avec le régime de la communauté (V. *infrà*, Régime dotal).

108. Même dans le cas où le remploi est obligatoire aux termes du contrat de mariage, la double déclaration prescrite par la loi est nécessaire ; et il en est de même de l'acceptation de la femme. — Cette acceptation est même exigée, suivant l'opinion générale, dans le cas où le contrat de mariage spécifie ce qui servira de remploi, où il porte, par exemple, que les premières acquisitions immobilières faites par le mari tiendront lieu de remploi à la femme. — Quant à la déclaration de remploi dans l'acte d'acquisition, elle n'est pas nécessaire au point de vue des rapports des époux entre eux ; elle l'est, au contraire, pour que le remploi soit opposable aux tiers : ceux-ci, à défaut de la déclaration, seraient autorisés à considérer l'immeuble comme un conquêt.

109. Lorsque l'immeuble qui doit tenir lieu de remploi est acquis pour un prix supérieur à celui du bien aliéné, cet immeuble, suivant l'opinion dominante, n'est propre que jusqu'à concurrence de la somme à remployer ; il est conquêt pour le surplus.

110. On décide généralement que le remploi ne peut se faire qu'en immeubles ou en valeurs mobilières que la loi assimile aux immeubles à ce point de vue (V. *suprà*, Biens, n° 28). — Lorsque le remploi est prévu par le contrat de mariage, il doit être fait en biens de l'espèce déterminée, si le contrat s'explique à ce sujet (V. *infrà*, Régime dotal).

111. La jurisprudence est fixée en ce sens que le remploi (il y a plutôt *emploi* en pareil cas) peut s'appliquer aux deniers ne provenant pas d'une aliénation d'immeubles, qui peuvent appartenir en propre à l'un des époux. La double déclaration prescrite pour le remploi du prix des immeubles aliénés est exigée pour l'emploi des meubles propres ; et, si l'emploi a lieu dans l'intérêt de la femme, l'acceptation de celle-ci est également nécessaire.

112. Les frais du remploi sont à la charge de l'époux pour lequel il est fait.

ART. 7. — DES RÉCOMPENSES ET INDEMNITÉS.

113. Toutes les fois que l'un des époux a tiré un profit personnel des biens de la communauté, ou la communauté un profit semblable des biens propres à l'un des époux, il est dû indemnité ou récompense, dans le premier cas à la communauté, et, dans le second cas, à l'époux. Il peut aussi être dû récompense ou indemnité par l'un des époux à l'autre.

§ 1er. — *Récompenses dues par la communauté* (R. 1488 et s. ; S. 557 et s.).

114. D'une façon générale, chaque époux a droit à la récompense de tout ce dont la communauté s'est enrichie à ses dépens. Deux conditions sont donc nécessaires et suffisantes pour que la communauté doive une récompense : 1° que l'époux se soit appauvri, et 2° que la communauté se soit enrichie. Il y a lieu notamment à récompense de la part de la communauté au profit de l'un des époux, lorsqu'il a été vendu un immeuble propre dont le prix a été versé dans la communauté, ou lorsqu'on s'est rédimé en argent des services fonciers dus à un immeuble propre (Civ. 1433).

115. Si c'est un bien de la femme qui a été aliéné, la communauté est présumée en avoir touché le prix ; c'est au mari à prouver, s'il y a lieu, qu'il ne l'a pas reçu et qu'il a fait les diligences nécessaires pour obtenir le payement ; faute par lui de faire cette preuve, la communauté doit récompense à la femme ou à ses héritiers (Req. 18 janv. 1897, D. P. 97. 1. 127). — Si, au contraire, l'aliénation a eu pour objet un bien du mari, il doit prouver que le produit de l'aliénation est entré dans la communauté. Mais la preuve résulte suffisamment de l'acte même lorsqu'il énonce que le prix a été payé comptant, à la vue du notaire rédacteur.

116. La récompense est égale au prix de vente ; l'époux n'est pas recevable à réclamer une somme supérieure sous le prétexte que l'immeuble avait une valeur supérieure à ce prix. Si la femme dont l'immeuble a été aliéné prétend qu'une partie du prix a été dissimulée, elle peut faire la preuve de la dissimulation de toute manière, au moyen d'une contre-lettre, par témoins ou par présomption, encore qu'elle ait concouru à l'acte, et même à l'encontre des créanciers du mari. Au contraire, si c'est le mari, dont le propre a été aliéné, qui allègue la dissimulation, la Cour de cassation lui refuse le droit d'en faire la preuve autrement que par titre (Civ. c. 14 mai 1879, D. P. 79. 1. 420).

117. Lorsque le propre vendu est un usufruit ou une rente viagère, la question s'est posée de savoir s'il y a lieu à récompense et, en cas d'affirmative, quel en est le montant. Elle a été diversement résolue; l'opinion dominante distingue suivant que l'époux propriétaire de l'usufruit ou de la rente survit à la dissolution de la communauté ou que la dissolution a lieu par le décès de cet époux. Dans le premier cas, on accorde à l'époux une récompense égale, suivant les uns, à l'excédent du prix d'aliénation sur la perte de revenus subie par la communauté; suivant les autres, à la valeur que l'usufruit ou la rente viagère auraient si l'époux ne les avait pas aliénés. Dans le second cas, au contraire, on refuse toute récompense aux héritiers de l'époux.

118. L'hypothèse inverse de la précédente, celle où un propre est vendu moyennant une rente viagère, a également donné lieu à difficulté. D'après le système qui a prévalu dans la jurisprudence, il est dû récompense à l'époux, et cette récompense doit être égale à la somme des arrérages courus depuis l'aliénation jusqu'à la dissolution de la communauté moins la somme à laquelle les revenus du propre se seraient élevés pendant le même temps. La rente viagère acquise en échange d'un bien propre à l'un des époux a pu être stipulée réversible sur la tête de l'autre époux. Alors, en sus de la récompense due par la communauté, il sera dû également récompense à la succession de l'époux propriétaire de la rente par le conjoint survivant qui profitera de la réversibilité, et cette récompense sera de la totalité des arrérages que la rente produira jusqu'au décès du survivant. Toutefois, aucune récompense ne serait due de ce chef si, ce qui arrivera le plus souvent, l'époux acquéreur de la rente, et qui l'a stipulée réversible, a entendu exonérer son conjoint; mais, pour éviter toute difficulté, il serait bon que cette intention libérale fût expressément déclarée par lui soit dans l'acte de constitution de rente, soit dans un acte postérieur, tel qu'une donation entre époux ou un testament.

119. En dehors de ceux que vise l'art. 1433, et dont il vient d'être question, divers cas où il est dû récompense par la communauté à l'un des époux sont prévus par d'autres dispositions du Code civil, notamment par les art. 1403, § 3, et 1431 (V. *suprà*, nos 26, 72).

§ 2. — *Récompenses dues par l'un des époux à la communauté* (R. 1511 et s.; S. 567 et s.).

120. Toutes les fois que l'un des époux a tiré un profit personnel des biens de la communauté, il en doit lui la récompense. Il y a profit personnel pour l'un des époux dans le cas, notamment, où il est pris sur l'actif de la communauté une somme pour acquitter « le prix ou partie du prix d'un immeuble à lui propre » (Civ. 1437). La communauté aurait également droit à récompense au cas où elle aurait fourni la somme nécessaire pour racheter une servitude existant à la charge d'un immeuble propre à l'un des époux ou pour éteindre une dette mobilière garantie par une hypothèque grevant un tel immeuble (Civ. 1401-1o). — La récompense due à la communauté par celui des époux qui en a tiré un profit personnel doit consister dans la somme prise sur la communauté ou déboursée par elle, sans qu'il y ait lieu de rechercher ni de mesurer l'avantage advenu de ce fait (Paris, 6 nov. 1903, D. P. 1904. 2. 177).

121. Sur les récompenses qui peuvent être dues pour l'un des époux à la communauté lorsqu'une rente acquise de deniers de la communauté a été stipulée réversible au profit du survivant, V. *suprà*, no 14;... en cas d'assurance sur la vie contractée par l'un des époux ou par tous deux au profit du survivant, V. *suprà*, *Assurances*, nos 164 et s.;... à raison de dispositions faites à titre gratuit par le mari sur des biens de la communauté au profit d'un étranger ou d'un de ses enfants du premier lit, V. *suprà*, no 83 et s.;... à raison des condamnations encourues par le mari pour crimes, délits ou contraventions, V. *suprà*, no 64;... à raison des dépenses faites par la communauté pour la préparation de la récolte, lorsqu'à la dissolution de la communauté l'époux reprend son immeuble propre labouré et ensemencé, V. *suprà*, no 25. — Quant aux récompenses qui peuvent être dues à la communauté par les époux en cas de constitution de dot faite par eux, conjointement ou séparément, au profit d'enfants communs, V. *infrà*, *Dot*.

122. La communauté, étant usufruitière des propres des époux, doit supporter sans récompense les dépenses faites pour l'entretien de ces propres. Il en est ainsi même des dépenses d'entretien qui étaient nécessaires lors du mariage. — Relativement aux impenses qui ne constituent pas des dépenses d'entretien, il y a lieu de distinguer les impenses *nécessaires*, pour lesquelles il est dû récompense de la somme déboursée tout entière; les impenses simplement *utiles*, lesquelles ne donnent lieu à récompense que jusqu'à concurrence de la plus-value qui en est résultée au temps de la dissolution de la communauté, et les impenses purement *voluptuaires*, qui ne donnent lieu à aucune récompense. — On doit entendre par dépenses *nécessaires*, celles qui ont été effectuées pour la conservation de l'immeuble propre, et que l'époux propriétaire eût été obligé de faire de ses propres deniers si elle n'eussent été faites de ceux de la communauté. Ainsi, la reconstruction d'une maison ne saurait être considérée comme une dépense nécessaire si elle n'a eu d'autre but que de procurer aux époux une habitation plus confortable et plus luxueuse (Paris, 27 févr. 1901, D. P. 1901. 2. 487). — La récompense due à la communauté ne peut d'ailleurs jamais être supérieure à la somme déboursée par elle (Civ. c. 22 oct. 1889, D. P. 90. 1. 62). Par suite, lorsqu'il s'agit de dépenses utiles, si la plus-value procurée à l'immeuble propre se trouvait être, à la dissolution de la communauté, plus forte que la dépense faite, l'époux ne devrait récompense que de la somme employée.

§ 3. — *Créances de l'un des époux contre l'autre* (R. 2439 et s.; S. 880 et s.).

123. L'un des époux peut être directement créancier de l'autre dans diverses hypothèses, par exemple, lorsque le prix d'un bien à lui propre a été employé au payement d'une dette personnelle à son conjoint; lorsque la dette dont l'un s'époux était tenu envers l'autre avant le mariage a été exclue de la communauté; lorsqu'un époux est créancier de l'autre en vertu d'une donation qui lui a été faite par ce dernier (Civ. 1480).

124. L'époux créancier de son conjoint ne peut pas poursuivre le recouvrement de sa créance avant la dissolution de la communauté. Cependant, la femme a le droit, pendant la communauté, de prendre des mesures conservatoires pour assurer le recouvrement de ses créances contre son mari, et, si les immeubles de celui-ci ou de la communauté sont vendus, se faire colloquer éventuellement sur le prix pour ses créances de reprise. Après la dissolution de la communauté, le payement des créances dont il s'agit s'effectuer soit sur la part de l'époux débiteur dans la communauté, soit

sur ses biens personnels (Civ. 1478). A la différence des créances des époux contre la communauté ou de celles qui appartiennent à la communauté contre les époux (V. *infrà*, no 188), les créances personnelles des époux l'un contre l'autre ne portent intérêt qu'à partir de la demande en justice (Civ. 1479) ou de la sommation de payer (L. 7 avr. 1900, art. 2, D. P. 1900. 4. 43).

ART. 8. — DE LA DISSOLUTION DE LA COMMUNAUTÉ.

125. La communauté se dissout : 1o par la mort de l'un des époux; 2o par le divorce; 3o par la séparation de corps; 4o par la séparation de biens (Civ. 1441). L'absence déclarée de l'un des époux peut encore entraîner la dissolution provisoire ou définitive de la communauté (Civ. 124, 129).

§ 1er. — *Décès de l'un des conjoints* (R. 1559 et s.; S. 587 et s.).

126. Dans le cas où la communauté est dissoute par le décès de l'un des conjoints, le survivant est tenu de faire inventaire des biens de la communauté. On admet généralement que cet inventaire doit être fait dans un délai de trois mois (Comp. Civ. 795, 1456, 1465). Une prolongation peut d'ailleurs, suivant les circonstances, être obtenue du tribunal.

127. Le défaut d'inventaire ne donne pas lieu, comme dans l'ancien droit coutumier, à la continuation de la communauté; mais la loi édicte une double sanction contre l'époux qui a omis cette formalité : 1o la faculté pour toutes les parties intéressées de faire la preuve de la consistance des biens et effets communs tant par titre que par commune renommée; 2o la perte de l'usufruit légal sur les biens des enfants mineurs (Civ. 1442). — La perte de l'usufruit légal s'étend non seulement aux biens des enfants qui proviennent de la communauté, mais à tous ceux qui leur appartiennent ou pourront leur venir dans la suite. L'époux peut, d'ailleurs, être exonéré de ces déchéances s'il prouve qu'il a été dans l'impossibilité de faire inventaire; ... ou même, d'après certains arrêts, s'il a eu de justes motifs de s'abstenir, comme dans le cas, par exemple, où la situation de la communauté étant absolument mauvaise, son abstention n'a pu causer aucun préjudice aux enfants (Paris, 21 févr. 1893, D. P. 93. 2. 465).

128. Au défaut d'inventaire, il y a lieu d'assimiler l'inventaire irrégulier ou incomplet que l'époux survivant aurait dressé en connaissance de cause. — Les déchéances résultant du défaut d'inventaire sont encourues de plein droit. Le défaut d'inventaire engage la responsabilité du subrogé tuteur, qui est solidairement responsable de toutes les condamnations qui interviendraient au profit du mineur (Civ. 1442, § 2), ... sauf son recours contre l'époux survivant.

129. Les dispositions de l'art. 1442 c. civ. sont applicables dans tous les cas où il y avait entre les époux communauté, soit légale, soit conventionnelle, ... mais non sous les autres régimes (dotal, séparation de biens, exclusion de communauté).

§ 2. — *Séparation de biens judiciaire.*

130. La séparation de biens peut intervenir non seulement sous le régime de la communauté légale ou conventionnelle, mais encore sous les autres régimes dans lesquels la femme a confié l'administration des biens de sa femme, notamment sous le régime dotal.

A. — *Des causes de la séparation de biens* (R. 1025 et s.; S. 398 et s.).

131. La séparation peut être demandée lorsque la dot de la femme est mise en péril, et lorsque le désordre des affaires du mari donne lieu de craindre que les biens de celui-ci ne soient point suffisants pour remplir les droits et reprises de la femme (Civ. 1443, § 1er). — La dot, dont la mise en péril entraîne la séparation de biens, s'entend de tout ce que la femme a apporté au mari pour soutenir les charges du mariage, sans qu'il y ait à distinguer si cet apport est tombé, ou non, en communauté. Ainsi, la femme mariée sous le régime de la communauté légale, dont tout le mobilier est tombé en communauté, quoiqu'elle n'ait de ce chef aucune reprise à exercer, est recevable à poursuivre la séparation de biens si le mari dissipe ce mobilier. La séparation peut être demandée dans le cas même où le mari, laissant intact le capital apporté par la femme, en dissipe les revenus (Civ. r. 7 févr. 1894, D. P. 94. 1. 164). Elle peut l'être par la femme si elle exerce un art ou un commerce, si le mari en dissipe les produits au fur et à mesure de leur acquisition ou après qu'ils ont été économisés. La séparation de biens pourrait même être demandée, bien que la dot n'eût pas encore été reçue par le mari (Paris, 4 janv. 1895, D. P. 95. 2. 494), s'il y avait de justes raisons de craindre qu'elle ne fût pas en sûreté entre ses mains lorsqu'il l'aurait reçue. Il en serait de même s'il s'agissait de mettre à l'abri l'émolument à provenir de successions que la femme est appelée à recueillir. Suivant une opinion, même, la femme serait admise à demander la séparation de biens alors qu'elle n'aurait fait aucun apport et que cette mesure n'aurait pour objet que de sauvegarder la part qui doit lui revenir dans les biens communs.

132. Les circonstances d'où peut résulter la mise en péril de la dot et le désordre des affaires du mari sont très diverses; elles sont laissées à l'appréciation des tribunaux. La jurisprudence et la doctrine ne paraissent pas bien fixées sur le point de savoir s'il est nécessaire, pour que la séparation de biens puisse être obtenue, que le mauvais état des affaires du mari résulte de sa négligence, de sa mauvaise administration, ou s'il suffit que, par suite de circonstances quelconques, le mari ait éprouvé des pertes de nature à compromettre les intérêts de la femme. Il est d'ailleurs nécessaire que le désordre des affaires du mari soit postérieur au mariage. Toutefois, la séparation pourrait être prononcée alors même que le désordre remonterait à une date antérieure, s'il ne s'était révélé qu'après le mariage (Paris, 4 janv. 1895, D. P. 95. 2. 494). — Le mari ne serait pas recevable à se prévaloir contre la demande en séparation de biens de ce que le désordre de ses affaires aurait pour cause la prodigalité et l'inconduite de la femme.

133. La femme ne saurait trouver dans la séparation de biens un remède contre la parcimonie et la dureté du mari; elle ne pourrait fonder sa demande, notamment, sur ce que le mari lui imposerait des privations plus ou moins pénibles. — D'après une jurisprudence à peu près unanime, l'interdiction du mari pour cause de démence n'est pas une cause de séparation de biens. — Si le tuteur étranger nommé au mari administrait mal, la femme aurait la ressource, soit de provoquer sa destitution, soit de poursuivre la séparation de biens, comme elle le pourrait contre le mari lui-même. — Il est généralement admis que la faillite n'opère pas de plein droit la séparation de biens.

B. — Par qui la séparation de biens peut être demandée (R. 1668 et s.; S. 616 et s.).

134. C'est à la femme seule, en principe, qu'appartient le droit de demander la séparation de biens (Civ. 1443). Mais on admet généralement que, si elle vient à décéder au cours de l'instance engagée par elle, cette instance peut être reprise et poursuivie par ses héritiers.

135. La séparation de biens ne peut jamais être demandée par le mari ni par ses créanciers. — Quant aux créanciers personnels de la femme, ils ne peuvent, sans son consentement, demander la séparation de biens. Néanmoins, en cas de faillite ou de déconfiture du mari, ils sont admis à exercer les droits de leur débitrice jusqu'à concurrence du montant de leurs créances (Civ. 1446). Cela ne doit pas s'entendre en ce sens qu'ils seraient, par le seul fait de la faillite ou de la déconfiture du mari, investis de tous les droits qu'aurait la femme elle-même si elle avait demandé la séparation de biens, et que, par conséquent, la communauté devrait, à leur égard, être considérée comme dissoute; ils ont seulement le droit de faire liquider les reprises de la femme comme si la communauté était dissoute et que la femme y eût renoncé, afin de se faire payer sur le montant de ces reprises. Mais la communauté n'en subsiste pas moins entre les époux.

136. La séparation de biens ayant une base distincte de celle de la séparation de corps, il en résulte qu'elle peut être demandée même au cours d'une instance en séparation de corps. Le fait que la femme a quitté le domicile conjugal n'entraîne pas une fin de non-recevoir contre la demande en séparation de biens. Il en est de même du fait que la femme aurait commis des détournements au préjudice de la communauté ou du mari.

C. — Des formes de la séparation de biens (R. 1689 et s.; S. 622 et s.).

137. La séparation de biens doit nécessairement être demandée en justice; elle ne peut résulter que d'un jugement. Toute séparation volontaire est nulle (Civ. 1443, § 2). Cette règle ne fait d'ailleurs pas obstacle à ce que le mari acquiesce au jugement, contradictoire ou par défaut, qui a prononcé la séparation, ni même à ce qu'il se désiste soit de l'opposition, soit de l'appel qu'il avait formé contre ce jugement. D'après l'opinion dominante, les payements effectués par le mari à la femme en vertu d'une séparation volontaire ne sont pas libératoires, et la femme n'est pas obligée de tenir compte au mari, à la dissolution de la communauté, que des valeurs qui lui restent ou qui l'ont enrichie.

138. Le tribunal compétent pour connaître de la demande en séparation de biens est celui du domicile du mari. Pour demander la séparation de biens, la femme n'a pas besoin de l'autorisation maritale; il suffit qu'elle obtienne l'autorisation du président du tribunal (Pr. 865). Cette autorisation, donnée au début de l'instance, habilite la femme à poursuivre sa demande devant tous les degrés de juridiction. — Lorsque le mari est en faillite, la demande doit être formée en même temps contre le mari et contre le syndic. Les créanciers du mari peuvent intervenir dans l'instance sur la demande en séparation pour la contester (Civ. 447, § 2). Ils peuvent, sans même intervenir, exiger de l'avoué de la femme communication de la demande et des pièces justificatives. — La demande en séparation de biens est assujettie à une publicité spéciale dont les formes sont réglées par les art. 866 à 868 c. pr. civ. Les formalités ainsi prescrites doivent être observées à peine de nullité (Pr. 869).

139. La femme peut établir les faits sur lesquels elle fonde sa demande en séparation de biens, soit au moyen de documents écrits de toute nature, soit par témoins. L'aveu du mari ne peut servir de preuve à cet égard.

140. La femme peut demander une provision pour faire face aux frais de l'instance.

Elle est autorisée à prendre les mêmes mesures conservatoires qu'en cas de demande en divorce ou en séparation de corps, notamment requérir l'apposition des scellés et l'inventaire des effets mobiliers de la communauté (Civ. 242; V. infrà, Divorce, Séparation de corps). Elle pourrait aussi former des saisies-arrêts entre les mains des débiteurs de son mari, ... faire ordonner, s'il y avait de justes raisons de se défier du mari, que les sommes constatées par l'inventaire, ou qui viendraient à être recouvrées pendant l'instance, seront déposées à la Caisse des dépôts et consignations, et même, suivant quelques auteurs, obtenir la nomination d'un séquestre auquel serait confiée, en tout ou en partie, l'administration de la communauté.

141. Le jugement qui prononce la séparation de biens ordonne la restitution de la dot ou des propres conservés en nature. Il peut aussi se peut, les reprises de la femme. Si cette opération est trop compliquée, il renvoie les époux devant un notaire choisi par les parties ou nommé d'office et commet un juge pour les contestations, s'il y a lieu. Le notaire dresse procès-verbal des prétentions des parties si elles ne s'accordent pas, et les renvoie devant le juge-commissaire. — Le même jugement condamne ordinairement le mari aux dépens (Pr. 130). Si le mari a été mis en faillite et si le syndic a été mis en cause, comme il doit l'être (V. supra, n° 138), les dépens de l'instance sont compris dans les frais de syndicat et supportés en conséquence par la masse de la faillite.

142. Le jugement doit être rendu public conformément aux prescriptions des art. 1445 c. civ. et 872 c. pr. civ. Ce dernier article exige, notamment, qu'un extrait du jugement soit inséré sur un tableau à ce destiné, et exposé pendant un an dans l'auditoire des tribunaux de première instance et de commerce du domicile du mari, même quand il n'est pas négociant, et, s'il n'y a pas de tribunal de commerce, dans la principale salle de la maison commune du domicile du mari. L'affichage prescrit doit avoir lieu au tribunal de commerce, et non à la maison commune, même lorsque le domicile du mari n'est pas dans la ville où siège le tribunal; mais l'affichage à la maison commune est nécessaire dès lors qu'il n'y a pas de tribunal de commerce dans l'arrondissement : en pareil cas, l'affichage qui a lieu dans l'auditoire du tribunal civil exerçant les fonctions de tribunal de commerce ne suffit pas. — Les formalités des art. 1445 c. civ. et 872 c. pr. civ. sont prescrites à peine de nullité. Elles doivent être accomplies dans la quinzaine du jugement, sinon le jugement est nul; et il en est de même des actes d'exécution qui l'ont suivi; et la liquidation des reprises de la femme, effectuée avant la publication de l'extrait du jugement de séparation dans l'auditoire du tribunal de commerce, est frappée d'une nullité absolue qui, en raison de l'indivisibilité de la liquidation, s'étend à tous les actes qui la composent (Toulouse, 9 avr. 1889, D. P. 90. 2. 43).

143. La séparation de biens résultant de la séparation de corps doit, comme la séparation principale, être rendue publique à peine de nullité à l'égard des tiers, notamment des créanciers du mari qui sont admis à s'y opposer pour ce qui concerne leurs intérêts, et à contredire toute la liquidation qui en aurait été la suite. Il en est ainsi non seulement lorsque l'un des époux est commerçant (Com. 66), mais aussi lorsque la séparation a lieu entre époux non commerçants (Comp. Pr. 872, 880). Mais l'insertion du jugement dans un journal, prescrite pour le cas de divorce (Civ. 250; V. infrà, Divorce), n'est pas exigée en cas de séparation de corps, ni, à plus forte raison, en cas de séparation de biens principale.

144. Les jugements de séparation de biens rendus à l'étranger sont, d'après un arrêt dont la doctrine est d'ailleurs contestable, assujettis à la publicité prescrite par la loi française; ils ne sont susceptibles d'aucune exécution en France tant que les formalités exigées à cet égard n'ont pas été remplies (Besançon, 13 mars 1895, D. P. 95. 2. 529).

145. Le jugement doit, à peine de nullité, être exécuté dans la quinzaine (Civ. 1444). Toutefois, il a été jugé que le délai ne commence à courir que lorsque les formalités de publicité prescrites par la loi, pour lesquelles le même délai de quinzaine est imposé, ont été accomplis (Riom, 13 juill. 1814, R. p. 371). — L'exécution dans la quinzaine est nécessaire même dans le cas où le jugement de séparation a été rendu par défaut. Mais elle n'est pas requise lorsque la séparation de biens est le résultat de la séparation de corps.

146. L'exécution du jugement de séparation de biens peut avoir lieu de deux manières. Elle peut résulter du payement, volontairement effectué par le mari, des droits et reprises de la femme. Ce payement doit être réel; par conséquent, il ne suffit pas que les époux procèdent à la liquidation des reprises de la femme en stipulant qu'elle s'en fera payer quand elle le jugera à propos. Il n'est pas nécessaire, toutefois, que le règlement intégral et définitif ait eu lieu dans la quinzaine; il faut seulement que le payement ait commencé dans le délai. En outre, il faut que l'exécution volontaire du jugement de séparation et le payement des reprises de la femme soit constaté par acte authentique.

147. À défaut de payement volontaire, le jugement de séparation doit être exécuté par des poursuites commencées dans la quinzaine qui a suivi le jugement et non interrompues depuis. Pour que les poursuites soient réputées commencées, il faut au moins un premier acte d'exécution. Il appartient aux juges d'apprécier si tel ou tel acte constitue une exécution dans le sens de l'art. 1444. La question a fait difficulté pour certains actes, notamment en ce qui concerne la signification du jugement; suivant l'opinion qui semble prévaloir, il n'y a pas commencement d'exécution par cela seul que la femme a signifié le jugement au mari. Il en serait autrement si cette signification avait été suivie d'un commandement, et, à plus forte raison, si une saisie avait été pratiquée sur le mobilier du mari ou s'il avait été dressé un procès-verbal de carence.

148. La nullité de la séparation de biens pour défaut d'exécution peut être opposée par toute personne y ayant intérêt, notamment par les créanciers du mari, par le mari à la femme, par la femme au mari, et même aux tiers par les époux. Il en est de même, en général, de la nullité résultant de ce que l'exécution est tardive : en pareil cas, toutefois, elle ne pourrait être invoquée par les créanciers dont les droits seraient nés postérieurement à l'exécution, ni par les époux eux-mêmes.

149. Les créanciers du mari ont le droit d'attaquer par voie de tierce opposition la séparation de biens prononcée et même exécutée, comme ayant eu lieu *en fraude de leurs droits* (Civ. 1447). Ils doivent alors, suivant les principes de l'action paulienne (Civ. 1167; V. *infrà*, *Obligations*), prouver que la séparation leur cause un préjudice et que les époux en avaient connaissance. — Par dérogation au droit commun, ils ne peuvent agir à cet effet que dans un délai d'une année à partir de la publication du jugement faite conformément à la loi (Pr. 873). Mais il est généralement admis que

cette limitation de la durée de l'action en nullité ne s'applique qu'à la séparation elle-même, et non à la liquidation qui en est la suite : les créanciers conservent le droit d'attaquer pendant trente ans, pour cause de fraude, la liquidation à laquelle les époux ont procédé postérieurement au jugement de séparation, ou celle qui aurait été faite par le jugement lui-même. — La prescription annale n'est pas non plus applicable au cas où les créanciers se prévalent d'une nullité de forme résultant de l'inobservation des formalités, soit antérieures, soit postérieures au jugement de séparation, ou du défaut d'exécution de ce jugement dans la quinzaine : la seule prescription applicable est alors celle de trente ans. — Le jugement, annulé sur la demande d'un créancier, n'en conserve pas moins ses effets à l'égard de toute autre personne, notamment des époux (Civ. 1351).

D. — Effets de la séparation de biens (R. 1912 et s.; S. 673 et s.).

150. Le jugement qui prononce la séparation de biens remonte, quant à ses effets, au jour de la demande (Civ. 1445, § 2), c'est-à-dire au jour de l'assignation donnée au mari (et non de la requête présentée au président). Il en résulte, notamment (telle est l'opinion dominante), que le mari doit compter à la femme des revenus de ses biens propres et des intérêts de ses reprises à partir de la demande. — Quant aux actes passés par le mari durant l'instance en séparation de biens, il y a lieu de distinguer : les actes d'administration, les baux, par exemple, sont obligatoires pour la femme, à moins qu'ils n'aient été faits en fraude de ses droits, et que les tiers ayant traité avec le mari n'aient été complices de la fraude. Au contraire, les actes de disposition, tels qu'emprunts, aliénations de biens dépendant de la communauté, peuvent être annulés sur la demande de la femme, par cela seul qu'ils lui portent préjudice, et sans qu'elle soit obligée de prouver qu'ils ont eu lieu en fraude de ses droits. — Le principe de la rétroactivité du jugement de séparation de biens a encore pour conséquence la nullité des saisies pratiquées par les créanciers du mari sur les fruits des biens de la femme et sur les revenus de la dot depuis le jour de la demande.

151. Mais la disposition de l'art. 1445, § 2, n'a pour objet que la conservation des droits qui peuvent échoir à la femme pendant l'instance en séparation; en conséquence, elle n'autorise pas l'exécution préventive et volontaire de la séparation, et ne confère pas à la femme la capacité de recevoir des payements de son mari avant que la séparation soit prononcée; est nulle, en conséquence, la cession d'objets mobiliers faite par le mari à la femme, à valoir sur ses reprises, durant l'instance en séparation de biens. — De même cette disposition n'a ni pour but ni pour effet d'augmenter la capacité de la femme dès avant le jugement qui la déclare séparée de biens. Il en résulte que les actes d'administration qu'elle ferait seule durant l'instance, non seulement ne l'obligeraient pas à la communauté, mais ne l'obligeraient pas elle-même.

152. Il y a controverse sur le point de savoir si le jugement prononçant la séparation de corps a, en tant qu'il entraine la séparation de biens entre les époux, le même effet rétroactif que le jugement faisant droit à une demande principale en séparation de biens. Suivant l'opinion dominante, la rétroactivité se produit en tant qu'il s'agit des rapports des époux entre eux; à l'égard des tiers, au contraire, le jugement ne peut avoir d'effet rétroactif, alors du moins que la demande de la femme, tendant à la séparation de biens comme à la séparation de

corps, n'a pas été publiée conformément à l'art. 1445 c. civ.

153. La femme séparée de biens est obligée de contribuer, proportionnellement à ses facultés et à celles de son mari, aux dépenses du ménage et aux frais d'éducation des enfants communs. Mais le mari, restant le chef du ménage, peut, en général, exiger que la femme lui verse les sommes pour lesquelles elle doit contribuer aux dépenses de la famille. Toutefois, s'il y a lieu de craindre que le mari n'emploie pas ces sommes suivant leur destination, la femme peut se faire autoriser par le tribunal à payer elle-même directement aux fournisseurs, les frais d'éducation, etc.

154. Au reste, d'après la jurisprudence de la Cour de cassation, la femme est directement obligée envers les tiers qui ont fait des fournitures au mari, jusqu'à concurrence de la part pour laquelle elle est tenue de contribuer aux dépenses du ménage. Elle peut donc être poursuivie personnellement par les créanciers, et ne pourrait même pas repousser leur action en prouvant qu'elle a remis au mari le montant de sa part contributive. Il lui importe, dès lors, de s'assurer que les tiers qui ont traité avec le mari pour les dépenses dont il s'agit sont payés; sinon, elle engage sa responsabilité et s'expose à être obligée de payer elle-même au cas où le mari dissiperait l'argent qu'elle lui a remis. A plus forte raison, la femme est-elle soumise à l'action des créanciers lorsqu'il s'agit de dépenses qui ont été faites dans son intérêt particulier ou qui lui ont profité personnellement.

155. Si le mari n'a point de ressources, la femme est tenue de supporter en totalité les dépenses communes; elle doit, par conséquent, subvenir à l'entretien de son mari. Mais si le mari vit habituellement au domicile conjugal, on admet généralement que la femme n'est pas tenue de lui fournir une pension alimentaire.

156. La femme, en vertu du jugement de séparation, reprend la *libre administration* de ses biens (Civ. 1449, § 1er). Elle a donc désormais le pouvoir de faire seule, relativement à ces biens, tous actes d'administration. Elle peut notamment, sans autorisation, donner ses immeubles à bail ou renouveler les baux existants, à la condition de se renfermer dans les limites fixées à cet égard par les art. 1429 et 1430 (V. *supra*, n° 94), ... payer ses dettes, recevoir le payement de ses créances, donner mainlevée des inscriptions hypothécaires qui les garantissaient.

157. La femme peut disposer de son mobilier et l'aliéner (Civ. 1449, § 2). Mais, d'après l'opinion qui a prévalu en jurisprudence, cette faculté n'est pas générale et absolue; elle doit être restreinte dans les limites du droit d'administration qui lui appartient : lorsqu'il s'agit d'actes de disposition excédant ces limites, l'autorisation du mari ou de la justice est nécessaire à la femme, à peine de nullité. De même, la femme n'est capable de s'obliger, même sur son mobilier, que pour les besoins et dans les limites d'une sage administration. Ainsi, elle ne saurait s'engager, sans autorisation, ni par des opérations de bourse à terme, ni par le cautionnement qu'elle aurait donné pour la dette d'un tiers, etc. Mais on admet généralement que la femme séparée peut régler comme elle l'entend le placement de ses capitaux disponibles, notamment employer ces capitaux en acquisitions d'immeubles ou de valeurs mobilières, même les placer en rentes viagères. Elle n'a pas besoin non plus d'autorisation pour convertir des titres nominatifs en titres au porteur; ... ni pour procéder au partage amiable d'une succession mobilière; ... ni pour procéder à l'inventaire des biens d'une succes-

34

sion qui lui est échue (Orléans, 15 févr. 1893, D. P. 93. 2. 368).

158. La femme séparée de biens ne peut, sans autorisation du mari ou de justice, aliéner ses immeubles (Civ. 1449), ... ni les grever de servitudes ou d'hypothèques,... ni procéder seule au partage de droits immobiliers lui appartenant. Mais l'exécution des obligations qu'elle aurait contractées valablement pourrait être poursuivie même sur ses immeubles. La femme séparée ne peut faire seule aucune donation, même mobilière; il n'y a d'exception que pour les dons de valeur modique, qui se prennent ordinairement sur les revenus. Elle ne peut, en aucun cas, ester en justice sans autorisation (Civ. 215).

159. A partir de la séparation de biens, le mari est, en principe, exempt de toute responsabilité relativement à la gestion des biens de la femme. Toutefois, la responsabilité du mari serait engagée s'il avait administré les biens de la femme, soit en vertu d'un mandat exprès ou tacite de celle-ci, soit sans mandat de sa part, soit enfin malgré son opposition. Il y aurait lieu d'appliquer par analogie, dans ces différents cas, les dispositions des art. 1539, 1577 à 1579 c. civ. (V. *infrà, Régime dotal*).

160. D'autre part, en cas d'aliénation d'un immeuble propre de la femme, le mari peut, dans certains cas, être responsable du défaut d'emploi ou de remploi (Civ. 1450). Il en est ainsi d'abord lorsqu'il a donné son consentement à la vente. En ce cas, malgré les termes de la loi, on admet généralement qu'il n'est pas nécessaire que le mari ait été *présent* à l'acte. Il ne peut, d'ailleurs, suivant l'opinion dominante, s'affranchir de la responsabilité qui lui incombe en prouvant que c'est la femme qui a touché le prix et que lui-même n'en a pas profité. — Le mari est encore responsable, bien que la vente ait eu lieu avec autorisation de justice, s'il a concouru au contrat, ou bien s'il a reçu lui-même le prix ou en a profité. Dans les différents cas où le mari est garant du défaut d'emploi ou de remploi, il n'est pas de l'utilité de l'emploi ou du remploi effectué. La règle de l'art. 1450, bien que visant seulement les aliénations d'immeubles, a, suivant la Cour de cassation, une portée générale et s'étend aux ventes mobilières. Elle est applicable sous les régimes autres que celui de la communauté, notamment sous le régime dotal, en cas d'aliénation de paraphernaux.

161. La dissolution de la communauté, lorsqu'elle s'opère par le divorce ou par la séparation, soit de corps et de biens, soit de biens seulement, ne donne pas ouverture aux droits de survie de la femme. Mais celle-ci conserve la faculté de les exercer plus tard si elle survit à son mari (Civ. 1452). — Les mêmes règles s'appliquent aux droits de survie qui n'ont pu être stipulés au profit du mari.

E. — Cessation de la séparation de biens
(R. 2075 et s.; S. 733 et s.)

162. La communauté dissoute par la séparation de biens peut être rétablie, du consentement des deux parties, par un acte passé devant notaire avec minute. Cet acte, qui doit être publié conformément à l'art. 1445 c. civ. (Civ. 1451, § 1 et 2), n'est pas soumis à la publicité prescrite par l'art. 872 c. pr. civ., ... ni qu'il est exigée pour le contrat de mariage des commerçants par les art. 67 et 68 c. com. — Si la publicité prescrite par l'art. 1451 n'a pas eu lieu, le rétablissement de la communauté, valable entre les parties, n'est opposable aux tiers.

163. Toute convention par laquelle les époux rétabliraient leur communauté sous des conditions différentes de celles qui la réglaient antérieurement est nulle (Civ. 1451, § 4). Il y a désaccord entre les auteurs sur

le point de savoir si, en pareil cas, c'est le rétablissement de la communauté qui est frappé de nullité ou seulement la clause dérogatoire qui est mise à néant.

164. La communauté rétablie prend son effet du jour du mariage, sans préjudice des actes régulièrement accomplis par la femme pendant la séparation de biens et des droits des tiers (Civ. 1451, § 3).

ART. 9. — DE L'ACCEPTATION DE LA COMMUNAUTÉ, ET DE LA RENONCIATION QUI PEUT Y ÊTRE FAITE.

165. Après la dissolution de la communauté, la femme a la faculté d'accepter la communauté ou d'y renoncer (Civ. 1453). Cette faculté d'option appartient, après sa mort, à ses héritiers ou autres ayants cause à titre universel. Si la femme laisse plusieurs héritiers et qu'ils soient en désaccord, les uns étant d'avis d'accepter, les autres de renoncer, chacun d'eux exerce les droits qu'aurait exercés la femme elle-même, soit qu'elle eût accepté, soit qu'elle eût répudié la communauté pour sa part et portion héréditaire (Civ. 1475; Comp. art. 782, et *infrà, Succession*). Il en est ainsi que la communauté se soit dissoute par la mort de la femme, ou qu'elle ait pris fin par la mort du mari et que la femme soit elle-même décédée ensuite sans avoir pris parti.

166. Parmi les ayants cause de la femme qui peuvent exercer de son chef le droit d'option, il faut ranger ses créanciers. Ceux-ci ont aussi le droit d'attaquer par l'action paulienne, soit l'acceptation, soit la renonciation faite par la femme (Civ. 1464). Conformément à la règle générale admise en ce qui concerne les actes purement abdicatifs, les créanciers de la femme, qui attaquent la renonciation par elle faite à la communauté, ne sont pas tenus de prouver qu'elle est entachée de fraude à leur égard; il leur suffit de prouver qu'elle leur cause préjudice.

167. Toute convention, notamment par contrat de mariage, qui porterait atteinte au droit d'option appartenant à la femme, serait frappée de nullité (Civ. 1453, *in fine*). — D'autre part, l'option ne peut avoir lieu qu'après la dissolution de la communauté, et la femme ne peut auparavant faire aucun acte impliquant de sa part l'exercice anticipé de son droit. Il en résulte, notamment, qu'il n'est pas permis à la femme de comprendre sa part de l'actif commun dans un partage qu'elle fait entre ses enfants par le même testament (V. *infrà, Partage d'ascendant*).

§ 1er. — *De l'acceptation* (R. 2095 et s.; S. 739 et s.).

168. L'acceptation de la femme peut être expresse ou tacite. Elle est tacite lorsque la femme s'est immiscée dans les biens de la communauté. Mais l'immixtion ne résulte, en général, que d'actes de disposition, et non d'actes purement administratifs ou conservatoires (Civ. 1454). La femme serait réputée acceptante dans le cas, par exemple, où elle aurait vendu des meubles, passé des actes d'immeubles communs, ou elle avait formé une demande en liquidation et partage de la communauté (Req. 14 avr. 1899, D. P. 99. 1. 402). Il en serait de même, en général, si elle avait payé des dettes de la communauté. La renonciation que ferait la femme au profit de quelques-uns seulement des héritiers du mari, ou celle qu'elle ferait au profit de tous moyennant un prix payé par eux, constituerait, de sa part, un acte d'acceptation tacite (Comp. Civ. 780-2e). Au contraire, la femme peut, sans compromettre ses droits, requérir une apposition de scellés, faire des réparations urgentes, interrompre des prescriptions, continuer l'exploitation du fonds de commerce, si elle ne pouvait être interrompue sans inconvé-

nient, etc. — Lorsque la nature de l'acte que la femme se propose de faire paraît douteuse et que les héritiers du mari ne veulent ou ne peuvent pas y concourir, la femme agira prudemment en se faisant autoriser, par ordonnance du président du tribunal, à faire l'acte dont il s'agit sans prendre qualité.

169. L'acceptation expresse ou tacite est irrévocable, à moins qu'il n'y ait eu dol de la part des héritiers du mari ou de la part de tous autres, notamment des créanciers du mari.

170. En principe, la femme peut accepter la communauté à toute époque, tant qu'elle n'y a pas renoncé; par exception, lorsque la communauté s'est dissoute par le divorce ou la séparation de corps, l'acceptation doit avoir lieu dans le délai de trois mois et quarante jours après la prononciation du divorce ou de la séparation de corps, délai dont la prorogation peut, d'ailleurs, être obtenue; sinon la femme est réputée renonçante (Civ. 1463). Au reste, l'acceptation peut être tacite aussi bien dans le cas où la dissolution a lieu par la séparation de corps ou le divorce, que lorsqu'elle se produit par le décès de l'un des époux. — La présomption de renonciation établie par l'art. 1463 est absolue en ce sens que, après l'expiration du délai légal, la femme est définitivement déchue du droit d'accepter. Mais la jurisprudence paraît admettre que la femme pourrait se faire relever de la déchéance en prouvant qu'il lui a été impossible de faire son option en temps utile, alors surtout que cette impossibilité provenait du fait du mari. — Suivant l'opinion dominante, la disposition de l'art. 1463 doit être étendue au cas de séparation de biens.

§ 2. — *De la renonciation* (R. 2134 et s.; S. 748 et s.).

171. La renonciation à la communauté ne peut être qu'expresse. Elle se fait, comme la renonciation à succession, au moyen d'une déclaration au greffe du tribunal de première instance du domicile du mari, laquelle est inscrite sur le même registre que la renonciation à succession (Civ. 1457). — Cette formalité n'est nécessaire, du reste, qu'au regard des tiers; entre les époux ou leurs héritiers, la renonciation peut avoir lieu sous n'importe quelle forme et résulter d'une convention, conformément au droit commun. La renonciation, comme l'acceptation, est irrévocable; on ne saurait appliquer par analogie la règle édictée en matière de succession par l'art. 790 c. civ. (Civ. r. 17 déc. 1888, D. P. 89. 1. 465).

172. Régulièrement, la femme doit, avant de renoncer, faire procéder à un inventaire des biens de la communauté. Il lui est accordé, à cet effet, un délai de trois mois. Cet inventaire doit être « fidèle et exact » (Civ. 1456, § 1er). V. pour les formes de cet inventaire, Civ. 1456, § 2; Pr. 941 et s., et *infrà, Inventaire*. — Après la confection de l'inventaire, la femme jouit encore d'un délai de quarante jours pour délibérer sur son acceptation ou sa renonciation (Civ. 1457). — Ces délais peuvent être prorogés par le tribunal sur la demande de la femme (Civ. 1458).

173. Tant qu'ils ne sont pas expirés, la femme n'est pas contrainte de prendre parti, et elle pourrait opposer une exception dilatoire aux créanciers de la communauté qui agiraient contre elle. Les délais une fois expirés, la femme conserve encore le droit de renoncer, du moment qu'elle a fait inventaire dans les trois mois; seulement, elle est désormais exposée aux poursuites des créanciers tant qu'elle n'a pas renoncé, et les frais faits contre elle jusqu'à sa renonciation sont à sa charge (Civ. 1479). — La femme qui n'a pas fait inventaire dans le délai de trois mois est définitivement déchue du droit de renoncer. Toutefois, cette déchéance ne serait pas encourue si la femme avait été dans l'impossibilité de faire procéder à l'inventaire dans les trois mois, en raison, par exemple, de ce qu'elle ignorait le décès de son mari. D'ailleurs, tant que les trois mois ne sont pas écoulés, la femme a le droit absolu de renoncer, et sa renonciation demeure valable bien qu'elle n'ait pas fait inventaire.

174. Indépendamment du défaut d'inventaire dans le délai légal, la femme peut encourir la déchéance du droit de renoncer par son immixtion dans les biens de la communauté (V. *suprà*, n° 167), ou encore par le recel ou divertissement d'effets de la communauté (Civ. 1460). — Le divertissement ou recel, qu'il soit commis par le mari ou par la femme, a pour objet et pour conséquence, de priver l'époux qui en est l'auteur de sa part dans les biens communs (Civ. 1477 ; V. *infrà*, n° 199).

175. Les règles concernant le recel en matière de communauté sont en général les mêmes que celles qui régissent le recel en matière de succession (Civ. 1792). Elles seront exposées *infrà, Succession*. On n'indique ici que certaines solutions qui sont spéciales à la communauté. — Les actes constitutifs du divertissement ou du recel peuvent avoir lieu même avant la dissolution de la communauté ; ainsi, il y aurait divertissement de la part du mari qui, durant la communauté et en vue de sa dissolution, aurait dissimulé le payement de biens communs aliénés, afin de s'approprier ce prix, ou qui aurait souscrit des dettes fictives, afin de détourner au préjudice de la femme des deniers de la communauté. — Si l'époux coupable d'avoir recelé ou diverti des effets de la communauté est décédé sans les avoir restitués, son héritier ne peut exciper de sa bonne foi personnelle pour se soustraire aux conséquences du recel ou du divertissement. Il peut seulement, si la fraude n'avait pas encore été découverte, éviter la déchéance en restituant volontairement les objets divertis.

176. La femme ne peut se prévaloir elle-même du divertissement ou du recel qu'elle aurait commis pour faire annuler sa renonciation. Il appartient au mari, ou à ses héritiers, de le traiter, à leur choix, comme acceptante ou comme renonçante. — Il y a controverse sur le point de savoir si l'époux mineur, la veuve notamment, peut encourir les peines du divertissement ou du recel.

177. Les héritiers de la femme ont, en principe, les mêmes droits que celle-ci en ce qui concerne la renonciation à la communauté. Toutefois, deux hypothèses sont à distinguer : si, la communauté étant dissoute par la mort du mari, la femme vient elle-même à décéder alors que les délais qui lui étaient impartis ne sont pas expirés, ses héritiers ont un nouveau délai de trois mois pour faire inventaire, et de quarante jours pour délibérer (Civ. 1461, § 1 et 2). Si la communauté s'est dissoute par la mort de la femme, ses héritiers peuvent renoncer à la communauté « dans les délais et dans les formes que la loi prescrit à la femme survivante » (Civ. 1466). Toutefois, d'après la jurisprudence de la Cour de cassation, ils ne sont pas tenus, à la différence de la femme elle-même (V. *suprà*, n° 170), de faire inventaire pour conserver au delà du délai de trois mois la faculté de renoncer. — Sur le droit que les héritiers de la femme d'accepter ou de renoncer individuellement, V. *suprà*, n° 165.

§ 3. — *Droit de la veuve à la nourriture, à l'habitation et au deuil* (R. 2262 et s.; S. 790 et s.).

178. La veuve, soit qu'elle accepte, soit qu'elle renonce, a le droit, pendant les trois mois et quarante jours qui lui sont accordés pour faire inventaire et délibérer, de prendre sa nourriture et celle de ses domestiques sur les provisions existantes, et, à défaut, par emprunt au compte de la masse commune, à la charge d'en user modérément (Civ. 1465). — On discute sur le point de savoir si ce droit s'étend à la nourriture des enfants, soit communs, soit même des enfants issus d'un mariage antérieur de la femme. — D'après la jurisprudence, le droit dont il s'agit dure pendant trois mois et quarante jours, alors même que la veuve a fait inventaire et pris parti avant l'expiration de ce délai. — Il y a controverse sur le point de savoir si, lorsque la femme a obtenu une prorogation de délai, elle a droit à la nourriture pendant la prorogation.

179. La veuve a également droit à l'habitation dans les conditions déterminées par l'art. 1465, § 2, c. civ. La durée de ce droit est la même que celle du droit à la nourriture.

180. Enfin la femme, acceptante ou renonçante, doit être indemnisée de ses frais de deuil. Ces frais sont à la charge non de la communauté, comme les frais de nourriture, mais des héritiers du mari. L'étendue du droit de la veuve à cet égard se détermine suivant la fortune et la condition sociale du mari lors de son décès (Civ. 1481). — La veuve a le même droit sous les régimes de la communauté conventionnelle, sous les régimes sans communauté et sous celui de la séparation de biens.

ART. 10. — DU PARTAGE DE LA COMMUNAUTÉ APRÈS L'ACCEPTATION (R. 2290 et s.; S. 793 et s.).

181. L'action en partage appartient, après la dissolution de la communauté, à l'époux survivant et à chacun des héritiers de l'époux prédécédé ; en cas de divorce, de séparation de corps ou de biens, à chacun des époux. Le cessionnaire des droits de l'un des époux dans la communauté a également qualité pour demander le partage, et l'on admet généralement que l'autre époux ne peut l'écarter en lui remboursant le prix de la cession, l'art. 841 c. civ., qui autorise le retrait en matière successorale, n'étant pas applicable ici. — La règle que nul n'est contraint de rester dans l'indivision, et la disposition qui permet d'y déroger par convention dans une certaine mesure (Civ. 815), sont applicables en matière de communauté. — Le créancier personnel d'un des époux ne peut saisir la part de son débiteur dans la communauté tant que subsiste l'indivision.

182. En principe, et sauf certaines exceptions indiquées ci-dessous, les règles du partage des successions sont applicables au partage de la communauté. Il en est ainsi, notamment, de celles qui déterminent dans quels cas le partage peut avoir lieu à l'amiable, dans quels cas il doit être fait en justice, et les formes du partage quand il a lieu en justice (V. *infrà, Succession*).

183. Au cas de dissolution par le décès de l'un des époux, le partage de la communauté doit nécessairement précéder le partage de la succession de l'époux décédé, les droits de cet époux dans la communauté formant un élément de la liquidation de sa succession. — Le bilan actif ou passif de la communauté doit être arrêté au jour de la dissolution. Dans la pratique, et pour simplifier l'opération, on arrête quelquefois les comptes au jour de la liquidation, comme si la durée de la communauté s'était prolongée jusqu'à cette époque. Ce mode de procéder est régulier, à la condition qu'il n'ait pas pour effet de modifier la répartition entre les ayants droit, qu'il ne cause aucun préjudice aux intéressés et qu'il d'autre part, les éléments de la masse indivise et les conditions de son exploitation

n'aient pas changé depuis la dissolution de la communauté (Paris, 1er déc. 1882, D. P. 94. 2. 155).

184. Si les immeubles ne sont pas partageables en nature, commodément et sans perte, la licitation doit en être ordonnée (Civ. 827). Mais il suffit, pour que le partage doive se faire en nature, que les biens puissent se diviser en deux lots ; il importe peu que le lot attribué à la succession de l'époux prédécédé soit impartageable entre l'époux prédécédé et les héritiers de cet époux (Nancy, 3 févr. 1897, D. P. 98. 2. 498). — D'autre part, la règle suivant laquelle la vente des meubles doit être ordonnée si la majorité des cohéritiers juge cette vente nécessaire pour l'acquit des dettes et charges de la succession (Civ. 826), n'est pas applicable en matière de communauté (même arrêt).

185. Le principe de l'effet déclaratif du partage (Civ. 883) est applicable au partage de la communauté comme au partage d'une succession ou d'une société. La rétroactivité du droit de copropriété des copartageants remonte même, non pas seulement au jour de la dissolution de la communauté, mais au jour où l'indivision a commencé ; les époux ou leurs héritiers sont donc réputés propriétaires des biens composant leur lot dès le jour où ces biens sont entrés dans la communauté. Mais cette fiction de rétroactivité ne peut avoir pour effet de faire tomber les actes accomplis par le mari durant la communauté dans la limite de ses pouvoirs ; ainsi les biens mis au lot de la femme restent grevés des hypothèques ou autres charges consenties par le mari pendant le mariage.

186. Le principe de la division des dettes (Civ. 873 et 1220) s'applique également ici : chacun des époux, ou leurs héritiers, sont constitués, de plein droit, débiteurs de la moitié des dettes de la communauté. — La division a lieu, de même, en ce qui concerne les créances ; mais, tant que la communauté n'est pas liquidée, les droits des intéressés sont incertains et demeurent, par cela indivisibles ; par suite, ils ne peuvent exiger le versement entre leurs mains de leur part et portion virile dans lesdites créances. Ils sont admis, toutefois, sans attendre la liquidation, à exercer des poursuites contre les débiteurs jusqu'à concurrence de cette part, dont le montant sera déposé à la Caisse des dépôts et consignations.

187. Sont applicables encore, en matière de partage de communauté, les dispositions de l'art. 882 c. civ. concernant les droits des créanciers, celles relatives à la rescision du partage, notamment pour lésion de plus du quart, et à la garantie des lots.

§ 1er. — *Opérations préliminaires au partage* (R. 2232 et s.; S. 814 et s.).

188. 1° *Rapport à la masse.* — Les époux ou leurs héritiers rapportent à la masse des biens existants tout ce dont ils sont débiteurs envers la communauté à titre de récompense ou d'indemnité (V. à ce sujet, *suprà*, n° 113 et s.). Doivent aussi être rapportés à la communauté les immeubles conquêts dont le mari aurait disposé à titre gratuit dans un autre but que l'établissement d'enfants communs, ou qu'il aurait aliénés en fraude des droits de la femme, et les meubles ou immeubles de la communauté dont l'époux survivant aurait disposé seul depuis la dissolution. Toutefois ces biens, aliénés à divers titres, ne devront être réunis à la masse que fictivement, pour leur valeur au jour de la dissolution de la communauté, les aliénations devant être maintenues si lesdits biens tombent au lot de l'époux qui en a indûment disposé, ou de ses héritiers. — Il faut encore ajouter à la masse les fruits ou revenus produits par les biens communs depuis la dissolution jusqu'au partage. — L'époux survivant qui a continué l'exploitation d'un fonds de commerce ou autre établissement dépendant de la communauté doit compte aux héritiers de l'autre époux des profits qu'il a ainsi réalisés. Toutefois, les bénéfices qui seraient dus à son travail ou à ses aptitudes personnelles, et qui résulteraient d'opérations nouvelles entreprises par lui, ne devraient pas être rapportés à la masse commune (Paris, 21 févr. 1893, D. P. 93. 2. 465).

189. Lorsque les deux époux doivent chacun des récompenses à la communauté, la compensation ne s'opère pas entre eux; la communauté doit être considérée, pour la liquidation, comme une tierce personne. Mais lorsqu'un des époux est à la fois créancier et débiteur de la communauté, créancier de reprises et débiteur de récompenses, la compensation a lieu, et l'époux ne doit être considéré comme créancier ou débiteur de la communauté que suivant le résultat de la balance faite entre le total des reprises et le total des récompenses.

190. 2° *Liquidation des reprises.* — Les reprises du mari doivent être justifiées par les moyens ordinaires de preuve. — Quant à la femme, la loi lui accorde plus de facilité pour la justification de ses reprises. V. notamment, pour le cas d'aliénation de ses propres, *suprà*, n° 98.

191. Les reprises dues aux époux par la communauté, et réciproquement, portent intérêt de plein droit du jour de la dissolution de la communauté (Civ. 1473). Il en est ainsi en ce qui concerne les reprises de la femme, même lorsque celle-ci est créancier de la communauté.

192. 3° *Prélèvements.* — Chaque époux (ou ses héritiers) prélève : 1° ses biens personnels qui ne sont point entrés en communauté ou ceux qui ont été acquis en emploi; 2° le prix de ses immeubles qui ont été aliénés pendant la communauté et dont il n'a pas été fait remploi; 3° les indemnités qui lui sont dues par la communauté (Civ. 1470). — Les prélèvements des deux dernières catégories ont pour objet de remplir l'époux de ses reprises par une attribution en nature dans les biens de la communauté.

193. Les prélèvements s'exercent d'abord sur l'argent comptant, ensuite sur le surplus mobilier, et subsidiairement sur les immeubles de la communauté. L'époux créancier des reprises a le choix des immeubles (Civ. 1471, § 2) et, à plus forte raison, des meubles. — En cas de désaccord sur la valeur des meubles ou des immeubles, cette valeur est fixée par des experts, choisis par les parties ou, au besoin, par le tribunal. — L'époux peut, au lieu de reprendre en payement de ses reprises des biens de la communauté, exiger, suivant le droit commun, que ces biens soient vendus afin de se payer sur le prix. — Quant à la question de savoir si, à l'inverse, l'autre époux ou ses héritiers peuvent empêcher le prélèvement en offrant de payer les reprises en argent, elle divise les auteurs.

194. Il n'y a pas à distinguer, pour l'application des règles précédentes, suivant que les reprises sont exercées par l'un ou l'autre des époux. — Mais les prélèvements de la femme s'exercent avant ceux du mari (Civ. 1471); il en résulte que, si le mari doit des récompenses à la communauté, il ne peut les compenser avec ses reprises qu'autant que la femme a été payée de ses propres reprises. — D'autre part, en cas d'insuffisance des biens de la communauté, la femme ou ses héritiers sont admis à poursuivre leurs droits sur les biens personnels du mari (Civ. 1472, § 2). Mais ils n'ont alors aucune faculté de prélèvement et sont soumis, pour l'exercice de leurs droits, aux mêmes conditions qu'un créan-

cier ordinaire. — Quant au mari et à ses héritiers, ils ne peuvent jamais exercer leurs reprises que sur les biens de la communauté (Civ. 1472, § 1er).

195. Une grave controverse a longtemps existé sur la nature du droit attribué à l'époux, créancier de ses reprises, sur les biens de la communauté; il s'agissait de savoir si c'est à titre de propriétaire que cet époux opère les prélèvements prévus par l'art. 1471, § 2 et 3, ou s'il ne fait, en pareil cas, qu'exercer un simple droit de créance. C'est dans ce dernier sens que la jurisprudence s'est définitivement prononcée en dernier lieu (Ch. réun. c. 16 janv. 1858, D. P. 58. 1. 5). — Il en résulte que les reprises des époux ont un caractère mobilier, lors même qu'elles sont payées en immeubles : d'où cette conséquence, entre autres, que si l'époux créancier des reprises est mort laissant un légataire de ses meubles et un légataire de ses immeubles, ce sera le premier qui profitera seul des prélèvements, alors même que ceux-ci porteraient sur des immeubles.

196. Il en résulte encore, et c'est à ce point de vue surtout que se manifeste l'intérêt de la question, que la femme ne peut se faire payer de ses reprises, sur les biens tant meubles qu'immeubles de la communauté, par préférence aux créanciers de la communauté, mais est obligée de subir le concours de ces créanciers, sauf à faire valoir son hypothèque légale sur les immeubles de son mari (V. *infrà*, *Privilèges et hypothèques*), sous qu'il y ait à distinguer suivant qu'elle accepte la communauté ou qu'elle y renonce. — La femme est privée de tout droit de préférence à l'encontre des créanciers de la communauté, alors même qu'elle aurait stipulé, dans son contrat de mariage, la faculté de reprendre, en cas de renonciation, ses apports mobiliers « francs et quittes de toutes dettes et charges de la communauté »; cette clause ne suffit pas à conférer à la femme un droit de créance privilégiée. — Il est, d'ailleurs, généralement admis que si l'époux, notamment la femme, n'a point, pour le payement de ses reprises, un droit réel opposable aux créanciers de la communauté, il doit du moins être préféré, sur les biens de l'autre époux, aux créanciers personnels de l'autre époux.

197. Bien que, d'après le système qui a prévalu, le prélèvement sur les biens de la communauté, pour le remboursement des reprises, ne s'exerce qu'à titre de créance et non de propriété, ce prélèvement ne doit pas être assimilé à une dation en payement; il ne constitue qu'un règlement entre époux, une opération de communauté définitive et non translative de propriété. Il s'ensuit que, lorsque le prélèvement porte sur des immeubles, l'acte qui le constate n'est pas assujetti à la transcription et, par voie de conséquence, que les tiers auxquels le mari a conféré des droits sur les immeubles de communauté attribués à la femme pour ses reprises ne sont pas obligés, pour la conservation de leurs droits à l'égard de celle-ci, de transcrire ou de prendre inscription. Il en résulte encore que le prélèvement ne donne lieu qu'à un droit fixe de partage, et non à un droit de mutation. — Au reste, ces solutions doivent être restreintes, en ce qui concerne la femme, au cas où elle a accepté la communauté et où elle exerce ses reprises sur les biens communs. Elles sont sans application lorsque la femme a renoncé à la communauté et, même quand elle l'a acceptée, si elle est remplie de ses droits par l'attribution de biens propres du mari. L'opération constitue alors une véritable dation en payement donnant lieu à l'application des règles de la transcription (si les biens reçus par la femme sont des im-

meubles) et au payement d'un droit de mutation.

§ 2. — *Du partage de la masse commune* (R. 2425 et s.; S. 870 et s.).

198. Après que les prélèvements des deux époux ont été exercés sur la masse, le surplus se partage par moitié entre les époux ou leurs représentants (Civ. 1474). Le partage par moitié, quels qu'aient été les apports de chacun, est de règle; mais il peut être dérogé par la convention des parties.

199. L'époux qui a diverti ou recélé quelques effets de la communauté en est privé de sa part dans lesdits effets (Civ. 1477). — Sur les caractères du recel ou du divertissement donnant lieu à cette pénalité, V. *suprà*, n° 174, et *infrà*, *Succession*.

200. L'époux reconnu coupable de divertissement ou de recel est tenu de restituer non seulement les objets divertis ou recélés, mais les fruits ou revenus qu'ils ont produits ou dû produire. — Les objets divertis par l'un des époux, ou leur valeur, doivent, avant partage, être attribués en entier à l'autre époux (Civ. 1477). Mais cet époux ne serait pas fondé à demander que la valeur des objets recélés fût prise sur la part du receleur dans la communauté et, en cas d'insuffisance, sur le montant des reprises de celui-ci. — D'après la jurisprudence de la Cour de cassation, l'époux coupable peut, en cas d'insuffisance du surplus de l'actif de la communauté, exercer ses reprises même sur les objets qu'il a divertis ou recélés (Civ. c. 10 janv. 1865, D. P. 65. 1. 5). Il est généralement admis que l'époux receleur doit être privé de la moitié non seulement à laquelle il a droit dans les objets divertis comme communs en biens, mais encore de celle qu'il aurait comme donataire ou légataire de son conjoint en propriété ou en usufruit. — L'époux qui a commis le recel ou le divertissement doit supporter la moitié des dettes, bien qu'il ne reçoive pas la moitié de l'actif, par suite de la privation de sa part dans les objets recélés. — Les tiers qui ont sciemment participé aux actes de recel ou de divertissement en sont responsables, solidairement avec l'époux qui les a commis. Par suite, ils peuvent être condamnés, sur la demande soit de l'autre époux, soit des créanciers de la communauté, à payer la valeur des objets dont la restitution n'aurait pas lieu.

ART. 11. — DU PARTAGE DU PASSIF.

201. Il y a lieu de distinguer, à cet égard : 1° les obligations des époux à l'égard des tiers; 2° la contribution aux dettes, c'est-à-dire la proportion dans laquelle les dettes se répartissent entre les époux. — Les règles établies en ce qui concerne soit le mari, soit la femme, s'appliquent, en général, aux héritiers de l'un ou de l'autre (Civ. 1491).

§ 1er. — *Obligations des époux à l'égard des tiers* (R. 2451 et s.; S. 884 et s.).

202. 1° *Obligations du mari.* — Le mari est tenu, pour la totalité, des dettes de la communauté provenant de son chef, qu'elles proviennent d'un contrat ou de toute autre source (Civ. 1484). Il en est de même de ses héritiers, et cela encore que la femme n'ait pas renoncé à la communauté (Chambéry, 29 juill. 1896, D. P. 97. 2. 435). — Le mari peut également être poursuivi pour la totalité des dettes contractées par la femme avec son autorisation, ou avec l'autorisation de justice dans les cas exceptionnels où la femme peut obliger ainsi la communauté. Il n'est tenu que pour moitié des dettes personnelles à la femme qui étaient tombées à la charge de la communauté, c'est-à-dire des dettes contractées par la femme avant le mariage et des dettes grevant les successions ou donations mobilières à elle échues pendant le mariage (Civ. 1485).

203. 2° *Obligations de la femme.* — En principe, la femme n'est tenue que pour moitié des dettes de la communauté (Civ. 1487). Elle ne peut même être poursuivie que jusqu'à concurrence de son *émolument*, c'est-à-dire de la valeur de l'actif par elle recueilli, à la double condition de faire inventaire et de rendre compte.

204. L'inventaire doit être *bon* et *fidèle*, c'est-à-dire revêtu des formalités légales et fait de bonne foi (Civ. 1483). V. *suprà*, n°s 126 s., ce qui est dit au sujet de l'inventaire exigé par l'art. 1442. — A l'égard du mari ou de ses héritiers, il peut être suppléé à l'inventaire par un acte équivalent fait avec leur participation, mais non par la preuve testimoniale tendant, par exemple, à établir que la veuve n'a rien distrait du mobilier de la communauté. Au regard des tiers, l'inventaire est de rigueur. — L'inventaire doit être fait dans les trois mois qui suivent la dissolution de la communauté (Civ. 1483). Ce délai est fatal, et son expiration emporte déchéance du bénéfice accordé par la loi. — On admet généralement que cette déchéance est applicable aux héritiers de la femme comme à la femme elle-même. Le contraire a cependant été décidé par un arrêt aux termes duquel ces héritiers pourraient faire utilement inventaire à toute époque et tant qu'ils n'ont pas fait acte d'héritiers ou n'ont pas été condamnés comme tels par un jugement définitif (Bordeaux, 12 juill. 1894, D. P. 95. 2. 158).

205. Le compte que la femme est tenue de rendre doit comprendre en recettes : 1° tous les biens qu'elle a retirés de la communauté, même à titre de préciput, mais non ceux qui lui ont été attribués à titre de reprises ; 2° les sommes dont elle était débitrice envers la communauté et qui lui ont été précomptées sur sa part ; 3° les fruits ou intérêts, perçus par elle, des biens mis dans son lot. — C'est au moment du partage que doivent être appréciés, par rapport à leur état et à leur valeur, les biens qui entrent dans l'émolument de la femme. — Le chapitre des dépenses comprend : 1° ce que la femme a déboursé pour frais de scellés, inventaire, liquidation, etc. ; 2° ce qu'elle a payé aux créanciers de la communauté ; 3° les frais du compte.

206. La femme, tout en n'étant tenue que jusqu'à concurrence de son émolument, l'est néanmoins, dans cette mesure, sur ses biens propres et peut être poursuivie même sur ces biens. Elle ne peut arrêter les poursuites des créanciers en offrant de leur abandonner les biens dont se compose son émolument. — A ces points de vue, la situation de la femme diffère de celle de l'héritier qui a accepté la succession sous bénéfice d'inventaire (V. *infrà, Succession*).

207. Le bénéfice dont il s'agit ne peut être opposé par la femme aux créanciers envers lesquels elle s'est obligée conjointement avec le mari ; elle peut être poursuivie pour moitié pour ces créanciers, sans qu'il y ait à tenir compte de son émolument. — Elle peut même être poursuivie pour le tout lorsqu'il s'agit soit d'une dette qui est entrée dans la communauté de son chef, par exemple d'une dette qu'elle avait avant le mariage (Civ. 1486) ; ... soit d'une obligation contractée par elle solidairement avec son mari (Civ. 1487) ou comme caution de ce dernier (Comp. Civ. 1431) ; ... soit d'une obligation contractée par elle seule avec l'autorisation du mari, même dans l'intérêt de la communauté ; ... soit enfin d'une dette qu'elle a été chargée par le partage de payer en totalité (Civ. 1490). — La femme ne peut, au contraire, être poursuivie que pour moitié ou jusqu'à concurrence de son émolument,

lorsqu'il s'agit de dettes contractées par le mari. Ces dettes peuvent, d'ailleurs, dans cette mesure, être poursuivies contre la femme, lors même qu'elles n'auraient pas date certaine avant la dissolution de la communauté.

208. Si la femme a payé une dette de communauté au delà de la moitié qui lui incombe, elle n'a pas de répétition pour l'excédent contre le créancier qui a reçu le payement, à moins que la quittance n'exprime que ce qu'elle a payé était pour sa moitié (Civ. 1481). La même règle serait applicable au cas où la femme aurait payé, non au delà de sa moitié, mais au delà de son émolument.

209. Chacun des époux peut se trouver obligé de payer la totalité d'une dette de la communauté par l'effet de l'hypothèque dont se trouve grevé, pour la garantie de cette dette, un immeuble placé dans son lot, sauf son recours contre l'autre époux ou ses héritiers (Civ. 1489). Il en est de même lorsqu'il s'agit d'une dette indivisible.

210. Les créanciers de la communauté ne jouissent pas, au regard des créanciers personnels des héritiers, du droit de demander la séparation des patrimoines (Comp. *infrà, Succession*).

§ 2. — *Contribution entre époux* (R. 2517 et s. ; S. 915 et s.).

211. En principe, les époux doivent supporter par moitié les dettes de la communauté (Civ. 1482). Si donc l'un d'eux a été obligé de payer soit une part plus forte, soit la totalité de la dette, en vertu des règles concernant le droit de poursuite des créanciers, il a un recours contre l'autre pour ce qui excède la moitié. — La règle ci-dessus n'est, d'ailleurs, applicable à la femme que sous la réserve du privilège qui lui appartient de ne payer les dettes communes que jusqu'à concurrence de son émolument, privilège dont elle jouit dans les conditions déterminées par la loi, à l'égard de son mari comme à l'égard des créanciers. Si donc la femme a été obligée de payer la totalité d'une dette faisant partie de l'actif commun, par exemple une dette dont elle était tenue solidairement avec son mari, elle peut, à la condition d'avoir fait inventaire, recourir contre ce dernier pour tout ce qui excède son émolument.

212. Parmi les dettes de communauté dont la femme est tenue pour moitié, faute d'avoir fait inventaire, il n'y a pas lieu de comprendre les reprises dont le mari peut être créancier : d'après l'opinion qui a prévalu en jurisprudence, la femme n'est jamais tenue de payer aucune de ces reprises sur ses biens personnels.

ART. 12. — DES EFFETS DE LA RENONCIATION A LA COMMUNAUTÉ (R. 2526 et s. ; S. 921 et s.).

213. La femme qui renonce perd toute espèce de droit sur les biens de la communauté (Civ. 1492). même sur ceux qui y étaient tombés de son chef. Ces biens deviennent la propriété du mari seul. Par exception, la femme renonçante peut retirer « les linges et hardes à son usage » (Civ. 1492). Ces expressions doivent être entendues suivant la fortune, les habitudes et la position sociale des époux, et peuvent comprendre toutes sortes d'habits et d'ajustements, mais non les bagues, joyaux et bijoux.

214. La femme renonçante ne peut réclamer le bénéfice d'une rente viagère qui a été constituée avec des biens de communauté au profit des deux époux sans clause de réversibilité. Il en est autrement lorsque la rente viagère a été stipulée réversible au profit du survivant : la femme, si elle est survivante, profite alors de la rente, mais à charge de

récompense à la communauté. Il en est de même si la rente a été constituée par le mari au profit d'elle seule (Comp. *suprà*, n° 14). — En ce qui concerne l'exercice des reprises, V. *suprà*, n°s 193 et s.

215. D'autre part, la femme renonçante est entièrement déchargée des dettes de la communauté tant à l'égard du mari qu'à l'égard des créanciers. Toutefois, elle reste assujettie au payement des dettes auxquelles elle est personnellement obligée ; et, si elle a payé, elle a un recours contre le mari ou ses héritiers (Civ. 1494). Elle peut même demander, lors de la liquidation de ses droits, que l'on mette en réserve ou que l'on consigne une somme suffisante pour répondre des dettes à raison desquelles elle est exposée à des poursuites.

SECT. III. — De la communauté conventionnelle ou des conventions qui modifient la communauté légale.

ART. 1er. — DE LA COMMUNAUTÉ RÉDUITE AUX ACQUÊTS.

§ 1er. — *Clauses constitutives ou modificatives de la communauté d'acquêts* (R. 2563 et s. ; S. 938 et s.).

216. L'adoption du régime de la communauté réduite aux acquêts n'est assujettie à aucune formule sacramentelle ; il suffit que l'intention des époux à cet égard résulte expressément ou même tacitement du contrat de mariage. Par exemple, la clause portant que « les futurs époux excluent de la communauté et déclarent propre à chacun d'eux tout ce qui leur appartient et leur adviendra par donation, succession ou autrement », constitue une adoption implicite et suffisante de ce régime.

217. La communauté d'acquêts peut être modifiée par les parties, auxquelles il est loisible d'en restreindre ou d'en augmenter l'étendue. On a contesté toutefois la validité de la clause stipulant que la communauté ne comprendrait que les acquêts immobiliers ; mais cette validité est généralement admise. Les futurs époux peuvent stipuler que la communauté réduite aux acquêts sera partagée inégalement entre eux, ou même qu'elle appartiendra en entier à l'un d'eux. Il leur est également permis, suivant l'opinion dominante, de convenir que les acquêts reviendront aux enfants à naître du mariage ; toutefois, le contraire a été jugé (Bordeaux, 23 août 1865, D. P. 66. 2. 217).

§ 2. — *Composition de l'actif* (R. 2588 et s. ; S. 944 et s.).

218. Sous le régime de la communauté réduite aux acquêts, « les époux sont censés exclure de la communauté leur mobilier présent et futur, » c'est-à-dire, d'une part, les biens meubles qui leur appartenaient lors du mariage, y compris les objets qui leur ont été donnés à l'occasion du mariage, tels que bijoux constituant la corbeille, cadeaux de la femme, etc. (Paris, 4 févr. 1897, D. P. 98. 2. 6), et, d'autre part, ceux qui pourront leur échoir par succession ou donation (Civ. 1498, § 1er).

219. Cette exclusion n'a pas seulement pour effet de rendre les époux créanciers de la valeur du mobilier présent ou futur ; ils conservent, en principe, la propriété de ce mobilier. D'où il suit, notamment, que la femme dont le mobilier aurait été frappé de saisie par les créanciers de la communauté serait autorisée à en exercer la revendication. — Par exception, la communauté devient propriétaire : 1° des objets mobiliers qui se consomment par le premier usage, tels que l'argent, les denrées ; 2° des choses qui sont, par leur nature, destinées à être vendues, telles que les marchandises d'un fonds de commerce, les bestiaux d'un domaine rural, etc. ; 3° enfin des objets qui ont été estimés dans le contrat de mariage, alors du moins qu'ils ne sont ni inventoriés ni désignés d'une manière suffisante pour que leur identité soit reconnue. — Dans le cas où le mobilier a été décrit article par article, soit dans le contrat de mariage, soit dans un inventaire ou état en bonne forme, la question de savoir si l'estimation de ces objets aurait pour effet d'en transférer la propriété à la communauté dépendrait des circonstances et de l'intention des parties. En ce qui concerne spécialement l'office dont le mari se trouverait titulaire lors du mariage, la jurisprudence décide que son estimation dans le contrat de mariage n'en transfère pas la propriété à la communauté ; l'office reste propre au mari. — Dans les diverses hypothèses où la communauté est devenue propriétaire des meubles apportés par l'un des époux, elle est tenue d'en restituer la valeur ou le montant de l'estimation.

220. En dehors du mobilier apporté ou échu qui peut tomber dans la communauté, à charge par celle-ci d'en restituer la valeur, l'actif de la communauté d'acquêts se compose de deux éléments : les acquêts et les fruits ou revenus des biens des époux. — Les acquêts comprennent, d'une part, toutes les acquisitions faites à titre onéreux par les époux, et, d'autre part, les gains provenant de leur travail et de leur industrie. On y doit comprendre, notamment, la propriété littéraire, artistique ou industrielle des ouvrages composés ou des brevets d'invention acquis par l'un des époux pendant la communauté. L'office acquis par le mari, pendant le mariage, des deniers de la communauté, fait naturellement partie de l'actif commun. Quant à l'office qui lui appartenait lors du mariage, la plus-value acquise par cet office durant l'association conjugale profite au mari seul, non seulement quand elle est le résultat de l'augmentation générale de la valeur des offices, mais, suivant une opinion, alors même qu'elle serait due à l'intelligence et au travail personnel du titulaire. — De même, n'entrent pas dans l'actif commun : ... la portion de trésor attribuée à l'un des époux (Civ. 716, § 1er) ; ... la prime de remboursement ou le lot gagné par l'époux titulaire d'une obligation ; ... l'indemnité obtenue à titre de réparation du préjudice causé par un accident (Req. 23 févr. 1897, D. P. 98. 1. 121). — En ce qui concerne les récompenses pour services rendus, les gains faits au jeu ou à la loterie, la question de savoir si ces avantages doivent profiter à la communauté ou rester propres à l'époux divise les auteurs. — Quant au bénéfice d'une assurance sur la vie, V. *suprà, Assurances,* n° 164 et s.

221. À l'égard des fruits, la communauté d'acquêts n'a droit qu'à ceux qui ont été perçus ou ont couru depuis le mariage. À la différence de ce qui a lieu sous le régime de la communauté légale, les fruits échus ou perçus antérieurement restent propres à l'époux du chef duquel ils proviennent. On admet généralement que la communauté d'acquêts doit récompense des frais de labour et de semences à l'époux dont le fonds était ensemencé au moment du mariage.

222. Relativement à l'actif immobilier, la communauté est soumise aux mêmes règles que la communauté légale. Toutefois, on peut se demander si l'immeuble acquis par l'un des époux dans l'intervalle du contrat de mariage à la célébration doit entrer dans la communauté, conformément à l'art. 1404, § 2, c. civ. (V. *suprà,* n° 28) ; la question a été diversement résolue. — À la différence des meubles, les immeubles dont l'un des époux était propriétaire lors du mariage lui restent propres, alors même qu'ils ont été estimés dans le contrat de mariage et que la consistance n'en a pas été constatée. — L'im-

meuble acquis avec des deniers propres, ou donné en payement d'une créance propre de l'un des époux, ne devient propre lui-même qu'à la condition que les formalités prescrites pour le remploi aient été observées.

§ 3. — *Composition du passif* (R. 2607 et s. ; S. 970 et s.).

223. L'adoption du régime de la communauté réduite aux acquêts emporte exclusion des dettes de chacun des époux, actuelles et futures (Civ. 1498). Par dettes futures, on ne doit entendre que celles qui grèvent les successions ou les donations échues aux époux. — Le passif comprend toutes autres dettes contractées durant le mariage soit par le mari, soit par la femme autorisée de son mari (Civ. c. 2 févr. 1892, D. P. 92. 1. 405). Ces dettes sont supportées, suivant les cas, soit définitivement par la communauté, soit seulement à charge de récompense par l'un des époux, conformément aux règles applicables sous le régime de la communauté légale (V. *suprà,* n° 63 et s.). Il en est ainsi même dans le cas où la communauté est réduite aux seuls acquêts immobiliers : les immeubles doivent alors supporter la totalité des dettes, sauf des récompenses qui pourraient être dues.

224. Les créanciers personnels du mari, sans distinction, peuvent pendant la durée de la communauté poursuivre le payement de ce qui leur est dû, tant sur les biens personnels de leur débiteur que sur les biens communs, comme sous le régime de la communauté légale. Il en est de même des créanciers envers lesquels la femme s'est engagée pendant le mariage avec l'autorisation du mari (Civ. c. 2 févr. 1892, précité). — Quant aux créanciers de la femme antérieurs au mariage, ils n'ont action que sur le patrimoine de leur débitrice, à la condition toutefois que le mobilier propre à la femme ne soit pas confondu avec celui de la communauté : si ce mobilier n'avait pas été constaté par un inventaire ou un état authentique, les créanciers de la femme pourraient saisir les biens communs et même les biens personnels du mari. — Les mêmes règles sembleraient applicables aux dettes grevant les successions échues à la femme. D'après un arrêt, toutefois, les règles de la communauté légale devraient recevoir ici leur entière application : ainsi, quand la femme mariée sous le régime de la communauté réduite aux acquêts a été autorisée par son mari à accepter une succession en partie mobilière et en partie immobilière, le payement des dettes en dépendant pourrait être poursuivi tant sur les biens de la communauté que sur ceux de la femme et du mari, sauf récompense, s'il y avait lieu (Nancy, 26 mars 1895, D. P. 95. 2. 471 ; Comp. Civ. c. 2 févr. 1892, précité). — Au reste, la communauté d'acquêts, qui profite des revenus de tous les biens propres de la femme, doit réciproquement supporter les intérêts des dettes personnelles à celle-ci, et le mari peut être poursuivi par les créanciers en payement de ces intérêts.

§ 4. — *Preuve des apports* (R. 2613 et s. ; S. 978 et s.).

225. Si le mobilier existant lors du mariage ou échu depuis n'a pas été constaté par un inventaire ou un état en bonne forme, il est réputé acquêt (Civ. 1498, § 2). — À l'égard des tiers ou des créanciers de l'un ou l'autre époux, qu'il s'agisse soit du mobilier existant lors du mariage, soit du mobilier échu depuis par succession ou donation, il faut nécessairement que ce mobilier ait été constaté par un inventaire ou un état authentique (Req. 15 mai 1899, D. P. 99. 1. 397) ; et, en ce qui concerne le mobilier apporté lors du mariage, il faut que l'inventaire ou l'état ait été dressé avant le ma-

riage, sinon le mobilier est réputé acquêt. — Cependant, toute autre preuve ne devrait pas être rejetée d'une façon absolue et sans distinction : ainsi, lorsqu'un billet prouve, par son contexte, que la créance qu'il constate appartient à la femme, cette preuve, résultant du titre même, est suffisante.

226. Il est généralement admis que l'inventaire ou l'état authentique est nécessaire à l'égard des créanciers, dans le cas même où la femme se serait réservé dans son contrat de mariage le droit de reprendre les meubles qu'elle justifierait avoir apportés *par tous genres de preuve.* D'autre part, la présomption établie par la loi reste applicable alors même que la femme se borne à réclamer la valeur de son mobilier, au lieu de le réclamer en nature. Telle est du moins la doctrine consacrée par la Cour de cassation (Civ. c. 22 nov. 1886, D. P. 87. 1. 113 ; *Contrà :* Agen, 24 mars 1902, D. P. 1903. 2. 443). La même solution est encore applicable au cas où la femme réclame, en qualité de créancière, le montant de sommes ou la valeur de titres au porteur touchés par son mari : si l'importance de ces sommes ou titres n'est pas établie par inventaire ou état authentique, les créanciers sont fondés à écarter la réclamation de la femme. — Il est, d'ailleurs, certains biens, tels que les offices ministériels, les fonds de commerce, dont la propriété ou l'acquisition par donation ou succession au profit de l'un des époux peut être établie, même à l'égard des tiers, par d'autres preuves qu'un inventaire ou état authentique, par exemple par l'acte de nomination, l'acquisition antérieure au mariage, ou par les énonciations du contrat de mariage. La femme pourrait aussi revendiquer, même à l'égard des tiers, sa part dans le mobilier d'une succession dont la liquidation et le partage n'ont pas encore eu lieu.

227. Dans les rapports des époux entre eux, il y a lieu de distinguer entre le mobilier existant lors du mariage et le mobilier échu depuis. Quant au mobilier existant lors du mariage, la jurisprudence décide, en général, que l'inventaire ou état en bonne forme n'est pas indispensable et que les époux sont admis à prouver, par toute espèce d'actes ou documents, la consistance de leurs apports mobiliers. Mais elle exige une preuve écrite ; la preuve par témoins ou par présomptions est écartée, conformément, d'ailleurs, au droit commun. — Lorsque les époux se sont bornés à déclarer, dans le contrat de mariage, que le mobilier apporté par l'un d'eux est de telle valeur, une telle énonciation ne suffit évidemment pas pour que ce mobilier puisse être réclamé en nature ; mais elle autorise l'époux à reprendre la somme à laquelle le mobilier a été évalué.

228. En ce qui concerne le mobilier échu aux époux depuis le mariage, s'il s'agit du mobilier échu à la femme, on admet qu'à défaut d'inventaire fait par le mari, la femme ou ses héritiers peuvent en établir la consistance par toute espèce de preuve, par témoins ou même par commune renommée. La question de savoir si la preuve par commune renommée peut être invoquée pour établir non seulement le quantum du mobilier échu à la femme pendant le mariage et non inventorié, mais encore le fait même de son acquisition, notamment l'existence de la libéralité d'où provient ce mobilier, a été diversement résolue (V. pour l'affirmative : Req. 28 nov. 1866, D. P. 67. 1. 209 ; pour la négative : Angers, 4 mars 1903, D. P. 1903. 2. 421). — Quant au mobilier échu au mari, celui-ci n'en peut exercer la reprise qu'à la condition d'en justifier la consistance ou la valeur par un inventaire ou un titre équivalent (Civ. 1504). La même règle s'applique aux héritiers du mari, à moins qu'ils n'agissent à titre de réservataires, c'est-à-dire en vertu d'un droit propre, auquel cas ils pourraient justifier des apports de leur auteur par les moyens de preuve du droit commun, mais non par commune renommée.

§ 5. — *Administration du mari* (R. 2632 et s.; S. 991 et s.).

229. Les pouvoirs d'administration du mari sont les mêmes que sous le régime de la communauté légale (V. *suprà*, nᵒˢ 78 et s.). En dehors des cas exceptionnels où la communauté devient propriétaire des meubles apportés par les époux, le mari n'a pas le droit d'aliéner les meubles corporels ou incorporels apportés par la femme, ... ni de céder ou transporter ses créances propres. — Mais il peut toucher le montant de ces créances et en donner valablement quittance, alors même qu'une clause du contrat de mariage l'obligerait à faire emploi ou remploi des sommes touchées par lui : nonobstant cette clause, les débiteurs ne seraient pas responsables du défaut d'emploi ou de remploi, à moins que la femme ne se fût expressément réservé un recours contre les tiers.

§ 6. — *Récompenses. — Dissolution de la communauté, acceptation ou renonciation. — Partage et liquidation* (R. 2637 et s.; S. 998 et s.).

230. Sur tous ces points, il y a lieu d'appliquer les règles édictées en ce qui concerne la communauté légale (V. *suprà*, nᵒˢ 113 et s., 125 et s., 165 et s., 181 et s.).

ART. 2. — DE L'EXCLUSION TOTALE OU PARTIELLE DU MOBILIER. — CLAUSE DE RÉALISATION.

231. D'une façon générale, la clause de réalisation est celle qui assimile les meubles des époux à leurs immeubles, en ce sens que, comme ceux-ci, ils sont exclus de la communauté. La clause de réalisation se présente sous trois clauses différentes : 1ᵒ clause de réalisation proprement dite; 2ᵒ clause d'emploi; 3ᵒ clause d'apport.

§ 1ᵉʳ. — *Clause de réalisation proprement dite* (R. 2669 et s.; S. 1006 et s.).

232. C'est celle par laquelle les époux excluent de la communauté leur mobilier présent et futur (Civ. 1500, § 1ᵉʳ), ou une quote-part de leur mobilier présent et futur, comme le tiers, la moitié, ou seulement leur mobilier présent ou leur mobilier futur, ou une quote-part de l'un ou de l'autre, ou enfin certains meubles déterminés. Lorsqu'il y a exclusion de tout le mobilier présent et futur, la clause équivaut à l'adoption de la communauté réduite aux acquêts. — La réalisation s'interprète restrictivement, en ce qui concerne les objets auxquels elle s'applique. Ainsi l'exclusion du mobilier présent, ne s'entend que du mobilier présent; la clause qui exclurait le mobilier futur ne s'étendrait pas au mobilier présent.

233. En ce qui concerne les dettes, si les époux ont exclus de la communauté tout leur mobilier présent et futur, la règle est la même que sous le régime de la communauté d'acquêts : les dettes présentes et futures des époux ne tombent pas à la charge de la communauté. — Si l'exclusion porte sur le mobilier présent ou sur le mobilier futur, ou sur une quote-part de l'un ou de l'autre, les époux seront présumés avoir voulu exclure aussi une part correspondante de leurs dettes. Mais les créanciers peuvent néanmoins poursuivre la communauté pour le tout (Comp. Civ. 1416). — Enfin, si l'on a exclu seulement un ou plusieurs meubles déterminés, les règles sur le passif de la communauté légale restent applicables : les

dettes mobilières des époux au jour de la célébration du mariage et celles qui grèvent les successions ou donations qui leur échoient tombent à la charge de la communauté (V. *suprà*, nᵒˢ 59 et s., 63 et s.).

234. Relativement aux pouvoirs du mari sur les meubles réalisés par la femme et à la preuve des apports, les règles sont les mêmes que sous le régime de la communauté réduite aux acquêts.

§ 2. — *Clause d'emploi* (R. 2710 et s. · S. 1013 et s.).

235. C'est celle par laquelle on stipule qu'il sera pris sur le mobilier de l'un des époux une certaine somme pour être employée à son profit en acquisitions d'immeubles. — La somme destinée à l'emploi demeure propre à l'époux au profit duquel l'emploi devait être fait, alors même que cet emploi n'est pas effectué. L'emploi doit avoir lieu dans les mêmes formes que le remploi sous le régime de la communauté légale. — La clause d'emploi n'est par elle-même obligatoire qu'entre les époux. Lorsqu'elle existe au profit de la femme, les tiers ne peuvent être garants de l'emploi que si le contrat de mariage le stipule expressément.

§ 3. — *Clause d'apport* (R. 2718 et s.; S. 1016 et s.).

236. Il y a convention d'apport lorsque chacun des conjoints, ou seulement l'un d'eux, promet d'apporter à la communauté une somme déterminée ou son mobilier jusqu'à concurrence d'une certaine somme (Civ. 1500, § 2, et 1503). — On admet généralement que cette clause a pour effet de transférer à la communauté la propriété du mobilier de l'époux qui a fait l'apport, et que celui-ci est seulement créancier de l'excédent de valeur de son mobilier sur la somme apportée. Il en est ainsi surtout lorsqu'il y a eu estimation du mobilier. La solution, d'ailleurs, dépend avant tout de l'intention des parties.

237. Suivant l'opinion dominante, la clause d'apport n'entraîne pas séparation de dettes entre les époux : la communauté qui reçoit le mobilier de l'époux qui a promis l'apport doit payer les dettes antérieures au mariage, sans avoir droit à récompense. Mais les dettes qu'elle aura payées devront être réduites de la valeur du mobilier de l'époux débiteur pour déterminer l'excédent que cet époux aura le droit de réclamer, après le prélèvement de la somme mise en communauté; et si, déduction faite des dettes payées par la communauté, le restant du mobilier se trouve être inférieur à la somme promise, l'époux qui a promis l'apport doit garantie à la communauté de la part dont celle-ci se trouve évincée.

238. Dans le cas même où les époux ont déclaré apporter une certaine somme ou mettre leur mobilier dans la communauté jusqu'à concurrence d'une valeur déterminée, la question de savoir si le mobilier qui échoit aux époux pendant le mariage tombe en communauté, ou s'il peut être repris par eux avec l'excédent de valeur du mobilier présent sur la somme dont ils ont promis l'apport, dépend avant tout de l'intention des parties. En cas de doute, il semble que la seconde solution devrait être adoptée.

239. Quant à la justification de l'apport, elle résulte suffisamment, lorsque c'est le mari qui l'a promis, de la déclaration par lui faite et portée au contrat de mariage, que son mobilier est de telle valeur (Civ. 1502, § 1ᵉʳ). — L'apport de la femme est justifié par la quittance que le mari lui donne, à elle ou à ceux qui l'ont dotée (Civ. 1502, § 2). Mais la simple déclaration que le mari demeure chargé du mobilier de la femme n'équivaut pas à une quittance. Au contraire, la stipulation que

le mari est *dès à présent chargé* du mobilier de la femme, ou qu'il en sera chargé par le seul fait de la célébration du mariage, fait preuve du versement de l'apport tant dans les rapports des époux qu'à l'égard des tiers. — Les modes de preuve indiqués par l'art. 1502 ne sont, d'ailleurs, pas les seuls par lesquels les apports puissent être justifiés; les règles sur la preuve des apports sous le régime de la communauté légale sont applicables ici (V. *suprà*, nᵒˢ 225 et s.).

240. Une autre clause d'apport est celle par laquelle les époux conviennent d'apporter à la communauté tels objets mobiliers, corporels ou incorporels spécialement désignés (Civ. 1511). Elle a pour effet d'exclure de la communauté tout le mobilier présent des époux, à l'exception des objets désignés, mais non leur mobilier futur. L'époux qui a promis l'apport est débiteur, envers la communauté, des choses ou des valeurs qui en sont l'objet, et est tenu de la garantie en cas d'éviction. Cette clause est soumise, du reste, aux mêmes règles que la clause de réalisation; les dettes antérieures au mariage restent donc propres aux époux.

ART. 3. — DE LA CLAUSE D'AMEUBLISSEMENT (R. 2744 et s.; S. 1022 et s.).

241. La clause d'ameublissement est celle qui a pour objet de faire entrer en communauté, d'une manière plus ou moins complète, les immeubles des époux ou de l'un d'eux (Civ. 1505). Cette clause doit, comme la clause de réalisation (V. *supra*, nᵒ 232), s'interpréter restrictivement. Si, par exemple, l'un des époux déclare ameublir « ses immeubles », l'ameublissement ne comprend, en général, que les biens présents.

242. La loi distingue l'ameublissement *déterminé* et l'ameublissement *indéterminé*. Le premier est celui qui porte sur un ou plusieurs immeubles spécialement désignés, en totalité ou jusqu'à concurrence d'une certaine somme; le second, celui qui porte sur les immeubles de l'époux en général « jusqu'à concurrence d'une certaine somme » (Civ. 1506).

243. L'ameublissement déterminé a pour effet de rendre l'immeuble ou les immeubles qui en sont frappés biens de la communauté, de même que les meubles. — Lorsque l'ameublissement émane de la femme, il y a lieu de distinguer, au point de vue des pouvoirs du mari, suivant qu'il est stipulé pour le tout ou jusqu'à concurrence d'une certaine somme. Dans le premier cas, le mari peut en disposer comme des autres effets de la communauté; dans le second cas, il ne peut l'aliéner sans le consentement de la femme, mais il peut l'hypothéquer sans ce consentement jusqu'à concurrence de la portion ameublie.

244. L'époux qui a fait l'ameublissement a, lors du partage de la communauté, la faculté de retenir l'héritage ameubli en le précomptant sur sa part pour le prix qu'il vaut alors, et ses héritiers ont le même droit (Civ. 1509). — Ce droit n'appartient pas à la femme qui renonce à la communauté, à moins qu'il ne lui ait été réservé par une clause expresse du contrat de mariage.

245. L'ameublissement indéterminé ne rend point la communauté propriétaire des immeubles qui en sont frappés; son effet se réduit à obliger l'époux qui l'a consenti à comprendre dans la masse, lors de la dissolution de la communauté, quelques-uns de ses immeubles jusqu'à concurrence de la somme qu'il a promise (Civ. 1508). Elle ne rend pas l'époux débiteur de tout ou partie de cette somme, si les immeubles venaient à périr ou se trouvaient être d'une valeur insuffisante. — L'époux a le droit de désigner ceux de ses immeubles qu'il entend comprendre dans la masse commune. — Les droits du mari sur les immeubles ameublis par la femme sont les mêmes en cas d'ameublissement indéterminé qu'en cas d'ameublissement déterminé jusqu'à concurrence d'une certaine somme (Civ. 1508, *in fine*). V. *supra*, n° 243.

246. L'ameublissement laisse subsister le droit commun quant au passif : la communauté est donc tenue des dettes mobilières, mais reste affranchie des dettes immobilières, même, d'après l'opinion dominante, de celles contractées pour l'acquisition, la conservation ou l'amélioration des immeubles ameublis. — Cette règle souffre exception dans le cas d'un ameublissement portant sur la généralité des immeubles : la communauté est alors tenue de toutes les dettes, même immobilières.

ART. 4. — DE LA CLAUSE DE SÉPARATION DE DETTES (R. 2793 et s.; S. 1035 et s.).

247. La clause de séparation de dettes est celle par laquelle les époux excluent de leur communauté les dettes dont chacun d'eux ou l'un d'eux seulement est tenu hors du mariage. — Elle peut être expresse ou tacite; elle résulte implicitement, par exemple, de l'apport en communauté d'une certaine somme ou d'un corps certain (Civ. 1511), ou encore de l'adoption du régime de la communauté réduite aux acquêts.

248. La séparation de dettes ne s'applique qu'aux dettes antérieures au mariage; ce qui doit, d'ailleurs, s'entendre de toute dette dont la cause ou le principe existait lors du mariage. Elle n'empêche pas que la communauté ne doive payer les intérêts et arrérages des dettes à partir du jour du mariage (Civ. 1512).

249. Dans les rapports des époux ou de leurs héritiers, l'effet de la clause de séparation de dettes est d'obliger l'époux dont la dette a été payée par la communauté à faire récompense à celle-ci du montant de la dette. Il en est ainsi, qu'il y ait eu ou non inventaire (Civ. 1510). L'époux qui demande la récompense est tenu de prouver que le payement a réellement eu lieu. Au reste, du moment qu'il est prouvé que la dette a été payée pendant le mariage, on doit présumer qu'elle l'a été avec les deniers de la communauté.

250. A l'égard des créanciers des époux, il faut distinguer si le mobilier apporté par les époux a été, ou non, constaté par un inventaire ou état authentique (Civ. 1510). — En ce qui concerne les créanciers de la femme, s'il y a eu inventaire, ils ne peuvent agir que sur le mobilier apporté par elle. Si, au contraire, il n'a pas été fait inventaire, les créanciers peuvent poursuivre leur payement sur tout le mobilier de la communauté, et même, suivant l'opinion dominante, sur les biens propres du mari. Quant aux créanciers du mari, ils ont certainement action sur tout le mobilier de la communauté, lorsqu'il n'a pas été fait d'inventaire. Mais les auteurs sont divisés sur le point de savoir s'il en est de même dans le cas où il y a eu inventaire du mobilier apporté à la communauté par l'un ou l'autre époux, ou si le droit de poursuite des créanciers est alors limité aux meubles apportés par le mari, à l'exclusion de ceux qui y sont tombés du chef de la femme. — Après la dissolution de la communauté, les créanciers personnels de l'un ou de l'autre époux ne peuvent plus se prévaloir du défaut d'inventaire pour poursuivre leur payement sur la totalité des biens communs; ils n'ont d'action que sur les biens revenant à leur débiteur.

ART. 5. — DE LA CLAUSE DE FRANC ET QUITTE (R. 2826 et s.; S. 1045).

251. Cette clause oblige l'époux dont l'apport a été déclaré franc et quitte de toutes dettes, et, à son défaut, le tiers qui a fait ou garanti cette déclaration, à indemniser la communauté de tout le préjudice qu'elle a éprouvé par suite des dettes de l'époux, dans le cas où la déclaration de franc et quitte était inexacte. Il est dû récompense à la communauté, non seulement des sommes employées par elle au payement des dettes de l'époux, en capital et intérêts, mais encore des intérêts que ces sommes auraient produits et qui auraient profité à l'actif de la communauté. — L'action du mari contre le tiers garant peut être exercée durant la communauté, si la dette provient du chef de la femme; le garant a un recours contre la femme pour le remboursement de ce qu'il aura dû payer, mais il ne peut exercer ce recours qu'après la dissolution de la communauté.

ART. 6. — DE LA FACULTÉ ACCORDÉE A LA FEMME DE REPRENDRE SON APPORT FRANC ET QUITTE (R. 2846 et s.; S. 1046 et s.).

252. Cette clause donne à la femme qui renonce à la communauté la faculté de reprendre, non seulement les biens mobiliers qui n'ont pas cessé de lui appartenir, mais encore ceux dont elle aurait transporté la propriété à la communauté. En principe, c'est seulement en cas de renonciation qu'il y a lieu à la reprise des apports; mais il peut être convenu aussi que la femme reprendra son apport, même en acceptant la communauté : ce serait alors plutôt une clause de réalisation.

253. La clause de reprise d'apport doit être entendue restrictivement et quant aux personnes qui peuvent s'en prévaloir, et quant aux choses qui peuvent être reprises. Ainsi, la faculté de reprise stipulée au profit de la femme ne s'étend pas à ses enfants. Stipulée au profit de la femme et de ses enfants, elle ne s'étend pas à ses autres héritiers; mais l'expression « enfants » comprend les petits-enfants, les enfants nés d'un premier mariage, les enfants naturels ou adoptifs. D'autre part, si la femme s'est réservé le droit de reprendre « son apport », ou « ce qu'elle a apporté », ou « son mobilier », ces termes ne doivent s'entendre que de l'apport ou du mobilier présent.

254. En vertu de la clause dont il s'agit, la femme reprend son apport franc et quitte des dettes de la communauté; mais il y a lieu de déduire de cet apport les *dettes personnelles à la femme* que la communauté aurait acquittées. — Par *dettes personnelles* il faut entendre les dettes dont la femme était tenue lors du mariage ou qui grevaient les successions ou donations qui lui sont échues, mais non celles qui ont été contractées par elle depuis, avec l'autorisation de son mari, à moins qu'elles ne l'aient été dans son intérêt propre, par exemple pour la conservation et l'amélioration de ses immeubles.

255. La clause de reprise d'apport n'a, d'ailleurs, d'effet que dans les rapports des époux entre eux; elle n'est pas opposable aux tiers. Il en résulte, d'une part, que la femme ne peut exercer son droit de reprise à l'encontre des tiers au profit desquels le mari aurait disposé de biens compris dans l'apport, notamment revendiquer les immeubles ameublis que le mari aurait aliénés; d'autre part, que la femme qui a repris son apport peut être poursuivie par tous les tiers à raison des obligations par elle contractées, sauf, s'il y a lieu, son recours contre le mari ou ses héritiers. En outre, la femme n'a aucun droit de préférence, au regard des créanciers, sur les biens qu'elle communauté pour la reprise de son apport (V. *supra*, n° 196).

ART. 7. — DU PRÉCIPUT CONVENTIONNEL (R. 2901 et s.; S. 1053 et s.).

256. Le préciput conventionnel est la clause par laquelle l'un des époux est autorisé à prélever, avant partage, sur la masse de la communauté, une certaine somme ou une certaine quantité d'effets mobiliers en nature (Civ. 1515). Cette clause doit s'interpréter restrictivement, aussi bien quant aux choses qui en sont l'objet que quant aux personnes appelées à en profiter; ainsi, notamment, le préciput a été stipulé au profit de l'un des époux, ses héritiers, même ses enfants, n'y ont pas droit.

257. Le préciput ne s'ouvre, en général, que par la mort de l'un des époux, et il est habituellement stipulé au profit du survivant (Civ. 1517). Mais rien ne s'oppose à ce qu'il soit convenu que le droit au préciput sera acquis au jour de la dissolution de la communauté de quelque manière qu'elle se produise.

258. L'époux contre lequel le divorce ou la séparation de corps est prononcé perd son droit au préciput; l'autre époux le conserve, au contraire (Civ. 1518). La séparation de biens ne fait pas perdre au mari. Dans ces diverses hypothèses (à moins que le contrat de mariage ne contienne la stipulation dont il vient d'être parlé), il n'y a pas lieu à la délivrance actuelle du préciput (Civ. 1518), celui-ci ne devant s'ouvrir que par la survie de l'époux qui y a droit : la communauté est donc partagée par égales portions, comme si le préciput n'avait pas été stipulé, et, plus tard, quand la condition de survie se réalisera, la succession du prédécédé fera raison de la moitié de ce préciput au survivant. — Si c'est la femme qui a obtenu le divorce ou la séparation de corps, ou encore, d'après plusieurs auteurs, si la séparation de biens a été prononcée principalement, elle peut demander caution au mari pour la restitution de son préciput en cas de survie (Civ. 1518, *in fine*). Mais on admet généralement que ce droit ne lui appartient que dans le cas où le droit au préciput lui a été réservé même en cas de renonciation à la communauté (V. le n° suivant) ou, en fait, elle a renoncé; elle ne peut exiger la caution lorsqu'elle a droit : la communauté. — Quant au mari, au bénéfice duquel le divorce (ou la séparation de corps) a été prononcé, il n'a pas le droit d'exiger une caution de sa femme; il doit n'être nanti immédiatement des choses constituant le préciput, même en prélevant la valeur sur sa part de communauté et en fournissant caution au cas où il viendrait à mourir avant sa femme (Req. 23 mars 1903, D. P. 1903. 1. 326).

259. A moins de convention contraire, le préciput au profit de la femme n'a d'effet que si elle accepte la communauté, et il ne peut s'exercer que par voie de prélèvement sur l'actif des biens communs. Mais il peut être stipulé que la femme aura droit au préciput même en renonçant. En ce cas, la femme est créancière de son préciput non seulement contre la communauté, mais encore contre la succession de son mari; elle peut donc l'exercer sur les biens de cette succession, et cela, encore qu'en fait elle accepte la communauté, si les biens communs se trouvent insuffisants.

260. La clause de préciput ne change rien aux règles de la communauté légale sur le payement des dettes. Notamment, les créanciers de la communauté conservent le droit de poursuivre leur payement sur les objets compris dans le préciput, sauf le recours qui peut être exercé par l'époux sur la masse commune ou même, par la femme, si elle a renoncé à la communauté, sur les biens du mari.

261. Suivant l'opinion dominante, le préciput ne doit être considéré, ni en la forme, ni au fond, comme une libéralité, mais seulement comme une convention de mariage; non seulement il n'est pas soumis aux formalités des donations, mais encore il échappe aux règles sur la quotité disponible et la réserve, sauf dans le cas où l'époux qui a consenti le préciput a des enfants d'un premier lit (Civ. 1527, § 3) (V. *infrà*, n° 268). Et il en est ainsi dans le cas même où il a été stipulé que la femme pourrait exercer le préciput en renonçant à la communauté (Trib. civ. de la Seine, 16 avr. 1902, D. P. 1902. 2. 239).

ART. 8. — DES CLAUSES QUI EMPORTENT DÉROGATION A LA RÈGLE DU PARTAGE ÉGAL DE LA COMMUNAUTÉ.

262. La loi prévoit trois clauses de ce genre : 1° celle qui assigne à l'un des époux une part moindre que la moitié ; 2° celle d'après laquelle il ne pourra prétendre qu'à une certaine somme pour tout droit de communauté (forfait de communauté), et 3° celle qui attribue la totalité de la communauté au survivant ou à l'un des conjoints (Civ. 1520). Mais ce ne sont là que des exemples ; d'autres conventions peuvent être faites : ainsi, il peut être stipulé que, par le partage, l'un aura tous les immeubles et l'autre tous les meubles, ou que le survivant aura la totalité des meubles ou des immeubles en sus de sa part dans le surplus des biens.

§ 1er. — *Attribution d'une part moindre que la moitié* (R. 2959 et s.; S. 1065 et s.).

263. Lorsqu'il est convenu que la communauté sera partagée inégalement, l'époux ainsi réduit ne supporte les dettes de la communauté que proportionnellement à la part qu'il prend dans l'actif. Il ne peut être stipulé qu'il supportera une part plus forte. Une pareille stipulation est nulle pour le tout, c'est-à-dire aussi bien pour le partage de l'actif que pour la répartition des dettes ; la communauté doit être partagée par moitié, suivant la règle ordinaire. Il peut cependant être stipulé que l'un des époux prendra certains biens ou une certaine somme sans aucune charge, et que le reste se partagera : c'est alors le préciput de la communauté (V. *supra*, n°s 256 et s.).

§ 2. — *Forfait de communauté* (R. 2966 et s.; S. 1069 et s.).

264. Le forfait peut être stipulé soit à l'égard de l'un des époux seulement (le mari ou la femme), ou de ses héritiers, soit à l'égard du survivant, soit enfin à l'égard des héritiers du prédécédé. — Lorsque c'est au profit de la femme que s'ouvre le droit au forfait, le mari (ou ses héritiers) est obligé de payer la somme convenue, « que la communauté soit bonne ou mauvaise, suffisante ou non pour acquitter ladite somme. » Il ne peut se soustraire à cette obligation en offrant le partage égal de la communauté. Il est tenu d'acquitter tout le passif. Si, au contraire, c'est le mari qui a droit au forfait, la femme a le choix ou de payer la somme convenue, ou de renoncer à la communauté et d'en abandonner aux héritiers du mari les biens et les charges. Elle est alors déchargée de toutes les dettes communes. Mais, si elle accepte, elle ne peut, en remplissant les formalités prescrites par l'art. 1483 civ., jouir du bénéfice de n'être tenue du passif que jusqu'à concurrence de son émolument ; elle est nécessairement tenue *ultra vires*. Si la clause n'établit le forfait qu'à l'égard des héritiers de l'un des époux, celui-ci, s'il survit, a droit au partage légal par moitié.

§ 3. — *Attribution de la totalité de la communauté au survivant ou à l'un des époux* (R. 2989 et s.; S. 1070 et s.).

265. La clause aux termes de laquelle la totalité de la communauté appartiendra au survivant des époux, ou à l'un d'eux spécialement désigné, offre cela de particulier que les héritiers de l'autre époux ont le droit de « faire la reprise des apports ou

capitaux tombés dans la communauté du chef de leur auteur » (Civ. 1525, § 1er). Cette dernière expression désigne le mobilier apporté lors du mariage ou échu depuis, dont la communauté est devenue propriétaire, et non pas seulement le mobilier réalisé par contrat de mariage et les créances de reprises. — Il est d'ailleurs permis aux époux de déroger, par contrat de mariage, à la règle qui réserve aux héritiers du prédécédé la reprise des apports et de convenir que le survivant gardera même les valeurs tombées dans la communauté du chef de son conjoint. Mais cette convention doit être formellement exprimée.

266. L'attribution de la totalité de la communauté au survivant n'est point réputée un avantage sujet aux règles relatives aux donations, soit quant au fond, soit quant à la forme, mais simplement une convention de mariage (Civ. 1525, § 2). D'après une doctrine et une jurisprudence qui paraissaient établies, il en devrait être autrement lorsqu'il a été convenu que l'autre époux, ou ses héritiers, n'aura pas la reprise des biens qui sont entrés de son chef dans la communauté ; mais, en dernier lieu, la Cour de cassation a décidé que, *même dans ce cas*, l'attribution totale de la communauté ne cesse pas de constituer une convention matrimoniale, échappant à ce titre à l'application des règles afférentes aux donations (Civ. r. 2 août 1899, D. P. 1901. 2. 433). Il n'y aurait exception qu'en faveur des enfants d'un premier lit, en vertu de la règle qui les autorise à attaquer les conventions matrimoniales de leur auteur lorsqu'elles portent atteinte à leur réserve (Civ. 1527) (V. *infrà*, n° 268).

267. L'époux qui recueille la totalité de la communauté doit en payer toutes les dettes. Toutefois, les héritiers exerçant la reprise des apports de leur auteur seraient tenus de payer les dettes qui grevaient spécialement ces apports. — Si c'est la femme qui conserve toute la communauté, elle a le droit d'y renoncer ; mais elle ne peut invoquer le bénéfice de l'art. 1483 (Comp. *supra*, n° 264).

ART. 9. — DE LA COMMUNAUTÉ A TITRE UNIVERSEL (R. 3030 et s.; S. 1082 et s.).

268. Les époux peuvent établir entre eux une communauté universelle, soit de tous leurs biens présents et à venir, soit de leurs biens présents ou de leurs biens à venir seulement (Civ. 1526). Les conventions qui étendent ainsi l'actif de la communauté doivent s'entendre restrictivement : ainsi, au cas où les époux auraient déclaré mettre en communauté tous leurs biens, meubles et immeubles, la communauté ne comprendrait pas les immeubles futurs. Le principe de la communauté universelle est corrélatif à son actif : c'est ainsi que, si la communauté comprend tous les biens présents et à venir des époux, elle sera grevée de toutes leurs dettes mobilières et immobilières, sans distinction. — La communauté universelle ne doit pas être considérée comme une donation susceptible d'être réduite à la quotité disponible, sauf en ce qui regarde les enfants d'un premier lit. Il en est ainsi, alors même que l'un des époux n'apporterait aucune fortune tandis que l'autre mettrait en communauté des biens considérables. Il y a lieu d'appliquer les règles de la communauté légale en ce qui concerne l'administration du mari, le partage, le droit de renonciation de la femme, etc.

SECT. IV. — Dispositions communes aux divers régimes de communauté (R. 3054 et s.; S. 1086 et s.).

269. Si la confusion du mobilier et des dettes, qui se produit sous le régime de la communauté légale, opère au profit de l'un des époux un avantage supérieur à celui qui

est autorisé par l'art. 1098 (V. *infrà*, *Portion disponible*), les enfants du premier lit de l'autre époux ont une action en retranchement (Civ. 1496, § 2). — Cette disposition s'applique à l'avantage qui résulte, non pas seulement des apports mobiliers et des dettes existant lors du mariage, mais encore du mobilier et des dettes qui adviennent aux époux pendant le mariage. La même règle est reproduite pour le cas de communauté conventionnelle, lorsqu'il y a des enfants d'un premier lit (Civ. 1527, § 3) : toute convention qui tendrait dans ses effets à donner à l'un des époux au delà de la portion fixée par l'art. 1098 est sans effet pour l'excédent de cette portion.

270. Mais les simples bénéfices résultant des travaux communs et des économies faites sur les revenus respectifs quoique inégaux des deux époux ne sont pas considérés comme un avantage fait au préjudice des enfants d'un premier lit. — Cette règle, édictée à l'égard de la communauté *conventionnelle* (Civ. 1527), s'applique également à la communauté légale.

271. L'action en retranchement ou en réduction accordée aux enfants d'un premier lit ne s'ouvre qu'au décès de leur auteur. — Pour établir l'atteinte portée à leur réserve, les enfants du premier lit peuvent établir la consistance des apports des époux tant par titres que par témoins, et même, suivant quelques auteurs, par commune renommée. — La réduction obtenue par les enfants du premier lit profite aux enfants du second lit. Ceux-ci pourraient-ils, si les enfants du premier lit n'exerçaient pas l'action en réduction, l'intenter à leur place ? Comp. *infrà*, *Portion disponible*.

SECT. V. — Des régimes exclusifs de la communauté légale.

ART. 1er. — DE LA CLAUSE D'APRÈS LAQUELLE LES ÉPOUX SE MARIENT SANS COMMUNAUTÉ (R. 3073 et s.; S. 1092 et s.).

272. Le régime sans communauté est soumis aux règles de la communauté légale sur tous les points où il n'y a pas été dérogé par la loi ou par le contrat de mariage. — Les fruits des biens propres de la femme sont censés apportés par elle pour subvenir aux charges du mariage et, à ce titre, appartiennent au mari (Civ. 1530). Quant aux profits que la femme retire d'un commerce exercé séparément, ou de son travail, l'opinion dominante est que les économies réalisées sur ces profits lui appartiennent en propre, et que le mari en a seulement la jouissance, comme des capitaux appartenant à la femme.

273. La femme est propriétaire des biens qu'elle a acquis en son propre nom pendant le mariage, sans qu'il y ait à distinguer entre les acquisitions effectuées en remploi de ses biens personnels et celles qu'elle aurait faites sans avoir de fonds disponibles. Mais, dans ce dernier cas, elle doit récompense à raison des sommes que le mari aurait avancées pour le payement desdites acquisitions. Il appartient au mari (ou à ses héritiers) de prouver qu'il a fait cette avance ; la règle qui mettait autrefois la preuve contraire à la charge de la femme (Loi *Quintus Mucius*) n'est plus applicable aujourd'hui (Req. 18 mai 1897, D. P. 97. 1. 407).

274. Sous le régime sans communauté, il y a séparation de dettes entre les époux. Les dettes de la femme ne peuvent être poursuivies que sur ses propres biens, et même seulement sur la nue propriété de ces biens si elles n'ont pas datée certaine avant le mariage. Le mari n'est pas tenu non plus des dettes contractées par la femme pendant le mariage, même avec son consentement, à moins qu'elles n'aient tourné à son profit.

35

275. Le mari administre les biens de la femme et peut faire, relativement à ces biens, tous actes d'administration. Il a le droit de percevoir tout le mobilier que la femme apporte en dot ou qui lui échoit pendant le mariage; mais il doit le restituer lors de la dissolution du mariage ou de la séparation de biens. L'obligation de restituer en nature ne s'applique pas aux choses dont on ne peut faire usage sans les consommer; le mari en doit la valeur telle qu'elle a été constatée par un état estimatif ou un inventaire (Civ. 1532). On applique, en général, la même règle aux objets mobiliers quelconques que le mari a reçus avec estimation, sans déclaration que l'estimation n'en vaut pas vente. — Les immeubles de la femme ne sont pas inaliénables; mais l'aliénation n'en peut être faite que par la femme, avec l'autorisation du mari ou de la justice (Civ. 1535). Le mari peut être garant du défaut de remploi, suivant les règles établies pour le cas de séparation de biens (Civ. 1450). V. *supra*, n° 160.

276. La femme peut, sous le régime sans communauté, se réserver le droit de percevoir elle-même une partie de ses revenus pour ses besoins et son entretien personnels (Civ. 1534). En pareil cas, les fruits des économies faites par la femme sur la portion des revenus réservée lui appartiennent en propre comme cette portion de revenus elle-même, et, dès lors, les biens qu'elle achète avec les économies ainsi réalisées lui appartiennent personnellement : le mari n'a pas plus de droit sur ces acquisitions qu'il n'en avait sur les revenus au moyen desquels elles ont été faites (Req. 18 mai 1897, D. P. 97. 1. 407).

277. Le droit de jouissance du mari cesse à la dissolution du mariage ou lorsque la séparation de corps ou de biens a été prononcée. Dès ce moment, le mari doit donc compte des fruits et revenus des biens de la femme; il ne jouit pas du délai qui lui est accordé sous le régime dotal (V. *infrà, Régime dotal*). Il doit également, à partir de la même époque, les intérêts des reprises et créances que la femme peut avoir contre lui.

ART. 2. — DE LA SÉPARATION DE BIENS (R. 3121 et s.; S. 1104 et s.).

278. Sous ce régime, non seulement les biens des époux restent entièrement séparés, mais encore le mari ne participe ni à la jouissance, ni à l'administration des biens de la femme. La femme conserve l'entière administration de ses meubles et de ses immeubles et la libre jouissance de ses revenus (Civ. 1536). Sa capacité est la même qu'en cas de séparation de biens judiciairement prononcée (V. *supra*, n°156 et s.). Elle ne peut, notamment, aliéner ses immeubles sans le consentement spécial de son mari ou l'autorisation de la justice (Civ. 1538). En cas d'aliénation, celui-ci est responsable du défaut de remploi, conformément aux règles édictées pour le cas de séparation judiciaire. — Les époux séparés de biens ne peuvent valablement former entre eux une société civile ou commerciale.

279. Les époux ne sont tenus des dettes l'un de l'autre, ni pour le capital, ni pour les intérêts, à moins qu'il ne s'agisse de fournitures faites au ménage commun, ou qui ont profité aux deux époux. — Même sous le régime de la séparation de biens, il est utile de faire constater, au moyen d'un inventaire ou d'un état en bonne forme, la consistance du mobilier que la femme possède au jour du mariage et de celui qui lui échoit ultérieurement; à défaut d'un pareil état, les créanciers de chaque époux pourraient faire saisir tout le mobilier qu'ils possèdent ensemble.

280. A défaut de conventions contenues, à cet égard, dans le contrat de mariage, la femme contribue aux charges du mariage jusqu'à concurrence du tiers de ses revenus (Civ. 1537). La part contributoire de la femme n'est, d'ailleurs, pas invariable; et, si le mari tombe dans l'indigence, la femme doit supporter seule lesdites charges. — La part contributoire de la femme doit être versée entre les mains du mari, sauf le cas où il y aurait lieu de craindre que les sommes remises par la femme ne fussent dissipées ou détournées de leur destination (V. *supra*, n° 153).

281. L'administration des biens de la femme peut être conférée au mari par une clause du contrat de mariage : cette clause ne confère pas au mari la qualité d'usufruitier, mais seulement celle d'administrateur ou de mandataire tenu de rendre compte et d'employer les revenus aux besoins du ménage; par suite, ces revenus ne peuvent être saisis par les créanciers personnels du mari. — Sauf dans le cas où le mari a été ainsi constitué administrateur par contrat de mariage, la femme peut toujours lui retirer la procuration qu'elle lui a donnée ou l'administration qu'elle lui a laissé prendre.

282. Sur les règles applicables au cas où le mari a administré les biens de la femme avec ou sans mandat de celle-ci, V. *infrà, Régime dotal*.

COMMUNE

(R. v° *Commune*; S. eod. v°).

1. On désigne sous le nom de *commune* : 1° la portion du territoire de France qui forme la plus petite des circonscriptions administratives et qui est soumise à une même organisation municipale; 2° l'être moral qui personnifie la collectivité des individus habitant cette portion du territoire pour tous les intérêts et droits qu'ils ont en commun.

CHAP. Ier. — LÉGISLATION (R. 1 et s.; S. 3 et s.).

2. La législation municipale se trouve dispersée dans des textes assez nombreux. La loi du 5 avr. 1884 (D. P. 84. 4. 25) a bien codifié une grande partie des règles relatives au fonctionnement des conseils municipaux; mais elle a laissé subsister un certain nombre de textes antérieurs et, depuis 1884, de nouvelles lois l'ont modifiée sur certains points. — Parmi les lois anciennes qui sont encore en vigueur du moins pour partie, il faut citer : la loi du 14 déc. 1789, art. 60 (R. p. 168); la loi du 10 juin 1793 (R. p. 189) sur les partages des biens communaux; l'ordonnance du 4 nov. 1837 (R. v° *Marché de fournitures*, p. 96) sur les marchés des communes. — Depuis la loi du 5 avr. 1884, la législation communale a été modifiée par la loi du 22 mars 1890 (D. P. 90. 4. 106), sur les syndicats de communes; la loi du 29 déc. 1897 (D. P. 99. 4. 55), sur la réforme des octrois; la loi du 21 juin 1898 (D. P. 98. 4. 125), sur la police rurale; la loi du 15 févr. 1902 (D. P. 1902. 4. 41), sur la santé publique; la loi du 7 avril 1902 (D. P. 1902. 4. 101), qui modifie diverses dispositions de la loi du 5 avr. 1884, en matière d'impositions et d'emprunts communaux.

CHAP. II. — FORMATION, DIVISION ET RÉUNION DES COMMUNES (R. 172 et s.; S. 33 et s.).

3. Une loi est nécessaire pour créer une commune nouvelle (L. 5 avr. 1884, art. 5). — Quant aux autres modifications qui peuvent être apportées à la circonscription communale (suppression ou réunion de communes, transferrement, dévolution de territoire à une autre commune, changement dans la désignation du chef-lieu), il est

statué : 1° par une loi quand le projet modifie les limites du département, de l'arrondissement ou du canton; 2° quand les deux communes modifiées sont situées dans le même canton. Le projet est alors délibérative du Conseil général si les Conseils municipaux, les commissions syndicales et le Conseil général sont d'accord pour approuver le projet, ou par un décret rendu en Conseil d'Etat, le Conseil général entendu, si cet accord n'existe pas (L. 1884, art. 6).

4. Les modifications des circonscriptions communales peuvent être décidées par le préfet, ou par le Conseil municipal de l'une des communes intéressées, ou par le tiers des électeurs inscrits dans la commune ou dans la section. Le projet est alors soumis par le préfet à une enquête *de commodo et incommodo*. Quand le projet concerne une portion habitée de la commune, un arrêté préfectoral convoque les électeurs pour nommer une commission syndicale chargée de défendre leurs intérêts. Le dossier est transmis, avec les avis de ces commissions syndicales, des Conseils municipaux, du Conseil d'arrondissement, du sous-préfet, au Conseil général, qui délibère ou statue définitivement suivant les cas. Les actes qui approuvent les modifications aux circonscriptions communales ne peuvent être attaqués que pour excès de pouvoir.

5. La loi du 5 avr. 1884, art. 7, a réglé les effets des actes modificatifs du territoire des communes quant au régime des propriétés immobilières. En cas de réunion d'une commune, ou d'une fraction de commune, à une autre commune : 1° les biens affectés à un service public appartiennent à la commune du territoire de laquelle fait partie le sol sur lequel ils sont situés; 2° les biens affermés demeurent la propriété de la section à laquelle ils appartiennent, mais les revenus en argent qu'ils produisent tombent dans la caisse communale; 3° les biens dont les fruits sont perçus en nature demeurent la propriété de la section transférée, et seuls les habitants de cette section peuvent en jouir. — En cas de division, la commune ou section de commune réunie à une autre commune ou érigée en commune séparée reprend la pleine propriété de tous les biens qu'elle avait apportés. Enfin les Conseils municipaux des communes réunies ou fractionnées sont dissous de plein droit (art. 9). — La section réunie à une autre commune emporte avec elle son contingent d'impôt foncier. Après la réunion, pour que tous les contribuables de la commune agrandie soient imposés d'après une proportion uniforme, sans pourtant que la somme à payer pour chacun soit modifiée, les agents des contributions directes doivent reviser les revenus portés aux matrices cadastrales (L. 12 août 1876, D. P. 76. 4. 124).

6. Toutes les autres conditions sont réglées par l'acte qui approuve le projet de modification. Il en est ainsi de la répartition, entre les deux fractions de la commune divisée, de l'actif et du passif, du partage des biens des pauvres, des indemnités qu'il peut y avoir lieu de payer à la commune démembrée. — Le changement de nom d'une commune est effectué directement par décret en Conseil d'Etat sur la demande du Conseil municipal seul, ou à propos d'un remaniement de la circonscription, par l'acte qui statue sur cette modification (L. 5 avr. 1884, art. 2 et 8).

7. Les difficultés relatives à la délimitation des communes sont de la compétence administrative. Les rectifications de limites doivent être faites par le préfet quand les communes sont situées dans le même département, par l'autorité supérieure si elles sont situées dans des départements différents (L. 19 avr. 1790, R. p. 173; Régl. sur le cadastre, 10 oct. 1821, art. 3). — Quand la question de limites se pose devant un tribunal judiciaire, il doit surseoir à statuer jusqu'à ce que l'autorité administrative ait procédé à la délimitation. Au contraire, si la même question se pose devant une juridiction administrative, celle-ci n'a pas à renvoyer au préfet : elle peut interpréter elle-même les actes de délimitation (Cons. d'Et. 7 août 1883).

CHAP. III. — ORGANES DE LA COMMUNE (R. 195 et s.; S. 60 et s.).

8. Les organes de la commune sont : 1° le Conseil municipal; 2° la municipalité, composée du maire et des adjoints.

SECT. Ire. — Conseil municipal.

ART. 1er. — FORMATION DES CONSEILS MUNICIPAUX.

9. V. *infrà*, *Elections*.

ART. 2. — FONCTIONNEMENT DES CONSEILS MUNICIPAUX (R. 232 et s.; S. 142 et s.).

10. Les Conseils municipaux sont élus pour quatre ans : il est procédé au renouvellement intégral dans toute la France le premier dimanche de mai (L. 5 avr. 1884, art. 41). Passé cette date, l'ancien Conseil n'existe plus, même si les élections n'ont pu avoir lieu à la date légale, et il ne peut plus valablement délibérer sur les affaires de la commune.

11. Les Conseils municipaux ont chaque année quatre sessions ordinaires, en février, mai, août et novembre. Leur durée est de quinze jours et peut être prolongée avec autorisation du sous-préfet. La session où le budget est discuté peut durer six semaines (art. 46). Le préfet, le sous-préfet et le maire peuvent convoquer le Conseil en session extraordinaire toutes les fois qu'ils le jugent utile. Le maire est tenu de faire cette convocation quand une demande motivée lui en est faite par la majorité en exercice du Conseil municipal. Il est également tenu, toutes les fois qu'il ordonne une session extraordinaire, d'en indiquer les motifs au préfet ou au sous-préfet (art. 47).

12. Dans une session ordinaire, le Conseil municipal peut s'occuper de toutes les matières qui rentrent dans ses attributions. Dans les sessions extraordinaires, il ne peut s'occuper que des objets spéciaux qui les ont motivées et qui doivent être mentionnés sur les convocations (art. 46 et 47).

13. Avant chaque session, tous les membres du Conseil doivent recevoir une convocation que le maire doit leur adresser trois jours francs avant le jour de la réunion. S'il y a urgence, le préfet ou le sous-préfet peuvent abréger le délai de convocation. Les convocations doivent être adressées par écrit et à domicile, mentionnées au registre des délibérations et affichées à la porte de la mairie. — Toute irrégularité dans l'envoi des convocations, le défaut de convocation, même d'un seul conseiller, l'inobservation du délai légal, constituent des irrégularités substantielles qui entraînent l'annulation de la délibération (Cons. d'Et. 8 août 1894, D. P. 95. 3. 83).

14. Les conseillers municipaux prennent rang dans l'ordre du tableau. Celui-ci est déterminé : 1° par la date la plus ancienne des nominations ; 2° entre conseillers élus le même jour, par le plus grand nombre de suffrages obtenus ; 3° et, à égalité de voix, par la priorité d'âge (art. 49).

15. Les séances du Conseil municipal sont présidées, en principe, par le maire ou, à son défaut, par celui qui le remplace, c'est-à-dire par un adjoint ou un conseiller municipal dans l'ordre du tableau (art. 52). — Quand il s'agit d'élire le maire, la séance est présidée par le doyen d'âge (art. 77).

Dans les séances où le compte d'administration du maire est débattu, le Conseil municipal élit son président. Le maire peut assister aux débats, mais doit se retirer au moment du vote. Le président transmet cette délibération directement au sous-préfet (art. 52). — Au début de chaque session, et pour sa durée, le Conseil municipal élit un ou plusieurs de ses membres pour remplir les fonctions de secrétaires. Il peut leur adjoindre des auxiliaires, qui assisteront aux séances sans participer aux délibérations (art. 53).

16. Les séances sont publiques ; néanmoins, sur la proposition de tous ses membres, le Conseil peut décider, par assis et levé, sans débats, s'il se formera en comité secret (art. 54). — Le maire a la police de l'assemblée. Il l'exerce tant vis-à-vis des membres du Conseil qu'à l'égard de l'auditoire. Il peut faire expulser ou arrêter tout individu qui troublerait l'ordre, et, si un crime ou un délit était commis dans la salle des séances, il dresserait procès-verbal (art. 55). — Le Conseil municipal peut seconder le maire en décernant un blâme contre ceux de ses membres qui auraient méconnu l'autorité du président et troublé les délibérations (Cons. d'Et. 16 avr. 1886).

17. Le Conseil municipal ne peut délibérer que quand la majorité de ses membres en exercice assiste à la séance. Il faut considérer comme membre en exercice tout membre du Conseil proclamé élu par le bureau électoral tant que son élection n'a pas été annulée définitivement, et les conseillers démissionnaires tant qu'il n'a pas été donné acte de leur démission. — Quand, après deux convocations successives à trois jours d'intervalle et dûment constatées, le Conseil municipal ne s'est pas réuni en nombre suffisant, la délibération prise après la troisième convocation est valable, quel que soit le nombre des membres présents (L. 5 avr. 1884, art. 50).

18. Les délibérations sont prises à la majorité absolue des votants. Les votes ont lieu : 1° en règle générale par assis et levé ; 2° au scrutin public quand le quart des membres présents réclame ce mode de votation. En ce cas, les noms des votants avec la désignation de leurs votes sont insérés au procès-verbal ; 3° au scrutin secret, lorsque ce mode de votation est demandé par le tiers des membres présents ou qu'il s'agit de procéder à une nomination ou à une présentation. Dans ces derniers cas, après deux tours de scrutin secret, si aucun des candidats n'a obtenu la majorité absolue, il est procédé à un troisième tour de scrutin, et l'élection a lieu à la majorité relative ; à égalité de voix, l'élection est acquise au plus âgé (art. 51). — Hors le cas du scrutin secret, la voix du président est prépondérante s'il y a partage. Le président ne peut renoncer volontairement au bénéfice que lui attribue à son suffrage.

19. Le Conseil municipal peut former, au cours de chaque session, des commissions chargées d'étudier les questions soumises au Conseil par l'Administration ou par l'initiative d'un de ses membres. Ces commissions, qui peuvent siéger dans l'intervalle des sessions, sont présidées de droit et convoquées par le maire. Elles peuvent élire un vice-président, qui les convoque si le maire est absent ou empêché (art. 59).

20. La loi a organisé la publicité des actes des Conseils municipaux. D'abord, il est dressé par le secrétaire du Conseil municipal un procès-verbal de la séance. Le compte rendu de la séance est, dans la huitaine, affiché par extrait à la porte de la mairie. — Les délibérations sont inscrites, par ordre de date, sur un registre coté et parafé par le préfet ou le sous-préfet. Elles sont signées par tous les membres qui étaient présents à

la séance, ou mention est faite de la cause qui les a empêchés de signer (art. 56 et 57). L'omission de la transcription d'une délibération sur le registre n'entraîne pas nécessairement la nullité de cette délibération (Cons. d'Et. 5 févr. 1886, D. P. 87. 5. 91), non plus que le défaut de signature (Cons. d'Et. 30 mai 1884, D. P. 85. 5. 91).

21. Tout habitant ou contribuable de la commune a droit de demander communication sans déplacement, de prendre copie totale ou partielle des procès-verbaux du Conseil municipal, du budget et des comptes de la commune (art. 58). Chacun peut les publier sous sa responsabilité (art. 58). La communication doit être, aux termes d'un décret du 7 messidor an 2 (R. v° *Archives*, p. 204), donnée sans frais et avec les précautions convenables de surveillance. Le citoyen qui demande à ses frais un extrait ou une expédition d'une délibération a droit de l'obtenir moyennant le payement du droit fixé par l'art. 37 du décret du 7 messidor an 2 (15 sous par rôle). — Le maire qui refuserait la communication ou la délivrance d'une pièce déposée à la mairie, commettrait un excès de pouvoir (Cons. d'Et. 9 avr. 1868, D. P. 68. 3. 67). S'il oppose un refus tacite à la demande, le particulier peut, au bout de quatre mois, saisir le Conseil d'État (L. 17 juill. 1900, D. P. 1900. 4. 77).

ART. 3. — DÉMISSION DES CONSEILLERS MUNICIPAUX. — DISSOLUTION DU CONSEIL MUNICIPAL (R. 281 et s.; S. 177 et s.).

22. Il y a deux espèces de démissions : la démission volontaire et la démission d'office. — La première doit être adressée par le conseiller municipal au sous-préfet ; elle est définitive dès que le préfet en a accusé réception. Le préfet n'a pas à l'accepter expressément. A défaut de cet accusé de réception, la démission est définitive un mois après un nouvel envoi de la démission constaté par lettre recommandée (art. 60). Elle peut être retirée tant qu'elle n'est pas définitive.

23. La démission d'office peut être prononcée : 1° soit pour cause d'inéligibilité ou d'incompatibilité survenue postérieurement à l'élection du conseiller (art. 36) ; 2° soit pour absence à trois convocations successives tenues dans des sessions différentes (art. 60) ; 3° soit pour refus de remplir une fonctions qui sont dévolues par la loi aux conseillers municipaux. — Dans les deux premiers cas, elle est prononcée par un arrêté du préfet ; quand elle est motivée par l'absence du conseiller, celui-ci doit d'abord être mis en demeure de faire connaître les motifs de son absence. Ces motifs sont soumis au Conseil municipal, qui les agrée ou les repousse par une délibération. L'arrêté préfectoral peut être déféré au Conseil de préfecture, sauf appel au Conseil d'Etat. — Dans le troisième cas, la démission est prononcée par le Conseil d'Etat statuant au contentieux sur requête présentée par le ministre de l'Intérieur (L. 7 juin 1873, D. P. 73. 4. 73).

24. Le Gouvernement ne peut révoquer individuellement les membres du Conseil municipal. En cas d'urgence, le préfet en France, le gouverneur aux colonies où la loi de 1884 est applicable, peut, par un arrêté motivé, suspendre pour un mois au plus le Conseil municipal. Il doit rendre compte immédiatement au ministre. — La dissolution d'un Conseil municipal peut être prononcée par un décret motivé rendu en conseil des ministres et publié au *Journal officiel* et, dans les colonies, par arrêté du gouverneur en conseil privé inséré au journal officiel de la colonie (L. 5 avr. 1884, art. 43). Le Gouvernement ne peut prononcer la dissolution d'un Conseil municipal dont l'élection a été annulée par le Conseil d'Etat (Cons. d'Et.

27 nov. 1891, D. P. 93. 3. 9);... ni se fonder, pour prendre cette mesure, sur des irrégularités commises dans les élections et en raison desquelles celles-ci sont attaquées (Cons. d'Et. 31 janv. 1902, D. P. 1902. 3. 55).

25. A la suite d'une dissolution ou d'une démission collective des membres du Conseil municipal, et au cas où aucun Conseil municipal ne peut être constitué, un décret (un arrêté du gouverneur aux colonies) nomme une délégation spéciale de trois à sept membres (art. 44). Il ne peut être nommé de délégation spéciale dans le cas où le Conseil d'Etat annule intégralement les élections d'un Conseil municipal. Cette délégation ne peut faire que des actes de pure administration conservatoire et urgente. Elle ne peut jamais engager les finances municipales au delà des ressources disponibles de l'exercice courant. Elle ne peut ni préparer le budget, ni recevoir les comptes, ni modifier le personnel ou le régime de l'enseignement public. — En cas de dissolution, et quand une délégation spéciale est nommée, il est procédé à la réélection du Conseil municipal dans les deux mois (art. 45). Les pouvoirs de la délégation expirent aussitôt que le Conseil municipal est reconstitué. Le Conseil municipal dissous, en corps, ou chaque membre du Conseil individuellement, peut attaquer, pour excès de pouvoir, le décret de dissolution ou l'arrêté de suspension. Mais les motifs de ces actes ne peuvent être discutés devant le Conseil d'Etat (Cons. d'Et. 22 juin 1886).

ART. 4. — ATTRIBUTIONS DES CONSEILS MUNICIPAUX. — DÉLIBÉRATIONS.

§ 1er. — *Division des délibérations* (R. 358 et s.; S. 253 et s.).

26. Les fonctions du Conseil municipal, véritable représentant de la commune considérée comme personne morale, consistent à délibérer sur toutes les affaires qui intéressent la commune, voter les dépenses et recettes, approuver et recevoir les comptes du maire et du receveur, décider tous les actes de la vie civile de la commune, les procès.

27. Les Conseils municipaux ont des attributions de plusieurs sortes : 1º ils prennent des délibérations, les unes dites *réglementaires*, qui constituent des décisions (L. 5 avr. 1884, art. 61, § 1er), les autres subordonnées à l'autorisation de l'Administration supérieure (art. 68); 2º ils émettent des avis (art. 61, § 2); 3º ils formulent des réclamations contre le contingent assigné à la commune dans l'établissement des impôts de répartition (art. 61, § 3); 4º ils émettent des vœux (art. 61, § 4); 5º ils procèdent à des nominations ou dressent des listes de candidats à certaines fonctions ou à certains avantages.

28. Aux termes de l'art. 61, § 1er, le Conseil municipal *règle* par ses délibérations les affaires de la commune. De cette disposition générale il résulte qu'à moins d'une disposition formelle inscrite dans la loi, les délibérations du Conseil municipal sont exécutoires par elles-mêmes, et sans aucune approbation de l'autorité supérieure.

29. Les délibérations non réglementaires sont celles qui ont besoin, pour être exécutées, d'une approbation qui, suivant les cas, est donnée par le préfet, les ministres, le chef de l'Etat, le pouvoir législatif, le Conseil de préfecture, le Conseil général ou la commission départementale (art. 68, 121).

30. L'art. 70 énumère un certain nombre de cas dans lesquels le Conseil municipal est appelé nécessairement à donner son avis. Cet avis est encore exigé par de nombreuses lois spéciales. Enfin le préfet peut consulter le Conseil toutes les fois qu'il le juge utile. Dans les cas où l'avis du Conseil municipal est prévu par une disposition légale, il constitue une formalité substantielle dont l'omission entraînerait la nullité de l'acte fait. L'avis doit être demandé, mais il ne doit pas nécessairement être suivi. Quand le Conseil, régulièrement requis et convoqué, refuse ou néglige de donner son avis, il peut être passé outre.

31. Le Conseil municipal, quand il estime que le contingent assigné par le Conseil d'arrondissement à la commune dans un impôt de répartition est exagéré, en appelle au Conseil général, qui statue définitivement sur la suite dont ces réclamations sont susceptibles (V. *infrà*, *Département et arrondissement, Impôts directs*).

32. Le Conseil municipal émet des vœux sur tous les objets d'intérêt local. Il lui est seulement interdit d'émettre des vœux politiques et de publier des proclamations ou adresses (art. 72, § 1er).

33. Le Conseil procède, par voie d'élection, à un certain nombre de nominations. Il élit le maire, les adjoints, les délégués sénatoriaux, les membres qui représentent le Conseil municipal dans les commissions administratives des établissements de bienfaisance. Il nomme les commissions d'études, les conseillers qui remplissent les fonctions de secrétaires du Conseil et les auxiliaires. Il élit les délégués de la commune dans les conférences intercommunales, les commissions syndicales pour la gestion des biens indivis et des syndicats des communes. Le Conseil municipal dresse la liste sur laquelle le sous-préfet choisit les répartiteurs et leurs suppléants (art. 61). Il présente les candidats aux fonctions de receveur municipal (art. 156). Il arrête la liste des individus exemptés comme indigents de la contribution personnelle-mobilière et celle des individus admis à l'assistance médicale gratuite.

§ 2. — *Modes d'exercice du contrôle de l'État* (R. 370 et s.; S. 264 et s.).

34. Toute délibération doit, dans la huitaine, être expédiée par le maire au sous-préfet, qui en constate la réception sur un registre et en délivre immédiatement récépissé (L. 5 avr. 1884, art. 62). Le sous-préfet doit transmettre ces délibérations au préfet. Le même délai de huitaine est imparti au maire pour afficher l'extrait de la délibération à la porte de la mairie. Cet affichage fait courir un délai de quinze jours pendant lequel les intéressés et les contribuables peuvent réclamer contre une délibération qui serait entachée du vice prévu à l'art. 64. Passé ce délai de quinze jours, le préfet peut déclarer, s'il s'agit d'une délibération exécutoire, qu'il ne s'oppose pas à la délibération. S'il n'a rien fait dans le mois qui suit le dépôt de la délibération à la sous-préfecture, le maire peut poursuivre l'exécution de cette délibération.

35. Quand il s'agit de délibérations non réglementaires, qu'il faut, pour qu'elles puissent être exécutées, qu'il intervienne une approbation de l'autorité compétente. Cette autorité est, sauf exception, le préfet, qui statue tantôt par arrêté simple, tantôt par arrêté en Conseil de préfecture. — L'approbation doit, en principe, résulter d'un acte formel; cependant, on a admis quelquefois qu'elle peut résulter implicitement de tout acte de l'autorité supérieure supposant nécessairement qu'elle est accordée (Cons. d'Et. 24 juin 1881, D. P. 83. 3. 2).

36. L'autorité compétente pour approuver une délibération est libre de la donner ou de la refuser. C'est un acte de tutelle discrétionnaire. Mais il ne lui appartient pas de modifier la délibération, même avec une approbation partielle; il y aurait excès de pouvoir de sa part à le faire (Cons. d'Et.

12 déc. 1890, D. P. 92. 3. 79). Lorsque le préfet refuse son approbation, ou qu'un mois s'est écoulé depuis la réception de la délibération, le Conseil municipal peut se pourvoir devant le ministre de l'Intérieur (L. 1884, art. 69). Ce recours au supérieur hiérarchique est également ouvert aux parties intéressées (Circ. min. int. 15 mai 1884). Mais, dans aucun cas, le refus d'approbation ne peut donner lieu à un recours contentieux devant le Conseil d'Etat. L'approbation, une fois donnée, ne peut être retirée (Cons. d'Et. 10 juill. 1885, D. P. 87. 3. 14). Au contraire, le refus d'autorisation n'est pas irrévocable, et l'autorité supérieure peut revenir sur sa décision. — Les délibérations prises en matière budgétaire, et relativement à des dépenses obligatoires, peuvent être réformées au moyen de l'inscription d'office.

§ 3. — *Vices dont les délibérations peuvent être entachées* (R. 276 et s.; S. 256 et s.).

37. La loi du 5 avr. 1884 prévoit deux sortes de nullités : la nullité de droit ou absolue, et l'annulabilité. — D'après l'art. 63, sont nulles de plein droit : 1º les délibérations d'un Conseil municipal portant sur un objet étranger à ses attributions ou prises hors de sa réunion légale; 2º les délibérations prises en violation d'une loi ou d'un règlement d'administration publique; 3º les délibérations prises en violation de l'art. 72, et par lesquelles un Conseil aurait publié des proclamations et adresses, émis des vœux politiques ou se serait mis en communication avec un ou plusieurs Conseils municipaux en dehors des cas prévus par les lois. — Sont annulables les délibérations auxquelles auraient pris part des membres du Conseil intéressés soit en leur nom personnel, soit comme mandataires, à l'affaire qui en a fait l'objet (art. 64). — La loi consacre ainsi la distinction entre les nullités absolues et les nullités relatives. Toutes les fois que l'un des vices qui entachent une délibération d'une nullité de droit est constaté, le préfet, ou le Conseil de préfecture, ou le Conseil d'Etat, est tenu d'annuler. Au contraire, le fait que des membres du Conseil ont pris part à une délibération à laquelle ils avaient un intérêt personnel n'oblige pas nécessairement le préfet ou le Conseil d'Etat à annuler la délibération. Il est permis d'apprécier quelle a pu être l'influence de ces membres (Cons. d'Et. 28 juin 1889). — Le Conseil municipal sort de ses attributions quand il émet des vœux contre des fonctionnaires de l'Etat (Cons. d'Et. 11 déc. 1885, D. P. 87. 3. 41; 27 juin 1890, D. P. 92. 3. 6) ou qu'il adresse des injonctions au préfet ou à l'autorité supérieure (Cons. d'Et. 31 juill. 1891, D. P. 92. 3. 127).

§ 4. — *Recours contre les délibérations des Conseils municipaux* (S. 257).

38. Quand il s'agit de délibérations réglementaires, la loi de 1884 a organisé, dans les art. 65, 66 et 67, la procédure suivant laquelle les parties lésées peuvent poursuivre l'annulation de ces délibérations. La loi fait une distinction entre les délibérations nulles de droit et les délibérations annulables, quant aux personnes qui ont qualité pour les attaquer et quant au délai dans lequel les intéressés peuvent se plaindre et dans lequel le préfet doit statuer. La délibération est-elle nulle de droit, cette nullité peut être proposée ou opposée par les parties intéressées (art. 65). Pour parties intéressées, il faut entendre seulement les personnes ayant un intérêt direct et personnel, celles à qui la délibération fait grief. Les membres du Conseil municipal ne sont pas, en cette qualité, parties intéressées, et, par suite, ne sont pas recevables à demander au préfet de déclarer nulle de droit une délibération du Conseil (Cons. d'Et. 22 janv. 1886. D. P. 87. 3. 72).

Les habitants ne peuvent se prévaloir de leur qualité de contribuables pour demander l'annulation de toutes les délibérations nulles de droit que peut prendre le Conseil municipal, mais seulement de celles qui auraient pour conséquence l'inscription au budget d'une dépense, l'établissement d'une contribution ou la réalisation d'un emprunt (Cons. d'Et. 29 mars 1901, D. P. 1902. 3. 33).

39. La nullité de droit peut être proposée ou opposée par les parties intéressées et prononcée par le préfet *à toute époque.* Cependant, quand la délibération du Conseil municipal a servi de base à un contrat de droit civil auraient, on n'est plus recevable à demander au préfet de prononcer la nullité de droit. — C'est l'autorité judiciaire, seule compétente pour statuer sur la validité du contrat, qui devra être saisie, sauf à surseoir à statuer jusqu'à ce que l'autorité administrative ait prononcé sur la régularité de la délibération (Cons. d'Et. 9 mai 1890). Toutefois, si c'est depuis l'introduction du pourvoi contre la délibération que celle-ci a été exécutée et le contrat réalisé, la passation de ce contrat ne fait pas obstacle à ce qu'il soit statué sur le recours (Cons. d'Et. 1er mai 1891, D. P. 92. 3. 100).

40. S'agit-il de délibérations annulables (art. 64), l'annulation peut être demandée par toute personne intéressée et par tout contribuable de la commune. La demande en annulation doit être déposée, à peine de déchéance, à la sous-préfecture ou à la préfecture, dans un délai de quinze jours à partir de l'affichage à la porte de la mairie. Il en est donné récépissé. Le préfet statue, en Conseil de préfecture, dans le délai d'un mois (art. 65, 66).

41. Si le préfet refuse d'annuler la délibération attaquée, les personnes qui avaient qualité pour la saisir ont qualité pour suivre l'affaire et pour demander au Conseil d'Etat d'annuler l'arrêté préfectoral. Lorsqu'il a prononcé l'annulation de l'arrêté, le Conseil municipal (mais non le maire ou les conseillers municipaux *ut singuli*), et, en dehors du Conseil municipal, toute partie intéressée, peut se pourvoir contre l'arrêté du préfet devant le Conseil d'Etat (art. 67). Le recours au Conseil d'Etat est la seule voie de recours qui existe en cette matière. Par conséquent, le ministre de l'Intérieur est incompétent pour statuer sur un recours qui serait porté devant lui (Cons. d'Et. 21 nov. 1890, D. P. 92. 3. 40). D'autre part, la délibération ne peut être déférée directement au Conseil d'Etat pour excès de pouvoir, tant que le préfet n'a pas statué sur le recours que le requérant aurait porté devant lui (Cons. d'Et. 1er mai 1891, D. P. 92. 3. 100). — Le pourvoi au Conseil d'Etat est introduit et jugé dans les formes du recours pour excès de pouvoir (art. 67). Bien que la loi n'ait pas précisé l'étendue du contrôle du Conseil d'Etat, il n'est pas douteux qu'il ne se borne pas aux questions de forme et qu'il porte sur toutes les questions (Cons. d'Et. 9 mars 1900).

42. Les art. 63 et s. de la loi municipale s'appliquent non seulement aux délibérations réglementaires, mais encore à celles soumises à approbation. Donc, lorsque les parties intéressées se croient fondées à prétendre que la délibération même approuvée, est entachée d'une nullité absolue ou relative, elles peuvent s'adresser au préfet d'abord et au Conseil d'Etat ensuite pour en faire prononcer l'annulation (Cons. d'Et. 5 juill. 1901).

43. Indépendamment des recours dirigés contre la délibération, l'acte approbatif de cette délibération peut être lui-même attaqué, soit par la voie du recours hiérarchique, soit par la voie du recours pour excès de pouvoir (L. 7-14 oct. 1790, R. p. 181, et 24 mai 1872, art. 9, D. P. 72. 4. 88).

44. Lorsque, à la suite de l'approbation de l'autorité supérieure, la délibération a été exécutée et que des contrats ont été passés d'où sont nés des droits au profit des tiers, les parties intéressées ne sont plus recevables à demander directement l'annulation de la délibération ou de l'acte approbatif. Ils peuvent seulement saisir les tribunaux judiciaires d'une demande en nullité du contrat fondée sur l'irrégularité des actes qui en ont voté et approuvé la passation. Les tribunaux judiciaires, s'il y a doute, devront surseoir à statuer jusqu'à ce que cette question préjudicielle soit tranchée (Cons. d'Et. 9 mai 1890, D. P. 91. 3. 107).

45. Un recours spécial est ouvert aux citoyens qui se croient personnellement lésés par un acte du corps municipal par l'art. 60 de la loi du 14 déc. 1789. Aux termes de cet article, la personne lésée pourra exposer ses sujets de plainte à l'Administration ou au directoire de département (aujourd'hui le préfet), qui y fera droit. La loi du 5 avr. 1884 n'a pas abrogé cette disposition, qui est encore applicable au cas, notamment, où un particulier a été injurié ou diffamé par une délibération du Conseil municipal (Cons. d'Et. 2 mai 1890, D. P. 91. 3. 105). — Si le préfet refuse de faire droit à la plainte de la partie lésée, sa décision peut être attaquée devant le Conseil d'Etat pour excès de pouvoir. Le Conseil d'Etat peut non seulement annuler cette décision, mais encore déclarer nulle la délibération du Conseil municipal et ordonner en conséquence le bâtonnage, sur les registres des délibérations du Conseil municipal, des passages diffamatoires (Cons. d'Et. 24 juill. 1903). — Le recours administratif, institué par la loi du 14 déc. 1789, ne fait, d'ailleurs, pas obstacle à ce que la personne diffamée poursuive devant les tribunaux judiciaires les auteurs de ce délit (Trib. confl. 22 mars 1885).

SECT. II. — Maires et adjoints.

ART. 1er. — ORGANISATION. — EXERCICE DU MANDAT MUNICIPAL (R. 210 et s.; S. 117 et s.).

46. Il y a dans chaque commune un maire, et un ou plusieurs adjoints, élus parmi les membres du Conseil municipal (L. 5 avr. 1884, art. 73) (V. *infrà*, *Elections*).

47. Le nombre des adjoints varie suivant le chiffre de la population. Il est de un dans les communes de 2500 habitants et au-dessous, de deux dans celles de 2501 à 10000, etc.; en aucun cas il ne peut dépasser douze, sauf pour Lyon, qui a 17 adjoints. Le nombre des adjoints est calculé sur la population normale de la commune au moment du recensement et non sur la population totale (Cons. d'Et. 20 janv. 1888). — Sur les adjoints spéciaux qui peuvent être institués dans le cas où les communications entre le chef-lieu et une fraction de la commune sont rendues momentanément difficiles, dangereuses ou impossibles, V. L. 1884, art. 75.

48. Les maires et adjoints sont nommés pour la même durée que le Conseil municipal, c'est-à-dire pour quatre ans (art. 81, § 1er). — Toutefois, il n'y a pas toujours coïncidence absolue entre la cessation des pouvoirs du Conseil municipal et du maire. Alors que les pouvoirs du Conseil municipal cessent le premier dimanche de mai de l'année où doit avoir lieu le renouvellement intégral, le maire et les adjoints restent en fonctions jusqu'à l'installation du nouveau Conseil municipal. Depuis l'installation du nouveau Conseil jusqu'à l'élection du maire, les fonctions du maire et d'adjoint sont exercées par les conseillers municipaux dans l'ordre du tableau. En dehors de ce cas, les maires et les adjoints continuent l'exercice de leurs fonctions jusqu'à l'installation de leurs successeurs (art. 81, § 2). Il en est ainsi en cas de démission.

49. Les maires et adjoints doivent cesser immédiatement leurs fonctions quand vient à se produire un des événements suivants : 1o survenance d'une cause d'inéligibilité ou d'incompatibilité qui justifierait une démission d'office prononcée par le préfet (Circ. min. int. 15 mai 1884); 2o révocation; 3o suspension; 4o institution d'une délégation spéciale (art. 44); 5o annulation devenue définitive de l'élection du maire, soit comme maire, soit comme conseiller municipal (Av. Cons. d'Et. 20 janv. 1889; Cons. d'Et. 14 mars 1890, D. P. 91. 3. 89). Toutefois, si l'annulation porte sur l'ensemble du Conseil municipal, le maire et les adjoints restent en fonctions jusqu'à l'installation du nouveau Conseil, comme dans le cas de renouvellement intégral.

50. En cas d'absence, de suspension, de révocation ou de tout autre empêchement, le maire est provisoirement remplacé, dans la plénitude de ses fonctions, par un adjoint dans l'ordre des nominations, et, à défaut d'adjoints, par un conseiller municipal désigné par le Conseil, sinon pris dans l'ordre du tableau (art. 84). Le préfet peut aussi, même sur le refus de chacun des conseillers municipaux d'exercer provisoirement les fonctions de maire, charger un délégué spécial de ces fonctions, pourvu que le Conseil municipal ait été mis en demeure de remplacer le maire (Cons. d'Et. 27 juin 1902, D. P. 1904. 3. 9). — Si les intérêts du maire se trouvent en opposition avec ceux de la commune, le Conseil municipal désigne un autre de ses membres pour représenter la commune soit en justice, soit dans les contrats (art. 83). — Enfin, dans le cas où le maire refuserait ou négligerait de faire un des actes qui lui sont prescrits par la loi, le préfet pourrait, après l'en avoir requis, y procéder d'office par lui-même ou par un délégué spécial (art. 85). Le préfet n'est pas tenu de choisir ce délégué dans le Conseil municipal ou même parmi les personnes éligibles à ce Conseil.

51. La loi autorise le maire à déléguer, sous sa surveillance et sa responsabilité, une partie de ses fonctions (art. 82). La délégation doit être faite d'abord aux adjoints, s'il est nécessaire d'observer en rang entre eux. En l'absence ou en cas d'empêchement des adjoints, elle peut être donnée à des conseillers municipaux, quel que soit leur rang d'inscription au tableau. La délégation peut avoir lieu pour un objet spécial ou pour toute une catégorie d'affaires. Elle est temporaire ou permanente. En ce dernier cas, elle subsiste tant qu'elle n'a pas été rapportée. D'après la jurisprudence des tribunaux judiciaires, l'irrégularité de la délégation n'entraîne pas nécessairement la nullité des actes faits par le délégué (Civ. c. 7 août 1883, D. P. 84. 1. 5).

52. Quand les maires veulent faire un acte de leur fonction, ils doivent en revêtir les insignes, qui consistent en une écharpe tricolore à franges d'or. — Les signatures que les maires apposent sur les pièces administratives qui doivent être produites à l'Administration centrale doivent être légalisées par l'autorité préfectorale ou, quand il s'agit d'actes de l'état civil, par l'autorité judiciaire (Circ. min. int. 21 mai 1886).

53. Les maires ne doivent correspondre avec les ministres et les fonctionnaires des diverses administrations publiques que par la voie hiérarchique, c'est-à-dire par l'intermédiaire du préfet (Arr. 17 pluv. an 5). — Ils jouissent de la franchise postale dans la mesure prévue par les règlements (V. *infrà*, *Postes et télégraphes*).

54. Les fonctions des maires et des adjoints, aussi bien que celles de conseiller municipal, sont gratuites (L. 5 avr. 1884, art. 74). La loi prévoit seulement deux exceptions à ce principe : 1° les maires, adjoints et conseillers municipaux ont droit au remboursement des frais que nécessite l'exécution des mandats spéciaux qui peuvent leur être confiés, tels que frais de voyage; 2° les maires, ou ceux qui en remplissent les fonctions, peuvent recevoir de la commune certaines sommes pour frais de représentation.

ART 2. — ATTRIBUTIONS DES MAIRES.

55. Les maires ont deux sortes d'attributions. Ils agissent : 1° tantôt comme agents de l'Etat; 2° tantôt comme chefs de l'association communale. — Dans le premier cas, ils ont, d'une part, des pouvoirs qui leur sont délégués par l'Administration supérieure; d'autre part, des pouvoirs propres, que la loi leur confère. Dans le second, ils agissent tantôt en vertu de pouvoirs propres, tantôt comme exécuteurs de la volonté du Conseil municipal.

§ 1er. — *Maire agent de l'Etat* (R. 322 et s.; S. 205 et s.).

56. Le maire est chargé, sous l'autorité de l'Administration supérieure : 1° de la publication et de l'exécution des lois et règlements; 2° de l'exécution des mesures de sûreté générale; 3° des fonctions spéciales qui lui sont attribuées par les lois (L. 5 avr. 1884, art. 92). En outre, il exerce certaines attributions pour lesquelles il est subordonné à l'autorité judiciaire.

57. En ce qui concerne la publication des lois et règlements, les maires ont à exécuter les mesures prescrites à cet effet par les préfets, conformément à l'art. 3 du décret du 5 nov. 1870 (V. *infrà*, Lois). — L'exécution des lois doit être assurée par le maire, qui reçoit à cet effet du préfet, représentant direct du pouvoir central, les instructions nécessaires. De même, en ce qui touche l'exécution des mesures de sûreté générale, le maire n'a pas de pouvoir personnel et indépendant. Le préfet a l'initiative des mesures à prendre, et il peut, soit déléguer au maire le soin de pourvoir à leur exécution, soit transmettre directement ses ordres aux fonctionnaires chargés du service de la police (Circ. min. int. 3 nov. 1867).

58. Les attributions spéciales que le maire exerce sous l'autorité de l'Administration supérieure sont trop nombreuses et trop variées pour qu'on puisse en présenter le tableau complet. Il est l'agent de la puissance publique dans la commune; il participe à la gestion de la plupart des services publics de l'Etat (organisation électorale, impôts, enseignement primaire, recrutement de l'armée, assistance).

59. Les attributions du maire qui ressortissent de l'autorité judiciaire sont celles : 1° d'officier de l'état civil (L. 5 avr. 1884, art. 92) (V. *suprà*, Actes de l'état civil, n°s 4 et s.); — 2° d'officier de police judiciaire (Instr. 8 et s., 49, 50, 54). En cette qualité, à défaut ou en remplacement du commissaire de police, il recherche les contraventions de police, reçoit les rapports, dénonciations et plaintes, et dresse procès-verbal (Instr. 11). En cas de flagrant délit, ou en cas de réquisition d'un chef de maison, il peut dresser les procès-verbaux, recevoir les déclarations des témoins, faire les visites domiciliaires et les actes qui sont, en pareil cas, de la compétence du procureur de la République. Dans les mêmes cas, il peut faire saisir les prévenus. Il fait les sommations légales aux attroupements et requiert la force armée. Il prête son concours à l'exécution des mandats d'amener et de comparution; il les vise. — 3° En cas d'empêchement à défaut du commissaire de police, ou lorsqu'il est spécialement délégué par le procureur général, le maire remplit les fonctions du ministère public près le tribunal de simple police (L. 27 janv. 1873, D. P. 73. 4. 21; Instr. 144). — 4° Il concourt aux saisies-exécutions (Pr. 581) (V. *infrà*, Saisie-exécution). — En ce qui concerne l'exercice de ces diverses fonctions, les maires et adjoints ne relèvent que du procureur général. Leurs actes ne sont pas des actes administratifs.

§ 2. — *Maire chef de l'association communale* (R. 325 ct s.; S. 209 et s.).

60. En tant qu'administrateur de la commune, le maire n'a pas d'ordres à recevoir et n'est soumis qu'à la surveillance de l'Administration supérieure et au contrôle du Conseil municipal. Aux termes de l'art. 90 de la loi de 1884, il est chargé, en cette qualité : 1° de conserver et d'administrer les propriétés de la commune et faire les actes conservatoires de ses droits; 2° de gérer les revenus, surveiller les établissements communaux et la comptabilité communale; 3° de préparer et proposer le budget et d'ordonnancer les dépenses; 4° de diriger les travaux communaux; 5° de pourvoir aux mesures relatives à la voirie municipale; 6° de souscrire les marchés, passer les baux des biens et les adjudications des travaux; 7° de passer tous les actes de vente, échange, etc.; 8° de représenter la commune en justice, soit en demandant, soit en défendant; 9° et d'une manière générale, d'exécuter les décisions du Conseil municipal.

§ 3. — *Maire chef du pouvoir exécutif de la commune* (R. 327 et s.; S. 214 et s.).

61. A ce titre, le maire est investi par la loi des attributions suivantes : 1° Il nomme à tous les emplois communaux pour lesquels les lois, décrets et ordonnances ne fixent pas un droit spécial de nomination. Il suspend et révoque les titulaires de ces emplois (L. 1884, art. 88). — 2° Il est chargé, sous la surveillance de l'Administration supérieure, de la police municipale, de la police rurale et de l'exécution des actes de l'autorité supérieure qui y sont relatifs (art. 91). — 3° Il prend des arrêtés à l'effet d'ordonner les mesures locales sur les objets confiés par les lois à sa vigilance et à son autorité, de publier de nouveau les lois et les règlements de police et de rappeler les citoyens à leur observation (art. 94).

62. Dans l'exercice de ses pouvoirs de police, le maire peut : ou édicter des arrêtés réglementaires imposant à la généralité des habitants certaines obligations ou leur faisant certaines défenses; ou prendre des mesures individuelles à l'égard de certains habitants et consistant en autorisations, défenses, injonctions ou prohibitions. Il peut aussi, dans les cas urgents ou quand la loi le permet, prendre des mesures d'exécution contre les personnes ou les choses.

63. L'inobservation des arrêtés qui ont pour objet de faire exécuter ce que des dispositions législatives ont ordonné, emporte de plein droit l'application de la peine prononcée par ces dispositions. Mais quand la loi n'a édicté aucune sanction pénale, la circonstance que le maire prend un arrêté réglementaire pour rappeler les citoyens à l'observation de cette loi n'a pas pour effet de rendre applicable aux infractions qui seraient commises à l'art. 471, § 15 c. pén.

64. Le maire a seul, en principe, le pouvoir de faire des règlements de police. Le Conseil municipal a toutefois le droit de régler le mode de jouissance et de répartition des biens communaux et de prendre, sauf approbation du préfet en Conseil de préfecture, sur la voie pâture, des délibérations ayant le caractère et les effets des règlements de police municipale (L. 1884, art. 68 et 69).

65. Les arrêtés municipaux ne peuvent s'appliquer que dans l'étendue de la circonscription communale. Ainsi, l'arrêté d'un maire qui, pour assurer la pureté des eaux d'un ruisseau, défend d'y verser des eaux impures, ne peut être appliqué aux faits qui se seraient accomplis sur le territoire d'une commune voisine, alors même que l'inconvénient résultant de ce fait se ferait sentir dans la commune soumise à l'arrêté (Cr. c. 1er juin 1855, D. P. 55. 1. 300).

66. Les arrêtés pris par le maire sont immédiatement adressés au sous-préfet, ou, dans l'arrondissement du chef-lieu du département, au préfet. Ils n'ont, d'ailleurs, pas besoin d'être approuvés par l'autorité supérieure pour être exécutoires (V. toutefois L. 15 févr. 1902, art. 2, D. P. 1902. 4. 41). La loi distingue seulement suivant que ces règlements sont temporaires ou permanents. Les premiers sont exécutoires immédiatement, sauf au préfet à les annuler ou à en suspendre l'exécution. Les seconds ne sont exécutoires qu'un mois après la remise de l'ampliation constatée par le récépissé donné par le sous-préfet ou le préfet (L. 1884, art. 95, § 1 à 3). Les infractions aux prescriptions d'un règlement permanent ne peuvent être poursuivies avant l'expiration de ce délai (Cr. r. 16 mars 1867, D. P. 67. 5. 362). — Si le sous-préfet se refusait à donner le récépissé d'un arrêté permanent, le maire pourrait l'adresser directement au préfet ou lui signaler le fait pour qu'il fasse cesser la résistance de son subordonné. — Le préfet peut, en cas d'urgence, autoriser l'exécution immédiate des arrêtés permanents du maire (art. 95, § 4). Il doit alors mentionner, dans l'arrêté qui vise le règlement, qu'il a autorisé l'exécution immédiate; et le maire, en publiant son règlement, doit également faire connaître cette circonstance au public (Circ. min. int. 23 mars 1886).

67. Les arrêtés des maires ne sont obligatoires qu'après avoir été portés à la connaissance des intéressés : 1° par voie de publications et d'affiches, toutes les fois qu'ils contiennent des dispositions générales, et, dans les autres cas, par voie de notification individuelle. — Les citoyens ne sont tenus d'obéir qu'aux règlements qui ont été portés à leur connaissance par les voies légales : aucune peine ne peut être infligée en vertu d'un règlement, s'il n'est pas établi qu'il a été régulièrement publié. La connaissance personnelle que les citoyens auraient des mesures prescrites par d'autres moyens que les voies légales ne suffirait pas pour les rendre obligatoires.

68. Les arrêtés généraux doivent, pour être obligatoires, avoir été publiés à son de trompe ou de caisse, ou proclamés à la porte de la mairie ou de l'église devant les habitants rassemblés. Mais cette publication verbale ne suffit pas, non plus que l'insertion du règlement au *Bulletin administratif*; il faut y ajouter l'affiche. — La publication est constatée par une déclaration certifiée par le maire (art. 96, § 1 et 2).

69. Les arrêtés individuels des maires ne deviennent obligatoires qu'après la remise à l'intéressé d'une copie complète et authentique du contenu de l'acte, et leur remise doit être constatée par un récépissé ou un procès-verbal; la remise de la copie ne peut être suppléée par une notification verbale ni même par la lecture de l'arrêté fait à l'intéressé. A défaut de récépissé, la notification peut être établie par l'original de la notification conservé dans les archives de la mairie (art. 96, § 3). Les arrêtés individuels ne sont pas soumis, à peine de nullité, au visa du préfet.

70. Les arrêtés, actes de publication et de notification sont inscrits à leur date sur le registre de la mairie (art. 96, § 4). Cette prescription est obligatoire pour les maires; mais son inobservation n'enlève pas à l'arrêté son caractère obligatoire.

§ 4. — *Pouvoirs de l'autorité supérieure sur les maires et leurs actes* (R. 654 et s.; S. 140 et s., 474 et s.).

71. Les maires peuvent être suspendus par arrêté du préfet pour un temps n'excédant pas un mois, mais qui peut être porté à trois mois par le ministre de l'Intérieur. Dans les colonies, le gouverneur peut prononcer la suspension pour trois mois; mais le ministre ne peut la prolonger. — Les maires ne peuvent être révoqués que par décret du président de la République (L. 1884, art. 86). Les arrêtés de suspension et les décrets de révocation sont des actes discrétionnaires dont les motifs ne peuvent être discutés par la voie contentieuse (Cons. d'Et. 6 avr. 1900, D. P. 1901. 3. 74). D'ailleurs, à la différence des arrêtés et décrets qui suspendent ou dissolvent les Conseils municipaux, les arrêtés qui suspendent et les décrets qui révoquent les maires ne doivent pas nécessairement être motivés. — La révocation emporte de plein droit l'inéligibilité aux fonctions de maire et d'adjoint pendant une année à dater des décrets de révocation, à moins qu'il ne soit procédé auparavant au renouvellement général des Conseils municipaux (art. 86).

72. Quand le maire agit comme représentant de l'État, le préfet, sous l'autorité duquel il agit, peut annuler et réformer ses actes. Il peut même les faire en son lieu et place. Lorsque le maire agit pour exécuter une délibération du Conseil municipal, le préfet ne peut annuler sa décision ; c'est la délibération du Conseil municipal qu'il doit déclarer nulle s'il y a lieu, par application des art. 63 et s.

73. Les arrêtés par lesquels les maires suspendent ou révoquent des employés communaux ne sont pas susceptibles d'être annulés ou suspendus (Cons. d'Et. 17 nov. 1893, D. P. 94. 3. 92). Au contraire, le préfet peut annuler les arrêtés de police municipale (art. 95), en suspendre l'exécution, soit d'office, soit sur la réclamation des parties intéressées. Il exerce ce pouvoir : 1° lorsque les arrêtés de police ont été pris illégalement; 2° lorsque les mesures qu'ils contiennent, légales d'ailleurs, sont excessives ou manquent d'opportunité. Le droit de suspension et d'annulation existe aussi bien à l'égard des arrêtés permanents qu'à l'égard des arrêtés temporaires. Il peut s'exercer à toute époque, même après l'expiration du délai d'un mois pendant lequel l'exécution des arrêtés permanents est suspendue, ou même quand ces arrêtés ont été précédemment approuvés. — Le droit attribué au préfet d'annuler les arrêtés municipaux ne comprend pas celui de les modifier.

74. L'autorité supérieure a, dans certains cas, le pouvoir de se substituer au maire pour faire en son lieu et place l'acte de ses fonctions qu'il refuse ou néglige de faire : 1° Lorsque le maire refuse ou néglige de faire un des actes qui lui sont prescrits par la loi, le préfet peut, après l'en avoir requis, y procéder d'office par lui-même ou par un délégué spécial (art. 85). Le préfet peut procéder ainsi lorsqu'il s'agit d'assurer l'accomplissement régulier d'actes prescrits par la loi, tels que la rédaction des actes de l'état civil, la revision des listes électorales, l'établissement des listes du recrutement cantonal, la présidence des bureaux de vote, les opérations du dénombrement de la population. — Le préfet peut, sur le refus du maire de convoquer le Conseil municipal pour une session ordinaire, charger un délégué spécial de faire cette convocation. Il peut également nommer un délégué lorsque le maire se refuse à exécuter une délibération votée par le Conseil municipal. Au contraire, le préfet excéderait ses pouvoirs s'il

nommait un délégué pour faire un acte de gestion à la place du maire, quand le Conseil municipal a invité celui-ci à s'abstenir d'y procéder. — Avant d'user de la faculté qui lui est accordée par l'art. 85, le préfet doit mettre le maire en demeure d'accomplir l'acte que la loi lui prescrit de faire. L'omission de cette formalité entraînerait l'annulation de l'acte fait par le délégué spécial.

75. 2° Le préfet peut prendre, pour toutes les communes du département ou pour plusieurs d'entre elles, et dans tous les cas où il n'y aura pas été pourvu par les autorités municipales, toutes les mesures relatives au maintien de la salubrité, de la sûreté et de la tranquillité publiques. Ce droit ne peut être exercé par le préfet à l'égard d'une seule commune qu'après une mise en demeure restée sans résultat (art. 99). Il s'agit ici, non pas des règlements que le préfet peut faire pour tout son département, soit en vertu de lois générales, telle que celle du 22 déc. 1789, soit en vertu de lois spéciales, telles que les lois sur la chasse, sur la pêche, les chemins de fer, le roulage, etc. ; mais de règlements sur des matières ressortissant par leur nature à la police municipale. — Même dans les matières qui peuvent être réglées par le préfet aussi bien que par le maire, le préfet ne pourrait décider qu'à l'avenir il serait statué par lui sur la police locale à l'exclusion du maire. Mais si, sur la même matière, il existe un règlement du maire et un règlement général du préfet, le règlement départemental emporte abrogation des règlements locaux, sans même qu'il soit besoin que le règlement du maire ait été abrogé formellement ou que l'exécution en ait été suspendue (Cr. c. 17 mai 1861, D. P. 61. 5. 412). Le règlement municipal se trouve abrogé en tous les points où l'arrêté du préfet contient une disposition plus rigoureuse. Ceux qui ne sont pas inconciliables avec le règlement départemental doivent être maintenus (Cr. c. 16 juin 1854, D. P. 54. 5. 640). — Les attributions de police des préfets, ayant le même objet que celles des maires et ne différant que par le plus ou moins d'étendue de la circonscription territoriale où elles s'exercent, sont soumises aux mêmes règles. Les arrêtés préfectoraux sont obligatoires du jour où ils sont publiés : cette publication est faite dans les mêmes formes que celle des arrêtés du maire. L'insertion de l'arrêté au *Recueil des actes administratifs* ne peut suppléer aux formes ordinaires de la publication.

76. 3° Le préfet peut encore se substituer au maire pour tout ce qui concerne la délivrance des alignements, des autorisations de bâtir, des permissions de voirie accordées à titre précaire et révocable. Toutes ces autorisations, en cas de refus du maire non justifié par l'intérêt général, peuvent être accordées par le préfet (art. 98).

77. 4° Enfin l'intervention du préfet s'exerce dans les cas prévus par la loi du 15 févr. 1902, relative à la protection de la santé publique (V. *infra, Salubrité publique*).

§ 5. — *Sanction des arrêtés municipaux* (R. 724 et s.; S. 502 et s.).

78. Le Code pénal de 1810 renfermait, dans ses articles 471 à 482, quelques dispositions prévoyant certaines infractions déterminées aux arrêtés de police. Le paragraphe 15 de l'art. 471, ajouté par la loi du 28 avr. 1832, range parmi les contraventions réprimées par cet article toutes les infractions, quelles qu'elles soient, aux règlements légalement faits par l'autorité administrative. Cette disposition n'est applicable qu'aux mesures prescrites en vertu de lois qui n'ont pas elles-mêmes édicté de peines. Les règle-

ments municipaux ne peuvent, d'ailleurs, établir d'autres peines que celles qui sont autorisées par la loi ; les dispositions qui seraient, à cet égard, contraires au Code pénal doivent être réputées non avenues. De même, les anciens règlements qui ont pour objet des matières attribuées par la législation actuelle au pouvoir réglementaire de l'Administration, n'ont aujourd'hui pour sanction que les peines de simple police portées par les art. 471 et s. c. pén.

79. Les arrêtés municipaux étant des actes administratifs émanés de la puissance publique, l'autorité judiciaire ne peut ni les annuler ni en suspendre l'exécution; mais le juge de police, saisi de la contravention à un règlement illégal, a le droit de déclarer ce règlement non obligatoire et de se refuser à l'appliquer. Le droit pour l'autorité judiciaire de vérifier la légalité des règlements de police est consacré par l'art. 471, § 15, c. pén.

80. L'arrêté de police est illégal : 1° quand il statue sur une matière étrangère aux attributions de l'autorité administrative dont il émane ; 2° quand il statue sur une matière sur laquelle il a été antérieurement statué par une autorité supérieure; 3° quand l'arrêté, quoique pris par une autorité compétente, est irrégulier; 4° quand il est contraire aux principes de la législation. — Si celui qui a contrevenu à un règlement de police prétend qu'il est illégal, il appartient au juge de police saisi de la poursuite d'examiner si ce règlement a été pris dans les limites de la compétence du fonctionnaire dont il émane, s'il ne contient pas de disposition contraire à un texte de loi ou aux règlements de l'autorité supérieure, ou en opposition avec les principes fondamentaux du droit : ainsi le juge doit refuser d'appliquer un arrêté qui porterait atteinte à la liberté individuelle, à l'inviolabilité du domicile, à la liberté religieuse, au droit de propriété, à la liberté du commerce et de l'industrie.

81. Si le juge doit refuser d'appliquer les règlements illégaux, il est obligé, au contraire, d'appliquer les règlements légalement faits, et il ne pourrait s'y refuser sans excès de pouvoir. Le tribunal de police ne peut, pour se dispenser d'appliquer les règlements, se faire juge de leur mérite, de leur utilité, de leur convenance, ni en apprécier au fond les motifs.

82. Les seules excuses que puisse admettre le juge sont celles qui sont recevables d'après le droit commun, en matière de contraventions, c'est-à-dire la démence, le défaut de discernement chez les mineurs de seize ans et la force majeure. La prétendue impossibilité ou la difficulté d'exécuter un règlement, la bonne foi, l'erreur involontaire, l'ignorance, l'absence, le fait que le contrevenant se serait ultérieurement soumis à l'arrêté, ne sauraient être pris en considération. — Le juge ne peut relaxer le contrevenant en raison de peu d'importance du fait relevé contre lui, ou par le motif que cet acte n'a pu causer aucun inconvénient. Il ne peut se dispenser de condamner sous prétexte que le règlement aurait été en désuétude, ou que d'autres contrevenants n'auraient pas été poursuivis.

83. Le juge de police n'est pas compétent seulement pour appliquer les règlements et vérifier leur légalité, il lui appartient de les interpréter ; mais il ne peut, sous prétexte d'interpréter un arrêté, en modifier la portée. L'interprétation des règlements de police doit, d'ailleurs, comme celle de toutes les lois pénales, être faite d'une manière restrictive.

84. L'autorité municipale n'a pas le droit d'ordonner la destruction des ouvrages exécutés en contravention à ses règlements; elle ne peut le faire qu'autant qu'un jugement le prescrit, à moins qu'il n'y ait un danger imminent pour la sûreté publique, ou qu'un texte de loi spéciale ou générale ne lui ait expressément conféré ce pouvoir. En dehors de ces cas, c'est le juge de simple police qui peut seul et doit prescrire les mesures ou les travaux que l'autorité municipale, après le jugement rendu, fera exécuter. Mais il n'appartient pas au juge, sous prétexte d'assurer l'exécution d'un arrêté permanent, de prononcer des dispositions réglementaires.

85. Indépendamment de l'exception d'illégalité que les contrevenants peuvent présenter devant l'autorité judiciaire à l'occasion d'une poursuite dirigée contre eux, les particuliers ont le droit de demander l'annulation des règlements de police d'abord au préfet, puis au ministre. Cette voie, dite du recours hiérarchique, est la seule qu'on puisse employer lorsqu'on veut faire annuler ou rapporter, pour inopportunité ou appréciation erronée des circonstances, un acte fait par l'Administration dans la limite de son pouvoir; en ce cas, la décision de l'Administration supérieure ne peut faire l'objet d'aucun recours contentieux. — Enfin, les règlements municipaux que l'on prétend entachés d'illégalité peuvent être attaqués directement devant le Conseil d'État pour excès de pouvoir (L. 24 mai 1872, D. P. 72. 4. 88).

CHAP. IV. — MATIÈRES SUR LESQUELLES S'EXERCE LA POLICE MUNICIPALE.

86. Ces matières sont énumérées dans l'art. 97 de la loi du 5 avr. 1884.

ART. 1er. — SÛRETÉ ET COMMODITÉ DU PASSAGE DANS LES RUES ET VOIES PUBLIQUES (R. 1010 et s.; S. 123 et s.).

87. Aux termes de l'art. 97, § 1er, la police municipale comprend tout ce qui intéresse la sûreté et la commodité du passage dans les rues, quais, places et voies publiques. — Le pouvoir de l'autorité municipale s'exerce sur toutes les parties des lieux publics qui dépendent de la commune; la loi ne distingue pas entre les lieux qui font partie du domaine public communal et ceux qui sont soumis aux règlements de la grande voirie. Mais il ne s'étend pas aux chemins privés que les propriétaires peuvent ouvrir sur leurs domaines. Le maire ne peut valablement prescrire à un propriétaire de faire sur le sol de ces rues privées des travaux de pavage, de construction de trottoirs, etc. (Cr. 16 févr. 1883, D. P. 83. 1. 436). — Il n'appartient pas aux maires de régler dans la commune la police d'un chemin de fer et de ses dépendances. D'autre part, la police des eaux courantes appartient presque exclusivement au préfet.

§ 1er. — *Nettoiement et propreté de la voie publique* (R. 987 et s.; S. 608 et s.).

88. 1° *Balayage.* — Les maires peuvent prendre des arrêtés pour prescrire aux habitants le balayage de la voie publique au devant de leurs maisons ou établissements. Ces arrêtés sont spécialement sanctionnés par l'art. 471, § 3, c. pén. L'obligation existe pour les riverains des rues et passages. La jurisprudence admet que le maire peut imposer l'obligation du balayage des cours communes aux habitations. L'étendue de l'obligation dépend des termes employés dans le règlement. Tantôt elle s'impose à tous les riverains des voies publiques, tantôt aux seuls propriétaires de terrains bâtis (Cr. c. 5 janv. 1884, D. P. 84. 5. 34). Le balayage peut être imposé soit un certain nombre de fois par semaine, soit à un jour fixé, soit tous les jours à des heures déterminées.

89. Le balayage constitue, en principe, une

charge de la propriété. Le propriétaire est donc responsable, même quand il n'habite ni la maison ni la commune, aussi bien quand la maison est occupée par un locataire que lorsqu'elle est inhabitée. Quant aux locataires, ils ne sont pas soumis à l'obligation du balayage quand le propriétaire habite une partie de la maison; ils y sont assujettis, dans le cas contraire, sans que le propriétaire en soit lui-même affranchi. Telles sont les règles consacrées par la jurisprudence de la Cour de cassation. Les propriétés publiques (églises, casernes) sont soumises à l'obligation du balayage. Les compagnies de chemin de fer y sont assujetties sur les voies que bordent les façades des gares et de leurs dépendances, mais non sur celles qui sont longées par la voie ferrée.

90. Les communes traitent fréquemment avec des entrepreneurs pour effectuer le balayage soit aux frais de la commune, soit aux frais des habitants, soit en leur faisant passer avec l'entrepreneur un abonnement. L'entrepreneur est substitué aux habitants pour l'exécution des règlements municipaux et est pénalement responsable en cas d'infraction (Cr. c. 10 juin 1869, D. P. 70. 1. 240). A Paris, depuis la loi du 26 mars 1873 (D. P. 73. 4. 47), et dans les villes qui, sur leur demande, ont obtenu d'un décret en Conseil d'État l'extension du bénéfice de cette loi, l'obligation de balayer est convertie en une taxe directe représentant le remboursement des frais de balayage et qui sert à rémunérer l'entrepreneur des services.

91. Le maire ne peut imposer aux habitants l'obligation d'arracher l'herbe qui pousse dans les interstices des pavés, ou de remédier, par un sablage, au déchaussement de ces pavés. Il peut, au contraire, édicter des mesures temporaires exigées par les circonstances et les saisons, telles que l'arrosage pendant les chaleurs de l'été, l'enlèvement des neiges et des glaces pendant l'hiver.

92. 2° *Enlèvement des boues et immondices.* — Dans les villes, l'enlèvement des boues et immondices hors de la voie publique constitue un service municipal incombant à la commune (ou à l'entrepreneur qu'elle s'est substitué). Mais le maire peut imposer aux habitants l'obligation de déposer les immondices et ordures ménagères dans des récipients appropriés, avant l'heure où passent les tombereaux qui doivent les enlever. La fourniture de ces récipients est une charge de la propriété.

§ 2. — *Matières encombrantes* (R. 898 et s.; S. 560 et s.).

93. Le maire peut prendre des arrêtés concernant les dépôts de matières encombrantes. Ces arrêtés, il ne doit pas se borner à reproduire l'interdiction générale prononcée par le Code pénal (art. 471, § 4; V. infrà, Contravention, n° 23); il lui appartient d'édicter les mesures de détail propres à assurer la viabilité des voies publiques.

94. Le pouvoir d'interdire les encombrements n'appartient au maire que sur les emplacements qui ont le caractère de rues, quais, places et voies publiques; il ne s'étend pas aux terrains non clos, ni même aux chemins privés (Cr. c. 19 juin 1868, D. P. 69. 5. 409), ni aux lieux publics qui ne sont pas des voies de communication, aux halles, par exemple.

95. Le maire ne doit, d'ailleurs, pas s'écarter, dans l'exercice de ce pouvoir, des règles tracées par la loi. Ainsi, il ne peut autoriser le dépôt ou l'abandon de choses encombrantes sur la voie publique hors le cas de nécessité, ni imposer l'obligation de demander et d'obtenir la permission de l'autorité municipale pour effectuer des dépôts même dans le cas de nécessité.

96. L'art. 98 de la loi de 1884 reconnaît

au maire le droit de délivrer des permis de stationnement et de dépôt temporaire sur les voies publiques et sur les ports et quais fluviaux, moyennant le payement d'une redevance à la commune. L'autorisation ainsi accordée par l'autorité municipale, n'étant qu'une simple permission de police, ne fait que mettre obstacle aux actions que peuvent intenter les voisins qui se prétendent gênés dans leurs droits.

§ 3. — *Étalages.*

97. Les maires peuvent interdire l'étalage des marchandises sur la voie publique, soit d'une façon absolue, soit seulement à tous autres qu'aux propriétaires ou locataires de boutiques ou magasins. — La contravention est réprimée par le paragraphe 4 de l'art. 471, si l'étalage peut faire obstacle à la circulation, et par le paragraphe 15 du même article, s'il n'est pas de nature à faire obstacle à la circulation (V. infrà, Contravention, n° 23 et 53). — Cette disposition laisse subsister le pouvoir qu'a le maire de concéder des droits de stationnement sur la voie publique. Mais, en accordant ces permissions, l'autorité municipale est libre de déterminer les emplacements où le stationnement sera licite.

§ 4. — *Éclairage de la voie publique et des objets déposés sur cette voie* (R. 332 et s.; S. 574 et s.).

98. L'obligation d'éclairer les matériaux entreposés et les excavations pratiquées dans les rues et places est prescrite et sanctionnée par la loi pénale (Pén. 471, § 4, et 479, § 4; V. infrà, Contravention, n°s 30 et s., 87 in fine).

99. Le maire peut régler, par des dispositions particulières, le mode de l'éclairage. — Il lui appartient aussi de désigner les catégories de personnes qui seront tenues d'éclairer la voie publique au devant de leur habitation. Ce sont, d'ordinaire, les aubergistes, hôteliers, cafetiers, limonadiers, cabaretiers, logeurs ou loueurs de maisons garnies. L'infraction à l'arrêté du maire constitue de leur part une contravention réprimée par l'art. 471, § 3, c. pén. (V. infrà, Contravention, n° 20).

100. En ce qui concerne l'éclairage des voitures, bicyclettes et automobiles qui circulent la nuit, V. infrà, Voiture.

§ 5. — *Édifices menaçant ruine.*

101. V. infrà, Voirie.

§ 6. — *Précautions contre les accidents sur la voie publique ou sur ses abords. — Interdiction de la circulation dans une rue* (R. 1010 et s.; S. 623 et s.).

102. Lorsque, pour une raison quelconque, la circulation dans une rue peut être dangereuse, il appartient au maire de l'interdire, soit d'une façon absolue, soit aux voitures et aux chevaux seulement.

§ 7. — *Mesures de précaution relatives aux rivières.*

103. Quoique la police des eaux appartienne aux préfets, les maires peuvent ordonner les mesures nécessaires dans l'intérêt de la sécurité. Ils peuvent, à certains moments, interdire comme dangereux le passage d'une rivière par bacs et bateaux. Ils peuvent interdire aux habitants de s'aventurer sur la glace des rivières, lacs et étangs, avant que l'autorité en ait donné l'autorisation.

§ 8. — *Abreuvoirs.*

104. Les maires peuvent déterminer, dans l'intérêt de la sûreté publique, les lieux où il convient d'établir des abreuvoirs communaux, et doivent veiller à ce que les abords en soient faciles et en bon état d'entretien.

Ils peuvent réglementer la conduite des bestiaux à l'abreuvoir.

§ 9. — *Clôture des portes des maisons* (R. 1041 et s. ; S. 637).

105. Un arrêté du maire peut prescrire qu'à partir d'une certaine heure toutes les portes donnant accès sur la voie publique seront closes. Les propriétaires sont responsables des infractions.

§ 10. — *Clôture des terrains bordant la voie publique* (R. 1028 et s. ; S. 626 et s.).

106. Le maire peut prescrire la clôture des terrains ouverts sur la voie publique, de manière à prévenir les accidents qui pourraient compromettre la sécurité et la vie des personnes circulant sur la voie publique. À cet effet, il peut exiger la clôture de mares, de puits, d'excavations existant sur les terrains qui bordent la voie publique. Il peut défendre certains modes de clôture dangereux, tels que les fossés.

§ 11. — *Exposition ou jet d'objets pouvant nuire à la sécurité ou à la commodité de la circulation* (R. 1036 et s. ; S. 635).

107. Le maire peut interdire de rien exposer aux fenêtres qui puisse nuire par sa chute et de rien jeter qui puisse causer un dommage aux passants ou produire des exhalaisons nuisibles (V. *infrà, Contravention*, n° 33). Cette interdiction résulte, d'ailleurs, de plein droit, de l'art. 471, § 6, c. pén. — Il peut prohiber tous jeux de nature à nuire aux passants, notamment le jet de boules de neige ; ... prescrire aux entrepreneurs des travaux de couverture d'une maison de poster au pied un agent qui écarte les passants.

§ 12. — *Déversement des eaux sur la voie publique* (R. 953 ; S. 589).

108. Le maire peut régler le mode de déversement sur la voie publique des eaux provenant des maisons. — Quant à l'écoulement des eaux pluviales, il ne peut le prohiber ; mais il lui appartient d'exiger que cet écoulement se fasse dans des conditions de nature à ne pas dégrader la route et ne pas gêner la circulation, notamment que les propriétaires établissent des gouttières, des tuyaux de descente, des gargouilles et des caniveaux. Le maire peut interdire complètement le déversement des eaux industrielles et des eaux vannes. Il peut prescrire la suppression, dans un délai déterminé, des descentes ou conduites qui écouleraient les immondices sur la voie publique.

§ 13. — *Enseignes* (R. 1350 et s. ; S. 818 et s.).

109. Le maire peut interdire de placer ostensiblement aucune enseigne, écriteau, inscription ou devise sans en avoir obtenu la permission, et réglementer la manière de poser les enseignes des commerçants. Les enseignes qui forment saillie tombent sous le coup des règlements qui prohibent tout empiétement sur le domaine public.

§ 14. — *Transport sur la voie publique de matières insalubres.*

110. Le maire peut interdire le transport des objets qui pourraient dégager des exhalaisons nuisibles ou réglementer ce transport de manière qu'il s'opère dans des conditions de nature à ne pas nuire à la santé des habitants, par exemple dans des véhicules ou des vases clos. Il en est ainsi pour le transport de toutes les matières nauséabondes, du plâtre, etc.

§ 15. — *Stationnement et circulation des voitures* (R. 1020 et s. ; S. 625).

111. V. *infrà, Contravention*, n°s 57 et s., et *Voiture.*

§ 16. — *Mesures ayant pour objet l'embellissement des voies publiques.*

112. V. *infrà, Voirie.*

ART. 2. — MAINTIEN DE LA TRANQUILLITÉ PUBLIQUE (R. 1040 et s. ; S. 636 et s.).

113. Il appartient au maire de réprimer les atteintes à la tranquillité publique, telles que les rixes et disputes accompagnées d'ameutements dans les rues, le tumulte excité dans les lieux d'assemblées publiques, les attroupements, les bruits et rassemblements nocturnes qui troublent le repos des habitants, et tous actes de nature à compromettre la tranquillité publique (L. 1884, art. 97, § 2).

114. Les attroupements non armés ne sont pas prohibés en principe, mais dans le cas seulement où ils sont de nature à troubler la sécurité publique (V. *suprà, Attroupement*, n° 2). Il appartient alors au maire de les interdire en vertu de ses pouvoirs généraux de police. Ainsi, le maire peut prendre des arrêtés pour prohiber le stationnement aux abords d'une salle de vote (Cons. d'Et. 28 mars 1885) ; ... interdire aux colporteurs les cris qui vendent des journaux de se réunir en groupes ou de stationner là où ils pourraient gêner la circulation (Cons. d'Et. 19 mai 1899). Les attroupements qui se formeraient contrairement à ces arrêtés tomberaient sous le coup de peines de police. — Le maire intervient pour faire les sommations légales à l'effet de disperser les attroupements illicites (V. *suprà, Attroupement*, n°s 3 et 4).

115. Le pouvoir du maire d'assurer la commodité de la circulation lui permet d'interdire les cortèges, processions, défilés sur la voie publique. Ce droit s'étend même aux voies navigables qui traversent la commune.

116. Le maire peut prendre des arrêtés pour prévenir et réprimer les tapages et bruits de nature à troubler la tranquillité publique. — S'ils sont *injurieux* et *nocturnes*, les bruits et tapages constituent des contraventions même en l'absence de tout règlement municipal (Pén. 479, § 8 ; V. *infrà, Contravention*, n°s 93 et s.). Mais le maire peut interdire, dans l'intérêt de la tranquillité publique, des bruits qui ne seraient pas injurieux ou qui se produiraient pendant le jour : prohiber, par exemple, l'usage d'instruments de musique à sons éclatants ; défendre de jouer du cor de chasse ; défendre aux postillons de faire claquer leurs fouets, etc... Il peut interdire les aubades, sérénades ou charivaris. — Pour protéger le repos des habitants, le maire peut interdire de conserver dans une maison des animaux qui pourraient troubler, pendant la nuit, la tranquillité publique ; prescrire les mesures nécessaires pour empêcher les chiens de hurler.

117. L'art. 479, § 8, n'est pas applicable aux bruits qui sont la conséquence nécessaire de l'exercice d'une profession (V. *infrà, Contravention*, n° 97) ; mais les maires peuvent fixer le temps pendant lequel ceux qui exercent des professions bruyantes seront tenus de cesser leurs travaux. Par professions bruyantes, on n'entend que celles où il est fait usage de marteaux ou d'appareils à percussions retentissantes. — À l'égard des établissements industriels classés comme dangereux, incommodes ou insalubres, les maires ne peuvent rien prescrire qui soit contraire aux droits qu'ils tiennent de l'arrêté préfectoral d'autorisation ; ils peuvent prescrire toutes les mesures propres à empêcher que l'exercice des professions non classées ne trouble la sécurité et la tranquillité des habitants.

118. D'une façon générale, le maire est appelé à prendre toutes les mesures néces-

saires pour garantir la tranquillité des citoyens, pour empêcher qu'on ne porte atteinte à leur personne ou à leur propriété. Il doit écarter de tout lieu de rassemblement les diseurs de bonne aventure, les escrocs, faire surveiller les étrangers, les ouvriers non domiciliés dans la localité, les gens sans aveu. Il peut prohiber les déguisements en dehors des temps du carnaval, interdire aux hommes de se vêtir en femme, aux femmes de se vêtir en homme.

119. Les maires doivent prendre les mesures nécessaires pour empêcher les duels. Afin d'éviter les collisions entre corporations rivales, ils peuvent interdire à leurs membres de se promener avec des insignes de ralliement. De même, on admet la légalité des arrêtés qui interdisent les processions et les manifestations extérieures du culte. — Les maires ont le droit d'interdire aux sociétés musicales de sortir en corps sur la voie publique, d'y stationner et d'y jouer sans l'autorisation de l'autorité municipale (Cons. d'Et. 1er juill. 1898, D. P. 99. 3. 103) ; le refus d'autorisation est purement discrétionnaire (Cons. d'Et. 21 avr. 1899, D. P. 1900. 3. 88). Mais ils ne pourraient, sans excéder leurs pouvoirs, limiter l'interdiction à une société déterminée. — Même dans l'intérêt de la tranquillité publique, le maire ne peut prendre des mesures dont l'effet serait de porter atteinte à la liberté des citoyens, par exemple imposer aux personnes qui viennent pour établir domicile dans la commune l'obligation d'en faire la déclaration à la mairie.

120. Dans ce même ordre d'attributions rentre le pouvoir appartenant au maire de surveiller les professions qui, ne s'exerçant que sur la voie publique, sont de nature à causer ou favoriser les troubles ou les désordres. Ainsi, il peut interdire aux vendeurs d'annoncer, par des cris, le débit de leurs marchandises ; il peut obliger à se munir d'une autorisation ou à faire une déclaration préalable et astreindre à l'observation de certaines prescriptions les personnes dont les professions s'exercent sur la voie publique, tels que les décrotteurs, savetiers, rémouleurs, marchands de fruits, marchands d'habits, etc. — Des arrêtés peuvent également réglementer l'exercice de la profession des saltimbanques, baladins, musiciens ambulants, etc. Il peut leur être interdit de stationner sans autorisation du maire, qui désigne un emplacement.

ART. 3. — MAINTIEN DU BON ORDRE DANS LES ENDROITS OU IL SE FAIT DE GRANDS RASSEMBLEMENTS D'HOMMES.

121. L'art. 97, § 2, fait rentrer dans l'objet de la police municipale le maintien du bon ordre dans les endroits où il se fait de grands rassemblements d'hommes, tels que les foires, marchés, réjouissances et cérémonies publiques, spectacles, jeux, cafés, églises et autres lieux publics.

§ 1er. — *Foires et marchés* (R. 1081 et s. ; S. 671 et s.).

122. V. *infrà, Halles, foires et marchés.*

§ 2. — *Bourses de commerce.*

123. V. *suprà, Bourse de commerce*, n° 9.

§ 3. — *Réunions publiques.*

124. V. *infrà, Réunions publiques.*

§ 4. — *Cérémonies publiques.*

125. Les mesures à prendre en pareil cas se confondent avec celles qui ont pour but d'assurer la sécurité et la commodité de la circulation (V. *suprà*, n° 87 et s.).

§ 5. — *Spectacles* (R. 1336 et s. ; S. 810 et s.).

126. V. *infrà, Théâtre-Spectacle.*

36

§ 6. — *Jeux* (R. 1140 et s.; S. 729 et s.).

127. L'art. 475, § 5, c. pén., punit de peines de simple police ceux qui établissent des jeux de loterie ou autres jeux de hasard dans les lieux publics (V. *infrà*, *Jeu-Pari*). La prohibition légale n'atteint que les jeux de hasard. Les tribunaux déterminent quels sont les jeux qui présentent, ou non, ce caractère. Les maires peuvent aller au delà de l'interdiction légale, et notamment prohiber tous les jeux de cartes, sans distinction, dans les cafés et lieux publics. Ils peuvent interdire de jouer des sommes d'argent dans les lieux publics, non seulement aux cartes, mais encore au billard et autres jeux d'adresse. — Les arrêtés municipaux peuvent prescrire de renvoyer tous les joueurs à l'heure qu'ils déterminent. Les contraventions à ces arrêtés tombent sous le coup de l'art. 471, § 15, c. pén.

§ 7. — *Danses*, *bals publics* (R. 1179 et s.; S. 730 et s.).

128. L'autorité municipale peut ordonner les mesures d'ordre et de tranquillité concernant les danses et les bals publics, c'est-à-dire les bals qui ont lieu non seulement sur les places publiques, mais dans des établissements ouverts au public. Elle peut même décider que les danses publiques n'auront lieu que sur un emplacement spécial et les interdire dans les établissements publics, notamment dans les débits de boissons. Les maires peuvent fixer les heures de la tenue, et notamment l'heure à laquelle les bals devront finir, et interdire l'admission dans ces bals de mineurs au-dessous d'un certain âge. Ils peuvent subordonner l'ouverture d'un bal public à la nécessité d'une autorisation préalable, qui détermine l'heure et le lieu de la réunion, et prendre toutes les mesures relatives à sa police intérieure. — Les réunions purement privées échappent au pouvoir réglementaire de l'autorité municipale, alors même qu'elles auraient lieu dans une salle de café. Il en est autrement des bals donnés par souscription, lesquels sont des bals publics.

§ 8. — *Cafés*, *cabarets*, *débits de boissons* (R. 1440 et s.; S. 692 et s.).

129. Sur les attributions de l'autorité municipale, en ce qui concerne l'ouverture des cafés, cabarets et débits de boissons, V. *infrà*, *Industrie et commerce*.

130. Il appartient au maire de prescrire toutes les mesures nécessaires au maintien du bon ordre dans ces établissements, ainsi qu'à celui de la salubrité et des bonnes mœurs, … notamment d'empêcher que les cafés ne deviennent des lieux de débauche, en interdisant aux cabaretiers d'employer des femmes et filles étrangères à leur famille pour servir les consommateurs (Cr. r. 21 juill. 1883, D. P. 84. 1. 144).

131. Le maire peut fixer l'heure de fermeture des cafés et des débits. Cette mesure s'impose à tous les débitants d'une localité, sauf les exceptions qui peuvent être faites en faveur d'établissements qui se trouvent dans certaines conditions particulières.

132. Les buffets des gares de chemins de fer ne sont pas soumis, quant à l'heure de la fermeture, aux prescriptions des arrêtés municipaux, mais seulement aux arrêtés du ministre des travaux publics sur la police des chemins de fer (Cr. r. 2 juill. 1870, D. P. 70. 1. 314).

§ 9. — *Cercles*, *casinos* (R. 1172; S. 723).

133. Les cercles et casinos sont soumis au pouvoir de police du préfet, lorsqu'ils ont le caractère de véritables lieux publics. Il en est autrement quand ils sont établis par des personnes qui forment des associations privées : ils sont alors régis par la loi

du 1er juill. 1901 (V. *suprà*, *Associations et Congrégations*, nos 16 et s.).

§ 10. — *Hôtels et auberges* (R. 1190 et s.; S. 786 et s.).

134. Les dispositions des arrêtés qui régissent les débits de boissons et cafés ne s'appliquent pas, en principe, aux hôtels et auberges, à moins que les établissements n'aient un caractère mixte. Les maires peuvent déclarer les dispositions de leurs arrêtés concernant la police des débits applicables aux hôtels et auberges; mais les prescriptions relatives à la fermeture des cabarets à une heure déterminée ne s'appliquent pas à la réception des voyageurs. Par suite, les simples consommateurs doivent quitter l'auberge à l'heure réglementaire.

135. Les maires peuvent interdire aux logeurs en garni de louer aucune chambre à des femmes de mauvaise vie sans autorisation spéciale de l'autorité. Dans les départements frontières, ils peuvent défendre de loger des étrangers qui ne seraient pas munis d'un permis de séjour, ou prescrire à l'aubergiste de porter chaque jour au commissaire de police les passeports des voyageurs. Mais ils ne pourraient, sans violer la liberté des personnes, interdire de recevoir des mendiants, vagabonds ou gens sans aveu, ni obliger les aubergistes à loger malgré eux certaines personnes.

136. L'art. 475, § 2, c. pén. impose aux aubergistes, hôteliers, logeurs ou loueurs de maisons garnies, l'obligation de tenir des registres sur lesquels ils inscrivent les noms, qualités et domicile habituel, dates d'entrée et de sortie de toutes personnes qui couchent ou passent une nuit dans leurs maisons. Cette obligation incombe même à ceux qui, sans exercer la profession d'aubergiste ou de logeur, sans être assujettis à la patente applicable à cette profession, louent dans leur maison des chambres garnies à des personnes non sédentaires, mais non aux personnes qui louent des appartements meublés pour une durée plus ou moins longue à des locataires sédentaires (Cr. r. 10 avr. 1874, D. P. 75. 5. 274); … ni à ceux qui reçoivent certains individus dans leur maison en raison de leur profession, par exemple aux chirurgiens, sages-femmes, et aux individus tenant des maisons de santé. — Les hôteliers, logeurs, aubergistes, etc., ne sont pas assujettis à faire l'inscription au moment même de l'arrivée des voyageurs; elle est faite en temps suffisant, si elle a lieu immédiatement après la première nuit passée dans l'hôtellerie ou l'auberge. — L'autorité municipale a le droit, en raison de ses pouvoirs de police, de prendre des mesures qui ne sont que le développement ou la mise à exécution de ces prescriptions.

137. L'art. 475 se bornant à exiger que les registres soient tenus régulièrement, des arrêtés municipaux précisent habituellement les conditions nécessaires pour assurer cette régularité. La formule est donnée par le maire. Les mentions à inscrire sur le registre sont celles indiquées par l'art. 475, § 2, c. pén., complété par les arrêtés municipaux. Toute personne ayant couché dans la maison doit être inscrite. Les aubergistes, hôteliers, etc., sont, en outre, assujettis à l'obligation de représenter leurs registres aux époques fixées, et suivant le mode prescrit par les arrêtés municipaux, ou lorsqu'ils en sont requis par les maires, adjoints, commissaires de police, ou par les citoyens commis à cet effet par l'autorité municipale.

§ 11. — *Bains publics* (R. 1077 et s.; S. 604).

138. Les maires doivent prendre toutes les mesures de police nécessaires pour la sûreté, le bon ordre et la décence publique,

et pour prévenir les accidents dans les bains publics et les écoles de natation. Ils peuvent écarter les baigneurs des endroits trop fréquentés, indiquer les lieux où il est permis de se baigner, etc.

§ 12. — *Prostitution* (R. 1088 et s.; S. 665 et s.).

139. V. *infrà*, *Prostitution*.

§ 13. — *Églises* (R. 1067 et s.; S. 660 et s.).

140. V. *infrà*, *Culte*.

ART. 4. — MODE DE TRANSPORT DES PERSONNES DÉCÉDÉES. — INHUMATIONS. — EXHUMATIONS. — POLICE DES CIMETIÈRES.

141. V. *infrà*, *Sépulture*.

ART. 5. — INSPECTION SUR LA FIDÉLITÉ DU DÉBIT DES DENRÉES QUI SE VENDENT AU POIDS OU À LA MESURE ET SUR LA SALUBRITÉ DES COMESTIBLES EXPOSÉS EN VENTE. — RÈGLEMENTS RELATIFS AU COMMERCE ET À L'INDUSTRIE.

§ 1er. — *Fidélité du débit des denrées* (R. 1211 et s.; S. 752 et s.).

142. Les pouvoirs du maire, en matière de commerce, ne doivent pas être entendus dans le sens strictement limitatif des termes employés par l'art. 97, § 5, de la loi de 1884. Ils s'étendent aux diverses mesures qui peuvent assurer la fidélité des transactions, la sécurité et la salubrité publiques et même, quant aux denrées de première nécessité, l'approvisionnement public.

143. Pour assurer la fidélité des transactions sur les denrées, l'autorité municipale dispose de quatre moyens différents : 1° les prescriptions de police proprement dite; 2° la création d'intermédiaires présentant des garanties aux intéressés; 3° l'établissement d'un poids public; 4° enfin les règlements spéciaux qu'elle peut édicter relativement à certaines industries déterminées.

144. 1° *Prescriptions de police*. — Le maire a le droit de faire des règlements pour assurer la fidélité du débit des denrées qui se vendent au poids ou à la mesure. Les pouvoirs de police dont il jouit à cet égard doivent être combinés avec l'art. 423 c. pén. et avec les lois du 27 mars 1851, du 5 mai 1855 et du 14 mars 1887, qui punissent les tromperies sur la nature des marchandises (V. *infrà*, *Vente de substances falsifiées*).

145. 2° *Création d'intermédiaires*. — V. *infrà*, *Halles*, *foires et marchés*.

146. 3° *Bureaux de poids publics*. — V. *infrà*, *Poids et mesures*.

§ 2. — *Salubrité des comestibles* (R. 1235 et s.; S. 767 et s.).

147. Les pouvoirs de l'autorité municipale, relativement à la salubrité des comestibles mis en vente, doit se combiner avec les lois de 1851, 1855 et 1887, qui punissent le fait d'avoir mis en vente des denrées falsifiées, et avec l'art. 477 c. pén., qui prescrit la saisie et la destruction des comestibles gâtés, corrompus ou nuisibles (V. *infrà*, *Vente de substances falsifiées*).

148. L'autorité municipale peut visiter tous les lieux où tout le monde est admis indistinctement, tels que les boutiques, pour y vérifier la salubrité des comestibles, prescrire que toutes les denrées seront soumises à son inspection, interdire la mise en vente de toute denrée qui n'aurait pas été présentée à cet examen. Les objets reconnus nuisibles doivent être saisis et détruits. Le commissaire de police peut prendre les mesures nécessaires en cas d'urgence.

§ 3. — *Police de la boulangerie* (R. 1260 et s.; S. 777 et s.).

149. Le commerce de la boulangerie est libre depuis le décret du 22 juin 1863 (D.

P, 63. 4. 127). Toutefois les maires peuvent exiger de ceux qui veulent exercer ce commerce une déclaration préalable. — Il leur appartient, d'ailleurs, de réglementer et de surveiller l'exercice de la profession de boulanger, au point de vue de la salubrité et de la fidélité du débit des denrées.

150. Les maires n'ont pas le droit d'imposer aux boulangers des approvisionnements de grains et de farines; ils peuvent seulement prescrire que les boutiques soient garnies de pains, et notamment de pains taxés, et imposer aux boulangers l'obligation de débiter ce pain par morceaux, quelque faible quantité qui leur soit demandée.

151. Au point de vue de la salubrité, l'autorité municipale peut interdire la mise en vente de pains qui ne seraient pas entièrement cuits ou du pain de mauvaise qualité. Elle peut prohiber la fabrication de certaines espèces de pain comme dangereuses pour la salubrité publique, mais non imposer aux boulangers l'obligation de ne fabriquer que du pain d'une qualité déterminée.

152. Dans l'intérêt de la fidélité du débit, le maire peut exiger que les pains aient un poids déterminé; que leur forme soit indicative de leurs poids, ou que le pain soit vendu au poids. Il peut admettre, ou non, une tolérance sur le poids et fixer l'importance; prescrire que tout boulanger sera tenu de peser le pain qu'il vend, s'il en est requis par l'acheteur, ou même sans réquisition. Il peut, pour le poids respectif des différents pains qui peuvent être débités, obliger les boulangers à marquer d'un signe les pains qu'ils mettent en vente.

153. Enfin les maires peuvent régler les dispositions à observer par les boulangers relativement aux bois de provision, aux fournils, niches à pain, pétrins, glissoires, chaudières, étouffoirs, coffres à braise, réservoirs d'eau et puits. Ils doivent veiller à ce que les pains ne contiennent aucune substance capable de nuire à la santé.

§ 4. — *Police de la boucherie* (R. 1252 et s.; S. 771 et s.).

154. Le commerce de la boucherie est libre, sous la condition, pour ceux qui l'exercent, de se conformer aux règlements de police. En conséquence, serait illégal tout arrêté municipal qui limiterait le nombre des bouchers ou soumettrait à une autorisation du maire l'ouverture d'une boucherie, ... ou exigerait du boucher le dépôt d'un cautionnement ou la justification de certaines conditions de capacité. Mais le maire peut imposer aux bouchers une déclaration portant sur le lieu qu'ils ont choisi comme boutique.

155. En vertu de ses pouvoirs réglementaires, le maire peut prescrire aux bouchers d'être constamment approvisionnés de viande en qualité et quantité suffisantes pour satisfaire aux besoins journaliers de la consommation. Il doit veiller à ce qu'il ne soit vendu au public aucune viande malsaine, gâtée ou susceptible de porter atteinte à la santé. Le maire ne peut interdire l'importation de la viande destinée à la consommation. — D'une façon générale, il peut prescrire, en ce qui concerne l'installation et la tenue des boucheries, toutes les mesures que réclame l'intérêt de la salubrité publique. Il peut interdire le colportage de la viande à domicile. — En ce qui concerne les viandes importées du dehors, V. *infrà*, *Halles, foires et marchés*.

156. Les professions de charcutier, tripier, fondeur de suif, sont soumises au même régime que celle de boucher.

§ 5. — *Abatage des animaux* (R. 1255 et s.; S. 773 et s.).

157. Les *abattoirs* sont des établissements qui ont pour but de permettre le contrôle sur la qualité des viandes, de prévenir les dangers de l'abatage des animaux, d'empêcher les fraudes envers l'octroi et de garantir la salubrité publique, par la concentration en un même lieu des mesures de surveillance et de propreté. — Les abattoirs sont des établissements dangereux de première classe, que les communes ne peuvent créer qu'après avoir obtenu l'autorisation nécessaire de l'autorité compétente (V. *infrà*, *Manufactures et ateliers dangereux*).

158. Les abattoirs sont placés sous la surveillance de l'autorité municipale et soumis au pouvoir de police du maire. Ce pouvoir doit s'exercer, notamment, à l'effet de prévenir la fuite des animaux destinés à l'abatage, d'empêcher qu'il n'y soit amené des animaux malsains ou malades, de prescrire les mesures de propreté convenables, de veiller à ce que, dans les abattoirs où se fait la fonte des suifs, cette opération et les autres préparations des issues et abats des bestiaux aient lieu avec les précautions les plus propres à garantir la salubrité. D'une façon générale, le maire peut prendre, en ce qui concerne le fonctionnement des abattoirs, toutes les mesures qu'exige l'intérêt de la salubrité publique; mais il doit s'abstenir de celles qui, sans être commandées par cet intérêt, apporteraient des restrictions à la liberté de l'industrie des bouchers.

159. Aux termes de l'ordonnance du 15 avr. 1838, la mise en activité de tout abattoir public entraîne de plein droit la suppression de toutes les tueries particulières situées dans la localité. Cette interdiction s'applique en principe à l'abatage des porcs, à moins de dispositions contraires dans le règlement.

160. Les *tueries* et *échaudoirs*, qui peuvent exister là où il n'y a pas d'abattoir public, sont des établissements dangereux et incommodes de deuxième classe (V. *infrà*, *Manufactures et ateliers dangereux*). Les maires peuvent, en ce qui les concerne, imposer aux bouchers des mesures de salubrité nécessaires, leur interdire de déverser les eaux de lavage dans les ruisseaux et prescrire les mesures propres à prévenir les accidents que pourraient causer les animaux en s'échappant des tueries.

§ 6. — *Taxes des denrées et mercuriales* (R. 1251; S. 774, 779).

161. Le maire a la faculté d'établir une taxe pour la viande et pour le pain, à l'exclusion de toute autre denrée. Cette taxe est obligatoire pour les boulangers et les bouchers, sous la sanction édictée par l'art. 479, § 6, c. pén. (V. *infrà*, *Contravention*, n° 90). — Ordinairement, la taxe du pain ne s'applique qu'au pain blanc ou de première qualité, au pain bis ou de seconde qualité, à l'exclusion des pains de luxe ou de fantaisie. Le maire peut imposer aux boulangers l'obligation d'afficher dans leurs boutiques la taxe du pain. — La taxe de la viande n'est plus en usage que dans un petit nombre de communes.

162. Les mercuriales sont des tableaux officiels constatant les prix des principales denrées. Les maires sont chargés de leur rédaction.

§ 7. — *Brocanteurs.*

163. V. *infrà*, *Industrie et commerce*.

§ 8. — *Bureaux de placement* (S. 751).

164. V. *infrà*, *Industrie et commerce*.

ART. 6. — ACCIDENTS ET FLÉAUX CALAMITEUX (R. 1278 et s.; S. 781 et s.).

165. 1° *Incendies*. — En vue de prévenir les incendies, les maires peuvent interdire de couvrir les maisons en matières inflammables, et même prohiber, dans la construction des maisons, l'emploi des matériaux combustibles. Le juge de police doit assurer l'exécution de ces arrêtés non seulement par l'application des peines de police, mais encore en prescrivant la démolition des constructions faites en contravention.

166. L'art. 471, § 1er, c. pén. punit ceux qui ont négligé d'entretenir, réparer ou nettoyer les fours, cheminées ou usines où l'on fait usage du feu (V. *infrà*, *Contravention*, n° 18); il est inutile qu'un règlement municipal rappelle cette prescription. Les maires peuvent prescrire aux propriétaires d'entretenir constamment les cheminées en bon état, de les ramoner assez fréquemment, etc. Ils peuvent faire visiter les cheminées; mais il ne leur appartient pas d'établir des tarifs ni de créer des bureaux publics de ramonage.

167. La loi des 19-22 juill. 1791 punit le fait d'allumer du feu dans les champs à une certaine distance des maisons, bois, haies, meules; et le Code forestier interdit le même fait dans l'intérieur et à moins de deux cents mètres des bois (V. *infrà*, *Incendie*). L'autorité municipale peut édicter des mesures de précaution plus complètes, défendre tout transport dans les rues de charbons allumés, l'allumage de feux sur les places ou en plein air, etc... Elle peut défendre d'empiler contre les maisons du bois, des meules de fourrage ou autres matières inflammables, réglementer les chantiers de bois et de charbon. — Le maire peut régler, et même interdire, le tir de pièces d'artillerie et pétards, non seulement dans les lieux publics, mais encore dans les propriétés privées.

168. En cas d'incendie, le maire peut prendre les mesures nécessaires pour rassembler les citoyens afin d'arrêter le fléau, ordonner de porter de l'eau au lieu incendié, organiser un service de surveillance pour empêcher les vols. Il peut même faire abattre les maisons qui ne sont pas encore atteintes par le feu pour restreindre le foyer de l'incendie. — Enfin les communes peuvent organiser des compagnies de sapeurs-pompiers dans les conditions prévues par le décret du 10 nov. 1903 (V. *infrà*, *Sapeurs-pompiers*).

169. 2° *Inondations*. — L'autorité municipale doit prendre toutes les mesures propres à prévenir les inondations, à sauver la vie et les biens des habitants. Le maire peut même prescrire l'exécution de certains travaux sur les propriétés privées pour faciliter l'écoulement des eaux qui menacent d'inonder la commune.

170. 3° *Accidents*. — Lorsqu'un accident se produit, l'autorité municipale doit faire le nécessaire pour rétablir l'ordre. C'est elle qui organise les secours à administrer aux blessés, aux noyés, aux asphyxiés; elle doit même prendre des mesures pour prévenir les accidents.

171. 4° *Droit de réquisition*. — En cas d'accidents, d'incendies, d'inondations et autres calamités auxquelles il est nécessaire de remédier d'urgence, le maire peut requérir les particuliers de faire les travaux, d'accomplir les services ou de prêter les secours nécessaires. Le refus d'obtempérer à ces réquisitions constitue une contravention (Pén. 475, § 12; V. *infrà*, *Contravention*, n° 75). — Le droit de réquisition appartient au préfet, au maire et au commissaire de police, même au gendarme ou au sapeur-pompier en cas d'incendie. Aucune forme sacramentelle n'est exigée pour la réquisition : il suffit que l'objet en soit exprimé, que la personne à laquelle elle est adressée soit indiquée, ainsi que le titre et la qualité du requérant. La réquisition peut être verbale.

172. Le droit de réquisition s'applique aux faits accidentels et aux maux urgents contre lesquels le temps manquerait pour recourir aux secours organisés. Il n'en est pas de même s'il s'agit d'une mesure permanente ou d'un besoin particulier, par exemple, si l'on use de la réquisition pour transporter un blessé ou le recevoir dans une maison. — La responsabilité de celui qui a obéi à une réquisition est couverte. — Le maire peut organiser des patrouilles pour prévenir les incendies qui seraient provoqués par malveillance. Il a le même droit en cas de grève, de crise révolutionnaire.

ART. 7. — MESURES DE SALUBRITÉ PUBLIQUE (R. 1310 et s.; S. 799 et s.).

173. Le plus souvent, les maires procèdent par voie de prohibition; dans certains cas, cependant, ils peuvent imposer aux habitants des actes positifs. — Lorsque les causes d'insalubrité tiennent à l'état naturel des lieux, l'autorité municipale ne peut obliger les propriétaires à faire les travaux nécessaires pour y remédier : ce pouvoir n'appartient qu'à l'autorité supérieure. Mais, dans l'intérêt de la salubrité, les maires peuvent non seulement défendre aux particuliers d'exécuter aucun travail ayant pour effet de provoquer des amas d'eaux stagnantes ou corrompues, mais encore leur enjoindre de faire disparaître ceux de ces amas qui existent dans leurs propriétés, sans, d'ailleurs, déterminer la nature et l'importance des travaux à exécuter, ni prescrire un moyen exclusivement obligatoire. — Le maire peut prescrire le curage des citernes, puisards, égouts et fossés creusés sur les propriétés privées, lorsqu'ils en ont besoin, si l'amoncellement des matières putréfiées est de nature à occasionner des maladies (Cons. d'Et. 5 janv. 1883, D. P. 84. 3. 81).

174. Le maire peut interdire de déverser dans une rivière tout ce qui pourrait en altérer les eaux, par exemple des eaux industrielles, des eaux sales. Il doit ordonner le curage des abreuvoirs publics, régler l'usage de l'eau des fontaines publiques, interdire d'y faire des lavages.

175. Des arrêtés municipaux peuvent défendre aux habitants de garder dans l'enceinte des villes des porcs et autres animaux qui, resserrés dans un espace trop étroit, y engendrent des exhalaisons insalubres (Cr. r. 7 janv. 1882, D. P. 82. 1. 92).

176. En ce qui concerne les mesures sanitaires relatives aux immeubles (L. 15 févr. 1902, art. 11 et s.), V. infrà, *Salubrité publique;* ... les mesures que l'autorité municipale peut prendre relativement aux fosses d'aisance, aux urinoirs publics, V. *infrà, Vidange;* ... les devoirs qui lui incombent en cas d'épidémie ou d'épizootie, V. *infrà, Salubrité publique.*

ART. 8. — MESURES PROVISOIRES RELATIVES AUX ALIÉNÉS (R. 1316; S. 802 et s.).

177. En cas de danger imminent, il appartient aux maires de prendre, à l'égard des aliénés qui peuvent compromettre la sûreté publique, des mesures de précaution provisoires, et de faire des règlements pour obvier ou remédier aux événements fâcheux qui pourraient être occasionnés par l'insensé ou les furieux laissés en liberté. Le fait de laisser divaguer un aliéné dont on a la garde constitue, d'ailleurs, une contravention, même en l'absence de tout arrêté municipal (Pén. 475).

ART. 9. — MESURES DE POLICE CONCERNANT LA DIVAGATION DES ANIMAUX (R. 1317; S. 804 et s.).

178. L'art. 475, § 7, c. pén. punit ceux qui laissent divaguer des animaux malfaisants et féroces; le maire doit prendre des arrêtés pour prévenir les accidents qu'ils pourraient causer. L'interdiction peut être étendue même à certaines espèces d'animaux domestiques, chevaux, taureaux, chiens, porcs. — Il est, d'ailleurs, autorisé à prendre des mesures même à l'égard des animaux *qui ne sont ni malfaisants ni féroces.* Il peut prohiber la divagation de certains animaux en vue de la salubrité et de la propreté de la voie publique, et désigner un local qui servira de *fourrière,* c'est-à-dire de lieu de dépôt provisoire pour les animaux perdus, égarés ou saisis par mesure judiciaire ou administrative.

CHAP. V. — MATIÈRES QUI FONT L'OBJET DE LA POLICE RURALE (R. 766 et s.; S. 525 et s.).

179. La loi du 21 juin 1898 (D. P. 98. 4. 125) règle aujourd'hui tout ce qui concerne la police rurale. — Conformément au principe consacré par la loi du 5 avr. 1884 (art. 91), les maires sont chargés de la police rurale, sous la surveillance de l'autorité supérieure. Certaines attributions sont, d'ailleurs, réservées en cette matière aux préfets, en outre, l'exécution des actes de l'autorité supérieure relatifs à la police rurale (L. 1898, art. 1er). — La police rurale comprend les mesures destinées à assurer le maintien du bon ordre, de la sécurité et de la salubrité publiques.

ART. 1er. — SÉCURITÉ PUBLIQUE.

180. Les maires veillent à tout ce qui intéresse la sécurité publique; ils doivent, par des précautions convenables, prévenir les accidents et les fléaux calamiteux, pourvoir d'urgence à toutes les mesures d'assistance et de secours, et, s'il y a lieu, provoquer l'intervention de l'Administration supérieure (L. 1898, art. 1 et 2; Comp. *suprà,* nos 165 et s.).

§ 1er. — *Édifices menaçant ruine* (R. 887; S. 559).

181. Il appartient au maire de prescrire la réparation ou la démolition des édifices menaçant ruine quand ils bordent les rues ou places publiques (L. 21 juin 1898, art. 3). — En cas de contestation, de la part des propriétaires, de la nécessité de la réparation ou de la démolition, le Conseil de préfecture prescrit une expertise, après laquelle il statue et fixe un délai pour l'exécution des travaux. Il peut, au besoin, autoriser le maire à y faire procéder d'office et aux frais du propriétaire (art. 4). En cas de péril imminent, constaté par un expert désigné par le juge de paix, le maire peut faire exécuter d'office les mesures indispensables (art. 5).

§ 2. — *Accidents naturels* (R. 1307; S. 797).

182. En cas de danger grave et imminent, tels qu'inondation, rupture de digue, incendie de forêts, avalanche, éboulement de terres ou de rochers, le maire prescrit l'exécution des mesures de sûreté exigées par les circonstances et en rend compte d'urgence au préfet (art. 7).

§ 3. — *Incendies* (R. 1278 et s.; S. 781 et s.).

183. Le maire prescrit que le ramonage des cheminées soit fait au moins une fois par an. Il ordonne la réparation, ou, s'il y a lieu, la démolition des cheminées et fours délabrés qui pourraient causer des incendies (art. 8). Il peut interdire que les meules de grains, de paille, de fourrages, soient placées à moins d'une certaine distance de la voie publique ou des habitations (art. 11). **184.** La loi réserve au préfet le pouvoir d'interdire, sur l'avis conforme du Conseil général, l'emploi dans la construction des bâtiments, ou, pour celle des toitures, de certains matériaux et de prescrire les précautions qu'il y a lieu de prendre (art. 9). — C'est aussi le préfet qui, sur l'avis du Conseil général et des Chambres consultatives d'agriculture, peut interdire d'allumer des feux dans les champs à moins d'une dis-

tance déterminée des bâtiments, vignes, vergers, parcs, bois, bruyères, meules, et qui, sur l'avis du maire, peut lever cette interdiction (art. 10).

§ 4. — *Appareils mécaniques.*

185. Le préfet, sur l'avis du Conseil général et des Chambres d'agriculture, détermine les mesures à prendre dans les exploitations agricoles où il est fait usage d'appareils mécaniques pour éviter les accidents qui pourraient en résulter (art. 12).

§ 5. — *Puits et excavations.*

186. Le maire peut prescrire aux propriétaires, usufruitiers, usagers, fermiers ou à tous autres possesseurs ou exploitants d'entourer d'une clôture suffisante les puits et excavations présentant un danger pour la sécurité publique (art. 13).

§ 6. — *Animaux dangereux* (R. 1316 et s.; S. 803 et s.).

187. La loi enjoint aux propriétaires de tenir enfermés, attachés, enchaînés, les animaux dangereux qu'ils possèdent, de manière qu'ils ne puissent causer aucun accident aux personnes ou aux animaux domestiques (art. 14). Les maires peuvent prendre toutes les mesures propres à empêcher la divagation des chiens; ils peuvent ordonner qu'ils seront tenus en laisse et muselés, que les chiens errants et tous ceux qui seraient trouvés dans les champs ou sur la voie publique non munis d'un collier indiquant le nom de leur maître seront conduits à la fourrière et abattus dans un délai de quarante-huit heures s'ils n'ont pas été réclamés (art. 16). **188.** Les maires prescrivent aux propriétaires de ruches toutes les mesures qui peuvent assurer la sécurité des personnes, des animaux, la préservation des récoltes. Ils fixent à quelle distance des habitations et des voies publiques les ruches découvertes peuvent être établies. Les ruches isolées séparées de la voie publique par un mur ou une clôture en planches ne sont assujetties à aucune prescription de distance (art. 17).

189. Lorsque des animaux errant sans gardien, ou, dont le gardien refuse de se faire connaître, sont trouvés pacageant sur les propriétés privées, les propriétaires ou leurs représentants peuvent les conduire à la fourrière, où, au bout d'un certain délai, ils sont vendus. Les agents de la commune ont le même droit à l'égard des animaux trouvés sur les accotements des chemins ou sur des terrains communaux (art. 15). Quand ces animaux sont des chiens, les propriétaires ou fermiers des champs envahis peuvent les saisir et les conduire à la fourrière, où ils sont abattus (art. 16). Si ces animaux sont des volatiles, le propriétaire peut les tuer, et, si celui à qui ils appartiennent ne vient pas les réclamer, il peut les enfouir (art. 15).

ART. 2. — SALUBRITÉ PUBLIQUE.

190. Les maires, chargés de veiller à tout ce qui intéresse la salubrité publique, assurent l'exécution des dispositions légales et réglementaires qui ont pour but de prévenir les maladies contagieuses et épizootiques. Ils avisent le préfet d'urgence toutes les fois que des cas d'épidémie et d'épizootie sont signalés dans la commune. Ils peuvent prendre des mesures provisoires pour arrêter la propagation du mal (L. 1898, art. 18).

§ 1er. — *Police sanitaire en général* (R. 941 et s.; S. 580 et s.).

191. Il est interdit de laisser écouler, de répandre ou de jeter sur les places et voies publiques, dans les fontaines, mares et abreuvoirs, sur les lieux de marché ou de rassemblement d'hommes, d'animaux, des substances susceptibles de nuire à la salubrité publique (art. 20). — Les maires déterminent les mesures à prendre pour empêcher l'écoulement sur la voie publique des liquides provenant des dépôts de fumiers et des étables. Ils peuvent interdire les dépôts de vidange et de gadoue, prescrire la suppression des fosses à purin non étanches et puisards d'absorption (art. 19).

192. Les maires surveillent, au point de vue de la salubrité, l'état des ruisseaux, rivières, étangs, mares ou amas d'eau (art. 21). Les questions relatives à la police des eaux restent réglées par la loi du 8 avr. 1898, sur le régime des eaux (D. P. 98. 4. 136).

193. A l'égard des mares qui existent dans l'intérieur des villages ou dans le voisinage des habitations et qui compromettent la salubrité, si elles sont propriété communale, le maire doit ordonner les mesures d'assainissement nécessaires et même, après avis du Conseil municipal, leur suppression. A défaut du maire, le préfet, sur l'avis du Conseil d'hygiène et après enquête, peut ordonner la suppression immédiate ou prescrire les travaux utiles qui constituent pour la commune une dépense obligatoire (art. 22). Si les mares sont des propriétés privées, le maire peut prescrire à leurs propriétaires de les supprimer ou d'y exécuter certains travaux, ou de prendre des mesures propres à faire cesser toutes causes d'insalubrité. Si les propriétaires refusent ou négligent d'obéir, le maire dénonce le fait au préfet, qui, après avis du Conseil d'hygiène, prescrit l'exécution d'office des travaux ou la suppression d'office de la mare aux frais du propriétaire (art. 23).

194. La loi interdit de faire rouir des plantes dans les abreuvoirs et lavoirs publics. Le maire peut désigner par arrêté les lieux où les routoirs publics seront établis, ainsi que la distance à observer dans le choix des emplacements pour le séchage des plantes textiles après le rouissage. Le préfet peut réglementer ou même interdire, sur avis du Conseil d'hygiène, le rouissage dans les étangs et les eaux courantes. Bien que les routoirs agricoles ne soient pas assujettis aux règles posées par le décret du 15 oct. 1810 (R. v° *Manufactures, fabriques et ateliers dangereux*, etc., p. 4) et du 31 déc. 1866 (D. P. 67. 4. 25) pour les routoirs industriels, le préfet peut, sur la demande du Conseil municipal ou des propriétaires voisins, ordonner la suppression de ceux qui seraient établis à proximité des habitations et dont l'insalubrité serait constatée (art. 25).

195. Le préfet peut prohiber la vidange des étangs et autres amas d'eau stagnante, dans les cas ou dans les lieux où cette opération pourrait compromettre la salubrité publique (art. 24).

196. Un décret rendu dans la forme des règlements d'administration publique est nécessaire pour interdire les cultures qui seraient nuisibles à l'hygiène, ou fixer les conditions auxquelles elles seront autorisées (art. 26).

197. La loi interdit de vendre et de livrer à la consommation la chair de tout animal mort de maladie, quelle qu'elle soit, de jeter les bêtes mortes dans les bois, les rivières, les mares ou à la voirie, de les enterrer dans les étables, les cours attenant à des habitations ou à proximité des puits, fontaines, etc. Quand les animaux ont succombé à une maladie non contagieuse, le propriétaire est tenu, dans les vingt-quatre heures, de les faire transporter à un atelier d'équarrissage, ou de les détruire par un procédé chimique ou par la combustion, ou de les enfouir à cent mètres au moins des habitations. Le maire fait porter aux ateliers d'équarrissage les corps des bêtes trouvées sur la voie publique (art. 27 et 28).

§ 2. — *Police sanitaire des animaux* (R. 1310 et s.; S. 799 et s.).

198. V. *infrà, Salubrité publique.*

§ 3. — *Protection des animaux domestiques* (R. 971 et s.; S. 600 et s.).

199. La loi du 21 juin 1898 rappelle l'interdiction faite par la loi du 2 juill. 1850 (loi Grammont), d'exercer abusivement des mauvais traitements envers les animaux domestiques (art. 65) (V. *infrà, Dommage-Destruction*). Le maire et le préfet peuvent interdire les attelages de chiens (Cr. c. 7 mai 1898, D. P. 99. 1. 426).

200. Il est enjoint aux entrepreneurs de transport par terre ou par eau de pourvoir, toutes les douze heures au moins, à l'abreuvement et à l'alimentation des animaux qu'ils transportent, ou du moins de fournir au gardien les ustensiles et l'eau nécessaire (art. 66).

201. Les maires veillent à ce que, après chaque tenue de foire ou de marché, tous les emplacements où les bestiaux ont stationné et tous les instruments qu'ils ont pu souiller soient nettoyés et désinfectés (art. 68). La loi soumet à l'inspection du vétérinaire sanitaire les marchés, halles, stations d'embarquement ou de débarquement, auberges, écuries, vacheries, bergeries, chenils et autres lieux ouverts au public, gratuitement ou non, pour la vente, l'hébergement, le stationnement ou le transport des animaux domestiques. L'exécution des mesures qu'il indique peut, au besoin, être prescrite d'office par le préfet (art. 69, 70). — Sur les dispositions relatives au cas où le vétérinaire a reconnu l'insalubrité d'un champ de foire ou d'un autre emplacement communal destiné à l'exposition ou à la vente des bestiaux, V. art. 71.

Art. 3. — Police des récoltes (R. 766 et s.; S. 525 et s.).

202. Les maires sont chargés de la police rurale concernant les récoltes. Ils assurent l'exécution des prescriptions relatives à la destruction des animaux, des insectes et des végétaux nuisibles à l'agriculture. — C'est aux préfets qu'il appartient de prescrire les mesures nécessaires pour prévenir ou arrêter les dommages causés à l'agriculture par les insectes, les cryptogames ou autres végétaux nuisibles, quand ces dommages prennent ou peuvent prendre un caractère envahissant ou calamiteux. Les art. 76 à 80 de la loi du 21 juin 1898 reproduisent, à cet égard, les dispositions de la loi du 24 déc. 1888 (V. *suprà, Agriculture*, n° 18).

203. La loi défend de supprimer, de déplacer ou de détruire les bornes qui servent de limites entre les héritages, de recombler les fossés séparatifs, de dégrader les clôtures et les haies, de couper des branches dans les haies vives, d'enlever les bois secs des haies, de couper, mutiler, détériorer ou écorcher les arbres plantés dans les champs, vignes, bois ou le long des routes et chemins, de détruire les greffes des arbres fruitiers, de dégrader les chemins, de déclore les héritages et de passer à travers les récoltes (art. 74).

204. En ce qui concerne le glanage et le grappillage (art. 75), V. *infrà, Contravention*, n° 41, et *Usages ruraux*.

205. Les maires n'ont pas le droit de prendre des arrêtés relativement à la police de la pêche et de la chasse, la loi ayant réservé à l'autorité préfectorale le droit de faire des règlements. Cependant les maires peuvent suspendre l'exercice du droit de chasse soit dans les vignes jusqu'à la terminaison des vendanges, soit sur les chemins publics aux environs des lieux habités.

Art. 4. — Destruction d'animaux nuisibles (R. 768; S. 210, 211 et 527).

206. L'art. 90, § 9, de la loi de 1898 charge les maires : 1° de prendre, de con-

cert avec les propriétaires ou détenteurs du droit de chasse dans les buissons, bois et forêts, toutes les mesures nécessaires à la destruction des animaux nuisibles désignés dans l'arrêté du préfet pris en vertu de l'art. 9 de la loi du 3 mai 1844 (V. *suprà, Chasse*, n° 130 et s.); 2° de faire, pendant le temps de neige, à défaut des détenteurs du droit de chasse, à ce dûment invités, détourner les loups et sangliers remisés sur le territoire; de requérir, à l'effet de les détruire, les habitants avec armes et chiens propres à la chasse de ces animaux; de surveiller et assurer l'exécution de ces mesures et d'en dresser procès-verbal.

207. Il n'appartient qu'au préfet de désigner les animaux nuisibles ou malfaisants que le propriétaire, possesseur ou fermier, pourra, en tout temps, détruire sur ses terres, et de déterminer les conditions de l'exercice de ce droit. Le préfet peut, en ce cas, autoriser l'emploi d'engins prohibés pour la chasse. Mais le maire a le droit de prendre, de concert avec les propriétaires ou les détenteurs du droit de chasse dans les buissons, bois et forêts, toutes les mesures nécessaires à la destruction de ces animaux. Le maire peut autoriser l'emploi de tous les procédés de destruction (pièges, poison, armes à feu, etc.). — Le droit des maires est limité aux parties boisées de la commune; il ne peut s'exercer que de concert avec les intéressés, qui sont, d'une part, les propriétaires et, d'autre part, tous ceux qui ont droit de chasser sur le terrain où la destruction doit avoir lieu.

208. Le maire peut ordonner des battues sur les propriétés particulières, pour détourner les loups et les sangliers, mais seulement en temps de neige, et à défaut de détenteurs du droit de chasse à ce dûment invités. Pour ces battues, le maire peut requérir les habitants avec les armes et les chiens propres à la chasse de ces animaux. Les habitants requis de participer à une battue et qui s'y refusent sont passibles des peines portées par l'art. 475, § 12, c. pén. Le maire doit veiller à ce que les battues ne soient pas détournées de leur objet, à ce qu'elles soient dirigées par une personne compétente. Il n'est pas obligé d'y assister personnellement. — Sur les battues que le préfet permet, en tout temps, autoriser ou ordonner, pour la destruction des loups, renards, blaireaux et autres animaux nuisibles, V. Arr. 19 pluv. an 5; Ord. 20 août 1814 (R. v° *Chasse*, p. 199), et *suprà, Chasse*, n°s 286 et s.

Art. 5. — Bans de vendanges (R. 773 et s.; S. 528 et s.).

209. Les bans sont des règlements de police rurale que les maires publient au moment des récoltes pour déterminer le moment où il doit être procédé aux divers travaux de fenaison, de moisson ou de vendange. La loi du 9 juill. 1889, art. 13 (D. P. 90. 4. 20), ne fait plus mention du ban de vendanges, et encore ne peut-il être établi ou maintenu que dans les communes où le Conseil municipal l'aura décidé par une délibération qui doit être approuvée par le Conseil général. S'il est établi ou maintenu, il est réglé chaque année par un arrêté du maire. Ce règlement, surtout dans l'intérêt des intérêts passagers, est un règlement temporaire exécutoire aussitôt après sa publication.

210. La publication du ban a pour effet d'empêcher les propriétaires de commencer la récolte avant le moment fixé par l'arrêté. L'art. 475, § 1er, c. pén. punit d'amende ceux qui ont contrevenu au ban (V. *infrà, Contravention*, n° 55). Là où il est d'usage de ne récolter qu'après la publication du ban, il y a contravention si l'on n'attend pas cette publication. Le ban ne peut limiter la durée de la récolte; mais il peut régler les heures auxquelles il sera permis de travailler, défendre par exemple d'entrer dans les champs avant le lever du soleil et d'en partir après le coucher. Le maire ne peut priver les propriétaires du droit d'entrer dans leurs vignes avant la récolte ni subordonner l'exercice de ce droit à une autorisation (Cr. c. 24 févr. 1865, D. P. 65. 1. 496).

211. Les prescriptions du ban de vendange ne sont pas applicables aux vignobles clos, c'est-à-dire entourés par une haie vive, un mur, une palissade, un treillage, une haie sèche d'un mètre, un fossé d'un mètre vingt centimètres de largeur et de cinquante centimètres de profondeur, de traverses en bois ou de fils de fer s'élevant à un mètre au moins, ou par toute autre clôture continue et équivalente faisant obstacle à l'introduction des animaux (L. 9 juill. 1889, art. 6 et 13).

ART. 6. — VAINE PATURE (R. 793 et s.; S. 535 et s.).

212. Sur les pouvoirs qui appartiennent en cette matière, non au maire, mais au conseil municipal, V. *infrà*, *Usages ruraux*.

CHAP. VI. — FONCTIONNAIRES COMMUNAUX.

213. Les maires ont, pour les seconder dans l'exercice de leurs multiples fonctions, des auxiliaires d'autant plus nombreux et d'autant plus spécialisés que la commune est plus importante.

§ 1er. — *Nomination* (R. 333 et s.; S. 226 et s.).

214. En principe, le maire nomme à tous les emplois communaux pour lesquels les lois et décrets ne fixent pas un mode spécial de nomination (L. 1884, art. 88). Le maire a seul le droit de nomination, à l'exclusion du Conseil municipal.

215. Les exceptions prévues par l'art. 88 concernent : 1° le receveur municipal, qui est nommé, sur une liste de trois noms dressée par le Conseil municipal, par le préfet dans les communes dont les revenus ordinaires ne dépassent pas 300 000 francs, et par décret, sur la proposition du ministre des Finances, dans les autres (art. 156); — 2° les préposés d'octroi (V. *infrà*, *Octroi*); — 3° les commissaires de police (V. *suprà*, *Commissaire de police*, n° 3); — 4° les gardes des forêts communales (V. *infrà*, *Forêts*); — 5° les officiers de sapeurs-pompiers (V. *infrà*, *Sapeurs-pompiers*); — 6° les cantonniers chargés de l'entretien des chemins vicinaux de grande communication et d'intérêt commun; les agents voyers (V. *infrà*, *Voirie*). — Certains agents sont nommés par le maire, mais doivent être agréés par le préfet ou le sous-préfet. Il en est ainsi, notamment, des gardes champêtres, inspecteurs, brigadiers et agents (L. 1884, art. 103), et de tous les agents qui doivent être assermentés et commissionnés, notamment des gardes champêtres communaux (art. 102) (V. *infrà*, *Garde champêtre*).

§ 2. — *Révocation* (S. 237 et s.).

216. Le maire suspend et révoque les titulaires des emplois communaux à sa nomination, que les employés soient, ou non, commissionnés (art. 88). — V. toutefois, quant aux gardes champêtres, art. 102, et *infrà*, *Garde champêtre*; ... aux inspecteurs, brigadiers et agents de police, art. 103. — En ce qui concerne la révocation des cantonniers, V. *infrà*, *Voirie*; ... des officiers de sapeurs-pompiers, V. *infrà*, *Sapeurs-pompiers*.

217. Le Conseil municipal ne peut prononcer la révocation d'aucun employé com-

munal. Mais, pour ceux dont l'emploi ne constitue pas pour la commune une dépense obligatoire, il peut, en supprimant le crédit nécessaire pour le traitement du titulaire de l'emploi, obliger le maire à supprimer cet emploi.

218. Les arrêtés par lesquels les maires révoquent de ses fonctions un employé communal sont des actes de puissance publique, qui ne peuvent être attaqués que par la voie du recours pour excès de pouvoir ou pour détournement de pouvoir (Trib. confl. 7 août 1880, D. P. 82. 3. 27). La juridiction administrative est seule compétente pour connaître des actions en indemnité fondées sur une révocation injustifiée ou irrégulière.

219. Les employés communaux ont droit au traitement qui a été assigné à leurs fonctions par les règlements organiques de l'emploi. En cas de contestation, le Conseil d'Etat est compétent pour connaître du litige. Il n'y a d'exception que pour les honoraires des architectes des communes, quand ils sont calculés en raison du montant des travaux dirigés par eux. Les difficultés relatives à ces honoraires sont portées devant le Conseil de préfecture, sauf appel au Conseil d'Etat. — Les employés des communes ont parfois droit à une pension sur les fonds de la commune ou sur les fonds d'une caisse de retraites (V. *infrà*, *Pensions*).

CHAP. VII. — BUDGET COMMUNAL.

SECT. Ire. — Généralités, définition, divisions du budget (R. 383 et s.; S. 293 et s.).

220. Le budget communal est l'état de prévision et d'autorisation des recettes et des dépenses de tout ordre que la commune aura à faire au cours d'un exercice. Il se divise en budget ordinaire et en budget extraordinaire (L. 1884, art. 132). — Le tableau du budget comprend deux titres : le titre Ier, relatif aux recettes, qui se divisent en recettes ordinaires et recettes extraordinaires, et le titre II, relatif aux dépenses, qui se divise également en dépenses ordinaires et en dépenses extraordinaires.

221. La loi donne une énumération des recettes ordinaires : ce sont celles qui ont le caractère de revenus particuliers, permanents ou périodiques. Les recettes extraordinaires sont celles qui ont un caractère accidentel (art. 134). — Quant aux dépenses, celles du budget ordinaire sont les dépenses annuelles et permanentes d'utilité communale; celles du budget extraordinaire sont les dépenses accidentelles ou temporaires qui sont imputées sur les recettes extraordinaires ou sur l'excédent des recettes ordinaires. Les dépenses ordinaires et extraordinaires se subdivisent en dépenses obligatoires et en dépenses facultatives (art. 136).

SECT. II. — Recettes.

ART. 1er. — RECETTES ORDINAIRES (R. 468 et s.; S. 344 et s.).

222. Les recettes des communes, comme celles de l'Etat, proviennent de deux sources : le domaine public ou privé de la commune et l'impôt direct ou indirect. Les recettes ordinaires peuvent se classer ainsi : 1° attribution aux communes d'une part sur certains impôts d'Etat; 2° impôts directs; 3° impôts indirects; 4° produits du domaine public; 5° produits du domaine affecté à des services publics; 6° produits des exploitations industrielles; 7° produits du domaine non affecté.

§ 1er. — *Attribution aux communes d'une part de certains impôts d'Etat* (R. 482 et s.; S. 358 et s.).

223. Aux termes de l'art. 36 de la loi du 15 juill. 1880 (D. P. 81. 4. 1), il est prélevé

huit centimes par franc sur le principal de la contribution des patentes au profit de la caisse municipale. De même, un vingtième du produit de la contribution sur les voitures, chevaux et mulets, est attribué aux communes (L. 23 juill. 1872, D. P. 72. 4. 123), ainsi qu'un quart du produit de la taxe sur les vélocipèdes (L. 28 avr. 1893, art. 15, D. P. 93. 4. 79). — La délivrance des permis de chasse donne lieu au payement d'un droit de 28 francs. Sur cette somme, 10 francs sont perçus au profit de la commune dont le maire a donné son avis exigé par l'art. 5 de la loi du 3 mai 1844 (V. *suprà*, *Chasse*, n°s 56 et 57). Ce maire doit être celui de la commune du domicile ou de la résidence du permissionnaire.

224. Les communes perçoivent une part du produit de certaines amendes. — Les amendes pour contraventions à la police municipale et à la police rurale sont attribuées en totalité à la commune où la contravention a été commise. Il en est de même des amendes encourues par les receveurs municipaux pour retard dans la production de leurs comptes (L. 5 avr. 1884, art. 159), et des amendes prononcées pour délit de chasse, après déduction des gratifications aux agents verbalisateurs (L. 3 mai 1844, art. 19). — Les amendes prononcées pour infraction à la police du roulage sur un chemin vicinal de grande communication sont attribuées aux communes pour les deux tiers quand l'agent verbalisateur a droit à un prélèvement d'un tiers, et pour la totalité quand il n'a droit à rien (L. 30 mai 1851, art. 28, D. P. 51. 4. 78). Les communes ont encore droit aux deux tiers du produit des amendes infligées pour fraudes dans la vente des marchandises (L. 27 mars 1851, art. 8, D. P. 51. 4. 57), à la moitié des amendes d'octroi (Ord. 9 déc. 1814, D. P. v° *Octroi*, p. 12), à un tiers des amendes prononcées en matière de grande voirie (Décr. 16 déc. 1811, D. P. v° *Voirie par terre*, p. 193).

225. Les trois quarts des amendes prononcées pour apposition d'affiches peintes dans un lieu public, le dernier tiers des amendes prononcées pour fraudes dans la vente des marchandises et les autres amendes prononcées par les tribunaux de police correctionnelle, les cours d'assises, les conseils de guerre, les tribunaux maritimes, forment un fonds commun. Le produit des amendes attribué aux communes ou au fonds commun est calculé exclusivement sur le principal. Deux centimes additionnels sont perçus en principal au profit de l'Etat. Le produit des amendes en principal est réparti chaque année dans chaque département à raison de 20 p. 100 au profit de l'Etat et de 80 p. 100 pour le fonds commun. Après certains prélèvements effectués, notamment pour gratifications aux agents verbalisateurs, etc., le reliquat du fonds commun est attribué : un quart au service des enfants assistés (service départemental), et trois quarts aux communes suivant la répartition faite par la commission départementale, après avis ou proposition du préfet (L. 28 avr. 1893, art. 45).

§ 2. — *Impôts directs* (R. 479 et s.; S. 357).

226. Les impôts directs établis au profit des communes comprennent, d'une part, des *centimes additionnels* au principal des contributions directes imposées au profit de l'Etat, et certaines taxes assimilées à ces contributions, soit pour l'assiette, soit pour le recouvrement.

227. Les centimes communaux qui figurent dans le budget ordinaire sont les centimes *ordinaires*, les centimes *spéciaux*, et les centimes *pour insuffisance de revenus*. Les premiers portent sur la contribution foncière et personnelle-mobilière, les autres portent sur les quatre contributions directes.

228. Les centimes ordinaires, qui sont au nombre de cinq, sont mis chaque année par la loi de finances à la disposition des communes sans qu'elles aient à les voter. Les Conseils municipaux n'ont à émettre de vote au sujet de ces centimes que dans le cas où ils décident que cette contribution leur est inutile (L. 15 mai 1818, art. 3, R. v° *Impôts directs*, p. 265).

229. Les centimes spéciaux qui sont classés dans les recettes générales sont : 1° les cinq centimes pour l'entretien des chemins vicinaux (L. 21 mai 1836, art. 2, R. v° *Voirie par terre*, p. 201); 2° les centimes destinés à pourvoir au traitement du ou des gardes champêtres (L. 31 juill. 1867, art. 16, D. P. 67. 4. 149); 3° les centimes, au nombre de cinq au plus, établis pour acquitter la part contributive de la commune dans les dépenses d'un syndicat de communes (L. 22 mars 1890, D. P. 90. 4. 106); 4° les centimes, en nombre illimité, destinés à l'acquittement des dépenses de l'assistance médicale gratuite (L. 15 juill. 1893, D. P. 94. 4. 23). Tous ces centimes peuvent être établis en vertu d'un simple vote du Conseil municipal.

230. Dans le cas où, après épuisement des recettes ordinaires et spéciales, le chiffre des dépenses obligatoires ou facultatives excède celui des recettes, les Conseils municipaux peuvent voter des centimes dits « pour insuffisance de revenus » affectés à ces dépenses ordinaires dans la limite du maximum fixé chaque année par le Conseil général. L'approbation du préfet est nécessaire si les contributions pour insuffisance de revenus dépassent ce maximum (L. 7 avr. 1902, D. P. 1902. 4. 101).

231. Les communes qui usent de la faculté, que leur offre la loi du 29 déc. 1897, de supprimer en tout ou partie leurs taxes d'octroi, peuvent voter, avec l'approbation du préfet, des centimes additionnels s'élevant au plus à vingt (V. *infrà*, *Octroi*).

232. Les taxes assimilées aux contributions directes qui sont établies au profit des communes sont : 1° la *taxe sur les chiens*, établie par la loi du 2 mai 1855 (D. P. 55. 4. 54). — Les Conseils municipaux ne peuvent se refuser à l'établissement de cette taxe, qui est obligatoire pour les communes. Le droit du Conseil municipal consiste uniquement à proposer un tarif compris dans les limites fixées par la loi et conforme aux principes posés par la loi (V. *infrà*, *Impôts directs*).

233. 2° La *taxe des prestations en nature*. — Elle est établie par délibération du Conseil municipal pour l'entretien du réseau vicinal. Le Conseil municipal peut choisir entre cette ressource et celle que lui offrent les cinq centimes spéciaux, ou les adopter concurremment. Il peut aussi remplacer le produit des journées de prestation par une *taxe vicinale*. Ce remplacement peut porter soit sur la totalité ou sur une partie de la prestation individuelle, soit, après que celle-ci aura été entièrement convertie, sur la totalité ou une partie de la prestation des animaux ou véhicules. La taxe vicinale est représentée par des centimes additionnels aux quatre contributions directes en nombre suffisant pour produire une somme équivalente à la valeur des prestations remplacées. Lorsque ce nombre de centimes est supérieur à 20, la substitution doit être autorisée par le Conseil général (L. 31 mars 1903, art. 5, D. P. 1903. 4. 17).

234. 3° La *taxe de balayage*. — Les communes sont autorisées par la loi à établir un certain nombre de taxes directes pour se faire payer les services qu'elles rendent à leurs habitants. Ainsi, aux termes de l'art. 133, § 13, de la loi du 5 avr. 1884, un décret, rendu en Conseil d'État sur la demande du Conseil municipal, peut autoriser la commune à convertir en une taxe directe l'obligation, imposée aux propriétaires riverains des voies publiques, de balayer ces rues au droit de leurs immeubles. La taxe est perçue en vertu d'un tarif délibéré en Conseil municipal après enquête et approuvé par un décret rendu dans la forme des règlements d'administration publique. Ce tarif peut être revisé de cinq en cinq ans (L. 26 juill. 1873, art. 1er, D. P. 73. 4. 47). — La taxe totale ne doit pas dépasser les dépenses occasionnées à la ville par le balayage de la superficie à la charge des habitants. Il ne doit pas être tenu compte, dans l'établissement de cette taxe, de la valeur des propriétés, mais seulement des nécessités de la circulation, de la salubrité et de la propreté de la voie publique. Il semble donc que la taxe de chaque propriétaire doive être toujours proportionnelle à la longueur de la façade de son immeuble. La taxe est due même par les propriétaires de terrains non bâtis.

235. 4° La *taxe de vidange*. — Dans les villes où des lois spéciales ont assujetti les propriétaires d'immeubles à déverser dans l'égout public les matières de vidange, les Conseils municipaux sont autorisés à voter l'établissement de la taxe dite de vidange. A Paris, cette taxe est assise sur le revenu net imposable des immeubles, conformément à un tarif fixé par la loi du 10 juill. 1894 (D. P. 95. 4. 56). Son produit sert à rembourser l'emprunt contracté pour développer le réseau d'égouts et à faire face à l'augmentation des dépenses d'entretien. La taxe peut en être revisé tous les cinq ans par décret, après délibération conforme du Conseil municipal, sans que le tarif fixé à l'art. 3 puisse être dépassé.

236. 5° Les *cotisations imposées annuellement sur les ayants droit aux fruits qui se perçoivent en nature*. — Les Conseils municipaux sont autorisés par les art. 133-2° et 140 de la loi du 5 avr. 1884 à répartir, par une délibération approuvée par le préfet, les taxes particulières dues en vertu des lois et usages locaux par les habitants ou propriétaires ayant droit aux fruits qui se perçoivent en nature. Ces taxes sont : la taxe de pâturage, la taxe pour l'entretien du taureau commun, la taxe d'affouage, la taxe de tourbage.

237. a. *Taxe de pâturage*. — Le Conseil municipal peut subordonner l'admission des bestiaux des habitants sur les pâturages communaux au payement d'une taxe calculée par tête et par nature d'animal. Le taux de la taxe peut être calculé de manière non seulement à couvrir les dépenses d'entretien du pâturage, de salaire du pâtre commun, de payement des contributions assises sur le pâturage quand tous les habitants n'ont pas un droit égal à sa jouissance, mais encore à donner à la commune un revenu qu'elle puisse affecter à ses besoins généraux.

238. b. *Taxe pour le taureau commun*. — Les Conseils municipaux peuvent établir une taxe pour l'achat et l'entretien d'un taureau qui sera mis à la disposition des propriétaires de vaches. La taxe n'est répartie qu'entre ceux des propriétaires qui ont fait saillir leurs vaches par ce taureau.

239. c. *Taxe d'affouage*. — Quand le Conseil municipal décide de partager entre ses habitants le bois d'une coupe (V. *infrà*, *Forêts*), il peut subordonner la délivrance des lots au payement préalable d'une taxe, constaté par la quittance du receveur. Le tarif est établi par délibération du Conseil municipal approuvé par le préfet. Le montant des taxes peut excéder ce qui est nécessaire pour l'acquittement des charges forestières (Cons. d'Ét. 10 mars 1894, D. P. 95. 3. 41).

240. d. *Taxe de tourbage*. — Elle est établie de la même manière que celle d'affouage.

§ 3. — *Impôts indirects* (R. 507 et s.; S. 376 et s.).

241. a. *Octroi*. — Le plus important des impôts indirects établis au profit des communes est le droit d'octroi. — V., pour cette taxe et les taxes de remplacement, *infrà*, *Octroi*.

242. b. *Droit de pesage, mesurage et jaugeage*. — Quand un bureau de poids public a été établi dans une commune (V. *infrà*, *Poids et mesures*), le Conseil municipal vote le tarif des droits à percevoir. La délibération doit être approuvée par le préfet (L. 5 avr. 1884, art. 68 et 133).

243. c. *Droits de voirie*. — Il en est de même des droits de voirie qui peuvent être établis en raison des diverses permissions accordées aux particuliers riverains des voies publiques (V. *infrà*, *Voirie*). Ces droits sont perçus au profit des communes, quelle que soit la nature de la voie publique, qu'il s'agisse d'une traverse de route nationale ou départementale ou d'une dépendance de la voirie urbaine, vicinale ou rurale. — Le produit des droits de voirie n'a aucune affectation spéciale dans le budget communal; il sert à l'acquittement des charges de toute nature qui incombent aux communes.

244. d. *Taxe pour l'inspection sanitaire des animaux*. — L'art. 63 de la loi du 21 juin 1898 fait une obligation aux communes dans lesquelles il y a des foires et marchés aux chevaux ou aux bestiaux, des abattoirs ou clos d'équarrissage, d'avoir un ou plusieurs vétérinaires chargés de l'inspection sanitaire. La loi autorise ces communes à se faire rembourser le montant de la dépense au moyen d'une taxe établie sur les animaux amenés.

§ 4. — *Produits domaniaux.*

A. — Produits du domaine public (R. 505 et s.; S. 369 et s.).

245. Les communes sont autorisées à percevoir des droits pour le permis de stationnement et les locations sur la voie publique, sur les rivières, ports et quais fluviaux et autres lieux publics, à l'exception seulement des dépendances du domaine public maritime (L. 5 avr. 1884, art. 133). Il n'y a pas à distinguer suivant que les occupations sont temporaires ou permanentes. — Les droits de stationnement portent, en général, sur les voitures de place, les omnibus, les tramways, les charrettes et bêtes de somme qui arrivent sur les marchés, les constructions légères et les chaises placées sur les promenades publiques, les boutiques des marchands de journaux ou autres, et sur les emplacements occupés par les saltimbanques et théâtres ambulants, les bateaux-lavoirs, les pontons, etc. Toutes ces autorisations, étant données sur le domaine public, sont précaires et révocables dans l'intérêt général de la circulation ou de la navigation.

246. Le tarif du droit de stationnement est calculé, en principe, d'après la superficie des emplacements occupés. Il doit être voté par le Conseil municipal et soumis ensuite à l'approbation du préfet, ou du ministre de l'Intérieur, suivant qu'il s'agit de droits à percevoir sur les dépendances de la petite voirie ou sur les dépendances de la grande voirie. L'autorité judiciaire est seule compétente pour connaître des contestations relatives aux droits de stationnement (Cons. d'Et. 6 mars 1885).

B. — Produits des domaines communaux affectés à des services publics (R. 485 et s.; S. 360 et s., 378 et s.).

247. a. La loi du 5 avr. 1884 (art. 133-9°) attribue aux communes les *produits des terrains destinés aux inhumations* ou produits spontanés des cimetières (arbres, herbes, fruits).

248. b. *Concessions dans les cimetières.*
— Les communes sont autorisées à accorder aux familles des *concessions* temporaires, trentenaires ou perpétuelles dans les cimetières. Le tarif des concessions est établi par le Conseil municipal et approuvé par le préfet. Sur le produit des concessions, deux tiers sont attribués aux communes, et un tiers aux établissements publics de bienfaisance de la commune (Décr. 23 prair. an 12, art. 20, R. v° *Cultes*, p. 697; Ord. 6 déc. 1843, art. 3, *ibid.*, p. 951; L. 5 avr. 1884, art. 68-7°, et 133-9°). V. *infrà, Sépulture.*

249. c. *Droits de place perçus dans les halles, foires et marchés.* — Les communes sont autorisées à percevoir des droits de place (L. 5 avr. 1884, art. 133-5°). Le tarif est voté par le Conseil municipal et soumis à l'approbation du préfet (art. 68). — V. sur ces droits et sur leur mode de recouvrement, *infrà, Halles, foires et marchés.*

250. d. *Droits perçus dans les abattoirs.* — Ces droits comprennent : 1° des taxes pour l'occupation de certains locaux, qui constituent de véritables droits de place; 2° des taxes d'abatage proprement dites. — Un décret du 1er août 1864 (D. P. 64. 4. 108) dispose que les taxes d'abatage seront calculées de manière à ne pas dépasser les sommes nécessaires pour couvrir les frais annuels d'entretien et de gestion des abattoirs et pour tenir compte à la commune du capital dépensé pour leur construction et de la somme qui serait affectée à l'amortissement de ce capital. Le tarif ne peut dépasser le maximum de 0 fr. 015 par kilogramme de viande de toute espèce. Toutefois, quand les communes sont forcées de recourir à un emprunt ou à une concession temporaire pour couvrir les frais de construction, les taxes peuvent être portées à 0 fr. 02 par kilogramme de viande nette, si ce taux est nécessaire pour pourvoir à l'amortissement de l'emprunt ou indemniser le concessionnaire de ses dépenses. L'amortissement une fois effectué, les taxes doivent être ramenées au taux nécessaire pour couvrir seulement les frais d'entretien et de gestion. — Le tarif voté par le Conseil municipal est approuvé par le préfet si les taxes restent dans les limites des *maxima* prévus par le décret du 1er août 1864, et par décret rendu en Conseil d'Etat si des circonstances exceptionnelles exigent l'établissement de taxes supérieures.

251. e. *Produit des expéditions des actes administratifs et des actes de l'état civil.* — Les communes ont le droit de percevoir un droit de 0 fr. 75 par rôle pour les secondes expéditions des actes administratifs (L. 7 mess. an 2, R. v° *Archives*, p. 204; Av. Cons. d'Et. 18 août 1807, *ibid.*, n° 70). — Les expéditions des actes de l'état civil, outre le droit de timbre qui est perçu au profit de l'Etat, donnent lieu, au profit des communes, à la perception de taxes qui varient de 0 fr. 30 à 1 franc, suivant la nature des actes (Décr. 12 juill. 1807, R. v° *Actes de l'état civil*, p. 508; L. 10 déc. 1850, D. P. 51. 4. 9).

252. f. *Concessions d'eau, de gaz, d'électricité.* — Quand les communes ont exécuté, aux frais de la caisse municipale, des travaux d'adduction d'eau, elles peuvent, après avoir pourvu aux besoins de l'alimentation des fontaines publiques et des services publics, disposer des eaux superflues en faveur des particuliers moyennant le payement de redevances. Les redevances à l'usage des habitants, quel que soit le régime du service, sont déterminées par les Conseils municipaux et approuvées par décret si la ville a plus de trois millions de revenus, ou par arrêté préfectoral si elle a moins de trois millions (L. 5 avr. 1884, art. 115). Elles ne sont pas assimilées aux contributions directes. — Les communes peuvent fournir, dans les mêmes conditions, à leurs habitants, du gaz ou de l'électricité pour l'éclairage ou la force motrice.

253. Le plus souvent, le service des eaux, celui du gaz ou de l'électricité, sont confiés à des concessionnaires qui, après avoir construit les ouvrages de canalisation, exploitent à leur profit la fourniture aux particuliers, et payent à la commune la redevance stipulée dans leur cahier des charges.

254. g. *Produit de l'enlèvement des boues et immondices.* — Les habitants astreints au balayage de la chaussée ne peuvent cependant le droit de disposer du produit de cette opération. L'art. 133 de la loi de 1884 en fait une des ressources ordinaires des communes. Celles-ci peuvent en concéder l'enlèvement à des particuliers, moyennant le payement de redevances.

255. h. *Taxe d'inhumation.* — Dans les communes où le service des pompes funèbres est exploité par la commune, il est perçu une taxe dite droit d'inhumation, qui a pour but de rémunérer la commune des frais de transport des personnes décédées de la maison mortuaire à l'église et de l'église au cimetière. Cette taxe doit être calculée de manière à couvrir la dépense aussi exactement que possible et ne peut devenir la source d'aucun profit pour la commune. Le tarif est voté par le Conseil municipal et approuvé par le préfet. — Les communes dans lesquelles sont installées des chambres funéraires ou des appareils crématoires peuvent percevoir des droits pour le dépôt et l'incinération des corps. Les tarifs de ces droits sont établis suivant les mêmes règles que ceux du droit d'inhumation (L. 17 juill. 1889, art. 29, D. P. 90. 4. 71).

256. i. *Taxe pour les dépôts des dessins et modèles industriels* (L. 18 mars 1806, art. 19). — V. *infrà, Propriété industrielle.*

257. j. Les communes peuvent encore tirer quelques recettes des services qu'elles établissent, à leurs frais, dans les ports maritimes ou fluviaux, pour servir au commerce ou à l'industrie, et dont l'usage donne lieu à la perception de taxes suivant des tarifs approuvés par les lois ou les décrets en Conseil d'Etat qui ont autorisé l'installation des ouvrages; ... ou encore, mais plus rarement, de certaines exploitations industrielles concédées par elle : ainsi, les *concessionnaires de chemins de fer d'intérêt local* ou de tramways peuvent, aux termes de leur cahier des charges, être tenus de partager leurs bénéfices avec la commune.

C. — Produits des biens du domaine communal non affectés aux services publics (R. 468; S. 345).

258. Les revenus des biens domaniaux dont les habitants n'ont pas la jouissance en nature comprennent : 1° les loyers et fermages des biens patrimoniaux de la commune, urbains ou ruraux; 2° les revenus des sources d'eaux minérales, qu'elles soient affermées ou gérées pour son compte; 3° le produit des coupes ordinaires des bois communaux, ainsi que ceux de la vente des chablis et produits accessoires de ces bois, des élagages, herbes et fruits; 4° le prix de ferme du droit de chasse dans les propriétés communales et le prix de ferme du droit de pêche sur les étangs communaux ou dans les cours d'eau non navigables bordant les propriétés communales.

259. Les communes peuvent encore compter parmi leurs recettes ordinaires les *arrérages de rentes* sur l'Etat qu'elles ont achetées ou qui leur ont été données ou léguées; elles peuvent également posséder d'autres valeurs mobilières ou des rentes sur les particuliers. Enfin leurs fonds libres doivent être déposés en compte courant au Trésor public, qui leur sert un *intérêt* (Décr. 27 févr. 1811, R. p. 215).

ART. 2. — RECETTES EXTRAORDINAIRES (R. 537 et s.; S. 399 et s.).

260. Les recettes extraordinaires du budget comprennent, comme celles du budget ordinaire : 1° des impôts directs; 2° des impôts assimilées aux impôts directs; 3° des impôts indirects; 4° des produits domaniaux. Il faut y ajouter les ressources provenant d'emprunts.

§ 1er. — *Impôts directs.*

261. Les impôts directs extraordinaires comprennent : 1° les contributions extraordinaires; 2° certaines taxes assimilées. — Tous les centimes extraordinaires portent sur les quatre contributions directes. Les Conseils municipaux peuvent voter sans aucune approbation de l'autorité supérieure : 1° trois centimes extraordinaires exclusivement affectés aux chemins vicinaux ordinaires; 2° trois centimes extraordinaires affectés aux chemins ruraux.

262. La loi du 7 avr. 1902 a déterminé les conditions dans lesquelles les communes sont autorisées à s'imposer extraordinairement pour des dépenses extraordinaires d'utilité communale. Chaque année, la loi des contributions directes fixe, pour l'ensemble des communes de France, le maximum de ces centimes, qui doit être arrêté annuellement par les Conseils généraux (L. 10 août 1871, art. 42); le maximum est actuellement fixé à 30 (L. 13 juill. 1900). Chaque année, le Conseil général vote, pour chaque commune de son département, le nombre de centimes extraordinaires qu'elle est autorisée à s'imposer. Dans la limite de ce maximum, le Conseil municipal vote souverainement les contributions extraordinaires. L'approbation du préfet est nécessaire, si le maximum fixé par le Conseil général est dépassé. Toute contribution établie pour plus de trente ans est autorisée par décret rendu en Conseil d'Etat (L. 5 avr. 1884, art. 141-143, modifiés par la loi du 7 avr. 1902).

263. Enfin, en cas d'insuffisance de leurs ressources ordinaires et des centimes extraordinaires créés dans les limites du maximum fixé chaque année par les Conseils généraux, les communes sont autorisées à s'imposer annuellement et extraordinairement jusqu'à concurrence de trois centimes additionnels au principal des quatre contributions directes, à l'effet d'accorder des secours aux familles nécessiteuses des soldats de la réserve et de l'armée territoriale retenus sous les drapeaux (L. 21 déc. 1882, D. P. 83. 4. 86).

264. Parmi les centimes extraordinaires, il faut encore citer ceux, au nombre de cinq au plus et portant sur la contribution foncière des propriétés non bâties seulement, que les Conseils municipaux sont autorisés à voter pour les affecter aux dépenses de réfection de leur cadastre (L. 17 mars 1898).

265. Lorsque, après l'inscription d'office d'une dépense obligatoire, le Conseil municipal se refuse à créer les ressources nécessaires pour l'acquitter, il y est pourvu au moyen d'une contribution extraordinaire établie d'office par décret. Cette contribution n'excède pas le maximum à fixer annuellement par la loi de finances, et par une loi spéciale, si la contribution doit excéder ce maximum (L. 5 avr. 1884, art. 149). D'après les lois annuelles de finances, le maximum des dépenses obligatoires que le Gouvernement est autorisé à imposer d'office pour le payement des dépenses obligatoires est de 40, à moins qu'il ne s'agisse de l'acquit de dettes résultant de condamnations judiciaires, auquel cas il peut être élevé jusqu'à 20.

§ 2. — *Taxes assimilées.*

266. Les taxes assimilées aux contributions directes qui ont le caractère de recettes extraordinaires pour les communes comprennent : 1° une *journée de prestation,* que les Conseils municipaux peuvent voter pour les dépenses des chemins ruraux reconnus, en cas d'insuffisance de leurs ressources ordinaires (L. 20 août 1881, art. 10, D. P. 82. 4. 1).

267. 2° Les *subventions spéciales* qui, en vertu des lois des 21 mars 1836, 20 août 1881 et 17 avr. 1901, peuvent être réclamées par les communes aux industriels, aux propriétaires d'usines, de carrières ou de forêts et à l'Etat qui, par l'importance de leurs charrois, ont dégradé d'une façon extraordinaire les chemins vicinaux et ruraux (V. *infrà, Voirie*).

268. 3° Les *taxes de pavage ou de trottoirs.* — Les communes où il existe un ancien usage sont, en cas d'insuffisance de leurs ressources ordinaires, autorisées à faire supporter tout ou partie des dépenses de premier établissement, de réfection ou même d'entretien du pavage (Décr. 25 mars 1807) ou des trottoirs (L. 7 juin 1845, D. P. 45. 3. 124).

269. 4° Les *taxes représentant le prix des travaux exécutés par les communes pour le compte et aux frais des particuliers.* — Ces taxes, qui ont toutes le caractère de recettes extraordinaires ou au moins temporaires, sont : 1° celles que les communes peuvent voter pour faire contribuer les particuliers à la dépense des travaux de salubrité publique par elle et dont ils profitent (L. 16 sept. 1807, R. v° *Travaux publics,* p. 846); 2° celles qui ont pour but de faire rembourser aux communes les frais qu'elles ont avancés pour la démolition des édifices menaçant ruine ou des cheminées qui peuvent causer des incendies (L. 21 juin 1898, art. 5, 6 et 8, D. P. 98. 4. 125); 3° pour la suppression des mares, posés ou eaux stagnantes (L. 1898, art. 23); 4° pour la destruction des insectes, végétaux et cryptogames nuisibles à l'agriculture (L. 1898, art. 79).

§ 3. — Impôts indirects.

270. Les impôts indirects auxquels les communes peuvent recourir pour leurs dépenses extraordinaires sont : 1° Les *taxes extraordinaires et surtaxes d'octroi.* — V. *infrà, Octroi.*

271. 2° Les *droits de péage.* — Les communes peuvent être autorisées, par un décret rendu dans la forme des règlements d'administration publique, à établir des péages destinés à couvrir les dépenses de certains travaux qu'elles exécutent, tels que les ponts, écluses ou ouvrages d'art, bacs et passages d'eau qu'elles font pour la traverse des chemins ruraux et des chemins vicinaux ordinaires. Ce décret fixe la durée de la perception et le tarif des droits à percevoir (L. 14 flor. an 10, R. v° *Voirie par eau,* p. 721). Des péages locaux temporaires peuvent aussi être établis dans les ports maritimes de commerce sur les navires à raison de leur tonnage de jauge et des marchandises et voyageurs embarqués et débarqués, pour assurer le service des emprunts contractés en vue de subvenir aux travaux d'amélioration et de dragage de ces ports et à l'établissement de leur outillage public (L. 30 janv. 1893, art. 11, D. P. 93. 4. 60). La loi du 26 oct. 1897, art. 1ᵉʳ (L. D. P. 97. 4. 132), autorise également l'établissement de surtaxes locales temporaires pour assurer le service des emprunts contractés en vue de l'établissement ou de l'alimentation d'une gare ou halte de chemin de fer d'intérêt général.

272. 3° Les *taxes spéciales sur les animaux importés.* — Pour couvrir les dépenses d'établissement, dans les ports de mer ouverts à l'importation du bétail, de quais de débarquement destinés à recevoir les animaux mis en quarantaine par mesure sanitaire

DICT. DE DROIT.

(V. *infrà, Salubrité publique*), les communes sont autorisées à percevoir des taxes spéciales sur les animaux importés (L. 21 juin 1898, art. 59).

§ 4. — Produits domaniaux.

273. Dans cette catégorie de recettes extraordinaires, il y a lieu de ranger : 1° Le produit des *coupes extraordinaires de bois,* c'est-à-dire des coupes qui interviennent avant l'ordre établi par l'aménagement ou par l'usage, les coupes faites par anticipation, et celles des bois ou portions de bois mis en réserve pour croître en futaie et dont le terme d'exploitation n'aurait pas été fixé par l'acte d'aménagement (V. *infrà, Forêts*).

274. 2° Le *prix des biens aliénés, meubles ou immeubles.*

275. 3° Les *dons et legs.* — Il ne s'agit, bien entendu, que des dons ou legs de sommes d'argent, à l'exclusion de tous autres ayant pour objet des biens meubles ou immeubles.

276. 4° Le *remboursement des capitaux exigibles et des rentes rachetées.* — Le remboursement des capitaux exigibles s'effectue dans les conditions du droit commun (Civ. 1187). Il en est de même du remboursement des rentes qui appartiennent aux communes; le principe d'après lequel les rentes perpétuelles sont essentiellement rachetables (Civ. 530) reçoit ici son application. Toutefois, le remboursement ne peut avoir lieu qu'après un avertissement donné aux maires par le débiteur un mois à l'avance, afin de laisser au Conseil municipal le temps de prendre les mesures nécessaires pour faire un remploi. L'autorité administrative doit surveiller l'emploi des fonds remboursés. Aucune autorisation n'est nécessaire pour le remploi en rentes.

277. 5° Les *souscriptions et subventions.* — Les subventions en argent que les particuliers promettent aux communes en vue de certains travaux publics constituent une recette extraordinaire. Il en est de même des subventions que fournit le Conseil général, et dont la répartition est faite par la commission départementale quand le Conseil général en est pas réservé l'emploi (L. 10 août 1871, art. 81).

278. C'est aussi au budget extraordinaire que doivent figurer les subventions que l'Etat alloue aux communes : 1° pour les chemins de fer d'intérêt local et les tramways (L. 11 juin 1880, art. 13 et 36, D. P. 81. 4. 30); 2° pour les chemins vicinaux (L. 12 mars 1880, D. P. 81. 4. 38); 3° pour le rachat des ponts à péage (L. 30 juill. 1880, D. P. 81. 4. 24); 4° pour les églises et presbytères; 5° pour les constructions d'établissement d'enseignement supérieur, de lycées, collèges et écoles (L. 13 juill. 1900, D. P. 1900. 4. 84); 6° pour le fonctionnement des collèges communaux (L. 13 juill. 1900); 7° pour l'assistance médicale gratuite (L. 15 juill. 1893, D. P. 94. 4. 23); 8° pour les pensions aux vieillards infirmes (L. 29 mars 1897, art. 3, D. P. 97. 4. 33); 9° pour secours aux familles des réservistes et territoriaux (L. 13 avr. 1898, art. 85, D. P. 98. 4. 97); 10° pour la fondation de caisses de secours en faveur des sapeurs-pompiers (même loi, art. 86); 11° pour les travaux de réfection du cadastre (L. 17 mars 1898, D. P. 98. 4. 38); 12° pour la police municipale de Paris; 13° pour les dépenses rendues nécessaires par l'application de la loi du 15 févr. 1902 (D. P. 1902. 4. 41), sur la santé publique, et notamment pour celles causées par la destruction des objets mobiliers et l'organisation du service de la désinfection dans les villes de 20000 habitants et au-dessus (L. 15 févr. 1902, art. 26).

279. 6° Les *recettes accidentelles.* — De ce nombre sont : 1° les condamnations à des dommages-intérêts prononcées au profit

des communes; 2° les débets mis à la charge des comptables municipaux.

§ 5. — Emprunts.

280. V. *infrà,* n° 428 et s.

SECT. III. — Dépenses.

281. De même que les recettes, les dépenses sont ordinaires ou extraordinaires. En outre, chaque catégorie de dépenses se subdivise en dépenses obligatoires et dépenses facultatives. Ces dernières sont celles que le Conseil municipal est libre de voter ou de ne pas voter; les premières sont celles que l'autorité supérieure peut contraindre la commune à inscrire à son budget. Parmi les dépenses obligatoires, les unes constituent une participation forcée des communes à certains services d'intérêt général; les autres, au contraire, n'intéressent que la commune.

ART. 1ᵉʳ. — DÉPENSES ORDINAIRES OBLIGATOIRES.

§ 1ᵉʳ. — Participation des communes à des services d'intérêt général.

282. Sont à la charge des communes les dépenses relatives aux objets suivants : a. *Recensement de la population* (R. 396; S. 299) (L. 19-22 juill. 1791, tit. Iᵉʳ, art. 1 et 2; 5 avr. 1884, art. 135-3°). V. *infrà, Population.*

283. b. *Etat civil* (R. 397; S. 804). — Cette dépense comprend l'achat des registres, des livrets de famille, les frais de timbre, de reliure, de transport, l'achat d'un exemplaire des tables décennales (L. 1884, art. 136, § 4).

284. c. *Elections* (S. 300). — Les communes supportent les frais de toutes les assemblées électorales qui ont lieu sur leur territoire (L. 7 août 1850, art. 1ᵉʳ). En outre, elles doivent faire les frais des cartes électorales, mais seulement pour les élections municipales (Circ. min. int. 20 févr. 1886).

285. d. *Justice* (R. 411; S. 310). — Les communes chefs-lieux de canton doivent payer le loyer, les réparations du local, l'achat et l'entretien du mobilier de la justice de paix (L. 1884, art. 136, § 8). Les communes chefs-lieux de département doivent payer les frais de logement des présidents de Cours d'assises (Décr. 27 févr. 1811, art. 1ᵉʳ). Le loyer d'un local, le mobilier, le chauffage, l'éclairage et les autres menus frais des Conseils de prud'hommes sont répartis entre les communes comprises dans le ressort de ces tribunaux, proportionnellement au nombre des électeurs inscrits sur les listes spéciales à l'élection (L. 1884, art. 136-15°).

286. e. *Armée* (R. 455; S. 332). — Les communes qui perçoivent des droits d'octroi sont tenues de verser à l'Etat une redevance annuelle à titre de contribution dans les frais de casernement des troupes (L. 14 mai 1818, art. 46, R. v° *Octroi,* p. 17). V. *infrà, Octroi.*

287. f. *Culte* (R. 422 et s.; S. 321 et s.). — Les communes doivent payer, seulement en cas d'insuffisance des ressources des fabriques ou autres administrations préposées au culte, une indemnité de logement aux curés et desservants et aux ministres des autres cultes salariés par l'Etat, lorsqu'il n'existe pas de bâtiments affectés à leur logement (L. 1884, art. 136, § 11).

288. g. *Instruction publique* (R. 415; S. 312 et s.). — V. *infrà, Enseignement.*

289. h. *Police* (R. 406; S. 304). — Constituent une dépense obligatoire ordinaire : le traitement des commissaires de police dans les villes de plus de 5000 âmes (L. 28 pluv. an 8, art. 12, R. v° *Organisation administrative,* p. 604; Cons. d'Et. 31 janv. 1890, D. P. 91. 5. 102); celui des brigadiers,

37

inspecteurs et agents de police dans les communes de 40000 âmes et au-dessus, où le personnel de la police est constitué par décret (L. 1884, art. 103).

290. Les communes dans lesquelles il n'existe pas de prison doivent posséder et entretenir un local, dit chambre de sûreté, pour détenir momentanément les personnes arrêtées (L. 28 germ. an 6, R. v° *Gendarme*, p. 456).

291. i. *Finances.* — Les communes doivent payer les frais de copie de l'exemplaire de la matrice générale des rôles qui est déposé à la mairie tous les quatre ans.

292. j. *Commerce* (R. 453; S. 329). — Les communes sont chargées de fournir un local et de pourvoir aux menus frais des Chambres consultatives des arts et manufactures là où il en existe (L. 1884, art. 136-15°; Arr. 10 therm. an 11, art. 8 et 9). Elles sont tenues aussi de fournir les livrets qui doivent, aux termes de la loi du 2 nov. 1892 (D. P. 93. 4. 25), être remis aux mineurs employés dans l'industrie.

§ 2. — *Dépenses d'intérêt communal.*

293. a. *Frais généraux d'administration* (R. 386; S. 296). — La commune doit assurer l'entretien de l'hôtel de ville ou, si elle n'en possède pas, la location d'une maison ou d'une salle destinée à en tenir lieu (L. 1884, art. 136-1°). Elle doit aussi payer les *frais de bureau*, y compris ceux d'un adjoint spécial (Cons. d'Et. 15 mars 1889, D. P. 90. 3. 61), et d'*impression* pour les besoins de la commune, dépenses d'entretien du mobilier, les frais de chauffage et d'éclairage, les frais d'acquisition de certains registres, encre, plumes, etc. Les frais d'impression consistent dans le prix des formules imprimées qui servent aux opérations administratives. Les communes dont le revenu atteint ou dépasse 100000 francs doivent payer les frais de publication de leurs budgets et comptes (L. 5 avr. 1884, art. 160). — Toutes les communes doivent assurer la conservation de leurs archives et du *Recueil des actes administratifs*. Toutes doivent être abonnées au *Journal officiel*, édition spéciale des communes. Les communes chefs-lieux de canton doivent en outre être abonnées au *Bulletin des lois* et assurer sa conservation (Décr. 31 déc. 1884, D. P. 85. 4. 68).

294. b. *Traitements des employés de la mairie.* — Ces traitements, même celui du secrétaire, ne figurent pas parmi les dépenses obligatoires, le Conseil municipal ayant le droit de fixer comme il l'entend le nombre des emplois et le traitement attaché à chacun d'eux, et pouvant de même les supprimer (V. *suprà*, n° 217). Toutefois, les employés qui, ayant été nommés à un emploi, en remplissent les fonctions, ont droit au traitement qui leur est garanti tant qu'ils ne sont pas régulièrement remplacés.

295. c. *Frais de perception* (R. 398 et s.; S. 302). — La loi de 1884 mentionne, parmi les dépenses légalement obligatoires, les traitements du receveur municipal et du préposé en chef de l'octroi (art. 136-5°). En ce qui concerne le receveur municipal, il s'agit du traitement fixe que la commune doit lui payer. Les receveurs municipaux doivent, en principe, payer sur leur traitement leurs frais de bureau. Toutefois, si l'ensemble de ces frais excède le quart du traitement du receveur, l'excédent est à la charge de la commune. En cas de désaccord entre la commune et le receveur sur le chiffre de ces frais, le préfet statue après avis du trésorier-payeur général, et sauf recours au ministre de l'Intérieur (Décr. 27 juin 1876, D. P. 76. 4. 114). — Dans les petites communes, où le receveur municipal est le percepteur des contributions directes,

il lui est accordé trois centimes par franc à titre de remise pour le recouvrement des centimes additionnels (L. 20 juill. 1837, R. v° *Impôts directs*, p. 272). La recette des centimes et de la portion du produit des patentes attribuée aux communes ne donne lieu à aucune autre remise (Ord. 17 avr. 1839, art. 4, R. p. 277).

296. Outre le traitement du préposé en chef de l'octroi, la commune est tenue de payer, à titre de frais de perception, les traitements des préposés de l'octroi et des autres agents chargés du service du recouvrement des divers droits municipaux (droits de place, de pesage, etc.). Les communes doivent supporter les frais de confection des matrices, rôles, avertissements des prestations en nature, de la taxe sur les chiens (Décr. 4 août 1855, art. 12, D. P. 55. 4. 82).

297. d. *Police* (R. 402 et s.; S. 307 et s.). — En dehors du traitement des commissaires de police et des agents dans les grandes villes, dépenses qui présentent un caractère général (V. *suprà*, n° 289), les communes ont à payer les traitements et autres frais du personnel chargé de la police municipale et rurale et des gardes des bois de la commune. — L'emploi de garde champêtre n'est pas obligatoire dans toutes les communes. Mais, tant que l'emploi n'est pas supprimé par le Conseil municipal, le traitement du garde champêtre constitue une dépense obligatoire. Quant aux gardes forestiers, les communes sont tenues d'en avoir le nombre nécessaire pour la conservation de leurs bois (For. 94; V. *infrà*, *Forêts*); leur traitement est prélevé par les communes sur le produit des coupes ou sur les taxes d'affouage (For. 109). — D'autres dépenses de police sont encore obligatoires, par exemple les frais qu'entraîne la visite annuelle des fours et cheminées prescrite par la loi du 28 sept.-6 oct. 1791 (R. v° *Salubrité publique*, p. 668); le fonctionnement des services de l'inspection sanitaire des animaux amenés dans les foires et marchés (L. 21 juin 1898, D. P. 98. 4. 125). Les frais des inhumations auxquelles le maire est tenu de procéder d'office (L. 1884, art. 93) constituent une dépense obligatoire pour la commune quand le recouvrement ne peut en être opéré sur les héritiers des personnes décédées.

298. e. *Hygiène.* — L'organisation d'un service de désinfection est une dépense obligatoire pour les communes de 20000 habitants et au-dessus (L. 15 févr. 1902, art. 7 et 26, D. P. 1902. 4. 41).

299. f. *Pensions* (R. 410; S. 309). — Les communes ne sont pas obligées par la loi d'assurer des pensions à tous les employés qui les ont servies. A ce titre, la concession de pensions à certains de ces employés, ou la création pour la commune d'une caisse de retraites, constituent des dépenses facultatives. Mais quand le Conseil municipal a volontairement créé une caisse de retraites et que la commune s'est engagée envers ses employés à verser à cet établissement, concurremment avec les fonctionnaires, des sommes destinées à être capitalisées à leur profit, ces versements constituent une dépense obligatoire. Il en est de même, à plus forte raison, des pensions, une fois qu'elles sont légalement et concédées; elles constituent alors une dette exigible, qui doit être portée au budget jusqu'à la mort du titulaire (L. 1884, art. 136-7°), et cela sans qu'il y ait lieu de distinguer entre celles qui ont été formées au moyen de retenues et celles qui ont été concédées directement (Cons. d'Et. 28 mars 1890).

300. D'autre part, lorsqu'il s'agit de sapeurs-pompiers tués ou blessés en service commandé, les pensions sont, par exception, obligatoires. Un décret du 12 juill. 1899, rendu en exécution de la loi du 13 avr. 1898

(D. P. 98. 4. 97), fixe le tarif de ces pensions d'après la population des communes, et oblige celles-ci, quand elles ont un corps de pompiers organisé, à verser des primes annuelles à la Caisse nationale d'assurances en cas d'accidents. — Les communes sont également tenues de payer aux pompiers blessés dans un incendie, ou tombés malades à la suite d'un fait de service, les frais de maladie (soins médicaux et fournitures pharmaceutiques) et une indemnité journalière pour incapacité de travail. Si le pompier est mort, la famille a droit à la gratuité des frais funéraires (Décr. 12 juill. 1899, art. 18 et s.).

301. g. *Domaine communal* (R. 447 et s., 452, 457; S. 326 et s., 335). — Les communes sont tenues, mais seulement dans la limite des produits des cinq centimes ordinaires spéciaux et des trois journées de prestations, d'assurer l'*entretien de leur réseau de chemins vicinaux* de toute catégorie. — Toutefois, si le Conseil général a affecté aux chemins de grande communication et d'intérêt commun la totalité des ressources spéciales susénoncées, les communes ne peuvent plus être forcées de créer de nouvelles ressources pour leurs chemins vicinaux ordinaires. L'entretien des voies publiques autres que les chemins vicinaux ne constitue pas une dépense obligatoire. — Les communes doivent supporter les frais de conservation des plans d'alignement et de nivellement (L. 1884, art. 136-14°). — L'art. 136-13° met à la charge des communes la clôture et l'entretien du cimetière.

302. h. *Bois communaux soumis au régime forestier.* — Ces bois étant administrés par des agents forestiers de l'Etat, les communes doivent rembourser à l'Etat les frais de cette administration. — Sur le mode de remboursement de ces frais, V. *infrà*, *Forêts*.

303. i. *Biens indivis.* — La part contributive de chacune des communes copropriétaires dans les frais d'administration d'un bien indivis constitue une dépense obligatoire (L. 5 avr. 1884, art. 163).

304. j. *Syndicats de communes.* — Il en est de même, dans la limite toutefois de cinq centimes spéciaux, de la part contributive des communes dans les dépenses d'un syndicat de communes dans lequel elles ont consenti à entrer (L. 22 mars 1890, D. P. 90. 4. 106).

305. k. *Biens mis en valeur.* — Quand, par application de la loi du 28 juill. 1860 (D. P. 60. 4. 114), les biens communaux ont été mis en valeur par l'Administration supérieure, l'autorité municipale est tenue d'assurer la conservation des ouvrages en portant à son budget les crédits nécessaires (Décr. 6 févr. 1861, art. 4 à 8, D. P. 61. 4. 37).

306. l. *Assistance publique* (R. 429; S. 319 et s.). — L'art. 136, § 10, de la loi du 5 avr. 1884, range parmi les dépenses obligatoires le contingent assigné aux communes dans les dépenses d'assistance publique, ce qui comprend : 1° le contingent fixé par le Conseil général dans les dépenses du service des enfants assistés et moralement abandonnés (V. *infrà*, *Secours publics*); — 2° la part de la dépense des aliénés indigents, mise par le Conseil général à la charge des communes du domicile de secours. C'est cette part qui constitue pour la commune une dépense obligatoire (V. *suprà*, *Aliénés*, n° 31 et 32); — 3° les dépenses ordinaires du service de l'assistance médicale gratuite qui sont, pour la plus grande partie, à la charge des communes (L. 15 juill. 1893, D. P. 94. 4. 23). V. *infrà*, *Secours publics*.

307. m. *Sociétés de secours mutuels.* — Une autre dépense obligatoire résulte, pour les communes, de ce qu'elles sont obligées le fournir, aux sociétés approuvées et aux sociétés reconnues qui les demandent, les locaux nécessaires à leurs réunions, ainsi que les livrets et registres nécessaires à l'administration et à la comptabilité (L. 1er avr. 1898, art. 18 et 33, D. P. 99. 4. 27). V. *infrà, Secours publics.*

308. n. *Contributions* (R. 454; S. 330).

— Les communes sont tenues, en principe, d'acquitter les contributions assises sur leurs biens, sauf l'application des lois spéciales qui exemptent certains de ces biens à raison de leur destination d'utilité publique (V. *infrà, Impôts directs).*

309. o. *Dettes exigibles* (R. 456; S. 334, 1265). — Ce sont les dettes résultant pour les communes soit de contrats passés dans les formes légales, soit de condamnations judiciaires passées en force de chose jugée. — C'est à titre de dettes exigibles que de nombreuses dépenses, qui sont, en principe, facultatives pour les communes, deviennent obligatoires pour elles après qu'elles se sont librement engagées à les faire.

ART. 2. — DÉPENSES FACULTATIVES (R. 461 et s.; S. 339 et s.).

310. La liste des dépenses facultatives communales est impossible à donner. Ce sont toutes celles qui ne rentrent pas dans la liste des dépenses obligatoires, ne constituent pas une dette exigible de la commune et sont votées par le Conseil municipal en vue d'un objet licite et rentrant dans la sphère d'action des autorités municipales.

311. Les plus importantes de ces dépenses sont : 1º les frais de représentation du maire; 2º les frais de voyages faits pour le compte de la commune par les conseillers municipaux; 3º l'entretien de la voirie urbaine et rurale, des bâtiments publics communaux, des égouts, l'éclairage des voies publiques et des monuments, l'assurance de ces propriétés; 4º les jetons de présence aux membres des conseils de prud'hommes; 5º les subventions aux fabriques ou consistoires pour couvrir l'insuffisance de leur budget et assurer le service du culte; 6º les subventions aux établissements d'assistance, tels que les bureaux de bienfaisance, les hospices et hôpitaux, les pensions allouées à des vieillards infirmes; 7º certaines dépenses relatives à l'instruction publique. — On peut ajouter : 8º les dépenses imprévues, pour lesquelles le Conseil municipal est autorisé à porter un crédit au budget (L. 1884, art. 147). Ce crédit est mis à la disposition du maire, qui rend compte de son emploi au Conseil municipal.

ART. 3. — DÉPENSES EXTRAORDINAIRES.

§ 1er. — *Dépenses obligatoires.*

312. Parmi les dépenses extraordinaires obligatoires, il faut ranger : 1º les sommes portées au budget pour amortir les emprunts communaux; — 2º les frais de revision des évaluations cadastrales, dans le cas de modifications apportées au territoire des communes (L. 12 août 1876); — 3º les grosses réparations aux édifices communaux (L.1884, art. 136-12º). Quand ces édifices sont affectés aux cultes, la commune n'est tenue d'y contribuer que si les immeubles lui appartiennent et si les ressources ordinaires de la fabrique ou du consistoire sont insuffisantes; — 4º les frais de confection des plans généraux d'alignement et de nivellement (art. 136-14º); — 5º ceux de la construction des chemins vicinaux, de grande communication et d'intérêt commun : les communes peuvent, du moins, être tenues d'y contribuer; leur part contributive est déterminée par le Conseil général (L. 10 août 1871, art. 46, D. P. 71. 4. 102); — 6º les diverses dépenses suivantes, que le Gouvernement peut imposer aux communes, et relatives : a. à l'acquisition, la construction ou l'appropriation des écoles primaires obligatoires (L. 1er juin 1878, art. 14, D. P. 78. 4. 75; 20 mars 1883, art. 8, D. P. 83. 4. 49); b. à la translation d'un cimetière (Décr. 23 prair. an 12, art. 7, R. vº *Culte,* p. 697; Ord. 6 déc. 1843, art. 2, *ibid.,* p. 931); c. au dessèchement des marais ou à la mise en valeur des terres incultes appartenant aux communes (L. 28 juill. 1860, art. 4, D. P. 60. 4. 114); d. aux travaux de salubrité intéressant les villes et communes (L. 16 sept. 1807, art. 35, R. vº *Travaux publics,* p. 846); e. aux travaux destinés à mettre les villes à l'abri des inondations (L. 28 mai 1858, D. P. 58. 4. 63); f. à la construction des quais d'embarquement et des bâtiments de quarantaine dans les ports ouverts à l'importation des bestiaux (L. 21 juin 1898, D. P. 98. 4. 125); g. aux dépenses nécessitées par la suppression des mares infectes appartenant aux communes (même loi); h. aux travaux destinés à alimenter les communes d'eau potable ou à évacuer les eaux usées stagnantes (L. 15 févr. 1902, art. 9, D. P. 1902. 4. 41); i. aux travaux de destruction des objets mobiliers pouvant servir de véhicules à une épidémie (même loi, art. 1er et 26).

§ 2. — *Dépenses facultatives.*

313. Ont ce caractère toutes les dépenses d'acquisition de propriétés ou constructions d'ouvrages destinés à des services municipaux non obligatoires, les frais de réfection du cadastre de la commune (L. 17 mars 1898, D. P. 98. 4. 33), les frais d'une revision anticipée des évaluations des propriétés dans la commune (L. 8 août 1890, D. P. 90. 4. 76).

314. Pour autoriser les dépenses relatives à des *constructions nouvelles,* à des *reconstructions entières ou partielles,* pour approuver les *projets, plans et devis* des *grosses réparations* et des *travaux d'entretien,* le Conseil municipal peut une délibération exécutoire par elle-même, quand la dépense, totalisée avec les dépenses de même nature pendant l'exercice courant, ne dépasse pas les limites des ressources ordinaires et extraordinaires qu'il peut se créer sans autorisation spéciale. Si ces limites sont dépassées, l'approbation du préfet est nécessaire (L. 5 avr. 1884, art. 68).

315. Aucune construction nouvelle ou reconstruction ne peut être faite que sur la production des plans et devis approuvés par le Conseil municipal, sauf les exceptions prévues par les lois spéciales. Les plans et devis sont, en outre, approuvés par le préfet dans les cas prévus par l'art. 68, § 3, de la loi du 5 avr. 1884 (même loi, art. 114).

SECT. IV. — **Préparation, vote et règlement du budget.**

ART. 1er. — PRÉPARATION ET VOTE (R. 559; S. 401).

316. C'est au maire qu'il appartient de préparer le budget et de le proposer au Conseil municipal (L. 5 avr. 1884, art. 145). En cas de refus du maire, le préfet pourrait faire procéder d'office à la préparation du budget dans les conditions prévues par l'art. 85 de la loi.

317. Le Conseil municipal vote le budget (art. 145). La session de mai est consacrée chaque année à ce vote et à l'examen des comptes. Toutefois, si, pour une cause quelconque, un Conseil municipal était empêché de voter le budget au cours de la session de mai, rien ne s'opposerait à ce qu'il le votât dans une session ultérieure.

ART. 2. — RÈGLEMENT DU BUDGET (R. 560 et s.; S. 402 et s.).

318. En principe, le budget des communes est réglé par le préfet. Toutefois, le budget des villes dont le revenu (calculé d'après les recettes ordinaires des trois dernières années) est de trois millions de francs au moins est soumis à l'approbation du président de la République, sur la proposition du ministre de l'Intérieur (L. 1884, art. 143). — Dans quels cas le revenu d'une ville est-il réputé atteindre trois millions de francs ou être descendu au-dessous de ce chiffre? V. art. 145, § 4 et 5. — Les pouvoirs du préfet et ceux du chef de l'État, à l'égard des budgets qu'ils ont à examiner, sont identiques.

§ 1er. — *Recettes.*

319. L'autorité qui règle le budget a sur les recettes des pouvoirs qui ne sont pas nettement déterminés par la loi. 1º Elle peut rayer les recettes douteuses, par exemple, une recette dont le titre n'est pas produit (Cons. d'Et. 3 juill. 1891, D. P. 93. 3. 23); ... une recette qualifiée recette accidentelle (Cons. d'Et. 1er juill. 1892, D. P. 93. 3. 105); ... une subvention éventuelle de l'État (Cons. d'Et. 16 mars 1890). — 2º Elle peut modifier, rectifier librement les évaluations erronées du Conseil municipal touchant le rendement des recettes communales (Cons. d'Et. 26 déc. 1885, D. P. 87. 3. 43). — 3º Elle peut inscrire celles des recettes que la commune que le Conseil municipal n'a pas à voter et qui lui sont attribuées ou imposées par la loi (par exemple, la taxe sur les chiens, les attributions sur les impôts d'État, etc.). — 4º Dans certains cas, elle peut créer d'office les ressources nécessaires à l'acquittement de certaines dépenses (V. *infrà,* nº 325).

§ 2. — *Dépenses.*

320. En ce qui touche les dépenses, les pouvoirs de l'autorité qui règle le budget (le préfet ou le président de la République, suivant la distinction indiquée *suprà,* nº 318) varient suivant qu'il s'agit de dépenses obligatoires ou de dépenses facultatives. Quand il s'agit des premières, elle peut toujours les inscrire d'office au budget. Quand il s'agit des secondes, elle peut quelquefois les rayer ou les réduire, mais jamais les inscrire ou les augmenter.

321. 1º *Dépenses obligatoires.* — Au point de vue du droit d'inscription d'office il s'agit ici, il faut entendre par dépenses obligatoires celles qui ont reçu ce caractère de la loi elle-même et qui se présentent avec un caractère pour ainsi dire incontestable : par exemple, le traitement d'un commissaire de police pour une commune chef-lieu de canton, les frais de location d'une maison d'école, l'indemnité de résidence et l'indemnité de logement dues à un instituteur. Ont encore le caractère de dépenses obligatoires les condamnations prononcées contre les communes en vertu de décisions de justice passées en force de chose jugée. Peuvent encore être inscrites d'office les dettes exigibles que la loi range dans les dépenses obligatoires. Mais, pour qu'une dette soit réputée exigible, il faut que son existence et sa quotité ne soient pas contestées (L'inscription d'office d'un crédit pour une dépense faisant l'objet d'un litige constituerait un excès de pouvoir (Cons. d'Et. 15 déc. 1899).

322. La procédure de l'inscription d'office est réglée par l'art. 149 de la loi du 5 avr. 1884. De cet article il résulte : 1º qu'avant de prendre l'arrêté ou le décret d'inscription d'office, l'autorité qui règle le budget doit, au préalable, adresser au Conseil municipal une mise en demeure d'avoir à voter le crédit nécessaire. Cette mise en demeure est une formalité substantielle (Cons. d'Et. 23 mars 1900); 2º que lorsque c'est au préfet qu'il appartient d'effectuer l'inscription d'office, il est tenu de prendre l'avis du Conseil de préfecture. Cette formalité aussi est substantielle (Cons. d'Et. 26 févr. 1892, D. P. 93. 3. 57). — Quand c'est le chef de l'Etat qui est compétent, l'inscription est faite par un décret simple, sauf dans le cas où il s'agit de la dépense relative au service de la police : dans une ville ayant plus de 40 000 habitants, où le personnel de la police est organisé par décret sur l'avis du Conseil municipal, si ce Conseil n'allouait pas les fonds destinés à cette dépense, l'allocation nécessaire serait inscrite d'office par un décret rendu en Conseil d'Etat.

323. L'art. 149 détermine les règles à suivre pour la quotité de la dépense à inscrire. S'agit-il de dépenses annuelles et fixes, telles que des dépenses de traitement, de frais de bureau, des indemnités, on doit les inscrire pour leur quotité réelle (Cons. d'Et. 22 juin 1888, D. P. 89. 3. 25). S'agit-il de dépenses annuelles et variables, on doit inscrire le crédit moyen calculé pendant les trois dernières années.

324. L'inscription d'office, étant un acte de tutelle, est absolument discrétionnaire pour l'Administration supérieure, qui reste libre d'y procéder ou non. Le refus du préfet d'opérer une inscription d'office, opposé à la réclamation des créanciers d'une commune, peut faire l'objet d'un recours hiérarchique devant le ministre de l'Intérieur, mais non d'un recours devant le Conseil d'Etat (Cons. d'Et. 1er mai 1885, D. P. 86. 3. 131).

325. Quant à l'exécution de l'arrêté ou du décret d'inscription d'office, il faut distinguer suivant que l'inscription d'office fait, ou non, apparaître un déficit. — Ce dernier cas se produit quand le budget se présentait avec un excédent de recettes, des fonds libres, ou bien quand il existe au budget un crédit pour dépenses imprévues mis par le Conseil municipal à la disposition du maire. La dépense inscrite d'office sera imputée alors sur ces fonds libres ou sur le crédit pour dépenses imprévues. — Lorsque, au contraire, l'inscription d'office fait apparaître un déficit, le Conseil municipal doit être invité à délibérer sur son budget pour parer à la situation nouvelle, opérer les suppressions ou réductions de crédits nécessaires, ou voter, s'il y a lieu, des centimes pour insuffisance de revenus ou des centimes extraordinaires. Si le Conseil municipal s'y refuse, l'autorité qui règle le budget peut rétablir l'équilibre budgétaire soit dans les dépenses facultatives des suppressions ou des réductions, ou, à défaut de ce moyen, recourir à l'imposition d'office prévue par le paragraphe 5 de l'art. 149. Cette imposition d'office consiste dans une contribution extraordinaire, établie par décret, si la contribution n'excède pas le maximum à fixer annuellement par la loi de finances, et par une loi spéciale, si la contribution doit excéder ce maximum. Par exception, les dépenses obligatoires auxquelles il s'agit de pourvoir sont les dépenses de la vicinalité, les cinq centimes spéciaux et les trois journées de prestations peuvent être imposés d'office par un arrêté préfectoral (L. 21 mai 1836. R. vo *Voirie par terre*, p. 201).

326. Les arrêtés préfectoraux portant inscription d'office peuvent être déférés au ministre de l'Intérieur par la voie du recours hiérarchique. En outre, les arrêtés et décrets d'inscription d'office peuvent être l'objet d'un recours au Conseil d'Etat pour excès de pouvoir, soit comme ayant été pris en violation des formes prescrites par la loi, soit comme ayant opéré l'inscription de dépenses qui n'ont pas le caractère de dépenses obligatoires.

327. Il arrive souvent que l'arrêté d'inscription d'office n'est que la mesure d'exécution d'une décision antérieure prise par une autorité autre que le préfet (décision ministérielle, décret, décision du Conseil général). Si la décision antérieure dont l'inscription d'office doit procurer l'exécution n'a pas été attaquée dans le délai légal et est devenue définitive, le recours contre l'arrêté d'inscription d'office est non recevable. C'est ce qui se produit, par exemple, pour les dépenses du culte. En cas de désaccord entre les fabriques ou consistoires et les communes, au sujet de l'obligation pour ces dernières de concourir aux dépenses de l'indemnité de logement des desservants ou pasteurs, ou aux grosses réparations de l'église, il est statué par décret sur cette contestation. Si ce décret déclare la dépense obligatoire pour la commune, il sera suivi de la procédure de l'inscription d'office. Mais c'est contre le décret, et non contre l'arrêté d'inscription d'office, que la commune pourra utilement diriger son recours.

328. *2o Dépenses facultatives.* — Le pouvoir de l'autorité supérieure, touchant les dépenses facultatives, ne va jamais jusqu'à pouvoir les inscrire d'office ou les augmenter; mais il peut, dans certains cas, les réduire ou les supprimer. Deux situations distinctes sont faites par la loi aux Conseils municipaux suivant que, pour pourvoir à leurs dépenses, ils ont dû recourir à la création de ressources extraordinaires, ou qu'au contraire ils n'ont que des ressources ordinaires.

329. Dans le premier cas, qui est de beaucoup le plus fréquent, le décret du président de la République ou l'arrêté du préfet qui règle le budget peut rejeter ou réduire les dépenses qui y sont portées (L. 5 avr. 1884, art. 148). Le préfet n'a pas à motiver les radiations ou réductions qu'il opère dans les dépenses facultatives; il use à cet égard d'un pouvoir discrétionnaire (Cons. d'Et. 26 févr. 1892, D. P. 93. 3. 57). Au contraire, lorsque le budget pourvoit à toutes les dépenses obligatoires et qu'il n'applique aucune recette extraordinaire aux dépenses soit obligatoires soit facultatives ordinaires ou extraordinaires, les allocations portées audit budget ne peuvent être modifiées par l'autorité supérieure (L. 5 avr. 1884, art. 145, § 2). Toutefois, si les dépenses facultatives votées par le Conseil municipal étaient illégales, l'autorité supérieure pourrait, non pas en opérer la radiation pure et simple, mais annuler la délibération qui a voté le crédit, par application de l'art. 63 de la loi du 5 avril 1884 (Cons. d'Et. 20 févr. 1891, D. P. 92. 3. 73).

330. L'art. 147 prévoit un autre cas où le pouvoir de l'autorité supérieure ne peut s'exercer : c'est celui où un crédit a été porté au budget pour dépenses imprévues (V. *supra*, no 311, *in fine*). La somme inscrite pour ce crédit ne peut être réduite ou rejetée qu'autant que les revenus ordinaires, après avoir satisfait à toutes les dépenses obligatoires, ne permettraient pas d'y faire face.

§ 3. — *Règles diverses.*

331. Le règlement du budget doit intervenir, en principe, avant l'ouverture de l'exercice auquel il se rapporte. Si, pour une cause quelconque, le budget n'avait pas été définitivement réglé avant l'ouverture de l'exercice, les recettes et les dépenses ordinaires continueraient, jusqu'à l'approbation de ce budget, à être faites conformément à celles de l'année précédente. Dans le cas où il n'y aurait eu aucun budget antérieurement voté, le budget serait établi par le préfet en Conseil de préfecture (L. 5 avr. 1884, art. 150). — Quand le conseil municipal a refusé de voter le budget, le préfet doit dresser un budget dans lequel il ne comprend que les dépenses obligatoires; il met le Conseil municipal en demeure de le voter et, sur son refus, il le règle d'office.

ART. 3. — MODIFICATIONS APPORTÉES AU BUDGET.

332. Les crédits qui seraient reconnus nécessaires après le règlement du budget sont votés et autorisés conformément aux règles fixées par l'art. 145 (L. 5 avr. 1884, art. 146).

SECT. V. — Exécution du budget.

333. Les budgets n'étant que des aperçus de recettes et de dépenses, il en résulte qu'ils ne peuvent jamais préjudicier aux droits des tiers. Pareillement, l'inscription d'un crédit au budget communal ne constitue pas la reconnaissance que la somme est débitrice de la somme portée à ce crédit. Ce n'est qu'une prévision, et, s'il ne s'agit pas d'une dépense obligatoire, la commune peut renoncer à faire emploi de ce crédit.

ART. 1er. — ORDONNANCEMENT (R. 578 et s.; S. 427 et s.).

334. Le maire est l'ordonnateur de la commune (L. 5 avr. 1884, art. 152). Seul, il peut délivrer des mandats; c'est lui, en effet, qui engage les dépenses au nom de la commune, qui dispose à cet effet des crédits qui lui ont été ouverts par le budget.

335. Le principe que le maire est seul ordonnateur des dépenses communales comporte deux exceptions. La première concerne les dépenses qui intéressent un grand nombre de localités du même département et sont imputées sur le fond des cotisations municipales. Ces dépenses sont réglées d'accord par les ministres de l'Intérieur et des Finances; elles sont ordonnancées par le préfet. Les cotisations sont actuellement destinées à faire face aux dépenses suivantes : 1o frais du registre des tables décennales des actes de l'état civil et des livrets de famille; 2o confection des matrices, rôles et avertissements relatifs aux prestations et à la taxe des chiens; 3o impressions diverses à la charge des communes; 4o dépenses d'entretien des malades, vieillards incurables placés par les communes dans les hospices, hôpitaux, asiles d'aliénés, des enfants trouvés et abandonnés; 5o travaux d'intérêt commun, tels que chemins vicinaux, défrichement de marais, construction et entretien de digues, canaux, ponts et autres ouvrages d'art; 6o payement de divers salaires, agents forestiers, gardes des bois, concierges de maisons entretenues par plusieurs communes, agents voyers; 7o frais de police; 8o service médical des indigents; 9o abonnements à diverses publications.

336. La seconde exception concerne le cas où le maire refuse d'ordonnancer une dépense régulièrement autorisée et liquide; il est alors prononcé par le préfet en Conseil de préfecture, et l'arrêté du préfet tient lieu du mandat du maire (L. 5 avr. 1884, art. 152, § 2). — Ce droit du préfet n'existe qu'autant que la dépense a été régulièrement autorisée; il faut donc que la dépense ait été régulièrement votée par le Conseil municipal, ou, si elle est obligatoire, qu'elle ait été inscrite d'office (Cons. d'Et. 4 mai 1894, D. P. 95. 3. 32). — L'arrêté de mandatement d'office doit être précédé d'une mise en demeure.

ART. 2. — PAYEMENT DES DÉPENSES. — ENCAISSEMENT DES RECETTES (R. 604 et s.; S. 439 et s.).

337. Les recettes et dépenses communales s'effectuent par le ministère d'un comptable chargé seul, et sous sa responsabilité, de poursuivre la rentrée de tous les revenus de la commune et de toutes sommes qui lui

raient dues, ainsi que d'acquitter les dé-
nses ordonnancées par le maire jusqu'à
ncurrence des crédits régulièrement ac-
rdés. Tous les rôles de taxes, de réparti-
ons et de prestations locales doivent être
mis à ce comptable (L. 1884, art. 153). —
est au comptable qu'il appartient de faire
s diligences pour le recouvrement des dons
legs, de faire faire contre les débiteurs
retard de payer les poursuites néces-
ires, d'avertir les administrateurs de
échéance des baux, d'inspecter les pres-
iptions, de veiller à la conservation des
maines, droits, privilèges et hypothèques
Arr. 19 vendém. an 12, R. v° *Trésor pu-*
lic, p. 1121).

338. Les fonctions de receveur munici-
l sont remplies par le percepteur. Néan-
oins, dans les communes dont les revenus
rdinaires excèdent 60000 francs, ces fonc-
ons peuvent être confiées, sur la demande
u Conseil municipal, à un receveur muni-
pal spécial (L. 1884, art. 156, modifié par
loi du 25 févr. 1901, art. 50, D. P. 1901.
. 33). — Les payements des sommes dues
la commune ne sont libératoires qu'autant
u'ils sont faits entre les mains du receveur
communal.

339. Toutes les recettes municipales pour
esquelles les lois et règlements n'ont pas
rescrit un mode spécial de recouvrement
s'effectuent sur les états dressés par le
maire. Ces états sont exécutoires après qu'ils
nt été visés par le préfet ou le sous-préfet.
es oppositions, lorsque la matière est de
compétence des tribunaux ordinaires,
ont jugées comme affaires sommaires, et la
mmune peut y défendre sans autorisation
u Conseil de préfecture (L. 5 avr. 1884, art.
54). — Parmi les recettes communales, les
nes (taxes des prestations, taxe sur les
hiens, taxes de pâturage, affouage, licence
municipale, etc.) sont recouvrées dans la
orme des contributions directes, en vertu
e rôles rendus exécutoires par le préfet.
d'autres, telles que les droits d'octroi, droits
e place, etc., sont recouvrées dans la forme
es contributions indirectes. L'art. 154 s'applique à toutes les créances pour lesquelles
il n'existe pas un autre mode de recouvre-
nent. Il permet à la commune créancière de
e délivrer à elle-même un titre exécutoire,
u lieu d'être obligée de le demander aux
tribunaux. Il oblige le débiteur à prendre
l'offensive au moyen d'une opposition à l'état.
Cette opposition paralyse la force exécutoire de l'état; mais, dans l'instance ainsi
engagée, le débiteur a le rôle de demandeur, et c'est à lui qu'incombe la charge
e détruire la présomption créée par l'état.
L'opposition est portée, suivant la nature
la créance, devant les tribunaux judiciaires ou administratifs.

340. En ce qui touche les payements, les
receveurs acquittent les mandats du maire
qui leur sont présentés. S'ils refusent, les
maires n'ont pas le droit de requérir, sous
eur responsabilité, qu'il soit passé outre
u payement malgré l'opposition des comp-
ables; l'art. 91 du décret du 31 mai 1862
e confère ce droit de réquisition qu'aux
agents de l'État à l'égard des trésoriers-
payeurs généraux (Circ. min. int. 22 févr.
1870).

341. La responsabilité des receveurs municipaux et les formes de la comptabilité des
communes sont déterminées par des règlements d'administration publique. Les receveurs municipaux sont assujettis, pour l'exécution de ces règlements, à la surveillance
s receveurs des finances. Dans les com-
unes où les fonctions de receveur municipal et de percepteur sont réunies, la gestion
u comptable est placée sous la responsabilité du receveur des finances, d'après les
conditions déterminées par un règlement d'administration publique (L. 5 avr. 1884, art. 158).

ART. 3. — COMPTES DU MAIRE ET DU RECE-
VEUR (R. 583 et s.; S. 432 et s.).

342. Le Conseil municipal délibère sur
les comptes d'administration qui lui sont
annuellement présentés par le maire. Il entend, débat et arrête les comptes des derniers receveurs, sauf règlement définitif
(L. 5 avr. 1884, art. 71). Les comptes du
maire, pour l'exercice clos, sont présentés
au Conseil municipal avant la délibération
du budget. Ils sont définitivement approuvés par le préfet (art. 151). A la clôture de
l'exercice, c'est-à-dire au 31 mars de la
seconde année de l'exercice, le maire doit
rendre compte de l'emploi qu'il a fait des
crédits qui lui avaient été ouverts et des
titres de recettes qu'il a mis en recouvrement. Le Conseil municipal doit vérifier si
les ordonnancements du maire s'appliquent
aux crédits votés. Il ne peut modifier les
chiffres du compte qui lui est soumis. —
A la séance où son compte doit être discuté, le maire abandonne la présidence du
Conseil à un conseiller élu *ad hoc*. Il peut
assister à la discussion, mais doit se retirer
au moment du vote (art. 52).

343. Les portions de crédits afférentes à
des dépenses qui ont été engagées dans la
première année de l'exercice, mais ne sont
pas encore, au moment de sa clôture, liquidées, ordonnancées ou payées, sont rapportées de droit, avec la même affectation, au
budget de l'exercice suivant. Les portions
de crédits non consommées de la première
année de l'exercice tombent en annulation
à sa clôture. Les sommes y afférentes constituent, pour le Conseil municipal, des fonds
libres. Les crédits et recettes à répartir, les
fonds libres auxquels il y a lieu de donner
une destination nouvelle, constituent les
deux sections du budget additionnel qui est
soumis chaque année, au mois de mai, au
Conseil municipal.

344. Le compte du receveur communal
est apuré par le Conseil de préfecture ou par
la Cour des comptes, suivant que les revenus
ordinaires n'excèdent pas ou excèdent 30000
francs (L. 5 avr. 1884, art. 157).

345. Toute personne autre que le receveur municipal qui, sans autorisation légale,
se serait ingérée dans le maniement des
deniers de la commune, serait, par ce seul
fait, constituée comptable et pourrait, en
outre, être poursuivie en vertu du Code pénal
comme s'étant immiscée sans titre dans des
fonctions publiques (art. 155).

CHAP. VIII. — COMMUNE PERSONNE MO-
RALE. — PROPRIÉTÉ COMMUNALE.

ART. 1er. — ÉLÉMENTS DU DOMAINE COMMUNAL
(R. 1799 et s.; S. 972 et s.).

346. Le domaine immobilier des communes comprend un domaine public et un
domaine privé.

347. Le domaine *public* communal, qui
présente les mêmes caractères juridiques
que le domaine public national, se compose :
1° des voies publiques appartenant aux communes, c'est-à-dire des chemins vicinaux
de toutes catégories, des rues et places des
villes, des chemins ruraux reconnus, des
chemins de fer d'intérêt local et des tramways communaux (Sur les divers éléments
de la voirie communale, V. *infrà*, *Voirie*);
2° des monuments publics incorporés à ces
voies; 3° des fontaines publiques et des canalisations qui servent à amener l'eau et à la
distribuer; 4° des églises (V. *infrà*, *Culte*,
n° 170). — Certains autres immeubles affectés
à l'usage plus ou moins direct du public
(l'hôtel de ville, le cimetière, les halles et
marchés, les jardins publics) sont souvent
rangés dans le domaine public; mais la question est controversée.

348. Le domaine *privé* des communes

comprend : 1° des biens affectés à un service
public; 2° des biens patrimoniaux; 3° des
biens communaux.

349. Enfin les communes possèdent un
domaine mobilier consistant en argent,
rentes ou autres valeurs, meubles proprement dits, créances sur les particuliers.

ART. 2. — BIENS AFFECTÉS A UN SERVICE
PUBLIC.

350. Cette partie du domaine communal
comprend : 1° Tous les immeubles que la
commune est obligée de fournir à des services d'État : justice de paix, local pour les
Conseils de prud'hommes; casernes abandonnées par l'État aux communes, par le décret
du 23 avr. 1810 (R. v° *Organisation militaire*, p. 1878), sous la condition qu'elles
resteraient affectées au service de l'armée
tant que celle-ci ne les abandonnerait pas
volontairement; presbytères, maisons d'é-
coles, hôtels de ville; — 2° Tous ceux que
la commune affecte facultativement à des
services d'intérêt communal (halles et marchés, abattoirs, usines à eau et à gaz,
chambres de sûreté, dépôts de pompes,
chambres funéraires, fours crématoires, hospices, hôpitaux, musées, bibliothèques,
théâtres, écoles primaires supérieures, collèges, écoles préparatoires, bureaux de poste,
bourses de commerce, de travail, entrepôts, etc.).

§ 1er. — *Affectation* (R. 1831 et s.; S. 983
et s.).

351. L'affectation est l'acte par lequel la
commune assigne à un immeuble qui lui
appartient une destination déterminée. Cette
destination peut varier : l'immeuble peut
être affecté à un service public communal,
ou à un service public d'État, ou encore à
un service non public. — L'affectation d'un
immeuble à un service public n'a pas,
d'après la jurisprudence et l'opinion de la
majorité des auteurs, pour effet de ranger
ipso facto cet immeuble dans les dépendances du domaine public.

352. La nature juridique de l'affectation
varie suivant les cas. Alors que l'affectation
d'un immeuble communal à un service public constitue un simple acte de gestion du
domaine communal, l'affectation d'un immeuble à un service non public, par exemple
la mise à la disposition d'un évêque d'un
immeuble communal pour servir de palais
épiscopal, ou d'une congrégation religieuse
pour y installer un établissement charitable
ou autre, constitue un acte de puissance
publique plus ou moins mélangé d'éléments
contractuels.

353. D'autre part, l'affectation peut être
libre et spontanée, ou bien elle peut être
imposée à la commune, ou enfin elle peut
présenter un caractère contractuel.

354. L'affectation est absolument libre
quand elle a pour but d'affecter un immeuble
communal à un service communal. En pareil
cas, une délibération du Conseil municipal
suffit pour la décider (L. 5 avr. 1884, art. 61).

355. L'affectation peut être imposée aux
communes par une disposition légale, gouvernementale ou administrative. Ainsi, l'art.
72 de la loi du 18 germ. an 10 (R. v° *Culte*,
p. 685), en remettant à la disposition des
évêques les lieux du culte non aliénés qui
la loi du 11 prair. an 3 (R. *cod*. v°, p. 682),
a affecté obligatoirement ces édifices au
service du culte. Les actes administratifs
par lesquels un préfet, agissant d'office en
vertu des pouvoirs que la loi lui confère,
achète un terrain pour y transférer le cimetière communal, ou un bâtiment pour y
installer l'école, constituent encore des affectations obligatoires. Enfin, l'affectation obligatoire peut résulter d'une clause, d'une
donation ou d'un testament, lorsqu'un par-

ticulier, en donnant ou léguant un immeuble à la commune, y met comme condition qu'il recevra telle ou telle affectation. Celle-ci résulte alors de la délibération du Conseil municipal qui accepte la libéralité, et de l'acte de l'autorité supérieure qui autorise la commune à l'accepter aux charges et conditions stipulées.

356. L'affectation a le caractère contractuel relativement aux immeubles que la commune affecte volontairement à des services publics d'Etat qui sont facultatifs. Quand elle veut avoir une garnison, une école primaire supérieure, une faculté, un bureau de poste, elle offre à l'Etat de subvenir à une partie de la dépense en fournissant un immeuble. L'affectation résulte alors de la décision ministérielle ou du décret qui ratifie la convention. L'affectation a encore le caractère contractuel quand elle résulte d'une convention passée avec des particuliers, des sociétés civiles, des congrégations, des établissements publics ou d'utilité publique, pour mettre à leur disposition, en vue d'une œuvre quelconque, un immeuble communal. Cette affectation peut être faite pour une durée limitée ou sans limitation de durée. Elle résulte de la délibération du Conseil municipal seule ou combinée avec l'acte de tutelle approuvant la délibération et nécessaire pour en assurer l'exécution. On admet, à cet égard, que toute affectation consentie pour une durée supérieure à dix-huit ans doit être approuvée par le préfet en Conseil de préfecture.

§ 2. — *Désaffectation* (S. 986 et s.).

357. Quand un immeuble est déjà affecté à un service public, le Conseil municipal ne peut changer cette affectation qu'avec approbation donnée par le préfet en conseil de préfecture (L. 5 avr. 1884, art. 68, § 5). — Aux termes de l'art. 167 de la loi du 5 avr. 1884, les Conseils municipaux peuvent prononcer la désaffectation totale ou partielle d'immeubles consacrés, en dehors des prescriptions de la loi du 18 germ. en 10 et des dispositions relatives au culte israélite, soit aux cultes, soit à des services religieux ou à des établissements quelconques ecclésiastiques et civils. Ces désaffectations sont prononcées dans la même forme que les affectations (Cons. d'Et. 26 déc. 1890, D. P. 92. 3. 62). Lorsqu'il s'agit d'immeubles affectés au service des cultes par application des lois du 18 germ. an 10 et des dispositions relatives au culte israélite, le Conseil municipal ne peut prononcer la désaffectation. Il ne peut émettre à ce sujet qu'un vœu. Seul un décret peut désaffecter ces immeubles (V. *infrà*, *Culte*, nº 174).

358. De même, les casernes ou autres bâtiments militaires ne peuvent être désaffectés que par décret. — Quant aux écoles, leur désaffectation peut être prononcée par le Conseil municipal ; mais, pour qu'elle puisse être prononcée, il faut qu'il y ait accord avec l'autorité académique, le Conseil départemental de l'instruction primaire, et que le ministre de l'Instruction publique approuve la désaffectation (Décr. 18 janv., 7 févr. et 1er avr. 1887, D. P. 96. 4. 16). — La désaffectation des cimetières se fait dans les formes prescrites par le décret du 23 prairial an 12 (R. vº *Culte*, p. 697) et par l'ordonnance du 6 déc. 1843 (R. *eod. vº*, p. 931) (V. *infrà*, *Sépulture*). Enfin, les bureaux de poste ne peuvent être désaffectés qu'après accord avec le ministre du Commerce.

359. Quand l'affectation a été la condition d'une libéralité faite à la commune, cette condition ne fait pas obstacle à ce que la désaffectation soit prononcée dans les conditions prévues à l'art. 167 de la loi du 5 avr. 1884. Mais cette désaffectation est prononcée sous réserve des droits des tiers. En

pareil cas, les héritiers du donateur ou testateur peuvent assigner la commune devant les tribunaux judiciaires en révocation de la libéralité pour inexécution des charges. En ce qui touche les maisons d'école dont les communes auraient été gratifiées, sous la condition d'y faire donner l'enseignement par des congréganistes, la loi du 30 oct. 1886 (D. P. 87. 4. 1) a réduit à deux ans le délai dans lequel les héritiers peuvent former leur action (V. *infrà*, *Enseignement*).

360. La juridiction compétente pour connaître des difficultés relatives à l'affectation et à la désaffectation des immeubles communaux varie suivant les cas. Quand il s'agit d'une affectation administrative à un service public, l'acte a un caractère administratif, et c'est à la juridiction administrative qu'il appartient exclusivement de statuer sur les contestations auxquelles il peut donner lieu. Lorsque, au contraire, une commune a mis un de ses immeubles à la disposition de congrégations ou de particuliers pour un service non public, on est en présence d'un contrat de droit commun qui relève des tribunaux judiciaires (Cons. d'Et. 17 juin 1887, D. P. 88. 3. 81).

361. Les tribunaux judiciaires sont compétents pour connaître des demandes d'indemnités auxquelles les désaffectations peuvent exposer les communes, demandes fondées sur les impenses, les améliorations, les plus-values procurées à l'immeuble par l'affectataire.

ART. 3. — BIENS PATRIMONIAUX (R. 1813 et s. ; S. 975).

362. Les biens *patrimoniaux* de la commune comprennent les terres cultivées , les maisons, les droits de chasse ou de pêche, les sources d'eaux minérales, certaines entreprises industrielles exploitées en régie ou affermées, enfin les bois. — Ces biens constituent des propriétés analogues à celles des particuliers et sont régis par les principes du droit commun, sauf l'application des règles sur la tutelle administrative. — En ce qui concerne les bois des communes, V. *infrà*, *Forêts*.

ART. 4. — BIENS COMMUNAUX. — MODE DE JOUISSANCE DE CES BIENS.

363. Les biens *communaux* sont ceux dont la commune laisse l'usage à ses habitants pour en jouir soit collectivement, soit privativement, ou pour s'en partager les fruits. Tels sont les pâturages, les tourbières, les forêts dont les coupes sont distribuées en affouage entre les habitants, et aussi les prés, marais, terres vaines et vagues. — Ces biens appartiennent à la commune seulement, et non à ses habitants.

364. C'est au Conseil municipal qu'il appartient de régler le mode de jouissance des biens communaux (L. 1884, art. 61, § 1er). Les délibérations qu'il prend à cet égard ne figurent pas au nombre de celles qui sont soumises à l'approbation de l'autorité supérieure. Il semble toutefois que, si le règlement fait par le Conseil municipal comportait un changement dans le mode de jouissance résultant de dispositions ou d'usages anciens, l'approbation du préfet serait nécessaire (Décr. 13 avr. 1861, tabl. A, nº 47, non abrogé par l'art. 168 de la loi du 5 avr. 1884, D. P. 61. 4. 40).

§ 1er. — *Jouissance commune* (R. 793 et s. ; S. 535 et s.).

365. C'est le mode de jouissance généralement usité pour les pâturages. Le Conseil municipal, s'il l'adopte, fait un règlement qui, suivant l'étendue et la possibilité du pâturage, détermine l'époque à laquelle les animaux peuvent être conduits sur les prés de la commune, le nombre de bêtes que chaque habitant est autorisé à con-

duire, la nature des bêtes admises, les conditions dans lesquelles elles seront menées au pâturage, etc. ... — Il appartient également au Conseil municipal de décider si l'admission des troupeaux sur les pâturages communaux sera gratuite ou subordonnée à la perception d'une taxe. Le cas dernier cas, il en fixe le tarif, qui doit être soumis à l'approbation du préfet.

§ 2. — *Jouissance individuelle* (R. 2313 et s. ; S. 1127 et s.).

366. Ce mode de jouissance consiste soit à diviser les terrains communaux en lots qui sont attribués aux habitants ou aux chefs de ménage de la commune, à charge de les cultiver et de les mettre en valeur, soit à partager les fruits entre les habitants.

367. Le premier mode avait été adopté, sous l'ancien régime, pour les parts de marais, dans plusieurs provinces, notamment les Trois - Evêchés, la Flandre, l'Artois. Les anciennes dispositions qui le consacraient et en réglementaient l'usage sont encore en vigueur aujourd'hui. Ainsi, d'après ceux qui concernent la province d'Artois, les lots attribués aux chefs de famille passent par héritage à leurs enfants mâles, et de préférence aux aînés, tant qu'il existe dans la descendance directe un mâle apte à recueillir la part vacante. La succession n'est pas admise en ligne collatérale. Aucun droit d'usufruit n'est réservé en faveur du conjoint survivant. Le droit de jouissance peut s'acquérir par prescription (Cons. d'Et. 18 mai 1870, D. P. 72. 3. 41). Inversement, l'habitant n'est plus recevable après trente ans à faire valoir son droit (Cons. d'Et. 8 juin 1883, D. P. 85. 3. 16). — Ailleurs, le lot attribué à un ménage fait retour à la commune au décès du dernier survivant des époux.

368. Le second mode (partage des fruits entre les habitants) s'applique, d'une part, à l'affouage et au marronage (V. *infrà*, *Forêts*, *Varech - Goémon*).

§ 3. — *Compétence en matière de jouissance de biens communaux* (R. 2333 et s. ; S. 1149 et s.).

369. Les questions de compétence que soulève cette matière, et qui se sont élevées surtout au sujet de l'affouage, seront exposées *infrà*, *Forêts*.

CHAP. IX. — CONTRATS DES COMMUNES.

ART. 1er. — GÉNÉRALITÉS. — FORMES DES CONTRATS (R. 2363 et s. ; S. 1161 et s.).

370. Les communes, étant des personnes morales, peuvent faire tous les contrats nécessaires à la gestion de leur domaine mobilier ou immobilier et au fonctionnement des services publics dont elles sont chargées. Ces contrats sont toujours décidés par délibération du Conseil municipal. Le maire représente la commune dans la négociation et la conclusion des contrats. — Exceptionnellement, lorsqu'il s'agit de pourvoir à des services obligatoires, l'autorité supérieure peut, après avoir mis en demeure soit le Conseil municipal, soit le maire, se substituer à ces autorités et passer certains contrats au nom de la commune (baux, acquisitions, marchés, emprunts).

371. Dans certains cas limitativement énumérés par la loi, la délibération du Conseil municipal n'est pas suffisante ; la commune doit être habilitée à contracter par une autorisation émanant de l'autorité supérieure. Cette autorisation doit être spéciale et indiquer spécialement l'acte qu'il s'agit de passer. Toutefois, l'approbation peut résulter implicitement de tout acte de l'autorité supérieure et supposant nécessairement qu'elle a été accordée. — Dans les cas où l'autorisation de l'autorité supérieure est nécessaire pour habiliter la commune à contracter, le défaut d'autorisation a pour effet de vicier le contrat. Toutefois, cette nullité n'est que relative en ce sens que la commune peut s'en prévaloir à l'encontre de la partie avec laquelle elle a contracté, mais que celle-ci ne peut l'opposer à la commune.

372. En général, l'intervention des notaires n'est pas d'absolue nécessité pour la passation des actes intéressant les communes. Elle n'est obligatoire que dans les cas où elle est exigée par le droit commun, comme en matière de donation et d'hypothèque.

373. Les contrats peuvent être passés par le maire dans la forme administrative. Ces contrats ont le caractère d'actes publics. Ils sont authentiques et font foi jusqu'à inscription de faux (Av. Cons. d'Et. 4 févr. 1887). Mais, à la différence des contrats administratifs passés par les ministres, les préfets et sous-préfets, ils n'emportent pas hypothèque, ni voie d'exécution parée. — Le fait qu'un contrat a été rédigé dans la forme administrative n'en modifie pas le caractère au point de vue de la compétence.

374. Un grand nombre de contrats sont passés par voie d'adjudication. — Lorsque le maire procède à une adjudication publique pour le compte de la commune, il est assisté de deux membres du Conseil municipal désignés d'avance par le Conseil ou, à défaut de cette désignation, appelés dans l'ordre du tableau. Le receveur municipal est appelé à toutes les adjudications. Toutes les difficultés qui peuvent s'élever sur les opérations préparatoires de l'adjudication sont résolues, séance tenante, par le maire et les deux assistants, à la majorité des voix, sans le recours de droit (L. 5 avr. 1884, art. 89). Ces règles ne s'appliquent pas aux baux d'octroi, aux adjudications de fournitures et de travaux publics, qui sont régis par des dispositions spéciales (Décr. 17 mai 1809, art. 110 et s., R. v° *Organisation économique*, p. 1288; Ord. 14 nov. 1837, R. v° *Marché de fournitures*, p. 96), auxquelles il n'a pas été dérogé par la loi municipale (art. 89, § 3).

375. Sauf quelques rares exceptions, les contrats des communes relèvent de la compétence des tribunaux ordinaires. — Lorsqu'une contestation existe entre une commune et son cocontractant sur le sens du contrat, seule l'autorité judiciaire peut interpréter le contrat. Le préfet ne peut se faire juge de la difficulté en prescrivant une mesure d'exécution (Cons. d'Et. 29 juill. 1887).

376. La délibération par laquelle un Conseil municipal autorise son maire à passer un contrat, et l'arrêté préfectoral ou le décret qui approuve cette délibération, ne peuvent plus être attaqués pour excès de pouvoir quand ce contrat a été réalisé. C'est seulement devant les tribunaux judiciaires que le débat peut être porté, et il n'appartient qu'à eux de statuer sur la demande en nullité du contrat, sauf à renvoyer devant les tribunaux administratifs les questions préjudicielles concernant la validité des actes administratifs antérieurs.

ART. 2. — ACQUISITIONS.

§ 1er. — *Acquisitions à titre onéreux* (R. 2378 et s.; S. 1169 et s.).

377. 1° *Achats d'immeubles.* — De l'art. 68, § 3, de la loi du 5 avr. 1884, il résulte que les Conseils municipaux décident souverainement les acquisitions d'immeubles quand la dépense, totalisée avec les dépenses de même nature pendant l'exercice courant, ne dépasse pas les limites des ressources ordinaires et extraordinaires que les Conseils municipaux peuvent se créer sans autorisation spéciale. Au delà de cette limite, la délibération du Conseil municipal doit être approuvée par le préfet. — Pour les acquisitions payables à long terme par annuités, la jurisprudence administrative exige l'accomplissement des mêmes formalités que lorsqu'il s'agit de contracter un emprunt (Circ. min. int. 11 mai 1864, D. P. 64. 3. 111).

378. Les formalités pour une acquisition faite par la commune consistent dans : 1° l'estimation de l'immeuble faite par deux experts; 2° la confection d'un plan figuré et détaillé des lieux qui accompagne le procès-verbal, au bas duquel le vendeur appose son consentement; 3° une enquête *de commodo et incommodo;* 4° la délibération du Conseil municipal qui intervient sur le vu de ces pièces; 5° l'avis donné par le sous-préfet; 6° l'arrêté d'approbation du préfet, quand cette autorisation est nécessaire. Les maires ne sont pas tenus de soumettre les actes d'acquisition au visa du préfet. Toutefois, ils doivent adresser au préfet deux expéditions de tous les contrats.

379. Les communes sont dispensées de l'accomplissement des formalités de la purge des hypothèques pour les acquisitions de gré à gré dont le prix n'excède pas 500 francs (Décr. 14 juill. 1866). Elles peuvent, en ce cas, se libérer entre les mains des vendeurs sans avoir besoin de produire un certificat négatif d'inscription d'hypothèque et de procéder à la purge des hypothèques inscrites ou non inscrites. Toutefois, en ce cas, elles ne sont dispensées de la transcription que si l'immeuble a été acquis en vertu de la loi du 3 mai 1841 (Av. Cons. d'Et. 31 mars 1869, D. P. 70. 3. 112).

380. La commune qui achète est soumise à tous les effets juridiques qu'entraîne le contrat, d'après le droit commun.

381. 2° *Achats de meubles.* — Les communes n'ont pas besoin d'autorisation pour acheter des rentes sur l'Etat (Av. Cons. d'Et. 21 déc. 1808, R. p. 372). Ces achats sont faits par les trésoriers-payeurs généraux, sans autres frais que ceux de courtage (Ord. 14 avr. 1849).

382. 3° *Offre de concours.* — Les communes qui exécutent des travaux publics reçoivent souvent des habitants des terrains qui leur sont abandonnés gratuitement, sous la condition que l'ouvrage public sera exécuté de telle ou telle manière. Bien que la commune n'ait pas payé le prix de ces terrains, ce contrat n'est pas considéré comme une libéralité, mais comme un contrat à titre onéreux. — L'offre de concours est définitive et irrévocable dès qu'elle a été acceptée par le Conseil municipal, sans que l'approbation de cette délibération par le préfet soit nécessaire (Cons. d'Et. 27 janv. 1893, D. P. 94. 5. 610). — La commune reste libre d'exécuter l'ouvrage comme elle l'entend; mais, si elle ne remplit pas les conditions auxquelles l'offre était subordonnée, elle n'est pas fondée à exiger la remise des terrains.

383. 4° *Expropriation après saisie.* — Lorsqu'une commune est créancière, elle peut requérir la mise aux enchères des immeubles de son débiteur, et, s'il ne se présente pas d'enchérisseur, elle peut, sans avoir été autorisée à acquérir, être déclarée adjudicataire moyennant la mise à prix (Pr. 606). Elle aurait besoin, le cas échéant, d'une autorisation pour surenchérir.

384. 5° *Expropriation pour cause d'utilité publique.* — Les communes peuvent acquérir par ce moyen les terrains qui sont nécessaires pour construire des ouvrages publics et les bâtiments destinés à l'installation des services publics. Les règles du droit commun en cette matière sont, dans ce cas, applicables, sauf certaines exceptions (V. *infrà, Expropriation pour cause d'utilité publique*).

§ 2. — *Acquisitions à titre gratuit* (R. 2409 et s.; S. 1177 et s.).

385. Les acquisitions à titre gratuit faites par les communes sont régies par les art. 61, § 1er; 68, § 8; 111-113 de la loi du 5 avr. 1884, modifiés par l'art. 3 de la loi du 4 févr. 1901 (D. P. 1901. 4. 14). — Le Conseil municipal est compétent pour statuer *définitivement* sur l'acceptation des libéralités mobilières ou immobilières faites à la commune, qu'elles soient pures et simples ou qu'elles soient grevées de charges, de conditions ou d'affectations immobilières. C'est donc seulement dans le cas où la libéralité donne lieu à une réclamation de la famille que la délibération doit être approuvée par l'autorité supérieure (art. 68 et 111, § 1er). L'approbation est donnée par décret en Conseil d'Etat; le Conseil d'Etat délibère en assemblée générale si les dons ou legs excèdent 50 000 francs. — Quand la libéralité est faite à un hameau ou quartier d'une commune qui n'est pas encore à l'état de section ayant la personnalité civile, les habitants de ce hameau ou quartier sont appelés à élire une commission syndicale, conformément à l'art. 129. La commission syndicale délibère sur l'acceptation de la libéralité; dans tous les cas, l'autorisation d'accepter doit être accordée par un décret rendu dans la forme des règlements d'administration publique (art. 111, § 2).

386. Lorsque la délibération porte refus de don ou legs, le préfet peut, par un arrêté motivé, inviter le Conseil municipal à revenir sur sa première délibération. Le refus n'est définitif que si, par une seconde délibération, le Conseil municipal déclare y persister, ou si le préfet n'a pas requis de nouvelle délibération dans le mois de la délibération portant refus. — Si le don ou legs est fait à une section de commune, et que le Conseil municipal soit d'avis de refuser la libéralité, il est procédé, conformément au paragraphe 2 de l'art. 111, à la nomination d'une commission syndicale, et il est statué par un décret dans la forme des règlements d'administration publique (art. 112).

387. Le maire peut toujours, à titre conservatoire, accepter les dons ou legs et former, avant l'autorisation, toute demande en délivrance. Le décret ou la délibération du Conseil municipal qui interviennent ultérieurement ont effet du jour de cette acceptation (art. 113).

388. Les communes ont, à plusieurs reprises, reçu de l'Etat certains immeubles qui leur étaient concédés en toute propriété à charge de les entretenir. La loi ou le décret qui effectue une pareille concession suffit pour sa validité; le consentement du Conseil municipal n'est même pas nécessaire (L. 11 prair. an 3; Décr. 23 avril 1810, R. v° *Monument*, n° 26; 9 avr. 1811, R. v° *Domaine de l'Etat*, p. 95).

389. Les communes acquièrent encore, par suite du classement dans le réseau vicinal ou rural, opéré par décret ou par délibération du Conseil général ou de la commission départementale, d'anciennes routes nationales ou départementales déclassées. Le sol de ces voies passe du domaine public national ou départemental dans le domaine communal (V. *infrà, Voirie*).

ART. 3. — ALIÉNATIONS (R. 2413 et s.; S. 1198 et s.).

390. 1° *Vente.* — A l'exception des biens qui font partie du domaine public, les biens des communes sont aliénables. Les aliénations doivent être consenties par le Conseil municipal et approuvées par le préfet en conseil de préfecture (L. 1884, art. 68, § 2). Quand il s'agit de bois soumis au régime forestier, la délibération doit être approuvée par décret (For. 92).

391. Il est procédé, en cas de vente, aux mêmes formalités qu'en cas d'acquisition (estimation, enquête). Toutefois, l'absence de ces formalités, qui ne sont prescrites que par des circulaires ministérielles, ne serait pas une cause de nullité de la vente. — Les aliénations se font, en général, aux enchères. Un cahier des charges est dressé, et le résultat des adjudications est arrêté définitivement par le maire. L'acte de vente passé par le maire, de même que l'adjudication à laquelle il a présidé, n'est pas soumis à l'approbation du préfet. L'acquéreur qui voudrait se libérer par anticipation devrait, aux termes d'une clause qui est de style dans le cahier des charges, opérer son versement dans la caisse du receveur particulier des finances. Le Conseil municipal peut, avec l'approbation du préfet, accorder à l'acquéreur une prorogation de délai pour se libérer. — Sur l'interdiction faite aux administrateurs des communes de se rendre adjudicataires de leurs biens, V. Civ. 1596, et *infrà*, Vente.

392. L'autorité judiciaire est seule compétente pour connaître des difficultés auxquelles donnent lieu l'exécution et l'interprétation des contrats de vente (Cons. d'Et. 3 juin 1892, D. P. 93. 5. 155). Le préfet ne peut, sans excès de pouvoir, enjoindre à une commune de réserver à une autre commune le prix d'un terrain aliéné dont la propriété est contestée. Les tribunaux judiciaires doivent trancher au préalable la question (Cons. d'Et. 2 juill. 1897, D. P. 98. 3. 103).

393. 2º *Offre de concours.* — Les délibérations par lesquelles les Conseils municipaux s'engagent, en vue de l'exécution d'un travail public de l'Etat ou du département, à céder gratuitement des terrains, doivent être approuvées par le préfet (Cons. d'Et. 9 août 1889, D. P. 91. 5. 107). Le Conseil de préfecture est compétent (Civ. c. 18 janv. 1887, D. P. 87. 1. 129).

394. 3º *Echanges.* — Les échanges doivent être autorisés par le préfet en conseil de préfecture. — Les formes exigées en matière d'acquisition et de vente sont applicables aux échanges. L'estimation des experts doit porter sur les deux immeubles échangés.

395. 4º *Vente forcée.* — Les créanciers des communes n'ont pas le droit de recourir contre elles aux voies ordinaires d'exécution. Il leur est interdit de pratiquer des saisies sur les biens communaux mobiliers ou immobiliers (Av. Cons. d'Et. 12 août 1807, R. vº *Saisie-arrêt*, p. 490). Mais sur la demande de tout créancier porteur d'un titre exécutoire, un décret du président de la République peut autoriser d'office la vente des biens mobiliers et immobiliers des communes autres que ceux servant à un usage public. Le décret détermine les formes de la vente (L. 1884, art. 110). Le Gouvernement peut également, bien que les rentes sur l'Etat soient en principe insaisissables, prescrire l'aliénation d'un titre de rente nominatif appartenant à une commune (Av. Cons. d'Et. 24 janv. 1894).

396. La loi du 28 juill. 1860 (D. P. 60. 4. 114), sur la mise en valeur des biens incultes appartenant aux communes, prévoit un autre cas de vente forcée de ces biens. Une fois les travaux exécutés, si les sommes nécessaires au payement de ces travaux ne sont pas fournies par les communes, elles sont avancées par l'Etat, qui se rembourse de ses avances, en principal et intérêts, au moyen de la vente publique d'une partie des terrains améliorés, opérée par lots, s'il y a lieu. Les communes peuvent empêcher cette vente en abandonnant à l'Etat la moitié des terrains mis en valeur (L. 28 juill. 1860, art. 4 et 5).

397. 5º *Déclassement de chemins.* — Lorsque des chemins vicinaux viennent à être déclassés ou rétrécis, les riverains ont le droit de se faire céder par la commune les terrains qui ne servent plus à la circulation (V. *infrà*, Voirie).

398. 6º *Expropriation pour cause d'utilité publique.* — Les biens des communes peuvent être expropriés comme ceux des particuliers. La loi du 3 mai 1841 (R. vº *Expropriation pour cause d'utilité publique*, p. 512) a même facilité les cessions amiables de ces biens, en autorisant les maires à les consentir sur simple délibération du Conseil municipal. L'approbation du préfet n'est pas exigée.

399. 7º *Incorporation d'un chemin de fer d'intérêt local dans le réseau d'intérêt général.* — La loi du 11 juin 1880 (D. P. 81. 4. 20) dispose qu'à toute époque une loi peut classer un chemin de fer d'intérêt local dans le réseau d'intérêt général. Cette incorporation peut avoir lieu même si l'exploitation du chemin de fer d'intérêt local était, pour la commune, une source de bénéfices ; un décret en Conseil d'Etat statuant discrétionnairement pourrait arbitrer une indemnité au profit de la commune.

400. 8º *Hypothèque.* — Les biens des communes ne pouvant être vendus à la requête de leurs créanciers (V. *suprà*, nº 395), on en conclut qu'ils ne sont pas susceptibles d'être hypothéqués. On a cependant admis qu'une hypothèque judiciaire pourrait être prise à titre purement conservatoire.

ART. 4. — PARTAGES (R. 2176 et s.; S. 1088 et s.).

401. Les partages de propriété des biens communaux entre les habitants, qui avaient été prescrits par les lois de l'époque révolutionnaire, ont été prohibés par une loi du 2 prair. an 5 (R. p. 196), et sont depuis lors demeurés interdits. Mais il peut y avoir lieu à partage dans les cas lesquels plusieurs communes ont un droit ou un usage commun. La loi du 10 juin 1793 (R. p. 186) restait sur ce point une disposition (sect. 4, art. 2) qui est restée en vigueur. Chacune des communes qui se trouve ainsi dans l'indivision a le droit d'exiger le partage, quelle que soit la nature des biens indivis, et alors même qu'il s'agirait de bois. Cette délibération doit être approuvée par le préfet en conseil de préfecture. Le maire passe les actes de partage, lorsqu'ils ont été autorisés régulièrement (L. 1884, art. 90). Au point de vue des autorisations nécessaires, les partages doivent être assimilés aux aliénations.

402. Si l'une des communes copropriétaires se refuse à sortir de l'indivision, l'autorité judiciaire seule peut ordonner le partage. — S'il existe des titres déterminant la proportion dans laquelle les biens indivis appartiennent aux diverses communes intéressées, le tribunal fixera les parts revenant à chacune d'elles. A défaut de titres, le partage doit être fait en raison du nombre de feux, et sans avoir égard à l'étendue du territoire de chaque commune (Av. Cons. d'Et. 4 juill. 1807). — Quant aux opérations du partage, c'est l'autorité administrative qui est compétente pour y procéder (L. 10 juin 1793, sect. 5, art. 2, et 9 ventôse an 12, R. p. 186 et 208). Il appartient au préfet de statuer sur les opérations administratives du partage, telles que désignation des experts, expertise, formation des lots ; ses décisions sont susceptibles de recours au ministre et, en cas d'excès de pouvoir, au Conseil d'Etat (Cons. d'Et. 29 mars 1889, D. P. 90. 3. 57). — Le Conseil de préfecture est compétent pour statuer sur les difficultés auxquelles peuvent donner lieu les opérations du partage, après que les tribunaux civils ont déterminé les droits respectifs des communes sur ces biens (Cons. d'Et. 14 mars 1860, D. P. 60. 3. 29); ... sur les contestations relatives à l'existence et aux effets d'un partage opéré par l'Administration (Cons. d'Et. 17 mai 1855, D. P. 55. 3. 84); ... sur la validité du partage consommé (Cons. d'Et. 29 mars 1889, précité).

ART. 5. — BAUX (R. 2521 et s.; S. 1234 et s.).

403. Les communes afferment : 1º des terres, des maisons, des mines; 2º des sources d'eaux minérales; 3º des droits de chasse ou de pêche dans leurs bois ou leurs étangs; 4º des services municipaux; 5º des perceptions municipales (octrois, pesage, droits de place).

404. Les baux des biens communaux, suivant que leur durée est inférieure ou supérieure à dix-huit années, sont réglés définitivement par le Conseil municipal ou sont soumis à l'approbation du préfet en conseil de préfecture (L. 1884, art. 68-1º, 69). Il appartient au Conseil de décider si les baux seront passés par adjudications ou de gré à gré (Av. Cons. d'Et. 24 oct. 1895). — Le Conseil municipal dresse le cahier des charges, fixe les conditions de jouissance du fermier et les obligations qu'il veut lui imposer. Les fermiers de biens communaux sont tenus, par la loi du 26 germ. an 11 (R. vº *Impôts directs*, p. 203), de payer, à la décharge de la commune, le montant des contributions assises sur ces propriétés. — Les actes de bail passés par le maire ont besoin d'être approuvés par le préfet (Circ. min. 15 mai 1884).

405. En principe, l'autorité judiciaire est compétente pour connaître de toutes les difficultés relatives aux baux des communes, notamment d'une demande d'indemnité fondée sur l'inexécution du contrat par la commune (Cons. d'Et. 23 févr. 1900, D. P. 1901. 3. 34). Par exception, le Conseil de préfecture est compétent, aux termes de l'art. 136 du décret du 17 mai 1809 (R. vº *Octroi*, p. 7), pour connaître des contestations qui s'élèvent entre une commune et le fermier de l'octroi, relativement à l'interprétation de son contrat. Et la jurisprudence a assimilé à ce contrat ceux relatifs à la ferme des droits de place dans les halles, des droits de pesage, mesurage et abatage (Cons. d'Et. 26 déc. 1896, D. P. 98. 3. 29). Mais, pour que le Conseil de préfecture puisse ainsi donner l'interprétation du contrat, il faut qu'il y ait un litige né et actuel ou un renvoi de l'autorité judiciaire (Cons. d'Et. 8 juin 1894). — Cette compétence exceptionnelle du Conseil de préfecture ne va jusqu'à lui permettre de statuer sur une demande en résiliation du bail, avec indemnité au profit du fermier, tant à raison de l'interprétation abusive donnée par la commune à certaines clauses du marché que par l'opposition faite par les agents de la ville à la perception des droits (Cons. d'Et. 13 mars et 17 nov. 1891, D. P. 92. 3. 87).

ART. 6. — ASSURANCES.

406. Il appartient au Conseil municipal d'assurer contre l'incendie les bâtiments appartenant à la commune.

ART. 7. — MARCHÉS DE FOURNITURES ET DE TRAVAUX PUBLICS (R. 2541 et s.; S. 1246 et s.).

407. Les marchés de fournitures et de travaux sont régis par l'ordonnance du 14 nov. 1837 (R. vº *Marché de fournitures*, p. 96) et l'art. 115 de la loi de 1884. Ils sont, en principe, passés avec concurrence et publicité, et l'adjudication est soumise à l'approbation du préfet (art. 1ᵉʳ et 10). — Par exception, il peut être traité de gré à gré : 1º pour les travaux et fournitures dont la valeur n'excède pas 3 000 francs, et 2º à quelque somme que s'élèvent les fournitures et travaux : pour les objets dont la fabrication est exclusivement attribuée à des porteurs de brevets d'invention ; pour les objets qui n'auraient qu'un possesseur unique ; pour les ouvrages et les objets d'art et de précision dont l'exécution ne peut être confiée qu'à des artistes éprouvés; pour les exploitations, fabrications et fournitures qui ne seraient faites qu'à titre d'essai ; pour les matières et denrées qui, à raison de leur nature particulière et de la spécialité de l'emploi auquel elles sont destinées, doivent être achetées et choisies aux lieux de production ou livrées sans intermédiaire par les producteurs eux-mêmes ; pour les fournitures ou travaux qui n'auraient été l'objet d'aucune entreprise aux adjudications et à l'égard desquels il n'aurait été imposé que des prix inacceptables : toutefois, l'Administration ne doit pas dépasser le maximum arrêté conformément à l'art. 7; pour les fournitures et travaux qui, dans le cas d'urgence absolue et dûment constatée amenée par des circonstances imprévues, ne pourraient pas subir les délais des adjudications (art. 2).

408. Les traités de gré à gré à passer dans les conditions prévues par l'ordonnance du 14 nov. 1837, et qui ont pour objet l'exécution, par entreprise, de travaux d'ouverture de nouvelles voies publiques et de tous autres travaux communaux, sont approuvés par le préfet ou par décret dans le cas prévu par l'art. 145, § 3, de la loi de 1884 (quand les ressources ordinaires de la commune atteignent trois millions). L'avis du Conseil d'État n'est pas exigé. — Les actes par lesquels un préfet refuse d'approuver une adjudication ou un marché de gré à gré sont des actes discrétionnaires, qui ne sont pas susceptibles d'être attaqués par la voie du recours pour excès de pouvoir (Cons. d'Et. 23 nov. 1900).

409. Toutes les fois que ces travaux ont, pour les communes, le caractère d'une dépense obligatoire, il appartient au préfet de prendre les mesures d'exécution nécessaires pour que la commune s'acquitte de son obligation. Le préfet, après avoir adressé au Conseil municipal des mises en demeure, peut faire procéder d'office à l'adjudication des travaux et à toutes les autres mesures propres à assurer leur exécution.

410. Les contestations relatives aux marchés de fournitures des communes sont de la compétence de l'autorité judiciaire, tandis que celles qui ont pour objet l'exécution de travaux publics sont de la compétence des Conseils de préfecture. Il est parfois assez difficile de déterminer si un marché constitue un marché de fournitures ou un marché de travaux publics. On a reconnu le caractère de marché de fournitures : au marché par lequel un individu s'est chargé de classer et relier les archives d'une commune, fournir des registres et remplacer les numéros manquants de la collection du *Bulletin des lois* et du *Recueil des actes administratifs* (Cons. d'Et. 10 janv. 1888, D. P. 61. 3. 67); au marché pour la fourniture d'une pompe à incendie (Cons. d'Et. 8 juin 1880, D. P. 60. 3. 67), ou d'un buste; au traité pour la réparation d'un orgue (Cons. d'Et. 20 déc. 1860, D. P. 61. 3. 17); au traité pour la fourniture de pierres destinées aux trottoirs, quand le fournisseur ne doit exécuter aucun travail (Cons. d'Et. 12 déc. 1868, D. P. 69. 3. 100); au traité passé entre une commune et l'adjudicataire du service d'un bac destiné à relier à la rive des biens communaux situés dans une île (Cons. d'Et. 26 oct. 1888, D. P. 89. 3. 119). — Le caractère de marché de fournitures subsiste alors même que le fournisseur s'oblige, envers la commune, à effectuer certains travaux de mise en place, d'installation. Cela dépend de l'importance des travaux à effectuer. Ainsi l'autorité judiciaire est compétente quand il s'agit d'un marché par lequel un individu vend une horloge à la commune, sous se chargeant de quelques travaux de réparation et de pose (Cons. d'Et. 7 sept. 1869, D. P. 70. 3. 112); ou quand un individu vend à une commune une pompe et un moteur à

vent en s'obligeant à en effectuer la pose et le montage (Cons. d'Et. 12 juill. 1889, D. P. 91. 3. 18). Au contraire, quand les travaux d'installation seraient assez importants, le marché perd son caractère de marché de fournitures pour devenir un marché de travaux publics. Il en est ainsi quand le fournisseur d'un calorifère s'engage à l'installer et à le réparer pendant un certain nombre d'années, quand le fournisseur d'une cloche s'est engagé à descendre les anciennes et à mettre en place les nouvelles (Cons. d'Et. 9 janv. 1867, D. P. 68. 3. 3).

ART. 8. — CONCESSIONS.

§ 1er. — *Généralités* (S. 1250 et s.).

411. L'art. 115, § 2, de la loi du 5 avr. 1884 vise un contrat particulier auquel les communes ont assez fréquemment recours : la concession. Aux termes de cet article, les traités portant concession à titre exclusif, ou pour une durée de plus de trente années, des grands services municipaux, doivent être approuvés par le préfet ou par décret, suivant que la commune a moins ou plus de trois millions de revenus. Il résulte de cet article que les concessions qui sont accordées pour moins de trente ans, et qui ne sont pas accordées à titre exclusif, peuvent être approuvées par le Conseil municipal tout seul. Toutefois, en pratique, on admet que l'approbation est nécessaire, par application de l'art. 115, toutes les fois que la concession est consentie de gré à gré. En outre, quand la concession comporte, ce qui est le cas le plus fréquent, la perception d'une taxe sur le public, l'approbation de l'autorité supérieure est encore nécessaire (art. 68, § 7).

412. Les services municipaux qui font le plus fréquemment l'objet de concessions sont : 1º le service du balayage et de l'enlèvement des boues et immondices ; 2º le service des eaux ; 3º le service de l'éclairage ; 4º le service des halles et marchés ; 5º le service de l'abattoir ; 6º le service des tramways et chemins de fer d'intérêt local ; 7º le service des omnibus. — Les communes peuvent accorder des concessions sur le domaine public pour la construction de kiosques, de chalets de nécessité, de colonnes - affiches, moyennant la perception de certaines redevances.

413. Toutes ces concessions, sauf celles relatives au service des omnibus, ont le caractère de concessions de travaux publics. La concession de travaux publics est un contrat administratif par lequel un entrepreneur s'engage envers une commune à exécuter pour son compte un ouvrage public, moyennant que la commune, au lieu de lui payer le prix des travaux exécutés, lui abandonne le droit d'exploiter cet ouvrage, c'est-à-dire d'en conserver la jouissance pendant un temps déterminé, en percevant sur le public qui se sert de cet ouvrage une taxe appelée *péage* destinée à faire rentrer le concessionnaire dans ses débours. C'est ainsi que les communes délèguent souvent, aux entrepreneurs qui se chargent de leur construire des halles ou marchés, des abattoirs, la perception des droits de place dans ces halles et marchés, et prélèvement sur les ventes à la criée des denrées et marchandises vendues, pour lesquelles on attribue au concessionnaire un véritable monopole. L'entrepreneur du service du balayage et de l'enlèvement des boues et immondices peut être rémunéré par l'abandon des taxes de balayage et des ordures ménagères et du produit des boues et ordures.

414. Les seules concessions sur lesquelles il y ait lieu de donner ici quelques explications sont les concessions d'eau, de gaz, d'omnibus. — Sur les concessions de chemins de fer et de tramways, V *supra*, *Chemin de fer*, nos 192 et s.

§ 2. — *Service des eaux* (R. 520 et s.; S. 380).

415. Le service de l'adduction et de la distribution des eaux potables dans une ville, pour alimenter tant assez importants, le marles fontaines et les bâtiments publics ainsi que les immeubles particuliers, peut être assuré par les communes par divers procédés. Tantôt elles se bornent à exécuter en régie ou par entreprise les travaux d'adduction et de canalisation jusqu'aux fontaines publiques, où les habitants viennent s'approvisionner ; en ce cas, la fourniture est toujours et nécessairement gratuite. Tantôt la ville exécute elle-même, ou fait exécuter par un régisseur intéressé, un entrepreneur ou un concessionnaire, les travaux de canalisation qui amèneront l'eau dans les voies publiques jusqu'au pied des immeubles particuliers. En pareil cas, des machines élévatoires destinées à faire monter l'eau jusqu'aux étages les plus élevés des maisons. Les travaux de branchements qui mettent les immeubles en communication avec la canalisation publique ont le caractère de travaux publics. Ils sont exécutés le plus souvent par le concessionnaire ou l'entrepreneur de la ville.

416. Lorsque la ville livre ainsi l'eau à domicile, elle la fait payer au public à un prix déterminé par une délibération du Conseil municipal approuvée par le préfet. L'eau peut être livrée et payée au compteur, ou bien la ville peut passer, avec les propriétaires, des abonnements à forfait. Le montant des redevances dues par les particuliers est recouvré par voie d'états exécutoires, et non par voie de rôles (Cons. d'Et. 23 mai 1890, D. P. 92. 3. 4). Si l'entreprise de canalisation et de distribution des eaux a été concédée, le concessionnaire perçoit les abonnements pour se rémunérer des dépenses de construction.

417. L'entreprise de distribution des eaux constitue une concession de travaux publics. Le Conseil de préfecture est donc compétent pour connaître des difficultés qui s'élèvent entre la commune et le concessionnaire, tant sur l'interprétation que sur l'exécution du contrat. Mais toutes les contestations qui s'élèvent entre les concessionnaires et les abonnés sur la fourniture de l'eau, les conditions dans lesquelles elle s'effectue, l'application du tarif, le prix des compteurs, relèvent de la compétence des tribunaux ordinaires (Cons. d'Et. 3 mars 1893, D. P. 94. 3. 41).

418. Par le contrat de concession, la commune réserve souvent à un concessionnaire le privilège exclusif des canalisations sous la voie publique. Ces canalisations constituent des permissions de voirie qui, suivant la nature des voies, sont accordées par le maire, ou par le préfet après avis du maire (Cons. d'Et. 12 juin 1891, D. P. 92. 3. 123). Si le maire refuse ultérieurement au concessionnaire les permissions dont il a besoin, ce refus peut exposer la commune à l'obligation d'indemniser le concessionnaire du préjudice causé. De même, en présence d'une clause réservant au concessionnaire le privilège exclusif des canalisations, indemnité est due si le maire accorde des permis à d'autres qu'au concessionnaire (Cons. d'Et. 12 juin 1891, D. P. 92. 3. 123). Le concessionnaire qui ne peut obtenir du maire les autorisations dont il a besoin ne peut déférer ce refus au Conseil d'Etat pour excès de pouvoir ; il doit s'adresser au Conseil de préfecture. Toutefois, quand le cahier des charges réserve aux particuliers le droit de se procurer des eaux par des moyens individuels, le concessionnaire ne peut réclamer une indemnité par le seul fait que le maire aurait accordé à un usinier de poser une canalisation sous une voie publique pour faire bénéficier une partie de son usine des eaux dont il disposait (Cons. d'Et. 21 févr. 1890, D. P. 91. 5. 120).

38

§ 3. — *Service de l'éclairage* (R. 932 et s.; S. 574 et s.).

419. Bien que l'éclairage des voies publiques ne constitue pas pour les communes une dépense obligatoire, c'est une dépense que la plupart des villes assument. — Le plus souvent, on a recours, pour l'éclairage des rues et des monuments publics, au gaz d'éclairage ou à l'électricité, procédés qui comportent : 1° l'installation d'une usine où se fabrique le gaz d'éclairage ou bien où est produite l'électricité; 2° des canalisations souterraines ou bien des fils tendus sur ou sous les voies publiques, et qui amènent le gaz ou l'électricité aux divers points où la lumière doit être donnée. Les marchés passés à cet effet ont, à raison des travaux qu'ils comportent, le caractère de marchés de travaux publics (Cons. d'Et. 20 déc. 1895).

420. Le service de l'éclairage est rarement exploité en régie par les communes. Le régime le plus usité jusqu'à présent a été celui de la concession. Par un traité, la ville chargeait un entrepreneur d'exécuter à ses frais tous les travaux d'installation de la fabrique de gaz et des canalisations dans un périmètre déterminé, et, le travail une fois terminé, le lui laissait exploiter pendant une période fixée à l'avance, au terme de laquelle la ville devait entrer sans indemnité en possession de tous les ouvrages construits. Durant la période d'exploitation, le concessionnaire devait fournir l'éclairage, moyennant un prix déterminé, aux voies publiques et aux monuments de la commune. En outre, la ville autorisait le concessionnaire à utiliser les canalisations publiques pour amener le gaz ou l'électricité chez les particuliers, à leur fournir la lumière à un prix dont le maximum était fixé par le contrat. Enfin elle s'obligeait, d'une part, à procurer à son concessionnaire toutes les autorisations de voirie qui lui seraient nécessaires et, d'autre part, à le garantir contre toute concurrence que pourraient lui faire des entrepreneurs rivaux, en lui réservant le *privilège exclusif des canalisations*. — La jurisprudence a reconnu la légalité de cette clause grâce à laquelle un monopole de fait a été constitué au profit du concessionnaire du service de l'éclairage. Il a été jugé que les communes peuvent valablement s'interdire d'autoriser tout établissement de nature à faire concurrence à leur concessionnaire en s'engageant, notamment, à refuser d'autoriser sous les voies publiques communales toute espèce de canalisation ayant pour objet de fournir de la lumière aux particuliers (Cons. d'Et. 26 nov. 1897).

421. Le concessionnaire n'est pas autorisé, par le seul fait que son contrat a été signé et approuvé, à pratiquer dans le sol des voies publiques les excavations nécessaires pour installer les canalisations. Il doit se munir des autorisations indispensables auprès des autorités compétentes, c'est-à-dire auprès du maire ou du préfet suivant la nature de la voie publique, suivant qu'elle fait partie de la voirie urbaine ou de la grande voirie. Mais, grâce au contrat qu'il a passé avec la commune, le concessionnaire est garanti : 1° contre les difficultés injustifiées que lui susciterait la municipalité; 2° contre la concurrence que celle-ci favoriserait. — La question de l'étendue des droits des concessionnaires de l'éclairage par le gaz et des obligations assumées à leur endroit par les villes a donné lieu à de nombreux procès quand les développements de l'électricité ont révélé la possibilité d'appliquer ce mode d'éclairage. Dans l'interprétation des contrats passés avec les compagnies gazières, le Conseil d'Etat a jugé que, pour apprécier l'étendue des droits conférés aux concessionnaires, il fallait s'attacher plutôt à l'esprit qu'à la lettre des contrats; que

lorsqu'un contrat avait concédé à un entrepreneur le service de l'éclairage *par le gaz*, ces derniers mots ne devaient pas être interprétés comme restreignant la portée du marché et laissant le concessionnaire exposé à la concurrence de l'électricité; que, dans un contrat réservant à un concessionnaire du gaz le privilège exclusif des canalisations *souterraines*, cette dernière appellation ne devait pas avoir pour effet de permettre à la ville d'autoriser une société électrique à poser des fils au-dessus des voies publiques. Toutes les villes qui, s'étant ainsi engagées envers le concessionnaire de l'éclairage par le gaz, autorisèrent ensuite des sociétés électriques à poser des fils pour distribuer de la lumière aux particuliers, furent condamnées à payer à ce concessionnaire des indemnités.

422. Une difficulté particulière est née à l'occasion des autorisations que certaines compagnies d'électricité avaient obtenues de poser des canalisations sous les dépendances de la grande voirie. Ces permissions étant accordées par le préfet, on a prétendu que la responsabilité des communes ne pouvait être engagée. La jurisprudence a jugé que la commune était responsable, alors au moins que ces autorisations avaient été accordées sur la demande de la ville (Cons. d'Et. 25 nov. 1898, D. P. 1900. 3. 21) ou à la suite d'un vœu du Conseil municipal (Cons. d'Et. 13 mars 1898); ... ou que les autorités municipales consultées avaient donné des avis favorables (Cons. d'Et. 30 juill. 1897, D. P. 98. 5. 152); ... ou que la commune n'avait pas mis toute la diligence nécessaire pour s'opposer à la délivrance de ces autorisations et n'avait pas protesté (Cons. d'Et. 12 juin 1896, D. P. 97. 5. 321), etc. Au contraire, lorsqu'il était établi que les autorités municipales avaient fait ce qu'elles avaient pu pour s'opposer à la délivrance de ces autorisations, il a été admis que la commune n'avait pu encourir aucune responsabilité (Cons. d'Et. 30 mars 1900, D. P. 1901. 3. 53).

423. Un grand nombre de contrats passés entre les villes et les compagnies gazières contiennent une clause réservant à la ville, en cas de découverte d'un nouveau procédé d'éclairage plus avantageux, le droit de l'imposer. Cette clause a été interprétée en ce sens que la commune violait son contrat si, avant d'autoriser un tiers à poser des fils électriques, elle n'avait mis le concessionnaire d'éclairage au gaz en demeure de lui fournir l'éclairage électrique au prix qui lui était offert (Cons. d'Et. 30 juill. 1897, D. P. 98. 5. 152).

424. La question s'est posée de savoir comment il fallait interpréter le silence du contrat, quand il ne contient aucune stipulation pour le cas où un nouveau mode d'éclairage viendrait à être découvert. La jurisprudence fait la distinction suivante : s'agit-il de contrats anciens, passés à une époque où l'éclairage électrique était peu connu, le silence du contrat doit s'interpréter en faveur de la compagnie du gaz. S'agit-il de nouveaux traités, il doit être interprété en faveur de la ville, c'est-à-dire que celle-ci peut mettre ladite compagnie en demeure de lui fournir l'électricité aux conditions qui lui sont offertes, et que, en cas de refus, elle est déliée de ses obligations (Cons. d'Et. 18 janv. 1902).

425. Le concessionnaire du gaz, qui éprouve un préjudice du fait de la concurrence à lui faite par une compagnie d'électricité, ne peut agir directement contre celle-ci. En tout cas, la juridiction administrative serait incompétente pour connaître de sa réclamation (Cons. d'Et. 30 juill. 1897, précité). C'est la commune qu'il doit assigner en payement de dommages-intérêts devant le Conseil de préfecture. En cas de condamnation prononcée contre la commune,

le maire peut, sans commettre un détournement de pouvoir, retirer les permissions accordées à la compagnie d'électricité (Cons. d'Et. 27 déc. 1901, D. P. 1903. 3. 33).

426. Les difficultés qui peuvent surgir entre le concessionnaire et la commune à propos d'injonctions adressées par le maire au concessionnaire doivent être portées devant le Conseil de préfecture (Cons. d'Et. 11 févr. 1898, D. P. 99. 3. 53). C'est également le Conseil de préfecture qui est compétent pour les contestations auxquelles donne lieu la perception des droits d'octroi sur les matières premières destinées à la fabrication du gaz (Cons. d'Et. 12 nov. 1897, D. P. 99. 3. 8). — Il va de soi que toutes les contestations qui s'élèvent entre le concessionnaire et le public sont de la compétence des tribunaux judiciaires.

§ 4. — *Service des transports en commun* (R. 505 et s.; S. 374 et s.).

427. De même que la nécessité de poser des canalisations sous le sol des voies publiques a permis aux communes d'accorder au concessionnaire du service de l'éclairage un monopole de fait, de même le droit des autorités municipales de permettre le stationnement des voitures sur les voies publiques a permis aux communes d'autoriser des services privilégiés de transports en commun, en réservant à certaines compagnies qui s'obligeraient à faire circuler chaque jour, de telle heure à telle autre, un certain nombre de voitures suivant un itinéraire déterminé, le privilège exclusif de stationner sur la voie publique et de s'y arrêter pour prendre ou déposer des voyageurs. Ce contrat, où la commune ne stipule pas pour elle, mais dans l'intérêt de ses habitants, n'est ni un marché de travaux publics, ni un marché de fournitures. C'est un contrat *sui generis*, qui relève de l'autorité judiciaire.

ART. 9. — EMPRUNTS (R. 2501 et s.; S. 1223 et s.).

428. Les emprunts des communes sont soumis à des règles différentes suivant la durée de la période de remboursement et la nature des ressources à l'aide desquelles l'emprunt est gagé. Le Conseil municipal vote et règle les emprunts remboursables : 1° sur les ressources ordinaires, quand l'amortissement ne dépasse pas trente ans; 2° sur les ressources extraordinaires, quand ces ressources sont comprises dans la limite du maximum fixé chaque année par le Conseil général (art. 141). — Il vote, sauf approbation du préfet, les emprunts gagés sur des ressources extraordinaires, quand ces ressources dépassent le maximum fixé par le Conseil général et que la durée ne dépasse pas trente ans (art. 142). — Tout emprunt remboursable sur une contribution établie pour plus de trente ans ou sur des ressources extraordinaires, dont l'amortissement dépasse trente ans, est autorisé par décret du président de la République, rendu en Conseil d'Etat. Il est également statué par un décret en Conseil d'Etat si la somme à emprunter dépasse un million ou si, réunie aux chiffres d'autres emprunts non encore remboursés, elle dépasse un million (art. 143) (L. 7 avr. 1902, art. 2). — Une loi du 2 mars 1902 (D. P. 1902. 4. 87) autorise les communes situées dans les départements éprouvés par la crise viticole à voter, dans certaines limites, avec la seule approbation du préfet, les emprunts destinés à des travaux d'utilité communale pour les ouvriers privés de travail, ainsi que les impositions nécessaires au remboursement. Le montant de ces emprunts, déterminé d'après la population de la commune, ne peut dépasser deux francs par habitant, et la durée du remboursement n'excède pas dix ans. En dehors de ces limites, l'approbation de ces emprunts reste soumise aux règles ordinaires. Cette loi n'a d'effet que pendant un délai de deux ans. — Une commune ne peut être autorisée à emprunter en vue d'équilibrer son budget ordinaire.

429. En principe, aucun emprunt ne peut être contracté sans un vote conforme du Conseil municipal. Toutefois, les communes peuvent être contraintes à emprunter, malgré le refus du Conseil municipal, quand il s'agit de pourvoir à la construction des maisons d'école (L. 10 juill. 1903, D. P. 1903. 4. 70). V. *infrà, Enseignement*.

430. Toutes les fois qu'une combinaison financière adoptée par une commune aboutit en réalité à lui faire contracter un emprunt, il est nécessaire de suivre les formes exigées par la loi pour cette nature d'opération. Ainsi les engagements à long terme doivent être assimilés aux emprunts.

431. En règle générale, les emprunts doivent avoir lieu avec publicité et concurrence, dans les formes tracées pour les adjudications communales. L'administration municipale dresse ordinairement un cahier des charges dans lequel elle porte le maximum d'intérêt que payera la commune et sur lequel doit porter le rabais. — Mais souvent les actes qui autorisent les communes à emprunter les autorisent à traiter à l'amiable, soit avec des particuliers à un taux convenu, soit avec la Caisse des dépôts et consignations ou la Caisse nationale des retraites pour la vieillesse ou avec le Crédit foncier, aux conditions de ces établissements. — Les grandes villes recourent fréquemment à des émissions d'obligations offertes en souscription publique à un taux déterminé. Seule une loi peut autoriser l'émission de valeurs à lots.

432. Les contestations qui s'élèvent entre les communes et leurs prêteurs, à propos de leurs emprunts, relèvent des tribunaux judiciaires.

ART. 10. — QUASI-CONTRATS. — GESTION D'AFFAIRES.

433. Dans certains cas, une dette peut être mise à la charge d'une commune sans que le Conseil municipal en ait délibéré, par application de principes analogues à ceux de la gestion d'affaires. Ainsi les dépenses ordonnées par le maire qui, agissant en vertu de ses attributions de police, a fait exécuter d'urgence des travaux nécessaires au maintien de l'ordre et de la sécurité publique, sont à la charge de la commune, quand elles dépassent les crédits votés par le Conseil municipal (Civ. r. 14 mars 1870, D. P. 71. 1. 142).

434. D'autre part, lorsqu'une ville a profité de fournitures à elle faites par un particulier, on peut mettre à sa charge la somme qui représente l'utilité qu'elle en a retirée, quoique la dépense ait été faite sans l'autorisation du Conseil municipal (Req. 19 déc. 1877, D. P. 78. 1. 204). De même, les réquisitions militaires qu'un particulier a acquittées pour le compte de la commune doivent lui être remboursées par celle-ci.

435. Enfin, en matière de travaux publics, toutes les fois que des travaux, bien que non régulièrement autorisés par le Conseil municipal, ont été cependant commandés à l'entrepreneur par le maire ou par l'architecte de la commune, et qu'aucune collusion ne paraît imputable à l'entrepreneur, la commune est condamnée à payer le prix de ces travaux, sauf à elle à engager, contre l'architecte ou le maire, une action en garantie à raison du dépassement des crédits dont ils sont responsables (Cons. d'Et. 22 mars 1889, D. P. 90. 3. 64). L'architecte peut être contraint à rembourser le montant de l'excédent ou être privé de ses honoraires (Cons. d'Et. 11 mars 1887, D. P. 88. 3. 78). Si toutefois l'utilité des tra-

vaux n'était pas justifiée et s'ils avaient été exécutés par suite d'une entente entre le maire ou l'architecte et l'entrepreneur, la commune ne serait pas tenue d'en payer le montant (Cons. d'Et. 9 févr. 1894).

CHAP. X. — RESPONSABILITÉ CIVILE DES COMMUNES.

436. La responsabilité des communes, c'est-à-dire l'obligation qui peut leur incomber de réparer des dommages résultant pour des tiers de délits ou de quasi-délits, est régie tant par les textes spéciaux que par le droit commun (Civ. 1382 et s.). — On ne traitera ici que de la responsabilité consacrée par des dispositions particulières. En ce qui concerne la responsabilité de droit commun, V. *infrà, Responsabilité*.

ART. 1er. — DÉGÂTS COMMIS PAR LES ATTROUPEMENTS (R. 75 et s.; S. 1298 et s.).

437. Sur ce point, les articles 106 à 109 de la loi du 5 avr. 1884 reproduisent, en les atténuant, les dispositions de la loi du 10 vend. an 4 (R. p. 193) : les communes sont civilement responsables des dégâts et dommages résultant des crimes ou délits commis à force ouverte ou par violence sur leur territoire, par des attroupements ou rassemblements armés ou non armés, soit envers les personnes, soit contre les propriétés publiques ou privées (art. 106). — Le maire est chargé, en outre des ses attributions de police, du soin de prévenir les attroupements ou rassemblements qui peuvent se former sur le territoire de la commune et, lorsqu'ils ont lieu, de mettre la force publique en mouvement pour les dissiper. S'il ne remplit pas ce devoir, la responsabilité de la commune est engagée par la faute ou la négligence de son mandataire élu. La loi crée une présomption de faute qui est le principe de la responsabilité civile de la commune.

438. Pour pouvoir intenter une action en responsabilité civile contre la commune, il n'est pas nécessaire d'être citoyen. L'action appartient à toute personne, française ou étrangère, qui a été victime de l'attroupement. — D'autre part, l'action peut être motivée par toute espèce de violence contre les personnes et par tout attentat contre les propriétés (destruction, incendie, dégradations, extorsion d'argent ou de denrées, pillage d'approvisionnements).

439. Plusieurs conditions sont nécessaires pour que la responsabilité de la commune soit engagée. — Il faut : 1° que les dégâts ou dommages aient été causés par un attroupement ou un rassemblement. La question de savoir ce qui constitue un attroupement est une question de fait abandonnée à l'appréciation des tribunaux. La responsabilité n'existe pas s'il s'agit de crimes ou délits individuels; — 2° qu'il y ait un dégâts ou dommages causés soit à des personnes, soit à des propriétés publiques ou privées, mobilières ou immobilières; — 3° qu'il y ait eu emploi de la violence — Le délit doit avoir été commis à force ouverte.

440. La commune est responsable des dommages qu'a causés la force publique en dispersant l'attroupement, aussi bien que de ceux qui ont pour cause l'attroupement lui-même.

441. Si les attroupements ou rassemblements ont été formés d'habitants de plusieurs communes, chacune d'elles est responsable des dégâts et dommages causés dans la proportion qui sera fixée par les tribunaux (art. 107). Aussi une commune est responsable des faits délictueux commis même hors de son territoire, si ses habitants y ont pris part — Les communes dont la responsabilité est engagée peuvent être condamnées solidairement.

442. Les dommages-intérêts mis à la

charge de la commune responsable sont répartis entre tous les habitants domiciliés dans ladite commune, en vertu d'un rôle spécial, sous forme de centimes additionnels aux quatre contributions directes (art. 106, § 2). La commune est seulement tenue d'en faire l'avance à l'aide des fonds dont elle dispose. Les habitants domiciliés sont, d'ailleurs, seuls compris dans le rôle; les propriétaires forains sont exemptés de la contribution.

443. La commune déclarée responsable peut exercer son recours contre les auteurs et complices du désordre (art. 109). Il est douteux que les habitants qui n'ont payé aient un recours individuel contre les auteurs du dommage. En tout cas, ils pourraient, la commune n'agissant pas, se faire autoriser à exercer l'action en son lieu et place conformément à l'art. 123.

444. La responsabilité civile de la commune cesse lorsqu'elle peut prouver que toutes les mesures qui étaient en son pouvoir ont été prises à l'effet de prévenir les attroupements ou rassemblements et d'en faire connaître les auteurs (art. 108-1°).

445. D'autre part, la loi affranchit de toute responsabilité les communes où la municipalité n'a pas la disposition de la force locale ni de la force armée (art. 108-2°). Il en est ainsi, notamment, des villes de Paris et Lyon, et des villes déclarées en état de siège. Cette exception, posée par l'art. 108, ne s'étend pas aux villes de plus de 40 000 âmes, dans lesquelles le cadre de la police est fixé par décret, sans que toutefois la direction de ce personnel soit enlevée aux maires. Il en est de même des communes du département de la Seine, où une partie des pouvoirs de police est enlevée aux maires et remise au préfet de police.

446. Enfin la responsabilité des communes ne s'applique pas aux dommages qui sont le résultat d'un fait de guerre (art. 108-3°). Il n'y a pas à distinguer entre la guerre étrangère et la guerre civile. Mais elle ne saurait être écartée sur le motif que l'émeute, par laquelle les dommages ont été causés, avait un caractère politique et avait pour but d'entreprendre une lutte contre le gouvernement.

447. Les tribunaux judiciaires sont compétents pour connaître des actions en indemnité fondées sur les art. 106 et s. de la loi de 1884 (Trib. confl. 25 févr. 1888, D. P. 89. 3. 52).

ART. 2. — RESPONSABILITÉ EN CAS DE DÉFAUT DE VIABILITÉ DES CHEMINS.

448. Lorsque les chemins publics de la commune sont reconnus impraticables par le juge de paix, la commune est tenue de réparer le dommage fait à la clôture d'un champ par un particulier qui a dû se frayer un passage à travers ce champ (L. 28 sept. 6 oct. 1791, tit. 2, art. 41, R. v° *Voirie par terre*, p. 188).

ART. 3. — RESPONSABILITÉ EN MATIÈRE FORESTIÈRE.

449. Le Code forestier édicte plusieurs cas de responsabilité des communes à raison des condamnations prononcées contre certains de leurs agents ou préposés (V. For. 72, 82, 112, et *infrà, Forêts*).

ART. 4. — RESPONSABILITÉ EN MATIÈRE DE TRAVAUX PUBLICS.

450. On peut encore considérer comme régie par un texte spécial la responsabilité encourue par la commune à raison des dommages causés par l'exécution des travaux publics communaux : la loi du 28 pluv. an 8 (R. v° *Travaux publics*, p. 841) s'applique aux travaux des communes comme à ceux des départements et de l'État (V. *infrà, Travaux publics*).

CHAP. XI. — PROCÉS DES COMMUNES.

ART. 1er. — POUVOIRS DU MAIRE ET DU CONSEIL MUNICIPAL (R. 1356 et s.; S. 821 et s.).

451. C'est au maire qu'il appartient de représenter la commune en justice, soit en demandant, soit en défendant (L. 1884, art. 90-8o); mais il ne peut plaider au nom de la commune sans y être habilité par le Conseil municipal. C'est là une règle absolue, qui ne comporte aucune exception : même dans les cas où la commune n'a pas besoin de l'autorisation du Conseil de préfecture pour plaider, le maire ne peut agir sans être habilité par une délibération du Conseil municipal. Il en est ainsi, notamment, lorsqu'il s'agit d'une action possessoire (Civ. c. 2 mars 1880, D. P. 80. 1. 208); ... ou d'une demande à former devant le Conseil de préfecture (Cons. d'Et. 10 févr. 1865, D. P. 67. 3. 37) ou le Conseil d'Etat (Cons. d'Et. 13 nov. 1896).

452. Le maire peut toutefois engager une instance à titre conservatoire, sauf à faire régulariser la situation le plus vite possible par le Conseil municipal. Il suffit que cette autorisation soit produite avant le jugement du litige. D'autre part, le maire ayant le pouvoir de faire tous actes conservatoires ou interruptifs de déchéance, il peut, sans l'intervention du Conseil municipal, interjeter appel de tout jugement et se pourvoir en cassation; mais il doit, pour suivre sur appel ou sur pourvoi, se munir d'une autorisation nouvelle. — Le maire n'a, d'ailleurs, pas besoin d'autorisation du Conseil municipal quand il forme un recours pour excès de pouvoir en vue de défendre ses prérogatives en matière de police municipale (Cons. d'Et. 13 juill. 1883, D. P. 85. 3. 29).

453. Par exception aux règles qui précèdent, lorsqu'il s'agit d'intenter ou de soutenir une action relative à un chemin vicinal de grande communication ou d'intérêt commun, le préfet représentant les communes intéressées à ces chemins peut agir en leur nom sans aucune intervention des Conseils municipaux (V. infrà, Voirie).

454. De même qu'il ne peut introduire une instance sans y être autorisé par le Conseil municipal, le maire ne peut, seul, se désister d'une instance engagée (Cons. d'Et. 13 mai 1892), ... ni accepter le désistement de l'adversaire de la commune (Cons. d'Et. 25 mars 1888). — En ce qui concerne l'acquiescement, V. supra, Acquiescement, n° 8.

ART. 2. — AUTORISATION DU CONSEIL DE PRÉFECTURE (R. 1637 et s.; S. 908 et s.).

455. Aux termes de l'art. 121 de la loi du 5 avr. 1884, nulle commune ou section de commune (Sur les sections de commune, V. infrà, nos 483 et s.) ne peut ester en justice sans y être autorisée par le Conseil de préfecture, sauf les cas prévus par les art. 122 et 154 de la loi. Cette autorisation est nécessaire aux communes aussi bien pour défendre aux actions que pour les intenter.

456. La loi a apporté quelques exceptions à cette règle; d'autres y ont été ajoutées par la jurisprudence : 1o D'après l'art. 122, le maire peut toujours, sans autorisation préalable du Conseil de préfecture, intenter toute action possessoire ou y défendre et faire tous actes conservatoires ou interruptifs des déchéances. Cette dispense s'étend à tous les degrés de l'instance, y compris même le pourvoi en cassation (Décr. et Cons. d'Et. 30 nov. 1868, D. P. 69. 3. 33). — 2o Les communes sont dispensées de l'autorisation lorsqu'il s'agit de défendre devant les tribunaux judiciaires aux oppositions formées contre les états dressés par le préfet pour le recouvrement des recettes municipales, par application de l'art. 154 de la loi du 5 avr. 1884. — 3o A cause de leur caractère d'urgence, les demandes en référé, formées pour ou contre les communes, ne sont pas soumises à la procédure organisée par les art. 121 et s. (Décr. en Cons. d'Et. 20 janv. 1886, D. P. 88. 3. 38). — 4o Les réclamations en matière d'octroi étant portées devant le juge de paix pour être jugées par lui sommairement et sans frais, les dispositions de la loi de 1884 ne s'appliquent pas à cette matière fiscale réglée par une législation spéciale (L. 2 vend. an 8, art. 17; 27 frim. an 8, art. 13; Ord. 9 déc. 1814, art. 81, R. vo Octroi, p. 6 et 12). Dès lors, la commune peut y défendre sans autorisation (Civ. r. 2 févr. 1848, D. P. 48. 1. 59). — 5o La Cour de cassation décide que les dispositions relatives à l'autorisation du Conseil de préfecture ne sont pas applicables en matière pénale. Elle dispense, en conséquence, l'administration forestière de l'obligation de se conformer aux prescriptions de l'art. 124 quand elle cite la commune devant le tribunal correctionnel comme civilement responsable des délits forestiers commis par ses agents (Cr. c. 2 oct. 1847, D. P. 48. 5. 56). — 6o Enfin la doctrine et la jurisprudence sont d'accord pour reconnaître que l'obligation de se faire autoriser n'existe pas pour les communes quand elles intentent une action devant la juridiction administrative (Conseils de préfecture, Conseil d'Etat, Cour des comptes).

457. En dehors de ces cas exceptionnels, l'autorisation est nécessaire, sans qu'il y ait à distinguer suivant la nature de l'action ou la qualité de l'adversaire. — L'autorisation doit être sollicitée pour toute demande introductive d'instance, requête principale ou demande en intervention, constitution de partie civile devant une juridiction répressive. Elle est nécessaire pour la tierce opposition; pour les demandes reconventionnelles, quand la reconvention a pour cause une obligation en dehors du procès; pour les demandes en garantie.

458. Mais lorsqu'une commune a obtenu l'autorisation d'engager un procès, elle n'a pas besoin d'une nouvelle autorisation pour plaider sur les demandes accessoires, les incidents, ou sur l'exécution du jugement rendu sur la demande principale; ... ni pour une reprise ou une péremption d'instance; ... ni pour une demande reconventionnelle ayant sa base dans le procès principal; ... ni pour former opposition à un jugement rendu par défaut.

459. La demande d'autorisation doit être renouvelée pour la commune quand, ayant perdu son procès devant le premier juge, elle veut se pourvoir devant un autre degré de juridiction (art. 121, § 2). Il en est de même quand elle veut se pourvoir en cassation ou en requête civile contre une décision rendue en dernier ressort (art. 122 et 127).

460. Lorsque la commune est défenderesse, l'autorisation de plaider lui est nécessaire pour ester devant le premier juge. Mais, quand elle a gagné sa cause devant le premier degré de juridiction, elle n'a pas besoin de nouvelle autorisation devant le juge d'appel ou la Cour de cassation devant lesquels son adversaire s'est pourvu.

461. Les demandes d'autorisation doivent être adressées au Conseil de préfecture qui, seul est compétent pour statuer sur ces demandes, à l'exclusion du préfet. — L'autorisation est un acte de tutelle administrative, qui n'a aucun caractère contentieux. Elle peut donc être rétractée jusqu'au jour où, la commune ayant usé de l'autorisation, un droit est né à son profit. D'autre part, les tiers qui plaident contre la commune ne sont pas sans qualité pour discuter la décision rendue par le Conseil de préfecture.

462. Le Conseil de préfecture, saisi de la demande, peut accorder l'autorisation ou la refuser. Pour déterminer son opinion, il doit se préoccuper de l'intérêt que la commune peut avoir à soutenir le procès, de ses chances de succès. S'il y a disproportion entre l'intérêt du litige et les risques du procès, il refuse l'autorisation. Il la refuse également s'il estime que la commune n'a pas qualité pour agir, ou si le juge devant qui l'affaire doit être portée est incompétent. En ce dernier cas, toutefois, quand la commune est défenderesse, l'autorisation lui est accordée, mais seulement pour décliner la compétence du tribunal. — L'autorisation est spéciale en ce sens qu'elle est accordée pour plaider devant tel tribunal, pour un objet précis. Souvent l'autorisation est limitée à certains chefs de demande.

463. Quand la commune est demanderesse, la demande d'autorisation est transmise par le préfet au Conseil de préfecture. Celui-ci doit statuer dans les deux mois à partir du jour de sa réception au greffe du Conseil (Cons. d'Et. 30 nov. 1890, D. P. 92. 3. 58). A défaut de décision rendue dans ce délai, la commune est implicitement autorisée à plaider (L. 1884, art. 121, § 3). — Si le Conseil de préfecture accorde l'autorisation, son arrêté n'est pas motivé; il doit l'être, au contraire, si l'autorisation est refusée.

464. La commune à qui l'autorisation est refusée peut se pourvoir devant le Conseil d'Etat. Le maire doit être habilité à cet effet, suivant la règle générale énoncée supra, n° 451. — Le pourvoi est introduit et jugé en la forme administrative. Il doit, à peine de déchéance, être formé dans un délai de deux mois à partir du jour où le Conseil municipal a reçu communication de l'arrêté et autorisé le maire à se pourvoir au Conseil d'Etat.

465. De même qu'en matière contentieuse, la requête adressée au Conseil d'Etat doit être motivée. L'arrêté attaqué doit y être joint. Le Conseil d'Etat peut être saisi directement par le maire; mais il est loisible à la commune de recourir au ministère d'un avocat au Conseil d'Etat. — Il doit être statué sur le pourvoi dans les deux mois à partir du jour de son enregistrement au secrétariat du Conseil d'Etat (L. 1884, art. 126). — A la différence du Conseil de préfecture, le Conseil d'Etat n'a pas, en matière d'autorisation de plaider, de pouvoir propre; il se borne à préparer le projet de décret destiné à être soumis au président de la République. L'instruction de la demande est faite, en général, par la section de l'Intérieur. — De même que l'arrêté du Conseil de préfecture, le décret est motivé, quand il refuse l'autorisation; il n'est pas motivé quand il l'accorde.

466. Le silence du Conseil d'Etat prolongé pendant deux mois, comme celui du Conseil de préfecture, équivaut à une autorisation tacite (L. 5 avr. 1884, art. 127). De même, si le dossier reste plus de deux mois entre les mains du ministre, la commune se trouve implicitement autorisée à plaider.

467. Les décisions rendues par le Conseil de préfecture ou le Conseil d'Etat ne peuvent être attaquées par les tiers devant le Conseil d'Etat statuant au contentieux, même pour excès de pouvoir. La question de validité ou d'invalidité de l'arrêté d'autorisation ne peut être soulevée devant les tribunaux judiciaires et comme moyen d'exception.

468. La loi ne fixe aucun délai dans lequel la commune autorisée à plaider soit tenue d'intenter son action. Mais le Conseil de préfecture peut fixer un délai après lequel la commune ne serait plus admise à plaider qu'avec une autorisation nouvelle. — Si, après qu'un Conseil municipal a décidé un procès et a gagné le droit de le suivre, le maire refusait ou négligeait de faire les actes de procédure nécessaires, le préfet pourrait user de l'art. 85 de la loi du 5 avr. 1884 et faire soutenir l'action par un délégué spécial.

469. Une proposition de loi, adoptée par

la Chambre des députés dans sa séance du 4 juillet 1904 et transmise au Sénat, supprime l'autorisation nécessaire aux communes et aux établissements publics pour ester en justice.

ART. 3. — OBLIGATIONS IMPOSÉES A L'ADVERSAIRE DE LA COMMUNE (R. 1541 et s.; S. 875 et s.).

470. La loi a édicté certaines dispositions particulières pour le cas où la commune est défenderesse. — Aucune action judiciaire ne peut, à peine de nullité, être intentée contre une commune qu'autant que le demandeur a préalablement adressé au préfet ou au sous-préfet un mémoire exposant l'objet et les motifs de sa réclamation. Il lui en est donné récépissé. Ce mémoire, toutefois, n'est pas nécessaire lorsqu'il s'agit d'une action possessoire, et dans toutes autres matières où la commune peut plaider sans autorisation (L. 1884, art. 124). — Nul n'est dispensé de cette formalité, ni l'État, ni le département, ni une commune plaidant contre une autre commune.

471. L'action ne peut être portée devant les tribunaux qu'après un délai de deux mois à partir de la date du récépissé, sans préjudice des actes conservatoires (art. 124, § 2). Ce délai a pour but de permettre aux autorités municipales de se munir de l'autorisation de plaider. En conséquence, le préfet ou le sous-préfet adresse immédiatement le mémoire au maire, avec invitation de convoquer le Conseil municipal dans le plus bref délai pour en délibérer. — La délibération du Conseil municipal est transmise au Conseil de préfecture, qui décide si la commune doit être autorisée à ester en justice. La décision du Conseil de préfecture doit être rendue dans le délai de deux mois, à dater du dépôt du mémoire (art. 125). Le Conseil de préfecture n'est pas lié par l'avis du Conseil municipal. Il peut, malgré l'avis contraire du Conseil municipal, autoriser d'office la commune à défendre. Toutefois, cette autorisation ne s'impose ni au Conseil municipal ni au maire.

472. La présentation du mémoire interrompt la prescription et toutes déchéances, si elle est suivie d'une demande en justice dans le délai de trois mois (art. 124, § 3). Elle ne fait pas courir les intérêts moratoires. Il se peut que le délai de deux mois, qui s'écoule depuis le dépôt du mémoire, ne suffise pas pour permettre à la commune de rapporter l'autorisation de plaider; il en est ainsi, notamment, quand le Conseil de préfecture a refusé cette autorisation. En cas de pourvoi de la commune contre la décision du Conseil de préfecture, le demandeur peut néanmoins introduire l'action; mais l'instance est suspendue jusqu'à ce qu'il ait été statué par le Conseil d'État ou jusqu'à l'expiration du délai dans lequel le Conseil d'État doit statuer. A défaut de décision obtenue dans les délais ci-dessus impartis, la commune est autorisée à ester en justice (art. 127).

ART. 4. — EXERCICE DES ACTIONS DE LA COMMUNE PAR UN CONTRIBUABLE (R. 1457 et s.; S. 839 et s.).

473. Tout contribuable inscrit au rôle de la commune a le droit d'exercer, à ses frais et risques, et sous l'autorisation du Conseil de préfecture, les actions qu'il croit appartenir à la commune ou celle-ci, préalablement appelée à en délibérer, a refusé ou négligé d'exercer. La commune ou section mise en cause, et la décision qui intervient a force à son égard (L. 5 avr. 1884, art. 123). Ce droit peut être exercé à l'égard de toutes les actions de la commune, qu'il s'agisse d'actions à soutenir ou d'actions à intenter. La règle ne s'applique, d'ailleurs, qu'aux actions appartenant véritablement à

la commune, être moral, et non à ses habitants considérés *ut singuli*; quant à celles-ci, aucune autorisation n'est nécessaire.

474. Pour que le droit d'exercer les actions soit ouvert au contribuable, il faut : 1° qu'il soit inscrit au rôle des contributions de la commune; 2° qu'il se soumette à l'obligation d'agir à ses frais et risques, c'est-à-dire de prendre les frais du procès; 3° qu'il obtienne l'autorisation du Conseil de préfecture; 4° que le Conseil municipal, mis en demeure d'agir, s'y soit refusé; 5° que la commune soit mise en cause.

475. Le contribuable qui veut exercer les actions de la commune doit toujours se faire autoriser par le Conseil de préfecture, quelle que soit la nature de l'action à exercer et quelle que soit la juridiction compétente pour en connaître. L'autorisation est donc nécessaire même pour les actions possessoires, même pour celles portées devant les tribunaux administratifs. Sans cette autorisation, leur action ne serait pas recevable (Cons. d'Ét. 21 févr. 1896).

476. A la différence de la commune, qui est implicitement autorisée à plaider lorsqu'il s'est écoulé deux mois sans que le Conseil de préfecture (ou le Conseil d'État) ait statué, le contribuable doit toujours rapporter une autorisation expresse (Décr. en Cons. d'Ét. 10 janv. 1893, D. P. 95. 3. 4). Mais, une fois qu'il a été autorisé à engager ou à soutenir l'action, le contribuable n'a pas besoin de faire renouveler cette autorisation pour interjeter appel ou se pourvoir en cassation (Civ. r. 28 juill. 1856, D. P. 56. 1. 307). — Un contribuable ne peut être autorisé à intervenir dans une instance engagée par les représentants légaux de la commune (Cons. d'Ét. 4 mai 1877). — Lorsque l'autorisation de plaider a été refusée à une commune, un contribuable n'est pas recevable à demander l'autorisation d'intenter la même action (Décr. en Cons. d'Ét. 21 juin 1889).

477. L'obligation de mettre la commune en cause implique celle de lui faire signifier ou notifier tous les actes de procédure. — La commune mise en cause a le droit de prendre des conclusions qui peuvent, soit à l'appui de l'action du contribuable, soit la combattre. — Quand les formalités prescrites par l'art. 123 ont toutes été remplies, la décision qui intervient sur l'action intentée par le contribuable a son effet à l'égard de la commune.

478. Le projet de loi visé *suprà*, n° 469, modifie le texte de l'art. 123 de la loi de 1884 et y introduit plusieurs dispositions nouvelles concernant l'exercice des actions de la commune par un contribuable.

ART. 5. — CONSÉQUENCES DU DÉFAUT D'AUTORISATION (R. 1764 et s.; S. 969 et s.).

479. Le défaut d'autorisation du Conseil de préfecture donne lieu à une exception devant le tribunal irrégulièrement saisi. Cette exception, fondée sur l'incapacité de la commune, n'a pas besoin d'être présentée *in limine litis* : elle peut être invoquée en tout état de cause. — C'est un moyen d'ordre public, qui doit être suppléé d'office.

480. Le défendeur poursuivi par une commune non autorisée peut invoquer devant l'autorité judiciaire une fin de non-recevoir tirée de l'incapacité de son adversaire. — Cette fin de non-recevoir peut être produite pour la première fois en appel, mais non en cassation.

481. La partie qui, ayant plaidé contre une commune, a obtenu contre elle une condamnation, n'est point passible des charges ou contributions imposées pour l'acquittement des frais et dommages-intérêts qui forment le résultat du procès (L. 5 avr. 1884, art. 131). Cette disposition s'applique au cas où une commune, au lieu de voter des centimes extraordinaires pour payer les frais,

s'imposerait seulement des centimes pour insuffisance de revenus (Cons. d'Ét. 10 juin 1887, D. P. 88. 3. 101). Mais, si les frais du procès étaient payés avec des fonds libres ou des ventes de terrains, le gagnant ne pourrait être déchargé des impositions extraordinaires établies pour équilibrer le budget (Cons. d'Ét. 10 juill. 1890, D. P. 92. 3. 36).

ART. 6. — TRANSACTIONS ET COMPROMIS (R. 2470 et s.; S. 1215 et s.).

482. Les communes peuvent transiger, avec l'autorisation du préfet statuant en Conseil de préfecture (art. 68). Le Conseil d'État ne peut annuler une transaction qui est un contrat judiciaire (Cons. d'Ét. 7 mai 1897). Mais le compromis leur est interdit comme aux autres personnes morales (V. *suprà* Arbitrage, n° 5).

CHAP. XII. — SECTIONS DE COMMUNES.

ART. 1er. — GÉNÉRALITÉS (R. 1467 et s.; S. 846 et s.).

483. Le mot *section* est employé fréquemment avec des sens différents. Le territoire de la commune peut être divisé en sections au point de vue du cadastre, pour l'assiette de la contribution foncière. Il est aussi, au point de vue électoral, afin d'assurer, à certaines parties de la commune ayant des intérêts distincts, une représentation particulière. Mais par *section de commune* on entend spécialement des fractions, villages, hameaux, qui constituent des personnes morales ayant des biens, des droits distincts de ceux de la commune. — Les sections de commune ne constituent pas des circonscriptions administratives.

484. Les sections de communes ont des origines diverses. Les unes proviennent des anciennes communautés d'habitants qui, dès avant la Révolution, avaient des droits propres. Beaucoup proviennent d'anciennes communes qui, depuis la loi du 14 déc. 1789 (R. p. 168), ont été supprimées et réunies à des communes voisines. Enfin, un très grand nombre doivent leur origine aux libéralités faites par des particuliers à une fraction de commune, à un groupe d'habitants. En pareil cas, le décret en Conseil d'État qui doit intervenir pour autoriser l'acceptation de la libéralité porte création de la section à l'état de personne morale distincte de la commune.

485. La section une fois créée, les changements ultérieurs qui peuvent survenir dans la circonscription administrative communale sont sans effet sur les droits particuliers de cette section : en cas de transfert d'une section d'une commune à une autre, la section transférée conserve la propriété des biens qui lui appartenaient (L. 1884, art. 7, § 3); et ses habitants conservent la jouissance exclusive des biens dont les fruits sont perçus en nature. Seuls les biens affectés à un service public deviennent la propriété de la commune à laquelle la section est réunie (art. 7, § 4). Les mêmes principes sont applicables au cas où une commune est réunie à une autre commune (art. 7, § 1 et 2).

486. La section, telle qu'elle est constituée, ne doit pas être morcelée. L'art. 11 de la loi du 5 avr. 1884 dispose qu'en cas de sectionnement électoral, les fractions du territoire ayant des biens propres ne peuvent être divisées entre plusieurs sections électorales.

ART. 2. — REPRÉSENTATION DES SECTIONS. — COMMISSIONS SYNDICALES (R. 301 et s.; 1482 et s.; S. 193 et s., 850 et s.).

487. Une section de commune n'a pas droit, par cela seul qu'elle existe, à une représentation distincte. C'est le Conseil municipal qui administre les biens de la section comme ceux de la commune elle-même.

La représentation spéciale n'est accordée à la section que dans le cas où il y a conflit d'intérêts entre elle et la commune. En ce cas, les membres de la section élisent une commission syndicale, qui joue temporairement le rôle de Conseil municipal de la section.

488. Les circonstances dans lesquelles la loi prescrit la nomination d'une commission syndicale sont les suivantes : 1° Lorsqu'il y a lieu de distraire une section d'une commune, soit pour la réunir à une autre, soit pour l'ériger en commune distincte, un arrêté du préfet décide la création d'une commission syndicale pour cette section ou pour la section du chef-lieu si les représentants de la première sont en majorité dans le Conseil municipal. Il détermine le nombre des membres de cette commission. Ceux-ci sont élus par les électeurs domiciliés dans la section. La commission donne son avis sur le projet (L. 5 avr. 1884, art. 3 et 4).

489. 2° Si une libéralité est faite à un hameau ou quartier d'une commune qui n'est pas encore à l'état de section ayant la personnalité civile, les habitants du hameau ou quartier sont appelés à élire une commission syndicale, conformément à l'art. 129 de la loi de 1884 (V. *infrà*, n° 490). Cette commission délibère sur l'acceptation, et, dans aucun cas, l'autorisation d'accepter ne peut être accordée que par un décret rendu dans la forme des règlements d'administration publique. Dans le cas où la libéralité est faite à une section de commune déjà dotée de la personnalité civile, il n'est procédé à l'élection d'une commission syndicale que si le Conseil municipal est d'avis de refuser la libéralité (L. 1884, art. 111 et 112).

490. 3° Lorsqu'une section se propose d'intenter ou de soutenir une action judiciaire, soit contre la commune dont elle dépend, soit contre une autre section de la même commune, il est formé, pour la section et pour chacune des sections intéressées, une commission syndicale distincte (art. 128). Le préfet est tenu de convoquer les électeurs dans le délai d'un mois, pour nommer une commission syndicale toutes les fois qu'un tiers des habitants ou propriétaires de la section lui adresse, à cet effet, une demande motivée sur l'existence d'un droit litigieux à exercer au profit de la section contre la commune ou une autre section de la commune. Il fixe par un arrêté le nombre des membres de cette commission (art. 129). — Dans les cas prévus par les art. 111 et 128 de la loi municipale, les membres de la commission syndicale sont choisis parmi les éligibles de la commune et nommés par les électeurs de la section qui l'habitent et par les personnes qui, sans être portées sur la liste électorale, y sont propriétaires fonciers. Ils élisent parmi eux un président chargé de suivre l'action (art. 129).

491. 4° Lorsque le préfet estime qu'il y a lieu de mettre en valeur les terres incultes ou les marais appartenant à une section de commune, il est procédé à la constitution d'une commission syndicale nommée par les électeurs domiciliés dans la section (L. 28 juill. 1860, D. P. 60. 4. 114). Cette commission est appelée à émettre un avis dans les conditions prévues par le décret du 5 févr. 1861 (D. P. 61. 4. 36).

492. Enfin 5°, d'après la jurisprudence suivie par le ministère de l'Intérieur, il est encore procédé à la nomination d'une commission syndicale lorsqu'une commune veut procéder à la vente de biens sectionnaux pour en affecter le prix à des dépenses d'intérêt communal.

Art. 3. — Règles de compétence (S. 981 et s.).

493. Les contestations auxquelles donne lieu la gestion des biens des sections doivent être portées devant les tribunaux judiciaires quand elles sont relatives aux droits de propriété ou d'usage appartenant aux sections. — Quant aux contestations qui naissent à propos de l'emploi, au profit de la commune entière, des ressources appartenant en propre à une section et du droit de créance qui en résulte au profit de cette dernière contre la commune, c'est le Conseil d'État qui doit les juger en premier et dernier ressort (Cons. d'Ét. 1er mars 1902).

CHAP. XIII. — DISPOSITIONS RELATIVES AU CAS OU PLUSIEURS COMMUNES ONT DES INTÉRÊTS COMMUNS. — CONFÉRENCES.

Art. 1er. — CONFÉRENCES INTERCOMMUNALES (R. 301 et s.; S. 193).

494. La loi municipale autorise les Conseils municipaux à provoquer entre eux, par l'entremise de leurs présidents, et après en avoir averti les préfets, une entente sur les objets d'utilité communale compris dans leurs attributions et qui intéressent à la fois leurs communes respectives. Ils peuvent faire des conventions à l'effet d'entreprendre ou de conserver à frais communs des ouvrages ou des institutions d'utilité commune (art. 116).

495. Les questions d'intérêt commun sont débattues dans des conférences où chaque Conseil municipal est représenté par une commission spéciale nommée à cet effet et composée de trois membres nommés au scrutin secret. Les préfets et sous-préfets des départements et arrondissements comprenant les communes intéressées peuvent assister à ces conférences. Les décisions qui y sont prises ne sont exécutoires qu'après avoir été ratifiées par tous les Conseils municipaux intéressés dans les réserves énoncées à l'art. 17 de la loi. Il faut donc que les règles relatives au budget des communes soient observées. Enfin, les propositions de la conférence intercommunale, ratifiées par les Conseils municipaux, sont subordonnées aux mêmes sanctions que les délibérations des Conseils municipaux.

496. Si des questions autres que celles que prévoit l'art. 116 étaient mises en discussion, le préfet du département où la conférence a lieu déclarerait la réunion dissoute. Toute délibération prise après cette déclaration donnerait lieu à l'application des dispositions et pénalités énoncées à l'art. 34 de la loi du 10 août 1871 (V. *infrà*, *Département et arrondissement*) (L. 1884, art. 118).

Art. 2. — BIENS INDIVIS. — COMMISSION SYNDICALE (R. 2549 et s.; S. 1253 et s.).

497. Lorsque plusieurs communes possèdent des biens ou des droits indivis, un décret du président de la République institue, si l'une d'elles le réclame, une commission syndicale composée de délégués des Conseils municipaux des communes intéressées. Chaque Conseil élit dans son sein, au scrutin secret, le nombre de délégués qui aura été déterminé par le décret. La commission syndicale est présidée par un syndic, qui est élu par les délégués et pris parmi eux. Elle est renouvelée après chaque renouvellement des Conseils municipaux. Les délibérations sont soumises à toutes les règles établies pour les délibérations des Conseils municipaux (art. 161). — Les réclamations élevées contre les élections des délégués par les Conseils municipaux doivent être portées devant le préfet, qui statue en conseil de préfecture, sauf recours au Conseil d'État, par application des art. 63 et s. de la loi de 1884.

498. Les attributions de la commission syndicale et de son président comprennent l'administration des biens et droits indivis et l'exécution des travaux qui s'y rattachent. Ces attributions sont les mêmes que celles des Conseils municipaux et des maires en pareille matière. Mais les actes qui intéressent la propriété, ventes, échanges, partages, acquisitions, transactions, demeurent réservés aux Conseils municipaux, qui pourront autoriser le président de la commission à passer les actes qui y sont relatifs (art. 162). La répartition des dépenses votées par la commission syndicale est faite entre les communes intéressées par les Conseils municipaux. Leurs délibérations sont soumises à l'approbation du préfet. En cas de désaccord entre les Conseils municipaux, le préfet prononce, sur l'avis du Conseil général, ou, dans l'intervalle des sessions, de la commission départementale. Si les Conseils municipaux appartiennent à des départements différents, il est statué par décret. La part de la dépense définitivement assignée à chaque commune est portée d'office aux budgets respectifs, conformément à l'art. 162 de la loi du 5 avr. 1884 (art. 163). Les Conseils municipaux n'ont pas à contester le vote par lequel la commission syndicale, leur mandataire régulier, a voté les dépenses. Ils ont seulement à établir la part qui doit incomber à chaque commune dans la dépense. C'est le préfet, et non le Conseil général, qui statue définitivement sur le contingent de chaque commune, l'art. 163 modifiant ainsi, pour la dépense de cette nature, l'art. 46, § 23, de la loi du 10 août 1871.

Art. 3. — SYNDICATS DE COMMUNES.

499. L'institution des syndicats de communes a été créée par la loi du 22 mars 1890 (D. P. 90. 4. 106), qui a ajouté à la loi du 5 avr. 1884 un titre formant les articles 169 à 180.

500. Lorsque deux ou plusieurs Conseils municipaux d'un même département, ou de départements différents, ont manifesté, par des délibérations concordantes, leur volonté d'associer les communes qu'ils représentent en vue d'une œuvre d'utilité intercommunale, et qu'ils ont décidé de consacrer à cette œuvre des ressources suffisantes, les délibérations prises sont transmises par le préfet au ministre de l'Intérieur, et, s'il y a lieu, un décret rendu en Conseil d'État autorise la création d'un syndicat de communes. Le syndicat peut être constitué pour quelque objet que ce soit (art. 169). — Le syndicat constitue un établissement public investi de la personnalité civile, distinct des communes qui le composent. Les lois et règlements sur la tutelle des communes lui sont applicables. Si les communes syndiquées appartiennent à plusieurs départements, la tutelle est exercée par le préfet du département auquel appartient la commune siège de l'association (art. 170).

501. Le syndicat peut accomplir les actes de la vie civile, acquérir à titre gratuit ou onéreux, échanger, plaider.

502. Le syndicat est administré par un comité composé de délégués élus par les Conseils municipaux à raison de deux par commune, dans les conditions déterminées par l'art. 171 de la loi.

503. Le décret d'institution détermine le siège du syndicat sur la proposition des communes syndiquées. Il décide également si les fonctions de receveur du syndicat seront confiées au receveur municipal de la commune siège du syndicat. La comptabilité du syndicat est, d'ailleurs, soumise aux règles de la comptabilité communale (art. 172).

504. Le comité a deux sessions ordinaires par an, au même mois que la session ordinaire du Conseil général. Il peut, dans certaines conditions, être convoqué extraordinairement (art. 173, § 1 à 3). — Pour l'exécution de ses décisions, dans les actes de la vie civile et en justice, il est représenté par son président. Le préfet et le sous-préfet ont entrée dans le comité et sont toujours entendus quand ils le demandent. Ils peuvent se faire représenter par un délégué.

505. Les conditions de validité des délibérations du comité, de l'ordre et de la tenue des séances, les conditions d'annulation de ses délibérations, de nullité de droit et de recours, sont les mêmes que celles fixées par la loi du 5 avr. 1884 pour les Conseils municipaux. Les séances du comité ne sont pas publiques (art. 174). — Le comité peut choisir, soit parmi ses membres, soit en dehors, une commission de surveillance et un ou plusieurs gérants (art. 175).

506. L'administration des établissements faisant l'objet des syndicats est soumise aux règles du droit commun. Il y a lieu, notamment, de leur appliquer les lois qui fixent, pour les établissements analogues, la composition des commissions consultatives ou de surveillance, la composition ou la nomination du personnel, la formation ou l'approbation des budgets, l'approbation des comptes, les règles d'administration intérieure et de comptabilité. Le comité exerce, à l'égard de ces établissements, les droits qui appartiennent aux Conseils municipaux à l'égard des établissements communaux de même nature. Toutefois, si le syndicat a pour objet de secourir les malades, des vieillards, des enfants et des incurables, le comité peut décider qu'une même commission administrera les secours à domicile d'une part, et ceux à l'hôpital ou à l'hospice d'autre part (art. 176).

507. Le syndicat a un budget qui doit pourvoir aux dépenses de création et d'entretien des établissements ou services pour lesquels le syndicat est constitué. L'art. 177 énumère les recettes diverses qui alimentent ce budget. — Copie du budget et des comptes du syndicat est adressée chaque année aux Conseils municipaux des communes syndiquées. Les conseillers municipaux de ces communes peuvent prendre communication des délibérations du comité et de la commission de surveillance.

508. Le syndicat peut, après sa création, recevoir des extensions. Il peut organiser des services intercommunaux autres que ceux prévus au décret d'institution, quand les Conseils municipaux se sont mis d'accord pour ajouter ces services aux objets de l'association. Les extensions doivent être autorisées par décret en Conseil d'Etat (art. 178). — Le syndicat est formé soit à perpétuité, soit pour une durée déterminée par le décret d'institution. Il est dissous soit de plein droit, par l'expiration du temps pour lequel il a été formé ou par la consommation de l'opération projetée, soit par le consentement de tous les Conseils municipaux intéressés. Il peut être dissous par décret, sur la demande motivée de la majorité desdits Conseils, ou d'office par décret rendu sur l'avis conforme du Conseil d'Etat. Le décret de dissolution détermine les conditions dans lesquelles s'opère la liquidation du syndicat.

CHAP. XIV. — ENREGISTREMENT ET TIMBRE.

ART. 1ᵉʳ. — ENREGISTREMENT.

509. — Les actes, arrêtés et décisions des maires et Conseils municipaux, comme ceux de toutes les autorités administratives, sont exempts du timbre et de l'enregistrement, à l'exception des actes portant transmission de propriété, d'usufruit et de jouissance, des adjudications ou marchés de toute nature, aux enchères, au rabais ou sur soumission, et des cautionnements relatifs à ces actes. Toutefois, aucune expédition ne peut être délivrée aux parties que sur papier timbré, si ce n'est à des individus indigents, et à la charge d'en faire mention dans l'expédition (L. 15 mai 1818, art. 78 et 80, R. vᵒ *Enregistrement*, t. 21, p. 41). — Ces dispositions ne sont pas applicables aux actes dressés en brevet et qui ne peuvent, par suite, donner lieu à la délivrance d'une expédition.

510. La question de savoir si l'exemption établie par l'article 80 de la loi du 15 mai 1818 s'applique aux conventions elles-mêmes, abstraction faite de la forme qui leur est donnée, ou si elle doit être restreinte aux actes passés dans la forme administrative, a été résolue diversement, en ce qui concerne spécialement l'application de la loi aux actes notariés. Deux décisions ont limité les effets de l'exemption aux actes passés dans la forme administrative (Trib. civ. de Corbeil, 13 mai 1880, D. P. 81. 3. 55; Trib. civ. de Saint-Etienne, 17 juill. 1883, D. P. 83. 5. 244), alors qu'une troisième l'attachait à la convention elle-même et la déclarait applicable, encore bien que le contrat administratif fût relaté dans un acte notarié (Trib. civ. de Roanne, 26 déc. 1877, D. P. 81. 1. 226). Cette question ne paraît pas avoir été soumise à la Cour de cassation. Mais l'exemption concédée aux actes administratifs leur est acquise même dans le cas où ils affecteraient la forme d'un acte sous seing privé, en mentionnant qu'ils ont été faits en double minute (Civ. c. 28 janv. 1868, D. P. 68. 1. 100).

511. Les mots « actes portant transmission de propriété, d'usufruit ou de jouissance », dont s'est servi le législateur de 1818, comprennent toutes les transmissions mobilières ou immobilières, à titre onéreux ou à titre gratuit.

512. L'expression « marchés de toute nature », employée dans ladite loi, ne doit pas être étendue outre mesure. Ainsi, les emprunts des communes ne doivent pas être assimilés aux marchés, et, en conséquence, ne sont pas assujettis à l'enregistrement dans les vingt jours de leur date (Civ. c. 15 mai 1860, D. P. 60. 1. 313).

513. Le bénéfice de l'art. 22 de la loi du 23 juin 1859 (D. P. 59. 4. 45), qui autorise l'enregistrement au droit fixe des marchés et traités réputés actes de commerce, n'est pas applicable aux marchés passés, dans la forme administrative, entre les communes et des entrepreneurs de travaux (Civ. c. 23 nov. 1870, D. P. 70. 5. 145). Ces marchés sont assujettis au droit proportionnel de 1 pour cent par l'art. 51, nᵒ 3, de la loi du 28 avr. 1816 (R. vᵒ *Enregistrement*, t. 21, p. 39).

514. Les droits proportionnels d'enregistrement et de transcription auxquels sont assujetties les acquisitions faites par les communes, ainsi que les donations et legs à leur profit, sont perçus indépendamment de la taxe annuelle « représentative des droits de transmission entre vifs et par décès » établie sur les biens immeubles passibles de la contribution foncière, et appartenant (L. 10 févr. 1849, art. 1ᵉʳ, D. P. 49. 4. 46). Cette taxe, fixée à 0 fr. 62 centimes et demi par franc du principal de la contribution foncière, a été portée à 0 fr. 70 centimes, et soumise aux décimes par la loi du 30 mars 1872, art. 4 (D. P. 72. 4. 83).

515. Lorsque les actes dispensés de l'enregistrement par la loi du 15 mai 1818 sont présentés volontairement à la formalité, ils doivent être tarifés, comme actes innommés, au droit fixe de 3 francs.

516. Les actes des administrations publiques portant transmission de propriété, d'usufruit ou de jouissance, les adjudications et marchés de toute nature et les cautionnements relatifs à ces actes doivent être enregistrés dans le délai de vingt jours (L. 22 frim. an 7, art. 20, R. vᵒ *Enregistrement*, t. 21, p. 26; 15 mai 1818, art. 88).

— Les secrétaires des administrations municipales doivent soumettre ces actes à la formalité, aux bureaux dans l'arrondissement desquels ils exercent leurs fonctions (L. 22 frim. an 7, art. 26, § 3).

517. Le délai de vingt jours ci-dessus fixé court à partir de leur date pour les actes de vente, acquisition, échange et partage, qui ont été préalablement autorisés par des délibérations des Conseils municipaux dûment approuvées par les préfets; toutefois, lorsque ces actes sont passés devant notaire, le délai n'est que de dix ou quinze jours, selon que le notaire rédacteur réside ou non dans la commune où le bureau d'enregistrement est établi. — Le délai compte seulement pour à la mairie pour les actes rédigés par les maires et adjoints, ou bien du jour où l'arrêté a été remis par le maire au notaire, dans le cas où l'acte a été rédigé par un officier ministériel, pour : 1ᵒ les actes de vente, acquisition, échange et partage qui ont été préalablement autorisés par des délibérations des Conseils municipaux dûment approuvées par les préfets ; 2ᵒ les conventions qu'un texte spécial assujettit à l'approbation de l'autorité supérieure ; 3ᵒ les transactions consenties par les Conseils municipaux (L. 18 juill. 1837, art. 59, R. p. 272) ; 4ᵒ les adjudications et marchés pour travaux et fournitures (Ord. 14 nov. 1838, art. 1, 2 et 10; Instr. Reg. 8 mars 1855, nᵒ 2025, § 2, D. P. 56. 5. 180).

518. Les droits des actes des administrations communales doivent, en principe, être acquittés par les secrétaires de ces administrations (L. 22 frim. an 7, art. 29). Toutefois, lorsque les parties n'ont pas consigné le montant des droits exigibles dans le délai prescrit pour l'enregistrement, le recouvrement en est poursuivi contre les parties par les receveurs, et elles supportent en outre la peine du droit en sus. En cet effet, les secrétaires fournissent aux receveurs de l'enregistrement, dans les dix jours qui suivent l'expiration du délai, des extraits par eux certifiés des actes dont les droits ne leur ont pas été remis par les parties (L. 22 frim. an 7, art. 37, et 15 mai 1818, art. 79).

519. Les actes administratifs sont présentés à l'enregistrement dans le délai prescrit, sont passibles d'un droit en sus (L. 22 frim. an 7, art. 36). — Le secrétaire qui, à défaut de consignation des fonds par les parties, n'a pas remis, dans les dix jours qui suivent l'expiration du délai, l'extrait de l'acte à formaliser, est passible d'une amende de 10 francs (L. 22 frim. an 7, art. 37, et 16 juin 1824, art. 10, R. vᵒ *Enregistrement*, t. 21, p. 42).

520. Les maires sont astreints, sous les peines portées par l'art. 49 de la loi du 22 frim. an 7, à la tenue d'un répertoire de leurs actes qu'ils doivent présenter au visa du receveur de l'enregistrement dans les dix premiers jours des mois de janvier, avril, juillet et octobre.

ART. 2. — TIMBRE.

521. La loi du 13 brum. an 7 (R. vᵒ *Enregistrement*, t. 22, p. 737) assujettit au timbre de dimension « les actes des autorités constituées », qui sont assujettis au timbre, et ceux qui se délivrent aux citoyens, et toutes les expéditions et extraits des actes, arrêtés et délibérations desdites autorités, qui seront délivrés aux citoyens » (art. 12-1ᵒ, § 8). Elle exempte du droit de timbre : 1ᵒ les minutes de tous les actes, arrêtés, décisions et délibérations de l'Administration publique, en général, dans tous les cas où aucun de ces actes n'est sujet à l'enregistrement sur la minute, et les extraits, copies ou expéditions qui s'expédient ou se délivrent par une administration ou un fonctionnaire public á une autre administration publique ou á un fonctionnaire public, lorsqu'il y est fait mention de cette destination » (art. 16-1°, § 2); 2° « les registres de toutes les administrations publiques, pour ordre et administration générale » (art. 16-2°, § 1er).

522. Ces dispositions ont été complétées par les art. 78 et 80 de la loi du 15 mai 1818, ci-dessus analysés, et par un grand nombre de dispositions particulières qui peuvent se résumer dans cette règle, constante en matière de timbre, que tout acte fait dans un intérêt privé est passible de l'impôt, tandis que tout acte touchant à l'ordre public, à l'intérêt général, en est affranchi. Aussi a-t-il été décidé que devaient être soumis au timbre : 1° les quittances délivrées par un comptable municipal (Civ. c. 2 mai 1875, D. P. 75. 1. 439); — 2° les rôles ou états de recouvrement des taxes locales (Civ. c. 2 juin 1875, D. P. 75. 1. 432); — 3° les certificats de propriété délivrés par les maires aux héritiers des créanciers de l'Etat, des départements, des communes et des établissements publics, pour leur permettre de toucher le montant de leurs créances. Ces certificats doivent être timbrés, mais ne sont assujettis à l'enregistrement que dans le cas où il en est fait usage par acte public, en justice ou devant une autorité constituée (Circ. dir. gén. compt. publ. 17 juill. 1897, D. P. 98. 5. 279); — 4° les bulletins délivrés à des particuliers par les agents communaux préposés aux poids publics, constatant la nature, le poids, la quantité et le volume d'objets pesés, mesurés ou jaugés.

523. L'exemption du timbre établie par l'art. 16, § 2, de la loi du 13 brum. an 7, s'applique aux copies ou expéditions d'actes intéressant les communes que les notaires doivent, par dérogation à l'art. 41 de la loi du 22 frim. an 7, délivrer avant l'enregistrement pour que le préfet puisse, sur le vu de ces copies, donner son approbation par un arrêté destiné à être annexé à la minute (Instr. min. Int. 6 sept. 1853, D. P. 53. 3. 44; Instr. Reg. 2003, § 1er, et 2073, § 2).

524. Les expéditions des arrêtés préfectoraux qui autorisent les communes à acquérir, vendre, accepter des dons et legs, etc., sont exemptes de timbre comme actes concernant l'ordre public ou dérivant de l'exercice de la tutelle administrative. Il en est de même des expéditions des arrêtés préfectoraux portant approbation des contrats intéressant les communes. Les expéditions des arrêtés sous d'autorisation, soit d'approbation, délivrées sur papier non timbré aux maires, peuvent, comme les ampliations des décrets rendus pour le même objet, être annexées aux contrats notariés de vente, d'acquisition et autres, sans être timbrées (Décis. min. Fin. 5 nov. 1865, 6 févr. et 9 juin 1856; Instr. Reg. 2073, § 2, et 2286, D. P. 57. 3. 27, et 65. 3. 76. — Trib. civ. de Remiremont, 21 déc. 1876, D. P. 77. 5. 431).

525. Mais l'exemption cesse d'être applicable toutes les fois que l'expédition est employée dans un intérêt privé. Ainsi sont passibles du timbre les copies de délibérations, requêtes ou mémoires produits au Conseil de préfecture par les communes, dans un intérêt privé (Décis. min. Fin. 18 nov. 1871; Instr. Reg. 2607, § 5).

526. Comme on l'a vu *suprà*, n° 521, la loi du 13 brum. an 7 exempte du droit de timbre les registres des Administrations générales tenus dans un intérêt d'ordre public. Mais les registres tenus pour objets qui leur sont particuliers, les répertoires de leurs secrétaires, ceux des receveurs de leurs droits et revenus; en un mot, tous les livres de nature à être produits en justice et dans le cas d'y faire foi sont soumis au timbre (Req. 20 juin 1877, D. P. 77. 1. 439).

527. Pour les registres de l'état civil, V. *suprà*, *Actes de l'état civil*, n° 113 et s.

528. Les actes administratifs qui sont sujets au timbre doivent être rédigés sur papier timbré de la débite. Cependant, afin de faciliter le plus possible le service des Administrations, le timbrage à l'extraordinaire ou l'acquittement de l'impôt au moyen du visa pour timbre ont été autorisés pour les commissions des gardes champêtres (Décis. min. Fin. 17 nov. 1831; Instr. Reg. 1398, § 4); les doubles des comptes annuels des receveurs municipaux (Décis. min. Fin. 25 janv. et 14 août 1825; Instr. Reg. 1180, § 9); les rôles pour frais d'affouage (Décis. min. Fin. 20 avr. 1854; Instr. Reg. 2003, § 8); les mandats délivrés par les maires pour dépenses municipales (Décis. min. Fin. 4 oct. 1831; Instr. Reg. 1398, § 5); les plans et devis relatifs aux travaux de toute nature exécutés pour les communes (Décis. min. Fin. 8 juin 1852; Instr. Reg. 1929); etc.

529. Les actes administratifs exempts par leur objet de timbre et d'enregistrement, qui sont présentés volontairement à l'enregistrement, doivent être également revêtus du timbre de dimension (Circ. min. Int. 20 janv. 1879, D. P. 80. 4. 46).

530. Les maires sont soumis aux peines édictées par la loi du 13 brum. an 7 contre les fonctionnaires publics qui ont fait usage de papier timbré ayant déjà servi ou de papier non timbré, ou qui ont délivré ou autorisé ou écrits non timbrés ni enregistrés (L. 13 brum. an 7, art. 19, 20, 21, 22, 23, 26-2°, 4° et 5°, 27-5°).

COMPARUTION PERSONNELLE

(R. v° *Instruction civile*, n°ˢ 93 et s.;
S. *eod.* v°, n°ˢ 23 et s.).

1. Lorsque deux plaideurs sont contraires en fait, il est permis au juge, s'il estime que de leurs explications personnelles puisse jaillir la vérité, de les mander à sa barre pour y être interrogés : c'est la *comparution personnelle*. — Cette mesure d'instruction est autorisée devant les tribunaux civils par l'art. 119 c. pr. civ. (qui concerne les autres juridictions, V. notamment *infrà*, *Procédure devant les tribunaux de commerce*, *Procédure devant les juges de paix*). Elle ne se confond pas avec l'interrogatoire sur faits et articles, qui est moins solennel et en diffère à divers égards (V. *infrà*, *Interrogatoire sur faits et articles*).

2. La comparution personnelle peut être demandée par une des parties, mais le tribunal a un pouvoir discrétionnaire pour l'accorder ou la refuser; et, inversement, il peut l'ordonner d'office. — On admet, en général, qu'on peut y recourir même dans les causes où la preuve testimoniale ne serait pas admissible. — Elle ne peut être imposée qu'à des parties majeures et maîtresses de leurs droits.

3. Le tribunal peut ordonner la comparution d'une seule des parties; l'autre partie conserve le droit de se rendre à l'audience et de fournir ses explications. Il peut également procéder à l'interrogatoire de chaque partie en l'absence de l'autre. Mais il ne peut ordonner la comparution personnelle d'un tiers étranger à l'instance, dans le but de l'interroger sur des faits qui s'y réfèrent : les tiers ne peuvent être interrogés que dans la forme des enquêtes. Toutefois, il n'y aurait pas nullité si le tiers cité comparaissait volontairement et était interrogé sans opposition de l'adversaire.

4. La comparution personnelle est ordonnée par un jugement qui indique le jour où elle aura lieu, sans faire connaître les faits sur lesquels portera l'interrogatoire. Ce jugement est, en général, simplement préparatoire, et, par conséquent, n'est pas susceptible d'appel avant le jugement définitif (V.

suprà, *Appel en matière civile et commerciale*, n° 64). Il est signifié à partie et à avoué.

5. En principe, la comparution a lieu devant le tribunal siégeant en audience publique; mais elle peut se faire en chambre du conseil, s'il en a été ainsi ordonné (Civ. r. 29 janv. 1896, D. P. 96. 1. 556). — Les parties comparaissent *en personne* (et non par *mandataires*). Elles peuvent, d'ailleurs, être assistées de leurs avocats. Elles doivent répondre oralement, sans s'aider de notes. Chaque partie a le droit d'indiquer au président du tribunal les questions qu'elle désire faire poser à son adversaire.

6. Si l'une des parties refuse de comparaître, le tribunal peut, selon les cas, et eu égard aux motifs allégués pour justifier ce refus, tenir les faits contestés par cette partie pour reconnus (Comp. cependant : Rennes, 1er mars 1900, D. P. 1901. 1. 445).

7. En général, il est dressé procès-verbal des dires et réponses des parties; toutefois ce procès-verbal n'est pas indispensable, et même, lorsque la comparution a lieu en la chambre du conseil, on admet que les juges peuvent se borner, en statuant ensuite sur le litige, à constater dans leur jugement les faits résultant de la comparution (Civ. r. 29 janv. 1896, précité).

COMPÉTENCE

(R. v° *Compétence*; S. *eod.* v°).

1. La compétence des tribunaux est la mesure du pouvoir de juger qui leur est départi par la loi, ou, en d'autres termes, la mesure de leur juridiction.

2. Un tribunal n'est compétent pour connaître d'une contestation qu'à la double condition : 1° qu'à raison de sa *nature*, cette contestation soit de celles qu'il appartient aux tribunaux de son ordre de trancher; 2° qu'à raison du *lieu* où sont domiciliées les parties ou située la chose litigieuse, il se trouve désigné pour la vider à l'exclusion des autres tribunaux du même ordre. — La compétence qui est déterminée, entre des tribunaux d'ordre différent, par la nature de la contestation à juger, se nomme compétence *d'attribution*, ou encore compétence *ratione materiæ*, ou enfin compétence *absolue*. Celle qui est déterminée entre les tribunaux de même ordre par le domicile de l'une des parties ou la situation de la chose litigieuse, prend le nom de compétence *territoriale*, ou encore de compétence *ratione personæ* ou *loci*, ou enfin de compétence *relative*.

3. Il y a ainsi deux espèces d'incompétence : l'une, *ratione materiæ* ou *absolue*, tenant à ce que le tribunal ne peut connaître de l'affaire à raison de sa nature; l'autre, *ratione personæ* ou *loci* ou *relative*, tenant à ce qu'il n'en peut connaître à raison du domicile des parties ou de la situation de la chose litigieuse. — Les différences entre ces deux incompétences sont considérables, la première étant d'ordre public, la seconde d'intérêt privé; de telle sorte, par exemple, que la première peut être opposée par les deux parties en tout état de cause, tandis que la seconde ne peut être invoquée que par le défendeur, et seulement *in limine litis*, c'est-à-dire préalablement à toutes autres exceptions et défenses.

4. La compétence des diverses catégories de tribunaux sera étudiée, pour chacune d'elles, tant au point de vue *ratione materiæ* qu'au point de vue *ratione personæ*, *infrà*, *Compétence administrative*, *Compétence civile des cours d'appel*, *Compétence civile des juges de paix*, *Compétence civile des tribunaux d'arrondissement*, *Compétence commerciale*, *Prud'hommes*. — En ce qui concerne les règles spéciales aux étrangers, V. *infrà*, *Étranger*. — Il suffit d'indiquer ici, à titre d'observations générales : 1° qu'un tribunal ne peut jamais exercer ses fonctions hors de sa circonscription territoriale ; 2° inversement, que tout tribunal régulièrement saisi d'une affaire ne peut refuser d'en connaître, à moins qu'il ne soit légalement incompétent ou qu'il y ait lieu de prononcer la péremption de l'instance (V. *infrà, Déni de justice*). — Les juges ne peuvent pas non plus déléguer leur juridiction ; ils n'ont que la faculté de donner commission pour certains actes d'instruction (V. *suprà, Commission rogatoire*, n° 1).

COMPÉTENCE ADMINISTRATIVE

(R. v° *Compétence administrative* ; S. *eod. v°*).

1. On traitera dans cet article, en premier lieu, du principe de la séparation des autorités administrative et judiciaire, qui se rattache intimement à la matière de la compétence administrative ; en second lieu, de la délimitation de la compétence entre la juridiction administrative, d'une part, et, d'autre part : 1° le pouvoir législatif, l'autorité parlementaire et le Gouvernement ; 2° l'autorité judiciaire. On exposera ensuite les diverses divisions du contentieux administratif, les pouvoirs des juges administratifs suivant la nature des actes qui leur sont déférés, enfin la compétence particulière de chacune des juridictions administratives.

SECT. Ire. — **Séparation des pouvoirs.**

2. En France, le pouvoir de juger les litiges n'est pas attribué à une autorité unique. Il est partagé entre deux ordres de tribunaux : les tribunaux de l'ordre judiciaire et les tribunaux administratifs. Cette séparation des attributions entre les deux autorités a été érigée en principe constitutionnel par les lois de la période révolutionnaire qui l'ont proclamé à plusieurs reprises. « Les assemblées de département et de district ne pourront être troublées dans l'exercice de leurs fonctions par aucun acte du pouvoir judiciaire. » (L. 22 déc. 1789, sect. 3, art. 7, R. v° *Organisation administrative*, p. 588.) « Les fonctions judiciaires sont distinctes et demeureront toujours séparées des fonctions administratives. Les juges ne pourront, sous peine de forfaiture, troubler, de quelque manière que ce soit, les opérations des corps administratifs ou citer devant eux les administrateurs pour raison de leurs fonctions. » (L. 16-24 août 1790, tit. 2, art. 13, R. v° *Organisation judiciaire*, p. 1476.) Ce principe a été répété dans les lois des 7-11 sept. 1790 (R. *eod.* v°, p. 1479) ; 27 avr.-25 mai 1791 (R. v° *Organisation administrative*, p. 598) ; Const. 3-14 sept. 1791, 5 fruct. an 3 (R. v° *Droit constitutionnel*, p. 288, 303) ; L. 16 et 21 fruct. an 3 (R. p. 431). Le premier effet de ce principe a été de faire retenir une grande partie des litiges qui s'élèvent entre les particuliers et les administrations publiques, pour les faire juger par le chef de l'État ou par les administrateurs eux-mêmes. La justice ainsi rendue était dite *retenue*, par opposition à la justice déléguée que rendaient les tribunaux judiciaires. Dans la suite, les lois du 28 pluv. an 8 (R. v° *Organisation administrative*, p. 604) et du 24 mai 1872 (D. P. 72. 4. 58), auxquelles il faut joindre plusieurs textes spéciaux, ont délégué à diverses juridictions le pouvoir de statuer sur le contentieux administratif.

ART. 1er. — CONSÉQUENCES DU PRINCIPE DE LA SÉPARATION DES POUVOIRS (R. 181 et s. ; S. 280 et s.).

3. 1° Il est défendu aux tribunaux judiciaires de s'immiscer dans la police administrative et de prescrire aucune mesure d'administration, d'une part, et, d'autre part : 1° le pouvoir législatif, l'autorité parle-

aucun acte du ressort de la police administrative. Une telle décision serait contraire à la fois au principe de la séparation des pouvoirs et à l'interdiction faite à l'autorité judiciaire de statuer par voie réglementaire (Civ. 5 ; V. *infrà, Lois*). L'autorité judiciaire ne peut davantage prescrire une mesure de police, par exemple une inhumation ou une exhumation (Trib. confl. 7 mars 1874, D. P. 75. 3. 3).

4. 2° Elle ne peut faire à une autorité administrative des injonctions sur un fait relatif aux fonctions de cette autorité, par exemple, prescrire à un comptable public de faire un payement, ou à une administration publique de remettre des pièces de son département.

5. 3° Elle ne peut critiquer les actes ou la conduite des fonctionnaires administratifs, à moins que ces actes ne dégénèrent en délits ou en fautes personnelles.

6. 4° Les tribunaux judiciaires, en statuant sur les actions de leur compétence, ne peuvent prescrire des mesures contraires à celles que l'Administration a prises ou pourrait prendre, notamment en matière de mines, de règlements d'eau, d'établissements dangereux, incommodes ou insalubres, et de délimitation du domaine public. Elle ne peut lui prescrire de faire ou de supprimer aucun travail public.

7. 5° Dans aucun cas, les tribunaux ne peuvent prononcer directement l'annulation d'un acte administratif, ni ordonner qu'il sera sursis à son exécution, alors même que l'on opposerait que cet acte n'a pas été rendu dans les formes voulues par la loi, ou qu'il a été pris en dehors des attributions de l'autorité qui l'a rendu, ou qu'il est attaqué devant l'autorité supérieure. Ils ne peuvent même, à l'encontre d'actes administratifs, prescrire des mesures provisoires qui, pour garantir des droits privés placés sous leur sauvegarde, feraient obstacle à ce que les actes administratifs reçoivent leur plein et entier effet (Trib. confl. 22 déc. 1880, D. P. 82. 3. 25). — Au contraire, l'autorité judiciaire est, en règle générale, tenue de se conformer aux actes administratifs, et, le cas échéant, d'en faire l'application (Req. 23 nov. 1841, R. p. 491).

8. 6° La défense d'annuler les actes administratifs ou de mettre obstacle à leur exécution conduit à la défense d'apprécier leur régularité et de les interpréter. Lorsqu'un acte administratif est invoqué devant un tribunal, celui-ci ne peut se faire juge de la régularité de cet acte au point de vue des règles administratives. Cette appréciation de la validité de l'acte constitue une question préjudicielle que les tribunaux devront renvoyer à la juridiction administrative.

9. Dans certains cas, cependant, l'autorité judiciaire est investie par la loi du droit de vérifier elle-même la légalité des actes administratifs produits devant elle, et, dans le cas où elle reconnaît qu'ils sont illégaux, de déclarer qu'ils ne sont pas obligatoires pour les citoyens et de refuser d'en faire l'application. Il en est ainsi, notamment, pour les règlements qui sont faits par l'autorité municipale, par application de l'art. 471-15° c. pén. Les tribunaux qui estiment ces règlements illégaux peuvent se refuser à appliquer la peine. De même, ils apprécient la légalité des actes administratifs en vertu desquels des contributions indirectes sont mises en recouvrement. — Enfin, même dans les cas où la compétence des tribunaux judiciaires ne résulte pas d'un texte exprès, la règle qui astreint les actes administratifs ne peut être étendue au cas où il s'agirait d'actes viciés d'illégalité en ce qu'ils excéderaient les attributions du pouvoir exécutif. Ainsi les tribunaux peuvent refuser d'appliquer des décrets contraires aux lois ;

des décrets qui, sans délégation, édictent des peines.

10. Lorsque les actes administratifs sont faits avec la réserve expresse ou tacite des droits des tiers, ils ne font pas obstacle à ce que les tribunaux statuent sur ces droits. Il en est ainsi quand l'Administration accorde un droit ou une faveur à un particulier. — D'autre part, l'approbation donnée par l'autorité supérieure à un acte de gestion accompli par un établissement placé sous sa tutelle ne change pas le caractère de cet acte de gestion, et ne fait pas obstacle à ce que le tiers dont il lèse les droits fasse valoir ses prétentions devant l'autorité judiciaire. Ainsi, le propriétaire auquel un arrêté préfectoral autorisant un usinier à établir une prise d'eau enlève une portion de l'eau qui lui appartient en vertu de conventions passées entre lui et les autres riverains, a le droit de poursuivre ces derniers devant les tribunaux judiciaires. Ceux-ci peuvent soit condamner l'usinier à payer une indemnité, soit même ordonner la destruction des ouvrages établis sur le cours d'eau. De même, l'autorisation d'établir un atelier insalubre ne fait pas obstacle à ce que les tribunaux judiciaires condamnent l'usinier à payer aux voisins des dommages-intérêts. Dans ce cas, les tribunaux ne peuvent aller jusqu'à ordonner la fermeture de l'usine.

11. De son côté, l'autorité administrative est tenue de respecter les décisions de l'autorité judiciaire, lorsqu'elles ont acquis l'autorité de la chose jugée. Ainsi, dans le cas où un tribunal aurait condamné un usinier à modifier des ouvrages établis en rivière dans son intérêt particulier, comme portant atteinte aux droits privés d'un autre usinier, l'Administration ne pourrait pas les faire rétablir dans leur état ancien (Cons. d'Et. 4 févr. 1876, D. P. 76. 3. 71).

12. L'autorité judiciaire et l'autorité administrative sont l'une et l'autre tenues de surseoir à statuer toutes les fois que, pour résoudre le litige qui leur est soumis, il est nécessaire de trancher préjudiciellement une question qui appartient à l'autre autorité soit en vertu des principes généraux sur la séparation des pouvoirs, soit en vertu de lois spéciales. L'autorité compétemment saisie ne doit, d'ailleurs, pas se dessaisir du fond, à peine de commettre un déni de justice (Civ. c. 2 avr. 1878, D. P. 82. 1. 353). — Quand le tribunal saisi du fond a reconnu l'existence d'une question préjudicielle, il est tenu de surseoir à statuer et de renvoyer les parties à se pourvoir devant la juridiction compétente pour faire trancher la question préjudicielle. Il peut, à cet effet, leur impartir un délai pour justifier qu'elles ont fait les diligences nécessaires à fin de saisir l'autorité compétente. Le délai écoulé, si les parties n'ont pas justifié de leurs diligences, le tribunal peut reprendre le cours de l'instance et statuer comme si l'incident n'avait pas été soulevé (Cons. d'Et. 13 mai 1881, D. P. 82. 3. 108). Si, au contraire, les parties font les justifications demandées, le juge du fond doit attendre jusqu'à ce que l'incident ait été définitivement vidé.

ART. 2. — SANCTION DU PRINCIPE DE LA SÉPARATION DES POUVOIRS.

13. Les moyens édictés par le législateur pour assurer le respect du principe de la séparation des pouvoirs sont de différentes natures : 1° Devant toutes les juridictions, les parties peuvent, en tout état de cause, opposer l'exception d'incompétence *ratione materiæ*. Cette exception peut être soulevée pour la première fois devant le Conseil d'État, si l'affaire est de la compétence des tribunaux judiciaires, et devant la Cour de cassation, si elle est de la compétence des tribunaux administratifs. D'autre part, les règles de compétence étant d'ordre public, l'incompétence peut être déclarée d'office par le juge, nonobstant toute conclusion contraire des parties. Il ne peut être dérogé à ces règles de compétence par une clause de contrat.

14. 2° Le législateur a donné à l'autorité administrative le moyen de faire respecter par l'autorité judiciaire le principe de la séparation des pouvoirs, en permettant au préfet d'élever le conflit d'attributions (V. *infrà, Conflit*, n° 2).

15. 3° Enfin, le fait, par les magistrats de l'ordre judiciaire, de s'immiscer dans les matières attribuées aux autorités administratives et celui, pour les administrateurs, d'entreprendre sur les fonctions judiciaires, est considéré comme une forfaiture (Pén. 127 et s.).

SECT. II. — **Délimitation entre la compétence des tribunaux administratifs et le pouvoir législatif, l'autorité parlementaire et le Gouvernement.**

ART. 1er. — ACTES LÉGISLATIFS (R. 7 et s.; S. 25 et s.).

16. Les lois ne peuvent faire l'objet d'aucun recours devant les juridictions administratives, soit à fin d'annulation, soit à fin d'allocation d'une indemnité. Aucun tribunal en France, pas plus dans l'ordre judiciaire que dans l'ordre administratif, n'a le droit de vérifier la constitutionnalité d'une loi et de se refuser à l'appliquer comme contraire à la Constitution.

17. L'impossibilité d'annuler les actes législatifs s'étend aux actes du pouvoir exécutif qui ont le même caractère. Il en est ainsi d'abord des actes que l'on qualifie de décrets-lois. Ce sont : 1° certains décrets du premier Empire, rendus sur des matières qui étaient de la compétence législative et que le Sénat n'a pas déclarés inconstitutionnels; 2° les décrets intervenus pendant les périodes dictatoriales, où tous les pouvoirs étaient concentrés entre les mains du chef de l'Etat (février-mai 1848, 2 déc. 1851-31 mars 1852, 4 sept. 1870-8 févr. 1871); 3° les décrets fixés par le chef de l'Etat pour l'Algérie ou les colonies, en vertu de la délégation qui lui a été donnée par la loi du 24 avr. 1833 et le sénatus-consulte du 3 mai 1854.

18. De même, la jurisprudence reconnaît aux règlements d'administration publique un caractère quasi-législatif, comme faits en vertu d'une délégation législative. La Cour de cassation reconnaît la légalité des dispositions pénales édictées par des actes de cette nature (Cr. r. 13 déc. 1851, D. P. 52. 1. 303). De son côté, le Conseil d'Etat déclare non recevables les recours en annulation qui sont formés contre ces règlements (Cons. d'Et. 8 juill. 1892, D. P. 93. 3. 80).

ART. 2. — ACTES DE L'AUTORITÉ PARLEMENTAIRE (S. 117).

19. Une autre catégorie d'actes échappe au contentieux administratif comme étant faits par les autorités qui ne rentrent pas dans la hiérarchie administrative : ce sont les actes ou décisions de l'autorité parlementaire. Sous ce nom, on peut ranger : 1° des actes d'administration faits par le Parlement lui-même sous forme de lois (modifications de circonscriptions administratives, déclarations d'utilité publique de grands travaux, approbation de conventions financières, d'emprunts, d'aliénations domaniales, autorisations de surtaxes d'octroi, etc.). Alors même que ces actes ne seraient pas absolument conformes aux règles posées par la législation générale, si, par exemple, une déclaration d'utilité publique était faite sans enquête préalable ou s'ils venaient rompre un contrat régulièrement passé, aucun recours direct ou indirect ne serait ouvert aux particuliers lésés (Cons. d'Et. 7 déc. 1894).

20. 2° Les décisions des commissions parlementaires, chargées par les Chambres de procéder à des enquêtes ou à des opérations déterminées, telles que la revision des grades conférés au cours de la guerre de 1870-1871, ou la liquidation d'indemnités obtenues d'un gouvernement étranger au profit de nos nationaux (Commission des indemnités de Chine, 1901). Ces commissions ayant été investies d'une délégation des Chambres, leurs décisions échappent à tout recours (Cons. d'Et. 2 juill. 1880, D. P. 81. 3. 75).

21. 3° Les décisions prises par les présidents des assemblées parlementaires ou par les assemblées elles-mêmes à l'égard de leurs membres ou à l'égard du public (Cons. d'Et. 24 févr. 1880). — Il ne suffit pas que les Chambres interviennent dans l'administration pour transformer un acte administratif en acte parlementaire ou législatif échappant ainsi aux recours de droit commun. Le fait que les Chambres ont mis en demeure le Gouvernement de faire un acte, ou ont donné leur approbation à des actes du Gouvernement, n'a pas pour effet de changer la nature juridique de ces actes (Cons. d'Et. 20 mai 1887, D. P. 88. 3. 105).

ART. 3. — ACTES DE GOUVERNEMENT (R. 28 et s.; S. 106 et s.).

22. Les tribunaux administratifs ne peuvent connaître des actes que le pouvoir exécutif fait, non dans l'exercice de ses fonctions administratives, mais dans l'exercice de ses pouvoirs gouvernementaux. Il n'est guère possible de donner de ces actes une définition générale. On peut citer comme exemples : 1° Les décrets pris par le pouvoir exécutif dans ses rapports avec les Chambres législatives (décrets de convocation, d'ajournement des Chambres, dissolution de la Chambre des députés, décrets de promulgation des lois, décrets portant ouverture de crédits additionnels).

23. 2° Certaines mesures prises par le Gouvernement pour assurer la sûreté intérieure de l'Etat, tels que les décrets déclarant l'état de siège politique dans les cas déterminés par la loi du 3 avr. 1878 (D. P. 78. 4. 27), ou les déclarations d'état de siège prononcées dans nos possessions d'outre-mer par le gouverneur général de l'Algérie ou les gouverneurs des colonies, ou les mesures spéciales autorisées par la législation locale contre les indigènes (mise sous séquestre des biens d'une tribu insurgée ou coupable d'avoir incendié des forêts (V. *suprà*, *Algérie*, n° 184).

24. 3° Les actes du pouvoir exécutif dans ses rapports avec les États étrangers. Il en est ainsi, notamment, des conventions qui interviennent pour régler : les relations de droit public entre les États (traités de paix, d'alliance, traités portant annexion ou cession de territoires) (Cons. d'Et. 31 déc. 1861, D. P. 62. 3. 36); ... l'interprétation des traités (Cons. d'Et. 1880). — La jurisprudence attache le caractère d'actes de gouvernement non seulement aux conventions diplomatiques elles-mêmes, mais à tous les actes qui sont faits pour en assurer l'exécution, notamment : aux actes faits par le gouvernement français pour obtenir des gouvernements étrangers la réparation de préjudices causés à nos nationaux; ... au refus du Gouvernement d'appuyer les griefs de citoyens français molestés (Cons. d'Et. 10 févr. 1893, D. P. 94. 3. 35); ... et même à la répartition entre les ayants droit de l'indemnité obtenue par le gouvernement français d'un gouvernement étranger (Cons. d'Et. 12 févr. 1870, D. P. 70. 3. 73).

25. 4° Les faits de guerre, tels que les dommages de toute nature causés par les armées ennemies, tous ceux qui résultent des rencontres armées, des ravages causés par les projectiles, les occupations, démolitions nécessitées par les opérations militaires

sur le champ de bataille. — Il en est de même des prises maritimes. Bien qu'il existe une juridiction spéciale, chargée du jugement des prises (V. *infrà, Prises maritimes*), celles-ci ne rentrent pas dans le contentieux administratif (Cons. d'Et. 11 janv. 1855, D. P. 55. 3. 46).

26. 5° Les décrets par lesquels le Gouvernement statue, après avis du Conseil d'Etat, sur les recours pour abus (V. *infrà, Culte*).

27. 6° Les actes du chef de l'Etat dans l'exercice de son droit de grâce, ainsi que les actes des divers administrateurs qui instruisent les recours en grâce (Cons. d'Et. 30 juin 1893, D. P. 94. 3. 61).

SECT. III. — **Délimitation des pouvoirs entre la juridiction administrative et l'autorité judiciaire.**

ART. 1er. — ACTES DE L'AUTORITÉ JUDICIAIRE.

28. Les décisions de l'autorité judiciaire ne peuvent jamais être déférées aux tribunaux administratifs. Seuls la Cour de cassation et le Tribunal des conflits peuvent prononcer leur annulation. La juridiction administrative ne peut pas davantage connaître des excès de pouvoir commis par des magistrats ou par des officiers de police judiciaire ou des officiers de l'état civil, même par ceux qui sont en même temps des agents de l'Administration, tels que les préfets, les maires, etc.

ART. 2. — MATIÈRES RESSORTISSANT A L'AUTORITÉ JUDICIAIRE.

29. Les tribunaux administratifs ne doivent pas connaître, à moins d'un texte formel de loi, des matières qui, par leur nature, sont le domaine propre de l'autorité judiciaire.

§ 1er. — *Questions d'état* (R. 138 et s.; S. 209 et s.).

30. Les tribunaux judiciaires sont seuls compétents pour connaître des questions d'état, c'est-à-dire des questions de nationalité, de famille, de capacité civile, de jouissance ou de privation des droits garantis par la loi civile, et, d'une manière moins absolue, des questions de domicile. Les lois électorales, les lois du recrutement de l'armée font l'application de ce principe, en prescrivant aux tribunaux administratifs de renvoyer aux tribunaux judiciaires les questions préjudicielles d'état qu'ils rencontrent. — La plénitude de compétence de l'autorité judiciaire est telle que, si la question litigieuse portée devant elle était subordonnée à l'appréciation ou à l'interprétation préalable d'un acte administratif, elle ne serait pas tenue de le renvoyer aux tribunaux administratifs. Elle peut, par exemple, à propos de la question de savoir si un mariage est régulier, apprécier la régularité de la délégation (acte administratif) donnée par le conseil municipal (Civ. c. 7 août 1888, D. P. 84. 1. 5).

§ 2. — *Droits individuels* (R. 140 et s.; S. 211 et s.).

31. L'autorité judiciaire est chargée d'assurer à chaque membre de la société le respect des droits que la loi lui a garantis. Par exemple, si des autorités administratives venaient à effectuer des radiations illégales sur les listes électorales, ou à disperser par la force et en dehors des conditions prévues par la loi une réunion régulièrement déclarée, ou à porter sans droit atteinte à la liberté individuelle d'un citoyen jouissant de la plénitude de ses droits et de ses facultés, ou à interdire la publication d'un journal, ou à prononcer la dissolution d'une association déclarée ou d'un syndicat professionnel, ou la fermeture d'un établissement commercial autre que ceux rangés dans les établissements dangereux, incommodes ou insalubres, ce n'est pas devant les tribunaux administratifs, mais devant les tribunaux judiciaires que les particuliers devraient se pourvoir contre ces actes. L'Administration n'ayant pas d'attributions légales en ces matières, les actes qu'elle fait constituent de simples voies de fait qui ne peuvent faire obstacle à la compétence des tribunaux judiciaires.

32. Au contraire, quand l'Administration a été armée par la loi de pouvoirs spéciaux, tels que le droit d'expulsion des étrangers (L. 3 déc. 1849, D. P. 49. 4. 171), le droit d'imposer aux navires venant de certains pays des quarantaines et de retenir leurs passagers dans les lazarets (L. 3 mars 1822, R. v° *Salubrité publique*, p. 669), le droit de fermer par mesure administrative des établissements industriels classés (Décr. 15 oct. 1810, R. v° *Manufactures, fabriques et ateliers dangereux*, etc., p. 4), ces mesures constituent des actes administratifs ne pouvant relever que de la juridiction administrative. — Il en est de même lorsqu'il s'agit non de droits s'exerçant librement, mais de facultés dont l'exercice est subordonné à une permission de l'autorité administrative. Ainsi les autorisations, retraits ou refus d'autorisations, dissolutions et fermetures ordonnées par l'Administration à l'égard des congrégations religieuses ou de leurs établissements, ne peuvent être attaqués que devant les tribunaux administratifs. Il en est de même pour la fermeture des chapelles.

§ 3. — *Droit de propriété* (R. 143 et s.; S. 214 et s.).

33. Le droit de propriété a été placé tout spécialement sous la protection de l'autorité judiciaire. Même quand l'intérêt général oblige le particulier à céder sa propriété, la loi décide qu'il ne peut en être dépossédé que par autorité de justice et après indemnité préalable (L. 3 mai 1841, R. v° *Expropriation pour cause d'utilité publique*, p. 512). Elle charge même le tribunal qui doit prononcer l'expropriation de vérifier si les formalités administratives qui doivent précéder ce jugement ont été accomplies. Le principe étant ainsi posé pour l'expropriation régulière, d'autres lois ou la jurisprudence en ont tiré cette conséquence que, dès qu'il est porté par l'Administration, au droit de propriété, une atteinte se traduisant par une dépossession définitive, l'autorité judiciaire est compétente, sinon pour faire cesser l'acte, du moins pour indemniser le particulier dépossédé. Il en est ainsi en matière d'alignement : lorsque, par l'effet d'un plan général d'alignement, des parcelles de terrains non bâtis sont incorporées à la voie publique, l'autorité judiciaire est compétente pour fixer l'indemnité (L. 16 sept. 1807 et 21 mai 1836, R. v° *Voirie par terre*, p. 190 et 201).

34. En ce qui concerne la délimitation du domaine public naturel, on a dû concilier le droit de l'autorité judiciaire de statuer sur les questions de propriété avec le principe qu'elle ne peut porter atteinte aux droits de l'Administration. D'après la doctrine qui a prévalu, seuls les tribunaux administratifs peuvent annuler les actes de délimitation irréguliers ; mais il appartient aux tribunaux judiciaires de reconnaître si, en fait, des parcelles appartenant à des particuliers ont été englobées par l'acte de délimitation dans le domaine public et d'allouer aux propriétaires des indemnités de dépossession (Trib. confl. 11 janv. 1873, D. P. 73. 3. 65).

35. L'autorité judiciaire est seule compétente pour prononcer sur les questions de propriété toutes les fois qu'elles doivent trouver leur solution dans des titres privés ou dans l'application des principes du droit civil, alors même qu'elles s'élèvent entre l'Etat et des particuliers ou entre l'Etat et des communes ou établissements publics, ou entre ceux-ci et les particuliers.

36. La compétence de l'autorité judiciaire pour connaître des questions de propriété s'applique aux meubles comme aux immeubles. Ainsi, c'est aux tribunaux civils qu'il appartient de statuer sur une action en revendication formée par un tiers dont les meubles ont été saisis par les agents du Trésor pour l'acquittement des contributions d'un contribuable en retard (L. 12 nov. 1808, R. v° *Impôts directs*, p. 264). Ils sont encore compétents pour statuer sur les contestations relatives à la propriété de rentes inscrites au Trésor. — La compétence judiciaire en matière de propriété est tellement absolue, qu'elle s'étend même au cas où le droit de propriété est créé par une décision de l'Administration, comme en matière de concession de mines, sauf renvoi, s'il y a lieu, aux tribunaux administratifs pour l'interprétation de l'acte administratif de concession (L. 21 avr. 1810, art. 7, R. v° *Mines*, p. 618). Le concessionnaire troublé dans sa jouissance soit par des propriétaires de la surface, soit par des concessionnaires voisins, devrait porter son action devant les tribunaux judiciaires. A plus forte raison, le simple fait d'une intervention de l'autorité administrative, telle que celle qui se produit en matière de brevets d'invention, pour constater que le titulaire du brevet a rempli toutes les formalités exigées par la loi, ne change pas la nature de ce droit ni ne fait pas obstacle à la compétence des tribunaux judiciaires à l'effet de vérifier l'existence du droit du titulaire, la validité et la propriété du brevet, etc.

§ 4. — *Droit de possession* (R. 146 et s.; S. 229 et s.).

37. Les questions de possession, étant de même nature que les questions de propriété, rentrent dans le domaine des juges civils. Toutefois, cette règle doit se combiner avec le principe de l'imprescriptibilité du domaine public. En conséquence, celui qui a obtenu une permission de voirie sur le domaine public ne peut intenter aucune action possessoire contre l'Administration. Il ne pourrait recourir à ces actions que s'il était troublé dans sa jouissance par des tiers.

38. Le trouble causé à la jouissance des particuliers par les travaux publics ne peut donner lieu à une action possessoire ; le particulier lésé n'a que le droit de réclamer une indemnité devant le Conseil de préfecture.

39. Les tribunaux civils ne peuvent ordonner la remise en possession quand ils se trouvent en présence soit d'ouvrages publics livrés à leur destination et faisant partie du domaine public, soit d'actes administratifs de puissance publique dont le caractère administratif est nettement établi (Trib. confl. 13 avr. 1889, D. P. 90. 3. 55 ; 26 mars 1898, D. P. 99. 3. 52). Alors même que le tribunal civil serait compétent au fond pour reconnaître le droit de propriété, constater les atteintes qu'il a subies et allouer des indemnités pour dédommager le propriétaire de la dépossession, le juge des référés est incompétent pour ordonner la remise en possession et arrêter l'exécution des mesures administratives (Trib. confl. 13 avr. 1889 précité).

40. D'après la jurisprudence du Tribunal des conflits, l'apposition de scellés sur un immeuble d'où une congrégation religieuse dissoute a été expulsée, ordonnée comme suite et complément nécessaire de l'évacuation forcée de l'immeuble, et le maintien temporaire des scellés, ne constituent pas des actes de dépossession pouvant donner compétence à l'autorité judiciaire. Ces mesures constituent une simple privation de jouissance causée par des actes administratifs (Trib. confl. 2 déc. 1902, D. P. 1903.

3. 41). — Toutefois, le juge des référés serait compétent pour ordonner la remise en possession, nonobstant l'existence d'un acte administratif, si le droit à la jouissance n'était pas contesté. Ainsi, malgré des actes administratifs ordonnant l'expulsion d'un curé de son presbytère, l'autorité judiciaire est compétente pour statuer sur la demande du curé tendant à être réintégré dans la libre possession de ce presbytère (Civ. c. 17 déc. 1884, D. P. 85. 1. 289).

§ 5. — *Servitudes et autres démembrements du droit de propriété* (R. 150 et s.; S. 223 et s.).

41. Les questions de servitudes, alors même que ces droits sont revendiqués par ou contre l'Etat, un département, une commune ou un établissement public, sont de la compétence des tribunaux ordinaires. Il en est de même des droits d'usage. En conséquence, les contestations relatives aux droits de vaine pâture, aux droits d'usage dans les forêts domaniales, communales ou privées, réclamés en vertu de titres ou autres moyens de droit commun, doivent être portées devant les tribunaux civils. En ce qui touche les droits d'usage des eaux courantes, s'il appartient à l'Administration de régler dans l'intérêt général le libre écoulement et le bon aménagement des eaux, c'est aux tribunaux judiciaires à trancher les contestations qui s'élèvent entre les riverains touchant leurs droits respectifs (V. *infrà*, *Eaux*).

§ 6. — *Successions. — Dispositions à titre gratuit* (R. 145).

42. Les questions de successions sont essentiellement de la compétence des juges civils. Ainsi les tribunaux judiciaires sont compétents pour connaître de l'action par laquelle l'Etat réclame une succession en déshérence. — Quant aux questions de libéralités, le droit des tribunaux judiciaires de connaître des questions de validité des donations et testaments doit se combiner avec le pouvoir de tutelle de l'Administration pour habiliter les personnes morales à accepter une libéralité (V. *infrà*, *Dispositions entre vifs et testamentaires*).

§ 7. — *Privilèges et hypothèques* (R. 157; S. 236).

43. Les questions de privilèges et d'hypothèques se résolvent par les règles du droit civil et sont comprises, dès lors, dans le cercle de la compétence judiciaire.

§ 8. — *Prescription*.

44. En ce qui touche la prescription, la compétence est judiciaire ou administrative suivant les cas : judiciaire quant à l'application à l'Etat de la prescription acquisitive ou libératoire du droit commun ; administrative quand il s'agit de savoir si l'Etat est libéré vis-à-vis de ses créanciers, par application de la loi du 29 janv. 1831 (V. *infrà*, *Trésor public*), ou si un contribuable est libéré de ses contributions directes (V. *infrà*, *Impôts directs*).

§ 9. — *Contrats et quasi-contrats* (R. 158 et s.; S. 237 et s.).

45. L'autorité judiciaire est compétente, à l'exclusion de l'autorité administrative, pour connaître des difficultés relatives à l'exécution ou à l'interprétation des actes dans lesquels le Gouvernement ou ses agents figurent, non comme pouvoir administratif procurant ou assurant l'exécution des lois par des règlements ou des mesures d'autorité, mais comme représentant l'Etat propriétaire et disposant en son nom par une convention de droit civil. En conséquence, à moins d'un texte dérogeant expressément à cette règle de compétence, les tribunaux judiciaires sont compétents pour connaître des contrats de droit civil faits par l'Etat, les départements et les communes.

46. Mais les exceptions à ce principe sont très nombreuses. Des textes spéciaux ont édicté la compétence administrative pour la vente des biens du domaine de l'Etat, les concessions domaniales, les affectations, les baux des sources d'eaux minérales, les offres de concours à l'occasion des travaux publics, les divers contrats que nécessitent les opérations de trésorerie, emprunts, dépôts, comptes courants, cautionnements, les marchés de fournitures et de travaux publics, les engagements contractés envers l'Etat soit par des militaires, soit par certains fonctionnaires. Pour les départements et les communes, les exceptions aux règles générales de compétence sont moins nombreuses : elles ne comprennent que les offres de concours, les marchés ou concessions de travaux publics, les partages de biens communaux.

47. En outre, il y a une tendance à considérer comme administratifs par nature les contrats qui n'ont pas d'analogues dans le droit civil et qui sont passés par l'Etat dans l'intérêt des services publics. On peut citer, par exemple, les primes qui peuvent être allouées par l'Etat, le département ou les communes, soit à une industrie que l'on veut encourager, comme la marine marchande ou la sériciculture, soit à des opérations telles que la destruction des animaux nuisibles. La jurisprudence est également fixée en ce sens que les liens contractuels qu'établit la collation d'un emploi public entre l'Etat, les départements et les communes, d'une part, et leurs employés d'autre part, relèvent exclusivement de la compétence des tribunaux administratifs. Il en est ainsi de toutes les questions auxquelles donnent lieu les traitements, les pensions, les révocations ou suppressions d'emploi.

48. Lorsqu'il s'agit d'un contrat de droit commun, l'autorité judiciaire est compétente alors même que le contrat serait passé dans la forme administrative ou qu'il aurait reçu l'approbation de l'autorité supérieure. Seule l'autorité judiciaire peut déclarer la nullité de ces contrats, sauf à renvoyer à l'autorité administrative les questions préjudicielles qui pourraient s'élever sur la validité des actes administratifs qui les ont précédés ou suivis.

§ 10. — Délits et quasi-délits (R. 164 et s.; S. 259 et s.).

49. L'autorité judiciaire, sauf les exceptions concernant les contraventions de grande voirie et les contraventions aux servitudes militaires, est seule compétente pour appliquer aux crimes, délits et contraventions, les peines édictées par les lois.

50. Cette compétence est absolue en matière criminelle, puisque, alors même que la solution dépendrait de l'appréciation ou de l'interprétation préalable d'actes administratifs, l'autorité administrative ne pourrait élever le conflit pour revendiquer cette question préjudicielle. — Il en est autrement en matière correctionnelle, où le pouvoir d'élever le conflit est réservé à l'Administration, dans le cas où la répression du délit est attribuée à l'autorité administrative, soit quand le jugement à rendre dépend d'une question préjudicielle dont la connaissance appartiendrait à l'autorité administrative. — En matière de contraventions de police, l'art. 471-15° c. pén. a expressément dérogé au principe de la séparation des pouvoirs. En le déclarant passibles des pénalités qu'il édicte ceux qui auront contrevenu à des règlements légalement faits, il a attribué compétence aux tribunaux de police tant pour interpréter ces règlements que pour en vérifier la légalité.

51. Quant aux quasi-délits et à la res-

ponsabilité que peuvent encourir l'Etat, les départements et les communes tant du fait du mauvais fonctionnement des services publics que des fautes commises par leurs agents, la compétence de l'autorité judiciaire n'est pas absolue.

52. Cette compétence a été édictée, pour les actions en responsabilité dirigées contre l'Etat, par plusieurs textes spéciaux : L. 6-22 août 1791 (saisies indues pratiquées par les agents des douanes); L. 1er germ. an 13 (perceptions irrégulières et fautes des préposés de la régie des contributions indirectes); L. 12 juill. 1845 (fautes commises dans l'exploitation des chemins de fer de l'Etat); L. 4 juin 1859 (pertes de lettres contenant des valeurs déclarées); L. 8 juin 1894 (erreurs judiciaires); L. 9 avril 1898 (accidents éprouvés dans leur travail par des ouvriers de l'Etat); L. 20 juill. 1899 (dommages résultant du fait des élèves des écoles publiques). — En dehors de ces cas, où la question de compétence est tranchée par un texte précis, il faut distinguer. Lorsque l'Etat est considéré comme un simple propriétaire et qu'il s'agit de la gestion de son domaine privé, l'autorité judiciaire est compétente. De même, quand l'Etat commet une contrefaçon, il est justiciable des tribunaux ordinaires (Civ. r. 1er févr. 1892, D. P. 92. 1. 417). En ce qui touche les dommages causés par le mauvais fonctionnement des services publics ou les actes de puissance publique, l'appréciation de la responsabilité de l'Etat dépendant de l'interprétation des règlements administratifs, la jurisprudence admet que les tribunaux administratifs sont seuls compétents pour statuer sur ces actions (Req. 22 mars 1899, D. P. 99. 1. 452).

53. A l'égard des actions en dommages-intérêts contre les communes, la compétence appartient, suivant les cas, à l'autorité judiciaire ou à la juridiction administrative. Relèvent exclusivement de la compétence des tribunaux ordinaires les actions en indemnité dirigées contre les fonctionnaires communaux personnellement et motivées par leur faute personnelle (Trib. confl. 20 janv. 1900, D. P. 1901. 3. 43). — Les tribunaux judiciaires sont également compétents quand l'action dirigée contre la commune est motivée sur des fautes commises dans la gestion du domaine privé. Par exemple, lorsqu'une commune s'est réservé la direction et la surveillance de certains travaux, elle peut être poursuivie devant la juridiction civile comme responsable des imprudences et négligences de l'entrepreneur et de ses ouvriers (Civ. r. 15 janv. 1889, D. P. 89. 1. 49). — De même encore, lorsqu'une mesure de police vient rompre un contrat de droit commun passé entre un particulier et une commune, le tribunal civil est compétent pour connaître de l'action en indemnité fondée sur la violation de ce contrat (Cons. d'Et. 13 janv. 1893, D. P. 94. 3. 27). — Enfin les actions en indemnité fondées sur les dommages causés par la mauvaise gestion des services publics communaux sont de la compétence des tribunaux judiciaires, à moins d'un texte formel attribuant compétence à la juridiction administrative.

54. L'action en indemnité doit, au contraire, être portée devant la juridiction administrative toutes les fois que le fait dommageable a été fait par le représentant ou le préposé de la commune dans un but administratif, et alors même que cet agent se serait trompé sur l'étendue de ses pouvoirs. En pareil cas, l'action fût-elle dirigée contre l'auteur de l'acte personnellement, l'autorité judiciaire serait incompétente pour en connaître (V. notamment : Amiens, 8 juill. 1878, D. P. 80. 2. 147, refus d'accorder à un débitant une permission obtenue par les autres; Civ. c. 15 mars 1884, négligence reprochée au maire dans la police de la circulation;

Req. 9 mai 1893, D. P. 93. 1. 523, retard dans la délivrance d'un alignement; Civ. r. 6 juin 1899, D. P. 1900. 1. 265, arrêté réglementant la vente du poisson; Trib. confl. 13 déc. 1883, injonction du maire au desservant de pavoiser le presbytère le jour de la fête nationale; Trib. confl. 29 nov. 1890, D. P. 92. 3. 47, refus d'admettre un électeur en qualité d'assesseur à un bureau électoral).

55. Sont aussi de la compétence de la juridiction administrative les actions contre les communes fondées sur des dommages causés par des actes de puissance publique. C'est ainsi qu'il appartient à cette juridiction de statuer sur les demandes d'indemnités formées par des employés communaux révoqués (Trib. confl. 4 juill. 1896, D. P. 97. 3. 73). C'est d'ailleurs le Conseil d'Etat seul qui est compétent, à l'exclusion des Conseils de préfecture. Ceux-ci ne sont valablement saisis que lorsqu'il est possible de rattacher le dommage causé à l'exécution d'un travail public (Cons. d'Et. 31 janv. 1902, D. P. 1903. 5. 752).

§ 11. — Matières administratives attribuées aux tribunaux judiciaires.

56. L'autorité judiciaire est compétente, en vertu de textes spéciaux, dans certaines matières administratives qui, par leur nature, rentreraient dans le contentieux administratif. C'est ainsi qu'il lui appartient exclusivement de connaître des actions civiles relatives à la perception des impôts indirects, y compris ceux du timbre et de l'enregistrement (L. 7-11 sept. 1790, R. v° *Impôts indirects*, p. 401). De la compétence exclusive des tribunaux ordinaires en ces matières, la jurisprudence a déduit cette conséquence que les tribunaux administratifs ne peuvent, à aucun titre, être saisis de recours dirigés contre les actes des administrateurs et se prononçant sur des questions de perception ou de remboursement de droits (Cons. d'Et. 3 mars 1876; 16 juill. 1886).

SECT. IV. — Objet et divisions du contentieux administratif.

ART. 1er. — GÉNÉRALITÉS (R. 24 et s.; S. 102 et s.).

57. Les actes de l'Administration se divisent en deux catégories : les actes de commandement ou de puissance publique et les actes de gestion. — Les premiers sont de deux sortes. L'Administration agit, d'abord, comme délégataire de l'autorité conférée au chef du pouvoir exécutif. A cet effet, ceux qui sont des administrateurs que la loi a investis du pouvoir réglementaire prennent des mesures générales imposant aux citoyens l'obligation de faire certains actes, ou leur défendant d'en faire certains autres. Les règlements du président de la République ainsi que les règlements d'administration publique, les arrêtés réglementaires des préfets et des maires sont des actes administratifs.

58. L'Administration procède aussi par des mesures de police individuelle : elle accorde ou refuse des autorisations, elle retire des permissions accordées; elle adresse à des particuliers des injonctions ou des prohibitions de faire certains actes. — Parmi les actes de cette nature, il faut ranger les actes de tutelle que fait l'Administration pour contrôler et surveiller l'administration des personnes morales administratives, départements, communes, colonies, établissements publics, établissements d'utilité publique, congrégations, associations. Les actes de tutelle consistent tantôt à approuver, à autoriser un acte décidé par les représentants de l'établissement en tutelle; tantôt à refuser d'approuver les résolutions, à suspendre leur exécution ou à les annuler; tantôt à révoquer les administrateurs ou à dissoudre les conseils élus. Parfois enfin, les actes de tutelle ont pour but de forcer les personnes, administrations inférieures, à se conformer aux obligations légales et de permettre à l'autorité supérieure de se substituer à elles pour accomplir ces obligations.

59. Sont encore des actes de puissance publique les actes par lesquels sont conférés ou retirés les emplois publics, les actes déclaratifs d'utilité publique, des travaux d'intérêt général, les concessions de mines.

60. D'autre part, l'Administration, pour assurer le fonctionnement des services publics et aménager la fortune publique, est amenée à faire des actes tantôt unilatéraux, tantôt contractuels, que l'on appelle *actes de gestion*. Ces actes peuvent concerner les services publics ou le domaine privé des personnes morales.

61. Les divers actes de l'Administration peuvent froisser des intérêts ou léser des droits. Quand ils ne froissent que des intérêts, la partie lésée peut s'adresser à l'auteur de l'acte pour lui demander de le modifier ou de le rapporter ; elle peut encore porter sa réclamation devant le supérieur hiérarchique, qui pourra annuler ou réformer l'acte incriminé (on dit souvent, en pareil cas, mais inexactement, qu'il a recours à la *juridiction gracieuse*). Elle ne pourra, en aucun cas, saisir aucune juridiction proprement dite. Toutes les fois, au contraire, qu'un acte de l'Administration porte atteinte au droit d'un particulier, que ce droit provienne de la loi, d'un règlement, d'un contrat ou d'un quasi-contrat, celui qui est lésé par cet acte a une action devant une juridiction pour faire reconnaître son droit et obtenir la réparation du trouble qui lui a été causé.

62. Cependant, si la victime d'un acte de puissance publique veut arguer cet acte d'incompétence, de détournement de pouvoir ou de vice de forme, elle aura qualité pour discuter la légalité de cet acte et le faire annuler, à la seule condition de justifier d'un intérêt, même purement moral, pourvu qu'il soit direct et personnel. C'est le recours pour *excès de pouvoir*. — A la différence du recours contentieux ordinaire, où chacun n'agit que pour soi, le recours pour excès de pouvoir, sans constituer une action publique, puisqu'il n'est pas ouvert à toute personne, produit certains effets de juridiction publique : l'annulation de l'acte est prononcée *erga omnes*.

63. Des deux catégories d'actes ci-dessus définies, la première, celle des actes de puissance publique, appartient essentiellement au contentieux administratif, en ce sens que les matières qui comportent l'exécution ou l'interprétation de pareils actes sont de la compétence exclusive de la juridiction administrative. C'est une conséquence directe du principe de la séparation des pouvoirs. — Quant aux actes de gestion des *services publics*, c'est une question controversée que de savoir s'ils n'appartiennent au contentieux administratif qu'autant que la compétence administrative est établie par un texte, ou si cette compétence ne doit pas être admise de plein droit pour tous ces actes, à l'exception de ceux dont un texte exprès attribue la connaissance à l'autorité judiciaire. Et la même controverse existe à l'égard des contrats destinés à assurer le fonctionnement des services publics. Il est d'ailleurs admis, sans conteste, que les actes de gestion du *domaine privé* des personnes morales d'ordre administratif relèvent de la compétence judiciaire, à moins qu'un texte exprès n'ait édicté la compétence administrative.

64. On divise le contentieux administratif en contentieux de *pleine juridiction*, contentieux de *répression*, contentieux d'*interprétation* et contentieux d'*annulation*, suivant les pouvoirs du juge à l'égard des actes qui lui sont déférés.

Art. 2. — Contentieux de pleine juridiction.

65. Appartiennent au contentieux de pleine juridiction toutes les contestations dans lesquelles aucune restriction n'est apportée aux pouvoirs du juge, où il n'est pas tenu de limiter son examen à la légalité de l'acte, mais statue sur le fait comme sur le droit, sur la forme comme sur le fond. — Il en est ainsi, d'abord, en matière contractuelle : les divergences de vues qui se produisent entre l'Administration et son cocontractant sur l'interprétation et l'exécution des clauses du contrat permettent aux parties de s'adresser aux tribunaux compétents. — Le contentieux naît de la contradiction entre les prétentions des parties, sans d'ailleurs qu'il soit intervenu, de la part de l'Administration, une décision proprement dite. C'est ce qui se produit, par exemple, en matière de travaux publics, lorsque l'Administration adresse à l'entrepreneur des ordres ou des injonctions, ou, à plus forte raison, lorsque les travaux exécutés ont créé une situation de fait préjudiciable aux droits des particuliers. En pareil cas, la juridiction administrative est saisie par les parties dans les mêmes conditions que les tribunaux judiciaires, et dans les délais du droit commun. Elle prononce, comme pourraient le faire ces tribunaux, sur les prétentions respectives des parties.

66. En dehors des contrats, le contentieux n'existe pas tant qu'on n'est pas en présence d'un acte de l'Administration de nature à causer un préjudice immédiat. Ainsi, on ne peut se pourvoir contre les instructions individuelles ou collectives que des supérieurs hiérarchiques adressent à leurs subordonnés, lesquelles n'ont aucun effet sur les particuliers et ne leur font aucun grief immédiat (Cons. d'Et. 16 janv. 1880, D. P. 80. 3. 99) ; ... contre les mesures d'instruction précédant un acte d'administration (Cons. d'Et. 17 févr. 1888, D. P. 89. 3. 47) ; ... ni contre de simples mises en demeure, lorsqu'elles ne sont pas accompagnées de menaces d'exécution d'office (Cons. d'Et. 5 avr. 1884).

67. Parfois l'acte de gestion de l'Administration constitue une *décision* qui, faute d'être attaquée dans des délais très courts par l'intéressé, deviendrait définitive et produirait même, à certains égards, les effets d'un jugement. Sur le recours dont elle est saisie, la juridiction administrative peut soit annuler, soit réformer cette décision. Il en est ainsi des décisions prises par les ministres pour la liquidation des dettes de l'Etat en matière d'emprunts, de cautionnements, etc., ou pour l'exécution des marchés de fournitures ; ou encore de celles par lesquelles ils se refusent à ordonnancer une dette de l'Etat, en opposant au créancier la déchéance édictée par la loi du 29 janv. 1831 (R. v° *Trésor public*, p. 1144).

68. Il est des actes de puissance publique qui, en vertu de certaines dispositions législatives particulières, sont susceptibles d'être réformés par les tribunaux administratifs. C'est ainsi qu'en matière électorale, la décision des bureaux électoraux proclamant le résultat des opérations du scrutin peut être non seulement annulée, mais réformée par le juge, qui peut proclamer élus d'autres candidats à la place de ceux qu'avait proclamés le bureau. De même, en matière d'établissements dangereux, incommodes ou insalubres, le décret du 15 oct. 1810 (R. v° *Manufactures, fabriques et ateliers dangereux*, etc., p. 4) permet au juge administratif, saisi d'un pourvoi contre les arrêtés préfectoraux ou sous-préfectoraux, portant autorisation ou refus d'autorisation de ces établissements, non seulement d'annuler l'arrêté, mais de retirer ou d'accorder lui-même l'autorisation et de fixer les conditions et les travaux auxquels cette autorisation sera subordonnée. — Mais, sauf ces exceptions, le juge à qui est déféré un acte de puissance publique impliquant violation d'un droit ne peut que l'annuler. Il en est ainsi, notamment, de la décision d'un maire qui refuse d'admettre un commerçant à l'entrepôt dans les conditions fixées par le règlement de l'octroi ; ... de l'arrêté d'un maire ou d'un préfet refusant de délivrer à un particulier l'alignement qu'il réclame ; ... des décrets ou arrêtés portant inscription d'office au budget d'une commune, d'un département ou d'une colonie, de dépenses obligatoires, etc. Comme on le voit, de ce que le juge a pleine juridiction dans ces matières, il ne s'ensuit pas nécessairement qu'il ait le droit de réformer la décision qui lui est déférée et de la remplacer par la sienne.

69. Il est, d'ailleurs, des limites que la juridiction administrative ne peut jamais dépasser : ce sont celles qui séparent le domaine du juge de celui de l'administrateur. Ainsi, le juge ne peut jamais faire un acte de tutelle au lieu et place de l'administrateur. De même, il ne peut réintégrer dans son emploi un fonctionnaire illégalement révoqué. Il ne peut donner un alignement refusé à tort, ni rectifier un alignement ou une délimitation erronés. Il ne peut ni prescrire à l'Administration d'effectuer certains travaux, ni lui enjoindre de démolir et d'enlever des ouvrages irrégulièrement exécutés, etc. — Cette limitation de pouvoirs s'applique, au surplus, même en matière contractuelle. Par exemple, le juge ne saurait contraindre l'Administration à prendre livraison de fournitures qu'elle a refusées ; il ne peut que la condamner à les payer au fournisseur au prix du marché (Cons. d'Et. 4 déc. 1892). En matière de marché de travaux publics, il ne pourrait, après avoir déclaré que l'entrepreneur contre lequel la mise en régie a été prononcée a rempli tous ses engagements, ordonner qu'il sera replacé à la tête de ses chantiers ; il lui appartient seulement de condamner l'Administration à indemniser cet entrepreneur du préjudice que ladite mesure lui a causé.

Art. 3. — Contentieux de répression.

70. Le contentieux de répression comprend toutes les matières dans lesquelles les tribunaux administratifs ont reçu, de dispositions expresses de la loi, le pouvoir de prononcer certaines peines contre certaines infractions. Attribution exceptionnelle, contraire au principe de la séparation des pouvoirs, elle doit être rigoureusement maintenue dans les limites fixées par la loi. — Les pouvoirs répressifs ainsi conférés aux juridictions administratives ont pour objet de protéger contre les usurpations et les dégradations certaines portions du domaine public faisant partie de la grande voirie et certains ouvrages tels que les places fortes, les poudreries, les postes électro-sémaphoriques, les lignes télégraphiques, les travaux d'endiguement et de dessèchement. Sont également réprimées par les tribunaux administratifs les infractions à la législation des travaux mixtes (V. *infrà*, n° 118).

Art. 4. — Contentieux d'interprétation
(R. 226 et s. ; S. 297 et s.).

71. Cette partie du contentieux comprend les recours qui tendent à l'interprétation des actes administratifs par la voie contentieuse, dans le cas où cette interprétation est nécessaire pour la solution d'un litige administratif ou judiciaire, ou qui ont pour objet de faire statuer, à titre de question préjudicielle, sur la validité et la régularité d'actes produits devant les tribunaux.

72. C'est une conséquence du principe de la séparation des pouvoirs que, lorsqu'une des autorités, judiciaire ou administrative, est saisie d'une affaire de sa compétence, mais qu'il vient à s'élever une question incidente dont il ne lui appartient pas de connaître, elle doit, sans se dessaisir de l'affaire, surseoir à y statuer jusqu'à la solution de cette question par l'autorité compétente (V. *suprà*, n° 12). Tel est le cas où la solution du litige engagé devant un tribunal judiciaire dépend de l'interprétation à donner à un acte administratif ou de l'appréciation de sa validité.

73. Les principes généraux qui régissent les questions préjudicielles (V. *infrà*, *Question préjudicielle*) reçoivent ici leur application. Tout d'abord il ne suffit pas, pour que le sursis s'impose au tribunal, que l'existence d'une question préjudicielle soit affirmée devant lui. Il faut que l'existence de cette question soit reconnue par le juge : si l'acte dont le sens est contesté par l'une des parties est clair et précis, il n'y a pas lieu de l'interpréter, mais seulement de l'appliquer. Les tribunaux ont sur ce point un large pouvoir d'appréciation; mais ce pouvoir ne s'exerce que sous le contrôle de la cour de cassation (Civ. c. 27 févr. 1883, D. P. 55. 1. 295). — D'autre part, c'est toujours à l'occasion d'un procès existant devant une autre juridiction que les tribunaux administratifs sont saisis. L'intérêt que les parties pourraient avoir à être éclairées sur le sens d'un acte, d'une décision ou d'un contrat administratif, ne suffirait pas à leur donner qualité pour demander à cette juridiction l'interprétation préalable par voie d'action principale. C'est donc seulement quand l'autorité judiciaire a reconnu que l'interprétation ou l'appréciation de la validité d'un acte administratif est nécessaire, que les particuliers sont autorisés à porter leur demande devant les tribunaux administratifs. Aussi le Conseil d'Etat rejette-t-il constamment les demandes d'interprétation dont il est saisi en l'absence d'un litige né et actuel.

74. L'autorité compétente pour statuer sur la question renvoyée varie selon qu'il s'agit de donner l'interprétation d'un acte contesté ou qu'il s'agit d'apprécier sa régularité, et notamment la nature de l'acte. — S'agit-il d'interpréter la décision d'un tribunal administratif, c'est le tribunal même dont émane la décision qui est compétent (Cons. d'Et. 9 août 1851). — S'agit-il d'interpréter une clause d'un contrat administratif, c'est devant le juge du contrat que la demande devra être portée. Si ce juge est le Conseil de préfecture, l'interprétation ne peut être demandée directement au Conseil d'Etat (Cons. d'Et. 19 juin 1867, D. P. 68. 5. 97). — Les renvois pour interprétation d'actes contractuels sont assez fréquents, certains contrats administratifs étant, quant aux difficultés relatives à leur exécution, soumis à la compétence judiciaire : tel est le cas des ventes domaniales, des baux à ferme, des droits d'octrois et autres droits assimilés.

75. S'agit-il d'un acte d'autorité ou d'un acte de gestion non contractuel, il faut distinguer. — En ce qui touche les lois, les tribunaux ordinaires sont, en général, compétents pour les interpréter. Toutefois, si la loi a le caractère d'un acte de haute administration, telle qu'une déclaration d'utilité publique ou une concession domaniale, son interprétation est réservée à la juridiction administrative (Cons. d'Et. 7 août 1834).

76. Quand l'acte à interpréter est un acte du chef de l'Etat, le Conseil d'Etat est seul compétent (Cons. d'Et. 20 juill. 1883, D. P. 85. 3. 25). Sont assimilés au chef de l'Etat tous les actes émanés à toute époque du pouvoir exécutif, quelle que soit sa forme constitutionnelle, notamment les actes émanés des anciens rois, les décisions rendues par les autorités souveraines de l'ancien régime, telles que les arrêts de règlement des Parlements, les arrêts du Conseil du roi. — A l'égard des décisions administratives émanées de ministres, de préfets, de maires ou de conseils, on suit en général la règle que c'est à l'autorité qui a fait l'acte qu'il appartient de l'interpréter. Quand cette autorité a été changée par un texte de loi postérieur, l'interprétation doit être demandée à l'autorité qui est actuellement compétente pour faire l'acte.

77. La décision interprétative est susceptible du même recours que la décision primitive. Elle l'est même dans le cas où la décision primitive était discrétionnaire. L'interprétation peut être demandée à l'auteur de l'acte; elle ne peut l'être directement à son supérieur hiérarchique. — Peut-on la demander directement aux tribunaux administratifs? La jurisprudence tend à appliquer à tous les actes administratifs à interpréter les mêmes règles qu'aux décrets. Il a été jugé que la partie qui avait demandé à l'auteur de l'acte obscur de l'interpréter n'était pas obligée d'épuiser tous les degrés de la hiérarchie avant de saisir le juge de son recours contre la décision interprétative (Cons. d'Et. 4 avr. 1884). — Lorsqu'un ministre, appelé, sur renvoi de l'autorité judiciaire, à donner l'interprétation d'une décision ministérielle, oppose à cette demande un silence prolongé pendant plus de quatre mois, le Conseil d'Etat juge qu'il peut donner lui-même cette interprétation (Cons. d'Et. 15 févr. 1895, D. P. 96. 3. 22).

ART. 5. — CONTENTIEUX D'ANNULATION.

78. Le contentieux d'annulation est celui auquel donnent lieu les actes de puissance publique. En pareil cas, le juge auquel l'acte est déféré ne peut examiner l'acte qu'au point de vue de sa légalité; son seul droit est de l'annuler s'il est illégal, sans pouvoir le remplacer par sa propre décision. — Cette branche du contentieux administratif comprend : 1° le recours pour excès de pouvoir dirigé contre tous les actes des administrateurs ou des corps délibérants investis d'un droit de décision, quand ils sont entachés d'incompétence, de vice de forme ou de détournement de pouvoir; — 2° le recours contre les mêmes actes, quand ils portent atteinte à un droit garanti par la loi; — 3° le recours en cassation contre les décisions des tribunaux administratifs statuant en dernier ressort.

§ 1er. — *Recours pour excès de pouvoir* (S. 73 et s.).

79. Le recours pour excès de pouvoir est consacré par l'art. 9 de la loi du 24 mai 1872 (D. P. 72. 4. 88), aux termes duquel « le Conseil d'Etat statue souverainement sur les recours en matière contentieuse administrative et sur les demandes d'annulation pour excès de pouvoir formées contre les actes des diverses autorités administratives ». — Ce recours ne peut être dirigé contre les actes des autorités appartenant à l'Administration et investies d'un droit propre de décision. Il ne peut être formé ni contre les actes émanés de l'autorité législative (lois), ni contre les actes faits par d'autres autorités en vertu d'une délégation du pouvoir législatif (décisions des commissions parlementaires, règlements d'administration publique, répartition de l'impôt entre les arrondissements par les Conseils généraux), ni contre les actes des autorités judiciaires.

80. Mais tout acte d'une autorité administrative quelconque est susceptible d'être attaqué pour excès de pouvoir, et en est ainsi non seulement des actes des autorités administratives proprement dites, président de la République, ministres, préfets, sous-préfets et maires, gouverneurs de colonies, mais de ceux des Conseils de préfecture statuant en dehors de leurs attributions contentieuses, des Conseils généraux, des commissions départementales, des commissions administratives, des établissements publics (hospices, Institut de France), des conseils d'administration de compagnies de sapeurs-pompiers, etc. — Quant aux délibérations des Conseils municipaux, le recours, bien qu'ayant lieu dans les formes du recours pour excès de pouvoir, en diffère par certains côtés (V. *suprà*, *Commune*, n°s 38 et s.).

81. Pour être admis à former le recours pour excès de pouvoir, il faut avoir un intérêt direct et personnel à l'annulation de l'acte incriminé. C'est de l'absence de l'intérêt direct que s'appuie la fin de non-recevoir tirée de l'existence d'un recours parallèle et direct (V. *infrà*, n° 88). — Quant à l'intérêt personnel, il n'existe qu'autant que le réclamant est atteint personnellement par l'acte attaqué. Ainsi, un habitant quelconque n'a pas qualité pour attaquer un règlement qui n'impose d'obligations qu'à une catégorie spéciale d'habitants, aux propriétaires, aux commerçants. Mais cet acte peut être attaqué par chacun des membres de la catégorie visée (Cons. d'Et. 28 mars 1885, D. P. 86. 3. 97). Si l'acte intéresse tous les habitants d'une commune (par exemple, l'établissement d'un octroi, la translation d'un cimetière), chaque habitant a qualité pour signaler au juge les illégalités qui auraient été commises (Cons. d'Et. 27 mars 1896, D. P. 97. 3. 40). — L'intérêt du contribuable n'est considéré comme un intérêt personnel qu'autant que l'acte illégal doit avoir pour effet l'inscription au budget de la commune d'un crédit pour acquitter les dépenses (Cons. d'Et. 29 mars 1901, D. P. 1902. 3. 33).

82. Il n'est pas toujours nécessaire que l'intérêt invoqué soit pécuniaire : un intérêt moral peut suffire, par exemple celui d'un corps ou d'une autorité à défendre ses prérogatives ou ses pouvoirs. Le Conseil d'Etat a reconnu qualité aux Conseils généraux et municipaux pour attaquer des actes qui porteraient une entrave à leur fonctionnement, tels que des décrets ou des arrêtés de dissolution ou de suspension. Mais les Conseils municipaux ont reçu de la loi du 5 avr. 1884 le droit de se pourvoir devant le Conseil d'Etat contre des arrêtés préfectoraux qui auraient annulé indûment une de leurs délibérations (V. *suprà*, *Commune*, n° 41), la jurisprudence a refusé le même droit aux Conseils généraux (Cons. d'Et. 2 avr. 1897, D. P. 98. 3. 61).

83. Les fonctionnaires ont-ils qualité pour attaquer les actes de leurs supérieurs hiérarchiques qui auraient empiété sur leurs attributions ou annulé leurs actes? A cet égard, une distinction doit être faite entre les fonctionnaires qui agissent sous l'autorité d'un supérieur hiérarchique et ceux qui sont investis de pouvoirs propres. Ainsi, un préfet ne pourrait revendiquer contre le ministre duquel il relève les attributions qu'il croirait lui appartenir et qui auraient été méconnues par ce ministre (Cons. d'Et. 6 janv. 1865). Au contraire, un préfet est recevable à déférer au Conseil d'Etat l'arrêté par lequel le préfet a fait un règlement de police applicable à sa seule commune sans l'avoir préalablement mis en demeure de faire ce règlement. Il en serait de même dans le cas où le préfet, au lieu de se borner à annuler un arrêté du maire, ainsi qu'il en a le droit (V. *suprà*, *Commune*, n° 73), réformerait cet arrêté (Cons. d'Et. 6 avr. 1900, D. P. 1901. 3. 74), et dans le cas où le préfet, pour annuler un arrêté, invoquerait un motif contraire à la loi (Cons. d'Et. 18 avr. 1902, D. P. 1903. 3. 99).

84. Pour être recevable, le recours pour excès de pouvoir doit être présenté dans les formes et délais légaux. — Sur les formes du recours, V. *infrà, Conseil d'Etat*, nᵒˢ 34 et s. — Le recours pour excès de pouvoir peut être formé directement devant le Conseil d'Etat, sans qu'il soit nécessaire de saisir d'abord le supérieur hiérarchique. — Le délai, uniformément fixé aujourd'hui à deux mois (L. 13 avr. 1900, art. 24, D. P. 1900. 4. 33), court à partir de la notification de l'acte qui fait grief, si c'est un acte individuel, à partir de la publication qui en est faite dans les formes légales, si c'est un acte général et réglementaire non susceptible de notification individuelle.

85. Dans ce délai de deux mois, le particulier lésé peut opter entre le recours au supérieur hiérarchique et le recours au Conseil d'Etat. S'il a choisi le recours hiérarchique, il peut se pourvoir ultérieurement contre la décision du supérieur qui confirme l'acte de son subordonné, et dont la notification fait courir un nouveau délai de recours. Mais si le particulier n'a exercé dans le délai légal aucun recours contre l'acte qui lui faisait grief, il n'a plus à sa disposition que le recours hiérarchique, et la décision qui intervient sur ce recours, purement gracieuse, n'est pas susceptible d'être déférée au Conseil d'Etat (Cons. d'Et. 14 janv. 1887, D. P. 88. 3. 54).

86. Une autre fin de non-recevoir peut résulter contre le recours de ce qu'avant l'introduction du pourvoi l'acte attaqué serait devenu définitif et irrévocable. Lorsque, à la suite de l'exécution d'une délibération d'un Conseil municipal ou d'un acte de tutelle qui l'approuve, il a été passé entre la commune et un particulier un contrat de droit civil créant des droits au profit de ce dernier, le Conseil d'Etat ne peut plus être saisi utilement d'un recours pour excès de pouvoir. La nullité de la délibération du Conseil municipal ou de l'acte de tutelle ne peut plus alors être invoquée que devant le tribunal compétent pour connaître du contrat, lequel pourra seul en prononcer l'annulation, sauf à renvoyer aux tribunaux administratifs l'examen préjudiciel de la délibération ou de l'acte de tutelle qui ont précédé le contrat. De même, un recours pour excès de pouvoir n'est plus recevable contre les actes déclaratifs de l'utilité publique d'un travail ou contre un arrêté de cessibilité, quand l'expropriation a été prononcée par une décision du tribunal devenue définitive.

87. Il y a néanmoins, dans la jurisprudence actuelle du Conseil d'Etat, une tendance à restreindre cette fin de non-recevoir. Il a, notamment, accueilli le recours pour excès de pouvoir formé par une commune contre divers arrêtés d'un préfet qui, après l'avoir mise en demeure de prendre à bail un local pour l'installation d'une école, avait rejeté le bail proposé par la commune et passé un bail d'office avec un propriétaire sans observer les formes légales (Cons. d'Et. 11 déc. 1903). — L'exécution de l'acte incriminé ne rend, d'ailleurs, pas sans intérêt le recours. Alors même que la condamnation tardive de l'acte illégal ne serait susceptible d'aucune application pratique, le Conseil d'Etat n'en estime pas moins que la partie lésée a intérêt à obtenir cette condamnation, ne fût-ce que pour empêcher le retour de pareils abus. L'acquiescement formel de la partie à l'acte illégal serait, au contraire, une fin de non-recevoir au recours formé ultérieurement. Mais l'acquiescement ne saurait se présumer; il ne peut résulter de l'exécution forcée de l'acte, ni même de la notification d'un règlement de police.

88. Enfin, pour que le recours pour excès de pouvoir soit recevable, il faut que le particulier lésé par un acte administratif ne puisse obtenir le même résultat au moyen d'un autre recours, porté devant les tribunaux judiciaires ou administratifs. La fin de non-recevoir tirée de l'existence du recours *parallèle* et *direct* ne peut être opposée qu'autant que le particulier lésé doit obtenir, par ce dernier recours, une satisfaction aussi complète que par le recours pour excès de pouvoir. C'est ainsi que la jurisprudence, après avoir longtemps refusé aux particuliers la faculté contre les règlements de police faits par les maires, par le motif qu'ils pouvaient en discuter la légalité devant les tribunaux de simple police, n'admet plus aujourd'hui cette fin de non-recevoir (Cons. d'Et. 9 avr. 1886, D. P. 88. 3. 20). — De même, en matière électorale, le Conseil, après avoir longtemps opposé la fin de non-recevoir tirée du recours parallèle et direct aux électeurs qui demandaient l'annulation pour excès de pouvoir de sectionnements illégaux, a reconnu que le droit d'invoquer la nullité du sectionnement à l'occasion des élections, ne procurant pas aux électeurs la même satisfaction que celle qu'ils obtiendraient en faisant tomber le sectionnement, a admis la recevabilité du recours direct (Cons. d'Et. 7 août 1903). — Il faut, d'ailleurs, que la partie ait un autre recours *contentieux* : la possibilité d'un recours hiérarchique devant l'autorité supérieure ne suffit pas pour écarter le recours pour excès de pouvoir (Cons. d'Et. 6 août 1879). De même, la fin de non-recevoir ne résulterait pas de ce que la partie dispose d'une action en indemnité fondée sur le dommage que l'acte lui aurait causé.

89. Dans quels cas la fin de non-recevoir reçoit-elle son application? Elle s'applique, notamment, à tous les recours formés contre des actes administratifs servant de base à des taxes indirectes, quel que soit le grief d'illégalité relevé contre ces actes et de quelque autorité administrative qu'ils émanent, par exemple en matière de contributions indirectes, ... de redevances domaniales, ... de droits d'octroi, etc. — En matière de contributions directes, le Conseil de préfecture étant juge de la légalité des impositions, le recours pour excès de pouvoir est non recevable contre les décrets, arrêtés préfectoraux, délibérations de Conseils généraux ou municipaux qui établissent des centimes additionnels ou des impositions extraordinaires. Il en est de même pour les taxes syndicales. En matière de marchés de travaux publics, les décisions prises par l'Administration à l'égard de l'entrepreneur ou des concessionnaires relèvent du Conseil de préfecture et échappent au recours pour excès de pouvoir (Cons. d'Et. 29 juill. 1887). Il en est de même en matière d'occupation temporaire, d'établissements insalubres, etc.

90. Les cas pour lesquels les actes de l'Administration peuvent être attaqués par la voie du recours pour excès de pouvoir sont : 1° *l'incompétence*. — L'incompétence est toujours d'ordre public. Elle existe soit à raison de la nature de l'acte, soit à raison du lieu où il a été fait, quand son auteur a agi en dehors de la circonscription administrative qui lui est assignée. Il y a incompétence toutes les fois qu'un inférieur statue au lieu et place du supérieur, sauf dans les cas où la loi a organisé une suppléance ou a autorisé la délégation des attributions. Il y a incompétence *négative* si le supérieur se substitue à l'inférieur, quand celui-ci est investi par la loi d'un pouvoir propre (Comp. ce qui a été dit *supra*, nᵒ 83, de l'empiétement commis par le préfet sur les attributions du maire en matière de police). — Quant à l'incompétence *ratione loci*, elle se produit rarement en matière administrative. Si, à propos

d'un recours, se posait la question d'appréciation des limites d'une circonscription administrative, le Conseil d'Etat serait compétent pour reconnaître ces limites (Cons. d'Et. 7 août 1883, D. P. 85. 3. 37). — Il y a incompétence *négative* quand une autorité, au lieu de sortir des limites de sa compétence, se refuse à faire un acte de son ressort en déclarant qu'elle n'a pas qualité pour le faire; elle donne également lieu au recours pour excès de pouvoir (Cons. d'Et. 14 juin 1901).

91. Le cas d'incompétence le plus grave est l'usurpation de pouvoir. Il y a usurpation de pouvoir lorsqu'une décision est prise par une personne dépourvue d'autorité, soit parce qu'elle est en dehors de la hiérarchie administrative, soit parce qu'elle remplit des fonctions qui ne lui donnent pas le droit de décision, soit parce qu'elle a cessé de remplir ces fonctions. Dans de pareilles hypothèses, le recours pour excès de pouvoir n'est même pas nécessaire; l'acte est inexistant, et les mesures d'exécution auxquelles il donne lieu constituent des voies de fait. Mais le plus souvent l'usurpation, tout en étant réelle au fond, est moins évidente; c'est alors que le recours pour excès de pouvoir trouve son application. Il en est ainsi, par exemple, lorsqu'un maire édicte des dispositions réglementaires contraires au principe de la liberté du commerce, ou quand une déclaration d'utilité publique, qui aurait dû être prononcée par une loi, l'a été par décret.

92. 2° Le second vice qui peut servir de base au recours pour excès de pouvoir est le *vice de forme*. — Il y a violation des formes légales soit quand une formalité prescrite par la loi a été complètement omise, soit quand elle a été accomplie incomplètement ou irrégulièrement. L'excès de pouvoir, entraînant la nullité des actes, résulte, notamment, de l'omission de certaines mesures d'instruction préalables dont l'accomplissement est exigé par la loi. Quand il s'agit, non pas d'omissions, mais d'irrégularités commises dans l'accomplissement de mesures prescrites, la jurisprudence se montre moins rigoureuse, et l'acte est maintenu si ces irrégularités paraissent n'avoir porté aucune atteinte aux droits de personne (Cons. d'Et. 14 janv. 1887, D. P. 88. 3. 55).

93. 3° Le troisième vice qui donne ouverture au recours pour excès de pouvoir est le *détournement de pouvoir*. Ce vice consiste à détourner un pouvoir légal du but pour lequel il a été institué, à le faire servir à des fins auxquelles il n'est pas destiné. Il existe quand un agent de l'Administration, tout en faisant un acte de sa compétence et en suivant les formes prescrites par la loi, use de son pouvoir discrétionnaire pour des cas et pour des motifs autres que ceux en vue desquels ce pouvoir lui a été attribué. Ainsi, les préfets ont la police des cours d'eau non navigables; ils doivent prendre les mesures nécessaires pour assurer le libre écoulement des eaux, empêcher leur stagnation. Mais il ne leur appartient pas d'apprécier les usages des usagers de l'eau invoquent les uns contre les autres; par suite, si le préfet règle une retenue d'usine ou une prise d'eau d'irrigation, non dans un intérêt général, mais pour vider des différends entre riverains, il commet un détournement de pouvoir (Cons. d'Et. 6 juill. 1900, D. P. 1901. 3. 84).

94. De même, sont entachés de détournement de pouvoir : l'arrêté par lequel un maire, compétent pour prescrire des mesures destinées à assurer la salubrité des denrées alimentaires, se sert de ses pouvoirs de police pour interdire l'introduction dans la commune de viandes d'animaux abattus ailleurs que dans l'abattoir communal (Cons. d'Et. 24 mars 1899, D. P. 1900.

3. 79); ... la décision par laquelle une commission départementale classe comme chemin vicinal un chemin dépourvu de tout caractère d'intérêt public et uniquement destiné à donner accès à une propriété privée de la commune où celle-ci a projeté l'ouverture de l'exploitation d'une carrière (Cons. d'Et. 26 janv. 1900, D. P. 1901. 3. 39).

95. Sur le recours pour excès de pouvoir, le Conseil d'Etat ne peut qu'annuler la décision en tout ou en partie, mais non la réformer. Lorsque l'excès de pouvoir consiste dans le refus d'un administrateur de faire un acte de sa fonction, il ne peut se substituer à lui et faire cet acte en son lieu et place, délivrer un alignement, faire une nomination, ordonner la réintégration d'un légionnaire sur les rôles de la Légion d'honneur, etc. Il n'a pas à s'occuper des questions relatives à l'exécution de sa décision.

96. Les parties ne doivent pas joindre à leur recours en annulation des conclusions tendant à la restitution de sommes qu'elles auraient dû dépenser à l'occasion de l'acte annulé (Cons. d'Et. 27 janv. 1899, D. P. 1900. 3. 33), ou à l'allocation d'une indemnité (Cons. d'Et. 29 juin 1883, D. P. 84. 3. 89).

97. L'annulation de l'acte entaché d'excès de pouvoir a pour effet de le faire disparaître *erga omnes*, comme s'il était annulé par le supérieur hiérarchique ou rapporté par son auteur. Si cet acte est un règlement de police, la conséquence de l'annulation est de faire tomber de plein droit les poursuites auxquelles ce règlement servait de base (Cr. c. 25 mars 1882, D. P. 82. 1. 486). — Lorsque l'acte a déjà reçu sa pleine exécution, son annulation n'a que l'effet d'un blâme à l'égard du fonctionnaire auteur de l'acte. Toutefois, si cette exécution peut être réparée par des mesures contraires, l'Administration doit les prescrire. Si l'acte a été annulé pour vice de forme ou incompétence, il pourra être refait après accomplissement des formalités légales ou par l'autorité compétente.

§ 2. — *Recours pour atteinte aux droits garantis par la loi.*

98. La jurisprudence du Conseil d'Etat a assimilé aux recours pour excès de pouvoir les recours en annulation d'actes de puissance publique fondés sur la violation de droits garantis par la loi. Dès ce temps on avait reconnu aux victimes de ces actes un recours *contentieux* : l'assimilation consacrée par la jurisprudence leur permet de bénéficier des avantages qu'offre la procédure du recours pour excès de pouvoir au point de vue de la célérité et de l'économie (V. *infrà*, *Conseil d'Etat*). Ainsi, lorsqu'un particulier est lésé par un acte de puissance publique, il peut attaquer cet acte, non seulement pour incompétence, vice de forme ou détournement de pouvoir, mais encore pour violation ou fausse application de la loi. Mais il faut qu'il soit atteint dans ses *droits*; si le particulier lésé ne peut invoquer que des *intérêts*, il n'est pas recevable à se prévaloir de ce que la loi a été violée ou faussement appliquée (Cons. d'Et. 10 nov. 1887).

99. Les cas dans lesquels la jurisprudence a admis la recevabilité du recours fondé sur la violation des droits garantis par la loi sont les suivants : 1° atteintes au droit de propriété résultant de délimitations du domaine public (Cons. d'Et. 10 mars 1882, D. P. 83. 3. 73); ... de retraits de concessions minières (Cons. d'Et. 28 juill. 1852); ... d'établissement de servitudes d'utilité publique; ... de restrictions au libre usage de la propriété (Cons. d'Et. 23 mars 1900); ... d'arrêtés de police appliquant à une source les mesures de police applicables aux cours d'eau non navigables (Cons. d'Et. 23 déc.

1858, D. P. 60. 3. 25); ... d'arrêtés ordonnant la création ou la translation de cimetières sans tenir compte des distances légales (Cons. d'Et. 22 juill. 1898, D. P. 99. 5. 631); ... d'arrêtés prescrivant des battues dans les bois des particuliers pour la destruction d'autres animaux que ceux prévus dans l'arrêté du 19 pluv. an 5 (Cons. d'Et. 1er avr. 1881, D. P. 81. 3. 41); ... d'arrêtés imposant à des propriétaires des travaux de salubrité non exigés par les lois (Cons. d'Et. 13 mai 1898, D. P. 99. 3. 74); ... d'arrêtés interdisant la pêche dans des eaux qui, en fait, constituaient des réservoirs et non des cours d'eau (Cons. d'Et. 29 nov. 1872, D. P. 74. 3. 43); ... d'arrêtés d'un maire interdisant à un propriétaire de placer des gardes-faisans à moins de cinquante mètres des chemins (Cons. d'Et. 4 févr. 1898, D. P. 99. 3. 58), ... ou de recevoir dans sa maison aucune personne atteinte de maladie contagieuse (Cons. d'Et. 18 mars 1898, D. P. 99. 3. 73), ... ou de faire de sa maison un *sanatorium* privé (Cons. d'Et. 15 févr. 1901, D. P. 1902. 3. 51), ... ou de bâtir sans autorisation préalable sur des terrains non contigus à la voie publique, de fermer les constructions avec des parois en planches, de faire servir à l'habitation des constructions légères (Cons. d'Et. 2 mars 1900, D. P. 1901. 3. 94).

100. 2° Atteintes à la liberté du commerce et de l'industrie, résultant notamment de règlements de police (Cons. d'Et. 1er juin 1900, D. P. 1901. 3. 80).

101. 3° Atteintes aux droits résultant de fonctions, grades ou titres. Ainsi, peuvent exercer le recours dont il s'agit : les officiers, lorsqu'il est porté atteinte aux droits qu'ils tiennent de leur grade (Cons. d'Et. 30 nov. 1900, D. P. 1902. 3. 7); ... les membres de la Légion d'honneur, contre les décisions disciplinaires du chef de l'Etat qui seraient prises en violation de la loi (Cons. d'Et. 20 févr. 1885, D. P. 86. 3. 17); ... les titulaires de certaines fonctions, telles que celles de curés, pasteurs, gardes particuliers, lorsque l'Administration, après avoir donné son agrément à leur nomination, viendrait à le retirer en violation des droits acquis à ces fonctionnaires (Cons. d'Et. 23 nov. 1883, D. P. 85. 3. 263); ... les fonctionnaires pourvus de certains titres, qui exercent le droit, reconnu par le Conseil d'Etat, de discuter la légalité de nominations faites au mépris des droits que la loi leur réservait (Cons. d'Et. 11 déc. 1903).

102. 4° On peut se pourvoir pour violation de la loi et d'un droit contre le refus, par un administrateur, de remplir un acte de sa fonction. C'est ainsi que peuvent être attaquées les décisions portant refus d'alignement (Cons. d'Et. 22 juin 1863); ... refus de délivrer un brevet d'invention (Cons. d'Et. 12 août 1879, D. P. 80. 3. 21); ... refus de délivrer un permis de chasse (Cons. d'Et. 13 mars 1867, D. P. 67. 3. 98); ... refus de communication des listes électorales (Cons. d'Et. 8 janv. 1883); ... refus de délivrer le récépissé d'une déclaration d'ouverture d'un débit de boissons (Cons. d'Et. 4 juill. 1884, D. P. 85. 3. 122); ... refus de délivrer un rôle d'équipage à un armateur (Cons. d'Et. 8 févr. 1901, D. P. 1902. 3. 40).

103. 5° Les communes peuvent attaquer, pour violation ou fausse application de la loi et des droits acquis, les arrêtés par lesquels les préfets inscrivent d'office à leur budget des dépenses dont elles contestent le caractère obligatoire (V. *supra*, *Commune*, n° 326).

104. 6° Le recours serait encore ouvert au cas où, un contrat s'étant formé à la suite d'un acte de tutelle, l'Administration viendrait à retirer son approbation en violation des droits que ce contrat avait fait naître au profit d'un particulier.

§ 3. — *Recours en cassation.*

105. Ce recours, qui est porté devant le Conseil d'Etat, et qui s'applique aux décisions rendues en dernier ressort, n'existe pas à l'égard de toutes les juridictions administratives sans distinction. — A l'égard de certaines juridictions, il est consacré par des textes formels. C'est ainsi qu'aux termes de l'art. 17, § 2, de la loi du 16 sept. 1807 (R. v° *Cour des comptes*, n° 507) les arrêts de la Cour des comptes peuvent être annulés pour violation des formes ou de la loi, ce qui comprend implicitement l'incompétence et l'excès de pouvoir.

106. Lorsqu'il n'existe pas de textes prévoyant le recours en cassation à l'égard d'une juridiction déterminée, ce recours est néanmoins ouvert en vertu des principes généraux, les décisions juridictionnelles définitives constituant des actes administratifs auxquels s'appliquent les lois des 7-14 oct. 1790 et 24 mai 1872 (D. P. 72. 4. 88). Il a été fait application de cette règle au Conseil supérieur de l'instruction publique, aux commissions scolaires (Cons. d'Et. 18 nov. 1885, D. P. 87. 3. 25), aux commissions arbitrales constituées pour le rachat des concessions de chemins de fer ou de ponts à péage (Cons. d'Et. 23 mai 1890, D. P. 92. 3. 8). Toutefois, si les lois générales sont applicables de plein droit aux décisions juridictionnelles rendues en dernier ressort, elles ne sont pas aussi largement appliquées, quant aux moyens d'annulation, que lorsqu'il s'agit d'actes administratifs proprement dits. A l'égard des décisions juridictionnelles, la jurisprudence n'admet comme moyens d'annulation que l'incompétence et le vice de forme, quelquefois le détournement de pouvoir; mais, à moins d'un texte exprès, elle écarte les moyens tirés de la violation de la loi, de sa fausse application, de l'atteinte aux droits acquis (Cons. d'Et. 30 nov. 1870, D. P. 71. 3. 1). Contre les décisions du Conseil supérieur de l'instruction publique, le Conseil d'Etat admet les recours fondés sur l'incompétence (Cons. d'Et. 20 juin 1884, D. P. 85. 5. 227), sur le vice de forme (Cons. d'Et. 23 janv. 1864). Il repousse les recours fondés sur la violation ou la fausse application de la loi (Cons. d'Et. 25 févr. 1876). — D'autre part, l'annulation des décisions juridictionnelles ne produit ses effets qu'*inter partes*. Lorsqu'une décision juridictionnelle est annulée, elle doit, en général, être remplacée par une autre décision.

SECT. V. — **Compétence spéciale à chaque juridiction administrative.**

ART. 1er. — **COMPÉTENCE DU CONSEIL D'ETAT.**

107. Pendant longtemps, la jurisprudence a considéré le Conseil d'Etat comme une juridiction d'appel et attribué aux ministres la qualité de juges de droit commun en matière administrative. Cette doctrine est fixée en ce sens que, lorsqu'il s'élève un litige d'ordre administratif pour lequel aucun texte n'a attribué compétence à une juridiction quelconque, ce litige doit être porté en premier et dernier ressort devant le Conseil d'Etat. Les principales décisions qui ont consacré ce changement de jurisprudence sont les suivantes : Cons. d'Et. 24 juin 1881 et 11 janv. 1884 (pensions départementales et communales); 28 avr. 1882 (appréciation préjudicielle de la validité d'un acte administratif); 7 août 1883 (délimitation administrative de circonscriptions communales); 13 déc. 1889 (actions en indemnités formées par un employé communal révoqué); 20 avr. et 30 nov. 1894 (contestations entre départements au sujet des frais de traitement d'aliénés indigents); 24 mars 1899 (dommages causés par l'application de servitudes défeneives); 9 juin 1899 (traitements d'employés communaux); 28 juin 1901 (contestations entre les hôpitaux et le service départemental de l'assistance médicale pour les matières non attribuées au Conseil de préfecture); 28 févr. 1902 (contestation relative à la créance d'une commune contre une section de commune); 6 févr. 1903 (primes allouées par un département à un chasseur de vipères).

108. Le Conseil d'Etat est, d'ailleurs, juge de premier et dernier ressort dans un grand nombre de cas prévus par des textes. Cette compétence lui est attribuée en ce qui concerne : 1° les recours formés par des officiers dont les droits à l'avancement ont été méconnus (L. 14 avr. 1832, R. v° *Organisation militaire*, p. 1892); — 2° les difficultés relatives à la liquidation des dettes de l'Etat en général (L. 17 juill. 1790 et 26 sept. 1793, R. v° *Trésor public*, p. 1103), et notamment celles qui s'élèvent entre l'Etat et ses agents au sujet de leurs soldes ou traitements, des responsabilités pécuniaires qu'elle prétend leur imposer ou laisser à leur charge (Décr. 31 mai 1862, D. P. 62. 4. 83), ainsi que les difficultés relatives aux contrats d'engagement ou de rengagement dans l'armée ou dans certaines carrières civiles; — 3° les difficultés relatives aux pensions civiles et militaires (L. 9 juin 1853, D. P. 53. 4. 98; 11 et 18 avr. 1831, R. v° *Organisation militaire*, p. 1889); aux pensions de demi-solde (L. 18 avr. 1831), aux pensions et allocations accordées aux ouvriers mineurs (L. 31 mars 1903, D. P. 1903. 4. 39); — 4° les litiges entre l'Etat et les particuliers victimes de dommages causés par la faute des agents de l'Etat ou le mauvais fonctionnement des services administratifs; — 5° les contestations entre l'Etat et les particuliers au sujet de l'exécution de certains contrats intervenus entre eux, tels que les emprunts, les cautionnements, les dépôts et comptes courants, les marchés de fournitures (Décr. 11 juin 1806, R. v° *Conseil d'Etat*, p. 180), les primes et subventions et les garanties d'intérêts aux grandes compagnies de chemins de fer (Décr. 6 mai 1863, D. P. 63. 4. 117); — 6° les contestations qui s'élèvent à propos : ... des arrêtés de débet que les ministres peuvent établir à l'encontre de certains débiteurs de l'Etat, tels que les comptables et rétentionnaires de deniers publics et les fournisseurs (L. 13 frim. et Arr. 18 vent. an 8, R. v° *Trésor public*, p. 1114 et 1116); ... de la déchéance opposée par l'Etat à ses créanciers par application de la loi du 29 janv. 1831 (R. v° *Trésor public*, p. 1144); ... des droits et obligations respectifs de l'Etat et des particuliers ou des administrations légales auxquelles il accorde des concessions domaniales, des majorats, ou au service desquelles il a affecté certains immeubles domaniaux; — 7° il juge encore, en premier et en dernier ressort, les élections des conseillers généraux (L. 31 juill. 1875, D. P. 76. 4. 25) et celles des membres des Délégations financières algériennes (Décr. 23 août 1898, D. P. 99. 4. 99); — 8° il prononce, sur la requête du ministre de l'Intérieur, la démission d'office des conseillers généraux, conseillers d'arrondissement et conseillers municipaux qui ont refusé de remplir la mission qui leur est imposée par la loi (L. 7 juin 1873, D. P. 73. 4. 73); — 9° il connaît des différends qui s'élèvent entre les départements et les communes d'une part, et leurs fonctionnaires d'autre part, au sujet des traitements et des pensions qui leur sont dues.

109. Comme juge de droit commun, le Conseil d'Etat est compétent pour statuer sur l'existence de dettes que les départements, les communes et les sections de communes peuvent avoir contractées les unes envers les autres à l'occasion du fonctionnement de certains services publics, tels que celui de l'assistance aux malades ou aux aliénés, et des contributions financières que les départements imposent aux communes et les communes aux sections. Il statue sur les recours formés contre les décisions du ministre des Travaux publics prononçant la déchéance d'une compagnie minière (L. 27 avr. 1838, R. v° *Mines*, p. 637). Il statue : 1° sur les recours dirigés contre les décisions ministérielles qui ont refusé d'approuver les statuts d'une société de secours mutuels ou contre les décrets qui ont retiré cette approbation (L. 1er avr. 1898, art. 16 et 30, D. P. 98. 4. 27); — 2° sur les recours formés par des industriels contre les arrêtés préfectoraux qui leur refusent l'autorisation d'ouvrir un établissement dangereux de la 1re ou de la 2e classe, ou qui ferment ces établissements, ou qui imposent des conditions trop rigoureuses (Décr. 15 oct. 1810, R. v° *Manufactures, fabriques et ateliers dangereux*, p. 4); — 3° sur les recours formés contre les décrets qui ont autorisé un changement de nom (L. 11 germ. an 11, R. v° *Nom-Prénom*, p. 509); contre les décisions du ministre des Finances qui ont assujetti une commune au droit d'entrée ou refusé d'admettre à l'entrepôt d'octroi un industriel ou un commerçant (L. 28 avr. 1816 et 21 avr. 1832, R. v° *Impôts indirects*, p. 410). Il connaît des difficultés qui s'élèvent entre la Banque de France et ses employés au sujet de leurs traitements, pensions, etc. (L. 22 avr. 1806, R. v° *Banque*, p. 97). Il connaît des demandes tendant à l'interprétation contentieuse de ses propres décisions, des décrets du chef de l'Etat et des décrets des anciens gouvernements, et il apprécie la validité des actes administratifs de toute sorte sur renvoi de l'autorité judiciaire. Il statue sur les oppositions à ceux de ses arrêtés qui ont été rendus par défaut, et sur la révision dans les cas où ils sont permis (Décr. 22 juill. 1806, R. v° *Cassation*, p. 1527).

110. Comme tribunal d'appel, le Conseil d'Etat connaît de tous les recours dirigés contre les arrêtés des Conseils de préfecture, des décisions du contentieux administratif, des décisions juridictionnelles des ministres quand la loi leur en a conféré le droit et de la commission des émigrés (L. 5 déc. 1814, R. v° *Emigré*, p. 472).

111. Comme tribunal de cassation, il connaît des recours pour excès de pouvoir dirigés contre tous les actes des diverses autorités administratives (V. *suprà*, n° 79 et s.). — Il connaît également des recours auxquels donnent lieu les demandes en annulation des délibérations des Conseils municipaux accueillies ou rejetées par les préfets (L. 5 avr. 1884, D. P. 84. 4. 25). Il statue encore sur les demandes formées par les sous-préfets engagés contre les nominations à des emplois civils faites en violation de leurs droits (L. 18 mars 1889, art. 24, D. P. 90. 4. 49). — Enfin il statue sur les recours en cassation formés contre les arrêts de la Cour des comptes, les décisions des conseils de revision et du Conseil supérieur de l'instruction publique.

Art. 2. — COMPÉTENCE DU CONSEIL DE PRÉFECTURE (R. 347 et s.; S. 346).

112. A la différence du Conseil d'Etat, les Conseils de préfecture ne sont que des juges d'attribution, c'est-à-dire qu'ils ne statuent que sur les affaires dont la connaissance leur a été attribuée par un texte formel. Aux termes de l'art. 4 de la loi du 28 pluv. an 8 (R. v° *Organisation administrative*, p. 604), ils statuent sur :

113. 1° Les *demandes en décharge ou réduction des contributions directes*, auxquelles doivent être assimilées : les demandes en inscription, en mutation de cote, en transfert de patente, en annulation des actes administratifs de poursuite, en décharge de responsabilité des propriétaires et principaux locataires, en remboursement des sommes que des tiers ont été contraints, sur poursuites, de payer en l'acquit des contribuables; les demandes formées par les propriétaires de terrains non bâtis contre le classement et le tarif des évaluations cadastrales, lorsqu'un même propriétaire possède à lui seul la totalité ou la presque totalité d'une nature de culture; les demandes formées par les percepteurs en présentant leurs états de cotes indûment imposées. — La compétence du Conseil de préfecture s'étend à toutes les taxes qui ont été assimilées aux contributions directes par un texte de loi, qu'elles soient perçues au profit des départements, des communes, de l'Algérie, des colonies ou des établissements publics et associations syndicales.

114. 2° Les difficultés qui s'élèvent *entre les entrepreneurs de travaux publics et l'Administration concernant le sens ou l'exécution des clauses de leurs marchés*. — La jurisprudence a interprété cette disposition comme comprenant tous les modes d'exécution des travaux publics, que l'Administration ait traité avec un régisseur intéressé, un entrepreneur ou un concessionnaire. — La compétence du Conseil de préfecture a été étendue aux contestations que fait naître l'exécution d'un travail public entre le maître de l'ouvrage et l'homme de l'art directeur des travaux à propos de ses honoraires ou de la responsabilité qu'il a encourue, et même aux actions récursoires que le maître de l'ouvrage peut parfois engager contre son représentant quand il a dépassé ses crédits. Elle l'a étendue aux concours volontaires ou forcés que les localités, les établissements publics ou les particuliers prêtent aux travaux publics sous forme d'indemnités de plus-value, de subventions, de garantie d'intérêts, de cession, d'offre de terrain. — La jurisprudence a encore étendu la compétence du Conseil de préfecture en cette matière, en assimilant aux marchés de travaux publics certains contrats dans lesquels la construction d'un ouvrage public apparaît comme secondaire ou n'apparaît pas; tels les marchés pour le balayage des voies publiques, les marchés pour l'éclairage des villes, les marchés pour la fourniture du travail dans les prisons, les marchés de pompes funèbres, etc. — Enfin la compétence existe toutes les fois qu'on se trouve en présence d'un travail d'utilité publique, sans qu'il y ait à distinguer s'il est poursuivi par l'Etat ou par les départements, communes, colonies, établissements publics, associations syndicales autorisées ou forcées.

115. 3° Les *contestations concernant les indemnités dues aux particuliers à raison de terrains fouillés*. — La compétence du Conseil de préfecture a été sur ce point précisée et élargie par la loi du 29 déc. 1892 (D. P. 93. 4. 56). Elle a été étendue aux indemnités pour occupations faites par l'Administration ou ses entrepreneurs pour l'installation des lignes télégraphiques et téléphoniques, ou des bornes cadastrales et points trigonométriques (Décr. 28 juill. 1885, D. P. 86. 4. 38; et L. 13 avr. 1900, D. P. 1900. 4. 33).

116. 4° Les réclamations des particuliers qui se plaignent des *torts et dommages provenant du fait personnel des entrepreneurs, et non du fait de l'Administration*. — Malgré ces termes en apparence restrictifs, la jurisprudence ne fait aucune distinction entre le dommage résultant de la faute de l'entrepreneur et celui résultant de l'ouvrage lui-même tel qu'il se comporte ou de la faute des agents de l'Etat. Elle ne distingue pas non plus entre le dommage temporaire et le dommage permanent; ... entre le dommage causé aux propriétés immobilières ou mobilières et celui qui est causé aux personnes; ... entre le dommage contemporain de l'exécution des travaux et celui qui précède cette exécution ou qui la suit. — Certains textes spéciaux, en édictant diverses restrictions au droit de propriété, les ont assimilés, au point de vue de la compétence, à des dommages causés par l'exécution des travaux publics : telles sont les mesures imposées par l'Administration pour la conservation du poisson dans les rivières non navigables (L. 31 mai 1865, D. P. 65. 4. 37); la destruction des digues privées dans les vallées déclarées submersibles (L. 28 mai 1858, D. P. 58. 4. 63) et des plantations aux abords des voies ferrées (L. 15 juill. 1845, D. P. 45. 3. 163); la mise en défens ou interdiction provisoire des pâturages communaux dans les terrains en montagne (L. 4 avr. 1882, D. P. 82. 4. 89).

117. 5° Les difficultés qui peuvent s'élever *en matière de grande voirie.* — Les Conseils de préfecture sont également investis, en cette matière, du pouvoir répressif. Ils sont compétents pour connaître des usurpations et dégradations commises sur les grandes routes (L. 29 flor. an 10, R. v° *Voirie par terre*, p. 189); ... les fleuves, les canaux de navigation, les rivages de la mer, les ports de commerce (Décr. 10 avr. 1812, R. v° *Organisation maritime*, p. 1675); ... les travaux de défense contre la mer, les fleuves ou rivières et les canaux de dessèchement (L. 16 sept. 1807, R. v° *Travaux publics*, p. 846); ... les mines (L. 21 avr. 1810, R. v° *Mines*, p. 618); ... les chemins de fer d'intérêt général (L. 15 juill. 1845, D. P. 45. 3. 163); ... ceux d'intérêt local et les tramways (L. 11 juin 1880, D. P. 81. 4. 20); ... les lignes télégraphiques (Décr.-loi 27 déc. 1851, D. P. 52. 4. 24); ... les travaux d'endiguement dans les vallées déclarées, prévus par la loi du 28 mai 1858 (D. P. 58. 4. 63). Ils connaissent également de certaines contraventions à la police du roulage sur les routes nationales, départementales et les chemins de grande communication (L. 30 mai 1851, D. P. 51. 4. 78).

118. D'autres attributions répressives ont été conférées aux Conseils de préfecture par la loi du 17 juill. 1819 (R. v° *Place de guerre*, p. 942) pour faire respecter les servitudes défensives établies autour des places de guerre; par la loi du 7 avr. 1851 (D. P. 51. 4. 64) et le décret du 8 sept. 1878 (D. P. 79. 4. 16) concernant les travaux mixtes; par la loi du 22 juin 1854 (D. P. 54. 4. 122), établissant une servitude autour des magasins à poudre; par celle du 18 juill. 1895 (D. P. 96. 4. 24), relative aux postes électro-sémaphoriques. — En Algérie, toutes les eaux étant du domaine public, la compétence répressive des Conseils de préfecture s'étend à toutes les contraventions qui intéressent le régime des eaux, y compris les canaux d'irrigation et les sources (L. 16 juin 1851, D. P. 51. 4. 91). — Enfin, la loi du 9 vent. an 13 (R. v° *Voirie par terre*, p. 189) a chargé le Conseil de préfecture de statuer, non plus au point de vue répressif, mais seulement au point de vue de la conservation de l'intégrité du domaine public, sur les anticipations et usurpations commises sur le sol des chemins vicinaux.

119. 6° Le contentieux des *domaines nationaux.* — Sur ce point, la compétence des Conseils de préfecture a été réduite par la jurisprudence du Conseil d'Etat aux contestations portant sur le sens et l'interprétation de l'acte de vente, à l'exclusion des difficultés relatives à l'exécution, qui sont attribuées aux tribunaux judiciaires. Ainsi réduite, la compétence des Conseils de préfecture a été non seulement maintenue pour les ventes remontant à la période révolutionnaire, mais étendue aux ventes domaniales faites depuis cette époque.

120. 7° Indépendamment des attributions consacrées par la loi du 28 pluviôse an 8 et de celles qui s'y rattachent, les Conseils de préfecture sont encore compétents dans diverses matières. En matière électorale, ils statuent sur les élections des conseillers généraux du département de la Seine (L. 22 juin 1833, R. v° *Organisation administrative*, p. 610), des conseillers d'arrondissements, des conseillers municipaux, des maires et adjoints, des membres des commissions syndicales (L. 5 avr. 1884, D. P. 84. 4. 25), des délégués sénatoriaux (L. 2 août 1875, D. P. 75. 4. 117). Ils statuent aussi sur les recours formés par les conseillers municipaux qui ont été déclarés démissionnaires d'office par le préfet (L. 5 avr. 1884). Ils sont compétents pour prononcer, à la requête du préfet, l'annulation des opérations de revision des listes électorales (Décr. 2 févr. 1852, art. 4, D. P. 52. 4. 49); ... pour connaître des contestations relatives à la formation des listes électorales et aux opérations électorales concernant les Conseils de prud'hommes (L. 1er juin 1853, D. P. 53. 4. 94). La loi du 8 juill. 1890 (D. P. 90. 4. 116) leur a attribué le contentieux des élections des délégués à la sécurité des ouvriers mineurs, et le décret du 9 mars 1894 (D. P. 95. 4. 63) celui des élections des syndics des associations syndicales.

121. 8° Les Conseils de préfecture connaissent de certaines affaires intéressant le domaine de l'Etat, notamment des difficultés auxquelles donnent lieu les concessions domaniales en Algérie (Décr. 30 sept. 1878, D. P. 79. 4. 13) et les baux des excavations minérales en France (Arr. 3 flor. an 8, R. v° *Eaux minérales*, p. 503).

122. 9° En matière de contributions indirectes, ils statuent, dans la forme des contributions directes, sur le recouvrement des droits afférents aux manquants de tabac dont les cultivateurs n'ont pu justifier la cause (L. 28 avr. 1816, art. 201 et 104, R. v° *Impôts indirects*, p. 410).

123. 10° Les Conseils de préfecture sont chargés de juger certaines affaires intéressant la propriété communale. Ainsi, ils connaissent des contestations qui s'élèvent entre plusieurs communes propriétaires par indivis, ou entre plusieurs sections d'une même commune, ou entre une commune et ses habitants, au sujet du partage de biens ou de fruits (allotissements, parts d'affouage, parts de tourbe, etc.) (L. 10 juin 1793, R. v° *Commune*, p. 189). D'après le système qui a prévalu en jurisprudence, la compétence du Conseil de préfecture s'applique non seulement aux demandes concernant le mode de partage, mais encore à celles concernant les conditions d'aptitude individuelle exigées pour participer à ces partages (Trib. confl. 4 juill. 1896, D. P. 97. 3. 71).

124. 11° En matière d'octroi, le Conseil de préfecture connaît des contestations qui s'élèvent entre les communes et les régisseurs intéressés ou les fermiers de leurs octrois (Décr. 17 mai 1809, art. 136, R. v° *Organisation économique*, p. 1288). Toutefois, en ce qui concerne les litiges entre les communes et les fermiers, il n'est compétent que pour donner l'interprétation du bail, les difficultés d'exécution étant du ressort des tribunaux ordinaires. Aux contrats portant sur les droits d'octroi, la jurisprudence a assimilé ceux auxquels donne lieu l'affermage du droit de place dans les halles et marchés, des droits de stationnement sur les dépendances du domaine public, des droits de pesage, mesurage et jaugeage.

125. 12° C'est également au Conseil de préfecture qu'il appartient de statuer sur les contestations entre les communes et les propriétaires des commerces au sujet de la fixation du prix de location annuelle de ces bâtiments (L. 15-28 mars 1790; Décr. 6 déc. 1813, art. 19, R. v° *Halles, foires et marchés*, p. 26)

126. 13° Les contestations qui s'élèvent entre le titulaire d'une cure et son prédécesseur ou les ayants droits de celui-ci au sujet des comptes ou répartitions des revenus de la cure sont déférées au Conseil de préfecture.

127. 14° Celui-ci est également compétent pour statuer sur les contestations relatives à la fixation du périmètre des terrains compris dans une association syndicale, à la division des terrains en différentes classes, au classement des propriétés en raison de leur intérêt aux travaux, à la répartition des taxes (L. 21 juin 1865, art. 16 et 26, D. P. 65. 4. 77).

128. 15° Les Conseils de préfecture jugent un certain nombre de procès auxquels donne lieu le service de l'assistance publique. Ils connaissent : 1° des contestations qui s'élèvent au sujet du traitement des aliénés indigents entre les départements et les hospices, quand ces établissements ont cette dépense à leur charge (L. 30 juin 1838, art. 28, R. v° *Aliénés*, p. 448); 2° de ces contestations entre les hôpitaux civils et l'Etat sur l'exécution de la convention ou du décret en Conseil d'Etat qui fixe le prix de journée auquel les malades militaires seront traités dans les hôpitaux civils (L. 7 juill. 1877, D. P. 78. 4. 2); 3° des difficultés qui se produisent relativement à l'exécution de la délibération du Conseil général, ou, à défaut de délibération, du décret en Conseil d'Etat qui a organisé le service de l'assistance médicale à domicile et rattaché chaque commune à un hôpital, et des réclamations des commissions administratives concernant l'exécution de l'arrêté préfectoral fixant le prix de journée (L. 15 juill. 1893, art. 33, D. P. 94. 4. 23). D'après la jurisprudence du Conseil d'Etat, la compétence attribuée au Conseil de préfecture englobe toutes les contestations s'élevant au sujet du règlement des dépenses de l'assistance médicale entre le service médical départemental, d'une part, et les communes, hôpitaux, bureaux de bienfaisance, d'autre part. Il est même compétent pour juger les réclamations dirigées contre les simples particuliers, le recouvrement des frais de traitement s'opérant contre eux dans la forme des contributions directes.

129. 16° Les Conseils de préfecture connaissent, par exception, des contestations auxquelles donnent lieu certains actes de police. En matière d'établissements dangereux, incommodes ou insalubres, ils statuent sur les recours formés par des industriels contre les arrêtés des sous-préfets portant refus d'autorisation ou subordonnant l'autorisation à des conditions trop rigoureuses (Décr. 15 oct. 1810), et sur les oppositions formées par les voisins aux arrêtés autorisant les établissements de 3ᵉ classe. D'après la loi du 24 juin 1898, art. 4 (D. P. 98. 4. 121), le Conseil de préfecture ordonne, après expertise, la démolition des édifices menaçant ruine, et détermine les travaux de consolidation nécessaires pour éviter leur chute. Il fixe le délai pour l'exécution de ces travaux, et peut autoriser le maire à y faire procéder d'office aux frais du propriétaire. Il a les mêmes pouvoirs quand il s'agit de faire réparer ou démolir les cheminées dont l'état paraît de nature à causer des incendies (même loi, art. 8).

130. La loi du 15 févr. 1902, sur la santé publique (D. P. 1902. 4. 41), donne aux

Conseils de préfecture le pouvoir de déterminer les travaux d'assainissement qu'il y a lieu d'exécuter aux maisons d'habitation déclarées insalubres par le maire et d'interdire, le cas échéant, leur mise en location.

131. 17° En matière de mines, les Conseils de préfecture sont compétents pour connaître des demandes d'indemnité formées par les propriétaires de la surface contre les exploirateurs à raison des dommages causés à leurs immeubles par les travaux de recherche, et par les explorateurs contre les concessionnaires à raison du profit que retireraient ceux-ci des travaux utiles faits par eux (L. 21 avr. 1810, art. 46, R. v° *Mines*, p. 618).

132. 18° Enfin, en matière forestière, c'est devant le Conseil de préfecture que sont portées les réclamations relatives aux procès-verbaux d'arpentage et de récolement des coupes (For. 50); ... à la nécessité pour les habitants du maintien du droit de pâturage dans les bois de l'État ou des communes (For. 64 et 90); ... à la possibilité et à la défensabilité des forêts (For. 65 et 67).

ART. 3. — COMPÉTENCE DES MINISTRES
(R. 489; S. 405).

133. Certaines attributions contentieuses appartiennent aux ministres en vertu de textes spéciaux, par exemple, en matière d'élections aux Conseils de l'instruction publique, aux conseils académiques, aux conseils départementaux (Décr. 16 mars 1880, D. P. 80. 4. 45), aux Chambres de commerce (22 janv. 1872, D. P. 72. 4. 27), aux Chambres consultatives d'agriculture (Décr. 25 mars 1852, D. P. 52. 4. 100), aux chambres syndicales de notaires, aux conseils du travail (Décr. 17 sept. 1900), et au Conseil supérieur du travail (Décr. 14 mars 1903), au Conseil supérieur des sociétés de secours mutuels (L. 1er avr. 1898). — Il a été jugé, en outre, qu'il appartient au ministre de la justice, sous le contrôle duquel sont placées les délibérations des chambres des notaires, de prononcer sur la validité de l'élection des membres de ces chambres et sur la capacité des élus, sauf recours au Conseil d'État par la voie contentieuse (Cons. d'Et. 29 janv. 1857, D. P. 57. 3. 73). Mais cette solution semble se rattacher à la doctrine, aujourd'hui abandonnée, d'après laquelle le ministre serait le juge de droit commun en matière administrative toutes les fois qu'une loi spéciale n'indique pas une autre juridiction, et, par conséquent, statuerait comme juge, sauf appel au Conseil d'État, toutes les fois qu'il rendrait une décision sur les objets rentrant dans le contentieux administratif. — Les auteurs s'accordent en général à n'admettre la théorie du ministre juge que pour les décisions prises par les ministres lorsqu'ils sont saisis d'un recours dirigé contre une décision non contentieuse d'un préfet comme violant un droit. La jurisprudence du Conseil d'État semble s'être associée à cette opinion en cessant d'appliquer aux décisions ministérielles qui ont le caractère d'actes de gestion, certaines règles relatives aux actes de juridiction.

ART. 3. — COMPÉTENCE DES CONSEILS DU CONTENTIEUX ADMINISTRATIF, DE LA COUR DES COMPTES, DES CONSEILS DE REVISION, DES CONSEILS UNIVERSITAIRES.

134. V. *supra*, Colonies, n°s 30 et s., et *infra*, Cour des comptes, n°s 10 et s.; Enseignement, n°s 5 et 10; Justice militaire, n° 44, et Addit. complém., eod. v°, n° 45 bis; Justice maritime, n° 21.

SECT. VI. — Enregistrement et timbre.

135. Les actes administratifs sont exempts du timbre et de l'enregistrement, à l'exception des actes portant transmission de propriété, d'usufruit et de jouissance, des adjudications ou marchés de toute nature, aux enchères, au rabais ou sur soumission, et des cautionnements relatifs à ces actes. Toutefois, aucune expédition ne peut être délivrée aux parties que sur papier timbré, si ce n'est aux individus indigents, et à la charge d'en faire mention dans l'expédition (L. 15 mai 1818, art. 78 et 80; R. v° *Enregistrement*, t. 21, p. 41). — Ces dispositions ne sont pas applicables aux actes dressés en brevet et qui ne peuvent, par suite, donner lieu à la délivrance d'une expédition.

136. La question de savoir si l'exemption établie par l'art. 80 de la loi du 15 mai 1818 s'applique aux conventions elles-mêmes, abstraction faite de la forme qui leur est donnée, ou si elle doit être restreinte aux actes passés en la forme administrative, a été résolue diversement, en ce qui concerne spécialement l'application de la loi aux actes notariés. — Mais l'exemption concédée aux actes administratifs leur est acquise même dans le cas où ils affecteraient la forme d'un acte sous seing privé, en mentionnant qu'ils ont été faits en double minute (Civ. c. 28 janv. 1868, D. P. 68. 1. 100).

137. Les mots « actes portant transmission de propriété, d'usufruit ou de jouissance, » dont s'est servi le législateur de 1818, comprennent toutes les transmissions mobilières ou immobilières, à titre onéreux ou à titre gratuit.

138. L'expression « marchés de toute nature », employée par l'art. 78 de la loi du 15 mai 1818, ne doit pas être étendue outre mesure. Ainsi, les emprunts des communes ne doivent pas être assimilés aux marchés, et, en conséquence, ne sont pas assujettis à l'enregistrement dans les vingt jours de leur date (Civ. c. 15 mai 1860, D. P. 60. 1. 313).

139. Lorsque les actes dispensés de l'enregistrement par la loi du 15 mai 1818 sont présentés volontairement à la formalité, ils doivent être tarifés, comme actes innommés, au droit fixe de 3 francs.

140. Les actes des administrations publiques portant transmission de propriété, d'usufruit ou de jouissance, les adjudications et marchés de toute nature et les cautionnements relatifs à ces actes doivent être enregistrés dans le délai de vingt jours (L. 22 frim. an 7, art. 20; R. v° *Enregistrement*, t. 21, p. 26; 15 mai 1818, art. 88).

141. Les actes administratifs non présentés à l'enregistrement dans le délai prescrit, sont passibles d'un droit en sus (L. 22 frim. an 7, art. 37, et 16 juin 1824, art. 10; R. v° *Enregistrement*, t. 21, p. 42).

COMPÉTENCE CIVILE DES COURS D'APPEL

(R. v° *Compétence civile des tribunaux d'arrondissement et des Cours d'appel*; S. eod. v°).

1. La compétence civile des Cours d'appel est fixée par l'art. 22 de la loi du 27 vent. an 8 sur l'organisation des tribunaux (R. v° *Organisation judiciaire*, n° 1485); par l'art. 472 du Code de procédure civile et par les art. 2 et 8 de la loi du 20 avr. 1810 (*ibid.*, p. 1496), sur l'organisation de l'ordre judiciaire et l'administration de la justice.

§ 1er. — *Compétence d'attribution* (R. 283 et s.; S. 155 et s.).

2. Les Cours d'appel sont, avant tout, juges d'appel des jugements du premier ressort rendus par les tribunaux d'arrondissement en matière civile et par les tribunaux de commerce (L. 27 vent. an 8, art. 22).

3. Une cour ne peut être saisie de l'appel d'un jugement en dernier ressort, bien que les parties y consentent; elle serait incompétente d'une manière absolue pour se prononcer sur cet appel, car les règles de compétence, quant au premier et au dernier ressort, sont d'ordre public. La fin de non-recevoir contre un appel, tirée de ce que le jugement est en dernier ressort, peut donc être proposée en tout état de cause, et ne serait pas couverte par la défense au fond. Elle peut être suppléée d'office par le juge d'appel et présentée pour la première fois devant la Cour de cassation. — La cour d'appel, cependant, n'excède pas ses pouvoirs si elle se borne à statuer sur la question de compétence dont elle est saisie et ne statue pas sur la question du fond jugée en dernier ressort (Req. 24 déc. 1879, S. p. 335).

4. En principe, les cours d'appel sont incompétentes pour statuer sur les affaires qui n'ont pas déjà subi un premier degré de juridiction. La jurisprudence décide toutefois que les parties peuvent renoncer à la règle des deux degrés de juridiction, soit expressément, soit implicitement, en procédant au fond sans protestation, et que la cour d'appel, saisie d'une instance non soumise au premier degré de juridiction, n'est pas tenue de relever d'office cette irrégularité (Req. 12 août 1874, D. P. 76. 1. 501; 13 juill. 1875, D. P. 76. 1. 118).

5. Par exception, et indépendamment de toute renonciation des parties au premier degré de juridiction, certaines affaires doivent être portées devant les Cours d'appel sans avoir été soumises au tribunal de première instance. Ainsi, ces cours connaissent, en première et dernière instance tout à la fois, notamment : 1° des demandes en payement de frais formés par les officiers ministériels qui exercent près d'elles (Pr. 60; V. *infra*, Frais et dépens); — 2° de fors prises contre certains magistrats ou tribunaux (Pr. 509; V. *infra*, Prise à partie); — 3° de certaines fautes de discipline (Décr. 30 mars 1808, art. 103; V. *infra*, Discipline judiciaire); — 4° des règlements de juges dans certains cas (V. *infra*, Règlement de juges).

6. La règle que « le juge de l'action est juge de l'exception » est applicable aux Cours d'appel. Elles peuvent, en conséquence, connaître au premier degré d'exceptions proprement dites, défenses, de demandes reconventionnelles, incidentes et connexes, qui n'ont pas été soumises au premiers juges. Elles peuvent même, en certains cas, être saisies de demandes nouvelles (Pr. 464); (V. *infra*, Demande nouvelle, n°s 15 et s., 31 et s.).

7. Elles peuvent aussi, dans certaines hypothèses, évoquer et juger le fond du procès, quoiqu'il n'ait pas été statué, au moins régulièrement, par le premier juge (V. *supra*, Appel en matière civile et commerciale, n°s 88 et s.).

8. Il leur appartient enfin d'interpréter leurs arrêts, et de connaître, en principe, de leur exécution dans les conditions indiquées *infra*, Jugement.

9. Mais l'incompétence des Cours d'appel est aussi absolue que celle des tribunaux d'arrondissement en ce qui concerne les matières soit criminelles, soit administratives (V. *infra*, Compétence civile des tribunaux d'arrondissement, n° 2).

§ 2. — *Compétence territoriale* (R. 290 et s.).

10. La Cour d'appel compétente pour statuer sur un appel est celle dans le ressort de laquelle se trouve le tribunal dont la dé-

cision est attaquée (V. *suprà, Appel en matière civile et commerciale*, n° 95).

COMPÉTENCE CIVILE DES JUGES DE PAIX

(R. v° *Compétence civile des tribunaux
de paix; S. eod. v°*).

ART. 1er. — LÉGISLATION (R. 2 et s.; S. 1
et s.).

1. Les règles générales sur la compétence
civile des juges de paix sont contenues actuellement dans les art. 2, 3 et 7 du Code
de procédure civile et les art. 1 à 17 de la
loi du 12 juill. 1905 (D. P. 1905. 4. 71); ces
art. 1 à 17 remplacent, en les modifiant et
complétant, les dispositions des art. 1 à 10
de la loi du 25 mai 1838 (R. p. 110), lesquels sont, d'ailleurs, expressément abrogés
par l'art. 27 de la loi de 1905. Cette dernière
loi a étendu notablement la compétence civile des juges de paix au point de vue soit
de la nature des affaires, soit du taux de
la demande. — De plus, et surtout depuis
quelques années, de nombreuses lois spéciales sont intervenues, lesquelles ont considérablement augmenté cette compétence et
l'ont étendue à divers cas nouveaux (V. *infrà*, n° 30).

ART. 2. — COMPÉTENCE D'ATTRIBUTION.

2. Il y a lieu de distinguer, en ce qui concerne la compétence d'attribution des juges
de paix, d'une part, la compétence *ordinaire* (V. *infrà*, n°s 3 et s.), d'autre part,
la compétence *exceptionnelle* (V. *infrà*,
n°s 25 et s.).

§ 1er. — *Compétence ordinaire des juges de
paix* (R. 15 et s., 295 et s.; S. 8 et s.,
128 et s.).

3. En principe, les juges de paix connaissent, *en matière civile*, de toutes les *actions
purement personnelles* ou *mobilières*, en
dernier ressort, jusqu'à la valeur de 300 francs,
et, à charge d'appel, jusqu'à la valeur de
600 francs (L. 12 juill. 1905, art. 1er).
— Deux éléments doivent donc être pris en
considération pour déterminer la compétence
ordinaire de ces magistrats : 1° la *nature*
de l'action (V. *infrà*, n°s 4 et s.); 2° le
chiffre de la demande (V. *infrà*, n°s 17
et s.).

A. — *Compétence à raison de la nature de l'action.*

4. Il suffit, en thèse générale, pour que
les juges de paix soient compétents, qu'il
s'agisse d'une action civile mobilière. Peu
importe que cette action soit personnelle ou
réelle. C'est devant eux, notamment, que
doit être portée la revendication
d'un meuble volé ou perdu dont le prix
n'excède pas 600 francs (Comp. *infrà*, n°17)
... ou bien encore en payement pour frais de mitoyenneté et de surcharge d'un mur (Trib. civ.
de Boulogne-sur-Mer, 27 avr. 1906, D. P.
1906. 5. 50).

5. Peu importe aussi que l'action ait sa
source dans un contrat, un délit ou dans
tout autre fait, alors même que ce fait serait relatif à un immeuble. Spécialement,
l'action tendant au payement d'une somme
de 50 francs, pour réparation du préjudice
résultant d'un quasi-délit, relève du juge de
paix, même dans le cas où le dommage a été
causé à un édifice (Civ. c. 26 juill. 1898, D. P.
99. 1. 414).

6. Peu importe également qu'il soit soulevé des contestations sur le titre ou contrat
en vertu duquel la demande est formée, dès
lors que ces contestations ne portent point
sur des questions pour lesquelles le juge de
paix est incompétent, comme il va être

indiqué, d'une manière absolue. — Ce magistrat peut, en pareil cas, non seulement
interpréter le contrat, mais même statuer
sur son existence et sa validité et en prononcer la résolution. Du moins en est-il
ainsi lorsque le chiffre sur lequel le contrat
repose n'excède pas le taux de sa juridiction
(Civ. r. 10 déc. 1888, D. P. 89. 1. 441).
Dans l'hypothèse contraire, il est incompétent, à moins que la contestation ne soit
élevée devant lui qu'à titre d'exception (V. *infrà*, n° 23).

7. La loi du 12 juill. 1905 a fait rentrer
dans la compétence des juges de paix certaines affaires mobilières qui en étaient dis-
traites en vertu de diverses dispositions spéciales. Ainsi, ces magistrats connaissent aujourd'hui des actions en validité et en nullité
d'offres réelles, autres que celles concernant
les administrations de l'Enregistrement ou
des Contributions indirectes, lorsque l'objet
du litige n'excède pas les limites de leur
compétence (L. 1905, art. 12).

8. En matière de saisies dont les causes
n'excèdent pas les limites de leur compétence, les juges de paix connaissent : 1° des
demandes en validité, nullité et mainlevée
des saisies-arrêts ou oppositions, autres que
celles concernant les administrations de
l'Enregistrement et des Contributions indirectes, ainsi que des demandes en déclaration affirmative, sans préjudice de l'application de la loi spéciale du 12 janv. 1895 sur
la saisie-arrêt des salaires et petits traitements (L. 1905, art. 14; V. *infrà*, *Saisie-
arrêt*, n°s 61 et s.; Conf. Trib. civ. de Pau,
16 déc. 1905, D. P. 1906. 5. 47); 2° des demandes en validité, nullité et mainlevée des
saisies sur débiteurs forains. S'il y a opposition pour des causes qui, réunies, excèdent
cette compétence, le jugement en est déféré
au tribunal de première instance (L. 1905,
art. 13).

9. Les juges de paix sont seuls compétents
pour procéder, à défaut d'entente amiable
entre les créanciers opposants et le saisi, à
la distribution par contribution des sommes
saisies, lorsque les sommes à distribuer
n'excèdent pas 600 francs de principal.
Cette distribution est faite, après le dépôt
de la somme à distribuer à la Caisse des
dépôts et consignations, dans les formes
prévues par les art 11 à 18 de la loi du
12 janv. 1895 (D. P. 96. 4. 1) et par le décret du 8 févr. suivant (D. P. 95. 4. 18). Si les
titres des créanciers produisants sont contestés et si les causes de la contestation excèdent
les limites de leur compétence, les juges de
paix sursoient au règlement de la procédure
de distribution jusqu'à ce que les tribunaux
compétents se soient prononcés et leur
jugement soit rendu définitif (L. 1905,
art. 15).

10. Au contraire, toutes les actions immobilières, à l'exception des actions possessoires, échappent à la juridiction des juges
de paix. Il en est ainsi, par exemple, soit
de l'action en revendication d'un immeuble,
soit de l'action tendant à faire reconnaître un
droit de servitude contesté (Civ. c. 23 janv.
1900, D. P. 1900. 1. 323). — De même, ils
ne peuvent connaître des actions concernant
l'état des personnes, qui ne sont ni mobilières ni immobilières (V. *suprà*, *Action*,
n°s 10 et s.).

11. Les actions mobilières dont la valeur
n'excède pas 600 francs échappent à la compétence de ces magistrats lorsqu'elles ne
sont pas civiles. Ils n'ont donc pas qualité
pour statuer, même au-dessous de ce taux,
à l'égard des actions mobilières, soit administratives, soit commerciales (Trib. de paix
de Bordeaux, 23 janv. 1906, D. P. 1906. 2.
245). — Ainsi, le tribunal de commerce est
compétent pour statuer sur la demande intentée par le concessionnaire du service extérieur des pompes funèbres dans une com-

mune, contre un commerçant, pour atteinte
à son monopole, alors que le juge de paix a
compétence pour connaître d'une demande
ayant le même objet, intentée par ledit concessionnaire contre un membre de la famille
du défunt (Trib. de paix de Boulogne-sur-
Mer, 6 juin 1907, D. P. 1907. 5. 38). — Dans
ces divers cas, leur incompétence est absolue; elle peut, par suite, être proposée en
tout état de cause, et même pour la première
fois devant la Cour de cassation (Civ. r.
5 févr. 1896, D. P. 96. 1. 578).

12. Il est même des actions mobilières civiles qui, si minime qu'en soit le chiffre,
sont soustraites à la compétence des juges
de paix. Telles sont, par exemple : ... les actions relatives aux frais faits, dans certains
cas, par les officiers ministériels (V. *infrà*,
Frais et dépens, n° 78; V. toutefois *infrà*,
n° 80) (V. également, quant à la compétence
du juge de paix, relativement aux honoraires réclamés par un avoué comme mandataire *ad negotia*, Trib. civ. de Nevers,
25 juill. 1906, D. P. 1907. 2. 7); ... les
demandes en dommages-intérêts formées
contre les huissiers pour faits relatifs à leurs
fonctions (Décr. 14 juin 1813, art. 73,
R. v° *Huissier*, p. 157); ... les actions concernant l'exécution non seulement des
jugements émanés d'autres juges, mais encore de leurs propres jugements (V. *infrà*,
Jugement, n° 115). — Les juges de paix sont
également incompétents quant aux demandes
relevant des conseils de prud'hommes, alors
même qu'elles n'ont aucun caractère commercial, et notamment quant aux contestations que peut faire naître l'exécution du
contrat d'apprentissage dans les cantons
où il existe un conseil de prud'hommes
(V. *infrà*, *Prud'hommes*, n° 2; *Travail*,
n° 26).

13. L'incompétence des juges de paix à
l'égard des matières qui viennent d'être indiquées comme soustraites d'une manière
absolue à leur juridiction, s'étend même au
cas où ces matières font devant eux l'objet,
non pas d'une demande principale, mais
d'une demande reconventionnelle; ils ne
peuvent, notamment, connaître d'une demande reconventionnelle portant sur une
question de propriété immobilière ou relative à l'état des personnes (L. 1905, art. 10,
§ 1er). En pareille hypothèse, le juge de
paix doit, ou bien retenir le jugement de la
cause principale, s'il peut y être statué séparément de la demande reconventionnelle,
ou bien renvoyer, sur le tout, les parties à
se pourvoir devant le tribunal civil sans
préliminaire de conciliation, si la liaison
intime des deux demandes lui paraît exiger
qu'il y soit statué par une seule décision (L.
1905, art. 11, § 4).

14. Les juges de paix ne peuvent non plus
connaître des matières pour lesquelles ils
sont ainsi incompétents *ratione materiæ*,
lorsque c'est à titre de question préjudicielle
ou de simple moyen de défense que les difficultés y relatives sont soulevées devant
eux, pourvu d'ailleurs que ces difficultés
soient sérieuses. Il en est ainsi, par exemple,
lorsque le défendeur oppose une exception
tirée de ce que l'état civil qui lui est attribué, par exemple la qualité d'enfant naturel
ou de Français qu'on lui prête, n'est pas
conforme à la vérité (Civ. c. 25 oct. 1887,
D. P. 88. 1. 15).

15. Mais les juges de paix sont compétents
pour connaître de toutes autres demandes
reconventionnelles rentrant dans le taux de
leur compétence (V. *infrà*, n° 22), et de
tous autres moyens de défense ou exceptions, même soustraits de ce taux (V. *infrà*,
n° 23).

16. Même dans les affaires de leur compétence, les juges de paix ne peuvent jamais connaître des faux incidents et des
vérifications d'écriture. Par suite, lorsqu'un

acte produit devant eux est l'objet d'une inscription de faux, de dénégation ou de non reconnaissance d'écriture, ils doivent surseoir au jugement de la demande principale, et renvoyer pour la contestation sur l'incident devant les juges compétents, c'est-à-dire devant le tribunal civil (Pr. 14). — Conf. Trib. de paix de Lons-le-Saunier, 9 juin 1906, D. P. 1906. 5. 66.

B. — *Compétence à raison du taux de la demande.*

17. Les juges de paix ne sont pas compétents, en principe, lorsque, la valeur de la demande étant déterminée, son montant excède 600 francs (L. 1905, art. 1er). — Ils sont également incompétents lorsque cette valeur est indéterminée ; et ce, alors même qu'à la demande principale seraient jointes des conclusions tendant à faire condamner le défendeur, à titre de peine, pour le cas où il ne ferait pas droit à cette demande, à des dommages - intérêts n'excédant pas 600 francs.

18. Il n'y a pas à tenir compte du chiffre de la condamnation ; seule la valeur de la demande sert à déterminer si le juge de paix est compétent. Et le montant de la demande comprend tout ce qui est dû au jour où elle est formée, c'est-à-dire non seulement le capital réclamé, mais encore les intérêts échus à ce jour, ainsi que les dommages - intérêts dus pour cause antérieure. Il n'y faut comprendre, au contraire, ni les intérêts courus depuis, ni les dommages - intérêts dus pour cause postérieure.

19. Peu importe également, en principe, le montant du titre en vertu duquel la demande est formée : dès lors que celle-ci n'excède pas 600 francs, elle est de la compétence du juge de paix, bien que la somme réclamée soit le reliquat d'une créance dépassant le taux de cette compétence. Il en est ainsi du moins quand la partie de créance non réclamée est éteinte par payement ou autrement. — Le juge de paix ne peut, au contraire, connaître de la demande en payement d'une somme, même inférieure à 600 francs, qui n'est qu'une portion d'une somme supérieure, *encore due*, et à laquelle le demandeur ne renonce pas (V. en outre, pour le cas où l'existence et la validité du titre sont contestées, *infrà*, n° 23).

20. Lorsque plusieurs demandes formulées par la même partie contre le même défendeur sont réunies dans une même instance, le juge de paix ne prononce qu'en premier ressort, si leur valeur totale s'élève au-dessus de 300 francs, lors même que quelqu'une de ces demandes serait inférieure à cette somme. Il est incompétent sur le tout, si ces demandes excèdent, par leur réunion, les limites de sa juridiction (L. 1905, art. 8). — La demande formée par plusieurs demandeurs ou contre plusieurs défendeurs collectivement et en vertu d'un titre commun est jugée en dernier ressort, si la part afférente à chacun des demandeurs ou à chacun des défendeurs dans la demande n'est pas supérieure à 300 francs ; elle est jugée pour le tout en premier ressort, si la part d'un seul des intéressés excède cette somme ; enfin le juge de paix est incompétent sur le tout, si cette part excède les limites de sa juridiction. Mais ces dispositions ne sont applicables au cas de solidarité, soit entre les demandeurs, soit entre les défendeurs (L. 1905, art. 9).

21. La jurisprudence semble, d'autre part, admettre que, lorsque le demandeur vient à modifier les conclusions par lui prises antérieurement, c'est le chiffre des dernières conclusions qui doit seul être pris en considération pour fixer le taux de la compétence. Il en résulte, notamment, que le juge de paix est compétent pour statuer sur une demande qui, aux termes de la citation, tendait alter-

nativement au payement d'une somme de 200 francs (aujourd'hui 600 francs) ou à une prestation de valeur déterminée, si, dans les dernières conclusions, cette demande a été restreinte au payement de la somme de 200 francs (aujourd'hui 600 francs) à titre de dommages-intérêts (Req. 21 déc. 1891, D. P. 92. 1. 538). — Cependant, d'après certains arrêts, le tribunal civil, saisi d'une demande supérieure au taux de la compétence du juge de paix, reste compétent pour connaître de cette demande, quoique, par des conclusions postérieures, elle ait été réduite à une somme inférieure à ce taux (V. notamment : Bourges, 29 juin 1898, D. P. 99. 2. 196).

22. Le juge de paix connaît de toutes les demandes reconventionnelles ou en compensation qui, par leur nature ou leur valeur, sont dans les limites de sa compétence, alors même que ces demandes réunies à la demande principale excéderaient les limites de sa juridiction. Il connaît, en outre, comme la demande principale elle-même, des demandes reconventionnelles en dommages-intérêts fondées exclusivement sur la demande principale, à quelque somme qu'elles puissent monter (L. 1905, art. 10). — Lorsque chacune des demandes principales reconventionnelles ou en compensation est dans les limites de la compétence du juge de paix en dernier ressort, il prononce sans qu'il y ait lieu à appel. Si une de ces demandes n'est susceptible d'être jugée qu'à charge d'appel, le juge de paix ne prononce sur toutes qu'en premier ressort. Néanmoins il statue en dernier ressort, si seule la demande reconventionnelle en dommages-intérêts, fondée exclusivement sur la demande principale, dépasse sa compétence en premier ressort. Si la demande reconventionnelle ou en compensation excède les limites de sa compétence, il peut soit retenir le jugement de la demande principale, soit renvoyer sur le tout les parties à se pourvoir devant le tribunal de première instance, sans préliminaire de conciliation (L. 1905, art. 11), — V. en ce sens, Trib. de paix de Dormans, 31 mai 1906, D. P. 1907. 5. 2.

23. Il ne faut pas confondre les demandes reconventionnelles des simples moyens de défense soulevés devant le juge de paix uniquement à titre d'exception, moyens à apprécier dans les seuls motifs de sa décision, de telle sorte qu'il n'ait, dans le dispositif, qu'à statuer sur la demande au sujet de laquelle ce moyen est proposé, et, qui, en elle-même, rentre dans ses attributions. Le juge de paix conserve tout pouvoir pour statuer sur cette demande, bien que la question qui soulève porte le moyen de défense mette en jeu une somme excédant le taux de sa compétence. C'est ainsi, par exemple, qu'il est compétent pour connaître de la demande en payement de primes d'assurances s'élevant à une somme de moins de 600 francs, encore que l'assuré conteste l'existence du contrat d'assurance, alors d'ailleurs que cette contestation n'est soulevée que comme simple moyen de défense à l'action, et qu'il n'est formulé aucune demande reconventionnelle (Civ. c. 18 déc. 1893, D. P. 94. 1. 384 ; Comp. Trib. de paix de Saint-Etienne, 13 avr. 1906, D. P. 1906. 5. 50). — Au contraire, le juge de paix cesse d'être compétent si l'assuré oppose reconventionnellement à la compagnie la résiliation de la police d'assurance. Il en est ainsi, du moins, lorsqu'il s'agit d'une compagnie d'assurances mutuelles dont la prétention est alors indéterminée (Req. 24 juill. 1895, D. P. 96. 1. 162). Dans le cas d'assurances à prime fixe, si l'assuré, assigné en payement d'une prime, soulève, par demande reconventionnelle, la question de résiliation de sa police, la valeur du litige, ainsi modifiée, est, d'après la

jurisprudence, déterminée par le total de la prime réclamée et de celles que le contrat obligeait l'assuré à payer, jusqu'à l'expiration de son engagement. En conséquence, lorsque ce total est inférieur à 200 francs (aujourd'hui 600 francs), le juge de paix reste compétent pour statuer sur les demandes respectives des deux parties (Civ. r. 4 mars 1891, D. P. 91. 1. 290).

24. Au reste, les parties ont toujours la faculté de conférer au juge de paix le pouvoir de statuer sur une somme supérieure au taux de sa compétence (Pr. 7). Cette prorogation de juridiction ne peut toutefois résulter que d'une déclaration des parties faite en présence du juge de paix et signée d'elles, ou contenant la mention qu'elles ne peuvent signer (Même article). Elles ne peuvent donc, par la présence de ce magistrat et par une convention extrajudiciaire, proroger d'avance sa compétence en prévision d'un litige qui n'est pas encore né (Civ. r. 3 nov. 1891, D. P. 92. 1. 233). — Mais les parties ne peuvent déroger à l'ordre des juridictions, ni étendre la compétence d'un juge d'exception à une matière qui lui est complètement étrangère ; en pareil cas, l'incompétence du juge de paix est d'ordre public et peut être proposée après les défenses au fond, et même prononcée d'office (Civ. c. 24 juin 1863, D. P. 64. 1. 25). — La jurisprudence décide généralement que les décisions rendues par les juges de paix sur prorogation de juridiction sont des jugements, et non de simples sentences arbitrales.

§ 2. — *Compétence exceptionnelle des juges de paix.*

25. Dans un grand nombre de cas, les juges de paix sont appelés à connaître de matières qui, soit par leur nature, soit par le taux de la demande, ne rentreraient pas dans leur compétence ordinaire. — Un certain nombre sont énumérés dans la loi du 12 juill. 1905. Ils se divisent en plusieurs catégories : 1° ceux dans lesquels le juge de paix doit statuer en dernier ressort jusqu'au taux de 300 francs (conformément à la règle générale), et en premier ressort jusqu'à celui de 1 500 francs (L. 1905, art. 2) ; 2° ceux dans lesquels il est compétent en dernier ressort jusqu'au même taux de 300 francs, et, en premier ressort, quel que soit le chiffre de la demande (L. 1905, art. 3 à 6) ; 3° ceux dans lesquels il ne statue jamais qu'en premier ressort (L. 1905, art. 7).

a. — Première catégorie (R. 198 et s. ; S. 82 et s.).

26. Les juges de paix connaissent en dernier ressort jusqu'à 300 francs, et, en premier ressort jusqu'à 1 500 francs (L. 1905, art. 2), des contestations : 1° entre les hôteliers, aubergistes ou logeurs et les voyageurs ou locataires en garni, leurs répondants ou cautions, pour dépense d'hôtellerie et perte ou avarie d'effets déposés dans l'auberge ou dans l'hôtel ; ... 2° entre les voyageurs et les entrepreneurs de transports par terre ou par eau, les voituriers ou bateliers, pour retards, frais de route et perte ou avarie d'effets accompagnant les voyageurs ; ... 3° entre les voyageurs et les carrossiers et ouvriers, pour fournitures, salaires et réparations faites aux voitures et aux autres véhicules de voyage ; ... 4° sur les contestations à l'occasion des correspondances et objets recommandés et des envois de valeur déclarée, grevés ou non de remboursement.. — Les dispositions du premier paragraphe de l'art. 2, relatives aux contestations entre les hôteliers, aubergistes ou logeurs et les voyageurs ou locataires en garni, laissent subsister celles de la loi du 18 avr. 1889 (D. P. 89. 4. 47), qui limitent à *mille francs* la responsabilité des hôteliers ou aubergistes pour les espèces monnayées et les valeurs ou titres au porteur de toute nature non déposés réellement entre leurs mains (V. D. P. 1905. 4. 74, note 3, n° 3).

b. — Deuxième catégorie (R. 51 et s. ; S. 35 et s.).

27. Les juges de paix connaissent en dernier ressort jusqu'à 300 francs, et en premier ressort à quelque chiffre qu'elles puissent s'élever (L. 1905, art. 3 à 6) : 1° des actions en payement de loyers ou fermages ; des congés ; des demandes en résiliation de baux fondées soit sur le défaut de payement des loyers ou fermages, soit sur l'insuffisance des meubles garnissant la maison, ou de bestiaux et ustensiles nécessaires à l'exploitation d'après les art. 1752 et 1766 c. civ., soit enfin sur la destruction de la totalité de la chose louée, prévue par l'art. 1722 c. civ. ; des expulsions de lieux ; des demandes en validité et en nullité ou mainlevée de saisies-gageries pratiquées en vertu des art. 819 et 820 c. pr. civ., ou de saisies-revendications portant sur des meubles déplacés sans le consentement du propriétaire, dans les cas prévus aux art. 2102, § 1er, c. civ. et 819 c. pr. civ., à moins que, dans ce dernier cas, il n'y ait contestation de la part d'un tiers ; le tout lorsque les locations verbales ou écrites n'excèdent pas annuellement 600 francs (V. *infrà, Louage,* n° 202) ; — 2° des réparations locatives des maisons ou fermes ; — 3° des indemnités réclamées par le locataire ou fermier pour non-jouissance provenant du fait du bailleur lorsque le droit à une indemnité n'est pas contesté ; — 4° des dégradations et pertes dans les cas prévus par les art. 1732 et 1735 c. civ., à l'exception des pertes causées par incendie ou inondation ; — 5° des contestations relatives aux engagements respectifs des gens de travail au jour, au mois et à l'année, et de ceux qui les emploient ; des maîtres ; domestiques ou gens de service à gages ; des maîtres ou patrons et de leurs ouvriers ou apprentis, sans néanmoins qu'il soit dérogé aux lois et règlements relatifs soit à la juridiction commerciale, soit à celle des prud'hommes, soit au contrat d'apprentissage, ni aux lois sur les accidents du travail (V. *Prud'hommes,* n° 38 et s. ; *Travail,* n° 26) ; *Accidents du travail* n° 93 et s. ; *Compétence commerciale,* n° 4) ; — 6° des contestations relatives au payement des nourrices (V. *infrà, Nourrices,* n° 9) ; — 7° des actions pour dommages faits aux champs, fruits et récoltes, soit par l'homme, soit par les animaux, dans les conditions prévues par les art. 1382 à 1385 c. civ. (V. Civ. 19 févr. 1906, D. P. 1906. 1. 393; incendie dans des bois dû à des escarbilles échappées d'une locomotive) ; — 8° des actions relatives à l'élagage des arbres ou haies et au curage soit des fossés, soit des canaux servant à l'irrigation des propriétés ou au mouvement des usines, lorsque les droits de propriété ou de servitude ne sont pas contestés ; — 9° des actions civiles pour diffamations ou pour injures publiques ou non publiques, qu'elles soient verbales ou par écrit, autrement que par la voie de la presse ; des mêmes actions pour rixes ou voies de fait, le tout lorsque les parties ne se sont pas pourvues par la voie criminelle (V. *infrà, Presse-outrage,* n° 517 ; V. également, quant à des injures par lettre close, Trib. de paix de Paris, 19 juill. 1906, D. P. 1907. 5. 6,; — 10° de toutes demandes relatives aux vices rédhibitoires dans les cas prévus par la loi du 2 août 1884, soit que les animaux aient été vendus, soit qu'ils aient été échangés, soit qu'ils aient été acquis par tout autre mode de transmission (V. Trib. civ. de Bourgoin, 8 août 1906, D. P. 1906. 5. 67) ; — 11° des contestations entre les compagnies ou administrations de chemins de fer ou tous

autres transporteurs et les expéditeurs ou les destinataires, relatives à l'indemnité afférente à la perte, à l'avarie, au détournement d'un colis postal du service continental intérieur (y compris les colis postaux échangés entre la France continentale, la Corse, la Tunisie et l'Algérie), ainsi qu'aux retards apportés à la livraison. Ces indemnités ne peuvent excéder les tarifs prévus aux conventions intervenues entre les compagnies ou autres transporteurs concessionnaires et l'État.

28. En ce qui concerne spécialement les contestations visées au paragraphe 5° de l'art. 6 de la loi de 1905 (V. *suprà,* n° 27-11°), il y a lieu de noter que, aux termes des déclarations du rapporteur à la Chambre des députés au cours des travaux préparatoires, dans le cas où c'est l'État qui est transporteur, et, par suite, responsable, l'assignation doit être faite au receveur du bureau expéditeur ou à celui du bureau destinataire (V. D. P. 1905. 4. 80, note, n° 12). — Il a été jugé, en cette matière, que les juges de paix sont incompétents *ratione materiæ* pour connaître d'une action intentée par une compagnie de chemin de fer contre la destinataire ayant fait acte de commerce, en payement de la somme qu'elle a versée à l'expéditeur, à l'occasion de la livraison par elle faite d'un colis postal au destinataire, sans exiger de lui la somme portée en remboursement (Trib. de paix de Mont-de-Marsan, 16 févr. 1906, D. P. 1907. 2. 137). Mais ils sont compétents, au contraire, bien que le litige soit commercial au regard des deux parties, si le jugement leur en est attribué par une disposition spéciale de la loi du 12 juill. 1905, et, notamment, s'il s'agit de contestations entre transporteur d'une part, expéditeur ou destinataire d'autre part, relatives à l'indemnité afférente à la perte, à l'avarie, au détournement d'un colis postal du service continental intérieur, ainsi qu'aux retards apportés à la livraison (Trib. civ. de Pau, 18 janv. 1907, *ibid.*). — Au cas de perte d'un colis postal, le juge de paix ne peut, depuis la loi du 12 juill. 1905, pas plus que précédemment, allouer, indépendamment du montant des frais de transport, une indemnité excédant la valeur réelle des colis dans la limite du maximum fixé par les décrets des 27 juin 1892 et 5 sept. 1897 (Trib. civ. de Fontenay-le-Comte, 13 juin 1906, *ibid.*). D'ailleurs, les conventions actuellement en vigueur, conclues entre l'État et les compagnies de chemins de fer, n'accordant pas d'indemnité pour retard dans la livraison d'un colis postal, la disposition de la loi du 12 juill. 1905, qui attribue compétence aux juges de paix quant aux contestations relatives aux retards apportés à la livraison des colis postaux, est sans application tant que ne seront pas intervenues de nouvelles conventions fixant une indemnité au cas de retard dans la livraison d'un colis postal (Trib. civ. de Toulouse, 21 juin 1906 ; Trib. civ. de Pau, 18 janv. 1907 ; Trib. civ. de Redon, 13 févr. 1907 ; Trib. de paix de Narbonne, 16 févr. 1907 ; D. P. *ibid.*).

c. — Troisième catégorie (R. 254 et s. ; S. 94 et s.).

29. Les juges de paix connaissent, mais à charge d'appel, quel que soit l'intérêt du litige (L. 1905, art. 7) : 1° des demandes en pension alimentaire n'excédant pas en totalité 600 francs par an, fondées sur les art. 205, 206 et 207 c. civ. (V. quant à l'incompétence du juge de paix au sujet de la pension alimentaire sollicitée par un époux divorcé, Trib. de paix de Trouville, 1er févr. 1906, D. P. 1906. 5. 34) ; — 2° des entreprises commises dans l'année sur les cours d'eau servant à l'irrigation des propriétés et au mou-

vement des usines et moulins, sans préjudice des attributions de l'autorité administrative dans les cas déterminés par les lois et règlements : dénonciations de nouvel œuvre, complaintes, actions en réintégrande et autres actions possessoires fondées sur des faits également commis dans l'année ; — 3° des actions en bornage et de celles relatives à la distance prescrite par les lois, les règlements particuliers et l'usage des lieux, pour les plantations d'arbres ou de haies, lorsque la propriété ou les titres qui l'établissent ne sont pas contestés (V. Trib. civ. Belley, 27 juin 1906, D. P. 1906. 5. 50) ; — 4° des actions relatives aux constructions et travaux énoncés dans l'art. 674 c. civ., lorsque la propriété ou la mitoyenneté du mur ne sont pas contestées ; 5° des demandes en payement des droits de place perçus par les communes ou leurs concessionnaires, lorsqu'il n'y a pas contestation sur l'interprétation de l'article ou des articles servant de base à la poursuite.

30. Les juges de paix connaissent des actions en payement des frais faits ou exposés devant leur juridiction (L. 1905, art. 17).

31. Les juges de paix peuvent autoriser une femme mariée à ester en jugement devant leur tribunal, lorsqu'elle n'obtient pas cette autorisation de son mari estant ou dûment appelé par voie de simple avertissement. Ils peuvent aussi autoriser les mineurs à ester en justice devant eux, mais seulement dans les contestations relatives aux engagements respectifs soit des gens de travail et de ceux qui les emploient, soit des maîtres, domestiques ou gens de service, soit des maîtres ou patrons et de leurs ouvriers ou apprentis. Dans tous les cas, il est fait mention dans le jugement de l'autorisation donnée (L. 1905, art. 16).

32. En matière de saisie foraine, de saisie-gagerie et de saisie-revendication, si la saisie ne peut avoir lieu qu'en vertu de la permission du juge dans les cas prévus par les art. 2102 c. civ., 819 et 822 c. pr. civ., cette permission est accordée par le juge de paix du lieu où la saisie doit être faite, toutes les fois que les causes de la saisie rentrent dans sa compétence (L. 1905, art. 13, § 2).

33. En matière de saisie-arrêt ou opposition, la permission exigée à défaut de titre par l'art. 558 c. pr. civ. est délivrée par le juge de paix du domicile du débiteur, et même par celui du domicile du tiers saisi, après requête signée de la partie ou de son mandataire (L. 1905, art. 14, § 2).

§ 3. — *Compétence extrajudiciaire des juges de paix.*

34. La loi charge le juge de paix de convoquer et présider le conseil de famille des mineurs et interdits (Civ. 406, 416 ; V. *infrà, Tutelle*) ; — de dresser des actes d'émancipation, d'adoption, de tutelle officieuse (Civ. 353, 363 ; V. *suprà, Adoption,* n° 9 et 32 ; *infrà,* v° *Emancipation*) ; — de délivrer des actes de notoriété (Civ. 70, 71, 155 ; V. *suprà, Acte de notoriété,* n° 2) ; — d'assister à l'inventaire du mobilier de l'absent (Civ. 126 ; V. *suprà, Absence,* n° 22) ; — de rédiger les testaments faits dans un lieu avec lequel toute communication est interceptée à cause de maladie contagieuse (Civ. 985 ; V. *infrà, Testament,* n° 69) ; — de dresser procès-verbal du refus que feraient les conservateurs des hypothèques de transcrire des actes de mutation, d'inscrire des droits hypothécaires, ec. (Civ. 2199 ; V. *infrà, Privilèges et hypothèques,* n° 436).

35. Le juge de paix est aussi chargé de recevoir les déclarations des tiers saisis, domiciliés dans son ressort, hors de la ville où siège le tribunal (Pr. 571; V. *infrà, Saisie-arrêt*, n° 53); — d'assister à l'ouverture des portes, à l'effet d'opérer une saisie - exécution (Pr. 587; V. *infrà, Saisie-exécution*, n° 27), et d'apposer les scellés sur les papiers trouvés dans les pièces ou meubles dont il a ordonné l'ouverture (Pr. 591; V. *infrà, eod. v°*, n° 25); — d'établir un gérant à l'exploitation, en cas de saisie d'animaux ou d'ustensiles servant à l'exploitation (Pr. 594; V. *infrà, eod. v°*, n° 42); — d'apposer et lever les scellés (Pr. 907 et s.; V. *infrà, Scellés et inventaires*); — de procéder aux opérations qui lui sont déléguées, conformément aux art. 255 c. pr. civ. (V. *infrà, Enquête*, n° 8), 305 (V. *infrà, Expertise*, n° 31), 326 (V. *infrà, Interrogatoire sur faits et articles*, n° 13) et 1035 du même code (V. *suprà, Commission rogatoire*, n° 1).

36. Le juge de paix a compétence pour nommer, à défaut du président du tribunal civil, les experts qui doivent, en cas de contestation pour la réception d'objets transportés par un voiturier, constater leur état (Com. 106; V. *suprà, Commissionnaire de transport-voiturier*, n° 81); — pour autoriser, s'il n'y a pas sur les lieux de tribunal de commerce, le capitaine dont le navire a besoin de radoub ou d'achat de victuailles, à emprunter sur le corps du vaisseau (Com. 234; V. *infrà, Marine marchande*, n° 43); — pour, à défaut du tribunal de commerce, recevoir soit le rapport du capitaine qui a été contraint d'abandonner son navire (Com. 243; V. *infrà, eod. v°*, n° 51), soit la déclaration des causes qui ont obligé un capitaine à relâcher dans un port de France (Com. 245; V. *infrà, eod. v°*, n° 50); — pour nommer, également à défaut du tribunal de commerce, les experts qui doivent constater, en cas de déchargement du navire dans un port français, les pertes et dommages résultant du jet à la mer de tout ou partie du chargement (Com. 414; V. *suprà, Avaries*, n° 15); — pour apposer les scellés en cas de faillite (Com. 457; V. *infrà, Faillite-liquidation judiciaire*, n° 144); — pour les lever, sur la réquisition des syndics, assister à l'inventaire et le signer à chaque vacation (Com. 480; V. *infrà, eod. v°*, n° 146).

37. L'art. 161 c. for. dispose que le juge de paix doit assister à l'introduction, dans l'intérieur des maisons et enclos, des gardes champêtres et forestiers qui veulent opérer une saisie (V. *infrà, Forêts*, n° 42); — il peut donner mainlevée provisoire des objets saisis à la charge du payement des frais de séquestre, et moyennant caution (For. 168); — il doit ordonner la vente des bestiaux saisis qui n'ont pas été réclamés dans les cinq jours du séquestre, ou pour lesquels il n'a pas été fourni caution; il taxe, dans ce cas, les frais de séquestre et de vente (For. 169).

38. La compétence des juges de paix s'étend encore, en vertu de lois spéciales, à d'autres matières dans des hypothèses diverses qui sont indiquées dans les articles consacrés à ces matières (V. notamment *suprà, Accidents du travail*, n°s 93 et s.; *infrà, Eaux*, n° 192 et s.; *Elections*, n°s 77 et s.; *Enseignement*, n° 29; *Réquisitions militaires*, n° 29; *Secours publics*, n° 63; *Sépulture*, n° 30; *Servitudes*, n°s 19, 37; *Travail*, n°s 26, 58 et s.; *Warrants*, n°s 31, 34).

ART. 3. — COMPÉTENCE TERRITORIALE.

39. En thèse générale, le principe est le même que pour les tribunaux d'arrondissement : le juge de paix compétent est celui du domicile du défendeur, ou de sa résidence s'il n'a pas de domicile (Pr. 2).

40. Cette règle comporte, en justice de paix, les mêmes applications que devant la juridiction d'arrondissement; elle reçoit aussi les mêmes exceptions, notamment en cas d'actions réelles immobilières. C'est ainsi qu'aux termes de l'art. 3 c. pr. civ., c'est le juge de paix de la situation de l'objet litigieux qui est compétent lorsqu'il s'agit : 1° des actions pour dommages aux champs, fruits et récoltes; 2° des déplacements de bornes, des usurpations de terres, arbres, haies, fossés et autres clôtures; 3° des entreprises sur les cours d'eau et de toutes autres actions possessoires; 4° des réparations locatives; 5° des dégradations alléguées par le propriétaire et des indemnités réclamées par le fermier ou locataire pour non-jouissance.

41. La loi du 12 juill. 1905 a apporté plusieurs exceptions au principe général sur la compétence territoriale. Ainsi, la demande peut être portée soit devant le juge de paix du domicile de l'expéditeur, soit devant le juge de paix du domicile du destinataire, au choix de la partie la plus diligente : 1° en cas de contestation à l'occasion des correspondances et objets recommandés et des envois de valeur déclarée, grevés ou non de remboursement (L. 1905, art. 2; § 4); 2° en cas de contestation entre les compagnies ou administrations de chemins de fer ou autres transporteurs et les expéditeurs ou destinataires de colis postaux du service continental intérieur (L. 1905, art. 6, § dernier). — Quand il y a plusieurs défendeurs à une demande en pension alimentaire, ils peuvent être cités devant le tribunal de paix du domicile de l'un d'eux, au choix du demandeur (L. 1905, art. 7, § 1er). — Les demandes en payement des droits de place perçus par les communes ou leurs concessionnaires sont portées devant le juge de paix du lieu où la perception est due ou réclamée (L. 1905, art. 7, § 5).

42. Les parties ont toujours, au surplus, la faculté de déroger aux règles de la compétence *ratione personæ*, et de confier à un juge de paix le soin de trancher leur différend, bien qu'il ne soit point leur juge naturel, ni à raison du domicile ou de la résidence du défendeur, ni à raison de la situation de l'objet litigieux (Pr. 7). Cette prorogation de juridiction ne peut toutefois résulter, ici encore, que d'une déclaration des parties faite en présence du juge, ainsi qu'il a été dit *suprà*, n° 24.

COMPÉTENCE CIVILE DES TRIBUNAUX D'ARRONDISSEMENT

(R. v° *Compétence civile des tribunaux d'arrondissement et des cours d'appel*; S. *eod. v°*).

1. La compétence civile des tribunaux d'arrondissement est déterminée par les articles 59 et 60 du Code de procédure civile (1re partie, livre 2, titre 2) et par la loi du 11 avr. 1838 (R. v° *Organisation judiciaire*, p. 1507).

ART. 1er. — COMPÉTENCE D'ATTRIBUTION
(R. 11 et s.; S. 3 et s.).

2. Les tribunaux civils d'arrondissement sont juges de droit commun de toutes les affaires civiles proprement dites, c'est-à-dire qui ne sont ni administratives, ni criminelles, ni commerciales. Par suite, échappent seules à leur compétence, parmi les affaires civiles, celles qui leur ont été formellement enlevées par la loi, et, notamment, celles qui ont été attribuées aux juges de paix.

3. La jurisprudence considère, d'ailleurs, que l'incompétence des tribunaux d'arrondissement n'est pas absolue en ce qui concerne les affaires attribuées aux juges de paix, et que, par suite, ils peuvent en connaître, lorsque le défendeur ne s'y oppose pas et consent ainsi ce qu'on appelle une *prorogation de juridiction* (Req. 19 févr. 1894, D. P. 94. 1. 220). Et ils consacre la même solution relativement aux affaires commerciales, en décidant que l'incompétence des tribunaux d'arrondissement pour connaître de ces affaires formées, par des officiers ministériels, pour frais faits non seulement devant eux, mais encore devant les tribunaux de commerce (V. *infrà, Frais et dépens*). — L'action civile, lorsqu'elle est exercée séparément de l'action publique, est de la compétence des tribunaux civils. Mais l'exercice en est suspendu tant qu'il n'a pas été prononcé définitivement sur l'action publique intentée avant ou pendant la poursuite de l'action civile (Instr. 3). Du reste, le juge civil auquel il est demandé de surseoir à une action pendante devant lui, jusqu'à ce qu'il ait été statué sur l'action publique intentée depuis le commencement de cette instance, a le droit d'examiner si les faits qui lui sont révélés doivent arrêter l'exercice de sa juridiction. — La demande en dommages-intérêts que le prévenu, renvoyé des poursuites par la chambre du conseil ou par la chambre d'accusation, a formée contre son dénonciateur ou contre la partie civile, est compétemment portée devant la juridiction civile, à la différence de la demande intentée par l'accusé acquitté par la cour d'assises, demande qui, aux termes de l'art. 359 c. instr. cr., doit être formée devant cette cour, à peine de déchéance (V. *infrà, Instruction criminelle*, n° 194). — Les tribunaux civils d'arrondissement connaissent encore des demandes en règlement de juges, lorsqu'un même différend est porté devant deux ou plusieurs juges de paix du ressort (Pr. 363; V. *infrà, Règlement de juges*); des actions civiles relatives à la perception des contributions indirectes (L. 5 vent. an XII, art. 88; V. *infrà, Impôts indirects*, n° 139); — des difficultés d'exécution des jugements (Pr. 472; V. *infrà, Jugement*, n°s 115 et s.).

5. La *plénitude de juridiction* reconnue aux tribunaux civils d'arrondissement entraîne cette autre conséquence que, lorsque deux demandes, — portées séparément l'une devant l'un de ces tribunaux, compétent pour en connaître, l'autre devant le juge de paix ou le tribunal de commerce à la juridiction desquels elles ressortiraient par leur nature, — sont liées entre elles par un lien intime de dépendance et de connexité, elles doivent être jointes pour être jugées l'une et l'autre par le tribunal civil (Civ. c. 21 janv. 1903, D. P. 1903. 1. 177).

6. Il n'est pas douteux, au surplus, que la règle : « le juge de l'action est juge de l'exception, » soit applicable aux tribunaux d'arrondissement; que ceux-ci aient, par suite, le droit de statuer sur toutes les exceptions opposées aux actions principales dont ils sont saisis, alors même que la difficulté soulevée par ces exceptions, si elle eût fait l'objet d'une demande principale, eût été de la compétence du juge de paix ou du tribunal de commerce. Et, suivant la jurisprudence, cette règle est applicable non seulement aux exceptions proprement dites, mais encore aux moyens de défense en général, et même aux demandes reconventionnelles et aux demandes incidentes ou connexes soulevées au cours des procès dont les tribunaux civils se trouvent saisis, à la condition, bien entendu, que ces demandes soient indivisiblement liées à ces procès ou qu'elles n'en forment que l'accessoire.

7. Enfin, les tribunaux d'arrondissement connaissent non seulement de l'exécution de leurs propres jugements, mais encore de celle des jugements définitifs des juges de paix et des tribunaux de commerce (Pr. 553). — A plus forte raison, leur appartient-il d'interpréter leurs propres jugements ; mais l'interprétation des jugements des juges de paix et des tribunaux de commerce leur est refusée : elle ne peut être donnée que par les tribunaux mêmes qui les ont rendus. — La compétence des tribunaux d'arrondissement en ce qui concerne l'exécution et l'interprétation de leurs propres jugements persiste, d'ailleurs, même après que ces jugements ont été frappés d'appel, à la condition toutefois qu'ils soient confirmés (Pr. 472). — Sur ces divers points, V. *infrà, Jugement.*

8. En principe, les tribunaux d'arrondissement sont, au contraire, incompétents d'une manière absolue quant aux affaires soit criminelles, soit administratives ; ils ne peuvent même en connaître en vertu de la règle que le juge de l'action est juge de l'exception, lorsqu'elles sont portées devant eux par voie d'exception, ou sous forme de demande incidente ou reconventionnelle ; ils doivent alors surseoir au jugement de l'action principale jusqu'à ce que la juridiction criminelle ou administrative se soit prononcée (V. *suprà, Compétence administrative* n° 71).

9. Il faut observer, d'autre part, que, même en ce qui concerne les procès de leur compétence, les tribunaux d'arrondissement ne sont pas toujours juges en dernier ressort ; ils ont qualité pour statuer quel que soit le chiffre de la demande, leur décision est, en règle générale, susceptible d'appel au delà de 1 500 francs. — En revanche, ils sont eux-mêmes juges d'appel, dans certains cas, des sentences des juges de paix (V. *suprà, Appel en matière civile et commerciale* n°⁸ 3, 9, 97 et s.).

ART. 2. — COMPÉTENCE TERRITORIALE (R. 22 et s. ; S. 7 et s.).

§ 1ᵉʳ. — *Règle générale.*

10. En principe, le tribunal d'arrondissement compétent, à l'exclusion de tous autres, pour connaître d'une demande rentrant par sa nature dans la juridiction de ces tribunaux, est celui du défendeur (Pr. 59, § 1ᵉʳ). Notamment, c'est à ce tribunal qu'il appartient de juger les actions personnelles (V. *suprà, Action,* n°⁸ 4 et 5), même immobilières (V. *suprà, eod. v°,* n° 12) ; — les actions réelles mobilières, par exemple celles ayant pour objet la revendication, par le détenteur, d'une chose perdue ou volée (V. *suprà,* n° 11) ; — les actions relatives à l'état des personnes, par exemple les demandes en divorce, en nullité de mariage, en interdiction ou en dation de conseil judiciaire.

11. Le tribunal du défendeur ainsi compétent est celui du *domicile* du défendeur s'il est connu, ou, dans le cas contraire, celui de sa résidence (Pr. 59, § 1ᵉʳ).

12. S'il y a plusieurs défendeurs, et qu'ils n'aient pas le même domicile, l'action est portée devant le tribunal de l'un d'eux, au choix du demandeur (Pr. 59, § 2). — Il n'en est ainsi toutefois que si l'action dirigée contre celui dont le domicile est choisi a un caractère sérieux, et n'a point seulement pour objet de distraire les autres défendeurs de leurs juges naturels (Grenoble, 6 août 1902, D. P. 1902. 2. 431).

13. Il faut aussi que la *même* action soit dirigée contre les divers défendeurs, c'est-à-dire qu'il y ait identité d'objet et de cause. Tel est le cas d'une demande dirigée solidairement à la fois contre un banquier et un agent de change, à l'effet d'obtenir la remise de titres nominatifs, et fondée sur la vente irrégulière de ces titres, qui constitue une faute commune aux deux défendeurs (Orléans, 10 mars 1888, D. P. 89. 2. 208). Au contraire, les deux demandes doivent être séparées et ne peuvent plus être jointes devant le tribunal du domicile de l'un des défendeurs dans le cas où l'action est dirigée par une société à la fois contre ses anciens administrateurs et contre une autre société, alors que cette action est basée, vis-à-vis des anciens administrateurs, sur des fautes de gestion, et vis-à-vis de l'autre société, sur les stipulations d'un contrat (Orléans, 1ᵉʳ août 1888, D. P. 89. 2. 208) ; ... ou bien, au cas où des poursuites seraient exercées devant la juridiction civile à raison d'articles publiés par différents journaux de Paris et reproduits dans une feuille de province (Paris, 16 déc. 1897, D. P. 99. 2. 8). De même encore, le tiré qui n'a pas accepté sa lettre de change ne peut être assigné pour le porteur devant le tribunal du domicile du tireur, même concurremment avec lui (Dijon, 7 déc. 1899, D. P. 1902. 2. 385).

14. Enfin, il est nécessaire que les divers défendeurs soient tenus d'une manière égale et semblable : la règle de l'art. 59, § 2, ne s'applique pas si l'engagement de l'un est l'accessoire de l'autre, comme en cas de cautionnement, par exemple, sauf le droit qu'a la caution, si toutefois ce n'est pas une caution solidaire, d'opposer le bénéfice de discussion (V. *suprà, Cautionnement,* n° 18) ; ... ni lorsque l'un n'est obligé qu'éventuellement, tandis que l'autre l'est d'une façon ferme et irrévocable.

15. Mais il n'est pas besoin que l'obligation qui lie les débiteurs entre eux soit solidaire ou indivisible. La jurisprudence admet même qu'il suffit que les deux demandes soient connexes ; et deux actions doivent être notamment réputées connexes, à ce point de vue, en sorte que les défendeurs peuvent être cités devant le tribunal de l'un d'eux, quand la demande réclame au premier le payement d'un don ou legs, et à l'autre la restitution d'un dépôt ayant pour objet la somme donnée ou léguée (Paris, 30 juin 1892, D. P. 93. 2. 543).

16. Il importe peu également que la demande ne repose pas sur le même titre vis-à-vis de chacun des défendeurs ; que, par exemple, elle n'ait pas pour cause, à l'égard de l'un, la réparation d'un délit ou d'un quasi-délit, et, vis-à-vis de l'autre, l'exécution d'un contrat ou d'un quasi-contrat, du moment qu'à l'égard de l'un et de l'autre elle prend sa source dans le même fait. Ainsi l'action en indemnité pour avaries, intentée à la fois contre plusieurs compagnies de transport, peut être portée devant le tribunal de l'une d'elles, encore que le lien de droit existant entre le demandeur et lesdites compagnies ne dérive pas d'un seul et même contrat (Alger, 16 nov. 1898, D. P. 1900. 2. 482).

17. La compétence du tribunal est déterminée par la situation des parties au moment où l'instance s'engage (Paris, 14 mars 1895, D. P. 95. 2. 231). Par suite, si le défendeur change de domicile après l'assignation introductive de cette instance, le tribunal qui doit connaître de l'affaire n'est pas celui du nouveau domicile, mais celui du domicile qu'avait le défendeur lors de l'assignation primitive.

§ 2. — *Exceptions.*

18. Il est un premier cas où, par la force des choses, le défendeur ne peut être assigné devant le tribunal de son domicile ou de sa résidence : c'est lorsque ni ce domicile ni cette résidence ne sont connus ; en pareille hypothèse, l'opinion générale paraît être que le demandeur peut porter l'action devant le tribunal de son choix. Et la même solution est étendue au cas d'un Français qui n'a ni domicile ni résidence en France. — Pour le cas d'un étranger, V. *infrà, Étranger.*

19. En outre, la loi elle-même a apporté un certain nombre de dérogations à la règle générale, en décidant que le demandeur doit être assigné : ... en matière réelle immobilière, devant le tribunal de la situation de l'objet litigieux (Pr. 59, § 3 ; V. *suprà, Action,* n°⁸ 7 et 8) ; ... en matière mixte immobilière, devant le juge de la situation, ou devant celui du défendeur (Pr. 59, § 4 ; V. *suprà, eod. v°,* n° 9) ; ... en matière de société, devant le tribunal du siège social (Pr. 59, § 5 ; V. *infrà, Société*) ; ... en matière de succession, devant le tribunal du lieu où la succession est ouverte (Pr. 59, § 6 ; V. *infrà, Succession*) ; ... en matière de faillite, devant le juge du domicile du failli (Pr. 59, § 7) ; ... en matière de garantie, devant le tribunal où la demande originaire est pendante (Pr. 59, § 8 ; V. *infrà, Exceptions et fins de non-recevoir*) ; ... en cas d'élection de domicile pour l'exécution d'un acte, devant le tribunal du domicile élu, ou devant le tribunal du domicile réel du défendeur (Pr. 59, § 9) ; ... en matière de frais faits par les officiers ministériels, devant le tribunal où les frais ont été faits (Pr. 60 ; V. *infrà, Frais et dépens*) ; ... en matière de reddition de compte, devant le tribunal qui a commis les comptables, s'il s'agit de comptables commis par justice ; devant celui qui leur a déféré la tutelle, s'il s'agit de tuteurs (Pr. 527 ; V. *infrà, Compte*). — Enfin, des règles spéciales de compétence exceptionnelle sont édictées en diverses matières, notamment en ce qui concerne l'exécution des jugements (V. *infrà, Jugement*) et les saisies (V. *infrà, Saisie-arrêt, Saisie immobilière*), les cessions de biens (V. *infrà, Obligations*).

20. La compétence *ratione personæ vel loci* n'étant pas d'ordre public, les parties peuvent, d'un commun accord, déroger aux règles qui la concernent, et porter leur contestation par exemple devant un tribunal autre que celui du défendeur, s'il s'agit d'une action personnelle, ou autre que celui de la situation de l'immeuble, s'il s'agit d'une action réelle immobilière (Alger, 6 juin 1898, D. P. 1900. 2. 23).

COMPÉTENCE COMMERCIALE

(R. v° *Compétence commerciale* ; S. *eod. v°*).

1. La compétence des tribunaux de commerce est réglée par le titre 2 du livre 4 du Code de commerce (art. 631 à 641).

2. Les règles ci-après exposées sont, au reste, applicables non seulement aux tribunaux de commerce proprement dits, mais encore aux tribunaux civils jugeant commercialement dans les arrondissements où il n'existe pas de tribunal de commerce (Com. 640).

ART. 1ᵉʳ. — COMPÉTENCE D'ATTRIBUTION (R. 44 et s. ; S. 14 et s.).

3. Les tribunaux de commerce connaissent, en principe, de toutes les contestations relatives aux actes de commerce, c'est-à-dire : 1° aux actes de commerce par nature tels qu'ils ont été définis *suprà, Acte de commerce,* n°⁸ 4 et s. (Com. 631-3°), qu'ils soient faits, ou non, par des commerçants ; — 2° aux actes présumés commerciaux comme faits par des commerçants, dont il est parlé *suprà, eod. v°*, n°ˢ 30 et s. (Com. 631-1° et 638-2°). — Toutefois, si le même acte est commercial à l'égard de l'une des parties et non commercial à l'égard de l'autre (V. *suprà, eod. v°*, n° 2), cette dernière ne peut être actionnée que devant le tribunal civil, tandis que la jurisprudence lui reconnaît la faculté de poursuivre à son choix son adversaire devant le tribunal civil ou le tribunal de commerce.

4. D'autre part, la connaissance des engagements respectifs des maitres et de leurs ouvriers ou apprentis est attribuée aux prud'hommes dans les localités où il existe des Conseils de prud'hommes, et, ailleurs, aux juges de paix (V. *infrà, Travail*). — De même, est attribuée aux juges de paix, jusqu'à 1500 francs, la connaissance des contestations entre les logeurs, voituriers et carrossiers d'une part, et les personnes qu'ils ont logées, transportées ou dont ils ont réparé la voiture. — Mais là encore, la jurisprudence reconnaît soit aux ouvriers ou apprentis, soit aux personnes qui ont été logées ou transportées, et pour lesquelles l'acte n'est pas commercial, le droit de renoncer à cette compétence exceptionnelle, et d'actionner leur adversaire devant le tribunal de commerce (Civ. c. 30 nov. 1897, D. P. 98. 1. 327).

5. Enfin, et par exception également à la règle ci-dessus posée, le contentieux relatif aux entreprises de travaux publics, en ce qui concerne les litiges entre l'administration et l'entrepreneur, appartient, non au tribunal de commerce, mais au Conseil de préfecture (V. *infrà, Travaux publics*), bien que ces entreprises (V. *suprà, Acte de commerce*, n° 19) soient commerciales

6. Les tribunaux de commerce connaissent des actions exercées contre les préposés et commis des marchands, ainsi que contre leurs serviteurs (bien qu'ils ne soient pas commerçants), mais pour le fait seulement du trafic du marchand auquel ils sont attachés (Com. 634, § 1ᵉʳ), ... sans qu'il y ait d'ailleurs à distinguer selon que ces actions sont formées par des tiers, à raison d'une faute engageant leur responsabilité personnelle, ou par le patron lui-même. — Les instances introduites par les préposés, commis ou serviteurs, demeurent, au contraire, soumises au droit commun; et, par suite, comme le louage d'ouvrage est purement civil pour eux (V. *suprà, Acte de commerce*, n° 34), les actions qu'ils intentent contre leurs patrons, par exemple en payement de leurs salaires, peuvent, à leur gré, être portées soit devant le tribunal civil, soit devant le tribunal de commerce (Req. 28 oct. 1901, D. P. 1902. 1. 321). — Quant aux actions contre les artistes dramatiques, V. *infrà, Théâtre-Spectacle*.

7. Sont aussi de la compétence des tribunaux de commerce les contestations relatives aux engagements, contractés par écrit, des receveurs, payeurs, percepteurs ou autres comptables de deniers publics, c'est-à-dire des deniers de l'Etat, des départements, des communes et des établissements publics et de bienfaisance (Com. 634, § 2). — Il n'en est ainsi, toutefois, que si ces engagements sont relatifs à leur gestion. Mais la loi présume, sauf preuve contraire, que tous les engagements signés par eux ont été pris pour cette gestion, lorsqu'une autre cause n'est pas énoncée dans l'acte qui les constate (Com. 638, § 2).

8. Les tribunaux de commerce sont encore compétents pour toutes contestations relatives aux lettres de change, lorsque ces effets sont réguliers, non simulés, et signés par des personnes capables, alors même que ces personnes seraient obligées pour une cause civile. Il en est de même, suivant la jurisprudence, quand les lettres de change

sont réputées seulement simples promesses en faveur des femmes ou des filles non marchandes qui les ont signées. Ils sont, au contraire, incompétents, lorsque ces lettres sont réputées simples promesses à raison d'une irrégularité de forme ou d'une supposition de nom ou de cause (V. *infrà, Lettre de change*). Tout au moins ne sont-ils alors compétents que si, parmi leurs signataires, il en est qui sont obligés pour une cause commerciale, auquel cas ils deviennent compétents même à l'égard de ceux qui ne sont tenus que civilement (Com. 636 et 637).

9. De même, les tribunaux de commerce ne sont pas compétents quant aux billets à ordre dont aucun signataire n'est obligé pour une cause commerciale; mais ils le deviennent, à l'égard de tous les signataires de ces billets, même à l'égard de ceux qui ne sont obligés que civilement, dès que, parmi ces signataires, il s'en trouve un seul qui est obligé commercialement (Com. 637); ... et cela, que les différents signataires soient actionnés ensemble, ou que ceux obligés civilement le soient seuls. Toutefois, cette compétence exceptionnelle à l'égard des obligés civils n'existe que si le billet à ordre est régulier en la forme. — Il faut, en outre, que les signatures apposées sur ce billet pour cause commerciale obligent directement leurs auteurs comme *débiteurs principaux* ou comme *garants*. Par suite, le tribunal de commerce n'est pas compétent à l'égard des signataires civilement obligés, bien que le billet soit également signé par un tiers obligé pour une cause commerciale, si ce signataire n'est qu'un endosseur irrégulier. — Les solutions qui précèdent concernant le billet à ordre sont, d'ailleurs, applicables même au billet à domicile, c'est-à-dire au billet à ordre contenant une remise de place en place (L. 7 juin 1894, D. P. 94. 4. 54). — Elles le sont également aux chèques.

10. Une compétence spéciale est également attribuée aux tribunaux de commerce en matière de faillite (Com. 635) et de sociétés (Com. 642). Elle est exposée *infrà, Faillite* et *Société*.

11. Les tribunaux de commerce connaissent des affaires pour lesquelles ils sont compétents, quelque soit le chiffre de la demande. Toutefois, en principe, ils ne jugent en dernier ressort que si ce chiffre n'excède pas 1 500 francs : au delà de cette somme leur décision est susceptible d'appel (V. *suprà, Appel en matière civile et commerciale*, n° 113). Ils sont eux-mêmes juges d'appel des Conseils de prud'hommes (V. *suprà, eod. v°*, n° 143).

12. Les tribunaux de commerce sont des juges d'exception ; et, à ce titre, ils ne peuvent connaitre des affaires qui leur sont expressément réservées par la loi, c'est-à-dire de celles qui viennent d'être énumérées. Ils ne peuvent connaitre, notamment, ni de celles qui sont de la compétence spéciale des tribunaux civils et des juges de paix. Ils ne peuvent même connaitre de ces autres affaires ni par voie de demande reconventionnelle, ni par voie de demande incidente ou en garantie, ni par voie d'intervention.

13. La règle que « le compétent attire l'incompétent » n'est pas non plus applicable aux tribunaux de commerce, et lorsqu'ils sont saisis d'une demande renfermant plusieurs chefs, dont les uns sont commerciaux et les autres civils, ils doivent renvoyer ces derniers chefs à la juridiction civile, sauf à renvoyer, s'il est nécessaire, au jugement de ceux qu'ils retiennent. Ils sont même tenus de déclarer incompétents sur les chefs commerciaux, si le lien d'indivisibilité ou de connexité qui les unit aux chefs civils ne permet pas de les séparer.

14. La même règle est, à plus forte raison, inapplicable, sauf les exceptions qui

y ont été apportées, en matière de billets à ordre et de lettres de change, par l'art. 637 (V. *suprà*, n°ˢ 8 et 9), au cas où la demande soumise au tribunal de commerce est intentée contre plusieurs défendeurs qui sont obligés les uns commercialement et les autres civilement. Le tribunal de commerce n'est compétent qu'à l'égard de ceux qui sont obligés commercialement; il cesse même de l'être vis-à-vis d'eux également et doit renvoyer le débat tout entier devant la juridiction civile, s'il y a indivisibilité ou solidarité entre tous les obligés. — De même, comme la caution d'une dette commerciale n'est, en principe, obligée que civilement, malgré la commercialité de l'obligation principale (V. *suprà, Acte de commerce*, n° 34), elle ne peut être actionnée devant le tribunal de commerce, même conjointement avec le débiteur principal. Il n'y a pas à distinguer suivant qu'il s'agit d'une caution simple ou d'une caution solidaire.

15. Les tribunaux de commerce ne peuvent non plus connaitre des moyens de défense mettant en jeu des questions relatives à la propriété des immeubles, ... ou à l'état des personnes (Pr. 426); ils ne peuvent statuer, par exemple, sur le point de savoir si un individu est Français ou étranger, mineur ou majeur, héritier, ou non, de telle personne, etc. Ils doivent, lorsque de pareils moyens sont soulevés devant eux, en renvoyer la connaissance au tribunal civil, et surseoir au fond jusqu'à ce que ce dernier ait statué. — Mais, sauf ce qui a été dit des demandes reconventionnelles en garantie incidente, ils ont qualité pour connaître de tous autres moyens fondés sur le droit civil, et, à plus forte raison, de ceux fondés sur le droit commercial. Ils peuvent ainsi connaitre, par exemple, des moyens de nullité contre une obligation commerciale, tirés de ce que cette obligation a une cause illicite ou a été souscrite par un incapable. Ils ont, de même, qualité pour statuer sur les exceptions d'incompétence qui peuvent leur être opposées.

16. Les tribunaux de commerce sont également juges de la validité des actes de procédure et d'instruction faits dans les instances de leur compétence, tels qu'exploits d'ajournement, enquêtes, expertises, etc.; ils connaissent également, en principe, de tous les incidents de procédure qui surgissent devant eux : reproches de témoins, récusations d'experts, reprises d'instances, désistements, etc. Ils peuvent même statuer sur les récusations proposées contre leurs membres. — Toutefois, leur compétence ne s'étend pas aux vérifications d'écritures et au faux incident civil : si une pièce produite est méconnue, déniée ou arguée de faux, et que la partie persiste à s'en servir, ils doivent renvoyer à cet égard devant le tribunal civil, et surseoir au jugement de la demande principale, à moins que la pièce ne soit relative qu'à un des chefs de la demande; auquel cas ils peuvent passer outre au jugement des autres chefs (Pr. 427). — Quant aux actions en payement de frais faits devant les tribunaux de commerce par les officiers ministériels, agréés, arbitres, etc., V. *infrà, Frais et dépens*.

17. En principe, les tribunaux de commerce ne connaissent point de l'exécution de leurs jugements définitifs (Pr. 442) et, spécialement, de la validité ou de la nullité des offres réelles ou des saisies, quelles qu'elles soient (V. *suprà, Compétence civile des tribunaux d'arrondissement*, n° 7, et *infrà, Jugement*). — A plus forte raison, les tribunaux de commerce ne connaissent-ils pas de l'exécution de jugements ou d'actes n'émanant pas d'eux, et, en particulier, de saisies-arrêts pratiquées en vertu d'actes sous seing privé, fût-ce pour une créance commerciale, ou même de saisies-conservatoires autorisées par le président du tribunal de commerce, en vertu de l'art. 417 c. pr. civ. et de l'art. 172 c. com.

18. Mais ils connaissent de l'exécution de leurs jugements préparatoires et interlocutoires, de ceux qui, par exemple, ordonnent une expertise ou une enquête. — A eux aussi il appartient de statuer sur l'opposition à leurs jugements par défaut; et, par suite, ils ont compétence pour décider si les actes d'exécution de ces jugements sont suffisants, soit pour rendre l'opposition non recevable, soit pour empêcher la péremption prononcée par l'art. 156 c. pr. civ. faute d'exécution dans les six mois (Req. 12 févr. 1890, D. P. 91. 1. 23) (V. *infrà, Jugement par défaut*). — Ils ont, de même, compétence pour interpréter leurs décisions.

19. L'incompétence des tribunaux de commerce, dans les cas ci-dessus indiqués, est absolue et peut, par suite, être invoquée en tout état de cause, même pour la première fois en appel; et le moyen qui en résulte doit, le cas échéant, être suppléé d'office. — Il en est autrement, toutefois, dans le cas de lettres de change dégénérées en simples promesses comme contenant une supposition de nom ou de qualité, ou de billets à ordre ou chèques signés seulement de personnes non obligées commercialement (V. *supra*, nos 8 et 9); l'incompétence du tribunal n'est alors que purement relative: elle ne peut donc être prononcée d'office, et elle doit être invoquée in *limine litis*, avant toutes exceptions ou défenses (Com. 686, *in fine*).

20. Les tribunaux de commerce ne cessent pas d'être compétents par cela seul que la partie justiciable de ces tribunaux vient à décéder au cours du procès qui leur est soumis. Ainsi, la veuve commune en biens de cette partie, ses héritiers, soit purs et simples, soit bénéficiaires, peuvent être assignés devant le tribunal de commerce soit par action nouvelle, soit en reprise d'instance, si leur auteur avait été actionné de son vivant (Pr. 426). — Toutefois, s'il s'élève une contestation sur la qualité de la veuve ou des héritiers, elle est renvoyée au tribunal civil, et c'est seulement lorsque ce tribunal a statué sur le point que l'affaire revient devant le tribunal de commerce pour être jugée au fond.

ART. 2. — COMPÉTENCE TERRITORIALE (R. 403 et s.; S. 122 et s.).

21. La règle est la même devant les tribunaux de commerce que devant les tribunaux civils: le défendeur doit être assigné devant le tribunal de son domicile, et, s'il n'a pas de domicile, devant celui de sa résidence (Pr. 59 et 420) (V. *supra*, *Compétence civile des tribunaux d'arrondissement*, no 11). — La disposition de l'art. 59, § 2, c. pr. civ., d'après laquelle, s'il y a plusieurs défendeurs, le demandeur peut les assigner, à son choix, devant le tribunal du domicile de l'un d'eux (V. *supra*, *Compétence civile des tribunaux d'arrondissement*, no 12), est applicable en matière commerciale comme en matière civile (Paris, 10 juill. 1902, D. P. 1902. 2. 353).

22. L'art. 420 c. pr. civ. a apporté, pour les tribunaux de commerce, une dérogation considérable à cette règle, en décidant que, devant ces tribunaux, le demandeur peut assigner à son choix devant le tribunal du défendeur, devant celui dans l'arrondissement duquel la promesse a été faite et la marchandise livrée, devant celui dans l'arrondissement duquel le payement devait être effectué.

23. Ce droit d'option appartient au demandeur dans toutes les contestations commerciales ayant pour objet un payement ou

une livraison à effectuer. Il en est ainsi quel que soit le contrat auquel elles sont relatives: vente, louage de services, mandat, commission, transport, assurances, ouverture de crédit, etc. — Peu importe également qu'elles se réfèrent à l'interprétation ou à l'exécution de ce contrat.

24. Le demandeur n'a pas le droit d'option et ne peut, par suite, saisir que le tribunal du domicile du défendeur, si l'existence même du contrat litigieux ou le lieu du payement sont contestés, pourvu que la contestation soit sérieuse (Req. 24 févr. 1903, D. P. 1903. 1. 189). Mais la compétence exceptionnelle de l'art. 420, notamment celle du tribunal du lieu du payement, subsisterait nonobstant l'annulation du contrat prononcée, par exemple, à raison de ce que son exécution est impossible (Req. 13 mai 1901, D. P. 1902. 1. 70). — Le droit d'option dont il s'agit ne s'applique pas non plus dans les procès naissant d'actes autres que les contrats commerciaux; ceux relatifs à des engagements qui, bien que commerciaux, dérivent d'une autre source, par exemple d'un quasi-contrat ou d'un quasi-délit, ne peuvent être soumis qu'au tribunal du domicile du défendeur.

25. L'option, une fois faite, est définitive, et le demandeur ne peut plus saisir un autre tribunal que sur un désistement, qui doit être accepté du défendeur.

26. Le tribunal du lieu où « la promesse a été faite et la marchandise livrée », c'est-à-dire où le contrat a été conclu et où son exécution a eu lieu, n'est jamais compétent que si ces deux circonstances sont réunies; par suite, le demandeur ne peut, en aucun cas, agir soit devant le tribunal où le contrat a été simplement formé, soit devant celui où il a été seulement exécuté.

27. Le lieu où le contrat est réputé conclu est, si les parties étaient l'une et l'autre présentes, celui où elles ont échangé leur consentement; s'il a été fait par correspondance, celui d'où a été expédiée la lettre d'acceptation, ou, suivant quelques arrêts, celui où cette lettre est parvenue à son destinataire (V. notamment : Nîmes, 15 juin 1900, D. P. 1901. 2. 415); ..., et, s'il a été conclu par un intermédiaire (notamment un commis-voyageur), le lieu où a été négocié le marché, alors même qu'il n'aurait eu le pouvoir de contracter que sauf ratification.

28. Quant au lieu de la livraison, c'est, en principe, et lorsqu'il n'y a pas de stipulation contraire des parties, celui d'où ont été expédiées les marchandises à livrer. Par exception, toutefois, c'est le domicile même de l'acheteur, s'il s'agit d'une vente sur échantillon (Paris, 14 janv. 1890, D. P. 92. 2. 64), ou si, d'après les conventions, la marchandise devait être livrée « à domicile franco de port (Req. 17 janv. 1898, D. P. 98. 1. 79) ou contre remboursement.

29. A la différence des deux autres faits prévus par l'art. 420, le lieu du payement suffit à lui seul pour attribuer compétence au tribunal de commerce dans le ressort duquel il est situé; et, du moins suivant la jurisprudence dominante, il faut entendre à cet égard, par payement, non seulement la prestation d'un prix, mais encore l'accomplissement de toute espèce d'obligation. Ainsi, lorsqu'il s'agit d'un contrat de transport, le lieu du payement n'est pas seulement celui où le prix du transport est payable, c'est aussi celui où l'objet transporté est ou doit être délivré; de telle sorte que le voyageur dont les bagages ont été perdus a le droit d'actionner la compagnie de chemin de fer devant le tribunal du lieu de sa destination (Alger, 16 janv. 1895, D. P. 96. 2. 118). Sauf convention contraire, le lieu du payement est le lieu de la livraison elle-même si le marché est au comptant, et celui du domicile du

l'acheteur si le marché est à terme (Civ. 1247; Douai, 30 juill. 1902, D. P. 1903. 2. 110). — Mais la simple indication, dans la facture, d'un lieu de payement déterminé, notamment du lieu où le vendeur a son domicile, attribue compétence au tribunal de ce lieu, si l'acheteur reçoit cette facture sans protester contre ladite indication (Req. 26 déc. 1898, D. P. 99. 1. 319), ... et ce, bien qu'il refuse la marchandise (Req. 31 juill. 1888, D. P. 89. 1. 191), ... et alors même qu'une autre clause de la facture stipule que le payement sera effectué au moyen de traites tirées sur un autre lieu, par exemple au lieu du domicile de l'acheteur (Req. 29 mars 1892, D. P. 92. 1. 236). — D'autre part, la jurisprudence considère que, lorsqu'un commerçant remet les effets de commerce au payement, le lieu du payement est non celui où ces effets sont remis, mais celui où ils sont payables.

30. Au surplus, l'application de l'art. 420 est soumise, en matière commerciale, aux mêmes restrictions ou exceptions que l'est, en matière civile, le principe que le tribunal compétent est celui du défendeur. C'est ainsi, par exemple, que s'il y a plusieurs défendeurs, le demandeur peut les assigner à son choix, non seulement devant le tribunal du lieu où la promesse a été faite et la marchandise livrée, et devant celui du lieu où le payement devrait être fait, mais encore devant celui du domicile ou de la résidence de l'un des défendeurs. — De même, il y a lieu d'étendre à la compétence *ratione personæ* des tribunaux de commerce les solutions indiquées *supra*, *Compétence des tribunaux d'arrondissement*, no 19, en matière de société, de faillite, de garantie, d'élection de domicile, de frais et dépens, de reddition de compte, d'exécution de jugements, etc.

COMPÉTENCE CRIMINELLE

(R. vo *Compétence criminelle*; S. eod. vo).

ART. 1er. — DE LA COMPÉTENCE CRIMINELLE EN GÉNÉRAL.

§ 1er. — *Principes généraux* (R. 50 et s.; S. 4 et s.).

1. Les règles de la compétence criminelle sont d'ordre public, et elles ne peuvent fléchir qu'en cas d'une dérogation formellement autorisée par la loi. Il en résulte que l'exception d'incompétence, que s'il s'agisse de l'incompétence *ratione materiæ* ou de l'incompétence *ratione loci*, peut, en principe, être soulevée en tout état de cause et doit être examinée même s'il n'y a pas de décision définitive. Elle peut être soulevée pour la première fois en appel ou devant la Cour de cassation. L'incompétence ne serait pas couverte par l'acquiescement ou le silence des parties. L'exception doit même être suppléée d'office par le juge.

2. La règle qui permet de soulever la compétence en tout état de cause comporte cependant des exceptions. — 1o En premier lieu, les arrêts des Chambres de mises en accusation qui saisissent les cours d'assises étant attributifs et non pas seulement indicatifs de juridiction, il s'ensuit que les Cours d'assises ne peuvent pas se déclarer incompétentes pour connaître d'une affaire qui leur a été renvoyée par un arrêt d'accusation non attaqué dans les délais légaux; il y a chose jugée sur la compétence même *ratione loci* par l'arrêt d'accusation, et il n'est plus possible à l'accusé de mettre cette compétence en question ni devant la Cour d'assises, ni, plus tard, devant la Cour de cassation. — 2o Une seconde exception concerne le prévenu qui, traduit en police correctionnelle, demande son renvoi devant le tribunal de simple police : il ne peut former sa demande qu'à vant toute instruction, à peine de déchéance (Instr. 192 et 213). — 3° En troisième lieu, d'après le principe que la situation d'un prévenu ne peut être aggravée sur son seul appel (V. *suprà, Appel en matière criminelle*, n° 22), la chambre des appels de police correctionnelle ne peut, en l'absence d'un appel du ministère public et sans conclusions formelles du prévenu, se déclarer incompétente à raison de ce que le fait constituerait, non pas un simple délit, mais un crime et ressortirait dès lors à la Cour d'assises (V. *suprà, eod.* v°, n° 23).

3. La question de compétence doit être décidée préalablement, c'est-à-dire que tout tribunal dont la compétence est déclinée doit juger d'abord cette exception, et y statuer immédiatement, avant de procéder au fond, sauf dans le cas où l'appréciation du moyen d'incompétence est indivisible avec l'examen du fond.

4. L'exception d'incompétence peut être éteinte par l'autorité de la chose jugée, au cas où la partie a laissé s'écouler les délais de recours contre le jugement rejetant l'exception d'incompétence.

5. Le tribunal qui se déclare incompétent doit se borner à faire cette simple déclaration; il ne peut renvoyer l'affaire devant la juridiction qui lui paraît compétente et la saisir de la poursuite.

§ 2. — *Circonscription territoriale de la compétence des tribunaux criminels* (R. 65 et s.; S. 21 et s.).

6. Lorsqu'il s'agit d'un crime ou d'un délit, trois juges sont compétents *ratione loci* : le juge du lieu du crime ou du délit, celui de la résidence (et non du domicile) du prévenu, celui du lieu où le prévenu a été trouvé (Instr. 23, 29, 30 et 63). Tout autre juge est nécessairement incompétent. — En ce qui concerne les contraventions de police, il n'existe qu'une seule compétence *ratione loci*, celle du lieu de la perpétration (Instr. 138, modifié par la loi du 27 janv. 1873, D. P. 73. 4. 21.)

7. Il n'y a aucune préférence entre les trois compétences *ratione loci*. Au cas où plusieurs tribunaux *ratione loci* se trouvent simultanément saisis du même procès, et si chacun croit devoir retenir la connaissance de l'affaire, il y a lieu à un règlement de juges (V. *infrà, Règlement de juges*).

8. La compétence du lieu du délit est celle qui, en fait, détermine le plus souvent l'attribution du juge saisi. — La question de savoir quel est le lieu du délit est quelquefois délicate. Le lieu où l'on découvre un cadavre doit être présumé le lieu du crime, si l'on ne sait pas où l'homicide a été commis. Lorsqu'un délit a été commis sur les confins du territoire de deux juridictions, les juges de ces deux juridictions sont compétents, sauf règlement de juges, s'il y a lieu.

9. Les faits constitutifs d'un crime ou d'un délit ont pu être commis successivement dans les ressorts de plusieurs juridictions; s'il s'agit de délits successifs ou plutôt continus, tels que la séquestration, le recelé, les associations de malfaiteurs, la réunion illégale, le vagabondage, le délit d'affiliation à une congrégation non autorisée prévu par la loi du 1er juillet 1901 (Cr. r. 25 juill. 1902, D. P. 1903. 1.67), les juges de tous les lieux où les faits qui les constituent se perpétuent sont également compétents pour en connaître, puisque la continuation du délit suffit pour l'existence du délit. — Lorsqu'il s'agit de délits *collectifs* ou *d'habitude*, qui exigent la répétition des mêmes actes pour être punissables, comme le délit d'usure ou le délit d'excitation de mineurs à la débauche, il y a lieu (mais la question est discutée) d'attribuer compétence à la juridiction du lieu où s'est produit le fait qui, par sa relation

avec d'autres faits antérieurs, constitue le délit d'habitude.

10. Est compétent pour connaître d'un délit de banqueroute le juge du lieu où les faits de fraude se sont accomplis;... d'un crime d'usage de pièce fausse, le juge du lieu où il a été fait usage de la pièce;... d'un délit d'escroquerie, le juge du lieu où ont été accomplis les manœuvres frauduleuses;... d'un délit d'abus de confiance, le juge du lieu où le détournement ou la dissipation ont été accomplis;... d'un délit de contrefaçon, le juge du lieu où ont été saisis les objets contrefaits. — En matière de vente de substances falsifiées, s'il s'agit de marchandises qui se goûtent, le délit se commet dans la localité où les marchandises sont présentées à l'acheteur pour en prendre livraison après dégustation; s'il s'agit de marchandises qui se vendent au poids, ces sortes de choses étant d'ordinaire pesées chez le vendeur, c'est là que la vente devient parfaite, et c'est là aussi, en général, qu'est le lieu du délit. — En matière de presse, le lieu du délit est tout lieu dans lequel l'ouvrage délictueux aura été publié, vendu ou distribué, mis en vente ou exposé. Il en est de même pour les contraventions de presse; ainsi, la partie lésée par un article de journal peut poursuivre le gérant devant le tribunal dans le ressort duquel a eu lieu la publication.

11. Les règles sur la compétence *ratione loci* souffrent exception : 1° au cas où, après cassation d'un arrêt ou jugement, l'affaire est renvoyée devant d'autres juges (V. *suprà, Cassation*, n° 202); 2° au cas où la Cour de cassation dessaisit, pour cause de sûreté publique ou de suspicion légitime, le tribunal qui était compétent et renvoie devant un autre (V. *infrà, Renvoi*); 3° au cas où il y a renvoi, prononcé par la Cour de cassation, à raison de l'impossibilité pour le tribunal de se constituer (V. *infrà, eod.* v°).

12. En ce qui concerne la reconnaissance d'identité des individus condamnés, évadés et repris, c'est au tribunal dont émane la condamnation qu'il appartient, dans tous les cas, de statuer sur l'identité (V. *infrà, Evasion*). — Sur les modifications apportées aux règles de la compétence, en cas de connexité ou de complicité (V. *infrà*, n°s 24, 28 et s.

13. Enfin, la triple compétence édictée par le Code d'instruction criminelle peut ne recevoir aucune application, en ce qui concerne les infractions commises *hors* du territoire français (V. *infrà*, n°s 18 et s.). La poursuite appartient au ministère public du lieu où réside le prévenu ou du lieu où il peut être trouvé (Instr. 6, modifié par la loi du 27 juin 1866, D. P. 66. 4. 75).

14. Les lois de police et de sûreté obligent tous ceux qui habitent le territoire; en conséquence, l'étranger est justiciable des tribunaux français en raison des crimes et délits par lui commis en France. — Cette règle souffre exception à l'égard des ambassadeurs des puissances étrangères et du personnel officiel de leurs légations (V. *suprà, Agent diplomatique*, n° 13).

15. Quand peut-on dire qu'une infraction a été commise sur le territoire français? Le territoire d'un pays n'est borné que par ses frontières; mais, par une fiction de droit, il est réputé dans diverses circonstances, se prolonger au delà de ces limites matérielles. C'est ainsi que l'on regarde comme une portion ou une prolongation du territoire la portion de la mer connue au rivage et qui porte le nom de mer territoriale; en conséquence, les crimes et délits qui y sont commis sont considérés comme ayant été commis sur le territoire même et justiciables des tribunaux nationaux. — La même fiction s'applique aux navires français lorsqu'ils sont en pleine mer dans les ports étrangers. Toutefois, à l'égard des navires marchands qui

se trouvent dans les eaux soumises à une autre puissance, la règle comporte des restrictions; la connaissance des délits commis à bord peut être revendiquée par la juridiction territoriale : 1° si le délit a été commis par ou contre une personne étrangère à l'équipage; 2° si, même pour les délits entre gens de l'équipage, le secours de l'autorité locale est réclamé; 3° si la sécurité du port est compromise (Av. Cons. d'Et. 28 oct. 1806, R. n° 122).

16. De même, le territoire étranger occupé par les armées françaises est réputé, au point de vue de l'application de la loi pénale, territoire français; ce sont les tribunaux du corps expéditionnaire qui statuent.

17. Enfin, une autre extension fictive du territoire est celle en vertu de laquelle, dans les *Echelles du Levant*, les consuls français sont compétents à l'égard des infractions commises par des Français habitant ces pays (V. *infrà, Consul*, n° 23 et s.).

§ 3. — *Crimes et délits commis à l'étranger* (R. 110 et s.; S. 75 et s.).

18. Cette matière a été complètement remaniée par la loi du 27 juin 1866 (D. P. 66. 4. 75), qui a modifié les art. 5, 6 et 7 c. instr. cr.

A. — Infractions commises par les Français.

19. Les crimes ou les délits commis par les Français à l'étranger peuvent être poursuivis en France aux conditions suivantes : 1° Il faut que le coupable soit de retour en France (ce qui exclut, pour les crimes, toute procédure par contumace). Il faut d'ailleurs que le retour ait été *volontaire*. — Par exception, pour les crimes attentatoires à la sûreté ou à la fortune de l'Etat (Comp. *infrà*, n° 22), la poursuite peut avoir lieu, en France, avant le retour de l'inculpé (conséquemment, par contumace). — S'il s'agit d'un délit, il faut en outre : 2° qu'il y ait, sauf pour les délits contre la chose publique, une plainte de la partie offensée ou une dénonciation officielle de l'autorité étrangère; 3° que le délit soit puni par la législation du pays où il a été commis; 4° que le ministère public se charge de la poursuite (la partie civile n'a pas le droit de citation directe). — Toutefois, qu'il s'agisse d'un crime ou d'un délit, aucune poursuite ne peut avoir lieu si l'inculpé justifie qu'il a été jugé définitivement à l'étranger, et, de plus, en cas de condamnation, qu'il a subi ou prescrit sa peine, ou fait sa grâce (L. 3 avr. 1903, D. P. 1903. 4. 54). Si, au contraire, il a été acquitté ou absous, aucune autre justification n'est exigée. C'est d'après la loi française, qu'il s'agisse de crimes ou de délits, que se détermine la qualification de l'infraction.

20. L'art. 2 de la loi du 27 juin 1866, dont le texte est en dehors du Code d'instruction criminelle, autorise la poursuite en France, d'après la loi française, des délits et contraventions commis par les Français sur le territoire de l'un des Etats limitrophes, en matière forestière, rurale, de pêche, de douanes et de contributions indirectes, si l'Etat limitrophe autorise la poursuite de ses régnicoles pour les mêmes faits commis en France. — Cette disposition n'est aujourd'hui applicable qu'en ce qui concerne la Belgique.

B. — Infractions commises par les étrangers.

21. En principe, les étrangers échappent d'une manière absolue à la juridiction française pour les infractions qu'ils ont commises à l'étranger, et cette incompétence ne peut disparaître ni par le consentement de la puissance sur le territoire de laquelle le fait a été commis, ni par l'extradition qu'elle aurait accordée. — Ainsi, le recel, en France, d'objets volés à l'étranger par un individu resté inconnu échappe à la compétence des tribunaux français. Mais l'étranger peut être poursuivi devant les tribunaux français pour réparation du préjudice qu'il a causé à un Français pour un crime ou délit commis en pays étranger : l'action a alors le caractère d'une action en dommages-intérêts ordinaire, intentée et poursuivie devant les tribunaux civils. — Contrairement à la règle générale, la Cour d'assises peut se déclarer incompétente pour connaître d'une affaire dont elle a été saisie par un arrêt de renvoi, quand l'accusé se prétend justiciable d'une juridiction étrangère.

22. Par exception, les tribunaux français sont compétents pour connaître des crimes attentatoires à la sûreté ou à la fortune de l'État français (contrefaçon du sceau de l'État, de monnaies nationales ayant cours, etc.) commis par des étrangers hors du territoire de la France, à la condition que l'étranger ait été arrêté en France ou que le Gouvernement ait obtenu son extradition, mais sans qu'il soit nécessaire que le crime ait eu quelques suites en France ou s'y soit manifesté par des actes d'exécution.

23. Une infraction peut être commise à la fois sur le territoire français et sur un territoire étranger, lorsqu'elle est constituée par plusieurs faits distincts. Pour résoudre, en pareil cas, la question de compétence, on doit faire abstraction, tant des actes qui ont préparé l'infraction que des conséquences qui l'ont suivie; il ne faut tenir compte que des actes *constitutifs* du crime ou du délit. Si ces actes ont eu lieu en France, l'infraction est réputée avoir été commise sur le territoire français. Il suffit, d'ailleurs, que *certains* actes constitutifs aient été accomplis sur ce territoire; alors même que les autres se seraient produits en pays étrangers. Ainsi, en matière d'escroquerie, bien que la remise des fonds qui a définitivement consommé l'escroquerie n'ait pas été réalisée en France, et par cela seul que les manœuvres frauduleuses ont été accomplies en France, les tribunaux français ont compétence pour en connaître. De même, en matière d'excitation de jeunes filles mineures à la débauche, bien que le racolage de ces jeunes filles ait été fait en France par une proxénète, qui les a livrées à des tenancières de maisons de prostitution situées à l'étranger, pour que la proxénète puisse être poursuivie en France, alors même que les faits de débauche n'auraient été accomplis qu'à l'étranger (Cr. r. 10 févr. 1900, D. P. 1902. 1. 207).

§ 4. — *Connexité entre plusieurs infractions* (R. 146 et s.; S. 106 et s.).

24. La connexité, envisagée au point de vue de ses effets sur la compétence (Sur la connexité en ce qui concerne la poursuite, V. *infra*, *Instruction criminelle*), autorise la jonction des procédures instruites à raison de faits connexes (Instr. 226). Le juge compétent pour connaître de la connexité devient, en raison de la connexité, compétent pour connaître des autres faits, bien qu'à l'égard de ces derniers il ne soit compétent ni *ratione loci*, ni *ratione qualitatis*, ni *ratione materiæ*. Ces règles sont applicables en matière de crimes, de délits et même de contraventions.

25. Il y a connexité dans trois cas (Instr. 227) : 1° lorsque les délits ont été commis en même temps par plusieurs personnes réunies, sans qu'il soit nécessaire qu'ils aient été commis dans un but commun, ni qu'ils aient été concertés à l'avance; 2° lorsqu'il s'agit de délits commis par différentes personnes, même en différents temps et en différents lieux, mais par suite d'un concert formé à l'avance entre elles; 3° lorsque les auteurs des délits s'en sont commis pour se procurer les moyens d'accomplir d'autres délits, pour en faciliter ou en consommer

l'exécution, ou pour en assurer l'impunité, par exemple, en cas d'incendie ayant eu pour but d'assurer l'impunité d'un délit d'abus de confiance. — Les prévisions de l'art. 227 sont indicatives et non limitatives; rien n'empêche le juge de considérer comme connexes des faits qui se rattachent entre eux par des circonstances autres que celles que prévoit le texte, lorsque ces circonstances rendent nécessaire l'unité de la poursuite (Caen, 3 janv. 1900, D. P. 1901. 2. 272). Il ne suffit pas, toutefois, que cela paraisse utile à la bonne administration de la justice; il faut qu'il soit constaté que l'on se trouve dans un cas analogue à ceux que prévoit l'art. 227.

26. Lorsque le conflit s'élève entre tribunaux de droit commun, le tribunal appelé à statuer sur l'ensemble des infractions connexes est, — au cas où toutes les infractions appartiennent à la même classe d'infractions (crimes, délits ou contraventions), — le tribunal compétent *ratione loci* à l'égard de l'un des faits connexes compris dans la poursuite. Si les infractions n'appartiennent pas à la même classe, c'est le juge *ratione loci* le plus élevé qui devra en connaître. — Au cas où des infractions de la compétence des tribunaux d'exception (Haute Cour de justice, conseils de guerre, etc...) sont connexes à des faits de la compétence des tribunaux ordinaires, et se trouvent, en raison de leur connexité, être réunies dans la même poursuite, c'est le juge appelé à les réprimer qui est le juge de droit commun. Si le conflit s'élève entre un conseil de guerre de l'armée de terre et un conseil de guerre maritime, c'est la compétence du conseil de guerre de l'armée de terre qui doit l'emporter.

27. La jonction des procédures n'est pas strictement obligatoire pour les tribunaux; elle est simplement facultative. Les juges peuvent exercer la faculté qui leur appartient à cet égard suivant qu'ils l'estiment utile à l'administration de la justice, et à condition de ne pas excéder les limites tracées par la loi. — La décision de jonction ou de disjonction ne peut être attaquée par l'inculpé qu'au cas où elle a porté atteinte à son droit de défense.

§ 5. — *Connexité en cas d'infraction unique et de pluralité d'agents* (R. 225 et s.; S. 136 et s.).

28. La règle de l'unité de juridiction applicable en cas de pluralité d'infractions (V. *supra*, n° 24) l'est également au cas d'une infraction unique, à laquelle plusieurs individus ont concouru, les uns comme auteurs principaux et les autres comme complices, ou tous comme coauteurs. L'infraction poursuivie étant identique pour l'auteur, les complices ou les coauteurs, il ne peut y avoir de conflit de juridiction, ni quant au lieu où elle a été commise, ni à raison des distinctions de compétence qui correspondent à la division des faits punissables, soit en crimes, délits ou contraventions, soit par leur nature aux tribunaux de droit commun et aux tribunaux d'exception. Le conflit est donc limité : 1° à l'hypothèse où, entre tribunaux de droit commun, la compétence sera susceptible de varier avec le lieu du domicile, de l'arrestation, ou avec la qualité de l'un ou plusieurs des inculpés; 2° à celle où cette qualité soumettrait les uns à la compétence des tribunaux ordinaires, et les autres à la compétence des tribunaux d'exception; 3° à celle où elle les rendrait tous justiciables de tribunaux d'exception différents.

29. En cas de conflit entre tribunaux de droit commun, le juge compétent *ratione loci* (en dehors du juge du lieu du délit qui ne peut varier) est celui du lieu du délit qui ne peut varier, soit de l'auteur principal ou du complice, soit de l'un des coauteurs. — Si l'auteur principal est, en raison de sa qualité, justiciable d'une juridiction de droit

commun différente de celle qui est compétente à l'égard des complices, par exemple s'il est un militaire, les complices énumérés dans les art. 479, 483, 484 c. instr. cr. et 10 de la loi du 20 avr. 1810, qui sont justiciables de la première chambre civile de la Cour d'appel, ou si, étant mineur, il est dans le cas de l'art. 68 c. pén., tous les prévenus sont justiciables, dans cette dernière hypothèse, de la Cour d'assises, et de la première chambre de la Cour, dans le premier cas.

30. En cas de conflit entre tribunaux de droit commun et tribunaux d'exception, les tribunaux de droit commun doivent, dans l'hypothèse de la complicité comme dans celle de la connexité, être appelés à juger l'ensemble des faits poursuivis.

31. La jonction, qui est facultative en matière de connexité, est, au contraire, forcée en cas de poursuites exercées contre les auteurs ou les complices d'une même infraction. Les codélinquants, coauteurs ou complices *doivent* être poursuivis par les mêmes magistrats et traduits devant la même juridiction, à moins qu'un obstacle de fait ou de droit n'empêche de les comprendre tous dans la même poursuite.

ART. 2. — COMPÉTENCE DES DIFFÉRENTES JURIDICTIONS CRIMINELLES.

§ 1er. — *Compétence des tribunaux de simple police.*

A. — **Règles générales** (R. 234 et s.; S. 151 et s.).

32. En principe, les contraventions de police, c'est-à-dire les infractions dont la peine n'excède pas cinq jours d'emprisonnement et 15 francs d'amende, rentrent dans la compétence exclusive du juge de police, c'est-à-dire du juge de paix, depuis l'abolition de la juridiction de simple police des maires (L. 27 janv. 1873, D. P. 73. 4. 21). — Par exception, les contraventions forestières poursuivies à la requête de l'Administration forestière et les contraventions à la police des mines et carrières sont déférées à la juridiction correctionnelle. — D'autre part, les Conseils de préfecture sont compétents pour connaître des contraventions de grande voirie, des contraventions relatives aux fortifications, aux dégradations sur les canaux, fleuves, ports et travaux de mer. — Les infractions qualifiées contraventions par des lois spéciales, mais suivies de peines correctionnelles, et désignées sous le nom de *contraventions-délits* (V. *infra*, Peine), sont de la compétence des tribunaux correctionnels.

33. Au point de vue de la compétence *ratione loci*, c'est le juge de police du canton du lieu où la contravention a été commise qui est compétent pour en connaître, quels que soient le lieu du domicile du prévenu et le lieu où le contrevenant a été trouvé. — La compétence *ratione personæ* du juge de police s'étend à toutes les personnes, même à celles qui sont visées par les art. 479 et 483 c. instr. cr.; il n'est fait exception que pour les militaires, qui sont toujours justiciables des tribunaux militaires.

34. Le juge de police est compétent pour connaître de la contravention d'injure (L. 29 juill. 1881, art. 13, D. P. 81. 4. 65; Pén. 471, § 11), de la diffamation *non publique*, des contraventions de colportage et de distribution, de la contravention consistant à apposer des affiches privées aux endroits désignés pour les affiches de l'autorité publique. — Quant à l'apposition d'affiches non timbrées, elle constitue un délit justiciable des tribunaux civils (Cr. c. 18 févr. 1899, D P. 1902. 1. 88).

35. Le tribunal de police a, comme tout tribunal, le droit d'ordonner les mesures d'instruction nécessaires pour arriver, sur le fait qui lui est soumis, à la manifestation de la vérité, par exemple une expertise.

36. Le juge de police ne peut, sans excès

de pouvoirs : instruire sur des faits qui lui sont déférés en des termes ne comportant pas une qualification de simple police, et qui, par exemple, s'ils étaient prouvés, constitueraient un délit;... insérer dans sa décision des censures illégales, par exemple la censure des actes de l'autorité administrative, tels qu'un blâme à l'égard d'un commissaire de police ou du maire rédacteur du procès-verbal, ou la censure de la conduite du ministère public;... adresser une injonction au ministère public, par exemple celle d'exercer des poursuites. — Sur la question de savoir si le juge de police peut ordonner l'impression, la publication et l'affichage de son jugement, V. *infrà*, *Contravention*, n° 11.

37. Les tribunaux de police, de même que les autres tribunaux répressifs, ne peuvent connaître de l'exécution de leurs jugements. Ils ne peuvent, non plus, en ordonner l'exécution provisoire; l'appel et le pourvoi en cassation sont toujours suspensifs (V. *suprà*, *Appel en matière criminelle*, n° 9; *Cassation*, n° 166).

38. Le tribunal de simple police ne peut statuer qu'à l'égard des personnes citées devant lui par le ministère public ou la partie civile, ou appelées par un simple avertissement; il est incompétent à l'égard de toutes les autres. Le tribunal de police ne saurait transformer en prévenu, ni le plaignant, ni la partie civile, ni un individu appelé comme témoin. A l'égard des parties civilement responsables, c'est la citation ou l'avertissement qui indique celles sur lesquelles le tribunal peut faire porter la responsabilité du dommage causé par la contravention; mais elles peuvent intervenir dans le débat et prendre le fait et cause du prévenu.

39. Le juge n'est saisi de l'action publique que quant aux faits compris dans la citation; il ne peut statuer d'autres contraventions que celle comprise dans l'acte de poursuite, à moins du consentement exprès de l'inculpé. — Cette règle comporte, d'après la jurisprudence, certaines restrictions : 1° le tribunal, étant saisi du fait lui-même et non de la qualification que lui donne la citation, peut rejeter cette qualification lorsqu'elle est erronée, et, sans s'écarter de ce fait, lui donner sa qualification légale; il doit, même d'office, rechercher si le fait ne tombe pas sous l'application d'une autre disposition pénale; — 2° le tribunal de police peut statuer sur les faits qui ne sont pas énoncés dans la citation, si cette citation se réfère à un procès-verbal dans lequel ils sont constatés et si le procès-verbal a été notifié ou du moins communiqué au prévenu; 3° il peut tenir compte de faits accessoires au fait principal dont il est saisi, quoique ces faits ne soient pas mentionnés dans la citation.

40. La compétence d'un tribunal se détermine par la nature de la demande. Par suite, le tribunal de police ne peut compétemment instruire sur les faits compris dans la citation que s'ils lui sont déférés en des termes ne comportant qu'une qualification de police; si, au contraire, ces faits paraissent constitutifs d'un délit, il doit se déclarer incompétent; et cela, même sans débat préalable, sur le vu de la citation.

41. Lorsque le juge de police est saisi d'une contravention connexe à un délit, il doit se déclarer incompétent le tout si le fait correctionnel est déjà poursuivi. Si la juridiction correctionnelle n'est pas encore saisie, il se déclare incompétent pour statuer sur le délit, mais statue sur la contravention. — S'il y a indivisibilité entre le délit et la contravention, le juge doit déclarer son incompétence pour connaître de cette double infraction, comme par exemple, en matière de cris séditieux indivisiblement liés à des faits de tapage injurieux et nocturne.

42. Dans le cas où le fait dont il est saisi est un délit qui emporte une peine correctionnelle ou plus grave, le tribunal de police renvoie les parties devant le procureur de la République (Instr. 160). Il doit se borner à prononcer le renvoi, et il ne lui appartient pas de saisir la juridiction qu'il estimerait compétente. — D'ailleurs, le tribunal de police doit se dessaisir toutes les fois qu'il lui paraît que l'affaire n'est pas de sa compétence, par exemple si la contravention est du ressort de la juridiction administrative. Lorsque le juge de police reconnaît que le fait qui lui est déféré ne tombe sous le coup d'aucun règlement ou d'aucune disposition pénale, il doit renvoyer le prévenu de la poursuite, et non se déclarer incompétent.

B. — *Décision sur les intérêts civils* (R. 307 et *s.*; S. 208 et s.).

43. Le juge de police qui prononce l'acquittement du contrevenant est compétent pour statuer sur les dommages-intérêts réclamés par l'inculpé contre la *partie civile* pour l'indemniser du préjudice que lui a causé une poursuite mal fondée. — L'inculpé ne peut en réclamer contre le plaignant qui ne s'est pas constitué partie civile.

44. Quant aux dommages réclamés par la partie civile, ils peuvent être alloués par le tribunal de police en cas de condamnation du contrevenant, comme par exemple dans le cas d'acquittement (V. *infrà*, n° 70). — Le tribunal doit statuer sur les dommages-intérêts par le même jugement, sauf, après avoir déclaré le bien fondé de la demande, à surseoir pour évaluer la quotité des dommages-intérêts.

45. Le juge de police est incompétent pour connaître de l'action en réparation du dommage, si le fait, quoique qualifié contravention, n'est passible d'aucune peine, à plus forte raison, si le fait qui motive la poursuite n'a ni les caractères, ni la qualification d'une contravention.

C. — *Compétence à l'égard des contraventions de police et autres* (R. 333 et *s.*; S. 214 et s.).

46. Au premier rang des contraventions auxquelles s'applique la compétence des tribunaux de police, sont les faits énumérés au livre 4 du Code pénal, art. 471 à 482. Il y faut ajouter les infractions non prévues par le Code pénal, mais réprimées par des lois spéciales, telles que la loi sur la police rurale, ou par des règlements administratifs ou municipaux légalement établis, quand d'ailleurs les peines dont ces infractions sont passibles ne dépassent pas la compétence des tribunaux de police. La sanction des règlements émanant de l'autorité administrative ou municipale consiste en une amende de 1 à 5 francs (Pén. 471, § 15). — Sur la sanction des règlements antérieurs aux lois des 16-24 août 1790 et 19-22 juill. 1791, V. *suprà*, *Commune*, n° 78. — Sur la sanction afférente aux règlements pris pour assurer ou rappeler l'exécution d'une loi, V. *infrà*, *Règlement administratif*.

47. Les règlements faits par l'autorité administrative, dans la sphère de ses attributions, sont obligatoires pour les tribunaux, qui ne peuvent, sous aucun prétexte, se dispenser d'en faire l'application. Le juge de police, avant de prononcer une peine, doit vérifier la légalité du règlement de police, ce qui comporte le pouvoir d'examiner s'il émane d'une autorité compétente et s'il a été pris dans le cercle des attributions de cette autorité (V. au surplus, *suprà*, *Commune*, n° 79, et *infrà*, *Règlement administratif*). — Sur le droit qu'ont les tribunaux d'interpréter les règlements, V. *suprà*, *Commune*, n° 83).

48. Les tribunaux de police ne sont aucunement compétents pour apprécier l'opportunité, l'utilité, la justice ou l'efficacité des mesures prescrites par les règlements de police, sauf aux particuliers à se pourvoir devant l'autorité administrative supérieure pour obtenir que ces mesures soit modifiées ou retirées. Les difficultés que soulève l'application d'un règlement de police ne peuvent jamais être considérées par le tribunal de police comme un cas de force majeure susceptible de suspendre l'exécution du règlement.

49. Sur la compétence des tribunaux de police en matière de voirie, V. *infrà*, *Voirie*; ... en matière de contravention aux lois sur l'enseignement, V. *infrà*, *Enseignement*; ... en matière de contravention forestière, V. *infrà*, *Forêts*.

50. Si l'inculpé, poursuivi pour contravention, oppose une exception préjudicielle de propriété, le juge de police est obligé de surseoir, en imposant à la partie un délai pour faire statuer sur l'exception par les juges compétents (V. *infrà*, *Question préjudicielle*).

D. — *Taux de la compétence des tribunaux de simple police* (R. 378 et *s.*; S. 244 et s.).

51. Le juge de police est incompétent dès que le maximum de la peine dont un fait est passible excède le taux des peines que le juge de police est autorisé à prononcer. — D'autre part, il est compétent, lors même que le contrevenant, inculpé de plusieurs contraventions, est passible de peines qui, accumulées, excèdent les peines de simple police.

52. Lorsqu'il s'agit d'infractions dont la peine n'est point déterminée *a priori*, soit par un chiffre invariable, soit par un chiffre maximum, mais dépend d'une évaluation ultérieure, comme par exemple dans le cas de la loi rurale de 1791 (titre 2, art. 15, 24, 28, 34 et 36), le tribunal de police est incompétent, et c'est le tribunal correctionnel qui doit en connaître.

53. Les tribunaux de police sont compétents pour connaître des contraventions même commises en récidive. — Les violences légères prévues et punies par l'art. 605, n° 8, du Code du 3 brum. an 4 (R. v° *Lois codifiées*, p. 239), sont de la compétence des tribunaux de police.

54. Quant aux dommages-intérêts, le tribunal de police a compétence pour les apprécier et les prononcer, quel qu'en soit le chiffre.

§ 2. — *Compétence des tribunaux de police correctionnelle.*

A. — *Règles générales* (R. 415 et *s.*; S. 251 et s.).

55. D'une façon générale, les tribunaux correctionnels sont compétents pour connaître des délits, c'est-à-dire des infractions punies de peines correctionnelles (plus de cinq jours d'emprisonnement ou de 15 francs d'amende). Ils sont également compétents pour statuer sur les questions, notamment celles qui se rattachent au droit civil, qui s'élèvent incidemment dans les procès dont ils sont saisis, sans qu'ils eussent été incompétents pour en connaître au principal (V. *infrà*, *Question préjudicielle*).

56. Le tribunal correctionnel est compétent pour ordonner toutes les mesures qu'il croit nécessaire dans le but d'éclairer sa religion, par exemple faire citer des témoins, ordonner une expertise, une visite des lieux. Il peut également ordonner une information supplémentaire, à la condition de la confier à un de ses membres, et non au juge d'instruction.

B. — *Faits dont connaît le tribunal correctionnel* (R. 431 et *s.*; S. 261 et s.).

57. En dehors des appels de simple police (V. *suprà*, *Appel en matière criminelle*, n° 8), les tribunaux correctionnels connaissent des délits, comme il a été dit *suprà*, n° 55. — La règle comporte des exceptions : ainsi, la connaissance de certains *délits de* *presse* appartient à la Cour d'assises (V. *infrà, Presse-Outrage*); les délits de grande voirie sont déférés aux tribunaux administratifs (V. *infrà, Voirie*); les tribunaux civils connaissent des délits relatifs à la tenue des registres de l'état civil (V. *suprà, Actes de l'état civil*, n° 107), des infractions aux lois sur le timbre et l'enregistrement, à la loi du 25 vent. an 11 sur le notariat (V. *infrà, Enregistrement, Notaire, Timbre*). — A l'inverse, les tribunaux correctionnels connaissent de certaines contraventions punies de peines de police (V. *suprà*, n° 32). Ils connaissent des crimes commis par des mineurs de seize ans, dans le cas de l'art. 68 c. pén.

58. Au point de vue de la compétence *ratione personæ*, les tribunaux correctionnels sont compétents à l'égard de toutes personnes, sauf les militaires (V. *infrà, Justice militaire*) et les personnes désignées aux art. 479 et s. c. instr. cr. (V. *infrà, Mise en jugement des fonctionnaires publics*).

59. En ce qui concerne la compétence *ratione loci*, la compétence du juge correctionnel est déterminée par celle du procureur de la République et du juge d'instruction (V. *suprà*, n°s 6 et s.).

60. Le principe qui défend aux tribunaux de répression de connaître d'aucune action civile est applicable aux tribunaux correctionnels comme aux autres tribunaux. Il souffre exception, bien entendu, en ce qui concerne l'action civile, qui, ayant pour objet la réparation d'un délit, peut être portée devant le tribunal correctionnel accessoirement à l'action publique. — D'autre part, il y a des faits civils qui s'identifient avec le délit, qui constituent une condition de son existence et peuvent, dès lors, être appréciés par le tribunal correctionnel. Ainsi, ce tribunal est compétent dans une poursuite en banqueroute simple, pour apprécier si le prévenu a la qualité de commerçant et s'il est en état de faillite; ... dans une poursuite en contrefaçon, pour décider si le brevet est frappé de déchéance et tombé dans le domaine public.

61. La partie publique et la partie civile peuvent demander le renvoi en simple police quand le fait poursuivi n'est qu'une contravention (Instr. 192). Le même droit appartient au prévenu, *in limine litis*, si le fait, d'après la citation, ne présente que les caractères d'une contravention; mais il n'a point ce droit si c'est à l'audience même que le fait a dégénéré en contravention.

62. Si le fait prend le caractère de crime, le tribunal est tenu de se dessaisir et de renvoyer l'affaire. Ce renvoi peut être ordonné d'office, sur la réquisition de la partie poursuivante ou sur la demande du prévenu. Il peut être prononcé en tout état de cause, en appel comme en première instance, sauf l'application de la règle que le sort du prévenu ne peut être aggravé sur son seul appel (V. *suprà, Appel en matière criminelle*, n° 22). — L'allégation de circonstances aggravantes par le prévenu ne suffit pas; le tribunal correctionnel ne doit se dessaisir que lorsque le fait d'aggravation est, sinon prouvé, du moins fondé sur des indices et des charges assez graves pour constituer une prévention suffisante.

63. Si le fait déféré au tribunal correctionnel présente le double caractère de crime et de délit; s'il constitue à la fois, par exemple, un attentat à la pudeur et un outrage public à la pudeur, le tribunal doit se déclarer incompétent.

64. Le tribunal correctionnel peut se déclare incompétent parce que le fait est un crime peut, après avoir décerné (au cas où cette mesure lui paraît nécessaire) le mandat de dépôt ou d'arrêt, renvoyer le prévenu devant le juge d'instruction compétent; s'il a été saisi par une ordonnance du juge d'instruction, il doit se borner à se déclarer incompétent; et il appartiendra à la Cour de cassation, saisie par le ministère public, de statuer par voie de règlement de juges.

65. Le tribunal correctionnel est obligé de surseoir en cas d'exception préjudicielle portant sur la propriété ou l'usage d'un droit immobilier (V. *infrà, Question préjudicielle*).

66. Le juge correctionnel, comme tous les juges répressifs, ne peut connaître de l'exécution de ses jugements; c'est le ministère public qui est chargé d'assurer cette exécution. Mais ce juge a qualité pour connaître des incidents contentieux qui s'élèvent à l'occasion de la mise à exécution des peines. — Il ne peut jamais ordonner l'exécution provisoire du jugement.

67. Le tribunal ne peut statuer qu'à l'égard des inculpés qui lui ont été déférés; ainsi, il ne pourrait condamner, comme complice d'un délit, une personne qui n'a été citée que comme civilement responsable. A plus forte raison ne pourrait-il retenir d'office comme prévenu un individu qui, présent à l'audience sans être inculpé, s'est borné à donner des explications sur le fait incriminé.

68. En ce qui concerne les faits dont il est saisi, l'étendue de la prévention est déterminée, en cas de citation directe, par les termes de la citation; en cas de renvoi, par les termes de l'ordonnance ou de l'arrêt de renvoi. Ainsi, le tribunal saisi d'une prévention de vagabondage et de filouterie ne peut connaître d'un délit d'outrage public à la pudeur qui ne s'est révélé qu'à l'audience. — Par suite de la même règle, il n'appartient pas au tribunal correctionnel de substituer à la prévention qui lui est déférée une prévention nouvelle, *si cette prévention s'appuie sur un fait nouveau*, à moins que le prévenu, dans le cas où il a comparu *volontairement*, ne consente à être jugé sur ce nouveau délit (le consentement du prévenu comparaissant sur mandat ne suffirait pas). — Le juge correctionnel a, d'ailleurs, le pouvoir de rectifier l'erreur commise dans la citation sur le texte de loi applicable.

69. Le juge correctionnel peut modifier la qualification du fait dont il est saisi par une ordonnance ou un arrêt de renvoi, à la condition de ne puiser que dans les faits de la prévention primitive les éléments de la qualification nouvelle. Ainsi le juge saisi d'une prévention de vol peut reconnaître dans les faits un délit d'escroquerie...; ou substituer la qualification d'escroquerie à celle d'abus de confiance, à moins que, pour trouver les éléments des manœuvres frauduleuses caractéristiques du premier délit, il ne soit obligé de faire état de circonstances préalables à la remise des fonds, qui ne sont pas comprises dans la poursuite (Paris, 28 juin 1901; D. P. 1902. 2. 145). — Ce droit appartient aussi bien au juge d'appel qu'au juge de première instance; mais si le juge d'appel a été saisi par le seul appel du prévenu, il ne faut pas que, de cette modification dans la qualification, puisse résulter une augmentation de peine. — Sur la règle que le sort du prévenu ne peut être aggravé sur son seul appel, V. *suprà, Appel en matière criminelle*, n° 22.

70. En cas d'acquittement, c'est seulement en faveur du prévenu, et non de la partie plaignante, que le tribunal peut prononcer des dommages-intérêts (Comp. *suprà*, n° 44). Il en est ainsi quelle que soit la cause de l'acquittement, qu'il résulte d'une déclaration de non-culpabilité, ou de ce que le fait ne constitue ni délit ni contravention. En renvoyant, par exemple, le détenteur d'objets mobiliers d'une plainte en complicité de vol, le tribunal n'a pas le pouvoir d'ordonner la restitution de ces objets, lesquels ne peuvent être revendiqués que par action civile. — Au cas d'acquittement prononcé en appel, le juge du second degré doit décharger le prévenu de la condamnation à des dommages-intérêts rendus au profit de la partie civile par les premiers juges. — Sur la question de savoir si l'individu renvoyé de la poursuite par le tribunal correctionnel peut être ensuite poursuivi en dommages-intérêts devant le tribunal civil, V. *suprà, Chose jugée*, n° 116.

71. Lorsque le tribunal correctionnel reconnaît l'existence du délit et prononce une condamnation, il doit accorder à la partie civile les réparations auxquelles elle a droit; il ne pourrait pas se dessaisir et renvoyer à cette fin devant le tribunal civil. — En ce qui concerne l'obligation de statuer sur les réparations civiles par le même jugement que sur l'action publique, la règle est la même qu'en matière de simple police (V. *suprà*, n° 44).

C. — Taux de la compétence (R. 572 et s.; S. 327 et s.).

72. La compétence des tribunaux correctionnels commence, ainsi qu'il a été dit *suprà*, n° 55, pour l'emprisonnement, à six jours; pour l'amende, à 16 francs. — En ce qui concerne l'amende, quand celle-ci n'est pas déterminée *a priori* par la loi, mais dépend d'une évaluation ultérieure, la compétence appartient toujours au tribunal correctionnel. — Quant aux dommages-intérêts prononcés accessoirement à la peine, et comme réparation civile, la compétence du tribunal correctionnel n'a pas de limites.

§ 3. — *Compétence de la Cour d'assises* (R. 533 et s.; S. 330 et s.).

73. La compétence *ratione loci* des Cours d'assises est déterminée par la compétence du procureur de la République et des juges d'instruction, sauf exception, notamment dans les cas des art. 482 et 500 c. instr. cr. et 18 de la loi du 20 avr. 1810 (V. *infrà, Mise en jugement de fonctionnaires publics*).

74. *Ratione personæ*, les Cours d'assises sont compétentes à l'égard de toutes personnes, sauf les militaires et les mineurs de seize ans, dans les cas prévus par l'art. 68 c. pén. (V. *infrà, Peine*).

75. Au point de vue de la compétence *ratione materiæ*, les Cours d'assises connaissent des crimes, de certains délits de presse, des délits et crimes commis à l'audience (Instr. 504, 505; L. 9 sept. 1835, art. 12, R. v° *Organisation judiciaire*, p. 1507); des infractions disciplinaires commises par les conseils des accusés (Décr. 30 mars 1808, art. 103, R. *eod. v°*, p. 1493).

76. La Cour d'assises a plénitude de juridiction; il s'ensuit : 1° qu'elle a qualité pour juger tous les faits dont elle se trouve régulièrement saisie par l'arrêt de renvoi, et qu'elle demeure compétente à l'égard de ceux qui, dans les débats, perdent leur caractère de crime pour revêtir celui de délit ou de contravention; 2° qu'elle doit maintenir sa compétence lorsqu'elle reconnaît, d'après les débats, qu'il n'est pas le juge lu lieu du crime, du domicile de l'accusé ou du lieu de son arrestation (V. cependant une exception *suprà*, n° 21 *in fine*); 3° qu'elle demeure compétente lors même qu'elle reconnaît que le fait qui lui est déféré est un délit spécial qui a été attribué par la loi à des juges spéciaux. Il en est ainsi même s'il s'agit d'un relief encore devant elle par un arrêt de renvoi passé en force de chose jugée.

77. Au point de vue des dommages-intérêts respectivement prétendus par les parties, il faut distinguer ceux qui sont demandés par l'accusé et ceux réclamés par la partie civile. — L'accusé acquitté a le droit de demander des dommages-intérêts contre la partie civile; il peut aussi en réclamer contre ses dénonciateurs, que le procureur général est tenu de lui faire connaître sur sa réquisition (Instr. 358, § 4 et 5, et 359, § 4).

78. En ce qui concerne les dommages-intérêts réclamés par la partie civile, celle-ci peut, par exception au principe admis devant les autres juridictions, en obtenir, même au cas d'acquittement ou d'absolution de l'accusé (Instr. 358). — La Cour d'assises ne peut remettre en question, au point de vue du dommage, aucun des faits affirmés ou déniés par la déclaration du jury : la décision sur les dommages-intérêts ne doit pas se trouver en contradiction évidente avec le verdict du jury et être inconciliable avec lui. Mais la Cour d'assises doit constater la faute ou le quasi-délit qui a causé le dommage à réparer (Sur ce dernier point, V. *supra*, *Chose jugée*, nº 116).

79. La compétence de la Cour d'assises pour statuer sur les dommages-intérêts réclamés par la partie civile est limitée aux faits de l'accusation. — D'autre part, la condamnation à des dommages-intérêts ne peut avoir lieu que contre les personnes parties au procès à leur profit; ainsi, ceux qui ne se sont pas constitués parties civiles sont non recevables à demander en Cour d'assises des dommages-intérêts (Instr. 359, § 5). — La Cour d'assises peut renvoyer la liquidation des dommages-intérêts à un autre jour de la session ou à une session suivante (Instr. 358 et 361).

80. La plénitude de juridiction de la Cour d'assises la rend compétente pour statuer sur les questions de droit civil qui naissent des débats et de la défense, et à l'égard desquelles son incompétence eût été absolue si ces questions se fussent produites d'une manière principale et indépendamment du fait criminel. Spécialement, elle peut prononcer, au profit de la partie civile, la nullité d'un acte argué de faux, la nullité de la vente d'une maison dépendant d'une faillite. — La Cour d'assises a aussi qualité pour juger les questions d'état qui se rattachent aux crimes et délits dont elle est saisie; ainsi, dans une accusation d'attentat à la pudeur, elle peut décider si l'accusé est le père ou le beau-père de la victime.

81. La Cour d'assises peut statuer sur la propriété des pièces à conviction et autres objets saisis, lorsque ce droit est contesté au plaignant par l'accusé; elle peut même en ordonner la restitution d'office. Cette faculté lui appartient dans le cas d'acquittement comme dans celui d'absolution ou de condamnation (Instr. 366, § 2). Mais la Cour d'assises ne pourrait, sans excès de pouvoir, attribuer à la partie lésée des effets saisis autres que ceux provenant du crime commis à son préjudice et retrouvés en nature. — Lorsque des pièces saisies sont des actes authentiques et que ces actes sont déclarés faux en tout ou en partie, la Cour ordonne qu'ils seront rétablis, rayés ou réformés, et qu'il sera dressé procès-verbal du tout (Instr. 463).

82. Les Cours d'assises ne peuvent connaître que des affaires dont elles sont saisies par un arrêt de renvoi des chambres d'accusation. Elles statuent seulement sur les faits compris dans ledit arrêt. Par suite, une Cour d'assises est incompétente pour connaître, en cas d'acquittement de l'accusé, des autres causes de détention qui, fondées sur des faits distincts de l'accusation portée devant elle, mettent obstacle à un élargissement immédiat.

83. Les arrêts de la chambre des mises en accusation qui saisissent la Cour d'assises sont *attributifs*, et non pas seulement *indicatifs* de juridiction, à la différence des arrêts de renvoi en police correctionnelle, qui laissent au tribunal saisi le droit et le devoir de déclarer son incompétence, lorsqu'elle apparaît. Il en résulte que la Cour d'assises ne peut se déclarer incompétente, pour quelque motif que ce soit, lorsqu'elle a été saisie par un arrêt de renvoi non utilement attaqué devant la Cour de cassation (V. aussi *supra*, nº 76). Si le fait dont elle est saisie ne constitue qu'un simple délit, ou même une contravention, la Cour d'assises demeure compétente pour en connaître et prononcer la peine édictée par la loi.

§ 4. — *Juridictions diverses.*

84. Sur la compétence, en matière répressive, des Conseils de préfecture, des Conseils de prud'hommes, des prud'hommes pêcheurs, des consuls, V. *infrà*, *Conseil de préfecture*, *Consul*, *Prud'hommes*. — Sur la compétence des conseils de guerre, V. *infrà*, *Justice militaire*; sur celle de la Haute Cour de justice, V. *infrà*, *Haute Cour de justice*. — Sur les juridictions compétentes pour connaître des infractions commises dans une ville en état de siège, V. *infrà*, *Place de guerre*.

COMPLICE — COMPLICITÉ

(R. vº *Complice-Complicité*; S. *eod. vº*).

1. La complicité est la participation directe ou indirecte d'un individu, avec connaissance de cause, à un fait punissable dont un autre individu est l'auteur principal. Les règles qui la concernent sont contenues dans les art. 59 à 63 c. pén. — On traitera d'abord de la complicité en général, puis du recel, qui est un cas spécial de complicité.

ART. 1ᵉʳ. — DE LA COMPLICITÉ EN GÉNÉRAL.

§ 1ᵉʳ. — *Peines de la complicité* (R. 13 et s.; S. 15 et s.).

2. En principe, le complice est passible de la *même peine* que l'auteur principal (Pén. 59), ... c'est-à-dire de la peine applicable, en droit, au fait principal auquel il s'est associé, mais non de la peine applicable, en fait, à l'auteur principal : ainsi, quand la loi fixe, pour la durée de la peine édictée contre le fait principal, un *maximum* et un *minimum*, la peine appliquée au complice peut être plus ou moins élevée que celle infligée à l'auteur principal. — Cette règle s'applique aux complices d'infractions prévues par des lois spéciales comme à ceux d'infractions réprimées par le Code pénal, et si une loi se borne à dire que les complices de certains faits seront punis, sans indication de la peine, on doit appliquer ladite règle.

3. La règle de l'identité des peines applicables à l'auteur principal et au complice souffre d'assez nombreuses exceptions, qui résultent : ... soit des dispositions du Code pénal, telles que celles des art. 63 (V. *infrà*, nº 43), 83, 96, 97, 98, 99, 124, 202, 203, 205, 206 (V. *infrà*, *Crimes et délits contre la sûreté de l'État*), 154, 155 (V. *infrà*, *Faux-Fausse monnaie*), 177, 179, 198 (V. *infrà*, *Forfaiture*), 237 à 246, 248 (V. *infrà*, *Évasion*), 267 (V. *supra*, *Association de malfaiteurs*, nº 4), 338 (V. *supra*, *Adultère*, nº 10), 438, 442 (V. *infrà*, *Dommage-Destruction*); ... soit de dispositions de certaines lois spéciales, telles que celles des 15 juill. 1845, art. 17, sur la police des chemins de fer; 9 juin 1857, art. 196, 231 et s.; 4 juin 1858, art. 293, 309 et s. (V. *infrà*, *Justice militaire*), le décret du 24 mars 1852, art. 65 et s. (V. *infrà*, *Justice maritime*); etc.

4. Dans certains cas, la loi prononce même, en faveur du complice, l'exemption totale de la peine édictée (Pén. 138, 247; L. 21 juin 1873, art. 13; V. *infrà*, *Évasion*, *Faux-Fausse monnaie*, *Impôts indirects*). — D'autre part, le complice peut, en raison de son âge, encourir une peine de classe moins élevée que celle applicable à l'auteur principal, et réciproquement (Pén. 70; L. 30 mai 1854, art. 5, D. P. 54. 4 90) (V. *infrà*, *Peine*).

5. L'excuse légale de provocation, étant inhérente au fait délictueux lui-même, profite au complice, lorsqu'elle existe en faveur de l'auteur principal, excepté dans le cas où le complice n'aurait pas été admis à l'invoquer s'il avait été lui-même auteur principal. Ainsi, le complice d'un meurtre qui, s'il l'avait commis lui-même, aurait eu le caractère d'un parricide, ne peut profiter de l'excuse de provocation admise en faveur de l'auteur principal, le parricide n'étant jamais excusable (V. *infrà*, *Peine*).

6. Les autres excuses ou considérations qui, étrangères aux circonstances du fait, ont uniquement pour résultat de faire disparaître la culpabilité personnelle de l'agent ou d'en abaisser le degré, ne profitent qu'à celui en faveur duquel elles ont été reconnues : elles ne se communiquent pas de l'auteur principal au complice. — Lorsque l'auteur principal, âgé de moins de seize ans, est condamné comme ayant agi avec discernement, la diminution de peine établie, pour ce cas, en matière criminelle par l'art. 67, et en matière correctionnelle par l'art. 69 c. pén., ne profite pas au complice. — L'immunité établie, en cas de vol, en faveur des parents ou alliés désignés par l'art. 380 c. pén. s'étend, au contraire, au complice, à moins qu'il n'ait recélé ou appliqué à son profit la chose volée (V. *infrà*, *Vol*).

7. Le complice bénéficie toujours des causes d'excuse qui lui sont personnelles, telles que celles tirées de sa bonne foi, de son âge, etc. Et ces excuses ne profitent évidemment pas à l'auteur principal.

8. Les circonstances atténuantes constituent un bénéfice exclusivement personnel à celui, auteur ou complice, en faveur de qui elles sont déclarées.

9. Les causes d'aggravation de la peine résultant du mode de perpétration du crime et en augmentant la criminalité doivent être étendues au complice. Ainsi, la peine applicable au complice d'un vol avec effraction ou escalade est celle dont est passible l'auteur de ce vol. De même, le complice d'un meurtre avec préméditation est passible des peines de l'assassinat. — Il importe peu que le complice ait connu ou ignoré l'existence de la circonstance aggravante (V. toutefois Pén. 63, et *infrà*, nº 43).

10. Suivant une jurisprudence constante, les causes d'aggravation étrangères au mode de perpétration, matériel ou intellectuel, du crime ou du délit, et qui dérivent uniquement de l'existence, dans la personne de l'auteur principal, d'une *qualité* dont l'effet est d'augmenter la criminalité individuelle de cet agent, doivent, comme celles qui sont inhérentes au fait principal, servir de base à la détermination de la peine encourue par le complice. — Ainsi, est applicable aux complices l'aggravation de peine encourue par l'auteur d'un délit, à raison de sa qualité de fonctionnaire ou comptable public; ... de médecin ou de sage-femme s'il s'agit d'un crime d'avortement; ... de fils de la victime s'il s'agit d'un parricide, etc. — Ici encore il n'y a pas à distinguer selon que le complice a eu, ou non, connaissance de la qualité d'où résulte l'aggravation.

11. Mais l'aggravation spéciale qui résulte de l'état de récidive de l'auteur principal ne se rattachant, sous aucun rapport, au fait principal dont le complice est pénalement responsable, ne saurait être étendue au complice.

12. La qualité du complice est toujours sans influence sur la peine qui doit être infligée à l'auteur principal, et même sur celle encourue par le complice lui-même. Ainsi l'enfant déclaré simplement complice du meurtre de son père ne peut être puni comme parricide. — Toutefois, l'état de récidive du complice entraîne l'aggravation de la peine qui lui est infligée.

13. Tous les auteurs et complices d'un même crime sont tenus solidairement des amendes, restitutions, dommages-intérêts et frais (Pén. 55). — Sur l'application de ce principe, en ce qui concerne l'amende, V. *infrà, Peine; ...* les restitutions et dommages-intérêts, V. *infrà, Responsabilité; ...* les frais, V. *infrà, Frais et dépens.*

14. L'art. 59 c. pén. ne parlant que des *crimes* et des *délits*, la complicité d'une *contravention* de simple police n'est pas punissable (Cr. c. 22 juill. 1897, D. P. 99. 1. 92), ... à moins qu'une disposition de loi spéciale n'en ait autrement ordonné. — En ce qui concerne les coauteurs de contraventions, V. *infrà, n° 32.*

15. La jurisprudence tend aujourd'hui à assimiler à des délits les infractions non intentionnelles punies de peines correctionnelles, et à déclarer punissables les faits de complicité de ces infractions (Cr. c. 4 févr. 1898, D. P. 98. 1. 369).

§ 2. — *Éléments constitutifs de la complicité* (R. 80 et s.; S. 96 et s.).

16. La complicité ne peut résulter que d'un fait *positif* impliquant une action, mais non d'un fait *négatif*, d'une abstention consistant à ne pas empêcher un délit, lorsqu'on le peut (Cr. c. 12 juill. 1897, D. P. 99. 1. 92). — En outre, un fait même positif ne peut, en principe, constituer une complicité que s'il est *antérieur* ou *concomitant* au délit, sauf en cas de recel. — Il faut enfin, pour qu'il y ait complicité, que les actes dont on entend le faire résulter soient considérés, par une disposition formelle de la loi, comme ayant le caractère de faits de complicité, et qu'ils aient été accomplis *sciemment* (V. *infrà, n° 24*). — L'énumération des faits d'où peut résulter une complicité étant donnée *limitativement* par les art. 60 à 62 c. pén.

17. L'art. 60 c. pén. attribue le caractère d'actes de complicité à deux ordres de faits. — Le premier comprend les faits de complicité étrangers à la perpétration matérielle du fait principal, qu'ils précèdent nécessairement. — Ce sont : 1° les actes de *provocation* à un crime ou à un délit, accomplis par l'un des quatre modes suivants : dons ou promesses, menaces, abus d'autorité ou de pouvoir, machinations ou artifices coupables; 2° les *instructions* données pour commettre le crime ou délit; 3° le fait d'en *procurer les moyens.*

18. Il y a complicité par dons ou promesses de la part de celui qui, sous forme d'assurance ou de pari, garantit un individu contre les conséquences de son crime ou de son délit. — L'abus d'autorité ou de pouvoir prévu par l'art. 60 se distingue non seulement du simple conseil, mais même d'un ordre ou d'un commandement. D'après la jurisprudence la plus récente, la provocation par abus d'autorité ne suppose pas nécessairement que l'autorité dont l'abus est incriminé soit une autorité légale : il suffit que le complice ait provoqué l'auteur principal à commettre l'action coupable en abusant de l'autorité morale qu'en fait il exerçait sur lui (Cr. c. 10 nov. 1899, D. P. 1901. 1. 373). — Les artifices au moyen desquels un individu a provoqué à un délit ne constituent complice que s'ils sont déclarés être des artifices coupables; mais la déclaration qu'un individu a provoqué au délit par des machinations est suffisante, quoiqu'elle n'énonce pas que ces machinations ont été coupables. — Le conseil de commettre un délit ne constitue pas une provocation dans le sens de l'art. 60, non plus que le simple consentement donné au délit, ou le mandat de le commettre, s'il ne s'y joint pas d'instructions données pour le faciliter.

19. Les instructions données pour commettre un crime ou un délit constituent, par elles seules, un mode de complicité : il n'est nullement nécessaire pour cela qu'elles aient été accompagnées de l'une des circonstances exigées pour que la complicité par provocation soit punissable.

20. Le fait d'avoir procuré des armes, des instruments ou tout autre moyen ayant servi à l'accomplissement du crime ou du délit n'est punissable que s'il est constaté que celui qui a fourni ces instruments savait qu'ils devaient servir à commettre l'acte délictueux.

21. La seconde catégorie d'actes présentant le caractère de la complicité est celle des faits d'aide ou d'assistance qui se rattachent matériellement à l'accomplissement même du crime ou du délit, en le préparant, le facilitant ou en assurant la consommation. — La complicité par aide ou assistance peut résulter de l'aide ou de l'assistance à l'action, soit dans les faits qui l'ont préparée, soit dans les faits qui l'ont consommée (Pén. 60). Il n'est pas, d'ailleurs, nécessaire qu'il y ait eu à la fois aide et assistance : l'aide seule *ou* l'assistance seule, jointe à la connaissance, est suffisante.

22. Indépendamment de la complicité par recel des malfaiteurs (Pén. 61; V. *infrà, n°s 34 et s.*), ou des choses soustraites (Pén. 62; V. *infrà, n° 37 et s.*), le Code pénal et certaines lois spéciales renferment un grand nombre de dispositions relatives à des faits de complicité soumis à des règles particulières, qui parfois dérogent à celles posées par l'art. 60 c. pén. Ces règles spéciales, constituant des exceptions au droit commun, ne doivent pas être étendues à d'autres faits que ceux qu'elles prévoient (V. notamment *suprà, Adultère, n°s 9 et 10; Attroupement, n° 5; Attentats aux mœurs, n°s 22 et 27,* et *infrà, Crimes et délits contre la sûreté de l'État, envers l'enfant, Douanes, Faillite, Faux, Forfaiture, Liberté individuelle, Propriété littéraire et artistique, Presse-Outrage, Rébellion, Vente de substances falsifiées, Vol,* etc.).

23. La déclaration de culpabilité du complice doit énoncer les faits caractéristiques de la complicité qui lui sont imputés : il ne suffirait pas de dire que le prévenu ou l'accusé est complice; il faut nécessairement constater en quoi consiste cette complicité. Mais la mention de l'existence de l'un des modes de complicité prévus par la loi est suffisante, sans qu'il soit nécessaire de rappeler le détail des faits constitutifs du mode de complicité constaté. — En ce qui concerne la position des questions au jury, V. *infrà, Instruction criminelle.*

24. On ne peut être complice d'un crime ou d'un délit que si l'on a commis *sciemment* les actes constitutifs de la complicité, c'est-à-dire si l'on a connu le caractère délictueux de l'action à laquelle on a concouru, sans d'ailleurs qu'il soit nécessaire que fût recherché par le complice un résultat identique à celui qu'avait en vue l'auteur principal. — Cette connaissance du caractère criminel ou délictueux du fait principal doit être constaté distinctement de ce fait, soit dans la déclaration du jury, soit dans le jugement de condamnation en matière correctionnelle. Toutefois, la provocation à un délit ou les instructions données pour le commettre impliquant forcément l'existence d'une intention criminelle, la complicité est suffisamment caractérisée par la mention de cette provocation ou des instructions données, sans qu'il soit nécessaire d'ajouter que le complice a agi sciemment.

§ 3. — *Conditions de la complicité dans ses rapports avec le fait principal* (R. 47 et s.; S. 66 et s.).

25. La complicité, n'étant qu'accessoire à un fait principal, ne peut exister en l'absence d'un *fait principal punissable.* — La provocation à un crime ou à un délit, les instructions données pour le commettre, l'aide ou l'assistance en vue de le préparer ou de le faciliter, ne constituent donc pas une complicité légale, si aucun crime ou délit n'a été commis, c'est-à-dire si ces divers actes de complicité n'ont pas été suivis d'effet (V. *infrà, Tentative*). — Cependant, dans certains cas, la provocation à un crime ou à un délit, ou l'aide donnée à de simples actes préparatoires, sont punissables quoiqu'ils n'aient pas été suivies d'effet; elles sont alors réprimées non plus comme faits de complicité, mais comme délit spécial (V. *infrà, Crimes et délits contre la sûreté de l'État, Faux-Fausse monnaie, Forfaiture, Presse-Outrage*).

26. Pour que la complicité soit punissable, il faut non seulement qu'il y ait un fait principal, mais encore que ce fait principal constitue une infraction prévue par la loi et susceptible de complicité. — Il ne peut donc y avoir de déclaration de complicité légale s'il n'y a, en même temps, déclaration explicite ou implicite d'un fait principal punissable (Cr. c. 12 févr. 1898, D. P. 99. 1. 58). Ainsi, la complicité de suicide n'est pas punissable, non plus que la complicité (sans recel) de vol commis par une des personnes désignées par l'art. 380 c. pén. (V. *infrà, Vol*). — La complicité de la *tentative* d'un crime est toujours punissable; celle de la tentative d'un délit ne l'est que lorsque cette tentative est elle-même punie par une disposition expresse de la loi. — Quant à la *tentative de complicité*, elle n'est jamais punissable (V. *infrà, Tentative*).

27. Il n'est pas nécessaire, pour qu'une condamnation soit prononcée contre le complice d'un crime ou d'un délit, que l'auteur soit poursuivi. — La peine peut donc être condamné, sans qu'aucune poursuite soit exercée contre l'auteur principal, quel que soit le motif de cette abstention.

28. D'autre part, lorsque l'auteur principal et le complice sont poursuivis conjointement, le sort du complice est complètement indépendant du résultat de la poursuite exercée contre l'auteur principal. L'acquittement de ce dernier n'emporte pas nécessairement l'acquittement du complice, à moins que cet acquittement ne soit fondé sur ce que le fait à lui imputé n'est pas établi dans sa matérialité ou n'est prévu par aucune loi pénale. Ainsi, le complice peut être déclaré coupable et condamné quoique l'auteur principal ait été acquitté à défaut d'intention criminelle, ... ou à raison d'une exception qui lui était personnelle, ... à moins que cette immunité n'aille jusqu'à enlever au fait lui-même son caractère délictueux. Et le verdict du jury déclarant non coupable l'auteur principal d'un crime n'est nullement contradictoire avec une déclaration de culpabilité à l'égard du complice, laquelle doit être considérée comme une reconnaissance implicite de l'existence du fait criminel auquel se rattache la complicité.

29. L'acquittement de l'auteur principal ne s'oppose même pas à ce que le complice soit condamné à l'aggravation de peine résultant des circonstances aggravantes relevées par la poursuite, lesquelles doivent être prises en considération pour la détermination de la peine applicable au complice (V. *suprà, n°s 9 et s.*), et cela encore que ces circonstances aient pour cause une qualité personnelle à l'auteur principal. — Ainsi la déclaration du jury portant qu'un officier public n'est pas coupable d'avoir frauduleusement inséré dans les actes de son ministère des énonciations fausses, ne détruit pas la nature ni le caractère public des actes incriminés à l'égard des individus déclarés coupables d'avoir pris part, comme complices, à leur rédaction, et n'empêche pas que ces complices ne soient condamnés à la peine qu'aurait encourue l'officier public si sa culpabilité eût été reconnue.

§ 4. — *Distinction entre les complices et les coauteurs* (R. 151 et s.; S. 157 et s.).

30. La participation d'un individu à une infraction peut constituer, de sa part, non une simple complicité, mais une coopération en qualité de *coauteur* du délit. — Le coauteur est celui qui commet matériellement l'acte même qui constitue l'infraction, tandis que le complice ne coopère pas à l'infraction : il n'y participe que par l'un des moyens énumérés à l'art. 60 (V. *suprà*, nᵒˢ 17 et s.); il n'en est pas l'auteur direct et immédiat.

31. La distinction entre les deux genres de participation à l'infraction ne présente de difficulté qu'à l'égard de ceux qui donnent aide ou assistance à l'action dans les faits qui l'ont consommée. La jurisprudence exige, pour que le concours apporté à la perpétration du crime ou du délit imprime à celui qui l'a prêté la qualité de coauteur, que ce concours ait été jusqu'à la simultanéité et à la réciprocité d'aide et d'assistance, qui seule implique une participation *directe, immédiate et matérielle*. — Ainsi, celui qui fait fabriquer un écrit faux est coupable du crime de faux comme coauteur, et non comme complice (Cr. r. 28 janv. 1868, D. P. 69. 5. 82). De même, le maître qui donne l'ordre à son cocher de pousser ses chevaux attelés au milieu d'une foule est coauteur, et ·non complice, des homicides involontaires qu'il a provoqués de la sorte (Cr. r. 11 juin 1808, R. p. 457). De même encore, doit être considéré comme coauteur d'un vol l'individu qui a fait le guet à la porte d'une maison pendant qu'un autre individu commettait un vol dans l'intérieur de cette maison, quoiqu'il n'ait pas participé matériellement à toutes les circonstances du fait principal (V. *infrà, Vol*); ... comme coauteur d'une dénonciation calomnieuse, celui qui a personnellement remis à l'officier de police judiciaire ou rédigé l'écrit portant la dénonciation, l'une ou l'autre de ces conditions étant un élément constitutif du délit.

32. La distinction entre les coauteurs et les complices présente un intérêt particulier lorsqu'il s'agit de faits qui ne comportent pas de complicité, soit en raison de leur nature (comme les contraventions de police), soit parce qu'ils ne sont pas punissables (comme le suicide, ou le vol commis dans les circonstances prévues par l'art. 180 c. pén.). Ces faits peuvent, au contraire, être l'objet d'une coopération punissable, de la part de ceux qui ont pris part, à titre de coauteurs, à leur consommation.

33. La peine édictée contre un fait dont plusieurs individus sont déclarés coupables à titre de coauteurs atteint chacun de ceux-ci directement, et non par voie d'extension, comme en cas de complicité. — Chacun profite donc, à l'exclusion des autres, des causes de diminution de peine qui lui sont personnelles. — Quant aux causes d'aggravation, la jurisprudence décide que les coauteurs d'un crime ou d'un délit s'aidant réciproquement dans les faits qui le consomment deviennent les complices respectifs les uns des autres et doivent, dès lors, subir, comme tels, l'aggravation de peine encourue par l'un d'eux, même à raison d'une qualité aggravante qui lui serait personnelle. — Sur les différences qui existent **entre** les coauteurs et les complices, relative-

ment à la position des questions au jury et à la déclaration de culpabilité, V. *infrà, Instruction criminelle.*

ART. 2. — DU RECEL.

§ 1ᵉʳ. — *Recel des malfaiteurs* (R. 188 et s.; S. 186 et s.).

34. Le recel des auteurs de certains crimes ou délits constitue, lorsqu'il se produit dans des conditions déterminées, un cas spécial de complicité. — Pour que le receleur soit puni comme complice, il faut qu'il s'agisse d'individus exerçant des brigandages ou violences contre la sûreté de l'Etat, la paix publique, les personnes ou les propriétés. Il n'est, d'ailleurs, pas nécessaire que ces malfaiteurs soient organisés en bandes ou associations.

35. Le recel de malfaiteurs puni comme acte de complicité suppose que l'on a fourni à ceux-ci des logements, lieux de retraite ou de réunion. Ainsi, on ne peut considérer comme complice celui qui leur fournit seulement au assistance à l'action dans les faits qui l'ont consommée. La jurisprudence exige, en outre, être habituel : des faits de recel isolés ne seraient pas punissables (sauf dans les cas des art. 99 et 267). — Il faut enfin que le receleur ait eu connaissance de la conduite criminelle des malfaiteurs, et qu'il ait agi volontairement, c'est-à-dire sans avoir subi de contrainte. — La pénalité de l'art. 61 c. pén. atteint celui-là seul qui a fourni l'asile, c'est-à-dire le possesseur de la maison ou du local qui a servi de retraite aux malfaiteurs, à l'exclusion des gens de service ou autres personnes habitant avec lui. — L'individu reconnu coupable du recel de malfaiteurs prévu par l'art. 61 est puni, comme complice, des peines portées contre les crimes et délits commis par ces malfaiteurs.

36. Des dispositions spéciales prévoient divers cas de recel auquel plusieurs des règles ci-dessus ne sont pas applicables. Ce sont : le recel d'espions ou de soldats ennemis envoyés à la découverte (Pén. 83); le recel de bandes armées contre la sûreté de l'Etat (Pén. 99); celui de personnes qui ont commis des crimes emportant une peine afflictive (Pén. 248); le recel d'associations de malfaiteurs (Pén. 267); enfin le recel du cadavre d'une personne homicidée ou morte à la suite de coups et blessures (Pén. 359) (V. *suprà, Association de malfaiteurs*, nᵒ 4, et *infrà, Crimes et délits contre la sûreté de l'Etat, Evasion, Sépulture*). — Dans ces différentes hypothèses, le recel est l'objet de pénalités particulières; le receleur n'est passible des peines ordinaires de la complicité qu'à l'égard des crimes ou délits auxquels il a participé, dans les conditions prévues par les dispositions générales de l'art. 60 c. pén., et dont, par conséquent, il a eu connaissance.

§ 2. — *Recel des objets provenant de crimes ou de délits* (R. 203 et s.; S. 193 et s.).

37. Sont punissables comme complices d'un crime ou d'un délit ceux qui sciemment ont recélé, en tout ou en partie, des choses enlevées, détournées ou obtenues au moyen de ce crime ou de ce délit (Pén. 62).

38. Trois éléments constituent la complicité par recel des choses : 1ᵒ La *réception des objets provenant d'un crime ou d'un délit.* Elle se réalise notamment dans le cas où les objets volés ou détournés sont achetés par un tiers : celui-ci est complice s'il a acheté les objets sachant qu'ils provenaient d'un vol. — Le recel ne suppose, d'ailleurs, pas nécessairement que l'on a reçu la chose même qui a été volée; le délit existe également de la part de celui qui a reçu des objets achetés avec le produit du vol (Cr. 9 mars 1900, D. P. 1902. 1. 173). Enfin, on considère comme receleur même celui qui

n'a profité des objets provenant d'un crime ou d'un délit qu'en les consommant. Ainsi, est coupable de recel l'individu qui a aidé le voleur à dissiper le produit réalisé de l'objet volé, dont il a ainsi profité (Agen, 15 juill. 1899, D. P. 99. 2. 408).

39. Pou que la complicité par recel existe, il n'est pas nécessaire que le complice ait appliqué à son profit les objets recélés : il suffit qu'il les ait détenus volontairement et en connaissant leur origine. — Il n'est pas non plus nécessaire qu'il ait caché les objets recélés. Le créancier qui reçoit en payement des deniers qu'il sait provenir d'un vol, d'une escroquerie ou d'un abus d confiance, se rend complice par recel de ce délit. — Il n'y a pas recel lorsque l'objet ne fait que passer dans les mains d'une personne pour en sortir immédiatement.

40. 2ᵒ La *provenance délictueuse des objets.* — C'est la conséquence de la règle d'après laquelle la complicité est subordonnée à l'existence d'un fait principal punissable. — Sur le cas de soustraction par un des parents ou alliés désignés dans l'art. 380 c. pén., V. *infrà, Vol.* — L'absence de poursuites contre l'auteur du vol ou du détournement, ou son acquittement, ne font pas obstacle à la condamnation du receleur (Comp. *suprà*, nᵒˢ 27 et 29).

41. 3ᵒ La *connaissance par le receleur de la provenance délictueuse des objets.* — Il n'est pas nécessaire que la connaissance, qui constitue le recel punissable, existe au moment où la chose a été reçue : le recel est atteint par la loi même dans le cas où celui qui a reçu les objets, sans avoir connaissance du crime ou du délit d'où ils proviennent, vient à savoir, plus tard, la cause qui les a mis dans les mains de l'individu dont il les tient, et continue cependant à garder ces objets. — La preuve que le recel a eu lieu sciemment est à la charge de la partie poursuivante; toutefois cette preuve peut, en certains cas, résulter, contre le détenteur, du seul fait de sa détention d'objets provenant d'un crime ou d'un délit et de l'impossibilité où il est d'établir qu'il en est légitime propriétaire. — Le recel n'étant punissable que s'il a été commis sciemment, il faut que cette condition essentielle de la complicité par recel soit expressément constatée par le juge.

§ 3. — *Règles communes* (R. 236 et s.; S. 221 et s.).

42. Les conditions de la poursuite et de la condamnation du complice par recel, soit de malfaiteurs, soit de choses provenant d'un crime ou d'un délit, dans leurs rapports avec la poursuite et la condamnation de l'auteur principal, sont les mêmes que celles établies en matière de complicité ordinaire (V. *suprà*, nᵒˢ 25 et s.).

43. Quant à la peine applicable au complice par recel, c'est, en principe, celle qui est prononcée contre lui contre le crime ou délit principal (Sur l'application de cette règle, V. *suprà*, nᵒ 2 et s.). — Cependant l'art. 63 apporte au principe d'identité des peines contre l'infraction et contre la complicité une double atténuation en faveur des complices par recel, soit de malfaiteurs, soit d'objets volés ou détournés : d'une part, la peine de mort, lorsqu'elle est applicable à l'auteur d'un crime, est remplacée, à l'égard du receleur, par celle des travaux forcés à perpétuité; d'autre part, les peines des travaux forcés à perpétuité ou de la déportation ne peuvent être prononcées contre le receleur qu'autant qu'il est convaincu d'avoir eu, au temps du recel, connaissance des circonstances auxquelles la loi attache les peines de mort, des travaux forcés à perpétuité ou de la déportation; sinon, il n'encourt que la peine des travaux forcés à temps. — Cette connaissance est exigée dans toutes les hypothèses où le complice par recel est frappé de la peine des travaux forcés à perpétuité : il n'y a pas lieu de distinguer entre le cas où cette peine lui est infligée par voie de substitution à la peine de mort, et celui où elle est attachée au crime dont il a été déclaré complice.

COMPTE (REDDITION DE)
(R. v° *Compte; S. eod. v°).*

§ 1er. — *Définition.* — *Législation*
(R. 4 et s.; S. 1 et s.).

1. Le *compte* est l'exposé d'une gestion faite pour le compte d'autrui. — La *reddition de compte* est la présentation, à celui pour qui l'on a géré, d'un état détaillé de ce qu'on a reçu et de ce qu'on a dépensé pour lui, à l'effet d'arriver à la fixation du reliquat ou débet, si la recette excède la dépense, ou de l'avance, si, au contraire, la dépense excède la recette. — Le *rendant* est celui qui doit ou rend un compte, et l'*oyant* celui qui le reçoit ou auquel il est dû.

2. Les redditions de compte font l'objet du titre 4 du livre 5 de la première partie du Code de procédure civile (art. 527 à 542).

§ 2. — *Dans quels cas les règles édictées par les art. 527 et s. c. pr. civ. sont ou ne sont pas applicables* (R. 20 et s.; S. 2 et s.).

3. Les règles édictées par la loi, en matière de reddition de compte, s'écartent à divers points de vue du droit commun. Il importe de déterminer l'étendue d'application de ces règles.

4. Les dispositions des art. 528 et s. c. pr. civ., quoique placées au livre 5 du Code de procédure, qui traite de l'exécution des jugements, sont applicables non seulement lorsqu'il y a compte à établir en suite et en exécution d'une décision déjà rendue, mais aussi lorsque ce compte est demandé par voie d'action principale, ou même d'action incidente au cours d'une instance, ou ordonné d'office par les juges comme moyen d'instruction, à moins que des règles particulières ne soient édictées pour la situation spéciale où se trouvent les parties en cause.

5. Mais pour que la procédure de la reddition de compte soit applicable, il ne suffit pas qu'il y ait compte à liquider entre les parties : il est inapplicable lorsqu'il n'y a pas, de la part de l'une d'elles, obligation de rendre compte à l'autre. C'est ainsi, notamment, que les règles posées aux art. 527 à 542 ne s'appliquent pas à la liquidation d'une société en participation.

6. Il faut, de plus, qu'il s'agisse d'une reddition de compte proprement dite (Civ. r. 16 juin 1891, D. P. 92. 1. 321). Le juge n'est donc pas tenu de s'y conformer lorsqu'il se borne à prescrire, même sous le nom de compte, une mesure d'instruction, en ordonnant, par exemple, à l'une des parties de rendre compte à l'autre, c'est-à-dire de lui justifier de l'emploi par elle fait d'une certaine somme qu'elle en avait reçue pour un objet déterminé, ou en chargeant un expert de dresser, en matière de société, le compte d'un exercice annuel (Arrêt précité du 16 juin 1891),

7. Même lorsqu'il s'agit d'une reddition de compte, les tribunaux ne sont pas toujours tenus de procéder conformément aux dispositions du Code de procédure. Ils peuvent, par exemple, avec l'assentiment des parties, renvoyer celles-ci devant le notaire chargé de la liquidation du partage auquel se rattachent les comptes litigieux. Il leur est loisible aussi, lorsqu'ils possèdent tous les éléments nécessaires pour procéder eux-mêmes à l'établissement des comptes, de statuer immédiatement et sans renvoi préalable devant un juge-commissaire (V. *infra*, n° 15) (Req. 7 déc. 1886, D. P. 87. 1. 425).

8. La restitution des fruits doit être faite dans la forme des redditions de comptes ordinaires (Pr. 526); mais, pour qu'il en soit ainsi, il faut qu'il y ait lieu à liquidation de fruits : la règle cesse d'être applicable quand la quotité des fruits à restituer est déterminée par d'autres documents, et que le juge trouve dans les documents produits le moyen d'arriver à une exacte évaluation des fruits.

9. De même, il n'y a pas lieu d'ordonner une reddition de compte et les dispositions des art. 528 et s. ne sont pas applicables lorsque, s'agissant de meubles non productifs de fruits, le débiteur est condamné à payer une indemnité pour privation de jouissance (Civ. r. 14 déc. 1898, D. P. 99. 1. 137).

10. Les règles contenues dans les art. 527 et s. ne sont pas d'ordre public. Il en résulte que les parties majeures et jouissant du plein exercice de leurs droits peuvent recevoir et débattre entre elles tous comptes à l'amiable, sans formalités particulières. Mais lorsqu'au nombre des intéressés se trouve un mineur ou un interdit, la reddition de compte ne peut plus être amiable; elle doit avoir lieu judiciairement (Civ. r. 27 mars 1893, D. P. 93. 1. 440).

11. Les règles du Code de procédure concernant les redditions de compte ne paraissent pas, en général, applicables en matière commerciale (V. toutefois *infra*, n° 40).

§ 3. — *Règles de compétence* (R. 49 et s.; S. 10 et s.).

12. La demande en reddition de compte est en principe soumise à la règle *actor sequitur forum rei*, sauf en ce qui concerne les tuteurs, qui doivent être assignés devant le tribunal du lieu où la tutelle s'est ouverte s'il s'agit d'une tutelle légitime, ou bien devant celui où elle a été déférée s'il s'agit d'une tutelle testamentaire ou dative, et les comptables nommés par justice, qui doivent être assignés devant la juridiction qui les a nommés (Civ. 527). Les comptables nommés par justice pourraient même opposer le déclinatoire d'incompétence s'ils étaient assignés devant le tribunal de leur propre domicile, au lieu de l'être devant celui qui les a nommés. Le comptable commis par une Cour d'appel doit être directement assigné devant cette Cour, sans passer par le premier degré de juridiction.

13. La règle de compétence édictée par l'art. 527 concerne exclusivement les actions qui ont le caractère d'une demande en reddition de compte. Ainsi elle ne serait pas applicable à la demande formée contre l'administrateur judiciaire d'une société commerciale dissoute en réparation du préjudice causé à l'actif social par le dol et la fraude de cet administrateur; cette demande ne serait pas régie par l'art. 527 c. pr. civ., mais par la règle générale : *actor sequitur forum rei* (Pr. 59-1°).

§ 4. — *Introduction de la demande. — Jugement qui ordonne la reddition de compte* (R. 57 et s.; S. 15 et s.).

14. La demande en reddition de compte est introduite dans les formes ordinaires. Elle n'est pas, en principe, dispensée du préliminaire de conciliation. — Lorsque le compte est demandé par plusieurs personnes, elles doivent, si elles ont le même intérêt, nommer un seul avoué; si elles ne s'entendent pas, le plus ancien avoué occupera; chacun des oyants peut, néanmoins, en nommer un, mais à charge de supporter les frais (Pr. 528).

15. Tout jugement portant condamnation de rendre un compte doit fixer le délai dans lequel le compte sera rendu et commettre un juge pour entendre le compte (Pr. 530). — Le tribunal ne pourrait pas désigner comme commissaire une personne autre que l'un de ses membres; mais il peut commettre, pour entendre un compte, un juge qui n'a point concouru au jugement qui a ordonné de le rendre.

16. Le jugement fixe, en outre, le délai dans lequel le compte devra être rendu; ce délai ne court qu'à compter de la signification; il peut être prolongé lorsque des causes graves l'exigent.

17. Par le jugement qui ordonne la reddition de compte, le tribunal peut accorder une provision à l'oyant pour le cas où le rendant serait en retard à l'expiration du délai.

18. Selon l'opinion qui semble avoir prévalu, le jugement qui ordonne une reddition de compte emporte hypothèque judiciaire.

§ 5. — *Établissement du compte* (R. 75 et s.; S. 22 et s.).

19. La loi ne prescrit aucune forme sacramentelle pour l'établissement du compte; il suffit que celui qui est présenté soit intelligible et renferme les éléments nécessaires de la comptabilité. Ces éléments sont : l'exposé des recettes et des dépenses effectives (c'est-à-dire réellement effectuées), la récapitulation de la balance des unes et des autres, et, s'il y a lieu, l'indication, dans un chapitre à part, des objets à recouvrer (Pr. 531). — Il est fait également un chapitre spécial pour le compte des intérêts, s'il en est dû par le comptable; le montant de ces intérêts s'ajoute à celui du chapitre des recettes lors de la balance.

20. Le compte est ordinairement précédé d'un préambule, contenant un exposé des faits qui ont donné lieu au compte, et la mention de l'acte ou du jugement qui l'a ordonné. Ce préambule ne doit pas excéder six rôles, en y comprenant la mention susvisée : l'excédent n'entrerait pas en taxe (Pr. 531).

§ 6. — *Présentation et affirmation du compte* (R. 99 et s.; S. 26 et s.).

21. Le compte une fois établi, le rendant doit le présenter et en affirmer la sincérité dans le délai fixé par le jugement et au jour indiqué par le juge-commissaire. Il n'est pas nécessaire que l'affirmation soit faite sous la foi du serment. Le rendant est tenu d'affirmer le compte *en personne* ou par un *procureur spécial.* — Les oyants doivent être présents ou appelés par une signification à personne ou à domicile, s'ils n'ont avoué, ou par acte d'avoué, s'ils en ont constitué (Pr. 534, § 1er).

22. Si la partie à qui il est enjoint de rendre compte n'obéit pas à cette injonction dans le délai qui lui est imparti, elle pourra y être contrainte par saisie et vente de ses biens jusqu'à concurrence d'une somme arbitrée par le tribunal (Pr. 534, § 2). Une prorogation de délai pourrait toutefois, suivant les circonstances, lui être accordée. — La somme arbitrée par le juge ne sera perçue par l'oyant qu'à titre de provision, à valoir sur le reliquat que la reddition ultérieure du compte pourra faire ressortir à son profit, et à charge de restitution, dans le cas où elle excéderait ce reliquat; elle ne pourrait être retenue par lui à titre de dommages-intérêts.

23. Après la présentation et l'affirmation, le compte est signifié à l'avoué de l'oyant. Le rendant est tenu de produire les pièces justificatives des recettes et dépenses. La communication de ces pièces se fait suivant les règles édictées par l'art. 536, § 1 et s.

24. Les créanciers des deux parties peuvent intervenir dans la procédure et ont droit à la communication tant du compte que des pièces justificatives. Mais ceux d'une même partie n'ont droit tous ensemble qu'à une seule communication par les mains du plus ancien des avoués qu'ils auront constitués (Pr. 536, § 3).

25. Lorsque le montant des recettes portées au compte excède celui des dépenses, l'oyant peut requérir du juge-commissaire exécutoire de cet excédent, sans approbation du compte (Pr. 535). On admet généralement que l'ordonnance d'exécution emporte hypothèque judiciaire. — Si le rendant, tout en se reconnaissant reliquataire, s'opposait á la délivrance de l'exécutoire, par exemple en faisant valoir une créance qu'il aurait contre l'oyant, l'ordonnance du juge-commissaire ne tiendrait pas compte de cette exception serait susceptible de recours. Mais on n'est pas d'accord sur le point de savoir si c'est devant le tribunal qu'il y a lieu de se pourvoir ou si l'ordonnance doit être attaquée par la voie de l'appel.

§ 7. — Débats, soutènements et réponses (R. 119 et s.; S. 30 et s.).

26. Aux jours et heures indiqués par le commissaire, les parties se présentent devant lui pour fournir leurs débats, soutènements et réponses (Pr. 538). Elles ne sont pas obligées de paraître en personne, mais sont valablement représentées par leurs avoués. — On appelle *débats* les contestations élevées par l'oyant, *soutènements* les moyens à l'appui du compte fournis par le rendant, *réponses* les répliques de l'oyant.

27. Le juge peut, selon l'étendue du compte, accorder à l'oyant, pour fournir des débats et réponses, un délai plus ou moins long, qui peut être prolongé. — Les débats, soutènements et réponses sont relatés dans le procès-verbal du juge-commissaire (Pr. 538). Ils ne doivent pas être signifiés. Après les réponses de l'oyant aux soutènements du rendant, il n'est pas accordé de réplique à ce dernier.

28. Lorsque les parties ne comparaissent pas, l'affaire est portée à l'audience sur simple acte (Pr. 538). Il en est de même lorsqu'une seule partie se présente devant le juge-commissaire. Dans l'un et l'autre cas, le juge ne dresse pas de procès-verbal. On admet que l'oyant compte qui n'a pas comparu devant le juge-commissaire est recevable à présenter pour la première fois ses dires devant le tribunal.

29. Si les parties ne s'accordent pas, le commissaire ordonne qu'il en soit par lui fait rapport à l'audience au jour par lui indiqué; elles sont tenues de s'y trouver, sans aucune sommation (Pr. 539). — Si les parties s'accordent, elles peuvent prendre un jugement d'expédient ou faire homologuer leurs accords; le procès-verbal suffirait, d'ailleurs, pour les constater valablement, s'il était signé par les parties. — La loi n'autorise ni la levée ni la signification du procès-verbal dressé par le juge-commissaire, même au cas où l'une des parties a fait défaut. Mais il est toujours possible d'en prendre communication au greffe.

§ 8. — Jugement et arrêt qui statuent sur le compte. — Défaut des parties (R. 127 et s.; S. 32 et s.).

30. A la suite du rapport du juge-commissaire, le tribunal rend son jugement sur le compte. Ce jugement doit contenir l'état des recettes et des dépenses, et, s'il y a un reliquat, le fixer d'une manière précise (Pr. 540). S'il y a un excédent des dépenses sur les recettes, les conclusions du rendant tendant à ce que cet excédent lui soit payé doivent lui être adjugées. Le tribunal peut, d'ailleurs, n'avoir point égard au compte présenté, s'il le juge insuffisant, et en ordonner un autre, ou bien prononcer d'après les éléments qu'il a sous les yeux.

31. La règle édictée par l'art. 540 ne s'applique qu'au compte rendu par articles, et non au cas où, le rendant ayant refusé de produire un compte détaillé, le juge s'est dû se borner à fixer, eu égard aux éléments d'instruction à eux fournis, la somme dont il les reconnaît débiteur.

32. Une règle fondamentale qui doit toujours être observée, c'est que le compte forme un tout indivisible, dans lequel les chefs réciproques de dette ou de créance ne jouent que le rôle d'éléments qui se balancent nécessairement entre eux, le reliquat final devant seul être pris en considération pour déterminer la situation respective des parties; ces chefs ne sauraient être considérés comme des dettes ou des créances distinctes et indépendantes qui ne seraient susceptibles de se balancer entre elles que suivant les règles ordinaires de la compensation (Civ. r. 8 juill. 1890, D. P. 90. 1. 353). Et l'état de faillite de l'une des parties n'autorise aucune dérogation à cette règle (Civ. c. 16 mars 1892, D. P. 92. 1. 232). — Les mêmes principes sont applicables en matière de compte courant (V. infrà, Compte courant, n° 11).

33. Si l'oyant est défaillant, le juge-commissaire fait son rapport au jour par lui indiqué, et le tribunal statue ensuite. Les articles sont alloués, *s'ils sont justifiés* : le tribunal doit, en effet, vérifier le compte, bien que l'oyant soit défaillant. Si le rendant est reliquataire, il gardera les fonds, sans intérêts, mais à charge de donner caution (sauf le cas où il s'agit d'un compte de tutelle), à moins qu'il ne préfère verser le montant du reliquat à la Caisse des dépôts et consignations (Civ. r. 542).

§ 9. — De l'appel des jugements qui statuent en matière de reddition de compte (R. 71 et s.; S. 18 et s.).

34. Il y a lieu de distinguer, au point de vue de l'appel, entre les jugements qui statuent sur une demande en reddition de compte, soit qu'ils la rejettent, soit qu'ils y fassent droit, et ceux qui statuent sur un compte précédemment ordonné. — 1° Lorsque le tribunal a ordonné la reddition du compte et que la Cour infirme sa décision, le procès est terminé. Il en est de même si la Cour confirme le jugement qui avait rejeté la demande. Si, les premiers juges ayant accueilli la demande, leur décision est confirmée, la Cour doit renvoyer, pour la reddition du compte, devant le tribunal dont émane le jugement (Pr. 472). — En cas de rejet par les premiers juges de la demande en reddition de compte, si la Cour infirme le jugement, elle ne peut retenir la connaissance de cette demande, mais doit renvoyer les parties en première instance, soit devant le tribunal qui avait déjà connu de l'affaire, soit devant un autre tribunal (Pr. 528, § 1er).

35. 2° Lorsque le compte a été rendu et jugé en première instance, l'appel du jugement est soumis aux règles ordinaires. Il n'y a pas de difficulté si le jugement est confirmé. Dans le cas contraire, la Cour doit statuer elle-même, ou renvoyer l'exécution de son arrêt à un tribunal autre que celui qui a rendu la décision réformée (Pr. 528, § 2, et 472).

36. Ces règles sont impératives; ainsi la Cour d'appel, lorsqu'elle infirme le jugement qui avait rejeté la demande en reddition de compte, ne peut, à peine de nullité, retenir la connaissance de cette demande (Req. 21 mai 1900, D. P. 1901. 1. 295). — Dans cette même hypothèse, le tribunal qui aura à connaître de la reddition de compte doit être désigné par l'arrêt infirmatif (Pr. 528). Mais le silence de l'arrêt à cet égard n'est pas une cause de nullité, une pareille omission pouvant être réparée par un arrêt postérieur (Civ. r. 14 déc. 1898, D. P. 99. 1. 137).

37. L'art. 528 suppose que le défendeur est actionné comme comptable de biens appartenant à autrui et qu'il a détenus ou administrés. Il est sans application au cas où le compte est ordonné dans le cours d'une instance à *titre de mesure d'instruction*, et à l'effet de

déterminer les droits respectifs des parties (V. suprà, n° 6).

38. Les frais qu'entraîne la reddition de compte sont à la charge de l'oyant, sauf dans le cas où l'instance a été rendue nécessaire par l'obstination ou la mauvaise foi du rendant, qui doit alors les supporter. Ces dépenses, ou dépenses communes, suivant l'expression employée par la loi, sont énumérées par l'art. 532; ce sont : les frais de voyage, s'il y a lieu, les vacations de l'avoué qui aura mis en ordre les pièces du compte, les grosses et copies (il n'est alloué que six rôles pour le préambule du compte : V. suprà, n° 20), les frais de présentation et d'affirmation. Cette énumération est limitative; ainsi, les frais de rédaction du compte ne sont pas compris dans les dépenses communes, dont le remboursement est dû au rendant. Il en est de même des frais du jugement qui ordonne le compte; ils sont régis par le droit commun (Pr. 130), et sont à la charge de la partie qui succombe.

§ 10. — Redressement ou rectification du compte (R. 149 et s.; S. 37 et s.).

39. Aux termes de l'art. 541 c. pr. civ., « il ne sera procédé à la révision d'aucun « compte, sauf aux parties, s'il y a erreurs, « omissions, faux ou doubles emplois, à en « former leurs demandes devant les mêmes « juges. » Ainsi un compte, une fois réglé, ne peut être révisé pour quelque cause que ce soit; il peut seulement être redressé ou rectifié (Civ. c. 28 févr. 1899, D. P. 99. 1. 447). — *Reviser* un compte, c'est examiner à nouveau et discuter chacun des articles du débit et du crédit; c'est, en un mot, refaire le compte. — *Redresser* ou *rectifier* un compte, c'est spécifier, avec pièces justificatives ou preuves à l'appui, les articles du débit et du crédit qui renferment les erreurs. — La distinction entre la révision des comptes, interdite par la loi, et le redressement, autorisé par l'art. 541, est parfois difficile à établir; elle dépend d'une appréciation de fait qui rentre dans le pouvoir souverain des tribunaux.

40. La règle qui prohibe la révision des comptes et n'autorise que la faculté de redressement pour erreur, omission, faux ou double emploi, a une portée générale. Elle est applicable en matière commerciale comme en matière civile; elle régit les comptes amiables comme les comptes judiciaires (Bordeaux, 15 mai 1893, D. P. 95. 2. 60); les comptes proprement dits comme les obligations pures et simples qui seraient reconnues être le résultat d'un compte; les comptes entre cohéritiers et communistes, les comptes arrêtés entre l'Etat et des entrepreneurs de fournitures (Cons. d'Et. 17 mars 1893, D. P. 93. 3. 33), mais non, d'après un arrêt (Lyon, 8 avr. 1895, D. P. 97. 2. 67), les comptes des caissiers des Caisses d'épargne.

41. Mais, pour que l'art. 541 soit applicable, il faut qu'un véritable compte ait été rendu. Ainsi, une simple note détaillée n'ayant pas les caractères d'un compte, la production d'une semblable note, même accompagnée d'une décharge de comptable, ne fait pas obstacle à l'exercice de l'action de reddition de compte, laquelle ne saurait être considérée comme une action en révision. De même la prohibition de l'art. 541 ne s'applique pas au cas où il est seulement produit une quittance délivrée à la fin d'un règlement (Civ. r. 31 juill. 1899, D. P. 90. 1. 108). — Jugé, au contraire, que la décharge par laquelle un mandataire est tenu quitte, sans aucune réserve, de toutes choses relatives à l'exécution de son mandat, implique l'existence d'un compte et tombe sous l'application de l'art. 541 (Trib. civ. de Douai, 31 déc. 1892, D. P. 94. 2. 182). Il en est de même de l'inventaire d'une Société commerciale, lorsqu'il apparaît que la commune intention des parties a été d'attribuer à cet inventaire, signé et approuvé par elles, tous les effets d'un compte vérifié et approuvé.

42. Il faut, en second lieu, que ce compte ait été arrêté, discuté, approuvé ou ratifié dans des conditions qui impliquent une véritable reddition de compte. Ainsi l'art. 541 ne serait pas applicable par cela seul que des états trimestriels de situation auraient été remis par l'une des parties à l'autre et reçus sans protestation par celle-ci (Grenoble, 30 janv. 1894, D. P. 96. 2. 69).

43. D'autre part, il faut que les parties aient entendu faire un règlement de compte définitif : lorsqu'il est établi qu'un compte n'a pas été définitivement arrêté et que les sommes versées par l'une des parties à l'autre ont été laissées à la disposition de celle-ci à titre de provision pour les dépenses qu'elle pourrait avoir à faire, ce compte peut être revisé en justice.

44. Enfin, la prohibition édictée par l'art. 541 suppose que le prétendu compte a été dressé de bonne foi et d'après des bases conformes aux conventions des parties.

45. Les causes de redressement ou de rectification des comptes sont, aux termes de l'art. 541 : l'erreur, l'omission, le faux, le double emploi. — Les erreurs *matérielles* sont les seules que l'on puisse faire valoir à l'appui d'une demande de redressement ; telles sont, notamment, les erreurs de calcul, l'admission dans un compte d'une valeur qui n'existait pas. On ne saurait exciper une erreur de droit qui aurait été commise dans l'établissement du compte.

46. Quant à l'*omission*, la jurisprudence la plus récente paraît admettre qu'elle peut servir de base à une action en redressement, non seulement lorsqu'elle porte sur des articles admis comme éléments du compte, mais encore au cas où elle a pour objet de faire comprendre le compte un article qui n'y figurait pas. Mais, bien entendu, l'omission ne peut être une cause de redressement lorsque l'article omis, en raison de l'époque à laquelle il se rapporte, était étranger au compte (Civ. r. 2 août 1897, D. P. 97. 1. 590).

47. On admet encore que la rectification peut être demandée, — bien que cette cause ne soit pas mentionnée par la loi, — dans le cas où l'on viendrait à découvrir des documents qui étaient inconnus à l'époque du règlement et qui, par conséquent, n'ont pu être ni discutés par les parties ni approuvés par les juges. — D'autre part, on décide qu'une demande en rectification ne peut s'appuyer sur ce que certains articles du compte reposeraient sur une interprétation inexacte des conventions intervenues entre les parties (Cons. d'Et. 12 mai 1900, D. P. 1901. 3. 65).

48. La rectification ou le redressement peuvent toujours être demandés, lorsqu'il s'agit de faire retrancher du compte des articles qui impliquent des perceptions usuraires (Grenoble, 30 janv. 1894, D. P. 96. 2. 69).

49. La demande en redressement doit être portée devant les juges qui ont connu de la demande en reddition du compte (Pr. 541). Si le compte avait été rendu amiablement, il y aurait lieu de suivre les règles ordinaires de la compétence. — Au cas où la décision sur le compte aurait été rendue par des arbitres, ce n'est pas devant ces derniers que la demande en rectification devrait être portée, mais devant le tribunal qui, à défaut de compromis, aurait été compétent pour connaître de la reddition de compte.

50. Au point de vue de la procédure, l'action en redressement ne se rattache pas à l'instance en reddition de compte; elle doit donc être formée, non par un simple acte, mais par assignation à la partie, avec préli-minaire de conciliation, et l'ancien avoué de celle-ci n'est pas constitué de droit, l'art. 1088 c. pr. civ. n'étant pas applicable en ce cas, bien que la demande soit formée dans l'année. — Le jugement, qui statue sur la demande en redressement, est susceptible de recours suivant le droit commun. — Les erreurs, omissions, etc., peuvent être établies soit à l'aide des pièces déjà produites lors de l'instance en reddition de compte, soit au moyen de documents nouveaux.

51. On admet généralement que la prescription applicable à l'action en redressement est celle de trente ans, et non celle de dix ans (Civ. 1304), du moins lorsqu'il s'agit de comptes rendus en justice.

§ 11. — *Arrêtés de compte* (R. 200 et s. ; S. 69 et s.).

52. L'arrêté de compte est l'acte par lequel une personne approuve un compte qui lui est rendu par une autre. Cet acte, entre parties majeures et jouissant du plein exercice de leurs droits, n'est assujetti à aucune forme particulière et peut résulter, notamment, d'un acte énonçant la somme qui, tous comptes réglés, en forme le reliquat. Il n'est pas nécessaire que l'arrêté de compte soit rédigé en double original (Civ. 1324), alors qu'il ne contient pas de conventions synallagmatiques. De même, l'arrêté de compte par lequel une des parties se reconnaît débitrice d'une certaine somme formant le reliquat n'est pas nul, encore que, écrit par une main étrangère, il soit seulement signé par la partie débitrice sans *bon* ou *approuvé* (Civ. 1326). — Hors le cas de compte de tutelle (Civ. 472; V. *infrà*, *Tutelle*), l'arrêté de compte n'a lieu sans présentation de compte ni récépissé de pièces.

53. L'art. 541 c. pr. civ. est applicable aux arrêtés de compte; ils ne sont donc pas sujets à revision, mais seulement à redressement ou rectification, dans les cas prévus par cet article.

§ 12. — *Enregistrement et timbre.*

54. 1° *Enregistrement.* — Le projet de compte qui fait l'objet d'un acte distinct ne donne ouverture qu'au droit fixe de 3 francs ou de 4 fr. 50, suivant qu'il s'agit d'un acte civil ou judiciaire (Décis. min. Fin. 10 déc. 1827; Instr. Reg. 1236).

55. L'arrêté de compte peut être soumis au droit fixe ou au droit proportionnel, suivant les résultats qu'il présente. — Lorsque les recettes et les dépenses se balancent, le compte, opérant seulement la décharge du mandataire, n'est assujetti qu'au droit fixe (Req. 1er mars 1836, R. v° *Enregistrement*, p. 265; Instr. Reg. n° 1518, § 3).

56. Quand les recettes excèdent les dépenses et qu'ainsi le rendant compte est constitué reliquataire, s'il ne paye pas immédiatement le reliquat à l'oyant, il devient débiteur, de simple dépositaire qu'il était, et le reliquat est passible du droit 1 pour cent prévu par l'art. 69, § 3, de la loi du 22 frim. an 7 (Décis. min. 8 déc. 1807; Instr. Reg. n° 366, § 4). — Toutefois, dans les comptes rendus par les maris, les reprises, droits ou créances énumérés ont été antérieurement énoncés ou constatés dans des actes enregistrés, le reliquat établi par le compte ne donne pas ouverture au droit d'obligation parce que, dans ce cas, le compte n'est que le complément et l'exécution d'actes enregistrés (L. 22 frim. an 7, art. 68, § 1er, n° 6; Instr. Reg. n° 1537). Mais lorsque le compte comprend des sommes stipulées dans des actes enregistrés et d'autres qui ne l'ont pas été, l'arrêté de compte donne ouverture au droit de 1 pour cent sur le montant du reliquat, alors même que ce reliquat se composerait d'éléments résultant de titres enregistrés (Sol. admin. Enreg. 19 févr. 1898).

57. Si le rendant compte remet immédiatement à l'oyant le montant du reliquat, il ne fait qu'accomplir ou exécuter son mandat, et l'arrêté de compte n'opère qu'une décharge sujette au droit fixe (Sol. admin. Enreg. 19 janv. 1830; Instr. Reg. n° 1320, § 3). Toutefois, le droit proportionnel de quittance devient exigible dans le cas où le mandataire, rendant compte des sommes touchées des débiteurs du mandant, reçoit une décharge pleine et entière de nature à conférer un titre libératoire au tiers débiteur, alors même que celui-ci ne serait pas présent (Civ. c. 22 avr. 1823, 5 mai 1840, 7 juill. 1846; R. v° *Enregistrement*, t. 21, p. 220).

58. Lorsque le rendant compte se libère au moyen de l'abandon de valeurs autres que le numéraire, le droit proportionnel devient exigible au taux réglé d'après la nature des biens transmis.

59. Lorsque les dépenses excèdent les recettes, le reliquat du compte se compose nécessairement d'avances faites par le mandataire comptable. Si ce reliquat est immédiatement soldé, le droit fixe de décharge seul est dû (Req. 1er mars 1836; Instr. Reg. n° 1518, § 3). Mais, s'il reste dû, le droit d'obligation de 1 pour cent est exigible, à moins que le reliquat ne résulte de titres enregistrés (Trib. civ. de la Seine, 13 janv. 1865, D. P. 66. 3. 22).

60. Les quittances de fournisseurs, ouvriers, maîtres de pension et autres de même nature, produites comme pièces justificatives du compte, sont dispensées de l'enregistrement (Pr. 537). Cette exemption doit être restreinte aux pièces de la nature de celles qu'elle vise. Elle ne peut donc être étendue aux pièces justificatives produites à l'appui d'un litige engagé et poursuivi sous la forme d'un règlement de compte (Décis. min. Just. et Fin. 22 sept. 1807; Instr. Reg. 346, n° 12, et 435, n° 42; Civ. c. 26 juill. 1886, D. P. 86. 1. 445; Trib. civ. de la Seine, 17 déc. 1897).

61. Tout ce qui précède s'applique au compte présenté par un mandataire conventionnel ou légal. Quant au compte arrêté entre créancier et débiteur, il ne saurait être tarifé au droit fixe de décharge, mais donne toujours ouverture, soit au droit proportionnel d'obligation sur le reliquat non soldé, à moins que ce reliquat ne résulte d'un titre enregistré, soit au droit de libération de 0 fr. 50 pour cent sur le reliquat soldé, ainsi que sur toutes les sommes dues en vertu de titres enregistrés et dont le payement est constaté.

62. 2° *Timbre.* — Les comptes sont assujettis au timbre de dimension comme tout acte susceptible de faire titre (L. 13 brum. an 7, art. 16; L. 12, R. v° *Enregistrement*, t. 22, p. 787). L'arrêté de compte et la quittance du reliquat peuvent être écrits à la suite du projet de compte et sur la même feuille de papier timbré (Décis. min. Fin. 28 juin 1825; Sol. admin. Enreg. 7 juill. 1862; Instr. Reg. n° 2241, § 1er).

63. L'exemption accordée par l'art. 537 c. pr. civ. ne s'appliquant qu'à la formalité de l'enregistrement, les pièces justificatives produites à l'appui d'un compte doivent être soumises au timbre.

COMPTE COURANT

(R. v° *Compte courant*; S. eod. v°).

ART. 1er. — DÉFINITION ET LÉGISLATION (R. 1 et s.; S. 1 et s.).

1. Le compte courant est le contrat par lequel deux personnes, prévoyant avoir à faire entre elles une série d'opérations, stipulent que les créances et les dettes réciproques à naître de ces opérations ne seront pas réglées séparément, mais qu'elles figureront dans un compte unique, où elles perdront leur individualité et seront remplacées par des articles de crédit et de débit, pour se résoudre, lors de la clôture du compte, par voie de compensation, en un solde seul exigible. — On appelle *correspondants* les parties qui font ainsi entre elles un compte courant; *remises*, les versements (en espèces, effets de commerce, marchandises, etc.) que chacune d'elles opère entre les mains de l'autre; *remettant* ou *envoyeur*, la partie qui fait la remise et doit en être créditée; *récepteur*, celle à qui elle est faite et qui en est débitée.

2. La matière du compte courant n'est réglée par aucune loi spéciale; elle est régie exclusivement par les principes généraux du droit, et surtout par les usages.

ART. 2. — CONDITIONS DE VALIDITÉ (R. 33 et s.; S. 16 et s.).

3. Le compte courant suppose essentiellement qu'il a été convenu entre les parties : 1° que les valeurs remises par l'une d'elles à l'autre deviendraient immédiatement la propriété de celle-ci, qui aura le droit d'en disposer comme de choses lui appartenant; 2° qu'en retour le remettant sera crédité d'une somme égale au montant de cette remise, tandis que le récepteur en sera débité, mais sans que le remettant puisse en exiger le payement avant la clôture du compte; 3° qu'à ce moment seulement une action en remboursement sera ouverte à celle des parties en faveur de laquelle existera un solde créditeur, et seulement jusqu'à concurrence de ce solde.

4. Le compte courant peut être réciproque ou simple. Il est réciproque lorsque chacune des parties fait pour le compte de l'autre tout à la fois des opérations d'encaissement et de versement de fonds. Il est simple lorsque les opérations sont faites seulement par l'une des parties. — Mais, que le compte soit simple ou réciproque, il doit toujours impliquer la possibilité de remises de la part de chacun des deux contractants : il n'y aurait pas compte courant s'il était convenu qu'un seul pouvait faire des remises, et non l'autre (Civ. c. 2 juill. 1890, D. P. 91. 1. 377).

5. Il va de soi que le compte courant, étant un contrat, ne peut exister sans le consentement réciproque des parties. Mais ce consentement peut être tacite. La question de savoir s'il existe est une question de fait qu'il appartient aux tribunaux de résoudre souverainement (Cr. c. 3 janv. 1895, D. P. 95. 1. 401). Et il en est de même du point de savoir si les parties ont voulu y comprendre la totalité, ou partie seulement, de leurs opérations (même arrêt).

6. Le compte courant se produit le plus souvent entre négociants; mais il peut également exister entre un négociant et un non négociant, ou même entre deux personnes qui ne sont ni l'un ni l'autre commerçants. — Les effets spéciaux du compte courant, tels qu'ils vont être exposés, sont les mêmes dans l'une ou l'autre de ces hypothèses. Mais il n'en revêt pas moins, conformément au droit commun, un caractère soit civil, soit commercial, selon qu'il est intervenu entre commerçants ou non commerçants, et à l'occasion d'opérations civiles ou commerciales (V. *suprà, Acte de commerce*, nᵒˢ 30 et s.); et c'est, suivant les cas, à la juridiction civile ou à la juridiction commerciale qu'il appartient de connaître des contestations auxquelles il peut donner lieu.

ART. 3. — EFFETS DU COMPTE COURANT (R. 42 et s.; S. 24 et s.).

7. Les effets du compte courant sont nombreux et variés; on peut toutefois les ramener à quatre principaux, auxquels viennent se rattacher les autres à titre accessoire :

1° le transport de propriété, au profit du récepteur, de toutes les valeurs qui entrent dans le compte; 2° la novation des créances passées en compte courant; 3° la confusion de tous les articles en un ensemble indivisible; 4° la production des intérêts de plein droit au profit du remettant.

§ 1ᵉʳ. — *Transport de propriété* (S. 25 et s.).

8. Chacune des parties entre lesquelles existe le compte courant devient propriétaire des valeurs qui lui sont remises par l'autre, à partir du jour où elle en a la possession effective. Par suite, à compter de ce jour, elle en peut disposer librement sans commettre d'abus de confiance. Et, si elle vient à tomber en faillite, la revendication desdites valeurs ne peut être exercée par le remettant (V. *infrà, Faillite*).

9. Le récepteur doit, par contre, créditer le remettant de la valeur qu'il reçoit de lui, tandis qu'en sens inverse le remettant l'en débite. — Et, en principe, le crédit ainsi donné par le récepteur au remettant est irrévocable; il ne peut être supprimé, quelles que soient les circonstances qui peuvent survenir postérieurement à l'inscription de l'article en compte courant. Il en est autrement, toutefois, en cas de clause contraire; si, par exemple, la valeur remise étant un effet de commerce, les parties stipulent que cette remise est faite sous la condition « sauf encaissement ». Et la jurisprudence décide que les remises en compte courant sont toujours réputées faites sous cette condition (Montpellier, 19 janv., et Caen, 28 janv. 1899, D. P. 1901. 2. 169 et 289). Il en résulte qu'en cas de faillite ou de liquidation judiciaire du remettant, le récepteur a le droit de contre-passer au débit de ce dernier les effets non payés. Mais il n'en garde pas moins la propriété de ces effets; il n'est pas tenu de les rendre au syndic, et il conserve le droit d'en réclamer le payement aux autres signataires. Il peut ainsi à la fois exercer contre les signataires autres que le failli les droits issus des billets ou lettres de change et produire dans la faillite de l'envoyeur pour le solde du compte; et même, bien qu'il encaisse tout ou partie des effets sans que ce solde se trouve intégralement amorti par suite desdits payements, il peut se dispenser d'imputer sur le montant dudit solde l'argent qu'il a touché contre présentation des effets, et il a le droit de produire pour ce solde pris en son intégralité (Arrêts précités des 19 et 28 janv. 1899). — Mais cette solution ne doit pas être étendue du régime de la faillite à celui d'une liquidation amiable de succession. En conséquence, lorsqu'un créancier a produit, dans une telle liquidation ouverte sur les biens de son débiteur principal décédé, pour un solde de compte courant dans lequel était comprise la remise d'un billet à la fait par ce débiteur, il est admis, s'il a touché un dividende, à poursuivre ensuite un tiers donneur d'aval de ce billet, que sous déduction de la part afférente à l'effet du dividende perçu (Req. 19 mars 1900, D. P. 1901. 1. 34).

§ 2. — *Novation* (S. 39).

10. Par l'effet de son entrée dans le compte, la créance résultant pour le remettant de la remise par lui faite au récepteur est notée, c'est-à-dire éteinte et remplacée par une créance nouvelle. Et de là, notamment, toutes les conséquences exposées *infrà*, *Obligations*. — Mais les effets de commerce portés dans le compte courant n'y figurant que sauf encaissement (V. *suprà*, nᵒ 9), le fait qu'une traite non payée à son échéance a figuré dans le compte courant n'opère pas novation et ne dépouille pas le tireur des sûretés qui y étaient attachées (Douai, 14 nov. 1901, D. P. 1903. 2. 158).

§ 3. — *Indivisibilité du compte courant* (R. 50 et s.; S. 40 et s.).

11. Une fois entrées dans le compte, les diverses créances respectives des correspondants s'y confondent, sous forme de simples articles de crédit et de débit, dans un tout indivisible, d'où elles ne peuvent plus être détachées (Civ. c. 24 juin 1903, D. P. 1903. 1. 472). — Les créances ne sont donc point soumises aux règles de l'imputation légale des payements ni à celles de la compensation. Il en résulte, spécialement, que le tiers qui a cautionné une dette incorporée depuis son entrée en compte courant est obligé à la garantie du payement du solde définitif, jusqu'à concurrence de cette dette, sans pouvoir la prétendre éteinte par les premiers versements qui ont suivi sa constatation. De même, aucun des deux correspondants ne peut demander le payement partiel d'un article du compte, ou en faire l'objet d'une poursuite isolée. Et leurs créanciers ne peuvent, à cet égard, avoir plus de droits qu'eux; notamment, les créanciers d'un des correspondants ne peuvent former une saisie-arrêt, entre les mains de l'autre, sur une somme dont leur débiteur a été crédité. De même encore, lorsqu'un nantissement a été consenti pour la garantie d'une ouverture de crédit en compte courant, le bénéfice de cette sûreté, s'appliquant au solde du compte, en garantit le remboursement intégral, sans qu'il y ait à rechercher si les dates des remises ou inscriptions réciproques sont antérieures à celle du nantissement (Civ. c. 24 juin 1903, précité).

§ 4. — *Production des intérêts* (R. 70 et s.; S. 42 et s.).

12. Toute somme entrée dans un compte courant est, de plein droit, productive d'intérêts, même lorsque le compte existe entre non commerçants et en matière civile; ... et ce, sauf convention contraire, à compter du jour où le récepteur a la jouissance de la valeur portée au débit de son compte. Ainsi les traites à vue, remises en compte courant à un banquier par un négociant, produisent, au profit de celui-ci, des intérêts à dater du jour même de leur encaissement. Le taux des intérêts est librement fixé entre les parties, du moins en matière commerciale, conformément au droit commun (V. *infrà, Prêt à intérêts*). En matière civile, il est le même pour les deux parties.

13. Les intérêts eux-mêmes sont capitalisés et deviennent à leur tour productifs d'intérêts, bien qu'ils ne soient pas dus pour une année entière, à chaque arrêté du compte par les parties. — Toutefois, deux conditions sont nécessaires pour cela; il faut : 1° qu'une convention soit intervenue à cet égard entre lesdites parties; cette convention peut, il est vrai, n'être que tacite et résulter notamment des usages de la place si les intéressés n'ont pas déclaré, en contractant, exclure l'application de ces usages; 2° que le solde de l'arrêté de compte soit immédiatement exigible. En outre, cette capitalisation ne peut s'opérer à des intervalles moindres de trois mois, par exemple à la fin de chaque mois.

14. Il est bien entendu, du reste, lorsque l'un des correspondants est un banquier, qu'il a le droit de stipuler, en dehors des intérêts de ses remises, un droit de commission pour ses soins et démarches (V. *supràá, Banque-Banquier*, nᵒ 4).

ART. 4. — CLÔTURE DU COMPTE (R. 120 et s.; S. 58 et s.).

15. La clôture du compte peut résulter de l'expiration de la durée pour laquelle il avait été formé, ou encore d'une convention expresse ou tacite des parties. Elle peut aussi se produire indépendamment de leur volonté, par la mort, l'interdiction, la déconfiture, la faillite ou la liquidation judiciaire de l'une d'elles. — Elle a pour effet le fixer leur position respective et de faire connaître au profit de laquelle existe finalement un solde créditeur.

16. Le compte est réglé soit à l'amiable, soit en justice; les dispositions du Code de procédure civile sur les redditions de compte sont applicables en pareil cas. Il en est ainsi, notamment, de l'art. 541, qui prohibe la revision des comptes et en autorise le redressement pour certaines causes (Req. 11 janv. 1887, D. P. 88. 1. 382). — Le solde du compte produit des intérêts de plein droit (Req. 29 janv. 1901, D. P. 1901. 1. 302). Mais ces intérêts ne se capitalisent que conformément au droit commun (Civ. 1154). — Le payement dudit solde peut être poursuivi par toutes les voies judiciaires, et la créance qui en résulte ne se prescrit que par 30 ans.

ART. 5. — ENREGISTREMENT ET TIMBRE.

17. Les principes exposés *suprà, Compte,* n°s 54 et s., sont applicables au compte courant qui est présenté volontairement après avoir été approuvé par les parties.

18. Le reçu, délivré par un banquier, d'une somme qui lui est versée en compte courant est soumis au droit de timbre de 0 fr. 10 établi pour les quittances, et non au droit proportionnel applicable aux effets négociables (Sol. admin. Enreg. 21 nov. 1874; Décis. min. Fin. 24 août 1879).

CONCILIATION

(R. v° *Conciliation; S. eod. v°*).

§ 1er. — *Nature et caractères.* — *Législation* (R. 37 et s.; S. 4 et s.).

1. Le préliminaire (ou tentative) de conciliation est la démarche que les parties capables de transiger, et dans les questions qui peuvent être la matière d'une transaction, sont obligées de faire devant un juge de paix pour essayer de s'entendre avant de donner une suite judiciaire aux contestations qui les divisent. Cette matière fait l'objet du titre 1er du livre 2 du Code de procédure civile (art. 48 à 58).

2. Ces dispositions ne s'appliquent qu'aux affaires de la compétence en premier ressort, ou à la fois en premier et en dernier ressort des tribunaux d'arrondissement. Il n'y a pas de préliminaire de conciliation pour les appels des sentences de juges de paix, ni pour les affaires portées devant la Cour d'appel, ni pour celles qui ressortissent à la juridiction des tribunaux de commerce. Quant à celles qui sont de la compétence des juges de paix, le préliminaire de conciliation s'y applique; mais il est soumis à des règles spéciales (V. *infrà*, n°s 34 et s.). Il en est de même des affaires qui sont portées devant les Conseils de prud'hommes (V. *infrà*, *Prud'hommes*).

3. Le préliminaire de conciliation est un acte de juridiction gracieuse, le juge devant se borner à essayer de mettre les parties d'accord et ne pouvant ni statuer sur le différend, ni ordonner des mesures d'instruction, ni même statuer sur sa propre compétence lorsqu'elle est contestée. D'un autre point de vue, ce n'est ni un acte de procédure préparatoire, ni un acte introductif de l'instance, qui ne commence qu'à partir de l'assignation donnée devant le tribunal saisi de la contestation.

4. L'omission du préliminaire de conciliation entraîne la nullité de l'exploit d'ajournement et de toute la procédure; et cette nullité doit être prononcée par le juge, s'il en est requis, alors même qu'aucun moyen au fond n'ait été présenté (Civ. c. 20 juill. 1892, D. P. 93. 1. 86). Mais le vice dont il s'agit n'est point d'ordre

public, et, dès lors, il est couvert par le silence des parties ou par les conclusions prises sur le fond du débat (Req. 6 déc. 1892, D. P. 93. 1. 479). D'autre part, le moyen tiré de l'absence de tentative de conciliation ne peut être opposé pour la première fois ni en appel, ni, à plus forte raison, devant la Cour de cassation.

§ 2. — *Demandes soumises ou non au préliminaire de conciliation* (R. 73 et s.; S. 12 et s.).

5. L'obligation de recourir à l'essai de conciliation est de droit commun; la dispense est l'exception. D'ailleurs, dans les matières où cette dispense existe, la conciliation peut toujours être tentée, à la condition que la matière soit susceptible de transaction et que les parties soient capables de transiger.

6. Pour qu'une demande soit soumise à la formalité de la conciliation, plusieurs conditions sont nécessaires : il faut d'abord qu'elle soit principale et introductive d'instance, c'est-à-dire qu'elle ne se rattache, ni quant à l'objet, ni quant aux motifs, à une autre demande déjà formée, soit contre la partie, soit contre un tiers. Ainsi, sont dispensées du préliminaire de conciliation les demandes incidentes, c'est-à-dire celles qui, formées au cours d'un procès déjà lié, en viennent élargir la sphère, par exemple la demande en nullité d'un brevet au cours d'une instance en contrefaçon; ... les demandes connexes, à la condition que la connexité qui les relie à la demande principale soit intime, et qu'elles aient avec cette demande identité de cause et d'origine. — Il n'y a pas lieu non plus au préliminaire de conciliation pour les demandes qui ne sont que la suite ou la conséquence de la demande primitive, telles qu'une demande en dommages-intérêts formée par le demandeur accessoirement à la demande principale et basée sur les mêmes faits; ... pour celles qui ne font que modifier une demande déjà introduite, ou celles qui ont pour objet d'obtenir l'exécution d'une décision rendue dans l'instance originaire; ... pour les demandes reconventionnelles. — Mais les demandes *nouvelles*, c'est-à-dire celles qui ne dépendent pas de l'action principale et constituent un litige distinct, y sont soumises. Telle est, par exemple, la demande par laquelle un fermier, qui n'avait d'abord réclamé que des dommages-intérêts, conclut à la résolution du bail.

7. En second lieu, il faut que les parties soient capables de transiger. Ainsi, sont dispensées de la conciliation : l'État, le Domaine, les communes, les établissements publics; ... les mineurs non émancipés (Douai, 4 juill. 1892, D. P. 93. 1. 470); ... les interdits; ... les curateurs aux successions vacantes (Pr. 49, § 1er); ... la femme mariée, sauf dans le cas où elle est séparée de corps, et aussi lorsqu'elle est séparée de biens, si la demande est relative à la fortune mobilière dont elle a la libre disposition : elle doit d'ailleurs, en ce dernier cas, être habilitée à comparaître devant le juge de paix par une autorisation distincte de celle d'ester en justice; ... l'envoyé en possession provisoire des biens d'un absent; ... le mineur émancipé, à moins que l'action ne soit relative à un acte de pure administration; ... l'héritier bénéficiaire, lorsque la demande intéresse la succession; ... les syndics de faillite; ... les administrateurs d'une société, lorsque le pacte social ne leur accorde pas le droit de transiger. — Quand la matière est indivisible, il suffit que l'une des parties soit incapable de transiger pour que la demande soit dispensée du préliminaire de conciliation à l'égard de toutes; si la matière est divisible, chaque partie est régie par sa position spéciale.

8. En troisième lieu, il faut que la demande porte sur un objet pouvant donner lieu à transaction : n'y sont donc pas soumises les demandes sur lesquelles il est interdit de compromettre (Pr. 1004), celles qui touchent à l'ordre public, aux bonnes mœurs, à l'état des personnes, etc.

9. Il est, en outre, un certain nombre d'affaires dans lesquelles le Code de procédure civile dispense expressément les parties du préliminaire de conciliation (Pr. 49). Ce sont tout d'abord les demandes qui requièrent célérité. — Les conditions nécessaires pour qu'une demande ait ce caractère sont, à défaut d'un texte qui les détermine, abandonnées à l'appréciation souveraine du tribunal. Le pouvoir d'appréciation peut s'exercer même dans le cas où le président aurait permis d'assigner à bref délai (Pr. 72).

10. Sont également dispensées du préliminaire de conciliation les demandes en intervention ou en garantie. Cette disposition s'applique à la tierce opposition principale ou incidente. Les demandes en intervention sont dispensées de l'essai de conciliation alors même qu'elles n'ont pas un objet identique à celui de l'instance engagée. Quant aux demandes en garantie, elles sont dispensées de la conciliation non seulement lorsqu'elles ont lieu incidemment et dans le cours du procès, mais encore lorsqu'elles sont formées par action principale, postérieurement au jugement qui a terminé le débat primitif.

11. Les demandes en matière de commerce sont dispensées du préliminaire de conciliation, et cela non seulement quand la juridiction commerciale en est saisie (V. *suprà*, n° 2), mais aussi lorsque, en l'absence de tribunal de commerce dans l'arrondissement, elles sont portées devant le tribunal civil.

12. Le préliminaire de conciliation n'est pas exigé pour les demandes de mise en liberté, en mainlevée de saisie ou d'opposition. Mais la dispense ne s'étend pas aux demandes en mainlevée d'hypothèque, qui par elles-mêmes ne requièrent pas célérité. — Sont encore dispensées : les demandes en payement de loyers, fermages, arrérages de rentes ou de pensions, notamment des pensions alimentaires; les demandes en payement des frais des officiers ministériels relatifs aux actes de leur ministère, dirigées soit contre le client débiteur, soit contre celui qui a servi d'intermédiaire entre le client et l'officier ministériel, par exemple, par un huissier contre l'avoué qui l'a chargé d'instrumenter.

13. La dispense est encore applicable aux demandes formées contre plus de deux défendeurs ayant le même intérêt, quel que soit le nombre des demandeurs. Il en est ainsi, notamment, lorsque l'action exercée contre chacun d'eux dérive d'un seul et même titre, que le chiffre de la condamnation poursuivie contre chacun d'eux soit, ou non, le même (Req. 4 juill. 1893, D. P. 93. 1. 470). Mais s'il y a plus de deux défendeurs, mais ayant des intérêts assez distincts pour qu'une transaction soit possible avec l'un sans la participation des autres, l'affaire cesse d'être dispensée du préliminaire de conciliation. Elle cesse également de l'être si c'est frauduleusement et pour éviter la conciliation que le demandeur a assigné plus de deux défendeurs.

14. Suivant l'opinion qui paraît prévaloir, le mari et la femme, quel que soit le régime du mariage, et alors même que le mari n'est assigné que pour autoriser sa femme, doivent être comptés comme deux défendeurs lorsqu'ils sont assignés en même temps qu'un tiers (Douai, 4 juill. 1892, D. P. 93. 1. 470). Les sociétés (même les sociétés civiles, qui, suivant l'opinion dominante, constituent, comme les sociétés de commerce, des personnes morales), doivent être considérées comme ne constituant qu'un seul défendeur.

15. L'art. 49-7° c. pr. civ. énumère encore un certain nombre de demandes qui sont dispensées du préliminaire de conciliation; telles sont, notamment, les demandes introduites dans la forme d'une instance en validité d'offres réelles (Req. 9 févr. 1892, D. P. 92. 1. 600). Il faut y ajouter les demandes en séparation de corps ou en divorce, et celles qui, après la séparation de corps ou le divorce, ont trait aux rapports personnels ou pécuniaires des époux, par exemple, l'action en révocation pour ingratitude d'une donation entre époux par contrat de mariage, intentée accessoirement à une demande en divorce (Bordeaux, 27 nov. 1890, D. P. 92. 2. 539). — Quant aux demandes en matière de tutelle, la dispense n'a trait qu'aux demandes relatives à des contestations nées pendant la tutelle, notamment au sujet des excuses proposées, ou à la destitution du tuteur; elle ne s'étend pas aux difficultés survenant après la majorité du pupille.

§ 3. — *Compétence* (R. 238 et s.; S. 51 et s.).

16. Le juge de paix devant lequel doit être donnée la citation en conciliation est, en matière personnelle, réelle ou mixte, celui du domicile réel du défendeur. D'après un arrêt de la Cour de cassation (Civ. c. 9 déc. 1851, D. P. 52. 1. 29), cette règle cesserait d'être applicable dans le cas où le défendeur a fait élection de domicile dans le canton du demandeur. Ce serait alors le juge de paix de ce canton qui serait compétent; mais la solution contraire est plus généralement admise. — S'il y a deux défendeurs, le demandeur peut les citer devant le juge de paix du domicile de l'un d'eux, pourvu qu'ils soient tenus l'un et l'autre principalement (avec ou sans solidarité), et que le différend à concilier soit le même pour tous deux.

17. Les sociétés civiles, tant qu'elles existent, doivent être assignées devant le juge de paix du lieu où elles sont établies. Il en est de même des sociétés commerciales, pour les contestations qui n'ont pas le caractère commercial. — Après la dissolution de la société, le juge de paix du lieu où elle est établie est encore compétent pour les actions relatives à la liquidation, tant qu'elle n'est pas terminée, et même, bien que la question soit discutée, quant aux demandes en garantie des lots ou en rescision du partage entre associés.

18. En matière de succession, de partage, de disposition à cause de mort, la citation doit être donnée devant le juge de paix du lieu où la succession s'est ouverte : 1° sur les demandes entre héritiers jusqu'au partage inclusivement; 2° sur les demandes intentées par les créanciers du défunt avant le partage; 3° sur les demandes relatives à l'exécution des dispositions à cause de mort, jusqu'au jugement définitif à intervenir sur la contestation entre le légataire et l'héritier; 4° sauf controverse, comme en matière de société (V. *suprà*, n° 17), sur les demandes en garantie des lots ou en rescision de partage.

19. Si le défendeur conteste la compétence du juge de paix, celui-ci doit se borner à dresser un procès-verbal de non-conciliation, sauf au demandeur à se pourvoir devant le tribunal civil pour faire statuer sur la compétence. D'ailleurs, les parties peuvent saisir d'un commun accord un juge de paix incompétent.

§ 4. — *Formes de la citation. — Délais* (R. 261 et s.; S. 63 et s.).

20. La citation en conciliation est donnée par un huissier de la justice de paix du dé-

fendeur (Pr. 52). — La citation par huissier est nulle si elle est donnée par un huissier de première instance non attaché à la justice de paix, ou si l'huissier instrumente en dehors des limites du canton. Toutefois, dans les villes divisées en plusieurs cantons, tous les huissiers de justice de paix ont qualité pour instrumenter dans toute l'étendue de la ville (L. 25 mai 1838, art. 16, R. v° *Compétence civile des tribunaux de paix*, p. 110).

21. La citation est assujettie aux mêmes formes que les citations ordinaires. Elle doit énoncer sommairement l'objet de la conciliation; il n'est pas nécessaire qu'elle renferme l'exposé sommaire des moyens du demandeur (Pr. 52). — Le délai de la citation est de trois jours *au moins*, c'est-à-dire de trois jours francs (Pr. 51), avec augmentation à raison des distances.

22. On s'accorde à reconnaître que la citation en conciliation ne doit pas être précédée de l'appel devant le juge de paix, au moyen d'un avertissement sans frais, prévu par l'art. 17 de la loi du 25 mai 1838 (V. *infrà*, n° 35) : la formalité de la *petite conciliation* est exclusivement applicable aux affaires qui sont soumises à la juridiction contentieuse du juge de paix, et non à celles qui ne sont portées devant lui que pour conciliation, en vertu des art. 48 et s. c. pr. civ.

23. Le juge de paix peut, d'ailleurs, exercer les fonctions de conciliateur sans avoir été saisi par une citation en conciliation. Il n'est même pas besoin qu'un compromis régulier soit intervenu : il suffit que les parties comparaissent volontairement devant lui, et la constatation de leur comparution n'est soumise à aucune forme sacramentelle (Chambéry, 2 mars 1896, D. P. 98. 2. 393).

§ 5. — *Comparution des parties* (R. 283 et s.; S. 71 et s.).

24. Les parties comparaissent en personne ou, en cas d'empêchement, par un fondé de pouvoir (Pr. 53). Elles sont, du moins suivant l'opinion dominante, seules juges du motif de l'empêchement de comparaître. Elles peuvent, si elles comparaissent en personne, se faire accompagner d'un conseil. — La comparution peut avoir lieu à huis clos si le juge de paix le juge à propos; mais le greffier doit être présent.

25. Les parties ont, en principe, le choix de leurs fondés de pouvoir; elles peuvent, suivant la plupart des auteurs, désigner un huissier, l'art. 18 de la loi de 1838 (V. *infrà*, *Procédure*) étant, dans cette opinion, inapplicable en la matière; mais le juge de paix aurait le droit d'écarter un mandataire qui lui paraîtrait d'une moralité douteuse. — Le mari ne peut, de plein droit et sans pouvoir spécial, représenter sa femme en matière immobilière ou paraphernale.

26. Le pouvoir peut être sous seing privé; il doit être spécial, à moins que le mandataire ne soit muni d'un pouvoir général à l'effet de gérer toutes les affaires du mandant et ester en justice en son nom. Il ne doit pas nécessairement contenir le pouvoir de transiger; le mandataire peut même recevoir mission de refuser toute transaction.

27. Lorsqu'une partie ne comparait pas, il doit en être fait mention par le greffier : sur l'original de la citation si c'est le défendeur qui ne comparaît pas, sur la copie si c'est le demandeur. Cette mention équivaut à un procès-verbal de non-conciliation et permet de porter l'affaire devant le tribunal (Pr. 58).

28. Celle des parties qui ne comparaît pas encourt une amende de 10 francs, et toute audience lui est refusée jusqu'à ce qu'elle ait justifié de la quittance (Pr. 56). C'est le tribunal saisi de la demande, et non

le juge de paix, qui prononce cette amende. L'amende ne doit pas, suivant une opinion, être infligée lorsque la partie défaillante justifie qu'elle a été dans l'impossibilité de se présenter en conciliation, ou lorsque le défaut de comparution est motivé par la nullité de la citation, ou enfin parce que l'affaire était dispensée du préliminaire de conciliation.

29. Dans le cas où les parties, sans avoir comparu ni l'une ni l'autre, se présentent devant le tribunal, il n'y a pas lieu de prononcer la condamnation à l'amende; le tribunal peut seulement, *in limine litis*, renvoyer les parties à se concilier.

§ 6. — *Rôle du juge et des parties. — Procès-verbal* (R. 332 et s.; S. 81 et s.).

30. La mission du juge consiste à faire ses efforts pour concilier les parties; il peut provoquer leurs explications, sans aller jusqu'à se livrer à un interrogatoire proprement dit. Le demandeur peut, non seulement expliquer sa demande, mais encore l'augmenter, par exemple réclamer les intérêts du capital dont il poursuit le payement, sans toutefois pouvoir former une demande nouvelle si le défendeur ne consent pas à entrer en conciliation sur cette nouvelle demande. Quant au défendeur, il peut former toutes demandes constituant des exceptions ou défenses à l'action du demandeur. D'ailleurs, les parties peuvent librement accepter la discussion sur toute question soulevée devant le juge.

31. Le juge de paix, qu'il ait amené ou non les parties à ce concilier, doit dresser un procès-verbal. S'il y a eu conciliation, ce procès-verval doit contenir les conditions de l'accord, et être signé par les parties pour rendre obligatoires les conventions qui y sont insérées. — Le procès-verbal de conciliation est un acte authentique faisant foi jusqu'à inscription de faux des conventions qu'il relate et ayant date certaine; il n'est d'ailleurs pas nécessaire, comme cela est exigé pour les actes notariés, qu'il soit signé des parties ou mentionne la cause qui les a empêchées de signer (Chambéry, 2 mars 1896, D. P. 98. 2. 393). Mais il n'a pas force exécutoire, et celle des parties qui veut en obtenir l'exécution a son profit doit se procurer un titre exécutoire, c'est-à-dire un jugement ou acte notarié (Pr. 54).

32. Si la conciliation n'a pas lieu, le procès-verbal fait sommairement mention que les parties n'ont pu s'accorder (Pr. 54, § 1er). Le juge peut, en outre, y insérer les dires et aveux des parties, lorsque celles-ci y consentent, ou que l'une d'elles demande acte d'un aveu de son adversaire; et le juge saisi du fond de l'affaire peut faire état de ces mentions, pourvu qu'il se conforme aux dispositions légales en matière de preuve (Civ. r. 6 déc. 1899, D. P. 1901. 1. 299). — Si l'une des parties défère le serment à l'autre, le juge de paix reçoit le serment ou mentionne le refus de le prêter (Pr. 54). Mais ce refus équivaut simplement à un refus de conciliation; il n'aurait pas les effets de l'art. 1361 c. civ. attaché au refus de prêter serment devant le tribunal civil (V. *infrà*, *Preuve*).

§ 7. — *Effets du préliminaire de conciliation* (R. 378 et s.; S. 88 et s.).

33. Le premier effet du préliminaire de conciliation est de permettre au demandeur de poursuivre son action devant le tribunal de première instance. D'autre part, la citation en conciliation interrompt la prescription et fait courir les intérêts, à la condition que la demande soit formée dans le mois à dater du jour de la non-comparution ou de la non-conciliation (Pr. 57). — On attribue généralement les mêmes effets à la comparution volontaire des parties devant le juge de paix; mais ces effets ne s'attachent pas à l'avertissement donné dans les conditions de l'art. 17 de la loi du 25 mai 1838.

§ 8. — *Conciliation dans les affaires de la compétence du juge de paix* (R. 153; S. 32 et s.).

34. Les affaires qui ressortissent à la juridiction du juge de paix, soit en premier et dernier ressort, soit en premier ressort seulement, doivent être précédées d'une tentative de conciliation devant ce magistrat. C'est ce qu'on appelle, en pratique, la *petite conciliation*. Elle est obligatoire dans tous les litiges de la compétence du juge de paix autres que ceux qui requièrent célérité, et celles dans lesquelles le défendeur est domicilié hors du canton ou des cantons d'une même ville.

35. Les parties sont appelées devant le juge de paix au moyen d'un avertissement rédigé par le greffier sous forme de lettre, et envoyé par la poste sous bande simple, scellée du sceau de la justice de paix avec affranchissement (L. 25 mai 1838, art. 17, modifié par la loi du 2 mai 1855, art. 2, § 1er, D. P. 55. 4. 52). Il est dû au greffier une rémunération de 30 centimes par avertissement, y compris l'affranchissement (même article, § 2). — Dans les cas qui requièrent célérité, il ne peut être remis de citation non précédée d'avertissement qu'en vertu d'une permission du juge de paix, auquel il appartient d'apprécier si l'urgence alléguée existe réellement (L. 1838, art. 17, § 4).

36. En cas d'inobservation de ces prescriptions, l'huissier supporte sans répétition les frais de l'exploit (même article, § 5); mais la partie demanderesse n'encourt de ce chef aucune déchéance de procédure (Civ. c. 15 juill. 1903, D. P. 1903. 1. 443). — Le défaut de comparution n'entraîne pas de condamnation à l'amende (Comp. *supra*, n° 28).

37. Le procès-verbal de conciliation, en cas de petite conciliation, a la même valeur qu'en cas de conciliation ordinaire (V. *supra*, n° 31); mais il n'est dressé que sur la demande des parties (L. 25 mai 1838, art. 17, § 3).

38. L'avertissement donné en vertu de l'art. 17 de la loi du 1838 n'a pour effet ni d'interrompre la prescription, ni de faire courir les intérêts, dans les conditions prévues par l'art. 57 c. pr. civ.

§ 9. — *Enregistrement et timbre.*

39. Les avertissements adressés par le greffier pour appeler les parties en petite conciliation doivent être rédigés sur des formules fournies par l'administration de l'Enregistrement, extraites d'un registre à souche et frappées au timbre de dimension de 0 fr. 60 (L. 23 août 1871, art. 21, D. P. 71. 4. 61; Circ. dir. gén. Enreg. 16 nov. 1888; Instr. Reg. 2443). Mais le registre sur lequel le greffier constate l'envoi et le résultat de ces avertissements est exempt de timbre (L. 2 mai 1855, art. 2, D. P. 55. 4. 52; Instr. Reg. 2049, § 3).

40. Les exploits de citation en conciliation par ministère d'huissier sont soumis au tarif de 1 franc en principal (L. 19 juill. 1845, art. 5, D. P. 45. 3. 142; 19 févr. 1874, art. 2, D. P. 74. 4. 41; et 26 janv. 1892, art. 6, D. P. 92. 4. 9). Les procès-verbaux de conciliation ou de non-conciliation ont tous les caractères des actes judiciaires; ils doivent, en conséquence, être rédigés sur papier timbré et soumis à l'enregistrement dans les vingt jours de leur date, à peine d'un droit en sus (Décis. min. Fin. 30 août 1855, D. P. 55. 5. 443; Instr. Reg. 2049, § 3). Ils sont assujettis au droit fixe de 1 franc toutes les fois qu'ils se renferment dans des conventions donnant ouverture au droit pro-

portionnel (L. 22 frim. an 7, art. 68, § 1er, n° 47, R. v° *Enregistrement*, t. 21, p. 26; 28 févr. 1872, art. 4, D. P. 72. 4. 12; 26 janv. 1892, art. 17, § 1er, D. P. 92. 4. 9).

CONFLIT
(R. v° *Conflit*; S. eod. v°).

ART. 1er. — GÉNÉRALITÉS. — LÉGISLATION (R. 2 et s.; S. 1 et s.).

1. On désigne sous le nom de *conflit* la difficulté qui naît de ce que plusieurs autorités ou tribunaux s'attribuent la connaissance d'une même affaire ou, au contraire, refusent d'en connaître. Dans le premier cas, il y a conflit *positif*; dans le second cas, conflit *négatif*.

2. Lorsque ces autorités ou tribunaux appartiennent au même ordre, on dit qu'il y a *conflit de juridiction*; lorsqu'elles appartiennent l'une à l'ordre judiciaire, l'autre à l'ordre administratif, on dit qu'il y a un *conflit d'attribution*. Cette seconde hypothèse est la seule dont on s'occupe ici. — Sur les conflits de juridiction, V. *infra*, *Règlement de juges*.

3. La législation relative aux conflits (d'attribution) se trouve dans la loi du 24 mai 1872 (D. P. 72. 4. 88), qui a créé le Tribunal des conflits, dans certaines dispositions de la loi du 4 févr. 1850 (D. P. 50. 4. 15) et du décret du 26 oct. 1849 (D. P. 49. 4. 154), remises en vigueur par l'art. 27 de la loi du 24 mai 1872, dans le décret du 13 brum. an 10 et l'ordonnance du 1er juin 1828 (R. p. 104 et 116).

ART. 2. — COMPÉTENCE EN MATIÈRE DE CONFLIT. — TRIBUNAL DES CONFLITS (R. 19 et s.; S. 26 et s.).

4. Les conflits d'attribution sont positifs, soit négatifs, sont tranchés par une juridiction spéciale, le Tribunal des conflits, qui, après avoir fonctionné une première fois de 1848 à 1852, a été rétabli par l'art. 21 de la loi du 24 mai 1872.

5. Le Tribunal des conflits est composé : du ministre de la Justice, président; de trois conseillers d'Etat en service ordinaire, élus par leurs collègues; de trois conseillers à la Cour de cassation, nommés par leurs collègues; de deux membres et de deux suppléants, qui sont élus par la majorité des autres juges. Les membres du tribunal sont soumis à réélection tous les trois ans et sont indéfiniment rééligibles. Ils choisissent parmi eux un vice-président au scrutin secret et à la majorité absolue des voix (L. 24 mai 1872, art. 25). — Les fonctions du ministère public sont remplies par deux commissaires du Gouvernement, choisis tous les ans par le président de la République, l'un parmi les maîtres des requêtes au Conseil d'Etat, l'autre dans le parquet de la Cour de cassation. Il est adjoint à chacun de ces commissaires un suppléant choisi de la même manière et pris dans les mêmes rangs pour le remplacer en cas d'empêchement (L. 4 févr. 1850, art. 6). — Un secrétaire, nommé par le ministre de la Justice, est attaché au Tribunal des conflits (Décr. 26 oct. 1849, art. 5).

ART. 3. — CONFLIT POSITIF (R. 21 et s.; S. 28 et s.).

6. Le droit d'élever le conflit positif est restreint à un triple point de vue; il ne peut s'exercer dans certaines matières, devant certaines juridictions, et pour certains motifs.

§ 1er. — *Matières dans lesquelles la faculté d'élever le conflit est interdite ou restreinte* (R. 41 et s.; S. 41 et s.).

7. Le conflit d'attribution ne peut jamais être élevé en matière criminelle (Ord. 1er juin

1828, art. 1er). Si, devant les tribunaux criminels, il s'élève une question préjudicielle administrative, la Cour d'appel (chambre des mises en accusation) peut et doit renvoyer cette question aux tribunaux administratifs. Mais, si elle s'y refuse, le conflit ne peut être élevé.

8. Toutefois, cette interdiction faite au Gouvernement d'élever le conflit ayant eu simplement pour but d'assurer le libre exercice de l'action publique devant la juridiction criminelle, on a conclu que le conflit pouvait être élevé, même devant les tribunaux criminels, pour revendiquer, au profit de la juridiction administrative, le jugement de l'action civile intentée par la partie civile concurremment à l'action publique (Trib. confl. 26 févr. 1881, D. P. 81. 3. 90), ... et de la plainte portée devant le juge d'instruction en vertu de l'art. 63 c. instr. cr. pour provoquer une action criminelle, acte qui constitue plutôt une action privée qu'une action publique (même arrêt).

9. Le conflit d'attribution ne peut être élevé en matière correctionnelle, sauf en deux cas : 1° lorsque la répression du délit est attribuée, par une disposition législative, à l'autorité administrative; 2° lorsque le jugement à rendre par le tribunal répressif dépend d'une question préjudicielle dont la connaissance appartient à l'autorité administrative en vertu d'un texte de loi. Dans ce dernier cas, le conflit ne peut être élevé que sur la question préjudicielle (Ord. 1er juin 1828, art. 2). — La première exception vise le cas des contraventions de grande voirie, ou des contraventions aux lois qui ont établi des servitudes autour de certains ouvrages militaires, contraventions dont la répression a été confiée aux Conseils de préfecture. La seconde se présente toutes les fois que la personne poursuivie prétend avoir agi en vertu d'un acte de l'autorité administrative dont il y a lieu d'apprécier, au préalable, la régularité.

§ 2. — *Devant quelles juridictions et pour quels motifs le conflit peut être élevé* (R. 61 et s.; S. 54 et s.).

10. D'après la jurisprudence, le conflit ne peut être élevé devant les juridictions où il est impossible d'observer les formalités de procédure édictées par l'ordonnance de 1828. Tels sont : le juge de paix, le tribunal de commerce, le Conseil des prud'hommes, le jury d'expropriation, juridictions qui sont dépourvues de ministère public, et devant lesquelles, dès lors, le préfet ne peut recourir au ministère du procureur de la République pour soulever l'incident. — Le conflit ne peut pas être élevé non plus devant le juge de paix statuant comme tribunal de simple police, parce que les fonctions du ministère public y sont exercées par le commissaire de police, et non par le procureur de la République.

11. De ce qui précède, il résulte que le conflit ne peut être élevé que devant les tribunaux de première instance, statuant comme juges civils ou correctionnels, et devant les Cours d'appel. Il peut l'être devant ces juridictions même lorsqu'elles sont saisies, comme juges d'appel, d'affaires jugées en première instance par un tribunal devant lequel le conflit n'aurait pu être élevé (Cons. d'Et. 7 août 1863, D. P. 63. 3. 81). Enfin, le conflit peut être élevé devant le juge des référés (Trib. confl. 13 janv. 1883, D. P. 84. 3. 73).

12. L'art. 26 de la loi du 24 mai 1872 permet aussi aux ministres de revendiquer devant le Tribunal des conflits des affaires portées à la connaissance du Conseil d'Etat, et qui n'appartiendraient pas au contentieux administratif. Toutefois, ils ne peuvent se pourvoir devant cette juridiction qu'après que la section du contentieux a refusé de faire droit à la demande en revendication qui doit lui être préalablement communiquée.

13. Le conflit peut être élevé non seulement dans l'intérêt des attributions de l'autorité administrative proprement dite, mais aussi pour sauvegarder les attributions gouvernementales du pouvoir exécutif (Cons. d'Et. 18 juin 1852, D. P. 52. 3. 17), notamment en ce qui concerne les rapports internationaux (Trib. confl. 15 et 27 déc. 1877).

14. D'après l'art. 3 de l'ordonnance du 1er juin 1828, le conflit ne peut être élevé pour assurer l'observation de simples formalités de procédure administrative. Il en est ainsi, par exemple, lorsqu'une commune saisit un tribunal judiciaire d'une action sans avoir demandé l'autorisation préalable du Conseil de préfecture; ... lorsqu'un particulier assigne l'Etat ou une commune devant les tribunaux judiciaires sans avoir adressé au préfet le mémoire préalable prescrit par la loi (V. *suprà, Commune,* n° 470).

§ 3. – *A quelle phase de l'instance le conflit peut être élevé* (R. 72 et s.; S. 57 et s.).

15. Le conflit est toujours possible tant que le juge n'a pas statué sur le litige dont il est saisi. Il interviendrait utilement même après que les débats seraient clos et l'affaire mise en délibéré (Cons. d'Et. 15 déc. 1842). Il ne peut être élevé de conflit après les jugements en dernier ressort ou acquiescés, ni après des arrêts définitifs (Ord. 1er juin 1828, art. 4). V. toutefois *infra,* n° 16. — Même lorsqu'il s'agit d'un jugement en premier ressort, le conflit ne peut être élevé tant que le débat n'est pas rouvert par l'appel d'une des parties. Un arrêt est définitif quand il ne peut plus être attaqué par les voies ordinaires (par l'opposition, notamment), bien que le recours en cassation soit encore ouvert contre lui. — La Cour de cassation n'étant pas un troisième degré de juridiction, le conflit ne peut être élevé pendant le délai du pourvoi en cassation, ni pendant le cours de l'instance devant la Cour. Mais, après cassation, il pourra l'être devant les nouveaux juges qui seront saisis de l'affaire.

16. Pour que la voie du conflit soit fermée, il faut que les jugements ou arrêts soient définitifs *sur le fond.* Le conflit peut être élevé après un jugement préparatoire ou interlocutoire, ou une décision ne portant que sur la compétence, alors même que cette décision aurait acquis l'autorité de la chose jugée (Trib. confl. 15 déc. 1883, D. P. 85. 3. 59). — A l'acquiescement il y a lieu d'assimiler la transaction des parties sur le litige qui les divise (Trib. confl. 31 oct. 1885). De même, le conflit ne peut plus être élevé dans le cas où un désistement a mis fin à la contestation.

§ 4. — *Autorités par qui peut être élevé le conflit* (R. 28 et s.; S. 29 et s.).

17. Le droit d'élever le conflit n'appartient qu'aux préfets des départements (Arr. 13 brum. an 10), au préfet de police (Ord. 18 déc. 1822) et aux préfets maritimes (Trib. confl. 17 janv. 1874). En Algérie, les préfets des départements élèvent le conflit, à l'exclusion du gouverneur général (Arr. 30 déc. 1848, D. P. 50. 4. 27). Dans les colonies, les conflits sont élevés par les gouverneurs (Décr. 5 août 1881, art. 4, D. P. 82. 4. 103); en Tunisie, par le résident général (Trib. confl. 16 nov. 1901).

18. Le droit d'élever le conflit n'appartient au préfet que devant les tribunaux situés dans le département où il exerce ses fonctions (Trib. confl. 2 juill. 1898, D. P. 1900. 3. 11). Lorsque l'affaire vient en appel, sur le recours de l'une des parties, c'est le préfet du département où la contestation a été jugée en première instance, et non le préfet du département où siège la Cour, qui

a seul qualité pour élever le conflit (Trib. confl. 30 avr. 1898, D. P. 99. 3. 95).

§ 5. — *Procédure du conflit.*

A. — Déclinatoire (R. 97 et s.; S. 67 et s.).

19. Cette procédure est réglée par les art. 6 et s. de l'ordonnance du 1er juin 1828. Lorsqu'un préfet estime que la connaissance d'une question portée devant un tribunal de première instance est attribuée par une disposition de loi à l'autorité administrative, il peut, alors même que l'Administration ne serait pas en cause, demander le renvoi devant l'autorité compétente.

20. Le préfet adresse au procureur de la République un mémoire, auquel on donne le nom de *déclinatoire* (Ord. 1828, art. 6). Cette formalité est considérée par la jurisprudence comme substantielle. Un arrêté de conflit qui aurait été pris sans déclinatoire préalable serait nul. Il en est ainsi alors même qu'une exception d'incompétence aurait déjà été soumise au tribunal et rejetée par lui, et encore que le préfet l'aurait soulevée lui-même en sa qualité de partie au procès.

21. Le déclinatoire peut être présenté sous la forme d'une simple lettre. Il doit contenir la mention de la disposition législative qui attribue à l'Administration la connaissance du litige (Ord. 1828, art. 6); mais cette prescription n'est pas édictée à peine de nullité. — Le ministère public donne communication du déclinatoire au tribunal dans un délai qui, sans être fixé par la loi, doit être le plus bref possible. Il doit ensuite requérir le tribunal de prononcer le renvoi, si la revendication lui paraît fondée. — Le mémoire du préfet et les conclusions du ministère public doivent être portés à la connaissance des parties ou de leurs avoués, afin que ceux-ci puissent les appuyer ou les combattre devant le tribunal.

B. — Jugement sur le déclinatoire (R. 117 et s.; S. 71 et s.).

22. Le tribunal doit statuer préalablement sur le déclinatoire par un jugement séparé et doit, avant de passer au jugement du fond, attendre l'expiration du délai pendant lequel le conflit peut être élevé (V. *infra,* n° 24). — Dans les cinq jours qui suivent le jugement rendu sur le déclinatoire, le ministère public doit adresser au préfet copie de ses conclusions ou réquisitions et copie du jugement. — La date de l'envoi est consignée sur un registre à ce destiné (Ord. 1828, art. 7). Ce registre, appelé registre de *mouvement,* doit faire mention de tous les actes de la procédure.

C. — Arrêté de conflit (R. 128 et s.; S. 77 et s.).

23. En cas de rejet du déclinatoire, le préfet peut, s'il estime qu'il y a lieu, élever le conflit (Ord. 1828, art. 8). Il ne lui est pas permis de le faire tant que le tribunal n'a pas statué sur le déclinatoire (Trib. confl. 9 déc. 1882, D. P. 84. 3. 50). L'arrêté doit être annulé comme prématuré si le préfet l'a pris avant d'avoir eu connaissance du jugement (Trib. confl. 13 déc. 1902).

24. Le conflit doit être élevé dans la quinzaine qui suit l'envoi fait au préfet du jugement de rejet (Ord. 1828, art. 8). Cette notification officielle fait seule courir le délai; il n'y serait pas suppléé par la signification du jugement faite au préfet par l'une des parties (Cons. d'Et. 8 sept. 1839). Ce délai est de rigueur. — L'arrêté de conflit pris après son expiration serait nul. — Le délai de quinzaine imparti au préfet n'est pas un délai franc. Par exemple, quand le préfet a reçu le 10 juillet le jugement qui rejette un déclinatoire, un arrêté de conflit pris par lui le 26 juillet n'est pas recevable (Trib. confl. 4 déc. 1897, D. P. 99. 3. 22).

25. Si le déclinatoire a été admis par le

tribunal, mais que l'une des parties interjette appel du jugement, le préfet peut encore élever le conflit dans la quinzaine qui suit la signification de l'acte d'appel (art. 8). Il n'est pas obligé, en ce cas, de renouveler le déclinatoire devant la Cour. Lorsqu'il a laissé passer ce délai sans élever le conflit, il n'est pas déchu du droit de l'élever; mais il doit, au préalable, renouveler son déclinatoire.

26. L'arrêté de conflit n'est assujetti à aucune forme sacramentelle. Il peut revêtir la forme d'un mémoire, d'une requête ou même d'une signification. Il doit être motivé. Il doit viser le jugement intervenu et, s'il y a lieu, l'acte d'appel. En outre, il doit, comme le déclinatoire (V. *supra,* n° 21), énoncer textuellement les dispositions législatives qui attribuent à l'Administration la connaissance du litige (Ord. 1828, art. 9). — L'arrêté de conflit est déposé au greffe, avec les pièces qui y sont visées (art. 10). Si celui-ci a été rejeté successivement par le tribunal et par la Cour, c'est au greffe de la Cour que l'arrêté doit être déposé (Trib. confl. 18 nov. 1893, D. P. 95. 3. 58). L'arrêté est remis immédiatement par le greffier au procureur de la République, qui le communique au tribunal réuni dans la chambre du conseil et requiert que, conformément à l'art. 27 de la loi du 21 fruct. an 3 (R. v° *Organisation administrative,* p. 600), il soit sursis à toute procédure judiciaire (Ord. 1828, art. 12).

27. En présence d'un arrêté de conflit, le tribunal doit, dans tous les cas, surseoir à statuer, sans qu'il puisse se prévaloir de l'irrégularité de cet arrêté en la forme ou au fond. Tout jugement par lequel il se refuserait à surseoir devrait être déclaré non avenu par le juge des conflits (Trib. confl. 19 févr. 1881, D. P. 81. 3. 90), sans qu'il soit nécessaire de prendre un nouvel arrêté; l'annulation de ce jugement peut aussi être prononcée par la Cour de cassation. Cette obligation de surseoir est sanctionnée pénalement par les art. 127 et 128 c. pén. (V. *infra, Forfaiture*).

28. Le préfet doit se borner à élever le conflit. S'il enjoignait à l'autorité judiciaire de cesser toute poursuite ou s'il la déclarait, dans son arrêté, dessaisie de la contestation au sujet de laquelle il a élevé le conflit, il excéderait ses pouvoirs, et encourrait les peines édictées par les art. 130 et 131 c. pén. (V. *infra, Forfaiture.*)

29. Après la communication de l'arrêté du préfet au tribunal, cet arrêté et les pièces sont rétablis au greffe, où ils restent déposés pendant quinze jours. Le procureur de la République en prévient de suite les parties ou leurs avoués, lesquels peuvent en prendre communication sans déplacement et remettre, dans le même délai de quinzaine, au parquet du procureur de la République, leurs observations sur la question de compétence, avec tous les documents à l'appui (Ord. 1828, art. 13).

D. — Instance devant le Tribunal des conflits (R. 196 et s., 207 et s.; S. 107, 110 et s.).

30. Le procureur de la République informe immédiatement le ministre de la Justice de l'accomplissement des formalités ci-dessus et lui transmet en même temps l'arrêté du préfet, ses propres observations et celles des parties s'il y en a. avec toutes les pièces jointes, savoir : la citation, les conclusions des parties, le déclinatoire proposé par le préfet, le jugement de compétence, l'arrêté de conflit (Ord. 12 mars 1831, art. 6, R. n° 11). L'arrêté et les pièces sont immédiatement enregistrés au secrétariat du Tribunal des conflits (Décr. 26 oct. 1849, art. 12). Aussitôt après, le rapporteur et le commissaire du gouvernement sont désignés par le ministre de la Justice (Décr. 1849, art. 6).

31. Dans les cinq jours de l'arrivée du

dossier, l'arrêté de conflit et les pièces sont communiquées au ministre dans les attributions duquel se trouve placé le service auquel se rapporte le conflit. Dans la quinzaine, le ministre doit fournir les observations et les documents qu'il juge convenables sur la question de compétence. Dans tous les cas, les pièces sont rétablies au secrétariat du Tribunal des conflits dans le délai précité (Décr. 1849, art. 12). Dans les vingt jours qui suivent la rentrée des pièces, le rapporteur fait au secrétariat le dépôt de son rapport et des pièces (art. 14).

32. Les parties ne sont pas admises à intervenir, ni à prendre des conclusions, notamment à fin de dépens, mais seulement à présenter de simples observations sous forme de mémoire, sur la question de compétence (Cons. d'Et. 13 déc. 1861, D. P. 62. 3. 9). Elles peuvent recourir, à cet effet, au ministère des avocats au Conseil d'Etat et à la Cour de cassation (Décr. 1849, art. 4). Ceux-ci peuvent être autorisés à prendre communication des pièces au secrétariat sans déplacement (art. 13).

E. — *Jugement du conflit* (R. 202 et s.; S. 108 et s.).

33. Le rapport est lu en séance publique; immédiatement après le rapport, les avocats des parties peuvent présenter des observations orales. Le commissaire du Gouvernement est ensuite entendu dans ses conclusions (Décr. 26 oct. 1849, art. 8; L. 4 févr. 1850, art. 4).

34. Les art. 88 et s. c. pr. civ. sur la police des audiences sont applicables au Tribunal des conflits.

35. Les décisions du Tribunal des conflits contiennent les noms et conclusions des parties, s'il y a lieu, le vu des pièces principales et des dispositions législatives dont elles font l'application. Elles sont motivées. Les noms des membres qui ont concouru à la décision y sont mentionnés. La minute est signée par le président, le rapporteur et le secrétaire. L'expédition des décisions est délivrée aux parties intéressées par le secrétaire du tribunal (Décr. 26 oct. 1849, art. 9).

36. Il doit être statué sur le conflit dans le délai de deux mois (trois mois, pour les conflits élevés en Algérie) à dater de la réception des pièces au ministre de la Justice. Si, un mois après l'expiration de ce délai, le tribunal saisi du conflit n'a pas reçu notification de la décision du Tribunal des conflits, il peut procéder au jugement de l'affaire (Ord. 12 mars 1831, art. 7; Décr. 26 oct. 1849, art. 15; Arr. 30 déc. 1848, D. P. 50. 4. 27). Ces délais sont suspendus pendant les vacances judiciaires, c'est-à-dire du 15 août au 15 octobre (Décr. 15 juill. 1885, art. 1er, D. P. 86. 4. 7). — L'obligation imposée au Tribunal des conflits de statuer dans le délai de deux mois n'a pas d'autre sanction que la faculté, laissée au tribunal saisi du fond, de procéder au jugement de l'affaire si, un mois après l'expiration du délai de deux mois, il n'a pas reçu notification de la décision. Il y a donc lieu, pour le Tribunal des conflits, même après l'expiration du délai, de statuer sur le conflit (Trib. confl. 28 janv. 1899, D. P. 1900. 3. 67).

37. Le Tribunal des conflits n'est pas lié par les termes de l'arrêté de conflit, comme un tribunal ordinaire l'est par les conclusions des parties; dès lors, il peut revendiquer pour l'autorité administrative des points du litige non visés par l'arrêté (Trib. confl. 1er févr. 1873, D. P. 73. 3. 57). — Sa juridiction est souveraine. Toutefois, il ne peut statuer que sur la compétence et ne peut évoquer l'affaire. Il ne doit pas non plus indiquer aux parties l'autorité administrative ou le tribunal judiciaire qu'elles doivent saisir.

38. La décision qui confirme l'arrêté de conflit a pour effet de dessaisir l'autorité judiciaire de toute la contestation. — En confirmant l'arrêté de conflit, le tribunal décide que les actes de procédure et les actes émanés de l'autorité judiciaire seront considérés comme non avenus.

39. Les décisions du Tribunal des conflits ne sont pas susceptibles d'opposition (Décr. 26 oct. 1849, art. 10) ni d'aucune autre voie de recours, telle que la tierce opposition. Le Tribunal des conflits ne peut même pas être saisi, par les parties, de conclusions tendant à l'interprétation d'une de ses décisions (Cons. d'Et. 23 mars 1836).

ART. 4. — CONFLIT NÉGATIF (R. 169 et s.; S. 91 et s.).

40. Les conflits négatifs ne sont réglementés que par le décret du 26 oct. 1849. — Pour qu'il y ait conflit négatif, il faut : 1o que les autorités judiciaire et administrative aient été l'une et l'autre saisies de la connaissance de l'affaire; 2o que les deux autorités saisies se soient déclarées toutes deux incompétentes : si l'une d'elles avait rejeté la réclamation comme non recevable ou mal fondée, il n'y aurait pas conflit négatif (Trib. confl. 19 févr. 1898, D. P. 99. 3. 100); 3o qu'elles se soient dessaisies d'une manière absolue, et non conditionnelle; 4o que l'une des deux ait, en fait, méconnu l'étendue de sa compétence : il n'y a pas conflit négatif si les deux autorités saisies étaient réellement incompétentes et que les parties aient omis de s'adresser au tribunal compétent; 5o que les deux déclarations d'incompétence portent sur le même litige, qu'il y ait identité de parties et identité de demandes (Trib. confl. 31 oct. 1885).

41. Pour qu'il y ait conflit négatif, il n'est pas nécessaire que les deux déclarations d'incompétence émanent d'autorités statuant en dernier ressort. — Il y a conflit négatif lorsqu'un tribunal judiciaire ayant sursis à statuer jusqu'à ce que l'autorité administrative ait tranché une question préjudicielle, celle-ci s'y refuse en se déclarant incompétente (Trib. confl. 30 avr. 1898, D. P. 99. 3. 94).

42. Le règlement du conflit négatif est poursuivi directement par les parties intéressées elles-mêmes. Le recours est formé par le ministre d'un avocat au Conseil d'Etat (Décr. 26 oct. 1849, art. 17). Il n'est assujetti à aucun délai. La procédure est réglée par les art. 18 et s. du décret du 26 oct. 1849, auxquels il suffit de renvoyer.

43. Les conflits négatifs constituent des instances entre parties et, par suite, donnent lieu à des dépens sur lesquels doit statuer le juge du conflit.

ART. 5. — ENREGISTREMENT ET TIMBRE.

44. Les décisions du Tribunal des conflits sont soumises aux mêmes règles que les arrêts du Conseil d'Etat (Décis. min. Fin. 8 oct. 1875) (V. *infra, Conseil d'Etat,* nos 94 et s.).

CONSEIL D'ÉTAT

(R. vo *Conseil d'État*; S. eod. vo).

SECT. Ire. — Législation (R. 1 et s.; S. 1 et s.).

1. Le Conseil d'Etat est actuellement régi par la loi fondamentale du 24 mai 1872 (D. P. 72. 4. 88), modifiée sur quelques points par la loi constitutionnelle du 25 févr. 1875, art. 4 (D. P. 75. 4. 80), et par les lois du 13 juill. 1879 (D. P. 79. 4. 69) et du 13 avr. 1900, art. 24 (D. P. 1900. 4. 33), qui visent plus spécialement l'organisation du corps. Il faut y joindre la loi des 3 janvier 1880 (D. P. 80. 4. 81) et 1er juill. 1887 (D. P. 87. 4. 85); et les décrets des 30 mars 1897 (D. P. 97. 4. 99) et 4 août 1900 (D. P. 1900. 4. 79), relatifs aux auditeurs, les décrets des 2 août 1879 (D. P. 79. 4. 73), 9 déc. 1884 (D. P.

85. 4. 76), 3 avr. 1886 (D. P. 86. 4. 82), sur le règlement intérieur.

2. L'instruction et le jugement des affaires contentieuses par le Conseil d'Etat sont réglés par les décrets des 22 juill. 1806 (D. P. 180) et 2 nov. 1864 (D. P. 64. 4. 120), relatifs à la procédure, par les lois des 26 oct. 1888 (D. P. 89. 4. 1), 13 avr. et 17 juill. 1900 (D. P. 1900. 4. 33 et 77), et par les décrets des 16 juill. et 4 août 1900 (D. P. 1900. 4. 76 et 79), qui ont créé ou organisé la section temporaire.

SECT. II. — Composition du Conseil d'État (R. 25 et s.; S. 22 et s.).

3. Le Conseil d'Etat est composé : 1o du ministre de la Justice, qui en est le président (L. 21 mai 1872, art. 4); 2o des autres ministres (art. 2); 3o de trente-deux conseillers d'Etat en service ordinaire (L. 13 juill. 1879, art. 1er), dont l'un a le titre de vice-président lu Conseil d'Etat (art. 4), et cinq autres celui de dix-neuf conseillers d'Etat en service extraordinaire (L. 24 mai 1872, art. 5; 13 juill. 1879, art. 1er, et 30 nov. 1895); 5o de trente-deux maîtres des requêtes (L. 13 juill. 1879, art. 1er et 13 avr. 1900, art. 24); 6o de quarante auditeurs, dont dix-huit de première classe et vingt-deux de seconde classe (L. 13 avr. 1900, art. 24). — En outre, un secrétaire général, ayant le rang et le titre de maître des requêtes, est placé à la tête des bureaux du Conseil. Un secrétaire spécial est attaché au contentieux (L. 24 mai 1872, art. 1er).

4. Les conseillers d'Etat en service ordinaire sont nommés par décret du Conseil des ministres (L. 25 févr. 1875, art. 4). — Nul ne peut être nommé conseiller d'Etat s'il n'est âgé de trente ans accomplis (L. 24 mai 1872, art. 6). — Les conseillers d'Etat en service extraordinaire sont recrutés parmi les directeurs généraux et les directeurs des administrations centrales des ministères. Ils sont nommés par décret.

5. Il en est de même des maîtres des requêtes, du secrétaire général et du secrétaire du contentieux; toutefois, pour leur nomination, le vice-président et les présidents de section sont appelés à faire des présentations. — Nul ne peut être nommé maître des requêtes s'il n'est âgé de vingt-sept ans (L. 24 mai 1872, art. 5).

6. Les auditeurs de première classe sont choisis parmi les auditeurs de seconde classe ou parmi les anciens auditeurs sortis du conseil, qui comptent quatre années d'exercice soit de leurs fonctions, soit de fonctions publiques auxquelles ils auraient été appelés. Ils sont nommés par décret. Le vice-président et les présidents de section sont appelés à faire des présentations (L. 13 juill. 1879, art. 2). Nul ne peut être nommé auditeur de première classe s'il a plus de trente-trois ans au 1er janvier de l'année de la nomination (L. 1er juill. 1887, art. 2). La durée de leurs fonctions est limitée (L. 24 mai 1872, art. 5).

7. Les auditeurs de seconde classe sont nommés au concours (L. 24 mai 1872, art. 5). Nul ne peut être nommé auditeur de seconde classe s'il a moins de vingt et un ans ou plus de vingt-six ans accomplis au 1er janvier de l'année du concours (L. 13 avr. 1900, art. 24). — Les formes et conditions du concours sont fixées par le règlement du 30 mars 1897, modifié par deux autres règlements des 11 mai et 7 août 1900. Les candidats doivent être Français, jouir de leurs droits, justifier qu'ils ont satisfait aux obligations imposées par les lois sur le recrutement de l'armée et produire soit un diplôme de licencié en droit, ès sciences ou ès lettres, soit un diplôme de l'Ecole des chartes, soit un certificat attestant qu'ils ont satisfait aux examens de sortie de l'Ecole polytechnique, de l'Ecole nationale des mines, de l'Ecole nationale des ponts et chaussées, de l'École centrale des arts et manufactures, de l'École forestière, de l'École spéciale militaire de Saint-Cyr ou de l'École navale, soit un brevet d'officier dans les armées de terre ou de mer. — Chaque année, s'il y a lieu, un concours est ouvert dans le mois de décembre pour la nomination d'autant d'auditeurs de première classe qu'il y a de places vacantes (L. 1er juill. 1887, art. 4).

8. Les auditeurs de seconde classe ne restent en fonctions que pendant huit ans (L. 1887, art. 1er). — Certaines fonctions peuvent, en vertu d'une décision prise annuellement par le chef de l'État en conseil de ministres, être mises à la disposition de ceux d'entre eux qui comptent au moins quatre ans de services. Ce sont les suivantes : commissaires du Gouvernement près le Conseil de préfecture de la Seine ; secrétaire général d'une préfecture de première ou de deuxième classe ; sous-préfet de première ou de deuxième classe ; substitut du procureur de la République dans un tribunal de deuxième classe (L. 1887, art. 3).

9. Les fonctions de conseiller en service ordinaire et de maître des requêtes sont incompatibles avec toute fonction publique salariée. Toutefois, les conseillers d'État en service ordinaire, les maîtres des requêtes et les auditeurs de première classe, après trois années depuis leur entrée au Conseil d'État, pourront, sans perdre leur rang au Conseil, être nommés à des fonctions publiques pour une durée qui n'excédera pas trois ans. — D'autre part, les officiers généraux ou supérieurs de l'armée de terre et de mer, les inspecteurs et ingénieurs des ponts et chaussées, des mines et de la marine, les professeurs de l'enseignement supérieur peuvent être détachés au Conseil d'État. Ils conservent, pendant la durée de leurs fonctions, les droits attachés à leurs positions, sans toutefois pouvoir cumuler leur traitement avec celui du Conseil d'État (L. 24 mai 1872, art. 7 ; L. 13 juill. 1879, art. 3).

10. Les membres du Conseil d'État ne peuvent cumuler leurs fonctions avec le mandat de sénateur ou de député (L. 2 août 1875, art. 20, D. P. 75. 4. 117 ; 30 nov. 1875, art. 8 et 11, D. P. 76. 4. 4). Ils peuvent, au contraire, être élus conseillers généraux, conseillers d'arrondissement ou conseillers municipaux. Ils ne peuvent être appelés aux fonctions de juré (L. 21 nov. 1872, art. 3, D. P. 72. 3. 132). Enfin, il y a incompatibilité entre les fonctions de conseiller d'État et de maître des requêtes et celles d'administrateur de toute compagnie privilégiée ou subventionnée (L. 24 mai 1872, art. 7).

11. Les conseillers d'État ne peuvent être révoqués que dans la forme même suivant laquelle ils ont été nommés, c'est-à-dire par décret en conseil des ministres. Les maîtres des requêtes, le secrétaire général et le secrétaire spécial du contentieux ne peuvent être révoqués que par des décrets individuels. Il en est de même des auditeurs, tant de seconde que de première classe (L. 24 mai 1872, art. 5).

SECT. III. — **Organisation et fonctionnement du Conseil d'État** (R. 47 et s.; S. 45 et s.).

12. Le Conseil d'État a des attributions administratives et des attributions juridictionnelles. Il y a lieu de distinguer, quant à son organisation et à son fonctionnement, entre ces deux sortes d'attributions. — Le Conseil d'État est divisé en cinq sections, dont une section du contentieux et une section de législation. Les conseillers en service ordinaire sont répartis entre les sections par décrets du président de la République. Les conseillers en service extraordinaire, les maîtres des requêtes et les auditeurs sont distribués entre les sections par arrêtés du ministre de la Justice. — L'ordre intérieur des travaux du Con-

seil, la répartition des membres et des affaires entre les sections, la nature des affaires qui doivent être portées à l'assemblée générale, le mode de roulement des membres entre les sections et les mesures d'exécution non prévues par la loi sont fixés par le règlement d'administration publique du 2 août 1879.

ART. 1er. — ATTRIBUTIONS ADMINISTRATIVES (R. 45 et s.; S. 45 et s.).

13. Les affaires administratives sont réparties entre les quatre sections suivantes : 1° section de législation, de la justice et des affaires étrangères ; 2° section de l'intérieur, des cultes, de l'instruction publique, des beaux-arts ; 3° section des finances, des postes et télégraphes, de la guerre, de la marine et des colonies ; 4° section des travaux publics, de l'agriculture et du commerce. — Ces sections comprennent chacune cinq conseillers d'État en service ordinaire et un président (V. cependant Décr. 16 juill. 1900, art. 1er, § 2, D. P. 1900. 4. 76).

14. Le Conseil d'État délibère en assemblée générale, en assemblée de section ou en assemblée de sections réunies. — Le ministre de la Justice peut présider, avec voix délibérative, l'assemblée générale ou une des sections administratives (L. 24 mai 1872, art. 2, 4 et 10). Les autres ministres ont rang et séance à l'assemblée générale ; chacun d'eux a voix délibérative, en matière non contentieuse, pour les affaires qui dépendent de son ministère (art. 2).

15. Les conseillers en service extraordinaire ont voix délibérative soit à l'assemblée générale, soit à la section, dans les affaires qui dépendent du département ministériel auquel ils appartiennent. Ils n'ont que voix consultative dans les autres affaires. Les maîtres des requêtes ont voix délibérative soit à l'assemblée générale, soit à la section, dans les affaires dont le rapport leur a été confié, et voix consultative dans les autres. Les auditeurs ont voix délibérative à leur section et voix consultative à l'assemblée générale, seulement dans les affaires dont ils sont les rapporteurs.

16. Indépendamment des membres du Conseil, le Gouvernement peut appeler à prendre part aux séances de l'assemblée ou des sections, avec voix consultative, les personnes que leurs connaissances spéciales mettraient en mesure d'éclairer la discussion (art. 14).

17. Le Conseil d'État donne son avis : 1° Sur les propositions de lois d'initiative parlementaire que les Chambres jugent à propos de lui renvoyer ; — 2° Sur les projets de lois préparés par le Gouvernement et qu'un décret spécial ordonne de soumettre au Conseil d'État ; — 3° Sur les projets de décrets et, en général, sur toutes les questions qui lui sont soumises par le président de la République ou par les ministres (art. 8). — Il suit de là que, sous l'empire de la constitution actuelle, la collaboration du Conseil d'État à la confection des lois est purement facultative. Des conseillers d'État peuvent, d'ailleurs, être chargés par le Gouvernement de soutenir devant la Chambre les projets de lois qui ont été renvoyés à l'examen du Conseil (art. 8, in fine). D'autre part, les ministres sont autorisés à se faire assister par des commissaires du Gouvernement désignés par décret pour la discussion de toutes les lois sans distinction (L. 16 juill. 1875, art. 6, D, P. 75. 4. 114).

18. L'intervention du Conseil d'État est, au contraire, obligatoire pour les règlements d'administration publique et les décrets rendus en la forme de règlements d'administration publique (L. 1872, art. 8). D'après l'article 7 du règlement intérieur, toutes ces affaires, ainsi que les projets et propositions de lois, doivent être délibérées en assemblée générale. — Les décrets rendus après délibération de l'assemblée générale mentionnent

que le Conseil d'État a été entendu. Ceux qui ont été rendus après délibération d'une ou de plusieurs sections mentionnent que ces sections ont été entendues (art. 13).

19. Dans les cas où l'avis du Conseil d'État est nécessaire, il y aurait vice de forme si le Gouvernement omettait de prendre cet avis ; mais il peut, après avoir consulté le Conseil, ne pas tenir compte de son avis. Ce n'est que dans des cas fort rares que l'avis conforme du Conseil d'État est exigé. Il en est ainsi en ce qui concerne : 1° la dissolution d'office des syndicats de communes (L. 22 mars 1890, D. P. 4. 106) ; 2° le rejet pour cause d'indignité des demandes formées par certains étrangers en vue d'acquérir la nationalité française (L. 26 juill. 1893, D. P. 93. 4. 108) ; 3° l'homologation des statuts des caisses des retraites des compagnies de chemins de fer, quand il y a désaccord entre elles et le ministre des Travaux publics (L. 10 avr. 1902, D. P. 1902, 4. 89).

20. Le plus souvent, le Conseil d'État fonctionnant en matière législative ou administrative est saisi par un ministre. Cependant, dans certaines matières, il peut l'être directement par une requête des parties intéressées. C'est ce qui a lieu : 1° pour les concessions de mines, les oppositions aux demandes de concessions et les demandes concurrentes pouvant être présentées directement devant la section des travaux publics ; 2° pour les demandes en autorisation de plaider formées par les communes ou certains établissements publics ; 3° pour les réclamations des héritiers contre les libéralités faites à des personnes morales ; 4° pour les oppositions aux demandes de changement de nom.

21. Il est encore statué dans la forme administrative sur les recours des particuliers : 1° contre les décisions du conseil des prises ; 2° contre les arrêtés préfectoraux qui ont autorisé la création d'associations syndicales (L. 21 juin 1865, art. 7, D. P. 65. 4. 77) ; 3° contre les arrêtés préfectoraux qui ont imposé à des usiniers établis le long des cours d'eau non navigables des prescriptions dont ceux-ci contestent l'opportunité (L. 8 avr. 1898, D. P. 98. 4. 136) ; 4° contre les recours pour abus formés par des particuliers ou des ecclésiastiques (L. 18 germ. an 10, R. v° Culte, p. 685).

22. Enfin, lorsqu'une partie se croit lésée dans ses droits ou sa propriété par l'effet d'un décret rendu sur l'avis du Conseil d'État, elle peut se pourvoir devant le chef de l'État, (Déc. 22 juill. 1806, art. 40 ; Av. sect. int. et cont. 4 juin 1878). — Ce recours n'est ouvert que contre les actes qui ne sont pas susceptibles d'un recours pour excès de pouvoir (Av. sect. trav. publ. 21 juin 1884, D. P. 83. 3. 101, note 1). Il est formé par une requête, que la partie intéressée peut rédiger elle-même et qui n'est soumise à aucun délai. Cette requête doit être adressée au ministre de la Justice.

23. Si la réclamation paraît avoir un certain fondement, le chef de l'État renvoie l'affaire devant une section du Conseil d'État ou devant une commission formée de membres appartenant à diverses sections, qui émet un avis sur la mesure qu'il lui paraît convenable de prendre (Av. 4 juin 1878, précité). — La revision ne peut être faite que par un nouveau décret proposé et contresigné par le même ministre que le décret revisé. Le Conseil d'État et le ministre ne sont pas liés par l'avis de la commission.

ART. 2. — ATTRIBUTIONS CONTENTIEUSES (R. 65 et s.; S. 50 et s.).

24. L'art. 9 de la loi du 24 mai 1872 a attribué au Conseil d'État des pouvoirs propres en matière contentieuse. Le Conseil d'État statue souverainement sur les recours en matière contentieuse administrative et sur les demandes d'annulation pour excès de pouvoir formées contre les actes des diverses autorités administratives. Sa compétence a été exposée *suprà, Compétence administrative*, n°s 107 et s. Il ne s'agit ici que de l'organisation et du fonctionnement du Conseil statuant au contentieux, ainsi que de la procédure.

§ 1er. — *Organisation et fonctionnement* (R. 70 et s.; S. 60 et s.).

25. La section du contentieux est plus nombreuse que les sections administratives. Elle a un président, sept conseillers, seize maîtres des requêtes dont quatre remplissant les fonctions de commissaires du Gouvernement, six auditeurs de première classe, quatre commissaires du Gouvernement suppléants, dix auditeurs de seconde classe, un secrétaire greffier.

26. Les affaires contentieuses portées devant le Conseil d'Etat se divisent, au point de vue de l'instruction et du jugement, en deux catégories : l'une comprend les affaires dites de *petit contentieux*, c'est-à-dire les affaires de contributions, de taxes assimilées et d'élections; l'autre comprend les affaires dites de *grand contentieux*, c'est-à-dire tout le reste.

27. Pour l'instruction des affaires de grand contentieux, la section du contentieux est divisée en deux sous-sections, l'une présidée par le président de la section, l'autre par un conseiller investi des fonctions de vice-président. Les deux sous-sections ont les mêmes pouvoirs. Toutes les fois qu'il le juge utile, le président de la section du contentieux peut ordonner que l'instruction d'une affaire sera faite en séance plénière de la section (L. 13 avr. 1900, art. 24).

28. Les affaires, une fois instruites par la section du contentieux, sont soumises par elle à l'assemblée du Conseil d'Etat statuant au contentieux, qui juge sur le rapport fait devant elle par un membre de la section. — L'assemblée du Conseil d'Etat statuant au contentieux se compose : 1° du vice-président du Conseil d'Etat; 2° de tous les conseillers de la section du contentieux; 3° de deux délégués pris dans chacune des sections administratives.

29. Les affaires de petit contentieux peuvent être jugées : 1° par chacune des sous-sections du contentieux; 2° par la section plénière; 3° par l'assemblée publique du Conseil d'Etat, si l'affaire lui a été renvoyée. — Ce renvoi est de droit par cela seul qu'un conseiller ou un commissaire du Gouvernement en fait la demande (L. 1872, art. 19).

30. Lorsque les besoins du service l'exigent, il peut être constitué par décret une section temporaire ayant, pour les affaires de contributions et d'élections, les mêmes pouvoirs que la section du contentieux (L. 26 oct. 1888, D. P. 89. 4. 1). Cette section temporaire se compose d'un président, de huit conseillers, de six maîtres de requêtes et de tous les auditeurs de première et seconde classe des sections administratives. Les fonctions de commissaire du Gouvernement sont remplies par les quatre commissaires du Gouvernement et les quatre auditeurs commissaires suppléants. En pratique, ces derniers assurent à eux seuls le service. Cette section peut, comme celle du contentieux, se diviser en deux sous-sections dont chacune a à sa tête un vice-président. Les affaires peuvent être portées devant chaque sous-section ou devant la section plénière.

31. Les affaires soumises soit aux sous-sections, soit aux sections plénières, permanentes ou temporaires, sont jugées en chambre du conseil ou en séance publique, suivant que les parties n'ont pas constitué ou ont constitué avocat.

32. Les membres du conseil d'Etat statuant au contentieux doivent toujours siéger en nombre impair. — Le *quorum* nécessaire à la validité des délibérations est de neuf membres ayant voix délibérative à l'assemblée publique, et de cinq membres dans les affaires du petit contentieux (L. 1872, art. 21).

33. Les membres du Conseil d'Etat ne peuvent participer au jugement des recours dirigés contre les décisions qui ont été préparées par les sections auxquelles ils appartiennent, s'ils ont pris part à la délibération (art. 20). — Ni les conseillers d'Etat en service extraordinaire, ni les ministres, même celui de la Justice, ne peuvent siéger ni prendre part aux délibérations du Conseil d'Etat statuant au contentieux (art. 3 et 10).

§ 2. — *Procédure.*

34. Les règles de la procédure contentieuse devant le Conseil d'Etat se trouvent dans le décret du 22 juill. 1806, le décret du 2 nov. 1864, la loi du 24 mai 1872, le décret du 2 août 1879, la loi du 26 oct. 1888, celles des 13 avr. et 17 juill. 1900, les décrets des 16 juill. et 4 août 1900. — La procédure contentieuse du Conseil d'Etat est essentiellement écrite; les plaidoiries ne sont que l'accessoire.

A. — Ministère des avocats au Conseil d'État (R. 290 et s.; S. 335 et s.).

35. En principe, les demandes contentieuses doivent être formées et instruites par le ministère des avocats au Conseil d'Etat. Ceux-ci ont le droit exclusif de signer les mémoires reçus des parties en matière contentieuse (Décr. 11 juin 1806, R. p. 180). V. *suprà*, Avocat, n° 57. — L'obligation de constituer avocat existe non seulement pour les particuliers, mais aussi pour les établissements publics, les communes, départements et colonies. L'Etat seul peut se faire représenter par les ministres (Décr. 22 juill. 1806, art. 16).

36. Par exception, certaines catégories d'affaires sont dispensées du ministère d'avocat. Telles sont les affaires : 1° de contributions directes et de taxes assimilées (L. 21 avr. 1832, art. 28, R. v° *Impôts directs*, p. 269; 22 juill. 1889, art. 61, D. P. 90. 4. 1); 2° d'élections jugées en premier ressort par les Conseils de préfecture, auxquelles il faut ajouter les élections au Conseil général (L. 31 juill. 1875, art. 16, D. P. 76. 4. 25), aux Délégations financières algériennes (Décr. 23 août 1898, D. P. 99. 4. 99), aux consistoires et conseils presbytéraux des églises protestantes (Décr. 12 avr. 1880, D. P. 81. 4. 96); 3° de contraventions aux lois et règlements sur la grande voirie et autres contraventions dont la répression appartient au Conseil de préfecture, ainsi que d'anticipations sur les chemins vicinaux (L. 22 juill. 1889, art. 61); 4° de pensions (Décr. 2 nov. 1864, art. 1er).

37. La dispense s'applique encore : 5° aux recours portés devant le Conseil d'Etat contre les actes des autorités administratives pour incompétence et excès de pouvoir (Décr. 2 nov. 1864, art. 1er); 6° aux contestations entre les communes et l'Etat relatives à l'indemnité due aux communes dont les pâturages ont été mis en défens (L. 4 avr. 1882, art. 7, D. P. 82. 4. 89); 7° aux recours formés par des sous-officiers rengagés qui, classés pour un emploi civil, n'auraient pas été nommés à leur tour par les autorités compétentes (L. 18 mars 1889, art. 34, D. P. 90. 4. 49); 8° au recours contre les arrêtés des Conseils de préfecture intervenus en matière d'assistance médicale gratuite (L. 15 juill. 1893, art. 33, D. P. 94. 4. 23); 9° au recours intentés par les exploitants de mines ou les ouvriers mineurs contre les décisions du ministre des Travaux publics approuvant ou refusant d'approuver les statuts des caisses de secours des ouvriers mineurs (L. 29 juin 1894, art. 14, D. P. 94. 4. 57); 10° au recours contre le refus ou le retrait d'approbation aux sociétés de secours mutuels (L. 1er avr. 1898, art. 16 et 30, D. P. 99. 4. 27).

38. Il n'est pas interdit aux parties de constituer avocat dans les affaires qui sont dispensées du ministère de ces officiers publics. En principe, elles peuvent, à tout moment, constituer avocat. Toutefois, en matière d'élections et de contributions, il n'est plus reçu de constitution d'avocat après un délai de deux mois, qui court du jour de l'enregistrement des protestations ou des pourvois au secrétariat du contentieux, à moins que, dans ce délai, l'une des parties n'ait déjà constitué avocat. Ce délai ne fait dans aucun cas obstacle au jugement des affaires en état (L. 26 oct. 1888, art. 4).

B. — Par qui le recours peut être formé (R. 298 et s.; S. 342 et s.).

39. Le recours ne peut être formé que par une personne capable. Les incapables doivent être dûment autorisés (il en est ainsi, par exemple, de la femme mariée) ou être représentés par leurs mandataires légaux (le mineur, notamment, par son tuteur; le failli, par le syndic de la faillite); une société par actions, par son directeur ou administrateur en exercice; les communes, par le maire habilité par une délibération du Conseil municipal; les départements et les colonies, par leur préfet ou gouverneur, habilité par une délibération du Conseil général ou de la commission départementale ou coloniale; les établissements publics, par leurs commissions administratives; les fabriques, par leur trésorier habilité par une délibération du conseil de fabrique, etc.

C. — Introduction des demandes (R. 70 et s., 303 et s.; S. 60 et s., 352 et s.).

40. Les demandes contentieuses sont introduites devant le Conseil d'Etat par voie de requête. La requête doit, en principe, être signée par l'avocat du demandeur (Décr. 22 juill. 1806, art. 1er). — Dans les cas où le ministère d'avocat n'est pas exigé, la requête est signée par la partie elle-même. Elle peut aussi l'être valablement par un mandataire et ce dûment autorisé par la partie. Ce mandat doit être exprès; le fait d'avoir reçu mandat pour réclamer devant le Conseil de préfecture n'emporte pas nécessairement un mandat implicite pour interjeter appel devant le Conseil d'Etat.

41. La requête doit toujours être signée; faute de signature, elle ne serait pas recevable. Elle doit, en outre, contenir l'exposé sommaire des faits et des moyens, les conclusions, les noms et demeures des parties, l'énonciation des pièces dont on entend se servir et qui y seront jointes (Décr. 22 juill. 1806, art. 1er). Toutes ces énonciations sont prescrites à peine de nullité.

42. A la requête doivent être jointes les pièces dont on entend se servir, notamment l'acte contre lequel est formé le pourvoi. Cette production est prescrite à peine de déchéance. — La règle ne comporte qu'une seule exception : en matière d'élections au Conseil général, les requérants ne sont pas tenus de joindre à leur protestation les procès-verbaux de l'élection contre laquelle ils se pourvoient. — La décision attaquée peut, d'ailleurs, être produite utilement tant que le Conseil d'Etat n'a pas statué sur la requête.

43. Dans certains cas, le recours est ouvert alors même qu'aucune décision n'est intervenue. Aux termes de l'art. 7 du décret du 2 nov. 1864, lorsque les ministres sont saisis de recours contre les décisions d'autorités qui leur sont subordonnées, leur décision doit intervenir dans le délai de quatre mois à partir de la réception de la réclamation au ministère. Si les pièces sont produites ultérieurement par le réclamant, le délai ne court qu'à dater de la réception de ces pièces. Après l'expiration de ce délai, s'il n'est intervenu aucune décision, les parties peuvent considérer leur réclamation comme rejetée et se pourvoir devant le Conseil d'État. Ces dispositions ont été généralisées, et elles s'appliquent aujourd'hui à toutes les affaires contentieuses qui ne peuvent être introduites devant le Conseil d'État que sous la forme de recours contre une décision administrative (L. 17 juill. 1900, art. 3). — La date du dépôt de la réclamation ou des pièces, s'il y a lieu, est constatée par un récépissé délivré conformément aux dispositions de l'art. 5 du décret du 2 nov. 1864. À défaut de décision, ce récépissé doit, à peine de déchéance, être produit par les parties à l'appui de leur recours au Conseil d'État. — Si l'autorité administrative est un corps délibérant, les délais ci-dessus seront prorogés, s'il y a lieu, jusqu'à l'expiration de la première session qui suivra le dépôt de la demande ou des pièces.

44. D'autres dispositions de même nature peuvent être signalées : 1° En matière d'élections municipales (L. 5 avr. 1884, art. 38), lorsque le Conseil de préfecture n'a pas statué sur une protestation dans le délai d'un ou deux mois, la réclamation est considérée comme rejetée. Le Conseil de préfecture est dessaisi, et la partie intéressée est informée qu'elle peut porter sa réclamation devant le Conseil d'État; — 2° En matière d'élections au Conseil supérieur de l'instruction publique, faute par le ministre d'avoir prononcé sur la protestation dans le délai d'un mois, la réclamation peut être portée directement devant le Conseil d'État (Décr. 16 mars 1880, art. 12, D. P. 80. 4. 45). — V. aussi Décr. 12 avr. 1880, art. 15 (D. P. 81. 4. 96) sur les élections aux conseils presbytéraux et consistoires : le délai pour statuer est de quatre mois.

D. — *Délai du recours* (R. 175 et s., 308 et s.; S. 219 et s., 364 et s.).

45. Le délai du recours au Conseil d'État, autrefois de trois mois (Décr. 22 juill. 1806, art. 11), est aujourd'hui réduit à deux mois (L. 22 juill. 1889, art. 57; 13 avr. 1900, art. 24). — Les dispositions de lois ou de règlements qui fixent des délais spéciaux pour les pourvois au Conseil d'État sont d'ailleurs restées en vigueur. Tels sont : le délai d'un an fixé par les art. 6 et 7 de la loi du 11 germ. an 11 (R. v° *Nom-Prénom*, p. 509) pour les recours contre les décrets qui autorisent des changements de nom; le délai d'un mois, fixé par les art. 40 et 79 de la loi du 5 avr. 1884 (D. P. 84. 4. 25) pour les pourvois relatifs aux élections municipales; le délai de quinze jours ouvert par les art. 12 et 13 du décret du 16 mars 1880, contre les décisions du ministre de l'Instruction publique en matière d'élection au Conseil supérieur de l'instruction publique et aux conseils académiques.

46. Les requêtes, comme, en général, toutes les productions des parties, seront déposées au secrétariat du Conseil d'État (actuellement au secrétariat du contentieux) (Décr. 22 juill. 1806). Elles sont inscrites, au fur et à mesure de leur dépôt, sur un registre et reçoivent un numéro d'ordre. — Les pourvois en matière de contributions, d'élections et de contraventions peuvent être déposés soit au secrétariat général du Conseil d'État, soit à la préfecture, soit à la sous-préfecture. Dans ces deux derniers cas, ils sont transmis par le préfet au secrétariat général du Conseil d'État. Il en est délivré récépissé à la partie qui le demande (L. 22 juill. 1889, art. 61).

47. Pour les personnes demeurant hors de la France continentale, le délai énoncé dans l'art. 11 est augmenté de celui qui est réglé par l'art. 73 c. pr. civ. (Décr. 22 juill. 1806, art. 13; L. 22 juill. 1889, art. 58).

48. Quant aux pourvois formés aux colonies, il y a lieu de distinguer suivant qu'ils sont formés contre des arrêtés des conseils du contentieux administratif, ou contre les actes d'autres autorités. Dans ce dernier cas, il y a lieu seulement de majorer le délai de droit commun des délais de distance réglés par l'art. 73 c. pr. civ., modifié par la loi du 3 mai 1862 (D. P. 62. 4. 43), délais qui varient de un à huit mois selon la région dans laquelle le requérant a sa résidence. Ces délais sont doublés en cas de guerre maritime. — En ce qui concerne le premier cas, V. *suprà, Colonies*, n° 34.

49. Quant au point de départ du délai, il y a lieu de distinguer. S'agit-il d'une décision juridictionnelle, c'est le jour de la signification ou de la notification qu'en a reçue le requérant. — Pour faire courir le délai, la notification doit avoir lieu par huissier à la requête de la partie gagnante, quand l'affaire s'est débattue entre particuliers (Cons. d'Et. 2 févr. 1877, D. P. 77. 3. 48). Lorsqu'une administration publique est en cause, par exemple en matière de contributions ou d'élections, ou en matière répressive, la notification peut être faite par la voie administrative (Cons. d'Et. 12 févr. 1897), c'est-à-dire par un agent quelconque, commissaire de police, garde champêtre, directeur des contributions, etc.

50. S'il s'agit d'actes administratifs déférés au Conseil d'État, il faut distinguer selon qu'il s'agit d'actes individuels ou d'actes généraux. Dans le premier cas, le délai court au jour de la notification; dans le second cas, il court du jour de la publication où a été faite de l'acte incriminé (Cons. d'Et. 24 juin 1898). — La règle comporte des exceptions. Ainsi, en matière de pension militaire, le délai pour attaquer le décret qui concède une pension court non pas de sa publication au *Bulletin des lois*, ou de la notification de ce décret à l'intéressé, mais du jour du premier payement des arrérages, et encore à condition que les bases de la liquidation aient été préalablement notifiées (Cons. d'Et. 22 nov. 1895).

51. Il faut toujours que la décision attaquée ait été portée à la connaissance du requérant par un acte individuel ou collectif de publication. Le fait qu'un particulier aurait eu connaissance de l'acte incriminé, par exemple en s'en faisant délivrer une expédition, ne suffirait pas pour faire courir contre lui le délai de recours.

52. Pour les départements, communes, colonies, le point de départ est le jour où l'acte incriminé est porté à la connaissance des autorités départementales, municipales ou coloniales. Il suffit que la notification ait été faite au préfet, au gouverneur ou au maire; il n'est pas nécessaire que les conseillers généraux ou municipaux aient été appelés à délibérer sur la suite à donner à l'affaire.

53. Dans les affaires où l'État a été partie devant le Conseil de préfecture, la notification de l'arrêté par les soins du préfet fait courir le délai non seulement contre l'adversaire de l'État, mais contre l'État lui-même, par dérogation à l'adage : « Nul ne se forclôt soi-même. » — Dans les affaires de contributions, le ministre des Finances se pourvoir dans les deux mois à partir du jour où l'arrêté a été porté à sa connaissance par un rapport du directeur (Cons. d'Et. 16 mars 1895). — En matière répressive, le délai court contre l'Administration à partir de la date même de l'arrêté (L. 22 juill. 1889, art. 59). Il en est de même en matière électorale.

54. Pour être régulière et faire courir le délai de recours, la notification doit être assez complète pour permettre à l'appelant de se pourvoir en connaissance de cause. Les significations faites par huissier contiennent le texte intégral de la décision. Au contraire, pour les notifications administratives, on se contente d'un résumé. Le juge apprécie, d'après les termes de la notification, si elle est, ou non, suffisante. Il a été jugé, à cet égard, qu'une lettre du secrétaire greffier du Conseil de préfecture ne contenant que le dispositif de l'arrêté ne faisait pas courir le délai (Cons. d'Et. 4 mai 1900. D. P. 1901. 5. 157).

55. Un pourvoi formé en dehors du délai n'est pas recevable. Cette déchéance est d'ordre public et peut être opposée, même d'office, par le juge. Mais il suffit que la requête parvienne au Conseil d'État dans le délai légal, alors même qu'à ce moment elle ne serait pas régulière; l'irrégularité peut être réparée après l'expiration de ce délai. Ainsi un recours nul, comme étant rédigé sur papier libre, peut être régularisé en dehors du délai légal par la production d'une nouvelle requête sur papier timbré. De même, une requête non motivée peut être régularisée par la production d'un mémoire ampliatif après l'expiration du délai (Cons. d'Et. 7 août 1896, D. P. 97. 3. 80). Toutefois, en matière électorale, la jurisprudence exige que tous les motifs d'annulation de l'arrêté attaqué soient produits dans le délai légal (Cons. d'Et. 19 déc. 1896).

E. — *Effet du recours* (R. 265 et s.; S. 303 et s.).

56. Le recours au Conseil d'État n'a pas d'effet suspensif, s'il n'en est autrement ordonné (Décr. 22 juill. 1806, art. 3; L. 24 mai 1872, art. 24). Les seuls cas où des dispositions législatives particulières ont attribué au recours un effet suspensif sont les suivants : 1° En cas de contestation sur l'état et la possibilité des forêts et sur le refus d'admettre les animaux au pâturage et au panage dans certains cantons déclarés non défensables, le pourvoi contre les décisions rendues par les Conseils de préfecture a un effet suspensif jusqu'après la décision du Conseil d'État; — 2° Le recours est également suspensif en matière d'élections au Conseil d'arrondissement et d'élections municipales, mais seulement dans le cas où l'élection a été annulée par le Conseil de préfecture (L. 22 juin 1833, art. 54, R. v° *Organisation administrative*, p. 610; L. 5 avr. 1884, art. 40); — 3° Enfin est suspensif le recours contre les décisions prises par les commissions départementales par application des art. 86 et 87 de la loi du 10 août 1871, art. 88 (D. P. 71. 4. 102).

57. Si les pourvois au Conseil d'État n'ont pas par eux-mêmes, sauf les exceptions indiquées ci-dessus, d'effet suspensif, la loi a donné aux juridictions administratives le pouvoir d'empêcher l'exécution des actes administratifs et des décisions juridictionnelles, quand cette exécution pourrait présenter de graves inconvénients. Ainsi les Conseils de préfecture peuvent subordonner l'exécution de leurs décisions en cas de recours à la charge de donner caution ou de justifier d'une solvabilité suffisante. On observe, pour la présentation de la caution, les formalités édictées par les art. 440 et 441 c. pr. civ.

58. Le sursis peut aussi être demandé au Conseil d'État. Si la section du contentieux, saisie de l'affaire, estime qu'il y a lieu d'accorder le sursis, il en est fait rapport au Conseil d'État, qui prononce. En pareil cas, avant d'instruire l'affaire au fond, on communique le dossier à la partie adverse sur la question de sursis, s'il apparaît que l'exécution immédiate de la décision serait de nature à causer au réclamant un préjudice irréparable.

59. Il ne peut être ordonné de sursis que pour les pourvois dirigés contre les décisions du conseil de revision (L. 15 juill. 1889, art. 32, D. P. 89. 4. 73).

F. — *Instruction du recours* (R. 308 et s.; S. 364 et s.).

60. Le président de la section du contentieux désigne les affaires dont l'instruction ou le jugement doit être réservé à la section plénière et nomme les rapporteurs de ces affaires. Il répartit entre les sous-sections les affaires qui doivent être instruites par elles pour être jugées ensuite par le Conseil d'État. — Le premier acte d'instruction, une fois que le rapporteur désigné a pris connaissance de la requête sommaire et des pièces qui y sont jointes, consiste dans un rapport qu'il fait à la section ou à la sous-section, dans lequel il propose de communiquer cette requête aux parties en cause et aux ministres compétents. La section ou les sous-sections, sur rapport, fixent le délai dans lequel le requérant devra produire, s'il y a lieu, son mémoire ampliatif et ordonner les communications nécessaires (Décr. 16 juill. 1900, art. 6, et 4 août 1900, art. 14). Elles délibèrent de même, après l'exposé du rapporteur, sur les demandes de pièces, mises en cause et tous autres actes d'instruction (Décr. 2 août 1879, art. 19).

61. Quant à la communication des requêtes aux défendeurs, elle s'opère, en principe, de la façon suivante : le président de la section du contentieux délivre une ordonnance de *soit-communiqué*, que le requérant doit faire signifier au défendeur avec la requête sommaire et le mémoire ampliatif. Cette signification est faite à personne, ou à domicile par ministère d'huissier (Décr. 22 juill. 1806, art. 4). Elle doit, à peine de déchéance, avoir lieu dans le délai de deux mois (Décr. 2 nov. 1864, art. 3).

62. Dans les affaires contentieuses qui sont introduites au Conseil d'État sur le rapport d'un ministre, il n'intervient pas d'ordinaire de soit-communiqué; mais il est donné, dans la forme administrative ordinaire, avis à la partie intéressée de la remise faite au Conseil d'État des mémoires et pièces fournis par les agents du Gouvernement, afin qu'elle puisse prendre communication, dans la forme prescrite aux art. 8 et 9, et fournir ses réponses dans le délai du règlement (Décr. 22 juill. 1806, art. 16). Si c'est le particulier, adversaire de l'État, qui est demandeur, le dépôt au secrétariat de la requête et des pièces vaut notification aux agents du Gouvernement; et il en est de même pour la suite de l'instruction (art. 17).

63. Les défendeurs ont, pour faire la production de leurs mémoires, des délais qui varient suivant le lieu de leur résidence et qui commencent à courir du jour de la signification de la requête à personne ou domicile (Décr. 22 juill. 1806, art. 4). Le demandeur peut, dans la quinzaine après les défenses fournies, produire une seconde requête, et le défendeur répondra dans la quinzaine suivante. Il ne peut y avoir plus de deux requêtes de la part de chaque partie, y compris la requête introductive (Décr. 1806, art. 6). — Les avocats des parties peuvent prendre communication des productions de l'instance au secrétariat, sans frais. Le déplacement des pièces est interdit, à moins qu'il n'y en ait minute ou que la partie n'y consente (Décr. 1806, art. 8).

64. Après que les parties ont échangé leurs mémoires, le dossier est envoyé au ministre compétent, d'après la nature de l'affaire, pour qu'il présente ses observations. Lorsque les ministres sont ainsi appelés à produire des défenses ou à présenter des observations sur des pourvois introduits devant le Conseil d'État, la section du contentieux fixe, eu égard aux circonstances de l'affaire, les délais dans lesquels les réponses doivent être produites (Décr. 2 nov. 1864, art. 8).

65. Le défendeur, au lieu de se borner à opposer à la requête des moyens de défense, peut prendre l'offensive contre le requérant au moyen de conclusions qui prennent le nom de *recours incident*. Ces conclusions sont recevables à toute époque, même après l'expiration du délai du recours et alors même que le défendeur aurait notifié à son adversaire la décision attaquée sans protestation ni réserve. — Le sort du recours incident

est, en principe, lié à celui du recours principal. Si ce dernier est non recevable, le premier tombe par voie de conséquence (Cons. d'Ét. 24 mars 1902). Toutefois, le désistement de l'auteur du recours principal ne dispense le Conseil d'État de l'obligation de statuer sur le recours incident que si ce désistement a été accepté par le défendeur sans réserve (Cons. d'Ét. 27 mai 1898, D. P. 99. 3. 87).

66. On ne peut, par voie de recours incident, former une demande nouvelle sur laquelle le premier juge n'a pas statué, ni mettre en cause une partie qui ne s'est pas pourvue. Enfin les recours incidents d'intimé à intimé ne sont pas recevables.

67. Lorsque le dossier est en état, il est communiqué au rapporteur. Celui-ci prépare son rapport et un projet de décision. Toutefois, dans les affaires de petit contentieux (contributions directes, élections), le rapporteur ne fait un rapport que quand les parties ont constitué avocat et que, par suite, l'affaire doit être jugée en audience publique. Tous les rapports, dans les affaires contentieuses, sont faits par écrit (L. 24 mai 1872, art. 15). — Le dossier est ensuite transmis au commissaire du Gouvernement, qui doit donner ses conclusions. — Le rôle de chaque séance publique du Conseil d'État est préparé par le commissaire du Gouvernement chargé de porter la parole dans la séance; il est arrêté par le président.

G. — Incidents (R. 348 et s.; S. 399 et s.).

68. Des incidents de diverses natures peuvent survenir au cours d'une instance. — Des tiers, intéressés à ce que la décision attaquée soit maintenue ou annulée, peuvent *intervenir*. La requête en intervention est communiquée comme les requêtes principales. Néanmoins, la décision de l'affaire principale ne peut être retardée par une intervention (Décr. 22 juill. 1806, art. 21).

69. Un autre incident peut résulter de l'appel en *garantie*, c'est-à-dire de la mise en cause ou intervention forcée d'un tiers dans l'instance sur la demande d'une des parties principales. Le Conseil d'État ordonne la communication de cette demande à la partie visée, en lui fixant un délai pour présenter ses défenses.

70. Une pièce produite peut être arguée de *faux*. Il est procédé, en ce cas, conformément aux dispositions de l'art. 20 du décret du 22 juill. 1806.

71. Dans les affaires qui ne sont pas en état d'être jugées, la procédure est suspendue par la notification du *décès* de l'une des parties ou par le seul fait du décès, de la démission, de l'interdiction ou de la destitution son avocat. Cette suspension dure jusqu'à la mise en demeure pour reprendre l'instance ou constituer avocat. Dans aucun de ces cas, la décision d'une affaire en état ne peut être différée (Décr. 22 juill. 1806, art. 22 et 23).

72. Une partie peut *révoquer* son avocat; mais cet acte est sans effet, pour la partie adverse, s'il ne contient pas la constitution d'un autre avocat (art. 24). — D'autre part, un avocat peut être *désavoué* dans les formes indiquées par les art. 25 et 26 du décret du 22 juill. 1806.

73. Enfin le demandeur peut se *désister* de son pourvoi. Ce désistement met fin à l'instance. Le Conseil d'État donne acte du désistement, mais à la condition que celui-ci soit pur et simple, c'est-à-dire fait sans réserves (V. *infrà, Désistement*). — Dans les affaires de grand contentieux, le désistement ne peut être produit que par l'avocat.

H. — Procédure à l'audience publique (R. 375 et s.; S. 427 et s.).

74. Les affaires inscrites sur le rôle sont appelées successivement. Le rapporteur donne lecture de son rapport et des questions de droit à résoudre. Des observations orales

peuvent être présentées par les avocats des parties, mais non par les parties elles-mêmes (L. 24 mai 1872, art. 18; Cons. d'Et. 30 nov. 1895, D. P. 96. 3. 96). — Le commissaire du Gouvernement donne ses conclusions dans chaque affaire (L. 24 mai 1872, art. 18). — Les avocats ne sont pas admis à répliquer au commissaire du Gouvernement. Ils peuvent seulement faire remettre au rapporteur des notes rectificatives dont il est donné lecture au Conseil avant le délibéré.

75. Sont applicables à l'assemblée du Conseil d'État statuant au contentieux les dispositions des art. 88 et s. c. pr. civ. sur la police des audiences (L. 24 mai 1872, art. 24). V. *infrà, Cours et tribunaux*, n°s 38 et s.

I. — Jugement (R. 381 et s.; S. 434 et s.).

76. Toutes les décisions prises par l'assemblée du Conseil d'État délibérant au contentieux, par les sections ou les sous-sections, sont lues en séance publique, transcrites sur le procès-verbal des délibérations et signées par le président, le rapporteur et le secrétaire du contentieux. Il y est fait mention des membres ayant délibéré. Les expéditions qui sont délivrées par le secrétaire portent la formule exécutoire (L. 24 mai 1872, art. 22).

77. Les décisions du Conseil d'État se divisent en plusieurs parties: 1° les visas, qui doivent contenir les noms, qualités, domicile des parties, leurs conclusions et l'analyse de eurs moyens, l'énoncé des pièces sur lesquelles le Conseil s'appuie pour motiver sa décision (rapports d'experts ou d'agents de l'Administration, observations présentées par le ministre, les textes des lois, la mention de l'accomplissement des formalités relatives à l'audition du rapporteur, des avocats, du commissaire du Gouvernement); 2° les motifs; 3° le dispositif; 4° enfin les noms des membres du Conseil qui ont participé à la décision, les signatures du président, du rapporteur et du secrétaire et la formule exécutoire (Décr. 22 juill. 1806, art. 27). Elles se terminent par la même formule exécutoire que les autres décisions de justice.

78. Le Conseil d'État rend des décisions d'avant dire droit et des décisions définitives. — Par les premières, le Conseil d'État prescrit les mesures d'instruction qu'il juge propres à l'éclairer. Il peut ordonner une expertise (Cons. d'Et. 25 mars 1880), une visite de lieux (Cons. d'Et. 22 juill. 1881, D. P. 83. 3. 7), une enquête (Cons. d'Et. 11 févr. 1881), une vérification d'écritures, des interrogatoires sur faits et articles (Décr. 22 juill. 1806, art. 14). — Ces diverses mesures doivent avoir un caractère contradictoire. S'il s'agit d'une expertise, chaque partie désigne son expert, à moins qu'elles ne s'entendent pour désigner le même. Dans le premier cas, le troisième expert est désigné par le président de la section du contentieux. S'il s'agit d'une enquête, les parties doivent produire leurs témoins. S'il s'agit de visites de lieux, elles doivent suivre les opérations en personne ou par représentants. — Les résultats de toute mesure d'instruction doivent être consignés dans un procès-verbal qui est versé au dossier et peut être discuté par les parties.

79. Par ses décisions définitives, le Conseil d'État met fin aux litiges portés devant lui. — Les recours peuvent être rejetés comme non recevables pour des causes diverses: 1° Il en est ainsi d'abord de ceux qui sont formés contre les décisions, notamment des arrêtés de Conseils de préfecture, d'un caractère purement préparatoire (L. 22 juill. 1889, art. 60); ... ou contre des actes ayant un caractère législatif, parlementaire, gouvernemental ou de pure administration; ... ou encore contre des injonctions, des mises en demeure, qui ne constituent pas de véritables décisions exécutoires par elles-mêmes; ... ou enfin contre des actes qui, quelle que soit la forme extérieure qu'ils présentent, ne constituent que l'exposé des prétentions de l'Administration et ne font pas obstacle à ce que la question soit portée devant un tribunal.

80. 2° Une autre fin de non-recevoir peut résulter de l'inobservation des formes légales (défaut de production de la décision attaquée, défaut de signature ou de motifs de la requête, défaut de signification de l'ordonnance de soit-communiqué, introduction de la requête sans ministère d'avocat, sans timbre ni enregistrement, dans les affaires qui n'en sont pas dispensées), ou des délais impartis par la loi.

81. 3° Les pourvois peuvent encore être déclarés non recevables parce qu'il existe un autre juge de la requête. C'est ainsi que, dans les affaires de pleine juridiction, le Conseil d'Etat se refuse à statuer sur les demandes qui n'ont pas été présentées d'abord au juge du premier degré, c'est-à-dire au Conseil de préfecture.

82. 4° Quand le Conseil d'Etat doit statuer comme juge des excès de pouvoir, il déclare le recours non recevable toutes les fois que, par une action exercée devant un autre juge, la partie peut obtenir une satisfaction aussi complète que par le recours pour excès de pouvoir (V. *suprà, Compétence administrative,* n° 88).

83. Si le recours est recevable, le Conseil d'Etat l'examine au fond. Il le rejette, s'il ne lui paraît pas justifié. Dans le cas contraire, ses pouvoirs varient selon que l'acte attaqué est un acte de gestion ou un acte de puissance publique, un arrêté du Conseil de préfecture ou une décision d'un tribunal administratif rendue en premier ressort. Suivant les cas, il réformera la décision attaquée en y substituant la sienne, ou il se bornera à casser l'acte ou le jugement illégal, avec ou sans renvoi (V. *suprà, Compétence administrative,* n°s 95 et s.).

SECT. IV. — **Voies de recours** (R. 386 et s.; S. 439 et s.).

84. Les voies de recours qui peuvent être ouvertes contre les arrêts du Conseil d'Etat sont l'opposition, la tierce opposition, la revision, le recours en interprétation.

85. 1° *Opposition.* — Les décisions du Conseil d'Etat rendues par défaut sont susceptibles d'opposition. En principe, l'opposition n'est pas suspensive (Décr. 22 juill. 1806, art. 29). Elle doit être formée dans le délai de deux mois, à compter du jour où la décision par défaut a été notifiée; après ce délai, l'opposition n'est plus recevable (Décr. 2 nov. 1864, art. 4). — L'opposition ne peut être formée par le défendeur au recours que s'il n'a pas présenté d'observations en défense (Cons. d'Et. 12 févr. 1898). Une partie défaillante est non recevable à former opposition à une décision rendue contradictoirement avec une autre partie ayant le même intérêt (Décr. 22 juill. 1806, art. 31).

86. 2° *Tierce opposition.* — Les personnes qui n'ont été parties ni par elles-mêmes, ni par leurs auteurs à la décision du Conseil d'Etat peuvent l'attaquer par la tierce opposition. Celle-ci est formée pour requête en la forme ordinaire (Décr. 22 juill. 1806, art. 37). — Une amende de 150 francs est édictée contre ceux qui font une tierce opposition téméraire, sans préjudice des dommages-intérêts envers la partie, s'il y a lieu. En fait, l'amende n'est plus prononcée par le Conseil d'Etat.

87. 3° *Recours en revision.* — Les décisions contradictoires du Conseil d'Etat ne peuvent être attaquées que par la voie du recours en revision. Ce recours, analogue à la requête civile (V. *infrà, Requête civile*), n'est ouvert que dans trois cas :

1° si la décision a été rendue sur pièces fausses; 2° si la partie a été condamnée faute de représenter une pièce décisive qui était retenue par son adversaire; 3° si les formalités prescrites par les art. 15 et 17 à 22 de la loi du 24 mai 1872 n'ont pas été observées (Décr. 22 juill. 1806, art. 32; L. 24 mai 1872, art. 23). — Le recours en revision doit être formé dans le même délai et admis de la même manière que l'opposition à une décision par défaut (Décr. 2 nov. 1864, art. 4). — Les recours en revision doivent toujours être introduits par ministère d'avocat, même dans les matières où ce ministère n'est pas exigé (Cons. d'Et. 17 déc. 1897).

88. 4° *Recours en interprétation.* — On peut encore s'adresser au Conseil d'Etat pour lui demander l'interprétation d'une de ses décisions dont l'exécution donne lieu à des difficultés.

SECT. V. — **Recours dans l'intérêt de la loi** (R. 390 et s.; S. 452 et s.).

89. Indépendamment des recours qui peuvent être formés dans les délais légaux par les particuliers ou par les ministres contre les décisions administratives et juridictionnelles du Conseil d'Etat en vue d'obtenir leur réformation ou leur annulation, les ministres ont le droit de former des recours, dans l'intérêt de la loi, contre les décisions juridictionnelles entachées d'illégalité. — Ce recours peut s'exercer à toute époque, pourvu que ce soit après l'expiration des délais normaux de recours. Il peut être formé même dans des affaires où l'Etat n'était pas partie. — D'ailleurs, l'annulation prononcée a une valeur purement doctrinale. Elle ne peut jamais nuire aux parties intéressées; en général, elle ne peut non plus leur profiter.

SECT. VI. — **Frais et dépens** (R. v° *Frais et dépens*, 1193 et s.; S. *eod.* v°, 745 et s.).

90. Les dépens proprement dits n'existent que dans les affaires où le ministère d'avocat est obligatoire. Les tarifs de ces dépens sont fixés par l'ordonnance du 18 janv. 1826 (R. v° *Frais et dépens*, p. 68). Ils comprennent : 1° les dépens d'avocat, honoraires dus aux avocats à raison de certains actes de leur ministère; — 2° les frais de greffe. Ces droits, augmentés de deux décimes, sont versés dans la caisse du receveur de l'Enregistrement. Le secrétaire du contentieux en est comptable envers la Régie (L. 28 avr. 1832); — 3° les droits de timbre; — 4° les droits d'enregistrement auxquels sont soumises les requêtes introductives d'instance, les ordonnances de soit-communiqué, les significations de ces ordonnances, les significations d'avocat à avocat, les décisions du Conseil d'Etat; — 5° les frais d'huissier pour toutes les significations (Ord. 18 janv. 1826, art. 2).

91. Dans les affaires entre parties, pour prononcer la condamnation aux dépens de celle qui succombe, le Conseil d'Etat exige que son adversaire ait présenté des conclusions tendant à cette fin. Il faut au moins qu'il ait conclu à l'admission de son pourvoi « avec toutes conséquences de droit ».

92. L'Etat peut être condamné aux dépens, conformément aux art. 130 et 131 c. pr. civ., dans les contestations où l'Administration agit comme représentant le domaine de l'Etat et dans celles où sont relatives soit aux marchés de fournitures, soit à l'exécution de travaux publics, ainsi que prévus par l'art. 4 de la loi du 28 pluv. an 8 (Décr. 2 nov. 1864, art. 2). Dans toutes les affaires où l'Etat peut être reconnu débiteur (soldes, pensions, dommages, responsabilité pour fautes, ateliers insalubres, etc.), il ne peut être condamné. Il en est ainsi encore

en matière d'excès de pouvoir; même quand l'acte attaqué est annulé, le requérant ne peut se faire rembourser par l'Etat les droits de timbre et d'enregistrement qu'il a dû payer. Cependant, en matière de contributions directes, la partie à qui est accordée la décharge ou la réduction qu'elle sollicitait obtient la restitution des droits de timbre par elle exposés (L. 29 mars 1897, art. 42, D. P. 97. 4. 33).

93. L'avocat qui a obtenu contre la partie adverse une condamnation aux dépens est tenu de lever un certificat de taxe. Sur sa demande, le secrétaire du contentieux dresse un état de frais sur lequel est porté chaque article passé en taxe. — Cet état de frais est vu par l'avocat, qui le signe. Il est signifié par le secrétaire du contentieux, qui le certifie conforme aux pièces déposées au greffe et au tarif établi par l'ordonnance du 16 janv. 1826. Le tout est liquidé et taxé par le rapporteur de l'affaire (Décr. 22 juill. 1806, art. 43; Ord. 18 janv. 1826, art. 3). Ce certificat lui est délivré par le secrétaire du contentieux, après liquidation et taxe des frais par le rapporteur de l'affaire. Si la partie refuse de payer, le président de la section du contentieux rend l'état de frais exécutoire, et un huissier est chargé d'en poursuivre l'exécution. Opposition à la taxe peut être faite dans les trois jours de la signification de l'exécutoire. Le président statue sur cette opposition.

SECT. VII. — **Enregistrement et timbre.**

94. Les avis du Conseil d'Etat sont exempts du timbre et de l'enregistrement, comme actes administratifs (L. 15 mai 1818, art. 80, R. v° *Enregistrement*, t. 21, p. 41).

95. Les recours au Conseil d'Etat doivent être écrits sur timbre et enregistrés, sous peine d'être déclarés non recevables (Cons. d'Et. 30 juin 1900). Le droit d'enregistrement auquel ils sont soumis est de 25 francs (L. 28 avr. 1816, art. 47, R. v° *Enregistrement*, t. 21, p. 39; 19 févr. 1874, art. 2, D. P. 74. 4. 41; 28 avr. 1893, art. 22, D. P. 93. 4. 79; Instr. Reg. 2838, § 3).

96. Tous les exploits et autres actes des huissiers relatifs aux procédures devant le Conseil d'Etat sont soumis au droit fixe de 5 fr. (L. 28 avr. 1816, art. 45-1°; 19 févr. 1874, art. 2; 28 avr. 1893, art. 22).

97. Il ne doit être perçu sur les recours, exploits ou autres actes, qu'un seul droit, quelque soit le nombre des demandeurs et des défendeurs (Décr. 22 juill. 1806, art. 43; Décis. min. Fin. 30 juin 1807; Instr. Reg. 366).

98. Les significations d'avocat à avocat sont assujetties au droit fixe de 3 francs (L. 28 avr. 1816, art. 44-11°; 19 févr. 1874, art. 2; 28 avr. 1893, art. 22).

99. Les décisions du Conseil d'Etat sont sujettes au timbre et doivent être enregistrées dans les vingt jours de leur date, sous peine d'un droit en sus, avant qu'une expédition puisse en être délivrée aux parties (L. 22 frim. an 7, art. 20, 37 et 41, R. v° *Enregistrement*, t. 21, p. 26; Décis. min. Fin. 17 févr. 1854). — Le tarif est fixé : pour les arrêts préparatoires ou interlocutoires à 15 francs, et pour les arrêts définitifs à 37 fr. 50 (L. 28 avr. 1816, art. 46-3° et 47-3°; 28 févr. 1872, art. 4, D. P. 72. 4. 12).

100. Les procédures devant le Conseil d'Etat donnent, en outre, ouverture aux frais de greffe prévus par l'ordonnance du 18 janv. 1826, art. 1er, n° 14 à 21 (R. p. 188), lesquels, au profit du Trésor, doivent être versés dans la caisse du receveur de l'Enregistrement (L. 21 avr. 1832, art. 7, R. v° *Enregistrement*, t. 21, p. 43).

101. Les procédures qui, d'après les dispositions législatives spéciales, doivent être faites *sans frais*, sont exemptes des droits de timbre et d'enregistrement (Cons. d'Et. 10 juin 1873; Instr. Reg. 2778). Telles sont :

les procédures ayant trait aux recours formés contre les décisions des commissions départementales en matière de chemins vicinaux (L. 10 août 1871, art. 88, D. P. 71. 4. 102); les recours pour excès de pouvoirs en matière d'expropriation (Cons. d'Et. 26 déc. 1873, D. P. 75. 3. 4; 22 nov. 1878, D. P. 79. 3. 38); les recours contre les arrêtés des Conseils de préfecture en matière : 1º de contributions directes ou de taxes assimilées à ces contributions pour le recouvrement; 2º d'élections; 3º de contraventions aux lois et règlements sur la grande voirie et autres contraventions dont la répression appartient au Conseil de préfecture, ainsi que d'anticipation sur les chemins vicinaux. — Toutefois, l'exemption du droit de timbre n'est applicable aux recours en matière de contributions directes et de taxes assimilées, sauf les prestations en nature pour les chemins vicinaux, que lorsque la cote est inférieure à 30 francs (L. 22 juill. 1889, art. 64, D. P. 90. 4. 1; Instr. Reg. 2778).

CONSEIL JUDICIAIRE
(R. v° *nterdiction — Conseil judiciaire*; S. eod. v°).

1. On appelle conseil judiciaire une personne désignée par justice à l'effet d'assister dans certains actes celui qui, sans être complètement incapable, a besoin d'être guidé et surveillé dans l'administration de son patrimoine. — Les dispositions relatives au conseil judiciaire sont l'art. 499 et le chapitre 3 du titre 2 du livre 1er du Code civil (art. 513 à 515).

ART. 1er. — NOMINATION DU CONSEIL JUDICIAIRE (R. 250 et s.; S. 191 et s.).

2. La nomination d'un conseil judiciaire peut avoir lieu soit pour faiblesse d'esprit, soit pour prodigalité Elle a lieu pour *faiblesse d'esprit* lorsque le tribunal saisi d'une demande d'interdiction, tout en jugeant que la mesure sollicitée n'est pas justifiée par l'état du défendeur, estime cependant que cet état ne permet pas de lui laisser une entière liberté quant à la gestion de son patrimoine. Le conseil judiciaire est alors nommé par le jugement même qui rejette la demande d'interdiction (Civ. 499). D'ailleurs, cette nomination peut être demandée par les personnes qui ont qualité pour provoquer l'interdiction, si elles considèrent elles-mêmes cette mesure comme suffisante. — Les magistrats jouissent d'un pouvoir souverain quant à l'appréciation de la faiblesse d'esprit et du degré qu'elle doit atteindre pour justifier la nomination du conseil (Req. 21 févr. 1899, D. P. 99. 1. 243). Elle peut consister d'ailleurs soit en un certain degré d'inintelligence, soit en un désordre plus ou moins accentué des facultés mentales, sans qu'il y ait cependant imbécillité ou démence caractérisée.

3. La *prodigalité*, qui peut également motiver la nomination d'un conseil judiciaire, suppose, d'une part, que les dépenses du prodigue sont tellement supérieures à son revenu qu'il y a lieu de craindre que sa fortune entière ne soit dissipée; d'autre part, que ces dépenses consistent en folles dissipations inspirées par le caprice ou la passion. Ainsi, des dépenses faites, des obligations contractées dans un but raisonnable ne sauraient justifier la mesure dont il s'agit, quelles qu'aient pu, d'ailleurs, en être les conséquences. Des opérations imprudentes, telles que des spéculations de bourse, pourraient même être jugées insuffisantes pour motiver la dation d'un conseil judiciaire (Req. 13 juin 1898, D. P. 98. 1. 304). Au contraire, la passion du jeu (Paris, 25 mars 1897, D. P. 97. 2. 287), la manie des procès, ont été considérées comme pouvant servir de base à une pareille demande. Les tribu-

naux ont, d'ailleurs, un pouvoir souverain d'appréciation en ce qui concerne les faits constitutifs de la prodigalité (Req. 21 févr. 1899, précité).

4. De même que le mineur en état d'imbécillité ou de démence peut être interdit (V. *infrà, Interdiction*), de même il peut être nommé un conseil judiciaire au mineur qui est faible d'esprit ou prodigue. — Une femme mariée peut aussi être pourvue d'un conseil judiciaire.

5. La nomination du conseil judiciaire peut être provoquée par ceux qui ont le droit de demander l'interdiction, c'est-à-dire par les parents (mais non par les alliés) ou l'époux, même séparé de corps (Civ. 490). Le même droit appartient au ministère public quand le faible d'esprit ou le prodigue n'a ni époux ou épouse, ni parents connus. — La nomination d'un conseil judiciaire, comme l'interdiction, peut être demandée, non pas d'un parent mineur, par son représentant légal. — Les conditions auxquelles la femme mariée peut poursuivre la nomination d'un conseil judiciaire à son mari sont les mêmes que lorsqu'il s'agit d'une demande en interdiction. — Il est généralement admis qu'une personne ne pourrait demander elle-même à être pourvue d'un conseil judiciaire en invoquant sa faiblesse d'esprit ou sa prodigalité (Comp. *infrà, Interdiction*).

6. La demande en nomination de conseil judiciaire est instruite et jugée de la même manière que la demande en interdiction (Civ. 514, § 1er). Il y a donc lieu d'appliquer ici toutes les règles de compétence et de procédure établies pour cette dernière demande (V. *infrà, Interdiction*). C'est ainsi, notamment, que la dation d'un conseil judiciaire doit, à peine de nullité, être précédée de l'interrogatoire exigé en matière d'interdiction (Req. 7 févr. 1893, D. P. 93. 1. 152). Toutefois, le défendeur n'est pas recevable à se plaindre de l'inaccomplissement de cette formalité, lorsque c'est par son fait volontaire qu'elle n'a pu avoir lieu (même arrêt). — On considère comme applicable la disposition qui autorise le tribunal, après le premier interrogatoire, à commettre un administrateur provisoire (Civ. 497); sous cette restriction, toutefois, que les pouvoirs conférés à cet administrateur ne sauraient être plus étendus que ceux d'un conseil judiciaire nommé à titre définitif. Mais le conseil judiciaire lui-même ne saurait être nommé à titre provisoire; c'est du moins ce que décide un arrêt (Paris, 6 juill. 1899, D. P. 1902. 2. 388).

7. Les jugements rendus en matière de dation de conseil judiciaire sont susceptibles d'opposition ou d'appel comme ceux qui sont rendus en matière d'interdiction (V. *infrà, Interdiction*). — L'instance en dation d'un conseil judiciaire ne peut faire l'objet d'une transaction ou d'un compromis, et, dès lors, l'acquiescement qui serait donné en cette matière par l'une ou l'autre partie serait sans valeur. D'après un arrêt, même (Paris, 19 juin 1884, S. v° *Désistement*, p. 13), il ne serait pas permis aux parties de se désister, soit de l'instance introduite, soit de l'appel dont la demande aurait été l'objet. — Lorsque la demande en nomination de conseil judiciaire est admise, les frais doivent être mis à la charge du défendeur. Il en est ainsi même dans le cas où la nomination du conseil judiciaire est prononcée sur une demande en interdiction. — Pour le cas où le défendeur vient à décéder au cours de l'instance, V. *infrà, Interdiction*.

8. C'est au tribunal (ou à la Cour d'appel), et non au conseil de famille, qu'il appartient de choisir le conseil judiciaire. Et les juges jouissent à cet égard d'un pouvoir souverain. — Le mari n'est pas de droit le

conseil de sa femme prodigue; toutefois, à moins de circonstances particulières et de motifs graves, le mari doit être nommé de préférence à un étranger. — Quant à la femme, il a été jugé qu'elle ne peut être nommée conseil judiciaire de son mari (Trib. civ. de Semur, 13 janv. 1861, D. P. 63. 3. 59); mais cette solution est contestée.

9. Le jugement (ou l'arrêt) portant nomination d'un conseil judiciaire doit être publié dans la même forme que le jugement d'interdiction (Pr. 897 et 501). Mais, comme pour le jugement d'interdiction (V. *infrà, Interdiction*), la publicité n'est pas prescrite à peine de nullité de jugement; et, bien que les formalités prescrites à cet égard n'aient pas été remplies, les actes passés par le prodigue ou le faible d'esprit sans l'assistance de son conseil n'en seraient pas moins nuls, sauf le recours des tiers contre ceux qui, y étant obligés, ont négligé d'accomplir les prescriptions légales.

10. Le conseil judiciaire nommé par le tribunal n'est pas tenu d'accepter la mission qui lui est dévolue. — Mais, après avoir accepté, il ne peut se démettre arbitrairement de ses fonctions; il doit continuer à les remplir jusqu'à ce que sa démission ait été accueillie par la justice et son successeur nommé; et, s'il les abandonnait intempestivement, il engagerait sa responsabilité. On admet généralement qu'il appartient au tribunal d'apprécier les motifs que le conseil invoque à l'appui de sa démission et de rejeter sa demande s'ils ne lui paraissent pas légitimes. Mais la disposition de l'art. 508 c. civ., qui permet aux tuteurs des interdits, à l'exception des époux, ascendants et descendants, de demander à être déchargés de cette fonction après dix années, paraît également applicable aux conseils judiciaires.

11. Le tribunal par lequel le conseil judiciaire a été nommé a seul compétence pour recevoir sa démission et pour lui nommer un successeur. — C'est également à ce tribunal seul qu'il appartient de remplacer le conseil judiciaire décédé. Le remplacement du conseil judiciaire démissionnaire ou décédé peut être demandé au tribunal par toute personne ayant le droit de provoquer la nomination d'un conseil, et aussi par le prodigue lui-même ou le faible d'esprit.

12. Le tribunal a la faculté, quand il le juge convenable, de révoquer le conseil judiciaire, notamment quand celui-ci a fait preuve d'incapacité ou de négligence dans l'exercice de ses fonctions.

ART. 2. — EFFETS DE LA NOMINATION DU CONSEIL JUDICIAIRE.

§ 1er. — *Actes interdits au prodigue ou au faible d'esprit* (R. 291 et s.; S. 231 et s.).

13. L'individu qui est pourvu d'un conseil judiciaire conserve la gestion de son patrimoine; il lui est seulement interdit de faire, sans l'assistance de son conseil, certains actes qui sont énumérés par la loi (Civ. 499 et 513). Cette défense doit être expressément formulée dans le jugement. La nomination du conseil judiciaire a son effet du jour où elle a été prononcée (Civ. 502).

14. L'énumération faite par la loi des actes que le prodigue ou le faible d'esprit sont incapables de faire seuls ne peut n'être ni étendue ni restreinte; en d'autres termes, il n'est permis au juge ni d'interdire à l'incapable d'autres actes que ceux visés par la loi, ni de limiter l'interdiction à l'un ou quelques-uns de ces actes.

15. En dehors de la restriction ainsi apportée à sa capacité, l'individu pourvu d'un conseil judiciaire conserve la jouissance de ses droits civils, civiques et politiques. Cependant, il est incapable; ... de faire partie du jury criminel (V. *infrà, Jury*); ... d'être élu membre d'un Conseil général (V. *infrà, Département et arrondissement*) ou d'un Conseil municipal (V. *infrà, Elections*).

16. Le mari qui est pourvu d'un conseil judiciaire conserve la puissance maritale; il peut toujours autoriser sa femme à faire les actes qu'il est lui-même capable de faire seul. En ce qui concerne les actes qu'il ne peut faire qu'avec l'assistance de son conseil, on admet généralement que l'autorisation donnée par le mari lui-même serait sans valeur, et que la femme doit s'adresser à la justice pour se faire autoriser. — Lorsque c'est la femme qui est pourvue d'un conseil judiciaire, la puissance maritale reste également entière au mari. La femme doit donc toujours, en pareil cas, être autorisée par le mari; mais elle doit, de plus, être assistée de son conseil pour les actes à l'égard desquels cette assistance est nécessaire. Si le mari refuse son autorisation, elle peut, avec l'assistance de son conseil, demander l'autorisation de justice. Si c'est le conseil judiciaire qui refuse son assistance, la femme peut encore, dans ce dernier cas, recourir à la justice; elle doit alors demander au tribunal le remplacement de son conseil ou la nomination d'un tuteur *ad hoc.*

17. L'incapacité dont est atteint l'individu pourvu d'un conseil judiciaire consiste, aux termes de la loi, à ne pouvoir plaider, transiger, emprunter, recevoir un capital mobilier ou en donner décharge, aliéner ou grever ses biens d'hypothèque, sans l'assistance de son conseil.

18. L'interdiction de *plaider* est générale et absolue; elle s'étend à la défense comme à la demande, à l'appel comme au premier degré de juridiction (Nancy, 24 févr. 1892, D. P. 92. 2. 293). Elle entraîne la défense d'acquiescer soit à une demande en justice, soit à un jugement rendu contre le prodigue, comme aussi celle de se désister d'une instance (Civ. r. 29 juin 1903, D. P. 1903. 1. 411). — La prohibition s'applique, en principe, à toutes les instances et à toutes les contestations quelles qu'elles soient, dans lesquelles le prodigue est intéressé, à celles qui tiennent à la personne aussi bien qu'à celles qui tiennent aux biens (Paris, 3 mars 1898, D. P. 1902. 1. 185). C'est ainsi que le prodigue doit être assisté de son conseil pour intenter une demande en divorce, en séparation de corps ou en nullité de mariage (Paris, 3 mars 1898, D. P. 1902. 1. 185), ou défendre à une pareille demande, pour demander la mainlevée d'une opposition formée à son mariage. — La règle comporte toutefois quelques exceptions : ainsi, le prodigue peut, sans l'assistance de son conseil judiciaire : ester devant le juge d'appel à l'effet d'obtenir la réformation du jugement qui l'a pourvu de ce conseil (Rennes, 14 déc. 1893, D. P. 94. 2. 88); ... former une demande en interdiction; ... former une demande en révocation de son conseil judiciaire. — Il peut également, si ce conseil lui refuse l'assistance qu'il réclame, introduire seul une demande tendant à ce qu'il lui soit nommé un conseil judiciaire *ad hoc*, à l'effet de l'assister au lieu et place de son conseil en titre.

19. La défense de plaider sans l'assistance du conseil judiciaire ne s'étend pas au cas où le prodigue est poursuivi devant les tribunaux de répression; l'assistance de ce conseil n'est pas exigée, non seulement lorsqu'il s'agit de poursuites pénales exercées par le ministère public, mais même, d'après la Cour de cassation, quand le prodigue est actionné en dommages-intérêts par la partie civile. Au cas où c'est le prodigue qui est demandeur en réparations civiles devant la juridiction répressive, il doit être assisté de son conseil.

20. L'individu pourvu d'un conseil a, du reste, la faculté de faire seul tous les actes conservatoires nécessaires pour sauvegarder ses intérêts, par exemple, citer un tiers en référé pour faire ordonner des réparations urgentes à des immeubles qui lui appartiennent et dont ce tiers a la gestion (Req. 22 janv. 1901, D. P. 1901. 1. 94); ... ou pour prévenir les déchéances auxquelles il serait exposé, par exemple, interjeter appel, sauf à se faire ensuite assister de son conseil pour plaider.

21. La défense de *transiger* emporte celle de compromettre (V. Pr. 1003). — Elle comprend aussi celle de déférer ou accepter un serment en justice.

22. Par la défense d'*emprunter*, la loi prohibe tous actes d'emprunt, directs ou indirects (tels que ceux résultant du payement de fournitures faites au prodigue par des tiers; Douai, 18 févr. 1891, D. P. 92. 1. 536), ostensibles ou déguisés; et l'emprunt ne saurait être validé sous le prétexte qu'il n'a rien d'excessif eu égard à la fortune du prodigue. — Toutefois, si le prodigue s'était réellement enrichi au moyen d'emprunts par lui contractés, il devrait, comme tout incapable, restituer ce qui lui aurait profité (Comp. *infrà*, n° 40).

23. En ce qui concerne l'incapacité de *recevoir un capital mobilier ou d'en donner décharge*, il est généralement admis que le conseil judiciaire a le droit et le devoir non seulement d'assister le prodigue qui reçoit un capital mobilier, mais encore d'exiger qu'il soit fait emploi de ce capital. — Si le prodigue a un compte de gestion à recevoir, il doit nécessairement être assisté de son conseil pour le régler et en toucher le reliquat. Il en serait ainsi, notamment, dans le cas où le mineur aurait été pourvu d'un conseil judiciaire avant sa majorité : il aurait besoin alors de l'assistance de ce conseil pour recevoir son compte de tutelle.

24. La prohibition d'*aliéner* s'applique, suivant l'opinion générale, non seulement aux immeubles, mais à tous les meubles dont l'aliénation ne constitue pas un acte d'administration (V. *infrà*, n° 29), notamment aux valeurs mobilières. — Elle s'étend aux aliénations indirectes; et on a considéré comme ayant ce caractère un bail de très longue durée consenti par le prodigue dans des conditions désavantageuses.

25. L'individu pourvu d'un conseil judiciaire peut disposer de ses biens par testament. Au contraire, il ne peut pas, en principe, faire d'aliénation entre vifs à titre gratuit sans l'assistance de son conseil judiciaire. On admet généralement que cette prohibition s'applique aux dispositions par *donation* ou *institution contractuelle*, qu'elles soient faites par le prodigue au profit d'un tiers ou en faveur de ses enfants. — Il en est autrement si le bénéficiaire est le conjoint du prodigue : celui-ci peut valablement, sans l'assistance de son conseil, donner à son conjoint, pour le cas où celui-ci lui survivra, les biens qu'il délaissera au jour de son décès. Toutefois, la donation entre époux qui aurait pour objet une chose déterminée excéderait la capacité du prodigue, quand même elle serait subordonnée au prédécès du donateur; et l'assistance du conseil serait nécessaire pour la validité d'une telle donation.

26. Le prodigue ou le faible d'esprit n'a pas besoin de l'assistance de son conseil pour contracter mariage (Paris, 13 juill. 1896, D. P. 96. 2. 302). Mais, d'après la doctrine généralement admise, cette assistance lui est nécessaire pour régler ses conventions matrimoniales. Elle l'est également pour les avantages qu'il voudrait consentir par contrat de mariage à son futur conjoint. Et il en est ainsi pour toutes les libéralités quelles qu'elles soient, même celles qui auraient pour objet les biens que le donateur laissera à son décès, ces libéralités étant, à la diffé-

rence de celles qui interviendront pendant le mariage (V. *suprà*, n° 25) irrévocables et constituant de véritables aliénations (Ch. réun. c. 21 juin 1892, D. P. 92. 1. 369).

27. En ce qui concerne le régime matrimonial, il est généralement admis que l'individu pourvu d'un conseil judiciaire, qui se marie sans avoir fait de contrat de mariage, est soumis au régime du droit commun, c'est-à-dire à celui de la communauté légale, avec les conséquences juridiques qu'entraîne ce régime (Req. 10 mai 1898, D. P. 98. 1. 338). — Il suit de là que le prodigue peut, sans l'assistance de son conseil, adopter expressément, dans son contrat de mariage, le régime de la communauté légale, ou adopter un régime de communauté moins étendu que celui de la communauté légale, notamment le régime de la communauté réduite aux acquêts, ou, à plus forte raison, un régime qui laisse à chacun des époux l'entière propriété de ses biens, comme celui de la séparation de biens ou le régime dotal. Mais il ne pourrait, sans l'assistance de son conseil, adopter un régime emportant aliénation des biens dans une mesure plus étendue que la communauté légale, par exemple le régime de la communauté universelle. Il peut, d'ailleurs, consentir seul toutes conventions matrimoniales qui sont inhérentes au régime de la communauté légale, par exemple, donner reconnaissance à sa femme de l'apport effectué par elle, ou lui reconnaître la faculté de reprendre son apport franc et quitte (Paris, 13 juill. 1895, D. P. 96. 2. 302).

28. La défense d'*hypothéquer* ne concerne que les hypothèques consenties par le prodigue; elle n'empêche pas que les immeubles de celui-ci soient, le cas échéant, grevés d'hypothèques légales ou judiciaires. L'individu pourvu d'un conseil judiciaire ne peut pas, sans l'assistance de son conseil, donner un immeuble à antichrèse (V. *infrà*, *Nantissement*).

29. La question de savoir quelle est, en dehors des actes expressément visés par la loi, la capacité du prodigue, comporte des distinctions. L'individu pourvu d'un conseil judiciaire n'a pas besoin de l'assistance de son conseil pour les actes d'administration. Et on considère en général comme offrant ce caractère les actes qui ne concernent que les revenus et n'engagent pas le capital. Ainsi, il peut seul louer ses maisons, affermer ses terres, mais en se conformant, pour la durée des baux et l'époque de leur renouvellement, aux dispositions des art. 1429, 1430 et 1718 c. civ.; ... recevoir ses revenus, loyers et fermages; ... vendre ses fruits et denrées; ... faire à ses propriétés les réparations d'entretien. Le fait de prendre des immeubles à bail rentre également, du moins en général, dans les actes d'administration pour lesquels le prodigue n'a pas besoin de l'assistance de son conseil.

30. La jurisprudence et la grande majorité des auteurs admettent que l'incapacité pour le prodigue d'emprunter et d'aliéner sans l'assistance de son conseil implique celle de *s'obliger* en dehors du cercle des actes d'administration. Et les obligations consenties par le prodigue ne doivent être considérées comme constituant des actes d'administration qu'autant qu'elles sont en rapport tant avec ses ressources qu'avec ses besoins. Il en est ainsi, notamment, des engagements résultant de fournitures en vêtements, comestibles, etc.; ces engagements pourraient donc être annulés si la dépense paraissait excessive et sans utilité (Comp. Req. 22 déc. 1891, D. P. 92. 1. 536).

31. La question de savoir si le prodigue peut, dans les limites de sa capacité, s'obliger commercialement, notamment en souscrivant des lettres de change, sans l'assistance de son conseil, n'est pas nettement résolue; toutefois, la jurisprudence de la Cour de cassation paraît tendre à décider que les engagements commerciaux du prodigue ne peuvent valoir que comme obligations civiles.

32. On admet généralement que le prodigue a besoin de l'assistance de son conseil pour accepter ou refuser soit une succession, soit un legs universel ou à titre universel; ... pour procéder à un partage, non seulement en justice, mais même à l'amiable.

§ 2. — *Rôle du conseil judiciaire* (R. 301 et s.; S. 261 et s.).

33. Le conseil judiciaire doit *assister* le prodigue ou le faible d'esprit dans les actes qui excèdent sa capacité; son concours à l'acte est donc indispensable. — En matière judiciaire, la présence du conseil est exigée en ce sens qu'il est partie nécessaire dans les instances où le prodigue est engagé (Req. 20 juin 1883, D. P. 84. 1. 248). — En matière extrajudiciaire, la participation du conseil judiciaire à des actes qui réclament son assistance doit, en principe, être personnelle et directe, réelle et continue (Nancy, 24 févr. 1892, D. P. 92. 2. 293). Toutefois on admet, en général, qu'il n'est pas absolument nécessaire que celui-ci soit présent à l'acte du prodigue : l'assistance peut, à la rigueur, être donnée par acte séparé, pourvu que cet acte soit antérieur à celui du prodigue, qu'il détermine les principales clauses et conditions de ce dernier acte et qu'il y soit annexé.

34. L'assistance doit être spéciale, et le conseil judiciaire ne pourrait, par une autorisation générale, préalable et indéterminée, conférer au prodigue la capacité de contracter seul des engagements indéfinis. On en conclut que le prodigue ne peut pas être habilité à faire le commerce, ni à faire partie d'une société commerciale en nom collectif. Il peut, au contraire, être autorisé à accomplir des actes isolés de commerce (Bordeaux, 22 août 1896, D. P. 96. 2. 279) et à faire partie d'une société en commandite (Req. 28 mars 1892, D. P. 92. 1. 265). — Sur la question de savoir si le prodigue peut être obligé commercialement par suite des actes qu'il fait seul dans les limites de sa capacité, V. *suprà*, n° 31.

35. Le conseil judiciaire ne peut pas valablement assister le prodigue lorsqu'il s'agit d'une affaire où il est lui-même intéressé. En pareil cas, le prodigue doit être pourvu d'un conseil *ad hoc*, sur sa propre demande ou sur celle de son conseil judiciaire. La nomination d'un conseil *ad hoc* est également nécessaire quand le conseil judiciaire doit exercer une action contre le prodigue.

36. Le conseil judiciaire est seulement chargé d'assister le prodigue; il n'a pas mission de le représenter; il ne peut donc, en principe, se substituer à lui et le remplacer, soit dans les instances à soutenir, soit en matière extrajudiciaire. — Toutefois, la jurisprudence, s'écartant de cette règle dans une certaine mesure, reconnaît au conseil judiciaire le droit d'agir personnellement au nom du prodigue pour sauvegarder les intérêts de celui-ci. Ainsi il le peut, dans les instances où le prodigue est défendeur, conclure de son chef ainsi qu'il le juge à propos, et présenter la défense du prodigue, même en l'absence et contre le gré de ce dernier; il peut attaquer les jugements rendus contre le prodigue, et contre lui-même en sa qualité de conseil judiciaire, par la voie de l'opposition ou de l'appel, à charge d'assigner ensuite le prodigue en déclaration de jugement commun (C. cass. de Belgique, 2 nov. 1900, D. P. 1902. 2. 349). On lui reconnaît même le droit d'attaquer seul les actes passés sans son assistance par le prodigue, à la seule condition d'appeler ce dernier en cause dans l'instance ainsi introduite (Req. 24 juin 1896, D. P. 97. 1. 404). Mais on lui refuse le droit d'attaquer par voie de tierce opposition les jugements rendus avant sa nomination contre le prodigue (Civ. c. 15 févr. 1898, D. P. 98. 1. 190).

37. L'assistance du conseil, si celui-ci la refuse, peut être suppléée par une autorisation de justice (Nancy, 24 févr. 1892, D. P. 92. 2. 293); mais il appartient au tribunal, sur la demande du prodigue (V. *suprà*, n° 16, *in fine*), d'apprécier souverainement les motifs pour lesquels le conseil refuse son assistance (Req. 16 mai 1899, D. P. 99. 1. 399), et, si ces motifs ne lui paraissent pas légitimes ou suffisamment fondés, soit de le remplacer définitivement, soit de nommer au prodigue un conseil *ad hoc*.

38. Le conseil judiciaire, n'ayant aucun maniement de fonds, n'est pas comptable vis-à-vis du prodigue; mais il peut être responsable des suites de son assistance ou de son refus d'assistance. On n'est pas d'accord sur l'étendue de sa responsabilité; mais il semble que celle-ci doive être appréciée conformément aux règles applicables au mandataire non salarié.

§ 3. — *Nullité des actes faits par le prodigue ou le faible d'esprit sans l'assistance de son conseil* (R. 305 et s.; S. 276 et s.).

39. Les actes passés par le prodigue sans l'assistance du conseil judiciaire, dans le cas où elle est requise, postérieurement au jugement qui a nommé le conseil, sont nuls de droit (Civ. 502), c'est-à-dire que la nullité en doit être prononcée indépendamment de toute lésion. — D'autre part, il n'y a pas à tenir compte de la bonne foi des tiers qui ont traité avec le prodigue; peu importe qu'ils aient ignoré l'incapacité de celui-ci. Ainsi des tiers ne peuvent se prévaloir de ce que le jugement portant nomination du conseil judiciaire n'aurait pas été publié conformément à la loi (V. *suprà*, n° 9), sauf leur recours contre ceux qui étaient tenus de remplir les formalités de publicité (Comp. *infrà*, *Interdiction*).

40. La nullité des actes passés par le prodigue non assisté a pour conséquence la restitution des sommes ou valeurs remises ou aliénées par lui en vertu de ces actes. Quant au prodigue, il n'est tenu de restituer ce qu'il a reçu que dans la mesure où l'on prouve qu'il en a tiré profit (Req. 21 mai 1900, D. P. 1900. 1. 422). — La nullité dont il s'agit est, d'ailleurs, purement relative : il en résulte que le prodigue seul peut s'en prévaloir (Req. 21 mai 1900, précité) et qu'elle est susceptible d'être couverte par une ratification (V. *infrà*, *Obligations*). — Au cas où une action en justice est introduite par le prodigue non assisté, cette irrégularité ne peut donner lieu, de la part du défendeur, qu'à une exception dilatoire tendant à ce que le prodigue ne puisse suivre l'instance tant qu'il n'aura pas été dûment habilité (Civ. c. 4 nov. 1901, D. P. 1902. 1. 185). — En ce qui concerne la prescription de l'action en nullité, V. *infrà*, *Nullité*.

41. Le tiers contre lequel est intentée l'action en nullité ne pourrait, en principe, se prévaloir de ce que le prodigue lui aurait caché son incapacité. Il en serait autrement si l'incapable avait employé des artifices ou manœuvres frauduleuses pour induire en erreur ceux avec lesquels il a contracté : sa demande pourrait alors être repoussée par une exception de garantie ou de responsabilité (Civ. r. 13 mars 1900, D. P. 1900. 1. 588).

42. La nomination d'un conseil judiciaire ne permet pas, à elle seule, de faire annuler les actes faits par le prodigue ou le faible d'esprit antérieurement à cette nomination et qu'il lui est désormais interdit de faire seul. Mais, d'après une jurisprudence constante, ces actes ne sont inattaquables qu'autant que les tiers y ont été parties étaient de bonne foi; les tribunaux peuvent, au contraire, les annuler lorsqu'il est constant que lesdits actes ont eu pour objet de faire fraude à la loi et d'éluder d'avance les conséquences de la nomination du conseil; et la nullité peut alors atteindre même des actes antérieurs à l'introduction de la demande (Req. 21 avr. 1898, D. P. 98. 1. 413). — Pour le cas où des difficultés s'élèvent sur le point de savoir si l'acte, qui n'a point date certaine, est antérieur ou postérieur au jugement portant nomination du conseil judiciaire, V. *infrà*, *hoc*.

ART. 3. — DE LA MAINLEVÉE DU CONSEIL JUDICIAIRE (R. 312 et s.; S. 289 et s.).

43. L'incapacité du prodigue ne peut prendre fin que par un jugement qui prononce la mainlevée du conseil judiciaire (Civ. 514, § 2). — La mainlevée peut être demandée par le faible d'esprit ou le prodigue sans l'assistance de son conseil (V. *suprà*, n° 18), et, en outre, par toute personne ayant droit de provoquer l'interdiction ou la nomination du conseil. — La demande en mainlevée doit être portée, dans tous les cas, devant le tribunal du domicile actuel du prodigue ou du faible d'esprit.

CONSEIL DE PRÉFECTURE

(R. v° *Organisation administrative*; S. *eod.* v°.)

SECT. Ire. — Législation (R. 382 et s.; S. 91 et s.).

1. Les Conseils de préfecture sont régis par la loi du 28 pluv. an 8 (R. p. 604), qui les a créés; la loi du 21 juin 1865 (D. P. 65. 4. 63), qui a modifié leur organisation, et celle du 22 juill. 1889 (D. P. 90. 4. 1), qui a organisé leur procédure. — A ces dispositions législatives il y a lieu d'ajouter l'arrêté du 19 fruct. an 9 (R. p. 606), et divers décrets, notamment ceux du 12 juill. 1865 (D. P. 65. 4. 69) et du 18 janv. 1890 (D. P. 90. 4. 7).

SECT. II. — Organisation (R. 387 et s.; S. 94 et s.).

2. Il y a un Conseil de préfecture dans chaque département (L. 28 pluv. an 8, art. 2). Le nombre des membres est de trois ou quatre, suivant l'importance du département. Il est de huit pour le département de la Seine (L. 21 juin 1865, art. 2).

3. Nul ne peut être nommé conseiller de préfecture s'il n'est âgé de vingt-cinq ans accomplis, s'il n'est, en outre, licencié en droit ou s'il n'a rempli, pendant dix ans au moins, des fonctions rétribuées dans l'ordre administratif ou judiciaire, ou bien s'il n'a été, pendant le même espace de temps, membre d'un Conseil général ou maire (art. 2). — Les conseillers de préfecture sont nommés par décret (L. 28 pluv. an 8, art. 18). Ils sont révocables également par décret. A l'âge de soixante-dix ans, ils sont d'office à la retraite (Décr. 1er mai 1858, D. P. 58. 4. 35).

4. Le Conseil de préfecture est présidé de droit par le préfet (L. 28 pluv. an 8, art. 5). Par exception, celui du département de la Seine a un président spécial (Décr. 17 mars 1863, D. P. 65. 4. 18). Dans les autres départements, le préfet s'abstient, en fait, le plus souvent, de siéger au Conseil de préfecture quand il statue au contentieux, chaque année un décret désigne un conseiller de préfecture qui devra présider le Conseil en cas d'absence ou d'empêchement du préfet (L. 21 juin 1865, art. 4). — En cas d'insuffisance du nombre les membres du Conseil nécessaire pour délibérer, il y est pourvu conformément à l'arrêté du 19 fruct. an 9 et au décret du 16 juin 1808 (L. 1865, art. 6).

5. Il y a dans chaque préfecture un secrétaire général titulaire. Il remplit les fonctions de commissaire du Gouvernement. En cas d'absence ou d'empêchement, il est suppléé par un conseiller de préfecture. Les auditeurs au Conseil d'État attachés à une préfecture peuvent y être chargés des fonctions du ministère public (L. 1865, art. 5). Dans le département de la Seine, le secrétaire général est assisté dans ses fonctions par quatre commissaires du Gouvernement choisis parmi les auditeurs au Conseil d'État, et, à défaut, parmi les candidats remplissant les conditions requises par la loi du 21 juin 1865 pour les fonctions de conseiller de préfecture (Décr. 28 juill. 1881). Il y a auprès de chaque Conseil un secrétaire greffier, nommé par le préfet et choisi parmi les employés de la préfecture.

6. Les fonctions de conseiller de préfecture sont incompatibles avec tout autre emploi public et avec l'exercice d'une profession (L. 1865, art. 3). Les conseillers sont inéligibles dans leur département aux fonctions de député (L. 30 mars 1902, art. 2, D. P. 1902. 4. 29), de conseiller général (L. 10 août 1871, art. 7, D. P. 71. 4. 102), de conseiller d'arrondissement (L. 22 juin 1833, art. 5, R. p. 610; Décr. 3 juill. 1848, art. 14, D. P. 48. 4. 119), de conseiller municipal (L. 5 avr. 1884, art. 33, D. P. 84. 4. 25).

SECT. III. — Attributions des Conseils de préfecture.

7. Les Conseils de préfecture ont des attributions consultatives, administratives et contentieuses.

ART. 1er. — ATTRIBUTIONS CONSULTATIVES
(R. 404 et s.; S. 103 et s.).

8. Les Conseils de préfecture sont les conseils permanents des préfets. Le préfet peut provoquer l'avis du Conseil de préfecture dans tous les cas où il le juge utile avant de prendre une décision. Dans beaucoup de cas, surtout dans ceux où le préfet agit comme tuteur des communes ou comme représentant des intérêts locaux, la loi fait au préfet une obligation de consulter le Conseil de préfecture. D'ailleurs, dans ce dernier cas, le préfet n'est pas tenu de se conformer à l'avis du Conseil, à moins que la loi ne le porte expressément.

9. En matière d'administration départementale, le préfet statue en conseil de préfecture sur les objets suivants : 1° Établissement et répartition de l'impôt d'après les décisions du Conseil général, quand le Conseil d'arrondissement ne s'est pas conformé à ces décisions dans son travail de sous-répartition (L. 10 mai 1838, art. 64, R. p. 611); — 2° Annulation des délibérations d'un Conseil d'arrondissement en dehors de ses réunions légales (L. 22 juin 1833, art. 28); — 3° Tirage au sort des séries entre lesquelles doivent se partager les conseillers d'arrondissement au point de vue du renouvellement; — 4° Tirage au sort pour déterminer la vacance à défaut d'option, dans le délai, d'un conseiller d'arrondissement élu dans plusieurs cantons (L. 22 juin 1833).

10. En matière d'administration communale, un très grand nombre d'actes de tutelle et tous les actes où le préfet use de son autorité constituent les Conseils municipaux doivent être précédés de l'avis du Conseil : 1° Approbation des délibérations des Conseils municipaux concernant les baux de plus de dix-huit ans, les aliénations et échanges de propriétés communales, les transactions, le règlement de la vaine pâture (L. 5 avr. 1884,

art. 68); — 2° Approbation des délibérations changeant un ancien mode de jouissance des biens communaux (Décr. 9 brum. an 13, R. v° *Commune*, p. 209; Décr. 25 mars 1852, D. P. 52. 4. 90); — 3° Annulation des délibérations des Conseils municipaux (L. 5 avr. 1884, art. 63-66 et 72); — 4° Inscription d'office des dépenses obligatoires au budget des communes (art. 149); — 5° Mandatement d'office des dépenses autorisées et liquides (art. 152); établissement du budget d'office, quand il n'est pas réglé au commencement de l'exercice et qu'il n'y a aucun budget antérieurement voté (art. 150); — 6° Vente sur les lieux des produits façonnés provenant des bois des communes et établissements publics, travaux à exécuter dans les forêts communales pour la recherche et la conduite des eaux, la construction des récipients et autres ouvrages analogues (Décr. 13 avr. 1861, art. 3, D. P. 61. 4. 49); — 7° Fixation du contingent des communes dans les frais de traitement des commissaires de police cantonaux (Décr. 28 mars 1852, D. P. 52. 4. 111).

11. En matière hospitalière, l'avis du Conseil de préfecture est exigé pour l'approbation des délibérations concernant les aliénations, les transactions, les acquisitions (L. 7 août 1851, art. 9 et s., D. P. 51. 4. 154).

12. En matière domaniale, le Conseil de préfecture doit être consulté quand les riverains d'une route nationale déclassée demandent le maintien d'un chemin d'exploitation (L. 24 mai 1842, art. 2, R. v° *Domaine de l'État*, p. 100). Il donne son avis sur les locations amiables de biens de l'État dont la valeur n'excède pas le prix annuel de 500 fr.; sur les concessions de servitudes à titre de tolérance, temporaires et révocables à volonté; sur les concessions de biens usurpés, lorsque le prix n'excède pas 2000 francs; sur les cessions de terrains domaniaux compris dans le tracé des routes nationales, départementales et des chemins vicinaux; sur les échanges de terrains provenant du déclassement des routes (L. 20 mai 1836, R. v° *Domaine de l'État*, p. 99); sur la liquidation des dépenses, si les sommes liquidées n'excèdent pas 2000 francs; sur les demandes en autorisation concernant les constructions et établissements mentionnés aux art. 150 et 156 c. for.; sur l'approbation des adjudications pour la mise en ferme des bois.

13. En matière de travaux publics, le Conseil de préfecture donne son avis sur les arrêtés désignant les propriétés qui devront être cédées et fixant l'époque de la prise de possession, quand il s'agit de travaux communaux ou vicinaux; sur l'approbation des cessions de biens appartenant à des communes ou à des établissements publics, quand ces biens sont nécessaires à l'exécution de travaux; sur l'acceptation des offres d'indemnité (L. 3 mai 1841, art. 13 et 26, R. v° *Expropriation pour cause d'utilité publique*, p. 512); sur la réception des soumissions dans les adjudications des travaux des ponts et chaussées (Ord. 10 mai 1829, art. 11 et 12, R. v° *Travaux publics*, p. 848); sur le règlement des remises allouées aux trésoriers des associations de dessèchement, lorsqu'il n'est pas dérogé au tarif municipal (Décr. 13 avr. 1861, art. 3-2°, D. P. 61. 4. 49).

14. Il est consulté pour la détermination du nombre d'hectares de terre qu'il est permis de planter en tabac dans les départements où cette culture est autorisée; pour l'option à faire entre l'adjudication, la concession ou le traité de gré à gré avec les planteurs; pour la fourniture du tabac aux manufactures; pour la détermination du mode de déclaration à prescrire aux planteurs de tabacs pour l'exportation (L. 28 avr. 1816, art. 186, 187 et 203, R. v° *Impôts indirects*, p. 410); pour les transactions sur les contraventions concernant la poudre à feu, quand la valeur des amendes et confiscations n'excède pas

1000 francs (Décr. 13 avr. 1861, art. 3, tableau C).

ART. 2. — ATTRIBUTIONS ADMINISTRATIVES
(R. 450 et s.; S. 159).

15. Les Conseils de préfecture sont chargés de statuer sur les demandes en autorisation de plaider présentées par les communes, sections et syndicats de communes, les hospices et hôpitaux, les bureaux de bienfaisance, les fabriques, cures, chapitres, menses épiscopales et séminaires, les consistoires des Églises protestantes et de l'Église israélite (V. *supra*, *Commune*, n°s 455 et s., et *infra*, *Culte*, *Hospices*, *Secours publics*). Les arrêtés pris par le Conseil de préfecture en cette matière, bien que constituant de véritables décisions, n'ont pas un caractère contentieux.

16. Le Conseil de préfecture autorise les receveurs des établissements charitables à donner mainlevée des oppositions formées pour la conservation des droits des pauvres et à consentir la radiation ou le changement d'inscriptions hypothécaires (V. therm. an 12, R. v° *Hospices - Hôpitaux*, p. 67).

17. D'après les art. 155 et 157 de la loi du 5 avr. 1884, les Conseils de préfecture apurent les comptes des receveurs des communes, hospices et autres établissements de bienfaisance dont le revenu n'excède pas 30000 francs Ils connaissent aussi des comptes : des économes des Écoles normales primaires (Ord. 7 juill. 1844, R. v° *Organisation de l'instruction publique*, p. 1366); des receveurs des associations syndicales autorisées (L. 21 juin 1865, art. 16); des fabriques, consistoires et conseils presbytéraux (L. 26 janv. 1892, D. P. 92. 4. 27). Ils statuent dans les mêmes conditions, sur la comptabilité des individus qui, s'étant immiscés dans la manutention des deniers des communes ou des établissements publics, se sont rendus comptables de fait.

18. Dans ces affaires, les Conseils de préfecture suivent les règles de procédure en usage devant la Cour des comptes dans la limite que comporte leur propre organisation (Décr. 31 mai 1862, art. 433). L'appel de leurs décisions est porté devant la Cour des comptes (L. 5 avr. 1884, art. 157).

ART. 3. — ATTRIBUTIONS CONTENTIEUSES
(R. 409 et s.; S. 106 et s.).

19. Les attributions contentieuses des Conseils de préfecture sont exposées *supra*, *Compétence administrative*, n°s 112 et s. — La compétence des Conseils de préfecture est, d'ailleurs, essentiellement territoriale, en ce sens qu'elle se détermine, non d'après le domicile des parties ou le siège des administrations intéressées, mais d'après le lieu où se sont produits les faits qui donnent lieu au procès.

20. Dans l'exercice de leurs attributions contentieuses, les Conseils de préfecture, sont, en général, assujettis à l'observation des mêmes principes que les tribunaux de l'ordre judiciaire. C'est ainsi notamment qu'il leur est interdit de prononcer par voie de disposition générale ou réglementaire (Civ. 5; V. *infra*, *Lois*); qu'ils sont obligés de juger les affaires qui leur sont soumises sans pouvoir invoquer, pour ne pas le faire, l'obscurité de la loi (Civ. 4); etc.

SECT. IV. — Procédure devant les Conseils de préfecture.

ART. 1er. — INTRODUCTION DES DEMANDES
(R. 412 et s.; S. 109 et s.).

21. Deux voies sont ouvertes aux parties pour saisir le Conseil de préfecture. L'une, peu usitée, consiste à faire signifier la demande par exploit d'huissier à la partie adverse en la citant à comparaître devant le Conseil de préfecture. À la suite de cette signification, l'original de l'exploit doit être

44

déposé au greffe du Conseil de préfecture dans un délai de quinze jours à dater de la signification, sous peine de péremption. Les frais de la signification n'entrent pas en taxe, c'est-à-dire que la partie qui a introduit la demande sous cette forme doit, dans tous les cas, en supporter les frais (L. 22 juill. 1889, art. 4).

22. L'autre voie, communément suivie, consiste à adresser une requête au Conseil de préfecture. Cette requête doit être déposée au greffe du Conseil de préfecture, à moins de disposition contraire contenue dans une loi spéciale (art. 1er). Des exceptions de cette nature sont édictées en matière de contributions directes, d'élections (V. *infrà*, *Élections*, *Impôts directs*). — Les requêtes sont inscrites, à leur arrivée, sur le registre d'ordre qui doit être tenu par le secrétaire-greffier. Il est délivré aux parties qui en font la demande un certificat qui constate l'arrivée de la réclamation et des différents mémoires produits (art. 1er). Le dépôt au greffe est indispensable pour lier l'instance.

23. La requête introductive d'instance doit contenir les noms, profession et domicile du demandeur, les noms et demeure du défendeur, l'objet de la demande et l'énonciation des pièces dont le requérant entend se servir et qui y sont jointes (L. 1889, art. 2). Ces mentions n'ont, d'ailleurs, pas toutes une égale importance, et l'inobservation d'une des prescriptions de l'art. 2 n'entraînerait pas nécessairement la nullité de la requête. La requête doit être signée soit par le demandeur, soit par son mandataire, sinon elle n'est pas recevable (Cons. d'Ét. 8 nov. 1878).

24. Les requêtes présentées soit par les particuliers, soit par l'Administration, doivent être accompagnées de copies certifiées conformes par le requérant, destinées à être notifiées aux parties en cause. Ces copies doivent être en nombre égal à celui des parties ayant un intérêt distinct. Faute de s'être conformé à cette obligation, le demandeur est averti par le secrétaire-greffier que, si la production n'est pas faite dans le délai de quinze jours à partir de l'avertissement, la requête sera déclarée non avenue (L. 1889, art. 3). — Il ne s'agit là que d'une péremption d'instance. Une requête nouvelle accompagnée de copies pourrait donc être utilement présentée plus tard; il n'en serait autrement que si, dans l'intervalle, la prescription avait éteint le droit du requérant, ou bien encore si son action se trouvait avoir encouru une déchéance de délai dans les cas où des lois spéciales ont imparti aux réclamants des délais pour saisir le Conseil de préfecture (L. 13 avr. 1850, art. 6, D. P. 50. 4. 74; For. 50 et 51). La péremption peut être prononcée d'office par le juge. Quant aux parties, elles ne peuvent opposer ce moyen qu'*in limine litis*.

ART. 2. — MESURES GÉNÉRALES D'INSTRUCTION (R. 417 et s.; S. 116 et s.).

25. Immédiatement après l'enregistrement au greffe des requêtes introductives d'instance, le président du Conseil de préfecture désigne un rapporteur, auquel le dossier est transmis dans les vingt-quatre heures. Dans les huit jours qui suivent cette transmission, le Conseil de préfecture, réuni en chambre du conseil, règle, le rapporteur entendu, la notification aux parties défenderesses des requêtes introductives d'instance. Il fixe, eu égard aux circonstances de l'affaire, le délai accordé aux parties pour fournir leur défense et désigne l'agent qui sera chargé de cette notification (L. 22 juill. 1889, art. 5 et 6).

26. Les décisions prises par le Conseil de préfecture pour l'instruction des affaires, dans les cas prévus par l'art. 6, sont notifiées aux parties défenderesses dans la forme administrative et dans les délais fixés par le Conseil, par l'agent qu'il a désigné, en même temps que les copies des requêtes et mémoires déposées au greffe en exécution de l'art. 3. Il est donné récépissé de cette notification. A défaut de récépissé, il est dressé procès-verbal de la notification par l'agent qui l'a faite. Le récépissé ou le procès-verbal est transmis immédiatement au greffe du Conseil de préfecture (art. 7). Cette notification a lieu sans frais. Elle doit être faite à personne ou domicile.

27. Les parties ou leurs mandataires peuvent prendre connaissance au greffe, mais sans déplacement, des pièces de l'affaire. Toutefois, le président du Conseil peut autoriser le déplacement des pièces, pendant un délai qu'il détermine, sur la demande des avocats ou des avoués chargés de défendre les parties. Si le mandataire d'une partie n'est ni avocat ni avoué exerçant dans le département, il doit justifier de son mandat par un acte sous seing privé légalisé par le maire et enregistré, ou par un acte authentique. L'individu privé du droit de témoigner en justice ne peut être admis comme mandataire d'une partie. Lorsque la partie est domiciliée en dehors du département, elle doit faire élection de domicile au chef-lieu (art. 8). Lorsqu'un mandataire a été constitué, c'est à lui que doivent être faites les notifications au cours de l'instance.

28. Les mémoires en défense et les répliques sont déposés au greffe dans les conditions fixées par les art. 1 à 4. La communication est ordonnée par le Conseil de préfecture, comme pour les requêtes introductives d'instance (art. 9). Le défendeur doit, en principe, fournir sa réponse dans le délai qui lui est imparti par le Conseil de préfecture; faute de quoi le Conseil peut mettre l'affaire au rôle et statuer.

29. Lorsque les mémoires ont été échangés entre les parties, ou que celles-ci ont laissé passer, sans produire, les délais fixés par le Conseil de préfecture, l'affaire est en état d'être jugée. Dans ce cas, comme dans celui, d'ailleurs, où il y a lieu d'ordonner des vérifications au moyen d'expertises, d'enquêtes ou autres mesures analogues, le rapporteur prépare un rapport qui est remis au secrétaire-greffier et transmis par celui-ci au commissaire du Gouvernement (art. 12).

30. Des règles spéciales sont édictées par la loi pour l'introduction et l'instruction des affaires de contributions directes ou taxes assimilées, d'élections et de contraventions de grande voirie (V. *infrà*, *Élections*, *Impôts directs*, *Voirie*). Toutefois, en ce qui touche les contributions directes et taxes assimilées, la procédure de droit commun exposée ci-dessus s'applique à celles dont l'assiette n'est pas confiée à l'administration des Contributions directes, par exemple aux subventions spéciales industrielles, à certaines taxes communales, aux taxes syndicales (art. 11).

ART. 3. — MOYENS DE VÉRIFICATION.

31. Ces moyens, prévus et réglés par la loi du 22 juill. 1889, sont : l'expertise, la visite des lieux, l'enquête, l'interrogatoire.

§ 1er. — *Expertise* (R. 421 et s.; S. 120 et s.).

32. Les règles de l'expertise, telles qu'elles sont établies par les art. 13 à 24 de la loi de 1889, sont les mêmes pour toutes les affaires rentrant dans la compétence des Conseils de préfecture. Les affaires de contributions directes sont, il est vrai, régies, en ce qui concerne les formalités de l'expertise, par les dispositions de la loi du 17 juill. 1895 (D. P. 96. 4. 36); mais ces dispositions sont presque identiques à celles de la loi du 22 juill. 1889.

33. L'expertise, lorsqu'elle est demandée par les parties ou l'une d'elles, est faite par trois experts, dont l'un est nommé par le Con-

seil de préfecture, et chacun des deux autres par chacune des parties. Celles-ci peuvent consentir à ce qu'il y soit procédé par un seul expert, qui est nommé par le Conseil, si les parties ne s'accordent pour le désigner. — La désignation des experts par les parties peut se faire séance tenante, à l'audience du Conseil de préfecture où cette mesure d'instruction est ordonnée. Les parties qui ne sont pas présentes à la séance publique où l'expertise est ordonnée, ou qui n'ont pas, dans leurs requêtes et mémoires, désigné leur expert, sont invitées, par une notification faite conformément à l'art. 7, à le désigner dans le délai de huit jours. Si cette désignation n'est pas parvenue au greffe dans ce délai, la nomination est faite d'office par le Conseil de préfecture (art. 15). Ce délai n'est d'ailleurs pas prescrit à peine de déchéance, et les parties peuvent désigner leur expert tant que le Conseil n'a pas fait la nomination d'office. — Le nombre de trois experts peut être dépassé. S'il y a plus de deux parties en cause, ayant des intérêts distincts, chacune d'elles peut nommer un expert. Il importe peu que les experts se trouvent en nombre pair. — Quand le Conseil de préfecture ordonne une expertise d'office, il peut, après avoir mis les parties en demeure de désigner leurs experts dans un certain délai, et si elles n'ont pas répondu à cette invitation, confier l'expertise à un expert unique.

34. Peuvent être désignées comme experts, toutes les personnes auxquelles ces fonctions n'ont pas été interdites soit par un motif d'ordre public, soit par un texte de loi. Il y a lieu d'appliquer, à cet égard, les règles concernant les expertises en général. En outre, en vertu d'une disposition spéciale relative aux expertises ordonnées par les Conseils de préfecture, les fonctionnaires qui ont exprimé une opinion dans l'affaire litigieuse ou qui ont pris part aux travaux qui donnent lieu à une réclamation ne peuvent être désignés comme experts (art. 17, § 1er). Ces personnes ne peuvent pas plus être désignées par le Conseil de préfecture que par les parties. L'exclusion s'applique, notamment, aux agents de l'État, des départements, des communes, mais non au chef de section d'une compagnie de chemins de fer, bien qu'il eût dirigé les travaux ayant donné lieu au litige (Cons. d'Ét. 17 mai 1895, D. P. 96. 3. 51).

35. Dans le cas où un expert n'accepte pas la mission qui lui a été confiée, il en est désigné un autre à sa place. Si le refus de l'expert se produit tardivement; si, par exemple, l'expert, après avoir accepté sa mission, ne la remplit pas, il peut être condamné à tous les frais frustratoires et même à des dommages-intérêts, s'il y a lieu (art. 18). Un expert pourrait cependant se démettre sans encourir aucune responsabilité, s'il était empêché de remplir son mandat, en cas de maladie, de force majeure, ou encore si les parties lui rendaient la tâche impossible en refusant de mettre à sa disposition les pièces dont il a besoin. — Chaque partie peut, jusqu'à la prestation de serment, rétracter son choix. Enfin, le Conseil de préfecture peut remplacer les experts qui ne s'acquitteraient pas ou qui s'acquitteraient mal de leurs fonctions.

36. Les experts peuvent être récusés lorsqu'ils ont été nommés d'office par le Conseil de préfecture, et l'on applique, en ce cas, les règles établies par le Code de procédure civile pour la récusation des experts (art. 17, § 2); il en est autrement quand les experts ont été désignés par les parties.

37. La récusation doit être proposée dans les huit jours de la notification de l'arrêté qui a désigné l'expert (art. 17, § 3). Ce délai est de rigueur. La demande de récusation est présentée et instruite dans les formes ordinaires. Elle est jugée d'urgence. Si elle est

accueillie, le Conseil de préfecture doit désigner un nouvel expert. Si elle est rejetée,
la décision est susceptible d'appel au Conseil
d'Etat.

38. Avant de s'acquitter de leur mission,
les experts doivent prêter serment, à moins
qu'ils n'en soient dispensés par le Conseil de
préfecture. L'arrêté qui ordonne l'expertise
désigne l'autorité devant laquelle le serment
sera prêté. Cette autorité peut appartenir
indifféremment à l'ordre administratif ou à
l'ordre judiciaire. — Il n'est pas nécessaire
que les parties assistent à la prestation de serment. L'accomplissement de cette formalité
est constaté par un procès-verbal.

39. L'expertise comporte deux opérations
distinctes : les constatations et la rédaction
du rapport. Au point de vue des constatations,
la mission des experts est déterminée par les
termes de l'arrêté (art. 13). Ils ne peuvent,
sans excès de pouvoir, sortir des limites de
ce mandat. — Ils sont tenus de procéder ensemble à la visite des lieux (art. 20).

40. Les parties doivent être averties par
les experts des jours et heures auxquels il
sera procédé à l'expertise. Cet avis leur est
adressé quatre jours au moins à l'avance par
lettre recommandée (art. 19). Cette formalité
doit être observée à peine de nullité de l'expertise. Toutefois si, malgré le défaut de
convocation, les parties avaient assisté à l'expertise ou s'y étaient fait représenter sans
formuler aucune protestation, l'irrégularité
pourrait être couverte. Il n'est, d'ailleurs,
pas nécessaire que les parties assistent aux
opérations, pourvu qu'elles aient été averties;
leur absence ne saurait vicier l'expertise. —
Les observations faites par les parties dans le
cours des opérations doivent être consignées
dans le rapport (art. 19).

41. Les experts dressent un seul rapport.
Dans le cas où ils sont d'avis différents, ils
indiquent l'opinion de chacun d'eux et les
motifs à l'appui (art. 20). Ce rapport doit
contenir la description complète des opérations et l'expression motivée de l'opinion des
experts. — Le rapport peut être rédigé par
un des experts ou même dicté par l'un d'eux
à un tiers. Il doit être signé par tous. Cependant, le refus de signer de l'un des experts
ne saurait à lui seul entacher d'irrégularité
l'expertise (Cons. 27 juill. 1883, D. P.
84. 5. 247). — Le rapport est déposé au greffe
(art. 21). L'arrêté ordonnant l'expertise a
dû fixer le délai dans lequel les experts seront tenus de déposer leur rapport au greffe
(art. 16). L'expert qui ne dépose pas son
rapport dans ce délai peut être condamné à
tous les frais frustratoires et même à des
dommages-intérêts, s'il y a lieu. Il est, en
outre, remplacé (art. 18).

42. Le rapport déposé, les parties sont invitées, par une notification faite conformément à l'art. 7, à en prendre connaissance·
et à fournir leurs observations dans le délai
de quinze jours; une prorogation de délai peut
être accordée (art. 21). — L'omission de cette
formalité aurait pour effet de faire considérer l'arrêté du Conseil de préfecture qui
interviendrait dans cette instance comme un
arrêté par défaut, contre lequel la partie qui
n'aurait pas été appelée à prendre connaissance du rapport d'experts pourrait former
opposition (art. 53).

43. En aucun cas, le Conseil n'est obligé
de suivre l'avis des experts (art. 22). Non seulement il peut s'écarter de leur opinion, mais
encore il peut prendre pour base de sa décision des renseignements non fournis par
l'expertise (Cons. d'Et. 12 janv. 1883).

44. Une fois qu'ils ont déposé leur rapport,
les experts sont dessaisis. Ils ont rempli leur
mission. Ils ne peuvent déposer d'eux-mêmes
de rapports complémentaires. Si le Conseil
de préfecture ne trouve pas dans le rapport
d'expertise des éclaircissements suffisants, il
peut ordonner un supplément d'instruction,

ou bien ordonner que les experts comparaîtront devant lui pour fournir les explications
et renseignements nécessaires (art. 22). Il
peut aussi ordonner certaines vérifications
qui sont confiées à des agents de l'Administration et qui ne constituent pas de véritables expertises.

45. Les experts joignent à leur rapport un
état de leurs vacations, frais et honoraires.
La liquidation et la taxe en sont faites non
par le Conseil de préfecture, mais par arrêté
du président du Conseil, conformément au
tarif établi par le règlement d'administration
publique du 18 janv. 1890 (D. P. 90. 4. 7).
— Lorsque les parties estiment que les honoraires alloués par le président sont trop élevés ou lorsque les experts estiment qu'ils ont
été trop réduits, ils peuvent, dans un délai
de trois jours à partir de la notification qui
leur est faite dudit arrêté, contester la liquidation devant le Conseil de préfecture statuant
en chambre du conseil (L. 1889, art. 23).
Ce délai de trois jours est un délai franc. —
L'arrêté du président liquidant les frais d'expertise doit être notifié par huissier. Une
notification par voie administrative ne ferait
pas courir le délai (Cons. d'Et. 4 août 1899).

46. Les experts peuvent poursuivre le recouvrement de leurs frais et honoraires, sans
attendre la solution à intervenir sur le fond
du litige, au moyen d'un exécutoire émané
du président. Cet exécutoire est délivré soit
contre la partie qui a demandé l'expertise,
soit contre celle qui l'a poursuivie, si le Conseil de préfecture l'a ordonnée d'office. Les
parties peuvent être solidairement poursuivies quand elles ont été d'accord pour solliciter l'expertise.

47. La loi du 22 juill. 1889 a créé une sorte
de référé administratif, en conférant au président du Conseil de préfecture le pouvoir
d'ordonner seul certaines mesures d'instruction. En cas d'urgence, le président du Conseil de préfecture peut, sur la demande des
parties, désigner un expert pour constater
des faits qui seraient de nature à motiver une
réclamation devant ce Conseil. Avis en est immédiatement donné au défendeur éventuel
(art. 24). — Les pouvoirs du président du
Conseil de préfecture statuant en référé sont
moins étendus que ceux du président du tribunal civil. Il ne peut ordonner qu'un simple
constat de lieux.

48. La demande tendant à un constat d'urgence est introduite par voie de requête dans
la forme ordinaire. Le président statue sur
cette demande dans une audience spéciale.
Il peut exiger de la partie demanderesse qu'elle
consigne les frais présumés de la vérification.

49. La procédure du référé n'est pas nécessairement contradictoire. La loi se borne
à prescrire qu'avis soit immédiatement donné
au défendeur éventuel. Cet avis lui est notifié
par le greffe du Conseil dans la forme administrative. Ainsi averti de la mesure qui doit être
prise, il lui est loisible de venir la combattre.
Mais, s'il n'est pas prévenu à temps, l'arrêté, bien que rendu en son absence, n'a pas
le caractère d'un arrêté par défaut; l'opposition n'est pas recevable en cette matière.

50. L'expert nommé par le président doit
prêter serment. Sa mission se borne à faire
des constatations matérielles, sans donner
d'appréciation sur le fond du droit.

51. L'arrêté du président n'est pas susceptible d'appel quand il a prescrit le constat.
Si, au contraire, le président a rejeté la demande, son arrêté peut être déféré au Conseil
d'Etat (Cons. 28 mai 1886, D. P. 87. 3. 110).

52. Pour les formes de l'expertise en matière de contributions directes, V. *infrà*,
Impôts directs.

§ 2. — Visite de lieux (R. 420 et s.;
S. 131 et s.).

53. Le Conseil peut, lorsqu'il le croit
nécessaire, ordonner qu'il se transportera

tout entier, ou que l'un ou plusieurs de ses
membres se transporteront sur les lieux pour
y faire les constatations et vérifications déterminées par son arrêté (L. 1889, art. 25, § 1er).
Cette mesure d'instruction peut être ordonnée d'office ou sur la demande des parties;
mais elle est toujours facultative pour le Conseil de préfecture (Cons. d'Et. 8 mai 1885, D.
P. 87. 3. 7). L'arrêté qui ordonne cette mesure
d'instruction n'est pas nécessairement notifié
aux parties. Mais celles-ci doivent être averties par une notification, faite conformément
à l'art. 7, du jour et de l'heure auxquels la
visite des lieux doit se faire (art. 25, § 3).
L'absence des parties, si elles ont été convoquées, n'empêche pas la régularité de la
vérification.

54. Le Conseil ou ses membres peuvent,
dans le cours de la visite, entendre, à titre de
renseignement, les personnes qu'ils désignent
et faire procéder, en leur présence, aux opérations qu'ils jugent utiles (art. 25, § 2). Ils
peuvent interroger des témoins, sans pouvoir
cependant leur faire prêter serment. Il est
dressé procès-verbal de l'opération (art. 25,
§ 4). Cette formalité est substantielle. Les parties ont la faculté de prendre communication
du procès-verbal au greffe. Les frais de la
visite sont compris dans les dépens de l'instance (art. 25, § 5).

§ 3. — Enquête (R. 427 et s.; S. 133 et s.).

55. Le Conseil de préfecture peut, soit
d'office, soit sur la demande des parties,
ordonner une enquête sur les faits dont la
constatation lui paraît utile à l'instruction de
l'affaire (L. 1889, art. 26). — Cette mesure
d'instruction peut être ordonnée en toute
matière, notamment en matière de travaux
publics, de contravention de voirie et surtout
en matière d'élections. On peut aussi y recourir à propos des demandes de récusation
des experts ou des juges (Pr. 309 et 389). —
A la différence de l'expertise, l'enquête n'est
jamais obligatoire pour le Conseil de préfecture. — L'arrêté qui ordonne l'enquête
indique les faits sur lesquels elle doit porter
(art. 27). Cette indication est essentielle, les
témoins ne pouvant déposer sur des faits non
relevés dans l'arrêté (Cons. d'Et. 5 juill. 1889,
D. P. 91. 3. 18).

56. L'enquête peut avoir lieu, soit à l'audience publique, soit devant un commissaire
qui se transportera sur les lieux (art. 27). Il
appartient au Conseil de préfecture d'opter
entre ces deux modes de procéder, sans qu'il
puisse être lié à cet égard par les conclusions
des parties. Le soin de procéder à l'enquête
ne peut être confié qu'à l'un des membres
du Conseil.

57. L'arrêté ordonnant l'enquête fixe le
jour où il y sera procédé (art. 28). Il pourrait
aussi déléguer au commissaire enquêteur le
soin de le fixer. — Les parties sont averties,
par une notification faite conformément à
l'art. 7, qu'elles peuvent prendre connaissance au greffe de l'arrêté qui ordonne l'enquête, et elles sont invitées à présenter leurs
témoins au jour fixé par cet arrêté (art. 28).
Le défaut de notification de l'arrêté aux parties serait une cause de nullité de la procédure (Cons. d'Et. 23 juill. 1897, D. P. 98. 3.
103).

58. Les parties sont libres de prendre
telles mesures qu'elles jugent utiles pour
faire comparaître leurs témoins au jour fixé
pour l'ouverture de l'enquête; elles peuvent,
notamment, assigner les témoins à leurs
frais, par exploit d'huissier (art. 28). En
matière administrative, aucune pénalité n'est
édictée contre le témoin défaillant.

59. Certaines personnes ne peuvent être
valablement entendues comme témoins. Ce
sont les parents ou alliés en ligne directe
de l'une des parties, ou leurs conjoints.
Toutes autres personnes sont admises comme
témoins, à l'exception de celles qui sont in-

capables de témoigner en justice (art. 29). La jurisprudence étend l'interdiction de témoigner aux parties elles-mêmes. Ainsi, en matière électorale, les auteurs des protestations et les candidats dont l'élection est contestée ne peuvent déposer comme témoins (Cons. d'Et. 24 avr. 1901, D. P. 1902. 3. 83). Mais les auteurs des faits incriminés peuvent être entendus en témoignage (même arrêt).

60. L'art. 30 détermine les formes de l'enquête. Il doit, dans tous les cas, être dressé procès-verbal de l'opération. Les formalités qui doivent être observées à cet égard sont indiquées par l'art. 31 pour le cas où l'enquête a lieu à l'audience, et par l'art. 32, pour le cas où elle est faite par un des membres du Conseil. La rédaction du procès-verbal est une formalité substantielle dont l'omission entraînerait la nullité de l'enquête (Cons. d'Et. 23 juill. 1897). — Si les parties n'ont pas assisté à l'enquête, elles sont averties par une notification, faite conformément à l'art. 7, qu'elles peuvent prendre connaissance du procès-verbal au greffe dans le délai fixé par le Conseil de préfecture (art. 33). Cette notification est absolument nécessaire. Si le Conseil statuait sans qu'elle eût été faite, ou avant l'expiration du délai imparti, l'arrêté serait nul. — Sur la taxe des témoins, V. art. 35, § 1er.

61. Les art. 34 et 35, § 2, contiennent des dispositions spéciales aux enquêtes en matière électorale.

§ 4. — *Interrogatoire* (S. 138).

62. Le Conseil peut, soit d'office, soit sur la demande des parties, ordonner que celles-ci seront interrogées soit à la séance publique, soit en chambre du conseil (L. 1889, art. 36). Cette mesure d'instruction n'est jamais obligatoire pour le Conseil, mais elle peut être ordonnée en tout état de cause. — Quand la partie est une administration publique, il y a lieu de se conformer aux dispositions de l'art. 366 c. pr. civ.

63. Il est procédé à l'interrogatoire par le Conseil entier. La partie interrogée doit répondre aux questions posées par le demandeur et par le juge. Elle ne prête pas serment; il lui est interdit de se faire assister d'un Conseil ou de s'aider de notes. Il est dressé procès-verbal de ses réponses ou de son refus de répondre. L'adversaire qui n'a pas assisté à l'interrogatoire peut en prendre communication au greffe.

64. Le serment décisoire n'est pas admis devant le Conseil de préfecture; quant au serment supplétoire, certains auteurs admettent qu'il peut être déféré.

§ 5. — *Vérification d'écritures et inscription de faux* (S. 139).

65. Il peut y avoir lieu, devant les Conseils de préfecture, à des vérifications d'écriture ou à des inscriptions de faux (Sur les règles générales concernant ces procédures, V. *infra*, *Faux incident*, *Vérification d'écritures*). Le Conseil peut ordonner une vérification d'écritures par un ou plusieurs experts qu'il choisit lui-même (L. 1889, art. 37).

66. La vérification d'écritures est nécessaire quand l'une des parties se prévaut d'un acte privé dont l'écriture ou la signature n'est pas reconnue. Elle est ordonnée d'office ou sur la demande des parties, mais elle n'est jamais obligatoire. L'expert (ou les experts) procède à cette opération en présence d'un membre du Conseil délégué à cet effet, et en l'absence des parties. Il rédige un rapport dont les parties sont invitées à prendre connaissance au greffe. Ce rapport ne lie pas le Conseil.

67. Lorsqu'une partie prétend faire écarter du débat une pièce authentique qui lui est opposée, elle doit s'inscrire en faux. Sur la requête présentée par cette partie, le Conseil fixe le délai dans lequel la partie qui a

produit la pièce contestée sera tenue de déclarer si elle entend s'en servir. Si la partie déclare qu'elle entend se servir de la pièce, le Conseil peut soit surseoir à statuer sur l'instance principale jusqu'après le jugement de faux par le tribunal compétent, soit statuer au fond, s'il reconnaît que la décision ne dépend pas de la pièce arguée de faux (art. 38).

ART. 4. — INCIDENTS (S. 141 et s.).

68. D'une façon générale, les règles établies par les art. 1 à 9 de la loi du 22 juillet 1889 sont applicables aux *demandes incidentes*. Elles peuvent, d'ailleurs, être valablement introduites par voie de défense à la demande principale ou de réplique.

69. Les *demandes additionnelles* ou *reconventionnelles* (Sur le caractère de ces demandes, V. *infrà*, *Demande reconventionnelle*, *Incident*) peuvent être présentées en tout état de cause, sans limitation de délai. Elles sont jointes à la demande principale et tranchées par la même décision.

70. L'*intervention* volontaire (Sur les caractères de cet incident, V. *infrà*, *Intervention*) est admise *non* seulement de la part des tiers qui pourraient, le cas échéant, attaquer la décision par voie de tierce opposition, mais encore de la part de tous ceux qui ont intérêt à la solution du litige engagé devant le Conseil de préfecture (L. 1889, art. 40). Ainsi les créanciers des parties sont recevables à intervenir, s'ils justifient de leur qualité par la production d'un titre exécutoire ou si leur qualité est reconnue. Il suffit de justifier d'un intérêt quelconque, même éventuel, et même d'un intérêt moral.

71. L'intervention est introduite dans les mêmes formes que la requête principale. Elle est recevable jusqu'à l'arrêté définitif, ou du moins tant que l'affaire n'est pas en état.

72. L'intervention forcée, ou *mise en cause* (V. *infrà*, *Intervention*), peut également se produire devant le Conseil de préfecture. C'est ainsi que le garanti est recevable à appeler en cause son garant. L'intervention forcée ne peut avoir lieu que sur la demande d'une des parties, et non d'office (Cons. d'Et. 15 nov. 1889, D. P. 90. 3. 25).

73. Lorsqu'il y a connexité entre plusieurs affaires soumises au Conseil de préfecture, les parties peuvent demander la *jonction* des diverses requêtes, afin qu'il soit statué sur le tout par une seule décision. — Le Conseil de préfecture peut également joindre des instances sans qu'il y ait entre elles connexité au sens juridique du mot, par exemple quand elles présentent la même question à juger. Le pouvoir d'appréciation du Conseil de préfecture, en ce qui touche les demandes de jonction, quoique très large, n'est pas absolument discrétionnaire. Le Conseil d'Etat peut juger que la jonction a été à tort prononcée ou refusée.

74. Les règles concernant la *reprise d'instance* s'appliquent devant les Conseils de préfecture au cas de décès de l'une des parties au cours d'un procès (V. *infrà*, *Reprise d'instance*). Mais le décès de l'avoué ou de l'avocat de la partie, qui est une cause de la reprise d'instance devant les tribunaux civils et le Conseil d'Etat (V. *suprà*, *Conseil d'Etat*, n° 71), n'a pas cet effet devant le Conseil de préfecture.

75. Le *désistement*, dans les affaires soumises aux Conseils de préfecture, est régi en principe par les règles du droit civil (V. *infrà*, *Désistement*). Ainsi il présente un caractère contractuel, et, dès lors, il n'est définitif que lorsqu'il a été accepté par le défendeur. Il doit, pour être recevable, être pur et simple, c'est-à-dire sans conditions ni restrictions (Cons. d'Et. 17 juin 1881, D. P. 82. 5. 158). L'offre de désistement est rédigée, déposée au greffe et notifiée à la partie adverse comme la requête introductive d'ins-

tance. L'acceptation doit intervenir dans la même forme.

76. Les frais du procès sont à la charge de la personne qui se désiste (L. 1889, art. 42). Toutefois, la partie qui a refusé à tort un désistement pur et simple peut être tenue de supporter les frais qu'il a occasionnés (Cons. d'Et. 17 mai 1833, R. v° *Désistement*, 611).

77. Les dispositions des art. 378-389 c. pr. civ., sur la *récusation* des juges (V. *infra*, *Récusation*), sont applicables devant les Conseils de préfecture (L. 1889, art. 41). — Aucune cause de récusation ne peut être admise en dehors de celles qu'énumèrent les art. 378 et 379 c. pr. civ. Ainsi un juge ne peut être récusé comme étant parent à un degré quelconque ou allié de l'avocat ou du mandataire d'une des parties (Cons. d'Et. 13 févr. 1885, D. P. 86. 5. 118). On ne peut non plus fonder une demande de récusation sur le motif qu'un conseiller aurait été chargé de faire une visite des lieux ou une enquête avant la décision au fond (Cons. d'Et. 10 nov. 1882, D. P. 84. 3. 20). Ni les conseillers, ni le commissaire du Gouvernement ne peuvent être récusés par le motif qu'ils auraient concouru à un arrêté rendu antérieurement à la demande des demandeurs (Cons. d'Et. 21 juill. 1900).

78. Le préfet ne peut être récusé comme président du Conseil de préfecture, dans les affaires où le département est partie (Cons. d'Et. 3 févr. 1859, D. P. 60. 3. 1), ni dans les affaires électorales, comme s'il y aurait pris une part plus ou moins active (Cons. d'Et. 22 mai 1865, D. P. 65. 3. 91).

79. Les diverses *exceptions* peuvent être invoquées en matière civile sont, en général, opposables devant les Conseils de préfecture, et les règles du Code de procédure sont applicables en pareil cas. Il en est ainsi, notamment, pour l'exception de litispendance, pour celle de garantie, pour l'exception par laquelle l'étranger est contraint de fournir la caution *judicatum solvi*.

ART. 5. — JUGEMENT.

§ 1er. — *Préliminaires de l'audience* (R. 430 et s.; S. 147 et s.).

80. Le rôle de chaque séance publique est arrêté par le président du Conseil; il est communiqué au commissaire du Gouvernement et affiché à la porte de la salle d'audience (L. 22 juill. 1889, art. 43).

81. Toute partie doit être avertie, par une notification faite conformément à l'art. 7, du jour où l'affaire sera portée en séance publique. En matière de contributions directes ou de taxes assimilées, d'élections et de contraventions, l'avertissement n'est donné qu'aux parties qui ont fait connaître, antérieurement à la fixation du rôle, leur intention de présenter des observations orales. L'avertissement est donné quatre jours au moins avant la séance. — Lorsque la partie est représentée devant le Conseil, la notification est faite à son mandataire ou défenseur, s'il est domicilié dans le département. Si le mandataire est domicilié hors du département, la notification doit être faite à la partie, au domicile qu'elle a dû élire dans le département d'après l'art. 8. Il suffirait pas d'adresser l'avis d'audience à l'avocat qui doit plaider pour la partie devant le Conseil de préfecture. En matière électorale, l'avis d'audience doit être notifié au mandataire ou défenseur commun, si les parties en ont constitué un; sinon, il suffit que la notification soit faite au premier signataire de la protestation (art. 44).

§ 2. — *Procédure à l'audience* (R. 431; S. 150 et s.).

82. Un rapport est présenté sur chaque affaire par un des conseillers. En matière de contributions directes, il n'est pas nécessaire que le rapport soit écrit (Cons. d'Et. 28 déc. 1900). — Le rapport doit contenir le résumé complet des faits, des moyens et conclusions des parties ; mais le rapporteur ne doit pas y donner son avis. — Les parties peuvent ensuite présenter, soit en personne, soit par mandataire, des observations orales à l'appui de leurs conclusions écrites (L. 1889, art. 45, § 1er et 2, et 46, § 1er).

83. Les observations orales ne sont qu'un accessoire de la défense écrite. Le Conseil de préfecture n'est pas tenu de faire état de conclusions qui seraient prises verbalement à l'audience et qui ne seraient pas indiquées dans les mémoires écrits (Cons. d'Et. 9 juin 1876, D. P. 76. 3. 94). D'autre part, le fait qu'une partie aurait présenté des observations orales, alors qu'elle n'a pas produit de conclusions écrites, ne suffirait pas à donner à l'arrêté rendu sur cette procédure le caractère d'un arrêté contradictoire ; ce serait un arrêté par défaut (Cons. d'Et. 16 févr. 1878, D. P. 78. 3. 68). — Le Conseil peut toujours appeler devant lui les agents appartenant aux services intéressés pour leur demander des explications.

84. Le commissaire du Gouvernement doit présenter des conclusions dans toutes les affaires. D'ailleurs, il satisfait à la loi en déclarant s'en rapporter à justice. Les parties ne peuvent lui répliquer ; elles peuvent seulement faire remettre au Conseil des notes écrites pour rectifier les erreurs qu'elles auraient à relever dans ses conclusions.

§ 3. — Tenue de l'audience (R. 432; S. 155 et s.).

85. Toutes les affaires portées devant les Conseils de préfecture doivent être jugées en séance publique, sans qu'il y ait lieu de distinguer suivant que les parties ont ou n'ont pas manifesté l'intention de présenter des observations orales. C'est seulement quand la loi a disposé qu'une affaire pourrait être jugée en chambre du conseil que le Conseil de préfecture peut déroger au principe de la publicité. Et encore, dans ce dernier cas, est-il nécessaire, si la décision à rendre est une décision contentieuse, qu'elle soit rendue en présence du commissaire du Gouvernement. — Le président dirige les débats et exerce la police de l'audience. Les art. 85, 88 et s. du titre 5 du Code de procédure civile sont applicables aux Conseils de préfecture (V. infrà, Cours et tribunaux, nos 38 et s.). Il en est de même des art. 222 et s. c. pén.

86. Les dispositions de l'art. 85 c. pr. civ. sont applicables aux défenseurs des parties autres que les avocats et les avoués, aussi bien qu'aux parties elles-mêmes (L. 1889, art. 50). — Est encore applicable l'art. 41 de la loi du 29 juill. 1881 sur la presse (V. infrà, Presse-Outrage). Le Conseil de préfecture a donc pouvoir pour supprimer les passages injurieux ou diffamatoires contenus dans les écrits produits ou les discours prononcés devant lui. Toutefois, à la différence des tribunaux judiciaires, il ne peut connaître des dommages-intérêts réclamés à raison des discours ou de ces écrits, mais doit réserver l'action pour être statué ultérieurement par le tribunal compétent. De même, le Conseil de préfecture ne peut prononcer aucune peine disciplinaire contre les avocats et les officiers ministériels en cause ; s'il estime qu'il peut y avoir lieu à une peine disciplinaire, il doit renvoyer devant l'autorité compétente pour prononcer cette peine (art. 50).

§ 4. — Délibéré (R. 432 et s. ; S. 159).

87. En toute matière, les arrêtés des Conseils de préfecture sont rendus par des conseillers délibérant en nombre impair. Ils sont rendus par trois conseillers au moins, président compris (L. 1889, art. 47, § 1 et 2). Est

nul tout arrêté rendu par des conseillers délibérant en nombre pair ou par moins de trois conseillers (Cons. d'Et. 8 nov. 1895, D. P. 96. 5. 150). Il en est de même de l'arrêté auquel aurait concouru une personne n'ayant pas qualité pour siéger, notamment comme étant investie de fonctions incompatibles avec celles de conseiller de préfecture (V. supra, n° 6).

88. La décision est prononcée à l'audience publique, après délibéré hors de la présence des parties (art. 47, § 3). En cas de partage, le président a voix prépondérante (Cons. d'Et. 31 janv. 1873, D. P. 74. 3. 72). — L'arrêté doit, à peine de nullité, être prononcé en séance publique, alors même qu'il aurait été instruit en chambre du conseil. Il n'est pas nécessaire qu'au moment de la lecture de l'arrêté les membres du Conseil qui ont participé à cet arrêté soient présents.

§ 5. — Formes des arrêtés (R. 435 et s. ; S. 160 et s.).

89. Les arrêtés des Conseils de préfecture sont intégralement rédigés par les juges. — Ils doivent mentionner qu'il a été statué en séance publique. Ils contiennent les noms et les conclusions des parties (ces conclusions ne doivent pas seulement être visées, mais analysées), le vu des pièces et des dispositions législatives dont il est fait application. Lorsque le Conseil statue en matière répressive, les dispositions législatives doivent être textuellement rapportées. Mention y est faite que les parties ou leurs mandataires ou défenseurs et le commissaire du Gouvernement ont été entendus. Les noms des membres qui ont concouru à la décision y sont mentionnés (L. 1889, art. 48, §§ 1 à 3, 5). Ces diverses mentions sont prescrites à peine de nullité.

90. Comme toute décision de justice, les arrêtés du Conseil de préfecture doivent être motivés (art. 48, § 4 et 6) à peine de nullité (Cons. d'Et. 2 août 1895). — Le Conseil de préfecture a la plus grande latitude pour la rédaction de ses motifs. La jurisprudence admet qu'il motive suffisamment sa décision en se référant aux considérants d'un précédent arrêté rendu par lui, ou aux rapports des experts, des ingénieurs ou du directeur des contributions directes.

91. Les arrêtés doivent, à peine de nullité, statuer sur toutes les questions qui sont soumises au Conseil par les conclusions des parties, et sur celles-là seulement ; sinon, ces arrêtés sont susceptibles d'être annulés, soit pour omission de statuer, soit comme ayant statué ultra petita.

92. La minute des arrêtés doit être signée, dans les vingt-quatre heures, par le président, le rapporteur et le secrétaire-greffier. Toutefois, cette dernière signature n'est pas indispensable (Cons. d'Et. 21 janv. 1869, D. P. 70. 3. 5).

§ 6. — Minute et expédition de l'arrêté (R. 435 et s. ; S. 164 et s.).

93. La minute des décisions du Conseil de préfecture est conservée au greffe pour chaque affaire, avec la correspondance et les pièces relatives à l'instruction. Les pièces qui appartiennent aux parties sont remises sur récépissé, à moins que le Conseil de préfecture n'ait ordonné que quelques-unes de ces pièces resteraient annexées à la décision (L. 1889, art. 49). — L'expédition des décisions est délivrée par le secrétaire-greffier, dès qu'il en est requis (art. 51). Cette expédition peut être demandée soit par les parties en cause, soit par toute personne qui estime avoir intérêt à se procurer le texte de l'arrêté. Elle n'est signée que par le secrétaire-greffier, qui en certifie la conformité avec la minute.

§ 7. — Diverses espèces d'arrêtés. Leurs effets (R. 440 et s. ; S. 168 et s.).

94. Les arrêtés des Conseils de préfecture se divisent en arrêtés définitifs et arrêtés d'avant dire droit. Les premiers mettent fin au litige. Les arrêtés d'avant dire droit sont ceux qui interviennent au cours du procès, pour régler un incident ou ordonner une mesure d'instruction. Ils sont interlocutoires ou préparatoires (Sur la distinction entre ces deux espèces de jugements, V. infrà, Jugement d'avant dire droit). Conformément à la règle générale en matière d'appel (V. supra, Appel en matière civile et commerciale, n° 64), les arrêtés préparatoires ne peuvent faire l'objet d'un recours au Conseil d'Etat tant que l'instance n'est pas terminée. On ne peut les attaquer qu'en même temps que la décision rendue sur le fond. Au contraire, les arrêtés interlocutoires peuvent, au choix des parties, être déférés immédiatement au Conseil d'Etat ou n'être attaqués qu'en même temps que l'arrêté rendu sur le fond. — Les dispositions du Code de procédure civile relatives à l'appel des jugements interlocutoires et préparatoires sont, d'ailleurs, applicables aux recours formés contre les décisions de préfecture (L. 1889, art. 60).

95. Les arrêtés des Conseils de préfecture peuvent acquérir l'autorité de la chose jugée dans les conditions du droit commun. Il faut donc qu'il y ait identité d'objet, de cause et de parties (V. supra, Chose jugée, nos 18 et s.). L'autorité de la chose jugée ne réside que dans le dispositif, non dans les motifs de l'arrêté (Cons. d'Et. 12 juill. 1901, D. P. 1902. 3. 115). — Les arrêtés interlocutoires ne peuvent constituer la chose jugée sur le fond parce qu'ils ne lient pas le juge (Comp. supra, eod. v°, n° 12). A plus forte raison la chose jugée ne peut résulter d'un arrêté préparatoire.

96. Les arrêtés des Conseils de préfecture sont exécutoires (L. 1889, art. 49), sans avoir besoin pour cela d'être revêtus de la formule exécutoire. S'ils sont rendus par défaut, l'opposition suspend l'exécution. Au contraire, le recours au Conseil d'Etat n'a pas, en principe, l'effet suspensif. — Sur cette règle et sur les tempéraments qu'elle comporte, V. supra, Conseil d'Etat, n° 56.

97. Les arrêtés des Conseils de préfecture emportent hypothèque (L. 1889, art. 49). — Sur l'hypothèque judiciaire, V. infrà, Privilèges et hypothèques.

ART. 6. — NOTIFICATION DES ARRÊTÉS (S. 165 et s.).

98. Les décisions des Conseils de préfecture en matière contentieuse doivent être portées à la connaissance des intéressés par voie de la notification. Cette notification est indispensable pour que l'arrêté puisse être mis à exécution ; elle est également nécessaire pour faire courir les délais de l'appel ou de l'opposition.

99. En principe, c'est à la partie gagnante qu'il appartient de faire la notification. Par exception, lorsque l'Etat a été partie dans la cause, elle lui est faite en son nom dans tous les cas, qu'il ait gagné ou perdu le procès. L'adversaire de l'Etat n'a donc pas besoin de lui notifier la décision ; mais il a intérêt de le faire, et il peut y avoir intérêt si l'Etat tardait à faire effectuer la notification qui lui incombe.

100. La notification, lorsqu'elle incombe à l'Etat, se fait par la voie administrative (L. 1889, art. 51, § 1er), c'est-à-dire au moyen d'une lettre remise aux intéressés par un agent de l'Administration. Elle doit contenir toutes les mentions essentielles exigées pour la signification par huissier. Elle doit être datée, bien que cette mention ne soit pas prescrite à peine de nullité (Cons.

d'Et. 14 juill. 1876), et accompagnée d'une copie intégrale de l'arrêté. La partie doit délivrer récépissé de la notification; sinon l'agent fait dresser procès-verbal de l'opération.

101. Dans les affaires en particulier, ou entre particuliers et personnes morales autres que l'Etat (établissements publics, communes, départements, etc.), ou encore dans les procès entre l'Etat et un particulier, si c'est ce dernier qui en prend l'initiative (V. *suprà*, n° 99, *in fine*), la notification doit être faite par exploit d'huissier (art. 51, § 2). Ainsi une notification faite par le maire, au nom d'une commune, ne serait pas régulière (Cons. d'Et. 6 déc. 1895).

102. Les notifications faites à l'Etat doivent être adressées au préfet, seul agent qui le représente devant le Conseil de préfecture. C'est également au préfet que doivent être faites les notifications qui visent le département. Pour les communes, elles sont adressées au maire, et au préfet s'il s'agit de chemins vicinaux de grande communication ou d'intérêt commun. Pour les autres établissements publics, elles doivent être faites entre les mains de leurs administrateurs, directeurs, gérants, trésoriers, etc.

103. La notification doit être faite au domicile réel de la partie, et non, comme les notifications faites au cours de l'instance, au domicile du mandataire. Il en serait autrement si celui-ci avait reçu pouvoir de représenter le réclamant dans les diverses instances engagées par lui et de se pourvoir au Conseil d'Etat. Une notification faite à personne équivaudrait à une notification à domicile.

104. Indépendamment des affaires où l'Etat est partie intéressée, la notification dans la forme administrative est encore applicable en matière répressive (L. 1889, art. 51, § 1er). La jurisprudence étend cette règle aux poursuites pour anticipations commises sur les chemins vicinaux, bien que le Conseil ne puisse prononcer d'amendes (Cons. d'Et. 12 févr. 1897, D. P. 98. 3. 56). La notification devant être faite dans la forme administrative, on ne peut mettre à la charge du contrevenant les frais de la signification de l'arrêté (Cons. d'Et. 2 déc. 1898, D. P. 1900. 3. 28).

105. Aux termes de l'art. 51, § 3, « il n'est pas dérogé aux règles spéciales établies pour la notification des décisions en matière de contributions directes et de taxes assimilées à ces contributions, ainsi qu'en matière électorale. » Il n'est pas nécessaire que la lettre d'avis contienne les motifs complets de l'arrêté (Cons. d'Et. 28 avr. 1899). Il suffit qu'elle contienne les mentions suffisantes pour permettre au contribuable de se pourvoir en connaissance de cause. — En matière électorale, les décisions des Conseils de préfecture sont notifiées dans la forme administrative, sans frais, par le préfet.

ART. 7. — VOIES DE RECOURS.

106. Les arrêtés des Conseils de préfecture peuvent être l'objet de trois voies de recours : l'opposition, la tierce opposition et l'appel. Ils ne sont pas susceptibles de recours en revision, cette voie de recours extraordinaire n'étant admise que contre les décisions en dernier ressort (Comp. *suprà*, *Conseil d'Etat*, n° 87).

§ 1er. — *Opposition* (R. 443 et s.; S. 170 et s.).

107. Les arrêtés non contradictoires des Conseils de préfecture en matière contentieuse peuvent être attaqués par voie d'opposition (L. 1889, art. 52). — Sont contradictoires les arrêtés rendus sur les requêtes ou mémoires en défense des parties, alors

même que les parties ou leurs mandataires n'auraient pas présenté d'observations orales (art. 53, § 1er). Il suit de là que, devant le Conseil de préfecture, il ne peut y avoir défaut de la part du demandeur dont les conclusions sont formulées dans la requête introductive d'instance (V. toutefois *infrà*, n° 110).

108. Quant au défendeur, pour qu'il puisse former opposition, il faut que, mis en demeure de produire sa défense, il n'ait pas présenté de défenses écrites. S'il en a produit, l'arrêté est contradictoire. Dans le cas contraire, l'arrêté est par défaut, alors même que le défendeur aurait été admis à présenter des observations orales (Cons. d'Et. 23 juill. 1897, D. P. 98. 3. 101).

109. En matière d'élections municipales, les arrêtés rendus sans que les défendeurs aient présenté de conclusions écrites peuvent être attaqués par voie d'opposition. Toutefois, la disposition générale de l'art. 53 doit être combinée avec l'art. 38 de la loi du 5 avr. 1884, qui dessaisit le Conseil de préfecture s'il n'a pas statué dans le délai d'un mois ou de deux mois. Si donc l'opposition était formée après l'expiration de ces délais, elle serait non recevable, alors même qu'elle serait formée dans le délai prévu par l'art. 53. — Au reste, pour qu'une partie qui ne produit pas de défense puisse être considérée comme défaillante, il faut que l'instance ait été liée vis-à-vis d'elle, c'est-à-dire qu'elle ait été mise en demeure de se défendre par la communication qui doit lui être faite de la réclamation. Si la requête du demandeur n'a pas été notifiée, l'arrêté serait pour elle *res inter alios acta*, et elle pourrait recourir à la tierce opposition, qui s'exerce dans d'autres conditions que l'opposition (V. *infrà*, n° 114).

110. L'art. 53, § 2, crée un cas particulier d'arrêté par défaut. C'est celui où, après une expertise, les parties n'ont pas été appelées à prendre connaissance du rapport d'experts : elles peuvent alors former opposition contre la décision du Conseil de préfecture. L'opposition dont il s'agit est ouverte au demandeur comme au défendeur; elle est recevable encore que des requêtes en défense écrites auraient été présentées par les parties, et dans le cas même où elles auraient assisté aux opérations de l'expertise. La disposition de l'art. 53, § 2, ne s'applique pas en matière de contributions directes.

111. La loi a organisé une procédure de défaut profit-joint, pour le cas où, la demande étant formée entre deux ou plusieurs parties, l'une ou plusieurs d'entre elles n'ont pas présenté de défense (art. 54) : le Conseil sursoit à statuer sur le fond, et ordonne que les parties défaillantes seront averties de ce sursis par une notification faite conformément à l'art. 7, et invitées de nouveau à produire leur défense dans un délai qu'il fixe. Après l'expiration du délai, il est statué par une seule décision, qui n'est susceptible d'opposition de la part d'aucune des parties.

112. L'opposition est portée devant le Conseil de préfecture qui a rendu la décision attaquée. Elle doit, à peine de déchéance, être formée dans le délai d'un mois à dater de la notification qui est faite à la partie (L. 1889, art. 52, § 1er). En matière de contravention à la police du roulage, le délai d'opposition est de quarante jours (L. 30 mai 1851, art. 24, D. P. 51. 4. 78). — L'acte de notification doit indiquer à la partie qu'après l'expiration dudit délai elle sera déchue du droit de former opposition (art. 52, § 2). — L'opposition est formée suivant les règles établies par l'art. 1 à 4 de la loi du 22 juill. 1889. Les communications sont ordonnées, comme pour les requêtes introductives d'instance, art. 52, § 3). —

L'opposition suspend l'exécution, à moins qu'il n'en ait été ordonné autrement par la décision qui a statué par défaut.

113. Le Conseil de préfecture, saisi d'une opposition formée contre un de ses arrêtés, doit, si cette opposition est jugée recevable, examiner à nouveau tous les moyens des parties. Il peut adopter une décision opposée à celle qu'il avait prise d'abord.

§ 2. — *Tierce opposition* (R. v° *Tierce opposition*, 264 et s.; S. 174 et s.).

114. Devant les Conseils de préfecture, comme devant les tribunaux civils, la tierce opposition est ouverte à ceux dont les droits sont atteints par des décisions auxquelles ni eux ni leurs auteurs n'ont été parties (L. 1889, art. 56, § 1er).

115. La tierce opposition est admissible dans toutes les matières dont le Conseil de préfecture est appelé à connaître. — Elle est recevable même en matière électorale mais la brièveté du délai imparti aux Conseils de préfecture pour statuer rend cette voie de recours presque illusoire. Elle est admise en matière de contributions directes toutes les fois que le débat, au lieu d'être circonscrit entre le contribuable et l'Administration, met en cause une autre personne, un autre contribuable à qui l'on demande de transférer sa cote, un percepteur, un syndicat, etc.

116. La tierce opposition est portée devant le Conseil de préfecture de qui émane la décision. Le recours est introduit et instruit dans les formes ordinaires. La loi ne fixe aucun délai dans lequel la tierce opposition doive être formée.

§ 3. — *Recours au Conseil d'Etat* (R. v° *Conseil d'Etat*, 106 et s.; S. *eod.* v°, 219 et s., et v° *Organisation administrative*, 177 et s.).

117. Les arrêtés des Conseils de préfecture sont susceptibles d'appel; cet appel est porté devant le Conseil d'Etat (L. 1889, art. 57). V. *suprà*, *Conseil d'Etat*, n° 24 et s.

ART. 8. — DES DÉPENS (R. v° *Frais et dépens*, 1193 et s.; S. *eod.* v°, 719 et s.).

118. Suivant le principe général applicable devant toutes les juridictions, les dépens doivent être mis à la charge de la partie qui succombe. Toutefois ils peuvent, en raison des circonstances de l'affaire, être compensés en tout ou en partie (L. 1889, art. 62). Il est donc loisible au Conseil de répartir les dépens d'après les bases qui lui paraissent les plus équitables lorsque les plaideurs succombent respectivement sur une partie de leurs prétentions.

119. Ces règles sont applicables à l'Administration dans les contestations relatives soit au domaine de l'Etat, soit à l'exécution de marchés passés pour un service public, soit à la réparation des dommages sur lesquels les Conseils de préfecture sont appelés à prononcer. — En matière répressive, la partie acquittée est relaxée sans dépens; ce qui doit s'entendre en ce sens que la partie relaxée ne peut obtenir contre l'Etat la condamnation au remboursement des frais qu'elle a avancés. — Il n'y a pas, en matière électorale, à aucune condamnation aux dépens (L. 1889, art. 63, § 2 et 3).

120. Les dépens ne peuvent comprendre que les frais de timbre et d'enregistrement, les frais de copies, de requêtes ou mémoires, les frais d'expertises, d'enquêtes et autres mesures d'instruction et les frais de la signification de la décision (art. 64). La loi exclut formellement des dépens les frais de signification de la demande introductive d'instance et la citation des témoins par exploit d'huissier (art. 4 et 28). V. *suprà*, n°s 21 et 58. — Tout ce qui a le caractère de frais frustratoires ne peut entrer en compte. Ainsi, le greffier n'a pas droit au remboursement du prix du timbre des expéditions délivrées à l'État, lesquelles sont dispensées de timbre.

121. En matière de contributions directes, les dépens ne comprennent que les frais d'expertise et les frais de timbre. Les premiers sont supportés par la partie qui succombe et peuvent être compensés suivant l'appréciation que fait le Conseil de préfecture (L. 29 déc. 1884, art. 4, D. P. 85. 4. 38). Le Conseil de préfecture peut ordonner le remboursement des frais de timbre à la partie qui a triomphé dans sa réclamation (L. 29 mars 1897, art. 42, § 2, D. P. 97. 4. 43).

122. Bien que les frais d'expertise fassent partie des dépens, leur liquidation reste exclusivement régie par l'art. 23 (L. 1889, art. 63). — Quant aux autres dépens, la liquidation en est faite, s'il y a lieu, par l'arrêté qui statue sur le litige ou, si l'état des dépens n'est pas soumis en temps utile au Conseil de préfecture, par le président du Conseil, le rapporteur entendu. Les parties peuvent former opposition à cette décision devant le Conseil de préfecture statuant en chambre du Conseil, dans le délai de huit jours à dater de la notification (art. 65 et 66). Le tarif des dépens qui peuvent être alloués devant le Conseil de préfecture a été établi en dernier lieu par un décret du 18 janv. 1890 (D. P. 90. 4. 7).

ART. 9. — ENREGISTREMENT ET TIMBRE.

123. Les originaux des requêtes introductives d'instance et ceux des mémoires en défense sont dispensés d'enregistrement, mais soumis au timbre toutes les fois qu'aucune exemption ne peut leur être applicable. Les copies de la requête et du mémoire en défense, certifiées conformes par les parties, et les copies des pièces produites à l'appui des requêtes, soit par les particuliers, soit par l'Administration, et destinées à être notifiées aux parties en cause, sont exemptes du timbre et de l'enregistrement (L. 1889, art. 3).

124. Les actes d'instruction faits dans la forme administrative et les minutes des arrêtés des Conseils de préfecture sont exempts du timbre et de l'enregistrement, par application des dispositions de l'art. 80 de la loi du 15 mai 1818, sauf dans le cas où ils ont pour objet un acte portant transmission de propriété, d'usufruit ou de jouissance de biens immeubles, adjudication ou marché (Décis. min. Fin. 4 févr. 1825; Instr. Reg. 1166, § 2; Décr. 10 août 1853, D. P. 53. 4. 216; Instr. Reg. 1994 et 2007). — Mais les significations de requêtes faites par exploit d'huissier restent sous l'empire de la loi commune et, par suite, donnent ouverture aux droits ordinaires d'enregistrement et de timbre, dans tous les cas où la loi générale en ordonne la perception (Instr. Reg. 5 oct. 1889, n° 2778, D. P. 91. 5. 519).

125. Les procurations que le mandataire d'une partie qui n'est ni avoué exerçant dans le département, ni avocat, doit produire pour prendre connaissance, au greffe, des pièces de l'affaire, sont soumises au timbre et à l'enregistrement (L. 1889, art. 8; Instr. Reg. 2778).

126. Les actes de prestation de serment d'experts et les expéditions du procès-verbal sont exempts d'enregistrement, mais restent passibles du droit de timbre (L. 1889, art. 16). — Quant aux procès-verbaux ou rapports des experts, ils doivent, en l'absence de dispositions contraires, être écrits sur papier timbré comme devant y pouvant faire titre, et ils ne peuvent être produits devant le Conseil de préfecture sans être enregistrés (Instr. Reg. 2778).

127. Les demandes en dégrèvement de contributions directes et taxes assimilées sont dispensées du timbre lorsqu'elles ont pour objet une cote inférieure à 30 francs (L. 21 avr. 1832, art. 28, § 3, R. v° *Impôts directs*, p. 269).

128. Tous les actes de procédure relatifs à l'instruction et au jugement des réclamations en matière électorale sont exempts de timbre et enregistrés gratis (L. 15 mars 1849, art. 13, D. P. 49. 4. 49; Av. Cons. d'Et. 10 janv. 1861, D. P. 61. 3. 12).

CONSTITUTION ET POUVOIRS PUBLICS

(R. v° *Droit constitutionnel*; S. eod. v°).

1. La constitution qui régit actuellement la France fait l'objet de trois lois dites lois constitutionnelles : la loi du 24 févr. 1875, sur l'organisation du Sénat (D. P. 75. 4. 36); celle du 25 févr. 1875, sur l'organisation des pouvoirs publics (D. P. 75. 4. 30); celle du 16 juill. 1875, sur les rapports des pouvoirs publics (D. P. 75. 4. 114).

2. Il faut y ajouter la loi du 21 juin 1879 (D. P. 79. 4. 64), abrogeant l'art. 9 de la loi du 25 févr. 1875, qui fixait à Versailles le siège du pouvoir exécutif et des deux Chambres, et celle du 14 août 1884 (D. P. 84. 4. 113), qui a enlevé le caractère constitutionnel aux articles de la loi du 24 févr. 1875 concernant le mode d'élection des sénateurs, abrogé l'art. 1er de la loi du 16 juill. 1875, relatif aux prières publiques, et modifié certains articles de la loi du 25 févr. 1875 (l'art. 5, relatif à la dissolution de la Chambre des députés, et l'art. 8, qu'elle a complété en déclarant inéligibles à la présidence de la République les membres des familles ayant régné sur la France, et en disposant que la forme républicaine du Gouvernement ne pouvait être mise en question).

SECT. Ire. — Organisation des pouvoirs publics.

ART. 1er. — POUVOIR LÉGISLATIF (S. 42 et s.).

3. En France, la souveraineté réside dans la nation. Celle-ci ne l'exerce pas directement, mais par l'intermédiaire de représentants chargés de faire les lois. — Le pouvoir législatif s'exerce par deux assemblées, la Chambre des députés et le Sénat. La Chambre des députés est nommée par le suffrage universel dans les conditions déterminées par la loi électorale (L. 30 nov. 1875 et 13 févr. 1889, D. P. 76. 4. 4 et 89. 4. 46). La composition, le mode de nomination et les attributions du Sénat sont réglés par une loi spéciale (L. 25 févr. 1875, art. 1er, § 3; 9 déc. 1884, D. P. 85. 4. 1). — Quant au mode de nomination des deux Chambres, V. *infrà*, *Elections*.

ART. 2. — POUVOIR EXÉCUTIF.

§ 1er. — *Président de la République* (S. 74 et s.).

4. Le pouvoir exécutif est exercé par le président de la République. Celui-ci est élu à la majorité absolue des suffrages par le Sénat et la Chambre des députés réunis en Assemblée nationale (L. 25 févr. 1875, art. 2). Aucune condition d'âge ni d'aptitude n'est imposée par la loi. Il existe toutefois une cause d'inéligibilité : la qualité de membre d'une famille ayant régné sur la France (L. 25 févr. 1875, art. 8, modifié par la loi du 14 août 1884). — Le président de la République n'est pas responsable, sauf le cas de haute trahison (L. 25 févr. 1875, art. 6, § 2). — Le président est élu pour sept ans; il est rééligible (L. 25 févr. 1875, art. 2). Son traitement est fixé à 600 000 francs (L. 16 sept. 1871, D. P. 71. 4. 89). En outre, il lui est alloué 600 000 francs à titre de frais de représentation, de voyage et de déplacement et pour frais de maison. (Cette allocation fait l'objet d'une disposition des lois de finances annuelles).

5. Un mois avant le terme légal des pouvoirs du président de la République, les Chambres doivent être réunies en Assemblée nationale, pour procéder à l'élection d'un nouveau président. À défaut de convocation, cette assemblée aurait lieu de plein droit le quinzième jour avant l'expiration de ces pouvoirs. — En cas de vacance par décès ou pour toute autre cause, les deux Chambres se réunissent immédiatement et de plein droit pour procéder à l'élection d'un nouveau président (L. 25 févr. 1875, art. 3, § 3). Dans l'intervalle, le pouvoir exécutif (L. 25 févr. 1875, art. 7, § 2). Dans le cas où, par application de l'art. 5 de la loi du 25 févr. 1875, la Chambre des députés se trouverait dissoute au moment où la présidence de la République deviendrait vacante, les collèges électoraux seraient immédiatement convoqués, et le Sénat se réunirait de plein droit (L. 16 juill. 1875, art. 3, § 4).

6. L'Assemblée nationale réunie pour élire le président de la République constitue seulement un corps électoral. Elle ne peut prendre aucune délibération d'ordre législatif.

§ 2. — *Ministres* (S. 86 et s.).

7. Les ministres sont les agents placés par le président de la République à la tête de chacun des départements entre lesquels est répartie l'administration du pays. Tous les actes du président de la République doivent être contresignés par un ministre (L. 25 févr. 1875, art. 3). Ils sont ainsi les intermédiaires nécessaires entre le président de la République et les Chambres, chargés de faire connaître à celles-ci l'avis du Gouvernement et de couvrir le président. Les ministres sont solidairement responsables devant les Chambres de la politique générale du Gouvernement, et individuellement de leurs actes personnels.

8. C'est le président de la République qui choisit et nomme les ministres. En fait, il ne choisit que le président du Conseil des ministres, et donne mandat à celui-ci de lui présenter une liste de collaborateurs. C'est à lui qu'il appartient, en principe, de fixer les attributions de chaque ministre; il peut même créer de nouveaux ministères, mais cette création est subordonnée au vote par les Chambres des crédits nécessaires. Le dernier ministère créé (Colonies) l'a été par une loi (L. 20 mars 1894, D. P. 95. 4. 77).

9. Les ministres peuvent être choisis parmi les sénateurs ou les députés, ou en dehors des Chambres. Leurs fonctions sont compatibles avec le mandat législatif. Les ministres délibèrent soit en conseil des ministres, sous la présidence du président de la République, soit en conseil de cabinet, c'est-à-dire sous la présidence du président du Conseil des ministres. Certains décrets du chef de l'État ne peuvent être pris qu'en conseil des ministres.

§ 3. — *Sous-secrétaires d'État*.

10. Les sous-secrétaires d'État sont des fonctionnaires placés à la tête d'une branche d'un département ministériel et pourvus d'une partie des attributions du ministre (L. 30 nov. 1875, art. 8, et 9 déc. 1884). Ils n'existent que dans les cas où le Gouvernement juge à propos d'en instituer. Ils sont nommés par décret. De même que les ministres, ils peuvent être membres du Parlement.

ART. 3. — SIÈGE DU GOUVERNEMENT. — FONCTIONNEMENT DES CHAMBRES LÉGISLATIVES (S. 43 et s.).

11. Le siège du pouvoir exécutif et des Chambres est à Paris (L. 22 juill. 1879, art. 1ᵉʳ, D. P. 79. 4. 65). Le palais du Luxembourg et le Palais-Bourbon sont affectés : le premier au service du Sénat, le second à celui de la Chambre des députés (art. 2). Dans les cas où il y a lieu à la réunion de l'Assemblée nationale, celle-ci siège à Versailles, dans la salle du Palais affectée autrefois à la Chambre des députés (art. 3).

§ 1ᵉʳ. — *Sessions* (S. 49 et s.).

12. Les Chambres législatives doivent siéger simultanément. La session de l'une commence et finit en même temps que celle de l'autre (L. 16 juill. 1875, art. 1ᵉʳ). En principe, toute assemblée de l'une des deux Chambres qui serait tenue hors du temps de la session commune est illicite et nulle de plein droit (art. 4). — Sur les exceptions que comporte cette règle, V. art. 4 précité, et art. 3, § 4, de la même loi.

13. Le Sénat et la Chambre des députés se réunissent chaque année le second mardi de janvier, à moins d'une convocation antérieure faite par le président de la République. Elles doivent être réunies en session cinq mois au moins chaque année (art. 1ᵉʳ). C'est la session ordinaire. — Les sessions extraordinaires ont lieu sur la convocation du président de la République. Celui-ci a le droit de convoquer extraordinairement les Chambres ; et il y est obligé si la demande en est faite, dans l'intervalle des sessions, par la majorité absolue des membres composant chaque Chambre (art. 2).

§ 2. — *Séances* (S. 55 et s.).

14. Les séances du Sénat et de la Chambre des députés sont publiques. Néanmoins, chaque Chambre peut se former en comité secret, sur la demande d'un certain nombre de ses membres fixé par le règlement (L. 16 juill. 1875, art. 5).

15. Les présidents du Sénat et de la Chambre des députés sont chargés de veiller à la sûreté intérieure et extérieure de l'Assemblée qu'ils président. A cet effet, ils ont droit de requérir la force armée et toutes les autorités dont ils jugent le concours nécessaire. Le président dirige les séances, signe les procès-verbaux, donne la parole aux membres de l'assemblée qui la demandent.

§ 3. — *Vérification des pouvoirs* (S. 63, et vᵒ *Droit politique*, 485 et s., 669 et s.).

16. Chacune des Chambres est juge de l'éligibilité de ses membres et de la régularité de leur élection ; elle peut seule recevoir leur démission (L. 16 juill. 1875, art. 10). Le membre de l'une des deux Chambres dont les pouvoirs ne sont pas encore validés peut prendre part aux délibérations et aux votes. Mais il ne peut voter sur sa propre élection ni présenter aucune proposition de loi (Règl. Sén., art. 9 et 10 ; Règl. Ch. dép., art. 6). Les Chambres peuvent, avant de statuer sur la validité de l'élection de leurs membres, s'éclairer par tous moyens, notamment par des enquêtes (V. *infrà, Elections*).

§ 4. — *Règlement* (S. 61).

17. Les Chambres ont le droit de faire des règlements pour leur fonctionnement intérieur (L. 16 juill. 1875, art. 5 et 11). Ces règlements, bien qu'ils ne constituent pas des lois, sont obligatoires pour tous les membres de l'assemblée qui a voté, sous certaines peines disciplinaires. L'exercice du pouvoir disciplinaire auquel ils sont soumis est partagé entre le président et l'assemblée.

§ 5. — *Bureau* (S. 62).

18. Le bureau de chacune des deux Chambres est élu chaque année pour la durée de la session, et pour toute la durée de la session extraordinaire qui aurait lieu avant la

session ordinaire de l'année suivante. Chaque bureau se compose d'un président, de vice-présidents, de secrétaires et de questeurs. Lorsque les deux Chambres se réunissent en Assemblée nationale, leur bureau se compose du président, des vice-présidents et secrétaires du Sénat (L. 16 juill. 1875, art. 11).

§ 6. — *Droits et privilèges des membres du Parlement* (S. 46 et s., 56 et s.).

19. Les sénateurs et les députés reçoivent une indemnité (L. 2 août 1875, art. 26, D. P. 75. 4. 117 ; 30 nov. 1875, art. 17, D. P. 76. 4. 4) fixée à 9000 francs par an (L. 15 mars 1849, art. 96 et 97, D. P. 49. 4. 66 ; 16 févr. 1872, art. 1ᵉʳ, D. P. 72. 4. 41). Elle peut être saisie, même en totalité (L. 1849, art. 97). — Les fonctionnaires, élus députés, touchent leur indemnité comme les autres ; mais, si le chiffre du traitement est supérieur à celui de l'indemnité, le fonctionnaire député ne touche, pendant la même période, que la portion de son traitement net excédant cette indemnité (L. 16 févr. 1872, art. 3). Les mêmes règles s'appliquent à l'indemnité des fonctionnaires élus sénateurs (L. 30 mars 1903, art. 103, D. P. 1903. 4. 41).

20. Les membres du Parlement jouissent de certains privilèges, que l'on appelle les *immunités parlementaires.* — 1ᵒ Aucun membre de l'une ou de l'autre Chambre ne peut être poursuivi ou recherché à l'occasion des opinions ou votes émis par lui dans l'exercice de ses fonctions (L. 16 juill. 1875, art. 13 ; Sur cette immunité, V. *infrà, Presse-Outrage*). Mais ce n'est pas à dire que les membres du Parlement ne puissent jamais être poursuivis à raison de crimes ou délits commis dans l'exercice de leurs fonctions (V. *infrà, Forfaiture*). Si, au cours de son mandat, un membre de l'une ou de l'autre Chambre venait à encourir une peine entraînant la privation des droits civiques, la Chambre dont il fait partie pourrait le déclarer déchu de son mandat.

21. 2ᵒ Lorsqu'un membre du Parlement commet un crime ou un délit, il ne peut être poursuivi ou arrêté qu'avec l'autorisation de la Chambre à laquelle il appartient. La détention ou la poursuite est suspendue pendant la session, et pour toute sa durée, si la Chambre le requiert. Il en est autrement, toutefois, en cas de flagrant délit (L. 16 juill. 1875, art. 14). Dans l'intervalle des sessions, le droit commun est seul applicable. Les poursuites peuvent être engagées et le député ou le sénateur condamné et incarcéré sans qu'aucune formalité soit nécessaire. Toutefois, la session venant à être reprise, la Chambre a le droit de faire suspendre les poursuites, si la condamnation n'est pas encore intervenue, ou la détention, si celle-ci est commencée. L'autorisation préalable n'est pas nécessaire dans le cas d'une simple contravention ni, à plus forte raison, pour une poursuite à fins civiles. — L'inviolabilité qui protège la personne du député ou du sénateur ne s'étend pas à son domicile ; la justice peut y faire des perquisitions ou des saisies, si elle le juge nécessaire. — Les prescriptions ci-dessus ont pour sanction pénale la disposition de l'art. 121 c. pén., qui déclare coupable de forfaiture et punit de la dégradation civique les officiers de police judiciaire ou juges qui auront poursuivi ou arrêté des membres des Chambres sans les autorisations prescrites.

SECT. II. — **Rapports des divers pouvoirs entre eux.**

§ 1ᵉʳ. — *Droits du pouvoir exécutif à l'égard du pouvoir législatif* (S. 50 et s.).

22. Le président de la République a le droit de convoquer les Chambres en sessions extraordinaires (V. *suprà*, nᵒ 13). Il prononce

la clôture des sessions. Il peut ajourner les Chambres ; toutefois, l'ajournement ne peut excéder le terme d'un mois, ni avoir lieu plus de deux fois dans la même session (L. 16 juill. 1875, art. 1 et 2).

23. Il peut, sur l'avis conforme du Sénat, dissoudre la Chambre des députés avant l'expiration légale de son mandat. En ce cas, les collèges électoraux sont réunis pour de nouvelles élections dans le délai de deux mois, et la Chambre dans les dix jours qui suivront la clôture des opérations électorales (L. 25 févr. 1875, art. 5, modifié par la loi du 14 août 1884).

24. Le président de la République peut constituer le Sénat en Haute Cour de justice pour juger les attentats commis contre la sûreté de l'Etat (L. 16 juill. 1875, art. 12).

25. Il communique avec les Chambres par des messages qui sont lus à la tribune par un ministre (art. 6). — Il a l'initiative des lois ainsi que les membres des Chambres. — Dans le délai fixé pour la promulgation des lois, le président peut, par un message motivé, demander aux deux Chambres une nouvelle délibération qui ne peut être refusée (art. 7, § 2). V. *infrà, Lois*.

§ 2. — *Droits du pouvoir législatif à l'égard du pouvoir exécutif* (S. 72).

26. Les Chambres ont le droit de surveiller et de contrôler la marche du Gouvernement, de critiquer la politique suivie par le pouvoir exécutif. Elles exercent ce droit par les *questions* et les *interpellations* que leurs membres adressent aux ministres. — Des questions peuvent être adressées par les députés ou sénateurs aux membres du Gouvernement, au commencement ou à la fin de chaque séance. Elles ne comportent aucune sanction parlementaire.

27. Tout député qui veut faire une interpellation en remet la demande écrite au président ; la Chambre, après avoir entendu un des membres du Gouvernement, fixe, sans débat sur le fond, le jour où l'interpellation sera faite. Les interpellations sur la politique intérieure ne peuvent être renvoyées à plus d'un mois. A la différence de la question, l'interpellation comporte une sanction, qui consiste dans le vote d'un ordre du jour soit pur et simple, soit motivé.

28. Enfin un dernier moyen d'action du pouvoir législatif sur l'exécutif, c'est la mise en accusation. La Chambre des députés peut mettre en accusation soit le président de la République, pour crime de haute trahison, soit les ministres, pour crime commis dans l'exercice de leurs fonctions (L. 16 juill. 1875, art. 12).

SECT. III. — **Attributions des Chambres législatives.**

ART. 1ᵉʳ. — **ATTRIBUTIONS COMMUNES AUX DEUX CHAMBRES.**

§ 1ᵉʳ. — *Confection des lois* (S. 64 et s.).

29. L'attribution essentielle des deux Chambres est de faire les lois, c'est-à-dire d'édicter les prescriptions d'ordre général qui obligent tous les Français et même tous ceux qui résident sur notre territoire. Si l'on s'en tient à la forme, une loi est un texte qui a été voté dans les termes identiques par les deux Chambres et promulgué par le président de la République.

A. — **Domaine de la loi.**

30. La compétence du pouvoir législatif s'étend à un grand nombre de matières dont il serait difficile de donner l'énumération complète. — Quelques-unes rentrent dans les attributions essentielles du pouvoir législatif, en vertu des principes généraux du droit constitutionnel français. C'est au pouvoir législatif qu'il appartient : 1ᵒ de déterminer les droits des individus, droits civils, droits politiques, tout ce qui touche à l'état, à la capacité des personnes ; 2° de régler le droit de propriété, son étendue, ses limites, les manières dont ce droit peut se transmettre, peut naître ou disparaître, les restrictions qu'il y a lieu d'y apporter soit dans l'intérêt des particuliers, soit dans l'intérêt général, les effets civils des conventions ; 3° de déterminer les peines que la société peut infliger à ceux qui enfreignent les prescriptions légales, les formes suivant lesquelles ces personnes peuvent être poursuivies, jugées et punies ; 4° de créer les diverses juridictions et de fixer les limites de la compétence de chacune d'elles ; 5° de fixer l'étendue des sacrifices que l'Etat peut, dans l'intérêt de la société, imposer aux droits particuliers, tels que la liberté individuelle ou le droit de propriété, par exemple en soumettant les citoyens à l'obligation de servir dans l'armée pendant un temps plus ou moins long ou de payer les impôts.

31. A côté de ces attributions fondamentales des Chambres législatives, il en est d'autres qu'elles n'exercent qu'en vertu de dispositions législatives spéciales. La plupart de ces dispositions visent des actes qui présentent plutôt le caractère d'actes de gouvernement ou d'administration que celui de lois générales. — Ainsi, le président de la République ne peut déclarer la guerre sans l'assentiment préalable des deux Chambres (L. 16 juill. 1875, art. 9). La loi constitutionnelle n'exige pas que cet assentiment se traduise par une loi : il suffit qu'il soit certain, et il peut résulter du vote d'un ordre du jour approuvant la conduite du Gouvernement.

32. Le président de la République négocie et ratifie les traités conclus avec les nations étrangères. Il en donne connaissance aux Chambres aussitôt que l'intérêt et la sûreté de l'Etat le permettent. Les traités de paix, de commerce, les traités qui engagent les finances de l'Etat, ceux qui sont relatifs à l'état des personnes ou au droit de propriété des Français à l'étranger, ne sont définitifs qu'après avoir été votés par les deux Chambres. Nulle cession, nul échange, nulle adjonction de territoire ne peut avoir lieu qu'en vertu d'une loi. — D'autres traités ne nécessitent pas l'intervention du Parlement. Ainsi les traités d'alliance peuvent être signés par le Gouvernement avec une puissance étrangère. Ils peuvent exister sans être divulgués par le Gouvernement jusqu'au jour où les événements obligeraient le Gouvernement à en exécuter les clauses ; si celles-ci engagent les finances de l'Etat ou comportent la mise en mouvement de ses armées, il faudrait alors soumettre le traité à l'approbation des Chambres. On admet de même, en général, que les traités d'extradition, n'intéressant pas à proprement parler l'état des personnes, ne nécessitent pas l'approbation législative.

33. Le droit d'approuver ou de rejeter les traités, qui appartient aux Chambres, n'implique pas celui d'imposer à l'avance au Gouvernement les bases sur lesquelles il devra négocier. Aussi les Chambres ont-elles, en 1880, repoussé comme inconstitutionnel un amendement qui proposait de décider qu'aucun traité de commerce ne pourrait abaisser les droits de douane au-dessous du tarif général. De même, le tarif minimum voté par la loi du 11 janv. 1892 ne peut avoir cet effet de limiter les droits du président de la République pour la négociation et la ratification des traités. — Les traités légalement consentis et promulgués deviennent loi de l'Etat. Mais ils ne sont obligatoires qu'autant qu'ils ont été promulgués et publiés.

34. Exigent encore l'intervention du pouvoir législatif les actes d'administration qui intéressent les finances de l'Etat. Du droit de consentir l'impôt au Gouvernement, les assemblées politiques ont fait découler celui

d'en suivre et d'en contrôler l'emploi, et, par suite, celui d'autoriser par des lois spéciales les actes les plus importants. Actuellement, il faut une loi pour créer les hauts emplois dans les ministères (L. 13 avr. 1900, D. P. 1900. 4. 33), créer les corps militaires, fixer le contingent de l'armée (L. 24 juill. 1873 et 13 mars 1875, D. P. 73. 4. 81 et 75. 4. 129), déclarer d'utilité publique les grands travaux publics (L. 27 juill. 1870, D. P. 70. 4. 59), approuver les conventions financières, particulièrement celles qui concèdent des privilèges ou monopoles (chemins de fer, Banque de France), classer les places de guerre (L. 10 juill. 1851, D. P. 51. 4. 129).

35. Il faut aussi une loi pour approuver ce qui a le caractère de dépenses et de recettes extraordinaires, les crédits extraordinaires (L. 14 déc. 1879, D. P. 80. 4. 73), les emprunts, les aliénations ou échanges de propriétés domaniales, notamment des forêts (L. 1er juin 1864, D. P. 64. 4. 75). C'est encore le pouvoir législatif qui fixe les distinctions exceptionnelles à accorder aux citoyens, les pensions accordées à titre de récompenses nationales, le nombre de croix ou de décorations qui peuvent être décernées.

36. En principe, le pouvoir législatif peut seul déclarer l'état de siège (L. 3 avr. 1878, D. P. 78. 4. 27). — Les amnisties ne peuvent être accordées que par une loi (L. 25 févr. 1875, art. 3). — Une loi est également nécessaire pour accorder à un étranger le bénéfice de la grande naturalisation (V. infrà, Etranger).

37. Certains changements dans les circonscriptions administratives exigent une loi ; il en est ainsi notamment de la création d'une commune nouvelle (V. suprà, Commune, n° 9). — Le pouvoir législatif intervient aussi dans l'administration locale pour faire certains actes de tutelle. C'est lui, par exemple, qui autorise les surtaxes d'octroi, les taxes de remplacement, qui déclare d'utilité publique certains travaux départementaux ou communaux, tels que les chemins de fer d'intérêt local. — Enfin, dans certains cas, le législateur s'est réservé le droit de créer, par une décision spéciale, certaines personnes morales, telles que les congrégations religieuses (V. suprà, Associations et congrégations, n° 54).

B. — Procédure de la confection des lois.

38. Au point de vue de la procédure, on peut diviser les lois en cinq groupes : 1° les lois constitutionnelles ; 2° les lois ordinaires ; 3° les lois de finances ; 4° les traités et conventions ; 5° les lois d'intérêt local.

39. Les lois ayant pour objet la revision de la constitution sont votées par les deux Chambres réunies en Assemblée nationale. L'initiative des propositions de revision appartient tant au Gouvernement qu'aux membres de chacune des deux Chambres. — L'Assemblée nationale se réunit pour procéder à la revision après que chacune des Chambres a décidé, à la majorité absolue, qu'il y a lieu de reviser les lois constitutionnelles. La résolution votée ne contient aucune limitation. Cependant, il est d'usage qu'avant la réunion de l'Assemblée nationale, les deux Chambres tombent d'accord sur les points qui feront l'objet de la revision. — Les délibérations portant revision des lois constitutionnelles, en tout ou en partie, doivent être prises à la majorité absolue des membres composant l'Assemblée nationale (L. 25 févr. 1875, art. 8).

40. L'initiative des lois ordinaires appartient tant au président de la République qu'aux membres des deux Chambres. — Le Président autorise par décret un ou plusieurs ministres à déposer un projet de loi sur le bureau de l'une ou l'autre Chambre et à le soutenir. Ces projets sont imprimés avec l'exposé des motifs et distribués. Ils sont

transmis par le président aux bureaux pour la nomination d'une commission spéciale ou renvoyés à une commission existante. — Toute proposition émanant d'un député ou d'un sénateur doit être formulée par écrit en articles de loi et précédée d'un exposé des motifs. Elle est remise au président qui, après en avoir donné connaissance à la Chambre, le renvoie à la commission d'initiative parlementaire. L'auteur ou les auteurs d'une proposition ont le droit d'être entendus par la commission. Dans la quinzaine, la commission doit faire un rapport sommaire dans lequel elle conclut à la prise en considération, au rejet ou à la question préalable. Elle peut conclure aussi à la déclaration d'urgence. Si la proposition est prise en considération par la Chambre, elle est renvoyée à l'examen des bureaux. Les propositions rejetées par la Chambre ne peuvent être représentées avant un délai de six ou de trois mois, suivant qu'elles n'ont pas été ou qu'elles ont été prises en considération.

41. La discussion devant les Chambres s'engage non sur le texte primitif rédigé par le Gouvernement ou par les auteurs de la proposition, mais sur le texte amendé par la commission. Les projets ou propositions doivent, en principe, faire l'objet d'une double lecture, à moins que la Chambre n'ait prononcé la déclaration d'urgence. — La délibération porte d'abord sur l'ensemble du projet ou de la proposition. Le président consulte la Chambre pour savoir si elle entend passer à la discussion des articles. Le refus de passer à la discussion des articles entraîne le rejet du projet. Si la Chambre a voté le passage à la discussion des articles, la discussion porte sur chaque article et sur les amendements. Après le vote des articles, le président met aux voix l'ensemble du projet.

42. Les Chambres votent sur les questions qui leur sont soumises, par assis et levé, au scrutin public et au scrutin secret. Ce dernier mode n'est plus employé que pour les élections. Sur la demande de quarante membres, le scrutin public peut avoir lieu à la tribune. On peut aussi réclamer l'appel nominal. Les amendements sont mis aux voix avant la question principale. — Les Chambres ne peuvent valablement voter que quand la moitié plus un des membres qui les composent sont présents. Lorsque le quorum n'est pas atteint, et cette fois le vote n'est renvoyé à la séance suivante, et la majorité relative suffit.

43. Une fois votés par une des deux Chambres, les projets et propositions sont transmis à l'autre Chambre, par les soins du président de l'assemblée quand il s'agit de propositions, et par le Gouvernement quand il s'agit de projets de loi. Quand la seconde Chambre adopte sans modification les projets votés par la première, le président de cette Chambre transmet cette loi au président de la République par l'intermédiaire du ministre compétent. Quand ils sont modifiés, ils sont renvoyés à la première jusqu'à ce que les deux Chambres soient d'accord. Pour hâter cet accord, il peut être formé une commission de sénateurs et de députés qui sont chargés de chercher une nouvelle rédaction sur laquelle l'accord puisse s'établir. — Quand les projets votés par une Chambre ont été rejetés par l'autre, ils ne peuvent être repris, avant un délai de trois mois, que sur l'initiative du Gouvernement.

44. Lorsque survient la fin d'une législature, les propositions et projets déposés sur le bureau de la Chambre des députés non encore adoptés par elle deviennent caducs. Ceux qui ont été adoptés par elle et ont été transmis au Sénat échappent à la caducité.

45. En principe, le Sénat a, concurremment avec la Chambre des députés, l'initiative et la confection des lois. Toutefois, les lois de finances doivent être, en premier lieu, présentées à la Chambre des députés et votées par elle (L. 24 févr. 1875, art. 8). On désigne sous le nom de *lois de finances* les lois annuelles portant fixation du budget général des dépenses et recettes, celles portant règlement définitif des budgets, celles portant ouverture ou ratification de crédits additionnels. Les lois de finances sont toujours présentées par le Gouvernement. — À la différence des lois ordinaires, les lois de finances ne sont soumises qu'à une seule lecture, sans qu'il soit nécessaire de voter la déclaration d'urgence (Régl. Ch. dép., art. 60).

46. L'initiative en matière de dépenses n'est pas exclusivement réservée au Gouvernement. Toutefois, la Chambre des députés, par une résolution du 16 mars 1900, a limité et réglementé le droit d'initiative de ses membres. D'une part, aucune proposition tendant soit à créer des emplois, soit à augmenter les traitements ou les pensions des fonctionnaires, ne peut être présentée par les députés. D'autre part, en ce qui touche les dépenses du matériel, les propositions tendant à l'ouverture de nouveaux crédits ou à l'augmentation des crédits proposés doivent, à peine de déchéance, être présentées dans les trois jours qui suivent la distribution aux députés du rapport auquel se réfère l'amendement.

47. On n'est pas d'accord sur l'étendue des droits du Sénat en matière financière. Il y a lieu de distinguer. — Les lois de finances contiennent des dispositions concernant la législation proprement dite, les pensions, la perception ou l'assiette des impôts : à l'égard de ces dispositions, les droits du Sénat sont les mêmes que ceux de la Chambre des députés. Au contraire, en ce qui touche les dispositions annuelles, le droit d'initiative de la Chambre doit être maintenu. Le Sénat a cependant le droit d'amendement : il peut supprimer ou réduire un crédit voté par la Chambre, et il n'est pas tenu de céder si la Chambre maintient son premier vote.

48. Lorsque les Chambres législatives sont appelées à donner leur approbation soit à des traités conclus avec les puissances étrangères, soit à des conventions passées avec des sociétés commerciales, industrielles ou financières, elles sont toujours saisies par le Gouvernement, qui a eu nécessairement l'initiative de la négociation ou de la préparation de la convention. Il n'est pas voté sur les articles du traité, et il ne peut être présenté d'amendement à son texte. S'il y a opposition à quelques-unes des clauses du traité, elle se produit sous forme de demande de renvoi à la commission.

49. Enfin, les lois d'intérêt local sont aussi proposées par le Gouvernement. Elles sont renvoyées à une commission chargée d'examiner tous les projets de cette nature. Elles ne donnent lieu qu'à une seule délibération.

§ 2. — *Examen des pétitions* (S. 56).

50. Une autre attribution commune des Chambres est la réception et l'examen des pétitions. Les pétitions sont des vœux que toute personne peut adresser au Sénat ou à la Chambre des députés en vue soit de faire modifier une législation, d'obtenir réparation d'un dommage ou d'une iniquité, d'obtenir une faveur ou un secours. Toute pétition doit être faite et présentée par écrit (L. 22 juill. 1879, art. 6). Il est interdit d'en apporter en personne ou à la barre. — D'après les règlements de la Chambre (art. 61-68) et du Sénat (art. 7 et s.), toute pétition doit être signée; elle doit indiquer la demeure du pétitionnaire ou de l'un d'eux s'ils sont plusieurs. Les signatures doivent être légalisées. Les pétitions sont adressées au président de la Chambre ou du Sénat. Elles peuvent aussi être déposées par un membre de l'assemblée.

51. Les pétitions sont envoyées à la *commission des pétitions*, qui, après examen, les classe dans l'ordre suivant : celles qu'elle juge à propos de renvoyer à un ministre; celles qu'elle juge devoir être, indépendamment de ce renvoi, soumises à l'examen de l'Assemblée; celles qu'elle ne juge pas devoir être soumises à cet examen. Avis est donné au pétitionnaire de la résolution adoptée à l'égard de sa pétition. Un feuilleton, distribué chaque semaine aux membres de la Chambre et du Sénat, mentionne la résolution adoptée sur chaque pétition par la commission avec le résumé succinct de ses motifs. Dans le mois de la distribution du feuilleton, tout député ou sénateur peut demander le rapport, en séance publique, d'une pétition, quel que soit le classement que la commission lui a assigné. Sur sa demande, le rapport est fait de plein droit. Après l'expiration de ce délai, les résolutions de la commission deviennent définitives à l'égard des pétitions qui ne doivent pas être l'objet d'un rapport public, et elles sont mentionnées au *Journal officiel*. La commission rapporte les pétitions en séance publique, et il est ensuite statué par la Chambre. — Lorsqu'une pétition a été renvoyée à un ministre, celui-ci doit, dans un délai de six mois, faire connaître la suite qu'il a donnée à cette pétition.

Art. 2. — Attributions spéciales du Sénat (S. 51 et s., 72).

52. 1° La dissolution de la Chambre des députés ne peut être prononcée, par le président de la République, que sur l'avis conforme du Sénat (L. 25 févr. 1875, art. 5). — 2° En cas de vacance de la présidence de la République pendant la dissolution de la Chambre, le Sénat se réunit de plein droit; mais il ne peut exercer aucune de ses attributions législatives (L. 25 févr. 1875, art. 7). Il se borne, en ce cas, à surveiller les actes du Conseil des ministres investi du pouvoir exécutif. — 3° Le Sénat peut être constitué en Haute Cour de justice pour juger soit le président de la République, soit les ministres, et pour connaître des attentats commis contre la sûreté de l'État (L. 24 févr. 1875, art. 9). — Pour tout ce qui concerne cette juridiction spéciale, V. *infrà*, *Haute Cour de justice*.

SECT. IV. — Attributions du président de la République (S. 79 et s.).

53. Ces attributions sont, pour la plupart, énumérées dans l'art. 3 de la loi du 25 févr. 1875. Elles ne s'exercent, d'ailleurs, qu'avec le concours des ministres responsables : chacun des actes du président de la République doit être contresigné par un ministre (art. 3 précité, *in fine*).

54. A. — Le président de la République, concurremment avec les membres des deux Chambres, l'initiative des lois.

55. B. — Il promulgue les lois, lorsqu'elles ont été votées par les deux Chambres (V., pour la publication, les caractères et les formes de la promulgation, *infrà*, *Lois*). — Le président est *obligé* de faire la promulgation qui est le premier acte d'exécution de la loi. Il y procède dans le mois qui suit la transmission au Gouvernement de la loi définitivement adoptée. Il doit promulguer dans les trois jours les lois dont la promulgation, par un vote exprès de l'une ou de l'autre Chambre, aura été déclarée urgente (L. 16 juill. 1875, art. 7, § 1er).

56. C. — Le président de la République assure et surveille l'exécution des lois. Cette attribution, qui est sa fonction essentielle, comporte le pouvoir de faire les règlements nécessaires pour assurer l'exécution de la loi. — Ce pouvoir de faire des règlements réglementaires est inhérent au pouvoir exécutif. Par conséquent, les actes réglementaires qui

ont pour objet la police générale, et dont l'action s'étend sur toutes les parties du territoire, doivent émaner du président de la République. — Le président peut prescrire toutes les mesures de police et de sûreté générale. Mais les actes du chef de l'État ne constituent des règlements administratifs et ne sont sanctionnés par l'art. 471 c. pén. qu'autant qu'il s'agit des matières rentrant dans la catégorie des objets de police confiés à la surveillance de l'autorité administrative ou municipale (art. 3 de la loi du 5 avr. 1884 (V. *supra*, *Commune*, n°ˢ 86 et s.) que par des lois spéciales.

57. Parmi les règlements qui émanent du président de la République, les uns sont pris en vertu du pouvoir propre que lui reconnaît l'art. 3 de la loi du 25 févr. 1875; les autres sont faits en vertu d'une délégation spéciale du législateur : ceux-ci sont particulièrement qualifiés règlements d'administration publique. — Les règlements d'administration publique se caractérisent par les traits suivants : ils se statuent pour l'avenir, dans l'intérêt de l'ordre public et en vue d'une généralité de faits ou de personnes; ils participent des caractères distinctifs des dispositions législatives; ils empruntent leur force obligatoire à une délégation inscrite dans la loi, et ils ne sont rendus qu'après avis du Conseil d'État. Quand pareille délégation a été donnée au chef de l'État, il est tenu de faire un règlement. Le décret simple ne suffirait pas.

58. Les règlements d'administration publique ont une valeur quasi-législative, en ce sens qu'ils peuvent édicter, si le législateur l'a décidé expressément, des pénalités, des règles de compétence, déterminer les règles d'assiette et de perception d'un impôt. Le Conseil d'État doit être consulté (L. 24 mai 1872, art. 8, D. P. 72. 4. 88); mais son avis ne doit pas nécessairement être suivi. — Si un règlement d'administration publique est irrégulier en la forme ou si le Gouvernement, en le faisant, a excédé les bornes de la délégation qui lui avait été donnée, les tribunaux peuvent se refuser à l'appliquer. Mais, à cause de leur caractère quasi-législatif, les règlements d'administration publique ne peuvent faire l'objet d'un recours pour excès de pouvoir.

59. Les actes du chef de l'État sont sans valeur légale s'ils contreviennent à la loi en le suppléant dans des matières réservées à la puissance législative — ils ne sont pas obligatoires s'ils sont contraires à la constitution et aux lois. Toutefois, on s'accorde à excepter de l'application de cette règle les décrets ou ordonnances rendus à certaines époques (V. *infrà*, *Lois*). Il en est ainsi : 1° des décrets du premier Empire que le Sénat n'a pas déclarés inconstitutionnels, quoiqu'ils édictent des prescriptions qui étaient du ressort du Corps législatif; 2° des actes du gouvernement provisoire du 24 février 1848; 3° des actes du prince président pendant la période dictatoriale qui s'est écoulée entre le 2 déc. 1851 et le 31 mars 1852; 4° de ceux des actes du gouvernement de la Défense nationale qui ont modifié des dispositions législatives. — Enfin, aujourd'hui encore, le président de la République exerce, en vertu de la délégation générale qu'il a reçue de la loi du 24 avr. 1833 (R. vᵒ *Organisation coloniale*, p. 1093) et du sénatus-consulte du 3 mai 1854 (D. P. 54. 4. 79), le pouvoir législatif en Algérie et aux colonies. Sauf en ce qui concerne les décrets-lois, les décrets-lois ne peuvent être modifiés que par des lois.

60. Outre les décrets qui constituent des règlements et qui ont un caractère général, le chef de l'État rend des décrets *individuels*, c'est-à-dire des actes s'appliquant à une personne ou à une affaire déterminée. — Les décrets individuels se divisent en décrets ordinaires et en décrets *dans la forme des règlements d'administration publique.* Ces derniers, comme les règlements d'administration publique, ne peuvent être pris qu'après avis de l'assemblée générale du Conseil d'Etat (L. 24 mai 1872, art. 8). — A la différence des règlements d'administration publique, qui, par leur nature, échappent à tout recours contentieux, les décrets en la forme des règlements d'administration publique sont des actes administratifs qui peuvent être l'objet d'un recours pour excès de pouvoir.

61. D. — Le président de la République est le représentant de la France vis-à-vis des gouvernements étrangers. A cet effet, il préside aux solennités nationales ; les ambassadeurs et envoyés des puissances étrangères sont accrédités auprès de lui (L. 25 févr. 1875, art. 3). On a vu plus haut (n° 32) qu'il négocie et ratifie les traités (L. 16 juill. 1875, art. 8) ; qu'il lui appartient de déclarer la guerre, mais seulement après avoir obtenu l'autorisation des Chambres (art. 9). V. *supra, n° 31.*

62. E. — Il dispose de la force armée, c'est-à-dire qu'il lui donne des ordres auxquels elle est tenue d'obéir. La constitution n'interdit pas au président de prendre lui-même le commandement de l'armée. Il préside en personne le Conseil supérieur de la guerre.

63. F. — Le chef de l'Etat nomme à tous les emplois civils et militaires. C'est en vertu d'une délégation que les ministres, préfets, sous-préfets, directeurs généraux nomment un certain nombre de fonctionnaires. — D'autre part, des lois spéciales ont enlevé au président de la République la nomination de certains fonctionnaires pour l'attribuer aux électeurs : il en est ainsi des maires, des juges au tribunal de commerce. Dans d'autres cas, des lois spéciales ou des règlements ont subordonné l'exercice du droit de nomination à l'accomplissement de certaines formalités. C'est ainsi que les conseillers d'Etat (L. 25 févr. 1875, art. 4), le gouverneur général de l'Algérie (Décr. 23 août 1898) sont nommés par décret en conseil des ministres.

64. Parfois, la nomination est subordonnée à des conditions d'âge ou de capacité : il en est ainsi pour les conseillers de préfecture, les magistrats, les employés des administrations centrales. — Certaines fonctions ne sont données qu'après un concours : il en est ainsi pour les auditeurs au Conseil d'Etat et à la Cour des comptes, les inspecteurs des finances, les agrégés des facultés de droit et de médecine. Ou bien la nomination n'a lieu que sur la présentation de certains corps : c'est le cas pour les professeurs des facultés ou du Collège de France, ou du Muséum d'histoire naturelle. Pour certaines fonctions, il faut l'accord de deux volontés : il en est ainsi pour les évêques, qui sont nommés par le président de la République, mais auxquels l'investiture canonique est donnée par le pape (V. *infrà, Culte,* n° 85). — Enfin, les officiers ministériels sont nommés sur la présentation de leur prédécesseur (V. *infrà, Office*).

65. Le chef de l'Etat exerce le droit de révocation, qui est la contre-partie du droit de nomination. Ce droit de révocation est restreint en ce qui concerne certaines catégories de fonctionnaires (V. *infrà, Fonctionnaire public*).

66. G. — Le président de la République a enfin le droit de faire grâce (V. *infrà, Grâce*).

SECT. V. — **Attributions des ministres** (S. 86 et s.).

67. Au cas où la présidence de la République devient vacante pendant la dissolution de la Chambre des députés, le Conseil des ministres est investi de l'intérim du pouvoir exécutif (L. 25 févr. 1875, art. 7). V. *supra,* n° 5.

68. En dehors de ce cas exceptionnel, les attributions des ministres sont politiques ou administratives. — Les premières sont celles que leur confère la Constitution. Ils contresignent tous les actes du président de la République (L. 25 févr. 1875, art. 6), de quelque nature qu'ils soient, même les décrets de grâce, même les messages. — Les ministres ont leur entrée dans les deux Chambres, tant pour soutenir les projets de lois déposés au nom du chef de l'Etat que pour donner l'avis du Gouvernement sur les propositions émanant de l'initiative parlementaire, et pour répondre aux interpellations dirigées contre les actes du pouvoir exécutif ou contre sa politique. Ils doivent être entendus quand ils le demandent. Ils peuvent se faire assister, pour la discussion d'un projet de loi déterminé, par des commissaires du Gouvernement désignés par décret (L. 16 juill. 1875, art. 6, § 2).

69. Les attributions essentielles des ministres consistent à diriger les services administratifs qui se trouvent placés dans leurs départements respectifs. — Pour l'accomplissement de leur mission, ils ne disposent pas, en principe, du pouvoir réglementaire. Toutefois, ce pouvoir peut leur appartenir dans certains cas, en vertu d'une disposition expresse contenue dans une loi ou un règlement. On peut citer comme exemples de délégation semblable celle que renferment : la loi du 21 avr. 1810, sur les mines ; l'ordonnance du 15 nov. 1846, sur la police des chemins de fer ; le décret du 10 août 1852, sur la police du roulage ; la loi du 22 juin 1854, sur la télégraphie privée ; la loi du 25 juin 1856, sur les transports d'échantillons par la poste. — C'est aussi en vertu d'une délégation expresse que les ministres peuvent, dans certains cas, nommer à certains emplois publics, notamment dans les administrations centrales.

70. Au point de vue administratif, les ministres commandent à tout le personnel qui gère les divers services placés dans leur département ministériel. Ils font connaître à leurs subordonnés les devoirs qui leur sont imposés, les pouvoirs qui leur appartiennent et l'usage qu'ils doivent faire de ces pouvoirs suivant les circonstances, soit par des circulaires générales qui reçoivent une publicité officielle, soit par des instructions spéciales. — Ces instructions et circulaires n'obligent que les fonctionnaires auxquels elles sont adressées et dans la sphère de leurs fonctions. Elles ne sont pas obligatoires pour les autres citoyens et ne lient pas les tribunaux. Ainsi, quand une instruction est faite pour interpréter une loi antérieure, les tribunaux ne sont pas tenus de se conformer à l'interprétation donnée par le ministre. Les instructions ministérielles, ne créant aucun droit à l'égard des tiers et ne faisant nul obstacle à ce que les intéressés fassent valoir leurs prétentions devant les juridictions compétentes, ne sont pas susceptibles d'être déférées au Conseil d'Etat (Cons. d'Et. 7 janv. 1869, D. P. 70. 3. 6).

71. Les ministres peuvent également donner à leurs subordonnés des ordres, des injonctions que ceux-ci sont tenus d'exécuter. Chaque ministre exerce sur ses subordonnés un pouvoir hiérarchique. Il peut non seulement annuler leurs actes, mais encore y substituer des dispositions différentes soit spontanément, soit sur la réclamation des intéressés. Pour l'exercice de ce pouvoir hiérarchique, les ministres ne sont assujettis à aucune forme ni à aucun délai.

72. Les ministres sont les représentants de la personne morale de l'Etat, chacun pour les affaires de son département ministériel. Titulaires des crédits ouverts par les Chambres

pour les dépenses de l'exercice, ce sont eux qui passent les marchés au nom de l'Etat ou qui, d'une manière plus générale, engagent les dépenses par les ordres qu'ils donnent aux entrepreneurs et aux fournisseurs. La dépense faite, ils la liquident et l'ordonnancent au profit du créancier de l'Etat. Inversement, ils déterminent, par des arrêtés de débet ou par des états exécutoires, le montant des sommes dont certaines personnes peuvent se trouver débitrices envers l'Etat. Enfin, c'est aux ministres qu'il appartient de soutenir devant le Conseil d'Etat les actions de l'Etat.

73. Pendant longtemps, on a admis que les ministres avaient des attributions contentieuses, qu'ils étaient même les juges de droit commun du premier degré en matière administrative. Cette opinion est aujourd'hui abandonnée par la jurisprudence, qui ne reconnaît le caractère de jugement aux décisions ministérielles que dans les cas où un texte formel leur donne ce caractère (V. *supra, Compétence administrative,* n° 133).

SECT. VI. — **Attributions éventuelles des Conseils généraux** (S. 73).

74. La loi du 15 févr. 1872 (D. P. 72. 4. 39) prévoit le cas où les Assemblées législatives viendraient à être illégalement dissoutes ou empêchées de se réunir. En ce cas, les Conseils généraux s'assemblent immédiatement, de plein droit et sans qu'il soit besoin de convocation, soit au chef-lieu de chaque département, soit, pourtant ailleurs, si des motifs de sécurité l'exigent. Chaque Conseil nomme deux délégués, qui se rendent au lieu où se trouvent les membres du Gouvernement qui ont pu se soustraire à la violence. — Cette assemblée est chargée de prendre, pour toute la France, les mesures urgentes que nécessite le maintien de l'ordre et, spécialement, celles qui ont pour but de rendre aux Chambres législatives la plénitude de leur indépendance et de l'exercice de leurs droits. Elle pourvoit provisoirement à l'administration générale du pays ; et ses décisions doivent être exécutées, à peine de forfaiture, par tous les fonctionnaires, agents de l'autorité et commandants de la force publique. — L'assemblée des délégués doit se dissoudre dès que les Chambres sont reconstituées par la réunion de la majorité de leurs membres sur un point quelconque du territoire. Si cette reconstitution ne peut se réaliser dans le mois qui suit les événements, l'assemblée des délégués doit décréter un appel à la nation.

CONSUL

(R. v° *Consuls ;* S. *eod.* v°).

1. Les consuls sont des fonctionnaires, agents ou délégués, qu'un gouvernement entretient en pays étranger pour y protéger les opérations commerciales et les personnes de ses nationaux.

ART. 1er. — ORGANISATION DES CONSULATS. — IMMUNITÉS. — PROHIBITIONS (R. 21 et s. ; S. 3 et s.).

2. Les cadres de l'activité du personnel consulaire français comprennent : 40 consuls ou délégués, 50 consuls de première classe, 80 consuls de seconde classe, 100 vice-consuls, 24 élèves-consuls (Décr. 12 nov. 1891).

3. Sur les conditions d'admission dans la carrière diplomatique ou consulaire, le mode de nomination, l'avancement, les changements de poste des agents qui en font partie, V. *supra, Agent diplomatique,* n°s 27 et 28.

4. Les consuls de France, étant de véritables fonctionnaires, ne peuvent être accrédités à l'étranger que s'ils jouissent de la qualité de Français (Décis. min. 28 vend. an 11).

5. Tout consul doit obtenir du gouvernement auprès duquel il est accrédité une ordonnance d'*exequatur* l'autorisant à exercer ses fonctions. — Cette ordonnance ne revêt, ni sur le fond ni sur la forme, le caractère de loi ou de règlement, et ne saurait davantage être assimilée à une convention internationale (Cr. r. 23 déc. 1854, D. P. 59. 1. 185).
6. L'usage s'est établi, dans le droit des gens, de ne pas exiger le renouvellement de l'*exequatur* quand des changements politiques surviennent dans le pays où réside le consul. — D'autre part, la nomination d'un consul dans un pays dont la souveraineté est contestée n'implique pas la reconnaissance du gouvernement de fait.
7. Le caractère des consuls est discuté. Selon certains publicistes, ce sont des ministres publics; d'autres leur refusent tout caractère représentatif. — Quoi qu'il en soit, il est généralement admis que les consuls ne jouissent pas, comme les agents diplomatiques (V. *suprà, Agent diplomatique*, n° 9), du privilège de l'immunité territoriale, en vertu duquel les ministres publics qui représentent un Etat en pays étranger ne peuvent être traduits devant les juridictions de ce pays. On fait exception, toutefois, pour les pays hors chrétienté; il a été jugé que les consuls y sont investis d'attributions plus étendues, qu'ils sont chargés d'une mission politique et qu'ils jouissent de l'immunité territoriale (Req. 4 févr. 1863, D. P. 63. 1. 306). — D'autre part, les consuls peuvent jouir du bénéfice dont il s'agit en vertu du principe de la réciprocité diplomatique (Civ. 11). Ainsi, un consul étranger traduit devant les tribunaux français pour crimes et délits par lui commis sur le territoire, pourrait invoquer le privilège d'exterritorialité, si ce privilège est reconnu aux consuls français par les traités de la nation à laquelle il appartient (Civ. 11; Paris, 8 janv. 1886, D. P. 86. 2. 216). En fait, la plupart des traités conclus depuis un siècle renferment des clauses en ce sens.
8. La compétence des tribunaux français à l'égard des consuls étrangers est, d'ailleurs, limitée aux cas où ceux-ci agissent comme personnes privées, et ne s'étend pas aux actes qu'ils accomplissent en France par ordre de leur gouvernement et avec l'approbation des autorités françaises. Ainsi, un consul étranger ne peut être assigné devant la justice française pour rendre compte de l'emploi d'une somme qui lui a été remise pour le payement des gages de l'équipage d'un navire de sa nation (Trib. com. de Nantes, 8 déc. 1869, D. P. 70. 3. 119). Mais il a été jugé qu'un consul qui procède au sauvetage d'un navire de sa nationalité échoué sur les côtes de France, non en qualité de consul, mais comme mandataire du propriétaire du navire, agit à titre privé et est, en conséquence, justiciable des tribunaux français (Poitiers, 4 nov. 1886, D. P. 87. 2. 99).
9. Les consuls étrangers condamnés par la juridiction de droit commun du pays où ils résident peuvent être poursuivis jusque dans leur domicile privé. Mais cette exécution ne saurait donner accès dans la partie de la demeure du consul réservée à l'exercice de sa fonction et où sont renfermées les archives consulaires. Ces archives sont inviolables, et les autorités locales ne peuvent, sous aucun prétexte, y faire des recherches, y saisir des pièces, ou prendre communication d'un document quelconque contre la volonté du consul.
10. Les outrages commis publiquement envers les consuls étrangers résidant en France ne sont point passibles de la pénalité exceptionnelle édictée par l'art. 37 de la loi du 29 juill. 1881 (D. P. 81. 4. 65) et sont de la compétence des tribunaux correctionnels (Cr. r. 9 févr. 1884, D. P. 84. 1. 307). La compétence de la juridiction correctionnelle ne saurait être contestée par le motif que les consuls seraient dépositaires d'une partie de l'autorité publique (Paris, 28 juin 1883, P. P. 84. 2. 115).
11. Quant au délit d'outrage commis à l'étranger par un Français envers un consul de France dans l'exercice ou à raison de ses fonctions, il peut être poursuivi devant les tribunaux français, si les conditions prévues par l'art. 5 c. instr. cr. (V. *suprà, Compétence criminelle*, n° 19) se trouvent réunies.
12. Les consuls étrangers sont exempts en France des contributions directes toutes les fois qu'ils peuvent se prévaloir de stipulations internationales ou du principe de la réciprocité (Cons. d'Et. 7 sept. 1848, D. P. 49. 3. 2); et cette règle s'applique à tous les consuls d'un même Etat, sans distinction de nationalité, et alors même qu'ils seraient Français (Cons. d'Et. 12 juin 1901, D. P. 1902. 3. 113). — Il a été jugé que les consuls d'Angleterre n'ont pas droit à l'exemption de la contribution personnelle et mobilière, aucune convention n'existant à cet égard avec l'Angleterre, et les consuls de France ne jouissant en fait d'aucune immunité dans ce pays (Cons. d'Et. 28 janv. 1881, D. P. 82. 3. 54).
13. Les consuls sont exempts de la tutelle (Civ. 428, 429) et de la curatelle (Comp. *suprà, Agent diplomatique*, n° 16).
14. Les membres du corps consulaire français ne peuvent faire le commerce, ni acquérir des biens immeubles dans les pays de leur résidence. Ils ne peuvent sans autorisation accepter des fonctions étrangères; toutefois, il leur est permis de se charger de la gestion d'un consulat étranger, lorsque le titulaire est momentanément obligé de quitter son poste. — Ils ne peuvent se marier sans l'autorisation du ministre des Affaires étrangères (Décr. 19 avr. 1894).

Art. 2. — Devoirs et attributions des consuls.

§ 1er. — *Fonctions administratives* (R. 46 et s.; S. 17 et s.).

15. En vue de l'incorporation dans l'armée des Français nés ou établis à l'étranger, chaque année avant le 1er décembre, une liste de tous les jeunes gens qui ont atteint ou doivent atteindre l'âge de vingt ans avant l'expiration de l'année courante, ne doivent atteindre l'âge de vingt ans avant l'expiration de l'année courante, et ceux des classes antérieures qui n'ont pas concouru au tirage et qui, n'ayant pas atteint l'âge de trente ans, doivent être portés sur le tableau de recrutement comme omis. — Le consul remet aussi aux Français de sa circonscription les ordres de mobilisation, de rappel et de convocation qui lui sont transmis par le Gouvernement (L. 15 juill. 1889, art. 50; Décis. min. Guerre, 18 déc. 1877). — Il ne peut recevoir, même à titre provisoire, aucun engagement militaire.
16. En cas de naufrage d'un navire et en l'absence des intéressés, les consuls sont chargés de faire procéder au sauvetage de ce navire et d'en régler les conditions (Ord. 29 oct. 1833, R. p. 265). — Ils doivent dresser procès-verbal des congédiements de matelots français qui interviennent en pays étranger, contrairement à la prohibition édictée par l'art. 270, § 6, c. com., et pourvoir au rapatriement des marins délaissés, concurremment avec les commandants particuliers et les commissaires de l'inscription maritime dans les possessions françaises d'outremer (Décr. 7 avr. 1860, D. P. 64. 4. 64).
17. La correspondance des consuls avec le département des affaires étrangères se divise par spécialités, selon l'organisation même de ce département; ils peuvent également correspondre avec le ministre de la Marine.
18. La protection des consuls français peut s'étendre aux étrangers : 1° lorsque ceux-ci n'ont ni consul, ni aucun agent de leur nation dans le pays; 2° lorsque, les rapports diplomatiques entre leur gouvernement et celui du pays de leur résidence étant suspendus, ils se trouvent privés de leurs protecteurs naturels; 3° lorsqu'en cas de troubles ou de faits de guerre, ils se réfugient sous le pavillon français.
19. Les consuls français peuvent délivrer des passeports à leurs nationaux, et, dans certains cas, même aux étrangers, ou viser les passeports délivrés à ces derniers pour la France par des autorités étrangères (Ord. 25 oct. 1833). La délivrance ou le visa des passeports peuvent être refusés par le consul, surtout si l'impétrant est déserteur ou contumax, ou si son départ a pour objet de se soustraire aux dettes qu'il a contractées, de fuir l'autorité paternelle, etc. — Les consuls peuvent encore délivrer les certificats de vie des rentiers viagers ou pensionnaires civils, les certificats d'origine des marchandises; recevoir en dépôt au consulat des sommes d'argent, valeurs, marchandises ou effets mobiliers; légaliser les actes destinés à être produits en France, etc.
20. Les consuls de France peuvent faire arrêter à l'étranger et renvoyer en France tout Français qui, « par sa mauvaise conduite et ses intrigues, pourrait être nuisible au bien général » (Edit de juin 1778, art. 82). Les mesures de cette nature et les décisions du ministre des Affaires étrangères qui les confirment ne peuvent être déférées au Conseil d'Etat, même pour excès de pouvoir (Cons. d'Et. 8 déc. 1882, D. P. 84. 3. 69).
21. Sur les attributions des consuls français à l'étranger et des consuls étrangers en France, en matière d'actes de l'état civil et de succession, V. *suprà, Actes de l'état civil*, n° 70, et *infrà, Mariage, Succession.*

§ 2. — *Juridiction consulaire* (R. 57 et s.; S. 22 et s.).

A. — Pays de chrétienté.

22. Dans les pays de chrétienté, les consuls n'exercent point de juridiction contentieuse; ils peuvent être constitués arbitres volontaires par leurs nationaux résidant dans l'étendue du consulat, mais leurs sentences, à moins d'exceptions expresses consacrées par les conventions internationales, n'y ont pas force exécutoire. — Cette juridiction gracieuse des consuls intervient surtout dans le règlement des successions et des faillites des Français habitant la circonscription consulaire.

B. — Pays hors chrétienté.

23. Les consuls sont compétents dans ces pays pour connaître des contestations qui s'élèvent entre des Français dans l'étendue du consulat (Edit de juin 1778, art. 1er). La compétence des consuls s'étend à toutes les contestations, de quelque nature qu'elles soient, tant civiles que commerciales, sans excepter les questions d'état. Il n'y a d'exception que pour les litiges relatifs aux immeubles, lesquels sont de la compétence des tribunaux locaux. — Cette règle n'est, d'ailleurs, applicable qu'autant que le demandeur et le défendeur se trouvent l'un et l'autre dans le pays où le consul exerce ses fonctions; sinon, l'action doit être portée devant les tribunaux de la métropole. Mais il n'est pas nécessaire que les parties aient dans l'arrondissement consulaire un domicile analogue à celui prévu par le Code civil (V. *infrà, Domicile*); la résidence habituelle dans le pays et l'inscription sur les registres du consulat suffisent.
24. Quoique la juridiction des consuls ne concerne que les différends nés entre Français, un étranger peut néanmoins traduire

un Français devant un tribunal consulaire (Civ. 15). V. *infrà, Étranger.*

25. Les consuls ne peuvent statuer seuls. Les litiges qui leur sont soumis doivent être jugés avec l'assistance de deux négociants français, âgés de vingt-cinq ans au moins et pris parmi les plus notables, ayant leur résidence depuis plus de deux ans dans le ressort du consulat; ils ont voix délibérative et prêtent serment une fois pour toutes. Le jugement doit constater leur concours; il ne suffirait pas qu'il indiquât que le consul a statué assisté d'assesseurs (Édit de 1778, art. 6). — Les fonctions de greffier et d'huissier sont remplies dans les consulats ordinaires par le chancelier, et à Constantinople par un drogman de l'ambassade.

26. 1° *Matières civiles.* — Les dispositions du Code de procédure civile ne sont pas applicables devant les tribunaux consulaires; celles de l'édit de juin 1778, qui a réglé la procédure à suivre devant cette juridiction, sont restées en vigueur (Av. Cons. d'Ét. 22 mai 1807).

27. Le tribunal consulaire est saisi par une requête introductive d'instance adressée au consul par le demandeur, et signifiée au défendeur par le chancelier en vertu d'une ordonnance consulaire (Édit de 1778, art. 9, 10, 11). Les procès se jugent sans l'intervention d'avoués ni d'avocats; l'institution du ministère public n'existe pas. — La règle : « Nul en France ne plaide par procureur » (V. *suprà, Action,* n° 22), n'est pas applicable : les parties peuvent se faire représenter par un procureur légalement fondé. — Les consuls peuvent ordonner avant faire droit des mesures d'instruction, telles qu'interrogatoires des parties, descentes sur lieux, expertises, enquêtes (Édit de 1778, art. 17 à 19, 21 à 26). On procède alors conformément aux règles du Code de procédure civile, sans cependant que l'observation de toutes ces règles soit rigoureusement obligatoire.

28. Les voies de recours sont l'opposition, la tierce-opposition, la requête civile, l'appel et le pourvoi en cassation.

29. L'*opposition* contre les décisions rendues par défaut doit être formée dans le délai de trois jours à partir de la signification qui en est faite à la partie en personne ou à son procureur fondé (Édit de 1778, art. 28).

30. Les *appels* des sentences rendues dans les Echelles du Levant ou en Barbarie sont portés devant la cour d'Aix. La cour de la Réunion connaît les appels des jugements rendus par les tribunaux consulaires de l'iman de Mascate (L. 8 juill. 1852, D. P. 52. 4. 177); celle de Saïgon, des appels des tribunaux consulaires de Siam, de Chine et du Japon (L. 28 avr. 1869, D. P. 69. 4. 47). — Les jugements consulaires ne sont susceptibles d'appel, conformément à la règle générale, que lorsqu'ils statuent sur des demandes excédant 1 500 francs. — Le délai de l'appel est de deux mois. Il ne comporte aucune prolongation à raison des distances, alors du moins que les deux parties sont domiciliées au siège du consulat où le jugement a été rendu. — Les formes de l'appel sont les mêmes que celles de l'assignation (V. *suprà,* n° 27).

31. Les décisions consulaires rendues en premier ressort peuvent être attaquées devant la Cour de cassation dans les formes et dans les délais du droit commun (V. *suprà, Cassation,* n° 27 et s., 37 et s.). Toutefois, en ce qui concerne les jugements des consuls français en Chine, au Japon, au Siam et à Mascate, le recours en cassation n'est ouvert que pour excès de pouvoir (L. 8 juill. 1852, D. P. 52. 4. 177).

32. 2° *Matières pénales.* — La compétence des tribunaux consulaires s'étend à tous les crimes, délits et contraventions commis de Français à Français, autres que ceux qui portent atteinte aux lois de sûreté

et de police du pays où s'exerce leur juridiction (Cr. r. 28 nov. 1857, D. P. 58. 1. 92). Mais les attributions et les pouvoirs du consul diffèrent suivant la nature de l'infraction.

33. En ce qui concerne les crimes, il ne remplit que les fonctions de magistrat instructeur. L'instruction s'opère suivant les règles tracées par les art. 1 à 36 de la loi du 28 mai 1836 (R. p. 270). Lorsqu'elle est terminée, l'affaire est soumise au tribunal consulaire, composé du consul et de deux Français notables choisis par lui dans le ressort. Si le tribunal reconnaît que le fait incriminé emporte une peine afflictive ou infamante, le prévenu est arrêté, embarqué pour la France, et renvoyé avec la procédure et les pièces de conviction au procureur général près la cour d'Aix, pour être jugé conformément aux dispositions du Code d'instruction criminelle (L. 1836, art. 64).

34. Les infractions constituant des délits sont jugées par le tribunal consulaire composé comme il vient d'être dit. Les jugements sont susceptibles d'appel devant la cour d'Aix.

35. En matière de simple police, le consul statue seul; il prononce définitivement et sans appel (L. 1836, art. 46 et 55).

36. Les peines applicables aux infractions commises par des Français dans les pays hors chrétienté sont, en principe, celles qui sont fixées par les lois françaises. Toutefois, en matière correctionnelle et de police, l'emprisonnement peut être converti en une amende spéciale, calculée à raison de 10 francs au plus pour chacun des jours de l'emprisonnement prononcé (L. 1836, art. 75).

37. Les consuls de France n'ont pas seulement le pouvoir de poursuivre, juger, réprimer les infractions commises par des Français dans les Echelles du Levant; ils ont aussi celui de faire arrêter et de renvoyer en France les sujets français prévenus de crimes ou délits commis en France (Cr. c. 1er déc. 1887, D. P. 88. 1. 89).

ART. 3. — DES VICE-CONSULS (R. 95 et s.; S. 50 et s.).

38. Les vice-consuls sont des agents nommés par le ministre des Affaires étrangères, rétribués sur le budget de son département, et qui n'ont d'autres pouvoirs que ceux qui leur sont délégués. Ils peuvent, notamment : faire des actes attribués aux consuls en qualité d'officiers de l'état civil et aux chanceliers en qualité de notaires; exercer les pouvoirs des consuls en matière de commerce maritime (V. *suprà,* n° 16); recevoir les dépôts, etc. (Décr. 19 janv. 1881, D. P. 82. 4. 49). — Ils n'exercent d'ailleurs aucune juridiction, même dans les pays d'Orient.

ART. 4. — DES CHANCELIERS (R. 97 et s.; S. 52 et s.).

39. Les chanceliers sont des officiers publics placés auprès des consuls pour les assister dans leurs fonctions. Ils ont, en outre, certaines attributions personnelles: ils remplissent notamment les fonctions d'huissier, de greffier, de notaire, d'archiviste; ils sont gardiens responsables des valeurs déposées en chancellerie, etc.

ART. 5. — DES AGENTS CONSULAIRES (R. 96; S. 51).

40. On appelle agents consulaires des personnes choisies parmi les habitants recommandables du pays, de préférence de nationalité française, et chargées par le consul, avec l'agrément du ministre des Affaires étrangères, de remplir des fonctions déterminées, hors du chef-lieu de l'arrondissement consulaire. Ces agents ne font pas partie du corps consulaire et ne reçoivent aucun traitement. — Leur fonction essentielle est de rendre aux Français, dans leur résidence, tous les bons offices qu'ils peuvent

attendre d'eux, et de fournir au consul dont ils relèvent des renseignements utiles, au point de vue du commerce et pour l'exécution des lois sur la navigation et des traités. Ils n'exercent aucune juridiction (Ord. 20 août 1833, art. 39 et s.; Ord. 26 oct. 1833, R. p. 265).

ART. 6. — ENREGISTREMENT ET TIMBRE.

41. Le privilège de l'exterritorialité dont jouissent, en France, les consuls, ambassadeurs et autres agents diplomatiques des puissances étrangères, ne les dispense pas de satisfaire aux lois concernant l'enregistrement et le timbre, ce privilège ne s'étendant pas, en général, aux impôts indirects. — Par exception, cependant, il a été admis : 1° Qu'au cas de décès d'un consul ou d'un ambassadeur étranger, le droit de mutation par décès ne doit pas être exigé sur le mobilier garnissant l'hôtel du consulat ou de l'ambassade (Décis. min. Fin. 9 juill. 1811; Instr. Reg. 1303, § 9); 2° Que la location d'un immeuble destiné à l'établissement d'une ambassade ou d'un consulat était exempte de l'impôt sur les baux et locations verbales (Décis. min. Fin. 8 janv. 1874); 3° Que les reçus de droits de chancellerie perçus pour le compte d'un gouvernement étranger ne sont pas soumis au timbre de 0 fr. 10, comme pièces d'ordre intérieur. Ce droit ne deviendrait exigible que dans le cas où il serait fait usage de ces pièces, en France, dans un acte public ou en justice (Décis. min. Fin. 10 oct. 1874).

CONTRAINTE

(R. v° *Contrainte administrative;* S. *eod.* v°).

1. On appelle *contrainte* le mandement qui peut être décerné par l'Etat et certaines personnes morales administratives contre leurs débiteurs pour les mettre en demeure de se libérer et, à défaut de payement, permettre aux agents du fisc de les poursuivre, sans avoir besoin de demander aux tribunaux judiciaires un titre exécutoire. Cette faculté exorbitante du droit commun ne peut exister qu'en vertu de textes formels.

§ 1er. — *Contraintes décernées par l'Etat.*

2. Des dispositions successives ont autorisé l'Etat à user de la contrainte pour le recouvrement de certaines créances déterminées. Les divers cas auxquels se réfèrent ces dispositions doivent être examinés séparément, parce qu'il existe pour chacun d'eux, suivant la nature des créances, des règles particulières quant aux agents par lesquels les contraintes sont décernées, quant aux formes qu'il y a lieu d'observer, quant aux effets que produisent les contraintes, quant aux tribunaux compétents pour en apprécier la régularité.

3. Il est, d'ailleurs, certains traits généraux qui sont communs à toutes espèces de contraintes : 1° elles ont pour conséquence de rendre l'Etat défendeur dans l'action à laquelle donnera lieu la créance contestée, puisqu'elles obligent le prétendu débiteur à prendre l'offensive en faisant opposition à la contrainte; 2° elles sont établies par des agents de l'Administration; 3° elles sont visées par un agent de l'autorité judiciaire ou administrative, suivant que la nature de la créance comporte un contentieux judiciaire ou administratif; 4° la contrainte doit être signifiée au prétendu débiteur; 5° celui-ci doit l'attaquer devant la juridiction compétente.

4. Pour le recouvrement des *contributions directes,* lorsque les contribuables ne se sont pas acquittés des douzièmes échus dans les délais légaux, le percepteur adresse aux retardataires une sommation sans frais et adresse la liste nominative de ces contribuables au receveur particulier, afin que celui-ci décerne contre eux des contraintes. Les contraintes sont signées par le receveur particulier; elles ne peuvent être mises à exécution qu'après avoir été visées par le sous-préfet de l'arrondissement (Arr. 16 therm. an 8, art. 30, R. v° *Impôts directs*, p. 261). La contrainte est signifiée au contribuable sous le nom de *sommation avec frais* (L. 9 févr. 1877, D. P. 77. 4. 32).

5. Les réclamations formées contre le rôle ou contre la contrainte devant le Conseil de préfecture ne suffisent pas à suspendre le recouvrement. Le percepteur peut continuer les poursuites par le commandement et la saisie des meubles appartenant au redevable, et même faire procéder à la vente des objets saisis avec l'autorisation du sous-préfet. Le rôle ne perd sa force exécutoire que si le Conseil de préfecture n'a pas rendu sa décision sur la réclamation dans le délai de six mois à partir du jour où elle est enregistrée, à condition que le réclamant ait déclaré qu'il entendait se prévaloir de la faculté que la loi lui accorde de suspendre, à partir de ce moment, le payement de la partie de la contribution qu'il estime mal imposée (L. 3 frim. an 7, art. 153, R. v° *Impôts directs*, p. 242; Arr. 16 therm. an 8, art. 30; Règlem. de 1839 sur les poursuites, art. 23 et s.; L. 11 déc. 1902, art. 6, D. P. 1903. 4. 6).

6. Les mêmes formes doivent être suivies pour le recouvrement des amendes criminelles, correctionnelles et de police, confié aux percepteurs par la loi du 29 déc. 1873, art. 25 (D. P. 74. 4. 26). V. Instr. min. Fin. 20 sept. 1875, art. 153 et s.

7. La Régie est autorisée à se servir de contraintes pour le recouvrement des *contributions indirectes* (L. 5 vent. an 12, art. 89, R. v° *Impôts indirects*, p. 401; 24 avr. 1806, art. 39, *ibid.*, p. 405; 28 avr. 1816, art. 259, *ibid.*, p. 410). — La contrainte est décernée par le directeur ou receveur de la Régie; elle est visée et déclarée exécutoire, sans frais, par le juge de paix du canton où le bureau de perception est établi, et peut être notifiée par les préposés de la Régie. Le juge de paix ne peut refuser de viser la contrainte pour être exécutée, à peine de répondre des valeurs pour lesquelles la contrainte aura été décernée.

8. La contrainte est exécutoire nonobstant opposition, et sans y préjudicier. L'opposition est portée devant le tribunal civil, mais elle ne paralyse pas le recouvrement. Le receveur peut continuer les poursuites et exécuter le redevable, sauf la restitution qui serait due si le tribunal jugeait la contrainte mal fondée et venait à l'annuler.

9. Pour le recouvrement des *droits de douane*, les contraintes sont d'un usage peu fréquent, la plupart de ces droits se payant au comptant. Cependant, il peut en être décerné dans le cas où un receveur a fait crédit des droits (L. 6-22 août 1791, tit. 13, art. 31, R. v° *Douanes*, p. 547), ou lorsqu'un acquit-à-caution n'est pas déchargé (même loi, tit. 13, art. 32, et tit. 3, art. 13). — Ces dispositions ne sont qu'énonciatives. La Régie peut recourir aux contraintes toutes les fois qu'elle est en mesure de justifier, soit par un titre émanant du contribuable, soit au moyen d'une opération administrative, qu'elle est créancière pour des droits dus au Trésor.

10. Le receveur décerne contrainte en fournissant un extrait du registre qui contient la soumission des redevables. Les contraintes sont visées par le juge de paix, qui ne peut refuser son visa (L. 6-22 août 1791, tit. 13, art. 32). Le contribuable qui estime la contrainte irrégulière ou injustifiée peut faire opposition devant le juge de paix.

11. Les contraintes en matière de douanes n'ont pas toujours la même force. S'agit-il de droits restés en souffrance, l'opposition ne suspend pas le recouvrement (art. 33). L'exécution ne peut être suspendue par aucune opposition ou autre acte. — S'agit-il d'une contrainte décernée pour défaut de rapport d'un acquit-à-caution, la contrainte tendant au payement de doubles, triples ou quadruples droits à titre d'amende est suspendue par l'opposition accompagnée de la consignation du droit simple.

12. En matière *postale*, l'Administration est autorisée à répéter les taxes contre les expéditeurs de journaux et imprimés non affranchis quand la taxe n'a pas été acquittée par les destinataires (L. 20 mai 1854, D. P. 54. 4. 84). Cette disposition a été étendue à tous les objets admis au bénéfice du tarif réduit (L. 25 juin 1856, D. P. 56. 4. 68). En cas de nécessité, le receveur du bureau expéditeur décerne une contrainte, qui est visée et déclarée exécutoire par le juge de paix. Le directeur seul autorise la remise des contraintes entre les mains des huissiers.

13. Pour le recouvrement des *droits d'enregistrement* et le payement des *amendes fiscales* édictées par ces lois, le premier acte de poursuite, en cas de retard, est une contrainte qui est décernée par le receveur ou préposé de la Régie; elle est visée et déclarée exécutoire par le juge de paix du canton où le bureau est établi, et elle doit être signifiée. L'exécution de cette contrainte ne peut être interrompue que par une opposition formée par le redevable, avec assignation à jour fixé, devant le tribunal civil (L. 22 frim. an 7; art. 64, R. v° *Enregistrement*, t. 21, p. 26). — De même, le recouvrement des *droits de timbre* et des amendes de contraventions y relatives est poursuivi par voie de contrainte, et, en cas d'opposition, suivant les mêmes règles qu'en matière d'enregistrement (L. 28 avr. 1816, art. 76, *ibid.*, p. 39).

14. La contrainte pour le recouvrement des droits d'enregistrement et de timbre, à la différence de celle des contributions directes et indirectes, des douanes et des postes, n'est exécutoire que jusqu'à opposition, laquelle suffit pour arrêter l'exécution. Tout ce qui en résulte, c'est que, au lieu d'être défendeur devant le juge du contentieux des droits, le prétendu débiteur sera contraint de prendre la situation de demandeur. Devant le juge, la question se présente entière : elle n'est pas préjugée par la liquidation administrative. Celle-ci n'est qu'un exposé des prétentions de l'Administration que le juge n'a pas à annuler.

15. En matière domaniale, au cas de retard dans le payement des revenus des *domaines nationaux*, du prix du rachat des droits incorporels ou du prix des adjudications des coupes de bois, le directeur de la régie des Domaines décerne contre les débiteurs des contraintes qui sont visées par le président du tribunal de la situation des biens, sur la représentation du titre obligatoire du débiteur, et mises à exécution sans autre formalité (L. 19 août-12 sept. 1791, art. 4, R. v° *Domaines nationaux*, p. 303). — Lorsqu'il s'agit du recouvrement non pas d'un revenus domaniaux, mais du prix de vente d'un bien domanial, la rentrée des sommes qui, par suite des décomptes, se trouvent être dues au Trésor public, est poursuivie par voie de contrainte décernée par le directeur et visée du préfet du département (Arr. 4 therm. an 11, art. 5, R. v° *Vente administrative*, n° 273). Dans tous ces cas, l'opposition suspend le recouvrement.

16. Aucune des contraintes dont on vient de parler n'emporte hypothèque sur les biens du prétendu débiteur (Av. Cons. d'Ét. 25 therm. an 12, R. v° *Privilèges et hypothèques*, p. 46).

17. Le directeur général de la Caisse des dépôts et consignations peut décerner, ou faire décerner par les préposés de la Caisse, des contraintes contre toute personne qui, tenue de verser des sommes dans cette Caisse ou dans celles de ses préposés, est en retard de remplir ces obligations. Il est procédé, pour l'exécution desdites contraintes, comme pour celle des contraintes décernées en matière d'enregistrement (Ord. 3 juill. 1816, art. 9, R. v° *Trésor public*, p. 1133). — De même, le directeur général de la Caisse des dépôts peut décerner des contraintes contre les industriels qui ne payent pas à ceux de leurs ouvriers qui ont été victimes d'accidents du travail les indemnités qu'ils ont été condamnés à leur payer. Ces contraintes sont visées et déclarées exécutoires par le juge de paix du domicile du débiteur. Elles sont signifiées par ministère d'huissier. Leur exécution ne peut être interrompue que par une opposition formée par le débiteur et contenant assignation du directeur général devant le tribunal civil du domicile du débiteur. L'instance à laquelle donne lieu l'opposition est suivie dans les formes et délais déterminés par l'art. 65 de la loi du 22 frim. an 7 (Décr. 28 févr. 1899, art. 16 et s., D. P. 99. 4. 10).

18. En vertu de divers textes, notamment d'un arrêté consulaire du 18 vent. an 8 (R. v° *Trésor public*, p. 1116), le ministre des Finances, comme administrateur chargé de l'administration du Trésor public, est autorisé à prendre tous arrêtés nécessaires et exécutoires par provision, contre les comptables, entrepreneurs, fournisseurs, soumissionnaires et agents quelconques en débet. C'est ce qu'on appelle proprement la *contrainte administrative*. L'emploi de cette mesure a été expressément autorisé par des dispositions spéciales à l'égard des préposés généraux particuliers (Arr. 28 flor. an 11, R. *eod.* v°, p. 1120); ... de tous rétentionnaires de deniers publics (Av. Cons. d'Ét. 24 mess. an 12, *ibid.*, p. 1121); ... des receveurs particuliers (Décr. 30 janv. 1806, *ibid.*, n° 955); ... de tous agents ou préposés comptables directs du Trésor public, lorsque ces agents ou préposés ont fait personnellement la recette des deniers publics (Décr. 12 janv. 1811, *ibid.*, n° 1127); ... des personnes qui se sont immiscées sans titre dans le maniement des deniers publics (Cons. d'Ét. 11 sept. 1813, *ibid.*, n° 1336).

19. La procédure des arrêtés de débet rendus exécutoires par la contrainte du ministre des Finances est applicable à toute personne ayant eu le dépôt, la garde, le maniement de deniers publics ou le maniement d'avances dont le Trésor a le droit de demander compte (Cons. d'Ét. 10 juill. 1874, D. P. 75. 3. 69). La légalité de cette procédure a été admise, notamment, vis-à-vis : ... de personnes qui avaient violé un dépôt fait pour le compte du Trésor entre les mains d'un notaire (Av. Cons. d'Ét. 9 vent. an 10, R. v° *Trésor public*, p. 1118); ... d'un notaire qui avait indûment touché pour un de ses clients les arrérages d'une inscription de rente devenue la propriété de l'État (Cons. d'Ét. 3 sept. 1844, *eod.* v°, n° 795); ... du préfet qui avait reçu des fonds de l'État et payé sur ces fonds des fournitures, sans s'assurer préalablement si ces fournitures étaient de nature à remplir l'usage auquel elles étaient destinées (Cons. d'Ét. 10 juill. 1874, D. P. 75. 3. 69); etc...

20. On a tenté de généraliser l'emploi de ce procédé et de l'étendre à tous les cas où une personne se trouve détenteur de deniers publics ou débiteur du Trésor. Mais le Conseil d'État a réagi contre cette tendance, et sa jurisprudence est établie en ce sens que l'arrêté de débet rendu exécutoire par la contrainte du ministre des Finances est un mode exceptionnel de recouvrement auquel on ne peut recourir qu'à l'égard des catégories de débiteurs spécialement visées par des textes formels. Ainsi, il a déclaré contraires à la loi des arrêtés de débet décernés pour recouvrer : ... le prix de pension dû par des élèves des écoles militaires et de l'Ecole polytechnique (Cons. d'Et. 18 août 1856, D. P. 57. 3. 19); ... la créance de l'Etat contre des armateurs à raison des avances à eux faites pour le rapatriement de naufragés ou le sauvetage du navire (Cons. d'Et. 30 nov. 1883, D. P. 85. 3. 49); ... les sommes que l'Etat avait payées indûment, par exemple le montant de l'indemnité que des commerçants auraient indûment touchée à raison de la prétendue destruction de marchandises subie par eux (Cons. d'Et. 23 mars 1877); ... les dommages-intérêts qui pourraient être dus à l'Etat par des administrateurs à raison des fautes commises dans leur service (Cons. d'Et. 10 nov. 1809); etc.

21. C'est au ministre des Finances qu'appartient exclusivement le droit de décerner les contraintes administratives. Les autres ministres peuvent fixer les débets des comptables placés sous leur autorité; mais, pour faire exécuter leurs décisions, ils doivent s'adresser au ministre des Finances, qui prendra les mesures nécessaires.

22. Les contraintes apposées par le ministre des Finances aux arrêtés de débet ont par elles-mêmes force exécutoire. Elles ne peuvent faire l'objet d'aucun litige devant les tribunaux ordinaires et ne peuvent être attaquées que devant le Conseil d'Etat. Les administrateurs auxquels les lois ont attribué le droit de décerner des contraintes sont de véritables juges, dont les actes doivent obtenir la même exécution que ceux des tribunaux ordinaires (Av. Cons. d'Et. 16 therm. an 12, R. v° *Privilèges et hypothèques*, p. 46). — L'opposition aux contraintes du ministre des Finances ne suspend pas leur exécution (Av. Cons. d'Et. 21 févr. 1809, R. v° *Trésor public*, n° 990). Elles font courir les intérêts contre le débiteur de l'Etat du jour de leur délivrance (Cons. d'Et. 24 déc. 1823, R. n° 22). Elles emportent hypothèque, de même que les jugements (V. *infrà, Privilèges et hypothèques*).

23. De la jurisprudence du Conseil d'Etat ci-dessus visée, il résulte que l'Etat n'avait pas, dans tous les cas, la possibilité de décerner des contraintes pour recouvrer ses créances, et qu'en l'absence d'un texte lui donnant le droit de recourir à ce procédé, il était obligé, conformément au droit commun, de s'adresser aux tribunaux compétents pour faire reconnaître par eux l'existence desdites créances et obtenir un titre exécutoire. Cet état de choses a été modifié par l'art. 54 de la loi du 13 avr. 1898 (D. P. 98. 4. 118), aux termes duquel « les états arrêtés par les ministres, formant titres de perception des recettes de l'Etat qui ne comportent pas, en vertu de la législation existante, un mode spécial de recouvrement ou de poursuites, ont force exécutoire jusqu'à opposition de la partie intéressée devant la juridiction compétente. Les oppositions, lorsque la matière est de la compétence des tribunaux ordinaires, sont jugées comme en matière sommaire ». Par suite, l'Etat se prétendant créancier n'est plus jamais obligé de s'adresser aux tribunaux; il peut toujours se décerner à lui-même un titre exécutoire. — La loi nouvelle maintient purement et simplement la législation antérieure devant affaires contraintes en usage. D'autre part, elle n'a pas généralisé la procédure des arrêtés de débet : les états exécutoires dont parle l'art. 54 constituent un procédé de recouvrement beaucoup moins énergique, puisque l'effet en peut être paralysé par une opposition portée devant les tribunaux compétents. Par application de la nouvelle disposition, le conseil d'Etat a reconnu la validité d'un état de perception dressé par le ministre du Com-

merce pour répéter contre une société de construction de navires une prime qui lui avait été indûment payée (Cons. d'Et. 25 avr. 1902, D. P. 1903. 3. 94).

§ 2. — *Contraintes administratives décernées par des personnes morales administratives autres que l'Etat.*

24. Le privilège dont jouit l'Etat de se créer à lui-même des titres exécutoires a été conféré aussi, par des dispositions particulières, aux autres personnes morales administratives. — Ce droit résulte, pour les départements, de l'art. 64 de la loi du 10 août 1871 (V. *infrà, Département et arrondissement*); pour les communes, de l'art. 154 de la loi du 5 avr. 1884 (V. *suprà, Commune*, n° 339).

25. Les états arrêtés par les gouverneurs des colonies ou par le ministre des Colonies, formant titre de perception des recettes des budgets locaux des colonies et pays de protectorat autres que l'Algérie et la Tunisie, qui ne comportent pas, en vertu de la législation existante, un mode spécial de recouvrement ou de poursuites, ont force exécutoire jusqu'à opposition de la partie intéressée devant la juridiction compétente. Les oppositions, lorsque la matière est de la compétence des tribunaux ordinaires, sont jugées comme affaires sommaires (L. 25 févr. 1901, art. 53, D. P. 1901. 4. 63).

26. Les recettes des établissements hospitaliers pour lesquelles les lois et règlements n'ont pas prescrit un mode spécial de recouvrement s'effectuent sur des états dressés par le maire, sur la proposition de la commission administrative. Ces états sont exécutoires après qu'ils ont été visés par le sous-préfet. Les oppositions, lorsque la matière est de la compétence des tribunaux ordinaires, sont jugées comme affaires sommaires, et la commission administrative peut y défendre sans autorisation du Conseil de préfecture.

27. Les contraintes décernées pour le recouvrement des créances des départements, des colonies, des communes, des établissements publics, n'ont, comme les contraintes de l'enregistrement, force exécutoire que jusqu'à opposition de la partie intéressée, opposition qui peut être portée devant les tribunaux ordinaires ou administratifs, suivant la nature de la créance.

28. Quant aux associations syndicales autorisées, leurs recettes étant assimilées aux contributions directes, les contraintes décernées pour leur recouvrement sont, à tous égards, soumises aux mêmes règles que les contraintes relatives à ces contributions.

§ 3. — *Enregistrement et timbre.*

29. Les contraintes doivent être rédigées sur papier timbré. Le visa du juge de paix, l'exploit de signification et le commandement peuvent être écrits, à la suite, sur la même feuille (L. 13 brum. an 7, art. 23, R. v° *Enregistrement*, t. 22, p. 737; Civ. 15 juill. 1806, ibid., p. 770).

30. Les contraintes ne sont pas soumises à l'enregistrement; mais les exploits de signification doivent être enregistrés. L'enregistrement a lieu gratis lorsque la somme réclamée est inférieure à 100 francs. Dans tous les autres cas, il est perçu un droit fixe d'un franc (L. 22 frim. an 7, art. 68, § 1er, n° 30, R. v° *Enregistrement*, t. 21, p. 26; 16 juin 1824, art. 6, ibid., p. 42; 19 févr. 1874, art. 2, D. P. 74. 4. 41; 28 avr. 1893, art. 22, D. P. 93. 4. 79).

31. L'exemption autorisée par la loi du 16 juin 1824 ne doit pas être limitée aux actes de recouvrement; elle embrasse également les exploits faits par les particuliers, et s'applique notamment aux oppositions à contrainte et aux assignations en restitution, qui doivent être enregistrées gratis lorsque

le montant des droits réclamés n'excède pas 100 francs, et au droit fixe d'un franc au-dessus de cette somme (Délib. Reg. 24 mars 1848, D. P. 48. 3. 101).

CONTRAINTE PAR CORPS

(R. v° *Contrainte par corps*; S. eod. v°).

1. La contrainte par corps est une voie d'exécution pratiquée sur la personne même du débiteur, à l'effet de le contraindre, par la privation temporaire de sa liberté, à l'exécution de ses engagements. — La matière est régie actuellement par la loi du 22 juill. 1867 (D. P. 67. 4. 75), modifiée sur un point par une loi du 19 déc. 1871 (D. P. 71. 4. 167). En outre, la plupart des dispositions du titre *De l'Emprisonnement* au Code de procédure civile (art. 780 à 805) ont conservé leur application.

§ 1er. — *Cas dans lesquels la contrainte par corps peut être exercée* (R. 607 et s.; S. 23 et s.).

2. La contrainte par corps qui, d'après la législation antérieure, était applicable en matière commerciale, dans certains cas en matière civile, et, dans tous les cas, contre les étrangers, n'a été maintenue par la loi de 1867 qu'en matière criminelle, correctionnelle et de simple police (art. 1 et 2). — Elle est la conséquence virtuelle de toutes condamnations soit à l'amende, soit aux frais et dépens, soit à des dommages-intérêts et restitutions en faveur des victimes d'un crime, d'un délit ou d'une contravention, que ces condamnations soient prononcées au profit de l'Etat ou qu'elles soient obtenues par les parties civiles. L'exception édictée à l'égard des frais dus à l'Etat (L. 1867, art. 3, § 2) n'existe plus (L. 19 déc. 1871, art. 1er). Toutefois, il ne saurait être question de contrainte par corps en cas de condamnation à la peine de mort ou à une peine perpétuelle (L. 17 janv. 1832, art. 40, R. p. 336; Cr. c. 26 nov. 1896, D. P. 97. 1. 239).

3. La contrainte par corps est la conséquence de toute condamnation pécuniaire en matière pénale, si minime qu'en soit le montant. Elle s'applique au cas où l'amende est encourue à titre de réparation civile, par exemple en matière forestière, de pêche fluviale, de contributions indirectes, de douane, alors même que l'amende est prononcée par le juge de paix pour opposition à l'exercice des préposés.

4. Une condamnation pénale n'est, d'ailleurs, pas indispensable pour justifier la contrainte par corps; il suffit que l'existence d'une infraction ait été reconnue par une juridiction répressive. Ainsi, dans le cas où un jugement d'acquittement a été frappé d'appel par la partie civile seule, la contrainte par corps est à bon droit prononcée par la cour, qui, tout en reconnaissant l'existence du délit, ne prononce aucune peine et condamne le prévenu au dépens à titre de dommages-intérêts (Cr. r. 30 juin 1893, D. P. 97. 1. 340).

5. La contrainte par corps peut encore être prononcée par un tribunal civil comme conséquence d'une condamnation à des dommages-intérêts au profit de la partie lésée par un crime, un délit ou une condamnation reconnus par la juridiction criminelle (L. 22 juill. 1887, art. 5).

6. Le juge a la faculté de surseoir pendant une année au plus à l'exécution de la contrainte dans l'intérêt des enfants mineurs du débiteur (L. 1887, art. 17). Le sursis ne peut être rétracté même en cas de décès des enfants. — La contrainte par corps ne peut être prononcée contre des individus qui étaient âgés de moins de seize ans accomplis à l'époque des faits qui ont motivé la poursuite (art. 13 i.

7. La contrainte par corps ne peut être

prononcée ou exercée au profit : 1° du conjoint du débiteur; 2° de ses ascendants, descendants, frères ou sœurs; 3° de ses parents ou alliés au degré d'oncle, tante, neveu, nièce, grand oncle, grand'tante, petit-neveu et petite-nièce (L. 1867, art. 15). La parenté naturelle ou adoptive est assimilée à la parenté résultant du mariage, dans le cas, du moins, où elle produit un lien civil. Il en est de même de l'alliance, tant qu'elle subsiste : certaines décisions ont même étendu l'exception au cas où l'alliance a cessé par le décès, sans enfants, de l'époux dont le mariage a produit l'affinité. — On ne peut exercer la contrainte par corps *simultanément* contre le mari et la femme, même pour des dettes différentes (art. 16).

8. La contrainte par corps ne peut être prononcée contre les personnes civilement responsables (Civ. c. 28 févr. 1891, D. P. 91. 1. 444), fût-ce pour assurer le recouvrement des frais de justice. Il en est ainsi même dans le cas prévu par l'art. 46 c. for., qui soumet à la contrainte par corps les adjudicataires des coupes forestières et leurs cautions pour les amendes et restitutions encourues à raison des délits et contraventions commis dans les ventes ou à l'ouïe de la cognée par les facteurs, gardes-ventes, etc., employés par eux. — Elle n'est pas applicable non plus à la partie civile qui a succombé ; ... ni à la caution qui s'est offerte pour garantir la liberté provisoire d'un prévenu ; ... ni à la caution qui est intervenue pour prévenir ou faire cesser la contrainte exercée contre un condamné en matière criminelle.

9. Enfin, la contrainte par corps ne peut être exercée contre le témoin qui refuse de venir déposer soit devant le juge d'instruction, soit à l'audience, à raison de l'amende qu'il encourt de ce chef (Instr. 80, 157, 174, 189, 304), ni même dans le cas prévu par l'art. 355 du même Code, pour les frais du renvoi à une autre session nécessité par la résistance du témoin : la loi, dans ces circonstances, permet, non pas d'incarcérer le témoin récalcitrant, mais de l'amener par la force devant la justice. Il en faut dire autant du dépositaire de pièces arguées de faux, qui peut être contraint, par la force, à les remettre sur l'ordonnance du ministère public ou du juge d'instruction.

§ 2. — *Durée de la contrainte par corps*
(R. 661 et s. ; S. 62 et s.).

10. La durée de la contrainte par corps est de deux à vingt jours lorsque les condamnations n'excèdent pas 50 francs, de vingt à quarante jours si elles sont de 100 à 200 fr., de deux à quatre mois entre 200 et 500 francs, de quatre à huit mois de 500 à 2 000 francs, d'un à deux ans lorsque les condamnations excèdent 2 000 francs. En matière de simple police, elle ne peut excéder cinq jours (L. 22 juill. 1867, art. 9). — Ces dispositions sont applicables en toute matière, sauf en matière forestière et de pêche fluviale, où la contrainte par corps reste fixée dans la limite de six jours à six mois, sous réserve de l'application des dispositions exceptionnelles de la loi de 1867 (For., tit. 13; L. 15 avr. 1829, tit. 7, R. v° *Pêche fluviale,* p. 443; L. 22 juill. 1867, art. 18).

11. La durée de la contrainte par corps doit être fixée par une disposition formelle, que la condamnation émane d'un tribunal criminel ou d'un tribunal civil statuant sur les réparations civiles d'un crime, d'un délit ou d'une contravention reconnus de la juridiction répressive. Le juge peut, d'ailleurs, se borner à fixer cette durée au maximum ou au minimum légal ; mais, s'il a omis de la déterminer, la contrainte par corps ne peut être exercée tant qu'elle n'a pas été ordonnée par une décision nouvelle rendue soit en appel, soit sur renvoi après cassation, soit par le tribunal lui-même sur réquisition du

ministère public (Douai, 11 déc. 1893, D. P. 94. 2. 286). — La décision sur la contrainte par corps doit, d'ailleurs, être précédée de la liquidation de la dette du condamné; aussi le tribunal peut-il, le cas échéant, surseoir à la prononcer jusqu'à ce que cette liquidation ait lieu.

12. La durée de la contrainte par corps, telle qu'elle est fixée par l'art. 9, est réduite de moitié, quel que soit le montant de la dette, lorsque le condamné justifie, dans les formes prévues par l'art. 420 c. instr. cr., qu'il est insolvable (art. 10). Cette réduction ne peut être contestée devant les tribunaux par la partie civile. Elle est définitivement acquise au débiteur, et le bénéfice ne peut plus lui en être retiré, alors même qu'il lui surviendrait ultérieurement des ressources.

13. Lorsque le débiteur a commencé sa soixantième année, la durée de la contrainte par corps est réduite de moitié (art. 14). Dans le cas où le condamné atteint sa soixantième année au cours de l'incarcération, la réduction ne porte que sur le nombre de jours qu'il lui reste à purger à partir de ce moment.

§ 3. — *Exécution de la contrainte par corps*
(R. 705 et s. ; S. 92 et s.).

14. L'exécution de la contrainte par corps a lieu à la requête des percepteurs des contributions directes, lorsqu'il s'agit de condamnations prononcées au profit de l'État en matière criminelle ou correctionnelle (L. 29 déc. 1873, art. 25, D. P. 74. 4. 26), et à la requête des particuliers, pour les condamnations prononcées en leur faveur. Le ministère public ne peut poursuivre d'office l'exécution de la contrainte par corps.

15. Cette exécution doit être précédée d'un commandement fait à la requête de celui qui a le droit d'exercer la contrainte par corps dans les formes prévues par les art. 780 et 784 c. pr. civ. (L. 1867, art. 3 et 4). Il n'est pas nécessaire que le commandement soit précédé de la signification du jugement : celui-ci est signifié, par extrait s'il est contradictoire, en entier s'il est par défaut, dans le commandement même. — La notification du commandement, à la requête des particuliers, est faite par huissier; s'il s'agit d'une dette envers l'État, elle peut être par les porteurs de contraintes (L. 29 déc. 1873, art. 25). — Le commandement doit être renouvelé s'il s'est écoulé une année entière sans qu'il ait été suivi de l'arrestation du débiteur.

16. L'arrestation ne peut avoir lieu qu'à l'expiration d'un délai (franc) de cinq jours à partir du commandement. Elle est ordonnée par le procureur de la République ou le tribunal qui a rendu la sentence, à la demande soit du percepteur, soit des particuliers. Cette demande n'est assujettie à aucune forme ; elle doit seulement être accompagnée du commandement et, si elle émane d'un particulier, de la quittance de consignation des aliments pour trente jours (L. 1867, art. 6) (V. *infrà*, n° 19). — Si la condamnation a été prononcée par une cour d'assises ou une cour d'appel, l'arrestation doit être demandée au procureur général.

17. L'arrestation est opérée par les agents de la force publique, requis par le procureur de la République et ayant qualité pour exécuter les mandats de justice, dans les conditions déterminées par l'art. 781 c. pr. civ. — S'il y a péril en la demeure, l'arrestation peut-elle avoir lieu en dehors des heures légales ou un jour férié avec la permission du juge? La question est controversée. — Le procès-verbal de l'arrestation doit simplement fournir les indications nécessaires pour constater l'identité de la personne arrêtée. — L'arrestation ne peut avoir lieu si le débiteur est muni du sauf-conduit prévu par l'art. 782 c. pr. civ. — Le débiteur a le droit de se faire conduire en référé

devant le président du tribunal civil du lieu où il est arrêté (Pr. 786).

18. L'emprisonnement ne peut être effectué que dans une maison d'arrêt, la plus proche du lieu de l'arrestation, sous peine de nullité et même de dommages-intérêts contre l'incarcérateur, à moins que le dépôt du débiteur dans un autre lieu de détention n'ait été opéré qu'à titre provisoire et sous l'empire de la nécessité. Les détenus pour dettes doivent occuper des locaux séparés de ceux affectés aux autres prisonniers.

19. Tout créancier, quel qu'il soit, autre que l'État, doit, avant l'incarcération, consigner aux mains du gardien-chef de la maison d'arrêt une somme de 45 francs à Paris, 40 francs dans les villes de cent mille âmes et 35 francs dans les autres villes, pour fournir des aliments au détenu pour trente jours. Cette consignation est faite pour une période de trente jours et non pour des périodes de trente jours. Faute de provision, le condamné est mis en liberté (L. 22 juill. 1867, art. 6).

20. Lorsque le débiteur poursuivi est détenu soit par suite d'une condamnation à l'emprisonnement, soit à raison d'une autre dette, il y a lieu de recourir à la *recommandation* : c'est l'acte par lequel le créancier déclare s'opposer à la mise en liberté de son débiteur déjà incarcéré. La recommandation doit être précédée, comme l'arrestation, d'un commandement et demandée au procureur de la République, qui peut seul prescrire le maintien du débiteur en prison. Toutefois, il n'est pas nécessaire que le commandement précède de cinq jours la recommandation : celle-ci peut avoir lieu immédiatement après la notification du commandement (L. 1867, art. 3, *in fine*).

§ 4. — *Des demandes en nullité et de l'élargissement* (R. 997 et s. ; S. 130 et s.).

21. La nullité de l'emprisonnement peut être demandée soit pour inobservation des formes prescrites par la loi, soit pour des moyens tirés du fond et acquis depuis le jugement qui a prononcé la contrainte, tels que, par exemple, l'extinction de la créance par novation, compensation, etc. La demande est portée, dans le premier cas, au tribunal du lieu où le débiteur est détenu; dans le second cas, devant le tribunal de l'arrondissement du jugement (Pr. 794). Elle est formée à bref délai en vertu de la permission du juge, et l'assignation donnée par huissier commis au domicile élu par le créancier dans le procès-verbal d'écrou (Pr. 795). Si l'emprisonnement est déclaré nul, le créancier peut être condamné à des dommages-intérêts (Pr. 799). Le débiteur dont l'emprisonnement est déclaré nul ne peut être arrêté pour la même dette qu'un jour au moins après sa sortie (Pr. 797).

22. Il y a lieu à l'élargissement du débiteur : 1° quand le créancier ne fait pas la consignation d'aliments à laquelle il est tenu (V. *suprà*, n° 19); — 2° lorsqu'il est fourni par le débiteur une caution acceptée par le créancier ou reconnue bonne et solvable. Cette caution doit remplir les conditions exigées de toute caution judiciaire (V. *suprà*, *Cautionnement,* n° 11 et s.); elle doit s'exécuter dans le mois, à peine de poursuites, mais n'est pas elle-même contraignable par corps (L. 1867, art. 11); — 3° lorsque la nullité de l'emprisonnement est prononcée. — Sont encore des causes d'élargissement : 4° l'expiration de la durée de la contrainte par corps (V. *suprà*, n° 10); — 5° le consentement du créancier; — 6° le payement des sommes dues par le contraignable, ou la consignation de ces sommes, si le créancier refuse sans motif légitime de les recevoir (la consignation se fait sans offres réelles entre les mains du gardien). — Les causes d'élargissement mentionnées sous les n° 1, 2 et 5 ont également pour effet d'empêcher l'incarcération, si elles se produisent avant qu'elle soit effectuée.

23. Dans le premier cas (défaut de consignation des aliments), la demande d'élargissement est formée par voie de requête adressée au président du tribunal civil. Cette requête est dispensée du ministère d'avoué; il suffit qu'elle soit signée par le débiteur détenu et par le gardien de la maison d'arrêt pour dettes, ou même certifiée véritable par le gardien, si le débiteur ne sait pas signer. Elle est présentée en duplicata. Il y est statué par ordonnance du président (et non par jugement du tribunal), également rendue en duplicata. L'ordonnance est exécutée sur l'une des minutes, qui reste entre les mains du gardien; l'autre minute est déposée au greffe du tribunal (L. 1867, art. 7). — Dans les autres cas d'élargissement, la demande est portée au tribunal dans le ressort duquel le débiteur est détenu. Elle est formée, instruite et jugée dans des conditions analogues à celles prescrites pour les demandes en nullité (V. *suprà*, n° 21) (Pr. 805).

24. L'élargissement une fois prononcé, le débiteur ne peut plus être réincarcéré pour la même dette. Il en est ainsi, notamment, dans le cas où l'élargissement a eu lieu pour défaut de consignation d'aliments (L. 1867, art. 8). V. aussi *suprà*, n° 12, *in fine*. — Le débiteur peut, au contraire, être réincarcéré pour une condamnation pécuniaire antérieure, si cette condamnation entraîne une contrainte plus longue que celle qu'il a subie; mais le temps pendant lequel il a été incarcéré doit être déduit de la durée du nouvel emprisonnement (art. 12). Cette règle est également applicable au cas où il y a recommandation avant l'expiration d'une contrainte par corps exécutée.

CONTRATS ET CONVENTIONS EN GÉNÉRAL

(R. v° *Obligations*; S. *eod. v°*).

1. La convention est l'accord de deux ou plusieurs parties sur un objet d'intérêt juridique. Le contrat est une convention qui donne naissance à une ou plusieurs obligations (Civ. 1101); c'est la source d'où dérivent le plus souvent les obligations. — Toute convention n'est pas un contrat; ainsi, ne constituent pas, à proprement parler, des contrats, les conventions qui ont pour objet de transférer la propriété, de constituer un droit réel, tels qu'une servitude, une hypothèque, de modifier ou dissoudre une obligation préexistante. — La convention ou le contrat se distinguent de l'*acte*, expression qui, à proprement parler, désigne l'écrit (*instrumentum*) destiné à les constater. Cependant, le mot *contrat* est parfois employé dans ce dernier sens, notamment lorsqu'il s'agit de désigner les conventions pécuniaires qui précèdent ordinairement le mariage. — D'autre part, les expressions *contrat* et *convention* sont souvent employées l'une pour l'autre.

SECT. Ire. — Division des contrats
(R. 59 et s.; S. 7 et s.).

2. On distingue les contrats *synallagmatiques* ou *bilatéraux* et les contrats *unilatéraux*. Les premiers sont ceux les uns envers les autres (Civ. 1102); tels sont : la vente, l'échange, le louage, la société, etc. Les seconds sont ceux dans lesquels une ou plusieurs personnes s'obligent envers une ou plusieurs autres, qui, de leur côté, ne contractent aucun engagement (Civ. 1103); tels sont : le prêt, le dépôt, le mandat, le cautionnement. — Ces deux classes de contrats ne sont pas, en tous points, soumises aux mêmes règles : les dispositions des art. 1184, 1325 c. civ. ne s'appliquent

DICT. DE DROIT.

qu'aux contrats synallagmatiques, celles de l'art. 1326 qu'aux contrats unilatéraux (V. *infrà*, *Obligations*, *Preuve*). — On désigne parfois sous le nom de synallagmatiques *imparfaits* certains contrats ne créant d'obligations qu'à la charge d'une des parties, mais dont l'exécution peut en faire naître ultérieurement à la charge de l'autre : tels sont le dépôt, le mandat, etc.

3. D'autre part, les contrats se divisent en contrats *de bienfaisance* et contrats *à titre onéreux* : les premiers sont ceux dans lesquels une des parties procure à l'autre un avantage purement gratuit (Civ. 1105); tels sont les donations faites sans charges, le prêt sans intérêt, le dépôt et le mandat lorsqu'ils sont gratuits, le cautionnement. — Les seconds sont ceux qui se font pour l'utilité réciproque de chacune des parties (Civ. 1106), comme la vente, le louage, la donation avec charge, le prêt à intérêts, etc. — Les contrats à titre onéreux se divisent eux-mêmes en contrats *commutatifs* et contrats *aléatoires*. Un contrat à titre onéreux est commutatif lorsque la chose que chacune des parties s'engage à donner ou à faire est regardée comme l'équivalent de ce que l'autre lui donne ou fait pour elle, comme dans la vente, le louage, le prêt à intérêts. Il est aléatoire quand l'équivalent que reçoit chacun des contractants consiste dans une chance, un avantage éventuel (Civ. 1104) : le pari, le contrat de rente viagère, le contrat d'assurance, notamment, sont des contrats aléatoires.

4. On divise encore les contrats : 1° En contrats *nommés* ou *innommés*, suivant qu'ils sont, ou non, prévus par la loi sous une dénomination propre. Les contrats innommés sont régis par les principes généraux des conventions et, en outre, par les règles résultant de leur nature particulière, et non par celles de tel ou tel contrat nommé, règles qui ne peuvent alors servir que comme raisons d'analogie (Civ. 1107); — 2° En contrats *consentuels*, où l'obligation est produite par le seul consentement des parties, ce qui est la règle générale; ... ou *réels*, qui ne se forment que par la livraison effective de la chose objet de la convention, comme le dépôt, le prêt, le nantissement; — 3° En contrats *solennels*, qui ne sont valables qu'à la condition d'être revêtus de l'authenticité et de toutes les formalités requises, tels que le contrat de mariage, la donation, la constitution d'hypothèque; ... ou *non solennels*, pour lesquels aucune forme particulière n'est prescrite.

5. Dans les contrats, en général, le lien de droit se formant par le seul consentement des parties, la rédaction du contrat par écrit ne sert que pour la preuve. — Toutefois, les parties peuvent avoir manifesté l'intention de ne tenir la convention comme conclue que lorsqu'il en aura été passé acte : la rédaction par écrit dans la forme convenue est alors nécessaire pour créer le lien de droit. — Si un contrat, passé par écrit, est irrégulier ou incomplet, on en peut conclure qu'il est encore à l'état de projet. Cependant, la convention intervenue entre plusieurs parties, mais signée seulement par quelques-unes d'entre elles, n'en est pas moins obligatoire pour celles-ci s'il est reconnu qu'elles n'ont pas subordonné leur engagement à la signature de l'acte par tous les contractants et que, par suite, cet acte n'est pas resté entre elles à l'état de projet. — S'il s'agit d'un contrat passé devant notaire, il est parfait dès le moment où les parties y ont donné leur consentement en présence de l'officier public; il importe peu que toutes les parties ne l'aient pas signé à ce moment, si celles qui ne l'ont pas signé sont prêtes à le faire; et celui qui a déjà apposé sa signature ne peut rétracter son consentement (Limoges, 20 mars 1897, D P. 99. 1. 122).

SECT. II. — Des conditions essentielles pour la validité des conventions.

6. Quatre conditions sont essentielles à la validité de toute espèce de conventions : 1° le consentement des parties; 2° la capacité des contractants; 3° un objet faisant la matière de l'engagement; 4° une cause licite (Civ. 1108).

ART. 1er. — DU CONSENTEMENT (R. 88 et s.; S. 10 et s.).

7. Il n'y a point de contrat là où il n'y a pas de consentement. Le consentement doit être réciproquement donné par toutes les parties, non seulement par la partie qui s'oblige, mais encore par celle envers qui l'on s'oblige; et ce double consentement est nécessaire même dans les contrats unilatéraux. Tant qu'il n'existe pas de part et d'autre, il n'y a pas de convention, mais seulement une offre ou *pollicitation* qui peut être retirée.

8. L'offre n'a pas d'effet obligatoire tant qu'elle n'a pas été acceptée. — Toutefois, l'acceptation n'est pas nécessaire lorsque l'offre ne fait que constater ou confirmer une obligation préexistante, comme dans le cas où l'on reconnaît une dette antérieure. — La renonciation pure et simple à un droit, par exemple à un usufruit, à une succession, à un rang hypothécaire, n'a pas non plus besoin d'être acceptée alors même qu'elle est faite spécialement en faveur de celui qui doit profiter de cette renonciation.

9. Pour que l'acceptation produise le concours des volontés, il faut d'abord qu'elle soit *conforme à l'offre*. La conformité peut faire défaut à différents points de vue, notamment quant aux personnes, comme dans le cas où, les offres étant faites à plusieurs, quelques-unes ont été refusées : en pareil cas, celles qui ont donné leur acceptation peuvent n'être pas liées; mais il n'y a pas de règle générale à cet égard : il faut rechercher quelle a été l'intention des parties et si elles ont, ou non, entendu admettre des acceptations séparées ou individuelles. — Quant à l'objet de la convention, il faut, en principe, que l'acceptation corresponde exactement à l'offre, sans extension ni restriction. Cependant, lorsque des offres, relativement à une même chose, sont faites respectivement à des prix différents, le marché peut valoir pour le prix le plus faible. — Il n'y a pas non plus de convention si l'acceptation a eu lieu sous des conditions qui n'étaient point dans l'offre.

10. Lorsque le contrat intervient entre personnes non présentes et les offres et l'acceptation se font par correspondance, la jurisprudence et la doctrine sont divisées sur le point de savoir si le contrat se forme dès le moment de l'acceptation, ou seulement lorsque celle-ci parvient à la connaissance de l'offrant. La Cour de cassation paraît admettre qu'il y a là une question de fait abandonnée, comme telle, à l'appréciation des tribunaux.

11. Tant que l'acceptation n'a pas eu lieu, l'offre peut être retirée (Req. 11 déc. 1901, D P. 1903. 1. 114). D'autre part, l'acceptation peut intervenir utilement tant que l'offre subsiste, et celle-ci est censée subsister, en principe, tant qu'elle n'est pas formellement rétractée. Mais, lorsque l'offrant a fixé un délai pour l'acceptation, d'une part, l'offre est considérée comme rétractée si elle n'est pas acceptée dans le délai déterminé; et, d'autre part, elle ne peut être retirée avant l'expiration de ce délai. — C'est un point controversé que celui de savoir s'il y a lieu à dommages-intérêts au cas où la rétractation des offres avant leur acceptation cause quelque préjudice à celui à qui elles étaient faites. — Dans le système d'après lequel le contrat n'est parfait que lorsque l'offrant a reçu avis de l'acceptation, celle-ci peut être révoquée pourvu que la révocation parvienne à l'of-

46

frant avant ou en même temps que le consentement primitif (Toulouse, 13 juin 1901, D. P. 1902. 2. 16). — La mort ou l'incapacité de l'une des parties, survenue après les offres, mais avant l'acceptation, met obstacle à la formation du contrat.

12. Le consentement peut être exprès ou tacite. — Le consentement exprès peut se manifester par tous les moyens à l'aide desquels la pensée se transmet, c'est-à-dire par la parole entre présents, ou, entre personnes éloignées, par lettre missive transmise par la poste, ou encore par le télégraphe ou le téléphone, par simples signes ou par gestes, d'où il résulte qu'un sourdmuet peut toujours, sans écrire, manifester expressément son consentement. — Le consentement tacite est celui qui résulte de certaines actions ou de certains faits qui le supposent nécessairement.

13. L'offre peut être tacite. Spécialement, les commerçants qui publient, par voie d'annonces ou d'affiches, les conditions de leur négoce, sont, par ce fait même, dans un état permanent d'offres adressées au public ; la demande, conforme à ces conditions, forme acceptation et constitue un lien de droit. — Ce mode de formation du contrat a lieu non seulement en matière de vente commerciale, comme lorsqu'un marchand affiche le prix de telle marchandise, cas auquel il est obligé de la livrer pour le prix indiqué, mais aussi en matière de transport ; ainsi, une compagnie de transports maritimes qui annonce qu'elle effectue des transports sur un navire moyennant un fret déterminé, ne peut se refuser à transporter pour ce fret les marchandises qui lui sont présentées (Bruxelles, 19 nov. 1900, D. P. 1902. 2. 356).

14. De même, et plus encore que l'offre, l'acceptation peut avoir lieu tacitement. Elle résultera, notamment, d'un fait d'exécution, par exemple de l'expédition des marchandises aux conditions et dans les délais indiqués dans la lettre de demande. — Elle ne saurait, en général, s'induire du silence de la partie qui a reçu les offres. Ainsi, le silence gardé par une personne à laquelle ont été adressés des lettres et des échantillons accompagnés de propositions de vente ne peut être considéré comme un acquiescement à ces offres. — On ne doit pas non plus considérer comme abonné à un journal et tenu d'en payer le prix celui qui a reçu, pendant un certain temps, les numéros de ce journal sans l'avoir demandé (V. toutefois, en sens contraire, Trib. de paix de Rosières, 10 janv. 1883, S. p. 135). Jugé même que l'avis placé en tête du journal et d'après lequel l'abonnement continue sauf « avis contraire », n'oblige au payement d'un nouvel abonnement les personnes qui ont conservé les numéros à elles adressés, sans aucune souscription ni convention de leur part (Douai, 10 mars 1874, D. P. 74. 2. 153). — Cependant, dans certains cas et eu égard aux circonstances, le silence peut équivaloir à une acceptation. C'est ce qui a lieu fréquemment en matière commerciale : par exemple, un négociant qui ne répond pas à la lettre par laquelle un autre négociant, avec lequel il est en relations d'affaires, lui donne un ordre ou lui rappelle des conventions verbales précédemment arrêtées, peut être réputé accepter tacitement l'ordre qu'il reçoit.

15. La question de savoir si, des offres ayant été faites au public par voie de prospectus ou d'affiches (V. suprà, n° 13), les conditions insérées dans ces annonces sont obligatoires pour les personnes qui ont traité avec l'auteur desdites offres est diversement résolue. La jurisprudence tend à admettre que l'acceptant n'est lié qu'autant qu'il est établi qu'il s'est rendu compte des conditions dont il s'agit et qu'il y a adhéré expressément ou tacitement.

ART. 2. — DES VICES DU CONSENTEMENT.

16. Le consentement peut être atteint de certains vices qui le rendent inexistant ou font obstacle à sa validité. Ces vices sont : l'erreur, la violence, le dol (Civ. 1109), et, dans certains cas, la lésion.

§ 1er. — Erreur (R. 111 et s. ; S. 32 et s.).

17. L'erreur commise par les parties contractantes, ou par l'une d'elles, a des effets différents suivant qu'elle porte sur tel ou tel point : tantôt elle est exclusive du consentement, en sorte que le contrat doit être réputé inexistant ; tantôt, sans exclure le consentement, elle l'affecte d'un vice qui rend le contrat annulable ; tantôt enfin, n'ayant qu'une importance secondaire, elle est sans influence sur la validité du contrat.

18. L'erreur est exclusive du consentement et fait obstacle, par conséquent, à la formation même de la convention, notamment lorsqu'elle porte : 1° sur la nature de l'affaire, comme dans le cas, par exemple, où, une partie voulant acheter, on lui a fait conclure un bail ; 2° sur l'individualité physique de l'objet du contrat, comme si, dans une vente, l'acheteur entend acquérir tel cheval déterminé, et le vendeur en vendre un autre.

19. L'erreur vice le consentement, sans l'empêcher d'exister, lorsqu'elle tombe : 1° sur la substance même de la chose objet du contrat ; 2° dans certains cas, sur la personne avec laquelle on a l'intention de contracter. La convention n'est pas absolument nulle en pareil cas, elle est seulement annulable.

20. La substance de la chose, sur laquelle doit porter l'erreur pour que le consentement soit vicié, consiste, suivant l'opinion dominante, dans la qualité que les parties ont eue principalement en vue en contractant et dont l'absence, si elle avait été connue, eût mis obstacle à la conclusion du contrat. Par exemple, il y a erreur sur la substance si l'on a vendu pour les semailles de printemps, et sous le nom de blé de mars, du blé qui, en réalité, n'est que du blé d'automne ; ... dans le cas où l'on a cédé un procédé breveté devant produire certains résultats dont la réalisation en ensuite reconnue impossible ; ... dans le cas où, un acquéreur de valeurs de bourse ayant entendu acquérir des titres négociables et productifs d'intérêts, ceux qui lui ont été livrés, étant sortis à des tirages antérieurs, ne remplissent pas ces conditions, etc. (Paris, 19 juill. 1890, D. P. 92. 2. 257). — Il en serait de même, d'après la Cour de cassation, dans le cas où un assuré, croyant traiter avec une compagnie d'assurances à primes, se serait engagé envers une compagnie d'assurances mutuelles (Req. 6 mai 1878, D. P. 80. 1. 12), ... ou inversement (Civ. c. 14 janv. 1902, D. P. 1903. 1. 273). Mais il semble qu'en pareil cas il y aurait plutôt erreur dans la nature du contrat. — Dans les ventes ou échanges d'objets d'art, de tableaux notamment, la personnalité du maître ou de l'auteur désigné dans la convention est, en général, une condition essentielle du marché ; l'erreur peut être commise à cet égard porte donc sur la substance de la chose et entraîne la nullité de la convention. — En principe, l'erreur sur la substance vicie le consentement, soit qu'elle existe chez un seul des contractants, soit chez tous deux à la fois.

21. L'erreur sur la valeur de la chose ne constitue pas une erreur sur la substance, et, en dehors des cas où la lésion est admise comme une cause de rescision, ne peut motiver l'annulation du contrat. Ainsi, l'acheteur ne peut poursuivre la nullité de la vente par le motif que la chose vaudrait n'a pas, en réalité, la valeur qu'on lui attribuait. — Il en est de même de l'erreur qui porte sur les qualités non substantielles ou

---

accidentelles de la chose, telles, par exemple, que la solidité ou la teinte d'une étoffe. Jugé, par application de cette règle, qu'un contrat d'assurance ne peut pas être déclaré nul pour cause d'erreur sur la solvabilité de la compagnie (Trib. civ. de la Seine, 3 août 1897, D. P. 98. 2. 51).

22. L'erreur qui ne porte que sur la personne avec laquelle on a l'intention de contracter n'est pas, en général, une cause de nullité du contrat. Il en est autrement, toutefois, quand la considération de la personne est la cause principale de la convention. Il en est ainsi, notamment, dans les contrats dits de bienfaisance, où l'une des parties se propose de rendre à l'autre un service, tels que le mandat, le cautionnement, le commodat, le prêt de consommation, surtout quand il est gratuit ; ... et même dans certains contrats à titre onéreux, tels que le contrat de société, ou ceux qui donnent naissance à une obligation de faire, pour l'exécution de laquelle l'industrie, le talent, la réputation de la personne sont pris d'ordinaire en principale considération (tel serait le cas où, croyant commander un tableau à un peintre célèbre, on se serait adressé par erreur à tout autre artiste).

23. L'erreur est sans influence sur la validité de la convention lorsqu'elle ne porte que sur les motifs qui ont déterminé le consentement. Par exemple, une femme mariée ne saurait se soustraire à l'exécution d'une donation consentie par elle concurremment avec son mari, sous le prétexte qu'elle aurait cru que les sommes données seraient prélevées sur les deniers de la communauté, alors qu'en réalité elles devaient l'être sur les propres de chaque époux (Paris, 12 juill. 1892, D. P. 93. 2. 509).

24. Il n'y a, d'ailleurs, pas à distinguer entre l'erreur de droit et l'erreur de fait ; elles sont, l'une comme l'autre, susceptibles d'entraîner, le cas échéant, la nullité de la convention.

§ 2. — Violence (R. 168 et s. ; S. 51 et s.).

25. La violence qui vicie le consentement consiste non pas dans une contrainte physique, mais dans une contrainte morale qui détermine le consentement par la crainte. — Pour rendre une convention annulable, la violence doit être injuste, contraire aux lois et aux bonnes mœurs. Ainsi l'emploi des voies de droit ou la menace d'y recourir pour contraindre un débiteur à s'exécuter est une violence légitime, et on ne saurait y voir, en général, une cause de nullité des nouveaux engagements que le créancier a ainsi obtenus de son débiteur. Il en serait autrement si le créancier avait abusé de l'emploi ou de la menace des voies de contrainte pour extorquer à son débiteur des promesses excessives : on pourrait voir dans de pareils agissements une violence illégitime de nature à faire annuler la convention.

26. La violence ne peut être considérée comme viciant le consentement qu'autant qu'elle est de nature à faire impression sur une personne raisonnable. Cependant le juge doit, en cette matière, tenir compte du sexe, de l'âge et de la condition des personnes (Civ. 1112). — Elle doit, en outre, être de nature à inspirer à la personne menacée la crainte d'exposer soit sa personne, soit sa personne, à un mal considérable et présent : cette dernière expression ne doit pas être prise à la lettre ; il suffit de la crainte présente d'un mal imminent et inévitable ou paraissant tel à la personne menacée. — La crainte révérentielle envers le père, la mère ou autre ascendant, c'est-à-dire la crainte de leur déplaire inspirée par le respect et la soumission, ne suffit point pour faire annuler le contrat (Civ. 1114). Il en est autrement s'il y a eu violence, et on peut alors avoir égard à une violence moindre que celle qui est exigée en général.

27. La violence est une cause de nullité, alors même qu'elle aurait été le fait d'un tiers autre que celui au profit duquel la convention a été faite (Civ. 1111). Elle entraîne l'annulation non seulement lorsqu'elle a été pratiquée sur la partie contractante elle-même, mais encore lorsqu'elle l'a été sur ses proches, c'est-à-dire son époux ou son épouse, sur ses descendants (légitimes ou naturels) ou sur ses ascendants (Civ. 1113).

28. Les faits de violence peuvent être établis par tous les genres de preuve admis par la loi, notamment au moyen de présomptions (Req. 6 avr. 1903, D. P. 1903. 1. 301).

§ 3. — *Dol* (R. 198 et s. ; S. 62 et s.).

29. Le dol consiste dans des manœuvres pratiquées par l'une des parties pour tromper l'autre et obtenir son consentement à un contrat (ou à tout autre acte juridique) ou à certaines clauses ou conditions de ce contrat. — Le dol n'entraîne l'annulation de la convention que lorsque les manœuvres pratiquées par l'une des parties sont telles que, sans ces manœuvres, l'autre partie n'aurait pas contracté (Civ. 1116, § 1er). Il a été fait application de cette règle, notamment, au cas d'une vente à tempérament de valeurs à lots, alors que l'on avait abusé de la crédulité et de l'ignorance de l'acquéreur des titres, pour lui faire croire que l'acquisition devait lui procurer certains avantages qui étaient purement imaginaires (Trib. civ. de Saint-Étienne, 31 déc. 1900, D. P. 1902. 2. 117) ; ... au cas où l'on avait employé des manœuvres dolosives pour décider une personne inexpérimentée à passer, à des conditions onéreuses, un traité comportant la cession à cette personne de manuscrits anciens, dont l'authenticité était d'ailleurs contestable (Req. 31 déc. 1901, D. P. 1903. 1. 302). — Quand le dol ne porte que sur des accessoires du contrat (dol *incident*), il laisse subsister celui-ci et donne lieu seulement à des dommages-intérêts.

30. Le dol, à la différence de la violence (V. *suprà*, n° 27), n'est une cause de nullité qu'autant qu'il a été pratiqué par l'une des parties contractantes. — Mais, s'il y a eu collusion, complicité de la part du contractant, le dol commis par un tiers peut entraîner la nullité du contrat. Et on considère qu'il y a complicité toutes les fois que la partie qui devait profiter du dol a eu connaissance des manœuvres employées et n'en a pas averti l'autre partie. — Le dol n'est pas censé commis par un tiers lorsqu'il provient d'une personne qui représente la partie, tel que le tuteur à l'égard du mineur. Mais, quand le dol est commis par le mandataire conventionnel ou légal d'une partie, si le contractant lésé peut poursuivre l'annulation de la convention contre la partie représentée, il ne peut agir en dommages-intérêts que contre le représentant, auteur du dol.

31. Le dol ne se présume pas (Civ. 1116, § 2). Cette règle signifie seulement que le dol ne peut pas être admis sur de simples inductions, qu'il doit toujours être prouvé ; mais la preuve peut en être faite de toute manière, notamment par témoins et même au moyen de présomptions graves, précises et concordantes (Civ. 1353).

§ 4. — *Lésion* (R. 237 et s. ; S. 70).

32. Il y a lésion, dans un contrat synallagmatique, lorsqu'on ne reçoit pas l'équivalent de ce que l'on donne ; spécialement, dans un partage, lorsqu'un des copartageants reçoit une part inférieure à celle des autres. — La lésion n'est prise en considération par la loi que dans certains cas particuliers ; elle constitue alors un vice du consentement. Les contrats ou actes dans lesquels la lésion est une cause d'annulation

(ou de rescision) sont : 1° la vente, lorsque le vendeur d'un immeuble a été lésé de plus des sept douzièmes (V. *infrà*, *Vente*) ; 2° l'acceptation de succession, lorsque la succession se trouve absorbée ou diminuée de moitié par la découverte d'un testament inconnu lors de l'acceptation (V. *infrà*, *Succession*) ; 3° le partage, lorsqu'un des copartageants établit à son préjudice une lésion de plus du quart (V. *infrà*, *Succession*) ; 4° les actes faits par les mineurs (V. *infrà*, *Nullité*). — Dans le cas où elle est admise, la lésion est une cause de rescision, indépendamment de toutes manœuvres frauduleuses de la part de ceux dont l'on abuse ou lesquels on a contracté.

§ 5. — *Effets de la nullité des conventions pour vices du consentement.*

33. V. *infrà*, *Nullité*.

ART. 3. — DU CONSENTEMENT POUR AUTRUI.

§ 1er. — *Engagement pour autrui* (R. 245 et s. ; S. 71 et s.).

34. En principe, l'engagement que l'on prend en son nom propre pour autrui ne crée de lien de droit ni à la charge de celui qui fait la promesse, ni à la charge de celui pour lequel elle est faite (Civ. 1119). Mais, d'une part, cette règle ne fait pas obstacle à ce qu'une personne puisse être engagée par la promesse émanée d'un des contractants lorsque celui-ci promet en son nom et dans une qualité qui autorise cet engagement, par exemple, en qualité de mandataire conventionnel ou légal, ou même de gérant d'affaires. — D'autre part, le contractant lui-même peut être obligé s'il s'est porté fort pour les tiers dont il a promis le fait (Civ. 1120).

35. En se portant fort pour autrui, on n'oblige pas la personne dont on promet l'engagement, mais on s'oblige soi-même pour le cas où cette personne ne prendrait pas l'opération à son compte par une ratification ultérieure. — L'obligation du *porte-fort* n'a, en principe, d'autre objet que de rapporter cette ratification et, la convention une fois ratifiée, il n'est pas responsable de l'inexécution. — Faute de ratification, l'obligation du promettant se résout en dommages-intérêts. Cependant, on admet généralement que le porte-fort peut se soustraire aux dommages-intérêts en exécutant lui-même l'obligation promise, et cela malgré le refus de son cocontractant.

36. Le tiers pour qui l'on s'est porté fort reste étranger au contrat, tant qu'il n'a pas donné sa ratification. Cette ratification n'est, d'ailleurs, assujettie à aucune forme. Et, notamment, elle n'est pas assujettie aux conditions prescrites pour la ratification ou la confirmation des actes nuls (Civ. 1338) (V. *infrà*, *Ratification*). Elle peut être expresse ou tacite et s'induire des faits, quelquefois même du silence de l'intéressé. — Il n'est pas nécessaire que la ratification soit acceptée par le stipulant. Quant à l'époque où elle doit intervenir, elle peut être déterminée par le contrat ; sinon, il n'y a point de règle fixe à cet égard : c'est une question de fait et d'interprétation. Si le tiers pour lequel la promesse a été faite est mineur ou incapable à un autre titre, c'est lorsque son incapacité vient à cesser, notamment par son arrivée à la majorité, que le porte-fort est en demeure de fournir la ratification promise. — Quant aux effets de la ratification, soit entre les parties, soit à l'égard des tiers, V. *infrà*, *Ratification*.

§ 2. — *Stipulation pour autrui* (R. 269 et s. ; S. 83 et s.).

37. En principe, la stipulation que l'on fait *en son nom propre* pour autrui est sans effet ; elle ne crée aucun droit, soit au profit du stipulant, soit au profit du tiers (Civ. 1119). — Cette règle ne concerne pas le cas

où le stipulant a agi *au nom* d'un tiers qu'il représente, par exemple comme mandataire, comme tuteur ou comme gérant d'affaires. En pareil cas, le tiers représenté au contrat est censé avoir stipulé lui-même. — D'autre part, la règle dont il s'agit comporte, aux termes de l'art. 1121 c. civ., une double exception ; il est permis de stipuler en son propre nom au profit d'un tiers : 1° lorsque telle est la condition d'une stipulation que l'on fait pour soi-même ; 2° lorsque la stipulation est la condition d'une donation que l'on fait à autrui (Civ. 1121). La disposition qui consacre ces deux exceptions n'a d'ailleurs pas un caractère limitatif, et on s'accorde à admettre la validité de la stipulation pour autrui dans tous les cas où elle offre un intérêt pour le stipulant, celui-ci devant alors être réputé avoir stipulé pour lui-même. Mais cet intérêt doit être *pécuniaire* ; un intérêt d'amitié ou de famille ne suffirait pas.

38. La stipulation pour autrui ne constitue pas nécessairement un acte de libéralité. Dans le cas même où elle a ce caractère, elle n'est pas soumise aux *règles de forme* des donations entre vifs ; mais elle est alors soumise aux règles qui régissent les dispositions à titre gratuit quant au *fond*, notamment en ce qui concerne la capacité des parties, la réduction des libéralités qui excèdent la quotité disponible, etc.

39. La stipulation ne crée pas un droit définitif au profit du tiers désigné comme bénéficiaire, tant que celui-ci n'a pas déclaré vouloir en profiter ; jusque-là, le stipulant peut lui en bénéficie en la révoquant. Mais l'avantage résultant de la stipulation n'en est pas moins acquis au bénéficiaire indépendamment de toute acceptation de sa part ; d'où la conséquence que l'acceptation, dont l'unique objet est de faire obstacle à la révocation, peut utilement intervenir après la faillite du stipulant ou après son décès (Trib. civ. de Mâcon, 12 juill. 1899, et Dijon, 11 avr. 1900, D. P. 1901. 2. 309), ... et que, de même, la stipulation n'est pas éteinte par le décès du bénéficiaire, l'acceptation pouvant être faite par ses héritiers. — En principe, le stipulant n'a pas besoin du consentement du promettant pour user du droit qui lui appartient de révoquer la stipulation. Il en serait autrement, toutefois, et ce consentement serait nécessaire, si le promettant justifiait de son intérêt au maintien de la stipulation.

40. La déclaration du tiers qu'il veut profiter de la stipulation n'est soumise à aucune forme. Elle peut être soit expresse, soit tacite, et s'induire de certains faits. — Il n'est pas nécessaire qu'elle soit notifiée au stipulant ni portée sous une forme quelconque à sa connaissance. — Lorsque le bénéfice de la stipulation a été accepté sous une forme quelconque par le tiers désigné dans le contrat, il lui est aussitôt irrévocablement acquis. Cette règle a été appliquée notamment en matière d'assurance sur la vie (V. *suprà*, *Assurances*, n° 146 et s.).

41. Le tiers intéressé qui a déclaré son acceptation peut demander l'exécution de la stipulation à son profit par une action directe et personnelle contre le promettant. — Quant aux garanties accessoires de l'action du stipulant, telles que le privilège du vendeur, l'action en résolution de la vente ou en révocation de la donation, elles ne sauraient, d'après l'opinion dominante, être considérées comme garantissant aussi l'action directe du tiers.

§ 3. — *Engagements ou stipulations pour les héritiers ou ayants cause* (R. 314 et s. ; S. 100 et s.).

42. Celui qui contracte est censé stipuler ou promettre tant pour lui-même que pour ses héritiers et ayants cause. — En principe, tous les droits et toutes les obligations d'une personne passent à ses héritiers ou ayants cause à titre universel. Cette règle souffre exception : 1° au cas où la volonté de rendre le droit ou l'obligation intransmissible a été exprimée dans la convention, ou, du moins, en ressort d'une façon certaine; 2° lorsque la nature du droit ou de l'obligation est telle qu'ils sont purement personnels et non susceptibles de se transmettre. Il en est ainsi dans tous les contrats qui prennent fin par la mort de l'un des contractants, tels que la société, le mandat, le louage d'ouvrage ou d'industrie, et, en général, dans les conventions donnant naissance à une obligation de faire, mais seulement lorsque la considération de la personne du promettant a été l'un des éléments essentiels de la convention. — Peut-on stipuler ou promettre pour ses héritiers seulement, sans que le droit ou l'obligation prenne naissance en la personne du stipulant ou du promettant? Peut-on promettre ou stipuler pour l'un ou quelques-uns seulement de ses héritiers, de telle sorte qu'ils deviennent seuls créanciers ou débiteurs à l'exclusion des autres? Ce sont là des questions qui divisent les auteurs, et sur lesquelles la jurisprudence ne paraît pas avoir eu l'occasion de se prononcer.

43. Quant aux ayants cause à titre particulier, tels qu'un acheteur, un donataire, ils ne succèdent pas, en principe, aux droits et aux obligations de leur auteur. Toutefois, suivant la doctrine généralement admise, le bénéfice des stipulations qui se rapportent à l'objet auquel ils ont succédé est réputé leur être transmis en vertu d'une sorte de cession tacite de créance. C'est ainsi, notamment, que, en matière de servitude, l'acquéreur du fonds dominant peut, le cas échéant, requérir contre le propriétaire du fonds servant l'application de la clause pénale stipulée par son vendeur pour le cas où le propriétaire ce fonds gênerait l'exercice de la servitude. C'est ainsi également que l'acquéreur d'un immeuble peut se prévaloir d'une transaction conclue par le vendeur relativement à cet immeuble, en tant qu'elle consolide son droit de propriété (Req. 24 janv. 1898, D. P. 99. 1. 109). — Mais, quant aux promesses, alors même qu'elles concerneraient la chose faisant l'objet de la transmission, elles ne sont pas opposables au successeur à titre particulier, à moins que son titre ne lui en ait imposé ou qu'il n'en ait accepté la charge. Il en est autrement quand la chose a été frappée d'un droit réel, tel qu'une servitude, une hypothèque; elle ne passe alors que diminuée et amoindrie entre les mains de l'ayant cause particulier, à la condition que l'acquéreur du droit réel ait observé les formalités exigées pour que son droit soit opposable aux tiers.

ART. 4. — DE LA CAPACITÉ DES PARTIES CONTRACTANTES (R. 356 et s.; S. 112 et s.).

44. La capacité de contracter est la règle; l'incapacité est l'exception : sont incapables seulement les personnes déclarées telles par la loi (Civ. 1123). — On distingue les incapacités physiques ou naturelles et les incapacités civiles ou légales. Les premières sont, notamment, celles de l'enfant en bas âge, celle de l'individu frappé d'aliénation mentale ou d'imbécillité, ou se trouvant dans un état d'ivresse tel qu'il est entièrement privé de sa raison. Dans ces différents cas, il y a en réalité absence de consentement. — Quant aux infirmités physiques, telles que la surdi-mutité, la cécité, elles ne rendent point par elles-mêmes ceux qui en sont atteints incapables de contracter; elles pourraient seulement vicier le consentement si, en fait, celui-ci n'avait pas été donné en connaissance de cause.

45. Les incapacités civiles ou légales sont celles du mineur non émancipé (V. *infrà,*

Tutelle) ou émancipé (V. *infrà, Emancipation*); de l'interdit, soit judiciairement, soit légalement (V. *infrà, Interdiction*); du prodigue ou du faible d'esprit (V. *suprà, Conseil judiciaire,* nos 13 et s.), de la femme mariée (V. *suprà, Autorisation maritale,* n° 1) (Civ. 1124). — Ces incapacités ne sont pas absolues; la nullité des engagements contractés par les incapables ne peut être invoquée que par ceux-ci, non par les tiers qui ont traité avec eux (Civ. 1125). On admet toutefois que la nullité des actes passés par un individu frappé d'interdiction légale peut être invoquée par tous les intéressés. — Il y a lieu de ranger aussi parmi les incapables le failli ou l'individu mis en liquidation judiciaire, à partir du jugement déclaratif, ou même, relativement à certaines catégories d'actes, à partir de la cessation des payements ou pendant les dix jours qui l'ont précédée. La nullité est également relative en pareil cas. La déconfiture, au contraire, n'entraîne aucune incapacité. — Sur l'action en nullité des actes passés par des incapables, V. *infrà, Obligations.*

46. Il existe aussi des incapacités relatives, c'est-à-dire qui, laissant à un individu sa capacité générale, lui interdisent de faire certains actes avec telle personne déterminée (Civ. 1124, § 5). C'est ainsi, par exemple, que le tuteur ne peut pas acheter les biens de son pupille (V. *infrà, Tutelle*); que les époux ne peuvent se consentir de vente l'un à l'autre (V. *infrà, Vente*); etc.

ART. 5. — OBJET ET MATIÈRE DES CONTRATS (R. 405 et s.; S. 127 et s.).

47. L'existence d'un objet formant la matière de l'engagement est une condition essentielle à la validité de toute convention (Civ. 1126). Si l'objet n'existe qu'en apparence, la convention est absolument nulle; tel est le cas où l'on aurait cédé une créance fictive qui ne reposerait que sur des titres fabriqués. L'objet de la convention peut être soit la propriété, soit le simple usage ou la simple possession d'une chose (Civ. 1127) ou, d'une façon générale, un droit quelconque, réel ou personnel, un fait ou une abstention.

48. Il n'est pas nécessaire que la chose qui fait l'objet de la convention soit un *corps certain,* c'est-à-dire qu'elle soit déterminée individuellement; mais il faut qu'elle soit au moins déterminée quant à l'espèce (Civ. 1129, § 1er); la seule désignation du genre ne suffirait pas. La question de savoir ce qu'il faut entendre par espèce et par genre varie suivant les cas et les circonstances. Par exemple, une vente d'une certaine quantité de fer battu a pu être déclarée nulle pour défaut de détermination de l'espèce, alors qu'on n'avait pas exprimé si c'était du fer tendre, du fer métis ou du fer fort que l'on entendait vendre. D'autre part, lorsqu'il s'agit de choses *quæ pondere, numero mensurave constant,* telles que des denrées, du vin, de l'argent, il ne suffit pas de désigner l'espèce, il faut spécifier la quotité. — Mais il est, à ce point de vue, suffisamment déterminé, lorsque la convention contient les éléments nécessaires pour fixer la quotité à laquelle a droit le créancier.

49. Les choses qui sont dans le commerce peuvent seules être l'objet de conventions (Civ. 1128). Sont hors du commerce, notamment, les choses qui ne sont pas susceptibles de propriété privée soit par leur nature, comme les droits qui constituent l'état des personnes, comme les cours d'eau, les rivages de la mer, les édifices consacrés au culte, etc.; les fonctions publiques (mais non les emplois qui ne constituent pas des fonctions publiques, tels que celui de facteur à la halle, une charge d'agréé près d'un tribunal de commerce, etc.); les distinctions honori-

fiques; la clientèle d'un médecin (V. toutefois, *infrà, Médecine*); les choses que la loi a soustraites à la circulation, telles que les animaux atteints ou soupçonnés d'être atteints de maladies contagieuses, dont la vente est interdite (L. 21 juill. 1898, D. P. 98. 4. 132); les marchandises prohibées à l'importation par les lois de douane, etc.

50. En principe, les choses futures peuvent faire l'objet d'une convention. Ainsi, on peut vendre sa récolte de l'an prochain, le croît futur de son troupeau; on peut assurer des récoltes de plusieurs années, etc.

51. Par exception, la loi prohibe toute renonciation à une succession non ouverte et, d'une façon générale, tous pactes sur successions futures (Civ. 791, 1130). La prohibition est générale, elle comprend les stipulations qui auraient lieu entre une personne et ses héritiers présomptifs, aussi bien que celles qui interviendraient entre ces héritiers (ou légataires) et des tiers. — Pour qu'une convention soit nulle par application de l'art. 1130, il n'est pas nécessaire qu'elle porte sur l'universalité ou sur une quote-part de la succession non ouverte; il suffit qu'elle ait pour objet des choses dépendant de cette succession et envisagées comme devant en faire partie. Spécialement, doit être considéré comme un pacte sur succession future, nul à ce titre, l'acte qualifié de cautionnement, par lequel un père engage au payement d'une dette de son fils la part héréditaire que ce dernier doit toucher dans sa succession, en stipulant que la somme à prélever sur ladite succession sera imputée sur les fils débiteur sur le montant de sa part successorale comme s'il l'avait effectivement reçue en avancement d'hoirie du vivant du père (Civ. c. 9 mai 1894, D. P. 94. 1. 546).

52. La règle qui prohibe les pactes sur succession future s'applique au bénéficiaire d'une institution contractuelle et s'oppose à ce qu'il puisse céder son droit ou y renoncer, soit dans l'intérêt de l'instituant ou de ses héritiers, soit même dans l'intérêt d'un tiers.

53. Les stipulations sur successions futures sont frappées d'une nullité absolue et d'ordre public qui peut, dès lors, être invoquée par toute personne y ayant intérêt. Et cette nullité n'est pas couverte par une ratification intervenue après le décès. Ainsi, lorsque la succession a été l'objet d'une renonciation antérieure, la renonciation postérieure au décès ne peut produire d'effet qu'autant qu'elle résulte d'un acte complètement indépendant du premier.

ART. 6. — CAUSE DES CONTRATS (R. 498 et s.; S. 146 et s.).

54. La *cause,* dans les contrats, est le motif juridique à raison duquel l'obligation ou les obligations sont contractées et qui en constitue la raison d'être. — Il se distingue du mobile, ou motif de fait, qui a pu déterminer les parties à faire la convention. Ce mobile peut varier à l'infini. — Les causes des contrats peuvent, au contraire, se ramener à certaines catégories. Dans les contrats synallagmatiques, la cause de l'obligation consiste, pour chacune des parties, dans l'obligation que contracte l'autre de donner, de faire ou de ne pas faire quelque chose : ainsi, dans la vente, la cause, pour le vendeur, c'est l'obligation imposée à l'acheteur de payer le prix; pour l'acheteur, c'est la transmission de propriété et les obligations de délivrance et de garantie contractées par le vendeur. Dans les contrats unilatéraux, la cause de l'obligation consiste dans l'acquisition du bénéfice que l'une des parties procure à l'autre; ainsi, dans le contrat de prêt, l'obligation de l'emprunteur a pour cause la réception de la somme d'argent que lui a remise le prêteur; dans les contrats de bienfaisance, la cause de l'obligation est dans la volonté de l'une des parties de procurer un avantage à l'autre. — La cause de l'engagement peut consister dans une obligation naturelle ou de conscience, telle que celle de subvenir aux besoins d'un enfant naturel que l'on n'a pas reconnu, ... ou même dans un sentiment de reconnaissance pour des services rendus.

55. L'obligation est sans effet lorsqu'elle est sans cause ou que la cause en est illicite (Civ. 1131). Elle est entachée d'une nullité radicale qui ne peut être couverte par aucune ratification. — L'absence de cause est de nature à se produire dans des hypothèses diverses. Dans les contrats synallagmatiques, la cause fera défaut toutes les fois que la prestation promise par l'une des parties sera d'une réalisation impossible. Par exemple, la cession d'un brevet d'invention est nulle pour défaut de cause s'il est ensuite reconnu que la découverte n'était pas susceptible d'être brevetée. Lorsqu'une obligation résultant d'un contrat unilatéral a pour cause une obligation antérieure, elle peut être sans effet comme dépourvue de cause si, en fait, l'obligation antérieure n'existait pas ou a été annulée comme dépourvue de cause ; tel serait le cas où l'on aurait promis de payer une dette déjà acquittée, ou souscrit un billet pour le payement du prix d'une vente dont la nullité avait été prononcée.

56. La cause illicite est celle qui est prohibée par la loi ou qui est contraire à l'ordre public ou aux bonnes mœurs (Civ. 1133). Les cas dans lesquels la cause d'une obligation contractuelle peut être illicite sont extrêmement nombreux, et on en trouve des exemples dans toutes les parties du droit. C'est aux tribunaux qu'il appartient d'apprécier si ce vice se rencontre dans les conventions soumises à leur examen.

57. Sont nulles, notamment, comme ayant une cause prohibée par la loi ou contraire à l'ordre public : les conventions conclues en vue d'obtenir, moyennant un prix, la nomination, par le chef de l'État ou ses délégués, à un emploi public ; ... celle qui aurait pour objet des démarches à poursuivre par l'une des parties, auprès d'une administration publique, au moyen de son influence personnelle et de ses relations de parenté, pour procurer à son cocontractant une commande de la part de cette administration (Req. 5 févr. 1902, D. P. 1902. 1. 158) ; ... les traités secrets qui apportent des modifications au prix stipulé ostensiblement pour la cession d'un office (V. *infrà*, *Office*) ; ... les conventions qui ont pour but de réaliser une opération délictueuse, telle que la falsification d'un produit alimentaire ; ... de faire obtenir la remise ou la commutation d'une peine à l'une des parties, qui promet, en échange, une rémunération en argent (Trib. civ. de Sedan, 23 mai 1900, D. P. 1902. 2. 208) ; ... celles qui ont pour objet l'exploitation des jeux de hasard tels que, par exemple, le jeu dit *des petits chevaux* (Paris, 5 juin 1901, D. P. 1903. 2. 10) ; ... celles qui tendent à frauder les lois fiscales, notamment de soustraire certains actes, en tout ou en partie, à l'application des droits d'enregistrement, alors du moins que tel est le but principal que se sont proposé les parties. (Au contraire, si la contravention avait pour objet principal un règlement d'intérêt entre les parties, elle ne serait pas nulle par cela seul qu'elle aurait pour conséquence, même volontaire, de rendre incomplète la perception des droits ; Req. 10 avr. 1900, D. P. 1902. 1. 11) ; ... celles qui portent atteinte à la liberté des enchères, en écartant par dons ou promesses la surenchère d'une personne sur un immeuble mis en adjudication publique (Req. 5 août 1903, D. P. 1904. 1. 22) ; ... celles qui portent atteinte à la liberté du commerce ou de l'industrie (V. *infrà*, *Liberté du commerce et de l'industrie*).

58. Parmi les conventions ayant une cause contraire aux bonnes mœurs, on peut citer : celles qui portent atteinte à la dignité ou à la liberté du mariage. Ainsi sont nulles, par application de l'art. 1133, les conventions faites avec des entremetteurs pour qu'ils procurent un mariage avantageux. Il n'en est ainsi, toutefois, que quand la promesse de courtage a lieu à forfait et pour le cas de succès des démarches entreprises ; la convention serait valable, au contraire, si la rémunération n'était pas subordonnée au succès du mandat, mais était promise à tout événement, à titre de rémunération des peines et soins du mandataire. D'autre part, il est généralement admis que la promesse d'épouser une personne déterminée ne constitue pas une cause licite d'obligation (V. au surplus, sur les effets d'un pareil engagement, *infrà*, *Promesse de mariage*). — Sont nulles encore, par application de l'art. 1133, les conventions qui tendent à favoriser le libertinage ou la débauche, comme la promesse faite pour déterminer une personne à entretenir des relations intimes avec le promettant, ... ou les pactes ayant pour objet l'établissement, l'exploitation ou la cession d'une maison de tolérance (V. *infrà*, *Prostitution*) ; ... celles par lesquelles on promet quelque chose, de l'argent par exemple, à une personne pour qu'elle s'abstienne d'un acte immoral ou pour qu'elle accomplisse une action à laquelle elle est tenue ; ... celles ayant pour but d'obtenir, par des applaudissements ou autres démonstrations fausses, le succès de représentations dramatiques (V. cependant en sens contraire : Paris, 5 avr. 1900, D. P. 1903. 2. 279).

59. L'obligation *sur fausse cause* est, comme celle qui n'a point de cause ou dont la cause est illicite, déclarée sans effet (Civ. 1131). Cependant la convention dont la cause exprimée est fausse n'en est pas moins valable si elle a, d'ailleurs, une cause réelle et licite. — Au surplus, la cause exprimée est réputée véritable jusqu'à preuve contraire, et la charge de cette preuve incombe au débiteur. Mais, lorsque la fausseté de la cause exprimée a été prouvée par le débiteur, c'est au prétendu créancier qui allègue l'existence d'une cause réelle et licite d'en fournir la justification (Trib. civ. de Cambrai, 26 déc. 1901, D. P. 1902. 2. 14). L'acte qui exprime la cause reconnue simulée peut constituer un commencement de preuve par écrit, rendant admissible la preuve testimoniale et les simples présomptions à l'effet de déterminer la véritable cause (Civ. c. 5 déc. 1900, D. P. 1901. 1. 192).

60. Pour que l'obligation conventionnelle soit valable, il n'est pas nécessaire que la cause soit exprimée dans l'acte (Civ. 1132). Suivant l'opinion dominante, l'obligation dont la cause n'est pas exprimée est réputée en avoir une réelle et licite, et, dès lors, le débiteur est tenu au payement, si la cause est illicite ou qu'il n'y en a aucune (Req. 25 oct. 1885, D. P. 86. 1. 69). — Le caractère illicite de la cause peut, dans ce cas, être établi par tous les moyens de preuve, notamment par témoins ou simples présomptions ; spécialement, est recevable la preuve par témoins qu'un billet souscrit sans indication de cause a pour cause des relations illicites (Civ. r. 21 mars 1898, D. P. 1903. 1. 403).

Art. 7. — Effets des conventions
(R. 561 et s. ; S. 193 et s.).

61. Les conventions légalement formées constituent la loi des parties (Civ. 1134, § 1er). Elles lient non seulement ceux qui les ont faites, mais aussi le juge, qui est tenu de les sanctionner sans pouvoir y apporter aucune modification. — Sur la question de savoir si la violation de la loi du contrat est une cause de cassation, V. *supra*, *Cassation*, n° 96.

62. Les conventions doivent toutes, et sans distinction, être exécutées de bonne foi (Civ. 1134, § 2), c'est-à-dire conformément à l'intention des parties et au but qu'elles se sont proposé en contractant. Elles obligent non seulement à ce qui y est exprimé, mais encore à toutes les suites que l'équité, l'usage ou la loi donnent à l'obligation, d'après sa nature (Civ. 1135). Comp. *infrà*, n° 67.

63. Le lien produit par la convention est irrévocable, en ce sens qu'il ne peut être rompu par la volonté d'une seule des parties. Toutefois, cette règle peut recevoir exception en raison de la nature du contrat ; il en est ainsi notamment dans la société, le dépôt, le mandat. — Au contraire, les contrats peuvent, en principe, être révoqués par le consentement mutuel des parties (Civ. c. 27 juill. 1892, D. P. 92. 1. 462). Il en est autrement de certaines conventions qui touchent à l'état des personnes, tels que l'adoption, le mariage, les conventions matrimoniales (après la célébration du mariage).

Art. 8. — Interprétation des conventions
(R. 848 et s. ; S. 275 et s.).

64. Il appartient aux juges d'interpréter les conventions (Sur le pouvoir dont ils jouissent à cet égard, V. *supra*, *Cassation*, n° 96). — Il n'y a lieu à interprétation que lorsque les conventions ne sont pas absolument claires et précises. Le législateur a tracé quelques règles à suivre en pareil cas ; mais ces règles ne constituent que des conseils donnés aux juges, et non des principes absolus dont l'inobservation entraînerait l'annulation de la décision rendue. — Elles sont, d'ailleurs, en général applicables aux donations aussi bien qu'aux contrats proprement dits ; elles le sont également en matière de testament. — Parmi les dispositions dont il s'agit, celles des art. 1156, 1159, 1160 et 1162 c. civ. doivent particulièrement attirer l'attention.

65. Aux termes de l'art. 1156, on doit, dans les conventions, rechercher quelle a été la commune intention des parties plutôt que de s'arrêter au sens littéral des termes. Mais il n'y a lieu de s'écarter de la signification propre des termes que lorsqu'il est manifeste que les parties ont eu l'intention de les employer dans un sens impropre. — Si c'est dans l'acte lui-même que les éléments de l'interprétation d'une convention doivent d'abord être cherchés, ils peuvent aussi être pris en dehors de l'acte, à la différence de la règle admise en matière de testament (V. *infrà*, *Testament*).

66. Les clauses ambiguës s'interprètent par ce qui est d'usage. L'usage à suivre est, en principe, celui du pays où le contrat est passé (Civ. 1159). Cependant, lorsque le contrat doit être exécuté dans un pays autre que celui où il a été conclu, c'est parfois à l'usage du lieu de l'exécution que les parties sont présumées s'être référées et qu'il convient, par suite, de recourir pour interpréter leur volonté.

67. L'usage n'a pas seulement pour effet d'interpréter les clauses obscures ou ambiguës ; il permet aussi de suppléer des clauses qui n'ont pas été exprimées dans la convention (Civ. 1160). Par exemple, en matière de vente de marchandises, les juges peuvent, en vertu des usages du pays où la vente a lieu, et auxquels les parties sont censées avoir voulu se conformer, augmenter le prix convenu d'une modique somme pour gratification d'ouvriers (Civ. r. 15 févr. 1860, D. P. 60. 1. 403).

68. Dans le doute, la convention s'interprète contre celui qui a stipulé en faveur de celui qui a contracté (Civ. 1162). Le Code civil renferme plusieurs applications particulières de cette règle générale (V. notamment art. 1187, 1190, 1242, § 2). Il n'y a lieu, d'ailleurs, d'y recourir que lorsque tous autres moyens d'interprétation sont impuissants pour trancher la difficulté. — La règle de l'art. 1162 s'applique aux contrats synallagmatiques comme aux contrats unilatéraux ; mais, dans les premiers, chaque clause s'interprète séparément en faveur de celle des parties à laquelle elle impose une obligation. Il en est autrement, toutefois, en matière de vente (V. *infrà*, *Vente*).

ART. 9. — DE L'EFFET DES CONVENTIONS A L'ÉGARD DES TIERS (R. 877 et s. ; S. 287 et s.).

69. Les conventions n'ont d'effet qu'entre les parties contractantes ; elles sont, en principe, sans effet à l'égard des tiers, et ne peuvent ni leur nuire, ni leur profiter (Civ. 1165). Par tiers, il faut entendre les personnes qui n'ont pas figuré personnellement dans l'acte et n'y ont pas été valablement représentées. Ainsi, n'est pas un tiers celui qui a été représenté dans la convention par un mandataire conventionnel ou par un mandataire légal, tel qu'un tuteur. Il en est de même de l'ayant cause à titre universel de celui qui a contracté, ou même, dans certains cas, de son ayant cause à titre particulier (V. *suprà*, n° 34).

70. La règle ci-dessus a reçu, dans la jurisprudence, des applications nombreuses et très diverses ; on se bornera à en citer deux parmi les plus récentes. Il a été jugé qu'un ouvrier qui a été engagé par un fermier ou un métayer n'a pas d'action directe en payement de ses gages contre le propriétaire du fonds qui n'a pas contracté avec lui (Civ. r. 18 oct. 1898, D. P. 99. 1. 105) ; ... qu'aucun lien de droit n'existant entre la partie lésée par un incendie et la compagnie à laquelle est assuré, contre le recours des voisins, l'auteur du sinistre, le sinistré ne peut agir directement contre cette compagnie (Civ. c. 5 déc. 1899, D. P. 1901. 1. 457).

71. La règle édictée par l'art. 1165 ne s'oppose à ce que, dans une instance, une convention soit opposée à des tiers ou invoquée par eux comme moyen de preuve, notamment à l'appui d'une affirmation de fait, pour établir la situation exacte des parties dans un contrat (Civ.c. 27 juin 1892, D. P. 92. 1. 379) ; ... ni à ce que la preuve cherche dans des actes étrangers à l'une des parties des renseignements propres à éclairer sa religion (Req. 3 févr. 1879, D. P. 79. 1. 308). — D'autre part, cette règle ne s'applique qu'aux droits personnels, non aux droits réels qu'une convention peut produire. Les actes qui créent ou transmettent les droits de cette dernière catégorie sont opposables aux tiers et établissent, notamment quand ils se sont produits au cours d'une instance en revendication, le droit de propriété de celui qui les invoque, au regard de son adversaire, bien que ce dernier n'y ait pas été partie (Req. 20 févr. 1900, D. P. 1900. 1. 250).

72. Par exception, il peut arriver qu'une convention profite à des tiers qui n'y ont pas été parties ; tel est, aux termes de l'art. 1165, le cas de la stipulation faite pour autrui conformément à l'art. 1121 (V. *suprà*, n° 37). On peut citer aussi le cas de la caution qui profite des conventions, notamment de la remise de la dette, qui ont eu lieu entre le créancier et le débiteur principal. — Les concordats, en cas de faillite, constituent une notable exception au principe suivant lequel les conventions des parties ne nuisent pas aux tiers (V. *infrà*, *Faillite*).

ART. 10. — ENREGISTREMENT ET TIMBRE.

73. En droit fiscal, comme en droit civil, la convention doit être distinguée de l'acte destiné à la constater. Alors, en effet, que les actes doivent être enregistrés, selon leur nature, soit dans un délai déterminé, soit avant tout usage en justice (L. 22 frim.

an 7, art. 20 à 23, R. v° *Enregistrement*, t. 21, p. 26), certaines conventions seulement sont assujetties au payement des droits d'enregistrement, même en l'absence de constatation par acte. Ce sont : les mutations verbales d'immeubles en propriété, usufruit ou jouissance (L. 27 vent. an 9, art. 4, R. v° *Enregistrement*, t. 21, p. 36 ; 23 août 1871, art. 14, D. P. 71. 4. 54) et les mutations verbales de fonds de commerce (L. 28 févr. 1872, art. 8, § 1er, D. P. 72. 4. 12).

74. A cet égard, les droits d'enregistrement ont été divisés, par la doctrine, en droits d'acte et droits de mutation. Par le droit d'acte, c'est l'acte lui-même, tel qu'il est, qui demeure l'objet et la cause de la perception, la convention servant seulement à en déterminer la quotité. Par le droit de mutation, c'est la convention elle-même, c'est-à-dire le passage de la propriété ou de la jouissance d'une main dans une autre, qui est atteinte.

75. En ce qui concerne le délai dans lequel les actes doivent être enregistrés, V. *infrà*, *Enregistrement* ; ... les droits à percevoir sur les mutations verbales d'immeubles et de fonds decommerce, V. *infrà*, *Fonds de commerce*, *Louage*, *Vente*.

76. Le droit de timbre est dû sur tous les actes publics ou sous seings privés de nature à être produits en justice et susceptibles d'y faire foi (L. 13 brum. an 7, art. 12, R. v° *Enregistrement*, t. 22, p. 737).

CONTRAT JUDICIAIRE

(R. v° *Contrat judiciaire*; S. eod. v°).

1. Le *contrat judiciaire* est l'accord de deux parties devant le juge. Ce n'est pas une espèce particulière de contrat, mais une forme spéciale revêtue par toute convention faite à l'audience, ou, plus particulièrement, dans certaines circonstances, par différents contrats qui ont leurs caractères et leurs conditions propres, tels que l'acquiescement, le désistement, la transaction.

2. Le contrat judiciaire se forme par le consentement réciproque des parties, constaté par le juge (Req. 4 juin 1896, D. P. 96. 1. 447). Il n'existe donc que lorsque l'offre faite par l'une des parties a été acceptée par l'autre (Civ. c. 5 août 1902, D. P. 1903. 1. 307). — Les règles sur le consentement sont, d'ailleurs, celles qui régissent les contrats ordinaires. Ainsi, le consentement peut être exprès ou tacite. En principe, le silence de la partie à qui l'offre est faite ne peut être considéré comme une acceptation. Jusqu'à l'acceptation par l'autre partie de l'offre faite par l'une d'elles, la partie qui a fait l'offre peut la rétracter ; cette rétractation peut, elle-même, être expresse ou tacite. Mais la rétractation n'est plus possible après l'acceptation, bien que le juge n'ait pas encore donné acte aux parties de leur accord.

3. Pour qu'il y ait contrat judiciaire, il faut que l'accord intervenu entre les parties soit constaté par le juge. Cette constatation consiste dans un *donné acte* solennel. Le juge joue le rôle d'un officier public. Sa signature et celle du greffier suffisent. Celle des parties n'est pas nécessaire.

4. Un contrat judiciaire valable produit tous les effets d'une convention ordinaire entre les parties contractantes. Il est non avenu à l'égard des tiers qui n'y ont pas concouru. — Le contrat judiciaire met fin aux débats dans la mesure où les parties se sont mises d'accord ; elles seraient non recevables à les renouveler. Mais il doit être limité aux seuls faits à l'égard desquels il est intervenu.

5. Les voies de recours ouvertes contre les jugements ne s'appliquent pas au contrat judiciaire, qui est irrévocable dès qu'il

est légalement formé. Mais il peut être attaqué par les actions en nullité ou en rescision dont les conventions sont susceptibles.

6. *Enregistrement et timbre*. — Les contrats judiciaires sont soumis au timbre et assujettis à l'enregistrement dans les vingt jours de leur date (L. 13 brum. an 7, art. 12, R. v° *Enregistrement*, t. 22, p. 737 ; 22 frim. an 7, art. 20, R. eod. v°, t. 21, p. 26 ; Instr. Reg. 436, § 9). Ils donnent ouverture aux mêmes droits que si les conventions étaient avec un acte authentique ou privé, mais avec un minimum de 1 franc (L. 26 janv. 1892, art. 17, § 1er, D. P. 92. 4. 9).

7. La taxe des frais de justice établie par la loi du 26 janv. 1892 n'est pas due sur les contrats judiciaires, ces contrats n'ayant pas les caractères de jugements et n'emportant pas condamnation.

CONTRAT DE MARIAGE

(R. v° *Contrat de mariage*; S. eod. v°).

1. Le contrat de mariage est l'acte qui renferme les conventions matrimoniales, c'est-à-dire les conventions ayant pour objet de régler, antérieurement à un mariage projeté, les intérêts pécuniaires des futurs époux. — Les principes généraux qui régissent cet acte et ces conventions font l'objet du chapitre 1er du titre 5 du livre 3 du Code civil (art. 1387 à 1398).

§ 1er. — *Liberté des conventions matrimoniales* (R. 80 et s. ; S. 8 et s.).

2. La règle fondamentale en cette matière est qu'il appartient aux parties elles-mêmes de régler leurs droits respectifs en vue du mariage ; la loi n'intervient pour déterminer ces droits qu'à défaut de stipulation entre les intéressés. — Le principe, en cette matière comme en toute autre, est la liberté des conventions ; mais ce principe a ici une portée plus grande que dans les autres contrats : le contrat de mariage peut, en effet, contenir des conventions qu'on ne pourrait se trouver dans aucun autre ; c'est ainsi, par exemple, que les donations contenues dans un contrat de mariage peuvent porter sur les biens futurs du disposant (Civ. 1082). V. *infrà*, *Donation par contrat de mariage*.

3. Le principe de la liberté des conventions matrimoniales comporte certaines restrictions. En premier lieu, les conventions ne doivent pas être contraires aux bonnes mœurs ou aux lois qui intéressent l'ordre public (Civ. 1387-1388 ; Comp. Civ. 6). — Sur les conventions ou conditions qui doivent être considérées comme contraires aux bonnes mœurs, et spécialement sur le point de savoir s'il faut ranger parmi ces clauses la prohibition de se remarier imposée à l'un des époux comme condition d'une libéralité à lui faite par contrat de mariage pour le cas où il survivrait à son conjoint, V. *infrà*, *Dispositions entre vifs et testamentaires*.

4. Les lois d'ordre public, auxquelles il n'est pas permis de déroger, sont, d'abord, celles qui déterminent les droits attachés à la puissance maritale ou à la puissance paternelle. Il ne peut être apporté aucune restriction ni modification à ces droits. Par exemple, serait nulle la clause stipulant que les enfants à naître du mariage seront élevés dans telle ou telle religion ; le père n'en conserverait pas moins le droit de déterminer à son gré la religion des enfants, lequel est un des attributs de la puissance paternelle. — Il en serait de même de la convention par laquelle les époux, ou l'un d'eux, renonceraient par anticipation à l'usufruit légal sur les biens de leurs enfants (Civ. 384). — On ne peut déroger non plus aux droits qui sont conférés au survivant des époux par le titre de la *Puissance paternelle* et par le titre de la *Minorité*, de la *Tutelle* et de l'*Émancipation*. Par exemple, on ne pourrait stipuler que la femme, en cas de veuvage, ne jouira de la puissance paternelle ou n'exercera la tutelle légale que sous certaines restrictions non prévues par la loi.

5. Les parties ne sont pas libres non plus de modifier les droits qui appartiennent au mari comme chef de la communauté. Ainsi, elles ne sauraient valablement restreindre le droit dont jouit le mari de disposer des biens communs, lui interdire notamment de les aliéner à titre onéreux ou de les hypothéquer sans le consentement de la femme. Mais la femme peut valablement, sous tous les régimes, se réserver l'administration de ses biens personnels en tout ou en partie et même, d'après la Cour de cassation, celle de ses biens dotaux, sous le régime dotal. — Aucun des époux ne peut, par contrat de mariage, modifier sa capacité. Ainsi, serait nulle la clause par laquelle la femme renoncerait à la faculté de se porter caution de son mari ou stipulerait qu'elle ne pourra s'obliger envers les tiers même avec l'autorisation de son mari ou de justice.

6. Il est interdit de déroger, dans le contrat de mariage, aux dispositions prohibitives du Code civil (Civ. 1388, *in fine*). Cette règle s'oppose notamment à ce que la femme renonce aux diverses garanties instituées en sa faveur pour assurer les effets du pouvoir marital, telles que celles qui résultent de l'hypothèque légale que la loi lui confère sur les biens du mari ; ... à ce que les futurs époux stipulent qu'ils pourront, pendant le mariage, se faire entre vifs des donations mutuelles par un seul et même acte ; ... à ce qu'ils écartent l'application des règles concernant la preuve des apports et de la femme sous le régime de la communauté (Civ. 1415, 1422, 1499, 1503) et conviennent, par exemple, que cette preuve pourra être faite par témoins à défaut de l'inventaire ou de l'état en bonne forme prescrits par l'art. 1499. — Enfin les futurs époux ne pourraient valablement déroger à la règle qui prohibe la convention de demeurer dans l'indivision pendant plus de cinq ans (Civ. 815). Ainsi, serait nulle toute clause qui, sous le régime de la communauté, ferait obstacle au partage des biens communs pour une durée de plus de cinq ans à partir de la dissolution du mariage.

7. Les futurs époux ne peuvent faire aucune convention ou renonciation dont l'objet serait de changer l'ordre légal des successions, soit par rapport à eux-mêmes dans la succession de leurs enfants ou descendants, en stipulant, par exemple, que cette succession appartiendra au père ou à la mère exclusivement ou pour une part plus forte que celle déterminée par la loi, soit par rapport à leurs enfants entre eux, notamment en attribuant à l'aîné une part héréditaire plus forte que celle des autres enfants. — Il n'est pas permis non plus de s'écarter, dans le contrat de mariage, des règles concernant les donations, sauf les exceptions admises par la loi, soit pour les libéralités faites par des tiers (Civ. 1081 et s.), soit pour les avantages faits par les époux l'un à l'autre (Civ. 1091 et s.) (V. *infrà, Donation par contrat de mariage*).

8. Les époux sont libres, en principe, de faire dépendre leurs conventions matrimoniales de l'événement d'une condition. Ainsi, on admet généralement que l'existence de la communauté peut être subordonnée à une condition, soit suspensive, soit résolutoire. — Mais l'effet des conventions matrimoniales ne saurait être suspendu par une condition *potestative*, c'est-à-dire dont la réalisation dépendrait de la volonté de l'un ou de l'autre des époux, ou même de tous les deux. Serait nulle, par exemple, la clause d'un contrat de mariage en vertu de laquelle les époux se trouveraient mariés soit sous le régime de la communauté universelle, soit sous celui de la communauté réduite aux acquêts, suivant que la femme, à la dissolution de la communauté, opterait pour l'un ou l'autre de ces régimes. En pareil cas, la nullité de la clause entraîne, comme conséquence, l'application des règles de la communauté légale (V. *infrà*, n° 10).

§ 2. — *Des différents régimes que les époux peuvent adopter.* — *Interprétation du contrat de mariage* (R. 159 et s. ; S. 29 et s.).

9. Quatre régimes principaux et distincts, dont la loi a tracé les règles, s'offrent au choix des époux : 1° le régime de la communauté, soit légale, soit conventionnelle (V. *suprà, Communauté entre époux*, n°⁵ 5 et s., 216 et s.) ; 2° le régime exclusif de communauté (V. *suprà, eod. v°*, n°⁵ 272 et s.) ; 3° celui de la séparation de biens (V. *suprà, eod. v°*, n°⁵ 278 et s.) ; 4° le régime dotal (V. *infrà, Régime dotal*). Ces divers régimes peuvent, d'ailleurs, être combinés entre eux ; les époux ont, notamment, la faculté, tout en adoptant le régime de la communauté, de le modifier par des stipulations empruntées au régime dotal. Ils pourraient même adopter, pour leur association conjugale, des règles absolument nouvelles, à la condition qu'elles ne soient pas contraires aux restrictions et prohibitions exposées *suprà*, n°⁵ 3 et s.

10. Le régime de la communauté légale, tel qu'il est établi par les dispositions du chapitre 2 (première partie) du titre *du Contrat de mariage* au Code civil (art. 1400 à 1496), est celui auquel les époux se trouvent soumis à défaut de stipulations spéciales qui y dérogent, et notamment dans le cas où il n'a pas été fait de contrat de mariage (Civ. 1393). — Ce régime est applicable, à défaut de contrat, sans qu'il y ait à tenir compte de l'incapacité des futurs époux ou de l'un d'eux. C'est ce que l'on décide, en particulier, à l'égard de l'individu pourvu d'un conseil judiciaire (V. *suprà, Conseil judiciaire*, n° 27). — Sur la règle qui doit être suivie au cas de mariage contracté par des Français à l'étranger ou des étrangers en France, V. *infrà, Loi personnelle ou réelle*. — Tout autre régime que la communauté légale ne peut résulter que d'une clause qui ne laisse aucun doute sur l'intention de l'adopter. Cette règle s'applique spécialement au régime dotal (Civ. 1392).

11. L'interprétation des contrats de mariage est soumise, d'une manière générale, aux mêmes règles que celle de toutes autres conventions, et il y a lieu de combiner entre elles leurs diverses dispositions pour en déterminer le sens (Req. 18 oct. 1898, D. P. 98. 1. 568). — Dans les cas de régime mixte, il importe de rechercher le caractère dominant ou principal des conventions adoptées : si, par exemple, on a commencé par stipuler le régime de la communauté, l'ensemble des dispositions devra s'interpréter par les règles particulières à ce régime, et la clause d'inaliénabilité qui pourrait s'y rencontrer sera entendue de la façon la plus restrictive. — C'est aux tribunaux qu'il appartient d'interpréter les stipulations du contrat lorsqu'elles sont obscures ou ambiguës ; mais la Cour de cassation exerce son contrôle sur leur appréciation en ce qui concerne la détermination du régime et les conséquences juridiques qui en découlent.

§ 3. — *De la forme du contrat de mariage* (R. 214 et s. ; S. 51 et s.).

12. Le contrat de mariage doit être passé devant notaire et est soumis à ... les formalités des actes notariés. Conformément à la règle générale posée par l'art. 9 de la loi du 25 vent. an 11, modifié par la loi du 12 août 1902, § 1ᵉʳ (D. P. 1902. 4. 74), il peut être reçu par un seul notaire (V. *infrà, Preuve littérale*). — L'acte doit être passé en minute, et non en simple brevet. — Un contrat de mariage nul pour vice de forme, ou pour incompétence du notaire (dans le cas, par exemple, où celui-ci a instrumenté hors de son ressort), ne pourrait valoir comme écriture privée, quoique signé des parties (Comp. Civ. 1318, et *infrà, Preuve littérale*).

13. Les futurs époux, ou toute autre personne concourant au contrat de mariage, peuvent se faire représenter par un mandataire ; mais celui-ci doit être muni d'une procuration par acte authentique. — Les futurs époux doivent, à peine de nullité, être présents en personne ou représentés par un mandataire régulièrement constitué. Ils ne seraient pas valablement représentés, même quand ils sont mineurs, par leurs parents stipulant en leur nom et se portant forts pour eux.

14. La nullité du contrat de mariage résultant du défaut de présence des futurs époux (ou de tout autre vice de forme), étant d'ordre public, peut être opposée par toute personne intéressée, même par les parties qui ont signé le contrat, leurs héritiers ou ayants cause. Elle ne peut être couverte par une ratification même antérieure au mariage, à moins que cette ratification ne réunisse les conditions prescrites pour les changements en contre-lettres (Civ. 1396-1397 ; V. *infrà*, n° 32 et s.). L'acte notarié par lequel le futur époux non présent au contrat de mariage déclarerait le ratifier ne vaudrait en comme ratification de ce contrat ni comme contrat de mariage nouveau (Civ. c. 6 nov. 1895, D. P. 97. 1. 25). — Le mariage une fois contracté, la ratification est impossible pendant sa durée ; mais, après la dissolution du mariage, la jurisprudence doit à admettre que le contrat de mariage peut être ratifié, soit expressément, soit tacitement, comme dans le cas où l'héritier de l'un des époux prédécédé aurait fait de ce contrat la base du partage opéré entre lui et le survivant.

15. Lorsque le contrat de mariage est nul, le régime sous lequel les époux se trouvent mariés est celui de la communauté légale. — En ce qui concerne les libéralités contenues dans le contrat, il y a lieu de distinguer : celles qui ne peuvent avoir lieu valablement que par contrat de mariage, telles que les donations de biens à venir, les institutions contractuelles, sont nulles dans tous les cas. Quant aux donations de biens présents, si l'acte, étant d'ailleurs revêtu de toutes les formalités exigées pour la validité des actes entre vifs, était nul en raison de l'absence d'un des futurs conjoints, la donation faite au profit du futur conjoint présent n'en serait pas moins valable ; et, dans le cas même où la libéralité s'adresserait au futur conjoint absent, elle pourrait encore valoir soit au moyen d'une acceptation constatée par un acte postérieur, soit par l'effet de l'exécution qu'elle recevrait et qui équivaudrait à une acceptation. Enfin, la donation de biens mobiliers faite par un acte qui ne serait valable ni comme contrat de mariage, ni comme donation entre vifs, pourrait être maintenue comme don manuel, si elle avait été suivie d'exécution. Dans les cas où la donation sera valable, les biens donnés (si ce sont des meubles, V. Civ. 1401-1°) tomberont dans la communauté qui existera entre les époux, à moins que le régime stipulé n'ait été précisément celui de la communauté et que le donateur n'ait mis à sa libéralité la condition expresse que ces biens resteraient propres au donataire.

16. La question de savoir à qui incombent les frais du contrat de mariage a été diversement résolue. D'après la jurisprudence de la Cour de cassation, chacun des époux en est débiteur pour moitié, à moins d'une convention contraire, qui devrait être stipulée dans le contrat de mariage et ne pourrait être établie, notamment, au moyen d'un aveu ou d'une délation de serment. Au reste, sous le régime de la communauté légale, l'obligation de payer ces frais tombe à la charge de la communauté, comme toutes autres dettes des époux antérieures au mariage (V. *suprà*, *Communauté entre époux*, n° 54).

§ 4. — *De la publicité des contrats de mariage et des formalités particulières à l'égard des commerçants* (R. 274 et s.; S. 62 et s.).

17. Tout acte de célébration d'un mariage doit mentionner, sur la déclaration émanée des parties, s'il a été fait ou non un contrat de mariage, et, dans le premier cas, indiquer, autant que possible, la date du contrat ainsi que le nom et le lieu de résidence du notaire qui l'a reçu (Civ. 76, modifié par la loi du 10 juill. 1850, D. P. 50. 4. 150). — Si l'acte de célébration porte que les époux se sont mariés sans contrat, la femme, aux termes de l'art. 1391, § 4, c. civ., modifié par la loi précitée, est réputée, à l'égard des tiers, capable de contracter dans les termes du droit commun. — Cette disposition, qui prévoit le cas où les époux ont faussement déclaré qu'ils n'avaient pas fait de contrat de mariage, ne doit pas être entendue en ce sens que la femme sera réputée mariée sous le régime de la communauté légale; elle signifie seulement que, si la femme est mariée sous le régime dotal, elle sera réputée à l'égard des tiers capable de contracter et de s'obliger, comme sous tous les autres régimes, avec autorisation de son mari ou de justice, sans pouvoir se prévaloir de l'inaliénabilité ni de l'insaisissabilité de ses biens dotaux. A tous autres égards, le contrat de mariage produira ses effets et la femme pourra l'invoquer même à l'encontre des tiers, notamment pour ce qui concerne la propriété et la conservation de sa dot. Si, par exemple, les époux ont adopté le régime de la communauté réduite aux acquêts, la déclaration des époux qu'ils n'ont pas fait de contrat n'empêcherait pas la femme d'opposer son contrat de mariage aux tiers à qui le mari aurait cédé des meubles compris dans son apport.

18. La disposition de l'art. 1391, § 4, n'est applicable ni au cas où, par suite d'une omission de l'officier de l'état civil, l'acte de mariage serait muet sur le point de savoir s'il existe, non un contrat de mariage, ni au cas où l'acte de mariage constaterait qu'il a été fait un contrat, mais ne mentionnerait pas, ou indiquerait d'une façon inexacte, le nom et la résidence du notaire qui l'a reçu, ou la date à laquelle il a été passé. Dans ces deux hypothèses, la femme conserverait intact le droit de se prévaloir de ses conventions matrimoniales. — Il en serait de même, nonobstant l'énonciation contenue dans l'acte de célébration que les époux se sont mariés sans contrat, si, dans l'acte contenant son engagement, la femme avait déclaré qu'elle a fait un contrat de mariage (Civ. 1391, § 4, *in fine*).

19. Sur les formalités imposées aux notaires en vue d'assurer l'observation de la règle concernant la déclaration à faire par les parties lors de la célébration du mariage, V. art. 1394, § 2 et 3. — D'après la Cour de cassation, il n'est pas nécessaire que ces formalités soient renouvelées à la suite d'un acte additionnel ou d'une contre-lettre ayant pour objet de modifier le contrat.

20. Tout contrat de mariage entre époux dont l'un est commerçant à l'époque du mariage doit être publié, quel que soit le régime matrimonial adopté. A cet effet, un extrait du contrat de mariage doit être transmis au greffe des tribunaux de première instance et de commerce du domicile du mari, pour y être inséré par le greffier dans un tableau à ce destiné et exposé, durant un an, dans l'auditoire de ces tribunaux. — L'extrait doit indiquer le régime sous lequel les époux se marient (Com. 67, § 2) et, en outre, bien que la loi ne le dise pas, les principales

modifications apportées à ce régime. — Aucune publication n'est exigée au cas où les époux se marient sans contrat. — S'il n'y a pas de tribunal de commerce au lieu où le mari est domicilié, le dépôt au greffe de ce tribunal est remplacé par un dépôt à la mairie de ce domicile, où l'extrait est exposé dans la principale salle de la maison commune. Enfin le même extrait doit, en outre, être déposé aux chambres des avoués et notaires, s'il y en a, pour y être inséré au tableau qui y est exposé (Com. 67, § 1er; Pr. 872).

21. Le dépôt doit être fait dans le mois de la date du contrat; ce délai est augmenté d'un jour par cinq myriamètres si le dépôt doit se faire dans un lieu autre que celui de la résidence du notaire. — C'est au notaire qu'incombe l'obligation de faire le dépôt, sous peine de 20 francs d'amende et même de destitution et de responsabilité envers les créanciers, s'il est prouvé que l'omission soit la suite d'une collusion (Com. 68; L. 16 juin 1824, art. 10). Cette sanction est la seule qui soit attachée au défaut de publication; le contrat de mariage du commerçant, non publié conformément à la loi, n'en reste pas moins valable. Toutefois, il ne serait pas opposable aux tiers, s'il était établi que ceux-ci n'ont pu en avoir connaissance.

22. L'époux séparé de biens ou marié sous le régime dotal qui embrasse la profession de commerçant postérieurement à son mariage est tenu de faire publier son contrat de mariage dans le mois du jour où il a ouvert son commerce, sous peine, en cas de faillite, d'être condamné comme banqueroutier simple (Com. 69). Cette obligation est imposée à l'époux lui-même, non au notaire qui a reçu le contrat de mariage. La femme commerçante y est assujettie comme le mari, mais seulement quand elle exerce un commerce distinct et séparé, et non lorsqu'elle ne fait que s'occuper du commerce de son mari, seul maître de l'établissement (Trib. civ. de la Seine, 27 avr. 1899, D. P. 1902. 2. 300).

23. Les formalités prescrites sont les mêmes que pour la publication exigée en cas de mariage d'un commerçant (V. *suprà*, n° 20). Du moins l'inaccomplissement de ces formalités n'entraîne pas la nullité des conventions matrimoniales; mais on pourrait y voir, de la part de la femme mariée sous le régime dotal, un quasi-délit qui la priverait du droit d'opposer l'inaliénabilité de la dot aux tiers qui auraient traité avec elle dans l'ignorance de sa qualité.

§ 5. — *De l'époque à laquelle doit être fait le contrat de mariage* (R. 301 et s.; S. 73 et s.).

24. Le contrat de mariage doit précéder la célébration du mariage. Passé après cette célébration, il serait nul, alors même qu'il ne ferait que reproduire les conventions arrêtées entre les époux et rédigées par acte sous seing privé avant le mariage. Toutefois, il pourrait faire preuve de certaines conventions, telles que des ventes ou des donations faites par la femme même. On pourrait y trouver aussi une preuve suffisante des apports de la femme dans le cas où celle-ci aurait intérêt à les faire constater, notamment pour obtenir la séparation de biens. — De même que la nullité du contrat de mariage pour vice de forme, la nullité résultant de ce que le contrat a été fait postérieurement au mariage est absolue et ne peut être couverte, pendant le mariage, par aucune confirmation, expresse ou tacite.

§ 6. — *De l'immutabilité des conventions matrimoniales* (R. 317 et s.; S. 78 et s.).

25. Les conventions matrimoniales ne peuvent recevoir aucun changement après la célébration du mariage (Civ. 1395). Il ne peut y être dérogé pendant le mariage, ni directement, ni indirectement. Cette règle implique

évidemment la prohibition de tout pacte qui tendrait à modifier, dans une mesure quelconque, le régime adopté par les époux, telle que, par exemple, la convention qui, sous le régime de la communauté réduite aux acquêts, autoriserait la femme à toucher personnellement une partie des revenus de ses biens propres. — D'autre part, elle ne s'étend pas aux stipulations qui, bien que constatées dans un contrat de mariage, ne seraient pas des conventions matrimoniales proprement dites. Par exemple, s'il a été fait un bail en même temps que le contrat et par le même acte, cette règle ne s'oppose pas à ce que des changements soient apportés à ce bail, pendant le mariage, d'accord entre les parties.

26. Le principe de l'immutabilité des conventions matrimoniales ne s'oppose pas non plus à ce que les époux puissent se faire, pendant le mariage, des donations révocables; mais la convention qui, tout en impliquant un avantage en faveur de l'un ou l'autre des époux, renfermerait en même temps une dérogation au régime matrimonial des époux, serait nulle comme contraire à ce principe : telle serait la convention par laquelle deux époux mariés sous le régime de la communauté conviendraient, en achetant un immeuble, qu'il sera propre au survivant. Le même principe interdit aux époux de contracter entre eux, pendant le mariage, une société de biens, soit particulière, soit universelle.

27. Les donations ou les institutions contractuelles faites dans le contrat de mariage par des tiers aux époux ou par les époux entre eux doivent être assimilées aux conventions matrimoniales; elles ne peuvent donc être révoquées ni modifiées pendant le mariage, et l'époux qui en est le bénéficiaire ne pourrait y renoncer purement et simplement, pour le tout ni pour partie. Il n'y a pas à distinguer les libéralités portant sur des biens à venir et celles qui ont pour objet des biens présents. Est nul, notamment, l'acte par lequel deux époux ont renoncé réciproquement aux gains de survie que le contrat de mariage leur assurait (Civ. r. 23 janv. 1894, D. P. 94. 1. 394). — Toutefois la renonciation est valable si elle n'est pas purement *abdicative*, mais *translative*; en d'autres termes, il est permis à l'époux de transférer le bénéfice de la libéralité qui lui a été faite à une tierce personne, notamment à un enfant né du mariage (Civ. c. 1er juill. 1889, D. P. 90. 1. 123). Il en est ainsi du moins lorsque cette libéralité consiste dans une donation de biens présents ou dans un avantage quelconque, tel qu'un gain de survie, n'impliquant pas, comme l'institution contractuelle, attribution de droits successifs. S'il s'agissait d'une disposition de cette dernière espèce, la renonciation, même faite au profit d'un tiers, serait nulle comme portant sur une succession future. — Le contrat de mariage ne peut pas plus être modifié par le testament de l'un des époux que par des conventions nouvelles; mais les époux pourraient, sous forme de legs ou par testament, renoncer, soit au profit des tiers, soit en faveur de l'un ou de l'autre, aux avantages contenus dans le contrat de mariage.

28. En ce qui concerne les conventions dérogatoires au contrat de mariage qui peuvent intervenir entre les époux ou l'un d'eux avec des tiers, il semble résulter de la jurisprudence qu'elles sont valables ou nulles suivant qu'elles sont, ou non, relatives aux époux. — Conformément à cette distinction, on décide, notamment, que l'acte : 1° que, sauf dans le cas où les époux sont mariés sous le régime dotal (V. Civ. 1543, et *infrà*, *Régime dotal*), la femme peut recevoir pendant le mariage un supplément de dot; 2° que des sûretés, telles que la célébration du mariage, peuvent être consenties, après la célébration du mariage, pour la garantie de la dot; 3° qu'il peut être renoncé par un tiers donateur à un droit de retour ou à toute autre réserve qu'il avait stipulés à son profit, etc. ; — d'autre part : 1° que le mari ne peut valablement renoncer à exiger le capital ou les intérêts de la dot constituée à la femme ; 2° qu'est nul l'acte postérieur à la célébration du mariage, par lequel les époux se sont engagés à ne point exiger le payement de la dot durant la vie des constituants, alors qu'elle était stipulée payable dès le jour du mariage.

29. Quant aux changements qui ne portent que sur le mode de payement de la dot, on en admet généralement la validité (Req. 27 nov. 1900, D. P. 1901. 1. 100). Toutefois, des divergences existent sur le point de savoir si l'on pourrait valablement, après la célébration du mariage, stipuler un délai pour le payement de la dot. Dans tous les cas, la nullité dont cette clause serait entachée ne peut avoir d'autre effet que de priver le constituant du bénéfice du terme stipulé à son profit ; elle ne s'étend pas aux autres conventions renfermées dans le même acte, spécialement, à la reconnaissance qu'une partie de la dot n'a pas été effectivement payée à la date indiquée dans le contrat (Limoges, 6 juill. 1901, D. P. 1903. 2. 261).

30. L'art. 1395 ne prohibe pas les conventions qui n'ont pour objet que d'interpréter le contrat. — D'autre part, de ce que le contrat de mariage est irrévocable, il ne suit pas que l'on doit réputer vraies et sincères toutes les énonciations qu'il contient. Ainsi, lorsqu'un contrat de mariage porte que la célébration devant l'officier de l'état civil vaudra quittance de la dot, cette clause n'équivaut pas à la preuve d'un payement effectif ; il résulte seulement du fait du mariage une présomption libératoire, qui peut céder à la preuve contraire ; et, dès lors, la reconnaissance qu'une partie de la dot n'a pas été payée n'apporte aucune dérogation au principe de l'immutabilité des conventions matrimoniales (Limoges, 6 juill. 1901, précité).

31. La nullité des conventions dérogatoires au contrat de mariage peut être opposée par toute partie intéressée et par les époux eux-mêmes. Elle n'est pas susceptible d'être ratifiée pendant le mariage ; mais elle peut être couverte par une confirmation postérieure au mariage.

§ 7. — Des changements et contre-lettres (R. 392 et s. ; S. 99 et s.).

32. Les futurs époux peuvent faire des changements à leurs conventions matrimoniales, avant la célébration du mariage, dans les conditions déterminées par les art. 1396 et 1397 c. civ. — On désigne habituellement sous le nom de *contre-lettres* les actes constatant ces changements.

33. Pour être valables *à l'égard des parties*, les changements doivent être constatés par acte passé : 1° dans la même forme que le contrat de mariage ; 2° en la présence et avec le consentement simultané de toutes les personnes qui ont été parties à ce contrat (Civ. 1396). — Par parties au contrat de mariage, il faut entendre : 1° les personnes qui stipulent ou promettent en leur nom, comme les futurs époux eux-mêmes, ou les tiers donateurs, ou ceux qui font quelque renonciation en faveur des futurs époux ; 2° les père et mère ou autres ascendants, bien qu'ils assistent au contrat sans faire aucune convention ni autre convention en leur propre nom, dans le cas où leur consentement est nécessaire pour la validité du mariage, et même, suivant une opinion, lorsque l'enfant qui se marie est seulement tenu de leur demander conseil. — On ne doit pas considérer comme parties au contrat les personnes, parentes ou non, qui n'y assistent et y apposent leur signature que comme conseils ou par bienséance, *honoris causa.*

34. La présence des parties étant exigée,

on ne pourrait passer outre en leur absence ; mais elles peuvent se faire représenter par mandataire. Le consentement de toutes les parties devant être simultané, il ne suffirait pas qu'elles consentissent toutes par des actes successifs. — Si l'une des personnes qui devrait consentir à la modification du contentement n'est pas comparaît pas ou refuse son consentement, cette modification ne peut avoir lieu sous forme de contre-lettre ; un nouveau contrat est nécessaire. Si l'une des parties était morte depuis le contrat, elle pourrait être représentée par ses héritiers. — La contre-lettre faite en l'absence ou sans le consentement de l'une des personnes qui étaient parties au contrat serait nulle, non seulement à l'égard de cette personne, mais, d'une manière absolue, à l'égard de toutes parties.

35. L'art. 1396 ne s'applique pas au cas où le contrat de mariage est, non pas modifié, mais abandonné et remplacé par un autre : les futurs époux n'ont pas besoin, pour cette nouvelle convention, du concours des personnes qui avaient été parties au premier contrat. Quant aux donations qui avaient été faites dans celui-ci, elles sont caduques si les tiers donateurs ne les renouvellent pas dans le second contrat.

36. Pour que les modifications apportées au contrat de mariage soient valables *à l'égard des tiers*, les conditions ci-dessus indiquées ne suffisent pas ; il faut, en outre, que la contre-lettre soit rédigée à la suite de la minute même du contrat de mariage (Civ. 1397). — Les tiers ne pourraient invoquer la nullité de la contre-lettre, pour inobservation de cette formalité, sont ceux qui, sur la foi du contrat de mariage, auraient acquis des droits qui se trouveraient anéantis ou diminués par l'effet du changement, comme, par exemple, celui auquel aurait été cédée une créance dotale qui, d'après le contrat de mariage, était de 2000 francs et qui a été réduite de moitié par une contre-lettre. — On doit même y comprendre les créanciers chirographaires des époux, alors du moins qu'on peut présumer qu'ils n'auraient pas traité avec ces derniers s'ils avaient connu les modifications apportées par la contre-lettre aux conventions primitives.

37. Il est défendu au notaire dépositaire de la minute du contrat de mariage d'en délivrer des grosses ou des expéditions sans transcrire à la suite le changement ou la contre-lettre (Civ. 1397). Si le notaire avait négligé de se conformer à cette prescription, la contre-lettre n'en serait pas moins efficace à l'égard des tiers ; seulement ceux-ci auraient un recours contre le notaire, pour le préjudice que leur aurait causé l'ignorance des modifications apportées au contrat.

38. Les changements pour lesquels les formalités prescrites par les art. 1396 et 1397 doivent être observées sont, en général, ceux-là seulement qui, s'ils étaient faits après le mariage, seraient nuls comme contraires au principe de l'immutabilité des conventions matrimoniales (V. *suprà*, n° 25). Ainsi, de même que les époux peuvent recevoir des donations ou augmentations de dot pendant le mariage, de même il peut leur être fait des libéralités dans l'intervalle du contrat à la célébration du mariage sans l'observation des formalités prescrites par les art. 1396 et 1397. Toutefois, ces formalités seraient nécessaires s'il s'agissait de libéralités qui ne peuvent avoir lieu que par contrat de mariage. Elles devraient aussi être accomplies pour la validité des donations que les futurs époux voudraient se faire l'un à l'autre. — La vente faite par l'un des futurs époux à un tiers durant la même période pourrait constituer un changement tombant sous l'application des art. 1396 et 1397 ; il en serait ainsi dans le cas, par exemple, où le régime adopté serait celui de la communauté universelle. Quant à la vente que l'un

des futurs époux consentirait à l'autre, elle constituerait également un changement au contrat de mariage si elle portait sur un bien compris dans les apports matrimoniaux du vendeur ou donné par celui-ci à son futur conjoint.

§ 8. — De la capacité requise pour le contrat de mariage (R. 439 et s. ; S. 116 et s.).

39. 1° *Majeur.* — À l'égard des personnes majeures, la capacité pour le contrat de mariage est la même que pour toutes autres conventions. Le fils de famille, majeur de vingt et un ans, peut régler seul ses conventions matrimoniales, alors même que, n'ayant pas atteint l'âge de vingt-cinq ans, il a encore besoin du consentement de son père ou d'un autre ascendant pour se marier.

40. 2° *Mineur.* — Le mineur figure en personne dans son contrat de mariage ; il n'y est pas représenté, comme dans les autres contrats, par son tuteur. Dès lors qu'il est habile à contracter mariage, il est capable de consentir toutes les conventions dont ce contrat est susceptible ; mais il doit être assisté des mêmes personnes dont le consentement est requis pour la validité de son mariage (Civ. 1398). (V. *infrà*, *Mariage*). Cette règle reste applicable même dans le cas où la personne qui doit donner l'autorisation, le père, par exemple, se trouverait en opposition d'intérêts avec le mineur (Comp. Civ. 420).

41. La loi exige l'assistance des personnes dont il s'agit ; une simple approbation donnée par elles, soit avant, soit après le contrat, ne serait pas suffisante. Mais elles pourraient se faire représenter par un fondé de pouvoir qui, régulièrement, devrait être porteur d'une procuration notariée. — Au cas où le mineur n'a ni père, ni mère, ni autres ascendants, le conseil de famille qui les remplace peut être représenté au contrat par un délégué, qui est ordinairement le tuteur. Mais il faut que les conventions matrimoniales aient été préalablement soumises au conseil et qu'il les ait formellement approuvées.

42. Le mineur n'est relevé de son incapacité que pour les conventions qui ont trait au mariage et qui ont pour but, soit de faciliter le mariage lui-même, soit de régler les droits respectifs des époux quant aux biens. Une convention d'une autre nature n'échapperait pas aux règles ordinaires, par cela seul qu'elle se trouverait dans le contrat de mariage. Seraient nulles, par exemple, une vente de droits successifs faite à un tiers par le futur époux mineur ; ... la donation faite par un père à sa fille mineure dans des conditions telles que ce serait là, en réalité, un contrat à titre onéreux impliquant une lésion importante au préjudice de la prétendue donataire ; etc.

43. Le contrat de mariage qui a été passé par un mineur non régulièrement assisté est nul. Il en est ainsi, par exemple, du contrat de mariage passé par le mineur qui n'a ni père, ni mère, ni ascendant, avec la seule assistance, non de son conseil de famille, dont le consentement était nécessaire pour le mariage (Civ. 160), mais seulement de son tuteur (Agen, 28 mai 1894, D. P. 97. 2. 80) ; ... du contrat de mariage pour lequel le mineur, enfant naturel non reconnu, a été assisté par un tuteur *ad hoc* nommé, non par le conseil de famille, mais par le tribunal (V. *infrà*, *Mariage*).

44. La nullité est absolue et peut, dès lors, être opposée non seulement par l'époux mineur, mais aussi par le conjoint capable et, d'une façon générale, par toute personne intéressée, par exemple par un tiers créancier des époux, à l'effet de faire écarter à son égard les conséquences de la dotalité stipulée ; ... par un tiers qui aurait fait une donation au mineur dans le contrat de mariage, ou par ses héritiers, etc. — Cette nullité entraîne celle de toutes les conventions qui ne peuvent être faites valablement que par contrat de mariage, notamment des donations de biens à venir, mais non des conventions qui, tout en étant contenues dans ledit contrat, auraient une existence propre et réuniraient les conditions requises pour valoir par elles-mêmes, telle qu'une donation de biens présents.

45. Le contrat de mariage nul pour défaut d'assistance du mineur n'est pas susceptible d'être ratifié pendant le mariage. Et même, d'après l'opinion dominante, il ne pourrait l'être à aucune époque : la ratification ne serait possible ni après la dissolution du mariage, ni avant sa célébration (Agen, 28 mai 1894, D. P. 97. 2. 80). — De la nullité de ce contrat il résulte que les époux sont mariés sous le régime de la communauté légale.

46. 3° *Interdit; Aliéné.* — La question de savoir si l'interdit pour cause de démence, à supposer qu'il puisse se marier dans un intervalle lucide, est apte à faire un contrat de mariage, et à quelles conditions, soulève de graves difficultés. La solution la plus sûre consiste à lui refuser cette aptitude. — La même règle s'applique au condamné frappé d'interdiction légale qui viendrait à se marier.

47. Quant à l'individu qui, sans être interdit, se trouve atteint d'aliénation mentale, le contrat de mariage qu'il aurait passé dans un intervalle lucide serait valable en principe, sauf l'annulation qui pourrait en être poursuivie, le cas échéant, en vertu soit de l'art. 503, soit de l'art. 504 c. civ. (V. *infrà*, *Interdiction*), soit également, en ce qui concerne les donations qu'il contiendrait, par application de l'art. 901 (V. *infrà*, *Dispositions entre vifs et testamentaires*).

48. 4° *Faible d'esprit; Prodigue.* — V. *suprà*, *Conseil judiciaire*, n° 26.

§ 9. — *De la caducité des contrats de mariage* (R. 488 et s.; S. 147 et s.).

49. Les conventions matrimoniales sont subordonnées à la célébration du mariage; elles sont caduques si le mariage n'a pas lieu. — Mais le retard apporté à la célébration du mariage n'est point par lui-même une cause de caducité du contrat de mariage; celui-ci subsisterait alors même que l'expiration du délai d'un an aurait rendu nécessaires de nouvelles publications (Civ. 65) (V. *infrà*, *Mariage*). Si le projet de mariage avait été rompu, puis renoué, il y aurait lieu de rechercher, en fait, si les parties ont entendu, ou non, maintenir leurs premières conventions.

50. Lorsque le mariage est annulé, le contrat tombe également, sauf l'application des règles sur le mariage putatif (Civ. 201-202). V. *infrà*, *Mariage*.

§ 10. — *Enregistrement et timbre.*

51. 1° *Enregistrement.* — Les contrats de mariage qui ne contiennent que la déclaration du régime adopté par les futurs, sans constater aucun apport de leur part, sont soumis au droit fixe de 5 francs (L. 28 avr. 1893, art. 20, D. P. 93. 4. 79).

52. Les contrats de mariage qui ne contiennent d'autres dispositions que des déclarations de la part des futurs de ce qu'ils apportent eux-mêmes en mariage et se constituent, sans aucune stipulation avantageuse entre eux, sont soumis à un droit proportionnel de 0 fr. 20 pour cent du montant net des apports (L. 22 frim. an 7, art. 68, § 3, n° 1, R. v° *Enregistrement*, t. 21, p. 26; 28 févr. 1872, art. 1°, n° 4, D. P. 72. 4. 12; 28 avr. 1893, art. 19).

53. Le droit proportionnel est dû sur tous les biens dont l'apport est constaté au contrat de mariage, sous quelque forme que ce soit et quel que soit le régime adopté. Il est liquidé sur la valeur vénale des apports au jour du contrat, valeur qui doit être fournie par les parties au moyen d'une déclaration estimative, lorsqu'elle n'est pas exprimée dans l'acte. — C'est également par une déclaration estimative des parties, en tenant compte de l'âge de l'usufruitier, que la valeur de la nue-propriété et de l'usufruit doit être déterminée pour le droit proportionnel à percevoir sur les apports (Sol. admin. Enreg. 26 nov.-17 déc. 1873, D. P. 75. 3. 24).

54. Si, dans le délai de deux années à partir de l'enregistrement, l'Administration établit la dissimulation des sommes ou valeurs ayant servi de bases à la perception du droit proportionnel, par des actes ou écrits émanés des parties ou par des jugements, il est perçu, indépendamment des droits simples supplémentaires, un droit en sus qui ne peut être inférieur à 50 francs (L. 28 févr. 1872, art. 3; 28 avr. 1893, art. 21). — La loi de 1893 ne s'appliquant qu'aux dissimulations, l'insuffisance qui ne serait que le résultat de faits postérieurs à l'enregistrement du contrat ne donnerait lieu qu'à la réclamation d'un simple supplément de droit, et à la condition d'être constatée dans le délai de deux années.

55. Les biens donnés aux époux par contrat de mariage ne constituent pas des apports personnels et ne doivent pas être compris parmi ceux soumis au droit de 0 fr. 20 pour cent (Sol. admin. Enreg. 21 mai 1872, D. P. 73. 5. 208). Ils sont, d'ailleurs, assujettis à des droits particuliers, qui seront indiqués *infrà*, *Donation par contrat de mariage*.

56. Le droit proportionnel de 0 fr. 20 pour cent ne se percevant que sur le montant net des apports, il y a lieu de déduire de la valeur des apports le total des dettes qui peuvent les grever; et même, lorsque l'apport de l'un des futurs est grevé d'un passif supérieur à l'actif, l'excédent doit être déduit de l'apport de l'autre époux pour la perception du droit (Trib. civ. de Beaune, 16 avr. 1897; Sol. admin. Enreg. 26 juin 1897, D. P. 98. 2. 54).

57. Les dispositions qui concourent à la perfection du contrat sont exemptes de droits particuliers comme conditions dépendantes; les autres sont, suivant leur nature, soumises à des droits fixes ou à des droits proportionnels.

58. Parmi les dispositions insérées le plus fréquemment dans les contrats, ont été considérées comme conditions dépendantes, exemptes de tout droit particulier : 1° la reconnaissance par le futur d'avoir reçu la dot apportée par la future (L. 22 frim. an 7, art. 68, § 3, n° 1); — 2° l'affectation hypothécaire consentie par le mari pour garantir le remboursement de la dot, cette clause n'ajoutant rien aux avantages assurés à la femme par l'art. 1436 c. civ. (Instr. Reg. 392); — 3° les conventions réglant le mode de propriété et de jouissance des apports et des acquêts pendant le mariage, ainsi que le mode de partage de ces valeurs à sa dissolution. Telles sont, notamment, les clauses qui attribuent à l'époux survivant ou aux héritiers du prédécédé, soit une somme fixe pour tout droit de communauté; telle est encore la clause de préciput. — Toutefois, pour que pareilles clauses soient considérées comme constituant de simples conventions de mariage, il faut : 1° qu'elles ne soient applicables qu'aux intérêts de la communauté, à l'exclusion de tout bien propre du **prémourant** des époux; 2° que l'attribution conférée au survivant remonte au jour du contrat de mariage, de telle sorte que le prémourant soit censé n'avoir jamais eu aucun droit sur les bénéfices de la communauté. Ainsi, lorsque la femme a le droit d'exiger le préciput même en renonçant à la communauté, ou lorsqu'en cas d'insuffisance des biens communs l'époux survivant est autorisé à le prendre sur les biens propres du prédécédé, la clause constitue une véritable libéralité et donne lieu, par suite, au droit fixe de donation éventuelle à l'enregistrement du contrat de mariage et au droit de mutation par décès lors de la réalisation de la clause par le décès du prémourant des époux.

59. Ont été considérées, au contraire, comme conditions indépendantes donnant ouverture à un droit particulier d'enregistrement : 1° la clause constatant que la dot a été reçue par un autre que le futur, le père, par exemple, qui s'oblige à la restituer (Sol. admin. Enreg. 21 sept. 1832). — La clause par laquelle un tiers, le père ou la mère du futur époux, par exemple, garantit, par une affectation hypothécaire, la restitution de la dot constituée à la future épouse, a bien le caractère d'un cautionnement; mais comme cette garantie s'applique exclusivement à l'obligation par le mari de restituer les sommes apportées par la future épouse, à la dissolution du mariage, et que cette obligation n'est, par elle-même, passible d'aucun droit, il s'ensuit que le cautionnement, dont le droit ne peut jamais excéder celui de la disposition à laquelle il se rapporte, est aussi affranchi de toute perception (Trib. civ. d'Oloron, 19 mars 1902, D. P. 1903. 5. 301. — *Contrà* : Sol. admin. Enreg. 3 janv. 1899, D. P. 1901. 2. 35); — 2° la clause par laquelle des époux, en adoptant le régime de communauté, stipulent que le survivant aura la faculté de conserver l'industrie commerciale et les marchandises, en payant la moitié de leur valeur aux héritiers du prédécédé; cette clause constituant, non une convention entre associés, mais une vente conditionnelle, et donnant lieu, au cas où le survivant use du bénéfice à lui attribué, à la perception du droit de 2 pour cent (Trib. civ. de la Seine, 19 juill. 1853, D. P. 54. 3. 63); — 3° les libéralités entre époux (V. *infrà*, *Donation entre époux*).

60. Les contre-lettres passées avant la célébration du mariage étant censées faire partie du contrat de mariage, il en résulte, en droit fiscal, qu'il faut réunir les dispositions du nouvel acte à celles du contrat de mariage pour régler la perception. — Si la contre-lettre ajoute aux dispositions qui donnaient ouverture à des droits particuliers, on perçoit un supplément liquidé d'après les règles appliquées au contrat lui-même. — Si le nouvel acte ne contient aucune addition aux dispositions passibles d'un droit dans le premier, il n'est dû que le droit fixe des actes innommés, 3 francs, par application de l'art. 68, § 1°, n° 51, de la loi du 22 frim. an 7. — Enfin, si l'acte additionnel annule certaines dispositions du contrat de mariage qui avaient donné ouverture à des droits, ces droits doivent être restitués.

61. Lorsque le mariage n'est pas célébré, le contrat est nul et sans effet, et les droits qui avaient été perçus sur son enregistrement deviennent restituables, sous retenue d'un droit fixe de 3 francs pour salaire de la formalité (Sol. admin. Enreg. 3 sept. 1872, D. P. 73. 5. 208). — La demande en restitution doit être faite dans les deux ans et être appuyée, soit d'un acte de résiliement, soit de la justification que la célébration du mariage n'a pas eu lieu et n'aura pas lieu.

62. Les certificats de dépôt aux chambres de discipline des notaires et des avoués des contrats de mariage des commerçants sont sujets au droit fixe de 3 francs. L'enregistrement de ces certificats n'est obligatoire que lorsqu'il doit en être fait usage en justice ou par acte public (Sol. admin. Enreg. 19 janv.

387). Le défaut de dépôt dans le délai prescrit est puni d'une amende de 20 francs au principal (V. *suprà*, n° 21). Cette amende, qui doit faire l'objet d'une condamnation prononcée par le tribunal, se prescrit par deux ans à compter de la contravention (Com. 69; L. 16 juin 1924, art. 10 et 14).

63. 2° *Timbre*. — Les contrats de mariage et contre-lettres, ainsi que les expéditions et extraits qui en sont délivrés, sont soumis au timbre de dimension. — Les contre-lettres peuvent être rédigées à la suite de la minute du contrat de mariage, sur la même feuille de papier timbré (Civ. 1397).

64. Le certificat délivré par le notaire aux parties, au moment de la signature du contrat, pour être remis à l'officier de l'état civil, est dispensé du timbre (L. 10 juill. 1850, art. 1er).

CONTRAVENTION

(R. v° *Contravention*; S. *eod. v°*).

1. La *contravention* est l'infraction que les lois punissent des peines de police (Pén. 1). Spécialement, on considère comme des contraventions de police simple les faits qui, d'après les dispositions du livre 4 du Code pénal, peuvent donner lieu soit à 15 francs d'amende ou au-dessous, soit à cinq jours d'emprisonnement ou au-dessous, qu'il y ait, ou non, confiscation des choses saisies, et quelle qu'en soit la valeur (Instr. 137).

SECT. Ire. — Caractères généraux (S. 18 et s.).

2. Les *contraventions* de police sont punissables par cela seul que le fait matériel qui les caractérise est déclaré constant, indépendamment de l'intention criminelle, qui n'est pas, comme en matière de crimes et de délits, une condition nécessaire de la culpabilité (Cr. c. 17 nov. 1893, D. P. 97. 1. 202). La bonne foi, l'ignorance de la loi, l'erreur, l'état de maladie du prévenu, son âge avancé, l'absence d'inconvénient ou de préjudice, l'existence d'un arrêté autorisant le fait prohibé par la loi générale ou la permission émanée de l'autorité, la circonstance que le prévenu a agi par simple curiosité, dans un but de bienfaisance, et même dans l'intérêt de la sécurité publique, ne sauraient constituer des motifs de justification que le juge puisse admettre. — Toutefois, exceptionnellement, certaines contraventions n'existent qu'autant que l'élément moral s'ajoute à l'élément matériel; elles supposent une intention coupable, la volonté de nuire à autrui. Il en est ainsi, notamment, des contraventions prévues par les art. 479, § 8; 475, § 8; 471, § 9, c. pén.

3. Si l'intention, qui suppose de la part de l'agent l'appréciation de l'illégalité de l'acte qu'il commet ou des conséquences qu'il peut avoir, n'est pas, en matière de contravention, une condition essentielle de l'imputabilité, du moins faut-il que l'auteur du fait matériel qui constitue la contravention ait agi librement et en connaissance de cause. Ainsi, les circonstances qui excluent le discernement et la liberté et qui, d'après la loi, atténuent ou font disparaître la culpabilité (jeune âge du prévenu, démence, contrainte, force majeure), produisent leur effet même lorsque l'infraction n'est qu'une contravention.

4. Les causes de justification, la légitime défense et l'ordre de la loi peuvent être invoquées en matière de contravention. L'état de légitime défense l'est souvent dans le cas prévu par l'art. 479, § 1er, qui punit ceux qui causent des dommages aux propriétés mobilières d'autrui, notamment tuent les animaux appartenant à autrui.

5. La tentative n'est pas punissable en matière de contravention. — De même, les règles de la complicité ne s'étendent pas à la matière des contraventions (Cr. c. 22 juill. 1897, D. P. 99. 1. 92).

SECT. II. — Des peines de simple police en général (R. 23 et s.; S. 27 et s.).

6. Les peines de police établies par le Code pénal (art. 464) sont l'amende, l'emprisonnement et la confiscation de certains objets saisis.

7. L'amende est de 1 à 15 francs; elle ne saurait, même avec les circonstances atténuantes, descendre au-dessous, ni, même en cas de récidive, s'élever au-dessus de ces chiffres. — Les amendes de simple police sont attribuées à la commune où la contravention a été commise. Le recouvrement en est opéré par les percepteurs des contributions communales (L. 29 déc. 1873, D. P. 74. 4. 26).

8. Les individus condamnés pour une même contravention ne sont pas tenus solidairement des amendes, restitutions et dommages-intérêts; mais, en ce qui concerne les restitutions et dommages-intérêts, s'il y a impossibilité de déterminer la part de responsabilité de chacun, le juge peut condamner chaque contrevenant pour le tout. La solidarité existe, au contraire, en ce qui touche les *frais de poursuite* des contraventions. — La contrainte par corps peut être exercée pour toutes les condamnations pécuniaires prononcées en matière de simple police, soit au profit des parties lésées, soit au profit de l'État (V. *suprà*, *Contrainte par corps*, n° 2).

9. L'emprisonnement ne peut être moindre d'un jour ni excéder cinq jours. Il est subi soit dans les prisons cantonales, soit dans les prisons municipales, soit dans les maisons d'arrêt.

10. Les tribunaux de police peuvent, dans les cas déterminés par la loi (c'est-à-dire dans les cas des art. 472, 477, 481 c. pén.), prononcer la confiscation, soit des choses saisies en contravention, soit des choses produites par la contravention, soit des matières ou des instruments qui ont servi ou étaient destinés à la commettre. — Lorsque la confiscation est prescrite par la loi, le juge est tenu de la prononcer. Il n'est pas nécessaire qu'il y ait eu une saisie préalable.

11. D'après la jurisprudence, les tribunaux de police peuvent, même en dehors des cas où la loi l'autorise par un texte spécial, ordonner, non pas à titre de peine, mais comme une réparation du scandale public produit par le fait de la partie condamnée, l'impression et l'affiche de leur jugement. S'il y a une partie civile en cause, cette mesure peut être ordonnée à titre de dommages-intérêts.

12. Le principe du *non-cumul* des peines n'est pas applicable en matière de contravention. Ainsi, au cas de concours de contraventions, on prononce autant de peines qu'il y a de contraventions *distinctes*.

13. La *récidive*, en matière de contravention (Pén. 483), suppose : 1° Que la contravention à l'occasion de laquelle s'élève la question de récidive, c'est-à-dire la deuxième, rentre dans les cas prévus par le livre 4 du Code pénal. — Faut-il également que la première infraction soit prévue et punie par le Code pénal, ou suffit-il que ce soit une contravention de police, fût-elle prévue et punie par une loi spéciale? On n'est pas d'accord sur ce point, mais la seconde solution paraît plus généralement admise. Dans tous les cas, il n'est pas nécessaire que la seconde contravention soit de la même nature que la première : par exemple, il y a lieu de condamner, comme récidiviste, le boulanger qui, après avoir été condamné pour infraction aux règlements concernant la petite voirie, est reconnu coupable de contra-vention à un règlement relatif à l'exercice de sa profession (Cr. r. 6 mars 1856, D. P. 57. 5. 274); — 2° Il faut, en outre, qu'un premier jugement, devenu définitif, ait été rendu contre le prévenu pour contravention de police; — 3° Que les deux contraventions aient été commises dans le ressort du même tribunal de police; — 4° Que le premier jugement ait été rendu dans les douze mois précédents, qui se comptent non à partir du jour où la première condamnation a été prononcée, mais à partir du jour où elle a acquis force de chose jugée. — La récidive entraîne contre le contrevenant une peine d'emprisonnement dont la durée varie, suivant chaque classe de contravention, dans les conditions indiquées par les art. 474, 478 et 482 c. pén.

14. Les circonstances atténuantes (Pén. 463) sont applicables en matière de simple police. Même en cas de récidive, le juge peut, par une déclaration de circonstances atténuantes, abaisser la peine jusqu'à un jour d'emprisonnement ou 1 franc d'amende, ou même substituer l'amende à l'emprisonnement. L'art. 463 ne s'applique pas, en principe, aux contraventions régies par des lois spéciales, à moins que ces lois n'aient autorisé l'admission des circonstances atténuantes par une disposition expresse ou tacite.

15. Sur la prescription en matière de simple police, V. *infrà*, *Prescription criminelle*.

SECT. III. — Des diverses espèces de contraventions de police.

16. Les contraventions de police se divisent en trois classes qui se distinguent par la quotité de la peine dont elles sont frappées. L'énumération des contraventions diverses rentrant dans chaque classe se trouve : pour les contraventions de première classe, dans l'art. 471 c. pén.; pour celles de la deuxième classe, dans l'art. 475, et, pour celles de la troisième classe, dans l'art. 479 c. pén.

ART. 1er. — PREMIÈRE CLASSE DES CONTRAVENTIONS DE POLICE (R. 72 et s.; S. 52 et s.).

17. Les pénalités de cette classe d'infractions sont : une amende de 1 à 5 francs (V. cependant *infrà*, n° 19 et 39); en cas de récidive, un emprisonnement de un à trois jours.

18. 1° *Entretien et ramonage des fours, cheminées ou usines* (Pén. 471, § 1er). — La contravention commise par ceux qui négligent d'entretenir, de réparer ou de nettoyer les fours, cheminées ou usines où l'on fait du feu, diffère du délit prévu par l'art. 458 c. pén. (V. *infrà*, *Incendie*); il suffit, pour qu'il y ait contravention, que la négligence existe, lors même qu'elle n'a produit aucun accident; il n'y a de délit que s'il est résulté une négligence un incendie des propriétés d'autrui. — La disposition de l'art. 471, § 1er, s'applique à tous les habitants des maisons ou possesseurs d'usines, à quelque titre d'ailleurs qu'ils habitent ou possèdent.

19. 2° *Défense de tirer des pièces d'artifice* (Pén. 471, § 2). — Il faut entendre par l'expression « pièces d'artifice » tout travail « fait avec de la poudre pouvant, par son explosion ou son action, produire les effets que l'art. 471, § 2, a voulu prévenir » (Cr. c. 4 août 1853, D. P. 53. 5. 35). — Cette contravention suppose une prohibition préalable de tirer des pièces d'artifice dans certains lieux et implique nécessairement l'existence de règlements généraux ou locaux. Une peine d'emprisonnement de trois jours peut être prononcée en dehors de l'état de récidive (Pén. 479), ainsi que la confiscation des pièces d'artifice (Pén. 472). — Quant au tir des armes à feu, les contraventions aux règlements qui le prohibent tombent sous l'application de l'art. 471, n° 15, c. pén.

20. 3° *Éclairage et nettoyage des rues, passages, etc.* (Pén. 471, § 3). — L'obligation d'éclairer les rues, quais, places et voies publiques n'est imposée par aucun texte de loi ; le législateur laisse au maire de chaque commune le soin de déterminer les personnes qui peuvent être assujetties à cette obligation. Ainsi, cette contravention ne peut être commise que par les personnes désignées dans un règlement de police (V. *suprà, Commune*, n° 99). — L'art. 471, § 3, est applicable à l'entrepreneur de l'éclairage d'une ville qui a été compris parmi les personnes auxquelles un règlement local de police impose un certain genre d'éclairage et qui ne s'y est pas conformé. Mais, en l'absence d'un arrêté municipal et lorsque le cahier des charges ne soumet l'entrepreneur, pour l'inexécution de ses obligations, qu'à des réparations civiles, l'infraction qu'il commet à cet égard ne peut donner lieu à aucune responsabilité pénale.

21. Le défaut de nettoyage des voies publiques ne constitue une contravention qu'autant qu'un règlement de police a laissé cette opération à la charge des habitants. Ainsi la contravention dont il s'agit suppose l'existence de prescriptions administratives auxquelles on ne s'est pas conformé, et elle ne consiste que dans l'inobservation des règlements. Ces règlements peuvent être pris par les maires en vertu de l'art. 97 de la loi municipale du 5 avr. 1884 (V. *suprà, Commune*, n°s 86 et s.).

22. L'entrepreneur avec lequel l'autorité municipale fait marché pour le balayage et l'enlèvement des boues et immondices (V. *suprà, Commune*, n° 90) est, par le fait de l'adjudication, quelles que soient les clauses de son marché, subrogé aux obligations des habitants ; dès lors, en cas d'inexécution, il commet la contravention prévue par l'art. 471, n° 3, et se rend, alors même que le traité contiendrait une clause pénale, passible des peines portées par cet article et même de celles édictées par l'art. 474 en cas de récidive. Lorsque l'entrepreneur a des cessionnaires, il est affranchi de la responsabilité s'il a traité avec eux du consentement de l'autorité municipale ; il doit, au contraire, être seul poursuivi, s'il a traité sans la participation de cette autorité. — La jurisprudence décide qu'en cas d'infraction à l'obligation du balayage par l'entrepreneur chargé de ce service, il existe autant de contraventions qu'il y a eu de places négligées, donnant lieu chacune à une amende distincte (la règle du non-cumul des peines n'étant pas applicable aux contraventions) ; elle décide, au contraire, que l'omission de l'enlèvement des boues dans la ville entière par l'entrepreneur de balayage constitue une contravention unique, passible d'une seule amende.

23. 4° *Embarras de la voie publique* (Pén. 471, § 4, 1re disposition). — La prohibition édictée par la loi suffit pour constituer en contravention celui qui l'enfreint, sans qu'il soit nécessaire qu'il existe à cet égard un arrêté municipal. — L'existence de cette contravention est subordonnée à trois conditions.

24. A. — Il faut d'abord que des matériaux ou des *choses quelconques*, de nature à empêcher ou diminuer la sûreté du passage, aient été déposés ou laissés. — La règle a été appliquée aux matelassiers, aux charrons qui travaillent sur la voie publique, à l'épicier qui y brûle son café, à celui qui a laissé stationner sa voiture sans nécessité, de manière à diminuer la liberté du passage. — L'embarras doit avoir été causé par des choses mobilières ; ainsi, ne constitue pas la contravention le fait de négliger de fermer le battant d'une porte ouvrant sur la rue. — La jurisprudence admet que le dépôt sur la voie publique d'un objet embarrassant suffit pour constituer la contravention, sans qu'il y ait à rechercher si, en fait, la liberté du passage a été empêchée ou diminuée par ce dépôt (Cr. c. 20 nov. 1884, D. P. 85. 1. 179).

25. B. — La seconde condition, c'est que la chose ait été laissée ou déposée sur la *voie publique*, expression qui comprend aussi bien les voies de communication terrestres de la ville que celles de la campagne, rues et les chemins publics, classés et non classés, de grande ou de petite communication. Ainsi, la disposition de l'art. 471, § 4, est applicable à toutes ces voies, à l'exception toutefois des routes nationales ou départementales en dehors de la traversée des villes, bourgs ou villages : les dépôts faits sur ces routes constituent des contraventions de grande voirie de la compétence exclusive des Conseils de préfecture. — Un chemin privé ne saurait, en cette matière, être assimilé à un chemin public, alors même que, par la tolérance du propriétaire, il serait accessible au public. — Les halles ne tombent sous l'application de l'art. 471, § 4, que si, en fait, elles constituent des voies de circulation. — Le juge de police est compétent, dans le cas de poursuites pour embarras de la voie publique, et *en l'absence de tout document administratif attribuant à la voie un caractère public*, pour déclarer si cette voie est publique ou privée, et il n'est pas nécessaire de renvoyer la question devant l'autorité administrative. Mais la compétence du juge de police cesse si le prévenu, au lieu de se borner à soutenir que le terrain n'est pas une voie publique, prétend qu'il est sa propriété : en ce cas, en effet, l'inculpé soulève une question préjudicielle (V. *infrà*, Question préjudicielle), dont la connaissance est réservée exclusivement à la juridiction civile.

25. C. — Enfin la contravention suppose que les objets déposés ou laissés sur la voie publique l'ont été *sans nécessité*. — L'appréciation des circonstances constitutives de la nécessité appartient souverainement et exclusivement au juge de police. Mais le pouvoir du juge n'est souverain que dans l'appréciation des faits mêmes qui donnent lieu à la poursuite ; il ne va pas jusqu'à déterminer le caractère légal de *l'excuse résultant de la nécessité*. Cette détermination rentre dans les attributions et le contrôle de la Cour de cassation. L'officier de police judiciaire qui constate la contravention dans un procès-verbal n'est d'ailleurs pas compétent pour apprécier si ce dépôt a été fait sans nécessité. — La nécessité qui rend excusable l'embarras de la voie publique ne s'entend que de celle qui provient d'un événement accidentel, momentané ou de force majeure, à l'exclusion de celle qui serait permanente et tiendrait à l'exercice d'une profession (celle de charron, par exemple). Elle ne résulte pas nécessairement, mais, suivant les circonstances, elle *peut* résulter, de travaux de réparation à faire aux bâtiments situés sur la voie publique ; ainsi, le fait de placer une échelle contre une maison n'est pas punissable.

27. La contravention ne saurait être excusée à raison de la bonne foi, d'une possession immémoriale, d'un usage local, ni de simples motifs de convenance ou de tolérance, spécialement de la circonstance que le dépôt a eu lieu un jour de marché et au concours considérable d'acheteurs et de vendeurs. — L'officier public (un commissaire-priseur, un huissier) qui effectue un dépôt sur la voie publique n'est excusable qu'autant qu'il y agit par nécessité. La loi n'a fait aucune exception en sa faveur, et il ne saurait être relaxé sous prétexte que le fait incriminé n'était que l'exécution forcée d'un mandat de justice.

28. L'autorité municipale ne peut substituer à la condition de nécessité, établie par la loi, une autre condition, par exemple qu'il y ait eu autorisation de sa part, de telle sorte qu'un dépôt, même nécessaire, constitue une contravention, s'il n'avait pas été autorisé. Aucune modification n'a été apportée à cette règle par l'art. 98, § 2, de la loi municipale du 5 avr. 1884 (D. P. 84. 4. 25), qui permet au maire de donner, moyennant payement de droits fixés par un tarif dûment établi, sous les réserves imposées par l'art. 7 de la loi du 11 frim. an 7, des permis de stationnement ou de dépôt temporaire sur la voie publique (V. *suprà, Commune*, n° 96). Cette disposition a laissé complètement libres et affranchis de toute autorisation municipale les actes d'usage nécessaire et momentané que les riverains et habitants exercent quotidiennement sur la voie publique.

29. L'infraction résultant de l'embarras de la voie publique est une contravention permanente ; elle ne peut être rangée parmi les contraventions successives, qui supposent une série de faits se renouvelant chaque jour. Il en résulte que le maintien sur la voie publique d'un dépôt effectué après une première condamnation ne peut donner lieu à une seconde poursuite.

30. 5° *Éclairage des matériaux et excavations* (Pén. 471, § 4, 2e disposition). — L'obligation d'éclairer les matériaux placés sur la voie publique ou les excavations étant imposée par la loi elle-même, la contravention résultant du défaut d'éclairage existe en l'absence de tout arrêté municipal relatif à cet objet. — L'obligation d'éclairage ne s'applique qu'aux rues et places. — D'après la jurisprudence, l'expression *matériaux* a un sens général ; elle ne doit pas être restreinte aux matières rentrant dans la composition d'un bâtiment, mais s'étend aux choses *quelconques* de nature à gêner la circulation, notamment à des voitures stationnant sur la voie publique. — L'obligation d'éclairage s'étend à la nuit tout entière. — La loi n'admet d'autre excuse que la force majeure. Aussi doit-on veiller à ce qu'aucun accident ne vienne interrompre l'éclairage et s'empresser de le rétablir si quelque événement le fait cesser. On ne saurait se prévaloir, comme d'une excuse, de ce que les lanternes auraient été brisées et éteintes par malveillance, ou éteintes par le vent.

31. Les poursuites peuvent être exercées, soit contre le propriétaire, soit contre les entrepreneurs ou les architectes, si ceux-ci sont connus. — Les entrepreneurs de travaux de construction répondent, tant pénalement que civilement, de l'exécution des précautions de police prescrites relativement à l'éclairage sur la voie publique des dépôts de matériaux et excavations, et à l'établissement de clôtures autour des chantiers, alors surtout que l'obligation d'y veiller leur a été formellement imposée par le cahier des charges de leur entreprise.

32. 6° *Infractions aux règlements ou arrêtés concernant la petite voirie* (Pén. 471, § 5). — Sur ce point, V. *infrà*, Voirie.

33. 7° *Jet ou exposition de choses nuisibles* (Pén. 471, § 6). — L'art. 97, § 1er, de la loi du 5 avr. 1884, confie aux maires, spécialement, le soin d'interdire de rien exposer aux fenêtres et autres parties des édifices qui puisse nuire par sa chute (par exemple, des pots de fleurs), ou de rien jeter qui soit de nature à causer dommage aux passants ou détermine des exhalaisons nuisibles (V. *suprà, Commune*, n° 107). Les infractions aux règlements de cette nature tombent sous l'application de l'art. 471, § 6, quand ils ne font que reproduire ou rappeler la prohibition portée par cette disposition légale; s'ils édictent des prescriptions spéciales, non renfermées explicitement ou implicitement dans le paragraphe 6 de l'art. 471, leur violation donne lieu à l'application de l'art. 471, § 15 (V. *suprà*, *Commune*, n° 78).

34. En ce qui concerne l'exposition, il n'y a pas à distinguer entre les choses posées sur les fenêtres ou sur les balcons et les choses suspendues sur la façade de l'édifice; le mot *exposition* s'applique aux unes et aux autres. — L'interdiction de jeter des objets dont la chute pourrait être nuisible s'étend au fait de secouer par la fenêtre les tapis ou paillasses d'une maison (Cr. 9 janv. 1857, D. P. 57. 1. 80). Celle de jeter des choses susceptibles de nuire par des exhalaisons insalubres renferme implicitement l'interdiction de faire ou de laisser couler des eaux insalubres sur la voie publique. — Le paragraphe 6 de l'art. 471 est applicable bien que les choses jetées n'aient atteint personne, ce qui le distingue du paragraphe 12 du même article. Le mot *nuire*, qui y est contenu, doit s'étendre non seulement à un mal grave, mais à tout tort, et même au dommage causé aux choses, par exemple aux vêtements, aux marchandises qu'un individu porte ou conduit. Cette disposition s'applique même au jet de l'eau claire.

35. La disposition de l'art. 471, § 6, n'est applicable qu'aux maisons donnant sur la voie publique elle-même. Ainsi, ne constitue pas une contravention à cette disposition le fait que de la poussière et des brins de paille provenant d'un vannage fait dans l'intérieur d'une grange se sont échappés à l'extérieur.

36. Les personnes atteintes par l'art. 471, § 6, sont les auteurs mêmes du fait incriminé, et non les propriétaires ou locataires des appartements d'où les objets ont été jetés. Ainsi, le propriétaire est à bon droit relaxé des poursuites, s'il est établi que les eaux qui ont coulé sur la voie publique provenaient de la partie de la maison occupée par un locataire.

37. Aucune n'excuse n'est admise, sauf celles établies par la loi (V. *suprà*, n° 2). Le tribunal de police ne doit pas tenir compte des arrêtés municipaux qui, tout en prescrivant certaines mesures de précaution, permettraient l'exposition défendue par la loi. Cependant, la Cour de cassation a décidé que, si le maire défend de placer sur les appuis des croisées des pots de fleurs et autres objets, *à moins qu'ils ne soient assujettis par des barres de fer à scellement*, une contravention ne saurait être relevée à la charge de celui qui expose des pots de fleurs en se soumettant aux conditions de l'arrêté.

38. 8° *Abandon dans les champs ou dans les lieux publics d'armes ou d'instruments dangereux* (Pén. 471, § 7). — Cette disposition punit ceux qui auront laissé dans les rues, chemins, places, lieux publics ou dans les champs, des coutres de charrues, pinces, barres, barreaux ou autres machines ou instruments ou armes dont puissent abuser les voleurs et autres malfaiteurs. — Il n'y a pas à distinguer si l'abandon a eu lieu le jour ou pendant la nuit. — Le texte comprend tous les instruments dont les malfaiteurs peuvent abuser, notamment les échelles. — L'abandon est prohibé sur tous les lieux publics. Il tombe sous l'application de l'art. 471, § 6, alors même qu'il a lieu dans une cour non close. — Aucune excuse ne peut être admise en dehors de celles prévues par la loi (V. *suprà*, n° 2). Ainsi, on ne saurait considérer comme excuse valable, en cas d'abandon d'une échelle, le fait que le prévenu venait de s'en servir pour prendre du foin dans un grenier, ni le fait que l'échelle

était attachée avec des cordes. L'art. 472 c. pén. prescrit la confiscation des objets abandonnés.

39. 9° *Echenillage* (Pén. 471, § 8). — Ce paragraphe sanctionnait les dispositions de la loi du 26 vent. an 4, qui prescrivait aux propriétaires, fermiers, colons, etc., d'écheniller tous les ans avant le 20 février les arbres, arbustes, etc., situés sur leurs propriétés. Aujourd'hui, l'obligation d'écheniller est imposée par la loi du 24 déc. 1888 (V. *suprà*, *Agriculture*, n° 81), qui punit l'infraction à ses dispositions d'une amende de 6 à 15 francs, amende qui est doublée et à laquelle peut s'ajouter la peine de l'emprisonnement en cas de récidive (art. 5).

40. 10° *Fruits d'autrui cueillis et mangés sur place* (Pén. 471, § 9). — L'art. 471, § 9, punit le fait de cueillir et de manger sur place des fruits appartenant à autrui. Ces faits ne tombent sous l'application de l'art. 471, § 9, qu'autant qu'ils sont dégagés de toute autre circonstance prévue par les lois, de nature à les transformer en infractions d'un caractère plus grave. Ainsi, l'individu qui cueille des fruits appartenant à autrui non pour les manger sur place, mais pour les emporter (dans sa blouse, par exemple), est passible non de l'amende prononcée par l'art. 471, § 9, mais de celle plus forte édictée par l'art. 475, § 15.

41. 11° *Glanage, râtelage, grappillage* (Pén. 471, § 10). — Le fait de glaner, râteler ou grappiller dans les champs non encore entièrement dépouillés de leurs récoltes, ou avant le moment du lever ou après celui du coucher du soleil, constitue une contravention que le Code pénal d'une amende de 1 à 5 francs et d'un emprisonnement de 3 jours au plus; cette dernière peine est facultative pour le juge (Pén. 473), indépendamment de toute récidive (V. *infrà*, *Délits ruraux*).

42. 12° *Injure de simple police* (Pén. 471, § 11). — V. *infrà*, *Presse-Outrage*.

43. 13° *Jet d'immondices* (Pén. 471, § 12). — L'art. 471, § 12, punit ceux qui, imprudemment, auraient jeté des immondices sur quelque personne. Cette disposition diffère de celle du paragraphe 6 du même article (V. *suprà*, n°s 33 et 34) en ce que : 1° la contravention punie par l'art. 471, § 12, suppose un *jet d'immondices sur une personne*, tandis que la contravention spécifiée au paragraphe 6 existe quelles que soient les choses jetées, si elles sont de nature à nuire, et suppose que ces choses n'ont atteint personne. Par *immondices*, il faut entendre non seulement les ordures, mais encore toutes les matières malpropres, infectes ou produisant des exhalaisons insalubres; — 2° la contravention du paragraphe 12 s'applique quel que soit le lieu où le fait s'est passé, tandis que le paragraphe 6 exige que le jet ait lieu sur la voie publique. Si le jet, au lieu d'être le résultat d'une imprudence, est volontaire, il est puni par l'art. 475, n° 8 (V. *infrà*, n° 72).

44. 14° *Passage des hommes ou des animaux sur le terrain d'autrui.* — a) *Passage des personnes* (Pén. 471, § 13, et 475, § 9). — Le paragraphe 13 de l'art. 471 punit ceux qui, n'étant ni propriétaires, ni usufruitiers, ni locataires, ni fermiers, ni jouissant d'un usufruit ou d'un droit de passage, ou qui, n'étant agents ni préposés d'aucune de ces personnes, sont entrés et ont passé sur ce terrain, ou sur partie de ce terrain, s'il était ensemencé (c'est-à-dire si la graine y était déposée), ou préparé (c'est-à-dire fumé, labouré et hersé). Les prairies, étant en état de production permanente, ont, en tout temps, le caractère de terrains préparés ou ensemencés. Néanmoins, suivant le degré de croissance du produit, le passage peut constituer une contravention à l'art. 475, § 9. Un champ couvert de betteraves doit être

considéré comme un terrain chargé de fruits, au sens de l'art. 475, § 9.

45. Le paragraphe 9 de l'art. 475 punit ceux qui sont entrés ou ont passé sur un terrain chargé de grains en tuyau, de raisins ou autres fruits mûrs ou voisins de la maturité. La peine, dans ce dernier cas, est plus forte (une amende de 6 à 10 francs); mais, sauf la différence de l'état du terrain, le fait est le même. — L'application de l'art. 471, § 13, est subordonnée à l'existence d'un fait principal d'entrée ou de passage de personnes sur un terrain ou une partie d'un terrain. Ainsi, le fait par un cultivateur d'avoir, en labourant son champ, fait tourner sa charrue et passer ses chevaux sur une terre voisine récemment labourée, mais non encore ensemencée, ne peut, à défaut de passage personnel de ce cultivateur, constituer aucune contravention. — D'après la jurisprudence, le passage à travers un terrain ensemencé constitue une contravention, même dans le cas où il a lieu par une sorte de sentier formé par des passages antérieurs et en l'absence de clôtures ou de signes indiquant une défense de passer.

46. Le propriétaire d'un fonds enclavé qui n'a aucune issue sur la voie publique ou qu'une issue insuffisante peut, sans encourir la pénalité édictée par l'art. 471, § 13, passer, pour l'exploitation de son fonds, sur l'héritage voisin, malgré l'opposition du propriétaire de cet héritage et avant d'avoir fait reconnaître par l'autorité judiciaire la légitimité de sa prétention; ce fait ne peut donner lieu qu'à une action en dommages-intérêts ou à un règlement à l'amiable. — Il appartient exclusivement au juge de police de statuer sur l'exception fondée sur l'enclave, qui ne soulève pas une question préjudicielle. Si la juridiction civile est compétente pour déterminer les conséquences légales de l'enclave à l'égard des propriétaires voisins, le juge de police a le pouvoir de vérifier et d'apprécier les circonstances matérielles de fait, de temps et de lieu qui peuvent donner ou enlever au fait de passage qui en est la conséquence le caractère de contravention. — Dans tous les cas, le fait de passage est légitime quand il a été autorisé par le propriétaire ou tout autre ayant droit; dès lors, la contravention n'existe plus. La loi n'exige pas que le consentement du propriétaire soit donné par écrit; il peut être établi devant le juge de police par tout mode de preuve admis par le droit commun.

47. En vertu de la loi du 28 sept. 1791, titre 2, art. 41 (R. v° *Voirie par terre*, p. 188), lorsqu'un chemin public est impraticable, le fait d'avoir pris passage sur les propriétés riveraines ne constitue aucune contravention. Les *voyageurs*, expression qui comprend même les habitants de la localité, ont le droit de déclore l'héritage pour se frayer passage. — Le passage sur le terrain privé peut conserver le caractère d'une contravention si ce terrain ne touche pas au chemin impraticable et si le voyageur a eu la possibilité de passer sur un fonds limitrophe; mais, si le terrain touche audit chemin, il importe peu que le voyageur ait pu parvenir à sa destination par une autre voie que le chemin impraticable. — Les communes, aux termes de l'art. 41 de la loi de 1791, sont responsables du préjudice causé aux propriétaires par le passage sur les propriétés riveraines des chemins impraticables, sans qu'il y ait à distinguer entre les chemins vicinaux et les chemins ruraux non classés. La jurisprudence décide que le juge de police n'est pas compétent pour déterminer le caractère du chemin et préjuger ainsi qui supportera la réparation du dommage, à moins que ce caractère n'ait été préalablement reconnu par un acte administratif.

48. Les entrepreneurs de travaux publics

ont le droit de passer sur le terrain d'autrui lorsqu'ils sont autorisés à extraire de ce terrain, moyennant indemnité, les matériaux nécessaires à l'exécution des travaux dont ils sont chargés.

49. Le chasseur qui, sans faire d'ailleurs action de chasse, passe, sans le consentement du propriétaire ou de son ayant droit, sur le terrain d'autrui préparé ou ensemencé, alors même qu'il irait chercher une pièce de gibier abattue par lui, commet la contravention prévue par l'art. 471, § 13, c. pén. — Le propriétaire d'un bien rural qui le donne à ferme n'en conserve pas moins le droit de chasse sur ce bien et, par suite, la faculté de transmettre ce droit à un tiers. Mais ce tiers, locataire de la chasse, commet la contravention prévue par l'art. 471, § 13, s'il passe sur les terres ensemencées sans l'autorisation du fermier.

50. b) *Passage des bestiaux* (Pén. 471, § 14, et 475, § 10). — Le paragraphe 14 de l'art. 471 punit ceux qui ont laissé passer leurs bestiaux ou leurs bêtes de trait, de charge ou de monture sur le terrain d'autrui, avant l'enlèvement de la récolte. Le paragraphe 10 de l'art. 475 concerne ceux qui ont fait ou laissé passer des bestiaux sur un terrain ensemencé ou chargé d'une récolte et appartenant à autrui. C'est le même fait qui est compris dans ces deux dispositions; mais, dans le premier cas, les fruits sont séparés du sol au moment où a lieu le passage, tandis que, dans le second cas, le terrain est ensemencé ou encore couvert de fruits au moment où l'on passe; cette dernière circonstance est considérée comme aggravante du fait, qui est puni d'une peine plus forte. En ce qui concerne la question préjudicielle de propriété, les droits de propriété ou de jouissance qui autorisent le passage, le cas d'enclave, d'impraticabilité du chemin, les règles sont les mêmes que pour les art. 471, § 13, et 475, § 9 (V. *suprà*, nos 46 et s.).

51. Les expressions « bestiaux, bêtes de trait, de charge ou de monture » comprennent les animaux en troupeaux, par exemple les moutons, les chevaux employés au labourage, et aussi les voitures attelées d'animaux de trait, notamment une charrette. — Le passage d'un animal dans les propriétés d'autrui n'est une contravention qu'autant qu'on peut imputer le fait à la négligence du maître ou du gardien. Si celui-ci a fait tout ce qui dépendait de lui pour l'empêcher, il n'y a pas d'infraction punissable; il ne reste que l'une action civile en réparation du dommage.

52. La disposition finale de l'art. 475, § 10, concernant le passage dans les *bois taillis*, n'est plus applicable aujourd'hui, le passage des bestiaux dans les bois et forêts, ou sur les dunes plantées en bois par l'Etat, étant régi par les dispositions du Code forestier (V. *infrà*, *Forêts*). Quant aux infractions commises sur les terrains en montagnes, restaurés et reboisés en exécution de la loi du 4 avr. 1882 (D. P. 82. 4. 89), elles sont réprimées par cette loi (V. *infrà*, *Forêts*).

53. 15o *Contraventions aux règlements ou arrêtés administratifs* (Pén. 471, no 15). — Sur cette matière, V. *suprà*, *Commune*, nos 78 et s., et *Compétence criminelle*, nos 46 et s.

ART. 2. — DEUXIÈME CLASSE DES CONTRAVENTIONS DE POLICE (R. 246 et s.; S. 160 et s.).

54. Les pénalités applicables à cette classe d'infraction sont: une amende de 6 à 10 francs inclusivement (Pén. 475) et un emprisonnement de un à trois jours dans les cas spécifiés *infrà*, nos 58, 59, 64, 72 (Pén. 476). En cas de récidive, une peine d'emprisonnement pendant cinq jours au plus doit toujours être prononcée (Pén. 478).

55. 1o *Bans de vendanges et autres* (Pén. 47, § 1er). — La disposition dont il s'agit frappe ceux qui contreviennent aux bans de vendange ou autres bans autorisés par les règlements (V. *suprà*, *Commune*, nos 209 et s.).

56. 2o *Registres des aubergistes et logeurs* (Pén. 475, § 2). — Le paragraphe 2 de l'art. 475 c. pén. sanctionne certaines obligations imposées aux aubergistes, hôteliers, logeurs et loueurs de maisons garnies, savoir : 1o celle d'inscrire sur un registre à ce destiné les noms, qualités, etc., des personnes passant une nuit dans leur maison; 2o celle de présenter ce registre aux époques déterminées par les règlements, ou lorsqu'ils en sont requis par les maires, adjoints, etc. L'infraction à ces obligations est rangée parmi les contraventions de la deuxième classe, sans préjudice des peines qu'entraînent contre les logeurs et aubergistes les fausses inscriptions opérées sciemment ou les omissions volontaires (Pén. 154) et de la responsabilité qu'ils peuvent encourir à raison des crimes ou délits de ceux qui, ayant logé ou séjourné chez eux, n'auraient pas été régulièrement inscrits (Pén. 73). — La contravention ne saurait être excusée par le motif qu'il ne s'agirait que d'un oubli isolé et accidentel. — Le défaut d'inscription d'un voyageur ne constitue qu'une contravention; mais il y a pas autant de contraventions que le voyageur a passé de nuits sans être inscrit. Il y a, au contraire, autant de contraventions qu'il y a eu de voyageurs dont les noms n'ont pas été inscrits.

57. 3o *Rouliers, charretiers et autres conducteurs de voitures* (Pén. 475, § 3). — La loi du 30 mai 1851 (P. 51. 4. 78) sur la police du roulage, et le décret du 10 août 1852 (D. P. 52. 4. 192) ont apporté des modifications à cette disposition, mais seulement en ce qui concerne la police des routes nationales, départementales et des chemins vicinaux de grande communication, et ne prévoient d'ailleurs pas tous les genres d'infractions. L'art. 475, § 3, continue à régir les contraventions non prévues par la loi de 1851 et le décret de 1852, commises sur les routes nationales, départementales et les chemins vicinaux de grande communication, et les contraventions commises sur les autres voies publiques. Ces voies publiques doivent s'entendre de toutes rues, chaussées, quais sans distinction, pourvu qu'ils soient livrés à la circulation. — La contravention peut exister indépendamment de tout arrêté local.

58. L'art. 475, § 3, sanctionne trois sortes de prescriptions imposées aux conducteurs de voitures ou de bêtes de charge : a) *Obligation de se tenir constamment à la portée de leurs chevaux, bêtes de trait ou de charge et de leurs voitures, en état de les guider et conduire*. — Il y a contravention, spécialement, de la part du voiturier rencontré dans une charrette attelée, couché et sans guides aux mains. Depuis la loi du 30 mai 1851 et le décret du 10 août 1852, la disposition de l'art. 475, § 3, a cessé d'être applicable, en ce qui concerne les routes nationales, départementales et les chemins vicinaux, aux voitures qui ne servent pas au transport des personnes et aux messageries. Elle continue à régir : 1o les conducteurs des chevaux ou bêtes de charge et les conducteurs de voitures servant au transport des personnes, autres que celles de messageries, sur les routes nationales, départementales et les chemins vicinaux de grande communication ; 2o les conducteurs de chevaux ou de bêtes de charge et de toute espèce de voitures sur les chemins vicinaux ordinaires et les chemins ruraux. — Sur le stationnement des voitures, V. *infrà*, *Voiture*.

59. b) *Obligation de n'occuper qu'un côté de la voie et de laisser le passage libre.* — L'art. 9 du décret du 10 août 1852, applicable à toutes les voitures, mais seulement

sur les routes nationales ou départementales et sur les chemins vicinaux de grande communication, oblige tout roulier ou conducteur de voiture à se ranger à *sa droite* à l'approche de toute voiture, de manière à lui laisser libre au moins la moitié de la chaussée. La disposition de l'art. 475, § 3, conserve son application pour les voitures, quelles qu'elles soient, qui circulent sur les chemins ruraux et les chemins vicinaux. Cet article, à la différence de l'art. 9 du décret de 1852, n'indique pas que le côté de la voie que les rouliers et autres conducteurs de voitures doivent occuper est le côté droit; ses prescriptions peuvent, à ce sujet, être interprétées ou complétées par des arrêtés préfectoraux ou municipaux. — Un voiturier n'est tenu de se ranger à droite qu'à l'approche des voitures et non des cavaliers et des piétons.

60. La poursuite doit être dirigée contre le conducteur qui a commis le fait incriminé. Le propriétaire n'est que civilement responsable, dans les conditions ordinaires du droit. Mais lorsque le conducteur de la voiture n'est pas connu, l'action publique peut être exercée contre le propriétaire, sauf au prévenu à faire connaître le conducteur et à demander sa mise en cause.

61. Conformément au principe général (V. *suprà*, no 2), aucune excuse n'est admise par la loi. Spécialement, l'abandon d'une charrette attelée, dont le conducteur doit se tenir constamment à portée de ses chevaux, ne comporte pas l'excuse de la nécessité, comme dans le cas d'embarras de la voie publique prévu et puni par l'art. 471, § 4, c. pén. (V. *suprà*, no 26).

62. 4o *Course de bêtes de trait, de charge ou de monture dans les lieux habités* (Pén. 475, § 4, 1re disposition). — L'art. 475, § 4, punit ceux qui ont fait ou laissé courir les chevaux, bêtes de trait, de charge ou de monture dans l'intérieur d'un lieu habité. La contravention existe, soit qu'on ait *fait* courir les animaux, ce qui suppose un acte volontaire, soit qu'on les ait *laissé courir*, ce qui suppose une simple négligence. — En tant qu'elle peut être le résultat d'une simple négligence, l'infraction prévue au paragraphe 4 de l'art. 475 se rapproche de celle qui consiste dans la divagation des animaux malfaisants ou féroces, prévue par le paragraphe 7 du même article; mais elle en diffère en ce que cette dernière infraction suppose que les animaux se trouvent à l'abandon et se réfère uniquement à des animaux malfaisants ou féroces. — Ce qui est interdit par le paragraphe 4, c'est tout mouvement rapide pouvant exposer à un certain péril les personnes que rencontreraient dans leur course les chevaux, bêtes de trait, de charge ou de monture. Le galop et le grand trot constituent toujours une infraction à l'art. 475; le trot simple, au contraire, ne devient une contravention que si, à raison de circonstances particulières, cette allure offre quelque danger pour les personnes se trouvant sur la voie publique.

63. La contravention prévue par la première disposition du paragraphe 4 de l'art. 475 existe indépendamment de tout arrêté local. L'autorité municipale peut régler l'allure des bêtes de trait, de charge et de monture, par exemple défendre d'aller plus vite que le pas, dans les rues et promenades, lorsque, eu égard à certaines circonstances locales, elle croit devoir prendre ces précautions de prudence. Lorsque l'infraction est commise par un conducteur de voiture, elle est punissable en vertu de la deuxième disposition de l'art. 475, § 4, qui réprime la violation des règlements contre la rapidité des voitures (V. *infrà*, no 64), et laisse ainsi aux maires la faculté de prendre des règlements de police ajoutant aux sévérités du premier paragraphe. Si l'infraction est commise par un cavalier ayant fait trotter sa monture contrairement à un arrêté prescrivant le pas, c'est l'art. 471, § 15, qui est applicable (V. *suprà*, n° 53).

64. 5° *Violation des règlements sur le chargement, la rapidité ou la mauvaise direction des voitures* (Pén. 475, § 4, 2° disposition).— Cette seconde disposition de l'art. 475, § 4, ne sert pas de sanction à tous les règlements relatifs au chargement, à la rapidité et à la direction de toute espèce de voitures. — Pour ce qui concerne le *chargement*, elle s'applique : aux voitures servant au transport des personnes autres que les voitures de messageries, quelle que soit la nature de la voie publique, et aux voitures servant au transport des marchandises, lorsque ces voitures circulent sur les chemins vicinaux ordinaires ou les chemins ruraux. Le chargement, dans ces deux cas, est réglé par les maires ou les préfets. Les règlements relatifs aux autres chargements sont sanctionnés par la loi du 30 mai 1851 et le décret du 10 août 1852. — Au contraire, l'autorité municipale a le droit de réglementer la *rapidité* des voitures quelles qu'elles soient, et pour toutes les voies de communications. — Quant à la *direction* des voitures, les règlements qui la concerne sont sanctionnés par le paragraphe 4 de l'art. 475 : d'une part, pour les voitures servant au transport des personnes, autres que les voitures de messageries, circulant sur les voies quelconques ; d'autre part, pour les voitures ne servant pas au transport des personnes et pour les voitures de messageries, circulant sur des chemins vicinaux ordinaires ou des chemins ruraux. Les autres règlements trouvent leur sanction dans la loi de 1851 et le décret de 1852 (V. *suprà*, n° 58).

65. 6° *Violation des règlements sur la police des voitures publiques* (Pén. 475, § 4, 3° disposition). — Cette disposition ne concerne plus, depuis la loi de 1851, que les voitures publiques parcourant des chemins vicinaux ordinaires ou des chemins ruraux.

66. 7° *Jeux et loteries dans les lieux publics* (Pén. 745, § 5). — V. *infrà*, Jeu-Pari, Loteries.

67. 8° *Boissons falsifiées* (Pén. 475, § 6). — Disposition abrogée par l'art. 2 de la loi du 5 mai 1855 (V. *infrà*, Vente de substances falsifiées).

68. 9° *Divagation des fous ou furieux* (Pén. 475, § 7, 1re disposition). — La divagation des fous ou furieux ne constitue une contravention punissable que de la part des personnes sous la garde desquelles ils sont placés. — Cette contravention existe indépendamment de tout règlement.

69. 10° *Divagation des animaux malfaisants ou féroces* (Pén. 475, § 7, 1re disposition). — Cette contravention est imputable, suivant la règle tracée par l'art. 1385 c. civ., au propriétaire des animaux ou à celui qui s'en sert pendant qu'ils sont à son usage. — Parmi les animaux féroces ou malfaisants, la jurisprudence classe les chiens, lorsqu'ils peuvent faire courir aux personnes ou aux bestiaux les dangers que la loi a voulu prévenir ou réprimer, soit à cause du vice de leur éducation, soit à raison de leur mauvaise nature. Le chien sera classé comme malfaisant toutes les fois que cette mauvaise nature ou ce vice d'éducation seront révélés, même par un fait isolé. Ainsi, il y a contravention de la part de l'individu dont le chien, alors même qu'il est d'humeur pacifique, a mordu un passant sans y être excité, ou lorsqu'un chien laissé en liberté va dans la maison d'un voisin attaquer et étrangler des animaux domestiques.

70. La contravention existe indépendamment de tout règlement. — Sur les arrêtés que les maires et les préfets ont le droit de prendre pour obvier ou remédier aux événements fâcheux qui pourraient être occasionnés par la divagation des animaux mal-

faisants ou féroces, et même sur le droit de prescrire, à l'égard des animaux qui ne sont pas malfaisants, les mesures qu'exigent la propreté, la salubrité et la commodité des rues et des places publiques. V. *suprà*, Commune, n°° 187 et s., 198. — Les infractions à ces arrêtés tombent sous le coup de l'art. 471, § 15.

71. 11° *Excitation des chiens contre les passants* (Pén. 475, § 7, 2° disposition). — L'élément essentiel de cette contravention est le fait d'exciter ou le tort de ne pas retenir le chien. Peu importe qu'il n'y ait pas morsure, l'existence de l'infraction n'étant pas subordonnée au résultat. — Il faut que la personne attaquée ou poursuivie soit un *passant*. — Cette contravention, de même que les deux précédentes, existe indépendamment de tout arrêté municipal.

72. 12° *Jet de corps durs ou d'immondices contre les édifices, dans les enclos ou sur les personnes* (Pén. 475, § 8). — La première disposition, le paragraphe 8 de l'art. 475 prévoit le cas de jet de corps durs ou d'immondices contre les édifices. La contravention existe même dans le cas où le jet a été involontaire. Le mot *jeter* s'entend non seulement de l'action de lancer avec plus ou moins de force, mais aussi du fait d'appliquer ou de plaquer des immondices contre l'édifice, par exemple en barbouillant d'ordures la porte d'une maison. — La deuxième disposition du paragraphe 8 réprime le jet de corps durs ou d'immondices sur les personnes. Dans ce second cas, l'acte doit avoir été volontaire ; mais il importe peu qu'il ait été accompli par méchanceté ou sans intention de nuire. Si le jet avait été le résultat d'une imprudence ou négligence, ce n'est pas l'art. 475, § 8, mais l'art. 471, § 12, qui serait applicable (V. *suprà*, n° 43). — L'auteur de la contravention est seul passible de la peine ; ainsi le maître ne peut être que civilement responsable du jet opéré par son domestique.

73. 13° *Passage avec ou sans bestiaux sur le terrain d'autrui chargé de grains ou de fruits mûrs* (Pén. 475, § 9 et 10). — Sur ces points, V. *suprà*, n°° 44 et s.

74. 14° *Refus de recevoir les monnaies nationales* (Pén. 475, § 11). — Cette disposition réprime soit le refus absolu de recevoir les espèces ou monnaies, soit le refus de les recevoir pour la valeur d'après laquelle elles ont cours. On n'est, d'ailleurs, pas tenu d'accepter la monnaie de billon, si ce n'est comme appoint de la pièce de 5 francs, ni les pièces divisionnaires d'argent pour un payement de plus de 50 francs (V. *infrà*, Monnaie). — Il faut que le refus porte sur des espèces ou monnaies *nationales* : le refus, par un Français, de recevoir des monnaies étrangères ne tombe pas sous la sanction de cette disposition, alors même qu'il s'agit de monnaies de pays faisant partie de l'union monétaire.

75. 15° *Refus de travaux ou de secours en cas de flagrant délit ou de calamité publique* (Pén. 475, § 12). — Cette contravention exige la réunion de trois conditions : 1° Il faut qu'il s'agisse d'un accident ou d'une calamité publique, de la nature de ceux énumérés au paragraphe 12 précité, tels que naufrage, incendie, inondation, etc. (car l'énumération de l'article n'est pas limitative) de faits accidentels comme le choléra, la neige, susceptibles de compromettre la sécurité publique ; ou encore de flagrant délit ; ou enfin d'exécution judiciaire, comme par exemple dans le cas d'un serrurier requis par l'autorité judiciaire pour ouvrir une porte. — L'art. 475, § 12, n'est pas applicable lorsqu'il s'agit d'un besoin individuel, d'un malheur particulier, par exemple en cas de refus de recevoir un mendiant malade. — Le cas de flagrant délit, aux termes

de cette disposition, doit s'entendre d'une manière restrictive, et on n'y peut pas comprendre, par exemple, le cas de l'arrestation d'un homme ivre qu'il s'agit de conduire à la prison municipale ; — 2° Il faut une *réquisition*, ayant pour objet de faire des travaux, d'accomplir un service ou de prêter un secours. La réquisition doit être faite par un officier public ou un magistrat dépositaire de la force publique (préfet, maire, commissaire de police, procureur général, procureur de la République, juge de paix). Elle peut émaner même d'un simple agent de la force publique, tels qu'un gendarme, un garde champêtre et même, en cas d'urgence, d'un sapeur-pompier. La réquisition peut être verbale ; — 3° Il faut qu'il y ait eu refus ou négligence d'obtempérer à la réquisition. — La loi n'admet qu'une excuse : l'impossibilité de faire les travaux, de prêter le secours réclamé ; une obéissance tardive, sur de nouvelles réquisitions, n'empêcherait pas l'application de la peine.

76. 16° *Crieurs, afficheurs* (Pén. 475, § 13). — V. *infrà*, Presse-Outrage.

77. 17° *Vente de comestibles gâtés ou nuisibles* (Pén. 475, § 14). — Cette disposition a été abrogée par l'art. 9 de la loi du 27 mars 1851 (V. *infrà*, Vente de substances falsifiées ; V. aussi, au cas où les maires prennent des arrêtés à ce sujet, *suprà*, Commune, n° 147).

78. 18° *Maraudage, ou vol sans circonstances aggravantes, de récoltes non détachées du sol* (Pén. 475, § 15). — Le paragraphe 15 de l'art. 475 punit ceux qui dérobent, sans aucune des circonstances prévues par l'art. 388 c. pén. (V. *infrà*, Vol), des récoltes ou autres productions utiles de la terre qui, avant d'être soustraites, n'étaient pas encore détachées du sol. Il s'agit, comme dans le cas de l'art. 471, § 9, de l'enlèvement de récoltes non détachées du sol ; mais les deux contraventions sont distinctes (V. *suprà*, n° 40). — Cette disposition est étrangère aux infractions au régime forestier. L'infraction qu'elle prévoit se distingue également de celle que répriment les art. 36 et 37 de la loi du 28 sept. 1791 (enlèvement de bois).

79. La contravention prévue par le paragraphe 15 de l'art. 475 exige la réunion de trois conditions ; il faut : 1° qu'il s'agisse de récoltes ou productions utiles de la terre, sans qu'il y ait à distinguer entre celles qui servent à la nourriture de l'homme et celles qui sont destinées aux animaux ou même à d'autres usages domestiques ou industriels. Ainsi, l'art. 475, § 15, s'applique aux raisins, aux pommes de terre, au chaume, mais non aux fruits sauvages, aux substances minérales, au sel, au miel ; ... 2° que les récoltes ou productions utiles de la terre ne soient pas détachées du sol (sinon ce serait le cas de l'art. 388, § 3) ou qu'elles n'en aient été détachées par une cause naturelle ou un accident quelconque, c'est-à-dire sans l'intervention du propriétaire ou de son représentant ; ... 3° que l'enlèvement ait eu lieu avec la volonté de s'approprier la chose. Ainsi, par dérogation à la règle générale (V. *supra*, n° 2), cette contravention suppose une intention délictueuse de la part du contrevenant.

ART. 3. — TROISIÈME CLASSE DES CONTRAVENTIONS DE POLICE (R. 414 et s. ; S. 246 et s.).

80. Cette classe d'infractions est punie d'une amende de 11 à 15 francs et d'un emprisonnement de cinq jours au plus dans les cas visés *infrà*, n°° 86, 89, 90, 92 et 93 ; en cas de récidive, l'emprisonnement peut, dans certains cas, être prononcé pendant cinq jours est toujours prononcé.

81. 1° *Dommage volontaire aux propriétés mobilières d'autrui* (Pén. 479, § 1er). —

L'art. 479, § 1ᵉʳ, punit ceux qui, hors les cas prévus dans les art. 434 à 462 c. pén., ont volontairement causé du dommage aux propriétés mobilières d'autrui. — L'existence de cette contravention exige la réunion de quatre conditions :

82. A. — Il faut qu'il y ait *dommage*. L'art. 479, § 1ᵉʳ, n'exclut aucun mode de dommage : tous les actes volontairement dommageables aux propriétés mobilières d'autrui énumérés dans le Code pénal, depuis l'art. 434 jusqu'à l'art. 462 inclusivement, tombent sous son application si, le fait restant d'ailleurs le même par sa nature et son objet, les circonstances qui ont paru nécessiter de la part du législateur une incrimination spéciale, font défaut. — Le lieu où le dommage a été causé importe peu, à moins qu'il ne s'agisse d'un animal domestique tué sur un terrain dont le maître de cet animal était propriétaire, locataire, colon ou fermier, circonstance qui transforme l'infraction en délit (Pén. 454). Ainsi la contravention prévue par l'art. 479, § 1ᵉʳ, existe quand une personne a tué un animal appartenant à autrui, soit sur la voie publique, soit sur son propre terrain.

83. B. — Contrairement à la règle générale en matière de contravention (V. *supra*, nᵒ 2), le dommage doit avoir été causé *volontairement*. La volonté coupable doit donc être prouvée; autrement, il n'y aurait lieu qu'à une action civile en dommages-intérêts.

84. C. — Il faut que la destruction ait été effectuée *sans nécessité*; l'art. 479, § 1ᵉʳ, ne concerne donc pas celui qui se trouve en état de légitime défense. D'après la jurisprudence, il n'y a pas à distinguer entre le cas où il s'agit de défendre les propriétés et celui où il s'agit de défendre les personnes; ainsi, l'art. 479, § 1ᵉʳ, n'atteint pas celui qui tue, la nuit, dans une cour close dépendant de sa propriété, un chien qui avait étranglé une certaine quantité de lapins. Mais il faut qu'il y ait un dommage *actuel* et *effectif* à faire cesser; un péril possible et imminent ne suffirait pas.

85. D. — La quatrième condition, c'est que le dommage ait été causé aux *propriétés mobilières d'autrui*. L'art. 479, § 1ᵉʳ, ne distingue pas; il s'étend à tout ce qui est meuble ou effet mobilier d'après les art. 527 et s. c. civ., spécialement aux voitures (par exemple, à une voiture chargée de marchandises en station dans une rue), aux animaux domestiques, particulièrement aux chiens, aux chats, et même aux abeilles, aux vers à soie. — L'art. 479, § 1ᵉʳ, est également applicable à celui qui tue les volailles d'autrui. Il en est ainsi, d'après la jurisprudence, même s'il les tue sur son propre terrain, alors qu'elles y commettent des dégâts, si le terrain est une propriété urbaine : l'autorisation de détruire les volailles sur les lieux du dégât, accordée par l'art. 12 du titre 2 de la loi du 28 sept. 1791 (aujourd'hui L. 4 avr. 1889, art. 4, D. P. 89. 4. 34), n'existe qu'à l'égard des propriétés rurales. — Sur la destruction des pigeons, V. *supra*, *Chasse*, nᵒˢ 150 et s.

86. 2ᵒ *Animaux d'autrui tués ou blessés* (Pén. 479, § 2, 3 et 4). — Les paragraphes 2, 3 et 4 de l'art. 479 c. pén. prévoient la mort ou les blessures d'animaux appartenant à autrui, par suite de faits *involontaires*. Peu importe qu'il s'agisse d'animaux sauvages ou domestiques. L'objet de ces dispositions diffère de celui de la loi du 2 juill. 1850, qui ne s'occupe que des mauvais traitements abusifs exercés publiquement sur les animaux domestiques par les propriétaires ou ceux qui en ont la garde. — Sur les blessures volontaires faites aux animaux d'autrui, V. *infrà*, *Dommage-Destruction*.

87. Les contraventions dont il s'agit supposent que la mort ou les blessures ont eu pour cause : ... soit la divagation de fous ou furieux ou bien d'animaux malfaisants ou féroces; ... soit la rapidité, la mauvaise direction ou le chargement excessif des voitures, chevaux, bêtes de trait, de charge ou de monture (il n'est pas nécessaire, comme dans le cas prévu par l'art. 475, § 4, que le fait incriminé se soit produit dans un lieu habité); ... soit l'emploi ou l'usage d'armes sans précaution ou avec maladresse, ou bien le jet de pierres ou de corps durs (dans cette hypothèse, le contrevenant peut être puni, en vertu de l'art. 480, § 1ᵉʳ, d'un emprisonnement de un à cinq jours); ... soit la vétusté, la dégradation, le défaut de réparation ou d'entretien des maisons ou édifices, c'est-à-dire de tout ce qui a été bâti de main d'homme; ... soit l'encombrement, l'excavation ou autres œuvres, tel que dépôts de matériaux, dans ou près les voies publiques, sans les précautions ordonnées d'usage.

88. 3ᵒ *Détention de faux poids ou de fausses mesures* (Pén. 479, § 5, abrogé par l'art. 9 de la loi du 27 mars 1851, D. P. 51. 4. 57). — V. *infrà*, Poids et mesures.

89. 4ᵒ *Emploi de poids et mesures différents de ceux établis par les lois en vigueur* (Pén. 479, § 6-1ᵒ). — V. *infrà*, Poids et mesures.

90. 5ᵒ *Vente du pain et de la viande au-dessus du prix fixé par la taxe* (Pén. 479, § 6-2ᵒ). — Les maires ont le pouvoir de taxer le prix du pain (V. *supra*, Commune, nᵒ 161). Dans les communes où cette mesure a été prise, le boulanger qui perçoit, pour la vente du pain, un prix supérieur à la taxe officielle, commet la contravention prévue par l'art. 479, § 6, pén., et il peut être condamné à un emprisonnement de cinq jours au plus (Pén. 480-1ᵒ). Il commet la même contravention en refusant de vendre du pain au prix de la taxe. — Il ne peut, dans aucun cas, pour échapper à une condamnation, invoquer sa bonne foi, exciper, notamment, d'une erreur involontaire. Il est responsable pénalement des contraventions à la taxe commises par ses préposés. Le fait de vendre *au-dessous* de la taxe ne constitue pas une infraction.

91. Les infractions aux diverses autres prescriptions de l'autorité municipale, relatives au commerce de la boulangerie, tombent sous l'application de l'art. 471, § 15. Il en est ainsi, notamment, de la contravention à l'arrêté qui exige que les pains soient pesés en présence de l'acheteur; ... de celle qui consiste à vendre des pains de poids ou de dimensions autres que ceux déterminés. — Si l'infraction consiste à vendre, en le donnant comme ayant le poids voulu, un pain d'un poids moindre que celui indiqué par sa forme, elle constitue le délit de tromperie sur la quantité de la chose vendue, réprimé par l'art. 1ᵉʳ-3ᵒ de la loi du 27 mars 1851.

92. 6ᵒ *Devins, explicateurs de songes* (Pén. 479, § 7). — L'art. 479, § 7, érige en contravention le fait de se livrer au métier de deviner et de pronostiquer ou d'expliquer les songes; il frappe les diseurs et les diseuses de bonne aventure, les tireurs et tireuses de cartes. — La contravention dégénère en délit chaque fois que le prétendu devin emploie des manœuvres frauduleuses pour faire croire à l'existence du pouvoir imaginaire qu'il s'attribue, si le résultat de ces manœuvres est de lui faire délivrer de l'argent ou des effets mobiliers. — En ce qui concerne les interprètes de songes seulement, la loi (Pén. 480-4ᵒ) permet de prononcer une peine de cinq jours d'emprisonnement.

93. 7ᵒ *Bruits ou tapages injurieux ou nocturnes* (Pén. 479, § 8). — Cette disposition punit d'une amende les auteurs ou complices de bruits ou tapages injurieux ou nocturnes troublant la tranquillité des habitants. Un emprisonnement de cinq jours au plus peut, en outre, être prononcé (Pén. 480-5ᵒ).

— Cette contravention exige la réunion de trois conditions : 1ᵒ Il faut qu'il y ait *bruit* ou *tapage*, expressions qui doivent s'entendre d'après l'usage. Les tribunaux n'ont pas un pouvoir discrétionnaire pour décider si tel fait constitue, ou non, un tapage. Il appartient à la Cour de cassation de vérifier si les faits reprochés au prévenu rentrent dans la classe de ceux que le législateur a voulu punir. Au contraire, le juge de police déclare souverainement si le bruit ou tapage est injurieux; — 2ᵒ Le bruit ou le tapage doit être *injurieux* ou *nocturne*. Le mot *injurieux* s'entend non seulement des grossièretés ou invectives, mais des démonstrations bruyantes outrageantes, comme les charivaris. Lorsque, à la contravention, se joignent des faits d'un autre caractère, soit injures contenant l'imputation d'un vice déterminé, soit outrages de la nature de ceux que prévoient les art. 222 et s. c. pén., la contravention n'empêche pas le délit. Le juge de police cède, d'ailleurs, incompétent, et c'est le juge correctionnel qui doit être saisi, lorsque les cris ont un caractère séditieux ou obscène. — Le bruit ou tapage *nocturne* est celui qui est fait après le coucher et avant le lever du soleil; — 3ᵒ Il faut que le bruit ou tapage injurieux ou nocturne ait *troublé la tranquillité des habitants*. Le trouble est une conséquence nécessaire du tapage, et il n'est pas nécessaire de prouver spécialement que l'acte incriminé a produit cet effet. Toutes les fois que des bruits ou tapages injurieux ou nocturnes ont été constatés, il y a présomption légale que la tranquillité des habitants a été troublée; mais cette présomption cède à la preuve contraire, et l'inculpé est admis à prouver que le bruit ou tapage qui lui est reproché n'a pas eu pour résultat de troubler la tranquillité des habitants, et à obtenir ainsi son renvoi des fins de la plainte.

94. Tous les bruits ne tombent pas sous l'application de l'art. 479, § 8, c. pén.; y tombent seulement ceux qui sont de nature à troubler la tranquillité publique. Ainsi, les chants ne sont punissables qu'en vertu de cette disposition, que lorsqu'il s'y joint certaines circonstances qui en changent le caractère de manière à les rendre une cause de trouble, par exemple s'il est établi que les prévenus chantaient à tue-tête, qu'on entendait les chants à une grande distance et que la tranquillité des habitants a été troublée; au contraire, le fait de chanter un air d'opéra dans la rue ne constitue pas une contravention, s'il ne s'y joint aucune circonstance de nature à la rendre une cause de trouble. De même, la musique dans l'intérieur d'une maison ne constitue un bruit ou un tapage que lorsqu'elle est faite dans des conditions telles, qu'elle peut troubler le repos des voisins. Ainsi, il a été jugé que faire de la musique chez soi à onze heures du soir, les fenêtres ouvertes, même avec des instruments à tue-tête, n'est pas un tapage nocturne, en l'absence de constatations que le bruit eût rien de discordant ou qu'il troublât le repos des habitants. Au contraire, constituent des bruits ou tapages, indépendamment de toute autre circonstance : les roulements de tambour, la nuit, dans l'intérieur d'une ville, la sonnerie du cor pendant la nuit, les sons aigus produits à l'aide d'une corne. — Le fait de sonner sans nécessité à la porte d'une maison ne constitue pas la contravention prévue par l'art. 479, § 8, alors que le bruit n'a pas été entendu au dehors et que la tranquillité publique n'en a pas été troublée.

95. Dans le procès-verbal par lequel un fonctionnaire ayant qualité (un gendarme, par exemple) dénonce un fait de tapage nocturne, l'énonciation formelle que les chants et cris constitutifs de ce tapage ont troublé la tranquillité des habitants est une de celles qui font foi, mais jusqu'à preuve contraire seulement. Le juge de police peut donc, nonobstant cette constatation, prononcer la relaxe du prévenu s'il déclare qu'il résulte des débats la preuve que la tranquillité n'a pas été troublée. Quant à la dénonciation faite par un agent de police, elle ne fait pas foi, même jusqu'à preuve contraire (V. *infrà*, *Procès-verbal*). — Lorsque la poursuite ne s'appuie sur aucun procès-verbal, il appartient au juge de police d'apprécier en fait s'il y a eu trouble.

96. Les bruits ou tapages injurieux ou nocturnes ne sont atteints par l'art. 479, § 8, que lorsqu'ils se produisent soit sur la voie publique, soit dans des maisons particulières, et que, dans ce second cas, ils sont entendus du dehors et de nature à troubler la tranquillité générale des habitants. Les tapages qui se produisent dans les lieux publics, tels que concerts, spectacles et bals, tombent exclusivement sous l'application des règlements pris par l'autorité municipale pour le maintien de l'ordre dans ces endroits; toutefois, si le tapage qui se produit dans une salle de spectacle ou dans un bal est de nature à être entendu du dehors et à troubler la tranquillité des habitants, il peut être réprimé par l'art. 479, § 8, aussi bien que le tapage qui a eu lieu dans une maison particulière. — D'après certains arrêts, le tapage nocturne cesse d'être une contravention lorsqu'il est la conséquence de l'exercice d'un droit, et, spécialement, toute personne pouvant donner un bal dans son domicile, les bruits qui peuvent en résulter ne tombent pas sous l'application de l'art. 479, § 8. Mais il y a des décisions en sens contraire. En tout cas, il doit en être ainsi lorsque les bruits ne constituent que l'accomplissement d'une obligation, s'il s'agit notamment de sonneries de clairons et de batteries de tambours dans l'intérieur d'une caserne de pompiers.

97. Les bruits ou tapages sont punissables de quelque manière qu'ils aient été causés: provocations adressées à des chiens pour les faire hurler; cris poussés la nuit par un individu qui veut aller se disputer avec un autre et qu'on retient; altercations, charivaris, réjouissances bruyantes accompagnées de cris pour la célébration de fiançailles, etc. — Les bruits nécessairement produits par les travaux de certaines professions ne peuvent être rangés dans la classe des bruits ou tapages troublant la tranquillité des habitants. Ainsi, l'art. 479, § 8, ne saurait être applicable au chaudronnier qui a fait un travail de son état après onze heures du soir. Mais l'autorité municipale peut édicter des règlements à cet égard et fixer l'heure à laquelle devront cesser certains travaux (V. *suprà*, *Commune*, n° 117). Il va de soi, d'ailleurs, que la répression ne saurait atteindre les bruits et avertissements exigés par des règlements eux-mêmes dans un intérêt public, tels que les coups de sifflet que doivent produire les conducteurs de trains sur les chemins de fer.

98. Le bruit ou le tapage n'a le caractère d'une contravention que lorsqu'il provient d'un fait volontaire et personnel. Aussi l'art. 479, § 8, ne réprime-t-il les bruits ou tapages nocturnes émanés d'animaux que lorsqu'ils sont imputables au maître: hurlements de chiens, merle sifflant la *Marseillaise* à quatre heures du matin à la fenêtre d'un appartement (Trib. simple pol. de Montélimar, 26 juin 1875, D. P. 76. 3. 88). Mais les voisins ont le droit de poursuivre devant la juridiction civile la cessation et la réparation du préjudice qu'ils éprouvent, et, en tout cas, il appartient au maire de faire droit aux plaintes élevées à raison de ces faits dont il s'agit et de prendre des mesures réglementaires pour protéger efficacement le repos des habitants.

99. L'art. 479, § 8, atteint non seulement les auteurs des bruits ou tapages, mais aussi leurs complices, c'est-à-dire non seulement ceux qui y participent activement, mais encore ceux qui se bornent à les faciliter par leur présence ou leur fait. Doivent être considérés comme complices: l'individu qui a laissé faire dans son habitation un tapage nocturne, encore qu'il n'ait pas pris part aux actes qui ont produit le tapage; ... le propriétaire qui a laissé sonner du cor dans son parc pendant la nuit. Mais le seul fait d'avoir été vu quelques instants parmi les auteurs d'un tapage injurieux ou nocturne ne constitue pas la complicité prévue par l'art. 479, § 8. D'autre part, les individus qui n'ont fait qu'occasionner le tapage, sans avoir eu, d'ailleurs, l'intention de le faire naître, ne sauraient être inculpés de complicité.

100. 8° *Enlèvement ou lacération d'affiches* (Pén. 479, § 9, abrogé implicitement par la loi du 29 juill. 1881). — V. *suprà*, *Affiche*, n° 10.

101. 9° *Fait de mener des bestiaux dans les prairies artificielles, dans les vignes ou plants d'arbres* (Pén. 479, § 10). — La contravention prévue par l'art. 479, § 10, se distingue du délit rural de *garde à vue* des bestiaux dans les récoltes d'autrui, prévu par l'art. 26 du titre 2 de la loi du 26 sept. 1791 (V. *infrà*, *Délits ruraux*, n° 7), puni de peines correctionnelles, au point de vue de la nature du terrain sur lequel a lieu le fait incriminé. Lorsque la contravention lorsque le terrain sur lequel sont menés les bestiaux n'est pas chargé d'une récolte; délit rural, dans le cas contraire. — D'après certains arrêts, les expressions *mener* et *garder à vue* s'appliqueraient à deux faits distincts, dont le premier seul serait passible de la peine prononcée par l'art. 479, § 10, le second étant réprimé par l'art. 26, titre 2, de la loi du 26 sept. 1791. Ainsi, on a appliqué l'art. 26 précité (et non l'art. 479, § 10. c. pén.) à l'individu qui a gardé à vue des bestiaux dans des oseraies (Cr. r. 22 janv. 1863, D. P. 64. 5. 128).

102. Il importe de ne pas confondre la contravention spécifiée à l'art. 479, § 10: 1° avec celle que réprime l'art. 471, § 14 (passage de bestiaux, etc..., sur le terrain d'autrui avant l'enlèvement de la récolte); 2° avec celle de l'art. 475, § 10 (passage de bestiaux, etc..., sur le terrain d'autrui ensemencé ou chargé de récoltes); 3° avec l'infraction de l'art. 147 c. for. (introduction en forêt, en dehors des chemins ordinaires, de voitures, bestiaux et animaux de charge et de monture); 4° avec celle de l'art. 199 c. for. (animaux trouvés en délit dans les bois); 5° avec la contravention aux règlements de pâturage intervenus dans les conditions fixées par la loi du 4 avr. 1882 (D. P. 82. 4. 89) relative à la conservation et à la restauration des terrains en montagne (V. *infrà*, *Forêts*).

103. La contravention prévue par l'art. 479, § 10, exige la réunion de trois conditions. Il faut: 1° qu'il s'agisse de *bestiaux*, expression qui comprend les chevaux, les mulets, les ânes et même les volailles; 2° que les bestiaux aient été menés ou *conduits*: les bestiaux, laissés à l'abandon, s'introduisant d'eux-mêmes sur le terrain d'autrui, le fait est prévu par l'art. 12 de la loi du 26 sept. 1791 (V. *infrà*, *Délits ruraux*, n° 13 et s.); 3° que les bestiaux aient été menés sur *le terrain d'autrui* et que ce terrain soit soit de ceux qu'énumère l'art. 479, § 10, ou de terrain semblable, comme, par exemple, les propriétés communales, lorsque le prévenu n'a sur elles aucun droit de parcours. — L'existence de la contravention n'est pas subordonnée à la preuve qu'un dommage a été causé par les bestiaux (V. *infrà*, *Délits ruraux*, n° 15 *in fine*).

104. 10° *Dégradation des chemins publics, usurpation sur leur largeur; enlèvement de gazons, terres ou pierres sur les chemins publics, de terres ou matériaux dans les lieux appartenant aux communes.* (Pén. 479, § 11 et 12). — Les deux contraventions prévues par l'art. 479, § 11 et 12, rentrent dans la matière de la voirie (V. *infrà*, *Voirie*), sauf la deuxième disposition du paragraphe 12 concernant ceux qui, dans les lieux appartenant aux communes, enlèvent, dans les lieux appartenant aux communes, des terres ou matériaux. — Pour que cette disposition reçoive son application, il faut: 1° qu'il y ait un fait d'enlèvement; — 2° que l'enlèvement ait pour objet des terres ou des matériaux. Le mot *matériaux* a une signification générale; mais il ne faut pas comprendre l'enlèvement de gazon dans les faits réprimés par cette disposition. — En ce qui concerne l'enlèvement des matériaux dans les mines et carrières, V. *infrà*, *Mines*; — 3° que le terrain sur lequel a eu lieu l'enlèvement des terres ou matériaux soit un terrain communal. Si c'est un bois communal ou un terrain soumis au régime forestier, il y a lieu d'appliquer l'art. 144 c. for.

105. L'enlèvement des terres ou matériaux sur un bien communal ne constitue pas un fait punissable lorsqu'il existe un usage général qui l'autorise. Il faut que cet usage ait un caractère non équivoque d'uniformité et de publicité; qu'il ait, en outre, été observé par le plus grand nombre des habitants, réitéré pendant un long espace de temps et constamment toléré par le législateur. — En cas d'autorisation donnée par le maire, la contravention n'existe pas.

SECT. IV. — **Des matières de police non réglées par le Code pénal**

(R. 515; S. 305).

106. Sur l'ivresse publique (L. 23 janv. 1873, D. P. 73. 4. 18), V. *infrà*, *Ivresse publique.* — Sur la police du roulage (L. 30 mai 1851, D. P. 51. 4. 78), V. *infrà*, *Voiture.* — Sur la police des chemins de fer (L. 15 juill. 1845, D. P. 45. 3. 163), V. *suprà*, *Chemin de fer*, n° 104 et s. — Sur les contraventions en matière de presse (L. 29 juill. 1881, D. P. 81. 4. 65), V. *infrà*, *Presse-Outrage.* — Sur la protection des enfants du premier âge (L. 23 déc. 1874, D. P. 75. 4. 79), V. *infrà*, *Protection de l'enfance.* — En ce qui concerne les contraventions aux lois sur l'enseignement, V. *infrà*, *Enseignement*.

CONTREFAÇON DES SCEAUX DE L'ÉTAT, DES BILLETS DE BANQUE, ETC.

(R. v° *Faux*, 72 et s.; S. *eod.* v°, 69 et s.).

1. L'art. 139 c. pén. punit: 1° la contrefaçon du sceau de l'État, c'est-à-dire de celui dont la forme est réglée par le décret du 25 sept. 1870, art. 1er (D. P. 70. 4. 92); 2° la contrefaçon et la falsification d'effets émis par le Trésor avec son timbre, comme les titres de rente sur l'État, les bons du Trésor; 3° la contrefaçon et la falsification des billets de banque autorisés par la loi, ce qui ne s'applique qu'aux billets de la Banque de France; 4° l'usage du sceau, des effets ou billets contrefaits ou falsifiés (lorsqu'il a eu lieu sciemment). — La peine est celle des travaux forcés à perpétuité; mais les personnes coupables de ces crimes sont exemptes de peine, si, avant la consommation de ces crimes et avant toutes poursuites, elles en ont donné connaissance et révélé les auteurs aux autorités constituées, ou si, même après les poursuites commencées, elles ont procuré l'arrestation des autres coupables (Pén. 138, 144).

2. La loi du 11 juill. 1885 (D. P. 85. 4. 83) interdit, sous peine d'un emprisonnement de cinq jours à six mois et d'une amende de 16 à 2 000 francs, de fabriquer, vendre, colporter ou distribuer tous imprimés ou formules simulant les billets de banque et autres valeurs fiduciaires.

3. Ceux qui ont contrefait ou falsifié les timbres nationaux (c'est-à-dire les timbres apposés au nom même de l'Etat par une administration ou une autorité qui le représente); les marteaux de l'Etat servant aux marques forestières (V. *infrà*, *Forêts*); les poinçons (du titre et du bureau de garantie) servant à marquer les matières d'or et d'argent, et ceux qui ont fait usage des objets contrefaits sont punis du maximum des travaux forcés à temps (Pén. 140).

4. L'usage frauduleux de vrais timbres, marteaux ou poinçons ayant l'une des destinations exprimées en l'art. 140 est puni de la réclusion (Pén. 141). — Le fait d'effacer à l'aide d'un lavage l'écriture qui recouvre les feuilles de papier timbré est réprimé par la loi du 2 juill. 1862 (D. P. 62. 4. 60). — L'usage frauduleux de timbres mobiles ayant déjà servi est prévu par l'art. 21 de la loi du 11 juin 1859 (D. P. 59. 4. 34).

5. La contrefaçon des poinçons d'épreuve et d'exportation employés par l'Etat pour marquer les armes de guerre, et l'usage frauduleux des poinçons contrefaits, sont punis par la loi du 14 juill. 1860, art. 15 (D. P. 60. 4. 86) d'une amende de 100 à 3 000 francs et d'un emprisonnement de deux à cinq ans. Quant à l'usage des vrais poinçons par celui qui a réussi à se les procurer indûment, il est puni d'une amende de 16 à 500 francs et d'un emprisonnement d'un mois à deux ans (même loi, art. 16).

6. La contrefaçon des timbres ou poinçons spéciaux de l'Etat, destinés à être apposés sur les marques commerciales et de fabrique, est réprimée par la loi du 26 nov. 1873, art. 6 (D. P. 74. 4. 21).

7. La loi prévoit la contrefaçon des marques destinées à être apposées, au nom du Gouvernement, sur les diverses espèces de denrées ou marchandises, la contrefaçon des sceaux, timbres ou marques d'une autorité quelconque (Pén. 166) et des timbres-poste (Pén. 162) et des timbres-dépêches pour la correspondance télégraphique (L. 13 juin 1866, art. 11, D. P. 66. 4. 63). L'usage des objets contrefaits est puni comme la contrefaçon, et la tentative à l'égal du délit lui-même. La peine est d'un emprisonnement de deux à cinq ans.

8. L'application ou la tentative d'application illicite de vrais sceaux, timbres ou marques ayant l'une des destinations exprimées en l'art. 142, par celui qui se les est indûment procurés, est punie par l'art. 143 c. pén. d'un emprisonnement de six mois à trois ans.

9. La loi du 16 oct. 1849 (D. P. 49. 4. 152) interdit et réprime par une amende de 50 à 1 000 francs l'usage d'un vrai timbre-poste ayant déjà servi.

CONTUMACE

(R. v° *Contumace* — *Contumax*; S. *eod. v°*).

1. La *contumace* est l'état de celui qui, accusé d'un crime, ne se présente pas pour être jugé ou qui, après avoir été arrêté, s'est évadé avant le jugement. On appelle *contumax* l'individu qui est en état de contumace.

ART. 1er. — FORMALITÉS PRÉLIMINAIRES ET JUGEMENT DE LA CONTUMACE (R. 11 et s.; S. 5 et s.).

2. Lorsque, après un arrêt de mise en accusation, l'accusé n'a pu être saisi ou ne se présente pas dans les dix jours de la notification de cet arrêt qui a été faite à son domicile, ou lorsque, après s'être présenté ou avoir été saisi, il s'est évadé, le président de la Cour d'assises rend une ordonnance portant qu'il est tenu de se représenter dans un nouveau délai de dix jours. Si l'accusé ne se soumet pas à cette injonction, il devient contumax, et la loi, en pareille hypothèse, trace des règles particulières pour le jugement de l'affaire (Instr. 465). — La procédure de contumace doit être suivie bien que l'évasion ait eu lieu au cours des débats, et même après leur clôture. Il en est ainsi, par exemple, dans le cas où l'accusé se serait évadé pendant la délibération du jury; il ne peut, en pareil cas, être jugé contradictoirement.

3. Le point de départ de la procédure de contumace est la notification de l'arrêt de mise en accusation. Cette notification, pour l'accusé contumax comme pour les autres accusés, est, ainsi que la notification de l'acte d'accusation, une formalité substantielle. — Cette notification est faite conformément aux règles des art. 68 et 69 c. pr. civ. Si l'accusé fugitif a un domicile en France, la signification doit être faite à domicile, à peine de nullité. C'est au dernier domicile, à la résidence que l'accusé a quittée en dernier lieu, qu'il est préférable de remplir la formalité. Si l'accusé n'a aucun domicile, ni aucune résidence connue en France, on a recours, pour la notification, aux formes prescrites par l'art. 69, § 8 : une copie est affichée à la porte de la Cour d'assises devant laquelle l'accusé est renvoyé, et une autre copie est remise au parquet du procureur de la République, qui vise l'original.

4. L'ordonnance de se représenter, ou *ordonnance de contumace*, que le président de la Cour d'assises doit rendre contre l'accusé, dix jours au plus tôt après la notification faite à celui-ci de l'arrêt de renvoi, est soumise, pour sa validité, à trois formalités. Elle doit être : 1° notifiée au domicile de l'accusé conformément aux règles ordinaires de la procédure; 2° affichée à la porte du domicile de l'accusé (si ce domicile est connu), à celle du maire de la commune et à la porte de l'auditoire de la Cour d'assises; 3° publiée à son de trompe ou de caisse dans la commune du domicile de l'accusé et, s'il n'est pas connu, du chef-lieu des assises (Instr. 466).

5. Après un délai de dix jours à partir de la dernière formalité, il est procédé au jugement de la contumace. Aucun conseil ne peut se présenter pour défendre l'accusé contumax; mais, si celui-ci est absent du territoire européen de la France, ou s'il est dans l'impossibilité absolue de se rendre, ses parents ou ses amis peuvent présenter son excuse et en plaider la légitimité. Ils doivent, d'ailleurs, s'abstenir de toute discussion sur le fond de l'accusation. Si l'excuse n'est pas alléguée, la Cour d'assises n'a pas le pouvoir de prononcer un sursis (Instr. 467 à 469).

6. Lorsqu'il n'est pas présenté d'excuse ou lorsque l'excuse n'est pas admise, il est donné, en audience publique, mais la cour siégeant sans assistance de jurés, lecture de l'arrêt de renvoi, de l'acte de notification de l'ordonnance de contumace, des procès-verbaux dressés pour en constater la notification et l'affiche, des dépositions des témoins consignées dans l'instruction écrite, lesquels ne doivent pas être entendus oralement; puis, sur les conclusions du ministère public, la cour prononce sur l'accusation (Instr. 470, § 1 à 3). — La cour peut se déclarer incompétente. Elle a également la faculté d'acquitter l'accusé, qui ne pourra plus être repris à raison du même fait, ou d'admettre des faits d'excuse, mais non, d'après la jurisprudence, celle de reconnaître l'existence de circonstances atténuantes. Quant aux arrêts de contumace qui prononcent une condamnation, ils n'ont qu'un caractère provisoire

et précaire, puisqu'ils sont anéantis de plein droit à la représentation volontaire ou forcée du condamné (V. *infrà*, n° 23). Après avoir prononcé sur l'accusation, la cour statue sur les intérêts civils, le tout sans intervention ni assistance de jurés (Instr. 470, § 4).

7. Sur la contumace des militaires, V. *infrà*, *Justice militaire* et *Justice maritime*.

8. Aucune voie de recours n'est ouverte au condamné tant qu'il ne s'est pas constitué prisonnier. Ainsi, il ne peut pas se pourvoir en cassation. Mais cette faculté appartient au procureur général et à la partie civile en ce qui la concerne (Instr. 473). Les héritiers peuvent également se pourvoir, devant la cour qui a rendu l'arrêt, pour le faire rapporter, à la condition de prouver que l'accusé était décédé avant la condamnation.

9. Le mode d'exécution de l'arrêt de condamnation est réglé par l'art. 472 c. instr. cr.

ART. 2. — EFFETS DE LA CONTUMACE.

§ 1er. — *Séquestre des biens du contumax* (R. 60 et s.; S. 45 et s.).

10. Les biens du contumax sont mis sous séquestre (Instr. 465), c'est-à-dire que l'administration des Domaines en est mise en possession pour les administrer, à charge de restitution quand l'état de contumace aura cessé. — Le séquestre a lieu en vertu de l'ordonnance de contumace rendue par le président (V. *suprà*, n° 2). Le ministère public donne avis de cette ordonnance au Domaine, qui appose le séquestre.

11. La séquestration embrasse la totalité des biens du contumax : meubles, immeubles, créances, rentes, titres et valeurs quelconques; et il n'y a d'exception que pour les biens situés à l'étranger. Quant aux valeurs, le séquestre comprend les arrérages des rentes viagères qui peuvent avoir été constituées au profit du contumax. Il porte également sur les biens dont le contumax n'a que la jouissance (usufruit, antichrèse, etc.); il s'étend, si le contumax est marié sous le régime de la communauté, aux fruits et produits des biens dépendant de la communauté dont il était le chef, et même des biens personnels de la femme dont il avait l'administration.

12. En ce qui concerne le mobilier séquestré, le Domaine a l'obligation de vendre ce qui ne peut pas être facilement conservé. Les meubles qui ne doivent pas être vendus sont remis à une personne choisie par le receveur des Domaines, qui en prend charge. — Le Domaine régit les biens du contumax comme s'il s'agissait de biens d'absents (Instr. 471). Il paye les dettes du condamné quand elles sont dûment établies. Les tiers ne peuvent jamais paralyser les droits de l'administration des Domaines. Ainsi, l'exercice du séquestre des biens du contumax ne saurait être arrêté, soit par une quelconque disposition que le contumax aurait consenti à des tiers, soit par l'état d'indivision où il se trouverait avec un tiers en vertu d'une association constituée antérieurement à la condamnation.

13. Le séquestre cesse avec l'état de contumace, par conséquent avec la représentation volontaire ou forcée, l'amnistie ou le décès du condamné (V. *infrà*, n°s 23 et s.). Si aucun de ces événements ne se produit, le séquestre dure jusqu'à l'expiration de la vingtième année à partir de l'arrêt de condamnation par contumace (Instr. 471, 635). — Le Domaine ne peut prétendre la portion de fruits que la loi alloue aux envoyés en possession des biens d'un absent (Civ. 127); mais il a le droit de réclamer au contumax, outre ses dépenses justifiées, un droit proportionnel de 5 pour 100 à titre de frais généraux et de régie (L. 5 mai 1855, art. 16, D. P. 55. 4. 70).

§ 2. — Capacité du contumax (R. 70 et s.; S. 64 et s.).

14. Pendant l'instruction, l'accusé contumax est privé de l'exercice de ses droits politiques; en outre, toute action en justice lui est interdite (Instr. 465). Mais il n'est pas privé de l'exercice de ses droits civils.

15. Après la condamnation, le contumax conserve, en principe, l'exercice de ses droits civils; seulement, pendant la durée de la contumace, l'exercice en est paralysé par le séquestre de la Régie, et il lui est interdit de disposer des biens dont l'administration appartient à celle-ci. — Les condamnations par contumace n'entraînent pas l'interdiction légale, qu'il s'agisse de condamnations perpétuelles ou de condamnations temporaires.

16. Le contumax peut se marier, reconnaître un enfant naturel, tester (quand il n'est pas atteint de la prohibition qui s'ajoute aux peines perpétuelles, d'après l'art. 3 de la loi du 31 mai 1854, D. P. 54. 4. 91). Il peut disposer, soit à titre gratuit (sous la même réserve), soit à titre onéreux, des biens qu'il possède à l'étranger. — Quant aux biens séquestrés, le contumax conserve le droit de disposer à titre gratuit (s'il n'est pas atteint de peines perpétuelles) ou à titre onéreux, soit directement, soit indirectement, par voie d'engagement, de la *nue propriété* de ces biens. Lorsque la Régie n'a pris aucune mesure à l'égard des biens du condamné, celui-ci peut aliéner librement ces biens, sans préjudice toutefois du droit qui appartiendrait au fisc de faire annuler les actes de disposition s'ils avaient été faits dans le but évident de conserver au contumax des ressources dont la loi a voulu le *priver* afin de le forcer à se représenter.

17. Le condamné par contumace reste privé, comme il l'était pendant l'instruction, de l'exercice de ses droits politiques, et, s'il est frappé d'une peine perpétuelle, cette peine emporte nécessairement la dégradation civique. — Il ne peut être juré (L. 21 nov. 1872, art. 2, D. P. 72. 4. 132) et est exclu du service militaire (V. *infra*, *Recrutement de l'armée*).

18. Toute action en justice lui est interdite, après comme avant la condamnation. Il ne peut ester devant aucune juridiction quelle qu'elle soit (civile, commerciale, criminelle, administrative), non seulement en demandant, mais aussi, suivant l'opinion générale, en défendant. Cette prohibition entraîne pour le contumax l'impossibilité, notamment, de poursuivre un débiteur, d'interrompre une prescription par une demande en justice, de procéder à des saisies de conservation, de faire une demande de collocation dans un ordre ou une contribution, de produire à une faillite. C'est à la Régie qu'il appartient de représenter le contumax en justice. — La prohibition d'agir en justice qui pèse sur le contumax comporte comme sanction la nullité des actes faits en justice contrairement à cette prohibition. Cette nullité est simplement relative, et, par conséquent, les adversaires du contumax peuvent, à leur gré, s'en prévaloir ou non. Quant au contumax, on admet généralement qu'il ne peut l'invoquer.

19. Le contumax encourt la dégradation civique à partir de l'exécution par effigie, suivant la règle générale de l'art. 28 c. pén., et l'incapacité spéciale de disposer et de recevoir à titre gratuit (en cas de condamnation à la peine de mort ou à une peine perpétuelle), cinq ans seulement après l'exécution par effigie (L. 31 mai 1854, art. 3, § 3). — Jusqu'à l'expiration de ce délai de cinq ans, le contumax conserve sa capacité de disposer et de recevoir; si donc il vient à mourir dans ce délai, il mourra *integri status*. Si le condamné meurt après les cinq

ans qui suivent l'exécution par effigie, sans s'être représenté, l'incapacité de disposer et de recevoir est encourue définitivement, et le décès ne l'efface pas; il en est de même au cas où la peine vient à être prescrite par l'expiration d'un délai de vingt ans à compter de la condamnation.

20. L'arrêt rendu par contumace n'est pas susceptible d'exécution en ce qui concerne les peines corporelles qu'il prononce, cet arrêt étant anéanti de plein droit dès que le contumax se représente ou est saisi (V. *infrà*, n° 23). Quant aux peines pécuniaires, elles peuvent être exécutoires pendant les délais de la prescription de la peine, à la requête du ministère public; de même les condamnations à des dommages-intérêts peuvent être, dans le même temps, recouvrées par la partie civile.

21. A partir de l'arrêt de condamnation par contumace, la prescription de l'action publique cesse de courir pour faire place à la prescription de la peine. Il s'ensuit que, tant que cette dernière prescription n'est pas acquise au condamné, celui-ci reste passible, lors de sa représentation ou de son arrestation, de la peine qu'entraîne contre lui le fait dont il est déclaré convaincu. Mais si le fait incriminé n'a plus, d'après la décision du jury, que les caractères d'un délit, aucune condamnation ne peut être prononcée contre l'ancien contumax, alors qu'il s'est écoulé plus de cinq ans depuis la condamnation par contumace (Cr. c. 15 juin 1900, D. P. 1900. 1. 567).

22. Une condamnation à une peine afflictive ou infamante prononcée par contumace peut être invoquée comme cause de divorce ou de séparation de corps (Civ. 232, 306) (V. *infrà*, *Divorce, Séparation de corps*). Mais c'est une question très discutée que de savoir si la condamnation par contumace peut être invoquée immédiatement, ou s'il faut attendre qu'elle soit devenue définitive par l'expiration de vingt années depuis qu'elle est intervenue.

ART. 3. — CESSATION DE LA CONTUMACE.

§ 1ᵉʳ. — *Comparution volontaire ou forcée du contumax* (R. 84 et s.; S. 95 et s.).

23. En cas d'arrestation ou de comparution volontaire du contumax, avant que la peine soit atteinte par la prescription, le jugement rendu par contumace et les procédures faites depuis l'ordonnance de prise de corps ou de se représenter sont, aux termes de l'art. 476 c. instr. cr., anéantis de plein droit. Malgré les termes de cet article, la jurisprudence décide que l'annulation ne remonte pas jusqu'à l'ordonnance de prise de corps, mais seulement jusqu'à l'ordonnance de se représenter, et les actes antérieurs, notamment la notification de l'arrêt de renvoi et de l'acte d'accusation, demeurent valables. — La représentation du contumax anéantit les condamnations prononcées au profit de la partie civile par l'arrêt de condamnation rendu par contumace; et si le condamné, lorsqu'il purge sa contumace, n'est acquitté, il peut répéter ce qui a été payé à la partie civile. — La comparution du contumax a pour effet de lever de plein droit le séquestre apposé sur ses biens, et de lui faire recouvrer l'exercice et la jouissance tant de ses droits politiques que de ses droits civils.

24. Le contumax doit, après sa comparution, être traduit devant la juridiction qui l'a condamné. Cette juridiction sera, suivant les cas, la Cour d'assises, le conseil de guerre ou le Sénat constitué en Haute Cour de justice, pour juger les personnes prévenues d'attentat commis contre la sûreté de l'Etat.

25. En cas d'arrestation du contumax, il y a lieu tout d'abord de constater son iden-

tité. On applique, à cet égard, les règles prescrites par les art. 518 et 519 c. instr. cr., pour la reconnaissance de l'identité des individus condamnés évadés et repris. La cour qui a prononcé la condamnation statue donc seule; mais l'accusé conserve tous ses moyens de défense, notamment le droit de soutenir, lors même que les faits seraient constants, qu'il n'en est pas l'auteur.

26. L'affaire doit alors être soumise à un nouvel examen, et le jury est appelé à statuer. Les débats ont lieu dans la forme ordinaire; toutefois, par exception à la règle générale (V. *infrà*, *Instruction criminelle*), si, pour une cause quelconque, des témoins entendus à l'instruction et cités devant la Cour d'assises ne comparaissent pas, il est donné lecture à l'audience de leur déposition (Instr. 477). Il en est de même des réponses écrites faites par les autres accusés du même crime. C'est là une formalité substantielle dont l'omission est une cause de nullité, à moins d'une renonciation expresse de la part de l'accusé. — Le contumax doit toujours, alors même qu'il obtiendrait son renvoi de l'accusation, être condamné aux frais de la contumace (Instr. 477).

§ 2. — *Décès du condamné* (S. 81).

27. Le décès du condamné survenu avant l'accomplissement de la prescription n'entraîne pas la résolution de l'arrêt de contumace : la seule cause de résolution est la comparution ou l'arrestation du contumax.

ART. 4. — ENREGISTREMENT ET TIMBRE.

28. Les actes concernant le contumax sont, en ce qui concerne le timbre et l'enregistrement, soumis aux règles du droit commun. Quoique le compte rendu par l'administration des Domaines au contumax ou à ses ayants cause, lors de la mainlevée du séquestre, ait le caractère d'acte administratif, la Régie a prescrit par son instruction 2587, § 51, de l'enregistrer au droit fixe.

COUPS ET BLESSURES

(R. v° *Crimes et délits contre les personnes*; S. *eod. v°*).

1. La loi pénale punit les coups et blessures volontaires (Pén. 309 à 312, et Code du 3 brum. an 4, R. v° *Lois codifiées*, p. 239), et les coups et blessures involontaires (Pén. 319 et 320). — Ces diverses dispositions ont été modifiées par la loi du 13 mai 1863 (D. P. 63. 4. 79); l'art. 312 l'a été, en outre, par la loi du 19 avr. 1898 (D. P. 98. 4. 41).

§ 1ᵉʳ. — *Coups et blessures volontaires* (R. 134 et s.; S. 134 et s.).

2. Le Code pénal, dans l'incrimination de coups, blessures et violences exercés volontairement sur les personnes, prend pour base de la répression le résultat matériel de la blessure et classe les infractions d'après la gravité du préjudice causé. La volonté étant ici un élément essentiel de l'infraction, il doit en être fait une mention spéciale, soit dans le jugement du tribunal ou l'arrêt de la Cour d'appel, soit dans la question posée au jury, si le fait constitue un crime. — Sur les mutilations commises sur eux-mêmes par de jeunes soldats, V. *infrà*, *Recrutement de l'armée*.

3. Le caractère propre des *blessures* est de laisser une trace matérielle de leur existence; toutes les lésions produites sur le corps humain par le rapprochement ou le choc d'un instrument, d'une arme, d'un objet quelconque, sont des blessures. Telles sont : les contusions, les plaies, les ecchymoses, les excoriations, les fractures, les brûlures mêmes, bien que la médecine leur assigne une autre classification.

4. En ce qui concerne les *coups* non accompagnés de blessures, on peut dire qu'il y a coup lorsque l'agent a frappé la victime *immédiatement*, de la main, du pied, ou *médiatement*, c'est-à-dire au moyen d'un objet qu'il tient à la main. Ainsi, constitue le délit de coup le fait de frapper un individu à coups de pied, à coups de poing, et aussi de frapper la tête d'une personne contre terre. — Les tribunaux ont toujours considéré les *soufflets* comme des violences graves qui doivent être réprimées à l'égal des coups. Il en est de même des violences exercées avec des bâtons, des cannes, des lanières, des pierres, des animaux, ou du fait de jeter violemment un individu à terre, de le traîner par les cheveux, de les lui arracher. D'ailleurs, la loi du 13 mai 1863, qui a modifié notamment les art. 309 et 312 c. pén., a assimilé aux blessures et aux coups toutes autres violences et voies de fait assez graves pour n'être pas considérées comme des voies de fait ou des violences légères constitutives de la contravention punie par le Code de brumaire an 4, art. 605 (V. *infrà*, nᵒˢ 15 et s.).

5. Les coups et blessures volontaires non qualifiés meurtres se divisent en : 1ᵒ coups et blessures qui, portés sans intention de donner la mort, l'ont pourtant occasionnel ; 2ᵒ coups et blessures suivis d'infirmités permanentes ; 3ᵒ blessures qui ont causé une incapacité de travail de plus de vingt jours ; 4ᵒ blessures qui n'ont pas produit de résultat ; 5ᵒ voies de fait et violences légères. — De plus, le Code pénal établit certaines circonstances aggravantes des coups et blessures, suivant qu'il y a eu préméditation ou guet-apens, ou suivant la qualité des victimes.

A. — Coups et blessures ayant occasionné la mort sans intention de la donner (R. 138 et s.; S. 146 et s.).

6. Ce crime exige : 1ᵒ qu'il y ait eu des coups ou des blessures (V. *suprà*, nᵒ 3) ; 2ᵒ qu'il y ait eu, de la part de l'agent, volonté de porter ces coups ou de faire ces blessures, mais non de tuer ; 3ᵒ que les coups et blessures aient été suivis de mort ; 4ᵒ que les coups et blessures aient été la cause de la mort.

7. Le crime existe dès qu'il est constaté qu'il y a relation de cause à effet entre les violences exercées et la mort ; il n'y a pas à rechercher si la blessure était mortelle par elle-même ou si elle l'est devenue seulement à raison de la constitution débile ou de la santé chancelante de la victime, ni si la blessure devait amener inévitablement la mort, ou si les secours de l'art, appliqués à temps, pouvaient empêcher ce résultat. — C'est au jury qu'il appartient de reconnaître l'existence de cette relation de cause à effet, sans d'ailleurs qu'il ait à tenir compte du temps écoulé entre l'époque des coups et blessures et celle de la mort.

8. La tentative du crime prévu par l'art. 309 § 4, n'est pas punissable, puisqu'il n'existe que s'il a occasionné la mort, c'est-à-dire s'il a été l'objet d'une perpétration complète.

9. La peine est celle des travaux forcés à temps (Pén. 309, § 4) ; lorsqu'il y a eu préméditation ou guet-apens, des travaux forcés à perpétuité (Pén. 310). — Les caractères légaux de la préméditation ou du guet-apens sont les mêmes, en matière de violences non qualifiées meurtre, qu'en matière d'homicide volontaire (V. *infrà*, *Homicide*). Il importe de distinguer la préméditation et le dessein de tuer : la préméditation aggrave la peine applicable au crime ou délit de blessures, mais n'en change pas la nature ; le dessein de tuer, au contraire, le transforme en tentative de meurtre ou d'assassinat.

B. — Coups et blessures suivis de mutilation, privation de l'usage d'un membre ou autres infirmités permanentes (R. 159 et s.; S. 153 et s.).

10. Cette incrimination a été ajoutée à l'art. 309 par la loi du 13 mai 1863. — Il faut qu'il y ait une relation de cause à effet entre les violences exercées et la mutilation ou les infirmités. La tentative n'est pas punissable pour la raison indiquée *suprà*, nᵒ 8. — La peine est celle de la réclusion (Pén. 309, § 3). Lorsqu'il y a eu préméditation ou guet-apens, la peine est celle des travaux forcés à temps (Pén. 310).

C. — Coups et blessures ou autres violences et voies de fait ayant occasionné une maladie ou une incapacité de travail personnel de plus de vingt jours (R. 145 et s.; S. 161 et s.).

11. Cette infraction suppose que la maladie ou l'incapacité de travail a duré plus de vingt jours, c'est-à-dire vingt et un jours au moins. Il ne suffirait pas que les traces ou cicatrices eussent duré plus de vingt jours, si la maladie ou l'incapacité de travail n'avaient pas eu cette durée. On entend ici par *maladie* l'altération de la santé ; une douleur ne la constituerait pas. Quant à l'incapacité de travail *personnel*, elle doit s'entendre, suivant l'opinion générale, non pas seulement de l'incapacité d'un travail *habituel* à la victime, mais de l'impuissance de se livrer à un travail *corporel*. — Il faut que la maladie ou incapacité soient le résultat des violences. Si donc la maladie provient d'une cause étrangère, telle que l'imprudence du blessé, l'ignorance du médecin, l'auteur des blessures ne peut en être déclaré responsable.

12. L'infraction dont il s'agit constitue, depuis la loi du 13 mai 1863, un simple délit passible d'un emprisonnement de deux à cinq ans et d'une amende de 16 à 2 000 francs (Pén. 309, § 1ᵉʳ). Lorsqu'il y a eu préméditation ou guet-apens, le fait devient un crime, et il est puni de la réclusion (Pén. 310).

D. — Coups et blessures ou autres violences et voies de fait n'ayant pas occasionné une maladie ou une incapacité de travail de plus de vingt jours (R. 164 et s.; S. 175 et s.).

13. Ce qui distingue ce délit de celui dont il vient d'être question *suprà*, nᵒ 11, c'est la durée de la maladie et de l'incapacité de travail, lesquelles ici n'excèdent pas vingt jours. — Indépendamment des coups et blessures, l'art. 311 vise les *violences* et *voies de fait*, expressions ajoutées par la loi du 13 mai 1863. Il faut entendre par là les agressions qui échappent à la qualification de coups, s'exercent sur la personne sans l'atteindre directement, sans qu'il y ait *contact immédiat*, mais qui sont de nature à impressionner aussi vivement que des coups et blessures (Cr. c. 19 févr. 1892, D. P. 92. 1. 550). Ainsi le fait de tirer des coups de feu sur une personne, sans intention de l'atteindre, mais dans le dessein de l'effrayer, constitue une voie de fait dans le sens de l'art. 311 c. pén. — La tentative de ce délit n'est pas punissable.

14. La peine est d'un emprisonnement de six jours à deux ans et d'une amende de 16 à 200 francs, ou de l'une de ces deux peines seulement (Pén. 311, § 1ᵉʳ). S'il y a eu préméditation ou guet-apens, le fait reste un délit ; mais l'emprisonnement va de deux à cinq ans, et l'amende de 50 à 500 francs (Pén. 311, § 2).

E. — Voies de fait et violences légères (R. 173 et s.; S. 198 et s.).

15. Les *violences légères* sont régies par le Code du 3 brum. an 4. L'art. 605 de ce Code, qui punit de peines de police les auteurs de voies de fait et de violences légères, est toujours en vigueur. — Sont réputées violences légères, par exemple : le fait d'ar-

racher un objet des mains de la personne qui le porte ; ... de pousser brutalement hors d'un cabaret un individu en état d'ivresse manifeste, qui y occasionne un trouble ; ... de saisir une jeune fille par derrière, sur la place publique, et de lui ouvrir la bouche pour la remplir de son ; ... de décoiffer une jeune fille dans un bal pour se venger de ce que, ayant refusé de danser avec l'auteur de ce fait, elle a dansé avec un autre ; ... d'avoir, dans une discussion, poussé à plusieurs reprises une personne et de lui avoir porté le poing à la figure ; ... le fait par un spectateur, au cours d'une représentation théâtrale, de lancer des pierres ou sa canne à un acteur en scène, sans toutefois l'atteindre.

16. Les dispositions de l'art. 605, § 8, du Code de brumaire an 4 ne s'appliquent qu'aux voies de fait et violences légères exercées sans que la victime ait été frappée ou blessée (Cr. r. 14 nov. 1890, D. P. 91. 5. 567). Ainsi, on ne saurait considérer comme violences légères le fait de terrasser quelqu'un, de lui donner des coups de pied, des coups de poing. De tels faits tombent sous l'application de l'art. 311 c. pén. (V. *suprà*, nᵒ 13) (Cr. c. 9 févr. 1896, D. P. 96. 1. 79).

17. La peine est d'un emprisonnement d'un à trois jours, ou d'une amende de la valeur d'une à trois journées de travail. — Sur la détermination de cette valeur, V. *infrà*, *Peine*.

F. — Coups et blessures à des ascendants (R. 179 et s.; S. 211 et s.).

18. L'art. 312 c. pén. punit les violences exercées sur la personne de ses père et mère légitimes, naturels ou adoptifs, ou autres ascendants légitimes. Bien que le texte ne parle que des blessures et des coups, il faut y comprendre les violences et les voies de fait. — L'art. 312 reproduit la graduation établie par les art. 309, 310 et 311 entre les coups et les blessures, suivant leur gravité ; et il élève, dans chaque catégorie, la peine d'un degré, sauf, toutefois, pour le cas de coups et blessures suivis de mort avec préméditation ou guet-apens : la peine des travaux forcés à perpétuité, édictée par l'art. 310, reste applicable lorsque ce crime a été commis sur un ascendant, l'art. 312 n'édictant, en ce qui le concerne, aucune aggravation de peine.

G. — Violences et mauvais traitements envers les enfants.

19. Des dispositions spéciales, introduites par la loi du 19 avr. 1898 (Pén. 312, § 6 à 10), répriment les violences et mauvais traitements dont les enfants sont victimes. La pénalité qui atteint, en général, les auteurs de coups et blessures est augmentée. La privation d'aliments et de soins de nature à compromettre la santé de l'enfant est assimilée aux coups et blessures. Des peines plus fortes sont édictées pour le cas où les faits dont il s'agit sont imputables aux ascendants ou autres personnes ayant autorité sur l'enfant.

20. D'après les nouvelles dispositions introduites dans le Code pénal, quiconque a volontairement porté des coups à un enfant au-dessous de l'âge de quinze ans accomplis, ou qui l'a volontairement privé d'aliments ou de soins au point de compromettre sa santé, est puni d'un emprisonnement d'un à trois ans et d'une amende de 16 à 1000 francs (Pén. 312, § 6). — S'il est résulté des blessures, des coups, ou de la privation d'aliments ou de soins une maladie ou incapacité de travail de plus de vingt jours, ou s'il y a eu préméditation ou guet-apens, la peine est de deux à cinq ans d'emprisonnement et de 16 à 2000 francs d'amende, et le coupable peut être privé des droits mentionnés en l'art. 42 c. pén. pendant cinq ans au moins et dix ans au plus, à compter du jour où il aura subi sa peine (§ 7). — Lorsque les coupables sont les père et mère légitimes, naturels ou adoptifs, ou autres ascendants légitimes, ou toutes autres personnes ayant autorité sur l'enfant, ou ayant sa garde, les mêmes peines sont applicables s'il n'y a eu ni maladie ou incapacité de travail de plus de vingt jours, ni préméditation ou guet-apens ; celle de la reclusion est prononcée dans le cas contraire (§ 8). — Si les blessures, les coups ou la privation d'aliments ou de soins ont été suivis de mutilation, d'amputation ou de privation de l'usage d'un membre, de cécité, perte d'un œil ou autres infirmités permanentes, ou s'ils ont occasionné la mort sans intention de la donner, la peine est celle des travaux forcés à temps, et, si les coupables sont les personnes désignées par le paragraphe 8, celle des travaux forcés à perpétuité (§ 9). — Si des sévices ont été habituellement pratiqués avec intention de provoquer la mort, leurs auteurs sont punis comme coupables d'assassinat ou de tentative de ce crime (§ 10).

21. Au reste, les modifications introduites dans l'art. 312 n'ont porté aucune atteinte au droit de correction paternelle. Aujourd'hui, comme par le passé, avant 1898, les violences légères exercées par les père et mère ou tuteurs sur la personne de leurs enfants ou pupilles doivent être tolérées et ne peuvent donner lieu à des poursuites. Les mesures répressives prises vis-à-vis de l'enfant, en vertu du droit de correction paternelle, échappent à toute répression pénale lorsque le père a agi sans méchanceté et de bonne foi, lorsqu'il s'est cru dans la nécessité de recourir à un mode de correction ou de coercition en rapport avec la nature, la gravité et la persistance de l'inconduite de l'enfant. Ainsi, il a été décidé qu'un père ne saurait être poursuivi pour avoir, un jour, attaché à une chaise son fils, vagabond et indiscipliné, âgé de quatorze ans, et pour l'avoir, en outre, dans deux circonstances, laissé pendant une heure les bras tendus le long d'un bâton fixé devant sa poitrine (Pau, 25 mars 1900, D. P. 1901. 2. 430).

22. La distinction entre les violences graves et les violences légères ne paraît pas devoir s'appliquer aux instituteurs dans les mêmes termes qu'au père ou à la mère ; ils ne jouissent pas de la même immunité. — Toutefois, on est d'accord pour admettre que les violences légères exercées par les instituteurs ou les institutrices sur leurs élèves ne sont punissables que lorsqu'elles excèdent le droit de correction disciplinaire dont ils sont investis.

23. Sur les dispositions qui répriment l'emploi des enfants dans les professions ambulantes, et les agissements tendant à faire prendre aux enfants des habitudes de vagabondage ou de mendicité, V. *infrà, Théâtre-Spectacle, Vagabondage-Mendicité.*

H. — Violences commises par des bandes ou réunions séditieuses (R. 189 et s.; S. 223).

24. L'art. 313 c. pén. prévoit les violences qui seraient commises par des bandes ou réunions séditieuses, avec rébellion ou pillage, et qui constitueraient des crimes punis soit par les art. 309 et s., soit par les dispositions des art. 295 et s. (meurtres et autres crimes capitaux). Il déclare ces crimes ou délits imputables aux chefs et promoteurs de ces réunions, rébellions ou pillages, lors même qu'ils n'y auraient pas personnellement coopéré. Cette disposition est, d'ailleurs, d'une application très rare.

§ 2. — *Coups et blessures involontaires* (R. 213 et s.; S. 288 et s.).

25. L'art. 320 c. pén. punit de six jours à deux mois d'emprisonnement et d'une amende de 16 à 100 francs, ou de l'une de ces deux peines seulement, celui qui, par défaut d'adresse ou de précaution, a involontairement causé des blessures ou porté des coups à autrui. — Bien que cet article ne fasse mention que du défaut d'adresse ou de précaution, on lui reconnaît la même portée qu'à l'art. 319 : il embrasse, comme ce dernier texte, la négligence, l'imprudence et l'inobservation des règlements (V. *infrà, Homicide*). — Dans ces deux dispositions légales, le délit est le même quant à la faute qui le constitue ; il ne diffère que dans son résultat matériel, ce qui motive une différence dans la pénalité.

26. Il y a délit de blessures par imprudence, par exemple, dans le fait de cavaliers qui, sur une grande route, pour rivaliser de vitesse ou par pur agrément, ont lancé leurs chevaux à fond de train, amené la chute d'une voiture et occasionné des blessures aux voyageurs, en effrayant les chevaux de cette voiture qui se sont emportés (Cr. r. 7 nov. 1873, D. P. 74. 1. 95); ... dans le fait du conducteur d'un motocycle qui, croisant une voiture attelée d'un cheval effrayé à l'approche de la machine, ne ralentit pas de vitesse, ou même ne s'arrête pas, malgré les avertissements du cocher, et provoque ainsi un accident dont celui-ci est victime (Orléans, 28 nov. 1899, D. P. 1900. 2. 253). Mais le conducteur d'une automobile n'est pas responsable des blessures reçues par une personne assise dans une voiture que le cheval attelé à celle-ci, effrayé par la rencontre de l'automobile, a fait verser, s'il n'est pas établi qu'il ait commis une faute personnelle par inadvertance, imprudence, etc. (Rouen, 2 avr. 1898, D. P. 99. 2. 295).

27. Les chefs d'industrie qui ont négligé de recouvrir d'organes protecteurs, conformément aux règlements, les parties dangereuses des machines (V. *infrà, Travail*), peuvent aussi être déclarés coupables du délit prévu par l'art. 320 c. pén., à raison des blessures causées aux ouvriers par ces machines. — L'application de cet article n'est d'ailleurs pas subordonnée à l'existence d'une contravention légalement punissable; ainsi, l'inobservation des prescriptions de la loi du 12 juin 1893, relatives à la protection des engrenages, lors même qu'elle ne pourrait être sanctionnée pénalement en tant que contravention, devrait être retenue comme formant l'un des éléments constitutifs du délit réprimé par l'art. 320 (Cr. c. 16 juin 1900, D. P. 1903. 1. 165).

28. En ce qui concerne les blessures involontaires faites par les médecins et les pharmaciens, V. *infrà, Homicide.*

§ 3. — *Coups et blessures non qualifiés délit.*

29. Sur ce point, V. *infrà, Homicide.*

COUR DES COMPTES

(R. v° *Cour des comptes*; S. eod. v°).

1. La Cour des comptes a été créée et organisée par la loi du 16 sept. 1807 (R. p. 507). Cette loi est encore aujourd'hui la charte organique de la Cour des comptes. Elle n'a subi que peu de modifications. La plus importante se trouve dans l'art. 18 de la loi du 13 avr. 1900 (D. P. 1900. 4. 33). Quelques autres dispositions législatives ont augmenté les attributions de la Cour (L. 21 avr. 1832, 3 août 1839, D. P. 511; 6 juin 1845, R. v° *Trésor public*, p. 1181; 5 avr. 1884, D. P. 84. 4. 25; 26 janv. 1892, D. P. 92. 4. 26). — De nombreux décrets ont ordonnairement, d'ailleurs, réglé le fonctionnement intérieur de la Cour, la procédure à suivre, attribué compétence à la Cour pour juger ou contrôler certains comptes.

SECT. Ire. — **Organisation et fonctionnement** (R. 14 et s.; S. 7 et s.).

2. La Cour des comptes est composée actuellement d'un premier président, de trois présidents de chambre, de dix-huit conseillers maîtres, de quatre-vingt-six conseillers référendaires, dont vingt-six de première classe et soixante de deuxième, et de vingt-cinq auditeurs, dont quinze de première classe et dix de deuxième classe. Il existe auprès de la Cour un parquet composé d'un procureur général et d'un avocat général pris parmi les conseillers référendaires de première classe (L. 16 sept. 1807; Décr. 28 sept. 1807, R. p. 507; 29 mars 1813; 23 oct. 1856, D. P. 56. 4. 146; 25 déc. 1869, D. P. 70. 4. 27; 17 juill. 1880, D. P. 81. 4. 89). Enfin il existe un greffier en chef, assisté de commis-greffiers.

3. Les membres de la Cour sont nommés à vie par décret, sur la proposition du ministre des Finances (L. 16 sept. 1807, art. 6). Les présidents, le procureur général, les conseillers maîtres et le greffier en chef ne sont assujettis à aucune condition d'admissibilité autre que celle de l'âge, qui est fixé à trente ans. Il en est de même pour les conseillers référendaires, sauf que l'âge est fixé pour eux à vingt-cinq ans (Décr. 28 sept. 1807, art. 13, 15 et 45). — Les auditeurs de deuxième classe sont nommés à la suite d'un concours dont le programme a été fixé par un arrêté réglementaire du ministre des Finances, du 15 nov. 1886. Nul ne peut être admis à se présenter : 1° s'il a moins de vingt et un ans ou plus de vingt-huit ans au 1er janvier de l'année du concours; 2° s'il n'est licencié en droit. Les auditeurs de première classe sont pris exclusivement parmi les auditeurs de seconde classe.

4. Le président, les présidents de chambre, les conseillers maîtres et les conseillers référendaires sont inamovibles. Il en est autrement des auditeurs, qui peuvent être révoqués par un décret, rendu sur la proposition du ministre des Finances, après avis du premier président et du procureur général (Décr. 23 oct. 1856). Les membres du parquet ne jouissent pas non plus du bénéfice de l'inamovibilité, par assimilation aux membres des parquets judiciaires.

5. Les présidents et conseillers-maîtres sont mis de plein droit à la retraite à l'âge de soixante-quinze ans, les conseillers référendaires à l'âge de soixante-dix ans (Décr. 19 mars 1852). Leurs pensions de retraite sont régies par la loi du 9 juin 1853 (D. P. 53. 4. 98).

6. La Cour est divisée en trois chambres, dont chacune est composée d'un président et de six conseillers-maîtres. La présence de cinq membres est nécessaire pour qu'une chambre puisse statuer (L. 16 sept. 1807, art. 3).

7. Lorsqu'il y a lieu, les trois chambres se réunissent pour former la *chambre du conseil* (Décr. 31 mai 1862, art. 386, D. P. 62. 4. 83). Cette réunion a lieu toutes les fois que le premier président le prescrit. La chambre du conseil statue sur les questions qui lui sont renvoyées lors du jugement des diverses comptabilités.

8. La Cour tient aussi des assemblées générales publiques, qui ont lieu quatre fois par an, et où il est donné lecture de l'état des travaux de la Cour pendant le trimestre précédent.

9. Seuls les maîtres de comptes ont voix délibérative ; les conseillers référendaires et les auditeurs de première classe, autorisés à présenter directement des rapports à la Cour, n'ont pas voix consultative. Quant aux auditeurs de seconde classe, ils se bornent à aider les référendaires ou les conseillers maîtres dans leurs travaux.

SECT. II. — **Attributions de la Cour des comptes.**

10. La Cour des comptes a des attributions de natures diverses : 1° Elle exerce une juridiction tantôt de premier et dernier ressort, tantôt d'appel sur les comptes de certains comptables de deniers, de matières ou d'ordre, de l'État, des départements, des communes, des colonies et de quelques établissements publics ; — 2º Elle exerce un contrôle sur les comptes de certains comptables de matières et sur les actes des ordonnateurs, et fournit aux pouvoirs publics des documents qui leur permettent de juger en connaissance de cause les actes des administrateurs.

ART. 1er. — ATTRIBUTIONS JURIDICTIONNELLES.

§ 1er. — *Caractère et étendue de ces attributions* (R. 21 et s. ; S. 16 et s.).

11. La Cour des comptes n'est pas un tribunal de droit commun, mais une juridiction d'attributions. En d'autres termes, elle ne juge les comptes que des comptables qui sont déclarés ses justiciables par une disposition expresse d'une loi ou d'un règlement. Tous autres agents comptables rendent des comptes, dits de *clerc à maître*, à leurs supérieurs hiérarchiques, comptes sur lesquels il est statué, en cas de contestation, par le ministre des Finances, sauf recours au Conseil d'État.

12. 1º La Cour des comptes juge les comptes d'un certain nombre de comptables de l'État visés dans différents textes, notamment dans l'art. 375 du décret du 31 mai 1862, sur la comptabilité publique. Tels sont, parmi les comptables-deniers : les trésoriers-payeurs généraux, les receveurs de l'enregistrement, les conservateurs des hypothèques ; — parmi les comptables-matières : le caissier agent comptable de la Monnaie, le garde magasin des poudres, etc. ; — parmi les comptables d'ordre : les receveurs principaux des douanes, des contributions indirectes et des postes, les agents comptables du service de la dette publique, etc.

13. 2º Elle juge également les comptes des comptables des départements, des communes qui ont plus de 30000 francs de ressources ordinaires. Elle juge, en Algérie, les comptes des mêmes comptables qu'en France ; aux colonies, ceux des trésoriers-payeurs généraux, ceux du trésorier-payeur du Tonkin et des payeurs du Cambodge, du Haut et Bas Laos.

14. 3º Elle juge encore les comptes des comptables de divers établissements publics, tels que : la Caisse d'épargne-postale, la Légion d'honneur, les lycées, Facultés et Universités, les fabriques des églises cathédrales, etc.

15. 4º Enfin la Cour des comptes statue comme juge d'appel des décisions rendues par les Conseils de préfecture et les Conseils privés des colonies, sur les comptes des comptables des communes, des hospices et autres établissements de bienfaisance (Instr. gén. revenus sont inférieurs à 30000 fr. (50000 francs pour les communes de l'Algérie).

16. La Cour des comptes (il en est de même des Conseils de préfecture et des Conseils privés : V. *supra*, *Colonies*, nº 56, et *Conseil de préfecture*, nº 17) juge non seulement les comptes des comptables officiels, mais encore ceux des *comptables de fait*, c'est-à-dire des personnes qui, sans autorisation légale, se sont indûment ingérées dans le maniement des deniers publics et se trouvent, par suite, assujetties aux mêmes obligations que les comptables officiels (Décr. 31 mai 1862, art. 25).

17. La Cour des comptes a pour mission de juger les comptes, et non les comptables. Elle doit s'assurer si, d'après les opérations décrites dans le compte, le comptable a perçu tout ce qu'il devait percevoir et n'a payé que ce qu'il devait payer. S'il a perçu moins qu'il ne devait, ce comptable doit être l'objet d'un forcement en recette. S'il a payé irrégulièrement, la dépense doit être rejetée du compte, et le comptable doit produire des justifications complémentaires ou reverser la somme.

18. Ce n'est pas au juge des comptes, mais aux ordonnateurs, qu'il appartient de déterminer les pièces justificatives que les comptables sont en droit d'exiger des parties prenantes et qu'ils doivent ensuite joindre à leurs comptes. La Cour ne peut en aucun cas refuser aux payeurs l'allocation des payements par eux faits sur des ordonnances revêtues des formalités prescrites et accompagnées des acquits des parties prenantes et des pièces que l'ordonnateur aura prescrit d'y joindre (L. 16 sept. 1807, art. 18).

§ 2. — *Présentation des comptes.* — *Sanction* (R. 23 et s. ; S. 18 et s.).

19. Les comptables des deniers publics en recettes et en dépenses sont tenus de fournir et déposer leurs comptes au greffe de la Cour dans les délais prescrits par les lois et règlements (L. 16 sept. 1807, art. 12). Les époques auxquelles la Cour doit être saisie des comptes et des pièces justificatives à produire par les comptables du Trésor ont été déterminées par le décret du 12 août 1854 (D. P. 54. 4. 141), rendu en Conseil d'État.

20. Les comptables présentent leurs comptes en deux parties : la première comprend les opérations complémentaires de l'exercice expiré, la seconde les opérations de la première année de l'exercice courant. Chacune de ces parties est présentée à des époques différentes et appuyée des pièces justificatives des opérations qu'elle contient.

21. Aux termes de l'art. 12 de la loi du 16 sept. 1807, faute par les comptables de produire leurs comptes dans les délais légaux, la Cour peut prononcer contre eux les amendes et peines édictées par les lois ou règlements. Mais tous les comptables ne sont pas assujettis à cette sanction pénale. Elle ne s'applique pas aux comptables du Trésor. Si un retard se produit, la Cour agit par la voie du parquet ou par voie de référé. Les amendes sont prévues par l'art. 159 de la loi du 5 avr. 1884 (D. P. 84. 4. 25) à l'égard des receveurs municipaux ou des trésoriers des établissements assimilés ; par les décrets des 27 mars 1893 (D. P. 94. 4. 17) et 18 juin 1898, à l'égard des comptables des fabriques et consistoires. Ces amendes sont assujetties aux communes ou établissements que concernent les comptes en retard. Le recouvrement en est poursuivi comme celui des débets des comptables des deniers de l'État (L. 5 avr. 1884, art. 159).

22. Indépendamment de cette sanction pénale, le défaut de présentation du compte dans les délais entraîne la désignation par l'administration d'un commis d'office, qui sera chargé de dresser et de présenter le compte. La rétribution de ce commis est à la charge du comptable titulaire (Instr. gén. 20 juin 1859, art. 1336). Toutefois, l'institution d'un commis d'office pour présenter le compte d'un trésorier de fabrique ne peut avoir lieu qu'après que le retard a donné lieu à une condamnation à l'amende (Décr. 27 mars 1893, art. 26).

§ 3. — *Instruction et procédure.* — *Jugement des comptes* (R. 41 et s. ; S. 22 et s.).

23. L'instruction et la procédure devant la Cour des comptes sont exclusivement écrites. Les règles qui les concernent sont contenues principalement dans le titre 3 de la loi du 16 sept. 1807 (art. 19 et s.) et dans le titre 3 du décret du 28 sept. 1807 (art. 14 et s.).

24. L'instruction relative à chaque compte est confiée à un conseiller référendaire (ou à un auditeur rapporteur). Celui-ci peut entendre le comptable ou son fondé de pouvoir. La vérification opérée, le référendaire en expose les résultats dans un rapport, qui est remis à un conseiller-maître. Après avoir contrôlé ce travail, le conseiller-maître rédige à son tour un rapport sur lequel la Cour rendra son jugement. — Un référendaire (ou auditeur-rapporteur) ne peut être chargé deux fois de suite de la vérification des comptes du même comptable. La même règle s'applique aux conseillers-maîtres. D'autre part, les parties du compte entre lesquelles sont divisées les opérations du même exercice (V. *supra*, nº 20) doivent être vérifiées par le même référendaire ou auditeur et rapportées par le même conseiller-maître. — Le procureur général peut, s'il le juge à propos, présenter des observations et déposer des conclusions écrites. — Après délibéré, qui n'est que consultatif ; le maître rapporteur opine, puis chaque maître successivement, dans l'ordre de sa nomination (Décr. 28 sept. 1807, art. 31).

25. Le président de la chambre inscrit chaque décision en marge du rapport et prononce l'arrêt. La minute des arrêts est rédigée par le référendaire rapporteur et signée de lui et du président de la chambre ; elle est revêtue ensuite de la signature du premier président. Les premières expéditions des actes et arrêts de la Cour sont délivrées gratuitement aux parties. Les autres sont soumises à un droit d'expédition de 0 fr. 25 par rôle (Décr. 31 mai 1862, art. 402).

26. L'arrêt intervenu dans les conditions ci-dessus exposées n'est pas définitif. Il ne fixe que provisoirement la situation du comptable, et il lui est accordé un délai de deux mois, à partir de la notification qui lui est faite par lettre chargée, pour contredire à la décision et fournir les productions qui sont réclamées. Passé ce délai, si le comptable a gardé le silence, la décision devient définitive. Si, au contraire, des productions ou observations nouvelles sont faites par lui dans les deux mois, il y a lieu de procéder à un nouveau rapport, sur lequel l'arrêt définitif est rendu. — Par cet arrêt, la Cour établit si le comptable est quitte, en avance ou en débet. Dans les deux premiers cas, elle prononce sa décharge définitive et ordonne mainlevée et radiation des oppositions et inscriptions hypothécaires mises ou prises sur ses biens à raison de la gestion dont le compte est jugé. Dans le troisième, elle le condamne à solder son débet au Trésor dans le délai prescrit par la loi (L. 16 sept. 1807, art. 13).

27. Les arrêts définitifs de la Cour sont exécutoires (L. 16 sept. 1807, art. 17 ; Décr. 31 mai 1862, art. 423). Ils emportent hypothèque judiciaire sur les comptables en débet (Av. Cons. d'Ét. 24 mars 1812, R. vº *Trésor public*, p. 1127). — Le ministre des Finances est chargé de leur exécution, qui est poursuivie par l'agent judiciaire du Trésor (L. 16 sept. 1807, art. 13 ; Arr. 28 flor. an 11, art. 2, R. vº *Trésor public*, p. 1120 ; Ord. 31 mai 1838, art. 373, *ibid.*, p. 1154). Cette exécution se fait par voie de contrainte, de séquestre, de saisie mobilière et de saisie réelle, conformément aux règles du droit commun. — Il peut être accordé aux comptables remise à titre gracieux des débets constatés au profit du Trésor par un décret pris sur le rapport du ministre liquidateur et sur l'avis du ministre des Finances et du Conseil d'État (L. 29 juin 1852, art. 13, D. P. 52. 4. 167).

28. C'est, d'ailleurs, contre les comptables seulement que les décisions de la Cour des comptes sont exécutoires. Si l'arrêt constate que le comptable est en avance, il ne constitue pas à son profit un titre exécutoire contre le Trésor.

§ 4. — *Jugement des appels formés contre les arrêtés des Conseils de préfecture et des Conseils privés des colonies* (R. 47 et s. ; S. 26 et s.).

29. Tout ce qui a été dit ci-dessus au point de vue de la vérification des comptes, des formes dans lesquelles ils sont jugés, du caractère des décisions qui peuvent être prises sur ces comptes (V. *supra*, nos 23 et s.), s'applique aux comptes qui sont portés en premier lieu devant les Conseils de préfecture. Ceux-ci jugent, en cette matière, conformément aux règles de procédure de la Cour des comptes.

30. Les arrêtés des Conseils de préfecture peuvent toujours être déférés en appel à la Cour, sous la seule condition qu'ils soient définitifs (Décr. 31 mai 1862, art. 375, 432, 710; Décr. 20 nov. 1882, art. 191, 194). Les arrêtés provisoires ne sont pas susceptibles d'appel. — L'appel peut être formé soit par les comptables, soit par les représentants de l'établissement intéressé (L. 5 avr. 1884, art. 157; Décr. 31 mai 1862, art. 530, 531; Décr. 27 mars 1893 et 18 juin 1898). Un contribuable peut se faire autoriser à exercer l'action de la commune en reddition de compte. En outre, le droit d'appel appartient, d'après la jurisprudence, aux ministres aux départements desquels ressortissait l'établissement intéressé à se pourvoir devant la Cour.

31. Le délai d'appel est de trois mois à dater de la notification de l'arrêté du Conseil de préfecture. — L'appel est formé par une requête rédigée en double original. L'un des doubles est notifié à la partie adverse, qui doit donner un récépissé daté. En cas de refus ou d'absence, la notification doit être faite par huissier (Décr. 31 mai 1862, art. 535). L'autre double est adressé par l'appelant à la Cour des comptes avec l'expédition de l'arrêt attaqué, la date de sa notification et le récépissé de la partie adverse (Instr. gén. 20 juin 1859, art. 1567).

32. La Cour, après avoir vérifié la nature de l'arrêté, la régularité des notifications, les délais, rend un premier arrêt sur la recevabilité du pourvoi en la forme. Le pourvoi n'a pas d'effet suspensif; mais la Cour peut ordonner un sursis (Av. Cons. d'Ét. 9 févr. 1808). — Faute de production des pièces justificatives nécessaires dans le délai d'un mois après l'expiration du délai d'appel, l'affaire est rayée du rôle, à moins que la Cour n'accorde un nouveau délai (Décr. 31 mai 1862, art. 535). — L'appel ayant un effet dévolutif, la Cour se trouve saisie de toutes les questions de fait et de droit soulevées devant le Conseil de préfecture.

§ 5. — Voies de recours (R. 49 et s.; S. 32 et s.).

33. Les seules voies de recours ouvertes contre les arrêts de la Cour des comptes sont la revision et le recours en cassation. Ces arrêts ne sont susceptibles ni d'opposition, ni de tierce opposition, ni de requête civile.

A. — Revision.

34. La Cour, nonobstant l'arrêt qui aurait jugé définitivement un compte, peut procéder à sa revision, soit à la demande du comptable appuyée sur pièces justificatives recouvrées depuis l'arrêt, soit d'office, soit à la réquisition du procureur général, pour erreur, omission, faux ou double emploi reconnus par la vérification d'autres comptes (L. 16 sept. 1807, art. 14). Cette demande peut également être faite pour les mêmes causes par les administrations locales et les ministres de l'Intérieur et des Finances (Décr. 31 mai 1862, art. 540). — D'autre part, les communes et établissements publics dont les comptes sont soumis au jugement des Conseils de préfecture peuvent former devant ces conseils des demandes en revision de leurs arrêtés définitifs. Le même droit appartient au ministre des Finances, ainsi qu'à tout autre ministre pour ce qui concerne son département (Décr. 31 mai 1862, art. 432).

35. Le recours en revision n'est assujetti à aucun délai. Il est soumis aux mêmes règles que l'appel (V. suprà, nos 30, 31) en ce sens que la requête doit être notifiée à la partie adverse et qu'il doit être rendu deux décisions, l'une sur la recevabilité,

l'autre sur le fond (Décr. 31 mai 1862, art. 420, § 2). — Pour demander la revision de l'arrêt, le comptable peut se prévaloir de moyens quelconques, pourvu qu'il s'appuie sur des pièces recouvrées depuis la première décision. Il ne peut invoquer ni des pièces qui auraient été connues ou discutées dans le premier débat, ni des pièces établies postérieurement à la décision attaquée.

36. La revision peut aussi avoir lieu d'office sur la réquisition du procureur général, mais seulement dans les cas d'erreurs, omissions, faux ou doubles emplois, et à la condition que ces erreurs, omissions, etc., soient reconnues par la vérification d'autres comptes (L. 16 sept. 1807, art. 14; Décr. 31 mai 1862, art. 420, § 1er).

B. — Recours en cassation.

37. Les arrêts de la Cour des comptes peuvent être déférés au Conseil d'Etat pour violation des formes ou de la loi, soit par les comptables, soit par le ministre des Finances ou tout autre ministre pour les affaires de son département. Le ministre de l'Intérieur, les représentants légaux des communes et établissements publics peuvent également former ce recours (L. 16 sept. 1807, art. 17). Les ministres peuvent se pourvoir dans l'intérêt de la loi, mais seulement après l'expiration des délais. Le recours en cassation n'est ouvert que contre les arrêts définitifs et par suite exécutoires.

38. Le pourvoi est dispensé de l'intervention des avocats au Conseil d'Etat. Il doit être formé dans les deux mois à partir de la notification (L. 13 avr. 1900, art. 24, § 4). Il n'est pas suspensif.

39. Le Conseil d'Etat peut casser sans renvoi, s'il a jugé que la Cour était incompétente. Dans les autres cas, l'affaire doit être renvoyée devant la Cour; mais elle est portée devant une autre chambre que celle qui a rendu l'arrêt annulé (Ord. 1er sept. 1819, art. 1er, R. p. 510).

ART. 2. — ATTRIBUTIONS DE CONTRÔLE (R. 40; S. 21).

40. Aux termes de l'art. 5 du décret du 28 sept. 1807, s'il survient, au jugement d'un compte, des difficultés présentant une question générale, le président de chambre en informe le premier président, qui en réfère au ministre des Finances pour y être pourvu s'il y a lieu. Tel est l'objet et sortie la procédure des référés. — Le référé est une mesure d'instruction, un avertissement adressé directement par une chambre au ministre compétent. S'il n'aboutit pas à une solution satisfaisante, la chambre renvoie son observation à la chambre du conseil, qui pourra l'insérer dans son rapport (L. 16 sept. 1807, art. 18).

41. La Cour des comptes n'a pas de juridiction sur les ordonnateurs. Mais elle dispose de divers moyens de contrôle sur les actes des ordonnateurs, notamment des ministres. — A la fin de chaque année, le ministre des Finances doit présenter aux Chambres le compte général de l'administration des Finances, qui est la totalisation, pour l'année expirée, de tous les comptes de gestion des divers comptables du Trésor. En même temps, chaque ministre doit présenter son compte de dépenses, et le ministre des Finances y joint le compte général des recettes de l'exercice clos. La Cour des comptes reçoit communication des mêmes pièces. Par des déclarations spéciales de conformité, elle constate la concordance des résultats des arrêts qu'elle a rendus sur les comptes individuels des comptables soumis à sa juridiction, avec les résultats des résumés généraux des comptes de ces agents qui lui sont transmis par le ministre des Finances et forment une des parties du compte général de l'administration des

Finances. Quand la Cour a reconnu la concordance de ces documents, elle délivre, en audience solennelle, une déclaration générale de conformité pour attester l'accord du compte général de l'administration des Finances avec les résumés généraux et avec les arrêts prononcés sur les comptes individuels des comptables pour la même année (Décr. 31 mai 1862, art. 437 et s.). D'autre part, lorsqu'elle a jugé les comptes de gestion des comptables pour la période complémentaire d'un exercice, la Cour, à l'aide du tableau comparatif établi chaque année et qui présente la distinction des recettes et dépenses par exercice, délivre, également en audience solennelle, une déclaration générale de conformité de la situation définitive de l'exercice expiré (Décr. 31 mai 1862, art. 442). — La Cour annexe à ses déclarations des critiques qui relèvent les infractions commises à la spécialité des crédits par ministère, par chapitre, à la spécialité des exercices ou des budgets, les infractions à la législation des exercices clos ou périmés. L'exactitude des comptes des ministres se trouve certifiée sous réserve des infractions relevées dans ces états.

42. Tous les ans, le résultat général des travaux de la Cour et les vues de réforme et d'amélioration dans les différentes parties de la comptabilité sont portés à la connaissance du chef de l'Etat par un rapport qui est imprimé et distribué aux Chambres en même temps que les éclaircissements fournis par les divers ministères (L. 16 sept. 1807, art. 22; 21 avr. 1832, art. 15; Décr. 31 mai 1862, art. 446, 447). Ce rapport doit être présenté en même temps que la déclaration générale de conformité. — Lorsque la Cour n'a pas obtenu satisfaction aux réclamations formulées par voie de référé (V. suprà, no 40), elle en fait l'objet d'une observation aux pouvoirs publics, afin que le Parlement soit, au besoin, saisi de la question.

43. Enfin, la Cour des comptes exerce des pouvoirs de contrôle et de vérification : 1o sur les revues de liquidation de la solde des armées; 2o sur les comptes des comptables-matières qui ne sont pas soumis à sa juridiction, notamment sur ceux des comptables des matières de la guerre et de la marine (L. 6 juin 1843, art. 14; Ord. 26 août 1844, art. 10; R. vo Trésor public, p. 1181 et 1182).

ART. 3. — ENREGISTREMENT ET TIMBRE.

44. Les décisions et arrêts de la Cour des comptes, étant des actes administratifs, sont exempts de timbre et d'enregistrement (L. 15 mai 1818, art. 80). — Toutefois, les actes de prestation de serment des comptables sont assujettis au droit d'enregistrement de 4 fr. 50 pour les cas où le traitement n'excède pas 4000 francs (Ord. 29 juill. 1814, art. 3; L. 28 avr. 1893, art. 26), et de 22 fr. 50 pour tous les autres agents (Ord. 29 juill. 1814, art. 3; L. 23 févr. 1872, art. 4, § 2).

45. Par application des dispositions de l'article 80 précité, les secondes expéditions délivrées aux comptables, sur leur demande, sont soumises au timbre. Ces expéditions, ainsi que la première, qui est délivrée gratuitement, sont, en outre, assujetties à un droit d'expédition ou de greffe de 0 fr. 75 par rôle (Décr. 28 sept. 1807, art. 51; Décr. 31 mai 1862, art. 402).

COURS ET TRIBUNAUX
(R. vo Organisation judiciaire; S. eod. vo).

1. On expose ici l'organisation des cours et tribunaux institués pour la connaissance des affaires civiles et criminelles, à l'exception de certaines juridictions d'un caractère spécial. — V., en ce qui concerne les Conseils de prud'hommes, *infrà, Prud'-hommes;* ... la Haute Cour de justice, *infrà, Haute Cour de justice.* Quant aux juridictions administratives, V. *suprà, Conseil d'Etat, Conseil de préfecture, Cour des comptes.* Sur le Tribunal des conflits, V. *suprà, Conflit.* En ce qui concerne les tribunaux militaires et les tribunaux maritimes, V. *infrà, Justice militaire, Justice maritime.*

SECT. Iʳᵉ. — **Justices de paix et tribunaux de simple police.**

ART. 1ᵉʳ. — JUSTICES DE PAIX.

§ 1ᵉʳ. — *Organisation et fonctionnement des justices de paix* (R. 448 et s.; S. 249 et s.).

2. En principe, il existe un juge de paix par canton. A Paris, il y a autant de juges de paix qu'il y a d'arrondissements. Quelques autres grandes villes aussi ont plusieurs juges de paix. — Aux termes de l'art. 40 de la loi de finances de 1901 (D. P. 1901. 4. 33), dans les communes où il y a plusieurs justices de paix, celles-ci peuvent être réunies sous la juridiction d'un seul magistrat, par décret portant règlement d'administration publique.

3. Les juges de paix ont, comme juges en matière civile, des attributions diverses (V. *suprà, Compétence civile des juges de paix*). D'autre part, ils ont des attributions en matière répressive, comme juges de simple police (V. *infrà*, nᵒˢ 15 et s.).

4. Le juge de paix doit résider soit au chef-lieu de canton, siège de la justice de paix, soit dans une des communes du canton (L. 28 flor. an 10, art. 8, R. p. 1489). — Les juges de paix reçoivent un traitement, variable selon les localités (qui a été fixé par la loi du 21 juin 1845 (D. P. 45. 3. 135), et modifié par diverses dispositions postérieures.

5. Pour être juge de paix, il faut être âgé de trente ans et jouir de ses droits civils et politiques (Constit. de l'an 3, art. 209). Aucune autre condition particulière d'aptitude ou de capacité n'est exigée. Les juges de paix sont nommés par décret du président de la République; ils sont amovibles.

6. Il y a incompatibilité entre les fonctions de juge de paix et celles de greffier, avoué, huissier, juge au tribunal civil ou de commerce (Décr. 27 mars 1791, 24 vend. an 3, R. p. 1483). Les juges de paix sont inéligibles au Conseil municipal dans le ressort où ils exercent leurs fonctions (L. 5 avr. 1884, art. 33, § 4, D. P. 84. 4. 25). En outre, les incompatibilités relatives aux juges de première instance (V. *infrà*, nᵒˢ 23 et s.) s'appliquent également aux juges de paix.

7. Il existe auprès de chaque justice de paix deux suppléants nommés, comme le juge de paix, par décret (L. 29 vent. an 9, art. 3, R. p. 1488). Ceux-ci n'ont pas de traitement. Ils remplacent le juge de paix, empêché, dans toutes ses fonctions. Lorsque le suppléant exerce sans réclamation, il y a présomption que le titulaire est empêché. — Le rang des suppléants du juge de paix entre eux se détermine d'après l'ancienneté de la nomination; le second suppléant ne peut être appelé à siéger qu'en cas d'empêchement ou de récusation du premier.

8. Si le juge de paix et les suppléants du canton sont tous empêchés légitimement de remplir leurs fonctions, le tribunal de première instance dans le ressort duquel est située la justice de paix renvoie les parties devant le juge de paix du canton le plus voisin (L. 16 vent. an 12, art. 1ᵉʳ, R. p. 1489).

9. Le juge de paix, assisté de son greffier, juge et accomplit seul tous les actes de son ministère. — La présence du greffier est indispensable. En cas d'absence ou d'empêchement du greffier titulaire et du ou des

commis-greffiers, le juge de paix peut le remplacer momentanément par un citoyen français, âgé de vingt-cinq ans, auquel il fait prêter serment « de bien et fidèlement remplir les fonctions de greffier ». — Il n'y a point de ministère public auprès des juges de paix lorsqu'ils siègent en matière civile. — V. au contraire, pour les tribunaux de police, *infrà*, nᵒ 16.

10. Les juges de paix ont le règlement de leur audience. Ils doivent tenir au moins deux audiences par semaine. Ils peuvent juger tous les jours, même les dimanches et fêtes, le matin et l'après-midi. Ils peuvent donner audience chez eux en tenant les portes ouvertes (Pr. 8). — Sur le règlement des audiences de simple police, V. *infrà*, nᵒ 19.

11. Le juge de paix doit tenir ses audiences au chef-lieu du canton (L. 29 vent. an 9, art. 9). Toutefois, le président de la République peut, par décret rendu en Conseil d'Etat, l'autoriser à tenir des audiences supplémentaires en des communes autres que le chef-lieu de canton. Le juge de paix et son greffier reçoivent, dans ce cas, et lorsque la justice a lieu à déplacement, une indemnité supportée par les communes intéressées (L. 21 mars 1896, D. P. 96. 4. 32). Ces audiences prennent le nom d'*audiences foraines*. — D'après un arrêt (Req. 13 janv. 1892, D. P. 92. 1. 271), la règle ci-dessus ne serait pas prescrite à peine de nullité. Dans tous les cas, elle ne s'oppose pas à ce que, dans les villes divisées en plusieurs cantons, l'un des juges de paix siège hors du territoire de son canton, pourvu que ce soit dans l'enceinte de la ville (Req. 22 oct. 1900, D. P. 1903. 1. 117).

§ 2. — *Police de l'audience* (R. 471 et s.; S. 256 et s.).

12. Lorsque les parties ne s'expliquent pas avec modération, le juge se borne à les rappeler au respect qui est dû à la justice par un simple avertissement. En cas de récidive, les parties peuvent être condamnées à une amende qui ne doit pas dépasser 10 francs, avec affiches du jugement, dont le nombre ne peut excéder celui des communes du canton (Pr. 10). Dans le cas d'insulte ou d'irrévérence grave envers le juge de paix, l'art. 11 c. pr. civ. permet à celui-ci de prononcer un emprisonnement de trois jours au plus. — Ces jugements sont exécutoires par provision (Pr. 12).

13. Les art. 10 et 12 précités ne sont applicables qu'aux *parties en cause* qui troublent l'audience et manquent de respect à la justice, notamment à l'individu qui insiste, à l'audience, pour que son affaire soit retenue et qui continue, à la suite de cette réclamation, des actes d'irrévérence envers le juge (Cr. r. 29 juin 1877, D. P. 78. 1. 330). Au contraire, à l'égard des *assistants non parties*, la police de l'audience et le respect dû à l'autorité des juges sont garantis par les dispositions générales des art. 504 et 505 c. instr. cr., qui sont applicables aux justices de paix comme aux autres juridictions (V. *infrà*, nᵒˢ 39 et s.).

14. La sentence du juge de paix portant condamnation à une peine de simple police, en vertu de l'art. 505 c. instr. cr., pour irrévérence grave envers lui-même, n'est pas susceptible d'appel (Cr. r. 7 août 1873, D. P. 73. 1. 447). Il en est autrement si la peine prononcée est correctionnelle; l'appel est porté devant le tribunal correctionnel.

ART. 2. — TRIBUNAUX DE SIMPLE POLICE (R. 538 et s.; S. 379 et s.).

15. Les tribunaux de police sont constitués par le juge de paix du canton, assisté d'un officier du ministère public et d'un greffier. — S'il y a plusieurs juges de paix dans la commune, chacun des juges de paix

fait le service du tribunal de police pendant trois mois (Décr. 18 août 1810, art. 39, R p. 1501), à commencer par le plus ancien, et, à ancienneté égale, par le plus âgé (Instr. 142). Dans les villes comprenant plus de quatre cantons de justice de paix, chaque juge de paix prend le service de manière que tous aient fait un service d'une durée égale pendant l'année. — En cas d'empêchement, le juge de paix est remplacé par le plus ancien de ses suppléants, de même que lorsqu'il agit comme juge civil (V. *suprà*, nᵒ 7).

16. La présence du ministère public est nécessaire à la constitution régulière du tribunal de simple police. Ainsi, le jugement rendu à une audience où cette présence n'est pas constatée est frappé d'une nullité absolue. — Sur les fonctions du ministère public près les tribunaux de simple police, V. *infrà, Ministère public.*

17. La présence d'un greffier est également indispensable à la constitution d'un tribunal de police. — Le greffier du tribunal de simple police est ordinairement le greffier de la justice de paix (Instr. 141). Pourtant, dans les communes où il y a plus d'une justice de paix, il existe un greffier particulier pour le tribunal de police (Instr. 142). — Le greffier peut être remplacé dans les conditions indiquées *suprà*, nᵒ 9.

18. Le juge de paix du canton a la connaissance exclusive des contraventions de police commises dans l'étendue de ce canton (Instr. 138, modifié par la loi du 27 janv. 1873, D. P. 73. 4. 21). — Cette dernière loi a supprimé les tribunaux *de commune* présidés par le maire, qui existaient dans les communes autres que le chef-lieu de canton et qui connaissaient, concurremment avec le juge de paix, de certaines contraventions.

19. Le juge de paix règle le nombre et les jours des audiences du tribunal de police d'après celui des affaires, de manière que celles-ci soient jugées dans les quinze jours qui suivent la remise des pièces par le commissaire de police (Code du 3 brum. an 4, art. 164, R. p. 1484). Mais l'inobservation de ce délai de quinzaine n'est pas une cause de nullité.

20. Le juge de paix a la police de son audience dans les conditions indiquées *suprà*, nᵒ 12 et s.

SECT. II. — **Tribunaux de première instance et Cours d'appel.**

ART. 1ᵉʳ. — RÈGLES COMMUNES.

§ 1ᵉʳ. — *Magistrats composant les tribunaux de première instance ou les Cours d'appel* (R. 131 et s., 341 et s.; S. 123 et s., 198 et s.).

21. Les tribunaux de première instance et les Cours d'appel se composent d'un certain nombre de juges qui, dans les Cours d'appel, prennent le nom de *conseillers*. Ils sont nommés par décret.

22. 1° *Conditions d'aptitude.* — Les conditions requises pour exercer les fonctions de juge sont les suivantes : 1° être citoyen français et jouir de ses droits civils et politiques; 2° être âgé de vingt-cinq ans (vingt-sept ans pour les présidents de tribunaux); 3° être licencié en droit et avoir suivi le barreau pendant deux ans (L. 20 avr. 1810, 44, R. p. 1496). — Les conditions sont les mêmes pour les magistrats des Cours d'appel, sauf que l'âge de vingt-sept ans est exigé pour les conseillers, et celui de trente ans pour le président.

23. 2° *Incompatibilités absolues.* — Il y a incompatibilité entre les fonctions de sénateur et celles de membre du parquet des Cours d'appel et des tribunaux de première instance (à l'exception du procureur général près la Cour de Paris) (L. 2 août 1875, art. 20, D. P. 75. 4. 117). Les premiers présidents, les présidents et les membres du parquet des Cours d'appel, les présidents, les vice-présidents, les juges d'instruction et les membres des parquets des tribunaux de première instance ne peuvent être élus par le département compris en tout ou en partie dans le ressort, pendant l'exercice de leurs fonctions ou pendant les six mois qui suivent la cessation de leurs fonctions, par démission, destitution, changement de résidence ou de toute autre manière (même loi, art. 21).

24. L'art. 8 de la loi organique du 30 nov. 1875 (D. P. 76. 4. 4) déclare qu'il y a incompatibilité entre le mandat de député et l'exercice des fonctions publiques rétribuées sur les fonds de l'Etat, à l'exception de celles de premier président de la Cour d'appel de Paris et de procureur général près la même Cour. L'art. 12 de la même loi reproduit les dispositions de l'art. 21 de la loi précitée du 2 août 1875, en ce qui concerne les conditions d'éligibilité des mêmes magistrats de l'ordre judiciaire, auxquels elle ajoute les juges titulaires.

25. Ne peuvent être élus au Conseil général ou au Conseil d'arrondissement les premiers présidents, présidents de chambre, conseillers à la Cour d'appel, procureurs généraux, avocats généraux et substituts du procureur général, dans l'étendue du ressort de la Cour; les présidents, vice-présidents, juges titulaires, juges d'instruction et membres du parquet des tribunaux de première instance dans l'arrondissement du tribunal; les juges de paix dans leur canton (L. 10 août 1871, art. 8, D. P. 71. 4. 102; L. 23 juill. 1891, D. P. 91. 4. 74).

26. De même, les magistrats des Cours d'appel et des tribunaux de première instance, à l'exception des juges suppléants auxquels l'instruction n'a pas été confiée, ne sont pas éligibles aux fonctions de conseiller municipal dans le ressort où ils exercent leurs fonctions (L. 5 avr. 1884, art. 33-3°, D. P. 84. 4. 25).

27. Il y a également incompatibilité entre les fonctions de magistrat de l'ordre judiciaire et : 1° les fonctions ecclésiastiques (Décr. 2-11 sept. 1790, art. 1er, R. p. 1479); 2° la profession d'avocat, sauf pour les juges suppléants (Ord. 20 nov. 1822, art. 428, R. v° *Avocat*, p. 465).

28. 3° *Incompatibilités relatives : parenté ou alliance.* — Les parents et alliés, jusqu'au degré d'oncle et de neveu inclusivement, ne peuvent être simultanément membres d'un même tribunal ou d'une même Cour, soit comme juges, soit comme officiers du ministère public, ou même comme greffiers, sans une dispense du chef de l'Etat. En cas d'alliance survenue depuis sa nomination, celui qui l'a contractée ne peut continuer ses fonctions sans obtenir une pareille dispense (L. 20 avr. 1810, art. 63). — Mais, quelque obligatoires que soient, pour l'Administration supérieure, les prescriptions de l'art. 63 de la loi de 1810, leur inexécution n'autoriserait les particuliers à s'en prévaloir, et les parties ne peuvent demander de ce chef la nullité du jugement.

29. Une dernière incompatibilité résulte de l'art. 10 de la loi du 30 août 1883 (D. P. 83. 4. 58), aux termes duquel ne peut, à peine de nullité, être appelé à composer la Cour ou le tribunal tout magistrat titulaire ou suppléant dont l'un des avocats ou avoués représentant l'une des parties intéressées au procès serait parent ou allié jusqu'au troisième degré inclusivement.

30. 4° *Installation, rang.* — Lorsqu'un magistrat a reçu sa nomination, et que cette nomination a été expédiée au parquet de la cour, il y a lieu de procéder à sa réception. La réception consiste dans la prestation de serment (V. *infrà, Serment*), et dans l'installation, c'est-à-dire dans la solennité par laquelle le magistrat est admis pour la première fois à siéger à la Cour ou au tribunal où il doit exercer son ministère. — Jusqu'à preuve contraire, il y a présomption que les magistrats et le greffier appelés à composer un tribunal ou une Cour sont dans les conditions légales et ont prêté le serment voulu pour être habilités dans leurs fonctions. — Le rang des magistrats se règle par la date de leur prestation de serment.

31. 5° *Inamovibilité.* — Le juge nommé et installé est inamovible, c'est-à-dire qu'il ne peut être remplacé dans ses fonctions sans son consentement, sauf par mesure disciplinaire (V. *infrà, Discipline judiciaire*). — Il a été quelquefois porté atteinte au principe de l'inamovibilité des juges, notamment pendant la période de réorganisation prévue par l'art. 11 de la loi du 30 août 1883. L'exécution de cette loi comportait la suppression de 614 sièges. On procéda alors par élimination; 609 magistrats inamovibles furent mis à la retraite et bénéficièrent d'une retraite totale ou proportionnelle suivant leurs années de service (L. 1883, art. 12). Depuis la loi de 1883, les réductions de personnel ont eu lieu par voie d'extinction.

32. 6° *Résidence.* — Tout magistrat est tenu de résider dans le lieu du siège de sa juridiction (Décr. 30 mars 1808, art. 100, R. p. 1493). Toutefois, les juges suppléants peuvent résider hors la ville où siège le tribunal dont ils font partie, pourvu que ce soit dans le canton (Décr. 18 août 1810, art. 29, R. p. 1501).

33. 7° *Retraite.* — Les magistrats des cours d'appel et des tribunaux de première instance sont mis de plein droit à la retraite à l'âge de soixante-dix ans (Décr. 1er mars 1852, art. 1er, D. P. 52. 4. 62). Cette règle ne concerne pas les magistrats du ministère public. — Les magistrats qui ont atteint l'âge fixé par l'art. 1er du décret de 1852 conservent leurs fonctions jusqu'à ce qu'ils soient remplacés (Décr. 1852, art. 3), et même jusqu'au jour de la prestation de serment et de l'installation de leur successeur.

34. Lorsqu'un magistrat est, avant l'âge qui vient d'être indiqué, atteint d'infirmités graves et permanentes qui le mettent hors d'état d'exercer ses fonctions, il peut être mis d'office à la retraite, sur avis conforme du conseil supérieur de la magistrature (L. 30 août 1883, art. 15, § 2). — Sur ce conseil, V. *infrà, Discipline judiciaire.*

§ 2. — *Règlement des audiences* (R. 301 et s.; S. 188).

35. Le nombre, la durée des audiences et leur affectation aux différentes natures d'affaires, sont fixés, dans chaque tribunal et chaque Cour d'appel, par un règlement soumis à l'approbation du garde des sceaux (Décr. 30 mars 1808, art. 9; L. 11 avr. 1838, art. 7, R. p. 1507).

36. Chaque juge, avant l'heure fixée pour l'audience, est tenu de se faire inscrire sur un registre appelé *registre de pointe* (Décr. 30 mars 1808, art. 11), qui doit mentionner également les juges absents ainsi que les causes des absences.

37. La détermination du jour où une affaire sera plaidée n'appartient ni aux parties, ni au ministère public, mais au président, et, en cas de contestation, au tribunal ou à la cour.

§ 3. — *Police de l'audience* (R. 307 et s.; S. 189 et s.).

38. Le président du tribunal ou de la Cour a la police de l'audience. En cas d'empêchement du président, la tenue de l'audience appartient au magistrat qui le remplace. Tout ce qu'il ordonne pour le maintien de l'ordre doit être exécuté ponctuellement et à l'instant (Pr. 88). — V. aussi *infrà, Ministère public.*

39. 1° *Manquement à l'ordre et à la justice.* — La loi, pour garantir l'exercice du droit de police de l'audience, a donné pouvoir à tout tribunal de réprimer immédiatement toute infraction à l'ordre et tout manquement à la majesté de la justice. Ce pouvoir est sanctionné par les art. 88 et s. c. pr. civ., 504 et s. c. instr. cr. — Pour les audiences de justice de paix, V. *supra*, n°s 12 et s.

40. Ceux qui assistent aux audiences doivent se tenir découverts, dans le respect et le silence. Il en est de même dans les lieux où, soit les juges, soit les procureurs de la République, exercent des fonctions de leur état (Pr. 88). Si un ou plusieurs individus, quels qu'ils soient, interrompent le silence, donnent des signes d'approbation ou d'improbation, soit à la défense des parties, soit aux discours des juges ou du ministère public, soit aux interpellations, avertissements ou ordres du président ou du ministère public, soit aux jugements ou ordonnances, causent ou excitent du tumulte, de quelque manière que ce soit, ils sont d'abord avertis par le président; puis, s'ils ne rentrent pas dans l'ordre sur-le-champ, il leur est enjoint de se retirer, et les résistants sont saisis et déposés à l'instant dans la maison d'arrêt pour vingt-quatre heures : ils y sont reçus sur l'exhibition de l'ordre du président mentionné au procès-verbal de l'audience (Pr. 89). — L'art. 504 c. instr. cr. renferme des dispositions analogues. Il n'est même pas nécessaire, d'après cet article, que l'expulsion soit précédée d'un avertissement du président. Ces mesures ne donnent lieu à aucune procédure; elles ne constituent pas de véritables jugements, et ne peuvent donc être attaquées par la voie du recours en cassation.

41. Les avocats sont tenus au même respect de la justice que les parties plaidantes et les assistants. Toutefois, ils ont le droit de rester couverts devant le tribunal, excepté lorsqu'ils lisent leurs conclusions.

42. Enfin, si le trouble est causé par une personne remplissant une fonction près le tribunal, elle peut être suspendue de ses fonctions (Pr. 90).

43. 2° *Délits d'audience.* — Il peut se produire, à l'audience des tribunaux, des faits plus graves que ceux d'un simple manque de respect à la justice, et ayant le caractère de véritables délits; c'est l'hypothèse prévue par l'art. 505 c. instr. cr., qui suppose que « le tumulte a été accompagné d'injures et de voies de fait donnant lieu à l'application ultérieure de peines correctionnelles ou de police ». En pareil cas, la peine est appliquée par le tribunal, quel qu'il soit, à l'audience duquel le délit a été commis. Ainsi, le juge de police est compétent pour réprimer, par l'application de peines correctionnelles, et en vertu de l'art. 505 c. instr. cr., l'outrage prévu par l'art. 22 c. pén., commis à son audience. De même, une Cour d'appel est compétente pour condamner un prévenu pour injures proférées à l'audience contre un témoin, bien qu'en principe l'injure contre un témoin soit de la compétence de la Cour d'assises. — On doit considérer comme étant commise à l'audience l'infraction commise au moment où l'audience venant d'être déclarée suspendue, les magistrats se rendent dans la salle des délibérations.

44. L'affaire doit être jugée *séance tenante*; le juge ne pourrait plus statuer postérieurement; il appartiendrait seulement au ministère public de poursuivre le délinquant devant le tribunal compétent. Toutefois, il suffit que l'affaire soit instruite immédiatement avec audition du ministère public et de l'inculpé; le juge peut renvoyer à l'audience suivante pour le prononcé de sa sentence.

45. Le droit de répression qui appartient aux magistrats en vertu de l'art. 505 c. instr. cr. peut être exercé par eux spontanément ; il n'est pas subordonné à l'action du ministère public.

46. Le jugement rendu dans le cas de l'art. 505 c. instr. cr. est sans appel, de quelque tribunal ou juge qu'il émane, si la peine prononcée est une peine de simple police (Instr. 505, § 3). Si c'est une peine correctionnelle, elle n'est prononcée qu'à charge d'appel, même si elle émane d'un tribunal composé de plusieurs juges. L'appel est porté, alors même qu'il s'agit d'une décision rendue par une juridiction civile, devant la juridiction correctionnelle. — Dans tous les cas, il peut être formé un recours en cassation, qui est porté devant la chambre criminelle de la Cour de cassation. — En cas d'acquittement, le jugement n'est pas sujet à appel, mais susceptible de pourvoi en cassation par le ministère public.

47. Les règles ci-dessus sont applicables au cas où un juge d'instruction ou un juge de paix fait un acte d'instruction ; ils ont le droit de punir à l'instant les perturbateurs, conformément aux art. 504 et 505 c. instr. cr.

48. En ce qui concerne les délits de droit commun étrangers aux débats, s'il se commet un *délit correctionnel*, par exemple un *vol* ou des *voies de fait*, dans l'enceinte et pendant la durée de l'audience (Instr. 181), le président entend le prévenu et les témoins, le ministère public requiert, le délit est jugé immédiatement et le tribunal prononce, sans désemparer, les peines édictées par la loi. — Cette règle, bien qu'édictée à l'égard des délits commis à l'audience des tribunaux correctionnels, s'applique également aux délits commis à l'audience des tribunaux civils ou à celles des Cours d'appel jugeant civilement ou correctionnellement ; mais elle ne s'étend pas aux tribunaux composés d'un seul juge (juge de paix siégeant soit au civil, soit comme tribunal de simple police). — La condamnation (lorsqu'elle émane d'un tribunal civil ou correctionnel) est susceptible d'appel.

49. Si c'est un *crime* qui a été commis à l'audience du juge unique ou d'un tribunal qui ne prononce qu'à charge d'appel, ce juge ou ce tribunal ne peut statuer sur l'infraction ; il doit se borner à faire arrêter le délinquant, à dresser procès-verbal des faits, et à envoyer les pièces et le prévenu devant les juges compétents (Instr. 506). Si le crime a été commis à l'audience d'une Cour d'appel, d'une Cour d'assises ou de la Cour de cassation, la cour procède de suite et sans désemparer, dans les termes de l'art. 407 c. instr. cr.

50. Sur l'exercice du pouvoir disciplinaire des tribunaux en cas de délit d'audience, V. *suprà*, *Avocat*, nos 48 et s., et *infrà*, *Discipline judiciaire*.

ART. 2. — TRIBUNAUX CIVILS D'ARRONDISSEMENT.

§ 1er. — *Organisation du tribunal* (R. 131 et s. ; S. 123 et s.).

51. Il existe un tribunal civil au chef-lieu de chaque arrondissement. Les tribunaux civils d'arrondissement sont aussi désignés du nom de tribunaux de première instance. Cette dénomination n'est pas exacte d'une manière absolue : en effet, pour certaines affaires, ils prononcent en dernier ressort, et, en outre, ils sont juges d'appel pour les sentences rendues par les juges de paix.

52. Chaque tribunal est composé d'un président, d'un certain nombre de juges titulaires, de juges suppléants, d'un procureur de la République, lequel peut être assisté d'un ou de plusieurs substituts, d'un greffier en chef et de commis-greffiers.

— Tout tribunal comprend une ou plusieurs chambres. La composition de chaque tribunal : nombre de chambres, président, vice-présidents, juges titulaires et suppléants, membres du parquet, greffiers et commis-greffiers, est fixée par le tableau B annexé à la loi du 30 août 1883, modifié par le tableau B annexé à l'art. 39, § 2, de la loi de finances de 1901 (D. P. 1901. 4. 59). V. *infrà*, n° 57.

53. Il existe deux classes de juges suppléants : les juges suppléants non rétribués et les juges suppléants rétribués. Cette dernière catégorie a été créée par la loi de finances du 13 avr. 1900, art 25 (D. P. 1900. 4. 93). — Les juges suppléants rétribués reçoivent un traitement de 1 500 francs. Ils diffèrent encore des autres juges suppléants en ce que les incompatibilités (V. *suprà*, nos 23 et s.) leur sont applicables. — Le nombre des juges suppléants rétribués a été fixé à cent (art. 25 précité). Un décret du 14 juill. 1900 (D. P. 1900. 4. 84) a désigné cent tribunaux auxquels sont attachés ces magistrats. — A part les deux différences indiquées ci-dessus, les juges suppléants, rétribués ou non, sont soumis aux mêmes règles ; ils ont les mêmes prérogatives et les mêmes devoirs.

54. Les juges suppléants sont de véritables juges ; ils jouissent du privilège de l'inamovibilité (V. *suprà*, n° 31). Toutefois ils n'ont pas de fonctions habituelles. Ils peuvent siéger comme juges ou être appelés à remplir les fonctions du ministère public. Ils peuvent également être chargés de la confection des ordres et des distributions par contribution (Décr. 25 mai 1811, R. p. 1504 ; 19 mars 1852, D. P. 52. 4. 86), et des fonctions de juge d'instruction (Décr. 1er mars 1852, D. P. 52. 4. 63). — Ils sont soumis à la discipline judiciaire (V. *infrà*, *Discipline judiciaire*).

55. Les tribunaux d'arrondissement sont divisés en trois classes (le tribunal de la Seine forme une classe à part) (L. 30 août 1883, art. 7), qui servent de base aux traitements. Sont de 1re classe les tribunaux établis dans les villes dont la population atteint le chiffre de 80 000 habitants, plus Nice et Versailles ; les tribunaux établis dans les villes de plus de 20 000 habitants, plus Chambéry, sont de 2e classe ; les autres tribunaux forment la 3e classe.

56. Aux termes de l'art. 5, § 2, de la loi du 30 août 1883, il peut être créé par décret rendu en Conseil d'État, dans les tribunaux chefs-lieux de Cours d'assises, un nouvel emploi de juge, et, dans tous les tribunaux, un emploi de substitut. Il a été, par application de ce texte, créé plusieurs postes de suppléants depuis la loi de 1883.

57. Le personnel du tribunal de première instance de la Seine a été successivement augmenté par la loi du 18 juill. 1892 (D. P. 92. 4. 103), par la loi de finances du 25 févr. 1901, art. 39 (D. P. 1901. 4. 33), et par la loi de finances du 30 mars 1902, art. 60 (D. P. 1902. 4. 60). — La loi de finances de 1901 a, en outre, modifié le personnel dans d'autres tribunaux soit en l'augmentant, soit en supprimant un certain nombre de sièges de juges et de postes de substituts. Les suppressions doivent avoir lieu par voie d'extinction (art. 40).

58. La loi du 18 juill. 1892 et la loi de finances de 1902 ont également apporté des modifications dans le service des chambres du tribunal de première instance de la Seine en créant des sections et des présidents de section. Ceux-ci, aux termes de l'art. 39 de la loi de 1901 et de l'art. 60 de la loi de 1902, bénéficient de l'inamovibilité dans leur fonction de président de section et d'une augmentation de traitement.

59. L'art. 6 de la loi de 1883 permet au procureur général de déléguer un substitut ou un juge suppléant pour remplir, dans le ressort de la cour, près d'un autre tribunal que celui de sa résidence, les fonctions du ministère public. — La loi du 19 avr. 1898 (D. P. 99. 4. 6) a complété l'art. 6 de la loi de 1883, pour parer à l'inconvénient résultant de l'impossibilité, pour certains tribunaux, de se constituer par suite de l'interdiction pour le juge d'instruction de concourir au jugement des affaires qu'il a instruites (L. 8 déc. 1897, art. 1er, D. P. 97. 4. 113). Aux termes du nouvel article 6, un juge suppléant peut être désigné par le premier président de la Cour d'appel du ressort pour remplir les fonctions de juge dans un autre tribunal du même ressort, lorsque ce tribunal sera dans l'impossibilité de se constituer. D'après un jugement (Trib. civ. de Nantua, 2 févr. 1901, D. P. 1904. 2. 34) cette disposition autoriserait le premier président non pas seulement à déplacer pour un certain temps des juges suppléants, mais aussi à les appeler à compléter un tribunal ou même à le constituer à l'effet de juger une affaire déterminée ; et la décision rendue par un tribunal composé de deux juges suppléants d'un autre tribunal du même ressort, ainsi délégués, et d'un avocat, serait régulière.

§ 2. — *Fonctionnement du tribunal* (R. 140 et s. ; S. 128 et s.).

A. — Règles générales.

60. Les jugements des tribunaux de première instance sont rendus par les magistrats délibérant en nombre impair. Ces magistrats doivent être au nombre de trois au moins. Lorsque les membres d'un tribunal siégeant dans une affaire sont en nombre pair, le dernier des juges dans l'ordre du tableau doit s'abstenir. Ces prescriptions sont imposées à peine de nullité (L. 30 août 1883, art. 4).

61. Lorsque le nombre de juges titulaires présents est insuffisant pour composer le tribunal, il y a lieu d'appeler des juges titulaires d'une autre chambre, et, à leur défaut, des juges suppléants. Dans ce cas, il n'est pas exigé que le jugement mentionne que le juge suppléant a été appelé en raison de l'empêchement du titulaire. Dans tous les cas, les juges suppléants peuvent siéger avec les juges titulaires et prendre part au délibéré avec voix consultative.

62. Quand un tribunal ne peut se compléter en appelant soit des magistrats d'une autre chambre, soit des juges suppléants, il peut appeler un avocat du barreau (non un stagiaire) et, subsidiairement, un avoué. L'avocat ou l'avoué appelé en remplacement du juge doit être désigné suivant l'ordre du tableau (Décr. 30 mars 1808, art. 49, § 2].

63. Si le jugement est rendu avec le concours d'un avocat, il doit mentionner, à peine de nullité, l'empêchement des autres juges titulaires et des juges suppléants, et, en outre, que l'avocat appelé est le plus ancien suivant l'ordre du tableau des avocats présents à la barre. Si le jugement a été rendu avec le concours d'un avoué, il doit mentionner, outre l'empêchement des juges titulaires et des juges suppléants, qu'il a été appelé à défaut d'avocats ; il doit également constater que l'avoué appelé était le plus ancien présent à la barre.

64. Un tribunal ne peut se compléter en recourant à des membres du barreau ou à des avoués qu'à la condition que les juges en titre, tant titulaires que suppléants, restent en majorité. Il importe peu, d'ailleurs, en pareil cas, que les juges en titre soient tous des juges suppléants ; ainsi, un tribunal est valablement constitué avec deux juges suppléants et un avocat ou un avoué (V. *suprà*, n° 59).

65. L'avocat ou l'avoué appelé à compléter un tribunal n'est pas tenu de prêter le serment imposé aux magistrats. D'autre part, il peut siéger quoiqu'il ait dépassé l'âge de soixante-dix ans (V. *suprà*, n° 33). De même, il semble que l'avocat ou l'avoué pourrait siéger en remplacement d'un magistrat, bien qu'il n'ait pas atteint l'âge requis pour occuper la fonction dont ce magistrat est investi.

B. — Assemblées générales.

66. Les différentes chambres d'un tribunal ne peuvent jamais se réunir pour juger une affaire, comme le font, dans certains cas, les différentes chambres d'une Cour d'appel (V. *infrà*, n° 85 et s.). Mais un tribunal peut se réunir en assemblée générale pour d'autres objets, notamment pour s'occuper de son règlement intérieur, pour fixer l'emploi des sommes consacrées aux dépenses annuelles, ou même pour l'exercice du pouvoir disciplinaire (V. *infrà*, *Discipline judiciaire*).

C. — Chambre des vacations.

67. La chambre correctionnelle (V. *infrà*, n° 72) est chargée d'assurer, pendant les vacances judiciaires (du 15 août au 15 octobre) le service des *vacations*. Il est tenu une audience par quinzaine dans les tribunaux n'ayant qu'une chambre, une audience par semaine dans les tribunaux ayant deux chambres, et deux audiences hebdomadaires dans les tribunaux ayant trois chambres au plus (Décr. 12 juin 1880, art. 1 et 2, D. P. 4. 51.). — La chambre des vacations statue, en matière civile, sur les affaires sommaires et sur celles qui, sans être sommaires, requièrent célérité.

D. — Chambre du conseil.

68. Cette expression a deux acceptions différentes. On désigne ainsi, d'abord, le local où, dans les affaires graves, se réunit le tribunal pour délibérer. On appelle encore chambre du conseil la juridiction que le tribunal peut constituer dans certains cas déterminés, et qui s'exerce dans le local de la chambre du conseil.

69. Les attributions de la chambre du conseil se divisent en trois catégories : 1° La chambre du conseil exerce une juridiction gracieuse à l'égard d'un très grand nombre d'actes, en matière d'adoption (V. *suprà*, *Adoption*, n° 11), d'absence (V. *suprà*, *Absence*, n° 7), d'autorisation de femme mariée (V. *suprà*, *Autorisation maritale*, n° 26), de tutelle (V. *infrà*, *Tutelle*), etc. — 2° La chambre du conseil statue en matière contentieuse, par exemple, en matière : de baisse de mise à prix lors de la vente de biens immeubles appartenant à des mineurs (V. *infrà*, *Vente publique d'immeubles*) ; ... de poursuites disciplinaires contre les officiers ministériels (V. *infrà*, *Discipline judiciaire*), etc. ; — 3° Enfin, la chambre du conseil prend des délibérations sur l'administration de la justice et sur les affaires intérieures du tribunal.

E. — Roulement.

70. Le rang des juges et leur répartition dans les différentes chambres sont arrêtés sur une liste renouvelée chaque année dans la seconde quinzaine de juillet (Décr. 15 juill. 1885, D. P. 86. 4. 7). Cette opération s'appelle le *roulement*.

§ 3. — *Attributions du tribunal civil de première instance.*

71. V. à cet égard, *suprà*, *Compétence civile des tribunaux d'arrondissement*, n° 2 et s.

ART. 3. — TRIBUNAUX DE POLICE CORRECTIONNELLE (R. 558 et s. ; S. 384 et s.).

72. Les tribunaux de première instance se divisent au moins en deux chambres, dont l'une constitue le tribunal civil, et l'autre le tribunal de police correctionnelle. Lorsqu'il y a plusieurs chambres, l'une d'elles ou parfois plusieurs forment le tribunal correctionnel.

73. Les règles relatives à l'organisation, au fonctionnement, aux incompatibilités, au règlement et à la police des audiences, en ce qui concerne les tribunaux civils (V. *suprà*, n° 51 et s.), sont applicables aux chambres correctionnelles. — Il y a lieu d'ajouter, toutefois, au point de vue des incompatibilités, que le juge d'instruction ne peut concourir au jugement des affaires qu'il a instruites (L. 8 déc. 1897, art. 1ᵉʳ, D. P. 97. 4. 113).

74. Sur les fonctions du ministère public près les tribunaux de police correctionnelle, V. *infrà*, *Ministère public*.

75. Sur les attributions des tribunaux de police correctionnelle, V. *suprà*, *Compétence criminelle*, n° 55 et s.

ART. 4. — COURS D'APPEL.

§ 1ᵉʳ. — *Organisation* (R. 341 et s. ; S. 198 et s.).

76. Il y a en France 26 cours d'appel (plus celles d'Alger et des autres colonies). Chacune d'elles comprend dans son ressort un, deux ou plusieurs départements. Toutes les Cours d'appel, hors celle de Paris, sont assimilées, sans distinction de classe (L. 30 août 1883, art. 3).

77. Chaque Cour d'appel est composée : d'un premier président, d'un nombre de présidents et de conseillers au tableau A annexé à l'art. 39 de la loi du 25 févr. 1901 (D. P. 1901. 4. 33), d'un procureur général, d'avocats généraux et de substituts (V. *infrà*, *Ministère public*), d'un greffier en chef et de commis-greffiers en nombre déterminé au même tableau.

78. Chaque Cour comprend le nombre de chambres indiqué au tableau A précité. Il ressort de ce tableau que, suivant le nombre de conseillers, les Cours d'appel sont composées d'une, deux ou trois chambres, sauf les Cours de Paris et de Lyon, qui comprennent : la première dix chambres, et la seconde quatre. Outre les chambres dont le nombre est ainsi déterminé, les Cours comprennent une chambre des mises en accusation, constituée conformément au décret du 12 juin 1880 (V. *infrà*, n° 94 et s.). — Si les besoins du service l'exigent, il peut être formé, par règlement d'administration publique, une chambre temporaire composée de conseillers pris dans d'autres chambres. Un règlement d'administration publique peut seul former une chambre temporaire (V. *infrà*, n° 91).

79. Chaque chambre est présidée par le président, ou, en son absence, par le conseiller le plus ancien (Décr. 30 mars 1808, art. 3). Le premier président, lorsqu'il y a plusieurs chambres, préside celle qu'il lui convient.

§ 2. — *Fonctionnement des Cours d'appel* (R. 346 et s. ; S. 206 et s.).

80. Les arrêts des Cours d'appel sont rendus par cinq juges au moins, le président compris, et à peine de nullité. Ils doivent être rendus, également à peine de nullité, par des magistrats délibérant en nombre impair (L. 30 août 1883, art. 1ᵉʳ). S'ils siègent en nombre pair, le dernier des conseillers dans l'ordre du tableau doit s'abstenir.

81. Lorsqu'une chambre d'une Cour d'appel se trouve réduite à un nombre de juges inférieur à cinq, elle peut se compléter par l'adjonction d'un ou de plusieurs conseillers appartenant à une autre chambre (Décr. 30 mars 1808, art. 4) (Comp. *suprà*, n° 61). Cette adjonction n'est régulière que si elle est justifiée par la nécessité de remplacer un ou plusieurs membres absents ou empêchés pour cause légitime. Mais, d'après la jurisprudence, il y a présomption que cette nécessité existait réellement. Il s'ensuit que l'indication, dans les jugements (ou arrêts), des noms des magistrats absents ou empêchés et des causes de leur absence ou empêchement, n'est pas exigée à peine de nullité, et que l'arrêt auquel a concouru un conseiller étranger à la chambre qui a statué, constate suffisamment l'empêchement du magistrat remplacé, par cela qu'il porte que le membre d'une autre chambre a été appelé à compléter le nombre de conseillers indispensable pour la validité des décisions.

82. Une chambre d'une Cour d'appel peut se compléter, comme un tribunal de première instance, dans les mêmes conditions (V. *suprà*, n°ˢ 62 et s.), en appelant des avocats ou des avoués, conformément aux règles tracées par l'art. 30 de la loi du 22 vent. an 12 et l'art. 49 du décret du 30 mars 1808.

83. De même que dans les tribunaux (V. *suprà*, n° 67), il y a, dans les Cours d'appel, une *chambre des vacations*, chargée de juger, pendant les vacances judiciaires, les affaires requérant célérité. A Paris, cette chambre se réunit deux fois par semaine (Décr. 12 juin 1880, art. 4). — La chambre des vacations est tenue par le président et les conseillers de la chambre des appels de police correctionnelle, et, en cas d'absence ou d'empêchement, par les conseillers les moins anciens de la chambre des mises en accusation (Ord. 11 oct. 1820, art. 5, R. p. 1504).

84. Le *roulement* existe pour les Cours d'appel comme pour les tribunaux de première instance (V. *suprà*, n° 70).

§ 3. — *Des audiences solennelles* (R. 383 et s. ; S. 218 et s.).

85. Indépendamment des audiences ordinaires, les Cours d'appel ont des audiences où siègent les chambres réunies et que l'on nomme *audiences solennelles* (Décr. 30 mars 1808 ; L. 30 août 1883, art. 1ᵉʳ, § 4 et 5). — Ces audiences se tiennent à la Chambre que préside habituellement le premier président, en y appelant la deuxième chambre dans les Cours composées de deux chambres et alternativement la deuxième et la troisième chambre dans les Cours qui se divisent en trois chambres (Décr. 30 mars 1808, art. 22, § 2). Dans les Cours d'appel qui n'ont qu'une chambre, l'audience solennelle est tenue par cette chambre ; mais tous les magistrats qui la composent sont appelés à siéger. Dans tous les cas, pour la juste manifestation des causes portées aux audiences solennelles, les arrêts sont rendus par neuf juges au moins (L. 30 août 1883, art. 1ᵉʳ).

86. Les affaires qui doivent, en principe, être portées aux audiences solennelles sont : 1° les prises à partie ; 2° les renvois après cassation. — S'il arrive qu'un second arrêt, rendu entre les mêmes parties, soit cassé pour les mêmes motifs et renvoyé devant une autre Cour, cette Cour, saisie du second renvoi, doit statuer en audience ordinaire (L. 1ᵉʳ avr. 1837, art. 2 et 3). — L'obligation de statuer en audience solennelle ne s'applique qu'aux renvois en cassation en matière civile ; ceux qui sont prononcés par la chambre criminelle de la Cour de cassation sont jugés en audience ordinaire. — Autrefois, les Cours d'appel devaient également statuer en audience solennelle sur les contestations relatives à l'état civil des personnes. Aujourd'hui, ces contestations sont jugées en audience ordinaire (Décr. 26 nov. 1899, D. P. 1900. 4. 25). — Lorsqu'une affaire devait être jugée en audience solennelle et qu'il a été statué en audience ordinaire, ou réciproquement, l'arrêt ainsi rendu est frappé d'une nullité d'ordre public.

§ 4. — *Des assemblées générales*
(R. 430 et s.; S. 245 et s.).

87. Les Cours d'appel ont, indépendamment des audiences solennelles, des assemblées générales en chambre du conseil, soit pour s'occuper des affaires intérieures de la compagnie, soit pour statuer en matière disciplinaire à l'égard des avocats, avoués, huissiers, etc.

88. Les assemblées générales doivent être composées de membres de toutes les chambres qui forment la Cour, et comprendre un nombre de conseillers au moins égal au nombre total des magistrats nécessaires pour la constitution de ces chambres (Civ. c. 12 déc. 1894, D. P. 95. 1. 309). Par exemple, une Cour, composée de trois chambres, dont chacune ne peut juger qu'au nombre de cinq membres, ne peut statuer valablement en assemblée générale qu'autant que quinze membres au moins sont présents.

89. Pour la Cour de Paris, un décret du 23 juin 1900 (D. P. 1900. 4. 79) a conféré à une assemblée composée des quatre premières chambres de la Cour une partie des attributions de l'assemblée générale. Cette assemblée connaît des décisions des conseils de discipline des avocats et des demandes en annulation de l'élection des bâtonniers ou des membres des conseils de discipline. Elle reçoit le serment et procède à la réception des présidents, conseillers, avocats généraux, substituts du procureur général, ainsi que du greffier en chef. Elle arrête l'état des tribunaux où les avoués pourront jouir de la faculté de plaider et donne son avis dans les cas où la Cour est consultée à l'occasion des créations, translations et suppressions d'offices ministériels ou de la cession de ces offices après la destitution des titulaires. Aux termes d'un décret du même jour (D. P. *ibid.*), cette même assemblée nomme les médecins experts près la Cour d'appel. — L'application de la règle énoncée au numéro précédent, combinée avec celle qui veut que les arrêts des Cours d'appel soient rendus par des magistrats délibérant en nombre impair (V. *supra*, n° 80) conduit à décider que la Cour de Paris ne peut siéger valablement en assemblée générale qu'au nombre de vingt et un membres (Civ. c. 9 févr. 1903, D. P. 1904. 1. 17).

§ 5. — *Des chambres des appels de police correctionnelle* (R. 572; S. 387).

90. Lorsque'une Cour d'appel prononcent sur tous les appels portés contre les jugements de police correctionnelle (L. 13 juin 1856, D. P. 56. 4. 63; V. *supra*, *Appel en matière criminelle*, n° 16). Dans les Cours d'appel comprenant deux ou plusieurs chambres, une chambre est spécialement chargée de ces appels et est désignée sous le nom de *chambre des appels de police correctionnelle*.

91. Lorsqu'une Cour d'appel ne comprend qu'une seule chambre, elle ne peut, en l'absence d'un règlement d'administration publique (V. *supra*, n° 78), se diviser en deux chambres et procéder simultanément les mêmes jours, en deux sections, au jugement des affaires civiles dans l'une et des affaires correctionnelles dans l'autre. Sont nuls, en conséquence, les arrêts rendus par la section irrégulièrement organisée pour procéder au jugement des affaires correctionnelles, tandis que l'autre section vaque au jugement des affaires civiles (Cr. c. 15 mars 1889, D. P. 89. 1. 265).

92. Le premier président peut, si les besoins du service l'exigent, renvoyer à la chambre des appels de police correctionnelle des causes tant ordinaires que sommaires; cette chambre doit alors tenir deux audiences civiles par semaine jusqu'à épuisement du rôle (Décr. 6 juill. 1810, art. 11, R. p. 1498; Ord. 24 sept. 1828, art. 1er et 2).

93. Les règles relatives aux incompatibilités, à la police des audiences, s'appliquent aux chambres correctionnelles comme aux chambres civiles. — V. en outre, sur l'incompatibilité entre les fonctions de juge et celles du ministère public, *infra*, *Ministère public*.

§ 6. — *De la chambre des mises en accusation* (R. 592 et s.; S. 389 et s.).

94. Aux termes de l'art. 2 de la loi du 30 août 1883, outre les chambres déterminées au tableau A, modifié par le tableau A de l'art. 39 de la loi du 25 févr. 1901 (V. *supra*, n° 78), les Cours comprennent une chambre d'accusation. Les membres de la chambre des mises en accusation peuvent, suivant l'intérêt du service, être attachés à une même chambre ou répartis entre les autres chambres de la Cour (Décr. 12 juin 1880, D. P. 81. 4. 51).

95. Les arrêts de la chambre d'accusation sont, comme ceux des autres chambres, rendus par cinq juges au moins (L. 30 août 1883, art. 1er). Lorsque la chambre d'accusation n'est pas en nombre suffisant, elle se complète en appelant des membres des autres chambres, ou, à défaut, des avocats (V. *supra*, n°s 62 et s., et 82). Lorsque des magistrats de la chambre d'accusation ont été remplacés dans une affaire par d'autres magistrats de la Cour d'appel appartenant aux autres chambres, ils sont présumés légalement avoir eu un empêchement légitime, et il n'est pas nécessaire que la cause de cet empêchement soit spécifiée dans l'arrêt (Comp. *supra*, n° 81).

96. Sur les attributions des chambres d'accusation, V. *infra*, *Instruction criminelle*.

SECT. III. — Cours d'assises.

§ 1er. — *Tenue des assises* (R. 606 et s.; S. 392).

97. Il est tenu des assises dans chaque département (Instr. 251). L'arrondissement de Belfort a été rattaché, pour le service des assises, au département de la Haute-Saône (L. 17 avr. 1871, D. P. 71. 4. 46, et 25 mars 1872, D. P. 72. 4. 72). Les assises se tiennent, en principe, et sauf quelques exceptions, au chef-lieu du département (Instr. 252; L. 20 avr. 1810, art. 17, § 1).

98. La Cour d'appel peut (pour des raisons dont elle a seule à apprécier l'opportunité, comme une épidémie, une insurrection, etc.), par un arrêt rendu toutes chambres assemblées et sur les réquisitions du procureur général, déterminer, pour la tenue des assises, un lieu autre que celui où la Cour d'assises siège habituellement (L. 20 avr. 1810, art. 21 et 22; Décr. 6 juill. 1810, art. 90). Ce déplacement n'a lieu que pour la session à l'égard de laquelle il est ordonné, sauf à renouveler cette mesure si les circonstances continuent de l'exiger.

99. Les assises de chaque département ne sont pas permanentes, mais périodiques; elles se tiennent tous les trois mois (Instr. 259). Le jour du mois où elles doivent s'ouvrir est déterminé par le premier président de la Cour d'appel (Instr. 260; L. 20 avr. 1810, art. 20; Décr. 6 juill. 1810, art. 80). Les assises ne sont closes qu'après que toutes les affaires qui avaient été mises en état lors de leur ouverture y ont été portées (Instr. 260).

100. A Paris, les assises sont permanentes. La Cour d'assises est divisée en deux sections, qui siègent alternativement; chacune d'elles tient une session par mois (Ord. 30 juill. 1828, R. p. 1506). Plusieurs fois même, la Cour d'assises de la Seine a été divisée en quatre sections.

101. En outre des sessions d'assises dont il vient d'être parlé, il peut être tenu des

assises extraordinaires, toutes les fois que, d'après le nombre et la nature des affaires renvoyées à la Cour d'assises par la chambre d'accusation, on peut présumer que la session des assises ordinaires du trimestre se prolongera au-delà de quinze jours (Instr. min. 14 janv. 1819). — Ces assises extraordinaires ont lieu en vertu d'une ordonnance du premier président, sur les conclusions du procureur général; c'est là une mesure administrative dont l'utilité et la convenance échappent au contrôle de la Cour de cassation (Cr. r. 16 juin 1898, D. P. 98. 1. 551). La nécessité de tenir ces assises extraordinaires peut être prévue, et, par suite, l'ordonnance qui les convoque peut être rendue même avant l'ouverture de la session ordinaire. — Le jour de l'ouverture de la session extraordinaire est fixé par le premier président. Cette session est présidée par le président des dernières assises ordinaires (Décr. 6 juill. 1810, art. 81). — Les assises extraordinaires ont la même compétence que les assises ordinaires; elles sont assistées de jurés ayant la même origine (Cr. r. 16 juin 1898, précité).

§ 2. — *De la composition des Cours d'assises* (R. 626 et s.; S. 392 et s.).

102. La Cour d'assises comprend : 1° la *Cour*, à proprement parler, c'est-à-dire les magistrats empruntés à la Cour d'appel ou au tribunal; 2° *le jury* (V. *infra*, *Jury*).

103. Les assises, dans tous les départements, sont tenues par un conseiller de la Cour d'appel, délégué à cet effet, qui est président, et par deux juges pris soit parmi les présidents ou juges de la Cour d'appel, soit parmi les membres du tribunal de première instance du lieu de la tenue des assises (Instr. 252 nouveau, § 1er, modifié par la loi du 25 févr. 1901). — Le premier président peut, s'il le juge convenable, présider lui-même une Cour d'assises de son ressort (L. 20 avr. 1810, art. 16).

104. Le conseiller à la Cour d'appel qui doit présider les assises est nommé par le ministre de la Justice ou par le premier président (L. 20 avr. 1810, art. 16). Mais le ministre de la Justice a, pour cette nomination, un droit de priorité : les premiers présidents ne peuvent y procéder que si elle n'a pas été faite par le ministre pendant la durée d'une assise pour le trimestre suivant (L. 20 avr. 1810, art. 79). En fait, c'est presque toujours la chancellerie qui procède à la nomination des présidents d'assises. Les modifications apportées au art. 252 et 253 c. instr. cr. par la loi de 1901 n'ont rien changé à cette législation. — Quant aux présidents ou juges du tribunal de première instance de la tenue des assises, appelés à faire partie de la Cour d'assises, ils sont désignés par le premier président, qui doit préalablement prendre l'avis du procureur général (Instr. 252 nouveau, § 2). Ces désignations sont faites par une ordonnance rendue par le premier président dans la huitaine qui suit la clôture de la précédente session (Instr. 252 nouveau, § 3; Décr. 6 juill. 1810, art. 79 et 80).

105. Lorsque le président est empêché de remplir ses fonctions avant la notification aux jurés (V. *infra*, *Jury*), il doit être pourvu à son remplacement par voie de nomination, dans les conditions ci-dessus indiquées. Toutefois, si le remplacement n'était empêché de remplir ses fonctions qu'à l'égard d'une seule affaire, il serait remplacé par l'assesseur le plus ancien (Civ. r. 26 sept. 1895, D. P. 99. 1. 613). Si l'empêchement du président primitivement nommé survient après la notification faite aux jurés en exécution de l'art. 389, il est remplacé de droit par le plus ancien des conseillers assesseurs ou, si les assesseurs qui ont été désignés ne sont pas des conseillers à la Cour d'appel, par le président du tribunal.

106. Quant au remplacement des assesseurs régulièrement empêchés, il y est pourvu par le président de la Cour d'assises ou par le magistrat qui le remplace (Cr. r. 31 janv. 1895, D. P. 99. 1. 463), si cet empêchement se produit après l'ouverture de la session (Instr. 252 nouveau, § 4). Si un assesseur est empêché avant la notification aux jurés prescrite par l'art. 389 c. instr. cr., il appartient au premier président de pourvoir à son remplacement. — Le magistrat qui siège à la Cour d'assises en remplacement d'un assesseur précédemment désigné doit être présumé avoir été appelé régulièrement.

107. Les fonctions de greffier de la Cour d'assises sont remplies par le greffier de la Cour d'appel ou le greffier du tribunal (suivant que la Cour d'assises se tient dans le département de la Cour d'appel ou dans un autre département), qui le exerce par lui-même ou par l'un de ses commis assermentés (Instr. 253 nouveau, modifié par la loi du 25 févr. 1901). Le greffier fait partie intégrante de la Cour d'assises, qui ne peut statuer en l'absence de cet officier public.

§ 3. — *Des incompatibilités et des causes de récusation* (R. 681 et s.; S. 408 et s.).

108. Ne peuvent entrer dans la composition de la Cour d'assises, au moins pour le jugement de certaines affaires : 1° les membres de la Cour d'appel qui ont concouru à l'arrêt de renvoi devant la Cour d'assises; — 2° le juge d'instruction qui a instruit l'affaire (Instr. 257). — Cette règle est prescrite à peine de nullité. Mais l'incompatibilité édictée par l'art. 257 est de droit étroit. Ainsi, elle ne s'étend pas : au magistrat qui a pris part au jugement ou arrêt par lequel la juridiction correctionnelle s'est déclarée incompétente pour connaître des faits de l'accusation; ... ni au magistrat qui a pris part au jugement d'une action disciplinaire dirigée contre un officier public à raison des faits pour lesquels il est traduit devant la Cour d'assises. D'autre part, les magistrats visés par l'art. 257 ne sont incapables de siéger que pour le jugement. Spécialement, le conseiller qui a voté la mise en accusation peut procéder à l'interrogatoire préalable de l'accusé dans la maison de justice (V. *infrà, Instruction criminelle*) ou même, bien que la question soit plus délicate, participer à un arrêt qui statue sur les excuses des jurés.

109. L'incompatibilité qui frappe le juge d'instruction s'étend au magistrat qui l'a remplacé, ne fût-ce qu'accidentellement et pour un seul acte d'instruction, par exemple pour délivrer contre l'accusé un mandat d'amener ou pour donner une commission rogatoire à l'effet d'entendre des témoins ; ... mais non au magistrat qui, soit en qualité de président de la Cour d'assises, soit comme délégué du président, a procédé ou fait procéder, *postérieurement à l'arrêt de renvoi*, à un supplément d'instruction (Cr. c. 31 janv. 1895, D. P. 99. 1. 462) ou à l'interrogatoire préalable de l'accusé. — Au reste, bien que l'incompatibilité édictée par l'art. 257, § 2, n'atteigne pas les magistrats, il leur est loisible de s'abstenir, s'ils le jugent convenable, de participer au jugement. L'accusé pourrait également user contre eux de la faculté de récusation (Pr. 378).

§ 4. — *Membres complémentaires de la Cour d'assises* (R. 699 et s.; S. 416 et s.).

110. En raison de la longueur présumée des débats et de l'éventualité d'une indisposition d'un des membres de la Cour d'assises, il est permis à la Cour d'assises de s'adjoindre des magistrats complémentaires qui ne prendront part à la délibération qu'au cas où un des magistrats titulaires viendrait à manquer (L. 25 brum. an 8, art. 4, R. p. 1485). — Le droit de décider s'il y a lieu d'adjoindre des assesseurs complémentaires appartient soit à la Cour d'assises, soit au président de la Cour d'assises. Lorsque l'adjonction d'assesseurs complémentaires a été décidée, c'est au président qu'il appartient, dans tous les cas, de les désigner (Instr. 252 nouveau, § 4).

§ 5. — *Du ministère public* (R. 708 et s.; S. 419 et s.).

111. Les fonctions du ministère public auprès de la Cour d'assises sont remplies, dans les départements où siègent les Cours d'appel, soit par le procureur général, soit par un des avocats généraux, soit par un des substituts du procureur général, et, dans tous les autres départements, par le procureur de la République près le tribunal ou par l'un de ses substituts (Instr. 253 nouveau, modifié par la loi du 25 févr. 1901). — Le procureur général a, d'ailleurs, la faculté de se rendre lui-même dans toute Cour d'assises de son ressort pour y exercer ses fonctions, ou de déléguer, à cet effet, s'il le juge convenable, un de ses avocats généraux ou un de ses substituts.

SECT. IV. — Tribunaux de commerce.

112. Les tribunaux de commerce constituent une juridiction exceptionnelle, destinée à connaître spécialement des contestations en matière commerciale. Ils sont composés de magistrats élus, et dont les fonctions ne sont pas rétribuées. — Sur la compétence de ces tribunaux, V. *supràⁱ, Compétence commerciale*, nᵒˢ 8 et s.

113. Les tribunaux de commerce n'existent qu'en vertu d'un décret. Leur ressort ne comprend que l'arrondissement où ils sont établis ; dans les arrondissements où il n'existe pas de tribunal de commerce, c'est le tribunal civil qui juge des affaires commerciales. — Chaque tribunal est composé d'un président, de juges et de juges suppléants. Le nombre des juges ne peut être inférieur à deux, non compris le président. Un règlement d'administration publique fixe, pour chaque tribunal, le nombre de juges et de juges suppléants (Com. 617, modifié par la loi du 18 juill. 1889, D. P. 90. 4. 57). — Le tribunal de commerce de la Seine est composé d'un président, de 21 juges titulaires et de 21 juges suppléants (Décr. 20 août 1889, D. P. 90. 4. 57).

ART. 1ᵉʳ. — ÉLECTION DES MEMBRES DES TRIBUNAUX DE COMMERCE.

§ 1ᵉʳ. — *Électorat* (S. 266 et s.).

114. Les membres des tribunaux de commerce sont élus par : 1° les citoyens français, commerçants patentés, inscrits au rôle des patentes depuis cinq ans *sans interruption* (Cr. r. 5 avr. 1898, D. P. 98. 1. 265) et ayant cinq ans de résidence dans la circonscription du tribunal ; — 2° les citoyens français associés en nom collectif depuis cinq ans au moins, lesquels peuvent ne pas tous payer patente (L. 15 juill. 1880, art. 21, D. P. 81. 4. 1); les capitaines au long cours et maîtres de cabotage ayant commandé des bâtiments pendant cinq ans ; les directeurs des compagnies françaises anonymes de finance, de commerce et d'industrie (au directeur doit être assimilé l'administrateur délégué d'une société anonyme, investi par le conseil d'administration du mandat de le représenter dans la sphere de son activité financière, commerciale et industrielle : Civ. c. 14 janv. 1903, D. P. 1903. 1. 123); les agents de change et courtiers d'assurances maritimes, courtiers de marchandises, courtiers interprètes et conducteurs de navires

institués en vertu des art. 77, 79 et 80 c. com., après cinq années d'exercice, et domiciliés depuis cinq ans au moins dans le ressort du tribunal ; — 3° les citoyens français, membres anciens ou en service des tribunaux et des chambres de commerce, des chambres consultatives des arts et manufactures, les présidents anciens ou en exercice des Conseils de prud'hommes, *dans le ressort du tribunal où ils ont été investis de leurs fonctions*, alors même qu'ils auraient cessé d'y résider (L. 8 déc. 1883, D. P. 84. 4. 9; Circ. min. Just. 13 févr. 1884, D. P. 84. 4. 11); — 4° les femmes qui remplissent les conditions énoncées dans les trois numéros précédents (L. 23 janv. 1898, D. P. 98. 4. 14).

115. Les agents d'affaires doivent être inscrits sur les listes électorales. Au contraire, n'y doivent pas être inscrits : les médecins, vétérinaires, huissiers, greffiers, notaires, bien que patentés; — les membres d'une association en participation; — le commerçant non patenté, qui prouve seulement qu'il a fait partie, pendant le temps légal, d'une société dont la nature, la constitution et l'objet ne sont point établis par un acte de société ou par tout autre document probant, mais seulement par la notoriété publique (Civ. c. 16 déc. 1891, D. P. 93. 1. 41); — l'agent ou même le directeur d'une agence d'une société anonyme de finance (il en est autrement du directeur de la société elle-même); — le directeur d'une compagnie d'assurances mutuelles contre l'incendie ; le représentant de commerce qui ne fait d'opérations commerciales que pour le compte des négociants ou fabricants dont il est le mandataire (Civ. c. 21 déc. 1898, D. P. 1903. 1. 82); le facteur de denrées et marchandises (Trib. de paix de Narbonne, 19 nov. 1901, D. P. 1903. 1. 82).

§ 2. — *Incapacités* (S. 280).

116. Ne peuvent participer à l'élection : 1° les individus condamnés soit à des peines afflictives et infamantes, soit à des peines correctionnelles pour qualifiés crimes par la loi; 2° ceux qui ont été condamnés pour vol, escroquerie, abus de confiance, soustractions commises par les dépositaires de deniers publics, attentats aux mœurs; 3° ceux qui ont été condamnés à l'emprisonnement pour délit d'usure, pour infractions aux lois sur les maisons de jeu, sur les loteries et les maisons de prêt sur gages, ou par application de l'art. 1ᵉʳ de la loi du 27 mars 1851 (D. P. 51. 4. 59); l'art. 1ᵉʳ de la loi du 5 mars 1855, des art. 7 et 8 de la loi du 23 juin 1857 (D. P. 57. 4. 97) et de l'art. 1ᵉʳ de la loi du 27 juin 1867; 4° ceux qui ont été condamnés à l'emprisonnement par application des lois du 17 juill. 1856 (D. P. 56. 4. 106), du 23 mai 1863 (D. P. 63. 4. 65) et du 25 juill. 1867, sur les sociétés (D. P. 67. 4. 98); 5° les individus condamnés pour délits prévus aux art. 400, 413, 414, 417 à 421, 423, 433, 439 et 443 c. pén., et aux art. 594, 596 et 597 c. com.; 6° ceux qui ont été condamnés à un emprisonnement de six jours au moins ou à une amende de plus de 1 000 francs pour infraction aux lois sur les douanes, les octrois et les contributions indirectes, et à l'art. 5 de la loi du 4 juin 1859 (D. P. 59. 4. 58) sur le transport, par la poste, des valeurs déclarées; 7° les notaires, greffiers et officiers ministériels destitués en vertu de décisions judiciaires; 8° les faillis non réhabilités, dont la faillite a été déclarée soit par les tribunaux français, soit par des jugements rendus à l'étranger, mais exécutoires en France (il en est autrement des commerçants déclarés seulement en état de liquidation judiciaire); 9° et généralement tous les individus privés du droit de vote dans les élections politiques (L. 8 déc. 1883, art. 2).

§ 3. — *Etablissement de la liste annuelle*
(S. 281 et s.).

117. Tous les ans, la liste des électeurs du ressort de chaque tribunal est dressée, pour chaque commune, par le maire, assisté de deux conseillers municipaux désignés par le Conseil, dans la première quinzaine du mois de septembre; elle doit comprendre tous les électeurs qui remplissent, au 1er septembre, les conditions exigées (L. 8 déc. 1883, art. 3). Ainsi un commerçant, spécialement le directeur d'une compagnie anonyme, ne peut être inscrit sur la liste électorale s'il ne justifie qu'il remplit ses fonctions depuis cinq ans au 1er septembre (Civ. c. 23 déc. 1891, D. P. 92. 1. 272).

118. Le maire envoie la liste ainsi préparée au préfet, qui fait déposer la liste générale au greffe du tribunal de commerce, et la liste spéciale de chacun des cantons du ressort au greffe de chacune des justices de paix correspondantes; l'un et l'autre dépôt doivent être effectués trente jours au moins avant l'élection. — L'accomplissement de ces formalités est annoncé, dans le même délai, par affiches apposées à la porte de la mairie de chaque commune du ressort du tribunal. Les listes électorales sont communiquées sans frais à toute réquisition (L. 8 déc. 1883, art. 4). Les intéressés ne peuvent prendre connaissance de la liste qu'en la consultant au greffe; il n'en est pas fait d'affichage.

§ 4. — *Réclamations contre la liste annuelle*
(S. 285 et s.).

119. Pendant les quinze jours qui suivent le dépôt des listes, tout commerçant patenté du ressort, et en général tout ayant droit compris dans l'art. 1er, peut exercer ses réclamations, soit qu'il se plaigne d'avoir été indûment omis, soit qu'il demande la radiation d'un citoyen indûment inscrit. Lorsqu'il s'agit de réclamer une inscription sur la liste, seul l'électeur qui prétend avoir été omis à tort peut élever la réclamation. Au contraire, lorsqu'il s'agit de demander la radiation d'un électeur indûment inscrit, tout électeur, agissant alors comme tiers électeur, peut exercer la réclamation. — Celui qui réclame son inscription doit prouver qu'il remplit les conditions exigées par la loi, par exemple qu'il est commerçant patenté depuis cinq ans, ou qu'il est ancien membre d'un tribunal de commerce. Il n'est pas tenu de produire un extrait de son casier judiciaire attestant qu'il n'a été frappé d'aucune des incapacités énumérées dans l'art. 2 de la loi du 8 déc. 1883 (V. *supra*, n° 116).

120. Les réclamations sont portées devant le juge de paix du canton, par simple déclaration au greffe de la justice de paix du domicile de l'électeur dont la qualité est mise en question. Cette déclaration se fait sans frais, et il en est donné récépissé. Le juge de paix statue sans opposition ni appel dans les dix jours, sans frais ni forme de procédure, et sur simple avertissement donné par ses propres soins à toutes les parties intéressées. Il n'est pas tenu d'attendre l'expiration du délai de quinze jours accordé aux intéressés pour exercer leurs réclamations (Civ. r. 13 janv. 1892, D. P. 92. 1. 271).

121. La sentence est, le jour même, transmise au maire de la commune de l'intéressé, lequel en fait audit intéressé la notification dans les vingt-quatre heures de la réception. Si la demande portée devant le juge de paix implique la solution préjudicielle d'une question d'état, il renvoie préalablement les parties à se pourvoir devant les juges compétents, et fixe un bref délai dans lequel la partie qui a élevé la question préjudicielle doit justifier de ses diligences; il est procédé, en ce cas, conformément aux art. 855, 857 et 858 c. pr. civ. Les actes de procédure devant le juge de paix ne sont pas

soumis au timbre et sont enregistrés gratis (L. 8 déc. 1883, art. 5). — Faute de réclamation des tiers électeurs dans les délais fixés par la loi, les listes, si vicieuses qu'elles puissent être, deviennent définitives et inattaquables (Civ. r. 28 avr. 1890, D. P. 90. 1. 433).

122. La décision du juge de paix peut être déférée à la Cour de cassation, dans tous les cas, par ceux qui y ont été parties, et, en outre, dans le cas où le jugement ordonnerait l'inscription sur la liste d'une personne qui n'y figurait pas, par tout électeur inscrit sur la liste électorale (L. 1883, art. 6). — Le délai pour se pourvoir est de dix jours à partir de la notification de la décision. Le pourvoi est formé par une requête adressée à la Cour de cassation. La requête peut aussi être déposée au greffe de la justice de paix; elle est alors transmise, ainsi que les mémoires fournis par la partie, sans frais, par le greffier de la justice de paix au greffier de la Cour de cassation. La requête doit être dénoncée aux défendeurs, à peine de nullité, dans les dix jours qui suivent celui où elle est formée (même article). — Le pourvoi est jugé d'urgence, sans frais ni consignation d'amende. L'intermédiaire d'un avocat à la Cour de cassation n'est pas obligatoire. La chambre civile statue directement et définitivement sur le pourvoi, sans que la chambre des requêtes ait été saisie. Le pourvoi n'est pas suspensif (même article).

§ 5. — *Clôture de la liste* (S. 293 et s.).

123. La liste, rectifiée, s'il y a lieu, par suite des décisions judiciaires, est close définitivement dix jours avant l'élection. Cette liste sert pour toutes les élections de l'année (L. 8 déc. 1883, art. 7). Elle ne peut être modifiée avant la revision prévue pour la première quinzaine de septembre (Circ. min. Just. 13 févr. 1884, D. P. 84. 4. 11, note, n° 9) (V. *supra*, n° 117).

§ 6. — *Durée des fonctions* (S. 295 et s.).

124. Lors des élections qui suivirent la loi du 8 déc. 1883, chaque tribunal de commerce fut divisé en deux sections dont la première, composée de président et de la moitié des juges titulaires et des juges suppléants, était nommée pour deux ans, et la seconde pour un an. On procède de la sorte chaque fois qu'il s'agit d'élire pour la première fois des membres d'un tribunal de commerce nouvellement créé (L. 1883, art. 18). Dans les élections suivantes, les nominations sont faites pour deux ans. — Tout magistrat élu en remplacement d'un autre, par suite de décès ou de toute autre cause, ne demeure en exercice que pendant le temps qui reste à courir sur la durée du mandat confié à son prédécesseur (Com. 623, § 2).

§ 7. — *Eligibilité et rééligibilité* (S. 297 et s.).

125. Sont éligibles aux fonctions de président, de juge et de juge suppléant, tous les électeurs inscrits sur la liste électorale, âgés de trente ans, et les anciens commerçants français ayant exercé leur profession pendant cinq ans au moins dans l'arrondissement et y résidant. Toutefois, nul ne peut être élu président s'il n'a exercé pendant deux ans les fonctions de juge titulaire, et nul ne peut être nommé juge s'il n'a été suppléant pendant un an (sauf lorsqu'il s'agit d'un tribunal de commerce nouvellement créé) (L. 1883, art. 8).

126. Lorsque la liste a été définitivement close après l'accomplissement de toutes les formalités légales, quiconque y est inscrit et satisfait, d'ailleurs, aux conditions d'âge prescrites par la loi, peut être élu, sans que son élection puisse être contestée par le motif

qu'il ne remplissait pas les conditions voulues pour être inscrit sur la liste.

127. Le président et les juges sortant d'exercice après deux années peuvent être réélus immédiatement pour deux autres années. Cette nouvelle période expirée, ils ne sont rééligibles qu'après un an d'intervalle (L. 8 déc. 1883, art. 13; Com. 623). Toutefois, le président, quel que soit, au moment de son élection, le nombre de ses années de judicature comme juge titulaire, peut toujours être élu pour deux années, à l'expiration desquelles il peut être élu pour une seconde période de même durée (L. 8 déc. 1883, art. 13). — Les juges suppléants sont indéfiniment rééligibles. Le président et les juges titulaires ne peuvent pas, à l'expiration de leurs fonctions, être nommés suppléants.

§ 8. — *Procédure de l'élection* (S. 312 et s.).

128. L'assemblée électorale est convoquée par le préfet dans la première quinzaine de décembre au plus tard. La convocation a lieu par la publication et l'affichage de l'arrêté préfectoral dans chaque commune. Le vote a lieu par canton, à la mairie du chef-lieu. Dans les villes divisées en plusieurs cantons, le maire désigne, pour chaque canton, le local où les opérations électorales doivent s'effectuer et délègue, pour y présider, l'un de ses adjoints ou l'un des conseillers municipaux. A Paris et à Lyon, il y a autant de collèges électoraux qu'il y a d'arrondissements.

129. L'assemblée électorale est présidée par le maire ou son délégué, assisté de quatre électeurs, qui sont les deux plus âgés et les deux plus jeunes des membres présents. Le bureau ainsi formé nomme un secrétaire pris dans l'assemblée. Il statue sur toutes les questions qui peuvent s'élever dans le cours de l'élection. — Le préfet peut, par arrêté pris sur l'avis conforme du Conseil général, diviser l'assemblée en plusieurs sections; il peut aussi convoquer les électeurs de deux cantons au chef-lieu de l'un de ces cantons en une seule assemblée, qui est présidée par le maire de ce chef-lieu.

130. Le président est élu au scrutin individuel. Les juges titulaires et les juges suppléants sont nommés au scrutin de liste, mais par des bulletins distincts déposés dans des boîtes séparées. Ces élections ont lieu simultanément.

131. Aucune élection n'est valable au premier tour de scrutin si les candidats n'ont obtenu la majorité (c'est-à-dire la moitié plus un) des suffrages exprimés, et si cette majorité n'est égale au quart des électeurs inscrits. — Si la nomination n'a pas été obtenue au premier tour, un scrutin de ballottage a lieu, quel que soit le nombre des suffrages. Ce second tour a lieu de plein droit cinq jours après, aux mêmes heures. La majorité relative suffit. La durée de chaque scrutin est de six heures; il s'ouvre à dix heures du matin et se ferme à quatre heures du soir.

132. Le président de chaque assemblée proclame le résultat de l'élection et transmet immédiatement au préfet le procès-verbal des opérations électorales (L. 1883, art. 11). Dans les vingt-quatre heures de la réception des procès-verbaux, le résultat général de l'élection de chaque ressort est constaté par une commission siégeant à la préfecture et composée ainsi qu'il est dit à l'art. 11 de la loi de 1883. Dans les trois jours qui suivent la constatation des résultats électoraux par la commission, le préfet transmet au procureur général près la Cour d'appel une copie certifiée du procès-verbal de l'ensemble des constatations et une autre copie, également certifiée, à chacun des greffiers des tribunaux de commerce du département. Il transmet également le résultat des opérations à tous les maires des chefs-lieux de canton, qui doivent les faire afficher à la porte de la mairie.

§ 9. — *Cas de nullité* (S. 334 et s.).

133. La nullité partielle ou absolue de l'élection ne peut être prononcée que dans les cas suivants : 1° si l'élection n'a pas été faite selon les formes prescrites par la loi ; 2° si le scrutin n'a pas été libre, ou s'il a été vicié par des manœuvres frauduleuses ; 3° s'il y a incapacité légale dans la personne de l'un ou de plusieurs des élus (L. 1883, art. 12). Sont applicables aux élections des membres des tribunaux de commerce les dispositions des art. 98 à 100, 102 à 110, 112 à 114, 116 à 123 de la loi du 15 mars 1849 (même article).

§ 10. — *Voies de recours* (S. 341 et s.).

134. Dans les cinq jours de l'élection, tout électeur a le droit d'élever des réclamations sur la régularité et la sincérité de l'élection. Le procureur général a le même droit dans les cinq jours de la réception du procès-verbal. Ces délais sont de rigueur (Civ. r. 15 mai 1888, D. P. 88. 1. 455). Les réclamations sont communiquées aux citoyens dont l'élection est attaquée ; ils ont le droit d'intervenir dans les cinq jours de la communication (L. 1883, art. 11).

135. La loi n'indique pas dans quelle forme l'action doit être introduite ; de là, pour les tribunaux, une grande liberté d'appréciation. Ainsi il a été jugé que les réclamants ne sont pas tenus de saisir eux-mêmes la Cour d'appel dans le délai de cinq jours, et qu'il leur suffit d'adresser dans ce délai leur réclamation au préfet (Civ. c. 22 déc. 1884, D. P. 85. 1. 5). Mais la réclamation ne peut être adressée au procureur de la République (Civ. r. 15 mai 1888, précité). — Les réclamations sont jugées sommairement et sans frais dans la quinzaine à la Cour d'appel dans le ressort de laquelle l'élection a eu lieu. L'opposition n'est pas admise contre l'arrêt rendu par défaut et qui doit être signifié (L. 1883, art. 11, § 7).

136. Il peut être formé un pourvoi en cassation contre l'arrêt de la Cour d'appel. Ce pourvoi n'est recevable que s'il est formé dans les dix jours de la signification de l'arrêt. Il est suspensif (L. 1883, art. 11). — V. au contraire, sur le pourvoi formé dans le cas de l'art. 6, *supra*, n° 122. — Toutefois, tandis qu'il est admis que le pourvoi contre une décision du juge de paix statuant sur une réclamation élevée au sujet de la confection des listes électorales peut être déposé au greffe de la justice de paix, la jurisprudence déclare non recevable le pourvoi contre un arrêt statuant sur la validité d'une élection consulaire qui serait déposé entre les mains du greffier de la justice de paix et transmis par celui-ci à la Cour de cassation (Civ. r. 17 févr. 1890, D. P. 90. 1. 344). Le pourvoi doit donc être formé par voie de requête adressée à la Cour de cassation, à peine de nullité. Le pourvoi doit, en outre, à peine de nullité, être dénoncé par le demandeur aux défendeurs dans les dix jours (L. 1883, art. 11 et 6) (Civ. r. 24 mars 1903, D. P. 1903. 5. 763). Le pourvoi serait également non recevable s'il était dénoncé à une époque antérieure à sa date légale (Civ. r. 29 févr. 1892, D. P. 93. 1. 125).

ART. 2. — ORGANISATION ET FONCTIONNEMENT DES TRIBUNAUX DE COMMERCE (R. 521 et s. ; S. 360 et s.).

137. Dans la quinzaine de la réception du procès-verbal, s'il n'y a pas de réclamation, ou dans la huitaine de l'arrêt statuant sur les réclamations, le procureur général invite les élus à se présenter à l'audience de la Cour d'appel, qui prend publiquement acte de leur réception et en dresse procès-verbal consigné dans ses registres. La Cour, si elle ne siège pas dans l'arrondissement où le tribunal de commerce est établi, peut, à la demande des élus, désigner le tribunal civil de l'arrondissement pour procéder à leur réception, qui a lieu en séance publique, à la diligence du procureur de la République (L. 8 déc. 1883, art. 14).

138. Le rang à prendre dans le tableau des juges et des suppléants est fixé par l'ancienneté, c'est-à-dire par le nombre des années de judicature *avec ou sans interruption*, et, entre les juges élus pour la première fois et par le même scrutin, par le nombre de voix que chacun d'eux aura obtenu dans l'élection ; en cas d'égalité des suffrages, la priorité appartient au plus âgé (L. 1883, art. 15).

139. Chaque année, le tribunal dresse une liste où ne sont portés que des éligibles ayant leur résidence dans la ville, ou, en cas d'insuffisance, des électeurs ayant légalement leur résidence dans la ville où siège le tribunal. Cette liste se compose de cinquante noms pour Paris, de vingt-cinq noms pour les tribunaux de neuf membres et de quinze noms pour les autres tribunaux. Lorsque, par suite de récusation ou d'empêchement, il ne reste pas un nombre suffisant de juges ou de suppléants, le président du tribunal tire au sort, en séance publique, les noms des juges complémentaires pris dans cette liste. Ces juges sont appelés dans l'ordre fixé par ce tirage au sort (L. 1883, art. 16).

140. Les jugements sont rendus par trois juges au moins. Parmi les juges doit se trouver au moins un juge titulaire (L. 1883, art. 15). Ainsi, un tribunal pourrait être valablement constitué par un juge titulaire et deux juges suppléants, mais non par trois juges suppléants. Les juges titulaires peuvent tous prendre part au jugement. — D'autre part, les juges suppléants ne peuvent être appelés que pour compléter le nombre de trois. Les juges complémentaires ne peuvent siéger, à peine de nullité, qu'autant qu'il ne reste pas le nombre suffisant de juges ou de suppléants. — On n'est pas d'accord sur le point de savoir si les juges qui participent au jugement doivent se trouver en nombre impair, par application de la règle contenue dans l'art. 4 de la loi du 30 août 1883 (V. *supra*, n° 60). La jurisprudence paraît incliner vers l'affirmative.

141. La loi du 8 déc. 1883 ne prévoyant pas les incompatibilités, il y a lieu d'appliquer aux juges consulaires les dispositions de la loi du 20 avr. 1810, qui interdisent aux parents et alliés de faire partie du même tribunal (V. *supra*, n° 28).

142. Les magistrats des tribunaux de commerce sont soumis au droit de surveillance du garde des sceaux (L. 30 août 1883, art. 17) (V. *infrà*, Discipline judiciaire). Mais il ne semble pas qu'ils relèvent du pouvoir disciplinaire du conseil supérieur de la magistrature. En fait, aucune poursuite de cette nature n'a été soumise, depuis la loi du 30 août 1883, à la Cour de cassation constituée en conseil supérieur.

143. Quant à la police des audiences, les règles exposées *supra*, n°ᵉ 38 et s., s'appliquent, en général, aux tribunaux de commerce.

ART. 3. — TRIBUNAUX CIVILS JUGEANT COMMERCIALEMENT (R. 526 ; S. 377).

144. Dans les arrondissements où il n'y a pas de tribunal de commerce, la connaissance des affaires commerciales est attribuée au tribunal civil (Com. 640). — La jurisprudence admet que la composition du tribunal civil reste la même lorsqu'il juge commercialement que quand il statue en matière civile ; ainsi, le ministère public doit participer aux audiences commerciales.

SECT. V. — **Cour de cassation** (R. vᵒ *Cassation* ; S. eod. vᵒ).

§ 1ᵉʳ. — *Historique. — Législation* (R. 2 et s. ; S. 1 et s.).

145. La Cour de cassation est un tribunal supérieur, placé au sommet de la hiérarchie judiciaire, et dont l'autorité s'étend sur toutes les juridictions civiles ou criminelles de la France et des colonies. Sa fonction principale et essentielle consiste à assurer l'exacte application de la loi et l'uniformité de la jurisprudence ; elle est investie, à cet effet, du pouvoir d'annuler, de *casser*, le cas échéant, les décisions qui lui sont déférées. C'est là que vient sa dénomination.

146. La Cour de cassation a remplacé, dans l'organisation judiciaire moderne, l'ancien *Conseil privé* ou *Conseil des parties*, section du Conseil du roi devant laquelle étaient portées autrefois les recours contre toutes les juridictions du royaume. Elle a été instituée, sous le nom de *Tribunal de cassation*, par le décret des 27 nov.-1ᵉʳ déc. 1790, qui a supprimé le Conseil des parties. Elle a été organisée sur des bases entièrement nouvelles. Toutefois, en ce qui concerne la procédure, les règles suivies devant le Conseil des parties sont dans leur ensemble restées en vigueur, du moins en matière civile [V. *supra*, Cassation (Pourvoi en), n° 2]. — Le Tribunal de cassation a pris le titre de *Cour*, en vertu d'un décret du 28 flor. an 12.

§ 2. — *Organisation* (R. 40 et s. ; S. 19 et s.).

147. La Cour de cassation se compose de 49 membres, savoir : le premier président, 3 présidents et 45 conseillers (L. 27 vent. an 8, art. 60). Elle est divisée en 3 chambres : la chambre des requêtes, la chambre civile et la chambre criminelle, comprenant chacune 16 membres, le président compris (Ord. 15 janv. 1826, art. 28). Le premier président préside l'une des chambres à son choix, et siège habituellement à la chambre civile, qui comprend ainsi 17 membres. — Les magistrats qui composent une chambre y restent constamment attachés : il n'y a pas de roulement à la Cour de cassation.

148. Le parquet de la Cour de cassation se compose du procureur général et de 6 avocats généraux, 2 attachés à chaque chambre (le titre de premier avocat général, qui appartenait au plus ancien d'entre eux, a été supprimé par décret du 22 nov. 1890, D. P. 91. 4. 9). Le procureur général n'a point de substitut ; la correspondance et le service administratif sont confiés à un secrétaire en chef du parquet.

149. A la Cour de cassation est attaché un greffier en chef. Il est assisté, dans ses fonctions, par des commis-greffiers assermentés, au nombre de 4, dont 3 attachés chacun à une des chambres de la Cour pour le service des audiences, le quatrième chargé du service des dépôts civils (L. 27 vent. an 8, art. 68).

150. Il existe auprès de la Cour de cassation un barreau spécial, dont les membres remplissent la double fonction d'avoués et d'avocats (V. *supra*, Avocat, n°ˢ 53 et s.).

§ 3. — *Attributions* (R. 1194 et s. ; S. 256 et s.).

151. La Cour de cassation a pour principale attribution de statuer sur les recours ou pourvois formés contre les décisions des diverses juridictions sur lesquelles s'étend son autorité [V. *supra*, Cassation (Pourvoi en), n° 1]. Il lui appartient de casser, notamment, celles qui renferment des violations de la loi, soit dans la forme, soit quant au fond ; mais elle n'est pas un degré supérieur de juridiction, et elle ne peut jamais entrer dans l'examen du fond des affaires. Son rôle consiste à rechercher si, étant donnés les faits de la cause tels qu'ils ressortent de la décision attaquée, les juges ont fait une exacte application de la loi (V. *supra*, Cassation, n° 82). Si la cassation est prononcée, la Cour ne juge pas elle-même la cause à nouveau ; mais elle la renvoie devant un autre tribunal du même ordre que celui qui avait statué en premier lieu [V. suprà, *Cassation* (*Pourvoi en*), n°ˢ 115 et s., 202 et s.].

152. Indépendamment des pourvois en cassation, la Cour connaît encore : 1° des recours en annulation formés par ordre du Gouvernement contre les actes des juges entachés d'excès de pouvoir [V. suprà, *Cassation* (*Pourvoi en*), n° 123] ; — 2° des règlements de juges, lorsque les tribunaux devant lesquels un même différend est porté ne ressortissent pas tous à la même Cour d'appel, ou si le conflit existe entre une ou plusieurs Cours d'appel (V. infrà, *Règlement de juges*) ; — 3° des demandes en renvoi pour cause de suspicion légitime ou de sûreté publique (V. infrà, *Renvoi*). — Elle exerce enfin, comme Conseil supérieur de la magistrature, des pouvoirs disciplinaires sur les magistrats appartenant aux divers ordres de juridiction (V. infrà, *Discipline judiciaire*).

153. Chacune des trois chambres dont se compose la Cour de cassation a ses attributions propres. — Sur ces attributions en général, V. suprà, *Cassation* (*Pourvoi en*), n°ˢ 58 et s., 73 et s., 122, 170 et s. V. aussi suprà, n° 122, et infrà, *Elections, Expropriation pour cause d'utilité publique, Mise en jugement de fonctionnaires publics, Règlement de juges, Renvoi*. — Pendant les vacances judiciaires, les affaires civiles urgentes sont envoyées à la chambre criminelle, qui fait office de chambre de vacation (Ord. 15 janv. 1826, art. 64, 66, 67).

154. Dans certains cas, la Cour de cassation siège en audience solennelle, toutes chambres réunies [V. suprà, *Cassation* (*Pourvoi en*), n° 119, et infrà, *Discipline judiciaire*].

COURSES DE CHEVAUX

(R. v° *Courses de chevaux*; S. *eod.* v°).

1. Les courses de chevaux ont pour but l'amélioration de la race chevaline. Les textes qui régissent cette matière sont : le décret du 4 juill. 1806, art. 27 (R. v° *Haras*, p. 41); l'arrêté ministériel du 16 mars 1866, encore en vigueur dans la plupart de ses dispositions, et la loi du 2 juin 1891 (D. P. 91. 4. 49).

2. Il existe en France de nombreuses sociétés de courses, qui fonctionnent sous la surveillance et le patronage du Gouvernement. Les principales sont : la Société d'encouragement pour l'amélioration des races de chevaux en France (*Jockey-Club*); la Société des steeple-chases de France; la Société pour l'amélioration du cheval français de demi-sang.

3. Aux termes de l'art. 27 du décret du 4 juill. 1806, il appartient au ministre de l'Intérieur (aujourd'hui, le ministre de l'Agriculture) de faire des règlements particuliers pour la police des courses. En vertu de ce texte, différents arrêtés ministériels avaient établi un règlement général des champs de course. L'arrêté du 16 mars 1866 (art. 10) a abrogé ces dispositions et posé en principe que les hippodromes sont régis : pour les courses plates au galop, par le règlement de la Société d'encouragement (*Jockey-Club*); pour les courses d'obstacle, par le règlement de la Société des steeple-chases; pour les courses au trot, par le règlement de la Société du cheval de demi-sang. — Ces trois règlements, appelés aussi *Code des courses, Code des steeple-chases, Code des courses au trot*, sont analogues sur beaucoup de points. Ils traitent, en particulier, de la qualification et de l'engagement des chevaux, des entrées et des forfaits, du pesage, de la course, des prix à réclamer, des surcharges et remises de poids, des réclamations et des jockeys.

4. L'arrêté du 16 mars 1866 (art. 3 et s.) avait institué dans chaque localité trois com-

missaires de courses nommés par l'Administration et qui avaient pour fonctions principales de préparer le programme des courses, de recevoir les engagements, de décider de l'attribution des prix et de prendre, le cas échéant, certaines mesures disciplinaires contre les propriétaires de chevaux ou les jockeys. Sans que l'arrêté de 1866 ait été rapporté, l'Administration, en fait, a renoncé à la nomination des commissaires de courses et en a laissé le choix aux trois sociétés de courses. Celles-ci les choisissent parmi leurs membres; leurs fonctions sont déterminées par les trois codes des courses. C'est aux commissaires qu'il appartient de prononcer sur l'exclusion ou la suspension, que l'on appelle aussi la *disqualification*, des jockeys, entraîneurs ou propriétaires qui se sont rendus coupables de diverses infractions aux règlements des hippodromes.

5. Les commissaires ne sont, d'ailleurs, ni des juges ni des arbitres, mais de simples mandataires d'une société privée, et leurs décisions ne peuvent être assimilées ni à des jugements, ni à des sentences arbitrales. Il s'ensuit qu'elles ne sauraient être réformées par les tribunaux; mais les commissaires ont pu engager la responsabilité de la société qu'ils représentent en rendant une décision contraire au code des courses, accepté comme contrat tacite par les propriétaires de chevaux; et il peut en résulter, au profit de ces derniers, une action en dommages-intérêts contre la société des courses à raison du préjudice que cette décision leur a causé (Paris, 3 avr. 1901, D. P. 1902. 2. 467).

6. Le Gouvernement distribue, tous les ans, un certain nombre de prix pour les courses. Ces prix sont divisés en prix classés et en prix non classés, et de nombreux arrêtés ministériels fixent l'importance de ces prix, leur répartition entre les différents hippodromes, la nature des épreuves auxquelles ils sont affectés, les conditions d'âge et d'origine que doivent remplir les chevaux engagés. Les différentes sociétés de courses, les départements, les communes, les particuliers et celles-ci ne sont autorisées qu'à la condition d'avoir pour but exclusif l'amélioration de la race chevaline (art. 2). Une autorisation spéciale est, d'ailleurs, nécessaire pour l'ouverture de chaque hippodrome (art. 1ᵉʳ). D'autre part, les sociétés instituées conformément à la loi sont tenues de soumettre leurs comptes à leur budget annuel à l'approbation du ministre de l'Agriculture et des Finances (art. 3). V. aussi le décret du 7 juill. 1896 (D. P. 99. 4. 63).

8. En ce qui concerne les paris sur les courses, V. infrà, *Jeu-Pari*.

COURTIER

(R. v° *Bourse de commerce*; S. *eod.* v°).

ART. 1ᵉʳ. — DÉFINITION ET LÉGISLATION (R. 34 et s.; S. 16 et s., 233 et s.).

1. Les courtiers sont des commerçants dont la profession consiste essentiellement à servir d'*intermédiaires* à d'autres commerçants

à l'effet de permettre à ces derniers de conclure entre eux des opérations (Com. 74, modifié par la loi du 2 juill. 1862, D. P. 62. 4. 71).

2. Les courtiers sont régis par les art. 74, 77 à 90 du Code de commerce (livre 1ᵉʳ, titre 5, sect. 2), dont quelques-uns ont été modifiés par la loi du 2 juill. 1862, par celle du 18 juill. 1866 (D. P. 66. 4. 118); et enfin par celle du 28 mars 1885 (D. P. 85. 4. 25). La loi du 18 juill. 1866 a, d'ailleurs, été modifiée elle-même par celle du 22 mars 1893 (D. P. 93. 4. 65).

3. Les courtiers se divisent, au point de vue de la réglementation à laquelle ils sont soumis, en trois catégories : 1° les courtiers officiers ministériels ; 2° les courtiers inscrits; 3° les courtiers libres.

ART. 2. — DES COURTIERS OFFICIERS MINISTÉRIELS.

4. Théoriquement, il peut y avoir quatre espèces de courtiers officiers ministériels : 1° des courtiers d'assurances maritimes ; 2° des courtiers-interprètes et conducteurs de navires ou, comme on les appelle en pratique, des courtiers maritimes; 3° des courtiers de transport par terre et par eau; 4° des courtiers-gourmets piqueurs de vins (Com. 77, et Décr. 15 déc. 1813, art. 13 et s., R. v° *Impôts indirects*, p. 407). Mais, en fait, il n'existe que des deux premières espèces, c'est-à-dire des *courtiers d'assurances maritimes* et des *courtiers maritimes*.

§ 1ᵉʳ. — *Nomination* (R. 449 et s.; S. 236 et s.).

5. Les courtiers officiers ministériels sont nommés par le président de la République, après avis de la chambre syndicale, sur la proposition du ministre du Commerce (V. infrà, *Office*).

6. Pour être nommé courtier, il faut : 1° avoir la jouissance des droits de citoyen français (Arr. 29 germ. an 9, art. 7, R. p. 415); 2° justifier de son aptitude à remplir les fonctions, aptitude qui est déterminée par la chambre syndicale. Le courtier doit, en outre, avant d'entrer en fonctions, verser un cautionnement (L. 28 vent. an 9, art. 9, R. p. 415; L. 28 avr. 1816, art. 90).

§ 2. — *Caractère des fonctions des courtiers* (R. 455; S. 242 et s.).

7. Les courtiers maritimes et les courtiers d'assurances maritimes ne sont pas seulement, comme tels (sauf cependant les courtiers d'assurances maritimes de Marseille), le droit de présenter leurs successeurs à l'agrément du Gouvernement (L. 28 avr. 1816, art. 9; V. infrà, *Office*). Ce sont, en outre, des commerçants comme les agents de change, et, par suite, ils sont électeurs et éligibles, comme ces derniers, au tribunal de commerce (L. 8 déc. 1883, art. 1ᵉʳ, D. P. 84. 4. 9). Ils sont soumis, au point de vue de la faillite, traités d'une façon aussi sévère que les agents de change (Com. 89, et Pén. 404) (V. suprà, *Agent de change*, n° 12).

§ 3. — *Attributions* (R. 456 et s.; S. 246 et s.).

8. 1° *Monopole des courtiers officiers ministériels*. — Dans les limites et sauf les exceptions qui seront indiquées infrà, n°ˢ 23 et s., 38 et s., les courtiers officiers ministériels ont seuls le droit d'exercer les attributions qui leur sont dévolues par la loi : le fait, par un tiers, d'exercer ces attributions, ou quelques-unes d'entre elles, constitue le délit de *courtage clandestin* ou *marronnage*, puni des peines qui frappent l'immixtion dans les fonctions d'agent de change (L. 28 vent. an 9, art. 8; Arr. 27 prair. an 10, R. p. 416; V. suprà, *Agent de change*, n° 15). Les mêmes peines sont aussi applicables aux banquiers, négociants ou commerçants qui confient leurs négociations à d'autres qu'à ces courtiers, alors qu'il s'agit d'opérations ne pouvant se faire par l'entremise d'autres intermédiaires (Arr. 27 prair. an 10). — Mais il est à remarquer que ce monopole des courtiers officiers ministériels n'existe que pour la ville dans laquelle ils sont établis. De là cette conséquence qu'eux-mêmes se rendraient coupables de courtage clandestin s'ils faisaient des actes de courtage hors du ressort dans lequel ils peuvent légalement exercer, et sur une place où d'autres courtiers sont institués.

9. 2° *Émoluments des courtiers officiers ministériels.* — Ces émoluments consistent dans des droits de courtage qu'il appartient au chef de l'État de fixer dans les formes prescrites par l'arrêté du 29 germ. an 9 (Cons. d'Ét. 7 mai 1897, D. P. 98. 3. 87).

10. 3° *Attributions spéciales des courtiers d'assurances maritimes.* — Les courtiers d'assurances maritimes n'ont pas seulement pour fonctions de faire le courtage des assurances maritimes, c'est-à-dire de s'entremettre entre les assureurs et les assurés pour les rapprocher; c'est à eux encore qu'il appartient de rédiger les contrats ou polices d'assurances (Com. 79). Toutefois, ils n'exercent cette double fonction que concurremment avec les notaires, lesquels peuvent eux-mêmes dresser de telles polices, même par actes sous seing privé, et faire également des actes de courtage (même article). — En outre, les courtiers d'assurances ont pour mission de certifier le taux des primes fixé pour les voyages de mer ou de rivière (Com. 79 *in fine*); autrement dit, de constater le cours légal des primes d'assurances. Sur ce point, ils n'ont pas à subir la concurrence des notaires.

11. 4° *Attributions spéciales des courtiers maritimes.* — Les courtiers maritimes font seuls le courtage des affrètements, c'est-à-dire de la location totale ou partielle des navires. Ils ont, en outre, seuls le droit de traduire, en cas de contestations portées devant les tribunaux, les déclarations, chartes-parties, connaissances, contrats et tous actes de commerce dont la traduction est nécessaire. Seuls aussi ils ont le droit de constater le cours du fret ou nolis, c'est-à-dire du prix du transport des marchandises par mer (Com. 80, § 1er).

12. Dans les affaires contentieuses de commerce et pour le service des douanes, ainsi que pour le service des autres administrations publiques, ils ont seuls qualité pour servir d'interprètes à tous étrangers, maîtres de navire, marchands, équipages de vaisseau et autres personnes de mer (Com. 80, § 2). En d'autres termes, c'est à eux seuls il appartient de procéder à la conduite du navire, à l'ensemble des opérations qui ont pour but de rendre au capitaine les services qu'il peut réclamer et de remplir pour lui toutes les formalités exigées, à l'entrée ou à la sortie du port, par toutes les administrations publiques. — Toutefois, ce privilège ne s'oppose point à ce que les maîtres et marchands remplissent eux-mêmes les formalités relatives à la conduite du navire, tout en chargeant un courtier maritime de la traduction des documents à déposer. De même, le consignataire unique de la cargaison peut, à ce titre, faire lui-même, en douane et devant les autres administrations publiques, les déclarations et démarches nécessaires à l'entrée du navire. Mais, du moins suivant une opinion qui tend à prévaloir, le même droit n'appartient pas à celui qui n'est que consignataire de la coque, et non de la cargaison (Civ. 25 févr. 1895, D. P. 95. 1. 303).

13. Il paraît généralement admis que les courtiers maritimes peuvent seuls s'entremettre dans la vente des navires, non seulement en cas de vente volontaire, mais encore en cas de vente autorisée ou ordonnée par justice (L. 28 mai 1858, art. 1er, D. P. 58.

4. 75; Décr. 8 mai 1861 et 30 mai 1863, D. P. 61. 4. 61 et 63. 4. 122; L. 3 juill. 1861, art. 2, D. P. 61. 4. 106). Il en est toutefois autrement lorsqu'il s'agit d'une vente sur saisie, laquelle doit avoir lieu devant le tribunal civil et par le ministère des avoués (Com. 197 et s.). En outre, dans toutes les ventes autorisées ou ordonnées par la justice consulaire, le tribunal, ou le juge qui autorise ou ordonne la vente, a toujours le droit de désigner, pour y procéder, une autre classe d'officiers publics que les courtiers (L. 3 juill. 1861, art. 2).

§ 4. — *Obligations spéciales.* — *Discipline.* — *Prohibitions* (R. 509 et s.; S. 281 et s.).

14. Les courtiers maritimes et d'assurances maritimes sont tenus de prêter leur ministère à tous ceux qui le requièrent. Ils sont tenus d'avoir un *livre journal* sur lequel ils doivent consigner jour par jour, et par ordre de dates, toutes les conditions des opérations faites par leur ministère (Com. 84) (V. *suprà*, *Commerçant*, n° 27). Ils doivent, de plus, mentionner toutes leurs opérations sur des carnets, aussitôt qu'elles sont faites (Arr. 27 prair. an 10, art. 11).

15. Les courtiers maritimes et d'assurances maritimes sont soumis à la surveillance de leur chambre syndicale, laquelle exerce sur eux un véritable juridiction disciplinaire (V. *infrà*, n° 20).

16. Les courtiers maritimes et d'assurances ne peuvent former entre eux aucune espèce d'association; ils ne peuvent même point, comme les agents de change, s'adjoindre des bailleurs de fonds. — Il leur est interdit de déléguer leurs fonctions, sans même pouvoir, à la différence des agents de change (V. *suprà*, *Agent de change*, n° 9 et 10), avoir des commis principaux (L. 21 avr. 1791, art. 13).

17. Ils ne peuvent non plus, et ce, sous les sanctions indiquées *suprà*, *Agent de change*, n° 46, faire des opérations de commerce pour leur compte, ni s'intéresser dans aucune entreprise commerciale (Com. 85). Spécialement, le courtier d'assurances maritimes ne doit, sous aucun prétexte, s'immiscer dans les fonctions du courtier interprète conducteur des navires. — Inversement, on a vu *suprà*, *Agent de change*, n° 46, que le même individu peut, par décret, être autorisé à cumuler les fonctions d'agent de change, de courtier maritime et de courtier d'assurances maritimes (Com. 81). — Inversement, les courtiers officiers ministériels ne peuvent renoncer, au profit d'un ou de plusieurs de leurs collègues, à remplir certains actes de leur ministère.

18. Ils ne peuvent réclamer de leurs clients, à titre d'émoluments, d'autres ou plus forts droits que ceux qui leur sont alloués par les lois et règlements (V. *suprà*, n° 9). — En outre, il est spécialement défendu aux courtiers maritimes d'aller au-devant des navires, soit en rade, soit dans les canaux et rivières navigables pour s'attirer les maîtres, capitaines ou marchands (Ord. 1681, livre 1er, titre 7, art. 11). Mais il est aujourd'hui permis soit aux courtiers maritimes, soit aux courtiers d'assurances maritimes, de payer pour le compte de leurs commettants et de se rendre garants de l'exécution des marchés dans lesquels ils s'entremettent (L. 28 mars 1885, art. 3, D. P. 85. 4. 25).

§ 5. — *Responsabilité* (R. 521 et s.; S. 288 et s.).

19. Au regard de leurs clients, les courtiers maritimes et d'assurances maritimes sont responsables dans la même mesure que tout mandataire salarié (V. *infrà*, *Mandat*). Ils répondent donc non seulement du dol, mais encore des fautes qu'ils commettent dans l'exercice de leurs fonctions; spécialement, le courtier maritime, chargé de la conduite d'un navire à l'entrée ou à la sortie du

port, répond de toutes les omissions ou irrégularités commises dans les formalités qui doivent être remplies auprès des diverses administrations publiques. — Mais le courtier maritime n'est pas mandataire des chargeurs de marchandises et n'a point, à ce titre, l'obligation de surveiller leurs intérêts; il n'est donc pas tenu de veiller à la délivrance de la cargaison (Rouen, 12 mars 1888, D. P. 89. 2. 92). À l'égard des tiers, enfin, la responsabilité des courtiers privilégiés n'est engagée qu'en vertu des termes du droit commun de l'art. 1382 c. civ. (V. *infrà*, *Responsabilité*).

§ 6. — *Chambre syndicale* (R. 543 et s.; S. 298 et s.).

20. Tous les courtiers privilégiés d'une même place sont réunis sous la juridiction d'une seule chambre syndicale. Si même il y a dans cette place des agents de change, ces agents de change relèvent également de cette juridiction. Toutefois, lorsque le nombre de tous ces officiers ministériels est inférieur à six, les fonctions de la chambre syndicale sont remplies par le tribunal de commerce (Décr. 5 janv. 1867, art. 12, D. P. 67. 4. 28). V. *suprà*, *Agent de change*, n° 54.

21. La chambre syndicale ne peut prononcer de peine disciplinaire que lorsqu'un règlement de discipline a été présenté par elle au ministre de l'Intérieur et approuvé par le Gouvernement (Arr. 27 prair. an 10): en l'absence d'un tel règlement, toute peine qu'elle prononcerait serait sans effet (Req. 9 avr. 1900, D. P. 1900. 1. 261).

22. Indépendamment de ces fonctions disciplinaires, la chambre syndicale représente la compagnie pour la gestion de ses droits et la défense de ses intérêts. Elle donne son avis sur les candidats présentés pour remplir les fonctions de courtier en remplacement d'un titulaire démissionnaire ou décédé. Elle statue sur les contestations qui peuvent s'élever entre des membres de la compagnie relativement à l'exercice de leurs fonctions.

Art. 3. — **Des courtiers inscrits.**

§ 1er. — *Nomination* (S. 306 et s.).

23. Les *courtiers inscrits*, ou *courtiers assermentés*, sont des courtiers de marchandises. La liste en est dressée par le tribunal de commerce (L. 18 juill. 1866, art. 2, § 1er, D. P. 66. 4. 118), ou, dans les villes sans tribunal de commerce, par le tribunal civil (Circ. min. Com. 20 nov. 1866).

24. Nul ne peut être inscrit sur cette liste s'il ne justifie de sa moralité par un certificat délivré par le maire, et de sa capacité professionnelle par l'attestation de cinq commerçants de la place (L. 1866, art. 2, § 2). Il n'y peut non plus figurer aucun individu en état de faillite ou de liquidation judiciaire, ayant fait abandon de ses biens ou atermoiement sans s'être depuis réhabilité, ni jouissant pas des droits de citoyen français (même article, § 3).

25. Tout courtier inscrit est tenu de prêter, devant le tribunal de commerce, dans la huitaine de son inscription, le serment de remplir avec honneur et probité les devoirs de sa profession (même article, § 4).

§ 2. — *Caractère des fonctions des courtiers inscrits* (S. 310 et s.).

26. Les courtiers inscrits sont des commerçants (V. *suprà*, *Acte de commerce*, n° 23). Mais ils ne sont soumis, comme tels, qu'aux obligations imposées aux commerçants ordinaires; spécialement, en cas de faillite, ils ne sont exposés aux peines de la banqueroute que conformément au droit commun. — Dans l'exercice habituel de leurs fonctions, ils n'ont pas le caractère d'officiers publics; ce caractère ne leur appartient que lorsqu'ils interviennent pour la constatation du cours officiel des marchandises et pour les ventes publiques.

§ 3. — *Attributions des courtiers inscrits* (S. 312 et s.).

27. Les attributions réservées aux courtiers inscrits sont au nombre de trois : 1° Ils sont chargés, dans un grand nombre de cas, de procéder aux ventes publiques de marchandises (L. 1866, art. 4) (V. *infrà, Vente publique de marchandises neuves, Vente publique de meubles*) ; — 2° A défaut d'experts désignés de d'accord entre les parties, ils peuvent être requis pour l'estimation des marchandises déposées dans un magasin général (L. 1866, art. 5, § 1er) ; — 3° Dans chaque ville où il existe une bourse de commerce, le cours des marchandises est constaté par les courtiers inscrits, réunis, s'il y a lieu, à un certain nombre de courtiers non inscrits et de négociants de la place (L. 1866, art. 9).

§ 4. — *Obligations spéciales. — Discipline. — Prohibitions* (S. 323, 328 et s.).

28. Les courtiers doivent tenir, outre les livres imposés à tout commerçant, un registre spécial sur lequel doivent être mentionnés, jour par jour et par ordre de dates, sans ratures, interlignes ni transpositions et sans abréviations ni chiffres, les indications relatives aux ventes publiques faites par leur intermédiaire. Ils doivent également tenir un répertoire des procès-verbaux des ventes publiques auxquelles ils procèdent et des actes faits en exécution de ces ventes (L. 16 juin 1824, art. 11, R. v° *Enregistrement*, t. 21, p. 49).

29. Les courtiers inscrits sont tenus de se soumettre, en tout ce qui concerne la discipline de leur profession, à la juridiction de leur chambre syndicale (L. 1866, art. 2, § 5). V. *infrà*, n°s 35 et s.

30. Il est interdit au courtier chargé de procéder à une vente publique ou à l'estimation de marchandises déposées dans un magasin général, de se rendre acquéreur pour son compte des marchandises dont la vente ou l'estimation lui a été confiée. Le courtier qui contrevient à cette disposition encourt la radiation de la liste des courtiers, avec interdiction d'y être inscrit de nouveau, sans préjudice de l'action des parties en dommages-intérêts ; cette radiation est prononcée par le tribunal de commerce statuant disciplinairement et sans appel, soit sur la plainte d'une partie intéressée, soit d'office (L. 1866, art. 6). Mais il est permis au courtier de se rendre acquéreur pour le compte d'un tiers.

31. Il est, de même, défendu aux courtiers inscrits, comme à tout courtier, même libre (V. *infrà*, n° 41), de se charger d'une opération de courtage pour une affaire où il a un intérêt personnel, sans en prévenir les parties auxquelles il sert d'intermédiaire ; et la violation de cette prohibition entraîne à l'égard du commerçant non seulement une peine de 500 à 3000 francs d'amende, mais la radiation de la liste des courtiers inscrits avec interdiction d'y figurer de nouveau (L. 1866, art. 7).

32. Enfin, quant à leurs émoluments, ils ne peuvent réclamer, pour les ventes publiques auxquelles ils procèdent et pour l'estimation des marchandises déposées dans les magasins généraux, que les droits qui leur sont alloués par un règlement dressé, pour chaque localité, par le ministre du Commerce, après avis de la chambre et du tribunal de commerce (L. 1866, art. 8). — Aucun émolument n'est attaché à la fixation du cours des marchandises ; elle n'est rémunérée qu'au moyen de jetons de présence, dont le taux est déterminé par les règlements intérieurs de la chambre syndicale. — Pour les simples opérations de courtage auxquelles ils se livrent, ils en débattent librement le taux avec leurs clients, comme tous autres commerçants.

§ 5. — *Responsabilité* (S. 324 et s.).

33. La responsabilité des courtiers inscrits est déterminée par les règles du droit commun ; autrement dit, ils sont responsables à l'égard de leurs clients, dans les cas où le sont les mandataires salariés, et, à l'égard des tiers, dans l'hypothèse d'une faute tombant sous le coup de l'art. 1382 c. civ. (V. *infrà, Mandat, Responsabilité*).

34. Au point de vue pénal, des amendes variant entre 15 et 3000 francs peuvent être encourues par eux lorsqu'ils commettent des contraventions aux prescriptions légales sur les ventes publiques de marchandises (L. 25 juin 1841, art. 7, R. v° *Vente publique de marchandises neuves*, p. 992).

§ 6. — *Chambre syndicale* (S. 331 et s.).

35. Tous les ans, à l'époque fixée par le règlement de chaque compagnie, les courtiers inscrits élisent, parmi eux, les membres qui doivent composer, pour l'année suivante, la chambre syndicale (L. 1866, art. 3, § 1er, modifié par la loi du 22 mars 1893, D. P. 93. 4. 65). — L'organisation et les pouvoirs disciplinaires de cette chambre sont déterminés par un règlement établi, pour chaque place, par le tribunal de commerce et approuvé par le ministre du Commerce (L. 1866, art. 3, § 2 et 3).

36. La chambre syndicale peut prononcer, sauf appel devant le tribunal de commerce, les peines disciplinaires suivantes : l'avertissement, la radiation temporaire, la radiation définitive, sans préjudice des actions civiles à intenter par les tiers intéressés, ou même de l'action publique s'il y a lieu (L. 1866, art. 3, § 4).

37. Si le nombre des courtiers inscrits n'est pas suffisant pour la constitution d'une chambre syndicale, le tribunal de commerce en remplit les fonctions (L. 1866, art. 3, § 5).

ART. 4. — *DES COURTIERS LIBRES* (S. 334 et s.).

38. Les courtiers libres, et spécialement les courtiers de marchandises, ne sont aujourd'hui que de simples commerçants, et ils ne sont tenus de remplir, d'autres conditions que celles que la loi exige de tout commerçant (L. 1866, art. 1er). V. *suprà, Commerçant*, n°s 8 et s.

39. Ils ne sont soumis, dans l'exercice de leur profession, qu'aux obligations imposées aux commerçants. — Ils sont responsables, dans les termes du droit commun, soit vis-à-vis de leurs clients, dont ils sont les mandataires salariés (V. notamment Req. 17 nov. 1903, D. P. 1904. 1. 10), soit vis-à-vis des tiers, à l'égard desquels ils répondent seulement de leurs fautes, conformément à l'art. 1382 c. civ. (V. *infrà, Mandat, Responsabilité*).

40. La fixation de leurs émoluments dépend des accords intervenus entre eux et leurs parties. Ces émoluments consistent d'ordinaire en un droit de tant pour cent calculé sur le prix du marché. En principe, le droit de courtage est acquis au courtier dès la conclusion du marché pour lequel il s'est entremis, abstraction faite de son exécution (Req. 16 juin 1902, D. P. 1903. 1. 305).

41. Les courtiers libres n'encourent aucune peine disciplinaire ; et, dans le cas même où ils se formeraient en compagnie, les peines disciplinaires qui viendraient à être prononcées contre eux, en vertu d'un règlement qui n'aurait aucun caractère officiel, seraient dépourvues de force obligatoire. — La seule sanction pénale qui puisse les frapper est celle qui résulte de l'art. 7 de la loi du 15 juill. 1866, qui interdit à tout courtier de se charger d'une opération de courtage pour une affaire où il a un intérêt personnel, sans en prévenir les parties auxquelles il sert d'in-

termédiaire, sous peine d'une amende de 500 à 3000 francs, sans préjudice de l'action des parties en dommages-intérêts (L. 1866, art. 7).

ART. 5. — ENREGISTREMENT ET TIMBRE.

42. Les courtiers en titre d'office, ayant le caractère d'officiers ministériels, doivent rédiger sur papier timbré les actes qu'ils dressent en cette qualité, et les soumettre à la formalité de l'enregistrement dans le délai de dix jours (Instr. 28 vendém. an 12, n° 173). Cette règle a été appliquée, spécialement, aux procès-verbaux de ventes publiques de marchandises (L. 28 juin 1844, art. 17, D. P. 61. 4. 93).

43. Les répertoires que les courtiers doivent tenir, par application des dispositions des art. 84 c. com. et 11 de la loi du 26 juin 1824, sont assujettis au timbre et soumis au visa des préposés (L. 5 juin 1850, art. 47, D. P. 50. 4. 144).

CRÉDIT AGRICOLE

(R. v° *Sociétés de Crédit foncier*; S. eod. v°).

1. Le crédit agricole a pour objet de procurer aux agriculteurs les capitaux dont ils ont besoin pour l'exploitation de leurs fonds. Il diffère du crédit foncier (V. *infrà, Crédit foncier*, n° 1) en ce qu'il a pour assiette, non les biens territoriaux appartenant à l'emprunteur, mais les gages mobiliers qu'il peut offrir, ou la garantie qui résulte de sa solvabilité personnelle.

2. En vue de hâter le développement du crédit agricole, des lois récentes ont édicté des règles de faveur au profit des sociétés qui ont ce crédit pour objet, et se sont même préoccupées de mettre des capitaux à leur disposition.

§ 1er. — *Législation de faveur* (S. 121 et s.).

3. C'est la loi du 5 nov. 1894 (D. P. 95. 4. 25) qui a organisé cette législation de faveur. Pour bénéficier des dispositions de cette loi, les sociétés de crédit agricole doivent satisfaire à deux conditions : 1° elles doivent être constituées, soit par la totalité des membres d'un ou de plusieurs syndicats professionnels agricoles, soit par une partie des membres de ces syndicats ; 2° elles doivent avoir exclusivement pour objet de faciliter et de garantir les opérations concernant l'industrie agricole et effectuées par ces syndicats ou par des membres de ces syndicats (art. 1er, § 1er).

4. Elles peuvent recevoir des dépôts de fonds en comptes courants avec ou sans intérêts, se charger, relativement aux opérations concernant l'industrie agricole, des recouvrements et des payements à faire pour les syndicats ou pour les membres de syndicats ; elles peuvent, notamment, contracter les emprunts nécessaires pour constituer ou augmenter leur fonds de roulement (art. 1er, § 2). D'une façon générale, les diverses opérations de banque rentrent dans leurs attributions.

5. Elles peuvent être constituées sans capital, et offrir pour garantie la responsabilité solidaire et illimitée de leurs membres. — Lorsqu'elles ont un capital, celui-ci peut être formé à l'aide de souscriptions de membres de la société, mais ces souscriptions ne sont pas des actions, mais des parts, qui ne sont transmissibles que par voie de cession aux membres des syndicats et avec l'agrément de la société ; elles sont toujours nominatives et peuvent être de valeur inégale (art. 1er, § 2). La société ne peut être valablement constituée qu'après versement du quart du capital souscrit (art. 1er, § 3).

6. En fait, les sociétés de crédit agricole sont le plus souvent créées sous la forme de sociétés à capital variable : dans ce cas, le capital ne peut être réduit par les reprises

des apports des sociétaires sortants au-dessous du montant du capital de fondation
(art. 1er, § 4).

7. Les statuts déterminent le siège et le
mode d'administration de la société de crédit, les conditions nécessaires à la modification de ces statuts et à la dissolution de la
société, la composition du capital et la proportion dans laquelle chacun de ses membres
contribue à sa constitution (art. 2, § 1er). Ils
déterminent le maximum des dépôts à recevoir en comptes courants (art. 2, § 2). — Ils
règlent l'étendue et les conditions de la responsabilité qui incombe à chacun des sociétaires dans les engagements pris par la société (art. 2, § 3). Mais, en aucun cas, les
sociétaires ne peuvent être libérés de leurs
engagements qu'après la liquidation des opérations contractées par la société antérieurement à leur sortie (art. 2, § 4).

8. Les statuts déterminent encore les prélèvements ou courtages à opérer au profit de
la société sur les opérations faites par elle.
Les sommes résultant de ces prélèvements,
après acquittement des frais généraux et
payement des intérêts des emprunts et du
capital social, sont d'abord affectées, jusqu'à
concurrence des trois quarts au moins, à la
constitution d'un fonds de réserve jusqu'à
ce qu'il ait atteint au moins la moitié de ce
capital; le surplus peut être réparti, à la fin
de chaque exercice, entre les syndicats et
entre les membres des syndicats au prorata
des prélèvements faits sur leurs opérations.
Mais, en aucun cas, les bénéfices ne peuvent
être partagés, sous forme de dividende, entre
les membres de la société (art. 3, § 1, 2, 3).
— Toutefois, à la dissolution de la société,
ce fonds de réserve et l'actif social sont partagés entre les sociétaires proportionnellement à leur souscription, à moins que les
statuts n'en aient affecté l'emploi à une œuvre
d'intérêt agricole (art. 3, § 4).

9. Les sociétés de crédit agricole sont des
sociétés commerciales; par suite, elles doivent
tenir les livres imposés aux commerçants
(art. 4, § 1er) (V. *supra*, *Commerçant*, nos 27
et s.). Elles sont exemptes du droit de patente, ainsi que de l'impôt sur les valeurs
mobilières (art. 4, § 2).

10. Les conditions de publicité prescrites
pour les sociétés commerciales ordinaires
sont remplacées à leur égard par les dispositions suivantes : Avant toute opération, les
statuts, avec la liste complète des administrateurs ou directeurs et des sociétaires, indiquant leurs noms, professions, domiciles
et le montant de leur souscription, sont
déposés, en double exemplaire, au greffe de
la justice de paix du canton où la société a
son siège social; il en est donné récépissé.
— Un des exemplaires des statuts et de la
liste des membres de la société et, par les
soins du juge de paix, déposé au greffe du
tribunal de commerce de l'arrondissement.
Chaque année, dans la première quinzaine
de février, le directeur ou un administrateur
de la société dépose, en double exemplaire,
au greffe de la justice de paix du canton,
avec la liste des membres faisant partie de la
société à cette date, le tableau sommaire des
recettes et dépenses, ainsi que des opérations
effectuées dans l'année précédente. Un des
exemplaires est déposé par les soins du juge
de paix au greffe du tribunal de commerce.
— Les documents déposés au greffe de la
justice de paix et au tribunal de commerce
sont communiqués à tout requérant.

11. Les membres chargés de l'administration de la société sont personnellement responsables, en cas de violation des statuts ou
des dispositions de la loi, du préjudice résultant de cette violation. En outre, en cas de
fausse déclaration relative aux statuts ou aux
noms et qualités des administrateurs, des
directeurs ou des sociétaires, ils peuvent être
poursuivis et punis d'une amende de 16 à

500 fr. (art. 6, modifié par la loi du 20 juill.
1901, D. P. 1901. 4. 104).

§ 2. — *Avances aux sociétés de crédit agricole.*

12. Aux termes de la convention du 31 oct.
1896, approuvée par la loi du 17 nov. 1897
(D. P. 99. 4. 46), la Banque de France s'est
engagée : 1° à verser à l'État, chaque année
et par semestre, jusqu'au 1er janvier 1920
y compris, une redevance égale au produit
du huitième du taux de l'escompte par le
chiffre de la circulation productive, sans
qu'elle puisse jamais être inférieure à deux
millions; 2° à mettre à la disposition de
l'État, sans intérêt et pour toute la durée de
son privilège, une nouvelle avance de 40 millions de francs. Une loi du 31 mars 1899 (D.
P. 99. 4. 50) a mis cette redevance annuelle
et cette avance à la disposition du Gouvernement pour être attribuée, à titre d'*a-
vance sans intérêts*, aux sociétés de crédit
agricole.

13. Ces avances sans intérêts doivent être
faites, non pas directement aux sociétés *locales* de crédit agricole, mais à des caisses
régionales de crédit agricole mutuel constituées d'après les dispositions de la loi du
5 nov. 1894 (L. 1899, art. 1er). — Les caisses
régionales ont pour but de faciliter les opérations concernant l'industrie agricole effectuées par les membres des sociétés locales
de crédit agricole mutuel de leur circonscription et garanties par ces sociétés; en
conséquence, elles escomptent les effets souscrits par les membres des sociétés locales et
endossés par ces sociétés; elles fournissent
à ces dernières les avances nécessaires pour
la constitution de leurs fonds de roulement.
Toutes autres opérations leur sont interdites
(L. 1899, art. 2).

14. La répartition des avances aux caisses
régionales se fait par le ministre de l'Agriculture sur l'avis d'une commission spéciale
(L. 1899, art. 4). — Le montant de ces
avances ne peut excéder le quadruple du montant du capital versé en espèces (art. 3, § 1er,
modifié par la loi du 25 déc. 1900, D. P. 1901.
4. 28). — Elles ne peuvent être faites pour
une durée de plus de cinq ans. Elles peuvent
être renouvelées (art. 3, § 2). Elles deviennent immédiatement remboursables en cas
de violation des statuts ou de modifications à
ces statuts qui diminueraient les garanties de
remboursement (art. 3, § 3).

15. Les statuts des caisses régionales doivent être déposés au ministère de l'Agriculture (L. 1899, art. 5, § 2). Ils indiquent la
circonscription territoriale des sociétés, la
nature et l'étendue de leurs opérations et
leur mode d'administration. Ils déterminent
la composition du capital social, la proportion dans laquelle chaque sociétaire peut
contribuer à sa constitution, ainsi que les
conditions de retrait s'il y a lieu, le nombre
des parts dont les deux tiers au moins seront réservés de préférence aux sociétés locales, l'intérêt à allouer aux parts, lequel
ne peut dépasser cinq pour cent du capital
versé, le maximum des dépôts à recevoir en
comptes courants et le maximum des bons
à émettre, lesquels réunis ne peuvent excéder les trois quarts du montant des effets en
portefeuille, les conditions et les règles applicables à la modification des statuts et à la
liquidation de la société (art. 5, § 3 et 4).

16. Les caisses régionales qui ont obtenu
des avances sont, en outre, soumises au contrôle et à la surveillance d'agents de l'État
(L. 1899, art. 5, § 1er; Décr. 6 mai 1900,
D. P. 1901. 4. 8).

§ 3. — *Enregistrement et timbre.*

17. Les sociétés de crédit agricole étant
des sociétés commerciales (V. *supra*, n° 9),
sont soumises, comme telles, aux droits ordinaires de timbre et d'enregistrement. —
Toutefois, les greffiers des justices de paix et

des tribunaux de commerce sont, d'une manière générale et absolue, dispensés de dresser acte des dépôts qui leur sont faits en exécution de l'art. 5 de la loi du 5 nov. 1894
(V. *supra*, n° 10). Les récépissés que les greffiers des justices de paix délivrent, dans tous
les cas, lors de ces dépôts, ne sont pas sujets
à enregistrement dans un délai déterminé;
mais ils doivent être rédigés sur papier frappé
du timbre de dimension, et non sur papier
libre avec apposition du timbre-quittance de
0 fr. 10 établi par l'art. 18 de la loi du
23 août 1871 (D. P. 71. 4. 54). Enfin, les pièces
à déposer sont exemptes du timbre, à moins
qu'elles ne soient établies sous la forme d'actes
réguliers (Décis. min. Fin. 27 juill. 1895, D.
P. 95. 5. 238).

18. D'autre part, l'administration de l'Enregistrement a décidé que les parts d'intérêt
des sociétés de crédit mutuel agricole, qui ne
sont ni négociables ni transmissibles, ne sont
passibles que du droit de timbre de dimension, calculé d'après la surface du titre proprement dit, sans tenir compte ni de la
souche, qui doit rester entre les mains de la
société, ni des coupons destinés à être détachés lors du payement des intérêts. Mais,
lorsque leur cession peut s'opérer par voie
de transfert sur le registre social, conformément à l'art. 36 c. com., ces titres sont sujets
au droit proportionnel et au droit de transmission (Sol. admin. Enreg. 29 sept. et
20 oct. 1900, D. P. 1901. 5. 614).

CRÉDIT FONCIER

(R. v° *Sociétés de Crédit foncier*; S. eod. v°).

1. Le crédit foncier a pour objet de procurer aux propriétaires fonciers les capitaux
dont ils ont besoin, au moyen de la garantie
offerte aux capitalistes par la valeur immobilière qui est affectée à la sûreté de leurs
avances. Cet objet ne peut être efficacement
réalisé que par des sociétés servant d'intermédiaires entre les prêteurs et les emprunteurs. — Les conditions dans lesquelles de
semblables sociétés pourraient être établies
ont été déterminées pour la première fois par
un décret du 28 févr. 1852 (D. P. 52. 4. 102).
Mais le système qui servait de base à ce décret, et qui consistait à favoriser la création
de sociétés privées dans toutes les parties du
territoire, fut bientôt abandonné, et un autre
décret du 10 déc. 1852 (D. P. 53. 4. 75) a fait
du crédit foncier le monopole d'un établissement central, organisé par les pouvoirs publics. C'est la *Société du Crédit foncier de
France.*

§ 1er. — *Organisation du Crédit foncier*
(R. 30 et s.; S. 20 et s.).

2. Les statuts de cet établissement ont été
successivement l'objet de diverses modifications, dont les plus récentes ont été approuvées par décret du 25 juill. 1882 (D. P. 83. 4.
76). Il constitue une société anonyme, dont
le siège et le domicile sont à Paris, et la durée de 99 ans, à compter du 31 déc. 1881. Le
fonds social est actuellement de 200 000 000 fr.,
divisé en 400 000 actions de 500 fr. chacune,
toutes nominatives. — La direction et l'administration de la société sont exercées par
un gouverneur et deux sous-gouverneurs
nommés par le Gouvernement, par un conseil d'administration, par des censeurs et par
l'assemblée générale des actionnaires.

§ 2. — *Opérations du Crédit foncier* (R. 41
et s.; S. 28 et s.).

3. La société du Crédit foncier de France
a tout d'abord pour objet de prêter sur hypothèque aux propriétaires d'immeubles des
sommes remboursables soit à long terme par
annuités calculées de manière à amortir la
dette dans un délai de dix ans au moins, de
soixante-quinze ans au plus, soit à court

terme avec ou sans amortissement. — Les demandes d'emprunts sont adressées, à Paris, au gouverneur, et, en province, aux directeurs des succursales; elles doivent être accompagnées de tous les renseignements qui permettent au Crédit foncier d'apprécier la suffisance des garanties offertes. S'il en est besoin, la société fait procéder à une expertise.

4. La société ne peut accepter pour gage que les propriétés d'un revenu durable et certain; il lui est, en outre, interdit d'une façon absolue de prêter sur : 1° les théâtres; 2° les carrières et les mines; 3° les immeubles indivis, si l'hypothèque n'est établie sur la totalité de ces immeubles du consentement de tous les copropriétaires; 4° les immeubles dont l'usufruit et la nue propriété ne sont pas réunis, à moins du consentement de tous les ayants droit à l'établissement de l'hypothèque. — Le montant du prêt ne peut dépasser la moitié de la valeur de l'immeuble hypothéqué, et, dans aucun cas, l'annuité au service de laquelle l'emprunteur s'engage ne peut être supérieure au revenu total de la propriété.

5. D'autre part, le Crédit foncier ne peut prêter que sur première hypothèque. Mais sont considérés comme faits sur première hypothèque les prêts au moyen desquels doivent être remboursées les créances déjà inscrites, lorsque, par l'effet de ce remboursement ou de la subrogation opérée au profit de la société, son hypothèque vient en première ligne et sans concurrence. — A la subrogation doivent être assimilées le consentement d'antériorité ou la cession hypothécaire conférée par le créancier dont le privilège ou l'hypothèque primerait le Crédit foncier. — De même, s'il existe sur l'immeuble des hypothèques légales, le prêt peut être réalisé moyennant la mainlevée donnée soit par la femme mariée sous le régime dotal, soit par le subrogé tuteur du mineur ou de l'interdit, en vertu d'une délibération du conseil de famille (Décr. 28 févr. 1852, art. 9).

6. Avant de réaliser le prêt, le Crédit foncier a la *faculté* de procéder à la purge des hypothèques légales qui existent indépendamment de toute inscription, c'est-à-dire des femmes mariées ou veuves, des mineurs et des interdits (L. 10 juin 1853, art. 2, D. P. 53. 4. 114). C'est là une exception au droit commun, d'après lequel la purge n'est admise qu'en cas d'aliénation, par le fait du tiers détenteur (V. *infrà*, *Privilèges et hypothèques*). Les formalités de cette purge varient suivant qu'il s'agit d'hypothèques légales connues (Décr. 28 févr. 1852, art. 19 à 23, modifiés par la loi du 10 juin 1853) ou inconnues (même décret, art. 24). — La purge est opérée par le défaut d'inscription dans les délais légaux. Elle confère au Crédit foncier la priorité sur les hypothèques légales non inscrites. Elle ne profite pas aux tiers, qui demeurent assujettis aux formalités prescrites par les art. 2193 et s. c. civ.

7. Lorsque la propriété est reconnue régulière et la garantie suffisante, le conseil d'administration détermine le montant du prêt à faire, et il est procédé à la signature du contrat *conditionnel* de prêt, en vertu duquel inscription est prise au profit du Crédit foncier. — Après la délivrance par le conservateur des hypothèques de l'état supplémentaire d'inscription comprenant celle de la société, s'il n'y a pas lieu à purge légale, ou après l'accomplissement des formalités de purge, un acte constate l'annulation du contrat conditionnel ou sa réalisation définitive, suivant qu'il s'est ou révélé une inscription ou un droit réel grevant l'immeuble hypothéqué. Dans le premier cas (celui de la nullité du contrat additionnel), cet acte peut être signé par le gouverneur seul; il contient mainlevée de l'inscription prise au profit de la société; dans le second cas, l'acte définitif est signé par le gouverneur et par l'emprunteur. — L'hypothèque consentie au pro-

fit du Crédit foncier par le contrat conditionnel de prêt prend rang du jour de l'inscription, quoique les valeurs soient remises postérieurement (L. 10 juin 1853, art. 4). Cette inscription est dispensée, pendant toute la durée du prêt, du renouvellement décennal prescrit par l'art. 2154 c. civ. (Décr. 28 févr. 1852, art. 47).

8. La société a la faculté de faire ses prêts soit en numéraire, soit en obligations foncières ou lettres de gage; en fait, elle les réalise actuellement en numéraire. L'emprunteur a toujours la faculté de se libérer par anticipation. Mais les juges ne peuvent lui accorder aucun délai pour le payement des annuités (Décr. 28 févr. 1852, art. 26). — Ce payement ne peut être arrêté par aucune opposition (art. 27). — En outre, tout semestre d'annuités non payé à l'échéance porte intérêt de plein droit et sans mise en demeure au profit de la société (art. 28). Le défaut de payement d'un semestre a même pour effet de rendre exigible la totalité de la dette un mois après une mise en demeure.

9. Le Crédit foncier a, d'ailleurs, le choix entre deux partis en cas de retard de son débiteur : 1° ou bien il peut, en vertu d'une ordonnance rendue sur requête par le président du tribunal civil de première instance, et quinze jours après une mise en demeure, se mettre en possession des immeubles hypothéqués, aux frais et risques du débiteur en retard. Pendant la durée du séquestre, la société perçoit, nonobstant toute opposition ou saisie, le montant des revenus ou récoltes, et l'applique par privilège à l'acquittement des termes échus d'annuités et des frais; ce privilège prend rang immédiatement après ceux qui sont attachés aux frais faits pour la conservation de la chose, aux frais de labour et de semences et aux droits du Trésor pour le recouvrement de l'impôt (Décr. 28 févr. 1852, art. 29 et 30). — 2° Ou bien il peut poursuivre l'expropriation et la vente de l'immeuble hypothéqué, expropriation et vente qui ont lieu conformément à une procédure rapide et résumée (Décr. 28 févr. 1852, art. 32 et s.). Dans la huitaine de la vente, l'acquéreur est tenu d'acquitter, à titre de provision, dans la caisse de la société, les annuités dues; puis, après les délais de surenchère, le surplus du prix doit être versé à ladite caisse jusqu'à concurrence de ce qui lui est dû, nonobstant toutes oppositions, contestations et inscriptions de l'emprunteur, sauf néanmoins leur action en répétition sur la société avait été définitivement payée à son préjudice (Décr. 28 févr. 1852, art. 38).

10. En représentation des prêts hypothécaires consentis par elle, la société du Crédit foncier émet des obligations foncières ou lettres de gage, dont la valeur totale ne peut dépasser le montant des sommes qui lui sont dues hypothécairement par ses emprunteurs. Il y en a de deux sortes : 1° les obligations sans lots; 2° les obligations avec lots, ou avec lots et primes. — Ces obligations n'ont point d'hypothèque directe sur chacun des immeubles affectés aux prêts dont elles sont la représentation; elles sont seulement garanties par l'ensemble des hypothèques consenties à la société, qui sert d'intermédiaire entre les emprunteurs et les preneurs d'obligations. — Elles jouissent, en outre, de certains avantages : elles peuvent servir d'emploi aux fonds des mineurs et des incapables (Décr. 28 févr. 1852, art. 46); elles ne peuvent être frappées d'opposition; elles n'est en cas de perte, et sont, par suite, insaisissables (art. 18); elles sont, au point de vue fiscal, placées sous un régime de faveur (V. *infrà*, n° 42 et s.).

11. En dehors des opérations qui précèdent, le Crédit foncier est autorisé, notamment : à recevoir, avec ou sans intérêt, des capitaux en dépôt et à faire des avances sur

obligations foncières et autres valeurs déterminées;... à faire, au lieu et place de l'Etat, des prêts pour travaux de drainage (L. 28 mai 1858, D. P. 58. 4. 65);... à prêter avec ou sans hypothèque, aux départements, aux communes, aux associations syndicales, aux hospices et aux établissements publics, et à émettre, en représentation de ces prêts, des obligations qu'on appelle *communales* (L. 6 juill. 1860, D. P. 60. 4. 81; L. 26 févr. 1862, D. P. 62. 4. 26).

§ 3. — *Enregistrement et timbre.*

12. L'acte conditionnel de prêt, étant consenti sous la condition suspensive que l'immeuble affecté sera affranchi de privilège et d'hypothèque, ne donne lieu qu'au droit fixe de 3 fr.; le droit proportionnel de 1 pour cent est perçu sur l'acte de réalisation (Décis. min. Fin. 20 août 1852; Instr. Reg. 11 juill. 1853, n° 1963). — Bien que l'inscription hypothécaire, prise à la suite du premier de ces actes et avant le second, ne donne pas légalement ouverture à la taxe hypothécaire, son effet étant subordonné à l'accomplissement d'une condition (L. 27 juill. 1900, art. 6; Sol. admin. Enreg. 24 déc. 1900), l'usage s'est établi de percevoir le droit, sauf restitution lorsque le prêt n'est pas réalisé. L'acte d'annulation qui intervient dans ce dernier cas est passible du droit fixe de 3 fr.; et la main levée qu'il renferme ne donne ouverture ni au droit proportionnel d'enregistrement ni à la taxe hypothécaire lors de la radiation de l'inscription (Sol. admin. Enreg. 19 mars et 16 juin 1873).

13. Les obligations foncières ou lettres de gage du Crédit foncier ne doivent être émises qu'après avoir été enregistrées (Civ. r. 13 mars 1895, D. P. 95. 1. 524). Elles sont passibles d'un droit fixe de 0 fr. 15 (L. 28 févr. 1872, art. 4, D. P. 72. 4. 12). — Au contraire, les obligations communales ne sont pas soumises à la formalité de l'enregistrement, aucune disposition relative à cette formalité n'étant inscrite dans la loi du 6 juill. 1860 (D. P. 60. 4. 81) concernant les prêts communaux et départementaux.

14. Le Crédit foncier de France étant constitué sous la forme d'une société anonyme, ses actions sont soumises au droit commun au point de vue du droit de timbre, du droit de transmission et de l'impôt sur le revenu (V. *infrà*, *Société*).

15. Les obligations du Crédit foncier sont régies par des dispositions particulières. Le droit de timbre auquel elles sont assujetties est de 50 centimes pour 1 000 au comptant, et, par abonnement, de 5 centimes pour 1 000 francs du total des titres en circulation, le tout sans décimes (L. 8 juill. 1852, art. 29, D. P. 52. 4. 184; 6 juill. 1860, art. 5; 30 mars 1872, art. 1er., D. P. 72. 4. 88; Instr. Reg. 2445, § 2). — Mais ce tarif de faveur n'est applicable qu'aux titres désignés dans les lois de 1852 et 1860, et il ne peut être étendu aux titres émis par le Crédit foncier de France dans d'autres conditions, tels, par exemple, les bons des loteries créées par les banques algériennes (Req. 6 janv. 1897, D. P. 97. 1. 533).

16. Les obligations du Crédit foncier sont soumises au droit de transmission (L. 16 sept. 1871, art. 11, D. P. 71. 4. 90). Elles sont également assujetties au payement de l'impôt sur le revenu des obligations et emprunts des sociétés établi par la loi du 29 juin 1872 (D. P. 72. 4. 116). V. *infrà*, *Société*.

CRIMES ET DÉLITS ENVERS L'ENFANT

(R. v° *Crimes et délits contre les personnes;* S. *eod.* v°).

1. On désigne sous cette dénomination certaines infractions qui ne constituent pas des attentats directs contre la personne de l'enfant, comme l'infanticide (V. *infrà*, *Homi-*

cide), les coups et blessures ou autres violences réprimées par la loi du 19 avr. 1898 (D. P. 98. 4. 41) (V. *supra*, *Coups et blessures*, nᵒˢ 19 et s.), mais qui tendent à supprimer son état civil, ou sont de nature à compromettre son existence. Ces infractions font l'objet de la section 6, § 1ᵉʳ, du chapitre 1ᵉʳ, titre 2, du livre 3 du Code pénal (art. 345 à 353).

§ 1ᵉʳ. — *Enlèvement, recélé, suppression d'un enfant* (R. 244 et s.; S. 353 et s.).

2. L'*enlèvement* est le fait de retirer un enfant de la maison où il se trouve et de le cacher ailleurs. *Recéler* un enfant, c'est, en le recevant, se rendre complice de celui qui l'enlève. Enfin *supprimer* un enfant, c'est le faire disparaître sans le déplacer; c'est le cacher aux yeux de tous. — Ces faits constituent des infractions différentes, passibles de peines plus ou moins graves, selon les cas; il y a lieu de distinguer trois hypothèses : 1ᵒ celle où il est prouvé que l'enfant enlevé, recélé ou supprimé, a eu vie; 2ᵒ celle où il n'est pas établi que l'enfant ait vécu; 3ᵒ enfin celle où il est établi qu'il n'a pas vécu.

3. 1ᵒ Lorsqu'il est certain que l'enfant enlevé, recélé ou supprimé est né vivant, le coupable est passible de la reclusion (Pén. 345, § 1ᵉʳ). Il n'est d'ailleurs pas nécessaire que l'enfant soit nouveau-né; il pourrait s'agir d'un enfant d'un an ou plus. Néanmoins, on ne saurait admettre que l'art. 345 ait en vue tous les mineurs de vingt et un ans sans distinction d'âge. — Ce qui caractérise ce crime, c'est que l'attentat doit avoir eu pour résultat de compromettre l'état civil de l'enfant. Il ne saurait donc exister dans le cas où il s'agit d'un enfant mort-né (V., sur cette hypothèse, *infrà*, nᵒ 5). Mais il n'est nullement exigé que l'enfant vécût au moment où la suppression a été commise. — D'après la jurisprudence la plus récente, l'existence de ce crime n'est pas subordonnée à la condition que son auteur ait eu pour but de supprimer l'état civil de l'enfant : une mère peut le commettre dans le dessein de cacher sa honte, de se soustraire aux soins que réclame l'enfant. — La suppression d'enfant tend à dissimuler la naissance de l'enfant ou à le faire passer pour mort; elle se distingue ainsi du crime d'infanticide, dont le but est de faire périr l'enfant.

4. 2ᵒ Quand il n'est pas établi que l'enfant enlevé, recélé ou supprimé ait vécu, la peine est d'un mois à cinq ans d'emprisonnement (Pén. 345, § 2, ajouté par la loi du 13 mai 1863, D. P. 63. 4. 79). — Cette incrimination ne peut avoir pour objet la protection de l'état civil de l'enfant; elle a plus spécialement en vue la défense de sa personne. Ce que la loi punit, c'est la non-représentation de l'enfant.

5. 3ᵒ Enfin, s'il est établi que l'enfant enlevé, recélé ou supprimé n'a pas vécu, la peine est réduite à un emprisonnement de six jours à deux mois (Pén. 345, § 3). — A l'enfant qui n'a pas vécu doit être assimilé l'enfant qui n'est pas né viable. Le délit est, d'ailleurs, subordonné à la condition qu'il s'agisse d'un être propre à la vie extra-utérine et non d'un embryon, d'un fœtus incomplètement organisé. Cette condition, suivant l'opinion qui a prévalu, ne doit être réputée remplie qu'après un minimum de 180 jours (six mois) de gestation; ainsi, le délit n'existe pas lorsque l'accouchement a eu lieu avant l'expiration de ces six mois.

§ 2. — *Supposition ou substitution d'enfant* (R. 250 et s.; S. 377 et s.).

6. L'art. 345, § 1ᵉʳ, prévoit encore le crime de *substitution* d'un enfant à un autre et celui de *supposition* d'un enfant à une femme qui n'est pas accouchée. — Il y a substitution d'un enfant à un autre quand un enfant est mis à la place de celui dont une femme est réellement accouchée, soit par cette femme elle-même, soit par un tiers. Il y a supposition d'enfant dans le fait d'attribuer à une femme un enfant dont elle n'est pas accouchée, que ce fait émane de la femme elle-même ou d'un tiers. Le crime de supposition d'enfant peut résulter de la supposition à une femme même d'un enfant imaginaire. Il existerait également au cas où la mère désignée serait une mère imaginaire, la filiation n'en étant pas moins supprimée en pareil cas.

7. La substitution ou la supposition d'enfant constituent toujours un crime; elles sont punies, comme l'enlèvement, le recélé ou la suppression d'un enfant vivant, de la réclusion. Lorsque leurs auteurs les ont commises au moyen de fausses déclarations faites à l'officier de l'état civil, elles peuvent constituer à la fois les crimes prévus par l'art. 345, § 1ᵉʳ, c. pén. et le crime de faux en écriture authentique et publique puni par l'art. 147.

§ 3. — *Non-représentation d'enfant* (R. 253; S. 386).

8. Dans sa dernière disposition, l'art. 345 c. pén. punit de la réclusion ceux qui, étant chargés d'un enfant, ne le représentent point aux personnes qui ont le droit de le réclamer. — Cette disposition se distingue des précédentes en ce qu'il s'agit d'un enfant en pleine possession de son état civil, et qui peut être âgé de plusieurs années; toutefois, elle n'est applicable qu'autant qu'il s'agit d'un enfant n'ayant pas encore sept ans accomplis (Comp. *infrà*, nᵒ 10).

9. Ce crime suppose que l'enfant n'est pas représenté : 1ᵒ par la personne qui en était chargée; 2ᵒ à la personne qui a le droit de le réclamer. — Une troisième condition est nécessaire : il faut qu'il s'agisse d'un enfant confié à un tiers. La disposition de l'art. 345, § 4, c. pén. est donc étrangère aux rapports des père et mère au sujet de la garde de leurs enfants et ne saurait notamment atteindre l'époux qui, au cours ou à la suite d'une instance en divorce ou en séparation, fait obstacle à l'exécution de la décision de justice qui attribue à son conjoint la garde des enfants (Cr. c. 22 mars 1900, D. P. 1900. 1. 184). Sur la sanction applicable en pareil cas, V. *infrà*, *Enlèvement de mineurs*.

§ 4. — *Dépôt d'un enfant dans un hospice par les personnes auxquelles il a été confié* (R. 254 et s.; S. 387).

10. Ceux qui auront porté à un hospice un enfant au-dessous de l'âge de sept ans accomplis, qui leur avait été confié afin qu'ils en prissent soin, pour toute autre cause, seront punis d'un emprisonnement de six semaines à six mois et d'une amende de 16 à 50 fr. Toutefois, aucune peine ne peut être prononcée s'ils n'étaient pas obligés de pourvoir à la nourriture et à l'entretien de l'enfant, et si personne n'y avait pourvu (Pén. 348). — Le délit ne peut exister de la part de ceux qui sont tenus de pourvoir à la nourriture et à l'entretien de l'enfant, non par l'effet de la remise qui leur en est faite, mais en vertu de l'autorité légale qui leur appartient sur lui, notamment de la part du père ou de la mère.

§ 5. — *Défaut de déclaration de naissance par les personnes qui ont assisté à l'accouchement* (R. 256 et s.; S. 338).

11. L'art. 346 c. pén. sanctionne l'obligation imposée par les art. 55 et 56 c. civ. à certaines personnes, de déclarer la naissance de l'enfant dans un délai et dans des formes déterminés (V. *suprà*, *Actes de l'état civil*, nᵒˢ 46, 49 et 112). Il punit d'un emprisonnement de six jours à six mois et d'une amende de 16 à 300 fr. toute personne qui, ayant assisté à un accouchement, n'a pas fait ladite déclaration. Cette pénalité frappe non plus une dissimulation de naissance opérée à l'aide d'un enlèvement, d'un recélé ou d'une suppression d'enfant ayant un caractère frauduleux, fait prévu par l'art. 345 (V. *suprà*, nᵒ 2), mais une simple omission, quand elle est imputable à ceux qui avaient le devoir de faire constater régulièrement la naissance de l'enfant. — Il n'y a pas à distinguer suivant que l'enfant serait *né vivant* ou *mort-né*. En outre, l'art. 346 c. pén., comme l'art. 56 c. civ., est applicable à quelque époque que la gestation soit parvenue, pourvu que l'enfant présente les formes d'un être humain. La règle ne fléchirait qu'à l'égard d'un fœtus informe.

12. Sont punissables pour omission de la déclaration de naissance toutes personnes *qui ont assisté* à l'accouchement, à quelque titre que ce soit. Ainsi la pénalité atteint : 1ᵒ le père; 2ᵒ le tiers chez lequel, si la femme est accouchée hors de son domicile, l'accouchement a eu lieu; 3ᵒ ceux qui, dans l'exercice de leur art, ont opéré l'accouchement (médecin, sage-femme); 4ᵒ les simples assistants. Aucune obligation n'incombe à ceux qui n'ont pas *assisté* à l'accouchement, alors même qu'ils avaient qualité pour faire la déclaration, par exemple : à la mère (qui ne peut être considérée comme *assistant* à l'accouchement); au père qui n'a pas assisté à l'accouchement; au tiers au domicile duquel la femme est accouchée, s'il n'a pas assisté à l'accouchement. — Il est reconnu que, malgré l'emploi dans l'art. 346 c. pén. des expressions collectives « personnes ayant assisté à l'accouchement », la loi fait néanmoins dépendre de l'ordre qu'elle y établit, entre les personnes auxquelles la déclaration dont il s'agit est imposée, l'application de la peine encourue à défaut d'exécution de cette obligation. Ainsi, l'art. 56 c. civ. mettant la déclaration d'abord à la charge du père et ne l'imposant aux autres personnes désignées après lui qu'à son défaut, c'est au père (s'il a assisté à l'accouchement) que doit être appliquée la peine de l'art. 346 pour absence de déclaration, et non aux gens de l'art qui ont opéré l'accouchement, ni, à plus forte raison, aux personnes qui y ont simplement assisté. Mais, *à défaut de père*, l'obligation de déclarer la naissance s'impose aux personnes présentes, non pas *successivement* dans l'ordre indiqué par l'art. 56 c. civ., mais *simultanément* (V. sur ce point, *supra*, *Actes de l'état civil*, nᵒ 49, *in fine*).

13. Les personnes chargées par l'art. 56 c. civ. de déclarer la naissance de l'enfant peuvent tomber sous l'application de l'art. 346 c. pén. non seulement lorsqu'elles omettent de faire cette déclaration, mais encore lorsqu'elles la font devant un officier de l'état civil incompétent, ou après l'expiration du délai de trois jours fixé par l'art. 55 c. civ.

§ 6. — *Défaut de déclaration et de remise d'un enfant nouveau-né* (R. 200 et s.; S. 389).

14. Aux termes de l'art. 347 c. pén., est punie des peines de l'art. 346 (V. *supra*, nᵒ 11) toute personne qui, ayant trouvé un enfant nouveau-né, ne l'aura pas remis à l'officier de l'état civil ainsi qu'il est prescrit par l'art. 58 c. civ. (V. *supra*, *Actes de l'état civil*, nᵒ 57). — Cette disposition punit la simple *omission* ou *négligence* de nature à priver un enfant nouveau-né de la constatation de son état civil. L'art. 58 c. civ. ne fixe pas de délai dans lequel l'enfant doit être remis à l'officier de l'état civil; mais la personne qui a trouvé l'enfant ne saurait s'abstenir pendant un temps qui donnerait à son abstention le caractère d'une négligence coupable.

15. La personne qui a trouvé un enfant nouveau-né peut se dispenser de le remettre à l'officier de l'état civil lorsqu'elle consent à se charger de l'enfant; mais elle doit alors en faire la déclaration à la municipalité du lieu où il a été trouvé (Pén. 347, § 2). De même, la personne qui a trouvé l'enfant est libre de le porter à l'hospice au lieu de le remettre à l'officier de l'état civil.

§ 7. — *Exposition et délaissement d'enfant* (R. 262 et s.; S. 390 et s.).

16. Les art. 349 à 353 c. pén., modifiés par la loi du 19 avr. 1898 (D. P. 98. 4. 41), punissent ceux qui auront exposé ou fait exposer, délaissé ou fait délaisser un enfant ou un incapable hors d'état de se protéger eux-mêmes, à raison de leur état physique ou mental. Ils atteignent également ceux sur l'ordre desquels l'exposition ou le délaissement a eu lieu : il y a là un cas de complicité distinct de ceux qu'énumère l'art. 60 c. pén.

17. L'*exposition* est l'acte qui consiste à déposer un enfant dans un lieu quelconque, solitaire ou non solitaire. Il y a *délaissement* lorsque l'enfant exposé est laissé seul, et que, par le fait d'abandon, il y a cessation, quelque courte qu'elle soit, des soins et de la surveillance qui lui sont dus. D'ailleurs, les art. 349 et 352 ne punissent pas seulement l'exposition et le délaissement; ils comprendent dans la même répression tous les faits d'abandon qui mettent dans un état de détresse un être humain incapable de pourvoir lui-même aux besoins de son existence.

18. La peine est d'un emprisonnement dont la durée est d'un an à trois ans, ou de trois mois à un an, suivant que l'exposition ou le délaissement ont été faits dans un lieu solitaire ou dans un lieu non solitaire, et d'une amende qui est, dans tous les cas, de 16 à 1000 francs (Pén. 349 et 352, § 1er). — Si les coupables sont les ascendants de l'enfant ou de l'incapable, ou toutes autres personnes ayant autorité sur lui ou en ayant la garde, l'emprisonnement est de deux à cinq ans ou de six mois à deux ans, et l'amende de 50 à 2000 francs ou de 25 à 200 francs, suivant que l'exposition ou le délaissement ont été commis dans un lieu solitaire ou dans un lieu non solitaire (Pén. 350, et 352, § 2).

19. Des pénalités plus sévères sont édictées à raison des circonstances aggravantes qui peuvent accompagner l'abandon de l'enfant, c'est-à-dire des conséquences funestes qui peuvent en résulter pour sa santé ou pour sa vie. Les peines sont graduées suivant la gravité de ces conséquences et la qualité des coupables, soit que l'exposition ou le délaissement se soient produits dans un lieu solitaire (Pén. 351), soit qu'ils aient été commis dans un lieu non solitaire (Pén. 353).

CRIMES ET DÉLITS CONTRE LA SURETÉ DE L'ÉTAT

(R. v° *Crimes et délits contre la sûreté de l'État*; S. eod. v°).

1. La matière fait l'objet du chapitre 1er, titre 1er, du livre 3 du Code pénal (art. 75 à 108). Toutefois, quelques-unes de ces dispositions sont modifiées par suite de l'abolition de la peine de mort en matière politique, consacrée par l'art. 5 de la constitution du 4 nov. 1848 (D. P. 48. 4. 215), qui s'étend à tous les cas où cette peine est prononcée par les articles du Code pénal réprimant les crimes et délits contre la sûreté de l'État. Ladite peine est remplacée, dans toutes ces dispositions, par la déportation dans une enceinte fortifiée. — La législation, en cette matière, a été complétée par la loi du 18 avr. 1886 (D. P. 86. 4. 58), qui réprime la révélation des secrets d'État et les faits d'espionnage en temps de paix. Il y a lieu de mentionner, en outre, la loi du 29 juill. 1881, sur la presse (D. P. 81. 4. 65), punissant ceux qui, par certains modes de publicité, auront directement provoqué à commettre l'un des crimes contre la sûreté de l'État prévus par les art. 75 et s. c. pén. (V. *infrà*, *Presse-Outrage*).

ART. 1er. — CRIMES ET DÉLITS CONTRE LA SURETÉ EXTÉRIEURE DE L'ÉTAT.

§ 1er. — *Port d'armes contre la France* (R. 9 et s.; S. 10 et s.).

2. L'art. 75 c. pén. punit tout Français qui aura porté les armes contre la France. La peine est la déportation dans une enceinte fortifiée (Constit. 4 nov. 1848). — Ce crime, lorsqu'il est commis par un militaire de l'armée de terre ou de mer, est réprimé par les codes de justice militaire et maritime et puni de mort avec dégradation.

§ 2. — *Machinations et intelligences avec les puissances étrangères ou les ennemis de l'État* (R. 16 et s.; S. 11 et s.).

3. L'art. 76 c. pén. prévoit et punit la trahison qui a pour objet d'attirer à la France une déclaration de guerre et d'introduire l'ennemi sur le sol français. Il suppose des machinations ou intelligences avec les puissances étrangères ou leurs agents, avant la déclaration de guerre. Les art. 77, 78 et 79 prévoient et punissent les machinations, manœuvres ou intelligences avec l'ennemi, postérieures à la déclaration de guerre. Spécialement, le fait de s'être mis notoirement en rapport avec un corps de troupes ennemies, et d'être devenu l'un de ses fournisseurs de vivres et approvisionnements au moyen de relations directes avec ses agents, tombe sous le coup de l'art. 77 c. pén. (Cr. 8 juin 1872, D. P. 72. 1. 381). — La peine est, suivant les cas, la mort, remplacée aujourd'hui par la déportation dans une enceinte fortifiée (art. 76, 77, 79), ou la détention (art. 78). — Ces infractions ne sont réprimées par le Code pénal que si elles sont commises par des personnes étrangères à l'armée. Dans le cas contraire, elles tombent sous l'application des codes de justice militaire et maritime. — La répression peut, d'ailleurs, être poursuivie non seulement contre les Français, mais aussi contre les étrangers résidant en France.

§ 3. — *Révélation des secrets de l'État.* — *Communication de plans de fortifications, arsenaux, ports ou rades* (R. 47 et s.; S. 15 et s.).

4. L'art. 80 c. pén. est relatif au crime de *félonie*, c'est-à-dire à celui de l'agent ou du fonctionnaire qui livre un secret à lui confié à raison de son état ou de ses fonctions. — Les art. 81 et 82 prévoient le crime de *trahison*, consistant, de la part d'un fonctionnaire ou de toute autre personne, à livrer à l'ennemi, ou à une puissance neutre ou simplement étrangère, des plans de fortifications, arsenaux, ports ou rades. Il faut, s'il s'agit d'un fonctionnaire, et qu'il ait reçu les documents en dépôt et à raison de ses fonctions. — Les peines applicables sont, suivant les cas, la déportation dans une enceinte fortifiée, la déportation simple, la détention, ou un emprisonnement de deux à cinq ans.

5. Ces dispositions ont paru insuffisantes, et on a jugé nécessaire de se prémunir contre la divulgation de documents ou de renseignements qui, alors même qu'ils ne rentreraient pas dans les cas prévus par les art. 80 et s. c. pén., ne sauraient être rendus publics sans un sérieux dommage pour la sécurité de l'État. Des dispositions nouvelles, édictées par les art. 1 à 4 de la loi du 18 avr. 1886, visent les actes de trahison, d'indiscrétion et même de simple négligence qui, en raison de l'importance des documents sur lesquels ils portent, peuvent compromettre la défense nationale et, par suite, mettre en péril la sûreté de l'État.

6. Sont punis d'un emprisonnement de deux à cinq ans et d'une amende de 1000 à 5000 francs : 1° Tout fonctionnaire public, agent ou préposé du Gouvernement, qui a livré ou communiqué à une personne non qualifiée pour en prendre connaissance, ou qui a divulgué (c'est-à-dire rendu public), en tout ou en partie, les plans, écrits ou documents secrets intéressant la défense du territoire ou la sûreté extérieure de l'État, qui lui étaient confiés ou dont il avait connaissance à raison de ses fonctions. La révocation s'ensuit de plein droit; — 2° Tout individu qui a commis les mêmes faits, à l'égard des plans, écrits ou documents ci-dessus énoncés, qui lui avaient été confiés ou dont il avait eu connaissance, soit officiellement, soit à raison de son état, de sa profession ou d'une mission dont il avait été chargé; — 3° Toute personne qui, se trouvant dans l'un des cas prévus ci-dessus, a communiqué ou divulgué des renseignements tirés desdits plans, écrits ou documents (L. 18 avr. 1886, art. 1er). — Le mot *document* doit s'entendre dans le sens le plus large, et l'on a reconnu qu'il pouvait s'appliquer même à une substance servant à l'usage d'une arme de guerre, telle que la poudre Lebel. De même, constituent des documents secrets intéressant la défense du territoire, les tables de construction des armes de guerre réglementaires ou les diverses pièces composant une arme de guerre réglementaire, alors surtout que cette arme n'a pas encore été faite par l'industrie privée et que les tables de construction n'ont pas été publiées (Lyon, 3 févr. 1892, D. P. 92. 2. 467).

7. La loi du 18 avr. 1886 (art. 2) punit d'un emprisonnement de un à cinq ans, et d'une amende de 500 à 3000 francs, toute personne autre que celles énumérées en l'art. 1er qui, s'étant procuré les plans, écrits ou documents, les aura livrés ou communiqués en tout ou en partie à d'autres personnes, ou qui, en ayant eu connaissance, aura communiqué ou divulgué des renseignements qui y étaient contenus. Il a été jugé que la publication ou reproduction, *même partielle ou inexacte*, de plans, écrits ou documents secrets intéressant la défense du territoire ou la sûreté intérieure de l'État, constitue le délit d'espionnage (Cr. 24 sept. 1891, D. P. 92. 1. 173). De même, l'indiscrétion existe bien que les documents ou renseignements aient une valeur secondaire, ou aient été communiqués antérieurement par d'autres personnes (Paris, 20 févr. 1890, D. P. 91. 1. 214).

8. D'ailleurs, le fait, pour une personne sans qualité pour en prendre connaissance, de s'être procuré lesdits plans, écrits ou documents, dont la loi entend sauvegarder le caractère secret, est lui-même punissable, indépendamment de toute divulgation ou publication, et passible d'un emprisonnement de six mois à trois ans et d'une amende de 300 à 3000 francs (L. 18 avr. 1886, art. 3).

9. Enfin, la loi frappe d'un emprisonnement de trois mois à deux ans et d'une amende de 100 à 2000 francs celui qui, par négligence ou par inobservation des règlements, aura laissé soustraire, enlever ou détruire les plans, écrits ou documents secrets qui lui étaient confiés à raison de ses fonctions, de son état ou sa profession, ou d'une mission dont il était chargé (art. 4).

§ 4. — *Recel des espions et soldats ennemis envoyés à la découverte* (R. 62 et s.; S. 21 et s.).

10. L'art. 83 c. pén. punit de la peine de mort (remplacée par la déportation dans une enceinte fortifiée) le recel des espions ou des soldats ennemis envoyés à la découverte. Cette disposition n'est que l'application de l'art. 59 c. pén., qui inflige aux complices la même peine qu'aux auteurs principaux.

§ 5. — *Actes de nature à exposer l'État à une déclaration de guerre et les citoyens à des représailles* (R. 67 et s. ; S. 24).

11. Dans les art. 84 et 85 c. pén., il ne s'agit plus de trahison, mais de simples faits qui révèlent seulement chez leur auteur de l'imprudence, de la témérité ou de la légèreté. Aux termes de l'art. 84, quiconque aura, par des actions hostiles, non approuvées par le Gouvernement, exposé l'État à une déclaration de guerre, sera puni du bannissement, et, si la guerre s'en est suivie, de la déportation. — L'art. 85 punit du bannissement celui qui aura, par des actes non approuvés par le Gouvernement, exposé des Français à éprouver des représailles. Par le mot *actes*, employé dans ce dernier article, il faut entendre des outrages, des voies de fait ou des violences exercées, par exemple, envers un poste de la douane étrangère, mais non de simples injures.

§ 6. — *Faits d'espionnage en temps de paix* (S. 25 et s.).

12. Aux termes de la loi du 18 avr. 1886, est punie d'un emprisonnement de un à cinq ans et d'une amende de 1 000 à 5 000 francs toute personne qui, à l'aide d'un déguisement ou d'un faux nom, ou en dissimulant sa qualité, sa profession ou sa nationalité, se sera introduite dans une place forte, un poste, un navire de l'État ou dans un établissement militaire ou maritime, ou qui aura levé des plans, reconnu des voies de communication ou recueilli des renseignements intéressant la défense du territoire ou la sûreté extérieure de l'État. Il a été jugé que lorsqu'une place forte est une ville ouverte à tout venant, l'entrée dans cette place, par un individu qui a dénaturé son prénom et dissimulé sa qualité d'officier d'une armée étrangère, ne constitue pas le délit d'espionnage prévu par le paragraphe 1er de l'art. 5, lequel suppose que l'introduction dans une place forte a été obtenue à l'aide de l'un des moyens qu'il indique : déguisement, faux nom, dissimulation de qualité (Aix, 6 juin 1890, D. P. 91. 2. 214). Mais celui qui lève des plans, recueille des renseignements intéressant la défense du territoire ou la sûreté extérieure de l'État en prenant un faux nom, une fausse profession, une fausse nationalité, commet par ce fait seul le délit prévu par l'art. 5, § 2 : il n'est pas nécessaire alors qu'il y ait une corrélation, un rapport de cause à effet entre le déguisement, l'altération du nom, etc., et la levée des plans, l'obtention des renseignements, etc. (Trib. corr. de Briey, 27 mars 1890, D. P. 91. 2. 214). Il en est de même de celui qui garde son nom véritable, mais prend une fausse qualité et une fausse nationalité.

13. Celui qui, sans autorisation de l'autorité militaire ou maritime, a exécuté des levés ou opérations de topographie dans un rayon d'un myriamètre autour d'une place forte, un poste ou d'un établissement militaire ou maritime, à partir des ouvrages avancés, est puni d'un emprisonnement de un mois à un an et d'une amende de 100 à 1 000 francs (art. 6). Par opération topographique, il faut entendre toute visite de lieux ayant pour but de reconnaître l'état des terrains défendus au point de vue de leur configuration extérieure, même sans instruments, sans nivellement et de mémoire (Cr. r. 26 mai 1894, D. P. 99. 1. 29).

14. L'art. 7 vise le cas moins grave de celui qui se serait approché trop près des ouvrages de défense que les clôtures établies par l'autorité militaire ne le permettent, et cela pour *reconnaître* ces ouvrages. Ainsi, ne tombe pas sous le coup de cet article celui qui est entré dans les clôtures par erreur ou dans un but de curiosité. Ce fait est passible d'un emprisonnement de six jours à six mois et d'une amende de 16 à 100 francs.

15. La loi du 18 avr. 1886 punit aussi le recel des espions en temps de paix (art. 9). Elle déclare complice, et punit comme tel, toute personne qui, connaissant les intentions des auteurs des délits prévus par la loi, leur aura fourni logement, lieu de retraite ou de réunion, ou qui aura sciemment recelé les objets ou instruments ayant servi à commettre ces délits.

16. Toute tentative de l'un des délits prévus par les art. 1, 2, 3 et 5 de la loi du 18 avr. 1866 est considérée comme le délit lui-même (L. 1886, art. 8 ; Pén. 3 ; Cr. r. 7 juill. 1899, D. P. 1901. 1. 405). — Commet la tentative du délit d'espionnage celui qui, venu en France avec l'intention d'espionner, se rend dans diverses manufactures d'armes, tente d'y pénétrer, se renseigne sur la fabrication et s'efforce de se procurer des documents secrets intéressant la défense du territoire, en remettant de l'argent à un ouvrier d'une manufacture d'armes (Lyon, 3 févr. 1892, D. P. 92. 2. 467).

17. L'agent du délit peut échapper à toute pénalité en dénonçant lui-même, avant toute poursuite, le délit par lui commis, ou même, après les poursuites commencées, en procurant l'arrestation des coupables ou de quelques-uns d'entre eux (L. 18 avr. 1886, art. 10). Mais cette exemption de la peine ne peut plus être invoquée lorsque, au moment de la dénonciation, la justice avait recueilli des indices suffisants pour amener l'arrestation des coupables.

18. La poursuite de tous les délits prévus par la loi de 1886 a lieu devant le tribunal correctionnel. Toutefois, les militaires, marins ou assimilés demeurent soumis aux juridictions spéciales dont ils relèvent conformément aux Codes de justice militaire des armées de terre et de mer (L. 1886, art. 11).

ART. 2. — CRIMES ET DÉLITS CONTRE LA SURETÉ INTÉRIEURE DE L'ÉTAT.

§ 1er. — *Attentat et complot contre le Gouvernement* (R. 79 et s., 86 et s., 109 et s. ; S. 33 et s.).

19. Les dispositions des art. 86 et 90 c. pén., modifiés par la loi du 10 juin 1853 (D. P. 53. 4. 111), relatives à l'attentat envers la personne de l'empereur ou envers les membres de la famille impériale, et la disposition de l'art. 87, qui punit l'attentat dont le but est de changer l'ordre de successibilité au trône, sont virtuellement abrogées depuis l'établissement du régime républicain, et aucune disposition spéciale ne réprime les attentats contre la personne du président de la République. Mais les art. 87, 88 et 89 restent en vigueur en tant qu'ils punissent l'attentat et le complot dont le but est de changer le Gouvernement. — Il faut distinguer l'attentat, le complot et la proposition ou simple accord pour un complot.

20. L'exécution ou la tentative constituent seules l'*attentat* (Pén. 88). Ainsi, pour qu'il y ait attentat, il faut que la résolution d'agir se soit manifestée par des actes *consommés* ou par des actes *tentés*, conformément à l'art. 2 c. pén. La peine est la déportation dans une enceinte fortifiée (Pén. 87).

21. En matière ordinaire, d'après le principe général du droit pénal, le simple projet d'un crime ou délit, tant qu'il n'y a pas eu commencement d'exécution, ne constitue ni le crime même ni le délit concerté ou arrêté, ni aucune espèce de crime ou délit particulier (V. *infra*, *Tentative*). Par exception à ce principe, la seule résolution d'agir est incriminable lorsqu'elle a eu pour but de commettre un attentat tendant à détruire ou à changer le Gouvernement. Cette simple résolution d'agir est punie par la loi sous le nom de *complot* (Pén. 89). — Les faits qui constituent le crime de *complot*, loin de se confondre avec ceux qui caractérisent l'inculpation d'attentat, en sont, par la nature même des choses, essentiellement distincts : ces deux crimes, s'il peut arriver qu'ils se produisent dans une même action, ne peuvent que se succéder, le premier prenant fin au moment où l'autre commence ; ils peuvent même exister l'un sans l'autre (Ch. d'acc. près la Haute Cour de justice, 30 oct. 1899, D. P. 1903. 2. 365).

22. Les conditions nécessaires pour l'existence du complot sont : 1° une résolution arrêtée d'agir. Il faut une volonté positive, ferme, d'exécuter l'attentat ; les vœux, les menaces, les projets ne sauraient équivaloir à une résolution ; — 2° une association entre plusieurs personnes pour la mise à exécution. Il faut un concert, un accord entre les conspirateurs ; mais il a été jugé qu'il suffit, pour qu'il y ait concert, que la résolution d'agir ait été arrêtée en commun par plusieurs individus, bien qu'il n'y ait eu intention criminelle et, par conséquent, responsabilité pénale, que de la part de l'un d'eux ; — 3° une résolution ayant pour but soit de détruire, soit de changer le Gouvernement.

23. Le complot qui a été suivi d'un acte commis ou commencé pour en préparer l'exécution est puni de la déportation (Pén. 89, § 1er). Le complot qui n'a été suivi d'aucun acte commis ou commencé pour en préparer l'exécution est puni de la détention (Pén. 89, § 2). Il est difficile de distinguer ces deux hypothèses : la seconde seule paraît s'appliquer au crime de complot, tel qu'on vient de l'exposer ; en effet, s'il y a eu des actes d'exécution, le complot semble se transformer en tentative d'attentat.

24. La loi punit aussi la simple proposition faite et non agréée de former un complot. La peine est un emprisonnement de un à cinq ans. Le coupable peut être, en outre, interdit des droits mentionnés en l'art. 42 c. pén. (V. *infra*, *Peine*). — Il faut que la proposition ait été précise, formelle, directe ; on ne pourrait faire ressortir le délit de propos vagues, de simples menaces, de désirs et d'espérances. D'un autre côté, la proposition suppose nécessairement un projet arrêté à l'avance, avec ses plans, ses moyens d'exécution. Si la proposition a été agréée, le fait se transforme en complot.

§ 2. — *Crimes tendant à troubler l'État par la guerre civile, l'illégal emploi de la force armée, la dévastation et le pillage public.*

A. — Attentats et complots (R. 121 et s. ; S. 40 et s.).

25. L'art. 91 c. pén. prévoit et punit l'attentat dont le but est soit d'exciter la guerre civile en armant ou en portant les citoyens ou habitants à s'armer les uns contre les autres, soit de porter la dévastation, le massacre ou le pillage dans une ou plusieurs communes. La peine est la déportation dans une enceinte fortifiée. C'est de cet article qu'il a été fait application aux bandes insurrectionnelles durant la Commune de Paris en 1871. — Le complot ayant pour but l'un de ces crimes et la proposition de former ce complot sont punis des peines portées à l'art. 89, suivant les distinctions qui y sont établies (Pén. 91, § 2) (V. *supra*, n° 23). — La loi punit également de la déportation dans une enceinte fortifiée le crime consistant à lever ou faire lever des troupes armées, à engager ou enrôler, faire engager ou faire enrôler des soldats, ou à leur fournir ou procurer des armes ou munitions sans ordre ou autorisation du pouvoir légitime (Pén. 92). — Le crime prévu par l'art. 92 c. pén. ne doit pas être confondu avec le crime d'*embauchage*, lequel a lieu quand l'agent s'adresse à des militaires sous les drapeaux et provoque leur désertion ; ce crime est prévu par les Codes de justice militaire (art. 208 et 265). L'art. 92 n'est applicable que lorsque l'enrôlement s'adresse à des citoyens non militaires.

26. L'art. 93 c. pén. punit de la déportation dans une enceinte fortifiée ceux qui auront, sans droit ou motif légitime, pris ou retenu un commandement militaire. — Cet article ne paraît concerner que les non-militaires ; le même crime commis par des militaires est prévu par l'art. 228 c. just. mil., et passible de la peine de mort.

27. Le crime prévu par l'art. 94 c. pén. consiste dans le fait, par celui qui pouvait disposer de la force publique, d'en avoir requis ou ordonné, fait requérir ou ordonner l'action ou l'emploi contre la levée des gens de guerre légalement établie. La peine est celle de la déportation dans une enceinte fortifiée, si la réquisition ou l'ordre ont été suivis d'effet.

28. Il convient de rapprocher des dispositions qui précèdent l'art. 25 de la loi du 29 juill. 1881, aux termes duquel toute provocation adressée à des militaires des armées de terre et de mer, dans le but de les détourner de leurs devoirs militaires et de l'obéissance qu'ils doivent à leurs chefs, est punie d'un emprisonnement de un à six mois et d'une amende de 16 à 100 francs (V. *infrà, Presse-outrage*).

29. Aux termes de l'art. 95 c. pén., tout individu qui aura incendié ou détruit, par l'explosion d'une mine, des édifices, magasins, arsenaux, vaisseaux ou autres propriétés appartenant à l'État sera puni de la détention dans une enceinte fortifiée. — On n'est pas d'accord sur le point de savoir si l'application de cet article est restreinte au cas où le coupable a agi dans une intention politique, pour porter atteinte à la sûreté de l'État (les art. 434 et 435 c. pén. étant applicables dans le cas contraire), ou si elle s'étend à tous les cas d'incendie et de destruction de propriétés *publiques* par l'emploi d'une mine, quelle que soit l'intention de l'agent. En tout cas, il y a lieu de remarquer que la loi du 2 avr. 1892 (D. P. 92. 4. 42), modifiant l'art. 435 c. pén., a ajouté à la destruction des propriétés par l'effet d'une mine la destruction par toute substance explosible, sans apporter la même modification au texte de l'art. 95.

B. — *Existence de bandes armées* (R. 138 et s.; S. 47 et s.).

30. Les art. 96 et s. c. pén. punissent ceux qui, soit pour envahir des propriétés publiques, places, villes, forteresses, postes, magasins, arsenaux, ports, vaisseaux ou bâtiments appartenant à l'État, soit pour piller ou partager des propriétés publiques ou nationales ou celles d'une généralité de citoyens, soit enfin pour faire attaque ou résistance envers la force publique agissant contre les auteurs de ces crimes, se seront mis à la tête de bandes armées, ou y auront exercé une fonction ou commandement quelconque. La peine est, suivant les cas, la déportation dans une enceinte fortifiée ou la déportation simple. En sont passibles comme complices ceux qui auront dirigé l'association, levé ou fait lever, organisé ou fait organiser les bandes, ou leur auront fourni des armes, munitions, etc., ou envoyé des convois de subsistances ; ou qui, d'une manière quelconque, auront pratiqué des intelligences avec les directeurs ou commandants des bandes. Ces derniers faits sont constitutifs d'une complicité spéciale, qui sort des termes de l'art. 60 c. pén. Sont aussi réputés complices et punis seulement des travaux forcés à temps, ceux qui, connaissant le but et le caractère desdites bandes, leur ont, sans contrainte, fourni

des logements, lieux de retraite ou de réunion (Pén. 99). Aucune peine n'est prononcée contre ceux qui, ayant seulement fait partie de ces bandes, se sont retirés au premier avertissement des autorités civiles ou militaires (Pén. 100, § 1er). Mais l'exemption de peine ne s'applique qu'au fait de sédition ; l'accusé reste passible des peines qu'il a pu encourir à raison des crimes particuliers qu'il aurait personnellement commis ; et il peut, dans tous les cas, être frappé de l'interdiction de séjour (Pén. 100, § 2).

§ 3. — *Révélation ou non-révélation des crimes qui compromettent la sûreté intérieure ou extérieure de l'État* (R. 164 et s.).

31. Sont exemptés des peines prononcées contre les auteurs de complots ou d'autres crimes attentatoires à la sûreté intérieure ou extérieure de l'État ceux des coupables qui, avant toute exécution ou tentative de ces complots ou de ces crimes et avant toutes poursuites commencées, en ont les premiers révélé l'existence aux autorités. Il en est de même de ceux qui, même depuis le commencement des poursuites, ont *procuré l'arrestation* des auteurs ou complices (Pén. 108, § 1er). Les coupables qui ont donné ces connaissances ou procuré ces arrestations peuvent néanmoins être frappés d'interdiction de séjour (Pén. 108 ; L. 27 mai 1885, art. 19).

§ 4. — *De la juridiction compétente pour connaître des crimes contre la sûreté de l'État.*

32. Sur ce point, V. *infrà*, Haute-Cour de justice.

CULTE

(R. v° *Culte* ; S. eod. v°).

1. La matière des cultes est aujourd'hui réglée presque exclusivement par la loi du 9 déc. 1905 (D. P. 1906. 4. 1), sur la séparation des Églises et de l'État, ainsi que par les règlements d'administration publique rendus pour assurer son application. Ces règlements sont contenus dans le décret du 29 déc. 1905 (D. P. 1906. 4. 28), concernant l'inventaire prescrit par la loi ; celui du 19 janv. 1906 (D. P. 1906. 4. 29), concernant les pensions et allocations accordées aux ministres du culte ; celui du 16 mars 1906 (D. P. 1906. 4. 31), concernant l'attribution des biens, les édifices des cultes, les associations cultuelles, la police des cultes. — L'art. 43, § 2, de la loi de 1905 porte que des règlements d'administration publique détermineront les conditions dans lesquelles ladite loi sera applicable à l'Algérie et aux colonies. Ce régime, qui crée, désormais, le droit commun des cultes en France, a été modifié, spécialement en ce qui touche l'Église catholique, par la loi du 2 janv. 1907 (D. P. 1907. 4. 1) et par celle du 28 mars 1907 (D. P. 1907. 4. 5). — On exposera *infrà*, n°s 283 et s., les conditions nouvelles d'exercice du culte public, conformément à ces deux dernières lois. Mais on analysera d'abord les dispositions de la loi du 9 déc. 1905 demeurées en vigueur, encore que plusieurs d'entre elles n'aient plus, à raison des circonstances, qu'un intérêt pratique assez restreint.

SECT. Ire. — **Principes généraux.**

ART. 1er. — LIBERTÉ DE CONSCIENCE.

2. Le principe de la liberté de conscience, formulé pour la première fois par la constitution des 3-14 sept. 1791, a été reconnu depuis lors par toutes les constitutions qui se sont succédé en France, et récemment par l'art. 1er de la loi du 9 déc. 1905, lequel dispose que « la République assure la liberté de conscience ». — La liberté de conscience

consiste d'abord dans la faculté, pour chaque individu, d'admettre ou de repousser, dans le for intérieur, telle ou telle croyance religieuse. Elle implique le droit de s'abstenir de participer aux exercices d'une religion quelconque. Nul ne peut être contraint de faire un acte religieux contraire à sa croyance. Ainsi, un citoyen ne pourrait plus aujourd'hui être obligé, sur le passage d'une procession, le jour de la Fête-Dieu, soit de tapisser sa maison ou de la laisser tapisser, soit de se découvrir. Du principe de la liberté de conscience, il résulte également que nul ne peut être inquiété pour ses opinions religieuses, pourvu que leur manifestation ne trouble pas l'ordre public établi par la loi.

3. Dès avant la loi du 9 déc. 1905, de nombreuses dispositions législatives ou réglementaires sont intervenues pour effacer de notre législation des dispositions anciennes considérées comme attentatoires à la liberté de conscience. — Ainsi, la loi du 12 juill. 1880 (D. P. 80. 4. 92) a abrogé la loi du 18 nov. 1814 (R. p. 711) sur le repos obligatoire du dimanche, ainsi que toutes les lois et ordonnances rendues antérieurement sur la même matière. Elle n'a, toutefois, rien innové aux dispositions des lois civiles et criminelles qui règlent les vacances des administrations, les délais et accomplissement des formalités judiciaires, l'exécution des décisions de justice. Elle a maintenu aussi la loi du 19 mai 1874 (D. P. 74. 4. 88), qui a défendu aux industriels employant des enfants et des filles mineures de les affecter à aucun travail les dimanches et jours de fête, même pour le rangement de l'atelier, dans les usines à feu continu, où le travail du dimanche est autorisé, de laisser aux ouvriers mineurs le temps et la liberté nécessaire pour l'accomplissement des devoirs religieux. — La loi du 2 nov. 1892 (D. P. 93. 4. 25) qui a abrogé (art. 32) et remplacé la loi de 1874, a, en prescrivant un jour de repos, supprimé l'allusion à la religion. Mais la loi 13 juill. 1906 (D. P. 1906. 4. 105), qui établit d'une manière générale le repos hebdomadaire pour les employés et ouvriers, fixe en principe ce repos au dimanche (V. *infrà*, Addit. suppl., v° *Police du travail*). — La loi du 12 juill. 1880 laisse également subsister les dispositions contractuelles qui font aux entrepreneurs de travaux publics une obligation de ne pas faire travailler leurs ouvriers les dimanches et jours fériés. — La même loi n'avait non plus porté aucune atteinte à l'art. 57 de la loi du 18 germ. an 10 (R. p. 685), fixant au dimanche le jour de repos des fonctionnaires. La loi du 9 déc. 1905 a, par son art. 44, formellement abrogé ladite loi du 18 germ. an 10 ; mais, par son art. 43, elle a maintenu les dispositions légales relatives aux jours alors fériés (V. Jour *férié*). On doit donc regarder comme encore actuellement en vigueur les dispositions déclarant jours fériés la Nativité, l'Ascension, l'Assomption, la Toussaint, les lundis de Pâques et de la Pentecôte, le 1er janvier et le 14 juillet (Arr. 29 germ. an 10, R. p. 695 ; L. 8 mars 1886, D. P. 86. 4. 17).

4. Le décret du 23 oct. 1883, art. 328 et s. (D. P. 84. 4. 119), sur le service des places, a enlevé aux honneurs militaires tout caractère religieux. C'est ainsi, notamment, qu'aujourd'hui les honneurs funèbres sont rendus à la maison mortuaire ou au cimetière, et que les troupes ne doivent plus entrer dans les églises ou les temples (Conf. Décr. 4 oct. 1891, art. 325 à 327, D. P. 92. 4. 37).

5. La loi constitutionnelle du 14 août 1884, art. 4 (D. P. 84. 4. 113), abrogeant l'art. 1er, § 3, de la loi du 16 juill. 1875 (D. P. 75. 4. 114), qui prescrivait des prières publiques le jour de la rentrée des Chambres. Dans le même ordre d'idées, une circulaire récente du ministre de la Justice a supprimé la messe du Saint-Esprit, qui était célébrée le jour de la rentrée des cours et tribunaux.

6. C'est au nom de la liberté de conscience que certains services publics ont été laïcisés. La loi du 20 sept. 1792 (R. v° *Actes de l'état civil*, p. 489) a substitué les municipalités au clergé pour la réception et la conservation des actes de l'état civil. Les registres tenus par les ministres du culte ne doivent être relatifs qu'à l'administration des sacrements et ne peuvent suppléer les registres prescrits par la loi pour constater l'état civil des Français (V. *supra*, *Actes de l'état civil*, n° 3).

7. Le décret du 23 prair. an 12, art. 15 (R. p. 929), avait décidé que les cimetières seraient divisés en autant de quartiers qu'il y aurait de cultes reconnus. La loi du 14 nov. 1881 (D. P. 82. 4. 47) a abrogé cette disposition, en vue de restituer au cimetière un caractère de neutralité complète et d'établir l'uniformité dans le régime des sépultures. En outre, l'art. 97, § 4, de la loi du 5 avr. 1884 (D. P. 84. 4. 25) a interdit aux maires d'établir, dans les cimetières, des distinctions à raison des croyances ou du culte du défunt, ou des circonstances qui ont accompagné sa mort (V. *infra*, *Sépulture*, n° 76).

8. La loi du 15 nov. 1887 (D. P. 87. 4. 101), sur la liberté des funérailles, dispose (art. 1 et 2) que toutes les dispositions légales relatives aux honneurs funèbres seront appliquées quel que soit le caractère des funérailles, civil ou religieux, et qu'il ne pourra jamais être établi, même par voie d'arrêté, de prescriptions particulières applicables aux funérailles en raison de leur caractère civil ou religieux. Les articles suivants disposent que tout individu majeur, ou mineur émancipé, en état de tester, peut régler comme il l'entend les conditions de ses funérailles, notamment en ce qui concerne le caractère civil ou religieux à leur donner; sa volonté exprimée à la force d'une disposition testamentaire et doit être observée sous les peines portées aux art. 199 et 200 c. pén.

9. En matière d'assistance publique, la loi du 5 août 1879 (D. P. 80. 4. 1) a exclu les ministres des cultes des commissions administratives des établissements de bienfaisance, en tant que membres de droit.

10. Enfin, en matière d'enseignement, le législateur a exclu du programme des écoles primaires l'instruction religieuse (L. 28 mars 1882, art. 1er, D. P. 82. 4. 64), défendu d'y donner l'enseignement religieux (Même loi, art. 1. 9 déc. 1905, art. 30, *infra*, n° 277), prescrit et organisé la laïcité du personnel enseignant dans ces écoles (L. 30 oct. 1886, art. 17 à 19, 67, D. P. 87. 4. 1; L. 19 juill. 1889, art. 51, D. P. 1902. 4. 35; L. 30 mars 1902, art. 70, D. P. 1902. 4. 71), interdit l'enseignement de tout ordre et de toute nature aux congrégations religieuses (L. 7 juill. 1904, D. P. 1905. 4. 1; Décr. 2 janv. 1905, D. P. 1905. 4. 10).

Art. 2. — Liberté des cultes.

11. La liberté de conscience implique, d'autre part, le droit pour les citoyens de faire, des actes extérieurs, profession de leur croyance. Ce droit a été également consacré, en principe, par notre droit public, et, récemment, par l'art. 1er de la loi du 9 déc. 1905, qui porte : « La République garantit le libre exercice des cultes. » Ainsi, chacun peut soutenir la religion à laquelle il est attaché et chercher à la propager par les divers moyens que les lois mettent à sa disposition : par la plume, dans le livre ou le journal; par la parole, dans des réunions privées ou des réunions publiques, en se conformant alors aux dispositions de la loi du 28 mars 1907 (D. P. 1907. 4. 57; V. *infra*, n° 256 et 257). De même, aujourd'hui encore, les citoyens peuvent former entre eux des associations religieuses autres que des congrégations en se conformant aux dispositions de la loi du 1er juill. 1901, notamment des confréries. — Quant aux congrégations religieuses, l'art. 38 de la loi de 1905 déclare qu'elles demeurent soumises aux lois des 1er juill. 1901, 4 déc. 1902 et 7 juill. 1904 (V. *supra*, *Associations et congrégations*, n°s 54 et s.; *Enseignement*, n°s 2, 38, 114). Elles ne sauraient, en tant que congrégations, bénéficier du régime des associations cultuelles.

12. Cependant, la liberté des cultes n'est pas illimitée. Toute religion comporte des réunions, des rassemblements, pour l'accomplissement de cérémonies, de prières en commun ou pour l'enseignement de la doctrine religieuse. Or l'Etat, dans un intérêt d'ordre public, se réserve de réglementer ces réunions ou rassemblements. C'est ainsi que l'art. 1er de la loi de 1905, après avoir posé le principe du libre exercice des cultes, ajoute : « sous les seules restrictions édictées ci-après dans l'intérêt de l'ordre public. » « Cette disposition, placée en tête de la loi, indique l'esprit suivant lequel les autres dispositions ont été conçues et doivent être appliquées. Toutes les fois que l'intérêt public ne pourra être légitimement invoqué, dans le silence des textes ou le doute sur leur exacte application, c'est la solution libérale qui sera la plus conforme à la pensée du législateur. » (V. D. P. 1906. 4. 6, note 1 *ter*.)

Art. 3. — Principe de la séparation des Eglises et de l'Etat ; conséquences.

13. L'art. 2 de la loi de 1905, en déclarant que « la République ne reconnaît aucun culte », établit le principe de la *séparation des Eglises et de l'Etat*, et celui de la *laïcité de l'Etat*. Déjà, avant cette loi, il était intervenu plusieurs dispositions motivées sur la liberté de conscience (V. *supra*, n°s 2 et s.), mais qui dénotaient une tendance à réaliser progressivement la laïcité de l'Etat. — Le même principe a pour conséquence de laisser toute liberté, soit au pape pour nommer les évêques, soit aux évêques pour nommer les vicaires généraux, curés, vicaires et autres membres du clergé séculier de leurs diocèses.

§ 1er. — Egalité des cultes entre eux; suppression de la distinction entre les cultes reconnus, autorisés ou non autorisés.

14. La République ne reconnaît plus aucun culte (V. *supra*, n° 13), il en résulte que *tous les cultes sont égaux* entre eux aux yeux de la loi civile, et que les distinctions établies par la législation antérieure entre les *cultes reconnus*, les *cultes autorisés* et les *cultes non autorisés* sont aujourd'hui abolies.

A. — Suppression de l'organisation légale des cultes reconnus.

15. L'art. 44 de la loi de 1905 a abrogé toutes les dispositions relatives à l'organisation publique des cultes antérieurement reconnus par l'Etat, ainsi que toutes dispositions contraires à ladite loi, notamment : 1° la loi du 18 germ. an 10 (R. p. 685), portant que la convention passée le 26 mess. an 9 entre le pape et le Gouvernement français, ainsi que les articles organiques de ladite convention et des cultes protestants, seront exécutés comme des lois de la République; 2° le décret du 26 mars 1852 (D. P. 52. 4. 135) et la loi du 1er août 1879 (D. P. 80. 4. 7), sur les cultes protestants; 3° le décret du 17 mars 1808 (R. p. 700), la loi du 8 févr. 1831 (R. p. 718) et l'ordonnance du 25 mai 1844 (R. p. 720), sur le culte israélite; 4° le décret du 22 déc. 1812 (R. p. 708), relatif à l'autorisation d'ouverture des chapelles domestiques et oratoires particuliers, et le décret du 19 mars 1859 (D. P. 59. 4. 27), concernant l'ouverture des temples ou oratoires protestants; 5° le décret du 30 déc. 1809 (R. p. 702), sur les fabriques d'église, et l'art. 78 de la loi du 26 janv. 1892 (D. P. 92. 4. 27), soumettant la comptabilité des fabriques et consistoires aux règles de la comptabilité publique.

16. L'art. 2, § 3, de la loi de 1905 a supprimé les établissements publics du culte, sous réserve des dispositions de l'art. 3, qui a maintenu provisoirement leur fonctionnement, conformément aux dispositions alors en vigueur, jusqu'à l'attribution de leurs biens aux associations cultuelles destinées à les remplacer et au plus tard jusqu'au 11 déc. 1906. — Sur les dispositions de la loi du 2 janv. 1907, destinée à parer à la situation créée par la non-constitution des associations cultuelles catholiques, V. *infra*, n°s 283 et s. — Lors de la suppression des établissements antérieurement soumis aux règles de la comptabilité publique en exécution de l'art. 78 de la loi du 26 janv. 1892 et des décrets du 27 mars 1893 (D. P. 94. 4. 17 et s.), les registres de comptables seront arrêtés par les représentants de ces établissements. Les comptables rendront immédiatement leurs comptes; ils seront dispensés de produire à l'appui le compte administratif et la délibération mentionnées dans les décrets du 27 mars 1893. Si les justifications réclamées par injonctions du juge des comptes ne peuvent être produites parce qu'elles exigeraient l'intervention des établissements susindiqués, il y est suppléé par tous autres actes et documents (Décr. 16 mars 1906, art. 7).

B. — Soumission des ministres du culte au droit commun.

17. Sous le régime concordataire, la condition des ministres du culte était déjà, *en principe*, celle des autres citoyens. Ils jouissaient des mêmes droits; ils étaient électeurs et contribuables et ne bénéficiaient, à ce dernier point de vue, d'aucune exemption à raison de leur qualité. Mais ce principe recevait de nombreuses exceptions. — Par suite de la séparation des Eglises et de l'Etat, les ministres du culte sont considérés comme de simples particuliers et soumis au *droit commun* d'une manière presque absolue; la législation d'exception, qui leur était applicable avant la loi de 1905, a été abrogée expressément ou implicitement (V. D. P. 1906. 4. 6, note 7; Civ. c. 3 avr. 1906, D. P. 1906. 1. 219; et *infra*, n°s 19 et s., 36 et s.), sauf certaines exceptions établies spécialement dans l'intérêt de l'ordre public (V. *infra*, n°s 38 et s.).

18. Il en résulte que la qualité de Français n'est plus nécessaire pour être ministre du culte. Du reste, la loi de 1905 a abrogé les dispositions qui exigeaient cette qualité soit pour être évêque (L. 18 germ. an 10, art. 16), soit pour être employé dans les fonctions du ministère ecclésiastique, à moins d'une permission du Gouvernement (Même loi, art. 32), soit pour être pasteur de l'Eglise réformée ou luthérienne (Même loi, art. 18 organique des cultes protestants) ou rabbin (Ord. 25 mai 1844, art. 57).

a. — Suppression de la protection spéciale de l'Etat concernant la discipline, les objets et les ministres du culte (R. 88 et s., 102 et s.; S. 39 et s., 58 et s.).

19. Depuis la séparation des Eglises et de l'Etat, celui-ci n'assure plus l'observation des règles de discipline établies par les diverses Eglises. Il en est ainsi des canons de l'Eglise catholique qui défendent aux prêtres de se marier. Au reste, la jurisprudence était déjà fixée en ce sens que les prêtres sont toujours libres de rentrer dans la vie civile, et que, lorsqu'ils ont ainsi renoncé au ministère ecclésiastique, leur qualité n'est pas un obstacle à ce qu'ils puissent contracter un mariage (V. toutefois *infrà*, *Mariage*, n° 48).

20. Le Gouvernement pouvait autrefois contraindre les prêtres à l'observation de la loi canonique qui leur interdit de faire commerce ; mais les actes commerciaux faits par les ecclésiastiques n'en restaient pas moins valables à l'égard des tiers. Aujourd'hui, cette interdiction est dépourvue de toute sanction civile.

21. L'art. 44 de la loi de 1905 a expressément abrogé l'art. 262 c. pén., qui punissait l'outrage envers les objets d'un culte, commis par paroles ou gestes, dans les lieux destinés ou servant à son exercice.

22. Les art. 385 et 386 c. pén. assimilent, au point de vue de la pénalité, le vol commis dans les édifices consacrés aux cultes légalement établis en France au vol commis dans un lieu habité ou servant à l'habitation. Ces dispositions semblent abrogées par la loi de 1905, qui ne reconnaît aucun culte. — Conf. Limoges, 15 févr. 1906 (D. P. 1906. 2. 289, et la note).

23. La loi de 1905, par son art. 44, a formellement abrogé les dispositions du Code pénal qui protégeaient spécialement les ministres du culte contre les outrages (art. 262 et les voies de fait [art. 263]), dont ils pouvaient être l'objet dans l'exercice de leurs fonctions. Ces infractions ne sont désormais punissables que conformément au droit commun.

24. On doit considérer comme abrogées les dispositions exceptionnelles de la loi du 29 juill. 1881 (D. P. 81. 4. 65), d'après laquelle la diffamation commise, à raison de leurs fonctions ou de leur qualité, envers les ministres d'un culte salarié par l'Etat, était punie de peines plus graves que celle adressée à des particuliers (art. 31), portée à la cour d'assises (art. 45) et poursuivie soit sur leur plainte, soit d'office sur la plainte du ministre des Cultes (art. 47). Aujourd'hui, la diffamation contre un ministre d'un culte quelconque est assimilée à la diffamation commise à l'égard d'un particulier, au point de vue des peines applicables (art. 32), de la compétence (art. 45) et de la plainte (art. 60).

25. L'outrage à la morale publique et religieuse et aux religions reconnues par l'Etat constituait autrefois un délit. Il n'en est plus ainsi depuis la loi du 29 juill. 1881 (V. *infra*, *Presse-outrage*, n° 172).

b. — *Suppression des avantages, privilèges ou immunités accordés aux ministres des cultes reconnus.*

26. Les *avantages, privilèges* ou *immunités* attachés autrefois à la qualité de ministre d'un culte reconnu ont cessé d'exister depuis la loi de 1905. — Tel est le privilège que l'art. 10 de la loi du 20 avr. 1810 (R. v° *Organisation judiciaire*, p. 1496) accordait aux archevêques, évêques et présidents de consistoires d'être jugés par la cour d'appel, en cas de poursuite pour délits correctionnels.

27. Les curés et desservants ne bénéficient plus des dispositions des art. 427 et 431 c. civ., qui dispensent de la tutelle les citoyens exerçant une fonction publique dans un département autre que celui où la tutelle s'établit et leur permet de s'en décharger. Cette dispense ne peut plus également s'appliquer, en vertu de l'avis du Conseil d'Etat du 20 nov. 1806, à d'autres personnes exerçant, pour les cultes, des fonctions qui exigent résidence et dans lesquelles elles sont agréées par le Gouvernement.

28. On doit regarder comme supprimée la franchise postale accordée, sous certaines conditions, aux archevêques et évêques,

curés et desservants, vicaires généraux, supérieurs des grands et petits séminaires, consistoires, pasteurs, rabbins et grands rabbins.

29. Sont supprimés le rang assigné aux membres des différents cultes dans les cérémonies publiques et les honneurs qui devaient être rendus par les autorités civiles, en cas de décès des ministres du culte ou lors de l'installation des évêques ou archevêques (Décr. 24 mess. an 12, art. 1er, 9, 10, R. p. 697 ; Décr. 4 oct. 1891, art. 246, D. P. 92. 4. 30), ainsi que les visites des corps d'officiers aux cardinaux, archevêques ou évêques le jour de leur installation (Décr. précité du 4 oct. 1891, art. 253). — V. Décr. 16 juin 1907 (*Journ. off.* du 20 juin 1907), relatif aux cérémonies publiques, préséances, honneurs civils et militaires.

30. Depuis la séparation de l'Eglise et de l'Etat, le costume ecclésiastique n'a plus de caractère officiel ; il n'est plus protégé par l'art. 259 c. pén., qui punit d'un emprisonnement de six mois à deux ans toute personne qui aura porté illégalement un costume, un uniforme ne lui appartenant pas. Il en résulte que toute personne pourrait prendre aujourd'hui le costume ecclésiastique sans encourir aucune peine, sauf le cas où cette exhibition serait accompagnée de bruits ou tapages injurieux ou nocturnes troublant la tranquillité des habitants, et donnerait lieu à l'application de l'art. 479-8°, c. pén. — A plus forte raison les ministres du culte conservent le droit de porter le costume ecclésiastique.

31. Les ministres des cultes précédemment reconnus ne peuvent plus invoquer l'art. 66 de la loi du 15 mars 1850 (D. P. 50. 4. 52), qui leur permettait, moyennant une déclaration préalable au recteur d'académie, de donner l'instruction secondaire à quatre jeunes gens au plus, destinés aux écoles ecclésiastiques, sans être soumis aux prescriptions de la loi, c'est-à-dire sans être tenus d'être bacheliers.

32. Avant la loi du 30 nov. 1892 sur la médecine (D. P. 93. 4. 8), il était admis que les ministres des cultes reconnus pouvaient donner gratuitement des soins et conseils à leurs paroissiens malades, sans encourir des poursuites pour exercice illégal de la médecine (Av. Cons. d'Et. 4e jour complémentaire an 13, approuvé le 8 vend. an 14, R. p. 697). A supposer que cette faculté n'eût pas été retirée par l'article final de ladite loi, elle le serait implicitement par la loi de 1905.

33. Au point de vue de la législation électorale, les ministres des cultes reconnus étaient autrefois, obligés par leurs fonctions à une résidence obligatoire fixée dans un lieu déterminé, étaient autrefois inscrits sur les listes, sans être tenus de justifier d'une résidence de six mois (L. 5 avr. 1884, art. 14, § 3-4°). Cette disposition n'est plus en vigueur (Civ. r. 26 mars et 3 avr. 1906, D. P. 1906. 1. 217). — La loi de 1905 a eu également pour effet de rendre désormais sans application la jurisprudence d'après laquelle, sous le régime concordataire, les élèves d'un grand séminaire étaient présumés, jusqu'à preuve contraire, y avoir fixé leur principal établissement et, par conséquent, avaient le droit d'être inscrits sur la liste électorale de la commune où était situé le séminaire (Civ. c. 3 avr. 1906, D. P. 1906. 1. 219).

34. Les jeunes gens qui ont obtenu à titre d'élèves ecclésiastiques la dispense prévue par l'art. 23 de la loi du 15 juill. 1889, sur le recrutement de l'armée, continuent à en bénéficier conformément à l'art. 99 de la loi du 21 mars 1905, à la condition qu'à l'âge de vingt-six ans ils soient pourvus d'un emploi de ministre du culte rétribué par une association cultuelle, et sous réserve des justifications fixées par

un règlement d'administration publique (L. 1905, art. 39). — Ce règlement est contenu dans le décret du 22 mai 1906 (D. P. 1907, 4e partie).

c. — *Suppression des incapacités, inéligibilités ou incompatibilités attachées à la qualité de ministre du culte.*

35. La loi de 1905 ne reconnaissant plus de culte, les ministres du culte n'ont plus de caractère officiel et sont des citoyens comme tous les autres ; elle a donc eu pour conséquence la suppression de toutes les incapacités ou incompatibilités, qui ne sont pas commandées par le souci de l'ordre public. Ainsi, on doit regarder comme abrogées les dispositions légales qui édictaient à l'égard des ministres du culte des incapacités, inéligibilités ou incompatibilités électorales, spécialement en ce qui concernait les fonctions de sénateur (L. 2 août 1875, art. 21, D. P. 75. 4. 117 ; L. 30 nov. 1875, art. 8, D. P. 76. 4. 4 ; L. 26 déc. 1887, D. P. 88. 4. 2) ; de député (L. 30 nov. 1875, art. 8 précité, et 12) ; de conseiller général ou d'arrondissement (L. 10 août 1871, art. 8, modifié par l'art. 1er de la loi du 23 juill. 1891, D. P. 91. 4. 74) ; de conseiller municipal (L. 5 avr. 1884, art. 33, D. P. 84. 4. 25), et, par voie de conséquence, de maire ou adjoint. — Toutefois, pendant huit années à partir de la promulgation de la loi du 9 déc. 1905, les ministres du culte sont inéligibles au conseil municipal dans les communes où ils exercent leur ministère ecclésiastique (art. 40).

36. La loi de 1905 a également abrogé les dispositions de l'art. 383 c. instr. cr. et de l'art. 3 de la loi du 21 nov. 1872 (D. P. 72. 4. 132), qui déclaraient les fonctions de juré incompatibles avec celles de ministre d'un culte reconnu par l'Etat.

37. Les fonctions ecclésiastiques ont été déclarées incompatibles avec les fonctions judiciaires, soit avant le Concordat (L. 2-11 sept. 1790, R. v° *Organisation judiciaire*, p. 1479), soit depuis (R. v° *Culte*, p. 697). Il semble que cette incompatibilité n'existe plus, les ministres du culte étant assimilés aux autres citoyens (V. *supra*, n° 35). Mais, s'ils étaient rémunérés soit par une association cultuelle, soit par l'Etat, un département ou une commune à raison d'un service d'aumônerie dans un établissement public, ils ne sauraient exercer des fonctions judiciaires.

38. Cependant, les ministres du culte continuent à être soumis à certaines incapacités ou incompatibilités qui, n'ayant pas leur fondement dans le caractère public de ces ministres, se justifient par des raisons pratiques ou des motifs d'ordre public subsistant encore actuellement. Ainsi, ils demeurent frappés, comme conséquence de leurs fonctions, d'une incapacité relative de recevoir (Civ. 909). Ils ne peuvent profiter des dispositions qu'auraient faites en leur faveur, pendant le cours de leur dernière maladie, les personnes qu'ils auraient assistées dans cette maladie.

39. Les ministres du culte continuent à être liés par le secret professionnel (Pén. 378). Les ecclésiastiques peuvent donc se retrancher derrière cette disposition, pour refuser de divulguer le secret de la confession. D'ailleurs, l'Etat, en garantissant le libre exercice du culte, s'est par lui-même engagé à faire respecter cette règle essentielle du culte catholique.

40. Il semble qu'il y a lieu de considérer comme encore en vigueur la disposition de l'art. 333 c. pén., d'après lequel la qualité de ministre d'un culte constitue une circonstance aggravante des crimes prévus par les art. 332 et s. c. pén. (V. *supra*, *Attentats aux mœurs*, n° 21). Cette disposition, applicable aux ministres des cultes reconnus ou non, est fondée sur l'autorité ou l'influence que l'agent peut avoir à raison de ses fonctions sur sa victime, et ce motif subsiste malgré la séparation des Eglises et de l'Etat.

§ 2. — *Suppression des subventions de l'Etat, des départements et des communes.*

41. Sous le régime concordataire, les dépenses multiples de personnel et de matériel qu'entraînaient les cultes reconnus étaient supportées par l'Etat, les établissements publics du culte ; les départements avaient aussi la faculté de voter des subventions pour les œuvres cultuelles. — Il en est autrement aujourd'hui. La République ne salarie ni ne subventionne aucun culte. En conséquence, à partir du 1er janvier 1906 sont supprimées des budgets de l'Etat, des départements et des communes, toutes dépenses relatives à l'exercice des cultes (L. 1905, art. 2). — Les sommes rendues disponibles chaque année par la suppression du budget des cultes doivent être réparties entre les communes, au prorata du contingent de la contribution foncière des propriétés non bâties qui leur a été assigné pendant l'exercice précédant la promulgation de la loi de 1905 (Même loi, art. 41). V. Circ. min. Cultes, 17 avr. 1906.

42. Les associations cultuelles ne peuvent, sous quelque forme que ce soit, recevoir des subventions de l'Etat, des départements ou des communes. Ne sont pas considérées comme subventions, les sommes allouées pour réparations aux monuments classés (L. 1905, art. 19, § 6). Ces dispositions sont applicables aux unions cultuelles (L. 1905, art. 20).

43. La Chambre des députés et le Sénat ont repoussé plusieurs amendements demandant que les budgets départementaux ou communaux pussent comprendre des crédits pour assurer aux familles indigentes l'exercice du culte et la facilité de recourir aux cérémonies qui accompagnent le baptême, le mariage, les funérailles (V. D. P. 1906. 4. 7, note, n° 4, D). Mais les bureaux de bienfaisance donnent leurs secours sans affectation déterminée aux indigents ; si ceux-ci veulent appliquer ces secours à une dépense cultuelle, le bureau de bienfaisance n'a pas à intervenir pour y faire obstacle.

44. L'art. 2 de la loi de 1905 décide que, toutefois, les dépenses relatives à des services d'aumônerie et destinées à assurer le libre exercice des cultes dans les établissements publics, tels que lycées, collèges, écoles, hospices, asiles et prisons, peuvent être inscrites auxdits budgets. « Cette disposition n'est que l'application du principe que le libre exercice des cultes doit être assuré ; ceux qui sont retenus dans des établissements publics donnent certainement mandat tacite aux administrateurs de ces établissements de leur procurer la possibilité de remplir leurs devoirs religieux » (V. D. P. 1906. 4. 7, note, n° 4, C). — L'énumération formulée par l'art. 2 n'est pas limitative ; elle comprend notamment les dépenses d'aumônerie des armées de terre et de mer. Au Sénat, plusieurs amendements tendant à préciser cette solution ont été rejetés comme inutiles ; le ministre des Cultes a déclaré que ces dépenses constituaient, non des subventions d'un culte, mais la rémunération d'un service rendu à des catégories de personnes dont l'Etat a pris charge.

45. Lorsque des charges de services religieux sont afférentes à des dons ou legs faits à une commune, ces dépenses demeurent inscrites au budget communal ; car elles constituent, non une subvention au culte, mais une charge imposée à la commune comme condition d'une libéralité acceptée par elle.

SECT. II. — **Organisation légale des cultes.**

ART. 1er. — DISTINCTION ENTRE LE CULTE PUBLIC ET LE CULTE PRIVÉ.

46. La loi de 1905 ne règle que le *culte public*, et elle le fait sans établir aucune distinction entre les diverses religions. C'est l'organisation de ce culte public qui fait l'objet des explications présentées *infrà*, n°s 48 et s.

47. L'exercice du *culte privé* demeure soumis aux règles du droit commun, c'est-à-dire aux dispositions de la loi du 1er juill. 1901 (D. P. 1901. 4. 105) (V. *suprà*, *Associations et congrégations*) ; il peut être assuré soit par des associations déclarées ou non déclarées, soit par des réunions purement privées. Ainsi, une association charitable, littéraire ou religieuse a le droit d'avoir une chapelle et d'y faire célébrer les offices des cultes à l'usage exclusif de ses membres. Un particulier, prêtre ou laïque, a la faculté de construire une église dans laquelle sont admis les membres de sa famille et les personnes nominativement invitées par lui, alors même que les invitations individuelles porteraient convocations à plusieurs réunions ou exercices. — Il semble même, bien que la question soit susceptible de controverse, que l'on devrait regarder comme licite et régulière une association constituée dans les conditions de la loi de 1901, en vue de l'exercice privé du culte, et comprenant l'unanimité ou la presque unanimité des fidèles d'une paroisse.

ART. 2. — ASSOCIATIONS CULTUELLES.

A. — Caractères généraux et objet des associations cultuelles.

48. La loi de 1905 ne reconnaissant plus aucun culte (V. *suprà*, n° 13), et ayant supprimé les établissements publics qui possédaient et administraient les biens destinés au service du culte, a remplacé ces établissements par des *associations cultuelles*, dont elle réglemente les caractères, la constitution et le fonctionnement. —Toutefois, il convient de remarquer que, dans son encyclique *Gravissimo* du 10 août 1906, Pie X a désapprouvé les associations cultuelles telles qu'elles sont organisées par la loi du 9 déc. 1905, et a déclaré cette organisation « contraire à la constitution de l'Eglise catholique, aux droits du Saint-Siège et des évêques, ainsi qu'à leur autorité sur les biens nécessaires à l'Eglise, particulièrement sur les édifices sacrés ». — Conformément aux instructions du pape, il n'a été constitué, par les fidèles catholiques, pour ainsi dire aucune association cultuelle (Sur cette situation, V. *infrà*, n°s 283 et s.). — Mais les dispositions de la loi du 9 déc. 1905 qui concernent ces associations n'ayant pas été abrogées, il convient de les rappeler et d'en donner le commentaire.

49. Les associations cultuelles sont formées pour *subvenir aux frais, à l'entretien et à l'exercice public d'un culte* (L. 1905, art. 18). Il peut donc en être formé en vue de remplacer : 1° pour le culte catholique, les fabriques paroissiales ou cathédrales, les menses épiscopales, capitulaires ou curiales, les caisses de secours pour les prêtres âgés et infirmes, les caisses de retraites ecclésiastiques, les grands séminaires ; — 2° pour les cultes protestants, les conseils presbytéraux, les consistoires, les synodes, le conseil central des églises réformées, les séminaires ; — 3° pour le culte israélite, les consistoires départementaux, le consistoire central.

50. L'action des associations cultuelles n'est pas restreinte aux buts spécialement poursuivis par les anciens établissements du culte, pourvu qu'elles tendent directement

ou indirectement à pourvoir aux besoins du culte public. Ainsi, il est permis de former des associations cultuelles ayant uniquement pour objet la fondation et l'entretien d'une faculté de théologie ou d'une maîtrise, l'entretien de prédicateurs ou missionnaires diocésains, l'allocation d'indemnités de logement aux ministres du culte, etc.

51. Une association pourrait-elle se constituer, conformément au *droit commun*, c'est-à-dire sous le régime exclusif de la loi du 1er juill. 1901, en vue de pourvoir aux nécessités du culte public, par exemple pour assurer le traitement des ministres du culte, les réparations de l'église, etc.? L'affirmative, qui pouvait être contestée sous l'empire des seules dispositions de la loi de 1905, n'est plus douteuse aujourd'hui, en présence de la loi du 2 janv. 1907 (V. *infrà*, n° 289).

52. Des associations ayant *un but religieux et non cultuel* peuvent incontestablement se constituer, conformément à la loi du 1er juill. 1901, notamment pour soutenir de leurs deniers les œuvres catholiques, pour favoriser la propagande auprès des infidèles, etc. Ces associations, n'ayant pas pour objet les manifestations extérieures du culte, ne seraient pas assujetties aux prescriptions de la loi de 1905.

53. L'art. 18 de la loi de 1905, en soumettant les associations cultuelles aux art. 5 et s. du titre 1er de la loi du 1er juill. 1901, leur attribue le caractère d'*associations déclarées* (V. *suprà*, *Associations et congrégations*, n°s 16 et s.). Il exclut, par conséquent, à leur égard, le caractère soit des *associations libres* ou non déclarées, qui, d'ailleurs, est dépouillé par la loi de toute efficacité pratique (V. *suprà*, *eod. v°*, n°s 13 et s.), soit le caractère d'*associations reconnues d'utilité publique* (V. *suprà*, *eod. v°*, n°s 30 et s.). Les articles de la loi du 1er juill. 1901 visés par l'art. 4 de la loi précitée du 2 janv. 1907 (V. *infrà*, n° 289) confirment explicitement cette interprétation.

B. — Statuts des associations cultuelles.

54. Aux termes de l'art. 30 du règlement d'administration publique du 16 mars 1906, les associations cultuelles se constituent, s'organisent et fonctionnent librement sous les seules restrictions résultant de la loi du 9 déc. 1905. Ainsi, au point de vue du droit civil, les associations cultuelles ont, en thèse générale, toute liberté pour rédiger leurs statuts comme elles le jugent à propos, et même pour adopter les statuts qui leur seraient proposés par l'évêque ou le Saint-Siège. Ce principe de la liberté des statuts, d'ailleurs conforme à la règle admise pour les sociétés civiles ou commerciales, a été formellement proclamé pendant la préparation de la loi de 1905, notamment par M. Briand, rapporteur.

55. Les statuts règlent souverainement, conformément au droit commun (V. *suprà*, *Associations et congrégations*), les droits et obligations des associés (par exemple, les conditions d'admission ou d'exclusion, le taux et l'exigibilité des cotisations), le point de départ et la durée de l'association, la nomination et les pouvoirs des directeurs ou administrateurs, le mode de délibération et les attributions de l'assemblée générale, l'approbation et le vote du budget (V. toutefois *infrà*, n°s 71 et 107).

C. — Constitution des associations cultuelles.

56. La constitution des associations cultuelles est soumise aux prescriptions des art. 4, 18 et 19 de la loi de 1905, des art. 5 et 8 de la loi du 1er juill. 1901, des art. 1 à 6 du décret du 16 août 1901 (D. P. 1901. 4. 132), ainsi que des art. 30 à 32 du décret du 16 mars 1906. — Pour être régulière, l'association cultuelle doit satisfaire à certaines conditions concernant sa publicité au moyen d'une déclaration préalable, son objet, sa composition, sa circonscription, sa conformité aux règles d'organisation générale du culte.

a. — Déclaration préalable; déclarations complémentaires.

57. Les associations cultuelles doivent, en vertu de l'art. 18 de la loi de 1905 et de l'art. 31 du décret du 16 mars 1906, faire : 1° une déclaration préalable lors de leur constitution et avant tout acte de la vie civile ; 2° des déclarations complémentaires, mentionnant, dans les trois mois, tous les changements survenus dans leur administration ou direction, ainsi que toutes les modifications apportées à leurs statuts ; le tout, conformément aux prescriptions de l'art. 5 de la loi du 1er juill. 1901 et les art. 1 à 6 du décret du 16 août 1901 (V. *suprà, Associations et congrégations,* n°s 16 et s.).

58. De plus, à raison du caractère spécial des associations cultuelles, le décret du 16 mars 1906 ajoute les dispositions suivantes : 1° La déclaration préalable, que doit faire toute association cultuelle, indique les limites territoriales de la circonscription dans laquelle fonctionnera l'association. A cette déclaration est jointe une liste comprenant un nombre de membres majeurs et domiciliés ou résidant dans la circonscription d'au moins 7, 15 ou 25, suivant que l'association a son siège dans une commune de moins de 1 000 habitants, de 1 001 à 20 000 habitants ou de plus de 20 000 habitants. Les pièces annexées sont certifiées sincères et véritables par les administrateurs ou directeurs de l'association (art. 31).

59. 2° Doivent faire l'objet d'une déclaration complémentaire, dans le délai prévu par l'art. 5, § 4, de la loi du 1er juill. 1901, les modifications que l'association apporte aux limites territoriales de sa circonscription (V. *infrà,* n°s 73 et s.), ainsi que les aliénations de tous biens meubles et immeubles attribués à l'association en exécution des art. 4, 8 et 9 de la loi du 9 déc. 1905. Pour d'acquisition d'immeubles, l'association est dispensée de joindre à sa déclaration complémentaire l'état descriptif visé à l'art. 3 du règlement d'administration publique du 16 août 1901. Lorsque, par suite de démissions, de décès ou pour toute autre cause, le nombre des membres de l'association qui continuent à pouvoir figurer sur la liste mentionnée *suprà,* n° 58, est descendu au-dessous du minimum fixé par le premier paragraphe de l'art. 19 de la loi susvisée, une déclaration effectuée dans les trois mois fait connaître, en même temps que les membres à retrancher de cette liste, ceux qui sont à y ajouter. Toute déclaration complémentaire est faite dans les mêmes formes que la déclaration initiale (Décr. 16 mars 1906, art. 32).

60. Les déclarations et documents que les associations cultuelles sont obligées de fournir, et les récépissés qui en sont délivrés, sont exempts du droit et de la formalité du timbre, en vertu de l'art. 16 de la loi du 13 brum. an 7. Cette exemption s'applique tant aux documents ayant pour objet la constitution même des associations cultuelles qu'à ceux relatifs à leurs modifications ultérieures. Mais elle ne s'étend pas aux expéditions ou extraits des déclarations et pièces déposées que toute personne est admise à se faire délivrer à ses frais, en vertu de l'art. 2 du décret du 16 août 1901; ces expéditions ou extraits doivent être établis sur du papier moyen de 1 fr. 80 (L. 13 brum. an 7, art. 19). Il en est ainsi pour toutes les expéditions délivrées dans un intérêt privé, alors même qu'elles seraient demandées par l'association cultuelle dont émanent les documents déposés (Circ. min. Int. 31 mars 1906).

Comp. *suprà, Associations et congrégations,* n° 120.

b. — Limitation de l'objet des associations cultuelles à l'exercice du culte.

61. D'après l'art. 19, § 1er, de la loi de 1905, les associations cultuelles doivent avoir exclusivement pour objet l'exercice d'un culte. Cette restriction au droit commun en matière d'association est motivée : 1° sur ce que les associations cultuelles, si elles n'avaient pas cet unique objet, « pourraient cacher des intentions suspectes ; » 2° sur ce qu'elles jouissent d'une capacité plus étendue que les associations ordinaires, en ce sens qu'elles ont le droit de faire des quêtes ou collectes et de percevoir des rétributions ; 3° sur ce qu'elles sont appelées à bénéficier des biens des établissements ecclésiastiques et à jouir des édifices du culte appartenant à l'Etat ou aux communes (V. D. P. 1906. 4. 20, note 19, n° 1). — Cet objet, « l'exercice du culte, » consiste à « subvenir aux frais, à l'entretien et à l'exercice du culte » (V. *suprà,* n° 49).

c. — Composition des associations cultuelles.

62. Pour assurer le caractère sérieux des associations cultuelles, l'art. 19 de la loi de 1905 exige de leurs membres certaines conditions de nombre minimum, d'âge et de domicile ou résidence. Mais, en dehors de ces restrictions, les associations se constituent et s'organisent librement (Décr. 16 mars 1906, art. 30).

63. 1° *Nombre des membres de l'association.* — Les associations doivent comprendre un *nombre minimum* de 7 *membres* dans les communes de moins de 1 000 habitants, 15 membres dans les communes de 1 000 à 20 000 habitants, 25 membres dans les communes de plus de 20 000 habitants. — Si une association cultuelle a dans sa circonscription plusieurs communes, le *nombre minimum* de ses membres est fixé d'après la population de la commune dans laquelle elle a établi son siège social. Il peut en être ainsi pour certaines associations paroissiales. La même règle doit être suivie, par analogie, pour les associations cultuelles qui ont nécessairement, à raison de leur nature, une circonscription plus étendue que celle de la commune ; telles sont les associations succédant à une mense épiscopale, à un consistoire protestant ou israélite. — Mais le *nombre maximum* des membres de l'association n'est pas limité par la loi. Il pourrait toutefois l'être par les statuts (V. *suprà,* n° 55).

64. 2° *Capacité des membres de l'association.* — L'art. 19, § 1er, de la loi de 1905 se borne à exiger que toute association ait, parmi ses membres, un *nombre de personnes majeures* égal au minimum spécifié *suprà,* n° 63. — Il en résulte que, en dehors de ce minimum, l'association peut comprendre des *mineurs,* pourvu toutefois, s'il s'agit de mineurs non émancipés, qu'ils soient autorisés par leurs père ou tuteur sous l'autorité duquel ils sont placés ; les mineurs émancipés n'ont besoin d'aucune autorisation. — Les *femmes* sont admises dans les associations cultuelles et peuvent même compter dans le nombre minimum de membres nécessaire pour leur constitution. Nulle autorisation n'est requise à cet effet si elles ne sont pas mariées ou séparées de corps (Civ. 311, modifié par la loi du 6 févr. 1893). Quant aux femmes mariées non séparées de corps, l'association agira prudemment en leur demandant de justifier de l'autorisation de leur mari.

65. Rien ne peut s'opposer à l'admission dans l'association soit des *ministres du culte,* notamment des curés, desservants ou vicaires, soit des *étrangers,* d'autant plus que la qualité de Français n'est même plus requise pour les ministres du culte (V. toutefois *infrà,* n° 67), soit des *fonctionnaires*

civils ou militaires (V. D. P. 1906. 4. 21, note 19, n° 3).

66. Du reste, en vertu de la faculté qui leur est reconnue de se constituer librement (V. *suprà,* n° 54), les associations cultuelles pourraient, dans leurs statuts, exclure de la composition de leurs membres les mineurs, les femmes ou les étrangers.

67. 3° *Domicile ou résidence des membres de l'association.* — Toute association cultuelle doit avoir un nombre de *membres domiciliés* ou *résidant dans la circonscription religieuse* au moins égal au minimum indiqué *suprà,* n° 63 (L. 1905, art. 19, § 1er). Il semble que les étrangers ne sauraient compter dans le calcul de ce minimum qu'autant qu'ils auraient été autorisés à établir leur domicile dans la circonscription, ou y auraient fait la déclaration de résidence prévue par le décret du 2 oct. 1888 (D. P. 98. 4. 51) et la loi du 8 août 1893 (D. P. 93. 4. 110).

68. Une personne ayant plusieurs résidences dans différentes circonscriptions d'associations cultuelles peut faire partie de chacune d'elles. — La condition de domicile ou de résidence n'est pas exigée des membres non compris dans le nombre minimum (Comp. D. P. 1906. 4. 20, note 19, n° 2).

69. 4° *Admission des membres de l'association.* — Il appartient à l'association cultuelle de régler, par ses statuts, les conditions d'admission de ses membres, indépendamment de celles qui sont prescrites par la loi (V. *suprà,* n° 64 et s.). Ainsi, on doit considérer comme essentielle, à ce point de vue, la condition de professer des opinions religieuses complètement orthodoxes.

70. Les statuts peuvent conférer au comité de direction le pouvoir de statuer souverainement sur l'admission, sans que l'Etat ait le droit de s'immiscer dans les questions de cette nature, notamment par voie judiciaire, pour introduire de nouveaux membres dans l'association contre la volonté de ceux qui la représentent (V. D. P. 1906. 4. 20, note 19, n° 3).

71. 5° *Démission des membres de l'association.* — Chacun des membres de l'association peut s'en retirer en tout temps, après payement des cotisations échues et de celles de l'année courante, nonobstant toute clause contraire (L. 1905, art. 19, § 2 ; Comp. *suprà, Associations et congrégations,* n° 40). L'année courante (l'année sociale qui est en cours lors de la démission). — Le comité de direction peut être chargé par les statuts de statuer sur les démissions.

72. 6° *Exclusion des membres de l'association.* — Les statuts déterminent les causes et les conditions d'exclusion des membres de l'association, l'autorité sociale (assemblée générale ou comité de direction) investie du droit de statuer à cet égard, la procédure à suivre. Mais le membre exclu a un recours devant les tribunaux ordinaires, soit pour demander l'annulation de l'exclusion prononcée irrégulièrement, soit pour réclamer des dommages-intérêts (V. *suprà, Associations et congrégations,* n° 41).

d. — Circonscription des associations cultuelles.

73. En vertu de la séparation des Eglises et de l'Etat, il appartient aux associations cultuelles de déterminer leur circonscription, sans être tenues de la limiter à la circonscription des établissements publics concordataires qu'elles remplacent (V. D. P. 1906. 4. 21, note 19, n° 4).

74. Toutefois, ce principe doit se combiner avec la disposition de l'art. 4 de la loi de 1905, aux termes duquel les biens des établissements publics du culte alors existants « seront transférés aux associations qui se seront légalement formées pour l'exercice de ce culte dans les *anciennes circonscrip-*

tions desdits établissements ». Ainsi, les associations cultuelles constituées lors de la première application de ladite loi doivent, si elles remplacent des établissements concordataires possédant des biens, avoir la même circonscription. C'est l'hypothèse qui se présentera le plus souvent pour les associations cultuelles succédant à des fabriques, à des conseils presbytéraux protestants, à des communautés israélites. — Mais cette règle n'est pas absolue. Lorsqu'il est impossible de constituer une association cultuelle distincte dans une ou plusieurs paroisses concordataires, elles peuvent être rattachées à l'association établie dans une paroisse limitrophe (V. Décr. 16 mars 1906, art. 3). — L'association cultuelle peut subvenir au service du culte dans plusieurs églises ou temples.

75. Les associations cultuelles qui ne succèdent pas à des établissements publics et qui ne reçoivent aucune dotation ont toute liberté pour déterminer leur circonscription; elles peuvent, selon le but qu'elles se proposent, l'étendre notamment à plusieurs paroisses ou diocèses, à un ou plusieurs arrondissements ou départements.

76. Du reste, les circonscriptions une fois établies peuvent être ensuite *modifiées* soit par les associations cultuelles elles-mêmes, soit par l'autorité ecclésiastique. Mais ces changements sont de nature à entraîner de nouvelles attributions de biens, de manière à réserver ces derniers aux besoins du culte dans le territoire auquel ils étaient primitivement affectés.

e. — Conformité aux règles d'organisation générale du culte.

77. L'art. 4 de la loi de 1905 n'admet les associations cultuelles à bénéficier des biens des établissements publics supprimés que si elles se conforment aux règles d'organisation générale du culte dont elles se proposent d'assurer l'exercice. Il ressort des travaux préparatoires que, pour remplir cette condition, les associations doivent se trouver en communion, par leurs ministres, avec l'ensemble des fidèles du même culte. Ainsi, l'association cultuelle catholique doit être d'accord avec un prêtre reconnu par l'évêque, uni lui-même au pape. L'association protestante ou israélite doit être d'accord avec le pasteur ou le rabbin régulièrement nommé par le consistoire (V. D. P. 1906. 4. 9, note 4, n°s 7 et 8; 13, note 8, n° 3).

D. — Capacité juridique des associations cultuelles.

78. Les associations cultuelles jouissent, en vertu des art. 18 et 19 de la loi de 1905 combinés avec l'art. 6 de la loi du 1er juill. 1901, de la capacité juridique, dont les effets sont restreints à certains actes déterminés (Comp. *supra*, *Associations et congrégations*, n°s 25 et s.), mais dont l'exercice n'est soumis à aucune autorisation spéciale.

79. 1° *Actions judiciaires.* — De même que les associations déclarées en général, les associations cultuelles peuvent, sans aucune autorisation spéciale, ester en justice (L. 1er juill. 1901, art. 5; L. 1905, art. 18). — En principe, ce sont les directeurs ou administrateurs chargés de représenter l'association dans les actes de la vie civile qui la représentent aussi en justice. Mais les statuts pourraient confier la mission d'agent judiciaire à l'un des associés (V. *supra*, *Associations et congrégations*, n° 26). L'association, qui peut plaider, peut également transiger, se désister, acquiescer. — Elle doit être assignée devant le tribunal de l'arrondissement où est situé son siège social. — Quand elle est condamnée, l'exécution des condamnations peut être poursuivie sur tous ses biens mobiliers et immobiliers, mais, bien entendu, à l'exclusion des biens appartenant à l'Etat ou aux communes, dont elle a seulement la jouissance.

80. 2° *Cotisations.* — Les associations cultuelles peuvent posséder et administrer les cotisations de leurs membres ou les sommes au moyen desquelles ces cotisations ont été rédimées (L. 1er juill. 1901, art. 6; L. 1905, art. 19, § 4). — Les cotisations sont les sommes que les associés s'engagent à verser chaque année pour contribuer aux frais du culte; elles ne sont pas limitées par la loi (V. D. P. 1901. 4. 114, note 6, n° 9). — Les associés peuvent s'affranchir du versement annuel de la cotisation en payant une somme une fois pour toutes. Cependant, le prix du rachat ne saurait dépasser 500 francs. Cette limitation du droit de rachat n'implique pas que toutes les cotisations doivent être nécessairement égales. Il peut y avoir des membres fondateurs, donateurs, adhérents, versant des cotisations différentes. La seule condition à exiger pour que ces prestations conservent réellement le caractère de cotisations, c'est que le montant de chacune d'elles soit réglé par les statuts. — Toute somme donnée par un associé en dehors des prévisions statutaires peut être considérée comme une libéralité prohibée, à moins qu'elle ne rentre dans le produit des quêtes ou collectes pour les frais du culte (V. *infra*, n° 81).

81. 3° *Quêtes et collectes.* — L'art. 19, § 4, de la loi de 1905 reconnaît aux associations cultuelles le droit de recevoir le produit de *quêtes* et *collectes* pour les frais du culte. A cet égard, la loi nouvelle n'a fait que consacrer la législation antérieure; par conséquent, ces quêtes peuvent avoir lieu soit dans les édifices du culte, soit partout ailleurs (V. D. P. 1906. 4. 21, note 19, n° 7, A). — Une association a le droit de faire des quêtes pour une œuvre cultuelle étrangère à sa circonscription (Arg. L. 1905, art. 19, § 5, et art. 20). — Jusqu'en 1905, des quêtes pour les pauvres pouvaient être faites dans les églises, soit par les ministres du culte, soit par les bureaux de bienfaisance. Aujourd'hui la question est susceptible de controverse. — Il y a lieu d'assimiler aux quêtes le produit des *troncs* placés dans les édifices du culte. Il en est de même du produit des *oblations libres*, offertes volontairement soit dans les circonstances où aucun droit n'est dû, soit en sus des sommes fixées par les tarifs.

82. 4° *Rétributions diverses.* — L'art. 19, § 4, de la loi de 1905 autorise les associations cultuelles à percevoir des rétributions pour des *cérémonies et services religieux*. Il permet ainsi aux associations paroissiales catholiques de percevoir les *oblations tarifées*, *droits* ou *casuels*, que les fabriques concordataires pouvaient réclamer pour les diverses cérémonies religieuses célébrées à la demande des particuliers. — Mais aujourd'hui, la perception des oblations n'est plus assujetti à l'approbation du Gouvernement. Il appartient aux associations cultuelles de l'établir, en se conformant aux règles d'organisation générale de leur culte; les associations catholiques adoptent le tarif diocésain. Ce tarif ne s'applique pas aux sacrements, dont l'administration est gratuite, mais aux cérémonies religieuses qui s'y ajoutent, telles que messes de mariage, de funérailles, obits et anniversaires, etc. — Le tarif régulièrement établi par l'association cultuelle repose aujourd'hui sur un contrat de louage d'ouvrage (Civ. 1708 et 1710). Il est obligatoire pour les fidèles, et l'association peut réclamer en justice les sommes qui y sont portées, en cas de non-payement. Toutefois, les perceptions qui excèdent le tarif ne sont pas interdites si elles sont volontaires et ne constituent pas, à raison de leur importance, une oblation prohibée; elles ont alors le caractère d'oblations libres. Dans le cas où elles auraient été perçues contre le gré du débiteur, elles seraient sujettes à répétition

(Civ. 1235, 1376 et s.). — Le tarif est également obligatoire pour les ministres du culte, en ce sens qu'ils ne pourraient refuser de célébrer un office religieux au prix fixé par le tarif. — Si une difficulté s'élevait sur l'application du tarif, les tribunaux ordinaires seraient compétents (Comp. Cass. d'Et. 23 avr. 1875, D. P. 75. 3. 106).

83. Il est permis aux associations cultuelles de recevoir des *fondations* pour assurer la célébration de cérémonies et services religieux (L. 1905, art. 19, § 4), notamment de prières, messes ou autres cérémonies religieuses. — Selon une opinion, un fondateur aurait la faculté de donner à une association cultuelle des subsides pour assurer aux enfants l'enseignement du catéchisme, qui est un exercice religieux, par exemple, dans le cas où l'église ne se prête pas à cet enseignement (V. D. P. 1906. 4. 21, note 19, n° 7, D). Cependant la Chambre a repoussé des amendements tendant à étendre les fondations au delà des termes « cérémonies et services religieux » (V. Même note, F). — Les fondations peuvent être faites sous forme soit de legs, soit de donation, soit de contrat à titre onéreux, même par acte sous seing privé. — Mais elles seraient sujettes à annulation si elles constituaient des libéralités dissimulées, et par conséquent prohibées (V. D. P. 1906. 4. 21, note 19, n° 7, B), par exemple, s'il y avait disproportion manifeste entre l'importance du service et la valeur des biens qui lui sont affectés (V. Note sect. int. Cons. d'Et. 8 avr. 1897). Le décret du 16 mars 1906 (art. 33, § 3) dispose même que les sommes à percevoir en vertu de fondations instituées pour cérémonies et services religieux, tant par acte de dernière volonté que par acte entre vifs, soit, dans tous les cas, déterminées par contrat commutatif et doivent représenter uniquement la rétribution des cérémonies et services.

84. D'après l'art. 19, § 4, de la loi de 1905 les associations cultuelles ont le droit de percevoir des rétributions pour la *location des bancs et sièges*. Cette expression doit être entendue dans un sens large; elle comprend également : 1° la *location des bancs et chaises mobiles* au premier occupant, faite, conformément à un tarif librement fixé par l'association, soit directement par ses préposés, soit pour le compte d'un fermier payant une redevance (Comp. Décr. 30 déc. 1809, art. 64 et s.); 2° la *concession de bancs et de chaises fixes*, faite pour un temps plus ou moins considérable, moyennant une redevance annuelle; cette concession peut, en effet, être considérée juridiquement comme une location (Comp. Décr. 30 déc. 1809, art. 36, § 6, 68 et s.). Si des contestations s'élèvent à propos de la perception des droits, le juge de paix est compétent. — Le régisseur ou receveur de la location des chaises est soumis à la patente, s'il est adjudicataire ou concessionnaire du produit qu'il perçoit à ses risques et périls (Comp. Cons. d'Et. 24 avr. 1874); il en est autrement s'il ne perçoit ce produit que comme préposé rétribué par l'association (Comp. Cons. d'Et. 9 mai 1860). — L'art. 72 du décret du 30 déc. 1809 reconnaissait à celui qui avait *entièrement bâti une église* le droit de retenir la *propriété d'un banc ou d'une chapelle*, pour lui et sa famille, durant toute l'existence de l'église. Ce droit subsiste malgré la séparation des Eglises et de l'Etat. Il semble qu'il en soit de même du *droit personnel de séance* dans une chapelle paroissiale, stipulé avant la Révolution, en faveur du fondateur de ladite chapelle et de sa famille (V. Civ. 22 janv. 1906, D. P. 1906. 1. 161). — Les associations paroissiales étant constituées en vue d'assurer l'exercice du culte, il en résulte qu'il leur est interdit de rien percevoir pour l'entrée dans les édifices paroissiaux, et même que des places doivent être réservées pour les fidèles qui ne peuvent louer des chaises.

85. Une autre ressource importante des associations cultuelles paroissiales consiste dans les rétributions perçues pour la *fourniture des objets destinés au service des funérailles dans les édifices religieux et à la décoration de ces édifices* (L. 1905, art. 19, § 4). Cette disposition ne fait que transférer aux associations cultuelles les droits appartenant précédemment aux fabriques et consistoires en matière de service intérieur des pompes funèbres, conformément à la loi du 28 déc. 1904 (V. *infrà, Sépulture,* n°s 17, 24). Les fournitures qui leur sont réservées ont pour objet la cire, les cierges, la décoration de l'édifice religieux (fleurs, tentures intérieures ou extérieures), et même la décoration de la chapelle ardente dans la chambre ou le vestibule de la maison du défunt (Circ. min. Int. 25 févr. 1905). — Mais l'État n'intervient plus pour la fixation du tarif des fournitures faites par les associations cultuelles. Celles-ci ont toute liberté à cet égard, sauf, au point de vue de l'organisation générale de chaque culte, la réglementation de l'autorité ecclésiastique supérieure.

86. Les associations peuvent exploiter leur monopole en régie, ou l'affermer. Mais le marché qu'elles passent n'est pas assimilé aux marchés de travaux publics; il constitue un contrat civil de droit commun, et, par suite, les contestations qui peuvent s'élever entre l'association et le fermier sur l'interprétation du cahier des charges sont de la compétence des tribunaux ordinaires.

87. L'expression « décoration des édifices » étant générale, comprend la décoration pour les cérémonies religieuses de toute nature, par exemple pour les mariages.

88. 5° *Interdiction aux associations cultuelles de recevoir des dons ou legs et des subventions.* — Il est interdit aux associations cultuelles, comme aux autres associations déclarées (V. *suprà, Associations et congrégations,* n° 29), de recevoir des dons et legs proprement dits (L. 1er juill. 1901, art. 6, § 1er; L. 1905, art. 18; V. D. P. 1906. 4. 21, note 19, n° 7, F). Les libéralités ainsi faites illégalement peuvent être annulées, soit à la diligence du ministère public, soit à la requête de tout intéressé (L. 1er juill. 1901, art. 17). — Il va de soi que l'on ne considère pas comme des libéralités prohibées les quêtes ou collectes, les oblations libres ou tarifées (V. *suprà,* n° 81), ni les sommes versées par une autre association cultuelle à titre de surplus de recettes (V. *infrà,* n° 101). — Quant aux subventions, V. *suprà,* n°s 41 et s.

89. 6° *Acquisitions à titre onéreux.* — Les associations cultuelles peuvent acquérir, à titre onéreux, des immeubles ou des meubles destinés à leurs besoins (L. 1er juill. 1901, art. 6; L. 1905, art. 18 et 22). Ainsi, elles ont le droit d'acheter soit des immeubles pour construire des églises ou presbytères, soit des meubles destinés au service du culte ou à l'usage des ministres du culte.

90. 7° *Aliénations.* — En cas d'aliénation par l'association cultuelle de valeurs mobilières ou d'immeubles faisant partie du patrimoine de l'établissement public dissous, le montant du produit de la vente doit être employé en titres de rentes nominatif ou dans les conditions prévues au paragraphe 2 de l'art. 22 de la loi de 1905 (V. *infrà,* n° 102, *in fine*). L'acquéreur des biens aliénés est personnellement responsable de la régularité de cet emploi (L. 1905, art. 5, § 3 et 4). — Les dispositions ci-dessus, relatives aux valeurs mobilières, ne sauraient être étendues aux objets mobiliers; ceux-ci, surtout quand il s'agit d'objets hors d'usage, peuvent être vendus sans obligation d'emploi en rentes nominatives, si le prix de vente est destiné

à en acheter d'autres de valeur égale. — Quant aux biens que les associations cultuelles ne tiennent pas d'un établissement ecclésiastique dissous, leur droit de disposition est absolu; elles peuvent également les échanger ou hypothéquer.

91. 8° *Autres contrats.* — Les associations cultuelles ont pleine capacité pour faire tous autres contrats, tels que locations, marchés de fournitures, marchés de travaux, emprunts. Les contestations auxquelles ces contrats sont susceptibles de donner lieu sont de la compétence de l'autorité judiciaire.

E. — Administration des associations cultuelles.

92. Les associations cultuelles sont administrées par des directeurs ou administrateurs, qui peuvent être constitués en comités de direction. Rien ne s'oppose à ce que, pour les associations paroissiales catholiques ou protestantes, ces comités aient le nom de conseils de fabrique ou conseils presbytéraux. — Il appartient aux associations cultuelles de régler librement les conditions de nomination et les attributions des directeurs ou administrateurs, en se conformant toutefois aux prescriptions de l'autorité ecclésiastique supérieure. — Peuvent être directeurs ou administrateurs les ministres du culte, les femmes non mariées, veuves ou divorcées, les étrangers. Mais il en est autrement des personnes incapables de s'obliger, telles que les mineurs, les interdits, les femmes mariées, à moins qu'elles ne soient spécialement autorisées par leurs maris. Il peut même être stipulé dans les statuts que le ministre du culte chargé du service du culte dans une paroisse sera de droit directeur de l'association paroissiale. — L'assemblée générale, tout en n'ayant pas le droit de s'immiscer d'une manière continue dans les actes de gestion des administrateurs, exerce annuellement sur ces actes un droit de contrôle et d'approbation (V. *infrà,* n° 107).

F. — Comptabilité et contrôle des associations cultuelles.

a. — Recettes.

93. Aux termes de l'art. 33, § 1er, du décret du 16 mars 1906, les seules recettes de l'association cultuelle sont celles qu'énumère l'art. 19, § 4, de la loi du 9 déc. 1905 (V. *suprà,* n° 80 et s.). — Mais ses *ressources* peuvent encore comprendre : 1° le surplus des recettes qu'une autre association cultuelle lui verserait (V. *infrà,* n° 101); 2° les revenus soit des biens qui lui ont été attribués par l'établissement public auquel elle succède (V. *infrà,* n° 141 et s.), soit des biens qu'elle a elle-même acquis (V. *suprà,* n° 89).

b. — Dépenses.

94. Les dépenses des associations cultuelles ont uniquement pour objet les besoins du culte (V. *suprà,* n°s 49 et s.). C'est à cet objet que sont exclusivement affectées leurs recettes (Décr. 16 mars 1906, art. 33, § 2).

95. Ces dépenses concernent spécialement : 1° Le *traitement des ministres du culte,* que l'association peut fixer comme elle le juge convenable.

96. 2° *Les frais matériels du culte :* entretien des édifices et de leur mobilier, rétribution du personnel, menues dépenses des cérémonies religieuses, etc.

97. 3° La *location des presbytères, évêchés, archevêchés et grands séminaires.*

98. 4° Les *réparations et assurances.* — Les associations cultuelles supportent les réparations de toute nature, les frais d'assurance et les autres charges afférentes soit aux édifices servant à l'exercice public du culte, soit aux meubles qui les garnissent. Il en est de même pour les presbytères,

évêchés, archevêchés et grands séminaires dont la jouissance gratuite est laissée aux associations, sauf en ce qui regarde les grosses réparations (L. 2 janv. 1907, art. 5, § 3, D. P. 1907. 4. 4) (V. *infrà,* n° 290).

99. 5° Le *payement des dettes et des emprunts,* notamment des dettes et emprunts contractés par les établissements publics auxquels succèdent les associations (V. *infrà,* n°s 172 et s.).

100. 6° Les *impôts.* — Les édifices servant au logement des ministres des cultes, les séminaires, les facultés de théologie protestante qui appartiennent à l'État, aux départements ou aux communes, les biens qui sont la propriété des associations et unions sont soumis aux mêmes impôts que ceux des particuliers (L. 1905, art. 24, § 2). Mais, par une mesure de faveur spéciale, les édifices affectés à l'exercice du culte qui appartiennent à l'État, aux départements ou aux communes, et dont la jouissance gratuite est laissée aux associations cultuelles, sont exemptés de l'impôt foncier et de l'impôt des portes et fenêtres (L. 1905, art. 24, § 1er). Cette exemption ne saurait être étendue aux édifices cultuels construits ou achetés par les associations. — Ainsi que le reconnaît formellement l'art. 24, § 3, les associations cultuelles ne supportent pas la taxe sur les cercles (L. 8 août 1890, art. 33, D. P. 90. 4. 83), ni les taxes spéciales imposées aux congrégations religieuses, c'est-à-dire l'impôt sur le revenu (L. 28 déc. 1880, art. 3, D. P. 81. 4. 97; L. 29 déc. 1884, art. 9, D. P. 85. 4. 38) et le droit d'accroissement (L. précitée 28 déc. 1880, art. 4; L. précitée 29 déc. 1884, art. 9; L. 16 avr. 1895, art. 3 et s., D. P. 95. 4. 92). — Elles sont, au contraire, assujetties à la taxe de mainmorte sur leurs immeubles passibles de l'impôt foncier (L. 31 mars 1903, art. 2 et 3, D. P. 1903. 4. 17).

101. 7° Le *versement facultatif du surplus des recettes à d'autres associations cultuelles constituées pour le même objet.* Ce versement ne donne lieu à aucune perception de droits (L. 1905, art. 19, § 5). — Toutefois, les revenus des biens attribués avec leur affectation spéciale à des associations, en vertu des art. 4, 8 et 9 de la loi susvisée, ne peuvent être employés à des subventions en faveur d'autres associations, ni au payement de cotisations à des unions (Décr. 16 mars 1906, art. 33, § 4).

c. — Fonds de réserve.

102. 1° *Réserve générale.* — Les associations et unions peuvent employer leurs ressources disponibles, c'est-à-dire l'excédent de leurs recettes sur leurs dépenses, à la constitution d'un fonds de réserve générale, suffisant pour assurer les frais et l'entretien du culte, et ne pouvant en aucun cas recevoir une autre destination (L. 1905, art. 22, § 1er). — Le montant de cette réserve ne peut jamais dépasser une somme égale, pour les unions et associations ayant plus de 5000 francs de revenu, à trois fois, et, pour les autres associations, à six fois la moyenne annuelle des sommes dépensées par chacune d'elle pour les frais du culte pendant les cinq derniers exercices (L. 1905, art. 22, § 1er). — Le montant du revenu, dont il est fait état pour fixer le minimum de cette réserve, est déterminé en prenant la moyenne annuelle des recettes de toute nature pendant les cinq dernières années. Si le revenu d'une association ainsi calculé, après avoir été égal ou inférieur à 5000 francs, vient à excéder cette somme, l'association a le droit de conserver la réserve qu'elle s'est constituée, alors même que cette réserve serait supérieure à trois fois la moyenne annuelle des dépenses. Aucune somme nouvelle ne peut être portée à la réserve tant que celle-ci n'a pas été ramenée au-dessous du maximum légal. A titre transitoire, et jusqu'à l'expiration de la cinquième année qui suivra celle où l'association s'est formée, la moyenne annuelle des revenus et celle des dépenses sont calculées d'après les années entières déjà écoulées (Décr. 16 mars 1906, art. 34). — Les fonds constituant cette première réserve générale doivent être placés en valeurs nominatives (L. 1905, art. 22, § 2), dont le choix est laissé à l'association cultuelle.

103. Dans le cas où la réserve générale dépasse le maximum légal, les tribunaux peuvent condamner l'association ou l'union à verser l'excédent aux établissements communaux d'assistance ou de bienfaisance (L. 1905, art. 23, § 2). Cette condamnation est facultative pour les tribunaux, qui ne la prononceront pas lorsqu'il y aura bonne foi de la part des administrateurs (V. D. P. 1906. 4. 23, note 23, n° 2).

104. La constitution obligatoire d'un fonds de réserve ne s'applique pas à certaines associations cultuelles qui, par leur caractère, n'ont pas de fonds disponibles proprement dits. Il en est ainsi des fonds qui, destinés à servir des pensions ou des secours aux ministres du culte, étant affectés à l'extinction d'une dette ou à l'accomplissement d'actes d'assistance, ne constituent pas des excédents de recettes.

105. 2° *Réserve spéciale.* — Indépendamment de la réserve générale, les associations et unions cultuelles peuvent constituer une réserve spéciale, dont les fonds sont exclusivement affectés, y compris les intérêts, à l'achat, à la construction, à la décoration ou à la réparation d'immeubles ou meubles destinés aux besoins de l'association ou de l'union (L. 1905, art. 22, § 2). — Cette réserve spéciale peut être alimentée, notamment, par le produit de quêtes ou collectes, par l'excédent des sommes disponibles qui ne sauraient être versées dans la réserve générale lorsque celle-ci a atteint son maximum légal. — Mais aucun maximum n'est fixé pour la réserve spéciale.

106. Les fonds constituant la réserve spéciale peuvent être conservés en argent ou convertis en titres nominatifs; ils doivent être déposés à la Caisse des dépôts et consignations (L. 1905, art. 22, § 2). — Ces fonds et valeurs sont reçus par ladite Caisse et ses préposés, et régis par les dispositions des lois des 28 niv. an 13, 28 juill. 1875 et 26 juill. 1893. Les remboursements de fonds ou remises de valeurs sont effectués par la Caisse des dépôts dans un délai de dix jours, à la demande de l'association, visée par le directeur de l'enregistrement du département et sur la simple quittance de la personne ayant qualité pour opérer les retraits. Sur la demande de l'association, la Caisse des dépôts et consignations fait procéder dans les trois jours de l'enregistrement de cette demande au secrétariat de l'administration de la Caisse, à l'emploi de tout ou partie des sommes disponibles, ainsi qu'à la réalisation des valeurs déposées et aux changements à apporter dans la composition de ces valeurs (Décr. 16 mars 1906, art. 35). — Le visa ci-dessus spécifié est donné par le directeur de l'enregistrement sur la seule production des décomptes, mémoires ou factures des entrepreneurs ou des fournisseurs, et d'une copie de la délibération de l'association approuvant la dépense; ce visa intervient dans le délai de quinzaine, à partir de la production desdites pièces. Les pièces justificatives sont, après visa, renvoyées à l'association (Décr. 16 mars 1906, art. 36).

d. — Contrôle.

107. 1° *Contrôle de l'assemblée générale.* — Nonobstant toute clause contraire des statuts, les actes de gestion financière et d'administration légale des biens accomplis par les directeurs ou administrateurs sont, chaque année au moins, présentés au contrôle de l'assemblée générale des membres de l'association et soumis à son approbation (L. 1905, art. 19, § 3). Ainsi, si le conseil d'administration gère librement, l'assemblée générale est appelée à se prononcer sur la gestion. — Les statuts règlent le nombre de sociétaires qui doit être présent ou représenté pour que la délibération soit valable, et, notamment, le point de savoir si, après convocation régulière de tous les membres de l'association, l'assemblée générale peut délibérer quel que soit le nombre des membres présents (V. D. P. 1906. 4. 21, note 6).

108. 2° *Contrôle financier de l'État.* — Les associations cultuelles et les unions tiennent un état de leurs recettes et de leurs dépenses, elles dressent chaque année le compte financier de l'année écoulée, et l'état inventorié de leurs biens, meubles et immeubles (L. 1905, art. 21, § 1er). — Le contrôle financier est exercé sur les associations et les unions par l'administration de l'Enregistrement et par l'inspection générale des finances (L. 1905, art. 21, § 2; Décr. 16 mars 1906, art. 37).

109. L'état des recettes et des dépenses des associations cultuelles, avec l'indication de la cause et de l'objet de chacune des recettes et des dépenses, est tenu sur un livre-journal de caisse coté et paraphé par le directeur de l'Enregistrement du département ou par son délégué. Ce livre est arrêté, chaque année, au 31 décembre (Décr. 16 mars 1906, art. 38). — Le compte financier porte sur la période écoulée du 1er janvier au 31 décembre de chaque année. Il présente par nature les recettes et les dépenses effectuées, et il se termine par une balance récapitulative. Il indique les restes à recouvrer et à payer (Décr. 1906, art. 39).

110. D'après l'art. 40 du même décret, l'excédent des recettes sur les dépenses qui ressort de la balance doit être représenté par le solde en caisse au 31 décembre. Il est réservé, en premier lieu et jusqu'à due concurrence, à l'acquittement des restes à payer au 31 décembre, et des dettes restant à échoir des établissements supprimés dont les biens ont été attribués à l'association cultuelle, conformément aux art. 4, 8 et 9 de la loi du 9 déc. 1905. Le surplus est affecté à la constitution des réserves prévues à l'art. 22 de cette loi (V. *suprà*, n° 102 et s.). — Lorsqu'une association, ayant à pourvoir à l'acquittement des dettes d'un établissement ecclésiastique supprimé, a obtenu à cet effet la jouissance provisoire de biens ayant fait retour à l'État, les revenus desdits biens ne peuvent être employés qu'à éteindre le passif. Ils sont portés en recettes et en dépenses à des articles spéciaux du compte financier (Décr. 1906, art. 41).

111. Le compte financier est appuyé d'un extrait, certifié conforme par les directeurs ou administrateurs, du procès-verbal de l'assemblée générale de l'association portant approbation, par application de l'art. 19 de la loi de 1905, des actes de gestion financière et d'administration légale des biens accomplis par les directeurs ou administrateurs (Décr. 1906, art. 42).

112. L'état inventorié prescrit par l'art. 21 de la loi de 1905 indique distinctement : 1° les biens attribués à l'association par application des art. 4, 8 et 9 de la loi susvisée ou ceux acquis en remploi conformément au paragraphe 3 de l'art. 5 ; 2° les valeurs mobilières dont les revenus servent à l'acquit des fondations pour cérémonies et services religieux ; 3° les valeurs placées en titres nominatifs qui constituent la réserve prévue au paragraphe 1er de l'art. 22 de la loi susvisée ; 4° le montant de la réserve spéciale prévue au second paragraphe du même article et placée à la Caisse des dépôts et consignation ; 5° tous autres biens meubles et immeubles de l'association. Les biens portés sur l'état sont estimés article par article (Décr. 1906, art. 43).

113. Le compte financier et l'état inventorié sont dressés, au plus tard, avant l'expiration du premier semestre de l'année qui suivra celle à laquelle ils s'appliquent. Le compte financier est établi en double, et l'un des exemplaires doit être adressé sur sa demande au représentant de l'administration de l'Enregistrement, qui en délivre récépissé. L'association conserve les comptes et états inventoriés s'appliquant aux cinq dernières années, ainsi que les pièces justificatives, registres et documents de comptabilité (Décr. 1906, art. 44).

114. L'association est tenue de représenter aux agents de l'Enregistrement et aux fonctionnaires de l'inspection générale des finances ses espèces, récépisses de dépôt et valeurs en portefeuille, ainsi que les livres, registres, titres, pièces de recettes et de dépenses ayant trait tant à l'année courante qu'à chacune des cinq années antérieures (Décr. 1906, art. 45).

115. Si, à l'occasion de l'exercice de leur contrôle financier, les agents de l'administration de l'Enregistrement constatent des infractions réprimées par l'art. 23 de la loi de 1905 (V. *infrà*, n° 121), ils en dressent procès-verbal. Leurs procès-verbaux sont transmis au procureur de la République dans l'arrondissement dans lequel l'association a son siège. La nullité des actes constituant des infractions de la nature de celles ci-dessus spécifiées peut être demandée par toute partie intéressée ou par le ministère public (Décr. 1906, art. 46).

G. — Dissolution des associations cultuelles.

116. La dissolution peut être volontaire ou forcée. La dissolution a lieu *volontairement* à l'expiration du terme fixé pour la durée de l'association, sauf prorogation en vertu des statuts ou d'un nouvel accord des associés (V. *suprà*, *Associations et congrégations*, n° 42). — En général, l'association cultuelle a une durée indéfinie, à moins de stipulation contraire. Mais les associés peuvent toujours s'entendre pour déclarer la dissolution, soit par un vote unanime de ses membres, soit à la majorité déterminée par les statuts. — Lorsque, par suite de démissions, décès ou autres causes, le nombre des associés est réduit à un chiffre inférieur au minimum légal (V. *suprà*, n° 63), l'association est dissoute, à moins qu'elle n'ait pu se compléter dans le délai de trois mois (V. *suprà*, n° 59).

117. La dissolution peut être *forcée*. Elle *peut* être prononcée par les tribunaux : 1° en vertu de l'art. 23, § 3, de la loi de 1905, dans tous les cas prévus au paragraphe 1er de cet article, c'est-à-dire à raison d'une infraction aux art. 18, 19, 20, 21 et 22 de ladite loi (V. *infrà*, n° 120 et 121) ; 2° en vertu de l'art. 7, § 2, de la loi du 1er juill. 1901, pour infraction aux prescriptions de la même loi relatives à la constitution et à la capacité juridique de l'association (V. *suprà*, n° 78 et s.) ; 3° sur la demande d'intéressés se plaignant de la violation des dispositions statutaires. — La dissolution *doit* être prononcée, en vertu de l'art. 7, § 1er, de la loi du 1er juill. 1901, quand l'association est nulle, par application de l'art. 3 de la même loi, en tant que fondée sur une cause ou en vue d'un objet illicite.

118. En général, c'est le tribunal civil qui est compétent pour prononcer la dissolution ; cette compétence est même expressément prévue dans le cas de nullité de l'association pour objet illicite (L. 1901, art. 3 et 7, § 2). Mais le tribunal correctionnel a qualité pour statuer sur la dissolution, lorsqu'il est saisi de poursuites contre les directeurs ou administrateurs par application de l'art. 23, § 1er, de la loi de 1905 (V. *infrà*, n° 121). — Dans les deux hypothèses de l'art. 7 de la loi de 1901, il appartient à tout intéressé et au ministère public de demander la dissolution.

119. La loi du 1er juill. 1901 punit d'une amende de 16 à 5 000 francs et d'un emprisonnement de six jours à un an, les fondateurs, directeurs ou administrateurs de l'association qui se serait maintenue ou reconstituée illégalement après le jugement de dissolution (art. 8, § 2), ainsi que les personnes qui auraient favorisé la réunion des membres de l'association dissoute, en consentant l'usage d'un local dont elles disposent (art. 8, § 3). D'après les déclarations du ministre des Cultes, ces dispositions seraient applicables aux associations cultuelles, en vertu de l'art. 18 de la loi de 1905 (Chambre des députés, séance du 22 juin 1905, *Journ. off.* du 23, p. 2400 et 2406). Cependant, si cet art. 18 renvoie aux art. 5 et s. du titre 1er de la loi de 1901, ce renvoi n'a pour objet que les formes de la constitution des associations et non les pénalités. — En tout cas, l'infraction ne serait caractérisée qu'autant que l'association reformée le serait sur les mêmes bases que l'ancienne; les membres de l'association dissoute pouvant, comme nous autres citoyens, faire partie d'une association nouvelle légalement constituée (V. D. P. 1906. 4. 23, note 23, n° 3). — L'intention délictueuse serait nécessaire pour donner lieu à l'application des peines ci-dessus spécifiées.

ART. 3. — UNIONS D'ASSOCIATIONS CULTUELLES.

120. Les associations cultuelles peuvent, dans les formes déterminées par l'art. 7 du décret du 16 août 1901 (D. P. 1901. 4. 132; et *suprà*, *Associations et congrégations*, n° 36), constituer des unions ayant une administration ou une direction centrale; ces unions sont réglées par l'art. 18 et par les cinq derniers paragraphes de l'art. 19 de la loi de 1905 (Même loi, art. 20). — Les unions sont également soumises aux dispositions contenues dans le titre 3 du décret du 16 mars 1906. Toutefois, elles n'ont pas à déposer la liste des membres associés prévue par les art. 31 et 32 de ce décret. Elles déclarent l'objet et le siège des associations qui les composent. Elles font connaître, dans les trois mois, les nouvelles associations adhérentes. Le patrimoine et la caisse, les recettes et les dépenses d'une union sont entièrement distincts du patrimoine et de la caisse, des recettes et des dépenses de chacune des associations faisant partie de l'union (Décr. 16 mars 1906, art. 48). — D'une manière générale, les unions sont soumises au même régime que les associations cultuelles. Elles en diffèrent en ce que leurs membres se composent de personnes morales et ne sont l'objet, quant au nombre, d'aucun minimum légal.

ART. 4. — SANCTIONS DES PRESCRIPTIONS CONCERNANT LA CONSTITUTION ET LE FONCTIONNEMENT DES ASSOCIATIONS ET UNIONS CULTUELLES.

§ 1er. — *Sanctions pénales.*

121. L'art. 23, § 1er, de la loi de 1905 punit d'une amende de 16 à 200 francs, et, en cas de récidive, d'une amende double, les directeurs ou administrateurs d'une association ou d'une union qui ont contrevenu aux art. 18, 19, 20, 21 et 22 de la même loi, concernant les déclarations préalables ou complémentaires (V. *suprà*, n° 57 et s.); la constitution d'une association avec le nombre légal de membres majeurs, domiciliés ou résidants (V. *suprà*, n° 62 et s.); l'approbation annuelle de la gestion financière ou

de l'administration légale des biens par l'assemblée générale (V. *suprà*, n° 107); les ressources que l'association ou l'union peut recevoir (V. *suprà*, n°s 80 et s., 93); le compte financier de l'année écoulée et l'état inventorié des biens (V. *suprà*, n°s 108 et s.); la réserve générale (V. *suprà*, n° 102 et s.). — Les infractions dont il s'agit constituent des délits-contraventions, en ce sens que la peine, bien qu'elle soit correctionnelle, est encourue par le seul fait de l'inobservation des formalités prescrites, sans qu'il y ait lieu de se préoccuper de l'intention de l'auteur de l'infraction, qu'il soit de bonne ou de mauvaise foi. — Pour qu'il y ait récidive, il faut que la seconde infraction soit identique à la première.

122. Les directeurs et administrateurs sont passibles de peines d'amende et d'emprisonnement, en cas de contraventions relatives aux monuments, objets classés (V. *infrà*, n° 245). — Quant aux pénalités encourues à raison de la reconstitution d'une association dissoute, V. *suprà*, n° 119.

§ 2. — *Sanctions civiles.*

123. Au regard de l'*association* ou de l'*union*, les sanctions civiles peuvent consister dans les mesures suivantes : 1° dissolution forcée de l'association ou de l'union (V. *suprà*, n°s 117 et s.; Comp. *suprà*, *Associations et congrégations*, n°s 48 et 50); 2° non-opposition aux tiers, des changements non déclarés qui sont survenus dans l'administration ou la direction, ou qui ont été apportés aux statuts (V. *suprà*, n° 57); 3° nullité des actes portant libéralité prohibée (V. *suprà*, n° 88; Comp. *suprà*, *Associations et congrégations*, n°s 49 et 51); 4° versement à des établissements d'assistance ou de bienfaisance, sous réserve de réserve générale (V. *suprà*, n° 103); 5° cessation de jouissance des édifices servant au logement des ministres du culte (V. *infrà*, n° 233).

124. La responsabilité civile des *directeurs* et *administrateurs* est réglée d'après les principes du droit commun (Civ. 1991 et s.); en thèse générale, ils ne sont passibles personnellement de dommages-intérêts qu'en cas de faute lourde dans leur gestion. — Ils peuvent être condamnés à des dommages-intérêts envers l'État, s'ils ordonnent ou font exécuter, sans autorisation du ministre des Beaux-Arts, des travaux sur les monuments classés (L. 30 mars 1887, art. 12, D. P. 87. 4. 57).

125. Les *simples membres des associations* ou *unions* n'encourent aucune responsabilité civile ou pénale à raison soit de la constitution, soit du fonctionnement de l'association ou de l'union.

SECT. III. — Attribution des biens des établissements publics du culte.

126. Les art. 3 à 10 de la loi de 1905 et les art. 1 à 25 du décret du 16 mars 1906 règlent l'attribution des biens appartenant aux établissements publics du culte, qui, bien que supprimés en principe, avaient été provisoirement maintenus en vue de procéder à cette attribution (V. *suprà*, n° 16). — Mais la non-constitution par les catholiques, dans le délai d'un an à compter du 11 déc. 1905, des associations cultuelles destinées à recevoir ces biens, a eu pour effet de rendre caduques, à l'égard des anciens établissements publics du culte catholique, certaines dispositions de la loi de 1905. On les exposera cependant ici, car elles sont demeurées en vigueur pour les autres cultes, qui se sont conformés à la loi de Séparation.

ART. 1er. — BIENS DES ÉTABLISSEMENTS PUBLICS DU CULTE ; BIENS AFFECTÉS A L'EXERCICE PUBLIC DU CULTE.

127. Les biens composant le patrimoine des établissements publics sont de diverse

nature. Ils peuvent comprendre des édifices, affectés au service du culte, des presbytères, d'autres immeubles (maisons, terres cultivées ou non, bois), des biens mobiliers corporels, des biens incorporels (titres de rentes sur l'État, rentes sur particuliers, obligations du Crédit foncier, créances, actions judiciaires). — Tous ces biens, quelle qu'en soit l'origine, sont soumis aux dispositions des lois du 9 déc. 1905 et du 2 janv. 1907, relatives à l'attribution des biens ecclésiastiques. Mais cette attribution peut avoir lieu en faveur soit d'associations cultuelles (V. *infrà*, n° 141 et s.), soit d'établissements communaux d'assistance et de bienfaisance (V. *infrà*, n° 286), soit d'établissements ou services publics (V. *infrà*, n°s 148 et s.).

128. Sur l'attribution des biens qui étaient affectés au service du culte, sans cependant appartenir à des établissements publics du culte, V. *infrà*, n° 171.

ART. 2. — DISTRACTION, AVANT L'ATTRIBUTION, DES BIENS PROVENANT DE L'ÉTAT.

129. Parmi les biens des établissements publics du culte, ceux qui proviennent de l'État doivent, en vertu de l'art. 5 de la loi de 1905, lui faire retour, à moins qu'ils ne soient grevés d'une fondation pieuse créée postérieurement à la loi du 18 germ. an 10. — La reprise de ces biens est effectuée par l'administration des Domaines, suivant procès-verbal dressé en simple minute (Décr. 16 mars 1906, art. 9).

130. Les biens provenant de l'État et grevés d'une *fondation pieuse* créée postérieurement à la loi du 18 germ. an 10 doivent demeurer dans la masse des biens attribués aux associations cultuelles (ou aux établissements communaux d'assistance et de bienfaisance : L. 2 janv. 1907, art. 2), à charge par elles d'exécuter la fondation. Par les mots « fondation pieuse », il faut entendre « la charge de services religieux », dont avaient été grevées certaines donations, et qui a été mentionnée dans les décisions de l'an 11, ou postérieures, faisant passer les biens aux fabriques.

ART. 3. — FORMES DE L'ATTRIBUTION DES BIENS DES ÉTABLISSEMENTS PUBLICS DU CULTE.

§ 1er. — *Formalités préalables; inventaire.*

131. L'art. 3, § 2, de la loi de 1905 a prescrit de procéder, dès la promulgation de ladite loi, par les agents de l'administration des Domaines, à l'inventaire descriptif et estimatif : 1° des biens mobiliers et immobiliers des établissements publics du culte; 2° des biens de l'État, des départements et des communes dont les mêmes établissements avaient la jouissance. L'inventaire a fait aussi l'objet du règlement d'administration publique du 29 déc. 1905 (D. P. 1906. 4. 28), de la circulaire du ministre des Cultes du 30 déc. 1905 et de l'instruction du directeur général de l'Enregistrement du 2 janv. 1906.

132. Le directeur général des Domaines désigne les agents chargés, dans chaque département, de l'inventaire prescrit par l'art. 3 de la loi de 1905. S'il y a lieu, il commissionne des agents auxiliaires, lesquels sont choisis exclusivement parmi les fonctionnaires appartenant aux services des Finances (Décr. 29 déc. 1905, art. 1er).

133. Le double inventaire est dressé contradictoirement avec les représentants légaux des établissements ecclésiastiques ou eux dûment appelés par une notification faite en la forme administrative (L. 1905, art. 3, § 3). A cet effet, le directeur des Domaines du département, après s'être concerté avec le préfet, fixe les jour et heure de l'ouverture des opérations et il en avise, au moyen d'une notification faite par les soins du préfet, dans la forme administrative et cinq jours au moins à l'avance, savoir : 1° pour les fabriques des églises et chapelles paroissiales, et pour les menses curiales ou succursales, le curé ou desservant et le bureau des marguilliers en la personne de son président; 2° pour les fabriques des églises métropolitaines ou cathédrales, l'archevêque ou l'évêque ou, en cas de vacance du siège, les vicaires capitulaires ou, à défaut de ceux-ci, le doyen du chapitre; 3° pour les menses archiépiscopales ou épiscopales, l'archevêque ou l'évêque ou, en cas de vacance du siège, le commissaire administrateur; 4° pour les chapitres, le chapitre en la personne du doyen; 5° pour les séminaires, le bureau d'administration en la personne de son président; 6° pour les maisons et caisses diocésaines de retraite ou de secours pour les prêtres âgés ou infirmes, le conseil d'administration en la personne de son président; 7° pour les conseils presbytéraux et consistoires les églises réformées, les conseils presbytéraux, consistoires et synodes particuliers de l'église de la confession d'Augsbourg, les consistoires israélites, le conseil, consistoire et synode en la personne du président. Avis des opérations est donné par le préfet aux mêmes jour et assister (Décr. 29 déc. 1905, art. 2).

134. Indépendamment de la faculté qu'ont les membres des conseils administratifs ci-dessus désignés d'assister, à titre individuel, aux opérations de l'inventaire, ces conseils peuvent s'y faire représenter par un ou plusieurs délégués pris parmi leurs membres. En outre, les bureaux des marguilliers peuvent se faire représenter par un ou plusieurs des autres membres du conseil de fabrique, et les consistoires israélites par le commissaire administrateur ou par un ou plusieurs membres des commissions administratives, prévus par l'art. 21 de l'ordonnance du 25 mai 1844. Les archevêques et évêques peuvent se faire représenter par un membre du conseil de fabrique (Décr. 29 déc. 1905, art. 3).

135. Dans le cas où aucun des représentants d'un établissement ne se rend à la convocation, il est passé outre par l'agent des Domaines, qui procède alors en présence de deux témoins. Si l'agent rencontre un obstacle dans l'accomplissement de sa mission, il le constate et en réfère immédiatement, par l'intermédiaire du directeur, au préfet, qui prescrit les mesures nécessaires (Décr. 29 déc. 1905, art. 4). — Dans ce dernier cas, il a été prescrit aux préfets, si une intervention officieuse de leur part semblait insuffisante, de prendre un arrêté pour mettre les représentants légaux de l'établissement public en demeure d'avoir, aux jour et heure fixés, à remettre les clefs à l'agent des Domaines, faute de quoi il serait procédé à l'ouverture des portes avec le concours d'un officier de police judiciaire. Les préfets ont été également informés que, si les circonstances l'exigeaient, il leur appartenait de faire, dans les formes voulues, les réquisitions nécessaires (Circ. min. 30 déc. 1905).

136. Les agents chargés de l'inventaire ont le droit de se faire communiquer tous titres et documents utiles à leurs opérations (L. 1905, art. 3, § 4).

137. L'inventaire est établi, tous droits et moyens des parties réservés. Il est rédigé en simple minute et sur papier non timbré. Il contient notamment : 1° les noms, qualités et demeures des comparants; 2° l'indication des lieux où l'inventaire est fait; 3° la description et l'estimation de tous les biens mobiliers et immobiliers inventoriés; 4° l'indication des deniers et valeurs en caisse; 5° la déclaration des titres actifs et passifs;

6° la déclaration par les représentants de l'établissement, lors de la clôture des opérations, qu'à leur connaissance il n'existe pas d'autres biens susceptibles d'être portés à l'inventaire, ou la mention du refus de cette déclaration. Les dires et protestations des intéressés, au cours des opérations, y sont consignés (Décr. 29 déc. 1905, art. 5). — La partie descriptive et estimative de l'inventaire est divisée en deux chapitres. Le premier comprend les biens de toute nature qui appartiennent à l'établissement. S'ils proviennent de l'Etat, mention est faite de cette origine ainsi que des fondations pieuses dont ils peuvent être grevés. S'ils ont une autre provenance, l'inventaire indique les affectations de toute espèce dont ils peuvent être grevés. Le second chapitre est relatif aux biens de toute nature appartenant à l'Etat, au département ou à la commune, et dont l'établissement n'a que la jouissance (Même décret, art. 6). Après lecture, l'inventaire est revêtu de la signature de l'agent des Domaines et de celles des comparants et des témoins. En cas de refus de signature, il en est fait mention (Même décret, art. 7).

138. Aussitôt après la clôture des opérations, l'inventaire est adressé, par l'intermédiaire du directeur, au préfet pour être déposé dans les archives de la préfecture. Une copie conforme en est délivrée, sans frais, par les soins du préfet, au représentant légal de l'établissement, sans préjudice du droit des intéressés d'en prendre communication sur place et d'en obtenir une expédition dans les conditions du tarif légal (Décr. 29 déc. 1905, art. 8).

139. Au cas où, après la clôture de l'inventaire, des biens qui n'y ont pas été portés viennent à être découverts, il est dressé un supplément d'inventaire (Décr. 29 déc. 1905, art. 9).

§ 2. — *Attribution effectuée par les établissements publics du culte.*

140. Comme conséquence de la suppression des menses, fabriques, conseils presbytéraux, consistoires et autres établissements publics du culte (V. *suprà*, n° 16), la loi de 1905 décidait que leurs biens mobiliers et immobiliers seraient transférés à des associations cultuelles, à moins que ces biens ne soient grevés d'une affectation étrangère à l'exercice du culte (V. *infrà*, n° 148). — Mais, pour empêcher les établissements supprimés de prolonger ou perpétuer leur survie, l'art. 4 de la loi de 1905 ne leur donnait qu'un an, à partir de la promulgation de ladite loi (c'est-à-dire jusqu'au 11 déc. 1906), pour effectuer l'attribution de leurs biens; après quoi, en cas de non-attribution, l'établissement supprimé devait se trouver dessaisi, et la dévolution de ses biens être faite par décret, conformément à l'art. 8. Or, non seulement l'hypothèse ainsi prévue par le législateur s'est réalisée, mais, bien plus, aucune association cultuelle catholique *régulièrement constituée* (au sens de cette expression, V. *suprà*, n° 77) n'existait à la date du 11 déc. 1906; par conséquent, l'attribution des biens des établissements publics du culte catholique à ces établissements eux-mêmes était désormais impossible, et les dispositions de l'art. 4 s'y rapportant devenaient sans objet. C'est pour parer à cette situation qu'est intervenue la loi du 2 janv. 1907, dont l'art. 2 règle l'attribution des biens des établissements ecclésiastiques catholiques non réclamés par les associations instituées par la loi de 1905 (V. *infrà*, n° 286). — Les règles prévues par l'art. 4 de la loi du 9 déc. 1905, ayant été appliquées par les cultes autres que le culte catholique, seront exposées sommairement ci-après.

A. — Attribution aux associations cultuelles.

141. Cette attribution est faite, en principe, par les représentants des établissements du culte supprimés (L. 1905, art. 4). Ainsi, les biens appartenant aux établissements ecclésiastiques et portés à l'inventaire ou à un supplément d'inventaire dressé en exécution de l'art. 3 de la loi de 1905 et du règlement d'administration publique du 29 déc. 1905, sont, sous réserve des biens devant faire retour à l'Etat (V. *suprà*, n°s 129 et 130), attribués : 1° pour les fabriques des églises et chapelles paroissiales, par le bureau des marguilliers, en vertu d'une délibération du conseil de fabrique; 2° pour les menses curiales ou succursales, par le curé ou desservant et, en cas de vacance de la cure ou succursale, par le bureau des marguilliers, en vertu d'une délibération du conseil de fabrique; 3° pour les fabriques des églises métropolitaines ou cathédrales, par l'archevêque ou l'évêque, en vertu d'une délibération du conseil de fabrique, l'archevêque ou l'évêque étant, en cas de vacance du siège, suppléé par les vicaires capitulaires ou, à défaut de ceux-ci, par le doyen du chapitre; 4° pour les menses archiépiscopales ou épiscopales, par l'archevêque ou l'évêque ou, en cas de vacance du siège, par le commissaire administrateur, à charge par ce dernier de se concerter avec les vicaires capitulaires ou, à défaut de ceux-ci, avec le doyen du chapitre, pour la désignation de l'association, du service ou de l'établissement attributaire, et sous réserve, en cas de désaccord, de l'application de l'art. 8 du règlement du 16 mars 1906 (V. *infrà*, n° 154); 5° pour les chapitres, par le doyen, en vertu d'une délibération du chapitre; 6° pour les séminaires, par le président du bureau d'administration, en vertu d'une délibération de ce conseil ; 7° pour les maisons et caisses diocésaines de retraite ou de secours pour les prêtres âgés ou infirmes, par le président du conseil d'administration, en vertu d'une délibération de ce bureau; 8° pour les conseils presbytéraux et consistoires des Eglises réformées, les conseils presbytéraux, consistoires et synodes particuliers de l'Eglise de la confession d'Augsbourg, les consistoires israélites, par le président, en vertu d'une délibération du conseil presbytéral, consistoire ou synode (Décr. 16 mars 1906, art. 1er, § 1er).

142. Ne peuvent agir comme représentants légaux des établissements ci-dessus énumérés que les personnes régulièrement désignées en cette qualité, soit avant la promulgation de la loi du 9 déc. 1905, soit après. par application de l'art. 3 de ladite loi (V. *suprà*, n° 16).

143. En principe, les biens des établissements ecclésiastiques supprimés sont transférés par leurs représentants aux *associations cultuelles régulièrement constituées* (V. *suprà*, n°s 48 et s.), c'est-à-dire des associations qui, en se conformant *aux règles d'organisation générale du culte* dont elles se proposent l'exercice (V. *suprà*, n° 77), se seront légalement formées, suivant les prescriptions de l'art. 19 de la loi de 1905, pour l'exercice de ce culte dans les anciennes circonscriptions desdits établissements.

144. Les biens d'un établissement ecclésiastique, autres que ceux qui sont grevés d'une affectation étrangère à l'exercice du culte (V. *infrà*, n° 148), ou qui doivent faire retour à l'Etat (V. *suprà*, n°s 129 et 130), sont attribués à une ou plusieurs associations formées dans la circonscription dudit établissement. Les biens de plusieurs établissements ayant la même circonscription peuvent être attribués à une seule association. Les biens d'un ou plusieurs établissements dépendant d'une même paroisse, et les biens d'établissements paroissiaux dont la circonscription est limitrophe de cette paroisse, peuvent être attribués concurremment à une seule association s'étendant à l'ensemble des circonscriptions intéressées et destinée à assurer l'exercice du culte dans chacune d'elles (Décr. 16 mars 1906, art. 3, § 1 à 3). — Les biens provenant d'établissements différents et attribués à une même association restent distincts avec leur affectation spéciale dans le patrimoine de cette association (Même article, § 6).

145. Les délibérations par lesquelles les conseils mentionnés *suprà*, n° 141, statuent sur l'attribution des biens des établissements ecclésiastiques à des associations cultuelles sont exécutoires par elles-mêmes, et l'acte d'attribution est passé par les personnes désignées audit numéro sans qu'il soit besoin d'aucune autre autorisation. Sont également dispensés de toute approbation les actes par lesquels les archevêques, évêques, curés et desservants, ou leurs suppléants légaux, font attribution des biens des menses (Décr. 16 mars 1906, art. 2).

146. L'attribution faite par un établissement ecclésiastique est constatée au moyen d'un procès-verbal administratif dressé par les représentants légaux de l'établissement, contradictoirement avec les directeurs ou administrateurs de l'association munis à cet effet des pouvoirs nécessaires, qui resteront annexés à l'acte. Le procès-verbal est établi après récolement de l'inventaire par les représentants de l'établissement et ceux de l'association ; il mentionne les additions et retranchements ainsi que les modifications d'estimation que comporte l'inventaire. Il indique soit directement, soit par référence à l'inventaire, les biens attribués. Il contient, en outre, un état détaillé des dettes de l'établissement, avec indication de leur cause, de leur montant et de la date de leur exigibilité (Décr. 16 mars 1906, art. 4, § 1 à 4). — Il est dressé sur papier libre en double minute et signé des parties. L'un des exemplaires est remis, avec tous titres et documents concernant les biens et dettes, aux directeurs et administrateurs de l'association. L'autre est transmis dans le délai d'un mois par les représentants légaux de l'établissement avec, le cas échéant, la délibération visée au n° 141, au préfet, qui leur en délivre récépissé et dépose cet exemplaire aux archives de la préfecture. Extrait de l'acte d'attribution ainsi notifié et publié, avec indication de la date de la notification, dans le délai d'un mois au *Recueil des actes administratifs de la préfecture*, et dans le délai de trois mois, au *Journal officiel* (Même article, § 5 à 8).

147. La mutation des rentes sur l'Etat attribuées par un établissement public du culte à une association cultuelle est opérée sur la production d'un extrait, délivré par le préfet, du procès-verbal d'attribution. Cet extrait indique le libellé complet des nouvelles inscriptions à délivrer (Décr. 16 mars 1906, art. 13, § 1er).

B. — Attribution aux services ou établissements publics ou d'utilité publique.

148. Dans le cas où des biens mobiliers ou immobiliers d'un établissement ecclésiastique sont grevés d'une affectation charitable ou de toute autre affection étrangère à l'exercice du culte, ils sont attribués par les représentants de l'établissement ecclésiastique soit à un service national, départemental ou communal, soit à un établissement public ou d'utilité publique, dont la destination est conforme à celle desdits biens (L. 1905, art. 7, § 1er). — L'établissement d'utilité publique peut être une institution privée (Circ. min. Cultes, 4 avr. 1906).

149. L'attribution des biens grevés d'une affectation étrangère à l'exercice du culte doit être faite avant l'attribution de tous les biens destinés à l'association cultuelle (ou aux établissements communaux d'assistance et de bienfaisance, en vertu de la loi du 2 janv. 1907). — L'attribution ainsi spécifiée est constatée par un procès-verbal administratif dressé par les représentants de l'établissement ecclésiastique, contradictoirement avec ceux du service public ou de l'établissement public ou d'utilité publique, dans les formes énoncées par l'art. 4 du décret du 16 mars 1906 (V. *suprà*, n° 146). Les dettes portées au procès-verbal sont celles de l'établissement attributaire des biens attribués. L'un des exemplaires est remis au service ou à l'établissement attributaire. L'autre est transmis par les représentants légaux de l'établissement ecclésiastique au préfet avec tous titres et documents concernant les biens et, le cas échéant, la délibération visée aux art. 1 et 2 du décret du 16 mars 1906 (Même décret, art. 5).

150. L'attribution dont il s'agit ici doit être approuvée par le préfet du département où siège l'établissement ecclésiastique (L. 1905, art. 7, § 1er; Décr. 16 mars 1906, art. 2). Le préfet statue dans les deux mois de la réception du procès-verbal, faute de quoi l'attribution est considérée comme approuvée (Décr. 16 mars 1906, art. 5). Dans le cas où le préfet refuse d'approuver l'attribution, il en avise l'établissement ecclésiastique, s'il existe encore, et le service ou l'établissement attributaire, en les invitant à lui présenter dans un délai de quinze jours leurs observations écrites. A l'expiration de ce délai il transmet le dossier au ministre des Cultes (Même article). Il est statué sur l'attribution par décret rendu en Conseil d'Etat (L. 1905, art. 7, § 1er). Notification est faite aux intéressés en la forme administrative, soit de l'arrêté d'approbation de l'attribution, soit du décret intervenu. L'arrêté d'approbation ou le décret est publié au *Journal officiel* (Décr. 16 mars 1906, art. 5).

151. La mutation des rentes grevées d'une affectation étrangère à l'exercice du culte et attribuées par un établissement ecclésiastique à un service ou établissement public ou d'utilité publique est opérée sur la production de l'arrêté préfectoral ou du décret approuvant l'attribution (Décr. 16 mars 1906, art. 13, § 2). L'arrêté préfectoral ou le décret indique le libellé complet des nouvelles inscriptions à délivrer (Même article, § 4).

152. Dans le cas d'attribution de biens grevés d'une affectation étrangère à l'exercice du culte, toute *action en reprise* ou en *revendication* doit être exercée dans un délai de six mois à partir du jour où l'arrêté préfectoral ou le décret approuvant l'attribution a été inséré au *Journal officiel*. L'action ne peut être intentée qu'en raison de donations ou de legs, et seulement des auteurs et leurs héritiers en ligne directe (L. 1905, art 7, § 2). — Elle est exercée devant le tribunal civil, contre les services ou établissements attributaires après suppression des établissements ecclésiastiques (Décr. 16 mars 1906, art. 14, § 1er).

§ 3. — *Attribution par décret*

153. L'art. 8 de la loi de 1905 prévoyait, en cas de non-attribution, à la date du 11 déc. 1906, des biens des établissements ecclésiastiques supprimés par les représentants de ces établissements, l'attribution desdits biens, *par décret*, aux associations cultuelles. En raison de la situation de fait exposée *suprà*, n° 140, et en présence des termes des art. 9, § 1er de la loi du 9 déc. 1905 et 2 de la loi du 2 janv. 1907, la procédure instituée par l'art. 8 précité de la loi de 1905, ne peut être suivie qu'à l'égard des établissements communaux d'assistance et de bienfaisance (V. *infrà*, n° 286).

154. Dans cette hypothèse, les biens sont, jusqu'à leur attribution, placés sous *séquestre* (L. 1905, art. 8, § 2) par un arrêté préfectoral. Cet arrêté confie la conservation et la gestion à l'administration des Domaines jusqu'à ce qu'ils aient été attribués par décret en exécution de l'art. 9, § 1er, de cette loi (et de l'art. 2 de la loi du 2 janv. 1907), aux établissements communaux d'assistance et de bienfaisance (Décr. 16 mars 1906, art. 8, § 1er). Les règles relatives à la conservation et à la gestion des biens placés sous séquestre sont fixées par arrêté du ministre des Finances (Même décret, art. 8, § 3).

155. L'arrêté de mise sous séquestre est publié au *Recueil des actes administratifs de la préfecture* avec un avis faisant connaître que les établissements attributaires ont un *délai de deux ans*, compté à partir de la promulgation de la loi de 1905, pour demander l'attribution à leur profit des biens autres que ceux qui sont grevés d'une affectation étrangère à l'exercice du culte. Les demandes sont adressées au préfet, qui en délivre récépissé, et les transmet au ministre des Cultes. Lui fait le rapport duquel sont rendus les décrets portant attribution des biens (Décr. 16 mars 1906, art. 10).

156. En cas d'attribution ordonnée par décret, conformément aux art. 8 de la loi de 1905 (V. *suprà*, n°s 153 et s.), il est procédé à la remise des biens suivant procès-verbal dressé par l'administration des Domaines contradictoirement avec les représentants du service ou de l'établissement attributaire. Les décrets portant attribution de biens sont publiés au *Journal officiel* (Décr. 16 mars 1906, art. 12).

157. Dans les cas prévus par les art. 8 et 9 de la loi de 1905, la mutation des rentes sur l'Etat portant attribution des rentes et en indiquant le libellé complet des nouvelles inscriptions à délivrer (Décr. 16 mars 1906, art. 13, § 3 et 4).

158. Parmi les biens donnés ou légués à l'établissement ecclésiastique auquel a succédé l'établissement communal attributaire, il peut y en avoir qui ne reçoivent plus une destination conforme aux intentions du donateur ou testateur. Cette hypothèse est prévue par l'art. 9, § 3, de la loi de 1905, qui dispose que toute *action en reprise ou en revendication* doit être exercée dans un délai de six mois à partir du jour où le décret aura été inséré au *Journal officiel*, mais que l'action ne peut être intentée qu'en raison de donations ou de legs et seulement par leurs auteurs et les héritiers en ligne directe. — L'action est exercée devant le tribunal civil contre les associations ou établissements attributaires (Comp. *suprà*, n° 152). — L'art. 9, § 3 précité, n'ayant pas dérogé expressément à l'art. 944 c. pr. civ., il convient, pour cette action, de recourir aux règles du droit commun. La juridiction administrative n'est compétente que dans le cas où l'agent des domaines rencontre un obstacle matériel. En dehors de ce cas, la compétence appartient au juge civil, et spécialement au juge des référés (Trib. civ. de Toulouse, référé, 24 janv. 1906, D. P. 1906. 2. 31).

§ 4. — *Contestations relatives aux attributions faites par les établissements publics ou par décret.*

A. — Recours au Conseil d'Etat par la voie contentieuse

159. 1° *Compétition entre plusieurs associations, relativement à la première attribution.* — L'art. 8, § 3, de la loi de 1905 porte que, dans les cas où les biens attribués en vertu de l'art. 4 et du paragraphe 1er de l'art. 8 de la même loi seront, soit dès l'origine, soit dans la suite, réclamés par plusieurs associations formées pour l'exercice du même culte, l'attribution qui en aura été faite par les représentants de l'établissement ou par décret (V. *supra*, n⁰ˢ 140 et s., 153 et s.) pourra être contestée devant le Conseil d'Etat statuant au contentieux, lequel prononcera en tenant compte de toutes les circonstances de fait. — Il ressort des travaux préparatoires de la loi de 1905 que cette compétence du Conseil d'Etat, qui a été substituée à celle du tribunal civil primitivement admise par la commission de la Chambre des députés, devrait être étendue à toutes les contestations relatives à l'attribution des biens (V. D. P. 1906. 4. 13, note 8, n⁰ˢ 2 et s.), sauf dans le cas de revendication (V. *supra*, n⁰ˢ 152 et 158).

160. La demande est introduite devant le Conseil d'Etat dans le *délai d'un an* à partir de la date du décret ou à partir de la notification, à l'autorité préfectorale, par les représentants légaux des établissements publics du culte, de l'attribution effectuée par eux. Cette notification doit être faite dans le délai d'un mois (L. 1905, art. 8, § 4). — Le Conseil d'Etat est saisi suivant les règles de procédure ordinaires devant cette juridiction.

161. En disposant que le Conseil d'Etat tiendra compte des *circonstances de fait*, l'art. 8 ne lui a pas conféré un pouvoir discrétionnaire de choisir, entre les associations cultuelles qui se disputent les biens primitivement attribués, celle qu'il lui plairait de préférer. Cette article n'est pas en opposition avec l'art. 4 et doit se combiner avec lui (V. la discussion parlementaire, D. P. 1906. 4. 13, note 8, n⁰ 3, A et B); par suite, le Conseil d'Etat ne devrait attribuer les biens contestés qu'à une association qui se serait conformée aux règles d'organisation générale du culte, c'est-à-dire qui serait assurée du concours du ministre du culte désigné par l'autorité religieuse hiérarchiquement supérieure.

162. En principe, la première attribution est définitive, lorsqu'elle n'a pas été contestée dans le délai d'un an ci-dessus spécifié (V. toutefois *infrà*, n⁰ˢ 163 et s.).

163. 2⁰ *Compétitions ultérieures.* — Après ce délai d'un an, la première attribution peut être encore contestée, mais seulement dans trois cas déterminés par l'art. 8, § 5, de la loi de 1905.

164. Le premier cas est celui d'une *scission* dans l'association nantie. — Cette scission ne saurait avoir pour cause un schisme de la part de l'association nouvelle qui réclamerait les biens, puisque la première condition d'aptitude pour une association cultuelle est de se conformer aux règles d'organisation générale du culte (V. D. P. 1906. 4. 14, note 8, n⁰ 5). — Mais « des désaccords peuvent survenir dans une association sur des questions d'administration. Si l'association investie nouvelle des abus dans sa gestion, il faut permettre aux membres qui ne veulent pas les supporter de se séparer de la majorité, et, s'ils veulent contribuer à faire célébrer le culte dans la même église, de constituer une association différente, autonome, pour lui laisser à son profit devant le Conseil d'Etat la dévolution des biens » (Déclaration du ministre des Cultes, Sénat, séance du 27 nov. 1905, *Journ. off.* du 28, p. 1558).

165. Le second cas est celui de la création d'association nouvelle par suite d'une *modification dans le territoire de la circonscription ecclésiastique.* — Cette disposition est la conséquence du principe que, depuis la séparation des Eglises et de l'Etat, les associations cultuelles sont maîtresses de fixer et modifier leur circonscription, et que les fidèles peuvent ouvrir autant de lieux de culte qui leur convient sans aucune autorisation. On peut donc supposer la forma-

tion, dans une même circonscription, de deux associations pour desservir, par exemple : l'une, l'église paroissiale ; l'autre, une chapelle de secours (V. Déclaration précitée du ministre des Cultes). Il en résulte que le patrimoine d'un établissement ecclésiastique dissous pourrait être fractionné au profit de plusieurs associations, si le Conseil d'Etat admettait des réclamations postérieures à la première attribution.

166. Le troisième cas est celui où l'*association attributaire n'est plus en mesure de remplir son objet*, c'est-à-dire de pourvoir à l'exercice du culte.

167. Dans les trois cas ci-dessus spécifiés, la loi de 1905 n'a pas formellement réglé la compétence ni la procédure. On admet que, de même que dans l'hypothèse prévue par l'art. 8, § 4 (V. *supra*, n⁰ˢ 159 et s.), il appartient au Conseil d'Etat de prononcer et selon la procédure ordinaire. On pourrait induire de la discussion parlementaire qu'en dehors des contestations relatives à la première attribution, le Conseil d'Etat aurait le droit d'admettre les réclamations d'une association cultuelle qui ne serait pas constituée conformément à l'organisation générale du culte auquel appartient l'établissement public dissous. Mais il semble que la première condition de recevabilité d'une réclamation formée par une association cultuelle, c'est qu'elle soit en communion avec un ministre reconnu par l'autorité supérieure ecclésiastique (V. *supra*, n⁰ 161).

168. Dans le cas où, après l'expiration du délai d'un an spécifié à l'art. 4 de la loi de 1905 (V. *supra*, n⁰ 140), les attributions effectuées par application de l'art. 7 de la même loi (V. *supra*, n⁰ˢ 148 et s.) viennent à être annulées, les biens qui ont fait l'objet desdites attributions sont placés sous séquestre suivant les formes et dans les conditions indiquées *supra*, n⁰ 154 (Décr. 16 mars 1906, art. 8, § 2).

B. — Recours au Conseil d'Etat par la voie du recours pour excès de pouvoir.

169. L'acte d'attribution est susceptible de recours au Conseil d'Etat par la voie du recours pour excès de pouvoir, conformément aux règles du droit commun (Comp. D. P. 1906. 4. 13 et 14, note 8, n⁰ˢ 1 et 3, C et D). — L'art. 15 du décret du 16 mars 1906 dispose que le délai du recours au Conseil d'Etat en annulation de l'acte d'attribution pour excès de pouvoir ou violation de la loi, que le recours soit formé par le ministre des Cultes ou par une partie intéressée, a pour point de départ l'insertion faite au *Journal officiel* en vertu des art. 4, 5 ou 12 dudit décret (V. *supra*, n⁰ˢ 150 et 156). — Quant au séquestre qui doit être ordonné après l'annulation de l'acte d'attribution, V. *supra*, n⁰ 168.

§ 5. — *Exemption de droits au profit du Trésor en matière d'attribution.*

170. Les attributions de *biens des établissements publics du culte* ne donnent lieu à aucune perception au profit du Trésor (L. 1905, art. 10). Il en est ainsi pour toutes ces attributions, sans qu'il y ait lieu de distinguer si elles ont été effectuées par les représentants de ces établissements ou par décret. Les actes de toute nature en cette matière sont dressés sur papier libre et dispensés de tous droits d'enregistrement. Leur transcription est gratuite. La procédure devant les tribunaux est suivie sans frais de justice, sauf les honoraires des avoués (V. D. P. 1906. 4. 15, note 10). — Mais l'exonération, étant spéciale aux attributions, ne saurait être étendue aux rétrocessions résultant d'une action en reprise ou en revendication.

171. Aux termes de l'art. 57 de la loi de finances du 17 avr. 1906 (D. P. 1906. 4. 86), *les biens qui, sans appartenir à un établissement public du culte, étaient affectés*, avant la promulgation de la loi du 9 déc. 1905, *à l'exercice d'un culte*, pouvaient, jusqu'à l'expiration de l'année qui a suivi cette promulgation, être attribués à une association cultuelle ou, à défaut, faire l'objet d'une perception au profit du Trésor, conformément à l'art. 10 de la loi de 1905. — Cette disposition avait pour but d'assurer la transmission sans droits fiscaux, à des associations cultuelles, des biens qui appartenaient à certaines églises libres jouant le rôle d'établissements publics du culte, sans cependant en avoir le caractère. Elle n'a d'ailleurs reçu aucune application (V. *supra*, n⁰ 140).

ART. 4. — DETTES DES ÉTABLISSEMENTS PUBLICS DU CULTE.

172. Les associations attributaires des biens des établissements ecclésiastiques supprimés sont tenues des dettes de ces établissements, ainsi que de leurs emprunts (L. 1905, art. 6, § 1ᵉʳ), sous réserve des dispositions relatives aux édifices religieux (V. *infrà*, n⁰ 175). Tant qu'une association cultuelle ne s'est pas libérée du passif de l'établissement public auquel elle succède, elle a droit à la jouissance des biens de cet établissement, productifs de revenus, qui doivent faire retour à l'Etat (L. 1905, art. 6, § 1ᵉʳ; V. *supra*, n⁰ 129). — Quand une association cultuelle à laquelle ont été attribués les biens d'un établissement ecclésiastique supprimé réclame, à l'effet du paiement et à l'acquittement des dettes de cet établissement, l'abandon provisoire à son profit de la jouissance des biens productifs de revenus destinés à faire retour à l'Etat, cet abandon est décidé, sur justification du passif, par le ministre des Finances, qui arrête l'état des dettes payables sur les revenus desdits biens. Il est constaté par un procès-verbal dressé en double minute et sur papier libre par l'administration des Domaines contradictoirement avec les représentants de l'association. La reprise par l'Etat de la libre disposition des biens, après extinction du passif, est constatée dans la même forme (Décr. 16 mars 1906, art. 16). — S'il est formé dans l'ancienne circonscription d'un établissement ecclésiastique supprimé un association cultuelle qui, tout en étant apte à recueillir le patrimoine de cet établissement, ne l'a pas réclamé, et il pourvu à l'acquittement du passif au moyen des biens dudit établissement placés sous séquestre à l'expiration du délai d'un an mentionné *supra*, n⁰ 140, et des revenus des biens destinés à faire retour à l'Etat, à l'exclusion de tout recours au fonds commun visé *infrà*, n⁰ 174 (Décr. 16 mars 1906, art. 17).

173. L'art. 6 de la loi du 9 déc. 1905 a prévu le cas, — qui s'est d'ailleurs produit, ainsi qu'il a été rappelé *supra*, n⁰ 140, — où aucune association cultuelle ne se formerait dans l'ancienne circonscription d'un établissement ecclésiastique supprimé. Dans cette hypothèse, les dettes de ce dernier sont payées : d'abord, sur le produit des biens de l'établissement qui ne provenaient pas de l'Etat, lesquels ont été placés sous séquestre (Décr. 16 mars 1906, art. 13) et ne sont attribués aux établissements communaux d'assistance ou de bienfaisance que dans la mesure où ils ne sont pas nécessaires pour l'acquittement desdites dettes; — puis, sur les revenus des biens destinés à faire retour à l'Etat (Décr. 16 mars 1906, art. 18; V. *supra*, n⁰ 129; — enfin, à défaut de ces ressources, sur le revenu global des biens de cette dernière catégorie (L. 1905, art. 6, § 2), par prélèvement sur le fonds commun (Décr. 16 mars 1906, art. 18).

174. En vue de l'application de l'art. 6,

§ 2, de la loi de 1905, le décret du 16 mars 1906 a, par son art. 19, réglé la constitution et le fonctionnement d'un fonds commun, alimenté au moyen des revenus de l'ensemble des biens d'établissements ecclésiastiques qui ont fait retour à l'Etat et dont celui-ci a repris la libre disposition. A cet effet, il est ouvert un compte spécial dans les écritures du Trésor. Sont portés en recette à ce compte : 1° les revenus nets, déduction faite des frais de gestion, des biens qui sont visés au premier paragraphe du présent article et dont la gestion est confiée à l'administration des Domaines ; 2° les arrérages des rentes sur l'Etat acquises en remploi du produit net de la vente desdits biens, déduction faite des frais de gestion restant dus. — Les ressources constatées au crédit du compte spécial, au 31 décembre de chaque année, sont employées, conformément à l'art. 18, au payement du reliquat des dettes régulières et légales des établissements supprimés. Le payement de ces dettes au moyen desdites ressources n'a lieu qu'autant que la demande en a été faite, avec justifications à l'appui, au ministre des Finances par les créanciers des établissements ecclésiastiques dans les deux années qui suivront la suppression de ces établissements. Le ministre des Finances arrête l'état des dettes payables sur le fonds commun, et si, au 31 décembre, les ressources de ce fonds sont insuffisantes pour acquitter intégralement le passif admis, elles sont réparties entre les créanciers au prorata du montant respectif des sommes qui leur sont dues.

175. Les annuités des emprunts contractés pour dépenses relatives aux édifices religieux (édifices affectés au culte, évêchés, presbytères, séminaires) ne sont supportées par les associations cultuelles qu'en proportion du temps pendant lequel elles ont l'usage de ces édifices par application des dispositions du titre 3 de la loi de 1905 (Même loi, art. 6, § 3). Dans le cas où l'Etat, les départements ou les communes rentrent en possession de ceux des édifices dont ils sont propriétaires, ils sont responsables des dettes régulièrement contractées et afférentes auxdits édifices (L. 1905, art. 6, § 4).

Art. 5. — Attribution a des unions d'associations.

176. Aux termes de l'art. 25 du décret du 16 mars 1906, les biens des établissements ecclésiastiques supprimés peuvent être attribués, dans les conditions et suivant les formes prévues par le titre 1er dudit décret, à des unions d'associations cultuelles constituées conformément aux art. 4 et 20 de la loi de 1905 (V. supra, nos 56 et s., 120). Les règles formulées en ce qui concerne l'acquittement des dettes, les archives et bibliothèques, sont également applicables à ces unions.

SECT. IV. — Pensions et allocations accordées aux ministres du culte.

177. La loi de 1905 a accordé des pensions viagères ou des allocations temporaires aux ministres du culte moyennant certaines conditions (V. infra, nos 178 et s.), tout en faisant réserve, par son art. 11, § 8 : 1° des droits acquis, par application de la législation antérieure, en matière soit de pensions de l'Etat (notamment des aumôniers des lycées, les ministres du culte dans les colonies de la Guadeloupe, de la Martinique et de la Réunion), soit de pensions départementales ou communales, soit de pensions de la caisse générale des retraites ecclésiastiques ; 2° des secours accordés soit aux anciens ministres des différents cultes, soit à leur famille. Des associations cultuelles peuvent assurer le fonctionnement des caisses diocésaines et allouer des secours aux ecclésiastiques.

Art. 1er. — Pensions et allocations a la charge de l'Etat.

178. La séparation des Eglises et de l'Etat entraînait la suppression du budget des cultes et, par suite, celle des traitements et indemnités accordés par l'Etat aux ministres du culte. Mais il a paru équitable d'accorder à ceux d'entre eux qui réuniraient certaines conditions d'âge et de durée de services rétribués par l'Etat, soit des pensions viagères, soit des allocations temporaires (L. 1905, art. 11, § 1er à 6). Cette mesure transitoire avait pour but, d'une part, de ne pas priver les ministres du culte âgés de la totalité du traitement sur lequel ils avaient pu compter, et de laisser aux autres le temps de s'assurer de nouveaux moyens d'existence ; d'autre part, de limiter pendant quelques années les dépenses que les associations cultuelles auraient à supporter pour la rémunération des ministres du culte. — Les pensions et allocations à la charge de l'Etat constituent un droit pour ceux qui réunissent les conditions prescrites pour les obtenir.

§ 1er. — Pensions viagères.

A. — Conditions requises pour avoir droit à une pension.

179. Une pension viagère à la charge de l'Etat est due à tout ministre du culte qui, lors de la promulgation de la loi de 1905, c'est-à-dire le 11 déc. 1905, était âgé de quarante-cinq ans et avait, pendant vingt ans au moins, rempli des fonctions ecclésiastiques rémunérées par l'Etat (L. 1905, art. 11, § 1er et 2). — Un ministre du culte professeur dans un collège ne saurait être considéré comme remplissant des fonctions ecclésiastiques. — D'après la circulaire ministérielle du 27 janv. 1906, pour donner droit à pension, la rémunération de l'Etat devait consister dans un traitement et non dans une indemnité.

180. La loi de 1905 n'exige pas, pour la pension viagère, que le ministre du culte soit encore en fonctions au moment de la promulgation de ladite loi. Dès lors, celui qui, à cette date, réunissait les conditions légales d'âge et de services rétribués par l'Etat a droit à pension, bien qu'il ne remplît plus alors de fonctions ainsi rétribuées. — En présence du texte général de l'art. 11, il semble que la même solution doit être admise en faveur du ministre du culte qui avait, à la même époque, cessé d'exercer le ministère ecclésiastique, par exemple pour cause de santé. Cependant, la circulaire ministérielle du 27 janv. 1906 se prononce en sens contraire, en se fondant sur l'art. 1er, § 3, du décret du 19 janv. 1906, qui astreint l'intéressé non pourvu de fonctions rémunérées par l'Etat lors de la promulgation de la loi de 1905 à faire connaître les fonctions rentrant dans l'organisation publique des cultes qu'il exerçait, à cette date ; ce qui suppose un ministre du culte. D'après cette circulaire, la disposition n'aurait trait qu'aux fonctions qui, sans être rétribuées par l'Etat, avaient cependant un caractère officiel et étaient consacrées par les lois et règlements, notamment celles de chanoine agréé, de vicaire rétribué par une fabrique, à l'exclusion des ecclésiastiques retraités ou passés dans la catégorie des prêtres libres. On peut, toutefois, objecter que l'indication prévue par le décret précité paraît avoir le caractère, non d'une condition absolue de recevabilité de la demande de pension, mais d'un simple renseignement présentant de l'utilité pour l'application du cumul ou à d'autres égards. — En tout cas, il est admis sans difficulté que le titulaire de fonctions ecclésiastiques ré-tribuées par l'Etat peut les invoquer pour la pension viagère ou l'allocation temporaire, alors même que son traitement était supprimé par mesure administrative ou disciplinaire (Circ. min. 27 janv. 1906).

B. — Perte du droit à pension.

181. Aux termes de l'art. 11, § 11, de la loi de 1905, les pensions cessent de plein droit en cas de condamnation à une peine afflictive ou infamante, ou en cas de condamnation pour l'un des délits prévus aux art. 34 et 35 de ladite loi (V. infrà, nos 278 et s.). Cette déchéance est, sur le vu d'un extrait du jugement ou de l'arrêt adressé au ministre des Finances par les soins du ministre de la Justice, constatée par décret rendu sur la proposition du ministre des Finances, et la pension est rayée des livres du Trésor (Décr. 19 janv. 1906, art. 14). — Le droit à l'obtention ou à la jouissance d'une pension est suspendu par les circonstances qui font perdre la qualité de Français, durant la privation de cette qualité (L. 1905, art. 11, § 12). — Dans cette hypothèse, la liquidation de la pension, dans le délai prévu par le paragraphe 13 de l'art. 11 de la loi de 1905 (V. infrà, n° 183), ou son rétablissement ne peut donner lieu à aucun rappel d'arrérages (Décr. 19 janv. 1906, art. 15).

C. — Quotité des pensions.

182. Les ministres des cultes qui, lors de la promulgation de la loi de 1905, étaient âgés de plus de soixante ans révolus et qui avaient, pendant trente ans au moins, rempli des fonctions ecclésiastiques rémunérées par l'Etat, reçoivent une pension annuelle et viagère égale aux trois quarts de leur traitement (L. 1905, art. 11, § 1er). — Ceux qui étaient âgés de plus de quarante-cinq ans et qui avaient, pendant vingt ans au moins, rempli des fonctions ecclésiastiques rémunérées par l'Etat, reçoivent une pension annuelle et viagère égale à la moitié de leur traitement (art. 11, § 2). — Les pensions allouées dans l'un et l'autre cas ne peuvent pas dépasser 1500 francs (art. 11, § 3). — La pension, étant calculée sur le montant du traitement, est indépendante des indemnités ou accessoires, par exemple de l'indemnité de binage, que l'Etat accordait à l'intéressé (Circ. min. 27 janv. 1906).

D. — Demande de pension. Instruction, liquidation, concession et inscription de la pension.

183. Aux termes de l'art. 11, § 13, de la loi de 1905, les demandes de pension doivent être, sous peine de forclusion, formées dans le délai d'un an après la promulgation de ladite loi. — Tout ministre du culte prétendant à une pension viagère adresse sa demande au préfet du département dans lequel il a rempli ses dernières fonctions ecclésiastiques rémunérées par l'Etat. Cette demande indique les nom, prénoms et domicile de l'intéressé, ses services ecclésiastiques rétribués par l'Etat et le montant du dernier traitement correspondant. En outre, si, lors de la promulgation de la loi, l'intéressé n'était plus pourvu de fonctions ecclésiastiques rémunérées par l'Etat, il doit faire connaître les fonctions rentrant dans l'organisation publique des cultes qu'il exerçait, à cette date, à titre de ministre du culte. La demande porte la signature légalisée du ministre du culte ; elle est accompagnée d'une expédition de son acte de naissance. Elle est inscrite à la date de sa réception sur un registre spécial, et il en est donné récépissé daté et signé, avec indication des pièces jointes (Décr. 19 janv. 1906, art. 1er).

184. Le préfet soumet la demande avec ses annexes à une commission dont les membres sont nommés par lui. Cette commission est composée du secrétaire général de la préfecture ou d'un membre du conseil de préfecture et de deux agents du ministère des Finances. Le président est désigné par le préfet. Celui-ci joint au dossier un projet de liquidation établi en prenant pour base le dernier traitement payé par l'Etat, à l'exclusion de tout supplément ou indemnité accessoire. Les services admissibles sont arrêtés soit à la date de la promulgation de la loi, soit à celle de la cessation des fonctions ecclésiastiques rémunérées par l'Etat, si ces services ont pris fin antérieurement à cette promulgation. Dans le cas où le préfet estime que l'intéressé n'a pas droit à pension, il propose soit le rejet pur et simple de la demande, soit l'attribution d'une allocation temporaire. La commission, après avoir vérifié les pièces produites, émet un avis tant sur la demande de pension que sur les propositions du préfet. Le préfet adresse ensuite le dossier au ministre des Cultes avec ses observations (Décr. 19 janv. 1906, art. 2).

185. Le ministre des Cultes arrête la liquidation, en négligeant sur le résultat final du décompte les fractions de franc ; il la soumet au ministre des Finances et prépare un décret de concession, qui est contresigné par les deux ministres. Le décret mentionne les nom, prénoms, qualité, date et lieu de naissance du pensionnaire, la nature et la durée de ses services ecclésiastiques rémunérés par l'Etat, la quotité du traitement qui a servi de base à la liquidation, le montant de la pension et le domicile de l'intéressé (Décr. 19 janv. 1906, art. 3). — Les décrets portant concession de pensions sont publiés au *Journal officiel* (Même décret, art. 12, § 1er).

186. Si le ministre des Cultes rejette la demande de pension, il fait notifier sa décision en la forme administrative à l'intéressé, sous réserve du recours devant le Conseil d'Etat (Décr. 19 janv. 1906, art. 4, § 1er). — Si le ministre estime que l'intéressé n'a droit qu'à une allocation temporaire, il est procédé comme il est dit *infrà*, nos 197 et s. (Même décret, art. 4, § 2).

187. Les pensions sont inscrites au livre des pensions du Trésor public. Un certificat d'inscription est établi par le ministre des Finances et délivré par lui au titulaire, sous réserve du recours devant le Conseil d'Etat contre la liquidation (Décr. 19 janv. 1906, art. 12, § 2).

E. — *Jouissance et payement des pensions.*

188. La jouissance des pensions commence à partir du 1er janv. 1906 pour les ministres du culte (Décr. 19 janv. 1906, art. 13), les pensions étant destinées à tenir lieu des traitements supprimés à cette époque.

189. Les pensions sont payées par trimestre aux échéances des 1er mars, 1er juin, 1er septembre et 1er décembre. Par exception et à titre transitoire, les deux premières échéances ont été fixées aux 1er avril et 1er juillet (Décr. 19 janv. 1906, art. 16). Tout titulaire d'une pension doit, pour le payement, produire, indépendamment de son titre, un certificat de vie établi par le maire du lieu de sa résidence et, sous réserve de la disposition du paragraphe 3 de l'art. 5 du décret du 19 janv. 1906 (V. *infrà*, n° 192), une déclaration portant qu'il ne jouit pas d'une autre pension et d'un traitement alloué à un titre quelconque par l'Etat, les départements ou les communes (Décr. 19 janv. 1906, art. 17). — Les frais des certificats de vie sont imputés au compte des cotisations municipales. Leur rédaction ne donne lieu à aucun honoraire au profit des secrétaires de mairie (Circ. min. Cultes, 12 juin 1906).

190. Si pendant trois années consécutives les arrérages d'une pension ne sont pas réclamés, elle est rayée des registres du Trésor, sans que son rétablissement donne lieu à aucun rappel d'arrérages antérieurs à la réclamation (Décr. 19 janv. 1906, art. 16, § 3).

F. — *Cumul des pensions.*

191. En principe, les pensions viagères prévues aux deux premiers paragraphes de l'art. 11 de la loi de 1905 ne peuvent se cumuler avec toute autre pension ou tout autre traitement alloué, à titre quelconque, par l'Etat, les départements ou les communes (Même loi, art. 11, § 9). — Dans le cas où un ministre du culte est titulaire d'une pension de l'Etat, d'un département ou d'une commune, il opte entre cette pension et celle à laquelle il peut avoir droit d'après l'art. 11 susvisé. La même faculté d'option est ouverte au titulaire d'une pension de la Caisse générale des retraites ecclésiastiques qui, lors de la promulgation de la loi de 1905, exerçait à titre de ministre du culte des fonctions rentrant dans l'organisation publique des cultes (Décr. 19 janv. 1906, art. 5, § 1er et 2 ; V. *supra*, nos 179 et 180).

192. Le ministre du culte qui, au moment de ladite promulgation, remplissait des fonctions ecclésiastiques rémunérées concurremment par l'Etat et par un département ou une commune, peut cumuler les pensions qui auront été liquidées à son profit d'après chacun des traitements qui lui étaient payés (Décr. 19 janv. 1906, art. 5, § 3 ; V. *infrà*, nos 215 et s.). — Le ministre du culte qui, postérieurement à la promulgation de la loi, continue à jouir à un titre quelconque d'un traitement de l'Etat, d'un département ou d'une commune, peut néanmoins obtenir la concession d'une pension en vertu de l'art. 11 de ladite loi, sauf suspension du payement des arrérages à raison de la prohibition de cumul édictée par le paragraphe 9 dudit article (Décr. 19 janv. 1906, art. 6).

G. — *Incessibilité et insaisissabilité des pensions.*

193. Les pensions prévues par la loi de 1905 sont incessibles et insaisissables dans les mêmes conditions que les pensions civiles (L. 1905, art. 11, § 11 ; V. *infrà*, *Pensions*, n° 47).

H. — *Réversibilité des pensions.*

194. En cas de décès des titulaires, les pensions sont réversibles, jusqu'à concurrence de la moitié de leur montant, au profit de la veuve et des orphelins mineurs laissés par le défunt, et jusqu'à concurrence du quart au profit de la veuve sans enfants mineurs. A la majorité des orphelins, leur pension s'éteint de plein droit (L. 1905, art. 11, § 4). Si un ministre du culte remplissant les conditions prescrites par les paragraphes 1er et 2 de l'art. 11 susvisé décède avant l'expiration du délai fixé par le dernier paragraphe dudit article sans avoir demandé la pension à laquelle il pouvait prétendre, la liquidation en est opérée au profit des ayants droit, et la réversion est effectuée en faveur de la veuve et des orphelins mineurs dans les conditions prévues par le paragraphe 4 du même article (Décr. 19 janv. 1906, art. 7). — Pour que la réversion prévue par l'art. 11 susvisé puisse avoir lieu, le mariage du titulaire de la pension doit avoir été célébré avant la promulgation de la loi (Décr. 19 janv. 1906, art. 8).

195. Lorsqu'un pensionnaire est décédé laissant une veuve et des enfants mineurs, la pension concédée par réversion jusqu'à concurrence de la moitié se partage en deux parties égales, dont l'une est attribuée à la veuve et l'autre aux enfants mineurs. La fraction attribuée à ceux-ci est répartie par tête, avec réversion de la part de chacun d'eux sur les autres jusqu'à la majorité du dernier. La veuve d'un pensionnaire n'ayant pas d'orphelins mineurs a droit à une pension égale au quart de celle du mari.

Les orphelins mineurs d'un pensionnaire décédé sans laisser de veuve obtiennent une pension égale au quart de celle de leur père (Décr. 19 janv. 1906, art. 9). — La veuve et les orphelins mineurs prétendant à la réversion d'une pension adressent leur demande au ministre des Finances en y joignant : 1° leur acte de naissance ; 2° l'acte de décès du pensionnaire ; 3° son acte de mariage ; 4° le brevet de pension qui lui a été délivré ou une déclaration constatant la perte de ce titre. La veuve produit, en outre, un certificat de non-divorce. Les orphelins produisent un extrait de la délibération du conseil de famille relative à la constitution de la tutelle (Décr. 19 janv. 1906, art. 10). — Le ministre des Finances arrête la liquidation. Le décret de concession, rendu sur sa proposition, indique les nom, prénoms, date et lieu de naissance de la veuve et des orphelins, le chiffre de la pension du mari ou du père, la quotité de la pension concédée à la veuve ou aux orphelins, la date d'entrée en jouissance et le domicile des intéressés (Décr. 19 janv. 1906, art. 11). — Sur la publication des décrets de concession, l'inscription des pensions au livre des pensions du Trésor public et la délivrance du certificat d'inscription, V. *supra*, nos 185 et 186.

196. La jouissance des pensions commence, pour les veuves et orphelins, le lendemain du décès du mari ou du père. Toutefois, conformément à l'art. 40 de la loi du 16 avr. 1895 (D. P. 95. 4. 92), il ne peut, en aucun cas, y avoir lieu au profit des veuves et orphelins au rappel de plus de trois années d'arrérages antérieurs à la date de la publication au *Journal officiel* du décret de concession (Décr. 19 janv. 1906, art. 13).

§ 2. — *Allocations temporaires.*

A. — Conditions requises pour avoir droit à une allocation temporaire.

197. Les ministres du culte qui ne se trouvaient pas, au moment de la promulgation de la loi de 1905, dans les conditions d'âge et de durée de services rémunérés par l'Etat, qui étaient requises pour réclamer une pension viagère (V. *supra*, nos 179 et 180), ont droit à une allocation temporaire s'ils, à cette date, ils exerçaient des fonctions salariées par l'Etat (L. 1905, art. 11, § 5). — Il en est ainsi même pour les ecclésiastiques dont le traitement était supprimé par mesure administrative (V. *supra*, n° 180 *in fine*).

198. L'allocation temporaire n'est pas due aux ministres du culte non pourvus de fonctions salariées par l'Etat à la promulgation de la loi de 1905, notamment à ceux qui avaient cessé de remplir ces fonctions pour exercer celles de vicaires dans les grandes villes, ou de professeurs de séminaires, ou d'aumôniers. — Mais le droit à allocation, une fois acquis, est maintenu, pendant quatre années, au profit de l'ecclésiastique qui a quitté sa paroisse ou même cessé ses fonctions après ladite promulgation.

199. L'allocation temporaire n'est pas réversible, à la différence de la pension (V. *supra*, nos 194 et s.).

B. — Perte du droit à l'allocation.

200. D'après l'art. 11, § 11, de la loi de 1905, les allocations temporaires cessent de plein droit en cas de condamnation à une peine afflictive ou infamante, ou en cas de condamnation pour l'un des délits prévus aux art. 34 et 35 de ladite loi (V. *infrà*, nos 278 et s.). — Cette déchéance est constatée par arrêté du ministre des Finances, rendu sur le vu d'un extrait du jugement ou de l'arrêt qui lui est adressé par les soins du ministre de la Justice (Décr. 19 janv. 1906, art. 28). — Aux termes de l'art. 3 de la loi du 2 janv. 1907 (D. P. 1907. 4. 3), sont de plein droit supprimées les allocations des ministres du culte dans les circonscriptions ecclésiastiques où n'auront pas été remplies les conditions prévues par les lois des 9 déc. 1905 et 2 janv. 1907 pour l'exercice public du culte, après infraction dûment réprimée.

201. Le droit à l'obtention ou à la jouissance d'une allocation est suspendu par les circonstances qui font perdre la qualité de Français, durant la privation de cette qualité (L. 1905, art. 11, § 12).

C. — Quotité et durée des allocations temporaires.

202. En principe, l'allocation temporaire a seulement une durée de *quatre années* à partir de la suppression du budget des cultes, c'est-à-dire à partir du 1er janv. 1906; elle est égale à la totalité du traitement de l'intéressé pour la première année, aux deux tiers pour la deuxième, à la moitié pour la troisième, au tiers pour la quatrième (L. 1905, art. 11, § 5).

203. Toutefois, dans les communes de moins de 1 000 habitants et pour les ministres des cultes qui continueront à y remplir leurs fonctions, la *durée* de chacune des quatre périodes ci-dessus indiquées est *doublée* (L. 1905, art. 11, § 6). — Sur la portée de cette disposition, en présence des termes de l'art. 3 de la loi du 2 janv. 1907, V. *supra*, n° 200. — Ainsi, l'allocation est égale à la totalité du traitement pour les première et deuxième années, aux deux tiers pour les troisième et quatrième, à la moitié pour les cinquième et sixième, au tiers pour les septième et huitième années. — Cette disposition a eu pour but principal d'atténuer les inconvénients de la suppression du budget des cultes dans les localités ayant peu de ressources. — L'avantage accordé par l'art. 11, § 6, est attaché à la population de la commune dans laquelle l'intéressé exerce ses fonctions, et non à la population de la paroisse. On ne doit pas tenir compte de la population de la commune voisine dans laquelle le prêtre bine. — Il importe de remarquer que l'allocation n'est accordée pour huit années qu'aux ministres du culte qui continuent à remplir leurs fonctions dans la commune où ils les exerçaient au moment de la promulgation de la loi de 1905. À ce point de vue, l'allocation a un caractère personnel. Le législateur a ainsi pour but d'empêcher, dans une certaine mesure, des modifications dans le personnel paroissial.

D. — Demande d'allocation temporaire. — Instruction, liquidation et concession.

204. L'allocation temporaire est concédée soit sur la demande de l'intéressé, soit d'office, en cas de rejet d'une demande de pension viagère (Décr. 19 janv. 1906, art. 18). — Les demandes d'allocations temporaires sont soumises, pour leur introduction et leur instruction préliminaire, aux règles indiquées *supra*, n°s 183 et s., pour les pensions (Décr. 1906, art. 19, § 1er). — Les intéressés spécifient dans leur demande s'ils entendent réclamer le bénéfice du paragraphe 5 de l'art. 11 de la loi de 1905 (Décr. 1906, art. 19, § 2), c'est-à-dire une allocation pour quatre ans ou pour huit ans (V. *supra*, n°s 202 et 203). — Ils sont mis en demeure, par la voie administrative, d'exercer cette option, en cas de rejet d'une demande de pension, si le ministre estime qu'ils ont droit à une allocation temporaire (Décr. 1906, art. 19, § 3; V. *supra*, n° 186).

205. Le ministre des Cultes fixe le montant des allocations et prépare un arrêté de concession qu'il soumet au ministre des Finances; l'arrêté est signé par les deux ministres (Décr. 19 janv. 1906, art. 20, § 1er). — Les arrêtés de concession mentionnent les noms, prénoms, qualité, date et lieu de naissance du titulaire, son domicile, le chiffre de la population de la commune où il exerçait ses fonctions lors de la promul-

gation de la loi, la nature et la durée de ses services rémunérés par l'État, la quotité du traitement qui a servi de base au calcul de l'allocation, le montant de celle-ci, la durée de la jouissance (Même décret, art. 21).

206. Dans le cas où le ministre des Cultes rejette une demande d'allocation, il fait notifier en la forme administrative sa décision à l'intéressé, sous réserve, pour celui-ci, du recours devant le Conseil d'État (Décr. 19 janv. 1906, art. 20, § 2).

207. Il est établi en faveur des titulaires d'allocations accordées pour quatre ans un livret muni de quittances à souche. Ce livret, dont le modèle est déterminé par le ministre des Finances, porte les mêmes mentions que l'arrêté de concession; il est délivré par ce ministre à l'intéressé, et cette remise fait courir le délai de recours devant le Conseil d'État contre la décision intervenue (Décr. 19 janv. 1906, art. 23). — Il est délivré par le ministre des Finances aux titulaires d'allocations accordées pour huit ans une ampliation de l'arrêté de concession; la remise de cette ampliation fait courir le délai du recours devant le Conseil d'État (Même décret, art. 25).

E. — Jouissance et payement des allocations.

208. La jouissance des allocations temporaires commence le 1er janv. 1906 (Décr. 19 janv. 1906, art. 22, § 1er). V. *supra*, n° 188.

209. Les allocations sont payables par trimestre et à terme échu les 31 mars, 30 juin, 30 septembre et 31 décembre (Décr. 19 janv. 1906, art. 22, § 2). — Les titulaires d'allocations accordées pour quatre ans produisent pour le payement, indépendamment de leur livret, les quittances, un certificat de vie délivré par le payeur détache les quittances, un certificat de vie délivré par le maire du lieu de leur résidence (Décr. 1906, art. 24). — Les allocations accordées pour huit ans sont mandatées trimestriellement par le préfet. En vue de ce mandatement, les titulaires produisent, pour l'année 1906, un certificat de vie délivré par le maire, et, pour les années suivantes, un certificat constatant qu'ils ont rempli leurs fonctions sans interruption depuis le 1er janvier 1906 dans la commune où ils les exerçaient lors de la promulgation de la loi. Le dit certificat est établi par le représentant de l'association cultuelle, qui assure la continuation de l'exercice public du culte dans la même commune. Le maire vise le certificat pour légalisation de signature et le complète par une attestation de résidence du ministre du culte (Décr. 1906, art. 26; V. Circ. min. Cultes, 12 juin 1906).

210. Si, à raison de l'insuffisance des justifications produites, le préfet estime que l'allocation accordée pour huit ans ne doit pas être payée, il mandate au profit de l'intéressé l'allocation à laquelle celui-ci aurait en droit, à la même échéance, s'il avait réclamé le bénéfice de l'art. 11, § 5, de la loi de 1905 (allocations pour quatre ans). Au cas où les justifications seraient ultérieurement produites, il y aurait lieu au rappel de la différence (Décr. 19 janv. 1906, art. 27, § 1er et 2). — Si le titulaire de l'allocation attribuée pour huit ans cesse avant le 1er janv. 1910 de remplir ses fonctions dans la commune où il les exerçait lors de la promulgation de la loi de 1905, il a droit, à partir de ce moment, à l'allocation prévue à l'art. 11, § 5, de ladite loi, et il lui est délivré un livret dans les conditions indiquées *supra*, n° 207, pour la période restant à courir jusqu'au 1er janv. 1910 (Décr. 1906, art. 27, § 3).

F. — Cumul des allocations.

211. A la différence de la pension viagère (V. *supra*, n° 191), l'allocation temporaire n'est soumise par la loi de 1905 à aucune interdiction de cumul.

G. — Incessibilité et insaisissabilité des allocations.

212. Les allocations temporaires sont incessibles et insaisissables dans les mêmes conditions que les pensions civiles (L. 1905, art. 11, § 11; V. *infra*, *Pensions*, n° 47).

§ 3. — *Allocations annuelles accordées au personnel des facultés de théologie protestante.*

213. Les facultés de théologie protestante établies, l'une à Paris, pour la confession d'Augsbourg et l'enseignement de la théologie luthérienne, l'autre à Montauban, pour le culte réformé, ont été supprimées comme tous les autres établissements publics du culte (V. *supra*, n° 15). L'art. 11, § 10, de la loi de 1905 a étendu à leur personnel les dispositions de la loi du 27 juin 1885 (D. P. 86. 4. 37), relative au personnel des facultés de théologie supprimées. Il en résulte que leurs professeurs, chargés de cours et maîtres de conférences peuvent réclamer une allocation annuelle variant de 3 000 à 2 000 francs, que leurs étudiants peuvent demander le remboursement des droits de bibliothèque et d'examen par eux versés.

Art. 2. — Pensions viagères et allocations temporaires accordées par les départements et les communes.

214. Les départements et les communes peuvent, sous les mêmes conditions que l'État, accorder aux ministres du culte, salariés par eux au moment de la promulgation de la loi de 1905, des *pensions viagères* ou des *allocations temporaires* établies sur la même base et pour une égale durée (L. 1905, art. 11, § 7).

§ 1er. — *Pensions viagères.*

215. La concession de pensions que les départements et les communes peuvent accorder est subordonnée à la justification des conditions d'âge et de durée des services ecclésiastiques exigées par les paragraphes 1 et 2 de l'art. 11 de la loi de 1905 (V. *supra*, n°s 179 et 180). Les seuls services ecclésiastiques admissibles sont, suivant les cas, ceux qui ont été rémunérés par le département ou la commune (Décr. 19 janv. 1906, art. 29, § 1er et 2).

216. En cas de condamnation faisant cesser de plein droit une pension (V. *supra*, n° 181), cette déchéance est constatée par un arrêté préfectoral pris sur le vu d'un extrait du jugement ou de l'arrêt transmis par les soins du ministre de la Justice (Décr. 19 janv. 1906, art. 34).

217. La pension est fixée, conformément aux paragraphes 1 et 2 de l'art. 11 de la loi de 1905, soit aux trois quarts, soit à la moitié du traitement qui était payé au ministres du culte sur les fonds départementaux ou communaux (Décr. 19 janv. 1906, art. 29, § 3).

218. Les demandes de pension sont adressées, pour les départements, au préfet et, pour les communes, au maire, dans les formes prescrites par l'art. 1er du décret du 19 janv. 1906 (V. *supra*, n° 183); il en donné récépissé, daté et signé, avec indication des pièces jointes (Même décret, art. 30).

219. Lorsque des demandes ont été reçues par le préfet ou le maire, le conseil général ou le conseil municipal décide s'il y a lieu pour le département ou la commune d'user de la faculté ouverte par l'art. 11, § 7, de la loi de 1905. Dans le cas de l'affirmative, le conseil général ou le conseil municipal détermine les formes suivant lesquelles les pensions sont liquidées, concédées et payées (Décr. 19 janv. 1906, art. 31). — Les délibérations du conseil général ou du conseil municipal sont prises dans les conditions prévues par l'art. 46 de la loi du 10 août 1871 et l'art. 61 de la loi du 5 avr. 1884 (Décr. 1906, art. 32).

220. L'art. 35 de ce décret déclare applicables aux **rappels d'arrérages** les dispositions des art. 13, 15 et 16 du même décret (V. *suprà*, nᵒˢ 181, 188, 189 et 190).

221. Les pensions sont réversibles, dans les conditions fixées tant par le paragraphe 4 de l'art. 11 de la loi de 1905 que par les art. 7, 8 et 9 du décret du 19 janv. 1906, au profit de la veuve et des orphelins mineurs. La demande de réversion est adressée, suivant les cas, au préfet ou au maire, dans les formes prescrites par l'art. 10 du même décret (Décr. 19 janv. 1906, art. 33 ; V. *suprà*, nᵒˢ 194 et 195).

§ 2. — *Allocations temporaires.*

222. Les ministres du culte qui, lors de la promulgation de la loi de 1905, étaient salariés par un département ou une commune, mais ne remplissaient pas les conditions d'âge et de services ecclésiastiques exigées pour l'obtention d'une pension viagère, peuvent, s'il en est ainsi décidé par le conseil général ou par le conseil municipal, recevoir une allocation dont la quotité et la durée sont, suivant les cas, fixées conformément au paragraphe 5 ou au paragraphe 6 de l'art. 11 de ladite loi (Décr. 19 janv. 1906, art. 36, § 1ᵉʳ). V. *suprà*, nᵒˢ 197 et s.

223. Le conseil général ou le conseil municipal détermine les formes suivant lesquelles les allocations sont liquidées, concédées et payées (Décr. 19 janv. 1906, art. 36, § 2). — Le payement des allocations concédées conformément aux dispositions du paragraphe 6 de l'art. 11 de la loi de 1905 est subordonné, à partir du 1ᵉʳ janv. 1907, à la production du certificat prévu par l'art. 26, § 2, dudit décret (Même décret, art. 37). V. *suprà*, nᵒ 209.

224. L'art. 38 du décret du 19 janv. 1906 rend applicables aux allocations départementales et communales les dispositions des art. 30, 32 et 34 du même décret, en ce qui concerne la transmission des demandes (V. *suprà*, nᵒ 218), les délibérations du conseil général ou municipal (V. *suprà*, nᵒ 219) et la déchéance résultant de condamnations (V. *suprà*, nᵒ 216).

SECT. V. — **Édifices des cultes appartenant à l'État, aux départements ou aux communes.**

225. Le titre 3 de la loi de 1905 (art. 12 à 17) concerne les *édifices des cultes*, en comprenant dans cette expression : 1ᵒ les édifices consacrés aux cultes (cathédrales, églises, chapelles, temples, synagogues) ; 2ᵒ les édifices affectés soit au logement des ministres du culte (archevêchés, évêchés, presbytères), soit à l'enseignement des personnes se destinant au ministère ecclésiastique (grands séminaires, facultés de théologie protestante). Mais il ne s'occupe que de ceux de ces édifices *qui appartiennent à l'État, aux départements ou aux communes.* — Les autres édifices affectés au culte lors de la promulgation de la loi de 1905 *appartiennent soit à des particuliers*, peuvent alors en disposer librement, soit *à des établissements ecclésiastiques*, auquel cas ils sont attribués aux associations cultuelles dans les mêmes conditions et suivant les mêmes formes que les autres biens desdits établissements (Décr. 16 mars 1906, art. 18). Il en est de même pour les édifices non consacrés à l'exercice du culte qui appartiennent à des particuliers ou à des établissements ecclésiastiques.

ART. 1ᵉʳ. — ÉDIFICES CONSACRÉS AU CULTE.

§ 1ᵉʳ. — *Propriété.*

226. Aux termes de l'art. 12, § 1ᵉʳ, de la loi de 1905, les édifices qui ont été mis à la disposition de la nation et qui, en vertu de la loi du 18 germ. an 10, servent à l'exercice public des cultes, ainsi que leurs dépendances immobilières et les objets mobiliers qui les garnissaient au moment où lesdits édifices ont été remis aux cultes, sont et demeurent propriétés de l'Etat, des départements et des communes. Cet article consacre la solution généralement admise auparavant par la doctrine et la jurisprudence, d'après laquelle les édifices appartiennent à l'Etat, s'il s'agit d'églises cathédrales, et aux communes, s'il s'agit d'églises paroissiales ou autres. — D'ailleurs, la loi de 1905 est applicable, non seulement aux édifices ci-dessus spécifiés, mais encore à ceux qui, postérieurement à la loi du 18 germ. an 10, sont devenus la propriété de l'Etat, des départements ou des communes (L. 1905, art. 12, § 2).

§ 2. — *Jouissance gratuite.*

227. Aux termes de l'art. 13, § 1ᵉʳ, de la loi de 1905, les édifices servant à l'exercice public du culte, ainsi que les objets mobiliers les garnissant, seront laissés gratuitement à la disposition des établissements publics du culte, puis des associations appelées à les remplacer auxquelles les biens de ces établissements ont été attribués par application des dispositions du titre 2. Il en résulte que cette jouissance est, en principe, illimitée. — Ces dispositions ont été maintenues, malgré la non-constitution d'associations cultuelles catholiques, par l'art. 5 de la loi du 2 janv. 1907 (V. *infrà*, nᵒ 290).

228. L'*entrée en jouissance* par les associations cultuelles (ou par les associations prévues à l'art. 4 de la loi précitée du 2 janv. 1907, ou encore par les ministres du culte : L. 1907, art. 5, § 2) des édifices du culte mentionnés dans les art. 13, 14 et 15 de la loi de 1905 est constatée par un acte administratif dressé soit par le préfet, pour l'Etat et les départements, soit par le maire, pour les communes. Il en est de même pour la mise à la disposition des associations des objets mobiliers appartenant à l'Etat, aux départements ou aux communes, et garnissant ceux des édifices qui servent à l'exercice public du culte. Le procès-verbal comporte un état de lieux si l'association en fait la demande et, dans tous les cas, un état desdits objets mobiliers dressé d'après les indications de l'inventaire prévu à l'art. 3 de la loi susvisée. Il est établi en double minute et sur papier libre (Décr. 16 mars 1906, art. 27).

229. Les établissements publics du culte, puis les associations ou personnes bénéficiaires sont tenus des *réparations* de toute nature, ainsi que des *frais d'assurance* et *autres charges* afférentes aux édifices et aux meubles les garnissant (L. 1905, art. 13, § 6). Cette disposition oblige les attributaires à supporter seules même les grosses réparations, alors qu'autrefois ces réparations étaient à la charge de la commune en cas d'insuffisance des ressources de la fabrique. Les réparations doivent être exécutées, sous réserve de l'application de la législation sur les monuments historiques, de manière à ne préjudicier aucun rapport aux édifices cultuels (Décr. 16 mars 1906, art. 28, § 1ᵉʳ). — Les projets de grosses réparations doivent, un mois au moins avant leur exécution, être communiqués au préfet, pour les édifices appartenant à l'Etat ou au département, et au maire, pour ceux qui sont la propriété de la commune (art. 28, § 2).

230. La *cessation de jouissance* d'une association cultuelle sur un édifice du culte et les objets mobiliers qui le garnissent, et, s'il y a lieu, le *transfert* de cette jouissance sont, aux termes de l'art. 13, § 2, de la loi de 1905, prononcés par décret, sauf recours au Conseil d'Etat statuant au contentieux : 1ᵒ si l'association bénéficiaire est dissoute ; 2ᵒ si, en dehors des cas de force majeure, le culte cesse d'être célébré pendant plus de six mois consécutifs ; 3ᵒ si la conservation de l'édifice ou celle des objets mobiliers classés en vertu de la loi de 1887 et de l'art. 16 de la loi de 1905 est compromise par insuffisance d'entretien, et après mise en demeure dûment notifiée du conseil municipal ou, à son défaut, du préfet ; 4ᵒ si l'association cesse de remplir son objet ou si les édifices sont détournés de leur destination ; 5ᵒ si elle ne satisfait pas soit aux obligations de l'art. 6 (non-payement des dettes de l'établissement public du culte) ou du paragraphe 6 de l'art. 13 (V. *suprà*, nᵒ 229), soit aux prescriptions relatives aux monuments historiques (V. *infrà*, nᵒˢ 238 et s.).

231. La *désaffectation* des édifices affectés au culte peut être prononcée par *décret simple*, en ce qui concerne : 1ᵒ les immeubles autrefois affectés aux cultes et dans lesquels les cérémonies du culte n'auraient pas été célébrées pendant le délai d'un an antérieurement à la présente loi ; 2ᵒ ceux qui ne seraient pas réclamés par une association cultuelle (ou par les personnes visées *suprà*, nᵒ 228) dans le délai de deux ans après la promulgation de la loi de 1905 ; 3ᵒ ceux dont la désaffectation a été demandée antérieurement au 1ᵉʳ juin 1905 (L. 1905, art. 13, § 4 et 5). — Elle peut être prononcée par *décret en Conseil d'Etat*, dans les cas de cessation de jouissance indiqués *suprà*, nᵒ 230 (L. 1905, art. 13, § 3). — En dehors de cas, la désaffectation peut être prononcée par une *loi* (L. 1905, art. 13, § 3). Bien que cette disposition ait eu en vue principalement le cas d'expropriation pour cause d'utilité publique, elle laisse au Parlement le pouvoir de prononcer la désaffectation pour un motif quelconque.

ART. 2. — ÉDIFICES NON CONSACRÉS AU CULTE.

232. L'art. 12, § 1ᵉʳ, de la loi de 1905 consacre le droit de propriété de l'Etat, des départements et des communes sur les édifices qui ont été mis à la disposition de la nation et qui, en vertu de la loi du 18 germ. an 10, servent au logement des ministres du culte (archevêchés, évêchés, presbytères, séminaires), ainsi que leurs dépendances immobilières et les objets mobiliers qui les garnissaient au moment où lesdits édifices ont été remis aux cultes. Le mot « séminaires » ne doit s'entendre que des « grands séminaires » et non des petits séminaires ou écoles secondaires ecclésiastiques. — Quant aux édifices servant au logement des ministres du culte, qui sont postérieurs à la loi du 18 germ. an 10, il en est qui appartiennent à l'Etat, aux départements, aux communes (L. 1905, art. 12, § 2). D'autres appartiennent aux établissements ecclésiastiques supprimés, notamment à des grands séminaires ou à des menses curiales ou fabriques ; ceux-ci ne deviennent pas la propriété de l'Etat ou des communes (V. *suprà*, nᵒ 225).

233. Aux termes de l'art. 14 de la loi du 9 déc. 1905, les archevêchés, évêchés, les presbytères et leurs dépendances, les grands séminaires et facultés de théologie protestante étaient laissés *gratuitement* à la disposition des établissements publics du culte, puis des associations prévues à l'art. 13, savoir : les archevêchés et évêchés, pendant une période de *deux années* ; les presbytères dans les communes où résidait le ministre du culte, les grands séminaires et facultés de théologie protestante, pendant *cinq années* à partir de la promulgation de la loi de 1905. — Mais les associations cultuelles ne s'étant pas constituées, la loi du 2 janv. 1907, par son art. 1ᵉʳ, remit, immédiatement après sa promulgation, l'Etat, les départements et les communes en possession des archevêchés, évêchés, presbytères et séminaires leur appartenant. Elle supprima (Même article, § 2) les indemnités de logement que la loi de 1905 avait mises à la charge des communes à défaut de presbytère.

234. La *location* des édifices susvisés est soumise, par le paragraphe 3 de l'art. 1er de la loi précitée de 1907, à certaines règles particulières. Tandis, en effet, que les baux de biens communaux ou départementaux d'une durée inférieure à 18 années sont réglés, suivant le droit commun, définitivement par le conseil municipal ou le conseil général, les baux des archevêchés, évêchés, presbytères, etc., doivent, dans tous les cas, être approuvés par le préfet, afin d'éviter que le département ou la commune, par une location à vil prix, n'accordent au ministre du culte une subvention indirecte, en violation de la loi du 9 déc. 1905.

235. L'*aliénation* des biens dont il s'agit qui appartiennent aux départements se fait dans les conditions prévues à l'art. 48, § 1er, de la loi du 10 août 1871, c'est-à-dire par une délibération du conseil général (L. 1907, art. 1er, § 3 *in fine*).

236. La question s'est posée de savoir, lorsqu'un immeuble a été donné ou légué à une commune, à charge d'y loger à perpétuité le curé ou desservant de la paroisse, si les bénéficiaires successifs de cette charge ont sur l'immeuble un droit d'habitation dont ils peuvent se prévaloir en justice, à l'encontre de la commune, sans qu'il soit besoin d'une acceptation expresse de leur part. L'affirmative a été décidée par les présidents des tribunaux de première instance de Troyes, Fontainebleau, Toulouse et Melun, statuant en référé (Ordonnances des 22 déc. 1906, 21 mars 1907, 30 avr. 1907, 3 mai 1907; D. P. 1907, 2e partie). — Mais aucune des décisions précitées n'a déclaré expressément que le droit d'habitation dont il s'agit subsiste, malgré la séparation des Églises et de l'Etat, au profit de l'ecclésiastique qui exerce en fait le culte dans la commune, quoique celle-ci n'ait plus l'obligation ni même le droit de lui assurer un logement (V. *supra*, n° 234). Elles ont cependant décidé que si le desservant est mis par l'autorité municipale en demeure d'évacuer le presbytère, il peut, en raison de l'urgence, obtenir du juge des référés qu'il soit sursis à son expulsion jusqu'à ce qu'on ait statué au principal sur la valeur du titre qu'il invoque et auquel provision est due.

ART. 3. — DISPOSITIONS SPÉCIALES A LA SAVOIE ET A L'ANCIEN COMTÉ DE NICE.

237. Dans les départements de la Savoie, de la Haute-Savoie et des Alpes-Maritimes, la jouissance des édifices antérieurs à la loi du 18 germ. an 10, servant à l'exercice des cultes ou au logement de leurs ministres, est attribuée, par les communes sur le territoire desquelles ils se trouvent, aux associations cultuelles, dans les conditions indiquées par les art. 12 et s. de la loi de 1905. En dehors des obligations, les communes peuvent disposer librement de la propriété de ces édifices (L. 1905, art. 15, § 1er). — Dans ces mêmes départements, les cimetières restent la propriété des communes (Même article, § 2).

ART. 4. — ÉDIFICES ET OBJETS MOBILIERS PRÉSENTANT UN INTÉRÊT ARTISTIQUE OU HISTORIQUE.

238. 1° *Classement.* — Les édifices et objets mobiliers du culte, qui présentent un intérêt artistique ou historique, sont, en ce qui concerne leur classement, soumis en principe aux dispositions de la loi du 30 mars 1887. V. *infra, Monuments historiques et artistiques*, par l'art. 16, § 4, de la loi de 1905. Mais cette dernière loi a apporté

plusieurs dérogations au droit commun.

239. Il doit être procédé à un *classement complémentaire*, soit des édifices affectés à l'exercice public du culte (cathédrales, églises, chapelles, temples, synagogues), soit des édifices servant au logement des ministres du culte (archevêchés, évêchés, presbytères, séminaires), dans lequel devront être compris tous ceux de ces édifices représentant, dans leurs ensemble ou dans leurs parties, une valeur artistique ou historique (L. 1905, art. 16, § 1er). Cette disposition ne vise que les édifices appartenant à l'Etat, aux départements ou aux communes.

240. Mais l'art. 16, § 3, de la loi de 1905 ajoute que les immeubles et les objets mobiliers, *attribués* en vertu de ladite loi *aux associations*, pourront être classés dans les mêmes conditions que s'ils appartenaient à des établissements publics. — Il y a là une double dérogation au droit commun, qui, sans cette disposition, aurait régi les biens attribués aux associations cultuelles, lesquelles, étant dépourvues de tout caractère public, auraient été assimilées aux simples particuliers. Or, d'après la loi du 30 mars 1887, les immeubles des particuliers ne peuvent être classés qu'avec le consentement du propriétaire (art. 3), et les meubles des particuliers ne sont pas susceptibles de classement (art. 8). — Du reste, ces prescriptions de la loi de 1887 seraient applicables aux biens que les associations auraient acquis en dehors de l'attribution prévue par la loi de 1905.

241. Pour obvier aux inconvénients que pouvait présenter, à l'égard des meubles, la procédure longue et compliquée de la loi du 30 mars 1887, l'art. 16, § 2, de la loi de 1905 a prescrit un *classement général et collectif*. Il décide que les objets mobiliers et les immeubles par destination mentionnés à l'art. 13 de ladite loi (c'est-à-dire les objets mobiliers garnissant les édifices servant à l'exercice public du culte), qui n'auraient pas encore été inscrits sur la liste de classement dressée en vertu de la loi du 30 mars 1887, seraient, par l'effet de la loi de 1905, ajoutés à ladite liste. — Il y a là une dérogation à la règle de droit commun, suivant laquelle le classement doit être individuel. — Le classement général ne concerne pas les meubles se trouvant dans les édifices qui servent au logement des ministres du culte. — D'autre part, il ne s'applique qu'aux objets appartenant à l'Etat, aux départements et aux communes (Circ. min. 10 déc. 1905). Les meubles appartenant aux établissements ecclésiastiques et, comme tels, attribués aux associations cultuelles, ne peuvent faire l'objet d'un classement individuel (V. *supra*, n° 240).

242. Il doit être procédé par le ministre de l'Instruction publique et des beaux-arts, dans le délai de trois ans, au *classement définitif* de ceux des objets soumis au classement général, dont la conservation présenterait, au point de vue de l'histoire ou de l'art, un intérêt suffisant. A l'expiration de ce délai, les autres objets seront déclassés de plein droit (L. 1905, art. 16, § 2).

243. 2° *Condition juridique des édifices et objets classés.* — A cet égard, il y a lieu d'appliquer les dispositions de la loi du 30 mars 1887, sauf les modifications résultant de la loi de 1905. — Les immeubles par destination, en vertu de ladite loi ou de la loi de 1887, sont inaliénables et imprescriptibles (L. 1905, art. 17, § 1er). — Dans le cas où la vente ou l'échange d'un objet classé serait autorisé par le ministre de l'Instruction publique et des beaux-arts, un droit de préemption est accordé : 1° aux associations cultuelles; 2° aux communes; 3° aux départements; 4° aux musées et sociétés d'art et d'archéologie; 5° à l'Etat. Le prix est fixé par trois experts que désignent

le vendeur, l'acquéreur et le président du tribunal civil (L. 1905, art. 17, § 2). — Si aucun des acquéreurs visés ci-dessus ne fait usage du droit de préemption, la vente est libre; mais il est interdit à l'acheteur d'un objet classé de le transporter hors de France (L. 1905, art. 17, § 3). — Quant aux travaux à faire aux monuments ou objets classés, V. *infra*, n° 245.

244. Le ministre des Beaux-Arts est chargé d'assurer l'inspection des immeubles et objets mobiliers classés (Décr. 16 mars 1906, art. 29).

245. 3° *Sanctions pénales.* — Nul travail de réparation, restauration ou entretien à faire aux monuments ou objets mobiliers classés ne peut être commencé sans l'autorisation du ministre des Beaux-Arts, ni exécuté hors de la surveillance de son administration, sous peine, contre les propriétaires, occupants ou détenteurs qui auraient ordonné ces travaux, d'une amende de 16 à 1 500 francs (L. 1905, art. 17, § 4). — Toute infraction aux dispositions de l'art. 16 et des paragraphes 1er, 2 et 3 de l'art. 17 de la loi de 1905, ainsi qu'à celles des art. 4, 10, 11, 12 et 13 de la loi du 30 mars 1887 est punie d'une amende de 100 à 10 000 francs et d'un emprisonnement de six jours à trois mois, ou de l'une de ces deux peines seulement (L. 1905, art. 17, § 5). — Dans ces divers cas, le juge peut appliquer l'art. 463 c. pén. sur les circonstances atténuantes, ainsi que la loi du 26 mars 1891 sur le sursis à l'exécution des peines (L. 1905, art. 37).

246. 4° *Visite et exposition.* — La visite des édifices et l'exposition des objets mobiliers classés sont publiques; elles ne peuvent donner lieu à aucune taxe ni redevance (L. 1905, art. 17, § 6). — Les associations cultuelles fixent, sous réserve de l'approbation du préfet, les jours et heures auxquels auront lieu la visite des édifices et l'exposition des objets mobiliers classés. Si l'association, bien que dûment mise en demeure par le préfet, n'a pris aucune disposition à cet effet, ou en cas de refus d'approbation, il est statué par le ministre des Beaux-Arts (Décr. 16 mars 1906, art. 29, § 2 et 3).

247. 5° *Archives ecclésiastiques et bibliothèques.* — Les archives ecclésiastiques et bibliothèques existant dans les archevêchés, évêchés, grands séminaires, paroisses, succursales et leurs dépendances, doivent être inventoriées, et celles qui seront reconnues propriété de l'Etat lui être restituées (L. 1905, art. 16, § 5).

248. Lorsqu'il y a lieu de procéder ainsi à l'inventaire des archives et bibliothèques des établissements ecclésiastiques, ainsi que pour celles qui seraient détenues par les anciens titulaires ecclésiastiques à raison de leurs fonctions, un arrêté préfectoral désigne à cet effet l'archiviste départemental ou toute autre personne désignée; l'inventaire est dressé en présence soit des représentants légaux des établissements ecclésiastiques, soit des anciens titulaires ecclésiastiques ou eux dûment appelés dans les formes prévues par l'art. 2 du décret du 29 déc. 1905 (Décr. 16 mars 1906, art. 20). V. *supra*, n° 133.

249. L'inventaire des archives porte sur les titres et papiers visés par les lois des 13 fruct. et 5 brum. an 5; 2° les registres paroissiaux antérieurs à l'entrée en vigueur des dispositions législatives concernant la tenue des actes de l'état civil, et, notamment, ceux détenus par les anciens titulaires ecclésiastiques dans les départements de la Savoie, de la Haute-Savoie et des Alpes-Maritimes; 3° tous autres titres ou papiers provenant de l'Etat, des départements ou des communes (Décr. 16 mars 1906, art. 21).

250. Les documents précités sont remis, suivant les cas, au préfet ou au maire pour être versés dans les dépôts publics. Cette remise, constatée par procès-verbal, doit être effectuée par les représentants légaux des établissements ecclésiastiques au plus tard au moment de la suppression de ces établissements, et par les anciens titulaires ecclésiastiques dans les six mois qui suivront la publication du décret du 16 mars 1906 (Même décret, art. 22).

251. Après l'inventaire des bibliothèques, la reprise par l'Etat, les départements ou les communes des livres et manuscrits leur appartenant a lieu suivant procès-verbal dressé d'un commun accord ou, en cas de contestation, sur le vu de la décision judiciaire intervenue. Les autres livres et manuscrits contenus dans les bibliothèques sont transmis aux associations cultuelles, conformément aux règles applicables à l'attribution des biens des établissements ecclésiastiques Décr. 16 mars 1906, art. 23.

252. Les documents, livres et manuscrits attribués à des associations cultuelles ou laissés aux anciens titulaires ecclésiastiques peuvent être classés, en vertu de la loi du 30 mars 1887 et de l'art. 16 de la loi du 9 déc. 1905, dans les mêmes conditions que s'ils appartenaient à des établissements publics Décr. 16 mars 1906, art. 24.

SECT. VI. — Police des cultes.

253. Par suite de la séparation des Eglises et de l'Etat, les dispositions antérieures, tant pénales qu'administratives, sur la police des cultes, sont généralement abrogées, expressément ou implicitement. On doit notamment regarder comme étant aujourd'hui ecclésiastique ou civil, ainsi que la suspension des traitements ecclésiastiques par mesure disciplinaire. — Mais la loi de 1905, dans ses art. 25 à 36, a édicté certaines dispositions spéciales destinées à remplacer, compléter ou aggraver les dispositions antérieures.

ART. 1er. — MANIFESTATIONS PUBLIQUES DU CULTE

254. La loi de 1905 réglemente, sous des sanctions pénales (art. 25 à 29 et civiles (art. 36), les manifestations publiques du culte à l'intérieur et à l'extérieur des édifices consacrés au culte. — Quant à l'exercice du culte privé. V. suprà, n° 47.

255. 1° *Réunions cultuelles à l'intérieur des édifices.* — Les réunions du culte peuvent se tenir tant dans les locaux appartenant à une association cultuelle ou à une association constituée conformément à l'art. 4 de la loi du 2 janv. 1907, ou mis à sa disposition, c'est-à-dire dans les édifices dont elle a la jouissance gratuite et illimitée en vertu de l'art. 5 de ladite loi, dans ceux qu'elle a construits, achetés ou loués, dans ceux qui lui sont prêtés. Le culte peut être exercé dans un ou plusieurs édifices dépendant de la même association et situés dans une ou plusieurs communes. Dans une commune où une association est en possession de l'ancienne église paroissiale, une autre association peut également se constituer avec un prêtre à elle attaché pour faire célébrer le culte dans le local qu'elle aurait aménagé. V. D. P. 1906, 4, 24, note 25, n° 5. C.

256. Les réunions pour la célébration d'un culte peuvent, comme toutes autres réunions publiques V. infrà, Addit. complém., 1° *Réunions publiques*, être tenues *sans déclaration préalable* L. 28 mars 1907, art. 1er. D. P. 1907, 4, 58. Les fidèles peuvent cependant faire la déclaration générale annuelle prévue par la loi du 5 déc. 1905 art. 25, § 2. Cette déclaration est signée par deux délégués au moins de l'association constituée pour l'exercice du culte dans le local où le culte sera célébré; l'un de ces délégués doit être domicilié dans la commune où le local est situé (Décr. 16 mars 1906, art. 49, § 1er. — Au cas de non-déclaration, le ministre du culte sera dans l'église, édifice national, départemental ou communal, affecté à perpétuité aux termes de l'art. 13 de la loi de 1905, un simple occupant; il aura la jouissance gratuite, de l'église et du mobilier qui s'y trouve. Dans le cas où une déclaration aura été faite, le ministre du culte aura un titre juridique, la qualité légale d'usager, avec tous les droits, tous les pouvoirs d'administration et de gestion qui en dérivent, tant pour l'église que pour le mobilier affecté au culte... La déclaration doit indiquer le nom du desservant » (V. D. P. 1907, 4, 58, note, n° 3).

257. La prohibition de tenir des réunions publiques au delà de onze heures du soir, sauf dans les localités dont la fermeture des établissements publics a lieu plus tard, bien que maintenue par la loi du 28 mars 1907, ne s'applique pas aux réunions cultuelles, et notamment à la *messe de minuit* Arg. L. 9 déc. 1905, art. 1er; V. D. P. 1906, 4, 58, note, n° 5.

258. L'art. 25, § 1er, de la loi de 1905 prescrit la publicité des réunions pour la célébration du culte tenues dans les locaux dépendant d'une association cultuelle. Cette publicité « résultant simplement du maintien des portes ouvertes, » a pour but de permettre le contrôle et la surveillance de l'autorité civile V. D. P. 1906, 4, 25, note 25, n° 2.

259. Doit-on considérer comme soumises à la publicité les réunions qui, tenues dans l'église ou dans des locaux privés, s'adressent à certaines catégories de fidèles, sous forme de catéchisme, retraites de premières communions, confréries, etc.? Il résulte nettement des travaux préparatoires que le législateur de 1905 n'a rien changé à ce qui se pratiquait auparavant V. D. P. 1906, 4, 24, note 25, n° 5. B. Si la réunion se tient dans une chapelle de l'église, les portes de celle-ci peuvent être ouvertes, l'accès de la chapelle peut être interdit au public. — Si la réunion a lieu dans un local privé, elle doit, à raison de l'entente préexistante entre le ministre du culte et les fidèles qui y assistent, être regardée comme une réunion privée et, à ce titre, comme échappant à la réglementation de l'art. 25 V. suprà, n° 47.

260. Les réunions cultuelles publiques restent placées sous la *surveillance* des autorités dans l'intérêt de l'ordre public (L. 1905, art. 25, § 1er). Cette surveillance s'exerce conformément aux dispositions de l'art. 9 de la loi du 30 juin 1881 et de l'art. 97 de la loi du 5 avr. 1884 Décr. 16 mars 1906, art. 49, § 3; V. infrà, *Réunions publiques*, n° 9. — Mais elle ne concerne que les réunions cultuelles publiques; en dehors de ces réunions, l'église seule est considérée, quant aux pouvoirs du maire, comme un local privé jouissant des garanties établies en faveur des maisons des particuliers.

261. Les curés et desservants n'ont plus, dans les églises, le *droit de police intérieure* qui leur appartenait par application de l'art. 9 de la loi du 18 germ. an 10, cette loi étant abrogée par l'art. 44 de la loi de 1905.

262. 2° *Interdiction de réunions politiques dans les locaux servant habituellement à l'exercice du culte.* — Cette interdiction formulée par l'art. 26 de la loi de 1905 et sanctionnée par les art. 29 et 36 de la même loi, est basée sur le principe de la spécialité des associations cultuelles, dont l'action est limitée à tout ce qui concerne l'exercice du culte. — Selon une opinion, l'art. 26 interdirait aux associations cul-

tuelles non seulement les réunions politiques, mais encore toutes réunions publiques étrangères au culte, dans les édifices du culte V. D. P. 1906, 4, 24, note 26. — En tout cas, cet article serait inapplicable aux réunions publiques ou même politiques qui seraient tenues dans les locaux non affectés à l'exercice du culte que l'association posséderait pour sa direction ou son administration, et qu'elle louerait ou prêterait pour la circonstance.

263. 3° *Cérémonies, processions et autres manifestations extérieures.* — Aux termes de l'art. 27, § 1er, de la loi de 1905, les cérémonies, processions et autres manifestations extérieures d'un culte continuent à être réglées en conformité des art. 95 et 97 de la loi municipale du 5 avr. 1884. Les maires demeurent donc investis des pouvoirs de police qu'ils avaient avant la séparation des Eglises et de l'Etat. Mais, par suite de l'abrogation de la loi du 18 germ. an 10, par l'art. 44 de la loi de 1905, on doit regarder comme inapplicable l'art. 45 de ladite loi de l'an 10, qui interdisait toute cérémonie religieuse, hors des édifices consacrés au culte catholique, dans les villes où il y avait des temples destinés à différents cultes. Il s'ensuit que, même dans ces villes, les manifestations cultuelles extérieures sont, en principe, autorisées, à moins qu'elles ne soient défendues par un arrêté municipal.

264. Les maires peuvent, en effet, interdire les cérémonies extérieures du culte, s'ils estiment qu'elles sont de nature à troubler l'ordre public ou la circulation. La contravention aux arrêtés pris à cet effet par les maires tombe sous l'application de l'art. 471-15° c. pén. V. suprà, *Contravention*, n° 58. — Les maires peuvent également n'autoriser les cérémonies extérieures du culte que sous certaines conditions, régler leur itinéraire, déterminer, s'il s'agit d'une procession, le nombre des stations et des reposoirs et leur emplacement.

265. Les cérémonies auxquelles peut s'appliquer l'interdiction dont il s'agit sont les processions et toutes les cérémonies analogues entourées de l'appareil d'un culte. Il en est de même des cérémonies funèbres: l'autorité municipale peut interdire que les ministres des cultes précèdent le convoi funèbre revêtus de leurs habits sacerdotaux et précédés de l'appareil religieux. Elle peut leur imposer l'obligation de suivre le convoi en voiture fermée. Av. Cons. d'Et. 25 avr. 1884. — L'interdiction peut également s'appliquer au port du viatique aux malades, quand cette cérémonie est faite par le prêtre revêtu de ses habits sacerdotaux et précédé d'un enfant de chœur agitant une clochette. Toutefois, cette cérémonie ne tombera pas sous le coup d'un arrêté qui se bornerait à interdire les processions ou cérémonies de même nature. L'autorité municipale peut faire enlever les objets du culte qui seraient exposés extérieurement, alors qu'elle y voit un inconvénient ou un péril pour la tranquillité et l'ordre publics.

266. 4° *Sonneries des cloches.* — Ces sonneries à l'entrée du clocher de l'église sont aujourd'hui réglées, non plus par les art. 100 et 101 de la loi municipale du 5 avr. 1884, lesquels sont abrogés par l'art. 44 de la loi de 1905, mais par l'art. 27 de cette dernière loi et les art. 51 à 52 du décret du 16 mars 1906. Les sonneries de cloches sont réglées par arrêté municipal et, en cas de désaccord entre le maire et le président ou directeur de l'association cultuelle, par arrêté préfectoral L. 1905, art. 27, § 1er. — L'arrêté pris par le maire à l'effet de régler l'usage des cloches tant pour les sonneries civiles que pour les sonneries religieuses est, avant transmission au préfet ou au sous-préfet, communiqué au président ou au directeur de l'association cultuelle. Un délai de quinze jours est laissé à celui-ci pour former à la mairie, s'il y a lieu, une opposition écrite et motivée, dont il lui est délivré récépissé. À l'expiration dudit délai, le maire transmet au préfet son arrêté, qui, à défaut d'opposition, est exécutoire dans les conditions prévues par les art. 95 et 96 de la loi du 5 avr. 1884. En cas d'opposition, il est statué par arrêté préfectoral (Décr. 16 mars 1906, art. 50).

267. Les cloches des édifices servant à l'exercice public du culte peuvent être employées aux sonneries civiles dans les cas de péril commun qui exigent un prompt secours. Si elles sont placées dans un édifice appartenant à l'État, au département ou à la commune ou attribué à l'association cultuelle en vertu des art. 4, 8 et 9 de la loi du 9 déc. 1905, elles peuvent, en outre, être utilisées dans les circonstances où cet emploi est prescrit par les dispositions des lois ou règlements, ou autorisé par les usages locaux (Décr. 16 mars 1906, art. 51). — Une clef du clocher sera déposée entre les mains du président ou directeur de l'association cultuelle, une autre entre les mains du maire, qui ne peut en faire usage que pour les sonneries civiles mentionnées à l'article précédent et l'entretien de l'horloge publique. Si l'entrée du clocher n'est pas indépendante de celle de l'église, une clef de la porte de l'église sera déposée entre les mains du maire (Même décret, art. 52).

268. 5° *Signes et emblèmes religieux.* — Il est interdit d'élever ou d'apposer aucun signe ou emblème religieux sur les monuments publics ou en quelque emplacement public que ce soit, à l'exception des édifices servant au culte, des terrains de sépulture dans les cimetières, des monuments funéraires, ainsi que des musées ou expositions (L. 1905, **art.** 28). Cette disposition, qui n'a d'ailleurs d'effet que pour l'avenir, ne concerne que les édifices ou terrains appartenant à l'État, aux départements, aux communes ou aux établissements publics. Tout particulier conserve le droit de décorer d'un emblème religieux son terrain ou sa maison, même au bord d'une voie publique (V. D. P. 1906. 4. 24, note 28, n° 1).

269. 6° *Sanctions pénales ou civiles des dispositions concernant les manifestations du culte.* — Les contraventions aux art. 25 à 28 de la loi de 1905 (V. *supra*, n°s 254 à 268) sont punies des *peines de simple police* (Même loi, art. 29), c'est-à-dire d'une amende de 1 à 15 francs (Pén. 466) et d'un emprisonnement de un jour à cinq jours (Pén. 465). Il est loisible au juge de prononcer l'une ou l'autre de ces peines, en cas de circonstances atténuantes (Pén. 463 et 483; L. 1905, art. 37), et d'accorder le sursis à l'exécution des peines (Même art. 37). — Pour rendre la répression plus assurée, l'art. 29 de la loi de 1905 a établi des présomptions légales de culpabilité; il déclare passibles des peines ci-dessus spécifiées, dans le cas des art. 25, 26 et 27, ceux qui ont organisé la réunion ou manifestation, ceux qui y ont participé en qualité de ministres du culte et, dans le cas des art. 25 et 26, ceux qui ont fourni le local. Mais il va de soi que les personnes inculpées peuvent établir, par la preuve contraire, qu'ils ne tombent pas sous le coup de ces présomptions, en ce sens qu'ils n'ont pas organisé la manifestation, n'ont pas officié, n'ont pas fourni le local. — Les infractions prévues aux art. 25 à 28 de la loi de 1905, constituant des contraventions, ne donnent pas lieu à l'application des art. 59 et s. c. pén. sur la complicité.

270. En cas de condamnation par application des art. 25 et 26 de la loi de 1905, l'association constituée pour l'exercice du culte dans l'immeuble où l'infraction a été commise est *civilement responsable* (Même loi,

art. 36). Mais les directeurs et administrateurs n'encourent aucune responsabilité civile en dehors d'un fait personnel de leur part.

ART. 2. — ENTRAVES AU LIBRE EXERCICE DES CULTES.

271. Ces entraves étaient autrefois prévues par les art. 260 à 264 c. pén., qui ont été abrogés expressément par l'art. 44 de la loi de 1905 et remplacés partiellement par les art. 31, 32 et 33 de ladite loi (V. les numéros suivants).

272. 1° *Entraves à l'égard des individus.* — Aux termes de l'art. 31 de la loi de 1905, qui correspond à l'art. 260 c. pén., sont punis d'une amende de 16 à 200 francs et d'un emprisonnement de six jours à deux mois, ou de l'une de ces deux peines seulement, ceux qui, soit par voies de fait, violences ou menaces contre un individu, soit en lui faisant craindre de perdre son emploi ou d'exposer à un dommage sa personne, sa famille ou sa fortune, l'ont déterminé à exercer ou à s'abstenir d'exercer un culte, à faire partie ou à cesser de faire partie d'une association cultuelle, à contribuer ou à s'abstenir de contribuer aux frais du culte.

273. 2° *Entraves à l'égard des exercices du culte dans le local servant à ces exercices.* — L'art. 32 de la loi de 1905 punit des mêmes peines (que celles édictées par l'art. 31) ceux qui ont empêché, retardé ou interrompu les exercices d'un culte par des troubles ou désordres causés dans le local servant à ces exercices. — Il correspond à l'art. 261 c. pén.; mais il en diffère en ce qu'il ne s'applique pas aux troubles ou désordres causés dans un lieu quelconque servant actuellement aux exercices du culte.

274. 3° *Circonstances aggravantes.* — L'art. 33 de la loi de 1905 porte que les dispositions des deux articles précédents ne s'appliquent qu'aux troubles, outrages ou voies de fait, dont la nature ou les circonstances ne donneront pas lieu à de plus fortes peines d'après les dispositions du Code pénal. Il est la reproduction presque textuelle de l'art. 264 c. pén.

ART. 3. — TROUBLES APPORTÉS A L'ORDRE PUBLIC PAR LES MINISTRES DU CULTE DANS L'EXERCICE DE LEUR MINISTÈRE.

275. Le Code pénal a édicté diverses dispositions concernant : 1° les contraventions propres à compromettre l'état civil des personnes (art. 199 et 200); 2° les critiques, censures ou provocations dirigées contre l'autorité publique dans un discours pastoral prononcé publiquement (art. 201 à 203) ou dans un écrit pastoral (art. 204 à 206); 3° la correspondance des ministres des cultes avec des cours ou puissances étrangères, sur des matières de religion (art. 207 et 208). La loi de 1905 (art. 44) a abrogé les art. 201 à 208 c. pén., mais en réprimant le délit d'outrage ou diffamation envers un citoyen chargé d'un service public (art. 34) et celui de provocation (art. 35).

276. 1° *Mariage religieux célébré sans justification préalable du mariage civil.* — A cet égard, l'art. 44 de la loi de 1905 a abrogé les dispositions organiques des divers cultes reconnus (L. 18 germ. an 10, art. 54; Ord. 25 mai 1844, art. 53); mais il a maintenu les art. 199 et 200 c. pén. (V. D. P. 1906, 4, 6, note 2, n° 3; D. P. 1906. 4. 28, note 44, n° 5, A). — En conséquence, les ministres des cultes qui procèdent aux cérémonies religieuses d'un mariage sans qu'il leur ait été justifié de la célébration préalable du mariage civil sont passibles, pour la première fois, d'une amende de 16 à 100 francs. L'infraction commise passible d'un emprisonnement de deux à cinq ans en cas de première récidive, et de détention en cas de seconde récidive. — Conf. Cr. 9 nov. 1906, D. P. 1907. 1. 161.

277. 2° *Enseignement religieux aux enfants des écoles publiques.* — Conformément aux dispositions de l'art. 2 de la loi du 28 mars 1882 (D. P. 82. 4. 64), l'enseignement religieux ne peut être donné aux enfants âgés de six à treize ans, inscrits dans les écoles publiques, qu'en dehors des heures de classe (L. 1905, art. 30, § 1er). — Il est fait application aux ministres des cultes qui enfreindraient ces prescriptions, des dispositions de l'art. 14 de la loi précitée de 1882 (L. 1905, art. 30, § 2). En cas de nouvelle récidive, le contrevenant est passible d'une amende de 11 à 15 francs (Pén. 479) et, selon les circonstances, d'un emprisonnement de un à cinq jours (Pén. 480).

278. 3° *Outrages et diffamation envers un citoyen chargé d'un service public.* — Tout ministre d'un culte qui, dans les lieux où s'exerce ce culte, a publiquement par des discours prononcés, des lectures faites, des écrits distribués ou des affiches apposées, outragé ou diffamé un citoyen chargé d'un service public, est puni d'une amende de 500 à 3000 francs et d'un emprisonnement de un mois à un an, ou de l'une de ces deux peines seulement (L. 1905, art. 34, § 1er). — L'expression « citoyen chargé d'un service public » doit être entendue dans le sens que lui attribue l'art. 31 de la loi du 29 juill. 1881 (V. *infra, Presse-outrage,* n° 274 et s.). — La vérité du fait diffamatoire, mais seulement s'il est relatif aux fonctions, peut être établie devant le tribunal correctionnel dans les formes prévues par l'art. 52 de la loi du 29 juill. 1881 (L. 1905, art. 34, § 2).

279. 4° *Provocation à la résistance aux lois, etc.* — Si un discours prononcé ou un écrit affiché ou distribué publiquement dans les lieux où s'exerce le culte contient une provocation directe à résister à l'exécution des lois ou aux actes légaux de l'autorité publique, ou s'il tend à soulever ou à armer une partie des citoyens contre les autres, le ministre du culte qui s'en est rendu coupable est puni d'un emprisonnement de trois mois à deux ans, sans préjudice des peines de la complicité, dans le cas où la provocation aurait été suivie d'une sédition, révolte ou guerre civile (L. 1905, art. 35). Cet article remplace aujourd'hui les art. 202, 203, 205 et 206 c. pén. — Sur son application, V. Trib. corr. de la Seine, 22 et 26 mars 1906, D. P. 1906. 2. 237.

280. L'art. 34, § 2, de la loi de 1905 déclare applicables aux délits prévus par le paragraphe 1er dudit article et l'art. 35 les *prescriptions* qu'édicte l'art. 65 de la loi du 29 juill. 1881, aux termes duquel l'action publique et l'action civile se prescrivent par trois mois révolus, à compter du jour où l'infraction a été commise ou du jour du dernier acte de poursuite, s'il en a été fait.

281. Dans le cas de condamnation par les tribunaux, en vertu des art. 34 et 35 de la loi de 1905, l'association constituée pour l'exercice du culte dans l'immeuble où l'infraction a été commise est *civilement responsable* (Même loi, art. 36). — Dans les mêmes cas, le ministre du culte condamné perd la pension viagère ou l'allocation temporaire à laquelle il avait droit.

ART. 4. — CIRCONSTANCES ATTÉNUANTES ET SURSIS A L'EXÉCUTION DES PEINES.

282. L'art. 463 c. pén. sur l'admission des *circonstances atténuantes*, et la loi du 26 mars 1891 (D. P. 91. 4. 24), sur le *sursis à l'exécution des peines*, sont applicables à tous les cas dans lesquels la loi de 1905 édicte des pénalités (Même loi, art. 37).

SECTION VII. — Régime spécial institué par les lois des 2 janvier et 28 mars 1907.

283. Ainsi qu'il a été indiqué *supra*, n° 140, la loi du 9 déc. 1905 ne fut pas acceptée par le Saint-Siège, et les associations cultuelles catholiques ne furent pas constituées. Le Gouvernement s'efforça de maintenir l'exercice du culte dans les églises aux conditions prévues par l'art. 25 de la loi de 1905; d'autre part, un avis du Conseil d'Etat, du 31 oct. 1906 (D. P. 1906. 3. 93), décida que la loi de séparation ne mettait aucun obstacle à ce que des individus, agissant en dehors de toute espèce d'association, organisassent des réunions publiques cultuelles conformément à la loi du 30 juin 1881 sur les réunions publiques. Mais le pape se prononça contre cette application de la législation spéciale des réunions publiques. — La loi du 28 mars 1907 (D. P. 1907. 4. 58) a mis fin à toute difficulté à cet égard (V. *suprà*, n°ᵒˢ 256 et 257).

284. La loi du 2 janv. 1907 (D. P. 1907. 4. 1) a eu pour objet de préciser, en présence de la non-constitution d'associations cultuelles catholiques, certaines dispositions de la loi du 9 déc. 1905, surtout en ce qui concerne les biens, consacrés ou non au culte, appartenant à l'Etat, aux départements et aux communes. Plusieurs articles de cette loi du 1907 ont été reproduits plus haut; on se bornera à y renvoyer, sauf, le cas échéant, à en préciser ici le sens.

285. Sur l'art. 1ᵉʳ de la loi du 2 janv. 1907, qui prévoit la reprise par l'Etat, les départements et les communes, des archevêchés, évêchés, presbytères et séminaires leur appartenant, ainsi que la location de ces édifices, V. *suprà*, n°ˢ 233 et s.

286. Dans son art. 2, la loi de 1907 dispose que les biens des établissements ecclésiastiques qui n'ont pas été réclamés dans l'année qui a suivi la promulgation de la loi du 9 déc. 1905, conformément aux dispositions de ladite loi, seront attribués à titre définitif, dès la promulgation de la loi du 2 janv. 1907, aux établissements communaux d'assistance et de bienfaisance dans les conditions déterminées par l'art. 9, § 1ᵉʳ, de la loi de 1905 (Sur ces conditions, V. *suprà*, n°ˢ 153 et s.), sans préjudice des attributions à opérer par application des art. 7 et 8 (V. *suprà*, n°ˢ 148 et s.), ce qui concerne les établissements grevés d'une affectation étrangère à l'exercice du culte. — En principe, si l'établissement ecclésiastique supprimé n'avait reçu certains biens ou certaines sommes qu'à charge d'assurer des fondations, le patrimoine sera transmis avec les charges qui le grèvent, et, *sauf impossibilité légale*, les établissements qui recevront ce patrimoine seront obligés d'exécuter les obligations qui y sont attachées (Déclarations de M. Briand, ministre de l'instruction publique et des cultes, au Sénat (D. P. 1907. 4. 2, note 2, n° 2). — En cas d'inexécution de ces charges, aux termes de l'art. 9 de la loi du 9 déc. 1905, le droit de révocation appartient au donateur lui-même ou à ses héritiers en ligne directe. Mais il se peut que, suivant les circonstances, variables d'une espèce à l'autre, d'autres intéressés aient également le droit d'engager une action devant les tribunaux, s'ils jugent que leurs droits ou les droits de leurs parents, de leurs auteurs, ont été lésés (Mêmes déclarations). — On a fait observer, à cet égard, que la loi de 1905 parle des actions en revendication et en reprise. Dans ces cas, les héritiers en ligne directe seuls peuvent agir. S'il ne s'agit pas d'une action en revendication ou en reprise, mais d'une action en révocation d'une donation ou d'un legs pour inexécution des charges, celle-ci est soumise au droit commun. Ce ne sont pas les héritiers en ligne directe, mais le légataire universel ou les collatéraux qui devront, dans ce dernier cas, intervenir (V. D. P. 1907, *ibid.*, n° 3).

287. Il a été précisé, au cours des travaux préparatoires (V. D. P. *ibid.*, n° 4), qu'au cas où dans une commune, il n'y

aura ni hôpitaux ni hospices, les biens de fabrique seront toujours dévolus aux bureaux de bienfaisance. Enfin, la dévolution étant immédiate, les biens passeront aux établissements de bienfaisance ou d'assistance avec les charges qui les grèvent; ce seront ces établissements eux-mêmes qui auront mission de rendre ces biens liquides, le bénéfice d'inventaire étant d'ailleurs de droit.

288. Sur l'art. 3 de la loi précitée de 1907, relatif à la suppression, dans certains cas, des allocations prévues par la loi de 1905, V. *suprà*, n° 200.

289. Aux termes de l'art. 4 de la même loi, l'Eglise catholique, ayant décliné les facultés concédées par la loi du 9 déc. 1905, rentre dans le droit commun. Indépendamment des associations cultuelles prévues par la loi de 1905 (V. *suprà*, n°ˢ 48 et s.), l'exercice public du culte peut être assuré tant au moyen d'associations régies par la loi du 1ᵉʳ juill. 1901, art. 9, 12 et 17 (V. *suprà*, *Associations*, n°ˢ 7 à 30, 49, 53) que par voies de réunions tenues conformément à la loi du 28 mars 1907 (V. *suprà*, n°ˢ 256 et 257) et à l'art. 25 de la loi de 1905.

290. Même dans le cas où il n'aurait pas été constitué d'association pour le culte, les églises resteront ouvertes (jusqu'à désaffectation) tant aux fidèles qu'aux ministres du culte qui voudront y pratiquer leur religion. Ils auront à leur disposition les meubles garnissant les églises. Mais, en cette hypothèse, les uns comme les autres, jusqu'à ce qu'ils se soient conformés aux prescriptions légales, *occuperont* l'édifice *sans titre juridique* (L. 2 janv. 1907, art. 5). Mais si, au lieu d'une simple possession, d'une simple occupation, avec les risques qu'elle comporte, le ministre du culte veut avoir certaines garanties, et notamment des garanties de durée, le paragraphe 2 de l'art. 5 lui laisse la faculté de s'adresser aux propriétaires des églises, Etat, département ou commune, pour passer un contrat, lequel devra comporter, de la part du bailleur, *jouissance gratuite* au profit du locataire. Comme il s'agira d'un bail, le maire devra être autorisé par une délibération préalable du conseil municipal, la loi du 5 avr. 1884 demeurant intacte (V. *suprà*, *Commune*, n°ˢ 403 et s.). — Au cas de simple occupation, les *réparations* seront à la charge de la commune; au cas de bail gratuit consenti par le maire, le contrat aura à régler cette charge des réparations de l'église. — La loi n'a donné aucune indication relative à la durée de la jouissance; « cela dépendra des conditions dans lesquelles le curé s'offrira à prendre la jouissance. Si, par exemple, l'édifice est à la veille de réparations importantes et si le curé prend ces réparations à sa charge, le maire devra, équitablement, lui accorder une période de temps suffisante pour qu'il trouve dans cette durée la possibilité de s'indemniser..... S'il se soulève des difficultés sur l'interprétation du bail de jouissance gratuite de l'église, elles devront être portées devant les tribunaux civils » (Déclaration de M. Briand, ministre des cultes, à la Chambre des députés et au Sénat; V. D. P. 1907. 4. 5, n° 4). — Il fut demandé, au cours de la discussion au Parlement, que l'on reconnût légalement aux communes le droit de faire appel au concours de l'Etat pour l'exécution des *grosses réparations* des édifices du culte. Le Gouvernement, sans consentir dans le texte de la loi à un engagement formel de l'Etat, a promis d'inscrire, pour le budget de 1908, un crédit relatif aux subventions sollicitées (V. D. P. *ibid.*, note, n° 4). Enfin, si plusieurs associations ou plusieurs ministres du culte se présentaient pour réclamer l'édifice, la question serait soumise aux tribunaux (*ibid.*, n° 2).

D

DÉLAI
(R. v° *Délai*; S. *eod. v°*).

On entend par délai le temps fixé soit par la loi, soit par le juge, soit par les parties, pour faire un acte quelconque, notamment un acte de procédure (exploit, requête, etc.). — On trouve dans les diverses parties de la législation de nombreuses dispositions relatives aux délais à observer dans tels ou tels cas particuliers; mais c'est surtout en matière de procédure que la question des délais a de l'importance (V. à cet égard, *infrà*, *Procédure*). — Pour les délais en matière d'enregistrement V. *infrà*, *Enregistrement*.

DÉLIT
(R. v° *Délit*; S. *eod. v°*).

1. En droit pénal, le mot *délit* s'entend de deux façons différentes : dans un sens général, il désigne toute infraction à la loi pénale; plus spécialement, il s'applique à une certaine classe d'infractions. Celles-ci, en effet, sont divisées par le Code pénal en trois catégories qui sont caractérisées, non d'après la nature intrinsèque des actes punissables, mais d'après la peine prononcée; ce sont : 1° les contraventions, c'est-à-dire les infractions punies de peines de simple police; 2° les délits, c'est-à-dire les infractions passibles de peines correctionnelles; 3° les crimes, c'est-à-dire les infractions que les lois punissent de peines afflictives ou infamantes (Pén. 1). — Sur les tribunaux compétents pour connaître de ces diverses catégories d'infractions, V. *suprà*, *Compétence criminelle*, n°ˢ 32 et s., 55 et s., 73 et s.

2. En droit civil, on entend par délit tout fait illicite et dommageable commis avec intention de nuire (par opposition avec le *quasi-délit*, qui ne suppose pas cette intention). V. *infrà*, *Responsabilité civile*.

DÉLIT POLITIQUE
(R. v° *Délit politique*; S. *eod. v°*).

1. Les délits politiques sont assez difficiles à définir : on peut dire que ce sont les infractions qui portent uniquement atteinte à l'ordre politique. Ils peuvent, d'ailleurs, constituer soit des délits proprement dits, soit des crimes. Ils ne se confondent pas avec les infractions contre la chose publique, dont ils constituent une variété.

2. L'intérêt de la question de savoir si une infraction a un caractère politique se présente à divers points de vue : — 1° Au point de vue de la pénalité : les peines destinées à réprimer les crimes politiques ne sont pas de même nature que les peines applicables aux crimes de droit commun. D'abord la peine de mort a été abolie en matière politique (Décr. 26 févr. 1848, D. P. 48. 4. 36, et Constit. 4 nov. 1848, art. 5, D. P. 48. 4. 215) et remplacée par la peine de la déportation dans une enceinte fortifiée (L. 5 avr. 1850, art. 1ᵉʳ, D. P. 50. 4. 129). En outre, il existe une échelle de peines criminelles spéciales aux crimes politiques (V. *infrà*, *Peine*). D'autre part, les délits politiques et ceux de droit commun diffèrent quant à la manière dont est subie la peine

de l'emprisonnement (V. *infrà*, *Prisons*) ; — 2° Au point de vue de l'extradition : celle-ci ne peut avoir lieu à l'égard des crimes et délits politiques (V. *infrà*, *Extradition*) ; — 3° Au point de vue de la procédure : les dispositions de la loi du 20 mai 1863 (D. P. 63. 4. 109), qui a modifié la procédure correctionnelle en matière de flagrant délit, ne sont pas applicables aux délits politiques (art. 7).
— Autrefois, la distinction offrait encore de l'intérêt au point de vue de la compétence, alors que la connaissance des délits politiques était déférée aux Cours d'assises (L. 8 oct. 1830, R. v° *Crimes et délits contre la sûreté de l'Etat*, p. 539). Cet intérêt a disparu, les délits politiques étant aujourd'hui déférés aux tribunaux correctionnels (Décr. 25 févr. 1852, D. P. 52. 4. 61), à l'exception toutefois des délits de presse, qui sont déférés au jury (L. 29 juill. 1881, D. P. 81. 4. 65).

3. Il n'est guère possible de donner une énumération complète des infractions politiques. En ce qui concerne les délits proprement dits, un certain nombre sont réputés tels en vertu d'une disposition expresse de la loi du 8 oct. 1870 (art. 7). Ce sont : les délits visés dans les chapitres 1 et 2 du titre 1er du livre 2 c. pén. (délits contre la sûreté de l'Etat) ; certains délits commis par les ministres des cultes dans l'exercice de leurs fonctions (Pén. 201 à 203, 207 et 208). Mais on admet généralement que cette disposition n'est pas limitative. En dehors de ceux qu'elle prévoit, on peut citer comme constituant des délits politiques : les divers délits créés par la loi du 18 avr. 1886 (D. P. 86. 4. 58) sur l'espionnage (Pén. 87, 91) ; les violences ou fraudes commises dans les élections (Décr. 2 févr. 1852, D. P. 52. 4. 51) ; les attentats à la liberté commis par les gardiens de prisons (Pén. 120) ; les empiètements des juges ou administrateurs sur les fonctions administratives ou judiciaires, etc.
— A l'égard des crimes, leur caractère politique dérive, le plus souvent, de la nature même de la peine prononcée par la loi (déportation, bannissement, etc.). Il n'en est autrement que pour les crimes que le Code pénal punit de la peine de mort ; on s'accorde, d'ailleurs, à reconnaître le caractère d'infractions politiques aux seuls crimes à l'égard desquels la question puisse se poser, c'est-à-dire à ceux qui sont visés dans le chapitre 1er du titre 1er dudit code comme portant atteinte à la sûreté soit extérieure, soit intérieure de l'Etat (V. *suprà*, *Crimes et délits contre la sûreté de l'Etat*).

4. Il ne faut pas ranger parmi les infractions politiques celles qui, bien qu'ayant la politique pour mobile ou pour but, n'en constituent pas moins des faits réprimés par la loi générale. Tel est, par exemple, l'assassinat d'un chef d'Etat : c'est un crime ordinaire, alors même qu'il a été commis sous l'empire de la passion politique. D'autre part, les infractions de droit commun qui se rattachent aux infractions politiques par le lien de la connexité, n'en conservent pas moins leur caractère propre ; il en résulte, notamment, s'il s'agit de crimes passibles de la peine de mort, qu'ils ne bénéficient pas de l'atténuation de peine admise en faveur des crimes lorsqu'ils ont un caractère politique.

DÉLITS RURAUX

(R. v° *Droit rural* ; S. *eod.* v°).

1. Le Code pénal de 1810 ne renferme pas un système complet de législation en ce qui concerne les délits ruraux ; un grand nombre de ces infractions (délits proprement dits ou contraventions) demeurent régies par la loi des 28 sept. - 6 oct. 1791, concernant les biens et usages ruraux et la police rurale (R. p. 303). Il y a lieu d'ajouter à ces sources les dispositions contenues dans divers textes récents, dont l'ensemble doit constituer le *Code rural*, et au nombre desquelles se trouve la loi du 21 juin 1898 (D. P. 98. 4. 125).

ART. 1er. — RÈGLES GÉNÉRALES. — PÉNALITÉS. — RESPONSABILITÉ (R. 207 et s. ; S. 219 et s.).

2. Les peines applicables en cette matière sont, d'abord, pour les infractions prévues par le Code pénal, celles qu'édicte ce code, notamment dans son livre 4. Quant aux infractions auxquelles la loi du 28 sept. 1791 est restée applicable, celles que prévoient les dispositions postérieures à l'art. 3 du titre 2 de ladite loi sont, en principe, punies d'une amende qui ne peut être inférieure à la valeur de trois journées de travail (Sur ce qu'il faut entendre par journée de travail, V. *infrà*, *Peine*), ou d'un emprisonnement dont la durée est de trois jours au moins (L. 23 therm. an 4, art. 2, R. v° *Garde champêtre*, p. 267). Les circonstances peuvent jamais être abaissé ; les circonstances atténuantes ne sont pas applicables aux délits ruraux. Quant aux infractions prévues par des dispositions antérieures à l'art. 3 précité de la loi de 1791, elles sont dépourvues de sanction pénale.

3. L'amende est de la valeur de trois journées de travail est doublée en cas de récidive, ou si le délit a été commis avant le lever ou après le coucher du soleil ; elle est triplée lorsque ces deux circonstances sont réunies (L. 1791, titre 2, art. 4 ; L. 23 therm. an 4, art. 2). — Il y a récidive lorsqu'un premier jugement a été rendu contre le prévenu pour pareil délit dans les douze mois précédents dans le ressort du même tribunal de police (Code du 3 brum. an 4, art. 608).

4. Certaines infractions prévues par la loi de 1791 sont punies de peines correctionnelles (V. notamment art. 26, 31, 32, 36, 37 du titre 2). Il en est de même du vol de ruches d'abeilles, qui est passible d'un emprisonnement de trois mois à un an s'il a eu lieu le jour, et de six mois à deux ans s'il a été commis la nuit (L. 25 frim. an 8, art. 11, R. v° *Vol*, n° 1107). A l'égard de ces infractions, on admet que la récidive de l'art. 58 c. pén. (V. *infrà*, *Récidive*) doit s'appliquer. — En outre de la peine d'amende ou d'emprisonnement, le prévenu peut être condamné à des réparations civiles. La partie lésée peut d'ailleurs, dans certains cas, se faire justice elle-même (V. *infrà*, n° 8).

5. En ce qui concerne la responsabilité civile, l'art. 7 du titre 2 de la loi de 1791 dispose que les maris, pères, mères, tuteurs, maîtres, entrepreneurs de toute espèce, sont civilement responsables des délits commis par leurs femmes, enfants, pupilles, domestiques, ouvriers voituriers et autres subordonnés. L'estimation du dommage est faite par le juge de paix ou par des experts qu'il désigne. — La responsabilité civile du mari, à raison des infractions rurales commises par sa femme, constitue une dérogation aux principes généraux ; aussi cette responsabilité s'applique-t-elle qu'aux délits ruraux prévus par la loi de 1791, et non aux délits de même genre prévus par le Code pénal. — On applique d'ailleurs, en matière de délits ruraux, le principe de droit commun, que la responsabilité du fait d'autrui ne s'étend qu'aux réparations purement civiles et non pas aux peines proprement dites, comme l'emprisonnement et les amendes. Ainsi, lorsque des animaux ont été placés sous la surveillance d'un gardien, si une contravention est commise, c'est le gardien seul qui peut être condamné à l'amende ou à la prison ; le propriétaire ne peut être poursuivi que comme civilement responsable, à moins que le fait qui constitue la contravention n'ait eu lieu sur son ordre formel.

6. Les infractions rurales sont déférées aux tribunaux de simple police ou aux tribunaux correctionnels, suivant les distinctions établies *suprà*, *Compétence criminelle*, n° 32.

ART. 2. — DES DIVERSES INFRACTIONS RURALES.

§ 1er. — *Délits* (R. 176 et s. ; S. 171 et s.).

7. Les délits ruraux sont les suivants 1° destruction, blessures des animaux et mauvais traitements envers eux ; 2° empoisonnement des chevaux et bestiaux, des poissons d'étangs, viviers ou réservoirs ; 3° comblement de fossés et destruction de clôtures, haies vives ou sèches, déplacement ou suppression de bornes ; 4° destruction, mutilation, coupe ou écorcement d'arbres ; 5° destruction de greffes ; 6° coupe de branches, de haies vives et enlèvement de bois secs des haies appartenant à autrui ; 7° coupe du blé en vert ; 8° rupture et destruction d'instruments d'agriculture, de parcs de bestiaux, de cabanes de gardiens ; 9° dévastation de plants et récoltes sur pieds, rupture et destruction d'objets relatifs à l'agriculture ; 10° inondation des chemins et propriétés d'autrui (V. *infrà*, *Dommage-Destruction*) ; 11° vol de pigeons ; 12° vol, dans les champs, d'animaux et d'instruments aratoires ; 13° vol de récoltes (V. *infrà*, *Vol*) ; 14° vol de ruches d'abeilles (V. *suprà*, n° 4) ; 15° garde à vue de bestiaux sur le terrain d'autrui chargé de récoltes (V. *suprà*, *Contravention*, n° 101) ; 16° coalition entre les gens de travail agricole et les chefs d'exploitation rurale (V. *infrà*, *Industrie et commerce*) ; 17° inondation de l'héritage d'autrui et transmission volontaire et nuisible des eaux (L. 1791, art. 15) ; 18° dommages causés aux chemins ou aux propriétés voisines par la trop grande élévation du déversoir des moulins ou usines, ou autrement (V. *infrà*, *Dommage-Destruction*) ; 19° passage sur le terrain d'autrui avec bris de clôture (V. *infrà*, *Dommage-Destruction*).

8. 20° Conduite au pâturage d'un troupeau atteint de maladies contagieuses sur les terres de la même pâture, autres que celles qui lui ont été désignées pour lui seul ou sur des terres non sujettes à la pâture (L. 1791, titre 2, art. 23). — Le troupeau peut être saisi par le garde champêtre, et même par toute personne ; il est ensuite mené au lieu du dépôt indiqué par le maire. La peine applicable est une amende de trois journées de travail (L. 23 therm. an 4, art. 2). Le maître peut, en outre, suivant la gravité des circonstances, être responsable du dommage que son troupeau aurait occasionné. Ces dispositions n'ont pas été abrogées par la loi du 21 juill. 1881 (D. P. 82. 4. 32), sur la police sanitaire des animaux ; elles s'appliquent à des hypothèses différentes de celles prévues par ladite loi (V. *infrà*, *Salubrité publique*).

9. 21° *Maraudage.* — L'art. 475, § 15, c. pén., qui punit le fait de dérober des récoltes qui, avant d'être soustraites, n'étaient pas encore détachées du sol (V. *suprà*, *Contravention*, n° 78), est étranger à l'enlèvement de bois commis, à dos d'homme, dans les plantations d'arbres autres que les bois taillis et futaies, enlèvement qui demeure soumis à l'application de l'art. 36, titre 2, de la loi de 1791, et au vol de bois exécuté à l'aide de bête de somme ou de charrette, dans les plantations d'arbres autres que les bois taillis et futaies, lequel reste sous le coup des pénalités de l'art. 37 de la même loi (Sur l'enlèvement des bois dans les bois taillis et futaies, V. *infrà*, *Forêts*). — Il a été jugé que le fait de couper des branches d'arbres et de se les approprier ne constitue pas simplement le maraudage ordinaire, puni comme contravention de police, lequel ne concerne que l'enlèvement de récoltes ou autres produits utiles de la terre assimilables aux récoltes ; qu'un tel fait, quand il a été commis dans les plantations d'arbres autres que les bois taillis et futaies, tombe sous l'application de l'art. 36 du titre 2 de la loi de 1791, qui le punit d'un emprisonnement correctionnel et d'une amende indéterminée, comme maraudage spécial et vol de bois. — Cette disposition suppose, d'ailleurs, que le fait porte atteinte à une propriété rurale; lorsqu'il est accompli au détriment d'une plantation d'arbres située à l'intérieur d'une ville, le fait devrait, à défaut d'une disposition qui le prévoie spécialement, être réprimé comme vol ordinaire par application de l'art. 401 c. pén. (Cr. c. 1er mars 1872, D. P. 72. 1. 149). — L'enlèvement que prévoient et punissent les art. 36 et 37 de la loi de 1791 doit avoir lieu avec l'intention de s'approprier le bois; le maraudage est un vol d'une nature particulière et ne peut résulter que d'une soustraction commise dans une intention frauduleuse (V. supra, Contravention, n° 79 in fine).

§ 2. — Contraventions rurales (R. 191 et s.; S. 194 et s.).

10. Ces contraventions sont : 1° l'infraction aux bans de vendanges et autres (V. supra, Commune, n° 209 et s., et Contravention, n° 55); 2° l'infraction aux arrêtés préfectoraux relatifs à la fermeture des colombiers (V. supra, Chasse, n° 150); 3° le glanage et le grappillage en dehors des conditions dans lesquelles ils sont autorisés (V. supra, Contravention, n° 41, et infra, Usages ruraux); 4° les contraventions aux dispositions de la loi du 24 déc. 1888 (D. P. 89. 4. 32) relatives à la destruction des insectes, des cryptogames et autres végétaux nuisibles à l'agriculture (V. supra, Agriculture, n° 18).

11. 5° Les contraventions relatives à la vaine pâture (V. infra, Usages ruraux). Les infractions aux dispositions de lois relatives à la vaine pâture sont exclusivement régies par la loi du 28 sept. 1791. Mais ces infractions, se trouvant placées dans un ordre antérieur à l'art. 3, titre 3, de la loi de 1791, relatif aux peines qui frappent les délits ruraux, sont en elles-mêmes dépourvues de sanction pénale; elles ne deviennent punissables que si l'exercice de la vaine pâture a été réglé par l'autorité compétente, et elles sont alors sanctionnées par la disposition générale de l'art. 471, § 15, c. pén., qui punit les contraventions aux règlements légalement faits par l'autorité administrative (V. supra, Contravention, n° 53). Ainsi, le fait d'exercer la vaine pâture dans un pays où cet usage n'est pas établi, ou n'a pas été conservé, n'est pas punissable en lui-même (L. 28 sept. 1791, art. 3). Mais il peut, suivant les circonstances dans lesquelles il s'est produit, constituer, en même temps qu'une infraction non réprimée à l'art. 3, un délit rural ou une contravention de police. Notamment, celui qui fait pâturer des moutons sur les prés situés sur le territoire d'une commune où la vaine pâture était prohibée d'une manière absolue par des arrêts de Parlement au moment de la publication de la loi du 28 sept. 1791, commet une contravention aux art. 3 et 13, sect. 4, titre 1er, et art. 22, titre 2, de cette loi, alors surtout que ce fait de vaine pâture est exercé (contrairement à la disposition de l'art. 22 précité) moins de deux jours après l'enlèvement de la récolte.

12. 6° Le passage de l'homme à pied, à cheval ou en voiture, sur le terrain d'autrui ensemencé ou chargé de grains (V. supra, Contravention, n°s 44 et s.).

13. 7° L'introduction, l'abandon, le passage de bestiaux sur le terrain d'autrui. — Le passage d'animaux conduits par leur propriétaire ou gardien constitue l'une des contraventions prévues par les art. 471, § 14, 475, § 10, et 479, § 10, c. pén. (V. supra, Contravention, n°s 50 et s., 101 et s.) (Cr. c. 1er juill.

1895, D. P. 96. 1. 111). Au contraire, l'abandon de bestiaux qui se sont introduits à l'insu et sans la participation du gardien dans la propriété d'autrui, constitue la contravention rurale prévue par l'art. 12, titre 2, de la loi du 28 sept. 1791. Cet article est toujours en vigueur; mais il a été complété par l'art. 15 de la loi du 21 juin 1898 sur le Code rural, ainsi conçu : « Lorsque les animaux errants sans gardien, ou dont le gardien refuse de se faire connaître, sont trouvés pacageant sur des terrains appartenant à autrui, aux accotements ou dépendances des routes, canaux, chemins, ou sur des terrains communaux, le propriétaire lésé ou son représentant a le droit de les conduire ou de les faire conduire immédiatement au lieu de dépôt désigné par l'autorité municipale (la fourrière). Le maire, s'il connaît le propriétaire responsable du dommage, lui en donne avis; dans le cas contraire, il est procédé à la vente de ces animaux, conformément aux dispositions de l'art. 1er, titre 6, livre 1er du Code rural. Lorsque les animaux errants, qui causent le dommage, sont des volailles, des oiseaux de basse-cour de quelque espèce que ce soit ou des pigeons, le propriétaire, fermier ou métayer du champ envahi pourra les tuer, mais seulement sur le lieu, au moment où ils auront causé le dégât, et sans pouvoir les approprier. Si, après un délai de vingt-quatre heures, celui auquel appartiennent les volailles tuées ne les a pas enlevées, le propriétaire, fermier ou métayer du champ envahi est tenu de les enfouir sur place. »

14. En ce qui concerne la distinction entre la contravention prévue par l'art. 12 de la loi de 1791 et celles que vise le Code pénal, la jurisprudence décide, d'une façon constante, que le propriétaire dont les bestiaux laissés à l'abandon ont causé des dégâts à la propriété d'autrui, est simplement coupable de la contravention rurale prévue par l'art. 12 précité, et qu'on ne saurait faire rentrer cet acte de négligence dans les prévisions de l'art. 471, § 14, et de l'art. 475, § 10, c. pén., lesquels répriment la contravention commise par celui qui, volontairement, a fait ou laissé passer ses bestiaux sur un terrain appartenant à autrui dont la récolte n'est pas encore enlevée ou qui se trouve ensemencé (Cr. c. 1er juill. 1893, D. P. 96. 1. 111).

15. L'infraction prévue par l'art. 12 de la loi de 1791 suppose la réunion de trois conditions; il faut : 1° que des bestiaux aient été abandonnés. — Le mot bestiaux doit être pris dans un sens large. Il comprend non seulement les bestiaux proprement dits, mais encore les chevaux, les ânes, les porcs, les volailles et les chèvres; — 2° que les bestiaux abandonnés soient introduits sur le terrain d'autrui par suite de la négligence, du défaut de surveillance de leur propriétaire ou gardien. C'est ainsi qu'il a été fait application de l'art. 12 précité : au fait d'avoir laissé à l'abandon des bœufs qui ont été trouvés dans un enclos ou dans un terrain où ils avaient pénétré à l'insu de leur propriétaire; ... au fait d'avoir laissé à l'abandon des bêtes de trait, qui, s'étant introduites sur la propriété d'autrui, y ont été trouvées pacageant; ... au cas où une bande de porcs a été trouvée paissant à l'abandon dans un enclos; ... au fait d'avoir laissé des volailles à l'abandon sur le terrain d'autrui; — 3° que le fait d'abandon ait eu lieu sur le terrain d'autrui sans, d'ailleurs, qu'il y ait à prendre en considération la nature du terrain. — L'existence d'un dommage causé par les bestiaux abandonnés n'est pas une condition essentielle de l'infraction prévue par l'art. 12.

16. Lorsque l'animal trouvé en état d'abandon sur le terrain d'autrui, dans les pays où la vaine pâture n'existe pas, est une chèvre, une amende est prononcée pour chaque

chèvre trouvée à l'abandon (L. 1791, tit. 2, art. 18). — Aux termes du même art. 18, dans les pays de vaine pâture, où les chèvres ne sont pas rassemblées et conduites en troupeau commun, celui qui a des animaux de cette espèce ne peut les mener aux champs qu'attachés, sous peine d'une amende de la valeur d'une journée de travail par tête d'animal. En quelque circonstance que ce soit, lorsqu'elles ont fait du dommage aux arbres fruitiers ou autres, haies, vignes, jardins, l'amende est double, sans préjudice du dédommagement dû au propriétaire. — La Cour de cassation a jugé que cet article n'est plus en vigueur et que c'est l'art. 479, § 10, c. pén. qui doit être appliqué (Cr. c. 24 mars 1855, D. P. 55. 1. 219). Elle paraît être revenue sur cette jurisprudence; mais elle décide que le fait que les chèvres ont été trouvées causant du dommage sur le terrain d'un tiers, sans être à ce moment sous la garde et la surveillance de leur propriétaire ou d'un préposé de ce dernier, constitue la contravention prévue par l'art. 12 de la loi de 1791. Elle écarte donc et l'art. 479, § 10, c. pén. et l'art. 18 de la loi de 1791 (Cr. c. 11 janv. 1896, D. P. 96. 1. 477).

17. L'art. 25 du titre 2 de la loi du 28 sept. 1791, toujours en vigueur, interdit aux conducteurs des bestiaux revenant des foires ou les menant d'un lieu à un autre, même dans les pays de vaine pâture, de les laisser pacager sur les terres des particuliers ou sur les communaux, sous peine d'une amende en outre du dédommagement. L'amende est égale à la somme du dédommagement si le dommage a été fait sur un terrain ensemencé ou qui n'a pas été dépouillé de sa récolte, ou dans un enclos rural. A défaut de payement, les bestiaux peuvent être saisis et vendus jusqu'à concurrence de ce qui sera dû pour l'indemnité, l'amende et autres frais relatifs; une peine d'emprisonnement peut même être prononcée. Cette disposition s'applique tant au cas d'abandon qu'au cas de conduite.

18. 8° La mort ou les blessures causées aux animaux d'autrui par négligence ou maladresse (V. supra, Contravention, n°s 86 et s., et infra, Dommage - Destruction); 9° les mauvais traitements envers les animaux domestiques (V. infra, Dommage-Destruction); 10° la divagation des animaux malfaisants (V. supra, Contravention, n° 69); 11° l'abandon dans les champs de coutres de charrues ou d'instruments dont il peut être fait abus (V. supra, Contravention, n° 38); 12° les feux allumés dans les champs (V. infra, Incendie); 13° la récolte du varech (V. infra, Varech-Goëmon); 14° la dégradation des chemins ruraux, l'usurpation sur leur longueur (Pén. 479, § 11); l'enlèvement de gazons, de terres ou pierres des chemins publics (Pén. 479, § 12) (V. supra, Contravention, n° 104).

DEMANDE NOUVELLE
(R. v° Demande nouvelle; S. eod. v°).

1. Les demandes nouvelles sont celles que l'on forme pour la première fois en cause d'appel. En principe, il ne peut être formé en appel aucune demande nouvelle, c'est-à-dire qui n'a pas été soumise aux premiers juges. Cette prohibition, édictée formellement en matière civile par l'art. 464 c. pr. civ., est appliquée par les tribunaux administratifs et par les tribunaux de répression, en matière correctionnelle ou de simple police, avec les tempéraments qu'elle comporte en matière civile.

2. La fin de non-recevoir tirée de ce qu'une demande est nouvelle n'est pas d'ordre public (telle est, du moins, la doctrine qui prévaut en jurisprudence); le consentement des parties suffit donc pour attribuer au juge d'appel le pouvoir de statuer sur une demande nouvelle. Mais, bien entendu, cette demande devra être écartée si la matière n'est pas en état de recevoir une solution. De même, le juge d'appel n'est pas tenu de rejeter d'office la demande formée pour la première fois devant lui. Par conséquent, le moyen tiré de ce qu'une demande était nouvelle, et par suite non recevable en appel, ne peut être proposé pour la première fois devant la Cour de cassation (Civ. c. 23 févr. 1895, D. P. 95. 1. 369).

3. Il ne faut pas confondre la *demande nouvelle* avec les *moyens nouveaux*, qui ne sont que les arguments à l'aide desquels on soutient, en appel, une demande déjà formulée en première instance. Les moyens nouveaux, à la différence des demandes nouvelles, peuvent être invoqués pour la première fois devant le second degré de juridiction, sauf cependant en matière de saisie immobilière (Pr. 732), de folle enchère (Pr. 739), de surenchère sur aliénation volontaire (Pr. 838).

4. L'application de la règle qui prohibe les demandes nouvelles en appel n'est pas toujours sans difficulté, et elle donne lieu à des distinctions assez délicates. Il y a lieu d'envisager séparément le cas où c'est le demandeur qui forme la demande et celui où elle émane du défendeur. On traitera en même temps des moyens nouveaux proposés par l'une ou l'autre des parties.

ART. 1er. — DEMANDES ET MOYENS PROPOSÉS PAR LE DEMANDEUR.

§ 1er. — *Demandes qui doivent être considérées comme nouvelles.*

5. Une demande est nouvelle, de la part du demandeur : 1° lorsqu'elle diffère de la demande originaire par son objet ou par sa cause ; 2° lorsqu'on ajoute à ce qui a été demandé primitivement ; 3° lorsque le demandeur procède en une autre qualité qu'en première instance ; 4° lorsqu'on conclut en appel contre une partie prise en une qualité autre qu'en première instance, ou contre une partie à laquelle on n'avait rien été réclamé devant les premiers juges.

A. — Demande distincte de la demande originaire par son objet ou par sa cause (R. 32 et s.; S. 12 et s.).

6. Une demande est nouvelle lorsqu'elle diffère par son objet de la demande originaire, quelque rapport d'analogie qu'il puisse y avoir entre elles. Par exemple, on ne peut demander en appel la propriété d'une chose quand on s'est borné, devant les premiers juges, à demander un droit d'usufruit ou une servitude sur cette chose ; ... ou la propriété exclusive d'un mur lorsqu'on n'a demandé seulement la mitoyenneté ; ... ni substituer une action en réduction d'un legs ou d'une donation à une demande en nullité d'un partage d'ascendant.

7. Il y a également différence d'objet entre la demande en nullité d'un acte et celle qui implique la validité de cet acte. Ainsi, on ne peut pas demander en appel la révocation d'une donation quand on a demandé en première instance sa nullité pour vice de forme ; ... la résolution d'une aliénation d'immeuble quand on a demandé à être colloqué sur le prix ; ... la dissolution d'une société, quand on en a demandé la nullité ; ... la nullité d'un brevet d'invention lorsque le procès a porté, en première instance, sur l'exécution de conventions relatives à ce brevet ; ... la nullité d'une vente lorsqu'on n'a demandé en première instance que le payement du prix (Civ. r. 13 juill. 1897, D. P. 1901. 1. 15).

8. D'autre part, il y a demande nouvelle lorsqu'on réclame en appel la même chose que l'on avait demandée en première instance, mais en vertu d'une autre cause, c'est-à-dire

sur le fondement d'un fait matériel et juridique différent (Sur ce qu'il faut entendre par cause, V. *suprà*, Chose jugée, n° 32). Ainsi, celui qui a demandé la nullité d'un legs sur le fondement de la captation ne peut, en appel, demander cette nullité pour cause d'interposition de personne. De même, la partie qui, devant les premiers juges, a demandé la rescision d'un partage pour cause de lésion, n'est pas recevable à conclure en appel à la nullité du partage, notamment pour infractions aux règles concernant le mode de composition des lots, chacune de ces deux actions ayant sa cause propre. — Mais le demandeur qui, en première instance, a demandé la nullité d'une convention pour cause de dol, peut, en appel, invoquer un autre vice de consentement, tel que l'erreur sur la substance (Comp. Civ. r. 5 nov. 1900, D. P. 1901. 1. 74). — Au surplus, une nullité, même d'ordre public, ne peut être invoquée pour la première fois en appel si elle ne se rattache par aucun lien à la demande primitive et forme l'objet d'un litige distinct et indépendant de celui qui a été jugé en première instance (Req. 9 nov. 1896, D. P. 97. 1. 323).

B. — Augmentation de la demande originaire (R. 87 et s.; S. 40 et s.).

9. On ne peut rien ajouter en appel à la demande originaire, si ce n'est pour réclamer des accessoires échus depuis le jugement ou la réparation d'un dommage souffert depuis le jugement. Sauf ces exceptions, toute augmentation de la demande, toutes conclusions additionnelles qui n'étaient point comprises, au moins implicitement, dans les conclusions de première instance, constituent une demande nouvelle irrecevable en appel. Ainsi, le demandeur qui a fixé, en première instance, à une somme déterminée, le prix d'objets mobiliers dont il réclame le payement, ne peut pas, en appel, conclure à une somme supérieure. Mais la partie qui a conclu, en première instance, au payement de la valeur des objets dont elle réclame la restitution, au cas où ils ne lui seraient pas rendus dans un certain délai, peut conclure en appel, si la restitution n'a pas été opérée, au payement immédiat de ladite valeur.

10. En matière de compte, il appartient aux parties de rectifier les erreurs ou omissions que le compte renferme, jusqu'au règlement définitif ; leurs conclusions peuvent, dans ce but, être augmentées en appel, ces conclusions se rattachant intimement à l'action primitive, et les prétentions nouvelles émises par les parties qui, en cette matière, jouent respectivement les rôles de demandeur et de défendeur, devant, d'ailleurs, être considérées comme des moyens de défense (V. *infra*, n° 35). Mais une demande à fin d'établissement d'un nouveau compte ne serait pas recevable en appel.

C. — Demande formée contre une autre qualité (R. 66 et s.; S. 26 et s.).

11. Le demandeur ne peut pas procéder en une autre qualité qu'en première instance. Ainsi la partie qui, en première instance, a agi comme légataire universel, ne peut agir en appel comme héritier du sang. La partie qui a demandé, en qualité d'adjudicataire, la nullité d'une charge réelle constituée sur un immeuble ne peut, en appel, demander cette nullité en qualité de créancier, en se fondant sur ce que la charge aurait été constituée en fraude des droits des créanciers.

12. Cette règle n'empêche pas qu'une partie qui n'était pas aux débats en première instance puisse intervenir en appel (Pr. 466) ; mais l'intervenant n'est pas recevable à former une demande distincte de celle qui a été jugée en première instance, et il ne peut soulever devant la Cour des

questions étrangères à l'objet du litige soumis aux premiers juges.

D. — Demande formée contre une partie en une qualité autre qu'en première instance ou contre une partie qui n'a pas figuré en première instance (R. 69 et s.; S. 32 et s.).

13. C'est former une demande nouvelle que de conclure contre le même défendeur pris en une autre qualité, à moins que la qualité nouvelle ne soit implicitement comprise dans la première. Ainsi, lorsqu'une partie a été assignée en première instance en délivrance d'un legs, en son nom personnel, comme héritier du testateur, on ne peut conclure devant la Cour d'appel à ce qu'elle soit tenue à faire cette délivrance en qualité de tuteur (Civ. c. 27 déc. 1899, D. P. 99. 1. 238). Celui qui a été poursuivi en première instance comme mandataire ou gérant ne peut l'être en appel comme débiteur personnel. Mais l'individu actionné comme mandataire peut être actionné en appel comme commissionnaire. De même, celui qui est poursuivi comme endosseur d'un billet peut être pris en appel comme avaliseur.

14. D'autre part, des conclusions ne peuvent être posées en appel contre une partie à laquelle on n'a rien réclamé en première instance, ... alors même que cette partie était en cause (Req. 8 nov. 1899, D. P. 99. 1. 22), ... ou que l'on aurait fait des réserves à son égard, sans, d'ailleurs, prendre contre elle des conclusions formelles. — Par application du même principe, les actions récursoires contre les tiers ne sont pas recevables en appel.

§ 2. — *Demandes qui ne doivent pas être considérées comme nouvelles.*

A. — Modifications, rectifications et restrictions des conclusions originaires (R. 98 et s.; S. 45 et s.).

15. Le demandeur peut, en appel, modifier, rectifier, changer même les conclusions prises en première instance, pourvu que la situation du défendeur ne s'en trouve pas aggravée ; en d'autres termes, pourvu que, sous couleur de rectifications ou de modifications, il n'y ait pas augmentation réelle de la demande et nécessité de procéder à une instruction distincte de celle à laquelle les premiers juges se sont livrés. Ainsi, la femme qui, en première instance, demandait l'attribution des sommes qu'elle prétendait avoir reçues à titre de dot, pourrait, en appel, réclamer l'attribution de ces mêmes sommes à titre de don manuel, sans qu'il y eût là une demande nouvelle.

16. D'autre part, le demandeur peut toujour restreindre sa demande en appel. Par exemple, il peut conclure à la nomination d'un conseil judiciaire alors qu'il avait demandé l'interdiction en première instance ; ... ou la réduction d'une libéralité, quand il avait conclu au rapport devant les premiers juges. Un créancier qui a demandé en première instance à être colloqué au rang d'hypothèque légale peut demander en appel sa collocation au rang postérieur attaché à une hypothèque spéciale. De même, celui qui, en première instance, a réclamé un droit de propriété peut, en appel, conclure à ce qu'il lui soit attribué seulement un droit d'usage ou de servitude ; c'est du moins en ce sens que la jurisprudence paraît s'être fixée. De même encore, des conclusions subsidiaires tendant à la limitation d'une servitude peuvent être prises pour la première fois en appel, lorsqu'il a été conclu en première instance à l'inexistence de cette servitude (Civ. r. 9 janv. 1901, D. P. 1901. 1. 451).

B. — Demande sur laquelle le premier juge a omis ou refusé de statuer (R. 74 et s.; S. 38 et s.).

17. Pour qu'une demande ne doive pas être considérée comme nouvelle, il suffit

'elle se trouve exprimée dans les conclusions prises devant les premiers juges, alors
même que ceux-ci auraient omis d'y statuer. Mais, lorsqu'une demande formulée
dans l'exploit introductif d'instance n'a pas
été renouvelée dans les conclusions prises
devant le tribunal, cette demande, si elle
se produisait en Cour d'appel, devrait être
écartée comme nouvelle.

— Demande virtuellement comprise dans la demande originaire (R. 111 et s.; S. 52 et s.).

18. Les conclusions nouvelles qui étaient
implicitement comprises dans la demande
primitive ne constituent pas une demande
nouvelle, irrecevable à ce titre. Ainsi, sur
une demande en partage d'une succession, on
peut conclure pour la première fois en appel
à rapport d'une libéralité faite à un cohéritier, le partage devant s'appliquer à toute
la succession. De même, on peut conclure
en appel à une condamnation pour un chiffre
définitif, alors que la demande devant les
premiers juges ne visait qu'un chiffre provisionnel. — En vertu de la même règle, on
peut prendre, pour la première fois en appel,
des conclusions qui ne font que développer
et préciser la demande originaire (Civ. c.
juill. 1897, D. P. 97. 1. 488), ... ou qui ne
sont que le corollaire de cette demande
(Req. 4 déc. 1895, D. P. 96. 1. 393).

— Conclusions du demandeur ayant pour objet
de repousser les conclusions du défendeur (R. 171
et s.; S. 88).

19. Le demandeur peut émettre, pour la
première fois en appel, des prétentions qui
constituent qu'une réplique à un moyen
opposé par le défendeur à l'action principale. C'est ainsi que l'héritier naturel, à
qui un défendeur a opposé, en première instance, un testament instituant des légataires
universels, peut invoquer, pour la première
fois en appel, la nullité du testament; il ne
propose pas ainsi une demande nouvelle interdite par l'art. 404, mais propose une défense
à l'exception et un moyen à l'appui de la
demande principale.

E. — Demandes accessoires (R. 124 et s.;
S. 60 et s.).

20. Le demandeur peut, pour la première fois en appel, réclamer les intérêts,
arrérages, loyers, etc., échus depuis le
jugement (Pr. 464, § 2; Paris, 15 déc. 1897, D. P.
99. 1. 98). Il faut en dire autant des intérêts, etc., échus avant le jugement, mais
depuis l'introduction de la demande. Quant
aux accessoires, tels que les intérêts échus
avant la demande, ils ne peuvent être réclamés pour la première fois en appel.

21. Sont également recevables, de la part
des demandeurs, les demandes en dommages-intérêts fondées sur le préjudice souffert depuis le jugement (Req. § 2; Paris,
2 mai 1899, D. P. 1901. 1. 329). Comme
conséquence de cette règle, on admet que le
demandeur peut, devant le juge du second
degré, réclamer des dommages-intérêts à
raison du caractère vexatoire de l'appel, à la
charge, par lui, d'établir le préjudice qu'il a
subi et la mauvaise foi de son adversaire :
le fait seul de l'appel et de la durée de l'instance ne peuvent pas constituer une faute.
De même, la demande en dommages-intérêts
fondée sur le préjudice causé postérieurement au jugement doit être écartée comme
non justifiée si celui contre qui elle est dirigée n'a eu recours à aucune voie d'exécution, et s'est contenté de se joindre, par intervention, à une autre instance devant la Cour
d'appel. Mais la demande en dommages-intérêts formée pour
la première fois en appel n'est recevable
qu'autant qu'elle découle de faits sur lesquels la demande originaire est fondée; il
ne suffit pas qu'elle procède d'un fait de

même nature si ce fait est distinct (Civ. r.
8 mars 1892, D. P. 93. 1. 252). Elle doit,
d'ailleurs, être écartée si elle est fondée sur
un préjudice causé antérieurement au jugement (Paris, 15 déc. 1897, D. P. 99. 1. 98).

22. Les demandes en provision (ad litem,
alimentaire) sont considérées comme accessoires et peuvent être formées pour la première fois en appel (Civ. c. 7 janv. 1902,
D. P. 1902. 1. 496). — La même règle s'applique aux demandes conservatoires, telle
que celle qui tendrait à la nomination d'un
séquestre litigieux.

23. Aux demandes accessoires on assimile
celles qui ne sont que la suite et la conséquence de la demande originaire. Ainsi le
demandeur en liquidation et partage d'une
succession peut, pour la première fois en
appel, conclure au rétablissement dans la
succession de biens qui auraient fait retour
légal au défunt. Du reste, de pareilles demandes échapperaient à l'application de
l'art. 464 comme étant implicitement comprises dans la demande principale.

§ 3. — *Moyens nouveaux* (R. 151 et s.;
S. 72 et s.).

24. On peut invoquer pour la première
fois en appel tous les moyens de droit ou de
fait qui n'apportent aucun changement à la
demande originaire (Req. 5 févr. 1895, D.
P. 95. 1. 96); et, à cet égard, il y a lieu de
considérer uniquement le dispositif des conclusions, lequel seul renferme la demande
et la constitue. C'est ainsi, par exemple,
qu'après avoir, en première instance, contesté à une partie le droit de se prévaloir
d'une hypothèque en se fondant sur ce que
l'inscription en était tardive, on peut, en
appel, soutenir que cette hypothèque ne
s'applique pas à l'immeuble sur lequel elle
a été inscrite; ... que le demandeur qui a
conclu, en première instance, à la suppression d'une fosse à fumier établie par le
voisin contre sa maison, peut invoquer en
appel un arrêté municipal interdisant tout
dépôt de fumier dans l'intérieur de la ville.
De même, les moyens de nullité touchant
au fond du droit, alors surtout qu'il s'agit
d'une nullité d'ordre public, comme en matière de jeu-pari, peuvent être invoqués
pour la première fois en appel, à la condition, d'ailleurs, que la nullité proposée se
rattache à la demande originaire (Req.
3 nov. 1896, D. P. 97. 1. 323).

25. Un moyen nouveau peut être proposé en appel, encore qu'il n'ait pris naissance que depuis le jugement en première
instance.

26. Le demandeur peut aussi offrir, en
appel, de faire une *preuve* qu'il n'avait pas
proposée en première instance. Des *pièces
nouvelles* peuvent également être produites
pour la première fois en appel.

Art. 2. — Demandes et moyens proposés
par le défendeur.

§ 1er. — *Moyens nouveaux* (R. 179 et s.;
S. 89 et s.).

28. Un moyen de défense qui n'a pas été
invoqué en première instance peut l'être en
appel. Il en est ainsi, du moins, des moyens
de défense proprement dits et des fins de
non-recevoir; quant aux *exceptions*, elles
doivent, en général, être proposées *in limine litis* (V. *infra, Exception*). Ainsi le
défendeur peut proposer pour la première
fois en appel un moyen de libération, tel
que le payement de la dette, la prescription
(Civ. 2224), le défaut de qualité du demandeur.

29. Il peut aussi, pour sa défense, alléguer une qualité nouvelle qu'il n'avait pas
invoquée en première instance (Civ. c.
30 avr. 1897, D. P. 97. 1. 515); ... ou se
prévaloir, pour la première fois, d'une qualité appartenant à son adversaire et qui doit
faire écarter la prétention de celui-ci (Civ.
r. 12 févr. 1900, D. P. 1902. 1. 177).

30. À l'appui des moyens nouveaux qu'il
fait valoir ou de ceux qu'il a déjà présentés,
il peut, comme le demandeur, produire de
nouvelles pièces. Enfin il peut aussi offrir
en appel, pour la première fois, la preuve
d'un fait ou d'un droit qui n'avait pas été
offerte en première instance.

§ 2. — *Demandes nouvelles qui peuvent
être présentées en appel* (R. 225 et s.;
S. 100 et s.).

31. Les demandes nouvelles formées en
appel par le défendeur sont recevables lorsqu'elles servent de défense à l'action principale (Pr. 464, § 1er), c'est-à-dire lorsqu'elles tendent à la faire rejeter, à l'anéantir
ou tout au moins à en atténuer l'effet (Civ.
r. 11 mai 1898, D. P. 1903. 1. 605). Ainsi, il
peut demander pour la première fois en
appel la nullité de l'acte sur lequel le demandeur fonde sa prétention. Celui qui, en
première instance, a argué d'un droit de
propriété sur une portion de l'immeuble qui
lui était réclamé peut, en appel, se prétendre propriétaire exclusif. Le défendeur
condamné en première instance peut demander en appel une quittance subrogatoire
en échange de la somme à laquelle il a été
condamné, une pareille demande tendant à
atténuer l'effet de la condamnation.

32. Le défendeur peut aussi former, en
appel, une demande en compensation *judiciaire* (Pr. 464, § 1er), à l'effet soit d'échapper à toute condamnation, soit de diminuer
le montant de celle qui pourrait être prononcée (Civ. c. 26 juill. 1897, D. P. 1901.
1. 28); ... sans qu'il y ait à distinguer suivant que la créance qu'il invoque est née
d'un titre antérieur ou postérieur au jugement. — Quant à la compensation *légale*,
elle ne constitue qu'un moyen de défense.

33. Les demandes en dommages-intérêts,
ayant pour objet d'établir une compensation au profit du défendeur, sont, dès lors,
susceptibles d'être formées pour la première
fois en appel. Il en est ainsi, par exemple,
de la demande par laquelle un emprunteur,
assigné en payement, conclut à ce que le
prêteur soit condamné à des dommages-intérêts pour avoir vendu indûment les marchandises engagées, afin de compenser la
somme qui lui serait allouée de ce chef
avec celle qu'il doit au prêteur. — Il y a
difficulté toutefois sur le point de savoir si
cette solution pourrait s'appliquer au cas où
la demande en dommages-intérêts serait
fondée sur le caractère vexatoire ou calomnieux de l'action principale.

34. La demande nouvelle que le défendeur est autorisé à former en appel peut
aboutir, non seulement au rejet de la demande, mais aussi à une condamnation
contre le demandeur originaire.

35. En matière de compte, liquidation et
partage, les demandes qui tendent à augmenter ou à diminuer la part revenant à
l'un des copartageants ne constituent que
des défenses à l'action principale et non des
demandes nouvelles; aussi admet-on sans
difficulté qu'elles peuvent se produire pour
la première fois en appel de part et de chacune des parties (Civ. c. 24 juin 1901, D.
P. 1901. 1. 543). Toutefois, la prohibition
édictée par l'art. 464 devient applicable si
les parties plaident, non sur l'ensemble du
compte à établir entre elles, mais sur des
points qui s'en distinguent et qu'elles proposent isolément aux juges (Civ. r. 15 juill.
1903, D. P. 1903. 1. 352).

§ 3. — *Demandes nouvelles qui ne peuvent être présentées en appel* (S. 242 et s.; S. 114 et s.).

36. Le défendeur ne peut former, pour la première fois en appel, des demandes (notamment des demandes reconventionnelles) qui ne servent pas de défense à la demande principale, mais doivent donner lieu à une décision particulière et distincte de celle qui est provoquée par la demande primitive (Req. 1er déc. 1902, D. P. 1904. 1. 107). Ainsi, une vérification de compte, tendant à établir une réduction de dette, ne peut être demandée pour la première fois en appel par la partie qui s'était bornée à conclure, en première instance, à ce que cette dette ne fût mise à sa charge qu'en qualité de tiers détenteur. Par application de la même règle, la jurisprudence décide que l'époux défendeur à une demande en divorce ou en séparation de corps n'est pas recevable à former, pour la première fois en appel, une demande semblable contre son conjoint.

37. Suivant l'opinion qui a prévalu en jurisprudence, la demande en garantie ne peut être formée pour la première fois en cause d'appel, alors du moins qu'elle ne sert pas de défense à la demande principale. C'est ainsi que, lorsqu'une condamnation prononcée solidairement contre deux obligés est frappée d'appel par l'un d'eux, l'appelant ne peut, pour la première fois devant la Cour, exercer contre un cooblige une action récursoire en l'intimant sur son appel (Comp. Dijon, 25 févr. 1898, D. P. 99. 2. 127).

ART. 3. — RÈGLES DE PROCÉDURE.

38. Les demandes nouvelles, dans les cas où elles sont autorisées, de même que les moyens de défense, doivent être proposés en appel par de simples actes de conclusions motivées (Pr. 465). Il suffirait même de les formuler à l'audience et de les remettre par écrit au greffier; mais on doit laisser à l'adversaire un délai suffisant pour en prendre communication et y répondre.

DEMANDE RECONVENTIONNELLE

(R. v^is *Degrés de juridiction, Demande nouvelle;* S. eisd. v^is).

1. La demande reconventionnelle est une demande incidente formée par le défendeur. Elle n'a pas, comme les moyens de défense, pour unique objet de faire écarter la prétention du demandeur; elle tend à faire condamner celui-ci. Cette condamnation peut être inférieure, égale ou supérieure à celle que poursuit le demandeur.

2. Le défendeur n'est pas libre de former reconventionnellement toute espèce de demande. Une demande reconventionnelle n'est recevable qu'à l'une des trois conditions suivantes : 1° si elle sert de défense à l'action principale; 2° si elle tend à une compensation judiciaire; 3° si elle est connexe à la demande principale. La simple connexité suffit; il n'est pas nécessaire que la demande reconventionnelle dérive de la même cause que la demande principale (Orléans, 12 août 1891, D. P. 92. 2. 382). Les demandes qui remplissent l'une des deux premières conditions ne sont pas recevables seulement en première instance; elles peuvent être formées pour la première fois en appel (Pr. 464) (V. *supra, Demande nouvelle,* n°s 31 et 32).

3. En aucun cas, les juges ne peuvent connaître d'une demande reconventionnelle à l'égard de laquelle ils seraient incompétents *ratione materiæ.* Ainsi le tribunal de commerce ne peut être saisi reconventionnellement d'une demande civile, ni un juge de paix d'une demande excédant le taux de sa compétence. Cependant, le juge de paix statue, quel qu'en soit le chiffre, sur la demande reconventionnelle en dommages-inté-

rêts qui est exclusivement fondée sur la demande originaire (L. 25 mai 1838, art. 7) (V. *supra, Compétence civile des juges de paix,* n° 19).

4. Lorsque le défendeur a formé une demande reconventionnelle, le demandeur ne peut, à son tour, greffer sur celle-ci une nouvelle demande reconventionnelle, à moins qu'elle ne soit tirée du titre qui sert de fondement à la reconvention du défendeur. C'est la règle qu'on exprime en disant que « reconvention sur reconvention ne vaut ».

5. La demande reconventionnelle se forme, comme les autres demandes incidentes, par un simple acte contenant les moyens et les conclusions avec offre de communiquer les pièces (V. *infrà, Incident*). Elle peut être jointe à la demande principale, ou en être disjointe si elle exige une instruction particulière. Mais la disjonction n'empêche pas que le tribunal reste saisi, et cela dans le cas même où il serait incompétent *ratione personæ.*

6. Lorsqu'une demande reconventionnelle excédant la compétence du juge de paix est formée devant lui, il peut, à son choix, soit à la fois renvoyer la demande principale et la demande reconventionnelle au tribunal d'arrondissement, soit conserver la demande principale et se dessaisir de la demande reconventionnelle (L. 25 mai 1838, art. 8, § 3) (V. *supra, Compétence civile des juges de paix,* n° 19).

7. La demande reconventionnelle est recevable jusqu'à la clôture des débats, sauf pour le tribunal le droit de disjoindre les deux demandes ou même de rejeter la demande reconventionnelle, si elle paraît n'avoir été formée que pour retarder la solution de la demande principale.

8. En ce qui concerne l'influence des demandes reconventionnelles sur la détermination du premier ou du dernier ressort, V. *supra, Appel en matière civile et commerciale,* n°s 28 et s. et 99.

DÉNI DE JUSTICE

(R. v° *Déni de justice;* S. eod. v°).

1. Le déni de justice est le refus ou la négligence de juger, ou plus généralement de prendre une décision, de la part de ceux qui sont appelés à rendre la justice ou à prononcer à un titre quelconque sur les intérêts des particuliers. — C'est un délit passible d'une amende de 200 à 500 francs et de l'interdiction de l'exercice des fonctions publiques depuis cinq ans jusqu'à vingt. Il donne lieu, en outre, à des réparations civiles au profit de la partie lésée.

2. Il peut y avoir déni de justice dans trois hypothèses : 1° lorsque le juge refuse de statuer sous prétexte du silence, de l'obscurité ou de l'insuffisance de la loi; 2° lorsqu'il refuse de répondre aux requêtes qui lui sont présentées ; 3° lorsqu'il néglige de juger les affaires en état et en tour d'être jugées (Civ. 4; Pr. 506). Ainsi, il y a déni de justice de la part du juge qui remet systématiquement, à plusieurs reprises et à des époques indéterminées, la solution d'une affaire en état d'être jugée.

3. Le déni de justice peut se produire en matière criminelle comme en matière civile. Ainsi le juge criminel, appelé à statuer sur le sort d'un prévenu, n'a pas d'autre alternative que celle de le condamner ou de l'acquitter. Notamment, il y a déni de justice lorsqu'un tribunal de police surseoit à statuer sur une prévention jusqu'à la décision à rendre par un autre tribunal de police sur une autre question semblable.

4. Les personnes qui peuvent se rendre coupables d'un déni de justice sont : les juges proprement dits (Civ. 4), les fonctionnaires publics, soit de l'ordre administratif, soit de l'ordre judiciaire (Pén. 185) qui,

chargés, d'après leurs attributions, sinon de juger, du moins de sauvegarder les intérêts des citoyens, les auraient lésés par leur négligence ou leur mauvais vouloir. Il peut aussi y avoir déni de justice de la part d'un officier ministériel, notamment d'un avoué ou d'un huissier qui refuserait de faire un acte rentrant dans l'exercice de ses fonctions.

5. Le déni de justice peut être poursuivi par deux voies différentes : 1° celle de l'action civile ou prise à partie (V. *infrà, Prise à partie*) ; 2° la voie criminelle. — L'action civile n'est recevable qu'après deux réquisitions adressées aux juges dans les conditions indiquées par l'art. 517 c. pr. civ. Cette formalité est indispensable pour mettre les magistrats en demeure; c'est le préliminaire nécessaire de la prise à partie.

6. La poursuite par la voie criminelle suppose la constatation préalable du délit. Or, pour que le refus de statuer prenne en demeure du juge, comme dans la voie civile (V. *supra,* n° 5), un avertissement par les supérieurs du juge, demeuré également sans résultat (Pén. 185). Il appartient au particulier lésé par le déni de justice de provoquer cet avertissement. Si le ministère public intente ensuite l'action publique, le particulier pourra se porter partie civile.

7. Lorsqu'il s'agit d'un officier ministériel qui, sans motif légitime, refuse de prêter son ministère aux actes pour lesquels il en est requis, il convient de s'adresser d'abord à la chambre de discipline. On peut aussi obtenir contre lui une injonction du juge au bas d'une simple requête (V. *infrà, Discipline judiciaire*).

DÉNONCIATION CALOMNIEUSE

(R. v° *Dénonciation calomnieuse;* S. eod. v°).

1. L'art. 373 c. pén. punit d'un emprisonnement de un mois à un an et d'une amende de 100 à 3 000 francs « quiconque aura fait par écrit une dénonciation calomnieuse contre un ou plusieurs individus, aux officiers de justice ou de police administrative ou judiciaire ». À la dénonciation dont parle l'art. 373, il faut assimiler la plainte et la citation directe.

ART. 1er. — ÉLÉMENTS CONSTITUTIFS DU DÉLIT.

§ 1er. — *Conditions de fond* (R. 11 et s. S. 2 et s.).

2. La dénonciation n'est punissable que si elle est spontanée. Lorsqu'une personne, en révélant un fait, transmet des renseignements qu'elle est requise de donner, ses déclarations ne constituent pas une dénonciation. De même le caractère de spontanéité ne se rencontre pas dans la déposition d'un témoin devant le juge ; ... ni dans la déclaration d'une personne mandée par le commissaire de police pour lui donner des renseignements ; ... ni dans les réponses faites par un prévenu aux interpellations qui lui ont été adressées par un magistrat (Cr. c. 9 mars 1889, D. P. 89. 1. 387). — Il suffit que la spontanéité se rencontre au moment de la mise en mouvement de l'action publique; les faits postérieurs ne peuvent en modifier le caractère. Ainsi, une dénonciation calomnieuse faite verbalement à la gendarmerie et transmise au parquet ne perd pas son caractère de spontanéité à raison de ce qu'elle n'a été dictée et signée par son auteur, plusieurs jours après, qu'à la suite d'une démarche des gendarmes pour lui demander s'il persistait dans sa dénonciation. — Mais on ne saurait considérer comme une dénonciation tombant sous le coup de l'art. 373 le fait de se porter partie civile dans une instance déjà engagée; ... ni le fait de se joindre à une plainte déjà

déposée (Comp. Paris, 13 févr. 1904, D. P. 1904. 2. 56).

3. En second lieu, pour que la dénonciation soit punissable, les faits dénoncés à l'autorité doivent présenter un caractère de gravité assez sérieux pour porter atteinte, s'ils étaient prouvés, à l'honneur ou à l'intérêt du tiers mis en cause. — Les personnes visées par la dénonciation peuvent être soit des particuliers, soit des fonctionnaires publics. A l'égard de ces derniers pris en cette qualité, les faits dénoncés doivent porter sur des actes accomplis par eux dans l'exercice de leurs fonctions. Par exemple, il s'agira de l'imputation dirigée contre un maire d'avoir soustrait une somme d'argent portée au budget de la commune pour réparation à une église, ou d'avoir, par ses intrigues, amené la dissolution de l'ancien conseil municipal, ou d'avoir fraudé dans des opérations électorales ; ... contre un receveur de l'enregistrement, de s'être approprié des perceptions illégales. La dénonciation peut s'exercer contre un officier ministériel : on imputera à un notaire d'avoir commis des faits d'indélicatesse ou de négligence, d'avoir perçu des honoraires illicites ; ... à un avoué, d'avoir élevé frauduleusement les frais d'un procès au moyen d'une procédure frustratoire ; ... à un huissier, d'avoir fait de fausses déclarations dans son procès-verbal. — La dénonciation contre un particulier pourra porter sur l'imputation d'un crime ou d'un délit : il y aura dénonciation dans le fait d'insinuer que la mort d'une personne est due à un empoisonnement ; d'accuser un individu d'escroquerie, etc...

4. La troisième condition a trait au caractère calomnieux de la dénonciation : la dénonciation ne sera calomnieuse que si les faits dénoncés sont faux et si elle a été portée méchamment, avec une intention malveillante, dans le dessein de nuire. Ainsi, il n'y aurait pas délit de la part de celui qui n'aurait porté plainte contre une personne que dans le but de défendre ses intérêts et ceux de sa famille (Paris, 13 févr. 1904, précité). — Il n'est pas nécessaire, du reste, que les faits avancés par le dénonciateur soient matériellement faux ; le caractère calomnieux, la mauvaise foi, peuvent se retrouver encore dans la dénonciation d'un fait vrai, lorsque les circonstances signalées comme ayant accompagné l'accomplissement de ce fait sont fausses et lui donnent un caractère délictueux qu'il n'a pas en lui-même (Cr. r. 20 mai 1899, D. P. 1901. 1. 488). Ainsi, a été reconnue délictueuse la dénonciation par laquelle un fait de lacération de titre était présenté comme accompli au mépris du droit des intéressés, tandis qu'il n'avait eu lieu que du consentement de ceux-ci et après résolution de la convention. De même, il y a délit lorsque le dénonciateur dénature le caractère du fait en s'abstenant de faire connaître les détails qui sont propres à lui restituer sa véritable physionomie et à le dépouiller du caractère de délit ou de la faute disciplinaire dont il a l'apparence.

§ 2. — *Conditions de forme* (R. 43 et s. ; S. 15 et s.).

5. La dénonciation doit avoir lieu par écrit. C'est la seule condition exigée ; il n'est pas nécessaire que les formalités prescrites par l'art. 31 c. instr. cr. aient été observées, notamment que la dénonciation ait été écrite de la main même du dénonciateur ou de l'officier de police judiciaire qui l'a reçue, ni que celui-ci y ait apposé sa signature sur chaque feuillet. Ainsi, une déclaration déposée par son auteur sur le bureau de la Cour d'assises, où siégeait le ministère public qui en a demandé acte, sans la signer,

suffit pour qu'il puisse y avoir dénonciation calomnieuse (Cr. r. 29 juin 1838, R. p. 505).

6. L'écrit qui renferme la dénonciation peut consister aussi bien dans le procès-verbal d'une plainte déposée entre les mains de l'autorité compétente que dans une lettre missive quelconque. Tout écrit contenant l'articulation formelle d'un fait passible par sa nature d'une répression judiciaire ou administrative, et l'imputation du fait à une personne déterminée, réunit les caractères d'une véritable dénonciation. La dénonciation peut résulter des termes d'un mémoire produit en justice par son auteur pour la défense de ses intérêts [l'immunité consacrée par l'art. 41 de la loi du 29 juill. 1881 (V. *infrà, Presse-outrage*) ne s'applique qu'à la diffamation]. Elle peut être contenue également dans une pétition adressée par un citoyen à un ministre ou au chef de l'Etat, par exemple, et signalant des faits mensongers de nature à appeler sur un fonctionnaire de l'ordre administratif ou judiciaire des peines disciplinaires ou autres. — La signature de l'écrit n'est, d'ailleurs, pas considérée comme une condition indispensable. D'après certains arrêts, la dénonciation calomnieuse pourrait résulter même d'une lettre anonyme.

7. L'art. 373 exige que la dénonciation ait été faite à des officiers de justice ou de police administrative ou judiciaire. Par *officiers de justice*, il faut entendre tous les membres de l'ordre judiciaire, et même le ministre de la Justice. La qualification *d'officiers de police administrative* s'étend, en cette matière, au chef de l'Etat, aux ministres (Cr. r. 5 mars 1891, D. P. 92. 1. 107), aux préfets, notamment lorsqu'il s'agit de dénonciations visant le maire d'une commune (Cr. r. 15 mars 1902, D. P. 1902. 1. 416) ; à Paris, au préfet de police ; aux préposés supérieurs d'une administration publique, par exemple au directeur de l'administration des chemins de fer de l'Etat (Bordeaux, 25 juin 1897, D. P. 98. 2. 467) ; aux évêques, si la dénonciation est portée contre un ecclésiastique. Quant aux *officiers de police judiciaire*, il faut y comprendre tous ceux qui sont désignés à l'art. 9 c. instr. cr. (V. *infrà, Instruction criminelle*). On a même admis que la dénonciation avait pu être reçue par un sous-officier de gendarmerie ou un simple gendarme.

ART. 2. — POURSUITE ET JUGEMENT.

8. La dénonciation calomnieuse, en raison des peines dont elle est passible (V. *supra, n° 1*), est un délit dont la connaissance appartient aux tribunaux correctionnels. L'action peut être intentée soit par la personne dénoncée, soit d'office par le ministère public.

§ 1er. — *Constatation préalable de la fausseté des faits dénoncés. — Compétence* (R. 68 et s. ; S. 23 et s.).

9. Le délit de dénonciation calomnieuse ne pouvant exister que si les faits dénoncés (V. *supra, n° 4*) sont faux, toute action doit être précédée de la déclaration sur la question préjudicielle de l'exactitude ou de la fausseté de ces faits (Cr. c. 10 févr. 1899, D. P. 99. 1. 458). — A qui appartient-il de statuer sur cette question préjudicielle ? D'après la jurisprudence, les juges saisis d'une plainte en dénonciation calomnieuse sont incompétents pour apprécier la vérité ou la fausseté des faits dénoncés ; cette appréciation ne peut être faite par l'autorité investie du droit de déterminer les effets de la dénonciation à l'encontre de la personne dénoncée (V. *infrà, n°s 10 et s.*). Mais il est à remarquer que la juridiction correctionnelle est légalement saisie de la poursuite en dénonciation calomnieuse, bien que la fausseté

des imputations n'ait pas été préalablement déclarée : elle est seulement tenue de surseoir jusqu'à ce qu'il ait été statué sur ce point par l'autorité compétente et ne doit pas se dessaisir de la cause. — Le juge pénal pourrait s'abstenir de prononcer ce sursis, même en constatant que les faits sont établis par la notoriété publique. Toutefois, il ne serait pas tenu de surseoir et pourrait statuer immédiatement si le dénonciateur avouait la fausseté des faits (Orléans, 25 mars 1890, D. P. 91. 2. 84).

10. La question de savoir quelle est la juridiction compétente pour statuer sur la question préjudicielle comporte des solutions différentes, suivant qu'il s'agit d'infractions à la loi pénale, d'infractions administratives ou d'infractions disciplinaires. Dans tous les cas, la juridiction se règle, suivant un principe général, sur la qualité des prévenus au jour de la perpétration du délit, et non au jour de la poursuite.

11. 1° *Infractions à la loi pénale.* — Lorsque le fait dénoncé constituerait à la charge de la personne visée un crime, un délit ou une contravention, c'est, en principe, des tribunaux judiciaires qu'émanera la décision établissant ou refusant de reconnaître la fausseté des faits dénoncés. Il en sera ainsi que l'infraction pénale soit imputée à un particulier ou à un fonctionnaire. Ainsi, une dénonciation contre un maire, formulée par une plainte à l'autorité judiciaire, qui impute au maire un crime de concussion, ne peut donner ouverture à une action en dénonciation calomnieuse qu'autant que la fausseté des allégations a été établie par l'autorité judiciaire elle-même (Cr. c. 23 août 1894, D. P. 99. 1. 294). Et la déclaration relative à la fausseté des faits ne peut servir de base à une condamnation pour dénonciation calomnieuse qu'à la condition d'avoir acquis l'autorité de la chose jugée (Cr. c. 15 févr. 1894, D. P. 97. 1. 429). — L'autorité compétente pour statuer sur la vérité ou la fausseté du fait imputé pourrait, d'ailleurs, être précisément le tribunal saisi de l'action en dénonciation calomnieuse : il en serait ainsi dans le cas où le fait en question serait de sa compétence comme constituant un délit, et lui serait soumis en même temps que la dénonciation ; le tribunal correctionnel n'aurait alors qu'à statuer d'abord sur ce délit.

12. Le refus du ministère public de suivre sur la plainte, ou le *classement sans suite* de cette plainte fait au parquet, ne peut être considéré par la justice comme une décision impliquant la fausseté du fait dénoncé (Chambéry, 7 juin 1899, D. P. 1902. 2. 233). Toutefois, dans les cas et pour les personnes visés dans les art. 479 à 484 c. instr. cr., 10 et 18 de la loi du 28 avr. 1810 (R. v° *Organisation judiciaire*, p. 1496 ; V. *infrà, Mise en jugement*), le refus du procureur général de citer la personne dénoncée constitue une véritable décision définitive sur la fausseté des faits dénoncés (Bastia, 25 juin 1890, D. P. 91. 2. 164). Il en est de même, dans le cas d'une dénonciation portée contre un tribunal entier, de la décision par laquelle le ministre de la Justice, ayant statué en vertu de l'art. 486 c. instr. cr., déclare qu'il n'y a lieu d'exercer aucune poursuite (Cr. c. 30 oct. 1896, D. P. 97. 1. 470).

13. Lorsque, sur le réquisitoire à fin d'informer du procureur de la République, le juge d'instruction a rendu une ordonnance de non-lieu, cette ordonnance implique que la dénonciation n'est pas fondée. Si le juge d'instruction, estimant qu'il s'agirait d'un crime, a rendu une ordonnance de renvoi devant la chambre des mises en accusation, la preuve de la fausseté des faits allégués résultera de l'arrêt de non-lieu de la chambre d'accusation. Quand des poursuites ont été exercées devant le tribunal de répression, cette même preuve sera fournie par la décision prononçant l'acquittement de la personne dénoncée, et le dénonciateur pourra être condamné, sauf l'exception de bonne foi qui, en pareil cas, pourrait être plus utilement invoquée que dans les hypothèses précédentes, alors du moins que le tribunal a été saisi par une juridiction d'instruction, la circonstance qu'il y a eu prévention admise créant une présomption favorable au dénonciateur.

14. 2° *Infractions administratives.* — Lorsque la dénonciation prétendue calomnieuse porte sur des faits et actes d'un caractère purement administratif, l'autorité administrative saisie de cette dénonciation est seule compétente pour statuer sur la fausseté des faits dénoncés et pour rendre ainsi la décision préjudicielle à laquelle est subordonné le jugement du délit. La déclaration, par cette autorité, de la fausseté des faits qui lui ont été dénoncés, peut servir de base à la condamnation du dénonciateur. Ainsi, en cas de dénonciation contre un agent de police, c'est au maire qu'il appartient de prononcer sur la fausseté des faits ; ... contre des militaires, au ministre de la Guerre ; ... contre des gendarmes, au commandant de gendarmerie. Si la dénonciation a été portée contre un ecclésiastique, l'appréciation des faits dénoncés sera faite par l'évêque.

15. La décision administrative doit être considérée comme établissant l'inexistence d'une infraction administrative, bien que la fausseté des faits dénoncés ne soit pas l'objet d'une déclaration expresse : il suffit que les termes de la décision émanée de cette autorité ne puissent laisser aucun doute sur son appréciation. Ainsi, il y a constatation suffisante de la fausseté des faits dénoncés dans la décision du ministre de la Guerre d'où il résulte, même implicitement, que, des faits à lui dénoncés contre des militaires, les uns sont matériellement faux, les autres exempts de tout caractère frauduleux.

16. 3° *Infractions disciplinaires.* — Lorsque la dénonciation prétendue calomnieuse porte contre une personne appartenant à une corporation pour laquelle il existe une juridiction disciplinaire (avocats, avoués, notaires, huissiers, etc.), porte sur des faits passibles d'une peine purement disciplinaire (Pour le cas où la dénonciation porte sur des faits passibles d'une répression pénale, V. *supra*, n° 11 et s.), c'est à cette juridiction qu'il appartient, à l'exclusion de l'autorité judiciaire, de statuer sur la vérité ou la fausseté des faits dénoncés et de rendre la décision préjudicielle au jugement de la poursuite en dénonciation calomnieuse. Ainsi, la fausseté des faits, nécessaire à justifier la plainte en dénonciation calomnieuse, devra être établie par le pouvoir disciplinaire compétent; elle ne saurait résulter du refus du procureur général de poursuivre ces faits. Le pouvoir disciplinaire compétent sera, notamment : le conseil de l'ordre, pour les avocats ; la chambre de discipline, et aussi le ministre de la Justice, pour les officiers ministériels (avoués, huissiers); la chambre des notaires, pour les notaires (Cr. r. 26 déc. 1895, D. P. 96. 1. 310) (V. *infra, Discipline judiciaire*). S'il s'agit d'une dénonciation contre un instituteur, c'est à l'inspecteur d'Académie, investi de la juridiction disciplinaire sur les instituteurs de son ressort, qu'il appartient de statuer (Limoges, 20 juin 1895, D. P. 97. 2. 395).

17. La dénonciation peut être portée contre un magistrat et contenir des imputations de nature à lui faire encourir la révocation ou des peines disciplinaires. La fausseté des faits allégués pourrait alors résulter de l'arrêt de la Cour de cassation constituée en conseil supérieur de la magistrature (V. *infra, Discipline judiciaire*, n° 6), ou même de la déclaration du ministre de la

Justice déclarant n'y avoir lieu à suivre sur la dénonciation.

§ 2. — *Jugement du délit de dénonciation calomnieuse* (R. 113 et s. ; S. 53 et s.).

18. En présence de la décision de l'autorité compétente déclarant que les faits dénoncés sont faux, celui des éléments du délit qui consiste dans la fausseté de ces faits (V. *supra*, n° 4, 9 et s.) ne peut être remis en question devant le juge appelé à statuer sur le délit. Mais ce juge conserve le pouvoir d'apprécier du délit qui se rapportent au fait matériel de la dénonciation et à son caractère calomnieux, ou à l'intention qui en a été le mobile, à la mauvaise foi du dénonciateur.

19. Il n'est pas nécessaire que l'écrit à l'aide duquel a été commis le délit de dénonciation calomnieuse soit représenté. La preuve de l'existence de cet acte peut être faite d'après les règles du droit commun relatives à l'instruction et à la preuve en matière de délits (enquête, audience, audition de témoins, etc.). V. *infra, Instruction criminelle.*

§ 3. — *Dommages-intérêts — Action civile* (R. 117 et s. ; S. 56 et s.).

20. Outre la peine applicable au délit de dénonciation calomnieuse (V. *supra*, n° 1), ce délit ouvre à la personne dénoncée une action en dommages-intérêts. Cette action ne peut être exercée contre les membres des autorités constituées, notamment les officiers de police administrative et judiciaire, à raison des avis qu'ils sont tenus de donner concernant les délits dont ils ont pu acquérir la connaissance dans l'exercice de leurs fonctions (Instr. 359). Les dommages-intérêts peuvent être réclamés soit par la voie civile, soit par la voie de la police correctionnelle.

21. 1° *Dommages-intérêts réclamés par la voie civile.* — La demande en dommages-intérêts fondée sur une dénonciation calomnieuse réduite aux proportions d'un simple quasi-délit, et que le dénoncé ne poursuit que sous cette qualification, est, en principe, soumise à la juridiction civile ordinaire, qui doit en être saisie conformément au droit commun (V. *supra, Action civile*, n° 24 et s.). Toutefois, lorsque la dénonciation a eu pour conséquence de faire traduire le dénoncé devant la Cour d'assises, c'est à cette cour qu'il appartient d'allouer, s'il y a lieu, ces dommages-intérêts; elle statue alors comme juridiction civile, sans assistance de jurés (Instr. 358). V. *supra, Compétence criminelle*, n° 78. L'accusé est même tenu de porter sa demande, à peine de déchéance, devant la Cour d'assises, s'il a connu son dénonciateur avant la fin de la session. De même que la Cour d'assises, le tribunal de police ou la juridiction correctionnelle peuvent prononcer, en faveur du prévenu qu'ils acquittent, des dommages-intérêts contre son dénonciateur. Mais, dans ce second cas, le dénoncé n'est tenu, même s'il a connu son dénonciateur avant la décision, de le traduire devant le tribunal de répression (Instr. 159 et 189).

22. Le juge statuant au civil est libre de constater la faute du dénonciateur dans tous les éléments qui sont de nature à la démontrer; il n'est pas besoin, en ce cas, que la fausseté des faits ait été préjudiciellement déclarée par l'autorité compétente.

23. 2° *Dommages-intérêts réclamés par la voie de la police correctionnelle.* — Lorsque la personne qui a été l'objet de la dénonciation veut poursuivre le dénonciateur, non pas simplement comme étant l'auteur d'un fait dommageable, mais comme s'étant rendu coupable à son préjudice du délit de dénonciation calomnieuse, il doit se pourvoir devant le tribunal correctionnel. Ce tribunal est alors seul compétent pour statuer sur

l'action civile (V. *supra*, n° 20 et 21), même au cas où le dénoncé actionnerait son dénonciateur après avoir été acquitté sur des poursuites exercées contre lui devant la Cour d'assises, les règles exceptionnelles de compétence établies pour ce cas par les art. 358 et 359 c. instr. cr. ne s'appliquant qu'aux dommages-intérêts réclamés par la voie civile.

24. A la différence du juge statuant au civil (V. *supra*, n° 22), le juge correctionnel ne peut statuer sur l'action en dommages-intérêts, de même que sur l'action publique, sans que la fausseté des faits ait été préalablement déclarée par l'autorité compétente.

DÉPARTEMENT ARRONDISSEMENT ET CANTON

(R. v° *Organisation administrative; S. eod.* v°).

CHAP. Ier. — DÉPARTEMENT.

1. Le département constitue à la fois une circonscription administrative et un être moral distinct de l'État. Il doit être étudié successivement à ces deux points de vue.

SECT. Ire. — **Du département considéré comme circonscription administrative de l'État.**

ART. 1er. — CIRCONSCRIPTIONS DÉPARTEMENTALES (R. 195 et s. ; S. 25 et s.).

2. Le territoire de la France est divisé en départements et en arrondissements communaux (L. 22 déc. 1789, art. 1er, R. p. 588; 28 pluv. an 8, art. 1er, R. p. 604). Le nombre des départements et leurs limites ne peuvent être modifiés que par une loi. Ce nombre est actuellement de 86, non compris le territoire de Belfort. L'art. 50 de la loi du 10 août 1871 (D. P. 71. 4. 102) exige que le Conseil général donne son avis sur les changements proposés à la circonscription du territoire et à la désignation du chef-lieu.

ART. 2. — ORGANES DU POUVOIR CENTRAL DANS LE DÉPARTEMENT.

3. Le pouvoir central, qui a son siège à Paris, a dans chaque département des représentants chargés d'assurer l'exécution des lois et des décisions de l'autorité gouvernementale, et de diriger ou de surveiller les services généraux dont l'État assume la charge.

4. Les organes du pouvoir central dans le département sont : 1° le préfet; 2° le secrétaire général de la préfecture; 3° le Conseil de préfecture. — En outre, le pouvoir central a délégué certaines attributions d'ordre politique ou administratif au Conseil général ou à la commission départementale, organes représentatifs du département personne morale.

§ 1er. — *Préfet.*

A. — Organisation du personnel préfectoral (R. 218 et s.; S. 38 et s.).

5. Les préfets sont nommés par décret, sur la proposition du ministre de l'Intérieur (L. 28 pluv. an 8, art. 18). Aucune condition d'aptitude ne limite le choix du chef de l'État. On admet que les préfets doivent être Français et jouir de leurs droits civils et politiques. En fait, on exige qu'ils soient âgés de 25 ans. Les préfets sont révocables par décret à la volonté du Gouvernement.

6. Les préfets sont divisés en trois classes, auxquelles sont attachés des traitements différents. Les classes sont, en principe, territoriales, c'est-à-dire attachées au département lui-même (Décr. 23 déc. 1872, D.

P. 73. 4. 17). Au bout d'un certain nombre d'années passées dans la même classe et la même résidence, les préfets peuvent recevoir, sans changer de résidence, un avancement personnel de classe (Décr. 15 avr. 1877, D. P. 77. 4. 44). — Les préfets peuvent recevoir un traitement de disponibilité pendant une durée qui ne peut excéder six années, ni la moitié de la durée de leurs services civils rendus à l'Etat. Ce traitement de disponibilité ne peut se cumuler avec un traitement quelconque payé par le Trésor public ni avec une pension payée sur les fonds du Trésor (L. 25 févr. 1901, art. 42, D. P. 1901. 4. 33). — Les préfets peuvent, lorsqu'ils ont atteint l'âge de 60 ans et qu'ils ont 30 ans de service, obtenir une pension de retraite qui est régie par la loi des 3-22 août 1790 et le décret du 13 sept. 1806 (R. v° Pension, p. 750).

7. Le préfet, lorsqu'il s'absente, peut déléguer ses fonctions au secrétaire général ou à un conseiller de préfecture, à son choix. La délégation n'a besoin d'être approuvée par le ministre que si le préfet sort du département. S'il s'absente sans avoir pris d'arrêté de délégation ou en cas de vacance de la préfecture, la suppléance du préfet appartient au plus ancien des conseillers de préfecture (Ord. 29 mars 1821, R. p. 608). — Le préfet, même présent, peut, avec l'approbation du ministre de l'Intérieur, déléguer au secrétaire général une partie de l'administration départementale (Décr. 29 déc. 1854, D. P. 55. 4. 10).

B. — Attributions des préfets (R. 228 et s.; S. 47 et s.).

8. 1° *Généralités.* — D'après l'art. 8 de la loi du 28 pluv. an 8, le préfet est seul chargé de l'administration. L'art. 3 de la loi du 10 août 1871 dispose qu'il est dans le département le représentant du pouvoir exécutif. — Il va de soi que les préfets sont toujours tenus de se conformer, dans l'exercice de leurs fonctions, aux règles établies par la Constitution et les lois (L. 22 déc. 1789, art. 4). En outre, étant des agents subordonnés, ils sont limités dans l'exercice desdites fonctions par les dispositions des règlements d'administration publique, par les décrets du chef de l'Etat, par les ordres et instructions qu'ils reçoivent des ministres.

9. Les préfets ne sont pas subordonnés seulement au ministre de l'Intérieur, mais à tous les ministres, chacun pour les affaires de son département ministériel. Ils correspondent avec chacun des ministres, et servent d'intermédiaires entre eux et les agents des services spéciaux qu'ils ont mission de diriger ou de surveiller. Ils doivent rendre compte de leurs actes aux ministres compétents, dans les formes et pour les objets déterminés par les instructions que ces ministres leur adressent. Ceux de ces actes qui seraient contraires aux lois et règlements, ou qui donneraient lieu aux réclamations des parties intéressées, pourraient être annulés ou réformés par les ministres compétents (Décr. 25 mars 1852, art. 6, D. P. 52. 4. 90). D'autre part, ils peuvent annuler ou réformer les actes de leurs subordonnés.

10. Les préfets doivent veiller à la publication des lois et règlements, soit par le mode normal, soit par la voie exceptionnelle prévue par les ordonnances des 27 nov. 1816 et 18 janv. 1817 (R. 231). Au besoin, ils peuvent spontanément faire publier à nouveau un texte de loi, pour rappeler les citoyens à son observation. Ils sont chargés de procurer l'exécution des lois.

11. Le préfet doit, dans ses rapports ou sa correspondance, instruire constamment le Gouvernement des besoins de ses administrés, de l'état d'esprit de son département. Il fait parvenir au Gouvernement les vœux et les réclamations de ses administrés, et leur fait connaître les décisions prises par le pouvoir central. Il est, à cet égard, un agent de transmission et d'information. — Comme agent de l'Etat, le préfet a l'exercice de la puissance publique, la direction ou la surveillance des services publics d'intérêt général et la représentation de l'Etat personne morale.

12. 2° *Exercice de la puissance publique.* — Détenteur de la puissance publique, le préfet est investi par diverses dispositions de lois du pouvoir réglementaire. Il peut d'abord, sur toutes les matières qui rentrent dans la police municipale, faire un règlement général applicable à toutes les communes du département ou à un groupe de communes. Il peut même se substituer aux maires en faisant un règlement applicable à une seule commune, pourvu qu'il ait préalablement adressé une mise en demeure au maire (L. 5 avr. 1884, art. 99, D. P. 84. 4. 25). Il réglemente la chasse et la pêche (L. 3 mai 1844 et 15 avr. 1829, R. v° *Chasse*, p. 106, et *Pêche fluviale*, p. 443), détermine par des règlements les animaux malfaisants et nuisibles que les propriétaires peuvent détruire sur leurs terres. Il fait, avec l'approbation du ministre des Travaux publics, des règlements sur la police, la sûreté et l'exploitation des chemins de fer (L. 15 juill. 1845, art. 21, D. P. 45. 3. 163); sur le stationnement des voitures dans les gares de chemins de fer; sur la police du roulage (L. 30 mai 1851, D. P. 51. 4. 78); sur le libre écoulement des eaux et leur salubrité (L. 22 déc. 1789 et 12 août 1790, R. v° *Eaux*, p. 320), le curage des cours d'eau non navigables conformément aux anciens règlements ou usages (L. 8 avr. 1898, D. P. 98. 4. 136). Il a également reçu délégation pour faire les règlements sur les poursuites en matière de contributions directes (L. 15 mai 1818, R. v° *Impôts directs*, p. 25).

13. Le préfet est chargé de prendre les mesures individuelles de police dans toutes les matières qui intéressent la sûreté de l'Etat, la sécurité des particuliers, la tranquillité et la salubrité publiques, la conservation et le bon aménagement des richesses nationales. Ainsi, il reçoit les déclarations de résidence des étrangers qui viennent s'établir en France, surveille les réfugiés politiques, leur délivre, le cas échéant, des passeports. Dans les départements frontières, il peut prendre des arrêtés d'expulsion contre les étrangers, sauf à en référer immédiatement au ministre de l'Intérieur (L. 3 déc. 1849, D. P. 49. 4. 171).

14. C'est au préfet que, dans les communes chefs-lieux, sont faites les déclarations des réunions publiques, et il lui appartient de prendre les mesures propres à assurer l'exécution de la loi du 30 juin 1881 (D. P. 81. 4. 101). Il reçoit également les déclarations faites par les associations (L. 1ᵉʳ juill. 1901, D. P. 1901. 4. 105). En matière électorale, il reçoit les déclarations des candidats à la Chambre des députés (L. 17 juill. 1889, art. 2, D. P. 89. 4. 57), convoque les collèges électoraux pour les élections municipales (L. 5 avr. 1884, art. 15, D. P. 84. 4. 25).

15. Pour assurer la sécurité publique, il peut prescrire l'internement d'office dans les asiles des aliénés dangereux (L. 30 juin 1838, art. 18, R. v° *Aliénés*, p. 448; V. *suprà*, *Aliénés*, n° 24). Dans l'intérêt de la salubrité publique, il statue sur les demandes en autorisation d'établissements dangereux et incommodes de 1ʳᵉ et de 2ᵉ classe (Décr. 15 oct. 1810, R. v° *Manufactures, fabriques et ateliers dangereux*, p. 4; 25 mars 1852, précité). En cas d'épizootie, il prend un arrêté déclarant l'infection d'un territoire déterminé (L. 21 juin 1898, art. 33, D. P. 98. 4. 125). — Sans l'autorisation du préfet, aucun barrage, aucun ouvrage destiné à l'établissement d'une prise d'eau, d'un moulin ou d'une usine ne peut être entrepris dans un cours d'eau non navigable. Le préfet peut modifier ou retirer ces autorisations dans l'intérêt général (L. 8 avr. 1898, art. 11 et 12, D. P. 98. 4. 136).

16. Non seulement le préfet peut prescrire certaines mesures de police; il peut encore en assurer l'exécution soit quand un texte formel autorise l'Administration à exécuter d'office, soit quand l'urgence rend l'exécution immédiate nécessaire, soit enfin lorsqu'aucune sanction pénale n'étant prévue, l'exécution d'office est le seul moyen pour que la loi soit appliquée. Le préfet peut enfin mettre en mouvement la force publique en usant du droit de réquisition (L. 26 juill.-3 août 1791, art. 12, R. v° *Attroupements*, p. 443).

17. Le préfet est également officier de police judiciaire (Instr. 10). En cette qualité, il peut soit requérir les autres officiers de police judiciaire, soit faire personnellement les actes d'instruction et de poursuite, tels que constatations, perquisitions, saisies, interrogatoires, arrestations, expertises, enquêtes. Toutefois, il ne peut instruire qu'à défaut du procureur de la République et du juge d'instruction.

18. Le préfet exerce encore les droits de la puissance publique pour contenir certaines autorités dans les limites de leur compétence. C'est lui qui adresse aux tribunaux judiciaires le déclinatoire de compétence, et prend l'arrêté de conflit lorsqu'une affaire de la compétence administrative a été portée à tort devant les tribunaux civils (Arr. 13 brum. an 10, R. v° *Conflit*, p. 104; V. *suprà*, *Conflit*, n° 17). De même, il a la qualité pour former le recours pour abus contre les ecclésiastiques qui auraient, dans l'exercice de leurs fonctions, contrevenu aux lois de la République (L. 18 germ. an 10, R. v° *Culte*, p. 685; V. *suprà*, *Culte*, n°ˢ 59 et s.).

19. Vis-à-vis du Conseil général, le préfet a, comme agent de l'Etat, certains droits. Il peut assister à ses séances, prendre la parole quand il le juge à propos, faire ses réserves lorsque le conseil lui paraît sur le point de commettre quelque illégalité. Il a le droit et le devoir de signaler au Gouvernement toutes les délibérations du Conseil général qui seraient entachées d'incompétence, d'excès de pouvoir ou de violation de la loi. Enfin il peut, quand le Conseil général est réuni en dehors de ses sessions légales, interdire la réunion, et déclarer la nullité des délibérations qui y auraient été prises (L. 10 août 1871, art. 34, § 2, D. P. 71. 4. 102).

20. C'est encore comme représentant de la puissance publique qu'il engage certaines actions contentieuses. Ainsi, les lois électorales lui donnent le droit d'attaquer devant le Conseil de préfecture les opérations de revision des listes électorales (Décr. 2 févr. 1852, D. P. 52. 4. 49). Il peut également déférer aux tribunaux compétents les opérations électorales, lorsque les formes ou conditions légales de l'élection n'ont pas été observées. — En matière de grande voirie, c'est lui qui saisit le Conseil de préfecture en prescrivant qu'il sera donné suite au procès-verbal (L. 22 juill. 1889, D. P. 90. 4. 1).

21. L'une des attributions les plus importantes du préfet consiste dans l'exercice des pouvoirs de tutelle qui appartiennent à l'Etat sur les établissements publics et d'utilité publique. C'est lui qui crée les associations syndicales autorisées (L. 21 juin 1865 et 22 déc. 1888, D. P. 65. 4. 77 et 89. 4. 4). — Il intervient dans la constitution des organes de certains établissements. Ainsi il nomme une partie des membres des commissions administratives des bureaux de bienfaisance, d'assistance médicale, des hospices et hôpitaux, des fabriques. Il nomme, soit directement, soit sur la présentation des administrateurs des personnes morales, certains de leurs fonctionnaires, notamment les receveurs des communes et des établissements de bienfaisance, les agents voyers; il en agrée certains autres, tels que les gardes champêtres, les agents de police.

22. En ce qui concerne les actes des diverses personnes morales, il peut, suivant les cas, se substituer aux représentants de celles-ci pour faire un acte que la loi leur impose. Il inscrit d'office au budget des communes les dépenses obligatoires et mandate d'office celles que le maire aurait refusé de mandater. Il peut, dans certains cas, notamment en matière de vicinalité, créer d'office les ressources nécessaires. — Il passe d'office, au lieu et place des communes, certains contrats, acquisitions, locations, emprunts dans les cas où la loi le permet. — Son approbation est nécessaire pour l'exécution de nombreuses délibérations des Conseils municipaux ou des commissions administratives des établissements publics, notamment celles qui intéressent le patrimoine ou les finances des personnes morales. Il est enfin compétent pour prononcer l'annulation des délibérations contraires à la loi prises par les Conseils municipaux.

23. En vertu des décrets des 25 mars 1852 et 13 avr. 1861 (D. P. 61. 4. 49), les préfets nomment à certains emplois inférieurs des administrations de l'État (commissaires de police des villes de six mille âmes et au-dessous; titulaires des débits de tabacs, lorsque le produit de ces débits ou de ces bureaux ne dépasse pas 1000 francs; directeurs de bureaux de poste; facteurs des postes; cantonniers; gardes forestiers, etc.). Ils peuvent, en principe, révoquer les fonctionnaires nommés par eux, à moins qu'un texte ne réserve ce droit à l'autorité supérieure.

24. Le préfet a la direction ou la surveillance des principaux services publics de l'État dans le département. C'est ainsi que, pour le recrutement de l'armée, il préside aux opérations des conseils de revision cantonaux et départementaux (L. 15 juill. 1889, D. P. 89. 4. 73). — Au point de vue financier, il rend exécutoires les rôles de contributions directes. Il prend les arrêtés d'assimilation en vertu desquels sont assujettis à la patente les commerçants qui exercent une profession non dénommée aux tarifs. Il opère les transferts de patente. Il arrête, à défaut des Conseils généraux et d'arrondissement, les mandements fixant les contingents des arrondissements et communes. — Il statue sur les demandes en remise et en modération et sur les états de cotes irrécouvrables. Il vérifie la caisse du trésorier payeur général. — Il dirige le service de l'enseignement primaire. Il préside le conseil départemental, prend les arrêtés laïcisant des écoles, statue sur la convenance des locaux scolaires. — Il dirige l'exécution des travaux publics qui s'exécutent dans le département pour le compte de l'État, désigne les propriétés qui devront être expropriées (L. 3 mai 1841, R. vᵒ *Expropriation pour cause d'utilité publique*, p. 512), celles qui pourront être occupées temporairement par les entrepreneurs (L. 29 déc. 1892, D. P. 93. 4. 56). Il prend contre ceux-ci des mesures coercitives, telles que la mise en régie (V. *infrà, Travaux publics*).

25. Le préfet représente l'État personne morale. Il décide certains contrats de l'État, tels que les locations, les acquisitions jusqu'à 25 000 francs, les aliénations ou échanges de terrains provenant du déclassement du domaine public (L. 6 déc. 1897). Il repré-

sente l'État en signant le contrat en son nom. Il a même, en passant ce contrat dans la forme administrative, le pouvoir de conférer à l'acte le caractère authentique (L. 5 nov. 1790). — Lorsqu'il a procédé à une aliénation d'un bien domanial, il veille à ce que l'acquéreur exécute ses engagements et peut le frapper de déchéance.

26. Il représente l'État dans les instances domaniales quand les difficultés portent sur la question de propriété. Seul il a qualité pour prendre les conclusions au nom de l'État devant le Conseil de préfecture, sauf en matière de contributions directes.

27. Dans la limite des délégations qu'il a reçues des divers ministres, le préfet liquide les dettes de l'État et délivre aux créanciers les mandats pour leur permettant d'être payés. Il peut user du droit de réquisition pour forcer le comptable à payer lorsque celui-ci a refusé pour insuffisance de pièces justificatives (Décr. 31 mai 1862, D. P. 62. 4. 83).

§ 2. — *Secrétaire général* (R. 363 et s.; S. 86).

28. Le secrétaire général de la préfecture est nommé par décret (L. 28 pluv. an 8, art. 18). A la différence des préfets et sous-préfets, les secrétaires généraux sont soumis pour la pension de retraite à la loi du 9 juin 1853 (D. P. 53. 4. 98). Comme eux ils peuvent bénéficier de classes personnelles et recevoir un traitement de disponibilité (Décr. 15 avr. 1877). En cas d'empêchement, ils sont suppléés par le dernier nommé des conseillers de préfecture (Ord. 29 mars 1821, R. p. 608).

29. Le secrétaire général n'avait, à l'origine, que la garde des papiers et la signature des expéditions (L. 28 pluv. an 8, art. 7). L'art. 5 de la loi du 21 juin 1865 (D. P. 65. 4. 63) l'a investi des fonctions de commissaire du Gouvernement près le Conseil de préfecture. Enfin le préfet peut lui déléguer soit la totalité de ses pouvoirs quand il s'absente, soit une partie quand il est présent. En l'absence de cette délégation, il serait sans qualité pour faire un acte que la loi réserve au préfet (Cons. d'Et. 28 avr. 1882, D. P. 83. 3. 89).

§ 3. — *Conseil de préfecture* (R. 382 et s.; S. 91 et s.).

30. V. *suprà*, Conseil de préfecture.

§ 4. — *Bureaux des préfectures* (R. 365; S. 87).

31. La marche de l'administration préfectorale est assurée par des bureaux, dont le personnel comprend des directeurs, des chefs de division et de bureaux, des rédacteurs, des employés plus ou moins nombreux suivant l'importance de la préfecture. La somme des frais de bureaux qui doit être employée par l'administration est fixée par décret (L. 28 pluv. an 8, art. 24). Cette somme et cette fonds d'abonnement. Ces frais de bureaux sont fixés dans les limites des lois de finances par des décrets généraux ou spéciaux (Décr. 9 janv. 1869, D. P. 69. 4. 19). Les quatre cinquièmes de la somme annuelle allouée pour frais de bureaux sont affectés obligatoirement au traitement des employés. Le dernier cinquième est affecté au matériel (Décr. 27 mars 1852).

32. Le préfet détermine à son gré la composition de ses bureaux; il fixe le nombre des employés et le traitement de chacun; il règle également les conditions de leur nomination, leur avancement; il les révoque à sa volonté. Ces employés ne sont pas des fonctionnaires de l'État, mais des employés du préfet. Ils n'ont pas de droit à pension sur les fonds du Trésor; toutefois, s'ils deviennent ultérieurement fonction-

naires publics, ils sont admis à faire entrer en compte pour la pension le temps qu'ils ont passé dans les bureaux des préfectures. Bien qu'ils ne soient pas employés départementaux, le Conseil général peut les autoriser à verser à la Caisse des retraites départementale des retenues en vue d'obtenir leur pension.

§ 5. — *Participation du Conseil général et de la commission départementale à certains services intéressant l'État* (R. 680 et s.; S. 385 et s.).

33. Les organes électifs du département ont reçu des lois diverses attributions qui les font participer à l'administration générale de l'État.

34. Chaque année le Conseil général répartit, à sa session d'août, les contributions directes conformément aux règles établies par les lois. Avant d'effectuer cette répartition, il statue définitivement sur les demandes en réduction de contingent formées par les communes et préalablement soumises au conseil compétent (Conseil d'arrondissement). — Si le Conseil général ne se réunissait pas ou s'il se séparait sans avoir arrêté la répartition des contributions directes, les mandements seraient délivrés par le préfet d'après les bases de la répartition précédente, sauf les modifications à apporter dans le contingent en exécution des lois (L. 10 août 1871, art. 37-39). — Les délibérations que prend le Conseil général en cette matière en qualité de délégué direct du département échappent par leur nature aux divers recours ouverts contre les actes administratifs. Elles sont souveraines et ne peuvent être ni attaquées pour excès de pouvoir devant le Conseil d'État au contentieux, ni annulées par le Gouvernement par application de l'art. 33 ou 47 de la loi du 10 août 1871. — Le Conseil général dresse chaque année, par arrondissement, la liste des personnes qui seront appelées à faire partie des jurys d'expropriation (L. 3 mai 1841, art. 29).

35. La commission départementale assigne à chaque membre du Conseil général et aux membres des Conseils d'arrondissement le canton pour lequel ils devront siéger dans les conseils de revision (L. 10 août 1871, art. 82). — Elle approuve le tarif en évaluations cadastrales d'après lequel est réparti l'impôt foncier des propriétés non bâties (L. 1871, art. 87). — Son avis conforme est exigé pour l'arrêté préfectoral qui fixe la liste annuelle du jury criminel (L. 21 nov. 1872, art. 7, D. P. 72. 4. 132).

36. Une partie de la tutelle exercée sur les communes par l'État et ses agents a été déléguée aux Conseils généraux et aux commissions départementales. — Le Conseil général émet un avis ou statue définitivement, suivant les cas, sur les modifications proposées aux circonscriptions communales (L. 5 avr. 1884, art. 6). Il statue définitivement sur la division des communes en sections électorales et arrête chaque année le tableau d'ensemble de ces sectionnements (L. 10 août 1871, art. 43; L. 5 avr. 1884, art. 11 et 12). — Il statue sur le classement, l'ouverture, la fixation de largeur des chemins vicinaux de grande communication et d'intérêt commun, désigne le service qui sera chargé de l'entretien de ces chemins, fixe le taux de la prestation (L. 10 août 1871, art. 46). — Il détermine par une délibération définitive l'emplacement des foires et marchés (L. 1871, art. 46). — Il donne son avis sur les concessions de chemins de fer et de tramways communaux, sur le soumission des bois des communes au régime forestier (L. 1871, art. 50), sur le maintien de la vaine pâture (L. 9 juill. 1889, D. P. 90. 4. 20). — Au point de vue financier, il fixe les contingents ou contributions des communes dans les dépenses de vicinalité, d'assistance, dans les travaux faits à frais communs entre plusieurs communes ou entre les communes et le département. — Il approuve les plans financiers proposés par le préfet pour contraindre une commune à s'acquitter des obligations scolaires (L. 20 mars 1883, D. P. 83. 4. 49; 10 juill. 1903, D. P. 1903. 4. 70). Il peut condamner une commune à allouer une pension à un sapeur-pompier blessé dans un incendie, à sa veuve ou à ses orphelins (L. 5 avr. 1851, art. 6). — Il est consulté sur les tarifs de la taxe sur les chiens, sur les modifications apportées aux droits d'octroi. — Il fixe, dans les limites établies par la loi de finances, le maximum des centimes additionnels extraordinaires et des centimes pour insuffisance de revenus que les Conseils municipaux peuvent voter sans autorisation (L. 7 avr. 1902, D. P. 1902. 4. 101). — Enfin il dresse la liste des communes admises à participer aux subventions de l'Etat.

37. Quant à la commission départementale, elle prend à l'égard des chemins vicinaux ordinaires les mêmes décisions que prend le Conseil général à l'égard des autres catégories de chemins vicinaux. Elle fixe le montant des abonnements moyennant lesquels les industriels peuvent racheter les subventions spéciales pour dégradations extraordinaires aux chemins vicinaux (L. 1871, art. 86). Elle prononce la reconnaissance des chemins ruraux, décide leur ouverture (L. 20 août 1881, art. 13). — Elle répartit entre les communes les fonds commun des amendes de police correctionnelle (L. 10 août 1871, art. 81). — Elle exerce un contrôle sur la comptabilité des communes en présentant au Conseil général le relevé des emprunts et des contributions extraordinaires votés depuis la dernière session d'août, avec l'indication du chiffre total des dettes des communes et de leurs centimes extraordinaires (même loi, art. 80).

Enfin la loi du 15 févr. 1872 (D. P. 72. 4. 39) a donné aux Conseils généraux un rôle politique éventuel dans le cas où les assemblées législatives seraient illégalement dissoutes ou empêchées de se réunir (V. supra, Constitution et pouvoirs publics, nº 74).

39. Indépendamment des attributions conférées au Conseil général ou à la commission départementale, les conseillers généraux individuellement ont été investis par des lois spéciales de certaines attributions. Ils suppléent les conseillers de préfecture (Arr. 19 fruct. an 9, R. p. 606) et les sous-préfets (Ord. 29 mars 1821). Certains font partie des conseils académiques; au conseil départemental de l'enseignement primaire. Un conseiller général siège dans le conseil de revision départemental. Ils font de droit partie du collège électoral sénatorial (L. 2 août 1875, D. P. 75. 4. 117). Dans chaque canton, le conseiller général fait partie de la commission cantonale qui statue sur la liste des indigents admis aux secours médicaux gratuits (L. 15 juill. 1893, art. 17, D. P. 94. 4. 28).

40. Tout conseiller général qui, sans excuse valable, refuse de remplir une des fonctions qui lui sont dévolues par les lois, est déclaré démissionnaire par le Conseil d'Etat statuant au contentieux sur recours du ministre de l'Intérieur (L. 7 juin 1873, D. P. 73. 4. 73).

SECT. II. — **Du département considéré comme personne morale distincte de l'Etat.**

ART. 1er. — ORGANES DU DÉPARTEMENT.

41. Les organes représentatifs du département sont le Conseil général, la commission départementale et le préfet.

§ 1er. — Conseil général (R. 469; S. 191 et s.).

42. Le Conseil général est un corps électif, dont les membres sont élus au suffrage universel. Sur les élections au Conseil général, V. infrà, Elections. — Le mandat des conseillers généraux est absolument gratuit : des délibérations par lesquelles des Conseils généraux avaient alloué des indemnités à leurs membres ont été annulées.

§ 2. — Commission départementale (S. 469 et s.).

43. La commission départementale est élue chaque année à l'issue de la session d'août par le Conseil général et dans son sein. Elle se compose de quatre membres au moins et de sept au plus, et comprend un membre choisi, autant que possible, parmi les conseillers élus ou domiciliés dans chaque arrondissement. Les membres de la commission sont indéfiniment rééligibles (L. 10 août 1871, art. 2 et 69). — Ces élections ne pourraient être attaquées que par la voie du recours pour excès de pouvoir, si elles avaient été faites en violation d'une disposition de loi. Mais, la violation par le Conseil général d'une disposition de son règlement ne pourrait motiver un recours de cette nature (Cons. d'Et. 7 août 1891, D. P. 93. 3. 23).

44. Les membres de la commission départementale ne reçoivent pas de traitement. Leurs fonctions sont incompatibles avec celles de maire du chef-lieu du département et avec le mandat de député ou de sénateur (L. 19 déc. 1876, D. P. 77. 4. 27).

§ 3. — Préfet (R. 227; S. 46).

45. Le préfet a été maintenu par l'art. 3 de la loi du 10 août 1871 dans son double rôle de représentant du pouvoir exécutif dans le département et d'agent d'exécution des volontés du Conseil général et de la commission départementale. Le département ne possède pas le privilège qui est accordé à la commune de faire désigner par ses élus son représentant.

ART. 2. — FONCTIONNEMENT DES ORGANES DE L'ADMINISTRATION DÉPARTEMENTALE.

§ 1er. — Conseil général (R. 469 et s.; S. 191 et s.).

46. Le Conseil général a deux sessions ordinaires obligatoires. La plus importante, qui est celle où on délibère sur le budget et où on élit le bureau et la commission départementale, s'ouvre le premier lundi après le 15 août. L'autre session ordinaire s'ouvre le deuxième lundi après Pâques. Les dates de ces sessions ne peuvent être retardées que par une loi (L. 10 août 1871, art. 23, modifié par la loi du 12 août 1876, D. P. 77. 4. 8). Pour ces sessions, le Conseil général se réunit sans convocation. La durée de la première ne peut excéder un mois; celle de la seconde, quinze jours.

47. En dehors de ces deux sessions ordinaires, il peut être tenu un nombre illimité de sessions extraordinaires d'une durée maximum de huit jours. Ces sessions ont lieu sur l'initiative du Gouvernement ou des membres du Conseil général. Dans le premier cas, un décret convoque le conseil et fixe la date à laquelle s'ouvrira la session. Dans le second, il faut que les deux tiers au moins des membres du conseil adressent au président une demande écrite; le président est tenu d'en aviser immédiatement le préfet, qui doit convoquer d'urgence le conseil (L. 1871, art. 24). — Lorsqu'il y a lieu d'appliquer la loi du 15 févr. 1872 (V. supra, nº 38), les Conseils généraux s'assemblent immédiatement au chef-lieu sans convocation spéciale. — Alors que dans les sessions ordinaires le Conseil général peut délibérer sur tous les objets compris dans ses attributions, il ne peut, dans les autres cas, délibérer que sur les objets mentionnés à l'ordre du jour joint à la convocation, à peine de nullité de sa délibération.

48. Le Conseil général ne peut valablement délibérer si la moitié plus un des membres dont il doit être composé n'est présente. Toutefois, si le Conseil général ne se réunit pas, au jour fixé par la loi ou par le décret de convocation, en nombre suffisant pour délibérer, la session est renvoyée de plein droit au lundi suivant; une convocation spéciale est faite d'urgence par le préfet, et les délibérations sont alors valables quel que soit le nombre des membres présents. Lorsqu'en cours de session les membres présents du conseil ne forment pas la majorité, les délibérations sont renvoyées au surlendemain, et alors elles sont valables quel que soit le nombre des votants (L. 1871, art. 30, modifié par la loi du 31 mars 1886, D. P. 86. 4. 60). — La condition de majorité doit être observée à peine de nullité de la délibération. Pour qu'elle soit remplie, il n'est pas nécessaire que les conseillers prennent part au vote : il suffit qu'ils assistent à la séance.

49. Le Conseil général peut nommer dans son sein des commissions pour étudier les propositions qui lui sont soumises soit par le préfet, soit par ses membres, et pour lui faire des rapports sur ces questions. Mais il ne peut conférer à ces commissions des pouvoirs tels qu'elles se trouveraient substituées soit au préfet, soit à la commission départementale. Il peut charger un ou plusieurs de ses membres de recueillir sur les lieux les renseignements qui lui sont nécessaires pour statuer sur les affaires placées dans ses attributions (L. 1871, art. 51).

50. Les séances des Conseils généraux sont publiques. Néanmoins, à la demande de cinq membres, du président ou du préfet, le Conseil général peut décider qu'il se formera en comité secret (L. 1871, art. 28). — Le président du Conseil général a la police de l'assemblée; il dirige les débats et exerce sur les réunions l'autorité disciplinaire. — A l'égard du public admis à assister aux séances, il peut faire expulser de l'auditoire ou arrêter toute personne qui trouble l'ordre. En cas de crime ou de délit, il en dresse procès-verbal, et le procureur de la République en est immédiatement saisi (L. 1871, art. 29). Là se bornent ses pouvoirs; il ne peut requérir la force publique.

51. Le Conseil général peut, soit d'office, soit sur la réclamation de tout électeur, déclarer démissionnaire d'office tout conseiller qui, par une cause survenue postérieurement à son élection, se trouve dans un des cas d'inéligibilité ou d'incompatibilité prévus par la loi (L. 1871, art. 18). D'après l'art. 19, le Conseil général peut prendre la même mesure à l'égard d'un conseiller qui aura manqué à une session ordinaire sans excuse légitime agréée par le conseil. La démission d'office est prononcée dans la dernière séance de la session.

52. Les membres du Conseil général ne sont, dans l'exercice de leur mandat, couverts par aucune immunité analogue à celles dont jouissent les membres du Parlement pour leurs discours et leurs votes.

53. Les procès-verbaux des séances, rédigés par un secrétaire, sont arrêtés au commencement de chaque séance et signés par le président et le secrétaire (L. 1871, art. 32). Les Conseils généraux doivent établir jour par jour un compte rendu sommaire et officiel de leurs séances, qui est tenu à la disposition de tous les journaux du département dans les quarante-huit heures qui suivent la séance (art. 31). — Tout électeur ou contribuable du département a le droit de demander la communication sans déplacement et de prendre copie de toutes les délibérations du Conseil général, ainsi que des procès-verbaux des séances publiques et de les reproduire par la voie de la presse (L. 1871, art. 32). Les copies certifiées sont délivrées par le secrétaire général de la préfecture.

§ 2. — Commission départementale (S. 471 et s.).

54. La commission départementale siège à la préfecture et prend, sous l'approbation du Conseil général et avec le concours du préfet, toutes les mesures nécessaires pour assurer son service. Elle se réunit au moins une fois par mois aux époques et pour le nombre de jours qu'elle détermine elle-même, sans préjudice du droit qui appartient à son président et au préfet de la convoquer extraordinairement. Elle ne peut délibérer si la majorité de ses membres n'est présente. Les décisions sont prises à la majorité des voix. En cas de partage, la voix du président est prépondérante. — Les séances de la commission départementale ne sont pas publiques. Il est tenu procès-verbal de ses délibérations ; mais elle n'est pas assujettie à la publication d'un compte rendu, ni tenue de communiquer ses délibérations au public ou à la presse.

55. La commission départementale peut charger un ou plusieurs de ses membres d'une mission relative à des objets compris dans ses attributions (L. 1871, art. 84).

§ 3. — Rapports du Conseil général et de la commission départementale avec le préfet et les services administratifs (R. 658 ; S. 370, 499 et s.).

56. Le préfet a entrée au Conseil général ; il est entendu quand il le demande et assiste aux délibérations, excepté lorsqu'il s'agit de l'apurement de ses comptes (L. 1871, art. 27). Il peut soumettre des propositions au Conseil général et exiger que le conseil vote sur ces propositions. Il fournit aux conseillers les renseignements qu'ils demandent. L'instruction des affaires lui appartient. Il peut se faire suppléer dans ces fonctions, et son suppléant a les mêmes prérogatives que lui. — De même, le préfet, ou son représentant, assistent aux séances de la commission départementale ; ils sont entendus quand ils le demandent (L. 1871, art. 76).

57. Les chefs de service des administrations publiques dans le département sont tenus de fournir verbalement ou par écrit tous les renseignements qui leur seraient réclamés par le Conseil général sur les questions qui intéressent le département, ou par la commission départementale sur les affaires placées dans ses attributions (L. 1871, art. 52 et 76).

58. En cas de désaccord entre la commission départementale et le préfet, l'affaire peut être renvoyée à la plus prochaine session du Conseil général, qui statue définitivement. En cas de conflit entre la commission et le préfet, comme aussi dans le cas où la commission aurait outrepassé ses attributions, le Conseil général est immédiatement convoqué par décret en session extraordinaire et statue sur les faits qui lui sont soumis. Le Conseil général peut, s'il donne tort à la commission, procéder à son remplacement (L. 1871, art. 85). Dans le cas contraire, il semble qu'il y aurait lieu, pour le Conseil général, de provoquer l'intervention du ministre compétent par une réclamation présentée conformément à l'art. 51 de la loi de 1871.

ART. 3. — ATTRIBUTIONS DE CHACUN DES ORGANES DU DÉPARTEMENT.

§ 1er. — Conseil général (R. 679 et s. ; S. 384 et s.).

59. Le Conseil général est le plus important des organes du département ; c'est lui qui prend les décisions que le préfet devra exécuter. Toutefois, vis-à-vis du Gouvernement, le Conseil général n'est pas complètement affranchi de la tutelle. Certaines de ses délibérations ne sont exécutoires qu'après avoir reçu l'approbation du pouvoir central. Les autres sont exécutoires par elles-mêmes ; mais le Gouvernement se réserve le droit, suivant les cas, de les annuler ou d'en suspendre l'exécution.

60. La mission essentielle du Conseil général est de délibérer et de statuer sur tout ce qui touche aux intérêts du département, notamment à ses propriétés, à ses finances, au personnel de ses agents. Pour ne concerne que ce dernier point, l'art. 45 de la loi du 10 août 1871 donne au Conseil général le droit de régler les conditions d'aptitude à exiger des candidats aux emplois rémunérés exclusivement sur les fonds départementaux et de fixer les règles des concours auxquels ils devront satisfaire. Néanmoins, il est obligé de tenir compte du droit exclusif reconnu aux archivistes paléographes par le décret du 4 févr. 1850 (D. P. 50, 4. 17). — Il nomme et révoque les titulaires des bourses entretenus sur les fonds départementaux. — Enfin il vote le budget et approuve les comptes d'administration du préfet.

61. Il appartient également au Conseil général de décider si, pour les affaires qui intéressent spécialement le département, il utilisera les employés de la préfecture ou s'il aura recours à des employés spéciaux exclusivement rémunérés sur les fonds du département. Dans ce dernier cas, il peut fixer le traitement afférent à chaque emploi, mais non se réserver le choix des titulaires.

62. Le Conseil général a la faculté de désigner le service auquel appartiendra la direction de la voirie départementale ; il peut, à cet égard, choisir entre le corps des ingénieurs des ponts et chaussées et celui des agents-voyers. Le même droit lui appartient en ce qui concerne la direction des travaux à exécuter sur les fonds du département (L. 1871, art. 42-12).

63. En ce qui touche les propriétés mobilières et immobilières du département, il statue définitivement sur les acquisitions, aliénations et échanges ; sur leur mode de gestion ; sur les baux pris ou donnés à ferme ou à loyer, quelle qu'en soit la durée ; sur leur changement de destination ; sur l'acceptation des libéralités faites au département, tant qu'elles ne proviennent pas de réclamations de la part des familles, et sur le refus d'acceptation de ces libéralités dans tous les cas ; sur l'assurance des propriétés départementales (L. 1871, art. 46, modifié par la loi du 4 févr. 1901, D. P. 1901, 4. 14). — Toutefois, lorsque les propriétés ou bâtiments qui font l'objet des délibérations du Conseil général sont les hôtels de préfecture et de sous-préfecture, les locaux affectés aux cours d'assises, aux tribunaux, aux écoles normales, aux casernement de la gendarmerie et aux prisons, les délibérations qui votent l'acquisition, l'aliénation, l'échange ou le changement de destination de ces immeubles peuvent être frappées de suspension conformément à l'art. 49.

64. Le Conseil général prononce le classement et le déclassement des routes départementales. Il arrête leur direction. Il statue sur tous les projets, plans et devis de travaux de construction, de rectification ou d'entretien de ces routes et de tous les autres travaux à exécuter sur les fonds départementaux. Il détermine leur mode d'exécution, accepte les offres de concours faites par des tiers en vue des travaux. Il concède les travaux d'intérêt départemental à des associations, à des compagnies ou à des particuliers. Cependant, quand il s'agit de construire certains immeubles destinés à des services d'intérêt général, tels que les écoles normales ou les prisons, les projets, plans et devis votés par le Conseil général doivent être soumis à l'approbation des ministres compétents.

65. De même, le Conseil général arrête la direction des chemins de fer départementaux et des tramways, le mode et les conditions de leur construction et de leur exploitation, les traités et dispositions nécessaires à leur exploitation. Mais ces délibérations ne reçoivent d'exécution qu'après qu'une loi ou un décret en Conseil d'État a donné l'autorisation et déclaré l'utilité publique du travail. Si ultérieurement il y a lieu à cession totale ou partielle de la ligne d'intérêt local, à fusion de plusieurs lignes, à changement de concessionnaire, à élévation de tarif au-dessus du maximum fixé primitivement, un décret en Conseil d'État, rendu sur avis conforme du Conseil général, est nécessaire (L. 11 juin 1880, D. P. 81, 4. 20).

66. Le Conseil général statue sur l'établissement, l'entretien des passages d'eau et des bacs sur les routes départementales et il vote les tarifs de péage.

67. Il décide les actions à intenter ou à soutenir au nom du département et, s'il y a lieu, les transactions à conclure (L. 1871, art. 46-15e et 16e).

68. Les attributions financières du Conseil général sont considérables. Il crée toutes les recettes départementales en votant les centimes ordinaires et extraordinaires, qui constituent la source principale des revenus du département, ainsi que les emprunts. Il vote également les dépenses ; notamment, il fixe la part contributive du département dans les travaux qui doivent se faire à frais communs entre lui et les communes, ou dans les travaux faits par l'État et qui intéressent le département.

69. Le Conseil général pourvoit à la création et à l'organisation de certains grands services départementaux. Pour le service des aliénés, il décide la création des établissements publics, vote le budget des recettes et des dépenses de ces établissements, et approuve les traités passés entre le département et les asiles privés ou publics pour l'entretien des aliénés du département. Il organise le service des enfants assistés (L. 1871, art. 48-17e à 19e ; L. 27 juin 1904, art. 29, D. P. 1905, 4e partie), règle le service de l'assistance médicale gratuite, sous réserve du droit du Gouvernement de suspendre l'exécution de ses délibérations (L. 15 juill. 1893, D. P. 94, 4. 23). Il crée toutes les institutions départementales d'assistance publique, et organise les services d'assistance dans les établissements départementaux (L. 1871, art. 46-20e). Il organise les caisses de retraite en faveur des employés et des agents salariés sur les fonds du département (L. 1871, art. 46-21e). Enfin, il délibère sur tous les objets sur lesquels il est appelé à délibérer par les lois ou les règlements, et sur tous les objets d'intérêt départemental dont il est saisi par le préfet ou par ses membres (L. 1871, art. 48-3e).

70. Indépendamment de ces délibérations, le Conseil général donne encore des avis sur les projets de modifications aux circonscriptions du département, des arrondissements, des cantons, ou à la désignation des chefs-lieux. Il donne également des avis sur toutes les matières jugées à propos de lui soumettre (L. 10 août 1871, art. 50).

71. Le Conseil général adresse spontanément aux ministres compétents les réclamations qu'il croit devoir présenter dans l'intérêt spécial du département. Il peut émettre des vœux sur toutes les questions économiques et d'administration générale. Seuls les vœux politiques lui sont interdits (L. 1871, art. 51).

§ 2. — *Commission départementale* (S. 477 et s.).

72. La commission départementale a deux sortes d'attributions : 1° celles qui lui sont déléguées par le Conseil général; 2° celles qu'elle tient directement de la loi.

73. Lorsque le conseil délègue ses attributions à la commission départementale, les délibérations prises par celle-ci ont la même valeur que si elles émanaient du conseil lui-même. — Mais, d'après la jurisprudence du Conseil d'Etat, les délégations données par le Conseil général ne peuvent être que spéciales, c'est-à-dire qu'elles doivent porter sur des affaires déterminées, et non sur des catégories d'affaires. Par exemple, un Conseil général qui est arrivé au terme de sa session sans avoir épuisé son ordre du jour peut charger la commission départementale de statuer à sa place sur les affaires qu'il n'a pas eu le temps d'examiner. Au contraire, il ne lui appartient pas de faire entre lui et la commission un partage d'attributions et de la charger, par exemple, de statuer à sa place sur toutes les affaires d'octroi et de vicinalité (Av. Cons. d'Et. 5 déc. 1872 et 13 mars 1873, D. P. 74. 3. 64).

74. Il est, d'ailleurs, des délégations, même spéciales, que le Conseil général n'a pas le pouvoir de faire. Ainsi, il ne peut déléguer à la commission départementale l'instruction d'une affaire ou l'emploi du crédit pour dépenses imprévues, parce qu'il y aurait là un empiétement sur les attributions du préfet. Il ne peut non plus déléguer les attributions qui lui ont été déléguées à lui-même, telles que la répartition de l'impôt direct ou la confection de la liste du jury. Il ne peut déléguer les affaires qui intéressent l'ensemble du département, telles que le budget, la répartition du crédit pour travaux neufs.

75. Quant aux attributions que la commission départementale tient de la loi, celle qui constitue sa mission essentielle est le contrôle et la surveillance du préfet. C'est surtout à propos du budget, avant et après son vote, qu'elle joue un rôle important. Dix jours avant l'ouverture de la session d'août, elle doit recevoir du préfet le projet de budget, l'examiner et faire un rapport sommaire au Conseil général sur les propositions du préfet. Elle fait de même un rapport sur les comptes d'administration, qui doivent également lui être remis avant la session (L. 1871, art. 66). Le budget voté et approuvé, elle surveille son exécution dans chacune de ses sessions mensuelles; le préfet doit lui communiquer un état des mandats de payement qu'il a délivrés (art. 78).

76. La commission départementale doit faire chaque année l'inventaire du mobilier mis par le département à la disposition du préfet et celui des archives (L. 1871, art. 83).

77. Elle intervient pour assurer l'exécution des délibérations du Conseil général. Ainsi, elle détermine l'ordre de priorité dans lequel les travaux décidés par le Conseil général seront exécutés; elle fixe l'époque et le mode d'adjudication ou de réalisation des emprunts (L. 1871, art. 81-2° à 4°) quand le Conseil général ne les a pas fixés lui-même. Enfin elle intervient pour assister le préfet dans la passation des contrats : son avis conforme est exigé (art. 54).

78. La commission départementale peut habiliter le préfet à défendre à une action. Elle charge un de ses membres de soutenir l'action au nom du département, lorsque celui-ci est en procès avec l'Etat (L. 1871, art. 54). Elle opère la répartition des subventions qui sont accordées par le département (art. 81-1°). Elle approuve le tarif des éva-luations cadastrales, exerçant à cet égard les pouvoirs qui appartenaient autrefois au préfet. Enfin elle nomme les membres des commissions syndicales dans le cas où il s'agit d'entreprises subventionnées par le département, conformément à l'art. 23 de la loi du 21 juin 1865 (art. 87).

79. A l'ouverture de chaque session ordinaire du Conseil général, la commission départementale lui fait un rapport sur l'ensemble de ses travaux et lui soumet toutes les propositions qu'elle juge utiles. Ce rapport est imprimé et distribué, à moins que la commission n'en décide autrement (L. 1871, art. 79). Elle délibère sur toutes les questions qui lui sont déférées par la loi, et elle donne son avis au préfet sur toutes les questions qu'il lui soumet ou sur lesquelles elle croit devoir appeler son attention dans l'intérêt du département (art. 77).

§ 3. — *Préfet* (R. 271 et s.; S. 68 et s.).

80. D'une façon générale, les attributions du préfet, comme agent du département, consistent à instruire préalablement les affaires qui intéressent le département et à exécuter les décisions du Conseil général et de la commission départementale.

81. Spécialement, le préfet accepte ou refuse les dons ou legs faits au département en exécution de la délibération du Conseil général ou de la décision du Gouvernement, suivant qu'il n'y a pas ou qu'il y a réclamation de la famille. Il peut toujours, à titre conservatoire, accepter provisoirement les libéralités (L. 1871, art. 53, et 4 févr. 1901, art. 5). — Le préfet passe les contrats au nom du département, avec l'avis conforme de la commission départementale (L. 1871, art. 54). — Il représente le département dans tous les actes de la vie civile. Toutefois, quand le département traite avec l'Etat, le préfet représente l'Etat; le département est alors représenté par le secrétaire général.

82. Le préfet intente les actions en vertu de la décision du Conseil général; il peut défendre à toute action intentée contre le département, sur l'avis conforme de la commission départementale. Il peut faire sans autorisation tous actes conservatoires et interruptifs de déchéance. — Par exception, en cas de litige entre l'Etat et le département, l'action est intentée au nom du département par un membre de la commission départementale désigné par celle-ci (L. 1871, art. 54). Toutefois, cette représentation exceptionnelle n'est admise que devant le Conseil de préfecture. Devant le Conseil d'Etat, où le ministre représente seul l'Etat, le préfet reprend son rôle normal, et peut seul agir au nom du département (Cons. d'Et. 2 mai 1897).

83. Le préfet prépare le budget et le présente au Conseil général à la session d'août, après l'avoir communiqué dix jours avant l'ouverture de cette session à la commission départementale avec les pièces à l'appui (L. 1871, art. 57); il rend exécutoires les rôles et états de produits, et les remet au comptable pour en effectuer le recouvrement (art. 64). Il délivre les mandats dans les limites des crédits qui lui ont été ouverts (art. 65). — L'exercice clos, il présente au Conseil général le compte d'administration (art. 66). Outre ce compte, il présente à la session d'août un rapport spécial et détaillé dans lequel il expose la situation du département et l'état des services publics. A la session d'avril, il présente un rapport sur les affaires qui sont soumises au Conseil général (art. 56).

84. Pouvoir exécutif du département, le préfet nomme et révoque tous les fonctionnaires et agents salariés, sauf dans les cas où cette nomination a été réservée au Gouvernement.

ART. 4. — POUVOIRS DE TUTELLE ET DE CONTROLE RÉSERVÉS AU GOUVERNEMENT SUR LES AUTORITÉS DÉPARTEMENTALES (R. 665 et s.; S. 377 et s.).

85. Les délibérations les plus importantes des Conseils généraux, celles qui sont relatives au budget et aux comptes du préfet, ne sont exécutoires qu'après approbation du Gouvernement (L. 1871, art. 57). Il en est de même des délibérations votant des contributions extraordinaires dépassant le maximum fixé par la loi de finances (V. *infrà*, n° 109) ou des emprunts contractés pour une durée supérieure à trente ans. L'autorisation est donnée par un décret après avis du Conseil d'Etat (L. 1871, art. 4, modifié par la loi du 12 juill. 1898). — Sont encore soumises à la nécessité d'une autorisation préalable les délibérations acceptant des libéralités grevées de réclamations de la part des familles (L. 4 févr. 1901), et celles relatives à certains travaux tels que les chemins de fer d'intérêt local, les tramways, les écoles normales (L. 11 juin 1880 et 9 août 1879, D. P. 81. 4. 20 et 80. 4. 64).

86. Toutes autres délibérations du Conseil général sont exécutoires par elles-mêmes. Toutefois, il y a lieu d'établir entre les délibérations exécutoires une distinction quant aux pouvoirs du Gouvernement. — Dans ses art. 40 à 46, la loi du 10 août 1871 énumère d'une façon limitative les délibérations définitives. A l'égard de celles-ci, le seul droit du Gouvernement se borne à en vérifier la légalité et à les annuler si elles sont contraires à la loi. D'après l'art. 47, ces délibérations sont exécutoires si, dans le délai de vingt jours à partir de la clôture de la session, le préfet n'a pas demandé l'annulation pour excès de pouvoir ou pour violation d'une loi ou d'un règlement d'administration publique. Le recours formé par le préfet doit être notifié au président du Conseil général et au président de la commission départementale. Si, dans le délai de deux mois à partir de la notification, l'annulation n'a pas été prononcée, la délibération est exécutoire. Cette annulation ne peut être prononcée que par un décret rendu dans la forme des règlements d'administration publique. Le président du Conseil général peut adresser au ministre de l'Intérieur un mémoire explicatif. Mais la jurisprudence refuse au Conseil général le droit d'attaquer devant le Conseil d'Etat statuant au contentieux le décret qui annule une de ses délibérations (Cons. d'Et. 2 avr. 1897, D. P. 98. 3. 61), à moins que ce décret n'ait pas été pris dans les formes légales.

87. Les délibérations du Conseil général qui ne sont comprises ni dans l'énumération de celles qui sont soumises à l'approbation préalable, ni dans celles des art. 40 à 46, constituent le droit commun : elles sont prévues aux art. 48 et 49 de la loi du 10 août 1871. Ces délibérations sont exécutoires si, dans le délai de trois mois à partir de la clôture de la session, un décret n'en a pas pris sur l'avis du Conseil d'Etat. La suspension peut être prononcée pour toutes espèces de motifs, notamment si la délibération, sans être illégale, est inopportune. C'est un *veto* qui paralyse la délibération sans limitation de durée : il faut ou bien que le Conseil général prenne une autre délibération, ou bien que le décret de suspension soit rapporté. A l'égard des délibérations de cette nature, on ne peut procéder par voie d'annulation, comme à l'art. 47.

88. Les Conseils généraux sont tenus de se renfermer dans le cercle de leurs attributions, telles qu'elles sont déterminées par la loi. En conséquence, tout acte et toute délibération du Conseil général relatifs à des objets qui ne sont pas légalement compris dans ses attributions sont nuls et de nul effet. La nullité est prononcée par un décret rendu dans la forme des règlements d'administration publique (L. 1871, art. 33). Ce décret peut intervenir à toute époque. C'est par application de l'art. 39 que sont déclarés nuls les vœux politiques, les délibérations par lesquelles le Conseil général blâme certains agents de l'Etat ou tend à empiéter sur les attributions d'une autre autorité.

89. Lorsque le Conseil général se réunit hors de ses sessions légales, toute délibération prise par lui, même portant sur un objet rentrant dans ses attributions, est nulle et de nul effet. Le préfet, par un arrêté motivé, déclare la réunion illégale, prononce la nullité des actes, prend toutes les mesures nécessaires pour que l'assemblée se sépare immédiatement et transmet son arrêté au procureur du ressort pour l'exécution des lois et l'application, s'il y a lieu, des peines déterminées par l'art. 258 c. pén. En cas de condamnation, les membres condamnés sont déclarés par le jugement exclus du conseil et inéligibles pendant les trois années qui suivront la condamnation (L. 1871, art. 34).

90. Les délibérations de la commission départementale peuvent, comme celles du Conseil général, être annulées par application soit de l'art. 33, soit de l'art. 47 de la loi de 1871. En outre, si la commission départementale commettait quelque illégalité, le Gouvernement aurait la faculté, en prescrivant une session extraordinaire, d'appeler le Conseil général à se prononcer sur les actes de la commission (L. 1871, art. 85).

91. Enfin le Gouvernement peut prononcer la dissolution du Conseil général. Les art. 35 et 36 de la loi de 1871 règlementent d'une manière très stricte l'exercice de ce droit. Pendant les sessions des Chambres, la dissolution ne peut être prononcée que sous l'obligation expresse d'en rendre compte au Parlement dans le plus bref délai possible. En ce cas, une loi fixe la date de la nouvelle élection et l'ancienne commission départementale doit conserver son mandat jusqu'à la réunion du nouveau Conseil général, ou autorise le pouvoir exécutif à en nommer provisoirement un autre. Dans l'intervalle des sessions, le chef de l'Etat ne peut prononcer la dissolution d'un Conseil général que pour des causes spéciales et ce conseil. Le décret de dissolution doit être motivé. Il ne peut jamais être rendu par voie de mesure générale. Le convoque en même temps les électeurs pour le quatrième dimanche qui suivra sa date. Le nouveau Conseil général se réunit de plein droit le deuxième lundi après l'élection et nomme sa commission départementale. Le Conseil général en corps, et chaque conseiller individuellement, peuvent attaquer devant le Conseil d'Etat, pour excès de pouvoir, le décret de dissolution.

ART. 5. — VOIES DE RECOURS OUVERTES AUX PARTICULIERS CONTRE LES DÉLIBÉRATIONS DU CONSEIL GÉNÉRAL ET DE LA COMMISSION DÉPARTEMENTALE.

92. Dans certains cas, les délibérations du Conseil général ont le caractère d'actes de puissance publique ; ces délibérations, si elles sont entachées d'incompétence, de vice de forme, de détournement de pouvoir, ou si elles violent un droit privé consacré par la loi, peuvent être attaquées, par les particuliers lésés, par la voie du recours pour excès de pouvoir. Il en est ainsi des délibérations prononçant le sectionnement d'une commune (Cons. d'Et. 7 août 1903), ou décidant le classement ou l'ouverture d'un chemin vicinal.

93. Il est d'autres délibérations qui ont trait à la gestion des affaires du département. Lorsqu'elles repoussent des réclamations émanées de particuliers, il en résulte un litige sur lequel les tribunaux peuvent être appelés à statuer. C'est ce qui a lieu, par exemple, quand le Conseil statue sur une demande de pension formée par un employé départemental, ou lorsqu'il refuse de reconnaître une dette du département (Cons. d'Et. 5 déc. 1902).

94. Quant aux décisions de la commission départementale, elles sont en général susceptibles des mêmes recours que celles du Conseil général. Par exception, celles qui sont prévues aux art. 86 et 87 de la loi du 10 août 1871, auxquelles il faut joindre les décisions relatives aux chemins prévus par la loi du 20 août 1881, sont soumises à des règles particulières : le préfet, les conseils municipaux ou toute partie intéressée peuvent les frapper d'appel devant le Conseil général pour cause d'inopportunité ou de fausse appréciation des faits. L'appel doit être notifié au président de la commission dans le délai d'un mois à partir de la communication de la décision. Le Conseil général statue définitivement à sa plus prochaine session. — En outre, ces délibérations peuvent être déférées au Conseil d'Etat statuant au contentieux pour cause d'excès de pouvoir ou de violation de la loi ou d'un règlement d'administration publique. Le recours au Conseil d'Etat doit avoir lieu dans le délai de deux mois à partir de la communication de la décision attaquée. Il peut être formé sans frais, et il est suspensif dans tous les cas (L. 1871, art. 88). La jurisprudence interprète cet article en ce sens que le Conseil d'Etat est incompétent pour connaître des recours fondés sur de simples motifs d'opportunité (Cons. d'Et. 28 févr. et 7 mars 1902). En revanche, les moyens de droit qui peuvent être invoqués contre une délibération d'une commission départementale ne peuvent être portés que devant le Conseil d'Etat. Le Conseil général ne peut connaître, et si les parties intéressées, au lieu de se pourvoir directement devant le Conseil d'Etat, se sont adressées au Conseil général, elles ne sont pas recevables à faire valoir leurs droits par la voie de recours contre la délibération confirmative du Conseil général (Cons. d'Et. 20 juin 1902).

ART. 6. — BIENS DU DÉPARTEMENT (R. 273 et s.).

95. Les biens des départements se divisent en deux classes : — 1° *Biens du domaine privé*. Ils peuvent consister, notamment, en forêts, pâturages, pépinières, établissements thermaux, haras, canaux, etc., ou valeurs mobilières (rentes, etc.). Le patrimoine privé n'existe qu'au profit de certains départements. — 2° *Biens du domaine public*. Ce sont principalement : les routes départementales ; les anciennes routes nationales qui ont été abandonnées par le décret du 16 déc. 1811 (R. p. 607) et qui ont été comprises définitivement dans les propriétés départementales par l'art. 59 de la loi du 10 août 1871 ; les chemins de fer d'intérêt local et les tramways concédés par le département. En dehors de ces biens, la propriété des départements se compose presque uniquement des bâtiments affectés à des services publics, les uns obligatoires, les autres facultatifs pour le département. La propriété des départements sur ces biens a sa source soit dans des concessions qui leur ont été faites par l'Etat (Décr. 9 avr. 1811, R. p. 607), soit dans des libéralités émanant des particuliers, soit dans des acquisitions de bâtiments ou des achats de terrains indivis de construction décidées par le Conseil général.

96. Les services installés dans les bâtiments départementaux sont pour la plupart des services de l'Etat. Les départements sont obligés de fournir à l'Etat les bâtiments suivants : 1° les hôtels de préfecture et de sous-préfecture ; 2° les palais de justice de première instance et des tribunaux de commerce, et le local où se tient la Cour d'assises ; 3° les casernes de gendarmerie ; 4° les prisons où se subissent les courtes peines (maisons de justice, d'arrêt et de détention) ; 5° le local du conseil départemental de l'enseignement primaire et les bureaux de l'inspecteur d'académie. — A ces bâtiments affectés à des services publics obligatoires, il faut ajouter ceux que le département affecte volontairement à des services publics facultatifs (écoles d'agriculture, palais épiscopaux, établissements d'assistance, hospices d'aliénés, d'enfants assistés, de vieillards, dépôts de mendicité, musées).

ART. 7. — BUDGET DÉPARTEMENTAL (R. 726 et s. ; S. 440 et s.).

97. Le budget du département est aujourd'hui régi par la loi du 10 août 1871, modifiée par celles des 18 juill. 1892 (D. P. 92. 4. 75) et 29 juin 1899 (D. P. 99. 4. 88). Il faut ajouter à ces textes le décret du 12 juill. 1893 (D. P. 94. 4. 97) et celui du 20 janv. 1900.

98. Le budget du département n'est complètement autonome et distinct de celui de l'Etat que depuis la loi du 18 juill. 1892, qui a supprimé le budget sur ressources spéciales. Le seul lien qui existe encore aujourd'hui entre les budgets des départements et celui de l'Etat résulte des autorisations données par les lois de finances relativement à la mise en recouvrement des diverses catégories d'impôts que les Conseils généraux ont le droit de voter.

99. Le budget est l'état de prévision et d'autorisation de recettes et de dépenses à faire dans le cours d'une année. Le budget départemental est divisé en budget ordinaire et budget extraordinaire (L. 1871, art. 57). La classification des dépenses entre ces deux budgets se fait non d'après la nature intrinsèque de ces dépenses, mais d'après la nature des recettes sur lesquelles elles sont imputées : le budget ordinaire se compose des recettes ordinaires et des dépenses imputées sur ces recettes ; le budget extraordinaire, des recettes extraordinaires et des dépenses imputées sur ces recettes. Ainsi des travaux de construction qui, par leur nature accidentelle, constituent une dépense extraordinaire, seront portés sur le budget ordinaire ou sur le budget extraordinaire, suivant la nature des ressources qui serviront à les payer (Décr. 12 juill. 1893, art. 32).

§ 1er. — *Recettes*.

A. — Recettes ordinaires (S. 453).

100. Les recettes ordinaires se composent : 1° Du produit des *centimes additionnels ordinaires* sans affectation spéciale, dont le maximum est fixé annuellement par la loi de finances (ce maximum, depuis la loi du 13 juill. 1900, est fixé à 25 centimes additionnels à la contribution foncière et à la contribution personnelle mobilière, et 8 centimes additionnels aux quatre contributions directes).

101. 2° Du produit des *centimes spéciaux*. — Les Conseils généraux peuvent voter 10 centimes pour les dépenses de la vicinalité (L. 13 juill. 1900, art. 11, D. P. 1901. 4. 29), 1 centime pour les dépenses du cadastre (L. 17 mars 1898, D. P. 98. 4. 38), un nombre indéterminé de centimes pour les dépenses de l'assistance médicale gratuite (L. 15 juill. 1893, D. P. 94. 4. 23). — A l'exception du centime du cadastre, qui ne porte que sur la contribution foncière des propriétés non bâties, toutes les autres catégories de centimes spéciaux portent sur les quatre contributions simultanément. Le conseil général ne peut voter les centimes de toute nature portant sur les quatre contributions directes qu'après avoir épuisé les 25 centimes ordinaires (L. 13 juill. 1900, art. 14, § 1er).

102. 3° *Des produits éventuels.* — Ce sont : les revenus et produits des propriétés départementales; le produit d'expéditions d'anciennes pièces et d'actes de la préfecture déposés aux archives; le produit des droits de péage des bacs et passages d'eau sur les routes et chemins à la charge du département, les autres droits de péage et tous autres droits concédés au département par les lois, tels que les redevances imposées aux concessionnaires de chemins de fer d'intérêt local ou de tramways, ou aux concessionnaires de prises d'eau sur des canaux appartenant aux départements; l'attribution faite aux départements, pour le service des enfants assistés, d'une partie des fonds des amendes de police correctionnelle (L. 28 avr. 1893, art. 45).

103. 4° *Des subventions de l'Etat.* — Celles-ci peuvent avoir, ou non, une affectation spéciale. Depuis la loi du 18 juill. 1866, qui a supprimé le fonds commun, il existe un fonds de subvention inscrit annuellement au budget du ministère de l'Intérieur, et qui se répartit chaque année par un tableau annexé à la loi de finances ou par une loi spéciale entre les départements dont le budget est en déficit (L. 10 août 1871, art. 58-7°). — En dehors des subventions générales, l'Etat s'est engagé par des lois spéciales à allouer des subventions aux départements en vue de certains objets particuliers. Des subventions peuvent être accordées aux départements pour la construction et l'installation de leurs écoles normales, en considération de leur situation pécuniaire et de leurs sacrifices (L. 9 août 1879, art. 5). — L'Etat peut s'engager, en cas d'insuffisance des recettes d'un chemin de fer d'intérêt local ou d'un tramway, à subvenir pour partie au payement de cette insuffisance, à condition qu'une part au moins équivalente sera payée le département (L. 11 juin 1880, art. 13 et 36). — Il peut accorder, pour le rachat des ponts à péage dépendant des routes départementales ou des chemins vicinaux, une subvention dont le maximum est fixé à la moitié de la dépense (L. 30 juill. 1880, art. 7). — Lorsque les conseils généraux ont dû, pour payer leur part contributive dans les dépenses de l'assistance médicale gratuite, recourir à l'établissement de centimes additionnels, l'Etat concourt à ces dépenses départementales par une subvention qui varie de 10 à 70 pour cent du total de ces dépenses couvertes par des centimes additionnels et calculée en raison inverse de la valeur du centime départemental par kilomètre carré (L. 15 juill. 1893, art. 29). — L'Etat contribue aussi, dans les conditions prévues par la loi sur l'assistance médicale et conformément aux barèmes A et B de cette loi, au payement des pensions constituées par les départements ou les communes au profit des vieillards indigents ou infirmes (L. 29 mars 1897, art. 45). — En cas d'établissement de services réguliers de voitures automobiles destinées au transport des voyageurs et des marchandises et subventionnées par les départements, l'Etat peut s'engager à payer une subvention (L. 13 avr. 1898, art. 98).

104. La loi du 5 juin 1875, art. 7 (D. P. 76. 4. 9), en imposant aux départements de transformer leurs prisons en prisons cellulaires, disposait que des subventions pourraient leur être accordées par l'Etat suivant les ressources du budget. Il devait être tenu compte dans la fixation de ces subventions

de l'étendue des sacrifices précédemment faits par les départements, de la situation de leurs finances et du produit du centime départemental. Elles ne pouvaient en aucun cas dépasser la moitié, le tiers ou le quart de la dépense, suivant que la valeur du centime était inférieure à 20 000 fr., supérieure à 20 000 fr. et inférieure à 40 000 fr., ou supérieure à 40000 fr — La loi du 4 févr. 1893 (D. P. 93. 4. 48) a permis à l'Etat, en déclassant les prisons départementales, de mettre les départements en demeure d'effectuer les travaux d'appropriation ou de reconstruction. Le département qui, sur cette mise en demeure, exécute volontairement les travaux, a droit au maximum de la subvention de l'Etat dans les conditions prévues par l'art. 7 de la loi de 1875.

105. Des subventions peuvent être accordées par l'Etat aux départements pour l'achèvement de leur réseau de chemins vicinaux (L. 11 mars 1880). Ces subventions sont accordées dans les conditions déterminées par le décret du 3 juin 1880 (D. P. 81. 4. 39), modifié par celui du 4 juill. 1895, en ayant égard aux besoins. aux ressources et aux services des départements et des communes. Il n'est tenu compte, dans le calcul, que de la portion à couvrir au moyen de ressources extraordinaires. Peuvent seuls recevoir des subventions les départements qui consacreront aux dépenses de la vicinalité la totalité des ressources spéciales ordinaires que la loi met à leur disposition. — L'Etat doit contribuer, en outre, pour une part, aux dépenses du service des enfants assistés (L. 27 juin 1904, art. 45, 48; L. 28 juin 1904, art. 4, D. P. 1905, 4° partie).

106. Les dépenses du service départemental de désinfection en vertu de la loi du 15 févr. 1902 (D. P. 1902. 4. 41) sont supportées par les départements et par l'Etat dans les proportions établies au barème B annexé à la loi du 15 juill. 1893. Les dépenses rendues nécessaires par la destruction des objets mobiliers contaminés sont réparties entre les départements les communes et l'Etat, suivant les règles fixées par les art. 27, 28 et 29 de la loi du 15 juill. 1893 (L. 15 févr. 1902, art. 26).

107. 5° Au nombre des produits éventuels figurent les *contingents des communes*, contributions obligatoires qui leur sont imposées par le conseil général pour leur participation à des travaux ou à des services d'intérêt départemental ou intercommunal. Il en est ainsi pour les services des enfants assistés (L. 5 mai 1869), des aliénés (L. 30 juin 1838), de l'assistance médicale (L. 15 juill. 1893), de la vicinalité (L. 21 mai 1836 et 10 août 1871), et de la santé publique (L. 15 févr. 1902).

B. – Recettes extraordinaires (S. 454).

108. Les recettes extraordinaires du département consistent : 1° en centimes extraordinaires; 2° en emprunts; 3° en produits éventuels extraordinaires.

109. 1° Les conseils généraux peuvent voter des *centimes extraordinaires*, dans la limite du maximum fixé annuellement par la loi de finances (L. 10 août 1871, art. 40). Ce maximum, depuis 1871, a toujours été fixé à 12. Les centimes extraordinaires portent sur les quatre contributions directes. — En outre, les conseils généraux peuvent voter des centimes extraordinaires en sus du maximum fixé par la loi de finances, mais seulement en vertu d'une autorisation donnée par un décret rendu en Conseil d'Etat (L. 1871, art. 42, modifié par la loi du 12 juill. 1898). D'après la loi du 13 juill. 1900, les conseils généraux ne peuvent demander au Gouvernement l'autorisation d'établir des contributions extraordinaires spéciales qu'après avoir épuisé les 12 centimes que leur accorde la loi.

110. 2° Les conseils généraux peuvent, sans autorisation, voter des *emprunts départementaux* remboursables, dans un délai qui ne peut excéder trente années, sur les ressources soit ordinaires, soit extraordinaires. Dans le cas où un emprunt serait voté au delà de ces limites, cet emprunt devrait être autorisé par un décret rendu en Conseil d'Etat (L. 1871, art. 40 et 41, modifiés par la loi du 12 juill. 1898). — La délibération du conseil général qui vote l'emprunt (ou le décret qui l'approuve) fixe les conditions essentielles de cet emprunt, le taux d'intérêt, la durée de l'amortissement. L'emprunt voté, et approuvé s'il y a lieu, le préfet doit obtenir l'avis conforme de la commission départementale pour le choix du moment où il sera réalisé et les conditions de la réalisation (L. 1871, art. 81). — Les modes de réalisation des emprunts sont : l'adjudication à une ou plusieurs maisons de banque, l'adjudicataire devant être la maison qui offrira la somme la plus élevée ou demandera le plus faible commission; la souscription publique faite par l'émission d'obligations remboursables par tirages au sort annuels (Décr. 23 juin 1879, D. P. 80. 4. 28); le traitement de gré à gré, soit avec des banquiers particuliers, soit avec de grands établissements de crédit, tels que le Crédit foncier, la Caisse des Dépôts et Consignations, la Caisse nationale des retraites pour la vieillesse.

111. 3° Les *produits éventuels extraordinaires* dont les départements peuvent disposer sont : le prix de vente de leurs biens; l'indemnité qui pourrait leur être accordée par décret en Conseil d'Etat en cas d'incorporation au réseau d'intérêt général d'un chemin de fer départemental (L. 11 juin 1880); les dons et legs qui leur sont faits; le remboursement des capitaux exigibles et des rentes rachetées; et toutes autres recettes accidentelles (Décr. 12 juill. 1893, art. 37).

112. Beaucoup de recettes du département ont une affectation spéciale. Il en est ainsi des centimes de la vicinalité, du cadastre de l'assistance; d'une partie des subventions de l'Etat; des contingents communaux; du produit des amendes; d'une partie des centimes extraordinaires; des dons et legs. Cependant, quant aux ressources de la vicinalité, les départements qui, pour assurer le service des chemins vicinaux, n'ont pas besoin de faire emploi de la totalité des centimes spéciaux, peuvent appliquer le surplus aux autres dépenses de leur budget ordinaire. Les départements qui, étant en situation d'user de cette faculté, n'en feraient pas usage ne pourraient recevoir aucune allocation sur le fonds des subventions (L. 10 août 1871, art. 60). D'autre part, les départements ne peuvent détourner les centimes spéciaux de la vicinalité de leur destination qu'en renonçant aux bénéfice des subventions allouées par l'Etat en exécution de la loi du 12 mars 1880 (Décr. 12 juill. 1893, art. 38).

§ 2. – *Dépenses* (S. 444 et s.).

113. Les dépenses ne comportent pas de division en dépenses ordinaires et dépenses extraordinaires, elles se divisent en dépenses *obligatoires* et en dépenses *facultatives* (Décr. 12 juill. 1893, art. 28, D. P. 94. 4. 97). La liste des dépenses obligatoires se trouve, presque complète, dans l'art. 29 du décret du 12 juill. 1893.

114. Les dépenses obligatoires sont celles qui intéressent des services de l'Etat que la législation actuelle a maintenus à la charge des départements. Ce sont : 1° l'entretien, le loyer et le mobilier des hôtels de préfecture et de sous-préfecture (L. 10 août 1871 art. 60), 2° l'entretien, le loyer et le mobilier des cours d'assises, des tribunaux civils et des tribunaux de commerce (art. 60); 3° les menues dépenses des cours et tribunaux et des justices de paix (L. 1871, art. 60, et Décr. 28 janv. 1883, D. P. 83. 4. 87); 4° les frais d'impression et de publication des listes des électeurs consulaires et les frais d'impression des cadres pour la formation des listes électorales et des listes du jury (L. 1871, art. 60); 5° les frais du casernement ordinaire des brigades de gendarmerie et indemnités de literie aux gendarmes (art. 60); 6° les dépenses d'appropriation ou de construction qu'entraîne la réforme des prisons à courte durée (L. 4 févr. 1893, D. P. 93. 4. 48); 7° l'entretien, le loyer et le mobilier du local servant aux réunions du conseil départemental de l'enseignement primaire (L. 1871, art. 60, et 19 juill. 1889, art. 3, D. P. 90. 4. 35); 8° l'entretien, le loyer du bureau de l'inspecteur d'académie et ses frais de bureau (L. 1871, art. 60, et 19 juill. 1889, art. 3); 9° les frais d'imprimés à l'usage de l'administration académique et des délégations cantonales (L. 19 juill. 1889, art. 3); 10° la construction et l'installation, l'entretien ou le loyer des bâtiments, s'il y a lieu, des écoles normales primaires d'instituteurs et d'institutrices, l'entretien et le renouvellement du mobilier et du matériel d'enseignement de mêmes écoles (L. 9 août 1879, art. 2 et 3, et 19 juill. 1889, art. 3; Décr. 29 mars 1890, art. 10); 11° les indemnités de tournées aux inspecteurs primaires (L. 19 juill. 1889, art. 3 et 23); 12° les traitements et frais de tournées des inspectrices départementales des écoles maternelles (moitié de la dépense) (L. 8 août 1885, art. 35, D. P. 86. 4. 42); 13° les allocations aux chefs d'ateliers, contremaîtres et ouvriers chargés de l'enseignement agricole, industriel ou commercial dans les écoles primaires et les écoles manuelles d'apprentissage régis par la loi du 21 déc. 1880 (L. 19 juill. 1889, art. 3); 14° les frais de tournées du professeur départemental d'agriculture (L. 16 juin 1879, D. P. 79. 4. 68); 15° en matière d'assistance médicale, les frais des malades indigents hospitalisés qui n'ont qu'un domicile de secours départemental. Les départements sont, en outre, tenus d'allouer aux communes qui auraient été forcées de recourir à des centimes additionnels ou à des taxes d'octroi, des subventions d'autant plus fortes que leur centime est plus faible, dans certaines limites fixées par la loi du 15 juill. 1893, art. 28 (D. P. 94. 4. 22); 16° les dépenses du service des épizooties (L. 21 juin 1898, art. 62, D. P. 98. 4. 125); 17° l'organisation du service de désinfection dans les communes de moins de 20 000 habitants et les subventions dues aux communes pour l'application de la loi du 15 févr. 1902 sur la santé publique (D. P. 1902. 4. 41); 18° les dépenses des comités de conciliation et d'arbitrage en cas de différends collectifs entre patrons et ouvriers ou employés (L. 27 déc. 1892, art. 13, D. P. 93. 4. 33); 19° les dettes exigibles; 20° les dépenses à la charge du département dans le service des enfants assistés (L. 27 et 28 juin 1904, D. P. 1905. 4° partie).

115. En cas d'insuffisance des ressources des communes, les départements sont tenus de fournir aux sociétés de secours mutuels approuvées ou reconnues d'utilité publique qui le demandent les locaux nécessaires à leurs réunions, ainsi que les livrets et registres nécessaires à l'administration et à la comptabilité (L. 13 avr. 1898, art. 18 et 33, D. P. 98. 4. 97).

§ 3. — *Préparation, vote et règlement du budget* (S. 440 et s.).

116. Le projet de budget est préparé et présenté par le préfet, qui est tenu de le communiquer à la commission départementale avec les pièces à l'appui, dix jours au moins avant l'ouverture de la session d'août.

La commission l'examine et fait un rapport sommaire au conseil général sur ce projet de budget. Ce budget, présenté par chapitres et articles, est délibéré par le conseil général. Il est ensuite transmis au ministre de l'Intérieur, qui le fait régler par décret (Décr. 12 juill. 1893, art. 23).

117. Quant aux pouvoirs du Gouvernement sur le budget départemental, il faut distinguer : sur les recettes, il ne peut que rectifier la colonne des évaluations, si celles-ci sont entachées d'erreurs matérielles. Sur les dépenses, il ne peut rien toucher aux crédits relatifs à des dépenses facultatives. Il ne lui appartient ni de les rayer ni de les modifier. Si toutefois l'un de ces crédits avait pour objet une dépense contraire à la loi, un décret dans la forme des règlements d'administration publique annulerait cette délibération qui aurait voté cette dépense, et le décret de règlement du budget pourrait alors le supprimer. — Le droit principal du Gouvernement consiste à vérifier si toutes les dépenses obligatoires ont été portées au budget et pourvues de crédits suffisants. Si un conseil général omet ou refuse d'inscrire au budget un crédit suffisant pour l'acquittement des dépenses obligatoires, le crédit nécessaire est inscrit d'office au budget par un décret rendu dans la forme des règlements d'administration publique et inséré au *Bulletin des lois*. Il est pourvu au payement des dépenses inscrites d'office au moyen des prélèvements effectués soit sur les excédents de recettes, soit sur le crédit pour dépenses imprévues et, à défaut, au moyen d'une contribution spéciale portant sur les quatre contributions directes et établie par le décret d'inscription d'office, sans s'il est dans les limites du maximum fixé annuellement par la loi de finances, ou par une loi, si elle doit excéder ce maximum (L. 10 août 1871, art. 61, modifié par la loi du 29 juin 1899).

§ 4. — *Budget supplémentaire* (S. 456 et s.).

118. Le budget, une fois réglé, est rendu public par la voie de l'impression (Décr. 12 juill. 1893, art. 23). L'exercice financier du département commence au 1er janvier et se termine au 31 décembre. Il est constitué par l'ensemble des droits acquis et des services faits dans cet espace de temps. À cette période principale s'ajoute une période complémentaire destinée à éteindre, au moyen des opérations de liquidation, de mandatement et de payement, la plus grande partie possible des droits créés pendant la première. D'après les dispositions combinées de la loi du 29 juin 1899 et du décret du 20 janv. 1900, l'exercice ainsi prolongé est clos au 31 janvier de l'année suivante pour les ordonnancements, et au 28 février pour les payements et les recouvrements.

119. Après la clôture de l'exercice, les fonds libres de l'exercice antérieur et de l'exercice courant, et provenant d'emprunts, de centimes ordinaires et extraordinaires recouvrés ou à recouvrer dans le courant de l'exercice, ou de toute autre recette, sont cumulés suivant la nature de leur origine, avec les ressources de l'exercice en cours d'exécution, pour recevoir l'affectation nouvelle qui pourra leur être donnée par le conseil général dans le budget supplémentaire de l'exercice courant, sous réserve toutefois du maintien des crédits nécessaires et l'acquittement des restes à payer de l'exercice précédent. — Le budget supplémentaire est voté par le conseil général dans sa première session ordinaire (session d'avril) et définitivement réglé par décret (L. 10 août 1871, art. 63, modifié par la loi du 29 juin 1899). Ce budget, institué par la loi de 1899, a remplacé l'ancien budget de report et l'ancien budget rectificatif prévus par la loi du 10 août 1871. Grâce à cette modification, le conseil général exerce un contrôle sur les

restes à payer et à recouvrer, et, d'autre part, le vote du budget supplémentaire, tificatif était voté à la session d'août, supprime la période de trois mois pendant laquelle les fonds libres de l'exercice demeuraient sans emploi.

§ 5. — *Exécution du budget* (S. 458 et s.).

120. L'exécution du budget est confiée au préfet, qui est le seul ordonnateur des dépenses départementales, à l'exception de celles du produit des centimes départementaux affectés aux dépenses du cadastre et rattaché au budget de l'État comme fonds de concours (L. 18 juill. 1892, art. 21, D. P. 98. 4. 75). C'est également le préfet qui met en recouvrement les diverses recettes du département. Il rend exécutoires les rôles et états des produits, ces derniers valant jusqu'à opposition (L. 10 août 1871, art. 64.)

121. Le département a pour comptable le trésorier-payeur général, agent de l'État que celui-ci met gratuitement à la disposition du département. En compensation de cette économie procurée au département, celui-ci est tenu de déposer ses fonds libres au Trésor, sans qu'ils soient productifs d'intérêts à son profit (L. 18 juill. 1892, art. 22).

122. Le Trésor public assure le service de trésorerie des départements de la manière suivante : le produit des centimes départementaux est mis à la disposition des départements par douzièmes, le jour même de l'échéance de chaque douzième. Le nombre de douzièmes à mettre à la disposition des départements ne peut être augmenté que pour ceux dont les fonds disponibles se trouveraient momentanément insuffisants, et en vertu d'un décret délibéré en Conseil d'État et contresigné par le ministre de l'Intérieur et le ministre des Finances (même loi, art. 20).

123. Les recettes et les dépenses départementales sont effectuées par le trésorier-payeur général chargé de poursuivre la rentrée de tous les revenus du département, ainsi que d'acquitter les dépenses ordonnancées par le préfet, jusqu'à concurrence des crédits régulièrement accordés (même loi, art. 23). Le trésorier-payeur général est tenu de faire, sous sa responsabilité personnelle, toutes les diligences nécessaires pour la perception des revenus, legs et donations, et autres ressources affectées au service départemental; de faire contre les débiteurs en retard de payer, et à la requête du préfet, les exploits, significations, poursuites et commandements nécessaires; d'avertir le préfet de l'expiration des baux; d'empêcher les prescriptions; de veiller à la conservation des domaines, droits, privilèges et hypothèques, et de requérir l'inscription hypothécaire de tous titres qui en sont susceptibles (même loi, art. 24). — Néanmoins, quand il est nécessaire d'exercer des poursuites, le trésorier-payeur général doit, avant de les commencer, en référer au préfet, qui ne peut y faire surseoir que par un ordre écrit (Décr. 20 janv. 1900, art. 68).

124. L'état de toutes les propriétés du département, productives de revenus ou improductives, est dressé par le préfet. Une copie en est délivrée au comptable départemental. Il reçoit une expédition de tous les titres de propriétés, titres de rentes et autres actes concernant le domaine du département et établissant ses droits, ainsi que les inscriptions de privilèges et hypothèques (Décr. 12 juill. 1893, art. 67).

125. Les versements en numéraire faits aux caisses départementales donnent lieu à la délivrance immédiate d'un récépissé. Pour être libératoire et former titre contre le département, ce récépissé doit être détaché d'une formule à talon; à Paris, il doit, en entre, être revêtu du visa du contrôle (L. 28 avr. 1893, art. 59, et 24 déc. 1896, art. 2, D. P. 93. 4. 79 et 97. 4. 31; Décr. 20 janv. 1900, art. 68).

126. A la session d'avril, le conseil général statue sur le compte des produits de l'exercice clos, sur l'admission en non valeurs des créances présentées comme irrecouvrables. Le préfet assure l'exécution de cette délibération par un arrêté annexé à l'état des restes à recouvrer. Au vu de cet arrêté, le trésorier-payeur reporte les restes à recouvrer de l'exercice clos à l'exercice en cours, pour lequel il les prend en charge (Décr. 12 juill. 1893 et 20 janv. 1900, art. 74 et 75).

§ 6. — Comptes (S. 460 et s.).

127. Le préfet dresse pour chaque année le compte des recettes et des dépenses du département dans les formes indiquées aux art. 27 et 66 de la loi du 10 août 1871. Ce compte, communiqué à la commission départementale six jours avant la session d'août, est débattu par le conseil général hors la présence du conseil. Les observations du conseil sur les comptes sont adressées directement par son président au ministre de l'intérieur. Le compte, provisoirement arrêté par le conseil général, est définitivement réglé par décret et rendu public par la voie de l'impression (L. 1871, art. 66 et 67; Décr. 12 juill. 1893 et 20 janv. 1900, art. 208 et s.). — Le trésorier-payeur général produit chaque année un compte de sa gestion. Ce compte est soumis à la commission départementale, en même temps que le compte d'administration du préfet, puis au conseil général. Le conseil général prend une délibération spéciale sur les résultats du compte, qui est soumis ensuite au jugement de la Cour des comptes (Décr. 12 juill. 1893 et 20 janv. 1900, art. 210 et s.).

ART. 8. — SERVICES DÉPARTEMENTAUX.

128. Les services qu'il rentre dans la mission des autorités départementales d'organiser et de diriger sont : 1° le service vicinal; 2° celui des chemins de fer et des tramways départementaux; 3° le service des enfants assistés, auquel il faut joindre celui de la protection des enfants du premier âge (L. 23 déc. 1874, D. P. 75. 4. 79); 4° celui des aliénés; 5° celui de l'assistance médicale gratuite; 6° celui des autres établissements d'assistance créés par le département, qui ne sont pas pourvus de la personnalité civile, mais ont quelquefois la personnalité financière (dépôts de mendicité, hospices de vieillards ou d'incurables, orphelinats, hôpitaux); 7° les services d'hygiène (service de vaccination, service de désinfection pour les communes de moins de 20 000 habitants : L. 15 févr. 1902); 8° le service des épizooties (L. 21 juin 1898); 9° le laboratoire de chimie agricole, les stations agronomiques, champs d'expérience, l'école pratique d'agriculture (quand elle n'est pas constituée en établissement public), la pépinière départementale; 10° l'observatoire météorologique; 11° le service des archives départementales; 12° celui de la caisse des retraites des employés du département.

129. Certains départements ont voulu former une caisse d'assurances mutuelle contre l'incendie. Le Conseil d'État a émis l'avis que cette institution ne rentrait pas dans la mission légale des conseils généraux (Av. Cons. d'Ét. 21 mai 1896).

ART. 9. — INTÉRÊTS COMMUNS A PLUSIEURS DÉPARTEMENTS (S. 515 et s.).

130. Deux ou plusieurs conseils généraux peuvent provoquer entre eux, par l'entremise de leurs présidents et après en avoir averti les préfets, une entente sur les objets d'utilité départementale compris dans leurs

attributions et qui intéressent à la fois leurs départements respectifs. Ils peuvent faire des conventions à l'effet d'entreprendre ou de conserver à frais communs des ouvrages ou des institutions d'utilité commune (L. 10 août 1871, art. 89). Les conseils généraux peuvent aussi se concerter pour la construction d'une route, d'un chemin de fer d'intérêt local ou d'un tramway, d'un établissement d'aliénés, d'une école normale, d'une prison.

131. Les questions d'intérêt commun sont débattues dans des conférences où chaque conseil général est représenté soit par sa commission départementale, soit par une commission spéciale nommée à cet effet. Les préfets des départements intéressés peuvent toujours assister à ces conférences. — Les décisions prises dans ces conférences ne sont exécutoires qu'après avoir été ratifiées par tous les conseils généraux intéressés, et sous les réserve énoncées aux art. 47 et 49 de la loi de 1871 (art. 90). Si des questions autres que celles prévues par l'art. 89 étaient mises en discussion, le préfet du département où la conférence a lieu déclarerait la réunion dissoute. Toute délibération prise après cette déclaration donnerait lieu à l'application des dispositions et pénalités énoncées à l'art. 34 de la loi de 1871.

CHAP. II. — ARRONDISSEMENT.

132. A la différence du département, l'arrondissement n'est qu'une simple circonscription administrative dénuée de personnalité civile. — La circonscription des arrondissements ne peut être modifiée que par une loi; le chef-lieu peut être changé par décret. Le conseil général et le conseil d'arrondissement doivent être consultés sur ces changements.

133. Les organes administratifs de l'arrondissement sont : 1° le sous-préfet; 2° le conseil d'arrondissement.

ART. 1er. — SOUS-PRÉFET (R. 366 et s.; S. 88 et s.).

134. Il y a un sous-préfet dans chaque arrondissement, sauf dans l'arrondissement chef-lieu du département (L. 28 pluv. an 8, art. 8 et 11; Décr. 29 déc. 1854). Les sous-préfets sont nommés par décret. Il n'y a pas plus de conditions d'aptitude pour eux que pour les préfets. De même que ceux-ci, ils se divisent en trois classes, auxquelles correspondent des traitements différents. Les dispositions relatives à l'avancement (V. supra, n° 6) sont communes aux préfets et aux sous-préfets. — En cas d'absence ou d'empêchement, les sous-préfets peuvent être suppléés par un conseiller de préfecture ou par un conseiller d'arrondissement (Ord. 29 mars 1821, R. p. 608).

135. Les sous-préfets sont, en principe, de simples organes de transmission des ordres de l'autorité supérieure aux administrés et des vœux de ceux-ci à l'autorité supérieure. Ils instruisent les affaires administratives de leur circonscription et donnent des avis. — Ils ont reçu de lois spéciales certaines attributions propres : ils agréent les gardes champêtres, les inspecteurs, brigadiers et agents de police, et les gardes particuliers (L. 5 avr. 1884, art. 102 et 103, D. P. 84. 4. 25, et 3 brum. an 4, art. 40, R. v° Organisation judiciaire, p. 1484). Ils nomment les porteurs de contraintes (Arr. 16 therm. an 8, art. 20, R. v° Impôts directs, p. 261), les répartiteurs. Ils peuvent requérir la force publique (L. 26 juill. 1791; Décr. 1er mars 1854, art. 117). — Le sous-préfet préside aux opérations du tirage au sort pour le recrutement de l'armée (L. 15 juill. 1889, D. P. 89. 4. 73). Il rend exécutoires les contraintes pour le recouvrement des contri-

butions directes, les états dressés par les maires ou les présidents des commissions administratives des établissements de bienfaisance pour le recouvrement de leurs créances. Il préside la commission d'enquête parcellaire prévue par les art. 8 et s. de la loi du 3 mai 1841, sur l'expropriation pour cause d'utilité publique (R. v° Expropriation pour cause d'utilité publique, p. 512). — Il préside aux adjudications de coupes ordinaires ou extraordinaires des forêts de l'État, des communes ou des établissements publics (Ord. 1er août 1827, R. v° Forêts, p. 111). Il exerce, au nom de l'État, une partie de la tutelle administrative sur certains établissements de bienfaisance (Décr. 13 avr. 1861, D. P. 61. 4. 49). Il préside la commission cantonale qui arrête définitivement les listes des individus admis aux secours médicaux gratuits (L. 15 juill. 1893, D. P. 94. 4. 23). Il autorise les établissements incommodes ou insalubres de troisième classe (Décr. 15 oct. 1810, R. v° Manufactures, fabriques et ateliers dangereux, p. 4).

ART. 2. — CONSEIL D'ARRONDISSEMENT (R. 789 et s.; S. 520 et s.).

136. Les conseils d'arrondissement sont encore actuellement régis, quant à leur organisation et à leur fonctionnement, par la loi du 22 juin 1833 (R. p. 610), et quant à leurs attributions, par la loi du 10 mai 1838 (R. p. 611). — De même que ceux des conseils généraux, leurs membres sont élus au suffrage universel (Pour tout ce qui concerne leur élection, V. infra, Élections); leur mandat est gratuit.

137. Les conseils d'arrondissement ne peuvent se réunir que sur une convocation du préfet, en vertu d'un décret, qui détermine l'époque et la durée de la session. Le conseil élit son président et son secrétaire (L. 1833, art. 27; L. 23 juill. 1870, D. P. 70. 4. 57). Ses séances ne sont pas publiques. Il ne peut délibérer que si la moitié plus un des conseillers sont présents. — Le sous-préfet a entrée dans le conseil; il est entendu quand il le demande et assiste aux délibérations (art. 27).

138. Il est interdit aux conseils d'arrondissement de se mettre en correspondance avec d'autres conseils, à peine de suspension prononcée par le préfet; ... de faire ou publier aucune proclamation ou adresse (L. 1833, art. 16, 17, 28). Tout acte ou délibération d'un conseil d'arrondissement relatif à des objets non légalement compris dans ses attributions peut être déclaré nul par décret. Toute délibération prise en dehors de la réunion légale du conseil est nulle de plein droit; le préfet, par arrêté en conseil de préfecture, déclare la réunion illégale, prononce la nullité des actes, dissout la réunion et transmet son arrêté au procureur général, qui exerce des poursuites (L. 1833, art. 15 et 28).

139. Les principales attributions du conseil d'arrondissement sont relatives aux contributions directes. — La session ordinaire du conseil se divise en deux parties : la première précède et la seconde suit la session du conseil général (L. 1838, art. 39). Dans la première partie, le conseil délibère sur les réclamations auxquelles donnera lieu la fixation du contingent de l'arrondissement dans les contributions directes et sur les demandes en réduction formées par les communes. Dans la seconde, il répartit entre les communes les contributions directes, en se conformant dans la répartition aux décisions rendues par le conseil général sur les réclamations des communes. Faute par le conseil de s'y être conformé, le préfet en conseil de préfecture établit la répartition d'après ces décisions. En ce cas, la somme dont la contribution de la commune se trouve réduite est répartie au centime le franc entre toutes les autres communes de l'arrondissement (L. 1838, art. 40, 45, 46).

140. Si le conseil ne se réunissait pas, ou s'il se séparait sans avoir arrêté la répartition des contributions directes, les mandements des contingents assignés à chaque commune seraient délivrés par les préfets d'après les bases de la répartition précédente, sauf les modifications à apporter dans le contingent en exécution des lois (L. 1838, art. 47). En dehors de ses délibérations sur le contingent des impôts de répartition, le conseil d'arrondissement n'émet que des avis sur les diverses questions pouvant intéresser l'arrondissement (L. 1838, art. 41 et s.).

CHAP. III. — CANTON.

141. Les arrondissements se subdivisent en cantons (L. 22 déc. 1889, art. 3; Constit. 4 nov. 1848, art. 76). De même que celle des arrondissements (V. *suprà*, n° 132), la circonscription des cantons ne peut être changée que par une loi; le chef-lieu peut être déplacé par décret.

142. Le canton n'est ni une personne morale ni une unité administrative. Ce n'est qu'une division judiciaire déterminant la juridiction des juges de paix. Cependant, à divers points de vue, les lois qui régissent notre organisation administrative ont égard à la circonscription cantonale : il en est ainsi, notamment, en matière d'élections au conseil général et au conseil d'arrondissement (V. *infrà*, *Elections*); ... de recrutement de l'armée (V. *infrà*, *Recrutement de l'armée*); etc.

DÉPOT - SÉQUESTRE
(R. v° *Dépôt-Séquestre*; S. *eod. v°*).

CHAP. Iᵉʳ. — DU DÉPÔT.

ART. 1ᵉʳ. — DÉFINITION ET LÉGISLATION
(R. 2 et s.; S. 1 et s.).

1. Le dépôt est un contrat par lequel l'une des parties s'oblige à garder gratuitement une chose mobilière et corporelle qui lui est confiée par l'autre partie, et à la lui restituer dans son individualité à première réquisition (Comp. Civ. 1915). — Le dépôt fait l'objet du titre 11 du livre 3 du Code civil (art. 1915 à 1954). La législation relative à ce contrat a été modifiée sur un point spécial par la loi du 18 avr. 1889 (D. P. 89. 4. 47), qui atténue les dispositions de l'art. 1953 c. civ. concernant la responsabilité des aubergistes (V. *infrà*, n° 35).

ART. 2. — NATURE ET CARACTÈRE DU DÉPÔT
(R. 8 et s.; S. 7 et s.).

2. Le caractère constitutif du dépôt est la garde, par le dépositaire, de la chose à lui confiée par le déposant; il n'y a dépôt qu'autant que la conservation de la chose a été le but primitif et principal de la remise entre les mains du dépositaire. Les parties peuvent sans doute convenir que celui-ci sera tenu, en outre de l'obligation de garde qui lui incombe, d'une obligation de faire, sans que pour cela le contrat cesse d'être un dépôt; mais il perd son caractère et devient un mandat lorsque l'obligation de faire incombant au dépositaire ne peut pas être considérée comme étant la suite naturelle du dépôt qui lui est confié. Ainsi on doit voir non un contrat de dépôt, mais un mandat, dans le versement fait par une personne dans les mains d'un clerc de notaire, et dans l'étude de celui-ci, d'une somme pour être payée à sa décharge à un autre client de l'étude; d'où il résulte que si cette personne retire furtivement une partie de la somme remise, elle soustrait non sa propre chose, mais la chose d'autrui, et commet un vol (Cr. r. 15 juill. 1865, D. P. 65. 1. 452).

3. Le contrat de dépôt ne perd pas son caractère et ne devient pas un prêt par cela seul que le déposant aurait autorisé le dépositaire à user de la chose; mais il en est autrement quand le dépôt porte sur des choses fongibles, qui se consomment par le premier usage, la conservation de la chose déposée n'ayant pas été dans ce cas le but des contractants. A partir du moment où commence la consommation de la chose, le contrat se transforme en prêt. Il a été décidé, en ce sens, que le versement dans la caisse d'un banquier de sommes produisant des intérêts et passées en compte courant, même avec stipulation de retrait facultatif, ne constitue pas un dépôt, et que, dès lors, le remboursement de ces sommes n'est pas garanti par le privilège résultant du dépôt (Req. 13 août 1856, D. P. 57. 1. 22).

4. Le dépôt est un contrat de bienfaisance; aux termes de l'art. 1917 c. civ., il est essentiellement gratuit. Toutefois, suivant une opinion qui peut s'appuyer sur une disposition de la loi (Civ. 1928-2°), la stipulation d'un salaire au profit du dépositaire ne serait pas incompatible avec la nature du dépôt et ne transformerait pas nécessairement le contrat en un louage de service. Dans tous les cas, le contrat ne pourrait conserver le caractère d'un dépôt qu'autant que le salaire n'est pas en rapport avec les soins auxquels sera tenu le dépositaire, et que celui-ci se charge du dépôt plutôt par obligeance que pour en retirer un bénéfice.

5. Un autre caractère du dépôt, c'est qu'il ne peut avoir pour objet que des choses mobilières (Civ. 1918). En outre, il ne peut s'appliquer qu'aux choses corporelles : les droits, même incorporels, tels qu'une créance, n'en sont pas susceptibles; mais il en est autrement des titres qui les constatent.

6. Le dépôt n'est parfait que par la tradition de la chose mobilière et corporelle entre les mains du dépositaire : c'est un contrat réel. Toutefois, une tradition feinte suffit quand le dépositaire se trouve déjà nanti à quelque autre titre de l'objet du dépôt (Civ. 1918). Ainsi, la convention portant que les actions à l'acquisition desquelles est spécialement destiné le montant d'un crédit ouvert par un banquier à un particulier, seront achetées par ce banquier et en son nom pour le crédité, et resteront entre ses mains jusqu'au remboursement de ces avances, constitue un véritable dépôt (Req. 10 déc. 1850, D. P. 54. 1. 399).

7. Il y a deux espèces de dépôts : le dépôt volontaire et le dépôt nécessaire.

ART. 3. — DU DÉPÔT VOLONTAIRE.

8. Le dépôt volontaire exige le consentement des parties sur la chose qui en fait l'objet (Civ. 1921); mais l'erreur sur la qualité ou la quantité de cette chose ne vicie pas le contrat. Il semble, au contraire, que l'erreur sur la personne pourrait être invoquée par le déposant ou le dépositaire comme cause de nullité du dépôt, lorsque la considération de la personne a été la cause principale du contrat (Civ. 1110). Dans tous les cas, le dépôt est vicié s'il a été déterminé par l'emploi du dol ou de la fraude.

9. Aux termes de l'art. 1922, le dépôt volontaire ne peut régulièrement être fait que par le propriétaire de la chose déposée, ou de son consentement exprès ou tacite. Au propriétaire, on assimile l'usufruitier, le créancier gagiste. D'ailleurs, le dépôt, même effectué par un tiers quelconque, est valable entre les parties; seulement, il n'est pas opposable au propriétaire.

§ 1ᵉʳ. — *Des personnes entre lesquelles le contrat de dépôt peut intervenir* (R. 38 et s.; S. 15 et s.).

10. Le dépôt ne peut intervenir qu'entre personnes capables de contracter (Civ. 1925,

§ 1ᵉʳ). La personne capable qui a fait un dépôt entre les mains d'un incapable peut user de l'action en revendication tant que la chose déposée existe entre les mains du dépositaire, et de l'action de *in rem verso* en restitution de ce qui a tourné au profit de ce dernier (Civ. 1926). Dans l'hypothèse inverse, lorsque c'est un incapable qui a fait le dépôt entre les mains d'une personne capable, celle-ci est tenue de toutes les obligations dont peut être poursuivi un véritable dépositaire; elle peut être poursuivie par le représentant légal du déposant incapable (Civ. 1925, § 2). Quant à ce dernier, il peut, en faisant annuler ou rescinder le contrat, se soustraire aux obligations dont il eût été tenu si le dépôt avait été valable; mais il reste toujours soumis à l'action *negotiorum gestorum*, si, par suite du dépôt, le dépositaire a utilement géré son affaire.

11. Les mineurs non émancipés et les interdits sont absolument incapables de contracter, soit comme déposants, soit comme dépositaires; c'est par leur tuteur que le contrat doit être passé en leur nom. Quant au mineur émancipé, il peut faire, sans l'assistance de son curateur, le dépôt de son mobilier, lorsque ce dépôt n'excède pas les limites d'une bonne administration. Dans tous les cas, il reste toujours incapable de recevoir un dépôt. L'individu pourvu d'un conseil judiciaire est habile à s'engager soit comme déposant, soit comme dépositaire, aucune disposition légale ne le lui interdisant. Quant à la femme mariée, elle est soumise à un régime qui fait passer au mari l'administration de tous ses biens personnels (communauté, régime sans communauté, régime dotal, quant aux biens dotaux), elle ne peut, n'ayant plus la gestion de sa fortune, consentir personnellement un acte de dépôt; elle le peut, au contraire, si elle a conservé l'administration de ses biens (régime de la séparation de biens). Sous quelque régime qu'elle soit mariée, l'autorisation lui est nécessaire pour recevoir un dépôt.

§ 2. — *De la preuve du dépôt* (R. 126 et s.; S. 53 et s.).

12. Conformément aux principes généraux, le dépôt doit être prouvé par écrit, à moins que sa valeur n'excède pas 150 francs (Civ. 1923). Par application des mêmes principes, la preuve testimoniale ou les présomptions qui y sont assimilées (Civ. 1341, 1353) est admise quand il existe un commencement de preuve par écrit; elle l'est encore au cas de dépôt nécessaire, ou quand le titre qui sert de preuve par écrit a disparu par suite d'un événement imprévu ou de force majeure, ou enfin toutes les fois qu'il n'a pas été possible au créancier de se procurer une preuve écrite, ce qui doit s'entendre non seulement d'une impossibilité matérielle, mais encore d'une impossibilité morale, comme dans le cas, par exemple, où des objets ont été remis au vestiaire d'un théâtre : il a été jugé que la présentation du numéro délivré au spectateur lors de cette remise pouvait suffire à la preuve du dépôt (Paris, 23 avr. 1902, D. P. 1903. 2. 323). — Ces règles s'appliquent devant les tribunaux correctionnels comme devant les tribunaux civils. En matière commerciale, la preuve testimoniale du dépôt est toujours admise.

13. Le dépôt étant un contrat synallagmatique imparfait, il en résulte que l'écrit qui le constate n'a pas besoin d'être fait en double. Mais lorsqu'il existe un seul écrit, cet écrit doit, selon la jurisprudence, être signé en entier de la main du déposant, au moins être revêtu par lui du « bon et approuvé pour ». — Lorsqu'il n'existe pas d'écrit et qu'il s'élève des contestations relativement aux conditions du dépôt entre le déposant et le dépositaire, celui-ci est cru sur son affirmation (Civ. 1924).

§ 3. — *Des obligations du dépositaire* (R. 45 et s.; S. 19 et s.).

14. Le dépositaire doit apporter à la garde de la chose déposée les soins qu'il apporte dans la garde de celles qui lui appartiennent; par suite, il répond seulement de la *culpa levis in concreto* (Civ. 1927). Toutefois, dans certains cas, sa responsabilité doit être appréciée avec plus de rigueur. Il en est ainsi : 1° quand le dépositaire s'est offert lui-même pour recevoir le dépôt; 2° quand il a stipulé un salaire; 3° quand le dépôt a été fait uniquement dans son intérêt; 4° quand il a été convenu qu'il répondrait de toute espèce de faute.

15. Le dépositaire n'est tenu en aucun cas des accidents de force majeure, à moins qu'il n'ait été mis en demeure de restituer la chose déposée (Civ. 1929). — Les accidents de force majeure ne libèrent, d'ailleurs, le dépositaire qu'autant qu'ils sont par eux-mêmes incompatibles avec toute idée de faute : telle est la destruction de la chose par le feu du ciel ou une inondation. L'incendie, au contraire, n'est pas considéré comme un cas fortuit de cette dernière espèce; aussi la perte de la chose déposée, quand elle est survenue par suite de l'incendie de la maison du dépositaire, ne relève-t-elle celui-ci de l'obligation de restituer qu'autant qu'il prouve que l'incendie a eu lieu sans sa faute et constitue un événement de force majeure.

16. Le dépositaire ne peut se servir de la chose déposée sans la permission expresse ou présumée du déposant (Civ. 1930). S'il s'en sert sans cette permission, il répond de toute espèce de faute, et même de la force majeure, si celle-ci a atteint la chose déposée que par suite de l'usage que le dépositaire en a fait. Il devient aussi débiteur de plein droit des intérêts (si la chose déposée est une somme d'argent) à dater de l'emploi.

17. Il est interdit au dépositaire de chercher à connaître la chose déposée, si elle lui a été confiée dans un coffre fermé ou sous enveloppe cachetée (Civ. 1931).

18. Enfin le dépositaire est tenu de restituer la chose qu'il a reçue en dépôt (V. *infra*, n°s 22 et s.).

19. Les obligations du dépositaire cessent s'il vient à découvrir et à prouver qu'il est lui-même propriétaire de la chose déposée (Civ. 1946).

§ 4. — *Des obligations du déposant* (R. 113 et s. ; S. 47 et s.).

20. Les obligations du déposant se réduisent à rembourser au dépositaire les dépenses qu'il a faites pour la conservation de la chose déposée et à l'indemniser des pertes que la conservation de cette chose lui a occasionnées (Civ. 1947). Mais le dépositaire n'a aucune action contre le déposant pour demander la restitution des sommes qu'il aurait employées en dépenses utiles.

21. Le dépositaire jouit d'un droit de rétention jusqu'au payement de ce qui lui est dû à raison du dépôt (Civ. 1948) (V. *infra*, *Rétention*). Au cas où le déposant, sur l'offre de restituer le dépôt, refuserait de rembourser ce qui est dû au dépositaire, celui-ci pourrait se faire autoriser par justice à vendre la chose déposée et à retenir sur le prix le montant de sa créance. — Le dépositaire jouit encore, à raison des frais faits pour la conservation de la chose, du privilège de l'art. 2102, §3, c. civ. (V. *infra*, *Privilèges et hypothèques*).

§ 5. — *De la restitution du dépôt* (R. 71 et s.; S. 27 et s.).

22. Le dépositaire est tenu de rendre la chose même, *in specie*, ayant fait l'objet du dépôt, dans l'état où elle se trouve au moment où la restitution est demandée (Civ. 1932, § 1er, 1933). Il semble que l'obligation de rendre *in specie* doive exister, alors même qu'il s'agit d'un dépôt de sommes monnayées : le dépositaire doit remettre, non des pièces semblables, mais les pièces mêmes qui lui ont été confiées (Civ. 1932, § 2). — Si le dépositaire s'est mis par sa faute dans l'impossibilité de rendre la chose déposée *in individuo*, il en doit le prix et peut être passible de dommages-intérêts. — Sur la violation de dépôt, V. *supra*, *Abus de confiance*, n°s 13, 21.

23. L'obligation de restituer la chose s'étend à ses accessoires : le dépositaire est obligé de restituer les fruits qu'il a perçus et doit les intérêts des sommes déposées à partir de la mise en demeure (Civ. 1936), et ce, alors même qu'il aurait été autorisé à se servir de ces sommes. — Cependant, malgré la mise en demeure, le dépositaire ne doit pas les intérêts quand il a des raisons plausibles pour retenir la chose qui lui a été confiée, où il aurait été formé opposition entre ses mains à la restitution au déposant de la chose déposée.

24. Le dépositaire doit rendre le dépôt à celui qui le lui a confié, ou à celui au nom duquel le dépôt a été fait, ou au tiers qui a été désigné pour le recevoir (Civ. 1937).

25. Le dépositaire ne peut exiger de celui qui a fait le dépôt la preuve qu'il était propriétaire, le dépôt pouvant être fait par un autre que le propriétaire. Si cependant il découvrait que la chose a été volée, il serait tenu de dénoncer le dépôt au véritable propriétaire, avec sommation de le réclamer dans un délai déterminé (Civ. 1938). — C'est un point controversé que de savoir si la même obligation existe quant aux choses perdues.

26. En cas de décès de la personne qui a fait le dépôt, la chose déposée ne peut être rendue qu'à ses héritiers (Civ. 1939, § 1er). Il en est ainsi même lorsqu'un tiers avait été désigné pour recevoir le dépôt (Req. 16 avr. 1902, D. P. 1902. 1. 222); et, d'après l'opinion dominante, le déposant ne pourrait valablement stipuler que le dépôt sera restitué à une tierce personne (Riom, 21 mars 1902, D. P. 1903. 2. 209). La règle d'après laquelle, en cas de mort du déposant, la chose déposée ne peut être rendue qu'à ses héritiers, ne s'applique, d'ailleurs, au cas où le dépôt a été fait au nom d'un tiers dont le déposant n'était que le mandataire ou gérant d'affaires : en ce cas, la chose ne doit être restituée qu'à ce tiers ou à ses héritiers, lors même que le déposant serait décédé avant la restitution (Civ. c. 1er avr. 1896, D. P. 96. 1. 581). — Si l'objet est divisible, la restitution doit être faite à chacun des héritiers pour sa part et portion. Si elle est indivisible, le dépositaire n'est tenu de la restituer qu'autant que les héritiers s'accordent pour la recevoir (Civ. 1939, § 2 et 3). Dans le cas contraire, il devra attendre qu'un jugement ou une ordonnance de référé décide à qui la restitution doit être faite.

27. Si c'est le dépositaire qui vient à mourir, les héritiers sont tenus de l'action du dépôt, chacun pour sa part héréditaire. Toutefois, si l'un d'eux est détenteur de la chose déposée, il peut être poursuivi pour le tout (Comp. Civ. 1221).

28. La restitution doit être faite au lieu indiqué au contrat; dans le silence du contrat, au lieu même du dépôt (Civ. 1942 et 1943).

29. La chose déposée doit être remise au déposant aussitôt qu'il la réclame, lors même que le contrat aurait fixé un délai pour la restitution, et ce à peine de dommages-intérêts après la mise en demeure restée infructueuse (Civ. c. 2 mars 1896, D. P. 96. 1. 121); ... à moins qu'une opposition n'ait été formée entre les mains du dépositaire à la restitution ou au déplacement de la chose déposée (Civ. 1944). Si cette opposition émane d'un créancier du déposant, elle doit remplir toutes les conditions imposées par l'art. 557

c. pr. civ. Si, au contraire, elle est le fait d'un tiers qui prétend avoir la propriété ou tout autre droit réel sur la chose, elle n'est soumise à aucune des formalités de la saisie-arrêt; il suffit qu'elle revête les caractères d'un acte extra-judiciaire.

30. Lorsque la durée du dépôt n'a pas été déterminée par le contrat, le dépositaire a la faculté de se démettre de la chose, à moins que les circonstances dans lesquelles le dépôt est intervenu n'impliquent elles-mêmes un délai.

ART. 4. — DU DÉPÔT NÉCESSAIRE.

§ 1er. — *Généralités* (R. 148 et s.; S. 59 et s.).

31. Le dépôt nécessaire est celui qui a été nécessité par quelque accident, tel qu'un incendie, une ruine, un pillage, un naufrage ou autre événement imprévu (Civ. 1949). Cette disposition n'est pas limitative : elle doit être étendue à tous les cas où un événement imprévu a mis le déposant dans l'obligation de faire un dépôt aux mains d'un dépositaire qu'il n'a pu choisir. — Le dépôt nécessaire diffère du dépôt volontaire surtout en ce qu'il peut être prouvé par témoins, même lorsque la valeur de la chose déposée excède 150 francs (Civ. 1949). Toutefois, le juge a la faculté d'admettre ou de repousser la preuve testimoniale suivant la qualité des personnes et les circonstances du fait.

§ 2. — *Du dépôt fait dans les auberges et les hôtelleries* (R. 157 et s.; S. 63 et s.).

32. Les dépôts faits dans les auberges et les hôtelleries sont des dépôts nécessaires (Civ. 1952); ils peuvent, à ce titre, être prouvés par témoins; mais ce genre de preuve n'est pas obligatoire pour le juge.

33. L'art. 1952 c. civ. n'est pas seulement applicable aux dépôts faits dans les auberges et hôtels proprement dits, il s'applique encore aux dépôts faits chez les logeurs en garni, mais seulement à l'égard des voyageurs qu'ils reçoivent à titre temporaire et passager (Civ. de Lyon, 24 mai 1899, D. P. 99. 2. 443); ... chez les cafetiers, les maîtres de bains publics, etc. Mais il ne saurait être invoqué contre la compagnie des wagons-lits, par exemple, au cas de perte ou de vol des objets conservés avec eux par les voyageurs (Trib. civ. de la Seine, 25 nov. 1892, D. P. 93. 2. 587).

34. L'hôtelier est responsable de tous les effets apportés par un voyageur dans son hôtellerie, sans distinction entre ceux remis entre les mains et ceux apportés par le voyageur dans la chambre qu'il a louée (C. cass. de Belgique, 26 nov. 1896, D. P. 98. 2. 5). Le mot *effets* est une expression générique, qui comprend les marchandises, les animaux et tous autres objets.

35. La loi du 18 avr. 1889 (D. P. 89. 4. 47) a restreint à 1000 francs la responsabilité des hôteliers pour les espèces monnayées et les valeurs ou titres au porteur de toute nature non dévoilées entre leurs mains (Civ. 1953, § 2). Les termes de la loi sont limitatifs : ainsi la restriction qu'ils consacrent ne s'étend pas aux bijoux ou autres objets précieux que le voyageur était accompagné. En ce qui concerne ces objets, la responsabilité de l'hôtelier n'est pas renfermée dans les limites tracées par la loi de 1889; on admet, toutefois, que cette responsabilité n'est pas indéfinie, qu'elle est limitée à la valeur des objets que le voyageur pouvait, suivant sa condition, être présumé avoir avec lui (Aix, 26 oct. 1899, D. P. 1901. 2. 303). — Ces atténuations ne sont, d'ailleurs, pas applicables au cas où la perte ou le vol est le résultat d'une faute commise par les personnes dont l'hôtelier doit répondre; celui-ci est alors responsable de la valeur entière des objets précieux et même des espèces monnayées ou des titres qui n'auraient pas été déposés entre ses mains (Bordeaux, 20 mai 1892, D. P. 93.2. 182).

36. La responsabilité de l'hôtelier cesse s'il prouve que le dommage survenu chez lui est dû à un accident de force majeure ; elle peut encore être atténuée, et même complètement annihilée par la faute ou l'imprudence du voyageur : ainsi, un hôtelier doit être affranchi des conséquences du vol commis au préjudice d'un voyageur qui a laissé, sans le prévenir, des marchandises dans un corridor ouvert à tout venant et échappant à sa surveillance, mais non de la disparition de bijoux contenus dans une sacoche enfermée par le voyageur dans une armoire dont il a pris la clef, et cela quand bien même il aurait laissé la clef sur la porte de sa chambre (Aix, 26 oct. 1899, précité). Dans tous les cas, l'hôtelier ne peut cesser d'être responsable qu'autant que l'auteur du vol est un étranger, et non un domestique de l'hôtel (Civ. c. 5 févr. 1894, sol. impl., D. P. 94. 1. 416).

37. L'hôtelier ne peut, pour dégager ou limiter sa responsabilité, se prévaloir d'un avis affiché dans les chambres de l'hôtel, indiquant les mesures de précaution à prendre par les voyageurs et la valeur jusqu'à concurrence de laquelle il entend être responsable : un tel avis ne lie pas les voyageurs. Toutefois, les tribunaux peuvent, suivant les circonstances, considérer que le voyageur, ayant pris connaissance de l'avis, a commis une faute en ne s'y conformant pas.

CHAP. II. — Du séquestre.

38. Le séquestre est, en général, le dépôt d'une chose litigieuse fait entre les mains d'une personne qui est chargée de la rendre à celle des parties contendantes qui devra l'obtenir après la fin du litige (Civ. 1956). Cette expression désigne encore la personne aux mains de laquelle la chose est remise.

39. Le séquestre fait l'objet du titre 11 du livre 3 du Code civil (art. 1955 à 1964). Il est conventionnel ou judiciaire (Civ. 1955).

Art. 1er. — Du séquestre volontaire ou conventionnel (R. 195 et s. ; S. 80).

40. Le séquestre conventionnel, bien qu'il se rapproche du dépôt volontaire et soit soumis, en général, aux règles qui régissent ce contrat (Civ. 1958), en diffère pourtant à certains égards. Ainsi, à la différence du dépôt, le séquestre peut s'appliquer à des immeubles comme à des meubles (Civ. 1957). Il peut être salarié (Civ. 1957). Enfin, tandis que le dépositaire peut restituer le dépôt à sa volonté (V. suprà, n° 30), le dépositaire séquestre ne peut être déchargé, avant la contestation terminée, que du consentement de toutes les parties intéressées ou pour une cause jugée légitime (Civ. 1960).

41. Le dépôt, dans le cas de séquestre, est censé fait en totalité, in solidum, par toutes les parties litigantes; il semble qu'on doive en conclure que le séquestre peut demander indifféremment à l'une quelconque des parties le montant intégral de ses dépenses ou du salaire stipulé.

Art. 2. — Du séquestre judiciaire (R. 212 et s. ; S. 82 et s.).

42. Suivant l'art. 1961 c. civ., le séquestre judiciaire aurait lieu dans trois hypothèses ; mais la première et la troisième sont plutôt des cas de dépôt judiciaire (V. infrà, n°s 49 et s.).

43. Le séquestre judiciaire est celui qui est ordonné par le juge au cours d'une instance. — Aux termes de l'art. 1961, § 2, c. civ., il y a lieu à séquestre judiciaire lorsqu'il y a litige sur la propriété ou la possession d'un immeuble ou d'une chose mobilière. Suivant une opinion, cette disposition ne devrait pas être considérée comme limitative; le juge aurait la faculté de nommer un séquestre toutes les fois que la conserva-

tion des droits des parties l'exigerait : il suffirait que la chose contestée fût susceptible de dépérir dans les mains d'un des plaideurs. D'après un autre système, il faut s'en tenir strictement aux termes de la loi : le séquestre ne peut être ordonné alors qu'il n'existe aucun litige sur la propriété ou la possession. La jurisprudence paraît se prononcer plutôt dans ce dernier sens.

44. Le séquestre judiciaire peut être donné soit à une personne dont les parties intéressées sont convenues, soit à une personne nommée d'office par le juge (Civ. 1963, § 1er), soit enfin à l'une des parties en cause.

45. Le dépositaire séquestre doit, avant tout, se conformer aux prescriptions contenues dans le jugement qui l'a nommé. Si le jugement ne s'explique pas à cet égard, il a le droit d'administration sous la condition de conserver la chose et de la rendre à celle des parties en faveur de laquelle les juges prononceront. Il n'a pas de plein droit le pouvoir de passer des baux. Quand le séquestre a été nommé, en cas de déconfiture d'un débiteur, pour la conservation du gage commun des créanciers, il ne peut faire que des actes conservatoires et de simple administration ; et sa nomination ne met pas obstacle au droit de poursuite des créanciers, même sur la chose objet du séquestre.

46. La responsabilité du dépositaire séquestre est celle du dépositaire salarié ; il est responsable de la faute légère. Il est tenu, comme le dépositaire, de représenter les valeurs litigieuses déposées entre ses mains (Req. 15 déc. 1902, D. P. 1903. 1. 609). Il n'est pas astreint, comme les officiers ministériels qui ont vendu des immeubles, à faire, en vertu de l'art. 657 c. pr. civ., le dépôt des sommes qu'il a touchées à la Caisse des dépôts et consignations. Cependant il agira prudemment en effectuant ce dépôt ; si, en effet, lesdites sommes rapportaient des intérêts moindres que ceux qu'elles auraient rapportés à cette Caisse, il pourrait être tenu de rembourser la différence.

47. Le président du tribunal civil a le droit, en référé, de nommer un séquestre. Son ordonnance est, d'ailleurs, susceptible d'appel. Mais il y a désaccord sur le point de savoir si le séquestre pourrait être nommé, sans assignation préalable, sur simple requête, par ordonnance du président du tribunal.

48. Le séquestre judiciaire est salarié ; il peut, comme le séquestre conventionnel (V. suprà, n° 41), réclamer à chacune des parties litigieuses le montant total de ce qui est dû.

CHAP. III. — Du dépôt judiciaire (R. 254 et s. ; S. 95 et s.).

49. Le dépôt judiciaire, qui ne suppose pas l'existence d'un litige, est ordonné par justice, soit sur des meubles saisis, soit sur les choses qu'un débiteur offre pour sa libération (Civ. 1961-1° et 3°).

50. Le gardien d'objets saisis, nonobstant son caractère public et bien qu'il relève de la justice, est censé avoir contracté avec les parties intéressées : ainsi l'acceptation des fonctions de gardien constitue entre le saisissant et le gardien un contrat de dépôt volontaire, dont la preuve résulte de la signature du gardien sur le procès-verbal de saisie.

51. Le gardien est tenu d'apporter à la conservation des objets saisis les soins d'un bon père de famille ; il doit les représenter, soit à la décharge du saisissant pour la vente, soit à la partie contre laquelle les exécutions ont été faites en cas de main levée de la saisie. Il a droit à un salaire (Civ. 1962), qui est fixé par l'art. 34 du tarif en matière civile (Décr. 15 févr. 1807). Si le gardien se sert des choses saisies, ou les prête, il peut être privé de ce salaire et condamné à des dommages-intérêts (Pr. 603); mais il n'est plus passible de la contrainte par corps (L. 22 juill. 1867, D. P. 67. 4. 75).

CHAP. IV. — Du séquestre administratif (R. 263 et s. ; S. 100 et s.).

52. Le séquestre administratif est une sorte de mainmise pratiquée par l'État dans un intérêt d'ordre public qui n'affecte que la jouissance de la chose mise sous séquestre, sans porter atteinte au droit de propriété. Il a été surtout appliqué aux biens des émigrés. — On peut citer aussi, comme constituant une sorte de séquestre administratif, la mainmise exercée par l'État en vertu du droit de régale sur les biens dépendant de la mense épiscopale, en cas de vacance d'un évêché (V. suprà, Culte, n° 154). — Le privilège établi en faveur du Crédit foncier par le décret du 28 févr. 1852 (D. P. 52. 4. 102), en vertu duquel cette société est autorisée à se mettre en possession des immeubles hypothéqués aux frais et risques du débiteur en retard, constitue également un véritable séquestre (V. suprà, Crédit foncier, n° 9).

CHAP. V. — Enregistrement et timbre.

53. 1° Enregistrement. — Les contrats ou reconnaissances de dépôt chez les particuliers sont assujettis au droit proportionnel de 1 pour cent (L. 22 frim. an 7, art. 69, § 3, n°3).

54. Le dépôt effectué pour garantir l'exécution d'un contrat, le payement d'une obligation, constitue un gage et ne donne pas lieu au droit proportionnel. — De même, lorsque le dépositaire est constitué, en même temps, mandataire, il n'est dû que le droit fixe de 3 francs (Civ. r. 29 juin 1887, D. P. 88. 1. 270).

55. Le dépôt d'objets mobiliers ou de biens incorporels, titres de créances, valeurs industrielles, titres au porteur, ne donne ouverture qu'au droit fixe de 3 francs.

56. La décharge du dépôt fait à un particulier donne lieu au droit proportionnel de libération ou seulement au droit fixe d'après les distinctions établies pour le dépôt lui-même.

57. Le contrat de séquestre n'étant pas spécialement tarifé en droit fiscal, les règles du dépôt lui sont applicables.

58. 2° Timbre. — Les actes de dépôt de sommes chez les particuliers sont soumis au timbre de dimension lorsqu'ils sont dressés dans la forme authentique. — Passés sous signatures privées, ces actes sont soumis au timbre de dimension s'ils ont le caractère synallagmatique; au timbre de 0 fr. 05 pour cent s'ils ont le caractère de reconnaissance unilatérale de somme, et au timbre de 0 fr. 10 s'ils ont le caractère unilatéral de quittance de somme ou de récépissé (Sol. admin. Enreg. 8 mars 1873 et 7 juin 1875).

DÉSAVEU
(R. v° Désaveu; S. eod. v°).

1. Le désaveu est une action qui a pour objet de faire juger qu'un officier ministériel n'avait pas reçu de mandat de la partie au nom de laquelle il a fait un acte de son ministère, ou bien qu'il a excédé les termes du mandat qu'il avait reçu. — Cette matière fait l'objet du titre 18 du livre 2 du Code de procédure civile (art. 352 à 362).

§1er. — Des personnes contre lesquelles le désaveu peut être formé (R. 11 et s.; S. 3 et s.).

2. C'est contre les avoués que le désaveu est formé le plus habituellement; mais il peut également s'exercer contre les huissiers (Alger, 29 févr. 1897, D. P. 1900. 1. 67) et contre les avocats à la Cour de cassation. On admet aussi que la procédure du désaveu est applicable aux notaires lorsqu'il s'agit d'actes qu'ils font comme mandataires légaux des parties, tels que les offres réelles, pour lesquelles on leur reconnaît généralement un droit concurrent à celui des huissiers (V. infrà, Obligations). Mais les dispositions des art. 352 et s. c. pr. civ. ne s'appliquent ni aux avocats, ni aux agréés.

§ 2. — *Des cas où il y a lieu à désaveu* (R. 25 et s. ; S. 6 et s.).

3. Au point de vue du désaveu d'un avoué, il convient de distinguer trois catégories d'actes : 1° La première comprend les actes qui rentrent dans le mandat ordinaire de l'avoué et que cet officier ministériel peut faire sans pouvoir spécial : ils sont obligatoires pour la partie, qui ne saurait les faire tomber, mais seulement demander des dommages-intérêts si elle établit qu'il y a eu faute de la part de l'avoué. Tels seraient, par exemple, le fait, par l'avoué, de couvrir une nullité de procédure ou une péremption d'instance, de former une opposition aux qualités, etc. — 2° D'autres, en raison de leur importance, ne peuvent être faits par les avoués sans une procuration expresse et le plus souvent authentique. Il en est ainsi, notamment, en matière : d'inscription en faux (Pr. 216 à 218), de récusation (Pr. 384), de surenchère (Civ. 2185), de prise à partie (Pr. 511) : si l'avoué engage une de ces procédures sans mandat, il suffit au client, pour la faire annuler, de déclarer qu'il n'a pas donné pouvoir à cet effet. — 3° Enfin, il est une troisième catégorie d'actes, pour lesquels un mandat spécial est également nécessaire ; mais la partie qui les attaque est obligée de recourir à la procédure de désaveu. Ce sont ceux qui consistent à faire, donner ou accepter des offres, aveux ou consentements, faits ou acceptés au nom de la partie (Pr. 352), et plus généralement tous les actes par lesquels l'avoué renonce à un droit appartenant à son client, tel que, par exemple, la déclaration par lui faite dans des conclusions, au nom de ce client, qu'il renonce à une demande reconventionnelle (Poitiers, 6 juill. 1903, D. P. 1904. 2. 89). Mais il n'y a pas lieu à désaveu lorsqu'un avoué, sans mandat de la partie, s'en remis simplement à justice sur le mérite de ses conclusions (même arrêt). — Le pouvoir spécial exigé pour les actes prévus par l'art. 352 peut être tacite ou indirect ; la preuve en est, d'ailleurs, soumise aux règles du droit commun (même arrêt).

4. Il est généralement admis, bien que ce cas ne rentre pas expressément dans les prévisions de la loi, que le client au nom duquel une procédure a été engagée, s'il prétend que l'avoué a agi sans mandat, est tenu de recourir au désaveu. Au reste, la remise des pièces à l'avoué fait présumer le mandat *ad litem* (V. *supra*, *Avoué*, n° 27), et le désavouant aura à justifier des circonstances particulières qui seraient de nature à écarter cette présomption dans la cause.

5. Au reste, l'action en désaveu n'est recevable qu'à la condition d'être fondée sur un intérêt réel et sérieux : elle doit donc être écartée si l'acte contre lequel elle est dirigée n'a causé aucun préjudice au désavouant.

§ 3. — *Formes du désaveu* (R. 92 et s. ; S. 19 et s.).

6. Le désaveu doit, à la différence des demandes ordinaires, qui s'introduisent soit par un acte, soit par requête, être formé par un acte signé de la partie ou du porteur de sa procuration spéciale et authentique. Cet acte, fait au greffe du tribunal qui doit connaître de l'action, contient les moyens, conclusions et constitution d'avoué (Pr. 353).

7. Si le désaveu est incident, il est signifié par acte d'avoué, tant à l'avoué contre lequel le désaveu est dirigé qu'aux autres avoués de la cause (Pr. 354). Sur le cas où l'avoué aurait cessé d'occuper ses fonctions ou serait décédé, V. Pr. 355.

8. Si le désaveu est principal, c'est-à-dire

s'il est formé après la clôture de l'instance à laquelle se rattache l'acte désavoué, la signification a lieu par exploit contenant assignation ; elle doit non seulement être faite à l'avoué, mais aussi aux parties ayant figuré dans ladite instance. — Toutefois, suivant une opinion, le demandeur en désaveu ne serait pas obligé d'appeler en cause toutes les personnes que peut intéresser le désaveu ; et l'absence de quelques - unes d'entre elles au débat ne vicierait pas la procédure engagée contre l'avoué ; elle n'aurait d'autre effet que de les rendre étrangères à la décision à intervenir (Alger, 31 oct. 1899, D. P. 1901. 2. 167).

§ 4. — *Compétence et procédure* (R. 10 et s. ; S. 22 et s.).

9. Lorsqu'il s'agit d'un acte fait en dehors d'une instance judiciaire, l'action en désaveu doit être portée, conformément au droit commun, devant le tribunal du domicile du défendeur, c'est-à-dire de l'officier ministériel contre lequel elle est formée (Pr. 358). Il en est ainsi, par exemple, lorsque le désaveu porte sur l'acte de signification d'une décision judiciaire ; spécialement, la cour d'appel n'est pas compétente pour statuer sur l'action en désaveu dirigée contre un huissier relativement à l'exploit de signification du jugement contre lequel l'appel a été dirigé ; c'est devant le tribunal du domicile du défendeur que l'action doit être portée.

10. Au contraire, lorsqu'a trait à un acte de procédure, il doit toujours être porté au tribunal devant lequel a été suivie la procédure dont cet acte fait partie, encore que cette procédure ait été instruite devant un tribunal autre que celui qui est saisi de la contestation au cours de laquelle le désaveu a été formé (Pr. 356). Ainsi, lorsque le désaveu se produit en cause d'appel relativement à la procédure suivie devant le tribunal de première instance, c'est à ce tribunal, et non à la cour d'appel, qu'il appartient d'en connaître. — La règle ci-dessus n'est applicable toutefois que sous réserve que la juridiction civile est seule compétente, à l'exclusion de la juridiction commerciale, pour statuer en matière de désaveu ; un tribunal de commerce ne pourrait donc être valablement saisi d'une action en désaveu au sujet d'une procédure suivie devant lui, notamment par un avoué agissant en qualité de mandataire *ad litem* de l'une des parties.

11. La procédure de l'action en désaveu est, en principe, celle du droit commun, et non celle des affaires sommaires. — Lorsque le désaveu est incident, il doit, à peine de nullité, être sursis à toute procédure et au jugement de l'instance principale jusqu'à ce qu'il ait été statué sur le désaveu, et ce à peine de nullité de la procédure et du jugement. Toutefois, la jurisprudence reconnaît au juge le droit de refuser le sursis demandé lorsque le désaveu ne lui paraît pas susceptible d'exercer une influence sur la cause. — Au surplus, le tribunal peut fixer un délai dans lequel le désavouant devra faire statuer sur le désaveu, et passé lequel il serait fait droit (Pr. 357). — L'affaire doit toujours être communiquée au ministère public (Pr. 359).

12. Le jugement rendu en matière de désaveu est, dans tous les cas, susceptible d'appel, alors même que la contestation principale devrait être jugée en premier

§ 5. — *Délai* (R. 119 et s. ; S. 26 et s.).

13. Lorsque le désaveu a pour objet un acte extrajudiciaire, il n'est assujetti à aucun délai ; l'action peut donc être exercée pendant le délai ordinaire de la prescription (trente ans). — En ce qui concerne les

actes de procédure, le désaveu peut être formé non seulement tant que l'instance n'est pas terminée, mais encore après le jugement, tant que celui-ci n'est point passé en force de chose jugée, notamment par après qu'il a acquis force de chose jugée, tant qu'il ne se sera pas écoulé huit jours à partir du moment où le jugement devra être réputé exécuté, aux termes de l'art. 159 c. pr. civ. (V. *infrà*, *Jugement par défaut*) (Pr. 362).

§ 6. — *Effets du jugement rendu sur le désaveu* (R. 114 et s. ; S. 33).

14. Si le désaveu est admis, l'effet du jugement est de mettre à néant les actes de procédure que l'officier ministériel avait faits sans pouvoir ; et, au cas où l'instance dans laquelle ont été passés ces actes serait déjà déterminée, il entraînerait l'annulation du jugement ou du chef qui reposerait sur lesdits actes. Il équivaudrait alors à une véritable voie de recours. En outre, le désaveu est condamné aux dommages-intérêts tant envers le demandeur qu'envers les autres parties, sans préjudice des peines disciplinaires ou autres qu'il pourrait encourir, selon la gravité des cas (Pr. 360). Toutefois, la bonne foi de l'officier ministériel le met à l'abri de toute condamnation à des dommages-intérêts (Poitiers, 6 juill. 1903, D. P. 1904. 2. 89).

15. Si le désaveu est rejeté, il est fait mention du jugement de rejet en marge de l'acte de désaveu, et le demandeur peut être condamné, envers le désavoué et les autres parties, à des dommages - intérêts (Pr. 361).

DESCENTE SUR LIEUX

(R. v° *Descente sur les lieux* ; S. eod. v°).

1. La descente sur lieux est une mesure d'instruction consistant dans le transport d'un juge sur les lieux contentieux à l'effet de procéder à certaines vérifications jugées utiles pour la solution du litige. Les règles en sont tracées, en ce qui concerne les tribunaux ordinaires, au titre 13 du livre 2 de la première partie du Code de procédure civile (art. 295 à 302), et, en ce qui concerne les justices de paix, au titre 8 du livre 1er de la même partie (art. 41 à 43).

ART. 1er. — DE LA DESCENTE SUR LIEUX DEVANT LES TRIBUNAUX ORDINAIRES (R. 7 et s. ; S. 3 et s.).

2. En principe, la descente sur lieux peut être ordonnée soit d'office, soit sur la réquisition des parties. Toutefois, il est interdit au tribunal de l'ordonner d'office dans les cas où il y a lieu à expertise, c'est-à-dire lorsque les vérifications à faire exigent des connaissances techniques (Pr. 295). — La réquisition des parties, qui est alors exigée, n'a pas besoin d'être écrite ; il suffit qu'elle soit constatée dans le jugement.

3. Le jugement qui ordonne la descente sur lieux commet, pour y procéder, un des juges qui y auront assisté (Pr. 296). Comme tout jugement avant dire droit ou définitif, il doit, à peine de nullité, être signifié avant son exécution (Civ. c. 6 févr. 1894, D. P. 94. 1. 155). — Si les lieux à visiter sont situés hors du ressort du tribunal, il est douteux qu'un magistrat du siège puisse y procéder régulièrement ; mais, suivant l'opinion dominante, on peut, en pareil cas, recourir à une commission rogatoire.

4. Sur la requête de la partie la plus diligente, le juge - commissaire rend une ordonnance qui fixe les lieu, jour et heure de la descente ; la signification en est faite par acte d'avoué à avoué et vaut sommation (Pr. 297). — Le juge, assisté du greffier, procède à la visite des lieux, en présence des parties, celles - ci dûment appelées. La présence du ministère public n'est pas nécessaire, à moins qu'il ne soit partie principale dans la cause (Pr. 300). On admet que le juge-commissaire peut recevoir, sur place, des renseignements de personnes étrangères au débat.

5. Il est dressé un procès-verbal, qui relate les constatations faites par le juge, les dires et observations des parties ou de leurs avoués. Le même procès-verbal doit contenir aussi la mention « des jours employés au transport, séjour et retour » (Pr. 298). Cette mention permettra de liquider les frais relatifs à l'opération, lesquels seront compris dans les dépens. — La partie qui présente la requête prévue par l'art. 297 est, d'ailleurs, tenue de faire l'avance desdits frais, c'est-à-dire de *consigner* au greffe une somme suffisante pour y faire face (Pr. 301). — L'expédition du procès-verbal est signifiée par la partie la plus diligente aux avoués des autres parties; l'audience peut être poursuivie trois jours après (Pr. 299).

6. Les règles ci-dessus énoncées doivent-elles être observées à peine de nullité? L'affirmative paraît admise, au moins pour quelques-unes d'entre elles auxquelles on reconnaît un caractère substantiel. Ainsi seraient nulles : la descente sur lieux opérée en dehors des cas où cette mesure est autorisée par la loi; celle à laquelle il aurait été procédé officieusement, sans qu'un jugement l'eût ordonnée, ou dont il n'aurait pas été dressé procès-verbal; et cette nullité s'étendrait au jugement qui serait motivé sur les résultats de l'opération (Grenoble, 14 mai 1895, D. P. 96. 2. 17).

7. Le tribunal peut, au lieu de charger un juge de la descente sur lieux, y procéder lui-même tout entier. Il arrive souvent alors que la visite a lieu officieusement, sans observation des formalités prescrites par la loi, notamment sans jugement préalable et sans rédaction d'un procès-verbal. Après une longue controverse, la jurisprudence paraît aujourd'hui fixée en ce sens qu'une telle opération n'est pas régulière et ne pourrait servir de base légale à un jugement. Toutefois, il semble que l'absence de procès-verbal ne serait pas une cause de nullité si le jugement était en dernier ressort; et il en serait de même, d'après un arrêt, si le jugement rendu en premier ressort relatait minutieusement tous les détails de la descente, les constatations qui y ont été faites, et permettait ainsi à la cour d'appel d'exercer efficacement son contrôle (Grenoble, 14 mai 1895, précité).

8 Au reste, la nullité dont la descente sur lieux se trouverait entachée, soit qu'il y ait été procédé par un seul juge, soit qu'elle ait été faite par le tribunal entier, peut être couverte par le consentement des parties. Et les parties sont réputées avoir renoncé à l'observation des règles édictées par les art. 295 et s. quand l'opération a eu lieu en leur présence ou avec le concours de leurs avoués et que ceux-ci ont ensuite conclu au fond sans réserve (Civ. r. 24 janv. 1893, D. P. 93. 1. 166).

ART. 2. — DE LA VISITE DES LIEUX EN JUSTICE DE PAIX

§ 1er. — *Matières civiles* (R. 57 et s.; S. 15 et s.).

9. Il est loisible au juge de paix de procéder à une visite des lieux toutes les fois que cette mesure d'instruction lui paraît utile (Pr. 41), et cette faculté n'est pas restreinte, comme dans les tribunaux d'arrondissement, aux cas où il n'y a pas lieu à expertise. Seulement le juge de paix peut, si l'examen des lieux exige des connaissances techniques, se faire assister d'un expert (Pr 42). V. *infra*, *Expertise*.

10. L'opération doit toujours être précédée d'un jugement qui l'ordonne, et avoir lieu en présence des parties, ou elles dûment appelées; une visite officieuse ne pourrait devenir un élément légal de décision.

11. Le juge de paix, lorsqu'il procède à la visite des lieux sans le concours d'un expert, n'est pas tenu de rédiger procès-verbal de son opération, et cela encore que la cause soit susceptible d'appel (Civ. c. 22 juill. 1895, D. P. 96. 1. 376).

§ 2. — *Matières de police* (S. 19 et s.).

12. Le juge de paix jouit, en matière de simple police comme en matière civile, des pouvoirs les plus étendus pour ordonner un transport sur les lieux à l'effet de reconnaître l'existence de la contravention. Il lui appartient d'apprécier l'opportunité de cette mesure. — Mais les formalités prescrites en matière civile (jugement préalable, présence des parties, spécialement du ministère public) doivent être observées, à peine de nullité de l'opération et de la décision qui serait fondée sur ses résultats. La rédaction d'un procès-verbal paraît, en outre, nécessaire (Cr. r. 15 févr. 1862, D. P. 62. 5. 215). Toutefois, la nullité serait susceptible d'être couverte, notamment par l'assistance effective des parties (s'il s'agit d'une cause d'irrégularité autre que leur absence) ou par les conclusions prises au fond.

DÉSISTEMENT

(R. v° *Désistement*; S. eod. v°).

1. Le désistement est la renonciation à un acte de procédure, à une action ou à une instance. Il est soumis à des règles différentes suivant qu'il intervient en matière civile ou criminelle. En matière administrative, on applique les règles du droit civil.

ART. 1er. — DU DÉSISTEMENT EN MATIÈRE CIVILE.

2. Le désistement en matière civile fait l'objet du titre 23 du livre 2 de la première partie du Code de procédure civile (art. 402 et 403).

§ 1er. — *Caractères du désistement* (R. 5 et s.; S. 2).

3. En principe, le désistement constitue un contrat et suppose le consentement de deux volontés, celle du demandeur qui se désiste et celle du défendeur qui accepte le désistement. Il doit réunir les conditions nécessaires à la validité de tout autre contrat; il est nul, notamment, lorsqu'il est le résultat du dol ou de la fraude.

4. Le désistement peut porter sur l'action, sur le droit lui-même, qui est abandonné, de telle sorte que la partie ne pourra désormais le faire valoir en justice. Mais, le plus souvent, le désistement ne porte que sur l'instance; il implique que la procédure commencée. C'est celui que prévoit le Code de procédure; il emporte consentement que les choses soient remises de part et d'autre au même état qu'elles étaient avant la demande » (Pr. 403). Le désistant conserve donc le droit de former une nouvelle demande, à moins, toutefois, que la prescription ne se soit accomplie depuis l'introduction de la première. — Le désistement peut s'appliquer aussi à des actes isolés de procédure.

5. La question de savoir si le désistement implique l'abandon du droit lui-même ou seulement celui de l'instance engagée est, d'ailleurs, une question de fait et d'intention qu'il appartient aux juges de résoudre par interprétation, soit des déclarations qui accompagnent le désistement, soit des actes d'exécution qui l'ont suivi (Civ. r. 20 oct. 1903, D. P. 1904. 1. 18).

§ 2. — *Matières susceptibles de désistement* (R. 13 et s.; S. 3 et s.).

6. Le désistement, en tant qu'il porterait sur le droit lui-même, est interdit dans les causes qui intéressent l'ordre public ou les bonnes mœurs; au contraire, rien ne s'oppose à ce que, même dans les causes de ce genre, on se désiste de l'instance ou d'un acte de procédure. — Mais c'est une question délicate que celle de savoir si, une décision ayant été rendue et un recours formé contre elle, il est loisible à la partie qui a introduit ce recours d'y renoncer, dans les matières qui intéressent l'ordre public et, notamment, l'état des personnes ou leur capacité. La jurisprudence offre à cet égard des solutions qui ne paraissent pas absolument concordantes entre elles. Ainsi les arrêts les plus récents admettent la validité du désistement de l'appel interjeté par l'un des époux contre le jugement qui a prononcé la séparation de corps, tandis que, en matière d'interdiction et de nomination de conseil judiciaire, le désistement de l'appel ne paraît pas admis. Il a été jugé, notamment, que l'individu dont l'interdiction est prononcée ne peut ni acquiescer au jugement, ni, par suite, se désister de l'appel qu'il aurait interjeté (Douai, 8 déc. 1858, D. P. 59. 2. 101); ... que le désistement de l'appel interjeté par le demandeur primitif en dation de conseil judiciaire est nul (Caen, 27 déc. 1899, D. P. 1900. 2. 161).

§ 3. — *Capacité* (R. 18 et s.; S. 8 et s.).

7. Toutes les fois que le désistement porte sur le droit lui-même, il suppose la capacité de disposer de ce droit. Il en est de même quand le désistement entraîne indirectement la perte de l'action. Au contraire, s'il ne porte que sur l'instance sans atteindre le fond du droit, il suffit que le désistement que celui dont il émane ait eu le pouvoir d'intenter l'action. Ainsi le tuteur ne peut faire un désistement qui entraînerait l'extinction de l'action appartenant au mineur ou à l'interdit. Au contraire, suivant l'opinion dominante, il peut valablement se désister sans l'autorisation du conseil de famille, alors que le mineur conserve intact le droit d'engager une nouvelle instance. Il en est ainsi, du moins, lorsqu'il s'agit d'une action mobilière, pour l'exercice de laquelle le tuteur n'a pas besoin d'être autorisé.

§ 4. — *Conditions auxquelles le désistement est recevable* (R. 44 et s.; S. 15 et s.).

8. En principe, le désistement doit être accepté; son efficacité doit être subordonnée à l'acceptation du défendeur. — Cette règle n'est pas absolue, elle comporte des restrictions. D'abord, tant que l'instance n'est pas liée, le demandeur peut l'éteindre par un désistement, dont la validité n'est pas subordonnée au consentement du défendeur. L'instance est réputée liée dès que des conclusions ont été signifiées en réponse à la demande (Dijon, 31 déc. 1901, D. P. 1902. 2. 295). Il en est de même lorsque le défendeur a formé une demande reconventionnelle.

9. Même après que l'instance est liée, il n'appartient pas au défendeur de mettre obstacle au désistement par un refus arbitraire et illégitime, et le tribunal pourrait, sans s'y arrêter, valider le désistement (Req. 6 nov. 1900, D. P. 1901. 1. 12). — Le refus du défendeur serait justifié, notamment, si le désistement n'avait d'autre but que de soustraire le demandeur à la perte imminente de son procès; s'il ne mettait pas fin à la contestation telle qu'elle se trouvait engagée entre les parties, comme dans le cas où, une demande reconventionnelle ayant été formée, le désistement ne contiendrait pas l'offre des dommages-intérêts réclamés (Dijon, 31 déc. 1901, précité) ; ... s'il était accompagné de réserve ou de conditions, alors surtout qu'elles sont de nature à aggraver la situation des parties, tout désistement devant en principe être pur et simple (Civ. r. 16 déc. 1896, D. P. 97. 1. 456). — Les considérations blessantes qui accompagnent un désistement ne suffisent pas pour le vicier, du moment qu'elles n'en diminuent pas la portée, et pour autoriser, la partie adverse à le repousser ; il y aurait lieu seulement d'ordonner la suppression de ces considérations (Pau, 30 juill. 1900, D. P. 1901. 2. 141).

10. Le désistement, étant subordonné en principe à l'acceptation du défendeur, peut être rétracté tant que cette acceptation n'a pas eu lieu (Alger, 19 janv. 1893, D. P. 94. 2. 455), ... et même tant qu'elle n'a pas été portée à la connaissance du désistant.

§ 5. — *Formes du désistement* (R. 130 et s. ; S. 36 et s.).

11. Le désistement n'est assujetti à aucune forme particulière. Ainsi il peut être fait par acte d'avoué à avoué (Pr. 402) ou par acte extrajudiciaire, signifié par exploit d'huissier ; il peut même l'être par lettre missive. — Le désistement doit, à peine de nullité, être signé par la partie qui se désiste, soit qu'il ait lieu par acte d'avoué, soit qu'il se produise par exploit d'huissier. Il en est ainsi même en matière commerciale. La signature doit être apposée tant sur la copie que sur l'original, à peine de nullité (*Contrà* : Alger, 26 oct. 1893, D. P. 94. 2. 597). — Le désistement peut être fait par mandataire, en vertu d'un pouvoir spécial. Ce pouvoir spécial est nécessaire même quand c'est à son avoué que la partie donne mandat de faire le désistement.

12. Le défendeur peut toujours demander qu'il lui soit donné acte du désistement par le juge. Toutefois, s'il n'avait pas un intérêt légitime à exiger cette constatation judiciaire, s'il ne l'a demandait que pour plus de sûreté et comme surcroît de garantie, les frais qui en résulteraient, à la différence de ceux de l'instance en général (V. *infrà*, n° 17), devraient rester à sa charge.

13. L'acceptation du désistement est soumise, en principe, aux mêmes conditions de forme que le désistement lui-même. C'est ainsi, par exemple, que la signature de la partie est nécessaire ; que la mandataire de la partie, l'avoué notamment, ne peut accepter le désistement qu'en vertu d'un pouvoir spécial.

§ 6. — *Effets du désistement* (R. 163 et s. ; S. 46 et s.).

14. Le désistement, sauf exception (V. *suprà*, n° 4), n'a point d'effet en ce qui concerne le droit lui-même. S'il ne porte que sur un acte déterminé de procédure, il entraîne l'annulation de cet acte qui, dès lors, est à la charge de la partie, quelle que soit l'issue du procès. S'il s'attache à l'instance entière, les choses sont mises au même état que si l'action n'avait pas été intentée ; la procédure est donc mise à néant à partir de l'exploit d'ajournement, y compris cet exploit, mais à l'exclusion de la citation en conciliation devant le juge de paix et du procès-verbal de non-conciliation, qui conservent leur effet.

15. Le droit du demandeur n'ayant subi aucune atteinte par suite du désistement, une nouvelle action pourra être introduite ultérieurement, à moins que ce droit n'ait été, depuis lors, éteint par la prescription. Lorsque le désistement intervient en appel, les conséquences en sont plus graves ; si, en effet, par suite de l'expiration du délai d'appel celui-ci ne peut plus être renouvelé,

le jugement de première instance acquiert l'autorité de la chose jugée.

16. Le désistement ne peut porter préjudice aux tiers. Les effets en sont donc limités aux parties qui l'ont fait et accepté, de sorte que le procès continue à subsister entre les autres parties en cause qui y sont demeurées étrangères, à moins qu'il ne s'agisse d'une matière indivisible.

17. Le désistant est tenu de supporter les frais de l'instance à laquelle le désistement met fin (Pr. 403). — Sur le mode de règlement de ces frais, V. *infrà*, *Frais et dépens*.

ART. 2. — DU DÉSISTEMENT EN MATIÈRE CRIMINELLE.

§ 1er. — *Désistement du prévenu* (R. 218 et s. ; S. 61 et s.).

18. Le prévenu peut se désister de son appel ou de son pourvoi en cassation. Il a cette faculté, non seulement en matière de simple police et de police correctionnelle, mais même en matière de grand criminel ; ainsi, il peut se désister du pourvoi qu'il a formé contre l'arrêt de renvoi de la chambre des mises en accusation ou contre l'arrêt de condamnation de la cour d'assises.

19. Le désistement n'est admissible qu'autant qu'il est pur et simple. Notamment, le désistement d'un pourvoi contre un arrêt de la chambre d'accusation doit être rejeté s'il est formé sous toutes réserves. Le désistement doit être formé avant que l'affaire soit appelée à l'audience.

20. Le désistement peut être formé par déclaration au greffe de la juridiction qui a reçu la déclaration d'appel ou de pourvoi. La chambre criminelle de la Cour de cassation donne également acte des désistements qui lui sont adressés par le prévenu lui-même, à la condition que l'acte qui constate ce désistement soit régulier ; la signature du prévenu doit être légalisée. — Devant la Cour de cassation, le désistement peut être formé par un avocat à la Cour de cassation agissant au nom de son client. Il semble résulter d'une ancienne jurisprudence que l'avocat devait énoncer qu'il agissait en vertu d'un pouvoir spécial de son client. L'usage paraît être aujourd'hui, tout au moins en matière criminelle, que l'avocat déclare seulement agir au nom de son client.

21. La chambre criminelle considère comme non avenu le pourvoi dont on s'est désisté. La partie n'est pas condamnée à l'amende ; l'arrêt qui donne acte du désistement de pourvoi entraîne de plein droit la restitution de cette amende, lorsqu'elle a été consignée. Les frais du désistement d'appel ou de pourvoi sont à la charge du mandeur ; ils comprennent le coût de l'acte de désistement et celui de l'arrêt qui a donné acte.

§ 2. — *Désistement du ministère public* (R. 226 et s. ; S. 64 et s.).

22. Le ministère public n'a que l'exercice de l'action publique ; il ne peut plus en disposer une fois qu'il l'a mise en mouvement (V. *suprà*, *Action publique*, n° 30). Il en résulte que le ministère public ne peut se désister ni de l'appel, ni du pourvoi en cassation qu'il a formé. Le désistement du ministère public devrait être considéré comme non avenu, et l'affaire suivrait son cours.

23. Certaines administrations publiques, comme les Douanes, les Contributions indirectes, les Contributions diverses d'Algérie, les Forêts, ne sont pas seulement considérées comme parties civiles ; elles ont une action directe pour la poursuite des contraventions qui les concernent. Néanmoins ces administrations, à la différence du ministère public, peuvent se désister, et leur désistement éteint à la fois l'action civile et l'action publique.

§ 3. — *Désistement de la partie civile* (R. 240 et s. ; S. 66 et s.).

24. Celui qui exerce l'action civile en reste toujours maître ; il peut donc s'en désister. — Aucune forme spéciale n'est prescrite pour la validité du désistement de la partie civile. Il suffit que la volonté de se désister soit déclarée d'une manière expresse. Le désistement doit être signifié au ministère public et au prévenu. Il n'a pas besoin d'être accepté par ce dernier.

25. Le désistement, aux termes de l'art. 66 c. instr. cr., doit avoir lieu dans les 24 heures de la constitution de la partie civile. Cette disposition n'a qu'une portée fiscale : la partie civile peut se désister à quelque époque que ce soit ; seulement, lorsqu'elle se désiste dans les 24 heures, elle n'est tenue de payer que les frais faits jusqu'à la signification du désistement ; au contraire, si le désistement a lieu après les 24 heures, la partie civile est responsable de tous les frais, même de ceux postérieurs à son désistement.

26. Le désistement de la partie civile éteint non seulement la procédure (Comp. en matière civile, *suprà*, n° 14), mais aussi l'action elle-même ; de telle sorte que la partie civile qui s'est désistée ne peut plus intervenir de nouveau dans le cours de la procédure, à moins que son désistement n'ait été accompagné de réserves. D'ailleurs, le plaignant, après s'être désisté de son action devant le tribunal répressif, peut encore porter sa demande devant le tribunal civil.

27. Le désistement de la partie civile n'a pas pour effet d'arrêter l'action publique. Il en est ainsi alors même que l'action publique, comme en matière de brevet d'invention ou de chasse, a été mise en mouvement par la plainte de la partie lésée. Toutefois, par exception à cette règle, le désistement du plaignant arrête l'action publique dans les cas de poursuite pour diffamation ou injures (V. *infrà*, *Presse-outrage*).

28. Devant la Cour de cassation, le désistement de pourvoi par la partie civile décharge celle-ci de l'obligation de payer au prévenu acquitté l'indemnité allouée à ce dernier par l'art. 436 c. instr. cr. (V. *suprà*, *Cassation*, n° 195) ; mais lorsque celui-ci est intervenu pour défendre au pourvoi, le demandeur est tenu au payement des frais de l'intervention.

ART. 3. — ENREGISTREMENT ET TIMBRE.

29. Les désistements purs et simples sont soumis au droit fixe de 3 francs, même lorsqu'ils sont donnés par exploit et portent sur un appel déjà formé (L. 22 frim. an 7, art. 68, § 1er, n° 28, R. v° *Enregistrement*, t. 21, p. 26 ; 28 avr. 1816, art. 43, n° 12, *ibid.*, p. 39 ; 28 fév. 1872, art. 4, D. P. 72. 4. 12).

30. L'acte d'avoué à avoué contenant désistement est soumis au droit fixe 3 fr., la loi du 26 janv. 1892 (D. P. 92. 4. 9) n'ayant pas exempté de la formalité les actes signés des parties (Sol. admin. Enreg. 1er juin 1893). Mais l'exploit qui contient signification d'avoué à avoué d'un désistement donné par acte authentique ou sous seing privé est exempt d'enregistrement par application de l'art. 5 de la loi précitée du 26 janv. 1892.

DISCIPLINE JUDICIAIRE

(R. v° *Discipline judiciaire* ; S. eod. v°).

ART. 1er. — DÉFINITION ET LÉGISLATION (R. 2 et s. ; S. 1 et s.).

1. Les mots « discipline judiciaire » désignent les moyens répressifs par lesquels le législateur a entendu assurer l'accomplissement des devoirs professionnels imposés aux membres, soit des cours et tribunaux,

56

soit des diverses corporations placées sous la surveillance du pouvoir judiciaire.

2. Cette matière est réglementée : pour les juges et les officiers du ministère public, par le sénatus-consulte du 16 therm. an 10, art. 81, 82 et 84 (R. v° *Droit constitutionnel*, p. 316); la loi du 20 avr. 1810, chap. 7 (R. v° *Organisation judiciaire*, p. 1496); le décret du 1er mars 1852, art. 4 et 5 (D. P. 52. 4. 62), et la loi du 30 août 1883, art. 13 à 17 (D. P. 83. 4. 58); — pour les officiers de police judiciaire, par les art. 279 et s. c. instr. cr.; pour les greffiers, par les décrets des 20 avr., 6 juill. et 18 août 1810 (R. v° *Organisation judiciaire*, p. 1498 et 1501); — enfin, pour les diverses corporations placées sous la surveillance des cours et tribunaux, avocats, notaires, officiers ministériels, par le décret du 30 mars 1808, art. 102 et s., modifiés par la loi du 10 mars 1898 (D. P. 98. 4. 91), combiné avec diverses dispositions spéciales à chacune de ces corporations.

ART. 2. — PRINCIPES GÉNÉRAUX.

§ 1er. — *De l'action disciplinaire* (R. 15 et s.; S. 8 et s.).

3. L'action disciplinaire, quant aux faits qui lui donnent naissance, peut avoir sa cause dans les actes de la vie privée aussi bien que dans ceux qui se rattachent à la fonction : ainsi des poursuites disciplinaires peuvent être intentées contre un notaire qui a pu être accusé de complicité d'adultère. D'autre part, l'action disciplinaire peut être exercée à raison non seulement des actes répréhensibles que l'officier public a pu commettre personnellement, mais encore de ceux qui émanent de personnes placées sous sa responsabilité civile ou disciplinaire. Ainsi, une peine disciplinaire peut être prononcée contre un notaire à l'occasion de faits commis par son clerc s'il a connu la conduite de celui-ci. — La répression disciplinaire n'atteint pas seulement les fautes que l'officier public a pu commettre depuis qu'il est revêtu de cette qualité; elle peut atteindre aussi celles qu'il a commises antérieurement, si elles étaient ignorées lors de son admission. Ainsi la dissimulation, dans un traité de cession, du véritable prix de l'office, peut donner lieu à des poursuites disciplinaires. — Enfin, les fautes que l'officier public a pu commettre depuis la cessation de ses fonctions peuvent motiver contre lui l'action disciplinaire si, par l'honorariat, il a continué à jouir des honneurs et des privilèges attachés à sa charge.

4. L'action disciplinaire, quant à sa nature, est une sorte d'action mixte, distincte et indépendante à la fois de l'action publique et de l'action civile, avec lesquelles, à raison d'un même fait, elle peut coexister. Il s'ensuit, d'une part, que la décision intervenue sur l'action publique ou sur l'action civile ne met pas obstacle à l'action disciplinaire *et vice versa;* d'autre part, que la règle « le criminel tient le civil en état », inscrite dans l'art. 3 c. instr., ne s'applique pas à l'action disciplinaire. Toutefois, il serait nécessaire de surseoir à cette action si l'appréciation de la faute professionnelle déférée à la juridiction disciplinaire l'obligeait à se prononcer sur l'existence des faits qui forment la base de l'action pénale, alors que la connaissance de ces faits ne pourrait résulter que de la procédure criminelle en cours d'instruction.

5. L'action disciplinaire, distincte de l'action publique et de l'action privée, est placée en dehors du droit commun en ce qui concerne les fins de non-recevoir qui peuvent lui être opposées; ainsi, le principe de non-rétroactivité formulé par l'art. 2 c. civ. et reproduit par l'art. 4 c. pén. ne lui est pas applicable. De même, elle n'est éteinte ni

par la prescription criminelle ni par la prescription civile. Lorsqu'elle est intentée, il ne peut être mis obstacle à ce que la juridiction saisie statue sur la poursuite, ni par la renonciation de la partie lésée, ni par son désistement de l'action civile, ni même par l'abandon que le ministère public ferait de la poursuite. Seule la démission des fonctions, dûment acceptée par le pouvoir compétent, met obstacle à l'action du pouvoir disciplinaire; mais si l'officier public qui a manqué à ses devoirs offre sa démission pour échapper à la peine disciplinaire, les pouvoirs publics peuvent au besoin suspendre son remplacement et le laisser ainsi sous le coup de poursuites qui pourraient amener sa destitution.

§ 2. — *Des juridictions disciplinaires et de ceux qui y sont soumis* (R. 45 et s.; S. 32 et s.).

6. Les premiers présidents, présidents de chambre, conseillers de la Cour de cassation et des cours d'appel; les présidents, vice-présidents, juges et juges suppléants des tribunaux de première instance et de paix sont soumis disciplinairement à la juridiction du conseil supérieur de la magistrature, qui est constitué par la Cour de cassation siégeant toutes chambres réunies (L. 30 août 1883, art. 13 et 14). Les officiers du ministère public sont placés sous l'autorité disciplinaire des procureurs généraux et du garde des sceaux; les greffiers, sous celle des présidents de cour et tribunaux et du garde des sceaux; les avocats, sous celle des conseils de leur ordre; les notaires et les divers officiers ministériels, sous l'autorité tant des chambres de discipline que des tribunaux ou des cours d'appel.

7. Il peut y avoir lieu, à l'égard des juridictions disciplinaires, soit à récusation (Pr. 378 et s.), soit au pourvoi en règlement de juges (Pr. 363 et s.). Mais des divergences existent relativement au droit de demander, en matière disciplinaire, le renvoi pour cause de suspicion légitime (L. 22 frim. an 8, art. 65, R. v° *Organisation judiciaire*, p. 1485) ou pour cause de parenté ou d'alliance de plusieurs juges avec l'inculpé ou la partie plaignante (Pr. 368).

§ 3. — *De la procédure en matière disciplinaire* (R. 78 et s.; S. 61 et s.).

8. L'action disciplinaire n'est pas soumise aux formes de procédure édictées en matière civile ou criminelle. Les règles de la procédure en matière disciplinaire sont uniquement celles qui constituent la garantie des droits de la défense; ainsi, toute juridiction disciplinaire ne peut statuer qu'après avoir entendu ou dûment appelé l'inculpé avant qu'ait été entendu ou dûment appelé. D'autre part, la citation doit indiquer avec précision les faits reprochés; et la juridiction disciplinaire ne peut valablement statuer sur d'autres faits, à moins qu'ils ne soient connexes avec ceux que retrace la poursuite.

9. En principe, l'inculpé est tenu de comparaître en personne; toutefois, le tribunal ou la chambre de discipline peuvent, dans les cas exceptionnels où sa comparution personnelle serait rendue impossible par la maladie ou l'éloignement, consentir à entendre sa défense présentée par un mandataire. — Il lui est permis, lorsque la poursuite se présente devant les tribunaux, de constituer avoué, sans préjudice de sa comparution personnelle. Devant toutes les juridictions, il a le droit de se faire assister d'un défenseur.

10. La partie plaignante peut être admise au débat et à comparaître soit en personne, soit par un mandataire; sa comparution n'est interdite que quand la poursuite se produit devant les cours et tribunaux procédant en chambre du conseil. — Elle ne

peut se porter partie civile que devant les tribunaux procédant par voie de jugement, les juridictions purement disciplinaires n'ayant pas qualité pour prononcer des condamnations et des dommages-intérêts.

11. Les juridictions disciplinaires ne sont astreintes ni aux formes d'instruction et aux modes de preuve établis pour l'action civile, ni à ceux prescrits par le Code d'instruction criminelle pour l'action publique : elles sont libres de recourir au mode de procédure qui leur paraît le plus propre à éclairer leur religion, pourvu que les droits de la défense soient respectés (Civ. r. 24 juill. 1900, D. P. 1901. 1. 476). C'est ainsi, notamment, que l'audition des témoins cités à l'appui de l'action disciplinaire, soit par l'emploi des formes prescrites par le Code de procédure civile, soit pour les enquêtes en matière ordinaire, soit pour les enquêtes en matière sommaire ; il suffit que l'inculpé ait été mis en état de connaître les témoins, de s'informer de leur position et de débattre leurs témoignages.

§ 4. — *Des décisions disciplinaires* (R. 105 et s.; S. 84 et s.).

12. 1° *Règles de fond et de forme.* — La décision disciplinaire qui applique une peine doit se renfermer exclusivement dans les limites des mesures de discipline attribuées à la juridiction qui statue (Req. 24 juill. 1895, D. P. 96. 1. 148). Ainsi, il a été jugé que l'injonction à plus de circonspection et de régularité dans la tenue de ses minutes ne peut pas être appliquée par un tribunal à un notaire, cette peine étant réservée aux officiers ministériels placés sous la juridiction directe du ministre de la Justice (Décr. 30 mars 1808, art. 102). — Lorsque la loi prononce contre certains faits une peine déterminée (V. notamment L. 20 avr. 1810, art. 58), le juge doit, s'il reconnaît que le fait existe, appliquer la peine édictée à l'exclusion de toute autre. Si, au contraire, comme il arrive le plus souvent, le choix de la peine est laissé à l'appréciation du juge, celui-ci jouit, à cet égard, d'un pouvoir souverain, et il lui appartient, notamment, de tenir compte de toutes les circonstances qui sont de nature à atténuer la gravité de la faute.

13. Les décisions disciplinaires, quelle que soit la juridiction dont elles émanent, doivent être motivées. Elles doivent contenir, avec l'exposé des faits qui ont donné lieu à la poursuite, les conclusions prises par la partie poursuivante et par l'inculpé et la mention de l'accomplissement des formalités légales. Ces formes ne sont, d'ailleurs, exigées qu'en tant qu'elles sont nécessaires pour constater que le droit de la défense a été respecté. — Les décisions doivent contenir aussi les noms des membres qui y ont participé; mais il n'est pas nécessaire, à peine de nullité, que la décision mentionne qu'elle a été rendue à la pluralité des voix. — Les décisions doivent être notifiées aux parties.

14. 2° *Voies de recours.* — Les décisions disciplinaires rendues par défaut sont, dans tous les cas, susceptibles d'être attaquées par la voie de l'opposition; une seule règle générale applicable quelle que soit la juridiction qui a statué. L'inculpé peut user de cette voie de recours, dès lors qu'il est défaillant; et il est réputé tel par cela seul qu'il ne s'est pas présenté, encore qu'il ait été touché d'une citation régulière. — Les formes et délais de l'opposition sont ceux prescrits par le Code de procédure civile, si la décision émane d'un tribunal; si elle émane d'une chambre syndicale, elle doit être formée dans la huitaine de la notification par simple lettre. — L'effet de l'opposition n'est pas seulement de suspendre la décision : la question est remise entièrement en l'ètat; de sorte que la nouvelle condamnation pourra porter une peine plus forte que celle qui avait été prononcée par défaut.

15. Quant aux décisions disciplinaires rendues contradictoirement, les voies de recours dont elles sont susceptibles sont l'appel et le pourvoi en cassation. Mais elles ne sont pas ouvertes indistinctement contre toutes les décisions (V. *infrà*, n°ˢ 22, 35 et 39).

16. Les déchéances résultant des condamnations disciplinaires peuvent être effacées par la réhabilitation (V. *infrà*, *Réhabilitation*). — On n'est pas d'accord sur le point de savoir si le droit de grâce est applicable à ces condamnations.

ART. 3. — DES RÈGLES DISCIPLINAIRES SPÉCIALES A CHAQUE ORDRE DE FONCTIONS.

§ 1ᵉʳ. — *Des juges.*

A. — *Des peines disciplinaires et des faits auxquels elles s'appliquent* (R. 129 et s.; S. 103 et s.).

17. Les peines disciplinaires qui peuvent être infligées aux juges sont : la censure simple, la censure avec réprimande, emportant privation de traitement pendant un mois ; la suspension provisoire avec privation de traitement pendant sa durée ; enfin la déchéance, avec privation définitive des fonctions elles-mêmes (L. 20 avr. 1810, art. 50 et 59, R. v° *Organisation judiciaire*, p. 1496). De plus, tous les magistrats inamovibles peuvent être déplacés sur l'avis conforme du conseil supérieur de la magistrature, sans que, d'ailleurs, ce déplacement puisse entraîner, pour le magistrat qui en est l'objet, aucun changement de fonctions, aucune diminution de classe ni de traitement (L. 30 août 1883, art. 15, D. P. 84. 4. 58).

18. Les faits à raison desquels les peines disciplinaires peuvent être infligées n'ont été précisés que dans les cas prévus par les art. 58 et 59 de la loi du 20 avr. 1810 : c'est lorsqu'un juge se trouve sous le coup d'un mandat d'arrêt ou de dépôt, d'une ordonnance de prise de corps ou d'une condamnation correctionnelle ou même de simple police. Dans ces circonstances, le juge doit être suspendu provisoirement de ses fonctions. En outre, lorsqu'il a subi une condamnation, même à une peine de simple police, il peut être déclaré déchu ou suspendu de ses fonctions suivant la gravité des faits. En dehors de ces cas, les magistrats peuvent être poursuivis disciplinairement pour les causes graves (Sén.-cons. 16 therm. an 10, art. 82, R. v° *Organisation judiciaire*, p. 1489), notamment à raison de manquements à leurs devoirs professionnels et aux règles de la hiérarchie, d'agissements de nature à compromettre la dignité de leur caractère (L. 20 avr. 1810, art. 49 et 50), ce qui doit s'entendre même des faits de la vie privée portant atteinte à l'honorabilité du magistrat, ou encore de manifestations ou démonstrations d'hostilité au principe ou à la forme du Gouvernement. — Il y aurait encore faute disciplinaire, pouvant motiver des poursuites, dans le fait, par un corps judiciaire, de prendre une délibération politique, contrairement à la prohibition édictée par l'art. 14, § 2, de la loi du 30 août 1883.

B. — *Des autorités qui exercent le pouvoir disciplinaire* (R. 154 et s.; S. 112 et s.).

19. Les présidents des cours et tribunaux sont chargés d'avertir, par lettres missives, soit d'office, soit sur la réquisition du ministère public, les membres des cours et tribunaux dont la conduite donnerait lieu à quelque reproche (L. 20 avr. 1810, art. 49). En dehors de ce droit de surveillance et d'avertissement, tout ce qui constitue, aux termes de la loi de 1810, le pouvoir disciplinaire des tribunaux sur leurs propres

membres, c'est-à-dire la poursuite et l'application des peines, appartient, depuis la loi du 30 août 1883 (art. 14), au conseil supérieur de la magistrature (V. *infrà*, n° 21). — Les pouvoirs de surveillance et de répression que les cours d'appel ont sur les tribunaux inférieurs et aux tribunaux civils sur les juges de paix (Sén.-cons. 16 therm. an 10, art. 83; L. 20 avr. 1810, art. 84) n'existent plus aujourd'hui (L. 30 août 1883, art. 19).

20. Le garde des sceaux a sur les magistrats de toutes les juridictions civiles et commerciales un droit de surveillance et de réprimande. Il peut mander les magistrats auprès de lui, afin de recevoir leurs explications sur les faits qui leur sont imputés (droit de *veniat*) (L. 1883, art. 17). — Le pouvoir de surveillance conféré au garde des sceaux existe même à l'égard des cours et tribunaux collectivement ; mais il ne pourrait exercer son droit de réprimande, à l'occasion d'actes judiciaires blâmables commis par un corps de magistrats, qu'en déférant ces actes au conseil supérieur de la magistrature.

21. La loi du 30 août 1883 a institué (art. 13), comme juridiction disciplinaire unique pour les magistrats de l'ordre judiciaire, le conseil supérieur de la magistrature, formé de la Cour de cassation siégeant toutes chambres réunies. Le pouvoir disciplinaire conféré à la Cour de cassation siégeant comme conseil supérieur de la magistrature s'exerce sur ses propres membres et sur tous les magistrats qui composent les cours d'appel et les tribunaux inférieurs (L. 1883, art. 14, § 1ᵉʳ). — Ce conseil, auprès duquel le Gouvernement est représenté par le procureur général près la Cour de cassation, ne peut être saisi que par le garde des sceaux (art. 13, § 2, et 16) ; il ne peut statuer qu'après que le magistrat inculpé a été entendu ou dûment appelé (art. 16).

22. Les décisions du conseil supérieur de la magistrature peuvent être attaquées par la voie de l'opposition lorsqu'elles ont été rendues par défaut (V. *supra*, n° 14). — Elles ne sont susceptibles d'aucun recours quand l'inculpé a été entendu.

§ 2. — *Officiers du ministère public et officiers de police judiciaire* (R. 208 et s.; S. 129 et s.).

23. La discipline du ministère public s'exerce administrativement, sans formes judiciaires. Il appartient au procureur général de rappeler à leur devoir les officiers du ministère public de son ressort dont la conduite serait répréhensible. Le garde des sceaux a sur eux le droit de réprimande et de *veniat* (L. 20 avr. 1810, art. 60). — Les cours et tribunaux n'ont sur les officiers du ministère public aucun pouvoir de répression ; ils ne peuvent leur infliger ni censure, ni réprimande, ni aucune autre peine ; ils doivent seulement dénommer les faits dont ces officiers se sont rendus coupables (L. 20 avr. 1810, art. 61).

24. Tous les officiers de police judiciaire (à l'exception des préfets) sont soumis à la surveillance du procureur général de la cour d'appel près laquelle ou dans le ressort de laquelle ils exercent (Instr. 279). La sanction des fautes qu'ils peuvent commettre consiste d'abord dans un avertissement qui leur est donné par le procureur général ; en cas de récidive, ils peuvent être cités devant la chambre d'accusation, qui doit se borner à leur enjoindre d'être plus exacts à l'avenir (Instr. 280, 282).

§ 3. — *Greffiers* (R. 234 et s.; S. 136 et s.).

25. Les greffiers sont soumis à un régime disciplinaire analogue à celui des juges et des officiers du ministère public

(Sén.-cons. 16 therm. an 10, art. 81; L. 20 avr. 1810, art. 62). D'autre part, la destitution de ces fonctionnaires peut être prononcée par les tribunaux correctionnels dans certains cas, notamment dans ceux prévus par la loi du 21 vent. an 7 (art. 23). Elle peut être la conséquence des condamnations prononcées à la suite de poursuites criminelles, par exemple par application des art. 174, 253, 255 c. pén. Enfin, le ministre de la Justice peut provoquer la révocation des greffiers par la voie disciplinaire (L. 27 vent. an 8, art. 92); et, cette révocation ayant alors le caractère d'une peine disciplinaire, le Gouvernement dénie à ceux qui en sont frappés le droit de présenter leur successeur (V. *infrà*, *Office*).

26. Les commis greffiers, outre qu'ils sont soumis au droit d'avertissement et de réprimande de la part du président et des chefs des parquets, peuvent être remplacés sur injonction de la cour ou du tribunal rendue en la forme disciplinaire. Il n'appartient pas au greffier en chef de les révoquer de sa propre autorité.

27. Les greffiers et commis greffiers étant, non des officiers ministériels, mais des membres des juridictions auxquelles ils sont attachés, ne peuvent être poursuivis disciplinairement devant les cours et tribunaux en vertu des art. 102 et 103 du décret du 30 mars 1808.

§ 4. — *Des diverses corporations placées sous la surveillance du pouvoir judiciaire.*

28. Ces corporations sont : les avocats, les notaires, les officiers ministériels (avoués, huissiers, commissaires-priseurs, etc.). On exposera ici les règles générales concernant la discipline des diverses catégories d'officiers ministériels. — En ce qui concerne la discipline des avocats et des notaires, V. *supra*, *Avocat*, n°ˢ 38 et s., et *infrà*, *Notaire*.

29. Les officiers ministériels sont soumis en matière de discipline à une double juridiction : 1° celle de leurs chambres syndicales; 2° celle des cours et tribunaux près desquels ou dans le ressort desquels ils exercent leurs fonctions.

30. 1° *Juridiction des chambres syndicales.* — Les chambres syndicales, du moins celles des principaux officiers ministériels, tels que les avoués, les huissiers, les commissaires priseurs à Paris, peuvent prononcer contre les membres de la corporation les peines suivantes : rappel à l'ordre, censure simple par la décision même, censure avec réprimande par le président à l'officier ministériel en personne dans la chambre assemblée, interdiction de l'entrée de la chambre pendant une durée que la loi ne limite pas quant aux avoués et aux commissaires-priseurs, mais qui, pour les huissiers, ne peut excéder dix mois (Arr. 13 frim. an 9, art. 8, R. v° *Avoué*, p. 4; Décr. 14 juin 1813, art. 71, R. v° *Huissier*, p. 157).

31. Les chambres syndicales ne peuvent prononcer de peines plus graves ; mais lorsque l'infraction relevée contre un avoué paraît assez grave pour mériter la suspension de ses fonctions, il appartient à la chambre, complétée par l'adjonction d'un certain nombre de membres de la corporation, d'émettre un avis sur la suspension et sur sa durée ; cet avis est communiqué au procureur de la République, qui, s'il y a lieu, saisit le tribunal, seul compétent pour prononcer ladite peine (Arr. 13 frim. an 9, art. 9 et 10; 29 germ. an 9, art. 1ᵉʳ).

32. Les chambres syndicales ne peuvent statuer disciplinairement sans que l'inculpé ait été cité devant elles. La citation est donnée par lettre missive émanée du syndic, ou du rapporteur s'il s'agit d'un huissier, avec un délai de cinq jours pour comparaître (Arr. 13 frim. an 9, art. 11; Décr.

14 juin 1813, art. 80-81; Civ. r. 24 juill. 1900, D. P. 1900. 1. 476).

33. Le débat a lieu entre l'inculpé et le syndic, faisant office de ministère public. Les conclusions du syndic sont une des formalités substantielles dont l'inobservation emporte la nullité de la décision. Le syndic, étant partie poursuivante, ne doit jamais prendre part à la délibération, si ce n'est à titre consultatif. Un rapport doit aussi, à peine de nullité, être lu préalablement à la décision disciplinaire et en présence de l'inculpé (Civ. c. 24 juill. 1900, D. P. 1900. 1. 476).

34. Les voies de recours ouvertes contre les décisions des chambres syndicales sont : l'opposition, lorsque ces décisions ont été rendues par défaut, et le pourvoi en cassation, mais seulement pour incompétence ou pour excès de pouvoir (notamment, lorsque la chambre a considéré comme tombant sous l'application d'une peine disciplinaire un fait non susceptible de blâme). Cette voie de recours ne saurait, d'ailleurs, s'appliquer en aucun cas à la délibération d'une chambre syndicale émettant un avis sur la peine de la suspension qu'un officier ministériel aurait pu encourir (Req. 29 juill. 1902, D. P. 1904. 1. 56). — Le pourvoi est formé dans le délai imparti en matière civile (deux mois à partir de la signification faite à personne ou à domicile) par les parties en cause, le condamné, ou le syndic de la chambre faisant office de ministère public ; il peut l'être aussi par le procureur général près la Cour de cassation en vertu des art. 80 et 88 de la loi du 27 vent. an 8. — Lorsqu'une décision de la chambre de discipline est cassée, la cour désigne une chambre de renvoi qui devra statuer sur l'infraction motivant les poursuites.

35. 2° *Juridiction des cours et tribunaux*. — Le pouvoir disciplinaire des cours et tribunaux s'exerce à l'égard : 1° des contraventions aux lois et règlements commises par les officiers ministériels ; 2° des fautes de discipline commises ou découvertes à l'audience, par exemple dans les cas prévus par les art. 89 et 90, 1030 et 1031 c. pr. civ. — Les peines qu'ils peuvent prononcer, suivant la gravité des circonstances, consistent dans des injonctions à être plus exacts ou circonspects, des condamnations aux frais en leur nom personnel, des suspensions à temps. L'impression et l'affiche des jugements aux frais des inculpés peuvent aussi être ordonnées, et leur destitution prononcée s'il y a lieu (Décr. 30 mars 1808, art. 102, modifié par la loi du 10 mars 1898). C'est à l'autorité judiciaire seule (à l'exclusion du Gouvernement) qu'il appartient aujourd'hui de prononcer la destitution des officiers ministériels. Les tribunaux peuvent aussi prononcer, suivant les cas, des condamnations d'amendes et de dommages-intérêts (L. 10 mars 1898 précitée, art. 2).

36. Les poursuites devant le tribunal ou la cour sont exercées par le ministère public ou par les particuliers lésés. La citation a lieu dans la forme ordinaire ; le délai est celui du droit commun en matière civile (Pr. 72).

37. Les poursuites disciplinaires contre des officiers ministériels doivent, dans tous les cas, être portées non devant le tribunal statuant en assemblée générale à la chambre du conseil, mais devant le tribunal jugeant en la forme ordinaire et en audience publique, les dispositions contraires contenues dans l'art. 103 du décret du 30 mars 1808 étant abrogées par la loi du 10 mars 1898, art. 2, § 1 (Caen, 18 juill. 1898, D. P. 98. 2. 198). Lorsqu'il s'agit de fautes *commises* à l'audience, la chambre de la cour ou du tribunal devant laquelle le faits se sont produits statue immédiatement (Décr. 30 mars 1808, art. 103, modifié par la loi du

10 mars 1898). Dans toute autre hypothèse, même à l'égard des fautes *découvertes* à l'audience, l'instruction est soumise aux règles du droit commun.

38. Les décisions disciplinaires rendues par les tribunaux de première instance sont susceptibles d'appel, sans qu'il y ait à distinguer entre celles qui statuent sur des fautes commises ou découvertes à l'audience et toutes autres décisions (L. 10 mars 1898, art. 1er, § 2). Le recours en cassation est ouvert, en cette matière, conformément au droit commun, et il est assujetti aux formes ordinaires (Comp. Req. 26 janv. 1903, D. P. 1903. 1. 224).

DISPOSITIONS ENTRE VIFS ET TESTAMENTAIRES

(R. v° *Dispositions entre vifs et testamentaires*; S. eod. v°).

1. Le Code civil ne reconnaît que deux modes de disposer de ses biens à titre gratuit : la donation entre vifs (V. *infrà*, *Donation entre vifs*) et le testament (V. *infrà*, *Testament*). Ainsi se trouve proscrite la donation à cause de mort admise par l'ancien droit. Ce genre de disposition n'est toutefois prohibé qu'en tant qu'elle renferme des éléments inconciliables avec les conditions requises soit pour la donation entre vifs, soit pour le testament. — Ainsi toute disposition qualifiée donation à cause de mort, c'est-à-dire subordonnée au prédécès du donateur, ne doit pas être déclarée nulle *ipso facto*; pour que la nullité soit encourue, il faut, de plus, que, contrairement à la règle essentielle en matière de donations entre vifs (V. *infrà*, *Donation entre vifs*, n° 9), le donateur se soit réservé la faculté de révoquer à son gré la libéralité.

SECT. 1re. — Des modalités et spécialement des conditions qui peuvent affecter les dispositions à titre gratuit (R. 88 et s. ; S. 21 et s.).

2. Toute personne capable de disposer à titre gratuit peut affecter sa libéralité de telle modalité que bon lui semble, à l'exception des conditions impossibles et des conditions illicites, c'est-à-dire contraires aux lois ou aux mœurs, et aussi des conditions contraires à l'ordre public. Ces conditions sont nulles ; mais, à la différence de ce qui a lieu dans les actes à titre onéreux, où la nullité de la condition impossible ou illicite entraîne celle de la convention elle-même, dans les dispositions à titre gratuit, c'est la condition seule qui est mise à néant ou réputée non écrite ; la disposition elle-même reste valable (Civ. 900).

3. La règle édictée par l'art. 900 c. civ. est spéciale aux actes qui renferment de véritables libéralités, et, pour déterminer la nature du contrat, il faut prendre en considération non ce que les parties ont déclaré faire, mais ce qu'elles ont fait réellement ; en d'autres termes, s'attacher au fond même de l'acte plutôt qu'à la forme dont l'acte serait revêtu. La disposition doit être considérée comme faite à titre gratuit, et l'art. 900 sera applicable toutes les fois que la volonté de donner sera dominante ; elle doit, au contraire, être réputée faite à titre onéreux, et, par suite, la condition impossible ou illicite en entraînera la nullité, dans tous les cas où des preuves extérieures viendront établir qu'elle constitue un véritable contrat commutatif. — D'ailleurs, une disposition, tout en constituant une libéralité, en ce sens que l'aliénation consentie au profit du donataire ne trouve pas son plein équivalent dans le contrat, participe cependant du contrat commutatif en raison de l'importance des charges ajoutées, la nullité de la condition doit entraîner celle de tout le con-

trat qui, par suite de la corrélation de ses clauses, forme un tout indivisible.

4. Suivant une doctrine consacrée par la jurisprudence de la Cour de cassation, la règle qui répute non écrite toute condition impossible ou illicite cesse d'être applicable lorsque la condition a été la cause impulsive et déterminante de la libéralité ; et, dans ce cas, la disposition entière est frappée de nullité. Si, au contraire, il est reconnu, en fait, que la clause illicite n'en constituait pas la cause de la libéralité, mais n'en constituait qu'une des conditions destinées à en assurer l'exécution, la libéralité doit être maintenue, la condition étant réputée non écrite (Req. 8 mai 1901, D. P. 1902. 1. 220) ; ... et cela encore que le disposant aurait déclaré la condition expresse et de rigueur et l'aurait imposée à peine de nullité de la libéralité elle-même. — V. des applications de cette doctrine, *infrà*, n° 7.

§ 1er. — *Conditions impossibles* (R. 97 et s. ; S. 34 et s.).

5. En thèse générale, c'est seulement l'impossibilité *absolue* qui a pour conséquence de faire réputer la condition non écrite. — Toutefois, l'impossibilité, bien que personnelle au légataire, peut donner lieu à l'application de l'art. 900, si elle est radicale et insurmontable.

§ 2. — *Conditions contraires aux lois* (R. 118 et s. ; S. 36 et s.).

6. De la règle qui répute non écrites les conditions contraires aux lois, il ne résulte pas que le donateur ou le testateur ne puisse déroger par des conditions à une loi sans encourir la nullité édictée par l'art. 900 ; les conditions réputées non écrites sont celles-là seules qui seraient contraires à une loi pénale, ou qui porteraient atteinte aux dispositions du droit civil essentiellement liées à l'ordre public. Au contraire, la condition imposée à un légataire ou à un donataire, qui l'oblige à renoncer à un droit acquis purement pécuniaire et dérivant de lois relatives seulement à des intérêts privés, n'a rien que de licite. — Conformément à cette distinction, on ne peut pas, en général, déroger par des conditions aux lois qui règlent l'état des personnes, consacrent la puissance paternelle et la puissance maritale. Ainsi, devrait être réputée non écrite, la condition imposée dans un testament à un légataire de ne pas rechercher sa mère naturelle. — Quant à la condition qui concerne l'administration des biens donnés ou légués à un mineur n'appartienne pas à son père, elle est généralement considérée comme valable. Il n'est pas permis de déroger par des conditions aux lois qui établissent le droit de propriété, telle condition qui en détruit ou en gêne le libre exercice doit, en principe, être réputée non écrite. Est nulle, par exemple, la clause par laquelle un testateur, en léguant à une personne l'usufruit d'une partie de ses biens, dispose que, durant cet usufruit, l'administration des biens légués appartiendra, non à l'usufruitier, mais à un tiers désigné au testament. Sont nulles également les conditions qui tendent à soustraire les fondations charitables aux pouvoirs de contrôle qui appartiennent légalement à l'autorité administrative, notamment celle qui, pour une fondation faite au profit de pauvres d'une commune, porterait exclusion perpétuelle, pour l'exécution du legs, et, par exemple, pour le choix des légataires, de toute intervention de la part du bureau de bienfaisance. Mais, si le legs était fait au profit d'une catégorie de pauvres déterminée, et non des pauvres en général, le testateur pourrait valablement stipuler que les bénéficiaires seront désignés par un comité dont

Il fixe la composition, à l'exclusion du bureau de bienfaisance (Paris, 3 janv. 1890, D. P. 90. 2. 215).

7. En cas de donations faites à des communes pour la fondation d'écoles, les tribunaux ont eu fréquemment à se prononcer sur la validité de la condition mise à la libéralité, que l'enseignement serait donné par des congréganistes. La loi du 30 oct. 1886 interdisant aux communes l'entretien d'instituteurs congréganistes, toute condition qui subordonne le bénéfice d'une libéralité laissée à une commune à l'entretien d'une école d'un caractère confessionnel doit être réputée illicite. — Mais la jurisprudence a fait, spécialement à cette hypothèse, application de la théorie qui écarte l'application de l'art. 900, lorsque la condition a été la cause impulsive et déterminante de la libéralité; si donc il apparaît que le disposant a attaché une importance capitale à la fondation d'une école congréganiste, que c'est en vue de cette fondation qu'il a fait la donation ou le legs, ce n'est pas la condition seulement, mais la libéralité tout entière qui est mise à néant.

§ 3. — Conditions contraires aux mœurs (R. 129 et s.; S. 41 et s.).

8. Par conditions contraires aux mœurs, on entend non seulement les conditions qui outrageraient ouvertement l'honnêteté publique, la décence, mais celles dont les conséquences pourraient être dangereuses pour la morale individuelle. — La loi ne les a pas définies; il appartient aux tribunaux de se prononcer suivant les circonstances. On devrait, par exemple, réputer non écrite dans un testament, comme contraire aux bonnes mœurs, la condition de payer une rente viagère à une concubine adultère.

§ 4. — Conditions contraires à l'ordre public (R. 125 et s.; S. 42 et s.).

9. La détermination de ces conditions est également, en général, laissée à l'appréciation des tribunaux. Est considérée comme illicite notamment, toute condition qui tendrait à restreindre la liberté de conscience du donataire ou du légataire. Ainsi, il y aurait lieu de réputer non écrite la condition imposée à un légataire de vivre et mourir dans une religion spécialement désignée. Il en serait de même de la condition d'embrasser l'état ecclésiastique (ou l'état monastique). Au contraire, la condition imposée au gratifié de ne pas se faire prêtre (ou religieuse) est généralement considérée comme valable.

10. En thèse générale, les conditions restrictives de la liberté individuelle doivent être réputées non écrites. Telles sont celles qui mettent obstacle à la liberté du domicile, qui imposent, par exemple, au légataire l'obligation de fixer et de conserver sa résidence dans une certaine ville. Mais la jurisprudence considère comme obligatoire la condition imposée au gratifié de demeurer avec telle personne, au moins si les circonstances établissent que le disposant n'a point entendu enchaîner absolument la liberté du légataire et si, d'autre part, la condition n'est pas contraire aux bonnes mœurs. De même, elle admet la validité de la condition imposée au donataire de vivre avec le donateur pour lui donner des soins. — On admet, d'autre part, la validité de la condition d'embrasser ou de ne pas embrasser tel état, telle profession, alors du moins qu'il n'apparaît pas que le disposant ait eu l'intention de gêner la liberté du donataire et de contrarier ses goûts.

11. La condition de se marier est considérée comme valable. Il en est de même, du moins d'après l'opinion générale, de la condition de se marier avec une personne désignée par le disposant. La condition doit, d'ailleurs, être réputée accomplie quand il est établi que le donataire ou légataire a fait ce qui dépendait de lui pour l'exécuter. — Quant à la condition prohibitive de se marier, elle doit être, en principe, considérée comme illicite. Toutefois, elle devrait être maintenue si elle avait été imposée par un sentiment respectable, comme le désir de protéger un légataire avancé en âge contre les inconvénients auxquels l'exposait un mariage disproportionné. D'après la jurisprudence, la condition de ne pas se marier doit, suivant les circonstances, être réputée valable ou non écrite. Ainsi la condition de viduité, à laquelle était subordonné le legs fait par un mari à sa femme survivante, a été réputée valable dans des cas où il existait des enfants du mariage. Elle a été déclarée nulle dans d'autres hypothèses, notamment en raison du jeune âge de la femme restée veuve.

12. La prohibition d'aliéner, contenue dans une disposition entre vifs ou testamentaire, est nulle lorsqu'elle est absolue et indéfinie (Civ. 24 juin 1899, D. P. 1900. 1. 533), comme étant contraire au principe de la libre circulation des biens, qui est d'ordre public; elle est valable, au contraire, lorsqu'elle n'est imposée que pour une durée restreinte et qu'elle a pour but de garantir l'intérêt sérieux et légitime soit du disposant, soit d'un tiers, soit du gratifié lui-même (Paris, 9 mars 1900, D. P. 1901. 2. 505). — Sur la question de savoir ce qu'il faut entendre par une prohibition temporaire, la jurisprudence consacre des solutions différentes suivant les cas : l'interdiction est considérée comme temporaire par cela seul qu'elle n'est imposée que pendant la vie du disposant ou du tiers dans l'intérêt duquel elle est stipulée; ainsi ont été validées les conditions d'inaliénabilité stipulées pour sauvegarder le droit de retour que le donateur s'était réservé, ou pour garantir le payement d'une rente viagère stipulée au profit d'un tiers. Au contraire, si elle est insérée dans l'intérêt du donataire ou du légataire, elle est réputée perpétuelle, et, par suite, déclarée nulle dès lors qu'elle est imposée pour toute la durée de l'existence du gratifié. Elle n'est considérée comme temporaire et, par suite, valable, que si l'aliénation est interdite pour une courte durée, par exemple lorsqu'il est stipulé que les biens légués ne pourront être aliénés tant que le légataire n'aura pas atteint sa majorité (Req. 18 avr. 1901, D. P. 1902. 1. 71).

13. La clause par laquelle le donateur ou testateur déclare insaisissables les biens donnés ou légués est valable, non seulement en ce qui concerne les sommes et objets mobiliers (Pr. 581-3°; V. infrà, Saisie-arrêt), mais encore, d'après la jurisprudence de la Cour de cassation, à l'égard des immeubles. Mais cette clause ne peut être opposée qu'aux créanciers antérieurs à l'acte de donation ou à l'ouverture du legs; elle ne fait pas obstacle aux saisies pratiquées par des créanciers postérieurs (Pr. 582).

14. Les clauses qui prohibent l'apposition des scellés ou la confection d'un inventaire après le décès du disposant sont valables, à moins qu'elles ne soient imposées à un successible réservataire (V. toutefois, Bordeaux, 2 janv. 1833, R. p. 85). — Sur la question de savoir : ... si la défense faite par le testateur à ses héritiers de partager ses biens est valable ou doit être réputée non écrite, V. infrà, Succession; ... si le testateur peut valablement dispenser le légataire usufruitier de l'obligation de faire inventaire et interdire à l'héritier de procéder à cet acte, V. infrà, Usufruit.

15. La clause, insérée dans un testament, par laquelle il est interdit aux héritiers d'attaquer l'acte sous peine de perdre le bénéfice des libéralités faites à leur profit, est nulle si elle tend à assurer l'exécution de dispositions contraires à l'ordre public ou aux bonnes mœurs; par exemple, de dispositions faites au profit de personnes incapables ou entachées de substitution, ou ayant pour but de frustrer un des successibles de sa réserve légale, etc. Au contraire, la clause dont il s'agit est licite et obligatoire si les dispositions dont elle tend à procurer le maintien ne touchent qu'à des intérêts privés, telles que celles qui, dans un partage d'ascendant, s'écarteraient des règles édictées par les art. 826 et 832 c. civ., ou infligeraient à l'un des héritiers une lésion de plus du quart (sans, d'ailleurs, porter atteinte à sa réserve).

SECT. II. — De la capacité de disposer et de recevoir par donation entre vifs ou par testament (R. 191, 483 et s.; S. 169 et s.).

16. En principe, toute personne est capable de disposer ou de recevoir, soit par donation entre vifs, soit par testament. Il n'y a d'exception qu'à l'égard des personnes auxquelles cette capacité est enlevée par une disposition formelle de la loi (Civ. 902). — Quant à l'époque à laquelle doit exister la capacité, il faut distinguer suivant qu'il s'agit d'une donation entre vifs ou d'un testament.

17. Pour la donation entre vifs, c'est au moment de la perfection de l'acte qu'il faut se reporter pour apprécier la capacité. Lorsque la donation et l'acceptation sont simultanées, la disposition n'est valable qu'autant que le donateur et le donataire sont tous deux capables à l'époque de la confection de l'acte. Il en est ainsi même à l'égard des donations conditionnelles. — Si l'acceptation a lieu séparément, il faut que le donateur soit capable tant à l'époque de la donation qu'à celle de l'acceptation; s'il cessait de l'être avant l'acceptation, la donation tomberait. La capacité du donateur, dans ce dernier cas, doit exister même lors de la notification qui doit lui être faite de l'acceptation (Civ. 932). — Quant au donataire, il doit évidemment avoir la capacité de recevoir au moment de l'acceptation; mais c'est un point controversé que de savoir s'il doit aussi être capable à l'époque où le donateur fait sa déclaration de donation. Dans tous les cas, il n'est pas nécessaire que le donataire possède encore la capacité de recevoir au moment de la notification.

18. En ce qui touche les dispositions testamentaires, le testateur doit être capable au moment où il dispose : il doit l'être encore lors de son décès. Toutefois, cette règle ne s'applique pas à l'incapacité de fait résultant de l'insanité d'esprit (Civ. 901; V. infrà, n°s 20 et s.) : il importerait peu que le testateur, sain d'esprit à l'époque où il a testé, eût cessé lors de son décès d'avoir la plénitude de ses facultés mentales. — Quant au légataire, la jurisprudence paraît admettre qu'il doit également être capable à l'époque de la confection du testament et à celle du décès du testateur; l'art. 906 c. civ., d'après lequel il suffit d'être conçu lors du décès (V. infrà, n° 37), constituerait une disposition exceptionnelle. La plupart des auteurs enseignent, au contraire, que, d'une façon générale, la capacité de recevoir un legs ne s'acquiert qu'au jour du décès du testateur. — A l'égard des legs conditionnels, il suffirait, suivant une opinion, que le légataire fût capable de recevoir à l'événement de la condition. D'après un autre système, la capacité du légataire devrait exister, non seulement à cette époque, mais encore lors du décès du testateur.

19. L'incapacité soit de disposer, soit de recevoir, peut être ou bien absolue, c'est-à-dire faire obstacle à ce que celui qui en est frappé dispose au profit de qui que ce soit ou reçoive d'un tiers quelconque (V. *infrà*, n°s 31 et s., 35 et s.), ou relative, c'est-à-dire exister seulement à l'égard de certaines personnes (V. *infrà*, n°s 40 et s.).

ART. 1er. — INCAPACITÉS DE DISPOSER.

§ 1er. — *Insanité d'esprit.* — *Infirmités physiques* (R. 192 et s.; S. 71 et s.).

20. Pour faire une donation entre vifs ou un testament, il faut être sain d'esprit (Civ. 901). L'imbécillité, la démence, la fureur, entraînent une incapacité générale pour tous les actes de la vie civile; elles annulent les libéralités comme elles vicient les contrats. — Il suffit de prouver que la démence existait à l'époque de la donation ou du testament, bien qu'elle ne résulte pas de ces actes et que l'interdiction n'ait pas été provoquée du vivant du donateur ou du testateur : l'art. 504 c. civ. (V. *infrà, Interdiction*) ne s'applique pas aux donations et testaments.

21. L'individu non interdit étant toujours présumé sain d'esprit, la charge de prouver l'insanité d'esprit incombe à ceux qui attaquent la disposition (Req. 28 janv. 1901, D. P. 1901. 1. 504). Cette preuve peut, d'ailleurs, être faite par témoins, alors même que, dans la donation ou le testament par acte authentique, le notaire aurait déclaré que le disposant était sain d'esprit. — Mais la preuve de faits constitutifs de la prétendue démence ne peut être reçue sans inscription de faux quand ces faits sont en contradiction avec ceux que le notaire a attesté dans les limites de ses attributions. Par exemple, lorsqu'il est constaté par le notaire que le testateur a dicté son testament, et qu'après lecture faite de l'acte il a déclaré le bien comprendre et persévérer dans ses volontés, la preuve de faits tendant à établir qu'à l'époque où il a testé le disposant était dans un état d'imbécillité complète, sans intervalles lucides et dans l'impossibilité de s'exprimer d'une façon intelligible, n'est recevable qu'à la charge, par celui qui offre cette preuve, de s'inscrire en faux contre le testament.

22. Les demandes d'annulation de testament, fondées sur l'art. 901 c. civ., doivent être appuyées sur des faits précis et nettement articulés, et ces faits doivent être assez graves pour caractériser la démence. La preuve de quelques bizarreries dans les idées du disposant, d'opinions extravagantes, ou même d'un dérangement partiel de la raison, serait insuffisante. La faiblesse d'esprit, alors même qu'elle aurait motivé la nomination d'un conseil judiciaire, serait insuffisante pour faire annuler la disposition. Pour établir que le donateur ou le testateur n'était pas sain d'esprit, il faut offrir la preuve ou d'une infirmité permanente qui lui enlevait l'usage de ses facultés mentales, ou d'une démence momentanée à l'époque où ont été faits les actes attaqués. Lors même qu'il serait établi que le testateur avait des accès de démence plus ou moins fréquents, le testament pourrait être validé, s'il était prouvé qu'il a été passé dans un intervalle lucide.

23. Les maladies ou infirmités corporelles ne sont pas une cause de nullité des dispositions à titre gratuit, à moins qu'elles n'aient pour effet de troubler les facultés de l'intelligence. — Et, les dispositions *in extremis* n'étant pas prohibées par la loi, un testament serait valable alors même qu'il aurait été fait à un moment où le testateur était sur le point de succomber à la maladie qui l'a emporté, s'il avait néanmoins conservé l'usage de ses facultés mentales (Riom, 23 déc. 1889, D. P. 92. 1. 451). — L'âge très avancé du testateur ne suffit pas pour faire présumer qu'il n'était pas sain d'esprit; mais un testament, alors même que les dis-

positions en seraient raisonnables en elles-mêmes, pourrait être annulé par le motif que le testateur se trouvait, lors de sa confection, dans un état d'*imbécillité sénile*.

24. L'état d'*ivresse* serait une cause de nullité, s'il était porté à un degré tel que les facultés intellectuelles du disposant en aient été altérées. — Quant à la *morphinomanie*, elle n'est pas, en général, considérée comme une affection délirante de nature à entraîner l'irresponsabilité soit pénale, soit civile chez l'individu intoxiqué; elle ne saurait, par suite, être par elle-même une cause de nullité d'une disposition à titre gratuit (Trib. civ. de Beauvais, 1er juill. 1897, D. P. 98. 2. 502). — Les transports d'une passion violente, telle que la jalousie, peuvent être assimilés à l'ivresse et entraîner la nullité des dispositions faites sous leur empire. Mais, en dehors du cas où la raison du disposant aurait été manifestement égarée, les dispositions testamentaires faites sous l'empire d'un sentiment de haine ou de colère (*ab irato*) ne sont pas nulles. — Enfin, le *suicide* n'est pas, par lui-même, une preuve ni un indice du dérangement des facultés mentales; les dispositions testamentaires faites par le suicidé ne sauraient être annulées par le motif que leur auteur pouvait n'être pas être sain d'esprit.

25. La *surdité* ne porte pas atteinte, en principe, à la faculté de disposer à titre gratuit. Il y a difficulté toutefois, en ce qui concerne le testament en la forme authentique, en raison de l'impossibilité où se trouve le sourd d'entendre la lecture prescrite par l'article 972 c. civ. (V. *infrà, Testament*). La Cour de cassation admet la validité du testament, lorsqu'il est constaté qu'à la suite de la lecture faite par le notaire à haute voix, le testateur en a pris connaissance en le lisant, ne fût-ce qu'à voix basse. — Quant au *muet*, il est également capable, d'une façon générale, de disposer à titre gratuit; toutefois, ne pouvant dicter ses volontés, il n'a pas la faculté de tester par acte authentique. — La capacité du *sourd-muet* de naissance a soulevé plus de difficultés. Suivant l'opinion qui a prévalu, un sourd-muet, même illettré, est capable de faire une donation entre vifs, pourvu qu'il soit apte à consentir et à manifester sa volonté. On lui reconnaît, à plus forte raison, la faculté de faire un testament, mais à la condition qu'il sache et puisse manifester sa volonté dans la forme prescrite pour le mode de disposition qu'il entend employer : ainsi, s'il sait écrire, il peut tester en la forme olographe ou la forme mystique, et l'acte sera valable pourvu qu'il ait eu l'intelligence nécessaire pour comprendre le sens et la portée des dispositions qui y sont contenues. — Mais, n'étant pas capable de dicter ses volontés, il ne peut tester par acte authentique. — Enfin, la *cécité* n'entraîne par elle-même aucune incapacité. V. toutefois, en ce qui concerne le testament mystique, Civ. 978, et *infrà, Testament*.

§ 2. — *Vices du consentement* (R. 243 et s.; S. 83 et s.).

26. Les causes qui vicient les contrats vicient également les dispositions à titre gratuit : les donations et les testaments peuvent être annulés pour cause d'erreur, de dol ou fraude, ou de violence. — L'erreur est une cause de nullité soit qu'elle porte sur la personne même du bénéficiaire, soit qu'elle ne porte que sur une qualité supposée au bénéficiaire ; par exemple, celle d'enfant naturel du disposant, pourvu qu'il soit certain que la disposition a été faite plutôt en vue de la qualité qu'en faveur de l'individu.

27. Le dol ou la fraude, comme l'erreur, vicient les dispositions que le donateur ou testateur n'aurait pas faites, s'il n'avait pas

été trompé par les manœuvres frauduleuses pratiquées à son égard. Il n'y a pas à distinguer, comme en matière de conventions à titre onéreux (V. Civ. 1116, et *suprà, Contrats et conventions en général*, n° 30), si le dol a été pratiqué par le donataire ou le légataire ou par un tiers, même à l'insu de celui-ci.

28. La violence, quand elle est suffisante pour paralyser la liberté du disposant, entraîne la nullité des dispositions à titre gratuit, quel qu'en soit l'auteur. Elle doit être appréciée avec une rigueur particulière lorsqu'il s'agit d'un testament *in extremis*, en ce sens que les agissements qui ne suffiraient pas pour entraîner l'annulation de l'acte passé en toute autre circonstance pourraient suffire pour mettre à néant des dispositions faites à l'article de la mort.

29. La suggestion, qui consiste à user de l'influence que l'on a sur l'esprit d'une personne pour lui inspirer des résolutions qu'elle n'aurait pas prises d'elle-même, et la captation, c'est-à-dire le fait de s'attirer la bienveillance d'une personne pour obtenir d'elle des avantages ayant pour cause unique l'attachement qu'on a su lui inspirer, ne sont point par elles-mêmes des causes d'annulation des dispositions à titre gratuit; pour qu'une demande d'annulation d'une donation ou d'un testament pour suggestion ou captation puisse être admise, il faut qu'elle repose sur des faits caractéristiques de dol ou de fraude (Lyon, 20 juill. 1900, D. P. 1903. 5. 242).

30. L'incapacité qui résultait autrefois du concubinage (Ord. janv. 1629, art. 132), n'ayant pas été reproduite par le Code civil, n'existe plus aujourd'hui. — Toutefois, si le concubinage n'est point par lui-même une cause de nullité des donations ou testaments, il peut devenir, suivant les circonstances, un élément de suggestion ou de captation, et, si des manœuvres frauduleuses ont été employées (V. *suprà*, n° 29), l'invalidation de la donation ou du legs peut s'ensuivre (Lyon, 20 juill. 1900, précité). — D'autre part, les libéralités entre concubins doivent être annulées lorsqu'elles ont été un moyen de corruption ou de salaire du vice, lorsqu'elles sont le prix d'un marché honteux ou la condition imposée à la continuation de relations illicites.

§ 3. — *Incapacités de droit.*

A. — Mineurs (R. 275 et s.; S. 93 et s.).

31. Le mineur âgé de moins de seize ans, même émancipé, ne peut disposer de ses biens, ni par donation entre vifs ni par testament. Il y a exception, toutefois, en ce qui concerne les donations faites par contrat de mariage (V. *infrà, Donation entre époux*, n° 3). — Le mineur parvenu à l'âge de seize ans accomplis peut disposer de ses biens par testament jusqu'à concurrence de la moitié des biens dont il pourrait disposer s'il était majeur (Civ. 904). Peu importe qu'il soit, ou non, émancipé. D'autre part, sa capacité est la même, qu'il soit émancipé par le mariage ou autrement. — Quant à la donation entre vifs, elle lui reste entièrement interdite jusqu'à sa majorité; il ne pourrait même, durant le mariage, disposer en faveur de son conjoint par donation entre vifs. — La règle édictée par l'art. 904 a pour objet de limiter la capacité du mineur, et non d'établir l'indisponibilité d'une partie de ses biens : en conséquence, la capacité devant être appréciée au moment de la confection de l'acte (V. *suprà*, n° 17), et non, comme la disponibilité, au moment de l'ouverture de la succession, le testament fait par un mineur, bien que celui-ci soit décédé majeur, ne peut valoir que dans la mesure où il est permis au mineur de disposer.

B. — Personnes interdites ou pourvues d'un conseil judiciaire (R. 218 et s.; S. 76 et s.).

32. C'est une question très discutée que celle de savoir si la disposition de l'art. 502, qui déclare nuls de droit les actes faits par l'interdit pour cause de démence, postérieurement à l'interdiction (V. *infrà, Interdiction*), est applicable aux dispositions à titre gratuit, ou s'il n'y a lieu de tenir compte que de l'état mental du disposant à l'époque de l'acte, de telle sorte que la donation ou le testament seraient valables s'il était établi qu'au moment où ils ont été faits le donateur ou le testateur était dans un intervalle lucide. — Dans tous les cas, lorsque la donation ou le testament a précédé le jugement d'interdiction, ce jugement n'a aucune influence sur la disposition, et celle-ci reste valable si le disposant était sain d'esprit au moment où elle a été faite. — Mais les héritiers sont admis à prouver que la démence existait à cette époque, et il n'est pas nécessaire que, par application de l'art. 503 c. civ. (V. *infrà, Interdiction*), la cause de l'interdiction ait existé notoirement à l'époque du testament ou de la donation.

33. En ce qui concerne l'individu pourvu d'un conseil judiciaire, V. *suprà, Conseil judiciaire*, n° 25.

C. — Femme mariée (R. 292 et s.; S. 97).

34. La femme mariée ne peut faire aucune libéralité entre vifs sans le consentement de son mari ou l'autorisation de justice (Civ. 905, § 1er). Cette règle s'applique à toutes donations quelles qu'elles soient, notamment aux institutions contractuelles, aux dons manuels. La femme y est soumise quel que soit son régime matrimonial, même lorsqu'elle est séparée de biens, et sans qu'il y ait à distinguer suivant que la donation porte sur des immeubles ou sur des meubles. — Au contraire, elle peut toujours tester sans consentement ni autorisation (Civ. 905, § 2).

§ 4. — *Incapacités attachées à certaines peines.* — *Faillite* (R. 298 et s.; S. 98 et s.).

35. Les individus frappés d'une peine afflictive perpétuelle (travaux forcés, déportation simple ou dans une enceinte fortifiée) sont incapables de disposer, soit par donation entre vifs, soit par testament (L. 31 mai 1854, art. 3, D. P. 54. 4. 91). Ils peuvent, d'ailleurs, être relevés par le Gouvernement, en tout ou en partie, de cette incapacité (art. 4). En ce qui concerne les individus condamnés à une peine afflictive perpétuelle pour contumace, V. *suprà, Contumace*, n° 16. — Les condamnés à la déportation peuvent, dans les limites fixées par les art. 1094 et 1098 c. civ., disposer de leurs biens en faveur de leurs conjoints habitant avec eux (L. 25 mars 1873, art. 13, D. P. 73. 4. 49). — L'interdiction légale dont se trouve atteint le condamné à une peine afflictive et infamante temporaire le rend incapable de disposer par donation entre vifs, mais non de tester.

36. Le failli devient, à partir de la cessation de ses payements, incapable de disposer à titre gratuit; mais cette incapacité n'existe et n'a d'effet qu'au profit de ses créanciers (V. *infrà, Faillite*).

ART. 2. — INCAPACITÉS DE RECEVOIR.

§ 1er. — *Personnes qui n'existent pas encore au moment de la libéralité* (R. 314 et s.).

37. Une libéralité n'est valable qu'autant que la personne gratifiée existe lors de l'ouverture du droit qui en résulte, c'est-à-dire au moment de l'acte s'il s'agit d'une donation entre vifs, et au moment du décès du testateur s'il s'agit d'un legs (Civ. 906). Mais il n'est pas nécessaire que le donataire ou le légataire soit né, il suffit qu'il soit déjà conçu

à l'une ou à l'autre époque. Le légataire doit avoir été conçu au moment du décès du testateur aussi bien lorsque le legs est conditionnel que lorsqu'il est pur et simple. — Quant à la question de savoir si l'époque de la conception doit être déterminée d'après les présomptions légales édictées relativement à la filiation légitime (Civ. 312 et s.; V. *infrà, Filiation légitime*), elle comporte la même solution qu'en matière de succession *ab intestat* (V. *infrà, Succession*). La donation ou le testament n'ont, d'ailleurs, effet qu'autant que l'enfant naît viable.

38. La règle d'après laquelle l'individu gratifié doit exister au jour de la donation ou du décès du testateur ne s'applique pas aux substitutions permises (V. *infrà, Substitution*), ni aux donations, faites par contrat de mariage, aux époux et aux enfants à naître du mariage (V. *infrà, Donation par contrat de mariage*, n° 4).

§ 2. — *Incapacité attachée aux peines perpétuelles* (R. 318 et s.).

39. Les individus condamnés à une peine afflictive perpétuelle, de même qu'ils ne peuvent disposer à titre gratuit (V. *suprà*, n° 35), sont incapables de recevoir soit par donation entre vifs, soit par testament, si ce n'est pour cause d'aliments, et sauf réduction si la libéralité excède leurs besoins (L. 31 mai 1854, art. 3). Cette incapacité est perpétuelle et survit, dès lors, à la libération de la peine obtenue par la grâce ou à sa commutation en peine temporaire; elle ne cesse que par la réhabilitation, l'amnistie ou la décision du Gouvernement, à qui il appartient d'en relever le condamné en tout ou en partie (Trib. civ. de la Seine, 29 juin 1900, D. P. 1901. 2. 115).

§ 3. — *Tuteurs* (R. 338 et s.; S. 112 et s.).

40. Le tuteur ne peut recevoir de son pupille aucune libéralité, soit entre vifs, soit testamentaire; même par testament, le mineur parvenu à l'âge de seize ans ne peut disposer en sa faveur d'aucune portion de ses biens. Devenu majeur, le pupille ne peut disposer en faveur de celui qui a été son tuteur si le compte définitif de la tutelle n'a été préalablement rendu et apuré. Il suffit, du reste, que le compte ait été clos et arrêté et le reliquat fixé, soit de gré à gré, soit en justice; il n'est pas nécessaire qu'en outre le reliquat ait été payé pour que le tuteur soit capable de recevoir de son ancien pupille. On admet généralement, bien que la question soit discutée, que la reddition du compte doit satisfaire aux prescriptions de l'art. 472 c. civ., c'est-à-dire être précédée de la remise des pièces justificatives. — L'incapacité de recevoir, dont le tuteur est frappé, cesse lorsque l'action en reddition de compte est éteinte pour le mineur par l'effet de la prescription établie par l'art. 475 c. civ.

41. L'incapacité édictée par l'art. 907 c. civ. est applicable au protuteur, au tuteur officieux (Civ. 361), au second mari associé à la tutelle de sa femme sur les enfants d'un précédent mariage, que la mère ait été, ou non, légalement maintenue dans la tutelle lors de son convoi. Mais elle n'atteint ni le subrogé tuteur, ni le curateur du mineur émancipé, ni le tuteur *ad hoc* nommé pour une affaire particulière, ni le conseil judiciaire donné à un prodigue. Elle ne s'étend pas au tuteur de l'interdit : la libéralité faite à son ex-tuteur après l'interdiction a été levée serait valable lors même qu'elle aurait précédé l'apurement du compte de tutelle. — Enfin, la prohibition de l'art. 907 ne s'applique pas aux héritiers du tuteur; on ne pourrait donc annuler une libéralité qui leur serait faite par l'ancien pupille après la mort de l'ex-tuteur décédé sans avoir apuré le compte tutélaire.

42. L'incapacité du tuteur reçoit exception en faveur des ascendants du mineur qui sont ou ont été ses tuteurs; mais l'exception ne s'étend pas aux alliés. C'est ainsi qu'elle ne peut être invoquée par le second mari de la mère, cotuteur de celle-ci (V. *suprà*, n° 41). Les parents autres que les ascendants sont frappés par la prohibition de l'art. 907.

§ 4. — *Enfants naturels* (R. 401 et s.; S. 133 et s.).

43. Les enfants naturels sont frappés d'une incapacité de recevoir dont l'étendue diffère suivant qu'il s'agit de donations entre vifs ou de legs (Civ. 908, § 1 et 2). — Ils ne peuvent recevoir de leur père ou de leur mère, par donation entre vifs, au delà de la part paternelle ou maternelle. Même faite par préciput et hors part, la donation serait inefficace en tant qu'elle excéderait la part héréditaire de l'enfant. — Au contraire, les père et mère naturels peuvent laisser par testament à leurs enfants tout ou partie de la quotité disponible; toutefois, cette faculté est restreinte lorsque l'enfant naturel se trouve en concours avec des descendants légitimes : il ne peut alors recevoir plus d'une part d'enfant légitime le moins prenant. En dehors de ce cas, les père et mère peuvent lui laisser par testament tout ce dont ils ont le droit de disposer; il peut donc recevoir toute l'hérédité, s'il ne se trouve en concours qu'avec des frères et sœurs du défunt ou des descendants de ces frères et sœurs, ou avec le conjoint survivant, lesquels ne sont pas réservataires. En concours avec des ascendants, il peut recevoir les sept huitièmes de la succession, la réserve des ascendants étant, en ce cas, réduite à un huitième (V. *infrà, Portion disponible*).

44. La nullité de la donation pour la part excédant le droit héréditaire de l'enfant naturel n'est pas absolue; elle ne peut être invoquée que par certaines personnes, savoir : les descendants du donateur, ses ascendants, les frères et sœurs et les descendants légitimes de ses frères et sœurs. Ainsi, l'action en nullité serait refusée aux autres enfants naturels du donateur, aux créanciers, au conjoint survivant, aux légataires universels. — Quant aux personnes auxquelles cette action est accordée, chacune d'elles n'est admise à l'exercer qu'autant qu'elle se trouve appelée à la succession; ainsi, les frères et sœurs ne peuvent agir qu'à défaut de descendants venant à la succession, etc. — La donation excessive faite à l'enfant naturel peut, d'ailleurs, être ratifiée par ceux qui ont le droit de l'attaquer ou de la faire réduire.

45. L'incapacité édictée à l'égard de l'enfant naturel ne frappe que l'enfant naturel *reconnu*; celui dont l'état n'est pas établi par la reconnaissance ou par le jugement, qu'un étranger au regard de ses père et mère, à cause de qui peut recevoir de ceux-ci. — L'enfant naturel légalement reconnu n'est incapable que vis-à-vis de ses père et mère; il peut donc recevoir des libéralités des ascendants ou autres parents de ceux-ci. — D'autre part, l'incapacité ne s'étend que sur ses descendants, même légitimes, de l'enfant naturel décédé : ils peuvent, après le décès de leur auteur, recevoir de ses père et mère naturels au delà de ce qu'il aurait recueilli lui-même dans leur succession.

46. Les enfants adultérins ou incestueux ne peuvent, soit par donation, soit par testament, recevoir que des aliments (Civ. 908, § 3). — L'action en nullité des libéralités excédant les besoins alimentaires de l'enfant appartient et hors part, à l'époux donateur. Elle est recevable, sans qu'il soit besoin que la filiation adultérine ou incestueuse soit légalement établie, dès que l'acte de donation ou le testament contient en lui-même la preuve certaine, d'une part, que le disposant se croyait l'auteur de l'enfant; d'autre part, que cette conviction a été la cause de la libéralité.

47. Sur l'incapacité, pour l'enfant naturel reconnu pendant le mariage par l'un des époux, de rien recevoir par donation ou testament au préjudice du conjoint ou des enfants nés du mariage (Civ. 337), V. *infrà, Filiation naturelle.*

§ 5. — *Médecins, chirurgiens, etc. — Ministres du culte* (R. 357 et s.; S. 115 et s.).

48. Les médecins ne peuvent recevoir aucune libéralité des personnes qu'ils ont traitées pendant la maladie dont elles sont mortes (Civ. 909). Cette incapacité s'applique aux docteurs en médecine exerçant la médecine ou la chirurgie, ainsi qu'aux officiers de santé qui exercent encore aujourd'hui leur profession (L. 30 nov. 1892, art. 1 et 6, D. P. 93. 4, 8; V. *infrà, Médecine*). Elle s'étend à tous ceux qui exercent l'art de guérir, même sans titre légal, notamment aux empiriques, aux charlatans, aux magnétiseurs, aux sages-femmes, mais non aux gardes-malades ni aux somnambules qui servent d'intermédiaires aux magnétiseurs. — Les pharmaciens sont frappés de la même incapacité, mais à la condition qu'ils aient donné des soins personnels au disposant; ils n'en sont pas atteints s'ils se sont bornés à exécuter les ordonnances prescrites par le médecin.

49. L'incapacité n'existe qu'à l'égard de celui qui a *traité* le donateur ou testateur, c'est-à-dire qui lui a donné des soins médicaux d'une façon régulière et habituelle; elle ne peut être étendue à celui qui n'a été appelé qu'en consultation, ni à celui qui a seulement donné au malade, pendant sa dernière maladie, quelques conseils pour lui procurer un soulagement immédiat (Req. 8 août 1900, D. P. 1900. 1. 559). D'autre part, l'incapacité n'est applicable qu'autant que la libéralité a été faite au cours de la maladie dont le disposant est mort. Si donc celui-ci était en état de santé lorsque la libéralité a été faite, le médecin en conserverait le bénéfice bien qu'il eût donné plus tard des soins au disposant pendant la maladie dont il est mort. Et la disposition serait également inattaquable si elle avait été faite au médecin pendant une maladie qui aurait été suivie de guérison. Mais, si la guérison n'avait été qu'apparente, si le malade avait éprouvé une rechute à laquelle il a succombé, la disposition faite au cours de la première période ne saurait être validée. — La question de savoir à quel moment doit être réputée commencée la dernière maladie durant laquelle le malade ne peut plus faire de libéralité au médecin qui le traite n'est pas sans difficulté, lorsque le disposant a vécu plus ou moins longtemps dans un état souffrant et valétudinaire avant la crise finale qui a déterminé sa mort : elle a été résolue diversement suivant les circonstances. — D'après la jurisprudence, la nullité prononcée par l'art. 909 c. civ. est encourue par cela seul que le testament et le traitement ont eu lieu l'un et l'autre au cours de la maladie dont le testateur est mort, et alors même qu'il n'y aurait pas concomitance entre eux; il importe peu que le traitement n'ait pas été continué pendant toute la durée de la maladie et qu'il eût cessé à la date du testament.

50. Sont exceptées de la prohibition les dispositions *rémunératoires*, eu égard aux facultés du disposant et aux services rendus, mais seulement lorsqu'elles sont à titre particulier, à l'exclusion des dispositions universelles ou à titre universel. — Il y a encore exception lorsque le médecin est parent jusqu'au *quatrième degré* inclusivement du malade, pourvu que le décédé n'ait pas d'héritier en ligne directe, ou que, s'il a des héritiers directs, le médecin soit un de ces héritiers. Il suit de là que, par exemple la disposition est valable si le médecin est le neveu ou le cousin germain du disposant, mais dans le cas seulement où celui-ci ne laisse pas de descendants ou d'ascendants appelés à sa succession; que la disposition serait nulle si le médecin qui en bénéficie était l'ascendant du disposant et que celui-ci laissât des enfants. D'autre part, l'incapacité prononcée par l'art. 909 s'appliquerait même au cas où le médecin serait héritier légitime du donateur ou testateur, si sa parenté avec lui dépassait le quatrième degré. Enfin, l'exception faite en faveur des parents jusqu'au degré de cousin germain ne s'applique pas aux alliés. Mais on l'étend généralement au conjoint, avec cette restriction, toutefois, que l'incapacité subsisterait s'il était prouvé que le mariage n'a été contracté par le médecin qu'en vue d'éluder l'application de l'art. 909, ou que la libéralité a eu pour cause l'abus de l'empire que l'exercice de son art donnait au mari sur l'esprit de sa femme.

51. Les règles concernant les libéralités faites aux médecins s'appliquent aux ministres des différents cultes reconnus (catholique, protestant ou israélite). — L'incapacité n'atteint que les ministres du culte qui ont exercé auprès du malade des fonctions de leur ministère de nature à influer sur l'esprit du malade; notamment, s'il s'agit d'un prêtre catholique, à titre de confesseur ou directeur. Les exceptions admises à l'égard des médecins sont applicables aux ministres du culte.

52. L'incapacité de recevoir, dont sont atteints les médecins et les ministres du culte, est absolue et repose sur une présomption légale de captation contre laquelle toute preuve est interdite.

§ 6. — *Etablissements publics non reconnus et congrégations non autorisées* (R. 324 et s.; S. 101 et s.).

53. Les établissements publics ou d'utilité publique, les corporations ou communautés religieuses, et, d'une manière générale, les êtres fictifs, n'ont, tant que leur existence n'a pas été légalement reconnue, aucune personnalité juridique, et, en conséquence, les donations ou legs qui sont faits doivent être réputés non avenus, au même titre que les dispositions en faveur d'individus non encore conçus (V. *suprà*, n° 37). Aujourd'hui, les congrégations religieuses ne peuvent se former, et, par suite, se deviennent capables de recevoir à titre gratuit qu'en vertu d'une autorisation donnée par une loi qui détermine les conditions de leur fonctionnement. Quant aux succursales des congrégations reconnues, leur existence légale et leur capacité ne peuvent résulter que d'un décret rendu en Conseil d'Etat (L. 1er juill. 1901, art. 13; V. *suprà, Associations et congrégations*, n°s 54 et 62).

54. La reconnaissance d'un établissement comme public ou d'utilité publique, ou l'autorisation donnée à une communauté religieuse qui n'avait qu'une existence de fait, n'a point d'effet rétroactif, et, par suite, la libéralité antérieurement faite à cet établissement ou à cette communauté reste nulle.

55. Si un établissement non encore existant ou reconnu ne peut pas recevoir en propre des dons et legs, il ne s'ensuit pas que les dispositions faites à son profit soient nécessairement caduques. Elles peuvent être maintenues s'il existe une personne (physique ou morale) capable, qui puisse être considérée comme le sujet de la libéralité, avec mission d'en assurer l'exécution. C'est ainsi, par exemple, qu'un établissement de bien-

faisance non autorisé, dont un légataire universel a été chargé d'assurer la fondation, a qualité, lorsqu'il a obtenu une reconnaissance régulière, pour réclamer le bénéfice des libéralités faites à son profit, alors que ces libéralités constituent non pas un legs fait à l'établissement lui-même, mais une charge imposée par le testateur à son ayant cause universel. — La disposition faite en faveur d'un établissement non reconnu peut encore être valable si cet établissement se trouve uni, soit par un lien de dépendance, soit par une communauté d'intérêt, avec un autre établissement public jouissant de la personnalité civile : ce dernier recueillera le bénéfice de la disposition pour en employer l'émolument au profit de l'établissement non autorisé. Ainsi le legs fait à une commune pour l'établissement d'un hospice, avec disposition au profit de cet hospice, et pour son entretien, de divers immeubles du testateur, a pu, même quant à cette seconde disposition, être considéré comme légalement fait à la commune chargée de la fondation et non à l'hospice lui-même, ce qui a permis de ne point annuler la disposition dont il s'agit comme faite à un établissement public sans existence reconnue. En vertu du même principe, une disposition faite au profit d'un établissement non reconnu peut être maintenue s'il existe un établissement revêtu de la personnalité civile qui ait les mêmes attributions. Ainsi, un legs, bien qu'adressé à une association charitable non autorisée, peut être accepté par le maire au nom du bureau de bienfaisance, s'il apparaît que l'intention du testateur a été de gratifier moins l'association charitable en elle-même que les pauvres secourus et assistés.

56. On admet généralement que les établissements d'utilité publique étrangers, lorsqu'ils constituent régulièrement des personnes civiles, ont qualité, même sans avoir été expressément reconnus par le Gouvernement français, pour recevoir, aussi bien que les établissements français, des dons et legs de biens meubles et immeubles situés en France.

57. Par cela seul qu'il est revêtu de la personnalité juridique, un établissement n'est pas apte à recevoir toute espèce de libéralités, quel qu'en soit le but; sa capacité est restreinte aux dons ou legs dont la destination rentre dans le service en vue duquel il a été institué. Telle est du moins la solution qui a prévalu en jurisprudence. C'est ce qu'on appelle le principe de *spécialité*. — La question avait été soulevée principalement à l'occasion des dispositions faites en faveur des fabriques et des consistoires pour être employées soit à des œuvres charitables, soit à la fondation ou à l'entretien d'écoles, et, suivant les époques, elle avait été diversement résolue. En dernier lieu, le Conseil d'Etat a décidé que l'enseignement public et les œuvres de charité ne rentrant pas dans les attributions des fabriques et des conseils presbytéraux, ces établissements n'avaient pas capacité pour accepter des libéralités destinées, soit à la création d'établissements scolaires, soit au soulagement des pauvres. Mais l'application du principe de la spécialité en matière de libéralités faites à des établissements publics suppose que les attributions de l'établissement gratifié sont effectivement restreintes par la loi. (V. en ce qui concerne, spécialement, les menses épiscopales, *suprà, Culte*, n° 153).

§ 7. — *Congrégations religieuses de femmes* (R. 390 et s.; S. 128 et s.).

58. Les congrégations religieuses de femmes autorisées ne jouissent de la capacité de recevoir à titre gratuit que sous certaines restrictions. Les dons et legs faits à ces établissements, soit par des tiers, soit par un de leurs membres, ne sont valables que s'ils sont à titre particulier. Les dispositions à titre universel faites en leur faveur seraient nulles et non pas seulement réductibles à une somme déterminée. En outre, lorsque la libéralité émane d'une personne faisant partie de la communauté, elle ne peut dépasser le quart des biens de cette personne, à moins que le don n'excède pas la somme de 10000 francs. Cette dernière restriction s'applique également aux dispositions faites par un membre de la communauté en faveur d'un autre membre, à moins toutefois que le légataire ou donataire ne soit héritière en ligne directe de la donatrice ou testatrice. Mais ces dispositions, à la différence de celles qui sont faites à la communauté elle-même, peuvent, suivant l'opinion générale, être valablement faites à titre universel comme à titre particulier.

Art. 3. — De l'autorisation administrative en matière de dispositions a titre gratuit (R. 412 et s.; S. 138 et s.).

59. Les personnes morales légalement existantes sont, en principe, capables de recevoir à titre gratuit; mais leur capacité est restreinte par la nécessité d'obtenir, du moins dans certains cas, l'autorisation du Gouvernement. Il en est toutefois qui échappent absolument à cette règle : ce sont les sociétés commerciales (ou civiles, lorsqu'elles ont la personnalité juridique : V. *infrà, Société*) (Req. 29 nov. 1897, D. P. 98. 1. 108) et les syndicats professionnels, auxquels on reconnaît la faculté d'acquérir à titre gratuit sans avoir besoin d'aucune autorisation (Trib. civ. de la Seine, 16 juill. 1896, D. P. 98. 2. 84).

60. Les règles concernant l'autorisation administrative en matière de dispositions à titre gratuit varient selon les diverses personnes morales qui y sont soumises. — Les dons et legs faits à l'Etat ou aux services nationaux qui ne sont pas pourvus de la personnalité civile, et qu'il personnifie, doivent être autorisés par décret du président de la République (L. 4 févr. 1901, art. 1er, D. P. 1901. 4. 14). — Les dispositions faites en faveur d'un département ou sont soumises à la délibération du conseil général. Cette délibération est toujours définitive quand elle est dans le sens du refus. Si le conseil accepte, sa décision est également définitive quand la libéralité ne donne pas lieu à réclamation; dans le cas contraire, l'autorisation est nécessaire et elle est donnée par un décret en Conseil d'Etat (L. 10 août 1871, art. 46-5°, D. P. 71. 4. 102; 4 févr. 1901, art. 2). — Les dons et legs faits aux communes peuvent être acceptés par les conseils municipaux sans autorisation, alors même qu'ils seraient accompagnés de charges ou de conditions. Mais il doit être statué par décret rendu en Conseil d'Etat sur l'acceptation de ces libéralités lorsqu'il y a réclamation des prétendants à la succession (L. 5 avr. 1884, art. 18 et 111, modifiés par la loi du 4 févr. 1901, art. 3).

61. Les établissements publics, c'est-à-dire les personnes morales qui, distinctes de l'Etat, des départements ou des communes, ont été créées pour la gestion de services publics, tels que les bureaux de bienfaisance, les hospices et hôpitaux, les universités, etc., peuvent accepter ou refuser, sans autorisation de l'Administration supérieure, les dons et legs qui leur sont faits sans charges, conditions ni affectation immobilière. Lorsque des libéralités faites à leur profit sont grevées de charges, de conditions ou d'affectation immobilière, l'acceptation ou le refus est autorisé par arrêté du préfet si l'établissement bénéficiaire est communal ou départemental, et par décret en Conseil d'Etat, s'il a le caractère national (L. 4 févr. 1901, art. 4, § 1 et 2). — Les conseils municipaux sont appelés à donner leur avis sur les dons et legs faits aux hospices et bureaux de bienfaisance qui ont le caractère communal; en cas de désaccord entre la commune et l'hospice ou le bureau de bienfaisance sur l'acceptation ou le refus, il y a lieu, même quand il s'agit de libéralités sans charges, à l'intervention du préfet, qui statue définitivement par arrêté motivé (L. 1901, art. 4, § 3).

62. Quant aux établissements d'utilité publique, c'est-à-dire aux établissements privés auxquels, en considération du but utile qu'ils poursuivent, le bénéfice de la personnalité civile a été accordé sous certaines conditions (Sur la distinction entre ces établissements et les établissements publics, V. *infrà, Etablissement public d'utilité publique*), les libéralités qui leur sont faites sont toujours soumises à l'autorisation préalable. L'acceptation de ces libéralités est autorisée par le préfet du département où est le siège de l'établissement; toutefois, si la donation ou le legs consiste en immeubles d'une valeur supérieure à 3 000 francs, l'autorisation doit être accordée par décret en Conseil d'Etat (L. 4 févr. 1901, art. 5). L'autorisation est toujours nécessaire en cas de réclamation de la famille (L. 1901, art. 7). — Ces règles sont applicables aux établissements qui sont assimilés aux établissements d'utilité publique, comme les caisses d'épargne (L. 5 juin 1835, art. 3, R. v° *Trésor public*, p. 1150). — Elles s'appliquent également aux associations constituées conformément à la loi du 1er juill. 1901, relative au contrat d'association, et qui ont été reconnues d'utilité publique (L. 1er juill. 1901, art. 11, D. P. 1901. 4. 105). V. *supra, Associations et congrégations*, n° 35.

63. Les dons et legs faits aux sociétés de secours mutuels sont régis, en ce qui concerne l'autorisation administrative, par des dispositions spéciales (L. 1er avr. 1898, art. 15 et 17, et 4 févr. 1901, art. 6). V. *infrà, Secours publics*.

64. Les établissements publics de toute nature (églises, archevêchés ou évêchés, menses épiscopales ou curiales, fabriques, etc., consistoires protestants ou israélites) ne peuvent accepter des dons ou legs de biens meubles ou immeubles qu'avec l'autorisation du Gouvernement donnée par décret rendu en Conseil d'Etat et après avis préalable des préfets. Toutefois, les dons ou legs en argent ou objets mobiliers d'une valeur n'excédant pas 300 francs, ou 1 000 francs s'ils sont faits aux fabriques d'église, sont autorisés par les préfets. Dans ce dernier cas, le préfet ne statue que sur l'avis de l'évêque. L'approbation provisoire de l'évêque diocésain est exigée dans tous les cas, lorsqu'il y a charge de services religieux (Ord. 2 avr. 1817, art. 1 et 2, R. v° *Culte*, p. 712; Décr. 15 févr. 1862, art. 1 et 2, D. P. 62. 4. 81). — Les congrégations religieuses autorisées sont soumises, en ce qui concerne l'acceptation des dispositions faites à leur profit, aux mêmes règles que les établissements ecclésiastiques; il n'a pas été dérogé à ces règles, en ce qui les concerne, par la loi du 4 févr. 1901.

65. Les legs faits soit aux pauvres en général, soit à certains pauvres, notamment à ceux d'une commune, sont réputés faits au bureau de bienfaisance. Ils sont donc soumis, au point de vue de l'autorisation administrative, aux mêmes règles que les dispositions faites directement à ces établissements. — Sur les diverses questions relatives à l'acceptation et à l'exécution des legs faits aux pauvres, V. *infrà, Secours publics*.

66. L'autorisation administrative, dans le cas où elle est exigée par la loi, est nécessaire pour toutes les libéralités, sous quelque forme qu'elles soient faites. Ainsi, elle s'étend aux donations indirectes, à celles qui sont déguisées sous la forme d'un contrat à titre onéreux, et même, d'après l'opinion qui a prévalu, aux dons manuels. Mais, en ce qui concerne ces derniers, l'autorisation ne saurait être préalable et elle peut intervenir utilement à toute époque, même après le décès du donateur. D'autre part, on admet généralement que l'autorisation n'est pas exigée lorsqu'il s'agit de dons modiques, d'effets mobiliers, ou de petites sommes recueillies soit dans des quêtes, soit par voie de souscription volontaire et destinées au soulagement des pauvres. — L'autorisation n'est, d'ailleurs, nécessaire qu'autant que la disposition dont un établissement public est appelé à bénéficier constitue une libéralité véritable; elle ne saurait être exigée lorsque l'avantage obtenu par l'établissement n'est que la compensation de certaines prestations ou de certains abandons dont le disposant profite de son côté, auquel cas il y a, non pas une donation, mais un contrat commutatif. C'est ainsi que l'autorisation administrative n'est pas exigée pour l'acceptation de la somme apportée par une religieuse, lors de son admission dans une communauté, pour subvenir à sa nourriture et à son entretien (aumône dotale), à moins que, par son importance, cet apport soit hors de proportion avec les charges qui y correspondent.

67. Tout établissement peut, sans autorisation préalable, accepter provisoirement ou à titre conservatoire les dispositions faites à son profit (L. 4 févr. 1901, art. 8). L'acceptation définitive, ultérieurement accordée, rétroagit au jour de l'acceptation provisoire; et l'établissement bénéficiaire d'un legs peut, après l'avoir accepté provisoirement, former une demande en délivrance pour faire courir les intérêts des sommes léguées (Civ. 1014, § 2) (Civ. r. 5 mars 1900, D. P. 1900. 1. 409).

68. La procédure à suivre à l'effet d'obtenir l'autorisation, dans le cas où elle est exigée, est aujourd'hui réglée d'une façon précise en ce qui concerne les legs (Décr. 1er févr. 1896, art. 1 à 5, D. P. 96. 4. 105). Relativement aux donations, les règles à suivre ne sont déterminées que par les usages consacrés par la jurisprudence administrative (V. à cet égard : Av. de Cons. d'Et. 4 juin 1840, R. p. 470; Circ. min. Int. 5 mai 1852, D. P. 52. 3. 29).

69. Les pouvoirs de l'autorité administrative appelée à donner l'autorisation ne sont, en principe, soumis à aucune restriction. Toutefois, elle ne peut autoriser les donations au profit d'établissements ecclésiastiques ou religieux lorsqu'elles sont faites avec réserve d'usufruit au profit du donateur (Ord. 14 janv. 1831, art. 4, R. v° *Culte*, p. 718). Cette restriction ne s'étend pas aux donations faites avec réserve de bienfaisance (Cons. d'Et. 6 mars 1891, D. P. 92. 3. 93). Mais elle s'applique aux dispositions faites en faveur d'associations reconnues d'utilité publique (L. 1er juill. 1901. — L'autorité compétente pour autoriser l'acceptation d'une libéralité a latitude pour fixer l'étendue des libéralités dont elle autorise l'acceptation, et il lui appartient notamment de les réduire. Mais, d'après la jurisprudence de la Cour de cassation, le disposant peut valablement subordonner la libéralité à la condition que l'autorisation sera accordée pour le tout; cette condition ne doit donc pas être réputée non écrite, et, si la réduction est prononcée, la libéralité devient caduque pour le tout.

70. L'autorisation est un acte de tutelle administrative; d'où il suit que les décrets qui autorisent l'acceptation des donations ou des legs faits à des établissements publics ne peuvent pas être déférés au Conseil d'Etat par la voie contentieuse. Ils ne peuvent pas non plus être attaqués pour excès de pouvoir, à moins toutefois que les formalités prescrites par les lois et règlements n'aient pas été observées. — Les arrêtés préfectoraux statuant sur l'acceptation de dons ou legs ne sont pas non plus susceptibles de recours contentieux ou pour excès de pouvoir, sauf le cas où l'on prétendrait qu'ils n'ont pas été précédés des formalités légales, ou que le préfet a statué dans un cas où il n'était pas compétent (Cons. d'Et. 2 juin 1895, D. P. 96. 3. 68.).

71. L'autorisation, de quelque source qu'elle émane, ne préjuge pas la validité des dispositions, qui peut toujours être contestée devant les tribunaux. L'autorité judiciaire est également compétente pour apprécier la validité des conditions imposées par le disposant, au besoin pour en prononcer l'annulation. — Enfin, il lui appartient de vérifier si les conditions dans lesquelles un établissement public a été autorisé par décret à accepter un legs sont bien conformes aux intentions du testateur, et, si ces intentions lui paraissent avoir été méconnues, de déclarer la libéralité caduque sur la réclamation des ayants droit (Req. 30 mars 1897, D. P. 98. 1. 153.).

ART. 4. — DES LIBÉRALITÉS DÉGUISÉES OU FAITES PAR PERSONNES INTERPOSÉES
(R. 432 et s.; S. 153 et s.).

72. En principe, les donations déguisées sous la forme d'un contrat à titre onéreux, par exemple d'une vente, sont valables (V. infrà, Donation entre vifs, n° 32 et s.). Mais elles sont nulles quand elles interviennent au profit d'un incapable. Par exemple, la vente faite par un malade, au cours de sa dernière maladie, au médecin qui le soignait, doit être déclarée nulle s'il est établi que, dans l'intention des parties, le prix ne devait pas être payé et qu'il s'agissait en réalité d'une disposition gratuite déguisée.

73. L'interposition de personnes, de même que le déguisement, n'est pas, en elle-même, une cause de nullité des dispositions à titre gratuit. En d'autres termes, les fidéicommis qui ont pour but de transmettre les biens légués à un tiers, soit sur-le-champ, soit après un certain temps, sont valables (V. infrà, Substitution), à la condition toutefois qu'ils soient contenus dans le testament même ou dans un codicille séparé et régulier : ils sont nuls si la désignation des personnes qui doivent en profiter est confiée au tiers chargé de la transmission des libéralités (V. infrà, Legs). Mais la libéralité faite par personne interposée est frappée de nullité si elle s'adresse, en réalité, à une personne incapable. C'est une règle générale, qui s'étend à toutes les incapacités, quel que soit le texte d'où elles résultent, notamment à celles qui frappent les associations, légalement ou illégalement formées (L. 1er juill. 1901, art. 17). V. suprà, Associations et congrégations, n° 84.

74. Le déguisement ne se présume pas. L'acte qui affecte la forme d'une convention à titre onéreux doit, jusqu'à preuve contraire, être réputé sincère, et c'est à celui qui prétend qu'il constitue, en réalité, une disposition à titre gratuit à prouver la simulation. La même règle s'applique, en principe (Comp. infrà, n° 75), à l'interposition de personne : c'est à celui qui l'allègue à l'établir; tous les modes de preuve peuvent, d'ailleurs, être employés à l'effet de prouver le déguisement ou l'interposition de personne, même la preuve testimoniale ou par présomption.

75. L'interposition peut être établie relativement à toutes personnes non comprises dans l'énumération de celles que la loi présume interposées (V. infrà, n° 76), alors même qu'elles seraient entièrement étran-

gères à l'incapable. — La question de savoir si une personne est la véritable gratifiée, ou si elle n'est qu'un intermédiaire entre le disposant et un tiers, est abandonnée à l'appréciation des tribunaux. Il n'est pas nécessaire de prouver qu'il y a eu concert entre le testateur et le légataire : les caractères et la preuve de l'interposition peuvent se déduire de toutes les circonstances de nature à établir que le légataire n'a été, dans la pensée du testateur, qu'un instrument de transmission en faveur d'un destinataire incapable. La jurisprudence n'exige même pas, pour que le legs fait à un incapable soit annulé, que le fidéicommissaire ait connu la volonté du testateur et promis de l'exécuter (Req. 6 août 1862, D. P. 62. 1. 436).

76. Dans certains cas, l'interposition de personne est légalement présumée : c'est lorsque la libéralité est faite au père ou à la mère, aux enfants ou autres descendants, ou à l'époux de l'incapable. Il n'y a pas à distinguer entre les enfants légitimes et les enfants naturels; et il importe peu aussi que l'enfant naturel n'ait été reconnu que postérieurement à la libéralité. La présomption s'applique même au cas de parenté adultérine ou incestueuse; ainsi, les dispositions faites par le père en faveur de la mère doivent être annulées comme présumées faites à l'enfant adultérin par personne interposée. Il en est de même de la parenté adoptive. Mais la présomption ne s'étend pas aux alliés (beau-père ou belle-mère, gendre ou bru), ni au fiancé de l'incapable.

77. Si la règle qui déclare nulles les dispositions faites par personne interposée, lorsque la preuve de l'interposition est formée, s'applique à tous les cas d'incapacité de recevoir sans distinction (V. suprà, n° 73), au contraire, les présomptions d'interposition établies par la loi ne concernent que les incapacités relatives, c'est-à-dire, notamment, celles qui sont édictées par les art. 907 à 909 c. civ.; elles sont étrangères aux incapacités absolues. D'autre part, la présomption légale d'interposition de personne, établie par l'art. 911, § 2, c. civ., ne s'applique qu'au cas où, par l'effet de l'interposition, la libéralité devrait être annulée comme s'adressant à un incapable, et non au cas où cette libéralité deviendrait simplement réductible comme excédant la quotité disponible. Ainsi, par exemple, une donation à charge de rente viagère, consentie au père d'un successible en ligne directe, ne devrait être réputée faite à ce successible lui-même, par l'interposition de son père, et comme prenant, dès lors, le caractère d'une libéralité réductible (Civ. 918; V. infrà, Portion disponible) qu'autant que la preuve de l'interposition résulterait des circonstances.

78. Les personnes interposées ne sont pas incapables par elles-mêmes; dès lors, la libéralité doit être maintenue toutes les fois qu'une impossibilité absolue s'opposant à ce que l'incapable profite de la disposition, la présomption d'interposition disparaît. Ainsi, lorsqu'une donation est faite à l'enfant d'un incapable, mais seulement après le décès de ce dernier, elle ne peut pas être attaquée comme faite à une personne interposée. De même la disposition faite, quoique du vivant de l'incapable, à une personne interposée, devrait être maintenue si, s'agissant de legs, l'incapable était décédé avant le testateur.

79. La présomption d'interposition établie à l'égard des personnes visées dans l'art. 911 est une présomption légale juris et de jure (V. infrà, Présomption), qui dispense de toute preuve et contre laquelle la preuve ne peut être reçue. Il s'ensuit que la personne légalement réputée interposée ne pourrait faire maintenir la libéralité en prouvant que c'est réellement en sa faveur, et non pas pour la remettre à l'incapable, que la disposition a été faite.

80. Sur les présomptions spéciales d'interposition de personnes établies par la loi du 1er juill. 1901 à l'égard des congrégations religieuses, V. suprà, Associations et congrégations, n° 85.

81. Le droit de demander la nullité des libéralités faites au profit d'un incapable, soit qu'elles s'adressent directement à celui-ci, soit qu'elles se dissimulent sous l'apparence d'un contrat à titre onéreux ou sous le nom d'une personne interposée, appartient, en principe, à tous ceux qui ont intérêt à l'exercer, notamment au disposant lui-même, à ses héritiers après son décès, à ses créanciers et à ceux de ses héritiers; en ce qui concerne les dispositions faites ou réputées faites au profit de congrégations religieuses, au ministère public agissant d'office (L. 1er juill. 1901, art. 17, § 3; V. suprà, Associations et congrégations, n° 86). — Relativement aux libéralités faites au profit d'un enfant naturel, lorsqu'elles excèdent sa capacité de recevoir, le droit de les faire annuler n'est accordé qu'à certaines personnes (V. suprà, n° 44).

82. L'action en nullité est exercée contre l'incapable gratifié ou sous le voile d'un contrat à titre onéreux, ou si la libéralité faite par personne interposée lui a déjà été remise par celle-ci; dans le cas contraire, c'est contre le bénéficiaire nominal que l'action devra être suivie.

83. La nullité dont l'art. 911 frappe les dispositions entre vifs ou testamentaires faites en fraude de la loi, sous le nom de personnes interposées, étant d'ordre public ne peut, dès lors, être couverte par aucune renonciation, aveu ou autre acte analogue (Civ. c. 2 juin 1902, D. P. 1902. 1. 347).

ART. 5. — ENREGISTREMENT ET TIMBRE.

84. Les règles concernant l'enregistrement et le timbre des libéralités entre vifs et testamentaires sont exposées infrà : Donation par contrat de mariage, Donation entre époux, Donation entre vifs, Partage d'ascendant, Testament.

DISTRIBUTION PAR CONTRIBUTION

(R. v° Distribution par contribution; S. eod. v°).

1. La distribution par contribution est la répartition, entre les créanciers, du prix des biens ou des deniers arrêtés de leur débiteur. — La matière de la distribution par contribution fait l'objet du titre 11 de la première partie du livre 5 du Code de procédure civile (art. 656 à 672).

§ 1er. — Cas où la distribution a lieu
(R. 5 et s.; S. 4 et s.).

2. En principe, il y a lieu à distribution par contribution lorsque les deniers arrêtés ou le prix des ventes ne suffisent pas pour payer intégralement les créanciers (Pr. 656).

3. La règle posée par l'art. 773 c. pr. civ., d'après laquelle la présence de quatre créanciers, au moins, est nécessaire pour qu'on puisse provoquer l'ouverture de l'ordre sur une vente volontaire, n'est pas applicable à la distribution par contribution (Trib. civ. de Lorient, 27 févr. 1895, D. P. 99. 2. 254). Mais la contribution ne doit pas être ordonnée : 1° lorsqu'il n'y a qu'un créancier en cause et qu'elle n'est réclamée par aucune partie intéressée (Lyon, 1er avr. 1892, D. P. 93. 2. 163); 2° lorsque la somme à distribuer dépasse le montant des créances; 3° lorsque, dans un ordre ouvert sur le prix d'un immeuble, les créanciers hypothécaires inscrits ont été intégralement payés et qu'il existe un reliquat.

4. La procédure de la distribution par contribution ne s'applique qu'au cas où le débiteur est en déconfiture. S'il s'agit d'un commerçant en faillite qui n'a pas obtenu de concordat, la distribution de son actif s'opère suivant le mode déterminé par le Code de commerce (V. *infrà*, Faillite).

5. Suivant la doctrine généralement admise, la distribution par contribution peut avoir lieu quand le payement amiable des créanciers sur une somme supérieure au montant total de leurs créances est rendu impossible par la mauvaise foi du débiteur (Trib. civ. de Lorient, 27 févr. 1895, précité).

§ 2. — *Créanciers admis à la distribution* (R. 15 et s.; S. 7 et s.).

6. Tout créancier, quelle que soit la nature de sa créance (hypothécaire, privilégiée ou chirographaire), est admis à la distribution par contribution, quand même il aurait précédemment choisi une autre voie pour se faire payer ou qu'il n'aurait pas formé d'opposition (Civ. 6 juill. 1899, D. P. 1900. 1. 483). — Mais on ne peut produire que pour une créance certaine, liquide et exigible (Bordeaux, 23 avr. 1895, D. P. 96. 2. 395). — Le créancier hypothécaire, après avoir été colloqué dans un ordre, peut, tant qu'il n'a pas été payé, se présenter pour la même créance dans une contribution.

7. Les créanciers qui veulent prendre part à la distribution sont ordinairement connus par les dénonciation et opposition prévues aux art. 575 et 657 c. pr. civ. Mais tant que la distribution n'est pas faite, de nouveaux créanciers peuvent former des oppositions et participer à la distribution, à moins que la forclusion de produire n'ait été encourue.

§ 3. — *Des sommes sur lesquelles s'ouvre la distribution par contribution* (R. 27 et s.; S. 9 et s.).

8. La distribution par contribution s'ouvre sur le prix de toutes les valeurs mobilières du débiteur, à l'exception des fruits des immeubles hypothéqués recueillis depuis la transcription de la saisie, lesquels sont immobilisés et distribués par voie d'ordre (Pr. 622), et des loyers et fermages dans la même hypothèse (Pr. 685). Elle s'ouvre encore sur le prix d'immeubles, lorsqu'il n'y a pas de créanciers hypothécaires ou privilégiés ou qu'ils ont été désintéressés, ou encore lorsque des créanciers ont pris inscription sur un immeuble au nom de leur débiteur, créancier lui-même du saisi. — La distribution par contribution ne peut être ouverte sur les deniers provenant d'une créance non exigible ou non liquide.

§ 4. — *Contribution amiable* (R. 31 et s.; S. 11).

9. Dans tous les cas où il y a lieu à contribution, la loi veut que les parties tentent de régler leurs droits à l'amiable. Il leur est accordé à cet effet un délai d'un mois (Pr. 656), lequel court : 1° pour les deniers provenant d'une saisie-exécution ou d'une saisie-brandon, du jour de la dernière séance du procès-verbal de vente; 2° pour les sommes saisies-arrêtées, du jour de la signification au tiers saisi du jugement qui fixe le montant de la dette; 3° pour les deniers provenant d'une saisie de rentes ou d'immeubles, du jour de l'adjudication (Ord. 3 juill. 1816, art. 8). — L'absence d'une tentative de règlement amiable n'entraîne, d'ailleurs, pas la nullité de la distribution par contribution qui serait ouverte à l'expiration du délai d'un mois imparti pour le règlement amiable de la distribution (Rennes, 28 déc. 1893, D. P. 94. 2. 385).

§ 5. — *Contribution judiciaire. — Compétence* (R. 38 et s.; S. 12 et s.).

10. A défaut d'accord des créanciers entre eux ou avec le débiteur, il y a lieu à contri-

bution judiciaire. — Le tribunal compétent pour connaître de la contribution est celui dans le ressort duquel le jugement qui a ordonné la vente reçoit son exécution si les deniers proviennent d'une vente, et, s'ils proviennent d'une saisie-arrêt, celui du domicile du saisi (Req. 22 juin 1896, D. P. 98. 1. 83).

11. Lorsqu'une distribution par contribution a été ouverte devant un tribunal civil sur un commerçant, ce tribunal cesse d'être compétent lorsque le débiteur saisi est déclaré en faillite avant l'expiration du délai d'un mois imparti au saisi et aux créanciers pour convenir de la distribution (V. *infrà*, n°° 16, 19). Mais il y a difficulté pour le cas où le délai est déjà expiré au moment où intervient la déclaration de faillite. Elle est résolue, en général, par la jurisprudence, en ce sens que la compétence de la juridiction civile subsiste. A plus forte raison en est-il ainsi lorsque la déclaration de faillite est postérieure au règlement provisoire.

§ 6. — *Consignation des deniers* (R. 45 et s.; S. 13 et s.).

12. La consignation des deniers est le préliminaire indispensable de la contribution judiciaire. Elle est imposée à l'officier ministériel qui a touché le prix de la vente des meubles saisis et à tous les autres détenteurs de sommes à distribuer. Elle doit avoir lieu dans la huitaine qui suit l'expiration du délai d'un mois imparti au saisi et aux créanciers pour convenir de la distribution (Pr. 657; Ord. 3 juill. 1816, art. 2-8°, et 8, § 1er). — En principe, il ne peut être procédé à aucune distribution avant que la consignation ait été effectuée (Ord. 3 juill. 1816, art. 4).

§ 7. — *Nomination du juge commissaire* (R. 55 et s.).

13. La première formalité de la procédure de contribution consiste dans la nomination d'un juge commissaire. Un juge spécial doit être désigné pour chaque contribution. La nomination est faite par le président du tribunal sur la réquisition soit du saisissant, soit, à son défaut, de la partie la plus diligente (Pr. 658). — Cette réquisition, qui a lieu par ministère d'avoué, doit être accompagnée d'un certificat de consignation ou de toute autre pièce équivalente constatant qu'une somme est réellement consignée à la Caisse des dépôts et consignations (Ord. 3 juill. 1816, art. 4; Rennes, 17 févr. 1891, D. P. 92. 2. 230).

§ 8. — *Production des titres* (R. 65 et s.; S. 16 et s.).

14. Lorsque le juge commissaire a été commis par le président, l'avoué poursuivant lui présente une requête à fin d'être autorisé à sommer, d'une part, les créanciers de former leur demande en collocation avec titres à l'appui; d'autre part, la partie saisie de prendre communication et de contredire s'il y échet (Pr. 659). — Sur cette requête, le juge commissaire rend une ordonnance portant permission de faire les sommations requises, et ordinairement il commet un huissier à cet effet. En même temps, il arrête le procès-verbal de la procédure qu'il doit diriger.

15. Les créanciers auxquels la sommation doit être adressée en même temps qu'au saisi sont ceux qui ont formé opposition. Suivant une opinion, il y a lieu d'assimiler à ces créanciers ceux qui, sans avoir pratiqué une saisie-arrêt dans les termes de l'art. 557 c. pr. civ., se sont néanmoins fait connaître dans un acte ayant un caractère authentique, par exemple dans un inventaire. — La sommation de produire peut être signifiée au domicile élu dans l'exploit de

saisie-arrêt de la somme à distribuer ou dans une signification de transport.

16. Dans le mois de la sommation qui leur a été faite, les créanciers doivent produire leurs titres entre les mains du juge commissaire. Cette production se fait au greffe; elle est accompagnée d'une demande en collocation avec constitution d'avoué (Pr. 660). Elle ne doit pas être signifiée; il suffit que le saisi et les créanciers soient appelés à en prendre connaissance.

17. Le même acte qui renferme la production et la demande en collocation doit contenir aussi, s'il y a lieu, la demande à fin de privilège (Pr. 661). Toutefois, cette prescription n'est pas édictée à peine de déchéance : le créancier peut, jusqu'à la clôture de l'état de collocation, former sa demande par un acte additionnel à ses frais, ou même par des conclusions prises devant le tribunal (Chambéry, 16 mai 1899, D. P. 1900. 2. 303).

18. Parmi les créanciers privilégiés peut se trouver le propriétaire à qui il est dû des loyers. S'il veut être payé avant la distribution, il appellera par sommation la partie saisie en référé devant le juge commissaire. L'avoué le plus ancien sera également appelé. Si la demande du propriétaire est accueillie, les sommes à lui dues sont extraites de la masse à distribuer pour lui être payées de suite. Mais le juge commissaire ne peut statuer sur le privilège du bailleur que lorsque la demande d'admission de privilège ne donne pas lieu à contestation; dans le cas contraire, il doit se dessaisir et renvoyer les parties devant le tribunal (Pr. 666). — L'ordonnance du juge commissaire sur la demande du propriétaire constitue, d'ailleurs, une véritable décision rendue sur un incident de contribution, et non une décision intervenue en matière ordinaire de référé. Elle est donc régie, quant à la signification et aux voies de recours, par l'art. 669 c. pr. civ. et non par l'art. 809, c'est-à-dire qu'elle est susceptible d'opposition si elle est rendue par défaut, que le délai d'appel est de dix jours et que, pour faire courir ce délai, la signification à avoué suffit.

§ 9. — *Forclusion de produire* (R. 82 et s.; S. 23 et s.).

19. La production que les créanciers opposants doivent faire dans le délai d'un mois à partir de la sommation est prescrite à peine de forclusion (Pr. 660). — Il y a controverse sur la question de savoir si, à défaut de production dans le mois, la forclusion prévue à l'art. 660 est encourue d'une manière définitive, ou si la production peut encore être faite utilement tant que le procès-verbal de distribution n'est pas clos. La première opinion a prévalu en doctrine et en jurisprudence.

20. D'autre part, on s'est demandé si les créanciers non-opposants et qui, par suite, n'ont pas reçu sommation pour produire, sont, comme les créanciers opposants, déchus du droit d'être colloqués faute de produire dans les délais de l'art. 660. La jurisprudence paraît fixée dans le sens de l'affirmative (Civ. c. 14 avr. 1869, D. P. 69. 1. 408).

21. La production de titres dans le mois de la sommation doit être effective; une simple énonciation de titres ne suffirait pas. Mais, suivant l'opinion générale, la forclusion n'atteint pas le créancier dont la production est seulement incomplète; ce créancier est admis à compléter sa justification en produisant les pièces manquantes après l'expiration des délais. Toutefois, il ne pourrait pas présenter un titre entièrement nouveau, alors que le titre primitivement produit aurait été annulé dans l'intervalle.

22. La forclusion encourue par le créancier saisissant, faute par lui d'avoir produit en temps utile lors de la distribution par contribution, ne lui enlève pas le droit de critiquer la collocation des autres créanciers et même de faire tomber, s'il y a lieu, la distribution tout entière, alors qu'il a formé son contredit dans le délai fixé par l'art. 663 (V. *infrà*, n° 31) (Rennes, 28 déc. 1893, précité).

23. Le délai d'un mois accordé aux créanciers pour produire a pour point de départ la *dernière sommation*; il ne court qu'autant que toutes les sommations prescrites par l'art. 659 c. pr. civ. ont été faites. Ce délai n'est pas franc; l'art. 1033 c. pr. civ. ne lui est donc pas applicable, et il ne doit pas non plus être augmenté pour cause de distance (V. *infrà*, *Procédure*).

24. La forclusion encourue par les créanciers qui n'ont pas produit dans le délai légal profite aux créanciers diligents. Ceux-ci se trouvent investis d'un droit exclusif d'attribution sur les sommes à répartir. Il en résulte qu'aucune circonstance postérieure, même la déclaration de faillite du débiteur, ne peut permettre aux créanciers forclos de toucher une part quelconque dans la somme à distribuer.

25. L'art. 660 c. pr. civ. concerne uniquement les demandes en collocation; il ne s'applique pas, notamment : 1° à la demande tendant à faire annuler une procédure de contribution ouverte au préjudice d'une contribution antérieure non terminée; 2° à la demande dont le but est de distraire de la contribution la somme qui en est l'objet pour la faire soumettre à la procédure de l'ordre.

§ 10. — *Règlement provisoire* (R. 103 et s.; S. 32 et s.).

26. Lorsque le délai imparti aux créanciers opposants pour produire leur titre est expiré, ou même auparavant s'ils ont produit, le juge commissaire dresse à la suite de son procès-verbal l'état de distribution sur les pièces produites (Pr. 663). Il peut procéder à cette opération d'office, en l'absence de toute réquisition.

27. La position respective des créanciers est définitivement fixée au jour du règlement provisoire, en égard au montant de leurs créances à cette époque ; et il n'importe que des acomptes aient été payés avant le règlement définitif, pourvu que le montant de la collocation n'excède pas ce qui reste dû au créancier.

28. En principe, il n'appartient pas au juge commissaire de se prononcer sur le mérite des titres produits. En tout cas, il ne doit rejeter une demande en collocation que si elle est évidemment mal fondée, sauf la ratification qui peut toujours être demandée par les parties (Pr. 666). Dès qu'il y a doute, il doit accorder la collocation.

29. La production s'impose, d'ailleurs, au juge commissaire comme règle et comme limite de la collocation. Ainsi il ne peut, dans son règlement provisoire, donner à un créancier produisant une situation plus favorable que celle que ce créancier a réclamée dans sa production, notamment colloquer par privilège un créancier qui n'a demandé à être admis qu'au marc le franc (Paris, 2 nov. 1893 et 30 juin 1893, D. P. 94. 2. 27 et 28).

§ 11. — *Contredits* (R. 112 et s.; S. 34 et s.).

30. Lorsque le règlement provisoire est terminé, le poursuivant doit dénoncer par acte d'avoué à avoué la clôture de l'état de distribution aux créanciers produisant et au débiteur, avec sommation d'en prendre communication et de contredire sur le procès-verbal du commissaire (Pr. 663). Ce procès-verbal ne doit être ni levé ni signifié.

— L'art. 663 ne prescrit pas de signifier au tiers saisi la sommation de prendre communication des demandes en collocation de l'état de distribution et d'y contredire ; mais si le créancier poursuivant a fait cette sommation au tiers saisi, celui-ci peut, comme tout créancier, produire une contestation.

31. Le délai pour contredire à l'état de collocation provisoire est de quinze jours (Pr. 663). Il ne court, contre toutes les parties, qu'à dater de la dernière des dénonciations faites, soit aux créanciers poursuivants, soit au saisi.

32. La contestation de la part des créanciers se fait par un simple dire sur le procès-verbal (Pr. 663). Ce dire est signé par l'avoué du contestant. — Faute par les créanciers saisis de prendre connaissance et de contredire dans le délai de quinzaine, ils demeurent forclos sans nouvelle sommation (Pr. 664). Tout contredit formé en dehors de ce délai doit être rejeté (Dijon, 10 mai 1893, D. P. 93. 2. 479). Peu importe que le procès-verbal n'ait pas encore été déclaré clos. — Cette règle comporte toutefois deux restrictions : 1° le créancier peut, malgré le silence qu'il a gardé, reprendre un contredit élevé en temps utile par un autre créancier, et qui serait de nature à lui profiter ; 2° si le créancier lui-même se trouve contesté par un autre créancier, il a le droit, après l'expiration du délai de quinzaine, de contester incidemment la créance de son adversaire. Dans tout autre cas, il ne peut être relevé de cette forclusion qu'à la condition de prouver la fraude concertée entre le débiteur saisi et le créancier colloqué au règlement provisoire, fraude découverte pour lui après l'expiration des délais (Dijon, 30 juill. 1900, D. P. 1901. 2. 311).

33. La forclusion encourue en vertu de l'art. 664 entraîne nécessairement celle de produire un titre nouveau à l'appui de la demande de collocation.

34. On ne peut, par voie de simple contredit, soulever une demande en nullité d'une procédure de distribution par contribution.

§ 12. — *Contestation sur le règlement provisoire. — Jugement* (R. 122 et s.; S. 42 et s.).

35. S'il s'élève des difficultés, le juge commissaire renvoie à l'audience, qui est poursuivie par la partie la plus diligente, sur un simple acte d'avoué à avoué, sans autre procédure (Pr. 666).

36. Le créancier contestant, celui qui est contesté, la partie saisie et l'avoué le plus ancien des opposants doivent seuls être en cause; le poursuivant ne peut être appelé en cette qualité (Pr. 667). — Toutefois, cette disposition ne fait pas obstacle à ce qu'un créancier se fasse défendre par un avoué de son choix, à la charge de supporter seul les frais qu'il aurait ainsi occasionnés (Civ. c. 23 déc. 1891, D. P. 92. 1. 62).

37. Les débats sur les contredits sont précédés d'un rapport du juge commissaire (Pr. 668). Les parties ne peuvent fournir leur défense par écrit ; elles doivent se présenter à l'audience, où elles sont admises à plaider. — Le jugement est rendu sur les conclusions du ministère public (Pr. 668).

38. Les créanciers ne sont pas admis à modifier, devant le tribunal, leurs productions, telles qu'ils les ont faites originairement devant le juge commissaire (Paris, 30 juin 1893, D. P. 84. 2. 28). D'autre part, le créancier qui a formé en temps utile un contredit contre une des collocations portées au règlement provisoire ne peut critiquer, pour la première fois devant le tribunal, les autres collocations.

39. Le jugement sur contredit a pour résultat de fixer le classement des créances

entre elles et de mettre obstacle à de nouvelles productions. Mais il ne confère pas aux créanciers colloqués la propriété des sommes saisies sur le débiteur et conservées, en attendant le règlement définitif, à la Caisse des dépôts et consignations.

§ 13. — *Appel* (R. 144 et s.; S. 50 et s.).

40. L'appel des jugements rendus sur les contestations doit être interjeté dans un délai de dix jours. Ce délai n'est pas franc, et il ne s'augmente pas en raison de la distance ; mais le jour de la signification n'est pas compté (Chambéry, 16 nov. 1897, D. P. 98. 2. 195). — Le délai court même contre la partie à la requête de laquelle a été signifié le jugement.

41. L'acte d'appel doit être signifié, à peine de nullité, au domicile de l'avoué, et non de la partie qui a obtenu le jugement; et la nullité est encourue alors même que l'appel serait postérieurement réitéré par acte d'avoué à avoué. — La signification doit être faite en autant de copies que chaque avoué représente de parties ayant des intérêts distincts et séparés (Civ. c. 23 déc. 1891, D. P. 92. 1. 62).

42. Le créancier contestant, le créancier contesté, la partie saisie et l'avoué le plus ancien des opposants, doivent seuls être intimés et cités devant la cour (Pr. 667, 669, § 2; Bordeaux, 30 janv. 1890, D. P. 91. 2. 245). Il en résulte que les créanciers opposants qui ne sont ni contestants ni contestés, étant représentés à l'audience par l'avoué le plus ancien, ne peuvent intervenir en appel pour demander la réformation du jugement qui leur préjudicie (Civ. c. 29 déc. 1897, D. P. 98. 1. 100). L'acte doit (mais non à peine de nullité) contenir citation et énumération des griefs. L'appel ne peut porter que sur des chefs à l'égard desquels il y a été élevé des contredits devant le juge commissaire et devant le tribunal de première instance. — Il y est statué comme matière sommaire (Pr. 609, § 1er).

43. Les règles posées par l'art. 669 ne s'appliquent qu'aux jugements qui statuent sur les contestations auxquelles donne lieu l'état de distribution provisoire, et non aux difficultés particulières pouvant survenir, après la clôture du procès-verbal, entre les créanciers colloqués.

§ 14. — *Demande de subrogation à la poursuite* (R. 169 et s.).

44. Si le poursuivant, après avoir fait commettre le juge qui doit procéder à la distribution, abandonne son action ou néglige de faire les actes nécessaires, l'un des opposants peut demander à être subrogé à la poursuite (Comp. Pr. 779). — Cette subrogation est demandée par requête insérée au procès-verbal et communiquée au poursuivant par acte d'avoué. L'affaire est jugée sommairement en chambre du conseil sur le rapport du juge commissaire. Le tribunal peut prononcer de suite la subrogation, ou accorder un délai au poursuivant pour qu'il mène à fin les poursuites.

§ 15. — *Production en sous-ordre.*

45. Les créanciers d'un créancier admis dans une distribution par contribution peuvent produire en sous-ordre sur la collocation accordée à leur débiteur par le juge commissaire, et même jusqu'au règlement définitif de la distribution (Comp. Pr. 775). — Les créanciers qui ont produit en sous-ordre avant le règlement provisoire n'ont aucun droit de préférence à l'encontre de ceux dont la demande est postérieure à cette collocation (Trib. civ. de Caen, 27 juill. 1892, D. P. 94. 2. 121).

§ 16. — *Règlement définitif. — Payement* (R. 173 et s.; S. 59 et s.).

46. S'il n'y a pas de contestation, le juge commissaire clôt définitivement son procès-verbal et ordonne que le greffier délivrera mandatement aux créanciers, à charge par eux d'affirmer la sincérité de leur créance (Pr. 665). De même, lorsqu'il y a une contestation après l'expiration du délai d'appel et, en cas d'appel, après la signification de l'arrêt au domicile de l'avoué, le juge commissaire clôt son procès-verbal (Pr. 670).

47. Le règlement définitif prononce mainlevée des oppositions formées par les créanciers non produisants ou non colloqués, et de celles formées par les créanciers colloqués, quant aux sommes distribuées. — L'ordonnance qui clôt le procès-verbal exclut définitivement de la collocation les créanciers non produisants; mais cette peine de forclusion ne s'applique qu'à l'instance engagée, et non à une instance nouvelle qui pourrait s'engager dans une autre distribution de deniers.

48. La question de savoir si l'ordonnance du juge commissaire portant règlement définitif constitue un véritable jugement contre lequel est ouverte la voie de l'appel dans les délais ordinaires a été diversement résolue. — En tout cas, le règlement définitif n'a l'autorité de la chose jugée que dans les limites de la fixation et de l'attribution des dividendes afférents aux créances qui y ont été colloquées, et non relativement à l'existence, à la quotité ou au rang des créances qui n'ont pas fait l'objet d'un contredit. Par suite, un créancier peut, dans une contribution ouverte sur les deniers appartenant à son débiteur, contester une collocation qui n'a été sa part, dans le règlement d'une contribution précédemment ouverte sur le même débiteur, l'objet d'aucune critique (Trib. civ. de la Seine, 30 avr. 1901, D. P. 1903. 2. 73).

49. Les mandatements sont délivrés par le greffier une huitaine après la clôture du procès-verbal (Pr. 671). Le payement des créanciers se fait sur la signification du détenteur des fonds; le mandatement est exécutoire de plein droit.

50. Les intérêts des sommes admises en distribution cessent du jour de la clôture du procès-verbal de distribution, s'il ne s'élève pas de contestation; en cas de contestation, du jour de la signification du jugement qui a statué; en cas d'appel, quinzaine après la signification du jugement dont est appel (Pr. 672). Cette cessation des intérêts n'a d'effet que dans les rapports des créanciers entre eux, et en ce sens que chacun ne pourra être colloqué, en outre du capital, que pour les intérêts courus antérieurement aux époques fixées par l'art. 672. Mais le saisi lui-même reste tenu des intérêts ultérieurs jusqu'à parfait payement, et, s'il revient à meilleure fortune, ils pourront lui être réclamés.

§ 17. — *Cas où il survient de nouvelles sommes à distribuer* (R. 195 et s.).

51. Lorsque, dans le cours d'une contribution, il survient de nouvelles sommes à distribuer, la marche régulière est de procéder à une nouvelle contribution, sauf à prononcer la jonction, s'il y a lieu. — La forclusion encourue dans la première contribution ne s'étend pas à la seconde.

§ 18. — *Enregistrement et timbre.*

52. Les contributions amiables sont assujetties au droit proportionnel de 0 fr. 50 pour cent (L. 22 frim. an 7, art. 69, § 2, n° 9, R. v° *Enregistrement*, t. 21, p. 26; 28 févr. 1872, art. 5, n° 1, D. P. 72. 4. 12).

53. Les droits d'enregistrement des exploits signifiés dans les procédures de contribution

judiciaire ont été réduits d'un tiers par les art. 8 de la loi du 26 janv. 1892 (D. P. 92. 4. 9) et 22 de celle du 28 avr. 1893 (D. P. 93. 4. 79). En outre, il n'est dû qu'un seul droit pour ces exploits, quelque soit le nombre des demandeurs et des défendeurs (L. 28 avr. 1893, art. 23). — Les actes d'avoué à avoué, ainsi que les exploits de signification de ces actes, sont dispensés du timbre et de l'enregistrement (L. 26 janv. 1892, art. 5).

54. La réquisition tendant à la nomination du juge-commissaire, faisant l'objet d'une simple mention sur le registre du greffe, n'est pas soumise à l'enregistrement. — L'ordonnance du juge-commissaire autorisant les sommations et commettant un huissier pour les signifier, constitue un acte judiciaire soumis à l'enregistrement dans le délai de 20 jours, au droit fixe de 4 fr. 50 (L. 28 avr. 1816, art. 44, n° 10; Sol. admin. Enreg. 31 août 1865, D. P. 66. 3. 76).

55. L'acte de production avec demande de collocation est assujetti au droit fixe de 0 fr. 50 (L. 26 janv. 1892, art. 9). La mention des productions sur le procès-verbal de distribution, ainsi que la mention de la restitution des titres aux créanciers, ne donnent ouverture à aucun droit particulier. Mais, si le créancier signe, avec le greffier, en marge du procès-verbal, une décharge des titres, cet acte doit être soumis à l'enregistrement dans les vingt jours (Instr. Reg. 2181, § 5, n° 4). — Les actes produits à l'appui des demandes en collocation doivent être préalablement enregistrés, sous peine d'un droit en sus (Trib. civ. de la Seine, 6 déc. 1850). — Au cas de collocation d'une créance verbale, le droit de titre est exigible (Trib. civ. d'Avesnes, 16 janv. 1874, D. P. 75. 5. 205).

56. L'état de collocation provisoire et le renvoi des contredits à l'audience prononcé par le juge ne forment, avec le règlement définitif, qu'un seul tout soumis à la taxe des frais de justice établie par la loi du 26 janv. 1892. Le tarif à appliquer est de 1 pour cent sur la somme mise en distribution (L. 26 janv. 1892, art. 15, § 2, et art. 16, § 4, n° 2).

DIVORCE

(S. v° *Divorce et Séparation de corps*).

1. Le divorce, établi en France par la loi du 20 sept. 1792 (R. v° *Séparation de corps*, p. 877) et maintenu par le Code civil de 1804, avait été supprimé par la loi du 8 mai 1816 (*ibid.*, p. 899). Il a été rétabli par la loi du 27 juill. 1884 (D. P. 84. 4. 97), qui a remis en vigueur, sauf diverses modifications, les dispositions du Code civil sur le divorce. Enfin, une loi du 18 avr. 1886 (D. P. 86. 4. 27) a établi de nouvelles règles en ce qui concerne la procédure du divorce. La législation sur le divorce est contenue dans le titre 6 du livre 1er du Code civil (chap. 1 à 3, art. 231 à 304), tel qu'il résulte des innovations introduites par les lois précitées, lesquelles ont modifié plusieurs dispositions et entraîné l'abrogation d'un certain nombre d'articles de ce titre.

SECT. I™. — Des causes du divorce.

2. Le divorce ne peut être demandé que pour des causes déterminées, savoir: 1° pour adultère de la femme ou du mari; 2° pour excès, sévices ou injures graves; 3° pour condamnation d'un des conjoints à une peine afflictive et infamante. Ces causes sont essentiellement limitatives; ainsi, le divorce ne peut être demandé pour cause d'imbécillité déclarée, de démence (Bordeaux, 27 janv. 1897, D. P. 98. 2. 199), de maladie grave (Lyon, 20 nov. 1903, D. P. 1904. 2. 136), de changement de religion, etc. Les causes du di-

vorce doivent être réelles; si donc, par un concert frauduleux, les époux avaient simulé de prétendues causes de divorce, la demande devrait être rejetée. — L'époux qui est victime d'un fait admis par la loi comme cause de divorce peut, indépendamment du droit qui lui appartient de demander le divorce, poursuivre la réparation du préjudice moral et matériel que lui a causé son conjoint, et obtenir de ce chef des dommages-intérêts (Montpellier, 10 nov. 1897, D. P. 99. 2. 15).

ART. 1er. — ADULTÈRE (S. 37 et s.).

3. Il n'y a adultère et, par conséquent, cause de divorce, que si l'union des sexes a été consommée et si cette union a été volontaire, ce qui exclut le cas de viol ou d'erreur et celui où l'adultère a été commis en état d'aliénation mentale (Caen, 31 déc. 1889, sol. impl., D. P. 91. 2. 280). V. *supra, Adultère*, n° 1. — En dehors de l'adultère proprement dit, les privautés coupables, les actes licencieux commis par l'un des époux ne suffisent pas, par eux-mêmes, pour faire prononcer le divorce; ils pourraient seulement déterminer ce résultat par le caractère injurieux qu'ils revêtiraient à l'égard de l'autre époux.

4. L'adultère de la femme est une cause péremptoire de divorce (Civ. 229): un seul fait d'adultère de sa part oblige le juge, sur la demande du mari, à prononcer le divorce. — Il importerait peu, en principe du moins, que le mari eût, par sa négligence ou son imprudence, par exemple par un éloignement prolongé et non motivé, ou par l'introduction d'un tiers dans le domicile conjugal, exposé la santé des défaillances la vertu de sa femme.

5. L'adultère du mari est, dans l'état actuel de la législation, assimilé à celui de la femme (Civ. 230; L. 27 juill. 1884, art. 1er); il est donc nécessaire que le mari ait entretenu une concubine dans le domicile conjugal (V. *supra, Adultère*, n° 13). Et l'adultère du mari est, comme celui de la femme, une cause péremptoire de divorce; les juges n'ont donc aucun pouvoir d'appréciation, et le divorce doit nécessairement être prononcé dès lors que l'adultère est établi (Req. 5 août 1901, D. P. 1901. 1. 470).

ART. 2. — EXCÈS, SÉVICES, INJURES GRAVES (S. 55 et s.; 60 et s.).

6. Par *excès*, il faut entendre les attentats portés par l'un des époux à la vie de l'autre ou mettant en danger la vie de celui-ci. — Les *sévices* sont des actes de cruauté, de brutalité ou de méchanceté qui, sans porter atteinte à la vie de l'époux qui en est victime, lui rendent cependant la vie commune insupportable. L'accomplissement du devoir conjugal peut être assimilé à des excès ou sévices du mari sur sa femme et devenir ainsi, au profit de celle-ci, une cause de divorce, lorsque, par l'usage brutal de ses droits, le mari compromet la santé de sa femme et rend la vie commune intolérable. Les auteurs rangent au nombre des sévices la séquestration de l'un des époux, et plus spécialement de la femme par le mari.

7. Les *injures graves* susceptibles d'entraîner le divorce peuvent résulter soit de paroles, soit d'écrits, soit d'actes matériels ou même d'abstentions, par lesquels un des époux porte atteinte à l'honneur de son conjoint ou lui témoigne sa haine et son mépris. La publicité est toujours une circonstance aggravante de l'injure, mais elle n'en est pas un élément essentiel.

8. Les paroles injurieuses proférées par l'un des époux à l'égard de l'autre ne sont considérées comme des injures graves, devant, à ce titre, entraîner le divorce, que si elles sont l'expression d'un sentiment mauvais, réfléchi, permanent, rendant la vie commune insupportable à l'époux offensé, et non quand elles ne sont que l'expression d'une violence passagère, qui trouve son excuse dans les circonstances qui l'ont fait naître (Montpellier, 5 févr. 1895, D. P. 96. 2. 101), notamment dans la conduite répréhensible de l'autre époux (Req. 16 juill. 1895, D. P. 96. 1. 127).

9. La question de savoir si des paroles ou des écrits contiennent ou non des injures susceptibles par leur gravité de justifier une demande en divorce peut se présenter dans une infinité de cas ; on ne peut en donner ici que quelques exemples. Il y a injure, notamment, lorsque l'un des époux formule contre l'autre une imputation portant atteinte à son honneur, par exemple une imputation d'adultère. Mais, en général, la plainte en adultère ou l'action en divorce (ou en séparation de corps) fondée sur l'adultère ne constitue une injure grave que si elle repose sur des faits supposés et revêt un caractère diffamatoire. En dehors de ces circonstances, elle ne constitue que l'exercice d'un droit de la part du conjoint qui l'a formée et ne peut être réputée injurieuse. — Une annonce dans les journaux, par laquelle le mari déclare qu'il ne payera pas les dettes de sa femme, ne constitue pas une injure grave à l'égard de celle-ci, lorsqu'elle est justifiée par sa conduite et ses prodigalités ; si, au contraire, elle n'était pas suffisamment motivée par les désordres de conduite de la femme, elle pourrait être considérée comme une offense qui, ajoutée à d'autres griefs, serait de nature à faire prononcer le divorce. — Une demande en interdiction formée par un des époux contre son conjoint pourrait également constituer une injure grave si elle ne reposait sur aucun motif sérieux ; il en serait autrement, alors même que l'interdiction ne serait pas prononcée, si l'époux demandeur avait de justes raisons de croire à un affaiblissement des facultés mentales chez son conjoint (Rennes, 18 juill. 1893, D. P. 94. 2. 7).

10. La jurisprudence admet que les imputations injurieuses ou diffamatoires dirigées par l'un des époux contre l'autre au cours d'une instance en divorce ou en séparation de corps, soit dans les actes de procédure, soit dans les plaidoiries, peuvent motiver le divorce. Toutefois, d'après une opinion consacrée par plusieurs arrêts, il y aurait lieu de distinguer : les imputations injurieuses ou diffamatoires adressées par l'un des époux à l'autre au cours d'une instance en divorce ne sauraient servir de base à la séparation ou au divorce lorsqu'elles n'excèdent pas les besoins de la défense ; au contraire, les injures ou accusations dont la mauvaise foi est démontrée pourraient être invoquées, soit à l'appui de la demande principale, soit pour motiver une demande reconventionnelle (Req. 21 déc. 1896, D. P. 97. 1. 252). Les articulations injurieuses produites au cours d'une instance en divorce par un des époux peuvent être retenues comme constituant des injures graves, alors même qu'elles s'adressent non pas à son conjoint lui-même, mais à des parents de celui-ci (Paris, 27 mars 1896, D. P. 96. 2. 222).

11. Les lettres injurieuses pour l'un des époux, adressées à celui-ci par son conjoint, peuvent, sans aucun doute, être invoquées par celui-ci comme une cause de séparation de corps. Toutefois, les juges devraient, dans tous les cas, écarter les lettres qu'ils reconnaîtraient avoir été écrites par l'un des époux à l'autre dans le but de fournir à celui-ci le moyen de faire sanctionner par la justice un divorce concerté entre eux. Une seule lettre injurieuse peut, selon les circonstances, suffire pour faire prononcer le divorce. Quant aux lettres écrites par un des époux à des tiers, il y a lieu de distinguer suivant qu'elles ont, ou non, un caractère confidentiel. Il est admis sans difficulté que l'époux demandeur en divorce a le droit d'invoquer les lettres outrageantes que son conjoint a écrites à des tiers dans l'intention formelle que les lettres fussent communiquées ou que les outrages qu'elles contiennent lui fussent répétés. À l'égard des lettres destinées à rester secrètes entre leur auteur et le destinataire, la solution dépend de la question de savoir si ces lettres peuvent être produites en justice par l'époux en la possession duquel elles se trouvent, question qui, d'ailleurs, n'est pas spéciale au cas d'injures (V. infra, *Lettre missive*).

12. L'injure grave qui peut motiver le divorce peut aussi résulter de faits, d'actes ou d'omissions susceptibles de blesser un époux dans ses sentiments intimes et de lui rendre la vie commune odieuse et insupportable. — On s'accorde, notamment, à considérer comme des faits injurieux susceptibles d'entraîner le divorce : ... le refus persistant par l'un des époux de consommer le mariage ou d'avoir des relations intimes avec son conjoint, lorsque ce refus n'a d'autre cause que le mépris ou l'antipathie, notamment par le mari, qui n'allègue que l'existence d'empêchements physiques de sa part ou la résistance de sa femme (Req. 12 nov. 1900, D. P. 1901. 1. 21) ; ... le fait, par l'un des époux, de manquer aux devoirs de secours, d'assistance ou de protection qui lui sont imposés par la loi à l'égard de son conjoint ; ... le refus de cohabitation de la part de l'un des époux. Ainsi, il est de jurisprudence constante que le refus persistant du mari de recevoir sa femme dans le domicile conjugal constitue une injure grave de nature à justifier une demande en divorce. Il en est autrement, toutefois, lorsque ce refus s'est produit dans des circonstances qui sont de nature à le justifier, par exemple lorsqu'il est motivé par l'inconduite de la femme (Montpellier, 16 janv. 1902, D. P. 1902. 2. 288). À l'inverse, on peut voir une injure grave, de nature à faire prononcer le divorce, dans le refus persistant de la femme de suivre son mari dans sa nouvelle habitation (Caen, 26 déc. 1899, D. P. 1900. 2. 206). — Quant à l'abandon du domicile conjugal, il n'est point par lui-même une cause de divorce ; mais il peut constituer une injure et justifier à ce titre une demande en divorce, s'il est volontaire et intentionnel et n'a d'autre cause que le désir de se soustraire aux devoirs et aux obligations qui naissent du mariage. Il en est autrement lorsque cet abandon s'explique par des motifs n'impliquant aucune injure envers l'autre époux, comme dans le cas, par exemple, où le mari est parti pour l'étranger à la suite du mauvais état de ses affaires.

13. L'adultère qui, par lui-même, est une cause de divorce (V. *suprà*, n°s 3 et s.), pourrait également être invoqué comme constituant une injure grave : les juges auraient alors une plus grande liberté d'appréciation que si la demande était fondée sur les art. 229 et 230 c. civ., et pourraient même prononcer le divorce alors qu'il y aurait seulement tentative d'adultère (Req. 18 déc. 1894, D. P. 95. 1. 260). — En dehors du cas d'adultère ou de tentative d'adultère, l'attitude et la conduite de l'un des époux peuvent constituer à elles seules, à l'égard de l'autre, une injure de nature à justifier une demande en divorce. Il en est ainsi, notamment, des actes de légèreté commis par la femme, des familiarités inconvenantes qu'elle s'est permises avec d'autres hommes que son mari, alors du moins que ces faits revêtent, eu égard aux circonstances, une certaine gravité (Toulouse, 1er août 1890, D. P. 91. 2. 364).

14. On a considéré, entre autres, comme des actes offensants et blessants suffisants pour légitimer une demande en divorce, la persistance du mari à garder chez lui des domestiques qui abreuvent sa femme de mépris et d'insultes ; ... le fait, par le mari, de laisser outrager et maltraiter sa femme par un tiers ; ... l'état d'isolement dans lequel le mari tient sa femme, bien que sa conduite soit irréprochable, et la surveillance qu'il établit autour d'elle au moyen de ses domestiques (Req. 30 nov. 1898, D. P. 99. 1. 358) ; etc.

15. L'injure grave peut encore résulter de l'attitude d'un époux à l'égard des parents de son conjoint, notamment d'outrages envers ses père et mère, de brutalités à l'égard des enfants d'un premier lit. Le fait par un mari de refuser à sa femme l'autorisation de recevoir sa mère à même pu, par appréciation des circonstances, être considéré comme une injure grave à l'égard de la mère (Req. 30 nov. 1898, D. P. 99. 1. 358).

16. D'après l'opinion générale, le refus par l'un des époux, de consentir à la célébration religieuse après le mariage civil, peut constituer une injure grave susceptible d'entraîner le divorce, alors du moins que, d'après la religion à laquelle appartient l'autre époux, il considère cette célébration comme une condition essentielle de l'existence du mariage. — Le refus par le père de laisser baptiser ses enfants ne saurait en général, à moins de circonstances particulières, être considéré comme une injure grave à l'égard de la mère. — Quant au fait, par le mari, d'empêcher sa femme de remplir ses devoirs religieux, il peut être une cause de divorce lorsque la conduite du mari à cet égard présente les caractères d'une injure ou d'une violence morale qui rende à la femme la vie commune insupportable. Mais le changement de religion de l'un des époux pendant le mariage ne constitue une injure pour l'autre époux, sauf dans le cas où il aurait eu lieu en haine de l'autre époux. Il y aurait également une injure grave dans le fait du mari qui voudrait contraindre sa femme à changer de religion. Enfin, si la mère faisait donner à ses enfants une éducation religieuse malgré la volonté contraire du père, les tribunaux auraient à apprécier si ce fait constitue, à l'égard du mari, une injure suffisante pour permettre à celui-ci d'obtenir le divorce. Il en serait de même, au surplus, dans toute autre circonstance où il y aurait, de la part de la femme, désobéissance au mari.

17. Les habitudes d'ivrognerie du mari ou de la femme peuvent, dans certaines circonstances, et par exemple lorsqu'elles se produisent malgré les remontrances pressantes et réitérées de l'époux, lorsqu'elles sont une cause de scandale, etc., constituer une injure de nature à faire prononcer le divorce. On ne saurait attribuer ce caractère à des injures isolées d'ivresse (Toulouse, 10 févr. 1896, D. P. 99. 2. 257).

18. D'après l'opinion la plus générale, la communication du mal vénérien par l'un des époux à son conjoint ne constitue pas, nécessairement et par elle-même, une cause de divorce ; il en est ainsi qu'autant qu'elle est accompagnée de circonstances accessoires lui imprimant le caractère d'excès, de sévices ou d'injures graves (Paris, 13 avr. 1897, D. P. 98. 2. 137).

19. La jurisprudence et la doctrine sont divisées sur le point de savoir si des faits antérieurs au mariage, lorsqu'ils sont de nature à porter atteinte à l'honneur et à la considération de l'époux auquel ils ont été cachés, tels que l'inconduite de la femme, son état de grossesse, etc., peuvent constituer une injure grave et justifier une demande en divorce.

20. Les excès, sévices ou injures graves doivent, pour motiver une demande en divorce, être intentionnels et émaner d'une personne moralement responsable de ses actes. Ils seraient insuffisants s'ils devaient être attribués, par exemple, à une nervosité maladive impossible à maîtriser (Req. 4 mars 1902, D. P. 1902. 1. 192). Toutefois, l'ivresse volontaire (soit alcoolique, soit morphinique) n'empêcherait pas l'époux qui s'y est livré d'être responsable des excès ou sévices qu'il a commis, des injures ou des outrages qu'il a proférés en cet état (Alger, 14 juin 1892, D. P. 93. 2. 20).

21. Des agissements qui ne constituent que l'exercice d'un droit ne sauraient être considérés comme des excès, sévices ou injures graves de nature à entraîner le divorce; tels seraient, par exemple, les moyens de coercition que le mari aurait employés pour décider sa femme à réintégrer le domicile conjugal.

22. En général, les excès, sévices ou injures graves ne peuvent entraîner le divorce que s'ils constituent des agissements multiples et répétés; toutefois, un seul fait pourrait, à la rigueur, en raison de sa gravité, justifier la demande.

23. Il appartient aux juges du fond d'apprécier souverainement le caractère et la gravité des faits allégués comme constituant des excès, sévices ou injures graves à l'appui d'une demande en divorce. Et ils doivent dans cette appréciation, alors qu'il s'agit d'injures, tenir compte de la position sociale, de l'éducation, du genre de vie et habitudes des époux. Ainsi, les mêmes expressions injurieuses employées par l'un des époux à l'égard de l'autre peuvent, suivant leur éducation, le milieu social auquel ils appartiennent, être considérées, ou non, comme suffisantes pour justifier une demande en divorce (Comp. Req. 25 mai 1898, D. P. 98. 1. 367).

ART. 3. — CONDAMNATION A UNE PEINE AFFLICTIVE ET INFAMANTE (S. 93, 95 et s.).

24. La condamnation de l'un des époux à une peine à la fois *afflictive* et *infamante* est pour l'autre époux une cause de divorce (Civ. 232, modifié par la loi du 27 juill. 1884). Le bannissement ou la dégradation civique, peine simplement infamante, ne suffit plus aujourd'hui pour justifier une demande en divorce. — La cause de divorce est péremptoire en cas de condamnation à une peine afflictive et infamante, c'est-à-dire que, la condamnation une fois établie, le juge ne peut se refuser à prononcer le divorce sur la demande du conjoint.

25. Ce n'est pas à la qualification du fait ni à la peine qu'il pouvait entraîner, mais à la peine effectivement prononcée qu'est attaché le droit de demander le divorce. Ainsi, la condamnation à une peine correctionnelle, prononcée, à raison de circonstances atténuantes, pour un fait qualifié crime, ne suffit pas pour justifier la demande.

26. La condamnation invoquée comme cause de divorce doit être définitive, en d'autres termes, n'être plus susceptible de réformation par aucune des voies légales ordinaires, c'est-à-dire de celles qui suspendent l'effet de la condamnation, telles que l'appel, le pourvoi en cassation. — Une condamnation prononcée par contumace ne pourrait être invoquée tant qu'elle ne serait pas devenue définitive par l'expiration du délai de vingt ans accordé au condamné pour se représenter. — La demande en divorce ne pourrait être rejetée sous le prétexte que l'arrêt qui a prononcé la condamnation serait susceptible de *revision*; toutefois, le pourvoi en revision, régulièrement formé, ferait obstacle au divorce, à partir du moment où il a un effet suspensif (Instr. 444).

27. La condamnation à une peine afflictive et infamante cesse d'être une cause de divorce en cas de réhabilitation ou d'amnistie. Mais la grâce ou la commutation de peine obtenue par le condamné laisse subsister le droit de demander le divorce. Il en est de même de la prescription de la peine.

28. Une condamnation antérieure au mariage ne peut servir de base au divorce; toutefois, si elle a été dissimulée au conjoint du condamné, celui-ci peut l'invoquer tout au moins comme constituant une injure grave (Comp. Req. 26 juill. 1893, D. P. 94. 1. 260).

29. La condamnation à une peine correctionnelle peut également être invoquée comme une cause de divorce lorsque, ayant été prononcée pour des faits qui entachent gravement l'honneur de l'époux qui les a commis (par exemple pour escroquerie, faux, abus de confiance, attentat à la pudeur, etc.), elle peut être considérée comme constituant une injure grave à l'égard de l'autre époux (Angers, 13 avr. 1896, D. P. 96. 2. 439).

SECT. II. — De la procédure en matière de divorce.

ART. 1er. — PAR QUI ET CONTRE QUI LA DEMANDE EN DIVORCE PEUT ÊTRE FORMÉE (S. 111 et s.).

30. Le divorce ne peut, en principe, être demandé que par l'un des époux contre l'autre. Ainsi le droit de demander le divorce ne peut être exercé par les créanciers d'un époux à raison de l'intérêt pécuniaire qu'ils auraient à ce qu'il eût lieu. Ils ne peuvent pas intervenir dans l'instance en divorce engagée par leur débiteur. Les héritiers d'un époux décédé ne peuvent pas exercer l'action en divorce, même après qu'elle a été introduite par leur auteur.

31. La règle générale suivant laquelle la femme ne peut ester en justice qu'à la condition d'y être autorisée, souffre exception en cette matière (V. supra, *Autorisation maritale*, n° 5). Ainsi, la femme peut, sans autorisation, présenter directement sa requête au président du tribunal à l'effet de faire citer son mari à comparaître devant lui pour se concilier. En outre, à défaut de conciliation, elle est valablement autorisée à ester en justice jusqu'à la fin de l'instance et des opérations qui en sont la suite, par le fait de l'ordonnance lui permettant d'assigner son mari devant le tribunal. Il va de soi que la femme n'a pas besoin d'être autorisée expressément par son mari pour se défendre à la demande en divorce.

32. On admet généralement, bien que la question soit discutée, que le mineur (que ce soit le mari ou la femme) n'a pas besoin de l'assistance de son curateur pour intenter l'action en divorce (Angers, 4 janv. 1899, D. P. 99. 2. 160).

33. Le tuteur de l'époux judiciairement interdit peut, même avec l'autorisation du conseil de famille, intenter l'action en divorce. Mais, suivant quelques auteurs, l'interdit pourrait lui-même agir s'il était dans un intervalle lucide. — Si c'est l'époux de l'interdit qui veut agir en divorce pour des causes antérieures à l'état de démence de son conjoint), il doit former sa demande contre le tuteur, qui peut y défendre avec l'autorisation du conseil de famille. — L'individu placé dans un asile d'aliénés, sans être interdit, pourrait, en produisant des certificats constatant sa lucidité d'esprit, former une demande en divorce. Un mandataire spécial, nommé conformément à l'art. 33 de la loi du 30 juin 1838, n'aurait pas qualité pour former la demande au nom de l'aliéné; mais il pourrait valablement reprendre ou continuer l'instance introduite par ce dernier avant son internement, ou

défendre à l'action intentée par le conjoint de l'aliéné.

34. L'individu frappé d'interdiction légale est valablement représenté dans l'instance en divorce par son tuteur. Mais la requête à fin de divorce ne peut être présentée par le tuteur que sur la réquisition ou avec l'autorisation de l'interdit (Civ. 234, § 3). — Lorsqu'il s'agit de défendre à l'action en divorce, il n'est besoin d'aucune réquisition ou autorisation de l'interdit, et le tuteur n'est assujetti à aucune condition ou formalité préalable (Comp. Besançon, 21 nov. 1894, D. P. 95. 2. 317).

35. L'individu pourvu d'un conseil judiciaire, ne pouvant plaider sans l'assistance de son conseil (Civ. 499, 513), a besoin de cette assistance soit pour intenter l'action en divorce, soit pour y défendre.

36. L'action en divorce peut être régulièrement poursuivie contre un époux absent, soit pendant la période de présomption d'absence, soit après la déclaration d'absence; en ce dernier cas, c'est contre l'absent lui-même, et non contre les envoyés en possession provisoire, que l'action doit être dirigée. L'action a lieu par défaut.

ART. 2. — DE LA COMPÉTENCE EN MATIÈRE DE DIVORCE (S. 132 et s.).

37. Le tribunal compétent pour connaître de l'action en divorce est toujours celui du domicile du mari. — Il en est ainsi même dans le cas où, l'action étant intentée par le mari, la femme aurait une résidence de fait dans le ressort d'un autre tribunal, ou se trouverait en service chez des tiers. Au cas où le domicile actuel du mari est inconnu, c'est devant le tribunal de son dernier domicile que la femme qui veut agir en divorce doit former sa demande. Si même le mari n'a aucun intérêt qui le rattache au lieu de son dernier domicile et si un assez long temps s'est écoulé depuis qu'il a quitté ce domicile, la femme peut agir en divorce devant le tribunal de sa propre résidence. Si le mari changeait de domicile postérieurement à l'introduction de l'instance, le tribunal régulièrement saisi n'en resterait pas moins compétent. — La question de savoir à quel moment l'instance en divorce est réputée engagée est diversement résolue; d'après l'opinion qui prévaut en jurisprudence, c'est lorsque le défendeur a reçu la signification de la requête et de l'ordonnance du président, conformément à l'art. 237 c. civ. (V. infrà, n° 49).

38. Dans le cas où la demande en divorce aurait été portée devant un tribunal incompétent, l'exception d'incompétence devrait être proposée par le défendeur dès sa comparution devant le président (Req. 1er juin 1891, D. P. 93. 1. 428). — La jurisprudence n'est pas fixée sur le point de savoir si le président est juge de la question de compétence soulevée devant lui (sauf appel dans la quinzaine à partir de la signification; V. Pr. 809), ou s'il doit se borner à donner acte au défendeur de ses conclusions d'incompétence et renvoyer les parties devant le tribunal pour être statué sur l'exception.

39. Sur la question de savoir si les tribunaux français sont compétents pour connaître des demandes en divorce formées par des époux étrangers, ou entre époux dont l'un est français et l'autre étranger, V. infrà, *Étranger.*

40. Les tribunaux civils sont seuls compétents, dans tous les cas, pour connaître de la demande en divorce; alors même que cette demande aurait sa cause dans un crime ou un délit commis par l'époux défendeur, elle ne pourrait être portée par voie d'action civile devant le tribunal de répression. Toutefois, si des poursuites avaient été introduites par le ministère public, le juge civil devrait surseoir à sa sentence tant qu'il ne serait pas prononcé définitivement sur l'action publique (Instr. 3, § 2). Ces poursuites ne s'opposeraient pas, d'ailleurs, à ce que la demande en divorce fût introduite et à ce que la procédure suivît son cours.

Art. 3. — Du préliminaire de conciliation (S. 155 et s.).

41. La demande en divorce doit être précédée d'une tentative de conciliation, non devant le juge de paix, comme en matière ordinaire (V. supra, Conciliation, n° 1), mais devant le président du tribunal civil compétent. Cette tentative de conciliation est d'ordre public et doit avoir lieu à peine de nullité (Caen, 10 janv. 1898, D. P. 98. 2. 113). Par exception, sont dispensées du préliminaire de conciliation : 1° les demandes en divorce formées par ou contre un tuteur, au nom d'un individu en état d'interdiction judiciaire ou légale; 2° les demandes en divorce formées reconventionnellement à une demande principale (Civ. 239, § 3); 3° les demandes en conversion de séparation de corps en divorce. La demande est soumise au préliminaire de conciliation, même dans le cas où elle est fondée sur la condamnation de l'un des époux à une peine afflictive et infamante, à moins, toutefois, qu'elle ne soit formée pendant l'exécution de la peine et ne doive, par suite, être intentée contre le tuteur de l'époux, qui est alors frappé d'interdiction légale.

42. La tentative de conciliation comporte deux degrés : dans le premier, l'époux demandeur se présente seul devant le juge (V. infrà, n° 43); dans le second, l'une et l'autre parties doivent être présentes ou du moins convoquées (V. infrà, n° 49).

43. 1° Premier degré. — L'époux qui veut former une demande en divorce doit présenter à cet effet une requête au président du tribunal (Civ. 234, § 1er). Cette requête doit contenir un exposé sommaire des faits allégués par le demandeur. — Celui-ci ne pourrait produire ultérieurement des articulations nouvelles, alors du moins qu'elles tendraient à établir une cause de divorce autre que celle qui avait été d'abord invoquée. Après l'exposé des faits, le demandeur doit, dans sa requête, conclure au divorce; il ne pourrait, en même temps, même sous la forme de conclusions subsidiaires, conclure à la séparation de corps (V. infrà, Séparation de corps). — La requête doit être signée par un avoué. Elle doit être accompagnée des pièces à l'appui.

44. Le demandeur doit présenter sa requête en personne (Civ. 234, § 1er). S'il se trouve dans un état d'empêchement dûment constaté de se présenter devant le magistrat, celui-ci se transporte, assisté de son greffier, au domicile (ou à la résidence) de cet époux (Civ. 234, § 2). — Les causes d'empêchement peuvent être soit une maladie ou une infirmité, soit toute autre cause; il appartient au président d'en apprécier la gravité, ainsi que les justifications qui en sont fournies. La preuve de l'empêchement peut être faite soit par un acte de notoriété, soit à l'aide de certificats; elle doit être présentée au président par une requête spéciale, signée d'un avoué.

45. A défaut de président, la requête peut être remise au « juge qui en fera les fonctions » (Civ. 234, § 1er); en d'autres termes, au juge qui remplace régulièrement le président absent ou empêché, c'est-à-dire le plus ancien. La procédure serait nulle s'il était établi que la requête a été présentée à un juge, alors qu'aucun empêchement ne s'opposait à ce qu'elle fût remise au président, ou que ce juge n'était pas le plus ancien dans l'ordre du tableau, ou à un juge suppléant, s'il n'était pas constaté que le président et les juges titulaires étaient empêchés (Caen, 10 janv. 1893, D. P. 93. 2. 113).

46. Lorsque le demandeur comparaît devant le président pour lui présenter sa requête, ce magistrat doit entendre ses explications et lui adresser les observations afin d'éteindre, s'il est possible, le procès ab ovo. — La présence du greffier n'est pas nécessaire à ce moment (Limoges, 14 mars 1894, D. P. 96. 2. 361).

47. Lorsque l'époux persiste dans sa demande, le président rend une ordonnance qui l'autorise à citer en conciliation. — Cette ordonnance contient : 1° la fixation du jour et de l'heure auxquels les deux époux devront comparaître devant le magistrat; 2° la commission d'un huissier pour notifier la citation (Civ. 235). Il n'est pas nécessaire que l'ordonnance du président soit rédigée ni contresignée par le greffier (Limoges, 14 mars 1894, précité). — Outre les deux dispositions ci-dessus indiquées, l'ordonnance du président peut en contenir une troisième relative à l'autorisation pour l'époux demandeur de résider séparément (Civ. 236). C'est sur la réquisition de l'époux demandeur (soit le mari, soit la femme) que cette autorisation peut lui être accordée. La réquisition peut être formulée soit dans la requête tendant au divorce, soit même verbalement. Si c'est le mari qui est demandeur, le président n'a pas à lui indiquer une résidence; l'autorisation de résider séparément a seulement pour effet d'interdire à la femme de le suivre. Lorsque c'est la femme qui sollicite l'autorisation de résider séparément, le président doit déterminer le lieu où elle sera tenue de résider; cette détermination n'a, d'ailleurs, qu'un caractère provisoire, et elle pourra être remise en question dès que les époux comparaîtront devant le président. — Le président ne pourrait pas, en autorisant la femme demanderesse à se retirer dans un domicile particulier, ordonner que ses enfants y resteront sous sa garde; le président ne pourrait ordonner que comme juge des référés, en cas d'urgence et pour des motifs graves.

48. L'ordonnance du président qui autorise l'époux demandeur à faire citer son conjoint en conciliation est un acte de juridiction gracieuse et, conséquemment, n'est pas susceptible d'appel, alors même qu'elle fixe provisoirement la résidence séparée du demandeur. Si le président avait outrepassé les pouvoirs qui lui sont attribués par la loi, la partie lésée devrait solliciter une ordonnance par voie de référé.

49. 2° Second degré. — En vertu de l'ordonnance rendue par le président, l'époux demandeur fait signifier à l'autre époux une citation à l'effet de comparaître en conciliation devant le président. Le délai qui doit s'écouler entre la remise de la citation et le jour qui est indiqué pour la comparution est de trois jours au moins (Civ. 237). Ce délai est franc et ne comprend, par suite, ni le jour de la citation, ni celui de la comparution; si, par exemple, c'est le 5 au plus tôt que la comparution peut avoir lieu. Il est susceptible d'augmentation à raison des distances. — Le délai prévu à l'égard doit être observé à peine de nullité (Civ. 237); mais la nullité serait couverte si le défendeur avait comparu aux préliminaires de conciliation.

50. La citation doit être délivrée par l'huissier qui a été commis par l'ordonnance du président. On n'est pas d'accord sur le point de savoir si la citation serait nulle au cas où elle serait faite par un huissier non commis. — Elle doit être délivrée sous pli fermé (Civ. 237, § 2). C'est, du reste, la prescription édictée, d'une façon générale, pour tous les exploits, par la loi du 15 févr. 1899 (D. P. 99. 4. 9), sur le secret des actes signifiés par huissier, dont les dispositions, ainsi que l'interprétation qui en a été donnée par la jurisprudence, sont applicables ici (V. infrà, Exploit).

51. Les parties doivent être entendues en personne par le juge; elles ne peuvent donc se faire représenter dans le préliminaire de conciliation. On discute sur le point de savoir si les parties peuvent se faire assister d'avoués ou de conseils; dans tous les cas, cette présence ne serait pas une cause de nullité. Le curateur de l'époux mineur ou le conseil judiciaire de l'époux prodigue ou faible d'esprit peuvent l'assister, mais leur présence n'est pas indispensable (Paris, 22 mars 1894, D. P. 94. 2. 469).

52. Si l'un des époux se trouve dans l'impossibilité de comparaître, le président peut remettre l'essai de conciliation à un autre jour, ou désigner, le cas échéant, un autre lieu où il sera tenté, sans que ce lieu puisse être fixé en dehors du ressort du tribunal. Il peut aussi, mais dans le cas seulement où c'est l'époux défendeur qui est empêché, donner commission rogatoire au président d'un autre ressort à l'effet d'entendre la partie défaillante (Civ. 238, § 1er). L'impossibilité où se trouverait l'une des parties de se rendre devant le président peut être portée à la connaissance de ce magistrat, par lettre ou autrement; il lui appartient d'en apprécier souverainement les motifs.

53. Le président a qualité pour statuer sur les irrégularités qui ont pu être commises dans la procédure préliminaire de conciliation; le défendeur ne pourrait donc, après avoir répondu à la citation en conciliation, en opposer plus tard la nullité devant le tribunal.

54. Le président doit faire aux parties les observations ou représentations propres à les réconcilier; toutefois, il n'est pas nécessaire que le jugement prononçant le divorce renferme une constatation à cet égard. Si les parties se concilient, le président n'a aucune ordonnance à rendre, et elles ne peuvent exiger qu'il soit dressé procès-verbal de la conciliation.

55. Lorsque les époux ont comparu et ne se sont pas conciliés, comme aussi lorsque le défendeur a fait défaut, le président n'est pas obligé de rendre immédiatement une ordonnance autorisant le demandeur à citer; il peut surseoir et ordonner une nouvelle comparution (Civ. 238, § 6). — L'ajournement ne peut excéder vingt jours. Ce délai n'est pas franc; ainsi, lorsque l'ordonnance de sursis a été rendue le premier du mois, la nouvelle comparution doit être fixée, au plus tard, au 21 du même mois. Le demandeur doit, mais dans le cas seulement où le défendeur n'a pas comparu, lui signifier cette ordonnance avec citation de comparaître au nouveau jour indiqué. La citation doit être donnée par huissier commis et sous pli fermé. L'ordonnance de sursis est un acte de juridiction gracieuse; elle n'est donc susceptible ni d'opposition, ni d'appel.

56. A l'expiration du délai fixé par le président, les parties doivent comparaître de nouveau, et alors, si la conciliation n'a pu s'opérer, le magistrat accorde au demandeur la permission de citer le défendeur devant le tribunal et statue en même temps, s'il y a lieu, sur les mesures provisoires requises par l'un ou l'autre époux.

57. Par le fait de l'ordonnance portant permis d'assigner, la femme est autorisée à faire toutes procédures pour la conservation de ses droits, et à ester en justice jusqu'à la fin de l'instance et des opérations qui en sont la suite (Civ. 238, § 4). — L'autorisation de citer doit nécessairement être accordée en cas de non-conciliation, et le demandeur pourrait interjeter appel de l'ordon-

...ance qui la lui refuserait. Quant à l'ordonnance qui autorise le demandeur à assigner, elle n'est pas susceptible de recours, à moins qu'elle n'ait en même temps statué sur une question contentieuse, notamment sur une exception d'incompétence soulevée par le défendeur.

58. La citation doit être faite dans un délai de vingt jours à partir de l'ordonnance portant permission d'assigner. Faute par l'époux demandeur d'avoir usé de cette permission dans ledit délai, les mesures provisoires ordonnées au profit du demandeur cessent de plein droit (Civ. 238, § 7 et 8). Il en est ainsi, notamment, des mesures relatives à la garde des enfants (Civ. c. 22 janv. 1896, D. P. 96. 1. 271). Mais l'inobservation de la règle édictée par l'art. 238, § 7, n'a pas d'autre sanction, et le demandeur pourrait encore assigner après l'expiration du délai de vingt jours. La péremption pourrait seulement être demandée par l'époux défendeur si le demandeur laissait s'écouler trois ans depuis la première ordonnance du président (V. *infrà, Péremption d'instance*). — Le délai de vingt jours dans lequel le demandeur doit assigner ne se confond pas avec celui d'égale durée pendant lequel il peut être sursis au permis d'assigner (V. *suprà,* n° 55); de même que ce premier délai, il n'est pas franc.

ART. 4. — FORMES DE LA DEMANDE ET PROCÉDURE DEVANT LE TRIBUNAL (S. 220 et s.).

59. Les règles de la procédure ordinaire sont applicables aux procédures de divorce (Civ. 239, § 1er). Ainsi l'assignation est soumise, quant à la forme et quant au délai, aux règles ordinaires des exploits d'ajournement. — Toutefois, il y a lieu, sans d'ailleurs que l'omission de cette formalité soit une cause de nullité, de faire état de l'assignation, copie de l'ordonnance qui permet de citer et des pièces sur lesquelles la demande peut être fondée. — La copie de l'assignation doit, conformément à la règle générale édictée par la loi du 15 févr. 1899 (V. *infrà, Exploit*), être délivrée sous enveloppe fermée. Si l'ordonnance portant permission d'assigner a été rendue par défaut, il n'est pas nécessaire que l'assignation soit signifiée par huissier commis. — L'assignation doit énoncer, au moins sommairement, les griefs servant de base à la demande. Elle doit renfermer des conclusions tendant à ce que le tribunal prononce le divorce et ordonne la transcription et la mention du jugement à intervenir conformément à l'art. 251 c. civ. Le demandeur peut conclure subsidiairement à ce que le tribunal l'autorise à faire la preuve des faits allégués.

60. L'assignation est nécessaire même dans le cas où la demande est fondée sur une peine afflictive et infamante; la procédure sommaire, autrefois autorisée par l'art. 261, n'est plus applicable aujourd'hui, cet article ayant été abrogé par la loi du 18 avr. 1886 (D. P. 86. 4. 27).

61. L'époux demandeur, qui ne peut conclure subsidiairement à la séparation de corps, a le droit, en tout état de cause, de transformer sa demande en divorce en demande en séparation de corps (Civ. 239, § 2). — Cette transformation peut avoir lieu même en appel, la demande en séparation de corps n'étant considérée que comme une réduction de la demande en divorce, et non comme une demande nouvelle (Req. 5 juill. 1892, D. P. 93. 1. 412). Elle s'opère par voie de simples conclusions, à moins que le défendeur n'ait fait défaut, auquel cas une assignation nouvelle lui est signifiée à domicile. — A l'inverse, la demande en séparation de corps ne peut être transformée, en cours d'instance, en une demande en divorce [Req. 6 nov. 1893 (motifs), D. P. 94. 1. 414]. Mais si l'époux demandeur en sépara-

DICT. DE DROIT.

tion de corps peut, par une procédure nouvelle, intenter une demande en divorce pendant que l'instance primitive suit son cours. — Il doit alors présenter une nouvelle requête et renouveler l'essai de conciliation.

62. L'époux défendeur peut se porter lui-même reconventionnellement demandeur en divorce, et cela par un simple acte de conclusions, sans nouvelle tentative de conciliation (Civ. 239, § 3). Il peut aussi former une demande en séparation de corps. Mais sur une demande en séparation de corps, le défendeur ne peut se porter reconventionnellement demandeur en divorce (Trib. civ. de la Seine, 21 nov. 1900, D. P. 1901. 2. 144). — La demande reconventionnelle peut être formée en tout état de cause, jusqu'au jugement définitif, et même en appel (Poitiers, 2 févr. 1891, D. P. 92. 2. 216). Elle doit s'instruire en même temps que la demande principale.

63. Il doit être statué sur les deux demandes par le même jugement. Si l'une et l'autre sont reconnues justifiées, le juge prononce le divorce aux torts réciproques des deux époux. — Pour le cas où la demande reconventionnelle, justifiée de même que la demande principale, tend à la séparation de corps, la solution est la même que pour le cas où il s'agit de deux demandes principales simultanées (V. *infrà,* n° 64).

64. Un tribunal peut se trouver saisi en même temps de deux demandes principales, toutes deux en divorce ou l'une en divorce et l'autre en séparation de corps, entre les mêmes parties. Ces demandes doivent être jointes et instruites simultanément (Req. 16 mai 1899, D. P. 99. 4. 288). En pareil cas, le juge peut, sans contradiction, après avoir constaté les griefs respectifs des parties, prononcer à la fois le divorce et la séparation de corps, laquelle pourrait avoir effet dans le cas où le divorce ne deviendrait pas définitif par la transcription (Req. 12 mars 1901, D. P. 1901. 1. 294).

65. L'intervention peut avoir lieu dans les procès en séparation de corps ou en divorce comme dans toute autre instance. Ainsi, un tiers pourrait intervenir à l'effet d'obtenir la suppression des imputations diffamatoires portées contre lui par l'une des parties dans ses conclusions et la condamnation de cette partie à des dommages-intérêts (Poitiers, 11 juill. 1892, D. P. 94. 2. 149).

66. Le ministère public doit être entendu (Civ. 239, § 1er). L'audition du ministère public est exigée non seulement pour le jugement définitif, mais pour les incidents qui peuvent surgir (demande de provision, garde des enfants, etc.).

67. Les demandes en divorce sont portées à l'audience publique. C'est à cette audience que les témoins, s'il y a lieu, sont entendus, et non plus à huis clos, comme le permettrait l'ancien art. 253 c. civ. Néanmoins, le huis clos peut être ordonné, s'il y a lieu de craindre le scandale (Civ. 239, § 4), sans d'ailleurs qu'il doive être rendu compte de cette mesure au procureur général ou au ministre de la Justice (Comp. Pr. 8).

68. La loi interdit la reproduction des débats par la voie de la presse dans les instances en divorce, à peine d'une amende de 100 à 2 000 francs (L. 29 juill. 1881, art. 39, D. P. 81. 4. 65; V. *infrà, Presse-outrage*), peine qui est, d'ailleurs, susceptible d'être mitigée par l'admission de circonstances atténuantes. Cette disposition atteint tout compte rendu, même très abrégé, qui serait publié dans un journal, une brochure, une affiche ou un livre. Elle ne s'étend pas, toutefois, au compte rendu qui serait fait verbalement, même dans une conférence publique. La prohibition s'applique, en principe, aux incidents qui peuvent survenir dans le cours d'une instance en divorce aussi bien

qu'aux débats sur le fond. — Il n'est pas interdit de publier les jugements rendus en matière de divorce, pourvu que cette publication ne soit pas faite dans une intention de diffamation. Il est également permis d'annoncer qu'une demande en divorce a été formée par telle personne, mais non de divulguer les faits sur lesquels elle est motivée, et, par conséquent, de reproduire les termes de l'assignation. — La contravention prévue par l'art. 239, § 5, ne peut être réprimée que par le tribunal correctionnel; le tribunal civil saisi de l'instance en divorce n'a aucune compétence à cet égard.

69. Dans le cas où l'assignation n'a pas été délivrée au défendeur en personne, et où il fait défaut, le tribunal peut, avant de prononcer le jugement sur le fond, ordonner l'insertion, dans les journaux, d'un avis destiné à porter la demande à la connaissance du défendeur (Civ. 247, § 1er). Le tribunal peut désigner pour l'insertion plusieurs journaux différents ou ordonner qu'elle sera faite plusieurs fois dans le même journal. — L'insertion ne comporte qu'un simple avis indiquant qu'une demande en divorce a été formée par telle personne contre telle autre; elle ne doit pas reproduire l'assignation.

ART. 5. — MESURES PROVISOIRES ET CONSERVATOIRES (S. 257 et s.).

70. La demande en divorce exige qu'il soit pris certaines mesures provisoires, principalement dans l'intérêt de la femme et des enfants et pour la conservation de leurs biens. — Dès la première ordonnance rendue sur la requête présentée par l'époux demandeur, le président peut autoriser celui-ci à résider séparément (V. *suprà,* n° 47). Lorsque intervient la seconde ordonnance, à la suite de la citation en conciliation, les pouvoirs du président, en ce qui concerne les mesures provisoires à prendre, sont plus étendus. Aux termes de l'art. 238, § 2, le juge statue à nouveau, s'il y a lieu, sur la résidence de l'époux demandeur, sur la garde provisoire des enfants, sur la remise des effets personnels, et il a la faculté de statuer sur la demande d'aliments. — Il ne semble pas que ces mesures puissent être prises d'office par le juge conciliateur; elles doivent être *provoquées* par l'un ou l'autre époux.

71. L'ordonnance du président qui statue sur des mesures provisoires en cas de divorce est exécutoire par provision. En cas d'absolue nécessité, le président pourrait ordonner l'exécution de son ordonnance sur minute (Comp. Pr. 811). — Cette ordonnance, lorsqu'elle est rendue par défaut, n'est pas susceptible d'opposition (Comp. Pr. 809), mais elle peut être attaquée par la voie de l'appel (Civ. 238, § 3); ... et cela dans le cas même où les mesures provisoires n'auraient pas été l'occasion d'un débat entre les époux. — L'appel est porté devant la cour d'appel; il est régi par l'art. 809 c. pr. civ., relatif aux ordonnances sur référés. Il peut être interjeté même avant le délai de huitaine à partir de l'ordonnance, mais il n'est plus recevable s'il a été interjeté après la quinzaine à dater du jour de la signification; il est jugé sommairement et sans frais. — L'arrêt qui intervient est susceptible d'un pourvoi en cassation, selon les règles du droit commun.

72. A partir du moment où le tribunal est saisi, c'est-à-dire du moment où l'assignation en divorce a été signifiée et où le délai donné au défendeur pour comparaître est expiré, la compétence pour statuer sur les mesures provisoires appartient, non plus au président, mais au tribunal, qui peut modifier ou compléter les mesures prescrites antérieurement (Civ. 238, § 5). Néanmoins, c'est toujours à la cour d'appel qu'il appartient de réformer, s'il y a lieu, l'ordonnance rendue par le président avant que le tribunal ait été saisi. L'appel formé antérieurement à l'assignation devant le tribunal conserve ses effets, et la cour peut encore prononcer sur le mérite de cet appel dont elle a été régulièrement saisie; mais la jurisprudence est divisée sur le point de savoir si l'appel de l'ordonnance est recevable alors même qu'au moment où il a été interjeté, le tribunal se trouve déjà saisi du fond du litige. — En tout cas, si la situation a changé depuis l'ordonnance du président, c'est au tribunal, alors même que cette ordonnance aurait été déférée à la cour, que devraient être demandées les modifications devenues nécessaires depuis le commencement de l'instance, la mission de la cour se bornant à apprécier la décision du président eu égard à l'époque où elle a été prise.

73. Alors même que le tribunal est saisi de la demande, le président, comme juge des référés, peut encore être appelé à ordonner des mesures provisoires en cas d'urgence. La loi ne lui confère expressément ce pouvoir qu'en ce qui concerne la résidence de la femme (Civ. 238, § 5); mais cette disposition paraît être purement énonciative et ne pas s'opposer, semble-t-il, à ce que le président jugeant en référé soit appelé, conformément au droit commun, à ordonner d'autres mesures trop urgentes pour attendre la décision du tribunal, par exemple en ce qui concerne la garde des enfants ou les aliments (V. toutefois, en sens contraire, Montpellier, 31 janv. 1895, D. P. 95. 2. 355). Dans tous les cas, le juge des référés serait incompétent s'il n'y avait pas urgence : c'est au tribunal seul qu'il appartient de statuer.

74. Lorsque le président statue en référé, conformément à l'art. 238, § 5, les règles de procédure relatives au référé doivent être observées; ainsi, le président ne peut statuer que contradictoirement avec le défendeur et lui dûment appelé. Son ordonnance est susceptible d'appel (Pr. 809); et la cour, saisie par l'effet dévolutif de l'appel, peut valablement prescrire toutes les mesures que le juge des référés aurait pu lui-même ordonner.

75. Les mesures provisoires qui peuvent être prises durant l'instance en divorce sont diverses; elles ont toutes ce caractère commun de pouvoir toujours être modifiées dans le cours de cette instance, suivant les conditions nouvelles où peuvent se trouver les parties (Req. 7 janv. 1901, D. P. 1901. 1. 32).

§ 1er. — Résidence séparée des époux (S. 275 et s.).

76. La fixation d'une résidence séparée peut être sollicitée d'abord par l'époux demandeur, et aussi bien par le mari que par la femme. — De plus, si le demandeur n'avait pas provoqué cette mesure dès le début de l'instance (V. supra, n° 47), elle pourrait l'être par le défendeur, soit déjà devant le juge conciliateur, soit ensuite devant le tribunal ou devant le président statuant comme juge des référés.

77. Le juge pourrait, à la rigueur, refuser à un époux l'autorisation de résider séparément; mais il ne devrait user de ce pouvoir que dans des cas très exceptionnels, surtout quand l'autorisation est demandée par la femme. Dans ce dernier cas, il doit nécessairement fixer le lieu où la femme sera tenue de résider (Civ. 236). Au contraire, si l'autorisation est sollicitée par le mari, le juge peut se borner à l'accorder, et alors le mari n'a pas le droit d'expulser la femme du domicile conjugal; mais c'est lui qui doit quitter ce domicile.

78. L'ordonnance qui assigne à la femme (sur sa demande) une résidence provisoire doit fixer d'une manière précise et déterminer la maison où la femme est autorisée à se retirer. Cette résidence peut être fixée en dehors du ressort du tribunal où le mari est domicilié, et même en pays étranger (si, par exemple, les parents y demeurent). — En principe, le lieu où la femme peut être autorisée à résider ne doit pas être le domicile commun des époux, que le mari serait obligé de quitter ou d'abandonner (Paris, 5 mars 1895, D. P. 95. 2. 231). Toutefois, les circonstances de la cause et l'intérêt des justiciables pourraient autoriser le juge à le décider ainsi (Req. 25 févr. 1901, D. P. 1902. 1. 513); tel serait le cas, par exemple, où, pendant la durée de la vie conjugale, les époux exerçaient un commerce ou une industrie qui était dirigée exclusivement par la femme (Paris, 5 mars 1895, précité).

79. Le lieu de la résidence de la femme peut toujours être changé, soit par le président, soit par le tribunal, suivant les règles de compétence exposées supra, n° 72. — La résidence de la femme doit-elle, sans autorisation nouvelle, changer avec la résidence même de la personne qui avait été désignée pour recevoir la femme? La question a été diversement résolue suivant les circonstances.

80. La décision qui autorise la femme à avoir une résidence séparée a pour effet d'établir le domicile provisoire de la femme, vis-à-vis du mari, au lieu où cette résidence a été indiquée; c'est, dès lors, en ce lieu que le mari doit, à peine de nullité, faire à la femme la notification des actes qu'il a à lui signifier.

81. La femme est tenue de justifier de la résidence qui lui a été assignée toutes les fois qu'elle en est requise (Civ. 241). Cette justification peut se faire soit par témoins, soit au moyen d'un certificat délivré par l'autorité municipale ou d'un acte de notoriété. — Faute par la femme de faire la justification qui lui incombe, le mari peut refuser de lui servir la pension alimentaire qui lui a été allouée pendant le procès. La femme est également déchue, si elle est demanderesse en divorce, du droit de continuer ses poursuites (Civ. 221). Sur cette fin de non-recevoir, V. infra, n° 113.

§ 2. — Garde provisoire des enfants (S. 296 et s.).

82. Il peut être pourvu, soit par le président saisi comme conciliateur, soit ultérieurement par le tribunal devant lequel est portée la demande en divorce, aux mesures nécessaires pour sauvegarder les intérêts des enfants. Mais, tant que la justice n'en a pas ordonné autrement, le père continue à exercer, pendant l'instance en divorce, à l'égard des enfants, les droits qu'il tient de la puissance paternelle.

83. Il appartient au tribunal de statuer, d'office au besoin, sur les mesures nécessitées par l'intérêt des enfants (Civ. 240); le même pouvoir n'appartient pas au magistrat conciliateur. Les mesures dont il s'agit peuvent être provoquées par l'un des époux. Elles peuvent l'être aussi par un ou plusieurs des membres de la famille (Civ. 241) agissant isolément ou concurremment, pourvu qu'ils soient parents au degré successible. Les membres de la famille peuvent, à cet effet, intervenir dans l'instance conformément à l'art. 339 c. pr. civ., en tout état de cause, même en appel (Paris, 15 nov. 1899, D. P. 1900. 2. 307). Le ministère public peut aussi prendre des réquisitions dans l'intérêt des enfants.

84. Les magistrats jouissent d'un pouvoir discrétionnaire quant à la détermination des mesures qu'il convient de prendre dans l'intérêt des enfants. Ils peuvent, notamment, confier les enfants à la mère ou, si leur intérêt l'exige, à telle autre personne qu'il leur plaît de désigner, par exemple, ordonner qu'ils seront placés dans une maison d'éducation. Dans ce dernier cas, si les époux sont d'accord sur le choix de l'établissement, ils doivent se borner à sanctionner cet accord. L'époux qui retiendrait les enfants, contrairement à la décision prise par le juge, se rendrait coupable d'un délit passible de peines correctionnelles (Pén. 357; V. infra, Enlèvement de mineurs), sans préjudice des dommages-intérêts auxquels il pourrait être condamné.

§ 3. — Remise des effets personnels (S. 314 et s.).

85. La remise des effets personnels à l'un ou à l'autre époux est une mesure urgente qui peut être ordonnée par le président, non seulement lorsqu'il statue comme conciliateur, mais aussi dès le début de l'instance, par l'ordonnance qui permet de citer en conciliation. — Elle peut l'être aussi, au besoin, par le président statuant comme juge des référés, ou par le tribunal saisi de la question par voie d'incident (Civ. 240, § 2).

86. Par effets personnels, il faut entendre les vêtements, linges, outils, livres, objets mobiliers à l'usage personnel des époux ou des enfants, en un mot tout ce qui leur est nécessaire pour vivre ou exercer leur profession. Si l'époux qui reste au domicile conjugal (ordinairement le mari) se refusait à exécuter la décision rendue à cet égard, il y aurait lieu de procéder à la saisie des effets personnels par ministère d'huissier. L'époux auquel les effets appartiennent pourrait aussi, le cas échéant, être autorisé soit par l'ordonnance ou le jugement qui ordonne la remise, soit ultérieurement par une ordonnance de référé, à se faire assister, pour obtenir cette remise, du commissaire de police, du garde champêtre ou de la gendarmerie.

§ 4. — Provision alimentaire et ad litem (S. 319 et s.).

87. Il peut y avoir lieu d'allouer à l'un ou l'autre époux, soit une provision alimentaire pour la durée du procès, soit une provision ad litem pour subvenir aux frais de l'instance. — Les décisions relatives aux provisions alimentaires peuvent être prises soit par le magistrat conciliateur (Civ. 238, § 2, in fine), soit par le tribunal saisi de la demande en divorce. Les provisions ad litem ne peuvent être accordées que par le tribunal (Civ. 240, § 2).

88. Le mari a, comme la femme, le droit de réclamer une provision ad litem ou des aliments durant l'instance. — La pension alimentaire ou la provision ad litem doivent être allouées toutes les fois que l'époux qui la sollicite n'a pas de ressources suffisantes pour vivre ou pour plaider, et que l'autre époux doit les payer (Douai, 24 janv. 1899, D. P. 1900. 2. 188). Il y a lieu, notamment, de l'accorder à la femme, dans le cas où elle est mariée sous le régime de la communauté, légale ou conventionnelle, et, par suite, le mari a l'administration de tous ses biens personnels. — La femme peut avoir actuellement de l'argent à sa disposition, à des ressources éventuelles, comme celles que doit lui procurer la liquidation de ses reprises ou de la communauté, l'obligation de lui fournir une pension alimentaire ou une provision ad litem ne pèse sur le mari que provisoirement, à titre d'avance remboursable dans la liquidation qui suivra le jugement de divorce (Civ. r. 7 janv. 1890, D. P. 91. 1. 256).

89. Comme toutes les mesures provisoires en général, les décisions qui allouent à l'un des époux une provision alimentaire ou une provision *ad litem* sont susceptibles d'être modifiées au cours de l'instance, en raison des changements qui peuvent survenir dans la situation des parties. — Une provision nouvelle peut être demandée par l'un des époux en appel, tant pour ses besoins personnels que pour subvenir aux frais de l'instance devant la cour. Mais la cour d'appel pourrait-elle allouer un supplément de provision destiné à faire face au reliquat des frais faits devant le tribunal? La question fait difficulté et a été diversement résolue. — S'il s'agit d'une provision destinée à subvenir aux frais d'une instance devant la Cour de cassation, la demande ne peut être soumise à cette Cour, mais doit être portée devant le tribunal civil, qui peut l'accorder même après le rejet du pourvoi.

90. Les jugements qui accordent une provision alimentaire ou *ad litem* constituent, malgré leur caractère provisionnel, des titres de créance insusceptibles de l'exécution peut être poursuivie par toutes les voies de droit. L'ordonnance du président qui alloue des aliments à l'un des époux est exécutoire par provision (Civ. 238, § 3). Il en est de même du jugement par lequel le tribunal accorde une pension alimentaire (Pr. 135, § 7), mais non du jugement qui accorde une provision *ad litem*.

91. La provision *ad litem* doit consister dans une somme unique fixée en raison des nécessités du procès. Au contraire, la provision *alimentaire* est généralement allouée sous la forme d'une pension en argent, payable par mois ou par trimestre. Mais les tribunaux pourraient décider qu'elle sera fournie en nature. Parfois aussi, pour tenir lieu de pension alimentaire à la femme, ils l'autorisent à continuer la gestion d'un fonds de commerce dépendant de la communauté et à en percevoir les bénéfices.

92. La quotité de la provision alimentaire varie suivant les besoins de l'époux qui la demande et les ressources de celui qui doit la fournir. Les besoins sont appréciés suivant la position sociale des époux et les dépenses auxquelles la femme, notamment, a été habituée par la fortune et l'état de maison de son mari.

93. La provision alimentaire est insaisissable, sauf pour toutes les autres (V. *infrà, Saisie-arrêt*). Mais l'émolument peut en être cédé. — Quant à la provision *ad litem*, elle est incessible et insaisissable et ne peut servir qu'au payement des frais exposés pour l'époux qui l'a obtenue. L'avoué de cet époux peut poursuivre lui-même, comme exerçant les droits de son client, le payement de ses frais et avances, jusqu'à concurrence de la provision contre l'époux qui en est débiteur. — De même, les fournisseurs de la femme, en général, les personnes qui sont devenues ses créancières pour cause d'aliments pendant l'instance peuvent agir contre le mari, même après l'instance terminée, pour se faire payer jusqu'à concurrence de ce qui reste dû sur la provision.

§ 5. — *Mesures conservatoires relatives aux biens* (S. 333 et s.).

94. Chacun des époux peut prendre des mesures conservatoires pour la garantie de ses droits pécuniaires (Civ. 242, § 1er). — Une autorisation du juge est nécessaire pour toute mesure conservatoire, quelle qu'elle soit. Cette autorisation doit être demandée par requête au président. Elle est accordée par une ordonnance *à charge d'en référer*, c'est-à-dire que, s'il s'élève des difficultés sur l'exécution des mesures conservatoires autorisées, les parties sont tenues d'en référer au président qui a donné l'autorisation, et qui conserve ainsi le droit de rétracter sa décision ou de la modifier. — L'ordonnance dont il s'agit, étant un acte de juridiction

gracieuse, n'est pas susceptible d'appel. Il en est autrement de la nouvelle ordonnance qui interviendrait dans le cas où il en serait référé au juge, et où celui-ci aurait à statuer sur des contestations entre les parties. Les mesures conservatoires peuvent, d'ailleurs, être autorisées par le tribunal ou, en appel, par la cour (Nancy, 13 juill. 1895, D. P. 96. 2. 121).

95. Parmi les mesures conservatoires qui peuvent être requises, la loi vise spécialement l'apposition des scellés (Civ. 242, § 1er). Elle autorise cette apposition sur les biens de la communauté, et aussi, au profit de la femme même non commune, sur ceux de ses biens dont le mari a l'administration ou la jouissance (Civ. 242, § 2). La mesure dont il s'agit peut être appliquée même aux biens propres du mari, si, la femme ayant des reprises à exercer, les biens de la communauté étaient insuffisants pour garantir ses droits. — Les scellés ayant été apposés à la requête de l'un ou l'autre époux, la levée en peut être requise par la partie la plus diligente, et cela sans autorisation du juge. Il n'est pas non plus nécessaire d'observer le délai de trois jours prescrit par l'art. 928 c. pr. civ. (V. *infrà, Scellés*). Les objets et valeurs qui se trouvaient sous les scellés sont inventoriés et prisés, à moins que les époux ne soient d'accord pour faire lever les scellés sans inventaire.

96. L'inventaire est assujetti aux formes et conditions prescrites par l'art. 943 c. pr. civ. (V. *infrà, Inventaire*). Il doit comprendre les titres et papiers de nature à constater les droits pécuniaires des époux; mais les papiers purement personnels, tels que les lettres missives, etc., doivent être remis à l'époux auquel ils appartiennent.

97. L'époux qui est en possession des objets et valeurs inventoriés en est constitué gardien judiciaire, à moins qu'il n'en soit décidé autrement (Civ. 242, § 3, *in fine*). — C'est au tribunal, ou, en cas d'urgence, au juge des référés, que devrait être demandée la nomination d'un autre gardien. L'époux (ou le tiers constitué gardien judiciaire) est tenu de conserver les objets inventoriés, et de ne pouvoir les représenter en nature. Ainsi le mari, notamment, nommé gardien judiciaire, ne peut aliéner les objets dont la garde lui a été confiée, même, suivant l'opinion générale, les objets dépendant de la communauté (Douai, 20 févr. 1899, D. P. 99. 2. 182). Il y a lieu de faire exception toutefois pour les objets qui se consomment par l'usage ou ceux qui sont destinés à être vendus, comme les marchandises d'un fonds de commerce, ou même pour les objets quelconques dont les circonstances rendaient la vente urgente et profitable à toutes les parties (même arrêt).

98. En dehors de l'apposition des scellés et de l'inventaire, toute mesure ayant un caractère conservatoire peut être autorisée par le président ou par le tribunal qui ont, à ce sujet, un pouvoir discrétionnaire (Req. 28 juin 1899, D. P. 99. 1. 447). C'est ainsi, notamment, que la femme peut être autorisée à pratiquer des saisies-arrêts entre les mains des débiteurs de la communauté ou du mari pour garantir le payement approximatif de ses reprises. Cependant, bien que certains arrêts puissent être invoqués en ce sens (V. notamment : Civ. c. 16 juin 1898, D. P. 98. 1. 536), la jurisprudence paraît hésiter à admettre l'emploi par la femme de mesures conservatoires qui seraient difficilement conciliables avec les pouvoirs d'administration qui appartiennent au mari, soit sur les biens de la communauté, soit sur les biens propres de la femme, telles que la nomination d'un séquestre judiciaire chargé de percevoir des revenus.

Art. 6. — Nullité des actes passés par le mari en fraude des droits de la femme (S. 348 et s.).

99. Le mari conserve, pendant l'instance en divorce, tous les droits qui lui appartiennent en vertu de la loi ou du contrat de mariage, tant sur les biens de la communauté que sur les biens propres de la femme. Mais la loi déclare nulles toutes obligations tacites par lui contractées à la charge de la communauté, toutes aliénations par lui faites d'immeubles qui en dépendent postérieurement à la date de l'ordonnance par laquelle le juge ordonne que les parties comparaîtront devant lui pour la tentative de conciliation, si elles ont eu lieu en fraude des droits de la femme (Civ. 243). Cette disposition n'est pas limitative, et l'annulation s'étendrait à tous autres actes frauduleux et préjudiciables à la femme, tels qu'un bail (Douai, 25 juill. 1901, D. P. 1902. 2. 248), une cession de créance (Bordeaux, 16 avr. 1896, sol. impl., D. P. 99. 2. 385), et même à des actes d'administration faits par le mari relativement aux biens propres de la femme. — Les actes non antérieurs à l'ordonnance prévue par l'art. 235 c. civ. pourraient être annulés en vertu de l'art. 1167 c. civ. (V. *infrà, Obligations*).

100. La fraude doit être prouvée; mais la preuve peut être faite par témoins ou par simples présomptions. Conformément aux règles suivies pour l'application de l'art. 1167 (V. *infrà, Obligations*), la connaissance de la fraude est nécessaire de la part du tiers qui a traité avec le mari lorsqu'il s'agit d'un acte à titre onéreux; elle ne l'est pas, au contraire, si l'acte est à titre gratuit. — La nullité est encourue alors même que l'instance en divorce n'aurait pas abouti, notamment à raison du décès de l'un des époux. — Elle ne peut être invoquée que par la femme ou ses héritiers et ayants cause. Elle n'est éteinte que par la prescription de trente ans.

Art. 7. — Causes d'extinction de l'action ou fins de non-recevoir contre la demande.

§ 1er. — *Réconciliation des époux* (S. 363 et s.).

101. La demande en divorce cesse d'être recevable dès lors qu'il y a eu réconciliation entre les époux (Civ. 244, § 1er). — L'exception tirée de la réconciliation est d'ordre public; par suite, elle peut être proposée pour la première fois en appel et doit, au besoin, être suppléée par le juge. Mais la réconciliation survenue après le jugement ou l'arrêt qui prononce le divorce ne suffit point pour faire tomber ce jugement ou cet arrêt, s'il est définitif, et ne saurait faire obstacle à sa transcription par l'officier de l'état civil. La réconciliation, une fois constatée, doit être admise contre toute demande en divorce ou en séparation de corps, quelle qu'en soit la cause. Toutefois, suivant quelques arrêts, l'exception de réconciliation ne pourrait être opposée à la demande fondée sur la condamnation de l'un des époux à une peine afflictive et infamante.

102. Les faits constitutifs de la réconciliation n'étant pas définis par la loi, la question de savoir s'il y a eu réconciliation est laissée à l'appréciation du juge. — Dans tous les cas, la réconciliation implique deux conditions : d'une part, le rapprochement des époux; d'autre part, et surtout, le pardon de l'époux outragé, la continuation ou la reprise de la vie commune, postérieurement aux faits sur lesquels la demande repose, ne suffiraient pas à eux seuls pour justifier la fin de non-recevoir (Req. 11 déc. 1893, D. P. 94. 1. 341). — La réconciliation doit être définitive; si elle est subordonnée à des conditions par l'époux offensé, celui-ci peut se rétracter tant que ces conditions ne sont pas acceptées et accomplies. Elle doit être réelle; une réconciliation seulement apparente et simulée serait sans effet. — La réconciliation éteint l'action en divorce, si courte qu'en ait été la durée. — Les faits qui constituent la réconciliation peuvent être antérieurs ou postérieurs à l'instance en divorce; mais ils doivent nécessairement être postérieurs aux causes pour lesquelles la séparation de corps ou le divorce est demandé.

103. Les faits invoqués comme constituant la réconciliation peuvent être prouvés par témoins ou par écrit, notamment par lettres missives, par l'aveu de la partie à laquelle l'exception est opposée, ou même, suivant l'opinion générale, par le serment décisoire déféré à cette partie.

104. La réconciliation ne s'oppose pas à ce que l'action soit renouvelée si une nouvelle cause de divorce vient à se produire ou à être découverte ultérieurement. Et, en pareil cas, l'époux offensé a le droit de se prévaloir des anciens torts de son conjoint à l'appui de sa nouvelle demande (Civ. 244, § 2). Il est généralement admis que les faits nouveaux survenus depuis la réconciliation des époux, alors même qu'ils ne seraient pas suffisants pour motiver par eux-mêmes le divorce, peuvent néanmoins produire cet effet par leur adjonction aux anciens griefs qu'ils font revivre. Encore faut-il que ces faits ne soient pas insignifiants, mais présentent une certaine gravité (Req. 18 déc. 1894, D. P. 95. 1. 260).

§ 2. — *Décès de l'un des époux* (S. 382 et s.).

105. L'action en divorce s'éteint par le décès de l'un des époux survenu avant que le jugement soit devenu irrévocable par sa transcription sur les registres de l'état civil (Civ. 244, § 3). — La fin de non-recevoir qui naît du décès est, comme celle qui résulte de la réconciliation, d'ordre public (V. *suprà*, n° 101). L'instance entière est anéantie, de sorte que les juges n'ont plus le pouvoir de statuer sur la révocation des avantages matrimoniaux (V. *infrà*, nos 173 et s.), ni même sur les dépens.

§ 3. — *Prescription* (S. 389 et s.).

106. L'action en divorce, lorsqu'elle est fondée sur un fait qualifié crime ou délit, n'est pas éteinte par l'expiration du délai fixé pour la prescription de l'action publique (dix ans ou trois ans). V. *infrà*, *Prescription criminelle*. — D'autre part, il est généralement admis que cette action est imprescriptible en ce sens qu'elle est recevable quelle que soit l'époque à laquelle remontent les faits qui lui servent de base, fût-ce à plus de trente ans (Trib. civ. de Rambouillet, 3 août 1894, D. P. 95. 2. 294).

§ 4. — *Péremption d'instance* (S. 391 et s.).

107. Les demandes en divorce sont éteintes, conformément au droit commun, par la péremption d'instance résultant de la discontinuation des poursuites pendant trois ans (Pr. 397): Mais, la péremption faisant tomber seulement la procédure sans éteindre l'action, le demandeur conserve la faculté de former une nouvelle demande.

108. La péremption spéciale, édictée par l'art. 156 c. pr. civ., en vertu de laquelle les jugements par défaut sont réputés non avenus quand ils ne sont pas exécutés dans les six mois de leur date, s'applique aux jugements par défaut rendus dans les instances en divorce.

§ 5. — *Désistement* (S. 378).

109. L'époux qui a formé une demande en divorce peut s'en désister pendant tout le cours de l'instance et tant que le juge-

ment n'est pas devenu définitif (Nancy, 24 avr. 1896, D. P. 96. 2. 304). Et même, d'après un arrêt de la Cour de cassation, un époux peut, en appel, se désister purement et simplement de la demande en divorce par lui formée, quoique son conjoint lui ait déjà signifié le jugement qui avait prononcé le divorce (Req. 29 juill. 1896, D. P. 97. 1. 283). — Le désistement de la procédure n'implique pas une renonciation à l'action et n'a d'autre effet que de remettre les parties au même état où elles étaient avant la demande; dès lors il n'empêche point, par lui-même, de former une nouvelle action. Toutefois l'époux, en se désistant, ferait bien de réserver ses droits. — En matière de divorce, le désistement de l'action par une partie n'a pas besoin d'être accepté par l'autre (Nancy, 24 avr. 1896, précité). Il peut, d'ailleurs, être rétracté tant qu'il n'a pas été accepté par l'époux défendeur.

§ 6. — *Chose jugée. — Demande antérieure* (S. 393 et s.).

110. La demande en divorce peut être écartée par une exception de chose jugée, à la condition qu'il y ait identité de cause entre cette demande et celle sur laquelle la justice a déjà statué, c'est-à-dire que la demande soit fondée uniquement sur des faits déjà articulés à l'appui d'une précédente demande qui a été rejetée. — Si la nouvelle demande est fondée sur des faits postérieurs à ceux invoqués dans la première, il n'y a pas de chose jugée, bien que les nouveaux faits soient de même nature que les anciens, et, en pareil cas, le demandeur peut même se prévaloir des faits anciens, lorsque la première demande a été écartée à raison soit du peu de gravité de ces faits, soit du défaut de preuves, soit de la réconciliation des époux.

111. Suivant une opinion consacrée par certains arrêts, l'autorité de la chose jugée ne s'oppose pas à ce qu'un époux fasse valoir, à l'appui d'une seconde demande en divorce, des griefs qui existaient déjà lors de sa première demande, mais qu'il n'avait pas fait valoir. Il semble, toutefois, que cette solution doive, en principe du moins, être restreinte au cas où l'époux qui a formé successivement les deux demandes ignorait, lors de la première, les griefs qu'il prétend invoquer à l'appui de la seconde.

§ 7. — *Divorce antérieur* (S. 398).

112. V. *infrà*, n° 170.

§ 8. — *Défaut de résidence de la femme* (S. 403 et s.).

113. Faute de justifier de sa résidence dans le lieu désigné par l'ordonnance du président (V. *suprà*, n° 81), la femme demanderesse en divorce peut être déclarée non-recevable à continuer les poursuites (Civ. 241). Elle n'est pas déchue pour cela du droit d'obtenir le divorce; le mari peut seulement demander que toute audience lui soit refusée tant qu'elle n'aura pas réintégré le domicile provisoire qui lui a été assigné. — La fin de non-recevoir encourue par la femme en pareil cas n'est pas absolue, et les juges pourraient refuser de la prononcer si les motifs pour lesquels la femme a quitté sa résidence leur paraissaient légitimes. Ils pourraient aussi accorder à la femme un délai pour réintégrer cette résidence ou pour obtenir la désignation d'une autre. — La fin de non-recevoir dont il s'agit peut être proposée en tout état de cause, même en appel; mais elle ne peut être suppléée d'office par le juge.

§ 9. — *Réciprocité des torts. — Provocation. Connivence* (S. 399 et s.).

114. D'après la majorité des auteurs et la jurisprudence, les torts de l'époux deman-

deur en divorce n'élèvent, en principe, aucune fin de non-recevoir contre son action. Par exemple, le mari ne pourrait opposer l'adultère de la femme à la demande formée par celle-ci pour excès ou sévices graves. La question reste douteuse, toutefois, pour le cas où les deux époux auraient été condamnés à une peine afflictive et infamante. — S'il n'y a pas compensation entre les torts réciproques des époux, les juges peuvent néanmoins y voir une atténuation des griefs reprochés au défendeur et décider, par suite, que ces griefs ne sont pas assez graves pour justifier la demande en divorce (Req. 8 déc. 1897, D. P. 98. 1. 77).

115. La provocation elle-même ne constitue pas une fin de non-recevoir proprement dite; mais on peut y voir une excuse de nature à faire rejeter la demande (Req. 16 avr. 1894, D. P. 95. 1. 85). — Il appartient au juge d'apprécier souverainement le caractère et la gravité des faits d'où l'on prétend faire résulter la provocation (Civ. r. 15 déc. 1896, D. P. 97. 1. 420).

116. La demande peut être repoussée, à plus forte raison, lorsque l'époux demandeur en divorce a été la cause, le promoteur des faits qu'il reproche à son conjoint. Tel serait le cas où le mari qui demanderait le divorce, pour cause d'adultère de sa femme, aurait lui-même favorisé l'adultère ou en aurait profité.

Art. 8. — DE LA PREUVE.

§ 1er. — *Preuve littérale* (S. 412 et s.).

117. En matière de divorce, comme en toute autre matière, les faits qui servent de base à la demande peuvent être établis par la preuve littérale, c'est-à-dire au moyen d'actes authentiques ou sous seings privés. — Spécialement, dans le cas où la demande est fondée sur une condamnation à une peine afflictive et infamante, la condamnation doit régulièrement être prouvée par une *expédition en bonne forme*. Cependant le tribunal pourrait, à la rigueur, se contenter d'un extrait du casier judiciaire. Dans tous les cas, il doit être établi, par exemple par un certificat du greffier, que la condamnation n'est plus susceptible d'être réformée par les voies légales. — Les écrits qui sont le plus souvent invoqués comme preuve en cette matière sont les lettres missives. En ce qui concerne les règles applicables à ce sujet, V. *infrà*, *Lettre missive*.

§ 2. — *Preuve testimoniale* (S. 420 et s.).

118. Les faits susceptibles de motiver le divorce peuvent aussi, à moins que la demande ne soit fondée sur une condamnation afflictive et infamante, être établis par la preuve testimoniale. — L'enquête, lorsqu'il y a lieu d'y procéder, se fait suivant les règles du droit commun, telles qu'elles résultent des art. 252 et s. c. pr. civ. (Civ. 245, § 1er). — On discute, toutefois, sur le point de savoir si l'on doit appliquer ici l'art. 293, d'après lequel l'enquête déclarée nulle par la faute de l'avoué ou de l'huissier ne doit pas être recommencée.

119. Par dérogation à la règle générale (Pr. 268), les parents, à l'exception des descendants, et les domestiques des époux, peuvent être entendus comme témoins (Civ. 245, § 2). — Le témoignage des parents (aussi bien que des descendants) ne saurait être écarté pour des causes moins graves et dont l'existence est généralement fondée sur la parenté, notamment parce qu'ils auraient bu ou mangé chez les parties dans l'intervalle du jugement qui a ordonné l'enquête, ou parce qu'ils seraient héritiers présomptifs de l'un des époux. — La prohibition d'entendre les descendants comme témoins s'applique non seulement aux enfants communs, mais encore à ceux d'un premier lit.

elle, s'étend également aux enfants naturels reconnus, aux enfants adoptifs et à leurs descendants. — Les alliés des époux peuvent, aussi bien que leurs parents, être entendus comme témoins. Mais les conjoints des descendants doivent être assimilés à ceux-ci et, par suite, sont responsables comme eux (*Contrà* : Trib. civ. de Saintes, 24 févr. 1903, D. P. 1904. 2. 327). Le conjoint divorcé ne peut être entendu comme témoin (Pr. 268, *in fine*), et il n'y a pas à distinguer si l'époux a encore, ou non, des enfants de ce conjoint divorcé. — Les autres causes de reproche édictées par le Code de procédure sont applicables ici, notamment celle qui concerne les donataires. Toutefois, le parent donataire, comme celui qui serait héritier présomptif des époux, peut être entendu comme témoin. Au surplus, il y a lieu d'appliquer ici la doctrine consacrée par la jurisprudence, qui admet que les reproches édictés par la loi ne sont pas limitatifs et que les tribunaux peuvent écarter le témoignage de certains témoins pour d'autres causes.

120. La contre-enquête est ici de droit, comme en toute autre matière (Pr. 256). Les faits révélés par la contre-enquête, bien qu'ils n'aient pas été articulés avant le jugement qui a ordonné la preuve, peuvent servir de base à une demande reconventionnelle.

§ 3. — *Présomptions* (S. 436).

121. Les faits sur lesquels est fondée la demande en divorce peuvent être établis au moyen de présomptions.

§ 4. — *Aveu et serment* (S. 437 et s.).

122. L'aveu de l'époux défendeur ne saurait suffire pour permettre de prononcer le divorce. Toutefois, il peut être pris en considération lorsqu'il s'induit de faits constants dont il appartient aux tribunaux de déterminer le caractère et les conséquences, ou lorsqu'il vient corroborer des éléments de preuve déjà acquis dans la cause (Comp. Req. 23 nov. 1896, D. P. 97. 1. 196). — L'un des époux peut, d'ailleurs, pour obtenir des aveux, demander au tribunal d'ordonner l'interrogatoire sur faits et articles de son conjoint ou sa comparution personnelle.

123. Le serment décisoire ne peut être déféré par l'un des époux à l'autre sur les faits servant de base à une demande en divorce. On exclut aussi généralement en cette matière le serment supplétoire.

§ 5. — *Notoriété publique.*

124. La notoriété publique ne peut former la base légale d'un jugement de divorce. Mais rien ne s'oppose à ce que le juge puise dans la notoriété publique des éléments de conviction à titre de présomptions.

ART. 9. — DU JUGEMENT.

§ 1er. — *Faculté de surseoir* (S. 441 et s.).

125. La loi autorise le tribunal à ne pas prononcer le divorce immédiatement et à imposer aux parties un sursis lorsqu'une réconciliation peut encore être espérée.

126. Le sursis n'est possible que lorsque la demande est fondée sur toute autre cause qu'une condamnation à une peine afflictive et infamante (Civ. 246, § 1er). Le tribunal ne peut le prononcer que si la demande lui paraît bien fondée et s'il est résolu à prononcer le divorce à l'expiration du sursis, à défaut de réconciliation entre les époux ; ce qui suppose que l'affaire est en état de recevoir une solution définitive.

127. Le maximum de sursis est de six mois ; mais il peut être prononcé pour une durée moins longue. Le sursis ne commence que du jour où le jugement est signifié, à moins que le tribunal n'en ait au-

trement ordonné. Suivant la règle générale (V. *infrà, Procédure*), le *dies a quo* n'est pas compris dans le délai.

128. Le jugement qui ordonne le sursis maintient la décision antérieurement prise en ce qui concerne la résidence séparée des époux, ou il prescrit cette mesure si elle ne l'a pas été. Il en est de même en ce qui concerne les autres mesures provisoires (Civ. 246, § 2).

129. Le sursis ne peut être prononcé qu'une fois ; mais il appartient au juge d'appel, aussi bien qu'au juge de première instance, de l'ordonner. — Le jugement de sursis est susceptible d'appel ou d'opposition (s'il a été rendu par défaut).

130. Après l'expiration du délai de sursis, sans réconciliation de la part des époux, chacun d'eux peut faire assigner l'autre pour entendre prononcer le jugement de divorce. La citation se fait dans les formes et suivant les règles ordinaires. Il n'est pas besoin d'un nouveau permis d'assigner (Nancy, 15 avr. 1896, D. P. 99. 2. 129). — L'époux cité peut seulement opposer l'exception de réconciliation ; si cette exception n'est pas soulevée, le tribunal doit statuer sans nouveaux débats, et le divorce est nécessairement prononcé.

§ 2. — *Jugement définitif* (S. 456 et s.).

131. La cause est jugée dans la forme ordinaire (Civ. 239, § 1er). Le jugement doit être rendu à l'audience. — Si le tribunal fait droit à la demande, il ne doit pas seulement *admettre* le divorce, mais le *prononcer*, la formalité de la prononciation du divorce par l'officier de l'état civil n'existant plus aujourd'hui. — Le jugement de divorce doit être *suffisamment motivé*, conformément à la règle générale (V. *infrà, Jugement).*

132. Les dépens doivent être mis à la charge de la partie qui succombe (Pr. 130) ; mais ils peuvent être compensés, en tout ou en partie, à raison de ce que le procès a lieu entre conjoints (Pr. 131).

§ 3. — *Signification du jugement qui prononce le divorce* (S. 466 et s.).

133. Le jugement qui prononce le divorce doit, s'il est contradictoire, être signifié dans la forme ordinaire. — Quand il est rendu par défaut, sa signification est soumise à des formalités spéciales. Ces formalités ne sont d'ailleurs applicables qu'aux jugements par défaut *contre partie*, et non aux jugements par défaut contre avoué faute de conclure.

134. Le jugement qui prononce le divorce contre une partie défaillante doit commettre un huissier pour la signification (Civ. 247, § 2). La signification doit, autant que possible, être faite à personne. Si elle n'a pu être faite qu'à domicile, l'avoué du demandeur doit, pour que le jugement acquière l'autorité de la chose jugée, présenter requête au président du tribunal à l'effet de faire ordonner qu'un extrait du jugement sera publié dans les journaux que ce magistrat désignera (Civ. 247, § 3). Le président peut désigner plusieurs journaux, même en dehors de son ressort, ou un seul, notamment le *Journal officiel.* L'ordonnance qu'il rend sur ce point n'est susceptible d'aucun recours. C'est seulement un extrait du jugement qui doit être publié ; il suffit que cet extrait contienne les indications exigées par l'art. 872 c. pr. civ. pour les séparations de biens. — La publication dont il s'agit doit, d'ailleurs, être précédée d'une signification régulière du jugement (Req. 7 févr. 1893, D. P. 94. 1. 224).

ART. 10. — DES VOIES DE RECOURS (S. 473 et s.).

135. Les décisions rendues sur la demande en divorce peuvent être attaquées par les voies de l'opposition, de l'appel, du

pourvoi en cassation ou de la requête civile, suivant le droit commun. Elles ne sont pas susceptibles d'acquiescement (Civ. 249). Ainsi, l'acquiescement de l'une des parties, qu'il soit exprès ou tacite, ne saurait empêcher cette même partie de former valablement opposition ou appel contre le jugement. — Sur les faits d'où peut s'induire l'acquiescement, V. *suprà, Acquiescement*, nos 11 et s.

136. Cette règle ne s'applique qu'au jugement qui *prononce* le divorce. Le jugement qui *repousse* une demande en divorce est susceptible d'acquiescement. De même, on peut acquiescer aux jugements préparatoires et interlocutoires rendus dans une instance en divorce.

137. Bien que le désistement, à la différence de l'acquiescement, n'atteigne que la procédure et non le fond du droit, la jurisprudence admet généralement que l'époux défendeur ne peut valablement se désister de l'opposition ou de l'appel par lui formé à l'encontre du jugement qui a prononcé le divorce (*Contrà* : Rouen, 5 janv. 1895, D. P. 95. 2. 495).

§ 1er. — *Opposition* (S. 478 et s.).

138. Tous les jugements ou arrêts rendus par défaut en matière de divorce sont susceptibles d'opposition, conformément au droit commun. — Lorsque le jugement est rendu par défaut contre partie, la règle ordinaire suivant laquelle l'opposition est recevable dans la huitaine qui suit la signification du jugement à avoué ne subit aucune dérogation. — En cas de jugement par défaut contre partie, la règle du droit commun, suivant laquelle l'opposition est recevable jusqu'à l'exécution du jugement, est également applicable, en général, aux jugements rendus en matière de divorce. Toutefois, il y a exception à cette règle à l'égard du jugement qui *prononce* le divorce. L'opposition à ce jugement est recevable dans le mois de la signification, si elle a été faite à personne, et, dans le cas contraire, dans les huit mois à partir du dernier acte de publicité (Civ. 247, § 3). Ce délai n'est pas susceptible d'augmentation à raison des distances (Bordeaux, 7 juill. 1889, D. P. 1900. 2. 466). — Le demandeur est, d'ailleurs, pas enchaîné par le délai d'un mois ou de huit mois fixé par la loi ; il peut poursuivre l'exécution du jugement obtenu par un commandement, une saisie, la liquidation de ses reprises, etc., et amener ainsi le défendeur à faire opposition.

139. Le dernier acte de publicité, duquel court le délai de huit mois quand la signification n'a pas été faite à personne, est le jour où le jugement a été publié dans lequel a été faite la dernière des insertions ordonnées par le président. La date de cette publication peut être attestée par un certificat du gérant du journal.

140. Les délais d'un mois ou de huit mois accordés pour former opposition ne sont pas francs, l'opposition devant être faite *dans* ces délais ; toutefois, le jour de la signification, ou celui du dernier acte de publicité, ne doit pas être compté. Si, par exemple, ce jour est le 2 janvier, l'opposition doit être faite au plus tard le 2 février.

§ 2. — *Appel* (S. 488 et s.).

141. La question de savoir quels jugements sont susceptibles d'appel en matière de divorce doit être résolue conformément au droit commun (Pr. 451 et s.). V. *suprà, Appel en matière civile et commerciale,* nos 3 et s. — Ainsi, les jugements interlocutoires peuvent, suivant la règle générale (Pr. 451), être frappés d'appel avant le jugement définitif.

142. Le délai dans lequel l'appel doit être interjeté est le délai ordinaire de deux mois

(Civ. 248, § 1er; Pr. 443). — S'il s'agit d'un jugement contradictoire, le délai court du jour de la signification à personne ou domicile. — S'il s'agit d'un jugement par défaut, il ne commence à courir que du jour où l'opposition n'est plus recevable, c'est-à-dire un mois après la signification du jugement à la personne du défendeur ou huit mois après la dernière publication effectuée conformément à l'art. 247 (Civ. 248, § 2; V. supra, n° 138). Conformément à la règle générale (V. supra, *Appel en matière civile et commerciale*, n° 65), le délai d'appel est franc.

143. L'acte d'appel est soumis aux règles ordinaires (V. supra, *Appel en matière civile et commerciale*, n° 53 et s.).

144. L'appel est suspensif en matière de divorce comme en toute autre matière (V. supra, *Appel en matière civile et commerciale*, n° 78 et s.). Les tribunaux conservent, néanmoins, le droit d'ordonner l'exécution provisoire de leurs décisions en ce qui concerne, notamment, la garde des enfants, la pension alimentaire.

145. L'appel est porté « à l'audience ordinaire » (Civ. 248, § 3). Il résultait de cette disposition que les affaires du divorce ne devaient pas être assimilées aux affaires concernant l'état des personnes, lesquelles étaient jugées en audience solennelle (Décr. 30 mars 1808, art. 22). Du reste, cette dernière règle a été abrogée par le décret du 25 nov. 1899. — La cause s'instruit « comme affaire urgente » (Civ. 248, § 1er). Il n'en résulte pas qu'elle doive être instruite sur procédure sommaire (V. infra, *Procédure*), mais seulement qu'elle est rangée parmi celles qui requièrent célérité et qu'elle peut, s'il y a lieu, être jugée même pendant les vacances judiciaires. Les parties peuvent requérir en appel, et la cour peut ordonner de nouvelles mesures d'instruction, telles qu'une enquête, une expertise, etc. — La comparution personnelle des époux peut être ordonnée; elle doit avoir lieu en audience publique et non en la chambre du conseil. — La question de savoir si l'époux qui poursuit le divorce est recevable en appel à invoquer à l'appui de sa demande des faits qui n'avaient pas été articulés en première instance, a été diversement résolue. La jurisprudence, en général, admet l'affirmative en ce qui concerne les faits postérieurs au jugement de première instance. Quant aux faits antérieurs, elle n'admet pas le demandeur à s'en prévaloir, alors du moins qu'ils étaient connus de lui à l'époque du jugement (Dijon, 16 juin 1897, D. P. 98. 2. 49).

146. Du jour où la cour est saisie de l'instance en divorce par suite de l'appel interjeté, c'est à elle seule qu'il appartient de statuer sur les mesures provisoires relatives à la résidence de la femme, à la garde des enfants, aux provisions alimentaires ou ad litem et à la conservation des biens (Rouen, 20 mars 1890, D. P. 91. 2. 112).

147. Les demandes reconventionnelles peuvent être formées en appel comme en première instance; elles ne sont pas considérées comme demandes nouvelles (Civ. 248, § 4).

148. Le droit d'évocation appartient à la cour en matière de divorce, comme en toute autre matière (V. supra, *Appel en matière civile et commerciale*, n° 88 et s.). Par exemple, la cour d'appel, en infirmant le jugement qui avait prononcé le divorce avant l'expiration du sursis d'un an, précédemment ordonné, pourrait évoquer la cause et prononcer le divorce si le délai s'est accompli pendant l'instance d'appel.

149. La cour d'appel qui, en infirmant la décision des premiers juges, prononce le divorce, est compétente pour statuer elle-même sur la liquidation et le partage de la communauté qui sont les conséquences de sa décision. Mais elle peut aussi renvoyer les parties devant le même tribunal pour l'exécution de l'arrêt (Req. 5 juill. 1892, D. P. 93. 1. 442).

150. Lorsque l'arrêt est rendu par défaut contre partie, et qu'il prononce le divorce ou confirme le jugement qui l'a prononcé, il doit être signifié par huissier commis. Si la signification n'a pas été faite à personne, il y a lieu de procéder à la publication prescrite par l'art. 247 c. civ. L'arrêt prononçant le divorce par défaut contre partie est susceptible d'opposition dans les délais fixés par l'art. 247, § 3 (V. supra, n° 138).

§ 3. — *Pourvoi en cassation* (S. 507 et s.).

151. Le délai du pourvoi en cassation court du jour de la signification à partie, si l'arrêt est contradictoire (Civ. 248, § 5). La signification peut, d'ailleurs, ici être faite soit à personne, soit à domicile. — En ce qui concerne les arrêts par défaut, le point de départ du délai est le moment où l'opposition cesse d'être recevable (Civ. 248, § 5). — Le délai est, dans tous les cas, de deux mois, suivant la règle ordinaire. Il est franc et susceptible d'augmentation à raison des distances (V. supra, *Cassation (Pourvoi en)*, n° 27 et 35).

152. Contrairement au droit commun [V. supra, *Cassation (Pourvoi en)*, n° 55], le pourvoi est suspensif (Civ. 248, § 6). Cette règle est générale et s'étend, d'après la jurisprudence, à tous les arrêts rendus en matière de divorce. Ainsi, elle s'applique à ceux qui rejettent la demande, comme à ceux qui prononcent le divorce (Douai, 17 mars 1897, D. P. 98. 2. 21), aux arrêts interlocutoires, par exemple à celui qui ordonne une enquête (Alger, 11 mai 1898, D. P. 99. 1. 513), comme aux jugements définitifs (Civ. r. 23 nov. 1891, D. P. 92. 1. 291). Toutefois, l'effet suspensif du pourvoi ne s'étend pas aux arrêts qui ne statuent que sur des mesures provisoires (telles que celles concernant la garde des enfants) applicables seulement pendant la durée de l'instance (Req. 13 déc. 1899, D. P. 1900. 1. 134).

153. L'effet suspensif du pourvoi en cassation entraîne la nullité de tout acte d'exécution qui aurait été fait depuis l'époque où ce pourvoi a été régulièrement formé. Ainsi, serait nulle l'enquête à laquelle il aurait été procédé postérieurement au pourvoi formé contre l'arrêt qui a ordonné cette mesure d'instruction (Civ. r. 23 nov. 1891, D. P. 92. 1. 291). Il en serait de même de la transcription du jugement prononçant le divorce ou de l'arrêt confirmatif, si elle était opérée postérieurement à ce pourvoi (Civ. r. 5 août 1896, D. P. 97. 1. 404); ... ou du nouveau mariage contracté par l'un des époux avant que la Cour de cassation ait statué sur le pourvoi (Trib. civ. de Nice, 6 mars 1894, D. P. 97. 1. 404). — Au reste, l'effet suspensif n'est attaché qu'au pourvoi effectivement formé; l'exécution peut être poursuivie pendant le délai du pourvoi, tant que celui-ci n'est pas formé (Civ. r. 25 juill. 1898, D. P. 93. 1. 545).

§ 4. — *Requête civile* (S. 512).

154. Les décisions en matière de divorce sont susceptibles de requête civile, conformément aux règles du droit commun.

ART. 11. — PUBLICATION ET TRANSCRIPTION DU JUGEMENT OU DE L'ARRÊT QUI PRONONCE LE DIVORCE.

§ 1er. — *Publication* (S. 514 et s.).

155. Le jugement ou l'arrêt qui prononce le divorce est rendu public. C'est seulement un *extrait* de cette décision qu'il y a lieu de publier. L'extrait doit contenir les mentions prescrites pour le cas de séparation de biens, c'est-à-dire la date, la désignation du tribunal qui a rendu le jugement, les noms, prénoms, profession et demeure des époux. Il doit être inséré aux tableaux exposés dans l'auditoire des tribunaux civils et de commerce et dans les chambres d'avoués et de notaires du domicile du mari. S'il n'y a pas de tribunal de commerce, il y a lieu d'afficher l'extrait dans la principale salle de la maison commune du domicile du mari (Pr. 672). Bien que la loi ne prescrive aucun délai pour cette publication, il convient de la faire aussitôt que le jugement est devenu définitif.

156. L'extrait doit, en outre, être inséré dans l'un des journaux qui se publient dans le lieu où siège le tribunal, ou, s'il n'y en a pas, dans l'un de ceux publiés dans le département.

§ 2. — *Transcription* (S. 524 et s.).

157. Le divorce n'est plus, comme il l'était d'après les art. 258 et 264 c. civ., prononcé par l'officier de l'état civil. Cette formalité est remplacée par la *transcription* du *dispositif* du jugement ou de l'arrêt qui a prononcé le divorce sur les registres de l'état civil du lieu où le mariage a été célébré, ou, s'il a été célébré à l'étranger, du lieu où les époux avaient leur dernier domicile (Civ. 251).

158. La transcription doit être précédée de la signification du jugement ou de l'arrêt par ministère d'huissier à l'officier de l'état civil dudit lieu (Civ. 252). La signification doit indiquer le tribunal ou la cour qui a rendu la décision, la date du jugement ou de l'arrêt, les noms, professions et domiciles des parties. Elle doit comprendre, en outre, une *réquisition* d'opérer la transcription. — A cette signification sont joints les certificats mentionnés dans l'art. 548 c. pr. civ., c'est-à-dire : 1° un certificat de l'avoué de la partie poursuivante, contenant la date de la signification du jugement, faite au domicile de la partie condamnée; 2° un certificat du greffier du tribunal, attestant qu'il n'existe contre le jugement ni opposition, ni appel. Lorsqu'il s'agit d'un arrêt, il n'y a lieu de produire ni certificat du greffier de la cour d'appel que si l'arrêt est par défaut, pour constater qu'aucune opposition n'a été formée; mais il est nécessaire de produire un certificat du greffier de la Cour de cassation constatant qu'il n'y a pas de pourvoi ou que le pourvoi a été rejeté (en ce dernier cas, une expédition de l'arrêt peut remplacer le certificat) (Civ. 252, § 1er).

159. La transcription doit être faite dans les deux mois à partir du jour où le jugement ou l'arrêt est devenu définitif (Civ. 252, § 1er). Le délai commence à courir, s'il s'agit d'un jugement, après l'expiration du délai d'appel; s'il s'agit d'un arrêt, après l'expiration du délai de recours en cassation. Lorsqu'il y a eu pourvoi, le délai court du jour de l'arrêt de rejet, ou, en cas de cassation, du jour de l'arrêt de renvoi est devenu définitif. On admet généralement que le délai dont il s'agit est franc : le *dies a quo* n'y est pas compris; mais la signification à l'officier de l'état civil doit avoir lieu au plus tard le dernier jour des deux mois.

160. La partie qui a obtenu le divorce a seule qualité pour requérir la transcription dans le premier mois qui suit le jour où le jugement ou l'arrêt est devenu définitif. Ce délai passé sans que la transcription ait été requise, la faculté de réquisition appartient à l'autre partie concurremment avec son conjoint, dans le second mois.

161. Il n'est pas nécessaire que l'huissier chargé de la signification soit porteur d'une procuration spéciale (Req. 15 mai 1895, D. P. 95. 1. 291); la remise du jugement à cet huissier vaut pouvoir pour cette signification et pour la réquisition de transcription. Mais l'avoué qui a suivi sur l'instance en divorce n'a pas qualité pour requérir au nom des parties la transcription, s'il n'a pas reçu un mandat spécial à cet effet (Nîmes, 14 janv. 1888, D. P. 93. 5. 213).

162. L'officier de l'état civil doit procéder à la signification le *cinquième jour de la réquisition*, non compris les jours fériés; elle ne peut être faite avant la date fixée. Le jour de la réquisition n'est pas compté dans les cinq jours. — L'officier de l'état civil qui n'opère pas la transcription conformément à la loi est passible d'une amende de 100 francs au maximum et de dommages-intérêts envers les parties (Civ. 50 et 251).

163. Faute par les parties d'avoir requis la transcription dans le délai de deux mois, le divorce est considéré comme non avenu (Civ. 252, § 4). — Le défaut de transcription équivaut à une réconciliation (Trib. civ. de la Seine, 6 juill. 1899, D. P. 99. 2. 479); et, dès lors, ce n'est pas seulement la procédure, mais le divorce qui avait obtenu le divorce ne pourrait donc renouveler sa demande que pour cause nouvelle survenue ou découverte depuis la déchéance encourue.

164. Le délai de deux mois est de rigueur; les maires doivent se refuser absolument à transcrire le jugement de divorce si la réquisition ne leur a été adressée dans le délai de deux mois (Décis. min. 6 nov. 1888). — Toutefois la déchéance ne serait pas encourue, si le défaut de transcription était le fait de l'officier de l'état civil, ou provenait d'une circonstance de force majeure (Trib. civ. de Brignoles, 7 août 1901, D. P. 1902. 2. 344).

165. Le jugement dûment transcrit remonte, quant à ses effets entre les époux, au jour de la demande (Civ. 252, § 5). — Cette disposition ne concerne que les biens, et a seulement pour but d'empêcher que le mari ne puisse modifier arbitrairement le patrimoine de la communauté pendant la durée de l'instance (Req. 18 avr. 1893, D. P. 94. 1. 67). Elle n'apporte aucune modification aux droits et devoirs respectifs des époux. Ainsi, les époux continuent à se devoir mutuellement secours et assistance (Paris, 13 déc. 1895, D. P. 96. 2. 418); la femme reste incapable de contracter sans l'autorisation de son mari (Req. 18 avr. 1893, précité); etc.

166. Il doit être fait mention du jugement ou de l'arrêt de divorce en marge de l'acte de mariage, conformément à l'art. 49 c. civ. (Civ. 251, § 2). Les parties n'ont pas besoin de requérir l'officier de l'état civil de procéder à cette formalité. — L'officier de l'état civil doit, en outre, adresser au procureur de la République l'avis prescrit par l'art. 49, § 3, c. civ. (V. *supra, Actes de l'état civil*, n° 23).

SECT. III. — Des effets du divorce.

ART. 1er. — EFFETS DU DIVORCE RELATIVEMENT A LA PERSONNE DES ÉPOUX (S. 543 et s.).

167. Le divorce dissout le mariage (Civ. 227. 2°), et fait cesser, par suite, les devoirs de fidélité, de secours et d'assistance dont les époux étaient tenus l'un envers l'autre. Le divorce entraîne encore la suppression de la puissance maritale sur la personne de la femme. — Il met fin aux obligations alimentaires réciproques entre gendres et belles-filles, d'une part, beaux-pères et belles-mères, d'autre part. Mais il laisse subsister les empêchements au mariage résultant de l'affinité (V. *infra, Mariage*).

168. Les époux divorcés ont la faculté de contracter un second mariage. — Toutefois, la femme divorcée ne peut se remarier que dix mois après que le divorce est devenu définitif, c'est-à-dire à partir de la transcription du jugement ou de l'arrêt sur les registres de l'état civil (Civ. 228, 296; Paris, 3 mai 1899, D. P. 1900. 2. 177). L'empêchement au mariage résultant de ce délai est purement prohibitif (V. *infra, Mariage*). Mais l'officier de l'état civil qui célèbrerait le mariage avant l'expiration des dix mois encourrait l'amende prononcée par l'art. 194 c. pén.

169. Par l'effet du divorce, chacun des époux reprend l'usage de son nom (Civ. 299, § 2). Ainsi, la femme divorcée ne peut, dans aucun cas, continuer à porter le nom de son mari, même en le faisant précéder des mots « femme divorcée ». Si le mari avait ajouté à son nom celui de sa femme, celle-ci peut s'opposer à ce qu'il continue à le prendre. — L'époux divorcé ne peut joindre à son nom celui de son conjoint pour s'en servir comme d'une dénomination commerciale; cependant, si les noms des deux époux avaient été joints pendant le mariage, l'époux divorcé pourrait être autorisé à faire suivre son nom de celui de son ancien conjoint, précédé de la mention « ancienne maison » (Trib. civ. de la Seine, 2 nov. 1895, D. P. 96. 2. 152).

170. Les époux divorcés peuvent se réunir, sauf dans le cas où l'un ou l'autre aurait contracté un nouveau mariage suivi d'un second divorce. Au cas de réunion des époux, une nouvelle célébration de mariage est nécessaire (Civ. 295, § 1er). — Les époux divorcés qui se remarient ne peuvent adopter un régime matrimonial autre que celui qui réglait originairement leur union (Civ. 295, § 2). Mais il suffit que le régime soit le même; le nouveau contrat de mariage peut contenir des clauses particulières ne modifiant pas le régime, telles qu'une stipulation de préciput, une donation, etc. Après le second mariage des époux précédemment divorcés, ceux-ci peuvent recourir une seconde fois au divorce, et, en cas de condamnation à une peine afflictive et infamante; mais une séparation de corps pourrait encore être demandée par l'un d'eux, même en dehors du cas de condamnation (Civ. 295, § 3).

171. Aux termes de l'art. 298 c. civ., le mariage était prohibé entre les époux contre lequel le divorce avait été prononcé pour cause d'adultère et son complice. Cette prohibition n'existe plus aujourd'hui, l'art. 298 ayant été abrogé par la loi du 15 déc. 1904.

ART. 2. — EFFETS DU DIVORCE RELATIVEMENT AUX BIENS (S. 567 et s.).

172. Le divorce entraîne d'abord tous les effets attachés à la dissolution du mariage. — Sur les effets du divorce, en ce qui concerne la communauté de biens entre époux, V. *supra, Communauté entre époux*, n° 125, 161, 170, 258; ... l'usufruit légal des père; ... V. *infra, Puissance paternelle*; ... le droit réciproque de succession entre époux, V. *infra, Succession*; ... l'inscription de l'hypothèque légale de la femme mariée à la suite du divorce, V. *infra, Privilèges et hypothèques*.

173. Le divorce entraîne, d'autre part, la perte, par l'époux contre lequel il est prononcé, de tous les avantages que lui avait faits son conjoint. L'expression *avantages* comprend toutes les donations mobilières ou immobilières de biens présents et à venir, faites, soit dans le contrat de mariage, soit au cours du mariage (Civ. 299, § 1er). Elle comprend aussi les libéralités testamentaires antérieures, par leur date, au divorce ou à la séparation de corps, ... mais non les bénéfices résultant, pour l'un des époux, de leurs conventions matrimoniales, par exemple de l'adoption du régime de la communauté légale, alors que la fortune de l'un était immobilière et celle de l'autre mobilière. — La disposition de l'art. 299 atteint les donations qui avaient été consenties dans l'intervalle du contrat de mariage à la célébration du mariage, mais non les présents de noce faits avant la célébration, alors qu'ils ne sont pas énoncés dans le contrat de mariage. — L'époux contre lequel le divorce est prononcé n'est privé des avantages qui lui avaient été faits par l'autre époux. Ainsi, la déchéance ne s'étend pas aux donations qu'il a reçues des parents de son conjoint en vue du mariage.

174. La révocation édictée par l'art. 299 a lieu de plein droit; il n'est donc pas nécessaire que le jugement de divorce la prononce. Elle peut être invoquée à toute époque (le délai fixé par l'art. 957 c. civ. pour l'exercice de l'action en révocation des donations pour cause d'ingratitude étant ici sans application); et par toute personne intéressée.

175. Elle n'est encourue que lorsque le divorce est devenu définitif par la transcription; et, par suite, si l'un des époux meurt avant l'accomplissement de cette formalité, l'art. 299 n'est plus applicable. — Mais, les donations faites entre époux par contrat de mariage ou pendant le mariage étant, d'après la doctrine qui a prévalu, susceptibles d'être révoquées pour cause d'ingratitude du donataire, les héritiers de l'époux qui est décédé avant que le divorce soit devenu définitif peuvent former une demande de révocation fondée sur cette cause (Aix, 24 oct. 1894, D. P. 96. 2. 449).

176. Il est généralement admis que la révocation prévue par l'art. 299 c. civ. ne peut être opposée aux tiers qui auraient acquis aux tiers les biens donnés des droits du chef de l'époux donataire.

177. L'époux qui a obtenu le divorce conserve les avantages que son conjoint lui avait faits avec les caractères qu'ils avaient et les conditions qui y étaient attachées (Civ. 300). Si donc il s'agit de donations faites pendant le mariage, ces donations restent toujours susceptibles d'être révoquées (V. *infra, Donation entre époux*, n° 5). — Si le divorce est prononcé aux torts réciproques des époux, chacun d'eux perd les avantages que l'autre lui avait faits.

178. L'obligation alimentaire entre époux (Civ. 212) ne peut subsister après le divorce; néanmoins, le tribunal a la faculté d'accorder à l'époux qui a obtenu le divorce, à titre d'indemnité, une pension alimentaire sur les biens de l'autre époux (Civ. 301; V. *supra, Aliments*, n° 6). Cette faculté n'existe pas quand le divorce a été prononcé contre les deux époux.

179. L'époux au profit duquel le divorce a été prononcé ne peut réclamer la pension prévue par l'art. 301 c. civ. qu'autant que les avantages provenant de son conjoint, et dont il profite, ne sont pas suffisants pour assurer sa subsistance. Même dans le cas où il n'aurait reçu aucun avantage de son conjoint, il ne pourrait réclamer cette pension s'il avait des ressources personnelles lui permettant de vivre; mais il peut la demander alors même qu'il a des parents en état de lui venir en aide et qui seraient tenus légalement envers lui de l'obligation alimentaire (Civ. 205 et s.). V. *supra, Aliments*, n° 2 et 3.

180. La pension peut être allouée soit par le jugement qui prononce le divorce, soit par un jugement postérieur (Civ. r. 10 mars 1891, D. P. 91. 1. 175). — Mais les auteurs estiment, en général, que la pension ne pourrait être accordée à l'époux qui a obtenu le divorce si son indigence n'était survenue que postérieurement au divorce.

181. À défaut d'indication contraire dans le jugement, et à moins qu'une pension n'ait déjà été accordée pendant l'instance, le droit à la pension allouée à l'époux divorcé doit remonter, comme les autres effets du jugement, au jour de la demande. Quant au *quantum* de la pension, il ne peut excéder « le tiers des revenus de l'autre époux »; ce chiffre ne saurait être dépassé, alors même qu'il serait insuffisant pour subvenir aux besoins de l'époux innocent. C'est là, d'ailleurs, un maximum, et l'importance doit, dans tous les cas, être limitée par les besoins de l'époux qui la demande. — La pension est « révocable » lorsqu'elle cesse d'être nécessaire. Elle est aussi susceptible d'être modifiée, suivant les besoins de celui qui l'a obtenue et les ressources de celui qui la doit.

182. La pension ne cesse pas nécessairement d'être due dans le cas d'un second mariage contracté par l'époux qui l'a obtenue; il appartient, en pareil cas, aux tribunaux, soit de la maintenir, soit de la supprimer comme n'étant plus nécessaire.

183. L'époux débiteur est tenu de la pension sur tous ses biens, conformément au droit commun (Civ. 2092). — Suivant certains arrêts, contraires à l'opinion qui paraît prévaloir en doctrine, le tribunal peut obliger l'époux débiteur à fournir des sûretés spéciales pour le payement de la pension, notamment ordonner que cet époux consignera un capital pour sûreté du service de la pension ou déléguera à cet effet un revenu libre et suffisant. — La jurisprudence paraît admettre, en général, que le recouvrement de la pension accordée, en vertu de l'art. 301, à la femme divorcée d'un fonctionnaire, peut être poursuivi même sur la portion insaisissable du traitement de ce dernier (V. notamment : Trib. civ. de Caen, 27 juill. 1891, D. P. 93. 2. 217).

184. La pension allouée en vertu de l'art. 301 n'est pas personnelle à l'époux qui la doit, et elle reste due à l'autre époux, même après la mort de son ancien conjoint, par les héritiers de celui-ci. Mais le chiffre doit en être réduit proportionnellement aux forces de la succession. Si, par exemple, les revenus de l'époux aux torts duquel le divorce a été prononcé subissent une diminution par suite de la disparition d'un usufruit éteint à son décès, ses héritiers ont le droit de faire réduire au tiers des revenus actuels de sa succession la pension viagère qu'il avait été condamné à servir à son conjoint (Civ. c. 10 mars 1903, D. P. 1904. 1. 593).

185. L'application des règles édictées par l'art. 301 peut être modifiée par des conventions, notamment par une transaction intervenue entre les époux au sujet de la pension à laquelle l'un des époux pouvait prétendre (Req. 28 juill. 1903, D. P. 1904. 1. 37).

ART. 3. — EFFETS DU DIVORCE RELATIVEMENT AUX ENFANTS (S. 599 et s.).

186. Les enfants sont confiés, à moins qu'il n'en soit autrement ordonné, à l'époux qui a obtenu le divorce. Il peut être dérogé à cette règle par une décision du tribunal; mais cette décision doit être requise; les juges ne peuvent la prendre d'office. Les personnes qui ont qualité pour requérir du tribunal qu'il statue sur la garde des enfants sont : 1° soit l'un ou l'autre des époux (bien que la loi ne le dise pas expressément); 2° la famille, c'est-à-dire le conseil de famille ou, suivant une opinion, tout parent ou allié des enfants; 3° le ministère public. — Le tribunal peut alors attribuer la garde des enfants à l'un quelconque des époux, même à celui contre lequel le divorce a été prononcé, notamment à la

femme, surtout quand les enfants sont en bas âge. Il peut aussi la confier soit à un membre de la famille, soit même à une tierce personne (Paris, 15 nov. 1899, D. P. 1900. 2. 307). Et il ne doit consulter à cet égard que le plus grand avantage des enfants (Civ. 303).

187. Lorsque les juges ont été saisis, par l'une des personnes ayant qualité à cet effet, de la question de savoir à qui les enfants seront confiés, il leur appartient, non seulement de désigner la personne qui aura la garde des enfants, mais aussi de prescrire toutes les mesures qui leur paraissent convenables dans l'intérêt de ces derniers. Ils peuvent, par exemple, ordonner que les enfants seront placés dans une maison d'éducation, déterminer les époques où ils pourront y être visités, etc. Ils jouissent à cet égard d'un pouvoir discrétionnaire, dans l'exercice duquel ils doivent s'inspirer avant tout des intérêts des enfants (Civ. r. 7 mai 1900, D. P. 1901. 1. 452).

188. Les mesures prescrites par le jugement qui a prononcé le divorce, quant à la garde et à l'éducation des enfants, sont, de leur nature, provisoires et révocables; elles sont susceptibles de recevoir les modifications que l'intérêt des enfants peut rendre nécessaires (Civ. r. 7 mai 1900, précité). Ainsi, le tribunal peut désigner ultérieurement, pour la garde des enfants, une autre personne que celle qu'il avait choisie d'abord; modifier les dispositions prises relativement à la visite des enfants par l'époux qui n'en a pas la garde; etc.

189. Le tribunal qui a prononcé le divorce reste seul compétent pour statuer sur la garde et l'éducation des enfants jusqu'à leur majorité. Peu importe que, depuis le jugement, les époux ou l'un d'eux aient changé de domicile. Toutefois, en cas d'urgence, le juge des référés du lieu où résident les enfants pourrait être régulièrement saisi. — La demande ayant pour objet de faire régler judiciairement le droit de garde n'est pas assujettie au préliminaire de conciliation. — L'exécution provisoire des décisions qui statuent sur la garde des enfants peut être ordonnée et peut même l'être d'office en cas d'urgence (Paris, 21 janv. 1895, D. P. 95. 2. 168).

190. L'époux divorcé qui contracte un second mariage n'est pas déchu par cela même du droit de garde qui lui avait été attribué sur la personne des enfants; mais ce fait peut être, pour le tribunal, un motif de rétracter et de modifier les dispositions prises à cet égard.

191. Sur les mesures coercitives qui peuvent être employées en cas de résistance à l'exécution des décisions de justice concernant la remise des enfants, V. infrà, Enlèvement de mineurs.

192. En principe, l'époux auquel l'enfant n'a pas été confié n'en conserve pas moins le droit de surveiller son entretien et son éducation (Civ. 303), ce qui suppose nécessairement à son profit le droit de visite; l'exercice de ce droit est réglé par les tribunaux, qui jouissent, à cet effet, d'un pouvoir discrétionnaire (Civ. r. 7 mai 1900, D. P. 1901. 1. 452. Comp. Grenoble, 30 juill. 1901, D. P. 1904. 2. 61). Au reste, les juges, dans l'exercice du pouvoir qui leur appartient relativement aux mesures à prendre dans l'intérêt des enfants (V. suprà, n° 187), peuvent apporter des modifications plus étendues à l'exercice de l'autorité paternelle. C'est ainsi que le père contre qui le divorce a été prononcé peut se trouver privé en tout ou en partie de la direction et de l'éducation des enfants et, par suite, du droit de visite (Civ. r. 7 mai 1900, précité).

193. Le droit de correction est sans aucun doute conservé par le père quand la garde de l'enfant lui est attribuée. Dans le

cas où c'est la mère qui en est investie, ce droit appartient, suivant une opinion, à la mère seule; suivant une autre, au père et à la mère concurremment. Enfin, si un tiers qui a la garde de l'enfant, les uns estiment que le père conserve le droit de correction, les autres le reconnaissent également à la mère.

194. On admet généralement que le père conserve le droit d'émanciper l'enfant; que, toutefois, l'émancipation pourrait être annulée si elle avait eu lieu non dans l'intérêt de l'enfant mineur, mais pour faire échec aux droits que le jugement de divorce avait conférés à la mère sur cet enfant (Trib. civ. de la Seine, 12 janv. 1891, D. P. 93. 2. 372). — En ce qui concerne le consentement au mariage de l'enfant des époux divorcés, V. infrà, Mariage.

195. On n'est pas d'accord sur le point de savoir si, après le divorce, l'enfant continue dans tous les cas à être domicilié légalement chez la personne à laquelle il est confié. — Il est d'ailleurs certain que la résidence de l'enfant peut être fixée au gré du père, de la mère ou du tiers à qui sa garde est confiée.

196. L'administration légale des biens de l'enfant mineur appartient certainement au père lorsque, le divorce ayant été prononcé en sa faveur, il conserve la jouissance légale de ces biens. Mais, dans le cas où le divorce a été prononcé contre le père et où il est, par suite, déchu de l'usufruit légal (Civ. 388), la jurisprudence paraît admettre que cette administration ne peut continuer à lui appartenir; elle doit alors être confiée soit à la mère, soit à la tierce personne qui est chargée de la garde de l'enfant (Trib. civ. de la Seine, 25 nov. 1896, D. P. 97. 2. 297).

197. Les père et mère divorcés restent tenus de contribuer à l'entretien et à l'éducation des enfants communs « à proportion de leurs facultés » (Civ. 303). La part contributive de chacun d'eux peut être fixée soit à l'amiable, et notamment dans l'acte de liquidation de la communauté, soit judiciairement par le jugement même qui prononce le divorce. Si l'un des deux époux se trouve dépourvu de ressources, les frais d'entretien et d'éducation tombent en totalité à la charge de l'autre. — L'époux auquel la garde de l'enfant commun a été attribuée a le droit d'agir en justice contre l'autre époux pour l'obliger à contribuer aux dépenses d'entretien et d'éducation de cet enfant.

198. Les mesures ordonnées relativement à la garde des enfants prennent fin lorsqu'un des père et mère divorcés vient à mourir; le survivant est alors investi de la tutelle (Civ. 390) (Paris, 14 juin 1892, D. P. 93. 2. 81).

199. Les droits des enfants relativement aux successions de leur père et mère, tant ceux qui dérivent de la loi que ceux qui peuvent résulter du contrat de mariage, ne sont pas modifiés par le divorce (Civ. 304). Réciproquement, les droits de succession qui appartiennent aux père et mère vis-à-vis de leurs enfants subsistent après comme avant le divorce. — L'art. 1098 c. civ., qui fixe la quotité disponible dont peut disposer, en faveur de son nouvel époux, l'homme ou la femme qui se remarie ayant des enfants d'un autre lit, est applicable à l'époux divorcé qui contracte un nouveau mariage. Mais l'application de cet article ne devrait pas être étendue aux époux divorcés qui se remarieraient l'un avec l'autre. — La révocation des avantages faits à l'époux coupable par son conjoint produit ses effets même à l'encontre des enfants issus du mariage, en ce sens que ces derniers ne sont pas admis à recueillir les biens donnés comme si le divorce n'avait pas eu lieu.

SECT. IV. — Enregistrement et timbre.

200. L'ordonnance du président statuant sur les aliments dus aux époux au cours de l'instance en divorce est assujettie au droit fixe de 7 fr. 50, édicté pour les actes et jugements préparatoires des divorces par l'art. 45, n° 8, de la loi du 28 avr. 1816 (R. v° *Enregistrement*, t. 21, p. 39), ce droit n'ayant pas été modifié, pour les ordonnances, par l'art. 17 de la loi du 26 janv. 1892 (L. 28 févr. 1872, art. 4, D. P. 72. 4. 12; Sol. admin. Enreg. 29 nov. 1894).

201. Les jugements préparatoires ou interlocutoires des divorces sont soumis au droit fixe de 4 fr. 50 (L. 26 janv. 1892, art. 17, n° 2). — Le jugement qui prononce le divorce est soumis au droit minimum de 75 fr. (L. 26 janv. 1892, art. 17, n° 11). — Le jugement contradictoire portant débouté d'opposition à un jugement par défaut qui a prononcé le divorce donne lieu à la perception du droit fixe de 20 fr., appliqué aux jugements de débouté, et non de celui de 75 fr. (L. 26 janv. 1892, art. 17, n° 6; Sol. admin. Enreg. 13 déc. 1890, D. P. 93. 5. 273). — L'arrêt de la cour d'appel prononçant le divorce est assujetti au droit fixe de 150 fr. (L. 26 janv. 1892, art. 17, n° 12). — L'arrêt contradictoire portant débouté de l'opposition formée à un arrêt par défaut qui a prononcé le divorce donne ouverture au droit fixe de 30 fr. (L. 26 janv. 1892, art. 17, n° 9).

202. Aux termes de l'art. 17, n° 12, de la loi du 26 janv. 1892, dans le cas où le jugement prononçant le divorce n'avait pas été frappé d'appel, la première expédition, soit de la transcription, soit de la mention du jugement effectuée sur les registres de l'état civil, était soumise à l'enregistrement au droit fixe de 150 fr. Cette disposition ayant été abrogée par l'art. 62 de la loi du 25 févr. 1901 (D. P. 1901. 4. 33), les expéditions dont s'agit ne sont plus assujetties qu'au timbre de dimension.

DOMAINE DE L'ÉTAT

(R. v° *Domaine de l'Etat;* S. *eod. v°).*

ART. 1er. — COMPOSITION DU DOMAINE DE L'ETAT (R. 35 et s.; S. 6 et s.).

1. Le domaine de l'Etat comprend les choses susceptibles d'appropriation exclusive qui sont ou peuvent être productives de revenus; il désigne des biens de même nature que ceux dont se compose le patrimoine des particuliers. Il comprend des biens corporels meubles ou immeubles et des biens incorporels.

2. On désigne aujourd'hui sous le nom de domaine *privé* de l'Etat tous les biens qui ne sont pas rangés dans le domaine public. Les distinctions que l'on faisait jadis entre le Domaine de la Couronne ou biens de la liste civile, le Domaine extraordinaire, le Domaine apanager, n'ont plus de raison d'être. Ces diverses catégories de biens ont été réunies au domaine de l'Etat par les lois des 15 mai 1818 et 2 mars 1832 (R. v° *Domaine extraordinaire*, p. 276, et *Domaine de la couronne*, p. 63), et le décret du 6 sept. 1870.

3. Le Code civil attribue à l'Etat la propriété des îles, îlots et atterrissements qui se forment dans le lit des cours d'eau navigables, les lais et relais de mer. Appartiennent également au domaine de l'Etat toutes les portions du domaine public qui viennent à être déclassées, terrains de fortifications et remparts déclassés (Civ. 541), portions délaissées des routes nationales non reclassées dans un autre réseau de voies publiques (L. 24 mai 1842, R. p. 100), dépendances naturelles ou artificielles des voies navigables déclassées, lits abandonnés des cours d'eau navigable (L. 8 avr. 1898, D. P. 98. 4. 136).

4. Le domaine de l'Etat comprend aussi les objets mobiliers et meubles meublants qui garnissent les diverses propriétés de l'État, les joyaux de la Couronne qui n'ont pas été aliénés en vertu de la loi du 10 déc. 1886, le matériel de l'Imprimerie nationale, les registres et papiers des diverses administrations publiques, le matériel des théâtres nationaux, les matières premières et fabriquées ainsi que les approvisionnements de toute nature déposés et conservés dans les manufactures de l'État, les navires de guerre et les armes et munitions des armées de terre et de mer. — Font encore partie du domaine de l'Etat : les biens vacants et sans maître, ceux dont le maître est inconnu, les successions en déshérence (Civ. 539, 713), les trésors trouvés dans les fonds domaniaux, sauf le droit de l'inventeur (Civ. 716), les objets perdus que personne ne réclame (Civ. 717), les objets saisis et confisqués (Pén. 11), etc. ... V. *infrà, Propriété.*

5. Le domaine de l'Etat comprend enfin des droits incorporels. Les uns peuvent être affermés, comme par exemple le droit de chasse dans les propriétés domaniales, le droit de pêche dans les cours d'eau navigables et les canaux entretenus par l'Etat, les droits à percevoir pour l'usage des eaux thermales appartenant à l'Etat, les droits de bacs et bateaux de passage. — Les autres, qui ne peuvent être affermés, sont : le droit de confiscation mobilière, le droit sur les successions en déshérence (Civ. 723, 768 et s.), le droit de l'Etat sur les choses perdues ou abandonnées dont le maître est inconnu (Civ. 717), le droit de l'Etat sur les biens vacants et sans maître (Civ. 539, 713), les droits de retour et d'expectative existant au profit de l'Etat sur les biens compris dans les majorats de propre mouvement (V. *infrà, Majorat*).

ART. 2. — ACQUISITIONS DE L'ETAT.

6. Toute acquisition à titre onéreux au profit de l'Etat nécessite l'intervention du pouvoir législatif pour l'ouverture du crédit nécessaire. Dans les cas les plus importants, le législateur s'est réservé le droit d'autoriser lui-même l'acquisition par une loi spéciale. Quant aux acquisitions par voie d'expropriation, pour l'exécution de travaux publics, elles sont autorisées par une loi ou un décret en Conseil d'Etat, suivant les distinctions établies par la loi du 27 juill. 1870 (D. P. 70. 4. 63).

7. Lorsqu'il existe dans la loi de finances des crédits destinés à l'acquisition d'immeubles pour les divers services de l'Etat, les acquisitions amiables peuvent être approuvées par les préfets jusqu'à concurrence de 25 000 francs (Décr. 25 mars 1852, art. 4, et 13 avr. 1861, art. 2, D. P. 52. 4. 90 et 61. 4. 49). Au delà de ce chiffre, les ministres sont compétents dans la limite des crédits ouverts.

8. Les dons et legs faits à l'Etat sont acceptés par décret en Conseil d'Etat ou par décret simple, suivant qu'ils provoquent ou non des réclamations de la part des familles (L. 4 févr. 1901, art. 7, D. P. 1901. 4. 14) V. *supra, Dispositions entre vifs et testamentaires,* n° 60.

ART. 3. — MODE DE GESTION DU DOMAINE (R. 78 et s.; S. 10 et s.).

9. Les biens du domaine de l'Etat peuvent être administrés en régie, ou affermés, ou affectés à un service public.

§ 1er. — *Affectation* (R. 93 et s.; S. 11 et s.).

10. L'affectation d'un immeuble domanial à un service public s'opère par un décret inséré au *Bulletin des lois* et concerté entre le ministre qui réclame l'affectation et le ministre des Finances (Ord. 14 juin 1833, R. p. 99; Décr. 25 mars 1852, D. P. 52. 4. 87). —

Les immeubles affectés aux services publics font partie du domaine privé de l'Etat; l'affectation n'a pas pour effet d'imprimer à ces biens le caractère de la domanialité publique.

11. Les administrations affectataires sont chargées d'entretenir et de réparer les immeubles dont elles ont la jouissance. Ce sont elles qui les administrent. L'immeuble domanial devient inutile au service public auquel il avait été affecté, remise doit en être faite à l'administration des Domaines. Il appartient au ministre dont dépend ce service d'opérer ladite remise, et, par conséquent, de défaire l'affectation, sans qu'un décret soit nécessaire.

12. Des affectations d'immeubles domaniaux peuvent être consenties au profit des départements, des communes et même d'établissements particuliers, pourvu qu'ils aient un but d'utilité générale, comme par exemple des établissements d'instruction publique. Cette affectation ne confère jamais la propriété de l'immeuble, mais seulement sa jouissance. — Elle constitue un acte administratif, dont il n'appartient pas à l'autorité judiciaire de déterminer le sens et la portée.

13. L'acte d'affectation est essentiellement révocable et peut être rapporté en vertu d'un acte de désaffectation émané de la même autorité. Le retrait de l'affectation est, comme l'affectation, un acte administratif. L'annulation de cet acte ne peut être poursuivie que devant le Conseil d'Etat par la voie du recours pour excès de pouvoir. Toutefois, il a été jugé que l'autorité judiciaire est compétente pour statuer sur la demande d'un affectataire tendant à être indemnisé, par application des règles du droit commun relatives aux détenteurs de bonne foi, des constructions et améliorations faites sur l'immeuble pendant qu'il en avait la possession en vertu d'un acte d'affectation (Trib. confl. 3 juill. 1886, D. P. 87. 3. 121). En droit strict, aucune indemnité ne devrait être accordée à l'établissement ou au particulier affectataire pour la perte des avantages qu'il retirerait de l'affectation et même pour les dépenses utiles qu'il y aurait faites. Cependant la jurisprudence a assimilé l'affectataire évincé au possesseur de bonne foi évincé.

§ 2. — *Concession de logements gratuits.*

14. Des concessions gratuites de logement peuvent être faites à certaines personnes dans les bâtiments de l'Etat. L'art. 56 de la loi du 25 févr. 1901 (D. P. 1901. 4. 33) dispose qu'aucun logement ne pourra être concédé ou maintenu à titre gratuit dans les bâtiments appartenant à l'Etat qu'en raison des besoins des services publics et en vertu d'un décret motivé, publié au *Journal officiel* et inséré au *Bulletin des lois.* — Les fonctionnaires et agents logés dans les bâtiments affectés au service public supportent les frais des réparations locatives et de l'entretien du local mis à leur disposition (Ord. 7 juill. 1844, art. 4, R. v° *Monument*, p. 420).

15. La loi du 16 sept. 1871, art. 27 (D. P. 71. 4. 89), dispose qu'à l'avenir les ministres, sous-secrétaires d'Etat, secrétaires généraux, chefs de service, fonctionnaires et employés des ministères cesseront d'occuper les logements dont ils jouissaient antérieurement. Cette disposition n'est pas strictement observée.

§ 3. — *Baux* (R. 84 et s.; S. 10).

16. En principe, les biens domaniaux doivent être affermés (L. 28 oct. 1790, tit. 2, art. 1er, R. v° *Domaines nationaux*, p. 290). Toutefois, les droits incorporels sont « perçus, régis et administrés directement », à l'exception de ceux dont la perception serait sujette à de trop grandes difficultés » (L. 9-20.

mars 1791, R. vᵒ *Domaines nationaux*, p. 299). L'administration en régie s'applique aussi aux biens corporels qui ne peuvent être affermés. — Les parties de biens affectés à un service public, qui ne sont pas utilisées pour ce service, peuvent faire l'objet de baux.

17. Les baux se font aux enchères ou de gré à gré. Les adjudications sont annoncées un mois à l'avance par des publications et affiches. Il y est procédé publiquement par-devant le sous-préfet, qui, dans certains cas, peut se faire suppléer par le maire. — Les baux peuvent être aussi passés à l'amiable. Les baux amiables des biens de l'État peuvent être consentis pour une durée maxima de dix-huit ans. Les directeurs des Domaines sont autorisés à consentir ceux de ces baux n'excédant pas une durée de neuf années, et dont le prix annuel ne dépasse pas 1 000 francs. Le directeur général des Domaines consent ceux dont la durée n'excède pas neuf années et dont le prix annuel, excédant 1 000 francs, ne dépasse pas 5 000 francs. Sont soumis à l'approbation du ministre des Finances les baux d'une durée supérieure à neuf années et ceux d'une durée moindre dont le prix annuel est supérieur à 5 000 francs.

18. Outre les conditions légales et d'usage et celles qui seraient stipulées spécialement par le cahier des charges, les clauses suivantes doivent toujours y être insérées : A l'entrée en jouissance, il sera procédé par experts à la visite des objets affermés, à l'estimation du bétail et à l'inventaire du mobilier, contradictoirement avec le fermier. Les frais de cette opération seront à la charge du nouveau fermier, sauf son recours contre l'ancien. En aucun cas, même pour stérilité, inondation, grêle, gelée ou autres cas fortuits, le fermier ne pourra prétendre à aucune indemnité ou diminution du prix de son bail. Le fermier sera tenu, outre le prix de son bail, d'acquitter toutes les charges annuelles dont il sera joint un tableau à celui des conditions. Il sera tenu encore de toutes les réparations locatives, de payer les frais d'adjudication et de fournir une caution solvable domiciliée dans le département (L. 28 oct. 1790, art. 13 et s.).

19. L'exécution des baux est poursuivie au moyen de contraintes décernées par les préposés des domaines et rendues exécutoires par le juge de paix (L. 19 déc. 1790, art. 25 ; 12 sept. 1791, art. 4 ; 9 oct. 1791, art. 17). Lorsque le bien affermé vient à être vendu par l'État, le fermier ne peut être expulsé par l'acquéreur qu'après l'expiration de la période de trois ans qui est en cours.

§ 4. — *Régie.*

20. L'État administre en régie certains biens qu'il ne pourrait affermer avec avantage. L'administration des Domaines gère les biens des accusés contumax, les successions en déshérence, etc. L'Administration forestière gère tous les bois et forêts de l'État. D'autres établissements domaniaux, tels que les Écoles vétérinaires, d'arts et métiers, d'agriculture, les haras, dépôts d'étalons, bergeries nationales, certains établissements thermaux, l'École de maréchalerie, sont régis par des administrations relevant de divers ministères ; l'administration des Domaines n'intervient que pour encaisser les produits de ces établissements.

Art. 4. — Modes d'aliénation du domaine de l'État
(R. 103 et s. ; S. 18 et s.).

21. L'art. 8 de la loi du 22 nov. 1790 (R. p. 89) pose les principes de l'aliénabilité. Les biens du domaine de l'État sont, en principe, et sous certaines conditions, susceptibles d'être aliénés (L. 22 nov. 1790, art. 8). Cette aliénation peut se réaliser au moyen de ventes, d'échanges, de concessions ou d'expropriations pour cause d'utilité publique.

§ 1ᵉʳ. — *Vente* (R. 118 et s. ; S. 24 et s.).

22. La vente ne peut avoir lieu qu'en vertu d'une loi quand il s'agit d'aliéner des dépendances du domaine forestier de l'État (Comp. L. 9-25 juill. 1790 et 6-23 août 1790, R. vᵒ *Domaines nationaux*, p. 287 et 289 ; 28 oct.-5 nov. 1790 ; 22 nov.-1ᵉʳ déc. 1790 ; 2 niv. et 28 vent. an 4, R. p. 91 et 320 ; 6 flor. an 4 et 16 brum. an 5, R. vᵒ *Domaines nationaux*, p. 322 et 327 ; 26 vent. an 7 ; sénat.-cons. 6 flor. an 10, R. vᵒ *Émigrés*, p. 468 ; 23 sept. 1814 et 25 mars 1817, R. vᵒ *Forêts*, p. 58 et 66). Pour les autres immeubles de l'État, une loi est également nécessaire lorsque leur valeur dépasse un million (L. 1ᵉʳ juin 1864, D. P. 64. 4. 75). Si leur valeur est inférieure à ce chiffre, le ministre des Finances, administrateur des domaines, est compétent pour consentir les aliénations ; celles-ci sont ratifiées après coup par le pouvoir législatif à l'occasion de la loi de finances où les produits des aliénations figurent en recettes.

23. La vente se fait, en principe, par adjudication aux enchères, avec concurrence et publicité (L. 16 brum. an 5, art. 9 ; 15 flor. an 10, art. 1ᵉʳ ; 16 flor. an 10, art. 2, R. vᵒ *Domaines nationaux*, p. 335 et 336 ; 1ᵉʳ juin 1864, art. 1ᵉʳ).

24. En cas de rétrécissement d'une route nationale (L. 16 sept. 1807, art. 3, R. vᵒ *Voirie par terre*, p. 190) ou en cas de changement de tracé, il appartient au préfet de consentir la cession des portions déclassées aux riverains qui exercent un droit de préemption (L. 20 mai 1836 et 24 mai 1842, R. p. 99 et 100, modifiées par les décrets précités des 25 mars 1852 et 13 avr. 1861). — Le préfet est également compétent pour approuver la cession des portions de terrains domaniaux qui se trouvent compris dans le tracé des routes nationales, départementales, des chemins vicinaux ou des rues des villes (Décr. 25 mars 1852 ; L. 6 déc. 1897, art. 3, D. P. 98. 4. 16). — Enfin, lorsque des terrains expropriés, n'ayant pas reçu la destination en vue de laquelle l'expropriation avait eu lieu, sont vendus aux enchères, faute par les anciens propriétaires d'en avoir demandé la rétrocession (Ord. 22 mars 1835 ; L. 3 mai 1841, art. 60-61, R. vᵒ *Expropriation pour cause d'utilité publique*, p. 512). Un expert est chargé d'établir les évaluations de l'immeuble sur lesquelles sera fixée la mise à prix. Il est dressé, par le directeur des domaines, un cahier des charges qui doit être conforme au modèle approuvé par le ministre des Finances le 16 oct. 1878. Ce cahier des charges contient les dispositions générales et les clauses spéciales qui sont imposées à l'acquéreur. Toute personne est admise à enchérir, sauf les officiers publics par l'intermédiaire desquels se fait la vente, les préposés de l'administration des Domaines et les personnes notoirement insolvables.

25. Les ventes de biens domaniaux sont soumises, en principe, aux règles du droit commun. Elles sont parfaites par le consentement des parties, alors que la chose n'a pas encore été livrée, ni le prix payé. — Il existe quelques particularités dans les contrats de ventes domaniales : elles sont faites, en général, avec indication de mesure, consistance et valeur ; l'insuffisance du prix, ni l'existence de vices cachés ne peuvent donner lieu à réclamation de part ou d'autre (Décr. 3 juin 1793, art. 23-27). La garantie due par l'État est limitée au cas où il y aurait erreur à la fois sur la désignation des tenants et aboutissants et sur la contenance annoncée. Si cependant l'acquéreur était évincé, il pourrait, malgré la stipulation de non-garantie, invoquer le droit commun des art. 1628 et 1629 c. civ. À l'égard des servi-

tudes, l'acquéreur achète à ses risques et périls.

26. Le prix de l'immeuble vendu est payable au bureau des domaines du chef-lieu du département, de l'arrondissement ou du canton. Le prix est payable avec intérêts à partir de l'entrée en possession de l'acquéreur, de la manière et dans les délais fixés par le cahier des charges approuvé par le ministre des Finances (L. 18 mai 1850, art. 2, D. P. 50. 4. 87). D'après l'art. 19 du cahier des charges type, si le prix principal ne dépasse pas 100 francs, il est exigible et payable intégralement dans le mois de l'adjudication. S'il dépasse 100 francs, il est divisé en cinq fractions égales et payé, le premier cinquième dans le mois et les quatre autres d'année en année, de manière que la totalité soit acquittée en quatre ans et un mois. Passé le premier mois, les sommes restant dues sont productives d'intérêts à cinq pour 100. L'acquéreur doit payer en outre les droits de timbre et d'enregistrement.

27. L'exécution du contrat peut être poursuivie par toutes les voies de droit. En cas de retard dans les paiements, la résolution peut être prononcée sous le nom de déchéance, dans les formes établies par l'art. 8 de la loi du 15 flor. an 10. Elle est prononcée par le préfet, sur la demande du directeur des domaines et avec approbation du ministre des Finances. La déchéance est définitive du moment où l'Administration a repris possession. L'acquéreur ne peut demander à en être relevé, même en payant le décompte. L'Administration n'est pas obligée de prononcer la déchéance ; elle peut opter pour l'action en payement du prix. L'acquéreur déchu doit restituer l'intérêt du prix de vente. Il est responsable des détériorations et dégradations commises sur l'immeuble. Il lui est tenu compte des améliorations. Il est condamné à une amende à titre de dommages-intérêts.

§ 2. — *Expropriation pour cause d'utilité publique.*

28. Les biens du domaine de l'État peuvent être expropriés pour cause d'utilité publique comme ceux des particuliers, pour le compte des départements, des communes ou de leurs concessionnaires. C'est, en principe, le ministre des Finances qui consent les cessions amiables des biens domaniaux qui tombent sous le coup des expropriations (L. 3 mai 1841, art. 13 et 26). Toutefois, s'il y a accord entre les services intéressés sur le prix de cession, le préfet peut accepter les indemnités offertes jusqu'à concurrence de 5000 francs (L. 6 déc. 1897, art. 1ᵉʳ, D. P. 98. 4. 16).

§ 3. — *Concession* (R. 143 et s. ; S. 34 et s.).

29. L'État aliène la propriété de ses immeubles par voie de concession. — Des concessions domaniales sont accordées en Algérie et dans les colonies, à des colons ou à des sociétés qui s'engagent à cultiver et à mettre en valeur les terrains concédés (V. *supra*, *Algérie*, nᵒ 190 ; *Colonies*, nᵒˢ 95 et s.). Même sur le territoire métropolitain, l'État peut concéder les lais et relais de la mer (L. 16 sept. 1807, art. 41). — Ces concessions sont de véritables aliénations, qui confèrent aux concessionnaires la pleine propriété du lais ou relais. Elles sont approuvées, après une instruction faite conformément à l'ordonnance du 23 sept. 1825 (R. p. 98), par des décrets rendus en Conseil d'État. Le concessionnaire est choisi de gré à gré. La concession est le plus souvent faite à titre onéreux. Lorsque le prix ne dépasse pas 2000 francs, l'acte administratif réalisant la concession est définitivement ratifié par le ministre des Finances (L. 6 déc. 1897, art. 5).

§ 4. — *Échange* (R. 185 et s.; S. 43).

30. Les échanges de biens entre les particuliers et l'État sont soumis à des conditions différentes, suivant les cas. Lorsque la valeur de l'immeuble domanial dépasse 50 000 francs, ou quand il s'agit de terrains forestiers, quelle qu'en soit la valeur, il intervient à la suite d'une instruction administrative. L'opération doit ensuite être ratifiée par une loi. — Si la valeur de l'immeuble domanial qui fait l'objet de l'échange ne dépasse pas 50000 francs, l'autorisation de passer l'acte est donnée par le ministre des Finances, et l'acte est définitivement ratifié par décret en Conseil d'État (L. 6 déc. 1897, art. 8). — Quand il s'agit d'échanges entre les propriétaires de terrains nécessaires à l'État pour l'établissement d'une route nouvelle et l'État propriétaire des terrains de la route abandonnée, le préfet peut consentir l'échange (Décr. 20 mai 1846, art. 4, et 25 mars 1852, art. 3).

31. Le contrat d'échange détermine la soulte à payer en cas d'inégalité dans la valeur des immeubles échangés. Il peut être stipulé que l'acte d'échange demeurera non avenu si la loi approbative de l'échange n'intervient pas dans un délai convenu (Ord. 12 déc. 1827, art. 7). S'il existait des inscriptions hypothécaires sur les immeubles cédés à l'État par l'échangiste, il devrait en rapporter mainlevée dans un délai de quatre mois, faute de quoi le contrat serait résilié de plein droit (Ord. 1827, art. 10). Le décret ou la loi approuvant l'acte d'échange ne fait pas obstacle à ce que des tiers se prétendant propriétaires des biens échangés fassent valoir leurs droits.

§ 5. — *Démembrements de la propriété*.

32. Les biens du domaine de l'État ne sont pas susceptibles d'être hypothéqués au profit de ses créanciers. — Ils peuvent être grevés d'usufruit, d'usage, de servitudes. Les préfets sont autorisés à consentir, sur les propositions des directeurs des domaines et après avis, s'il y a lieu, des représentants des services intéressés, la reconnaissance des servitudes légales grevant le domaine privé de l'État. — S'il s'agit de céder amiablement les servitudes constituées au profit de l'État, c'est le ministre des Finances qui statue après une enquête de dix jours sur le projet de cession (L. 6 déc. 1897, art. 4 et 10).

§ 6. — *Vente de meubles*.

33. En principe, le mobilier de l'État ne peut être vendu que par l'administration des Domaines. Il en est ainsi même pour les objets qui étaient utilisés dans les divers services publics et qui sont reconnus inutiles. — Le préfet fixe le jour de la vente. Il n'est pas établi de cahier des charges. La vente a lieu, en principe, aux enchères avec concurrence et publicité. Mais, excepté pour certains objets, tels que ceux provenant de successions en déshérence ou des épaves, les cessions amiables peuvent être consenties toutes les fois que les circonstances rendent impossible ou inopportune la vente aux enchères (Art. 22 brum. an 6). Actuellement, les cessions amiables sont autorisées par le ministre des Finances ou par les directeurs locaux, suivant que le prix des objets dépasse ou non 500 francs.

34. Il est procédé à la vente aux enchères par les agents des Domaines, en présence du maire. Cette règle souffre exception à l'égard des objets saisis et confisqués pour contraventions aux lois sur les douanes, ainsi que pour les objets de faible valeur provenant du service des douanes, qui sont vendus par la régie des douanes elle-même, etc. Dans

les ventes de coupes de bois et les adjudications de glandée, pacage, etc. (For. 17 et s.), les agents des douanes assistent à l'adjudication, mais ne la président pas. — Le prix des objets vendus est, en général, payé séance tenante.

ART. 5. — FORMES DES CONTRATS DE L'ÉTAT.

35. Les contrats peuvent être réalisés en la forme administrative, le ministère des notaires n'étant pas exigé pour les actes d'administration des domaines de l'État (L. 28 oct.-5 nov. 1790, tit. 2, art. 14). Ces actes emportent exécution forcée.

ART. 6. — PROCÈS CONCERNANT LE DOMAINE DE L'ÉTAT.

§ 1er. — *Compétence* (R. 199 et s.; S. 44 et s.).

36. En principe, les actions intentées par ou contre l'État en matière domaniale sont de la compétence des tribunaux ordinaires. Ce sont eux qui jugent les débats relatifs à la reconnaissance du droit de propriété, des servitudes, des droits d'usage, etc. Ce sont eux qui connaissent des difficultés touchant l'interprétation et l'exécution des contrats concernant le Domaine, sauf certaines exceptions (V. *infrà*, n° 37). Ils statuent sur la validité des contraintes décernées pour le recouvrement des revenus et des droits du Domaine et sur le moyen tiré de la prescription.

37. Par exception, la compétence a été attribuée aux tribunaux administratifs dans les cas suivants : 1° L'art. 4 de la loi du 28 pluv. an 8 (R. v° *Organisation administrative*, p. 604) attribue aux conseils de préfecture le *contentieux des domaines nationaux*. D'après une jurisprudence constante, les seules contestations qui soient de la compétence du conseil de préfecture sont celles qui s'élèvent entre l'État et les acquéreurs au sujet des effets, soit du sens ou du clause de l'acte de vente; les litiges entre les acquéreurs et les tiers sont de la compétence des tribunaux ordinaires, sauf à ceux-ci à renvoyer au conseil de préfecture la question préjudicielle d'interprétation de l'acte de vente, si elle parait nécessaire. — 2° C'est à la juridiction administrative qu'il appartient d'interpréter les concessions domaniales. L'interprétation est donnée par le Conseil d'État, lorsqu'il s'agit soit de concessions faites aux communes ou aux départements par les décrets des 11 déc. 1803, 23 avr. 1810 et 9 avr. 1811, soit des concessions faites antérieurement à 1789 par les diverses autorités administratives de l'ancien régime, soit de concessions de lais et relais de mer. C'est aux conseils de préfecture qu'il appartient de connaître des contestations relatives à l'exécution des concessions domaniales en Algérie. — 3° Le Conseil d'État est seul compétent pour interpréter les actes d'affectation des immeubles domaniaux à un service public ou à des tiers en vue d'un service d'utilité publique, et pour prononcer sur la légalité des désaffectations. — 4° Les conseils de préfecture sont compétents pour statuer sur les contestations qui s'élèvent entre l'État et les fermiers des eaux minérales qui lui appartiennent (Arr. 3 flor. an 8, R. v° *Eaux minérales*, p. 503). Ils jugent aussi les procès survenus entre l'Administration et les fermiers des bacs et bateaux (L. 6 frim. an 7, R. v° *Voirie par eau*, p. 721).

§ 2. — *Procédure des instances domaniales* (R. 289 et s.; S. 59 et s.).

38. Les préfets ont seuls qualité pour intenter et pour soutenir les actions domaniales, que ces actions intéressent le domaine public ou le domaine privé, qu'elles soient portées devant les tribunaux judi-

ciaires ou devant les conseils de préfecture. Il en est ainsi alors même qu'il s'agit du domaine forestier ou du domaine militaire. Devant le Conseil d'État, le domaine est représenté par le ministre des Finances ou par le ministre affectataire.

39. Dans toutes les instances où le domaine est représenté par le préfet, l'administration des Domaines doit être consultée et concourir directement aux divers actes de la procédure (L. 29 août-12 sept. 1791, art. 4; Ord. 6 mai 1838, R. p. 99). Les préposés du domaine agissent seuls quand l'action ne tend qu'au recouvrement du revenu d'un bien domanial (L. 29 août-12 sept. 1791; 27 vent. an 9).

40. Les significations en matière domaniale doivent, sous peine de nullité, être faites à la personne ou au domicile du préfet. — Les actions domaniales sont dispensées du préliminaire de conciliation ordinaire; mais le demandeur, avant d'engager son action, doit adresser un mémoire au préfet (L. 28 oct. 1790, art. 15). L'action ne peut être intentée qu'un mois après la remise de ce mémoire. — La remise du mémoire préalable est exigée dans tous les cas, qu'il s'agisse d'une demande principale, incidente ou en reprise, ou d'une action en garantie. En sont dispensées certaines actions en matière forestière (For. 58) et les actions qui sont portées devant le conseil de préfecture. Les personnes morales, départements, communes, y sont assujetties comme les simples particuliers.

41. Le mémoire n'est assujetti à aucune forme spéciale; mais il doit contenir un exposé précis de la demande que l'on se propose d'intenter. Le mémoire est enregistré au secrétariat de la préfecture, et il en est donné récépissé.

42. La remise du mémoire préalable a pour effet d'interrompre la prescription et de faire courir les intérêts moratoires contre l'État. Elle ne constitue pas l'État possesseur de mauvaise foi, et ne permet de lui réclamer la restitution des fruits qu'à partir du jour de la remise. Le défaut de dépôt préalable du mémoire entraîne la nullité de la procédure.

43. Quand l'État est demandeur, un mémoire doit être remis par le directeur des domaines au préfet du département de la situation des lieux (Arr. 3 juill. 1834, art. 5, R. p. 165). Le préfet notifie ce mémoire au détenteur; mais il peut intenter aussitôt après l'action, sans être tenu d'attendre un mois.

44. Dans les instances domaniales, les préfets ne sont pas obligés de recourir au ministère des avoués (L. 19 niv. an 4; Arr. 10 therm. an 4, R. p. 91 et 92). Il en est de même de l'administration des Domaines, quand elle exerce les actions tendant au recouvrement des revenus domaniaux. — La dispense de constitution d'avoué ne s'étend pas à l'adversaire de l'État, sauf quand il s'agit du recouvrement de produits domaniaux.

45. Toutes les affaires intéressant le domaine de l'État doivent être communiquées au ministère public (Pr. 83-1°). D'autre part, le préfet est tenu d'adresser au ministère public un ou plusieurs mémoires contenant les moyens de défense de l'État; le représentant du ministère public peut lire ces mémoires à l'audience, et doit, au besoin, y suppléer par tous les autres moyens que la nature de l'affaire parait devoir exiger (Arr. 10 therm. an 4). D'une façon générale, d'ailleurs, le ministère public est chargé, au nom des préfets et des autres administrations spéciales, de défendre l'État dans les causes qui le concernent, en ce qu'il lui appartient de prendre, pour l'État, des conclusions à l'audience (Décr. 19 niv. an 4, 27 vent. an 9, R. v° *Ministère* *public*, p. 5). Dans tous les cas, il reste libre de conclure selon son opinion. D'autre part, le rôle qui lui est ainsi dévolu ne le constitue pas à l'état d'avoué de l'Etat; il n'a pas qualité pour faire ou recevoir des actes de procédure au nom de l'Etat.

46. Le préfet peut, sans autorisation, défendre à l'appel ou au pourvoi en cassation interjetés par les adversaires du domaine. L'autorisation du ministre des Finances lui est, au contraire, nécessaire pour interjeter appel ou se pourvoir en cassation dans l'intérêt de l'Etat. De même, ce n'est pas au préfet, mais au ministre qu'il appartient d'acquiescer ou de transiger.

47. Dans les instances domaniales, l'Etat peut être condamné aux dépens (Décr. 2 nov. 1864, art. 2, D. P. 64. 4. 120).

§ 3. — *Exécution des jugements.* — *Poursuites.*

48. L'Etat peut recouvrer ce qui lui est dû par voie de contrainte, sans être obligé d'obtenir préalablement des tribunaux un titre exécutoire. Ces contraintes décernées tantôt des receveurs, tantôt par les directeurs des domaines, sont rendues exécutoires par le président du tribunal pour les revenus, par le préfet pour les prix de vente. Elles n'ont force exécutoire que jusqu'à l'opposition formée devant le juge compétent par le débiteur poursuivi. — Au contraire, les biens du domaine de l'Etat ne peuvent être l'objet d'une saisie immobilière.

Art. 7. — Enregistrement et timbre.

49. Les baux des biens de l'Etat sont assujettis aux mêmes droits que les baux des biens des particuliers (L. 22 frim. an 7, art. 69, § 3, n° 2, R. v° *Enregistrement*, t. 21, p. 26; 15 mai 1818, art. 78, *ibid.*, p. 41). — Les baux dont le prix est à la charge de l'Etat sont exempts du droit proportionnel (L. 22 frim. an 7, art. 70, § 2, n° 1). Ceux dont le prix doit être payé, partie avec les fonds du Trésor public, partie avec les fonds d'une commune, sont exempts de tout droit, à concurrence de la somme que l'Etat doit supporter, et soumis au droit proportionnel sur la partie du prix mise à la charge de la commune (Req. 1er juill. 1861, D. P. 61. 1. 427).

50. Les ventes de meubles et d'effets mobiliers appartenant à l'Etat sont passibles du droit de 2 pour cent établi sur les conventions de l'espèce qui interviennent entre particuliers (L. 22 frim. an 7, art. 69, § 5, n° 1). — Le droit d'enregistrement des ventes d'immeubles domaniaux, primitivement fixé à 2 pour cent, a été porté à 5 fr. 50 pour cent. La transcription des contrats donne, en outre, ouverture à la taxe hypothécaire de 0 fr. 25 pour cent, établie par la loi du 27 juill. 1900 (L. 31 mars 1903, art. 8, D. P. 1903. 4. 17).

51. Les acquisitions et échanges faits par l'Etat, les partages de biens entre lui et des particuliers et tous autres actes faits à ce sujet, sont enregistrés gratis (L. 22 frim. an 7, art. 70, § 2, n° 1). — Cette disposition a été reconnue applicable aux reconnaissances souscrites, avec affectation hypothécaire, au profit du Trésor, par un contribuable, au sujet d'un impôt (Décis. min. Fin. 26 avr. 1848 et 24 déc. 1883, D. P. 85. 3. 118). Mais elle ne s'applique pas à l'acquisition, par une compagnie concessionnaire de chemins de fer, de terrains destinés à être incorporés à la voie ferrée, alors que cette acquisition n'a pas été précédée d'une déclaration d'utilité publique (Trib. civ. de Figeac, 31 déc. 1887). — En ce qui concerne les échanges, l'exemption est applicable aux actes préparatoires de l'échange, tels que l'ordonnance du président nommant un expert, le procès-verbal de prestation de serment des experts, le procès-verbal d'ex-

pertise, le plan des immeubles, ainsi qu'aux actes relatifs à la purge des hypothèques légales (Sol. admin. Enreg. 31 juill. 1880, D. P. 81. 3. 88). — L'exemption s'applique aux droits de timbre, d'enregistrement et de transcription, mais non aux salaires des conservateurs (Ord. 12 déc. 1827; Décis. min. Fin. 14 mars 1879; Instr. Reg. 22 mars 1879, n° 2615). — La soulte, lorsqu'il en est stipulé au profit du particulier coéchangiste, n'est soumise à aucun droit d'enregistrement. Mais, si une soulte est stipulée au profit de l'Etat, elle opère le droit de 5 fr. 50 pour cent, comme la vente.

DOMAINE PUBLIC
(R. v° *Domaine public*; S. *eod. v°*).

§ 1er. — *Composition du domaine public*
(R. v° et s.; S. 3 et s.).

1. On entend par biens du domaine public les biens qui ne sont susceptibles d'aucune appropriation privée au profit des particuliers et qui, tout en appartenant à l'Etat, aux départements ou aux communes, ne peuvent, à cause de leur affectation à l'usage du public et tant que dure cette destination, être cédés ou prescrits.

2. Le domaine public comprend plusieurs divisions; on distingue : 1° le domaine public *national*, *départemental*, *communal* ou *colonial*, suivant la personne morale à qui ce domaine appartient; — 2° le domaine public *naturel* et le domaine public *artificiel*, suivant qu'il s'est formé lui-même ou qu'il a été créé par la main de l'homme; — 3° le domaine public *concédé* et le domaine public *non concédé*, suivant que son exploitation est confiée à un intermédiaire, ou qu'au contraire il est abandonné directement au libre usage des particuliers sous la surveillance de l'Etat; — 4° enfin le domaine public *maritime*, *fluvial*, *terrestre*, *militaire*, *religieux*, etc., suivant la destination de ses diverses dépendances.

3. Le domaine public naturel comprend les rivages de la mer (non la mer, qui est chose commune); — les havres et rades (Comp. L. 22 nov. 1790, art. 2, R. v° *Domaine de l'Etat*, p. 89; Civ. 538; L. 16 sept. 1807, R. v° *Organisation maritime*, p. 1674); — les étangs salés, pourvu qu'ils soient demeurés en communication directe et naturelle avec la mer (Cons. d'Et. 27 juin 1884, D. P. 85. 3. 121); — les fleuves et rivières navigables, c'est-à-dire susceptibles de porter bateaux et comportant une navigation commerciale effective, ou flottables, c'est-à-dire susceptibles d'un transport de marchandises par trains ou radeaux. Le domaine public fluvial s'étend du point où le cours d'eau commence à devenir navigable jusqu'à l'embouchure (L. 8 avr. 1898, art. 30, D. P. 98. 4. 136), y compris même les sections non navigables du fleuve qui se trouveraient en aval du point de navigabilité. Le lit, comme les eaux, fait partie du domaine public. Il en est de même des bras secondaires de la rivière, alors même qu'ils ne seraient pas navigables, des noues et boires qui tirent leurs eaux des cours d'eau navigables et qui sont réunis par un canal artificiel (art. 34). Les berges du fleuve font également partie du domaine public jusqu'au point de débordement.

4. Quant au domaine public artificiel, il comprend : 1° les ports de mer, militaires ou de commerce, y compris tous les ouvrages qui constituent une dépendance du port; — 2° les canaux de navigation administrés directement par l'Etat ou concédés à temps à des particuliers et les rivières canalisées, y compris leurs dépendances, celles du moins qui ont pour but de procurer la sûreté et la facilité de la navigation, telles que les chemins de halage, écluses, aque-

ducs, francs-bords, etc.; — 3° les ports et quais fluviaux.

5. Font partie du domaine public national les routes nationales et les rues qui forment traverse de ces routes; du domaine public départemental, les routes départementales et leurs traverses; du domaine public communal, les chemins vicinaux de toutes catégories, les rues et places des villes et les chemins ruraux reconnus. — Sont considérés comme des dépendances des routes, et participant à leur caractère, les accotements, fossés, talus, trottoirs, plantations, égouts, etc.

6. En ce qui touche les chemins de fer, font partie du domaine public non seulement les voies ferrées proprement dites, mais encore toutes les annexes nécessaires pour assurer le fonctionnement régulier du service public, notamment les gares, leurs cours et avenues d'accès, les magasins, buffets, etc. Pour les tramways, appartiennent au domaine public non seulement les parts qui se trouvent sur le sol des voies publiques, mais celles qui se trouvent en dehors (traverses). Quant aux dépendances dans lesquelles sont installés les services de l'exploitation, ils sont ou non du domaine public selon qu'ils sont établis sur des dépendances de la voie publique ou en dehors, dans des bâtiments privés. — Les chemins de fer d'intérêt général font partie du domaine public national. Il en est de même des chemins de fer industriels, à l'exception des chemins de fer miniers, qui ne doivent être ouverts au service public ni dans le présent, ni dans l'avenir. Les chemins de fer d'intérêt local font presque tous partie du domaine public communal. Cependant, une commune peut en établir pour ses besoins; ils font alors partie du domaine public communal. Les tramways font partie du domaine public national quand ils empruntent sur une partie de leur parcours, même minime, les voies dépendant de ce domaine; du domaine public départemental, s'ils empruntent le sol soit des routes départementales, soit de chemins vicinaux de grande communication ou d'intérêt commun, ou s'ils s'étendent sur le territoire de plusieurs communes; enfin du domaine public communal, s'ils n'occupent que des chemins vicinaux ordinaires, des chemins ruraux ou des rues, et s'ils ne sortent pas du territoire de la commune. A Paris, tous les tramways dépendent du domaine public national.

7. Font encore partie du domaine public national : les lignes télégraphiques et téléphoniques; — les portes, murs, fossés, remparts des places de guerre et forteresses (L. 8-10 juill. 1791, tit. 1er, art. 13 et 15, R. v° *Place de guerre*, p. 928; Civ. 540). — Les églises métropolitaines et cathédrales font partie du domaine public national; les églises paroissiales, du domaine public communal. — Quant aux autres bâtiments affectés aux divers services publics de l'Etat, des département ou des communes, c'est une question controversée de savoir s'ils font ou non partie du domaine public.

8. On n'est pas non plus d'accord sur le point de savoir si les meubles peuvent faire partie du domaine public. La jurisprudence considère comme faisant partie du domaine public les livres, manuscrits, gravures et objets renfermés dans la Bibliothèque nationale, ou autres appartenant à l'Etat, ainsi que les pièces et documents des archives nationales, les manuscrits des dépôts publics, les tableaux, statues et objets d'art des musées, les collections des établissements scientifiques, les objets du culte (Req. 17 juin 1896, D. P. 97. 1. 257).

§ 2. — *Formation du domaine public.*

9. La formation du domaine public naturel est le résultat d'un fait de la nature, comme dans le cas, par exemple, où un cours d'eau, par suite de causes physiques, devient navigable ou flottable.

10. Quant au domaine public artificiel, il est, en principe, créé par un acte administratif qui confère à une portion de territoire déterminée l'affectation à l'usage du public d'où découle son caractère. Pour les voies de communication, c'est l'acte (loi, décret en Conseil d'Etat, délibération du conseil général, de la commission départementale, délibération du conseil municipal approuvée par le préfet ou par décret) qui prononce le classement de cette voie dans un des réseaux de voies publiques nationales, départementales ou communales. — Souvent il n'y a pas d'acte de classement spécial; ainsi, pour les voies urbaines, la jurisprudence admet que l'acte administratif de classement n'est pas nécessaire, que la domanialité publique peut résulter de l'existence de fait d'une voie qui se borde de maisons et qui est affectée à l'usage du public. Pour les fortifications, la domanialité résulte de la loi qui prononce le classement de l'ouvrage parmi les places de guerre; etc.

§ 3. — *Détermination de l'étendue du domaine public* (R. 79 et s.; S. 42 et s.).

11. Alors que pour fixer les limites du domaine privé l'Etat est obligé, comme le serait un particulier, de recourir à une action en bornage, quand il s'agit de dépendances du domaine public, l'Administration a le pouvoir d'en déterminer les limites par un acte unilatéral. L'acte de délimitation peut être général ou individuel.

12. 1° *Actes de délimitation générale.* — Des décrets en Conseil d'Etat déterminent les rivages de la mer ou les limites séparatives du domaine public maritime et du domaine public fluvial à l'embouchure des fleuves (Décr. 21 févr. 1852, art. 2; D. P. 52. 4. 67). Des décrets simples déclarent la navigabilité des cours d'eau, fixant ainsi le point où ils commencent à faire partie du domaine public. La délimitation latérale est faite, après enquête, par des arrêtés préfectoraux soumis à l'approbation du ministre des Travaux publics (L. 8 avr. 1898, art. 36). Les limites des routes nationales ou départementales, des rues de Paris, des chemins vicinaux, peuvent être fixées pour toute l'étendue de ces voies par des décrets en Conseil d'Etat ou par des délibérations du conseil général ou de la commission départementale. Les décisions qui fixent ainsi les limites générales d'une voie publique portent le nom de *plans généraux d'alignement* (V. *infrà, Voirie*). — Quant aux autres ouvrages, chemins de fer, canaux, ports de commerce, etc., il n'est pas fait, d'ordinaire, de plan général, l'Administration ayant acheté au préalable les terrains qui lui étaient nécessaires pour la construction de ces ouvrages.

13. 2° *Actes de délimitation individuelle.* — Indépendamment des actes généraux de délimitation, l'Administration peut, par des actes individuels, indiquer aux particuliers qui sont riverains des dépendances du domaine public la ligne séparative de ce domaine et de leurs propriétés. Ces actes individuels sont faits par le préfet. Par exception, le long des rivages de la mer, les préfets maritimes peuvent délivrer des déclarations de domanialité conformes à un décret de délimitation (Décr. 21 févr. 1852). — En ce qui concerne les alignements individuels délivrés aux particuliers le long des voies de communication, V. *infrà, Voirie*.

14. Les pouvoirs de l'autorité administrative sont plus ou moins étendus, suivant qu'il s'agit du domaine public naturel ou du domaine public artificiel. — Dans le premier cas, elle ne peut que constater les limites

que la nature a dessinées sans pouvoir les étendre. Aussi les actes de délimitation sont-ils toujours faits sous réserve des droits des tiers (Décr. 21 févr. 1852, art. 2; L. 8 avr. 1898, art. 36). Les particuliers qui prétendent qu'une délimitation a porté atteinte à leur droit de propriété ont le choix entre deux voies de recours : 1° ils peuvent attaquer l'acte de délimitation devant le Conseil d'Etat, qui en prononcera l'annulation; et, par suite de cette décision, les propriétaires lésés reprendront possession des parcelles qui leur avaient été enlevées; 2° s'ils ne tiennent pas à rentrer en possession de ces terrains, mais veulent seulement être indemnisés de la partie qui leur a été enlevée, ils peuvent s'adresser aux tribunaux civils, qui leur en alloueront le prix (Trib. conll. 11 janv. et 1er mars 1873, D. P. 73. 3. 65). — En ce qui touche les voies de communication, la législation de l'alignement donne aux autorités compétentes le pouvoir non seulement de constater, mais d'élargir les limites du domaine public (V. *infrà, Voirie*).

§ 4. — *Inaliénabilité du domaine public* (R. 43 et s.; S. 29 et s.).

15. Le domaine public est inaliénable et, par suite, imprescriptible. Le principe de l'inaliénabilité doit s'entendre en ce sens qu'aucune dépendance de ce domaine ne peut faire l'objet d'une aliénation volontaire qu'après avoir été préalablement déclassée ou désaffectée. Toutes ventes portant sur une portion du domaine public sont nulles et d'un nul effet à quelque date qu'elles aient été consenties, sauf celles cependant qui ont été faites antérieurement à l'ordonnance de Moulins, de 1566, qui a établi le principe de l'inaliénabilité, ou pendant la période révolutionnaire.

16. Du principe de l'imprescriptibilité des dépendances du domaine public il résulte qu'elles ne peuvent être l'objet d'une possession utile, susceptible de faire acquérir des droits aux particuliers possesseurs; que les tiers ne peuvent former aucune action possessoire contre l'Administration. Toutefois, le particulier qui aurait obtenu de l'Administration la concession de certains droits privatifs sur le domaine public (V. *infrà*, n° 18) pourrait agir au possessoire contre les tiers qui le troubleraient dans sa jouissance.

17. Les dépendances du domaine public ne peuvent être grevées d'aucune servitude, ni devenir l'objet d'un démembrement quelconque sous forme de droit d'usufruit ou d'usage, toujours exception faite pour les droits constitués avant 1566. — Le domaine public peut cependant être l'objet de certaines servitudes conformément à sa destination. C'est ainsi que les riverains des voies publiques ont sur ces voies droit d'accès, de vue et d'écoulement des eaux. Ces mêmes droits sont laissés par tolérance de l'Administration aux riverains des rivages de la mer, des ports de commerce, des canaux de navigation; mais si les nécessités du service public amenaient l'Administration à supprimer l'exercice de ces droits, les riverains ne pourraient réclamer aucune indemnité.

18. Le principe de l'indisponibilité du domaine public ne fait pas obstacle à ce que l'Etat concède certaines portions de ce domaine ou autorise l'établissement d'entreprises sur les biens qui en dépendent, notamment de prises d'eau dans les cours d'eau du domaine public et les canaux de navigation. Il peut tirer certains revenus de ces autorisations ainsi que des autres produits du domaine public. Les départements et communes profitent également des ressources que leur procurent leurs domaines respectifs.

19. Certaines portions du domaine public

peuvent faire l'objet de contrats de longue durée. C'est ainsi que les chemins de fer et les canaux de navigation sont souvent concédés à des sociétés ou à des particuliers qui les ont construits, et qui auront le droit de les exploiter et d'en percevoir les revenus pendant une période déterminée. Il en est parfois de même des ports de commerce. Enfin l'Etat, les départements, les communes peuvent accorder à des particuliers le droit d'occuper temporairement certaines dépendances du domaine public, telles que le sol ou le sous-sol des voies publiques, les rivages de la mer : ces occupations temporaires, accordées moyennant redevances, ne confèrent à l'occupant qu'un droit précaire et révocable sans indemnité.

§ 5. — *Déclassement du domaine public.*

20. Les biens du domaine public naturel peuvent perdre leur caractère par l'effet de causes naturelles; c'est ainsi qu'un cours d'eau peut cesser d'être navigable et cesse par là même de faire partie du domaine public. D'autre part, son lit peut se rétrécir par suite de la formation d'alluvions, qui deviennent la propriété des riverains (Civ. 536). — L'étendue du domaine public naturel peut aussi être restreinte par des actes de l'Administration, notamment par l'effet de travaux d'art faits ou autorisés par elle en vertu de l'art. 41 de la loi du 16 sept. 1807.

21. Quant aux dépendances du domaine public artificiel, elles ne perdent leur caractère que par un acte de l'Administration prononçant leur déclassement total ou partiel. L'effet du déclassement est de faire rentrer le bien dans le domaine privé de l'Etat, ce qui le rend aliénable et prescriptible.

§ 6. — *Compétence* (R. 81 et s.; S. 46 et s.).

22. Les tribunaux judiciaires doivent, lorsqu'une contestation s'élève devant eux sur les limites du domaine public, renvoyer les parties devant l'Administration afin que celle-ci détermine par une délimitation l'étendue de ce domaine. C'est seulement lorsque cette délimitation a été faite que les tribunaux peuvent, s'ils estiment qu'elle porte atteinte aux droits des tiers, allouer à ceux-ci une indemnité. — Lorsque les limites du domaine public sont contestées devant la juridiction administrative, celle-ci peut les vérifier elle-même, que la délimitation ait ou non été faite au préalable par l'autorité administrative compétente.

23. Le préfet a seul qualité pour représenter l'Etat dans les instances concernant le domaine public.

DOMICILE

(R. v° *Domicile*; S. *eod.* v°.)

§ 1er. — *Définition, caractères et signes distinctifs du domicile* (R. 6 et s.; S. 11 et s.).

1. Le *domicile* d'une personne est le lieu où elle a son principal établissement (Civ. 102); en d'autres termes, celui où elle a établi le siège de ses affaires et le centre de ses intérêts. Les règles concernant le domicile sont contenues dans le titre 2 du livre 1er du Code civil (art. 102 et s.). — Il ne faut pas confondre le domicile avec la *résidence*, qui est le siège de fait de la personne, le lieu où elle habite ordinairement.

2. Les sociétés et les associations ont, comme les personnes réelles, leur domicile au lieu où elles ont le siège principal de leurs opérations, bien que leur siège social ait été fixé par les statuts dans un autre lieu.

3. On ne peut avoir qu'un domicile. Si donc une personne a plusieurs établissements, il y a lieu de déterminer, d'après les circonstances, quel est le principal d'entre eux : c'est là une question de fait à résoudre suivant les espèces ; les juges jouissent à cet égard d'un pouvoir souverain d'appréciation (Req. 17 mars 1903, D. P. 1904. 1. 82).

4. Le domicile véritable d'une personne est parfois difficile à distinguer. Cette difficulté ne doit pas tourner au préjudice des tiers de bonne foi ; et l'on admet qu'à leur égard, le domicile apparent doit être assimilé au domicile réel.

5. Tout Français a nécessairement un domicile. A défaut d'un domicile actuel, on est censé avoir conservé celui qu'on avait précédemment, ou tout au moins son domicile d'origine : on ne perd son domicile qu'en en acquérant un autre. — En fait, cependant, le domicile d'une personne peut être inconnu. Sa résidence en tiendra lieu dans une certaine mesure, notamment pour la remise des assignations, l'ouverture de sa succession.

6. Un Français peut, au regard de la loi française, avoir son domicile à l'étranger. A l'inverse, un étranger peut-il avoir un domicile en France ? L'affirmative ne fait aucun doute pour le cas où l'étranger a obtenu son admission à domicile, conformément à l'art. 13 c. civ. Dans le cas contraire, la jurisprudence, tout en refusant à l'étranger le droit d'avoir un domicile légal en France, fait produire à sa résidence habituelle un grand nombre des effets qui s'attacheraient à un véritable domicile, notamment au point de vue des significations d'actes, de la compétence en matière personnelle, de la détermination du régime matrimonial. Mais, tandis que la succession de l'étranger admis à domicile est régie par la loi française, il en est autrement de celle de l'étranger qui n'a qu'un domicile de fait.

7. En dehors du domicile réel ou général, il existe des domiciles spéciaux, tels que : le *domicile politique*, pour l'exercice des droits électoraux ; le *domicile matrimonial*, qui détermine la compétence de l'officier de l'état civil pour la célébration du mariage (V. *infrà, Mariage*) ; le *domicile conjugal*, au point de vue de la répression de l'adultère du mari (V. *supra, Adultère*, n° 2) ; le *domicile de secours*, pour la participation aux secours publics (V. *infrà, Secours publics*) ; le domicile requis pour participer aux attributions *affouagères*, etc. (V. *infrà, Forêts*).

§ 2. — *Changement de domicile* (R. 23 et s. ; S. 28 et s.).

8. Toute personne, majeure ou émancipée et maîtresse de ses droits, peut changer de domicile. — Deux conditions sont nécessaires pour faire ce changement : 1° le fait de l'habitation réelle dans un autre lieu ; 2° l'intention d'y fixer son principal établissement (Civ. 103). — La réunion de ces deux conditions est indispensable (Req. 21 nov. 1898, D. P. 94. 1. 60 ; Civ. r. 3 mars 1896, D. P. 97. 1. 293).

9. 1° *Habitation réelle dans un autre lieu*. — Cette condition ne serait pas remplie par le fait seul d'un changement momentané de résidence ; il faut qu'il y ait réellement fixation du principal établissement dans un autre lieu. — D'ailleurs, le changement de domicile s'opère immédiatement ; la loi n'exige pas que la nouvelle habitation ait une certaine durée.

10. 2° *Intention de changer de domicile*. — La preuve de cette intention résulte d'une déclaration expresse, faite tant à la municipalité du lieu que l'on quitte qu'à celle du lieu où l'on transfère son domicile (Civ. 104). — Pour être complètement probante, la déclaration prévue par l'art. 104 doit être faite à l'ancien et au nouveau domicile. Si elle n'avait été faite qu'en un de ces endroits, elle ne vaudrait que comme circonstance de fait, laissée à l'appréciation du juge (Agen,

10 avr. 1900, D. P. 1900. 2. 430) V. *infrà*, n° 12.

11. Régulièrement faite, la double déclaration établit l'intention de changer de domicile, à moins qu'on ne prouve qu'elle n'est pas sincère. Serait frauduleuse, et par suite inefficace, la déclaration qui n'aurait d'autre but que de changer la compétence d'un tribunal, par exemple dans une instance en divorce ou en séparation de corps ; ... celle qui aurait pour but de dérouter les poursuites des créanciers ; etc.

12. A défaut de déclaration expresse, l'intention de changer de domicile peut résulter les circonstances (Civ. 105), qui sont laissées à l'appréciation souveraine des tribunaux. Il faut que ces circonstances soient claires et ne laissent aucun doute sur l'intention : jusqu'à preuve du contraire, on doit présumer que l'ancien domicile s'est conservé. Elles sont très variables ; celles d'où la jurisprudence fait le plus habituellement résulter la preuve de la translation du domicile sont : la résidence habituelle ou l'établissement du ménage dans un autre lieu ; un établissement commercial ou industriel ; le payement de certaines contributions, notamment de la contribution personnelle. — Au contraire, on ne considère pas comme des indices suffisants 1° l'exercice des droits électoraux ou de fonctions municipales dans une commune autre que celle de la résidence habituelle ; 2° l'inscription au tableau des avocats d'une ville ; 3° l'exercice de fonctions publiques révocables ou d'une profession temporaire, telle que celle d'entrepreneur de travaux publics, de directeur de théâtre, d'artiste dramatique ; 4° l'indication d'un domicile nouveau dans des actes ; 5° la résidence hors du domicile pour cause de santé ou pour suivre les cours d'une Faculté.

§ 3. — *Des personnes dont le domicile est déterminé par la loi* (R. 56 et s. ; S. 41 et s.).

13. 1° *Femme mariée*. — La femme mariée n'a point d'autre domicile que celui de son mari (Civ. 108, § 1er). C'est là une règle absolue et d'ordre public, à laquelle aucune convention contraire ne saurait déroger. Elle s'applique alors même que la femme est séparément de son mari avec l'autorisation de celui-ci.

14. Il importe peu que le mari soit domicilié en France ou à l'étranger. Si cependant le mari se fait naturaliser à l'étranger et y transporte son domicile, on admet généralement que la femme a le droit de conserver un domicile propre en France.

15. La femme reste domiciliée chez son mari malgré la séparation de biens judiciaire, même pendant l'instance en nullité de mariage, ou pendant le procès en divorce ou en séparation de corps, encore qu'il lui ait été assigné une résidence séparée. Cependant, au regard du mari, cette résidence lui tient lieu de domicile, au moins quant à la signification des actes relatifs à l'instance.

16. La règle que la femme a son domicile chez son mari souffre certaines exceptions : 1° en cas d'interdiction du mari, la femme est tutrice, c'est le mari qui est domicilié chez sa femme. Si la tutelle est confiée à un tiers, on admet généralement que la femme a son domicile chez son mari, c'est-à-dire celui de celui-ci. — 2° La femme autorisée à faire le commerce, tout en conservant son domicile général chez son mari, acquiert un domicile spécial au lieu de son principal établissement pour les actes de sa vie commerciale. — 3° En cas de séparation de corps, la femme cesse d'avoir pour domicile légal celui de son mari (Civ. 108, § 2 ; L. 6 févr. 1893, D. P. 93. 4. 41).

17. Le domicile légal assigné à la femme cesse à la dissolution du mariage. Toutefois,

en cas de décès du mari, la femme conserve le domicile qu'elle avait jusqu'au mariage tant qu'elle n'a pas manifesté l'intention d'en changer et n'a pas transporté ailleurs son principal établissement.

18. 2° *Mineur* (Civ. 108, § 1er). — Le mineur non émancipé, dont les père et mère sont mariés et vivants, a le même domicile qu'eux, c'est-à-dire celui de son père. Si toutefois le père serait privé de l'administration légale, le mineur aurait son domicile chez son tuteur. — Au cas de déchéance de la puissance paternelle prononcée contre le père, l'enfant est domicilié chez sa mère, si la puissance paternelle est dévolue à celle-ci ; si la déchéance était prononcée à la fois contre le père et contre la mère, l'enfant serait domicilié chez son tuteur. — En cas de divorce, l'enfant reste domicilié chez son père, si c'est à lui que la garde de l'enfant a été confiée. Si la garde a été confiée à la mère, il semble que l'enfant doit être domicilié chez elle. — Après le décès du père ou de la mère, l'enfant est domicilié chez son tuteur, lors même que ce tuteur n'est pas le survivant des père et mère.

19. Le mineur émancipé choisit librement son domicile.

20. 3° L'*enfant naturel* est domicilié chez celui de ses auteurs qui l'a reconnu, ou chez son père, s'il a été reconnu par l'un et par l'autre. — L'enfant non reconnu a son domicile chez son tuteur, s'il en a un, ou dans l'hospice où il a été recueilli. En dehors de ces hypothèses, il n'a pas de domicile légal ; il est domicilié au lieu où il a son principal établissement, ordinairement chez la personne qui l'élève.

21. 4° *Interdit ; individu pourvu d'un conseil judiciaire*. — L'interdit, comme le mineur non émancipé, a son domicile chez son tuteur. Il en est ainsi de l'interdit légal comme de l'interdit judiciaire.

22. Celui à qui un conseil judiciaire a été donné garde le droit de se choisir un domicile.

23. 5° *Déportés, transportés*. — Ils sont domiciliés chez leur tuteur, en qualité d'interdits légaux. Mais ils ont un domicile spécial au lieu où ils subissent leur peine, pour l'exercice des droits qui leur ont été concédés.

24. 6° *Fonctionnaires publics*. — La loi ne fixe pas le domicile de tous les fonctionnaires publics, mais seulement de ceux qui sont à la fois *nommés à vie et irrévocables*, c'est-à-dire des fonctionnaires inamovibles qui ne peuvent être révoqués ou déplacés qu'en vertu d'une décision ou d'un avis émanant d'une juridiction déterminée par la loi. Tels sont, notamment, les magistrats de l'ordre judiciaire, sauf ceux du ministère public et ceux des juges de paix ; les notaires, les évêques et les curés, mais non les simples desservants (Civ. r. 30 mars 1896, D. P. 97. 1. 293). — Le domicile des fonctionnaires inamovibles est fixé de plein droit au lieu où ils doivent exercer leurs fonctions, par le seul fait de leur acceptation, abstraction faite de toute déclaration ou de toute translation effective de domicile (Civ. 107).

25. Au contraire, les citoyens appelés à des fonctions publiques temporaires gardent le domicile qu'ils avaient auparavant, s'ils n'ont pas manifesté, expressément ou tacitement, une intention contraire (Civ. 106 ; Req. 30 janv. 1895, D. P. 95. 1. 358) : ils sont donc placés sous l'empire du droit commun. Il en est ainsi, spécialement, des militaires : s'ils conservent en principe leur domicile d'origine, ils peuvent cependant acquérir un domicile de fait dans le lieu de leur garnison (Paris, 22 nov. 1894, D. P. 95. 2. 150).

26. 7° *Majeurs servant ou travaillant habituellement chez autrui* (Civ. 109). — La loi leur assigne le domicile de la personne chez laquelle ils travaillent, à condition qu'ils demeurent avec elle dans la même maison. — Cette disposition est applicable à toutes les personnes qui n'ont pas d'autre domicile légal, mais à celles-là seulement. Elle ne s'applique donc ni à la femme mariée ni au mineur non émancipé.

27. La règle ne s'applique pas à ceux qui travaillent accidentellement chez autrui. Peu importe, d'ailleurs, qu'il s'agisse d'un travail manuel ou intellectuel : ainsi les précepteurs, les bibliothécaires, etc., sont, comme les domestiques, soumis à la disposition de l'art. 109.

28. Cette disposition suppose que le serviteur habite *avec* son maître; il ne suffit pas que celui-ci fournisse un logement : le jardinier, le garde-chasse, qui habitent séparément du maître, ont par leur domicile légal chez lui. Il en est ainsi à plus forte raison du fermier, du métayer.

29. 8° *Cessation du domicile légal.* — Le domicile de droit prend fin au moment où disparaît la cause d'où il résultait : ainsi le domicile légal du mineur cesse au moment de la majorité ou de l'émancipation. Il subsiste, toutefois, comme domicile de fait tant que celui qui l'a perdu n'a pas acquis un domicile différent (Trib. civ. de Lorient, 16 mars 1897, D. P. 97. 2. 462).

§ 4. — *Effets du domicile* (R. 121 et s.; S. 75 et s.).

30. Un des effets les plus importants du domicile est de déterminer le lieu d'ouverture de la succession d'une personne, en quelque lieu que se soit produit son décès (Civ. 110). C'est le tribunal de ce lieu qui est compétent pour connaître de l'action en liquidation et partage et de toutes les difficultés qui peuvent surgir par suite de l'ouverture de la succession (V. *infrà, Succession*). — L'établissement du domicile dans un certain lieu entraîne encore des conséquences à divers points de vue, notamment en ce qui concerne : la compétence des tribunaux (V. *supra, Compétence civile des cours d'appel*, n° 9; *Compétence civile des juges de paix*, n° 29 et s.; *Compétence civile des tribunaux d'arrondissement*, n° 10 et s.); ... la remise des exploits d'assignation ou autres (V. *infrà, Exploit*); ... le lieu du payement des obligations (V. *infrà, Obligations*); ... la compétence des officiers de l'état civil, notamment en matière de mariage, d'adoption (V. *infrà, Adoption*, n° 9; et *infrà, Mariage*); ... celle du juge de paix en matière d'émancipation (V. *infrà, Emancipation*); ... le lieu où doit se réunir le conseil de famille des mineurs ou des interdits (V. *infrà, Interdiction, Tutelle*); ... le lieu où peuvent se faire les inscriptions électorales (V. *infrà, Elections*), etc.

31. Au criminel, les questions de domicile présentent un grand intérêt en matière de vagabondage (Instr. 270); de délivrance de mandat (Instr. 91); de liberté provisoire (Instr. 115); de violation de domicile et de visite domiciliaire (Pén. 184).

DOMICILE ÉLU

(R. v° *Domicile élu*; S. eod. v°).

1. Le *domicile élu* est celui qui est indiqué soit par une convention, soit par la loi, pour l'exécution d'un acte, d'un jugement, ou l'instruction d'un procès.

§ 1er. — *Election de domicile conventionnelle* (R. 32 et s.; S. 20 et s.).

2. L'élection de domicile n'est pas possible de la part des incapables, tels que le mineur non émancipé, la femme mariée non autorisée. Mais elle peut être valablement faite par le mineur émancipé, par un individu pourvu d'un conseil judiciaire. La faculté d'élire domicile appartient aux étrangers comme aux Français (Req. 29 juill. 1890, D. P. 91. 5. 252). — L'élection de domicile peut être faite par un tiers au nom de la partie elle-même, mais à la condition qu'il ait mandat à cet effet. Ainsi un avoué ne peut pas élire domicile pour ses clients afin de recevoir des significations de jugement, s'il n'y a pas été autorisé spécialement.

3. L'élection de domicile peut être expresse ou tacite (Req. 31 oct. 1893, D. P. 94. 1. 157). Expresse, elle peut être contenue dans l'acte même qui constate la convention pour l'exécution de laquelle le domicile est élu, ou dans un acte postérieur. Tacite, elle doit résulter de circonstances qui ne laissent aucun doute sur la volonté des parties. L'acceptation d'un effet de commerce dans lequel le tireur a élu pour le payement un domicile autre que le sien vaut élection de domicile conventionnelle. — Mais l'élection de domicile ne se présume pas. Ainsi le choix d'un mandataire n'emporte pas, par lui seul, élection de domicile chez ce mandataire. Il en est de même de l'indication d'un lieu de payement, sauf en matière commerciale (Pr. 420-3°).

4. L'élection de domicile se fait le plus ordinairement avec indication d'une personne désignée nominativement ou par sa qualité, ou bien seulement d'une maison située dans le lieu choisi. Elle peut aussi avoir lieu dans le ressort d'un tribunal déterminé, sans autre indication de lieu, de personne ou d'immeuble. — L'élection peut être faite au domicile réel, ce qui peut être utile pour le cas où celui de qui elle émane viendrait à changer de domicile ou à décéder.

5. Entre les parties qui ont fait la convention d'élection de domicile, celle-ci produit, en général, un double effet (Civ. 109) : 1° Elle permet de faire au domicile élu les significations, demandes et poursuites relatives à l'acte qui la contient. — Les significations qui peuvent être faites à ce domicile sont, d'une part, celles des actes extra-judiciaires, telles que les notifications d'actes ayant pour objet des mises en demeure ou des offres réelles, à moins qu'il y ait indication d'un lieu de payement (V. Civ. 1258-6°); d'autre part, les exploits d'ajournement. Mais la jurisprudence paraît admettre, en général, que l'on ne peut signifier au domicile élu ni le jugement rendu sur les poursuites en exécution d'un contrat (Paris, 6 nov. 1897, D. P. 98. 2. 60), ni l'acte d'appel de ce jugement, ni les actes tendant à son exécution forcée. Cependant, la question reste douteuse. — 2° L'élection de domicile est attributive de compétence au tribunal du domicile élu pour tout ce qui concerne l'exécution de l'acte. Mais on décide généralement que ce tribunal est incompétent à l'égard de l'action en nullité ou en rescision totale de la convention pour l'exécution de laquelle l'élection a eu lieu; qu'il peut seulement être saisi de poursuites tendant à une annulation partielle ou à une résolution pour défaut d'exécution. — L'élection de domicile ne confère pas, par elle-même, à la personne chez qui le domicile est élu, le pouvoir de recevoir le payement (Req. 25 janv. 1893, D. P. 93. 1. 183).

6. Nonobstant l'élection de domicile, le domicile général conserve, en principe, ses effets; il en est ainsi du moins lorsque cette élection a été faite par une partie dans l'intérêt de l'autre : elle constitue alors, pour cette dernière, un bénéfice auquel elle a le droit de renoncer. Les significations peuvent donc être faites et les poursuites exercées au domicile général aussi bien qu'au domicile élu. — Il n'en est pas de même lorsque l'élection de domicile a été stipulée dans le seul intérêt de la partie dont elle émane ou dans l'intérêt réciproque des parties; dans ce cas, la partie poursuivante est obligée de faire toutes les demandes, significations et poursuites au domicile élu, et le tribunal de ce domicile est seul compétent (Civ. c. 16 févr. 1898, D. P. 98. 1. 158).

7. L'élection de domicile faite par les parties pour l'exécution d'un acte, dans un lieu autre que leur domicile réel, n'a d'effet qu'entre ces parties et ne peut être opposée aux tiers (Req. 22 juin 1896, D. P. 98. 1. 83). Inversement, les tiers qui n'ont pas figuré dans la convention contenant élection de domicile ne peuvent s'en prévaloir.

8. L'élection de domicile implique une sorte de mandat par lequel l'élisant charge le tiers désigné dans la convention de recevoir pour lui les significations qui seront adressées chez lui. Ce mandat doit être accepté. Il peut l'être expressément ou tacitement; l'acceptation tacite se présume plus facilement de la part des officiers ministériels, qui sont mandataires par profession. — La personne chez qui a lieu l'élection de domicile est obligée de transmettre à son mandataire les exploits qui lui sont remis au nom de ce dernier, et ce à peine de dommages-intérêts. Il en est ainsi du moins lorsque le mandataire est un officier ministériel (huissier ou avoué). Le mandat dont il s'agit prend fin par les causes qui font cesser le mandat en général, notamment par la révocation. — Mais, dans tous les cas, le mandant doit avoir soin de choisir sans retard un nouveau mandataire; l'autre partie pourrait, en effet, jusqu'à la nouvelle élection de domicile, continuer à faire régulièrement toutes les significations au domicile primitivement élu. — En principe, l'élection de domicile faite chez un officier ministériel se transmet de plein droit à son successeur.

9. L'élection de domicile cesse de plein droit soit à l'expiration du terme indiqué, si elle n'était que temporaire, soit à l'époque où l'acte a reçu son entière exécution. Elle peut prendre fin par la renonciation des deux parties, ou même de l'une d'elles, lorsqu'elle a été faite dans l'intérêt exclusif de celle-ci. Elle subsiste malgré la mort, la faillite ou le changement d'état des parties.

§ 2. — *Election de domicile légale* (R. 20 et s.; S. 8 et s.).

10. L'élection de domicile est imposée par la loi, notamment : 1° Pour toute opposition à la célébration d'un mariage (Civ. 176; V. *infrà, Mariage*); — 2° Pour l'inscription hypothécaire (Civ. 2148; V. *infrà, Privilèges et hypothèques*); — 3° Pour l'inscription d'hypothèque maritime (L. 10 juill. 1885, art. 8, D. P. 86. 4. 17; V. *infrà, Navire*); — 4° Pour l'exploit d'ajournement (Pr. 61; V. *infrà, Exploit*); — 5° Dans les instances commerciales, lorsque les parties comparaissent et que, à la première audience il n'intervient pas de jugement définitif (Pr. 422; V. *infrà, Procédure devant les tribunaux de commerce*); — 6° Pour la signification des jugements par défaut rendus par les tribunaux de commerce (Pr. 435; V. *infrà, Jugement par défaut*); — 7° Pour l'exploit de saisie-arrêt (Pr. 559; V. *infrà, Saisie-arrêt*); — 8° Pour le commandement tendant soit à la saisie-exécution, soit à la saisie-brandon, soit à la saisie des rentes sur particuliers (Pr. 584, 634, 637; V. *infrà, Saisie-brandon, Saisie-exécution, Saisie des rentes*); — 9° Pour les oppositions faites par les créanciers du saisi (Pr. 609; V. *infrà, Saisie-exécution*); — 10° Pour le commandement à fin d'expropriation forcée (Pr. 673; V. *infrà, Saisie immobilière*); — 11° Pour le procès-verbal de saisie immobilière (Pr. 675, 725, 731, 732; V. *infrà, eod. v°*); — 12° Pour l'opposition à scellés (Pr. 927; V. *infrà, Scellés*); — 13° Pour la citation en police correctionnelle signifiée à la requête de la partie civile (Instr. 183; V. *infrà*, *Instruction criminelle*); — 14° Pour la demande à fin d'obtention d'un brevet d'invention, quand elle n'est pas déposée à la préfecture du domicile du requérant (L. 5 juill. 1844, art. 5, R. v° *Brevet d'invention*, p. 562; V. *supra*, *Brevet d'invention*, n° 38).

11. L'élection de domicile légale, dans ces différentes hypothèses, n'est pas, en principe, prescrite à peine de nullité. — Elle est, suivant les cas, attributive ou non de juridiction.

DOMMAGE — DESTRUCTION — DÉGRADATION

(R. v° *Dommage — Destruction — Dégradation; S. eod. v°*).

§ 1er. — *Dégradation de monuments et autres objets destinés à la décoration et à l'utilité publiques* (R. 143 et s.; S. 83 et s.).

1. Aux termes de l'art. 257 c. pén., « quiconque aura détruit, abattu, mutilé ou dégradé des monuments, statues ou autres objets destinés à l'utilité ou à la décoration publiques et élevés par l'autorité publique ou avec son autorisation, sera puni d'un emprisonnement d'un mois à deux ans, et d'une amende de 100 francs à 500 francs. »

2. L'existence de ce délit suppose d'abord une *destruction, mutilation* ou *dégradation*. Il appartient aux tribunaux de décider si le fait poursuivi rentre ou non dans l'une ou l'autre de ces expressions. Il faut en outre que la dégradation n'ait pas eu lieu par l'explosion d'une mine ou par un incendie, car le fait serait alors réprimé par d'autres textes (V. *infra, Incendie*).

3. La seconde condition du délit est que cette destruction porte sur un des objets protégés par la loi. La loi protège les monuments, statues et autres objets destinés à la décoration et à l'utilité publiques; l'expression *autres objets* comprend notamment : les réverbères, becs de gaz, bornes-fontaines, conduites d'eau destinées à alimenter es fontaines publiques, urinoirs. — La destruction des appareils télégraphiques constitue une infraction prévue par des textes spéciaux (V. *infra, Postes et télégraphes*). — Le drapeau national placé par l'autorité publique sur les édifices publics et communaux est un objet destiné à la décoration publique au sens de l'art. 257, et le fait de l'arracher d'un monument public est réprimé par cet article. Il en est ainsi, spécialement, lorsque le drapeau a été enlevé soit sur un édifice communal par le maire, soit sur le presbytère par un desservant ou même par le curé, malgré le droit qui appartient à celui-ci sur le presbytère (V. *supra, Culte*, n° 182).

4. Il faut, en troisième lieu, que les objets dégradés, mutilés ou détruits aient été élevés par l'autorité publique ou avec son autorisation. On ne doit pas reconnaître ce caractère aux constructions élevées par les particuliers, même avec l'autorisation du gouvernement, mais sans intention de les faire servir à l'utilité ou à la décoration publique; tels sont, par exemple, les usines, ateliers ou établissements industriels ou insalubres, pour la construction desquels l'autorisation administrative est nécessaire. La destruction des constructions appartenant à des particuliers est prévue par l'art. 437 c. pén. (V. *infra*, n° 6).

5. L'agent doit avoir, suivant la règle générale en matière de délit, agi avec intention coupable.

§ 2. — *Destruction d'édifices, constructions ou machines à vapeur par un moyen autre que l'incendie ou l'effet d'une mine* (R. 162 et s.; S. 93 et s.).

6. L'art. 437, § 1er, c. pén., punit de la réclusion et d'une amende ceux qui auront volontairement détruit ou renversé par quelque moyen que ce soit, en tout ou en partie, des édifices, des ponts, digues ou chaussées ou autres constructions qui savaient appartenir à autrui, ou causé l'explosion d'une machine à vapeur. — Cette énumération est limitative; ainsi l'article ne s'applique pas à la destruction de clôture (V. *infra*, n°s 38 et s.). — Les constructions doivent appartenir à autrui : le propriétaire qui détruit sa chose, sauf dans le cas d'incendie (V. *infra, Incendie*), n'est donc pas punissable; il en est autrement du fermier, de l'usufruitier, etc. — Il faut qu'il y ait *destruction ou renversement*, ce qui exclut le cas de simples dégradations ou mutilations : celles-ci ne donneraient lieu qu'à des réparations civiles.

7. Lorsque les faits de destruction ou de renversement ont eu pour résultat un homicide, la peine de mort est encourue (Pén. 437, § 2). Il n'est pas nécessaire, comme au cas d'incendie (V. *infra, Incendie*), que la victime se soit trouvée dans les lieux détruits au moment où le fait de destruction a commencé à s'accomplir; il suffit qu'elle ait trouvé la mort à un moment quelconque par la suite de ce fait. Au cas de blessure, la peine est celle des travaux forcés à temps.

§ 3. — *Opposition à la confection de travaux autorisés par le Gouvernement* (R. 175 et s.; S. 100 et s.).

8. L'art. 438 c. pén. punit d'un emprisonnement de trois mois à deux ans et d'une amende qui ne pourra excéder le quart des dommages-intérêts, ceux qui, par des voies de fait, se seront opposés à la confection de travaux autorisés par le Gouvernement. Les auteurs du délit subiront le maximum de la peine.

9. Par *travaux autorisés par le Gouvernement* il faut entendre, non seulement les travaux faits pour le compte de l'Etat, soit par ses agents directement, soit par l'intermédiaire d'entrepreneurs avec lesquels il traite à cet effet, mais encore ceux entrepris par les départements et les communes qu'il doit autoriser, en vertu du principe de la tutelle administrative : tels seraient, par exemple, en matière d'entretien de chemins vicinaux, les travaux ayant pour objet l'extraction de matériaux dans les propriétés riveraines pour les employés sous réparations de ces chemins. — Mais les travaux doivent avoir un caractère d'utilité publique au moins locale : l'art. 438 ne s'appliquerait pas au cas où, n'intéressant qu'un particulier, ils auraient dû être préalablement autorisés par mesure de police.

10. Les *voies de fait* dont il s'agit sont tous actes matériels capables d'interrompre les travaux, qu'il en soit ou non résulté une interruption. Ce qui est puni, c'est la rebellion, les violences et les attroupements : la simple opposition qui se manifeste par des voies légales ne constitue pas un délit. — Les voies de fait ne sauraient être excusées par le motif que celui dont elles émanent a agi pour la défense de ses droits. L'opposition faite avec violence, même de la part du propriétaire, est punissable, d'après la Cour de cassation, encore que les travaux n'auraient pas été exécutés conformément à l'autorisation administrative, ou qu'ils l'auraient été en dehors de la limite autorisée par cette autorité.

§ 4. — *Destruction de titres, registres, actes publics et de commerce* (R. 184 et s.; S. 109 et s.).

11. L'art. 439 c. pén. punit ceux qui auront volontairement brûlé ou détruit, d'une manière quelconque, des registres, minutes ou actes originaux de l'autorité publique, des titres, billets, lettres de change, effets de commerce ou de banque, contenant ou opérant obligation, disposition ou décharge (§ 1er).

12. La destruction dont il s'agit constitue un crime puni de la reclusion, lorsqu'elle a pour objet des actes de l'autorité publique ou des effets de commerce ou de banque (§ 2). — En ce qui concerne les actes de l'autorité, la loi ne vise que les *registres, minutes* ou *actes originaux;* et cette énumération est considérée comme limitative. Il a, d'ailleurs, été jugé que les empreintes du sceau de l'Etat apposées sur les arbres à l'occasion d'une coupe dans une forêt sont des actes originaux de l'autorité publique dont la destruction tombe sous l'application de l'art. 439, § 2 (Besançon, 18 févr. 1891, D. P. 92. 2. 302). — Quant aux effets de commerce ou de banque, il faut supposer qu'ils ont une cause commerciale; ainsi la destruction d'un billet à ordre, qui n'aurait qu'une cause purement civile, ne serait pas punissable en vertu du paragraphe 2 de l'art. 432, mais seulement en vertu du paragraphe 3 du même article.

13. Cette dernière disposition réprime la destruction des titres ou actes qui ne rentrent pas dans les prévisions du paragraphe précédent, c'est-à-dire qui n'ont pas un caractère public ou commercial. L'infraction constitue alors un délit correctionnel, passible d'un emprisonnement de deux à cinq ans et d'une amende de 100 à 300 francs.

14. Les pénalités édictées par l'art. 439 ne protègent que les actes qui contiennent ou opèrent *obligation, disposition ou décharge :* tels sont les billets contenant promesse de payer une certaine somme, les quittances, les procurations, les testaments olographes, etc. Elles s'appliqueraient encore à la destruction des feuillets d'un registre d'un commerçant, dans le but de faire disparaître, à son préjudice, la preuve d'une obligation. — Au contraire, le fait de détruire un blanc-seing ne tomberait pas sous le coup de l'art. 439. Il en est de même de la destruction d'un écrit n'ayant trait qu'à des intérêts moraux ou à la considération du signataire ou d'un tiers : elle ne pourrait donner lieu qu'à l'application de la peine de simple police prononcée par l'art. 479-1°, pour le cas de dommage causé à la propriété mobilière d'autrui.

15. La destruction d'un titre ne donnerait pas lieu à l'application de l'art. 439, si ce titre était entaché d'une nullité radicale; mais le délit existerait alors même que l'obligation constatée par le titre détruit serait basée sur une fausse cause ou atteinte d'une nullité simplement relative, telle que celle qui résulterait du défaut d'autorisation maritale (Cr. r. 6 juin 1901, D. P. 1904. 1. 198).

16. Le délit prévu par l'art. 439 suppose que le titre détruit existait réellement : cette existence doit être prouvée suivant les règles générales sur la preuve des obligations, c'est-à-dire par écrit, s'il s'agit d'une valeur supérieure à 150 francs. Si cette preuve est impossible, il y a lieu à l'application de l'art. 1348 c. civ., qui autorise la preuve testimoniale toutes les fois que les parties ont été dans l'impossibilité de se procurer une preuve écrite.

§ 5. — *Pillage ou dégât de marchandises, denrées ou propriétés mobilières par bandes ou réunions* (R. 207 et s.; S. 119 et s.).

17. La loi punit, en premier lieu, le pillage ou le dégât commis en réunion ou en bande et à force ouverte. Le pillage, c'est la dévastation accompagnée du vol; le dégât, c'est la destruction sans profit pour qui que ce soit. — Lorsque le pillage ou le dégât s'applique à des denrées, marchandises, effets ou propriétés mobilières, la peine est des travaux forcés à temps et d'une amende de 200 à 5000 francs (Pén. 440). Ceux qui prouvent avoir été entraînés par des provocations ou sollicitations à prendre part à ces violences peuvent n'être punis que de la réclusion (Pén. 441). Si les denrées pillées ou détruites sont des grains, grenailles ou farines, substances farineuses, pain, vin ou autres boissons, c'est-à-dire des choses d'une importance spéciale à raison de leur caractère alimentaire (cette énumération est, du reste, limitative), les chefs, instigateurs ou provocateurs sont punis du maximum des travaux forcés à temps et de l'amende prononcée par l'art. 440 (Pén. 442).

18. En second lieu, la loi prévoit la détérioration, à l'aide d'une liqueur corrosive ou par tout autre moyen, des marchandises (c'est-à-dire des choses qui font l'objet d'un commerce et ne se consomment pas par le premier usage; l'expression est, d'ailleurs, employée dans un sens large : elle comprend, notamment, les œuvres d'art, les pierres de taille, etc.), des matières et des instruments quelconques servant à la fabrication, c'est-à-dire les matières premières et le matériel de fabrication, instruments ou métiers. — La peine est un emprisonnement de un mois à deux ans et une amende. Si le délit a été commis par un ouvrier de la fabrique ou un commis de la maison de commerce, l'emprisonnement est de deux à cinq ans.

§ 6. — *Dévastation de plants et récoltes sur pied, coupe et mutilation d'arbres et fourrages, rupture et destruction d'objets relatifs à l'agriculture* (R. 234 et s.; S. 128 et s.).

19. La loi, dans ces dispositions, s'occupe des intérêts de l'agriculture en érigeant en délit la destruction de certaines productions de la terre et d'instruments qui, par leur nature, sont exposés à la foi publique, lorsque cette destruction n'a pas lieu par le feu. Sur cette dernière hypothèse, V. *infrà, Incendie.*

20. 1° *Récoltes sur pied et plants* (Pén. 444). — Les récoltes sont tous les produits de la terre qui peuvent être de quelque utilité pour l'homme. Par plants on doit entendre toutes les plantes qui croissent dans les champs ouverts ou dans les pépinières. Il faut un fait de dévastation, c'est-à-dire de ruine, saccagement, destruction en tout ou en partie; de simples dégâts échapperaient à l'art. 444. La dévastation peut non seulement porter sur une récolte présente, mais aussi avoir pour objet d'empêcher une récolte future, comme dans le cas où l'on répandrait de l'ivraie sur un terrain nouvellement ensemencé.

21. 2° *Arbres abattus ou mutilés.* — L'art. 445 punit le fait d'abattre des arbres, l'art. 446 celui de les mutiler, de les couper ou écorcer de manière à les faire périr. La peine est de six jours à six mois d'emprisonnement à raison de chaque arbre, sans que la totalité puisse excéder cinq ans. — Ces dispositions s'appliquent non seulement aux arbres proprement dits, mais aussi aux arbustes (Cr. c. 27 nov. 1891, D. P. 92. 1. 250), aux ceps de vigne (Paris, 6 juin 1890, D. P. 90. 2. 256). — Les arbres dont s'occupent bes articles s'entendent d'arbres plantés dans les *propriétés urbaines* ou *rurales,* et non de ceux des bois et forêts; ces derniers arbres sont exclusivement protégés par la législation forestière, sauf le cas d'incendie prévu par l'art. 434 c. pén. — Le délit n'existe qu'autant qu'il y a eu volonté de nuire à autrui; ainsi ne peut être poursuivi en vertu de ces articles le voiturier qui abat involontaire-

ment un arbre en conduisant sa voiture. — D'autre part, l'auteur du fait n'est pas punissable s'il ignorait que les arbres appartenaient à autrui. L'abatage des arbres doit avoir eu lieu dans l'unique but de les détruire. Le fait de s'approprier les arbres abattus constituerait le délit de vol puni, suivant les cas, par les art. 88 et 401 c. pén.

22. 3° *Destruction de greffes* (Pén. 447). — La loi punit la destruction des greffes d'un emprisonnement de six jours à deux mois à raison de chaque greffe, sans que la totalité puisse excéder deux ans (Pén. 447), et d'une amende proportionnelle (Pén. 455). — Les caractères de ce délit sont les mêmes que ceux du délit précédent.

23. 4° *Arbres ou greffes plantés sur les places, routes,* etc. (Pén. 448). — Dans le cas de destruction, de mutilation des arbres ou greffes plantés sur les places, routes, chemins, rues ou voies publiques ou vicinales ou de traverse, c'est-à-dire confiés plus spécialement à la foi publique, le minimum de la peine est porté à vingt jours dans l'hypothèse des art. 445 et 446, et à dix jours dans le cas de l'art. 447.

24. 5° *Grains, fourrages, grains en vert* (Pén. 449, 450). — Le fait de couper une récolte, sachant qu'elle appartient à autrui, est puni, s'il s'agit de grains ou fourrages, d'un emprisonnement de six jours à deux mois (Pén. 449); s'il s'agit de grains en vert, d'un emprisonnement de vingt jours à quatre mois (Pén. 450), et, dans les deux cas, de l'amende édictée par l'art. 455.

25. 6° *Objets relatifs à l'agriculture* (Pén. 451). — La loi punit la destruction des instruments d'agriculture d'une manière générale, des parcs de bestiaux, des cabanes mobiles de gardiens (pour le cas où elles sont mobiles, V. *suprà,* n°s 6 et 7) d'un emprisonnement d'un mois (Pén. 451) et de l'amende portée par l'art. 455.

§ 7. — *Destruction des animaux. — Empoisonnement, blessures volontaires ou involontaires, mauvais traitements.*

A. — Empoisonnement des animaux (R. 271 et s.; S. 148 et s.).

26. Les animaux dont l'empoisonnement est réprimé sont, limitativement, ceux qui sont désignés par l'art. 452 : chevaux et autres bêtes de voiture, de monture ou de charge, bestiaux à cornes, chèvres ou porcs, poissons des étangs, viviers ou réservoirs. Les autres animaux, même domestiques, comme les oiseaux de basse-cour, pigeons, chiens, chats, ne sont pas protégés par cet article, sauf l'application pour ces derniers de l'art. 454 (V. *infrà,* n° 28). — L'empoisonnement des poissons de fleuves et rivières est réprimé par la législation fluviale (V. *infrà, Pêche fluviale*). — Le délit n'existe que s'il y a fait d'*empoisonnement,* c'est-à-dire administration de substances vénéneuses de nature à causer la mort et administrées avec l'intention de la donner. Sur les journées de ce cas de destruction des animaux, V. *infrà,* n°s 27 et s. — La peine est d'un emprisonnement de deux à cinq ans et d'une amende de 16 à 300 francs.

B. — Destruction des animaux (R. 281 et s.; S. 151 et s.).

27. L'art. 453 prévoit la destruction volontaire, par tout autre moyen que le poison, des animaux mentionnés par l'art. 452 (V. *suprà,* n° 26). — Il faut que l'animal soit tué, ce qui exclut le cas de blessures. La destruction doit avoir été *volontaire,* ce qui exclut l'hypothèse de l'imprudence. Enfin, la mort doit avoir été donnée sans *nécessité,* ce qui suppose l'intention délictueuse. La nécessité peut résulter de toutes circonstances, que le juge aura à apprécier. La destruction d'un animal peut être consi-

dérée comme nécessaire non seulement lorsqu'il met une personne en danger, mais encore lorsqu'il constitue un péril sérieux pour d'autres animaux. La peine est celle de l'empoisonnement, qui varie de six jours à six mois, suivant le lieu où le fait a été commis.

28. La destruction des animaux domestiques est réprimée par l'art. 454 c. pén. On entend par *animaux domestiques* les êtres animés qui vivent, s'élèvent, sont nourris et se reproduisent sous le toit de l'homme et par ses soins. Tels sont, notamment : les chiens, les chats, les pigeons de volière, les vers à soie, mais non les abeilles (Sur la destruction des essaims d'abeilles, V. *suprà, Contravention,* n° 85).

29. L'art. 454 s'applique quel que soit le mode de destruction employé, même l'empoisonnement. — La nécessité constitue une excuse, comme dans le cas de l'art. 453 (V. *suprà,* n° 27). — A la différence des animaux auxquels s'appliquent les art. 452 et 453, la loi ne protège les animaux domestiques proprement dits qu'autant qu'ils sont tués sur la propriété même de leur maître ou sur l'immeuble que celui-ci détient à titre de locataire, colon ou fermier. Dans tout autre lieu, la destruction de l'animal constitue la contravention réprimée par l'art. 479-1° (V. *suprà, Contravention,* n°s 80 et s.). — La peine est un emprisonnement de six jours à six mois.

30. En ce qui concerne les animaux de basse-cour, V. *suprà, Contravention,* n° 83.

C. — Blessures involontaires ou volontaires (R. 289 et s.; S. 159 et s.).

31. 1° *Blessures involontaires envers les animaux.* — Ce fait n'est prévu par l'art. 479, n°s 2, 3 et 4 c. pén. (V. *suprà, Contravention,* n°s 86 et s.).

32. 2° *Blessures volontaires.* — Aucun texte du Code pénal ne s'occupe des blessures volontaires. En ce qui concerne les bestiaux et les chiens de garde, l'art. 30 de la loi du 26 sept. 1791, qui punit les blessures volontaires envers ces animaux, doit être considéré comme en vigueur. Mais la jurisprudence paraît se refuser à étendre cette disposition aux animaux autres que ceux qui y sont énumérés. Spécialement, elle l'a déclaré inapplicable aux blessures faites volontairement à des chiens de chasse ou d'agrément. Il faut alors, pour réprimer les blessures faites volontairement envers les animaux autres que ceux spécifiés à l'art. 30 précité, recourir à l'art. 479-1°, qui punit les dommages causés volontairement à la propriété mobilière d'autrui (V. *suprà, Contravention,* n°s 80 et s.).

D. — Mauvais traitements envers les animaux (Loi Grammont) (R. 291 et s.; S. 162 et s.).

33. La loi du 2 juill. 1850, dite loi Grammont (D. P. 50. 4. 125), a eu pour but de prévenir et de réprimer les mauvais traitements dont certains animaux pourraient être victimes en dehors des actes attentatoires au droit de propriété sur les animaux (mort, blessures). L'article unique de cette loi est ainsi conçu : « Seront punis d'une amende de 5 à 15 francs et pourront l'être d'un à cinq jours de prison ceux qui auront exercé publiquement et abusivement des mauvais traitements envers les animaux domestiques. La peine de prison sera toujours appliquée en cas de récidive. Cette amende et l'art. 463 c. pén. sera toujours applicable. » — La loi du 21 juill. 1898 (Code rural) (D. P. 98. 4. 125) interdit d'exercer abusivement des mauvais traitements envers les animaux domestiques (art. 65) : cette disposition ne fait que consacrer purement et simplement les dispositions de la loi Grammont.

34. Bien que la loi de 1850 vise, d'une

façon générale, « ceux qui auront exercé des mauvais traitements, » elle ne s'applique qu'aux propriétaires de l'animal, aux personnes à qui il en a confié le soin ou la conduite (Cr. c. 16 févr. 1895, D. P. 95. 1. 269). Toutes autres personnes demeurent soumises aux règles relatives à la destruction et aux blessures des animaux (V. suprà, nᵒˢ 26 et s., 31 et 32).

35. Les mauvais traitements doivent avoir été exercés *publiquement.* Cette expression comprend non seulement la voie publique, mais tout lieu public, par exemple une gare de marchandises, des arènes.

36. Les mauvais traitements ne sont punissables que s'ils ont été exercés *abusivement,* c'est-à-dire avec excès et non nécessité; les actes de correction, voire même de brutalité, à l'égard des animaux, ne constituent pas des mauvais traitements, si les violences exercées ou les précautions prises contre eux sont nécessaires ou n'excèdent pas une juste limite. Ainsi, d'une part, il y a mauvais traitement : dans le fait de soumettre publiquement un animal domestique à un travail excessif qui a amené la réouverture d'anciennes blessures ; dans le fait d'avoir transporté des veaux entassés dans une voiture et ayant les pieds liés ensemble ou étant placés de telle sorte que les uns avaient la tête entre les deux civières suspendues au-dessous de la voiture, et les autres la tête pendante hors de la voiture. De même, parmi les actes qui constituent des mauvais traitements, il faut ranger : les combats de chiens, de coqs, la mise à mort de taureaux dans des courses espagnoles (Cr. c. 4 nov. 1899, D. P. 1901. 1. 88), les jeux de tir à l'oie, au canard, l'usage barbare d'aveugler certains oiseaux. Au contraire, il n'y a pas mauvais traitement dans le seul fait d'avoir attelé un chien à une petite voiture de marchandises, alors qu'il n'est pas établi ou même allégué qu'il ait été exercé abusivement des mauvais traitements envers cet animal, soit par des actes de brutalité ou de violence, soit en occasionnant, par une charge excessive, une souffrance que la nécessité ne justifiait pas ; ... ni même dans le fait d'un individu d'avoir mené son cheval ventre à terre et de l'avoir fouetté à tour de bras, que celle-ci ne soit dégouttait de tout son corps.

37. Les mauvais traitements doivent avoir été exercés contre des animaux *domestiques.* — Cette expression a ici un sens plus large que dans les art. 452 et s. c. pén. (V. suprà, nᵒˢ 26 et s.); elle s'entend non seulement de ceux qui vivent, s'élèvent, sont nourris et se reproduisent sous le toit de leur maître, mais encore de tous ceux qui, placés au service de l'homme, servent à son utilité, à la nourriture et même à son agrément. Ainsi les taureaux espagnols sont considérés comme animaux domestiques (Cr. c. 4 nov. 1899, précité).

§ 8. — *Destruction, dégradation de clôture.* — *Comblement de fossés.* — *Suppression de bornes, etc.* (R. 297 et s.; S. 169).

38. L'art. 456 c. pén. punit les faits de destruction s'appliquant aux parties de propriétés immobilières qui forment la limite de ces propriétés, sans qu'il y ait à rechercher si leur auteur a eu ou non pour but de s'approprier la chose détruite ou d'usurper la chose d'autrui. — La peine est un emprisonnement d'un mois à un an et une amende proportionnelle.

A. — *Comblement de fossés et destruction de clôtures ou de haies* (R. 301 et s.; S. 170 et s.).

39. Les clôtures protégées sont les fossés et les autres clôtures, extérieures ou intérieures, partielles ou totales, des propriétés urbaines ou rurales, en quelques matériaux qu'elles soient faites (même une chaîne posée pour fermer un passage).

40. La loi punit tout fait de destruction *totale* ou *partielle.* Mais la destruction partielle ne comprend pas la simple dégradation, qui suppose la clôture demeurée entière, altérée ou endommagée seulement dans quelques-uns de ses matériaux, et qui est réprimée soit par l'art. 17 de la sect. 2 de la loi du 28 sept.-6 oct. 1791, soit par l'art. 475-8ᵒ c. pén. (V. suprà, Contravention, nᵒ 72).

41. Il faut que l'agent ait détruit la clôture volontairement et qu'il ait su que la clôture appartenait à autrui. Il suffit, d'ailleurs, que la clôture détruite appartienne partiellement à autrui; celui qui détruit une clôture faisant partie d'un immeuble, dont il est copropriétaire commet le délit prévu par l'art. 456 (Cr. r. 5 févr. 1898, D. P. 1900. 1. 29).

B. — *Déplacement ou suppression de bornes* (R. 303 et s.; S. 178 et s.).

42. L'art. 456 prévoit, en second lieu, le déplacement et la suppression des bornes, pieds corniers ou autres arbres plantés ou reconnus pour établir les limites entre différents héritages. Une disposition analogue se trouve dans l'art. 74 de la loi du 21 juin 1898 sur le Code rural, qui interdit de supprimer, de déplacer les bornes, les pieds corniers ou autres arbres plantés ou reconnus pour établir les limites entre les héritages; de recombler les fossés séparatifs; de dégrader les clôtures ou les haies limitant la propriété d'autrui. Il a, d'ailleurs, été déclaré, lors de la discussion de cette loi, qu'elle ne faisait que codifier des prescriptions déjà contenues dans les lois existantes (Sénat, séance du 18 mars 1898, D. P. 98. 4. 125, note 2). — L'énumération de l'art. 456 est considérée comme limitative. Mais il importe peu que les héritages soient urbains ou ruraux.

43. On admet généralement que la suppression ou le déplacement de bornes n'est un délit que s'il y a eu violation d'un bornage opéré entre héritages contigus par les propriétaires de ces héritages, soit volontairement, soit en justice. — La loi ne prévoit que la suppression complète des bornes : la destruction partielle ou la dégradation n'est pas un fait punissable, à moins qu'elle ne dénature assez la borne pour que celle-ci ne soit plus le signe juridique de la délimitation des héritages. — Le seul fait de déplacement d'une borne est puni par cela même qu'il cause préjudice à autrui, sans qu'il soit nécessaire que ce préjudice consiste en une usurpation de terrain. — Le délit suppose qu'il y a eu, de la part de l'auteur de la destruction, mauvaise foi ou volonté de nuire à autrui.

C. — *Loi du 10 juin 1854* (D. P. 54. 4. 96) *sur le drainage* (S. 185).

44. Cette loi prévoit (art. 6) la destruction totale ou partielle des conduites d'eau ou fossés évacuateurs. Elle punit ce fait des peines de l'art. 456 c. pén.

§ 9. — *Inondation des chemins et des propriétés* (R. 324 et s.; S. 187 et s.).

45. L'art. 457 punit les propriétaires ou fermiers, ou toute autre personne jouissant de moulins, usines ou étangs, qui, par l'élévation du déversoir de leurs eaux au-dessus de la hauteur déterminée par l'autorité compétente (c'est-à-dire l'autorité administrative), auront inondé les chemins ou les propriétés d'autrui. — La peine est une amende proportionnelle, et, en outre, si le fait a entraîné des dégradations, un emprisonnement de six jours à un mois.

46. Il faut, pour l'existence du délit, que son auteur ait volontairement accompli le fait incriminé, c'est-à-dire qu'il ait élevé ou maintenu élevé au-dessus de la hauteur légale le déversoir de son moulin, de son usine ou de son étang, sinon avec l'intention de nuire, du moins en connaissance de cause.

47. Lorsqu'il y a eu, soit inondation proprement dite d'un héritage par le propriétaire voisin sans élévation du déversoir, ou sans que la hauteur du déversoir ait été fixée par l'autorité compétente, soit transmission des eaux d'une manière nuisible sans inondation, le fait est prévu et réprimé par l'art. 15 de la loi du 28 sept. 1791 (V. suprà, Délits ruraux, nᵒ 7). Cette disposition est également applicable au cas où la transmission volontaire des eaux au fonds voisin résulte d'ouvrages établis après autorisation (Cr. r. 31 oct. 1895, D. P. 97. 1. 354).

DONATION PAR CONTRAT DE MARIAGE

(R. vᵒ *Dispositions entre vifs et testamentaires; S. eod. vᵒ*).

1. Les donations par contrat de mariage font l'objet du chapitre 8 du titre 2 du livre 3 du Code civil (art. 1081 à 1090). Elles constituent des libéralités d'un genre particulier qui, au point de vue des rapports entre le donateur et le donataire, participent, dans une certaine mesure, de la nature des contrats à titre onéreux.

2. La loi distingue trois sortes de donations par contrat de mariage : 1ᵒ la donation de biens présents; 2ᵒ la donation de biens à venir ou institution contractuelle; 3ᵒ la donation cumulative de biens présents et à venir. — Les deux dernières espèces de donations échappent à plusieurs des règles auxquelles sont soumises, en général, les donations entre vifs.

§ 1ᵉʳ. — *Donation de biens présents* (R. 1910 et s.; S. 535 et s.).

3. Les donations de biens présents, c'est-à-dire de biens compris dans le patrimoine actuel du disposant, sont soumis, en principe, aux mêmes règles de forme et de fond que les donations ordinaires (V. infrà, *Donation entre vifs*). Elles sont, notamment, assujetties à la formalité de la transcription lorsqu'elles ont des immeubles pour objet, et à celle de la rédaction d'un état estimatif quand elles portent sur des objets ou effets mobiliers. Le donateur peut se réserver l'usufruit des biens donnés (Civ. 949) ou le droit de retour conventionnel (Civ. 951-952).

4. La donation de biens présents par contrat de mariage, de même que les donations ordinaires, ne peut être faite directement au profit d'enfants à naître (Civ. 906), si ce n'est dans le cas de substitution permise (Civ. 1048 et s.; V. infrà, *Substitution*). Mais la donation faite aux époux ou à l'un d'eux et aux enfants à naître ne serait nulle que vis-à-vis des enfants ; elle serait valable au regard du futur époux, qui an'en aurait pas moins la faculté absolue, après la naissance des enfants, de disposer des choses données.

§ 2. — *Donation de biens à venir* (R. 1972 et s.; S. 539 et s.).

5. Par dérogation au droit commun, il est permis au donateur de disposer, par contrat de mariage, au profit des futurs époux et des enfants à naître, de tout ou partie des biens qu'il laissera à son décès. Cette sorte de disposition est spécialement connue sous le nom d'*institution contractuelle.*

6. L'institution contractuelle n'est pas soumise à l'emploi de termes sacramentels; il appartient aux juges d'apprécier, d'après les caractères et la nature de la disposition, si elle constitue, ou non, une institution contractuelle. C'est ainsi, par exemple, que la donation par contrat de mariage à l'un des futurs époux d'une somme à prendre sur les plus clairs biens de la succession des donateurs et à l'ouverture de la succession, bien que qualifiée dans l'acte de donation entre vifs, a pu être considérée comme une institution contractuelle, caduque par le prédécès du donataire (V. *infrà*, n° 8) (Besançon, 9 juin 1862, D. P. 62. 2. 116). — Inversement, il a été jugé que la clause d'une donation par contrat de mariage par laquelle le donateur, en gratifiant irrévocablement d'une somme d'argent l'un des futurs époux, stipule que cette somme sera payable seulement une année après le décès du donateur et sans intérêts jusqu'à cette date, n'a d'autre effet que de fixer l'époque d'exigibilité d'une créance dès à présent certaine, et n'imprime pas à la libéralité le caractère d'une institution contractuelle (Req. 19 juin 1876, D. P. 77. 1. 223; V. aussi Besançon, 9 juin 1898, D. P. 99. 2. 143).

7. La capacité nécessaire pour faire une institution contractuelle est la même que pour les donations en général; ainsi, un mineur, même âgé de plus de seize ans, ne peut faire une institution contractuelle en faveur d'un tiers. La femme mariée, sous quelque régime qu'elle soit mariée, doit être autorisée de son mari ou de justice.

8. L'institution contractuelle peut être faite au profit soit des deux époux, soit de l'un d'eux seulement. — Le bénéfice de la libéralité s'étend de plein droit aux enfants à naître; mais le disposant peut limiter l'effet de la libéralité aux futurs époux et de stipuler que la libéralité sera caduque par le prédécès du donataire, alors même qu'il laisserait des enfants. À l'inverse, l'instituant ne pourrait pas adresser la libéralité directement aux enfants à naitre. L'instituant pourrait se réserver la faculté, pour le cas de prédécès du donataire, de choisir, parmi les enfants de ce dernier, celui ou ceux qu'il voudrait faire profiter de l'institution. Mais la clause par laquelle le donateur aurait déclaré, dans le contrat de mariage, qu'au cas de prédécès du donataire les biens appartiendraient à tel ou tel des enfants à naître, à l'ainé, par exemple, serait nulle. L'instituant ne pourrait pas non plus, dans le contrat de mariage, assigner des parts inégales aux enfants à naître.

9. Un tiers ne peut être appelé à bénéficier d'une institution contractuelle. Ainsi, la clause dite d'*association*, usitée dans l'ancien droit, par laquelle l'instituant associait à l'institué un tiers, notamment un frère qui ne se mariait pas, est prohibée aujourd'hui. La nullité de cette clause doit tourner au profit des héritiers naturels, et non au profit de l'institué.

10. L'institution contractuelle n'est valable qu'à la condition d'être faite dans un contrat de mariage ou dans une contre-lettre conforme aux prescriptions de la loi (Civ. 1396-1397). Elle n'est plus possible après le mariage. — Plusieurs personnes peuvent instituer contractuellement les mêmes époux dans le même acte (Civ. 968).

11. L'institution contractuelle a généralement pour objet la totalité (institution universelle) ou une quote-part (institution à titre universel) des biens que le donateur laissera à son décès; mais elle peut aussi, du moins suivant l'opinion dominante, être limitée à certains biens donnés à titre particulier. — Elle n'est assujettie ni à la transcription, en ce qui concerne les immeubles, ni à la formalité de l'état estimatif pour les meubles.

12. Jusqu'au décès de l'instituant, l'institué est simplement investi de la qualité de successeur éventuel; il est saisi irrévocablement du droit de succession qui résulte de cette qualité, mais aucune transmission de biens ne s'opère à son profit. Il en résulte que, durant la vie de l'instituant, l'institué

n'a la faculté ni de vendre ou céder le bénéfice de l'institution, ni d'y renoncer avec l'approbation du disposant (Civ. 791, 1130). Il peut, d'ailleurs, provoquer toutes mesures conservatoires nécessaires pour la sauvegarde de son droit. D'autre part, ses créanciers ne sont pas autorisés, avant le décès de l'instituant, à saisir les biens compris dans l'institution.

13. L'instituant conserve, pendant sa vie, la propriété pleine et entière de son patrimoine; en conséquence, il reste libre de consentir toute espèce d'aliénation à titre onéreux, sous quelque forme que ce soit. Il peut hypothéquer les immeubles compris dans l'institution ou les grever de servitudes ou autres droits réels. Et on admet, en général, qu'il ne peut valablement renoncer, soit dans le contrat de mariage, soit par acte postérieur, à ce droit de disposition. — Les aliénations faites à titre onéreux par l'instituant pourraient, d'ailleurs, le cas échéant, être attaquées comme faites de mauvaise foi et en haine de l'institution.

14. Quant aux aliénations à titre gratuit, elles sont, en principe, interdites à l'instituant. Cette prohibition s'applique aux dispositions par testament, comme aux donations entre vifs (Orléans, 30 mars 1892, D. P. 93. 2. 330). Il en résulte que l'instituant ne pourrait valablement consentir une institution postérieure à la première. — Sont exceptées de la prohibition les donations de « sommes modiques à titre de récompense ou autrement », par exemple pour causes pieuses, pour présents d'usage, etc. La modicité des dons ainsi autorisés s'apprécie suivant leur objet et la fortune du donateur. En cas d'excès, les libéralités dont il s'agit ne sont pas annulables en totalité, mais seulement réductibles. — Les donations postérieures à l'institution sont considérées comme nulles à l'égard de l'institué, en font l'objet étant censés n'être jamais sortis du patrimoine du donateur, après le décès de l'instituant, l'institué peut agir pour les faire rentrer dans la succession par la voie de la revendication (Limoges, 7 déc. 1900, D. P. 1902. 2. 369). Mais pendant la vie de l'instituant, l'institué n'a pas qualité pour demander la rétractation des dispositions à titre gratuit consenties par ce dernier sur les biens compris dans l'institution; toutefois, il est autorisé à prendre, du vivant même de l'institué, certaines mesures conservatoires, à demander, par exemple, le cas échéant, que le donataire soit tenu de garantir la restitution ultérieure des biens donnés.

15. À la mort de l'instituant, l'institué, s'il a survécu, recueille les biens faisant l'objet de l'institution. Lorsque celle-ci est universelle et qu'il n'existe pas d'héritier réservataire, il est saisi de plein droit de tous les biens, droits et actions dont se compose la succession. Dans aucun cas il n'est tenu de demander la délivrance aux héritiers. — De même que l'héritier légitime, il peut valablement renoncer, après l'ouverture de la succession du disposant, au bénéfice de l'institution. Cette renonciation n'est pas soumise à la formalité de la déclaration au greffe, prescrite pour les renonciations à succession (Comp. Civ. 784).

16. L'institué universel, en l'absence d'héritiers à réserve, est tenu des dettes de la succession *ultra vires*. Si, au contraire, il est en concours avec des héritiers à réserve, il n'est tenu que dans les limites des forces de la succession. Il en est de même de l'institué à titre universel. L'institué contractuellement n'est jamais tenu au payement des legs.

17. Dans le cas où l'institué est décédé avant l'instituant, ce sont les enfants de l'institué qui recueillent les biens (sauf le cas, bien entendu, où le bénéfice de la libé-

ralité a été limité à l'institué lui-même : V. *supra*, n° 8). Il en est de même en cas de renonciation de l'institué au bénéfice de l'institution. — Les enfants appelés au bénéfice de l'institution, à défaut de l'institué, ne viennent pas de son chef; ils reçoivent directement de l'instituant, en vertu d'un droit qui leur est propre. Il n'est donc pas nécessaire, pour jouir de l'institution, qu'ils soient héritiers de l'institué; ils peuvent, même après avoir renoncé à la succession, recueillir les avantages de l'institution.

18. L'institution contractuelle devient caduque : 1° lorsque le donateur survit au donataire et à sa postérité (V. *infrà*, n° 32); 2° lorsque les personnes appelées à en recueillir le bénéfice y renoncent (V. *supra*, n° 15). Lorsque l'institution contractuelle est caduque pour l'une de ces causes, elle doit être réputée non avenue et ne s'impute pas sur la quotité disponible, de telle sorte que cette quotité sera exclusivement affectée à l'acquittement des donations postérieures qui, sans la caducité de l'institution, fussent restées inexécutées en tout ou en partie.

19. On entend par *promesse d'égalité* la clause par laquelle un père ou une mère, lors du mariage de l'un de ses enfants, promet de lui laisser une part de sa succession égale à celle de ses autres enfants. La validité de cette clause est reconnue par la jurisprudence. — La promesse d'égalité équivaut à une institution contractuelle dont l'effet est d'assurer à l'enfant institué sa part héréditaire dans la portion disponible comme dans la réserve, et d'interdire à l'instituant toute disposition à titre gratuit en faveur des autres enfants, si ce n'est pour sommes modiques, à titre rémunératoire ou autrement. Le père de famille conserve, nonobstant la promesse d'égalité par lui faite dans le contrat de mariage d'un de ses enfants, la faculté de faire tous actes de disposition compatibles avec la pleine exécution de cette promesse; il reste libre, notamment, de faire, par voie d'attribution, le partage de ses biens entre ses enfants, à la condition de respecter l'égalité promise. D'autre part, s'il ne lui est pas permis d'avantager l'un de ses enfants au préjudice des autres, rien ne s'oppose à ce qu'il dispose de la quotité disponible en faveur de personnes étrangères.

§ 3. — *Donation cumulative de biens présents et à venir* (R. 2125 et s.; S. 569 et s.).

20. Cette donation est celle par laquelle le donateur comprend *expressément* ses biens présents dans l'acte par lequel il dispose en même temps de ses biens à venir. C'est une disposition complexe mais unique, véritable institution contractuelle tant que vit le donateur, mais susceptible, à la mort de ce dernier, de se diviser au choix du donataire, et soumise, en vue de cette faculté d'option, à certaines formalités particulières. D'ailleurs, l'intention du donateur pourrait être de faire, en un même acte, deux donations distinctes : l'une portant sur les biens présents, l'autre sur les biens à venir, chacune d'elles étant régie par les règles qui lui sont propres. C'est là une question de fait et d'intention.

21. La donation cumulative de biens présents et à venir peut, comme l'institution contractuelle, être universelle, à titre universel ou à titre particulier. — A part le droit d'option qui appartient au donataire (V. *infrà*, n° 22), elle est soumise aux mêmes règles que l'institution contractuelle. C'est ainsi, notamment, que le donateur conserve jusqu'à son décès la propriété des biens compris dans la donation, avec le droit de les aliéner à titre onéreux, mais non à titre gratuit, sauf exception pour les dons modiques, etc., sans qu'il y ait à distinguer entre les biens présents et les biens à venir; que, d'autre part, la donation devient caduque en cas de prédécès du donataire. — La donation cumulative de biens présents et à venir n'est pas incompatible avec la réserve d'un usufruit au profit du donateur (Req. 19 nov. 1890, D. P. 91. 1. 473).

22. La donation de biens présents et à venir varie dans ses effets suivant qu'un état des dettes dont le donateur était tenu au jour de la donation a, ou non, été dressé. — Dans le premier cas, le donataire jouit, *lors du décès du donateur,* d'un droit d'option; il peut, à son choix, ou accepter l'ensemble de la disposition ou opter pour les biens présents (c'est-à-dire ceux qui existaient lors de la donation) et renoncer au surplus des biens du donateur. L'état des dettes exigé par la loi ne peut être remplacé par une indication du montant total des dettes; ... ni par la déclaration que les immeubles donnés ne sont grevés d'aucune dette; ... ni par la dispense de contribuer aux dettes, lorsque cette promesse s'étend même au passif à venir du donateur. — Le droit d'option du donataire n'est pas subordonné à la confection d'un état estimatif des objets mobiliers existants lors de la donation (Civ. 948).

23. Si le donataire accepte l'ensemble de la disposition, il acquiert les droits et est soumis aux obligations d'un institué contractuel ordinaire. On ne saurait, en pareil cas, opposer au donataire l'absence d'un état estimatif des objets mobiliers compris dans la donation (Angers, 12 déc. 1889, D. P. 91. 1. 473). S'il opte pour les biens présents et renonce au surplus des biens du donateur, la donation cumulative se trouve convertie rétroactivement en une donation de biens présents et, comme telle, assujettie aux formalités prescrites pour ce genre de donation. Ainsi, le donataire ne peut, même au regard des héritiers du donateur, faire valoir son droit sur les objets mobiliers appartenant au donateur à l'époque de la disposition, qui n'auraient pas été décrits et estimés conformément à l'art. 948 c. civ. D'autre part, le donataire qui déclare s'en tenir aux biens présents peut revendiquer tous les immeubles qui appartenaient au donataire à l'époque de la donation, et les faire déclarer francs et quittes de toutes les hypothèques ou servitudes établies du chef du donateur postérieurement à la donation; mais son action n'est recevable qu'à l'égard des immeubles qui ont été soumis à la formalité de la transcription.

24. Lorsqu'il n'a pas été annexé d'état des dettes à l'acte portant donation des biens présents et à venir, le donataire est obligé d'accepter ou de répudier la donation pour le tout. S'il accepte, sa situation est celle du bénéficiaire d'une institution contractuelle. Il recueille les biens existants à ce moment, à charge de payer les dettes de la succession; et il est tenu de respecter les actes à titre onéreux faits par le donateur, mais non les actes à titre gratuit, à l'exception des donations de sommes modiques.

§ 4. — *Règles communes* (R. 2218 et s.; S. 581 et s.).

25. L'existence des donations faites par contrat de mariage est liée à celle de ce contrat lui-même, d'où il suit que la nullité du contrat de mariage résultant, par exemple, de ce que le futur conjoint mineur n'aurait pas été dûment assisté, entraînerait celle des donations qui y auraient été faites.

26. D'autre part, ces libéralités sont présumées subordonnées à la condition que le mariage s'ensuivra (Civ. 1088), et elles deviennent caduques si le mariage projeté n'a pas lieu. Mais, bien que soumise à la condition que le mariage sera réalisé et valable, la donation est parfaite dès le jour où le contrat de mariage a été signé, et elle ne pourrait être révoquée par le donateur dans l'intervalle entre le contrat et la célébration du mariage.

27. Les donations faites aux époux en dehors du contrat de mariage deviennent aussi caduques par le non-accomplissement du mariage, lorsqu'elles ont été faites « en faveur du mariage » (Civ. 1088). Il en est ainsi même des donations d'objets mobiliers faites de la main à la main (Civ. c. 2 août 1887, D. P. 88. 1. 133) et des donations déguisées sous la forme de contrats à titre onéreux. — Une donation faite par acte séparé n'est, d'ailleurs, pas présumée faite en faveur du mariage, bien qu'elle ait eu lieu au profit d'un des futurs époux; mais le donateur serait admis à prouver que sa libéralité n'a pas eu d'autre cause que le mariage, et que, celui-ci n'ayant pas été célébré, elle est devenue caduque.

28. Les règles de forme diffèrent sur divers points, selon qu'il s'agit de donations de biens présents ou de donations portant sur des biens à venir ou cumulativement sur des biens présents et à venir (Comp. *supra*, nos 3, 4, 6 et s., 20 et s.). Mais toutes les donations par contrat de mariage, *quelles qu'elles soient,* sont dispensées de la formalité de l'acceptation *expresse* (Civ. 1087). L'acceptation résulte suffisamment de la présence des parties et de leur signature au contrat de mariage. — Cette règle exceptionnelle ne saurait être étendue aux donations faites par acte séparé en faveur du mariage.

29. Les règles concernant la quotité disponible et la réduction des libéralités qui excèdent cette quotité s'appliquent aux donations faites par contrat de mariage (Civ. 1090).

30. L'art. 1086 c. civ. consacre d'importantes dérogations aux dispositions prohibitives édictées à l'égard des donations en général par les art. 944 à 946, et qui sont des conséquences de la règle « donner et retenir ne vaut » (V. *infrà, Donation entre vifs,* nos 5 et s.). — D'une part les donations par contrat de mariage peuvent être faites « à la condition de payer indistinctement toutes les dettes et charges de la succession du donateur ». Et il est également permis d'insérer dans ces donations toutes autres conditions dont l'exécution dépend de la volonté du donateur. On admet toutefois qu'une donation par contrat de mariage ne pourrait être faite sous une condition *purement* potestative, c'est-à-dire dont la réalisation dépendrait d'une simple manifestation de volonté de la part du donateur (Sur les conditions potestatives, V. *infrà, Obligations*).

31. D'autre part, il est permis au donateur de se réserver le droit de disposer d'un effet ou d'une somme compris « dans la donation ». Spécialement, dans une donation par avancement d'hoirie faite par contrat de mariage, le donateur peut se réserver la faculté de disposer ultérieurement, au profit d'une autre personne, de ce qui excédera la réserve du futur époux donataire dans sa succession (Civ. r. 8 févr. 1898, D. P. 99. 1. 265). — La donation est donc valable, en pareil cas, même en ce qui concerne l'effet ou la somme désignée, et, contrairement à ce qui a lieu pour les donations ordinaires, si le donateur meurt sans avoir usé du droit qu'il s'était réservé, cet effet ou cette somme appartiendront au donataire ou à ses ayants cause. — La clause dont il s'agit, bien qu'elle ne soit mentionnée par la loi que pour le cas d'une donation de biens présents, peut également être insérée dans une donation de biens à venir. Elle a moins d'utilité en pareil cas, le donataire de biens

à venir ayant de plein droit la faculté de disposer à titre onéreux des biens qui en font partie (V. *suprà*, nº 13); mais elle ne serait pas sans intérêt en ce qu'elle lui réserverait la possibilité de disposer par voie d'aliénation gratuite. — La règle qui précède ne s'applique pas au cas où il y a, de la part du donateur, non pas réserve de la faculté de disposer d'un objet compris dans la libéralité, mais réserve pure et simple d'un objet déterminé que l'on excepte de la libéralité; en pareil cas, cet objet est en dehors de la donation, et, si le donateur n'en dispose pas au profit d'une autre personne, il appartient à ses héritiers et non à ceux du donataire.

32. Les donations de biens à venir deviennent caduques lorsque le donateur survit au donataire et à sa postérité issue du mariage. Il en est de même des donations cumulatives de biens à venir; et la caducité, en ce cas, est absolue : elle est encourue pour les biens présents comme pour les biens à venir (Req. 28 juill. 1856, D. P. 56. 1. 428). La même règle s'applique aux donations de biens présents lorsqu'elles sont faites sous des conditions potestatives ou sous la réserve du droit de disposer de quelques biens compris dans la donation (Civ. 1089). Mais elle ne s'étend pas aux donations de biens présents qui ne sont pas soumises à une modalité de ce genre : ces donations dépouillent le donateur actuellement et irrévocablement, et il ne peut reprendre les biens donnés, dans le cas où il survit au donataire, qu'à la condition d'avoir stipulé le droit de retour à son profit (Civ. 951-952; Limoges, 6 nov. 1893, D. P. 94. 2. 491).

33. Les donations par contrat de mariage sont, comme les donations ordinaires, révocables pour inexécution des conditions et pour survenance d'enfant (V. *infrà, Donation entre vifs,* nos 86 et s., 107 et s.), ... mais non pour cause d'ingratitude (Civ. 959). V. *infrà, eod. vº,* nos 97 et s.

§ 5. — *Enregistrement et timbre.*

34. Le législateur a établi un tarif de faveur pour les libéralités entre vifs de biens présents faites aux futurs époux par contrat de mariage. La quotité du droit a été fixée de la manière suivante par l'art. 18 de la loi du 25 févr. 1901 (D. P. 1901. 4. 33) :

En ligne directe	2 »	º/₀
Entre époux	3 50	º/₀
Entre frères et sœurs	7 »	º/₀
Entre oncles ou tantes et neveux ou nièces	8 »	º/₀
Entre grands-oncles ou grand'tantes et petits-neveux ou petites-nièces et entre cousins germains	9 »	º/₀
Entre parents au 5ᵉ et au 6ᵉ degré	10 »	º/₀
Entre parents au delà du 6ᵉ degré et entre personnes non parentes	11 »	º/₀

35. Ce tarif, commun aux meubles et aux immeubles, est affranchi de tout décime et comprend le droit de transcription. — Il doit être strictement limité aux libéralités répondant à la pensée du législateur, et ne peut être étendu ni aux donations entre vifs faites par contrat de mariage à toute autre personne qu'aux futurs époux, ni à celles qui, quoique faites en vue du mariage, ne sont pas consenties par un acte antérieur au contrat.

36. La donation de biens à venir, ou institution contractuelle, lorsque rien n'est transmis actuellement et que le donateur disposant n'a pas été considéré comme un simple terme apposé à l'exécution de la convention, donne ouverture, au moment de l'enregistrement du contrat, au droit fixe de 7 fr. 50 (L. 22 frim. an 7, art. 68, § 3, nº 5, R. vº *Enregistrement,* t. 21, p. 26; 28 avr. 1816, art. 45, nº 4, *ibid.,* p. 39; 28 févr.

1872, art. 4, D. P. 72. 4. 12); elle est soumise, en outre, à l'événement, au droit proportionnel de mutation par décès, la mutation s'opérant, en effet, par décès, puisque c'est le décès de l'instituant qui donne à cette donation l'existence sans effet rétroactif. — La donation de biens présents et à venir est, pour le tout, une donation de biens à venir et est soumise aux mêmes règles, lorsqu'elle n'emporte aucune transmission actuelle de propriété ou de jouissance; mais le droit proportionnel est dû pour les biens présents toutes les fois qu'il est stipulé que le donateur entrera de suite en jouissance (Av. Cons. d'Ét. 22 déc. 1809, R. v° *Enregistrement*, t. 22, p. 258).

37. L'état estimatif des objets mobiliers compris dans une donation par contrat de mariage, et l'état des dettes et charges annexé à une donation de biens présents et à venir, doivent être rédigés sur papier timbré. Ils sont passibles d'un droit fixe d'enregistrement de 3 francs en principal.

DONATION ENTRE ÉPOUX

(R. v° *Dispositions entre vifs et testamentaires; S. eod. v°*).

§ 1er. — *Donation entre futurs époux par contrat de mariage* (R. 2256 et s.; S. 584 et s.).

1. Les époux peuvent, par contrat de mariage, se faire entre eux toutes les donations, soit de biens présents, soit de biens à venir, soit de biens présents et à venir, qui peuvent être faites en leur faveur par des tiers (Civ. 1091). Ces donations peuvent être faites par un seul des époux au profit de l'autre, ou bien être mutuelles et réciproques.

2. En principe, les donations entre futurs époux sont assujetties aux mêmes règles de forme et de fond que les donations contractuelles consenties par des tiers (V. *supra, Donation par contrat de mariage*). Il en est ainsi soit qu'il s'agisse de donations de biens présents, soit qu'il s'agisse de donations de biens à venir, ou de donations de biens présents et à venir cumulativement (Civ. 1093). C'est ainsi, par exemple : qu'elles ne sont pas soumises à la nécessité d'une acceptation expresse; ... qu'elles deviennent caduques si le mariage n'a pas lieu; ... qu'elles peuvent être faites sous des conditions potestatives de la part du débiteur ou avec réserve, pour le donateur, de disposer de quelque objet compris dans la disposition; ... que, lorsqu'elles portent sur des biens présents, elles ne sont pas censées faites sous la condition de survie du donataire si cette condition n'est formellement exprimée (Civ. 1092), etc. — Elles en diffèrent, toutefois, à certains égards : ainsi, elles sont soumises à des règles spéciales en ce qui concerne les causes de révocation (V. *infrà*, n° 12). D'autre part, les donations de biens à venir ou de biens présents et à venir entre futurs époux ne sont pas transmissibles aux enfants issus du mariage, si l'époux donataire décède avant le donateur (Civ. 1093). Mais, suivant l'opinion qui paraît prévaloir, le donateur peut écarter l'application de cette règle en substituant expressément à l'époux donataire ses enfants ou descendants.

3. Les donations entre futurs époux peuvent être faites même par des mineurs et avec la même latitude que par des majeurs, pourvu que ces mineurs soient assistés des personnes dont le consentement est requis pour la validité du mariage (Civ. 1095). Comp. *supra, Contrat de mariage*, n°s 40 et s.

4. Enfin, les donations dont il s'agit sont soumises à des règles spéciales en ce qui concerne la quotité disponible (V. *infrà, Portion disponible*).

§ 2. — *Donation entre époux pendant le mariage* (R. 2365 et s.; S. 594 et s.).

5. Les époux peuvent, durant le mariage, se faire l'un à l'autre toutes sortes de donations. Ces donations peuvent avoir pour objet soit des biens présents, soit des biens présents et à venir, soit des biens présents et à venir cumulativement. Mais les donations entre époux offrent ce caractère particulier d'être essentiellement révocables, quelle que soit la qualification qui leur est attribuée (Civ. 1096, § 1er), et quelle qu'en soit la forme. Ainsi la règle s'applique aux libéralités indirectes, à celles qui sont déguisées sous la forme d'un contrat à titre onéreux ou faites par personnes interposées, aux dons manuels. — Elle est d'ordre public, et dès lors l'époux donateur ne peut renoncer à la faculté de révocation, soit expressément, soit tacitement, notamment par une exécution volontaire (Limoges, 15 mars 1897, D. P. 97. 1. 273). — La femme peut, sans aucune autorisation, révoquer la donation par elle faite à son mari (Civ. 1096, § 2).

6. Bien que révocable *ad nutum*, la donation entre époux n'en constitue pas moins une donation entre vifs, et n'a les caractères ni de la disposition testamentaire, ni de la donation à cause de mort. — Ainsi, quant aux conditions de forme, elle est assujettie, non pas aux règles des testaments, mais à celles des dispositions entre vifs : nécessité d'un acte notarié, d'une acceptation expresse, et..., et s'il s'agit d'une donation de biens présents, — rédaction d'un état estimatif pour les meubles, formalité de la transcription pour les immeubles.

7. De même, la capacité nécessaire est celle qui est exigée pour les donations entre vifs : ainsi, l'époux mineur, même âgé de plus de seize ans (Comp. *supra, Dispositions entre vifs et testamentaires*, n° 31), ne peut faire une donation à son conjoint. Il en est de même du prodigue ou du faible d'esprit, s'il n'est assisté de son conseil.

8. De même encore, on ne saurait étendre à la donation entre époux la règle d'après laquelle toute disposition testamentaire devient caduque par le prédécès du légataire : cette cause de caducité n'existe que pour les donations de biens présents et à venir ou de biens à venir seulement, par application des art. 1089 et 1093 (V. *supra, Donation par contrat de mariage*, n° 32); mais les donations de biens présents subsistent malgré le prédécès de l'époux donataire, tant qu'elles ne sont pas révoquées (V. *infrà*, n° 9 et s.).

9. L'époux donateur peut révoquer la donation, soit expressément, soit tacitement. — La révocation expresse ne peut avoir lieu que par testament ou par un acte notarié reçu conformément aux dispositions de l'art. 2 de la loi du 21 juin 1843 (V. *infrà, Preuve*). — En principe, la clause d'un testament par lequel le testateur déclare révoquer tout testament antérieur ne saurait entraîner la révocation d'une donation faite au conjoint.

10. La révocation tacite résulte de tous faits on actes de l'époux donateur qui indiquent d'une manière non équivoque son intention de révoquer la donation. On admet d'ailleurs, généralement, que les règles sur la révocation tacite des testaments sont applicables en matière de donation entre époux (V. *infrà, Testament*). — La révocation tacite résulterait, notamment, des dispositions contenues dans un acte postérieur et qui seraient incompatibles avec la donation faite au conjoint, par exemple d'un legs, d'une donation faits postérieurement au profit d'une autre personne. Elle résulterait

encore de l'aliénation, faite par le donateur, de l'objet précédemment donné.

11. La faculté de révocation est personnelle à l'époux donateur; elle ne peut être exercée de son chef par ses créanciers ni, après sa mort, par ses héritiers, si ce n'est pour inexécution des conditions ou ingratitude (Civ. 957). Mais cette faculté ne s'éteint pas avec le décès du donataire; les héritiers de celui-ci restent soumis à l'action en révocation, dont l'époux donateur peut user jusqu'à son décès.

12. Les donations entre époux ne sont pas révoquées par la survenance d'enfants (Civ. 1096, § 3; Comp. *infrà, Donation entre vifs*, n°s 107 et s.). Elles pourraient l'être, comme toutes autres donations, pour inexécution des conditions ou ingratitude du donataire (Comp. *infrà, eod. v°*, n°s 86 et s., 97 et s.); mais le donateur, pouvant révoquer la donation par sa seule volonté, n'a pas intérêt à invoquer ces causes de révocation (V. *supra*, n° 9).

13. Toutes dispositions mutuelles qui seraient faites par un seul et même acte sont interdites entre époux. Cette règle, qui, en ce qui concerne les dispositions testamentaires, n'est que l'application du droit commun (Civ. 968; V. *infrà, Testament*), s'étend aux donations faites pendant le mariage (Civ. 1097). Elle est, d'ailleurs, de pure forme : la loi ne prohibe pas les donations mutuelles entre époux faites *par actes séparés*, encore que les deux actes soient passés le même jour et simultanément. — D'après la jurisprudence la plus récente de la Cour de cassation, la prohibition édictée par l'art. 1097 est applicable au cas où les époux, en faisant une donation à un tiers, se réservent l'usufruit des biens donnés ou constituent une rente viagère, en stipulant la réversibilité de la totalité de l'usufruit ou de la rente viagère au profit du survivant d'entre eux (Civ. c. 19 janv. 1881, D. P. 81. 1. 181. *Adde* : Paris, 23 juill. 1900, D. P. 1900. 2. 493).

§ 3. — *Enregistrement et timbre.*

14. Les droits d'enregistrement auxquels donnent ouverture les donations entre époux varient suivant que ces donations ont eu lieu par contrat de mariage ou pendant le mariage. Il convient également de distinguer, pour l'application de l'impôt, les donations actuelles de biens présents et les donations éventuelles de biens à venir ou de biens présents et à venir.

15. Les donations actuelles entre époux, par contrat de mariage, de biens présents opérant immédiatement la transmission des biens donnés, sont soumises au droit proportionnel qui a été fixé à 3 fr. 50 pour cent par l'art. 18 de la loi du 25 févr. 1901 (D. P. 1901. 4. 33).

16. Les donations de biens à venir ou de biens présents et à venir, soumises à l'événement du décès du donateur, faisant partie de celles que l'on désigne sous le nom de donations éventuelles, ne sont passibles que du droit fixe de 7 fr. 50 (L. 22 frim. an 7, art. 68, § 3, n° 5, R. v° *Enregistrement*, t. 21, p. 26; 28 avr. 1816, art. 4, n° 4, *ibid.*, p. 39; 28 févr. 1872, art. 4, D. P. 72. 4. 12). — Ce droit fixe de 7 fr. 50 est applicable à toutes les stipulations avantageuses entre époux que peut renfermer le contrat de mariage, à l'exception, toutefois, des stipulations diverses (préciput, forfait de communauté, etc...) par lesquelles les époux, en adoptant le régime de communauté, en modifient les effets généraux. — Au décès du donateur, le donataire peut accepter la donation ou y renoncer; en cas d'acceptation, elle donne ouverture au droit de mutation.

17. La résolution purement volontaire d'une donation actuelle constitue, elle-même, une libéralité et donne lieu, par suite, à la perception d'un nouveau droit de mutation. Mais, lorsque la résolution est forcée, le caractère de la mutation étant, en ce cas, celui d'une transmission à titre onéreux, le droit proportionnel est dû au taux établi pour les mutations à titre onéreux.

18. La renonciation par le donataire au bénéfice d'une donation éventuelle n'est point translative de propriété, même lorsqu'elle est constatée après la mort du donateur, et n'opère, par suite, que le droit fixe. Cette renonciation, enlevant à la donation son caractère translatif, l'affranchit du droit proportionnel de mutation. Mais il faut qu'elle soit sincère.

19. La révocation, par le donateur, d'une donation entre époux, lorsqu'elle est faite par un acte notarié ordinaire, ne donne ouverture qu'au droit fixe de 3 fr., sans qu'il y ait lieu de distinguer entre les donations de biens présents et les donations de biens à venir, la mutation qui résulte des premières étant affectée d'une condition résolutoire tacite qui, lorsqu'elle se réalise, anéantit rétroactivement la transmission et n'a pas pour effet d'opérer une rétrocession. Si la révocation est contenue dans un testament, ce testament est soumis au droit fixe de 7 fr. 50; mais il ne doit être enregistré qu'après le décès du testateur (V. *infrà, Testament*).

20. La donation entre époux, pendant le mariage, de biens présents, immédiatement transmis, doit être enregistrée dans les dix ou quinze jours de sa date et donne lieu à la perception du droit proportionnel, qui est de 5 pour cent (L. 25 févr. 1901, art. 18). Lorsque la libéralité a les caractères d'une donation à cause de mort, l'acte n'est, comme les testaments, sujet à la formalité que dans les trois mois du décès du testateur. Il est soumis, alors, au droit fixe de 7 fr. 50, et la libéralité est passible du droit de mutation par décès.

DONATION ENTRE VIFS

(R. v° *Dispositions entre vifs et testamentaires*; S. *eod.* v°).

ART. 1er. — CARACTÈRES GÉNÉRAUX DES DONATIONS ENTRE VIFS.

1. La donation entre vifs est un acte par lequel le donateur se dépouille actuellement et irrévocablement de la chose donnée, en faveur du donataire qui l'accepte (Civ. 894). La donation se distingue de la renonciation à un droit, qui n'est pas assujettie aux règles applicables aux libéralités proprement dites. Toutefois, la renonciation, lorsque les effets en sont limités à une personne ou à une catégorie de personnes déterminées, perd le caractère d'un abandon pur et simple pour revêtir celui d'une véritable libéralité au profit de ceux en faveur desquels elle intervient, et dès lors elle est nulle si elle n'est pas faite dans la forme des actes à titre gratuit.

§ 1er. — *Gratuité de la donation* (R. 1291 et s.; S. 337 et s.).

2. La donation est un acte essentiellement gratuit; néanmoins, elle peut être faite avec stipulation de certaines charges; dans ce cas même, elle ne cesse pas d'être considérée comme une transmission à titre gratuit et est soumise, par conséquent, à toutes les règles des donations entre vifs. Mais, si l'acte qualifié donation impose au donateur des charges ou des services d'une valeur équivalente ou sensiblement égale à celle des biens donnés, il n'y a plus libéralité, mais convention à titre onéreux.

3. D'après l'opinion dominante, l'abandon des biens, à la charge, par le cessionnaire, de loger, nourrir et entretenir le cédant,

constitue une convention translative de propriété à titre onéreux, alors, tout au moins, que l'acte impose au cédant des charges qui équivalent à la valeur des biens abandonnés (Req. 21 déc. 1887, D. P. 88. 1. 256). La charge imposée au donataire de servir une rente viagère au donateur peut aussi, en raison de l'importance relative de la rente, imprimer à l'acte le caractère d'un contrat onéreux.

4. En principe, les donations *rémunératoires*, c'est-à-dire celles qui ont lieu en vue de récompenser des services rendus par le donataire au donateur, doivent être considérées comme de véritables libéralités. Il en est toutefois autrement, et elles revêtent le caractère de contrats commutatifs, lorsque, d'une part, les services rémunérés sont appréciables en argent, et que, d'autre part, ils ont une valeur qui égale à peu près le montant de la prétendue donation.

§ 2. — *Dessaisissement du donateur* (R. 1316 et s.; S. 340 et s.).

5. Une autre condition essentielle de la donation est qu'il y ait dessaisissement actuel et irrévocable de la part du donateur au profit du donataire. C'est la règle qu'exprime l'ancien adage : *donner et retenir ne vaut.* — La tradition immédiate des objets donnés n'est pas nécessaire pour qu'il y ait dessaisissement dans le sens de la loi; ainsi, la donation peut être considérée comme actuelle et irrévocable, quoique la tradition soit différée jusqu'après le décès du donateur, pourvu toutefois qu'il résulte des termes de l'acte et des circonstances que le donateur a entendu s'obliger actuellement et ne considérer son décès que comme un terme incertain, à l'événement duquel était ajournée l'exécution de la donation.

6. Pour que le dessaisissement soit actuel et irrévocable, il n'est pas nécessaire qu'il porte sur la pleine propriété. — Le donateur peut donc disposer de la nue propriété, en se réservant l'usufruit du bien donné (Civ. 949). Il peut de même, en abandonnant l'usufruit, se réserver la nue propriété. Le donateur peut, d'ailleurs, se réserver un usufruit plus étendu que celui qui est prévu par les art. 578 et s. c. civ., dès lors qu'il ne porte pas atteinte à la règle de l'irrévocabilité de la donation (Req. 1er avr. 1895, D. P. 95. 1. 335), par exemple stipuler à son profit le droit d'administrer, exploiter les biens donnés, faire tous baux, d'apporter tous changements aux immeubles, enfin de jouir comme pourrait le faire le propriétaire. — En vertu de textes spéciaux, certaines libéralités ne peuvent être faites sous réserve d'usufruit (Ord. 14 janv. 1831, art. 4, R. p. 47; L. 1er juill. 1901, art. 11, D. P. 1901. 4. 105).

7. Plusieurs prohibitions édictées par le Code civil se rattachent à la règle d'après laquelle le dessaisissement du donateur doit être actuel et irrévocable : 1° la donation entre vifs ne peut avoir pour objet que les biens *présents* du donateur; est nulle à l'égard des biens à venir, sans d'ailleurs que cette nullité s'étende aux biens présents donnés par le même acte (Civ. 943).

8. Par biens présents, il ne faut pas entendre seulement ceux qui existent actuellement dans le patrimoine du disposant; on doit y comprendre même les droits éventuels lorsqu'ils constituent pour lui une expectative certaine. Ainsi, ne sont point des donations à venir, dans le sens de l'art. 943 : le don de la récolte que produira tel fonds l'année prochaine; ... les bénéfices que l'on doit retirer d'une société déjà formée. — On devrait considérer, au contraire, comme une donation de biens à venir celle qui aurait pour objet les biens, ou une qualité des biens, que le donateur laissera à son décès; ... ou les biens que le

donateur est appelé éventuellement à recueillir en qualité d'héritier présomptif d'une personne encore vivante. — La donation d'une somme *payable au décès du donateur* a, en général, les caractères d'une donation de biens présents, en ce qu'elle dessaisit dès à présent le donateur et confère au donataire une créance actuelle et irrévocable, dont le payement seul est affecté d'un terme. Au contraire, la donation d'une somme *à prendre sur les biens que le disposant laissera à son décès* doit être considérée, en principe, comme une donation de biens à venir. Toutefois, cette distinction n'a guère qu'un intérêt théorique; car on admet, d'une part, que, dans la première hypothèse, la disposition peut revêtir le caractère d'une disposition de biens à venir, nulle, en conséquence, si les clauses de l'acte et les circonstances de fait répugnent à l'idée d'un dessaisissement de la part du donateur; d'autre part, que, dans la seconde hypothèse (donation d'une somme à prendre sur les biens laissés), la libéralité peut ne constituer qu'une donation de biens présents, si le caractère d'un dessaisissement actuel ressort de ces mêmes clauses et circonstances.

9. 2° Est nulle toute donation faite sous une condition purement potestative, c'est-à-dire dont l'accomplissement dépend de la seule volonté du donateur (Civ. 944). Ainsi se trouve interdite toute condition suspensive ou résolutoire qui laisserait directement ou indirectement au donateur le pouvoir, soit de révoquer la libéralité par lui faite, soit d'en neutraliser ou d'en restreindre l'effet. Les donations peuvent, d'ailleurs, être affectées de toute espèce de conditions, pourvu qu'elles soient casuelles et non potestatives.

10. La question de savoir si une condition doit être considérée comme potestative est une question de fait et d'appréciation; d'une façon générale, on doit, pour la résoudre, se montrer plus rigoureux qu'en matière de contrat. — Seraient évidemment potestatives, et annuleraient la donation, des conditions telles que celles-ci : *si je prends ou ne prends pas un état, ou tel état; si je vais m'établir dans telle ville.* La condition exprimée dans ces termes : *si je marie*, est potestative, et entraîne la nullité de la donation. Au contraire, d'après l'opinion qui paraît prévaloir, la condition *si je marie avec telle personne déterminée* est mixte comme dépendant à la fois de la volonté du donateur et de celle d'un tiers, et, par suite, ne vicie pas la donation.

11. La donation peut être valablement faite sous une condition qui ne doit se réaliser qu'à la mort du disposant, par exemple sous la condition que le donateur n'aura pas d'enfant lors de son décès. De même, la condition que le donataire *survivra* au donateur est purement casuelle et ne vicie pas la donation. — Est valable encore la donation faite sous la condition que le donataire, ou même ses héritiers, ne devront se mettre en possession des biens donnés qu'à une époque déterminée : il y a là, d'ailleurs, non pas une véritable condition, mais plutôt un terme incertain.

12. Enfin, les donations peuvent être affectées d'une condition résolutoire (Sur les effets de cette condition, V. *infrà, Obligations*). — Le *retour conventionnel* (Civ. 951) constitue une condition de ce genre. Il doit être formellement stipulé ; la condition de retour conventionnel ne peut s'induire d'un acte qui n'en contient pas la stipulation expresse. Cependant, la question de savoir si la volonté du donateur résulte avec certitude de l'ensemble des clauses de l'acte et que les tiers ne puissent se méprendre sur sa portée. — D'après l'opinion dominante, la clause d'avancement d'hoirie, qui rend le rapport nécessaire, ne doit pas être considérée comme établissant le retour conventionnel au profit de l'ascendant donateur. De même, ne renferment pas implicitement la réserve du droit de retour, les partages anticipés faits sous la forme de donations entre vifs. — Enfin, l'interdiction d'aliéner pendant la vie du donateur, sans le consentement de celui-ci, n'équivaut pas, en principe du moins, à la stipulation d'un droit de retour conventionnel.

13. Le droit de retour peut être stipulé : pour le cas de prédécès du donataire avec ou sans postérité, comme aussi pour le cas de prédécès du donataire et de ses descendants. — Lorsque le droit de retour a été stipulé pour le cas de prédécès du donataire sans autre explication, l'événement de cette condition doit donner ouverture au droit de retour, bien que le donataire ait laissé des enfants. La même solution est applicable, d'après l'opinion qui paraît prévaloir, au cas où le donateur aurait stipulé le droit de retour sans rien ajouter. Quand le droit de retour a été stipulé pour le cas de prédécès du donataire sans enfants, le droit est éteint par le décès du donataire, dès lors qu'il a laissé des enfants et quand même ces enfants mourraient avant le donateur. — Enfin, lorsque le droit de retour a été réservé pour le cas de prédécès « du donataire et de ses descendants », le droit de retour ne se réalisera qu'autant qu'avant la mort du donateur il n'existe aucun descendant du donataire, à quelque degré que ce soit. — Le mot *enfants*, employé dans la clause de retour, s'entend de tous les descendants légitimes, à quelque degré et de quelque sexe qu'ils soient. Quant aux enfants naturels, c'est une question d'intention : d'après l'opinion générale des auteurs, l'existence d'un enfant naturel, dans le cas de prédécès du donataire sans enfants légitimes, pourra faire obstacle à l'exercice du droit de retour, mais à la condition que la reconnaissance soit antérieure à la donation et que le donateur en ait eu connaissance au moment où il disposait.

14. Le retour conventionnel ne peut être stipulé qu'au profit du donateur seul (Civ. 951, § 2). La stipulation ne peut être valablement faite au profit des héritiers du disposant; mais les auteurs ne sont pas d'accord sur le point de savoir si l'on doit y voir une substitution prohibée, entraînant la nullité de la donation entière (Civ. 895), ou si elle doit être assimilée à une condition illicite et comme telle réputée non écrite, la donation restant valable (Civ. 900). Si la stipulation du droit de retour était faite cumulativement au profit du donateur et de ses héritiers, elle serait nulle quant à ces derniers, mais ne vicierait pas la donation, ni la clause relative au retour stipulé au profit du donateur. — Ce qui vient d'être dit s'applique également à la clause de retour qui serait stipulée au profit, soit d'un tiers seulement, soit du donateur et d'un tiers.

15. Le donataire, lorsqu'il y a stipulation de retour, est propriétaire des biens donnés sous condition résolutoire; il peut les aliéner ou les hypothéquer sous la même modalité, et ces biens sont, tant que la condition ne s'est pas réalisée, dans l'action de ses créanciers. Mais l'ouverture du droit de retour opère résolution de la donation *ex tunc*, c'est-à-dire que les choses sont remises au même état que si la donation n'avait pas existé. Les biens donnés doivent donc être restitués en nature au donateur, sans qu'il y ait à distinguer entre les immeubles et les meubles. Toutefois, si la donation avait eu pour objet de l'argent ou d'autres choses fongibles, le donateur n'aurait, contre la succession du donataire, qu'un simple droit

de créance. D'autre part, bien que le donataire soit réputé n'avoir jamais été propriétaire des biens donnés, les héritiers du donataire ou de ses enfants ne sont pas tenus de restituer les fruits perçus avant l'ouverture du droit de retour.

16. Par l'effet de la condition résolutoire, les aliénations des biens donnés consenties par le donataire sont mises à néant, et le donateur peut agir contre les tiers détenteurs de ces biens pour en obtenir la restitution. Mais en ce qui concerne les objets mobiliers, l'action du donateur contre les tiers pourrait être paralysée en raison de la règle : « en fait de meubles, possession vaut titre » (Civ. 2279).

17. Les biens donnés reviennent au donateur libres de toutes charges ou hypothèques dont ils auraient été affectés. Par exception, l'hypothèque garantissant la dot et les conventions matrimoniales de la femme du donataire continue d'exister sur les biens donnés. Mais il n'en est ainsi qu'autant que la donation a été faite au mari par le même contrat de mariage duquel résultent les droits de la femme; l'hypothèque de la femme du donataire ne subsisterait pas pour d'autres créances qui seraient nées au profit de la femme contre le mari donataire au cours du mariage, par suite de faits postérieurs. Il faut, en outre, que les biens du mari soient insuffisants pour garantir la femme. — D'après la doctrine unanime des auteurs, l'exception dont il s'agit ne concerne que le cas où c'est un immeuble qui a été donné avec clause de retour. Il a été jugé toutefois que, lorsque la donation a pour objet une chose mobilière fongible, notamment une somme d'argent, le donateur ne peut exercer son droit de créance contre la succession du donataire qu'après prélèvement fait par la femme de sa dot, de ses reprises, etc. (Paris, 17 juill. 1839, R. p. 569). — Les parties peuvent, d'ailleurs, par des conventions spéciales, apporter aux dispositions du Code qui régissent le retour conventionnel des dérogations, soit extensives, soit restrictives de ce droit. Ainsi, le donateur pourrait stipuler que les biens donnés ne seront pas soumis, le cas échéant, à l'hypothèque subsidiaire de la femme du donataire, ou, à l'inverse, consentir à ce que cette hypothèque serve de garantie même à d'autres créances que celles résultant du contrat de mariage.

18. La donation ne peut être valablement faite avec charge par le donataire de payer les dettes futures du donateur, c'est-à-dire celles qu'il pourra contracter ultérieurement : une pareille clause entraîne la nullité de la donation. Toutefois, des dettes même futures peuvent être mises à la charge du donataire, à la condition qu'elles soient *exprimées* dans l'acte de donation, soit dans l'état y annexé, de manière qu'il ne dépende pas du donateur d'augmenter les charges à sa volonté, au préjudice du donataire (Civ. 945). La charge de payer des dettes futures indéterminées entraînerait la nullité de la donation pour le tout, quand même le donateur n'aurait contracté aucune nouvelle dette dans l'intervalle de la donation à son décès. La donation est, d'ailleurs, valable, bien que le montant de la charge ne soit pas indiqué dans l'acte, s'il peut être fixé indépendamment de la volonté du disposant; il en est ainsi, notamment, de la donation faite à charge de payer les frais funéraires du donateur. Si la condition de payer une dette future déterminée n'entraîne pas la nullité de la donation, celle-ci doit, toutefois, être réduite jusqu'à concurrence de la dette, et cela encore que le donateur n'aurait contracté aucune dette. — Dans le cas où la donation se trouve viciée par l'apposition d'une condition ayant trait au payement de dettes futures indéterminées,

l'action qui appartient au donataire est généralement considérée, non pas comme une action en nullité régie par l'art. 1304 c. civ., mais comme une action en répétition ou en revendication qui dure trente ans. Mais, après le décès du donateur, la prescription décennale courra contre ses héritiers (Civ. 1340).

19. La réserve, par le donateur, de disposer d'un effet compris dans la donation, ou d'une somme fixe sur les biens donnés, enlève à la donation, *quant à cet effet ou à cette somme*, le caractère d'irrévocabilité qui lui est propre, et, dès lors, entraîne l'annulation de la libéralité, relativement à l'effet ou à la somme réservés, lesquels sont censés n'être pas compris dans la donation (Civ. 946). Le donateur conserve donc le droit de disposer de l'effet ou de la somme réservée; et s'il n'en a pas disposé, cet objet ou cette somme appartient à ses héritiers nonobstant toutes clauses et stipulations contraires. — L'annulation ne serait pas encourue si la réserve de disposer était soumise à une condition indépendante de la volonté du donateur.

ART. 2. — DE LA FORME DES DONATIONS ENTRE VIFS.

§ 1er. — *Règles générales* (R. 1399 et s.; S. 356 et s.).

20. Les actes portant donation entre vifs doivent être passés devant notaire. La rédaction d'un acte notarié étant exigée ici *ad solemnitatem*, le défaut d'accomplissement d'une ou de plusieurs des conditions requises pour la régularité de cet acte est une cause de nullité absolue. Les donations faites par acte sous seing privé sont nulles, alors même que l'on aurait fait le dépôt de l'acte chez un notaire, et que celui-ci aurait constaté le dépôt par acte authentique. — Les notaires sont les seuls officiers publics compétents pour recevoir les donations et en dresser acte; ainsi serait nul, bien qu'il ait le caractère de l'authenticité, l'acte de donation dressé par un juge assisté de son greffier.

21. Les actes de donation doivent être passés dans les formes prescrites pour les actes notariés par la loi du 25 vent. an 11 (R. vᵒ *Notaire*, p. 576) modifiée par celle du 12 août 1902 (D. P. 1902. 4. 73; V. *infra*, *Preuve*). Ainsi la donation serait nulle en cas d'incompétence de l'officier public qui aurait instrumenté hors de son ressort, ou d'incapacité de cet officier, ou d'inaccomplissement d'une des formalités d'où la loi fait dépendre l'authenticité, quand même l'acte serait signé des parties. — L'acte doit, à peine de nullité, être reçu par deux notaires, ou par un notaire assisté de deux témoins (L. 12 août 1902, art. 9-2ᵒ). Il doit en rester minute, à peine de nullité.

22. Le même acte peut contenir une libéralité faite par plusieurs donateurs en faveur d'un seul donataire, ou par un seul donateur au profit de plusieurs donataires. — En principe, deux personnes peuvent se faire une donation mutuelle par un seul et même acte; il n'y a d'exception que pour les donations entre époux pendant le mariage (Civ. 1097; V. *supra*, *Donation entre époux*, nᵒ 13). — V. aussi, en ce qui concerne les testaments, Civ. 968, et *infra*, *Testament*). — Les actes de donation faits en pays étranger par des Français, et ayant pour objet des biens situés en France, sont valables quand ils ont été passés à la chancellerie du consulat, dans les formes prescrites pour les actes notariés.

23. La donation peut être faite par mandat. La procuration doit contenir tous les éléments de l'acte de donation : les clauses et conditions, la désignation du donataire, l'indication des biens que l'on entend donner, etc. — Elle doit, de plus, comme la donation elle-même, être passée par acte authentique, à peine de nullité (L. 21 juin 1833, art. 2). — Mais cette procuration peut être en brevet; il n'est pas nécessaire qu'il en reste minute.

24. La nullité de la donation pour vice de forme est absolue et ne peut être couverte ni par l'expiration du délai fixé par l'art. 1304 c. civ. (V. *infrà, Nullité*), ni par l'exécution que le donateur aurait, de son vivant, donnée à la libéralité. — Mais cette nullité peut être effacée par la confirmation ou l'exécution volontaire dont elle serait l'objet de la part des héritiers ou ayants cause du donateur après son décès (Civ. 1340).

§ 2. — *Des libéralités entre vifs non assujetties aux formes prescrites pour les donations* (R. 1600 et s.; S. 417 et s.).

25. Certaines libéralités, constituant même parfois de véritables donations, peuvent se réaliser indépendamment de l'emploi des formalités prescrites par les art. 931 et s. c. civ. Ce sont : ... 1° Les *donations indirectes* (Civ. r. 20 févr. 1855, D. P. 55. 1. 71). Ainsi, toutes les fois que la libéralité résulte de la renonciation gratuite à un droit quelconque, elle n'est pas assujettie aux formes des donations ; il en est ainsi, par exemple, en cas de renonciation à un legs (V. toutefois Bordeaux, 2 mars 1899, D. P. 1900. 2. 72), à une succession, à un droit d'usufruit. — Mais il faut que la renonciation soit purement *abdicative* et non translative de droits ; dans ce dernier cas, elle serait soumise aux formalités prescrites pour les donations proprement dites ; il en serait ainsi, par exemple, d'une renonciation à succession faite au profit d'un seul des cohéritiers. — La remise de dettes est également affranchie des règles de forme des donations. Elle peut, notamment, être faite valablement par acte sous seing privé.

26. ... 2° Les *contrats de bienfaisance*, c'est-à-dire ceux qui, comme le prêt à usage et le dépôt, procurent un avantage gratuit à l'un des contractants.

27. ... 3° Les *donations onéreuses*, c'est-à-dire celles qui sont grevées de charges d'une valeur sensiblement égale à celle des biens donnés, de telle sorte que la libéralité n'existe plus qu'en apparence et que l'acte constitue au fond une convention à titre onéreux. Les formalités ordinaires seraient, au contraire, obligatoires si les charges imposées au donataire n'étaient pas assez considérables pour transformer la donation en contrat commutatif. Il y a là une question de fait à résoudre par les tribunaux.

28. ... 4° Les *donations constituant l'accessoire d'un contrat à titre onéreux*. — Il en est ainsi, notamment, des stipulations faites dans un pareil contrat au profit d'une tierce personne (Civ. 1121), comme dans le cas où un vendeur, comme complément du prix, imposerait à l'acheteur l'obligation de servir une rente viagère à un tiers.

29. ... 5° Les *donations rémunératoires*, c'est-à-dire celles qui ont lieu en vue de récompenser des services rendus par le donataire au donateur, alors du moins que, eu égard aux circonstances, elles ont le caractère d'une dation en payement ou sont l'exécution d'une obligation naturelle ou morale. Ainsi, l'acte par lequel un maître constitue à son domestique une pension viagère peut être considéré comme ayant les caractères, non d'une libéralité assujettie aux formes des donations, mais d'une obligation à titre onéreux dont la cause se trouve dans les longs et loyaux services de ce domestique (Req. 15 janv. 1890, D. P. 91. 1. 30).

30. ... 6° Les *pactes ou arrangements de famille*, alors même qu'ils renfermeraient

des libéralités à l'égard d'un ou de plusieurs héritiers (Paris, 24 mars 1898).

31. ... 7° Les *dons manuels* (V. *infrà*, nos 71 et s.).

32. ... 8° Les *donations déguisées* sous la forme de contrats à titre onéreux ; par exemple, la donation faite sous la forme d'une vente et dont le prix ne doit pas, en réalité, être touché par le vendeur ; ... ou d'une vente faite à vil prix, par exemple, moyennant une rente viagère inférieure aux revenus des biens donnés ; ... ou sous la forme d'un bail dont le loyer est fictif (Req. 20 janv. 1893, D. P. 93. 1. 598) ; ... ou d'une transaction qui ne renferme, de la part de l'un des contractants, aucune concession sérieuse, en retour des avantages qu'il reçoit ; ... ou au moyen de l'endossement d'un billet dont l'endosseur ne reçoit pas la valeur.

33. Les donations déguisées ne sont valables qu'autant qu'elles remplissent les conditions de validité auxquelles doit satisfaire le contrat (Civ. c. 11 févr. 1896, D. P. 96. 1. 198). Ainsi, est nulle la donation faite sous l'apparence d'une vente, alors que la prétendue vente est faite sans la stipulation d'un prix, qui est une condition essentielle de ce contrat (Req. 26 avr. 1893, D. P. 93. 1. 359). Il en est de même de la donation déguisée sous la forme d'une reconnaissance de dette, si cette reconnaissance n'a pas été entièrement écrite et signée par le débiteur, ... ou si la signature de celui-ci n'est pas précédée du *bon* ou *approuvé* (Req. 7 mars 1898, D. P. 98. 1. 220). Si le donateur a pris la voie de l'endossement, il faut, d'une part, que le titre, objet de la donation, soit négociable de sa nature et se prête à ce mode de transmission ; d'autre part, que l'endossement soit régulier. — La donation n'est, d'ailleurs, valable qu'autant que le véritable caractère de l'acte ne ressort pas de son contexte même : ainsi, est nul le billet sous seing privé causé « valeur pour solde en dot » (Civ. c. 7 févr. 1898, D. P. 1901. 1. 68).

34. Pour que la donation déguisée sous la forme d'un contrat à titre onéreux soit valable, il faut, en outre, qu'il résulte des circonstances que le signataire du contrat a eu réellement l'intention de faire une libéralité. Ainsi, la vente faite sans la stipulation d'un prix, alors qu'il n'y a eu intention de donner, est déclarée nulle pour défaut du prix réel, ou rescindable pour lésion de plus des sept douzièmes.

35. Les donations déguisées sont soumises, au point de vue de la capacité des personnes, de la disponibilité des biens, de la révocation, etc., aux mêmes règles de fond que les donations ostensibles. Une donation qui, faite ostensiblement, serait simplement sujette à réduction, notamment en cas d'atteinte au droit de réserve, n'est pas annulable en totalité, mais simplement sujette à réduction, si elle a été dissimulée sous l'apparence d'un contrat à titre onéreux ; le déguisement n'est une cause d'annulation totale que dans les cas prévus par les art. 911 et 1099 c. civ., c'est-à-dire dans les cas de dispositions faites au profit d'un incapable ou de donation entre époux excédant la quotité disponible spéciale (art. 1094 et 1098 (V. *infrà*, *Portion disponible*). — Les donations déguisées sont également assujetties à la règle qu'il doit y avoir dessaisissement irrévocable du donateur et transfert au donataire (Civ. r. 28 janv. 1903, D. P. 1903. 1. 238).

36. Toute personne intéressée est admise à établir le véritable caractère d'une donation déguisée, afin de lui appliquer les règles de nullité, de révocation ou de réduction que comportent les dispositions à titre gratuit. — Si celui qui allègue la simulation a été partie à l'acte, il ne peut user de la

preuve testimoniale ou par présomption que dans les conditions où cette preuve est autorisée par le droit commun. Au contraire, les tiers pourront employer librement ces moyens de preuve, et les héritiers du donateur doivent être considérés comme des tiers.

37. La question de savoir si un acte constitue une donation avec charges, ou bien une contrat à titre onéreux, notamment une vente, dépend des circonstances propres à chaque espèce qu'il appartient aux tribunaux d'apprécier souverainement (Civ. c. 11 févr. 1896, précité).

§ 3. — *De l'acceptation du donataire*.

A. — Formes de l'acceptation (R. 1433 et s.; S. 363 et s.).

38. L'acceptation du donataire est une condition essentielle pour la perfection de la donation : par *acceptation*, il faut entendre ici non pas seulement le consentement du donataire, mais une formalité particulière consistant dans la mention formelle de l'adhésion du donataire à l'offre du donateur. — La donation qui n'est pas dûment acceptée est frappée d'une nullité absolue (Req. 15 juill. 1889, D. P. 90. 1. 100).

39. Une donation n'est pas censée acceptée par cela seul que les deux parties ont été présentes à l'acte et l'ont signé ; l'acceptation doit être expresse, et l'acte doit contenir la déclaration faite par le donataire qu'il accepte la donation. Mais le terme *accepter* n'est pas sacramentel, et l'acceptation peut résulter de la teneur de l'acte, bien qu'on ne l'ait pas employé.

40. Il n'est pas nécessaire que l'acceptation soit contenue dans l'acte même de donation. Elle peut avoir lieu *par acte séparé*, mais à la condition qu'elle se produise du vivant du donateur et du donataire. Elle ne pourrait intervenir utilement après le décès du donateur ; de même, elle ne peut être faite, après la mort du donataire, par les héritiers de celui-ci. — La donation ne serait plus possible non plus si le donateur avait, postérieurement à l'acte de donation, perdu la capacité de disposer. — L'acte d'acceptation doit être passé devant notaire, et il doit en rester minute. On décide généralement que l'acceptation doit revêtir les mêmes formalités que la donation elle-même ; spécialement, qu'elle doit être reçue en présence réelle du second notaire ou des témoins.

41. L'acceptation d'une donation par acte séparé n'a d'effet à l'égard du donateur que du jour où cet acte lui a été notifié. — La notification est faite selon les règles ordinaires de la procédure, c'est-à-dire par acte d'huissier signifié à personne ou à domicile. — Tant que l'acceptation ne lui a pas été notifiée, le donateur peut révoquer la donation (Req. 4 mars 1902, D. P. 1902. 1. 214) ; d'autre part, il conserve la libre disposition des biens donnés, et des tiers pourraient valablement acquérir de son chef, sur ces mêmes biens, des hypothèques ou autres droits réels. La jurisprudence décide même que la notification ne peut intervenir utilement après le décès du donateur. Mais, d'après l'opinion dominante, c'est seulement à l'égard du donateur que les effets de la donation sont suspendus jusqu'à la notification ; à l'égard du donataire, la donation est parfaite du jour de l'acceptation ; de telle sorte que, si la donation vient à être acceptée postérieurement à l'acceptation, mais avant la notification, celle-ci pourrait être valablement faite par ses héritiers. D'autre part, les hypothèques que le donataire a constituées sur les immeubles donnés pendant le temps écoulé entre son acceptation et la notification qui en a été faite au donateur sont valables, et s'il dépend du donateur, tant que l'acceptation ne lui a pas été notifiée, de les rendre inefficaces en révoquant la donation, elles n'en produisent pas moins à l'égard des tiers l'effet attaché à la date de leur inscription (Req. 4 mars 1902, précité).

42. Les libéralités ne sont pas assujetties aux formes des donations sont, par là même, exemptées des formalités de l'acceptation, qui font partie de ces formes (V. *suprà*, nᵒˢ 25 et s.). — Il en est ainsi, notamment, des avantages stipulés au profit d'une personne dans une convention passée entre d'autres parties. L'acceptation du tiers gratifié n'a pas besoin d'être expresse, et la stipulation ne peut plus être révoquée, dès qu'il est constaté qu'il y a eu acceptation implicite ou virtuelle de la part de ce tiers. De même, il n'est pas nécessaire, d'après l'opinion qui a prévalu, que cette acceptation intervienne du vivant du donateur; mais les héritiers du stipulant ont, après la mort de celui-ci, le droit de la révoquer tant qu'elle n'a pas été acceptée. — Les donations déguisées sous la forme de contrats à titre onéreux ne sont pas non plus soumises à la formalité de l'acceptation expresse; mais ce n'est que la solennité de l'acceptation qui n'est pas exigée : le concours des volontés est ici nécessaire comme dans tous les contrats; et, dès lors, il est nécessaire que le donataire ait accepté la libéralité (dans une forme quelconque ou même tacitement) avant le décès du donateur.

B. — Par qui l'acceptation doit être faite (R. 1457 et s.; S. 370 et s.).

43. 1° *Donataire majeur et capable* (Civ. 933). — Si le donataire est majeur et capable, il peut accepter personnellement ou par mandataire. Lorsque l'acceptation a lieu par un mandataire, ce dernier doit être muni d'une procuration spéciale et passée dans la même forme que l'acceptation elle-même, c'est-à-dire par acte notarié. Il faut, non que cette procuration soit annexée à l'acte de donation, ou à l'acte d'acceptation si l'acceptation a été faite par acte séparé, et ce à peine de nullité de l'acceptation. — On admet généralement que la procuration pourrait être rédigée en brevet. Mais, dans la pratique notariale, elle est faite en minute. — D'après l'opinion dominante, la donation ne pourrait être valablement acceptée par un tiers qui se porterait fort pour le donataire. De même, lorsqu'il y a plusieurs donataires, ceux qui sont présents ne pourraient accepter tant pour les absents que pour eux-mêmes. — Les créanciers du donataire ne peuvent accepter la donation du chef de leur débiteur.

44. 2° *Femme mariée* (Civ. 934). — La femme mariée ne peut accepter une donation entre vifs sans l'autorisation de son mari, à moins qu'elle ne soit séparée de corps (L. 6 févr. 1893, D. P. 93. 4. 41). Si le mari refuse, s'il est absent ou dans l'impossibilité de manifester sa volonté, l'autorisation est donnée par justice (V. *suprà*, *Autorisation maritale*, nᵒˢ 20 et s.). — L'autorisation n'a pas besoin d'être expresse; elle résulte du concours du mari dans l'acte de donation ou dans l'acte d'acceptation postérieure. Quand le consentement du mari est donné par écrit, il n'est pas nécessaire que l'acte qui le constate soit authentique; mais cet écrit doit être annexé à la minute de l'acte de donation ou d'acceptation. — Le mari a qualité pour autoriser sa femme pour les donations qu'il lui fait ou qu'il reçoit d'elle pendant le mariage; l'autorisation d'accepter résulte, en pareil cas, du fait même de la donation. — Le mari seul ne peut accepter sa femme; toutefois, si les époux sont mariés sous le régime de la communauté légale, le mari a qualité pour

accepter, sans le concours de sa femme, les donations mobilières faites à celle-ci. — Suivant l'opinion dominante, consacrée par la Cour de cassation, la donation faite à une femme mariée, qui a été acceptée par celle-ci sans l'autorisation de son mari ni celle de la justice, est frappée d'une nullité absolue. Il en résulte, notamment, qu'elle peut être invoquée par le donateur lui-même ou ses héritiers (Civ. 30 nov. 1896, D. P. 97. 1. 449). Toutefois, en ce qui concerne les donations déguisées, la jurisprudence décide que la nullité résultant du défaut d'autorisation maritale est simplement relative et ne peut, dès lors, être invoquée que par le mari, sa femme ou leurs héritiers (même arrêt).

45. 3° *Mineur ou interdit* (Civ. 935). — La donation faite à un mineur non émancipé ou à un interdit doit, en principe, être acceptée par son tuteur, avec l'autorisation du conseil de famille (Civ. 463). V. *infrà*, *Tutelle*. — Si la donation émane du tuteur lui-même, l'acceptation sera faite soit par le subrogé tuteur, dûment autorisé, soit par un tuteur *ad hoc* nommé par le conseil de famille, soit par un ascendant (Civ. r. 27 juill. 1892, D. P. 92. 1. 457). — Le mineur émancipé peut accepter avec l'assistance de son curateur; l'autorisation du conseil de famille n'est pas nécessaire. — Si la donation est faite par le curateur lui-même au mineur émancipé, elle ne peut être acceptée par le mineur qu'avec l'assistance d'un curateur *ad hoc*.

46. Alors même qu'ils n'exercent pas la tutelle, le père et la mère et les autres ascendants ont, concurremment avec le tuteur, qualité pour accepter la donation au nom du mineur. Ils n'ont pas besoin de l'autorisation du conseil de famille. Le même droit appartient aux ascendants du mineur émancipé, mais non, suivant l'opinion dominante, aux ascendants d'un majeur interdit. — Le pouvoir d'accepter la donation offerte au mineur appartient à tous les ascendants, sans qu'il y ait à observer aucun ordre entre eux. Ainsi, l'aïeul peut accepter pour le mineur, du vivant des père et mère, et même après leur refus; mais le père pourrait recourir aux tribunaux pour faire annuler l'acceptation, s'il jugeait la libéralité immorale ou contraire aux intérêts de l'enfant. — La mère peut accepter une donation pour son fils mineur, bien que son mari ne soit ni absent ni empêché, et même malgré la volonté contraire de celui-ci (Req. 22 janv. 1895, D. P. 96. 1. 184); à plus forte raison n'a-t-elle pas besoin de l'autorisation maritale. — Les père et mère naturels doivent, en ce qui concerne la faculté dont il s'agit, être assimilés aux père et mère légitimes. — Il est généralement admis que les père, mère ou autres ascendants ont le pouvoir d'accepter les donations lors même qu'elles sont faites avec certaines charges. Mais une donation avec charge ne pourrait pas être acceptée valablement par un ascendant qui aurait dans l'acte des intérêts opposés à ceux du mineur. — La faculté d'accepter, conférée aux ascendants, s'applique aux legs comme aux donations.

47. Suivant la doctrine qui paraît prévaloir, la donation acceptée par un mineur, avec toutes les formalités prescrites, ayant, à l'égard de celui-ci, le même effet qu'à l'égard du majeur, le l'irrévocabilité attaché aussi bien que le donateur; en sorte que, devenu majeur, il ne pourrait pas répudier la libéralité pour s'affranchir des charges. — A l'inverse, la donation dont l'acceptation n'est pas régulière, notamment en ce qu'elle émanerait du mineur seul, est, suivant l'opinion dominante, entachée d'une nullité absolue qui peut être invoquée par toute personne intéressée (Req. 15 juill. 1889, D. P. 90. 1. 100). Toutefois, la jurispru-

dence paraît restreindre cette solution aux donations *solennelles :* la donation déguisée acceptée par le mineur seul ne serait donc entachée que d'une nullité relative et ne pourrait, dès lors, être attaquée que par le donataire seul ou ses représentants.

48. 4° *Aliéné non interdit.* — L'administrateur provisoire nommé à l'aliéné non interdit placé dans une maison de santé (V. *suprà*, *Aliénés*, n° 39) a qualité pour accepter, seul et sans autorisation, les libéralités mobilières ou immobilières faites à cet aliéné sans charges et à titre particulier (Trib. civ. de la Seine, 20 avr. 1894).

49. 5° *Prodigue ou faible d'esprit.* — En principe, l'individu pourvu d'un conseil judiciaire peut accepter seul les donations entre vifs. Toutefois, il aurait besoin de l'assistance de son conseil judiciaire au cas où la donation serait accompagnée de charges pour l'exécution desquelles l'assistance du conseil serait exigée en vertu de l'art. 513 c. civ.

50. 6° *Condamné en état d'interdiction légale.* — La donation est acceptée par le tuteur nommé en vertu de l'art. 29 c. pén., son tuteur nommé au conseil de famille.

51. 7° *Enfant seulement conçu.* — La donation faite à un enfant qui n'est que conçu peut être acceptée par ses père et mère ou un autre ascendant. On refuse généralement ce pouvoir au curateur au ventre.

52. 8° *Sourd-muet* (Civ. 936). — Le sourd-muet, s'il sait écrire, peut accepter la donation qui lui est faite, par lui-même ou par un fondé de pouvoirs. S'il ne sait pas écrire, l'acceptation ne peut être faite que par l'intermédiaire d'un curateur *ad hoc*.

53. 9° *Établissements publics ou d'utilité publique* (Civ. 937). — Les libéralités entre vifs faites aux personnes morales, c'est-à-dire à l'Etat, aux départements, aux communes, aux établissements publics ou d'utilité publique capables de recevoir, tels que les hospices, les bureaux de bienfaisance, les établissements ecclésiastiques, les congrégations religieuses autorisées, etc., sont acceptées par les administrateurs désignés à cet effet par les lois spéciales. — L'acceptation n'est pas soumise aux formes prescrites pour l'acceptation des donations solennelles lorsqu'il s'agit de dons manuels ou de donations déguisées. En principe, dans les cas où l'autorisation du Gouvernement est exigée (V. *suprà*, *Dispositions entre vifs et testamentaires*, nᵒˢ 59 et s.), l'acceptation ne peut avoir lieu qu'après que cette autorisation a été donnée. Mais aujourd'hui, *tous* les établissements, sans distinction, ont la faculté d'accepter provisoirement à titre conservatoire les dons et legs faits à leur profit (L. 4 févr. 1901, art. 8, D. P. 1901. 4. 14). L'autorisation qui intervient ultérieurement a un effet rétroactif du jour de l'acceptation.

54. Les incapables (mineurs, femmes mariées, établissements publics, etc.) ne peuvent jamais, sous aucun prétexte, se faire restituer contre le défaut d'acceptation des donations à eux faites. Ils ont seulement un recours contre les personnes auxquelles incombait l'obligation d'accepter en leur nom (Civ. 942). — Le recours pour défaut d'acceptation est surtout exercé notamment contre les tuteurs des mineurs ou interdits. Le tuteur est, d'après l'opinion dominante, responsable du défaut d'acceptation même dans le cas où c'est de lui qu'émane la donation; il doit veiller à ce que le subrogé tuteur ou un tuteur *ad hoc* soit chargé par le conseil de famille de faire l'acceptation (Civ. r. 27 juill. 1892, D. P. 92. 1. 457). Dans cette même hypothèse, la responsabilité s'étend également au subrogé tuteur. Est encore responsable du défaut d'acceptation le curateur nommé au sourd-muet qui ne sait pas écrire (V. *suprà*, n° 52). — Les ascendants, au contraire, qui peuvent accepter pour le mineur, mais n'y sont pas obligés, ne sont passibles d'aucun recours à raison du défaut d'acceptation. Il en est de même du curateur du mineur émancipé et, malgré les termes de l'art. 942 c. civ., du mari, qui n'est pas tenu d'accepter les donations faites à sa femme. — On n'est pas d'accord sur le point de savoir si les administrateurs des établissements publics sont soumis au recours établi par l'art. 942, pour défaut d'acceptation, ou s'ils n'encourent que la responsabilité attachée à leurs fonctions (V. pour la négative : Douai, 13 nov. 1894, D. P. 95. 2. 418). — Le recours dont il s'agit n'est accordé aux incapables que s'il y échet : les tribunaux ont donc à examiner si c'est par la faute ou la négligence des représentants de l'incapable que la donation n'a pas été acceptée et, en outre, s'il en est résulté un préjudice pour le donataire (Civ. r. 27 juill. 1892, D. P. 92. 1. 457).

§ 4. — Formalité particulière de la donation d'immeuble : Transcription (R. 1519 et s. ; S. 392 et s.).

55. Aux termes de l'art. 933 c. civ., toute donation de biens susceptibles d'hypothèques est soumise à la transcription (Sur cette formalité, V. infrà, Transcription hypothécaire). Si la donation a été acceptée par acte séparé, il y a lieu de faire transcrire, outre l'acte de donation, l'acte d'acceptation ainsi que la notification qui a dû en être faite (Civ. 939).

56. Sont soumises à la transcription, comme portant sur des biens susceptibles d'hypothèques, les donations ayant pour objet : des immeubles par nature ou par destination ; un droit d'usufruit immobilier; un droit de superficie ou d'emphytéose ; des actions de la Banque de France immobilisées (Décr. 16 janv. 1808, art. 7, R. vº Banque, p. 98; V. suprà, Banque-banquier, nº 13); des droits successifs (en tant qu'ils portent sur des immeubles). Les autres droits immobiliers, tels que ceux de servitude, d'usage ou d'habitation, n'étant pas susceptibles d'hypothèques, les donations ayant pour objet de pareils droits ne sont pas assujetties à la formalité de la transcription en vertu de l'art. 940 c. civ. ; mais on décide généralement que les dispositions de la loi du 23 mars 1855 (D. P. 55. 4. 27), sur la transcription hypothécaire, en tant qu'elles sont ampliatives des prescriptions des art. 939 à 941, doivent être appliquées, simultanément avec celles-ci, aux actes portant donation entre vifs (Pau, 26 mai 1893, D. P. 94. 2. 395); d'où il résulte que les donations de biens immobiliers non susceptibles d'hypothèques sont soumises à la transcription, en vertu de l'art. 2 de la loi de 1855, qui vise les actes entre vifs constitutifs de servitude, d'antichrèse, d'usage ou d'habitation, les actes de renonciation à ces mêmes droits et les jugements qui s'y réfèrent. De même, d'après l'art. 2, nº 5, de la même loi, les actes entre vifs constatant la remise ou la cession, même à titre gratuit, de trois années au moins de fermages ou loyers non échus, doivent être transcrits.

57. Aucun délai n'est prescrit pour la transcription des donations; elle peut donc avoir lieu à toute époque, même après le décès du donateur. — Mais le donataire a intérêt à faire opérer la transcription le plus tôt possible, des tiers pouvant, tant que cette formalité n'est pas accomplie, acquérir sur l'immeuble donné des droits, par exemple des hypothèques, qui lui seraient opposables (V. infrà, nº 59).

58. Lorsque le donataire n'est pas maître de ses droits, l'obligation de requérir la transcription est imposée à certaines personnes désignées par la loi (Civ. 940) : 1º Le mari est tenu de faire transcrire la donation faite à sa femme. Il en est ainsi même

quand le mari ne doit pas avoir l'administration de l'immeuble donné, comme si, par exemple, cet immeuble est paraphernal, ou la femme séparée de biens ; et cette obligation lui incombe même dans le cas où la donation n'a été acceptée qu'avec l'autorisation de la justice. — 2º La donation faite à un mineur ou à un interdit doit être transcrite à la requête du tuteur, ou du subrogé tuteur si la donation émane du tuteur lui-même. La même obligation n'est pas imposée au curateur du mineur émancipé. — 3º Le curateur nommé à l'effet d'accepter une donation faite à un sourd-muet qui ne sait pas écrire (Civ. 936, § 2) est tenu à la transcription de l'acte. — 4º Enfin, si la donation est faite à un établissement public, c'est l'administrateur de cet établissement qui doit faire accomplir la formalité. — Le notaire qui reçoit un acte de donation n'est pas tenu, par la seule nature de ses fonctions, d'en faire opérer la transcription. — En cas de négligence du mari ou du tuteur, la femme mariée, même non autorisée, ou le mineur, peuvent eux-mêmes requérir la transcription. La formalité peut également être accomplie à la diligence soit des ascendants de la femme, du mineur ou de l'interdit donataire, soit d'autres parents ou même de simples amis, soit du procureur de la République.

59. La transcription n'est pas une condition de forme prescrite pour la validité de la donation entre les parties; elle est nécessaire uniquement pour investir le donataire de la propriété des biens donnés au regard des tiers, qui, tant qu'elle n'a pas eu lieu, sont autorisés à considérer le donateur comme ayant conservé la propriété de ces biens. — Le défaut de transcription peut être opposé par toute personne intéressée, et notamment : 1º par un tiers acquéreur à qui le donateur aurait vendu le bien précédemment donné, à la condition, depuis la loi du 23 mars 1855, que cet acquéreur ait fait transcrire son titre d'acquisition, conformément aux art. 1 et 3 de cette loi; 2º par un donateur postérieur qui a lui-même accompli, en ce qui le concerne, la formalité de la transcription; 3º par les créanciers hypothécaires du donateur, dont les hypothèques sont inscrites sur l'immeuble donné; 4º et même, suivant l'opinion qui a prévalu, par les créanciers chirographaires du donateur. — Toutefois, ces derniers ne peuvent invoquer le défaut de transcription que dans les termes de l'art. 939, c'est-à-dire à l'égard des donations de biens immobiliers susceptibles d'hypothèques, et non à l'égard des donations portant sur d'autres droits immobiliers, le bénéfice de la loi de 1855, qui les a soumises à la transcription, ne pouvant être invoqué par les créanciers chirographaires. Les créanciers chirographaires ont intérêt, et sont par suite recevables, à invoquer le défaut de transcription notamment : 1º dans le cas où les immeubles donnés ont été frappés de saisie immobilière ou de saisie-brandon quant à leurs fruits, si la donation n'a pas été transcrite avant la transcription de la saisie immobilière ou avant l'établissement de la saisie-brandon; 2º quand, le donateur venant à être déclaré en faillite, la donation n'a pas été transcrite avant le jugement déclaratif, ou même avant l'époque à laquelle est reportée la cessation des payements ou la période de dix jours qui l'a précédée. — La donation immobilière non transcrite est dépourvue d'existence légale au regard des tiers, alors même que ceux-ci auraient eu, d'une autre manière, connaissance de la donation. Toutefois, le défaut de transcription ne pourrait être opposé par un tiers qui se serait frauduleusement concerté avec le donateur dans le but d'anéantir, en tout ou en partie, les effets de la donation.

60. Le défaut de transcription ne peut être opposé ni par le donateur lui-même, ni par ses héritiers (Civ. c. 1er juin 1897, D. P. 98. 1. 58) ou ses légataires universels ou à titre universel. Il ne pourrait l'être davantage, au cas où ils n'y auraient intérêt, soit par le donataire, soit par ses ayants cause (héritiers, créanciers, tiers acquéreurs, etc.). Les personnes qui sont chargées de faire opérer la transcription ne peuvent pas non plus se prévaloir de l'inaccomplissement de cette formalité (Civ. 941). Ainsi, lorsqu'un mari, un tuteur, postérieurement à la donation faite à la femme ou au mari, reçoit du donateur, à titre gratuit ou onéreux, le bien donné, ou quand il lui est constitué une hypothèque sur le bien, son droit n'est pas opposable à celui du donataire, quoique la donation n'ait pas été transcrite. — Enfin, le défaut de transcription ne peut être opposé par les ayants cause des personnes qui étaient chargées de la faire opérer. Cette règle s'applique non seulement aux héritiers ou autres ayants cause universels ou à titre universel, mais aussi aux ayants cause à titre particulier. Ainsi celui auquel le tuteur, devenu propriétaire du bien donné postérieurement à la donation faite au mineur, aurait vendu l'immeuble donné, ne serait pas admis à se prévaloir de ce que cette donation n'a pas été transcrite. Toutefois, d'après une opinion qui peut s'appuyer sur certains arrêts, lorsque c'est le donateur lui-même qui était chargé de requérir la transcription, ses ayants cause à titre particulier seraient recevables à se prévaloir de l'inaccomplissement de la formalité.

61. Les mineurs et autres incapables ne peuvent, en aucun cas, se faire restituer contre le défaut de transcription (Civ. 942), pas plus que contre le défaut d'acceptation des donations faites à leur profit (V. suprà, nº 54). Mais ils ont un recours contre les personnes qui étaient tenues de requérir la transcription en leur nom. Ce recours appartient, notamment, à la femme contre le mari; au mineur ou à l'interdit contre le tuteur, soit que la donation ait été faite par un tiers, soit qu'elle émane du tuteur lui-même, et aussi, dans ce dernier cas, contre le subrogé tuteur; au mineur émancipé, contre son curateur; au sourd-muet, contre le curateur spécial qui lui a été nommé. Les ascendants du mineur n'y sont pas soumis. Quant aux administrateurs des établissements publics, la question est discutée, comme en ce qui concerne l'acceptation (V. suprà, nº 54). — Le recours n'existe que s'il y échet, c'est-à-dire s'il y a faute du tuteur, du mari, etc., ... et préjudice subi par l'incapable.

§ 5. — Formalité particulière à la donation de biens mobiliers : État estimatif (R. 1516 et s. ; S. 384 et s.).

62. La loi exige la rédaction d'un état estimatif pour toute donation d'effets mobiliers, c'est-à-dire de biens déclarés meubles par la loi (Civ. 948). — Il n'y a pas à distinguer, en principe, entre les meubles corporels et les meubles incorporels (Rennes, 14 févr. 1901, D. P. 1903. 2. 441). Toutefois, on s'accorde pour admettre que la rédaction d'un état estimatif n'est pas requise lorsqu'il s'agit de la donation d'une créance de somme déterminée. Il suffit, dans ce cas, d'indiquer dans l'acte, avec le nom du débiteur, le montant du capital nominal ou de la rente annuelle, objet de la dette. De même, si la donation comprend des valeurs de bourse, rentes, actions, obligations de chemin de fer, etc., il suffira d'indiquer la nature et le numéro du titre, et sa valeur d'après le cours du jour. — L'état estimatif est requis pour les donations à titre universel, par exemple pour une donation du quart des biens du donateur aussi bien que pour celles d'objets particuliers, pour les donations faites sous certaines charges comme pour les donations gratuites ou rémunératoires. Mais il n'est pas exigé lorsque la donation a pour objet des droits dont la détermination est actuellement impossible, bien que, d'ailleurs, ils soient certains et invariables en eux-mêmes, comme, par exemple, « les droits résultant, pour une femme mariée donatrice, de ses reprises, indemnités et récompenses sur la communauté » (Limoges, 29 nov. 1897, D. P. 1902. 2. 97). — La disposition de l'art. 948 est étrangère aux dons manuels (V. infra, n° 72) et aux donations déguisées sous la forme d'un contrat à titre onéreux. Elle s'applique aux donations de biens présents faites par contrat de mariage, ou entre époux, mais non aux institutions contractuelles, ni aux donations entre époux ayant pour objet des biens à venir.

63. L'état estimatif est généralement dressé par acte notarié ; cependant il pourrait être sous seing privé, à la condition d'être signé des deux parties. — L'estimation doit, à peine de nullité, porter sur chaque objet mobilier et être faite article par article, non en bloc. — La confection de l'état estimatif doit être contemporaine de l'acte de donation. — L'état estimatif doit être annexé à la minute de la donation. — La donation serait valable, bien qu'aucun état estimatif n'y fût annexé, si l'acte de disposition lui-même renfermait la description détaillée, avec estimation, de tous les meubles donnés. D'autre part, on admet généralement que l'état exigé par l'art. 948 pourrait être remplacé par des équipollents, tels qu'un inventaire auquel se réfèrent les parties, ou tout autre acte de nature à fixer d'une manière invariable la consistance et la valeur des objets donnés.

64. L'inaccomplissement de la formalité de l'état estimatif entraîne la nullité de la donation. Cette nullité est absolue et peut, dès lors, être invoquée par toute personne intéressée, notamment par le donateur lui-même, par ses héritiers, ses créanciers, même postérieure à la donation (Pau, 13 mai 1890, D. P. 90. 2. 345). — Elle ne peut être couverte par la confirmation de l'acte, sauf dans le cas où elle serait exécutée par les héritiers du donateur. — Le défaut d'état estimatif peut être opposé lors même qu'il y a eu tradition réelle des objets donnés, et, dans ce cas, il autorise l'action en répétition des objets donnés ne puisse être considérée comme l'exécution d'un don manuel postérieur (V. infra, n° 72).

ART. 3. — EFFETS DES DONATIONS (R. 1697 et s. ; S. 467 et s.).

65. Le premier effet de la donation entre vifs est de dessaisir immédiatement le donateur, en faveur du donataire, de la propriété des objets compris dans la donation, et cela sans qu'il soit besoin de tradition. Toutefois, si la donation avait pour objet une chose déterminée seulement quant à son espèce, comme un cheval, ou une chose fongible, comme une somme d'argent ou tant d'hectares de terre à prendre dans un espace de terrain, il n'en résulterait actuellement qu'une simple créance au profit du donataire.

66. C'est seulement à l'égard du donateur que la donation dûment acceptée transfère la propriété au donataire. Quant aux tiers, il n'en est pas de même, du moins d'une façon absolue. Si l'objet donné est un bien susceptible d'hypothèque, la donation ne produit ses effets à l'égard des tiers qu'autant qu'elle a été transcrite en temps utile (V. supra, n° 59). — Si la chose donnée est un meuble, la mise en possession réelle est nécessaire pour que le droit du donataire soit à l'abri de toute atteinte ; et, tant

que le donataire n'a pas été mis en possession réelle de la chose mobilière, il peut, malgré l'antériorité de son titre, être primé soit par un acheteur de cette chose, soit même par un second donataire, qui aurait été mis le premier en possession réelle, et qui serait de bonne foi (Civ. 1141 et 2279). — D'autre part, la donation de créance ne peut recevoir son exécution à l'égard des tiers avant d'avoir été signifiée au débiteur (Civ. 1690). D'où il suit que le donateur d'une créance serait primé par le cessionnaire postérieur à titre onéreux de la même créance ou par un second donataire qui auraient rempli avant lui la formalité de la notification ; que le débiteur serait libéré par le payement fait au créancier originaire avant la notification ; qu'enfin, les créanciers du donataire pourraient former utilement une saisie-arrêt sur la créance cédée au préjudice du donataire dont la donation n'aurait pas été notifiée.

67. La donation n'implique, de sa nature, aucune obligation de garantie de la part du donateur. — Le donataire ne peut donc, en cas d'éviction, réclamer du donateur aucune indemnité ; il ne peut même répéter contre lui ni les frais occasionnés par la donation, ni les droits de mutation par lui payés, ni le montant des impenses qu'il aurait faites sur l'immeuble et qui ne lui seraient pas remboursées par le véritable propriétaire (V. toutefois : Agen, 8 mars 1893, D. P. 95. 1. 329). — Exceptionnellement, le donateur (ou ses héritiers) doit la garantie : 1° lorsqu'il s'y est obligé par une clause de l'acte de donation : les effets de son obligation sont alors réglés par les dispositions concernant la garantie en matière de vente ; — 2° Dans le cas où il aurait frauduleusement disposé d'une chose qu'il savait ne pas lui appartenir ; — 3° Lorsque le donataire (à titre particulier) a payé un créancier hypothécaire pour éviter le délaissement, à moins que la dette hypothécaire n'ait été mise expressément ou tacitement à sa charge. Il peut agir alors contre le donataire soit par voie de subrogation légale (Civ. 1351), soit par l'action de gestion d'affaires (Civ. 1375). Au reste, lors même que le donateur n'est tenu d'aucune garantie, il ne lui est jamais permis d'évincer lui-même le donataire ; il ne peut donc, au cas où il serait devenu propriétaire de la chose donnée, par succession ou autrement, la revendiquer entre les mains de l'acquéreur. — La garantie n'est pas due par le donateur, même lorsqu'il s'agit d'une donation rémunératoire. Il en serait autrement si la donation rémunératoire constituait, en réalité, un payement ou un acte à titre onéreux. — Sur la garantie due en cas de constitution de dot, V. infra, Dot.

68. La donation n'impose, en principe, aucune obligation au donataire. Toutefois, le donataire s'oblige, quand le contrat lui impose des charges. — Il peut aussi, suivant certaines distinctions, être tenu d'acquitter les dettes ou une partie des dettes du donateur. Il y a lieu de distinguer, à cet égard, entre les dettes existant à l'époque de la donation et les dettes futures. — En ce qui concerne les dettes futures, V. supra, n° 18. — Quant aux dettes présentes, l'obligation peut résulter d'une stipulation contenue dans l'acte de donation.

69. Lorsque l'acte de donation met certaines dettes à la charge du donataire, celui-ci est tenu de les acquitter, et il ne peut être contraint d'en payer d'autres. Il n'est pas nécessaire, comme dans le cas où il s'agit de dettes futures (V. supra, n° 18), qu'un état détaillé des dettes que le donataire prend l'engagement d'acquitter soit annexé à l'acte de donation. — Sauf stipulation contraire, le donataire est tenu de l'obligation dont il s'agit sur ses biens personnels, même au

delà de l'émolument de la donation. Et il ne pourrait pas s'y soustraire en renonçant, contre le gré du donateur, à la libéralité qu'il a reçue.

70. En l'absence d'une stipulation formelle, le donataire particulier, c'est-à-dire gratifié d'un ou plusieurs objets déterminés, n'est certainement tenu d'aucune obligation relativement aux dettes du donateur, sauf l'effet de l'action hypothécaire qui pourrait être dirigée contre lui, à raison de l'hypothèque dont serait grevé l'immeuble donné. — Quant au donataire universel ou à titre universel, c'est-à-dire celui qui est gratifié de la totalité ou d'une portion aliquote des biens du donateur, la question a été controversée. Suivant l'opinion qui a prévalu, le donataire ne peut être considéré comme un successeur universel ou à titre universel, et ne saurait, en cette qualité, être tenu de plein droit de la totalité ou d'une quote-part du passif dont se trouve grevé le patrimoine du donateur. Mais une pareille obligation peut résulter d'une convention, soit expresse, soit tacite, et s'induire des circonstances de la cause. Au cas où l'existence d'une telle convention ne serait pas établie, les créanciers du donateur auraient la ressource de poursuivre l'annulation de la donation comme faite en fraude de leurs droits.

ART. 4. — DES DONS MANUELS.

71. Les dons manuels sont ceux qui font par la simple remise d'objets mobiliers de la main à la main.

§ 1er. — *Conditions de validité* (R. 1601 et s. ; S. 421 et s.).

72. Les dons manuels sont affranchis des formalités requises pour la validité des donations entre vifs en général, notamment de la formalité de l'état estimatif (V. supra, n° 62 et s.). Ils n'exigent d'autres conditions de forme que la tradition réelle des objets donnés. — La tradition est un élément essentiel du don manuel, et non pas seulement, comme dans les cas ordinaires, un mode d'exécution du contrat ; par suite, la simple promesse verbale d'un don manuel, acceptée par le futur donataire, est de nul effet, s'il n'y a pas de tradition.

73. Le don manuel, étant un véritable donation entre vifs, est soumis à toutes les règles de fond qui gouvernent ce genre de disposition. — Ainsi, il suppose nécessairement, chez le prétendu donateur, l'intention de donner (Lyon, 23 juill. 1897, D. P. 97. 2. 343). — Cette intention résultera : soit de la déclaration du donateur ; soit de celle du tiers intermédiaire, chargé de remettre au donataire l'objet donné (V. infra, n° 81) ; soit de faits ou circonstances qu'il appartient aux tribunaux d'apprécier.

74. Pour la validité du don manuel, il faut que les parties soient capables, l'une de donner, l'autre de recevoir. Les dons faits à des personnes qui n'ont pas en droit la capacité de recevoir, mais n'en ont pas la capacité, vaudront par la tradition faite à leurs représentants légaux. Une femme mariée ne peut faire ou recevoir un don manuel sans l'autorisation de son mari. L'autorisation du mari pourra résulter soit de son concours à l'acte, s'il a opéré ou fou la tradition du meuble donné, soit d'un acte écrit, qui n'a pas besoin d'être notarié. Elle pourrait même être donnée verbalement, sauf à l'intéressé à en faire la preuve par les moyens dont l'emploi lui serait permis pour prouver le don lui-même. En l'absence d'autorisation maritale, le don manuel serait nul ; mais la nullité ne serait que relative.

75. En principe, les dons manuels peuvent être faits avec toutes charges, conditions, restrictions ou modalités qu'il convient au donateur d'y apporter, notamment avec réserve d'usufruit à son profit. L'existence de ces charges peut être établie au moyen d'un acte sous seing privé ordinaire. Par exception, les dons manuels qui intéressent les communes, établissements de bienfaisance ou établissements religieux doivent être constatés par acte notarié lorsqu'ils comportent des charges ou une affectation spéciale (Décis. min. Int. 18 oct. 1862). — Mais, s'il est permis d'apposer à un don manuel des conditions, restrictions, etc., c'est à la condition qu'elles ne soient pas contraires à la règle « donner et retenir ne vaut » (Dijon, 22 janv. 1896, D. P. 96. 2. 325). La règle qui exige le dessaisissement actuel et irrévocable du donateur s'applique, en effet, aux dons manuels. — Serait nul également le don manuel fait sous une condition qui lui donnerait le caractère d'une donation à cause de mort. Un don manuel ne devrait pas être considéré comme ayant ce caractère par cela seul qu'il aurait été fait aux approches de la mort ; mais, d'après l'opinion dominante, le don serait nul s'il était fait par une personne malade, à la condition que les choses données lui seraient rendues si elle recouvrait la santé, une semblable libéralité constituant une véritable donation à cause de mort.

76. Les dons manuels sont réductibles pour atteinte à la réserve. Ils sont sujets au *rapport*. — Ils sont soumis aux mêmes causes de révocation que les donations ordinaires (V. *infrà*, nᵒˢ 85 et s.).

§ 2. — *Quelles choses peuvent faire l'objet d'un don manuel* (R. 1615 et s. ; S. 437 et s.).

77. Les *choses mobilières* peuvent seules faire l'objet d'un don manuel. — En général, tous les objets mobiliers corporels peuvent être donnés de la main à la main. Au contraire, les créances et les autres choses incorporelles, réputées meubles par la loi, exigeant des formes spéciales pour la transmission de propriété, ne sont pas susceptibles d'être l'objet d'un don manuel. Ainsi la tradition, quoique faite *animo donandi*, de l'acte instrumentaire portant constatation d'une créance, ne vaut pas donation de celle-ci. Mais cette règle n'est pas applicable au cas où la remise de l'acte est faite à titre gratuit au débiteur lui-même ; et la libéralité qui résulte de cette remise est valable alors même que le débiteur aurait mentionné sur l'acte que ladite remise a eu lieu à titre de don.

78. Les billets à ordre, les lettres de change, ne peuvent pas être l'objet d'un don manuel : la simple tradition du titre de la main à la main est sans effet, l'endossement est indispensable (Toulouse, 1ᵉʳ mars 1897, D. P. 98. 2. 135). — Quant aux effets au porteur, la remise du titre établit à l'en-somme la donation de la créance elle-même ; le don manuel de titres au porteur est donc valable (Req. 15 avr. 1890, D. P. 91. 1. 388). Il en est autrement en ce qui concerne les titres nominatifs (Toulouse, 1ᵉʳ mars 1897, précité). Par application de la règle d'après laquelle les dons manuels admettent toutes les conditions et réserves compatibles avec le principe du dessaisissement irrévocable (V. *suprà*, nᵒ 75), la jurisprudence décide généralement que le don manuel de titres au porteur peut être fait avec réserve d'usufruit (Paris, 17 avr. 1894, D. P. 95. 2. 278); qu'ainsi le donateur peut valablement stipuler que les coupons de ces titres seront perçus à son profit jusqu'à sa mort.

79. La propriété d'un manuscrit, en tant qu'objet matériel, peut être l'objet d'un don manuel ; mais, d'après l'opinion dominante, la tradition du manuscrit ne peut avoir pour effet de transférer, à titre de don manuel, le droit de propriété littéraire de l'ouvrage lui-même, qui constitue un droit incorporel.

80. La jurisprudence paraît admettre (mais cette solution est contestée) que la propriété d'une police d'assurance sur la vie, constituée sous la forme d'un titre à ordre, peut être l'objet d'un don manuel et se transmettre par la simple tradition, à la charge, par le possesseur qui représente le titre, de prouver qu'il le possède à titre de propriétaire et non de mandataire (Trib. civ. de la Seine, 14 avr. 1896, D. P. 99. 2. 313).

§ 3. — *Don manuel fait par l'entremise d'un tiers* (R. 1641 et s. ; S. 442 et s.).

81. Le don manuel peut être fait par l'intermédiaire d'un tiers auquel la tradition a été faite avec charge de remettre l'objet au donataire. — Mais le don n'est valable qu'autant que la remise a été faite du vivant du donateur. Il n'en serait autrement que si le tiers avait reçu l'objet en vertu d'un mandat exprès ou tacite du donataire. Et la circonstance que le donataire a eu connaissance de la libéralité et l'a acceptée du vivant du donateur ne suffirait pas à valider le don manuel, alors que le tiers chargé d'opérer la tradition n'a remis l'objet au donataire qu'après la mort du donateur. — Suivant une opinion, le donateur pourrait valablement stipuler que la remise des objets donnés n'aura lieu qu'après sa mort. D'après un autre système, le don manuel fait dans ces conditions serait nul, et l'intermédiaire devrait, après le décès du disposant, remettre les objets aux héritiers de celui-ci (Civ. 1339 et 2003).

82. Le don manuel serait nul si le tiers mandataire était chargé d'en effectuer la livraison à un donataire inconnu du donateur. Mais on ne doit pas considérer comme fait à un bénéficiaire incertain le don qu'un tiers est chargé de remettre aux pauvres d'une commune. — D'autre part, du seul fait que le destinataire du don est connu du donateur et désigné par lui au mandataire, bien qu'il soit inconnu du public et des tiers intéressés, le don est valable. Et le tiers mandataire n'est exposé à une action en responsabilité de la part des tiers intéressés, notamment des héritiers réservataires, que s'il a rendu impossible l'action de ces héritiers en dissimulant la personne du donataire.

§ 4. — *Preuve des dons manuels* (R. 1652 et s. ; S. 446 et s.).

83. En ce qui concerne la preuve, les dons manuels sont soumis au droit commun. Mais il y a lieu de distinguer suivant que le donataire est ou n'est pas en possession des objets donnés. — Dans ce dernier cas, le donataire qui réclame des objets qu'il prétend lui avoir été donnés de la main à la main, est tenu, conformément à la règle *actori incumbit probatio*, de faire la preuve du don manuel. A cet effet, il doit prouver, non seulement le fait matériel de la remise entre ses mains des objets revendiqués, mais encore l'intention libérale de celui qui a effectué cette remise. Le fait matériel de la remise est un fait pur et simple qui, à ce titre, peut se prouver par témoins. Mais l'existence de l'intention de donner chez l'auteur de la remise des objets litigieux ne peut être établie par la preuve testimoniale que dans les cas où cette preuve est admise (Angers, 4 mars 1903, D. P. 1903. 2. 421).

84. Lorsque le prétendu donataire est en possession du meuble qui est revendiqué contre lui, soit par les héritiers du donateur, soit par le donateur lui-même, la situation est renversée : le donataire est présumé propriétaire de ce meuble, en vertu de la règle « en fait de meubles possession vaut titre » (Civ. 2279), et il n'a aucune preuve à fournir (Req. 16 avr. 1904, D. P. 1904. 1. 207). — Mais il cesse d'être protégé par l'art.

2279 lorsqu'on démontre que sa possession ne remplit pas les conditions requises pour l'application de cet article, c'est-à-dire lorsqu'on prouve qu'il détient l'objet, non pas à titre de don manuel, mais en vertu soit d'un contrat ou d'un quasi-contrat qui l'oblige à le restituer (Comp. Civ. r. 17 janv. 1898, D. P. 98. 1. 479), soit d'un délit ou d'un quasi-délit. Quant à la manière dont cette preuve pourra être faite, il y a lieu de distinguer : lorsqu'on prétend qu'il détient l'objet en vertu d'un contrat, par exemple d'un dépôt, d'un prêt, l'existence de ce contrat ne peut être établie, si l'objet a une valeur supérieure à 150 francs, qu'au moyen d'un écrit, à moins qu'il n'y ait un commencement de preuve écrite. Cette preuve faite, la détention sera tenue de prouver qu'il y a eu interversion de titre par suite de la prétendue libéralité qu'il allègue (Besançon, 3 avr. 1901, D. P. 1902. 2. 191). Dans les autres cas, la preuve peut être faite de toute façon, notamment à l'aide de présomptions. Il en est ainsi, par exemple, quand on prétend que la possession du défendeur a pour origine un détournement. L'art. 2279 cessera également d'être applicable lorsque la possession des objets mobiliers sera obscure ou équivoque, et le détenteur sera obligé alors de justifier de son droit de propriété. Ce caractère équivoque et obscur de la possession peut résulter de circonstances très diverses ; il en est deux, en particulier, qui se présentent fréquemment dans la pratique ; ce sont : 1ᵒ la communauté d'habitation entre le prétendu donateur et le prétendu donataire ; 2ᵒ le fait que, s'agissant de titres au porteur, le détenteur s'est abstenu de toucher les coupons de ces titres.

ART. 5. — DES CAUSES DE RÉVOCATION DES DONATIONS ENTRE VIFS.

85. Les donations entre vifs sont révocables : 1ᵒ pour cause d'inexécution des conditions sous lesquelles elles ont été faites; 2ᵒ pour cause d'ingratitude ; 3ᵒ pour cause de survenance d'enfant au donateur (Civ. 953).

§ 1ᵉʳ. — *Inexécution des conditions* (R. 1783 et s. ; S. 493 et s.).

86. Les conditions dont l'inexécution donne lieu à la révocation des donations doivent s'entendre dans le sens de charges imposées au donataire, soit dans l'intérêt du donateur, soit même dans l'intérêt d'un tiers. — Cette cause de révocation atteint toute espèce de donations, non seulement celles qui sont faites dans la forme solennelle prescrite par la loi, mais aussi les donations déguisées sous la forme d'un contrat onéreux, les donations indirectes, les donations rémunératoires, et même les dons manuels. Les donations mutuelles sont également révocables pour inexécution des charges, et la révocation de l'une des donations n'entraîne pas celle de l'autre. Lorsque la charge d'une donation consiste dans une rente viagère, cette donation peut, suivant l'opinion générale, être révoquée pour défaut de payement des arrérages de la rente (Civ. 1978).

87. Les conditions impossibles ou illicites étant réputées non écrites dans les dispositions à titre gratuit (Civ. 900), l'inexécution d'une charge ne peut entraîner la révocation de la donation si cette charge est illicite ou d'une réalisation impossible, et il en doit être de même au cas où la condition, possible et licite à l'époque de la donation, est devenue depuis impossible ou illicite. — Toutefois la solution inverse devrait, semble-t-il, être admise au cas où la charge imposée au donataire a été la cause impulsive et déterminante de la libéralité (V. *suprà*, *Dispositions entre vifs et testamentaires*, nᵒ 4). C'est celle que la jurisprudence a appliquée aux donations faites à des communes sous la condition que les biens donnés seraient affectés à l'entretien d'écoles dirigées par des congréganistes : plusieurs arrêts ont décidé que l'exécution de cette condition, lorsque le donateur paraissait y avoir attaché une importance capitale, étant devenue impossible par suite de la loi du 30 oct. 1886 (D. P. 87. 4. 1), qui a laissé le personnel de l'enseignement primaire (V. *infra, Enseignement*), il y avait lieu de prononcer la révocation de la donation (Civ. c. 19 oct. 1896, D. P. 97. 1. 604). Toutefois, certains arrêts se sont prononcés, au contraire, dans le sens du maintien de la donation (V. notamment : Limoges, 16 déc. 1896, D. P. 99. 2. 418).

88. La révocation de la donation pour inexécution des conditions peut être demandée non seulement par le donateur, mais encore par ses héritiers. — Si le donateur a laissé plusieurs héritiers, l'action en révocation se divise de plein droit entre eux (Req. 21 juin 1897, D. P. 98. 1. 35) ; ... à moins que l'objet donné ne soit indivisible, comme dans le cas, par exemple, où des immeubles ont été donnés à une ville sous la condition d'y installer et entretenir une école : l'action peut alors être exercée pour le tout par l'un des héritiers du donateur (Toulouse, 16 juill. 1889). — Les créanciers du donateur pourraient aussi former la demande en révocation. — Lorsque les charges ou conditions ont été stipulées au profit d'un tiers, ce dernier, s'il a accepté le bénéfice de cette stipulation, a le droit de contraindre le donataire à exécuter les conditions ; mais il n'est pas recevable à demander la révocation pour inexécution des charges.

89. La révocation pour inexécution des conditions peut être demandée non seulement contre le donataire, mais contre ses héritiers. — Si la condition est de nature à pouvoir être accomplie par d'autres que le donataire, ses héritiers, en l'exécutant eux-mêmes ou en la faisant exécuter, pourront empêcher la révocation.

90. La révocation des donations pour inexécution des conditions n'a pas lieu de plein droit (Civ. 956) ; elle doit être demandée en justice et ne peut s'opérer qu'en vertu d'un jugement. — On décide généralement que le donateur n'est pas obligé, avant d'introduire la demande en révocation, de mettre préalablement le donataire en demeure d'exécuter les conditions. Les juges saisis de l'action en révocation peuvent accorder au donataire un délai pour s'exécuter, pourvu, bien entendu, que l'exécution soit encore possible au moment où ils statuent (Req. 31 janv. 1899, D. P. 99. 1. 272).

91. Les parties peuvent, d'ailleurs, stipuler, dans l'acte de donation, que la révocation aura lieu de plein droit par le seul fait de l'inexécution des conditions. Toutefois, même lorsqu'il a été stipulé qu'elle s'opérerait de plein droit, on dispense pas le donateur d'en demander aux tribunaux de prononcer la révocation. Et, en pareil cas, l'exécution pourrait encore intervenir utilement, même après l'expiration du temps fixé pour l'exécuter, tant que le donataire n'a pas été mis en demeure d'exécuter. Mais, après la mise en demeure, le juge ne pourrait plus accorder de délai. Si le donateur avait exprimé la volonté qu'au cas d'inexécution des charges, non seulement la révocation aurait lieu de plein droit, mais encore que le donataire serait constitué en demeure par la seule échéance du terme, le donataire ne pourrait plus, après l'échéance, exécuter utilement les conditions ou charges de la donation.

92. La révocation d'une donation pour inexécution des conditions remet les choses au même état que si la donation n'avait pas

eu lieu (Civ. c. 1er juill. 1896, D. P. 98. 1. 397). Les droits réels, tels que servitudes, hypothèques, etc., constitués sur les biens donnés du chef du donataire, sont mis à néant ; il n'y a pas d'exception, comme dans le cas de retour conventionnel, en faveur de l'hypothèque légale de la femme du donataire. — De même, les aliénations consenties par le donataire sont résolues et le donateur a le droit de reprendre les biens donnés entre les mains des tiers acquéreurs, même de bonne foi. Ce droit demeure intact même dans le cas où l'immeuble donné aurait été l'objet, entre les mains du donataire, d'une saisie suivie d'adjudication ; les art. 717 et 838, § 3, c. pr. civ., aux termes desquels l'action résolutoire du vendeur se trouve purgée, dans certains cas, par l'adjudication de l'immeuble vendu, sont ici sans application. — A la différence des actes de disposition, les actes d'administration, notamment les baux passés par le donataire, conservent leur effet malgré la révocation de la donation.

93. Les règles qui précèdent ne s'appliquent aux meubles que sous réserve de la maxime « en fait de meubles, possession vaut titre ». Les tiers, détenteurs de bonne foi des meubles donnés, seraient donc à l'abri de l'action en résolution. — Il n'en est ainsi, toutefois, qu'à l'égard des meubles corporels. La mesure précitée ne s'appliquant pas aux meubles incorporels, tels que des rentes, créances, etc., la révocation de la donation comprenant de tels objets permettrait au donateur de les revendiquer entre les mains des tiers acquéreurs, malgré leur bonne foi (Civ. c. 1er juill. 1896, D. P. 98. 1. 397). — Quant aux fruits, on admet généralement que la restitution n'en est due que du jour de la demande en révocation (Bourges, 6 juin 1898, D. P. 98. 2. 493), ou de la mise en demeure qui aurait été adressée au donataire (Limoges, 16 déc. 1896, D. P. 99. 2. 418).

94. Conformément aux principes généraux (Comp. Civ. 861, 862, 1673), le donataire évincé de l'immeuble donné a le droit de se faire indemniser en totalité des dépenses nécessaires qu'il a faites ; quant aux dépenses simplement utiles, le donateur n'est tenu de les rembourser que jusqu'à concurrence de la plus-value qui en est résulté (Agen, 8 mars 1893, D. P. 95. 1. 329).

95. En principe, la révocation de la donation pour inexécution des conditions peut entraîner, contre celui qui l'a encourue, une condamnation à des dommages-intérêts. Mais il faut pour cela que le donataire puisse être rendu responsable de l'inexécution des charges. — Des difficultés se sont produites sur ce point au sujet des libéralités faites à une commune à charge d'entretenir une école tenue par des congréganistes : la jurisprudence a généralement décidé que l'inexécution de cette condition, alors même qu'elle proviendrait du fait de la commune qui aurait provoqué la substitution de l'enseignement laïque à l'enseignement congréganiste, ne saurait faire encourir à celle-ci aucune condamnation pécuniaire.

96. Le donateur peut, au lieu de demander la révocation de la donation, obliger le donataire à exécuter les charges. — D'autre part, il peut renoncer au droit d'exercer l'action en révocation, à moins que la charge n'ait été stipulée au profit d'un tiers qui aurait manifesté l'intention d'en profiter.

§ 2. — *Ingratitude du donataire* (R. 1822 et s. ; S. 504 et s.).

97. Toutes donations, quelles que soient leur forme ou les modalités qui les affectent, sont, en principe, révocables pour cause d'ingratitude. Ainsi sont soumises à cette cause de révocation les donations rémunératoires, les donations avec charges, les donations déguisées (Req. 20 juill. 1898, D.

P. 98. 1. 598), indirectes, mutuelles, les dons manuels. — Exceptionnellement, les donations faites en faveur du mariage ne sont pas soumises à cette cause de révocation (Civ. 959). Mais cette exception, d'après l'opinion qui a prévalu, ne s'applique qu'aux donations faites aux futurs époux par des tiers ; elle ne s'étend pas aux avantages matrimoniaux que les futurs époux se font l'un à l'autre : ces avantages sont susceptibles d'être révoqués pour cause d'ingratitude, conformément à la règle générale.

98. Les causes de révocation pour cause d'ingratitude sont limitées à trois ; la donation peut être révoquée : 1° lorsque le donataire a attenté à la vie du donateur ; 2° lorsqu'il s'est rendu coupable envers le donateur de sévices, délits ou injures graves ; 3° lorsqu'il lui a refusé des aliments (Civ. 955).

99. Le fait que le donataire a attenté à la vie du donateur suffit pour entraîner la révocation ; il n'est pas nécessaire qu'une condamnation ait été prononcée à raison de cet attentat. Il n'est même pas indispensable que les actes dont le donataire s'est rendu coupable présentent le caractère de la tentative de meurtre ou d'assassinat selon le droit criminel ; mais il faut que ces actes manifestent d'une façon non douteuse l'intention de donner la mort. Ainsi, on ne peut considérer comme un attentat à la vie du donateur : un défaut de soins et d'assistance ne dénotant pas nécessairement la volonté de hâter la mort ; ni l'homicide commis par un donataire qui n'avait pas sa liberté morale ou qui se trouvait en état de démence au moment où il a agi, ou enfin qui n'a fait qu'user du droit de légitime défense. — Il n'y aurait pas lieu non plus à révocation dans le cas où le donataire aurait tué ou blessé le donateur par imprudence. Au contraire, une tentative d'attentat à la vie du donateur, manifestée par des actes extérieurs suivis d'un commencement d'exécution, devrait entraîner la révocation de la donation, lors même qu'elle eût manqué son effet par la seule volonté du donataire. Il en serait de même des attentats à la vie déclarés excusables par les art. 321 à 326 c. pén.

100. Les *sévices* s'entendent, en cette matière, de toutes les voies de fait dont le donataire se rend coupable envers la personne du donateur ; peu importe qu'elles soient, ou non, réprimées par la loi pénale. — Quant aux *délits*, ceux qui sont commis contre les biens du donateur, tels que le vol, l'abus de confiance, etc., constituent une cause de révocation aussi bien que ceux qui atteignent la personne. Ces délits ne sont d'ailleurs pris en considération qu'autant qu'ils offrent une certaine gravité. Ainsi, un délit de chasse commis par le donataire au préjudice du donateur n'autoriserait pas l'action en révocation.

101. De même, les *injures* ne sont une cause de révocation de donation que lorsqu'elles sont *graves*, et leur gravité doit être appréciée eu égard aux circonstances et à la qualité des personnes. Mais on ne saurait réserver la qualification de graves aux seules injures qui portent atteinte à l'honneur ou à la probité. Ainsi, l'inconduite de la femme peut être considérée comme une injure de nature à motiver la révocation des libéralités qu'elle a reçues de son mari. De même, une demande en interdiction, intentée sans fondement par l'enfant donataire contre le père donateur, pourrait constituer une cause de révocation, à moins que la bonne foi de l'enfant ne fût établie. — Les imputations formulées dans les plaidoiries au cours d'une demande en divorce ne peuvent être considérées comme des faits d'ingratitude autorisant la révocation des libéralités faites par l'un des époux à l'autre (Civ. r. 22 juin 1897, D.

P. 97. 1. 559). On décide aussi générale-ment que l'injure grave à la mémoire du donateur n'est pas une cause de révocation de la donation. — Enfin l'offense, pour en-traîner la révocation, doit avoir été com-mise envers le donateur lui-même ; elle ne saurait produire cet effet si elle avait été dirigée contre la femme ou les enfants du donateur, ou, après son décès, contre sa veuve ou ses héritiers.

102. Pour que le *refus d'aliments* soit une cause de révocation, il faut : 1° que le donateur se trouve dans le besoin ; 2° que le donataire soit en état de lui fournir des aliments ; 3° que le donateur n'ait pas de parents tenus envers lui de l'obligation ali-mentaire, et ayant des ressources qui leur permettent de satisfaire à cette obligation.

103. L'exercice de l'action en révocation appartient exclusivement au donateur et, sous certaines conditions, à ses héritiers ou, suivant une opinion d'ailleurs contestée, à ses légataires universels ou à titre universel. — Cette action étant de celles qui sont atta-chées à la personne, les créanciers du dona-teur ne sont pas admis à l'exercer du chef de leur débiteur en vertu de l'art. 1166 c. civ. — D'autre part, elle ne peut être in-tentée que contre le donataire ingrat ; elle s'éteint par son décès. Toutefois, si la de-mande avait été intentée du vivant du dona-taire, l'instance pourrait être continuée après son décès et la révocation prononcée contre ses héritiers.

104. La demande en révocation doit, à peine de déchéance, être formée par le donateur dans l'année à compter du jour où les faits imputés au donataire ont eu lieu, ou du jour où ces faits *ont pu* être connus du donateur (Civ. 957, § 1er). Ce délai n'est susceptible d'aucune suspension ou inter-ruption ; ainsi il n'est pas suspendu, à l'égard des donations entre époux, pendant la durée du mariage. Lorsqu'il s'est écoulé un an depuis un fait constitutif d'ingratitude, il ne peut plus être question de ce fait, et l'ac-tion en révocation ne saurait désormais s'appuyer que sur des faits postérieurs re-montant à moins d'une année, lesquels ne peuvent avoir pour conséquence de faire revivre des faits plus anciens. Cependant, si les faits nouveaux formaient avec les faits périmés un ensemble indivisible de sévices ou injures, les faits remontant à plus d'un an pourraient être pris en considération et servir à motiver la révocation de la dona-tion (Req. 21 déc. 1897, D. P. 98. 1. 347). — Quant aux héritiers du donateur, d'une part, ils peuvent continuer l'action, lors-qu'elle a été intentée par leur auteur (Paris, 18 févr. 1896, D. P. 96. 2. 197) ; d'autre part, ils ont le droit de l'exercer, bien qu'elle n'ait pas été intentée par celui-ci, si celui-ci est décédé moins d'un an après l'époque où il a eu connaissance de l'ingratitude du do-nataire (Civ. 957, § 2). Mais ils ne peuvent agir que pendant le laps de temps restant à courir pour parfaire l'année. Toutefois, si le donateur était décédé sans avoir eu con-naissance du fait d'ingratitude, le délai ne commencerait à courir contre les héritiers qu'à dater du décès de leur auteur, ou du jour où ils auraient eux-mêmes connu les faits dont le donataire s'est rendu cou-pable.

105. De même que la révocation pour inexécution des conditions (V. *suprà*, n° 90), la révocation des donations pour cause d'in-gratitude n'a pas lieu de plein droit ; elle ne peut s'opérer qu'en vertu d'un jugement (Civ. 956). Mais, à la différence de la pre-mière, elle ne porte pas atteinte aux droits acquis à des tiers par suite d'aliénations con-senties par le donataire, ou d'hypothèques ou autres charges réelles établies par lui sur les biens donnés. — Lorsqu'il s'agit d'une donation sujette à transcription, le dona-

teur doit faire inscrire un extrait de la de-mande en révocation en marge de la trans-cription de la donation. Les droits réguliè-rement acquis avant cette inscription, même depuis l'introduction de l'instance, sont maintenus ; ceux dont l'acquisition se-rait postérieure sont mis à néant (Civ. 958, § 1er). Pour les donations non sujettes à transcription, les effets de la révocation re-montent au jour de la demande. Ainsi, dans le cas où la donation a pour objet une créance, le transport de cette créance con-senti par le donataire serait nul si la signi-fication ou l'acceptation par le débiteur en avait été faite postérieurement à l'introduc-tion de la demande en révocation.

106. Entre les parties, les effets de la révocation pour ingratitude doivent être, en principe, tels que le donateur soit remis au même état que si la donation n'avait pas eu lieu et que si l'objet n'était pas sorti de son patrimoine. Si les choses données existent encore entre les mains du donataire, le do-nateur les reprend dans l'état où elles se trouvent, sauf les indemnités qui peuvent lui être dues à raison des détériorations ou dégradations commises sur les biens donnés, ou qu'il pourrait devoir lui-même à raison des impenses faites par le donataire. — Si le donataire ingrat a aliéné ces biens, il doit en restituer la valeur « eu égard au temps de la demande ». Il doit, de même, indem-niser le donateur à raison des hypothèques, servitudes ou autres droits réels qu'il aurait établis sur l'immeuble donné. Quant aux fruits et revenus, il n'est tenu de les resti-tuer que du jour de la demande (Civ. 958, § 2).

§ 3. — *Survenance d'enfant au donateur*
(R. 1861 et s. ; S. 520 et s.).

107. Cette cause de révocation s'ap-plique à toutes les libéralités quelles qu'elles soient (Civ. 960). Il n'y a pas à distinguer suivant la valeur ou la quotité des choses données. On admet cependant que les pré-sents d'usage ne sont pas atteints par cette cause de révocation. Sont révocables pour survenance d'enfant les donations déguisées sous la forme d'un contrat à titre onéreux (Req. 3 déc. 1895, D. P. 96. 1. 284), les donations indirectes, les renonciations, les remises de dettes, les donations mutuelles, les donations rémunératoires. Il en est de même des donations avec charges ; mais la révocation pour survenance d'enfant n'at-teint pas les actes par lesquels le prétendu donateur reçoit une compensation matérielle équivalant au sacrifice qu'il fait (Poitiers, 27 janv. 1902. 2. 413). — La révocation pour survenance d'enfant atteint même les dona-tions faites en faveur du mariage. Il n'y a d'exception qu'à l'égard des donations faites par les ascendants aux futurs conjoints, ou par les époux l'un à l'autre, soit par con-trat de mariage, soit pendant le mariage. — L'exécution volontaire d'une obligation natu-relle, telle qu'une obligation alimentaire, ne constituant pas une libéralité, n'est pas sus-ceptible de révocation pour cause de surve-nance d'enfant.

108. Pour qu'une donation soit révocable pour cause de survenance d'enfant, il faut que le donateur n'ait pas eu d'enfant ou descen-dant, légitime vivant ou légitimé, vivant à l'époque de la donation (Civ. 960). L'enfant simple-ment conçu n'est pas assimilé à l'enfant déjà né : la révocation a lieu bien que l'en-fant du donateur fût conçu au temps de la donation (Civ. 961). Suivant l'opinion géné-rale, l'existence, au temps de la donation, d'un enfant naturel reconnu, ou d'un enfant adoptif, ne fait pas obstacle à la révocation.

109. La révocation résulte de la surve-nance au donateur d'un enfant ou descen-dant légitime, même d'un posthume, à la condition qu'il soit né viable (Civ. 960). Ni

la naissance, ni la reconnaissance d'un enfant naturel, postérieurement à la dona-tion, ne peut entraîner la révocation de celle-ci. Mais la donation est révoquée par la légitimation d'un enfant naturel, pourvu qu'il soit né depuis la donation. L'adoption n'emporte pas révocation des donations faites antérieurement par l'adoptant.

110. Le donateur n'a pas besoin, pour que la révocation se produise, de mani-fester, par une demande en justice, sa volonté de récupérer les biens donnés : cette récupération se trouve réalisée à son profit de plein droit, par le fait seul de la nais-sance ou de la légitimation de l'enfant (Civ. 960). La révocation résultant de la survenance d'enfant est définitive. La dona-tion demeure révoquée lors même que le donataire serait entré en possession des biens donnés et qu'il y aurait été laissé par le donateur depuis la survenance de l'en-fant ; le donateur conserve donc toujours le droit de reprendre les biens donnés. Toute-fois, le donataire peut retenir les fruits échus et perçus par lui jusqu'au jour où il a reçu notification de la cause révocatoire. Quant aux fruits échus, mais non encore perçus lors de la notification, on admet gé-néralement que le donataire est tenu de les restituer. — La loi ne détermine pas la forme dans laquelle la notification doit être faite ; régulièrement, il y a lieu de recourir à un exploit d'huissier.

111. La révocation pour survenance d'en-fant a les effets attachés à toute condition résolutoire ; elle opère donc rétroactivement et entraîne l'annulation de toutes aliéna-tions qui auraient été consenties par le do-nateur, comme de toutes charges et hypo-thèques établies de son chef sur les biens donnés. Ceux-ci ne restent même pas affectés à l'hypothèque subsidiaire que l'art. 952 ac-corde à la femme du donataire pour les reprises de sa dot et l'exécution des conven-tions matrimoniales en cas de résolution par l'effet du retour conventionnel ; et en est ainsi encore que la donation aurait été faite en faveur du mariage et insérée dans le contrat (Civ. 963). — Malgré la révocation, les actes d'administration consentis par le donataire, notamment les baux, conservent leur effet. D'autre part, la révocation pour survenance d'enfant d'une donation déguisée n'a pas d'effet rétroactif à l'égard des tiers.

112. Le donateur ne peut renoncer directe-ment au droit d'invoquer la révocation pour survenance d'enfant ; toute clause ou con-vention semblable serait nulle (Civ. 965). Est également nulle toute renonciation indi-recte au même droit, et notamment la clause par laquelle le donateur garantirait le dona-taire contre la révocation de la donation pour survenance d'enfant. Par application de cette règle, lorsqu'il s'agit d'une donation faite en faveur du mariage, les biens donnés rentrent, par suite de la révocation, dans le patrimoine du donateur, affranchis de l'hypo-thèque légale de la femme du donataire, alors même que le donateur aurait consenti expressément cette affectation dans le con-trat de mariage et aurait été déclaré caution de l'exécution des conventions matrimo-niales (Civ. 963). Mais, d'après l'opinion dominante, une donation peut être valable-ment garantie par un tiers contre l'éventua-lité d'une révocation pour survenance d'en-fant.

113. La donation, une fois révoquée, reste définitivement anéantie ; elle ne peut re-vivre et avoir de nouveau son effet, ni par la mort du donateur, ni par aucun acte confirmatif. Si donc le donateur persiste dans la volonté de gratifier le dona-taire, il doit refaire la donation dans la forme légale (Civ. 964).

114. Le droit résultant, pour le donateur, de la révocation pour survenance d'enfant est susceptible de s'éteindre par la prescription. Mais celle-ci n'est admise que dans des conditions spéciales et dérogatoires au droit commun : 1° la prescription trentenaire est seule possible ; celle de dix ou vingt ans ne peut s'opérer, même au profit des tiers détenteurs de bonne foi ; 2° le point de départ de la prescription est fixé, non pas au jour de la naissance du premier enfant, bien que cette première naissance ait eu pour effet immédiat la révocation de la donation, mais au jour de la naissance du *dernier* enfant du donateur, même posthume (Civ. 966).

ART. 6. — ENREGISTREMENT ET TIMBRE.

§ 1er. — *Enregistrement*.

115. La donation étant, d'après les termes mêmes de la définition donnée par l'art. 894 c. civ., translative de propriété lorsqu'elle a été acceptée, l'acte qui la constate est soumis au droit proportionnel d'enregistrement dès qu'il est parfait. — Par exception, les donations faites en faveur de l'État ou des institutions qui se confondent avec lui sont dispensées du payement des droits et enregistrées gratis (L. 22 frim. an 7, art. 70, § 2, n° 1, R. v° *Enregistrement*, t. 21, p. 26). — Les contrats de bienfaisance où l'on donne gratuitement ses soins, où l'on communique l'usage de la chose, peuvent bien, jusqu'à un certain point, présenter le caractère de libéralité ; mais ils ne sont pas translatifs et ne peuvent, dès lors, être assujettis au droit proportionnel de donation.

116. 1° *Taux du droit proportionnel.* — Le taux du droit proportionnel, commun aux meubles et aux immeubles, affranchi de tout décime, a été réglé de la manière suivante par l'art. 18 de la loi du 25 févr. 1901 (D. P. 1901. 4. 33) : 1° Partages d'ascendants (V. *infra*, *Partage d'ascendant*) ; 2° donations par contrat de mariage aux futurs (V. *supra*, *Donation par contrat de mariage*, n° 34) ; 3° donations autres que celles désignées aux deux numéros précédents :

En ligne directe	3 50	%
Entre époux	5 »	%
Entre frères et sœurs.	9 »	%
Entre oncles ou tantes et neveux ou nièces.	10 »	%
Entre grands-oncles ou grand'-tantes et petits-neveux ou petites-nièces et entre cousins germains.	11 »	%
Entre parents au 5e et au 6e degré.	12 »	%
Entre parents au delà du 6e degré et entre personnes non parentes.	13 50	%

L'art. 19 de la même loi soumet à un droit de 9 pour cent, sans décimes : les dons et legs faits aux départements et aux communes, lorsqu'ils sont affectés par la volonté expresse du donateur à des œuvres d'assistance ; les dons et legs faits aux établissements publics charitables et hospitaliers, aux sociétés de secours mutuels et à toutes autres sociétés reconnues d'utilité publique dont les ressources sont affectées à des œuvres d'assistance ; les dons et legs faits aux sociétés d'instruction et d'éducation populaire gratuites reconnues d'utilité publique et subventionnées par l'État. — Ces tarifs comprennent le droit de transcription, la formalité de la transcription au bureau du conservateur des hypothèques ne donnant plus lieu à aucun droit proportionnel autre que la taxe établie par la loi du 27 juill. 1900 (D. P. 1900. 4. 57).

117. Le tarif ordinaire des donations est applicable aux transmissions entre vifs à titre gratuit des actions et obligations des sociétés françaises (Civ. c. 23 mai 1859, D. P. 59. 1. 215), des fonds publics français et étrangers et des valeurs étrangères (L. 18 mai 1850, art. 7, D. P. 50. 4. 87; 13 mai 1863, art. 11, D. P. 63. 4. 54; 23 août 1871, art. 3, D. P. 71. 4. 54).

118. 2° *Liquidation du droit proportionnel.* — La liquidation du droit proportionnel sur les transmissions entre vifs à titre gratuit est établie sur la valeur brute des biens transmis, déterminée de la manière suivante : pour les meubles corporels, par la déclaration estimative des parties (L. 22 frim. an 7, art. 14, n° 8); pour les créances, par le capital nominal (L. 22 frim. an 7, art. 14, n° 2), à moins qu'il ne s'agisse de créances sur un failli, auquel cas l'Administration ne perçoit les droits que sur les dividendes versés, à mesure de leur distribution, à la condition toutefois que les parties aient pris l'engagement d'acquitter ces droits quelle que soit la date des distributions (Instr. Reg. 2791, § 4); pour les rentes, par le capital constitué, lorsqu'il est exprimé dans l'acte (L. 22 frim. an 7, art. 14, n° 7); pour les rentes créées sans expression de capital, par le capital obtenu en multipliant par 10 le chiffre annuel des rentes viagères, et par 20 le chiffre annuel des rentes perpétuelles (L. 22 frim. an 7, art. 14, n° 9); pour les actions et obligations des sociétés françaises, les fonds publics français et étrangers et les valeurs mobilières étrangères, par le cours moyen de la bourse au jour de l'enregistrement pour les valeurs cotées (L. 18 mai 1850, art. 7), et par une déclaration estimative pour les valeurs non cotées; pour les immeubles, par l'évaluation du produit des biens, ou le prix des baux courants sans distraction des charges, porté à vingt fois pour les immeubles urbains et à vingt-cinq fois pour les immeubles ruraux (L. 22 frim. an 7, art. 15, n° 7; 21 juin 1875, art. 2, D. P. 75. 4. 107). — En ce qui concerne les immeubles dont la destination, au moment de la transmission, n'est pas de procurer un revenu, le droit proportionnel est liquidé sur la valeur vénale (L. 25 févr. 1901, art. 12).

119. En cas de démembrement de la propriété, la valeur de la nue propriété et de l'usufruit des biens meubles et immeubles est déterminée par une évaluation faite de la manière suivante : si l'usufruitier a moins de vingt ans révolus, l'usufruit est estimé aux sept dixièmes, et la nue propriété aux trois dixièmes de la propriété entière, celle-ci doit être évaluée d'après les règles ci-dessus indiquées. Au dessus de cet âge, cette proportion est diminuée pour l'usufruit, et augmentée pour la nue propriété, d'un dixième par chaque période de dix ans, sans fraction. A partir de soixante-dix ans révolus de l'âge de l'usufruitier, la proportion est fixée à un dixième pour l'usufruit et à neuf dixièmes pour la nue propriété. L'usufruit constitué pour une durée fixe est estimé aux deux dixièmes de la valeur de la propriété entière pour chaque période de dix ans de la durée de l'usufruit sans fraction, sans égard à l'âge de l'usufruitier (L. 25 févr. 1901, art. 13, n° 2).

120. 3° *Acceptation.* — L'acceptation du donataire étant indispensable pour rendre la donation parfaite, les donations non acceptées ne sont passibles que du droit fixe de 3 francs. — L'acte qui constate l'acceptation du donataire est soumis au droit proportionnel, d'après le tarif en vigueur à la date de cet acte et non à celle de la donation (Trib. civ. de Pontoise, 14 juill. 1853). Toutefois, les départements, les communes, les hospices et les bureaux de bienfaisance étant autorisés à accepter provisoirement les donations (L. 18 juill. 1837, art. 48, R. v° *Commune*, p. 272; *Secours publics*, p. 774; 7 août 1851, art. 11, D. P. 51. 4. 154; 10 août 1871, art. 53, D. P. 71. 4. 102; 5 avr. 1884, art. 113, D. P. 84. 4. 25), c'est le tarif en vigueur au jour de l'acceptation provisoire qui doit être appliqué, puisque, par suite de l'effet rétroactif attribué à l'autorisation du Gouvernement, la donation produit effet du jour de cette acceptation. D'un autre côté,

l'effet de la donation se produisant dès que l'autorisation d'accepter a été accordée, le droit proportionnel est exigible par le seul fait de cette autorisation (Décis. min. Fin. 9 avr. 1860, D. P. 74. 5. 196).

121. 4° *Donations avec charges.* — Du principe que la donation entre vifs est un contrat gratuit, il résulte que l'acte qui aurait pour objet l'acquittement d'une dette naturelle ne serait pas une donation et, par suite, ne saurait être assujetti aux droits applicables à cette sorte de transmission. De même, si l'acte n'a que l'apparence d'une libéralité, et si les charges imposées au donataire sont d'une importance telle que le caractère de gratuité disparaisse pour faire place au caractère onéreux, l'acte doit être soumis au droit applicable à la convention qu'il renferme. — La donation ne perd cependant pas son caractère de libéralité par le fait seul que certaines charges ont été imposées aux donataires. Il appartient aux tribunaux d'apprécier les effets du contrat.

122. Toutes réserves faites relativement aux circonstances particulières à chaque donation, les règles suivantes paraissent avoir été admises, en principe, par la doctrine et la jurisprudence : 1° Lorsque les charges sont inférieures à la valeur des biens donnés, la convention constitue une libéralité pour le tout, le contrat ne pouvant, en l'absence de toute manifestation de volonté des parties, être scindé d'office par l'Administration, et le droit proportionnel de donation est perçu sur la valeur totale des biens transmis (Trib. civ. d'Annecy, 31 déc. 1891, D. P. 92. 5. 282); 2° Si les charges sont égales à la valeur des biens donnés, l'élément de libéralité disparaît, la convention affecte le caractère onéreux, et le droit de vente est exigible (Civ. c. 28 oct. 1895, D. P. 96. 1. 497); 3° Enfin, lorsque les charges imposées sont supérieures à la valeur des biens donnés, il peut y avoir, ou contrat à titre onéreux ou libéralité par le prétendu donataire au prétendu donateur. L'abandon fait par le donataire pouvant être considéré comme donnant à l'acte son caractère dominant et devant alors servir de base à la perception du droit d'enregistrement (Civ. r. 13 déc. 1853, D. P. 54. 1. 109).

123. 5° *Donations rémunératoires.* — Pour les donations rémunératoires, il convient de distinguer : si les services rendus au donateur par le donataire ne sont ni appréciables en argent, ni susceptibles d'engendrer une action en justice, le caractère de libéralité subsiste dans son intégralité, et le droit de donation est applicable (Req. 7 janv. 1862, D. P. 62. 1. 188). Si les services rendus sont appréciables en argent, les règles qui viennent d'être établies pour les donations avec charges sont applicables.

124. 6° *Donations conditionnelles.* — La donation dans laquelle la tradition est différée, étant néanmoins actuelle et irrévocable, est soumise immédiatement à la perception du droit proportionnel. Ainsi, la donation d'une somme d'argent payable au décès du donateur opérant, dès l'époque même où elle a été faite, une mutation de propriété qui a pour effet de dessaisir le donateur d'une partie de son patrimoine, est soumise au droit proportionnel de mutation au moment de l'acte, qui la constate (Civ. c. 4 févr. 1867, D. P. 67. 1. 74). Au contraire, la donation sous condition suspensive, dont l'existence même est incertaine, n'est soumise qu'à un simple droit fixe de 3 francs, sauf perception du droit proportionnel de donation à l'événement de la condition.

125. La condition résolutoire convenue entre les parties, par exemple le droit de retour en cas de prédécès du donataire, n'empêchant pas l'existence actuelle de la donation, ne saurait, en principe, faire obstacle à l'exigibilité du droit. Mais si cette condition n'était pas purement casuelle, si elle était potestative, c'est-à-dire conçue dans des conditions telles qu'il dépendit des parties d'anéantir directement ou même indirectement la libéralité, la disposition serait frappée de nullité comme contraire au principe de l'irrévocabilité et ne saurait servir de base à la perception du droit d'enregistrement.

126. 7° *Donations déguisées.* — Des dispositions à titre gratuit sont souvent dissimulées sous la forme de conventions à titre onéreux, dans le but de ne payer que le droit d'enregistrement applicable à ces derniers contrats, lequel est toujours moins élevé que celui des donations. Ces libéralités sont ordinairement déguisées sous la forme d'obligations, de cessions à titre onéreux, de constitutions de rente, de charges imposées comme condition d'un contrat à titre onéreux, etc. N'ayant pas été prévues par la loi fiscale, il en résulte qu'elles sont, en général, soumises au droit applicable au contrat dont la forme a été employée. Cependant, les droits d'enregistrement devant être perçus d'après les effets produits par les conventions et non d'après les termes des contrats, l'administration de l'Enregistrement a le droit de rechercher et de constater le véritable caractère des dispositions contenues dans les contrats présentés à la formalité, pour arriver à asseoir d'une manière conforme à la loi les droits d'enregistrement applicables à ces dispositions. Cette simulation peut être prouvée par toutes les voies que la loi fiscale autorise (Civ. r. 9 juill. 1861, D. P. 61. 1. 322). — La même règle est applicable aux donations indirectes, c'est-à-dire à celles qui résultent d'une remise de dette ou d'une renonciation à une succession ou à un legs.

127. 8° *Donations secondaires.* — Les donations secondaires, c'est-à-dire celles qui sont comprises sans simulation, comme accessoire de la convention, dans un acte dont l'objet principal est un contrat commutatif, sont soumises au droit proportionnel dès que l'Administration est en mesure de prouver que le donataire a accepté. — Cette règle s'applique purement et simplement lorsque la donation secondaire est accessoire à un contrat à titre onéreux, par exemple, une vente consentie à charge de payer une partie du prix à un tiers (Civ. c. 11 mars 1863, D. P. 63. 1. 65).

128. Lorsque la donation secondaire est accessoire à un contrat à titre gratuit, deux hypothèses sont à prévoir : si les deux donations sont pures et simples, par exemple si, dans une donation entre vifs, une charge a été imposée au donataire en faveur d'un tiers, comme, en définitive, le donateur ne se dépouille que de ce qui fait l'objet de la donation principale et que la charge imposée au donataire n'est qu'une condition de cette donation, le droit n'est dû que sur cette donation, et il n'en doit être perçu aucun sur la stipulation de la charge (Av. Cons. d'Et. 10 sept. 1808; Trib. civ. de Morlaix, 16 févr. 1877, D. P. 78. 5. 231). — Mais si la donation principale est actuelle et la donation secondaire éventuelle, subordonnée, par exemple, au décès du donateur ou à la survie du bénéficiaire, la donation principale, opérant une transmission actuelle et définitive, est passible du droit de donation entre vifs sur l'acte même de donation, et la donation éventuelle est soumise aux droits de mutation par décès lorsque l'événement se produit, cette libéralité constituant une disposition indépendante de la donation principale et opérant une nouvelle transmission (Civ. c. 5 mars 1872, D. P. 72. 1. 104).

129. 9° *Dons manuels.* — La loi du 18 mai 1850, art. 6 (D. P. 50. 4. 87), assujettit au droit proportionnel de donation les actes renfermant, soit la déclaration par le donataire ou ses représentants, soit la reconnaissance judiciaire d'un don manuel. — La disposition de cet article est générale et absolue, et, en imposant l'acte qu'il prévoit au droit proportionnel de donation, il ne subordonne pas l'exigibilité de ce droit à la condition que la déclaration ou la reconnaissance judiciaire du don manuel soit susceptible de créer un lien de droit entre le donateur et le donataire. Le fait seul que le don manuel a été déclaré ou reconnu judiciairement suffit pour établir, au point de vue de la loi fiscale, la transmission de la propriété mobilière (V. pour la déclaration du donataire : Civ. c. 10 déc. 1877, D. P. 78. 1. 198; ... pour la reconnaissance judiciaire : Req. 4 nov. 1891, D. P. 92. 1. 588). La loi soumet, en effet, au droit, non le fait du don manuel, mais le fait de la déclaration de ce don émanée du donataire, ou de sa reconnaissance faite en justice; le droit est dû sur l'acte qui constate le don, sans que la Régie ait à rechercher comment s'est opérée la transmission (Req. 15 févr. 1870, D. P. 70. 1. 365). — La loi de 1850 exigeant « une déclaration par le donateur », une déclaration *par le donateur* n'est pas suffisante pour rendre applicable l'art. 6 de ladite loi (Trib. civ. de Lyon, 11 août 1880, D. P. 81. 3. 31).

130. Les actes passés dans la forme administrative rentrent, aussi bien que les actes ordinaires, publics ou privés, dans les prévisions de l'art. 6 de la loi de 1850; une distinction doit, toutefois, être établie : les simples mentions se rattachant au service intérieur de la comptabilité d'une commune ou d'un établissement public ne constituent pas des actes susceptibles de donner ouverture au droit. Mais les délibérations et arrêtés dont le but est de consacrer l'existence du don manuel ou d'en assurer la perpétuité ou l'exécution, même à l'égard d'un donateur anonyme, ne peuvent être considérés comme ayant le caractère de simples documents d'ordre intérieur, et la déclaration ou l'aveu d'un don manuel contenu dans ces délibérations ou arrêtés tombe sous l'application de l'art. 6 de la loi du 18 mai 1850 (Req. 16 nov. 1903, D. P. 1904. 1re partie).

131. 10° *Révocation des donations.* — Des trois causes de révocation des donations, deux, la révocation pour inexécution des conditions et la révocation pour survenance d'enfant, produisent les effets d'une clause résolutoire. — La révocation pour survenance d'enfant s'opérant de plein droit, l'acte volontaire ou le jugement qui le constate n'est soumis qu'au droit fixe.

132. Dans la résolution pour inexécution des conditions, le caractère de la mutation étant celui d'une transmission à titre onéreux, le droit proportionnel est dû au taux établi pour les mutations à titre onéreux, sans droit de transcription en ce qui concerne les immeubles, c'est-à-dire : 0 fr. 50 pour cent, sans décimes, sur les valeurs mobilières négociables; 1 pour cent sur les créances; 2 pour cent sur les meubles corporels et les fonds de commerce; 4 pour cent sur les immeubles.

133. La résolution d'une donation pour cause d'ingratitude ne procédant pas d'une nullité radicale, et laissant subsister les droits réels conférés aux tiers par le donataire, opère au profit du donateur une véritable mutation. Le jugement qui la prononce est, par suite, sujet au droit proportionnel de vente de 5 fr. 50 pour cent sur les immeubles.

134. Enfin, la résolution purement volontaire d'une donation constitue elle-même une libéralité et donne lieu, par suite, à la perception d'un nouveau droit de donation.

§ 2. — Timbre.

135. L'état estimatif des objets mobiliers compris dans une donation, établi par acte séparé, doit être rédigé sur papier timbré. Il ne peut, sans contravention, être écrit à la suite de l'acte de donation, sur la même feuille de papier timbré. Il en est de même de l'état des dettes et de l'acceptation de la donation (Trib. civ. de Chartres, 28 déc. 1889).

DOT

(R. v° *Contrat de mariage*, n°s 1194 et s. 3248 et s.; S. eod. v°, n°s 429 et s., 1171 et s.).

1. On entend par *dot*, à proprement parler, l'apport fait par la femme au mari pour contribuer aux charges du mariage. La dot n'est donc pas spéciale au régime dotal; elle existe sous tous les régimes, excepté sous celui de la séparation de biens. — Sous le régime de la communauté, légale ou conventionnelle, elle comprend, pour la pleine propriété, les biens de la femme qui tombent dans l'actif commun, et, en outre, la jouissance des biens demeurés propres à la femme; sous le régime exclusif de communauté, tous les biens de la femme sont dotaux, mais pour la jouissance seulement. — Sur ce qui est compris dans la dot sous le régime dotal, V. *infrà*, *Régime dotal*.

2. Dans un sens plus large, le mot *dot* désigne les biens donnés à la femme, et même au mari, en vue du mariage, sans qu'il y ait à distinguer suivant le régime adopté par les époux. C'est à la dot entendue dans ce dernier sens que se référent les explications ci-après.

3. La dot peut être constituée soit par les parents des époux, soit par des étrangers. Les père et mère ne sont pas obligés civilement de doter leurs enfants (Civ. 204); mais c'est pour eux une obligation naturelle d'où il résulte, notamment, que l'engagement sous signature privée pris par les parents de constituer une dot à leur enfant est valable.

4. La contribution des père et mère à la charge de la dot constituée à l'enfant pour soulever des questions d'interprétation pour la solution desquelles il y a lieu tout d'abord de se référer au contrat de mariage. Pour le cas où elles n'y sont pas résolues, les règles suivantes sont établies par la loi :

5. 1° Quoique la fille dotée ne soit ni père ni mère ait des biens personnels, la dot doit être prise sur les biens des constituants, s'il n'y a stipulation contraire (Civ. 1546). Il en est ainsi alors même que les parents ont la jouissance des biens de leur fille. Mais, après le décès du père ou de la mère, si le survivant constitue une dot pour biens paternels ou maternels, sans spécifier les portions, elle se prendra d'abord sur les droits du futur époux dans la dot du conjoint prédécédé, et le surplus sur les biens du constituant (Civ. 1545).

6. 2° Lorsque la dot est constituée par l'un des parents seulement, l'autre, en principe, n'est pas engagé. Ainsi, la dot constituée par le père seul n'oblige point la mère; et il en est ainsi alors même que celle-ci serait présente au contrat de mariage : la dot n'en reste pas moins, dans ce cas, en entier à la charge du père (Civ. 1544, § 2). La dot constituée conjointement par le père et mère est constituée par portions égales, si l'on n'a pas distingué la part de chacun (Civ. 1544, § 1er).

7. 3° L'application des règles relatives à la constitution de dot subit certaines modifications dans le cas où les père et mère sont mariés sous le régime de la communauté. Lorsque la dot a été constituée par le mari seul en effets de la communauté, elle est à la charge de celle-ci, et, par suite, la femme ou ses héritiers, s'ils acceptent la communauté, sont tenus de payer la dot pour la moitié, ou au moins jusqu'à concurrence de leur émolument, à moins que le mari n'ait déclaré, en constituant la dot, qu'il s'en chargeait pour le tout (Paris, 17 juin 1891, D. P. 92. 2. 157). Si la femme renonce à la communauté, elle n'est tenue de supporter aucune partie de la dot constituée par le mari seul. — Quand la constitution de dot a été faite conjointement par les deux époux, ceux-ci, conformément à la règle générale (V. *suprà*, n° 6, *in fine*), sont censés l'avoir constituée chacun pour moitié (Civ. 1433, § 1er); et la dot, quoique constituée en effets de communauté, forme une dette personnelle à chacun des époux; d'où il résulte que, si la femme renonce à la communauté, elle devra récompense à la moitié payée à sa décharge. C'est, du reste, une règle générale que, toutes les fois que la dot est fournie par la communauté, récompense lui est due par chaque époux dans la mesure de la portion dont chacun était tenu. — Si l'obligation de doter avait été contractée *solidairement* par les deux époux, la femme serait tenue de payer la totalité de la dot en cas d'insolvabilité du mari. Mais la solidarité n'empêche pas que, dans les rapports des époux entre eux, la dette ne leur incombe à chacun pour moitié; celui qui a payé plus que sa part a un recours contre son conjoint. Ici ne s'applique pas, d'ailleurs, la règle d'après laquelle la femme qui s'oblige solidairement avec son mari, pour les affaires de la communauté ou du mari, n'est réputée à l'égard de celui-ci s'être obligée que comme caution; la dot est une dette personnelle à chacun des époux. — Suivant l'opinion dominante, la dot constituée par la femme avec l'autorisation du mari forme une dette de communauté dont le mari est tenu même sur ses biens personnels; mais le mari et la communauté ne sont tenus qu'après récompense et recours contre la femme qui doit, en définitive, supporter seule la dette entière. Quant à la dot qu'aurait constituée la femme, en l'absence du mari, avec l'autorisation de justice, elle constituerait une charge de la communauté comme celle qu'aurait constituée le mari lui-même. — La dot constituée par un seul des époux sur ses *biens personnels* demeure évidemment en entier à la charge de cet époux. Si la constitution en effets personnels émane des deux époux, et est toujours réputée faite par chacun d'eux pour moitié (Civ. r. 29 juill. 1897, D. P. 1900. 1. 582), alors même qu'elle aurait été prise en totalité ou pour une plus forte part sur les biens de l'un d'eux, sauf l'indemnité à laquelle a droit l'époux qui a fourni plus que sa moitié. — Les dispositions de l'art. 1438 c. civ., bien que se référant spécialement au cas où une dot a été constituée par contrat de mariage, peuvent s'étendre aussi, suivant les circonstances, aux divers autres cas où le père ou la mère font à leur enfant une libéralité destinée à lui procurer un établissement par mariage ou autrement (Civ. r. 29 juill. 1897, précité).

8. La dot peut être constituée conjointement par les deux époux en avancement d'hoirie sur la succession du prémourant ou, ce qui revient au même, avec stipulation qu'elle sera imputable sur cette succession. En pareil cas, tant que les deux époux vivent, ils sont tenus au payement de la dot chacun pour moitié, et pour le tout, si la dot a été constituée solidairement. En outre, si les père et mère sont mariés sous le régime de la communauté, la communauté et le mari peuvent être poursuivis en payement de la dot entière, sauf la récompense qui peut leur être due. Après le décès de l'un des constituants, le survivant doit être considéré comme étranger à la constitution dotale; par suite, si la dot n'a pas encore été payée, l'enfant doté n'aura plus d'action que contre la succession du prédé-

cédé; et, si le survivant avait payé la dot, il aurait un recours contre ladite succession. — On admet généralement que le survivant est à l'abri de toute réclamation, même en cas d'insuffisance des biens laissés par le prémourant, et qu'il ne peut être tenu de payer le complément de la dot. Il en est autrement lorsque la dot constituée en avancement d'hoirie a été stipulée imputable d'abord sur la succession du prémourant, et *subsidiairement sur celle du survivant*. Et, en pareil cas, l'enfant doté n'est pas tenu d'attendre le décès du survivant pour recouvrer sur la succession de celui-ci la portion de la dot restée impayée du prédécédé; il peut agir contre le survivant lui-même pour exiger le payement de ce reliquat (Civ. c. 2 mai 1899, D. P. 99. 1. 505). — Sur le rapport de la dot à la succession du constituant, V. *infrà*, *Succession*.

9. La *garantie* est due par toute personne qui a constitué la dot (Civ. 1440, 1547; Orléans, 28 mars 1900, D. P. 1902. 2. 101). La femme elle-même en est tenue envers le mari, si c'est elle qui a constitué la dot; et l'action, en ce cas, peut être exercée par le mari contre la femme même pendant le mariage. — Quant à l'étendue et à l'effet de cette obligation de garantie, il y a lieu d'appliquer par analogie, suivant les cas, les règles concernant la garantie pour cause d'éviction en matière de vente (Civ. 1626 et s.), ou celles de la garantie en matière de cession de créance (Civ. 1693 et s.; V. *infrà*, *Vente*). Ainsi, dans le cas où la dot a été réalisée au moyen d'un transport de créance, la garantie qui est due porte seulement à moins de stipulation contraire, sur l'existence de la créance au temps du transport (Req. 4 juill. 1899, D. P. 1900. 2. 207).

10. Par dérogation à la règle générale (Civ. 1153; V. *infrà*, *Obligations*), les intérêts de la dot courent de plein droit du jour du mariage, encore qu'il y ait terme pour le payement, à moins que les parties n'en soient convenues autrement (Civ. 1440, 1548). Il en est de même des fruits et revenus des immeubles constitués en dot; mais, si ces immeubles ne produisent pas de fruits, il n'est pas dû d'intérêts. — Lorsqu'il a été convenu que la dot serait payable sans intérêts après un certain délai, les intérêts courent de plein droit après l'échéance du terme.

11. La question de savoir quel est le caractère de la constitution de dot au regard des créanciers du constituant qui prétendent l'attaquer par l'action révocatoire (Civ. 1167) (V. *infrà*, *Obligations*) a soulevé de graves difficultés. D'après le système consacré par la jurisprudence, ce caractère est celui d'un acte à titre onéreux, sans qu'il y ait à distinguer suivant qu'on l'envisage au point de vue du mari ou au point de vue de la femme; par conséquent, pour faire annuler la constitution de dot comme faite en fraude de leurs droits, les créanciers doivent prouver que les deux époux, la femme aussi bien que le mari, ont été complices de la fraude commise par leur débiteur. La même solution est appliquée aux donations faites par contrat de mariage au mari (Civ. c. 18 déc. 1895, D. P. 98. 1. 193).

DOUAIRE

(R. v° *Contrat de mariage*, n°° 4280 et s.)

Le *douaire* était un droit d'usufruit que les anciennes coutumes accordaient à la veuve, et quelquefois aux enfants, sur les biens du mari ou du père. Aujourd'hui, le douaire n'existe plus de plein droit au profit de la veuve : celle-ci ne peut prétendre à l'usufruit d'une partie des biens de son mari

prédécédé qu'en vertu d'une disposition faite en sa faveur par ce dernier, ou à titre successoral, par application de l'art. 767 c. civ. (V. *infrà*, *Succession*).

DOUANES

(R. v° *Douanes*; S. *eod.* v°).

1. Les Douanes sont des droits ou taxes établis, sur les marchandises et sur certaines denrées, à l'entrée ou à la sortie du territoire. Le mot *douane* est aussi employé pour désigner l'administration publique chargée soit de percevoir ces taxes, soit d'empêcher l'entrée ou la sortie des denrées ou marchandises sans l'acquittement desdites taxes. Enfin, on appelle également *douane* le lieu où les marchandises doivent être présentées pour être vérifiées à leur entrée ou à leur sortie.

2. Les droits ou taxes de douane sont à la fois des impôts, c'est-à-dire des instruments du revenu de l'État, et des moyens de protection pour l'industrie nationale.

SECT. Ire. — Administration des Douanes.

ART. 1er. — PERSONNEL DU SERVICE DES DOUANES (R. 32 et s.; S. 34 et s.).

3. Les Douanes sont placées dans les attributions du ministre des Finances. — L'administration des Douanes constitue une régie financière chargée de l'exécution des lois et règlements qui régissent la matière; son organisation est actuellement réglée par un décret du 1er déc. 1900, portant organisation de l'administration centrale du ministère des Finances. Elle est placée sous la direction et la surveillance d'un directeur général, assisté d'un conseil d'administration. Ce conseil est appelé à délibérer sur un certain nombre de questions déterminées par les ordonnances des 30 janv. 1822 et 30 déc. 1829 (R. p. 593 et 599). — Les fonctionnaires de tous grades de l'administration centrale sont recrutés parmi les employés inférieurs de cette administration et les agents des services extérieurs (Décr. 1er déc. 1900, art. 31).

4. L'administration locale, ou service départemental, se divise en service sédentaire et service actif. La composition du personnel de ces services et l'organisation de leurs cadres seront réglées par un arrêté ministériel du 27 déc. 1883 (S. p. 559).

5. Le service sédentaire ou service des bureaux a pour mission d'opérer les vérifications, d'assurer la perception des droits et de faire tous les actes propres à garantir les intérêts du fisc. Il comprend : 1° les *directeurs*, au nombre de 23, nommés par décret. Chefs de service dans leur ressort, ils sont les intermédiaires entre l'administration centrale et les agents des services sédentaires et actifs; 2° les *inspecteurs* et *sous-inspecteurs*, nommés par le ministre des Finances. Ils assistent le directeur dans la surveillance du service sédentaire et du service actif, et ont pour mission spéciale la surveillance et le contrôle des receveurs, des bureaux et des brigades; 3° les *receveurs principaux*. Au nombre de 46, ils sont nommés par le ministre et dirigent, sous leur responsabilité, toutes les opérations rentrant dans le service sédentaire; ils sont, dans chaque bureau, les fondés de pouvoirs ou représentants de l'administration, notamment pour les actes, ventes, baux, etc., qui sont faits au nom de la Régie ainsi que dans les procès qu'elle intente ou soutient devant les tribunaux : c'est à eux par conséquent que doivent être signifiés les exploits adressés à la douane. Ils admettent les effets présentés pour les règlements des droits en crédit, et, lorsque ces effets sont impayés à l'échéance, ils ont le droit de décerner une contrainte exécutoire.

62

Enfin les receveurs principaux vérifient la comptabilité et centralisent dans leurs caisses les recettes des receveurs particuliers; — 4° les *receveurs particuliers*. Ces fonctionnaires, au nombre de 481, ont, au point de vue de l'acquittement des droits et des perceptions, le même service que les receveurs principaux; mais ils ne peuvent accorder de crédits qu'avec l'autorisation de ces derniers. Ils ont qualité pour faire les actes conservatoires des droits de l'administration, par exemple, pour former opposition à un jugement par défaut.

6. Des *vérificateurs* sont spécialement affectés à la *vérification* des produits; c'est là non un grade, mais une fonction. — Les *commis principaux* et *commis* font le travail intérieur des bureaux; ceux qui assistent les directeurs ont le nom de *commis de direction*. — Le personnel comprend enfin les *surnuméraires*; tous les candidats à un emploi dans les bureaux doivent débuter par le surnumérariat. À l'exception des agents du service actif proposés pour le service sédentaire à la suite de blessures ou infirmités contractées dans le service, des brigadiers de douane ayant quatre ans de grade et reconnus aptes après un examen spécial, des sous-officiers de l'armée comptant quatre ans de grade et quinze ans de services, classés pour les emplois civils, nul n'est admis au surnumérariat qu'après un concours. Les candidats, à l'exception des militaires gradés ayant au moins cinq ans de services, pour lesquels la limite d'âge est de trente ans, doivent être âgés de dix-huit ans au moins et de vingt-cinq au plus (Ord. 17 déc. 1844, art. 30; D. P. 45. 3. 40; Arr. min. 24 déc. 1845, 20 sept. 1887, 2 déc. 1890; L. 18 mars 1889, art. 14, D. P. 90. 4. 49; Régl. 28 janv. 1892).

7. Le service actif, qui a pour mission d'empêcher la fraude et la contrebande, consiste en observations, en patrouilles, en embuscades, en recherches et quelquefois en visites domiciliaires. — Ce service comporte : 1° des officiers (capitaines, lieutenants et sous-lieutenants); 2° des sous-officiers, brigadiers et préposés, qui composent les brigades. — Il faut y ajouter les *équipages de la marine des Douanes*, qui, comme les brigades dont ils partagent le service actif, ont à leur tête des capitaines et lieutenants et se composent de patrons, matelots et mousses.

Art. 2. — **Attributions du service des Douanes** (R. 49 et s.; S. 40 et s.).

8. Le service des Douanes a pour attribution principale la perception des droits de douane proprement dits. Accessoirement, il perçoit les droits de magasinage et de garde; les prix des plombs et cachets que le service doit apposer en vertu des lois et règlements, les droits de timbre relatifs aux actes qu'il délivre. — Il concourt en outre : au service des contributions indirectes, pour la répression des contraventions concernant les allumettes, les boissons, les bougies, les cartes à jouer, les poudres à feu, les tabacs, et pour l'exécution des lois sur les sels (V. *infra*, *Impôts indirects*, *Sel*); ... au service des contributions directes, pour la délivrance des patentes aux hôteliers étrangers, entrepreneurs de halage, de flottage domiciliés hors de France et l'encaissement des droits de patente dus par les commis-voyageurs, marchands forains et colporteurs étrangers. — Les agents des Douanes sont également chargés de jauger les navires en vue de la délivrance des actes de francisation, et de percevoir les droits dus à cette occasion; de percevoir sur les navires les droits de congé, de passeport, les droits de quai, les droits pour les permis de débarquement ou d'embarquement des marchandises arrivées de l'étranger ou transportées par mer à l'étranger.

9. Les receveurs des Douanes, considérés comme conservateurs des hypothèques maritimes, sont chargés d'assurer le service de la publicité et de l'inscription de ces hypothèques (L. 10 juill. 1885; Décr. 25 août 1885, D. P. 86. 4. 64, et 13 mai 1891, D. P. 91. 4. table, col. 1, n° 1). Les primes à la marine marchande, aujourd'hui réglées par les lois des 30 janvier 1893 (D. P. 93. 4. 60) et 7 avril 1902 (D. P. 1902. 4. 93), rentrent également dans leur service (Décr. 9 sept. 1902). — Les agents des Douanes concourent encore au service sanitaire dans les conditions déterminées par un décret du 4 janvier 1896, et perçoivent les taxes auxquelles donne lieu ce service. Ils prêtent leur concours à la police sanitaire du bétail et des viandes fraîches, à l'exécution des mesures de protection contre les maladies atteignant les plantes, spécialement contre le phylloxera et le doryphora. — Enfin le service des douanes peut être chargé, aux conditions déterminées par le ministre des Finances, de percevoir pour le compte des départements, des communes, des chambres de commerce, etc., les droits de péage qu'ils ont été autorisés à établir à l'effet de subvenir aux emprunts contractés pour l'amélioration des ponts.

Art. 3. — **Devoirs et obligations des employés des Douanes** (R. 61 et s.; S. 54 et s.).

10. Les agents des Douanes de tout grade prêtent serment devant le tribunal de première instance de l'arrondissement dans lequel se trouve le chef-lieu de la direction où ils débutent; ce serment est valable pour tout le temps où l'employé reste en exercice, moyennant la transcription et le visa de l'acte qui le constate au greffe du tribunal de chaque nouvelle direction dans laquelle il passe. — Certains d'entre eux sont assujettis à fournir un cautionnement avant d'être admis au serment. — Ils doivent, dans l'exercice de leurs fonctions, être munis de leur commission et l'exhiber à première réquisition (Décr. 6-22 août 1791, tit. 13, art. 16, R. p. 549), porter l'uniforme ou la tenue de service réglementaire; — Dans l'exercice de leurs fonctions, les préposés ont le droit de port d'armes; ils ne doivent pas prendre le service sans armes, mais ils ne doivent faire usage qu'autant que cet usage est commandé soit par l'autorité légale, soit par la nécessité actuelle de la légitime défense (même décret, art. 15).

11. Les employés de l'administration locale des Douanes, outre les traitements fixes et les indemnités diverses de frais de bureau, de résidence, bénéficient des gratifications et primes de capture allouées aux préposés pour chaque arrestation de fraudeur dans des conditions déterminées par la loi et les règlements. — Les agents inférieurs des brigades de Douanes sont exemptés de la contribution personnelle et mobilière lorsqu'ils sont casernés; ils jouissent des avantages attribués aux militaires des grades correspondants au point de vue des transports sur les voies ferrées, des soins dans les hôpitaux militaires et les établissements d'eaux thermales, etc. Ils ont enfin droit, eux et leurs veuves, à des pensions de retraite qui sont liquidées conformément à la loi du 9 juin 1853 (D. P. 53. 4. 60). — Ils sont exemptés des tutelles, curatelles et de toutes charges publiques (Décr. 6-22 août 1791, tit. 13, art. 15).

SECT. II. — **Droits de douane.** — **Tarifs.**

Art. 1er. — **Établissement des droits** (R. 83 et s.; S. 63 et s.).

12. Les droits de douane doivent être votés par le pouvoir législatif (Décr. 6-22 août 1791, art. 1er). Sous l'empire des lois constitutionnelles de 1875, il ne peut être, en

principe, apporté de changement au régime des Douanes que par une loi; aucune modification des tarifs, aucun traité de commerce, aucune atténuation des droits ne sont valables qu'en vertu d'une loi. Toutefois, le chef de l'État peut, dans certains cas urgents et à titre provisoire, prohiber l'entrée sur le territoire de certaines marchandises, augmenter ou diminuer certains droits d'importation, à la condition que ces mesures provisoires soient soumises au Corps législatif immédiatement s'il est assemblé, sinon dans sa prochaine session (L. 17 déc. 1814, art. 34, R. p. 577). Spécialement, il appartient au Gouvernement de réduire momentanément les droits d'importation sur les farineux alimentaires en cas de surélévation du prix du pain (L. 29 mars 1887, art. 2, D. P. 87. 4. 87); de frapper de surtaxes et même de prohiber tout ou partie des marchandises originaires d'un pays qui appliquerait un semblable régime aux marchandises françaises (L. 11 janv. 1892, art. 8, D. P. 92. 4. 80). D'autre part, le Gouvernement doit rendre provisoirement applicables aux céréales et leurs dérivés, aux vins et aux viandes fraîches de boucherie, les droits nouveaux qui seraient l'objet d'un projet de loi régulièrement déposé; c'est ce qu'on a appelé le système du *cadenas* (L. 13 déc. 1897, art. 1er, D. P. 98. 4. 12).

Art. 2. — **Généralité d'application des droits de douane.** — **Exceptions** (R. 86 et s.; S. 67 et s.).

13. Les marchandises sont soumises au principe de l'égalité devant l'impôt des douanes, quelle que soit leur destination, quel que soit leur destinataire (Décr. 6-22 août 1791, art. 1er; Décr. 4 germ. an II, tit. 1er, art. 3, R. p. 558). Cette règle comporte quelques exceptions.

§ 1er. — *Immunités diplomatiques* (R. 750 et s.; S. 494).

14. Les immunités diplomatiques consistent dans l'exemption de visite et de droits pour tous les objets que les ambassadeurs et ministres étrangers, accrédités auprès du Gouvernement, font entrer en France lorsqu'ils y arrivent pour la première fois, et pour tous les objets à leur usage qu'ils font venir ultérieurement, quand ils en font la demande, quelle que soit la provenance desdits objets (V. *suprà*, *Agent diplomatique*, n° 19). Cette immunité ne s'étend pas aux agents consulaires (Décis. min. 17 vent. an 13). — L'exemption de la visite s'étend à toutes les dépêches et paquets cachetés du sceau d'un cabinet étranger et adressés soit à un ambassadeur ou ministre accrédité en France, soit à un ministre du Gouvernement français, par la voie d'un courrier de cabinet ou agent diplomatique. Elle s'applique également aux dépêches, paquets, portefeuilles présentés à la frontière par des courriers du cabinet français, munis du passeport qu'ils doivent exhiber à toute réquisition.

§ 2. — *Immunités diverses* (R. 411, 413, 415 et s.; S. 243 et s., 247, 252 et s.).

15. Les droits de douane n'atteignent pas les effets portant des traces d'usage, et même les vêtements neufs et les bagages des voyageurs entrant en France, jusqu'à concurrence d'une quantité qui soit en rapport avec leur position sociale. La franchise peut être accordée alors même que les bagages n'accompagnent pas les voyageurs. — Si les vêtements et objets neufs doivent, en raison de leur quantité, être soumis aux droits, et que les voyageurs ne doivent séjourner que peu de temps en France, la réexportation des objets peut, dans les bureaux ouverts au transit, être simplement assurée au moyen soit d'une consignation, soit d'une soumission cautionnée. Dans les bureaux ouverts au transit international, ces formalités peuvent être évitées par l'expédition, faite sous le régime de ce transit, des effets dont il ne doit pas être fait usage en France. — L'admission en franchise des objets employés à l'usage personnel des importateurs, lorsqu'ils ont déjà servi, s'applique aux objets de toute nature composant le mobilier des étrangers qui viennent s'établir en France ou des Français qui rentrent dans leur patrie après un séjour à l'étranger; ... aux vêtements et au linge confectionnés à l'état de neuf composant le trousseau de mariage des personnes qui viennent habiter en France et des élèves étrangers envoyés en France ou y résidant, pourvu qu'ils soient en rapport avec la situation du destinataire (L. 16 mai 1863, art. 25, D. P. 63. 4. 63; Tarif, observ. prélim., nᵒˢ 354, 355). L'admission en franchise de l'argenterie de ménage est subordonnée à la vérification des poinçons par le service de la garantie et de l'acquittement des droits de marque si elle est d'origine étrangère.

16. Les chevaux ou bêtes de somme qui servent de monture ou d'attelage aux voyageurs et rouliers, ou qui sont employés aux transports journaliers des individus et des denrées d'un côté de la frontière à l'autre, entrent sous la simple garantie d'un acquit-à-caution ou moyennant la consignation des droits; s'ils sont sortis de France, ils doivent, pour être réadmis, être accompagnés d'un passavant descriptif. — Sont admises en franchise : 1ᵒ les voitures des membres du corps diplomatique; 2ᵒ celles des voyageurs quelconques arrivant par terre et par chemin de fer, s'il est évident qu'elles servent depuis longtemps et si elles sont accompagnées de leurs propriétaires. Les voitures neuves, qui entrent sans leurs propriétaires ou qui arrivent par mer, ne sont admises que moyennant la consignation des droits ou un acquit-à-caution. Il est fait exception, toutefois, en faveur des voitures dont les propriétaires justifient qu'ils habitent dans le voisinage des frontières, de celles affectées à des services publics, de celles qui sont connues pour traverser habituellement la frontière et de celles qui étaient sorties de France avec un passavant descriptif.

17. Sont encore admis en franchise : 1ᵒ les échantillons de provenance étrangère qui ne peuvent être utilisés comme marchandises; 2ᵒ les marchandises françaises appartenant à certaines catégories, qui ont été exportées et sont demeurées invendues à l'étranger, à la condition qu'il soit justifié de leur sortie antérieure et de leur origine française : la réadmission ne peut s'opérer que par certains bureaux (V. Tarif, observ. prélim., nᵒ 300, 303 à 306, 308, 313, 315, 321); 3ᵒ les caisses, fûts et autres récipients qui ont servi à l'exportation de produits avec réserve de retour pour ces objets (*Ibid.*, nᵒ 319); 4ᵒ les marchandises françaises expédiées à l'étranger par erreur (*Ibid.*, nᵒ 311); 5ᵒ les objets destinés aux collections du Muséum d'histoire naturelle, aux musées, bibliothèques, établissements scientifiques (*Ibid.*, nᵒ 357); 6ᵒ les dons et secours destinés aux prisonniers de guerre (L. 3 mai 1902, D. P. 1903. 4. 13).

§ 3. — *Régime des propriétés limitrophes des frontières* (R. 351 et s.; S. 206 et s.).

18. Les denrées et récoltes provenant des propriétés limitrophes, sises dans un rayon de cinq kilomètres de la frontière, jouissent d'un régime spécial de franchise à l'importation et à l'exportation, qui a été réglé d'une manière générale par l'ordonnance du 13 oct. 1814 (R. p. 577), mais a été modifié par les traités intervenus avec divers Etats. — Pour l'importation, ce régime est exclusivement applicable aux biens-fonds qui

étaient propriété française au moment de la délimitation du territoire et qui, depuis, sont restés aux mains des Français propriétaires à cette époque, ou qui ont été transmis aux Français propriétaires actuels par hérédité en vertu de la loi et en ligne directe. Il n'est pas applicable à ceux qui sont devenus propriétaires par suite de vente, de legs ou de donation (Tarif, observ. prélim., nᵒ 324). — Pour l'exportation, il suffit que la propriété appartienne à un étranger (*Ibid.*).

19. La franchise à l'importation, subordonnée à la déclaration annuelle de la nature des cultures et des quantités que le propriétaire se propose d'importer ou d'exporter, ne s'applique, sauf les exceptions qui résultent des conventions diplomatiques, qu'aux produits annuels de la terre, à l'exclusion de ceux dont la production exige plus d'une année.

20. Le régime des propriétés limitrophes, dont on vient d'exposer les traits généraux, est soumis à des règles particulières suivant les frontières : ces règles sont contenues, pour la frontière de Belgique, dans deux lois des 17 févr. 1893 (D. P. 94. 4. 53) et 29 déc. 1901 (D. P. 1902. 4. 22), combinées avec l'ordonnance de 1814, qui reste en vigueur dans toutes ses dispositions non abrogées par lesdites lois, et une circulaire du 22 févr. 1893; pour la frontière de Suisse, dans la convention du 23 févr. 1882 (D. P. 83. 4. 55); pour la frontière d'Allemagne, dans le traité de Francfort du 11 déc. 1872, art. 11 (D. P. 72. 4. 9); pour la frontière d'Italie, dans le traité du 7 mars 1861 (D. P. 61. 4. 47); pour la frontière d'Espagne, dans un acte additionnel au traité de délimitation du 26 mai 1866 (D. P. 66. 4. 135).

§ 4. — *Régime spécial du pays de Gex et de la Savoie neutralisée* (S. 432 et s.).

21. En général, la ligne des Douanes se confond avec la ligne frontière. Il en est autrement, toutefois, pour le pays de Gex (Traité de paix du 20 mars 1815, art. 1 et 3) et une partie du département de la Haute-Savoie (Traité du 20 mars 1860; Décr. 12 juin 1860, D. P. 60. 4. 69; L. 30 mars 1899, D. P. 99. 4. table, col. 18). Ces territoires sont désignés sous le nom de *zone franche*. Dans cette zone, les produits étrangers de toute espèce entrent en franchise des droits de douane, et les produits sur lesquels s'exerce le contrôle des contributions indirectes, qui y supportent, en principe, les mêmes droits que dans les autres parties du territoire français, jouissent, en fait, de tolérances et réductions de droits. — Les produits qui pénètrent de la zone sur le territoire français sont assujettis, en principe, aux droits de douane, quand ils viennent de l'étranger ou sont originaires de la zone franche. Cependant, certains produits naturels ou manufacturés de cette zone sont admis en franchise sous des garanties propres à prévenir les abus, dans la limite des crédits d'importation déterminant annuellement les quantités qui peuvent être admises en exemption des droits de douane (Arr. et Règl. 31 mai 1863, S. p. 546, modifiés par des décisions ministérielles des 7 juin 1865, 25 janv. 1893, 1ᵉʳ avr. 1893). L'octroi de ces crédits est limité aux seules fabriques et exploitations rurales appartenant à des cultivateurs : un service spécial, confié à des vérificateurs des Douanes établis dans les zones, est chargé de la surveillance de ces établissements.

§ 5. — *Régime des îles du littoral* (R. 678 et s.; S. 422 et s.).

22. Parmi les îles voisines du littoral, un certain nombre (Hœdic, Chausey, aux Moines, Ouessant, Molène, de Sein, des Glénans dans la Manche et l'Océan; Port-Cros et l'île du Levant dans la Méditerranée, et

autres petits îlots) ne sont pas soumis au régime des douanes; mais les navires étrangers ou français venant de l'étranger n'y peuvent aborder, hors le cas de détresse ou de relâche forcée. Leurs produits, lorsque l'origine en est régulièrement justifiée, sont admis en franchise sur le continent. — Dans les îles de Ré, d'Oléron. d'Aix, le régime général des douanes est appliqué et leurs rapports avec les ports de la France continentale et de l'étranger sont soumis aux règles générales. — Pour les îles de Groix, de Belle-Isle, de Noirmoutier, d'Yeu, de Porquerolles, le régime des douanes est également appliqué, sous la réserve que les denrées et produits du cru ou de l'industrie locale ne sont admis en franchise sur le continent qu'après justification de leur origine, et que pour les produits d'origine étrangère il doit être justifié du payement des taxes (L. 8 flor. an 11, art. 65 à 70, R. p. 566.)

23. L'île de Corse est soumise à un régime spécial (L. 21 avr. 1818, art. 10 et s., R. p. 588; 17 mai 1826, art. 22, R. p. 596; 26 juin 1835, R. p. 605; et 6 mai 1841, art. 5 et s., R. p. 613). Les marchandises françaises ou nationalisées en France par le payement des droits, expédiées en Corse sous les conditions du cabotage, sont admises en franchise. Les marchandises étrangères provenant des entrepôts de France ou ayant transité par la France sont taxées comme si elles arrivaient directement du lieu d'où elles avaient été importées en France. — Les produits de la Corse expédiés en France ne sont pas tous admis en franchise; ce bénéfice n'appartient qu'à ceux qui sont inscrits au tarif. Les expéditions de Corse en France ont toujours lieu aux conditions du cabotage. A l'arrivée dans les ports du continent, le passavant ou l'acquit-à-caution de la douane corse sert de titre d'origine. — Dans les relations avec l'étranger, la Corse est assimilée à la France continentale; mais cette assimilation n'est complète qu'en ce qui concerne les exportations. Pour les importations, un certain nombre de produits bénéficient de tarifs particuliers ou de réduction du droit, portant tantôt sur la totalité du droit, tantôt sur la portion excédant, avec les décimes, 6 fr. par 100 kilogr. (L. 21 avr. 1818, art. 3 à 6; Tarif, observ. prélim., nᵒˢ 244 et 246). — Le régime des entrepôts ne s'étend pas à la Corse.

§ 6. — *Régime de la principauté de Monaco* (S. 439).

24. La principauté de Monaco est, en vertu du traité d'union douanière du 9 nov. 1865 (D. P. 66. 4. 6), placée sous le régime des Douanes françaises. — Les navires monégasques jouissent en France du même traitement que les navires français, spécialement au point de vue du cabotage.

ART. 3. -- DU TARIF.

§ 1ᵉʳ. — *Généralités* (R. 85 et s.; S. 63 et s.).

25. En matière de Douanes, le tarif est le rôle ou tableau de toutes les marchandises sujettes à des droits d'entrée ou de sortie, et de la quotité de ces droits. Il ne comporte plus aujourd'hui que des droits d'entrée; les droits de sortie ont disparu, et les marchandises exportées ne supportent plus qu'un droit de statistique, droit qui, d'ailleurs, est supporté également par les marchandises importées, même lorsqu'elles ne sont sujettes à aucun droit d'entrée. — Le tarif aujourd'hui en vigueur est celui qui a fait l'objet de la loi du 11 janv. 1892 (D. P. 92. 4. 77); il a été modifié par les lois postérieures sur certains points de détail : L. 30 juin 1893 (D. P. 94. 4. 95); 7 févr. 1894 (D. P. 95. 4. 33); 4 nov. 1894 (D. P. 96. 4. 19); 17 nov. 1894 (D. P. 96. 4. 19); 16 août 1895 (D. P.

76. 4. 15); 31 mars 1896 (D. P. 97. 4. 108);
9 avril 1897, art. 10 (D. P. 97. 4. 82); 14 juill.
1897 (D. P. 97. 4. 67); 3 mars 1898 (D. P. 99.
4. 71); 4 avril 1898 (D. P. 99. 4. 71); 5 avril
1898 (D. P. 99. 4. 71); 9 avr. 1898 (D. P.
99. 4. 8); 13 avr. 1898, art. 19 (D. P. 98.
4. 111); 1er févr. 1899 (D. P. 1902. 4. 86);
28 févr. 1899 (D. P. 1900. 4. 10); 10 juill. 1899
(D. P. 99. 4. 109); 24 févr. 1900 (D. P. 1900.
4. 27); 17 juill. 1900, 22 févr. 1902 (D. P.
1902. 4. 84); 15 mars 1902 (D. P. 1902. 4.
87). — Le tarif de 1892 comporte un tarif
général applicable, en principe, à toutes les
marchandises et un tarif minimum, formant
la limite des concessions spéciales qui peuvent
être faites en vertu des conventions internationales.

26. Le tarif est publié par les soins du
Gouvernement; il doit se trouver dans tous
les bureaux de douane, constamment tenu
au courant des modifications qui surviennent;
il doit être mis à la disposition du public. —
L'édition actuelle est celle de 1897, complétée par des fascicules rectificatifs. Elle est
divisée en deux parties : 1° Les observations
préliminaires qui résumé des dispositions
principales de la législation et des règlements, tant pour l'application des droits de
douane proprement dits que pour les autres
perceptions et opérations qui rentrent dans
les attributions du service des douanes,
comme celles, notamment, qui concernent
les droits accessoires que le service est appelé à percevoir (V. *supra*, nos 8 et 9). —
2° Le tarif, comprenant le tableau des droits,
les notes et le répertoire général; les notes
explicatives, décrivant les marchandises qui
y sont classées par ordre alphabétique sous
les noms qu'elles portent habituellement dans
le commerce; les numéros des notes correspondent aux numéros du tableau des droits.
Dans beaucoup de cas, ces notes ont aussi
pour objet, soit de déterminer les conditions
d'application de la taxe, soit de spécifier les
produits que la loi réunit sous une dénomination collective, soit d'indiquer les assimi-
lations des produits qui ne sont pas nommément tarifés.

27. Le tarif proprement dit comporte :
1° le tableau A, contenant le tarif d'entrée,
comprenant quatre sections : matières animales, matières végétales, matières minérales, fabrications; 2° le tableau B, ou tarif
de sortie, comportant seulement deux prohibitions relatives l'une aux chiens de forte
race, l'autre aux contrefaçons en librairie
et, en troisième lieu, l'exemption des droits
de sortie pour toutes les autres marchandises; 3° le tableau C, indiquant les surtaxes
applicables aux produits d'origine extra-
européenne importés d'un pays d'Europe;
4° le tableau D, énumérant les surtaxes applicables aux produits d'origine européenne
importés d'ailleurs que des pays de production; 5° le tableau E, ayant pour objet le
régime applicable aux produits importés des
colonies, possessions françaises et pays de
protectorat de l'Indo-Chine.

§ 2. *Tarif minimum et traités de
commerce et de navigation* (R. 743 et s.;
S. 476 et s.).

28. Au système des traités de commerce,
inauguré en 1860 et consistant dans la concession d'un tarif conventionnel, voté en une
poussé en bloc par le Parlement, a été substitué, depuis le 1er févr. 1892, le système de
la concession, par voie de traités, du tarif
minimum, dont chaque article a été soumis
à l'examen et à la discussion du pouvoir législatif. Le tarif minimum est formé au
tableau A du tarif général de 1892.

29. Ce régime de faveur peut être accordé
soit par des traités de commerce d'une durée
limitée ou dont les effets doivent cesser en
cas de dénonciation formellement prévue;
... soit par des traités de paix dont les sti-

pulations en matière de tarifs ont, comme
ces traités eux-mêmes, une durée illimitée;
... soit par un acte unilatéral, c'est-à-dire
par une loi, pour les pays qui n'étaient pas
admis au régime conventionnel, ou par un
décret, pour ceux qui jouissaient de ce régime. Les concessions du tarif minimum ont
donc lieu soit directement à tel ou tel Etat,
soit indirectement, sous forme du bénéfice
du traitement applicable à la nation la plus
favorisée.

30. Les pays qui sont actuellement admis
au bénéfice du tarif minimum sont : l'Allemagne (Traité de Francfort, 10 mai 1871,
art. 11, D. P. 71. 4. 27; Conv. addit. 11 déc.
1871, art. 17, D. P. 72. 4. 10); l'Autriche-
Hongrie (Conv. de commerce, 18 févr. 1884,
D. P. 84. 4. 111; Traité de navig., 9 avr. 1884,
D. P. 86. 4. 59); le Danemark (Traité de
comm. et de navig., 17 (ou 23) août 1742;
Tarif, observ. prélim., n° 384; Conv. addit.,
9 févr. 1842, *Bull. des lois*, n° 9913) ; l'Espagne (Arrang. comm., 30 déc. 1893 et
27 déc. 1894, Tarif, observ. prélim., n° 384);
la Grande-Bretagne (Conv. de comm. et de
navig., 28 févr. 1882, D. P. 83. 4. 34); le
Monténégro (Conv. de comm. et de navig.,
18-30 juin 1892, D. P. 94. 4. 71); la Rou-
manie (Conv. de comm., 28 févr. 1893, D.
P. 94. 4. 74); la Russie (Traité de comm. et
de navig., 1er av. 1874, D. P. 75. 4. 13;
Conv. addit., 17 juin 1893, D. P. 94. 4. 96);
la Serbie (Traité de comm. et de navig.,
18 janv. 1883, D. P. 84. 4. 21; Arrang. comm.,
5 juill. 1893, *Bull. des lois*, n° 26892; L.
22 juill. 1893, D. P. 94. 4. 116); la Suisse
(Conv. sur les rapports de voisinage, 23 févr.
1882, D. P. 83. 4. 35; art. addit. 25 juin
1895, D. P. 97. 4. 18); la Turquie (Traité de
paix, 25 juin 1802, *Moniteur*, n° 351; Conv.
comm. 25 nov. 1838, *ibid.*, n° 7952; Traité
de comm., 29 avr. 1861, D. P. 61. 4. 111);
la Suède et Norvège (Conv. de comm. et de
navig., 13 janv. 1892, D. P. 92. 4. 66); la
Belgique, la Grèce, les Pays-Bas, la Suède
et la Norvège (Décr. 30 janv. 1892, D. P. 94.
4. 70); l'Italie (L. 2 févr. 1899, D. P. 99. 4.
74; Décr. 7 févr. 1899; *Journ. off.* du 12 févr.
1899; *Bull. des lois*, n° 36 160); la Suisse
(Décr. 16 août 1895, D. P. 96. 4. 15); la Boli-
vie (Conv. de comm. et de navig. 15 sept.
1892, D. P. 96. 4. 21); le Canada (Arrang.
comm., 6 févr. 1893, D. P. 97. 4. 18); la Co-
lombie (Conv. de comm. et de navig., 30 mai
1892, D. P. 95. 4. 3); le Japon (Traité de
comm. et de navig., 4 août 1896, D. P. 99. 4.
Table., col. 43; *Journ. off.* du 2 août 1898)
Bull. des lois, n° 84 806); le Mexique (Traité
de comm. et de navig., 27 nov. 1886, D. P.
88. 4. 35); le Paraguay (Conv. de comm. et
de navig., 21 juill. 1892, D. P. 94. 4. 110); la
Perse (Traité d'amitié et de comm., 12 juill.
1855, D. P. 57. 4. 51); la République Argen-
tine (Conv. de comm. et de navig., 19 août
1892, D. P. 94. 4. 109); la République Dominicaine (Traité de comm. et de navig., 9 sept.
1882, D. P. 87. 4. 78); la République Sud-
Africaine (Traité de comm. 10 juill. 1885, D.
P. 88. 4. 33); l'Uruguay (Traité 4 juill. 1892,
D. P. 94. 4. 109); Protocole, 24 juin 1898, D.
P. 99. 4. table, col. 43; *Journ. off.* du 18 oct.
1898; *Bull. des lois*, n° 36 835) ; les Cana-
ries (Décr. 30 déc. 1893; Tarif, observ. prélim., n° 385, p. 340); l'Egypte (Décr. 30 janv.
1892, D. P. 94. 4. 70); les Etats-Unis d'Amérique (L. 27 janv. 1893, D. P. 94. 4. 71;
Décr. 7 juill. 1893, D. P. 94. 4. table, col.
10; *Journ. off.* du 8 juill. 1893; *Bull. des
lois*, n° 26 841); le Maroc (L. 6 févr. 1893,
D. P. 94. 4. 73); les possessions espagnoles
de la côte du Maroc (Décr. 30 déc. 1893);
Tripoli (Décr. 30 janv. 1892, D. P. 94. 4. 70);
la Turquie d'Asie (même décret du 30 janv.
1892).

31. En principe, le tarif minimum n'est
applicable qu'aux marchandises originaires
des pays contractants ou qui y ont été manu-

facturées. Mais, pour qu'un *produit manu-
facturé* soit réputé originaire d'un pays
contractant, il n'est pas nécessaire que la
marchandise première soit elle-même originaire de cet Etat; il suffit que la matière
première importée ait reçu une manutention telle que le produit nouveau appartienne à une classe du tarif plus fortement
taxée que la matière première (Tarif, observ.
prélim., 388, 389). — Pour les pays d'Europe, il faut, à moins d'exception prévue par
les traités, que les produits naturels ou fabriqués proviennent de leurs territoires européens (Tarif, *ibid.*, n° 387). En second lieu
l'admission des marchandises au bénéfice du
tarif minimum est subordonnée à la condition qu'elles soient importées *en droiture*,
ou tout au moins par la voie d'un pays tiers
admis lui-même au tarif minimum (L. 16 mai
1863, art. 23; Tarif, observ. prélim., n° 390).
Du reste, par voie de terre, l'admission du
tarif minimum est accordée, comme importation directe, aux importations qui sont faites
sans emprunt de la mer et sans entrée en
entrepôt depuis le pays d'origine jusqu'en
France, alors même que l'importation n'a
pas eu lieu par les voies les plus courtes et
qu'il y a eu des ruptures de charge nécessitées par les conditions du transport (Tarif,
observ. prélim., n° 390). Par voie de mer certaines tolérances sont également admises
(Tarif, *ibid.*).

32. Les traités de commerce qui donnent
droit à l'application du tarif minimum garantissent, en général, aux Etats contractants le traitement de la nation la plus favorisée par mesure de réciprocité, pour tout
ce qui concerne le transit, l'entrepôt, l'exportation, la réexportation, les droits locaux, le courtage, les formalités de douane,
les échantillons, les dessins de fabrique et,
en général, pour tout ce qui a rapport à
l'exercice du commerce et de l'industrie
(Tarif, observ. prélim., n° 385). — Un certain nombre de traités, de date ancienne
pour la plupart, notamment avec le Brésil
(8 janv. 1826), le Chili (15 sept. 1846), la
Chine (27 juin 1858 et 25 oct. 1860), le
Japon (9 oct. 1858 et 25 juin 1856), etc.,
sans donner aux pays avec lesquels ils ont
été contractés droit au traitement de la
nation la plus favorisée, stipulent l'égalité
réciproque de conditions entre les commerçants français et ceux des pays contractants.
La plupart ont aussi stipulé l'assimilation
d'autres droits que ceux des droits de navigation (Tarif, observ. prélim.,
n° 412). Ces stipulations sont devenues d'ailleurs le droit commun depuis la suppression
des surtaxes de pavillons (L. 19 mai 1866,
art. 4 et 5, D. P. 66. 4. 59; 28 juill. 1873,
art. 1er, D. P. 74. 4. 7).

33. Le plus souvent, des traités de navigation sont annexés aux traités de commerce
et en font partie intégrante. Ils contiennent
des dispositions applicables aux navires des
Etats contractants et aux marchandises qu'ils
transportent. Ce régime conventionnel, malgré la dénonciation des traités de commerce,
existe aujourd'hui au point de vue de la navigation avec tous les pays jouissant du tarif
minimum. — Suivant ce régime, les marchandises importées sous le pavillon d'un des
Etats contractants ne peuvent être imposées
à d'autres droits que ceux qui sont applicables aux marchandises de même provenance importées sous pavillon français; il
en est de même pour les exportations. Cependant, exception doit être faite pour les
primes et indemnités accordées aux produits de la pêche française, soit à l'entrée
soit à la sortie, et pour la navigation au
cabotage, qui reste exclusivement réservée
au pavillon français (Tarif, observ. prélim.,
n° 402).

§ 3. — *Application du tarif* (R. 86 et s.; S. 66 et s.).

34. L'exécution des lois et règlements de douane appartient au ministre des Finances (Arr. 28 vent. an 12, art. 12, R. p. 571). Comme toutes les lois fiscales, ces lois sont d'ordre public et doivent être rigoureusement exécutées dans leur teneur; le redevable n'est donc libéré qu'autant qu'il a acquitté le droit tel qu'il est établi par le tarif; et l'erreur d'un préposé qui, par une inexacte interprétation des lois et règlements, aurait consenti à recevoir un droit inférieur à celui dont est grevée la marchandise, ne mettrait pas obstacle à ce que l'administration réclamât le complément du droit non perçu.

35. Les droits de douane se payent au poids, au nombre, à la mesure ou à la valeur, suivant la nature de la marchandise. Lorsque des marchandises assujetties à des droits différents sont contenues dans un même colis, la taxe se répartit sur chacune d'elles dans la proportion de son poids; s'il existe un mélange de marchandises dans le même colis, le droit dont est passible la marchandise la plus imposée est applicable à la totalité. — Les droits sont calculés d'après le tarif exécutoire au moment où la déclaration est faite et enregistrée régulièrement (Décr. 6-22 août 1791, tit. 2, art. 14). Peu importe que la marchandise ne soit déchargée que plus tard. La règle est générale; elle s'applique aux marchandises placées en entrepôt, ou déposées en douane, à celles qui, expédiées en transit, sont déclarées pour la consommation. Il n'y a pas à tenir compte des retards, provenant de force majeure, qui se seraient produits soit au départ, soit en cours de route, à moins d'une dérogation spéciale de la loi. — La question de savoir si c'est l'ancien ou le nouveau tarif qui est applicable est du ressort de l'autorité judiciaire.

ART. 4. — DES SURTAXES ET MODÉRATIONS DE DROITS.

§ 1er. — *Caractère des surtaxes* (R. 107 et s.; S. 79 et s.).

36. Outre les taxes douanières, la loi du 11 janv. 1892 (art. 2) grève de taxes spéciales, appelées *surtaxes*, certaines marchandises importées dans des conditions déterminées. Ces surtaxes sont: 1° les surtaxes d'*entrepôt*, qui grèvent les produits d'origine extra-européenne importés d'un pays d'Europe, sauf quelques produits formellement exceptés, lorsqu'ils n'ont pas été transformés dans ce pays; 2° les surtaxes d'*origine*, qui frappent les produits européens importés d'autres pays que les pays d'origine.

§ 2. — *Modérations de droits en raison de la provenance des marchandises* (R. 111 et s.; S. 83 et s.).

37. Pour échapper aux surtaxes d'entrepôt et d'origine, les marchandises auxquelles les surtaxes sont applicables doivent, en principe, justifier leur origine et de leur transport en ligne directe, des lieux d'origine au lieu d'importation. — La justification d'origine et d'importation en droiture n'est obligatoire, pour les produits européens, qu'autant qu'ils sont de la catégorie de ceux auxquels la loi accorde des modérations de droits à raison de leur origine (Tarif, observ. prélim., n° 62). D'autre part, cette justification n'est pas exigée pour les produits des pays hors d'Europe qui ne jouissent pas du bénéfice du tarif minimum; les modérations de droits leur sont, en général, acquises par le fait même de leur provenance, quelle que soit leur origine (Tarif, observ. prélim., n° 61). Au contraire, la justification d'origine et de transport en droiture est

nécessaire pour les produits des colonies, établissements et pays de protectorat français, y compris l'Algérie.

38. La justification de l'origine se fait: pour les colonies et possessions françaises, autres que l'Algérie, par des certificats de l'autorité coloniale; ... pour les produits de l'Algérie, par des expéditions des douanes algériennes; pour les produits tunisiens, par des certificats délivrés par les contrôleurs civils; ... pour les produits étrangers, par des certificats délivrés par les autorités du lieu de départ et visés par le consul de France (Tarif, observ. prélim., n° 64). — Les certificats d'origine ne lient d'ailleurs pas la douane et laissent intact son droit de vérification et d'expertise.

39. Le transport en droiture par voie de mer résulte de ce qu'il a été opéré par un même navire depuis le lieu de départ jusqu'au lieu de destination, sans escale, ou même avec escale si les marchandises ayant droit au régime de faveur n'ont pas quitté le bord et qu'il n'en ait pas été chargé de similaires. — Les capitaines doivent justifier du transport en droiture en établissant le chargement des marchandises au lieu de départ, ainsi que les circonstances de la navigation, au moyen des connaissements, livres et autres papiers de bord et, sauf dispense pour les navires venant des ports d'Europe, par un rapport de mer fait en douane dans les vingt-quatre heures de l'arrivée. En outre, si dans les escales il a été fait des opérations d'embarquement et de débarquement, ils doivent produire: 1° un état général du chargement au lieu du départ certifié par le consul de France; 2° des états, également certifiés par l'autorité consulaire française, des chargements et déchargements effectués aux ports d'escale (Tarif, observ. prélim., n° 54).

40. Les transports effectués par des services réguliers de bateaux à vapeur, qu'ils aient ou non leurs têtes de ligne en France, conservent le bénéfice du transport en droiture, même quand ils chargent, dans les ports européens compris dans leur itinéraire, des produits similaires des marchandises extra-européennes qu'ils ont prises au premier lieu de départ, à la condition que celles-ci n'aient pas quitté le bord et que leur provenance se trouve suffisamment attestée par l'examen des connaissements et papiers de bord: dans ce cas la certification des chargements et déchargements n'est pas exigée. On admet même, pour certains services exploitant une ligne principale et des lignes secondaires s'y rattachant, le transbordement des marchandises d'un navire de la ligne secondaire sur un navire de la ligne principale; toutefois certaines conditions et justifications spéciales sont exigées (Tarif, observ. prélim., n°s 56 et 57). — Dans tous les cas, les relâches forcées, le débarquement des marchandises en cas d'innavigabilité du navire ne constituent pas une interruption de transport direct, pourvu qu'ils soient constatés par des certificats des consuls de France ou, à défaut d'autorités consulaires françaises à proximité du lieu du sinistre, des douanes ou des autorités locales (Tarif, ibid.).

41. Sur les voies de terre, le transport opéré soit par les voies de terre ou de fer, soit par les rivières et canaux, sans emprunt de mer (sauf lorsque l'emprunt de mer est autorisé par les traités de commerce), est considéré comme fait en droiture (Tarif, observ. prélim., n°s 60 et 390). Les chargements et déchargements qui peuvent être nécessaires en cours de route ne sont pas considérés comme une interruption de transport lorsque la marchandise n'a séjourné sur les points intermédiaires que le temps nécessaire au changement du mode du transport. — La justification des conditions du transport se fait ordinairement au moyen des écritures des

chemins de fer et des lettres de voiture (Tarif, observ. prélim., n° 60).

ART. 5. — TAXES ACCESSOIRES. — DÉCIMES (S. 81, 82, 99).

42. Indépendamment des droits et des surtaxes, certaines marchandises étrangères, par exemple la soude et les dérivés du sel marin, les alcools, les liqueurs, les bougies, l'orfèvrerie, etc., supportent des taxes complémentaires, qui ont pour objet de créer entre elles et les marchandises françaises similaires une égalité complète de situation commerciale. Les unes sont perçues au profit de l'administration des Douanes, soit pour son compte, soit pour le compte de l'administration des Contributions indirectes; les autres, par cette dernière administration, qui se bornant alors à exiger qu'il leur soit justifié de leur acquittement avant l'enlèvement pour la consommation.

43. Les marchandises de toute nature importées de l'étranger, de l'Algérie, des colonies et des possessions françaises hors d'Europe, et les marchandises exportées hors de France, supportent un droit de *statistique* de 0 fr. 10 cent. par unité de perception douanière (Tarif, observ. prélim., n° 536). — Certaines exceptions sont insérées au tarif, en faveur, notamment, des objets adressés aux membres des corps diplomatiques, des envois de fonds du Trésor, des marchandises envoyées de France en Algérie ou réciproquement, des bagages accompagnant les voyageurs et émigrants, etc. etc. (Tarif, observ. prélim., n° 537).

44. Les droits de douane et de navigation, sauf quelques exceptions déterminées, sont grevés de deux décimes par franc, en outre d'un droit de 4 pour cent établi sur les droits et de 5 pour cent sur les amendes et condamnations pécuniaires (L. 30 déc. 1873, art. 2; Tarif, observ. prélim., n° 119). — Les droits de décime et de 4 pour cent sont compris dans les tarifs établis par la loi du 11 janv. 1892 et sont présentés cumulativement avec le droit principal dans le tableau des droits (Tarif, observ. prélim., n° 121).

SECT. III. — Liquidation et payement des droits.

ART. 1er. — LIQUIDATION DES DROITS. — TARE (R. 119 et s.; S. 101 et s.).

45. Toutes les marchandises doivent payer les droits de douane au poids brut, sauf celles qui sont désignées au tarif et celles qui payent plus de 20 francs par 100 kilogr. (Décr. 6-22 août 1791, titre 1er, art. 3; L. 27 mars 1817, art. 7; 16 mai 1863, art. 24; Tarif, observ. prélim., n° 94). Le poids brut comprend, outre le poids des marchandises, celui des futailles, caisses, etc., dans lesquelles elles sont enfermées, ainsi que celui des toiles cirées, serpillières ou nattes dont le tout est entouré. Il y a exception pour les doubles emballages, dont le poids est toujours déduit, s'ils sont réputés nécessaires à la conservation de la marchandise (Tarif, observ. prélim., n°s 95-108).

46. Pour les marchandises taxées au poids net, l'évaluation donnée au poids des emballages ou leur pesanteur effective résultant de la vérification forme la *tare*: celle-ci est dite *réelle* quand on constate son poids en séparant réellement la marchandise de tout emballage extérieur ou intérieur; elle est *légale* lorsqu'on déduit du poids brut des colis la tare déterminée à forfait par la loi, selon le mode d'emballage ou l'espèce de marchandises, pour le cas où le redevable n'aurait pas demandé en temps utile que la liquidation fût établie sur le poids effectif. Le tableau des tares légales actuellement applicable est donné au tarif (Observ. prélim., n° 97).

47. Parmi les marchandises qui sont susceptibles de liquidation au poids net, il en est pour lesquelles la liquidation doit être faite dans tous les cas et d'office; pour d'autres, au contraire, les agents des douanes ne sont tenus de vérifier le poids net qu'autant qu'il a été énoncé dans la déclaration primitive. Les marchandises de la première catégorie sont celles qui sont indiquées au tarif (Observ. prélim., n° 98), spécialement les ouvrages mentionnés à l'art. 3, titre Ier, du décret de 1791, et les cafés en caisses ou en futailles importés de l'étranger (Décr. 19 déc. 1885, D. P. 97. 4. 22). — Les déclarations relatives aux marchandises soumises aux mêmes règles que les autres déclarations portant sur des marchandises taxées au poids; elles ne peuvent être modifiées, sauf quelques exceptions, que dans le jour où elles ont été remises en douane et avant la visite (Tarif, observ. prélim., n° 99).

48. Pour établir le poids net réel, le service peut procéder par épreuves, c'est-à-dire, lorsqu'il s'agit de colis de même forme et sensiblement de même poids, ou bien ayant été l'objet d'une déclaration de détail donnant le poids brut et net de chacun, se borner à en faire vider un certain nombre et à établir, au moyen d'une pesée aussi exacte que possible de ces colis, la tare proportionnelle qui sera appliquée à l'ensemble. Si l'épreuve révèle un excédent de plus d'un dixième du poids déclaré, le service peut exiger que la tare soit directement établie sur la totalité des colis. — La vérification par épreuve n'est, d'ailleurs, pas applicable lorsqu'un même colis contient diverses marchandises tarifées au poids net, mais taxées à des droits différents, ou un mélange de marchandises taxées au net et de marchandises auxquelles la taxe s'applique d'après un mode différent.

49. Les emballages peuvent eux-mêmes être soumis à la taxe. Ainsi, lorsque les emballages ayant une valeur marchande renferment soit des marchandises taxées au poids brut, à un droit notablement inférieur à celui des emballages, soit des marchandises admises en franchise, soit enfin des marchandises tarifées au poids net, au nombre, à la mesure ou à la valeur, le poids des emballages est déduit des marchandises, et on taxe séparément les emballages tant intérieurs qu'extérieurs. Toutefois, dans certains cas, lorsque les emballages, taxés à un droit plus élevé que les marchandises, ne doivent pas en être séparés dans la vente et n'ont pas d'emploi après que les marchandises ont été consommées, ou lorsque les emballages sont taxés à un droit inférieur, on peut les soumettre aux mêmes droits que les marchandises. Les emballages sans valeur, caisses, futailles en bois commun, sacs, etc., suivent le sort de la marchandise qu'ils renferment et sont taxés au même droit ou admis en franchise, suivant les circonstances. Quant aux doubles emballages, ils échappent aux droits, soit au brut, soit au net, à la condition que l'emballage intérieur soit complet et que le double emballage soit réputé nécessaire à la conservation de la marchandise. Lorsque les marchandises taxées au brut sont importées en vrac, elles ne payent aucun droit pour les emballages provenant de l'intérieur, dont il est fait usage pour faciliter la pesée en douane; il n'est, dans le même cas, pas admis de tare légale pour les marchandises taxées au net.

ART. 2. — PAYEMENT DES DROITS (R. 132 et s.; S. 117 et s.).

50. En principe, les droits de douane doivent être payés au comptant, sans escompte (L. 15 févr. 1875, art. 1er, D. P. 75. 4. 91). Ils peuvent, sous certaines conditions, être acquittés en effets de crédit, notamment, à Paris et dans les villes pourvues d'une succursale de la Banque de France, au moyen de récépissés de ladite Banque ou de mandats de virement sur cet établissement. Toutefois, les mandats de virement ne sont reçus qu'à la double condition, d'une part, que la quittance mentionne expressément que le payement a été effectué en totalité ou par partie en un mandat de virement, et, d'autre part, que ce mandat ait été admis par la Banque avant la délivrance de la quittance. Le service laisse, d'ailleurs, à cet égard, une certaine latitude aux comptables. Ces mandats sont même acceptés comme valeur de caisse au même titre que le numéraire et les billets de banque, lorsqu'ils sont remis au service par les compagnies de chemins de fer : ces compagnies, en effet, ont la faculté de déposer, dans chacun des bureaux de douanes de leurs réseaux où elles font des acquittements pour le compte de leurs comptants, lorsqu'une soumission renouvelable chaque année et portant engagement d'acquitter les droits dont elles sont redevables au moyen de mandats de virement sur leur compte courant à la Banque de France, libellés au profit du caissier trésorier payeur central du Trésor.

51. Certains droits de douane, énumérés à l'art. 2 de la loi du 15 févr. 1875, peuvent être acquittés au moyen d'obligations cautionnées à quatre mois d'échéance, à la condition que la somme à payer d'après chaque décompte, c'est-à-dire d'après la réunion des liquidations inscrites dans la même journée au nom du même redevable, s'élève à 500 francs au moins. Ces obligations donnent lieu à un intérêt de retard, dont le taux est fixé par le ministre des Finances, et à une remise spéciale, qui ne peut dépasser un tiers de franc pour cent, allouée au receveur qui concède le crédit et qu'il partage avec le Trésor dans une proportion déterminée actuellement par un arrêté du 30 oct. 1885 (Tarif, observ. prélim., n° 127 et s.). — L'admission au payement par obligations cautionnées a lieu sous la responsabilité des receveurs principaux chargés de proposer les personnes admissibles au crédit à l'agrément du directeur. Les redevables et les cautions admis sont portés sur une liste trimestrielle; ils doivent présenter une solvabilité notoire sur la place à laquelle ils appartiennent, être domiciliés dans le lieu de résidence du receveur ou dans les localités attenantes, n'être pas communs ni en biens ni en intérêts.

52. Les obligations cautionnées sont souscrites à l'ordre du comptable et garanties par une ou plusieurs cautions qui s'engagent au même titre que le principal obligé; elles doivent porter au moins la signature de deux personnes habitant le lieu de résidence du receveur et comprennent, outre le montant du droit, l'intérêt du retard auquel donne lieu le payement en traites. Elles doivent être libellées dans les formes prescrites par les art. 187 et 188 c. com., sur papier timbré au timbre proportionnel, et avec la mention expresse : valeur en droits de douane; être payables soit à Paris, soit, dans les départements, au domicile ou au lieu de la résidence du trésorier payeur général ou du receveur des finances de l'arrondissement. Bien que revêtues des formes spéciales aux effets de commerce, ces obligations ne constituent pas des effets commerciaux, et les redevables ne pourraient faire usage, pour en refuser le payement, des moyens qu'ils pourraient invoquer s'il s'agissait d'un véritable effet de commerce.

53. Le payement anticipé de traites souscrites en faveur de l'administration des Douanes ne donne, en principe, lieu au remboursement partiel de l'intérêt de retard que lorsque ce payement anticipé a lieu sur la demande ou dans l'intérêt du Trésor; le remboursement est, dans toute autre hypothèse, facultatif pour l'administration. Il n'y a, par exemple, pas lieu au remboursement lorsque le payement anticipé est la conséquence de la faillite du débiteur.

54. Outre la faculté de souscrire des obligations à quatre mois, certains redevables sont encore admis à souscrire des obligations valables pour une année, moyennant lesquelles ils sont autorisés à disposer des marchandises leur appartenant dès que la vérification en est terminée; ces obligations donnent lieu à une remise de 1 pour cent sur le montant des droits, remise qui n'est perçue que lorsqu'ils sont acquittés en numéraire et non par traites. Les conditions auxquelles sont soumis, au point de vue de la solvabilité, les redevables et leurs cautions sont les mêmes que pour le crédit de quatre mois (V. suprà, n° 51).

55. Les redevables sont recevables à demander la restitution des droits qui ont été indûment perçus, pourvu que leur réclamation soit formée dans les deux ans à dater du payement (L. 6-22 août 1791, tit. 13, art. 25). — L'administration ne peut ordonner cette restitution que sur la production des quittances revêtues d'une nouvelle liquidation. — Lorsqu'elle est condamnée à une restitution de droits, elle n'est jamais passible des intérêts de la somme indûment perçue. D'un côté, l'administration peut, pendant un an à dater du moment où ils auraient dû être payés, poursuivre le payement des droits qui n'auraient pas été acquittés.

SECT. IV. — **Mesures de police et de garantie contre la fraude.**

ART. 1er. — RAYON FRONTIÈRE SUR TERRE ET SUR MER (R. 158 et s.; S. 147 et s.).

56. Pour faciliter la surveillance des préposés et entraver la fraude, le législateur a déterminé en deçà de la frontière un espace appelé rayon des douanes (ou rayon frontière), qui est soumis à une police particulière, et dans lequel le régime des douanes s'exerce dans toute sa rigueur. Ce rayon est aujourd'hui, sur les frontières de terre, de deux myriamètres; il peut être étendu jusqu'à deux myriamètres et demi, pour les localités où le Gouvernement le juge nécessaire au bien du service. — Les lois de douane ont en outre établi, pour quelques cas particuliers, une zone spéciale, comprise dans la zone de deux myriamètres, et qui s'étend des deux kilomètres et demi à partir de la frontière (Arr. 22 therm. an 10, R. p. 565; L. 27 juin 1814, R. p. 576). — Sur les côtes maritimes on considère comme fluviales conduisant de la mer à un port de l'intérieur, il existe, à l'égard de certaines marchandises déterminées par l'art. 85 de la loi du 8 flor. an 11 (R. p. 566), un rayon d'un myriamètre : il est défendu d'y circuler la nuit sous peine d'une amende de 500 francs et de la confiscation des marchandises.

57. Enfin le législateur a établi un rayon de mer, qui part des côtes et s'étend en mer jusqu'à quatre milles (L. 4 germ. an 2, tit. 2, art. 3, R. p. 558). La police y est faite par des bâtiments et pataches armés et dirigés par des équipages spéciaux. Les préposés des douanes y ont le droit de visiter tous les bâtiments français ou étrangers au-dessous de 100 tonneaux, à l'ancre ou louvoyant, et, en cas de refus de visite, d'employer la force. Les préposés ont également le droit de visiter, sans distinction de tonnage, tous les navires entrant dans ou sortant du rayon.

ART. 2. — BUREAUX DE DOUANE (R. 171 et s.; S. 151 et s.).

58. Sur les frontières maritimes, il n'y a qu'une seule ligne de bureaux; ils sont tout à la fois bureaux d'entrée et de sortie. — Sur les frontières de terre, il y a deux espèces de bureaux : 1° les bureaux de la première ligne, chargés de la perception des droits d'entrée; 2° ceux de la seconde ligne, dans laquelle sont reçues les déclarations de sortie, et où s'effectue en général la perception des droits de statistique (V. *suprà*, n° 25) (Décr. 6-22 août 1791, tit. 13, art. 2).

59. En dehors des bureaux de la frontière, il a été créé des bureaux intérieurs à **Paris, Lyon, Orléans, Toulouse, Besançon, Saint-Etienne, Tours et Limoges**, où les marchandises peuvent être déclarées pour l'exportation, vérifiées et expédiées après vérification, soit sous plomb, soit avec passavant, soit enfin sous le régime du transit international, avec nouvelle visite aux bureaux de sortie. — Quelques bureaux de la ligne intérieure des douanes jouissent d'avantages analogues, à l'égard de certaines catégories de marchandises.

60. Les bureaux de douanes sont établis **et supprimés par décret** (L. 5 juill. 1836, art. 5, R. p. 608). Les créations et suppressions doivent être publiées conformément aux prescriptions de l'art. 1er du tit. 13 du décret des 6-22 août 1791. Pendant les deux mois qui suivent cette publication, les marchandises ne sont pas sujettes à confiscation pour n'avoir pas été conduites ou déclarées à un bureau nouvellement établi, pourvu d'ailleurs que cette omission ait eu lieu de bonne foi, et qu'il ne s'agisse pas d'une introduction en fraude. — L'existence de chaque bureau de douane doit être signalée, d'une manière apparente, par un tableau apposé à la porte (Décr. 6-22 août 1791, tit. 13, art. 1 à 3). A défaut de cette indication, les marchandises qui dépasseraient le bureau ne peuvent être saisies. En outre, l'administration doit tenir dans les bureaux, à la disposition de ceux qui veulent en prendre connaissance, tous les tarifs des droits dont la perception lui est confiée et les lois rendues pour leur exécution.

61. La Régie jouit du droit d'exproprier les terrains nécessaires pour établir les bureaux, barrières, postes et clôtures destinés à la garde et à la surveillance des frontières et d'occuper, mais à titre de loyer seulement, les maisons les plus convenables aux bureaux de recettes et aux logements des employés. Dans le premier cas, on suit la procédure de la loi du 3 mai 1841 (V. *infrà*, Expropriation pour cause d'utilité publique); dans le second, la prise de possession des maisons est autorisée par le maire, ou à son défaut par le préfet; les difficultés relatives à l'indemnité sont réglées par le conseil de préfecture (Arr. 29 frim. an 6, R. p. 562). La désignation des maisons et emplacements à occuper pour le service des douanes ne doit jamais porter sur des maisons habitées par leurs propriétaires, à moins qu'il y ait impossibilité de s'en procurer qui soient vacantes ou louées.

62. Les heures d'ouverture et de fermeture des bureaux sont déterminées par l'art. 5 du titre 13 du décret de 1791 ; c'est-à-dire de 7 heures du matin à midi, et de 2 heures après midi à 7 heures du soir, du 1er avril au 30 septembre; de 8 heures du matin à midi et de 2 heures à 6 heures du soir, du 1er octobre au 31 mars. Elles peuvent être modifiées par décret du président de la République (L. 14 juin 1850, art. 1er, D. P. 50. 4. 136). Toutefois, la durée du temps d'ouverture ne peut être réduite au-dessous de la durée déterminée par la loi de 1791, si ce n'est dans le cas d'une seule séance continue d'au moins huit heures en été et sept en hiver. Pendant l'ouverture, les agents doivent être présents dans les bureaux, à peine de dommages-intérêts envers le redevable qu'ils auraient retardé. — Les dimanches et jours fériés, les bureaux ne sont ouverts que pour le passage des voyageurs et les besoins agricoles urgents, ou en vertu de mesures exceptionnelles prises à la demande du commerce, et moyennant indemnités attribuées aux agents qui sont chargés de ce service extraordinaire. Lorsque le dernier jour valable pour l'application d'un tarif est un jour férié, les bureaux doivent rester ouverts pendant les heures légales, pour la réception et l'enregistrement des déclarations relatives à l'application de ce tarif.

ART. 3. — PASSAVANT (R. 186 et s.; S. 157 et s.).

63. Le *passavant* est un simple permis de circulation, délivré par les Douanes aux propriétaires ou conducteurs dont les marchandises doivent circuler ou être transportées, soit dans le rayon des douanes, soit en empruntant le territoire étranger, soit par cabotage d'un port à un autre de France. Il doit accompagner la marchandise, et être présenté, à première réquisition, aux préposés de tous bureaux qui se trouvent sur le parcours de la marchandise, à peine d'amende et de confiscation. Toutefois, l'acquit de payement des droits, les acquits-à-caution de transit ou autres, les expéditions délivrées pour des marchandises exportées avec primes, peuvent en tenir lieu. Le fait que le porteur d'un passavant, sans que ce titre soit accompagné des marchandises qui y sont déclarées, n'est passible d'aucune peine (Trib. civ. de Pontarlier, 23 mai 1899, D. P. 1900. 2. 179).

64. Dans certains cas, le passavant n'est pas exigé. Il en est ainsi, notamment, pour la circulation, dans le rayon frontière, des bestiaux, du poisson frais, du pain, du vin, cidre ou poiré, de la viande fraîche ou salée, des volailles, gibier, fruits, légumes, laitages, beurre, fromages, et de tous objets de jardinage qui ne font pas route vers la frontière ou qui se rendent, aux jours de foire ou de marché, dans les villes situées sur la frontière.

65. Les énonciations que doit contenir le passavant sont indiquées dans les art. 16, tit. 3, de la loi du 6-22 août 1791 ; 3 de la loi du 19 vend. an 6 (R. p. 562), et 6 de l'arrêté du 22 therm. an 10 (R. p. 565). — Pour toutes les marchandises qui sont soumises à la formalité du passavant, la délivrance de ce titre est subordonnée à une déclaration préalable de l'enlèvement des marchandises, sous peine de 100 francs d'amende et de confiscation. Cette déclaration doit être faite au bureau le plus proche. — En cas de soupçon de fraude, les préposés peuvent se rendre au lieu de dépôt des marchandises et en exiger la représentation, qui doit être faite à peine d'une amende de 500 francs (L. 19 vend. an 6, art. 2). — Pour les marchandises prohibées, ou taxées à 20 francs et plus par 100 kilogr. ou 10 pour cent de la valeur, la déclaration ne suffit pas; la marchandise elle-même doit être présentée au bureau de la déclaration, sauf dispense accordée par les inspecteurs. Le défaut d'identité en nature ou en espèce entraîne une amende de 500 francs et la retenue préventive des objets. D'autre part, dans le rayon frontière de deux kilomètres et demi (V. *suprà*, n° 56), le passavant ne peut être délivré que sur la production de l'acquit des droits d'entrée, pour les marchandises qui ont été importées de l'étranger dans le rayon, ou de l'expédition en vertu de laquelle elles ont pu, de l'intérieur, pénétrer dans le rayon (Arr. 22 therm. an 10, art. 4). — Enfin il doit être justifié, au moyen de certificats délivrés par l'autorité municipale, de l'origine des marchandises prohibées à l'entrée, ou dont l'admission est réservée à certains bureaux, ou enfin dont la prohibition a été remplacée par des droits postérieurement à la loi du 24 mai 1834 (R. p. 603), lorsque ces marchandises ont été déchargées dans le rayon frontière et amenées au bureau ou représentées aux préposés, pour être admises en circulation de ce rayon avec passavant, dans les cas où ce transport préalable est permis (L. 28 avr. 1816, art. 38, R. p. 581).

ART. 4. — ACQUIT-A-CAUTION (R. 224 et s.; S. 159).

66. L'*acquit-à-caution* est un permis délivré par l'administration des Douanes pour certaines opérations commerciales qui entraînent l'accomplissement ultérieur d'une obligation ou le payement d'un droit, sous peine d'encourir les condamnations édictées par la loi. — La délivrance de ce permis est précédée d'un engagement souscrit par le demandeur et garanti par la signature d'une caution. L'obligation qui en résulte n'est déchargée que par un certificat dans la forme établie par les art. 6 et s., titre 3, du décret des 6-22 août 1791, et qu'aucun équivalent ne peut suppléer. — Quant à la forme des acquits-à-caution, elle est déterminée par les règlements, et varie suivant que les marchandises sont admises à l'entrepôt, au transit, etc.

67. Les acquits-à-caution délivrés par l'administration des Douanes, et les certificats de décharge de ces acquits, sont des actes publics et authentiques, dont les énonciations font foi jusqu'à inscription de faux, à la condition qu'elles soient l'œuvre d'agents ayant mission de faire les constatations qui s'y rapportent.

68. Les acquits-à-caution doivent fixer le délai dans lequel les marchandises devront être parvenues au lieu de destination, ainsi que le délai accordé pour rapporter le certificat de décharge. Mais, d'après la pratique actuelle de l'administration des Douanes, qui se charge elle-même du renvoi des certificats de décharge, les dispositions légales relatives à ce dernier délai sont sans application. — Les soumissionnaires des acquits et leurs cautions, qui n'ont pas rapporté des certificats de décharge dans les délais prévus, peuvent être l'objet d'une contrainte pour les sommes qu'ils se sont engagés à payer, mais non pour les amendes qu'ils encourent (Décr. 6-22 août 1791, tit. 3, art. 12 et 13; L. 4 germ. an 2, tit. 7, art. 4) (Civ. r. 1er août 1899, D. P. 99. 1. 561).

SECT. V. — **Des importations et exportations.**

ART. 1er. — RÈGLES COMMUNES AUX IMPORTATIONS PAR TERRE ET PAR MER.

§ 1er. — *Des prohibitions* (R. 260 et s.; S. 162 et s.).

69. Les prohibitions qui, soit à l'importation, soit à l'exportation, subsistent dans le régime douanier actuel, ont uniquement pour but de sauvegarder l'ordre public, les intérêts des monopoles de l'Etat et la salubrité publique ou de mettre un obstacle à la fraude. — Elles sont absolues ou relatives, perpétuelles ou temporaires. Les prohibitions relatives sont celles qui sont subordonnées au payement d'un droit, ou qui portent sur des objets dont l'importation ne peut avoir lieu que par certains bureaux. Les prohibitions qui ont pour objet des mesures sanitaires sont tantôt absolues, comme, par exemple, celle qui atteint les vignes arrachées et les bois secs, en vertu de la convention de Berne de 1881 ; tantôt temporaires, comme celles qui affectent certains objets en cas d'épidémies ou d'épizooties. — L'énumération des marchandises prohibées se trouve au tarif des Douanes, tableau A et observations préliminaires, nº 592 (V. *ibid.*, tableau A, nº 585, et notes explicatives).

70. A l'exportation, les seules prohibitions absolues et perpétuelles ont trait aux contrefaçons en librairie, au gibier et aux poissons de rivière pendant la clôture de la chasse et de la pêche, aux chiens de forte race, c'est-à-dire mesurant trente-deux centimètres et plus de hauteur au milieu de l'échine. — L'exportation des cartouches de guerre et des cartes à jouer est soumise à l'autorisation de l'administration des Contributions indirectes et à la formalité de l'acquit-à-caution. Les capsules de guerre à poudre fulminante ne peuvent être exportées que sous une autorisation du ministre de la Guerre (Tarif, tableau B, notes explicatives, nºˢ 474, 585, 586).

§ 2. — *Des déclarations* (R. 264 et s.; S. 167 et s.).

71. La déclaration est obligatoire à l'entrée, même pour les produits qui ne sont grevés d'aucun droit; elle l'est également à la sortie, bien qu'il n'y ait plus de droits d'exportation. — Lorsque les marchandises arrivent par mer, la déclaration de détail doit être faite dans les trois jours de l'arrivée du bâtiment dans le port; pour les importations par terre, elle doit avoir lieu à l'arrivée et au moment du passage des marchandises dans les lieux où les bureaux sont situés. — Toutefois, pour les marchandises arrivant dans les gares de chemin de fer, sous le régime du transit international, un délai de trois jours est accordé (L. 4 germ. an 2, tit. 2, art. 4; Décr. 6-22 avril 1791, tit. 2, art. 8; Tarif, observ. prélim., nº 78). Dans aucun cas, la déclaration ne peut être reçue avant que les marchandises ne soient parvenues au lieu où est situé le bureau qui reçoit la déclaration. — La déclaration est nécessaire, même pour les marchandises qui sont expédiées par le cabotage d'un port français à un autre; elle doit être faite par espèce, quantités et valeur au bureau des douanes du lieu de l'embarquement. Elle accompagne la marchandise jusqu'au lieu de destination (Tarif, observ. prélim., nº 416).

72. La déclaration doit énoncer, d'une manière générale: le lieu du chargement et celui de la destination; le détail des marchandises en nombre, poids, mesure, qualité et valeur; pour les importations par mer, les marques et numéros des colis; pour les exportations ou importations par mer, le nom du capitaine et celui du navire; pour les importations par terre, le nom, l'état et le domicile du destinataire (Décr. 1791, tit. 2, art. 9; L. 4 germ. an 2, tit. 2, art. 4; 28 avr. 1816, art. 25). — En principe, la déclaration du poids et de la mesure n'est pas exigée pour les marchandises sujettes à coulage (Décr. 1791, tit. 2, art. 19). Mais cette exception ne s'applique pas aux boissons (L. 31 mars 1903, art. 10, D. P. 1903. 4. 22). — Les dénominations qui doivent être données aux marchandises sont celles qui sont portées au tarif d'entrée (Tarif, observ. prélim., nᵒˢ 68 et 70; notes explicatives, 510 et 512 *bis*). Pour les marchandises taxées au poids, la déclaration doit porter le poids brut exprimé en kilogrammes, sauf pour les tissus de soie et les bourres de soie, les dentelles de toutes sortes, l'orfèvrerie, la bijouterie, les monnaies d'or et d'argent, l'or et l'argent brut, pour lesquels le poids net effectif doit être déclaré. La valeur à déclarer est la valeur actuelle de la marchandise au lieu de la déclaration, abstraction faite des droits d'entrée (Tarif, observ. prélim., nº 67): cette valeur peut être ultérieurement modifiée pour les marchandises mises en entrepôt.

73. Les propriétaires ou consignataires des marchandises importées de l'étranger peuvent être autorisés à faire une déclaration provisoire, et à procéder, dans un local désigné ou agréé par la Douane, à un examen des marchandises pour en vérifier l'espèce, la valeur, la qualité ou la quantité; la déclaration de détail doit ensuite être déposée dans le délai légal (Tarif, observ. prélim., nº 73). — Pour les importations par les frontières de terre, les marchandises dont l'Administration autorise le transport sur un second bureau du rayon frontière sont exemptes de la déclaration de détail et de la visite au premier bureau: il suffit d'une déclaration sommaire; la déclaration définitive en détail est fournie au second bureau (L. 28 avr. 1816, art. 27 à 30; Tarif, observ. prélim., nº 177).

§ 3. — *Des visites* (R. 275 et s.; S. 174 et s.).

74. Lorsque la déclaration a été faite, les marchandises doivent être visitées, pesées, mesurées ou nombrées avant de pouvoir être retirées du bureau (Décr. 1791, tit. 2, art. 14; L. 28 avr. 1816, art. 26). Cette vérification est facultative pour la Douane, qui peut y procéder soit intégralement, soit par épreuves, suivant les cas. La vérification par épreuves est facultative non seulement pour l'Administration, mais aussi pour le commerce, qui peut toujours exiger qu'il soit procédé à la vérification intégrale. — La vérification doit être faite en présence des intéressés ou de leurs représentants. Leur refus d'y assister peut entraîner la vente des marchandises. Le résultat est inscrit, par l'agent ou les agents qui ont procédé à la vérification, sur un portatif, daté et signé. Les frais de déballage, remballage, pesage, transport, nécessités par la visite, sont aux frais des propriétaires des marchandises.

§ 4. — *Expertise légale* (R. 283 et s.; S. 179 et s.).

75. Les contestations relatives à l'espèce, à la qualité, à l'origine ou à la valeur des marchandises doivent être soumises à trois commissaires experts, institués par le ministre du Commerce et formant le Comité d'expertise légale (Décr. 5 août 1810, R. p. 573; L. 27 juill. 1822, art. 19, R. p. 593; 7 mai 1881, art. 4, D. P. 82. 4. 18; 11 janv. 1892, art. 9, D. P. 92. 4. 77). Il est interdit aux tribunaux de recourir à tout autre mode de preuve (Civ. c. 15 avr. 1899, D. P. 1901. 1. 246). — Deux experts, désignés sur la liste dressée annuellement par les ministres des Finances et du Commerce, après consultation des chambres de commerce, choisis l'un par la Douane, l'autre par le déclarant et, en cas de refus de l'une des parties, par le juge de paix à la requête de l'autre partie, doivent être adjoints aux commissaires. — Si les deux experts tombent d'accord, le comité d'expertise légale enregistre leur décision, qui est définitive; en cas de désaccord, le comité statue en dernier ressort comme tiers arbitre.

76. Le service des douanes peut toujours avoir recours à l'expertise, soit que la déclaration lui ait paru frauduleuse, soit qu'elle ait de simples doutes sur son exactitude. Dans ce dernier cas, il fait remise de la marchandise moyennant payement des droits dus en vertu de la déclaration, et un engagement cautionné d'acquitter le supplément de droits que l'expertise rendrait exigible. Quand le service a la certitude de la fausseté de la déclaration, le fait est constaté par un procès-verbal et il y a lieu d'opérer la saisie des marchandises; toutefois, il peut surseoir à cette mesure jusqu'à la décision de la commission d'expertise, en dressant un acte conservatoire, signé par le déclarant, et portant réserve des droits et actions de l'Administration. — C'est par la Douane que l'expertise est provoquée lorsqu'il y a simple doute ou qu'il est intervenu, soit un acte conservatoire, soit une soumission du déclarant de s'en rapporter à la décision des experts; elle doit l'être sans retard. Quand la marchandise a été saisie, le tribunal seul peut ordonner l'expertise. Elle se fait sur échantillons prélevés et transmis en double aux experts par l'Administration; l'un des doubles est scellé du cachet du déclarant et de celui de la douane.

ART. 2. — RÈGLES SPÉCIALES AUX IMPORTATIONS PAR TERRE ET PAR MER.

§ 1ᵉʳ. — *Importations par terre* (R. 288 et s; S. 186 et s.).

77. Tout importateur de marchandises prohibées ou tarifées doit les conduire directement au premier bureau de frontière, pour y être déclarées et soumises à la vérification de la Douane (Décr. 1791, tit. 2, art. 1ᵉʳ). L'accomplissement strict de cette obligation étant incompatible avec l'exploitation des chemins de fer, dans les transports par les voies ferrées les opérations de douane sont reportées aux lieux même d'expédition ou de destination, pourvu, d'ailleurs, que l'importance commerciale de ces localités le permette et justifie la création de bureaux de douane intérieurs. De là l'organisation du régime du transit international (V. *infrà*, nᵒˢ 118 et s.).

§ 2. — *Importations par mer.*

A. — Dépôt du manifeste (R. 299 et s.; S. 188 et s.).

78. Aucune marchandise ne doit être importée par mer, soit d'un port français, soit d'un port étranger, sans un manifeste signé du capitaine. Le manifeste est un état général de la cargaison, comprenant toutes les marchandises qui la composent, et des agrès, apparaux, objets mobiliers neufs qui garnissent le navire et qui n'ont pas été consignés au départ dans l'état détaillé des dépendances du navire inscrit sur le congé; il ne comprend pas les vivres et provisions de bord. Le manifeste doit être déposé à la Douane dans les vingt-quatre heures, à titre de *déclaration sommaire du gros*. L'inobservation de cette prescription est punie d'une amende de 500 francs avec retenue préventive du bâtiment à titre de sûreté de l'amende; celle-ci est de 1000 francs en cas de défaut absolu de présentation du manifeste (Décr. 1791, tit. 2, art. 4; L. 4 germ. an 2, tit. 2, art. 2). D'autre part, les omissions, les différences constatées entre le manifeste et les existences à bord donnent lieu contre le capitaine à une amende de 1000 francs et à la condamnation à une somme égale à la valeur, au cours du marché intérieur, des marchandises omises ou différentes, ainsi qu'à la rétention préventive des marchandises (Cr. c. 6 juill. 1895, D. P. 99. 5. 265). — La déclaration sommaire, faite par le capitaine dans le délai légal, ne peut sous aucun prétexte être changée après coup par une déclaration additionnelle. Il ne peut y être suppléé par la déclaration en détail qui incombe au destinataire. — Les capitaines, qu'ils soient français ou étrangers, doivent encore, à leur entrée dans les ports, présenter au visa des agents des Douanes leur livre de bord.

79. Le ministère des courtiers interprètes et conducteurs de navire n'est pas obligatoire pour les capitaines français ou étrangers parlant français, lorsqu'ils peuvent agir en personne. Le privilège de ces officiers se borne au droit exclusif de produire devant les tribunaux les déclarations, chartes-parties, connaissements, contrats et tous autres actes de commerce dont la traduction serait nécessaire, à servir d'interprètes lorsque la Douane juge à propos d'interroger le capitaine et son équipage, et à interpréter, s'il y a lieu, les rapports de mer rédigés en langue étrangère.

B. — Embarquements et débarquements (R. 322 et s.; S. 195 et s.).

80. En principe, les chargements et déchargements des navires et bâtiments quelconques employés au transport des marchandises ne peuvent avoir lieu que dans l'enceinte des ports où les bureaux de douane sont établis, sauf le cas de force majeure dûment justifié par celui qui l'invoque (Décr. 8-22 août 1791, tit. 13, art. 9). Il n'y a plus d'heures obligatoirement déterminées pour ces opérations ; elles peuvent s'effectuer même pendant la nuit ainsi que les dimanches et jours fériés, moyennant une rétribution spéciale. Mais, dans tous les cas, ni l'embarquement ne l'embarquement ne peuvent avoir lieu sans permis, à peine de la confiscation des marchandises et d'une amende de 50 ou de 100 francs suivant les cas. Les navires sont mis en déchargement à tour de rôle, suivant la date de leur déclaration (Décr. 1791, tit. 13, art. 13). — Pour les services à vapeur, les nécessités commerciales ont fait apporter certaines tolérances aux règles générales. Ainsi, sur la demande des chambres de commerce, les chargements et déchargements peuvent être effectués sans observer le tour de rôle du navire. D'autre part, le débarquement des marchandises peut avoir lieu avant le dépôt de la déclaration de détail, dès la remise de la déclaration sommaire, dans des magasins-cales, d'où elles sont extraites pour la délivrance, dès qu'elles sortaient du navire (Décr. 18 avr. 1897, art. 2, D. P. 97. 4. 106). Inversement, pour l'embarquement, le chargeur ou son mandataire peuvent faire une déclaration de détail des marchandises qu'ils se proposent d'expédier ; en attendant cette arrivée, elles sont consignées sous la clef de la Douane.

81. Les transbordements sont assimilés aux embarquements au point de vue de la nécessité du permis et des sanctions qu'elle comporte. La formalité du plombage, imposée par la loi du 2 juill. 1836 (R. p. 607) pour certaines marchandises, n'est plus exigée pour les réexportations des entrepôts de mer, lorsque la réexpédition se fait sous la surveillance du service, ni pour les transbordements à destination d'un port français (Tarif, observ. prélim., n° 234).

§ 3. — Restrictions d'entrée (R. 330 et s.; S. 196 et s.).

82. Toutes les marchandises ne sont pas admises indistinctement par tous les bureaux : il existe des restrictions d'entrée, de transit et de sortie, en vertu desquelles certaines marchandises ne peuvent être admises à l'importation, au transit ou à l'exportation, que par certains bureaux.

83. Parmi les restrictions d'entrée, les unes ont pour but d'éviter la fraude, les autres de sauvegarder la santé et la sécurité publiques. — Les premières portent, d'une manière générale, sur les marchandises taxées à plus de 20 francs les 100 kilogr. et dont la liste varie suivant les tarifs en vigueur...; sur les marchandises nommément désignées à l'art. 8 de la loi du 25 mars 1817 complété par des textes postérieurs (Ord. 31 oct. 1859; Décr. 1er oct. 1861 et 7 mai 1881, D. P. 61. 4. 121 et 82. 4. 18; Tarif, observ. prélim., n°s 33, 34). Les douanes ouvertes à l'importation de ces marchandises sont énumérées au tarif (Observ. prélim., n° 35). Les produits des colonies et possessions françaises (à l'exception de l'Algérie) qui jouissent de la franchise ou d'une réduction de droits en raison de leur origine, et les marchandises énumérées par les art. 22 de la loi du 28 avr. 1816 et 25 de la loi du 29 juill. 1881 (D. P. 82. 4. 86), lorsqu'elles arrivent par mer, ne peuvent être importées que par les ports d'entrepôt (Tarif, observ. prélim., n°s 32 et 33). Enfin un certain nombre d'objets sont soumis à des restrictions spéciales (V. Tarif, observ. prélim., n° 36).

84. Les restrictions d'entrée qui s'exercent dans l'intérêt de la santé et de la sécurité publiques concernent : les animaux des espèces chevaline, asine, bovine, caprine et porcine; les viandes fraîches; les sarments, feuilles, raisins et les pommes de terre. — L'importation de la dynamite ne peut avoir lieu qu'en vertu de décrets spéciaux déterminant les points par lesquels l'entrée doit s'effectuer.

ART. 3. — EXPORTATIONS PAR TERRE ET PAR MER (R. 337 et s.; S. 203 et s.).

85. Bien qu'il n'y ait plus actuellement de droits de sortie sur les marchandises exportées, l'obligation de les déclarer au bureau de sortie et de les y soumettre à la vérification du service des Douanes subsiste encore tant à raison de la perception du droit de statistique (V. supra, n° 25) que de la prohibition de sortie qui frappe certains produits, ou des formalités spéciales qui doivent précéder leur sortie (V. supra, n°s 70, 71 et s.) (Tarif, observ. prélim., n°s 45, 239, 432). Ces formalités ne peuvent être remplies que par certains bureaux (Tarif, observ. prélim., n° 589).

ART. 4. — MARCHANDISES AVARIÉES ET ABANDONNÉES (R. 432 et s.; S. 288 et s.).

86. La législation n'admet plus, comme l'avait fait la loi du 21 avr. 1818 (R. p. 588), de réductions de droits en faveur des marchandises avariées par des événements de mer (L. 16 mai 1863, art. 21, D. P. 63. 4. 63); l'Administration peut seulement autoriser l'importateur à séparer les marchandises saines des autres et à réexporter ces dernières, ou à les détruire en présence du service ; les marchandises saines sont alors seules soumises aux droits.

87. Lorsque le propriétaire de marchandises en fait l'abandon par écrit en douane, soit qu'elles arrivent de l'étranger, soit qu'elles se trouvent en entrepôt réel, l'Administration ne poursuit pas le payement des droits. L'abandon transfère la propriété de ces marchandises à l'Etat, et la vente peut en être poursuivie selon les formalités prescrites pour la vente des marchandises saisies (Tarif, observ. prélim., n° 371).

88. Les marchandises importées sans qu'aucune déclaration de détail ait été faite dans le délai prescrit sont retenues en dépôt pendant deux mois dans les magasins de la Douane, à charge par les propriétaires de payer 1 pour cent pour droit de magasinage. En cas de contestation sur la valeur des objets, le service des Douanes doit recourir à l'expertise légale. A défaut de retrait et de déclaration de détail dans les deux mois, l'Etat, à la charge de réexporter celles qui seraient prohibées (L. 4 germ. an 2, art. 9). Cette vente n'a ordinairement lieu qu'un an après la mise en dépôt.

SECT. VI. — Franchises et privilèges accordés au commerce.

89. Les droits de douane étant un impôt établi sur les marchandises importées en France, la loi n'impose pas celles qui, bien que pénétrant en France, n'y sont pas effectivement importées; aussi des franchises spéciales ont-elles été instituées pour les marchandises qui, déchargées en France ou traversant le territoire, n'y sont pas livrées à la consommation et retournent à l'étranger. Ces franchises constituent les régimes de l'entrepôt, du transit et de l'admission temporaire.

ART. 1er. — ENTREPÔT (R. 445 et s.; S. 292 et s.).

90. L'entrepôt est le lieu public ou particulier où les commerçants déposent provisoirement des marchandises sans payer aucun droit, parce qu'ils ne veulent pas les livrer de suite à la consommation, ou parce qu'ils se réservent de les réexporter ou de les faire transiter. On appelle entrepositaire ou soumissionnaire le négociant qui use de la faculté d'entreposer sa marchandise. — Sous le rapport légal, les marchandises qui sont déposées dans les entrepôts sur le territoire français sont réputées n'y avoir pas pénétré comme étant encore en pays étranger, jusqu'au moment où l'entrepositaire déclare les réexporter, il entend les livrer à la consommation. Elles sont alors traitées comme si elles arrivaient à ce moment du pays d'où elles ont été importées (Tarif, observ. prélim., n°137). — L'entrepôt, envisagé d'une manière générale, est ouvert à toute espèce de marchandises, même aux marchandises prohibées, à l'exception des contrefaçons en librairie et des produits étrangers portant de fausses marques de fabrique française. — L'entrepôt peut être réel ou fictif.

§ 1er. — Entrepôt réel.

A. — Entrepôt des marchandises tarifées (R. 453 et s.; S. 294 et s.).

91. L'entrepôt réel est établi dans un local gardé par la Douane : les magasins qui servent de dépôt sont sous la clef de la Douane et sous la clef d'un agent du commerce assermenté, de telle sorte que les marchandises ne peuvent en être extraites que du consentement des deux parties intéressées. Ce genre d'entrepôt n'existe que dans les localités où il a été concédé par décret (L. 27 févr. 1832, art. 1er, R. p. 602) (V. la nomenclature des entrepôts réels dans le Tarif, observ. prélim., n° 149). La concession a lieu sous des conditions déterminées par les lois des 8 flor. an 11, art. 25 (R. p. 566), 27 févr. 1832, art. 9, 10, et l'ordonnance du 9 janv. 1818 (R. p. 558).

92. Les entrepôts réels ne peuvent jamais être convertis en magasin de dépôt pour les marchandises nationalisées par le payement des droits. Sont également exclues de l'entrepôt réel, sauf quelques exceptions, les marchandises exemptes de droits à l'entrée.

93. La consignation en entrepôt doit être précédée d'une déclaration détaillée, faite dans les trois jours de l'arrivée, signée du négociant ou de son représentant et soumise aux règles générales des déclarations. Les marchandises doivent également avoir subi la visite ou vérification de la Douane. Elles sont ensuite inscrites à un compte ouvert par entrée et par sortie. A l'intérieur de l'entrepôt, les entrepositaires peuvent prendre toutes les mesures nécessaires à la conservation des marchandises ; mais aucun déballage, mélange, bénéficiement, transvasement, division ou réunion de colis ne peut avoir lieu sans l'autorisation de l'agent supérieur des Douanes et la présence des employés (Tarif, observ. prélim., n° 142).

94. Les marchandises ne peuvent séjourner au delà de trois ans, à dater de l'enregistrement, dans les entrepôts légalement constitués; à défaut d'un an, dans les magasins qui ne réunissent pas les conditions légales de l'entrepôt. Toutefois, des prorogations de délai peuvent être accordées par les directeurs, sauf, dans quelque cas exceptionnels, ratification par l'administration centrale. — A l'expiration des délais, les droits des marchandises tarifées sont liquidés, et l'entrepositaire est mis en demeure de les acquitter ou de réexporter les marchandises ; il lui est fait, dans ce but, une sommation ordinairement précédée d'un avertissement officieux et sans frais. Faute par lui d'y satisfaire dans le délai d'un mois, l'Administration procède à la vente des marchandises. Le produit de cette vente, déduction faite des droits de douane et des frais de toute nature, est versé à la Caisse des dépôts et consignations ; il est remis au propriétaire, si celui-ci le réclame dans l'année ; sinon, il est acquis au Trésor. Lorsque ce produit ne couvre pas les droits et les frais de magasinage, les droits du Trésor sont prélevés par privilège avant les frais revendiqués par des tiers. Dans le cas où les marchandises ne pourraient pas être vendues, la Douane doit procéder à leur destruction après y avoir été préalablement autorisée par l'administration centrale.

95. Les marchandises séjournant en entrepôt peuvent être vendues par l'entrepositaire : celui-ci doit alors faire à la Douane une déclaration immédiate de transfert ; il reste néanmoins, jusqu'à l'entière consommation des quantités et espèces mentionnées dans sa soumission primitive, personnellement responsable des déficits ou autres contraventions, à moins que le cessionnaire ne soit intervenu à la déclaration et n'ait souscrit envers la Régie un engagement accepté par elle.

96. Les marchandises en entrepôt réel, comme celles qui sont déposées dans les magasins généraux, sont transmissibles au moyen des récépissés et des warrants, conformément aux art. 8 et s. de la loi du 28 mai 1858 (D. P. 58. 4. 69). Les agents des Douanes doivent alors, sur la demande qui leur est faite, certifier, sur les récépissés et warrants, l'existence en entrepôt des marchandises, et inscrire sur les sommiers le nom du cessionnaire, lorsque le récépissé ou le warrant leur est présenté après endossement. La Douane n'admet comme responsables de l'accomplissement des conditions réglementaires que les négociants dont le nom est inscrit aux sommiers.

97. La responsabilité des pertes, avaries, soustractions que peuvent éprouver les marchandises dans les entrepôts n'incombe ni à l'administration des Douanes (à moins que ces pertes, etc., proviennent de son fait ou de celui de ses préposés), ni aux villes propriétaires des bâtiments de l'entrepôt, mais seulement au commerce, qui est chargé de fournir et entretenir les magasins (L. 8 flor. an 11, art. 26).

98. Les soustractions opérées par l'entrepositaire ou son cessionnaire sont punies des peines qui frappent les importations frauduleuses. Quant aux déficits constatés, ils donnent lieu à l'application intégrale des droits, sauf les remises que l'Administration peut accorder lorsqu'ils proviennent uniquement de causes naturelles, dessiccation, coulage, etc., et n'excèdent pas les proportions admises.

99. Les marchandises reçues dans un entrepôt réel peuvent en être retirées soit pour la consommation intérieure, soit pour la réexportation, soit pour être transférées dans un autre entrepôt réel. Sur une déclaration de sortie signée de l'entrepositaire, faisant connaître leur destination ultérieure. Sur cette déclaration, l'Administration délivre un permis de sortie, après payement des droits, lorsque les marchandises sont déclarées pour la consommation intérieure. Les marchandises déplacées pour la réexportation supportent les droits de magasinage et les droits d'entrée sur les différences en moins constatées lors de la vérification qui précède la sortie. — Dans le cas de réexportation par mer, les entrepositaires doivent rapporter

les certificats constatant l'embarquement et le passage à l'étranger (L. 21 avr. 1818, art. 61).

100. Les mutations d'entrepôt se font, après vérification à la sortie, aux conditions du transit si elles ont lieu par terre, et aux conditions du cabotage si elles ont lieu par mer. Elles s'opèrent sous la garantie d'un acquit-à-caution. A l'arrivée à destination, la marchandise est vérifiée par la Douane, qui décharge l'acquit-à-caution des quantités reconnues et réintégrées en entrepôt.

B. — Entrepôt des marchandises prohibées (R. 420 et s.; S. 306).

101. Les règles générales sur les entrepôts des marchandises non prohibées sont applicables aux marchandises prohibées en tout ce qui n'est pas contraire aux dispositions spéciales qui les concernent. Ces dispositions se trouvent principalement dans les art. 17 à 24 de la loi du 9 févr. 1832 (R. p. 601) et la loi du 26 juin 1835 (R. p. 605). — Les marchandises prohibées ne peuvent être reçues que dans un certain nombre d'entrepôts réels (Tarif, observ. prélim., n° 149), où des magasins spéciaux leur sont affectés. Le manifeste et la déclaration sont soumis aux règles imposées pour le transit des objets non prohibés (L. 9 févr. 1832, art. 4 et 19). Elles doivent être réexportées par terre ou par mer dans le délai de trois ans. Les formalités de sortie des entrepôts sont les mêmes que pour les marchandises non prohibées.

§ 2. — *Entrepôt fictif* (R. 497 et s.; S. 307 et s.).

102. L'entrepôt fictif est constitué dans les magasins du commerce et, spécialement, dans des magasins particuliers appartenant aux destinataires mêmes des marchandises. En principe, il ne peut être autorisé que dans les ports où l'entrepôt réel a été admis, à l'exclusion des villes d'entrepôt situées à l'intérieur ou sur les frontières de terre. Toutefois, cette règle n'est pas absolue ; elle comporte certaines exceptions : notamment, les grains, farines et légumes, la houille, les fontes et fers en barre peuvent être admis à l'entrepôt fictif dans certains ports où il n'existe pas d'entrepôt réel et dans les villes de l'intérieur, en vertu d'autorisations spéciales (Tarif, observ. prélim., n° 148).

103. Toutes les marchandises ne sont pas admises à l'entrepôt fictif ; celles qui jouissent de ce bénéfice sont : les produits des colonies françaises auxquelles le tarif accorde une modération de droits ou qui ont été nommément désignées par la loi du 8 flor. an 11, quel que soit le pavillon importateur ; les marchandises dénommées dans l'ordonnance du 9 janv. 1818, à la condition qu'elles soient tout au moins sujettes aux surtaxes d'entrepôt ou de provenance ; le guano ; le riz, les produits admis en franchise qui se trouvent passibles de surtaxes d'entrepôt ou de provenance (Tarif, observ. prélim., n° 148). Sont, au contraire, exclues de l'entrepôt fictif : les marchandises prohibées, les marchandises exemptes de droits à l'entrée, les marchandises avariées (Tarif, observ. prélim., n°° 139, 141).

104. La mise en entrepôt fictif doit être précédée d'une déclaration faite conjointement par l'importateur et par une caution solidaire agréée par le receveur, qui garantit soit la réexportation, soit le payement des droits. — L'entrepositaire répond de la totalité des droits sur les déficits qui sont reconnus à la sortie de l'entrepôt fictif. En cas de poursuites, le soumissionnaire et sa caution doivent être simultanément mis en cause.

105. L'entrepôt fictif est soumis à la surveillance de la Douane, ce qui comporte pour l'entrepositaire l'obligation de représenter

les marchandises à toute réquisition, de déclarer préalablement toutes les manipulations qu'il entend leur faire subir et d'en obtenir l'autorisation. Pour certaines marchandises sujettes à coulage, telles que rhums, tafias, liqueurs, sirops, mélasses et miels, l'entrepositaire doit les conserver dans un magasin fermé à deux clefs, dont l'une est remise à la Douane.

106. La durée de l'entrepôt fictif est, en principe, d'une année ; toutefois, pour certaines marchandises et pour certaines localités déterminées, ce délai est prorogé. Des prorogations du délai réglementaire peuvent pour l'entrepôt réel, être accordées aux propriétaires et consignataires qui justifient de l'impossibilité de vendre ou de réexporter leurs marchandises dans le délai réglementaire (Tarif, observ. prélim., n° 146). — Pour ce qui concerne le transfert et la sortie des marchandises, V. *supra*, n° 99.

ART. 2. — ADMISSION TEMPORAIRE (R. 517 et s.; S. 313 et s.).

107. L'admission temporaire est un régime en vertu duquel les marchandises étrangères, destinées à recevoir en France un complément de main-d'œuvre, ou à être fabriquées, sont affranchies des droits de douane et des surtaxes, à charge d'être, dans un délai déterminé, réexportées ou rétablies en entrepôt. — Ce régime est aujourd'hui régi par les art. 10, 11, 13 de la loi du 11 janv. 1892 (D. P. 92. 4. 77) et la loi du 4 févr. 1902 (D. P. 1902. 4. 84). Le bénéfice de ce régime ne peut être concédé que par la loi, après avis du comité consultatif des arts et manufactures, sauf dans trois cas (introduction d'objets pour réparations, essais, expériences ; introduction présentant un caractère individuel et exceptionnel non susceptible d'être généralisé ; introduction de sacs et emballages à remplir), où la faculté d'autorisation est laissée au Gouvernement (L. 1892, art. 13, § 2 à 5). — Dans l'état actuel de la législation, le régime de l'admission temporaire est applicable : 1° aux marchandises auxquelles il est appliqué par la loi du 11 janv. 1892 ; 2° aux marchandises auxquelles les lois postérieures l'ont accordé. — Pour la nomenclature de ces marchandises, V. Tarif, observ. prélim., n°° 197, 198, 208, 213, 399.

108. Les déclarations relatives à l'admission temporaire à l'entrée et à la sortie doivent contenir, outre les renseignements ordinaires, les indications spéciales exigées par les textes qui ont permis l'application du régime de l'admission temporaire, et les vérifications doivent être faites en conséquence. — L'admission n'a lieu que sous garantie d'une soumission cautionnée et, pour les blés, après consignation du droit (L. 4 févr. 1902, art. 1er, § 2). L'acquit-à-caution ou le titre de perception est remis à l'importateur et doit être représenté au moment de la réexportation ou de la mise en entrepôt des produits fabriqués. Ces deux opérations peuvent être partielles, auquel cas l'acquit-à-caution est annoté en conséquence. Il est opéré de même des remboursements partiels sur le titre de perception pour les blés, mais en cas de réexportation seulement ; le même en entrepôt des farines, semoules ou autres produits dérivés du blé ne donne pas lieu au remboursement (L. 1902, art. 1er, § 3. et art. 4).

109. Les marchandises auxquelles est appliqué le régime de l'admission temporaire doivent être réexportées ou réintégrées en entrepôt dans le délai du (L. 5 juill. 1836, art. 5, R. p. 608). Ce délai est réduit à deux mois pour les blés par la loi du 4 févr. 1902, sauf, sous certaines conditions, possibilité de prolongation jusqu'à quatre mois (art. 2). — L'entrée et la sortie des produits

auxquels le régime de l'admission temporaire est applicable ne peut avoir lieu que
par les bureaux désignés à cet effet. Ces
bureaux varient suivant la nature des marchandises; mais, en général, les importations ne peuvent avoir lieu que par les ports
ou villes d'entrepôt réel ou par les bureaux
ouverts au transit ou à l'importation des
marchandises taxées à plus de 20 francs les
100 kilogr. (Tarif, observ. prélim., n° 186).
Quant aux exportations, elles ne peuvent
avoir lieu que par les bureaux de cette catégorie; dans certains cas, elles doivent se
faire par les bureaux mêmes où l'importation a été effectuée (Tarif, observ. prélim.,
n°ˢ 198, 202, 215, 226).

110. Les produits fabriqués avec les matières premières qui ont fait l'objet d'admissions temporaires peuvent être réexportés à
destination des colonies et des établissements
d'outre-mer autres que l'Algérie. Ils ne
peuvent être livrés à la consommation intérieure qu'après avoir été constitués en entrepôt : l'Administration tolère toutefois que
cette opération ne soit que fictive et consiste
simplement dans la présentation des produits au bureau compétent avec une déclaration d'entrepôt (Tarif, observ. prélim.,
n° 194). À la sortie de l'entrepôt, le droit
d'entrée n'est perçu que sur la matière première suivant le tarif en vigueur à cette
époque.

111. L'admission temporaire est, pour un
certain nombre de marchandises, auxquelles
elle a été maintenue ou accordée par la loi
du 11 janv. 1892 ou par des textes plus récents, soumise à des règles spéciales que le
cadre du présent ouvrage ne permet pas
d'exposer ici (L. 11 janv. 1892, art. 13;
30 juin 1893, art. 4, D. P. 94. 4. 95; 17 nov.
1894, D. P. 96. 4. 19; 14 juill. 1897, D. P.
97. 4. 67; 2 déc. 1897, D. P. 98. 4., table,
vᵒ *Douanes*, n° 2; 30 mai 1899, art. 5, D. P.
99. 4. 76; 8 mai 1900, D. P. 1901. 4. 82;
4 févr. 1902, D. P. 1902. 4. 84).

112. À côté de l'admission temporaire fonctionne le système des *drawbacks*, dénomination qui désigne le remboursement avec ou
sans prime, à la sortie du produit fabriqué,
des droits d'entrée perçus sur la matière
première nécessaire pour la fabrication de ce
produit. — Ce régime est applicable aujour-
d'hui en vertu de la loi du 4 févr. 1902, aux blés et (L. 11 janv. 1892,
art. 10) ou de soie, aux rubans mélangés de
velours et de peluche et aux tissus de velours
et de peluche mélangés de soie ou de bourre
de soie et de coton, aux tissus de coton teints
en fils, aux tresses, lacets, mousselines,
tulles et dentelles de coton pur ou mélangé,
aux guipures (Tarif, observ. prélim., n° 236;
Décr. 5 mars 1892, D. P. 92. 4, table,
vᵒ *Douanes*, n° 7).

ART. 3. — TRANSIT.

113. Le transit est la faculté de transporter
en franchise, à travers le territoire, des marchandises grevées des droits de douane ou
frappées de prohibition. Le *transit ordinaire*,
qui a lieu par toutes les
voies indistinctement, l'emprunt de la mer
excepté, sous la responsabilité des expéditeurs; et le *transit international*, qui s'effectue par les chemins de fer, sous la responsabilité des compagnies concessionnaires.
— Les opérations d'entrée et de sortie, dans
l'un et l'autre cas, ne peuvent avoir lieu que
par les bureaux désignés pour les opérations de transit (Tarif, observ. prélim., n° 155).
Le transit est, en principe, autorisé pour
toutes les marchandises tarifées et pour les
marchandises prohibées, sauf les exceptions
absolues qui frappent les contrefaçons en
librairie et les marchandises revêtues de
fausses marques françaises et quelques exclusions spéciales ou temporaires (Tarif,
observ. prélim., n° 153).

§ 1ᵉʳ. — *Transit ordinaire* (R. 539 et s.: S. 361 et s.).

114. Le transit des marchandises ordinaires non prohibées ne s'applique qu'aux
marchandises passibles de droits. Les marchandises non tarifées à l'entrée, à l'exception des boissons fermentées, pour lesquelles
l'acquit-à-caution est obligatoire, sont seulement assujetties aux déclarations et vérifications de sortie et à la formalité du passavant sans plombage (Tarif, observ. prélim., n°ˢ 153, 165). — Pour jouir du régime
du transit, les marchandises importées ou
extraites des entrepôts doivent être déclarées
et soumises à la vérification des douanes.
Le plombage des colis est, en principe, obligatoire. Certaines marchandises doivent être
accompagnées d'échantillons (Tarif, observ.
prélim., n° 158). Pour quelques-unes, l'admission au transit est subordonnée à des
conditions particulières d'emballage (Tarif,
observ. prélim., n°ˢ 153, 165).

115. Le transport des marchandises tarifées à l'entrée a lieu sous la garantie d'un
acquit-à-caution déterminant le délai dans
lequel le transit doit être effectué et désignant le bureau de sortie. Cet acquit ne peut
être déchargé à la sortie qu'après vérification des plombs et de l'état des marchandises. — Le transit a lieu aux risques du
soumissionnaire. En cas de perte pleinement
justifiée ou de déficit du dixième au plus du
poids des ballots ou futailles, le droit simple
est seul dû; l'Administration peut accorder
décharge entière du droit, lorsque la perte
est le résultat de la force majeure dûment
constatée (Tableau des contrav., n° 127,
S. p. 636; Tarif, observ. prélim., n° 164).

116. Les marchandises expédiées en transit
peuvent rester en France en payant les droits
d'entrée lorsque, après vérification au bureau
désigné par l'acquit-à-caution, elles y sont
déclarées pour la consommation et sont admises à l'importation par ce même bureau
(Tarif, observ. prélim., n° 154).

117. Le transit des marchandises prohibées est, en principe, soumis aux mêmes
règles que celui des autres marchandises
(Tarif, observ. prélim., n° 156, 157).

§ 2. — *Transit international* (S. 368 et s.).

118. Le transit international a pour but
de diminuer autant que possible les entraves
que les douanes apportent à la circulation
des marchandises; il a pour effet, toutes les
fois qu'aucun abus n'est soupçonné, d'affranchir de la visite des bagages des voyageurs et les marchandises au passage de la
frontière, tant à l'entrée qu'à la sortie. Ce
régime est, en vertu de traités, commun
aux nations voisines et est, d'ailleurs, stipulé
dans toutes les conventions relatives au rac-
cordement des voies ferrées sur la frontière.
Les marchandises enfermées sous plomb
dans les wagons traversent librement la frontière après une déclaration sommaire et
l'apposition d'un nouveau plomb ; la déclaration de détail, la visite et l'acquittement
des droits, pour celles qui sont à destination de la France, sont reportées au lieu de
destination.

119. Le transit international s'effectue
exclusivement par les chemins de fer, sous
la responsabilité des compagnies; celles-ci
ne peuvent se refuser à la réquisition d'y
soumettre les marchandises qui leur sont
confiées. Il a lieu sous la garantie d'acquits-
à-caution que les compagnies peuvent seules
souscrire, et en wagons plombés pour lesquels un mode de fermeture uniforme a été
prescrit à la suite d'un accord international
(Arr. 31 mars 1887: Tarif, observ. prélim.,
n° 170). — Seules également, les compagnies
ont qualité pour accomplir à la frontière les
formalités qui constituent la première phase

du dédouanement. À l'arrivée à destination,
les compagnies, sauf à Paris où la Douane
exige en outre la présentation des marchandises. font décharger l'acquit-à-caution en
représentant les wagons en nombre et avec
les plombs intacts. Le dédouanement est souvent opéré par le destinataire.

120. Pour les expéditions de l'étranger en
France, les marchandises peuvent être accompagnées d'une déclaration sommaire et *sans
rompre charge*, pour être dirigées sur un des
bureaux ouverts au service du transit international. À Paris, on admet, sous certaines conditions, les marchandises à rompre
charge pour d'autres destinations. À destination, elles sont déclarées en détail et vérifiées suivant les règles ordinaires (Tarif, observ. prélim., n° 187). — Le transit interne
donne lieu à l'application du régime du transit
international (coût de l'acquit-à-caution et
du plombage, démarches et soins occasionnés aux compagnies), sont à la charge des
compagnies. Le contraire, quand le transit
international a été requis de l'expéditeur
ou du destinataire. les frais qu'il occasionne
sont à leur charge, sans que la compagnie
de chemin de fer puisse réclamer une rémunération spéciale que les tarifs ne prévoient
pas.

121. Pour les expéditions qui sont faites
de France à l'étranger, le bureau où l'opération de transit prend origine est substitué
au bureau de sortie effective pour la déclaration et la vérification des marchandises,
et aussi bien pour les opérations qui prennent
naissance au bureau même (exportations ordinaires ou avec drawback, réexportations à
la décharge de comptes d'admission temporaire, etc.) que pour celles de transit, de
primes, ayant déjà donné lieu dans d'autres
bureaux à la délivrance d'acquits-à-caution
ou de passavants (Tarif, observ. prélim.,
n° 168). Au bureau frontière, la Douane a
seulement à vérifier les plombs et à s'assurer de la sortie des marchandises soit par
les voies de fer. soit par navires chargés
sous sa surveillance.

ART. 4. — RÉEXPORTATION (R. 571 et s.; S. 384 et s.).

122. Dans le langage usuel, le mot *réexportation* désigne l'opération qui consiste à
diriger sur l'étranger des marchandises en
entrepôt ou qui ont pénétré en France sous
le régime de l'admission temporaire après
(V. *supra*, n° 90 et s., 107
et s.). — Les réexportations sont précédées
de déclarations et de vérifications sous la
garantie des engagements primitivement
souscrits ou d'engagements spéciaux pris
conformément aux art. 61 de la loi du 21 avr.
1818 et 21 de la loi du 9 févr. 1832. La
réexportation a lieu sous la surveillance de
la Douane et, dans certains ports, sous des
conditions spéciales.

ART. 5. — EMPLOI DU TERRITOIRE ÉTRANGER (R. 584 et s.: S. 388).

123. Il est des cas où les sinuosités du
tracé de la frontière terrestre rendent utile,
sinon nécessaire, l'emprunt du territoire
étranger pour le transport des marchandises
d'un point à un autre du territoire. Cet emprunt peut avoir lieu sous la garantie d'un
acquit-à-caution ou d'un passavant, suivant
les cas. La réintroduction ne peut avoir lieu
que par le bureau désigné par l'expédition
délivrée à la sortie.

ART. 6. — RETOUR DES MARCHANDISES FRAN-
ÇAISES INVENDUES À L'ÉTRANGER (R. 590 et s.; S. 359 et s.).

124. V. *supra*, n° 17.

Art. 7. — Primes d'exportation, décharge de droits (R. 593 et s.; S. 400 et s.).

125. Il n'y a plus aujourd'hui de primes d'exportation que pour la morue sèche, provenant des armements de pêche français, transportée par des navires français et pour les sucres coloniaux et indigènes. Les produits qui sont grevés de taxes intérieures de consommation ont droit, lorsqu'ils sont exportés, à la décharge de ces taxes, qui est opérée par l'administration des Contributions indirectes sur la constatation de la sortie par le service des Douanes.

126. En ce qui concerne les drawbacks, V. *supra*, n° 112.

SECT. VII. — Rôle de la Douane vis-à-vis du commerce maritime.

Art. 1er. — Embarquement, tonnage, francisation, avitaillement des navires (R. 634 et s.; S. 405 et s.).

127. La surveillance exercée par le service des Douanes sur le commerce maritime, dans le but d'empêcher la contrebande et la fraude, s'exerce tout d'abord sur les opérations qui ont lieu dans les ports mêmes, c'est-à-dire les embarquements et débarquements. Ces opérations ne peuvent s'effectuer sans permis (V. *supra*, n°s 80 et s.). En outre, les préposés ont le droit de visiter tous les navires, quel qu'en soit le tonnage, qui entrent ou sortent des ports et les bâtiments de moins de 100 tonneaux qui sont à l'ancre ou louvoient à moins de quatre lieues des côtes (V. *supra*, n° 57). Le service des Douanes est, en outre, chargé des formalités de francisation des navires (V. *infra*, Navire).

128. En ce qui concerne les objets d'armement et d'avitaillement des navires, la Douane doit reconnaître au départ et établir un inventaire de leur mobilier et gréement; cet inventaire fait l'objet d'un compte ouvert spécial tenu en double par l'Administration (Tarif, observ. prélim., n° 340). On a vu (V. *supra*, n° 78) dans quels cas les objets non constatés à l'inventaire peuvent être soumis aux droits d'entrée. — Les objets d'avitaillement, c'est-à-dire les vivres et provisions destinés à être consommés par l'équipage et les passagers ou à être utilisés pour le service du bord, apportés de l'étranger, peuvent être, après déclaration à l'entrée, conservés à bord pendant toute la durée du séjour du navire s'il est étranger, et seulement jusqu'à la fin du débarquement s'il est français (V. Tarif, observ. prélim., n°s 341, 342). Lorsqu'à ce moment le navire français est désarmé, les objets d'origine étrangère doivent être soumis aux droits ou déclarés pour l'entrepôt. Il en est de même si le navire repart pour une opération de cabotage. Si le navire repart pour les colonies ou l'étranger, les objets d'origine étrangère peuvent également être conservés, à la condition d'être représentés au moment du départ.

Art. 2. — Cabotage (R. 648 et s.; S. 412 et s.).

129. Les opérations de cabotage sont rigoureusement réservées aux navires français; toutefois, les navires monégasques peuvent y prendre part en vertu de l'union douanière du 9 nov. 1865. Ce qui caractérise ces opérations, c'est le double fait du chargement d'une marchandise dans un port français et du déchargement de cette même marchandise dans un autre port français. Il n'y a donc pas opération de cabotage lorsqu'un navire étranger décharge successivement dans plusieurs ports français des marchandises embarquées à l'étranger, ou embarque successivement dans plusieurs ports français des marchandises à destination de l'étranger.

130. Les marchandises françaises, ou nationalisées par le payement des droits, sont exemptes des droits d'entrée quand elles sont transportées par le cabotage, à la condition que les règles concernant ce mode de transport soient observées. — La première des formalités exigées pour l'expédition des marchandises au cabotage est la déclaration des marchandises par espèce, quantité et valeur faite au bureau de départ. Cette déclaration est suivie de la vérification par le service. Le transport a lieu avec passavant, sauf pour les marchandises prohibées à la sortie, pour l'acide arsénieux (Décr. 5 mars 1852, D. P. 52. 4. 86), et pour le sel, soumis ou non à la surtaxe de consommation, qui doivent être accompagnés d'un acquit-à-caution. A l'arrivée, les règles générales sur les déclarations, sur le manifeste, le débarquement, le déchargement, les visites, sont applicables aux marchandises transportées par cabotage (V. *supra*, n°s 71 et s.).

Art. 3. — Relache volontaire ou forcée (R. 662 et s.; S. 416).

131. Le navire qui entre dans un port pour y relâcher, même sans y débarquer des marchandises, doit remettre, dans les vingt-quatre heures, à la Douane, ou avant le départ, si la relâche est de moindre durée, une copie du manifeste (V. *supra*, n° 78). Si la relâche est forcée, le navire n'est pas soumis à la visite; mais le capitaine est tenu, dans les vingt-quatre heures, de justifier des causes de la relâche et de remettre au service des Douanes une copie du manifeste (Décr. 6-22 août 1791, tit. 6, art. 1er). — Ces règles ne sont pas applicables lorsque le navire n'est pas entré dans le port et a simplement relâché dans le rayon de quatre lieues des côtes. — Lorsque, en cas de relâche forcée et d'avaries nécessitant des réparations, il est nécessaire de procéder au déchargement du navire, les marchandises sont mises en dépôt aux frais des capitaines, dans des magasins sous la double clef du capitaine et de la Douane, jusqu'à ce qu'elles soient rechargées sur le navire réparé ou sur un autre, avec autorisation de la Régie : ces marchandises, sauf celles que le capitaine est obligé de vendre, ne sont assujetties à aucun droit (Décr. 1791, tit. 6, art. 2 et 3).

Art. 4. — Marchandises sauvées des naufrages (R. 667 et s.; S. 417 et s.).

132. Les agents des Douanes ont l'obligation de signaler immédiatement aux officiers de marine les échouements et naufrages qui se produisent sur le littoral dont ils ont la surveillance incessante, et de se transporter sur le lieu du sinistre. Les marchandises qui peuvent être sauvées sont gardées par le service et mises en dépôt dans les magasins de la Douane. Les marchandises reconnues d'origine française sont seules admises en exemption de tous droits; les marchandises d'origine étrangère qui ne sont pas réexportées, ainsi que les épaves portant des marques d'origine, sont soumises aux droits dans les mêmes conditions que les marchandises étrangères librement importées. Les marchandises d'origine inconnue peuvent être vendues à la demande de l'administration de la Marine; le produit de la vente est appliqué, jusqu'à due concurrence, aux droits et aux frais, et l'excédent est versé à la caisse des invalides de la marine (Tarif, observ. prélim., n° 392).

133. Il existe un régime de faveur, au point de vue des droits, pour les ancres, chaînes et câbles, dragués dans les ports et rades par les marins français. Ce régime a été étendu, sous certaines conditions, aux objets métalliques provenant du sauvetage des navires étrangers naufragés sur les côtes de France (V. Tarif, notes explicatives, n° 560).

SECT. VIII. — Contraventions, délits et crimes.

Art. 1er. — Généralités (R. 756 et s.; S. 495 et s.).

134. La législation répressive en matière de douanes a un caractère exceptionnel et est soumise à des règles différant de celles du droit pénal. Ainsi, il est de principe, dans cette législation, que l'élévation des peines pécuniaires n'ajoute rien au caractère pénal et à la classification du fait; la contravention, notamment, ne devient pas un délit, quelque élevé que soit le chiffre de l'amende qui la réprime. Celle-ci peut, d'ailleurs, être considérée, dans une certaine mesure, moins comme une peine que comme une réparation civile du préjudice causé à l'État par le contrevenant (V. *infra*, n° 194). Enfin, en matière de douane, la simple tentative de contravention est punissable (L. 21 avr. 1818, art. 35; 2 juin 1875, art. 12).

135. Le cadre du présent ouvrage ne comporte pas un examen détaillé des infractions en matière de douane : on se référera donc, pour la désignation des faits qui constituent les pareilles infractions, au *Tableau des délits et contraventions* publié par l'Administration, et l'on se bornera à signaler celles qui appellent des observations particulières.

Art. 2. — Contraventions en matière de douanes (R. 762 et s.; S. 498 et s.).

136. 1° *Contraventions en matière d'importation par terre et par mer.* — V. le Tableau des délits et contraventions, *Importation*, n°s 1 à 65, S. p. 619-621.

137. 2° *Contraventions en matière d'exportation.* — V. le même Tableau, *Exportation*, n°s 70 à 90, S. p. 623.

138. 3° *Opposition à l'exercice des fonctions des employés des douanes.* — Tout individu qui injurie, trouble ou maltraite les préposés de la Régie dans l'exercice de leurs fonctions, encourt, indépendamment des peines de droit commun, une amende minimum et irréductible de 500 francs, à titre de réparation du préjudice que le Trésor public est présumé avoir souffert, sans que l'Administration ait à en fournir aucune preuve ni aucun élément d'appréciation (Décr. 6-22 août 1791, tit. 13, art. 14; L. 4 germ. an 2, tit. 4, art. 2). Cette amende n'est, d'ailleurs, pas applicable au cas où les agents des Douanes ont été injuriés, troublés ou maltraités en dehors de l'exercice de leurs fonctions; peu importe qu'ils aient été en leur qualité de douaniers ou à raison et à l'occasion de leurs fonctions; on reste alors sous l'empire du droit commun, au double point de vue de la répression et des réparations civiles. — Les préposés en faction ou en marche pour se rendre à leur poste sont considérés comme étant dans l'exercice de leurs fonctions; mais l'exercice des fonctions ne comprend que celles que les préposés remplissent comme agents des Douanes, et non les fonctions accessoires qu'ils sont appelés à remplir comme agents de la force publique ou comme auxiliaires de la Régie des Contributions indirectes.

139. L'opposition simple à l'exercice des fonctions des agents des Douanes, même non accompagnée d'injures ou de voies de fait, tombe sous le coup des dispositions répressives ci-dessus visées. Ces dispositions sont applicables dès que le délinquant a empêché d'une façon quelconque les agents de remplir leurs fonctions. Tel est, par exemple, le cas de celui qui, soupçonné de fraude, refuse de laisser opérer la visite de sa personne hors de la présence d'un officier public; ... du capitaine qui refuse de soumettre son livre de bord au visa des agents; etc.

Art. 3. — Délits en matière de douanes (R. 784 et s.; S. 518 et s.).

140. 1° *Délits d'importation et d'exportation.* — V. le Tableau des délits et contraventions, nᵒˢ 32 à 49, S. p. 631-632. — Depuis la loi du 2 juin 1875, art. 1ᵉʳ (D. P. 76. 4. 1), il n'y a plus, au point de vue pénal, de distinction à faire entre la *contrebande*, c'est-à-dire l'importation frauduleuse sans passer par les bureaux, et la *fraude*, c'est-à-dire l'importation sans déclaration par les bureaux de terre ou de mer. Il en est ainsi du moins en ce qui concerne les marchandises prohibées, celles qui payent plus de 20 francs de droits par 100 kilogr., ou enfin celles qui sont soumises à des taxes de consommation intérieure (art. 2). — A l'absence de déclaration est assimilée la fausse déclaration sur la *nature* de la marchandise; l'une et l'autre sont passibles des peines portées aux art. 41, 42, 43, 52 et 53 du titre 5 de la loi du 28 avr. 1816, et 37, titre 6, de la loi du 21 avr. 1818. Quant à la fausse déclaration sur l'*espèce* des produits, elle tombe seulement sous l'application de l'art. 2, titre 21, de la loi de 1791, et constitue une simple contravention passible d'amende rentrant dans la compétence du juge de paix. Les marchandises dont il s'agit au sens de la loi de 1875 ne sont pas seulement celles qui sont frappées d'une prohibition absolue, mais celles qui ne peuvent être introduites par le bureau auquel elles sont présentées.

141. La pluralité des délinquants n'est pas un élément constitutif du délit; mais le fait que le délit d'importation frauduleuse a été commis par une réunion de trois individus et plus entraîne une aggravation de peine (L. 28 avr. 1816, art. 44). A ce point de vue, on ne doit pas tenir compte de toutes les personnes qui peuvent être intéressées au délit matériel, soit comme auteurs, soit comme complices à un titre quelconque, mais seulement de celles qui concourent personnellement et activement au fait matériel de l'introduction frauduleuse des marchandises (Douai, 7 déc. 1896, D. P. 97. 2. 398).

142. La contrebande *par voiture* est également une cause d'aggravation de peine, aux termes de l'art. 3 de la loi du 2 juin 1875. Le mot *voiture* ne comprend que les véhicules dénommés ainsi dans le langage usuel; il s'applique à une voiture automobile, mais non à une brouette traînée à bras; ... ni à un bateau à vapeur (Chambéry, 1ᵉʳ févr. 1900, D. P. 1900. 2. 322); ... ni à un vélocipède (Cr. c. 7 déc. 1899, D. P. 1900. 1. 215). D'après l'opinion qui semble prévaloir, il n'y faut pas comprendre les locomotives ou wagons de chemins de fer : ainsi on doit regarder non comme un délit de contrebande par voiture, tombant sous le coup de l'art. 3 précité, mais seulement comme un délit d'importation sans déclaration par les bureaux de douane, prévu par l'art. 1ᵉʳ de la même loi, le fait d'introduire en France par chemin de fer des marchandises prohibées ou assimilées, qui passent par le bureau de douane sans y être déclarées (Civ. c. 11 avr. 1902, D. P. 1903. 1. 428).

143. 2° *Police du rayon.* — V. le Tableau des délits et contraventions, nᵒˢ 104 à 111, S. p. 633.

144. 3° *Infractions en matière de cabotage et d'emploi du territoire étranger.* — V. même Tableau, nᵒˢ 112 à 119, S. p. 635.

145. 4° *Infractions en matière de transit.* — V. même Tableau, nᵒˢ 120 à 139, S. p. 635-636.

146. 5° *Infractions en matière d'entrepôt.* — V. même Tableau, nᵒˢ 140 à 158, S. p. 636-637.

147. 6° *Infractions aux lois de la navigation.* — V. même Tableau, nᵒˢ 159 à 170, S. p. 638.

148. 7° *Infractions au régime des sels.* — V. même Tableau, nᵒˢ 171 à 245, S. p. 638-641, et *infrà*, Sel.

149. 8° *Entrepôts frauduleux.* — Tout magasin ou entrepôt de marchandises prohibées à l'entrée, ou dont le droit d'entrée est fixé à plus de 20 francs par 100 kilogr., ou enfin dont la sortie est prohibée ou assujettie à des droits, est interdit dans le rayon des frontières de terre (Décr. 6-22 août 1791, tit. 13, art. 37 et s.; L. 8 flor. an 11, art. 84; 28 avr. 1816, art. 38). Par exception, les entrepôts dont il s'agit sont permis dans les lieux situés à l'intérieur du rayon frontière dont la population est d'au moins 2 000 âmes. Sont réputées en entrepôt frauduleux « toutes celles desdites marchandises, autres cependant que du crû du pays, qui seront en balles ou ballots, et pour lesquelles on ne pourra pas représenter d'expéditions d'un bureau de douane délivrées dans le jour » et autorisant leur transport dans le lieu où elles se trouvent entreposées (Décr. 6-22 août 1791, art. 38). — On admet généralement que la liberté de dépôt dans les agglomérations de 2 000 âmes au moins implique également la liberté de la circulation à l'intérieur des mêmes agglomérations; qu'en conséquence, les peines édictées contre l'importation en contrebande sont inapplicables à la circulation des marchandises soumises au droit de douane dans le rayon frontière à l'intérieur des agglomérations de 2 000 âmes et au-dessus. Jugé, toutefois, en dernier lieu, que l'obligation d'exhiber un titre de transport, pour les marchandises taxées à plus de 20 francs les 100 kilogr. circulant dans le rayon frontière ne comporte aucune exception en faveur des agglomérations de population d'au moins 2 000 habitants; ... que la faculté d'effectuer librement dans ces agglomérations des dépôts de marchandises n'implique pas la libre circulation de celles-ci (Douai, 3 mai 1899, D. P. 99. 2. 433).

Art. 4. — Crimes de contrebande (R. 822 et s.; S. 563 et s.).

150. Il n'existe pas, à proprement parler, de crime de contrebande; il peut se produire seulement, à l'occasion de la contrebande, des actes qui constituent des crimes ordinaires suivant la loi commune, et dont les peines sont déterminées par le Code pénal. Par exemple, l'importation en contrebande avec attroupement et port d'armes n'est un crime que lorsque la rébellion se produit dans les conditions prévues par les art. 210 et 211 c. pén.

SECT. IX. — Saisies et visites domiciliaires.

Art. 1ᵉʳ. — Cas où les visites domiciliaires et les saisies peuvent avoir lieu (R. 825 et s.; S. 567 et s.).

151. Toutes les marchandises de contrebande qui circulent après expédition dans le rayon frontière, terrestre ou maritime, peuvent être saisies. Elles peuvent l'être également, même au delà du rayon, à la double condition que les employés aient vu les marchandises pénétrer à l'intérieur, et les aient poursuivies sans interruption jusqu'au moment où ils en arrêtent le transport (Décr. 6-22 août. 1791, tit. 13, art. 35; L. 28 avr. 1816, art. 39).

152. Les préposés des douanes peuvent aussi, sous certaines conditions, faire des visites domiciliaires et saisir les marchandises à l'intérieur des maisons ou autres bâtiments. — Dans le rayon frontière, ce droit est exercé d'une façon générale à l'égard de toutes les marchandises non déclarées (Décr. 1791, tit. 13, art. 36). Les marchandises prohibées n'échappent pas aux poursuites de la Douane, alors même qu'elles se trouveraient dans une habitation faisant partie d'une agglomération de plus de 2 000 âmes (Comp. *suprà*, n° 149) (L. 28 avr. 1816, art. 38). — La saisie dans les maisons ou bâtiments peut avoir lieu également hors du rayon frontière, mais seulement lorsqu'il s'agit de marchandises prohibées ou assimilées, c'est-à-dire taxées à 20 francs et plus par 100 kilos, ou soumises à des taxes de consommation intérieure (Décr. 1791, tit. 13, art. 35 et 36).

153. La saisie dans les maisons ne peut avoir lieu, dans le rayon frontière, qu'à la double condition : 1° que les agents aient vu la marchandise franchir la ligne frontière, et 2° qu'ils l'aient suivie sans interruption jusque dans la maison ou bâtiment où ils effectuent la saisie, et au moment où la marchandise est introduite (Cr. c. 5 avr. 1900, D. P. 1901. 1. 508). La seconde condition est également exigée pour les saisies à *l'intérieur*, hors du rayon frontière; mais il suffit que les agents aient vu les marchandises circuler dans la maison.

154. Si les marchandises introduites frauduleusement ne peuvent plus être saisies lorsqu'elles ont franchi le rayon et n'ont point été suivies à vue par les préposés des Douanes, et si alors les porteurs sont à l'abri de toutes poursuites, par contre les entrepreneurs ou les intéressés à la contrebande restent exposés aux poursuites du ministère public (L. 28 avr. 1816, art. 52, 53).

155. En ce qui concerne les délits et contraventions que les préposés peuvent constater en cas de poursuite à vue, V. le Tableau des contraventions (poursuites à vue), nᵒˢ 66 à 69, S. p. 645.

156. Indépendamment des saisies pratiquées comme conséquence d'une poursuite à vue, il peut en être opéré par les préposés des Douanes lorsqu'ils ont avis qu'une maison située dans le rayon des frontières de terre recèle un dépôt frauduleux. — Il a été jugé qu'une pareille saisie n'est possible que lorsqu'il s'agit de marchandises autres que celles du crû du pays, qui sont en balles ou ballots (Cr. c. 5 avr. 1900, D. P. 1901. 1. 508).

Art. 2. — Formalités auxquelles sont assujetties les visites domiciliaires et les saisies (R. 829 et s.; S. 580 et s.).

157. Les préposés des Douanes, si le propriétaire ou locataire de la maison où la visite doit avoir lieu refuse d'ouvrir les portes ou de les laisser pénétrer dans l'intérieur, doivent requérir l'assistance soit du juge de paix, soit d'un officier municipal (maire ou adjoint), soit d'un commissaire de police. Ils ne peuvent, sans cette assistance, dresser procès-verbal, à moins que l'officier public n'ait refusé d'obtempérer à leur réquisition; auquel cas ils doivent faire mention de ce refus. La présence de l'officier public n'est pas nécessaire lorsque celui qui habite la maison ne s'oppose pas à la visite.

158. Lorsqu'il y a lieu d'opérer une saisie dans une maison, le procès-verbal de cette opération doit être dressé sur place et contenir la description des marchandises. Celles dont la consommation n'est pas prohibée ne sont pas déplacées, pourvu que la partie saisie donne caution solvable de leur valeur. Si la partie ne fournit pas caution, ou s'il s'agit d'objets prohibés, les marchandises sont transportées au plus prochain bureau (L. 9 flor. an 7, tit. 4, art. 7, R. p. 563). C'est à ce bureau que doit être faite l'opposition de la partie à la saisie (Décr. 6-22 août 1791, tit. 10, art. 6).

159. Les navires ne sont pas assimilés aux maisons; et les capitaines sont obligés de se soumettre à toutes les visites faites, soit pour rechercher, soit pour constater la fraude, et des saisies peuvent y être pratiquées sans l'assistance du juge ou d'un officier municipal. Il n'en est ainsi, toutefois, qu'à l'égard des bâtiments de mer *pontés*, et lorsque le débarquement ne peut avoir lieu de suite (L. 9 flor. an 7, tit. 4, art. 8).

ART. 3. — INDEMNITÉ DUE EN CAS DE SAISIE NON FONDÉE (R. 842 et s.; S. 588 et s.).

160. Lorsque la saisie est déclarée non fondée, les marchandises qui en ont été l'objet doivent être restituées si elles ne sont pas prohibées, et l'Administration est tenue, envers le saisi, à une indemnité calculée à raison de 1 pour cent par mois de la valeur des objets indûment saisis. Cette indemnité est due depuis l'époque de la retenue jusqu'à celle de la remise ou de l'offre pure et simple de remise faite au saisi (L. 9 flor. an 7, art. 16). C'est le seul dédommagement auquel puisse prétendre le propriétaire pour le préjudice que la saisie a pu lui causer.

161. Le propriétaire peut, d'ailleurs, réclamer tous dommages-intérêts, dans les termes de l'art. 1382 c. civ., pour le préjudice qui proviendrait d'une autre cause que de la saisie, par exemple, d'une détérioration occasionnée par la négligence de l'Administration ou de ses préposés. D'autre part, la disposition restrictive de la loi du 9 flor. an 7 ne s'applique qu'aux marchandises : le propriétaire des moyens de transport, voitures, navires, etc., illégalement saisis, peut réclamer des dommages-intérêts, sans être obligé de se contenter de l'intérêt d'indemnité de 1 pour cent par mois.

162. D'après la jurisprudence, l'intérêt d'indemnité de 1 pour cent ne peut être réclamé dans le cas où la marchandise a été soumise, par le service de la Douane, à une expertise dont les résultats ont été favorables au déclarant (Civ. 24 juill. 1895, D. P. 96. 1. 108).

163. Lorsque des objets sujets à dépérissement ont été saisis, il doit être procédé à leur vente aux enchères (Décr. 18 sept. 1811, R. p. 575). Dans cette hypothèse, le saisi n'a droit qu'au remboursement du prix de vente des marchandises, augmenté de l'intérêt d'indemnité de 1 pour cent par mois. — Mais le prix de vente ne doit être admis comme représentant la valeur et servir de base à l'indemnité que si la vente a eu lieu dans le délai de huitaine prescrit par le décret du 18 sept. 1811. Dans le cas contraire, il y a lieu de prendre pour base de l'indemnité la valeur déclarée lors de l'arrivée des marchandises, et dont la sincérité n'a pas été contestée par la Régie (Req. 1er juill. 1896, D. P. 99. 1. 460).

SECT. X. — Voies d'action et d'exécution de l'Administration. — Action du ministère public.

164. Deux voies sont ouvertes à l'Administration pour obtenir le payement des droits et amendes : la voie d'exécution par contrainte et la voie d'action.

ART. 1er. — CONTRAINTE (R. 853 et s.; S. 594 et s.).

165. V. *suprà*, *Contrainte*, nos 9 et s.

ART. 2. — ACTION DE LA RÉGIE (R. 860 et s.; S. 603 et s.).

166. L'administration des Douanes a le droit de poursuivre directement les contrevenants aux lois de douane devant les tribunaux de répression, pour obtenir les confiscations, amendes et autres réparations pécuniaires qui lui sont dues à raison d'une contravention, d'un délit ou d'un crime. Elle a seule, à l'exclusion du ministère public, le droit de poursuivre les contraventions qui rentrent dans la compétence du juge de paix. Au contraire, lorsqu'il s'agit d'un délit de la compétence des tribunaux correctionnels, son droit de poursuite ne peut s'exercer qu'en ce qui concerne la confiscation, l'amende et les autres condamnations pécuniaires; il n'appartient qu'au ministère public de requérir contre le prévenu la peine personnelle de l'emprisonnement (V. *suprà*, *Action publique*, n° 12). — Lorsque la poursuite est exercée par le ministère public, l'Administration peut se porter partie civile devant la juridiction répressive. — Sur le droit de transiger qui appartient à l'administration des Douanes, V. *suprà*, *Action publique*, n° 15, et *infrà*, n° 208.

167. L'action de la Régie peut s'exercer, même à défaut de procès-verbal, ou en cas de nullité du procès-verbal qui a été dressé; et cela non seulement en matière de délits de douane concernant soit les marchandises prohibées, soit celles qui leur sont assimilées, mais encore, lorsqu'il s'agit de simples contraventions, en vertu de la loi du 29 mars 1897, art. 57 (D. P. 97. 4. 46).

ART. 3. — ACTION DU MINISTÈRE PUBLIC (R. 869 et s.; S. 608 et s.).

168. Le ministère public, qui n'a pas le droit d'agir lorsqu'il s'agit d'une contravention de la compétence du juge de paix (V. *suprà*, n° 166), a toujours droit d'action directe et principale à l'égard des délits de douane de la compétence des tribunaux correctionnels. Lorsqu'il n'a pas à requérir la peine de l'emprisonnement, son action se borne aux confiscations et amendes, et il est réputé représenter l'administration des Douanes à l'instance, sans que pour cela cette administration soit privée du droit d'interjeter appel du jugement qui préjudicierait à ses droits, au moins en ce qui touche les réparations civiles qui lui sont dues.

169. L'action du ministère public s'exerce dans toute sa plénitude, sans être assujettie, quant à la constatation des délits, aux conditions de temps ou de lieu spécifiées par les art. 38 et 39 de la loi du 28 avr. 1816, à l'égard des assureurs, entrepreneurs ou autres intéressés à la contrebande (L. 28 avr. 1816, art. 52). Il en est autrement à l'égard des conducteurs, porteurs ou autres agents directs de la contrebande : le ministère public ne peut poursuivre ces agents lorsqu'ils ont franchi la limite du rayon frontière sans avoir été l'objet d'une capture dans l'étendue de ce rayon, ou d'une poursuite à vue sans interruption hors du rayon. Ces règles n'ont pas été modifiées par l'art. 57 de la loi du 29 mars 1897, relatif à la preuve des contraventions et délits de douane (Civ. 11 avr. 1902, D. P. 1903. 1. 428).

ART. 4. — PREUVE DES CONTRAVENTIONS (R. 875 et s.; S. 613 et s.).

170. Le principal mode de preuve en matière de contraventions de douanes est le procès-verbal. En principe, cet acte fait foi jusqu'à inscription de faux des faits qui ont été matériellement constatés, c'est-à-dire vus ou entendus par les agents, mais non de ceux qui, n'y étant énoncés que par l'expression d'une simple opinion. — Sur la forme des procès-verbaux, V. *infrà*, *Procès-verbal*.

171. Autrefois, le procès-verbal était le seul mode de preuve admis en ce qui concerne les contraventions du ressort des juges de paix. Mais aujourd'hui, les contraventions prévues par la loi sur les douanes peuvent être prouvées par toutes les voies de droit (L. 29 mars 1897, art. 57; V. *suprà*, n° 167). Il en est de même, en matière de délits, *dans tous les cas*, sans qu'il y ait à distinguer entre l'action de la Régie et celle du ministère public, ni, en ce qui concerne cette dernière action, entre la poursuite des simples con-

ducteurs ou agents directs d'une importation de contrebande et celle des entrepreneurs ou assureurs (V. *suprà*, n° 169).

172. A côté des procès-verbaux, et faisant foi comme eux jusqu'à inscription de faux, il faut placer les acquits-à-caution délivrés par l'administration des Douanes et les certificats de décharge de ces acquits.

173. La preuve testimoniale et l'aveu du prévenu peuvent être invoqués à l'effet d'établir les délits et contraventions en matière de douane (L. 29 mars 1897, art. 57).

SECT. XI. — Compétence.

174. D'une manière générale, la compétence en matière de douanes appartient aux juges de paix. Toutefois, le législateur a attribué à la juridiction correctionnelle la connaissance d'un certain nombre d'infractions (V. *infrà*, n° 178 et 179).

175. L'administration des Douanes peut renoncer à la compétence établie à son égard par des lois spéciales; mais la partie poursuivie devant une juridiction autre que celle que la loi détermine pourrait élever l'exception d'incompétence.

ART. 1er. — COMPÉTENCE DES JUGES DE PAIX (R. 889 et s.; S. 636 et s.).

176. De l'ensemble des dispositions relatives à la compétence des juges de paix en matière de douanes (L. 4 germ. an 2, tit. 6, art. 12 et 13; 14 fruct. an 3, art. 10; 9 flor. an 7, tit. 4, art. 6, 13 et 14), il résulte que, quoi qu'il y ait fraude et infraction aux lois de douane, les juges de paix statuent comme juges civils, c'est-à-dire comme tribunal de paix. — Leurs jugements sont susceptibles d'appel devant le tribunal civil, quelle que soit la valeur du litige. — Les tribunaux de paix connaissent en première instance : 1° de toutes les contraventions de douanes, c'est-à-dire des infractions aux lois de douanes qui ne donnent ouverture qu'à la confiscation et à l'amende (saisies qui n'entraînent pas l'arrestation de prévenus pour l'application des peines corporelles; opposition à l'exercice des employés, sauf quand elles sont accompagnées de voies de fait); 2° de toutes les contestations concernant le refus de payer des droits de douane, la non-rapport des acquits-à-caution, à la condition que le débat ne porte pas sur l'espèce, la qualité, l'origine ou la valeur de la marchandise; 3° des actions en responsabilité ayant leur cause dans un refus de fonctions, ou dans une saisie mal fondée, ou dans une visite domiciliaire sans résultat; 4° de toutes autres litiges relatifs aux douanes (contraventions à l'acte de navigation, aux lois sur le cabotage, le transit, les entrepôts, à la disposition de l'art. 5, titre 2, du décret des 6-22 août 1791, qui prescrit aux capitaines et maîtres de navires de faire dans les vingt-quatre heures de leur arrivée au port de destination la déclaration des droits de leur chargement)(Civ. c. 21 janv. 1902, D. P. 1903. 1. 176), etc.; 5° des difficultés que soulève la perception des droits de navigation opérée par l'administration des Douanes au profit du Trésor, les taxes qu'elle perçoit pour le compte des communes et des chambres de commerce (Req. 2 juill. 1895, D. P. 96. 1. 204). Les juges de paix sont également seuls compétents pour connaître des contraventions en matière d'impôt sur le sel (L. 17 déc. 1814, tit. 4, art. 29, R. p. 577); ... pour viser et rendre exécutoires les contraintes décernées par les receveurs des douanes (V. *suprà*, *Contrainte*, n° 10). — Mais le juge de paix n'est compétent qu'autant qu'il s'agit de l'application des lois de douane; il cesse de l'être lorsque l'action dirigée soit par l'administration des Douanes, soit contre elle, n'est pas relative à l'application de ces lois, par exemple lorsqu'elle est fondée sur l'art. 1382 c. civ., à raison d'une négligence de l'Administration.

177. Le juge de paix compétent *ratione loci*, lorsque la contravention a été constatée par un procès-verbal avec saisie, est celui dans le ressort duquel se trouve le bureau où est déposée la marchandise saisie, à la condition que ce bureau soit le plus rapproché du lieu de la saisie : le dépôt des marchandises fait dans un autre bureau ne modifierait pas la compétence. Si le procès-verbal n'a pas été accompagné de saisie, le tribunal compétent est celui dans le ressort duquel le procès-verbal a été rédigé. Enfin, lorsqu'à défaut de procès-verbal le prévenu est poursuivi par voie de simple citation (V. *infrà*, n° 184), il doit être cité devant le tribunal de son domicile.

ART. 2. — COMPÉTENCE DES TRIBUNAUX CORRECTIONNELS (R. 911 et s.; S. 643 et s.).

178. La compétence correctionnelle, étant d'exception en matière de douanes, doit être restreinte aux cas prévus par les lois. — Le tribunal correctionnel, comme le juge de paix, ne juge qu'en premier ressort. Dans l'état actuel de la législation, les tribunaux correctionnels connaissent : 1º de toute importation en contrebande, c'est-à-dire d'introduction frauduleuse par terre, soit d'objets prohibés, soit d'objets tarifés à 20 francs et plus les 100 kilos, ou dont la prohibition a été remplacée par les droits postérieurement à la loi du 24 mai 1834 (L. 28 avr. 1816, art. 41; 5 juill. 1836, art. 3); 2º de toute importation, sans déclaration, par les bureaux de terre ou de mer, de marchandises prohibées absolument, localement ou conditionnellement, et de marchandises tarifées à plus de 20 francs les 100 kilos, ou grevées de taxes intérieures (L. 2 juin 1875, art. 1er); 3º de tout versement ou tentative de versement frauduleux des mêmes marchandises, effectué soit dans l'enceinte des ports, soit sur les côtes (L. 2 juin 1875, art. 2); 4º de tout transport ou dépôt, dans l'intérieur, des marchandises précitées suivies à vue sans interruption; 5º de tout entrepôt frauduleux dans les lieux où la population agglomérée est de moins de 2000 âmes, et en l'absence d'expédition valable d'extraction, des marchandises prohibées à l'entrée ou taxées à plus de 20 francs les 100 kilos, ou dont la prohibition a été remplacée par des droits postérieurement à la loi du 24 mai 1834 (L. 28 avr. 1816, art. 38, § 4, 41, 42; 5 juill. 1836, art. 3); 6º de toute participation, comme assureur, assuré ou intéressé, à un fait de contrebande ou d'importation, sans déclaration, de marchandises prohibées, taxées à plus de 20 francs les 100 kilos, ou soumises à des taxes de consommation intérieure (L. 28 avr. 1816, art. 53; 21 avr. 1818, art. 37; 2 juin 1875, art. 1er); 7º de l'exportation en contrebande avec chargement et port d'armes (L. 13 flor. an 11, art. 2 et 3), lorsque la rébellion rentre dans les cas prévus par les art. 211 et 212 c. pén.; 8º de l'exportation en contrebande de chiens de forte race (L. 28 avr. 1816, art. 1er; 7 mai 1881, art. 1er); 9º des infractions avec récidive ou en réunion de plus de trois individus, aux lois sur l'impôt du sel (L. 17 déc. 1814, art. 30, 31); 10º de l'opposition à l'exercice des employés, lorsqu'elle est accompagnée de violences et voies de fait (Pén. 209 à 212 et 214).

179. Les tribunaux correctionnels connaissent, en outre, de certaines contraventions qui ne donnent pas lieu à des peines corporelles, notamment du délit consistant dans le défaut d'identité en nature ou en espèce reconnu à la vérification d'objets présentés en douane pour obtenir un passavant de circulation, etc.

ART. 3. — COMPÉTENCE CRIMINELLE (R. 179; S. 563 et s.).

180. Certaines infractions de contrebande constituaient autrefois des crimes; ces infractions ont été correctionnalisées par la loi du 21 avr. 1818 (art. 37), de sorte qu'aujourd'hui il n'existe plus de crimes de cette nature; il peut seulement y avoir, à l'occasion de faits de contrebande, des actes constituant des crimes ordinaires suivant le droit commun, frappés de peines par le Code pénal et déférés aux cours d'assises.

ART. 4. — COMPÉTENCE ADMINISTRATIVE (R. 918 et s.; S. 645 et s.).

181. La compétence administrative est restreinte aux matières qui ne pourraient en être détournées sans violation du principe de la séparation des pouvoirs. Ainsi, c'est l'autorité administrative seule, représentée par l'administration des Douanes, qui a qualité pour délivrer les permis de débarquement, pour prendre les mesures relatives aux usines et moulins situés dans la ligne des douanes, pour prononcer la privation de la faculté d'entrepôt et de transit, et du bénéfice de l'admission temporaire.

182. Les questions de responsabilité qui peuvent naître pour la Régie du fait de ses agents ne sont de la compétence des tribunaux ordinaires que lorsqu'elles se rattachent accessoirement à des difficultés de perception dont elles sont inséparables, ou rentrent dans des cas spécialement prévus par des textes formels. En dehors de ces cas, elles rentrent dans la compétence de l'autorité administrative, au même titre que toutes les actions en responsabilité dirigées contre les administrations publiques à raison du fait de leurs agents. — Il appartient également à l'autorité administrative de statuer sur les questions qui intéressent l'ordre public et les relations extérieures, par exemple celles que soulève l'interprétation des conventions douanières entre la France et les pays étrangers (Cr. c. 27 juill. 1877, D. P. 78. 1. 137).

SECT. XII. — **Procédure en matière douanière.**

183. La procédure relative aux infractions de douane est soumise à des règles particulières. L'instruction des affaires, tant en première instance que sur appel, se fait, sur simple mémoire et sans frais de justice (L. 7-11 sept. 1790, tit. 14, art. 2; 6-22 août 1791, tit. 14, art. 3; 4 germ. an 2, tit. 6, art. 17); les parties peuvent donc présenter des observations orales, plaider leur affaire sans avoué et rédiger leurs mémoires en telle forme qu'il leur convient, notamment sous forme de conclusions (Civ. c. 23 juin 1896, D. P. 97. 1. 295). Le préliminaire de conciliation n'est pas exigé.

ART. 1er. — PROCÉDURE DEVANT LES JUGES DE PAIX (R. 922 et s.; S. 649 et s.).

184. Dans le cas où l'instance est engagée par voie de saisie et où il a été dressé un procès-verbal, les individus prévenus de contravention de douane, s'ils sont présents, doivent être cités, par la remise de la copie du procès-verbal, à comparaître devant le juge de paix. — La citation est dirigée non contre le propriétaire prétendu des objets saisis, mais contre les personnes préposées à la conduite de ces objets. Si le prévenu est absent, la citation est valablement faite par une affiche de la copie du procès-verbal à la porte du bureau des Douanes (V. *infrà*, *Procès-verbal*). Enfin, dans le cas où l'administration des Douanes poursuit par procès-verbal (L. 29 mars 1897, art. 57), le prévenu est assigné par simple citation directe donnée conformément à l'art. 1er c. pr. civ. dans le délai fixé par l'art. 5 du même Code.

185. Si, au jour indiqué pour la comparution, la partie est présente, le juge de paix, après l'avoir entendue, doit statuer immédiatement. Si les circonstances nécessitent un délai, il ne doit pas excéder trois jours (L. 9 flor. an 7, tit. 4, art. 13); ... sans que la concession d'un plus long délai soit une cause de nullité. — Le jugement, lorsqu'il est définitif, doit être signifié soit à la partie saisie, soit à l'Administration (L. 14 fruct. an 3, art. 11, R. p. 560). S'il a été rendu par défaut, il est susceptible d'opposition (Pr. 20).

186. L'appel des jugements rendus par les juges de paix est porté devant le tribunal civil. Il peut être formé par la partie condamnée ou par l'administration des Douanes, représentée par ses agents, qui n'ont pas besoin d'une autorisation spéciale, dans le délai de huitaine à partir de la signification du jugement (L. 14 fruct. an 3, art. 6). Ce délai de huitaine n'est pas franc. — En cas de jugement rendu par défaut, il court du jour où l'opposition n'est plus recevable. — La déclaration d'appel est faite par exploit. Elle doit contenir assignation à trois jours francs devant le tribunal civil, sauf augmentation, s'il y a lieu, à raison des distances (Pr. 1033). — L'administration des Douanes est dispensée de la consignation de l'amende pour fol appel. — L'appel est suspensif. Le tribunal qui en est saisi est tenu de statuer dans les délais fixés par la loi pour les appels des sentences des juges de paix. Le jugement d'appel rendu par défaut est susceptible d'opposition.

ART. 2. — PROCÉDURE DEVANT LES TRIBUNAUX CORRECTIONNELS (R. 947 et s.; S. 659 et s.).

187. Le tribunal correctionnel est saisi de la connaissance des délits de douane, soit par le renvoi qui lui est fait, conformément aux art. 130 et 160 c. instr. cr.; soit, le cas échéant, par la citation donnée directement au prévenu et aux personnes civilement responsables par l'Administration, partie civile, et, dans tous les cas, par le procureur de la République (Instr. 182). Cette citation est donnée à trois jours au moins, outre un jour par cinq myriamètres (L. 28 avr. 1816, art. 45), à la personne du prévenu, s'il est arrêté; dans le cas où il n'est pas arrêté, à sa personne ou à son domicile, s'il est connu et s'il réside dans le ressort du tribunal; enfin, s'il réside hors du ressort, au domicile du procureur de la République (L. 28 avr. 1816, art. 45). — L'affaire est instruite et jugée, et le jugement signifié conformément aux art. 190 à 197 c. instr. cr. — Le jugement, lorsqu'il est rendu par défaut, peut être frappé d'opposition dans les cinq jours, outre un jour par cinq myriamètres, à compter de celui de la signification à personne ou à domicile (Instr. 187 et 188). — L'appel peut être formé, dans les délais et les formes réglés par le Code d'instruction criminelle, par le prévenu et la partie civilement responsable, par l'administration des Douanes et le ministère public. Mais l'appel de l'administration des Douanes n'est recevable que par rapport à l'amende et à la confiscation, non relativement à la peine de l'emprisonnement. Celui du ministère public est limité aux dispositions du jugement qui ont trait au délit; celles qui ont trait à une simple contravention lui échappent.

ART. 3. — PROCÉDURE DEVANT LA COUR D'ASSISES (S. 667).

188. Lorsqu'il y a lieu à une procédure criminelle devant la cour d'assises, les règles du Code d'instruction criminelle sont applicables (V. *infrà*, *Instruction criminelle*).

ART. 4. — Pourvoi en cassation (R. 969 et s.; S. 669).

189. Les règles établies pour les pourvois en matière civile et en matière criminelle doivent être suivies en matière de Douanes [V. *suprà, Cassation (pourvoi en)*].

SECT. XIII. — Des peines en matière de douanes.

190. La législation répressive en matière de douane a un caractère exceptionnel; elle s'écarte, à divers points de vue, des règles du droit commun.

191. Pour l'application des pénalités en cette matière, il n'y a jamais à tenir compte de l'intention, mais seulement de la matérialité du fait; l'ignorance ou la bonne foi ne peuvent servir d'excuse (L. 9 flor. an 7, tit. 4, art. 16; Cr. c. 23 nov. 1893, D. P. 97. 1. 204]. La contravention ne peut disparaître qu'en cas de force majeure dûment établie ou de démence du prévenu. — De même, à la différence de ce qui a lieu en matière de contributions indirectes (V. *infrà, Impôts indirects*), le bénéfice des circonstances atténuantes ne peut être appliqué (Civ. c. 21 janv. 1890, D. P. 91. 1. 407).

192. En ce qui concerne la récidive, les infractions douanières qui sont de la compétence du juge de paix ne comportent l'application de l'art. 58, ni des art. 474, 478, 482 et 483 c. pén. Mais l'art. 58 est applicable à celui qui, condamné pour un crime ou un délit de droit commun à une peine supérieure à un à l'emprisonnement, se rend coupable d'un délit de douanes passible de l'emprisonnement, ou inversement à celui qui, postérieurement à une condamnation pour délit de douanes à un emprisonnement de plus d'un an, commet ensuite un délit ordinaire.

193. Les peines qui peuvent être prononcées sont: l'amende, l'emprisonnement, la confiscation, la déchéance ou la privation de certains droits.

ART. 1er. — De l'amende (R. 973 et s.; S. 687 et s.).

194. D'après la jurisprudence constante de la Cour de cassation, l'amende en matière de douanes constitue, non pas une peine proprement dite, mais plutôt une réparation civile (Cr. c. 22 déc. 1892, D. P. 93. 1. 157). De ce principe résultent, notamment, les conséquences suivantes: 1° il n'y a pas lieu d'appliquer aux amendes encourues en matière de douanes le principe de droit pénal suivant lequel, de deux lois, ancienne et nouvelle, applicables, l'une au temps du délit, l'autre au moment de sa répression, la plus favorable doit être appliquée au prévenu; qu'ainsi les amendes encourues antérieurement à la promulgation d'une loi supprimant les contraventions qui y donnent lieu, doivent être prononcées malgré la promulgation de cette nouvelle loi (Cr. r. 11 déc. 1863, D. P. 64. 1. 200); 2° le principe du non cumul des peines n'est pas applicable aux amendes; 3° les règles concernant la responsabilité civile reçoivent ici leur application; notamment, les parents sont responsables de l'amende encourue par leur enfant mineur; 4° la minorité de seize ans n'a aucune influence au point de vue de l'amende encourue pour infraction aux lois de douane; le mineur doit être condamné à la totalité de l'amende, sans qu'il y ait à rechercher s'il a agi ou non avec discernement. — Le même principe devrait conduire à décider que l'action tendant à faire prononcer l'amende peut, après le décès du contrevenant, être exercée contre ses héritiers. Cependant, la jurisprudence paraît admettre la solution contraire.

195. En général, le montant de l'amende encourue pour contravention aux lois de douanes n'est pas laissé à l'appréciation du juge. Ou bien l'amende est absolument fixe, ou bien la loi détermine la règle à suivre pour en fixer le montant, comme, par exemple, lorsqu'elle déclare qu'elle sera du double du droit, du double de la valeur des objets confisqués. Dans certains cas cependant, la loi se borne à fixer le maximum et le minimum de l'amende (V. notamment L. 17 juin 1840, sur le sel, art. 10; 19 juill. 1880, sur les sucres, art. 22, D. P. 81. 4. 44). — Pour fixer la valeur de l'objet de contrebande, afin de déterminer le taux de l'amende, le juge a, en principe, le choix des bases d'appréciation. Il en est autrement lorsqu'il s'agit de marchandises soumises au monopole de l'Etat et dont la valeur est fixée par la loi, telle, par exemple, que le tabac. D'autre part, la jurisprudence décide que l'on doit prendre pour base *la valeur à la consommation*, c'est-à-dire la valeur propre des marchandises augmentée des droits qu'elles devaient payer en entrant en France; mais il n'y a pas lieu d'y ajouter la valeur du *moyen de transport*.

196. Les amendes de douanes sont augmentées de deux décimes et demi par franc, c'est-à-dire d'un quart. La condamnation à l'amende entraîne de plein droit l'obligation de payer ces décimes et demi-décimes (L. 30 mars 1902, art. 33, D. P. 1902. 4. 60).

ART. 2. — De l'emprisonnement (R. 988 et s.; S. 703 et s.).

197. La peine de l'emprisonnement prévue par les art. 42 à 44, 51 et 53 de la loi du 28 avr. 1816 est obligatoire pour les tribunaux. — En matière de douanes, sa durée peut atteindre le maximum de trois ans; mais elle ne peut varier que dans les limites spéciales fixées par la loi pour chaque catégorie d'infractions.

ART. 3. — De la confiscation (R. 980 et s.; S. 696 et s.).

198. La confiscation, à supposer qu'en matière de douanes elle constitue une peine, affecte directement la marchandise, indépendamment du détenteur; c'est une pénalité accessoire qui doit être prononcée, indépendamment des autres peines encourues, contre tout individu qui a participé d'une manière quelconque à l'introduction frauduleuse des marchandises (L. 28 avr. 1816, art. 41 et 53). Il n'est pas nécessaire que celles-ci aient été matériellement placées sous la main de la justice par une saisie préalable; mais à défaut de saisie les tribunaux ne peuvent condamner le délinquant à remettre l'objet de contrebande sous une contrainte pécuniaire, ni à en payer la valeur estimative; le jugement ordonnant la confiscation permet seulement à l'administration des Douanes d'en poursuivre l'exécution, à charge de prouver l'identité des objets déclarés confisqués.

ART. 4. — Privation de certains droits (S. 715).

199. Parmi les déchéances ou privations de certains droits édictées par les lois de douane, les unes constituent de véritables peines et sont prononcées par l'autorité judiciaire (interdiction de commander un bâtiment de commerce, de recevoir du sel en franchise pour les salaisons, interdiction d'exercer les fonctions de courtier, d'agent de change, de voter dans les élections consulaires, etc.); les autres peuvent être ordonnées par l'autorité administrative seule (privation de la faculté d'entrepôt, de transit, etc.).

ART. 5. — Contrainte par corps (S. 704 et s.).

200. La contrainte par corps peut être prononcée contre le condamné à des peines pécuniaires pour délits de douanes et pour les amendes prononcées par les juges de paix. La durée en est déterminée d'après le chiffre cumulé de l'amende et des frais. Les règles générales édictées par la loi du 22 juill. 1867 sont, d'ailleurs, applicables (V. *suprà, Contrainte par corps*).

ART. 6. — Responsabilité et solidarité.

§ 1er. — *Responsabilité du propriétaire et détenteur des marchandises* (R. 996 et s.; S. 718 et s.).

201. Les propriétaires des marchandises introduites en France sont civilement responsables du fait de leurs facteurs, agents, serviteurs et domestiques en ce qui concerne les droits, confiscations, amendes et dépens (Décr. 6-22 août 1791, tit. 13, art. 20). — Toutefois, la seule qualité de propriétaire ne suffit pas à elle seule pour faire encourir la responsabilité civile; il faut, en outre, être le maître ou le commettant de l'agent (employé ou domestique) dont émane la fausse déclaration (Req. 28 mars 1893, D. P. 93. 1. 526). — L'action civile contre le propriétaire peut être exercée devant la juridiction répressive en même temps que l'action pénale dirigée contre le préposé; mais, lorsqu'elle n'a pas été portée devant cette juridiction, l'action civile ne peut être formée ultérieurement que devant le tribunal civil. Le propriétaire a, d'ailleurs, un recours contre les auteurs de la fraude (Décr. 1791, tit. 12, art. 5).

202. La responsabilité civile existe aussi à l'encontre des père et mère à raison des infractions de douanes commises par leurs enfants mineurs (V. *suprà*, nos 194-3°). La responsabilité s'étend aux détenteurs de la marchandise (L. 28 avr. 1816 prononce contre eux l'amende et la confiscation. Ils ne peuvent exciper de leur bonne foi, et ne peuvent échapper à la pénalité qu'en prouvant qu'il y a eu force majeure ou, en faisant connaître l'auteur de la fraude, que les marchandises ont été introduites chez eux à leur insu.

§ 2. — *Transporteurs et conducteurs* (R. 1003 et s.; S. 724 et s.).

203. Les voituriers et transporteurs des objets de fraude sont assimilés aux détenteurs; mais la condamnation à l'amende n'est pas prononcée contre eux lorsque les objets introduits en fraude sont portés sur le titre de transport, et qu'en outre ils donnent une indication exacte et régulière de l'expéditeur, qui mettent l'administration des Douanes en mesure d'exercer contre ledit expéditeur des poursuites utiles. Le transporteur de bonne foi ne doit pas être relaxé si le tiers désigné ne peut être utilement mis en cause, soit que son domicile soit inconnu, soit qu'il ait pris la fuite avant que l'administration ait pu le saisir, soit qu'il ait son domicile en pays étranger, soit enfin qu'il soit insolvable (Décr. 6-22 août 1791, tit. 13, art. 29). — Par application de ces principes, les chefs de trains de chemin de fer sont pénalement responsables de l'importation frauduleuse d'objets prohibés ou soumis aux droits de douanes, trouvés dans les wagons. Cette responsabilité peut, suivant les circonstances, être étendue aux conducteurs subalternes placés sous les ordres des chefs de train, ainsi qu'aux mécaniciens et chauffeurs des locomotives. Les employés des chemins de fer sont, d'ailleurs, passibles de poursuites à raison des faits personnels de contrebande dont ils se rendraient coupables; et alors il importe peu qu'ils soient ou non attachés à la conduite des trains. Enfin les compagnies de chemins de fer sont civilement responsables des condamnations prononcées contre leurs préposés et agents pour les faits de fraude consommés dans leur service; cette responsabilité porte même sur l'amende.

204. La confiscation des marchandises saisies peut être poursuivie et prononcée contre les transporteurs sans que l'adminis-

...ration soit tenue de mettre en cause les propriétaires, alors même qu'ils lui seraient indiqués; mais, s'ils interviennent ou sont mis en cause par ceux sur lesquels la saisie a été opérée, le tribunal doit statuer à leur égard (Décr. 6-22 août 1791, tit. 12, art. 1er).

205. Les règles relatives aux détenteurs et voituriers s'appliquent aux aubergistes et hôteliers.

§ 3. — *Complicité* (R. 1007; S. 731 et s.).

206. Les règles ordinaires concernant la complicité sont applicables aux délits de douanes, lorsqu'une loi spéciale n'en édicte pas de plus sévères. A ce point de vue on trouve dans la loi du 28 avr. 1816, art. 53, une disposition qui, outre la condamnation solidaire à l'amende et à la peine de l'emprisonnement, déclare ceux qui ont participé comme assureurs, comme ayant fait assurer ou comme *intéressés d'une manière quelconque* à un fait de contrebande, incapables de se présenter à la Bourse, d'exercer les fonctions d'agent de change ou de courtier, d'être électeur ou éligible dans les élections consulaires ou des prud'hommes. Cette disposition vise tout individu qui apporte à un fait de contrebande moins un concours matériel qu'une complicité pécuniaire ou même morale (Cr. c. 20 févr. 1903, D. P. 1903. 1. 428).

207. Les condamnations prononcées contre plusieurs personnes pour un même fait de fraude sont solidaires tant pour l'amende et les dépens que pour la restitution du prix des marchandises saisies dont la remise provisoire aurait été faite (Décr. 6-22 août 1791, tit. 12, art. 12; L. 4 germ. an 2, tit. 6, art. 22). D'autre part, les propriétaires des marchandises saisies, les assureurs, leurs complices et adhérents sont tous solidaires pour le payement de l'amende (Décr. 8 mars 1811, art. 2, R. p. 575).

ART. 7. — TRANSACTION ET REMISE DE PEINE (R. 1011 et s.; S. 741 et s.).

208. L'administration des Douanes a le pouvoir de transiger soit avant, soit après jugement, sur les procès relatifs aux contraventions (Arr. 14 fruct. an 10, art. 1er (R. p. 565; V. *suprà, Action publique,* nos 12 et s.). Un décret du 8 août 1890 (D. P. 91. 4. 100) règle l'exercice du droit de transaction et détermine les fonctionnaires investis de ce droit. — La transaction consentie avant le jugement définitif éteint non seulement l'action de l'administration des Douanes, mais encore l'action du ministère public, en tant que cette dernière action tend à la répression d'infractions fiscales de douanes. Elle la laisse subsister, au contraire, à l'égard des infractions de droit commun qui seraient connexes à des contraventions de douanes, voies de fait, rébellion, etc. — Lorsque la transaction intervient avec les auteurs principaux de l'infraction aux lois de douane, elle n'éteint pas l'action publique à l'égard des coauteurs et complices du délit qui n'y sont pas compris.

209. Les transactions intervenues entre l'administration des Douanes et les redevables sur les procès relatifs aux contraventions, sont régies par les dispositions du droit commun : elles ont, entre les parties, l'autorité de la chose jugée en dernier ressort et ne peuvent être attaquées ni pour cause d'erreur de droit, ni pour cause de lésion.

SECT. XIV. — **Prescription** (R. 1019 et s.; S. 749 et s.).

210. Il y a lieu de distinguer, en matière de douane : 1° la prescription de l'action publique; 2° la prescription des peines; 3° la prescription des droits dus à la Régie; 4° celle des actions en répétition.

211. 1° *Prescription de l'action publique.* — Les dispositions de l'art. 638 c. instr. cr., c'est-à-dire la prescription de trois ans, sont applicables tant à l'action du ministère public qu'à celle de l'administration des Douanes, c'est-à-dire non seulement aux délits correctionnels, mais aussi aux simples contraventions (L. 29 mars 1897, art. 57, § 2).

212. 2° *Prescription des peines.* — En l'absence de dispositions spéciales, il y a lieu d'appliquer la prescription de cinq ans (Instr. 636) aux peines encourues pour délits de douane qui sont de la compétence du tribunal correctionnel, sans qu'il y ait à distinguer, semble-t-il, entre la peine d'emprisonnement d'une part, l'amende et la confiscation d'autre part. Quant aux amendes encourues pour simples contraventions aux lois de douanes, c'est la prescription de deux ans (Instr. 639) qui paraît applicable.

213. 3° *Prescription des droits dus à la Régie.* — La Régie est non recevable à former aucune demande en payement de droits un an après qu'ils auraient dû être payés (Décr. 6-22 août 1791, tit. 13, art. 25). — Cette prescription n'est pas opposable lorsqu'il y a eu contrainte décernée et signifiée (que cette contrainte ait été suivie ou non d'actes d'exécution), demande en justice, condamnation, même non agréée par l'administration. Après l'interruption due à l'une de ces causes, il n'y a plus lieu qu'à la prescription trentenaire du droit commun.

214. 4° *Prescription des actions en répétition contre la Régie.* — Les actions en répétition contre l'administration des Douanes, fondées notamment sur ce qu'il a été perçu un droit qui n'était pas dû ou un droit supérieur à celui qui aurait dû être perçu, se prescrivent par deux ans (L. 1791, tit. 13, art. 25).

SECT. XV. — **Enregistrement et timbre.**

§ 1er. — *Enregistrement.*

215. Les actes et jugements auxquels donnent lieu le recouvrement des droits et la constatation des contraventions en matière de douanes sont soumis à l'enregistrement au comptant (Ord. 22 mai 1816, art. 4). — L'administration des Douanes a fait dresser le tableau ci-après des droits à percevoir sur ces différents actes et l'a transmis à ses préposés par la circulaire du 13 sept. 1893, n° 2344. Ce tableau comprend tous les actes susceptibles d'être soumis à la formalité en matière contentieuse :

TABLEAU DES DROITS D'ENREGISTREMENT
applicables aux actes de procédure en matière de douanes

DÉSIGNATION DES ACTES		TITRES DE PERCEPTION	DÉLAIS pour l'enregistrement	DROITS (principal et décimes)
				fr. c.
Acquiescement à un jugement ou à un arrêt de condamnation	sous seing privé	LL. 22 frim. an 7, art. 68, § 1er, n° 4; 28 avr. 1816, art. 43, n° 1; 28 févr. 1872, art. 4.	sans délai	3 75
	par acte extra-judiciaire (signification).	LL. 22 frim. an 7, art. 68, § 1er, n° 30; 19 févr. 1874, art. 2; 28 avr. 1893, art. 22.	4 jours	1 25
Actes	conservatoire (acte de retenue des marchandises et de prélèvement d'échantillons en vue de l'expertise légale) .	LL. 22 frim. an 7, art. 68, § 1er, n° 51; 19 févr. 1874, art. 2.	4 jours	3 75
	de remise sous caution d'objets saisis .	Décis. min. 30 juin 1859.	20 jours	3 75
	synallagmatique de mise en fourrière.	LL. 22 frim. an 7, art. 68, § 1er, n° 54; 18 mai 1850, art. 8; 28 févr. 1872, art. 4.	sans délai	3 75
	sous seing privé, d'abandon de marchandises déposées en douane. de ventes (V. même tableau, Ventes).	Mêmes lois.	idem	3 75
Affirmation des procès-verbaux		L. 22 frim. an 7, art. 70, § 3, n° 12. .	. . . . .	exempt
Appel	Signification d'appel d'un jugement du tribunal de paix	LL. 22 frim. an 7, art. 68, § 1er, n° 30; 19 févr. 1874, art. 2; 26 janv. 1892, art. 7.	4 jours	1 25
	Déclaration et signification d'appel d'un jugement correctionnel : par l'appelant, s'il est en liberté, ou par l'administration.	LL. 22 frim. an 7, art. 68, § 1er, n° 30; 19 févr. 1874, art. 2; 28 avr. 1893, art. 22.	20 jours	1 25
	si l'appelant est emprisonné .	LL. 22 frim. an 7, art. 68, § 1er, n° 48; 25 mars 1817, art. 74.	idem	en débet
	par le ministère public seul .	Idem	idem	idem

Tableau des droits d'enregistrement applicables aux actes de procédure en matière de douanes (suite).

DÉSIGNATION DES ACTES				TITRES DE PERCEPTION	DÉLAIS pour l'enregistrement	DROITS (principal et décimes)
						fr. c.
Arrêts	Cour d'appel (chambre correctionnelle), tous arrêts.			LL. 22 frim. an 7, art. 68, § 1er, n° 48; 28 avr. 1816, art. 39.	20 jours	1 88
	Cour de cassation (section civile, correctionnelle ou criminelle).	Arrêts préparatoires ou interlocutoires.		LL. 28 avr. 1816, art. 46, n° 3; 28 févr. 1872, art. 4.	idem	18 75
		Arrêts définitifs		LL. 28 avr. 1816, art. 47, n° 3; 28 févr. 1872, art. 4.	idem	46 88
Cassation (V. Arrêts, Déclaration de pourvoi, Significations).						
Cautionnement	inséré dans le procès-verbal (V. *infrà*, *Procès-verbal*).					
	inséré dans la transaction (V. Transaction).					
	sous seing privé et séparé des deux actes précédents			LL. 22 frim. an 7, art. 68, § 1er, n° 51; 18 mai 1850, art. 8; 28 févr. 1872, art. 4.	sans délai	3 75
Certificat destiné à tenir lieu de procès-verbal et constatant la réalisation volontaire d'un multiple de droit.				LL. 28 avr. 1816, art. 43, n° 165; 19 févr. 1874, art. 2; 28 avr. 1893, art. 22.	4 jours	2 50
Citations	Justice de paix	donnée par le procès-verbal.		L. 9 flor. an 7, art. 6.	. . . . . .	exempt
		donnée séparément		LL. 9 flor. an 7, art. 6; 26 janv. 1892, art. 6.	4 jours	1 25
	Tribunal correctionnel (donnée par le rapport ou autrement) . .			LL. 9 floréal an 7, art. 6; 28 avr. 1893, art. 22.	idem	1 25
	Cour d'appel (chambre correctionnelle)			Idem.	idem	1 25
Contraintes (signification des) pour recouvrement de droits, non rapport d'acquits, etc.	au-dessous de 100 francs . . .			L. 6 juin 1824, art. 26.	idem	gratis
	au-dessus de 100 francs . . .			LL. 22 frim. an 7, art. 68, § 1er, n° 30; 19 févr. 1874, art. 2; 28 avr. 1893, art. 22.	idem	1 25
Commandement judiciaire				Idem.	idem	1 25
Déclaration de pourvoi en cassation (1er acte)	matière civile.			LL. 28 avril 1816, n° 47; 19 févr. 1874, art. 2; 28 avr. 1893, art. 22.	20 jours	31 25
	matière correctionnelle ou criminelle	par le déclarant, s'il est en liberté, ou par l'administration.		Idem.	idem	31 25
		par le déclarant, s'il est emprisonné. .		Idem, et L. 25 mars 1817, art. 74.	idem	en débet
		par le ministère public seul. .		Idem.	idem	idem
Désistement pur et simple, sous seing privé				LL. 22 frim. an 7, art. 68, § 1er, n° 28; 28 avr. 1816, art. 43, n° 12; 28 févr. 1872, art. 4.	sans délai	3 75
Ecrou	Acte d'écrou contenant commandement au débiteur et signification au geôlier.			LL. 22 frim. an 7, art. 11 et 68, § 1er, n° 30; 19 févr. 1874, art. 2; 28 avr. 1893, art. 22.	4 jours	2 50
	Recommandation sur écrou, contenant les mêmes notifications. . .			idem	idem	2 50
Extraits des registres contenant les soumissions des redevables de droits de douanes en vue de l'hypothèque légale sur les immeubles desdits redevables (Décr. 6-22 août 1791, tit. 13, art. 25).				LL. 22 frim. an 7, art. 20 et 68, § 1er, n° 51; 18 mai 1850, art. 8; 28 févr. 1872, art. 4.	sans délai	3 75
Inventaires des marchandises abandonnées en douane				LL. 22 frim. an 7, art. 68, § 2, n° 1; 28 févr. 1872, art. 4.	20 jours	3 75 par vacation
Inscription de taux par acte au greffe.				LL. 28 avr. 1816, art. 44, n° 10; 28 févr. 1872, art. 4.	idem	5 63
Jugements préparatoires ou interlocutoires	Justice de paix			LL. 22 frim. an 7, art. 68, § 1er, n° 46; 28 févr. 1872, art. 4; 26 janv. 1892, art. 17.	idem	1 25
	Tribunal civil (sur appel).			LL. 28 avr. 1816, art. 44, n° 10; 28 févr. 1872, art. 4.	idem	5 63
	Tribunal correctionnel			LL. 22 frim. an 7, art. 68, § 1er, n° 48; 28 févr. 1872, art. 4.	idem	1 88
	Ministère public (à la requête du)			Mêmes articles, et L. 25 mars 1817.	idem	en débet
Jugements définitifs	prononçant des amendes multiples de droits et confiscations.	Justice de paix		LL. 22 frim. an 7, art. 68, § 2, n° 5; 28 févr. 1872, art. 4; 26 janv. 1892, art. 17.	20 jours	1 25
		Tribunal civil (sur appel).		LL. 28 avr. 1816, art. 45, n° 5; 28 févr. 1872, art. 4.	idem	9 38
		Tribunal correctionnel		LL. 22 frim. an 7, art. 68, § 1er, n° 48; 28 févr. 1872, art. 4.	idem	1 88
		Ministère public (à la requête du).		Mêmes articles, et L. 25 mars 1817, art. 74.	idem	en débet
	portant condamnation de sommes	consistant en dommages-intérêts.	Justice de paix.	L. 26 janv. 1892, art. 16, § 6, n° 1, et § 2, n° 2.	idem	2 50 °/o
			Tribunal civil (sur appel) — Maintien de dommages-intérêts prononcés par le juge de paix.	Idem.	idem	0 62 1/2 °/o
			Condamnations nouvelles . . .	Idem.	idem	3 12 1/2 °/o
		autres.	Justice de paix.	L. 26 janv. 1892, art. 16, § 4, n° 1, et § 2, n° 2.	idem	1 25 °/o
			Tribunal civil (sur appel) — Maintien des condamnations prononcées . . .	Idem.	idem	0 62 1/2 °/o
			Condamnations nouvelles . . .	Idem.	idem	1 87 1/2 °/o

Tableau des droits d'enregistrement applicables aux actes de procédure en matière de douanes (suite).

DÉSIGNATION DES ACTES	TITRES DE PERCEPTION	DÉLAIS pour l'enregistrement	DROITS (principal et décime)
			fr. c.
Opposition { à un jugement du tribunal de paix	LL. 22 frim. an 7, art. 68, § 1er, n° 30 ; 16 juin 1824, art. 6 ; 19 févr. 1874, art. 2 ; 28 avr. 1893, art. 22.	4 jours	1 25
à un jugement du tribunal civil (sur appel)	Idem.	idem	1 25
à un jugement du tribunal correctionnel	Idem.	idem	1 25
à un arrêt de la cour d'appel.	Idem.	idem	1 25
Ordonnance { du juge de paix ou d'instruction sur requête pour être autorisé à vendre par anticipation.	LL. 22 frim. an 7, art. 22, et art. 68, § 1er, n° 46 et 48 ; 28 févr. 1872, art. 4.	20 jours	1 88
du juge de paix sur requête à fin d'expertise légale	LL. 22 frim. an 7, art. 68, § 1er, n° 46 ; 28 févr. 1872, art. 4.	idem	1 88
sur requête autorisant la vente de marchandises abandonnées en douane.	Décr. 6-22 août 1791, tit. 9, art. 6. . .	idem	gratis
Procès-verbaux { de saisies à la requête du ministère public (marques de fabrique, phylloxera, etc.).	LL. 28 avr. 1816, art. 43 ; n° 16 ; 19 févr. 1874, art. 2 ; 25 mars 1817, art. 74.	4 jours	en débet
de contravention, saisies, opposition, injures. { S'il existe un bureau d'enregistrement dans la commune du dépôt de la marchandise, ou dans celle où siège le tribunal.	L. 28 avr. 1893, art. 22.	idem	2 50
S'il n'en existe pas	L. 9 flor. an 7, art. 9, tit. 4.	. . . . .	exempt
de saisies portant offre de mainlevées sous caution { acceptée.	LL. 28 avr. 1816, art. 43, n° 16 ; 19 févr. 1874, art. 2 ; 28 avr. 1893, art. 22.	4 jours	4 38
refusée	Idem.	idem	2 50
de destruction de marchandises avariées.	LL. 28 avr. 1816, art. 43, n° 16 ; 28 févr. 1872, art. 4.	idem	3 75
de ventes (V. infrà, Vente).			
Requête pour être autorisé à vendre des marchandises			exempt
Significations { d'un jugement du tribunal de paix / d'un jugement du tribunal { chambre civile (sur appel). . . . . / de première instance { chambre correctionnelle. . . . . / d'un arrêt en matière correctionnelle. . . . . / d'un arrêt de la Cour de cassation . . . . / des contraintes / des ordonnances du juge de paix (portant autorisation de vendre et sur requête à fin d'expertise).	LL. 22 frim. an 7, art. 68, § 1er, n° 30 ; 16 juin 1824, art. 6 ; 19 févr. 1874, art. 2 ; 26 janv. 1892, art. 6 et 7 ; 28 avr. 1893, art. 22.	4 jours	1 25
Sommation à fin de réexportation d'entrepôt (sans payement de droits)	LL. 28 avr. 1816, art. 43, n° 13 ; 19 févr. 1874, art. 2 ; 28 avr. 1893, art. 22.	idem	2 50
Soumission sous seing privé de s'en rapporter à la décision de l'administration, ou pour l'enlèvement des marchandises avant payement des droits { avec cautionnement.	LL. 22 frim. an 7, art. 11 et 68, § 1er, n° 51 ; 28 févr. 1872, art. 4.	sans délai	3 75
sans cautionnement.	Idem.	idem	1 88
Transactions { avant jugement { avec cautionnement et portant abandon d'objets susceptibles de confiscation. / sans cautionnement et portant ledit abandon . . . . . / avec ou sans caution, lorsqu'il n'y a pas clause d'abandon en nature, ou quand l'objet abandonné n'est pas destiné à être exposé aux enchères publiques.	Décis. min. 6 avr. 1833, 1er avr. 1839 et 16 sept. 1850.	20 jours	3 75
	Circulaire des Douanes du 12 oct. 1841, n° 1682.	idem pas d'enregistrement	1 88
après jugement définitif ou non { avec cautionnement et portant acquiescement au jugement de confiscation.	Idem.	idem	
sans cautionnement et portant ledit acquiescement au jugement de confiscation.	Idem.	idem	
après jugement non signifié, en matière de saisie de sel, lorsqu'il s'agit de se réserver la faculté d'établir ultérieurement la récidive contre le contrevenant { avec cautionnement. .	Idem.	20 jours	3 75
sans cautionnement.	Idem.	idem	1 88
Ventes { de marchandises avariées et de débris de navires naufragés . . .	L. 28 avr. 1893, art. 19	4 jours	0 25 %
d'autres marchandises et meubles quand il ne s'agit pas de ventes faites pour le recouvrement de sommes dues à l'Etat.	L. 22 frim. an 7, art. 69, § 5, n° 1 . .	idem	2 50 %

§ 2. — Timbre.

216. Les pièces délivrées par les agents des Douanes sont, en général, frappées du timbre spécial créé par la loi du 28 avr. 1816, sur les Douanes (R. p. 581), dont l'art. 19 est ainsi conçu : « Les actes délivrés par les Douanes porteront un timbre particulier, dont le droit est réglé comme suit, sans qu'il puisse y avoir addition de décime : pour les acquits-à-caution, les actes relatifs à la navigation et les commissions d'emploi, 0 fr. 75 ; pour les quittances de droits au-dessus de 10 fr., 0 fr. 25 ; pour toutes les autres expéditions, 0 fr. 05. L'administration des Douanes fera elle-même appliquer ce timbre et comptera de son produit. Les dispositions ci-dessus ne concernent pas les actes judiciaires dressés par les agents des Douanes : ces actes seront assujettis au timbre ordinaire. »

217. Les quittances du droit de statistique délivrées par l'administration des Douanes sont exemptes de ce timbre spécial et ne sont assujetties, pour les perceptions supérieures à dix francs, qu'au timbre-quittance de 0 fr. 10 institué par l'art. 18 de la loi du 23 août 1871 (L. 29 mars 1897, art. 8, D. P. 97. 4. 38). Mais les actes rédigés par les particuliers en matière de douanes, tels que les manifestes de navires, les inventaires du chargement, etc., sont soumis au timbre de dimension (Décis. min. Fin. 19 nov. 1819).

218. Les quittances et reçus donnés à l'administration des Douanes sont, en général, soumis au timbre-quittance de 0 fr. 10 ;

toutefois, les douaniers et sous-officiers étant considérés comme gens de guerre, les quittances qu'ils donnent à l'occasion des distributions qui leur sont faites d'objets d'habillement, d'équipement et d'armement, ne sont pas assujetties au timbre de 0 fr. 10 (Décis. min. Fin. 16 janv. 1875, D. P. 75. 5. 444 ; Instr. Reg. 12 juin 1876, n° 2548, § 2).

219. Les déclarations à faire par ceux qui introduisent en France des produits soumis à un droit fiscal, et les certificats d'origine, étant souscrits pour servir de base à la perception de l'impôt et faisant ainsi titre, doivent être rédigés sur papier timbré toutes les fois qu'ils ne sont pas exemptés de l'impôt par une disposition spéciale de la loi. Spécialement, il a été décidé que les certificats délivrés en exécution des décrets des

15 mai et 28 août 1882 sur les mesures à prendre contre la propagation du phylloxera, ainsi que les déclarations sur lesquelles ils sont délivrés, rentrent dans la catégorie des actes de police générale et doivent, dès lors, être considérés comme exempts du droit et de la formalité du timbre (Décis. min. Fin. 11 janv. 1883, D. P. 85. 5. 460).

220. Les agents des Douanes ont différentes attributions en matière de timbre. Ils sont chargés : 1° de timbrer les certificats d'origine au moyen de timbres mobiles (Décis. min. Fin. 27 déc. 1888, D. P. 89. 5. 456) ; 2° de vérifier l'exactitude des déclarations collectives faites par les compagnies de transports en ce qui concerne les colis-postaux venant de l'étranger, d'apposer les timbres sur ces déclarations et de les oblitérer (L. 3 mars 1881, art. 5, et Décr. 19 avr. 1881, art. 4, D. P. 82. 4. 41 et 44) ; 3° de s'assurer que les bulletins d'expédition de colis-postaux transportés de l'intérieur sont bien timbrés (Décr. 19 avr. 1881, art. 5) ; 4° de timbrer les connaissements venant de l'étranger (Décr. 30 avr. 1872, art. 4. D. P. 72. 4. 78) et d'oblitérer les timbres mobiles apposés sur les connaissements créés en France (Décr. 25 juin 1890, D. P. 91. 4. 90).

221. Les préposés des Douanes ont les mêmes attributions que les préposés de l'enregistrement pour constater les contraventions au timbre des actes et écrits sous seing privé et pour saisir les pièces en contravention (L. 2 juill. 1862, art. 23, D. P. 62. 4. 68). Ils ont droit à une remise de 2 fr. 50 pour cent sur le montant en principal des timbres débités et des amendes recouvrées (Décr. 24 déc. 1842, art. 6).

DROIT DES GENS

(R. v° *Droit naturel et des gens* ; S. *eod.* v°).

1. Le droit des gens, ou droit international public, est l'ensemble des règles déterminant les droits et les devoirs respectifs des États. Il se distingue ainsi du droit international privé, qui régit les rapports d'ordre privé entre nationaux de différents pays.

2. A la différence du droit interne des États, le droit des gens n'est formulé par aucun législateur ; aucun tribunal n'est constitué pour le dire, et aucune sanction n'est établie pour le cas où il serait violé. En fait, cependant, le droit des gens comprend des règles positives. Elles proviennent ou bien de la coutume et du consentement tacite des États (telles sont, par exemple, les règles concernant les ambassades), ou bien d'accords exprès, de traités (comme celles qui constituent le régime international des postes, des monnaies, etc.).

3. C'est dans le cours du XIX° siècle surtout que se sont dégagées ces règles. Les congrès y ont été nombreux. Une législation internationale s'est élaborée en matière administrative ou économique (V. *infrà*, *Traité international*). Des efforts ont été faits pour assurer la solution juridique et pacifique des conflits internationaux et pour préciser les lois et coutumes de la guerre (V. *suprà*, *Arbitrage international*, et *infrà*, *Guerre*). — Les lois particulières de chaque État, les décisions des tribunaux ne sont point des sources du droit des gens positif, mais de simples indications. Il en est de même des écrits des jurisconsultes, des délibérations des corps savants. Ces écrits, ces délibérations ont, d'ailleurs, contribué et contribuent encore puissamment au développement de la science du droit international public ; et il convient, à cet égard, de mentionner la fondation, en 1873, d'un Institut de droit international composé de publicistes et de diplomates cherchant, par des réunions périodiques, à donner des solutions doctrinales à un certain nombre de questions.

4. L'objet du droit des gens est, on l'a dit *suprà*, n° 1, les relations entre États. Ceux-ci, étant souverains, ont le droit de se maintenir dans leur intégrité territoriale, de demeurer indépendants, de commercer librement ; inversement, ils doivent respecter les mêmes droits chez les autres nations. — Les relations qui dérivent de ces droits et de ces obligations réciproques, en tant qu'elles restent pacifiques, sont exposées *infrà*, *Souveraineté*. — Pour le cas où elles donnent lieu à des contestations qui ne peuvent être tranchées que par des moyens violents, V. *infrà*, *Guerre*.

DROITS CIVILS

(R. v° *Droits civils* ; S. *eod.* v°).

1. Les droits civils, dans le sens habituel de ces mots, sont les droits qui se réfèrent aux relations d'ordre privé, c'est-à-dire aux rapports des individus les uns avec les autres. — Ils se divisent en deux classes : 1° les droits de famille ; 2° les droits relatifs au patrimoine, c'est-à-dire ceux que l'homme possède en raison de ses rapports avec les biens (droit de propriété, droit de passer des contrats, droit d'ester en justice, etc.).

2. En principe, tout Français *jouit* des droits civils. La *jouissance* d'un droit existe quand on a légalement l'aptitude à l'acquérir et à en être investi ; elle se distingue de l'*exercice* du droit, qui consiste dans l'aptitude légale à le mettre en œuvre, à en user. — Par exception, les Français peuvent, dans certains cas, être privés de la jouissance des droits civils ou de quelques-uns de ces droits. Cette privation peut résulter, notamment, de certaines condamnations pénales (V. *infrà*, *Peine*).

3. D'autre part, il est des personnes qui, bien que jouissant des droits civils, sont privées, en tout ou en partie, de l'exercice de ces droits : tels sont les incapables (mineurs, interdits, etc.). — La privation de droits résultant de condamnations pénales peut aussi ne porter que sur l'exercice des droits ; il en est ainsi de l'interdiction légale (V. *infrà*, *Peine*).

4. En règle générale, les étrangers n'ont pas, comme les Français, la jouissance des droits civils ; toutefois ils peuvent en jouir dans certains cas et suivant différentes distinctions (V. *infrà*, *Étranger*).

DROITS POLITIQUES

(R. v° *Droit politique* ; S. *eod.* v°).

1. Les droits politiques (ou civiques) consistent dans la faculté de concourir, soit à l'établissement, soit à l'exercice de la puissance ou des fonctions publiques. Le droit politique est indépendant de celui des droits civils (Civ. 7). Ils ne peuvent appartenir qu'à des Français. Mais pour jouir des droits politiques, il ne suffit pas d'être Français, il faut être *citoyen*, c'est-à-dire mâle et majeur. D'ailleurs, les conditions auxquelles s'acquièrent et se conservent ces droits sont déterminées par les lois constitutionnelles et électorales (Civ. 7).

2. Les droits politiques consistent, notamment, dans l'aptitude à remplir les emplois et fonctions publiques, à être juré, et surtout à avoir le droit d'élire et d'être élu aux assemblées qui ont un caractère politique ou administratif (Sénat, Chambre des députés, conseils généraux ou d'arrondissement, conseils municipaux).

3. La qualité de citoyen, et la jouissance des droits politiques qui y est attachée, se perdent en général par les mêmes causes qui font perdre la jouissance des droit civils. Il existe, d'ailleurs, des règles spéciales en ce qui concerne la perte des droits électoraux et de l'éligibilité (V. *infrà*, *Elections*).

DROITS PUBLICS

(R. v° *Droit public* ; S. *eod.* v°).

Par *droits publics* on entend généralement un certain nombre de droits individuels qui ont ce caractère commun d'être absolus, c'est-à-dire d'appartenir sans distinction à toutes personnes, même aux étrangers. Ces droits qui, pour la plupart, ont été consacrés, expressément ou implicitement, par les diverses constitutions qui se sont succédé en France depuis 1789, sont notamment : le droit de propriété, l'égalité civile, la liberté individuelle, la liberté religieuse, la liberté de la presse, le droit de ne pouvoir être distrait de ses juges naturels, le droit de pétition, la liberté du travail ou d'industrie, etc.

DUEL

(R. v° *Duel* ; S. *eod.* v°).

1. Le duel n'est l'objet dans notre droit actuel d'aucune disposition pénale spéciale. Mais, d'après la jurisprudence, le duel constitue, suivant les circonstances, un crime ou un délit de droit commun et tombe sous le coup des articles du Code pénal qui punissent l'homicide et les coups et blessures volontaires. Cette doctrine conduit aux solutions suivantes, qui sont d'ailleurs très rarement appliquées par les tribunaux.

2. Lorsque les adversaires sont allés sur le terrain avec l'intention de se donner la mort, et que l'un des adversaires a succombé, celui dont l'arme a donné la mort à l'autre doit être poursuivi pour homicide commis avec préméditation, par application des art. 296 et 302 c. pén. S'il n'est résulté du duel que des blessures, ou même si aucun des adversaires n'a été blessé, ils seront poursuivis l'un et l'autre pour tentative d'assassinat. — Dans le cas où les conditions du combat indiquaient que le duel aurait lieu *au premier sang*, ou jusqu'à la mise hors de combat de l'un des deux adversaires, s'il est résulté du duel des blessures, leur auteur sera coupable du crime ou du délit de coups et blessures volontaires suivant les distinctions admises par les art. 309 et s. c. pén. (V. *infrà*, *Coups et blessures*, n° 2 et s.).

3. Outre la responsabilité pénale, l'auteur de l'homicide ou des blessures occasionnées en duel encourt une responsabilité civile, en vertu du principe général de l'art. 1382 c. civ. (V. *infrà*, *Responsabilité*). Il sera condamné à des dommages-intérêts envers la famille de la victime ; mais on tiendra compte, dans la fixation du chiffre de ces dommages-intérêts, des circonstances qui peuvent atténuer ses torts.

4. Lorsque les adversaires n'ont pas eu l'intention de se donner la mort et qu'il n'est résulté du duel aucune blessure, il y aurait lieu, d'après une opinion adoptée par plusieurs décisions de jurisprudence, de faire aux deux adversaires application de l'art. 311 c. pén. (Sur cet article, V. *suprà*, *Coups et blessures*, n° 13). Suivant une autre opinion, le duel échappe en ce cas à toute répression, car on ne pourrait relever qu'une tentative du délit prévu par l'art. 311, tentative qui, d'après le Code pénal, n'est pas punissable (V. *infrà*, *Tentative*). — Quoi qu'il en soit, si l'un des duellistes est revêtu d'une fonction publique, il peut encourir une peine disciplinaire, comme ayant commis une faute grave et compromis la dignité de son caractère, alors même qu'il n'ait ni tué ni blessé.

5. Ceux qui se sont rendus complices de l'homicide commis ou dans un duel, ou des blessures qui y ont été reçues, sont punissables dans les termes de l'art. 59 c. pén. de la même peine que l'auteur principal (V. *suprà*, *Complice-complicité*, n° 2). —

Au premier rang des complices du duel se trouvent les témoins. Ceux-ci sont complices soit par aide et assistance, soit pour avoir procuré des armes, et, à ce titre, ils sont punissables, alors même qu'ils auraient fait des efforts pour amener la réconciliation des adversaires. Cependant, il a été jugé que le fait d'assister comme témoin à un duel dans lequel l'un des adversaires a succombé peut ne pas être punissable, si les témoins, après avoir épuisé tous les moyens de conciliation, ne se sont rendus sur le terrain que pour éloigner toutes les chances probables du malheur qui est arrivé. — On peut, en outre, considérer comme complices du duel les tiers qui ont provoqué ou excité indirectement au duel, soit en colportant dans la presse des paroles attentatoires à l'honneur de l'un des adversaires, soit en poussant autrui à proposer ou à accepter un cartel. — Enfin, il y aurait lieu de poursuivre également le marchand qui a fourni les armes et l'individu qui a mis son terrain à la disposition des adversaires.

E

EAUX

(R. vᵒ *Eaux*; S. *eod.* vᵒ).

ART. 1ᵉʳ. — GÉNÉRALITÉS ET LÉGISLATION (R. 4 et s.; S. 1 et s.).

1. L'eau, considérée dans sa substance, rentre dans la catégorie des choses communes non susceptibles d'appropriation privée. Mais la réunion des molécules agglomérées en quantités plus ou moins importantes forme des sources, des étangs, des lacs, des fleuves ou des mers, qui constituent des portions de la surface terrestre et sont susceptibles d'appartenir à la collectivité ou à des particuliers. — On peut donner des diverses catégories d'eau des classements multiples, suivant le point de vue auquel on se place : eaux publiques ou privées, vives ou pluviales, courantes ou stagnantes, etc. Celle à laquelle on s'attachera ici consiste à distinguer d'abord la *mer* des eaux territoriales, puis, parmi celles-ci, les eaux courantes ou *cours d'eau* et les *eaux stagnantes*. Les cours d'eau sont naturels (fleuves et rivières *navigables ou flottables*, d'une part ; rivières *non navigables*, d'autre part) ou artificiels (*canaux*). Les eaux stagnantes forment les *étangs, lacs* et *marais*. — Il y a lieu de s'occuper enfin des *sources*, eaux jaillissant du sol pour former les rivières, et des *eaux pluviales*, des qu'elles tombent en quantité assez abondante pour n'être pas absorbées par le sol.

2. Le régime des eaux est organisé par certaines dispositions du Code civil et par d'assez nombreuses lois spéciales. Il est question, dans l'art. 538 c. civ., de la *mer territoriale* ; aux *étangs* se réfèrent les art. 558 et 564 ; ... aux eaux pluviales, sources et eaux courantes *non navigables*, les art. 640 et 645, 556, 559, 561, 563 ; ... aux eaux navigables, les art. 538, 556, 559, 560, 562 et 563. — Mais c'est dans des lois spéciales qu'il faut chercher l'organisation complète du régime des eaux courantes, qui a particulièrement préoccupé le législateur. L'ordonnance de Louis XIV d'août 1669 (R. vᵒ *Forêts*, p. 15) a établi pour les fleuves navigables le régime

auquel ils sont encore soumis, et il y a lieu de s'y reporter pour les pénalités applicables aux infractions commises sur les cours d'eau. L'arrêt du Conseil du roi, du 24 juin 1777 (R. p. 319), est également resté en vigueur. La matière est régie, en outre, par les lois des 22 déc. 1789 et 12 août 1798 (R. p. 320), organisant en principe les pouvoirs de l'Administration sur les eaux non navigables ; la loi du 16 sept. 1807, relative à l'exécution de certains travaux publics (R. vᵒ *Travaux publics*, p. 846) ; les lois des 1ᵉʳ mai 1845 (D. P. 45. 3. 115) et 15 juill. 1847 (D. P. 47. 3. 120) sur les irrigations et la servitude d'appui ; enfin et surtout la loi du 8 avr. 1898 (D. P. 98. 4. 136), qui codifie les dispositions réglementaires éparses dans de nombreux textes et les solutions admises par la jurisprudence, et traite en quatre titres : 1ᵒ des eaux pluviales et des sources ; 2ᵒ des cours d'eau non navigables ni flottables ; 3ᵒ des cours d'eau flottables à bûches perdues, variété des précédents ; 4ᵒ des cours d'eau navigables et flottables.

ART. 2. — DE LA MER.

3. La mer, par sa nature même, n'étant pas susceptible d'occupation, est classée au nombre des choses communes. Le droit public reconnaît la liberté de la *haute mer*. Quant à la *mer territoriale*, on admet au contraire qu'elle fait partie du territoire des pays qu'elle baigne. Il en est de même des mers fermées, des havres, ports et rades (Civ. 538).

4. Sur la mer territoriale, l'Etat exerce tous les droits de la souveraineté, juridiction, cabotage, pêche, haute police, etc. ; il organise les douanes et les péages, il réglemente la navigation, l'admission des navires dans les ports et rades, etc. On admet que le droit de juridiction s'exerce sur la mer territoriale jusqu'au point où cesse la portée du canon.

5. Les rivages de la mer appartiennent au domaine public, jusqu'à la limite atteinte par le plus grand flot de mars (le plus grand flot d'hiver sur la Méditerranée). Les lais et relais sont également domaniaux.

ART. 3. — RIVIÈRES NAVIGABLES OU FLOTTABLES.

§ 1ᵉʳ. — *Navigabilité, délimitation* (R. 35 et s.; S. 33 et s.).

6. Les rivières navigables sont celles qui ont l'aptitude physique à porter bateau. Il n'y a pas à distinguer selon que cette aptitude est naturelle ou qu'elle résulte de travaux d'art. Les rivières *flottables* sont celles qui portent dans les mêmes conditions des *trains*, c'est-à-dire des pièces de bois assemblées, ou des *radeaux*. Les unes et les autres sont classées par la loi dans une catégorie unique, celle des *fleuves et rivières navigables ou flottables* (L. 8 avr. 1898, art. 34, § 1ᵉʳ).

7. Pour qu'une rivière soit réputée navigable, il ne suffit pas qu'elle porte des bacs ou bateaux la traversant d'une rive à l'autre. Il n'y a même pas à tenir compte de la circulation d'amont en aval ou d'aval en amont, quand cette circulation est forcément peu importante ou ne saurait desservir que des intérêts privés. Il faut que la nature du cours d'eau permette une navigation véritable, avec un certain caractère de continuité et de permanence. Mais il n'est pas nécessaire que la navigation soit pratiquée : son arrêt ou sa suspension ne modifient pas le caractère du cours d'eau.

8. La navigabilité a comme conséquence nécessaire la domanialité. Le lit et l'eau des fleuves navigables font partie du domaine public (L. 1898, art. 34, § 1ᵉʳ) et, à ce titre, sont inaliénables et imprescriptibles.

9. Un cours d'eau n'est généralement pas navigable sur tout son parcours. La naviga-

bilité commence au point où, en fait, la navigation est possible. La portion de rivière en amont demeure soumise au régime des rivières non navigables. Elle n'est pas assujettie à des servitudes spéciales, et aucune restriction n'est apportée, dans l'intérêt de la partie navigable, au droit d'usage ordinaire des riverains sur les eaux. — Au-dessous du point initial de navigabilité peuvent se trouver des sections non navigables : ces sections sont néanmoins domaniales. La domanialité s'étend sans interruption du point où la navigabilité apparaît jusqu'à l'embouchure de la rivière (L. 1898, art. 34, § 2).

10. Font encore partie du domaine public, comme devant suivre le régime du cours d'eau : 1ᵒ les *bras secondaires* non navigables, lorsqu'ils prennent naissance au-dessous du point où a été constatée la navigabilité du bras principal ; 2ᵒ les *noues et boires*, c'est-à-dire les dépressions du sol, voisines du cours d'eau, où l'eau de celui-ci pénètre ou s'infiltre. Il n'importe qu'on puisse ou non y accéder en bateau, ni même qu'elles communiquent ou non avec la rivière d'une façon permanente (L. 1898, art. 34, § 2) ; 3ᵒ les *ports* et *gares d'eau, chaussées, digues artificielles, abreuvoirs* et autres dépendances ; 4ᵒ les *dérivations* et *prises d'eau artificielles*, pratiquées par l'Etat, dans l'intérêt de la navigation ou du flottage, même sur des propriétés particulières (L. 1898, art. 35).

11. Les dérivations autres que celles indiquées ci-dessus ne font pas nécessairement partie du domaine public et sont régies par les dispositions des actes qui les autorisent (L. 1898, art. 35). — Les *digues naturelles* ne sont pas domaniales. Il en est de même des *affluents* qui se jettent le fleuve, même en aval du point où commence la navigabilité, s'ils n'ont pas une navigabilité propre. Aucune servitude spéciale ne leur est imposée, et aucune restriction n'est apportée au droit d'usage ordinaire des riverains.

12. C'est à l'Administration seule qu'il appartient de constater si une rivière est navigable. — Cette constatation résulte d'ordinaire d'un décret du chef de l'Etat. Une première nomenclature a été rendue par une ordonnance du 10 juill. 1835, rendue en exécution de la loi du 15 avr. 1829 sur la pêche fluviale (R. vᵒ *Pêche fluviale*, p. 452) ; elle a été complétée et modifiée par divers décrets postérieurs portant classement ou déclassement de rivières. Mais ces textes ne sont obligatoires qu'au point de vue de la pêche. En dehors de ce cas, la question de navigabilité se pose et doit se résoudre en fait. Tout intéressé peut arguer de la navigabilité d'une rivière ou section de rivière non classée, ou inversement de la non-navigabilité malgré un décret de classement. — En ce qui concerne l'appréciation de la question par les juridictions administratives sans caractère préjudiciel devant les tribunaux judiciaires, V. *infrà*, nᵒ 182.

13. Pour qu'une rivière soit considérée comme navigable, au point de vue de l'attribution du droit de pêche à l'Etat, il est indispensable qu'elle ait fait l'objet d'un décret de classement, et ce décret empêche toutes investigations sur la navigabilité de fait (Civ. c. 28 juin 1891, D. P. 92. 1. 351). — Un décret est encore nécessaire pour qu'une rivière ouverte à la navigation par des travaux d'art soit considérée comme navigable au point de vue de l'établissement des servitudes de halage et de marchepied (L. 1898, art. 49).

14. Les limites d'un cours d'eau navigable, à son embouchure dans la mer, sont déterminées par un décret en forme de règlement d'administration publique rendu au rapport du ministre des Travaux publics, tous droits des tiers réservés. Les bases de la délimitation sont complexes : on tient compte, notamment, du volume des eaux, de leur salure, de la constitution géologique des rives, du caractère des atterrissements, de la végétation, etc.

15. Les limites latérales de la rivière sont déterminées par des arrêtés préfectoraux, dits *arrêtés de délimitation*. — Le principe de la délimitation est que le lit du cours d'eau comprend tout le terrain que recouvrent les eaux coulant à pleins bords avant de déborder (L. 1898, art. 36, § 1er). — Peu importe que cette élévation des eaux soit due à des pluies, ou, dans les régions voisines de la mer, à l'influence des marées ordinaires.

16. Pour l'application de la formule consacrée par la loi de 1898, art. 36, § 1er, le préfet ne peut pas adopter une ligne qui suivrait les contours des terrains à délimiter à des altitudes variant suivant la hauteur des berges et des terrains auxquels elles font suite : il doit prendre pour base de l'opération un niveau unique, un plan de débordement réglé d'après la hauteur qu'atteignent les eaux au moment où le débordement commence sur certains points (Cons. d'Ét. 24 janv. 1890, D. P. 91. 3. 69 ; 12 janv. 1894, D. P. 95. 5. 214). — Toutefois, sur les îles du fleuve, la limite des hautes eaux doit être appréciée d'une façon distincte et non d'après ce qu'elle est sur les rives continentales ; les îles étant généralement plus basses que les rives continentales, le procédé de délimitation indiqué plus haut risquerait de les faire disparaître ; il en résulte abusivement la superficie (Cons. d'Ét. 4 mai 1894, D. P. 95. 3. 76).

17. Les terrains recouverts par un débordement ne sont pas acquis au domaine public ; le riverain conserve ses droits pour en reprendre l'exercice quand les eaux se retirent. L'inondation peut, d'ailleurs, se prolonger très longtemps ; c'est une question de fait d'apprécier si dans ces conditions il y a simple débordement ou changement de lit.

18. Les arrêtés de délimitation doivent toujours, à peine de nullité, être précédés d'une enquête. — Ils doivent en outre être soumis à l'approbation du ministre des Travaux publics (L. 1898, art. 36, § 1er). Les riverains ont contre eux un recours contentieux (même article, § 2) pour incompétence, — pour inobservation des formalités légales, — pour excès de pouvoir, si le tracé des limites est incorrect, — pour détournement de pouvoir, si la délimitation est faite dans un intérêt autre que ceux du libre écoulement de l'eau et de la navigation.

19. L'Administration n'est pas tenue de procéder à une délimitation, ni de reviser une délimitation ancienne. Le refus qu'elle opposerait à la demande formée par un riverain ne comporte donc aucun recours.

20. Un arrêté de délimitation ne lie pas les juridictions administratives : celles-ci ont le droit de déclarer que les limites ont été mal appréciées, ou qu'elles se sont modifiées postérieurement à l'arrêté. Il s'impose, au contraire, aux tribunaux de l'ordre judiciaire, au moins en ce sens que ces tribunaux ne peuvent l'empêcher de produire effet (V. *infrà*, nos 172, 184).

21. Déterminées par une situation de fait, les limites d'un fleuve sont susceptibles de se modifier comme cette situation elle-même. Le riverain supporte les déplacements du cours d'eau qui lui sont préjudiciables, comme il bénéficie de ceux qui sont avantageux, quand la cause de ces déplacements est naturelle. Si, au contraire, la modification des limites provient d'une élévation de la rivière due à des travaux d'art, elle constitue une *expropriation* pour laquelle il y a lieu à indemnité. L'Etat peut aussi être tenu à indemnité à raison des corrosions de rives et autres dégâts résultant de travaux publics ; en ce cas, ce n'est plus une indem-

nité d'expropriation qu'il doit, mais simplement une indemnité pour dommages (V. *infrà*, *Travaux publics*). — Si le même immeuble, en même temps qu'il subit un dommage, bénéficie d'une plus-value, profite, par exemple, d'une alluvion résultant des mêmes travaux publics, il y a lieu d'effectuer une compensation entre la plus-value et l'indemnité (Cons. d'Ét. 28 avr. 1893, D. P. 94. 5. 600).

22. Quand le fleuve abandonne naturellement l'ancien lit pour s'en faire un nouveau, l'Etat aliène les terrains abandonnés, dont le prix servira à indemniser les propriétaires des terrains occupés. L'Etat vend de même les terrains déclassés quand le lit est modifié à la suite de travaux publics. Dans les deux cas, les riverains de l'ancien lit ont un droit de préemption (L. 1898, art. 37, 38).

23. Pour le régime des îles, îlots, atterrissements, alluvions, etc., V. *infrà*, *Propriété*.

24. A titre exceptionnel, un cours d'eau où la navigation est possible peut être réputé non navigable si la navigabilité résulte de travaux effectués par un particulier, et que l'Administration se soit engagée vis-à-vis de lui à ne pas s'en prévaloir. — Exceptionnellement encore, des parties du domaine fluvial peuvent échapper à la domanialité publique et faire l'objet de droits privatifs au bénéfice de particuliers, si ces droits ont été concédés antérieurement à l'ordonnance de Moulins de 1566, qui édicte l'inaliénabilité du Domaine, ou encore s'ils résultent d'une vente nationale (V. *infrà*, no 135).

§ 2. — Travaux divers, occupations, concessions (R. 71 et s. ; S. 56 et s.).

25. Les rivières navigables et leurs dépendances, appartenant au domaine public, sont confiées à la garde de l'Administration, sans l'autorisation de laquelle il est interdit d'exécuter aucun travail et de pratiquer aucune prise d'eau (L. 1898, art. 40). — Le public peut y exercer librement les droits naturels, tels que le puisage, le lavage, l'abreuvage du bétail, etc., à la condition d'observer les règlements de police et de ne faire aucun établissement. Les riverains n'ont, de par leur qualité de riverains, aucun droit privilégié. — Enfin la navigation est libre, sous les mêmes réserves, et sauf le monopole des bacs et bateaux publics (V. *infrà*, *Voirie par eau*) pour tout ce qui concerne les droits et la police de la navigation intérieure. — La pêche est un droit réservé à l'Etat (V. *infrà*, *Pêche fluviale*).

26. La prohibition légale d'exécuter aucun travail s'applique à toute construction, quelle qu'en soit la nature ou la durée. — Elle s'applique : 1o aux travaux défensifs contre l'irruption des eaux, sauf encore au cas d'extrême urgence démontrée, avec obligation de remettre les lieux en état une fois le péril passé ; — 2o aux plantations et aux coupes d'arbres ; — 3o à l'extraction de matériaux ; — 4o au dépôt de matériaux ou d'immondices, ou au fait de ne pas débarrasser le lit de la rivière quand on a causé accidentellement l'encombrement ; — 5o au déplacement d'ouvrages autorisés, et même, en principe, à leurs simples réparations ; — 6o aux prises d'eau d'irrigation par simple coupure des berges, et aux prises d'eau indirectes résultant d'un puits ou d'une tranchée que le riverain ouvrirait chez lui, au delà des distances de servitude. — Toutes les entreprises non autorisées constituent des infractions de grande voirie (V. *infrà*, nos 196 et s.). Le conseil de préfecture doit, d'ailleurs, en ordonner en principe la suppression, notamment la démolition d'un barrage ou autre construction non autorisée.

27. Les préfets ont le droit d'autoriser, sur l'avis ou la proposition des ingénieurs et sous l'autorité du ministre, les prises d'eau établies au moyen de machines et qui, eu égard au volume de la rivière, n'auront pas pour effet d'en modifier le régime ; en ce cas, une enquête préalable est exigée ; 2o les établissements temporaires, alors même qu'ils auraient pour effet de modifier le régime ou le niveau des eaux (L. 1898, art. 41). — La durée des autorisations temporaires doit être fixée dans l'acte de concession : elle ne saurait dépasser deux ans (L. 1898, art. 42). — Les arrêtés pris par les préfets peuvent toujours faire l'objet du recours hiérarchique ou gracieux devant le ministre des Travaux publics. Mais le recours contentieux n'est possible en aucun cas : l'Administration est investie, au regard des demandes qui lui sont adressées, d'un pouvoir discrétionnaire.

28. Tous les établissements sur un cours d'eau navigable, autres que ceux compris dans les deux catégories ci-dessus, ne peuvent être autorisés que par le président de la République, par décret rendu sur enquête et après avis du Conseil d'Etat (L. 1898, art. 43). — Pour la procédure à suivre aux fins d'autorisation, V. *infrà*, no 136 et s.

29. Il n'est pas permis de stationner ou d'occuper un emplacement quelconque sur le domaine public sans autorisation. Les autorisations sont accordées par le préfet, après avis de l'ingénieur en chef des Ponts et chaussées, du directeur des Contributions indirectes, et fixation du taux de la redevance par le directeur des Domaines. — Quand les communes sont substituées aux droits de l'Etat, en vertu de la loi du 11 frim. an 7, c'est le maire qui délivre les permis de stationnement et d'occupation temporaire sur les dépendances du Domaine public fluvial (L. 5 avr. 1884, art. 98, D. P. 84. 4. 25). — Les établissements situés dans le département de la Seine sont soumis à une réglementation spéciale : le préfet ne peut délivrer d'autorisation sans avoir pris l'avis du préfet de police.

30. Le préfet, ayant la police des rivières navigables, est chargé de prendre toutes les mesures de détail nécessaires pour l'exécution des décrets et règlements. — Il lui appartient encore de prendre toutes mesures commandées par l'urgence, même lorsqu'elles seraient normalement hors de sa compétence ; mais ces mesures ne sauraient avoir qu'un caractère provisoire. Toute disposition qui tendrait à modifier une ordonnance ou un décret serait entachée de nullité.

31. Une installation non autorisée sur le domaine fluvial constitue une infraction que l'Administration a toujours le pouvoir de faire cesser ; quelle qu'en soit la durée, elle ne change pas de caractère et ne saurait engendrer aucun droit. — Quant à l'autorisation administrative, elle permet de s'établir sans contravention ; mais elle ne constitue qu'une tolérance, sans conférer aucun droit. Ainsi les créés et autres établissements créés sur les cours d'eau navigables ou flottables peuvent toujours être modifiés ou supprimés sans indemnité (L. 1898, art. 45-1o).

32. La suppression d'un établissement ou sa modification sont prononcées par l'autorité compétente pour son autorisation, et doivent être entourées des mêmes formes et des mêmes garanties que cette autorisation (L. 1898, art. 45-2o). Il faut toutefois faire réserve des cas où la mesure est commandée par une urgence absolue. — La décision administrative ne fait jamais obstacle à ce que les intéressés fassent valoir, devant les juridictions compétentes, les droits qu'ils peuvent prétendre à une indemnité.

33. Si, en principe, l'Administration a

un pouvoir discrétionnaire pour supprimer ou modifier des établissements autorisés, la jurisprudence la plus récente admet qu'elle ne doit faire usage de ce pouvoir que dans l'intérêt de la navigation ou du libre écoulement de l'eau, ou encore de la conservation du Domaine. Un acte qui s'inspirerait d'autres motifs serait susceptible d'être annulé pour détournement de pouvoir (Cons. d'Et. 15 juin 1883, D. P. 85. 3. 21).

34. La précarité n'existe que dans les rapports du concessionnaire et de l'Administration. Vis-à-vis des tiers, l'autorisation constitue un titre qui doit être respecté. Inversement, une autorisation n'est jamais délivrée que sous réserve des droits des tiers.

35. Tous concessionnaires d'établissements sur un cours d'eau navigable sont assujettis à une redevance, qui est une marque de la précarité de leur titre et une source de revenus pour le fisc (L. 1898, art. 44). — Les bases de cette redevance doivent être fixées, aux termes de ce même article, par un règlement d'administration publique qui n'a pas été promulgué jusqu'à présent. — Les redevances sont perçues ordinairement par l'Etat, et exceptionnellement par les communes, quand celles-ci sont substituées aux droits de l'Etat. En ce dernier cas, la perception doit être faite conformément à un tarif régulièrement homologué. C'est au ministre de l'Intérieur qu'il appartient de donner l'homologation (Ch. réun. c. 14 déc. 1900, D. P. 1901. 1. 6). — Les contestations relatives aux redevances sont de la compétence des tribunaux civils.

36. Les établissements qui ont une *existence légale* ne sont pas affectés de précarité. Il ne s'ensuit pas que leur modification ou leur suppression soit impossible ; mais elle ne peut avoir lieu qu'à charge d'indemnité (L. 1898, art. 45). Aucune redevance n'est due par leur titulaire. — L'existence légale est le plus souvent invoquée par les usines (V. *infrà*, n° 135).

§ 3. — *Des servitudes.*

A. — **Halage et marchepied** (R. 117 et s.; S. 96 et s.).

37. Les riverains d'un cours d'eau navigable ou flottable sont assujettis aux servitudes de halage et de marchepied, qui s'exercent en principe l'une sur une rive et l'autre sur la rive opposée. La première consiste : 1° à laisser sur le bord de la rivière un espace libre de 7^m 80, pour chemin de halage proprement dit; 2° à tenir libre de constructions, de plantations et de clôtures un espace supplémentaire de 1^m 95 sur le bord interne du chemin. La seconde consiste à laisser sans y construire, clore ou planter, un espace de 3^m 25 (L. 1898, art. 46). — Ces distances peuvent être réduites, quand l'intérêt de la circulation fluviale le permet. Il appartient au ministre des Travaux publics de prendre des arrêtés à cet effet (L. 1898, art. 47). — Le chemin de halage sert à la circulation des attelages pour la remorque des bateaux. Le marchepied permet aux mariniers de prendre terre si les besoins de la manœuvre l'exigent. — Il ne faut pas confondre ce marchepied avec celui que nécessite l'exercice du flottage à bûches perdues (V. *infrà*, n° 91).

38. Le chemin de halage n'est pas affecté de domanialité et appartient au riverain. Celui-ci reprend le libre usage de sa propriété dès que la rivière cesse d'être navigable. Il le reprend aussi, lorsqu'un décret vient réduire la servitude, dans les limites de cette réduction. Il a droit aux produits du sol et du sous-sol. Mais, en vertu de la servitude, il lui est interdit de construire, de planter ou de clore : il est interdit encore

sur le chemin de halage proprement dit, de creuser ou de labourer, d'entreposer quoi que ce soit, de circuler avec voitures ou bêtes de somme, d'introduire ou d'abandonner des animaux, de faire des dégradations quelconques, de commettre des actes susceptibles éventuellement d'occasionner des dégâts. — Tenu de supporter la servitude, le riverain n'est pas astreint à autre chose : c'est ainsi qu'on ne peut mettre à sa charge ni la mise en état du chemin, ni des réparations en nature, ni une quotepart des frais d'entretien. — La servitude doit être limitée à son objet, qui est de permettre le halage. il n'est pas permis aux mariniers de l'aggraver par une installation permanente ou temporaire, ni par le dépôt d'objets quelconques sur le chemin. La fréquentation du chemin est interdite à tous autres qu'aux navigateurs, aux agents de la surveillance, et, en vertu de la loi du 15 avr. 1829 (art. 35), aux pêcheurs, fermiers ou permissionnaires. L'Administration peut, par mesure de police, faire couper des branches qui gênaient le passage, répandre sur le chemin du sable ou du gravier; mais elle n'a pas le droit d'effectuer des travaux qui modifieraient le caractère du sol. — Pour établir un chemin dans des conditions constantes de viabilité, il est nécessaire de recourir à l'expropriation (L. 1898, art. 51).

39. Les zones asservies au halage et au contre-halage se mesurent, en principe, à partir de la ligne séparative du domaine public et de la propriété privée, c'est-à-dire de la limite indiquée par les eaux coulant à pleins bords avant tout débordement (V. *supra*, n° 15). Lorsque la berge n'est pas assez plane pour permettre la circulation des hommes ou des chevaux, c'est, d'après la jurisprudence, à partir de la *crête des berges* que la largeur doit se calculer.

40. Quand elles partent de la limite de la rivière, les zones de halage et de marchepied se déplacent nécessairement suivant que la rivière se déplace elle-même. Le riverain qui gagne sur la rivière ne doit rien. Inversement, celui dont la propriété est entamée n'a pas droit à une indemnité. Toutefois, il est d'usage d'indemniser celui qui, pour fournir tout ou partie d'un chemin nouveau, doit détruire des arbres, des plantations ou des constructions primitivement situés hors de la zone asservie. — Pour construire ou planter à la limite de cette zone, le riverain n'est pas tenu de demander l'alignement. Mais s'il le demande, l'Administration est tenue de le délivrer dans un délai de trois mois; autrement le riverain a le droit de construire, et les constructions ou plantations qui dépasseraient les limites ne peuvent être supprimées que moyennant une indemnité (L. 1898, art. 48).

41. Les servitudes résultent de plein droit de la *navigabilité* du cours d'eau. Elles n'existent pas le long des rivières secondaires, noues, boires et dépendances du cours d'eau, qui sont domaniales sans être navigables. Elles existent au contraire sur les bords d'une gare d'eau. — Elles prennent naissance avec la navigabilité et cessent avec celle-ci. On ne peut s'y soustraire en invoquant des dispenses anciennes ou la prescription. — La servitude existe sur les cours d'eau où la navigation se fait sans trait de chevaux, à l'aide soit du flux et du reflux, soit de bateaux remorqueurs. Il en est de même le long des rivières simplement flottables, c'est-à-dire fréquentées par des trains ou radeaux, sans que le halage par chevaux soit pratiqué.

42. Le halage peut, s'il est nécessaire, s'exercer sur les îles aussi bien que sur les rives continentales.

43. Si un cours d'eau devenait *naturellement* navigable, les riverains seraient assu-

jettis aux servitudes de halage et de marchepied, sans indemnité ; mais cette hypothèse n'est guère de nature à se présenter. — En ce qui concerne les rivières rendues navigables par des travaux d'art, la servitude n'est due qu'autant que la navigabilité est *constatée par décret* et à charge d'indemnité. Pour la fixation de cette indemnité, on tient compte des avantages que la propriété riveraine retirera de l'établissement de la navigation ou du flottage, lesquels entrent en compensation avec le dommage occasionné par la servitude (L. 1898, art. 49). — Sur toutes les rivières, l'Administration a le droit de reporter le chemin de halage d'une rive à l'autre ou de l'établir sur les deux rives concurremment, mais à la charge d'une indemnité au profit du propriétaire de la rive où la servitude est créée (L. 1898, art. 49). — L'exercice de la servitude n'est pas subordonné au payement préalable de l'indemnité.

44. Toutes contestations relatives à l'indemnité due aux propriétaires, à raison de l'établissement de la servitude de halage, sont portées devant le juge de paix du canton, qui statue en premier ressort. S'il y a expertise, il peut n'être nommé qu'un seul expert (L. 1898, art. 50).

B. — **Interdiction d'extraire des matériaux.**

45. Il est interdit d'extraire, sans autorisation spéciale, des terres, sables ou autres matières à une distance moindre de 11^m 70 d'un cours d'eau navigable (L. 1898, art. 52).

C. — **Autres charges des fonds riverains** (R. 92 et s.; S. 78 et s.).

46. Les riverains sont tenus de coopérer aux travaux d'endiguement nécessaires pour la protection des régions voisines du fleuve. A cet effet, ils peuvent être constitués en associations syndicales, conformément à la loi du 16 sept. 1807 et à la loi du 21 juin 1865, modifiée par la loi du 21 déc. 1888 (V. *supra*, Associations syndicales, n° 28). — Quand l'Etat exécute lui-même les travaux, les riverains sont tenus d'y contribuer pécuniairement. Ils contribuent dans les mêmes conditions aux travaux prescrits par la loi du 28 mai 1858 (D. P. 58. 4. 67) pour mettre les villes à l'abri des inondations, le mot *ville* désignant ici tout centre de population. Ces charges incombent aux riverains des cours d'eau non navigables aussi bien qu'à ceux des cours d'eau navigables. — Enfin il est interdit de construire, sans déclaration préalable, aucune digue sur les parties submersibles des vallées de certaines rivières spécialement désignées (L. 28 mai 1858, art. 8). Il s'agit, en ce cas, d'une *déclaration* à faire, et non d'une *autorisation* à obtenir. Quant aux digues existantes, elles peuvent toujours être détruites moyennant indemnité, si le ministre les juge nuisibles (même loi, art. 7).

§ 4. — *Curage* (R. 107 et s.; S. 89 et s.).

47. Le curage est l'ensemble des travaux nécessaires pour rendre la largeur et la profondeur naturelles au lit d'un cours d'eau, encombré au bout d'un temps plus ou moins long par des graviers, des atterrissements, des envasements, etc. Le curage fait disparaître les encombrements, en respectant les alluvions quand elles sont arrivées à maturité, et le curage des cours d'eau navigables et de leurs dépendances faisant partie du domaine public, est à la charge de l'Etat (L. 1898, art. 53) ; une contribution pécuniaire peut toutefois être demandée aux communes, aux usiniers et aux riverains suivant les circonstances.

48. Les riverains sont tenus de supporter les inconvénients naturels du curage, les interruptions de la navigation, l'arrêt des prises d'eau, les chômages d'usines qu'il motivera, mais non le dépôt sur leurs propriétés des vases et déblais provenant de l'opération. — Ils ont droit à des dommages-intérêts lorsqu'un préjudice leur est occasionné par une exécution défectueuse du travail. Ils ont encore droit à une indemnité quand le curage entraîne une modification dans le cours du fleuve et un empiètement sur la propriété privée (V. *suprà*, n° 21).

49. L'Administration apprécie souverainement la question de savoir s'il y a lieu à curage. Les mariniers, riverains et autres intéressés ne peuvent que lui adresser des pétitions auxquelles elle est libre de ne pas donner suite. Toutefois, on admet que ces intéressés ont une action en dommages-intérêts devant le conseil de préfecture, quand ils sont en mesure de justifier d'un préjudice direct résultant de l'inexécution des travaux.

Art. 4. — Rivières non navigables ni flottables.

§1er. — *Régime légal* (R. 208 et s. ; S. 167 et s.).

50. Les cours d'eau non navigables et non flottables sont tous les cours d'eau naturels où ne peut s'exercer la navigation, telle qu'elle a été définie *suprà*, n°ˢ 6 et 7. — Il n'y a pas lieu de distinguer, entre les *rivières proprement dites*, soumises au régime qui va être indiqué ci-après, et les *ruisseaux*, moins importants, que l'on abandonnerait à la propriété privée. Aucun critérium ne permettrait d'effectuer pratiquement cette distinction, que n'autorisent ni la tradition ni les textes.

51. Un cours d'eau appartient à la propriété privée tant qu'il n'est pas sorti du fonds où jaillit sa source. Il est assimilé à la source elle-même, et le maître du fonds peut en disposer à son gré, sous cette réserve toutefois qu'il n'est pas permis de détourner, au préjudice des usagers inférieurs, les eaux qui, en sortant du fonds d'émergence de la source, ont le caractère d'eaux publiques et courantes (Civ. 643, modifié par la loi du 8 avr. 1898). V. *infrà*, *Servitude*. — Mais, s'il n'est pas permis de détourner le ruisseau lui-même, on peut disposer des rigolets qui s'y jettent avant sa sortie du fonds d'émergence et que l'on considère comme de simples *filets d'alimentation* (Civ. r. 11 févr. 1903, D. P. 1904. 1. 13).

52. Sous l'ancien régime, les seigneurs avaient, en général, sur les cours d'eau non navigables ou flottables, soit un droit de propriété pleine et entière, soit au moins un droit de surintendance résultant de leur droit de haute justice. Ils en consentaient eux-mêmes de nombreuses concessions. La Révolution a supprimé leurs droits comme entachés de féodalité, quand ils étaient restés entre leurs mains ; elle a respecté ceux qu'ils avaient valablement transmis à des tiers. De là cette conséquence qu'ont l'existence légale, sur les cours d'eau non navigables, tous les établissements qui avaient été autorisés par les seigneurs, ou même tous établissements qui existaient en 1789 ; leur existence à cette date fait présumer leur autorisation (Civ. c. 21 févr. 1893, D. P. 93. 1. 319).

53. La question de savoir quel était le régime légal que le Code civil avait entendu consacrer a été diversement résolue ; mais la jurisprudence et la majorité des auteurs considéraient que les rivières non navigables, dans leur intégralité, c'est-à-dire pour le lit aussi bien pour la masse des eaux, rentraient dans la catégorie des choses n'appartenant à personne, dont l'usage est commun à tous, et dont la jouissance est réglée par des lois de police, conformément à l'art. 714 c. civ. La loi de 1898 n'a pas sanctionné ce système. Elle maintient le

principe en ce qui concerne les eaux ; mais elle fait du lit l'accessoire des fonds riverains : le lit appartient aux propriétaires des deux rives (L. 1898, art. 3). Il est de jurisprudence établie que sur ce point la loi de 1898 est interprétative ; elle régit donc les situations antérieures à sa promulgation, sans qu'il y ait lieu d'invoquer le principe de la non-rétroactivité (Civ. c. 16 févr. 1904, D. P. 1904. 1. 263).

54. Si les deux rives appartiennent à des propriétaires différents, chacun d'eux a la propriété de la moitié du lit. L'axe du cours d'eau, c'est-à-dire la ligne idéale tracée au milieu de la rivière, est la limite qui sépare les héritages riverains. C'est de cet axe que se compte la distance de deux mètres exigée pour les vues et plantations (L. 1898, art. 3, § 2). — La limite est variable et sujette à se déplacer suivant les déplacements naturels du cours d'eau : en conséquence, est irrecevable entre riverains l'action en bornage qui tendrait à substituer à cette limite mobile des limites fixes, bornes ou pieux une fois plantés et à demeure dans le lit de la rivière (Civ. c. 11 déc. 1901, D. P. 1902. 1. 353). Si, en principe, l'axe du cours d'eau forme entre riverains la limite naturelle, cette limite est susceptible d'être modifiée soit par la convention des parties, soit par prescription (L. 1898, art. 3, § 2, *in fine*). Le propriétaire d'une seule rive peut donc l'être, en même temps, de la totalité du lit.

55. Du droit de propriété reconnu au riverain, il résulte : 1° que celui-ci doit l'impôt foncier pour le sol de la rivière (L. 3 frim. an 7, art. 104) ; 2° que si une mine est exploitée au-dessous, il a droit à l'indemnité tréfoncière ; 3° qu'une indemnité d'expropriation lui est due si la rivière vient à être déclarée navigable par suite des travaux publics, ou si l'Administration vient s'emparer du lit ; dans ce dernier cas, elle devra recourir aux formalités de l'expropriation ; 4° que le riverain a le droit exclusif d'extraire les produits naturels du lit, à la condition de ne pas modifier le régime des eaux (L. 1898, art. 3). — Il y a lieu d'ajouter que la propriété du lit explique naturellement aujourd'hui l'attribution faite au riverain des atterrissements, alluvions, relais, îles et îlots (Civ. 556 ; L. 1898, art. 7). En ce qui concerne les cours d'eau non navigables, V. *infrà*, *Propriété*.

56. Sur le cas où il se produit un changement de lit (Civ. 563), V. *infrà*, *Propriété*.

57. Si la rivière est dérivée par des travaux publics, il n'y a pas lieu de recourir à l'expropriation pour s'assurer des terrains sur lesquels sera creusé le nouveau lit. Le propriétaire de ces terrains occupés n'a droit qu'à une indemnité pour la servitude de passage de l'eau, qui va le grever. La loi du 3 mai 1841 n'est pas non plus applicable au cas où les travaux sont faits pour élargir le lit du cours d'eau, sans le déplacer : ces travaux ne causent qu'une aggravation de servitude, donnant lieu à une indemnité (L. 1898, art. 6 ; V. aussi *infrà*, n° 80). — Quant au propriétaire de l'ancien lit, il est avantagé, puisqu'il est affranchi d'une servitude. Mais comme il est en même temps dépouillé des avantages de la riveraineté, il éprouve le plus souvent un dommage. Aujourd'hui, comme avant la loi de 1898, il peut demander des dommages et intérêts pour perte de la force motrice, du droit d'irrigation, etc. (V. *infrà*, *Travaux publics*).

58. L'attribution au riverain du lit de la rivière, et aussi le développement récent de l'industrie hydro-électrique, captant à grandes distances la force motrice des cours d'eau pour la transformer en énergie électrique, ont donné une importance particulière à la question des *pentes et chutes*. — Jusqu'en 1898, l'Administration considérait les pentes

comme *res nullius*, ainsi que le lit lui-même, dont elles ne sont qu'une *manière d'être* ; elle en disposait donc à son gré, suivant l'intérêt général, en concédant la force motrice qu'elles sont susceptibles de produire. La situation ne paraît pas devoir être sensiblement modifiée. — On a soutenu que le riverain était propriétaire de la *pente* ou, ce qui revient au même, de la force motrice résultant de la pente du parcours de son héritage. Les riverains ont aussi prétendu, depuis 1898, être propriétaires non seulement de la force motrice pouvant correspondre à la pente de leur héritage, mais encore de celle qui résulte des pentes antérieures. Cette force, qu'ils n'aient pu être utilisée, constituerait une valeur dans leur patrimoine. On a exprimé la même idée en disant que les riverains d'un cours d'eau sont *copropriétaires* ou *co-usagers indivis de la force motrice produite par le cours d'eau*. La jurisprudence n'a pas sanctionné ces théories ; elle n'admet pas qu'il y ait un droit aux pentes, ou un droit à la force motrice, distinct du droit d'usage ordinaire de l'eau. En conséquence, le concessionnaire d'une prise d'eau ne peut être actionné par les riverains en aval de la prise, si ceux-ci ne justifient pas qu'ils employaient l'eau et se plaignent seulement que le courant n'a plus toute sa force motrice à hauteur de leur héritage (Grenoble, 7 août 1901, D. P. 1902. 2. 225). — Plusieurs projets de loi ont été déposés pour régler d'une façon définitive les rapports de l'Administration et des riverains en matière de pentes. Ils n'ont pas encore abouti.

59. L'eau a conservé, depuis la loi de 1898, le caractère qui lui était reconnu antérieurement : c'est une chose qui n'appartient à personne et dont l'usage est commun à tous ; les riverains ont sur elle des droits d'usages privilégiés, mais seulement dans les limites concédées par la loi (L. 1898, art. 2). — L'eau étant chose commune, tout individu a le droit d'y exercer les facultés qui résultent du droit naturel : puisage, abreuvage, faculté de se baigner, de laver, etc. — Le riverain ne peut s'opposer à la circulation en bateau (Paris, 26 juill. 1901, D. P. 1902. 2. 201). Mais la faculté de circulation du public ne saurait faire obstacle au droit de clore sa propriété que le propriétaire des deux rives tient de l'art. 647 c. civ. Du reste, cette clôture ne pourra jamais être opposée aux propriétaires voisins du cours d'eau, quand ceux-ci auront acquis par titres ou par prescription des droits sur la partie de rivière qui sert de voie d'exploitation pour la desserte de leurs fonds (L. 1898, art. 3, § 2, *in fine*).

60. Il résulte des travaux préparatoires de la loi de 1898 que le passage de l'eau est considéré comme une servitude imposée au sol. Les bâtiments, cours et jardins attenant aux habitations sont affranchis de cette servitude : s'il est nécessaire d'y toucher pour déplacer ou élargir le lit de la rivière, il faut recourir à l'expropriation. Le règlement des indemnités a lieu conformément à la loi du 21 mai 1836 (L. 1898, art. 6 et 26). — Pour le contentieux de la servitude, V. *infrà*, n°ˢ 157 et s.

61. La situation légale d'un cours d'eau non navigable avant la loi de 1898. On reconnaît la validité des concessions et des aliénations qu'ont faites les seigneurs avant l'abolition du régime féodal (V. *suprà*, n° 52). En vertu de ces titres, un riverain peut se rendre propriétaire de la rivière, des eaux aussi bien que du lit (Grenoble, 7 août 1901, D. P. 1902. 2. 225).

62. En Algérie et dans les colonies françaises, les cours d'eau non navigables sont soumis à un régime spécial : ils sont compris dans les dépendances du domaine public (V. *suprà*, *Algérie*, n°ˢ 178 et 179 ; *Colonies*, n° 92).

63. Les limites latérales d'un cours d'eau non navigable sont fixées par l'Administration. Le mode de procéder à la délimitation est le même que pour les rivières navigables (V. *suprà*, n° 14 et s.). Toutefois, ce n'est que pour assurer dans un intérêt général le libre écoulement des eaux, à propos du curage, que l'Administration procède à la reconnaissance des limites des cours d'eau non navigables. En dehors de cette hypothèse, la détermination de ces limites ne met en jeu que des intérêts privés et est du ressort exclusif de la compétence judiciaire.

§ 2. — *Usage de l'eau, droits des riverains; réglementation administrative* (R. 218 et s.; S. 177 et s.).

64. Les riverains ont d'abord, sur l'eau courante, tous les droits d'usage qui appartiennent au public en général (V. *suprà*, n° 59). Ils peuvent, notamment, y circuler en bateau et avoir des bateaux pour le service de leur propriété; mais ils ne peuvent affecter ces bateaux à un service public rémunéré, ce droit étant un monopole de l'Etat (V. *infrà*, *Péage*). — Ils ont, sur la partie du cours d'eau qui borde ou traverse leur héritage, les droits de chasse et de pêche (V. *suprà*, *Chasse-louveterie*, n° 112, et *infrà*, *Pêche fluviale*). Au cas où la rivière est rendue navigable, le droit de pêche est transféré à l'Etat, mais sous deux conditions : 1° le classement du cours d'eau par décret; 2° le payement préalable d'une indemnité (L. 15 avr. 1829, art. 3, § 3).

65. Mais le droit le plus important du riverain est le droit, qu'il ne partage avec personne, d'user de l'eau pour ses besoins agricoles, industriels ou même pour son agrément. — Pour ce qui concerne l'exercice de ce droit entre riverains, aux termes des art. 644 et 645 c. civ. V. *infrà*, *Servitude*. — Le droit dont il s'agit est soumis au contrôle de l'autorité administrative, aux règlements de laquelle les riverains sont tenus de se conformer.

66. L'autorité administrative intervient tantôt par voie de *règlements généraux*, tantôt par des *décisions individuelles*, appelées aussi *autorisations* (L. 1898, art. 2). —, Son pouvoir s'exerce dans le double but d'assurer : 1° le libre écoulement de l'eau au point de vue de la sécurité publique et de la salubrité; 2° la répartition de l'eau au mieux des intérêts de l'agriculture et de l'industrie. — Toute intervention dans un autre but, y eût-il même un intérêt général en jeu, est entachée d'excès de pouvoir. — Dans l'intérêt de la sécurité et de la salubrité, le pouvoir de l'Administration peut s'étendre sur des eaux, qui, d'une façon générale, ne sont pas soumises au régime des rivières non navigables ; un canal privé, par exemple, ou un cours d'eau avant qu'il soit sorti du fonds où jaillit sa source, ou un cours d'eau appartenant à un particulier en vertu d'une concession féodale. A tous autres points de vue, le droit s'arrête devant la propriété privée.

67. Les *règlements généraux* font la loi du cours d'eau ou d'une section déterminée du cours d'eau. L'Administration est seule juge de leur opportunité, et ne peut être astreinte à les prendre, à les modifier, à les abroger. Le recours contentieux n'est pas admis à leur encontre. — Ils sont obligatoires pour tous les citoyens et s'imposent à l'autorité judiciaire. — Ils mettent à néant tous titres et toutes possessions contraires, toutes actes administratifs antérieurs, toutes autorisations concédées. Il n'est pas permis aux riverains d'organiser conventionnellement une situation contraire à ces règlements, et ils ne sauraient acquérir par la prescription des droits qui leur fassent échec.

68. Les riverains sont tenus de demander autorisation pour tous établissements, pour tous ouvrages, barrages ou autres, en lit de rivière (L. 1898, art. 11). Il n'y a d'exception que pour les simples coupures de berges en vue de l'irrigation, qui peuvent se faire librement. — Les travaux effectués au-dessus du cours d'eau ou le joignant sont affranchis de la nécessité d'une autorisation préalable ; mais le riverain les effectue à ses risques et périls et peut être mis en demeure de les supprimer s'ils sont reconnus préjudiciables (L. 1898, art. 10).

69. A la différence de ce qui a lieu pour les cours d'eau navigables ou flottables, l'autorisation n'est pas une manifestation du pouvoir discrétionnaire de l'autorité; elle *doit être accordée* toutes les fois qu'elle ne risque pas de léser un intérêt général. Elle ne confère pas un droit nouveau, elle règle l'exercice d'un droit préexistant, de sorte que le recours contentieux est possible si un droit est violé par la décision administrative (L. 1898, art. 13). Toute demande donne droit à une réponse de l'Administration ; s'il n'y a pas de réponse, les intéressés peuvent, lorsqu'un délai de quatre mois s'est écoulé, considérer leur demande comme rejetée et exercer en conséquence le recours contentieux (L. 17 juill. 1900. art. 5, D. P. 1900. 4. 77). — Les arrêtés préfectoraux sont encore soumis, depuis la loi du 9 avr. 1898, à un recours nouveau, indépendant du recours contentieux pour excès de pouvoir : sur la réclamation des parties, il est statué par décret rendu en Conseil d'Etat (L. 1898, art. 13). — Sur le contentieux des cours d'eau non navigables, V. *infrà*, n° 168 et s.

70. Les autorisations individuelles ne peuvent être soumises à redevance. Elles ne sauraient être grevées de conditions ou de charges quelconques en dehors des intérêts généraux auxquels il appartient à l'Administration de pourvoir, c'est-à-dire ceux de l'écoulement ou de la répartition des eaux, de la sécurité ou de la salubrité. — Elles ne peuvent être révoquées qu'à charge d'indemnité, hors les trois hypothèses exceptionnelles : 1° d'inondation; 2° de danger pour la salubrité publique; 3° de réglementation générale nouvelle (L. 1898, art. 14). — La suspension d'une autorisation, même dans l'intérêt de travaux publics, donne également lieu à indemnité en dehors des trois cas ci-dessus.

71. L'autorisation constate que le droit prétendu par le riverain est susceptible de s'exercer sans inconvénient pour l'intérêt général : c'est à ce point de vue une sorte de *visa* ou de *laissez-passer*, qui ne préjuge rien quant à la valeur du droit en lui-même, et n'a aucune influence en ce qui concerne son conflit possible avec les droits des tiers.

72. Les riverains ne peuvent, ni par conventions, ni par prescription, acquérir à l'encontre de l'Administration des droits contraires à leur titre d'autorisation ; s'ils dérogent à ce titre, ils peuvent en tout temps être ramenés à sa stricte observation. Mais on admet généralement que les conventions ou la prescription créent *inter partes* des droits dont les tribunaux doivent tenir compte, soit pour en assurer le respect, tant que l'Administration ne s'y oppose pas, soit pour les résoudre en dommages - intérêts (Req. 6 févr. 1901, D. P. 1901. 1. 366).

73. Le président de la République est seul compétent aujourd'hui pour déterminer le régime général des cours d'eau non navigables au point de vue de l'écoulement et de la répartition des eaux. Les décrets, rendus dans la forme des règlements d'administration publique et après enquête, doivent concilier les intérêts de l'agriculture et de l'industrie avec le respect de la propriété et des droits acquis et des usages (L. 1898, art. 9).

74. Les préfets sont compétents à l'effet : 1° de prendre les règlements généraux pour la répartition des eaux, mais alors seulement qu'il s'agit de rappeler l'existence de règlements ou d'usages anciens et d'en assurer l'exécution sans rien innover ; 2° d'autoriser les ouvrages intéressant le régime ou le mode d'écoulement des eaux, c'est-à-dire tous travaux quelconques en lit de rivière; 3° de régulariser l'existence des établissements n'ayant pas de titre, c'est-à-dire installés sans autorisation depuis 1789, date jusqu'à laquelle on présume l'*autorisation* du seigneur féodal (V. *suprà*, n° 52) ; 4° de révoquer *ou* modifier les autorisations. — Les *préfets* statuent après une enquête, qui est obligatoire (L. 1898, art. 12). Les formes de cette enquête doivent être déterminées par un règlement d'administration publique, annoncé par la loi (même article, *in fine*), mais qui n'a pas encore été fait. En attendant, la pratique se conforme à une circulaire ministérielle du 23 oct. 1851 (V. *infrà*, n° 136 et s.).

75. Les maires n'ont, en principe, aucune qualité soit pour édicter des dispositions générales soit pour prendre des mesures individuelles. A titre exceptionnel, ils peuvent intervenir en cas de danger imminent ou de nécessité urgente (L. 1898, art. 7; V. *suprà*, *Commune*, n° 169). Ils peuvent aussi recevoir une délégation du préfet à l'effet de prendre les diverses mesures de police qui sont de la compétence de ce dernier (L. 1898, art. 16).

76. Les règlements de répartition des eaux ne peuvent intervenir que dans un intérêt général, pour opérer un partage de principe entre l'agriculture et l'industrie. C'est aux tribunaux judiciaires que les riverains doivent demander les règlements d'eau s'appliquant à des situations privées et résultant de titres, conventions, prescription, etc.

§ 3. — *Curage* (R. 226 et s.; S. 180 et s.).

77. Le curage des cours d'eau non navigables comprend tous les travaux nécessaires pour rétablir le lit dans sa largeur et sa profondeur naturelles (L. 1898, art. 18). — La loi de 1898 précise encore sa formule en indiquant la nécessité de respecter les îles, îlots et alluvions arrivés à maturité (V. *infrà*, *Propriété*, *Travaux publics*). — Le curage est ordonné par l'autorité administrative, qui est seule juge de l'opportunité de la mesure. Il y est pourvu de façon différente, suivant qu'on se trouve dans l'une ou l'autre trois hypothèses suivantes.

78. 1° *Il existe des anciens règlements ou usages locaux* (On entend par là tous règlements et usages antérieurs à la loi du 14 flor. an 11, qui établit pour la première fois la réglementation du curage, et que la loi de 1898 abroge, en lui empruntant ses dispositions essentielles). — Ces règlements doivent être exactement suivis. Il appartient aux préfets, sous l'autorité du ministre de l'Agriculture, de prendre les dispositions et arrêtés nécessaires pour en assurer l'exécution (L. 1898, art. 19); — 2° *Il n'existe pas de règlements ou d'usages anciens*, ou tout au moins il n'en existe pas qu'on puisse appliquer, soit leur application soulève des difficultés, soit qu'un état de choses nouveau appelle une réglementation nouvelle. En ce cas, il y a lieu de provoquer la formation d'une association syndicale, libre ou autorisée, qui sera chargée du nécessaire et fonctionnera conformément aux lois des 21 juin 1865 et 22 déc. 1888 (L. 1898, art. 20) (V. *supra*, *Associations syndicales*) ; — 3° *Il ne peut être formé d'association syndicale libre ou autorisée*. Il est alors statué par décret rendu en Conseil d'Etat pour déterminer le mode d'exécution des travaux et les bases de la répartition des dépenses (L. 1898, art. 21, 22). — S'il existe une association syndicale, mais qu'elle soit dans l'impossibilité d'assumer la charge de l'opération du curage, l'Administration procédera par décret (Cons. d'Et. 10 mars 1899, D. P. 1900. 3. 62). — Tout décret réglementant le curage doit, à peine de nullité, être précédé d'une enquête. Les formes de cette enquête sont déterminées par un règlement d'administration publique du 14 nov. 1899.

79. Les préfets ne sauraient, sans abus de pouvoir, ordonner ou réglementer un curage en dehors du cas où il s'agit d'assurer l'exécution d'anciens usages ou règlements. Mais ils ont le droit, si l'encombrement du lit cause un danger, d'ordonner les mesures nécessaires pour conjurer le péril. — Les maires ont le même pouvoir de police (bien qu'en principe ils soient incompétents, à moins d'une délégation expresse et spéciale de l'autorité préfectorale) pour prescrire des opérations urgentes. — L'autorité judiciaire a aussi compétence pour contraindre un particulier qui a encombré le lit à faire cesser l'encombrement. Mais ce ne sont pas là des hypothèses de curage à proprement parler.

80. En vue des opérations du curage, l'Administration a le droit de fixer l'emplacement et les limites de la rivière. Les empiètements qui peuvent résulter de cette délimitation ne constituent pas une expropriation, mais aggravent en l'étendant la servitude imposée au fonds pour le passage de l'eau. Les travaux d'élargissement, de régularisation, de redressement, jugés nécessaires pour compléter les travaux de curage, sont assimilés à ces derniers et autorisés de la même façon (L. 1898, art. 25, 26). Comme ils constituent toujours et nécessairement une innovation, ils ne peuvent être autorisés par simple arrêté préfectoral, et leur régularité est subordonnée soit à un décret du chef de l'Etat, soit à la formation d'une association syndicale.

81. La réglementation du curage comprend : la fixation des époques auxquelles il sera procédé, la désignation des hommes de l'art chargés de la confection des plans et devis et de la surveillance, la détermination des intéressés. — Vient ensuite le travail proprement dit, puis la répartition et la mise en recouvrement des dépenses. — Le curage a pour les intéressés le caractère d'une obligation (L. 1898, art. 3). — On entend par *intéressés* tous ceux qui rendent le curage nécessaire ou qui en retirent un avantage *direct* : riverains, usiniers, non riverains même, s'ils sont exposés aux inondations par l'encombrement du lit de la rivière. — Un avantage *indirect*, tel que celui qui résulte de l'assainissement de la contrée, n'entre pas en ligne de compte à l'égard des particuliers. Au contraire, dans le cas de travaux intéressant la salubrité, le décret ou l'arrêté qui ordonne ces travaux peut, après avis du conseil général et des conseils municipaux, mettre une partie de la dépense à la charge des communes assainies (L. 1898, art. 28). — Pour les intéressés non riverains, l'obligation consiste dans une contribution pécuniaire. Le riverain a le choix entre la contribution et la prestation en nature : en ce dernier cas, il doit effectuer le curage de la portion de rivière soumise à sa riveraineté.

82. Il est procédé au curage soit par l'action individuelle des riverains, soit par des entrepreneurs avec qui ont traité les syndicats ou l'Administration. — L'Administration a toujours un droit de contrôle, et elle peut faire exécuter le travail qui, dans le délai fixé pour l'exécution, n'aurait pas été fait ou ne l'aurait pas été terminé. Elle doit préalablement adresser une mise en demeure aux propriétaires ou entrepreneurs négligents ou récalcitrants. — Diverses charges sont imposées aux riverains pendant la durée des travaux. Ils sont astreints à laisser passer les ouvriers, les entrepreneurs, les fonctionnaires et les agents chargés de la surveillance

(L. 1898, art. 27). — Les propriétaires de barrages doivent tenir leurs vannes ouvertes ; les usiniers chômeront sans indemnité. Enfin les riverains supporteront le dépôt sur leurs terres des déblais provenant du curage effectué au droit de leur propriété. Ces déblais, d'ailleurs, leur appartiennent, du moment qu'ils sont propriétaires du lit.

83. Les frais de curage comprennent le coût des travaux, les indemnités dues à raison d'élargissements, les honoraires des rédacteurs des plans et projets, ceux des agents et fonctionnaires de la surveillance. Ils sont répartis entre les intéressés conformément aux anciens usages et règlements, ou, s'il n'existe pas de précédents, proportionnellement au degré d'intérêt. Tout intéressé, en plus de sa part contributoire, peut être tenu personnellement des frais supplémentaires qu'il aurait occasionnés par sa faute.

84. Les rôles de répartition sont établis sous la surveillance du préfet, le plus souvent par les ingénieurs des ponts et chaussées. Si le curage a été fait à la diligence d'une association syndicale, cette association procède elle-même à la répartition, conformément aux lois qui la régissent (V. *supra*, *Associations syndicales*, n° 26). — Le préfet rend les rôles exécutoires, et le recouvrement se fait dans les mêmes formes qu'en matière de contributions directes (L. 1898, art. 23 ; V. *infra*, *Impôts directs*). Les rôles ne sont pas soumis au principe de l'annualité. Ils doivent être publiés : le défaut de publication n'empêche pas la légalité de la taxe, mais le délai de réclamation ne court que du jour où celle-ci a été connue des intéressés (Cons. d'Et. 12 nov. 1898, D. P. 1900. 3. 31). Le payement des taxes de curage est garanti par un privilège qui prend rang immédiatement après celui du Trésor public (L. 1898, art. 23).

85. Pour le contentieux du curage des rivières non navigables ni flottables, V. *infra*, n°s 174 et s.

86. Les cours d'eau naturels sont seuls soumis au curage, à l'exclusion des fossés d'assainissement, de vidange, de clôture, de défense, et généralement de tous cours d'eau artificiels. — Le ruisseau né d'une source échappe aux règlements administratifs tant qu'il n'est pas sorti du fonds où jaillit la source. — Des exceptions à ces règles peuvent résulter soit des anciens usages, soit de la nécessité de pourvoir à la sécurité ou à la salubrité publiques.

Art. 5. —— Rivières flottables a buches perdues (R. 58 et s. ; S. 49 et s.).

87. Le *flottage à buches perdues* est un procédé qui consiste à abandonner au courant de l'eau des pièces de bois qui se transporteront elles-mêmes du lieu de la coupe jusqu'au point où elles seront recueillies. — Les cours d'eau qui y sont assujettis rentrent dans la catégorie des cours d'eau non navigables ni flottables, et n'ont dans cette catégorie de caractère distinct que par suite de leur affectation à quelques servitudes spéciales (L. 1898, art. 30).

88. Un cours d'eau n'est pas flottable à buches perdues par ce seul fait que matériellement il y a possibilité d'y faire flotter des objets. Il faut qu'on fait il se soit trouvé affecté au flottage en 1898, au moment de la promulgation de la loi. Au reste, ni celle-ci, ni aucun document postérieur ne donne de nomenclature officielle des rivières reconnues soumises au flottage. — Les cours d'eau sur lesquels le flottage à buches perdues n'était pas pratiqué en 1898, ne seront considérés comme flottables qu'en vertu d'un décret, à intervenir après enquête et avis du conseil général des départements intéressés (L. 1898, art. 31).

89. L'établissement du flottage sur un cours d'eau n'aura lieu qu'à la condition

d'une indemnité. Cette indemnité sera fixée en premier ressort par le juge de paix, qui devra tenir compte des avantages résultant de la situation nouvelle, en même temps que des charges qu'elle impose (L. 1898, art. 32).

90. Le décret proclamant la flottabilité à buches perdues organisera le régime du cours d'eau en déterminant les servitudes nécessaires, ainsi que les charges et obligations réciproques des flotteurs, des usiniers des riverains (L. 1898, art. 31). Les cours d'eau flottables en 1898 continueront à être soumis à leurs anciens règlements, jusqu'à une réglementation d'ensemble prévue par la loi (art. 33), mais qui n'a pas encore été faite.

91. Sans entrer dans le détail des anciens règlements, qui varient suivant les cours d'eau, on peut ramener à quelques types principaux les servitudes qu'ils organisent. Les riverains sont tenus de laisser sur chaque bord un *marchepied*, qu'il ne faut pas confondre avec le marchepied de contre-halage. C'est un passage de 1 m. 30, affecté à la circulation des agents du flottage et à cette circulation seulement. Il n'y a pas interdiction absolue de construire ou de planter sur ce terrain ; il faut seulement que les ouvrages et les plantations n'aient pas pour effet de rendre la circulation impossible. — Les riverains doivent encore supporter sur leurs héritages, du lieu de la coupe à celui de la mise à flot, le passage des bois ; ils doivent laisser pâturer les bêtes de somme affectées au transport sur les friches et prés fauchés. Enfin ils supportent les amas et dépôts de bois, à charge d'une indemnité de 0 fr. 10 ou de 0 fr. 15 par corde, selon que le terrain occupé est en nature de taillis ou friche, ou bien en nature de pré. Les propriétés closes sont exemptes de ces deux dernières servitudes.

92. Des arrêtés préfectoraux déterminent les époques du lancement des *flots* (les buches sont lancées en masse, à des intervalles plus ou moins périodiques). Les usiniers et riverains doivent ouvrir leurs pertuis et faire fonctionner les ouvrages nécessaires pour le passage du flot : les flotteurs, de leur côté, doivent faire prévenir au moins dix jours à l'avance. Les ouvrages en rivière sont visités avant le lancement, et un recolement a lieu après le passage. En pratique, ces règles sont généralement inobservées. Le flottage est aux mains de compagnies qui traitent directement et à forfait avec les intéressés.

93. Les usiniers autorisés ont droit à une *indemnité de chômage* de 4 francs par période indivisible de vingt-quatre heures. Les propriétaires d'ouvrages ont droit à des dommages - intérêts pour tous dégâts résultant du flottage, même en dehors de toute hypothèse de faute.

94. Toutes les contestations entre riverains et flotteurs sont de la compétence exclusive des tribunaux civils.

Art. 6. — Canaux.

95. Les *canaux* sont des cours d'eau artificiels, d'importance et de destination très variables. Ils sont publics ou privés, et affectés soit à la navigation ou au flottage, soit à l'irrigation ou au dessèchement de certaines régions, soit au roulement des usines.

§ 1er. — *Canaux de navigation* (R. 157 et s. ; S. 123 et s.).

96. Les canaux de navigation se divisent en canaux proprement dits et rivières canalisées. — Les travaux de canalisation sont entrepris en vertu d'une loi portant déclaration d'utilité publique. Un décret suffit lorsque la longueur du canal entrepris ne doit pas dépasser vingt kilomètres. Une enquête préalable est nécessaire. Il y a lieu d'acquérir les terrains nécessaires à l'établissement du canal et de ses dépendances : les expropriations à cet effet, s'il y a lieu, sont poursuivies suivant les formes prescrites par la loi du 3 mai 1841 (V. *infrà*, *Expropriation pour cause d'utilité publique*).

97. L'Etat peut se charger de la construction et de l'exploitation du canal. En ce cas, le canal appartient au domaine national. Il pourrait appartenir au domaine public départemental ou communal, s'il avait été entrepris par un département ou une commune. L'État peut aussi abandonner soit la construction, soit l'exploitation, soit l'une et l'autre, à des particuliers ou à des compagnies concessionnaires. Quelques canaux sont concédés à perpétuité : ce sont les canaux de Paris, le canal du Midi, le canal de Grave et le canal de Lunel : mais les concessions sont généralement temporaires. — Les canaux concédés à titre temporaire font partie du domaine public. Les canaux concédés à perpétuité sont soumis à un régime mixte. Ils sont *propriété privée*, à tous points de vue autres que celui de la navigation. Au point de vue de la navigation, ils sont *dépendance du domaine public*. L'autorité administrative a le droit de les réglementer : ainsi, le préfet peut interdire leur mise en chômage.

98. Les concessionnaires, à la charge de qui est l'entretien du canal, ont pour s'indemniser : 1° la perception de droits de péage, suivant les tarifs réglementés par l'Etat; 2° les produits de la pêche; 3° ceux des plantations et récoltes sur les dépendances du canal; 4° ceux de la concession des eaux en excédent aux usiniers et aux arrosants. — Indépendamment des droits de péage, il peut être perçu des droits de *stationnement* sur les bateaux qui s'arrêtent plus ou moins longtemps dans le canal.

99. La délimitation des canaux est une délimitation du domaine public, de la compétence des préfets. Ceux-ci n'ont d'ailleurs qu'à apprécier les titres et à en faire l'application sur le terrain. — Les décisions préfectorales sont susceptibles de recours devant le Conseil d'Etat. La question de savoir si un terrain fait partie d'un canal peut aussi se trouver portée devant l'autorité judiciaire : celle-ci doit surseoir à statuer jusqu'après la délimitation administrative, s'il y a lieu d'interpréter des titres administratifs.

100. Sont présumés appartenir aux canaux : les digues et chaussées, les francsbords, les rigoles alimentaires, les ponts, les plantations et pépinières. Il en est autrement des *chambres d'emprunt* et des terres qui recouvrent les souterrains. — C'est sur les dépendances du canal que doivent s'exercer le halage et le contre-halage : aucune servitude, de ce chef, ne grève les propriétés voisines.

101. La police des canaux appartient à l'Administration. Celle-ci réglemente le service de la navigation, les réparations, les chômages, prévient ou fait cesser les entreprises susceptibles de nuire à l'usage public. Elle est tenue d'effectuer le curage dans les canaux exploités par l'Etat; dans les canaux concédés, elle en surveille et au besoin en impose l'exécution. — A titre de sanction, elle peut prononcer la mise sous séquestre du canal, et même la déchéance du concessionnaire qui ne se conformerait pas à ses obligations.

102. Les concessions de prise d'eau doivent toujours être autorisées par l'Administration, aux mêmes conditions que le long des rivières navigables, et avec le même caractère de précarité. — Quand le canal est concédé, c'est au concessionnaire qu'il appartient de concéder à son tour le droit de prise d'eau, mais sous réserve de l'autorisation administrative, qui demeure indispensable. Sauf clause contraire du cahier des charges, l'Administration ne peut imposer

au concessionnaire du canal de supporter une prise d'eau. — Le canal du Midi est soumis à une réglementation spéciale.

103. La police des canaux est exercée par les agents des ponts et chaussées, ceux de la navigation et des gardes particuliers que peuvent commissionner les concessionnaires. Les infractions en cette matière ont le caractère de contraventions de grande voirie (V. *infrà*, n° 198).

104. L'Etat, quand il est exploitant, ou, quand il a concédé ses droits, le concessionnaire du canal, est responsable vis-à-vis des bateliers de tous dommages résultant du mauvais état du canal ou de la négligence des employés. Il est responsable vis-à-vis des riverains des dégâts résultant du mauvais entretien, d'infiltrations ou de débordements.

105. Les canaux navigables, créés par des particuliers dans leur intérêt propre et sur leur fonds, appartiennent privativement à ceux qui les ont établis. Ceux-ci peuvent y admettre le public sans péage, ou avec péage s'ils sont autorisés à cet effet. Si les canaux empruntent l'eau à une rivière, navigable ou non, la prise d'eau est soumise au contrôle de l'Administration.

106. Une rivière non navigable peut être *canalisée* sur tout ou partie de son parcours. La canalisation d'une rivière, au même titre que la création d'un canal, rentre dans la catégorie des grands travaux dont l'exécution ne peut avoir lieu qu'après déclaration d'utilité publique. — Les riverains ont droit à une indemnité pour la partie du lit qui leur appartient, à raison du terrain qu'ils fournissent pour agrandir la rivière, de l'eau et de la force motrice dont ils perdent l'usage, de la servitude de halage à laquelle ils sont assujettis, à la différence des riverains d'un canal. — Les digues naturelles d'une rivière canalisée ne sont pas considérées comme dépendances faisant partie du domaine public. — D'une façon générale, la rivière canalisée conserve son caractère originaire et naturel de cours d'eau.

107. Une rivière canalisée peut appartenir à un particulier, en vertu de titres anciens, comme une rivière non navigable, ou faire, comme celle-ci, l'objet d'une concession.

§ 2. — *Canaux non navigables ou d'irrigation* (R. 201 et s.; S. 152 et s.).

108. Les canaux d'*irrigation* sont d'intérêt général ou privé. Dans le premier cas ils sont exécutés comme travaux publics, en vertu d'une loi ou d'un décret déclarant l'utilité publique. Ils peuvent être entrepris par des associations syndicales. Quand l'entreprise dépasse les proportions d'une œuvre locale, ils le sont par des compagnies que l'Etat subventionne ou dote d'une concession. Mais ils n'ont pas le caractère de domanialité publique et ne sont pas placés sous le régime de la grande voirie.

109. Le lit des canaux d'irrigation est susceptible de propriété privée; mais l'eau qui y circule, quand elle est empruntée à une rivière, est soumise au régime de la rivière. Le préfet a le droit de réglementer la répartition générale des eaux des canaux d'arrosage et d'irrigation dérivés des cours d'eau.

110. Les concessionnaires des canaux d'arrosage sont autorisés à percevoir des propriétaires intéressés des taxes, dont le recouvrement a lieu dans les mêmes formes que celui des contributions directes. Les demandes en décharge, et le contentieux de la confection des rôles, sont portés devant le conseil de préfecture. Les pourvois sont instruits sans frais. — Le conseil de préfecture connaît des exceptions fondées sur la nonobservation du cahier des charges de la compagnie, mais non de celles qui résulteraient de conventions privées. Les engagements des

propriétaires relativement à l'usage de l'eau et les obligations qui en dérivent n'ont pas le caractère personnel, mais sont inhérents à l'immeuble qui bénéficie de l'arrosage; ils suivent cet immeuble en quelques mains qu'il passe.

111. Les canaux et fossés creusés artificiellement appartiennent, en principe, à la propriété privée. Ils demeurent soumis au pouvoir de police de l'Administration, aux points de vue de la salubrité et de la sécurité publiques, et notamment à celui du curage (V. *suprà*, n°ˢ 66, 86). — V. encore, sur les divers canaux d'intérêt privé, *infrà*, *Propriété*, *Servitude*; ... sur les canaux de dessèchement, *infrà*, *Marais*; ... sur les canaux usiniers, *infrà*, n°ˢ 149 et s.

ART. 7. — ETANGS ET LACS (R. 244 et s.; S. 213 et s.).

112. Les *étangs* ou *lacs* sont des amas d'eau non courante, douce ou salée, ayant ou non écoulement, de caractère naturel ou artificiel. La dénomination de *lacs* est réservée aux étangs de vaste étendue. Les grands lacs traversés par un fleuve, comme le Léman, sont soumis au régime de ce fleuve. — Les étangs salés qui communiquent directement avec la mer font partie du domaine public, les autres sont susceptibles de propriété privée. — Les étangs naturels n'ont pas de législation spéciale, ils sont assujettis aux lois d'intérêt général et de salubrité publique. Les étangs artificiels peuvent être librement créés par les particuliers sur leurs héritages, soit avec les sources qui y jaillissent, soit avec les eaux pluviales qu'on y recueille, soit par la retenue des eaux d'une rivière, soit au moyen d'une dérivation. — Lorsque l'étang emprunte tout ou partie de ses eaux à un cours d'eau, il est soumis à la réglementation administrative, et la dérivation qui l'alimente ou le barrage qui le retient ont besoin d'être autorisés. — L'autorisation administrative serait encore nécessaire, quand la chaussée de l'étang longe un chemin public.

113. On appelle *chaussée* ou *digue* l'amas de terre ou la maçonnerie qui retient l'eau. L'étang comprend ordinairement en outre un *déversoir*, dont la largeur et la hauteur se calculent sur le volume d'eau susceptible d'être contenu sans inondation des terres voisines, et une *bonde* pour l'écoulement complet des eaux. — La chaussée fait partie de l'étang à titre d'accessoire. Telle est du moins la situation normale, mais cette situation est susceptible d'être modifiée par convention ou prescription.

114. Un étang a légalement pour étendue toute la surface que couvre l'eau quand elle est à hauteur de la décharge. La limite de la décharge n'est pas au seuil du déversoir, mais au point extrême d'élévation des eaux lors de la crue ordinaire de la saison d'hiver. Il n'y a pas d'alluvion possible dont profiterait les propriétaires riverains de l'étang. Réciproquement, le propriétaire ne peut acquérir les terres riveraines par la prescription qui résulterait d'une inondation prolongée. — Ces différentes règles reposent sur des présomptions qui ne sont applicables qu'autant qu'il existe un déversoir fixe et fonctionnant sans aide de l'homme : sinon on rentre dans le droit commun, et la preuve s'effectue par tous les moyens. Il faut aussi que la destination de l'étang soit permanente et réelle : d'où la question de fait que soulève le savoir si la destination a été modifiée.

115. Le propriétaire de l'étang est propriétaire du sol et des eaux. — S'il s'agit d'un étang alimenté par une rivière, et s'il est impossible de faire dans l'étang une part distincte pour les eaux de la rivière, les particuliers peuvent être déclarés propriétaires pour la totalité des eaux de l'étang (Req.

21 févr. 1893, D. P. 93. 1. 319). — Le droit du propriétaire est susceptible d'être modifié par convention ou prescription ; il peut aussi être limité par des servitudes, comme un droit de propriété quelconque.

116. Dans certaines régions, spécialement dans le département de l'Ain (étangs de la Bresse et des Dombes), la propriété est répartie entre plusieurs propriétaires, d'après des règles particulières. Les uns ont l'*évolage*, c'est-à-dire la jouissance de l'étang quand il est rempli d'eau ; les autres l'*assec*, soit la jouissance de l'étang desséché et mis en culture. La transformation a lieu à des intervalles périodiques. — Cette situation n'est pas assimilable à l'indivision, et ne permet pas de demander un partage. Des lois spéciales ont été nécessaires pour arriver à la licitation forcée et au dessèchement des étangs de l'Ain (L. 21 juill. 1856, D. P. 56. 4. 120 ; L. 28 oct. 1857, D. P. 57. 4. 200). — Une loi du 25 nov. 1901 (D. P. 1902. 4. 18) détermine les conditions dans lesquelles un certain nombre d'étangs de l'Ain pourront être remis en eau.

117. L'établissement d'un étang n'est soumis en principe à aucune autorisation administrative ; il n'en faut une que si la chaussée de l'étang longe un chemin public ou si le propriétaire utilise un ruisseau pour alimenter l'étang. — D'autre part, d'après l'opinion générale, le propriétaire a besoin du consentement des propriétaires inférieurs quand la création de l'étang doit aggraver ou déplacer la servitude d'écoulement naturel des eaux. — La loi du 29 août 1845, art. 3, qui autorise le propriétaire d'un fonds submergé à réclamer sur les fonds intermédiaires un passage pour l'écoulement des eaux nuisibles, n'est pas applicable au dessèchement des étangs, régi par la loi du 16 sept. 1807 (R. v° *Marais*, p. 57).

118. Hors le cas de prescription ou de convention, les propriétaires inférieurs n'ont pas le droit de considérer comme acquis à leur fonds l'écoulement de l'étang, quand celui-ci est formé par des infiltrations ou des eaux de pluies. Au contraire, le propriétaire de l'étang formé par une eau courante est tenu de rendre cette eau à son cours naturel.

119. Les riverains de l'étang n'ont pas le droit de se servir de l'eau, moins encore celui de la dériver au moyen de coupures ou d'autres travaux d'art. Il en est ainsi alors même que l'étang est traversé par un cours d'eau ; car, s'ils sont riverains de l'étang, ils ne le sont pas du cours d'eau. Il n'en serait autrement que si l'étang provenait en entier d'une retenue sur le cours d'eau.

120. Quand deux étangs sont voisins, le propriétaire de l'étang inférieur ne peut rien faire qui soit de nature à causer un reflux des eaux sur l'étang supérieur. Il n'est pas tenu de vider son étang pour favoriser la pêche de l'étang supérieur.

121. Lorsqu'à raison de l'envasement ou d'un développement excessif de la végétation aquatique un étang ne peut plus recevoir les eaux d'un fond supérieur, le propriétaire de l'étang n'est pas astreint à faire un travail quelconque pour modifier cet état de choses ; mais il doit supporter les travaux de curage que fera le propriétaire du fonds pour assurer l'exercice de la servitude d'écoulement.

122. L'autorité administrative a un droit de police sur les étangs, notamment le droit de régler le niveau de l'eau quand l'étang est alimenté par un cours d'eau (Cons. d'Et. 28 juin 1895, D. P. 96. 3. 61). — Le propriétaire d'un étang est encore tenu d'obéir aux actes administratifs ordonnant le curage du cours d'eau en tenant libre un chenal pour l'écoulement de celui-ci.

123. Les poissons d'un étang, immeubles par destination, deviennent meubles à l'en-lèvement de la bonde pour la mise en pêche. — S'ils changent d'étang, ils changent aussi de propriétaire, à moins qu'ils n'aient été attirés par fraude ou artifice (Civ. 564 ; L. 15 avr. 1829, art. 2, 54). — D'ailleurs, la propriété de ces animaux est aussi protégée par les lois pénales (Pén. 452, 479, § 2 et 3) (V. *suprà*, *Contravention*, n° 86). — En ce qui concerne la chasse et la pêche sur les étangs, V. *suprà*, *Chasse-louveterie*, n° 124 et 125, et *infrà*, *Pêche fluviale*.

124. L'inondation des propriétés voisines par la trop grande élévation des eaux au-dessus du déversoir est réprimée par la loi du 28 sept. 1791, art. 15, et par l'art. 457 c. pén. L'art. 457 édicte une amende qui ne pourra excéder le quart des restitutions et des dommages et intérêts, ni être inférieure à 50 francs. Un emprisonnement de six jours à six mois s'ajoute à cette pénalité s'il y a eu des dégradations. — L'inondation résultant de la force majeure ne détermine aucune responsabilité, à la condition toutefois que le déversoir ait été réglé par l'autorité administrative (V. *suprà*, *Dommage-Destruction-Dégradation*, n°s 44 et s.).

125. Quand un étang dégage des exhalaisons méphitiques, risquant d'occasionner des épidémies ou des épizooties, le préfet peut en ordonner la suppression sans indemnité, pour cause d'insalubrité, conformément à la loi du 11 sept. 1792 (R. v° *Marais*, p. 57). Il doit être saisi par la demande du conseil municipal intéressé, et prendre l'avis du conseil général, du conseil d'arrondissement et des gens de l'art, à peine d'excès de pouvoir (Cons. d'Et. 13 mars 1891, D. P. 92. 3. 100).

ART. 8. — SOURCES ET EAUX PLUVIALES.

126. V. *infrà*, *Servitude*.

ART. 9. — AQUEDUCS, FONTAINES PUBLIQUES, ÉGOUTS (R. 277 et s. ; S. 242 et s.).

127. On appelle *aqueduc* un canal fait de main d'homme, qui reçoit l'eau et la dirige par une pente plus ou moins rapide au lieu de sa destination. On désigne encore ainsi le droit qu'a un propriétaire de faire passer l'eau à travers le fonds d'autrui pour la conduire sur son propre fonds. — Sur le régime des canaux usiniers, V. *infrà*, n°s 149 et s. ; sur le régime des aqueducs d'irrigation, le droit d'aqueduc et les lois des 1er mai 1845 et 15 juill. 1847, V. *infrà*, *Servitude*.

128. Les eaux affectées dans leur ensemble à des usages publics, comme l'alimentation d'une ville, font avec leurs aqueducs et canaux partie du domaine public municipal. Elles sont inaliénables et imprescriptibles, sans distinction entre celles qui sont indispensables à la satisfaction actuelle des besoins communaux et les eaux superflues et surabondantes. — Toutes les concessions ont le caractère précaire et révocable : la commune a le droit de les révoquer sans être tenue d'administrer la preuve que les eaux concédées sont devenues nécessaires à ses besoins. — La commune peut encore élever le prix de la concession, quelles que soient les stipulations de l'acte, celles-ci ne pouvant faire échec au principe d'inaliénabilité. Il importe même peu que la concession soit antérieure à l'acquisition de l'eau par la commune, et faite par exemple en vue de l'acquisition de cette eau. — Ces règles générales s'appliquent à Paris comme aux autres communes.

129. Le trop plein des fontaines publiques a, comme les fontaines elles-mêmes, le caractère de dépendance du domaine public communal. Il est imprescriptible. L'autorité municipale conserve toujours le droit de l'affecter à un service public, en faisant au besoin cesser la possession du détenteur.

130. Les villes doivent recourir à l'expropriation pour déposséder les propriétaires des sources qu'elles dérivent pour s'alimenter en eau potable. — Cependant, d'après l'art. 642 c. civ., modifié par la loi du 8 avr. 1898, le propriétaire d'une source ne peut pas en user de manière à enlever aux habitants d'une commune l'eau qui leur est nécessaire. Il y a donc lieu aujourd'hui de combiner ces deux solutions, suivant la position géographique des communes et des sources.

131. En concédant à une compagnie le service de la distribution de l'eau et la permission d'établir une canalisation sous les voies municipales, une ville ne concède pas un monopole qu'elle n'a pas elle-même. Elle s'engage simplement à ne pas passer de convention similaire avec un autre concessionnaire (V. *suprà*, *Commune*, n° 418). Quant aux particuliers, ils peuvent s'approvisionner d'eau où bon leur semble, s'il leur est possible de le faire sans emprunter le sol communal pour canaliser.

132. La concession ne confère un droit précaire et révocable ; mais, sous cette réserve, les concessionnaires sont maîtres de l'eau concédée et en disposent à leur gré, dans les limites du règlement qui fait la loi de leur concession. — Les compagnies concessionnaires de la distribution des eaux sont, d'ailleurs, tenues de livrer l'eau à quiconque accepte leur règlement et s'engage à payer. — La concession constitue une convention purement civile et de l'appréciation des tribunaux judiciaires.

133. Les eaux d'égout d'une ville font partie de son domaine municipal, dont elle a la libre disposition. Mais si la ville les laisse se déverser dans un ruisseau, elles s'incorporent à ce ruisseau, prennent le caractère d'eaux publiques et courantes, et la ville n'a pas le droit de détourner le ruisseau au préjudice des riverains inférieurs (Req. 2 juin 1890, D. P. 91. 1. 356).

ART. 10. — USINES ET MOULINS.

§ 1er. — *Installation des usines, autorisation, existence légale* (R. 335 et s. ; S. 259 et s.).

134. Sur les cours d'eau navigables, aucune autorisation d'usine ne peut être accordée que par un décret, rendu après enquête et le Conseil d'Etat entendu (L. 1898, art. 43). — L'autorisation doit être demandée au préfet pour tous les établissements à construire sur des eaux qui n'ont pas le caractère domanial (L. 1898, art. 11).

135. Aucune possession, quelque longue qu'elle soit, ne peut suppléer au défaut d'autorisation. Mais l'autorisation n'est pas nécessaire pour les établissements qui ont une *existence légale* ou qui sont *fondés en titre*. Ont l'existence légale et sont fondés en titre : *Sur les rivières navigables* : 1° les usines dont les détenteurs justifient d'une concession obtenue ou d'une possession commencée antérieurement à la proclamation du principe de l'inaliénabilité du Domaine, c'est-à-dire à l'ordonnance de Moulins de 1566 et, pour les provinces rattachées à la France depuis cette époque, d'un titre ou d'une possession antérieurs, soit au moment où l'inaliénabilité y a été reconnue par la législation locale, soit au moment de la réunion au Domaine ; — 2° les usines vendues nationalement sous le régime des lois révolutionnaires, sans qu'il y ait lieu de distinguer selon qu'au moment de la vente elles avaient ou non l'existence légale ; — 3° les usines ayant fait depuis 1556, de la part de la royauté, l'objet de contrats d'engagement (vente avec réserves de rachat perpétuel) ; — 4° les usines dépendant de biens acquis par fondations ou donations aux églises et monastères, confirmées par l'édit de 1683, et valablement transférées à des tiers avant les lois abolitives des privilèges en 1790; — 5º les usines établies sur des cours d'eau rendus navigables, alors qu'ils étaient encore non navigables. — *Sur les rivières non navigables* : 1º les établissements antérieurs à 1789, présumés avoir reçu l'autorisation des seigneurs qui avaient la propriété ou la police des petits cours d'eau; — 2º les établissements ayant fait l'objet d'une vente nationale.

136. Toute demande aux fins d'autorisation doit être adressée en deux exemplaires, dont un sur timbre, au préfet du département dans lequel les travaux doivent être effectués. Une circulaire ministérielle du 23 oct. 1851 donne le détail des énonciations qu'elle doit contenir. — Le préfet ordonne, par un arrêté, une enquête préparatoire, dont les formalités doivent être observées à peine de nullité. Il est ensuite procédé à une visite contradictoire par l'ingénieur des Ponts et chaussées, qui dresse un rapport et formule un avis. Au reçu des pièces, le préfet ouvre une nouvelle enquête, dont le résultat est communiqué aux ingénieurs pour avis. S'il leur semble nécessaire de modifier leurs conclusions précédentes, il convient que l'affaire soit soumise à une instruction complémentaire de quinze jours. Enfin, suivant les cas, le préfet statue lui-même (rivières non navigables), ou transmet le dossier au ministre des Travaux publics (rivières navigables). Le ministre prépare le projet de décret qui sera soumis à la signature du président de la République.

137. Les dépenses d'instruction sont supportées par le demandeur en autorisation. L'état des frais est dressé et certifié par les ingénieurs; le recouvrement en est opéré comme en matière de contributions directes. Les réclamations sont portées devant le conseil de préfecture.

138. Les tiers intéressés peuvent former opposition, pendant l'enquête, dans la forme qui leur convient : on doit vérifier le mérite des oppositions avant d'accorder l'autorisation. — Si l'Administration passe outre, il n'y a pas de droit lésé, l'autorisation n'intervenant jamais que sous réserve des droits des tiers, que la clause soit, d'ailleurs, expressément formulée ou sous-entendue. Il n'y a donc pas de recours contentieux proprement dit contre la décision de l'Administration : le seul recours possible est le recours pour incompétence, omission des formes légales ou détournement de pouvoir (Cons. d'Ét. 18 juill. 1884, D. P. 86. 3. 18).

139. De même pour l'installation d'une usine, l'autorisation est nécessaire pour tous les changements à l'état des lieux ou aux plans, et pour toutes les innovations importantes (Instr. 19 therm. an 6). Il s'agit seulement des modifications *susceptibles d'exercer une influence sur le régime de la rivière;* l'usinier peut donc perfectionner ses ouvrages extérieurs : vannes motrices, coursiers; roues hydrauliques, pourvu que la prise d'eau reste la même, sans modification des ouvrages régulateurs de la retenue ni du régime de la rivière. Sont libres, à plus forte raison, tous changements intérieurs : de même encore, une transformation d'industrie. Toutefois cette dernière faculté peut se trouver exclue par le titre même de l'usinier.

140. Lorsqu'un établissement autorisé vient à être détruit, sa reconstruction nécessite une autorisation nouvelle : ce point, toutefois, est controversé. — Il n'est pas besoin d'autorisation pour la remise en mouvement d'un établissement demeuré plus ou moins longtemps en chômage, à moins que ce chômage n'ait fait encourir à l'usinier une déchéance. Il n'en est pas besoin non plus pour les simples réparations, si elles sont sans influence sur le régime de la rivière. Mais si elles nécessitent des ma-

nœuvres d'eau, ces manœuvres doivent être spécialement autorisées. — Pour les moulins à nef, sur les rivières du domaine public, le déplacement doit être autorisé. — Enfin certaines rivières sont, en vertu de règlements particuliers, soumises à un régime exceptionnel. Sur certaines parties de la Seine, de la Marne, de la Garonne, toutes réparations quelconques sont assujetties à la nécessité de l'autorisation préalable.

141. Le défaut d'autorisation a une triple sanction : il prive l'usinier du droit à l'indemnité qui lui est ouvert dans certains cas; il le place dans l'obligation de démolir, ou de voir démolir à ses frais l'ouvrage non autorisé; il l'expose à des poursuites pénales et à des dommages-intérêts (V. *infra*, nºs 199 et s.).

142. Sur les rivières et canaux navigables, l'Administration est libre de refuser l'autorisation, ou de la subordonner à des conditions, sans que le requérant puisse exercer le recours contentieux proprement dit; le recours pour excès de pouvoir est possible pour incompétence ou détournement de pouvoir. Pour les cours d'eau non navigables, le recours pour excès de pouvoir est consacré par la loi de 1898, qui organise en même temps un autre recours (V. *infra*, nº 168.).

143. Le concessionnaire est tenu d'exécuter les travaux nécessaires pour la mise en mouvement de son usine dans le délai qui lui est imparti par l'Administration; sinon il peut encourir la déchéance.

144. Sur les cours d'eau navigables, l'autorisation a un caractère précaire (V. *supra*, nºs 31 et s.); elle est soumise à une redevance (V. *supra*, nº 35). — Le payement s'effectue à l'administration des Contributions indirectes. — Actuellement, pour les usines, la redevance est fixée à un demi pour cent de la valeur vénale de la force motrice brute, dans chaque localité, ou au dixième de la valeur locative de cette force (Circ. min. Trav. publ. 18 juin 1873). Le taux de la redevance doit être révisé tous les trente ans.

145. La demande tendant à *augmenter la consistance légale* d'un établissement qui a l'existence légale constitue une demande d'installation nouvelle, soumise, dans tous les cas, à la nécessité de l'autorisation administrative, avec, sur les rivières navigables, précarité, redevance et soumission aux charges et conditions que l'autorité administrative juge à propos d'imposer.

§ 2. — *Fonctionnement des usines* (R. 366 et s.; S. 308 et s.).

146. L'exploitant doit observer les règlements généraux de police et les conditions spéciales de son autorisation. Il ne doit pas dépasser le niveau légal de sa retenue. Un *repère* est placé pour permettre la surveillance, et doit être toujours accessible à l'Administration. La circulaire précitée du 23 oct. 1851 renferme les instructions techniques utiles, en ce qui concerne l'établissement des vannes de décharge, des vannes motrices, du déversoir, des canaux de décharge, etc.

147. L'exploitant est encore tenu de se conformer aux règlements de répartition entre l'agriculture et l'industrie. Il doit éviter de faire refluer les eaux en amont, ou de les transmettre d'une façon nuisible, salies ou corrompues, en aval. — Sur les rivières à faible débit, beaucoup d'usines ont recours à la marche par éclusées, procédé qui consiste à retenir l'eau jusqu'à ce qu'elle ait atteint un certain niveau, puis à la lâcher d'un coup. Ce système peut être nuisible, à la condition d'en être pas préjudiciable aux usines inférieures. Les transmissions nuisibles sont susceptibles de donner lieu à des dommages-intérêts et aussi à une répres-

sion pénale (V. *infra*, nº 197). — Les usiniers sont responsables du dommage que les eaux causent aux chemins ou aux propriétés riveraines par leur inondation (L. 1898, art. 15). Ils ne cessent de l'être qu'en justifiant de l'impossibilité absolue de prévenir ou d'empêcher le dommage. La crue ou la hausse inopinée des eaux ne suffit pas à les affranchir de cette responsabilité (Cr. c. 17 févr. 1888, D. P. 88. 1. 141).

148. D'une façon générale, l'exploitant est passible de dommages-intérêts, quelquefois aussi de sanctions pénales, quand il porte atteinte aux droits des tiers par une violation des règlements. — Il peut léser ces droits tout en se conformant à son titre : il n'en sera pas moins tenu de dommages-intérêts, l'autorisation contenant toujours, exprimée ou sous-entendue, la réserve des droits des tiers (V. *supra*, nº 71). — Sur la compétence de l'autorité judiciaire pour prescrire la modification ou la suppression des travaux autorisés, V. *infra*, nº 190.

§ 3. — *Accessoires de l'usine* (R. 355 et s.; S. 289 et s.).

149. Les usines sont souvent construites sur des dérivations de la rivière : les usines hydro-électriques vont même chercher très loin l'eau destinée à produire la force motrice. On appelle *canal d'amenée* le canal qui conduit l'eau au bief; *bief*, la retenue d'eau affectée au service de l'usine; *canal de décharge* ou *de fuite*, celui qui ramène l'eau de la rivière. L'usinier n'est pas forcément propriétaire des terrains situés entre la prise d'eau et l'usine. S'il n'existe pas de titres, il est présumé, d'après l'opinion générale, propriétaire du bief, du canal d'amenée et du canal de fuite, qui sont des dépendances nécessaires de l'usine. — Cette présomption cède à la preuve contraire, qui peut se faire par tous moyens. — Elle n'est pas indivisible : l'usinier peut être propriétaire du bief, et non du canal de fuite.

150. Les riverains des canaux dont l'usinier est présumé propriétaire n'ont aucun droit sur l'eau de ces canaux. Ils ne peuvent en faire aucun usage, même pour leurs besoins domestiques. Rien n'empêche d'ailleurs qu'ils n'acquièrent des droits qui leur manquent, soit par des conventions, soit par l'effet de la prescription. — La propriété de l'usinier, en ce qui concerne l'eau du canal, est une propriété *sui generis*. L'usinier a l'usage exclusif de l'eau, et peut s'en prévaloir contre les riverains du canal pendant qu'elle est dans ce canal. Il a le droit d'en disposer au profit de tiers. Mais il doit rendre cette eau à la rivière : il n'est que coriverain vis-à-vis des riverains du cours d'eau. Il est soumis au pouvoir réglementaire de l'Administration. Il n'a pas de droit acquis à un volume d'eau correspondant à celui que contient le canal.

151. L'obligation de restituer l'eau, si elle était entendue à la rigueur, rendrait impossible la création des usines hydro-électriques, qui dérivent l'eau de torrents souvent très éloignés et à des altitudes plus ou moins considérables, afin d'avoir une chute plus forte. La restitution ne peut se faire. L'usinier pourra cependant dériver l'eau, s'il n'occasionne aucun préjudice aux riverains en aval de son barrage (Grenoble, 7 août 1901, D. P. 1902. 2. 225).

152. Le propriétaire d'un canal usinier est réputé propriétaire des *francs-bords*, qui servent à l'entretien, à la surveillance, au curage, à condition qu'il s'agisse d'un canal artificiel, creusé de main d'homme, et non pas d'un cours d'eau naturel, même aménagé. — La présomption admet la preuve contraire, et la situation est susceptible de se modifier par l'effet des conventions ou de la prescription. — Lorsque les francs-bords d'un canal d'amenée appartiennent en propriété aux riverains, l'usinier a le droit d'y faire les travaux nécessaires pour empêcher la filtration et la déperdition des eaux, comme de s'opposer à toute entreprise préjudiciable, fouille ou extraction de matériaux. Si, au contraire, le propriétaire du canal n'est pas propriétaire des francs-bords, le point de savoir s'il a le droit de passage et peut circuler sur le bord du canal est controversé.

§ 4. — *Suppression et dommages.* — *Indemnités* (R. 402 et s.; S. 326 et s.).

153. Comme tous les établissements sur rivière, les usines peuvent toujours être supprimées, totalement ou partiellement, si la mesure est exigée par l'intérêt de la navigation, pour les cours d'eau navigables; par l'intérêt de la répartition des eaux, pour les cours d'eau non navigables; par l'intérêt du libre écoulement de l'eau, de la salubrité et de la sécurité publique pour tous les cours d'eau. — Pour les formes, les garanties et les conditions des suppressions et modifications en général, V. *suprà*, nᵒˢ 32 et s. — *Sur les rivières navigables*, la suppression ne donne lieu, en principe, à aucune indemnité; il n'y a lieu à indemnité que si l'usine, ayant une existence légale, est affranchie de la précarité. — *Sur les rivières non navigables*, il y a lieu, en principe, à indemnité, sauf dans les trois hypothèses indiquées *suprà*, nᵒ 70.

154. Le chômage n'occasionne qu'un préjudice temporaire. Il peut être causé soit par des mesures de police, soit par des travaux publics. Les mesures de police, motivées comme il est dit nᵒ 153, ne donnent jamais lieu à indemnité. Les chômages résultant de travaux publics doivent, au contraire, être indemnisés, pour les usines ayant existence légale sur les cours d'eau navigables, et pour toutes les usines sur les autres. Peu importe, pour les premiers, que les travaux aient lieu dans l'intérêt de la navigation. Exception est faite pour les chômages causés par les travaux de curage et d'entretien dont on présume que les usiniers bénéficient; mais cette exception ne s'étend pas aux travaux d'amélioration.

155. Sur les cours d'eau navigables, où elle est soumise au pouvoir discrétionnaire de l'Administration, l'autorisation peut être affectée de clauses plus ou moins onéreuses. La clause de *non-indemnité* a pour effet d'aggraver la précarité, et de supprimer le recours du concessionnaire privé du bénéfice de la concession par mesure administrative, de quelque nature que soit l'intérêt public qui ait motivé ces mesures. — La clause de non-indemnité ne peut être imposée aux établissements ayant une existence légale, sauf au cas d'une augmentation de consistance et dans les limites de cette augmentation. — Il y a excès de pouvoir dans le fait de l'Administration de subordonner l'autorisation de travaux sans influence sur le régime de la rivière à l'acceptation par l'usinier de la clause de non-indemnité. — La clause de non-indemnité ne peut en aucun cas être imposée aux usiniers établis sur les cours d'eau non navigables. (Ce point ne peut faire objet de réserve de l'art. 14 de la loi du 8 avr. 1898, qui fait de l'indemnité, pour les riverains des cours d'eau non navigables, une règle absolue).

156. L'indemnité pour chômage se règle conformément au droit commun, en tenant compte du profit manqué et du préjudice subi. — Au cas de suppression, il faut tenir compte de la valeur réelle de la chute, estimée par force de chevaux, de la moins-value des constructions et du terrain, de la dépréciation du matériel et des matières premières. Pour ouvrir le droit à l'indemnité, il faut un dommage actuel; un préjudice éventuel ne suffit pas. — Les travaux qui

occasionnent un dommage peuvent être en même temps une cause de plus-value : cette plus-value viendra en compensation, s'il y a lieu. Pour être admise en compensation, la plus-value doit être certaine, immédiate et spéciale. Des chômages réguliers et périodiques, comme il s'en produit principalement sur les cours d'eau qui alimentent des canaux, peuvent être assimilés soit à un dommage permanent, soit à la diminution définitive d'une quantité déterminée de force motrice, et l'indemnité est allouée une seule fois.

157. L'indemnité est réglée d'après la consistance légale de l'usine. Il n'est tenu aucun compte des changements effectués sans autorisation (ni, sur les rivières navigables, des changements autorisés, mais avec précarité), quand ils consistent en une modification de la prise d'eau. Mais l'indemnité est due pour la plus-value résultant d'une meilleure utilisation de la force motrice, que les ouvrages soient intérieurs ou même extérieurs. L'indemnité ne concerne pas les perfectionnements qui *pouvaient* être réalisés, mais qui ne l'ont pas été. Elle se calcule sur la force motrice dont l'usinier fait actuellement usage, et non sur celle qu'une transformation lui procurerait éventuellement.

158. L'indemnité due pour suppression de force motrice est une indemnité de dommages et non d'expropriation. Il en est ainsi même sur les cours d'eau non navigables. C'est une valeur mobilière; si l'usinier est en faillite, elle fait partie de la masse chirographaire. C'est au conseil de préfecture qu'il appartient de l'allouer, comme indemnité de dommages provenant de travaux publics. Au contraire, l'indemnité due à raison de l'emprise du sol ou des bâtiments de l'usine est une indemnité d'expropriation. Si donc l'usinier est failli, elle ne tombe pas dans la masse chirographaire, et peut faire l'objet d'un ordre. — L'autorité judiciaire est compétente pour la régler.

159. Les intérêts de la somme allouée à titre d'indemnité sont dus conformément au droit commun, tel qu'il résulte de l'art. 1153 c. civ. modifié par la loi du 7 avr. 1900 (D. P. 1900. 4. 43).

160. L'État n'est pas responsable des travaux qu'il autorise des villes ou des particuliers à effectuer. Si ces travaux modifient le régime des eaux et causent des dommages, les intéressés doivent se retourner contre leurs auteurs, qui n'ont obtenu l'autorisation que sous réserve des droits des tiers. — La règle est applicable, notamment, aux prises d'eau faites par les compagnies de chemins de fer, ou par les villes, pour usages communaux.

161. L'action en indemnité pour suppression de force motrice s'éteint par une prescription de trente ans à partir de l'exécution du travail public. Le délai est réduit à cinq ans lorsque l'État se trouve en cause (L. 29 janv. 1831, art. 9). — Au cas de chômages intermittents, il n'y a pas une action unique en indemnité partant du moment de l'établissement de la prise d'eau, mais une série d'actions, partant des usages successifs de la prise d'eau qui donnent lieu aux chômages (V. cependant *suprà*, nᵒ 156).

ART. 11. — ATTRIBUTIONS ET COMPÉTENCE DES AUTORITÉS ADMINISTRATIVES ET JUDICIAIRES.

§ 1ᵉʳ. — *Administration active* (R. 430 et s.; S. 389 et s.).

162. Les attributions respectives du chef de l'État, des préfets et des maires ont été exposées *suprà*, nᵒˢ 12 (navigabilité), 15 (délimitation), 66 (règlements d'eaux), 27, 67, 134 (autorisations d'ouvrages, autorisations d'usines), 49, 77 (curage), 74 (répartition des eaux).

163. Les préfets sont placés sous l'autorité et le contrôle du ministre, leur chef hiérarchique. Ils dépendent du ministre des Travaux publics pour tout ce qui concerne les cours d'eau navigables et le domaine public fluvial, du ministre de l'Agriculture pour ce qui a trait aux cours d'eau non navigables (Décr. 14 nov. 1881, D. P. 82. 4. 98). Les questions d'endiguement, à raison de leur nature spéciale, relèvent du ministre des Travaux publics. Au ministre de l'Agriculture, le service de l'hydraulique agricole est chargé de la surveillance des cours d'eau non navigables au point de vue du régime et de la police; les questions relatives à l'utilisation des eaux dans les régions forestière et pastorale relèvent du service des forêts (Décr. 1ᵉʳ juill. 1897).

164. L'approbation expresse du ministre est nécessaire pour la validité des arrêtés de délimitation des rivières navigables ou flottables (V. *suprà*, nᵒ 18). — Le ministre intervient encore personnellement pour prendre les décisions qui intéressent plusieurs départements, au moins quand il n'y a pas, pour ces décisions, accord entre les préfets compétents.

165. Les ministres ont un certain nombre d'attributions qui leur sont propres. C'est au ministre qu'il appartient de réduire par arrêté la largeur des zones de halage sur les rivières navigables ou flottables. C'est devant le ministre que doivent être portées les demandes en dommages-intérêts à raison d'une faute ou d'une négligence préjudiciables des agents de l'Administration; il en est de même pour les demandes en indemnité formées à raison de mesures administratives, telles que la suppression d'une autorisation. La décision ministérielle est susceptible de recours devant le Conseil d'État (Trib. confl. 5 nov. 1892, D. P. 94. 3. 6).

166. Aux ministres seuls il appartient d'interpréter les décisions ministérielles, à l'exclusion de l'autorité judiciaire et sauf recours au Conseil d'État. Les préfets interprètent les arrêtés préfectoraux, sauf recours hiérarchique devant le ministre et recours contentieux devant le Conseil d'État. Ils ont le droit d'interpréter les actes anciens d'une autorité supérieure, les décrets ou des ordonnances, par exemple, lorsque, par une modification législative, les matières auxquelles se réfèrent ces actes sont devenues de leur compétence.

167. Les mesures prises par les agents de l'Administration active sont prises par eux, selon des distinctions qui ont été exposées plus haut, soit sous réserve d'un recours contentieux, soit dans l'exercice du pouvoir discrétionnaire dont l'Administration est investie. Dans ce dernier cas, aucune juridiction ne peut en apprécier le mérite ni la valeur légale; mais il existe un recours *hiérarchique* ou *gracieux* au fonctionnaire immédiatement supérieur à celui qui a pris la décision. Par application de ce principe, les décisions des maires seront déférées au préfet, les décisions du préfet au ministre.

168. Par une disposition spéciale de la loi de 1898 (art. 13), les mesures individuelles prises pour la police ou la répartition des eaux non navigables donnent lieu à un recours devant le Conseil d'État qui fait double emploi avec le recours hiérarchique, et qu'il ne faut pas confondre avec le recours contentieux (V. *suprà*, nᵒ 69). Ce recours paraît n'avoir pas de conditions particulières et tendre simplement à soumettre la décision prise à un examen approfondi.

§ 2. — *Juridictions administratives.*

A. — Conseil d'État.

169. Le Conseil d'État connaît des recours contentieux dirigés contre les mesures des agents de l'Administration (Décrets du président de la République ou arrêtés ministériels ou préfectoraux) pour incompétence, violation des formes légales, violation de la loi portant atteinte à un droit (V. *suprà*, *Compétence administrative*, n° 99). — Il connaît du recours créé par l'art. 13 de la loi de 1898 (V. le numéro précédent). — Il est enfin juge d'appel des décisions du conseil de préfecture ; on ne saurait lui déférer, *omisso medio*, les causes dont doit connaître cette juridiction.

170. Deux importantes théories en matière de recours au Conseil d'Etat trouvent ici leur application ; ce sont : 1° celle dite du *recours parallèle*, en vertu de laquelle le Conseil d'Etat rejette le recours pour excès de pouvoir, même fondé, toutes les fois que le demandeur, en employant un autre recours, peut arriver aussi bien à se faire rétablir dans ses droits ; 2° celle du *détournement de pouvoirs*, qui conduit à annuler un acte accompli par l'Administration dans la sphère de ses attributions et avec toutes les formes légales, quand cet acte a été accompli dans un but autre que celui pour lequel la loi l'a prescrit ou autorisé. Sont entachés de détournement de pouvoirs et doivent être annulés par le Conseil d'Etat tous actes de réglementation et de police des cours d'eau navigables ou non navigables quand ils ont pour but réel, non de pourvoir aux intérêts de la navigation ou de l'écoulement des eaux, mais de favoriser d'autres intérêts, d'ordre fiscal ou privé, ou de trancher, en les enlevant à la compétence judiciaire, des contestations entre particuliers (V. *suprà*, n°s 18, 33, 66).

171. C'est au Conseil d'Etat que doivent être soumis, aux fins d'interprétation, les décrets et ordonnances du chef de l'Etat et, d'une façon générale, tous les anciens actes d'une autorité souveraine.

B. — Conseil de préfecture.

172. 1° *Navigabilité, délimitation* (S. 47 et s.). — Le conseil de préfecture est compétent pour juger les questions de navigabilité et de délimitation des cours d'eau navigables. Il ne peut être saisi d'un recours contre les décrets et arrêtés pris à cet égard par l'Administration active ; mais il lui appartient de vérifier, à l'occasion d'une instance engagée devant lui, si en fait, et en un point donné, un cours d'eau est navigable ; ou si un terrain est compris dans les limites des eaux coulant à pleins bords, soit qu'il n'existe pas d'arrêté de délimitation, soit que cet arrêté ait tracé des limites inexactes, soit que, depuis l'arrêté, les limites se soient modifiées. Le conseil de préfecture a le droit d'ordonner toutes investigations et expertises qu'il jugera utiles pour s'éclairer.

173. 2° *Endiguements* (R. 484 et s. ; S. 482 et s.). — La loi du 21 juin 1865 sur les associations syndicales attribue aux conseils de préfecture le jugement des contestations relatives à la fixation du périmètre des terrains intéressés à une opération d'endiguement, et à la répartition des taxes, d'après le degré d'intérêt des propriétés classées dans ce périmètre aux travaux entrepris (V. *suprà*, *Associations syndicales*, n° 26 ; *Compétence administrative*, n° 127). — Quand les travaux d'endiguement déterminent une élévation du niveau de la rivière et, par suite, un empiétement sur la propriété privée, il y a là, non pas un dommage permanent, qui serait de la compétence du conseil de préfecture, mais une expropriation, de la compétence des juridictions civiles, quand la rivière est navigable. S'il s'agit d'une rivière non navigable, il y a aggravation de la servitude de passage de l'eau, et c'est le juge de paix qui est compétent (V. *infrà*, n° 194).

174. 3° *Curage* (S. 456). — Le conseil de préfecture statue sur les contestations relatives au curage des rivières navigables ou flottables, lorsqu'un décret a ordonné la

contribution des riverains. — La compétence est la même en ce qui touche le contentieux du curage des cours d'eau non navigables. Le conseil de préfecture connaît de toutes les contestations relatives à l'exécution des travaux (L. 1898, art. 24) ; il connaît aussi, par extension, des actions en dommages-intérêts auxquelles peut donner lieu l'inexécution des travaux (Cons. d'Et. 15 janv. 1897, D. P. 98. 3. 43). Il connaît enfin des contestations ayant pour cause l'assiette et le recouvrement des taxes de curage. Cette compétence lui donne indirectement le droit d'apprécier la légalité des actes qui ont ordonné le curage, de vérifier si le cours d'eau rentre dans la catégorie de ceux que la loi soumet à cette opération, si le décret ou l'arrêté a été rendu dans les formes légales et par l'autorité compétente, si la répartition des frais s'est effectuée sur les bases légales. — Le conseil de préfecture, lorsqu'il reconnaît l'illégalité d'un tel acte, refuse de décharger le réclamant de la taxe qui lui est réclamée, comme conséquence directe ou indirecte de cet acte. Si le particulier à qui l'acte administratif fait grief ne se borne pas à demander une exonération de frais, s'il veut empêcher que l'acte produise ses effets, par exemple qu'il soit procédé aux opérations du curage, c'est le recours pour excès de pouvoir qu'il doit intenter devant le Conseil d'Etat. Mais s'il exerçait ce recours dans le seul but d'exciper ensuite de la nullité pour obtenir une remise de taxe, le Conseil d'Etat l'écarterait par application de la théorie du *recours parallèle* (V. *suprà*, n° 170).

175. Les demandes en décharge et en réduction sont instruites comme en matière de contributions directes (V. *infrà*, *Impôts directs*). Le conseil de préfecture suit les formes prescrites par les art. 9 à 11 de la loi du 22 juill. 1889. — L'expertise est obligatoire si les parties demandent cette mesure d'instruction ; il y est procédé suivant les formes spéciales à la matière des contributions directes. Au cas de désaccord des experts, il ne peut être ordonné de tierce expertise que sur la demande expresse des parties, et la désignation du tiers expert appartient au juge de paix.

176. Sont encore assimilées aux contributions directes et font partie du contentieux du conseil de préfecture les taxes perçues pour le recouvrement des dépenses faites d'office au compte des riverains des rivières non navigables et de leurs dérivations, dans l'intérêt de la police et de la répartition générale des eaux, c'est-à-dire pour le payement des travaux qui ne constituent pas un curage à proprement parler et sont prescrits en vertu des pouvoirs que l'Administration tient de la loi des 16-24 août 1790.

177. 4° *Prises d'eau, usines* (S. 457 et s.). — Le recouvrement des frais de l'instruction des demandes en concession de prise d'eau est opéré comme en matière de contributions directes. Il est statué par les conseils de préfecture sur les exécutoires délivrés par le préfet.

178. Les conseils de préfecture connaissent des questions relatives à l'existence légale des usines, notamment lorsque le titre est consenti dans un acte de vente nationale (L. 28 pluv. an 8, art. 3). — Ils statuent sur les demandes d'indemnité due à raison de travaux publics pour chômages et dommages permanents ou temporaires. — Les art. 56 et 57 de la loi du 16 sept. 1807, modifiés par les art. 13 et s. de la loi du 21 juill. 1889, sont applicables à ces demandes ; en conséquence, le conseil de préfecture doit faire procéder à une expertise dans les formes déterminées par les textes, lorsque les faits allégués sont de nature à motiver l'attribution d'une indemnité. — Si, en même temps qu'un dommage résultant de la suppression

de force motrice, il y a emprise du sol ou des bâtiments de l'usine, ce dernier acte constitue une expropriation dont il appartient aux juridictions civiles de connaître. La jurisprudence la plus récente paraît admettre la compétence de ces juridictions pour statuer en même temps sur les dommages qui ne peuvent être séparés de l'expropriation (Trib. confl. 29 juin 1895, D. P. 96. 3. 63).

179. Pour la compétence répressive des conseils de préfecture, V. *infrà*, n°s 211 et s.

180. Les conseils de préfecture peuvent et doivent contrôler la légalité des actes de l'Administration. Ils n'en sauraient apprécier l'opportunité. Ils commettraient une immixtion illégale dans le domaine de l'Administration active en ordonnant d'effectuer, d'arrêter ou de supprimer des travaux.

§ 3. — Tribunaux de l'ordre judiciaire.

A. — Tribunaux civils.

181. Les tribunaux civils ont compétence, d'une manière générale, pour toutes les questions de propriété et de servitude ; ils sont les gardiens de la propriété privée.

182. 1° *Cours d'eau navigables* (R. 552 et s. ; S. 495 et s.). — Ils n'ont pas, en principe, qualité pour délimiter une rivière navigable. S'il existe un arrêté de délimitation, ils ne peuvent que s'y conformer. Si la question de domanialité est soulevée devant eux, en l'absence d'un arrêté de ce genre, ils doivent sursseoir jusqu'à ce que l'autorité administrative ait procédé à la délimitation. — L'incompétence des tribunaux de l'ordre judiciaire à cet égard doit s'entendre en ce sens que ces tribunaux ne sauraient empêcher la délimitation administrative de produire ses effets, ni reprendre au lit du fleuve des terrains qui y ont été incorporés par arrêté préfectoral. Mais, lorsqu'un riverain se prétend lésé par cet arrêté, ils ont le droit, sur sa demande, de rechercher de leur côté les limites de la propriété privée. Ces limites doivent coïncider avec celles que l'Administration attribue au domaine ; si elles ne coïncident pas, il y a lieu d'indemniser le riverain, dépouillé de toute la portion de sa propriété comprise entre les *limites naturelles* et les *limites administratives*. Cette solution, consacrée autrefois par la jurisprudence comme une garantie nécessaire de la propriété, alors qu'aucun recours contentieux n'était admis contre l'arrêté préfectoral opérant délimitation, a été maintenue même après que la jurisprudence administrative eut admis le recours pour excès de pouvoir, et elle n'a pas été modifiée par la loi de 1898, dont l'art. 36 réserve expressément les droits des tiers. Le propriétaire qui n'a pas exercé contre un arrêté de délimitation le recours pour excès de pouvoir qui a succombé dans ce recours peut donc demander encore une indemnité à l'autorité judiciaire (Trib. confl. 10 déc. 1898, D. P. 1900. 3. 29).

183. Les tribunaux de l'ordre judiciaire ne sont pas tenus de surseoir ni de renvoyer à l'autorité administrative lorsque la question qui leur est soumise est celle de savoir quelles étaient à *moment donné dans le passé* les limites d'un cours d'eau navigable. La détermination des limites anciennes est une des questions d'indemnité (Trib. confl. 1er mars 1873, D. P. 73. 3. 70).

184. L'autorité judiciaire n'a pas compétence pour trancher la question de *navigabilité actuelle* d'un cours d'eau ; elle doit renvoyer à l'Administration, même à l'occasion d'un litige entre particuliers. La même solution a été donnée, en ce qui concerne la *navigabilité dans le passé*, par une jurisprudence déjà ancienne, et qui serait probablement modifiée aujourd'hui, comme elle l'a été sur la question semblable de la délimitation dans le passé (V. *suprà*, n° 183).

185. Sur la question du déplacement de limites causé par des travaux publics, V. *suprà*, n° 182. — Sur les questions de propriété des îles, îlots, atterrissements et alluvions, V. *infrà, Propriété.*

186. Les tribunaux civils connaissent de toutes les questions de dommages et intérêts qui ne résultent pas de l'exécution de travaux publics, par exemple des indemnités réclamées au concessionnaire d'un canal en vertu de l'art. 1382 c. civ., pour mauvais entretien du canal ou négligence des préposés, ou pour dommages occasionnés aux usines par abus de jouissance des mêmes concessionnaires. Ils statuent, d'une façon générale, sur toutes contestations entre riverains pour abus de jouissance, inobservation des titres et règlements, etc.; sur les actions intentées par les particuliers contre les usiniers. — Un permissionnaire qui se tient exactement dans les limites de son titre peut néanmoins être passible de dommages-intérêts, si ce titre est une autorisation individuelle, les autorisations ne pouvant jamais être accordées que sous réserve des droits des tiers (V. *suprà*, n° 71). Mais si l'acte préjudiciable a été accompli en vertu d'un règlement général de police, il ne saurait donner lieu à indemnité. — L'autorité judiciaire a le droit d'ordonner la modification ou la suppression de travaux simplement autorisés par l'Administration (Comp. *infrà*, n° 190).

187. 2° *Cours d'eau non navigables* (R. 556 et s.; S. 507 et s.). — En matière de cours d'eau non navigables, les tribunaux civils ont compétence pour connaître de toutes les contestations entre riverains à propos de l'usage des eaux, conformément à l'art. 645 c. civ., soit qu'il y ait lieu de trancher une difficulté, soit qu'il s'agisse de procéder à ce que les partages connus sous le nom de *règlement d'eaux* (V. *infrà*, Servitude). — Le domaine de l'autorité judiciaire s'étend sur toutes les difficultés qui ne mettent pas en jeu un intérêt général. Suivant ce critérium, les mêmes questions pourront être l'objet soit de la compétence judiciaire, soit de la réglementation administrative : fixation des jours d'usage de l'eau entre usiniers et arrosants, répartition de la jouissance, autorisation ou prohibition de certains modes d'emploi, autorisation ou modification de travaux, etc.

188. L'autorité judiciaire jouit d'un pouvoir d'appréciation très large, qui a pour objet de concilier les intérêts de l'agriculture et de l'industrie avec le respect dû à la propriété. Ce pouvoir, toutefois, n'est pas discrétionnaire ; la conciliation prescrite par la loi ne peut s'effectuer que dans la limite des dispositions légale. — Les tribunaux civils tranchent toutes questions d'usage, de propriété et de servitude, en tenant compte des conventions, de la destination du père de famille et de la prescription. — Ainsi qu'on l'a dit *suprà*, n° 72, les conventions peuvent déroger aux autorisations administratives : les tribunaux sont alors à les apprécier, en les considérant comme valables *inter partes* et strictement au point de vue de l'intérêt privé.

189. Les tribunaux sont tenus de se conformer aux règlements administratifs. Lorsque ces règlements sont clairs et précis, il n'y a qu'à les appliquer. Quand le sens en est douteux, il y a lieu à un renvoi devant l'autorité administrative pour interprétation, suivant les distinctions établies *suprà*, n° 166.

190. Les tribunaux peuvent prescrire l'exécution de certains travaux ; ils peuvent ordonner que les travaux existants seront modifiés ou supprimés. S'il s'agit de travaux effectués sans autorisation, aucune difficulté ne saurait s'élever à ce sujet. Même quand il s'agit de travaux autorisés, la jurispru-

dence, dans son dernier état, reconnaît aux tribunaux le droit d'en prescrire la modification ou la suppression. « Dans tous les cas les droits des tiers sont et demeurent réservés, » dit l'art. 17 de la loi du 8 avr. 1898.

191. Le pouvoir des tribunaux judiciaires s'arrête devant les mesures édictées par des règlements généraux, assimilés à la loi, ou commandées par un intérêt général. — La compétence cesse encore quand les travaux exécutés sur un cours d'eau non navigable contrairement au droit des tiers ont le caractère de travaux publics.

B. — *Juges de paix* (R. 539 et s.; S. 487).

192. Les juges de paix connaissent des actions possessoires, complainte, dénonciation de nouvel œuvre, réintégrande, actions prévues par l'art. 6 de la loi du 25 mai 1838 (V. *suprà*, Action possessoire, n° 35, Compétence civile des juges de paix, n° 25, et *infrà*, Servitude).

193. La loi de 1898 a sur plusieurs points transporté aux juges de paix la compétence que la législation antérieure attribuait aux juridictions administratives. — Les juges de paix sont compétents pour fixer le taux de l'indemnité due pour l'établissement de la servitude de halage au propriétaire, soit des rives d'un cours d'eau qui devient navigable, soit des rives d'un cours d'eau navigable où la servitude est créée (V. *suprà*, n° 41). — Ils sont encore compétents pour régler les indemnités dues pour l'établissement sur un fonds du lit d'un cours d'eau non navigable; pour l'élargissement, le redressement, le creusement du lit de ce cours d'eau, considérés comme aggravations de la servitude de passage de l'eau (L. 1898, art. 6 et 26).

194. Lorsque, sous prétexte de fixer les limites d'un cours d'eau non navigable, l'autorité administrative étend en réalité ces limites et empiète sur la propriété privée, les questions qui se posent sont les mêmes que celles qui ont été examinées *suprà*, n° 21, 173, à propos des empiétements qui peuvent être commis à l'occasion de la délimitation d'un cours d'eau navigable. Il y a, en réalité, un élargissement de la rivière accompli en dehors des formes légales. Le riverain a droit à une indemnité pour aggravation de la servitude d'écoulement de l'eau. C'est le juge de paix qui est compétent pour allouer cette indemnité, que le riverain peut aussi demander accessoirement devant le conseil de préfecture, en déduction de ses taxes de curage.

195. En ce qui concerne la compétence répressive des juges de paix, V. *infrà*, n° 211.

Art. 12. — INFRACTIONS ET PÉNALITÉS. — CONTENTIEUX DE LA RÉPRESSION.

§ 1er. — *Crimes et délits sur les cours d'eau* (R. 583 et s.; S. 535 et s.).

196. Le fait de détruire par quelque moyen que ce soit, en tout ou en partie, des édifices, ports, digues, chaussées *ou autres constructions* que l'on sait appartenir à autrui, constitue un crime, prévu par l'art. 437 c. pén. et puni de la réclusion et d'une amende qui ne peut excéder le quart des restitutions et indemnités ni être au-dessous de 100 francs. S'il y a eu homicide ou blessures, le coupable est, dans le premier cas, puni de mort, et, dans le second, puni de la peine des travaux forcés à temps. L'expression générale employée comprend la destruction malveillante d'une écluse, d'un barrage situé dans une rivière non navigable, d'une roue d'usine, etc.

197. La transmission nuisible des eaux d'un fonds sur un fonds voisin, et l'inondation des propriétés voisines par suite de la trop grande élévation du déversoir des usines, constituent des délits prévus par la loi du 28 sept. 1791 et l'art. 457 c. pén. (V. *suprà*, Dommage-Destruction-Dégradation, n° 44 et s.).

§ 2. — *Contraventions.*

198. Les infractions spéciales à la police des cours d'eau, quand elles sont commises sur une rivière navigable et flottable, ont le caractère d'infractions de grande voirie. — Elles sont déterminées par des textes anciens, notamment par les dispositions de l'ordonnance de 1669 et de l'arrêt du Conseil du roi du 24 juin 1777. — Ces textes prononcent comme pénalités des amendes fixes ou arbitraires et des confiscations. La confiscation est réputée abrogée par les dispositions du droit moderne. Les amendes arbitraires sont remplacées par des amendes de 16 à 300 francs (L. 23 mars 1842, R. v° *Voirie par terre*, p. 209). La même loi permet de réduire jusqu'au vingtième les amendes fixes, sans toutefois que le minimum puisse être inférieur à 16 francs.

199. 1° *Rivières navigables* (R. 525 et s.; S. 474 et s.). — Les infractions commises sur les rivières peuvent être rangées dans quatre catégories : 1° constructions, plantations ou établissements quelconques dans le lit de la rivière (infraction punie par l'art. 1er de l'arrêt de 1777, une amende qui est aujourd'hui de 50 à 1000 francs). L'article est appliqué par la jurisprudence quand il y a modification d'un ouvrage autorisé, ou accroissement de sa consistance, ou reconstruction, ou en certains cas réparation. Il a été appliqué encore au simple déplacement d'un moulin à nef ; — 2° encombrement du lit (amende de 25 à 500 francs, arrêt de 1777, art. 3 et 4). Il n'importe que l'acte incriminé ait réellement occasionné un encombrement, ou soit simplement susceptible d'en produire. Cet acte peut être multiple (jet de terres, de détritus). Le délit peut résulter d'un accident, d'un naufrage par exemple, dont les mariniers sont tenus de faire disparaître les traces ; ou de l'excessive prolongation d'un acte originairement licite (non-enlèvement d'un dépôt temporairement autorisé) ; — 3° prises et détournement d'eau, auxquels on assimile toutes les manœuvres d'eau effectuées sans autorisation spéciale (art. 4 précité) ; — 4° extraction de matériaux dans le lit et jusqu'à 1 m 70 de la rive (art. 3 précité).

200. Les mêmes articles 1, 3 et 4 de l'arrêt de 1777 répriment encore tous les empiètements et tous les dégâts qui peuvent être commis sur les dépendances et accessoires des cours d'eau navigables ou flottables : ouvrages d'art, digues et chaussées, quais, ports, gares d'eau, etc. Aux dégâts réellement occasionnés aux actes simplement susceptibles d'être dommageables, tels que par exemple la circulation ou l'abandon d'animaux. L'appréciation des actes soulève des questions de fait très délicates.

201. La police des rivières navigables s'étend aux bras non navigables provenant de ces rivières, et les infractions commises y ont le caractère de contraventions de grande voirie quand elles intéressent la dérivation de la rivière, leur décharge ou leur hauteur. Il en est autrement en ce qui concerne les affluents du cours d'eau qui ne sont pas soumis au régime de la grande voirie, s'ils n'ont pas de navigabilité propre. De même pour les égouts se déchargeant dans la rivière, bien qu'on y puisse déverser des matières susceptibles d'envaser ou d'atterrir le lit de celle-ci.

202. Le rouissage des textiles dans les eaux courantes, navigables ou non, peut être réglementé ou interdit par le préfet, après avis du Conseil d'hygiène (L. 21 juin 1898, art. 25). L'inobservation de l'arrêté préfectoral, rendu dans l'intérêt de la salubrité publique, ne constitue pas une infraction de grande voirie, mais une contravention ordinaire de simple police. Toutefois, le dépôt des textiles à rouir dans une eau navigable peut être considéré en fait comme constituant un encombrement, aux termes de l'arrêt de 1777 précité.

203. Constituent encore des infractions ordinaires, et non des infractions de grande voirie, toutes les contraventions aux arrêtés pris par les préfets ou par les maires dans l'intérêt de la salubrité, de la sécurité et de la décence publiques : défense de se baigner, de laver, de jeter dans l'eau des drogues et substances nuisibles, etc. — Pour celles de ces infractions qui sont susceptibles de tomber sous l'application des lois sur la pêche, V. *infrà, Pêche fluviale*.

204. 2° *Chemins de halage* (R. 530 et s.; S. 483). — Toutes les détériorations et anticipations sur les chemins de halage sont réprimées, suivant les cas, par les art. 2, 3, 4 et 11 de l'arrêt précité de 1777. On y assimile tous les actes susceptibles de produire un dommage, bien qu'ils n'en aient effectivement pas occasionné, et que l'éventualité d'un dommage n'apparaisse pas toujours bien nettement.

205. 3° *Canaux de navigation, talus, francs-bords* (R. 533 et s.; S. 484). — Les mêmes principes et les mêmes pénalités s'appliquent aux contraventions commises sur le lit, les eaux, les talus, les francs-bords et autres dépendances des canaux de navigation. — Le curage des canaux concédés est à la charge des concessionnaires (V. *suprà*, n° 101); l'omission de y procéder ne peut être assimilée à l'encombrement prévu par l'arrêt de 1777, et ne constitue pas une infraction de grande voirie, mais un simple manquement au cahier des charges. — Le régime de la grande voirie n'est pas applicable aux canaux d'irrigation, fussent-ils d'intérêt général.

206. 4° *Eaux de la Bièvre* (S. 485). — La rivière de Bièvre, non navigable ni flottable, a été soumise à un régime spécial, en raison de ce fait que, traversant Paris, elle a besoin d'une surveillance particulièrement étroite. Le préfet a sur elle les mêmes droits de police que sur un cours d'eau navigable, et toutes les infractions commises doivent être réprimées comme infractions de grande voirie.

207. Les eaux servant à l'*alimentation de la ville de Paris* dépendent du domaine public; on n'est pas d'accord sur le point de savoir si elles font partie de la grande voirie. — Le régime de la grande voirie s'applique à tous les cours d'eau non navigables d'Algérie et des possessions coloniales (V. *suprà, Algérie*, n° 178 et 179; *Colonies*, n° 92).

208. 5° *Cours d'eau non navigables*. — Sur les cours d'eau non navigables, les infractions aux dispositions réglementaires sont sanctionnées par l'art. 471, §15, c. pén., portant amende de 1 à 5 francs, et, en cas de récidive, emprisonnement de un à trois jours. L'art. 471 sanctionne indifféremment les règlements nouveaux et les règlements antérieurs au Code civil, que les pénalités spéciales soient abrogées. — Il peut résulter d'une infraction à la police des eaux des conséquences qui elles-mêmes constituent, soit une contravention spéciale, comme la dégradation de chemins (Pén. 479, § 11; V. *suprà, Contravention*, n° 104), soit une infraction de grande voirie, comme la dégradation d'une route nationale.

§ 3. — *Procédure* (R. 575 et s.; S. 514 et s.).

209. Les infractions à la police des cours d'eau sont constatées par les agents des Ponts et chaussées et ceux du service de la navigation; par les maires et adjoints, les commissaires de police, les gendarmes, les agents des contributions indirectes et des octrois, les gardes champêtres. Les fonctionnaires non assermentés doivent prêter ser-

ment devant le préfet. Les gardes particuliers peuvent recevoir une commission spéciale pour constater les infractions de grande voirie.

210. L'Administration, dès qu'elle a connaissance d'une infraction, peut ordonner par provision les mesures nécessaires pour faire cesser le dommage. Son droit n'existe qu'au cas d'urgence absolue. Hors de cette hypothèse, elle doit, à peine d'excès de pouvoir, attendre la décision des juridictions répressives.

§ 4. — *Compétence*.

211. Les infractions ayant le caractère de contraventions de grande voirie sont de la compétence du conseil de préfecture en premier ressort. Le conseil de préfecture doit être saisi par l'Administration, qui a seule l'exercice de l'action publique. Les particuliers ne peuvent exercer l'action civile par voie de citation directe. Les concessionnaires des canaux de navigation tiennent généralement de leur acte de concession une délégation du droit d'agir directement. La procédure à suivre est celle que détermine la loi du 22 juill. 1889 (V. *suprà, Conseil de préfecture*, n°s 21 et s.). Le Conseil d'État juge en appel. — Les infractions n'ayant pas le caractère de la grande voirie (dans cette catégorie rentrent toutes les infractions commises sur les cours d'eau non navigables), sont de la compétence du juge de paix.

212. La poursuite peut soulever diverses questions ou exceptions préjudicielles. On a vu, *suprà*, n° 172, que le conseil de préfecture a le pouvoir d'examiner les points de savoir si le cours d'eau est navigable, et si l'infraction a été commise dans les limites où s'étend la domanialité. — La question de propriété sur les cours d'eau navigables, est le plus souvent sans influence sur la répression de la contravention. Dans le cas contraire, si elle se ramène à une question de délimitation, le conseil de préfecture la résout lui-même au cours de l'instance. Il doit, au contraire, surseoir s'il s'agit d'interpréter des titres anciens, privés ou administratifs, et attendre que l'interprétation soit donnée par l'autorité ou la juridiction compétente. Bien que compétent pour interpréter lui-même le contentieux d'une vente nationale, il ne peut donner cette interprétation, accessoirement à la poursuite, et doit surseoir pour l'examen préjudiciel de la question. — En matière de cours d'eau non navigables, l'exception de propriété a également un caractère préjudiciel, et si elle est invoquée justement elle aura souvent pour résultat de faire disparaître l'infraction. — Il n'y a lieu, pour aucune juridiction, de s'arrêter à l'exception déduite de droits d'usage, ces droits ne pouvant en aucun cas faire échec au pouvoir réglementaire de l'Administration.

213. La *force majeure* constitue une exception susceptible d'être utilement invoquée et de faire disparaître la contravention (Cons. d'Ét. 20 déc. 1889, D. P. 91. 3. 58). Il en est autrement des excuses qui seraient fondées sur l'absence de préjudice, sur la bonne foi des contrevenants, et même sur l'erreur de droit qui consisterait à croire valable l'autorisation délivrée par une autorité incompétente.

214. Les propriétaires qui profitent des eaux sont tenus *personnellement* de l'observation des règlements administratifs; aussi la jurisprudence tend-elle à les déclarer pénalement responsables des infractions commises par leurs préposés.

215. La juridiction répressive, en même temps qu'elle applique une peine, doit ordonner la suppression de la « besogne mal plantée » et la remise des choses en état. Cette remise en état doit toujours être ordonnée, alors même qu'il n'est plus possible d'atteindre la contravention. Il en est spé-

cialement ainsi lorsque le contrevenant est décédé, ou que la contravention est prescrite ou amnistiée. L'Administration est, d'ailleurs, toujours libre de ne pas faire procéder à la suppression ordonnée, et de couvrir par une autorisation l'état de choses existant.

ART. 13. — ENREGISTREMENT ET TIMBRE.

216. Les actes portant autorisation d'usines ou de prises d'eaux dans les rivières navigables et flottables, ou concession du droit de pêche dans les mêmes cours d'eau, étant translatifs de jouissance immobilière au sens de l'art. 78 de la loi du 15 mai 1818 (V. *suprà, Commune*, n°s 509 et s.), sont assujettis à l'enregistrement dans le délai de vingt jours, au droit de 20 centimes pour cent (Décis. min. Fin. 11 juill. 1884). — Mais les arrêtés autorisant des prises d'eaux sur les cours d'eau non navigables ni flottables n'emportent aucune transmission de jouissance ni ne constituent, par suite, que des actes d'administration exempts de timbre et d'enregistrement.

217. La prise d'eau accordée par un particulier pour le service d'un fonds, conférant un droit réel et foncier au concessionnaire, est passible du droit de 5 fr. 50 pour cent sur le prix stipulé (Trib. civ. de Perpignan, 26 juin 1844 (R. v° *Enregistrement*, t. 21, p. 473). — Mais si la concession, même faite pour un temps illimité, avait été consentie moyennant une redevance annuelle et sous réserve, par le concédant, de retirer l'eau quand il le croirait convenable, cette cession, étant purement mobilière, ne donnerait ouverture qu'au droit de 2 pour cent (Civ. r. 18 déc. 1811, R. *eod.* v°, p. 473).

218. Les canaux d'irrigation, lors même qu'ils sont dérivés d'une rivière navigable, ne dépendant pas du domaine public et étant susceptibles d'être possédés privativement, la cession, par le concessionnaire, de son droit à la concession d'un canal d'irrigation constitue une cession immobilière passible du droit proportionnel de vente de 5 fr. 50 pour cent (Civ. r. 13 févr. 1886, D. P. 86. 1. 190).

219. Les traités de concession d'eau intervenus entre les administrations départementales ou communales, ou les établissements publics et des particuliers, constituent des marchés de fournitures, soumis au droit proportionnel d'enregistrement de 1 pour cent, si le prix du marché est à la charge du département, des communes ou de l'établissement public (L. 28 avr. 1816, art. 51), et de 2 pour cent, s'il est à la charge des particuliers (Req. 31 juill. 1883, D. P. 84. 1. 245).

EAUX MINÉRALES ET THERMALES

(R. v° *Eaux minérales et thermales* S. *eod.* v°).

1. On distingue les eaux minérales naturelles et les eaux minérales artificielles. Il y a, en France, près de mille localités où jaillissent des fontaines minérales. Mais un petit nombre seulement sont soumises à la surveillance du Gouvernement; parmi celles-ci, les unes appartiennent à l'État, d'autres aux communes, d'autres à des particuliers. — La police des eaux minérales est réglementée par une législation spéciale exposée ci-après, et qui est indépendante des règlements sur la police de la pharmacie (Cr. r. 8 mars 1898, D. P. 98. 1. 489).

ART. 1er. — CONSERVATION ET AMÉNAGEMENT DES SOURCES D'EAUX MINÉRALES ET THERMALES.

2. La conservation et l'aménagement des sources d'eaux minérales et thermales sont réglés par la loi du 14 juill. 1856 (D. P. 56. 4. 85), complétée par la loi du 12 févr. 1833

66

(D. P. 83. 4. 40) et les décrets des 8 sept. 1856 (D. P. 56. 4. 137), 28 janv. 1860 (D. P. 60. 4. 13) et 11 avr. 1888 (D. P. 88. 4. 45).

§ 1er. — *Déclaration d'intérêt public des sources. — Servitudes et droits qui en résultent* (R. 10 et s. ; S. 16 et s.).

3. Le Gouvernement a la faculté de déclarer d'intérêt public les sources d'eaux minérales, après enquête, par un décret délibéré en Conseil d'Etat (L. 1856, art. 1er). Les formalités à remplir sont déterminées par le décret du 8 sept. 1856, art. 1 à 9, modifié par le décret du 11 avr. 1888.

4. La déclaration d'utilité publique produit deux effets : A. — Elle donne au Gouvernement la *faculté* d'assigner à la source déclarée d'utilité publique un périmètre de protection (L. 1856, art. 2). Aucun périmètre de protection n'est fixé, au cas où la nécessité n'en serait pas démontrée. En outre, le périmètre peut être, suivant les cas, modifié, c'est-à-dire restreint ou étendu.

5. L'établissement d'un périmètre a pour conséquence d'imposer aux propriétaires qui s'y trouvent compris une double sujétion : 1° ils ne peuvent entreprendre, sans autorisation préalable, dans l'étendue de ce rayon, aucun travail de nature à porter atteinte à la source, aucun sondage qui puisse en détourner, en diminuer ou en altérer les eaux (L. 1856, art. 3). L'autorisation est donnée par le ministre du Commerce et de l'Industrie (Décr. 17 juill. 1869, modifié par le décret du 7 janv. 1886). Les fouilles, tranchées pour extraction de matériaux ou pour tout autre objet, fondations de maisons, caves ou autres travaux à ciel ouvert, peuvent, si le décret fixant le périmètre ne contient aucune réserve à ce sujet, être exécutés librement par les propriétaires. Toutefois le décret peut exceptionnellement leur imposer l'obligation de faire, au moins un mois à l'avance, une déclaration au préfet, qui en délivre récépissé (L. 1856, art. 3 ; § 2).

6. Les travaux entrepris, soit en vertu d'une autorisation régulière (art. 3, § 1er), soit après une déclaration préalable (art. 3, § 2)), peuvent, sur la demande du propriétaire de la source, être interdits par le préfet, si le résultat constaté est d'altérer ou diminuer la source (L. 1856, art. 4). Les formalités qui doivent précéder la décision sont indiquées par les art. 16 et 17 du décret du 8 sept. 1856.

7. Lorsqu'à raison de sondages ou de travaux souterrains entrepris en dehors du périmètre, et jugés de nature à altérer ou diminuer une source d'eau minérale déclarée d'intérêt public, l'extension d'un périmètre paraît nécessaire, le préfet peut, sur la demande du propriétaire de la source, ordonner provisoirement la suspension des travaux (L. 1856, art. 5). — Le préfet a également le droit, lorsqu'aucun périmètre n'a été assigné à une source minérale déclarée d'intérêt public, d'ordonner provisoirement la suspension des travaux souterrains qui sont de nature à altérer ou à diminuer la source (L. 1856, art. 6). Dans les deux cas ci-dessus indiqués, la décision du préfet ne doit être prise qu'après accomplissement des formalités prescrites par les art. 16 et 17 du décret de 1856.

8. 2° Les propriétaires dont les terrains se trouvent compris dans le périmètre de protection sont obligés de supporter, soit dans les maisons d'habitation et les cours attenantes, l'exécution de tous les travaux d'aménagement et de captage nécessaires pour la conservation, la conduite et la distribution de la source, lorsque ces travaux ont été autorisés par un arrêté du ministre du Commerce et de l'Industrie (L. 1856, art. 7). Les travaux que le propriétaire de la source

est ainsi autorisé à faire sur le *terrain d'autrui* sont de purs et simples travaux de captation et d'aménagement ayant pour objet, non point de chercher et de prendre dans le terrain compris dans le périmètre toutes les eaux minérales qui pourraient se rencontrer dans leurs profondeurs, mais seulement celles de ces eaux qui font partie de la source déclarée d'intérêt public. — L'occupation d'un terrain compris dans le périmètre de protection pour l'exécution des travaux de captage et d'aménagement ne peut avoir lieu qu'en vertu d'un arrêté du préfet, qui en fixe la durée (L. 1856, art. 9, § 1er).

9. Sur *son propre terrain*, le propriétaire d'une source d'eau minérale déclarée d'intérêt public peut exécuter tous les travaux de captage et d'aménagement nécessaires pour la conservation, la conduite et la distribution de cette source, un mois après la communication faite de ses projets au préfet. En cas d'opposition de la part du ministre, il ne peut commencer ou continuer les travaux qu'après autorisation du ministre. A défaut de décision dans le délai de trois mois, le propriétaire peut exécuter les travaux (L. 1856, art. 8).

10. En principe, la servitude résultant de l'établissement du périmètre de protection ne donne lieu par elle-même à aucune indemnité. Mais le droit à l'indemnité naît dès qu'un préjudice a été causé au fonds d'autrui. Ainsi, le propriétaire de la source doit une indemnité dans les cas suivants : 1° lorsque, sur sa demande, les travaux entrepris sur leurs fonds par les propriétaires compris dans le périmètre, en vertu d'une autorisation régulière, s'il s'agit de travaux souterrains, après une déclaration, s'il s'agit de travaux à ciel ouvert, sont interdits (L. 1856, art. 4 et 10) ; 2° lorsque des travaux souterrains entrepris en dehors du périmètre ou dans les terrains voisins, si aucun périmètre n'a été fixé, sont suspendus (L. 1856, art. 5, 6 et 10) ; 3° lorsque le propriétaire de la source a effectué des travaux de captage et d'aménagement dans l'intérieur du périmètre de protection (L. 1856, art. 7 et 10). L'indemnité est réglée à l'amiable ou par les tribunaux (L. 1856, art. 10). — Les décisions concernant l'exécution ou la destruction des travaux sur le terrain d'autrui ne peuvent être exécutées qu'après le dépôt d'un cautionnement, qui sert de garantie au payement de l'indemnité. L'importance de ce cautionnement est fixée par le tribunal. L'Etat est dispensé pour les sources dont il est propriétaire (L. 1856, art. 11).

11. Lorsque l'occupation d'un terrain compris dans le périmètre de protection prive le propriétaire de la jouissance du revenu au delà du temps d'une année, ou lorsqu'après les travaux le terrain n'est plus propre à l'usage auquel il était employé, le propriétaire de ce terrain peut exiger du propriétaire de la source l'acquisition du terrain occupé ou dénaturé. L'indemnité est alors réglée suivant les formes prescrites par la loi du 3 mai 1841 (V. *infrà, Expropriation pour cause d'utilité publique*). Dans aucun cas, l'expropriation ne peut être provoquée par le propriétaire de la source (L. 1856, art. 12).

12. B. — Le second effet que produit la déclaration d'utilité publique (V. *suprà*, n° 4) consiste dans le droit pour le Gouvernement, — si la source est exploitée d'une manière qui en compromette la conservation, ou si l'exploitation ne satisfait pas aux besoins de la santé publique, — de faire autoriser, par un décret en Conseil d'Etat, l'expropriation de la source et de ses dépendances nécessaires à l'exploitation, dans les formes réglées par la loi du 3 mai 1841 (L. 1856, art. 12).

§ 2. — *Pénalités* (S. 35 et s.).

13. La loi de 1856 édicte certaines peines pour les infractions à ses dispositions. L'exécution sans autorisation ou sans déclaration préalable, dans le périmètre de protection, de l'un des travaux mentionnés dans l'art. 3, la reprise des travaux interdits ou suspendus administrativement en vertu des art. 4, 5 et 6, sont punies d'une amende de 50 à 500 francs (L. 1856, art. 13). Il a été jugé que l'infraction est légalement caractérisée par le fait seul que les travaux entrepris dans le périmètre ont été exécutés sans autorisation, et qu'il n'appartient pas au juge correctionnel de constater leur innocuité relativement à la source d'utilité publique et de fonder sur ce motif l'acquittement du prévenu (Cr. c. 12 mars 1880, D. P. 80. 1. 232). — L'infraction au règlement d'administration publique, rendu pour l'application de la loi de 1856 (V. *suprà*, n° 3), est punie d'une amende de 16 à 100 francs (L. 1856, art. 14). L'art. 463 c. pén., sur les circonstances atténuantes, est applicable (L. 1856, art. 17).

§ 3. — *Règlements particuliers à certaines sources* (S. 40 et s.).

14. Indépendamment de la servitude générale établie par la loi du 14 juill. 1856, qui frappe les fonds voisins des sources thermales, il existe quelques règlements particuliers rendus à diverses époques dans le but de protéger certaines sources. On peut citer les arrêts du Conseil du 22 janv., 14 déc. 1715 et 11 mars 1783, relatifs aux bains de Balaruc, et déclarés toujours en vigueur par un décret du 7 oct. 1807 ; l'arrêt du 6 mai 1732, concernant les sources de Barèges, et déclaré exécutoire par un décret du 30 prair. an 12 ; deux décrets des 13 mars et 18 mai 1813, intervenus dans l'intérêt du Mont-Dore. Ces anciens textes restent, en présence de la législation nouvelle et générale, en vigueur pour les prescriptions particulières relatives à chacun des établissements thermaux qu'ils concernent.

§ 4. — *Compétence* (R. 36 ; S. 44 et s.).

15. Les travaux exécutés par l'Etat, pour l'exploitation des sources d'eaux thermales qui lui appartiennent, sont des travaux d'utilité publique, et le conseil de préfecture est compétent, sauf recours au Conseil d'Etat, pour statuer sur les réclamations des particuliers qui se plaignent des dommages causés par l'exécution de ces travaux. Il en est de même à l'égard des travaux exécutés dans les établissements d'eaux minérales appartenant aux départements, aux communes ou aux hospices. Cependant, d'après le Tribunal des conflits, il faudrait, pour que les travaux fussent considérés comme des travaux publics, que la source eût été déclarée d'utilité publique (Trib. confl. 25 nov. 1882, D. P. 84. 3. 50). — Les contestations qui s'élèvent à propos de travaux exécutés pour l'exploitation des établissements thermaux appartenant à des particuliers, alors même que les établissements auraient été reconnus d'utilité publique, restent de la compétence des tribunaux civils.

ART. 2. — EXPLOITATION DES EAUX.

§ 1er. — *Exploitation dans l'établissement* (R. 15 et s. ; S. 50 et s.).

16. Tout établissement d'eaux minérales appartenant à l'Etat, à des concessionnaires ou à des particuliers, est soumis : 1° à une autorisation préalable délivrée par le ministre, sur l'avis des autorités locales et après analyse de l'eau ; 2° à l'inspection des hommes de l'art (Ord. 18 juin 1823, R. p. 504, modifiée par la loi de 1856, art. 6 ;

Décr. 28 janv. 1860, D. P. 60. 4. 13, et L. 12 févr. 1883). L'inspection médicale consiste, suivant l'importance de l'établissement, soit dans la présence d'un médecin inspecteur attaché spécialement à la localité, soit dans les visites d'inspecteurs envoyés en tournée par le ministre (Décr. 28 janv. 1860, art. 2 à 8). L'emploi de médecin inspecteur des établissements d'eaux minérales naturelles ne donne droit à aucune rétribution soit de la part de l'État, soit de la part de ces établissements (L. 12 févr. 1883).

17. L'usage des eaux par les malades n'est subordonné à aucune permission, ni à aucune ordonnance de médecin (Décr. 28 janv. 1860, art. 15). Néanmoins, les médecins' inspecteurs se sont attribué, sans se l'être jamais vu contester, le droit de demander aux malades venus pour faire usage d'eaux qui pourraient leur être nuisibles, de justifier d'une ordonnance de médecin. D'ailleurs, le préfet peut, par un arrêté, interdire aux propriétaires d'établissements de recevoir des malades non pourvus d'une autorisation à eux délivrée par le médecin inspecteur. — Les préfets peuvent prendre, au point de vue de la salubrité et de l'ordre, des arrêtés de police (Décr. 1860, art. 16).

18. Les propriétaires sont libres de fixer, pour les eaux de leurs sources, le prix qui leur convient (Ord. 18 juin 1823, art. 11). L'Administration ne peut modifier les tarifs proposés, mais elle les approuve, et il ne peut y être apporté aucun changement pendant la saison ; il ne peut non plus être exigé ni perçu aucun prix supérieur au tarif, ni aucune somme en dehors du tarif, pour l'emploi des eaux (Décr. 1860, art. 18).

§ 2. — *Exploitation hors de l'établissement* (R. 24 et s. ; S. 63 et s.).

19. L'expédition, hors de la commune où elles sont puisées, des eaux minérales naturelles, les dépôts et la vente de ces eaux font l'objet d'une réglementation contenue dans l'ordonnance du 18 juin 1823. Les infractions aux prescriptions de cette ordonnance sont sanctionnées par l'art. 471, § 15 c. pén., à moins que l'infraction ne soit punie par un texte antérieur non abrogé, comme par exemple l'infraction consistant à faire venir sans permission des eaux minérales pour en faire le commerce, laquelle est punie, par un arrêt du Conseil du 5 mai 1781, de 1000 livres d'amende. Les préfets ont, d'ailleurs, le droit, pour assurer l'exécution de l'ordonnance de 1823, de prendre des arrêtés, et ces arrêtés ont pour sanction l'art. 471, § 15, c. pén.

20. Les pharmaciens sont exemptés de l'obligation de se pourvoir d'une autorisation pour la vente des eaux minérales naturelles et artificielles, à la condition que le débit des eaux ait lieu dans la pharmacie (Ord. 1823, art. 1er). Mais cette exemption ne s'applique qu'aux eaux provenant d'une source dont l'exploitation a été autorisée par le Gouvernement. — Il est à remarquer, d'autre part, qu'en vertu du principe énoncé *suprà*, n° 1, relatif à l'indépendance de la législation des eaux minérales et de la police de la pharmacie, les sels, extraits des eaux minérales, et les pastilles ayant ces sels pour base, échappent au domaine de la pharmacie, et sont régis par la législation spéciale sur la police des eaux minérales. Ainsi la préparation et le débit de ces produits, loin d'être compris dans le monopole des pharmaciens, appartiennent aux personnes et sociétés munies d'une autorisation à l'effet d'exploiter les eaux minérales. C'est ce qui a été jugé spécialement à l'égard des sels et pastilles de Vichy (Cr. r. 3 mars 1898, D. P. 98. 1. 489). Enfin, la fabrication et la vente des eaux minérales artificielles est autorisée pour les

pharmaciens ; mais ils n'en ont pas le privilège exclusif.

21. Les dépôts d'eaux minérales naturelles et artificielles sont soumis à l'inspection des conseils d'hygiène et de salubrité (Ord. 1823, art. 18). — Sur ces inspections, V. *infrà, Médecine - Pharmacie.*

ART. 3. — ADMINISTRATION DES SOURCES MINÉRALES APPARTENANT A L'ETAT, AUX DÉPARTEMENTS, AUX COMMUNES ET AUX ÉTABLISSEMENTS CHARITABLES (R. 30 et s. ; S. 76 et s.).

22. Les établissements appartenant à l'État, comme ceux de Vichy, Plombières, Aix-les-Bains, sont mis en ferme ou administrés en régie. Ceux qui appartiennent à des départements, à des communes ou des établissements charitables sont gérés ou administrés pour leur compte (Ord. 1823, art. 12).

23. En vertu d'un arrêté du Directoire, du 23 vend. an 6 (R. v° *Secours publics*, p. 766), les indigents doivent recevoir gratuitement le secours des eaux minérales ; mais leurs dépenses et les frais de route sont à la charge des communes (Arr. 29 flor. an 7, art. 6, R. p. 502). — Une loi du 12 juill. 1873 (D. P. 73. 4. 78) a réglé l'envoi et le traitement aux frais de l'État, dans les établissements d'eaux minérales, des anciens militaires et marins blessés ou infirmes.

ÉCHANGE

(R. v° *Echange* ; S. *eod.* v°).

ART. 1er. — DÉFINITION ET LÉGISLATION (R. 1 et s. ; S. 1 et s.).

1. L'échange est un contrat par lequel les parties se donnent ou se fournissent respectivement une chose pour une autre (Civ. 1702).

2. L'échange fait l'objet du titre 7 du livre 3 du Code civil ; il y a lieu toutefois, dans l'application, de tenir compte des dispositions de la loi du 23 mars 1855 (D. D. 55. 4. 27) sur la transcription en matière hypothécaire, qui a modifié les principes du Code civil sur les effets, au regard des tiers, des actes entre vifs translatifs de propriété immobilière (V. *infrà*, *Transcription hypothécaire*). De plus, les lois des 2 août 1884 et 31 juill. 1895 (D. P. 84. 4. 121 et 95. 4. 126) sur les vices rédhibitoires des ventes et échanges d'animaux domestiques (V. *infrà*, *Vices rédhibitoires*), et du 3 nov. 1884 (D. P. 85. 4. 17), concernant les droits fiscaux à percevoir sur les échanges d'immeubles ruraux, ont établi quelques règles spéciales relativement à ces diverses espèces d'échanges.

ART. 2. — NATURE ET FORME DE L'ÉCHANGE (R. 6 et s. ; S. 5 et s.).

3. Le contrat d'échange est synallagmatique et à titre onéreux. Il présente avec la vente une très grande affinité ; aussi l'art. 1707 c. civ. déclare-t-il communes à l'échange les règles de la vente auxquelles il n'est pas fait exception.

4. Si une chose a été cédée à la fois contre une autre chose et contre une somme d'argent, il y a vente jusqu'à concurrence de cette somme ou *soulte*. Toutefois, dans la pratique, l'indivisibilité de l'acte obligera presque toujours le juge à lui attribuer, pour le tout, le caractère soit d'une vente, soit d'un échange, d'après le caractère dominant du contrat. Pour déterminer ce caractère dominant, il y a lieu, semble-t-il, de tenir compte que de l'importance respective de l'objet donné par l'échangiste et de la soulte payée par lui pour parfaire la valeur de l'objet reçu, abstraction faite de l'intention des parties.

5. L'échange s'opère par le seul consentement (Civ. 1703). Mais lorsque le contrat porte sur des immeubles, il est soumis à la transcription, conformément à la loi du 23 mars 1855 (D. P. 55. 4. 27). D'ailleurs, les parties restent toujours libres de subordonner la perfection du contrat à la rédaction d'un écrit.

6. L'échange n'est, en principe, assujetti à aucune forme spéciale. Toutefois, en ce qui concerne les immeubles ruraux, V. *infrà*, n° 19 ; ... les biens du domaine de l'État, V. *suprà*, *Domaine de l'État*, n°s 30 et s. ; *suprà*, *Commune*, n° 394 ; ... ceux des fabriques, V. *suprà*, *Culte*, n° 141.

ART. 3. — CHOSES QUI PEUVENT FAIRE L'OBJET D'UN ÉCHANGE (R. 17 et s. ; S. 15 et s.).

7. Toutes les choses qui peuvent être vendues peuvent être échangées. Bien que l'échange ait le plus souvent pour objet un transfert réciproque de propriété entre les coéchangistes, les démembrements du droit de propriété peuvent cependant former la matière d'un échange. Ainsi, on peut échanger une nue propriété contre un usufruit (Nîmes, 9 déc. 1879, D. P. 81. 4. 415). Les immeubles dotaux, malgré leur inaliénabilité, peuvent être l'objet d'un échange moyennant les conditions prescrites par l'art. 1559 c. civ. (V. *infrà*, *Régime dotal*).

8. L'échange de la chose d'autrui, comme la vente de la chose d'autrui, est nul (Civ. 1704 et 1599) ; mais cette nullité peut être couverte par la ratification du véritable propriétaire, rapportée avant que la demande en nullité ait été formée.

9. Les immeubles appartenant à des mineurs peuvent, sous les seules conditions indiquées aux art. 457 et 458 c. civ., faire l'objet d'un contrat d'échange. — Au contraire, ce contrat est prohibé entre époux (Civ. 1707 et 1595). L'échange intervenu entre mari et femme est radicalement nul ; il en est ainsi quel que soit le régime matrimonial, notamment sous le régime dotal (Req. 26 nov. 1900, D. P. 1904. 1. 457) ; et la prohibition ne comporte que les mêmes exceptions qu'en ce qui concerne la vente. Toutefois, dans une opinion, consacrée par certains arrêts, on admet la validité de l'échange entre époux toutes les fois qu'il y a une cause légitime en dehors de celles que prévoit l'art. 1595 ; et cette cause légitime existerait dans tous les cas où l'immeuble cédé procurerait un avantage à la femme.

ART. 4. — EFFETS DE L'ÉCHANGE (R. 24 et s. ; S. 18 et s.).

10. L'effet de l'échange est de faire passer la propriété avec toutes ses charges réelles sur la tête de celui qui reçoit la chose en échange ; toutefois, cet effet translatif est subordonné à la condition que la chose échangée soit un corps certain ; si l'échange avait pour objet des choses *in genere*, l'effet du contrat serait seulement de rendre chacun des coéchangistes créancier de l'autre. — L'échange d'immeubles, comme tout autre acte entre vifs translatif de propriété immobilière à titre onéreux, doit être transcrit (V. *infrà*, *Transcription hypothécaire*).

11. L'échange ayant pour objet une translation de propriété, le contrat est nul lorsque cette translation ne peut s'opérer. Par suite, si l'un des coéchangistes prouve que l'autre partie n'est pas propriétaire de la chose par elle donnée ou promise, il n'est tenu qu'à la restitution de cette chose, s'il l'a déjà reçue ; il ne peut être contraint à livrer l'objet qu'il a promis (Civ. 1704), et il aurait le droit d'en exiger la restitution, s'il l'avait livré. Dans tous les cas il pourra, en outre, réclamer des dommages-intérêts, s'il était de bonne foi (Comp. Civ. 1599).

12. Si l'un des coéchangistes, après avoir livré sa chose, se trouve être évincé de celle qu'il a reçue, il a le droit, ou de se prévaloir du contrat, et de réclamer en conséquence des dommages-intérêts représentant la valeur, au moment de l'éviction, de l'objet dont il est privé ; ou de demander la résolution de l'échange, et, par suite, la restitution de sa propre chose (Civ. 1705), sans préjudice des dommages-intérêts qui peuvent, dans ce cas également, lui être alloués.

13. La résolution de l'échange a pour effet, en principe, de faire tomber tous les droits qu'aurait pu consentir l'échangiste contre qui elle est prononcée sur les biens que l'échange avait fait entrer dans son patrimoine. Par suite, l'échangiste évincé du bien qu'il a reçu en échange peut, s'il s'agit d'un immeuble, le revendiquer aux mains d'un tiers acquéreur, sauf à ce dernier à opposer, s'il y a lieu, la prescription de 10 à 20 ans. Mais celle-ci ne peut courir, au profit du tiers acquéreur, qu'à dater de l'éviction, par application de l'art. 2257 c. civ. Si l'échange avait pour objet des meubles, l'action en revendication se trouverait, à l'encontre du tiers acquéreur de bonne foi, paralysée par l'application de la maxime *en fait de meubles possession vaut titre* (Civ. 2279).

14. L'annulation ou la résolution de l'échange devant avoir pour effet de remettre les parties au même état qu'avant le contrat, l'échangiste qui s'est mis dans l'impossibilité de restituer la chose par lui reçue est par là même non recevable à se prévaloir de cette annulation ou de cette résolution pour réclamer de son coéchangiste la restitution de la chose qu'il lui a donnée en contre-échange. L'application de cette règle a été faite, notamment, au cas d'échange intervenu entre une commune et un particulier sans l'observation des formalités légales (Req. 3 juill. 1895, D. P. 96. 1. 293).

15. La loi confère expressément aucun privilège à l'échangiste pour la garantie des créances qu'il peut avoir contre son coéchangiste, notamment en cas de soulte ou d'indemnité pour cause d'éviction. La créance de l'échangiste est donc, en principe, garantie par le privilège du vendeur (V. *infrà, Privilèges et hypothèques*).

16. Conformément au droit commun (Civ. 1184), l'échangiste qui ne peut obtenir de son coéchangiste le payement des sommes qui lui sont dues a, comme l'échangiste évincé (V. *supra*, n° 12), le droit de poursuivre contre son coéchangiste la résolution de l'échange. — A l'encontre du droit de résolution pour soulte, les tiers acquéreurs sont protégés par la disposition de l'art. 717 c. pr. civ. et par celle de l'art. 7 de la loi du 23 mars 1855. La soulte étant considérée comme un prix de vente, l'action résolutoire du vendeur non payé s'y appliquent. Par suite, d'une part, lorsque l'immeuble grevé de soulte a été vendu sur saisie immobilière, l'action résolutoire, par application de l'art. 717 c. pr. civ., ne peut plus être intentée après l'adjudication au profit de l'adjudicataire ; d'autre part, au cas d'aliénation volontaire en vertu de la loi du 23 mars 1855, l'action résolutoire ne peut être exercée qu'après l'extinction du privilège au préjudice des tiers qui ont acquis des droits sur l'immeuble du chef de l'acquéreur et qui se sont conformés aux lois pour les conserver. Mais, en dehors du cas de soulte, l'échangiste n'ayant pas de privilège, il ne saurait être question de faire à l'action résolutoire l'application de l'art. 7 de la loi du 23 mars 1855.

17. Comme le vendeur, l'échangiste est garant des vices cachés de la chose remise par lui (V. *infrà, Vices rédhibitoires ;* Comp.

supra, n° 2). — Mais, à la différence de la vente, l'échange, quels que soient les objets sur lesquels il porte, n'est pas rescindable pour cause de lésion (Civ. 1706). Il est, d'ailleurs, toujours attaquable pour cause de dol et de fraude caractérisés.

ART. 5. — ENREGISTREMENT ET TIMBRE.

18. Les échanges d'immeubles sont tarifés à 3 fr. 50 pour cent, comprenant : 2 pour cent pour droit de mutation (L. 22 frim. an 7, art. 69, § 5, n° 3, R. v° *Enregistrement*, t. 21, p. 26 ; 21 juin 1875, art. 4, D. P. 75. 4. 108) ; et 1 fr. 50 pour cent, pour droit de transcription (L. 28 avr. 1816, art. 54).

19. Le tarif est réduit à 0 fr. 20 pour cent pour droit proportionnel d'enregistrement et de transcription, lorsque les immeubles échangés sont situés dans la même commune ou dans des communes limitrophes. Il en est encore ainsi lorsque l'un des immeubles échangés est contigu aux propriétés de celui des échangistes qui le reçoit, et dans le cas seulement où ces immeubles ont été acquis par les contractants par acte enregistré depuis plus de deux ans, ou recueillis à titre héréditaire (L. 3 nov. 1884, art. 1er, D. P. 85. 4. 17). — Pour bénéficier de ce tarif de faveur, le contrat d'échange doit renfermer l'indication de la contenance, du numéro de la section, du lieu dit, de la classe, de la nature et du revenu du cadastre de chacun des immeubles échangés, et un extrait de la matrice cadastrale desdits biens, qui est délivré gratuitement, soit par le maire, soit par le directeur des Contributions directes, et déposé au bureau lors de l'enregistrement (même loi, art. 2).

20. Le droit à percevoir sur les soultes ou plus-values est uniformément de 5 fr. 50 pour cent, qu'il s'agisse d'immeubles urbains ou d'immeubles ruraux (L. 22 frim. an 7, art. 69, § 7, nos 5 ; 28 avr. 1816, art. 52 ; 3 nov. 1884, art. 3).

21. La loi fiscale n'a pas prévu l'échange de meubles. Il est assimilé à une vente, et donne lieu au droit de vente mobilière de 2 fr. pour cent ; mais il n'est dû qu'un seul droit. — L'échange d'immeubles contre des biens meubles ou des droits incorporels est également considéré comme une vente d'immeubles, moyennant un prix consistant dans les biens meubles ou les droits immobiliers, et comme tel assujetti au droit proportionnel de 5 fr. 50 pour cent.

22. Le droit proportionnel de 3 fr. 50 pour cent ou de 0 fr. 20 pour cent est perçu sur la valeur de l'une des parts lorsque l'échange est pur et simple. Lorsqu'il y a soulte ou plus-value, le droit proportionnel d'échange est perçu sur la moindre part, et le droit de 5 fr. 50 pour cent sur le retour ou la plus-value. Ce dernier droit est toujours perçu sur le chiffre le plus élevé, soit sur la plus-value résultant de la comparaison des revenus capitalisés, soit sur la soulte stipulée (Req. 19 août 1872, D. P. 72. 1. 417). Il est même exigible sur un échange fait sans soulte, lorsqu'une plus-value ressort de la comparaison des revenus capitalisés.

23. Le droit de soulte est dû par la portion de frais incombant à l'un des échangistes, lorsqu'elle est mise à la charge de l'autre, celui-ci reconnaissant, par cela même, que l'immeuble par lui acquis présente un excédent de valeur égal à cette portion de frais (Req. 10 mai 1865, D. P. 65. 1. 369).

24. La valeur imposable des immeubles échangés est obtenue en capitalisant par 20 le revenu des immeubles urbains, et par 25 le revenu des immeubles ruraux (V. *infrà, Enregistrement*, n° 18).

25. Si l'évaluation du revenu faite par les parties est présumée insuffisante, l'expertise peut en être provoquée par l'Administra-

tion. Cette expertise, requise au sujet d'un acte translatif à titre onéreux dans lequel le revenu sert de base à l'estimation, est soumise aux dispositions des art. 17 et 19 de la loi du 22 frim. an 7. Ainsi, le délai pour la demande en expertise est de deux ans (Req. 7 juill. 1840, Instr. Reg. n° 1634, § 20). Les frais ne doivent être à la charge du redevable que lorsque l'estimation excède d'un huitième la valeur déclarée (Civ. r. 30 mars 1852, D. P. 52. 1. 197). — En cas d'insuffisance constatée, le droit simple exigible sur l'excédent d'évaluation est liquidé au taux de 3 fr. 50 pour cent ; mais le droit en sus se calcule sur le droit de mutation seulement, c'est-à-dire à 2 pour cent.

26. Les échanges d'immeubles sont soumis aux dispositions des articles 12 et 13 de la loi du 23 août 1871 (D. P. 71. 4. 54). Les dissimulations de soultes sont, en conséquence, punies de l'amende du quart de la somme dissimulée, et les notaires qui reçoivent un acte d'échange doivent donner lecture aux parties desdits articles (Instr. Reg. 25 août 1871, n° 2413, § 5, n° 2, D. P. 71. 3. 51) (V. *infrà, Enregistrement*, nos 53 et 56).

27. L'échange constaté par acte notarié est soumis aux délais ordinaires d'enregistrement des actes notariés (V. *infrà, Enregistrement*, n° 62). — Fait par acte sous seing privé ou verbalement, l'échange, étant translatif de propriété immobilière, est assujetti à l'enregistrement ou à la déclaration dans les trois mois de sa date ou de l'entrée en jouissance si elle est antérieure, et ce, à peine, pour chaque partie, d'un droit en sus de mutation, au minimum de 50 francs en principal (L. 23 août 1871, art. 14).

EFFETS DE COMMERCE

(R. v° *Effets de commerce ;* S. *eod.* v°).

1. Les *effets de commerce* sont des titres à ordre ou au porteur, donnant à leur propriétaire le droit de toucher une somme d'argent fixe, à l'échéance généralement prochaine. Dans l'usage du commerce, ils sont acceptés en payement comme du numéraire. Aussi, au point de vue de la faillite, la loi assimile-t-elle aux payements en espèces les payements en effets de commerce faits par le failli depuis la cessation de ses payements ou dans les dix jours qui l'ont précédée (Com. 446 ; V. *infrà, Faillite*). — La lettre de change, le billet à ordre, le chèque, le warrant détaché du récépissé, sont des effets de commerce. Au contraire, ce caractère n'appartient ni aux actions ou obligations des sociétés, villes et Etats, ni aux connaissances, ni aux récépissés des marchandises déposées dans les magasins généraux.

2. Les effets de commerce peuvent être *escomptés* avant leur échéance, c'est-à-dire payés au porteur avant cette date, par un tiers, ordinairement un banquier, moyennant une retenue appelée escompte et dont le taux est aujourd'hui librement fixé par les parties (L. 12 janv. 1886, D. P. 86. 4. 32). — Sur l'escompte des effets de commerce par la Banque de France, V. *supra, Banquebanquier*, nos 9 et 10 ; V. aussi *infrà, Warrants*.

3. Les effets de commerce peuvent être recouvrés par la poste, et alors même ils sont soumis à protêt (L. 5 avr. 1879, D. P. 79. 4. 33, et 17 juill. 1880, D. P. 81. 4. 113).

4. Une procédure rapide de libération est organisée au profit du débiteur d'un effet de commerce qui veut payer à l'échéance : si, en effet, le porteur ne s'est pas présenté dans les trois jours de ladite échéance, ce débiteur est autorisé à déposer le montant de l'effet à la Caisse des dépôts et consignations ; un acte de dépôt lui est remis qu'il lui suffit de donner, en échange de cet effet, au porteur lorsque ce dernier vient ensuite se présenter, et moyennant lequel ce dernier peut toucher de la Caisse sans autre formalité (Décr. 6 therm. an 3, R. p. 50; Ord. 3 juill. 1816).

5. Les règles spéciales aux divers effets de commerce sont exposées séparément pour chacun d'eux, *supra*, *Billet à ordre*, *Chèque*, et *infrà*, *Lettre de change*, *Warrants*.

6. Malgré leur dénomination, les effets de commerce ne sont pas tous nécessairement des actes de commerce; quelques-uns peuvent, au contraire, à raison de la cause pour laquelle ils sont faits, n'être que des actes civils (V. *supra*, *Acte de commerce*, n°s 25 et 26).

7. On appelle *effets de complaisance* ceux que l'une des parties signe sans rien devoir à l'autre, et seulement pour permettre à celle-ci de négocier le titre et de se procurer ainsi des fonds; ainsi en est-il, par exemple, d'une traite que le tiré accepte bien que ne devant rien au tireur, ou d'un billet à ordre que signe le souscripteur bien que ne devant rien, lui non plus, au bénéficiaire. — Les effets de complaisance, reposant sur une créance purement fictive et simulée, sont nuls faute de cause (Lyon, 10 mars 1897, D. P. 97. 2. 385). Par suite, celui qui a donné ainsi sa signature par complaisance n'est pas obligé de payer le porteur, à moins toutefois que celui-ci ne soit de bonne foi (Toulouse, 1er déc. 1898, D. P. 99. 2. 379; V. *supra*, *Billet à ordre*, n° 6). Mais, comme l'effet de complaisance a une cause illicite, le signataire complaisant qui le paye n'a pas d'action en répétition contre celui pour lequel il a ainsi donné sa signature. — Le commerçant qui se livre à une circulation d'effets de complaisance, dans l'intention de retarder sa faillite, doit être déclaré banqueroutier simple (Com. 585-3°). V. *infrà*, *Faillite*.

Enregistrement et timbre.

8. 1° *Enregistrement.* — Tous les effets négociables sont soumis au droit proportionnel de cinquante centimes pour cent. Ils peuvent n'être présentés à l'enregistrement qu'avec les protêts qui en sont faits (L. 22 frim. an 7, art. 69, § 2, R. v° *Enregistrement*, t. 21, p. 26; 28 févr. 1872, art. 10, D. P. 72. 4. 12). — Il en résulte qu'un notaire peut mentionner un effet de cette nature, dans un acte de son ministère, sans le faire enregistrer.

9. Les endossements et acquits d'effets de commerce sont exempts d'enregistrement (L. 22 frim. an 7, art. 70, § 3, n° 1). — L'aval apposé sur un effet de commerce bénéficie de la même exemption (Délib. admin. Enreg. 31 déc. 1830). Mais, lorsqu'il est donné par acte séparé, l'aval est soumis au droit fixe de 3 francs si l'effet auquel il se rapporte était enregistré; dans le cas contraire, il est passible du droit proportionnel de cinquante centimes pour cent (Instr. admin. Enreg. 11 sept. 1810, n° 488).

10. L'arrêté de compte, la reconnaissance de dette, le prêt de consommation réalisés sous forme de billets de commerce ou de lettres de change donnent ouverture au droit proportionnel d'obligation de 1 pour cent, lorsqu'ils viennent à être constatés dans un acte formant titre. — Il en est différemment pour les prêts contractés par les départements, communes, établissements publics et compagnies, et réalisés sous forme d'obligations négociables soumises au timbre proportionnel de 1 franc pour cent par l'art. 27 de la loi du 5 juin 1850 (D. P. 50. 4. 114), ce droit de timbre tenant lieu du droit d'enregistrement (L. 5 juin 1850, art. 15 et 32; L. 16 avr. 1866, D. P. 66. 1. 340).

11. 2° *Timbre.* — Les effets de commerce sont assujettis au droit de timbre proportionnel de 0 fr. 50 cent. par mille francs, sans décimes. Ce droit est perçu à raison de 5 cent. par cent francs, quelque soit le montant de l'effet (L. 6 prairial an 7, art. 6; 5 juin 1850, art. 1er; 23 août 1871, art. 2, D. P. 71. 4. 54; 19 févr. 1874, art. 3 et 4, D. P. 74. 4. 41; 22 déc. 1878, art. 1er, D. P. 79. 4. 10). Cette disposition est applicable aux effets souscrits en France et payables hors de France, et réciproquement (L. 5 juin 1850, art. 9; 19 févr. 1874, art. 4).

12. Les effets venant, soit de l'étranger, soit des îles ou colonies françaises dans lesquelles le timbre n'est pas établi, et payables en France, sont, avant qu'ils puissent y être négociés, acceptés ou acquittés, soumis au timbre ou au visa pour timbre d'après le tarif ci-dessus indiqué (L. 5 juin 1850, art. 3). — Les effets tirés de l'étranger sur l'étranger et circulant en France sont assujettis à un droit de timbre proportionnel de 0 fr. 50 cent. par 2 000 francs ou par fraction de 2 000 francs (L. 23 août 1871, art. 2; 20 déc. 1872, art. 3, D. P. 73. 4. 1).

13. Celui qui reçoit du souscripteur un effet non timbré est tenu de le faire viser pour timbre, dans les quinze jours de sa date, ou avant l'échéance si cet effet a moins de quinze jours de date, et dans tous les cas avant toute négociation. Ce visa pour timbre est soumis au droit de 5 centimes par cent francs ou fraction de cent francs, qui s'ajoute au montant de l'effet, nonobstant toute stipulation contraire (L. 5 juin 1850, art. 2).

14. En cas de contravention aux dispositions qui précèdent, le souscripteur, l'accepteur, le bénéficiaire ou premier endosseur de l'effet non timbré ou non visé pour timbre, sont passibles chacun d'une amende de 6 pour cent. A l'égard des effets venant de l'étranger, soit des îles ou des colonies dans lesquelles le timbre n'a pas encore été établi, le premier des endosseurs résidant en France, est, à défaut d'endossement en France, le porteur, est passible de l'amende de 6 pour cent (L. 24 mai 1834, art. 19; 5 juin 1850, art. 4; 19 févr. 1874, art. 4). — Lorsque la contravention ne consiste que dans l'emploi d'un timbre inférieur à celui qui devait être employé, l'amende ne porte que sur la somme pour laquelle le droit de timbre n'a pas été payé (L. 5 juin 1850, art. 4).

15. Les contrevenants sont soumis solidairement au payement du droit de timbre et des amendes; le porteur est tenu de faire l'avance de ce droit et de ces amendes, sauf son recours contre ceux qui en sont passibles. Ce recours s'exerce devant la juridiction compétente pour connaître de l'action en remboursement de l'effet (L. 5 juin 1850, art. 6; 19 févr. 1874, art. 4).

16. Afin d'assurer efficacement le payement du droit de timbre dans son application aux effets de commerce, le législateur de 1850 a édicté les dispositions suivantes, à titre de sanction : 1° le porteur d'un effet de commerce non timbré ou non visé pour timbre ne peut exercer son action que contre le souscripteur. Toutes stipulations contraires sont nulles (L. 5 juin 1850, art. 5); 2° il est interdit, sous peine d'une amende de 6 pour cent, à toutes personnes, à toutes sociétés et à tous établissements publics, d'encaisser ou de faire encaisser pour leur compte ou pour le compte d'autrui, même sans leur acquit, des effets de commerce non timbrés ou non visés pour timbre (L. 5 juin 1850, art. 7; 19 févr. 1874, art. 4). Par application de cette disposition, les effets de commerce confiés à l'administration des Postes pour en opérer le recouvrement ne peuvent être reçus que s'ils sont régulièrement timbrés (Arr. min. 11 mai 1879, art. 1er, § 2, D. P. 79. 4. 35; Circ. min. Postes, novembre 1879, D. P. 80. 3. 84); 3° toute mention ou convention de retour sans frais, soit sur le titre, soit en dehors du titre, est nulle, si elle est relative à des effets non timbrés ou non visés pour timbre (L. 5 juin 1850, art. 8); 4° enfin, les notaires ou huissiers ne peuvent protester un effet de commerce non timbré ou non visé pour timbre, sous peine de supporter personnellement une amende de 20 francs pour chaque contravention et d'être tenus, en outre, au payement du droit de timbre et des amendes encourues par les parties (L. 24 mai 1834, art. 23).

17. Par exception à la règle qu'on ne peut écrire deux actes à la suite l'un de l'autre sur la même feuille de papier timbré (V. *infrà*, *Timbre*), les mentions d'acceptation, d'endossement, de garantie, de prorogation d'échéance, d'acquit d'un effet de commerce, peuvent être écrites sur le titre même, alors que le papier de l'effet ne suffit pas, on peut y joindre une allonge de papier libre, ainsi y apposer un nouveau timbre. Les acquits inscrits sur les effets de commerce sont même exempts du droit de timbre de 10 centimes (L. 23 août 1871, art. 20-1°).

18. Le payement de l'impôt du timbre applicable aux effets de commerce peut être constaté par tous les modes en usage. — Les contribuables peuvent, en premier lieu, user des *papiers timbrés de la débite*, c'est-à-dire se procurer dans les bureaux de l'Enregistrement, ou chez les débitants de tabac qui sont commissionnés à cet effet, les coupons de papier timbré que l'Administration fait fabriquer (L. 13 brum. an 7, art. 8, R. v° *Enregistrement*, t. 22, p. 737; Décr. 27 juill. 1850, D. P. 50. 4. 40; 1er avr. 1853, art. 1er, D. P. 53. 4. 68; Arr. du chef du pouvoir exécutif du 25 août 1871, D. P. 71. 4. 73; L. 19 févr. 1874, art. 3; Décr. 19 févr. 1874, D. P. 74. 4. 48; L. 29 juill. 1881, art. 5, D. P. 82. 4. 86).

19. Ils ont, d'autre part, la faculté de recourir au *timbrage à l'extraordinaire*, c'est-à-dire de faire apposer l'empreinte du timbre sur les papiers dont ils veulent faire usage (L. 13 brum. an 7, art. 6; Décr. 27 juill. 1850, art. 2).

20. Ils peuvent également timbrer eux-mêmes leurs effets en y apposant des *timbres mobiles proportionnels* (L. 11 juin 1859, art. 19, D. P. 59. 4. 34; 27 juill. 1870, art. 6, D. P. 70. 4. 59; 20 déc. 1872, art. 3, D. P. 73. 4. 1; Décr. 19 févr. 1874, art. 2 et 3; 18 juin 1874, art. 1er, D. P. 75. 4. 16; 8 sept. 1877, art. 1er, D. P. 77. 4. 70; 8 juill. 1885, art. 1er, D. P. 86. 4. 7). — Chaque timbre mobile doit être oblitéré au moment même de son apposition : par le souscripteur, pour les effets créés en France; par le signataire de l'acceptation, de l'aval, de l'endossement ou de l'acquit, en ce qui concerne les effets venant de l'étranger ou des colonies. L'oblitération consiste dans l'inscription à l'encre noire usuelle, et à la place réservée à cet effet sur le timbre mobile : 1° du lieu où l'oblitération est opérée; 2° de la date (quantième, mois et millésime) à laquelle elle est effectuée; 3° de la signature de la personne qui fait l'oblitération (Décr. 19 févr. 1874, art. 4).

21. Enfin, les contribuables ont, dans certains cas, la faculté de recourir à la formalité du *visa pour timbre*, spécialement pour les effets venant de l'étranger ou des colonies dans lesquelles le droit de timbre n'est pas établi (L. 13 brum. an 7, art. 13; 5 juin 1850, art. 3), et lorsque le bénéficiaire qui a reçu un effet non timbré, ou revêtu d'un timbre insuffisant, veut régulariser sa situation sans payer d'amende (L. 5 juin 1850, art. 2).

22. Sont exemptés de la formalité et du droit de timbre : les extraits d'inscriptions de rente sur le Grand-livre, les bons du

Trésor, les mandats et les traites du Trésor sur les départements, les traites du caissier central du Trésor, les mandats des receveurs généraux et les bons de monnaie (L. 13 brum. an 7, art. 16; Ord. 10 oct. 1834, art. 1er, 2 et 3; L. 31 juill. 1879, art. 3, D. P. 80. 4. 7). — V. au surplus, *suprà*, *Billet à ordre*, *Chèque*, et *infrà*, *Lettre de change*, *Warrants*.

ÉLECTIONS

(R. v^ts *Commune*, *Droit politique*, *Organisation administrative*; S. *eisd*. v^ts).

1. On ne traitera dans cet article que des élections politiques et administratives, c'est-à-dire des élections des sénateurs, des députés, des conseillers généraux, conseillers d'arrondissement, conseillers municipaux, des maires et adjoints, des délégués sénatoriaux, des membres des commissions syndicales, laissant de côté les élections qui intéressent certains corps judiciaires, religieux, universitaires, agricoles ou commerciaux. — En ce qui concerne l'élection du président de la République, V. *suprà*, *Constitution et pouvoirs publics*, n° 5.

2. La législation électorale est actuellement disséminée dans de nombreux textes : [Décret-loi et décret réglementaire du 2 févr. 1852 (D. P. 52. 4. 49); L. 7 juill. 1874 (D. P. 74. 4. 76) et 5 avr. 1884 (D. P. 84. 4. 25), pour l'électorat; L. 2 août et 30 nov. 1875 (D. P. 75. 4. 117 et 76. 4. 4), et 17 juill. 1889 (D. P. 89. 4. 57), pour l'élection des sénateurs et députés; L. 10 août 1871 (D. P. 71. 4. 102), pour les conseillers généraux; L. 22 juin 1833 (R. v° *Organisation administrative*, p. 610), pour les conseillers d'arrondissement; L. 5 avr. 1884, pour les élections municipales], et dans de nombreuses lois qui édictent des prescriptions de détail.

3. Il y a lieu d'étudier successivement ce qui concerne : 1° les électeurs, 2° les éligibles, 3° les opérations électorales, 4° les crimes et délits électoraux, 5° les réclamations auxquelles les élections peuvent donner lieu.

SECT. Ire. — **Des électeurs.**

ART. 1er. — PAR QUI SONT ÉLUS LES DÉPUTÉS, LES CONSEILLERS GÉNÉRAUX, LES CONSEILLERS D'ARRONDISSEMENT ET LES CONSEILLERS MUNICIPAUX.

§ 1er. — *Conditions générales de l'électorat* (R. v^ts *Droit politique*, 94 et s. ; *Organisation administrative*, 485 et s. ; S. *eisd.* v^ts, 40 et s., 227 et s.).

4. Sont électeurs, sans condition de cens, tous les Français âgés de vingt et un ans accomplis et n'étant dans aucun cas d'incapacité prévu par la loi (Décr. org. 2 févr. 1852, art. 12; L. 5 avr. 1884, art. 14). C'est la formule du suffrage universel. — La capacité électorale implique la jouissance et l'exercice du droit de vote. Les incapacités résultent de la privation soit de la jouissance, soit de l'exercice de ce droit. Les femmes n'ont pas la jouissance des droits politiques. — La qualité de Français est nécessaire, sans, d'ailleurs, qu'il y ait à distinguer entre les Français d'origine et ceux qui le sont devenus par la naturalisation. L'étranger, même admis à établir son domicile en France, n'est pas électeur : il n'acquiert que les droits civils (Arr. min. Int. 30 nov. 1884).

5. Quant à la condition d'âge, il faut avoir vingt et un ans accomplis avant la clôture définitive de la liste électorale (Circ. min. Int. 30 déc. 1875). — Pour prouver leur nationalité ou leur âge, les électeurs peuvent produire les pièces suivantes : acte de naissance, décrets de naturalisation, acte de mariage, contrat de mariage, certificat de libération du service militaire, inscription antérieure sur une liste électorale, passeport (Req. 16, 23, 24 et 31 mars 1863, D. P. 63.

1. 136). Les extraits d'actes de naissance nécessaires pour établir l'âge des électeurs sont délivrés gratuitement, sur papier libre, à tout réclamant. Ils portent en tête l'énonciation de leur destination spéciale (Décr. 2 févr. 1852, art. 24). — Enfin il faut n'avoir pas été frappé d'incapacité ou d'indignité électorale par des condamnations judiciaires (Décr. 2 févr. 1852, art. 15; V. *infrà*, n°s 22 et s.).

§ 2. — *Conditions exigées pour l'inscription sur une liste électorale déterminée.*

6. Les conditions précédentes suffisent pour avoir la jouissance du droit de vote. Pour pouvoir exercer ce droit, il faut être inscrit sur une liste d'électeurs dans une des communes de France; et pour pouvoir être inscrit sur la liste d'une commune déterminée, il faut remplir les conditions indiquées dans l'art. 14 de la loi du 5 avr. 1884. — Ces conditions sont aujourd'hui les mêmes, tant pour les élections locales que pour les élections politiques; il n'y a qu'une seule liste électorale, qui sert pour les unes comme pour les autres.

7. La liste électorale comprend : 1° les électeurs qui ont leur domicile réel dans la commune ou y habitent depuis six mois au moins. — Par domicile *réel*, on entend le domicile *légal*, suivant la définition du Code civil (V. *suprà*, *Domicile*, n° 1). Celui qui a son domicile réel dans une commune a droit d'y être inscrit sur la liste électorale sans être tenu de justifier, en outre, d'une résidence effective de six mois. — Le domicile réel peut être soit le domicile d'origine, soit celui du père ou du tuteur, que le mineur, devenu majeur, a conservé, soit celui du siège du principal établissement. Il peut encore être acquis par l'habitation d'un serviteur chez son maître (Civ. 109) : le serviteur n'a pas besoin d'une résidence de six mois pour être inscrit dans la commune où son maître est domicilié; il ne pourrait se faire inscrire dans une autre commune qu'à titre de contribuable.

8. La question de savoir si un électeur a ou non l'intention de transférer son domicile d'une commune dans une autre est une question de fait souverainement appréciée par les tribunaux. On a pu trouver la preuve de cette intention dans le fait d'aller résider comme élève dans un grand séminaire. Au contraire, il a été jugé que la translation du domicile dans une commune ne résulte pas nécessairement de ce que l'électeur s'y est marié et y réside. L'absence prolongée hors de la commune où l'on a son domicile d'origine, motivée par les nécessités des études ou du service militaire, ou par l'exercice d'une profession, ne fait pas perdre de plein droit ce domicile. — De même que pour le domicile, les questions relatives à la résidence sont de pur fait, et sont résolues souverainement par les tribunaux.

9. 2° Ceux qui sont inscrits au rôle de l'une des quatre contributions directes ou au rôle des prestations en nature et qui, s'ils ne résident pas dans la commune, ont déclaré vouloir y exercer leurs droits électoraux. — Il y a lieu d'inscrire aussi les membres de la famille des électeurs qui sont compris dans la cote de la prestation en nature, sans être personnellement portés sur le rôle, ainsi que les habitants qui, en raison de leur âge ou de leur état de santé, auraient cessé d'être passibles de prestations. — Les électeurs de cette seconde catégorie doivent, pour être inscrits sur la liste, adresser au maire une demande formelle à fin d'inscription.

10. La loi n'attache d'effet électoral qu'aux quatre contributions directes et à la taxe des prestations. Le payement d'une taxe assimilable, telle que la contribution des chevaux et voitures, ou la taxe sur les chiens, ne suffirait pas. Peu importe, d'ailleurs, la modicité de la somme pour laquelle on est

inscrit sur le rôle. Mais il faut que l'inscription soit personnelle : ainsi un fils ne peut se prévaloir de l'inscription de son père; ... un mari, de celle de sa femme.

11. C'est à l'inscription au rôle, et non au payement de l'impôt, qu'il faut s'attacher. Ainsi, le fait qu'un individu paye des impôts pour les biens qu'il a achetés ou recueillis par succession ne suffit pas pour lui permettre de se faire inscrire, tant que l'immeuble continue à être porté sur le rôle au nom du *de cujus* ou du vendeur. Au contraire, l'arrêté du conseil de préfecture qui, par voie de mutation de cote, rend un citoyen débiteur de l'impôt foncier, équivaut à l'inscription de ce citoyen au rôle foncier et produit effet à partir du 1er janvier (Civ. r. 11 avr. 1900, D. P. 1901. 1. 152). — L'inscription au rôle conserve ses effets alors même qu'elle n'est plus exacte. Ainsi, celui qui cesse d'être propriétaire n'en a pas moins le droit de se prévaloir de l'inscription, tant que la mutation de cote n'a pas été opérée sur le rôle, pour se faire maintenir au rôle, sans qu'on puisse lui opposer qu'il a cessé d'être le propriétaire de l'immeuble (Civ. r. 19 juin 1901, D. P. 1901. 1. 557).

12. 3° Les Alsaciens-Lorrains qui, en vertu du traité du 10 mai 1871 (traité de paix de Francfort), ont opté pour la nationalité française, et déclaré leur résidence dans la commune, conformément à la loi du 19 juin 1871. — Ils doivent, sur leur réclamation, être inscrits sur la liste électorale de la commune où cette déclaration a été faite pour eux, sans être assujettis à aucune condition de temps de résidence. Mais l'Alsacien-Lorrain qui, après avoir transporté son domicile en France, a usé une première fois de ce bénéfice, n'en jouit plus lorsqu'il va ultérieurement s'établir dans une autre commune; il est alors soumis au droit commun (Civ. c. 27 avr. 1880, D. P. 80. 1. 332).

13. 4° Ceux qui sont assujettis à une résidence obligatoire dans la commune en qualité soit de ministres des cultes, soit de fonctionnaires. — Ils sont également dispensés de la condition de six mois de résidence. Pour qu'ils puissent bénéficier de cette dispense, il faut que la nature des fonctions entraîne la résidence obligatoire. — On doit entendre ici par *fonctionnaire public* tout citoyen investi d'un caractère public et chargé d'un service permanent d'utilité publique, qu'il soit ou non rétribué sur les fonds de l'État. La jurisprudence considère comme fonctionnaires publics, assujettis à la résidence obligatoire, les instituteurs communaux, les greffiers et commis-greffiers des cours et tribunaux, les agents, même surnuméraires, des Finances (contributions indirectes, enregistrement), les facteurs des postes, les gendarmes, les portiers-consignes des places fortes. Elle attribue le même caractère aux agents-voyers, aux agents de la police municipale, aux gardes champêtres, aux préposés d'octroi, aux archivistes, aux cantonaux, aux maîtres d'études d'un collège communal. En ce qui concerne les employés de chemins de fer, la qualité de fonctionnaires a été reconnue aux agents préposés à la construction de la ligne, à sa surveillance, à sa police, aux aiguilleurs et piqueurs assermentés. Elle a été refusée aux cantonniers non assermentés. Les crieurs et afficheurs publics, les sonneurs de cloches, les gardes particuliers, quoique assermentés, ne sont pas non plus des fonctionnaires publics.

14. On n'entend ici par *ministres des cultes*, que les ecclésiastiques salariés par l'État, la commune ou la fabrique (évêques, vicaires généraux, chanoines, curés, desservants, vicaires-chapelains, vicaires, prêtres attachés à des chapelles autorisées où le culte est exercé publiquement, professeurs dans les séminaires, aumôniers des lycées, hospices, prisons).

15. Si les fonctionnaires sont dispensés de la durée de résidence, ils ne peuvent cependant demander leur inscription sur les listes électorales à toute époque. S'ils n'arrivent dans la commune qu'après le 31 mars, date de la clôture des listes (V. *infrà*, n° 95), ils ne peuvent être inscrits que l'année suivante. S'ils y arrivent entre le 1er janvier et le 31 mars, ils peuvent être inscrits d'office, si leur arrivée précède la publication du tableau des additions et radiations. Ils peuvent aussi réclamer leur inscription, mais à la condition de le faire avant l'expiration du délai de vingt jours qui suit ladite publication.

16. Les militaires étant privés, non de la jouissance des droits électoraux, mais seulement de leur exercice, le fait qu'au moment de son inscription sur la liste un jeune homme serait sous les drapeaux ne fait pas obstacle à son inscription. En principe, les militaires en activité de service et les inscrits maritimes sont portés sur les listes des communes où ils étaient domiciliés avant leur départ pour le service. Celui qui, son service terminé, retourne dans la commune où il a satisfait aux obligations de la loi militaire et où il a conservé son domicile peut demander à être inscrit dans cette commune, sans être astreint à fournir aucune justification de résidence. Il reste après son service dans la commune où il était en garnison, il peut faire compter le temps de service comme temps de résidence.

17. Les conditions exigées pour l'inscription ne doivent pas nécessairement être remplies lors de la confection de la liste électorale ; doivent être inscrits également les citoyens qui y satisfont à la clôture définitive (L. 5 avr. 1884, art. 4, § 4).

18. Dans certains cas (V. *infrà*, nos 137 et s.), les communes peuvent être divisées en plusieurs sections, qui élisent des représentants distincts au conseil municipal. Les électeurs sont alors répartis entre ces diverses sections. Chacun d'eux doit être inscrit dans la section qu'il habite, et cela encore qu'il n'aurait pas six mois de résidence au moment où la liste est dressée (Req. 3 avr. 1866, D. P. 66. 5. 154). — L'électeur qui demande son inscription dans une section n'a pas à justifier d'une demande de radiation dans la section où il était précédemment inscrit. — L'électeur inscrit, depuis plus d'un an, aux rôles des contributions foncières pour des immeubles situés dans une section de commune peut, quoiqu'il réside dans une autre section de la commune, demander à être inscrit sur la liste de la section où sont situés ses immeubles (Civ. c. 5 mai 1887, D.P. 87. 1. 347). Mais l'électeur habitant dans une section de commune et imposé au rôle des contributions personnelles et mobilières ne peut être inscrit sur la liste d'une autre section. De même, l'électeur résidant dans une section de commune ne peut se faire inscrire sur la liste électorale d'une autre section, en invoquant son inscription au rôle des prestations en nature (même arrêt).

19. Lorsqu'une fraction de commune a des intérêts opposés à ceux de la commune entière, il peut y avoir lieu de constituer une *commission syndicale*, qui sera chargée de représenter cette fraction, et dont il forme appartient à un corps électoral restreint (V. *supra*, Commune, nos 487 et s.).

§ 3. — *Faits entraînant la suspension ou la perte du droit électoral* (R. v° *Droit politique*, 114 et s. ; S. *eod.* v°, 45 et s.).

20. *A.* — Le droit de prendre part au vote est suspendu pour les détenus, les accusés contumaces, les personnes placées, par application de la loi du 30 juin 1838, dans un établissement d'aliénés (Décr. 2 févr. 1852, art. 18).

21. Les militaires et assimilés de tous grades et de toutes armes des armées de terre et de mer ne prennent part à aucun vote quand ils sont présents à leurs corps, à leurs postes ou dans l'exercice de leurs fonctions. Ceux qui, au moment de l'élection, se trouvent en résidence libre, ou en non activité, ou en possession d'un congé régulier, peuvent voter dans la commune sur la liste de laquelle ils sont régulièrement inscrits. Cette disposition s'applique aux officiers et assimilés en disponibilité ou qui sont dans le cadre de réserve (L. 15 juill. 1889, art. 9, D. P. 89. 4. 73; 30 nov. 1875, art. 2, D. P. 76. 4. 4.).

22. *B.* — La perte du droit électoral résulte de certaines condamnations qui entraînent une incapacité. Les incapacités électorales sont régies par les art. 15 et 16 du décret du 2 févr. 1852, qui sont applicables aux élections sénatoriales, législatives, départementales et communales (L. 30 nov. 1875, art. 1er et 22, § 2; 2 août 1875, art. 27; 10 août 1871, art. 5; 30 juill. 1874, art. 3; 5 avr. 1884, art. 14). Les dispositions légales qui établissent des incapacités électorales sont de droit étroit et ne peuvent être étendues d'un cas à un autre par analogie. L'incapacité électorale attachée à certaines condamnations pénales est encourue quelle que soit la juridiction qui les a prononcées, par exemple, un conseil de guerre, ou même un tribunal étranger dont le jugement a été rendu exécutoire en France. — L'art. 15 du décret de 1852 (sauf dans son paragraphe 2) vise les incapacités perpétuelles, l'art. 16 les incapacités temporaires. La plupart d'entre elles résultent nécessairement et de plein droit de la décision elle-même.

23. D'après l'art. 15, ne doivent pas être inscrits : 1° Les individus privés de leurs droits civils et politiques par suite de condamnations soit à des peines afflictives et infamantes, soit à des peines infamantes seulement.

24. 2° Ceux auxquels les tribunaux jugeant correctionnellement ont interdit le droit de vote et d'élection, *par application des lois qui autorisent cette interdiction* (Comp. Pén. 42 et 43). Celle-ci ne peut être prononcée que si la loi l'a autorisée par une disposition expresse. Elle doit faire l'objet d'une déclaration formelle du juge. — L'incapacité électorale n'est alors que temporaire ; elle ne dure que le temps fixé par le jugement qui l'a prononcée. Les cas dans lesquels l'interdiction des droits mentionnés dans l'art. 42 c. pén. peut être prononcée sont ceux prévus dans les art. 86, 89, 91, 142, 143, 155, 158, 160, 174, 228, 241, 251, 305, 309, 366, 368, 387, 389, 399 § 2, 401, 405, 408, 410, 418 du Code pénal ou par des lois spéciales (L. 21 mai 1836 sur les loteries ; 7 juin 1848 sur les attroupements ; 23 janv. 1873 sur l'ivresse).

25. 3° Les condamnés pour crime à l'emprisonnement, par application de l'art. 463 c. pén. — Cette incapacité est encourue quelle que soit la durée de la peine d'emprisonnement prononcée, et elle est perpétuelle. Elle n'atteint ni le citoyen condamné pour délit d'homicide involontaire (Req. 30 mars 1881, D. P. 63. 1. 135) ; ... ni l'individu condamné à l'emprisonnement pour un fait qui, qualifié crime par la prévention, est dégénéré en un délit correctionnel, alors qu'il s'agit d'un délit n'est pas de ceux auxquels est attachée la privation des droits électoraux (Civ. r. 16 mars 1849, D. P. 49. 1. 235).

26. 4° Ceux qui ont été condamnés à trois mois de prison par application des art. 318 et 423 c. pén. pour tromperie sur la marchandise.

27. 5° Ceux qui ont été condamnés pour vol, escroquerie, abus de confiance, soustractions commises par les dépositaires de deniers publics ou attentats aux mœurs prévus par les art. 330 et 334 c. pén., quelle que soit la durée de l'emprisonnement auquel ils ont été condamnés. Le condamné pour détournements d'objets saisis n'est pas privé de ses droits, non plus que celui qui est condamné pour coupe et enlèvement d'arbres dans une forêt de l'Etat, ou pour fraude au préjudice de restaurateurs ou débitants de boissons. — Au contraire, est atteint d'incapacité l'individu condamné pour filouterie (Civ. r. 21 avr. 1887, D. P. 87. 1. 348), ... pour maraudage ou vol de récolte ; à plus forte raison l'individu condamné pour vol à l'emprisonnement par un conseil de guerre. L'incapacité frappe encore l'individu coupable de tentative d'escroquerie ou d'abus de blanc-seing (Civ. r. 28 mars 1889, D. P. 89. 1. 215). — Les citoyens condamnés pour l'un des délits énumérés par l'art. 15, § 5, du décret du 2 févr. 1852 ne sont frappés d'incapacité que s'ils ont été punis d'emprisonnement, et non lorsqu'ils n'ont été condamnés qu'à une amende.

28. 6° Ceux qui, en vertu des lois des 29 juill. 1881, art. 68 (D. P. 81. 4. 65), et 2 août 1882 (D. P. 82. 4. 105), ont été condamnés pour outrages aux bonnes mœurs (Civ. c. 18 avr. 1888, D. P. 89. 1. 235).

29. 7° Ceux condamnés à plus de trois mois d'emprisonnement en vertu des art. 31, 33, 36, 38, 42, 45 et 46 du décret du 2 févr. 1852, pour fraude en matière électorale, violences et voies de fait commises dans les scrutins. L'art. 31 du décret du 2 févr. 1852, qui punit celui qui se fait inscrire sous un faux nom ou une fausse qualité, est complété par l'art. 6 de la loi du 7 juill. 1874 (D. P. 74. 4. 76), qui punit ceux qui auront fait inscrire ou rayer indûment un citoyen, ou la tentative de ce fait. — Une loi du 30 mars 1902 (D. P. 1902. 4. 29) dispose que quiconque, dans une commission administrative ou municipale, dans un bureau de recensement ou de vote ou dans les bureaux des mairies, sous-préfectures ou préfectures, avant, pendant ou après le scrutin, aura, par inobservation volontaire de la loi ou des arrêtés préfectoraux ou par tous autres actes frauduleux, changé ou tenté de changer le résultat du scrutin, sera puni d'un emprisonnement de six jours à deux mois et d'une amende de 50 à 500 fr. Les tribunaux pourront prononcer l'interdiction des droits civiques pendant deux à cinq ans.

30. 8° Les notaires et officiers ministériels destitués, lorsqu'une disposition formelle du jugement ou arrêt de destitution les a déclarés déchus des droits de vote, d'élection et d'éligibilité ; les greffiers destitués, lorsque cette déchéance a été expressément prononcée en même temps que la destitution par un jugement ou une décision judiciaire (L. 10 mars 1898, art. 3, D. P. 98. 4. 91).

31. 9° Les condamnés pour vagabondage ou mendicité.

32. 10° Ceux qui ont été condamnés à trois mois de prison au moins par application des art. 439 (destruction de registres minutes), 443 (destruction de marchandises servant à la fabrication), 444 (destruction de récoltes), 445 (abatage d'arbres), 447 (destruction de greffes), 452 (empoisonnement de chevaux, bestiaux, poissons).

33. 11° Ceux qui ont été condamnés pour les délits prévus aux art. 410 et 411 c. pén. (tenue de maisons de jeux de hasard ou de prêts sur gages).

34. 12° Les militaires condamnés au boulet ou aux travaux publics.

35. 13° Les individus condamnés à l'emprisonnement par application des dispositions (aujourd'hui l'art. 70 de la loi du 15 juill. 1889) qui punissent ceux qui se sont rendus impropres au service militaire (Civ. c. 17 mai 1881, D. P. 81. 1. 481).

36. 14° Les individus condamnés à l'emprisonnement par application de l'art. 1er de la loi du 27 mars 1851 (D. P. 51. 4. 57) et du 5 mai 1855 (D. P. 55. 4. 64), pour tromperie sur la nature de la marchandise.

37. 15° Les condamnés pour délit d'usure.

38. Indépendamment des incapacités ci-dessus, résultant de condamnations pénales, il en est d'autres qui sont fondées sur des motifs différents. Ainsi les *interdits* ne doivent pas être inscrits (Décr. 2 févr. 1852, art. 15-16°). Cette incapacité ne frappe que ceux qui ont été interdits judiciairement et ne saurait être étendue par voie d'analogie. Ainsi, on ne peut refuser à un citoyen son inscription, sous prétexte qu'il serait atteint d'aliénation mentale, tant que son interdiction judiciaire n'a pas été prononcée (Civ. c. 17 et 29 avr. 1878, D. P. 78. 1. 244-245). Même interné dans un asile, l'aliéné n'est pas privé de ses droits électoraux, qui sont seulement suspendus (Civ. c. 29 mars 1881, D. P. 81. 1. 305; Décr. 1852, art. 15-17°). Cette incapacité n'atteint ni les individus pourvus d'un conseil judiciaire, ni ceux atteints d'idiotisme, ni les sourds-muets.

39. Sont encore frappés d'incapacité les faillis non réhabilités dont la faillite a été déclarée par les tribunaux français ou par des jugements de tribunaux étrangers rendus exécutoires en France. — A la différence du failli, le commerçant mis en état de liquidation judiciaire conserve ses droits électoraux (L. 4 mars 1889, art. 21, D. P. 89. 4. 9).

40. Sont frappés d'une incapacité *temporaire* les individus condamnés à un emprisonnement de plus d'un mois pour l'un des délits prévus par l'art. 16 du décret de 1852 : rébellion, outrages et violences envers les dépositaires de l'autorité ou de la force publique, envers un juré ou un témoin. Ils ne peuvent être inscrits sur la liste électorale pendant cinq ans à partir de l'expiration de leur peine.

41. L'incapacité électorale se prouve soit par la production d'un extrait du jugement de condamnation, soit par celle d'un extrait du casier judiciaire. A l'inverse, le citoyen qui demande son inscription n'a pas à faire la preuve de sa capacité par la production de son casier judiciaire. Il est tenu, d'ailleurs, un *casier administratif électoral*, dans lequel l'Administration puise les renseignements nécessaires pour la revision des listes électorales.

42. L'incapacité électorale perpétuelle est continue et, par suite, imprescriptible. Quant à l'incapacité temporaire, elle ne cesse, pour le condamné qui a subi sa peine, que cinq années après l'accomplissement de la prescription (Req. 16 mai 1865, D. P. 65. 1. 238).

43. En principe, et à moins de dispositions contraires, l'amnistie accordée aux individus frappés de condamnations entraînant l'incapacité électorale relève de cette incapacité les condamnés amnistiés. Au contraire, la grâce laisse subsister les incapacités légales attachées à la condamnation.

ART. 2. — PAR QUI SONT ÉLUS LES MAIRES ET ADJOINTS (R. v° *Commune*, 210 et s.; S. *eod.* v°, 117 et s.).

44. Les maires et adjoints sont par le conseil municipal et choisis parmi ses membres (L. 5 avr. 1884, art. 76). Avant l'élection du maire, les vacances existant dans le conseil doivent être comblées au moyen d'élections complémentaires (art. 77, § 3). Cette règle doit être observée à peine de nullité (Cons. d'Ét. 17 juin 1893). — Si, après les élections complémentaires, de nouvelles vacances se produisent, le conseil municipal procède néanmoins à l'élection du maire et des adjoints, à moins qu'il ne soit réduit aux trois quarts de ses membres. En ce cas, il y a lieu de recourir à de nouvelles

élections complémentaires ; il y est procédé dans le délai d'un mois à dater de la dernière vacance (art. 77, § 3, précité). De même, sauf le cas où le conseil se trouverait réduit aux trois quarts de ses membres, il n'est pas procédé à des élections complémentaires quand c'est à la suite d'un renouvellement général des conseils municipaux que les vacances se sont produites (Cons. d'Ét. 21 nov. 1896).

45. Tout conseiller municipal proclamé élu par le bureau électoral peut prendre part à l'élection de la municipalité, tant que son élection n'a pas été annulée d'une manière définitive. Les conseillers élus peuvent voter alors que leur élection fait l'objet d'une protestation (Cons. d'Ét. 13 janv. 1894), ... ou qu'elle a été annulée par le conseil de préfecture, tant qu'on est dans les délais d'appel (Cons. d'Ét. 20 nov. 1893) ; ... ou enfin, quand un pourvoi a été formé devant le Conseil d'Etat, tant qu'il n'a pas été statué sur ce pourvoi (Cons. d'Ét. 24 févr. 1894).

ART. 3. — PAR QUI SONT ÉLUS LES SÉNATEURS (S. v° *Droit politique*, 585 et s., 592 et s.).

46. D'après la loi du 9 déc. 1884, art. 6, les sénateurs sont élus par un collège composé : 1° des députés ; 2° des conseillers généraux ; 3° des conseillers d'arrondissement ; 4° d'un certain nombre de délégués, auxquels sont adjoints des suppléants.

47. Les députés, conseillers généraux et conseillers d'arrondissement qui auraient été proclamés par les commissions de recensement peuvent voter alors même que leurs pouvoirs ne seraient pas encore vérifiés (L. 2 août 1875, art. 10).

48. Les délégués sénatoriaux et leurs suppléants sont élus par le conseil municipal. Ils sont plus ou moins nombreux, suivant que le conseil qui les nomme compte un plus ou moins grand nombre de membres. Pour que le conseil puisse procéder valablement à l'élection, il faut que la majorité des membres en exercice soit présente à l'ouverture de la séance ; mais il n'y a pas lieu d'appliquer à cette élection l'art. 77 de la loi du 5 avr. 1884, qui exige que les vacances qui existent dans le conseil soient préalablement complétées (Cons. d'Ét. 3 janv. 1879). Le conseil municipal peut y procéder alors même que sa propre élection ferait l'objet d'une protestation.

49. Dans les communes où les fonctions de conseil municipal sont remplies par une délégation spéciale instituée en vertu de l'art. 44 de la loi du 5 avr. 1884, les délégués sénatoriaux et suppléants sont nommés par l'ancien conseil (L. 2 août 1875, art. 3, modifié par la loi du 9 déc. 1884, art. 8). Cette disposition ne doit pas être étendue par voie d'analogie au cas où la commune se trouverait privée de conseil municipal par suite de l'annulation des opérations électorales: en ce cas, il doit être pourvu aussi tôt que possible à la nomination d'un nouveau conseil auquel il appartiendra de désigner les délégués.

50. Le vote est obligatoire pour les délégués sénatoriaux, et cette obligation est sanctionnée pénalement (V. *infra*, n° 227). — Il peut, d'ailleurs, leur être accordé, sur leur demande, une indemnité de déplacement (L. 2 août 1875, art. 17).

SECT. II. — Confection et revision des listes électorales.

ART. 1er. — CONFECTION ET REVISION DES LISTES ÉLECTORALES SERVANT AUX ÉLECTIONS LÉGIS-LATIVES, DÉPARTEMENTALES ET COMMUNALES.

51. D'après l'art. 18 du décret organique du 2 févr. 1852, les listes électorales sont permanentes, c'est-à-dire qu'au lieu d'être faites en vue de chaque élection, elles le sont une

fois pour toutes, et tenues au courant des mutations qui se produisent dans le corps électoral par une revision annuelle. Les formes de cette opération sont indiquées dans le décret réglementaire du 2 févr. 1852, qui a été modifié sur plusieurs points par la loi du 7 juill. 1874.

§ 1er. — *Travaux de la commission administrative* (R. v° *Droit politique*, 424 et s.; S. *eod.* v°, 97 et s.).

52. La liste électorale est revisée chaque année par une commission composée du maire, d'un délégué du préfet et d'un délégué du conseil municipal (Décr. 2 févr. 1852; L. 7 juill. 1874; L. 30 nov. 1875, art. 1er). Dans la pratique, cette commission prend le nom de *commission administrative*. Dans les communes divisées en sections électorales, il existe une commission spéciale pour chaque section. A Lyon, où la liste est dressée, dans chaque quartier ou section, par une commission composée du maire de l'arrondissement ou d'un adjoint délégué, du conseiller municipal du quartier et d'un électeur désigné par le préfet (L. 7 juill. 1874, art. 1er).

53. Le préfet peut désigner le délégué de l'administration soit parmi les habitants de la commune, soit en dehors de la commune. Un seul délégué peut être nommé pour plusieurs communes. Le délégué du conseil municipal ne doit pas être nécessairement choisi dans le sein de ce conseil; mais il doit l'être parmi les électeurs de la commune.

54. La commission siège au chef-lieu de la commune, ordinairement à la mairie (Circ. min. 30 nov. 1884). Elle doit effectuer son travail chaque année, du 1er au 10 janvier (Décr. 2 févr. 1852, art. 1er).

55. La commission administrative opère par voie d'addition à la liste électorale, ou par voie de retranchement ou radiation. Elle peut soit d'office, et sans avoir besoin d'appeler devant elle les intéressés, soit sur la demande des électeurs intéressés ou des tiers électeurs.

56. La commission inscrit sur la liste ceux qu'elle reconnaît avoir acquis les qualités exigées par les lois, ceux qui acquerraient les conditions d'âge et d'habitation avant le 1er avril, et ceux qui auraient été précédemment omis. Seuls, les contribuables qui ne résident pas dans la commune et les Alsaciens-Lorrains ne peuvent être inscrits d'office, la loi exigeant de ces deux catégories d'électeurs un acte personnel. — Elle retranche de la liste : les décédés, ceux dont la radiation a été ordonnée par l'autorité compétente, ceux qui ont perdu les qualités requises par la loi, ceux qu'elle reconnaît avoir été indûment inscrits, quoique leur inscription n'ait pas été attaquée.

57. Toutes les décisions de la commission sont inscrites sur un registre, où il est fait mention des motifs et des pièces à l'appui (Décr. 2 févr. 1852, art. 1er). L'électeur qui a été l'objet d'une radiation d'office de la part de la commission administrative est averti sans frais par le maire et peut présenter ses observations (L. 7 juill. 1874, art. 4, § 1er).

58. L'électeur qui a été rayé par la commission municipale et qui demande le rétablissement de son nom sur la liste, doit rapporter devant cette commission la preuve qu'il est dans les conditions requises. — Au contraire, lorsque la commission administrative inscrit d'office sur la liste un électeur pour la première fois, cette inscription nouvelle n'ayant lieu que sous réserve des contestations ultérieures, n'a pas pour effet de mettre la preuve à la charge de l'électeur (Civ. c. 10 juin 1901, D. P. 1901. 1. 417).

59. Le tableau contenant les additions et

les retranchements faits par la commission administrative est déposé, le 15 janvier au plus tard, au secrétariat de la commune. Ce tableau est communiqué à tout requérant, qui peut le copier et le reproduire par la voie de l'impression. Le jour même de ce dépôt, avis en est donné par affiches aux lieux accoutumés (Décr. 2 févr. 1852, art. 2).

60. Une copie du tableau et du procès-verbal constatant l'accomplissement des formalités ci-dessus est, en même temps, transmise au sous-préfet de l'arrondissement, qui l'adresse, dans les deux jours, avec ses observations, au préfet du département (Décr. 1852, art. 3). Si le préfet estime que les formalités et les délais prescrits par la loi n'ont pas été observés, il doit, dans les deux jours de la réception du tableau, déférer les opérations de la commission administrative au conseil de préfecture (même décret, art. 4).

61. Le conseil de préfecture peut, en annulant les opérations de revision, fixer le délai dans lequel les opérations seront refaites (Décr. 2 févr. 1852, art. 4). S'il se borne à annuler les opérations, le préfet peut prendre un arrêté à cet effet. L'arrêté du conseil de préfecture peut être déféré au Conseil d'État par le ministre de l'Intérieur, si le recours du préfet a été rejeté, ou par le maire, au nom de la commune, si les opérations ont été annulées (Cons. d'Ét. 26 déc. 1884, D. P. 85. 5. 178).

62. La commission administrative n'est pas une juridiction. Ses décisions ne sont pas des actes judiciaires et ne peuvent être attaquées ni par la voie d'appel au juge de paix, ni par la voie du recours en cassation (Civ. r. 28 mai 1895, D. P. 96. 1. 188).

63. Le conseil de préfecture ne peut être saisi que par le préfet d'une réclamation contre la revision des listes; une réclamation émanant d'électeurs ne serait pas recevable (Cons. d'Et. 27 juill. 1883, D. P. 85. 3. 66). De même, les électeurs, agissant *ut singuli*, sont sans qualité pour attaquer l'arrêté rendu, par le conseil de préfecture, sur le recours du préfet, s'ils n'étaient pas parties (Cons. d'Et. 14 mars 1879, D. P. 79. 3. 80).

§ 2. — *Travaux de la commission municipale* (R. v° *Droit politique*, 452 et s.; S. *eod.* v°, 143 et s.).

64. Les réclamations contre les opérations de la commission administrative sont portées devant une commission appelée, dans la pratique, *commission municipale*, et qui se compose de la commission administrative, à laquelle sont adjoints deux nouveaux délégués du conseil municipal. A Paris et à Lyon, il est adjoint à la commission administrative deux électeurs, domiciliés dans le quartier ou la section, et nommés, avant tout travail de revision par ladite commission (L. 7 juill. 1874, art. 2).

65. La commission municipale constitue une véritable juridiction. Elle ne peut donc statuer d'office, mais seulement sur des réclamations émanées de personnes ayant qualité à cet effet (Req. 13 avr. 1870, D. P. 70. 1. 175). Ses décisions sont prises à la majorité des suffrages. La présence de tous ses membres n'est nécessaire; mais pourvu qu'ils aient tous délibéré, il importe peu que l'un d'eux refuse de signer la décision (Civ. c. 9 avril 1892).

66. Les demandes en inscription ou en radiation peuvent être formées : 1° par les intéressés eux-mêmes; 2° par les tiers électeurs inscrits sur les listes de la circonscription électorale (Décr. 2 févr. 1852, art. 19; L. 7 juill. 1874, art. 4; Civ. c. 22 mai 1895, D. P. 96. 1. 75); 3° par le préfet ou le sous-préfet.

67. 1° *Demandes formées par les intéressés.* — Les électeurs domiciliés ou résidant dans la commune, de même qu'ils sont inscrits d'office sans avoir aucune déclaration à faire (V. *supra*, n° 56), n'ont pas davantage, une fois inscrits, à requérir leur maintien sur la liste; c'est seulement quand ils n'ont pas été inscrits par la commission administrative ou qu'ils ont été radiés par elle qu'ils peuvent réclamer contre leur omission ou leur radiation. Il en est autrement des Alsaciens-Lorrains et des électeurs qui, sans résider dans une commune, y payent des contributions; ils doivent demander leur inscription par une requête signée d'eux et d'un fondé de pouvoir, dont le mandat n'est, d'ailleurs, soumis à aucune forme particulière (Civ. c. 19 avr. 1880, D. P. 80. 1. 157).

68. L'électeur qui, inscrit sur la liste d'une commune, veut transférer son droit électoral dans une autre, est-il tenu de justifier de sa radiation dans la commune où il était précédemment inscrit? D'après la jurisprudence de la Cour de cassation, il y a lieu de distinguer : l'électeur avait-il été inscrit sur cette liste sur sa demande, il doit justifier qu'il a adressé en temps utile une demande de radiation; si, au contraire, il a été porté d'office sur cette liste, et qu'il veuille exercer ailleurs ses droits, aucune justification ne lui est imposée (Civ. c. 29 mai 1895, D. P. 96. 1. 246). En tout cas, il suffit que la radiation ait été demandée : peu importe qu'elle ait été effectuée (Civ. c. 10 juill. 1895, D. P. 96. 1. 196). Il suit de là que, si l'une des deux inscriptions a été faite d'office, le fait qu'un électeur est inscrit dans plusieurs communes ne suffit pas, à lui seul, pour permettre à un tiers de demander la radiation de l'une des inscriptions en vue de prévenir l'éventualité d'un délit de double vote (V. *infra*, n° 226) (Civ. c. 9 avr. 1900, D. P. 1901. 1. 204). — Quand c'est une nouvelle inscription qui est demandée, le réclamant est tenu de prouver qu'il remplit les conditions requises pour être inscrit.

69. 2° et 3° *Demandes formées par les tiers ou par le préfet.* — Les tiers électeurs, le préfet et le sous-préfet peuvent demander l'inscription d'électeurs dans tous les cas où celle-ci n'aurait su se faire d'office. Il leur appartient également de réclamer la radiation d'électeurs qu'ils prétendent indûment inscrits. — Le tiers électeur qui demande l'inscription ou la radiation d'un électeur est tenu de fournir les justifications de nature à établir que celui-ci remplit, ou ne remplit pas les conditions exigées par la loi (Civ. r. 9 avr. 1889, D. P. 90. 1. 308).

70. 4° *Formes et délais.* — Les demandes d'inscription ou de radiation ne sont soumises à aucune formalité. Une lettre-missive adressée au maire suffit. On admet même qu'une simple déclaration verbale à la mairie peut être suffisante. Il est tenu, en effet, dans chaque mairie, un registre sur lequel les réclamations sont inscrites par ordre de date. Le maire doit donner récépissé de chaque réclamation (Décr. org. 2 févr. 1852, art. 19, § 4).

71. D'après le décret du 13 janv. 1866, confirmé par l'art. 2 de la loi du 7 juill. 1874, les demandes en inscription ou radiation sont formées dans le délai de vingt jours à partir de la publication du tableau des listes rectifiées par la commission administrative (V. *supra*, n° 59). Le délai expire donc le 4 février à minuit, le tableau des additions et retranchements ayant dû être affiché le 15 janvier. S'il l'avait été à une date postérieure, le délai des réclamations serait prorogé d'autant. Ce délai de vingt jours s'impose à tous, aux intéressés, aux tiers, au préfet, au sous-préfet.

72. L'instruction des demandes varie suivant qu'elles sont formées par les intéressés eux-mêmes ou par des tiers. Elle ne donne lieu à aucun débat contradictoire si la réclamation émane de l'électeur, qui demande son inscription ou se plaint d'avoir été radié à tort. L'électeur peut se présenter devant la commission soit en personne, soit par un mandataire qui peut être constitué verbalement.

73. Quand la réclamation émane d'un tiers, il faut distinguer : si ce tiers demande la radiation de l'électeur qui figurait sur la liste ou conteste l'inscription effectuée par la commission administrative au tableau des additions, la commission est tenu d'aviser l'électeur intéressé de cette demande pour lui permettre d'y contredire devant la commission municipale (Décr. 2 févr. 1852, art. 19, § 4; L. 7 juill. 1874, art. 4). S'il s'agit d'une demande d'inscription, la jurisprudence admet qu'il n'est pas nécessaire d'en informer l'électeur intéressé.

74. D'après l'art. 8 de la loi du 15 mars 1849, la commission devait statuer dans un délai de cinq jours; mais cette disposition est considérée comme n'étant plus en vigueur; en tout cas, elle n'était pas édictée à peine de nullité (Req. 16 avr. 1872, D. P. 72. 1. 400).

75. Les décisions de la commission municipale sont prises à la majorité des suffrages; elles doivent être consignées sur un registre, par ordre de date. Notification de la décision est, dans les trois jours, faite aux parties intéressées par écrit et à domicile, par les soins de l'administration municipale (Décr. 2 févr. 1852, art. 21; L. 7 juill. 1874, art. 4). — La notification peut être faite sous une forme quelconque, notamment par une simple lettre ou par un avis du maire. Toutefois, en vue de donner date certaine à la notification, il est recommandé aux maires d'y faire procéder par un agent assermenté ou d'exiger un récépissé (Circ. min. Int. 30 nov. 1884). — L'irrégularité de la notification n'a aucune influence sur la validité de la décision de la commission municipale; tout ce qui en résulte, c'est qu'elle ne fait pas courir le délai d'appel (Civ. c. 23 mars 1892, D. P. 93. 1. 220). — Une circulaire du ministre de l'Intérieur du 25 janvier 1888 prescrit aux maires de publier et d'afficher les décisions de la commission à partir du 10 février.

76. Les décisions de la commission municipale peuvent, si elles ne sont pas attaquées dans les délais, acquérir l'autorité de la chose jugée. — Cette autorité a une portée générale; la décision est opposable à tous intéressés, quels qu'ils soient. Il n'en est ainsi toutefois qu'autant qu'elle a été rendue à la suite d'un débat contradictoire. Si, par exemple, un électeur a demandé et obtenu son inscription sans que personne ait contredit à sa réclamation, la décision de la commission municipale n'aura pas d'effet, et cet électeur ne pourra l'opposer, comme ayant l'autorité de la chose jugée, à un tiers qui la contesterait l'année suivante. — L'autorité de la chose jugée par la commission municipale subsiste tant qu'un événement postérieur n'est pas venu modifier la condition électorale de l'intéressé. En conséquence, l'électeur qui a été rayé à la suite d'un débat contradictoire doit, pour obtenir sa réinscription, prouver qu'il a, depuis cette décision, recouvré le droit d'être inscrit.

§ 3. — *Recours au juge de paix* (R. v° *Droit politique*, 485 et s.; S. *eod.* v°, 179 et s.).

77. L'appel des décisions rendues par les commissions municipales est porté devant le juge de paix du canton (Décr. 1852, art. 22; L. 7 juill. 1874, art. 3). Il peut être interjeté non seulement par toutes les personnes qui ont été parties devant la commission municipale, mais encore par tout électeur inscrit sur les listes de la circonscription, par le préfet ou le sous-préfet. Quant aux membres de la commission municipale, ils ne peuvent interjeter appel de la décision à laquelle ils ont concouru (Civ. c. 19 avr. 1882, D. P. 83. 5. 193).

78. L'appel doit être interjeté dans les cinq jours à partir de la notification de la décision (Décr. 2 févr. 1852, art. 21). Le jour du terme est compris dans le délai. L'art. 1032 c. pr. civ., § 4, modifié par la loi du 13 avr. 1895 (D. P. 95. 4. 71), s'applique en matière électorale; en conséquence, le délai est prorogé d'un jour quand il expire un jour férié. — Les électeurs qui n'ont pas été parties devant la commission, et à qui, dès lors, la décision n'a pas dû être notifiée, ont un délai de 20 jours à partir de la décision pour interjeter appel (Civ. r. 2 déc. 1895, D. P. 96. 1. 74). — L'appel, s'il est tardif, doit être rejeté, même d'office, la nullité de cet appel étant d'ordre public.

79. L'appel est formé par une simple déclaration au greffe de la justice de paix (Décr. 2 févr. 1852, art. 22). Il en est donné récépissé. L'appel formé de toute autre manière, notamment par lettre adressée au juge de paix ou au greffier, même par lettre recommandée, serait irrégulier.

80. Il va de soi que le juge de paix ne peut être saisi que par voie d'appel contre une décision de la commission municipale; un recours porté directement devant lui sans que la commission ait statué ne serait pas recevable (Civ. r. 11 juin 1877, D. P. 77. 5. 185). Mais le refus ou l'omission, soit par le maire de transmettre une réclamation à la commission municipale, soit par celle-ci de statuer sur une réclamation formée devant elle, équivaut au rejet de la demande, et, en pareil cas, le juge de paix peut être saisi (Civ. r. 9 mai 1882, D. P. 83. 5. 192). — Le juge de paix peut encore être saisi directement lorsque l'électeur est en mesure de prouver que, s'il n'a pas réclamé devant la commission municipale, c'est par suite du refus du maire de communiquer le tableau rectificatif (Civ. c. 20 avr. 1901, D. P. 1901. 1. 224).

81. La décision de la commission municipale doit être produite; dans la pratique, la production de l'extrait notifié suffit, s'il contient les dispositions essentielles de la décision.

82. L'objet du recours doit être précisé; il est nécessaire d'indiquer nettement la décision que l'on prétend critiquer. Un appel formulé en termes vagues et généraux serait réputé non avenu. — Les pièces justificatives peuvent être produites jusqu'au jour du jugement (Civ. c. 1er mai 1893, D. P. 94. 1. 335). La preuve testimoniale est admise, mais non la délation de serment.

83. Le juge de paix statue sans frais ni forme de procédure et sur simple avertissement (Décr. 2 févr. 1852, art. 22; L. 7 juill. 1874, art. 3). L'avertissement est une formalité substantielle, et son omission entraînerait la nullité de la sentence du juge de paix. Il doit être donné, trois jours avant l'audience, à toutes les parties intéressées, c'est-à-dire à l'appelant, aux électeurs dont l'inscription ou la radiation est en cause, à ceux qui ont pris part au débat devant la commission municipale. Tout électeur inscrit a le droit d'intervenir devant le juge de paix, alors même qu'il n'a pas été partie à la décision rendue par la commission municipale (Civ. c. 19 juin 1882, D. P. 83. 5. 193).

84. La décision doit être rendue dans les dix jours (Décr. 2 févr. 1852, art. 22). Toutefois, ce délai n'est pas de rigueur; la décision rendue après son expiration ne serait pas nulle.

85. Quant à la compétence du juge de paix, il lui appartient d'abord de vérifier si la composition de la commission municipale

était régulière, ou si la décision a été rendue dans les formes légales. En cas de vice de forme, le juge de paix peut évoquer le fond. D'autre part, il est compétent pour apprécier si un citoyen remplit les diverses conditions exigées pour l'inscription sur la liste électorale. Il peut trancher les questions d'identité, par exemple décider si telle condamnation qui entraînerait privation du droit de vote s'applique à l'électeur dont la radiation est demandée. Il rentre encore dans sa compétence d'apprécier, au point de vue électoral, les effets légaux d'une condamnation judiciaire. — Mais si la demande portée devant lui implique la solution préjudicielle d'une question d'état (notamment celle de savoir si l'intéressé est Français ou étranger), le juge de paix doit renvoyer préalablement les parties à se pourvoir devant les juges compétents, et fixer un bref délai, dans lequel la partie qui aura élevé la question préjudicielle devra justifier de ses diligences. Il est procédé, en ce cas, conformément aux art. 855, 856 et 858 c. pr. civ. (Décr. 2 févr. 1852, art. 22, § 2 et 3). Le juge de paix n'est, d'ailleurs, tenu de surseoir qu'autant que la question préjudicielle soulevée est sérieuse (Civ. r. 14 juin 1900, D. P. 1901. 1. 387).

86. L'art. 22 du décret du 2 févr. 1852 n'a prévu, comme question préjudicielle, que les questions d'état. D'autres peuvent se présenter : ainsi le juge de paix ne doit jamais prononcer sur des actes émanés de l'autorité administrative; il doit donc surseoir à statuer, s'il ne peut le faire sans interpréter ou sans apprécier la validité d'un acte administratif portant, par exemple, délimitation d'un canton, ... ou une décision opérant le sectionnement d'une commune. Il ne peut contrôler le bien fondé de l'inscription d'un citoyen sur les rôles des contributions et déclarer cette inscription fictive (Civ. c. 19 juin 1901, D. P. 1901. 1. 557).

87. La décision du juge de paix, sans être assujettie à toutes les formalités prescrites par l'art. 141 et s. c. pr. civ. pour la rédaction des jugements, doit cependant, à peine de nullité, satisfaire aux conditions de forme essentielles à toute décision judiciaire; mentionner, notamment, les noms des parties, la qualité en laquelle elles agissaient, l'avertissement qu'elles ont dû recevoir, leur présence ou leur absence, leurs conclusions, l'assistance du greffier (Civ. c. 11 juill. 1895, D. P. 96. 1. 10), la publicité de l'audience. Le jugement doit être motivé. Il doit être transcrit sur les registres de la justice de paix. Le juge de paix est tenu de donner, dans les trois jours, au préfet et au maire, avis des infirmations prononcées par lui (Décr. 2 févr. 1852, art. 6).

88. Le jugement est rendu par défaut lorsque le défendeur, après avoir reçu l'avertissement, ne comparaît pas. Si l'avertissement n'avait pas été envoyé, la partie intéressée pourrait demander la nullité du jugement par voie de recours en cassation. La voie de l'opposition n'est ouverte qu'aux personnes qui ont été parties dans l'instance devant le juge de paix. L'opposition doit être formée dans les trois jours de la signification de la décision. La partie qui peut faire opposition n'est pas recevable à se pourvoir en cassation.

§ 4. — *Recours en cassation* (R. v° *Droit politique*, 551 et s.; S. *eod.* v°, 262 et s.).

89. La décision du juge de paix est en dernier ressort; mais elle peut être déférée à la Cour de cassation (Décr. 2 févr. 1852, art. 23, § 1er), ... à la condition d'être définitive; par suite, est non recevable le recours formé contre une sentence de juge de paix rendue par défaut. — Ceux-là seuls qui ont été parties devant le juge de paix ont la

faculté de se pourvoir : la décision ne peut être attaquée par les électeurs, le préfet ou le sous-préfet qui n'y ont pas été parties. Et il faut avoir été partie en son nom propre : ainsi, celui qui agissait comme mandataire devant le juge de paix n'a pas qualité pour saisir la Cour de cassation *proprio nomine*, et un mandat spécial lui est nécessaire pour former le pourvoi (Civ. r. 4 avr. 1892, D. P. 92. 1. 627). — Les membres de la commission municipale ne peuvent pas se pourvoir contre les jugements qui réforment leurs décisions (Civ. r. 26 mars 1890, D. P. 90. 5. 192). — Enfin le procureur général à la Cour de cassation peut, comme en toute autre matière (V. *suprà, Cassation [pourvoi en]*, n° 121), demander l'annulation dans l'intérêt de la loi d'un jugement illégalement rendu (Civ. c. 19 avr. 1882, D. P. 83. 5. 200).

90. Le pourvoi n'est recevable que s'il est formé dans les dix jours de la notification de la décision (Décr. 2 févr. 1852, art. 23, § 2). Ce délai court à partir du lendemain de la notification du jugement attaqué, et expire à la fin du dixième jour à compter de celui qui lui sert de point de départ. Il doit être prorogé d'un jour quand le dernier jour du délai est un jour férié (Pr. 1033, modifié par la loi du 13 avr. 1895). — Si la notification était impossible, comme dans le cas où il n'y aurait pas de contradicteur, le délai courrait à partir de la prononciation du jugement (Civ. r. 7 nov. 1883, D. P. 84. 1. 298).

91. Le pourvoi n'est pas suspensif (Décr. 2 févr. 1852, art. 23, § 3). Il peut être formé de trois manières : 1° sous forme de requête à la Cour de cassation, déposée au greffe de la justice de paix; 2° par une simple déclaration des parties au greffe de la justice de paix, écrite ou verbale; 3° par requête présentée directement à la Cour de cassation, soit par le ministère d'un avocat, soit par les parties elles-mêmes.

92. Le pourvoi doit être dénoncé aux défendeurs dans les dix jours qui suivent (Décr. 1852, art. 23, § 4). Cette dénonciation est une formalité substantielle, dont l'omission entraîne la non-recevabilité du pourvoi. Le délai de dix jours est prescrit à peine de déchéance. Cette déchéance peut être appliquée d'office. La notification doit, à peine de nullité, suivre et non précéder la déclaration du pourvoi ou le dépôt de la requête (Civ. r. 30 mai 1900, D. P. 1900. 1. 304). La dénonciation n'est nécessaire qu'à l'égard des personnes qui ont été parties devant le juge de paix et à qui le pourvoi a pour objet de faire perdre le bénéfice de la décision rendue; mais elle doit être faite à toutes ces personnes, sinon elle serait nulle à l'égard de toutes. La notification doit être faite aux défendeurs personnellement, et non à leurs représentants ou mandataires. — Elle peut être faite soit par ministère d'huissier, soit par un agent administratif assermenté, garde champêtre ou commissaire de police. Mais il faut que la notification ait lieu à la requête du demandeur en cassation; ainsi, serait nulle la dénonciation du pourvoi faite au défendeur par le greffier de la justice de paix au défendeur (Civ. r. 30 mai 1901, D. P. 1901. 1. 382). Elle n'est, d'ailleurs, soumise à aucune forme spéciale : il suffit qu'elle fasse connaître au défendeur l'existence du pourvoi. Il n'est pas nécessaire que la dénonciation contienne assignation devant la Cour de cassation.

93. Le pourvoi est dispensé du ministère d'un avocat à la Cour de cassation et de la consignation d'amende. Les pièces sont transmises sans frais par le greffier de la justice de paix au greffier de la Cour de cassation (Décr. 2 févr. 1852, art. 23). Les pièces à transmettre sont : la requête, le mémoire ampliatif, l'acte de dénonciation, le jugement attaqué, la décision de la commission municipale et l'acte d'appel. La production du jugement est exigée à peine de nullité.

94. Les pourvois en cassation en matière électorale sont portés directement devant la Chambre civile. Il y est statué d'urgence et sans frais (L. 30 nov. 1875, art. 1er). Lorsqu'une décision est cassée, la Cour de cassation renvoie l'affaire devant un autre juge de paix. Une expédition de l'arrêt est délivrée gratuitement aux parties. — Les effets du renvoi sont les mêmes qu'en toute autre matière (V. *suprà, Cassation* [*pourvoi en*], nos 115 et s.).

§ 5. — *Clôture des listes* (R. v° *Droit politique*, 475 et s.; S. eod. v°, 171 et s.).

95. La clôture des listes a lieu chaque année le 31 mars, sans attendre que les instances qui ont pu être engagées devant le juge de paix et la Cour de cassation soient terminées. — La commission administrative dresse le tableau de toutes les rectifications régulièrement ordonnées, et arrête définitivement la liste électorale, qui est établie par ordre alphabétique. Le maire doit transmettre immédiatement au préfet, pour être déposée au secrétariat général de la préfecture, une copie du tableau définitif de rectification (Décr. 2 févr. 1852, art. 7). Les listes électorales sont réunies en un registre et conservées dans les archives de la commune. Communication en doit toujours être donnée aux citoyens qui le demandent (L. 7 juill. 1874, art. 3 et 4).

96. La liste électorale reste jusqu'au 31 mars de l'année suivante telle qu'elle a été arrêtée, sauf néanmoins les changements qui y auraient été faits en vertu d'une décision du juge de paix, et sauf aussi la radiation des noms des électeurs décédés ou privés des droits civils et politiques par jugement ayant force de chose jugée (Décr. 2 févr. 1852, art. 8). Sauf cette radiation, qui peut être faite par le maire avant chaque élection, les élections sont faites sur la liste revisée, pendant toute l'année qui suit la clôture de la liste (Décr. 2 févr. 1852, art. 25).

ART. 2. — LISTES ÉLECTORALES POUR LES ÉLECTIONS DES SÉNATEURS (S. v° *Droit politique*, 628 et s.).

97. Ces listes ne sont pas permanentes. Elles sont établies à l'occasion de chaque élection. Huit jours au plus tard avant l'élection des sénateurs, le préfet dresse la liste des électeurs du département par ordre alphabétique. Les délégués suppléants sont portés sur la liste en regard des délégués titulaires. Les électeurs de droit y sont également inscrits. La liste est communiquée à tout requérant, et peut être copiée et publiée (L. 2 août 1875, art. 9).

SECT. III. — **Des éligibles.**

98. L'éligibilité est l'aptitude de certains électeurs à remplir les fonctions de représentant. La loi détermine, pour chaque mandat, les conditions générales que doivent réunir les éligibles; elle édicte aussi certaines dispositions exceptionnelles énumérant des cas d'inéligibilité et d'incompatibilité. — L'inéligibilité qui atteint un électeur l'empêche d'être élu; mais si l'a été en fait, vicie son élection. L'incompatibilité d'un mandat électif avec telle ou telle situation ou fonction déterminée n'empêche pas l'élection ni ne la vicie pas; mais elle oblige l'élu à opter dans un certain délai pour l'une ou pour l'autre des fonctions dont il est revêtu.

ART. 1er. — CONDITIONS D'ÉLIGIBILITÉ. CAUSES D'INÉLIGIBILITÉ.

§ 1er. — *Sénateurs* (S. v° *Droit politique*, 659 et s.).

99. Nul ne peut être sénateur s'il n'est Français, âgé de quarante ans au moins (cet âge doit être accompli à la date de l'é-

lection, et non pas seulement au jour de la vérification des pouvoirs; Sénat, 11 juin 1886) et s'il ne jouit de ses droits civils et politiques (L. 9 déc. 1884, art. 4, § 1er). — L'étranger naturalisé, bien qu'il jouisse de tous les droits civils et politiques attachés à la qualité de citoyen français, n'est éligible aux assemblées législatives, notamment au Sénat, que dix ans après le décret de naturalisation, à moins qu'une loi spéciale n'abrège ce délai, qui peut être réduit à une année (L. 26 juin 1889, art. 3, D. P. 89. 4. 59). — Les Français qui recouvrent cette qualité après l'avoir perdue, acquièrent immédiatement tous les droits civils et politiques, y compris l'éligibilité aux assemblées législatives.

100. Le débiteur qui obtient le bénéfice de la liquidation judiciaire ne peut, à partir du jugement d'ouverture de la liquidation, être nommé à aucune fonction élective, spécialement à celle de sénateur. S'il exerce une fonction de cette nature, il est réputé démissionnaire (L. 4 mars 1889, art. 21, D. P. 89. 4. 9).

101. Sont inéligibles au Sénat: 1° les membres des familles qui ont régné sur la France (L. 9 déc. 1884, art. 4); 2° les militaires des armées de terre et de mer. Sont exceptés de cette disposition: les maréchaux et les amiraux; les officiers généraux maintenus sans limite d'âge dans la première section du cadre de l'état-major général; les officiers généraux et assimilés placés dans la deuxième section du cadre de l'état-major général; les militaires des armées de terre et de mer qui appartiennent à la réserve ou à l'armée territoriale (art. 5).

102. A ces cas d'inéligibilité absolue il faut ajouter les cas d'inéligibilité relative qui atteignent certains fonctionnaires: Ne peuvent être élus par le département ou la colonie compris en tout ou en partie dans leur ressort, pendant l'exercice de leurs fonctions et pendant les six mois qui suivent la cessation de leurs fonctions par démission, destitution, changement de résidence ou de toute autre manière: 1° les premiers présidents, présidents et membres des parquets des cours d'appel; 2° les présidents, vice-présidents, les juges d'instruction et les membres des parquets des tribunaux de première instance; 3° le préfet de police, les préfets et sous-préfets, les secrétaires généraux de préfecture, les gouverneurs, directeurs de l'intérieur et secrétaires généraux des colonies; 4° les ingénieurs en chef et d'arrondissement, et les agents-voyers en chef et d'arrondissement; 5° les recteurs et inspecteurs d'académie; 6° les inspecteurs des écoles primaires; 7° les archevêques, évêques et vicaires généraux; 8° les officiers de tout grade des armées de terre et de mer; 9° les intendants divisionnaires et les sous-intendants militaires; 10° les trésoriers payeurs généraux et les receveurs particuliers des finances; 11° les directeurs des contributions directes et indirectes, de l'enregistrement et des postes; 12° les conservateurs et inspecteurs des forêts (L. 2 août 1875, art. 21).

§ 2. — *Députés* (S. v° *Droit politique*, 435 et s.).

103. Tout électeur est éligible à la Chambre des députés, sans condition de cens, à l'âge de vingt-cinq ans accomplis (L. 30 nov. 1875, art. 6). Par électeur, il faut entendre tout individu ayant la jouissance du droit électoral, alors même qu'il n'en aurait pas l'exercice (Corps lég. 19 nov. 1863 et 24 déc. 1869). Quant à la nationalité, la disposition de l'art. 3 de la loi du 26 juin 1889 (V. *suprà*, n° 99) s'applique aux députés comme aux sénateurs. — C'est de même de l'art. 21 de la loi du 4 mars 1889 sur la liquidation judiciaire (V. *suprà*, n° 100). Il faut, en outre,

pour être éligible, avoir satisfait aux obligations du service militaire dans l'armée active: un électeur ne peut être élu tant qu'il n'est pas définitivement libéré de ce service et qu'il est susceptible d'être rappelé pour en compléter la durée (L. 20 juill. 1895, art. 1er, D. P. 96. 4. 24).

104. Sont inéligibles à la Chambre des députés, d'une façon absolue, les membres des familles ayant régné en France (L. 16 juin 1885, art. 4; 22 juin 1886, art. 4; Comp. *suprà*, n° 101). Aucun militaire ou marin faisant partie des armées de terre et de mer ne peut, quels que soient son grade et ses fonctions, être élu membre de la Chambre des députés. Cette disposition s'applique aux militaires et marins en disponibilité ou en non activité; mais elle ne s'étend ni aux officiers placés dans la seconde section du cadre de l'état-major général, ni à ceux qui, maintenus dans la première section comme ayant commandé en chef devant l'ennemi, ont cessé d'être employés activement, ni aux officiers qui, ayant des droits acquis à la retraite, sont envoyés ou maintenus dans leurs foyers en attendant la liquidation de leur pension. La décision par laquelle l'officier aura été admis à faire valoir ses droits à la retraite deviendra, dans ce cas, irrévocable. La disposition dont il s'agit ne s'applique pas à la réserve de l'armée active ni à l'armée territoriale (L. 30 nov. 1875, art. 7).

105. Les inéligibilités qui frappent les fonctionnaires dans le ressort de leurs fonctions sont les mêmes que celles qui visent les sénateurs (V. *suprà*, n° 102). L'art. 12 de la loi du 30 nov. 1875 est identique à l'art. 21 de la loi du 2 août 1875, avec cette double différence que les sous-préfets ne peuvent être élus députés dans aucun des arrondissements du département où ils exercent leurs fonctions et que les juges titulaires sont inéligibles. La loi du 30 mars 1902 (D. P. 1902. 4. 28) a ajouté à la liste des fonctionnaires frappés d'inéligibilité les juges de paix et les conseillers de préfecture.

§ 3. — *Conseillers généraux* (S. v° *Organisation administrative*, 193 et s.).

106. Sont éligibles au conseil général tous les citoyens inscrits sur une liste d'électeurs qui justifient qu'ils doivent y être inscrits avant le jour de l'élection, qui sont domiciliés dans le département ou qui, sans y être domiciliés, y sont inscrits au rôle d'une des contributions directes au 1er janvier de l'année dans laquelle se fait l'élection ou justifiant qu'ils devraient y être inscrits à ce jour, ou qu'ils ont hérité depuis la même époque d'une propriété foncière dans le département (L. 10 août 1871, art. 6, § 1er). La qualité de député du département ne confère pas à elle seule l'éligibilité au candidat qui ne pourrait justifier d'aucune des conditions exigées par l'art. 6.

107. La loi limite au quart de l'effectif légal du conseil le nombre des conseillers non domiciliés (L. 1871, art. 6, § 2). Si ce nombre est dépassé, on annule l'élection de ces derniers élus en même temps, un tirage au sort détermine ceux dont l'élection sera annulée. Si une question préjudicielle s'élève sur le domicile, le conseil général sursoit, et le tirage au sort est fait par la commission départementale pendant l'intervalle des sessions (L. 10 août 1871, art. 17, modifié par la loi du 31 juill. 1875, D. P. 76. 4. 25).

108. Sont inéligibles: 1° les individus pourvus d'un conseil judiciaire (L. 10 août 1871, art. 7); 2° les militaires des armées de terre et de mer en activité de service. Cette disposition n'est applicable ni à la réserve active, ni à l'armée territoriale, ni aux officiers généraux maintenus dans la première section du cadre de l'état-major général, comme ayant commandé en chef devant l'ennemi (L. 23 juill. 1891, D. P. 91. 4. 74).

109. Sont inéligibles dans l'étendue du ressort où ils exercent leurs fonctions (L. 1871, art. 8; 23 juill. 1891) : 1° les préfets, sous-préfets, secrétaires généraux et conseillers de préfecture; 2° les premiers présidents, présidents de chambres, conseillers, procureurs généraux, avocats généraux et substituts du procureur général près la cour d'appel; 3° les présidents, vice-présidents, juges titulaires, juges d'instruction et membres du parquet des tribunaux de première instance; 4° les juges de paix. — L'inéligibilité concernant les magistrats n'atteint ni les membres de la Cour de cassation, qui sont éligibles dans toutes les circonscriptions, ni les suppléants du juge de paix, ni les greffiers; 5° les commissaires et agents de police; 6° les ingénieurs en chef du département et les ingénieurs ordinaires d'arrondissement; 7° les ingénieurs du service ordinaire des mines; 8° les recteurs d'académie; 9° les inspecteurs d'académie et les inspecteurs des écoles primaires; 10° les ministres des différents cultes; 11° les agents et comptables de tout ordre, employés à l'assiette, à la perception et au recouvrement des contributions directes ou indirectes et au payement des dépenses publiques de toute nature. — L'inéligibilité consacrée par cette disposition ne s'étend pas aux débitants de tabac, quand ils ne sont pas chargés d'une recette buraliste (Cons. d'Et. 25 nov. 1898, D. P. 1900. 3. 22),... ni aux receveurs des établissements publics, tels que les hospices (Cons. d'Et. 24 avr. 1893); 12° les directeurs et inspecteurs des postes et télégraphes et des manufactures de tabac (mais non les ingénieurs employés dans ces manufactures : Cons. d'Et. 18 janv. 1890, D. P. 91. 5. 227); 13° les conservateurs, inspecteurs et autres agents des eaux et forêts; 14° les vérificateurs des poids et mesures.

110. Il y a, en outre, des cas d'inéligibilité temporaire : 1° les conseillers généraux condamnés pour avoir participé à une réunion illégale du conseil non déclarés, par le jugement, exclus du conseil et inéligibles pendant les trois années qui suivent la condamnation (L. 10 août 1871, art. 30 et 27, et 91); 2° le conseiller général déclaré démissionnaire pour avoir, sans excuse valable, refusé de remplir une des fonctions qui lui sont dévolues par les lois, ne peut être réélu avant le délai d'un an (L. 7 juin 1873, art. 1 et 3, D. P. 73. 4. 73).

§ 4. — Conseillers d'arrondissement (R. v° Organisation administrative, 793 et s.; S. eod. v°, 526 et s.).

111. Sont éligibles au conseil d'arrondissement les électeurs âgés de vingt et un ans au moins, domiciliés dans l'arrondissement, et les citoyens ayant atteint le même qui, sans y être domiciliés, y payent une contribution directe (Décr. 3 juill. 1848, art. 14, D. P. 48. 4. 119).

112. Les cas d'inéligibilité édictés pour les conseillers généraux s'appliquent également aux conseillers d'arrondissement (L. 10 août 1871, art. 8, modifié par la loi du 23 juill. 1891).

§ 5. — Conseillers municipaux (S. v° Commune, 81 et s.).

113. Sont éligibles au conseil municipal, sauf les restrictions indiquées ci-après, tous les électeurs de la commune et les citoyens inscrits aux rôles des contributions directes qui justifiaient qu'ils devaient y être inscrits au 1er janvier de l'année de l'élection, âgés de vingt-cinq ans accomplis (L. 5 avr. 1884, art. 31, § 1er). Il n'est même pas nécessaire d'être inscrit effectivement sur le rôle des contributions : on est éligible par cela qu'on

devait y être inscrit au 1er janvier précédant les élections. Il suffit d'être inscrit sur la liste électorale ou sur les rôles : le cumul des deux inscriptions n'est pas exigé (Cons. d'Et. 6 mars 1885). — L'âge de vingt-cinq ans doit être atteint au jour de l'élection.

114. Le nombre des conseillers forains, c'est-à-dire ne résidant pas dans la commune, ne doit pas excéder le quart des membres du conseil (L. 1884, art. 31, § 2). Quand le quart est dépassé, on annule l'élection la moins ancienne en date. Quand les élections sont du même jour, on annule l'élection de celui qui a eu le moins de voix. A égalité de suffrages, on annule l'élection du plus jeune (L. 1884, art. 31, § 2, et 49).

115. Les cas d'inéligibilité aux fonctions de conseiller municipal sont énumérées aux art. 31, 32 et 33 de la loi du 5 avr. 1884. Sont inéligibles d'une manière absolue : 1° les individus privés du droit électoral; — 2° les individus pourvus d'un conseil judiciaire; — 3° ceux qui sont dispensés de subvenir aux charges communales et ceux qui sont secourus par le bureau de bienfaisance. Pour être rangé dans cette dernière catégorie, il ne suffit pas de ne pas payer d'impôt ni d'avoir obtenu des remises ou modérations; ... ni d'avoir été compris dans une exemption collective comme celle dont profitent, dans certaines grandes villes, ceux qui payent un loyer inférieur à un chiffre déterminé (Cons. d'Et. 23 déc. 1892); ... ni de bénéficier de l'exemption de la taxe des prestations qui est accordée dans certaines communes aux douaniers, sapeurs-pompiers, etc. L'inéligibilité n'atteint que ceux qu'une décision expresse du conseil municipal a dispensés de subvenir aux charges communales. (Cons. d'Et. 9 mars 1889). Quant aux individus secourus par le bureau de bienfaisance, la loi entend parler de secours permanents, réguliers (Cons. d'Et. 27 janv. 1893). Un secours reçu accidentellement ne suffit pas pour rendre un électeur inéligible (Cons. d'Et. 21 avr. 1893). Les secours de l'assistance médicale gratuite ayant toujours un caractère accidentel, l'inscription sur les listes des bureaux d'assistance n'entraîne pas l'inéligibilité; — 4° les individus exclusivement attachés à la personne. Ne sont compris dans cette dénomination, ni les régisseurs de propriétés, ni les gardes particuliers, ni les contremaîtres ou comptables, ni les ouvriers agricoles ou industriels. Les jardiniers sont, suivant les circonstances, éligibles ou non; — 5° les militaires et employés des armées de terre et de mer en activité de service. L'inéligibilité persiste alors même que le militaire a été renvoyé dans ses foyers (Cons. d'Et. 2 avr. 1889); ... ou que l'officier a été envoyé en congé en attendant la liquidation de sa pension (Cons. d'Et. 9 déc. 1900).

116. Ne sont pas éligibles dans le ressort où ils exercent leurs fonctions : 1° les préfets, sous-préfets, secrétaires généraux, conseillers de préfecture et, dans les colonies régies par la loi de 1884, les gouverneurs, secrétaires généraux et membres du conseil privé; 2° les commissaires et agents de police; 3° les magistrats des cours d'appel et des tribunaux de première instance, à l'exception des juges suppléants auxquels l'instruction n'est pas confiée; 4° les juges de paix titulaires : les suppléants de juges de paix et les greffiers des tribunaux sont éligibles; 5° les comptables des deniers communaux et les entrepreneurs des services municipaux. Ainsi, sont inéligibles : le receveur municipal, le régisseur des droits d'octroi, le percepteur des droits de place. Quand ces droits sont affermés, il semble que l'inéligibilité doit cesser. C'est ce qui a été décidé à l'égard des fermiers des droits de place dans les marchés (Cons. d'Et. 3 févr. 1881, D. P. 84. 5. 208). Cependant la juris-

prudence déclare inéligibles les fermiers des droits d'octroi (Cons. d'Et. 6 févr. 1885, D. P. 85. 5. 201). L'inéligibilité ne s'étend pas aux comptables des établissements publics, tels que les bureaux de bienfaisance, hospices, fabriques.

117. Par entrepreneurs de services communaux, il faut entendre seulement ceux dont les services créent entre eux et la commune des rapports d'intérêts constants et, pour ainsi dire, journaliers. Doivent être considérés comme tels : l'entrepreneur ou le concessionnaire de l'éclairage (Cons. d'Et. 28 avr. 1888, D. P. 89. 5. 215), du balayage et de l'enlèvement des boues (Cons. d'Et. 3 févr. 1888, D. P. 89. 5. 204) du pesage ou mesurage (Cons. d'Et. 3 mars 1893, D. P. 94. 5. 234), le fournisseur du corbillard municipal (Cons. d'Et. 11 mai 1889, D. P. 90. 5. 204), l'entrepreneur des travaux d'entretien des voies publiques (Cons. d'Et. 15 févr. 1889, D. P. 90. 5. 204).

118. Les entrepreneurs de travaux qui traitent pour un temps limité ne sont pas, comme les entrepreneurs de services communaux, dans une lien de dépendance au regard des autorités municipales; aussi sont-ils éligibles. Ainsi jugé pour un adjudicataire de travaux neufs (Cons. d'Et. 16 janv. 1885, D. P. 85. 5. 202), pour l'adjudicataire d'une coupe de bois (Cons. d'Et. 16 déc. 1892, D. P. 94. 5. 236). De même, sont éligibles les fermiers ou locataires de biens communaux qui, une fois leur loyer payé, sont complètement indépendants à-vis de la commune (Cons. d'Et. 20 mai 1889).

119. 6° les instituteurs publics; 7° les employés de préfecture et de sous-préfecture (Cons. d'Et. 4 août 1893, D. P. 94. 3. 77); 8° les ingénieurs et conducteurs des ponts et chaussées chargés du service de la voirie urbaine et vicinale et les agents-voyers (Cons. d'Et. 19 nov. 1892, D. P. 94. 5. 237). L'incapacité n'atteint que les ingénieurs et conducteurs des mines; 9° les ministres en exercice d'un culte légalement reconnu; 10° les agents salariés de la commune, tels que les secrétaires de mairies, gardes-champêtres, surveillants de travaux, sonneurs, cantonniers. Il n'y faut pas comprendre ceux qui, étant fonctionnaires publics ou exerçant une profession indépendante, ne reçoivent une indemnité de la commune qu'à raison des services qu'ils lui rendent dans l'exercice de cette profession. Ainsi, peuvent être élus les médecins, architectes, notaires, avoués, avocats, professeurs, qui prêtent leur ministère aux communes et reçoivent d'elles des honoraires. — L'abandon de la fonction d'où résulte l'inéligibilité ne relève pas de cette inéligibilité, qui était antérieure à l'élection (Cons. d'Et. 22 mars 1889).

120. Les conseillers municipaux exclus du conseil municipal par décision du Conseil d'Etat pour avoir refusé de remplir une des fonctions que la loi leur imposait, sont inéligibles pendant un an (Comp. supra, n° 110) (L. 7 juin 1873, art. 3).

§ 6. — Maires et adjoints (S. v° Commune, 117 et s.).

121. Les maires et adjoints sont élus parmi les membres du conseil municipal (V. supra, n° 44). Pour être élu maire ou adjoint, il faut donc faire partie du conseil municipal : c'est là une condition essentielle. Celui dont l'élection comme conseiller municipal est annulée voit annuler, par voie de conséquence, son élection comme maire ou adjoint (Cons. d'Et. 29 nov. 1895). — En principe, aucune autre condition n'est exigée. Ainsi les illettrés ne sont pas inéligibles aux fonctions de maire ou d'adjoint (Cons. d'Et. 6 févr. 1885). Il existe seulement une cause d'inéligibilité temporaire contre le maire qui a été révoqué : ce maire ne peut être réélu pendant un an, à moins d'un renouvellement général de tous les conseillers municipaux (L. 5 avr. 1884, art. 86).

§ 7. — *Délégués sénatoriaux* (S. vº *Droit politique*, 609 et s.).

122. Sont susceptibles d'être élus tous les électeurs de la commune, y compris les conseillers municipaux, sans distinction entre eux (L. 2 août 1875, art. 2). Mais le choix du conseil municipal ne peut porter ni sur un député, ni sur un conseiller général, ni sur un conseiller d'arrondissement.

ART. 2. — DES INCOMPATIBILITÉS.

§ 1er. — *Incompatibilités parlementaires* (R. vº *Droit politique*, 876 et s. ; S. eod. vº, 448 et s., 662 et s.).

123. 1º La plupart des incompatibilités établies par la loi entre le mandat législatif et certaines fonctions l'ont été en vue d'assurer la pleine indépendance des membres du Parlement à l'égard du pouvoir exécutif ou de certaines grandes institutions commerciales, industrielles ou financières. Ces incompatibilités sont établies, en ce qui concerne les députés, par les art. 8 et 9 de la loi du 30 nov. 1875, aux termes desquels « l'exercice des fonctions publiques rétribuées sur les fonds de l'Etat est incompatible avec le mandat de député ». — L'incompatibilité n'existe qu'autant que la fonction publique est rétribuée. En outre, qu'elle soit rétribuée par l'Etat ; il n'y a donc pas incompatibilité entre le mandat législatif et des fonctions rémunérées par les départements, les communes ou par des administrations financières. Si le fonctionnaire élu député ou sénateur n'a pas opté dans le délai, il est présumé avoir choisi le mandat législatif. En conséquence, « tout fonctionnaire élu député, dit l'art. 8 précité, § 2, est remplacé dans ses fonctions si, dans un délai de huit jours à compter de la vérification des pouvoirs, il n'a pas fait connaître qu'il n'accepte pas le mandat de député. » Dans les fonctions où le grade est distinct de l'emploi, le fonctionnaire, par l'acceptation du mandat de député, renonce à l'emploi et ne conserve que le grade (L. 30 nov. 1875, art. 10).

124. Par exception, certaines fonctions publiques peuvent être cumulées avec un mandat législatif. Ce sont celles de ministre, sous-secrétaire d'Etat, ambassadeur, ministre plénipotentiaire, préfet de la Seine, préfet de police, premier président et procureur général près la Cour de cassation, la Cour des comptes et la Cour d'appel de Paris, archevêque et évêque, pasteur président de consistoire dans les circonscriptions consistoriales dont le chef-lieu compte deux pasteurs et au-dessus, grand rabbin du consistoire central, grand rabbin du consistoire de Paris (art. 8, § 3). — Sont encore susceptibles des dispositions de l'art. 8 : 1º les professeurs titulaires de chaires qui sont données au concours ou sur la présentation des corps où la vacance s'est produite ; 2º les personnes qui sont chargées d'une mission temporaire, c'est-à-dire de six mois au plus (art. 9).

125. Lorsqu'un député est nommé ou promu à une fonction publique salariée, il cesse d'appartenir à la Chambre par le fait même de son acceptation ; il n'y a pas à distinguer suivant que la fonction qu'il occupe est compatible ou non avec le mandat de député. Mais, dans le premier cas, le député peut être réélu. Les députés nommés ministres ou sous-secrétaires d'Etat ne sont pas soumis à la réélection (art. 11).

126. En attendant le vote d'une loi spéciale sur les incompatibilités parlementaires, les dispositions qui précèdent, édictées à l'égard des députés, s'appliquent aux élections sénatoriales (L. 26 déc. 1887, D. P.

88. 4. 2). Il faut excepter toutefois celle de l'art. 11, qui n'a pas été déclarée applicable aux élections sénatoriales par la loi du 26 déc. 1887.

127. 2º Une autre série d'incompatibilités a pour but d'assurer l'indépendance des membres du Parlement à l'égard des grandes compagnies financières : 1º Une loi du 28 juin 1883 (D. P. 83. 4. 103), concernant l'exploitation des services postaux de New-York, des Antilles et du Mexique porte, (art. 10) qu'à raison de la subvention accordée par l'Etat, il est interdit aux membres de la Chambre des députés et du Sénat, sous peine de déchéance de leur mandat, de faire partie du conseil d'administration ou de surveillance de la société concessionnaire. 2º Tout sénateur ou député qui, au cours de son mandat, accepte les fonctions d'administrateur d'une compagnie de chemins de fer est, par ce seul fait, considéré comme démissionnaire et soumis à la réélection (L. 20 nov. 1883, art. 5, D. P. 84. 4. 19). — 3º Le mandat législatif est incompatible avec les fonctions de gouverneur et de sous-gouverneur de la Banque de France (L. 17 nov. 1897, art. 3, D. P. 99. 4. 46).

128. Le mandat législatif est encore incompatible avec les fonctions de juré (L. 21 nov. 1872, art. 3, D. P. 72. 4. 132), de membre de la commission départementale (L. 19 déc. 1876, D. P. 77. 4. 27).

129. Enfin la loi interdit le cumul des mandats législatifs. Aux termes de la loi du 17 juill. 1889, art. 1er (D. P. 89. 4. 57), nul ne peut être candidat à la Chambre des députés dans plus d'une circonscription. Cette prohibition ne s'applique pas aux sénateurs ; mais le sénateur élu dans plusieurs départements doit faire connaître son option dans les dix jours qui suivent la déclaration de la validation de ces élections. A défaut d'option, la question est décidée par le sort et en séance publique (L. 2 août 1875, art. 22).

§ 2. — *Incompatibilités concernant les conseillers généraux et les conseillers d'arrondissement* (S. vº *Organisation administrative*, 211 et s.).

130. Le mandat de conseiller général est incompatible *dans toute la France* avec les fonctions de préfet, sous-préfet, secrétaire général, conseiller de préfecture, commissaire et agent de police (L. 10 août 1871, art. 9 et 8-1º et 7º). Nul ne peut être membre de plusieurs conseils généraux (art. 11), ni représenter plusieurs cantons. Le conseiller général élu dans plusieurs cantons est tenu de déclarer son option dans les trois jours qui suivent l'ouverture de la session et, en cas de contestation, à partir de la notification de la décision du Conseil d'Etat. A défaut d'option cette dé lai, le conseil général détermine en séance publique et par la voie du sort à quel canton le conseiller appartiendra (art. 17, § 1er). — Nul ne peut être membre de plusieurs conseils d'arrondissement ni d'un conseil général et d'un conseil d'arrondissement (L. 22 juin 1833, art. 24).

131. Le mandat de conseiller général est incompatible, *dans le département*, avec les fonctions d'architecte départemental, d'agent-voyer, d'employé des bureaux de la préfecture ou d'une sous-préfecture, et généralement tous les agents salariés ou subventionnés sur les fonds départementaux. La même incompatibilité existe à l'égard des entrepreneurs des services départementaux (L. 10 août 1871, art. 10). — Bien que rétribués sur les fonds départementaux, les fonctions de médecin de l'assistance médicale gratuite et de médecin attaché au service de bienfaisance ne sont pas incompatibles avec le mandat de conseiller général, même si elles sont exercées dans le canton ou les cantons voisins. La même

exception s'applique aux vétérinaires chargés dans les mêmes conditions du service des épizooties (L. 15 juill. 1893, art. 34, et 8 juill. 1901).

§ 3. — *Incompatibilités concernant les conseillers municipaux* (S. vº *Commune*, 95 et s.).

132. Les fonctions de conseiller municipal sont incompatibles avec celles de : 1º préfet, sous-préfet, secrétaire général de préfecture ; 2º de commissaire et d'agent de police ; 3º de gouverneur, directeur de l'intérieur (aujourd'hui secrétaire général) et de membre du conseil privé des colonies. — Les fonctionnaires précités qui seraient élus membres d'un conseil municipal auraient, à partir de la proclamation du résultat du scrutin, un délai de dix jours pour opter entre l'acceptation du mandat et la conservation de leur emploi. A défaut de déclaration adressée dans ce délai à leurs supérieurs hiérarchiques, ils seraient réputés avoir opté pour la conservation dudit emploi (L. 5 avr. 1884, art. 34).

133. Nul ne peut être membre de plusieurs conseils municipaux. Un délai de dix jours, à partir de la proclamation du scrutin, est accordé au conseiller municipal nommé dans plusieurs communes pour faire sa déclaration d'option. Cette déclaration est adressée aux préfets des départements intéressés. Si, dans ce délai, le conseiller élu n'a pas fait connaître son option, il fait partie de droit du conseil municipal où le nombre des électeurs est le moins élevé (L. 5 avr. 1884, art. 35, § 1 et 2).

134. Dans les communes de 500 habitants et au-dessus, les ascendants et descendants, les frères et les alliés au même degré (beau-père et gendre, deux beaux-frères) ne peuvent faire partie du même conseil (L. 1884, art. 35, § 3). Mais l'incompatibilité n'existe pas entre l'oncle et le neveu (Cons. d'Et. 27 févr. 1893) ; ... entre individus ayant épousé les deux sœurs (Cons. d'Et. 24 déc. 1892), ... entre le second mari d'une femme et le gendre de celle-ci (Cons. d'Et. 16 déc. 1892).

135. Lorsque deux personnes parentes ou alliées au degré prohibé sont élues, on procède conformément à l'art. 49 de la loi du 5 avr. 1884. On annule donc l'élection la plus récente ou la date ou, si elles ont eu lieu le même jour, l'élection de celui qui a eu le moins de voix (Cons. d'Et. 21 avr. 1894) ; ou, s'ils ont eu un nombre égal de suffrages, l'élection du plus jeune (Cons. d'Et. 30 mars 1889). Les questions de parenté ou d'alliance qui peuvent s'élever à ce sujet ne donnent lieu à renvoi préjudiciel devant l'autorité judiciaire qu'autant qu'elles sont douteuses (Cons. d'Et. 3 mars 1893, D. P. 94. 3. 37).

§ 4. — *Incompatibilités concernant les maires et adjoints* (S. vº *Commune*, 117 et s.).

136. Ne peuvent être maires ou adjoints ni en exercer, même temporairement, les fonctions : les agents des administrations financières, les trésoriers payeurs généraux, les receveurs particuliers et les percepteurs, les agents des forêts, ceux des postes et télégraphes, ainsi que les gardes des établissements publics et des particuliers. Les agents salariés du maire ne peuvent être adjoints (L. 5 avr. 1884, art. 80). Sont considérés par la jurisprudence comme agents des administrations financières les débitants de tabac gérant directement ou non (Cons. d'Et. 9 et 30 juin 1893, D. P. 94. 3. 62) ; les préposés en chef d'octroi (Cons. d'Et. 11 déc. 1895). Mais l'incompatibilité est personnelle ; elle ne s'étend pas aux maris des employées des administrations financières ou des postes (Cons. d'Et. 30 juin 1893, précité). Il y a incompatibilité entre le service des sapeurs-pompiers organisé conformément au décret du 10 novembre 1903 et les fonctions de maire ou d'adjoint. — Ces incompatibilités empêchent les personnes qui en sont atteintes d'accepter les fonctions de maire ou d'adjoint, même dans une autre commune que celle de leur résidence.

SECT. IV. — Dispositions précédant le scrutin et destinées à le préparer.

ART. 1er. — ÉTABLISSEMENT DES CIRCONSCRIPTIONS ÉLECTORALES (R. v° *Organisation administrative*, 874 et s.; S. *eod.* v°, 534 et s.).

137. Les circonscriptions électorales ont une étendue variable suivant la nature des élections. Pour les élections sénatoriales, les limites de la circonscription sont celles du département ou de la colonie (L. 9 déc. 1884, art. 2). — Pour les élections législatives, la circonscription se confond avec l'arrondissement. Toutefois, les arrondissements dont la population dépasse 100000 habitants nomment un député de plus par 100000 habitants ou fraction de 100000 habitants. Les arrondissements, dans ce cas, sont divisés en circonscriptions (L. 13 févr. 1889, art. 2, § 2). — Pour les élections au conseil général et au conseil d'arrondissement, la circonscription est le canton (L. 10 août 1871, art. 4; 22 juin 1833, art. 20).

138. Pour les élections municipales, la circonscription est, suivant les cas, la commune tout entière ou la section. En principe, l'élection des membres du conseil municipal a lieu au scrutin de liste pour toute la commune. Néanmoins, la commune peut être divisée en sections électorales, dont chacune élit un nombre de conseillers proportionné au chiffre des électeurs inscrits (L. 5 avr. 1884, art. 11). Cette opération n'est jamais obligatoire, et elle n'est possible que dans deux cas : 1° quand la commune se compose de plusieurs agglomérations d'habitants distinctes et séparées; 2° quand la population agglomérée de la commune est supérieure à 10000 habitants (L. 5 avr. 1884, art. 11, § 1 et 2).

139. La loi impose certaines règles touchant la manière de faire le sectionnement. Dans le cas où il s'agit d'une agglomération de plus de 10000 habitants, une section ne peut être formée de fractions de territoire appartenant à des cantons ou à des arrondissements municipaux différents. Les fractions de territoire ayant des électeurs ne peuvent être divisées en plusieurs sections électorales. Dans tous les cas où le sectionnement est autorisé, chaque section doit être composée de territoires contigus (art. 11, § 2 et 4). Ces prescriptions sont obligatoires; c'est ainsi que des décrets ont annulé des sectionnements où les sections étaient enclavées les unes dans les autres (Décr. 4 août 1893), ... où une section avait été formée de groupes de maisons ne constituant pas une agglomération distincte (Cons. d'Et. 17 nov. 1899). — C'est au conseil général qui effectue le sectionnement des communes (L. 10 août 1871, art. 43; 5 avr. 1884, art. 12). Chaque année, dans la session d'août, cette assemblée, par un travail d'ensemble comprenant toutes les communes du département, procède à la revision des sections électorales et en dresse le tableau. La procédure à suivre est déterminée par l'art. 12 de la loi du 5 avr. 1884. Les sectionnements opérés subsistent jusqu'à une nouvelle décision. Le tableau sert pour les élections intégrales à faire dans l'année (L. 5 avr. 1884, art. 12, § 3).

140. La décision prise par le conseil général est définitive et exécutoire par elle-même. Elle ne peut être annulée que dans le délai fixé par l'art. 47 de la loi du 10 août 1871, par un décret rendu dans la forme des règlements d'administration publique, sur le recours du préfet. Indépendamment de ce recours, qui n'est ouvert qu'à l'Administra-

tion, les communes sectionnées et les électeurs peuvent arguer de nullité le sectionnement. Les uns et les autres peuvent former contre la délibération du conseil général un recours pour excès de pouvoir (Cons. d'Et. 24 juill. et 7 août 1903). En outre, les électeurs peuvent toujours, à propos des élections qui seraient faites d'après ce sectionnement, en signaler les illégalités; mais, en pareil cas, le sectionnement qui leur fait grief n'en subsiste pas moins.

ART. 2. — DÉTERMINATION DU NOMBRE DES REPRÉSENTANTS A ÉLIRE PAR CHAQUE CIRCONSCRIPTION (S. v° *Droit politique*, 24, 26, 587; *Organisation administrative*, 193, 523; *Commune*, 60 et s.).

141. Le Sénat se compose de trois cents membres (L. 9 déc. 1884, art. 2). Ce nombre est réparti entre les divers départements et les colonies représentées au Sénat. Toutefois, tous les départements n'ont pas encore leur effectif sénatorial au complet. La loi du 9 déc. 1884, en supprimant les soixante-quinze sénateurs inamovibles prévus dans la loi du 24 févr. 1875 et en attribuant ses sièges à divers départements, a disposé (art. 3) que l'augmentation qui résulterait de cette attribution ne s'effectuerait qu'au fur et à mesure des vacances par voie de décès parmi les sénateurs inamovibles. A cet effet, il est procédé en séance publique, dans la huitaine de la vacance, à un tirage au sort pour déterminer le département qui sera appelé à élire un sénateur.

142. Chaque arrondissement ou circonscription, déterminée comme il est dit *supra*, n° 137, élit un député : le scrutin uninominal, auquel le scrutin de liste avait été substitué en 1885, a été rétabli par la loi du 13 févr. 1889 (D. P. 89. 4. 47).

143. Chaque canton du département élit un membre du conseil général (L. 10 août 1871, art. 4), ... sans qu'il y ait à tenir compte du chiffre de la population des divers cantons. — De même, chaque canton élit un membre du conseil d'arrondissement. Mais le nombre des conseillers ne peut être inférieur à neuf. Si un arrondissement comprend moins de neuf cantons, un décret répartit entre les cantons les plus peuplés du nombre de conseillers d'arrondissement à élire pour complément (L. 22 juin 1833, art. 20-21). Cette répartition a été faite par un décret du 10 avr. 1883 (D. P. 83. 4. 96); elle peut être modifiée après chaque recensement de la population.

144. Le nombre de conseillers municipaux est fixé par l'art. 10 de la loi du 5 avr. 1884. Il varie de dix au moins à trente-six au plus. Cependant, dans les villes divisées en plusieurs mairies, le nombre des conseillers est augmenté de trois par mairie. Pour déterminer le nombre des conseillers municipaux d'une commune, on prend pour base, non la population totale recensée, mais la population *normale* ou *municipale*, c'est-à-dire la population totale diminuée de certains éléments, tels que les troupes de la garnison, les prisons, les établissements scolaires, les établissements d'assistance. On s'en réfère aux chiffres donnés par le dernier recensement.

145. Pour les communes divisées en sections, la loi a posé quelques règles touchant le nombre de conseillers qu'elles doivent avoir à élire. Ce nombre est de deux au moins quand la commune se compose d'agglomérations distinctes et séparées; il est de quatre au moins quand la commune a une population agglomérée de 10000 habitants (L. 5 avr. 1884, art. 11). — Le nombre des conseillers afférents à une section doit être proportionné à celui des électeurs inscrits qu'elle possède. Le préfet détermine, d'après le chiffre des électeurs inscrits dans chaque section, le nombre de conseillers que la loi lui attribue (L. 5 avr. 1884, art. 12).

146. Chaque commune n'a qu'un maire. Le nombre des adjoints varie d'après le chiffre de la population (L. 5 avr. 1884, art. 73). Il est de un dans les communes de 2500 habitants et au-dessous, et va jusqu'à 12 dans celles de 260000 et plus. Lyon a 17 adjoints.

147. Les délégués sénatoriaux, nommés par le conseil municipal, sont en nombre plus ou moins grand suivant le nombre des membres du conseil. Ainsi les conseils composés de 10 membres élisent un délégué; ceux qui comptent 12 membres en élisent 2; etc... Quant au nombre de délégués suppléants, il varie en proportion du nombre des délégués titulaires (L. 2 août 1875, art. 2, modifié par la loi du 9 déc. 1884, art. 8).

ART. 3. — COMMENT SE RENOUVELLENT LES ASSEMBLÉES. — DURÉE DE LEURS MANDATS.

§ 1er. — Sénateurs (S. v° *Droit politique*, 585).

148. Les membres du Sénat sont élus pour neuf années. Le Sénat se renouvelle par tiers tous les trois ans, conformément à l'ordre des séries de départements et colonies (L. 9 déc. 1884, art. 7), tel qu'il a été déterminé par un tirage au sort effectué le 29 mars 1876, par application de l'art. 6 de la loi constitutionnelle du 24 févr. 1875. — Indépendamment de ces renouvellements triennaux, il est procédé à des élections partielles lorsque des vacances se produisent dans le Sénat. En cas d'option ou d'invalidation, il doit être pourvu à la vacance dans le délai d'un mois par le même corps électoral (L. 2 août 1875, art. 22). Quant aux vacances survenant par suite de décès ou de démission des sénateurs, il y est pourvu dans le délai de trois mois; toutefois, si la vacance survient dans les six mois qui précèdent le renouvellement triennal, il n'y est pourvu qu'au moment de ce renouvellement (L. 2 août 1875, art. 23, modifié par la loi du 9 déc. 1884, art. 8). Pour remplacer les sénateurs inamovibles, l'élection a lieu dans le délai de trois mois à partir du tirage au sort (V. *supra*, n° 141), à moins que la vacance ne se produise dans les six mois précédant le renouvellement triennal, auquel cas il n'y est pourvu qu'au moment du renouvellement. Le mandat ainsi conféré doit expirer en même temps que celui des autres sénateurs appartenant au même département (L. 9 déc. 1884, art. 3).

§ 2. — Délégués sénatoriaux (S. v° *Droit politique*, 627).

149. En cas d'annulation de l'élection d'un délégué et de celle d'un suppléant, comme en cas de refus ou de décès de l'un ou de l'autre après leur acceptation, il est procédé à de nouvelles élections par le conseil municipal au jour fixé par un arrêté du préfet (L. 2 août 1875, art. 8, modifié par la loi du 9 déc. 1884).

§ 3. — Députés (S. v° *Droit constitutionnel*, 44).

150. La Chambre des députés est élue pour quatre ans et se renouvelle intégralement (L. 30 nov. 1875, art. 15). Depuis la loi du 22 juill. 1893 (D. P. 94. 4. 1), l'époque normale des élections est le mois de mai. Les élections générales ont lieu dans les soixante jours qui précèdent l'expiration des pouvoirs de la Chambre des députés (L. 16 juin 1885, art. 6). — En cas de dissolution de la Chambre avant l'expiration légale de son mandat (V. *supra*, *Constitution et pouvoirs publics*, n° 23), les collèges électoraux sont réunis pour de nouvelles élections dans le délai de deux mois, et la Chambre dans les dix jours qui suivent la clôture des opérations électorales (L. 25 févr. 1875, art. 5, modifié par la loi du 14 août 1884). Dans le cas où la Chambre des députés se trouverait dissoute au moment où la Présidence de la

République deviendrait vacante, les collèges électoraux seraient aussitôt convoqués (L. 16 juill. 1875, art. 3).

151. En cas de vacance par décès, démission ou autrement (invalidation ou déchéance), l'élection doit être faite dans le délai de trois mois à partir du jour où la vacance s'est produite (L. 30 nov. 1875, art. 16). Il n'est pas pourvu aux vacances survenues dans les six mois qui précèdent le renouvellement de la Chambre (L. 16 juin 1885, art. 7).

§ 4. — *Conseillers généraux* (S. v° *Organisation administrative*, 216 et s.).

152. Les conseillers généraux sont élus pour six ans; ils sont renouvelés par moitié tous les trois ans, et indéfiniment rééligibles. En cas de renouvellement intégral, à la session qui suit ce renouvellement, le conseil général divise les cantons du département en deux séries, en répartissant, autant que possible, dans une proportion égale, les cantons de chaque arrondissement dans chacune des séries, et il procède ensuite à un tirage au sort pour régler l'ordre de renouvellement des séries (L. 10 août 1871, art. 21).

153. En cas de vacance par décès, option, démission (volontaire ou forcée) pour une des causes énumérées aux art. 17 et s. ou pour toute autre cause, les électeurs doivent être réunis dans un délai de trois mois. Toutefois, si le renouvellement légal de la série à laquelle appartient le siège vacant doit avoir lieu avant la prochaine session ordinaire du conseil général, l'élection partielle se fait à la même époque (L. 10 août 1871, art. 22).

154. Lorsque le conseil général a été dissous par décret (V. *suprà*, *Département*, *arrondissement et canton*, n° 91), la nouvelle élection a lieu conformément aux règles édictées par les art. 35 et 36 de la loi du 10 août 1871.

§ 5. — *Conseillers d'arrondissement* (R. v° *Organisation administrative*, 794; S. eod. v°, 528).

155. Les membres des conseils d'arrondissement sont élus pour six ans. Ils sont renouvelés par moitié tous les trois ans. A la session qui suit la première élection, le conseil général divise en deux séries les cantons de chaque arrondissement. Il est procédé à un tirage au sort pour régler l'ordre de renouvellement des séries. Ce tirage est fait par le préfet en conseil de préfecture et en séance publique (L. 22 juin 1833, art. 25). — Le conseiller élu dans plusieurs cantons est tenu de déclarer son option au préfet dans le mois qui suit les élections entre lesquelles il doit opter. A défaut d'option dans ce délai, le préfet, en conseil de préfecture et en séance publique, décide par la voie du sort à quel canton le conseiller appartiendra. Il est procédé de la même manière quand un citoyen a été élu à la fois membre du conseil général et du conseil d'arrondissement. En cas de vacance par option, décès, démission, perte de droits civils ou politiques, l'assemblée électorale qui doit pourvoir à la vacance est réunie dans le délai de deux mois (L. 22 juin 1833, art. 10 et 11). — En cas de dissolution d'un conseil d'arrondissement prononcée par décret, il est procédé à une nouvelle élection avant la session annuelle, et au plus tard dans le délai de trois mois à dater du jour de la dissolution (L. 7 juill. 1852, art. 6, D. P. 52. 4. 180).

§ 6. — *Conseillers municipaux* (S. v° *Commune*, 142 et s.).

156. Les conseils municipaux sont nommés pour quatre ans. Ils sont renouvelés intégralement le premier dimanche de mai dans toute la France, lors même qu'ils ont été élus dans l'intervalle (L. 5 avr. 1884,

art. 41). Dans le cas où l'annulation de tout ou partie des élections d'un conseil municipal est devenue définitive, l'assemblée des électeurs doit être convoquée dans un délai qui ne peut excéder deux mois (L. 5 avr. 1884, art. 40).

157. Lorsque le conseil municipal se trouve, par l'effet des vacances survenues, réduit aux trois quarts de ses membres, il est, dans le délai de deux mois, à dater de la dernière vacance, procédé à des élections complémentaires. Toutefois, dans les six mois qui précèdent le renouvellement intégral, les élections complémentaires ne sont obligatoires qu'au cas où le conseil aurait perdu plus de la moitié de ses membres. Dans les communes divisées en sections, il y a toujours lieu à faire des élections partielles quand la section a perdu la moitié de ses membres (L. 1884, art. 42). — En cas de dissolution d'un conseil municipal par décret ou de démission de tous ses membres en exercice et lorsque aucun conseil municipal ne peut être constitué, une délégation spéciale est nommée par décret (art. 44; V. *suprà*, *Commune*, n°s 24 et 25). Toutes les fois que, par suite de la dissolution du conseil municipal ou de la démission de tous ses membres, une délégation spéciale a été nommée, il est procédé à la réélection du conseil dans les deux mois à compter de la dissolution ou de la dernière démission (art. 45).

§ 7. — *Maires et adjoints* (S. v° *Commune*, 134).

158. Les conseils municipaux procèdent généralement à l'élection de la municipalité dans la première séance qui suit leur élection. La loi, cependant, ne leur en fait pas une obligation. — Lorsque l'élection est annulée, ou que, pour toute autre cause, le maire ou les adjoints ont cessé leurs fonctions, le conseil est convoqué pour procéder à leur remplacement dans le délai de quinzaine (L. 5 avr. 1884, art. 79). — Pour le cas où le conseil municipal ne serait pas au complet, V. *suprà*, n° 44.

ART. 4. — MODE DE SCRUTIN.

159. Les sénateurs, les conseillers municipaux, sont élus au scrutin de liste (L. 9 déc. 1884, art. 6; 5 avr. 1884, art. 11). Les députés, les conseillers généraux, les maires et adjoints, les conseillers municipaux de Paris, sont élus au scrutin uninominal (L. 13 févr. 1889; 10 août 1871, art. 4; 14 avr. 1871, art. 10). Les conseillers d'arrondissement et les délégués sénatoriaux sont élus au scrutin uninominal ou au scrutin de liste, suivant que la commune ou le canton a un ou plusieurs représentants à élire (L. 9 déc. 1884, art. 8).

ART. 5. — CONVOCATION DES COLLÈGES ÉLECTORAUX (R. v° *Droit politique*, 596 et s., et *Organisation administrative*, 516 et s., 883; S. eisd. v°, 313 et s., 588, et 245 et s., 538 et s.).

160. Les collèges électoraux sont convoqués par décret, quand il s'agit d'élire les sénateurs et les délégués sénatoriaux (L. 2 août 1875, art. 1er), les députés (Décr. 2 févr. 1852, art. 4), les conseillers généraux (L. 10 août 1871, art. 12), les conseillers d'arrondissement (L. 30 juill. 1874, art. 3); par un arrêté préfectoral, quand il s'agit d'élire les conseillers municipaux (L. 5 avr. 1884, art. 15). — La convocation ne peut être faite que par l'autorité ayant qualité à cet effet, à peine de nullité. Ainsi, la convocation pour l'élection du conseil municipal avait été convoquée, non par le préfet, mais par le maire (Cons. d'Et. 5 août 1887, D. P. 88. 5. 198).

161. L'acte convoquant les électeurs doit

être publié. Cette règle, édictée expressément pour les élections municipales (L. 5 avr. 1884, art. 15), s'applique à toutes les élections. Elle doit être observée à peine de nullité des élections. — La publication se fait au moyen d'affiches apposées dans chaque commune intéressée, et quelquefois aussi par annonces verbales, à son de trompe ou de caisse. — Pour les élections législatives, sénatoriales et départementales, le décret est inséré au *Journal officiel* et au *Bulletin des lois*, ainsi que dans le *Recueil des actes administratifs* du département.

162. L'acte de convocation doit faire connaître : 1° l'objet de la réunion de l'assemblée électorale; 2° le jour du scrutin, l'heure à laquelle il doit être ouvert et la durée qu'il doit avoir (V. pour les élections municipales, L. 5 avr. 1884, art. 15, § 2). Le législateur a édicté sur ces divers points des prescriptions auxquelles l'acte de convocation doit se conformer (V. les numéros suivants).

163. Pour les élections législatives, les collèges électoraux doivent être réunis, autant que possible, un *dimanche* ou un *jour férié* (Décr. 2 févr. 1852, art. 9). — Pour les élections des conseillers généraux, des conseillers d'arrondissement et des conseillers municipaux, le scrutin doit toujours avoir lieu un dimanche (L. 10 août 1871, art. 12; 30 juill. 1874, art. 3; 5 avr. 1884, art. 15).

164. Quant à la *durée* du scrutin et aux *heures d'ouverture et de clôture*, les dispositions varient. Pour les élections sénatoriales, les trois tours de scrutin qui peuvent être nécessaires et doivent avoir lieu le même jour (V. *infrà*, n°s 213, 214) sont soumis aux règles suivantes : le premier scrutin est ouvert à huit heures du matin et fermé à midi; le second est ouvert à deux heures et fermé à cinq heures; le troisième est ouvert à sept heures et fermé à dix heures du soir (L. 9 déc. 1884, art. 8, modifié par la loi du 2 août 1875, art. 14). Pour les élections législatives, le scrutin ne dure qu'un seul jour (L. 30 nov. 1875, art. 4). Le scrutin est ouvert depuis huit heures du matin jusqu'à six heures du soir (Décr. régl. 2 févr. 1852, art. 25). Dans les communes où il paraît utile d'ouvrir le scrutin avant huit heures du matin, les préfets peuvent, après avis des maires, prendre un arrêté pour que le scrutin soit ouvert avant cette heure. Mais, dans aucun cas, le scrutin ne peut s'ouvrir avant cinq heures du matin, et l'heure de la clôture ne peut pas être modifiée. L'arrêté du préfet fixant l'heure de l'ouverture du scrutin doit être publié et affiché, dans chaque commune, cinq jours au moins avant la réunion du collège électoral (Décr. 1er mai 1869, art. 1er, D. P. 69. 4. 41). — Pour les élections départementales, le scrutin est ouvert à sept heures du matin et clos le même jour à six heures (L. 10 août 1871, art. 12, et 30 juill. 1874, art. 3). — Pour les élections municipales, les heures auxquelles le scrutin doit être ouvert et fermé sont fixées par l'arrêté préfectoral de convocation (L. 5 avr. 1884, art. 15). Le scrutin ne peut être fermé qu'après avoir été constamment ouvert pendant six heures au moins (art. 26, § 2). Il ne dure qu'un jour (art. 20). — Pour l'élection des délégués sénatoriaux, l'heure de la réunion du conseil municipal est fixée par arrêté préfectoral. Si tous les membres ne sont pas présents ou ne se sont pas fait excuser, le dépouillement ne commence qu'une heure après l'ouverture de la séance (Décr. 3 janv. 1876, art. 3 et 4).

165. 3° L'acte de convocation doit déterminer le lieu du vote. En ce qui touche les élections sénatoriales, la loi détermine pas le local dans lequel doit se réunir le collège électoral. C'est le préfet qui le désigne. Le bureau électoral répartit les électeurs par ordre alphabétique en sections de vote comprenant au moins cent électeurs. Il nomme les président et scrutateurs de chacune de ces sections (L. 2 août 1875, art. 13). — Pour les élections législatives, le vote a lieu au chef-lieu de la commune; néanmoins, chaque commune peut être divisée, par arrêté du préfet, en autant de sections que l'exigent les circonstances et le nombre des électeurs (L. 30 nov. 1875, art. 4). L'arrêté peut fixer le siège de ces sections hors du chef-lieu de la commune (Décr. 2 févr. 1852, art. 3). — De même, l'élection des conseillers généraux et des conseillers d'arrondissement a lieu par commune. Le préfet peut, par un arrêté, diviser en sections électorales les communes, quelle que soit leur population (L. 7 juill. 1852, art. 3, D. P. 52. 4. 180). Il s'agit là des sections de vote, qu'il ne faut pas confondre les sections électorales dans le sens qu'attache à ce mot la loi municipale. — Pour l'élection des conseillers municipaux, c'est le préfet qui fixe le local où le scrutin sera ouvert (L. 5 avr. 1884, art. 15). Il peut, par arrêté spécial publié dix jours au moins à l'avance, diviser la commune en plusieurs bureaux de vote qui concourront à l'élection des mêmes conseillers (art. 13). Le maire ne doit pas faire procéder au vote dans un local autre que celui désigné par l'arrêté préfectoral : ce changement pourrait, selon les circonstances, entraîner l'annulation des élections (Cons. d'Et. 1er févr. 1889, D. P. 90. 5. 206).

ART. 6. — PÉRIODE ÉLECTORALE.

§ 1er. — *Sa durée.*

166. La période électorale est le temps qui s'écoule entre la convocation des électeurs et leur réunion. La durée de cette période est fixée par la loi; elle varie suivant la nature des élections. — Pour les élections sénatoriales, le décret de convocation doit être rendu au moins six semaines à l'avance. Ce décret fixe à la fois le jour où doit avoir lieu l'élection des sénateurs et celui où doivent être choisis les délégués sénatoriaux, et il doit y avoir un intervalle d'un mois au moins entre le choix des délégués et l'élection des sénateurs (L. 2 août 1875, art. 1er). — Pour les élections législatives, l'intervalle entre la promulgation du décret et l'ouverture des collèges électoraux est fixé à vingt jours au moins (Décr. 2 févr. 1852, art. 4). — Pour les élections départementales, il doit y avoir un intervalle de quinze jours au moins entre la date du décret de convocation et le jour de l'élection (L. 10 août 1871, art. 12; 30 juill. 1874, art. 3). — Pour les élections municipales, l'arrêté de convocation est publié dans la commune quinze jours au moins avant l'élection (L. 5 avr. 1884, art. 15). — Pour les élections de maire ou d'adjoint, la convocation des conseillers municipaux doit avoir lieu trois jours au moins avant celui de la réunion, à moins que ce délai n'ait été abrégé par le préfet ou le sous-préfet à raison de l'urgence (L. 5 avr. 1884, art. 48 et 77).

167. En principe, le délai de convocation n'est pas un délai franc, en ce sens que, s'il ne comprend pas le *dies a quo*, le *dies ad quem* y est compris (Cons. d'Et. 6 juin 1891). Il en est autrement, toutefois, pour les élections des conseillers généraux (L. 10 août 1871, art. 12 et pour celle des maires et adjoints (L. 5 avr. 1884, art. 48 et 77). Le fait que l'arrêté de convocation a été publié moins de quinze jours avant le scrutin entraîne l'annulation des élections municipales (Cons. d'Et. 18 nov. 1887, D. P. 88. 3. 134). La même sanction est attachée à l'inobservation du délai de trois jours francs qui doit précéder l'élection de la municipalité (Cons. d'Et. 3 févr. 1888, D. P. 89. 3. 50).

168. L'arrêté par lequel le préfet convoque les électeurs n'est pas susceptible d'être déféré au Conseil d'État pour excès de pouvoir (Cons. d'Et. 7 avr. 1876, D. P. 76. 3. 65).

§ 2. — *Candidatures* (S. v° *Droit politique,* 27, 461 et s.).

169. En général, aucune formalité n'est exigée par la loi de ceux qui entendent poser leur candidature à une fonction élective, quelle qu'elle soit. Aucune déclaration préalable n'est exigée; les candidatures peuvent être posées jusqu'au dernier moment. On peut même être élu sans avoir fait acte de candidat. — Ces principes ne souffrent exception que pour les élections à la Chambre des députés, en vertu de la loi du 17 juill. 1889, qui, interdisant les candidatures multiples (V. *supra*, n° 129), a édicté certaines prescriptions pour assurer l'observation de cette règle : tout citoyen qui se présente aux élections générales ou partielles doit, par une déclaration signée ou visée par lui et dûment légalisée, faire connaître dans quelle circonscription il entend être candidat. Cette déclaration est déposée, contre reçu provisoire, à la préfecture du département intéressé, le cinquième jour au plus tard avant le jour du scrutin. Il en est délivré récépissé définitif dans les vingt-quatre heures (L. 1889, art. 2). — Toute déclaration faite en violation de l'art. 2 de la loi est nulle et irrecevable. Si des déclarations sont déposées par le même candidat dans plus d'une circonscription, la première en date est seule valable. Si elles portent la même date, toutes sont nulles (art. 3). — Il est interdit de signer ou d'apposer des affiches, d'envoyer ou de distribuer des bulletins dans l'intérêt d'un candidat qui n'a pas fait la déclaration prescrite par la loi (art. 4). Sont punis d'une amende de 10000 francs les candidats contrevenant aux dispositions précitées, et d'une amende de 1000 à 5000 francs toute personne qui agit en violation de l'art. 4 (art. 6). En outre, les bulletins portant le nom du candidat n'entrent pas en compte dans le résultat du dépouillement.

170. Au reste, dans toutes les élections, il est interdit de poser la candidature d'un tiers, de disposer de son nom, de l'inscrire sans son aveu sur une liste de candidats. S'il est permis à tout électeur, lorsqu'il écrit son bulletin de vote, d'y inscrire le nom de n'importe quel électeur de la commune, il n'est point licite de faire imprimer, distribuer, afficher des listes de candidats contrairement à leur volonté. Ceux-ci auraient le droit de protester, d'interdire la distribution des bulletins où leurs noms sont inscrits et de réclamer des dommages et intérêts (Cons. d'Et. 6 mai 1893).

§ 3. — *Affiches électorales.*

171. V. *supra*, Affiche, n°s 6, 7, 10 et 14.

§ 4. — *Colportage et distribution des circulaires et bulletins de vote* (R. v° *Organisation administrative*, 563 et s.; S. *eod. v°*, 253, 276, et v° *Droit politique*, 559).

172. Les écrits électoraux, c'est-à-dire les circulaires, professions de foi, bulletins de vote doivent, suivant la règle générale édictée par l'art. 3 de la loi du 29 juill. 1881 (V. *infrà, Presse-outrage*), porter l'indication du nom et du domicile de l'imprimeur. Celui-ci est assujetti à l'obligation de faire le dépôt administratif de deux exemplaires, sauf pour les bulletins de vote qui en sont dispensés (L. 29 juill. 1881, art. 3). D'autre part, la distribution des bulletins de vote est affranchie, dans toutes les élections, du dépôt préalable au parquet de l'un de ces bulletins signé par le candidat (L. 30 déc. 1878, art. 1er). Enfin, la disposition qui affranchit la distribution et le colportage accidentels de toute

déclaration préalable (L. 29 juill. 1881, art. 20) s'applique à la distribution d'écrits électoraux.

173. Il est interdit à tout agent de l'autorité publique ou municipale de distribuer des bulletins de vote, professions de foi et circulaires des candidats (L. 30 nov. 1875, art. 14). La violation de cette disposition constitue un délit passible d'une amende de 16 à 300 francs (L. 30 nov. 1875, art. 22). Mais elle n'entraîne l'annulation des élections qu'autant que la distribution a été accompagnée d'actes de pression (Cons. d'Et. 27 juill. 1889). L'interdiction ne s'étend pas aux maires (Cons. d'Et. 19 mars 1893).

§ 5. — *Réunions électorales.*

174. V. *infrà*, Réunions publiques.

§ 6. — *Polémique électorale.*

175. V. *infrà*, Presse-outrage.

§ 7. — *Délivrance des cartes électorales.*

176. Il est délivré aux électeurs des *cartes électorales* en vue de constater leur identité au moment où ils se présentent devant le bureau pour voter. Cette délivrance est obligatoire, mais seulement pour les élections municipales (L. 5 avr. 1884, art. 14). La carte indique le lieu où siègera le bureau où l'électeur doit voter. La dépense qui résulte des frais d'impression de ces cartes est obligatoire pour la commune (art. 136-3°). Quant à leur distribution, elle n'est jamais obligatoire; il appartient aux électeurs de retirer leurs cartes (Cons. d'Et. 10 mai 1889).

SECT. V. — **Opérations électorales.**

ART. 1er. — CONSTITUTION DU BUREAU ÉLECTORAL (R. v° *Droit politique*, 614 et s.; *Organisation administrative*, 531 et s.; S. *eisd. v°s*, 322 et s., 634, et 529).

177. Le premier acte auquel ait à procéder le collège électoral au lieu indiqué pour le vote, c'est de constituer le bureau, c'est-à-dire l'autorité temporaire qui sera chargée de présider à l'opération du scrutin, d'en assurer la régularité et d'y exercer la police. On ne s'occupe ici que de la composition des bureaux. — Sur les pouvoirs dont ils sont investis, V. *infrà*, n°s 202 et s.

178. Pour les élections sénatoriales, le collège électoral est présidé par le président du tribunal civil du chef-lieu de département ou de la colonie; ou, en cas d'empêchement, par le vice-président et, à son défaut, par le juge le plus ancien. Le président est assisté des deux plus âgés et des deux plus jeunes électeurs présents à l'ouverture de la séance. Le bureau ainsi composé choisit un secrétaire parmi les électeurs (L. 2 août 1875, art. 12).

179. Pour les élections à la Chambre des députés, le bureau de chaque collège ou section est composé d'un président, de quatre assesseurs et d'un secrétaire pris par eux parmi les électeurs. Dans les délibérations du bureau le secrétaire n'a que voix consultative. Les collèges et sections sont présidés par les maires, adjoints et conseillers municipaux de la commune; à leur défaut, les présidents sont choisis par le maire parmi les électeurs sachant lire et écrire. À Paris, les sections sont présidées dans chaque arrondissement par le maire, les adjoints ou les électeurs désignés par eux. Les assesseurs sont pris, suivant l'ordre du tableau, parmi les conseillers municipaux sachant lire et écrire; à leur défaut, les assesseurs sont les deux plus âgés et les deux plus jeunes électeurs présents sachant lire et écrire. (Décr. 2 févr. 1852, art. 12-14; L. 30 nov. 1875, art. 5). Ces dispositions sont également appliquées aux élections départementales.

180. Pour les élections municipales, les bureaux de vote sont présidés par le maire, les adjoints, les conseillers municipaux dans l'ordre du tableau et, en cas d'empêchement, par des électeurs désignés par le maire. Les deux plus âgés et les deux plus jeunes des électeurs présents à l'ouverture de la séance sachant lire et écrire, remplissent les fonctions d'assesseurs (L. 5 avr. 1884, art. 17, 19, § 1er). Il suffit, d'après la jurisprudence, que l'assesseur sache signer son nom (Cons. d'Et. 29 juin 1894). Le secrétaire est désigné par le président et par les assesseurs. Il peut être choisi en dehors des électeurs (Cons. d'Et. 5 août 1893). Il n'a que voix consultative (L. 5 avr. 1884, art. 19, § 3). La seule différence entre les élections municipales et les autres, en ce qui concerne la formation du bureau, est que les conseillers municipaux ne jouissent d'aucun droit de préférence pour les fonctions d'assesseur.

181. La loi détermine les personnes qui soit par leur qualité, soit par leur âge ont droit de remplir les fonctions d'assesseur, il y a violation de la loi lorsque ces dispositions ne sont pas respectées. Ainsi, le maire peut, en vue de faciliter la formation rapide du bureau, convoquer certains électeurs pour l'ouverture du scrutin; mais il n'a pas le droit de constituer le bureau d'avance et d'en exclure ceux qui ont le droit d'y siéger (Cons. d'Et. 15 janv. 1884). Les irrégularités commises dans la composition du bureau ne sont considérées par la jurisprudence comme substantielles qu'autant qu'elles ont été commises sciemment, par exemple si les personnes qui avaient le droit de faire partie du bureau ont vainement réclamé et fait valoir leur droit (Cons. d'Et. 27 juill. 1893).

182. Trois membres du bureau au moins doivent être présents pendant tout le cours des opérations (Décr. 2 févr. 1852, art. 15; L. 5 avr. 1884, art. 19, § 3). Si à un moment donné le nombre des membres du bureau tombe au-dessous de trois, le bureau doit se compléter en faisant appel à des électeurs présents; mais l'inobservation de cette règle n'entraînerait la nullité des opérations électorales que s'il apparaissait qu'elle a servi à favoriser une fraude.

183. Pour les élections de maire et d'adjoint, la séance dans laquelle il est procédé à l'élection du maire est présidée par le plus âgé des membres du conseil municipal (L. 5 avr. 1884, art. 77, § 1er). Aussitôt après son élection, le maire remplace le doyen d'âge au bureau et préside lui-même à l'élection des adjoints (Cons. d'Et. 2 août 1890).

ART. 2. — DISPOSITIONS CONCERNANT LA SALLE DE VOTE ET L'URNE ÉLECTORALE (R. v^{le} *Droit politique*, 688 et s.; *Organisation administrative*, 571, 932 et s.; S. eisd. v^{is}, 360 et s., 290 et s.).

184. Le scrutin a lieu dans la salle indiquée par l'acte de convocation des électeurs. Il appartient au préfet de choisir le local le plus commode pour la bonne tenue du scrutin. — Chaque commune doit avoir une *urne ou boîte de scrutin*, laquelle doit, avant 'e commencement du vote, avoir été fermée à deux serrures dont les clefs restent, l'une entre les mains du président, l'autre entre les mains du scrutateur le plus âgé (Décr. 2 févr. 1852, art. 22; L. 5 avr. 1884, art. 25). Le fait que l'urne n'était fermée qu'à une seule serrure, ou que les deux serrures pouvaient être ouvertes avec la même clef, ne serait pas une cause de nullité (Cons. d'Et. 9 nov. 1888). Peu importe également que les deux clefs soient restées entre les mains du président ou de l'un des assesseurs (Cons. d'Et. 26 nov. 1892). Mais si les votes étaient recueillis dans des récipients non fermés, il y aurait là une irrégularité substantielle (Cons. d'Et. 28 févr. 1890, D. P. 91. 5. 218).

DICT. DE DROIT.

ART. 3. — TENUE DU SCRUTIN (R. v^{is} *Droit politique*, 669 et s.; *Organisation administrative*, 552 et s., 912 et s.; S. eisd. v^{is}, 338 et s., 267 et s., 551 et s.).

185. Le président du bureau doit constater, au commencement de l'opération, l'heure à laquelle le scrutin est ouvert (L. 5 avr. 1884, art. 26). Le doit être autant que possible l'heure réglementaire; le fait que le scrutin a été ouvert tardivement peut motiver l'annulation des opérations lorsque cette irrégularité a été de nature à influer sur le résultat du scrutin (Cons. d'Et. 23 janv. 1885, D. P. 85. 5. 184).

186. L'électeur apporte son bulletin préparé en dehors de l'assemblée (Décr. régl. 2 févr. 1852, art. 21, § 2; L. 5 avr. 1884, art. 25, § 1er). Il le remet fermé au président. Le président le dépose dans la boîte du scrutin (Décr. 1852, art. 22; L. 1884, art. 25, § 3 et 4). — Le vote de chaque électeur est constaté par la signature ou le paraphe avec initiales de l'un des membres du bureau, apposé sur la liste en marge du nom du votant (Décr. 1852, art. 23; L. 1884, art. 25, § 5). L'irrégularité consistant en ce que les émargements auraient été effectués par l'apposition de croix n'entraîne pas l'annulation des opérations électorales, si elle n'a eu ni pour but ni pour effet de porter atteinte à été de nature à la sincérité de l'élection (Cons. d'Et. 6 août 1887, D. P. 88. 5. 190).

187. Avant d'émarger le nom de l'électeur et de déposer son bulletin dans l'urne, le bureau doit constater son identité. A cet effet, pendant toute la durée du scrutin, une copie officielle (c'est-à-dire certifiée par le maire) de la liste des électeurs, contenant les noms, domicile et qualification de chacun des inscrits, reste déposée sur la table autour de laquelle siège le bureau (Décr. 2 févr. 1852, art. 17; L. 5 avr. 1884, art. 22). Chaque électeur fait constater son identité en présentant sa carte électorale signée de lui. Cependant la représentation de cette carte n'est pas une condition nécessaire de l'exercice du droit de vote : l'électeur peut être admis à voter s'il n'y a aucun doute sur son identité.

188. Tout électeur inscrit sur la liste électorale a le droit de prendre part au vote. Néanmoins ce droit est suspendu pour les détenus, les accusés contumaces et pour les personnes non interdites, mais retenues, en vertu de la loi du 30 juin 1838, dans un établissement public d'aliénés (Décr. régl. 2 févr. 1852, art. 18). — Les militaires et assimilés de tous grades et toutes armes des armées de terre et de mer ne prennent part à aucun vote quand ils sont présents à leurs corps, à leur poste ou dans l'exercice de leurs fonctions. Ceux qui, au moment de l'élection, se trouvent en résidence libre, en non activité ou en possession d'un congé régulier, peuvent voter dans la commune sur les listes de laquelle ils sont régulièrement inscrits. Cette dernière disposition s'applique également aux officiers et assimilés en disponibilité ou qui sont dans le cadre de réserve (L. 30 nov. 1875, art. 2; L. 15 juill. 1889, art. 9).

189. Du principe que tout électeur inscrit a le droit de voter, la jurisprudence a tiré cette conséquence que le bureau n'a qu'une simple constatation matérielle à faire et qu'il ne lui appartient, dans aucun cas, d'apprécier la capacité électorale des individus inscrits sur la liste. En conséquence, quel que soit le grief formulé devant le bureau contre l'admission au vote d'un individu inscrit, que l'on excipe de son extranéité, de son incapacité juridique ou mentale, de sa qualité de militaire, de l'irrégularité de son inscription sur la liste, le bureau ne peut que repousser ces réclamations (Cons. d'Et. 24 mars 1893).

190. Tout individu non inscrit doit être exclu du vote. Il y a exception pour les citoyens qui produisent une décision du juge de paix ordonnant leur inscription ou un arrêt de la Cour de cassation annulant un jugement qui aurait prononcé leur radiation (Décr. 2 févr. 1852, art. 19; L. 5 avr. 1884, art. 23), ... sans qu'il y ait lieu d'attendre la décision du tribunal de renvoi (Cons. d'Et. 22 avr. 1889). Inversement, la cassation d'une décision de juge de paix qui ordonnait l'inscription d'un électeur n'empêche pas celui-ci de voter, tant que le juge de paix devant qui l'affaire a été renvoyée n'a pas prononcé la radiation (Cons. d'Et. 8 juin 1889, D. P. 91. 3. 6). Mais l'électeur dont la radiation a été prononcée par le juge de paix n'est pas admis à voter, bien qu'il ait frappé cette décision d'opposition; telle est du moins la solution qui a prévalu dans la jurisprudence du Conseil d'Etat (Cons. d'Et. 9 janv. et 13 mars 1885, D. P. 86. 3. 74).

191. Quand le bureau refuse à tort de recevoir le vote d'électeurs inscrits sur la liste et qui avaient droit de voter, il y a lieu de rectifier les résultats du scrutin en supposant que ces électeurs auraient voté pour les candidats non élus. Si, après ces rectifications, les candidats élus perdent la majorité absolue ou la majorité relative, leur élection doit être annulée (Cons. d'Et. 9 mai 1890). Si les électeurs que le bureau a empêchés de voter étaient, quoique inscrits, privés du droit de voter, la décision du bureau, quoique irrégulière, ne peut entraîner l'annulation des opérations électorales, car le vote de ces électeurs aurait dû être annulé (Cons. d'Et. 6 mars 1893). — Lorsque des votes ont été émis par des personnes qui n'en avaient pas le droit, c'est le juge de l'élection qui doit tirer les conséquences de cette irrégularité. Il annulera donc le vote émanant d'une personne privée de ses droits civiques, ou d'un failli non réhabilité, d'un militaire en activité de service, d'une personne qui aurait déjà voté dans une autre commune (Cons. d'Et. 23 et 28 juin 1893, 13 juill. 1889).

192. Les listes d'émargement de chaque section de vote, signées du président et du secrétaire, demeurent déposées pendant huit jours au secrétariat de la mairie, où elles sont communiquées à tout électeur requérant (L. 30 nov. 1875, art. 5; 5 avr. 1884, art. 14, § 6). Il est permis d'en prendre copie. — Le refus par le maire de communiquer ces listes dans le délai fixé par la loi constituerait un excès de pouvoir de nature à motiver un recours au Conseil d'Etat (Cons. d'Et. 14 nov. 1890, D. P. 92. 3. 37). Mais il n'entraînerait pas à lui seul la nullité des opérations électorales (Cons. d'Et. 8 févr. 1889, D. P. 90. 5. 194).

193. Lorsque l'heure réglementaire de la clôture (V. *supra*, n° 164) est arrivée, le président déclare le scrutin clos. La clôture anticipée du scrutin entraînerait la nullité que si elle avait influé sur le résultat de l'élection, notamment s'il était prouvé que des électeurs ont été par ce fait empêchés de voter (Cons. d'Et. 9 mai 1891, D. P. 92. 5. 269). De même, la clôture tardive constitue un grief sans importance, s'il est établi que ce retard n'a pas été le résultat d'une manœuvre et n'a pu modifier le résultat du vote (Cons. d'Et. 11 févr. 1887). — Le président constate l'heure à laquelle est faite la déclaration de clôture; après cette déclaration, aucun vote ne peut plus être reçu (L. 5 avr. 1884, art. 26).

ART. 4. — DÉPOUILLEMENT DU SCRUTIN (R. v^{is} *Droit politique*, 714 et s.; *Organisation administrative*, 581 et s., 939 et s.; S. eisd. v^{is}, 374 et s., 563 et s.).

194. Après la clôture du scrutin, il est procédé au dépouillement de la manière

63

suivante : la boîte du scrutin est ouverte et le nombre des bulletins vérifié. Si ce nombre est plus grand ou moindre que celui des votants (constaté par la liste des émargements), il en est fait mention au procès-verbal. Le bureau désigne, parmi les électeurs présents, un certain nombre de scrutateurs sachant lire et écrire, lesquels se divisent par tables de quatre au moins. Le président répartit entre les diverses tables les bulletins à vérifier. A chaque table, l'un des scrutateurs lit chaque bulletin à haute voix et le passe à un autre scrutateur ; les noms portés sur les bulletins sont relevés sur des listes préparées à cet effet (Décr. régl. 2 févr. 1852, art. 27). Le président et les membres du bureau surveillent l'opération du dépouillement. Néanmoins, dans les collèges ou sections où il s'est présenté moins de trois cents votants, le bureau peut procéder lui-même, et sans l'intervention de scrutateurs supplémentaires au dépouillement du scrutin (même décret, art. 28 ; L. 5 avr. 1884, art. 27). Les tables sur lesquelles s'opère le dépouillement sont disposées de telle sorte que les électeurs puissent circuler alentour (Décr. 1852, art. 29). Dans les élections sénatoriales, le bureau désigne dès le début du scrutin le président et les scrutateurs de chaque section de vote, lesquels sont chargés de recevoir les votes et de faire le dépouillement (L. 2 août 1875, art. 10).

195. L'opération du dépouillement doit avoir lieu publiquement, à moins d'un désordre ou d'un tumulte qui rende nécessaire l'évacuation de la salle. Sauf ce cas de force majeure, un dépouillement fait à huis clos entraînerait l'annulation de l'élection (Cons. d'Et. 29 juin 1893). Il en serait de même si, par suite de la disposition des tables, les électeurs avaient été mis dans l'impossibilité de surveiller le dépouillement (Cons. d'Et. 10 févr. 1893).

196. Dans les élections au scrutin de liste (élections municipales), les bulletins sont valables bien qu'ils portent plus ou moins de noms qu'il n'y a de conseillers à élire. Les derniers noms inscrits au delà de ce nombre ne sont pas comptés (L. 5 avr. 1884, art. 28, § 1 et 2).

197. On distingue les bulletins *nuls* de ceux qui, bien qu'*annulables* ne devant pas être attribués aux candidats dont ils portent les noms, constituent cependant des *suffrages exprimés* et servent de base au calcul de la majorité nécessaire aux candidats pour être proclamés élus. Quels sont les bulletins appartenant à l'une ou à l'autre catégorie ? — Le papier des bulletins doit être blanc et sans signe extérieur (Décr. 2 févr. 1852, art. 21, § 3 ; L. 5 avr. 1884, art. 25, § 2). D'après la jurisprudence, les bulletins écrits sur papier de couleur et ceux qui portent des signes extérieurs sont seulement *annulables* (Cons. d'Et. 9 et 23 janv. 1885). Le signe extérieur peut résulter de circonstances diverses. En général, la dimension plus ou moins grande des bulletins n'est pas de nature à constituer un signe extérieur. Il en est de même du mode de pliage des bulletins : cependant, le contraire a été décidé dans certains cas, notamment pour des bulletins pliés en forme de nœud (Cons. d'Et. 21 mars 1884, D. P. 85. 5. 191) ; ... ou de manière à faire apparaître les noms des candidats qui y étaient inscrits (Cons. d'Et. 8 juin 1889, D. P. 91. 3. 6). La transparence du papier peut, suivant les cas, constituer ou non une marque extérieure. Les bulletins écrits sur *papier vergé*, rayé ou quadrillé, ne sont pas regardés comme portant des signes extérieurs de reconnaissance (Cons. d'Et. 18 déc. 1885, 6 avr. 1887). Au contraire, ont été annulés comme renfermant de pareils signes, les bulletins portant au dos des caractères d'imprimerie ;

des traits au crayon ; des taches d'encre, si elles étaient faites à dessein (Cons. d'Et. 1er mai 1885, 13 mars 1885, 6 mai 1887, 21 avr. 1879). Le contraire a été décidé pour des taches d'encre ou des déchirures accidentelles (Cons. d'Et. 6 mai 1887, 17 déc. 1886).

198. Sont *radicalement nuls :* les bulletins dont les noms ont été rayés, les papiers qui n'ont pas le caractère de bulletins, tels que quittances, prospectus, cartes électorales, etc... Il en est de même des bulletins blancs, de ceux qui ne contiennent pas de désignation suffisante et qui, par suite, ne peuvent être attribués à personne (Décr. 2 févr. 1852, art. 30 ; L. 5 avr. 1884, art. 28, § 3). Aux bulletins blancs, la jurisprudence assimile les bulletins illisibles.

199. Sont encore radicalement nuls (à la différence des bulletins portant des signes extérieurs, lesquels ne sont qu'annulables : V. *supra*, n° 197), les bulletins qui portent des signes *intérieurs*, c'est-à-dire ceux dans lesquels l'électeur s'est fait connaître (Décr. 1852, art. 30 ; L. 5 avr. 1884, art. 28, § 3) soit par sa signature (Cons. d'Et. 28 mars 1890), soit par un signe quelconque qui permet de savoir par qui le bulletin a été déposé dans l'urne. La jurisprudence a considéré comme constituant des signes intérieurs de reconnaissance non seulement des taches, des dessins, des découpures, des numéros d'ordre, mais encore des bulletins imprimés de façon à rendre impossible la substitution des noms manuscrits aux noms imprimés (Cons. d'Et. 13 mars 1885, D. P. 86. 5. 166), ou encore des séries de bulletins se différenciant les uns des autres par un nom de fantaisie ajouté en surnombre aux noms des candidats ou par une mention permettant de reconnaître l'électeur (Cons. d'Et. 13 avr. 1889 et 24 févr. 1893, D. P. 90. 5. 199 et 94. 5. 228). Au contraire, on ne considère pas comme constituant des signes de reconnaissance des bandes de papier gommé servant à couvrir les noms des candidats imprimés sur le bulletin et à les remplacer par d'autres (Cons. d'Et. 3 juill. 1885, D. P. 86. 5. 166).

200. Quant aux mentions étrangères à l'élection, telles qu'injures ou plaisanteries à l'adresse des candidats, si elles constituent des signes de reconnaissance, — ce qu'il appartient au juge de l'élection d'apprécier, — les bulletins doivent être annulés. En dehors de cette hypothèse, les plaisanteries ne vicient pas le bulletin. Les injures n'entraînent pas l'annulation des bulletins, à moins qu'il ne s'agisse d'injures à l'adresse d'un candidat dont le nom figure sur le bulletin et qui sont de nature à porter atteinte à son honneur et à sa considération (Cons. d'Et. 13 janv. 1882, D. P. 83. 5. 207).

201. Dans les élections à scrutin uninominal, les bulletins qui contiennent plusieurs noms sont nuls (Cons. d'Et. 6 avr. 1887, D. P. 88. 3. 77). Pour les élections municipales, l'art. 28 de la loi du 5 avr. 1884 a édicté une règle contraire ; il n'annule que les noms inscrits en excédent, à la condition toutefois que la disposition de ces noms sur le bulletin permette de déterminer l'ordre des candidats (Cons. d'Et. 8 mars 1889).

ART. 5. — POUVOIRS DU BUREAU. — POLICE DE L'ASSEMBLÉE ÉLECTORALE (R. v^ie *Droit politique,* 607 et s. ; *Organisation administrative,* 547 et s., 906 et s. ; S. eisd. v^ie, 317 et s., 263 et s., 549 et s.).

202. Les collèges électoraux ne peuvent s'occuper que de l'élection pour laquelle ils sont réunis. Toutes discussions, toutes délibérations leur sont interdites (Décr. 2 févr. 1852, art. 10 ; L. 5 avr. 1884, art. 18). Le président du collège ou de l'élection a seul

la police de l'assemblée. Nulle force armée ne peut sans son autorisation être placée dans la salle des séances ni aux abords du lieu où se tient l'assemblée. Les autorités civiles et les commandants militaires sont tenus de déférer à ses réquisitions (Décr. 2 févr. 1852, art. 11). Le président du bureau n'a pas à consulter les autres membres du bureau pour les mesures destinées à assurer le bon ordre et la tranquillité de l'assemblée.

203. Il est interdit à tout électeur d'entrer dans l'assemblée porteur d'armes quelconques (Décr. 2 févr. 1852, art. 20 ; L. 5 avr. 1884, art. 24). Il appartient au président de réprimer toute infraction à cette règle. Il peut prendre des mesures préventives, régler les conditions dans lesquelles les électeurs entreront dans la salle du vote et en sortiront, sans toutefois que ces mesures puissent aller jusqu'à supprimer le droit des électeurs de surveiller les opérations (Cons. d'Et. 10 nov. 1893). Mais, quand l'exiguïté du local l'exige, il peut interdire le stationnement dans la salle du vote (Cons. d'Et. 22 mars 1889).

204. S'il y a lieu de redouter des troubles, le président peut prescrire que des agents de la force publique se tiendront dans la salle pour maintenir l'ordre. De fait, à lui seul, il ne pourrait être retenu comme constituant une atteinte à la liberté des électeurs (Cons. d'Et. 4 févr. 1893, D. P. 94. 5. 232). — Si des troubles se produisent, il peut expulser ou même faire arrêter les perturbateurs (Cons. d'Et. 25 mai 1889, 11 mars 1892). Il peut aussi faire évacuer la salle du scrutin. Si des délits ou contraventions viennent à être commis dans la salle, le maire présidant le bureau peut, en sa qualité d'officier de police judiciaire, dresser procès-verbal.

205. Le bureau électoral constitue, d'autre part, une sorte de juridiction temporaire investie de pouvoirs étendus. Il prononce provisoirement sur les difficultés qui s'élèvent sur les opérations du collège ou de la section. Ses décisions sont motivées. Toutes les réclamations et décisions sont inscrites au procès-verbal ; les pièces et bulletins qui s'y rapportent y sont annexés après avoir été paraphés par le bureau (Décr. 2 févr. 1852, art. 16 ; L. 5 avr. 1884, art. 21). C'est ainsi qu'il prononce sur l'admission ou la non-admission au vote des électeurs qui se présentent sans être inscrits ou sans être munis de leur carte électorale, sur les difficultés relatives à l'annulation ou à l'attribution des bulletins. Mais il ne pourrait statuer sur les questions de capacité électorale, d'éligibilité ou d'incompatibilité (Cons. d'Et. Int. 10 juill. 1886). — Le scrutin clos, il opère lui-même ou surveille le dépouillement du scrutin, suivant qu'il y a plus ou moins de 300 votants (V. *supra*, n° 194).

ART. 6. — PROCLAMATION DES RÉSULTATS DU SCRUTIN. — RECENSEMENT. — PROCÈS-VERBAL. — ANNEXION OU INCINÉRATION DES BULLETINS (R. v^ie *Droit politique,* 733 et s., 794 et s. ; *Organisation administrative,* 602 et s., 965 et s. ; S. eisd. v^ie, 388 et s., 419 et s. ; 329 et s., 567, 574.).

206. Immédiatement après le dépouillement, le résultat du scrutin est rendu public (par le président du bureau) (Décr. 2 févr. 1852, art. 31 ; L. 5 avr. 1884, art. 29). Pour les collèges divisés en plusieurs sections, le dépouillement du scrutin se fait dans chaque section. Le résultat est immédiatement arrêté et signé par le bureau : il est ensuite porté par le président au bureau de la première section qui, en présence des présidents des autres sections, opère le recensement général des votes et en proclame le résultat (Décr. 2 févr. 1852, art. 32).

207. Dans les élections législatives, le

recensement général des votes, pour chaque circonscription électorale, se fait au chef-lieu du département en séance publique. Il est opéré par une commission de trois membres du conseil général. A Paris, le recensement est fait par une commission de cinq membres du conseil général désignés par le préfet de la Seine. Cette opération est constatée par un procès-verbal (Décr. 2 févr. 1852, art. 34). — Le recensement général des votes étant terminé, le président de la commission en fait connaître le résultat. Il proclame député celui des candidats qui a satisfait aux conditions exigées par l'art. 6 du décret organique (V. *supra*, n° 103). De même, dans les élections sénatoriales, les résultats des scrutins sont recensés par le bureau du collège électoral (L. 2 août 1875, art. 14). — Enfin, dans les élections au conseil général, immédiatement après le dépouillement du scrutin, les procès-verbaux de chaque commune, arrêtés et signés, sont portés au chef-lieu du canton par deux membres du bureau. Le recensement général des votes est fait par le bureau électoral du chef-lieu, et le résultat est proclamé par son président, qui adresse tous les procès-verbaux et les pièces au préfet (L. 10 août 1871, art. 3).

208. La loi exige que la proclamation ait lieu *immédiatement* après le dépouillement. En principe, les résultats proclamés sont acquis et ne peuvent être modifiés que par le juge de l'élection. Cependant, en matière d'élections communales ou départementales, la jurisprudence admet que les bureaux peuvent rectifier séance tenante des erreurs matérielles dont on viendrait à s'apercevoir (Cons. d'Et. 24 déc. 1892, D. P. 94. 5. 240). — Les bureaux de recensement général ne peuvent faire de proclamation qu'autant qu'ils ont reçu les procès-verbaux de toutes les communes ou sections de vote.

209. Les délégués des communes et les candidats ont le droit d'assister aux opérations du recensement général, mais le bureau peut fonctionner hors de leur présence (Cons. d'Et. 29 mars 1898). Le bureau de recensement général n'a pas plus de pouvoirs que les bureaux électoraux. Il ne peut que constater les résultats numériques et statuer sur les questions d'admission ou d'annulation des bulletins contestés (Av. Cons. d'Et. 8 avr. 1884). Ainsi, il excéderait ses pouvoirs en proclamant celui de deux candidats qui aurait obtenu le moins de voix (Cons. d'Et. 2 mars 1900).

210. Chaque bureau électoral doit rédiger un procès-verbal des opérations auxquelles il a présidé. Ce procès-verbal est rédigé par le secrétaire; il est signé par lui et par les autres membres du bureau. Il est fait en double: l'un de ces exemplaires reste déposé au secrétariat de la mairie; l'autre est transmis au sous-préfet, qui le fait parvenir au préfet. Extrait en est immédiatement affiché par les soins du maire (Décr. régl. 2 févr. 1852, art. 33; L. 5 avr. 1884, art. 29).

211. Les bulletins blancs ou illisibles, ceux qui ne contiennent pas une désignation suffisante ou dans lesquels les votants se font connaître, sont annexés au procès-verbal (Décr. régl. 2 févr. 1852, art. 30, 28, § 3) après avoir été parafés par le bureau (L. 5 avr. 1884, art. 21, *in fine*). Cette règle doit être généralisée; il y a lieu d'annexer au procès-verbal tous les bulletins *annulés* (V. *supra*, n° 197 et s.), et aussi ceux qui n'ont pas été attribués aux candidats dont ils portent les noms. — Son inobservation n'entraîne pas nécessairement l'annulation des opérations électorales. Pour qu'il y ait nullité, il faut: 1° que le nombre des bulletins annulés et non annexés soit tel que

leur entrée en compte puisse modifier les résultats du scrutin; 2° que leur annexion ait été demandée par les électeurs et refusée par le bureau (Cons. d'Et. 19 janv. 1901).

212. Les bulletins autres que ceux qui doivent être annexés au procès-verbal sont brûlés en présence des électeurs (Décr. 2 févr. 1852, art. 31; L. 5 avr. 1884, art. 29). En principe, le défaut d'incinération ne peut être invoqué comme un grief contre la validité de l'élection (Cons. d'Et. 6 févr. 1885).

ART. 7. — CONDITIONS DE MAJORITÉ (R. v^is *Droit politique*, 695 et s., 745 et s.; *Organisation administrative*, 581 et s., 954; S. eisd. v^is, 369 et s., 399 et s., 647 et s.; 304, 567 et s.).

213. Les députés, conseillers généraux, conseillers d'arrondissement, conseillers municipaux, sont élus au premier tour de scrutin, à la condition d'avoir obtenu un nombre de voix égal au quart des électeurs inscrits et la majorité absolue des suffrages exprimés (L. 30 nov. 1875, art. 18; L. 10 août 1871, art. 14; L. 30 juill. 1874, art. 3; L. 5 avr. 1884, art. 30). La majorité absolue est constituée par la moitié plus un des suffrages exprimés. Si le nombre des suffrages exprimés est impair, on prend la moitié du chiffre pair immédiatement inférieur, et on y ajoute une unité (Cons. d'Et. 28 janv. 1887). Au second tour de scrutin, la majorité relative suffit; à égalité de suffrages, le plus âgé est élu. — L'élection des sénateurs peut donner lieu à trois tours de scrutin. Nul n'est élu sénateur, aux deux premiers tours, s'il ne réunit: 1° la majorité des suffrages exprimés; 2° un nombre de voix égal au quart des électeurs inscrits. Au troisième tour de scrutin, la majorité relative suffit, et, en cas d'égalité de suffrages, le plus âgé est élu (L. 2 août 1875, art. 16). — L'élection des délégués sénatoriaux; les maires et des adjoints se fait à la majorité absolue des suffrages; après deux tours de scrutin, la majorité relative suffit, et, en cas d'égalité de suffrages, le plus âgé est élu (L. 2 août 1875, art. 2 et 15; L. 5 avr. 1884, art. 76). — Dans les élections municipales, le bénéfice de l'âge s'applique au premier tour de scrutin lorsque le nombre des candidats ayant obtenu la majorité absolue est supérieur à celui des conseillers à élire et que quelques-uns d'entre eux ont le même nombre de suffrages (Cons. d'Et. 11 avr. 1861, D. P. 61. 3. 42).

214. Pour les élections sénatoriales, les trois tours de scrutin ont lieu le même jour (L. 2 août 1875, art. 14, modifié par la loi du 9 déc. 1884, art. 8). — Pour les élections législatives, le second tour de scrutin a lieu le deuxième dimanche qui suit le jour de la proclamation du résultat du premier scrutin, conformément à l'art. 65 de la loi du 15 mars 1849 (L. 30 nov. 1875, art. 4). — Pour les élections départementales, le second tour a lieu le dimanche suivant (L. 10 août 1871, art. 12; 30 juill. 1874, art. 3). — Il en est de même pour les élections municipales. En cas de deuxième tour de scrutin, l'assemblée est de droit convoquée pour le dimanche suivant. Le maire fait les publications nécessaires (L. 5 avr. 1884, art. 30). — Pour les élections des municipalités et des délégués sénatoriaux, second et troisième tours de scrutin ont lieu séance tenante.

215. La composition du collège électoral ne peut être modifiée entre les deux tours de scrutin. Aux termes de la loi du 2 avr. 1903 (D. P. 1903. 4. 53), dans les élections législatives, départementales et municipales, seuls pourront prendre part au second tour de scrutin les électeurs inscrits sur la liste électorale qui aura servi au premier tour.

SECT. VI. — Fraudes et manœuvres, crimes et délits électoraux. — Dispositions pénales.

ART. 1er. — FAITS ENTRAINANT LA NULLITÉ DES ÉLECTIONS (R. v° *Droit politique*, 973 et s.; S. eod. v°, 526 et s.).

216. Les élections sont souvent entachées d'irrégularités ou de manœuvres qui, suivant leur nature et leur gravité, peuvent influer sur la validité des opérations électorales.

217. 1° Si le juge de l'élection ne peut se juger du bien ou mal fondé des inscriptions faites sur la liste électorale par les autorités chargées de présider à cette opération, il peut annuler des élections qui auraient été altérées par des manœuvres ou des fraudes commises à l'occasion de la revision des listes. Il en serait ainsi, par exemple, dans le cas où la commission de revision aurait procédé sans que le délégué de l'Administration eût été convoqué (Cons. d'Et. 29 mars 1889); ... où des inscriptions auraient été faites sur la liste électorale après sa clôture, sans que les noms des inscrits eussent été portés sur le tableau rectificatif, et sans décision de la commission de revision ou de l'autorité judiciaire (Cons. d'Et. 27 déc. 1890); ... où le maire aurait refusé de recevoir des demandes d'inscription ou de radiation (Cons. d'Et. 29 mars 1889).

218. 2° Le vote des électeurs doit être libre. Il est donc interdit d'abuser de l'influence que l'on peut avoir sur un électeur pour le forcer à voter contre son gré ou pour l'empêcher de voter. Cette pression est particulièrement abusive quand elle émane d'agents de l'Administration. Les faits de pression ou d'intimidation, de nature à porter atteinte à la liberté des électeurs, peuvent entraîner l'annulation des élections; aussi les fonctionnaires sont-ils tenus à la neutralité la plus stricte (Cons. d'Et. 30 juill. 1902; 14 déc. 1904). Exception toutefois est faite pour les maires, qui, en leur qualité d'électeurs, peuvent faire de la propagande en faveur des candidats de leur choix (Cons. d'Et. 27 janv. 1892). — L'ingérence des membres du clergé dans les élections peut en vicier les opérations, lorsqu'elle se manifeste par des actes accomplis dans l'exercice du ministère ecclésiastique: allocutions en chaire, refus des sacrements, anathèmes lancés contre certains candidats, etc. (Cons. d'Et. 18 mars, 5 et 12 mai 1893). Il en est de même des tentatives de pression ou d'intimidation qui peuvent être exercées par des candidats ou leurs partisans sur des électeurs placés dans une situation dépendante, notamment par des maîtres ou patrons sur leurs domestiques ou leurs ouvriers; ces agissements sont une cause d'annulation des opérations électorales lorsqu'il est établi que des électeurs ont été menacés de renvoi, ou ont été conduits au vote sous la surveillance d'agents électoraux qui leur ont remis des bulletins marqués, etc.

219. 3° Les élections peuvent être annulées à raison des distributions d'argent, de boissons, qui ont été faites aux électeurs. Toutefois, pour qu'il y ait lieu d'annuler l'élection, il faut que les distributions d'argent ou de boissons aient présenté un caractère excessif, qu'on puisse y voir une tentative de corruption. Il appartient au juge d'apprécier le caractère des actes incriminés.

220. 4° Les manœuvres qui ont pour but de porter atteinte au secret du vote sont une autre cause d'annulation. Telle est la distribution de bulletins ouverts, de l'ouverture par les membres du bureau des bulletins présentés par les électeurs.

221. 5° Les fausses nouvelles, les manœuvres de la dernière heure, les bruits calomnieux ou diffamatoires répandus contre les candidats dans le but de tromper les électeurs peuvent encore être un motif d'annulation, alors du moins que le candidat attaqué n'a pas eu le temps d'y répondre.

222. 6° Enfin la plupart des irrégularités qui peuvent se produire au cours du scrutin dans la constitution du bureau, la disposition de la salle de vote, le décompte des bulletins, peuvent être commises dans l'intention d'altérer les résultats du vote, et sont alors une cause de nullité.

ART. 2. — FAITS ENTRAINANT UNE RÉPRESSION PÉNALE (R. v⁰ *Droit politique*, 37 et s.; *Organisation administrative*, 1029 et s.; S. *eisd.* v⁰, 12 et s., 626 et s.).

223. Les fraudes qui se commettent avant, pendant ou après le vote pour en altérer la sincérité sont, en outre, prévues et punies par la loi pénale. Les crimes et délits relatifs à l'élection des députés sont prévus et punis par les art. 31 à 52 du décret organique du 2 févr. 1852. Ces dispositions ont été étendues par l'art. 14, § 6, de la loi du 5 avr. 1884 aux élections municipales, et par la jurisprudence aux élections départementales. Elles sont applicables aux élections sénatoriales (L. 2 août 1875, art. 27), ... mais non à celles des maires et adjoints. A ces dernières élections, on ne peut appliquer que les art. 109 à 113 c. pén., qui, d'une façon générale, ont cessé d'être en vigueur.

224. Toute personne qui s'est fait inscrire sur la liste électorale sous de faux noms ou de fausses qualités, ou a dissimulé, en se faisant inscrire, une incapacité prévue par la loi, ou a réclamé et obtenu une inscription sur deux ou plusieurs listes, est punie d'un emprisonnement d'un mois à un an et d'une amende de 100 à 1000 francs (Décr. régl. 2 févr. 1852, art. 31). Ceux qui, à l'aide de déclarations frauduleuses ou de faux certificats, se sont fait inscrire ou ont tenté de se faire inscrire indûment sur une liste électorale; ceux qui, à l'aide des mêmes moyens, ont fait inscrire ou rayer, tenté de faire inscrire ou rayer indûment un citoyen, et les complices de ces délits, sont passibles d'un emprisonnement de six jours à un an, et d'une amende de 50 à 500 francs. Les coupables peuvent, en outre, être privés pendant deux ans de l'exercice de leurs droits civiques. L'art. 463 c. pén., sur les circonstances atténuantes, est applicable (L. 7 juill. 1874, art. 6).

225. Celui qui, déchu du droit de voter par suite d'une condamnation judiciaire ou d'une faillite non suivie de réhabilitation, a voté, soit en vertu d'une inscription sur les listes antérieure à sa déchéance, soit en vertu d'une inscription postérieure, mais opérée sans sa participation, est puni d'un emprisonnement de quinze jours à trois mois, et d'une amende de 20 à 500 francs (Décr. 2 févr. 1852, art. 32).

226. Quiconque a voté dans une assemblée électorale, soit en vertu d'une inscription obtenue dans les deux premiers cas prévus par l'art. 31, soit en prenant faussement les noms et qualités d'un électeur inscrit, est puni d'un emprisonnement de six mois à deux ans et d'une amende de 200 à 2000 francs (Décr. 1852, art. 33). La même peine est applicable à tout citoyen qui a profité d'une inscription multiple pour voter plus d'une fois (art. 34).

227. Tout délégué sénatorial qui, sans cause légitime, n'a pas pris part à tous les scrutins ou qui, étant empêché, n'a pas averti le suppléant en temps utile, encourt une amende de 50 francs, qui est prononcée par le tribunal du chef-lieu, sur les réquisitions du ministère public. — La même peine peut être appliquée au délégué suppléant qui, averti par lettre, dépêche télégra-

phique ou avis à lui personnellement délivré en temps utile, n'a pas pris part aux opérations électorales (L. 2 août 1875, art. 18).

228. Quiconque, dans une commission administrative ou municipale, dans un bureau de recensement, dans un bureau de vote ou dans les bureaux des mairies, préfectures et sous-préfectures, avant, pendant ou après un scrutin, a par inobservation volontaire de la loi ou des arrêtés préfectoraux ou par tous autres actes frauduleux, changé ou tenté de changer le résultat du scrutin, est puni d'un emprisonnement de six jours à deux mois, et d'une amende de 50 à 500 francs. Les tribunaux peuvent, en outre, prononcer l'interdiction des droits civiques pendant deux à cinq ans. Si le coupable est un fonctionnaire, la peine est portée au double (L. 30 mars 1902, D. P. 1902. 4. 29).

229. Quiconque, étant chargé dans un scrutin de recevoir, compter ou dépouiller les bulletins contenant les suffrages des citoyens, a soustrait, ajouté ou altéré des bulletins, ou lu un nom autre que celui inscrit, est puni d'un emprisonnement d'un à cinq ans, et d'une amende de 500 à 5000 francs (Décr. 2 févr. 1852, art. 35). La même peine est applicable à tout individu qui, chargé par un électeur d'écrire son suffrage, aura inscrit sur le bulletin un autre nom que celui qui lui était désigné (art. 36).

230. L'entrée dans l'assemblée électorale avec armes apparentes est interdite. En cas d'infraction, le contrevenant est passible d'une amende de 16 à 100 francs. La peine est d'un emprisonnement de quinze jours à trois mois, et d'une amende de 50 à 300 francs si les armes étaient cachées (art. 37).

231. Quiconque a donné, promis ou reçu des deniers, effets ou valeurs quelconques, sous la condition soit de donner ou de procurer un suffrage, soit de s'abstenir de voter, est puni d'un emprisonnement de trois mois à deux ans, et d'une amende de 500 à 5000 francs. Sont punis des mêmes peines ceux qui, sous les mêmes conditions, ont fait ou accepté l'offre ou la promesse d'emplois publics ou privés. Si le coupable est fonctionnaire public, la peine est portée au double (Décr. 1852, art. 38).

232. Ceux qui, par voies de fait, violences ou menaces contre un électeur, soit en lui faisant craindre de perdre son emploi ou d'exposer à un dommage sa personne, sa famille ou sa fortune, l'ont déterminé à s'abstenir de voter ou ont influencé son vote, sont punis d'un emprisonnement d'un mois à un an, et d'une amende de 100 à 1000 francs. La peine est du double si le coupable est fonctionnaire public (Décr. 1852, art. 39).

233. Ceux qui, à l'aide de fausses nouvelles, bruits calomnieux ou autres manœuvres frauduleuses, ont surpris ou détourné des suffrages, déterminé un ou plusieurs électeurs à s'abstenir de voter, sont punis d'un emprisonnement d'un mois à un an, et d'une amende de 100 à 2000 francs (Décr. 1852, art. 40).

234. Aux termes de l'art. 19 de la loi du 2 août 1875 sur les élections des sénateurs, toute tentative de corruption ou de contrainte par l'emploi des moyens énoncés dans les art. 177 et s. c. pén., pour influencer le vote d'un électeur ou le déterminer à s'abstenir de voter, est punie d'un emprisonnement de trois mois à deux ans, et d'une amende de 50 à 500 francs ou de l'une de ces deux peines seulement. Cette disposition a été étendue aux élections des députés (L. 30 nov. 1875, art. 3, § 4) et aux élections municipales (L. 5 avr. 1884, art. 14). Mais elle n'est pas applicable aux élections départementales (Cr. r. 9 avr. 1881, D. P. 82. 1. 233).

235. Lorsque par attroupements, clameurs ou démonstrations menaçantes, on trouble les opérations d'un collège électoral,

porte atteinte à l'exercice du droit électoral ou à la liberté du vote, les coupables sont punis d'un emprisonnement de trois mois à deux ans, et d'une amende de 100 à 2000 francs (Décr. 2 févr. 1852, art. 41).

— Toute irruption dans un collège électoral consommée ou tentée avec violence, en vue d'empêcher un choix, est punie d'un emprisonnement de un à cinq ans, et d'une amende de 1000 à 5000 francs (art. 42). Si les coupables étaient porteurs d'armes, ou si le scrutin a été violé, la peine est la réclusion (art. 43). Elle est des travaux forcés à temps si le crime a été commis par suite d'un plan concerté pour être exécuté, soit dans toute la République, soit dans un ou plusieurs départements ou arrondissements (art. 44).

236. Les membres d'un collège électoral qui, pendant la réunion, se sont rendus coupables d'outrages ou de violences, soit envers le bureau, soit envers l'un de ses membres, ou qui, par voies de fait ou menaces, ont retardé ou empêché les opérations électorales, sont punis d'un emprisonnement de un mois à un an, et d'une amende de 100 à 2000 francs. Si le scrutin a été violé, la peine est d'un à cinq ans, et l'amende de 1000 à 5000 francs (Décr. 1852, art. 45).

237. L'enlèvement de l'urne contenant les suffrages émis et non encore dépouillés, est puni d'un emprisonnement de un à cinq ans, et d'une amende de 1000 à 5000 francs. Si cet enlèvement a été effectué en réunion et avec violence, la peine est la réclusion (Décr. 1852, art. 46). La violation du scrutin faite par les membres du bureau, soit par les agents de l'autorité préposés à la garde des bulletins non encore dépouillés, est punie de la réclusion (art. 47).

238. Les crimes prévus par les dispositions ci-dessus sont jugés par la cour d'assises, et les délits par les tribunaux correctionnels; l'art. 463 c. pén. peut être appliqué (art. 48) (L. 2 août 1875, art. 19 *in fine*; 30 mars 1902). En cas de conviction de plusieurs crimes ou délits commis antérieurement au premier acte de poursuite, la peine la plus forte est seule appliquée (art. 49). L'action publique et l'action civile sont prescrites après trois mois, à partir du jour de la proclamation du résultat de l'élection (art. 50).

239. L'action publique peut être mise en mouvement par les parties civiles, c'est-à-dire par les électeurs du collège où aura procédé à l'élection à l'occasion de laquelle les crimes ou délits auront été commis. Ceux-là seuls ont qualité pour agir; toutefois, leur défaut d'action ne porte aucun préjudice à l'action publique.

240. La condamnation, s'il en est prononcé, ne peut, en aucun cas, avoir pour effet d'annuler l'élection déclarée valide ou les pouvoirs compétents ou devenue définitive par l'absence de toute protestation régulière formée dans les délais prévus par les lois spéciales (Décr. 2 févr. 1852, art. 51).

SECT. VII. — **Jugement des élections.**

241. Au point de vue du jugement des élections, il y a lieu de distinguer entre les élections législatives, qui sont soumises au régime de la *vérification des pouvoirs*, et les autres élections, auxquelles s'applique le *contentieux électoral*.

ART. 1ᵉʳ. — VÉRIFICATION DES POUVOIRS (R. v⁰ *Droit politique*, 883 et s.; S. *eod.* v⁰, 463 et s.).

242. Chacune des Chambres est juge de l'éligibilité de ses membres et de la régularité de leur élection (L. 16 juill. 1875, art. 10). Les Chambres ont, en cette matière, un pouvoir discrétionnaire. Elles apprécient souverainement si l'élu remplit les conditions de nationalité, de capacité, d'âge exigées par la loi, sans être obligées de surseoir jusqu'à la solution des questions d'état que soulèverait l'élection. Il doit être statué sur toutes les élections, même sur celles qui ne font l'objet d'aucune protestation.

243. Les bureaux procèdent à l'examen des procès-verbaux d'élection qui ont dû être transmis à cet effet à la Chambre ou au Sénat, par les soins des préfets et l'intermédiaire du ministre de l'Intérieur (Décr. 2 févr. 1852, art. 37). La Chambre prononce sur la validité des élections. Le président proclame les noms des députés dont les pouvoirs ont été déclarés valides. Si le bureau conclut à l'invalidation, la discussion ne peut avoir lieu le jour même de la lecture du rapport à la tribune (Régl. Sénat, art. 8 et 9; Régl. Ch. dép., art. 4 et 5). Lorsque la Chambre a des doutes sur la sincérité de l'élection, elle peut prononcer l'ajournement et ordonner une enquête.

244. Les élections législatives peuvent être l'objet de *protestations*. La faculté de protester contre une élection de sénateurs ou de députés est un droit inhérent à la qualité de citoyen; et il n'est pas nécessaire pour l'exercer de faire partie du collège électoral qui a fait l'élection. — La protestation n'est soumise à aucune forme; la signature n'a pas besoin d'être légalisée. Aucun délai n'est prescrit pour sa rédaction ni pour son envoi. — Sur la question de savoir si les allégations contenues dans les protestations peuvent exposer leurs auteurs à une poursuite en diffamation, V. *infrà, Presse-outrage.*

ART. 2. — CONTENTIEUX ÉLECTORAL

245. Les corps électifs, autres que les Chambres législatives, ne statuent pas eux-mêmes sur la validité des élections de leurs membres; lorsque ces élections sont contestées, il en résulte un véritable litige qui est porté devant la juridiction contentieuse.

§ 1ᵉʳ. — *Élections aux conseils généraux* (R. vᵒ *Organisation administrative,* 618 et s.; S. *eod.* vᵒ, 344 et s.).

246. Les élections peuvent être arguées de nullité par tout électeur du canton, par les candidats (non élus), par les membres du conseil général, enfin par le préfet, dont la réclamation, toutefois, ne peut être fondée que sur l'inobservation des conditions et formalités prescrites par la loi (L. 10 août 1871, art. 15, modifié par la loi du 31 juill. 1875, § 1ᵉʳ et 6).

247. Si la réclamation n'a pas été consignée dans le procès-verbal, elle doit être déposée soit au secrétariat de la section du contentieux du Conseil d'Etat, soit au secrétariat général de la préfecture du département où l'élection a eu lieu. Il en donne récépissé (L. 10 août 1871, art. 15, § 2). Les protestations des électeurs doivent être déposées dans les dix jours qui suivent l'élection, c'est-à-dire dans le délai de vingt jours à partir de celui où il a reçu les procès-verbaux des opérations électorales (L. 10 août 1871, art. 15, modifié par la loi du 31 juill. 1875, § 2 et 6). La protestation doit, sous peine de déchéance, être parvenue dans ces délais, soit à la préfecture, soit au secrétariat du contentieux du Conseil d'Etat. — On doit, sous peine de non-recevabilité, présenter dans le délai légal, non seulement la réclamation elle-même, mais même tous les griefs qui peuvent être invoqués contre l'élection, sauf ceux qui ne seraient que le développement ou le complément des griefs relevés dans la réclamation primitive ou qui seraient fondés sur des moyens d'ordre public (Cons. d'Et. 1ᵉʳ avr. 1887; Comp. L. 10 août 1871, art. 16, modifié par la loi du

31 juill. 1875, § 2). La fin de non-recevoir ne s'applique, d'ailleurs, pas aux griefs ayant pour but l'élection du concurrent qu'on prétend proclamer à la place du candidat dont l'élection est attaquée, lesquels ne constituent que des moyens de défense à l'appui de cette élection. Ces griefs peuvent être invoqués même après l'expiration du délai légal (Cons. d'Et. 25 mars 1887, D. P. 88. 4. 41).

248. Le préfet transmet au Conseil d'Etat, dans les dix jours qui suivent la réception, les réclamations consignées au procès-verbal ou déposées au secrétariat général de la préfecture. Il envoie également avec la réclamation au Conseil d'Etat (L. 10 août 1871, art. 15, § 5 et 6). La réclamation est, dans tous les cas, notifiée à la partie intéressée dans le délai d'un mois à compter du jour de l'élection (L. 10 août 1871, art. 15, modifié par la loi du 31 juill. 1875, § 4). Cette notification a lieu par la voie administrative. Elle consiste, en général, dans la remise d'une copie certifiée de la réclamation; mais cette remise peut être remplacée par un simple avis invitant l'intéressé à prendre sur place, dans un délai déterminé, communication du dossier à la préfecture (Circ. min. Int. 10 juill. 1886). Le délai d'un mois n'est, d'ailleurs, pas imparti à peine de déchéance, et le retard apporté à la notification ne suffit pas à rendre celle-ci non-recevable (Cons. d'Et. 16 déc. 1881, D. P. 84. 5. 211).

249. Les réclamations sont examinées au Conseil d'Etat, suivant les formes adoptées pour le jugement des affaires contentieuses. Elles sont dispensées du ministère des avocats au Conseil et jugées sans frais (L. 31 juill. 1875, art. 16) par la section du contentieux ou par la section temporaire, en audience publique ou en chambre du conseil, suivant qu'un avocat a été ou non constitué dans l'affaire (V. *suprà, Conseil d'Etat,* nᵒˢ 30-31). Avant de statuer définitivement, le Conseil d'Etat peut ordonner des mesures d'instruction, notamment une enquête sur les faits articulés à l'appui d'une protestation. Cette enquête n'est soumise à aucune forme déterminée (Cons. d'Et. 21 janv. 1881, D. P. 81. 3. 97).

250. Les réclamations sont jugées dans le délai de trois mois à partir de l'arrivée des pièces au secrétariat du Conseil d'Etat. Lorsqu'il y a lieu à renvoi devant les tribunaux, le délai de trois mois ne court que du jour où la décision judiciaire est devenue définitive (L. 10 août 1871, art. 16, modifié par la loi du 31 juill. 1875). L'expiration de ce délai de trois mois n'a pas pour effet de dessaisir le Conseil d'Etat.

251. Lorsqu'une réclamation est fondée sur l'incapacité légale de l'élu, le Conseil d'Etat surseoit à statuer jusqu'à ce que la question préjudicielle ait été jugée par les tribunaux compétents, et fixe un bref délai dans lequel la partie qui aura élevé la question préjudicielle doit justifier de ses diligences. S'il y a appel, l'acte d'appel doit, sous peine de nullité, être notifié à la partie dans les dix jours du jugement, quelle que soit la distance des lieux. Les questions préjudicielles sont jugées sommairement par les tribunaux, et conformément au paragraphe 4 de l'art. 38 de la loi du 19 avr. 1881 (L. 10 août 1871, art. 16, modifié par la loi du 31 juill. 1875).

§ 2. — *Élections aux conseils d'arrondissement, au conseil général de la Seine, aux conseils municipaux, aux fonctions de maire et d'adjoint ou de délégué sénatorial* (S. vᵗᵉ *Commune,* 132 et s.; *Droit politique,* 619 et s.; *Organisation administrative,* 530 et s., 575 et s.).

252. Le jugement de ces élections appartient, en premier ressort, au conseil de préfecture et, en appel, au Conseil d'Etat

(L. 22 juin 1833, art. 51; L. 5 avr. 1884, art. 37 et s., 79 et s.; L. 2 août 1875, art. 7 et s., modifiés par la loi du 9 déc. 1884).

253. Les protestations contre l'élection des délégués sénatoriaux peuvent être formées par tout électeur de la commune et par le préfet, s'il estime que les opérations ont été irrégulières (L. 2 août 1875, art. 7). — En ce qui concerne les élections au conseil général de la Seine ou aux conseils d'arrondissement, tout membre de l'assemblée électorale, c'est-à-dire tout électeur d'arrondissement, a le droit d'arguer de nullité les opérations de l'élection (L. 22 juin 1833, art. 51). On reconnaît aussi ce droit aux candidats, même non électeurs. — Enfin, pour les élections communales (soit celles du conseil municipal, soit celle des maires et des adjoints), le droit de réclamer contre les opérations électorales appartient à tout électeur et à tout éligible même non électeur, encore qu'il ne soit pas candidat (L. 5 avr. 1884, art. 37 et 79). A Paris, toutefois, les électeurs faisant partie de l'assemblée électorale ont seuls qualité pour réclamer, à l'exclusion des éligibles (L. 5 mai 1855, art. 45; Cons. d'Et. 29 nov. 1895). Dans les communes sectionnées, un électeur peut attaquer les opérations électorales d'une section dont il ne fait pas partie. — Ces diverses élections peuvent également être attaquées par le préfet, mais seulement pour inobservation des conditions et des formes légalement prescrites (par exemple, pour erreurs commises dans la constitution du bureau, le calcul de la majorité, etc.), à l'exclusion des griefs concernant la moralité de l'élection.

254. Si la réclamation n'a pas été consignée au procès-verbal de l'élection, elle est déposée dans un délai de cinq jours au secrétariat de la sous-préfecture s'il s'agit d'une élection au conseil d'arrondissement (L. 22 juin 1833, art. 51), au secrétariat de la mairie, de la sous-préfecture ou de la préfecture, s'il s'agit d'une élection communale (L. 5 avr. 1884, art. 37). — Contre les élections des maire et adjoint, le délai de cinq jours court à partir de vingt-quatre heures après l'élection (L. 5 avr. 1884, art. 79, § 1ᵉʳ in fine). — Quant aux élections sénatoriales, les protestations doivent être, dans un délai de trois jours, adressées au préfet (L. 2 août 1875, art. 7). — Il suffit, pour que la protestation contre l'élection d'un délégué soit recevable, qu'elle soit *mise à la poste* dans le délai de trois jours (Cons. d'Et. 29 janv. 1886). Dans tous les autres cas, il est nécessaire que la protestation soit *parvenue* dans ce délai au lieu de dépôt légal (Cons. d'Et. 19 mai 1893). — Le point de départ du délai est, en général, le jour où la proclamation a eu lieu, qu'elle ait été faite par le bureau (Cons. d'Et. 16 déc. 1892), ou par le conseil de préfecture (Cons. d'Et. 6 févr. 1885). Pour les élections de maire, le point de départ du délai est vingt-quatre heures après la proclamation de l'élection. — Lorsque le dernier jour du délai est férié, le délai n'expire que le lendemain. — Tout grief présenté après l'expiration du délai ou griefs présentés en temps utile est non recevable (Cons. d'Et. 5 août 1893). — Pour le recours du préfet, le délai est de quinze jours à partir de la réception du procès-verbal (L. 22 juin 1833, art. 50; 5 avr. 1884, art. 37).

255. Les protestations sont immédiatement adressées au préfet et enregistrées par ses soins au greffe du conseil de préfecture. Il en donne immédiatement connaissance, par la voie administrative, aux conseillers dont l'élection est contestée, les prévenant qu'ils ont cinq jours pour tout délai, à l'effet de déposer leurs défenses au secrétariat de la mairie, de la sous-préfecture ou de la préfecture, et de faire connaître s'ils entendent user du droit de présenter des observations orales. Il est donné récépissé, soit des réclamations, soit des défenses (L. 5 avr. 1884, art. 37, § 4 et 5).

256. La communication aux candidats élus est indispensable ; le conseil de préfecture ne pourrait statuer sans qu'elle eût été faite (Cons. d'Et. 2 août 1889). Mais si les conseillers élus laissent passer le délai de cinq jours sans présenter d'observations en défense, le conseil de préfecture peut passer outre et rendre sa décision (Cic. min. Int. 10 avr. 1884). — La communication aux protestataires des mémoires de défense (L. 22 juill. 1889, art. 9) n'est pas obligatoire (Cons. d'Et. 27 janv. 1894).

257. En matière d'élections, l'avertissement indiquant le jour où l'affaire sera portée en séance publique n'est donné qu'aux parties qui ont fait connaître, antérieurement à la fixation du vote, leur intention de présenter des observations orales (L. 22 juill. 1889, art. 44, § 3). Il importe peu, d'ailleurs, que la partie n'ait fait connaître cette intention que plus de cinq jours après la notification qui lui était faite de la protestation (Cons. d'Et. 9 déc. 1892). — Si les réclamants n'ont pas de mandataire ou défenseur commun, il suffit que l'avertissement soit adressé au premier signataire de la protestation (L. 22 juill. 1889, art. 44, § 5).

258. Le conseil de préfecture ne peut connaître que des opérations électorales qui font l'objet d'une réclamation régulièrement portée devant lui. Ainsi, il excède ses pouvoirs lorsque, saisi d'une protestation demandant l'annulation de l'élection de certains candidats, il annule l'élection d'autres candidats (Cons. d'Et. 16 janv. 1885). De même, il est interdit au conseil de préfecture de statuer sur d'autres griefs que ceux qui sont formulés soit dans une protestation, soit dans des conclusions ultérieures qui en sont le développement. Par exemple, est nul comme entaché d'excès de pouvoir l'arrêté qui annule l'élection en se fondant sur l'inéligibilité des candidats proclamés, alors que ce grief n'était pas invoqué par les réclamants (Cons. d'Et. 20 févr. 1885). Toutefois, la protestation par laquelle des candidats demandent à être proclamés élus saisit le conseil de préfecture de l'ensemble des opérations électorales (Cons. d'Et. 5 août 1887, D. P. 88. 3. 130).

259. Si la réclamation soulève une question préjudicielle, il peut y avoir lieu à renvoi devant la juridiction compétente. L'art. 52 de la loi du 22 juin 1833 renferme à cet égard des dispositions qui reproduisent à peu près dans les mêmes termes celles de l'art. 16 de la loi du 10 août 1871 (V. supra, n° 251). L'art. 39 de la loi du 5 avr. 1884 est plus précis. « Dans tous les cas où une réclamation implique la solution préjudicielle d'une question d'état, le conseil de préfecture renvoie les parties à se pourvoir devant les juges compétents, et la partie doit justifier de sa diligence dans le délai de quinzaine ; à défaut de cette justification, il sera passé outre. Ces questions d'état sont jugées par les tribunaux sommairement, sans constitution d'avoué et sans frais. »

260. Le conseil de préfecture peut ordonner des mesures d'instruction (L. 5 avr. 1884, art. 38, § 3). Celle qui est le plus fréquemment ordonnée en matière électorale est l'enquête. Elle a lieu dans les formes prescrites par les art. 38 et s. de la loi du 22 juill. 1889 (V. supra, Conseil de préfecture, nos 55 et s.).

261. Le conseil de préfecture doit statuer sur les protestations contre les élections au conseil d'arrondissement dans le délai d'un mois à compter de leur réception à la préfecture (L. 22 juin 1833, art. 51). L'art. 38, § 2, de la loi du 5 avr. 1884, renferme une

disposition semblable pour les élections municipales. Il ajoute qu'en cas de renouvellement général, le délai est porté à deux mois. S'il intervient une décision ordonnant une preuve, le conseil de préfecture doit statuer définitivement dans le mois à partir de cette décision. Les délais ci-dessus fixés ne commencent à courir, dans le cas prévu à l'art. 39, que du jour où le jugement sur la question préjudicielle est devenu définitif (L. 5 avr. 1884, art. 38, § 3 et 4). — Le préfet fait notifier la décision du conseil de préfecture aux parties dans la huitaine de sa date (art. 38, § 2). — Faute par le conseil d'avoir statué dans les délais ci-dessus fixés, la réclamation est considérée comme rejetée. Le conseil de préfecture est dessaisi ; le préfet en informe la partie intéressée ; qui peut porter sa réclamation devant le Conseil d'Etat. Le recours est notifié dans les cinq jours au secrétariat de la préfecture par le requérant (même article, § 5).

262. Lorsque le conseil de préfecture a statué par défaut, sa décision est susceptible d'opposition ; mais cette voie de recours n'est guère praticable, le conseil de préfecture étant dessaisi de toute juridiction lorsqu'il n'a pas statué dans le délai légal (V. supra, n° 261).

263. La voie de recours est l'appel devant le Conseil d'Etat. Elle est ouverte soit au préfet, soit aux parties intéressées (L. 5 avr. 1884, art. 40, § 1er). Toutefois, une distinction est nécessaire : 1° si la protestation a été rejetée par le conseil de préfecture, le recours appartient exclusivement aux électeurs qui, ayant signé la protestation, ont été parties devant le conseil ; 2° si, au contraire, le conseil de préfecture a annulé l'élection, le recours peut être formé par tout électeur, par le préfet ou le ministre de l'Intérieur.

264. Le recours doit être formé dans le délai ordinaire de deux mois (V. supra, Conseil d'Etat, n° 45) quand il s'agit d'élections de conseillers d'arrondissement ou de délégués sénatoriaux. Pour les élections au conseil municipal et les élections de maire ou d'adjoint, le recours doit, à peine de nullité, être formé dans le délai d'un mois. — Le délai court, à l'encontre du préfet, à partir de la décision ; à l'encontre des parties, à partir de la notification qui leur en est faite (L. 5 avr. 1884, art. 40, § 2). La notification faite à l'une des signataires de la protestation fait courir à l'égard de tous le délai du pourvoi (Cons. d'Et. 3 mars 1893). Le jour de la notification (dies a quo) ne compte pas dans le délai ; il en est autrement du dies ad quem (Cons. d'Et. 7 août 1885).

265. Le recours doit être déposé soit au secrétariat général du Conseil d'Etat, soit à la préfecture ou à la sous-préfecture. Dans ces deux derniers cas, il est transmis par le préfet au secrétariat général du Conseil d'Etat. Il en est délivré récépissé à la partie qui le demande (L. 22 juill. 1889, art. 61, § 3 et 4). — La requête doit contenir les moyens invoqués ; sinon le recours ne serait pas recevable, encore que ces moyens fussent exposés dans un mémoire amplificatif, si ce mémoire n'avait été produit qu'après l'expiration du délai légal (Cons. d'Et. 15 juin 1894). La requête doit être accompagnée d'une expédition de l'arrêté. Quand c'est le préfet qui transmet la requête, c'est lui qui joint l'arrêté au dossier (Cons. d'Et. 25 févr. 1898).

266. Le préfet donne immédiatement, par voie administrative, connaissance du recours aux parties intéressées, en les prévenant qu'elles ont quinze jours pour tout délai, à l'effet de déposer leurs défenses au secrétariat de la sous-préfecture ou de la préfecture. Aussitôt ce nouveau délai expiré, le préfet transmet au ministre de l'Intérieur, qui les adresse au Conseil d'Etat, le recours,

les défenses, s'il y a lieu, le procès-verbal des opérations électorales, la liste qui a servi aux émargements, une expédition de l'arrêté attaqué et toutes autres pièces visées dans ledit arrêté ; il y joint son avis motivé. Les délais pour la constitution d'un avocat et pour la communication au ministre sont d'un mois pour chacune de ces opérations, et de trois mois pour les colonies (L. 5 avr. 1884, art. 40, § 3 à 5).

267. Le recours est jugé comme affaire urgente et sans frais ; il est dispensé du ministère d'avocat (L. 5 avr. 1884, même article, § 6).

268. Le recours, en matière d'élections au conseil d'arrondissement, est suspensif lorsqu'il est exercé par le conseiller élu (L. 22 juin 1833, art. 54), contrairement à la règle générale (V. supra, Conseil d'Etat, n° 56). De même, l'art. 40 de la loi du 5 avr. 1884 dispose que les conseillers municipaux proclamés restent en fonctions jusqu'à ce qu'il ait été définitivement statué sur les réclamations. — La même dérogation n'existe pas pour les élections des délégués sénatoriaux : les délégués dont l'élection est annulée sont remplacés par les suppléants. En cas d'annulation de l'élection d'un délégué et d'un suppléant, comme en cas de refus ou de décès de l'un et de l'autre après leur acceptation, il est procédé à de nouvelles élections par le conseil municipal au jour fixé par un arrêté du préfet (L. 2 août 1875, art. 8).

SECT. VIII. — Enregistrement et timbre.

269. Tous les actes judiciaires en matière électorale, c'est-à-dire les actes relatifs à l'instruction et au jugement des réclamations auxquelles peuvent donner lieu la formation des listes électorales et les opérations électorales, sont dispensés du timbre et enregistrés gratis (L. 15 mars 1849, art. 13, D. P. 49. 4. 49 ; Décr. 2 févr. 1852, art. 24, D. P. 52. 4. 49 ; L. 10 août 1871, art. 16, § 1er, modifié par la loi du 31 juill. 1875 ; L. 5 avr. 1884, art. 40, § 6). Il en est de même des protestations formulées contre les élections législatives (Comp. L. 13 brum. an 7, art. 46-1e, R. v° Enregistrement, t. 22, p. 737).

270. Ces dispositions sont applicables aux élections des membres d'une chambre de commerce (L. 17 juill. 1877 ; Sol. admin. Enreg. 9 févr. 1878), aux élections des juges consulaires (L. 8 déc. 1883, art. 5, D. P. 84. 4. 9), aux élections des membres du conseil d'administration des caisses de retraites et de secours des ouvriers mineurs (L. 29 juin 1894, art. 13 et 14, D. P. 94. 4. 57), aux procédures devant le conseil de préfecture et le Conseil d'Etat (L. 22 juill. 1889, art. 61, D. P. 90. 4. 1). Toutefois, elles ne peuvent être étendues aux revisions suivies par voie de requête civile devant le Conseil d'Etat (Arr. Cons. d'Et. 28 mars 1890).

271. Les réquisitions d'indemnité faites en exécution de la loi du 2 août 1875, par les délégués pour les élections sénatoriales, ainsi que les quittances de l'indemnité données par les délégués au trésorier payeur général, au receveur particulier ou au percepteur, sont exemptes du droit et de la formalité du timbre (Décis. min. Fin. 19 janv. 1876, D. P. 76. 5. 440).

272. Sur l'exemption du timbre dont bénéficient les affiches électorales, V. supra, Affiche, n° 19. — Cette exemption s'applique non seulement aux affiches du candidat, mais aussi à celles qui sont rédigées par des tiers, lorsqu'elles portent le vœu du candidat. Dans tous les cas, elle n'est applicable que pendant la période électorale (Instr. admin. Enreg. n° 2696). — Il n'y a pas à distinguer entre les affiches manuscrites et les affiches imprimées (Cr. r. 19 avr. 1890, D. P. 90. 1. 456).

ÉMANCIPATION

(R. vᵒ *Minorité - Tutelle - Emancipation;*
S. eod. vᵒ).

1. L'émancipation est un acte légal par
lequel un mineur est affranchi de la puissance paternelle ou de la puissance tutélaire
et acquiert, avant sa majorité, le droit de
gouverner lui-même et d'administrer librement ses biens dans les limites posées par
la loi. Les règles concernant l'émancipation
font l'objet du chapitre 3 du titre 2 du livre 1ᵉʳ
du Code civil (art. 476 à 487).

ART. 1ᵉʳ. — DANS QUEL CAS ET SOUS QUELLES
CONDITIONS L'ÉMANCIPATION PEUT AVOIR
LIEU.

2. L'émancipation peut avoir lieu expressément ou tacitement.

§ 1ᵉʳ. — *Emancipation expresse* (R. 767 et s.;
S. 677 et s.).

3. L'enfant peut être émancipé par son
père ou, à défaut de père, par sa mère, lorsqu'il a atteint l'âge de 15 ans révolus (Civ.
477, § 1ᵉʳ). Le père ou la mère jouissent
d'un pouvoir souverain sur le point de
savoir s'il convient ou non d'émanciper leur
enfant mineur. Le droit d'émancipation est
inhérent à la puissance paternelle et il appartient au père ou à la mère, même dans
le cas où ils sont dispensés, exclus ou destitués de la tutelle; ils n'en peuvent être
privés que par la déchéance de la puissance
paternelle prononcée contre eux en vertu de
la loi du 24 juill. 1889 (V. *infrà, Puissance
paternelle*). — On admet généralement que
la mère a le droit d'émanciper l'enfant, non
seulement lorsque le père est décédé, mais
aussi lorsqu'il se trouve en fait dans l'impossibilité d'exercer la puissance paternelle,
par exemple s'il est interdit ou absent. —
En principe, la mère devenue veuve ne perd
pas ce droit par le second mariage qu'elle
contracte, alors même qu'elle ne serait pas
maintenue dans la tutelle; suivant l'opinion
dominante, elle n'a pas besoin, à cet effet,
de l'autorisation de son nouveau conjoint. —
Le droit d'émancipation appartient aux père
et mère naturels aussi bien qu'aux père et
mère légitimes. L'émancipation s'opère
par la seule déclaration du père ou de la
mère, reçue par le juge de paix assisté de
son greffier (Civ. 477, § 2). Le seul juge de
paix compétent est celui du domicile du mineur.

4. L'enfant qui a perdu son père et sa
mère peut aussi être émancipé, s'il en est
jugé capable par le conseil de famille.
L'émancipation résulte alors de la délibération qui l'a autorisée et de la déclaration
faite, dans le même acte, par le juge de paix
président du conseil de famille, que le mineur est émancipé (Civ. 478). La délibération du conseil de famille est souveraine
comme la décision du père ou de la mère et
n'est susceptible d'aucun recours. — Il appartient au tuteur de faire les diligences en
vue de l'émancipation du mineur. En cas
d'inaction du tuteur, le juge de paix peut
être requis, par un ou plusieurs parents ou
alliés jusqu'au degré de cousin germain, de
convoquer le conseil de famille pour délibérer à ce sujet, et doit déférer à cette
réquisition (Civ. 479). Ce droit de réquisition
n'appartient ni au subrogé-tuteur ni au mineur lui-même.

§ 2. — *Emancipation tacite* (R. 786 et s.;
S. 685).

5. L'émancipation résulte de plein droit du
mariage (Civ. 476). Elle subsiste encore que
le mariage vienne à se dissoudre avant la
majorité. Il en est autrement si le mariage
vient à être annulé, sauf toutefois s'il s'agit
d'un mariage putatif contracté de bonne foi

par le mineur, auquel cas l'émancipation
subsisterait nonobstant l'annulation du mariage.

ART. 2. — DU CURATEUR A L'ÉMANCIPATION
(R. 790 et s.; S. 686 et s.).

6. Le mineur émancipé doit être pourvu
d'un curateur. Ce curateur est nommé par
le conseil de famille (Civ. 480). Il ne peut
l'être, comme le tuteur, être désigné par le
père ou de la mère. — Il n'y a pas non plus,
en principe, de curatelle légale. Cependant
le mari, lorsqu'il est majeur, est de plein
droit curateur de sa femme mineure. En ce
cas, l'autorisation donnée par le mari en
cette qualité, dans les actes pour lesquels la
femme a besoin de l'assistance de son curateur, équivaut à cette assistance. — Un autre
cas de curatelle légale résulte de l'art. 5,
§ 3, de la loi du 15 pluv. an 13, relative à la
tutelle des enfants admis dans les hospices
(R. vᵒ *Hospices*, p. 67), aux termes duquel
le receveur de l'hospice remplit les fonctions
de curateur à l'égard des enfants émancipés
par la commission administrative sous la
tutelle de laquelle ils sont placés.

7. La curatelle a les caractères d'une
charge publique obligatoire et ne peut, en
principe, être refusée. Les causes d'excuse
de la tutelle ne s'appliquent pas en droit
à la curatelle.

8. Le curateur assiste le mineur, il lui
donne ses conseils; mais il n'a pas le droit
de lui imposer sa volonté. Il n'administre
pas ses biens, et dès lors n'est pas comptable.
Lorsque le curateur a des intérêts opposés à
ceux du mineur émancipé, le conseil de famille nomme un curateur *ad hoc* à l'effet de
le remplacer pour ce cas seulement. — La
question de savoir quelle est la nature et
l'étendue de la responsabilité que peut encourir le curateur relativement à la mission
dont il est chargé divise les auteurs. Il
semble qu'en général, eu égard au caractère
gratuit de ses fonctions, il ne devrait répondre que de son dol ou de sa faute grave.

ART. 3. — EFFETS DE L'ÉMANCIPATION RELA-
TIVEMENT A LA PERSONNE DU MINEUR (R. 800).

9. Le mineur émancipé jouit dans sa
personne et ses actions d'une liberté complète; il est, sous ce rapport, assimilé à un
majeur. Il peut se choisir un domicile et
embrasser telle profession qui lui convient,
sauf certaines conditions spéciales qui sont
exigées de lui pour l'exercice d'un commerce (V. *supra, Commerçant*, nᵒˢ 11 et s.).

ART. 4. — EFFETS DE L'ÉMANCIPATION
RELATIVEMENT AUX BIENS.

10. Il est certains actes que le mineur
émancipé est capable de faire seul, sans l'assistance de son curateur et sans aucune formalité; d'autres, qu'il ne peut faire qu'avec
l'assistance de son curateur, mais pour lesquels cette assistance suffit; d'autres enfin
à l'égard desquels il est assujetti à toutes
les formalités et conditions prescrites pour
les mineurs qui sont en tutelle.

§ 1ᵉʳ. — *Actes que le mineur peut faire seul*
(R. 802 et s., 845 et s.; S. 695 et s., 744 et s.).

11. Le mineur émancipé peut faire seul
tous les actes qui ne sont que de pure administration. Ainsi, il a le droit de toucher
les intérêts, arrérages, loyers et fermages
de ses biens; mais il ne peut les recevoir
par anticipation. Il peut passer des baux,
mais à la condition d'observer les règles relatives à la durée des baux des biens de
mineurs qui sont en tutelle et à l'époque de
leur renouvellement. Ainsi, il ne peut donner
à bail un immeuble pour plus de neuf ans,
ni renouveler un bail pour plus de deux ou
trois ans avant son expiration, suivant les
cas (V. *infrà, Louage, Tutelle*), contracter

une assurance contre l'incendie ou d'autres
sinistres (En ce qui concerne l'assurance sur
la vie, V. *supra, Assurances*, nᵒ 134). On lui
reconnaît aussi, en général, la capacité
d'aliéner seul à titre onéreux ses meubles
corporels.

12. Le mineur émancipé n'est pas restituable contre les actes de pure administration qu'il a faits, dans tous les cas où le
majeur ne le serait pas lui-même (Civ. 481,
in fine). Toutefois, il n'est pas réputé majeur quant à ces actes et jouit des autres
bénéfices attachés à la minorité : c'est ainsi,
notamment, qu'il peut se pourvoir par la
requête civile s'il n'a pas été défendu ou ne
l'a pas été valablement (Pr. 481; V. *infrà,
Requête civile*).

13. Le mineur émancipé a, d'une façon
générale, la capacité de s'obliger, autrement
toutefois que par voie d'emprunt (V. *infrà,
nᵒ 17*), ou à titre de caution. Il peut donc
faire des acquisitions soit mobilières, soit
même immobilières, passer des traités pour
l'entretien ou l'amélioration de ses biens,
prendre à bail des meubles ou des immeubles pour une durée quelconque. Mais les
obligations qu'il contracte ainsi sont réductibles en cas d'excès (Civ. 484, § 2). — L'action en réduction accordée au mineur n'est
pas applicable aux actes qui ne le constituent
pas débiteur, quelque désavantageux qu'ils
puissent être; ainsi il n'y a pas lieu à réduction lorsque le mineur a loué ses biens pour
un loyer qui ne représente pas la valeur de
la jouissance, lorsqu'il a vendu des récoltes
à bas prix, etc. Elle ne concerne que les
dépenses qu'il fait en traitant à crédit, soit
par achat soit autrement (par exemple, en
louant un appartement, en faisant des constructions sur un immeuble dont il est propriétaire). Il appartient aux tribunaux d'apprécier s'il y a excès dans les obligations
contractées par le mineur, eu égard à sa
fortune, à l'utilité de la dépense et à la bonne
foi de celui avec qui il a contracté (Civ. 484,
in fine). L'action en réduction ne peut être
exercée que par le mineur assisté de son
curateur et, suivant une opinion, par les
personnes qui auraient, en cas de réduction, le droit de révoquer l'émancipation
(V. *infrà, nᵒ 19*).

14. Le mineur émancipé a qualité pour
intenter les actions mobilières relatives aux
objets dont il a l'administration et pour défendre à ces actions, sans l'assistance de
son curateur. Il peut exercer contre ses débiteurs toutes poursuites soit mobilières, soit
immobilières, ayant pour objet le recouvrement de ses revenus; mais il est douteux
qu'il puisse agir seul quand l'instance a pour
objet la réception d'un capital mobilier ou
toute autre chose dont il ne peut disposer
ou donner décharge qu'avec cette assistance.

§ 2. — *Actes pour lesquels l'assistance du
curateur est nécessaire* (R. 815 et s.;
S. 714 et s.).

15. L'assistance du curateur est nécessaire
au mineur (mais elle suffit): 1ᵒ pour recevoir le compte de la tutelle (Civ. 480);
2ᵒ pour recevoir et donner décharge d'un
capital mobilier. — Le curateur est responsable du défaut de placement du capital
lorsqu'il a négligé d'en surveiller l'emploi;
mais la responsabilité des tiers est à couvert
dès lors que le payement a été fait avec
l'assistance du curateur; 3ᵒ pour consentir
la cession d'une créance; 4ᵒ pour passer les
baux de plus de neuf ans ou pour renouveler
les baux en cours plus de deux ou trois
mois avant leur expiration, suivant les cas
(V. *infrà, Louage*); 5ᵒ pour accepter une donation (Civ. 935, § 2); 6ᵒ pour intenter une
action immobilière ou y défendre; 7ᵒ pour
figurer dans une instance en partage, soit
comme demandeur, soit comme défendeur;
8ᵒ pour ester en justice dans les questions

d'état. — En ce qui concerne les demandes en divorce ou en séparation de corps, V. *suprà, Divorce*, nº 32, et *infrà, Séparation de corps*.

16. Si le curateur refuse au mineur émancipé l'assistance dont il a besoin, celui-ci doit s'adresser au conseil de famille, qui enjoindra au curateur de prêter son assistance, ou procédera à la nomination d'un curateur *ad hoc*. Si le conseil de famille rejette sa demande, le mineur peut se pourvoir contre sa délibération devant le tribunal civil. Et le tribunal peut, s'il estime que la nomination d'un curateur *ad hoc* a été refusée à tort, ordonner une nouvelle réunion du conseil de famille à l'effet de procéder à cette nomination ou, au besoin, y procéder lui-même (Douai, 15 déc. 1900, D. P. 1903. 2. 9).

§ 3. — *Actes pour lesquels le mineur émancipé reste soumis aux formalités prescrites pour le mineur non émancipé* (R. 833 et s.; S. 728 et s.).

17. Ce sont tous les actes autres que ceux d'administration, que le mineur peut faire seul, et ceux pour lesquels l'assistance du curateur est suffisante. De même que le mineur en tutelle, le mineur émancipé a besoin, pour ces actes, de l'autorisation du conseil de famille et, en outre, dans certains cas, de l'homologation du tribunal (Civ. 484). Il en est ainsi, notamment, pour : 1º les aliénations d'immeubles; 2º les cessions ou aliénations de créances mobilières ou de valeurs mobilières (L. 27 févr. 1880, art. 4, D. P. 80. 4. 47); 3º la conversion de titres nominatifs en titres au porteur (même loi, art. 10); 4º les constitutions d'hypothèques; 5º les transactions (il faut de plus, pour ces actes, l'avis conforme de trois jurisconsultes: Civ. 467), sauf celles qui interviendraient sur des contestations relatives aux actes de pure administration ou aux objets dont le mineur a la libre disposition; 6º l'acceptation ou la répudiation d'une succession; 7º le cautionnement; 8º l'acquiescement à une demande immobilière; 9º les emprunts (Civ. 483). La délibération du conseil de famille et l'homologation du tribunal sont exigées dans le cas même où l'emprunt n'aurait pour objet que des dépenses d'administration. — Les actes qui sont assujettis à des formalités spéciales sont nuls lorsqu'ils ont été faits par le mineur émancipé sans l'observation de ces formalités, et la nullité peut en être demandée indépendamment de toute lésion.

§ 4. — *Actes interdits au mineur émancipé* (R. 844; S. 742 et s.).

18. Il est des actes qui sont absolument interdits au mineur émancipé, et pour lesquels il ne saurait être habilité. Ce sont : 1º les dispositions à titre gratuit, sauf exception pour les présents d'usage, les donations par contrat de mariage, le testament (lorsque le mineur a atteint l'âge de 16 ans); 2º le compromis, excepté lorsqu'il ne porte que sur des actes d'administration (V. *suprà, Arbitrage*, nº 6).

ART. 5. — CESSATION DE LA CURATELLE (R. 845 et s.; S. 747 et s.).

19. Le bénéfice de l'émancipation peut être retiré au mineur lorsque les engagements par lui contractés ont été réduits pour cause d'excès par application de l'art. 484 c. civ. (V. *supra*, nº 13). On admet généralement que l'émancipation ne peut être révoquée en dehors du cas où cette réduction a été prononcée. Elle ne saurait l'être, notamment, à raison de la mauvaise conduite du mineur (Paris, 9 janv. 1901, D. P. 1901. 2. 301). L'émancipation ne peut être révoquée lorsque le mineur est marié, soit qu'il ait

été émancipé par le mariage, soit qu'il se soit marié depuis. — Le droit de révoquer l'émancipation appartient aux personnes qui avaient celui d'émanciper le mineur. On suit les mêmes formes que lorsqu'il s'agit de conférer l'émancipation.

20. Le mineur dont l'émancipation est révoquée rentre en tutelle. Il lui est nommé un nouveau tuteur; celui qu'il avait avant l'émancipation ne rentre pas en fonctions, sauf exception pour le tuteur légal (père, mère ou ascendant). De même, le père ou la mère recouvre la puissance paternelle et l'usufruit légal qui y est attaché.

ART. 6. — ENREGISTREMENT ET TIMBRE.

21. L'acte d'émancipation, soit par le père ou la mère, soit par le conseil de famille, donne lieu à un droit distinct « par chaque émancipé » de 15 francs (L. 22 frim. an 7, art. 68, § 4, nº 2, R. vº *Enregistrement*, t. 21, p. 26; 19 juill. 1845, art. 5, D. P. 45. 3. 142; 28 févr. 1872, art. 4, D. P. 72. 4. 12). — La réduction du tarif des avis de parents édictée par l'art. 24 de la loi du 28 avr. 1893 n'est pas applicable aux actes d'émancipation (Instr. admin. Enreg. nº 2838).

22. Un seul droit est exigible sur le procès-verbal constatant la réunion du conseil de famille, qui contient, en même temps, nomination d'un curateur aux causes (Sol. admin. Enreg. 15 sept. 1871). Mais la nomination d'un curateur spécial donne ouverture à un droit particulier (Décis. min. Fin. 20 juin 1809; Instr. admin. Enreg. 31 avr. 1809, nº 499, § 3). — De même, le procès-verbal constatant la nomination d'un enfant par la mère survivante, et la nomination d'un curateur à cet enfant par le conseil de famille, étant considéré comme contenant deux dispositions distinctes et assujetti, en conséquence, à deux droits (Sol. admin. Enreg. 18 mai 1869, D. P. 70. 3. 75).

23. Les délibérations des conseils de famille portant émancipation de mineurs, dont l'indigence a été constatée conformément à l'art. 8 de la loi du 10 déc. 1850, sont exemptes de timbre et d'enregistrement (L. 26 janv. 1892, art. 12, § 2, D. P. 92. 4. 9).

24. L'acte de révocation de l'émancipation est soumis au droit fixe de 3 francs seulement (L. 28 avr. 1816, art. 43, nº 2, R. vº *Enregistrement*, t. 21, p. 39; 28 févr. 1872, art. 4; 28 avr. 1893, art. 24, D. P. 93. 4. 79).

ÉMIGRATION

(R. vº *Transport des émigrants*; S. eod. vº).

1. Les opérations d'engagement ou de transport des émigrants sont au nombre des industries réglementées, dont le fonctionnement n'est possible qu'avec l'autorisation du Gouvernement. La loi organique de la matière est celle du 18 juill. 1860 (D. P. 60. 4. 90), complétée par des décrets des 9 et 15 mars 1861 (D. P. 61. 4. 45 et 75). — L'autorisation du Gouvernement n'est accordée que moyennant le versement d'un cautionnement de 15 000 à 40 000 francs, et sous la réserve d'obligations nombreuses déterminées par les décrets des 9 et 15 mars 1861. Elle est toujours révocable en cas d'abus graves.

2. Des commissaires spéciaux, nommés *Commissaires d'émigration*, sont chargés, sous l'autorité du ministre de l'Intérieur, de surveiller les mouvements de l'émigration française et étrangère et de veiller à l'exécution des règlements relatifs à l'émigration; ils ont la qualité d'officiers de police judiciaire. C'est le ministre de l'Intérieur qui procède, sauf recours au Conseil d'État, au règlement des indemnités qui peuvent être dues aux émigrants par les agences d'émi-

gration, pour inexécution de leurs engagements depuis le départ du navire; le recouvrement de ces indemnités est fait par le ministre des Finances.

3. Est réputé *émigrant* tout passager qui n'est point nourri à la table du capitaine ou des officiers et qui paye, pour le prix de son passage, nourriture comprise, une somme de moins de 40 francs par semaine pour les navires à voiles, et de moins de 80 francs par semaine pour les navires à vapeur. — L'agence d'émigration est tenue de remettre à l'émigrant avec qui elle traite, soit en France, soit à l'étranger, une copie de son contrat ou un bulletin nominatif indiquant la nationalité de l'émigrant, le lieu de sa destination et les conditions stipulées pour le transport, bulletin ou contrat qui, dans les vingt-quatre heures de l'arrivée de l'émigrant dans le port d'embarquement, doit être visé par le commissaire de l'émigration. — L'émigrant a droit d'être reçu à bord la veille du jour fixé pour le départ et d'y demeurer pendant les quarante-huit heures qui suivent le mouillage au port de destination, à moins que le navire ne soit obligé de repartir immédiatement. — Si une maladie grave ou contagieuse l'empêche de partir, le prix du passage lui est restitué, s'il l'a payé. En cas de retard du départ du navire pour toute cause autre que la force majeure, si ce retard est de moins de dix jours, l'émigrant a droit à une indemnité de 1 fr. 50 par jour; si le retard est de plus de dix jours, il peut renoncer au contrat par déclaration devant le commissaire d'émigration, et a droit à des dommages-intérêts.

4. Les infractions aux lois et règlements de l'émigration sont punies des peines portées par l'art. 10 de la loi du 18 juill. 1860.

ÉMIGRÉ

(R. vº *Émigré*; S. eod. vº).

1. L'*émigré* était, dans le sens des lois révolutionnaires, le Français de l'un ou l'autre sexe qui, ayant quitté la France depuis le 14 juillet 1789, n'avait point obéi aux injonctions que ces lois lui avaient faites de rentrer dans sa patrie; ou celui qui, ne se trouvant dans aucun cas d'exception admis par le législateur, n'avait pas justifié, dans les formes légales, d'une résidence sans interruption en France depuis le 9 mai 1792. Par la force même des choses, la législation relative aux émigrés reçoit de moins en moins d'applications et n'offre, pour ainsi dire, plus qu'un intérêt historique.

2. Toute personne portée sur la liste des émigrés et non radiée, était bannie à perpétuité du territoire français et passible de la peine de mort, en cas d'infraction à ce bannissement. Elle était, en outre, morte civilement, si elle avait été poursuivie pour émigration et condamnée par une décision administrative ou judiciaire.

3. Les biens des émigrés étaient l'objet de deux mesures principales : 1º le séquestre, qui les plaçait provisoirement sous la main de la Nation et sous la surveillance des corps administratifs; 2º la confiscation, qui consacrait la spoliation définitive à l'égard des individus qui avaient encouru une condamnation pour émigration, ou n'avaient pas rapporté, dans le délai fixé, contre leur inscription sur les listes.

4. Le sénatus-consulte du 6 flor. an 10 prononça l'amnistie en faveur des émigrés et les réintégra dans tous leurs droits de citoyens. Toutefois, cette réintégration n'eut pas d'effet rétroactif et ne s'appliqua pas aux biens des émigrés. — La loi du 5 déc. 1814 (R. p. 472) rétablit les émigrés dans l'intégralité de leurs droits civils, et leur rendit leurs biens non vendus. Mais elle déclara maintenus dans leur plein et entier effet, soit envers l'État, soit envers les tiers, tous jugements et décisions rendus, tous actes passés, tous droits acquis avant la publication de la Charte et fondés sur des lois ou des actes du Gouvernement, relatifs à l'émigration. — Enfin, la loi du 27 avr. 1825 (R. p. 474) a eu pour objet d'indemniser les émigrés et condamnés politiques de la perte de leurs biens aliénés par l'État, dont la loi de 1814 n'autorisait pas la restitution. 30 millions de rente, au capital d'un milliard, étaient affectés à cette indemnité, dont une commission était chargée de faire la liquidation.

ENLÈVEMENT DE MINEURS

(R. vᵒ *Crimes et délits contre les personnes*; S. eod. vᵒ).

1. Sous la qualification générale d'*enlèvement de mineurs*, le Code pénal prévoit deux infractions distinctes : 1° le rapt par violence, auquel est assimilé le rapt par fraude, réprimé par les art. 354 et 355 c. pén., qui protègent les mineurs des deux sexes (V. *infrà*, n° 2); 2° le rapt de séduction, puni par l'art. 356 c. pén., lorsqu'il est commis sur une fille mineure de seize ans (V. *infrà*, n° 6).

§ 1ᵉʳ. — *Rapt par violence ou fraude* (R. 286 et s.; S. 405 et s.).

2. Le rapt par violence ou par fraude constitue un crime. Lorsqu'il s'est exercé sur un mineur de 21 ans du sexe masculin ou sur une fille mineure de 16 à 21 ans, il est puni de la réclusion (Pén. 354). S'il s'est exercé sur une fille mineure de 16 ans, il est frappé de la peine des travaux forcés à temps (Pén. 355).

3. L'enlèvement, qui est une condition essentielle de ces infractions, s'opère par le déplacement illicite du mineur du lieu où il avait été mis par ceux à l'autorité ou à la direction desquels il était soumis ou confié, et par sa translation dans un autre lieu. Bien que la loi ne parle que de « lieu où les mineurs avaient été mis », le crime d'enlèvement existe à plus forte raison à l'égard du mineur enlevé de la propre maison des personnes ayant autorité sur lui, par exemple, de la maison de ses père et mère. Il existe, d'autre part, lorsque le mineur avait été placé par une décision de justice dans le lieu d'où il a été enlevé (Cr. r. 9 nov. 1893, D. P. 96. 1. 475).

4. Le crime résulte du fait seul de l'enlèvement ou du déplacement de mineur, *par fraude ou par violence*, indépendamment de l'abus ou du dessein d'abuser de la personne enlevée. La fraude résulte de toutes machinations coupables tendant à obtenir de la victime un consentement apparent, qu'elle n'eût pas donné sans ces machinations; par exemple, le consentement aura pu être surpris à l'aide de liqueurs enivrantes, de fausses lettres-missives. La fraude peut résulter encore de ce que l'agent a trompé la victime sur la destination qu'il lui réservait.

5. Une infraction spéciale est prévue par une disposition insérée dans l'art. 357 c. pén. par une loi du 5 déc. 1901, et formant le paragraphe 2 de cet article : Quand il a été statué sur la garde d'un mineur par décision de justice provisoire ou définitive, au cours et à la suite d'une instance en séparation de corps ou de divorce, dans les circonstances prévues par les lois des 24 juill. 1889 et 19 avr. 1898, la mère qui ne représente pas ce mineur à ceux qui ont le droit de le réclamer ou qui, même sans fraude ou violence, l'enlève et détourne, ou le fait enlever ou détourner des mains de ceux auxquels sa garde a été confiée, ou des lieux où ces derniers l'ont

placé, est puni d'un emprisonnement d'un mois à un an, et d'une amende de 16 à 5000 francs. Si le coupable a été déclaré déchu de la puissance paternelle, l'emprisonnement peut être élevé jusqu'à trois ans.

§ 2. — *Rapt par séduction* (R. 293 et s.; S. 414 et s.).

6. L'art. 356 c. pén. concerne l'enlèvement d'une *fille de moins de 16 ans* qui a eu lieu sans le consentement, donné librement et sans fraude, de la personne enlevée : cet enlèvement était, dans l'ancien droit, et est encore aujourd'hui désigné sous le nom de *rapt de séduction*. — La criminalité de l'enlèvement constitutif du rapt de séduction résulte de ce qu'il a eu lieu contre la volonté de ceux sous l'autorité ou la direction desquels se trouvait la personne enlevée. S'il s'agit d'une fille de plus de 16 ans ou d'un mineur du sexe masculin, l'enlèvement, dans ces conditions, n'est pas punissable. En outre, il faut que l'enlèvement ait été opéré par un homme; commis par une femme, il n'est pas punissable. — Le ravisseur est puni des travaux forcés à temps, s'il a plus de 21 ans; d'un emprisonnement de un à cinq ans, s'il n'a pas encore atteint cet âge.

7. Si le ravisseur a épousé la fille qu'il a enlevée, il ne peut être poursuivi que sur la plainte des personnes qui, d'après le Code civil, ont le droit de demander la nullité du mariage, et il ne peut être condamné qu'après que la nullité du mariage a été prononcée (Pén. 357, § 1er). Mais, une fois le mariage annulé, on admet généralement que l'action du ministère public cesse d'être entravée.

ENQUÊTE

(R. vᵒ *Enquête*; S. eod. vᵒ).

1. L'enquête est une voie d'instruction destinée à recueillir les témoignages invoqués à l'appui d'une demande ou d'une exception. Le Code de procédure civile (1ʳᵉ partie) contient deux titres consacrés aux enquêtes : le titre 7 du livre 1ᵉʳ pour les enquêtes devant les juges de paix; le titre 12 du livre 2 pour les enquêtes en matière ordinaire devant les tribunaux civils d'arrondissement. Il faut y ajouter les art. 407 à 413 du même Code, relatifs aux enquêtes en matière sommaire devant les mêmes tribunaux, et l'art. 432, concernant les enquêtes devant les tribunaux de commerce. — Sur les enquêtes en matière administrative, V. *suprà*, Conseil de préfecture, nᵒˢ 55 et s.

ART. 1ᵉʳ. — DES ENQUÊTES EN MATIÈRE ORDINAIRE DEVANT LES TRIBUNAUX D'ARRONDISSEMENT.

§ 1ᵉʳ. — *Du mode de proposer la preuve. — Jugement qui l'ordonne* (R. 33 et s., 72 et s.; S. 8 et s., 27 et s.).

2. Les faits dont une partie demande à faire preuve doivent être articulés succinctement par un simple acte de conclusion, sans écriture ni requête (Pr. 252, § 1er). La demande d'enquête doit être formulée en termes précis; ainsi elle devrait être rejetée si elle était conçue en termes vagues et ne présentant l'articulation d'aucun fait déterminé. La partie qui, dans l'acte d'articulation, a omis quelque fait important, peut l'articuler dans un acte additionnel, jusqu'au moment où il est statué sur la demande. D'autre part, une nouvelle articulation des faits est possible, même après l'admission de la preuve et l'audition des témoins, alors du moins que les faits articulés sont postérieurs au jugement qui a ordonné l'enquête. Enfin, on admet généralement qu'une partie est recevable à demander en appel à faire la preuve de faits qu'elle n'a pas articulés en

première instance, et cela sans distinction entre les faits antérieurs ou postérieurs au jugement rendu sur la demande d'enquête.

3. La partie adverse doit, dans les trois jours, dénier ou reconnaître, par un simple acte de conclusions, les faits articulés (Pr. 252, § 2). Le délai de trois jours n'est pas prescrit à peine de nullité; on peut dénier les faits tant que le jugement n'est pas rendu. — Quand les faits ne sont ni déniés ni contestés, le juge peut soit les tenir pour constants (Pr. 252, § 2), soit les rejeter; il peut aussi, malgré le silence du défendeur, en ordonner la preuve.

4. L'enquête ne doit être ordonnée qu'autant que les faits articulés sont *pertinents*, c'est-à-dire afférents au procès, et *admissibles*, c'est-à-dire de nature à exercer sur la décision à intervenir une influence (Pr. 253). Il appartient aux juges du fond d'apprécier souverainement la pertinence et l'admissibilité des faits dont la preuve est offerte. Il faut aussi que la preuve des faits ne soit pas interdite par la loi. — Bien que l'articulation réunisse toutes les conditions exigées, l'enquête n'est pas de droit; les juges peuvent refuser de l'ordonner, notamment parce que les articulations sur lesquelles elle porterait sont démenties par des documents de la cause (Req. 30 avr. 1902, D. P. 1903. 1. 15). Mais il ne leur est pas permis de rejeter la preuve testimoniale comme superflue, et d'admettre le fait allégué comme constant en vertu de la connaissance qu'ils en auraient acquise personnellement en dehors du procès.

5. Le tribunal peut ordonner d'office la preuve des faits qui lui paraissent concluants, s'il ne juge pas sa religion suffisamment éclairée et que la loi n'en défende pas cette preuve (Pr. 254). Il le peut même après une première enquête à laquelle il a été régulièrement procédé sur la demande des parties, et cela en faisant porter la nouvelle enquête non seulement sur des faits nouveaux, mais sur les faits mêmes qui ont été l'objet de la première. Il en est ainsi, d'après l'opinion qui paraît avoir prévalu en jurisprudence, même dans le cas où la première enquête est nulle pour inobservation des formalités légales ou par la faute soit du juge commissaire, soit de l'avoué ou de l'huissier représentant l'une des parties, ou quand il n'a pu y être procédé par suite de la déchéance encourue pour inobservation des délais.

6. L'enquête ne peut avoir lieu qu'incidemment au cours d'un procès. Elle ne peut être demandée *in futurum*, c'est-à-dire à l'effet d'établir, avant toute action, une preuve susceptible de périr.

7. Le jugement qui prescrit l'enquête doit indiquer les faits à prouver (Pr. 255-1ᵒ). L'omission de cette indication entraînerait la nullité du jugement, nullité qui n'est, d'ailleurs, pas d'ordre public et serait couverte par l'assistance des parties à l'enquête. — Le même jugement doit contenir la nomination d'un juge commissaire, devant qui l'enquête sera faite (Pr. 255-2ᵒ). Cette nomination est obligatoire : dans les affaires ordinaires, à la différence des affaires sommaires (V. *infrà*, n° 54), le tribunal ne peut pas ordonner que l'enquête aura lieu à l'audience (Civ. c. 5 mars 1895, D. P. 95. 1. 238). — En cas d'empêchement du juge commis pour procéder à l'enquête, il doit être pourvu à son remplacement par jugement du tribunal et non par ordonnance du président; c'est du moins la solution qui prévaut en jurisprudence.

8. Si les témoins ou quelques-uns d'entre eux sont trop éloignés, il peut être procédé à l'audition de certains témoins par un magistrat d'un autre ressort, en vertu d'une commission rogatoire émanée du tribunal (Pr. 255). Celui-ci peut indiquer lui-même un juge ou même un juge de paix, ou bien autoriser un tribunal qu'il désigne à nommer soit un de ses membres, soit un juge de paix (V. *suprà, Commission rogatoire*, n° 3). D'ailleurs, les règles qui régissent les commissions rogatoires en général (V. *suprà, eod. v°*, n°ˢ 4 et s.) trouvent ici leur application. Ainsi, l'enquête à laquelle il est procédé à l'étranger en vertu d'une commission rogatoire doit être faite dans les formes de la loi étrangère, et non d'après celles de la loi française (V. *suprà, eod. v°*, n° 8) (Besançon, 17 janv. 1900, D. P. 1903. 1. 506).

9. Les pouvoirs du juge commissaire sont limités à l'instruction proprement dite de la cause; il lui est interdit de statuer sur les incidents contentieux qui peuvent se produire au cours de cette instruction, tels que ceux relatifs à la capacité des témoins, aux reproches (Pr. 284, 287, 290), aux moyens de nullité proposés contre l'enquête (Pr. 292, 293). Tous les incidents doivent être soumis au tribunal.

§ 2. — *Contre-enquête* (R. 114 et s.; S. 44 et s.).

10. La preuve contraire est de droit (Pr. 256). Le défendeur est donc toujours admis à provoquer une contre-enquête, et celle-ci n'a pas besoin d'être ordonnée par jugement. — Le témoignage des personnes entendues dans la contre-enquête n'est pas nécessairement limité aux faits qui sont la négation de ceux que l'enquête a pour objet d'établir; il peut s'étendre à tous faits de nature à prouver indirectement la fausseté des faits allégués par le demandeur, par la démonstration d'un fait affirmatif opposé, soit par une réunion de circonstances qui conduiraient au même résultat (Besançon, 31 juill. 1903, D. P. 1904. 2. 6). Mais la partie qui procède à une contre-enquête ne saurait être autorisée à faire entendre des témoins pour édifier la justice sur la moralité et les antécédents des témoins produits par son adversaire. C'est seulement lors des débats sur les résultats des enquêtes et contre-enquêtes que la portée des témoignages et la moralité de ceux qui les ont produits peuvent être discutés par les parties, et cela à l'aide des renseignements qu'elles auront pu se procurer par ailleurs (Orléans, 8 déc. 1898, D. P. 1900. 2. 279).

§ 3. — *Délai pour commencer l'enquête et la contre-enquête* (R. 123 et s.; S. 44 et s.).

11. Le délai pour commencer l'enquête est de huit jours lorsque celle-ci est faite dans le lieu où l'ordonnance a été rendue ou dans un rayon de cinq myriamètres (Pr. 257, §1ᵉʳ; 1033, modifié par la loi du 3 mai 1862, D. P. 62. 4. 43). Ce délai doit être observé à peine de nullité, et il est interdit au juge d'en accorder un plus long. Les mêmes règles s'appliquent à la contre-enquête. — La déchéance peut être opposée en tout état de cause, même pour la première fois en appel; mais, n'étant pas d'ordre public, elle serait couverte si le défendeur renonçait expressément ou tacitement à l'invoquer. — Lorsque l'enquête et la contre-enquête ont lieu à une distance excédant cinq myriamètres, le tribunal fixe le délai dans lequel elle doit être commencée (Pr. 258).

12. Le point de départ de la huitaine est la signification du jugement, soit, si celui à qui on signifie n'a pas d'avoué, à personne. Cette signification peut être faite soit par le demandeur, soit, à défaut, par le défendeur. Le délai court également contre les deux parties, aussi bien contre celle qui a signifié le jugement que contre celle à qui il a été signifié (Pr. 257, § 1ᵉʳ).

13. Le délai de huitaine dans lequel doit être commencée l'enquête n'est pas suspendu pendant les délais de l'appel, c'est-à-dire que le point de départ de ce délai de huitaine n'est pas reculé à la date à laquelle

prennent fin les délais de l'appel; la déchéance est acquise dès que se sont écoulés huit jours depuis la signification du jugement et, par conséquent, l'appel interjeté postérieurement au délai de huitaine, quoique dans les deux mois (Pr. 443), est inopérant. Mais, s'il est formé avant l'expiration de ce délai, il est suspensif (Civ. r. 20 oct. 1897, D. P. 98. 1. 10); et le délai fixé par l'art. 257 ne court alors que du jour de la signification de l'arrêt confirmatif (Besançon, 24 févr. 1897, D. P. 98. 2. 166). — Cette signification doit être faite à l'avoué de première instance; de même, lorsque l'enquête ordonnée par une cour d'appel doit avoir lieu devant un tribunal de première instance, c'est à l'avoué de cette dernière juridiction que doit être signifié l'arrêt pour faire courir le délai de huit jours.

14. Lorsque le jugement ordonnant l'enquête a été rendu par défaut, le délai de huitaine court du jour de l'expiration du délai de l'opposition (Pr. 257, § 2). Si donc il est rendu par défaut contre l'avoué, il commencera à courir après l'expiration de la huitaine pendant laquelle l'opposition peut être formée. Dans le cas d'un défaut contre partie, le § 2, paraît d'une application difficile, en raison de la règle qui permet en pareil cas de former opposition jusqu'à l'exécution du jugement. On admet généralement qu'il y a lieu alors d'appliquer la même solution que dans l'hypothèse du défaut contre avoué, c'est-à-dire que l'opposition devra, ici encore, être formée dans les huit jours qui suivent la signification (à personne ou à domicile).

15. L'enquête sera censée commencée par l'ordonnance du juge commissaire, indiquant les jour et heure où les témoins seront entendus (Pr. 259, § 1ᵉʳ). Il suffit donc, pour que la déchéance soit écartée, que cette ordonnance soit obtenue du juge commissaire dans le délai de huitaine. Les diligences à, cet effet, doivent être faites par chacune des parties en ce qui la concerne, c'est-à-dire non seulement par le demandeur, mais aussi par le défendeur qui entend faire procéder à une contre-enquête. Le juge commissaire, en rendant son ordonnance, ouvre immédiatement le procès-verbal d'enquête (et, s'il y a lieu, celui de la contre-enquête) sur lequel il mentionne la réquisition qui lui est faite et la date de son ordonnance (Pr. 259, § 2).

§ 4. — *Assignation à la partie et dénonciation des témoins* (R. 205 et s.; S. 74 et s.).

16. La partie adverse doit être assignée pour être présente à l'enquête. L'assignation doit être signifiée à son avoué si elle en a constitué, sinon à personne ou domicile (Pr. 261). Il y a lieu de se conformer aux formalités ordinaires des assignations; un acte d'avoué à avoué ou une sommation ne suffirait pas.

17. La signification doit être faite trois jours au moins avant l'audition des témoins. Ce délai est franc: le jour *ad quem*, c'est-à-dire celui qui est fixé pour l'audition des témoins, n'y est pas compris : par exemple, si cette audition doit avoir lieu un samedi, l'assignation doit être signifiée au plus tard le mardi précédent. Aux termes d'un arrêt (Montpellier, 25 mai 1900, D. P. 1903. 2. 476), la circonstance que le dernier jour du délai est un jour férié n'en entraîne pas prorogation au lendemain, la règle édictée à cet égard par l'art. 1033 c. pr. civ. ne s'appliquant qu'aux délais pendant lesquels un acte doit être accompli et non aux délais francs qui doivent précéder une comparution. Mais cette solution est contestable.

18. Le délai de trois jours doit être augmenté à raison des distances (d'un jour par cinq myriamètres), non seulement dans le cas où la partie à qui la signification est

faite n'a pas d'avoué, mais même, suivant l'opinion dominante, lorsqu'elle en a un. Il y a désaccord seulement sur la manière dont doit être calculée cette augmentation : suivant certains arrêts, c'est d'après la distance entre le domicile de la partie assignée et celle de son avoué; selon d'autres, ce serait à raison de la distance entre le domicile de cette partie et le lieu où se fait l'enquête.

19. Les noms, professions et demeures des témoins à produire contre une partie doivent lui être notifiés (Pr. 261). Mais les erreurs ou omissions qui se produiraient à cet égard n'empêcheraient pas la notification d'être valable, dès lors que la partie ne pouvait se méprendre sur l'identité des témoins. — La notification de la liste des témoins peut être faite en même temps que l'assignation; dans tous les cas, elle doit l'être, comme celle-ci, trois jours au moins avant le jour fixé pour l'audition des témoins.

§ 5. — *Assignation des témoins* (R. 268 et s.; S. 98 et s.).

20. Les témoins sont assignés à personne ou à domicile; l'assignation des témoins ne peut être suppléée par leur comparution volontaire devant le juge commissaire; mais si la partie adverse consent à l'audition du témoin non assigné, il peut être entendu. — Le délai accordé aux témoins pour comparaître est d'un jour franc, sauf l'augmentation à raison de la distance entre leur domicile et le lieu où se fait l'enquête par cinq myriamètres : Pr. 1033). — Il doit être donné copie à chaque témoin du dispositif du jugement, mais seulement en ce qui concerne les faits admis en preuve, et de l'ordonnance du juge commissaire (Pr. 260).

21. Le nombre des témoins qui peuvent être assignés par une partie pour déposer sur un même fait n'est pas limité; mais si elle en fait entendre plus de cinq, elle ne peut répéter les frais des autres dépositions (Pr. 281). — Les témoins entendus dans l'enquête peuvent l'être encore dans la contre-enquête; ainsi le défendeur peut, après avoir reçu notification de la liste des témoins que son adversaire se propose de faire entendre, citer lui-même quelques-uns de ces témoins.

22. Sur les personnes qui ne peuvent être assignées comme témoins pour cause d'incapacité ou d'indignité, et sur les causes qui dispensent de témoigner, V. *infrà*, Témoin.

§ 6. — *Assistance des parties à l'enquête* (R. 277 et s.; S. 101).

23. Les parties ont le droit d'assister à l'enquête ou de s'y faire représenter par un mandataire. Les avoués occupant pour les parties ont naturellement qualité pour les représenter à l'enquête; et il est même douteux qu'une autre personne puisse être chargée de cette mission, à moins, bien entendu, que pour une cause quelconque, telle que l'éloignement du lieu où se fait l'enquête, l'avoué soit dans l'impossibilité d'y assister.

24. L'assistance d'une partie ou de son avoué à l'enquête emporte acquiescement au jugement qui l'a ordonnée et enlève à cette partie le droit d'interjeter appel dudit jugement, si elle n'a fait aucune réserve à cet égard. Elle la prive également du droit d'opposer les nullités de procédure, celles du moins dont la partie avait nécessairement connaissance au moment où elle s'est présentée devant le juge commissaire.

25. La présence des parties à l'enquête n'est, d'ailleurs, pas indispensable; il peut être procédé sans elles à l'audition des témoins (Pr. 262, § 1ᵉʳ), dès lors qu'elles ont été mises à même d'exercer leurs droits par une assignation délivrée conformément à l'art. 261 c. pr. civ. (Besançon, 8 mars 1897, D. P. 99. 2. 268).

7. — *Audition des témoins* (R. 288 et s.; S. 106 et s.).

26. L'enquête a lieu au Palais de justice, en la chambre du conseil du tribunal, ou dans le cabinet du juge commissaire, ou encore sur les lieux contentieux lorsque le jugement l'a ainsi ordonné. — Pendant tout le cours des opérations, le juge commissaire est assisté du greffier ou d'un commis-greffier assermenté qui tient la plume et rédige le procès-verbal. Les témoins sont entendus séparément (Pr. 262, § 1ᵉʳ).

27. Chaque témoin, avant d'être entendu, déclare ses nom, profession, âge et demeure, s'il est parent ou allié de l'une des parties, à quel degré, s'il est serviteur ou domestique de l'une d'elles. Il prête ensuite serment de dire vérité (V. *infrà*, *Serment*) (Pr. 262, § 2). — Le témoin dépose ensuite sans qu'il lui soit permis de lire aucun projet *écrit* (Pr. 271). Régulièrement, il doit dicter lui-même sa déposition au greffier, qui la consigne sur son procès-verbal; mais, dans la pratique, c'est le juge commissaire qui la dicte. En tout cas, elle doit lui être lue et il est invité à dire s'il y persiste. Le témoin, lors de cette lecture, est admis à y faire tels changements qu'il juge à propos; ils sont écrits à la suite ou en marge de la déposition, dont il est fait ensuite une nouvelle lecture (Pr. 272). — Les témoins ne peuvent s'expliquer que sur les faits admis en preuve par le jugement qui a ordonné l'enquête (V. *suprà*, nᵒ 7); ils ne peuvent faire porter leurs dépositions sur des faits non énoncés et, à plus forte raison, sur ceux dont la preuve n'a pas été ordonnée (Besançon, 31 juill. 1903, D. P. 1904. 2. 6).

28. Le juge commissaire peut d'office adresser au témoin les interpellations qu'il croira convenables pour éclairer sa déposition; il peut aussi lui poser des questions sur la réquisition des parties, sans d'ailleurs être tenu de faire droit à cette réquisition (Pr. 273). Quant aux parties elles-mêmes, il leur est interdit d'interrompre le témoin et de lui faire aucune interpellation directe, à peine de 10 fr. d'amende et d'exclusion en cas de récidive (Pr. 276).

29. La déposition du témoin, ainsi que les changements et additions qu'il a pu y faire et ses réponses aux interpellations du juge, doivent être signés de lui, du juge et du greffier (Pr. 273, 274). Ces signatures apposées, l'enquête est close à l'égard du témoin, qui ne peut plus rien y changer, ni être rappelé pour donner de nouvelles explications.

30. La déposition du témoin terminée, le juge demande au témoin s'il requiert taxe (Pr. 271). S'il la requiert, la taxe est faite par le juge commissaire sur la copie de l'assignation, et elle vaut exécutoire (Pr. 277).

31. Si les témoins ne peuvent être tous entendus le même jour, le juge remet la continuation de l'enquête à un autre jour, en ayant soin de ne pas dépasser la huitaine dans laquelle l'enquête doit être terminée (V. *infrà*, nᵒ 34). Il n'est donné nouvelle assignation ni aux témoins, ni à la partie, encore qu'elle n'ait pas comparu (Pr. 267).

32. Les témoins assignés sont tenus de se présenter. Ceux qui font défaut doivent être condamnés par ordonnances du juge commissaire, qui sont exécutoires nonobstant opposition ou appel, à des dommages-intérêts au profit de la partie. Le chiffre en est de dix francs au moins. Ils peuvent, en outre, être condamnés à une amende de 100 fr. au plus (Pr. 263, § 1ᵉʳ). — Les témoins défaillants sont réassignés à leurs frais (Pr. 263, § 2). S'ils font encore défaut sur cette réassignation, ils sont condamnés à une amende de 100 fr.; le juge commissaire peut même décerner contre eux un mandat d'amener (Pr. 264). Si le témoin réassigné

justifie qu'il n'a pu se présenter au jour indiqué, il est déchargé, après sa déposition, de l'amende et des frais de réassignation (Pr. 265).

33. Lorsqu'un témoin justifie qu'il lui est impossible de se présenter au jour indiqué, le juge commissaire lui accorde un délai suffisant qui, néanmoins, ne peut excéder celui fixé pour l'enquête, ou se transporte pour recevoir sa déposition. Si le témoin est éloigné, il renvoie devant le tribunal du lieu, qui entend le témoin ou commet un juge (Pr. 266). En pareil cas, il n'est pas nécessaire, comme dans le cas où il s'agit de désigner un juge pour procéder à l'enquête tout entière (V. *suprà*, nᵒ 8), que la commission rogatoire émane du tribunal (Riom, 24 mai 1892, D. P. 92. 2. 85). — La commission rogatoire délivrée dans les termes de l'art. 266 c. pr. civ. constitue une véritable décision et doit être formulée par voie d'ordonnance (même arrêt).

§ 8. — *Délai dans lequel l'enquête doit être terminée* (R. 355 et s.; S. 125 et s.).

34. L'enquête doit être terminée dans la huitaine de l'audition des premiers témoins (Pr. 278); ce qui doit s'entendre du jour où les témoins ont dû être entendus, c'est-à-dire du jour auquel le juge commissaire a ordonné qu'ils fussent assignés. — Le délai de huitaine doit être calculé non compris le jour fixé pour point de départ; ainsi, l'enquête commencée le 3 peut régulièrement n'être close que le 11.

35. Le délai de huitaine peut être prorogé, sur la demande des parties. La prorogation doit être demandée dans le délai fixé pour la confection de l'enquête; c'est le tribunal seul, à l'exclusion du juge commissaire, qui peut l'accorder (Pr. 279). — Il est généralement admis que l'on ne peut, dans l'enquête prorogée, faire entendre que des témoins nouveaux se révélant après la confection de l'enquête, faire recueillir les déclarations de témoins assignés pour l'enquête et dont le témoignage, par suite de leur absence ou pour tout autre motif, n'a pu être reçu, et non celles de témoins déjà entendus dans l'enquête (Trib. civ. de Perpignan, 14 mars 1894, D. P. 95. 2. 8).

36. La prorogation est demandée par une déclaration mentionnée sur le procès-verbal d'enquête. Le juge commissaire en réfère à l'audience au jour indiqué par son procès-verbal, sans qu'il soit besoin d'avenir ou de sommation, à moins que l'une des parties ne fût pas présente, ni en personne ni par son avoué, auquel cas elle serait appelée à l'audience par acte d'avoué à avoué (Pr. 280). La demande peut être aussi formée par voie de requête au président ou par un acte au greffe. — La fixation du nouveau délai est laissée à l'appréciation du tribunal. Ce délai n'est pas nécessairement limité à huit jours.

37. Il ne peut être accordé qu'une prorogation (Pr. 280, *in fine*), sauf toutefois le cas de force majeure, comme si, par exemple, un témoin n'avait pu se présenter pour cause de maladie. — La prorogation profite à la partie adverse, même quand elle n'en a pas fait la demande; il lui est donc loisible de faire entendre de nouveaux témoins pendant les délais de la prorogation.

§ 9. — *Du procès-verbal* (R. 393 et s.; S. 142 et s.).

38. Le procès-verbal doit contenir l'indication des jour et heure où se font les opérations de l'enquête, les comparutions ou défauts des parties, la représentation des copies (non des originaux) des assignations aux témoins, les remises à autres jour et heure (Pr. 269). Il doit constater l'observation des formalités prescrites par les art. 261, 262, 269 à 274 c. pr. civ. Il est signé par les parties (Pr. 275), aussi bien par celle contre

laquelle l'enquête est faite que par celle qui y a fait procéder.

§ 10. — *Des suites de l'enquête et de la contre-enquête* (R. 409 et s.; S. 147 et s.).

39. Le délai pour faire enquête étant expiré, la partie la plus diligente fait signifier à avoué copie des procès-verbaux, et poursuit l'audience sur un simple acte (Pr. 286). En prescrivant la signification des procès-verbaux, la loi établit une simple faculté : la partie poursuivante peut se borner à produire son enquête en laissant de côté la contre-enquête et réciproquement. La partie est, d'ailleurs, libre de poursuivre l'audience sans aucune signification, si elle n'entend pas faire usage des dépositions recueillies.

§ 11. — *Des nullités* (R. 415 et s.; S. 150 et s.).

40. Parmi les règles contenues au titre *des Enquêtes*, un assez grand nombre sont édictées à peine de nullité. Ce sont celles qui concernent : 1ᵒ le délai dans lequel l'enquête doit être commencée (Pr. 257, § 1ᵉʳ) ... ou terminée (Pr. 278, 286); 2ᵒ les formalités relatives à l'assignation des témoins (Pr. 260), et des parties (Pr. 261); 3ᵒ les déclarations que les témoins ont à faire avant de déposer et le serment qu'ils doivent prêter (Pr. 262); 4ᵒ le mode de déposition des témoins (Pr. 271 à 275); 5ᵒ les mentions que doivent contenir les procès-verbaux d'enquête (Pr. 269).

41. Les nullités sont couvertes : 1ᵒ lorsque la partie a assisté à l'enquête sans faire de réserves précises (V. *suprà*, nᵒ 24); 2ᵒ lorsqu'elle a conclu au fond sans se prévaloir de ces nullités. Toutefois, les nullités d'ordre public, comme celle qui résulterait, par exemple, de l'audition d'un témoin incapable ou de l'incompétence du juge commissaire, peuvent être proposées en tout état de cause. — La contre-enquête ne couvre pas les nullités de l'enquête; en d'autres termes, le défendeur, en procédant à la contre-enquête, ne perd pas le droit d'invoquer les causes de nullité dont l'enquête peut être entachée.

42. L'enquête est nulle en totalité lorsque la nullité concerne une formalité qui intéresse l'ensemble de l'opération; au contraire, la nullité d'une ou plusieurs dépositions n'entraîne pas celle de l'enquête entière (Pr. 294). C'est ainsi qu'en cas d'inobservation des formalités prescrites par l'art. 260, les dépositions des témoins envers lesquels ces formalités n'ont pas été observées sont seules frappées de nullité (Pr. 260, *in fine*). — Dans le cas où certaines dépositions ont été reçues après l'expiration des délais légaux, il y a controverse sur le point de savoir si la nullité ne frappe que les dépositions ou si elle s'étend à l'ensemble de l'enquête. Cette dernière solution a été adoptée par un arrêt de la Cour de cassation (Civ. c. 11 déc. 1850, D. P. 51. 1. 300).

43. Lorsque l'enquête ou une déposition recueillie dans l'enquête est déclarée nulle par la faute du juge commissaire, comme, par exemple, dans le cas où le procès-verbal n'a pas été signé par l'une des parties présentes ou ne mentionne pas l'accomplissement des formalités prescrites par l'art. 275, elle est recommencée aux frais de ce magistrat (Pr. 292). Il en est de même au cas où la nullité est due à la faute du greffier. Cette nouvelle procédure n'est pas une seconde enquête, mais la reproduction de la première; d'où il résulte qu'on n'y peut faire entendre d'autres témoins que ceux qui ont déposé dans l'enquête annulée, et qu'il n'y a pas lieu à une nouvelle contre-enquête.

44. À la différence du cas où elle est nulle par la faute du juge commissaire, l'enquête ne peut être recommencée quand la nullité qui l'atteint est due à la faute de l'huissier ou de l'avoué; la partie peut, d'ailleurs, répéter contre eux les frais de l'enquête déclarée nulle, et même obtenir des dommages-intérêts en cas de négligence manifeste de leur part (Pr. 293). — L'inter-diction de recommencer l'enquête, édictée par l'art. 293, est générale et absolue, et applicable même dans les causes intéressant l'ordre public, notamment dans celles qui ont trait à l'état des personnes, telles que les demandes en divorce ou en séparation de corps.

45. La loi permettant aux juges de recou-rir aux présomptions de l'homme dans tous les cas où la preuve testimoniale est admise (Civ. 1353), rien ne s'oppose à ce qu'ils fassent état des témoignages recueillis dans une en-quête nulle, mais à la condition de ne leur attribuer que la valeur de simples indices (Civ. c. 26 juin 1889, D. P. 90. 1. 135).

§ 12. — *Des reproches* (R. 455 et s., 545 et s.; S. 249 et s.).

46. Les reproches sont des causes d'ex-clusion qui, sans rendre les témoins inca-pables de déposer, sont cependant de nature à rendre suspectes leurs dépositions et qu'il appartient aux parties de faire valoir si elles le jugent à propos. Elles seront énumérées *infrà*, *Témoin*.

47. Les reproches doivent être proposés par la partie ou par son avoué avant la dépo-sition des témoins (Pr. 270). La déposition une fois reçue, aucun reproche n'est plus recevable, à moins toutefois d'être justifié par écrit (Pr. 282), c'est-à-dire prouvé par titre, comme dans le cas, par exemple, où il résulte d'un acte authentique que le té-moin qui a déposé avait délivré un certificat sur les faits du procès.

48. Il ne suffit pas de déclarer en termes vagues et généraux qu'on entend reprocher tel témoin ; les causes de reproche doivent être précisées. — Le témoin est invité à s'ex-pliquer en ce qui le concerne ; les reproches et explications du témoin sont consignés au procès-verbal (Pr. 270).

49. Le juge commissaire n'a pas à se prononcer sur la valeur des reproches, et les témoins reprochés n'en doivent pas moins être entendus. C'est au tribunal qu'il appartient de juger si les reproches sont fondés ou non ; et, lorsque les parties re-viennent devant lui après la clôture de l'en-quête, c'est la première question qu'il est appelé à résoudre.

50. Si les reproches proposés ne sont pas justifiés par écrit, la partie est tenue d'en offrir la preuve et de désigner, en même temps, les témoins ; sinon elle n'y sera plus reçue (Pr. 289). On admet, du reste, généra-lement que cette offre et cette désignation ne doivent pas nécessairement être faites avant l'audition du témoin reproché ; qu'elles peuvent l'être utilement par des conclusions prises devant le tribunal après l'enquête.

51. Il est statué sommairement sur les reproches (Pr. 287), c'est-à-dire que l'on suit les formes prescrites pour les affaires sommaires (V. *infrà*, nos 54 et s.). La preuve par témoin, s'il y a lieu, est ordonnée par le tribunal et faite dans la forme prescrite pour les affaires sommaires. Aucun reproche ne peut y être proposé, s'il n'est justifié par écrit (Pr. 290). — La question des reproches doit, en principe, être résolue préalable-ment au jugement du fond. Cependant, lorsque la cause est en état, les juges peu-vent statuer sur les reproches et sur le fond par un même jugement (Pr. 288).

52. Le jugement qui intervient sur les reproches est définitif et, par conséquent, susceptible d'appel dans les deux mois de sa signification. Si l'appel est interjeté, la cause est suspendue jusqu'à ce qu'il ait été vidé. Le tribunal peut, d'ailleurs, après le rejet ou l'admission des reproches, ordonner qu'il sera plaidé immédiatement au fond. La partie doit alors, avant de plaider au fond,

faire des réserves ; sinon l'appel qu'elle in-terjetterait ensuite ne serait pas recevable.
53. Lorsque le reproche est admis, la déposition du témoin reproché perd toute valeur, et il n'en peut être fait état : aussi est-il interdit de la lire à l'audience (Pr. 291).

ART. 2. — DES ENQUÊTES EN MATIÈRE SOM-MAIRE ET DEVANT LES TRIBUNAUX DE COM-MERCE (R. 588 et s.; S. 267 et s.).

54. Les enquêtes en matière sommaire, comme on l'a vu *suprà*, n° 1, sont régies par les art. 407 et s. c. pr. civ., dont les dispositions sont communes aux enquêtes devant les tribunaux de commerce. — Sur les causes qui ont le caractère d'affaires sommaires, V. *infrà*, *Procédure*. — Les formes en sont plus simples que celles des enquêtes ordinaires ; la différence consiste en ce que dans les enquêtes sommaires les dépositions, au lieu d'être reçues par le juge commissaire et relatées dans un procès-ver-bal, sont faites à l'audience publique du tri-bunal.

55. Il n'est pas nécessaire que les faits soient préalablement articulés (Pr. 407). Il est néanmoins d'usage de signifier un simple acte de conclusions, afin de mettre la partie adverse en mesure d'avouer ou de dénier les faits ; mais cette partie peut s'abstenir d'y répondre. — Le jugement qui ordonne l'en-quête doit contenir l'énonciation des faits à prouver. Il fixe les jour et heure où les té-moins seront entendus à l'audience (Pr. 407). — L'enquête doit nécessairement avoir lieu à l'audience ; elle ne peut être renvoyée de-vant un juge commissaire. Cette règle ne souffre exception que dans le cas où les témoins sont éloignés ou empêchés ; les dé-positions sont alors reçues, en vertu d'une commission rogatoire, soit par un juge que désigne le tribunal de leur résidence ou le jugement même qui ordonne l'enquête, soit par le juge de paix de cette résidence (Pr. 412).

56. Les délais prescrits en matière ordi-naire pour commencer et parachever l'en-quête (V. *suprà*, nos 11 et s., 34 et s.) ne sont pas applicables en matière sommaire ; il appartient au juge de fixer lui-même les délais que les parties seront tenues d'obser-ver à cet égard.

57. Le jugement qui ordonne l'enquête n'a pas besoin d'être signifié. Les témoins sont assignés un jour au moins avant celui de leur audition (Pr. 408). Ce délai est franc, et il est susceptible d'augmentation à raison des distances. — Il doit être donné copie aux témoins du dispositif du jugement par lequel ils sont appelés (Pr. 260, 413, § 2). — Les noms des témoins doivent être dénon-cés à la partie adverse trois jours au moins avant leur audition, avec augmentation à raison des distances (Pr. 261, 413, § 3). La dénonciation est faite au domicile de l'avoué, en matière civile, et, en matière commer-ciale, au domicile réel de la partie, si elle habite dans le lieu où siège le tribunal, sinon au domicile élu dans le lieu ou, à dé-faut, au greffe. — Il n'est pas nécessaire que le défendeur soit mis en demeure par une assignation de se présenter à l'enquête ; mais il doit être averti soit par une somma-tion, soit par l'indication dans l'acte de dénonciation des noms des témoins, du jour et de l'heure où l'enquête aura lieu.

58. Les témoins sont entendus à l'au-dience ; ils doivent l'être séparément, sans cependant que l'inobservation de cette règle soit une cause de nullité. Ils peuvent être reprochés pour les mêmes causes qu'en ma-tière ordinaire. Les reproches sont jugés de la même façon (Pr. 413, § 6). Toutefois, la jurisprudence décide qu'il doit être statué sur les reproches avant l'audition des témoins reprochés, et que les témoins ne doivent pas

être entendus si les reproches sont admis, et cela dans le cas même où la cause serait susceptible d'appel. — Les témoins doivent prêter serment comme en matière ordinaire. — Les règles concernant les interpellations aux témoins (Pr. 276), la taxe (Pr. 277), le nombre des témoins dont les voyages passent en taxe (Pr. 281), l'amende et les peines contre les témoins défaillants (Pr. 263 et s.), sont applicables aux enquêtes en matière sommaire (Pr. 413, § 4, 6 et 7 ; Comp. *su-prà*, nos 26 et s.).

59. Lorsque le jugement n'est pas suscep-tible d'appel, on ne dresse pas de procès-verbal de l'enquête ; il est seulement fait mention dans le jugement des noms des témoins et du résultat de leurs dépositions (Pr. 410). Mais quand la cause est susceptible d'appel, le procès-verbal est obligatoire et il n'y peut être suppléé par l'énonciation au jugement du résultat des dépositions, ni par les notes du greffier.

60. Le procès-verbal relate les serments des témoins, leur déclaration s'ils sont pa-rents, alliés ou domestiques des parties, les reproches qui auraient été formés contre eux, et le résultat de leurs dépositions (Pr. 411). Il n'est pas nécessaire que le pro-cès-verbal fasse mention de l'âge des té-moins. — En matière commerciale, indé-pendamment des formalités ci-dessus, les dépositions rédigées par le greffier doivent être signées par les témoins.

61. Si l'une des parties demande proroga-tion, c'est-à-dire fixation pour l'audition des témoins d'un jour plus éloigné que celui qui avait été indiqué par le tribunal, l'inci-dent est jugé sur-le-champ (Pr. 409). La pro-rogation peut être accordée même postérieu-rement au jour qui avait été fixé pour l'en-quête, et bien qu'elle n'ait pas été demandée à l'audience ordinaire (Trib. civ. de Château-briant, 5 mai 1899, D. P. 99. 2. 357). — L'art. 280 c. pr. civ., qui, en matière d'en-quête ordinaire, n'autorise qu'une seule pro-rogation, n'est applicable ni en matière sommaire, ni en matière commerciale.

62. Parmi les règles prescrites par la loi en matière d'enquête sommaire devant les tribunaux de commerce, il en est qui doi-vent être observées à peine de nullité. Telles sont, notamment, celles qui exigent que le jugement ordonnant l'enquête contienne l'énonciation des faits à prouver, que l'en-quête ait lieu à l'audience (Civ. c. 29 déc. 1897, D. P. 98. 1. 427) ; celles relatives au serment des témoins (Civ. r. 28 déc. 1897, D. P. 98. 1. 427), au procès-verbal qui doit être rédigé dans les causes susceptibles d'ap-pel ; enfin, en matière commerciale, d'après certains arrêts, la règle concernant la cons-tatation par écrit des dépositions des témoins et la signature de ceux-ci sur le procès-verbal.

ART. 3. — DES ENQUÊTES EN JUSTICE DE PAIX (R. 642 et s.; S. 299 et s.).

63. Les règles applicables aux enquêtes faites devant les justices de paix, contenues dans le titre 7, livre 1er (art. 34 à 40), du Code de procédure civile, sont, en beaucoup de points, semblables à celles qui sont prescrites pour les enquêtes sommaires ou devant les tribunaux de commerce (V. *suprà*, nos 54 et s.). Il y a lieu, d'ailleurs, d'appliquer à ces en-quêtes les dispositions générales qui, par leur nature, s'imposent à toutes les juridic-tions, telles que celles relatives au droit de contre-enquête, aux causes de reproche, aux incapacités de déposer, etc.

64. Avant de procéder à une enquête, le juge de paix doit ordonner la preuve et en fixer précisément l'objet (Pr. 34). — Le juge-ment n'est signifié que si, contradictoire ou par défaut, il a été rendu hors la présence des parties (Pr. 28). Il n'y a lieu ni de citer la partie adverse, ni de lui dénoncer les noms des témoins. — Les témoins sont cités par exploit d'huissier en vertu d'une permission du juge, laquelle résulte d'une cédule délivrée à la requête de la partie la plus diligente (V. *infrà*, *Jugement d'avant dire droit*). Mais ce mode de procéder n'est pas obligatoire ; les témoins peuvent être cités directement ; ils pourraient aussi se présenter volontairement sans citation. En tout cas, il n'est pas nécessaire de leur donner copie du dispositif du jugement qui a ordonné l'enquête.

65. Au jour indiqué, les témoins font connaître leurs nom, profession, âge et demeure, prêtent serment de dire la vérité et déclarent s'ils sont parents ou alliés des parties et à quel degré, et s'ils sont leurs serviteurs ou domestiques (Pr. 35). Ils sont entendus séparément, en présence des parties. Celles-ci doivent formuler leurs reproches avant la déposition et les signer. L'obligation de signer les reproches n'est, d'ailleurs, applicable qu'au cas où il est dressé procès-verbal, c'est-à-dire lorsque la cause est sujette à appel (V. *infrà*, n° 68). Après la déposition, les reproches ne peuvent être reçus que s'ils sont justifiés par écrit (Pr. 36).

66. De même qu'en matière sommaire, le témoin reproché ne doit pas être entendu dans sa déposition, sans qu'il y ait à distinguer suivant que la cause est ou non sujette à appel. L'interdiction d'interrompre les témoins, les règles concernant les interpellations qui peuvent leur être adressées (V. *suprà*, n° 28), sont applicables aux enquêtes devant les juges de paix (Pr. 37). Il en est de même des dispositions relatives aux témoins défaillants (V. *suprà*, n° 32 et 33), au droit pour les témoins de requérir taxe (V. *suprà*, n° 30).

67. Les témoins, en principe, sont entendus à l'audience. Toutefois, si, au cours de l'instance, le juge reconnaît que la vue des lieux doit être utile à l'intelligence des dépositions, comme il arrive le plus souvent dans les actions possessoires ou en bornage, il ordonne son déplacement et celui des témoins, qui sont alors entendus sur les lieux mêmes (Pr. 38).

68. Dans les causes sujettes à appel, il est dressé procès-verbal de l'audition des témoins, conformément aux prescriptions de l'art. 39 c. pr. civ. — Dans les causes de nature à être jugées en dernier ressort, il n'est point dressé de procès-verbal ; le jugement énonce les noms, âge, etc., des témoins, leur serment, leur déclaration s'ils sont parents, alliés, etc., des parties, les reproches et le résultat général des dépositions (Pr. 40). — Que l'affaire soit ou non sujette à appel, il doit être procédé au jugement immédiatement après l'enquête ou, au plus tard, à la première audience (Pr. 39, *in fine*). L'observation de cette règle est, d'ailleurs, abandonnée à la discrétion du juge.

69. Les prescriptions relatives aux délais dans lesquels l'enquête doit être commencée et parachevée (V. *suprà*, n°s 11 et s., 34 et s.) ne sont pas applicables aux enquêtes devant les juges de paix. Le juge de paix peut, d'ailleurs, accorder une prorogation à la partie qui n'a pas terminé l'enquête au jour fixé.

70. En général, l'inobservation des formalités prescrites pour les enquêtes devant les juges de paix n'est pas une cause de nullité. On fait exception cependant pour celles de ces formalités qui doivent être considérées comme substantielles. On reconnaît ce caractère, notamment, à la prestation du serment par les témoins, à la rédaction du procès-verbal dans les causes susceptibles d'appel. On peut y ajouter la disposition de l'art. 34, qui veut que le juge, avant de procéder à l'enquête, ordonne la preuve et en précise l'objet (V. *suprà*, n° 64). Mais il a été jugé que, cette disposition n'étant pas d'ordre public, les parties peuvent renoncer

expressément ou tacitement à l'observation de la formalité qu'elle prescrit, et qu'il y a, de leur part, renonciation tacite dans le fait de produire leurs témoins et d'assister à leurs dépositions sans élever aucune réclamation à l'encontre du mode de procédure suivi (C. cass. de Luxembourg, 12 juin 1896, D. P. 99. 2. 119).

ART. 4. — ENREGISTREMENT ET TIMBRE.

71. Les procès-verbaux d'enquête, n'ayant pas été nommément prévus par la loi fiscale, doivent être classés dans la catégorie des actes judiciaires préparatoires ou d'instruction qui sont soumis au timbre et à l'enregistrement et assujettis aux droits fixes de 1 fr. 50 en justice de paix, 4 fr. 50 devant les tribunaux civils, de commerce et d'arbitrage et 7 fr. 50 devant les cours d'appel (L. 22 frim. an 7, art. 68, § 1er, n° 46, et § 2, n°s 6 et 7, R. v° *Enregistrement*, t. 21, p. 26 ; 28 avr. 1816, art. 44, n° 10, et 45, n° 6, R. *eod.* v°, t. 21, p. 39 ; 28 févr. 1872, art. 4, D. P. 72. 4. 12).

72. En matière criminelle et correctionnelle, les procès-verbaux d'enquête sont exempts des formalités du timbre et de l'enregistrement, comme faits dans l'intérêt de la vindicte publique (L. 22 frim. an 7, art. 70, § 3, n° 9 ; 13 brum. an 7, art. 16, R. v° *Enregistrement*, t. 22, p. 737 ; Décis. min. Fin. 27 oct. 1822 ; Circ. min. Just. 24 sept. 1823 ; Instr. admin. Enreg. n° 1102).

73. Il ne doit être perçu qu'un seul droit, quelque soit le nombre de dépositions que renferme le procès-verbal ou le nombre de vacations, et quand même il réunirait une enquête et une contre-enquête (Décis. min. Fin. 22 juill. 1825 ; Instr. admin. Enreg. n° 1180, § 7).

ENREGISTREMENT

(R. v° *Enregistrement* ; S. *eod.* v°).

1. Cet article ne comprend que les principes généraux en matière d'enregistrement ; les règles spéciales sont exposées à l'occasion des différentes matières qui comportent des explications à ce sujet.

SECT. Ire. — Généralités. — Droits fixe et proportionnel.

2. L'enregistrement est une formalité qui consiste dans la transcription sur un registre d'un acte, ou dans la relation sur ce même registre d'une déclaration de mutation, et qui a pour effet d'assurer leur existence et de constater leur date. Cette formalité, qui a remplacé le contrôle établi par l'édit du mois de juin 1581, donne ouverture à des droits qui sont perçus au profit du Trésor public.

3. La législation sur l'enregistrement est la plus importante des lois fiscales, la perception des droits n'étant pas basée uniquement sur un fait matériel, mais exigeant, dans la plupart des cas, un examen approfondi des conventions intervenues entre les parties et des effets produits par ces conventions. La loi organique et fondamentale qui règle la perception des droits d'enregistrement est la loi du 22 frim. an 7 (R. t. 21, p. 26).

4. Les droits d'enregistrement sont divisés en droits fixes et droits proportionnels, suivant la nature des actes et mutations qui y sont assujettis. — Le *droit fixe*, qui représente le salaire de la formalité, s'applique aux actes, soit judiciaires, soit extrajudiciaires, qui ne contiennent ni obligation, ni libération, ni condamnation, ni collocation ou liquidation des sommes et valeurs, ni transmission de propriété ou jouissance de biens meubles ou immeubles (L. 22 frim. an 7, art. 3). Son taux varie suivant le degré d'utilité des conventions.

5. Le *droit proportionnel* n'est pas seulement, comme le droit fixe, le salaire de la formalité ; il est de plus une contribution assise sur les valeurs ; il est établi pour les obligations, libérations, condamnations, collocations ou liquidations de sommes et valeurs et pour toute transmission de propriété, d'usufruit et de jouissance de biens meubles et immeubles soit entre vifs, soit par décès (L. 22 frim. an 7, art. 4).

6. La loi du 28 févr. 1872 (D. P. 72. 4. 12) avait substitué au droit fixe simple, pour certains actes dont l'importance peut être mesurée par l'énonciation des sommes ou valeurs que ces actes constatent et mettent en évidence, un droit spécial participant à la fois du droit fixe et du droit proportionnel, sans se confondre néanmoins avec l'un ou l'autre de ces deux droits et désigné sous le nom générique de *droit fixe gradué*. Mais le droit dont il s'agit a été supprimé par l'art. 19 de la loi du 28 avr. 1893 (D. P. 93. 4. 79) et remplacé par un droit proportionnel. Ce droit proportionnel a été ainsi appliqué à une certaine catégorie d'actes contenant l'énonciation de sommes ou valeurs qui peuvent servir à en déterminer l'importance. Ces actes sont énumérés dans l'art. 1er de la loi du 28 févr. 1872 ; ce sont : 1° les actes de formation et de prorogation de société ; 2° les actes translatifs de propriété, d'usufruit ou de jouissance de biens immeubles situés en pays étranger ou dans les colonies françaises dans lesquelles l'enregistrement n'est pas établi ; 3° les actes de procès-verbaux de vente de marchandises avariées par suite d'événements de mer et des débris de navires naufragés ; 4° les contrats de mariage ; 5° les partages de biens meubles et immeubles entre copropriétaires, cohéritiers et coassociés à quelque titre que ce soit ; 6° les délivrances de legs ; 7° les mainlevées totales ou partielles d'hypothèques ; 8° les prorogations de délai pures et simples ; 9° les adjudications et marchés pour constructions, réparations, entretien, approvisionnements et fournitures dont le prix doit être payé directement par le Trésor public, les cautionnements relatifs à ces adjudications et marchés ; 10° les titres-nouvels et reconnaissances de rentes.

7. La perception du droit proportionnel suit les sommes de 20 francs en 20 francs inclusivement et sans fraction (L. 27 vent. an 9, art. 2, R. t. 21, p. 36). Il ne peut être perçu moins de 25 centimes pour l'enregistrement des actes et mutations dont les sommes et valeurs ne produiraient pas 25 centimes de droit proportionnel (L. 27 vent. an 9, art. 3). Le droit d'enregistrement du bulletin n° 2 du casier judiciaire délivré aux particuliers a été réduit à 20 centimes (L. 26 janv. 1892, art. 5, D. P. 92. 4. 9).

8. Presque tous les droits fixes et proportionnels d'enregistrement ont été augmentés par l'addition de décimes. La quotité, qui en a été modifiée à plusieurs reprises, est actuellement de 2 décimes et demi, soit de 25 pour cent (L. 6 prair. an 7, art. 1er, L. 21, p. 35 ; 23 août 1871, art. 1er, D. P. 71. 4. 54 ; 30 déc. 1873, art. 2, D. P. 74. 4. 30). — Par exception, ne sont pas soumis au droit des décimes : 1° la taxe sur les assurances maritimes (L. 23 août 1871, art. 6, n° 1, D. P. 71. 4. 54) ; 2° l'impôt de transmission sur les actions et obligations (L. 29 juin 1872, art. 3, D. P. 72. 4. 116) ; 3° l'impôt sur le revenu des valeurs mobilières (L. 29 juin 1872, art. 3 ; 26 déc. 1890, art. 4, D. P. 91. 4. 50) ; 4° la taxe annuelle d'accroissement due par les congrégations religieuses (L. 16 avr. 1895, art. 4, D. P. 95. 4. 92) ; 5° la taxe à percevoir sur les procès-verbaux de vente des objets mobiliers abandonnés chez les aubergistes (L. 31 mars 1896, art. 8, D. P. 96. 4. 33) ; 6° la taxe hypothécaire (L. 27 juill. 1900, art. 2, D. P. 1900. 4. 57) ; 7° les droits de mutation par décès et les droits d'enregistrement des donations entre vifs (L. 25 févr. 1901, art. 2 et 18, D. P. 1901. 4. 33).

9. Lorsque, dans un acte quelconque, il y a plusieurs dispositions indépendantes, ou ne dérivant pas nécessairement les unes des autres, il est dû pour chacune d'elles, et selon son espèce, un droit particulier (L. 22 frim. an 7, art. 11).

SECT. II. — Valeurs sur lesquelles le droit proportionnel est assis.

10. Le droit proportionnel est assis sur les valeurs. La valeur de la propriété et de la jouissance des biens meubles et immeubles est déterminée, pour la liquidation et le payement du droit proportionnel, ainsi qu'il suit : 1° Pour les baux et locations, sous-baux, cessions, rétrocessions et subrogations de baux, par le prix annuel exprimé, en y ajoutant les charges imposées au preneur (L. 22 frim. an 7, art. 14, n° 1, et 15, n° 1). Si le loyer ou fermage est stipulé payable en nature, il en est fait une évaluation d'après les dernières mercuriales du canton de la situation des biens. Mais s'il s'agit d'objets dont la valeur ne peut être constatée par les mercuriales, les parties en font une déclaration estimative. Pour les baux à portion de fruits, le droit d'enregistrement est perçu sur la valeur de la part revenant au bailleur.

11. 2° Pour les baux à rentes perpétuelles et ceux dont la durée est illimitée, par un capital formé de vingt fois la rente ou le prix annuel, et les charges aussi annuelles, en y ajoutant les autres charges en capital (même loi, art. 15, n° 2).

12. 3° Pour les baux à vie, sans distinction de ceux faits sur une ou plusieurs têtes, par un capital formé de dix fois le prix et les charges annuels, en y ajoutant également les autres charges s'il s'en trouve d'exprimées (art. 15, n° 3).

13. 4° Pour les créances à terme, leurs cessions et transports et autres actes obligatoires, par le capital exprimé dans l'acte et qui en fait l'objet (art. 14, n° 2).

14. 5° Pour les engagements d'immeubles, par les prix et sommes pour lesquels ils sont faits (art. 15, n° 5).

15. 6° Pour les quittances et tous autres actes de libération, par le total des sommes ou capitaux dont le débiteur se trouve libéré (art. 14, n° 3).

16. 7° Pour les marchés et traités, par le prix exprimé ou l'évaluation des objets qui en sont susceptibles (art. 14, n° 4).

17. 8° Pour les ventes, adjudications, cessions, rétrocessions, licitations et tous autres actes civils ou judiciaires portant translation de propriété ou d'usufruit à titre onéreux, par le prix exprimé et le capital des charges qui peuvent ajouter au prix (même loi, art. 14, n° 5, et 15, n° 6 ; L. 25 févr. 1901, art. 13, n° 1). — Toutefois, si le prix énoncé dans un acte translatif de propriété ou d'usufruit de fonds de commerce ou de biens immeubles à titre onéreux paraît inférieur à leur valeur vénale à l'époque de l'aliénation, par comparaison avec les fonds voisins de même nature, la Régie peut requérir une expertise, pourvu qu'elle en fasse la demande, dans les trois mois à compter du jour de l'enregistrement de l'acte ou de la déclaration de la mutation pour les cessions de fonds de commerce, et dans l'année à compter du même jour pour les ventes d'immeubles (L. 22 frim. an 7, art. 17 ; 28 févr. 1872, art. 8, § 4).

18. 9° Pour les échanges d'immeubles, par une évaluation qui doit être faite en capital, d'après le revenu annuel multiplié par vingt pour les immeubles urbains et vingt-cinq pour les immeubles ruraux, sans distraction des charges (L. 22 frim. an 7,

art. 15, n° 4). Pour les échanges d'usufruit ou de nue-propriété, la valeur de chacun des démembrements est estimée à une fraction de la pleine propriété calculée en raison de l'âge de l'usufruitier ou, s'il s'agit d'un usufruit à temps, d'après sa durée, suivant les règles qui seront exposées *infrà*, n° 27 (L. 25 févr. 1901, art. 15, n° 2).

19. 10° Pour les créations de rentes, soit perpétuelles, soit viagères, ou pensions à titre onéreux, par le capital constitué et aliéné (L. 22 frim. an 7, art. 14, n° 6).

20. 11° Pour les cessions ou transports desdites rentes ou pensions et pour leur amortissement ou rachat, par le capital constitué, quelque soit le prix stipulé pour le transport ou l'amortissement (art. 14, n° 7).

21. 12° Pour les rentes et pensions créées sans expression de capital, leurs transports et amortissements, à raison d'un capital formé de vingt fois la rente perpétuelle et de dix fois la rente viagère ou la pension, et quelque soit le prix stipulé pour le transport ou l'amortissement (art. 14, n° 9).

22. 13° Pour les actes et jugements portant condamnation, collocation, liquidation ou transmission, par le capital des sommes ou valeurs et les intérêts (même loi, art. 14, n° 10 ; L. 26 janv. 1892, art. 15).

23. 14° Pour les transmissions entre vifs à titre gratuit, par le capital exprimé dans l'acte pour les créances, par la déclaration estimative pour les meubles (L. 22 frim. an 7, art. 14, n° 8) ; par le cours moyen de la Bourse pour les valeurs cotées (L. 18 juill. 1836, art. 6 ; 18 mai 1850, art. 7 : 13 mai 1863, art. 11), et par un capital formé de vingt fois le revenu pour les immeubles urbains, et vingt-cinq fois pour les immeubles ruraux (L. 22 frim. an 7, art. 15, n° 7 ; 21 juin 1875, art. 2).

24. 15° Pour les mutations par décès, — en ce qui concerne les meubles : *a)* par l'estimation contenue dans les inventaires ou autres actes passés dans les deux années du décès ; *b)* par le prix estimé dans les actes de vente, lorsque cette vente a lieu publiquement et dans les deux années qui suivent le décès (observation que cette disposition s'applique aux objets inventoriés et estimés conformément au paragraphe 1er et de l'évaluation serait inférieure au prix de vente) ; *c)* à défaut d'inventaire, d'actes ou de vente, en prenant pour base 33 pour cent de l'évaluation faite dans les polices d'assurances en cours au jour du décès et souscrites par le défunt ou ses auteurs, moins de cinq ans avant l'ouverture de la succession, sauf preuve contraire (cette disposition ne s'applique pas aux polices d'assurances concernant les créances, les bestiaux et les marchandises) ; *d)* enfin, à défaut de toutes les bases d'évaluation établies aux trois paragraphes précédents, par la déclaration estimative des parties (L. 25 févr. 1901, art. 4) ; — en ce qui concerne les créances, rentes, actions, obligations, effets publics et immeubles, suivant les modes indiqués *supra*, n° 23, pour les transmissions entre vifs à titre gratuit.

25. Les droits de mutation à titre gratuit entre vifs et par décès doivent cependant être liquidés sur la valeur vénale en ce qui concerne les immeubles dont la destination actuelle n'est pas de procurer un revenu (L. 25 févr. 1901, art. 12).

26. La valeur de la nue propriété et de l'usufruit des biens meubles et immeubles est déterminée pour la liquidation et le payement des droits, savoir : 1° Pour les transmissions à titre onéreux de biens autres que créances, rentes ou pensions, par le prix exprimé, en y ajoutant toutes les charges en capital.

27. 2° Pour les échanges et pour les transmissions entre vifs à titre gratuit ou celles qui s'opèrent des mêmes biens par décès, par une évaluation faite de la manière sui-

vante : si l'usufruitier a moins de vingt ans révolus, l'usufruit est estimé aux sept dixièmes, et la nue propriété aux trois dixièmes de la propriété entière, telle qu'elle doit être évaluée d'après les règles qui viennent d'être établies. Au-dessus de cet âge, cette portion est diminuée pour l'usufruit et augmentée pour la nue propriété d'un dixième par chaque période de dix ans sans fraction. A partir de soixante-dix ans révolus de l'âge de l'usufruitier, la portion est fixée à un dixième pour l'usufruit et neuf dixièmes pour la nue propriété. — Pour déterminer la valeur de la nue propriété, il n'est tenu compte que des usufruits ouverts au jour de la mutation de cette nue propriété. Toutefois, dans le cas d'usufruits successifs, lorsque l'usufruit éventuel vient à s'ouvrir, le nu-propriétaire a droit à la restitution d'une somme égale à ce qu'il aurait payé en moins si le droit acquitté par lui avait été calculé d'après l'âge de l'usufruitier éventuel ; mais cette restitution a lieu dans les limites seulement du droit dû par celui-ci. — L'usufruit constitué pour une durée fixe est estimé aux deux dixièmes de la valeur de la propriété entière pour chaque période de dix ans de la durée de l'usufruit, sans fraction et sans égard à l'âge de l'usufruitier.

28. 3° Pour les créances à terme, les rentes perpétuelles ou non perpétuelles et pensions créées ou transmises à quelque titre que ce soit, et pour l'amortissement de ces rentes ou pensions, par une quotité de la valeur de la propriété entière, établie suivant les règles qui viennent d'être indiquées, d'après le capital déterminé par les paragraphes 2, 7 et 9 de l'art. 14 de la loi du 22 frim. an 7.

29. Il n'est rien dû pour la réunion de l'usufruit à la propriété, lorsque cette réunion a lieu par le décès de l'usufruitier ou l'expiration du temps fixé pour la durée de l'usufruit (L. 25 févr. 1901, art. 13).

30. Pour permettre d'établir la liquidation des droits à percevoir, les actes et déclarations régis par ces dernières dispositions doivent faire connaître la date et le lieu de la naissance de l'usufruitier, et si la naissance est arrivée hors de France ou d'Algérie, il doit être, en outre, justifié de cette date avant l'enregistrement, à défaut de quoi les droits les plus élevés doivent être perçus, sauf rectification de la perception si l'acte de naissance est représenté dans le délai de deux ans (même loi, art. 14).

31. Si les sommes ou valeurs sujettes au droit proportionnel ne sont pas déterminées dans les actes ou jugements, les parties sont tenues d'y suppléer par une déclaration estimative certifiée et signée au pied de l'acte (L. 22 frim. an 7, art. 16).

32. La déclaration doit être faite par les parties ou leurs mandataires ; cependant l'Administration admet le notaire rédacteur à faire l'évaluation en se portant fort pour ses clients. La perception effectuée sur ces bases ne peut être critiquée par les parties qui trouveraient l'évaluation exagérée ; elles sont seulement fondées à actionner le notaire en responsabilité du dommage qu'il leur a occasionné (Req. 10 juill. 1871, D. P. 71. 1. 215).

33. *Insuffisance de prix ou d'évaluation.* — *Expertise.* — Lorsque la valeur en capital ou en revenu qui, d'après les énonciations de l'acte ou la déclaration des parties, doit servir de base à la liquidation des droits, paraît inférieure à la valeur réelle, l'Administration a le droit d'en requérir l'expertise. — Cette mesure qui, en matière de revenu, n'est autorisée que lorsque l'insuffisance ne peut être établie par des actes faisant connaître le véritable revenu des biens, avait été restreinte, tout d'abord, aux mutations d'immeubles en propriété (L. 22 frim. an 7, art. 17, 19 et 30). Elle fut étendue plus tard aux mutations d'immeubles en jouissance (L. 23 août 1871, art. 11 et 15); aux mutations de fonds de commerce (L. 28 févr. 1872, art. 8); aux évaluations faites pour la taxe sur le revenu (L. 28 déc. 1880, art. 3, D. P. 81. 4. 97) et à celles faites pour l'assiette de la taxe d'accroissement (L. 16 avr. 1895, art. 5 et 6, D. P. 95. 4. 92).

34. Les contribuables, lorsqu'ils reconnaissent l'insuffisance, peuvent éviter l'expertise en souscrivant une soumission, c'est-à-dire un acte écrit sur papier timbré, contenant l'énonciation de l'insuffisance reconnue et l'engagement de payer les droits auxquels cette soumission donne ouverture.

35. La demande en expertise est présentée par l'Administration au tribunal de la situation des biens au moyen d'une requête qui contient nomination de l'expert de l'Administration (L. 22 frim. an 7, art. 18). — Cette requête doit être signifiée aux parties: dans les trois mois du jour de l'enregistrement du contrat ou de la déclaration s'il s'agit d'une insuffisance de prix ou d'évaluation de fonds de commerce (L. 28 févr. 1872, art. 8; 25 févr. 1901, art. 11, dernier paragraphe); dans le délai d'une année à compter du jour de l'enregistrement du contrat ou de la déclaration, s'il s'agit d'une insuffisance de prix ou de valeur vénale (L. 22 frim. an 7, art. 17; 28 déc. 1880, art. 3; 16 avr. 1895, art. 6); et dans le délai de deux ans à compter de l'enregistrement de l'acte ou de la déclaration s'il s'agit d'une insuffisance de revenu ou d'une insuffisance d'évaluation en valeur vénale contenue dans une donation ou une déclaration de succession, en ce qui concerne les immeubles dont la destination actuelle n'est pas de produire un revenu (L. 22 frim. an 7, art. 19, 61, n° 1; 25 févr. 1901, art. 12).

36. Lorsqu'il y a lieu de requérir l'expertise d'un immeuble ou d'un corps de domaine ne formant qu'une seule exploitation située dans le ressort de plusieurs tribunaux, la demande doit être portée au tribunal de première instance dans le ressort duquel se trouve le chef-lieu d'exploitation ou, à défaut de chef-lieu, la partie des biens présentant le plus grand revenu d'après la matrice du rôle (L. 25 févr. 1901, art. 17, § 1er).

37. L'expertise doit être ordonnée dans les dix jours de la demande (L. 22 frim. an 7, art. 18, § 2). — La partie, comme l'Administration, a le droit de nommer son expert; mais si elle omet de le nommer dans les trois jours de la sommation à elle faite, le tribunal doit lui en nommer un d'office (même loi, art. 18, § 3).

38. Les experts peuvent être récusés par les motifs pour lesquels les témoins peuvent être reprochés (Pr. 310). — Les nouveaux experts à nommer en cas de récusation, refus de la part des experts ou empêchement, doivent être désignés par l'Administration et par la partie ou, à défaut par cette dernière de les nommer, par le tribunal.

39. La loi de frimaire an 7 étant muette sur la prestation de serment, il y a lieu de se référer aux dispositions du Code de procédure civile: conformément à l'art. 305, les experts doivent prêter serment, soit devant un juge commissaire nommé par le tribunal, soit devant le juge de paix du canton où ils doivent procéder. — Lorsque les immeubles à expertiser se trouvent dans le ressort de plusieurs tribunaux, les experts prêtent serment devant le juge de paix du canton dans lequel se trouve le chef-lieu de l'exploitation ou, à défaut de chef-lieu, la partie des biens présentant le plus grand revenu d'après la matrice du rôle (L. 25 févr. 1901, art. 17, § 2). — Le procès-verbal de prestation de serment doit contenir l'indication, par les experts, du lieu, du jour et de l'heure de leur opération. En cas de présence des parties, cette indication vaut sommation;

en cas d'absence, il doit être fait sommation aux parties de se trouver aux jour et heure que les experts auront indiqués (Pr. 315).

40. Ces préliminaires remplis, les experts procèdent à l'expertise. — En cas de partage, ils appellent un tiers expert; s'ils ne peuvent s'entendre sur son choix, la nomination est faite par le juge de paix du canton de la situation des biens (L. 22 frim. an 7, art. 18, § 4; 25 févr. 1901, art. 17, § 2). — Il est procédé pour la prestation de serment du tiers expert comme pour celle des premiers experts.

41. Le procès-verbal d'expertise doit être rapporté, au plus tard, dans le mois qui suit la remise qui a été faite aux experts de l'ordonnance du tribunal, ou dans le mois après l'appel d'un tiers expert (L. 22 frim. an 7, art. 18, § 5). Ce délai, pas plus que celui de dix jours alloué au tribunal pour statuer sur la demande en expertise, n'est pas prescrit à peine de nullité.

42. La rédaction du rapport est soumise à des règles spéciales. Tandis qu'en droit commun, les experts dressent un seul rapport, ne formant qu'un seul avis à la pluralité des voix (Pr. 318), en matière d'enregistrement, chaque expert peut dresser un rapport faisant connaître son avis, et le tiers expert procède seul et sans l'assistance des experts qu'il est appelé à départager (Civ. c. 4 févr. 1846, D. P. 46. 1. 59).

43. Le rapport est levé et signifié par la partie la plus diligente. — Si les juges ne trouvent point dans le rapport des éclaircissements suffisants, ils peuvent annuler l'expertise et en ordonner une nouvelle. — Si, au contraire, l'expertise est précise dans ses résultats, le tribunal l'homologue, et, dans le cas où le résultat est tel qu'un supplément de droit soit exigible, l'Administration procède par voie de contrainte.

44. Lorsque le prix exprimé ou la valeur déclarée n'excède pas deux mille francs, l'expertise est faite par un seul expert nommé par toutes les parties ou, en cas de désaccord, par le président du tribunal et sur simple requête (L. 23 août 1871, art. 15). La procédure d'expertise n'a pas été modifiée par la loi du 23 août 1871, qui n'a eu pour but que de créer certains avantages, et notamment de supprimer la tierce expertise.

45. Lorsqu'il s'agit d'une expertise en valeur vénale et particulièrement d'une expertise requise au sujet d'un acte translatif d'immeubles à titre onéreux, les frais ne sont à la charge du redevable que lorsque l'estimation excède d'un huitième au moins le prix énoncé au contrat (L. 22 frim. an 7, art. 18, § 6).

46. Dans les expertises en revenu requises au sujet de transmissions par décès, le redevable doit acquitter les frais toutes les fois qu'une insuffisance est constatée, quelque minime que soit la différence (même loi, art. 39). — Cette règle a été reconnue applicable aux expertises auxquelles il est procédé pour la détermination du revenu d'immeubles transmis par donation entre vifs (Civ. c. 30 août 1869, D. P. 70. 1. 49). Mais la Cour de cassation a décidé que les conséquences légales de l'expertise, telles qu'elles sont déterminées par l'art. 18 de la loi de frimaire an 7, seules sont applicables au cas d'échange, c'est-à-dire que les frais de l'expertise ne doivent être mis à la charge du redevable que lorsque l'estimation excède d'un huitième la valeur déclarée (Civ. r. 30 mars 1852, D. P. 52. 1. 197).

47. Dans tous les cas où les frais de l'expertise tombent à la charge du redevable, il y a lieu au double droit d'enregistrement sur le supplément de l'estimation (L. 27 vent. an 9, art. 5).

48. Lorsque l'insuffisance d'estimation en valeur vénale est inférieure au huitième et que les frais de l'expertise restent à la charge

de l'Administration, le redevable est, néanmoins, tenu d'acquitter le droit simple sur la plus-value constatée par le rapport des experts (L. 22 frim. an 7, art. 18, § 7).

49. *Insuffisances mobilières.* — Si, dans les cas autres que ceux spécialement prévus par la loi, l'Administration n'a pas le droit de provoquer l'expertise des évaluations mobilières produites par les parties pour la perception des droits et qu'elle soupçonne d'être fausses ou incomplètes, elle peut, néanmoins, les contrôler au moyen des renseignements fournis par les actes produits à la formalité et portés régulièrement à sa connaissance.

50. Lorsque l'insuffisance est relevée dans une déclaration de succession, elle est punie d'un droit en sus si elle résulte d'un acte antérieur à la déclaration; mais si, au contraire, l'acte est postérieur à cette déclaration, il ne doit être perçu qu'un droit simple sur la différence existant entre l'estimation des parties et l'évaluation contenue aux actes (L. 25 févr. 1901, art. 11).

51. L'insuffisance constatée dans une donation entre vifs ne peut, à défaut d'une disposition spéciale prononçant une pénalité, donner lieu qu'à un supplément de droit simple (Civ. r. 20 nov. 1889, D. P. 90. 1. 201).

52. En matière de ventes mobilières, le droit proportionnel ayant pour base unique le prix exprimé, l'Administration n'est pas admise à en établir l'insuffisance pour réclamer un supplément de droit, dès lors qu'elle n'en conteste pas la sincérité (Trib. civ. de la Seine, 19 janv. 1894).

53. *Dissimulation de prix.* — Aux termes de l'art. 12 de la loi du 23 août 1871, la *dissimulation*, c'est-à-dire l'énonciation frauduleuse commise dans l'indication du prix d'une vente ou de la soulte d'un échange ou d'un partage, est punie d'une amende égale au quart de la somme dissimulée. — Cette amende est soumise aux décimes; elle se calcule sans arrondir les sommes de 20 francs en 20 francs et est payée solidairement par les parties, sauf à la répartir entre elles par égale part. — Il est dû, en outre, un droit simple sur la somme dissimulée et un droit en sus s'il y a une insuffisance de prix.

54. La dissimulation peut être établie pendant trente ans par tous les genres de preuve admis par le droit commun. Toutefois, l'Administration ne peut déférer le serment décisoire, et elle ne peut user de la preuve testimoniale que pendant dix ans à partir de l'enregistrement de l'acte.

55. L'exploit d'ajournement est donné, soit devant le juge de paix du domicile de l'un des défendeurs, soit devant celui de la situation des biens, au choix de l'Administration. La cause est portée, suivant l'importance de la réclamation, soit devant la justice de paix, soit devant le tribunal civil. Elle est instruite et jugée comme en matière sommaire; elle est sujette à appel, s'il y a lieu. Le ministère des avoués n'est pas obligatoire; les parties qui n'ont pas constitué avoué ou qui ne sont pas domiciliées dans le lieu où siège le tribunal ou la justice de paix sont tenues d'y faire élection de domicile, à défaut de quoi toutes significations sont valablement faites au greffe.

56. Le notaire qui reçoit un acte de vente, d'échange ou de partage est tenu de donner lecture aux parties des dispositions des articles 12 et 13 de la loi du 23 août 1871 et de faire, dans l'acte, mention expresse de cette lecture, à peine d'une amende de dix francs (L. 23 août 1871, art. 13). — Toutefois, les adjudications publiques passées pour la loi du 3 août 1875 (D. P. 76. 4. 45). L'administration de l'Enregistrement persiste, cependant, à soutenir que les adjudications faites aux enchères, à l'amiable, devant notaire, y sont toujours soumises, et que seules les adjudications faites à la barre du tribunal ou devant un notaire commis en ont été dispensées.

57. Ces dispositions de la loi du 23 août 1871, qui n'étaient applicables qu'aux mutations immobilières à titre onéreux, ont été étendues aux mutations de propriété de fonds de commerce par l'art. 8 de la loi du 28 févr. 1872.

58. La dissimulation des sommes ou valeurs ayant servi de base à la perception du droit proportionnel substitué au droit gradué, pour les actes énumérés dans l'art. 1er de la loi du 28 févr. 1872 (V. suprà, n° 6), peut être établie par l'Administration dans le délai de deux années à partir de l'enregistrement, par des actes ou écrits émanés des parties ou par des jugements. Cette constatation donne lieu à la perception, indépendamment des droits simples complémentaires, d'un droit en sus qui ne peut être inférieur à 50 francs (L. 28 avr. 1893, art. 21).

59. Des dispositions identiques ont été édictées pour le contrôle des sommes ou valeurs servant de base à la taxe hypothécaire (L. 27 juill. 1900, art. 5, D. P. 1900. 4. 57); toutefois, le droit en sus n'est pas sujet aux décimes.

SECT. III. — **Délais pour l'enregistrement des actes et déclarations.**

60. Tous les actes notariés, sous seings privés, judiciaires, extraordinaires et administratifs sont enregistrés sur les minutes, brevets ou originaux; il n'est dû aucun droit pour les extraits, copies ou expéditions (L. 22 frim. an 7, art. 7 et 8; 28 avr. 1816, art. 38).

61. Les délais pour l'enregistrement des actes sont : 1° De quatre jours pour ceux des huissiers et autres ayant pouvoir de faire des exploits et procès-verbaux. Pour les procès-verbaux, ce délai court du jour de l'affirmation ou de celui de la clôture du procès-verbal, s'il n'est pas sujet à l'affirmation (L. 22 frim. an 7, art. 20, § 1er; 15 avr. 1829, art. 47). — Les procès-verbaux dressés par les vérificateurs des poids et mesures doivent être enregistrés dans les quinze jours qui suivent celui de l'affirmation (Ord. 17 avr. 1889, art. 42). — Le délai pour les procès-verbaux des ventes publiques de marchandises faites par les courtiers a été porté à dix jours (L. 28 juin 1861, art. 17, D. P. 61. 4. 84).

62. 2° De dix jours pour les actes des notaires qui résident dans la commune où le bureau d'enregistrement est établi, et de quinze jours pour ceux des notaires qui n'y résident pas (L. 22 frim. an 7, art. 20, § 2 et 3).

63. Des délais exceptionnels ont été fixés pour certains actes notariés : — a) Les protêts faits par les notaires doivent être enregistrés dans le même délai que ceux faits par les huissiers (L. 24 mai 1834, art. 23); — b) Les procès-verbaux d'adjudication des baux à ferme des biens des hospices et autres établissements publics de bienfaisance ou d'instruction publique doivent être enregistrés dans le délai de quinze jours après celui de l'approbation donnée par le préfet (Décr. 12 août 1807, art. 5); — c) Pour les actes notariés concernant les communes et les établissements publics qui sont soumis à l'approbation de l'autorité administrative, le délai d'enregistrement est de vingt jours, à partir du jour de la remise par le maire, au notaire, de l'arrêté d'approbation. Cette remise est constatée au moyen d'une mention datée et signée par le maire, en marge de l'arrêté (Décis. min. Fin. 25 mars 1865; Instr. Reg. 10 août 1865, n° 2315, D. P. 65. 3. 77). — d) Les testaments ou les actes de révocation qui les concernent doivent être enregistrés seulement dans les trois mois du décès du testateur (L. 22 frim. an 7, art. 21; Sol. admin. Enreg. 29 déc. 1879, D. P. 80. 3. 47). — e) Les donations entre époux pendant

le mariage sont soumises à la même règle. Toutefois, lorsque ces donations peuvent être considérées, non comme des libéralités à cause de mort, mais comme des donations entre vifs, emportant dessaisissement actuel, et susceptibles d'être exécutées du vivant du donateur, elles doivent être enregistrées dans les délais ordinaires (Civ. c. 31 août 1853, D. P. 53. 1. 288). — Le délai pour l'enregistrement d'un acte notarié fait à plusieurs dates court du jour où le contrat, apprécié d'après les termes du droit civil, doit être considéré comme parfait (Req. 17 nov. 1862, D. P. 63. 1. 70).

64. 3° De vingt jours pour les actes judiciaires (L. 22 frim. an 7, art. 20, § 4; 27 vent. an 9, art. 14 et 16);

65. 4° De vingt jours aussi pour les actes des administrations publiques et ceux des établissements publics assujettis à la formalité de l'enregistrement (L. 22 frim. an 7, art. 20, § 5; 27 vent. an 9, art. 7; 15 mai 1818, art. 78, R. t. 21, p. 41; V. suprà, Commune, n°s 509 et s.).

66. 5° De trois mois pour les actes sous seing privé portant mutation de propriété, d'usufruit ou de jouissance d'immeubles (L. 22 frim. an 7, art. 22; 23 août 1871, art. 14) et mutation de propriété de fonds de commerce ou de clientèle (L. 28 févr. 1872, art. 8, § 1er). — Pour les actes de ces espèces qui sont passés en pays étranger ou dans les colonies françaises où l'enregistrement n'a pas encore été établi, le délai est de six mois s'ils sont faits en Europe, d'une année si c'est en Amérique, et de deux années si c'est en Asie ou en Afrique (L. 22 frim. an 7, art. 22, § 5). — Quant aux actes sous signature privée ou passés en pays étranger et qui ont un tout autre objet, il n'y a point de délai de rigueur pour leur enregistrement; mais il ne peut en être fait aucun usage, soit par acte public, soit en justice, ou devant une autorité constituée, qu'ils n'aient été enregistrés (même loi, art. 23).

67. 6° De trois mois à compter de la prise de possession ou de l'entrée en jouissance, pour les déclarations des mutations verbales entre vifs de propriété, d'usufruit ou de jouissance de biens immeubles et de propriété ou d'usufruit de fonds de commerce (L. 22 frim. an 7, art. 4; 23 août 1871, art. 11 et 14; 28 févr. 1872, art. 6 et 8, § 2).

68. 7° De six mois à compter du jour du décès, pour les déclarations que les héritiers, donataires ou légataires ont à passer des biens à eux échus ou transmis par décès, lorsque celui dont on recueille la succession est décédé en France. — Ce délai est porté à huit mois, si le de cujus est décédé dans toute autre partie de l'Europe; à une année, s'il est mort en Amérique; et à deux années, si c'est en Afrique ou en Asie (L. 22 frim. an 7, art. 24).

69. Le jugement d'envoi en possession des biens d'un absent étant considéré comme le point de départ des droits, les envoyés en possession sont tenus de faire, dans les six mois du jour de l'envoi en possession provisoire, la déclaration à laquelle ils seraient tenus s'ils étaient appelés par effet de la mort (L. 22 avr. 1816, art. 40).

70. Le délai de six mois ne court que du jour de la mise en possession pour les successions séquestrées, la succession d'un défenseur de la patrie mort en activité de service hors de son département, et pour les successions recueillies par indivis avec la Nation (L. 22 frim. an 7, art. 24).

71. Pour les successions de personnes décédées hors de France, si, avant les derniers délais fixés pour les déclarations, les héritiers prennent possession des biens, il ne reste d'autre délai à courir, pour passer déclaration, que celui de six mois, à compter du jour de la prise de possession (même article).

72. Pour le calcul des délais qui viennent d'être indiqués, le jour de la date de l'acte ou de la mutation (dies a quo) n'est point compté, mais on compte celui de l'échéance, (dies ad quem). Il est cependant généralement admis que, par exception à cette règle, on doit comprendre le dies a quo dans le délai de trois mois fixé par l'art. 11 de la loi du 23 août 1871, pour l'enregistrement des locations verbales d'immeubles (Arr. min. Fin. 21 nov. 1871, D. P. 71. 3. 93).

73. Si le dernier jour du délai se trouve être un dimanche ou un jour férié, ce jour n'est pas compté (L. 22 frim. an 7, art. 25). V. infrà, Jour férié.

SECT. IV. — **Bureaux où les actes et mutations doivent être enregistrés.**

74. Les notaires sont obligés de faire enregistrer leurs actes au bureau dans l'arrondissement duquel ils résident (L. 22 frim. an 7, art. 26, § 1er). — Néanmoins, dans la pratique, on admet : 1° les notaires, résidant dans les villes où il y a une cour d'appel, à faire enregistrer les inventaires au bureau des lieux où est instrumenté la charge, toutefois, de soumettre la séance de clôture à la formalité, au bureau de leur résidence (Décr. 12 therm. an 12); 2° les parties à stipuler dans un acte reçu en double minute que tel des deux notaires rédacteurs sera tenu d'acquitter les droits. Les actes passés en double minute doivent être enregistrés tant sur la première que sur la seconde minute au bureau de la résidence de chacun des notaires; à défaut de convention, les droits sont acquittés par le plus ancien des notaires lorsqu'ils sont l'un et l'autre domiciliés dans le ressort du même bureau ou que ni l'un ni l'autre n'est domicilié dans la circonscription du bureau où l'acte a été passé; dans le cas contraire, le payement doit être effectué par celui des deux notaires qui réside dans l'arrondissement du bureau où l'acte a été passé, si l'un d'eux seulement est domicilié dans ce ressort (Décr. 15 août 1808); 3° le notaire qui remplace un confrère, à faire enregistrer la minute au bureau du notaire suppléé (Instr. admin. Enreg. 11 nov. 1819, n° 909); 4° le notaire commis par le tribunal pour recevoir les actes des clients d'un confrère décédé, à la condition d'en remettre les minutes au successeur, à faire enregistrer ces actes, soit au bureau de sa résidence, soit au bureau dans l'arrondissement duquel se trouve l'étude vacante (Sol. admin. Enreg. 14 déc. 1839).

75. Les procès-verbaux des ventes publiques de meubles ne peuvent être enregistrés qu'aux bureaux où les déclarations préalables à la vente ont été faites, c'est-à-dire aux bureaux dans l'arrondissement desquels les ventes ont eu lieu (L. 22 pluv. an 7, art. 2 et 6).

76. Les huissiers et tous autres ayant pouvoir de faire des exploits, procès-verbaux ou rapports, peuvent faire enregistrer leurs actes, soit au bureau de leur résidence, soit au bureau où ils les ont faits (L. 22 frim. an 7, art. 26, § 2).

77. Les greffiers et les secrétaires des Administrations publiques font enregistrer les actes qu'ils sont tenus de soumettre à cette formalité aux bureaux dans l'arrondissement desquels ils exercent leurs fonctions (même loi, art. 26, § 1er).

78. Les actes sous seing privé et les actes passés en pays étranger peuvent être enregistrés dans tous les bureaux indistinctement.

79. Les déclarations de mutations verbales de propriété ou d'usufruit d'immeubles peuvent également être faites dans un bureau quelconque. De même, pour les déclarations relatives aux locations verbales d'immeubles, la loi du 23 août 1871 n'ayant fait aucune désignation, la déclaration doit être reçue dans le bureau quel qu'il soit où elle est présentée.

80. Relativement aux mutations de fonds de commerce, la loi exige que la déclaration soit faite au bureau de la situation du fonds de commerce (L. 28 févr. 1872, art. 8, § 2).

81. Les mutations par décès sont enregistrées au bureau du domicile du décédé, quelle que soit la situation des valeurs mobilières ou immobilières à déclarer. A défaut de domicile en France, la déclaration est passée au bureau du lieu du décès ou, si le décès n'est pas survenu en France, à celui des bureaux qui est désigné par l'Administration (L. 25 févr. 1901, art. 16).

82. Les bureaux d'enregistrement doivent être ouverts au public quatre heures le matin et quatre heures l'après-midi (L. 27 mai 1791, art. 11). Il est d'usage aujourd'hui, dans l'Administration, de ne faire qu'une seule séance qui commence à huit heures du matin et finit à quatre heures de l'après-midi. — Les heures d'ouverture et de clôture doivent être affichées à la porte du bureau. Les receveurs peuvent et doivent refuser l'enregistrement des actes qui leur sont présentés après l'heure de la clôture de leur bureau annoncée par l'affiche (Civ. c. 28 févr. 1838, R. t. 22, p. 521).

83. Indépendamment de leur présence au bureau, les receveurs doivent assurer le payement des taxes aux témoins cités en justice, tous les jours, sans exception, une heure avant la lever jusqu'à une heure après le coucher du soleil (Arr. Direct. 29 frim. an 6; Circ. admin. Enreg. nᵒˢ 1164 et 1332).

SECT. V. — Payement des droits.

84. Les droits des actes et ceux des mutations par décès doivent être payés avant l'enregistrement, aux taux et quotités réglés par la loi. Le redevable ne peut pour un motif quelconque en différer le payement, même sous prétexte d'exagération dans la demande du receveur, ni se soustraire aux pénalités applicables à défaut d'enregistrement, en offrant réellement une somme inférieure au montant des droits exigés par le receveur (L. 22 frim. an 7, art. 28; Civ. c. 25 mars 1872, D. P. 72. 1. 314).

85. Les officiers publics (notaires, huissiers, greffiers) sont tenus personnellement à l'acquit des droits des actes de leur ministere et de ceux exigibles sur les actes sous seings privés qui y sont annexés (L. 22 frim. an 7, art. 29; 16 janv. 1824, art. 13). — Les notaires sont donc obligés de faire l'avance de tous les droits auxquels donnent ouverture les actes qu'ils reçoivent (Civ. r. 10 déc. 1877, D. P. 77. 5. 187). Une exception à cette règle a cependant été admise pour les testaments et autres actes de libéralité à cause de mort qui sont reçus par les notaires et dont les droits doivent être payés par les légataires, donataires ou leurs tuteurs et les exécuteurs testamentaires (Sol. admin. Enreg. 22 janv. 1867, D. P. 67. 3. 64). — Après l'accomplissement de la formalité, l'Administration n'a plus d'action que contre les parties pour le recouvrement des suppléments de droits qui peuvent devenir exigibles.

86. Si les droits exigés par les receveurs paraissent exagérés, les parties ou leurs mandataires peuvent réclamer la restitution des droits perçus en trop. Ces demandes en restitution peuvent être faites amiablement, par voie de pétition adressée à l'Administration, ou par la voie contentieuse, au moyen d'une assignation devant le tribunal civil.

87. Les notaires ont le droit de recourir contre leurs clients pour le remboursement des droits dont ils ont fait l'avance. Ce recours ne peut être exercé qu'après avoir obtenu la taxe conformément aux règles prescrites par la loi du 3 déc. 1897.

88. Les droits dus sur les jugements rendus à l'audience et sur les actes d'adjudication passés en séance publique dans les préfectures, sous-préfectures, mairies et établissements publics, doivent être recouvrés directement sur les parties lorsqu'elles ne les ont pas consignés entre les mains des greffiers et des secrétaires dans le délai prescrit pour l'enregistrement. — A cet effet, les greffiers et les secrétaires fournissent aux receveurs de l'enregistrement, dans les dix jours qui suivent l'expiration du délai, des extraits par eux certifiés des actes et jugements dont les droits ne leur ont pas été remis par les parties, et ce, à peine d'une amende de dix francs pour chaque acte et jugement, et d'être en outre personnellement contraints au payement des doubles droits (L. 22 frim. an 7, art. 37; 16 juin 1824, art. 10).

89. Les droits des actes sous seing privé ou passés en pays étranger sont acquittés par celle des parties qui présente l'acte à la formalité (L. 22 frim. an 7, art. 29, § 6).

90. Par rapport aux parties, les droits des actes civils et judiciaires emportant obligation, libération ou translation de propriété ou d'usufruit de meubles ou immeubles sont supportés par les débiteurs ou nouveaux possesseurs, et ceux de tous les autres actes par les parties auxquelles ces actes profitent lorsque, dans ces divers cas, il n'a pas été stipulé de dispositions contraires dans les actes (même loi, art. 31).

91. Les droits dus sur les déclarations de mutations par décès sont à la charge des héritiers, donataires ou légataires. L'obligation d'acquitter les droits pèse sur le curateur, sur le curateur à une succession vacante, sur l'exécuteur testamentaire; tous représentent, en effet, l'hérédité ou sont chargés de ses actions. L'obligation pèse également sur l'héritier bénéficiaire comme sur l'héritier pur et simple.

92. Les cohéritiers sont solidaires pour le payement du droit de mutation (L. 22 frim. an 7, art. 32). Mais la solidarité ne pouvant jamais se suppléer, elle ne doit pas être étendue aux légataires, dès que la loi n'a parlé que des héritiers.

93. Outre l'action personnelle et solidaire que la loi lui accorde contre les héritiers pour le recouvrement des droits de mutation, la Régie a une action réelle, mais limitée sur les revenus des biens à déclarer, en quelques mains qu'ils se trouvent (même article). — Cette action, qui n'avait été accordée que pour les mutations par décès, a été étendue au recouvrement de la taxe d'accroissement par l'art. 7 de la loi du 16 avr. 1895.

94. L'obligation de payer les droits dus au Trésor public est subordonnée à la condition résolutoire qu'il ne soit pas justifié, avant la perception, que le contrat qui la motive a cessé d'exister par suite d'une annulation prononcée en justice. Si cette preuve est fournie, l'obligation née au profit du Trésor public se trouvent anéantie à partir de l'instant même où elle avait commencé, la perception ne peut plus être exigée, à moins toutefois que, avant l'annulation, ne soit intervenu contre le débiteur un jugement de condamnation à payement passé en force de chose jugée, lequel ferait obstacle à l'effet rétroactif de la condition résolutoire (Civ. c. 28 janv. 1890, D. P. 90. 1. 177).

95. Lorsque le prix de vente d'une maison individuelle à bon marché a été stipulé payable par annuités, la perception du droit d'enregistrement peut, sur la demande des parties, être effectuée en plusieurs fractions égales, sans que le nombre de ces fractions puisse excéder celui des annuités prévues au contrat, ni être supérieur à cinq. Le payement de la première fraction a lieu au

moment où le contrat est enregistré; les autres fractions sont exigibles d'année en année et doivent être acquittées dans le trimestre qui suit l'échéance de chaque année (L. 30 nov. 1894, art. 10, D. P. 95. 4. 41).

96. Par exception à la règle que tous les actes civils et judiciaires sont frappés immédiatement d'un droit d'enregistrement, certains actes sont l'objet d'une faveur spéciale plus ou moins étendue. Cette faveur consiste dans l'ajournement de la perception du droit pour les actes enregistrés en débet, dans la gratuité pour les actes enregistrés gratis et dans l'exemption absolue de la formalité pour les actes exempts d'enregistrement.

97. Sont enregistrés en débet : 1ᵒ les actes de la police ordinaire qui comprennent : les actes et procès-verbaux des huissiers, commissaires de police, gendarmes, préposés, gardes champêtres ou forestiers, destinés à constater et poursuivre les contraventions de simple police ; les jugements rendus par les tribunaux de simple police ; les actes faits à la requête du ministère public dans les instances pendantes devant le tribunal correctionnel ; les jugements correctionnels, les appels de ces jugements quand l'appelant est détenu ou même les pourvois en cassation (L. 22 frim. an 7, art. 70, § 1ᵉʳ; For. 104; Ord. 22 mai 1816, art. 4 et 5; L. 25 mars 1817, art. 74 ; 15 avr. 1829, art. 47 (pêche fluviale et maritime); Ord. 17 avr. 1837, art. 42 (poids et mesures); L. 15 juill. 1845, art. 24 (police des chemins de fer), D. P. 45. 3. 163; 30 mai 1851, art. 19 (police du roulage), D. P. 51. 4. 82; Décr. 27 déc. 1851, art. 1ᵉʳ (lignes télégraphiques), D. P. 52. 4. 24 ; 28 mars 1852, art. 14, et L. 1ᵉʳ mars 1888, art. 5 (pêche du hareng), D. P. 52. 4. 117 et 88. 4. 30; Décr. 10 août 1853, art. 40 et 47; 16 août 1853, art. 31 et 39, et L. 22 juin 1854 (servitudes militaires et zones frontières), D. P. 53. 4. 216, 227 et 54. 4. 122; Décr. 1ᵉʳ mars 1854, art. 491 et 492 (gendarmerie), D. P. 54. 4. 40; L. 14 juill. 1856, art. 16 (eaux minérales), D. P. 56. 4. 85; 21 juill. 1856, art. 22 (machines et bateaux à vapeur), D. P. 56. 4. 118; 18 juill. 1860, art. 11 (émigration), D. P. 60. 4. 92; 8 juin 1895 (revision des procès criminels et correctionnels), D. P. 95. 4. 80; — 2ᵒ les actes de la procédure engagée d'office par le ministère public en matière d'interdiction, de rectification des actes de l'état civil, de discipline notariale, ou de mesures conservatoires à prendre dans l'intérêt de mineurs ou d'absents (Décr. 18 juin 1811, art. 118, 121, 122); — 3ᵒ les actes et jugements auxquels peut donner lieu la réclamation contre un placement dans un établissement d'aliénés (L. 30 juin 1838, art. 39); — 4ᵒ les actes de procédure, les jugements et les actes nécessaires à leur exécution, dans les contestations entre patrons et ouvriers devant le conseil des prud'hommes, en appel et devant la Cour de cassation (L. 7 août 1850, art. 1 et 2, D. P. 50. 4. 46; 23 janv. 1851, art. 27, D. P. 51. 4. 25); — 5ᵒ les actes de la procédure faite à la requête d'un assisté judiciaire (L. 22 janv. 1851, art. 14. D. P. 51. 4. 7; 10 juill. 1901, art. 14, D. P. 1901. 4. 9). — Le payement des droits d'enregistrement de ces actes, procès-verbaux et jugements, est poursuivi contre les parties condamnées, d'après les extraits des jugements qui sont fournis aux préposés de la Régie par les greffiers.

98. Sont enregistrés gratis : 1ᵒ les actes d'acquisition et d'échange faits par l'État; les partages des biens entre l'État et des particuliers, et tous autres actes faits à ce sujet (L. 22 frim. an 7, art. 70, § 2, nᵒ 1); — 2ᵒ les actes de la procédure, tant en demande qu'en défense, ayant pour objet le recouvrement des contributions directes et indirectes, et de toutes autres sommes dues à l'État, lorsqu'il s'agit de cotes de 100 francs et au-dessous (L. 22 frim. an 7, art. 70, § 2, et 16 juin 1824, art. 6); — 3º les actes des huissiers et gendarmes en matière de police générale, sûreté et vindicte publique (L. 22 frim. an 7, art. 70, § 2, nº 3; Ord. 22 mai 1816, art. 1er (matières criminelles); Décr. 1er mars 1854, art. 49, D. P. 54. 4. 40; L. 9 juin 1857, art. 183 (gendarmerie), D. P. 57. 4. 115); — 4º les actes de procédure et les jugements à la requête du ministère public, ayant pour objet : a) de réparer les omissions et faire les rectifications, sur les registres de l'état civil, d'actes qui intéressent les indigents; b) de remplacer les registres de l'état civil perdus ou incendiés par des événements de guerre et de suppléer aux registres qui n'auraient pas été tenus (L. 25 mars 1817, art. 75); — 5º les actes nécessaires pour le mariage des indigents et pour la reconnaissance de leurs enfants naturels (L. 15 mai 1818, art. 77; 10 déc. 1850, art. 4, D. P. 51. 4. 9; 20 juin 1896, art. 6, D. P. 96. 4. 59); — 6º les actes et jugements en matière d'expropriation pour cause d'utilité publique, d'alignement et d'occupation temporaire pour cause d'utilité publique (L. 3 mai 1841, art. 58, R. vº *Expropriation pour cause d'utilité publique*, p. 512; Décr. 26 mars 1852, art. 2, § 5 et 9; L. 29 déc. 1892, art. 19, D. P. 93. 4. 56; 13 avr. 1900, art. 3, D. P. 1900. 4. 33); — 7º les actes à passer pour la constitution des associations ouvrières et ceux constatant les prêts faits par l'État à ces associations (L. 15 nov. 1848, art. 1er, D. P. 48. 4. 191); — 8º tous les actes judiciaires en matière électorale (L. 15 mars 1849, art. 13, D. P. 49. 4. 49; Décr. 2 févr. 1852, art. 24, D. P. 52. 4. 49; L. 21 déc. 1871, art. 2, D. P. 72. 4. 3; 5 avr. 1884, D. P. 84. 4. 25); — 9º les citations, actes de procédure et jugements en matière de pêche côtière (Décr. 23 juin 1846, art. 3, D. P. 46. 3. 110; 9 juin 1852, art. 21, D. P. 52. 4. 41; L. 15 janv. 1884, art. 5, D. P. 84. 4. 88; 1er mars 1888, art. 5, D. P. 88. 4. 30); — 10º les polices d'assurances maritimes ou contre l'incendie (L. 23 août 1871, art. 6, § 1er, D. P. 71. 4. 54); — 11º les actes relatifs aux réquisitions militaires (L. 18 déc. 1878, D. P. 79. 4. 9); — 12º les engagements par les propriétaires pour la submersion ou l'irrigation de terrains par le canal du Midi (L. 3 avr. 1880, art. 6; 27 juill. 1886, art. 7; 31 juill. 1888, art. 8; 31 juill. 1889, art. 6); — 13º les actes de toute nature faits pour le rachat des ponts à péage (L. 30 juill. 1880, art. 5, D. P. 81. 4. 24); — 14º les marchés relatifs au service des colis postaux (L. 3 mars 1881, art. 8, D. P. 82. 4. 41; 24 juill. 1881, art. 7. D. P. 82. 4. 43; 12 avr. 1892, art. 5, D. P. 92. 4. 44; 17 juill. 1897, art. 2, D. P. 97. 4. 67); — 15º les requêtes présentées au tribunal dans les cas prévus par la loi du 24 juill. 1889 sur la protection des enfants maltraités ou moralement abandonnés (L. 24 juill. 1889, art. 18, 21 et 23, D. P. 90. 4. 15); — 16º les actes faits en exécution de la loi sur la conciliation et l'arbitrage en matière de différends collectifs entre patrons et ouvriers ou employés (L. 27 déc. 1892, art. 14, D. P. 93. 4. 33); — 17º les certificats, significations, jugements, contrats, quittances et autres actes faits en vertu de la loi sur l'assistance médicale gratuite (L. 15 juill. 1893, art. 32, D. P. 94. 4. 22); — 18º les actes nécessaires à la constitution et à la dissolution des associations de construction et de crédit relatives aux habitations à bon marché (L. 30 nov. 1894, art. 11, D. P. 95. 4. 41; 31 mars 1896, art. 1er, D. P. 96. 4. 77); — 19º les certificats de propriété et actes de notoriété exigés par les caisses d'épargne (L. 20 juill. 1895, art. 23, D. P. 96. 4. 1); — 20º tous les actes relatifs à la vente des objets mobiliers abandonnés chez les aubergistes (L. 31 mars 1896, art. 8, D. P. 96. 4. 33); — 21º les actes et juge-

ments dans les instances en responsabilité des accidents dont les ouvriers sont victimes dans leur travail (L. 9 avr. 1898, art. 29, D. P. 98. 4. 49); — 22º les actes, jugements et arrêts relatifs aux rectifications des mentions portées au casier judiciaire et à la réhabilitation de droit (L. 5 août 1899, art. 14, D. P. 99. 4. 113; 11 juill. 1900, art. 1er, D. P. 1900. 4. 60).

99. Sont exempts de la formalité de l'enregistrement : 1º les actes du Corps législatif et du Gouvernement (L. 22 frim. an 7, art. 70, §3, nº1); — 2º les actes administratifs, sauf ceux qui sont soumis à la formalité par des dispositions spéciales (même loi, art. 70, § 3, nº 2, et L. 15 mai 1818, art. 78); — 3º les inscriptions sur le Grand Livre de la Dette publique, leurs transferts et mutations, à l'exception des transmissions entre vifs à titre gratuit, et des mutations par décès (L. 22 frim. an 7, art. 70, § 3; 18 juill. 1836, art. 6; 18 mai 1850, art. 7, D. P. 50. 4. 87; 8 juill. 1852, art. 25, D. P. 52. 4. 184); — 4º les pièces et registres de la comptabilité publique, tels que mandats, ordonnances de payement, quittances, ordonnances de décharge, réduction, remise ou modération, récépissés (L. 22 frim. an 7, art. 70, § 3, nos 4 à 7); — 5º tous les actes de l'état civil, sauf les reconnaissances d'enfant naturel contenues dans l'acte de célébration du mariage (même loi, art. 70, § 3, nº 8; L. 28 avr. 1816, art. 43, nº 22); — 6º les actes, procès-verbaux et jugements concernant la police générale et de sûreté et la vindicte publique (sauf ceux des huissiers et gendarmes, qui doivent être enregistrés gratis) (L. 22 frim. an 7, art. 70, § 3, nº 9; Décr. 24 mars 1852, art. 46 (tribunaux maritimes), D. P. 52. 4. 127); — 7º les avertissements délivrés pour citer devant le bureau de conciliation tenu par le juge de paix; les mentions ou certificats de non comparution (L. 22 frim. an 7, art. 70, § 3, nº 10; 18 therm. an 7; Décis. min. Fin. 7 juin 1808; Instr. Reg. nº 390, § 9, et 436, § 10); — 8º les légalisations de signature d'officiers publics et les dépôts de signature et paraphe (L. 22 frim. an 7, art. 70, §3, nº 11; Décis. min. Fin. 17 oct. 1821; Instr. Reg. nº 1008); 9º les affirmations des procès-verbaux des employés, gardes et agents salariés par l'État, faits dans l'exercice de leurs fonctions (L. 22 frim. an 7, art. 70, § 3, nº 12); — 10º les pièces relatives à l'Administration de l'armée de terre et de mer, les engagements, rôles d'équipage de la marine marchande (même loi, art. 70, § 3, nº 13); — 11º les passeports (même article, nº 14); — 12º les lettres de change, endossements et acquits de lettres de change, billets à ordre et autres effets négociables, sauf lorsque ces divers effets font l'objet d'un protêt (même loi, art. 70, § 3, nº 15; L. 28 avr. 1816, art. 50; 28 févr. 1872, art. 10); — 13º les pièces justificatives de comptes (Pr. 537); — 14º les délibérations des chambres de discipline des avoués, notaires, huissiers et commissaires - priseurs (Arr. 13 brim. an 9, art. 13; 29 germ. an 9, art. 1er; Décr. 14 juin 1813, art. 89; Ord. 4 janv. 1843, art. 20); — 15º les procès-verbaux et actes des porteurs de contrainte antérieurs au commandement qui précède les saisies et ventes (Arr. 16 therm. an 8, art. 20); — 16º les certificats de vie délivrés aux rentiers et pensionnaires de l'État (Décr. 21 août 1806, art. 10); — 17º les certificats, actes de notoriété et autres pièces exclusivement relatives à l'exécution de la loi sur la Caisse des retraites ou rentes viagères pour la vieillesse (L. 18 juin 1850, art. 11, D. P. 50. 4. 133; 20 juill. 1886, art. 24, D. P. 86. 4. 49); — 18º les obligations, assurances et tous actes concernant l'administration des monts de piété (L. 24 juin 1851, art. 8, D. P. 51. 4. 134; 25 juill. 1891, art. 10, D. P. 92. 4. 1); — 19º les actes intéressant les sociétés de secours mutuels approuvées et les

caisses de retraites et de secours des ouvriers mineurs (Décr. 26 mars 1852, art. 11, D. P. 52. 4. 101; L. 29 juin 1894, art. 20 et 27, D. P. 94. 4. 57; 1er avr. 1898, art. 19; D. P. 99. 4. 27); — 20º les inscriptions et extraits d'inscriptions délivrés aux élèves des écoles de médecine et de pharmacie (L. 26 juill. 1860, art. 20, D. P. 60. 4. 96); — 21º les certificats, actes de notoriété et autres pièces exclusivement relatives à l'exécution de la loi sur les caisses d'assurances en cas de décès et en cas d'accidents résultant de travaux agricoles et industriels (L. 11 juill. 1868, art. 19; Décr. 12 juill. 1899, art. 14; 27 avr. 1900, art. 2); — 22º les actes de dépôt au greffe des doubles des registres des conservateurs des hypothèques (L. 5 janv. 1875; art. 1er; Décr. 28 août 1875, art. 3); — 23º les imprimés, écrits et actes de toute espèce, nécessaires pour le service des caisses d'épargne (L. 9 avr. 1881, art. 20 et 21, D. P. 81. 4. 117); — 24º les recours au Conseil d'État contre les arrêtés des conseils de préfecture en matière de contributions directes ou de taxes assimilées, d'élections et de contraventions aux lois et règlements sur la grande voirie (L. 22 juill. 1889, art. 61, D. P. 90. 4. 1); — 25º les contrats de louage d'ouvrage entre les chefs ou directeurs d'établissements industriels et leurs ouvriers (L. 2 juill. 1890, art. 2, D. P. 90. 4. 121); — 26º les actes de procédure d'avoué à avoué devant les tribunaux de première instance et les cours d'appel, ainsi que les exploits de signification de ces mêmes actes (L. 26 janv. 1892, art. 5); — 27º les actes rédigés en exécution des lois relatives aux faillites et liquidations judiciaires (même loi, art. 10); — 28º les avis de parents des mineurs indigents et actes y relatifs (même loi, art. 12), — 29º les procès-verbaux dressés en France pour constater la présence de timbres - poste contrefaits ou ayant déjà servi sur des correspondances venant de l'étranger, à moins qu'il n'en soit fait usage en France (L. 13 avr. 1892, art. 4, D. P. 92. 4. 90); — 30º les inscriptions sur les registres de la préfecture, de la sous-préfecture et du greffe du tribunal civil, des diplômes des docteurs en médecine, chirurgiens-dentistes et sages-femmes (L. 30 nov. 1892, art. 9, D. P. 93. 4. 8); — 31º les exploits, autorisations, jugements, décisions, procès-verbaux et états de répartition intervenus en cas de saisie-arrêt sur les salaires et petits traitements des ouvriers et employés (L. 12 janv. 1895, art. 15, D. P. 95. 4. 18); — 32º les actes de l'état civil, certificats de notoriété et autres pièces délivrés à la caisse de prévoyance des marins français (L. 21 avr. 1898, art. 27, D. P. 98. 4. 86); — 33º les lettres, registres, inscriptions, mentions et certificats dressés en exécution de la loi sur les warrants agricoles (L. 18 juill. 1898, art. 16, D. P. 98. 4. 89).

SECT. VI. — Enregistrement des actes. — Quittance des droits.

100. L'enregistrement d'un acte sur les registres du receveur énonce par extrait toutes les dispositions de cet acte, spécialement celles qui donnent ouverture à des droits.

101. Les receveurs de l'Enregistrement ne peuvent, sous aucun prétexte, différer l'enregistrement des actes et mutations dont les droits ont été payés aux taux réglés par le tarif. — Ils ne peuvent, non plus, suspendre ou arrêter les procédures en retenant des actes ou exploits. Cependant, lorsqu'un acte dont il n'y a pas de minute, ou un exploit, contient des renseignements dont la trace peut être utile pour la découverte des droits dus, le receveur a la faculté d'en tirer copie et de la faire certifier conforme à l'original par la partie ou l'officier qui la présente à la formalité. En cas de refus, il peut réserver l'acte pendant vingt-quatre heures, pour s'en procurer une collation en forme, à ses frais, sauf répétition, s'il y a lieu (L. 22 frim. an 7, art. 56). À cet effet, le receveur constate, par un procès-verbal, le refus fait par la partie de certifier la copie conforme à l'original. Le procès-verbal doit contenir, en outre, l'interpellation à la partie de se trouver, dans le délai de vingt-quatre heures, en l'étude d'un notaire désigné, pour y voir procéder à la collation en forme de l'acte retenu. Si la partie refuse d'acquiescer à cette interpellation ou d'attester son adhésion par l'apposition de sa signature au bas du procès-verbal du receveur, celui-ci doit lui faire signifier immédiatement une sommation extra-judiciaire d'être présente à la collation. Le procès-verbal de délivrance de la copie collationnée, rédigé par le notaire, doit mentionner l'interpellation faite à la partie par le receveur, la sommation qui a suivi, le cas échéant, et constater la comparution du receveur et la présence ou l'absence de la partie (Instr. admin. Enreg. 30 déc. 1833, n° 1446, § 2).

102. Les originaux des conclusions respectivement signifiées dans les procédures devant les tribunaux de première instance et les cours d'appel, bien que dispensés de la formalité de l'enregistrement par l'art. 5 de la loi du 26 janv. 1892, doivent néanmoins être présentés par l'huissier instrumentaire au receveur de l'Enregistrement, dans les quatre jours de la signification, sous peine d'une amende de 10 francs pour chaque original non représenté. Ces originaux sont visés, cotés et paraphés par les receveurs, qui ont la faculté d'en tirer copie ainsi qu'il vient d'être dit (L. 26 janv. 1892, art. 18).

103. La quittance de l'Enregistrement est mise sur l'acte enregistré ou sur l'extrait de la déclaration du nouveau possesseur. Si l'acte présenté à la formalité était tellement couvert d'écritures que la quittance n'y pût être placée, le receveur serait autorisé à y ajouter une feuille de papier timbré aux frais de la partie (Sol. admin. Enreg. 25 févr. 1832, R. n° 5187).

104. Le receveur exprime en toutes lettres, dans la quittance, la date de l'enregistrement, le folio du registre, le numéro et la somme des droits perçus. Lorsque l'acte renferme plusieurs dispositions opérant chacune un droit particulier, le receveur les indique sommairement dans sa quittance et y énonce distinctement la quotité de chaque droit perçu, à peine d'une amende de 5 francs (L. 22 frim. an 7, art. 57; 16 juin 1824, art. 10). Cette indication des perceptions distinctes peut être faite en chiffres, pourvu que le total des droits perçus soit exprimé en toutes lettres (Instr. admin. Enreg. n° 2720, § 24).

SECT. VII. — *Peines pour défaut d'enregistrement dans les délais, omission, insuffisance ou dissimulation.*

105. Les peines varient suivant la nature des actes et la qualité des personnes qui sont obligées de requérir la formalité.

106. Les notaires qui n'ont pas fait enregistrer leurs actes dans les délais prescrits supportent personnellement, à titre d'amende et pour chaque contravention, une amende de 10 francs en principal, s'il s'agit d'un acte sujet au droit fixe, ou d'un droit en sus, au minimum de 10 francs, s'il s'agit d'un acte sujet au droit proportionnel (L. 22 frim. an 7, art. 33; 16 juin 1824, art. 10). — Lorsque l'acte notarié est passible à la fois du droit fixe et du droit proportionnel, il ne peut être réclamé qu'un droit en sus du droit proportionnel au minimum de 10 francs (Délib. 12 avr. 1859; Instr. admin. Enreg. 19 juill. 1859, n° 2155, § 1er, D. P. 59. 3. 72). — Si l'acte est passible de plusieurs droits fixes, l'amende est de 10 francs quelque soit le nombre de dispositions indépendantes contenues dans

l'acte. Lorsque l'acte donne lieu à la perception de plusieurs droits proportionnels, l'amende est égale au total de ces droits avec minimum de 10 francs (même instruction). — Les notaires sont tenus, en outre, au payement des droits, sauf leur recours contre les parties pour ces droits seulement (L. 22 frim. an 7, art. 33). — L'administration de l'Enregistrement soutient que les actes dont l'enregistrement doit avoir lieu en débet ou gratis n'étant pas dispensés de la formalité, le défaut d'enregistrement dans les délais rend exigible un droit en sus avec minimum de 10 francs pour les actes soumis au droit proportionnel qui doivent être enregistrés en débet, et une amende fixe de 10 francs pour les autres actes (Sol. admin. Enreg. 4 sept. 1873 et 22 oct. 1877, S. n° 2828). Ces solutions sont vivement critiquées.

107. Les huissiers et autres ayant pouvoir de faire des exploits ou procès-verbaux encourent, pour défaut d'enregistrement dans le délai légal d'un exploit ou procès-verbal, une amende de 5 francs, et de plus une somme équivalente au montant du droit de l'acte non enregistré (L. 22 frim. an 7, art. 34; 16 juin 1824, art. 10). L'exploit ou procès-verbal non enregistré dans le délai est déclaré nul, et le contrevenant responsable de cette nullité envers la partie; toutefois, cette nullité ne s'applique pas, en principe, aux actes intéressant l'ordre et la vindicte publics, dont l'effet ne peut être subordonné aux intérêts pécuniaires du fisc. — Pour les procès-verbaux de vente des meubles et autres actes passibles du droit proportionnel, non enregistrés dans le délai légal, la peine est d'une somme égale au montant du droit exigible, sans préjudice de ce droit et sans qu'elle puisse être inférieure à 10 francs (L. 22 frim. an 7, art. 34; 16 juin 1824, art. 10).

108. Les greffiers et les secrétaires des administrations centrales et municipales sont passibles du double droit à défaut d'enregistrement, dans le délai fixé, des actes qu'ils sont chargés de présenter à la formalité, excepté toutefois les jugements rendus à l'audience et les actes d'adjudication passés en séance publique des administrations dont les droits n'ont pas été consignés entre leurs mains. Dans ce cas, le recouvrement des droits est poursuivi contre les parties, qui supportent, en outre, la peine du droit en sus (L. 22 frim. an 7, art. 35 et 36).

109. Les actes sous seing privé ou passés à l'étranger, portant mutation de propriété, d'usufruit ou de jouissance de biens immeubles, ou cession de fonds de commerce, et qui n'ont pas été enregistrés dans le délai de trois mois, sont passibles de deux droits en sus au minimum de 50 francs en principal, au payement de chacun desquels l'ancien et le nouveau possesseur, le bailleur et le preneur sont tenus personnellement et sans recours (même loi, art. 38; L. 27 vent. 1872, art. 8, § 3).

110. L'ancien possesseur et le bailleur peuvent toutefois s'affranchir du droit en sus qui leur est personnellement imposé, ainsi que du versement immédiat des droits simples, en déposant, dans un bureau d'enregistrement, l'acte constatant la mutation, ou, à défaut d'acte, en faisant la déclaration prescrite par l'art. 4 de la loi du 27 vent. an 9, s'il s'agit d'une mutation verbale de propriété ou d'usufruit d'immeubles (L. 23 août 1871, art. 14, § 2). — Les mêmes pénalités sont applicables aux mutations de ces espèces consenties verbalement et non déclarées; toutefois, en matière de locations verbales, le propriétaire seul encourt l'amende à défaut de déclaration dans le délai (L. 23 août 1871, art. 14; 28 févr. 1872, art. 6).

111. La mutation d'un immeuble en propriété ou usufruit est suffisamment établie, pour la demande du droit d'enregistrement et la poursuite du payement, soit par l'inscription du nom du nouveau possesseur au rôle de la contribution foncière et des payements par lui faits d'après ce rôle, soit par les baux par lui passés, ou encore par des transactions ou autres actes constatant sa propriété ou son usufruit (L. 22 frim. an 7, art. 12).

112. La jouissance à titre de ferme ou de location, ou d'engagement d'un immeuble est aussi suffisamment établie, pour la demande et la poursuite des droits des baux non enregistrés, par les actes qui la font connaître, ou par des payements de contributions imposées aux fermiers, locataires et détenteurs temporaires (même loi, art. 13).

113. L'Administration peut encore faire la preuve au moyen de présomptions simples tirées, soit de faits constants, soit de tout acte, quel qu'il soit, parvenu à sa connaissance par les voies légales (Civ. c. 18 janv. 1897, D. P. 97. 1. 532).

114. Les testaments qui n'ont pas reçu la formalité dans le délai de trois mois du décès des testateurs sont passibles d'un droit en sus (L. 22 frim. an 7, art. 38). Les héritiers, donataires ou légataires qui n'ont pas souscrit dans le délai fixé par la loi la déclaration des biens qu'ils ont recueillis, qui ont fait une déclaration incomplète ou des évaluations insuffisantes, sont tenus de payer, à titre d'amende : dans le premier cas, un demi-droit en sus du droit dû pour la mutation, et dans les deux autres cas un droit en sus de celui dû pour les objets omis ou pour les insuffisances constatées. — Les tuteurs et curateurs supportent personnellement les peines ci-dessus, lorsqu'ils ont négligé de passer les déclarations dans les délais, ou qu'ils ont fait des omissions ou des estimations insuffisantes (L. 22 frim. an 7, art. 39). — Les droits et demi-droits en sus de mutation par décès constituent des peines personnelles qui s'éteignent par le décès de la personne qui les a encouru (Civ. c. 10 nov. 1874, D. P. 75. 1. 115). Cependant, s'il existe plusieurs héritiers, débiteurs solidaires de l'impôt, le décès de l'un d'eux n'éteint pas proportionnellement à la pénalité encourue pour défaut de déclaration dans le délai, omission ou insuffisance.

115. La disposition de l'art. 39 de la loi du 22 frim. an 7 concernant les omissions ou insuffisances d'évaluation est générale et s'applique aux déclarations faites en matière de donation ou d'échange, aux déclarations de location verbale d'immeubles (L. 23 août 1871, art. 11, § 3), ou de ventes de fonds de commerce (L. 28 févr. 1872, art. 8), ou encore aux déclarations qui sont souscrites pour la perception du droit spécial de transmission établi sur les titres d'actions et d'obligations des sociétés (L. 23 juin 1857, art. 10).

116. Lorsque le droit de transcription exigible à l'enregistrement sur les actes de nature à être transcrits ne fait pas corps avec le droit proportionnel de mutation, par exemple en matière d'échange d'immeubles, le droit en sus ne porte pas sur le droit de transcription, il est égal au droit de mutation seul.

117. Pour les insuffisances mobilières et les dissimulations, V. *supra*, n°s 49 et s., 53 et s.

SECT. VIII. — *Obligations des officiers et fonctionnaires publics.*

118. Indépendamment des obligations générales imposées aux officiers et fonctionnaires publics, certaines obligations spéciales, qui ont pour objet d'assurer la perception du droit d'enregistrement, leur ont été imposées également.

119. 1° *Acte en conséquence d'un autre*. — Les notaires, avoués, huissiers, greffiers, et les secrétaires des administrations centrales et municipales ne peuvent délivrer en brevet, copie ou expédition, aucun acte soumis à l'enregistrement, ni faire aucun autre acte en conséquence, avant qu'il ait été enregistré, quand même le délai pour l'enregistrement ne serait pas encore expiré, à peine de 10 francs d'amende, outre le payement du droit (L. 22 frim. an 7, art. 41; 16 juin 1824, art. 10 et 11, § 2). — Toutefois, les officiers publics ont la faculté d'énoncer, dans un acte, un autre acte précédemment reçu par eux, et non enregistré, pourvu qu'il soit fait mention que les deux actes seront présentés ensemble à la formalité. L'enregistrement du second acte ne peut alors être requis avant celui du premier sous les peines de droit (L. 28 avr. 1816, art. 56).

120. Les mêmes officiers et fonctionnaires publics ne peuvent faire ni rédiger un acte en vertu d'un acte sous seing privé ou passé en pays étranger, ni en délivrer extrait, copie ou expédition, s'il n'a été préalablement enregistré, à peine de 10 francs d'amende et de répondre personnellement du droit. Mais les notaires peuvent faire des actes en vertu et par suite d'actes sous seings privés non enregistrés et les énoncer dans leurs actes, sous la condition d'annexer chacun des actes sous seings privés à celui dans lequel il est mentionné, et de les soumettre en même temps à la formalité de l'enregistrement (L. 16 juin 1824, art. 13). — Cette exception ne concerne que les notaires, et elle est subordonnée à la condition du payement des droits et amendes auxquels les actes sous seings privés sont assujettis.

121. Les dispositions qui précédent ne sont pas applicables aux exploits et autres actes de même nature, tels que procès-verbaux, placards, affiches, et aux effets négociables qui peuvent n'être présentés à l'enregistrement qu'avec les protêts qui en sont faits (L. 22 frim. an 7, art. 41 et 69, § 2, n° 6; 24 mai 1834, art. 23, § 2; 28 févr. 1872, art. 10). Les billets et lettres de change notariés ne bénéficient cependant pas de cette exception et doivent être présentés à l'enregistrement dans le délai fixé pour les actes reçus par les notaires.

122. Les notaires peuvent énoncer sans contravention, dans un inventaire, les actes sous seings privés appartenant à la succession sans les faire enregistrer (Arr. 22 vent. an 7; Circ. admin. Enreg. 9 flor. an 7, n° 1554). Les droits d'enregistrement de ces actes peuvent devenir exigibles lorsqu'ils sont produits à la liquidation, mais à la condition d'y être relatés par une mention expresse qui s'y réfère nécessairement (Ch. réun. c. 27 mai 1867, D. P. 67. 1. 204).

123. L'exemption équivalant à payement, les notaires peuvent agir en conséquence des actes exempts de la formalité comme s'ils étaient enregistrés.

124. Ces obligations n'étant imposées qu'aux officiers et fonctionnaires publics, les particuliers peuvent faire usage d'un acte sous seings privés sans faire enregistrer le premier. Mais si le dernier acte sous seings privés est déposé en l'étude d'un notaire par toutes les parties, ce dépôt, lui conférant l'authenticité, rend exigible l'enregistrement de l'acte déposé et des actes énoncés (Req. 27 juill. 1875, D. P. 75. 1. 458).

125. Les notaires et greffiers ne peuvent recevoir aucun acte en dépôt sans dresser acte de ce dépôt (L. 22 frim. an 7, art. 43). — Exception est faite, toutefois, pour les testaments déposés chez les notaires par les testateurs, lorsque ces derniers n'exigent pas que le dépôt soit constaté par acte.

126. En ce qui concerne les testaments olographes dont le dépôt est prescrit par ordonnance du président du tribunal, si le testament est *apporté* en l'étude du notaire,

cet officier public doit dresser acte du dépôt. Mais si le notaire a été présent à l'ouverture du testament, le procès-verbal du président constatant, en ce cas, la remise du testament entre les mains du notaire, et renfermant la déclaration signée de cet officier public qu'il a reçu le testament, tient lieu d'acte de dépôt et, dès lors, le notaire n'est pas tenu d'en dresser un autre (Civ. r. 5 déc. 1860, D. P. 61. 1. 34).

127. Toutes les expéditions des actes publics, civils ou judiciaires, doivent contenir la mention littérale et entière de la quittance des droits d'enregistrement perçus sur la minute. — De même, tout acte authentique relatant un acte sous seings privés doit renfermer également la transcription littérale de la quittance des droits d'enregistrement perçus sur cet acte sous seings privés. — Chaque contravention à ces dispositions est punie d'une amende de cinq francs, sans préjudice des peines qui pourraient être prononcées sur la poursuite du ministère public, en cas de fausses mentions d'enregistrement, soit dans une minute, soit dans une expédition (L. 22 frim. an 7, art. 44 et 46; 16 juin 1824, art. 10). Cette disposition ne s'applique qu'aux actes sous seings privés dont il est fait usage par les notaires, et non aux autres actes publics qui sont énoncés dans les actes notariés.

128. Les juges et arbitres ne peuvent rendre aucun jugement, et les administrations centrales et municipales prendre aucun arrêté en faveur de particuliers, sur des actes non enregistrés, à peine d'être personnellement responsables des droits (L. 22 frim. an 7, art. 47). Les tribunaux devant lesquels sont produits des actes non enregistrés doivent, soit sur les réquisitions du ministère public, soit même d'office, ordonner le dépôt au greffe de ces actes, pour être immédiatement soumis à la formalité (L. 23 août 1871, art. 16). — A la responsabilité des juges pour le payement des droits, la loi du 28 avr. 1816 a ajouté la pénalité du double droit pour la partie qui, après avoir fait signifier une sommation extrajudiciaire ou introduit une demande tendant à obtenir un payement, une livraison ou l'exécution d'une autre convention dont le titre n'aurait pas été indiqué dans lesdits exploits ou qu'elle aurait simplement énoncée comme verbale, produirait, au cours de l'instance, des actes, billets, marchés, factures acceptées, lettres ou tout autre titre émané du défendeur, qui n'auraient pas été enregistrés avant ladite demande ou sommation (L. 28 avr. 1816, art. 57).

129. La rigueur de ces prescriptions a été tempérée, en ce qui concerne les actes de commerce, par l'art. 22 de la loi du 11 juin 1859, qui dispose que les marchés et traités réputés actes de commerce par les art. 632, 633 et 634, n° 1, c. com., faits et passés sous seings privés et donnant lieu au droit proportionnel suivant l'art. 69, § 3, n° 1, et § 5, n° 1, de la loi de frimaire an 7, peuvent être enregistrés provisoirement au droit fixe, et que les droits proportionnels applicables ne sont perçus que lorsqu'un jugement intervient ou qu'un acte public est fait ou rédigé en conséquence, et seulement sur la partie du prix ou des sommes faisant l'objet, soit de la condamnation, collocation, liquidation ou reconnaissance contenue au jugement, soit des dispositions de l'acte public.

130. Les jugements, sentences arbitrales ou arrêtés rendus sur un acte enregistré doivent faire mention de l'enregistrement et énoncer le montant du droit payé, la date du payement et le bureau où il a été acquitté. En cas d'omission, le receveur doit exiger le droit si l'acte n'a pas été enregistré à son bureau, sauf restitution dans le délai prescrit, s'il est ensuite justifié de l'enregistrement de l'acte sur lequel le jugement a été

prononcé ou l'arrêté pris (L. 22 frim. an 7, art. 48).

131. 2° *Répertoires.* — Les notaires, huissiers, greffiers et les secrétaires des administrations centrales et municipales doivent tenir des répertoires à colonnes, sur lesquels ils sont tenus d'inscrire, jour par jour, sans blanc ni interligne et par ordre de numéros, savoir : 1° les notaires, tous les actes et contrats qu'ils reçoivent, même ceux qui sont passés en brevet; 2° les huissiers, tous les actes et exploits de leur ministère; 3° les greffiers, tous les actes et jugements; 4° les secrétaires, tous les actes des administrations qui sont soumis à l'enregistrement; tous, à peine d'une amende de 5 francs pour chaque omission (L. 22 frim. an 7, art. 49; 16 juin 1824, art. 10). — Ces dispositions sont applicables aux commissaires-priseurs et aux courtiers de commerce (Ord. 26 juin 1816, art. 12; L. 16 juin 1824, art. 11), ainsi qu'aux compagnies d'assurances et assureurs (L. 5 juin 1850, art. 35, 44 et 45).

132. La forme des répertoires a été réglée par une circulaire du ministre de la Justice du 2 mars 1810. Ils doivent être tenus sur papier timbré (L. 13 brum. an 7, art. 12, n° 2). Toutefois, les huissiers et greffiers doivent avoir un répertoire spécial, non timbré, pour les actes, exploits, jugements et arrêts dispensés des formalités du timbre et de l'enregistrement (L. 26 janv. 1892, art. 19). — Chaque article du répertoire doit contenir : 1° son numéro; 2° la date de l'acte; 3° sa nature; 4° les noms et prénoms des parties et leur domicile; 5° l'indication des biens, leur situation et le prix, lorsqu'il s'agit d'actes qui ont pour objet la propriété, l'usufruit et la jouissance des biens-fonds; 6° la relation de l'enregistrement (L. 22 frim. an 7, art. 50).

133. Les répertoires des huissiers doivent, en outre, contenir dans d'autres colonnes spéciales : le coût de chaque acte ou exploit, déduction faite des débours (Décr. 14 juin 1813, art. 47); le montant du droit de transport applicable à chaque acte (Décis.-min. Fin. et Just. 6 nov. 1854, 23 juin 1855; Instr. admin. Enreg. 8 août 1855, n° 2040); le nombre des feuilles de papier spécial employées, tant pour les actes et le dépôt de l'original que pour les copies de pièces signifiées, plus le montant des droits de timbre dus à raison de la dimension de ces feuilles (L. 29 déc. 1873, art. 3, D. P. 74. 4. 26; Décr. 30 déc. 1873, art. 4, D. P. 74. 4. 37).

134. Les notaires et huissiers sont obligés de tenir un répertoire spécial sur lequel ils transcrivent *en entier* les protêts qu'ils signifient (Com. 176).

135. Les officiers et fonctionnaires publics astreints à la tenue d'un répertoire doivent présenter, tous les trois mois, leur répertoire au receveur de l'enregistrement de leur résidence. Le receveur vise chaque répertoire et énonce dans son visa le nombre des actes inscrits. — Cette présentation au visa a lieu dans les dix premiers jours de chacun des mois de janvier, avril, juillet et octobre, à peine de 10 francs d'amende (L. 22 frim. an 7, art. 51).

136. Le répertoire des actes dispensés de la formalité tenu par les huissiers et greffiers doit être soumis au visa, pour les huissiers, les 1er, 6, 11, 16, 21 et 26 de chaque mois, et, pour les greffiers, les 1er et 16 de chaque mois. Si le jour fixé pour le visa est un jour férié, le visa a lieu le lendemain (L. 26 janv. 1892, art. 20). — La présentation de chaque répertoire au visa est constatée par une mention inscrite dans une case particulière du registre ou sont enregistrés les actes de l'officier public qui présente le répertoire. Le 11 de chacun des mois de janvier, avril, juillet et octobre, le receveur indique par une mention spéciale les répartoires présentés au visa (Décis. min. Fin. 9 sept. 1806; Instr. admin. Enreg. n° 318).

137. Les notaires sont également tenus d'effectuer, dans les deux premiers mois de chaque année, au greffe du tribunal civil de leur arrondissement, le dépôt du double, par eux certifié, du répertoire des actes reçus dans le cours de l'année précédente, et ce, à peine d'une amende de 10 francs (L. 29 sept.-6 oct. 1791, art. 16; 16 flor. an 4, art. 1er; 16 juin 1824, art. 10, § 1er).

138. Le procureur de la République près le tribunal civil de chaque arrondissement est chargé, sous sa responsabilité, de poursuivre les notaires en retard et de les faire condamner à l'amende. Lorsque cette condamnation est prononcée, l'amende est recouvrée par le receveur de l'Enregistrement de la résidence du notaire qui l'a encourue (L. 16 flor. an 4, art. 2).

139. Les greffiers des tribunaux doivent dresser acte du dépôt qui leur est fait, par chaque notaire, de son répertoire (Décis. min. Fin. et Just. 24 mai et 27 juin 1808; Instr. admin. Enreg. 14 juill. 1812, n° 590). — L'obligation du dépôt au greffe du double du répertoire a été étendue aux commissaires-priseurs par l'art. 13 de l'ordonnance du 26 juin 1816.

140. Indépendamment de la représentation trimestrielle dont il vient d'être question, les officiers et fonctionnaires publics astreints à la tenue d'un répertoire sont tenus de le communiquer, à toute réquisition, aux préposés de l'Enregistrement qui se présentent chez eux pour le vérifier, et ce, à peine d'une amende de 10 francs en cas de refus. Ce refus doit être constaté par un procès-verbal dressé par le préposé de l'Enregistrement, avec l'assistance d'un officier municipal de la localité (L. 22 frim. an 7, art. 52; 16 juin 1824, art. 10).

141. Les répertoires sont cotés et paraphés : ceux des notaires, par le président du tribunal civil de la résidence du notaire (L. 25 vent. an 11, art. 30); ceux des greffiers des tribunaux et des huissiers établis près des tribunaux, par le président du tribunal (L. 21 vent. an 7, art. 13; Av. Cons. d'Et. 3 juill. 1810); ceux des huissiers et greffiers de justice de paix, par le juge de paix de leur domicile; ceux des commissaires-priseurs, par le président du tribunal (Ord. 26 juin 1816, art. 13); ceux des secrétaires des Administrations, par le président de l'Administration.

142. 3° *Communications*. — Les préposés de l'administration de l'Enregistrement ont le droit de prendre communication, pour constater les contraventions aux lois dont ils sont chargés d'assurer l'exécution, des actes, titres et documents qui se trouvent chez les officiers publics et ministériels, ainsi que dans les archives et dépôts publics (L. 22 frim. an 7, art. 54). — Ce droit a été successivement étendu : aux registres et minutes d'actes concernant l'administration des biens des communes, hospices, fabriques, chapitres et de tous autres établissements publics (Décr. 4 mess. an 13, art. 1er; Instr. admin. Enreg. n°s 293, 395, 1351 et 1413, §); aux registres, titres et pièces de dépenses et de comptabilité des entrepreneurs de transport par terre et par eau (Décr. 13 août 1810, art. 6; Instr. admin. Enreg. 29 sept. 1810, n° 493; L. 23 août 1871, art. 22, D. P. 71. 4. 73); aux actes des préfectures, sous-préfectures et mairies dénommés dans l'art. 78 de la loi du 15 mai 1818 (L. 15 mai 1818, art. 82; Instr. admin. Enreg. 18 mai 1818, n° 834); aux titres à souches des titres ou certificats d'actions et d'obligations des sociétés, compagnies ou entreprises (L. 5 juin 1850, art. 16, D. P. 50. 4. 114); aux registres à souches des titres d'obligations souscrits par les départements, communes et établissements publics (même

loi, art. 28); aux registres de transferts et conversions des titres ci-dessus énoncés, ainsi qu'à toutes les pièces et documents relatifs auxdits transferts et conversions (Décr. 17 juill. 1857, art. 9, D. P. 57. 4. 111); aux répertoires, polices et autres documents des compagnies d'assurances et assureurs, ainsi qu'au livre que les courtiers doivent tenir (L. 5 juin 1850, art. 35, 44, 45 et 47; Décr. 25 nov. 1871, art. 8, D. P. 71. 4. 74; L. 21 juin 1875, art. 7, D. P. 75. 4. 107); aux registres des magasins généraux (L. 28 mai 1858, art. 13, § 4, D. P. 58. 4. 69); aux registres à souches des récépissés et autres documents des compagnies de chemins de fer (L. 13 mai 1863, art. 10, D. P. 63. 4. 54); aux registres des entrepreneurs de messageries et autres intermédiaires de transports (L. 30 mars 1872, art. 2, D. P. 72. 4. 77); aux documents et écritures relatifs aux lots et primes de remboursement (Décr. 15 déc. 1875, D. P. 76. 4. 22); aux feuilles et états d'émargement établis par les personnes qui ont pris l'engagement de se soumettre aux vérifications de l'administration de l'Enregistrement (Décr. 29 avr. 1881, art. 6, D. P. 82. 4. 56); aux rôles d'équipage tenus par les commissaires de l'inscription maritime (Décr. 3 avr. 1885, D. P. 85. 4. 80); aux livres, registres, titres, pièces de recettes, de dépenses et de comptabilité des congrégations, communautés et associations religieuses (L. 29 déc. 1884, art. 9, D. P. 85. 4. 38).

143. En ce qui concerne les documents à communiquer par les sociétés et compagnies, l'administration de l'Enregistrement soutient que le texte de l'art. 22 de la loi du 23 août 1871 est aussi général que possible et qu'il s'applique à tous les papiers et écrits des sociétés sans laisser place à aucune distinction. La Cour de cassation, sans reconnaître à cette disposition une portée aussi immense, a décidé qu'elle englobe tous les documents *ayant rapport à la comptabilité*, soit principalement, soit accessoirement, et, par suite, les registres des délibérations des assemblées générales et du conseil d'administration (Civ. c. 28 févr. 1898, D. P. 98. 1. 239). — Quelques limitations ont été apportées au droit d'investigation attribué aux préposés de l'administration de l'Enregistrement : 1° Les actes ou autres actes de libéralité à cause de mort sont exceptés pendant la vie des testateurs ou donateurs (L. 22 frim. an 7, art. 54, § 3); 2° Le droit de vérification édicté pour les *actes publics* reçus ou conservés par les fonctionnaires chargés de les dresser ou de les garder en cette qualité ne peut s'exercer que sur les actes qui composent les archives publiques dont ils ont la garde et non sur les papiers ou actes sous seings privés que les notaires ou autres officiers publics tiennent de la confiance des parties (Civ. r. 5 nov. 1866, D. P. 66. 1. 433); — 3° Les préposés de l'Enregistrement peuvent assister à la levée des scellés et à l'inventaire dressé après le décès ou la disparition d'un notaire; mais ils n'ont pas plus de droits qu'ils n'en auraient eu pendant la vie ou la présence du notaire, et ne sont pas fondés à prendre connaissance des documents non portés au répertoire et qui sont, par leur nature, d'un caractère confidentiel (Trib. civ. de Mâcon, 11 févr. 1862, D. P. 63. 3. 86; Toulouse, 11 mai 1864, D. P. 64. 2. 150); — 4° Les communications ne peuvent être exigées, par les préposés de l'Enregistrement, les jours fériés, et les séances, chaque autre jour, ne peuvent durer plus de quatre heures.

144. Tout refus de communication doit être constaté par un procès-verbal dressé par le préposé, avec l'assistance d'un officier municipal du lieu. Il est puni d'une amende de 10 francs pour les fonctionnaires et officiers publics (L. 22 frim. an 7, art. 54;

16 juin 1824, art. 10), et de 100 à 1 000 fr. pour les sociétés et compagnies (L. 23 août 1871, art. 22).

145. Afin de mettre l'Administration à même de constater l'ouverture des successions et de poursuivre le recouvrement des droits de mutation par décès, les maires doivent remettre aux receveurs de l'enregistrement des extraits certifiés des actes de décès. — Ces relevés sont délivrés par trimestre, sur papier non timbré, et remis aux receveurs dans chacun des mois de janvier, avril, juillet et octobre, sous peine de 10 fr. d'amende (L. 22 frim. an 7. art. 55: 16 juin 1824, art. 10).

146. Les receveurs de l'Enregistrement ne peuvent délivrer leurs registres qu'aux parties contractantes ou à leurs ayants cause. — Quant aux tiers, la communication ne peut leur en être faite que sur une ordonnance du juge de paix. Il est payé au receveur 1 franc pour recherche de chaque année indiquée et 50 centimes pour chaque extrait, outre le papier timbré (L. 22 frim. an 7, art. 58).

SECT. IX. — **Application de la loi fiscale. — Remises. — Restitutions. — Prescriptions.**

§ 1er. — *Remises.*

147. La perception des impôts intéressant essentiellement l'ordre public, il est défendu à la Régie et à ses préposés, comme à toute autre autorité publique, d'accorder aucune remise ni modération des droits simples établis par la loi (L. 22 frim. an 7, art. 59; Civ. c. 13 mars 1895, D. P. 95. 1. 521). — Il est même interdit aux receveurs de l'Enregistrement de donner la formalité, moyennant le payement des droits simples seulement, à des actes qui sont passibles de droits en sus ou d'amendes, en se bornant à exprimer, dans la quittance, la réserve de ces droits, pour le cas où la remise n'en serait pas ultérieurement accordée (Instr. admin. Enreg. 10 mai 1833, n° 1441).

148. Rigoureusement, l'art. 59 de la loi de frimaire an 7 s'opposerait à la remise ou réduction des droits en sus et amendes. Cependant on admet qu'en vertu du droit de grâce, qui appartient constitutionnellement au chef de l'Etat, le pouvoir exécutif et, par délégation, le ministre des Finances, le directeur général de l'Enregistrement et les directeurs des départements peuvent faire remise des amendes et droits en sus encourus, de même qu'ils peuvent accorder des prorogations de délai pour le payement des droits simples (Décis. min. Fin. 10 oct. 1821; Instr. admin. Enreg. n° 1002).

§ 2. — *Restitutions.*

149. Tout droit régulièrement perçu, c'est-à-dire justifié sous le rapport de sa quotité et de sa liquidation, n'est pas restituable, quels que soient les événements ultérieurs (L. 22 frim. an 7, art. 60). — Mais cette règle n'est pas applicable aux droits dus et non encore perçus; si le contrat qui motive l'exigibilité des droits a cessé d'exister par suite d'une annulation ou résiliation, la perception ne peut plus être exigée, à moins toutefois que, avant l'annulation, ne soit intervenu contre le débiteur de l'impôt un jugement de condamnation à payement passé en force de chose jugée (Civ. c. 28 janv. 1890, D. P. 90. 1. 177).

150. Par exception au principe de l'art. 60 de la loi de frimaire an 7, la restitution des droits perçus régulièrement peut être obtenue : 1° lorsque le droit a été exigé sur un acte et que l'on prouve plus tard qu'il avait déjà été payé (L. 22 frim. an 7, art. 48, et 69, § 3, n° 3); — 2° au cas de retour d'un absent, en ce qui concerne les droits de mutation par décès payés par ses héritiers présomptifs qui ont pris possession, mais sous déduction des droits afférents aux revenus qui demeurent acquis auxdits héritiers (L. 28 avr. 1816, art. 40) ; — 3° sur les cessions d'office, lorsque le cessionnaire n'a pas été agréé par le Gouvernement, ou sur l'excédent, en cas de réduction de prix (L. 25 juin 1841, art. 14) ; — 4° sur les acquisitions immobilières amiables faites pour cause d'utilité publique antérieurement à l'arrêté préfectoral de cessibilité, lorsqu'il est ultérieurement justifié que les immeubles acquis sont compris dans cet arrêté (L. 3 mai 1841, art. 58) ; — 5° sur les adjudications prononcées en justice et postérieurement annulées par les voies légales (Av. Cons. d'Et. 18 oct. 1808) : cette exception est limitative et ne peut s'appliquer aux adjudications faites devant notaire commis lorsqu'elles sont annulées en justice (Civ. c. 18 nov. 1863, D. P. 63. 1. 450) ; — 6° sur des actes soumis à une condition suspensive qui, comme les contrats de mariage, sont immédiatement passibles du droit proportionnel, lorsqu'il est justifié que la condition ne se réalisera pas (Décis. min. Fin. 7 juin 1808 ; Instr. admin. Enreg. 29 juin 1808, n° 386, § 29) ; — 7° sur les déclarations de mutation par décès, par suite du refus de déduction d'une dette dont les justifications n'ont pas été reconnues suffisantes, si ces justifications sont fournies dans les deux années à compter du jour de la déclaration (L. 25 févr. 1901, art. 5) ; — 8° au cas d'usufruits successifs, lorsque l'usufruit éventuel vient à s'ouvrir et que le droit calculé d'après l'âge du second usufruitier est inférieur à celui qui a été acquitté (L. 25 févr. 1901, art. 13).

151. Le principe de l'art. 60, qui prohibe la restitution de tout droit d'enregistrement régulièrement perçu, est applicable au cas où la perception a été opérée par suite d'une erreur de fait commise par les parties (Civ. r. 26 déc. 1894, D. P. 95. 1. 229). Cependant, l'Administration peut se départir de la rigueur de ce principe, lorsque la perception a été causée par une *erreur* qu'elle considère comme certaine (Délib. 29 germ. an 7 ; Décis. min. Fin. 12 avr. 1808 ; Instr. admin. Enreg. 29 juin 1808, n° 386, § 30) ; et il n'appartient pas aux tribunaux d'apprécier l'usage que fait l'Administration de cette faculté (Trib. civ. de Bourgoin, 9 août 1890, D. P. 91. 5. 240).

152. Le principe de la non-restitution des droits régulièrement perçus n'exclut ni l'imputation, ni la compensation. L'imputation est autorisée lorsque deux actes successifs sont tels que le second s'identifie avec le premier, de manière à ne faire, en réalité, qu'un acte unique ; le droit perçu sur le premier s'impute alors sur le second. C'est une conséquence de la règle *non bis in idem*, une même mutation, une même convention ne pouvant donner lieu qu'à un seul droit d'enregistrement (Sol. admin. Enreg. 18 sept. 1872, D. P. 78. 5. 201).

153. Il est généralement admis aussi que, lorsque l'Administration a perçu des droits sur deux actes distincts et qu'il y a lieu à restitution pour l'un et à forcement pour l'autre, la compensation doit s'effectuer jusqu'à due concurrence, lorsque les deux actes concernent la même personne, et cela même dans le cas où l'action de l'une des parties se trouverait prescrite par l'expiration du délai de deux années depuis la perception (Civ. r. 30 janv. 1855, D. P. 55. 1. 120). — Mais la compensation, dans le cas où elle est admise, ne peut avoir lieu, lorsque les deux perceptions pour lesquelles elle est invoquée ont été faites dans deux bureaux distincts.

§ 3. — *Prescriptions*.

154. La loi fiscale a établi, en matière d'enregistrement, des prescriptions en faveur des contribuables et de l'Administration. Le

délai, qui varie de trois mois à trente ans, suivant les cas, se calcule sans compter le jour de l'enregistrement (*dies a quo*), mais en tenant compte du jour de l'expiration (*dies ad quem*). La prescription du droit simple entraîne celle du droit en sus. Les particuliers peuvent renoncer à la prescription acquise ; l'Administration ne le peut pas.

155. Les cas de prescription prévus par la loi sont les suivants : 1° *Prescription de trois mois*. — Insuffisance de prix de vente de fonds de commerce (L. 28 févr. 1872, art. 8).

156. 2° *Prescription d'un an*. — Insuffisance de prix de vente d'immeubles (L. 22 frim. an 7, art. 17 ; 23 août 1871, art. 15). — Péremption d'instance en matière d'enregistrement (L. 22 frim. an 7, art. 61).

157. 3° *Prescription de deux ans*. — Droit non perçu sur une disposition particulière dans un acte ; supplément de perception insuffisamment faite (L. 22 frim. an 7, art. 61). — Droits supplémentaires sur les échanges de biens ruraux contigus (L. 27 juill. 1870, art. 4, D. P. 70. 4. 59). — Fausse évaluation dans une déclaration et expertise pour la constater (L. 22 frim. an 7, art. 61). — Dissimulation ou insuffisance d'évaluation des sommes passibles du droit proportionnel substitué au droit gradué (L. 28 avr. 1893, art. 21). — Demandes en restitution de droits indûment perçus (L. 22 frim. an 7, art. 61). — Expertise de la valeur locative des immeubles transmis en propriété ou usufruit, à titre gratuit, ou par échange, et des prix figurant dans les déclarations de locations verbales (L. 22 frim. an 7, art. 19 ; 23 avr. 1871, art. 11). — Restitution de droits perçus sur les cessions amiables antérieures aux arrêtés de cessibilité, lorsqu'il y a lieu à expropriation pour cause d'utilité publique (L. 3 mai 1841, art. 58). — Restitution de droits perçus sur les cessions d'office non suivies d'effet ou dont le prix a été réduit (L. 25 juin 1841, art. 14) et sur les contrats de mariage non suivis de célébration (Décis. min. Fin. 7 juin 1808 ; Civ. c. 10 déc. 1888, R. t. 22, p. 180 ; Instr. admin. Enreg. n° 1590-14). — Amendes de contravention aux lois sur l'enregistrement et le notariat (L. 16 juin 1824, art. 14).

158. 4° *Prescription de cinq ans*. — Omissions dans les déclarations de successions (L. 22 frim. an 7, art. 61 ; 18 mai 1850, art. 11). — Droits supplémentaires et amendes exigibles par suite de simulation des attestations ou déclarations de dettes dans les déclarations de succession (L. 25 févr. 1901, art. 10). — Action du Trésor en recouvrement de la taxe sur le revenu des valeurs mobilières et action des redevables en restitution des taxes indûment perçues (L. 26 juill. 1893, art. 21).

159. 5° *Prescription de dix ans*. — Successions non déclarées (L. 18 mai 1850, art. 11). — Dissimulations de prix de vente d'immeubles ou de fonds de commerce, ou de soultes de partages et d'échanges immobiliers (L. 23 août 1871, art. 13).

160. 6° *Prescription de trente ans*. — Droits de mutation par décès des inscriptions de rentes sur l'Etat et peines encourues en cas de retard ou d'omission de ces valeurs dans les déclarations (L. 8 juill. 1852, art. 26). — Droits d'enregistrement non régis par une prescription plus courte.

161. Les prescriptions sont interrompues par des demandes signifiées et enregistrées avant l'expiration des délais (L. 22. frim. an 7, art. 61).

SECT. X. — Poursuites et instances.

162. Les difficultés qui peuvent s'élever entre les préposés de l'Enregistrement et les parties, relativement à la perception des droits, peuvent être soumises à la direction

générale au moyen de pétitions, l'Administration ayant le pouvoir de solutionner ces difficultés (L. 22 frim. an 7, art. 63). La pétition doit être écrite sur papier timbré de dimension (L. 13 brum. an 7, art. 12). Au cas de demande en restitution, si la pétition est reconnue fondée, le montant des droits de timbre est restitué en même temps que les droits indûment perçus (L. 29 mars 1897, art. 42, D. P. 97. 4. 33). — La loi n'oblige cependant pas les contribuables à se soumettre à une discussion préalable avec l'Administration ; elle leur laisse la faculté de saisir directement les tribunaux de la contestation.

163. Le premier acte de poursuite pour le recouvrement des droits d'enregistrement et le payement des peines et amendes est une contrainte (L. 22 frim. an 7, art. 64). Cette contrainte, soit qu'un inspecteur, doit indiquer le nom du débiteur, l'objet de la demande et l'énonciation des articles de loi justifiant l'exigibilité des droits réclamés. Ces mentions ne sont cependant pas exigées à peine de nullité. — La contrainte est visée et rendue exécutoire par le juge de paix du canton où le bureau est établi, et ce, à peine de nullité. — Elle doit être signifiée à personne ou à domicile, et, dans ce dernier cas, être remise sous enveloppe fermée (L. 22 frim. an 7, art. 64 ; 15 févr. 1899, D. P. 99. 4. 9).

164. La contrainte, lorsqu'elle est revêtue du visa et de l'exécutoire du juge de paix, peut être exécutée comme s'il y avait jugement, notamment par voie de saisie-mobilière, saisie-arrêt, etc. — Cette exécution ne peut être interrompue que par une opposition formée par le redevable, motivée, avec assignation à jour fixe devant le tribunal civil de l'arrondissement du bureau d'où émane la contrainte. Election de domicile doit être faite par l'opposant dans la commune où siège le tribunal (L. 22 frim. an 7, art. 64).

165. Lorsque les parties veulent demander la restitution d'un droit, elles agissent par voie d'assignation directe. Dans l'un et l'autre cas, l'exploit signifié à l'Administration doit, à peine de nullité, être visé par l'agent qui a reçu la copie (Pr. 69 et 70).

166. La règle, posée par l'art. 64 de la loi de frimaire an 7, que le premier acte de poursuite pour le recouvrement des droits d'enregistrement est une contrainte, n'enlève pas à l'Administration le droit de procéder par voie d'assignation directe, soit afin d'obtenir un jugement qui lui permette de prendre inscription sur les biens du redevable, dans le cas où celui-ci ne formerait pas opposition à la contrainte, soit à raison de l'urgence ou pour tout autre motif (Trib. civ. de Saint-Amand, 27 nov. 1884, D. P. 85. 5. 214).

167. L'instance engagée s'éteint par la discontinuation des poursuites pendant trois ans. Ce délai court de la signification de l'opposition ou de la date de l'assignation directe (Pr. 399 ; Trib. civ. de la Seine, 2 avr. 1898).

168. Si les contraintes sont décernées par les agents de contrôle ou de recette, les instances sont suivies au nom du directeur général. Il est seul partie dans l'instance, et seul peut y mettre fin par un désistement.

169. L'instruction des instances se fait par simples mémoires respectivement signifiés. Les plaidoiries sont interdites (L. 22 frim. an 7, art. 65). — Tous les moyens invoqués par l'une des parties doivent être portés à la connaissance de son adversaire. Les pièces et documents invoqués à l'appui de la demande ou de la défense doivent être, soit signifiés, soit déposés au greffe.

170. Les tribunaux accordent, soit aux parties, soit aux préposés de la Régie, le délai nécessaire pour produire leur défense. Ce délai, qui ne devrait pas dépasser un mois, n'est pas de rigueur (L. 22 frim. an 7, art. 65 ; Req. 26 juill. 1899, D. P. 1900. 1. 57).

171. Le jugement est rendu dans les trois mois au plus tard, à compter de l'introduction de l'instance, sur le rapport d'un juge, fait en audience publique et sur les conclusions du ministère public. Il doit indiquer qu'il a été rendu au vu des mémoires respectivement signifiés, sur le rapport d'un juge et les conclusions du ministère public (L. 22 frim. an 7, art. 65 ; Pr. 130 et 141).

172. Il n'y a d'autres frais pour la partie qui succombe que ceux du papier timbré, des significations et des droits d'enregistrement du jugement.

173. Le ministère des avoués n'est pas obligatoire (L. 27 vent. an 7, art. 17). Il n'est pas interdit d'y avoir recours ; mais les frais de cette intervention restent à la charge de la partie qui les a faits.

174. Les jugements sont rendus en dernier ressort et ne peuvent être attaqués que par voie de cassation. — Le pourvoi en cassation se forme au moyen d'une requête qui doit être déposée, avec la copie signifiée du jugement, au greffe de la Cour de cassation dans le délai de deux mois, à partir de la signification du jugement. La requête est signée par un avocat à la Cour de cassation.

SECT. XI. — Organisation de l'administration de l'Enregistrement.

175. La perception des droits d'enregistrement est confiée à la direction générale de l'Enregistrement, des Domaines et du Timbre. Créée en 1791, cette administration de l'État a subi depuis de nombreux changements dans ses attributions et la constitution de son personnel.

176. Indépendamment du recouvrement de l'impôt de l'enregistrement, elle est chargée, actuellement, de l'accomplissement des formalités hypothécaires, de la régie des biens du domaine de l'État, de la débite des papiers timbrés, de la perception des droits de timbre, de sceau et de chancellerie, de la taxe de 4 pour cent sur le revenu des valeurs mobilières, de la taxe de transmission sur les actions et obligations, de l'impôt sur les opérations de bourse, de la taxe d'accroissement sur les biens des congrégations et associations religieuses, etc.

177. L'administration de l'Enregistrement est divisée en administration centrale ou direction générale et en service départemental.

178. Le personnel de la direction générale est composé de : un directeur général, trois administrateurs, dix chefs de bureau, seize sous-chefs, vingt-six rédacteurs, douze commis principaux et douze commis ordinaires (Décr. 1er déc. 1900, art. 2 ; 19 sept. 1902, art. 1er). Les trois administrateurs forment le conseil d'administration, dont le directeur général est président. — L'Administration centrale comprend : deux bureaux placés sous les ordres immédiats du directeur général, le bureau du personnel et le bureau central ; plus trois divisions placées chacune sous la direction d'un administrateur.

179. Le service départemental est composé, dans chaque département, d'un directeur, d'agents de contrôle (inspecteurs, sous-inspecteurs, receveurs-rédacteurs, gardes-magasins, contrôleurs de comptabilité) et d'agents de perception (conservateurs des hypothèques et receveurs). A tous ces agents s'ajoutent les surnuméraires et un personnel secondaire attaché à l'atelier général du Timbre à Paris.

180. Le service, dans les colonies où l'Enregistrement est établi, est placé : celui de l'Algérie, sous l'autorité du ministre des Finances, qui l'exerce par l'entremise du gouverneur général de l'Algérie, et celui des autres colonies sous la direction du ministre des Colonies.

ENSEIGNEMENT

(R. v° *Organisation de l'instruction publique* ; S. eod. v°).

SECT. Ire. — Divers ordres d'enseignement.

1. L'enseignement comporte trois ordres ou degrés : l'enseignement primaire, l'enseignement secondaire, l'enseignement supérieur. Chacun d'eux est soumis à des règles particulières ; tous les trois relèvent du ministère de l'Instruction publique.

2. En principe, l'enseignement est libre à tous les degrés. Toutefois, aux termes de la loi du 7 juill. 1904 (D. P. 1905. 4. 1), l'enseignement de tout ordre et de toute nature est interdit en France aux congrégations. Les congrégations autorisées à titre de congrégations enseignantes doivent être supprimées dans un délai maximum de dix ans (art. 1er). L'art. 5 de la même loi détermine les conditions dans lesquelles devra s'opérer la liquidation des biens des congrégations qui seront dissoutes en conformité de cette disposition.

SECT. II. — Organisation administrative.

3. L'administration de l'Instruction publique se divise en administration centrale et administration académique.

ART. 1er. — ADMINISTRATION CENTRALE (R. 119 et s. ; S. 3 et s.).

4. Le *ministre de l'Instruction publique* a la haute direction de l'enseignement, et, sur le personnel, le droit de nomination soit direct, soit par voie de présentation au président de la République, ainsi que le pouvoir disciplinaire. Dans certains cas, il ne peut exercer ce pouvoir que sur l'avis conforme du Conseil supérieur, ou des conseils académiques.

5. Le *Conseil supérieur de l'Instruction publique* se compose du ministre, président, de membres de l'Institut, de fonctionnaires de l'Instruction publique et de représentants de l'enseignement libre, nommés par le président de la République, enfin de représentants des grands établissements d'instruction publique appartenant aux trois degrés de l'enseignement universitaire, élus par leurs collègues (L. 27 févr. 1880, art. 1er, D. P. 80. 4. 37 ; Décr. 16 mars 1880, D. P. 80. 4. 45). Il se réunit en assemblée générale deux fois par an, indépendamment des sessions extraordinaires que le ministre peut provoquer. Ses séances ne sont pas publiques (Décr. 11 mai 1880, art. 2, 5, 7, D. P. 81. 4. 61 ; L. 27 févr. 1880, art. 8). — Ses attributions sont à la fois consultatives et judiciaires : les premières, portant principalement sur les programmes et les méthodes d'enseignement et les programmes d'examen, sont définies par la loi du 27 févr. 1880, art. 5 et 6 ; les secondes, par l'art. 7 de la même loi. Une section permanente prépare la solution des questions qui doivent lui être soumises (L. 1880, art. 3, 4).

6. Le ministre de l'Instruction publique est assisté, pour la surveillance de l'enseignement, par les *inspecteurs généraux*, tant de l'enseignement secondaire (Décr. 13 févr. 1879, D. P. 79. 4. 31 ; L. 26 déc. 1890, D. P. 91. 4. 50), que de l'enseignement primaire (L. 27 févr. 1887, D. P. 87. 4. 84 ; Décr. 20 avr. 1888, 27 mars 1889).

7. Le *comité consultatif de l'Instruction publique*, régi par les décrets des 24 mars 1873 (D. P. 73. 4. 44), 5 déc. 1877 (D. P. 79. 4. 75), 11 mai 1880 (D. P. 81. 4. 61), 15 déc. 1888, est divisé en trois sections

correspondant aux trois ordres d'enseignement. Il donne son avis sur les projets de lois, de règlements et de programmes d'études, sur les questions de contentieux administratif et de discipline universitaire qui lui sont renvoyées par le ministre ; il dresse les tableaux d'avancement des membres du corps enseignant, donne un avis nécessaire sur l'admission à la retraite des professeurs titularisés.

ART. 2. — ADMINISTRATION ACADÉMIQUE (R. 129 et s. ; S. 23 et s.).

8. Le territoire français est divisé en dix-sept circonscriptions académiques (Aix, Alger, Besançon, Bordeaux, Caen, Chambéry, Clermont-Ferrand, Dijon, Grenoble, Lille, Lyon, Montpellier, Nancy, Paris, Poitiers, Rennes, Toulouse). A leur tête est placé un *recteur*, chef de l'enseignement, qui surveille les établissements d'instruction de tout ordre, publics et libres, de l'académie.

9. Des *inspecteurs d'académie*, généralement en nombre égal à celui des départements de la circonscription (Décr. 22 août 1854, art. 2, D. P. 54. 4. 12), dirigent, sous l'autorité du recteur, l'administration des lycées et collèges et surveillent les établissements de l'enseignement secondaire libre. Ils ont, sous l'autorité des préfets, un rôle des plus importants quant à l'enseignement primaire dans leur département.

10. Les *conseils académiques* ont à la fois, pour l'enseignement primaire et secondaire, des attributions consultatives et disciplinaires analogues à celles du Conseil supérieur ; ils se réunissent deux fois par an en session ordinaire, sous la présidence du recteur, et peuvent être convoqués extraordinairement par le ministre (L. 27 févr. 1880, art. 11 ; Décr. 26 juin 1880. D. P. 80. 4. 85).

SECT. III. — Enseignement primaire.

ART. 1er. — ORGANISATION.

§ 1er. — *Établissements d'enseignement primaire* (S. 36 et s., 205 et s.).

11. L'enseignement primaire est donné : 1° dans les écoles maternelles et les classes enfantines ; 2° dans les écoles primaires élémentaires ; 3° dans les écoles supérieures et les classes d'enseignement primaire supérieur annexées aux écoles élémentaires et dites cours complémentaires ; 4° dans les écoles manuelles d'apprentissage (L. 30 oct. 1886, art. 1er, D. P. 87. 4. 1).

12. Les *écoles maternelles*, que la législation désignait autrefois sous la dénomination de *salles d'asile*, sont des établissements de première éducation, où les enfants des deux sexes, âgés de deux à six ans, reçoivent en commun les soins que réclame leur développement physique, moral et intellectuel (Décr. 18 janv. 1887, art. 1er, D. P. 87. 4. 16). — Les *classes enfantines* ne peuvent exister que comme annexe d'une école primaire élémentaire ou d'une école maternelle ; elles admettent les enfants des deux sexes de quatre à sept ans (Décr. 18 janv. 1887, art. 2).

13. Les *écoles primaires élémentaires* admettent, en principe, les enfants ayant plus de cinq ans et moins de treize ans révolus ; mais les enfants ne peuvent y être admis avant l'âge de sept ans révolus, s'il existe dans la commune une école enfantine (Décr. 18 janv. 1887, art. 28 ; Règl. annexé à l'arrêté du 18 janv. 1887, art. 1er).

14. Les établissements d'enseignement primaire supérieur prennent le nom de *cours complémentaires* s'ils sont annexés à une école élémentaire, et d'*écoles primaires supérieures* proprement dites s'ils sont installés dans un local distinct et sous une direction différente de celle de l'école élémentaire (L. 30 oct. 1886, art. 28, § 1er; Décr. 18 janv. 1887, art. 30 à 41, 192, modifié par les décrets des 21 janv. 1893 et 28 janv. 1897, D. P. 93. 4. 73 et 97. 4. 108). Les cours complémentaires comportent au maximum deux années et deux divisions. La durée des études dans les écoles primaires supérieures est de deux années au minimum. Dans les écoles dites *de plein exercice*, cette durée est de trois années. Près de chaque école est un comité de patronage chargé de veiller aux intérêts matériels des élèves et à la bonne tenue de l'école (Décr. 18 janv. 1887, art. 42; Arr. min. 18 janv. 1887, art. 33 à 40). Les programmes d'études sont déterminés par le décret du 18 janv. 1887, art. 35 et s.

15. L'État entretient, dans les établissements d'enseignement primaire supérieur de garçons et de filles, un certain nombre de *bourses d'internat*, de *bourses d'entretien*, c'est-à-dire attribuées à des élèves logés dans leurs familles et fréquentant l'école supérieure ou le cours complémentaire de la localité, enfin de *bourses familiales*, attribuées à des élèves placés en pension dans des familles autres que la leur et agréées par le directeur ou la directrice de l'école et du cours (Décr. 18 janv. 1887, art. 43 et s.; Arr. min. 18 janv. 1887, art. 41 et s.). L'obtention et le maintien de ces bourses sont soumis à des examens subis devant l'inspecteur primaire, assisté du directeur et des professeurs de l'école. Les élèves de l'enseignement primaire supérieur qui se sont signalés par leur assiduité et leurs progrès, et ne sont âgés de moins de seize ans au 1er janvier de l'année, peuvent obtenir des bourses d'enseignement secondaire et des bourses de séjour à l'étranger (Décr. 18 janv. 1887, art. 43 et s.; Arr. min. 18 janv. 1887, art. 61 et s.). — Le résultat des études dans les établissements d'instruction primaire supérieure est constaté par le certificat d'études primaires supérieures à la suite d'un examen, obligatoire pour tous les élèves titulaires d'une bourse de l'État ayant suivi le cours d'études complet (Décr. 23 déc. 1882, art. 1er; Arr. min. 18 janv. 1887, art. 242 à 253).

16. Au nombre des établissements d'enseignement primaire public sont les *écoles manuelles d'apprentissage*, organisées par la loi du 11 déc. 1880 (D. P. 81. 4. 49) et le décret du 17 mars 1888 (D. P. 88. 4. 38), qui ont pour but de développer chez les jeunes gens se destinant aux professions manuelles la dextérité nécessaire et les connaissances techniques. Ces écoles sont de deux sortes : 1° celles qui sont organisées spécialement en vue de l'enseignement manuel, ou écoles d'apprentissage proprement dites; 2° les écoles d'enseignement primaire supérieur, dont le programme comprend des classes ou des cours d'enseignement professionnel. Ces écoles peuvent être fondées par l'État, les départements, les communes, des associations ou des particuliers. Les écoles fondées par l'État, les départements et les communes sont placées sous la double autorité du ministre de l'Instruction publique et du ministre du Commerce. Toutefois, les écoles nationales, où l'enseignement est principalement industriel et commercial, relèvent du seul ministère du Commerce sous le nom d'*écoles pratiques de commerce et d'industrie* (L. 26 janv. 1892, art. 69, D. P. 92. 4. 26). Ces écoles sont celles d'Agen, Fréville-Escarbotin, Saint-Didier-la-Seauve, Nîmes, Boulogne-sur-Mer, Fourmies, Montbéliard, Vierzou, Voiron et Armentières. Leur organisation et leur fonctionnement doivent être déterminés par décret (L. 30 mars 1902, art. 73, D. P. 1902. 4. 60). Les écoles professionnelles de Paris sont régies par la loi du 27 déc. 1900 (D. P. 1901. 4. 72).

17. Des classes primaires pour les adultes et apprentis qui ont rempli les obligations scolaires imposées par les lois des 19 mai 1874 et 28 mars 1882 à l'égard des enfants employés dans l'industrie, peuvent être créées dans les mêmes conditions légales que les écoles publiques ou privées, sauf dispense de tout ou partie de ces conditions par le conseil départemental (L. 15 mars 1850, art. 54, D. P. 50. 4. 52; 30 oct. 1886, art. 8). — Enfin, des écoles primaires peuvent être annexées aux établissements de bienfaisance et d'assistance fondés par l'État, les départements, les communes ou les particuliers.

§ 2. — *Matières de l'enseignement primaire* (S. 30 et s.).

18. Les matières de l'enseignement primaire sont énumérées par l'art. 1er de la loi du 28 mars 1882 (D. P. 82. 4. 64). Elles sont obligatoires. L'étude de la religion n'y est pas comprise. D'ailleurs, ces matières ne sont pas intégralement et toutes enseignées dans les écoles de tous les degrés. Les programmes sont gradués, et plus ou moins étendus, suivant qu'il s'agit des écoles maternelles ou enfantines, des écoles primaires élémentaires ou des écoles primaires supérieures (Décr. 18 janv. 1887, art. 4, 27 et s.; Décr. 21 janv. 1893).

19. Les écoles publiques doivent vaquer un jour par semaine, outre le dimanche, afin de permettre aux parents de faire donner à leurs enfants, s'ils le désirent, l'instruction religieuse en dehors des édifices scolaires. Les enfants ne doivent être envoyés à l'église, pour les catéchismes ou les exercices religieux, qu'en dehors des heures de classe. L'instituteur n'est tenu de les y surveiller ou de les y conduire que dans le cas où ils se sont rendus à leurs parents dans l'intervalle des classes et où ils demeurent sous sa surveillance (L. 28 mars 1882, art. 2; Arr. min. 18 janv. 1887, art. 5 et 9).

§ 3. — *Obligation de l'enseignement primaire* (S. 48 et s.).

20. L'instruction primaire est obligatoire pour les enfants des deux sexes âgés de six à treize ans révolus (L. 28 mars 1882, art. 4). Elle peut être donnée soit dans les établissements d'instruction primaire ou secondaire, soit dans les écoles publiques ou libres, soit dans la famille par le père de famille lui-même ou par toute personne qu'il aura choisie. — Le principe de l'obligation est général; il s'applique même aux enfants sourds-muets et aveugles, dont l'instruction est assurée par des bourses accordées, en cas d'insuffisance des ressources des familles, dans les établissements où ces enfants peuvent recevoir un enseignement professionnel.

21. La durée de l'enseignement primaire obligatoire peut être exceptionnellement abrégée pour les enfants qui obtiennent le *certificat d'études primaires* à la suite d'un examen subissent devant des commissions cantonales. Ces commissions, nommées par les recteurs sur la proposition des inspecteurs d'académie, se réunissent chaque année sous la présidence de l'inspecteur primaire du ressort, soit au chef-lieu de canton, soit dans une commune centrale désignée à cet effet (Décr. 27 juill. 1882, D. P. 83. 4. 48; Circ. min. 20 août et 22 déc. 1886; Arr. min. 16 juin 1880; Décr. 27 juill. 1882, D. P. 83. 4. 48; Arr. min. 18 janv. 1887, art. 254 et s.).

22. Dans chaque commune (à Paris et à Lyon, dans chaque arrondissement), une *commission scolaire* a pour mission de surveiller et d'encourager la fréquentation des écoles, de concourir avec le maire à la confection de la liste annuelle des enfants astreints à l'obligation scolaire, d'apprécier les motifs d'absence des enfants qui quittent momentanément l'école, etc. (V. *infra*, n° 26). Mais les commissions scolaires n'ont aucun pouvoir en matière d'enseignement, aucun droit d'inspection ou de contrôle sur les écoles ou sur les maîtres. Elles sont composées : du maire, président; d'un des délégués du canton (dans les communes où il y a plusieurs cantons, d'autant de délégués, désignés par l'inspecteur d'académie, qu'il y a de cantons), de membres du conseil municipal en nombre égal au plus au tiers des membres de ce conseil; de plus, l'inspecteur primaire est membre de droit de toutes les commissions scolaires de son ressort (L. 28 mars 1882, art. 5; 30 oct. 1886, art. 58; Décr. 18 janv. 1887, art. 154).

23. Le père, le tuteur ou toute personne, quelle qu'elle soit, chez laquelle est placé un enfant de six à treize ans, est tenu de déclarer au maire, quinze jours au moins donner à cet enfant l'instruction dans la famille, dans une école publique ou dans une école privée, et, dans ces deux derniers cas, de désigner l'école choisie (L. 28 mars 1882, art. 7). — Les familles domiciliées à proximité de deux ou plusieurs écoles publiques ont la faculté de faire inscrire leurs enfants à l'une ou l'autre de ces écoles, qu'elles soient, ou non, sur le territoire de leur commune, à moins que l'école choisie ne compte déjà le nombre maximum d'élèves autorisé par les règlements (L. 28 mars 1882, art. 7; § 2). Mais la déclaration du père de famille doit toujours être faite à la mairie de sa résidence, dans le cas même où l'enfant serait inscrit à l'école d'une autre localité.

24. La liste de tous les enfants âgés de six à treize ans est dressée chaque année par le maire, d'accord avec la commission scolaire. Le maire avise les personnes responsables (père, mère, tuteur ou toute personne étrangère ou parente à laquelle la garde de l'enfant a été confiée) de l'époque de la rentrée des classes. Cet avis est fait aux personnes responsables en demeure de déclarer si elles entendent faire donner à l'enfant l'instruction dans la famille ou dans une école privée. A défaut de réponse, quinze jours avant la rentrée des classes, le maire inscrit d'office l'enfant à une école publique et en avertit la personne responsable (L. 28 mars 1882, art. 8). Ce dernier avis, qui sert de point de départ à l'application des mesures répressives édictées par la loi, est une formalité substantielle, et le père de famille qui ne l'a pas reçu ne peut être poursuivi pour infraction au devoir scolaire. L'inscription d'office ne prive, d'ailleurs, pas le père du droit de faire donner l'instruction à l'enfant comme il lui convient, à la condition d'adresser au maire la déclaration prescrite par l'art. 7. — Le père de famille doit également aviser immédiatement le maire lorsqu'il retire l'enfant de l'école publique pour le faire instruire dans la famille ou dans une autre école, qu'il est tenu de faire connaître. Cette obligation existe même lorsque l'enfant, renvoyé d'une école par mesure disciplinaire, est placé dans une autre (art. 9). Le défaut d'avis est puni de l'inscription, pendant quinze jours ou un mois, à la porte de la mairie, des nom, prénoms et qualité du fait relevé contre elle.

25. Les personnes responsables sont tenues de faire connaître au directeur ou à la directrice de l'école les motifs des absences momentanées de l'enfant. Les directeurs et directrices doivent, sous les sanctions édictées par l'art. 11 à l'égard des directeurs d'écoles libres, constater sur un registre d'appel, pour chaque classe, l'absence des élèves inscrits et en adresser chaque mois, au maire et à l'inspecteur primaire, un extrait, avec l'indication du nombre des absences et des motifs invoqués (L. 28 mars 1882, art. 10, § 1 et 2).

26. Les motifs d'absence sont soumis à la commission scolaire : les uns, maladie de l'enfant, décès d'un membre de la famille, empêchement résultant de la difficulté accidentelle des communications, sont déclarés légitimes par la loi ; les autres sont abandonnés à l'appréciation de la commission scolaire (L. 1882, art. 19, § 3). Lorsque les excuses ne sont pas admises, et si l'enfant s'est absenté quatre fois de l'école dans le mois pendant une demi-journée au moins, les parents ou les personnes responsables doivent être invités, au moins trois jours à l'avance, à comparaître dans la salle de la mairie devant la commission scolaire, qui leur rappelle le texte de la loi et leur explique leur devoir (L. 1882, art. 12). Celui qui est invité à comparaître doit se présenter en personne, ou tout au moins fournir des explications par écrit ; il ne peut être remplacé par un mandataire. — Les séances de la commission scolaire ne sont pas publiques (L. 30 oct. 1886, art. 60).

27. Le père de famille qui comparaît n'est passible que de l'avertissement. S'il ne comparaît pas, sans justification admise, la commission ordonne l'inscription pendant quinze jours ou un mois, à la porte de la mairie, de ses nom, prénoms et qualité, avec indication du fait relevé contre lui (art. 12, précité). La même peine est prononcée, en cas de récidive dans les douze mois qui suivent la première infraction (L. 28 mars 1882, art. 13).

28. Les décisions des commissions scolaires peuvent être frappées d'appel dans les dix jours par l'inspecteur primaire ou par les parents et les personnes responsables, devant le conseil départemental, au moyen d'une simple lettre. Cette lettre doit être adressée au préfet, au maire de la commune et à l'inspecteur primaire de la circonscription si l'appel émane des parents ; si l'appelant est l'inspecteur primaire, elle doit être adressée au président du conseil départemental, au maire de la commune, aux parents et aux personnes responsables de l'enfant (L. 30 oct. 1886, art. 59 ; Décr. 18 janv. 1887, art. 156). — Les séances du conseil départemental ne sont pas publiques ; mais les personnes responsables peuvent s'y faire représenter ou assister par un mandataire (L. 30 oct. 1886, art. 59, 60). — Les décisions du conseil départemental sont en dernier ressort ; elles peuvent seulement être déférées au Conseil d'État pour excès de pouvoir.

29. Lorsque la récidive prévue par l'art. 13 de la loi du 28 mars 1882 est suivie d'une nouvelle récidive dans les douze mois, ou lorsque la personne responsable a été condamnée à l'affichage pour refus de comparaître devant la commission scolaire après une première infraction, et qu'il y a récidive dans les douze mois, l'infraction devient une contravention, de la compétence du juge de paix (L. 28 mars 1882, art. 14). Ce magistrat est saisi par la commission ou par l'inspecteur primaire. — Lorsqu'un père de famille a encouru une première condamnation à l'amende pour infraction au devoir scolaire, toutes les infractions postérieures relevées contre lui dans les douze mois qui suivent cette condamnation ont le caractère de contraventions passibles de peines de simple police. — Les peines que peut entraîner l'infraction prévue par l'art. 14 de la loi de 1882 sont celles qu'édictent les art. 479 et 480 c. pén., c'est-à-dire une amende de 11 à 15 francs et un emprisonnement qui peut aller jusqu'à cinq jours, sauf, s'il y a lieu,

l'admission des circonstances atténuantes (L. 1882, art. 14, § 2 ; Pén. 479 et 480).

30. L'art. 15 de la loi du 28 mars 1882 permet aux commissions scolaires d'accorder des dispenses de fréquentation des écoles aux enfants qui demeurent chez leurs parents ou chez leur tuteur, sur la demande motivée de ceux-ci, pour trois mois au plus par année en dehors des vacances ; les dispenses qui excèdent quinze jours doivent être soumises à l'approbation de l'inspecteur primaire. La dispense de trois mois a été accordée, par voie de mesure générale, à tous les *mousses* de 10 à 13 ans portés sur les matricules de l'inscription maritime et justifiant, au moyen d'un certificat du commissaire de l'inscription maritime, d'un embarquement (Circ. min. 26 févr. 1883). Les enfants qui suivent leurs parents ou tuteurs lorsque ceux-ci s'absentent temporairement de la commune sont dispensés de la fréquentation scolaire, sur un simple avis donné verbalement ou par écrit au maire ou à l'instituteur. La commission peut aussi, avec l'approbation du conseil départemental, dispenser les enfants employés dans l'industrie et arrivés à l'âge de l'apprentissage et les enfants employés, hors de leur famille, dans l'agriculture, d'une des deux classes de la journée.

31. Les enfants qui reçoivent l'instruction dans la famille sont soumis à un examen annuel passé, à partir de la deuxième année d'instruction obligatoire, devant une commission présidée par l'inspecteur primaire et portant sur les matières de l'enseignement correspondant à leur âge dans les écoles publiques (L. 1882, art. 16). Les épreuves sont écrites et consistent généralement dans la production des cahiers de l'enfant avec une attestation d'authenticité par le père de famille ; ce n'est qu'en cas d'insuffisance de ces épreuves qu'il y a lieu à des épreuves orales (Arr. 18 juin 1887, art. 263 à 270). Si l'examen révèle une instruction insuffisante et si aucune excuse n'est admise par le jury, les parents sont mis en demeure d'envoyer l'enfant, dans la huitaine de la notification, dans une école publique ou privée et de faire savoir au maire quelle école ils ont choisie. En cas de non-déclaration, l'inscription a lieu d'office.

32. Chaque commune est tenue d'avoir une caisse des écoles (L. 28 mars 1882, art. 17, modifié par l'art. 54 de la loi du 19 juin 1889) pour subvenir aux frais résultant de l'obligation de l'instruction, papier, livres, etc.; fournir des vêtements, chaussures et aliments chauds en hiver aux enfants indigents et donner des encouragements à l'assiduité scolaire. Cette caisse est alimentée par des cotisations volontaires, des dons et des legs, des subventions de la commune, du département ou de l'État. La répartition des secours se fait par les soins de la commission scolaire.

§ 4. — Conditions d'aptitude exigées des instituteurs et institutrices en général (S. 127 et s.).

33. Les instituteurs et institutrices primaires, qu'ils appartiennent à l'enseignement public ou à l'enseignement privé, sont soumis à des conditions d'âge, de nationalité et de capacité déterminées par les lois des 16 juin 1881 (D. P. 82. 4. 24) et 30 oct. 1886.

34. Nul ne peut enseigner dans une école primaire quelconque avant l'âge de dix-huit ans pour les instituteurs et dix-sept ans pour les institutrices. L'âge de vingt et un ans est exigé pour diriger une école primaire, et celui de vingt-cinq ans pour diriger une école primaire supérieure ou une école recevant des internes (L. 1886, art. 7).

35. Les étrangers ne peuvent diriger une école publique ou privée ; mais, s'ils remplissent les conditions légales de

capacité et d'âge prescrites par les lois des 16 juin 1881 et 30 oct. 1836, et sont admis à jouir des droits civils en France, ils peuvent enseigner dans une école privée avec l'autorisation du ministre, après avis du conseil départemental (Décr. 18 janv. 1887, art. 182 à 185). Le ministre peut encore accorder la dispense des titres de capacité aux étrangers admis à la jouissance des droits civils qui demandent à diriger des écoles exclusivement destinées à des enfants étrangers résidant en France ou à enseigner dans ces écoles (L. 30 oct. 1886, art. 4).

36. Pour exercer une fonction quelconque d'enseignement, il faut être muni du titre de capacité correspondant à cette fonction. Ces titres sont : 1° les brevets de capacité ; 2° les certificats d'aptitude professionnelle ; 3° les certificats spéciaux pour les enseignements accessoires (L. 30 oct. 1886, art. 20-21 ; Décr. 18 janv. 1887, art. 106). — Les *brevets de capacité* sont de deux sortes : *élémentaire* et *supérieur*. Le brevet élémentaire ne peut être obtenu que par le candidat ayant au moins 16 ans le 1er octobre de l'année dans laquelle ils se présentent, à moins d'une dispense d'âge qui ne peut excéder trois mois. La dispense est de droit pour les candidats pourvus du certificat d'études primaires supérieures, quel que soit leur âge (Décr. 18 janv. 1887, art. 107). — Les candidats au brevet supérieur doivent avoir dix-huit ans révolus le jour de l'ouverture de la session, sauf dispense d'âge ne pouvant excéder trois mois. Les dispenses sont accordées par l'inspecteur d'académie. Les programmes d'examen sont fixés par un arrêté ministériel du 18 janv. 1887. — Le brevet élémentaire est exigé pour les fonctions d'instituteur dans les écoles primaires élémentaires, et celles de directrice d'école maternelle (L. 30 oct. 1886, art. 23 et 62). Il en est de même du certificat d'aptitude pédagogique.

37. Les certificats d'*aptitude professionnelle* sont les certificats d'*aptitude pédagogique*, d'aptitude au professorat des écoles normales et des écoles primaires supérieures, d'aptitude à l'*inspection des écoles primaires* et à la *direction des écoles normales*, d'aptitude à l'*inspection des écoles maternelles*. — Les certificats *spéciaux* pour les enseignements accessoires sont les certificats d'*aptitude à l'enseignement des langues vivantes*, du *travail manuel*, du *chant*, de la *gymnastique*, des *travaux de couture*, etc.

38. Sont incapables de tenir une école publique ou privée ou d'y être employés, ceux qui ont subi une condamnation judiciaire pour délit contraire à la probité ou aux mœurs, ceux qui ont été privés par jugement de tout ou partie des droits mentionnés en l'art. 42 c. pén. et ceux qui ont été frappés d'interdiction absolue en vertu des art. 32 et 41 de la loi du 30 oct. 1886 (L. 1886, art. 5), enfin les membres d'une congrégation religieuse, autorisée ou non (L. 7 juill. 1904 ; V. *suprà*, n° 2).

39. L'enseignement est donné par des instituteurs dans les écoles de garçons, par des institutrices dans les écoles de filles, dans les écoles maternelles et dans les écoles ou classes enfantines et dans les écoles mixtes. Toutefois, le conseil départemental peut, à titre provisoire et par une décision toujours révocable, permettre à un instituteur de diriger une école mixte, à la condition qu'il lui soit adjoint une maîtresse de travaux de couture. Dans les écoles de garçons, des femmes peuvent être admises à enseigner à titre d'adjointes, à condition d'être épouse, sœur ou parente en ligne directe du directeur de l'école (L. 1886, art. 6).

§ 5. — *Inspection et surveillance des établissements primaires* (S. 80 et s.).

40. L'inspection des écoles primaires publiques porte sur l'enseignement, la capacité des maîtres et l'installation des locaux scolaires (Décr. 18 janv. 1887, art. 123 et s.). Celle des écoles primaires privées porte sur la moralité, l'hygiène et la salubrité et, en outre, sur les obligations imposées aux écoles privées pour la constatation de l'observation du devoir scolaire; elle ne peut porter sur l'enseignement que pour vérifier s'il n'est pas contraire à la morale, à la constitution et aux lois (L. 30 oct. 1886, art. 9, § 3). Elle est exclusivement exercée par les autorités académiques et les autorités locales désignées par la loi (Décr. 18 janv. 1887, art. 144).

41. Les *inspecteurs de l'instruction primaire*, nommés par le ministre de l'Instruction publique, doivent être munis d'un certificat d'aptitude à l'inspection (Décr. 18 janv. 1887, art. 125). Ils participent, avec voix délibérative, aux assemblées des délégués cantonaux, font partie de droit de toutes les commissions scolaires, président les conférences d'instituteurs et les commissions d'examen chargées de délivrer les certificats d'études primaires, instruisent les affaires relatives à la création ou à la construction des écoles publiques, les déclarations d'ouverture des écoles privées, etc., donnent leur avis sur la nomination et l'avancement et sur les questions de discipline des instituteurs (Décr. 18 janv. 1887, art. 129). Les *inspectrices primaires* sont nommées dans les mêmes conditions et ont un rôle analogue, sauf en ce qui concerne les questions administratives ou contentieuses (L. 19 juill. 1889, art. 22, § 3; Décr. 17 janv. 1891). — Les uns et les autres sont placés sous l'autorité immédiate de l'inspecteur d'académie (Décr. 18 janv. 1887, art. 128).

42. Le *conseil départemental* est le conseil de l'instruction primaire dans le département. Sa composition est déterminée par les art. 43 et 44 de la loi du 30 oct. 1886, modifiée par la loi du 14 juill. 1901 (D. P. 1901. 4. 102); il comprend, comme les autres conseils de l'instruction publique, des membres de droit et des membres élus. Les fonctions de ses membres sont gratuites, sauf certaines indemnités de déplacement (L. 30 oct. 1886, art. 47). — Ses attributions sont à la fois administratives, contentieuses et disciplinaires. Les premières ont pour objet l'organisation, l'établissement et l'inspection des écoles primaires, l'application des programmes d'enseignement, l'avancement du personnel. Son rôle s'étend, dans une certaine mesure, aux écoles privées (L. 30 oct. 1886, art. 11, 12, 13 [modifié par la loi du 30 mai 1899, art. 36 (D. P. 99. 4. 83)], 16, 23, 24, 25, 27, 36, 48, 50, 52). Toutefois, les écoles privées ne peuvent être inspectées par les membres du conseil départemental qui sont instituteurs ou institutrices publics (L. 1886, art. 9). En matière contentieuse, le conseil départemental statue : ... sur les oppositions à l'ouverture des écoles privées; ... sur les réclamations relatives aux listes des instituteurs et institutrices appelés à élire les membres électifs du conseil (Décr. 12 nov. 1886, art. 2 *in fine*); ... sur l'appel des décisions des commissions scolaires (L. 1886, art. 59); ... sur les contestations relatives à l'inscription d'un enfant à une école publique comprenant déjà le maximum d'élèves autorisé par les règlements (L. 28 mars 1882, art. 7, § 3), etc. — Sur les attributions disciplinaires du conseil départemental, V. *infrà*, n°s 70 et s.

43. L'inspection des écoles primaires s'exerce encore par les *maires* et les *délégués cantonaux*, au point de vue de l'état des locaux et du matériel, de l'hygiène et de la tenue des élèves, à l'exclusion de l'enseignement; dans les écoles privées, elle porte, en outre, sur l'exécution des obligations imposées à ces écoles par les art. 10 et 11 de la loi du 28 mars 1882. Des délégués cantonaux, nommés pour trois ans par le conseil départe-

mental, mais toujours révocables, correspondent avec ce conseil et avec les autorités locales pour tout ce qui regarde l'état et les besoins de l'enseignement primaire dans le canton; s'ils ne sont pas membres du conseil départemental, ils peuvent y être appelés avec voix consultative pour les questions qui intéressent les écoles de leur circonscription. Enfin, ils se réunissent au moins tous les trois mois au chef-lieu de canton, sous la présidence de l'un d'entre eux qu'ils désignent, pour convenir des avis à transmettre au conseil départemental (L. 30 oct. 1886, art. 52; Décr. 18 janv. 1887, art. 136 à 140). — Dans les écoles maternelles, l'inspection doit être exercée, indépendamment des autorités instituées par la loi, par des inspectrices générales et départementales nommées par le ministre (L. 1886, art. 9-6°). Les conditions exigées des inspectrices sont déterminées par les art. 132 à 135 du décret du 18 janv. 1887. En fait, l'inspection des écoles maternelles n'existe que dans quelques départements. — Enfin, les écoles primaires sont inspectées, au point de vue hygiénique et sanitaire, par des médecins communaux ou départementaux (L. 30 oct. 1886, art. 9; Décr. 18 janv. 1887, art. 136 et 141).

44. Les autorités chargées de l'inspection inspectent les classes de jeunes filles comme les classes de garçons, les externats et dans les internats publics ou privés. Cependant, dans tous les internats de jeunes filles, l'inspection des locaux affectés aux pensionnaires est confiée à un petit nombre de dames, nommées par le ministre sur la proposition de l'inspecteur d'académie, avec l'agrément du préfet (L. 30 oct. 1886, art. 9, *in fine*; Décr. 18 janv. 1887, art. 142 et 143).

ART. 2. — ENSEIGNEMENT PRIMAIRE PUBLIC.

§ 1er. — *Gratuité et laïcité de l'enseignement* (S. 45 et s.).

45. L'enseignement primaire public est gratuit (L. 16 juin 1881, art. 1er, D. P. 82. 4. 26). Les dépenses qu'il occasionne sont réparties entre l'Etat, les départements et les communes (V. *infrà*, n°s 53 et s.). Cet enseignement doit être exclusivement confié à un personnel laïque (L. 30 oct. 1886, art. 17). La loi de 1886, en posant ce principe, a prescrit comme conséquence la laïcisation des écoles congréganistes existantes (art. 18). Cette mesure pouvait entraîner la révocation des libéralités faites aux communes à la charge de fonder de pareilles écoles (V. *suprà*, *Donation entre vifs*, n° 87); les intéressés ont dû agir, sous peine de déchéance, dans un délai de deux ans à partir de l'insertion au *Journal officiel* de l'arrêté de laïcisation ou de suppression de l'école (L. 1886, art. 19).

§ 2. — *Etablissement des écoles primaires publiques* (S. 100 et s.).

46. Toute commune doit avoir, au moins, une école publique mixte pour les garçons et les filles, ouverte toute l'année aux enfants soumis à l'obligation scolaire. Cependant, deux ou plusieurs communes peuvent, avec l'autorisation du conseil départemental et l'approbation du ministre, s'entendre dans les formes prévues par la loi municipale du 5 avr. 1884 (art. 116 et 117), pour l'établissement et l'entretien d'une école. On peut également rattacher un ou plusieurs hameaux dépendant d'une commune à l'école d'une commune voisine, après délibération des conseils municipaux intéressés, ou, en cas de désaccord, après décision du conseil départemental. Lorsque la population d'une commune est supérieure à 500 habitants, elle doit avoir une école spéciale pour les filles, à moins d'être autorisée par le conseil départemental à remplacer cette école spé-

ciale par une école mixte (L. 30 oct. 1886, art. 11). — Les communes sont, en outre, obligées de tenir des *écoles de hameau* toutes les fois que des hameaux ou centres de population sont éloignés du chef-lieu ou distants les uns des autres de trois kilomètres et réunissent un effectif d'au moins vingt enfants d'âge scolaire (L. 20 mars 1883, art. 8, D. P. 84. 4. 50). La circonscription d'une école de hameau peut s'étendre à plusieurs communes (L. 30 oct. 1886, art. 12, §1er).

47. Le conseil départemental détermine, après avis du conseil municipal et sous réserve de l'approbation ministérielle, le nombre, la nature et le siège des écoles primaires de la commune et décide du nombre des maîtres attachés à chaque école. Il peut même, contrairement à l'avis du conseil municipal et sous réserve de l'approbation ministérielle, supprimer d'office un emploi d'instituteur ou d'institutrice dans les écoles qui, ayant plusieurs classes, reçoivent un nombre d'élèves insuffisant (L. 30 mai 1899, art. 36, D. P. 99. 4. 83).

48. Des *pensionnats* peuvent être annexés aux écoles primaires publiques. L'instituteur ou l'institutrice public qui veut ouvrir un pensionnat primaire doit en informer l'inspecteur d'académie et le maire, et remettre à ce dernier un plan du local destiné au logement des pensionnaires. L'autorisation du conseil départemental est nécessaire; elle ne peut être accordée que sur l'avis conforme du conseil municipal. Elle peut être révoquée sur la proposition de l'inspecteur d'académie, après avis du conseil municipal (L. 1886, art. 13, § 2; Décr. 18 janv. 1887, art. 15 et 16).

49. L'établissement et l'entretien des écoles primaires élémentaires publiques constituent des dépenses obligatoires pour les communes. Les dépenses à la charge des communes sont celles concernant : l'entretien ou la location des bâtiments scolaires, l'organisation du mobilier scolaire, le chauffage et l'éclairage des classes, la rémunération du personnel de service, les indemnités de résidence accordées aux instituteurs et institutrices par l'art. 12 de la loi du 19 juill. 1889 (D. P. 90. 4. 36), les registres et imprimés à l'usage des écoles, les allocations aux chefs d'atelier, contremaîtres chargés de l'enseignement agricole, industriel ou commercial (L. 1889, art. 4). Il faut que les dépenses afférentes : ... aux écoles maternelles établies où à établir dans les communes de plus de 2000 âmes, ayant au moins 1200 âmes de population agglomérée; ... aux classes enfantines publiques comprenant des enfants des deux sexes et confiées à des institutrices (L. 30 oct. 1886, art. 14 et 15). — Les dépenses des cours complémentaires publics, des écoles primaires supérieures et des écoles manuelles d'apprentissage sont également obligatoires pour les communes, lorsque ces cours ou écoles, dont la création est facultative pour elles, ont été régulièrement établis (Circ. min. Instr. publ. 8 févr. 1888).

50. Les conditions que doivent remplir les locaux et le matériel scolaire sont consignées dans les instructions ministérielles annexées à l'arrêté du 18 janv. 1887 et le décret du 29 janv. 1890 (D. P. 91. 4. 14), portant réglementation du matériel d'enseignement dans les écoles. Lorsqu'il y a lieu de construire ou d'approprier un immeuble pour l'usage d'une école, les plans et devis, dressés sous la direction du maire, sont, après le vote des crédits par le conseil municipal, soumis à l'inspecteur d'académie, au comité départemental des bâtiments civils, et acceptés ou refusés par le préfet. La même procédure est suivie lorsque la commune a décidé l'acquisition d'une maison déjà construite (Décr. 7 avr. 1887, art. 7 et 8). Si le conseil municipal décide d'établir l'école dans un bâtiment appartenant à la commune ou pris à loyer par elle, le plan des locaux affectés au service scolaire et au logement des maîtres est soumis, avec le projet de bail, à l'inspecteur d'académie et approuvé, s'il y a lieu, par le préfet. Le bail doit être passé par écrit (Décr. 7 avr. 1887, art. 9).

51. L'Etat est venu en aide aux communes pour les dépenses de construction des écoles, d'abord au moyen d'une allocation de 50 millions, et en consacrant une pareille somme à la création d'une *caisse pour la construction des écoles*, chargée de prêter aux communes et d'assurer le service des subventions (L. 1er juin 1878, D. P. 78. 4. 77). Depuis la loi du 20 juin 1885 (D. P. 85. 4. 35), les communes empruntent à un établissement de crédit public, et la subvention de l'Etat est transformée en annuités, pouvant être versées pendant une période de quarante ans, pour assurer le service et l'amortissement des emprunts. Les conditions dans lesquelles les emprunts doivent être autorisés et les subventions accordées ont été réglées par le décret du 7 avr. 1887, art. 10 et s. Enfin, depuis la loi du 26 juill. 1893, art. 53 et 65 (D. P. 94. 4. 45), les subventions ne sont plus accordées qu'en capital, et consistent en une quote-part de la dépense, déterminée par la proportion que l'Etat eût supportée dans les subventions sous formes d'annuités. Les subventions de l'Etat ne sont accordées que pour la *construction* et l'*appropriation* des établissements primaires.

52. A défaut par une commune de pourvoir à une installation convenable du service scolaire dans les conditions prescrites par la loi, le préfet est autorisé, aux termes de la loi du 10 juill. 1903 (D. P. 1903. 4. 70) de prendre toutes les mesures utiles à cette installation et à l'acquisition du mobilier scolaire nécessaire. Après des mises en demeure adressées au conseil municipal, il est procédé d'office soit à la location d'un immeuble, si le service peut être assuré ce moyen, soit à la construction d'une maison d'école; si, après avis du conseil départemental de l'enseignement primaire, cette construction est jugée nécessaire par le préfet. Celui-ci désigne alors lui-même l'emplacement, choisit l'architecte, fait dresser les plans et devis, enfin approuve le projet après avis de l'inspecteur d'académie, du comité départemental des bâtiments civils et du conseil départemental d'hygiène; il fixe le montant de la dépense et indique comment il y sera pourvu. Le conseil général et, entre les sessions, la commission départementale, sont appelés à donner leur avis sur la subvention à allouer par l'Etat. Il est statué par un décret en Conseil d'Etat : 1o sur le chiffre de la dépense, lorsqu'il excède le maximum fixé par le tableau A annexé à la loi du 20 juin 1885; 2o sur le montant et les conditions de l'emprunt à contracter; 3o sur l'imposition d'office de la somme annuelle applicable à l'amortissement de l'emprunt; 4o sur l'allocation de la subvention de l'Etat, si le conseil général a émis un avis défavorable ou refusé de statuer sur la question; 5o sur la déclaration d'utilité publique, s'il y a lieu de recourir à l'expropriation pour l'acquisition des terrains.

53. Les dépenses ordinaires de l'instruction primaire sont réparties entre l'Etat, les départements et les communes (L. 19 juill. 1889, art. 1er). Les dépenses à la charge de l'Etat sont : 1o les traitements du personnel des écoles élémentaires et des écoles maternelles, du personnel des écoles primaires supérieures, des écoles manuelles d'apprentissage; 2o les suppléments de traitement accordés aux titulaires chargés de la direction d'une école comprenant plus de deux classes, des maîtres chargés de cours complémentaires et l'allocation annuelle de 500 francs accordée aux instituteurs suppléants et institutrices suppléantes; les traitements du personnel de l'administration (employés de la direction de l'instruction primaire, commis et secrétaires d'académie, commis des bureaux de l'inspection académique), du personnel de l'inspection, leurs frais de tournée et de déplacement; 4o les frais d'entretien des élèves des écoles normales et autres dépenses de ces écoles; 5o l'allocation afférente à la médaille d'argent prévue par l'art. 45 de la loi du 19 juill. 1889 (L. 19 juill. 1889, art. 2, 3, 7, 8, 9, 11, 14 à 16, 17 à 21, 22, 23, 26, 27; Décr. 2 août 1890, art. 6).

54. A la charge des départements, la loi met (art. 3) : 1o l'indemnité départementale allouée aux inspecteurs primaires (art. 23); 2o l'entretien et, s'il y a lieu, la location des bâtiments des écoles normales; 3o l'entretien et le renouvellement du mobilier de ces écoles et du matériel d'enseignement; 4o le loyer et l'entretien du local et du mobilier destinés au service départemental de l'instruction publique; 5o les frais de bureau de l'inspecteur d'académie; 6o les imprimés à l'usage des délégations cantonales et de l'administration académique; 7o les allocations aux chefs d'atelier, contremaîtres et ouvriers chargés par les départements de l'enseignement agricole, commercial ou industriel dans les écoles primaires de tout ordre et dans les écoles régies par la loi du 11 déc. 1880 (L. 19 juill. 1889, art. 3). Ces dépenses constituent des dépenses ordinaires et sont acquittées sur les ressources ordinaires du budget départemental.

55. En ce qui concerne les dépenses mises à la charge des communes, V. *suprà*, no 49.

56. Aux termes de l'art. 26 de la loi du 19 juill. 1889, il est pourvu aux dépenses incombant à l'Etat au moyen des crédits annuels du ministère de l'Instruction publique; pour y faire face, la même loi (art. 27) prescrit la perception, à partir du 1er janvier 1890, de huit centimes additionnels généraux portant sur les quatre contributions directes. Elle a par contre supprimé les quatre centimes communaux et les quatre centimes départementaux affectés aux dépenses obligatoires de l'enseignement primaire par les lois du 16 avr. 1867, 19 juill. 1875 et 16 juin 1884, ainsi que le prélèvement d'un centime institué par cette dernière loi. — Les dépenses à la charge des départements et des communes sont inscrites à leurs budgets annuels à titre de dépenses obligatoires, dans les conditions prévues par l'art. 61 de la loi du 10 août 1871, § 1 et 2, et 149 de la loi du 5 avr. 1884.

§ 3. — *Instituteurs et institutrices publics.*

A. — Conditions d'aptitude, nomination (S. 141 et s.).

57. Les instituteurs et institutrices publics sont soumis aux conditions d'âge, de nationalité et d'aptitude exigées de tous ceux qui prennent part à l'enseignement primaire (V. *suprà*, no 33 et s.). Ils sont, d'après leurs titres personnels, leurs grades et leurs années d'exercice, divisés en *titulaires* et en *stagiaires* (L. 30 oct. 1886, art. 22; L. 19 juill. 1889, art. 6). Tous commencent par être stagiaires et tous peuvent devenir titulaires.

58. Les instituteurs et institutrices stagiaires reçoivent de l'inspecteur d'académie une délégation, qui peut leur être retirée sur l'avis motivé de l'inspecteur primaire (L. 30 oct. 1886, art. 26). Ils forment une seule classe, et sont choisis parmi les élèves de l'école normale du département (Sur les écoles normales, V. *infrà*, no 65 et s.) munis du brevet supérieur, à leur défaut, parmi les jeunes gens du département munis soit du brevet supérieur, soit du brevet élémentaire et du certificat d'études primaires supérieures, soit même du seul brevet élémentaire (Circ. min. 1er août 1888).

59. Les instituteurs titulaires sont nommés par le préfet, sur la proposition de l'inspecteur d'académie, d'après une seule liste, dressée chaque année par le conseil départemental (L. 30 oct. 1886, art. 27; Décr. 18 janv. 1887, art. 20-23). Pour être inscrit sur cette liste, il faut avoir fait un stage de deux ans dans une école publique ou privée (le temps passé à l'école normale par les élèves-maîtres, dix-sept ans pour les élèves-maîtresses, est compté pour l'accomplissement du stage), et être pourvu du certificat d'aptitude pédagogique (L. 1886, art. 23). — Les changements de résidence, pour nécessités de service, sont prononcés par le préfet sur la proposition de l'inspecteur d'académie pour les instituteurs titulaires (L. 30 oct. 1886, art. 29), par l'inspecteur d'académie pour les stagiaires (Circ. min. 29 nov. 1886, D. P. 87. 4. 11, note 1).

60. Les directeurs, directrices et les professeurs des écoles primaires supérieures sont nommés par le ministre de l'Instruction publique; ils doivent être munis d'un certificat d'aptitude au professorat des écoles normales. En cas d'insuffisance du nombre des candidats pourvus de ce titre, le ministre peut nommer aux emplois dont il s'agit les licenciés possédant, en outre, le brevet supérieur ou le certificat d'aptitude pédagogique, et justifiant de deux années d'exercice dans l'enseignement primaire; s'ils ne réunissent que ces conditions, ils ne peuvent être délégués pour une année (L. 30 oct. 1886, art. 28; Décr. 27 déc. 1888; Arr. min. 7 mars 1888).

61. La nomination des directeurs des cours complémentaires appartient au ministre de l'Instruction publique, si les candidats sont munis des titres requis pour la direction d'une école primaire supérieure; au préfet, sur la proposition de l'inspecteur d'académie, pour les candidats simplement munis du brevet supérieur; de même, les instituteurs adjoints sont nommés par le préfet. — Dans les écoles manuelles d'apprentissage et les écoles professionnelles, la nomination des directeurs et directrices est faite dans les conditions déterminées par l'art. 28 de la loi du 30 oct. 1886 et le décret du 17 mars 1888 (D. P. 88. 4. 38).

B. — Traitement, classement des instituteurs et institutrices (S. 151 et s.).

62. La loi du 19 juill. 1889, complétée et modifiée par celles du 25 juill. 1893 (D. P. 94. 4. 34) et du 21 mars 1900, art. 30 (D. P. 1900. 4. 40), règle le classement et le traitement des instituteurs et institutrices, titulaires et stagiaires. — Les titulaires sont divisés en cinq classes. Ces classes sont attachées à la personne, et peuvent être attribuées aux maîtres en déplacement (art. 1er). Le traitement varie, suivant les classes, de 1 000 à 2 000 francs pour les instituteurs, et de 1 000 à 1 600 francs pour les institutrices (art. 7). Les instituteurs ont droit, outre leur traitement, à des allocations supplémentaires lorsqu'ils sont à la tête d'écoles comprenant plus de deux classes ou chargés d'un cours supplémentaire (art. 8 et 9), au logement ou à une indemnité représentative fixée par arrêté préfectoral; enfin, dans les localités dont la population agglomérée est d'au moins 1 000 habitants, à une indemnité de résidence, qui varie suivant cette population (art. 10 et 12). — Les instituteurs et institutrices stagiaires ont droit, outre leur traitement, qui est de 800 francs, au logement ou à l'indemnité représentative, et à l'indemnité de résidence dans les conditions déterminées à l'art. 12 (art. 11).

63. Le personnel des écoles primaires supérieures et des écoles normales et les inspecteurs primaires sont répartis en cinq classes, qui sont personnelles et peuvent leur être attribuées sans déplacement (L. 19 juill. 1889, art. 13, modifié par la loi du 25 juill. 1893). Leur traitement et les autres avantages qui leur sont accordés sont réglés par les art. 14 et 15, 17 à 23 de la loi du 19 juill. 1889, modifiés par la loi précitée du 25 juill. 1893.

64. Les instituteurs et institutrices des écoles primaires élémentaires du département de la Seine sont soumis, quant au classement, au traitement et à l'avancement, à des règles déterminées par le décret du 20 mai 1890 (D. P. 91. 4. 48), pris en exécution de l'art. 48, § 8, de la loi de 1889, modifié par les lois des 25 juill. 1893, 20 août 1892, 29 mai 1894 et 25 juin 1898. V. en ce qui concerne le personnel des écoles primaires supérieures de la Ville de Paris, Décr. 3 août 1890 (D. P. 91. 4. 102) ; ... celui des écoles normales du département de la Seine, Décr. 3 juin 1890 ; ... les inspecteurs primaires du même département, L. 25 févr. 1901, art. 51 (D. P. 1901. 4. 33).

C. — Écoles normales primaires (S. 189 et s.).

65. Pour assurer le recrutement des instituteurs et institutrices, tout département doit être pourvu d'une école normale d'instituteurs et d'une école normale d'institutrices suffisantes pour assurer le recrutement de ses instituteurs communaux et de ses institutrices communales (L. 9 août 1879, D. P. 80. 4. 64). Exceptionnellement, un décret peut, sur l'avis du Conseil supérieur de l'instruction publique, autoriser deux départements à s'unir pour fonder et entretenir en commun, soit l'une ou l'autre de leurs écoles normales, soit toutes les deux (art. 1er). La dépense de l'installation première de ces écoles et de leur entretien est obligatoire pour les départements (art. 2). L'État peut leur venir en aide au moyen de subventions, et il pourvoit aux dépenses dans les conditions qui ont été déterminées par la loi du 19 juill.1889 (V. *supra*, n° 53).

66. Les écoles normales relèvent du recteur, sous l'autorité du ministre de l'Instruction publique ; le régime y est, en principe, l'internat. La pension est gratuite. Les programmes d'étude sont réglés par l'art. 82 du décret du 18 janv. 1887. La durée des cours est de trois ans. — A toute école normale est annexée une école primaire dite d'application, où les élèves maîtres et maîtresses s'exercent au professorat ; aux écoles d'institutrices sont annexées des écoles maternelles d'application. — Les élèves sont admis après un examen (Décr. 31 juill. 1897, 18 janv. 1887, art. 74, 89). Ils doivent être âgés de seize ans au moins et de dix-huit ans au plus, être pourvus du brevet élémentaire, s'être engagés à servir pendant dix ans dans l'enseignement public, et n'être atteints d'aucune infirmité ou maladie les rendant impropres au service de l'enseignement.

67. Chaque école normale est administrée par un directeur ou une directrice, et un conseil d'administration composé de quatre membres, délégués par le recteur, et de deux conseillers généraux désignés par leurs collègues (L. 19 juill. 1889, art. 47, § 3 ; Décr. 29 mars 1890, art. 2, 4, 5). Le conseil général donne son avis sur le budget et les comptes des écoles normales (L. 19 juill. 1889, art. 47, § 2). — Les écoles normales primaires constituent des établissements publics (L. 1889, art. 47).

68. Le décret du 18 janv. 1887 a institué deux écoles normales supérieures de l'enseignement primaire pour former des professeurs d'écoles normales et d'écoles primaires supérieures de filles et de garçons

(art. 90). Ces écoles sont établies à Saint-Cloud pour les instituteurs, à Fontenay-aux-Roses pour les institutrices. Le personnel administratif et enseignant a été constitué par un décret du 28 nov. 1889 (D. P. 91. 4. 32) ; les traitements et indemnités sont fixés par le décret du 18 juill. 1890. Les élèves sont recrutés au concours, et doivent prendre l'engagement de servir pendant dix ans dans l'enseignement public. Le régime des écoles normales supérieures est réglé par les art. 106 et s. de l'arrêté ministériel du 18 janv. 1887.

D. — Discipline du personnel de l'enseignement primaire (S. 377 et s.).

69. Toute profession commerciale ou industrielle est interdite aux instituteurs et institutrices publics (L. 30 oct. 1886, art. 25, § 1er). Cette interdiction est personnelle et ne s'applique ni à la femme d'un instituteur, ni au mari d'une institutrice : d'ailleurs, on ne considère pas comme l'exercice d'un commerce le fait, par un instituteur, de vendre à ses élèves des fournitures scolaires ou des livres de classe, surtout lorsqu'il n'existe pas de libraire dans la localité. — Il leur est interdit de remplir des fonctions administratives, sauf celles de secrétaire de la mairie, avec l'autorisation du conseil départemental. Ils peuvent, au contraire, remplir des fonctions électives : ainsi un instituteur peut être conseiller général du canton ; mais il est inéligible au conseil municipal dans la commune où il exerce (L. 5 avr. 1884, art. 33, § 6). Il est également interdit à l'instituteur de remplir un emploi, rémunéré ou gratuit, dans les services des cultes (L. 1886, art. 25, § 2).

70. Les peines disciplinaires applicables au personnel de l'enseignement primaire public sont : 1° la réprimande ; 2° la censure, qui est accompagnée d'insertion au *Bulletin des actes administratifs* ; 3° la révocation ; 4° l'interdiction, pour un temps dont la durée ne peut excéder cinq années ; 5° l'interdiction absolue (L. 30 oct. 1886, art. 30). — La *réprimande* est prononcée par l'inspecteur d'académie (art. 31, § 1er) ; la *censure*, par l'inspecteur d'académie, après avis motivé du conseil départemental (art. 31, § 2). La *révocation* est prononcée par le préfet, sur la proposition de l'inspecteur d'académie et après avis motivé du conseil départemental : le fonctionnaire inculpé a droit d'obtenir communication du dossier et de comparaître devant le conseil départemental (art. 31, § 3). S'il s'agit d'un directeur ou d'une directrice d'école supérieure ou d'école manuelle d'apprentissage, d'un professeur d'une école supérieure, la révocation ne peut être prononcée que par le ministre de l'Instruction publique, sur la proposition de l'inspecteur d'académie et après avis motivé du conseil départemental (art. 31, § 3 et 6). Les fonctionnaires qui peuvent être révoqués par arrêté du préfet ont le droit d'instruction publique dans le délai de vingt jours à partir de la signification de l'arrêté préfectoral ; cet appel n'est pas suspensif (art. 31, § 4 et 5). En outre, la révocation, qu'elle ait été prononcée par le préfet ou le ministre, peut être déférée au Conseil d'État pour excès de pouvoir.

71. L'*interdiction* à temps et l'interdiction absolue sont prononcées par jugement motivé du conseil départemental. L'inculpé est cité à comparaître en personne ; il peut se faire assister d'un défenseur et prendre connaissance du dossier. Si l'interdiction est prononcée, le fonctionnaire a le droit, dans le délai de vingt jours à partir de la signification du jugement, d'interjeter appel devant le Conseil supérieur de l'instruction publique. Cet appel n'est pas suspensif

(art. 32). La procédure qui doit être suivie devant le conseil départemental, lorsqu'il est appelé à donner un avis ou à statuer en matière disciplinaire, est réglée par un décret du 4 déc. 1886 (D. P. 87. 4. 22).

72. Dans certains cas, la nature de l'inculpation exige que, dans l'intérêt de l'école, le fonctionnaire soit suspendu de ses fonctions. Cette *suspension provisoire* peut être prononcée, en cas d'urgence, par l'inspecteur d'académie pour la durée de l'enquête disciplinaire, à charge de saisir de l'affaire le conseil départemental dès sa prochaine session, de pourvoir à la direction de la classe ou de l'école et d'aviser immédiatement le préfet (L. 30 oct. 1886, art. 33, § 1er ; Décr. 18 janv. 1887, art. 25). La suspension provisoire n'entraîne pas la suspension de traitement (art. 33, § 2).

ART. 3. — ENSEIGNEMENT PRIMAIRE PRIVÉ.

§ 1er. — *Conditions d'exercice de l'enseignement* (S. 127 et s.).

73. Les instituteurs et institutrices, dans l'enseignement privé, sont soumis aux conditions générales de nationalité, de moralité et d'âge qui ont été exposées *suprà*, n° 33 et s. Les instituteurs et les institutrices titulaires, les instituteurs adjoints et institutrices adjointes, des écoles primaires élémentaires doivent être munis du brevet élémentaire. Ce brevet est également exigé des directrices d'écoles maternelles et des adjointes : c'est à titre transitoire seulement que le certificat d'aptitude spécial a été déclaré suffisant (L. 1886, art. 62). — Les directeurs et directrices des écoles primaires supérieures privées et des cours complémentaires doivent être munis des brevets exigés pour les écoles supérieures et les cours complémentaires publics (L. 30 oct. 1886, art. 36 ; Décr. 18 janv. 1887, art. 180). Mais les titres de capacité spéciaux qui sont exigés dans l'enseignement public des adjoints et adjointes et des maîtres auxiliaires pour les enseignements accessoires ne sont pas exigibles de ceux qui remplissent le même rôle dans l'enseignement privé.

74. Les directeurs et directrices des écoles privées sont libres dans le choix des méthodes, des programmes et des livres, réserve faite pour les livres qui sont interdits par le Conseil supérieur de l'instruction publique en exécution de l'art. 5 de la loi du 27 févr. 1880 (L. 30 oct. 1886, art. 35), c'est-à-dire que le conseil supérieur juge contraires à la morale, à la constitution et aux lois.

75. Les écoles privées doivent, en principe, comme les écoles publiques, être spéciales à chaque sexe. Cependant les écoles mixtes ne sont pas absolument proscrites ; mais une école primaire privée ne peut recevoir les enfants des deux sexes qu'avec l'autorisation du conseil départemental, lorsqu'il existe au même lieu une école de fille publique ou privée (L. 1886, art. 36, § 2). On peut, d'autre part, annexer une classe enfantine à une école privée ; il suffit pour cela d'une simple déclaration à l'inspecteur d'académie (Cons. sup. instr. publ. 27 déc. 1884). Il est nécessaire toutefois qu'une maîtresse spéciale soit affectée à cette classe, d. n. les écoles qui ont qu'une seule institutrice.

76. Les enfants doivent, pour être reçus dans les écoles privées, remplir les mêmes conditions d'âge que dans les écoles publiques (L. 30 oct. 1886, art. 36, *in fine* ; Décr. 14 févr. 1891, modifiant l'art. 158 du décret du 18 janv. 1887).

§ 2. — *Ouverture des écoles primaires privées* (S. 166 et s.).

77. L'ouverture des écoles privées est soumise à des déclarations faites : 1° au maire ; 2° au préfet ; 3° à l'inspecteur d'académie ; 4° au procureur de la République. — Les mêmes déclarations doivent être faites en cas de changement du local de l'école, ou en cas d'admission d'élèves internes (L. 30 oct. 1886, art. 37 et 38; Décr. 18 janv. 1887, art. 158 et s.).

78. La déclaration au maire est faite sur un registre spécial ouvert à la mairie; elle indique la nature de l'école, et elle est signée par le déclarant et par le maire. Le maire est tenu de recevoir la déclaration et d'en remettre récépissé au postulant (Décr. 18 janv. 1887, art. 158). Il en est établi quatre copies sur papier libre, destinées, l'une à être affichée pendant un mois à la porte de la mairie, les autres à être transmises par le déclarant au préfet, au procureur de la République et à l'inspecteur d'académie. Le maire dresse et envoie dans les trois jours un procès-verbal d'affichage à l'inspecteur d'académie.

79. Le maire peut, dans les huit jours de la déclaration, former opposition à l'ouverture de l'école; cette opposition doit être notifiée au préfet, à l'inspecteur d'académie et au déclarant (L. 30 oct. 1886, art. 37, § 3; Décr. 18 janv. 1887, art. 159). L'opposition du maire ne peut être motivée que sur le choix du local; elle n'est pas recevable si elle est inspirée par d'autres considérations (Cons. sup. instr. publ. 24 mars 1887). D'ailleurs, les locaux affectés aux écoles privées ne sont pas soumis aux prescriptions édictées pour les locaux scolaires; on exige seulement qu'ils soient établis dans de bonnes conditions hygiéniques, qu'ils soient suffisamment éclairés et aérés.

80. Avec la copie de sa déclaration, le postulant adresse à l'inspecteur d'académie son acte de naissance, ses diplômes, l'extrait de son casier judiciaire, l'indication des lieux où il a résidé et les professions qu'il a exercées pendant les dix précédentes années, le plan des locaux affectés à l'école, et, s'il y a lieu, les statuts de l'association à laquelle il appartient. — L'inspecteur d'académie donne récépissé de ces pièces; il jouit d'un délai d'un mois, à partir de la date du récépissé, pour former opposition à l'ouverture de l'école (L. 30 oct. 1886, art. 36; Décr. 18 janv. 1887, art. 160). Cette opposition ne peut être fondée que sur des motifs d'hygiène ou de bonnes mœurs, ou sur la révocation dont aurait été frappé le postulant pour cause disciplinaire comme instituteur public (L. 30 oct. 1886, art. 38, § 3).

81. Le maire et l'inspecteur d'académie ont seuls qualité pour former opposition à l'ouverture de l'école. Lorsqu'ils ne la forment pas dans le délai d'un mois, l'école peut être ouverte sans aucune autre formalité (L. 30 oct. 1886, art. 38). — Les oppositions à l'ouverture d'une école libre sont jugées contradictoirement sur la demande du postulant par le conseil départemental dans le délai d'un mois à dater du jour de l'opposition (L. 1886, art. 39, § 1er), dans les formes déterminées par les art. 161 et s. du décret du 18 janv. 1887. — Le conseil départemental ne peut que rejeter ou admettre l'opposition; il ne peut la rejeter sous conditions ni l'admettre pour un certain temps. Sa décision doit, à peine de nullité, mentionner la présence de la moitié plus un de ses membres et des deux représentants de l'enseignement privé, ou leur convocation (Circ. min. instr. publ. 31 mai 1889.)

82. La décision du conseil départemental peut être frappée d'appel devant le Conseil supérieur de l'instruction publique, tant par le postulant que par le maire et l'inspecteur d'académie, dans les dix jours de la notification de cette décision (L. 30 oct. 1886, art. 39, § 2). L'appel du postulant ou du maire est reçu par l'inspecteur d'académie, qui en donne récépissé. Le Conseil supérieur statue contradictoirement dans sa plus prochaine session; l'instituteur appelant peut se faire représenter par un conseil. L'école ne peut être ouverte avant la décision sur l'appel (L. 30 oct. 1886, art. 39, § 3 et 4; Décr. 18 janv. 1887, art. 164-165).

83. L'ouverture des pensionnats primaires est soumise à des règles spéciales (Décr. 18 janv. 1887, art. 170 à 179).

84. L'art. 43 de la loi 1886 assujettit aux mêmes conditions que les autres écoles privées celles qui sont instituées dans les établissements de bienfaisance de toute nature.

§ 3. — *Dispositions pénales et disciplinaires* (S. 175 et s.).

85. Les infractions aux dispositions de la loi du 30 oct. 1886 relatives aux écoles primaires privées sont punies d'une amende de 100 à 1 000 francs, et, en cas de récidive, d'un emprisonnement de six jours à un mois et d'une amende de 500 à 2 000 francs; l'école doit être fermée (art. 40). Ces infractions sont de la compétence exclusive du tribunal correctionnel; les peines peuvent être mitigées par l'admission de circonstances atténuantes.

86. Ces pénalités ne sont pas applicables à l'enseignement donné aux enfants dans une famille, pourvu que le nombre des enfants étrangers à la famille ne soit pas tel que l'enseignement prenne le caractère d'une ouverture clandestine d'école. Par exemple, les dispositions de loi de 1886 ne s'appliquent pas à un instituteur qui n'a pour élève habituel que l'enfant d'une famille chez laquelle il réside, bien que quelques enfants étrangers assistent, accidentellement d'ailleurs, aux leçons; mais, en dehors de toute réglementation de programmes et d'heures de classe, et sans rémunération. Au contraire, la réunion habituelle d'enfants de différentes familles, pour recevoir l'enseignement en commun, constitue une ouverture d'école nécessitant les déclarations prévues par la loi.

87. Aux délits résultant de l'ouverture d'écoles en dehors des conditions légales, il faut ajouter le refus d'inspection, qui est passible d'une amende de 50 à 500 francs, et, en cas de récidive, de 100 à 1 000 francs. Le condamné peut bénéficier des circonstances atténuantes. Si le refus a donné lieu à deux condamnations dans l'année, la fermeture de l'établissement doit être ordonnée par le jugement qui prononce la seconde condamnation (L. 30 oct. 1886, art. 42).

88. Les instituteurs et institutrices privés peuvent être frappés de peines disciplinaires, soit en vertu de l'art. 11 de la loi du 28 mars 1882, pour infraction aux prescriptions de l'art. 10 de cette loi relatif à la constatation des manquements au devoir scolaire (V. *suprà*, n° 25), soit, aux termes de l'art. 44 de la loi du 30 oct. 1886, pour faute grave dans l'exercice de leurs fonctions, inconduite ou immoralité. Ils peuvent être de ce chef traduits, sur la plainte de l'inspecteur d'académie, devant le conseil départemental et être censurés ou interdits de l'exercice de leur profession, soit dans la commune où ils exercent, soit dans le département, suivant la gravité de la faute commise. Ils peuvent même être frappés d'interdiction à temps (pour cinq ans au plus), ou d'interdiction absolue dans la même forme et suivant la même procédure que l'instituteur public (V. *suprà*, n° 71). — L'instituteur frappé d'interdiction a, seul, le droit de faire appel de la décision du conseil départemental devant le Conseil supérieur, dans la même forme et suivant la même procédure que l'instituteur public. L'appel n'est pas suspensif et doit être formé dans le délai de vingt jours. Le Conseil supérieur peut réduire la peine (Cons. sup. instr. publ. 20 juill. 1888). Suivant un arrêt (Cons. d'Et. 4 août 1882. D. P. 84. 3. 5), la décision du conseil départemental ne pourrait être déférée au Conseil d'État pour excès de pouvoir, comme étant fondée sur d'autres motifs que ceux qui ont été prévus par l'art. 41 de la loi du 30 oct. 1886; mais cette solution a été contestée.

SECT. IV. — **Enseignement secondaire**.

89. L'enseignement secondaire est donné: 1° dans les établissements publics; 2° dans les établissements privés; 3° dans les établissements ecclésiastiques ou petits séminaires. Les établissements publics reçoivent, les uns des garçons, les autres des jeunes filles.

ART. 1er. — ENSEIGNEMENT SECONDAIRE DES GARÇONS.

§ 1er. — *Enseignement public*.

A. — Établissements d'enseignement secondaire; organisation administrative et financière (R. 266 et s.; S. 222 et s.).

90. L'organisation des établissements d'enseignement secondaire de garçons date de la loi du 11 flor. an 10 (R. p. 1332), qui a institué les lycées et les collèges communaux. Les établissements fondés et entretenus par l'État, généralement avec le concours des départements et des villes, portent seuls le nom de *lycées* (Décr. 25 févr. 1860, art. 1er, D. P. 60. 4. 28). Ces établissements peuvent avoir et ont, en général, des pensionnats (L. 15 mars 1850, art. 71, § 2, D. P. 50. 4. 61). L'internat et l'externat sont administrés séparément au point de vue matériel et financier (Décr. 31 mai 1902.). — En principe, les lycées doivent subvenir à leurs dépenses au moyen de leurs propres ressources; à défaut, ils reçoivent des subventions de l'État. Les collèges communaux sont fondés par les communes et entretenus par elles (L. 1850, art. 72, § 2; Décr. 4 janv. 1881, art. 8 à 11, D. P. 82. 4. 17). Les art. 73 et 74 de la loi du 15 mars 1850 indiquent les conditions auxquelles un collège communal peut être érigé en lycée, et celles qui doivent être remplies pour l'établissement d'un collège communal.

91. Les lycées sont administrés par un proviseur; celui-ci est en même temps le chef de tout le personnel qui y est employé, et représente l'externat et l'internat dans tous les actes de la vie civile (Décr. 31 mai 1902, art. 2). Il est, dans ses fonctions, assisté du censeur des études ou de professeurs désignés sur sa proposition et entre lesquels sont réparties les fonctions de censeur (Décr. 31 mai 1902, art. 5), de l'économe, et, pour l'administration, d'un conseil d'administration dont la composition est réglée par l'art. 3 du décret précité du 31 mai 1902, et dont les attributions sont déterminées par les art. 4 à 11, 15 et s. du même décret.

92. Les *proviseurs* sont nommés par le ministre; ils doivent être pourvus du grade d'agrégé et avoir exercé les fonctions de professeur titulaire de lycée; ils sont rangés dans une des classes de professeurs de lycées et reçoivent le traitement de cette classe, augmenté d'une indemnité de direction variable de 2 000 à 4 000 francs, soumise à retenue (Décr. 31 mai 1902, art. 2 et 3).

93. Le *censeur* des études assiste le proviseur dans les devoirs de sa charge et est particulièrement chargé de la surveillance spéciale et immédiate de tout ce qui concerne l'enseignement et la discipline : il est nommé par le ministre parmi les agrégés ou les licenciés pourvus du titre d'officier d'académie et ayant rempli pendant cinq ans les fonctions soit de chargés de cours dans un lycée, soit de surveillant général pourvu d'une nomination ministérielle, soit de principal de collège. — L'*économe* est chargé, sous la surveillance du proviseur, de tout ce qui concerne le matériel et de la gestion économique : il est nommé par le ministre. — Il y a dans chaque lycée un *aumônier*, nommé par le ministre et agréé par l'évêque diocésain. Il existe également des aumôniers protestants nommés par le ministre.

94. Le personnel enseignant des lycées se compose : 1° des professeurs titulaires ; 2° des chargés de cours ; 3° des professeurs et des maîtres chargés des cours élémentaires; 4° des préparateurs; 5° des professeurs et des chargés de cours de dessin ; 6° des professeurs de gymnastique. Tous sont nommés par le ministre de l'Instruction publique (Décr. 16 juill. 1887, art. 2). — Le titre de professeur titulaire n'est accordé qu'aux agrégés âgés de vingt-cinq ans et ayant cinq ans d'exercice dans l'enseignement public (Décr. 10 avr. 1852, art. 6, D. P. 53. 4. 138). Les *chargés de cours*, ou professeurs adjoints (Décr. 26 juin 1858, art. 2, D. P. 58. 4. 152), sont ou licenciés ou pourvus du certificat d'aptitude à l'enseignement des langues vivantes. — Les maîtres des classes élémentaires sont ou des répétiteurs désignés par le proviseur, ou des maîtres institués par le ministre. Ils doivent être licenciés ou pourvus du certificat d'aptitude à l'enseignement des classes élémentaires; les maîtres des classes de septième et de huitième prennent le titre de professeur (Décr. 26 sept. 1872, D. P. 73. 4. 12). Un concours a lieu, chaque année, pour la délivrance du certificat d'aptitude aux fonctions de professeur des classes élémentaires de l'enseignement classique (Décr. 8 janv. 1881, D. P. 82. 4. 17).

95. Les conditions de classement et d'avancement, ainsi que le traitement du personnel enseignant, sont réglés par les décrets des 16 juill. 1887, 20 juill. 1889 (D. P. 90. 4. 90) et 7 juill. 1890.

96. Le décret du 6 juill. 1887, art. 2, a institué, pour les cours de physique, de chimie et d'histoire naturelle, des *préparateurs*, qui doivent être pourvus du diplôme de licencié. — Il a été institué un concours annuel pour les aspirants au certificat d'aptitude (premier degré et degré supérieur) à l'enseignement du dessin (Décr. 6 août 1880, art. 1er, D. P. 81. 4. 91). Les professeurs titulaires de dessin dans les lycées doivent être pourvus du certificat d'aptitude du degré supérieur (Décr. 1880, art. 5); les maîtres de dessin qui ne possèdent pas ce certificat sont des *chargés de cours*. — Le *maître de gymnastique* de chaque lycée est nommé par le ministre (Décr. 3 févr. 1869, D. P. 69. 4. 31).

97. La surveillance dans les lycées et les collèges est exercée par les *surveillants généraux* et les *répétiteurs*. Les premiers sont nommés par le ministre et recrutés soit parmi les répétiteurs généraux licenciés comptant au moins cinq ans de service, soit parmi les répétiteurs bacheliers comptant au moins huit ans de service. Leur traitement est réglé par le décret du 16 juill. 1887 (art. 2). — Les maîtres répétiteurs sont partagés en deux ordres : le premier comprend ceux qui sont pourvus d'un diplôme de licencié ès lettres ou ès sciences ou d'un des certificats d'aptitude de l'enseignement secondaire; le deuxième, les répétiteurs pourvus d'un diplôme de bachelier. Le service et la situation des répétiteurs sont réglés par le décret du 28 août 1891. Leur classement et leur traitement sont déterminés par le décret du 29 août 1891.

98. Les *principaux* des collèges communaux doivent avoir le grade de licencié et avoir exercé les fonctions de professeur titulaire de collège ou de chargé de cours de lycées (Décr. 31 mai 1902, art. 2). Ils sont divisés en cinq classes (Décr. 7 janv. 1892, art. 1er). — Les *professeurs* sont divisés en trois ordres d'après leurs grades universitaires : ceux du premier ordre doivent être munis d'une agrégation de l'enseignement secondaire ou d'une licence ès lettres ou ès sciences, ou d'un certificat d'aptitude à l'enseignement secondaire, ou du brevet de Cluny; ceux du deuxième ordre doivent être pourvus d'un baccalauréat ou d'un brevet de capacité de l'enseignement spécial antérieur au 1er janv. 1887; enfin, pour être professeur du troisième ordre, il faut le brevet supérieur

et le certificat d'aptitude pédagogique (Décr. 27 juin 1892). Chaque ordre comprend quatre classes donnant lieu à un traitement différent. — Les répétiteurs des collèges communaux sont régis par les décrets des 28 et 29 août 1891. — Les aumôniers font généralement partie du clergé paroissial.

99. Les lycées et collèges communaux sont pourvus de bureaux d'administration, dont la composition et les attributions sont déterminées par un décret du 20 janv. 1886.

100. La loi du 3 juill. 1880 (D. P. 81. 4. 25) a étendu à la reconstruction et à l'amélioration des lycées et collèges communaux l'institution de la caisse des écoles (V. *suprà*, n° 51). L'art. 1er de la loi du 20 juin 1885 (D. P. 86. 4. 35), a affecté une somme de 12 millions aux établissements d'instruction secondaire dont la construction, la reconstruction et l'agrandissement sont à la charge de l'Etat. Le montant des subventions que l'Etat peut leur accorder annuellement est déterminé chaque année par la loi de finances; elles sont payables par annuités. Une loi du 13 juill. 1900 (D. P. 1900. 4. 83) a autorisé le remboursement anticipé de la part contributive de l'Etat dans les prêts scolaires.

101. Les prix de pension, de demi-pension et des frais d'études sont fixés par le décret du 31 mai 1902 et restent, pour les pensions et demi-pensions, tels qu'ils avaient été fixés par deux décrets du 1er oct. 1887 (D. P. 87. 4. 98), l'un relatif aux lycées du département de la Seine, l'autre aux lycées des autres départements. Un décret du 21 sept. 1891 a réduit les frais de pension et d'externat applicables aux classes primaires et enfantines dans les lycées de garçons. Des réductions de tarifs peuvent être accordées par les proviseurs jusqu'à concurrence d'un crédit spécial inscrit au budget du ministère de l'Instruction publique et qui est réparti entre les divers lycées (Décr. 31 mai 1902 précité, art. 5).

102. L'Etat, les départements et les communes entretiennent des bourses d'internat, de demi-pension, d'externat simple ou surveillé, qui peuvent être accordées aux enfants de familles peu fortunées, après un examen et une enquête sur l'insuffisance de fortune des familles, surtout en faveur de ceux dont les parents sont au service de l'Etat. C'est ainsi, spécialement, qu'en vertu des lois de finances de 1900 (D. P. 1900. 4. 33) et 1901 (D. P. 1901. 4. 33), des bourses d'externat sont accordées aux enfants des membres du personnel enseignant de l'instruction primaire. Les bourses sont entières ou fractionnées; l'internat et la demi-pension comportent des demi-bourses et des trois quarts de bourse; l'externat, des demi-bourses seulement (Décr. 19 janv. 1881, D. P. 82. 4. 52, et 6 août 1895). Outre l'examen que doivent subir les candidats à toutes les bourses et dont les conditions sont fixées par un arrêté du 31 mai 1902, les communes et les départements peuvent subordonner l'obtention de celles qu'ils allouent à un concours.

B. — Matières de l'enseignement secondaire.

103. L'enseignement secondaire, qui se divisait précédemment en enseignement classique et enseignement moderne, a été unifié par un décret du 31 mai 1902, qui embrasse toutes les matières comprises dans les deux enseignements et permet aux élèves un choix d'études approprié aux carrières qu'ils se proposent de suivre. — Dans le système organisé par ce décret, l'enseignement secondaire est constitué par un cours d'études d'une durée de sept ans et comprend deux cycles, l'un d'une durée de quatre ans, l'autre de trois ans.

104. Dans le premier cycle, les élèves ont le choix entre deux sections : dans l'une, on enseigne, outre les matières communes aux

deux sections (français, histoire, géographie, morale, dessin, langues vivantes, etc.), le latin à titre obligatoire dès la première année (classe de sixième), le grec à titre facultatif à partir de la troisième année (classe de quatrième). Dans l'autre, qui ne comporte l'enseignement ni du latin ni du grec, l'enseignement du français, des sciences, du dessin, etc., est plus développé. Les programmes des deux sections doivent être conçus de telle façon, qu'à l'issue du premier cycle l'élève se trouve en possession d'un ensemble de connaissances formant un tout et pouvant se suffire à lui-même. Les élèves qui ont parcouru le premier cycle peuvent obtenir un certificat d'études délivré, après délibération des professeurs dont ils ont suivi les cours, d'après leurs notes durant les quatre années du cycle : ceux qui aspirent au baccalauréat peuvent produire ce certificat devant le jury au même titre que le livret scolaire.

105. Dans le second cycle, quatre groupements de cours principaux sont offerts à l'option des élèves : 1° le latin et le grec; 2° le latin, avec une étude plus développée des langues vivantes; 3° le latin, avec une étude plus complète des sciences; 4° l'étude des langues vivantes unie à celle des sciences, sans cours de latin. Cette dernière section, destinée normalement aux élèves qui n'ont pas fait de latin dans le premier cycle, est ouverte aussi aux élèves qui ne continuent pas l'étude du latin dans le second. Enfin, dans un certain nombre de lycées, les élèves qui ne se destinent pas au baccalauréat trouvent, à l'issue du premier cycle, un cours d'études, d'une durée de deux ans, dont l'objet principal est l'étude des langues vivantes et des sciences au point de vue de leurs applications, appropriée aux principaux besoins de la région. Les études faites dans ce cours seront sanctionnées par un examen donnant lieu à la délivrance d'un certificat mentionnant les matières sur lesquelles l'examen aura porté. Les programmes dressés pour l'application de ces dispositions ont été fixés par un arrêté ministériel du 31 mai 1902.

C. — Recrutement du professorat; Ecole normale supérieure; Agrégation (R. 285 et s.; S. 246 et s.).

106. Le recrutement du professorat des lycées se fait par l'Ecole normale supérieure et l'agrégation des lycées.

107. L'Ecole normale supérieure, créée par un décret du 3 brum. an 3, supprimée et rétablie à plusieurs reprises, prépare aux grades de licencié ès lettres, de licencié ès sciences et à la pratique des meilleurs procédés d'enseignement et de discipline scolaire. L'enseignement y est gratuit (Décr. 4 août 1848, D. P. 48. 4. 136). — L'organisation de l'Ecole normale supérieure a été refondue par un décret du 10 nov. 1903 (D. P. 1903, 2e cah., appendice, p. 1). Aux termes de ce décret (art. 1er), elle est réunie à l'Université de Paris, où elle constitue un établissement investi de la personnalité civile, avec un budget propre. Elle est administrée par un directeur, assisté d'un sous-directeur, l'un de l'ordre des lettres, l'autre de l'ordre des sciences (art. 2). Les élèves sont nommés au concours (art. 3); les conditions de ce concours sont fixées par un arrêté du 10 mai 1904 (D. P. 1904, 7e cah., appendice, p. 1). Ils sont pensionnaires ou externes (art. 7). Ils forment deux sections, une des lettres et une des sciences; ils sont immatriculés soit à la Faculté des lettres, soit à la Faculté des sciences de l'Université de Paris.

108. L'agrégation des lycées comprend les ordres suivants : philosophie, lettres, histoire et géographie, grammaire, langues vivantes, sciences mathématiques, sciences physiques, sciences naturelles. Pour se présenter à l'agrégation, sauf à l'agrégation des langues vivantes pour laquelle il suffit du certificat d'aptitude, les candidats doivent être licenciés (Décr. 10 août 1852, art. 7; Statut du 29 juill. 1885, art. 3). Aucune condition de stage dans l'enseignement n'est actuellement exigée (Décr. 30 déc. 1881, D. P. 83. 4. 22). Le concours a lieu devant un jury désigné par le ministre; il est annoncé au moins un mois à l'avance (Statut du 29 juill. 1885, précité, art. 1, 2, 4, 5). Les épreuves écrites, qui sont préparatoires, sont subies à Paris et dans les chefs-lieux académiques; les épreuves définitives sont orales, elles sont subies à Paris (Statut précité, art. 6 à 13). Des règles spéciales sont, en outre, édictées pour le concours de chaque ordre d'agrégation et déterminées par le statut du 29 juill. 1885 et plusieurs arrêtés ministériels qui l'ont modifié.

109. Des *certificats d'aptitude* spéciaux sont exigés pour divers enseignements. Tels sont les certificats d'aptitude à l'*enseignement des langues vivantes* (Arr. min. 24 déc. 1887; Statut du 29 juill. 1885, précité, art. 42 et 43); aux fonctions de *professeurs des classes élémentaires de l'enseignement classique* (V. *suprà*, n° 94); à *l'enseignement du dessin* (Décr. 6 août 1881, D. P. 82. 4. 91), à l'enseignement de la gymnastique (Décr. 5 févr. 1869, D. P. 69. 4. 31).

D. — Discipline du personnel de l'enseignement secondaire des garçons (S. 368 et s., 372 et s.).

110. Les peines disciplinaires qui peuvent être infligées, suivant la gravité du cas, aux membres de l'enseignement secondaire public sont : 1° la *réprimande* devant le conseil académique; 2° la *censure* devant le Conseil supérieur; 3° la *mutation* pour un emploi inférieur; 4° la *suspension des fonctions*; 5° le *retrait d'emploi*; 6° la *révocation* (L. 15 mars 1850, art. 76, modifié par les art. 7, 11, 13 à 15 de la loi du 27 févr. 1880, D. P. 80. 4. 36). — La réprimande devant le conseil académique et la censure devant le Conseil supérieur sont prononcées par le ministre, sans aucun recours. Le ministre peut également prononcer la mutation pour un emploi inférieur, après avis de la section permanente du Conseil supérieur. Enfin, il appartient au ministre de prononcer la suspension des fonctions pour une année au plus sans privation de traitement. La suspension pour une période plus longue avec privation totale ou partielle du traitement, le retrait d'emploi ou la révocation ne peuvent être prononcés que par le conseil académique, sauf appel devant le Conseil supérieur.

§ 2. — *Enseignement privé* (R. 297 et s.; S. 246 et s.).

111. La loi du 15 mars 1850 (D. P. 50. 4. 52), aujourd'hui encore en vigueur, a consacré la liberté de l'enseignement secondaire en supprimant l'autorisation préalable qui était nécessaire sous l'empire des décrets du 17 mars 1808 et du 15 nov. 1811, et en exigeant simplement une déclaration faite à l'inspecteur d'académie (L. 15 mars 1850, art. 60; L. 14 juin 1854, art. 9).

112. En principe, l'ouverture d'un établissement privé d'enseignement secondaire n'est permise qu'aux personnes de nationalité française (L. 1850, art. 60). Toutefois, les étrangers admis au domicile en France peuvent y être autorisés par le ministre de l'Instruction publique, après avis du Conseil supérieur; mais l'autorisation ne vaut que pour cinq ans, délai utile lequel l'étranger doit obtenir sa naturalisation, à peine de déchéance du bénéfice de l'autorisation de domicile et, par suite, du droit d'enseigner (L. 15 mars 1850, art. 78; Décr. 5 déc. 1850, art. 1er; Civ. 13, modifié par la loi du 26 juin 1889, D. P. 89. 4. 59). — L'étranger autorisé à ouvrir un établissement d'instruction secondaire est soumis aux mêmes obligations que les nationaux.

113. Outre la nationalité française, nécessaire en principe, plusieurs autres conditions sont exigées. D'abord, il faut être âgé de vingt-cinq ans et justifier soit d'un diplôme de bachelier, soit d'un brevet de capacité délivré après examen devant le jury spécial prévu par l'art. 62 de la loi du 15 mars 1850. Pour les étrangers, le ministre peut admettre comme équivalents les grades obtenus devant les autorités scolaires étrangères; il peut aussi accorder des dispenses de brevets ou de grades si l'établissement doit recevoir exclusivement des enfants étrangers, ou si le pétitionnaire s'est fait connaître par des ouvrages dont le mérite a été apprécié par le Conseil supérieur (Décr. 5 déc. 1850, art. 2 et 3).

114. Sont incapables de tenir un établissement d'enseignement secondaire, ou d'y être employés, ceux qui ont subi une condamnation pour crime ou délit contraire à la probité ou aux mœurs, ou qui ont été privés par jugement de tout ou partie des droits mentionnés en l'art. 42 c. pén., et ceux qui, ayant appartenu à l'enseignement public, ont été révoqués avec interdiction d'enseigner (L. 1850, art. 65). Il faut y ajouter ceux qui font partie d'une congrégation religieuse non autorisée (L. 1er juill. 1901, art. 14), ou même autorisée (L. 7 juill. 1904, art. 1er; V. *suprà*, n° 2).

115. Celui qui veut ouvrir un établissement d'enseignement secondaire est tenu, en outre, de produire un certificat de stage établissant que le déclarant a exercé, pendant cinq ans au moins, les fonctions de professeur ou de surveillant dans un établissement d'enseignement secondaire, public ou libre, en France. — Le ministre peut accorder des dispenses de stage, sur la proposition du Conseil supérieur et l'avis conforme du Conseil supérieur. Les certificats de stage sont délivrés par le conseil académique, sur l'attestation des chefs d'établissement où le stage a été accompli.

116. Avec sa déclaration, le postulant doit déposer aux mains de l'inspecteur d'académie : 1° un certificat de stage; 2° le diplôme de bachelier ou le brevet de capacité; 3° le plan du local de l'établissement; 4° l'indication de l'objet de l'enseignement. Il lui est donné récépissé de ces pièces, et l'inspecteur d'académie donne avis de la déclaration au préfet et au procureur de la République de l'arrondissement.

117. Dans le mois qui suit le dépôt de la déclaration, le recteur, le préfet et le procureur de la République peuvent former à l'ouverture de l'établissement une opposition motivée dans l'intérêt des bonnes mœurs, ou de la santé des élèves (L. 15 mars 1850, art. 64). A défaut d'opposition dans ce délai, l'établissement peut être ouvert. — Le juge de l'opposition est le conseil académique; il doit statuer dans la quinzaine qui suit la notification de l'opposition, la partie entendue ou dûment appelée par citation précédant de trois jours celui qui a été fixé pour le jugement. La décision du conseil académique est notifiée dans le mois par le recteur à la partie intéressée et s'ils ont formé opposition. La décision du conseil académique est susceptible d'appel devant le conseil supérieur, dans la quinzaine de la notification, qui en est faite dans la forme administrative. A défaut d'appel dans ce délai, la décision est définitive.

118. L'infraction aux prescriptions de la loi de 1850, relatives à l'ouverture d'un établissement d'enseignement secondaire, donne lieu à une amende correctionnelle de 100 à 1000 francs. En cas de récidive, ou si l'établissement a été ouvert avant qu'il ait été statué sur l'opposition ou contrairement à la décision du conseil académique, la peine est d'un emprisonnement de quinze jours à

un mois ou d'une amende de 1000 à 3000 francs. En outre, la condamnation entraîne comme conséquence forcée la fermeture de l'établissement (L. 1850, art. 66, § 1 et 2).

119. L'art. 66, § 3, de la loi de 1850 confère aux ministres des différents cultes reconnus une immunité consistant dans la faculté de donner l'enseignement secondaire à quatre jeunes gens au plus se destinant aux écoles ecclésiastiques, sans être soumis aux prescriptions de ladite loi, à la seule condition de faire une déclaration au recteur. Il y a désaccord sur le point de savoir si, en l'absence de déclaration, les pénalités de l'art. 66 seraient applicables.

120. Le conseil académique est le juge disciplinaire des établissements d'enseignement secondaire privés (L. 15 mars 1850, art. 67 et 68). Les chefs d'établissement peuvent être traduits devant ce conseil en cas de *désordre grave* dans le régime intérieur de l'établissement, c'est-à-dire de relâchement dans les mœurs ou d'un enseignement contraire aux lois nationales, mettant en péril la moralité ou les sentiments nationaux des élèves; la peine est alors la *réprimande*, et la décision du conseil académique est sans recours. — D'autre part, le chef de l'établissement, ou toute autre personne attachée à l'enseignement ou à la surveillance, peuvent être traduits devant le conseil académique, sur la plainte du ministère public ou du recteur pour cause d'inconduite ou d'immoralité (art. 68). La pénalité, en pareil cas, est l'interdiction temporaire ou perpétuelle du droit d'enseigner, sans préjudice des peines encourues pour crimes et délits prévus par le Code pénal. En ce cas, la décision du conseil est susceptible d'appel devant le Conseil supérieur dans la quinzaine de la notification.

121. Aux termes de l'art. 69 de la loi de 1850, les établissements d'enseignement secondaire libre peuvent recevoir des subventions de l'Etat, des départements et des communes. Cette disposition est toujours en vigueur.

ART. 2. — ENSEIGNEMENT SECONDAIRE DES JEUNES FILLES (S. 262 et s.).

122. L'enseignement secondaire des jeunes filles, longtemps abandonné à l'initiative privée, a été organisé par la loi du 21 déc. 1880 (D. P. 81. 4. 57). Les établissements destinés à cet enseignement sont fondés par l'Etat, les départements et les communes. — Leur régime est l'externat; mais des internats peuvent y être joints, à la demande des conseils municipaux et après entente avec l'Etat; ces internats sont au compte des communes (L. 21 déc. 1880, art. 1; Décr. 28 juill. 1881, art. 1er, D. P. 82. 4. 88).

123. Les dépenses de construction et d'appropriation, l'achat du mobilier et des collections, l'entretien et la réparation des bâtiments, sont à la charge des villes; mais l'Etat peut leur accorder, pour les frais de première installation, des subventions jusqu'à concurrence de la moitié de la dépense prévue (Décr. 28 juill. 1881, art. 4; Circ. min. Instr. publ. 25 août 1881). Les pensions et rétributions scolaires sont fixées par les décrets d'érection des lycées et collèges, soit par des décrets ultérieurs, sur la proposition des recteurs, après avis du conseil académique et du conseil municipal (Décr. 28 juill. 1881, art. 6). — Des bourses, accordées dans les mêmes conditions que celles des lycées de garçons, peuvent également être fractionnées; elles comprennent des bourses d'internat, de demi-pension, d'externat et des pensions familiales (V. *suprà*, n°s 15 et 102) (Décr. 28 juill. 1881, art. 7; Décr. 28 juill. 1882, art. 2, D. P. 83. 4. 51).

124. Les matières de l'enseignement secondaire des jeunes filles sont énumérées dans l'art. 4 de la loi du 21 déc. 1880; les études durent cinq années (Décr. 14 janv. 1882, D. P. 83. 4. 20). L'enseignement religieux est donné, sur la demande des parents, par les ministres des différents cultes, dans l'intérieur des établissements, en dehors des heures de classes (L. 21 déc. 1880, art. 5).

125. Pour être admises dans un lycée, les enfants doivent être âgées de six ans au moins, et subir un examen constatant qu'elles sont en état d'y suivre les cours (L. 21 déc. 1880, art. 7, 29; Arr. min. 23 juill. 1884). Un diplôme de fin d'études est délivré après un examen subi dans les conditions déterminées par le décret du 14 janv. 1882, art. 6 (L. 1880, art. 8).

126. À la tête de chaque lycée ou collège est placée une directrice nommée par le ministre, sur la proposition du recteur et après entente avec l'administration locale. Pour remplir ces fonctions, les candidats doivent posséder certains diplômes déterminés par l'art. 2 de l'arrêté du 28 juill. 1884, ou tout au moins le brevet supérieur de l'enseignement primaire. Les lycées et collèges de jeunes filles sont soumis au même mode de contrôle et de comptabilité que les lycées de garçons.

127. L'enseignement est donné par des professeurs, hommes ou femmes, munis de diplômes réguliers (L. 21 déc. 1880, art. 9). Le personnel enseignant est nommé, en principe, par le ministre (Décr. 28 juill. 1881, art. 17). Il se compose : 1º des professeurs titulaires; 2º des professeurs délégués; 3º des maîtresses chargées de cours; 4º des institutrices primaires; 5º des maîtresses d'enseignement accessoires. Les professeurs titulaires sont choisis parmi les agrégées (V. infrà, nº 129); les professeurs délégués appartiennent soit à l'enseignement supérieur, soit à l'enseignement secondaire. Les maîtresses chargées de cours doivent justifier soit du certificat d'aptitude à l'enseignement secondaire des jeunes filles, soit de l'une des licences ès lettres ou ès sciences, soit du certificat d'aptitude à l'une des langues vivantes. Les institutrices primaires doivent avoir le certificat de capacité de l'enseignement primaire(Arr. min. 28 juill. 1884, art. 16 à 18). Les conditions d'exercice des maîtresses d'enseignement accessoire sont réglées par divers décrets. — Les maîtresses répétitrices doivent être munies du brevet supérieur de l'enseignement primaire ou du diplôme de fin d'études secondaires des jeunes filles (Arr. min. 28 juill. 1884, art. 23 et s.). — Les traitements des directrices et du personnel des lycées et collèges de jeunes filles sont fixés par le décret du 13 sept. 1883 (D. P. 84. 4. 72).

128. Une École normale d'internes a été créée à Sèvres pour le recrutement des professeurs-femmes des écoles secondaires de jeunes filles (L. 26 juill. 1880, D. P. 82. 4. 40). Les jeunes filles y sont admises par voie de concours et entretenues gratuitement; la durée des études y est de trois années. En entrant à l'école, elles contractent, avec la ratification de leurs parents si elles sont mineures, l'engagement de se vouer pendant dix ans à l'enseignement public dans les lycées et collèges de jeunes filles, dans les conditions déterminées par le décret du 23 nov. 1885, art. 1 à 6 (D. P. 87. 4. 25).

129. Deux décrets des 5 et 7 janv. 1884 (D. P. 84. 4. 96) ont institué : le premier, un concours annuel pour l'agrégation de l'enseignement secondaire des jeunes filles dans l'ordre des lettres et l'ordre des sciences; le second, une session d'examens annuels pour la délivrance du certificat d'aptitude à l'enseignement secondaire des jeunes filles.

SECT. V. — **Enseignement supérieur.**

130. L'enseignement supérieur a pour objet toutes les matières qui ne sont pas comprises dans le programme de l'enseignement secondaire ou de l'enseignement primaire. Comme les deux autres ordres d'enseignement, l'enseignement supérieur est libre (L. 12 juill. 1875, art. 1er, D. P. 75. 4. 137), et peut être donné dans des établissements privés comme dans des établissements publics. Ceux-ci forment deux catégories : 1º les établissements universitaires où s'acquièrent les grades; 2º les établissements d'instruction supérieure qui, bien que ressortissant du ministère de l'Instruction publique, n'ont jamais été incorporés à l'Université, tels que le Collège de France, le Muséum d'histoire naturelle, etc. (V. infrà, nºs 173 et s.).

ART. 1er. — ENSEIGNEMENT SUPÉRIEUR PUBLIC. — UNIVERSITÉS. — FACULTÉS.

131. Les établissements universitaires qui donnent l'instruction supérieure et où s'acquièrent les grades sont, d'une part, les établissements de l'État, savoir : les facultés de théologie, de droit, de médecine, des sciences et des lettres, les écoles supérieures de pharmacie et les écoles supérieures d'Alger; d'autre part, des établissements communaux, savoir : les écoles de plein exercice et les écoles préparatoires de médecine et de pharmacie.

§ 1er. — *Universités.*

132. Les facultés de l'État existant dans un même ressort académique constituent une *université* (L. 28 avr. 1893, art. 71, D. P. 93. 4. 94; L. 10 juill. 1896, art. 1er, D. P. 96. 4. 85). — Les universités sont investies de la personnalité civile, et administrées par le recteur en qualité de président et d'exécuteur des délibérations du conseil général de l'université. La composition de ce conseil est déterminée par le décret du 24 juill. 1897, art. 1er. Ses attributions sont administratives, disciplinaires et financières (Décr. 24 juill. 1897, art. 5 à 18). Ses délibérations sont tantôt définitives et exécutoires, sauf, dans le délai d'un mois, annulation par le ministre pour excès de pouvoir ou violation d'une disposition légale ou réglementaire, tantôt exécutoires seulement après approbation ministérielle. Le jugement des affaires contentieuses et disciplinaires qui, pour l'enseignement primaire et l'enseignement secondaire, appartient au conseil académique, est déféré, en ce qui concerne l'enseignement supérieur, au conseil général de l'université (L. 10 juill. 1896, art. 3, 16 à 27, D. P. 96. 4. 85).

133. Les universités ont des ressources qui leur sont propres, et, par contre, elles ont à leur charge certaines dépenses. Les ressources consistent, notamment : dans les dons, les revenus des biens, meubles ou immeubles, appartenant à l'université et provenant, par exemple, de dons ou legs; les subventions de l'État, des départements ou des communes; les droits d'inscription, de bibliothèque et de travaux pratiques exécutés par les étudiants conformément au règlement (L. 10 juill. 1896, art. 4; Décr. 22 juill. 1897, art. 2 à 4, D. P. 97. 4. 135). — Les ressources provenant de la perception des droits ci-dessus énumérés ne peuvent être affectées qu'aux dépenses de laboratoires, bibliothèques et collections, construction et entretien des bâtiments, création de nouveaux enseignements, œuvre dans l'intérêt des étudiants. Parmi les ressources des universités ne figurent pas les droits d'examen, de certificat d'aptitude, de diplôme ou du visa acquittés par les aspirants aux grades et titres prévus par les lois, ainsi que les droits de dispense et d'équivalence, lesquels sont perçus au profit de l'État (L. 10 juill. 1896, art. 4, § 2 et 3).

134. La comptabilité et le régime financier des universités sont réglés par le décret précité du 22 juill. 1897 (D. P. 97. 4. 135). Un autre décret, du 21 juill. 1897 (D. P. 97. 4. 136), détermine les conditions et formalités d'acceptation des dons et legs faits en faveur des universités, des facultés et des écoles d'enseignement supérieur.

§ 2. — *Facultés.*

A. — *Règles communes* (R. 338 et s.; S. 289 et s.).

135. Les facultés qui composent les universités sont des établissements publics doués d'une personnalité civile propre; elles peuvent recevoir, à ce titre, des dons et legs (Décr. 25 juill. 1885, D. P. 86. 4. 11) et des subventions des particuliers, des départements et des communes (autre décret du même jour, D. P. 86. 4. 12). Les crédits qui leur sont alloués annuellement par l'État sont reçus par elles à titre de subventions, ce qui leur permet de conserver l'intégralité de ces crédits, alors même qu'ils n'auraient pu être employés en cours d'exercice (L. 17 juill. 1889, art. 51, D. P. 90. 4. 74). Un règlement d'administration publique, du 22 févr. 1890 (D. P. 91. 4. 43), a déterminé les règles relatives aux budgets et aux comptes spéciaux des facultés.

136. Chaque faculté a à sa tête un *doyen*, nommé pour trois ans par le ministre, parmi les professeurs présentés, l'un par l'assemblée des professeurs de la faculté, l'autre par le conseil général de l'université. Le doyen, chargé de l'administration intérieure et de la police de la faculté, la représente en justice et dans les actes de la vie civile (Décr. 28 déc. 1885, art. 22 et s.). Les mêmes prérogatives appartiennent aux directeurs des écoles supérieures de pharmacie.

137. Le doyen préside le *conseil de la faculté*. Ce conseil est composé des professeurs titulaires en exercice ou en congé et des adjoints assimilés aux titulaires. Il administre les biens de la faculté, déclare les vacances des chaires, présente des candidats aux ces vacances, fait les règlements relatifs aux études ou aux concours, enfin juge toutes les affaires de scolarité qui doivent lui être déférées (Décr. 28 déc. 1885, art. 16 et s.; Circ. min. 31 déc. 1885). — À côté du conseil, l'*assemblée de la faculté* donne des avis sur toutes les questions qui se rapportent à l'enseignement ou qui lui sont soumises par le ministre ou le conseil général de l'université (art. 19 à 21). Elle est composée, avec le doyen, des professeurs titulaires, des agrégés chargés d'un enseignement ou de travaux pratiques, et des chargés de cours et maîtres de conférences pourvus du grade de docteur (Circ. min. précitée du 31 déc. 1885).

138. Le personnel enseignant des facultés et des écoles supérieures de pharmacie comprend des *professeurs titulaires*, des *professeurs adjoints*, des *chargés de cours* et des *maîtres de conférences*. Dans les facultés de droit et de médecine, les fonctions de chargés de cours sont confiées à des agrégés (Décr. 28 déc. 1885, art. 32). — Les professeurs sont nommés par décret rendu sur la proposition du ministre de l'Instruction publique; ils doivent être âgés de trente ans, avoir le titre de docteur dans l'ordre des facultés où ils sont nommés, ou de membres de l'Institut, et avoir fait soit un cours dans un établissement de l'État, soit un cours particulier dûment autorisé, analogue à ceux qui sont professés dans les facultés, et cela, pendant deux ans pour les docteurs et six mois pour les membres de l'Institut (Décr. 22 août 1854, art. 6 et 7, D. P. 54. 4. 151). — Les candidats à une chaire vacante sont présentés concurremment par le conseil de la faculté et la section permanente du Conseil supérieur de l'Instruction publique. Ces conseils doivent aussi donner leur avis sur les demandes de mutation de chaire dans une même faculté, et de permutation ou transfert d'une faculté à une autre (Décr. 9 mars 1852, art. 2, D. P. 52. 4. 120; 22 août 1854; L. 27 févr. 1880, D. P. 80. 4. 36; Décr. 28 déc. 1885, art. 33).

139. Les professeurs de l'enseignement supérieur ne peuvent être révoqués qu'après une décision du conseil général de l'université, susceptible d'appel devant le Conseil supérieur de l'Instruction publique (L. 27 févr. 1889, art. 11; 10 juill. 1896). Ils ne peuvent être déplacés d'office pour un emploi équivalent qu'après avis conforme de la section permanente du Conseil supérieur de l'Instruction publique (Décr. 28 déc. 1885, art. 34), et pour un emploi inférieur que sur avis conforme du Conseil supérieur (L. 27 févr. 1880, art. 14). L'intéressé doit être entendu dans les deux cas (Décr. 26 juin 1880, art. 88, D. P. 80. 4. 85). L'admission à la retraite d'un professeur titulaire ne peut avoir lieu avant l'âge de soixante-dix ans, et, pour les membres de l'Institut, de soixante-quinze ans, que sur sa demande ou en cas d'impossibilité constatée de remplir ses fonctions. Les professeurs peuvent être maintenus au delà de l'âge de soixante-dix ans en exercice hors cadres, après avis de la section permanente du Conseil supérieur (Décr. 28 déc. 1885, art. 39). Le titre de professeur honoraire peut leur être conféré, et ne peut leur être retiré qu'après avis conforme de la section permanente (Décr. 1885, art. 41; Décr. 31 juill. 1891).

140. Le titre de professeur adjoint peut être conféré par décret, sur la proposition du conseil de la faculté, et après avis du Conseil supérieur de l'Instruction publique, aux chargés de cours et maîtres de conférences pourvus du grade de docteur qui se sont distingués par leurs services. Leur situation est assimilée, sauf pour les traitements et la présentation aux chaires vacantes, à celle des professeurs titulaires (Décr. 28 déc. 1885, art. 40).

141. Dans les facultés de droit, de médecine et les écoles supérieures de pharmacie, les agrégés sont nommés après concours, conformément aux statuts spéciaux de chaque ordre d'agrégation. Ils sont membres des facultés et écoles, prennent rang immédiatement après les professeurs et font partie de l'assemblée. Ils participent aux examens, remplacent les professeurs momentanément absents et font des conférences qui complètent l'enseignement des titulaires (Décr. 30 juill. 1886, art. 1 et 2, D. P. 87. 4. 55; Décr. 28 déc. 1885, art. 42).

142. Les traitements des professeurs et des agrégés des facultés et des écoles supérieures de pharmacie sont fixés par les décrets des 14 janv. 1876 (D. P. 76. 4. 93), 12 févr. 1881 (D. P. 82. 4. 54), 16 nov. 1889 (D. P. 91. 4. 16).

143. Le régime des cours dans les facultés, les écoles supérieures de pharmacie et les écoles supérieures de plein exercice et préparatoires (V. infrà, nos 151 et s.), est réglé par un décret du 30 juill. 1883 (D. P. 84. 4. 15); les conditions d'admission aux cours sont régies par le décret du 5 juin 1891 (D. P. 92. 4. 4). L'étudiant inscrit ne peut, sous peine de la perte d'une ou deux inscriptions, prendre simultanément des inscriptions dans des établissements différents, en vue du même examen (L. 30 juill. 1883, art. 4). Les conditions dans lesquelles il peut être admis à changer de faculté, les mesures disciplinaires destinées à assurer le bon ordre dans les cours et les fraudes dans les examens sont réglées par les art. 7 à 16, 18, 19, 20 à 24, 27, 28 du décret précité du 30 juill. 1883, et par l'art. 5 du décret du 28 déc. 1885. Les droits que les étudiants ont à verser en prenant leurs inscriptions sont déterminés par la loi du 26 févr. 1887,

art. 1er, § 3 et 4, et le décret du 31 juill. 1897 (D. P. 97. 4. 103).

144. Les examens sont passés devant un jury composé de professeurs titulaires, adjoints ou agrégés de la faculté, d'après des règles et suivant des formes qui sont aujourd'hui les mêmes pour toutes les facultés, en exécution du décret du 30 juill. 1883. Les examens et épreuves pratiques qui déterminent la collation des grades ne peuvent être subis que devant les facultés de l'Etat (L. 18 mars 1880, art. 1er). — Les étudiants qui, après avoir subi les épreuves prescrites par les règlements, ont été jugés dignes d'obtenir un grade, reçoivent un diplôme délivré par le ministre et visé par le recteur. Le ministre peut refuser la délivrance du diplôme, sauf recours au Conseil d'Etat pour excès de pouvoir.

145. Aux termes d'un décret du 24 juill. 1883 (D. P. 84. 4. 8), il peut être fait dans les facultés des cours libres par des professeurs n'appartenant pas au personnel de ces facultés. Le conseil général de la faculté arrête les règlements de ces cours et les autorise (Décr. 28 déc. 1885, art. 8).

B. — Facultés de théologie (R. 350 et s.; S. 306 et s.).

146. Les facultés de théologie catholique ayant été supprimées par la loi du 27 juin 1885 (D. P. 86. 4. 37), les facultés de théologie protestante subsistent seules. — Sur ces facultés, V. suprà, Culte, n° 261.

C. — Facultés de droit (R. 357 et s.; S. 308 et s.).

147. Les facultés de droit sont établies à Paris, Dijon, Lyon, Grenoble, Aix, Montpellier, Toulouse, Bordeaux, Poitiers, Rennes, Caen, Lille et Nancy. L'enseignement y est réglé actuellement par le décret du 24 juill. 1889 (D. P. 90. 4. 91), celui du 30 avr. 1895 (D. P. 95. 4. 38) et, pour le doctorat, par un décret du même jour (D. P. 95. 4. 40) et le décret du 8 août 1898 (D. P. 1902. 4. 80).

148. Les études de droit permettent l'obtention, après quatre inscriptions et une année d'études, du certificat nécessaire pour l'exercice des fonctions d'avoué, ou certificat de capacité. — Les études de licence durent trois années. Pour être admis à prendre leurs inscriptions en vue de la licence en droit, les étudiants doivent produire actuellement le diplôme de bachelier (V. infrà, n° 156) (Décr. 5 juin 1891, D. P. 92. 4. 4). Le programme des études pour chaque année est fixé par les décrets des 30 avr. 1895 (D. P. 95. 4. 38), et 30 juill. 1895 (D. P. 96. 4. 19). V. également Circ. min. 17 févr. 1891. Les examens qui déterminent la collation du grade de licencié sont au nombre de trois, subis à la fin de chaque année d'études à la session de juillet. Après le deuxième examen, l'étudiant obtient le diplôme de bachelier en droit (même degré). V. infrà.

149. Les études pour le doctorat se divisent en deux branches : celle des sciences juridiques, celle des sciences politiques et économiques. Le diplôme de docteur est délivré à la suite de deux examens et d'une thèse. Une mention insérée dans ce diplôme indique le groupe d'études choisi par le candidat. Le candidat reconnu apte au grade avec l'une des mentions peut obtenir l'autre, à la condition de subir un nouvel examen et de soutenir une seconde thèse (Décr. 30 avr. 1895, art. 1 et 7, D. P. 95. 4. 39).

150. Des prix sont institués dans les facultés de droit, après un concours entre les élèves de chacune des trois années de licence et les aspirants au doctorat (Décr. 28 déc. 1881, D. P. 83. 4. 1). Un concours entre les élèves de troisième année de toutes les facultés de droit a également lieu chaque année (Décr. 27 janv. 1869, D. P. 69. 4. 30, modifié par le décret du 27 déc. 1881).

D. — Facultés de médecine. — Écoles supérieures de pharmacie; écoles préparatoires de médecine et de pharmacie (R. 383 et s.; S. 321 et s.).

151. Les facultés de médecine de Paris, Montpellier et Nancy donnent exclusivement l'enseignement et confèrent les grades médicaux; elles sont auprès d'elles des écoles supérieures de pharmacie. Lyon, Bordeaux, Toulouse et Lille ont des facultés mixtes de médecine et de pharmacie. Le personnel enseignant de ces facultés comprend des professeurs, des agrégés et des chefs de travaux pratiques nommés au concours (Décr. 25 juill. 1885, D. P. 86. 4. 48). L'enseignement donné dans les facultés de médecine a pour objet de préparer aux épreuves du doctorat en médecine. Les conditions de capacité exigées des aspirants au doctorat ont été déterminées en dernier lieu par un décret du 24 juill. 1899. La durée des études pour l'obtention du diplôme est de quatre années : elles peuvent être faites, pendant les trois premières années, soit dans les facultés, soit dans les écoles de plein exercice, soit dans les écoles préparatoires de médecine et de pharmacie. La quatrième année d'études doit être accomplie dans une faculté ou une école de plein exercice (L. 19 vent. an 11, art. 8, D. p. 1333; Décr. 20 juin 1878, art. 1er, D. P. 78. 4. 101). Les étudiants subissent cinq examens (les deuxième, troisième et cinquième divisés en deux parties), et soutiennent une thèse (Décr. 20 juin 1878, art. 2 et s.; 31 juill. 1891). Ils doivent, en outre, faire un stage dans les hôpitaux pendant deux ans au moins, et prendre part aux travaux pratiques de laboratoire et de dissection (Décr. 20 juin 1878, art. 7).

152. Les écoles supérieures de pharmacie et les facultés mixtes de pharmacie préparent au diplôme de pharmacien, qui correspond aujourd'hui à l'ancien diplôme de pharmacien de première classe (L. 19 avr. 1898, D. P. 98. 4. 147). Les programmes et les conditions des examens à subir par les candidats sont fixés par le décret du 26 juill. 1885 (D. P. 86. 4. 61).

153. Les écoles préparatoires de médecine et de pharmacie sont régies par un décret du 1er août 1883 (D. P. 84. 4. 70). Les aspirants au grade de docteur en médecine peuvent y faire leurs trois premières années d'étude (V. suprà, n° 151). Ils peuvent également, dans certaines conditions, y passer le premier examen et la première partie du second (Décr. 1er août 1883, art. 13).

154. Les écoles de plein exercice de médecine et de pharmacie sont établies dans quelques grandes villes qui se sont engagées à subvenir aux frais d'entretien du personnel et du matériel (Décr. 14 juill. 1875, art. 1er, D. P. 76. 4. 56). Les élèves peuvent faire dans ces écoles leurs quatre années d'études (V. suprà, n° 151). Ils peuvent y subir le premier examen et la première partie du second (Décr. 1er août 1883, art. 4). — Le personnel enseignant, dont la composition est déterminée par les art. 2, 3, 4, 6, 7 et s. du décret du 14 juill. 1875, et l'art. 1er du décret du 25 juill. 1885, est nommé dans les conditions déterminées par les décrets des 1er août 1883 (D. P. 84. 4. 70), 25 juill. 1885 et 31 déc. 1891.

E. — Facultés des lettres et des sciences (R. 407 et s.; S. 383 et s.).

155. Des facultés des lettres et des sciences existent dans chacune des villes où siègent des académies, sauf à Alger. Le personnel enseignant comprend des professeurs titulaires, des chargés de cours et des maîtres de conférences. Ces facultés confèrent les grades de bachelier, de licencié et de docteur. Le baccalauréat est conféré à la fois par la faculté des lettres et la faculté des sciences.

156. Les examens du baccalauréat sont régis actuellement par le décret du 31 mai 1902 (V. *supra*, nᵒˢ 103 et s.). Les épreuves sont divisées en deux parties, qui doivent être séparées par une année d'études. Elles comprennent, pour la première partie, quatre séries correspondant aux cycles de l'enseignement secondaire : latin-grec, latin-langues vivantes, latin-sciences, sciences-langues vivantes ; pour la seconde épreuve, deux séries : 1ᵒ philosophie ; 2ᵒ mathématiques. Les unes et les autres comportent des épreuves écrites éliminatoires et des épreuves orales. Les jurys sont composés de professeurs des facultés des lettres et des sciences qui les président, de professeurs en exercice ou honoraires de l'enseignement secondaire public, agrégés ou docteurs, et désignés par le ministre de l'Instruction publique. Les candidats admis aux épreuves écrites conservent pendant les deux sessions suivantes le bénéfice de leur admission, à la condition de se présenter devant la même faculté. Ils peuvent produire un livret scolaire, s'ils se présentent devant la faculté dans le ressort de laquelle se trouve l'établissement où ils ont fait leurs études. L'ajournement après une série d'épreuves ne peut être prononcé qu'après une délibération du jury. — Les diplômes délivrés aux candidats qui ont subi les épreuves avec succès portent les mentions suivantes : latin-grec, philosophie ou mathématiques ; — latin-langues vivantes, philosophie ou mathématiques ; — latin-sciences, philosophie ou mathématiques ; — sciences-langues vivantes, philosophie ou mathématiques (art. 22).

157. Ces dispositions, dont la mise en vigueur a été réglée par un arrêté ministériel du 28 juill. 1902, ont laissé subsister, jusqu'à la session de juillet-août 1905, le baccalauréat de l'enseignement secondaire classique tel que l'organise le décret du 8 août 1890 (D. P. 91. 4. 102), et le baccalauréat de l'enseignement secondaire moderne (Décr. 5 juin 1891, art. 1ᵉʳ, D. P. 92. 4. 4), avec l'option que comportent ces deux baccalauréats dans le choix des épreuves, et qui se traduit par la diversité des mentions inscrites sur le diplôme (pour le baccalauréat de l'enseignement secondaire classique : lettres-philosophie, lettres-mathématiques, lettres-sciences physiques et naturelles ; pour le baccalauréat de l'enseignement secondaire moderne : lettres-philosophie, lettres-sciences, lettres-mathématiques). — D'autre part, le décret du 31 mai 1902 n'ayant pas abrogé les dispositions antérieures qui ne sont pas contraires à celles qu'il établit, il semble que l'âge de seize ans doive toujours être exigé des candidats à la première partie du baccalauréat, sauf dispense (Décr. 5 févr. 1891, art. 1ᵉʳ). Les dispenses sont accordées par le ministre dans les conditions fixées par les circulaires ministérielles des 1ᵉʳ juill. 1882, 5 déc. 1884, 15 oct. 1884, 1ᵉʳ juill 1891. Les demandes de dispenses sont adressées au doyen de la faculté.

158. Les candidats à la licence ès lettres ou à la licence ès sciences doivent justifier de quatre inscriptions trimestrielles. Les candidats à la licence ès lettres doivent produire (actuellement) (V. *supra*, nᵒ 156) un diplôme du baccalauréat de l'enseignement secondaire classique, lettres-philosophie. — L'examen comporte quatre ordres d'épreuves : lettres, philosophie, histoire, langues vivantes (Décr. 25 déc. 1880, art. 2 et s., D. P. 82. 4. 50 ; 28 juill. 1885, D. P. 86. 4. 63 ; 24 juill. 1889). Le diplôme de licencié ès lettres, quelles que soient les parties spéciales pour lesquelles le candidat a opté, donne droit de se présenter à toutes les agrégations de l'ordre des lettres (Décr. 25 déc. 1880, art. 1ᵉʳ).

159. Les candidats à la licence ès sciences doivent produire (actuellement) (V. *supra*,

nᵒ 156) le diplôme de bachelier ès lettres-mathématiques ou sciences physiques et naturelles de l'enseignement secondaire classique, ou le diplôme de bachelier de l'enseignement secondaire moderne (lettres-sciences ou lettres-mathématiques), ou le certificat d'aptitude à l'enseignement secondaire spécial (ordre des sciences), ou le brevet de capacité de l'enseignement secondaire spécial (Décr. 28 juill. 1885, art. 1ᵉʳ ; Décr. 31 juill. 1891, art. 1ᵉʳ ; Décr. 22 juin 1896, D. P. 97. 4. 21 ; Décr. 8 août 1898). La licence ès sciences comporte trois ordres : sciences mathématiques, sciences physiques, sciences naturelles.

160. Le doctorat ès lettres n'est accessible qu'à ceux qui justifient du grade de licencié ès lettres (Décr. 17 mars 1808, art. 21). C'est la seule condition exigée. Le candidat doit soutenir deux thèses, la première rédigée en français, et la seconde écrite soit en français, soit dans une des langues anciennes ou modernes enseignées à la Faculté (Décr. 28 juill. 1903). La composition du jury est réglée par les décrets du 26 déc. 1875 et du 20 juill. 1882 (D. P. 83. 4. 5). — Le doctorat ès sciences comporte trois ordres : sciences mathématiques, sciences physiques, sciences naturelles. L'obtention en est subordonnée à la jouissance du diplôme de licencié de l'ordre correspondant. Les candidats doivent rédiger et soutenir deux thèses (Décr. 17 mars 1808, art. 24). La composition du jury est réglée par un décret du 15 juill. 1877, art. 2, § 2 et 3, 3, 7 (D. P. 77. 4. 69).

161. Dans les facultés des lettres et des sciences de l'Etat, des *bourses de licence*, attribuées au concours, ont été créées pour faciliter le recrutement des professeurs de l'enseignement secondaire (Arr. min. 31 mai 1886). Des *bourses d'agrégation* sont accordées sans concours, sous certaines conditions (Arr. précité, art. 13 et 14). Enfin des *bourses d'études* destinées à favoriser, dans les facultés des lettres et des sciences, les recherches libres et désintéressées, sont accordées sur la proposition des facultés et après avis du comité consultatif de l'enseignement supérieur (Arr. min. 31 mai 1886, précité).

ART. 2. — ENSEIGNEMENT SUPÉRIEUR LIBRE (R. 472 et s. ; S. 364 et s.).

162. La loi du 12 juill. 1875 (D. P. 75. 4. 137) a consacré la liberté de l'enseignement supérieur. Tout Français âgé de vingt-cinq ans, toute association fondée légalement en vue de donner l'enseignement supérieur, peut créer un établissement d'enseignement supérieur ou ouvrir un cours libre. Toutefois, ce droit est refusé aux personnes qui ont encouru une des condamnations prévues par l'art. 8 de la loi du 12 juill. 1875, ou qui font partie d'une congrégation religieuse, autorisée ou non (L. 1ᵉʳ juill. 1901, art. 14 ; L. 7 juill. 1904, art. 1ᵉʳ). Pour l'enseignement de la médecine et de la pharmacie, il faut justifier des conditions requises pour l'exercice des professions de médecin ou de pharmacien (L. 12 juill. 1875, art. 2).

163. L'ouverture des établissements ou des cours d'enseignement est subordonnée à une déclaration faite au recteur au chef-lieu de l'académie et à l'inspecteur d'académie dans les autres départements. Les cours ou établissements ne peuvent être ouverts avant dix jours à partir de la délivrance du récépissé. Pour les *cours*, la déclaration doit faire connaître les nom, qualités et domicile du déclarant, le local où sera fait le cours, l'objet ou les divers objets de l'enseignement : pour les *établissements*, les noms, qualités et domiciles des administrateurs, qui signent la déclaration et doivent être nécessairement au nombre de trois, le siège et les statuts de l'établissement. Les administrateurs décédés ou démissionnaires doivent être remplacés dans

le délai de six mois et avis en être donné au recteur ou à l'inspecteur d'académie ; chaque année, la liste des professeurs et le programme des cours doit être communiqué à ces fonctionnaires.

164. Le procureur de la République peut, dans les dix jours du récépissé, former au greffe du tribunal une opposition motivée lorsque les déclarations portent comme professeur une personne frappée d'incapacité ou contiennent la mention d'un sujet contraire à l'ordre public ou à la morale (art. 20). La demande en mainlevée de l'opposition est portée devant le tribunal civil, qui doit statuer à la plus prochaine audience. Le jugement est susceptible d'appel. Le pourvoi en cassation doit être formé par déclaration au greffe de la cour d'appel dans la quinzaine de la notification ; il est porté directement devant la chambre civile.

165. L'art. 10 de la loi du 12 juill. 1875 édicte des règles spéciales en ce qui concerne les associations formées pour entretenir des cours et établissements d'enseignement supérieur. Une déclaration indiquant les noms, professions et domiciles de ses fondateurs et administrateurs, son lieu de réunion et ses statuts, doit être faite : 1ᵒ au recteur ou à l'inspecteur d'académie ; 2ᵒ au préfet et, dans le département de la Seine, au préfet de police ; 3ᵒ au procureur général ou au procureur de la République En outre, la liste complète des associés, avec indication de leur domicile, doit se trouver au siège de l'association pour être communiquée au parquet à toute réquisition du procureur général. C'est une question délicate que de savoir si ces dispositions sont restées en vigueur depuis la loi du 1ᵉʳ juill. 1901, relative au contrat d'association, ou s'il y a lieu d'appliquer les dispositions de cette dernière loi (V. *supra*, *Associations et congrégations*, nᵒˢ 13 et s.) aux associations dont il s'agit, comme à toutes autres associations.

166. Les établissements libres d'enseignement supérieur ne peuvent prendre le titre d'*université* (L. 18 mars 1880, D. P. 80. 4. 17). Ils peuvent prendre celui de *facultés* lorsqu'ils ont un nombre de professeurs pourvus du grade de docteur au moins égal à celui des facultés de l'Etat qui comptent le moins de chaires. Ces établissements doivent, dans tous les cas, établir qu'ils ont tous les moyens de fournir l'enseignement qui est leur objet pour ce sujet, tant en locaux qu'en laboratoires, collections, bibliothèques, etc. (L. 12 juill. 1875, art. 6).

167. Les établissements libres d'enseignement supérieur sont soumis à la surveillance de l'Etat ; mais cette surveillance ne peut porter sur l'enseignement que pour vérifier s'il n'est pas contraire à la morale, à la constitution et aux lois (art. 7).

168. Les étrangers peuvent être autorisés à ouvrir des cours ou à diriger des établissements d'enseignement supérieur libre (L. 12 juill. 1875, art. 12). Cette autorisation est donnée en matière d'enseignement primaire (V. *supra*, nᵒ 35).

169. Un établissement d'enseignement supérieur libre ne peut être reconnu d'utilité publique par une loi (L. 18 mars 1880, art. 7). L'art. 12 de la loi du 12 juill. 1875 règle la liquidation des biens des établissements déclarés d'utilité publique qui viennent à être dissous ou à cesser d'exister.

170. Les contraventions provenant de l'inobservation des règles relatives aux établissements privés d'enseignement supérieur constituent autant de délits, punis d'une amende qui ne peut excéder 1 000 francs (L. 12 juill. 1875, art. 18). L'art. 463 c. pén. relatif aux circonstances atténuantes, peut être appliqué (art. 23). L'amende est encourue, suivant les cas, par l'auteur du cours, les administrateurs de l'établissement, ou, à leur défaut, les organisateurs, enfin la personne frappée d'incapacité (art. 16). L'amende n'est pas augmentée en cas de récidive; mais le juge peut prononcer contre le délinquant, mis en état de récidive par une infraction commise dans l'année de la première condamnation, l'incapacité d'enseigner édictée par l'art. 8 pour un temps n'excédant pas cinq années. La fermeture du cours est alors obligatoire; elle est facultative pour les établissements. Il en est de même lors d'une première condamnation motivée sur ce que l'enseignement est donné par une personne frappée d'incapacité. En cas d'infraction autre que celles qui peuvent donner lieu à la fermeture du cours ou de l'établissement, les tribunaux peuvent prononcer la suspension du cours ou de l'établissement pour un délai qui ne peut excéder trois mois (art. 17). Tout jugement de fermeture ou de suspension est exécutoire par provision nonobstant appel ou opposition (art. 18).

171. L'art. 19 punit d'une amende de 1000 à 3000 francs, et, en cas de récidive, de 3000 à 6000 francs, sauf l'admission de circonstances atténuantes, le refus de se soumettre à la surveillance prescrite par l'art. 7. Les administrateurs sont civilement responsables. Le jugement peut, en cas de récidive dans l'année de la première condamnation, ordonner la fermeture de l'établissement.

172. Les facultés libres ne peuvent donner aux certificats qu'elles décernent à leurs élèves les titres de baccalauréat, de licence ou de doctorat; la collation de ces grades est réservée aux facultés de l'État, devant lesquelles les examens doivent être subis (L. 18 mars 1880, art. 1, 4 et 5, D. P. 80. 4. 17; V. *supra*, n° 144). L'infraction à cette règle est punie d'une amende de 100 à 1000 francs, et de 1000 à 3000 francs en cas de récidive (L. 18 mars 1880, art. 8).

SECT. VI. — Etablissements d'enseignement non rattachés à l'Université (R. 418 et s.; S. 345 et s.).

173. Le *Collège de France*, fondé au XVIᵉ siècle, est aujourd'hui soumis à un règlement contenu dans le décret du 1ᵉʳ févr. 1873 (D. P. 74. 4. 35). Les chaires du Collège de France sont au nombre de quarante et une. La composition et le rôle de l'*assemblée du Collège de France* sont réglés par le titre 4, tout ce qui a trait au matériel, par le titre 5 du décret du 1ᵉʳ févr. 1873.

174. Le *Muséum d'histoire naturelle* a été réorganisé par deux décrets du 12 déc. 1891. L'enseignement qui y est donné a pour objet l'histoire naturelle dans toute son étendue, appliquée particulièrement à l'avancement de l'agriculture, du commerce et des arts. Le personnel enseignant comprend des professeurs, des *assistants* et des préparateurs. L'enseignement du Muséum est public.

175. L'*Ecole française d'Athènes*, instituée par une ordonnance du 11 sept. 1846 (R. p. 1367), est aujourd'hui régie par les décrets des 26 nov. 1874 (D. P. 75. 4. 87) et 18 juill. 1899. A sa tête est placé un directeur, membre de l'Institut, ou fonctionnaire supérieur de l'instruction publique. Elle a pour but le perfectionnement de ses membres dans l'étude de la langue, de l'histoire et des antiquités grecques.

176. L'*école française du Caire*, instituée par un décret du 28 déc. 1880, a pour objet l'étude des antiquités égyptiennes, de l'histoire, de la philologie et des antiquités orientales.

177. L'*Ecole pratique des hautes études*, créée par un décret du 31 juill. 1868 (D. P. 68. 4. 125) et subventionnée par la Ville de Paris et l'Etat, a pour objet de placer, à côté de l'enseignement théorique, des exercices qui peuvent le fortifier et l'étendre. Elle se divise en cinq sections : mathématiques, physique et chimie, histoire naturelle et physiologie, sciences historiques et philologiques, sciences religieuses (Décr. 31 juill. 1868, art. 2, et 30 janv. 1886). Aucune condition d'âge ni de nationalité n'est imposée pour l'admission à cette école, qui n'est prononcée que d'une manière, un stage de trois mois au plus autorisé par le directeur. Les exercices et travaux de l'école, les avantages et récompenses accordés aux élèves, etc., sont réglés par les décrets des 31 juill. 1868, 30 janv. 1869 (D. P. 69. 4. 30) et 30 janv. 1886.

178. Le *Bureau des longitudes* a pour mission le perfectionnement des diverses branches de la science astronomique et leur application à la géographie, à la navigation et à la physique du globe. Ses attributions et son organisation sont réglées par un décret du 15 mars 1874 (D. P. 74. 4. 74) complété par décret du 14 mars 1890 (D. P. 91. 4. 43). — Le service des *Observatoires* est réglé par le décret du 21 févr. 1878 (D. P. 78. 4. 51). Le personnel réparti entre les divers observatoires se compose d'astronomes titulaires, d'astronomes adjoints et d'aides astronomes. Un décret du 4 mai 1878 (D. P. 78. 4. 65) a créé, à l'Observatoire de Paris, un bureau central météorologique.

179. L'*Ecole des langues orientales vivantes*, organisée par décrets des 8 novembre 1869 (D. P. 70. 4. 12), 11 mars 1872 (D. P. 72. 4. 89), a pour objet l'étude des langues de l'Europe orientale, de l'Asie, de la langue arabe, et d'enseigner la géographie politique et commerciale des pays où ces langues sont en usage. Les cours, d'une durée de trois ans, sont gratuits et consacrés par des examens annuels. A la fin des études, le ministre délivre aux élèves qui sont reconnus aptes un diplôme d'élève breveté de l'Ecole des langues orientales vivantes.

180. En ce qui concerne l'*Ecole des Chartes*, V. *supra*, *Archives*, n° 27; ... les écoles militaires, V. *supra*, *Armée*, n° 55 et s.; ... l'*Ecole navale de Brest* et l'*Ecole du service de santé de la Marine*, V. *infra*, *Marine militaire*; ... l'*Ecole des ponts et chaussées*, V. *infra*, *Travaux publics*; ... l'*Ecole nationale des mines* et les écoles de Saint-Etienne, d'Alais et de Douai, V. *infra*, *Mines*; l'*Ecole forestière de Nancy*, V. *infra*, *Forêts*; les établissements consacrés à l'éducation des *sourds-muets* et des *aveugles*, V. *infra*, *Secours publics*; les *séminaires*, V. *supra*, *Culte*, n° 163 et s.

SECT. VII. — Enseignement technique.

§ 1ᵉʳ. — *Enseignement agricole* (R. vᵒ *Organisation économique*, 22 et s.; S. *eod. vᵒ*, 28 et s.).

181. L'enseignement agricole a une organisation spéciale, ressortissant au ministère de l'Agriculture et du Commerce. Plusieurs ordres d'établissements y sont affectés : l'*Institut agronomique* (L. 9 août 1876, D. P. 76. 4. 122; Arr. 3 déc. 1876; 20 déc. 1898), qui donne le haut enseignement agricole; les *Ecoles nationales d'agriculture* de Grignon, du Grand-Jouan et de Montpellier : l'admission y a lieu au concours; la durée des études y est de deux ans et demi; l'*Ecole nationale d'horticulture* de Versailles; l'*Ecole d'arboriculture et de jardinage* de Bastia, les *écoles de bergers* de Rambouillet et de Moudjebeur (Algérie); les *Ecoles pratiques* pour l'enseignement élémentaire et les fermes-écoles (L. 30 juill. 1875, D. P. 76. 4; Décr. 19 janv. 1904). Dans les écoles primaires supérieures, d'ailleurs, des cours d'agriculture sont faits aux élèves instituteurs par les professeurs départementaux d'agriculture (L. 28 mars 1882; Décr. 18 janv. 1887, art. 35; L. 16 juin 1879, D. P. 79. 4. 68; Décr. 9 juin 1880). Ces professeurs, nommés par arrêtés concertés entre les ministres du Commerce et de l'Instruction publique, après concours, sont chargés, non seulement de l'enseignement dans les écoles primaires supérieures et autres établissements d'instruction publique du département, mais encore de conférences agricoles pour les instituteurs et cultivateurs dans les localités du département désignées par le préfet.

§ 2. — *Enseignement industriel et commercial* (R. vᵒ *Organisation économique*, 70 et s.; S. *eod. vᵒ*, 91 et s.).

182. L'enseignement technique industriel et commercial comprend : 1° des écoles du degré supérieur formant des ingénieurs pour les différentes branches de l'industrie; ce sont : le Conservatoire des arts et métiers, l'Ecole centrale des arts et manufactures, les établissements fondés par l'initiative privée et celle des chambres de commerce, qui peuvent être reconnus par l'Etat dans des conditions déterminées par des décrets des 31 mai 1890 et 11 juin 1898, et délivrent alors des diplômes. Ces écoles comprennent : l'Ecole des hautes études industrielles de Lille, les écoles de chimie industrielle de Lyon et de Nancy, les écoles supérieures de commerce de Paris, Bordeaux, le Havre, Lyon, Marseille, Lille; l'Ecole des hautes études commerciales de Paris et l'Institut commercial de Paris. — A ce degré de l'enseignement commercial se rattachent les bourses commerciales de séjour à l'étranger, et les bourses industrielles de voyage, alimentées au moyen de crédits annuels inscrits au budget, et dont l'obtention est régie par des arrêtés ministériels; — 2° des écoles du degré secondaire, qui ont pour objet de former des contremaîtres et chefs d'atelier. Telles sont les écoles nationales d'arts et métiers de Châlons-sur-Marne, Aix, Angers, Lille, Cluny : l'admission y a lieu par voie de concours ouverts aux nationaux seuls, et comporte trois années d'études, au bout desquelles les élèves reçoivent un brevet délivré par le ministre du Commerce; les écoles nationales d'horlogerie de Cluses et de Besançon; l'école de chaudronnerie de Nevers; les écoles de dessin et d'art industriel ou décoratif (écoles annexées aux manufactures nationales de Sèvres, des Gobelins, de Beauvais; les écoles des arts décoratifs de Paris, Limoges, Aubusson, Nice; Ecole des arts industriels de Roubaix); enfin les écoles créées par l'initiative des municipalités, des chambres de commerce et les particuliers (Ecole centrale lyonnaise, Ecole supérieure de Bordeaux, Institut industriel du Nord à Lille, Ecole de physique et de chimie de Paris, Ecole manufacturière d'Elbeuf); — 3° des écoles du degré élémentaire, qui sont destinées à fournir des ouvriers habiles et instruits dans leur métier. Au nombre de ces écoles sont les écoles manuelles d'apprentissage (L. 11 déc. 1880, D. P. 81. 4. 49), et les écoles publiques d'enseignement primaire supérieur ou complémentaire dont le programme comprend des cours d'enseignement professionnel (V. *supra*, n° 16).

183. Dans les départements où la fabrication de la dentelle à la main est en usage, l'enseignement professionnel de la dentelle à la main doit être organisé dans les écoles primaires, les écoles normales d'institutrices et les cours et écoles de perfectionnement (L. 5 juill. 1903, D. P. 1903. 4. 60). — Il existe en outre, dans certains centres, des écoles spéciales à certaines industries : telles l'école Boule, à Paris, pour l'industrie du meuble; les écoles de tissage à Lyon et à Sedan. — Enfin des établissements dus à l'initiative privée donnent l'enseignement professionnel, et, dans nombre de localités, les chambres syndicales et les syndicats professionnels entretiennent des cours du soir ouverts à tous, sans examen ni conditions d'âge.

§ 3. — *Enseignement des beaux-arts* (R. v° *Organisation de l'instruction publique*, 530 et s.; S. 396 et s.).

184. Les établissements publics destinés à l'enseignement des beaux-arts sont : 1° l'*Ecole nationale et spéciale des beaux-arts*, consacrée à l'enseignement de la peinture, de la sculpture, de l'architecture, de la gravure en taille-douce et de la gravure en médailles et en pierres fines. Elle est actuellement régie par un décret du 30 sept. 1883. Pour être élève de l'école ou étudier dans l'un des ateliers, il faut avoir au moins quinze ans et moins de trente ans (art. 3). L'administration de l'école est confiée à un directeur, nommé pour cinq ans (art. 5). Les art. 8 à 13 du décret déterminent la composition et le mode de nomination du personnel administratif, les art. 20 à 25 ceux du personnel enseignant; — 2° l'*Académie de France à Rome*, où sont envoyés les jeunes gens qui ont obtenu les grands prix de peinture, sculpture, etc. Un décret du 13 nov. 1871 a réglementé à nouveau le concours au grand prix de Rome. Le directeur de l'Académie de France est nommé pour cinq ans, dans les conditions déterminées par l'art. 6 du décret de 1871; — 3° les *écoles de dessin* qui existent dans divers départements; les unes sont nationales; d'autres ont un caractère régional, d'autres enfin un caractère purement municipal; — 4° l'*Ecole nationale des Arts décoratifs de Paris*, réglée par un arrêté ministériel du 9 oct. 1877 et plusieurs arrêtés postérieurs; — 5° les *écoles d'arts décoratifs et industriels des départements*, telles que celles de Limoges, devenue établissement d'Etat (L. 15 juin 1881, D. P. 82. 4. 24); de Roubaix, créée par la loi du 5 août 1881 (D. P. 82. 4. 39); d'Aubusson, devenue école d'Etat en vertu d'un décret du 30 oct. 1884; de Saint-Etienne, réorganisée par décret du 7 oct. 1884; ... etc.; — 6° l'*Ecole nationale de dessin pour les jeunes filles*, fondée à Paris en 1883.

185. Aux écoles ci-dessus énumérées, et qui ont pour objet les beaux-arts proprement dits, il convient d'ajouter le *Conservatoire national de musique et de déclamation*, actuellement régi par un décret du 9 sept. 1876 (D. P. 79. 4. 8) et par un arrêté ministériel du 11 du même mois. Des écoles de musique, succursales du Conservatoire national de Paris, ont été fondées dans plusieurs villes.

SECT. VIII. — **Enregistrement et timbre.**

186. Les diplômes sont exempts de la formalité du timbre et de l'enregistrement comme actes émanés de l'autorité publique.

187. Les pièces d'ordre intérieur que l'Administration est dans l'usage de délivrer pour certaines justifications d'une administration à l'autre sont exemptes de timbre et d'enregistrement. Il en est ainsi, par exemple, du certificat de l'instituteur ou de l'inspecteur primaire, que doit produire, pour constater qu'il a acquis l'instruction élémentaire, tout enfant mineur de quinze ans qui demande à être admis à travailler plus de six heures par jour dans un établissement industriel (L. 19 mai 1874, art. 9, D. P. 74. 4. 83).

188. Sont également exempts du timbre, comme rentrant dans la catégorie des registres des administrations publiques affranchis de l'impôt par la loi du 13 brum. an 7, art. 16, n° 2 : 1° les registres des lycées (Décis. min. Fin. 15 avr. 1865, D. P. 65. 5. 387); 2° les livres de caisse des écoles normales, lorsqu'ils ne constituent que des recettes et dépenses faites pour le compte de l'Etat (Décis. min. Fin. 23 janv. 1890, D. P. 91. 5. 521); 3° les registres des comptabilité des facultés et universités (Instr. admin. Enreg. 22 avr. 1895, n° 2881, D. P. 95. 5. 533); etc.

ESCROQUERIE

(R. v° *Vol et escroquerie*; S. *eod.* v°).

1. Le délit d'escroquerie (Pén. 405) implique le concours de deux éléments : 1° l'emploi de moyens frauduleux; ces moyens sont soit l'usage de faux noms ou de fausses qualités, soit l'emploi de manœuvres frauduleuses ayant un caractère déterminé ; 2° la remise de valeurs obtenues par ces moyens et l'appropriation indue de ces valeurs (Cr. r. 16 juill. 1903, D. P. 1904. 1. 447).

ART. 1er. — ELÉMENTS DU DÉLIT D'ESCROQUERIE.

§ 1er. — *Moyens frauduleux.*

A. — **Faux noms ou fausses qualités** (R. 724 et s.; S. 125 et s.).

2. L'emploi d'un faux nom ou d'une fausse qualité pour se faire délivrer des valeurs et se les approprier suffit à lui seul pour constituer les moyens frauduleux caractéristiques du délit d'escroquerie, sans qu'il soit nécessaire, comme lorsqu'il s'agit de manœuvres frauduleuses (V. *infrà*, n°s 6, 14 et s.), que cet usage ait eu pour but de persuader l'existence de fausses entreprises, d'un pouvoir ou d'un crédit imaginaire, ou de faire naître l'espérance ou la crainte d'un succès, d'un accident ou de tout autre événement chimérique. Mais cet usage n'est punissable que s'il a déterminé la remise de fonds, s'il y a entre l'usage et la remise une relation de cause à effet. De plus, la fausse qualité n'est un élément constitutif du délit d'escroquerie qu'autant que l'auteur du fait se l'est attribuée à lui-même ; elle ne saurait se prendre ce caractère lorsqu'elle a été attribuée, non par écrit, à un tiers par le prévenu (Cr. r. 10 nov. 1899, D. P. 1900. 1. 408).

3. La *fausse qualité* s'entend de toute qualité propre pour tromper les tiers et leur inspirer une confiance qu'ils n'accordent qu'en raison de cette qualité. Ainsi, peut être déclaré coupable d'escroquerie celui qui se présente avec la fausse qualité de mandataire ou de préposé d'une tierce personne, et qui obtient, à raison de cette qualité, la remise de fonds, titres ou valeurs (Cr. r. 13 mai 1898, D. P. 99. 1. 206). Notamment, il y a délit d'escroquerie par usage de fausse qualité dans le fait de celui qui, en se présentant faussement au caissier chargé de payer un bon, comme mandataire du titulaire, est arrivé au moyen de cette fraude à toucher indûment le montant de ce bon au préjudice du débiteur, non libéré par ce payement. De même, celui qui, en prenant la fausse qualité de négociant, en se présentant faussement comme tel et en disposant à ce titre d'une place de caissier, s'est fait remettre une somme d'argent à titre de cautionnement par une personne à laquelle il a persuadé qu'elle serait employée comme caissière dans sa maison, commet le délit d'escroquerie (Cr. r. 25 juin 1898, D. P. 99. 1. 126). Il a même été jugé que l'individu en état de faillite et vivant avec une concubine, qui, pour obtenir le bail d'une maison, s'est fait passer pour un commerçant jouissant d'une pleine capacité et secondé par sa femme légitime, est, avec raison, déclaré coupable d'escroquerie.

4. Mais il faut se garder de convertir de simples mensonges en articulations d'une fausse qualité. Ainsi, dire faussement à un individu qu'on est son créancier, ce n'est pas prendre vis-à-vis de lui une fausse qualité au sens de l'art. 405 c. pén.; c'est commettre un simple mensonge semblable à celui que commet un débiteur lorsqu'il affirme faussement s'être libéré (Sur le simple mensonge, V. *infrà*, n° 6). De même, la Cour de cassation ne veut pas voir une escroquerie commise à l'aide d'une fausse qualité dans le fait de réclamer et de se faire remettre des objets perdus en s'en disant faussement propriétaire, ou dans le fait de se dire faussement propriétaire ou bénéficiaire d'une créance, par exemple de celle résultant d'une reconnaissance qui constate le dépôt d'objets au mont-de-piété (Cr. c. 4 févr. 1898, D. P. 99. 1. 584).

B. — **Manœuvres frauduleuses** (R. 745 et s.; S. 135 et s.).

5. 1° *Existence des manœuvres.* — Les moyens frauduleux peuvent consister, en second lieu, dans l'emploi de manœuvres frauduleuses ayant pour objet, soit de persuader l'existence de fausses entreprises, d'un pouvoir ou d'un crédit imaginaire, soit de faire naître l'espérance ou la crainte d'un succès, d'un accident ou de tout autre événement chimérique. Ces manœuvres frauduleuses exigent une certaine combinaison de faits extérieurs, une machination préparée avec plus ou moins d'adresse.

6. Il faut d'abord remarquer que de simples mensonges, même réitérés et produits par écrit, isolés de tout acte extérieur, de tout fait matériel, de toute machination ou mise en scène, ne sont point des manœuvres et, par conséquent, sont insuffisants pour caractériser le délit d'escroquerie. Il en est ainsi de la simple présentation, même dolosive, par un marchand ou par son commis, d'une facture exagérée (V. cependant un cas où ce fait devient une escroquerie, *infrà*, n° 8; Comp. aussi *infrà*, *Tentative*); ... ou du fait par un voyageur, dont un colis avait été momentanément égaré par une compagnie de chemin de fer, d'avoir, à l'appui des réclamations adressées par lui aux représentants de cette compagnie à l'effet d'obtenir une indemnité, formulé des appréciations excessives et mensongères relativement à la valeur des objets contenus dans ce colis, en y ajoutant des assurances trompeuses et des indications précises quant au prix desdits objets (Cr. c. 14 mai 1897, D. P. 98. 1. 61) (V. au contraire un cas où le délit d'escroquerie a été réalisé, *infrà*, n° 10); ... ou du seul fait par un commis-voyageur, représentant à la commission d'une maison de commerce, d'avoir, à diverses reprises, transmis à cette maison des ordres fictifs, et de s'être ainsi fait remettre une somme d'argent à valoir sur ses commissions (Cr. c. 8 févr. 1900, D. P. 1900. 1. 216) (V. une hypothèse voisine, où l'existence de l'escroquerie a au contraire été admise, *infrà*, n° 9); ... ou même du fait de celui qui, bien qu'étant dans l'impossibilité absolue de faire face à ses engagements, a déterminé le vendeur d'un fonds de commerce à lui en faire la cession, en employant, pour se créer vis-à-vis de celui-ci une apparence de solvabilité, des mensonges confirmés par des tiers parmi lesquels s'en trouvait un indiqué par lui comme référence (Cr. c. 15 déc. 1900, D. P. 1901. 1. 485).

7. Mais les allégations mensongères deviennent des manœuvres, au sens de l'art. 405 c. pén., lorsqu'elles sont accompagnées d'un acte extérieur quelconque, destiné à les appuyer et à leur donner force et crédit. Tout acte de nature à fortifier le mensonge peut lui donner le caractère de manœuvre (Cr. r. 11 mai 1897, D. P. 98. 1. 255).

8. Ce fait extérieur peut consister dans l'intervention d'un tiers. Notamment, il y a escroquerie à l'aide de manœuvres frauduleuses, dans le fait par un fournisseur de s'être fait payer le prix de fournitures imaginaires, portées dans son compte en sus des fournitures réelles, si, pour tromper le patron de l'établissement qui a reçu les fournitures, il a eu recours à l'intervention frauduleuse du contremaître, qui lui délivrait des bons accusant mensongèrement la réception de fournitures en quantités égales à celles réclamées dans ledit compte. Il en serait ainsi alors même que ce tiers serait de bonne foi, si, par son attitude et ses paroles, il contribue à donner crédit auxdites allégations. — La manœuvre frauduleuse résultant de l'intervention d'un tiers est constitutive du délit d'escroquerie, encore que ce tiers fût imaginaire (Cr. r. 9 nov. 1901, D. P. 1902. 1. 285).

9. Le fait extérieur peut, en second lieu, résulter de la production de fausses pièces ou de faux documents, par exemple de la production, de la part d'un emprunteur, de faux télégrammes et de faux actes qui ont induit le prêteur à croire à un crédit imaginaire à espérer un événement chimérique. Il peut consister encore dans la remise, pour déterminer un prêt, d'un titre, en lui-même sans valeur ou frappé d'opposition (Cr. r. 11 févr. 1904, D. P. 1904. 1. 249); ... ou dans le fait de remettre à un tiers, en garantie d'une avance de fonds, des titres dont on se dit faussement propriétaire (V. au contraire, pour le cas où il y a simplement fausse déclaration de la qualité de propriétaire, *suprà*, nº 4) et un acte de transfert de ces titres (Cr. r. 20 nov. 1903, D. P. 1904. 1. 415); ... ou encore dans le fait de produire des contrats de publicité fictifs, pour obtenir la remise de sommes d'argent représentant les commissions auxquelles ces contrats paraissaient donner droit (Cr. r. 21 nov. 1902, D. P. 1904. 1. 383).

10. Les pièces ainsi produites peuvent même être des pièces régulières. Par exemple, l'individu qui prétend mensongèrement qu'un de ses colis a été égaré par une compagnie de chemin de fer, fait prendre à ce mensonge le caractère de manœuvre lorsque, pour donner force et crédit à ses allégations, et pour déterminer ainsi la compagnie à lui remettre l'indemnité qu'il réclame, il appuie ces allégations de factures émanant de l'expéditeur du colis et à l'aide desquelles il réussit, en trompant successivement et par deux versions différentes deux agents de la compagnie, à persuader celle-ci de la perte de ce colis et à lui faire croire ainsi à l'existence d'une responsabilité chimérique (Cr. r. 17 mai 1898, D. P. 98. 1. 575).

11. Les règles ci-dessus trouvent leur application en matière de sociétés. Ainsi, des discours mensongers, adressés par le président du conseil d'administration d'une société aux actionnaires réunis en assemblée générale, ne constituent pas une manœuvre frauduleuse dans le sens de l'art. 405 c. pén. lorsqu'ils ne sont pas accompagnés d'actes extérieurs destinés à leur donner crédit. Au contraire, il y a lieu de considérer comme manœuvres frauduleuses constitutives du délit d'escroquerie, outre la publicité intéressée prêtée par un journal à une société financière, lorsque ce journal publie, de connivence avec les administrateurs de cette société, des articles mensongers ou exagérés à dessein, sans que rien révèle au public les attaches avec la société. — De même, on doit considérer comme des manœuvres frauduleuses le dépôt, en l'étude d'un notaire, de l'acte constitutif d'une prétendue société anonyme, la déclaration, également par-devant notaire, de la souscription intégrale du capital social et du versement du quart réglementaire, la tenue d'assemblées générales qui, trompées par de faux rapports, votent l'approbation d'apports en nature inexistants pour la plupart, la formation de syndicats chargés du placement des actions restant à souscrire, tous

ces actes étant de nature à persuader faussement l'existence légale de la société (Comp. *infrà*, nº 14).

12. Dans un cas, il est fait exception aux règles qui viennent d'être exposées relativement à la distinction entre les simples allégations mensongères et les manœuvres caractérisées. C'est lorsque, en matière d'assurances maritimes (V. *suprà*, *Assurances maritimes*, nº 55), l'assuré savait, avant la signature du contrat, la perte du navire, ou lorsque l'assureur savait, avant la signature du contrat, l'arrivée du navire (Com. 368). Dans ce cas, les simples allégations mensongères de l'assuré ou de l'assureur constituent une escroquerie ou une tentative d'escroquerie.

13. 2º *Caractère des manœuvres.* — Il ne suffit pas, pour que le délit d'escroquerie soit constitué, que des manœuvres aient été employées, il est nécessaire que ces manœuvres aient eu un but déterminé; il faut, aux termes de l'art. 405 c. pén., qu'elles aient eu pour but de persuader l'existence de fausses entreprises, d'un pouvoir ou d'un crédit imaginaire, ou de faire naître l'espérance ou la crainte d'un succès, d'un accident ou de tout autre événement chimérique.

14. A. *Persuader l'existence de fausses entreprises.* — Les fausses entreprises ne sont pas seulement celles qui sont de tous points chimériques, mais encore celles qui, ayant un fonds réel, présentent dans certaines des parties qui les composent des circonstances entièrement fausses (Cr. r. 23 mai 1898, D. P. 99. 1. 486). C'est particulièrement dans ces conditions que l'on peut relever les *escroqueries à la société*. Ainsi, on doit voir des manœuvres frauduleuses ayant pour but de persuader l'existence de fausses entreprises dans le fait, par les fondateurs d'une société, d'affirmer faussement dans une déclaration faite devant notaire, puis soumise à l'assemblée générale des actionnaires, que la totalité du fonds social a été souscrite par des souscripteurs dénommés dans une liste annexée à la déclaration, et que le versement du quart du montant des actions a été réellement effectué, ou dans le fait par les administrateurs de proposer à l'assemblée générale des actionnaires l'augmentation du capital social, alors que les titres de la première émission ne sont pas encore complètement libérés du quart, et de faire mettre en distribution un dividende anticipé, pour abuser l'assemblée générale sur la situation financière de la société.

15. B. *Persuader l'existence d'un pouvoir ou d'un crédit imaginaire.* — C'est le cas où l'agent fait croire qu'il possède des titres, des relations, une situation, une fortune qu'il ne possède pas en réalité. Il en est ainsi, par exemple, lorsqu'un individu, en arguant d'une influence dont il ne dispose pas, se fait remettre de l'argent par une personne à laquelle il promet de lui faire obtenir la croix de la Légion d'honneur. Mais, dans cette hypothèse, si le prévenu réussit à établir que l'influence dont il s'est targué n'était point imaginaire et qu'il l'a réellement mise en action, il ne peut y avoir condamnation pour escroquerie. Les sommes reçues ou promises sont bien, dans ce cas, le prix d'un courtage honteux et immoral; mais on ne peut dire qu'elles soient escroquées à celui qui les a payées. De telles manœuvres tombent aujourd'hui sous le coup de la loi du 4 juill. 1889 (D. P. 90. 4. 56), qui modifie l'art. 177 c. pén. (V. *infrà*, *Forfaiture*.) — De même, persuade l'existence d'un crédit imaginaire le commerçant qui paye ses créanciers avec des billets qu'il sait n'être que des valeurs fictives mensongèrement causées « valeur reçue en marchandises », et qui, par ce moyen, réussit

à retarder les poursuites dont il est menacé, et à se faire consentir de nouvelles livraisons de marchandises dont il ne peut payer le prix. Il en est également ainsi de l'individu qui se fait remettre par des tiers des sommes d'argent en mettant en circulation des traites fictives, tirées sur un commerçant, acceptées en apparence par lui, mais en réalité par son fils qui y apposait sa signature, ainsi qu'un timbre humide et la mention de la raison commerciale de son père, de manière à faire croire que l'accepteur était celui-ci (Cr. r. 23 déc. 1897, D. P. 99. 1. 92).

16. C. *Faire naître l'espérance ou la crainte d'un succès, d'un accident ou de tout autre événement chimérique.* — Ces manœuvres peuvent concourir avec celles qui tendent à persuader l'existence d'un pouvoir ou d'un crédit imaginaire; elles doivent cependant en être distinguées, car on peut faire naître des espérances ou des craintes autrement qu'en s'attribuant un pouvoir ou un crédit imaginaire. Il en est ainsi dans de nombreuses hypothèses.

17. La *tricherie au jeu* est considérée comme une manœuvre ayant pour but de faire naître l'espérance d'un succès. Ainsi, peut être qualifiée d'escroquerie la tromperie au jeu qui, notamment par l'addition frauduleuse de cartes disposées d'avance, a procuré à son auteur une série de coups gagnants au préjudice des autres joueurs. De même, les caractères de la fraude punie par l'art. 405 c. pén. sont inhérents au jeu dit *de bonneteau*, consistant, de la part des joueurs, à engager un pari sur la place occupée par les cartes que le banquier leur a montrées et ensuite déposées devant lui, alors que ce dernier, par un coup de main, intervertit l'ordre dans lequel il a présenté les cartes, si bien que l'égalité des risques se trouve ainsi rompue, et que les adversaires sont fatalement trompés dans leurs calculs.

18. Les manœuvres se rattachant à l'art de guérir peuvent rentrer dans la catégorie de celles indiquées *suprà*, nº 16. Telles sont, par exemple, les manœuvres par lesquelles un individu abuse de la crédulité d'un paysan pour le persuader qu'il a le pouvoir de le garantir contre les pertes de bétail attribuables à un sort, et pour se faire payer l'effet de le soustraire à l'influence de la personne qui lui aurait jeté ce sort. Il en est de même des manœuvres employées par un ecclésiastique qui, pour se faire remettre une somme d'argent par des parents envers lesquels il s'est engagé à guérir leur enfant infirme, abuse de son influence sacerdotale vis-à-vis de ceux-ci, paysans crédules et malheureux; encourage leur croyance au sortilège, leur impressionne en mettant en jeu simultanément les secrets de la science et les mystères de la religion; se livre, la nuit, devant la famille assemblée, à une visite corporelle de l'enfant; inscrit ses prénoms sur un papier destiné à un personnage occulte, d'un emploi mystérieux, simule un premier achat de remèdes chez des religieux, et fait les préparatifs d'un autre voyage pour se procurer d'autres remèdes d'une efficacité prétendue merveilleuse (Cr. r. 19 janv. 1901, D. P. 1901. 1. 342).

19. L'emploi du *magnétisme* comme agent thérapeutique ne constitue pas par lui seul une escroquerie; mais ce délit existe lorsque le traitement par des procédés magnétiques, employés de mauvaise foi et avec pleine connaissance de leur inefficacité, est accompagné de manœuvres frauduleuses destinées à faire croire à des cures imaginaires et à obtenir des malades la remise d'argent ou de billets. De même, la divination, qui est l'art prétendu de connaître et de prédire l'avenir, ne constitue en elle-même qu'une contravention de police prévue par l'art. 479, § 7, c. pén. (V. *suprà*, *Contravention*, nº 92).

Mais si des manœuvres frauduleuses ont été employées pour faire croire à la réalité d'un pouvoir imaginaire, ou pour faire naître l'espérance ou la crainte d'un événement chimérique, le devin pourra tomber sous l'application de l'art. 405. Ainsi, il y a manœuvres d'escroquerie de la part de l'individu qui se fait remettre des sommes d'argent, en échange d'une poudre cabalistique, par des personnes crédules ou illettrées, auxquelles il réussit à faire croire qu'elles obtiendront, par l'emploi de cette poudre, la réalisation de leurs désirs.

20. Il ne suffit pas que les manœuvres présentent les caractères énumérés *suprà*, n° 13; elles ne sont constitutives d'escroquerie que si elles sont frauduleuses. Les manœuvres seraient exemptes de fraude si l'agent avait cru au succès qu'il a fait espérer ou à l'accident qu'il a fait craindre, aux espérances qu'il a données. D'autre part, si le plaignant a connu la fausseté des entreprises, promesses ou espérances, il ne peut pas se plaindre d'avoir été trompé, et il n'y a pas escroquerie. Mais il n'est pas nécessaire, d'après le dernier état de la jurisprudence, que les manœuvres soient de nature à exercer une influence déterminante sur l'esprit d'une personne prudente et sensée. La culpabilité de l'agent n'en existe pas moins s'il a trompé des personnes d'un esprit borné (V. notamment *suprà*, n° 18).

§ 2. — *Remise de valeurs* (R. 841; S. 170 et s.).

21. Un second élément nécessaire à l'existence du délit d'escroquerie, c'est que l'agent qui a employé l'un des moyens frauduleux indiqués *suprà*, n°s 2 et s., se soit fait remettre ou délivrer, ou ait tenté de se faire remettre ou délivrer des fonds, des meubles ou des obligations, dispositions, promesses, quittances ou décharges, ou, d'une façon générale, toute chose, corporelle ou incorporelle, dont la remise ou la délivrance peut préjudicier à la fortune d'autrui. On discute la question de savoir si cette chose doit avoir une valeur pécuniaire ou elle peut n'avoir aucune valeur réelle, comme par exemple une lettre missive.

22. L'art. 405 c. pén. se termine par ces mots : « ... et qui aura, par un de ces moyens, escroqué ou tenté d'escroquer tout ou partie de la fortune d'autrui. » Malgré ces expressions, on reconnaît qu'il n'est pas nécessaire qu'il y ait eu *détournement* des valeurs. On doit entendre simplement par ces expressions l'intention de s'approprier les valeurs remises, c'est-à-dire la volonté frauduleuse qui doit toujours se rencontrer chez le coupable.

Art. 2. — **Tentative, Restitution** (R. 864; S. 175 et s.).

23. Par exception à la règle générale (Pén. 3), la tentative d'escroquerie est assimilée à l'escroquerie consommée. Elle est punissable dès que l'agent a employé les moyens frauduleux spécifiés par l'art. 405; il n'est pas nécessaire qu'il ait obtenu la remise des valeurs, pourvu que cette remise n'ait manqué que par des circonstances indépendantes de sa volonté (V. *infrà*, *Tentative*).

24. Le délit ne cesserait pas d'exister parce que l'auteur de l'escroquerie aurait restitué la chose qui lui avait été remise.

Art. 3. — **Peines** (R. 907; S. 184).

25. Le délit d'escroquerie est puni d'un emprisonnement d'un an au moins et de cinq ans au plus, et d'une amende de 50 à 3000 francs. Le coupable peut, en outre, après avoir subi sa peine, être interdit, pendant cinq ans au moins et dix ans au plus, des droits civiques, civils et de famille mentionnés en l'art. 42 c. pén.

ÉTABLISSEMENTS PUBLICS ET D'UTILITÉ PUBLIQUE

(R. v° *Etablissement public*; S. eod. v°).

§ 1er. — *Définition et caractères de ces établissements* (R. 1 et s.; S. 1 et s.).

1. Les établissements publics sont des personnes civiles ayant une existence distincte et des ressources propres, créées pour la gestion d'un service public. Ce service public peut être un service de l'État, du département ou de la commune. Un établissement public peut encore être institué pour l'exécution de travaux d'intérêt local. C'est le cas des associations syndicales. — Les établissements d'utilité publique sont, au contraire, des établissements privés fondés par des associations de particuliers, mais auxquels il a paru convenable de conférer le bénéfice de l'existence civile à cause de l'utilité qu'ils peuvent présenter.

2. Les deux catégories d'établissements présentent des caractères communs : 1° tous ont un caractère d'utilité générale ou publique; 2° tous ont la qualité de personnes civiles; 3° ils ne peuvent se former sans l'autorisation des pouvoirs publics; 4° leurs biens sont également soumis à la taxe des biens de mainmorte; 5° ils peuvent recevoir des dons et legs conformément aux art. 910 et 937 c. civ., dans les conditions réglées par la loi du 4 févr. 1901 (V. *suprà*, *Dispositions entre vifs et testamentaires*, n°s 61 et 62; *Donation entre vifs*, n° 53). Il y a lieu d'appliquer aux uns et aux autres l'art. 619 c. civ. quant à la durée de l'usufruit qui peut leur être légué, les art. 533 et 713 en matière de déshérence, le décret du 1er févr. 1896 (D. P. 96. 4. 105) sur les formalités à suivre pour l'instruction des libéralités.

3. Les caractères qui distinguent les établissements publics des établissements d'utilité publique sont les suivants. Les établissements publics étant des services publics érigés en personnes civiles, leur caractère dérive de la loi qui organise le service public et qui détermine les conditions dans lesquelles ils pourront être créés et les règles principales de leur fonctionnement. Leurs travaux ont le caractère de travaux publics. Leurs deniers sont des deniers publics, et la plupart sont assujettis aux règles de la comptabilité publique. — Ils sont soumis à une tutelle administrative étroite, l'État intervenant dans la gestion de leurs biens et de leurs finances pour assurer la marche du service qu'il leur a délégué. Ils peuvent recevoir des subventions de l'État, des départements et des communes. — La loi du 26 févr. 1862 (D. P. 62. 4. 26) autorise le Crédit foncier à leur consentir des prêts sans constitution d'hypothèque.

4. Les établissements publics peuvent ester en justice sans autorisation du conseil de préfecture. Toutefois, les conseils municipaux sont appelés à donner leur avis sur les actions judiciaires, autres que les actions possessoires, que les établissements visés à l'art. 70 de la loi du 5 avr. 1884 se proposent d'intenter ou de soutenir. — En cas de désaccord entre le conseil municipal et l'établissement, celui-ci ne peut ester qu'en vertu d'une autorisation du conseil de préfecture. Dans le même cas, après tout jugement intervenu, l'établissement ne peut se pourvoir devant un autre degré de juridiction qu'en vertu d'une nouvelle autorisation ou sur refus du conseil de préfecture. Si ce conseil ne statue pas dans les deux mois du jour du dépôt de la demande en autorisation, l'établissement est autorisé à plaider. Toute décision portant refus d'autorisation doit être motivée. L'établissement peut se pourvoir contre cette décision devant le Conseil d'Etat. Le pourvoi est introduit et jugé dans les formes et délais prescrits par l'art. 123 nouveau de la loi du 5 avr. 1884 (V. *suprà*, *Commune*, n°s 464 et s.; L. 8 janv. 1905, art. 3).

5. Les établissements d'utilité publique, ayant par essence un caractère privé, ne jouissent d'aucun des privilèges qui supposent nécessairement une certaine participation à la puissance publique. Leurs travaux ne sont pas des travaux publics; par suite, ils ne sont pas assujettis aux règles de la comptabilité publique. — La tutelle du Gouvernement ne s'exerce sur ces établissements que dans des limites restreintes. Elle a pour objet, non d'assurer leur fonctionnement, mais de garantir la société contre les abus qui pourraient résulter du développement excessif de ces établissements et de veiller à l'observation de leurs statuts. Par exception, certains établissements d'utilité publique, tels que les monts-de-piété, les caisses d'épargne, les caisses de retraites et les congrégations religieuses, sont soumis à un contrôle plus étroit de la part de l'Etat. Ils sont assimilés au droit commun quant aux prêts du Crédit foncier, de même que pour la perception des droits de timbre et d'enregistrement. Cependant, quelques exemptions sont accordées aux établissements de prévoyance.

§ 2. — *Classification des établissements publics et d'utilité publique.*

6. Les services publics qui ont donné lieu à la création du plus grand nombre de personnes civiles sont ceux du culte, de l'enseignement, de l'assistance et de la prévoyance.

7. Les établissements du service des cultes sont, pour le culte catholique : les fabriques, les séminaires, les chapitres, les menses épiscopales et curiales, les caisses de secours diocésaines et la caisse générale des retraites ecclésiastiques (V. *suprà*, *Culte*, n°s 121 et s.); pour les cultes protestants : les conseils presbytéraux et les consistoires, les facultés de théologie protestante et les synodes particuliers de l'église de la confession d'Augsbourg (V. *suprà*, eod. v°, n°s 240 et s.); pour le culte israélite : les consistoires départementaux (V. *suprà*, eod. v°, n°s 273 et s.).

8. Les établissements publics du service de l'enseignement sont : l'Institut de France et chacune des cinq académies dont il se compose; l'académie de médecine, les universités régionales (L. 10 juill. 1896); les facultés et les écoles supérieures de pharmacie, les lycées, l'Ecole normale supérieure, le Collège de France, le Muséum d'histoire naturelle, l'école des Chartes, l'école coloniale, l'école des Mines, le Conservatoire des arts et métiers, l'Institut national agronomique, les écoles d'Athènes et de Rome, l'Ecole centrale des arts et manufactures; dans la sphère des intérêts départementaux, les écoles normales primaires. Ni les collèges communaux, ni les écoles primaires ne sont des établissements publics. Il en est autrement des caisses des écoles, par la loi du 10 avr. 1867 (D. P. 67. 4. 50).

9. En ce qui touche les services d'assistance qui sont partagés entre l'Etat, les départements et les communes, les établissements publics sont : pour la commune, les bureaux de bienfaisance, les hôpitaux, les hospices, les bureaux d'assistance médicale; pour le département, certains asiles d'aliénés et les dépôts de mendicité; pour l'Etat, les établissements généraux de bienfaisance.

10. Les établissements publics du service de la prévoyance sont : la caisse d'épargne postale, la caisse nationale des retraites pour la vieillesse, les caisses nationales d'assurances en cas de mort et en cas d'accidents.

11. Certains établissements publics ont été créés dans l'intérêt des armées de terre et de mer : la Légion d'honneur, la caisse des→

offrandes nationales, l'établissement des invalides de la marine, etc.

12. Dans la sphère des intérêts commerciaux, industriels ou agricoles, on peut citer les chambres de commerce, les chambres consultatives d'agriculture, les associations syndicales autorisées et forcées, l'Office du travail, l'Office colonial.

13. Au nombre des établissements d'utilité publique figurent : 1° toutes les associations reconnues d'utilité publique conformément aux dispositions de la loi du 1er juill. 1901 (V. *supra, Associations et congrégations*, n°s 30 et s.); 2° certaines œuvres fondées par des particuliers dans un but de bienfaisance, de prévoyance, d'enseignement, d'hygiène, d'encouragement au bien; 3° certaines institutions telles que les caisses d'épargne privées, les comités d'habitations à bon marché, les monts-de-piété, les caisses de secours mutuels reconnues, les caisses de retraites syndicales ou patronales, les syndicats de garantie prévus par la loi du 9 avr. 1898, art. 27 (V. *supra, Accidents du travail*, n° 56). C'est une question controversée que de savoir s'il faut ranger dans les établissements d'utilité publique les autres personnes morales: congrégations religieuses, associations syndicales libres, sociétés de secours mutuels libres et approuvées, syndicats professionnels, associations déclarées.

§ 3. — *Création ou suppression des établissements publics ou d'utilité publique* (S. 6).

14. La création des établissements publics ou d'utilité publique, comme de toute personne morale, comporte toujours l'autorisation plus ou moins directe de l'autorité souveraine. Aucune personne morale n'existe en France en dehors de la permission du législateur.

15. Celui-ci n'intervient pas toujours de la même manière dans la création des personnes morales. Tantôt il se borne à créer la catégorie, laissant au Gouvernement le soin de créer par des décisions spéciales les individus rentrant dans cette catégorie : C'est ainsi que, des lois ayant prescrit que les fabriques, les hôpitaux, les hospices, les bureaux de bienfaisance, les chambres de commerce auraient la personnalité civile, c'est un décret en Conseil d'État qui crée chaque fabrique, chaque hôpital, etc. — Quelquefois le législateur s'est réservé le droit de créer même les individus. Il en est ainsi pour les congrégations religieuses, pour les établissements publics isolés qui ne rentrent pas dans une catégorie générale, tels que la Légion d'honneur, la caisse des musées. — Parfois il crée tout ensemble la catégorie et l'ensemble des individus. C'est ainsi qu'il a procédé par les lois du 28 mars 1882 (D. P. 82. 4. 64) et du 15 juill. 1893 (D. P. 94. 4. 23), en disposant que dans chaque commune il existerait une caisse des écoles et un bureau d'assistance médicale. — Enfin, à l'égard de certaines personnes morales, il a donné une sorte d'autorisation préalable en se bornant à indiquer les formalités à observer et les conditions à remplir pour qu'une association soit dotée de la personnalité civile. C'est le procédé appliqué aux associations syndicales libres, aux syndicats professionnels, aux sociétés de secours mutuels libres et aux associations déclarées.

16. Les établissements publics et d'utilité publique ne sont investis de la personnalité civile qu'en vue de la mission spéciale qui leur a été confiée par les lois et règlements, quand il s'agit des établissements publics, ou par les statuts, quand il s'agit des établissements d'utilité publique. Cette règle s'applique à tous les actes de la vie civile.

17. La reconnaissance d'utilité publique n'est accordée qu'après examen du but et des moyens d'action de l'association, de l'importance de ses ressources et des garanties qu'elle peut présenter. En principe, elle n'est pas accordée à des sociétés étrangères.

18. En général, le pouvoir qui a donné l'autorisation de créer un établissement d'utilité publique a seul le droit d'en provoquer le retrait. Par exception, la loi du 1er juill. 1901 (D. P. 1901. 4. 105), permet à un décret en Conseil des ministres de dissoudre les congrégations religieuses autorisées par les lois.

§ 4. — *Enregistrement et timbre.*

19. Les établissements publics qui, quoique dotés d'une personnalité civile, constituent à proprement parler des administrations de l'État, jouissent des mêmes exemptions que l'État lui-même (L. 22 frim. an 7, art. 70, § 2, n° 1, R. v° *Enregistrement*, t. 21, p. 26).

20. Les établissements publics proprement dits, qui ont une personnalité distincte et autonome, sont soumis aux mêmes droits de timbre et d'enregistrement que les particuliers, sauf les exceptions ci-après : 1° Les dispositions des art. 78 et 80 de la loi du 15 mai 1818 exposées *supra, Commune*, n°s 509 et s., sont applicables aux actes de ces établissements dressés dans la forme administrative. Ces actes sont, par suite, exempts du timbre et de l'enregistrement, à l'exception de ceux emportant transmission de propriété, d'usufruit et de jouissance, des adjudications ou marchés de toute nature, et des cautionnements relatifs à ces deux catégories de contrats (L. 15 mai 1818, art. 78 et 80). — 2° Les prêts réalisés sous forme d'obligations négociables sont dispensés de la formalité de l'enregistrement, le droit de timbre proportionnel de 1 pour cent auquel ces obligations sont soumises par l'art. 27 de la loi du 5 juin 1850 (D. P. 50. 4. 114) représentant le droit proportionnel applicable à l'emprunt; 3° Le droit proportionnel à percevoir sur les marchés est toujours celui de 1 pour cent, sans distinction entre le marché-louage et le marché-vente (L. 28 avr. 1816, art. 51, n° 3, R. v° *Enregistrement*, t. 21, p. 39).

21. Les dons et legs faits aux établissements publics sont, en principe, soumis au taux des transmissions entre étrangers. Toutefois, ce taux est réduit en faveur de certains établissements (V. *supra, Donation entre vifs*, n° 116).

22. Les receveurs des établissements publics, et dépositaires des registres et minutes d'actes concernant l'administration des biens des hospices, fabriques d'églises, chapitres et de tous autres établissements publics, sont tenus de communiquer, sans déplacement, à tout réquisition, aux préposés de l'Enregistrement, leurs registres et minutes d'actes, à l'effet, par lesdits préposés, de s'assurer de l'exécution des lois sur le timbre et l'enregistrement (Décr. 4 mess. an 12, art. 1er, R. v° *Enregistrement*, t. 21, p. 37).

23. Les établissements d'utilité publique ne jouissent pas, comme les établissements publics proprement dits, d'un régime spécial. Ils sont assujettis aux mêmes droits que les particuliers, sauf l'exception concernant les dons et legs, qui résulte de l'art. 19 de la loi du 25 févr. 1901 (D. P. 1901. 4. 33).

ÉTRANGER

(R. v° *Droits civils;* S. eod. v°).

1. La condition des étrangers doit être envisagée séparément en ce qui concerne : 1° la jouissance des droits privés (V. *infra*, n°s 2 et s.); ... 2° la jouissance des droits publics (V. *infra*, n°s 20 et s.); ... 3° la jouissance des droits politiques ou autres droits qui s'y rattachent (V. *infra*, n°s 38 et s.). On traitera séparément de la situation des

étrangers au point de vue de l'exercice des actions judiciaires (V. *infra*, n°s 42 et s.) et de l'exécution en France des jugements rendus et des actes passés à l'étranger (V. *infra*, n°s 82 et s.).

SECT. Ire. — Condition des étrangers relativement à l'exercice des droits privés.

2. Au point de vue de la jouissance des droits privés, l'étranger peut se trouver dans trois situations différentes : 1° celle du droit commun; 2° la situation exceptionnelle des nationaux d'un pays qui est lié avec la France par des traités accordant aux Français ces droits privés ou quelques-uns de ces droits; 3° celle, également exceptionnelle, des étrangers autorisés à établir leur domicile en France.

ART. 1er. — DROIT COMMUN DES ÉTRANGERS (R. 180 et s.; S. 131 et s.).

3. Certains droits sont expressément accordés aux étrangers par des textes spéciaux. Ainsi, ils sont capables : ... de transmettre leurs biens ou de succéder *ab intestat;* ... de disposer et de recevoir à titre gratuit, soit par donations entre vifs, soit par testament (L. 14 juill. 1819, R. v° *Succession*, p. 179); ... d'ester en justice dans les conditions prévues par les art. 14 et 15 c. civ.; ... d'acquérir des actions de la Banque de France et d'en disposer au même titre que les Français (Décr. 16 janv. 1808, art. 3, R. v° *Banque*, p. 98); ... d'obtenir une concession de mines (L. 21 avr. 1810, art. 13, R. v° *Mines*, p. 618). Ils jouissent : ... du droit à la propriété littéraire et à la propriété artistique (L. 5 févr. 1810, art. 40, R. v° *Propriété littéraire et artistique*, p. 445; Décr. 23 mars 1852, D. P. 52. 4. 93); ... du droit d'acquérir des brevets d'invention (L. 5 juill. 1844, art. 27 à 29, R. v° *Brevet d'invention*, p. 562); ils ont les mêmes droits que les Français en ce qui concerne la protection de leurs marques de fabrique ou de commerce pour les produits des établissements qu'ils possèdent en France (L. 23 juin 1857, art. 5, D. P. 57. 4. 97), et aussi pour les produits de leurs établissements situés à l'étranger si, dans leur pays, la législation ou des traités internationaux assurent aux Français les mêmes garanties (même loi, art. 6). Sous cette dernière condition, ils sont également admis à invoquer les dispositions des lois françaises touchant le nom commercial (L. 26 nov. 1873, art. 9, D. P. 74. 4. 21).

4. A d'autres points de vue, les étrangers se trouvent, également en vertu de dispositions expresses, placés dans une situation moins favorable que les Français. C'est ainsi qu'ils ne peuvent être admis au bénéfice de la cession de biens judiciaire (Pr. 905); ... qu'ils sont tenus, quand ils sont demandeurs en justice, de fournir la caution *judicatum solvi* (Pr. 166); ... que, dans le cas d'une succession comprenant à la fois des biens situés en France et des biens situés à l'étranger, le prélèvement autorisé au cas échéant par l'art. 2 de la loi du 14 juill. 1819 ne peut être exercé que par les cohéritiers français, à l'exclusion des étrangers; ... qu'ils ne sont pas admis au partage de l'affouage, dans les bois communaux, s'ils ne sont autorisés à établir leur domicile en France conformément à l'art. 13 c. civ. (For. 105, *in fine*, modifié par la loi du 19 avr. 1901, D. P. 1901. 4. 78).

5. En ce qui concerne la jouissance des droits privés qui ne sont l'objet d'aucun texte spécial, la question de savoir quelle est la condition des étrangers n'est pas résolue d'une façon générale par la loi : le Code civil ne contient au sujet que deux dispositions qui se réfèrent à des situations particulières, celles des art. 11 et 13 (V. *infra*, n°s 9 et s., 12 et s.). Aussi cette question a-t-elle été diversement résolue. Le système qui a prévalu en jurisprudence distingue entre les droits privés qui dérivent du *jus gentium*, c'est-à-dire qui sont généralement considérés comme ayant leur source dans le droit naturel et sont, à ce titre, consacrés par les législations de tous les peuples civilisés, et ceux qui font partie du *jus civile* proprement dit, c'est-à-dire les facultés ou les avantages résultant d'institutions qui, par leur caractère spécial, semblent appartenir plus particulièrement à la législation propre à tel ou tel pays.

6. Toutefois, ce système ne s'applique que sous certaines restrictions dérivant d'autres règles dont il importe de tenir compte, à savoir : 1° que l'étranger, en ce qui concerne son statut personnel, est soumis à sa loi nationale ; 2° que, soumis aux lois françaises de police et de sûreté (Civ. 3, § 1er), il peut également invoquer la protection de ces lois ; 3° qu'il est assujetti, en ce qui concerne ses biens tant mobiliers qu'immobiliers situés en France, aux lois françaises rentrant dans le statut réel ; 4° qu'enfin les lois françaises touchant la forme extrinsèque des actes sont applicables aux actes passés par l'étranger en France (V., sur ces diverses règles, *infrà*, *Lois personnelles ou réelles*).

7. Les droits que l'on considère comme faisant partie du *jus gentium*, et qui appartiennent à ce titre aux étrangers, sont notamment : ... 1° celui de contracter mariage en France, soit avec une Française, soit avec une étrangère ; ... 2° les droits de puissance paternelle sur la personne des enfants, y compris le droit de correction ; ... 3° le droit d'être propriétaire en France et de jouir des droits réels qui sont des démembrements de la propriété, tels que l'usufruit, l'usage, le droit d'emphytéose, celui de se prévaloir de tous les modes d'acquisition et de conservation de la propriété ou de ses démembrements consacrés par la loi française et qui relèvent du statut réel, et d'invoquer, par conséquent, les lois sur les actions possessoires, sur la prescription acquisitive, l'acquisition et l'extinction des servitudes réelles, l'acquisition de la propriété par l'invention ou l'accession, la transcription sur l'expropriation pour cause d'utilité publique ; ... 4° celui de conclure toute espèce de conventions, soit avec des Français, soit avec des étrangers ; de devenir créancier quelle que soit la cause de l'obligation : contrat, quasi-contrat, délit ou quasi-délit ; ... 5° celui de consentir ou stipuler une hypothèque conventionnelle en France, d'y acquérir une hypothèque judiciaire ; ... 6° celui de faire valoir les divers modes d'extinction des obligations admis par la loi (Civ. 1134), notamment la prescription libératoire ; ... 7° de poursuivre leurs débiteurs par tous les moyens qu'autorise la loi, notamment par voie de saisie ; de les faire déclarer en faillite ou en liquidation judiciaire ; de produire dans les ordres ou distributions par contribution ouverts en France, sur des étrangers ou des Français, et d'exercer les privilèges attachés par la loi française à la qualité de leur créance.

8. Au contraire, on regarde, en général du moins, comme constituant des droits purement civils, de la jouissance desquels les étrangers doivent être exclus : ... 1° le droit d'adopter ou d'être adopté en France ; ... 2° l'hypothèque légale accordée à la femme mariée sur les immeubles de son mari ; 3° celle qui est accordée au mineur ou à l'interdit sur les biens de son tuteur, sauf toutefois, suivant une opinion, dans le cas où le mineur étranger aurait été pourvu d'un tuteur en France à titre de mesure provisoire de police et de sûreté ; ... 4° le droit d'être tuteur, subrogé-tuteur ou membre du conseil de famille d'un mineur ou d'un interdit. Dans une opinion, toutefois, l'ex-

clusion ne s'appliquerait qu'aux étrangers non parents du mineur ou de l'interdit ; les parents, les ascendants, notamment, seraient admis à exercer la tutelle en France ; ... 5° le droit d'avoir en France un domicile au sens légal du mot, à moins d'y avoir été autorisé par le Gouvernement, auquel cas l'étranger est assimilé aux Français quant à la jouissance des droits civils (V. *infrà*, nos 12 et s.) ; ... 6° le droit d'exiger la caution *judicatum solvi* : cette caution ne peut être exigée de l'étranger demandeur par le défendeur qui est lui-même étranger.

Art. 2. — Étrangers admis à invoquer la réciprocité diplomatique (R. 47, 50, 180, etc.).

9. Aux termes de l'art. 11 c. civ., l'étranger est, à titre de réciprocité, admis à jouir, en France, des droits civils qui sont accordés aux Français dans le pays auquel il appartient, en vertu de traités conclus entre la France et ce pays. Pour que le bénéfice de cet article puisse être invoqué, il est nécessaire que la réciprocité soit *diplomatique*, c'est-à-dire stipulée par les traités ; il ne suffirait pas qu'en fait tels ou tels droits civils fussent accordés aux Français dans un pays pour que les nationaux fussent admis à exercer les mêmes droits en France.

10. Un petit nombre de traités accordent aux étrangers en France la jouissance de tous les droits civils. Telle est, notamment, la convention consulaire du 7 janv. 1862 (D. P. 62. 4. 32), passée entre la France et l'Espagne. D'autres traités accordent aux nationaux de certains pays, en matière de droits privés, le traitement de *la nation la plus favorisée* et, en conséquence, produisent, au profit de leurs ressortissants, les mêmes effets que la convention de 1862 (V. notamment : Traité du 8 janv. 1826, entre la France et le Brésil, R. v° *Traité international*, p. 523). Le traité de Francfort, du 10 mai 1871 (D. P. 71. 4. 25), ne stipule (art. 11) le traitement de la nation la plus favorisée qu'en matière commerciale, et il ne saurait être invoqué par les Allemands en France en ce qui concerne la jouissance des droits civils.

11. La plupart des conventions diplomatiques relatives à la jouissance des droits privés ne statuent que sur certains droits particuliers. Elles ont trait, notamment, à l'hypothèque légale de la femme mariée ; ... à la dispense de la caution *judicatum solvi* ; ... à l'organisation de la tutelle de certains mineurs étrangers ; ... à la propriété industrielle, littéraire ou artistique ; ... à l'exécution des jugements rendus par les tribunaux étrangers.

Art. 3. — Étrangers admis à domicile (R. 380 et s. ; S. 222 et s.).

12. L'étranger jouit des droits civils en France quand il a reçu l'autorisation d'y établir son domicile (Civ. 13, § 1er). Cette autorisation est nécessaire, et il n'y peut être suppléé par une résidence de fait en France, même sans esprit de retour et si prolongée qu'elle soit. Il importerait peu que l'étranger eût servi dans l'armée française ou qu'il se fût marié en France. — L'individu né en France d'un étranger qui n'y est pas domicilié lors de sa majorité, qui a négligé de réclamer dans l'année de sa majorité la qualité de Français, est resté étranger (V. *infrà*, *Nationalité*), et, en conséquence, ne peut, jouir des droits civils que comme un étranger ordinaire, c'est-à-dire en vertu d'un traité, ou d'une autorisation d'établir son domicile en France.

13. L'autorisation de domicile ne peut résulter que d'un décret. Ce décret est inséré au *Bulletin des lois*. Il est rendu sur une demande adressée au ministre de la Justice, à laquelle sont joints l'acte de nais-

sance du postulant, ainsi que celui de son père, et un extrait du casier judiciaire français (Décr. 13 août 1889, art. 1er). Le postulant doit, de plus, s'engager à acquitter le montant des droits de sceau, à moins qu'il n'en sollicite l'exonération.

14. L'autorisation accordée à l'étranger ne produit ses effets qu'autant que l'étranger réside effectivement en France. Toutefois, une absence momentanée ne lui fait pas perdre le bénéfice de l'autorisation obtenue.

15. L'autorisation accordée par le Gouvernement à l'étranger de fixer son domicile en France peut lui être retirée après avis du Conseil d'État (L. 3 déc. 1849, art. 3, D. P. 49. 4. 171). Le retrait de l'autorisation a pour effet de faire cesser *ipso facto*, pour l'étranger, le bénéfice de l'art. 13 ; il rentre dès lors dans la classe des étrangers ordinaires.

16. L'autorisation n'est accordée que comme préliminaire de la naturalisation, et son effet cesse à l'expiration de cinq années si l'étranger ne demande pas la naturalisation, ou si la demande formée par lui est rejetée (Civ. 13, § 2, modifié par la loi du 26 juin 1889). Ce délai de cinq ans court, non du jour de l'enregistrement au ministère de la Justice de la demande d'admission à domicile, mais du jour du décret d'autorisation.

17. L'étranger qui a obtenu l'autorisation d'établir son domicile en France est entièrement assimilé aux Français en ce qui concerne la jouissance des droits privés. Ainsi, il peut adopter ou être adopté ; exercer la jouissance légale sur les biens de ses enfants mineurs ; invoquer le bénéfice de l'hypothèque légale dans les cas prévus par l'art. 2121, § 2 et 3 ; citer devant les tribunaux français un autre étranger à raison des obligations contractées envers lui (V. *infrà*, n° 51). Il n'est pas tenu, lorsqu'il est actionné en justice par un Français, de fournir la caution *judicatum solvi*, et, à l'inverse, il peut exiger cette caution de l'étranger qui agit contre lui. Il peut participer à l'affouage et à la jouissance des autres droits sur les biens communaux (V. *supra*, n° 4).

18. L'étranger admis à domicile reste d'ailleurs, quant à son état et à sa capacité, sous l'empire de son statut personnel, qui lui est toujours applicable. — Il est soumis aux lois françaises dépendant du statut réel en ce qui concerne les biens situés en France ; spécialement, la succession, soit immobilière, soit même mobilière, de l'étranger admis à domicile est régie par la loi française : telle est du moins la solution qui a prévalu en jurisprudence (Comp. *infrà*, *Lois personnelles ou réelles*).

19. Lorsque l'étranger admis à domicile meurt avant d'avoir été naturalisé, l'autorisation et le stage qui a suivi profitent à la femme et aux enfants qui étaient mineurs au moment du décret d'autorisation (Civ. 13, § 3). — Mais, suivant l'opinion dominante, l'autorisation, au moment où elle intervient, a un caractère exclusivement personnel et, du vivant du chef de famille, ni sa femme ni ses enfants mineurs ne peuvent s'en prévaloir.

SECT. II. — Condition des étrangers relativement à la jouissance des droits publics (R. 368 et s. ; S. 290 et s.).

20. En principe, la jouissance des droits publics proprement dits appartient aux étrangers comme aux Français. Ainsi, les étrangers jouissent de la liberté individuelle ; d'ailleurs, les lois qui garantissent la liberté individuelle, étant des lois de police et de sûreté, doivent, à ce titre, s'appliquer aux étrangers comme aux Français (Civ. 3, § 1er).

21. La règle subit toutefois une importante restriction en ce que les étrangers peuvent être expulsés du territoire français par simple mesure administrative. Cette faculté est générale et absolue et s'étend à tous les étrangers quels qu'ils soient, notamment à l'individu né en France d'un étranger né à l'étranger, lequel doit, pendant tout le temps de sa minorité, être réputé étranger (Cr. r. 30 mars 1898, D. P. 99. 1. 231). Elle peut être exercée à l'égard de tout étranger voyageant ou résidant en France, et même à l'étranger autorisé, en vertu de l'art. 13 c. civ., à y avoir son domicile (L. 3 déc. 1849, art. 7, § 1ᵉʳ). Toutefois, l'arrêté d'expulsion est subordonné, dans ce dernier cas, à une révocation de l'autorisation, laquelle ne peut avoir lieu, comme en toute autre circonstance, qu'en vertu d'une décision du Gouvernement, prise sur l'avis du Conseil d'État. Et la décision doit intervenir dans les deux mois à partir de l'arrêté d'expulsion : si, dans ce délai, la révocation n'a pas eu lieu, l'arrêté d'expulsion est réputé non avenu (art. 7, précité, § 2).

22. L'expulsion doit être prononcée par un arrêté émané du ministre de l'Intérieur (L. 1849, art. 7, § 1ᵉʳ). Exceptionnellement, lorsqu'il s'agit d'étrangers qui sont entrés dans un département frontière sans y avoir fixé leur résidence, le préfet peut les expulser sans attendre la décision du ministre, auquel il est tenu seulement d'en référer. — L'arrêté ministériel qui ordonne l'expulsion d'un étranger est une mesure de police et d'ordre public, dont les motifs ne sont pas susceptibles d'être discutés devant le Conseil d'État statuant au contentieux (Cons. d'Et. 26 déc. 1902, D. P. 1904. 3. 55).

23. L'infraction à un arrêté d'expulsion régulièrement pris en vertu de la loi de 1849 est passible d'un emprisonnement d'un an à six mois (L. 3 déc. 1849, art. 8). La peine peut être réduite par l'admission des circonstances atténuantes (Pén. 463; L. 1849, art. 9). Après l'expiration de la peine, l'étranger est reconduit à la frontière (même loi, art. 8).

24. La liberté de circulation et de séjour est, en principe, assurée aux étrangers dans les mêmes conditions et sous les mêmes restrictions qu'aux Français. Toutefois, des textes de lois non abrogées, mais tombées en désuétude, imposent aux étrangers qui pénètrent en France l'obligation de se munir d'un passeport (L. 1ᵉʳ févr. 1792 et 28 vend. an 6, R. vᵒ Passeport, p. 32 et 34).

25. D'autre part, les étrangers non admis à domicile sont tenus de faire, dans la quinzaine qui suit leur arrivée en France, à la mairie de la commune où ils veulent fixer leur résidence (à Paris, à la préfecture de police; à Lyon, à la préfecture du Rhône), une déclaration qui doit comprendre les énonciations suivantes : 1º nom et prénoms du déclarant, ainsi que ceux de ses père et mère; 2º nationalité du déclarant; 3º lieu et date de sa naissance; 4º lieu de son dernier domicile; 5º sa profession ou ses moyens d'existence; 6º nom, âge et nationalité de sa femme et de ses enfants mineurs, lorsqu'il est accompagné par eux. Le déclarant doit produire toutes pièces justificatives à l'appui de sa déclaration; il peut lui être accordé un délai pour se les procurer. Un récépissé de sa déclaration lui est remis gratuitement (Décr. 2 oct. 1888, art 1ᵉʳ, D. P. 88. 4. 51). — Dans le délai de quinze jours imposé à l'étranger pour sa déclaration, on ne doit pas comprendre le séjour qu'il a fait en passant dans diverses localités, mais seulement son séjour dans la commune où il se propose d'établir sa résidence. — En cas de changement de domicile, une nouvelle déclaration doit être faite devant le maire de la commune où l'étranger fixe sa nouvelle résidence (même décret, art. 3). — Il est exigé une déclaration de chaque étranger, sans distinction de sexe ou

d'âge; toutefois, la déclaration n'est imposée qu'aux étrangers qui sont en état de manifester leur volonté au point de vue de la résidence qu'ils entendent choisir en France; ainsi, elle ne saurait être exigée de jeunes gens placés dans un pensionnat par leurs parents ou tuteurs. — Les infractions à ces prescriptions sont passibles des peines de simple police, sans préjudice du droit d'expulsion dont le Gouvernement peut faire usage (art. 5). — Cette réglementation ne s'applique, d'ailleurs, qu'aux étrangers qui se fixent définitivement en France, ou s'y établissent avec la pensée d'y faire un séjour prolongé; elle ne concerne pas ceux qui y sont momentanément de passage pour leurs affaires ou leurs plaisirs.

26. Les étrangers ont, en principe, comme les Français, le droit de se livrer à un travail quelconque, d'exercer un commerce ou une industrie. Ainsi, ils peuvent être admis dans les bourses de commerce (Décr. 27 prair. an 8, art. 1ᵉʳ). — La règle, toutefois, souffre certaines restrictions. Les étrangers ne peuvent exercer la profession de médecin, chirurgien - dentiste ou sage-femme en France qu'à la condition d'y avoir obtenu le diplôme de médecin, dentiste ou sage - femme (L. 30 nov. 1892, art. 5, D. P. 93. 4. 11). Les étrangers non munis de diplômes français ne peuvent non plus exercer la profession de pharmacien (L. 21 germ. an 11, art. 11, R. vᵒ Médecine, p. 563). Un étranger, même admis à domicile, ne peut être officier ou mécanicien à bord d'un navire français (Déc. 21 avr. 1882, art. 1 et 2); ... être propriétaire pour plus de moitié d'un navire de nationalité française (L. 9 juin 1845, art. 11, R. vᵒ Organisation maritime, p. 1694); ... faire le cabotage sur les côtes françaises, à moins de conventions diplomatiques contraires (Décr. 21 sept. 1793, R. eod. vᵒ, nᵒ 485), ou entre les rives françaises de la Méditerranée (L. 2 avr. 1889, D. P. 90. 4. 57); ... se livrer à la pêche sur un bateau étranger dans les eaux territoriales françaises (L. 1ᵉʳ mars 1888; Décr. 19 août 1888, D. P. 88. 4. 31 et 34). Certains cahiers des charges excluent les étrangers du droit de se présenter aux adjudications administratives de travaux ou de fournitures, ou ne les y admettent qu'à certaines conditions; d'autres limitent le nombre des ouvriers étrangers qui peuvent être employés par l'adjudicataire.

27. En tout ce qui concerne les faits de commerce, les étrangers jouissent de la même liberté et ont droit à la même protection que les nationaux. C'est ainsi, notamment, qu'ils peuvent invoquer les stipulations du cahier des charges d'une compagnie de chemin de fer, se plaindre devant les tribunaux français du préjudice résultant pour eux de l'inexécution de ces stipulations. — Toutefois, l'autorité administrative à qui est confiée l'homologation des tarifs peut exclure expressément ou implicitement les étrangers du bénéfice de certains tarifs (Req. 18 avril 1893, D. P. 94. 1. 132).

28. D'une façon générale, les lois françaises assurent aux étrangers vivant de leur travail en France la protection et les avantages dont jouissent les Français. Ainsi, la loi du 2 nov. 1892 (D. P. 93. 4. 25) sur le travail des enfants et des femmes dans les manufactures, est applicable aux étrangers. L'ouvrier étranger victime d'un accident du travail jouit, en principe, et sous certaines restrictions, de la même protection que l'ouvrier français (L. 9 avr. 1898, art. 3, D. P. 98. 4. 49).

29. Toutefois, les travailleurs étrangers se trouvent placés, à un certain point de vue, dans une situation particulière : une loi du 8 août 1893 (D. P. 93. 4. 110), conçue dans le même ordre d'idées que le décret

du 2 oct. 1888 (V. supra, nᵒ 25), a en effet organisé, à leur égard, un système particulier de surveillance et de police. Tout étranger, non admis à domicile, arrivant dans une commune pour y exercer une profession, un commerce ou une industrie, est tenu de faire à la mairie de son lieu de résidence, en justifiant de son identité dans les huit jours de son arrivée (art. 1ᵉʳ, § 1ᵉʳ). La loi prescrit à cet effet la tenue d'un registre d'immatriculation suivant la forme déterminée par un arrêté ministériel (art. 1ᵉʳ, § 2), et la délivrance d'un extrait de ce registre au déclarant dans la forme des actes de l'état civil moyennant les mêmes droits (art. 1ᵉʳ, § 3). Elle oblige l'étranger, en cas de changement de commune, à faire viser son certificat d'immatriculation dans les deux jours de son arrivée à la mairie de sa nouvelle résidence (art. 1ᵉʳ, § 4). Elle déclare passible de peines de simple police toute personne qui emploie sciemment un étranger non muni du certificat d'immatriculation (art. 2), et d'une amende de 50 à 200 francs l'étranger qui n'a pas fait la déclaration imposée par la loi dans le délai déterminé, ou qui refuse de produire son certificat à la première réquisition (art. 1ᵉʳ, § 1ᵉʳ); d'une amende de 100 à 300 francs et, s'il y a lieu, de l'interdiction temporaire ou indéfinie du territoire français, celui qui a fait sciemment une déclaration fausse ou inexacte (art. 3, § 3). Elle dispose que l'étranger qui, expulsé du territoire français, y serait rentré sans l'autorisation du Gouvernement, sera condamné à un emprisonnement d'un à six mois et sera, après l'expiration de sa peine, reconduit à la frontière (art. 3, § 3). Elle déclare l'art. 463 c. pén., sur l'admission des circonstances atténuantes, applicable au cas qu'elle prévoit (art. 3, § 4). Enfin, elle attribue le produit des amendes prononcées à la caisse municipale de la commune de la résidence de l'étranger qui en sera frappé (art. 4).

30. Toute profession, quelle qu'elle soit, assujettit l'étranger qui l'exerce aux prescriptions de la loi de 1893; il en est ainsi, par exemple, de la profession de domestique (Chambéry, 8 janv. 1894, D. P. 94. 2. 248). — La loi ne s'applique pas au cas où il s'agit d'un travail accidentel; mais elle doit être observée, alors même que l'emploi exercé en France par l'étranger serait temporaire ou discontinu, se réduisant par exemple à un jour de travail par semaine. — La loi s'applique aux étrangers venus en France pour des travaux agricoles, même limitée à une seule campagne; ... à l'étranger qui, ayant sa résidence hors du territoire français (à proximité de la frontière), exerce régulièrement sa profession en France; ... L'entrepreneur qui, habitant à l'étranger, a établi en France un chantier qu'il vient visiter de temps à autre. Mais l'étranger n'y est soumis que pour autant qu'il exerce effectivement en France une profession, un commerce ou une industrie, sans qu'il y ait à tenir compte de l'intention qu'il a pu manifester, même publiquement, à cet égard; aussi est-ce de ce jour seulement que court le délai de huit jours qui lui est imparti pour faire sa déclaration.

31. Les déclarations exigées par la loi de 1893 sont imposées indistinctement à tout étranger se trouvant dans la situation prévue, quels que soient son âge, son sexe ou sa parenté; ainsi, elles sont dues non seulement par le père de famille, mais encore par sa femme et par chacun de ses enfants majeurs ou mineurs, s'ils exercent, soit ensemble, soit séparément, une profession, un commerce ou une industrie. — Les prescriptions de la loi de 1893 ne s'appliquent, d'ailleurs, qu'aux étrangers qui arrivent dans une commune pour y exercer une profession, un commerce, etc. Ainsi, la déclaration de résidence n'est pas imposée à la femme qui, Française d'origine, et devenue étrangère par son mariage, n'a pas cessé de résider en France depuis qu'elle a perdu la nationalité française (Trib. corr. de la Seine, 15 avr. 1901, D. P. 1901. 2. 136). La déclaration peut être valablement faite, pour la femme mariée, par son mari; pour le mineur, par son père ou par son tuteur.

32. La déclaration faite par l'étranger dans une commune, lorsqu'il y est venu pour y exercer une profession, ne le dispense pas d'y faire une nouvelle déclaration lorsqu'il y revient après l'avoir quittée, à moins qu'il ne s'agisse d'une absence momentanée. — Suivant l'opinion qui a prévalu en jurisprudence, le délit de non-déclaration ou la contravention d'emploi d'un étranger non muni du certificat d'immatriculation n'existe pas quand l'étranger, ayant fait une déclaration initiale dans une première commune, a seulement omis de faire viser le certificat constatant cette déclaration dans une nouvelle commune où il a transféré l'exercice de sa profession.

33. Les étrangers peuvent, comme les Français, invoquer les lois qui garantissent en France la liberté de conscience et le libre exercice du culte; d'ailleurs, plusieurs traités diplomatiques reconnaissent ce droit aux nationaux des différents pays. Ils ont, dans les mêmes conditions que les Français, le droit de publier leur pensée par la voie de la presse, du livre ou de l'image. Ils peuvent être, en France, rédacteurs ou propriétaires de journaux (L. 29 juill. 1881, art. 6, D. P. 81. 4. 65), ... les colporter ou les distribuer (même loi, art. 18).

34. En ce qui concerne le droit de réunion, la condition des étrangers est identique à celle des Français (L. 30 juin 1881, D. P. 81. 4. 101). Ils jouissent, comme ceux-ci, du droit d'adresser des pétitions aux Chambres, relativement du moins aux droits privés dont ils ont la jouissance. — Ils sont protégés par l'art. 184 c. pén., qui garantit le domicile du citoyen contre les entreprises des particuliers et des fonctionnaires publics. — En ce qui concerne l'assistance publique, ils peuvent, à certaines conditions, recevoir des secours des bureaux de bienfaisance (V. *infrà, Secours publics*). Ils ont droit à l'assistance médicale gratuite, mais à la condition qu'il existe entre la France et leur nation d'origine un traité d'assistance réciproque (L. 15 juill. 1893, art. 1er, D. P. 94. 4. 22.). — Ils sont autorisés à faire des versements à la caisse des retraites pour la vieillesse aux mêmes conditions que les Français (L. 12 juin 1861, art. 3, D. P. 61. 4. 71; L. 20 juill. 1886, art. 14, D. P. 86. 4. 49). — La loi du 10 déc. 1850 (D. P. 51. 4. 9), sur le mariage des indigents (V. *infrà, Mariage*), leur est applicable. Ils ont droit à l'assistance judiciaire en cas de réciprocité diplomatique, et, sauf cette réserve, suivant une opinion, quand ils ont été admis à domicile.

35. Les étrangers peuvent obtenir un permis de chasse.

36. À la différence des Français, les étrangers ne peuvent diriger un établissement d'enseignement libre de quelque degré que ce soit, ou y enseigner, qu'à la condition d'avoir obtenu une autorisation de l'autorité compétente (V. *suprà, Enseignement*, n° 35, 112). En ce qui concerne l'enseignement public, V. *infrà*, n° 38. — Les étrangers sont admis à fréquenter les établissements français d'enseignement primaire ou secondaire; ils peuvent également suivre les cours des établissements d'enseignement supérieur et obtenir, à certaines conditions, les diplômes qu'ils décernent. Enfin, ils peuvent être admis, à certaines conditions, à suivre les cours des écoles spéciales, telles que l'École polytechnique, l'École nationale

des ponts et chaussées, l'École supérieure des mines, l'École nationale des beaux-arts, etc.

37. En principe, les étrangers peuvent, comme les Français, former des associations ou être membres d'associations constituées en France, conformément à la loi du 1er juill. 1901 (D. P. 1901. 4. 105). V. toutefois, en ce qui concerne les associations composées en majeure partie d'étrangers et celles ayant des administrateurs étrangers ou leur siège à l'étranger, *suprà, Associations et congrégations*, n°ˢ 44 et 53.

SECT. III. — **Condition des étrangers relativement à la jouissance des droits politiques ou des droits qui s'y rattachent** (R. 217 et s.; S. 137 et s., 144 et s.).

38. Les étrangers, même admis à domicile, ne jouissent pas des droits politiques. Ainsi, ils ne sont ni électeurs, ni éligibles aux assemblées législatives, aux conseils généraux, aux conseils d'arrondissement, aux conseils municipaux. De même, ils ne sont ni électeurs, ni éligibles aux fonctions de membre des tribunaux de commerce, des conseils des prud'hommes, des chambres de commerce, des chambres consultatives des arts et manufactures. — Ils ne peuvent remplir aucune fonction impliquant une délégation de la puissance publique, si ce n'est celle d'agent consulaire (Ord. 20 août 1833, art. 39-41, R. v° *Consuls*, p. 261; Comp. *suprà, Consul*, n° 40). Ils ne peuvent faire partie d'un jury criminel (L. 21 nov. 1872, art. 1er, D. P. 72. 4. 132); ni d'un jury d'expropriation (L. 3 mai 1841, art. 29, R. v° *Expropriation pour cause d'utilité publique*, p. 512). — Ils ne peuvent être professeurs dans un établissement d'enseignement public; ils peuvent seulement être chargés, à certaines conditions, d'un cours de langue étrangère dans un lycée ou collège. — Ils ne sont pas admissibles aux fonctions ecclésiastiques officielles, si ce n'est, à certaines conditions, à celles de desservant, vicaire ou aumônier (L. 18 germ. an 10, art. 22, R. v° *Culte*, p. 685). — Ils ne peuvent servir dans les troupes françaises, si ce n'est dans la légion étrangère (L. 15 juill. 1889, art. 3, D. P. 89. 4. 73).

39. Les étrangers ne peuvent être titulaires d'un office, tel que ceux de notaire (L. 25 vent. an 11, art. 35, § 1er, R. v° *Notaire*, p. 576), avoué, avocat à la Cour de cassation, greffier, huissier, commissaire-priseur (L. 27 vent. an 9, art. 9, R. v° *Commissaire-priseur*, p. 558), agent de change, courtier maritime (Décr. 1er oct. 1862, D. P. 62. 4. 122). L'étranger ne peut exercer en France la profession d'avocat.

40. Les étrangers sont privés des droits qui sont considérés comme une dépendance de la capacité politique. Ainsi ils ne peuvent ... être gérants de journaux (L. 29 juill. 1881, art. 6); ... signer la déclaration préalable exigée pour une réunion publique (L. 30 juin 1881, art. 2, n° 16); ... être chargés de l'administration ou de la direction d'un syndicat professionnel (L. 21 mars 1884, art. 4, § 5, D. P. 84. 4. 129); ... ou d'une société de secours mutuels (L. 1er avr. 1898, art. 3, D. P. 99. 4. 27); ... participer à la nomination des membres du conseil d'administration des sociétés de secours des ouvriers mineurs (L. 29 juin 1894, art. 11, D. P. 94. 4. 57).

41. Les étrangers peuvent figurer comme témoins dans les actes de l'état civil (Civ. 37), mais non dans les actes notariés, pour lesquels la qualité de Français est exigée (Civ. 980; L. 25 vent. an 11, art. 9, *in fine*, et 11, modifiés par la loi du 7 déc. 1897, D. P. 97. 4. 133). — Ils peuvent être entendus en justice comme témoins. — Ils sont aptes à remplir les fonctions d'arbitres volontaires; toutefois, ils ne peuvent être choisis pour remplir les fonctions d'arbitres organisées par la loi du 27 déc. 1892 (D. P.

98. 4. 33) en matière de différends collectifs entre patrons et ouvriers. — Ils peuvent être nommés liquidateurs judiciaires ou syndics d'une faillite ouverte en France. — Ils peuvent être désignés, à moins qu'il ne s'agisse d'une expertise médico-légale (L. 30 nov. 1892, art. 14, D. P. 93. 4. 8), comme experts par les tribunaux. — Ils peuvent être interprètes devant les cours d'assises.

SECT. IV. — **Actions en justice.**

ART. 1er. — DEMANDES FORMÉES PAR DES FRANÇAIS CONTRE DES ÉTRANGERS (R. 257 et s.; S. 158 et s.).

42. L'art. 14 c. civ. consacre, en ce qui concerne les actions que des Français peuvent avoir à intenter contre des étrangers, une importante dérogation à la règle générale suivant laquelle le tribunal compétent est celui du domicile du défendeur : *Actor sequitur forum rei* (V. *suprà, Compétence civile des tribunaux d'arrondissement*, n° 11), en disposant que l'étranger peut, quelle que soit sa résidence, être cité devant les tribunaux français à raison des obligations par lui contractées envers un Français.

43. Des termes mêmes de l'art. 14, il résulte que la règle qu'il édicte ne s'applique pas aux actions *réelles* : ainsi, le Français qui revendiquerait contre un étranger la propriété d'un immeuble situé en pays étranger serait obligé de porter son action devant les tribunaux de ce pays. La disposition de l'art. 14 n'a trait qu'aux actions *personnelles*, c'est-à-dire à celles qui dérivent d'obligations contractées par des étrangers envers des Français, sans qu'il y ait d'ailleurs à distinguer entre celles qui ont pour source un contrat et celles qui ont leur source dans un quasi-contrat, un délit ou un quasi-délit.

44. L'art. 14 déroge non seulement à la règle générale *actor sequitur forum rei*, mais encore aux dispositions spéciales des art. 59 et 420 c. pr. civ., qui attribuent compétence au tribunal de l'ouverture de la succession, du siège de la société, du domicile du failli, du lieu où la promesse a été faite et la marchandise livrée, du lieu où doit être effectué le payement. C'est ainsi, par exemple, que les tribunaux français sont compétents pour connaître d'une demande formée par des créanciers français contre une société étrangère en faillite dans son propre pays, à raison des obligations qu'elle a contractées envers eux; ... d'une demande en délivrance de legs intentée contre les héritiers étrangers d'une personne dont la succession s'est ouverte à l'étranger.

45. L'art. 14 s'applique non seulement à l'étranger qui ne réside pas en France, mais aussi, et à plus forte raison, à l'étranger qui a sa résidence sur le territoire français. Quant à l'étranger domicilié en France en vertu d'une autorisation du Gouvernement, il est justiciable des tribunaux français, non en vertu de l'art. 14, mais par application du principe du droit commun *actor sequitur forum rei*. Il importe peu, d'ailleurs, que l'obligation à raison de laquelle l'étranger est actionné ait été contractée en France ou hors France : l'art. 14 le déclare, dans l'un ou l'autre cas, justiciable des tribunaux français quant à l'exécution de ses engagements. — Les héritiers de l'étranger débiteur d'un Français peuvent, comme cet étranger le pouvait lui-même, être traduits devant les juges français.

46. Les sociétés étrangères qui n'ont pas d'existence légale en France, notamment les sociétés anonymes étrangères non autorisées (V. *infrà, Société*), bien qu'elles ne soient pas recevables à agir en justice, peuvent cependant être poursuivies en France comme sociétés de fait, à raison des obligations par elles contractées (Paris, 12 juin

1902, D. P. 1904. 2. 156). — Mais la compétence des tribunaux français ne s'étendrait pas au cas où il s'agirait d'une demande en dissolution d'une société étrangère, bien que cette solution ait été contestée, ... ou d'une action ayant pour objet l'interprétation ou l'exécution d'un concordat intervenu conformément à la loi étrangère et homologué par l'autorité judiciaire étrangère (Paris, 9 mars 1887, D. P. 88. 2. 49).

47. Un souverain étranger peut être traduit, en vertu de l'art. 14, devant les tribunaux français à raison des obligations qu'il a contractées en son nom particulier et comme personne privée. — Il en est autrement, suivant l'opinion généralement admise, à l'égard des engagements pris par un gouvernement étranger, ou par un prince étranger agissant comme chef d'État, tels que ceux résultant de l'émission d'un emprunt, ou d'une commande de fournitures ; les tribunaux français sont incompétents pour en connaître, et le créancier français ne peut, pour sauvegarder ses droits, former en France une saisie-arrêt sur les sommes ou valeurs appartenant au souverain ou à l'État étranger, son débiteur. — L'immunité de juridiction dont jouissent les États ou souverains étrangers ne saurait être étendue aux villes, qui ne constituent pas des personnes morales souveraines ; elle a été refusée, notamment, à la ville de Genève (Paris, 19 juin 1894, D. P. 94. 2. 513).

48. En ce qui concerne les actions intentées contre les agents diplomatiques et consulaires étrangers, V. *supra, Agent diplomatique,* n° 12 ; *Consul,* n° 7 et s.

49. L'étranger peut être traduit devant les tribunaux français à raison des obligations qu'il a contractées envers un Français, alors même qu'il aurait ignoré la nationalité de celui-ci. Le Français peut user de la faculté que lui accorde l'art. 14, alors même qu'il a son domicile à l'étranger.

50. Celui qui se prévaut de l'art. 14 doit avoir la qualité de Français au moment où il introduit l'instance (Civ. c. 10 juill. 1894, D. P. 95. 1. 169). Mais, d'après l'opinion dominante, il n'est pas nécessaire qu'il ait eu cette qualité au jour où l'obligation a pris naissance.

51. L'art. 14 ne peut, en principe, être invoqué contre un étranger par un autre étranger, demandeur, qui n'a pas de domicile en France (V. *infra,* n° 62). Mais on admet généralement que la faculté accordée par cet article peut être invoquée, en vertu de l'art. 13, par l'étranger qui a obtenu du Gouvernement français l'autorisation d'établir son domicile en France ; il y a désaccord seulement sur le point de savoir si l'étranger domicilié en France ne peut revendiquer le bénéfice de l'art. 14, à raison d'obligations contractées depuis son admission à domicile.

52. L'étranger, originairement débiteur d'un Français, peut, sans aucun doute, être assigné devant les tribunaux français par un Français cessionnaire de son créancier primitif. Au contraire, l'art. 14 ne pourrait pas être invoqué par l'étranger cessionnaire de la créance d'un Français contre un étranger. — Dans l'hypothèse inverse, où un Français est cessionnaire de l'obligation primitivement contractée au profit d'un étranger, il y a lieu de distinguer suivant la nature et la forme de l'engagement. S'il s'agit d'effets transmissibles par endossement (lettres de change, billets à ordre), on s'accorde aujourd'hui pour admettre la compétence des tribunaux français, par cela seul que le porteur est Français, et encore que le bénéficiaire de l'effet fût étranger. La même solution s'applique aux titres au porteur. En ce qui concerne les obligations civiles, la jurisprudence et les auteurs sont divisés sur le point de savoir si les tribunaux français sont compétents lorsque l'action est intentée par un Français, cessionnaire de la créance née contre un étranger au profit d'un étranger.

53. Le Français qui exerce contre un étranger les actions de son débiteur étranger, sans être devenu créancier au lieu et place de ce dernier, par exemple en vertu de l'art. 1166 c. civ., ne peut invoquer l'art. 14. Mais on s'accorde pour appliquer l'art. 14 au cas où un Français a acquis par voie de succession ou donation la créance née au profit d'un étranger. — Quant aux héritiers étrangers d'un Français créancier d'un étranger, il faut distinguer : si l'action a été introduite par le Français avant son décès, les héritiers étrangers pourront suivre l'instance ; mais si le Français est décédé sans avoir formé sa demande, ils ne pourront invoquer le bénéfice de l'art. 14.

54. L'art. 14 ne dit pas devant quel tribunal l'étranger doit être cité. Si l'étranger a un domicile en France, c'est, en principe, devant le juge de ce domicile que l'action doit être portée. S'il n'a pas de domicile connu en France, il devra être actionné devant le tribunal de sa résidence (Paris, 22 mars 1899, D. P. 1901. 1. 182). — Au cas où l'étranger n'a ni domicile ni résidence en France, la compétence pourra, dans certains cas, être déterminée par la nature de l'action. S'il s'agit, par exemple, d'un marché commercial, l'action devra être portée devant le tribunal dans l'arrondissement duquel la promesse a été faite et la marchandise livrée, soit devant celui dans l'arrondissement duquel le payement devait être effectué (Bordeaux, 20 janv. 1891, D. P. 91. 2. 265). — Dans les autres cas, on décide (c'est du moins la solution qui a prévalu en jurisprudence) que le demandeur doit agir devant le tribunal de son propre domicile.

55. L'étranger actionné devant les tribunaux français a le droit de se prévaloir de toutes les exceptions que la loi française peut fournir à sa défense ; il peut notamment invoquer l'exception de litispendance, si un autre tribunal *français* déjà saisi de la contestation. Mais cette exception ne saurait être soulevée si le tribunal déjà saisi était un tribunal étranger.

56. La disposition de l'art. 14 n'est pas d'ordre public, et les Français peuvent renoncer à la faculté qui en résulte à leur profit. Cette renonciation peut être faite à l'avance ; elle peut être expresse ou tacite, mais elle doit être certaine et résulter de faits manifestant une intention formelle. — La renonciation au bénéfice de l'art. 14 résulterait, par exemple, de l'élection de domicile que le Français aurait faite dans un lieu étranger par une convention avec son débiteur étranger. Elle pourrait résulter aussi, suivant les circonstances, mais sans qu'on puisse poser la règle absolue à cet égard, du fait par le Français d'avoir cité un adversaire étranger devant un juge étranger. — Mais on ne saurait l'induire de mesures conservatoires que le Français aurait prises, ou d'actes d'exécution qu'il aurait exercés à l'étranger.

ART. 2. — DEMANDES FORMÉES PAR DES ÉTRANGERS CONTRE DES FRANÇAIS (R. 242 et s. ; S. 151 et s.).

57. Aux termes de l'art. 15 c. civ., « un Français peut être traduit devant un tribunal de France pour des obligations par lui contractées en pays étranger même avec un étranger. » Cette disposition permet d'actionner le Français devant la juridiction française, non seulement lorsqu'il est domicilié en France, mais aussi lorsqu'il a son domicile à l'étranger ; elle permet même aux étrangers, dans les pays hors chrétienté, de traduire les Français devant le tribunal consulaire français (V. *supra, Consul,*

n° 24). Elle s'applique à l'étranger naturalisé Français, à l'étranger admis à domicile en vertu de l'art. 13 c. civ., et cela même à l'égard des engagements antérieurs soit à la naturalisation, soit à l'admission à domicile. — Le Français actionné par un étranger conformément à l'art. 15 ne peut décliner la compétence du tribunal français, alors même qu'il aurait changé de nationalité depuis l'introduction de l'instance (Civ. c. 4 févr. 1891, D. P. 91. 1. 113). Il n'y a pas à se préoccuper, pour l'application de l'art. 15, de la question de savoir si la nation de l'étranger qui en réclame le bénéfice reconnaît le même avantage aux Français.

58. Les *personnes morales étrangères* jouissent du bénéfice de l'art. 15 ; ainsi, un Français peut être actionné devant la juridiction française à raison des engagements qu'il a contractés envers un gouvernement étranger. — Le Français est lui-même admis à se prévaloir de la règle édictée par cet article : il peut décliner la compétence du tribunal étranger devant lequel il est cité par un étranger même à raison d'obligations contractées à l'étranger, par exemple, au cas où il serait poursuivi comme souscripteur d'actions d'une société étrangère.

59. L'art. 15, bien qu'il ne parle que des obligations contractées en pays étranger, s'applique également, et à plus forte raison, au cas où le Français est actionné à raison d'obligations contractées en France. — Le mot *contractée* ne doit pas être pris à la lettre ; la juridiction française est valablement saisie quelle que soit la source de l'obligation.

60. C'est devant le tribunal du lieu de son domicile ou de sa résidence que le Français doit être traduit, conformément à l'art. 59 c. pr. civ., à moins que, à raison de la nature de l'action, il n'y ait lieu d'appliquer l'une des règles de compétence spéciales établies par l'art. 59 et 420 c. pr. civ. (Aix, 19 oct. 1900, D. P. 1900. 2. 504). Si le Français n'a ni domicile ni résidence en France, et si, d'ailleurs, la compétence du tribunal n'est pas déterminée par la nature de l'action, le demandeur peut saisir un tribunal quelconque à son choix. — Un Français peut être cité, en vertu de l'art. 15, devant un tribunal consulaire français dans les Échelles du Levant.

61. La disposition de l'art. 15 ne tient pas à l'ordre public, et dès lors les parties peuvent y déroger expressément ou tacitement. Mais cette renonciation ne se présume pas, elle doit être certaine ; elle peut résulter, par exemple, de la part du Français, du fait d'avoir chargé un mandataire étranger de le représenter dans un procès engagé devant une juridiction étrangère ; il est censé par là s'être soumis à cette juridiction pour ce qui concerne l'exécution du mandat, et notamment pour le payement des frais et honoraires dus au mandataire (Paris, 17 févr. 1888, D. P. 90. 2. 5).

ART. 3. — CONTESTATIONS ENTRE ÉTRANGERS (R. 301 et s. ; S. 180 et s.).

62. Lorsque l'une des parties a été admise à établir son domicile en France et se trouve, par suite, dans la même situation que si elle était française (Civ. 13), les tribunaux français sont compétents, soit en vertu de l'art. 14 si cette partie est demanderesse, soit en vertu de l'art. 15 si elle est défenderesse. En dehors de cette hypothèse, la question de savoir quel est le rôle appartenant aux tribunaux français en ce qui concerne les contestations entre étrangers a été diversement résolue. D'après le système qu'a consacré la jurisprudence, les tribunaux français ne sont pas tenus, en principe, de statuer sur les contestations dont il s'agit. Cette règle comporte d'ailleurs diverses restrictions (V. *infra,* n° 63 et s.).

63. L'étranger défendeur peut opposer à la demande l'exception d'extranéité. Mais l'incompétence des tribunaux français en pareil cas n'est que relative (*ratione personæ*); elle peut, en conséquence, être couverte par une renonciation expresse ou tacite et doit, à peine de déchéance, être opposée en première instance avant toute défense au fond et même avant toute autre exception. — Les tribunaux français ne sont, d'ailleurs, pas liés par le consentement des parties à accepter leur juridiction, et ils ont la faculté de se dessaisir en tout état de cause; ils peuvent, refuser de statuer sur la contestation, quoique l'exception d'incompétence n'ait pas été soulevée par le défendeur. — Cette règle, toutefois, ne s'applique pas au juge de paix; on décide généralement qu'à la différence des tribunaux ordinaires, le magistrat saisi d'une contestation entre étrangers ne peut jamais s'en dessaisir d'office.

64. Les parties peuvent, avant toute contestation, accepter d'avance la compétence des tribunaux français. Cette acceptation résulte le plus souvent de l'élection de domicile faite en France par les parties pour l'exécution du contrat qui donne lieu au litige. On considère aussi, dans une opinion, la stipulation que l'obligation sera payable en France, comme suffisante pour attribuer compétence aux tribunaux français. Plus généralement, l'acceptation anticipée de la juridiction française peut résulter de toutes circonstances dénotant l'intention des parties de se soumettre à cette juridiction. Au surplus, les tribunaux français demeurent libres, malgré l'acceptation dont il s'agit, de se déclarer incompétents.

65. D'après la tendance actuelle de la jurisprudence, la compétence des tribunaux français cesse d'être facultative lorsque l'étranger défendeur a une résidence en France, alors du moins qu'il ne justifie pas d'un domicile à l'étranger. En pareil cas, l'exception d'incompétence ne saurait être opposée (Paris, 23 mars 1899, D. P. 1900. 2. 21), et le tribunal ne pourrait se dessaisir d'office.

66. Les tribunaux français, lorsqu'ils ne sont pas compétents pour statuer au fond sur un débat entre étrangers, peuvent du moins ordonner des mesures conservatoires destinées à pourvoir aux intérêts urgents des parties, par exemple, accorder une provision *ad litem* à l'un des plaideurs, ordonner le dépôt des valeurs mobilières pendant d'une succession litigieuse, etc. Ils peuvent aussi, bien que la question ait été controversée, statuer sur la validité d'une saisie-arrêt formée en vertu d'un contrat passé à l'étranger, ou autoriser une saisie-arrêt au profit d'un étranger sur des deniers appartenant à un autre étranger. Toutefois, la saisie-arrêt n'est alors validée ou autorisée qu'à titre provisoire et à charge, par le saisissant, de justifier, dans un certain délai, des poursuites exercées devant la juridiction compétente à l'étranger.

67. Un étranger peut être cité par un étranger devant la juridiction française lorsque la demande est formée en même temps contre des Français, ou d'autres étrangers à l'égard desquels cette juridiction est compétente, parce qu'ils ont établi leur domicile en France. C'est du moins le sens où la jurisprudence paraît fixée. — Elle tend également à décider qu'il appartient aux tribunaux français de statuer sur les demandes incidentes ou en garantie qui se rattachent à une demande principale dont ils sont régulièrement saisis.

68. Conformément à la règle générale, les tribunaux français sont incompétents pour connaître des contestations entre étrangers relatives aux obligations civiles, soit que ces obligations aient été contractées en

pays étranger, soit, d'après l'opinion dominante, qu'elles aient été contractées en France. On admet toutefois que l'étranger ne peut décliner la compétence de la juridiction française, en ce qui concerne les contestations relatives à des contrats même non commerciaux passés en France avec d'autres étrangers, lorsqu'il ne peut justifier d'un domicile à l'étranger permettant au demandeur de s'adresser à une juridiction déterminée.

69. Les tribunaux français sont compétents pour connaître, entre étrangers, des actions réelles, pétitoires ou possessoires, ainsi que des actions mixtes, relatives à des immeubles situés en France. — Quant aux actions réelles mobilières, elles sont assimilées aux actions personnelles; on leur applique donc la règle générale, et les tribunaux français sont incompétents pour en connaître entre étrangers, alors même qu'il s'agirait de meubles se trouvant en France.

70. En ce qui concerne les contestations relatives à des questions d'état ou de capacité, on a soutenu que les tribunaux français étaient incompétents d'une manière absolue, *ratione materiæ*, pour en connaître; mais, dans l'opinion qui paraît prévaloir, on décide, conformément à la règle générale, que les tribunaux civils ne sont incompétents que *ratione personæ*; qu'ils sont donc tenus de se dessaisir si l'exception d'incompétence est soulevée; mais que, dans le cas contraire, ils ont la faculté ou de se dessaisir (Nancy, 23 mai 1900, D. P. 1900. 2. 497).

71. L'incompétence des tribunaux français, entendue dans le sens qui vient d'être indiqué, a été reconnue notamment en matière de mariage, de filiation, de tutelle, d'interdiction ou de dation de conseil judiciaire, de divorce (Paris, 6 avr. 1903, D. P. 1904. 2. 273) ou de séparation de corps, de séparation de biens. — Toutefois, le juge français n'est pas compétent, notamment pour connaître des contestations relatives à la tutelle de l'enfant mineur d'un étranger décédé en France, mais qui aurait conservé son domicile à l'étranger, on admet qu'il lui appartient, exceptionnellement, d'ordonner des mesures urgentes et purement provisoires dans l'intérêt des mineurs étrangers résidant en France, par exemple, de prescrire l'emploi des fonds échus en France à ces mineurs et dont la perte paraît imminente, ou même de leur nommer un tuteur provisoire, s'ils sont abandonnés et sans protection. De même, si les tribunaux français ne sont pas compétents pour connaître d'une demande tendant à donner un conseil judiciaire à un étranger ou à le faire interdire, il leur appartient de prendre, relativement à sa personne et à ses biens, les mesures conservatoires que son état mental rend nécessaires. De même encore, l'art. 115 c. civ., relatif à la déclaration d'absence, s'applique aux étrangers aussi bien qu'aux Français, la déclaration d'absence et les mesures qui en sont la suite ayant un caractère purement provisoire et ne touchant ni à l'état ni à la capacité du présumé absent (Civ. c. 27 déc. 1897, D. P. 1901. 1. 40). De même enfin, si les tribunaux français sont incompétents pour prononcer en France le divorce ou la séparation de corps entre étrangers, ils sont compétents pour ordonner, même entre époux étrangers, les mesures provisoires exigées par les circonstances dans la sûreté des personnes et la conservation de leurs biens, notamment pour autoriser la femme étrangère à quitter le domicile conjugal, condamner le mari à lui payer une pension alimentaire, valider une saisie-arrêt pratiquée pour obtenir le payement de cette pension, pourvoir à la garde des enfants. Ils peuvent aussi allouer à la femme étrangère demanderesse en divorce ou en séparation de corps, sinon une provision *ad litem* propre-

ment dite, du moins, si elle est privée de la jouissance de ses revenus, une somme suffisante pour faire face aux dépenses que nécessite l'introduction de sa demande (Paris, 26 mars 1889, D. P. 90. 2. 128). Ces mesures provisoires cessent, d'ailleurs, d'avoir effet, lorsqu'il a été statué sur le fond par le tribunal étranger compétent (Paris, 6 avr. 1903, D. P. 1904. 2. 273).

72. Les tribunaux français sont compétents pour connaître des contestations entre étrangers toutes les fois qu'elles ont trait à des obligations qui prennent leur source dans le droit naturel, ou qu'un intérêt public s'y trouve engagé. Ainsi, la jurisprudence admet que ces tribunaux sont compétemment saisis des actions ayant pour objet l'exécution des obligations alimentaires ou de celles résultant du mariage, par exemple de la demande formée par une femme étrangère contre son mari étranger pour obliger celui-ci à la recevoir dans son domicile et à subvenir à ses besoins, ou de l'action en payement d'une pension alimentaire intentée par un étranger contre ses père et mère, sujets étrangers (Req. 22 juill 1903, D. P. 1904. 1. 197). — Elle décide, de même, que les brevets d'invention constituant des lois d'ordre public, un étranger peut demander aux tribunaux français l'annulation d'un brevet pris en France par un étranger. On reconnaît aussi aux étrangers le droit de poursuivre devant ces mêmes tribunaux la réparation du dommage que leur a causé le crime ou le délit commis en France par un autre étranger (Grenoble, 26 oct. 1897, D. P. 98. 2. 456), soit en se portant partie civile devant la juridiction de répression saisie de l'action publique, soit en agissant séparément devant la juridiction civile. De même, lorsque le dommage a été causé en France par un quasi-délit, on reconnaît en général à l'étranger le droit d'en poursuivre la réparation devant les tribunaux français. — Enfin, la juridiction correctionnelle est compétente pour connaître de la poursuite exercée contre un étranger par un autre étranger (Cr. r. 17 mai 1900, D. P. 1900. 1. 401).

73. En ce qui concerne les obligations commerciales, la jurisprudence applique aux contestations entre étrangers les dispositions de l'art. 420 c. pr. civ. Ainsi, elle décide que les tribunaux français sont compétents, par application de l'art. 420, § 1er, pour connaître, entre étrangers, des contestations commerciales, lorsque l'étranger défendeur est domicilié de fait en France; ... que l'art. 420, § 2, qui, en matière commerciale, attribue compétence au tribunal du lieu où la promesse a été faite et la marchandise livrée, s'applique aux conventions commerciales passées entre étrangers même non spécialistes à établir leur domicile en France; ... que les tribunaux français sont encore compétents, en vertu de l'art. 420, § 3, quand les parties de nationalité étrangère sont convenues expressément ou tacitement que le payement aura lieu en France. — Mais lorsque les circonstances dans lesquelles s'élève la contestation s'opposent à ce que l'art. 420 puisse être invoqué, les tribunaux français doivent se déclarer incompétents dès que l'exception d'extranéité est opposée par le défendeur. Il en est ainsi, notamment, lorsqu'il s'agit de contestations relatives à des engagements contractés et exécutoires en pays étranger, par exemple à des lettres de change tirées d'Angleterre et payables dans ce pays par un Anglais, au profit d'un autre Anglais. Les tribunaux peuvent même, en pareil cas, se dessaisir d'office.

74. Les tribunaux français sont compétents pour statuer sur les litiges en matière d'avaries communes entre parties étrangères, dans le cas où il leur appartient d'en connaître aux termes de l'art. 414 c. com.

75. En matière commerciale comme en matière civile (V. *suprà*, nos 66 et s.), les tribunaux français sont compétents pour ordonner des mesures conservatoires ou d'exécution. Ainsi, les présidents des tribunaux de commerce, dans les cas où ils sont autorisés à permettre les saisies conservatoires, peuvent accorder cette permission à l'étranger qui veut faire saisir les effets mobiliers de son débiteur étranger trouvés en France ; ... et cela même dans les causes hors de la compétence des tribunaux français, sauf alors aux parties à faire statuer sur la validité de la saisie par les juges étrangers.

76. Le tribunal compétent pour connaître des contestations entre étrangers est celui de la résidence du défendeur ou, le cas échéant, celui qui est désigné par l'une des dispositions des art. 59 et 420 c. pr. civ. Si, aucune de ces dispositions n'étant d'ailleurs applicable, les deux parties n'ont ni l'une ni l'autre de résidence fixe en France, on admet la compétence du tribunal de la résidence momentanée du défendeur et, en matière de saisie-arrêt, celle du tribunal du domicile du tiers saisi.

ART. 4. — CONVENTIONS DIPLOMATIQUES DÉROGEANT AUX RÈGLES DE COMPÉTENCE RELATIVES AUX CONTESTATIONS QUI INTÉRESSENT LES ÉTRANGERS.

77. Les conventions diplomatiques peuvent apporter des dérogations aux règles de compétence exposées ci-dessus. Ces dérogations ne peuvent résulter, en faveur d'un étranger, que d'un traité passé avec la nation à laquelle il appartient ; des usages, si bien établis qu'ils soient, ne sauraient y suppléer.

78. Divers traités passés entre la France et des nations étrangères telles que la Russie, l'Espagne, diverses républiques de l'Amérique du Sud, accordent aux ressortissants de ces nations « un libre et facile accès » auprès des tribunaux français. Cette clause n'emporte pas dérogation à l'art. 14, en ce sens qu'elle ne s'oppose pas à ce que les étrangers appelés à en bénéficier puissent être cités par un Français devant les tribunaux français conformément à cet article. Mais il en résulte que les nationaux du pays en faveur duquel elle a été consentie ont le droit de faire juger par les tribunaux français les contestations qu'ils pourraient avoir entre eux.

79. La compétence des tribunaux français à l'égard des Suisses, et des tribunaux suisses à l'égard des Français, est réglée par un traité du 15 juin 1869 (D. P. 70. 4. 6), conclu entre la France et la Confédération helvétique ; celle des tribunaux français à l'égard des Belges, et des tribunaux belges à l'égard des Français, par une convention conclue le 8 juill. 1899 (D. P. 1900. 4. 50) entre la France et la Belgique.

80. En ce qui touche la jouissance des droits civils, et, par suite, en ce qui touche la compétence, plusieurs traités accordent aux nationaux de certains pays « le traitement de la nation la plus favorisée ». Ces traités produisent les mêmes effets que la convention franco-suisse du 15 juin 1869.

81. Enfin, diverses conventions diplomatiques contiennent des règles relatives à la compétence, en ce qui concerne notamment les contestations en matière de succession, de faillite, de propriété littéraire, de propriété industrielle, de transports internationaux.

SECT. V. — **De l'autorité et de l'exécution des jugements et des actes étrangers.**

ART. 1er. — JUGEMENTS ÉTRANGERS (R. 417 et s. ; S. 236 et s.).

82. Les jugements étrangers ne sont pas susceptibles d'être exécutés en France, tant qu'ils n'y sont pas déclarés exécutoires. —

Les tribunaux français auxquels on demande de rendre exécutoires les jugements rendus en pays étranger doivent examiner si ces jugements respectent les principes du droit des gens et du droit public, les règles d'ordre et de morale reconnues par la législation française ; ils doivent également vérifier si l'acte présenté comme jugement en a les caractères, et si les règles de compétence contenues dans les traités ou dans la législation du pays ont été observées. — Mais leur appartient-il d'examiner et de reviser *au fond* la décision des juges étrangers ? On l'admet sans difficulté à l'égard des jugements rendus contre des Français (Civ. r. 14 janv. 1901, D. P. 1901. 1. 252). En ce qui concerne les décisions rendues contre des étrangers, la question est diversement résolue (V. pour la négative : Douai, 17 mars 1900, D. P. 1901. 2. 140). — Il n'y a pas à distinguer, pour l'application des règles qui précèdent, entre les jugements rendus en matière civile et les jugements rendus en matière commerciale.

83. Les jugements émanés de tribunaux étrangers, tant qu'ils n'ont pas été déclarés exécutoires par la juridiction française, non seulement ne sont pas susceptibles d'être exécutés en France, mais encore ne peuvent y avoir les effets de la chose jugée ; telle est du moins la doctrine qui a prévalu. — On admet toutefois que non déclarés exécutoires en France font foi jusqu'à preuve contraire des faits qu'ils constatent, en dehors de toute condamnation. Cette règle reçoit, notamment, application en ce qui concerne les jugements qui ont trait à l'état ou à la capacité des étrangers (Rouen, 26 janv. 1898, D. P. 98. 2. 251). — En ce qui concerne les jugements déclaratifs de faillite rendus en pays étranger, V. *infrà*, *Faillite*, nos 334 et s.

84. Pour qu'un jugement étranger puisse être déclaré exécutoire en France, il n'est pas nécessaire, — telle est du moins la solution qui semble prévaloir en jurisprudence, — que ce jugement ne soit susceptible d'aucune voie de recours dans le pays où il a été rendu ; il suffit qu'il y soit exécutoire.

85. Les sentences arbitrales rendues à l'étranger deviennent exécutoires en France en vertu d'une ordonnance d'*exequatur* délivrée par un juge français, conformément à l'art. 1020 c. pr. civ. ; il n'est pas nécessaire qu'elles aient été revêtues de l'ordonnance d'*exequatur* du juge étranger. Elles ne sont point sujettes à revision au fond, du moins si elles ont été rendues contre des étrangers, soit même, du moins suivant l'opinion dominante, qu'elles aient été rendues contre des Français. Au reste, on s'accorde généralement pour restreindre cette solution aux sentences rendues par des arbitres choisis par les parties et ne tenant leur mission que de celles-ci ; on applique aux sentences arbitrales les mêmes règles qu'aux jugements rendus à l'étranger lorsque les arbitres ont procédé en vertu d'une délégation émanée d'un tribunal étranger, ou en qualité d'arbitres forcés auxquels la loi du pays reconnaît le caractère de juges.

86. Les conventions diplomatiques peuvent donner l'autorité de la chose jugée aux jugements étrangers en France, et y permettre leur exécution, sans revision ; mais il ne suffirait pas qu'une loi locale ou l'usage particulier d'un pays autorisât l'exécution sans revision des jugements français pour que les jugements de ce pays obtinssent la même faveur en France.

87. Les principales conventions relatives à cette matière sont celles qui existent : 1° avec la Suisse (Traité du 18 juill. 1828, interprété par la convention du 15 juin 1869, D. P. 70. 4. 6) ; 2° avec l'Italie (Traité du 24 mars 1860, entre la France et la Sardaigne, maintenu par la déclaration du 11 sept. 1860) ;

3° avec le grand-duché de Bade (Traité du 16 avr. 1846, D. P. 46. 3. 85, étendu à l'Alsace-Lorraine par la convention du 11 déc. 1871, D. P. 72. 4. 10) ; 4° avec la Belgique (Traité du 8 juill. 1899, art. 11 et s., D. P. 1900. 4. 50).

88. Même dans les cas où, en vertu de traités, les jugements rendus dans un pays étranger sont exécutoires en France sans revision, ils doivent néanmoins, avant d'être mis à exécution, être revêtus de la formule exécutoire des tribunaux français. — L'*exequatur* pourrait, d'ailleurs, être refusé si le jugement étranger renfermait des dispositions contraires au droit public français ou aux principes d'ordre public reçus en France, par exemple à la règle de l'égalité des partages en matière de succession.

89. La demande tendant à l'exécution d'un jugement rendu par un tribunal étranger, soit en matière civile, soit en matière commerciale, doit être portée devant un tribunal civil de première instance ; ce tribunal est celui du domicile ou de la résidence de la partie condamnée ou, si cette partie n'a ni domicile ni résidence en France, devant le tribunal de la situation des biens sur lesquels on veut poursuivre l'exécution. Il en est ainsi quelle que soit la juridiction étrangère qui a statué, et alors même que ce serait une cour souveraine (Alger, 12 janv. 1898, D. P. 98. 2. 399).

90. Les demandes tendant à rendre exécutoires en France les décisions judiciaires intervenues à l'étranger doivent, à peine de nullité, être introduites par la voie ordinaire de l'assignation, et non par simple requête, en cela quand bien même les juges français, d'après les termes formels des traités, n'auraient pas à se préoccuper de la revision du procès. Il en serait autrement, suivant la plupart des auteurs, s'il s'agissait d'une matière de nature à être jugée sur simple requête d'après la loi française, telle qu'une déclaration de faillite, tout au moins si le jugement étranger avait été rendu sur requête. — La décision qui déclare exécutoire un jugement étranger doit être rendue en audience publique. Elle constitue un véritable jugement, et est, dès lors, susceptible de tierce opposition si la partie contre laquelle elle est intervenue n'y a été ni appelée ni représentée.

ART. 2. — ACTES ÉTRANGERS (R. 462 et s. ; S. 273 et s.).

91. De même que les jugements, les actes reçus par des officiers publics étrangers n'ont point par eux-mêmes force exécutoire en France (Pr. 546). On en reconnaît toutefois l'autorité à tous autres égards, notamment au point de vue de la force probante.

92. Quant aux actes de juridiction volontaire ou gracieuse émanés de juges étrangers, ils ne sont pas, comme les actes de juridiction contentieuse, soumis à la formalité de l'*exequatur* pour avoir autorité en France (Orléans, 9 févr. 1900, D. P. 1902. 2. 415) ; mais l'exécution forcée n'en peut être poursuivie, s'ils n'ont été rendus exécutoires par les tribunaux français. Il en est ainsi, par exemple, de l'ordonnance du président d'un tribunal étranger qui prononce l'envoi en possession d'un légataire universel (Comp. Civ. 1008).

SECT. VI. — **Enregistrement et timbre.**

§ 1er. — *Enregistrement.*

93. 1° *Actes et jugements.* — Les actes passés à l'étranger, authentiques ou sous seings privés, ne sont soumis aux formalités du timbre et de l'enregistrement que le jour où il en est fait usage en France, soit en justice, soit ailleurs (L. 22 frim. an 7, art. 23, R. v° *Enregistrement*, t. 21, p. 26). Ils sont assujettis aux mêmes droits que s'ils avaient été passés en France. Les droits auxquels ils sont soumis, ne s'ouvrant qu'à ce moment, doivent être liquidés conformément au tarif en vigueur au moment où ils sont présentés à la formalité (Civ. c. 31 janv. 1876, D. P. 76. 1. 209).

94. Les actes portant mutation de propriété, d'usufruit ou de jouissance de biens immeubles ou de fonds de commerce situés en France doivent être enregistrés dans le délai de six mois s'ils ont été faits en Europe, d'une année si c'est en Amérique, et de deux années si c'est en Asie ou en Afrique (L. 22 frim. an 7, art. 22). Ces délais sont, dans tous les cas, réduits à trois mois à compter de la mise en possession de l'acquéreur ou du preneur (L. 27 vent. an 9, art. 4, R. vᵒ *Enregistrement*, t. 21, p. 36; 23 août 1871, art. 11 et 14, D. P. 71. 4. 54; 28 févr. 1872, art. 8, § 1ᵉʳ, D. P. 72. 4. 12).

95. Les dispositions fiscales se rapportant aux biens situés à l'étranger diffèrent suivant qu'il s'agit de meubles ou d'immeubles. La détermination de la nature mobilière ou immobilière des biens doit être faite d'après la loi du pays où ils sont situés (Civ. r. 5 avr. 1887, D. P. 88. 1. 65).

96. Les actes, passés en France ou à l'étranger, portant transmission entre vifs, à titre onéreux ou à titre gratuit, de biens meubles étrangers, corporels ou incorporels, donnent ouverture aux mêmes droits que si les biens étaient situés en France (L. 28 avr. 1816, art. 18; 13 mai 1850, art. 7, D. P. 50. 4. 87; 13 mai 1863, art. 11, D. P. 63. 4. 58; 23 août 1871, art. 3 et 4; Ch. réun. r. 17 déc. 1890, D. P. 91. 1. 126). Il en est de même des actes non translatifs (L. 13 frim. an 7, art. 23, 68 et 69; 28 avr. 1816, art. 58).

97. Les actes à titre onéreux ou gratuit, passés en France ou à l'étranger, et translatifs de propriété, d'usufruit ou de jouissance de biens immobiliers situés à l'étranger, sont soumis, lors de leur enregistrement en France, au droit proportionnel de 0 fr. 20 pour cent (L. 28 févr. 1872, art. 1ᵉʳ, nᵒ 2; 28 avr. 1893, art. 19, D. P. 93. 4. 79). — Ce droit est liquidé, pour les mutations à titre onéreux, sur le prix exprimé, en y ajoutant toutes les charges, en capital, et pour les mutations à titre gratuit, sur une valeur en capital déclarée par les parties conformément à l'art. 16 de la loi du 22 frim. an 7.

98. Les jugements étrangers doivent être présentés au visa pour timbre et à l'enregistrement avant la demande d'*exequatur*; ils sont soumis aux mêmes droits que s'ils avaient été rendus en France (Instr. admin. Enreg. nᵒ 1274). — En ce qui concerne le jugement autorisant l'exécution en France, si l'*exequatur* a été accordé purement et simplement, il ne donne ouverture qu'au droit fixe; dans le cas contraire, il donne lieu à la perception des droits ordinaires sur les dispositions modifiant le jugement étranger.

99. 2ᵒ *Mutations par décès.* — En principe, la loi fiscale n'atteint pas les biens qui ont une situation réelle ou fictive en dehors du territoire. L'application de ce principe n'a jamais fait difficulté à l'égard des immeubles ou des meubles corporels situés à l'étranger et dépendant d'une succession ouverte en France; mais des modifications importantes y ont été apportées en ce qui concerne les meubles incorporels: les fonds publics, actions et obligations des villes, établissements publics, compagnies ou sociétés d'industrie et de finance, créances, parts d'intérêts et, en général, toutes les valeurs mobilières étrangères, de quelque nature qu'elles soient, ont été assujetties aux droits de mutation par décès en France, lorsqu'elles dépendent d'une succession régie par la loi française ou de la succession d'un étranger domicilié en France, même sans autorisation du gouvernement (L. 18 mai 1850, art. 7, D. P. 50. 4. 88; 13 mai 1863, art. 11; 23 août 1871, art. 3 et 4; Req. 23 déc. 1895, D. P. 96. 1. 523).

100. Les immeubles situés en France et les biens mobiliers français, corporels ou incorporels, dépendant de la succession d'un étranger, sont soumis aux droits de mutation par décès, quel que soit le lieu de l'ouverture de la succession (Av. Cons. d'Et. 15 nov. 1806; Instr. admin. Enreg. nᵒ 1458, § 6). Mais l'impôt de mutation applicable à ces valeurs ne peut être perçu que conformément aux droits des parties et, par conséquent, suivant le degré de parenté et l'ordre de succession établis par la loi nationale du défunt (Civ. r. 13 juill. 1869, D. P. 70. 1. 130).

101. Pour les délais dans lesquels doivent être souscrites les déclarations de successions de personnes décédées hors de France, V. *suprà*, *Enregistrement*, nᵒˢ 68, 71.

102. 3ᵒ *Partages.* — Les partages de biens situés à l'étranger, lorsqu'ils sont soumis à l'enregistrement en France, sont assujettis au droit proportionnel de 0 fr. 15 pour cent (L. 28 févr. 1872, art. 1ᵉʳ, nᵒ 2; 28 avr. 1893, art. 19). Lorsque la masse partageable comprend des biens situés en France et d'autres situés à l'étranger, le droit proportionnel doit être perçu sur tous les biens, sans distinction entre ceux situés en France et ceux situés à l'étranger (Civ. r. 11 août 1884, D. P. 85. 1. 169).

§ 2. — Timbre.

103. Les actes passés à l'étranger doivent être soumis au timbre avant qu'il en soit fait usage en France, soit en justice, soit dans un acte public (L. 13 brum. an 7, art 13); mais, la loi fiscale ne prononçant pas de pénalité pour contravention à ces prescriptions, aucune amende ne peut être exigée en sus des droits de timbre dans le cas où un notaire ou tout autre officier ou fonctionnaire public aurait agi en conséquence d'un acte passé en pays étranger et non timbré (Civ. c. 8 août 1882, D. P. 82. 1. 425).

104. Pour les effets négociables ou non négociables venant de l'étranger et payables en France et les effets tirés de l'étranger sur l'étranger, V. *supra*, *Effets de commerce*, nᵒ 12.

ÉVASION — RECÉLÉ

(R. vᵒ *Évasion*, *Bris*, *Recélé*; S. *eod. vᵒ*).

ART. 1ᵉʳ. — ÉVASION.

§ 1ᵉʳ. — *Du délit d'évasion en général* (R. 7 et s.; S. 12 et s.).

1. L'évasion de la part des détenus constitue un délit réprimé par l'art. 245 c. pén. Par le mot *détenus*, cet article désigne non seulement tous ceux qui sont renfermés dans les prisons, soit sous l'accusation ou la prévention d'un crime ou d'un délit, soit par suite d'une condamnation, mais encore les individus en état d'arrestation. Il n'est pas nécessaire que l'évasion se soit produite dans une prison légalement établie; elle est punissable même si elle s'est effectuée de la geôle municipale ou de la chambre de sûreté d'une caserne de gendarmerie.

2. La peine consiste dans un emprisonnement de six mois à un an. Cette peine, contrairement au principe du non-cumul (V. *infrà*, *Peine*), ne se confond pas avec celle qui pourra être prononcée contre l'agent à raison de l'infraction pour laquelle il était détenu (Pén. 245). A plus forte raison, s'il s'agit de l'évasion d'un condamné, ne se confond-elle pas avec celle qui a été prononcée. La peine édictée par l'art. 245 ne comporte pas l'application des peines de la récidive.

3. L'évasion simple ne tombe pas sous le coup de la loi; elle ne constitue un délit que si elle a été tentée ou opérée par bris de prison ou violence. — Il y a *bris de prison*, quand un détenu use de violence pour démolir ou détruire l'obstacle qui s'oppose à son évasion (Cr. c. 8 août 1902, D. P. 1902. 5. 326), par exemple quand il enfonce les portes ou arrache les barreaux des fenêtres, ou opère une effraction propre à faciliter sa sortie. Tel est encore le cas où le détenu a creusé dans la terre, au-dessous de la porte d'une chambre de sûreté où il était enfermé, un trou par lequel il s'est évadé, alors même qu'il n'existait pas de seuil construit (Cr. c. 8 août 1902, précité). Mais l'escalade ne constitue pas un bris de prison (Cr. c. 28 janv. 1904, D. P. 1904. 1. 477). — On entend par *violences* les voies de fait ou menaces exercées sur la personne des préposés à la garde des détenus (Cr. c. 28 janv. 1904, précité).

§ 2. — *Évasions particulières* (R. 22 et s.; S. 32 et s.).

4. L'évasion des condamnés aux travaux forcés à perpétuité transportés dans les colonies est punie, par la loi du 30 mai 1854 (D. P. 54. 4. 90), d'une peine différente, suivant qu'il s'agit d'un transporté en cours de peine (art. 7) ou d'un transporté libéré (art. 8).

5. L'évasion des récidivistes relégués dans les colonies fait l'objet de l'art. 14 de la loi du 27 mai 1885 (D. P. 85. 4. 45). La Cour cassation a déterminé la portée de cet article en décidant, à l'égard d'un, l'absence non justifiée d'un relégué collectif du dépôt d'instruction ou de l'établissement de travail où il a été placé au cours de l'exécution de la relégation ne rentre pas dans les cas d'évasion visés par l'art. 14 précité, si le relégué n'a pas quitté le territoire de la relégation (Cr. c. 22 oct. 1898, D. P. 98. 1. 31); et, d'autre part, que le délit de tentative d'évasion prévu par la première partie de l'art. 14 ne vise le relégué que durant le laps de temps qui s'écoule entre le moment où expire sa peine principale et celui où commence l'exécution de la relégation (Cr. c. 23 avr. 1898, D. P. 98. 1. 494).

6. L'évasion des déportés, c'est-à-dire des condamnés à la peine politique de la déportation, est prévue par l'art. 17, § 2 et 3, c. pén., et 3 de la loi du 25 mars 1873 (D. P. 73. 4. 49).

§ 3. — *Fauteurs ou complices de l'évasion* (R. 27 et s.; S. 39 et s.).

7. Ceux qui favorisent l'exécution de l'évasion sont toujours punissables, alors même qu'elle aurait eu lieu sans violence ni bris de prison et que, par suite, l'évadé n'encourrait aucune peine. Le Code pénal, dans les art. 238 à 240, édicte contre ces personnes des peines qui varient suivant la gravité du crime ou du délit pour lequel l'évadé était détenu, et suivant que les agents de l'évasion sont des tiers ou les préposés à la garde des détenus.

8. Les agents déclarés responsables de l'évasion sont énumérés à l'art. 237 c. pén. A leur égard, la loi distingue la négligence et la connivence; dans ce second cas, la peine est plus forte. Lorsqu'il y a eu simple négligence de la part des gardiens, la peine encourue par eux cesse lorsque les évadés sont repris ou représentés, pourvu que ce soit dans le cas du crime ou de l'évasion, et qu'ils ne soient pas arrêtés pour d'autres crimes ou délits commis postérieurement à leur évasion (Pén. 247).

9. La complicité d'évasion applicable aux tiers est prévue par les paragraphes 2 des art. 238 à 240 et les art. 241 à 243 c. pén. Lorsque les tiers ont corrompu les gardiens, ils sont punis de la même peine que ceux-ci (Pén. 242).

ART. 2. — Recélé (R. 49 et s.; S. 75 et s.).

10. L'art. 248 c. pén. prévoit et punit le *recèlement* de criminels. Il atteint le recel de tout individu qui, évadé ou non évadé, a commis un acte qualifié crime, quelle que soit l'issue de la poursuite criminelle. Il s'agit ici d'un fait de recel isolé, et ayant pour objet un ou plusieurs individus également isolés et épars condamnés ou seulement poursuivis (En ce qui concerne ceux qui fournissent habituellement un logement ou des lieux de retraite ou de réunion à des malfaiteurs, V. *suprà, Complice-complicité,* n°s 34 et s.; ... à une association de malfaiteurs, V. *suprà, Associations de malfaiteurs,* n° 4).

11. Le recel consiste dans le fait d'avoir fourni au criminel un logement ou un lieu de retraite, et même dans tout fait propre à soustraire d'une façon quelconque un inculpé à l'action de la justice. Mais un simple secours procuré au criminel ne tombe pas sous le coup de l'art. 248.

12. L'application des peines prononcées par cet article n'est, d'ailleurs, pas subordonnée à la condition que la culpabilité de l'individu objet du recel ait été légalement reconnue. Il suffit qu'un individu soit *poursuivi* à raison d'un crime emportant peine afflictive pour que celui qui l'a recélé tombe sous le coup de l'art. 248 (Cr. r. 17 févr. 1899, D. P. 99. 1. 327). Mais il faut qu'il ait eu connaissance des faits criminels reprochés au recélé. Il est nécessaire aussi que le recéleur ait agi librement, de son plein gré : s'il avait subi une contrainte matérielle ou morale, la culpabilité disparaîtrait, mais à la condition que cette contrainte fût irrésistible (Cr. c. 28 déc. 1900, D. P. 1901. 1. 81).

ART. 3. — Compétence et reconnaissance d'identité (R. 64 et s.; S. 84 et s.).

13. L'évasion ou la tentive d'évasion doit être soumise à la même juridiction que le crime ou le délit principal, à moins qu'elle n'ait été accompagnée de circonstances aggravantes qui lui donneraient un caractère criminel, alors que l'infraction principale ne constituait qu'un délit (V. *suprà, Compétence criminelle,* n° 24).

14. Il y a lieu, en cas de contestation de son identité par l'évadé, de procéder à la reconnaissance de cette identité (Instr. 518). Les jugements de reconnaissance d'identité à l'égard des évadés sont rendus, en matière criminelle, par la cour d'assises sans assistance des jurés, mais publiquement (Instr. 519).

15. L'évasion des transportés (V. *suprà,* n° 4) est jugée par un tribunal maritime spécial (Décr. 4 oct. 1888); celle des relégués (V. *suprà,* n° 5), par le tribunal correctionnel du lieu de leur arrestation ou par celui du lieu de la relégation (L. 27 mai 1885, art. 4).

EXCEPTIONS
ET FINS DE NON-RECEVOIR

(R. v^o *Exceptions et fins de non-recevoir;* S. *eod.* v^o).

1. Dans un sens large, le mot *exception* désigne tous les moyens opposés par une partie à une demande judiciaire, que ces moyens aient trait à la forme au fond (Civ. 1208, 1212, 1360, 1361 et 1367). Dans un sens plus restreint, qui est celui qu'a consacré le Code de procédure civile (art. 169, 173 et 186), il désigne les moyens de procédure qui entravent l'exercice de l'action.

2. La *fin de non-recevoir* est un moyen tendant à faire écarter la demande, en s'attaquant au droit même de l'intenter, sans pour cela discuter le fondement de la pré-

tention du demandeur (V. *infrà,* n°s 88 et s.). Tels sont, par exemple, les moyens tirés de la chose jugée, du défaut de qualité, d'intérêt, de capacité, ou de la prescription.

3. Les règles exposées dans les sections 1 et 2 ci-après sont celles qui régissent les matières civiles. Elles sont d'ailleurs également applicables en matière administrative. — Pour les matières criminelles, V. *infrà,* n°s 90 et s.

SECT. Ire. — Des exceptions.

4. Le Code de procédure traite des exceptions dans le titre 9 du livre 2 de sa seconde partie (art. 166 à 192). Il en distingue cinq espèces : 1° la caution *judicatum solvi;* 2° les renvois; 3° les exceptions de nullité; 4° les exceptions dilatoires; 5° l'exception de communication de pièces.

ART. 1er. — De la caution *judicatum solvi* (R. 25 et s.; S. 4 et s.).

5. La caution *judicatum solvi* est une caution fournie par l'étranger demandeur à un Français défendeur et destinée à garantir à celui-ci le payement des frais qu'il sera obligé d'avancer pour sa défense et des dommages-intérêts auxquels il pourra avoir droit par suite de l'instance.

6. Tout Français peut l'exiger. Elle n'est pas due à l'étranger, excepté à celui qui, admis à domicile, jouit des mêmes droits civils que le Français (Civ. 13 ; Bordeaux, 27 juill. 1893, D. P. 93. 2. 583).

7. La caution est due par l'étranger demandeur, et elle peut être exigée de lui lorsqu'il interjette appel du jugement qui a rejeté sa demande (Paris, 23 janv. 1891, D. P. 92. 2. 327). Tout étranger, au moment de la demande, doit la caution, alors même qu'il réside en France depuis de longues années et alors même qu'il a obtenu l'assistance judiciaire. Elle est due par l'étranger qui se borne à demander en France l'*exequatur* d'un jugement rendu à son profit par un tribunal étranger (Chambéry, 26 févr. 1894, D. P. 96. 2. 150). — L'étranger, cessionnaire d'un Français, doit la caution. Au contraire, le Français, cessionnaire d'un étranger, ne la doit pas.

8. Sont dispensés de fournir la caution : 1° l'étranger admis à domicile (Civ. 13) ; — 2° l'étranger qui peut invoquer un traité diplomatique l'en dispensant (Civ. 11; Alger, 1er avr. 1897, D. P. 98. 2. 94). La dispense doit être formellement énoncée dans le traité. Elle se trouve contenue, notamment : 1° dans le traité franco-sarde du 24 mars 1760, étendu à toute l'Italie en 1860 ; 2° dans le traité franco-suisse du 15 juin 1869, art. 13 (D. P. 70. 4. 6) ; 3° dans le traité franco-serbe du 18 janv. 1883 ; 4° dans la convention de la Haye du 14 nov. 1896 (art. 11), à laquelle ont adhéré la plupart des États européens. Un certain nombre de traités ne dispensent de la caution que les indigents qui ont obtenu l'assistance judiciaire. Par exception, la disposition d'un traité par laquelle la France admet les sujets d'un État contractant au « libre et facile accès auprès des tribunaux français » affranchit les sujets de cet État de l'obligation de fournir la caution *judicatum solvi ;* — 3° la caution n'est pas exigée de l'étranger qui possède en France des immeubles suffisants pour assurer le payement des frais et des dommages-intérêts du procès (Civ. 16). Un établissement industriel ou commercial, si important qu'il soit, ne dispense pas l'étranger de fournir la caution. La nue-propriété d'un immeuble peut suffire à dispenser de la caution ; mais, suivant l'opinion générale, il en est autrement de l'usufruit. D'ailleurs, l'étranger dispensé de la caution à raison de la possession d'immeubles suffisants n'est pas tenu de constituer hypothèque sur ces biens. Si les im-

meubles, suffisants au début du procès, deviennent insuffisants, le défendeur ne peut demander la caution.

9. La caution n'est exigée que de l'étranger demandeur principal ou intervenant. Le demandeur principal est celui qui introduit l'instance; ainsi, l'étranger défendeur qui appelle garant ou qui forme une demande reconventionnelle servant de défense à l'action principale, n'est pas demandeur principal et ne doit pas la caution. — L'étranger originairement défendeur qui interjette appel (Nancy, 3 déc. 1895, D. P. 98. 2. 264) ou se pourvoit en cassation, ne doit pas la caution. Il en est de même de celui qui, condamné par défaut, forme opposition. Quant à celui qui, demandeur en première instance, est intimé en appel, la question a été diversement résolue. — L'étranger qui poursuit en France l'exécution d'un titre par voie de saisie, ne doit pas la caution *judicatum solvi.* Il la doit, au contraire, lorsqu'il demande l'exequatur d'un jugement étranger rendu à son profit. — L'étranger intervenant, assujetti à fournir la caution, est celui qui forme une demande au cours d'une instance contre l'une ou l'autre des parties en cause ou toutes les deux. Celui qui intervient seulement pour soutenir le défendeur n'est pas demandeur intervenant et ne doit pas la caution.

10. La caution est due en toute matière, civile, administrative, criminelle ou correctionnelle. Elle est due même en matière commerciale, depuis la loi du 5 mars 1895 (D. P. 95. 4. 36). Peu importe la juridiction saisie : la caution est due même en justice de paix, même en référé.

11. L'exception de la caution *judicatum solvi* doit rationnellement être proposée avant toutes autres exceptions ; néanmoins, elle peut être valablement invoquée après les exceptions de renvoi ou de nullité. Mais elle ne peut plus l'être après toute autre exception ou après la défense au fond. Ainsi, le défendeur qui demande un délai pour plaider au fond renonce par là même au droit de demander la caution *judicatum solvi.* — Elle peut être demandée pour la première fois en appel ; mais elle ne garantit alors que les frais et dommages-intérêts résultant de l'appel. — La caution ne peut pas être imposée d'office par le juge ; il faut qu'elle soit demandée par le défendeur.

12. La caution doit garantir le payement des frais et dommages-intérêts résultant du procès. — Le tribunal fixe la somme à cautionner, ainsi que le délai dans lequel doit être fournie la caution. Celle-ci est reçue conformément aux art. 518 et s. c. pr. civ. Elle doit répondre aux conditions prévues par les art. 2018 et 2019 c. civ. — Au lieu de fournir un fidéjusseur, le demandeur peut consigner la somme fixée à la Caisse des dépôts et consignations. Il peut enfin, s'il ne trouve pas de caution, être admis à donner, à sa place, un gage ou nantissement suffisant (Civ. 2041).

ART. 2. — Des renvois.

13. Le renvoi devant un autre tribunal peut être demandé soit pour incompétence, soit pour litispendance, soit pour connexité.

§ 1er. — *Renvoi pour incompétence* (R. 109 et s., S. 43 et s.).

14. Les règles concernant le renvoi pour incompétence diffèrent suivant qu'il s'agit de l'incompétence simplement relative (*ratione personæ* ou de l'incompétence absolue (*ratione materiæ*). — Sur ces deux sortes d'incompétence, V. *suprà, Compétence,* n° 3.

15. Le renvoi pour incompétence relative ne peut être réclamé que par le défendeur. Au contraire, l'incompétence absolue peut être proposée par toute partie intéressée, le défendeur, le demandeur ou même le ministère public. Et si le déclinatoire n'est pas soulevé, le tribunal doit se dessaisir d'office.

16. Aux termes de l'art. 169 c. pr. civ., l'exception fondée sur l'incompétence relative doit être invoquée *préalablement à toutes autres exceptions.* Cependant, le défendeur peut, sans encourir la déchéance, invoquer, avant l'exception d'incompétence, l'exception de la caution *judicatum solvi*, l'exception pour faire inventaire et délibérer; il en est autrement de l'exception de communication des pièces, sauf le cas où elle aurait pour but de faire connaître la nature de la demande (Req. 30 nov. 1897, D. P. 98. 1. 157). — Des réserves de pure forme, conçues en termes généraux, ne suffiraient pas pour conserver au défendeur, qui fait sommation de communiquer des pièces, le droit de contester la compétence du tribunal (Bordeaux, 31 oct. 1900, D. P. 1903. 2. 106). La Cour de cassation a même jugé que la demande en garantie formée par le défendeur, avant toute proposition de déclinatoire, ne fait pas obstacle au renvoi (Civ. c. 21 avr. 1884, D. P. 85. 1. 103).

17. Le renvoi doit également être proposé *avant toute défense au fond.* S'en rapporter à la justice, c'est conclure au fond et renoncer à l'exception. Mais des conclusions à toutes fins ne couvrent pas l'incompétence.
— L'incompétence peut être invoquée sur l'opposition contre un jugement rendu par défaut contre avoué ou contre partie. Mais il faut que l'opposant ait soin de proposer le déclinatoire dans sa requête en opposition (en matière civile) ou dans son exploit (en matière commerciale).

18. La comparution pure et simple devant le juge de paix en conciliation ne fait pas obstacle au déclinatoire. — Des offres réelles, même s'appliquant aux frais exposés par le demandeur, ne semblent pas davantage de nature à compromettre le droit du défendeur de proposer l'incompétence. — La constitution d'avoué n'emporte évidemment pas renonciation au moyen d'incompétence. Il en est de même des actes de poursuite d'audience, de demande de remise.

19. Le déclinatoire ne peut pas être proposé pour la première fois en appel. Ainsi, en concluant au fond devant les juges du premier degré, le défendeur se rend non recevable à décliner en appel la compétence *ratione loci* du tribunal saisi du litige (Req. 16 nov. 1904, D. P. 1904. 1. 108). — Si le déclinatoire a été proposé en première instance et rejeté, et qu'on ait plaidé au fond, même sous réserve d'appel du jugement rendu sur la compétence, il ne peut plus être proposé en appel. — Cependant, en matière commerciale, le tribunal pouvant prononcer par un seul et même jugement sur la compétence et sur le fond (V. *infra*, n° 41), le défendeur qui a conclu à l'incompétence, et subsidiairement sur le fond, peut soulever à nouveau le déclinatoire en appel.

20. Il va de soi que l'exception d'incompétence relative ne peut être proposée pour la première fois devant la Cour de cassation.

21. L'incompétence absolue peut être proposée par toute partie au procès, même par le demandeur (Pau, 23 févr. 1903, D. P. 1903. 2. 33), ou par le ministère public, en tout état de cause. Le juge peut également se dessaisir d'office (Pau, 23 févr. 1903, précité). — Le déclinatoire peut être proposé pour la première fois en appel (même arrêt) et même devant la Cour de cassation (Civ. c. 21 janv. 1902, D. P. 1903. 1. 176), à la condition toutefois qu'il soit fondé sur des faits qui ont été débattus devant les juges du fond. — Ni l'acquiescement donné à la décision des premiers juges, ni l'exécution

volontaire de leur sentence ne couvrent l'exception d'incompétence absolue; cette exception n'est éteinte que dans le cas où la question de compétence a été tranchée par une décision passée en force de chose jugée.

§ 2. — *Renvoi pour litispendance* (R. 169 et s.; S. 73 et s.).

22. Pour qu'il y ait litispendance, il faut que deux demandes identiques soient pendantes entre les mêmes parties devant deux tribunaux. Une demande existe, et permet de solliciter le renvoi, dès que l'exploit d'ajournement a été signifié; mais il ne suffirait pas d'une citation en conciliation.

23. Les deux demandes doivent avoir le même objet et être fondées sur la même cause. — Il faut que les parties soient juridiquement les mêmes et agissent en la même qualité dans les deux instances. Les parties sont juridiquement les mêmes, alors qu'elles figurent en nom dans une instance et sont légalement représentées dans l'autre.

24. Les deux instances doivent être engagées devant des tribunaux différents. Il n'y a pas litispendance lorsque les deux instances sont engagées devant deux chambres d'un même tribunal; il appartiendrait au président, en vertu de son pouvoir discrétionnaire, de régler la difficulté en renvoyant la dernière affaire devant la chambre déjà saisie de la première (Décr. 30 mars 1808, art. 63). Cette chambre peut, d'ailleurs, prononcer, même d'office, la jonction des deux causes à raison de leur connexité (Bordeaux, 2 janv. 1896, D. P. 98. 2. 78). — On ne peut pas proposer devant un tribunal français l'exception de litispendance à raison d'une instance engagée devant un tribunal étranger.

25. La jurisprudence n'est pas définitivement fixée sur le point de savoir quand l'exception de litispendance doit être proposée. Il semble qu'on doive l'assimiler à l'exception d'incompétence relative (V. *suprà*, n° 15). Ainsi, d'après un arrêt, elle n'est plus recevable après les conclusions au fond (Alger, 6 déc. 1893, D. P. 94. 2. 518). — De même, l'exception de litispendance ne peut être proposée pour la première fois en appel (même arrêt), ou devant la Cour de cassation (Req. 3 déc. 1901, D. P. 1902. 1. 121). Elle ne peut pas être proposée par le demandeur, qui doit procéder par voie de désistement, ni suppléée d'office par le juge.

26. C'est devant le tribunal saisi en dernier lieu que le déclinatoire doit être proposé. Le tribunal premier saisi ne doit donc pas se dessaisir au profit du tribunal saisi ultérieurement (Paris, 15 nov. 1900, D. P. 1901. 2. 124). La date des exploits introductifs d'instance détermine quel est le tribunal premier saisi.

27. La question de savoir si le renvoi est obligatoire pour le défendeur est diversement résolue. La Cour de cassation paraît admettre que le tribunal lequel est proposée l'exception de litispendance à fin de renvoi de l'affaire à un autre tribunal, comme tribunal premier saisi, n'est tenu de se dessaisir qu'autant que la compétence de cet autre tribunal n'est pas contestée; qu'en cas de contestation, il a le droit, s'il se déclare seul compétent, à l'exclusion du tribunal premier saisi, de refuser le renvoi.

28. D'après la jurisprudence de la Cour de cassation, le renvoi ne peut être prononcé lorsque les deux causes ne sont pas au même degré de juridiction (V., en sens contraire, Besançon, 26 oct. 1894, D. P. 95. 2. 164).

§ 3. — *Renvoi pour connexité* (R. 195 et s.; S. 97 et s.).

29. La connexité n'est pas définie par la loi : il appartient aux tribunaux d'apprécier

les circonstances diverses qui, dans chaque espèce, peuvent contribuer à l'établir (Civ. c. 14 janv. 1890, D. P. 91. 1. 433); mais ils ne doivent pas perdre de vue que, si le renvoi pour connexité présente des avantages en évitant des lenteurs et des contradictions, il a aussi le danger de soustraire les justiciables à leur juridiction naturelle. D'une façon générale, on peut dire qu'il y a connexité toutes les fois que deux tribunaux sont saisis de demandes ayant entre elles un rapport si intime, une liaison si étroite, que le jugement de l'une doit exercer sur le jugement de l'autre une influence plus ou moins décisive (Nancy, 5 juin 1869, D. P. 72. 2. 115). Jugé, notamment, que deux instances qui poursuivent le même but, savoir le maintien du privilège d'un créancier hypothécaire, sont connexes et, dès lors, doivent être jointes, pour qu'il y soit statué par une seule et même décision (Civ. r. 21 mai 1901, D. P. 1901. 1. 322).

30. La connexité diffère de la litispendance : 1° en ce que la litispendance suppose une seule et même contestation, alors qu'il suffit, pour qu'il y ait lieu au renvoi pour cause de connexité, que les deux instances, bien que relatives à un objet différent, aient entre elles une corrélation très étroite; — 2° en ce que la litispendance suppose que les parties sont les mêmes dans les deux instances, tandis que cette condition n'est pas exigée pour qu'il y ait connexité. Mais il faut au moins qu'une des parties soit engagée dans les deux instances; — 3° en ce qu'il n'est pas nécessaire pour la connexité que les deux instances soient pendantes devant deux tribunaux différents. Un tribunal saisi de deux demandes connexes peut en ordonner la jonction (V. *suprà*, n° 24).

31. La connexité n'autorise aucune dérogation à la compétence absolue des tribunaux. Ainsi, un tribunal civil ne peut connaître d'une affaire criminelle connexe à celle dont il est saisi, ni un tribunal de commerce d'une affaire civile; une affaire commerciale peut, au contraire, être renvoyée au tribunal civil.

32. Pour qu'il y ait lieu à renvoi pour cause de connexité, il faut aussi que les deux causes soient pendantes au même degré de juridiction. Ainsi, il ne peut y avoir renvoi pour cause de connexité, lorsque l'une des causes est en premier degré de juridiction, l'autre en degré d'appel (Civ. r. 27 janv. 1904, D. P. 1904. 1. 521).

33. Le renvoi doit être demandé par le demandeur comme par le défendeur. Il ne peut être ordonné d'office par le juge. Mais la jonction de deux causes connexes pendantes devant le même tribunal peut être ordonnée d'office.

34. Le renvoi pour cause de connexité doit être proposé *in limine litis*, c'est-à-dire au début de l'instance, comme l'exception de litispendance ou celle d'incompétence relative. Il ne peut donc être demandé pour la première fois en appel par l'appelant qui, en première instance, a été condamné au fond (Civ. c. 28 juill. 1897, D. P. 98. 1. 133).

35. La connexité étant reconnue par le juge, le renvoi n'est que facultatif. Le juge ne l'ordonnera pas lorsque l'intérêt de la justice et aussi l'intérêt bien entendu des parties lui paraîtront s'y opposer.

36. Le renvoi, lorsqu'il est ordonné, a lieu devant le tribunal le premier saisi; l'autre tribunal est dessaisi.

§ 4. — *Procédure et jugement des exceptions de renvoi* (R. 219 et s.; S. 107 et s.).

37. L'exception de renvoi est proposée, en matière sommaire, par un simple acte; en matière criminelle, par une requête.

Toute demande en renvoi est jugée *sommairement*, c'est-à-dire, d'après l'interprétation qui a prévalu, comme matière sommaire. — Les déclinatoires sur incompétence sont communicables au ministère public (Pr. 83-3°).

38. La demande en renvoi ne peut être réservée ni jointe au principal (Pr. 172). Ainsi, le tribunal doit y statuer d'abord et par un jugement distinct avant de statuer sur le fond, et ce, à peine de nullité (Grenoble, 27 mars 1895, D. P. 96. 2. 329). — Mais les parties peuvent renoncer à l'application de cette règle, notamment en concluant subsidiairement au fond. Le tribunal peut statuer alors sur les moyens d'incompétence et sur le fond par un même jugement (Req. 11 mars 1903, D. P. 1903. 1. 436).

39. La jurisprudence n'est pas fixée sur la question de savoir si le tribunal, après avoir statué sur l'exception de renvoi par un premier jugement, peut d'office contraindre le défendeur à plaider au fond, et, au cas où celui-ci n'y consentirait pas, rendre contre lui un jugement par défaut. Cependant la solution négative paraît prévaloir. En tout cas, si le défendeur, contestant uniquement la compétence, n'avait pas été mis en demeure de conclure au fond, le jugement qui statuerait à la fois sur la compétence et sur le fond serait nul.

40. La règle qui interdit aux tribunaux civils de prononcer sur le déclinatoire et sur le fond par deux jugements séparés n'est pas applicable en appel. Il en est ainsi en matière disciplinaire comme en toute autre matière (Caen, 4 déc. 1901, D. P. 1903. 2. 529). — De même, en matière commerciale, le même jugement peut, en rejetant le déclinatoire, statuer sur le fond, mais par deux dispositions distinctes : l'une sur la compétence, l'autre sur le fond (Pr. 425).

41. Il n'est, d'ailleurs, pas permis aux juges de rendre aucune décision sur le fond avant d'avoir tranché la question de compétence. Cette règle s'applique à toutes les juridictions, notamment aux tribunaux de commerce. Ainsi est nul le jugement d'un tribunal de commerce qui, alors qu'un déclinatoire est proposé, ordonne un interlocutoire, qui préjuge le fond, avant de statuer sur la compétence.

42. Quant à l'appel des jugements statuant sur la compétence. V. *suprà, Appel en matière civile et commerciale*, n° 26.

Art. 3. — De l'exception de nullité des exploits ou actes de procédure (R. 245 et s.; S. 118 et s.).

43. Toute nullité d'exploit ou d'acte de procédure est couverte, aux termes de l'art. 173 c. pr. civ., si elle n'est proposée avant toute exception autre que celle d'incompétence.

44. La règle s'applique à tous les actes de procédure (préliminaire de conciliation, exploits d'ajournement ou d'appel, actes d'avoué et d'avocat), requêtes présentées au juge, actes extrajudiciaires, sommation de payer ou délaisser l'exception de l'art. 2169 c. civ. (Civ. c. 7 mars 1893, D. P. 93. 1. 156), enquêtes et contre-enquêtes, expertises, comparution des parties, descente sur les lieux, signification des qualités, jugements, ordonnances sur requête (Nancy, 16 mai 1896, D. P. 96. 2. 411), signification des jugements, actes d'exécution, ordre et distribution par contribution, arbitrage, etc.).

45. L'art. 173 s'applique à toutes les nullités de forme dont les actes de la procédure peuvent être entachés, notamment à celle résultant du défaut de remise d'un exploit sous pli fermé et cacheté (Pr. 68, modifié par la loi du 15 févr. 1899; Pau, 14 mai 1900, D. P. 1901. 2. 217). Il ne s'applique pas aux nullités de fond dont ces actes seraient entachés; ces nullités peuvent être proposées en tout état de cause. Il en est ainsi, par exemple, dans le cas d'une assignation à la requête d'un incapable, d'un acte d'appel tardif, etc. A plus forte raison n'est-il pas applicable à la nullité de fond ou de forme des titres probatoires, ou des actes juridiques invoqués à l'appui des prétentions des parties : les moyens tirés de cette nullité constituent des fins de non-recevoir qui ne peuvent être couvertes (Rennes, 28 mars 1901, D. P. 1901. 2. 436). — Enfin, il ne peut concerner les actes de procédure intervenus au cours de l'instance, après la défense au fond : la nullité de ces actes ne peut être couverte par cette défense; elle ne le sera que par un acte subséquent.

46. L'exception de nullité peut être opposée à toute personne, même aux mineurs, aux communes, etc. Le défendeur est, comme le demandeur, soumis à l'art. 173, pour les actes qu'il signifie.

47. La nullité ne peut être relevée que par l'adversaire de celui qui a signifié l'acte vicié dans sa forme, et non par l'auteur même de cet acte : celui-ci peut seulement se désister de l'acte nul et en signifier un autre. — Il n'appartient pas au tribunal de la prononcer d'office.

48. L'exception de nullité des exploits introductifs d'instance, de réassignation et d'appel n'est pas couverte par l'exception d'incompétence, même *ratione materiæ*, ni par l'exception de la caution *judicatum solvi*. Elle est, au contraire, couverte par l'exception de litispendance ou de connexité et par tout autre exception, telles que les exceptions de garantie, de délai pour faire inventaire et délibérer, de communication de pièces (Limoges, 23 mai 1898, D. P. 1901. 2. 318). Toutefois, cette dernière exception ne couvre pas l'exception de nullité lorsqu'elle a pour objet de vérifier si l'exploit contient quelque nullité; mais il est prudent que la demande de communication contienne des réserves expresses.

49. L'exception de nullité est également couverte par toute défense au fond. Il en est ainsi, notamment, de la nullité d'un exploit d'appel; cette nullité doit être proposée avant tout débat au fond devant la cour (Limoges, 23 mai 1898, D. P. 1901. 2. 318). — La règle souffre exception lorsque la défense n'a été présentée que subsidiairement à l'exception de nullité, ou qu'elle a été accompagnée de réserves spécifiant le vice qu'on reproche à l'exploit : des réserves exprimées en termes généraux seraient inefficaces. Jugé, toutefois, que la nullité d'un exploit d'appel (pour défaut de remise sous pli fermé et cacheté) est réputée avoir été proposée régulièrement et avant toute défense au fond lorsque l'intimé, au début de l'instance devant la cour d'appel, a déposé des conclusions tendant à faire « déclarer l'appel nul » en tout cas mal fondé » (Pau, 14 mai 1900, D. P. 1901. 2. 217).

50. L'absence d'avoué par le défendeur n'est pas un acte de défense au fond et ne concerne pas, dès lors, la nullité de l'exploit introductif d'instance. Cependant, si la nullité résulte de l'absence de constitution d'avoué (le demandeur s'étant borné à élire domicile chez un avoué, sans qu'il y ait constitution expresse), la nullité est couverte par la constitution d'une constitution faite par le défendeur chez cet avoué. Telle est, du moins, la jurisprudence la plus récente. Pour sauvegarder ses droits, le défendeur peut alors soit assigner directement le demandeur en nullité de l'exploit, soit faire défaut et former ensuite opposition au jugement de défaut, en se fondant sur la nullité de l'exploit, soit enfin signifier la

constitution de son avoué, sans reconnaître la qualité d'avoué constitué à celui chez lequel l'élection de domicile a été faite, en se réservant expressément d'opposer le moyen de nullité.

51. La comparution du défendeur ou de son mandataire en justice de paix ou devant le tribunal de commerce ne couvre pas davantage la nullité de l'exploit. Il en est de même de l'assignation en constitution de nouvel avoué ou d'une reprise d'instance. — De simples actes d'instruction ne sont pas suffisants pour couvrir la nullité de l'exploit introductif d'instance, à la condition, bien entendu, de ne pas contenir de conclusions. Ainsi en est-il de l'avenir pour plaider, de la demande de remise de cause, du placement de la cause au rôle, etc. Il en est autrement de la sommation de communiquer des pièces (V. *suprà*, n° 48).

52. L'exception de nullité peut être proposée par acte d'avoué ou même à l'audience. Les nullités peuvent être jointes au fond, pour être statué sur le tout par un seul et même jugement. — Le jugement sur l'exception est susceptible d'appel, comme le serait le jugement sur le fond. La nullité est couverte, si l'on a négligé d'interjeter appel du jugement qui a rejeté l'exception.

Art. 4. — Exceptions dilatoires.

53. Le Code de procédure prévoit deux exceptions dilatoires tirées : 1° l'une du délai pour faire inventaire et délibérer; 2° l'autre du délai pour appeler garant. L'une et l'autre reposent sur des principes de droit civil qui sont exposés ailleurs (V. *suprà, Communauté entre époux*, n° 172, et *infrà, Succession, Vente*). On ne s'occupe ici que des règles de procédure. — On peut, en outre, reconnaître le caractère d'exceptions dilatoires : 1° à l'exception donnée par l'art. 1225 c. civ. au codébiteur d'une dette indivisible pour faire mettre ses codébiteurs en cause; 2° à celle tirée de l'art. 27 c. pr. civ. au profit du défendeur à l'action pétitoire, qui excipe du non-payement des condamnations prononcées au possessoire contre son adversaire. — La demande en remise de cause n'est pas une exception dilatoire. Il en est de même de la demande de sursis.

54. Les exceptions dilatoires doivent être proposées conjointement par un seul et même acte (Pr. 186). Toutefois l'héritier, la veuve, la femme divorcée ou séparée peuvent opposer les autres exceptions dilatoires, notamment l'exception de garantie, après l'échéance des délais pour faire inventaire et délibérer. — Les exceptions dilatoires doivent être opposées avant toutes défenses au fond (Pr. 186; Req. 13 nov. 1894, D. P. 95. 1. 35), et aussi avant les autres exceptions dont il a été parlé ci-dessus, n°s 4 et s., 13 et s., 43 et s.

55. Les exceptions dilatoires sont proposées et jugées comme les exceptions de nullité. Comme celles-ci, elles peuvent être jointes au fond.

§ 1er. — *De l'exception tirée du délai pour faire inventaire et délibérer* (R. 362 et s.; S. 152).

56. L'héritier d'une part, la veuve, la femme divorcée ou séparée de biens, assignée comme commune d'autre part, ont trois mois, du jour de l'ouverture de la succession ou de la dissolution de la communauté pour faire inventaire, et quarante jours pour délibérer (Pr. 174, § 1er). Si l'héritier ou la femme commune ont pris parti avant l'expiration du délai, ils cessent de pouvoir invoquer l'exception.

57. L'exception doit être proposée par l'héritier ou la femme; elle ne peut être suppléée d'office par le tribunal.

74

§ 2. — *De l'exception tirée du délai pour mettre le garant en cause* (R. 377 et s.; S. 154 et s.).

58. La garantie est tantôt formelle, tantôt simple. La garantie formelle est celle que tout détenteur ou acquéreur de droit réel sur un immeuble exerce contre son cédant, en cas d'éviction ou de trouble dans la jouissance du droit concédé. La garantie simple est celle qui est due à raison d'une obligation personnelle. — Formelle ou simple, la garantie peut être principale ou incidente. La garantie incidente est la seule qui donne lieu à l'exception dont traite le Code de procédure.

59. En cas de garantie incidente, il y a un demandeur et un défendeur originaires. Le défendeur est demandeur en garantie. Le garant est défendeur en garantie; il peut, à son tour, être demandeur en sous-garantie contre un tiers, qui est défendeur en sous-garantie. D'ailleurs, il peut arriver aussi que le demandeur originaire soit lui-même demandeur en garantie.

60. 1° *De la demande en garantie par rapport au garant.* — Le tribunal saisi de la demande originaire est compétent pour statuer sur la demande en garantie, alors même qu'il n'est pas compétent *ratione personæ* par rapport au garant. L'appelé en garantie est donc tenu de procéder devant le tribunal où la demande originaire est pendante (Req. 4 juill. 1889, D. P. 90. 1. 376).

61. La disposition de l'art. 181 c. pr. civ. comporte, d'ailleurs, trois exceptions. L'appel en garantie n'est pas admis : 1° lorsqu'il fait naître un débat qui, *ratione materiæ*, sort de la compétence du tribunal saisi de la demande originaire. Ainsi, un entrepreneur de travaux publics, justiciable des tribunaux administratifs, ne peut être appelé en garantie devant un tribunal civil (Douai, 22 janv. 1901, D. P. 1903. 2. 284); ... ni un commerçant devant la justice de paix, ni un non commerçant devant un tribunal de commerce (Douai, 18 déc. 1893, D. P. 94. 2. 176). A l'inverse, un commerçant pourrait être appelé en garantie devant un tribunal civil; en tout cas, l'incompétence purement relative de ce dernier tribunal serait couverte si le garant ne la proposait *in limine litis*; — 2° ... lorsque l'action récursoire ne se rattache pas d'une manière intime et nécessaire à la demande principale. Ainsi, l'auteur responsable d'un accident ne peut, en principe du moins, appeler en garantie, devant le tribunal saisi de l'action en responsabilité, la compagnie d'assurances qui l'a assuré contre les accidents, l'action dérivant du contrat d'assurance n'ayant pas le caractère d'une demande en garantie de l'indemnité dont l'assuré peut être tenu envers les victimes des accidents, mais constituant une action directe et indépendante soumise aux règles de compétence qui lui sont propres (Dijon, 12 juin 1890, D. P. 91. 2. 132; Civ. c. 22 déc. 1897, D. P. 99. 1. 136); — 3° ... lorsqu'il paraît par écrit ou par l'évidence du fait que la demande originaire n'a été formée que pour traduire les garants hors de leur tribunal (Pr. 181). Les tribunaux ont à cet égard un pouvoir souverain d'appréciation.

62. Suivant un arrêt, la règle édictée par l'art. 181 n'est pas d'ordre public, et les parties peuvent y déroger par des conventions expresses; ainsi, est valable la clause d'un contrat qui attribue juridiction à un tribunal déterminé, pour connaître de toutes les contestations auxquelles son exécution pourra donner lieu, soit par voie de demande principale, soit par voie de demande en garantie (Alger, 13 juin 1900, D. P. 1901. 2. 273).

63. L'action en garantie, étant une demande principale, bien que formée incidemment, ne peut être jugée *omisso medio* par le juge du second degré; elle ne peut donc être formée en appel. Cependant, il en est autrement : 1° si l'appelé en garantie appartient à la catégorie des personnes qui peuvent former tierce opposition à l'arrêt; 2° lorsque le garant est justiciable de la cour d'appel : ainsi la demande en garantie formée contre un huissier à raison de la nullité d'un exploit d'appel signifié par lui est compétemment portée devant la cour saisie de l'appel (Riom, 30 déc. 1890, D. P. 92. 2. 227); 3° lorsque, en vertu de lois spéciales, l'affaire principale est portée elle-même *omisso medio* devant la cour d'appel.

64. La demande en garantie est dispensée du préliminaire de conciliation (V. *suprà, Conciliation*, n° 10). Elle est formée, si le garant ne figure pas dans la cause, par exploit d'assignation, en tête duquel il est donné copie de la demande originaire; s'il y figure, par simple acte de conclusions, en matière sommaire, ou par requête, en matière ordinaire (Req. 13 déc. 1893, D. P. 94. 1. 357).

65. Celui qui prétend avoir droit d'appeler en garantie doit le faire dans la huitième jour de la demande originaire, outre un jour par cinq myriamètres. S'il y a plusieurs garants, il n'y a pour tous qu'un seul délai, qui est réglé selon la distance de la demeure du garant le plus éloigné (Pr. 175). Le garant a le même délai pour appeler un sous-garant, à partir de la demande en garantie formée contre lui, et ainsi de suite (Pr. 176). — Ces délais ne sont pas prescrits à peine de nullité; tant que le procès n'est pas en état d'être jugé, la demande est valablement formée, tant à l'égard du garant qu'à l'égard du demandeur originaire. D'ailleurs, les dispositions des art. 175 et 176 n'étant édictées que dans l'intérêt du demandeur originaire, le garant ne saurait se prévaloir de leur inobservation et demander son renvoi en raison de ce qu'il n'aurait été cité qu'après l'expiration des délais qu'elles prescrivent (Req. 2 déc. 1890, D. P. 91. 1. 478).

66. En justice de paix, la loi n'ayant pas fixé la durée du délai, le juge doit accorder un délai suffisant en raison de la distance du domicile du garant (Pr. 32). — La décision du juge de paix sur le délai ne peut être frappée d'appel par le demandeur. Le défendeur peut, au contraire, la frapper d'appel, si elle refuse tout délai; mais, si un délai est accordé, la décision est souveraine. Si la mise en cause est tardive et que la demande principale soit en état, les deux demandes ne sont pas jointes; il est statué séparément sur la demande en garantie (Pr. 33).

67. Devant la juridiction commerciale, on suit les mêmes principes qu'en justice de paix; le défendeur sollicite un délai pour la mise en cause de son garant, ou une remise de cause s'il a assigné celui-ci pour une audience subséquente. L'incident est vidé sans retard.

68. 2° *De la demande en garantie par rapport au demandeur originaire* (c'est-à-dire par rapport à l'exception qui en résulte). — La demande en garantie étant formée, deux hypothèses sont possibles : ou bien l'échéance de l'assignation du garant se confond avec celle de la demande principale; en ce cas, chaque demandeur porte au rôle sa cause et le tribunal ordonne la jonction des deux instances. Ou bien cette échéance est plus reculée : le défendeur originaire dénonce alors au demandeur qu'il a droit d'appeler garant, afin que ce demandeur ne suive pas l'audience; c'est l'exception de garantie. Cette dénonciation se fait, devant le tribunal civil, par acte d'avoué; une déclaration verbale à l'audience ne suffirait pas. Dans la pratique, le défendeur justifie ment, ne peut être jugée *omisso medio* par

au demandeur qu'il a formé son appel en garantie, en lui donnant copie de l'exploit d'assignation en garantie et des pièces justificatives. La loi n'a pas fixé le délai dans lequel la justification de l'existence de l'action récursoire doive être fournie.

69. Si la déclaration du défendeur qu'il a appelé garant en cause n'est pas contestée, on ne porte la cause au rôle qu'au jour où doivent comparaître les garants et sous-garants. — Le demandeur originaire peut soutenir qu'il n'y a pas lieu au délai pour appeler garant; c'est à lui à démontrer l'inanité de la prétention du défendeur d'appeler un garant en cause, par exemple en établissant qu'en droit il n'y a pas lieu à garantie. La contestation est jugée sommairement.

70. 3° *Dans quels cas le demandeur en garantie peut demander sa mise hors de cause.* — En cas de garantie formelle, le demandeur en garantie peut demander sa mise hors de cause (Pr. 182). Il ne le peut pas en cas de garantie simple; le garant, dans ce dernier cas, peut seulement intervenir sans prendre le fait et cause du garanti (Req. 24 mai 1898, D. P. 98. 1. 414).

71. La mise hors cause ne peut être ordonnée d'office. Elle doit être demandée *avant le premier jugement*, ce qui doit s'entendre non d'un simple jugement de remise de cause, mais s'il y a un jugement préparatoire ou interlocutoire. — La mise hors de cause est de droit, même si le garant n'offre pas de prendre fait et cause pour le garanti.

72. Le garanti mis hors de cause ne devient pas étranger à l'instance. D'une part, il peut y assister pour la conservation de ses droits, et, d'autre part, le demandeur originaire peut demander qu'il y reste pour la conservation des siens.

73. 4° *Instruction et jugement.* — *Voies de recours.* — L'instance en garantie se joint à la demande principale, à moins que le demandeur principal ne fasse décider qu'il n'y a pas lieu à appeler garant, ou n'oppose au défendeur la tardiveté du recours. Toutefois, si la demande principale se trouve être avant la demande en garantie, elle est jugée séparément (Pr. 184). Mais la disjonction ne peut être prononcée d'office; elle doit être requise par le demandeur.

74. En matière de garantie formelle, le garant, qui prend le fait et cause du garanti, devient, au regard du demandeur originaire, le défendeur principal. Il a le droit de faire valoir toutes exceptions et défenses à la demande, alors même que le garanti aurait négligé de les présenter lui-même, et ce qui est jugé pour ou contre lui est également jugé vis-à-vis de lui. Les jugements rendus contre le garant *formel* sont donc exécutoires contre le garanti (Pr. 185, § 1er), soit que celui-ci ait été entièrement mis hors de cause, soit qu'il y ait assisté, mais seulement en ce qui concerne l'objet principal de la contestation (Req. 9 et 16 mars 1903, D. P. 1903. 1. 294). Quant aux dépens, le garanti n'y est condamné que s'il n'a pas été mis hors de cause et si le garant est insolvable (Pr. 185, § 2 et 3).

75. Le garanti mis hors de cause n'est pas davantage tenu des dommages-intérêts dus au demandeur originaire. S'il n'est pas mis hors de cause, il ne supporte tout ou partie des dommages-intérêts que *s'il y a lieu* (Pr. 185), dans le cas, par exemple, où il a été de mauvaise foi.

76. Les règles qui précèdent ne s'appliquent pas à la garantie simple : en ce cas, la condamnation aux dépens est prononcée contre le défendeur originaire, sauf son recours contre le garant.

77. Qu'il s'agisse de garantie formelle ou de garantie simple, le demandeur originaire qui succombe doit supporter tous les frais, même ceux de l'appel en garantie. Si toutefois il était établi que l'action principale ne nécessitait pas l'action récursoire, le défendeur originaire supporterait les frais de sa demande en garantie.

78. Sur les voies de recours (appel, opposition, pourvoi en cassation) dont peuvent user le garant et le garanti, V. *suprà, Appel en matière civile et commerciale*, n° 49; *Cassation*, n° 16; et *infrà, Jugement par défaut*.

ART. 5. — DE L'EXCEPTION DE COMMUNICATION DE PIÈCES (R. 484 et s.; S. 175 et s.).

79. Les parties peuvent respectivement se demander, par un simple acte, communication des pièces employées contre elles (Pr. 188). Cette communication peut être demandée en toutes matières, devant toutes les juridictions. Elle ne peut être ordonnée d'office. — Le tribunal a un pouvoir discrétionnaire pour autoriser ou refuser une seconde communication, au cours d'une instance (Req. 30 avr. 1902, D. P. 1902. 1. 285). Mais la communication faite en première instance n'empêche pas qu'une nouvelle communication soit due en appel.

80. Lorsque les pièces ont été signifiées ou employées, la demande de communication doit être faite dans les trois jours de la signification de l'emploi (Pr. 180) : ce qui ne peut s'entendre, pour les significations contenues dans l'exploit introductif d'instance, que des trois jours qui suivent la constitution d'avoué par le défendeur.

81. Les tribunaux peuvent aussi ordonner la production de pièces qui n'ont été ni signifiées ni employées au cours des débats. Ils ne doivent, d'ailleurs, user de ce pouvoir qu'avec une grande réserve (Nancy, 23 janv. 1892, D. P. 93. 2. 365).

82. Lorsque des pièces présumées utiles au succès d'une instance se trouvent entre les mains d'un tiers qui les détient légitimement, l'intéressé ne peut pas en exiger la communication, alors surtout que cette communication serait de nature à préjudicier au tiers détenteur (Douai, 15 déc. 1898, D. P. 1900. 2. 420).

83. Le jugement qui statue sur une demande de communication de pièces est un jugement interlocutoire, puisqu'il préjuge le fond. Il peut, dès lors, être attaqué par l'appel avant le jugement sur le fond.

84. La communication est faite entre avoués sur récépissé ou par dépôt au greffe, au choix de l'avoué qui fait la communication. Les pièces ne peuvent être déplacées, à moins qu'il n'y en ait minute ou que la partie y consente (Pr. 189). La communication faite par la voie du greffe rend la pièce commune à toutes les parties. Copie peut en être relevée par tout procédé (peinture, photographie, etc.).

85. Chaque pièce communiquée est acquise au procès. La partie qui, après avoir produit une pièce, la soustrait aux débats, est punie d'une amende de 25 à 300 francs, prononcée par le tribunal saisi de la contestation (Pén. 409).

86. La durée de la communication est fixée par le récépissé de l'avoué ou par le jugement qui l'ordonne; si elle n'est pas fixée, elle est de trois jours (Pr. 190). — Si, à l'expiration du délai, l'avoué n'a pas rétabli les pièces, il y a lieu d'adresser une requête au président du tribunal (et non au tribunal lui-même) (Montpellier, 13 mars 1893, D. P. 94. 1. 529), qui rendra une ordonnance pour l'y contraindre, sans préjudice d'une condamnation à 3 francs de dommages-intérêts encourue par l'avoué par chaque jour de retard.

87. Dans la pratique, la communication de pièces ne donne que rarement lieu à l'exception prévue par les art. 188 et s. c. pr. civ.; elle se fait à l'amiable entre avoués,

et les avocats se communiquent, en outre, toutes les pièces de leurs dossiers sans récépissé.

SECT. II. — Des fins de non-recevoir (R. 528 et s.; S. 182 et s.).

88. Les fins de non-recevoir se confondent avec les moyens de fond, avec cette seule différence qu'elles dispensent le juge d'examiner le fond si elles sont reconnues bien fondées. Tels sont les moyens tirés de la chose jugée, du défaut d'intérêt ou de capacité, du défaut de qualité (Lyon, 4 déc. 1896, D. P. 99. 1. 217), de la compensation, de la prescription, etc

89. Les fins de non-recevoir peuvent être opposées en tout état de cause, même pour la première fois en appel (Lyon, 4 déc. 1896, précité), à moins qu'il ne soit démontré qu'on a renoncé à les invoquer. Mais on ne peut s'en prévaloir pour la première fois en cassation si elles n'ont pas été soumises aux juges du fond; ce serait invoquer un moyen nouveau. De même, elles ne peuvent être suppléées d'office que si elles touchent à l'ordre public, comme celles tirées de la chose jugée, ou de la non-recevabilité de l'appel par suite de l'expiration du délai, ou de ce que le jugement était en dernier ressort (Civ. c. 27 nov. 1891, D. P. 92. 1. 366; 13 juin 1892, D. P. 92. 1. 350).

SECT. III. — Des exceptions et fins de non-recevoir en matière criminelle (R. 572 et s.; S. 191 et s.).

90. Le principe posé dans l'art. 173 c. pr. civ., d'après lequel toute nullité d'exploit ou d'acte de procédure est couverte si elle n'a été proposée avant toute défense au fond, s'applique aux matières correctionnelles et de police. Notamment, la comparution du prévenu devant le tribunal correctionnel le rend non recevable à exciper d'une irrégularité contenue dans la citation, telle que le défaut ou l'erreur de date. De même, le prévenu ne peut invoquer pour la première fois en appel les vices de forme dont l'assignation introductive de l'instance aurait été entachée, notamment la nullité résultant du défaut de signature de l'huissier; ... ou, en matière de diffamation, la nullité résultant de ce que la citation n'aurait pas suffisamment précisé et qualifié les faits (Chambéry, 27 oct. 1897, D. P. 99. 2. 253). De même encore, l'exception tirée de ce que l'action de la partie civile, étant dépourvue d'intérêt, n'avait pu saisir valablement le tribunal correctionnel, doit être proposée *in limine litis*; dès lors, elle doit être considérée comme couverte lorsque le ministère public, appelé à conclure, a discuté le fondement de la prétention (Nîmes, 20 nov. 1902, D. P. 1904. 2. 127). — A plus forte raison le prévenu ne peut-il pas invoquer les nullités pour la première fois devant la Cour de cassation; il en est ainsi, notamment, de la nullité résultant de l'insuffisance de l'indication, dans la citation, du fait poursuivi, ou de ce que le prévenu a comparu devant un tribunal autre que celui devant lequel il était cité. Cette règle est d'autant plus certaine que le prévenu n'est pas recevable à présenter comme moyen de cassation les nullités commises en première instance et qu'il n'aurait pas opposées devant la cour d'appel; à l'exception toutefois de la nullité pour cause d'incompétence (L. 29 avr. 1806, art. 2).

91. Il est un cas cependant où le prévenu n'est pas tenu d'invoquer la nullité de la citation *in limine litis* : c'est lorsque la nullité invoquée porte sur le principe même de la poursuite, comme, dans ce cas, par exemple, où le prévenu d'un délit de diffamation, cité directement par le plaignant, dénie à celui-ci le droit de citation directe;

la nullité de la citation peut alors être invoquée, même pour la première fois, devant la Cour de cassation (Cr. c. 21 nov. 1902, D. P. 1903. 1. 30).

92. Au contraire de ce qui existe en matière civile (V. *suprà*, n° 14 et s.), les règles de la compétence en matière criminelle sont toujours d'ordre public. Il en résulte que l'exception d'incompétence, en cette matière, peut être proposée en tout état de cause (Sur cette règle et les exceptions qu'elle comporte, V. *suprà, Compétence criminelle*, n° 1 et s.). — Mais le juge, conformément au principe posé dans l'art. 172 c. pr. civ. (V. *suprà*, n° 88), ne peut pas statuer sur la compétence et sur le fond par un seul et même jugement (Civ. c. 5 janv. 1895, D. P. 95. 1. 296), à moins que le jugement de l'exception ne se lie indivisiblement au jugement du fond, par exemple, lorsqu'il est nécessaire d'examiner le fond pour savoir s'il s'agit d'un délit d'outrage réprimé par l'art. 222 c. pén., et dont la connaissance appartient au tribunal correctionnel, ou d'un délit d'injure réprimé par la loi du 29 juill. 1881 sur la presse, et qui devrait être déféré à la cour d'assises (Cr. c. 26 juill. 1902, D. P. 1902. 1. 551).

93. D'après la jurisprudence la plus récente, l'exception de litispendance est admissible en matière criminelle comme en matière civile; et elle peut être proposée alors même que les faits sont soumis à deux tribunaux de degré différent (Cr. 27 mars 1884, D. P. 85. 1. 189). Comp. *suprà*, n° 23.

94. En ce qui concerne la connexité, V. *suprà, Compétence criminelle*, n° 24 et s.

95. Quant à la garantie, il est douteux que la règle d'après laquelle le garant peut être tenu de procéder devant un tribunal qui n'est pas compétent à son égard *ratione personæ* soit applicable en matière criminelle. La Cour de cassation a résolu la question négativement, en décidant spécialement qu'une compagnie de chemin de fer, poursuivie par l'administration des Contributions indirectes, ne pouvait appeler en cause l'expéditeur devant le tribunal correctionnel saisi de la poursuite, pour se faire garantir contre les condamnations pécuniaires qui pourraient être prononcées contre elle.

96. Les règles concernant les fins de non-recevoir, exposées *suprà*, n° 88 et 89, sont, en général, applicables aux matières criminelles. Mais il est à remarquer que, presque toujours, elles intéressent l'ordre public, comme, par exemple, la chose jugée (V. *suprà, Chose jugée*, n° 60), la prescription (V. *infrà, Prescription criminelle*) et que, dès lors, le juge doit les suppléer d'office.

EXPERTISE
(R. v° *Expert-Expertise*; S. *eod. v°*).

ART. 1er. — DÉFINITION ET LÉGISLATION. — CARACTÈRES DE L'EXPERTISE.

1. L'expertise est une mesure d'instruction qui consiste à charger des personnes compétentes, appelées *experts*, de faire, en vue de la solution d'un procès, des constatations exigeant des connaissances techniques et d'exposer au juge le résultat de leur examen dans un rapport.

2. Les règles qui régissent l'expertise sont contenues, pour l'expertise devant les tribunaux civils, dans le titre 14 du livre 2 de la première partie du Code de procédure civile (art. 302 à 323); pour les expertises en matière commerciale, dans les articles 429 à 431; pour les expertises devant les juges de paix, dans les articles 41 à 43 du même Code.

3. Ces règles ne s'appliquent qu'à l'expertise judiciaire, c'est-à-dire à celle qui est ordonnée par le juge. Elles ne sont pas applicables, en général du moins, à l'expertise amiable, qui n'est autre chose qu'un mandat donné par les parties à des personnes investies de leur confiance. Il en est cependant qui sont commandées par la nature des choses et qui doivent être observées dans l'expertise amiable, comme la convocation des parties, ou la présence des experts aux opérations.

4. L'expertise judiciaire suppose nécessairement, de la part du juge, une question précise adressée à des hommes de l'art, qui doivent donner un avis personnel et motivé. On n'applique pas, au contraire, les règles de l'expertise aux opérations purement matérielles dont le juge chargé une personne, comme, par exemple, la leve d'un procès.

5. On admet généralement que l'expertise est une mesure incidente, qui ne peut être demandée d'une façon principale, avant tout procès. Il y a pourtant des décisions en sens contraire, qui ordonnent des expertises *in futurum*. Telle est même la pratique courante en référé.

ART. 2. — EXPERTISE DEVANT LES TRIBUNAUX ORDINAIRES.

§ 1er. — *Cas dans lesquels il y a lieu à expertise* (R. 33 et s.; S. 9).

6. En principe, l'expertise est, pour les tribunaux, une mesure purement facultative. — Exceptionnellement, dans certaines matières, la loi prescrit de recourir à une expertise. Il en est ainsi, notamment, dans les hypothèses prévues : 1° par les art. 414 à 416 c. com.; 2° par les art. 126, 453, 466, 824, 1559, 1678, 1680, 1854 c. civ.; 3° par les art. 195, 204, 208, 209, 210, 955, 957, 971 c. pr. civ. Il en est de même encore en matière d'enregistrement (V. *supra*, *Enregistrement*, nos 33 et s.). Encore faut-il, pour que le juge ordonne une expertise, que cette mesure soit reconnue utile. En général, l'expertise n'est pas, même dans ces matières spéciales, obligatoire à peine de nullité.

7. Une expertise peut être ordonnée soit sur la demande des parties, soit d'office. Lorsqu'elle est demandée par les parties, les juges ne sont pas tenus de l'ordonner si elle leur paraît inutile (Cr. r. 25 juin 1897, D. P. 1904. 1. 433). L'expertise peut être ordonnée en tout état de cause, même en appel. — Une première expertise ne met pas obstacle à ce qu'il en soit ordonné une autre.

§ 2. — *Du jugement qui ordonne l'expertise et de son exécution* (R. 52 et s.; S. 10).

8. Le jugement qui ordonne l'expertise doit en préciser exactement l'objet (Pr. 302). Il doit être motivé. Il doit contenir la nomination d'un juge commissaire, qui devra recevoir le serment des experts (Pr. 305, § 2).

9. Ce jugement est interlocutoire ou simplement préparatoire, selon qu'il préjuge ou non le fond (V. *infra*, *Jugement d'avant dire droit*). — Lorsqu'un jugement ordonnant une expertise a été rendu, le juge ne peut statuer qu'après l'avis des experts, ou après que ceux-ci ont été mis en demeure d'exécuter le jugement, à moins que le jugement ne soit simplement préparatoire, ou que les parties renoncent au bénéfice du jugement qui a prescrit l'expertise.

10. Le jugement peut fixer un délai dans lequel il devra être procédé à l'expertise. Ce délai est considéré comme purement comminatoire. Dans tous les cas, la partie qui entend se prévaloir de l'inaction de son adversaire doit, avant de suivre l'audience,

le sommer, par un simple acte, d'exécuter le jugement en lui accordant le délai nécessaire.

§ 3. — *Des qualités requises pour remplir les fonctions d'expert* (R. 59 et s.; S. 11 et s.).

11. En principe, toute liberté est laissée au choix des parties ou des juges pour la désignation des experts. Le jugement qui circonscrirait dans une liste particulière le choix d'un tiers expert à faire par le juge de paix serait entaché d'excès de pouvoir. Mais il y a des incapacités absolues et des incapacités relatives, celles-ci ne viciant la procédure qu'autant que les parties n'ont pas renoncé à s'en prévaloir.

12. Sont frappés d'une incapacité absolue : les dégradés civiquement et ceux à qui les juges, prononçant l'interdiction civique, ont interdit d'être experts. — Sauf quelques divergences, on admet qu'un étranger peut être expert, bien que l'expert soit investi d'une fonction publique et protégé à ce titre par l'art. 222 c. pén. Une femme peut aussi être expert. Il en est autrement de l'interdit ou du mineur, même émancipé.

§ 4. — *Nomination des experts* (R. 72 et s.; S. 14 et s.).

13. La loi prescrit qu'il soit nommé en principe trois experts (Pr. 303). Il ne pourrait en être nommé ni un plus grand ni un plus petit nombre, à moins que les parties capables n'y consentent expressément ou tacitement, et ce à peine de nullité (Civ. c. 20 janv. 1902, D. P. 1903. 1. 181). Toutefois, lorsque l'expertise est ordonnée d'office, on admet que le tribunal peut ne nommer qu'un seul expert (Civ. r. 21 oct. 1895, D. P. 96. 1. 417).

14. Le choix des experts appartient, tout d'abord, aux parties. Si elles se mettent d'accord avant le jugement d'expertise, le tribunal leur en donne acte. A défaut d'entente entre les parties, les experts sont nommés par le tribunal; mais cette nomination n'est définitive qu'à la condition qu'un accord n'interviendra pas entre les parties pour le choix des experts dans trois jours de la signification du jugement (Pr. 305, § 1er). Le jugement doit, à peine de nullité, réserver aux parties la faculté de s'entendre pour choisir d'autres experts (Civ. c. 22 déc. 1897, D. P. 98. 1. 109). D'ailleurs, sauf dans ce dernier cas, le jugement qui nomme les experts n'est pas susceptible d'appel (Civ. r. 30 mai 1904, D. P. 1904. 2. 384).

15. Le délai réservé aux parties n'est pas fatal, mais seulement comminatoire; les parties gardent la faculté de nomination jusqu'à la prestation de serment par les experts commis par le jugement. Lorsqu'elles se sont mises d'accord, elles en font la déclaration au greffe (Pr. 306) ou par acte d'avoué. Jusqu'à l'expiration du délai, les parties, comme le tribunal, peuvent rétracter la nomination faite.

§ 5. — *Acceptation de la mission d'expert; ses conséquences* (R. 114 et s.; S. 26).

16. La fonction d'expert est essentiellement libre. Un expert désigné peut donc refuser la mission qui lui est confiée. Mais, quand l'expert a accepté cette mission en prêtant serment, il peut, s'il ne la remplit pas, être condamné à tous les frais frustratoires et à des dommages-intérêts (Pr. 316, § 2). Cette condamnation est facultative pour le tribunal, qui apprécie les raisons pour lesquelles l'expert n'agit pas. Le défaut de consignation préalable par les parties des frais de transport et de nourriture, si les experts l'ont requise en temps utile, serait pour eux un motif légitime de s'abstenir.

17. Si l'expertise est nulle par le dol, ou même par la faute lourde des experts, ils sont passibles des frais de l'expertise. Les frais mis à leur charge seront tantôt ceux de l'expertise annulée, tantôt ceux de la nouvelle expertise.

§ 6. — *De la récusation des experts* (R. 124 et s.; S. 27 et s.).

18. 1° *Causes de récusation.* — Les causes de récusation des experts sont les mêmes que celles de récusation des témoins énumérées par l'art. 283 c. pr. civ. (Pr. 310). L'énumération n'est pas limitative, d'après la jurisprudence qui a prévalu.

19. Pour l'application de la règle, il faut distinguer entre les experts nommés par le tribunal et les experts nommés par les parties : ceux-ci ne peuvent être récusés que pour causes survenues dans l'intervalle de leur nomination à leur prestation de serment; les premiers sont récusables, même pour causes antérieures à leur nomination. — La récusation n'est plus possible après la prestation de serment, même pour causes survenues postérieurement (Pr. 32). La partie conserve seulement la faculté de proposer à l'audience tels motifs de suspicion qui seraient de nature à infirmer la valeur de l'avis des experts, ou même à faire annuler l'expertise.

20. 2° *Délai de la récusation.* — L'art. 309 accorde un délai de trois jours, à partir de la nomination. Ce délai est de rigueur. Malgré les termes précis du texte, des auteurs ont soutenu et des décisions judiciaires ont admis, les uns que le point de départ du délai de trois jours devait être fixé par la signification du jugement; d'autres, que le délai ne commençait à courir qu'après l'expiration des trois jours accordés pour désigner les experts.

21. Si le jugement est par défaut, le délai court de l'expiration de la huitaine qui suit la signification à avoué (défaut faute de conclure) ou à partie (défaut faute de comparaître). S'il est fait opposition au jugement, le délai ne court que de la prononciation du jugement de défaut.

22. 3° *Formes, effets et jugement de la récusation.* — La récusation est prononcée par un simple acte signé de la partie ou de son mandataire spécial. — La récusation suspend l'effet de la nomination, la prestation de serment ne pouvant avoir lieu qu'après le jugement qui rejette la récusation. — L'incident est jugé extraordinairement à l'audience, sur un simple acte. Le ministère public doit toujours être entendu (Pr. 311).

23. Une récusation téméraire expose la partie qui l'a proposée à des dommages-intérêts envers son adversaire, à cause du retard apporté à la solution du litige, et envers l'expert. Si l'expert demande des dommages-intérêts, il ne peut pas demeurer expert (Pr. 314). Il en est autrement, s'il n'est intervenu que pour contester la récusation.

24. Le jugement sur la récusation est exécutoire nonobstant appel. Si donc le jugement qui la rejette est infirmé, l'expertise est nulle. Le tribunal peut même prononcer sur le fond nonobstant appel.

25. Il semble que le jugement sur la récusation doive toujours être susceptible d'appel. Mais la pratique distingue suivant que l'affaire au fond est elle-même en premier ou dernier ressort.

§ 7. — *Remplacement des experts* (R. 159 et s.; S. 34).

26. Le remplacement de l'expert non acceptant peut être fait par les parties d'accord, jusqu'au jour fixé pour la prestation de serment (Pr. 316), ou même tant que le tribunal n'a pas lui-même nommé d'office le remplaçant : elles ne jouissent pas, en ce cas, du délai de trois jours que leur accorde l'art. 305 pour la première nomination.

27. Le remplacement de l'expert empêché ou décédé est demandé par simple requête signifiée à la partie adverse. Il y est pourvu par une simple ordonnance du président.

28. En cas de récusation, le jugement qui l'admet commet d'office un nouvel expert au lieu de celui ou de ceux récusés (Pr. 313). Les parties ne sont pas consultées; elles pourraient cependant renoncer d'un commun accord au jugement qui contient la nomination d'office, et choisir elles-mêmes des experts.

§ 8. — Serment des experts (R. 163 et s.; S. 35 et s.).

29. Avant d'entrer en fonctions, les experts doivent prêter serment. La formalité du serment est substantielle. Elle est prescrite à peine de nullité, et doit être mentionnée, également à peine de nullité, dans le procès-verbal. — Mais les parties majeures et maîtresses de leurs droits peuvent en dispenser les experts. Le tribunal ne peut d'office accorder cette dispense; il en est autrement, toutefois, du juge des référés.

30. La formalité du serment n'est pas d'ordre public. Il en résulte que la nullité résultant du défaut de prestation est couverte si les parties ne l'ont pas invoquée avant toute défense au fond.

31. Le serment est prêté devant le juge commissaire nommé par le tribunal qui a ordonné l'expertise, ou devant tout autre magistrat qu'il désigne; il peut l'être même devant un tribunal étranger.

32. Pour l'accomplissement de cette formalité, la requête est présentée au juge commissaire, afin d'obtenir la fixation du jour et de l'heure où le serment sera prêté (Pr. 307). — Bien que la loi ne prescrive pas de sommer la partie adverse d'assister au serment, la pratique a consacré la nécessité de la sommation. — Les experts sont avertis par la signification de l'ordonnance fixant la date de la prestation de serment, avec sommation de se trouver aux lieu, jour et heure indiqués. Ils peuvent d'ailleurs se présenter sur simple avis amiable.

33. Aucune formule sacramentelle n'est prescrite pour la prestation du serment. — Le serment prêté, les experts indiquent les lieu, jour et heure où ils procéderont à leurs opérations. Le procès-verbal du serment doit contenir mention de cette indication, qui vaut sommation à l'égard des parties présentes (Pr. 315, § 1er). L'omission de cette mention ne vicierait, d'ailleurs, pas l'expertise. Si l'une des parties n'est pas présente à la prestation de serment, sommation par acte d'avoué doit lui être faite, contenant l'indication des lieu, jour et heure des premières opérations (Pr. 315, § 2). Cette formalité est substantielle. Cependant, la sommation par acte d'avoué peut être remplacée par un exploit à partie. En tout cas, la présence des parties aux opérations, constatée au rapport, couvre le vice résultant du défaut de sommation.

34. Une expertise faite en l'absence d'une des parties, qui n'a pas été mise en demeure de s'y présenter, est nulle, dans le cas même où les experts ont été nommés d'office.

§ 9. — Opérations des experts (R. 193 et s.; S. 44 et s.).

35. Les experts doivent circonscrire leurs opérations dans les limites tracées par le jugement qui les a commis. En portant leurs investigations sur des objets non mentionnés au jugement, ils feraient œuvre nulle, à moins d'y avoir été autorisés par les parties. Ils ont, d'ailleurs, la faculté de s'entourer de tous documents et renseignements propres à la manifestation de la vérité. — On admet généralement que les experts peuvent entendre des témoins, même d'office, à la condition, toutefois, que les déclarations recueillies ne portent que sur des éléments accessoires et ne servent pas de base au rapport d'expertise.

36. Les experts doivent procéder en commun aux opérations de l'expertise; ils ne peuvent agir séparément ou déléguer tout ou partie de leurs fonctions à l'un d'entre eux. Mais la règle doit s'entendre seulement de l'ensemble de la mission; elle ne s'oppose pas à ce que les experts chargent l'un d'entre eux d'un travail accessoire de vérification matérielle, tel que la levée d'un plan, sans influence nécessaire sur la solution du litige (Req. 5 juin 1893, D. P. 94. 1. 123). La nullité résultant de son inobservation serait, d'ailleurs, couverte par l'acquiescement des parties.

37. Les opérations doivent se faire en présence des parties ou de celles dûment appelées (Civ. c. 11 févr. 1902, D. P. 1902. 1. 159). L'inobservation de cette règle entraîne la nullité de l'expertise, mais dans le cas seulement où elle est de nature à porter atteinte aux droits de la défense en enlevant aux parties la possibilité de faire aux experts les observations et réquisitions utiles à leurs intérêts (Req. 15 févr. 1899, D. P. 1901. 1. 542).

38. La sommation d'assister à l'expertise vaut pour toute sa durée et n'a pas besoin d'être renouvelée à chaque vacation (Pr. 1034; Req. 8 juill. 1903, D. P. 1903. 1. 507); mais on restreint généralement l'application de cette règle au cas où les experts, en terminant la première séance, ont ajourné les autres à jour et à heure fixes; et l'on admet qu'elle ne s'applique pas lorsqu'ils ont renvoyé la continuation de leur travail à une date indéterminée. Les parties devront alors être prévenues du jour où les opérations seront continuées; elles peuvent l'être dans une forme quelconque, notamment par lettre recommandée. Il est, d'ailleurs, des opérations d'un caractère scientifique, comme des expériences chimiques, auxquelles la présence des parties n'est pas indispensable.

39. Les parties ont le droit de fournir toutes explications à l'appui de leurs prétentions et de faire tels dires et réquisitions qu'elles jugent convenables (Pr. 317, § 1er). Les experts ne sont, d'ailleurs, pas obligés de déférer à ces réquisitions; ils peuvent se borner à les mentionner dans leur procès-verbal.

40. Les opérations terminées, les experts indiquent les lieu, jour et heure où leur rapport sera rédigé (Pr. 317, § 2), afin que les parties puissent leur faire parvenir leurs derniers documents. Mais l'inobservation de cette formalité ne vicie pas l'expertise, à moins que le rapport n'ait été rédigé incontinent et que la défense en ait souffert.

§ 10. — Avis des experts (R. 225 et s.; S. 65 et s.).

41. Les experts doivent formuler un avis à la pluralité des voix. S'il y a unanimité, il en est fait mention; s'il y a un avis dissident ou si chaque expert a un avis distinct, on indique dans le rapport chaque avis, sans faire connaître de qui il émane; cette défense n'est, d'ailleurs, pas édictée à peine de nullité.

42. Le rapport des experts et les avis individuels, s'il n'y a pas unanimité, doivent être motivés. Il pourrait y avoir lieu à une nouvelle expertise si les experts ne faisaient pas connaître les bases de leurs conclusions. Toutefois, l'omission ou l'insuffisance des motifs des divers avis n'est une cause de nullité qu'autant que les juges ne trouvent pas dans le rapport les éclaircissements nécessaires pour suppléer ces motifs (Civ. r. 13 janv. 1902, D. P. 1903. 1. 317).

§ 11. — Confection du rapport (R. 231 et s.; S. 68 et s.).

43. Le rapport est rédigé par écrit. — Il n'est fait, en principe, qu'un seul rapport. Cependant, si les experts, n'ayant pu s'entendre, avaient dressé chacun un rapport séparé, ce ne serait point là une cause de nullité de l'expertise, surtout s'ils avaient été dispensés par les parties de suivre les formes tracées par la loi (Trib. civ. d'Evreux, 18 mai 1897, D. P. 99. 1. 383).

44. Le rapport contient, dans une première partie, l'exposé des opérations des experts, des dires et réquisitions des parties et, dans une seconde partie, l'avis des experts. L'omission de la mention des diverses phases de l'expertise ne vicierait d'ailleurs pas le rapport.

45. Le rapport des experts est écrit par l'un d'eux et signé par tous (Pr. 317, § 2); mais rien ne s'oppose à ce qu'ils le fassent écrire par un tiers. Au reste, la signature de tous les experts n'est pas prescrite à peine de nullité; le rapport conserve toute sa valeur, bien que non signé par un des experts (Dijon, 24 mai 1893, D. P. 93. 2. 415).

46. Le rapport des experts fait foi jusqu'à inscription de faux des actes personnels accomplis par les experts (Toulouse, 26 mai 1897, D. P. 1903. 2. 318). Mais, à la différence des actes notariés, la constatation des dires, déclarations et consentement des parties ne sert au juge que d'élément de conviction.

47. Le rapport est daté et fait par lui-même foi de sa date.

§ 12. — Dépôt et enregistrement du rapport. — Salaire des experts. — Exécutoire (R. 249 et s.; S. 74 et s.).

48. Le rapport est déposé au greffe du tribunal ou de la cour qui a ordonné l'expertise (Pr. 319). Les experts n'ont pas à prêter un nouveau serment. — La formalité du dépôt n'est pas exigée en cas d'expertise amiable.

49. C'est seulement par le dépôt du rapport que prend fin la mission de l'expert. Jusque-là il peut le compléter ou le modifier (Req. 5 juill. 1894, D. P. 94. 1. 478). Après le dépôt, un second rapport n'est plus possible. Mais les experts peuvent compléter leur rapport dans un second document à titre d'éclaircissement. Le tribunal pourrait aussi demander un complément de rapport ou même entendre les experts pour avoir des explications, sans observer les formes de l'enquête.

50. Aucun délai n'est fixé par la loi pour le dépôt du rapport. Celui que fixe le tribunal n'est que comminatoire. En cas de retard, les parties peuvent assigner les experts devant le tribunal pour se voir condamner à effectuer le dépôt. Il est statué sommairement sur l'incident (Pr. 320). — Le procès-verbal déposé est rangé au nombre des minutes du greffe, et chaque partie peut en requérir une expédition à ses frais.

51. Le dépôt mettant fin à la mission des experts, ils peuvent alors se faire payer leurs frais et salaires. Les vacations sont taxées par le président au bas de la minute. — Sur le vu de la taxe, il est délivré par le greffier un exécutoire. Cet exécutoire est délivré contre la partie qui a requis l'expertise; si l'expertise a été ordonnée d'office, contre celle qui l'a poursuivie (Pr. 319); enfin contre les deux parties solidairement, si elles l'ont sollicitée l'une et l'autre. — L'exécutoire peut être frappé d'opposition. Celle-ci est portée devant la chambre du conseil. Le jugement qui statue sur l'opposition est susceptible d'appel, si l'importance de l'intérêt litigieux excède le taux du dernier ressort, quelle que soit l'importance de l'intérêt engagé au principal.

52. L'exécutoire ne préjuge rien sur la question de savoir par qui devront être supportés définitivement les frais de l'expertise; ces frais font partie des dépens de l'instance (V. *infrà*, *Frais et dépens*), et, celle-ci terminée, les experts auront le droit de poursuivre la partie, quelle qu'elle soit, qui sera condamnée aux dépens. Au reste, l'expert conserve le droit de réclamer le payement de sa taxe à la partie qui a requis ou poursuivi l'expertise, même après que le procès a pris fin et que l'autre partie a été condamnée aux dépens (Montpellier, 22 oct. 1890, D. P. 91. 2. 50).

§ 13. — *Poursuite de l'audience* (R. 269 et s.; S. 87 et s.).

53. Pour suivre l'audience, la partie la plus diligente lève d'abord le rapport et le signifie à avoué. L'audience est ensuite poursuivie sur un simple acte (Pr. 321). Ces formalités ne sont pas obligatoires en matière de référé.

54. Les nullités qui peuvent avoir été commises au cours de l'expertise doivent être proposées *in limine litis*. Elles seraient couvertes par la discussion au fond, à moins qu'il ne s'agit d'une nullité d'ordre public, comme celle qui résulterait de l'incapacité absolue des experts.

§ 14. — *Influence du rapport sur le fond.* — *Jugement définitif* (R. 276 et s.; S. 94 et s.).

55. L'expertise ne lie pas le juge : « Les juges ne sont pas astreints à suivre l'avis des experts si leur conviction s'y oppose » (Pr. 323). Ils peuvent statuer sans nouvelle expertise, même contre l'avis des experts. Ils ne sont pas obligés de dire pourquoi ils ne suivent pas cet avis (Req. 29 déc. 1902, D. P. 1904. 1. 450). Il suffit qu'ils indiquent les motifs sur lesquels repose leur conviction. — Cette règle s'applique en toutes matières, sauf cependant en matière d'enregistrement (V. *supra*, *Enregistrement*, n. 43).

56. Les juges ne peuvent se fonder uniquement sur une expertise nulle (Civ. c. 11 févr. 1902, D. P. 1902. 1. 160); mais ils peuvent la retenir aux débats, à la condition de ne la consulter qu'à titre de renseignement, et en la combinant avec d'autres éléments de preuve réguliers, qu'ils ont le devoir de faire connaître (Req. 7 mars 1904, D. P. 1904. 1. 208).

57. L'expertise, même valable, ne peut être prise comme base de la décision du tribunal, à l'égard d'une partie mise en cause postérieurement au jugement qui l'ordonne. Mais elle peut être opposée à la partie qui intervient volontairement. D'ailleurs, à raison du large pouvoir d'appréciation laissé au juge, il lui est permis d'utiliser, à titre de renseignement, une expertise ordonnée entre les parties, pour la solution du procès à l'égard du tiers mis en cause, ou même une expertise ordonnée entre les mêmes parties dans une autre instance (Req. 16 févr. 1898, D. P. 98. 1. 159).

§ 15. — *De l'expertise nouvelle* (R. 294 et s.; S. 102 et s.).

58. Il y a expertise nouvelle lorsque le rapport est annulé ou ne répond que d'une façon incomplète ou obscure, ou encore lorsqu'il se produit des faits nouveaux, se rattachant aux premiers. Les juges peuvent ordonner l'expertise nouvelle soit d'office, soit à la requête des parties.

59. C'est toujours au tribunal qu'il appartient de nommer de nouveaux experts et d'en fixer le nombre. Il peut confier l'expertise nouvelle aux experts qui ont été chargés de la première, ou à un seul d'entre eux.

60. Les règles concernant la procédure, la prestation de serment sont les mêmes que pour la première expertise. — Au reste, lorsque la mission confiée aux experts ne constitue pas une nouvelle expertise, mais a seulement pour objet de leur permettre de préciser leurs réponses antérieures et de faire des vérifications complémentaires, ils ne sont pas soumis à l'obligation de prêter serment à nouveau (Req. 8 juill. 1903, D. P. 1903. 1. 507).

ART. 3. — EXPERTISE DEVANT LES TRIBUNAUX DE COMMERCE.

§ 1er. — *De l'expertise proprement dite* (R. 324 et s.; S. 107 et s.).

61. Le droit commun, c'est-à-dire les règles admises pour les expertises devant les tribunaux civils, est applicable aux expertises commerciales, sauf les règles spéciales contenues dans les art. 429 à 431 c. pr. civ., et dans certains articles spéciaux (Com. 106, 295, 407). On applique donc les règles déjà exposées sur la capacité et la récusation des experts, leurs opérations, le serment qu'ils doivent prêter, la rédaction et le dépôt du rapport, sous la sanction de la nullité pour l'inobservation des formalités substantielles. Le nombre des experts est de un ou de trois.

62. En ce qui concerne la nomination des experts, les parties doivent tomber d'accord à l'audience pour le choix d'un ou de trois experts, sinon le tribunal procède à cette nomination. Les parties n'ont pas le délai de trois jours de l'art. 305 (Pr. 429). — La récusation ne peut être provoquée que dans les trois jours de la nomination (Pr. 430; Req. 8 mars 1898, D. P. 98. 1. 216).

63. En ce qui concerne le payement des honoraires, le président du tribunal de commerce n'est pas investi des pouvoirs qui appartiennent au président du tribunal civil. Il ne peut délivrer un exécutoire. La réclamation des honoraires et les contestations auxquelles elle peut donner lieu sont de la compétence de la juridiction civile.

§ 2. — *Des arbitres rapporteurs* (R. 339 et s.; S. 116 et s.).

64. L'art. 429 porte que, « s'il y a lieu à renvoyer les parties devant des arbitres pour examen de compte, pièces et registres il sera nommé un ou trois arbitres pour entendre les parties, les concilier si faire se peut, sinon donner leur avis. » — L'énumération donnée par cet article des cas où il y a lieu à un renvoi d'arbitres n'est pas limitative.

65. Le choix des arbitres est laissé aux parties, pourvu qu'il ait lieu à l'audience; mais, en général, c'est le tribunal qui les choisit. Dans la pratique, on n'exige jamais le serment des arbitres. Les arbitres sont récusables comme les experts. Ils procèdent comme des experts, entendent les parties, constatent leurs dires, à peine de nullité. Cependant, le rôle des arbitres n'est pas le même que celui des experts ; leurs opérations ne sont pas purement matérielles, elles portent sur un point de fait ou de droit, et non sur une question d'art. Ils ne sont pas non plus de véritables arbitres, puisqu'ils ne font que juges et ne font qu'exprimer un avis. Leur rapport est un exposé de l'affaire, avec discussion des moyens et avis sur le bien ou le mal fondé des prétentions des parties. — Le dépôt du rapport se fait comme en matière d'expertise; chaque partie a droit d'en prendre communication. Quand le dépôt a été fait, on assigne en ouverture de rapport et l'on plaide ensuite.

66. L'usage des renvois devant arbitres a pris, à Paris surtout, une grande extension. Le tribunal de commerce a arrêté une liste de personnes devant lesquelles sont renvoyées ces sortes d'arbitrages. Les rapports des arbitres sont compris dans la taxe des dépens ; le rapport n'est déposé qu'après consignation des honoraires par la partie poursuivante.

ART. 4. — EXPERTISE DEVANT LES JUGES DE PAIX (R. 347 et s.; S. 118 et s.).

67. L'expertise peut être ordonnée par les juges de paix, comme par les tribunaux ordinaires. C'est au juge de paix qu'appartient la nomination des experts, sauf à avoir égard à la désignation des parties. Il peut ne nommer qu'un expert. Il peut en nommer deux; mais il ne pourrait, semble-t-il, les autoriser à désigner eux-mêmes un tiers expert chargé de les départager. — Le droit de récusation appartient aux parties. Mais il ne leur est accordé aucun délai.

68. Les experts prêtent serment, à moins que les parties ne les en aient dispensés. — Les autres formalités substantielles doivent également être observées. Ainsi en est-il de l'invitation adressée aux parties d'assister aux opérations, sans qu'aucune forme spéciale soit imposée, de leur droit de présenter des dires et observations et de les faire insérer au procès-verbal, s'il y a lieu d'en dresser un.

69. En principe, les experts procèdent en présence du juge de paix; mais cette présence n'est pas indispensable. — Quand le juge de paix assiste à l'expertise, les experts donnent leur avis de vive voix. — Un procès-verbal n'est nécessaire que lorsque la cause est susceptible d'appel. Il doit mentionner le serment prêté par les experts. Il est signé par le juge, le greffier et les experts (Pr. 42). La minute du procès-verbal est déposée au greffe de la justice de paix. — Dans les causes non sujettes à appel, où il n'est point dressé de procès-verbal, le jugement énonce les noms des experts, la prestation de leur serment et le résultat de leur avis (Pr. 42).

70. L'avis des experts n'est pas obligatoire pour le juge de paix. Une nouvelle expertise peut être ordonnée.

71. Lorsque, sur l'appel du jugement définitif du juge de paix, le tribunal ordonne une expertise, on se conforme aux règles ordinaires tracées par les art. 302 et s. c. pr. civ.

ART. 5. — EXPERTISE EN MATIÈRE CRIMINELLE (R. 396 et s.; S. 181 et s.).

72. Le Code d'instruction criminelle n'a tracé les règles de l'expertise devant les tribunaux de répression. L'expertise y est visée seulement en cas de flagrant délit (Instr. 43 et 44) et en matière de simple police (Instr. 148). Mais on peut y recourir toutes les fois que des éclaircissements sont utiles à la justice. Ainsi, les expertises peuvent être ordonnées non seulement par les magistrats du parquet, mais aussi par les juges d'instruction. Dans le cas de fausse monnaie, de faux matériel, de vol à l'aide de fausses clefs, d'effraction et d'escalade, d'attentat à la pudeur ou de viol, d'avortement, d'assassinat, d'empoisonnement, le juge d'instruction fera appel au concours de tels ou tels experts : essayeurs de monnaies, orfèvres, charpentiers, maçons, médecins, chimistes ou pharmaciens (Sur les expertises médicales, V. *infrà*, *Médecine-pharmacie*).

73. Les tribunaux de répression sont investis du même pouvoir que les juges d'instruction, et, lorsqu'ils ordonnent une instruction supplémentaire (V. *infrà*, *Instruction criminelle*), ils peuvent, ou celui d'entre leurs membres qu'ils ont désigné peut choisir un expert à toutes fins utiles. De même, le président de la cour d'assises, lorsqu'il se livre à une instruction supplémentaire (V. *infrà*, *Instruction criminelle*), peut ordonner une expertise.

74. Le juge a, pour ordonner une expertise, et notamment pour le choix des experts, la plus grande latitude, et la loi n'a tracé à cet effet aucune restriction. Cependant elle prescrit, en cas de mort violente ou d'une mort dont la cause est inconnue ou suspecte, de choisir deux experts (Instr. 44 ; V. *infrà, Médecine-pharmacie*). — En outre, si large que soit le pouvoir du juge, le magistrat, qui peut se livrer à tous les moyens d'instruction qu'il croit utile pour s'éclairer, ne doit pas confondre ses fonctions avec celles de l'expert. Ainsi, il a été décidé que le juge de police ne peut pas procéder lui-même à un supplément d'expertise en qualité de tiers expert. — Sur le point de savoir si un témoin ou un juré peut être expert, V. *infrà, Jury, Témoin*.

75. Les expertises ordonnées en matière criminelle ne sont assujetties à aucune des formes prescrites par la loi civile ; il suffit qu'avant de commencer les opérations les experts aient prêté le serment de l'art. 44 c. instr. cr. (Cr. r. 19 avr. 1894, D. P. 98. 1. 494). Notamment, il n'est pas nécessaire que les parties soient présentes ou appelées (Cr. r. 15 nov. 1894, D. P. 98. 1. 319). Un prévenu ne peut donc pas se plaindre de ce que l'opération aurait été faite sans qu'il y fût présent ou sans qu'il eût été mis en demeure d'y assister (Cr. r. 12 mai 1891). Il en est ainsi, même en ce qui concerne l'instruction des procès en contrefaçon de brevet d'invention intentés devant la juridiction correctionnelle.

76. Il n'est pas nécessaire que les ordonnances portant nomination d'experts soient portées immédiatement à la connaissance de l'inculpé, comme l'art. 10 de la loi du 8 déc. 1897, sur l'instruction préalable, le prescrit pour les ordonnances ayant un caractère juridictionnel (V. *infrà, Instruction criminelle*; Cr. r. 5 janv. 1901, D. P. 1901. 1. 113).

77. Les experts peuvent faire soit un rapport verbal, soit une déposition devant le magistrat qui les a commis et qui recueille leurs déclarations, soit encore un rapport écrit. Ils peuvent, en outre, être appelés comme témoins pendant les débats pour déposer sur les faits de l'expertise.

78. Le juge peut faire état d'une expertise au même titre que de tout autre mode de preuve. Mais l'expertise ne lie pas le juge ; si motivée qu'elle puisse être scientifiquement, les juges peuvent en discuter les bases et trouver notamment, dans les circonstances qu'ils relèvent, des causes de doute favorable au prévenu (Cr. r. 2 mai 1895).

79. Les juges répressifs peuvent ordonner une nouvelle expertise lorsque la première a été irrégulière ou insuffisante ; ils sont libres de la confier au même expert.

ART. 6. — EXPERTISE EN MATIÈRE ADMINISTRATIVE (R. 364 et s. ; S. 127 et s.).

80. Sur les expertises ordonnées par les conseils de préfecture, V. *supra, Conseil d'État*, n° 78; *Conseil de préfecture*, n°s 63 et s.

ART. 7. — ENREGISTREMENT ET TIMBRE.

81. 1° *Enregistrement*. — La nomination d'experts faite hors jugement est tarifée à 3 francs lorsqu'elle est constatée par acte civil (L. 28 avr. 1816, art. 43, n° 15, R. v° *Enregistrement*, t. 21, p. 39; 28 févr. 1872, art. 4, D. P. 72. 4. 12); et à 2 francs si elle résulte d'un acte extrajudiciaire (mêmes lois et L. 28 avr. 1893, art. 22, D. P. 93. 4. 79).

82. Les nominations faites par jugement sont soumises à des droits qui varient suivant la juridiction : 1 franc pour les jugements de paix ou procès-verbaux de conciliation (L. 22 frim. an 7, art. 68, § 1er; n° 46, R. v° *Enregistrement*, t. 21, p. 26; 28 févr. 1872, art. 4; 28 avr. 1893, art. 22);

4 fr. 50 pour les jugements de première instance (L. 22 frim. an 7, art. 68, § 2. n° 6; 28 avr. 1816, art. 44, n° 10; 28 févr. 1872, art. 4); 7 fr. 50 pour les arrêts de cours d'appel (L. 22 frim. an 7, art. 68, § 3, n° 7; 28 avr. 1816, art. 45, n° 5; 28 févr. 1872, art. 4).

83. La prestation de serment contenue dans le jugement de nomination est une disposition dépendante et ne donne ouverture à aucun droit particulier. Constatée par un procès-verbal séparé, elle a le caractère d'acte judiciaire innomé, et est soumise au droit fixe de 1 fr. 50 devant toutes les juridictions (Sol. admin. Enreg. 21 juill. 1886). — Les procès-verbaux de prestation de serment des experts nommés par les conseils de préfecture sont soumis au timbre, mais exempts d'enregistrement (L. 22 juill. 1889, art. 16, D. P. 90. 4. 1).

84. Les rapports d'expertise sont assujettis au droit fixe de 3 francs (L. 23 avr. 1816, art. 43, n° 16; 28 févr. 1872, art. 4) quelque soit le nombre des vacations (Décis. min. Fin. 24 sept. 1898; Instr. admin. Enreg. 436, n° 1).

85. 2° *Timbre*. — Les procès-verbaux d'expertise doivent être rédigés sur papier timbré, sous peine d'une amende de 50 francs en principal (L. 13 brum. an 7, art. 12 et 25. R. v° *Enregistrement*, t. 22, p. 737; 2 juill. 1862, art. 22, D. P. 62. 4. 66).

86. Les experts ne peuvent agir en vertu d'aucun acte non écrit sur papier timbré du timbre prescrit, ou non visé pour timbre, sous peine d'une amende de 20 francs L. 13 brum. an 7, art. 24 et 26; 16 juin 1824, art. 10, R. v° *Enregistrement*, t. 21, p. 42).

EXPLOIT

(R. v° *Exploit*; S. *eod. v°*).

1. On entend par *exploits* les actes faits suivant les formes tracées par la loi par des officiers publics ayant qualité à cet effet, en général par les huissiers, dans l'intérêt des parties qui les ont chargés de ce soin.

SECT. Ire. — **Législation.** — Notions générales (R. 19 et s ; S. 17 et s.).

2. La législation relative aux exploits est contenue dans les art. 59 et s., 1036 c. pr. civ., dont quelques-uns ont été modifiés par diverses lois spéciales, notamment par celles du 8 mai 1862 (D. P. 62. 4. 43), du 15 juill. 1899 (D. P. 1900. 4. 9), et du 11 mai 1900 (D. P. 1900. 4. 46).

3. Les exploits peuvent se classer, au point de vue de leur objet, en trois classes, selon qu'ils ont pour objet : 1° d'appeler une partie devant un tribunal (citation, assignation, ajournement); 2° de lui notifier soit un fait, soit un acte, ou de lui adresser une mise en demeure (signification, sommation, laquelle est le plus souvent *extrajudiciaire*, c'est-à-dire faite en dehors de toute instance, etc.); 3° enfin de la forcer à exécuter une obligation ou une condamnation (commandement, procès-verbal de saisie, etc.). — Il n'est question, dans les explications qui suivent, que des règles communes à tous les exploits ; les particularités applicables à chacun d'eux sont respectivement exposées sous les différents mots auxquels ils se rattachent spécialement, et notamment : *Instruction criminelle, Procédure*, etc.

SECT. II. — **Règles générales** (R. 19 et s.; S. 17 et s.).

4. Les significations faites par les huissiers ne sont valables que si ces officiers ministériels ont qualité pour les délivrer, tant à raison de la nature de ces significations que du lieu où elles doivent être notifiées (V. *infra, Huissier*).

5. Tous les actes signifiés par les huissiers doivent être écrits, et ce, en langue française, à peine de nullité (L. 2 therm. an 2, art. 1er; Arr. 24 prair. an 11). Mais il n'est pas besoin qu'ils soient écrits à l'encre ; ils peuvent l'être simplement au crayon. Il n'est pas non plus nécessaire qu'ils soient écrits par l'huissier lui-même. Mais ils doivent être signés par lui, à peine de nullité ; — sans que, d'ailleurs, et sauf exception, la signature de la partie requérante soit également exigée.

6. L'huissier a seul qualité pour signifier les exploits, à peine pour lui de suspension pendant trois mois, de 200 à 2000 francs d'amende et de dommages-intérêts s'il fait faire cette signification par l'un de ses clercs (Décr. 14 juin 1813, art. 45). V. *infrà, Huissier*.

7. Les exploits doivent, en outre, dans certains cas qui seront ultérieurement indiqués, être visés par des fonctionnaires publics (V. *infrà*, n°s 43, 46 . Ce visa est fait gratis (Pr. 68 et 1039, § 1er). Il doit émaner nécessairement du fonctionnaire désigné ou de celui qui est chargé de le remplacer. Il doit être fait sur l'original (Pr. 68, § 1er; 1039, § 1er); mais, conformément à la règle posée *infrà*, n° 8, il doit être reproduit sur la copie. — Le fonctionnaire qui refuse son visa peut être condamné, sur les conclusions du ministère public, à une amende qui ne peut être moindre de 5 francs (Pr. 1039, § 2). Mais l'absence du visa sur l'original, et à plus forte raison sa non-reproduction sur la copie, n'entraîne pas la nullité de l'acte, sauf dans les cas indiqués *infrà*, n° 49.

8. Les exploits doivent être rédigés au moins en double exemplaire : l'un, appelé *original*, qui reste entre les mains de la partie à la requête de laquelle l'acte est signifié, et l'autre, qu'on nomme *copie*, et qui est remis par l'huissier entre les mains de la personne à qui est faite la signification. S'il y a plusieurs défendeurs, une copie spéciale est nécessaire pour chacun d'eux. — Parfois même plusieurs copies sont indispensables, bien qu'il n'y ait qu'un seul défendeur ; c'est lorsque ce défendeur a la qualité pour ester en justice qu'avec l'assistance d'une autre personne : deux copies doivent être faites, l'une pour lui dans la seconde pour cette autre personne; ainsi en est-il quant au prodigue pourvu d'un conseil judiciaire, en matière au mineur émancipé dans le cas d'une action immobilière. De même, lorsque c'est une femme mariée qui est défenderesse, deux copies sont requises, l'une pour elle, l'autre pour son mari, lorsqu'elle est séparée de biens, ou que, sous le régime dotal, il s'agit de ses paraphernaux. — D'une façon générale, et sous quelque régime que les époux soient mariés, même sous celui de la communauté, si leurs intérêts sont distincts, spécialement s'il s'agit d'un immeuble propre à la femme, il faut aussi faire pour chacun d'eux une copie distincte. Si, au contraire, leur intérêt est le même, une seule signification par leur copie est suffisante (Nancy, 24 juin 1891, D. P. 92. 2. 158).

9. L'original, les copies, ainsi que les copies des pièces qui les accompagnent, doivent être corrects, lisibles et sans abréviations, à peine d'une amende de 25 francs pour l'huissier (Décr. 14 juin 1813, art. 43; 29 août 1813, art. 1 et 2; L. 2 juill. 1862, art. 20). Ils ne doivent contenir ni blancs, lacunes ou intervalles, ni surcharges, et ce, à peine de nullité, alors du moins, pour les surcharges, que celles-ci portent sur une partie essentielle de l'acte et non sur une mention secondaire. Les ratures et renvois non approuvés qu'ils renferment doivent être tenus pour non avenus (Civ. r. 21 déc. [...] D. P. 95. 1. 362 ; 21 janv. 1903, D. P.

1903. 1. 120). Ils ne doivent pas contenir d'interlignes; mais le défaut d'approbation d'un interligne n'entraîne la nullité de l'exploit que s'il rend incertain l'accomplissement d'une formalité substantielle (Civ. r. 31 déc. 1900, D. P. 1903. 1. 17).

10. Les copies doivent être conformes à l'original et *servent elles-mêmes d'original à la partie qui la reçoit;* de telle sorte, par exemple, que la régularité de l'original ne saurait relever la copie des irrégularités qui la vicient (Civ. r. 21 déc. 1897, précité), et que les mentions contenues dans la copie sont les seules qui puissent être opposées à la partie à laquelle elle est remise (Civ. c. 1er mars 1893, D. P. 93. 1. 424). Ce n'est donc que par la représentation de l'acte que les parties peuvent prouver que les formes et les prescriptions de la loi ont été observées, savoir le demandeur en représentant l'original, et le défendeur en représentant la copie. — Toutefois, l'original de l'acte fait preuve de la régularité de l'acte, alors que la copie prétendue irrégulière n'est pas représentée (Chambéry, 15 mars 1892, D. P. 93. 2. 27). Et, d'autre part, la jurisprudence admet que la preuve de l'existence et de la signification d'un acte qui n'est représenté ni en original ni même en copie peut être admise, et résulter par exemple de la mention de l'enregistrement de cet acte.

11. Les actes signifiés par les huissiers font foi en justice jusqu'à inscription de faux des faits que ces officiers ministériels constatent comme les ayant accomplis eux-mêmes ou vus s'accomplir dans l'exercice de leurs fonctions; ainsi en est-il, par exemple, de la date de l'acte. Mais ils ne font foi que jusqu'à preuve contraire des autres faits mentionnés dans l'acte, par exemple, de la qualité que est attribuée à la personne à laquelle l'huissier a remis la copie. Il faut même admettre que, s'il y a divergence entre l'original et la copie, les énonciations, quelles qu'elles soient, sur lesquelles porte cette divergence peuvent toujours être combattues par la preuve contraire.

12. La sanction des règles prescrites pour la validité des exploits d'huissier est la même que pour les actes de procédure et consiste, par conséquent, suivant les cas, soit dans la nullité même de l'exploit, soit dans des pénalités contre l'officier ministériel, soit dans la déchéance ou perte du droit que la partie voulait exercer (Pr. 1030 et 1031 ; V. *infra, Procédure*). On décide notamment, en conséquence, que la nullité de l'exploit doit être prononcée non seulement lorsqu'elle est formellement édictée par un texte, mais même en l'absence de texte, s'il s'agit de formalités intrinsèques de l'acte, comme par exemple l'indication de la partie à laquelle l'acte est signifié. Il est vrai qu'en retour, la jurisprudence admet la théorie des *équivalents* (V. *infra, Procédure*), c'est-à-dire qu'elle ne considère point la loi comme imposant des formules sacramentelles ; et elle décide, en conséquence, que l'indication erronée ou incomplète, dans un exploit, des énonciations prescrites, et même leur omission, n'entraîne point la nullité de cet exploit si elles peuvent être complétées, modifiées ou suppléées par les autres mentions dudit exploit lui-même (Req. 17 févr. 1896, D. P. 96. 1. 181). — La nullité ne serait point couverte au contraire, par des indications puisées ailleurs que dans cet acte (Civ. c. 20 févr. 1900, D. P. 1901. 1. 220). Et, à cet égard, l'enveloppe sous laquelle doit être remis un exploit non signifié à la partie elle-même ou au parquet n'est pas considérée comme faisant partie de l'exploit; de telle sorte, par exemple, que, si la copie d'un commandement n'indique pas le nom, prénoms, demeure et immatricule de l'huissier, cette nullité n'est pas couverte par le fait que l'enveloppe contenant l'exploit était revêtue du cachet de l'étude de l'huissier (Pau, 11 avr. 1900, D. P. 1901. 2. 217).

SECT. III. — Formalités des exploits.

ART. 1er. — RÉDACTION DES EXPLOITS.

13. Les mentions que doivent contenir tous les exploits sont relatives aux huit points suivants : 1° la date de ces exploits; 2° la désignation de la partie à la requête de laquelle est notifié l'acte, et que, pour abréger, nous appellerons le demandeur; 3° celle de la partie à laquelle il doit être signifié, et que, par antithèse, nous qualifierons de défendeur; 4° celle de l'huissier; 5° l'indication de l'objet de l'exploit; 6° la mention de la personne à laquelle copie de cet exploit est laissée ; 7° la signature de l'huissier; 8° le coût de l'acte.

§ 1er. — *Date* (R. 49 et s.; S. 31 et s.).

14. A peine de nullité, tout exploit doit contenir l'indication de sa date, c'est-à-dire des jours, mois et an (mais non de l'heure) où il est fait (Pr. 61, § 1er). Elle doit être indiquée d'après le calendrier grégorien. Mais il n'est pas besoin qu'elle soit exprimée en toutes lettres, ... ni qu'elle soit placée en tête de l'exploit : l'huissier peut la mettre où il veut, pourvu que ce soit avant sa signature.

15. Le principe que la copie sert elle-même d'original à la partie qui la reçoit (V. *supra*, n° 10) conduit même à décider que l'absence de la date dans la copie entraîne la nullité de l'acte, alors même que l'original indiquerait régulièrement cette date (Req. 10 déc. 1895, D. P. 96. 1. 401).

16. La jurisprudence admet, d'ailleurs, par application de la théorie des *équivalents* (V. *supra*, n° 12), que, si la mention de la date dans un exploit est prescrite à peine de nullité, cette mention peut du moins être suppléée par des indications contenues dans cet acte même; à plus forte raison en est-il ainsi pour le cas où la date est simplement incomplète ou erronée (Besançon, 2 févr. 1900, D. P. 1900. 2. 56) : par exemple, l'erreur de date d'un acte d'appel, lorsqu'elle est réparée par d'autres énonciations de l'exploit, n'en entraîne pas la nullité (Riom, 13 mai 1889, D. P. 90. 2. 107). Mais l'équipollent, pour faire disparaître cette nullité, doit résulter de l'acte lui-même; c'est ainsi que la nullité d'un acte d'appel dans la copie duquel se trouve omise la mention du jour de sa signification n'est pas couverte par l'indication de cette date dans la constitution de l'avoué de l'intimé.

§ 2. — *Désignation du demandeur*
(R. 69 et s.; S. 36 et s.).

17. Tout exploit doit contenir *les noms du demandeur* (Pr. 61, § 1er). — Par noms, il faut entendre, du moins suivant l'opinion générale, non seulement le nom patronymique, mais encore les prénoms. Et ces derniers, comme le nom lui-même, doivent être écrits en toutes lettres; on ne pourrait les énoncer par de simples initiales.

18. Tout exploit doit également faire connaître la *profession* de la partie requérante (Pr. 61, § 1er) ; à moins, bien entendu, qu'elle n'en ait point; auquel cas il n'y a même pas besoin qu'elle est sans profession, ni d'énoncer ses qualités, par exemple celle de propriétaire ou de rentier.

19. Enfin, tout exploit doit énoncer le *domicile* du requérant (Pr. 61, § 1er), c'est-à-dire son domicile réel, et non son domicile d'élection ou sa résidence. La désignation comporte, d'ailleurs, dans une grande ville, non seulement l'indication de la commune, mais encore celle de la rue et même du numéro de la maison (Bruxelles, 27 nov. 1900, D. P. 1902. 2. 348).

20. Cette désignation des noms, profession et domicile du requérant est prescrite à peine de nullité (Pr. 61 *in fine*). Mais ici encore la jurisprudence, appliquant la théorie des *équivalents* (V. *supra*, n° 12), déclare qu'une erreur ou même une omission sur un de ces trois points est tout à fait indifférente si les autres indications de l'exploit suffisent pour qu'il ne puisse y avoir aucun doute sur l'identité du requérant (Paris, 6 mars 1895, D. P. 95. 2. 328). Ainsi, l'indication inexacte du domicile de l'appelant n'est pas de nature à vicier l'acte d'appel, si les diverses énonciations de cet acte n'ont pu permettre à l'intimé de se méprendre sur la personnalité dudit appelant (Paris, 27 nov. 1895, D. P. 96. 2. 95). De même, une assignation ne peut être annulée comme ne contenant pas les prénoms du demandeur, et même son nom, si, malgré cette lacune, aucune incertitude ne peut exister sur sa personne.

§ 3. — *Désignation du défendeur*
(R. 170 et s.; S. 51 et s.).

21. Tout exploit doit mentionner les *noms* du défendeur (Pr. 62, § 1er), c'est-à-dire, du moins suivant l'opinion générale, non seulement son nom patronymique, mais encore ses prénoms (V. *supra*, n° 17).

22. Tout exploit doit aussi relater la *demeure* du défendeur (Pr. 61, § 2), mais non pas nécessairement son domicile, qui peut être inconnu du requérant. La désignation de cette demeure se fait conformément aux règles indiquées *supra*, n° 19, c'est-à-dire que, pour les grandes villes, il faut indiquer non seulement le nom de la ville, mais encore la rue et le numéro de la maison.

23. Cette double mention des noms et de la demeure de la personne à laquelle est destiné l'exploit est requise à peine de nullité (Pr. 61 *in fine*). — Mais, ici encore, la jurisprudence admet des *équivalents*, (V. *supra*, n° 12), et décide qu'il suffit, pour qu'un acte soit valable, que d'après l'ensemble des indications dudit exploit il n'existe pas de doute sur l'identité de cette personne; ... que, notamment, l'indication erronée ou même l'omission du nom de l'intimé (est, à plus forte raison, de ses prénoms : V. *supra*, n° 20) dans un acte d'appel n'est pas une cause de nullité de cet acte, dès qu'il y a, dans cet acte, désignation suffisante de cet intimé (Paris, 4 juill. 1892, D. P. 94. 2. 31); ... que, de même, un acte d'appel n'est pas nul, quoiqu'il ne mentionne pas la demeure de l'intimé, si cette omission est réparée par d'autres énonciations de cet acte. La jurisprudence tend pareillement à décider que le défaut d'indication de la demeure de la partie assignée, ou l'indication erronée de cette demeure, n'emporte pas la nullité d'un exploit lorsque cet exploit a été remis parlant à la partie en personne (Nancy, 24 févr. 1892, D. P. 92. 2. 293).

24. L'exploit n'a pas, en tous cas, à faire connaître la *profession* du défendeur.

§ 4. — *Désignation de l'huissier* (R. 128 et s.; S. 45 et s.).

25. Tout exploit doit mentionner, et ce, à peine de nullité (Pr. 61 *in fine*), les *noms* de l'huissier, c'est-à-dire son nom patronymique et ses prénoms; — sa *demeure*, autrement dit, son domicile; — son *immatricule*, c'est-à-dire son inscription au tableau de sa corporation (Pr. 61, § 2; Civ. c. 20 févr. 1900, D. P. 1901. 1. 220).

26. C'est l'exploit lui-même et sa copie qui doivent porter ces mentions ; il ne suffirait pas, comme on l'a vu, qu'elles soient inscrites sur l'enveloppe sous laquelle est remise la copie (V. *supra*, n° 12). Mais il n'est pas nécessaire qu'elles figurent dans le corps même de l'acte; elles peuvent, par exemple, résulter de l'apposition, en marge, d'un timbre humide (Paris, 15 mai 1900, D. P. 1901. 2. 187).

27. Aussi bien la jurisprudence applique-t-elle, là aussi, la théorie des *équivalents* (V. *suprà*, n° 12) et décide-t-elle, par exemple, que le défaut d'indication du nom, de la demeure et de l'immatricule de l'huissier est suppléé par sa signature, lisiblement apposée au bas de l'acte avec la mention du tribunal près duquel il exerce (Pau, 11 avr. 1900, D. P. 1901. 2. 217). — De même, quand un huissier est audiencier, il suffit qu'en outre de son nom, il indique cette qualité, laquelle suppose nécessairement sa demeure et son immatricule dans le lieu où siège la cour ou le tribunal.

§ 5. — *Indication de l'objet de l'exploit* (R. 192; S. 56).

28. Tous les exploits doivent faire connaître leur objet (Pr. 61, § 3). Mais, en principe, il n'est pas besoin d'y faire, en outre, l'exposé, même sommaire, des moyens.

§ 6. — *Mention de la personne à laquelle copie de l'exploit est remise* (parlant à) (R. 330 et s.; S. 97 et s.).

29. C'est ce qu'on appelle, en pratique, le *parlant à*, parce que l'huissier déclare qu'en remettant la copie, il a parlé à telle ou telle personne. — L'huissier doit mentionner, dans son *parlant à*, la personne à laquelle il a laissé la copie (Pr. 61-2°), ainsi que le lieu où il a fait cette remise (Req. 17 juill. 1889, D. P. 90. 1. 435). Il doit dire, en particulier, si c'est à la partie elle-même qu'il l'a donnée, ou si c'est à un parent, à un serviteur, à un voisin, au maire ou à l'adjoint, et en l'absence de quelles autres personnes également autorisées à la recevoir; notamment, s'il ne remet la copie qu'au voisin, il doit faire mention qu'il n'a trouvé au domicile ni la partie, ni aucun de ses parents ou serviteurs. — Mais, à l'exception du cas où la signification est faite à la personne elle-même, il n'est pas obligatoire que le *parlant à* indique le nom des personnes auxquelles la partie est laissée; il suffit (mais il est nécessaire), s'il s'agit d'un parent ou d'un serviteur, qu'il énonce leur qualité de parents ou de serviteurs, et, s'il s'agit du maire, de l'adjoint, du procureur de la République et de tous autres fonctionnaires, qu'il fasse connaître leur qualité officielle. — Les huissiers ont, du reste, l'habitude, après avoir indiqué la qualité de la personne à laquelle ils ont parlé, d'ajouter ces mots : *ainsi déclaré*. Par cette déclaration, dont l'exactitude ne peut être détruite que par la voie de l'inscription de faux, leur responsabilité est couverte, et la signification est valable malgré la fausse qualité que s'est attribuée celui à qui a été faite cette signification.

30. Les mentions relatives au *parlant à* doivent, par application du principe posé *suprà*, n° 10, être régulièrement reproduites sur la copie aussi bien que sur l'original (Caen, 26 déc. 1893, D. P. 94. 2. 570). La jurisprudence paraît même décider que lorsqu'un exploit est signifié à plusieurs personnes par copies séparées, chaque copie doit mentionner la remise des autres.

31. La mention de la personne à laquelle copie de l'exploit est laissée est prescrite à peine de nullité, soit quant à l'original, soit quant à la copie (Pr. 61-4° *in fine*; 70). Est nul, par conséquent, l'exploit dont l'original ou la copie ne la contient pas, le *parlant à* étant resté en blanc (Grenoble, 17 mai 1892, D. P. 92. 2. 324). Et, en pareil cas, le demandeur ne saurait être admis à prouver, soit par témoins, soit même par l'aveu écrit et formel du défendeur, que la copie de l'ex-

ploit a bien été, en réalité, remise à celui-ci (Caen, 26 déc. 1893, précité).

32. Mais, fidèle à sa théorie indiquée *suprà* (n° 12), la jurisprudence décide que la formalité du *parlant à* peut être suppléée par des *équivalents*. Ainsi l'irrégularité résultant de ce que le *parlant à* a été laissé en blanc sur l'original n'entraîne pas la nullité de l'exploit si cette lacune est surabondamment comblée par les autres énonciations de l'acte et qu'aucun doute ne peut s'élever sur la personne à qui l'huissier a parlé et remis la copie (Grenoble, 23 nov. 1894, D. P. 96. 2. 123). De même, l'erreur sur cette personne, ou sur sa qualité, ou encore sa désignation incorrecte ne peut être une cause de nullité si, malgré cette erreur ou cette incorrection, il n'a pu y avoir aucune équivoque sur l'identité de ladite personne.

§ 7. — *Signature de l'huissier* (R. 160 et s.; S. 48 et 49).

33. Tout exploit doit, à peine de nullité, être signé par l'huissier (V. *suprà*, n° 5). — Les copies de pièces signifiées en tête doivent aussi être signées par lui, à l'exception, toutefois, de celles qui, dans les instances où il y a des avoués, se rattachent, comme celles des jugements, au droit de postulation de ces officiers ministériels, et peuvent aussi être signées par eux.

§ 8. — *Coût de l'acte* (R. 154 et s.; S. 46 et 47).

34. Les huissiers sont tenus de mettre, à la fin de l'original et de la copie de l'exploit, le coût d'icelui, à peine de 5 francs d'amende, payables à l'instant de l'enregistrement, et même d'être interdits de leurs fonctions sur la réquisition d'office du ministère public (Pr. 67; Décr. 16 févr. 1807, art. 66). — Ils doivent également inscrire en marge de l'original le nombre des rôles des copies de pièces et y marquer, de même, le détail de tous les articles de frais formant le coût de l'acte (Décr. 14 juin 1813, art. 48). — Enfin, ils sont tenus, à peine de 50 francs d'amende, d'indiquer distinctement, au bas de l'original, le nombre des feuilles de papier spécial employées tant pour les copies de l'original que pour les copies de pièces signifiées; 2° le montant des droits de timbre dus à raison de la dimension de ces feuilles (L. 29 déc. 1873, art. 3 et 4, D. P. 73. 4. 26).

ART. 2. — SIGNIFICATION DES EXPLOITS.

§ 1er. — *Jours et heures où les exploits peuvent être signifiés* (R. 351 et s.; S. 112).

35. Aucun exploit ne peut être signifié un jour férié, si ce n'est en vertu d'une autorisation du président du tribunal du lieu où la signification doit être faite (Pr. 63 et 1037). Mais la contravention à cette défense n'entraîne pas la nullité de l'exploit : l'huissier est seulement passible d'une amende, qui ne peut être moindre de 5 francs ni excéder 100 francs (Pr. 1030; Dijon, 3 juill. 1895, D. P. 96. 2. 287).

36. Aucune signification ne peut être faite, depuis le 1er octobre jusqu'au 31 mars, avant six heures du matin et après six heures du soir; et, depuis le 1er avril jusqu'au 30 septembre, avant quatre heures du matin et après neuf heures du soir (Pr. 1037). Mais, du moins suivant la jurisprudence, la violation de cette prohibition n'emporte pas non plus la nullité de l'exploit et donne lieu seulement contre l'huissier à l'amende ci-dessus indiquée (Pr. 1030).

§ 2. — *Personnes à qui doivent être signifiés les exploits* (R. 193 et s.; S. 57).

37. Les personnes à qui les exploits doivent être signifiés sont celles dont les noms doivent figurer dans ces actes comme parties

défenderesses. — Sur la question de savoir si, au cas où elles sont plusieurs, ils doivent leur être notifiés par copies séparées, V. *suprà*, n° 8.

§ 3. — *Personnes à qui la copie doit être remise* (R. 197 et s.; S. 58 et s.).

38. La signification doit, autant que possible, être faite à la *personne* même du défendeur (Pr. 68, § 1er). — Elle est toujours valable, en tous cas, dès qu'elle est ainsi faite, en quelque lieu que le défendeur soit rencontré par l'huissier, alors, du moins, que ce lieu est situé dans les limites territoriales du pouvoir instrumentaire de l'officier ministériel, et encore que le domicile du défendeur fût situé dans un autre arrondissement.

39. Faute de pouvoir être faite à la personne même du défendeur, et *si ce défendeur a un domicile connu en France ou dans les territoires assimilés* (Corse, îles adjacentes aux départements français, Algérie, Tunisie), la signification doit être notifiée à ce domicile (Pr. 68, § 1er; 69-9°, modifié par la loi du 11 mai 1900, D. P. 1900. 4. 46), que ce soit son domicile réel ou son domicile élu. Elle ne peut l'être valablement ni à sa résidence (Civ. c. 14 avr. 1891, D. P. 91. 1. 329), ... ni au domicile de son mandataire, ... ni au domicile de son avoué.

40. Si l'huissier ne trouve au domicile le défendeur lui-même, mais seulement l'un de ses parents ou serviteurs, il doit remettre la copie à l'une de ces personnes (Pr. 68, § 1er). Peu importe d'ailleurs quelle est cette personne, dès lors qu'en fait elle est capable de comprendre la portée de cette remise (Trib. civ. de Rennes, 3 mai 1890, D. P. 93. 2. 86). Les expressions de *parents* et de *serviteurs* doivent ici être entendues dans leur sens le plus large; de telle sorte qu'il y a lieu de considérer à cet égard comme parents, non seulement les parents proprement dits, quel que soit leur degré de parenté, mais encore le conjoint et les simples alliés, lors même qu'ils n'habiteraient pas constamment avec le défendeur, mais qu'ils s'y rencontreraient par hasard lors de la signification; — et comme serviteurs, toutes les personnes qui sont dans sa dépendance et à raison de, que leur situation oblige à lui transmettre les papiers à lui destinés, c'est-à-dire non seulement les domestiques proprement dits, les valets, les servantes, etc., mais aussi les intendants, les secrétaires, les commis, les clercs des études, etc. Les concierges sont même, sur ce point, regardés comme étant au service non seulement du propriétaire de la maison confiée à leur garde, mais encore des locataires occupant cette maison (Trib. civ. de la Seine, 23 mars 1897, D. P. 97. 2. 216). — La copie de l'exploit est valablement remise aux parents ou aux serviteurs du défendeur, alors même que ce dernier serait actuellement à son domicile. Mais encore faut-il qu'eux-mêmes se trouvent à ce domicile : serait nulle la signification qui leur serait faite ailleurs (Civ. c. 4 mai 1892, D. P. 93. 1. 77). — La signification peut encore être faite à l'aubergiste chez lequel le défendeur demeure et prend sa pension, et qui a la qualité de serviteur, dans le sens de l'art. 68 c. pr. civ. (Montpellier, 30 nov. 1903, D. P. 1904. 2. 328).

41. Lorsque l'huissier ne trouve au domicile du défendeur ni ce dernier ni aucun de ses parents ou serviteurs, il doit remettre de suite la copie à un voisin (Pr. 68, § 1er), sans qu'il soit nécessaire que ce voisin soit le plus proche. — La question de savoir qui est voisin est, d'ailleurs, de pur fait et abandonnée au pouvoir discrétionnaire du juge. Mais il ne suffirait pas de remettre la copie au parent ou au serviteur du voisin.

42. Le voisin à qui est remise la copie est tenu de signer l'original (Pr. 68, § 1er). — Si ce voisin ne peut ou ne veut signer, l'huissier doit remettre la copie au maire ou à son adjoint indifféremment (Pr. 68, § 1er), ou, à leur défaut, à l'un des autres conseillers municipaux en suivant l'ordre du tableau (L. 5 avr. 1884, art. 84).

43. Le maire, ou celui qui le remplace, doit, à son tour, en recevant la copie, viser l'original (Pr. 68, § 1er). — Si le maire refuse son visa, l'huissier remet la copie au procureur de la République, lequel vise à sa place l'original. Les refusants peuvent être condamnés, sur les réquisitions du ministère public, à une amende qui ne peut être moindre de 5 francs (Pr. 1089).

44. Si enfin *le défendeur n'a aucun domicile connu*, soit réel, soit même élu, en France ou dans les territoires assimilés (V. *suprà*, n° 39), l'exploit doit être signifié au lieu de la résidence actuelle qu'il y possède (Pr. 69-8°). — Si ce lieu n'est pas lui-même connu, une copie de l'exploit est affichée à la principale porte de l'auditoire du tribunal qui, le cas échéant, connaîtra de la contestation, ou qui a déjà statué sur cette contestation, s'il s'agit de la signification d'un jugement, et une seconde copie est remise au parquet de ce tribunal, où le procureur de la République vise l'original (Pr. 69-8°; Douai, 28 avr. 1899, D. P. 1900. 2. 189). — Mais ce mode exceptionnel de signification n'est admis que s'il est démontré que l'huissier a fait toutes les recherches nécessaires pour découvrir le domicile ou au moins la résidence du défendeur (Nancy, 23 nov. 1901, D. P. 1902. 2. 172). C'est là, d'ailleurs, une question de fait qui est souverainement appréciée par les juges du fond.

45. La nécessité d'afficher une copie cesse, d'autre part, de s'imposer lorsque le défendeur habite le territoire français, hors de l'Europe et de l'Algérie, ou est établi dans un pays placé sous le protectorat de la France, autre que la Tunisie : en pareil cas, il suffit qu'une copie soit remise au procureur de la République près le tribunal ci-dessus indiqué, ce magistrat devant, après avoir visé l'original, envoyer directement la copie au chef du service judiciaire dans la colonie ou le pays de protectorat (Pr. 69-9°, modifié par la loi du 11 mai 1900). Il en est de même lorsque le défendeur habite l'étranger : la copie est remise au même parquet, qui, dans les mêmes conditions, envoie la copie au ministre des affaires étrangères ou à toute autre autorité déterminée par les conventions diplomatiques (Pr. 69-10°, ajouté par la loi du 11 mai 1900).

46. Les règles qui précèdent ne s'appliquent pleinement qu'à l'égard des simples particuliers, et non à l'égard des personnes morales soit publiques, soit privées (c'est-à-dire des sociétés). — S'agit-il de personnes morales publiques, la signification est faite : 1° pour l'État, lorsqu'il s'agit de domaines et droits domaniaux, en la personne ou au domicile du préfet du département où siège le tribunal compétent; 2° pour le Trésor public, en la personne ou au bureau de l'agent; 3° pour les administrations ou établissements publics, en leur bureau, dans le lieu où réside le siège de l'Administration; dans les autres lieux, en la personne et au bureau de leur préposé; 4° pour les communes, en la personne ou au domicile du maire, ou, à son défaut, de l'adjoint ou de l'un des conseillers municipaux, en suivant l'ordre du tableau (Pr. 69-1°, 2°, 3°, 5°; Req. 20 nov. 1889, D. P. 90. 1. 380). — Dans tous ces cas, l'original est visé par celui à qui copie de l'exploit est laissée ; en cas d'absence ou de refus, le visa est donné, soit par le juge de paix, soit par le procureur de la République près le tribunal de première instance, auquel, en ce cas, la copie est laissée (Pr. 69-5°).

47. En ce qui concerne les sociétés, la signification doit être faite *en leur maison sociale*. La règle s'applique à toutes les sociétés de commerce (Pr. 69-6°), à l'exception des associations en participation (Pr. 69-8°; Limoges, 5 juin 1899, D. P. 1903. 2. 41). La même règle doit être appliquée aux sociétés civiles, si l'on considère, avec la jurisprudence actuelle, que ces sociétés constituent des personnes morales (V. *infrà*, *Société*).

48. La signification est faite à la société elle-même, sans qu'il soit besoin de désigner les noms de ses représentants, par exemple, par exemple, sous sa raison sociale, s'il s'agit d'une société en nom collectif ou en commandite (Besançon, 31 déc. 1901, D. P. 1903. 2. 65). — Elle est valable dès qu'elle est faite au siège social, le fût-elle en la personne du directeur de la société, alors même que, s'agissant d'une société anonyme, le président du conseil d'administration aurait seul, d'après les statuts, qualité pour représenter la société en justice, les tiers n'étant pas obligés de connaître cette clause des statuts. — Si la société n'a pas de siège social, la signification est valablement délivrée à la personne ou au domicile de l'un des associés (Pr. 69, § 8). Cette situation n'est, il est vrai, possible que pour les sociétés en nom collectif ou en commandite : auquel cas les associés qui peuvent ainsi recevoir sont tous les associés pour les sociétés en nom collectif, et les commandités simplement pour les sociétés en commandite. S'agit-il, au contraire, de sociétés anonymes, ces sociétés ont toujours un siège social, et, par conséquent, la signification peut toujours être faite à ce siège social ; mais elle ne peut être faite aux actionnaires. — La jurisprudence décide, d'ailleurs, que, même lorsque une société a un siège social, la signification est valablement faite à la personne ou au domicile de son directeur ou de son représentant, sans avoir besoin d'être faite à ce siège social (Req. 17 juill. 1889, D. P. 90. 1. 485). Elle décide encore, par application de sa théorie dite des « gares principales » (V. *infrà*, *Société*), que les exploits faits contre les compagnies de chemins de fer et autres sociétés sont valablement remis, en tout lieu où elles peuvent être considérées comme ayant un établissement principal, quand le litige auquel se réfèrent ces exploits a pris naissance dans le rayon de cet établissement principal (Civ. r. 30 juin 1891, D. P. 94. 1. 539). — Les sociétés en liquidation doivent être considérées comme encore existantes ; on peut donc leur faire les significations soit à l'ancien siège social, soit à la personne ou au domicile du liquidateur (Req. 28 juin 1893, D. P. 93. 1. 473).

49. En principe, toutes les prescriptions qui viennent d'être indiquées relativement à la détermination des personnes à qui la copie doit être remise, sont édictées à peine de nullité (Pr. 70). C'est ainsi, par exemple, que l'huissier est tenu, à peine de nullité, d'observer l'ordre établi par la loi entre les personnes à qui doit successivement tenter de remettre la copie, par ex. spécialement, un exploit est nul si l'huissier, après s'être transporté au domicile de la partie où il n'a rencontré personne, fait la signification au maire, sans avoir au préalable tenté de la faire à un voisin (Rennes, 9 août 1893, D. P. 95. 2. 482) (V. toutefois, en sens contraire : Caen, 20 févr. 1902, D. P. 1902. 2. 243). — De même, l'absence d'un visa sur l'original, dans le cas où cette formalité est exigée, ou même la non-reproduction de ce visa sur la copie, entraîne la nullité de l'exploit. Il en est ainsi, du moins, lorsqu'il s'agit du visa du *maire* (ou de l'adjoint), lorsque le voisin ne peut ou ne veut signer (Pr. 68 *in fine*); la jurisprudence admet, au contraire, que,

pour les visas exigés dans les autres cas, leur non-reproduction sur la copie n'emporte que l'amende prévue par l'art. 1089 (V. *suprà* n° 43), et non la nullité des exploits, sauf cependant quant aux ajournements et aux appels (V. *infrà*, *Procédure*).

§ 4. — *Formes de la remise de la copie.*

50. La copie ne peut, en principe, être remise que sous enveloppe (Pr. 68, § 2, modifié par la loi du 15 févr. 1899, D. P. 99. 4. 9). — Il en est ainsi, quelque soit l'objet de l'exploit : simples sommations, citations, assignations et ajournements, actes d'appel, etc. (Civ. r. 1er mai 1901, D. P. 1901. 1. 289); mais l'art. 68 nouveau c. pr. civ. n'est pas applicable aux actes respectueux remis par les notaires en matière de mariage, lesquels ne sont pas des actes de procédure (Montpellier, 22 juill. 1902, D. P. 1904. 2. 377); ... ou encore quelle que soit la personne à laquelle la copie est remise, cette personne fût-elle le conjoint de la partie (Paris, 15 déc. 1899, D. P. 1900. 2. 124), ... ou son mandataire (Chambéry, 30 juill. 1900, D. P. 1902. 2. 121). Ce dernier point, toutefois, est contesté. — Par exception, cette formalité n'est pas exigée lorsque la copie est remise à la partie elle-même ou au procureur de la République (même article); ... ou encore, du moins suivant la jurisprudence, lorsque la signification est faite aux personnes morales publiques énumérées par l'art. 69 (V. *suprà*, n° 46; Civ. r. 1er mai 1901, précité); ... ou même, par assimilation aux actes d'avoué à avoué (V. *infrà*, *Procédure*), lorsqu'il s'agit d'une signification au domicile de l'avoué, notamment en matière d'enquête (Montpellier, 14 déc. 1899, D. P. 1900. 2. 1).

51. L'enveloppe doit être fermée et ne porter d'autre indication, d'un côté, que les noms et demeure de la partie, et, de l'autre, que le cachet de l'étude de l'huissier apposé sur la fermeture du pli (Pr. 68, § 2). Ces formalités sont indispensables ; le cachet personnel de l'huissier, par exemple, ne peut être remplacé par un autre (Trib. civ. de Pontoise, 9 mars 1900, D. P. 1900. 2. 393). Et elles sont prescrites à peine de nullité (Pau, 14 mai et 6 juin 1900, D. P. 1901. 2. 217).

52. L'huissier doit, également à peine de nullité, mentionner l'accomplissement des formalités de l'art. 68 c. pr. civ. sur la copie et sur l'original (Civ. r. 3 août 1903, D. P. 1903. 1. 616). — Mais il n'est pas nécessaire qu'à cet effet il reprenne en détail toutes les formalités de la loi; il peut se borner à mentionner que les formalités de fermeture d'enveloppe, de suscription et de cachet ont été remplies conformément à la loi. Spécialement, est suffisante la formule suivante employée par l'huissier : « Je lui ai laissé copie sous enveloppe fermée, portant suscription et cachet, conformément à la loi » (Cr. r. 12 janv. 1901, D. P. 1901. 2. 289).

53. Les dispositions de l'art. 68, § 2, modifié par la loi du 15 févr. 1899, relatives à la remise des exploits sous enveloppe fermée, ont été étendues aux actes ou exploits signifiés à domicile par les agents des Contributions indirectes et des octrois ayant qualité pour faire ces significations (L. 31 mars 1903, art. 27, D. P. 1903. 4. 31). Elles s'appliquent aux assignations remises par les gardes forestiers (Trib. corr. de Brignoles, D. P. 1903. 2. 265).

SECT. IV. — **Enregistrement et timbre.**

§ 1er. — *Enregistrement.*

54. Les exploits sont soumis à des droits d'enregistrement dont le taux varie suivant l'objet de l'exploit et la juridiction à laquelle il se rapporte. Le tarif est actuellement réglé comme suit :

55. 1° **Exploits relatifs aux procédures**

en matière civile devant les juges de paix, jusques et y compris les significations des jugements définitifs : 1 franc (L. 19 juill. 1845, art. 5, D. P. 45. 5. 142; 19 févr. 1874, art. 2, D. P. 74. 4. 41; 26 janv. 1892, art. 6, D. P. 92. 4. 9);

56. 2° Assignations et tous autres exploits devant les prud'hommes : 0 fr. 50 cent. (L. 28 avr. 1816, art. 41, n° 2, R. v° *Enregistrement*, t. 21, p. 39; 19 févr. 1874, art. 2; 26 janv. 1892, art. 7);

57. 3° Exploits pour le recouvrement des contributions publiques et de toutes autres sommes dues à l'Etat, ainsi que des contributions locales, lorsqu'il s'agit de cotes, droits et créances excédant 100 francs; actes d'appel des jugements rendus dans ces matières : 1 franc (L. 16 juin 1824, art. 6, R. v° *Enregistrement*, t. 21, p. 42; 19 févr. 1874, art. 2; 26 janv. 1892, art. 7; 28 avr. 1893, art. 22, D. P. 93. 4. 79);

58. 4° Exploits en matière de simple police et en matière correctionnelle ou criminelle : 1 franc (L. 22 frim. an 7, art. 68, § 1er, n° 48, R. v° *Enregistrement*, t. 21, p. 26; 19 févr. 1874, art. 2; 26 janv. 1892, art. 7; 28 avr. 1893, art. 22);

59. 5° Exploits relatifs aux procédures devant les tribunaux civils et de commerce, excepté les significations d'avoué à avoué (V. *supra*, *Avoué*, n° 44) : 2 francs (L. 22 frim. an 7, art. 68, § 1er, n° 30; 28 avr. 1816, art. 43, n° 19; 19 févr. 1874, art. 2; 26 janv. 1892, art. 7; 28 avr. 1893, art. 22);

60. 6° Exploits relatifs aux procédures devant les cours d'appel, jusques et y compris la signification des arrêts définitifs, excepté les déclarations d'appel et les significations d'avoué à avoué : 3 francs (L. 28 avr. 1816, art. 44, n° 1; 19 févr. 1874, art. 2; 26 janv. 1892, art. 7; 28 avr. 1893, art. 22);

61. 7° Déclarations et significations d'appel des sentences des conseils de prud'hommes et des décisions des chambres de discipline : 2 francs (L. 22 frim. an 7, art. 68, § 1er, n° 30; 28 avr. 1816, art. 43, n° 13; 19 févr. 1874, art. 2; 26 janv. 1892, art. 7; 28 avr. 1893, art. 22); des jugements des juges de paix, en matière civile : 5 francs (L. 22 frim. an 7, art. 68, § 4, n° 3; 19 févr. 1874, art. 2; 26 janv. 1892, art. 7; 28 avr. 1893, art. 22); des jugements des tribunaux civils, de commerce et d'arbitrage : 10 francs (L. 22 frim. an 7, art. 68, § 5; 19 févr. 1874, art. 2; 26 janv. 1892, art. 7; 28 avr. 1893, art. 22);

62. 8° Exploits relatifs aux procédures devant la Cour de cassation et le Conseil d'Etat, jusques et y compris les significations des arrêts définitifs : 3 francs (L. 28 avr. 1816, art. 45, n° 1; 19 févr. 1874, art. 2; 28 avr. 1893, art. 22);

63. 9° Significations d'avocat à avocat devant la Cour de cassation et le Conseil d'Etat : 3 francs (L. 28 avr. 1816, art. 44, n° 11; 19 févr. 1874, art. 2; 28 avr. 1893, art. 22);

64. 10° Actes extrajudiciaires signifiés soit avant l'introduction de l'instance, soit après la signification du jugement, soit même en dehors de toute instance, comme les protêts, les commandements, sommations, procès-verbaux de saisie-exécution, etc. : 2 francs (L. 22 frim. an 7, art. 68, n° 30; 28 avr. 1816, art. 43, n° 13; 19 févr. 1874, art. 2; 28 avr. 1893, art. 22).

65. Pour certains exploits faits à la requête du ministère public ou concernant la police générale et de sûreté ou la vindicte publique, la formalité est donnée en débet ou gratis (V. *supra*, *Enregistrement*, n° 97 et 98). Lorsqu'il existe plusieurs demandeurs ou défendeurs, il est dû un droit pour chaque demandeur ou défendeur, en quelque nombre qu'ils soient, c'est-à-dire pour déterminer le nombre des droits à percevoir, le nombre des demandeurs doit être multiplié

par celui des défendeurs (L. 22 frim. an 7, art. 68, § 1er, n° 30). — Ce principe comporte deux exceptions : 1° les copropriétaires et cohéritiers, les parents réunis, les cointéressés ou solidaires, les séquestres, les experts en défendant, ne comptent que pour une seule personne (L. 22 frim. an 7, *ibid.*); — 2° les exploits relatifs aux procédures de délaissement par hypothèque, de purge des hypothèques légales ou inscrites, de saisie immobilière et d'ordre judiciaire, ne sont pas assujettis à la règle de la pluralité des droits (L. 28 avr. 1893, art. 23).

66. Les exploits qui contiennent des dispositions indépendantes ou ne dérivant pas nécessairement les unes des autres sont soumis à autant de droits distincts qu'il y a de dispositions indépendantes (L. 22 frim. an 7, art. 11).

67. Comme tous les autres actes, les exploits donnent lieu au droit proportionnel toutes les fois qu'ils sont susceptibles d'être considérés comme formant le titre d'une obligation, d'une libération ou d'une mutation (L. 22 frim. an 7, art. 68, § 1er, n° 30).

68. Quant au délai dans lequel ils doivent être enregistrés, le bureau où la formalité est donnée et les peines pour défaut d'enregistrement, V. *supra*, *Enregistrement*, n°s 61, 76 et 107.

§ 2. — Timbre.

69. Les originaux des exploits doivent être rédigés sur papier timbré de dimension, à peine de 20 francs d'amende (L. 13 brum. an 7, art. 12, § 1er et 26; 16 juin 1824, art. 10).

70. Les copies sont également assujetties au timbre de dimension, mais le droit en est acquitté au moyen de timbres mobiles apposés sur l'original. Néanmoins, les copies ne peuvent être faites que sur un papier spécial de la dimension des feuilles aux droits de 50 centimes et de 1 franc, qui est fourni gratuitement par l'Administration (L. 29 déc. 1873, art. 2, D. P. 74. 4. 96).

71. Les huissiers sont tenus d'indiquer au bas de l'original et des copies de chaque exploit : 1° le nombre des feuilles de papier spécial employées tant pour les copies de l'original que pour les copies des pièces signifiées; 2° le montant des droits de timbre dus à raison de la dimension de ces feuilles (même loi, art. 3).

72. Les copies des exploits et celles des significations de tous jugements, actes ou pièces, ne peuvent contenir, savoir : sur le petit papier (feuilles et demi-feuilles) plus de 30 lignes à la page et de 30 syllabes à la ligne; sur le moyen papier, plus de 35 lignes à la page et de 35 syllabes à la ligne; sur le grand papier, plus de 40 lignes à la page et de 40 syllabes à la ligne; sur le grand registre, plus de 45 lignes à la page et de 45 syllabes à la ligne (Décr. 30 juill. 1862, art. 1er, D. P. 62. 4. 83). — Toute contravention à ces dispositions est punie d'une amende de 25 francs (L. 2 juill. 1862, art. 20, D. P. 62. 4. 60.)

EXPROPRIATION POUR CAUSE D'UTILITÉ PUBLIQUE

(R. v° *Expropriation pour cause d'utilité publique*; S. *eod.* v°.)

SECT. 1re. — Règles générales. — Caractères de l'expropriation.

1. L'expropriation pour cause d'utilité publique est régie par la loi du 3 mai 1841 (R. p. 512), modifiée, en ce qui concerne le mode de déclaration de l'utilité publique, par la loi du 27 juill. 1870 (D. P. 70. 4. 63), et le nombre des jurés qui doivent être désignés

dans certaines circonscriptions, par les lois des 22 juin 1854 (D. P. 54. 4. 125) et 3 juill. 1890 (D. P. 81. 4. 24).

ART. 1er. — CHOSES SUJETTES A L'EXPROPRIATION (R. 34 et s.; S. 19 et s.).

2. L'expropriation n'est applicable qu'aux immeubles qui sont susceptibles de propriété privée; elle ne peut porter sur les biens du domaine public soit de l'Etat, soit des départements, soit des communes, pour lesquels il y a lieu simplement à un changement d'affectation par décret (Civ. c. 20 déc. 1897, D. P. 99. 1. 257); ... ni sur les droits concédés sur ces biens, à moins qu'il ne résulte de l'acte de concession que l'expropriation est propriétaire de la chose concédée. — Quant à la propriété des objets mobiliers, elle ne peut donner lieu qu'à des *réquisitions*, par exemple aux réquisitions militaires (V. *infra*, *Réquisitions militaires*). Les droits mobiliers ne sont pas non plus, en général, susceptibles d'expropriation. Il faut excepter toutefois les droits du fermier ou du locataire : ces droits sont susceptibles d'être expropriés, soit en même temps que l'immeuble sur lequel ils portent, soit séparément, lorsque cet immeuble est passé dans les mains de l'Etat sans expropriation.

3. L'expropriation peut atteindre les biens des mineurs, des absents, des femmes mariées, des incapables, les biens du domaine privé de l'Etat, ceux des départements, des communes et des établissements publics. Elle est applicable à tous les immeubles du territoire, qu'ils appartiennent à des Français ou à des étrangers, à l'exception de ceux qui, en vertu du droit international, sont en France, la propriété des gouvernements étrangers, c'est-à-dire les hôtels des ambassades.

4. L'expropriation ne frappe directement que la propriété de l'immeuble, et non les droits d'usufruit ou de servitude dont il peut être grevé. Il est seulement tenu compte de ces droits dans le règlement de l'indemnité (V. *infra*, n°s 131 et s.). Toutefois, l'usufruit peut être isolément l'objet d'une expropriation, lorsque l'Administration est déjà nue-propriétaire en vertu d'une convention amiable antérieure à la déclaration d'utilité publique.

5. D'une manière générale, l'expropriation s'applique au sous-sol du terrain exproprié; cependant, le sous-sol peut être l'objet d'une expropriation séparée, par exemple pour l'établissement d'un tunnel. — Les mines concédées par l'Etat constituent des propriétés privées, et, par suite, le droit de les exploiter ne peut être supprimé, d'une manière définitive, que par la voie de l'expropriation. L'expropriation du terrain sous lequel existe une mine entraîne celle du droit à la redevance due au propriétaire du terrain.

ART. 2. — CAUSES LÉGITIMES D'EXPROPRIATION (R. 46 et s.; S. 35 et s.).

6. L'expropriation ne peut avoir lieu qu'autant que l'utilité publique a été régulièrement constatée. Par utilité publique, il faut entendre non seulement l'intérêt de l'Etat, mais encore celui des départements, des communes ou des établissements publics, tels que les hospices, les bureaux de bienfaisance, les associations syndicales autorisées. — L'expropriation ne suppose pas nécessairement que les travaux projetés soient affectés à un service public, chemins de fer, routes, écoles, etc.; il suffit qu'ils présentent l'utilité dont la mesure dépasse l'intérêt privé. Mais l'expropriation ne peut atteindre l'exception résultant, pour les rues de Paris, des décrets des 26 mars 1852 (D. P. 52. 4. 102) et 14 juin 1876 (D. P. 76. 4. 113), que les terrains rigoureusement nécessaires à l'exécution des travaux.

ART. 3. — Droits du propriétaire dépossédé sans expropriation (R. 53 et s.; S. 43 et s.).

7. A l'exception des cas prévus par les lois spéciales, tels que l'établissement de fortifications urgentes, la résistance aux inondations, le rétablissement d'une communication indispensable, la servitude d'alignement, le propriétaire d'un immeuble ne peut en être dépossédé légalement qu'autant que l'utilité publique des travaux a été déclarée dans les formes prévues par la loi du 3 mai 1841. En dehors de ces cas, toute dépossession constitue une voie de fait illégale qu'il appartient aux tribunaux civils de réprimer sans qu'ils puissent toutefois ordonner la destruction des travaux qui ont déjà été exécutés.

SECT. II. — Formes de l'expropriation.

ART. 1er. — Déclaration de l'utilité publique (R. 57 et s.; S. 48 et s.).

8. Les travaux publics sont précédés d'études préliminaires pour lesquelles les pouvoirs de l'Administration et les droits des particuliers sont déterminés par la loi du 29 déc. 1892 (V. infrà, Travaux publics). — Les projets préparés par l'Administration doivent être, avant la déclaration d'utilité publique, soumis à une première enquête prescrite par l'art. 3 de la loi du 3 mai 1841, et qu'il ne faut pas confondre avec celle qui, postérieure à la déclaration d'utilité publique, doit précéder l'arrêté de cessibilité (V. infrà, nos 17 et s.); elle porte sur l'utilité des travaux projetés.

9. Les formes de cette enquête sont réglées par l'ordonnance du 18 févr. 1834 (R. vo Travaux publics, p. 851), lorsqu'il s'agit de travaux de l'État, des départements ou entrepris dans l'intérêt de plusieurs communes, et par celle du 23 août 1835 (R. eod. vo, p. 852) lorsque l'intérêt d'une seule commune est engagé, alors même que les travaux devraient s'exécuter sur le territoire d'une autre commune. — Elle est soumise aux mêmes règles que l'enquête prescrite par les art. 6 et s. de la loi du 3 mai 1841 (V. infrà, nos 17 et s.) en ce qui concerne sa durée et le droit des parties de présenter leurs observations.

10. L'utilité publique est déclarée, suivant la nature des travaux, soit par une loi, soit par un décret rendu en la forme des règlements d'administration publique, soit par un décret rendu en la forme ordinaire, soit par une délibération du conseil général ou de la commission départementale (L. 3 mai 1841, art. 3, modifié par la loi du 27 juill. 1870, D. P. 70. 4. 63; L. 10 août 1871, art. 44, D. P. 71. 4. 102).

11. La déclaration d'utilité publique n'a d'autre effet que d'autoriser l'Administration à recourir à l'expropriation; elle ne l'opère pas, et les propriétaires des immeubles compris dans les projets de travaux n'en conservent pas moins le droit d'en disposer, notamment de les vendre ou de les louer (V. toutefois infrà, no 119).

12. Les décrets déclaratifs de l'utilité publique et les délibérations des conseils généraux ou des commissions départementales, à la différence des lois ayant le même objet, peuvent être attaqués devant le Conseil d'État par la voie du recours pour excès de pouvoirs, en cas d'inobservation des formes prescrites par les lois et règlements. Mais ce recours n'est pas suspensif et n'empêche l'expropriant de poursuivre la procédure de l'expropriation que si le Conseil d'État a ordonné de surseoir. Il est même sans objet si le jugement d'expropriation a été rendu avant que le Conseil d'État ait statué, et si le jugement d'expropriation n'est pas ultérieurement cassé. — Les tribunaux ne sont

pas compétents pour apprécier la régularité de l'acte déclaratif de l'utilité publique; ils ne peuvent que vérifier si toutes les formalités prescrites par l'art. 2 de la loi du 3 mai 1841 ont été remplies.

ART. 2. — Désignation des localités et territoires (R. 97 et s.; S. 61 et s.).

13. Après la déclaration d'utilité publique et avant de déterminer les propriétés particulières atteintes par l'expropriation, il y a lieu de fixer, d'une manière définitive, la direction générale des travaux, en indiquant les localités et les communes où ils doivent avoir lieu. Si cette indication n'est pas contenue dans l'acte déclarant l'utilité publique, elle doit être faite par un arrêté du préfet, qui ne peut être suppléé par l'arrêté de cessibilité (V. infrà, no 14; L. 1841, art. 2, § 2-2o). — Cet arrêté doit être publié.

ART. 3. — Détermination des propriétés à céder. — Enquêtes.

14. La détermination des propriétés qui doivent être expropriées est faite par un arrêté du préfet, appelé arrêté de cessibilité. Cet acte est essentiel et ne peut être suppléé par aucun autre. Il doit être précédé de la confection des plans parcellaires, de leur publication et de leur soumission à l'enquête.

§ 1er. — Confection des plans parcellaires (R. 105 et s.; S. 64 et s.).

15. Le plan parcellaire des propriétés à exproprier doit être dressé distinctement pour chacune des communes sur le territoire desquelles l'expropriation est poursuivie. — Il doit faire connaître toutes les parcelles à exproprier, la nature et la contenance exacte des terrains, les constructions qui y sont élevées et la partie de ces terrains qui est englobée dans les travaux, les noms des propriétaires tels qu'ils sont inscrits à la matrice des rôles (L. 1841, art. 4 et 5); ... sans que l'Administration ait à rechercher l'indication qui résulte de cette inscription est exacte.

16. Les ingénieurs et agents de l'Administration chargés de la confection des plans peuvent pénétrer dans les propriétés, même closes, autres que les habitations, pour s'y livrer aux études nécessaires, après y avoir été autorisés par un arrêté préfectoral affiché à la mairie au moins dix jours à l'avance et notifié, pour les terrains clos, cinq jours auparavant au propriétaire ou gardien; en l'absence du propriétaire ou du gardien, l'assistance du juge de paix est nécessaire (L. 29 déc. 1892, art. 1er, D. P. 93. 4. 56). — Les propriétaires qui s'opposeraient à l'exécution des plans encourraient les peines portées par l'art. 438 c. pén.

§ 2. — Enquête (R. 114 et s.; S. 67 et s.).

17. Le plan parcellaire est déposé à la mairie, où un procès-verbal est ouvert pour recevoir les observations et les réclamations des intéressés, pendant un délai de huitaine. Ce délai est franc : il commence à courir du lendemain du jour où est publié l'avertissement du dépôt du plan à la mairie; le procès-verbal ne peut être clos que jusqu'à l'expiration du huitième jour. La publication de l'avertissement, qui doit, à peine de nullité, précéder l'ouverture du procès-verbal, a lieu par affichage à la porte de la mairie et de l'église, à son de trompe ou de caisse dans la commune, et par insertion dans un des journaux de l'arrondissement ou, à défaut de journal dans l'arrondissement, dans un journal du département (L. 1841, art. 5 et 6). Le maire certifie les affiches et publications; il ouvre un procès-verbal, où sont mentionnées les déclarations et réclamations faites verbalement par les parties, et auquel sont annexées celles qui sont transmises par

écrit (L. 1841, art. 7); le maire n'a pas à apprécier ces réclamations, alors même qu'il s'agit de travaux intéressant la commune. — Le procès-verbal et le certificat de publication ne sont assujettis à aucune forme particulière et font foi jusqu'à inscription de faux.

18. Les réclamations sont soumises à une commission d'enquête réunie à la sous-préfecture, sous la présidence du sous-préfet, et composée de quatre membres du conseil général ou du conseil d'arrondissement désignés par le préfet, du maire de la commune dont les propriétés sont situées et d'un des ingénieurs chargés de l'exécution des travaux (art. 8). — Cette commission recueille les réclamations, donne son avis sur leur mérite et prépare les renseignements sur lesquels l'Administration devra prononcer. Elle est constituée pour tous les travaux publics, même ceux qui intéressent les associations syndicales autorisées; il n'y a d'exception que pour les travaux entrepris dans l'intérêt d'une seule commune et les travaux d'ouverture et de redressement des chemins vicinaux (art. 12). Les intéressés ont, devant cette commission comme devant celle qui se réunit à la mairie, un délai de huitaine pour présenter leurs observations. Le jour où la commission ouvre ses séances est compris dans ce délai (art. 9).

19. La commission doit recevoir les réclamations et observations non seulement des propriétaires, mais de tous les intéressés, quels qu'ils soient, en faveur desquels a lieu l'avertissement prescrit par l'art. 6. — Les observations doivent lui être présentées par écrit; mais les intéressés peuvent demander à les développer oralement. La commission peut, de son côté, leur demander tous les renseignements qu'elle juge à propos et les convoquer par l'intermédiaire du sous-préfet. Elle donne son avis, qui, destiné à préparer l'arrêté de cessibilité, ne doit porter que sur l'application du tracé général des travaux aux propriétés particulières. — Les opérations de la commission doivent être terminées dans le délai de dix jours, dans lequel est compris celui de huit jours imparti aux intéressés (art. 9).

20. Les changements au tracé du projet, si la commission en propose, doivent être portés à la connaissance du public par un avertissement publié comme le premier; les intéressés jouissent d'un nouveau délai de huitaine pendant lequel les pièces restent déposées à la sous-préfecture, où ils peuvent en prendre connaissance et fournir leurs observations par écrit. Le dossier est ensuite transmis par le sous-préfet au préfet dans les trois jours qui suivent l'expiration de ce délai (art. 10). Le préfet doit alors surseoir jusqu'à ce que l'autorité supérieure, c'est-à-dire le ministre, ait prononcé. Il en est ainsi même lorsque le préfet accepte les modifications (art. 11). Seulement, dans ce dernier cas, à la différence du premier, on ne procède pas à une nouvelle instruction. Il y aurait seulement lieu de se référer au ministre dans le cas où le préfet serait d'avis d'accueillir les réclamations des intéressés que la commission a rejetées. La décision du ministre n'est pas susceptible de recours au Conseil d'État.

§ 3. — Arrêté de cessibilité (R. 103 et s., 156 et s.; S. 63, 84 et s.).

21. Les enquêtes terminées, le préfet détermine d'une manière définitive les propriétés à céder, par l'arrêté de cessibilité. Cet arrêté doit être pris dans tous les cas, et alors même que l'acte déclarant l'utilité publique aurait lui-même désigné les propriétés à céder. Il est rendu sans l'intervention du conseil de préfecture, excepté lorsqu'il s'agit de travaux communaux (V. infrà, no 23). — Il doit viser toutes les pièces qui constatant l'accomplissement des formalités prescrites par les art. 5, 6, 7, 8, 10 et 11 de la loi du 3 mai 1841, et la décision de l'Administration supérieure dans le cas où la commission a émis l'avis qu'il y avait lieu de modifier le tracé des travaux. — Il peut apporter aux plans et avant-projets les modifications jugées nécessaires, et même comprendre dans l'expropriation des propriétés qui n'y étaient pas primitivement comprises, lorsque le décret déclaratif de l'utilité publique n'a fait aucune désignation des immeubles à céder. Il doit indiquer l'époque de prise de possession, sous réserve de la fixation et du payement préalables de l'indemnité.

22. L'arrêté de cessibilité peut être déféré au Conseil d'État pour excès de pouvoirs, tant que le jugement d'expropriation n'est pas devenu irrévocable. Mais le recours ne pourrait être fondé ni sur l'inobservation des formalités de l'expropriation, dont la vérification appartient au tribunal appelé à prononcer l'expropriation, ni sur ce que l'expropriation d'une parcelle comprise dans l'arrêté de cessibilité n'est pas nécessaire à l'exécution du travail.

§ 4. — *Règles spéciales aux travaux communaux* (R. 167 et s. ; S. 88 et s.).

23. Pour les travaux d'intérêt purement communal et ceux d'ouverture ou de redressement des chemins vicinaux (L. 3 mai 1841, art. 12), la commission d'arrondissement (V. *supra*, nᵒ 18) n'est pas constituée : le procès-verbal de l'enquête est transmis, avec l'avis du conseil municipal, au sous-préfet, qui l'adresse au préfet avec ses observations. L'avis du conseil municipal est exigé à peine de nullité ; il doit être donné par délibération spéciale prise après la clôture de l'enquête ; un acte antérieur ne saurait y suppléer. — Le préfet prend l'arrêté de cessibilité en conseil de préfecture. Toutefois, si l'avis du conseil municipal est contraire au projet soumis à l'enquête, le préfet doit surseoir jusqu'à ce que l'Administration supérieure ait donné son approbation. Si le conseil municipal adopte le projet, cette approbation n'est pas nécessaire (Civ. r. 30 nov. 1896, D. P. 97. 1. 324). — Ces règles cessent d'être applicables lorsque l'expropriation s'étend au territoire d'une autre commune, ... ou encore quand l'expropriation, bien que poursuivie par une seule commune, affecte nécessairement l'intérêt d'autres communes (Civ. r. 8 déc. 1891, D. P. 92. 1. 574). Elles s'appliquent à l'ouverture des rues de Paris et aux chemins vicinaux, même de grande communication.

ART. 4. — APPRÉCIATION DE LA VALEUR DES TERRAINS (R. 176 et s. ; S. 95).

24. Suivant l'importance des expropriations à opérer, les ingénieurs évaluent directement les indemnités qui seront offertes aux expropriés, ou bien le préfet désigne des appréciateurs chargés de préparer les évaluations. — Ceux qui reçoivent cette mission entendent les intéressés, s'entourent de tous les documents et prennent tous les renseignements nécessaires. Leur rapport est communiqué au contrôleur et au directeur des Contributions directes, puis au préfet ou au représentant de l'administration qui exécute les travaux ; enfin le préfet fixe, par un arrêté motivé, les indemnités qu'il croit devoir être allouées et en dresse un état qu'il transmet, avec les procès-verbaux d'estimation, au ministre qui fait exécuter les travaux, pour être soumis à son approbation.

ART. 5. — TRAITÉS AMIABLES (R. 189 et s. ; S. 96 et s.).

25. Le vœu du législateur est que l'Administration, avant de recourir à l'autorité d'un jugement, tente d'obtenir la cession volontaire des biens nécessaires à l'exécution des travaux. — Le traité amiable peut intervenir à toutes les phases de l'expropriation : il peut même précéder la déclaration d'utilité publique. Il peut porter à la fois consentement à la cession et accord sur le prix, ou seulement consentement à la cession, et alors le prix ou indemnité est fixé par le jury. Il peut enfin ne porter que sur la prise de possession immédiate des terrains par l'expropriant, ce qui ne dispense pas celui-ci de recourir aux formalités de l'expropriation.

26. La cession amiable qui est consentie après la déclaration d'utilité publique produit tous les effets que la loi attache au jugement d'expropriation (V. *infrà*, nᵒˢ 48 et s.), c'est-à-dire qu'elle transfère à l'expropriant la propriété de l'immeuble cédé libre des droits réels, usufruit, servitude, etc., qui le grevaient, résout les baux et transforme ces droits en une créance sur l'indemnité. — La cession amiable qui précède la déclaration d'utilité publique n'a, au contraire, que l'effet d'une vente volontaire ; elle ne dispense pas, par conséquent, l'expropriant de procéder à l'expropriation contre l'usufruitier et n'entraîne pas résolution des baux.

27. La cession amiable peut être consentie par les représentants des incapables avec l'autorisation du tribunal, accordée sur requête présentée par ministère d'avoué (L. 1841, art. 13, § 1ᵉʳ). Cette autorisation est nécessaire même pour le consentement à la prise de possession immédiate d'un immeuble exproprié : elle ne peut être suppléée par le jugement de donné acte (V. *infrà*, nᵒ 31).

28. La nécessité de demander l'autorisation s'étend aux mineurs émancipés, qui doivent la requérir avec l'assistance de leur curateur, à ceux qui sont munis d'un conseil judiciaire. — Pour les aliénés, la cession peut être consentie avec autorisation du tribunal par les administrateurs spéciaux que leur donne la loi du 30 juin 1838 (V. *suprà*, *Aliénés*, nᵒˢ 38 et s.). — Le tribunal peut charger un administrateur spécial de traiter de l'aliénation amiable des biens des présumés absents ou autoriser l'envoyé en possession provisoire en cas d'absence déclarée. — La femme mariée n'a pas besoin de l'autorisation prévue par l'art. 13 lorsqu'il s'agit d'immeubles dont l'aliénation est permise par le régime matrimonial ou le contrat de mariage ; en cas de refus du mari d'autoriser la femme, c'est la procédure ordinaire qui doit être suivie. S'il s'agit de biens inaliénables, l'autorisation doit être demandée par le mari et la femme dans les formes de l'art. 13. Le tribunal ordonne les mesures de remploi qu'il juge nécessaires (art. 13, § 2). — L'aliénation amiable peut être également consentie avec autorisation du tribunal par les héritiers bénéficiaires, les curateurs aux successions vacantes et les syndics de faillite.

29. Dans le cas où il s'agit de l'aliénation d'un bien soit de l'État, soit d'un département, soit d'une commune, soit d'un établissement public, l'intervention du tribunal n'est pas nécessaire. L'autorisation de justice est remplacée par une décision du ministre des Finances ou par une délibération du conseil général, du conseil municipal ou du conseil d'administration de l'établissement, qui habilite le préfet ou le maire à consentir la cession amiable, sans s'y obliger toutefois (art. 13, § 4 et 5). — Cependant, la cession des biens appartenant aux fabriques et autres établissements publics du culte ne peut être autorisée que par le chef de l'État (Av. Cons. d'Ét. 22 juin 1886).

30. Le tribunal compétent pour accorder l'autorisation est le tribunal de la situation des biens. Ce tribunal est également compétent pour statuer sur les difficultés auxquelles peuvent donner lieu les traités amiables.

31. Au cas de cession amiable sans accord sur le prix, le tribunal donne acte du consentement et désigne le magistrat directeur du jury. Il n'a pas alors à vérifier l'accomplissement des formalités préliminaires postérieures à la déclaration d'utilité publique (art. 14, § 5); mais il doit constater la déclaration d'utilité publique, dont dépendent les effets juridiques de la cession. — En principe, le jugement de donné acte doit être provoqué par le ministère public ou l'expropriant ; mais il peut l'être par l'exproprié (art. 55) lorsque l'expropriant néglige d'en poursuivre l'obtention et de donner suite à la convention amiable (Civ. r. 12 juin 1888, D. P. 90. 1. 106). — Le jugement de donné acte peut être l'objet d'un pourvoi en cassation tout comme le jugement d'expropriation et dans les mêmes conditions (V. *infrà*, nᵒˢ 38 et s.).

ART. 6. — JUGEMENT D'EXPROPRIATION (R. 243 et s. ; S. 111 et s.).

32. Lorsque l'Administration ne peut parvenir à traiter à l'amiable avec les propriétaires des immeubles ou leurs représentants, le préfet doit transmettre au procureur de la République de l'arrondissement où sont situés les biens la copie certifiée de l'acte déclaratif de l'utilité publique, l'arrêté de cessibilité (art. 13, *in fine*), ainsi que les pièces qui constatent l'accomplissement des formalités prescrites par l'art. 2 du titre 1ᵉʳ, et par le titre 2 de la loi. Le procureur de la République requiert, dans les trois jours, par un réquisitoire écrit, le tribunal de prononcer l'expropriation (art. 14, § 1ᵉʳ).

33. Le tribunal prononce l'expropriation sur ce réquisitoire. Il n'est pas nécessaire d'appeler les parties à l'audience, mais elles peuvent intervenir au jugement, exercer le droit de récusation contre un magistrat qui aurait un intérêt personnel à l'expropriation, et signaler au tribunal les irrégularités de la procédure. Le plus souvent, le jugement est rendu sur rapport, en audience publique.

34. Le tribunal vérifie si les formalités qui doivent précéder l'expropriation ont été remplies ; mais il n'a pas à apprécier la régularité des actes qui sont du ressort de l'Administration. Ainsi, il lui appartient de rechercher si la déclaration d'utilité devait être faite par une loi, par un décret ou par un acte d'une autorité inférieure, comme l'autorise la législation pour les chemins vicinaux ; mais il ne peut vérifier la régularité intrinsèque de cet acte. Il doit s'assurer que la déclaration d'utilité publique s'applique bien aux travaux pour lesquels l'expropriation est requise ; mais il ne peut contester le caractère d'utilité publique qui leur est attribué (Civ. r. 28 juin 1897, D. P. 98. 1. 223), ni examiner dans quelle mesure l'expropriation est nécessaire à leur exécution, ni apprécier leur opportunité (Civ. r. 22 janv. 1901, D. P. 1902. 1. 83). Il ne peut refuser de prononcer l'expropriation par le motif que les conditions de délai imposées pour celle-ci n'auraient pas été observées (même arrêt). Le jugement doit, en outre, porter la preuve que les vérifications qui viennent d'être énoncées ont été régulièrement faites (Civ. c. 29 déc. 1896, D. P. 97. 1. 452) ; cette preuve résulte du visa des pièces qui attestent l'accomplissement des formalités prescrites ; l'absence de ce visa est une cause de nullité (Civ. c. 10 déc. 1900, D. P. 1902. 1. 111). Il ne suffirait pas que le jugement visât le réquisitoire du ministère public et l'arrêté de cessibilité, alors même que ces documents mentionneraient les pièces essentielles de la procédure (Civ. c. 29 déc. 1896, précité).

35. Le jugement d'expropriation doit comprendre tous les terrains désignés au plan et dans l'arrêté de cessibilité, même s'ils excèdent ce qui est nécessaire à l'exécution des travaux ; mais il ne saurait en comprendre d'autres. — Il doit désigner les terrains expropriés par leur nature et leur contenance, et mentionner, à peine de nullité, les noms des propriétaires expropriés (Civ. c. 12 déc. 1893, D. P. 95. 1. 46). Ces propriétaires sont ceux qu'indique la matrice cadastrale, alors même qu'ils ne seraient pas les véritables propriétaires, si ceux-ci ne se sont pas fait connaître d'une manière certaine à l'expropriant. Exception toutefois doit être faite pour le cas où le propriétaire, ayant consenti à la cession amiable, n'est plus intéressé à l'expropriation, désormais poursuivie contre des locataires ou autres intéressés.

36. Le jugement d'expropriation est, à peine de nullité de la procédure subséquente, notifié aux propriétaires expropriés et porté à la connaissance des tiers intéressés à l'expropriation au moyen d'une publication faite par extrait dans les formes prescrites pour la publicité de l'enquête (V. *suprà*, n° 17). — Ces publication et notification sont ordinairement l'œuvre du préfet; mais l'exproprié a le droit d'y procéder. — L'extrait notifié doit contenir les noms des propriétaires, le visa des pièces dont le jugement devait constater l'existence, les motifs et le dispositif du jugement (art. 15). — La notification doit être faite au propriétaire inscrit à la matrice, à moins que le véritable propriétaire ne se soit fait connaître avant le jugement. S'il y a plusieurs copropriétaires, l'extrait doit être notifié à chacun d'eux, et spécialement aux cohéritiers, lorsqu'ils sont désignés individuellement à la matrice. La notification est faite au domicile élu dans l'arrondissement. — L'élection de domicile résulte soit d'une déclaration faite à la mairie de la commune où les biens sont situés, soit d'un acte faisant connaître à l'Administration le domicile que l'exproprié a choisi (L. 1841, art. 15, § 2). Elle est obligatoire même pour celui qui réside dans la commune de la situation des biens, à moins qu'il habite sur l'immeuble même frappé d'expropriation, auquel cas l'expropriant est tenu de lui faire la notification à son domicile réel. A défaut d'élection de domicile, la notification doit être faite en double copie au maire, d'une part, et, d'autre part, au fermier, locataire, gardien ou régisseur de la propriété (la loi n'établit aucune préférence entre ces diverses personnes). — La notification ne pourrait être faite à une personne non comprise dans l'énumération de l'art. 15, bien qu'elle parût avoir qualité pour représenter le propriétaire.

37. Les irrégularités de la notification du jugement d'expropriation peuvent être couvertes par la renonciation expresse ou tacite de l'exproprié à s'en prévaloir, notamment s'il comparaît devant le jury sans protestation ni réserves. Elles n'influent, d'ailleurs, en aucune façon sur la validité du jugement lui-même et empêchent seulement les délais de courir contre l'exproprié.

ART. 7. — POURVOI CONTRE LE JUGEMENT D'EXPROPRIATION (R. 278 et s.; S. 165 et s.).

38. La seule voie de recours admise contre les jugements d'expropriation est le pourvoi en cassation; ils ne peuvent être attaqués par voie d'appel (Civ. c. 18 déc. 1901, D. P. 1904. 1. 459). Les autres jugements qui interviendraient entre les parties, alors même que la contestation se rattacherait au règlement de l'indemnité, sont au contraire susceptibles d'appel conformément au droit commun. — Le pourvoi en cassation est recevable non seulement contre le jugement qui prononce l'expropriation, mais encore contre celui qui, visant l'accord des parties sur la cession amiable des terrains litigieux, désigne le magistrat directeur du jury (Civ. c. 20 déc. 1897, D. P. 99. 1. 257).

39. Le pourvoi peut être formé par l'expropriant (dans le cas, notamment, où le tribunal aurait refusé de prononcer l'expropriation), ou par l'exproprié, ou par tout autre ayant droit sur l'immeuble, mais à la condition qu'il ait figuré dans la procédure d'expropriation. Ainsi, le locataire, l'usufruitier, celui qui jouit d'une servitude, ne sont pas recevables à se pourvoir contre le jugement d'expropriation, s'ils ne sont pas intervenus dans la procédure. Cependant, le pourvoi est recevable de la part de celui qui se prétend copropriétaire, lorsque ses prétentions ont été connues de l'expropriant; ... de la part du propriétaire indivis qui n'est pas indiqué par la matrice cadastrale, et des créanciers du propriétaire exerçant les droits de leur débiteur, à la condition d'appeler celui-ci en cause. — Le pourvoi ne peut être formé que par une personne maîtresse de ses droits ou dûment assistée ou autorisée. Ainsi, la femme mariée doit être assistée de son mari ou autorisée par justice; le mineur émancipé, le prodigue, doivent être assistés de leur curateur ou conseil judiciaire. Les représentants des incapables, des communes, des établissements publics, doivent être régulièrement autorisés.

40. Les griefs qui peuvent servir de base au pourvoi sont l'*incompétence*, l'*excès de pouvoirs* et les *vices de forme* du jugement (L. 1841, art. 20, § 1er), et aussi la *contravention* à la loi, si elle porte sur une formalité essentielle. — Parmi les cas de vices de forme, il faut signaler : celui d'omission du nom du propriétaire, ou de l'un des copropriétaires inscrits à la matrice; celui de jugement est rendu contre une personne autre que celle qui est indiquée à la matrice comme propriétaire. — Il y aurait excès de pouvoirs, par exemple, si le jugement ordonnait que l'Administration soit mise en possession immédiate des terrains expropriés avant payement de l'indemnité.

41. Le pourvoi doit être formé au plus tard dans les trois jours qui suivent celui de la notification dudit jugement, ce jour non compris, sauf, semble-t-il, augmentation à raison des distances, pourvu que le propriétaire exproprié ait élu domicile dans l'arrondissement à l'art. 15. — La déchéance résultant de l'expiration du délai ne peut être opposée au pourvoi qu'autant que le jugement a été régulièrement notifié (Civ. c. 21 nov. 1895, D. P. 95. 1. 323) et que cette notification a été précédée de l'affichage, de la publication et de l'insertion dans les journaux prescrits par l'art. 15. De sorte que, à défaut d'une notification régulière à lui faite, l'exproprié conserve le droit de se pourvoir, et ce même après que l'indemnité aurait été fixée. Mais l'exproprié se rend non recevable à attaquer le jugement d'expropriation qui ne lui a pas été notifié, lorsqu'il concourt à l'exécution de ce jugement en comparaissant devant le jury, sans exprimer à cet égard des réserves formelles (Civ. c. 21 nov. 1894, D. P. 95. 1. 323).

42. Le pourvoi en cassation ne peut être formé que par une déclaration au greffe du tribunal civil (et non, comme en matière ordinaire, par une requête déposée au greffe de la Cour de cassation). Il en est ainsi même lorsqu'il s'agit de l'expropriation pour ouverture ou redressement de chemin vicinal, poursuivie en vertu de la loi du 21 mai 1836. — La déclaration de pourvoi doit être signée de la partie et du greffier. Elle peut être faite par mandataire, sans pouvoir spécial. Il n'est pas nécessaire qu'elle contienne l'exposé des moyens de cassation.

43. La recevabilité du pourvoi est subordonnée à la consignation d'une amende de 75 francs, plus les décimes, par chaque demandeur ayant un intérêt distinct (Civ. 20 nov. 1895, D. P. 96. 1. 214). Cette consi-

gnation doit être faite entre les mains du receveur de l'Enregistrement; elle n'a pas besoin d'être préalable à la déclaration de pourvoi; il suffit qu'elle ait eu lieu au moment où l'affaire est appelée devant la Cour pour être jugée (Civ. r. 2 avr. 1890, D. P. 90. 5. 252). — S'il y a plusieurs décisions attaquées, il doit être consigné autant d'amendes différentes; par exemple, si le même demandeur pourvoit par des moyens distincts contre le jugement et contre la décision du jury, il doit consigner, outre l'amende de 75 francs, l'amende de 150 francs applicable aux pourvois contre la décision du jury (V. *infrà*, n° 148; Civ. r. 16 juill. 1889, D. P. 91. 5. 276).

44. Le pourvoi déclaré au greffe doit être notifié dans la huitaine à peine de déchéance : par l'exproprié, à l'autorité ou au concessionnaire qui a poursuivi l'expropriation; — par l'Administration, aux expropriés contre lesquels il est dirigé. La notification à l'exproprié doit être faite au domicile élu, conformément à l'art. 15, ... sans que l'Administration soit obligée, faute de cette élection, de la faire au domicile réel : il lui suffit alors de notifier le pourvoi au maire et au locataire ou gardien de la propriété. Mais, la loi n'imposant l'élection de domicile ni à l'Administration ni au concessionnaire, c'est au domicile réel de ce dernier que la notification du pourvoi doit être faite par l'exproprié. — Le délai de huitaine ne comprend pas le jour du pourvoi, mais comprend celui de la notification y est compris; il est susceptible d'augmentation à raison des distances. — Il n'est pas nécessaire de faire signifier, dans l'exploit de notification, la copie textuelle de l'acte de déclaration du pourvoi ainsi que des moyens de cassation (Civ. c. 29 nov. 1893, D. P. 95. 1. 124). Il n'est pas besoin non plus qu'il contienne assignation à comparaître devant la Cour de cassation, ni l'indication de l'avocat qui doit occuper pour le demandeur. Il n'est pas soumis à la formalité du visa exigé par les art. 68 et 69 c. pr. civ. (V. *suprà*, *Exploit*, n°s 42 et 43), et les énonciations du *parlant* à dans la copie peuvent être complétées, notamment par celles de l'original lorsque celles-ci désignent la personne à laquelle la copie a été remise. — La notification peut être faite soit par voie administrative, soit par ministère d'huissier si le pourvoi est formé par l'Administration; s'il est formé par un concessionnaire ou par l'exproprié, il ne peut être notifié que par ministère d'huissier, et, à Paris, par un huissier audiencier à la Cour de cassation. — La notification du pourvoi est une formalité essentielle qui ne peut être suppléée par aucun équivalent.

45. La transmission des pièces, c'est-à-dire des pièces soumises au tribunal, de l'expédition du jugement et de celle de la déclaration du pourvoi, doit être faite dans la quinzaine à partir de la notification du pourvoi, par l'intermédiaire du préfet et du ministre des Travaux publics (L. 1841, art. 20, § 3). Elle peut également être faite directement pour les parties et par le ministère d'un avocat à la Cour de cassation qui les dépose au greffe. — Le délai de quinzaine n'est pas édicté à peine de déchéance; il suffit que les pièces soient déposées au greffe avant que la Cour de cassation soit en mesure de juger le pourvoi (Civ. c. 22 janv. 1901, D. P. 1903. 1. 110).

46. Les règles de procédure spéciales établies par l'art. 20 ne sont pas applicables au pourvoi contre un arrêt rendu par une cour d'appel en matière d'expropriation; ainsi, le pourvoi est, dans ce cas, régulièrement formé par requête déposée au greffe de la Cour de cassation (Civ. c. 18 déc. 1901, D. P. 1904. 1. 459).

47. Le pourvoi est porté directement devant la chambre civile, qui doit statuer dans le mois de la réception des pièces (art. 20, § 3). Les parties peuvent, jusqu'au jour où l'affaire est appelée, faire présenter leurs moyens de défense par un avocat à la Cour de cassation. — Le rejet du pourvoi produit les mêmes effets qu'en toute autre matière (V. *suprà*, *Cassation*, n° 61). Toutefois, l'indemnité à laquelle le demandeur est condamné n'est que de 37 fr. 50 (moitié du chiffre de l'amende). — La cassation du jugement a pour conséquence d'annuler tout ce qui a été fait en vertu de ce jugement, offres, désignation du jury, etc., y compris la décision même du jury si elle est intervenue, et cela à l'égard de tous ceux auxquels cette décision attribue l'indemnité, quoique le jugement n'ait été cassé qu'à l'égard de l'un d'entre eux, s'il n'est pas possible de discerner la part d'indemnité qui le concerne. — Le tribunal devant lequel l'affaire est renvoyée est saisi de l'entière juridiction, de sorte que c'est parmi ses membres que doit être choisi le magistrat directeur. C'est également sur la liste de l'arrondissement où il siège que doit être désigné le jury.

Art. 8. — Effets du jugement d'expropriation (R. 325 et s.; S. 218 et s.).

48. Le principal effet du jugement d'expropriation est de transférer à l'expropriant la propriété de l'immeuble avec tous les droits et les obligations qui en découlent, et de résoudre tous les droits dont il peut être grevé en les convertissant en un droit de créance au profit de ceux auxquels ces droits appartenaient. Cependant, l'exproprié conserve la possession de l'immeuble jusqu'au payement de l'indemnité, et il peut, tant qu'il en est détenteur, percevoir tous les fruits naturels et civils qu'il produit. — Le jugement d'expropriation emporte encore résolution immédiate des baux en cours; les locataires ne conservent la jouissance qu'à titre de garantie du payement de l'indemnité (V. *infra*, n° 157).

49. Le jugement doit, immédiatement après qu'il a été publié et notifié, être transcrit au bureau des hypothèques de l'arrondissement, afin de purger les hypothèques qui pourraient grever l'immeuble (L. 1841, art. 16). Dans la quinzaine, les créanciers sont admis à faire inscrire leurs privilèges et les hypothèques conventionnelles, judiciaires ou légales (art. 17). — A défaut d'inscription dans ce délai, l'immeuble est affranchi de tous droits réels; les droits des créanciers s'exercent sur l'indemnité comme sur un prix de vente ordinaire.

50. Les traités amiables et les jugements de donné acte sont soumis aux mêmes règles que les jugements d'expropriation en ce qui concerne la publication, la transcription et les effets sur les droits réels inscrits sur l'immeuble (art. 19, § 1er). — Cependant l'Administration peut, à ses risques et périls, payer le prix des acquisitions qui n'excèdent pas 500 francs sans remplir les formalités de publication et de transcription (art. 19). Cette faculté appartient aux communes, sous la condition que la délibération du conseil municipal prise pour cet objet soit approuvée par le préfet (Décr. 14 juill. 1866, D. P. 66. 4. 139). L'exercice n'en est pas subordonné à la production préalable d'un certificat négatif d'inscription hypothécaire (Av. Cons. d'Et. 31 mars 1869, D. P. 70. 3. 112).

Art. 9. — Expropriation a la requête du propriétaire (R. 369 et s.; S. 241 et s.).

51. Le propriétaire (à l'exclusion de tout autre intéressé) a le droit de poursuivre directement l'expropriation, si l'Administration ne l'a pas elle-même poursuivie dans l'année de l'arrêté de cessibilité (art. 14, § 2). — Le propriétaire doit présenter requête au tribunal par ministère d'avoué : le tribunal ordonne la communication de la requête au préfet, qui en accuse réception et envoie les pièces. Dans les trois jours de la réception des pièces, le tribunal statue.

SECT. III. — Règlement de l'indemnité.

Art. 1er. — Indication des divers ayants droit (R. 374 et s.; S. 244 et s.).

52. L'art. 21 de la loi du 3 mai 1841 prescrit à tout propriétaire, quel qu'il soit, particulier, commune, département, etc., d'appeler et de faire connaître à l'Administration, dans la huitaine qui suit la notification du jugement d'expropriation, les fermiers, locataires, ceux qui ont des droits d'usufruit, d'habitation ou d'usage tels qu'ils sont réglés par le Code civil, et ceux qui peuvent réclamer des servitudes résultant des titres mêmes du propriétaire, ou d'autres actes dans lesquels il serait intervenu. Passé ce délai de huitaine, il n'est pas recevable à demander une indemnité pour l'ayant droit, notamment pour le fermier qu'il n'a pas fait connaître, alors même qu'il aurait formulé des réserves à cet égard dans sa réponse aux offres de l'expropriant (Civ. c. 23 mai 1900, D. P. 1901. 1. 545). — Faute de s'être conformé à ces prescriptions, le propriétaire est responsable vis-à-vis des locataires, fermiers, etc., de l'indemnité spéciale que l'Administration aurait dû leur payer. — L'usufruitier est tenu des mêmes obligations à l'égard de ceux qui tiennent de lui leurs droits sur l'immeuble (art. 22). Mais il n'encourt aucune responsabilité à l'égard de ceux dont les droits sont antérieurs à l'usufruit et distincts de cet usufruit.

53. Suivant la jurisprudence de la Cour de cassation, le propriétaire exproprié n'est tenu de faire connaître les ayants droit sur l'immeuble exproprié qu'autant que ceux-ci ne sont pas certainement connus de l'avance de l'expropriant; dès que cette connaissance existe, l'expropriant doit, alors qu'il soit besoin d'une dénonciation spéciale du nom de ces parties intéressées, leur faire, à peine de nullité, les offres exigées par l'art. 23 (Civ. c. 16 mars 1897, D. P. 97. 1. 224). — L'obligation du propriétaire est, d'ailleurs, remplie lorsqu'il a fait connaître les intéressés à l'Administration; il n'est pas tenu de les appeler.

54. Lorsque le propriétaire ne les dénonce pas, les fermiers, locataires, etc., restent libres de se faire connaître eux-mêmes de l'Administration et d'intervenir pour faire valoir leurs droits; cette intervention n'est plus recevable après l'expiration du délai de huitaine fixé par l'art. 21 (Civ. c. 23 mai 1900, précité). Mais le propriétaire n'en reste pas moins responsable vis-à-vis d'eux, dans les conditions déterminées par l'art. 1382 c. civ., de l'indemnité à laquelle l'expropriation leur donne droit. Le propriétaire est, au contraire, complètement dégagé si, après qu'il a dénoncé l'intéressé à l'expropriant, ledit intéressé n'obtient aucune indemnité.

55. L'obligation imposée aux propriétaires n'existe qu'à l'égard des seuls ayants cause énoncés au paragraphe 1er de l'art. 21. Tous *autres intéressés* doivent se faire connaître eux-mêmes, sous peine de déchéance, dans le délai de huitaine qui leur est imparti par l'art. 21, § 2 (V. *suprà*, n° 52). Parmi ces *autres intéressés*, on peut citer : le propriétaire non inscrit à la matrice cadastrale; celui qui aurait acquis l'immeuble depuis que la procédure est commencée; ceux qui ont des droits de servitude non inscrits dans les titres du propriétaire; les créanciers hypothécaires; les sous-locataires. Ces derniers ne doivent être dénoncés ni par le propriétaire, ni par le principal locataire; il leur appartient de se faire connaître eux-

mêmes; mais ils peuvent s'en dispenser lorsque le propriétaire a dénoncé le locataire principal; ils ont alors le droit de réclamer une indemnité devant le jury, tant que l'indemnité relative à la jouissance locative n'a pas été réglée, sans qu'on puisse leur opposer l'inobservation du délai de huitaine de l'art. 21.

56. La dénonciation à l'expropriant, qu'elle émane du propriétaire ou de l'intéressé lui-même, n'est soumise à aucune forme déterminée (Req. 21 déc. 1891, D. P. 92. 1. 543). Elle peut résulter d'une simple lettre missive, pourvu que cette lettre fasse connaître les intéressés d'une manière assez précise pour que l'expropriant puisse procéder contre eux. Lorsqu'elle émane de l'intéressé lui-même, il doit préciser ses prétentions.

57. Les intéressés qui doivent se dénoncer eux-mêmes à l'expropriant sont mis en demeure par l'avertissement énoncé en l'art. 6 et la publication du jugement ou du traité amiable (V. *suprà*, n° 17 et s., 36). Mais le délai de huitaine qui leur est imparti ne commence à courir que de la notification du jugement au propriétaire. Faute d'observer ce délai, l'intéressé n'a de recours ni contre l'expropriant, ni contre le propriétaire, à moins que la valeur de ces droits n'ait été comprise dans le règlement de l'indemnité allouée au propriétaire. D'ailleurs, la demande tardive d'un intéressé quel qu'il soit, n'est irrecevable que si l'expropriant s'oppose à sa comparution devant le jury.

Art. 2. — Des offres.

§ 1er. — *Notification des offres* (R. 395 et s.; S. 285 et s.).

58. Lorsque l'Administration, à l'expiration du délai de huitaine imparti par l'art. 21, connaît les intéressés de tous ordres qui prétendent à une indemnité, elle doit leur notifier ses offres. C'est là une formalité essentielle dont l'omission entraîne la nullité des opérations subséquentes, et qui n'est pas couverte par la comparution des expropriés devant le jury, s'ils se rencontrent formellement à s'en prévaloir. Au contraire, la comparution des expropriés devant le jury sans protestation suffit à couvrir la nullité qui résulterait d'une simple irrégularité dans la notification des offres.

59. Les offres ne sont pas nulles, comme insuffisantes, si elles ne comprennent pas tous les éléments du dommage; mais il n'est pas nécessaire qu'elles soient l'équivalent exact du préjudice subi par l'exproprié; il suffit qu'elles n'impliquent pas la négation du droit à une indemnité; ainsi, on admet qu'elles peuvent valablement descendre jusqu'à la somme de 1 franc. — L'expropriant est tenu de faire une offre, si minime soit-elle, alors même qu'il conteste le droit à une indemnité, tout au moins une offre éventuelle et subordonnée à la décision à rendre par les tribunaux sur le droit lui-même. — Les offres doivent être faites d'une manière distincte à chaque intéressé.

60. Les offres doivent être notifiées (art. 23) à celui contre lequel le jugement a été rendu, à moins que le véritable intéressé n'ait été révélé à l'expropriant dans les délais de l'art. 21. C'est alors contre ce dernier que la procédure en règlement de l'indemnité doit être poursuivie. — Lorsqu'il y a plusieurs copropriétaires indivis, les offres doivent être faites individuellement à tous ceux qui se sont fait connaître ou qui figurent nominativement au jugement ou à la matrice; collectivement à ceux qui y sont été désignés par une mention collective. L'omission des offres à l'un des copropriétaires indivis entraînerait la nullité de la décision du jury même à l'égard de ceux auxquels elles auraient été faites. — Les offres doivent également être notifiées à tous les intéressés qui ont été dénoncés ou se sont fait connaître dans les conditions prévues par l'art. 21; à l'égard des intéressés qui ne se sont pas fait connaître dans le délai prescrit par cet article, il suffit d'une notification collective au moyen d'un avertissement publié dans la forme de l'art. 6. — Les offres faites à un incapable doivent, suivant les cas, être notifiées soit à son représentant seul (au tuteur du mineur ou de l'interdit), soit à la fois à l'incapable et à la personne dont l'assistance lui est nécessaire pour agir (par exemple, au prodigue et à son conseil judiciaire simultanément) (Civ. c. 4 mars 1890, D. P. 90. 5. 260).

61. Les offres sont notifiées, en principe, par le préfet. S'il y a un concessionnaire, elles sont notifiées soit par le concessionnaire, soit par le préfet agissant d'accord avec lui. En matière de travaux communaux, c'est, en principe, par le maire que les offres doivent être notifiées.

62. Les offres doivent, en règle générale, être notifiées au domicile élu dans l'arrondissement, ou, si cette élection n'a pas été faite ou il a été en dehors de l'arrondissement, remises en deux copies au maire, et au fermier, locataire, gardien, etc., de la propriété. — La notification serait nulle si, dans ce dernier cas, elle était faite au maire seul sans l'être en même temps au fermier, locataire, etc., ou réciproquement (Civ. c. 28 mai 1895, D. P. 98. 1. 195), à moins qu'il ne fût constant que l'exproprié a eu, quinze jours au moins avant sa comparution devant le jury, connaissance des offres.

63. Les offres doivent être publiées et affichées dans la forme prévue par l'art. 6 (L. 1841, art. 23, § 2).

§ 2. — *Délai imparti à l'exproprié pour délibérer* (R. 402 et s.; S. 313 et s.).

64. Les expropriés auxquels les offres ont été notifiées ont, lorsqu'ils ne les acceptent pas, un délai de quinze jours pour y répondre et faire connaître leurs prétentions (art. 24). — Ce délai ne commence à courir que du jour où toutes les formalités d'affichage, de publication et de notification des offres ont été intégralement remplies. D'ailleurs, l'expiration de ce délai n'empêche pas celui qui n'a pas répondu aux offres de l'Administration de faire valoir ses prétentions devant le jury; il encourt seulement la condamnation aux dépens. — Le délai de quinzaine doit être rigoureusement observé, et le jury ne peut, à peine de nullité, être réuni avant son expiration. Cette nullité ne peut être couverte que par une renonciation formelle de l'exproprié, et non par le fait seul de sa comparution devant le jury (V. *suprà*, n° 57).

65. Les représentants des incapables, des mineurs, de l'État, des communes et des établissements publics ont la faculté d'accepter les offres, pourvu qu'ils y soient autorisés conformément aux règles posées par l'art. 13 pour l'aliénation amiable (art. 25 et 26; V. *suprà*, n° 27 et s.). Dans ce cas, le délai de quinzaine est porté à un mois (art. 27). — Ce délai, comme celui de quinzaine, doit être rigoureusement observé; l'expropriant exciperait vainement de ce que le caractère du bien exproprié ne lui aurait pas été signalé; c'est à lui à vérifier la situation légale du propriétaire. — En ce qui concerne la femme mariée, l'art. 27 n'est applicable que s'il s'agit d'un immeuble dotal; pour tous les autres immeubles, c'est le droit commun qui doit être suivi (art. 25).

§ 3. — *Offres nouvelles.* — *Augmentation des offres* (R. 426 et s.; S. 316 et s.).

66. L'obligation pour l'expropriant de notifier ses offres à l'exproprié, et de lui laisser le délai de quinzaine pour délibérer, s'applique à toutes *offres nouvelles* portant sur un objet nouveau et devenues nécessaires au cours de l'instance d'expropriation. Il en est ainsi, notamment, lorsque l'exproprié use du bénéfice de l'art. 50 et requiert l'acquisition totale d'un immeuble morcelé (Civ. c. 31 juill. 1899, D. P. 1901. 1. 238). — Il ne faut pas confondre avec les offres nouvelles l'*augmentation* des offres non acceptées par l'exproprié : l'expropriant n'est pas tenu de laisser à l'exproprié un délai de quinzaine pour délibérer sur ces offres additionnelles, qui ne font que modifier les offres primitives et portent sur le même objet; il suffit, en pareil cas, que l'expropriant fasse connaître devant le jury l'augmentation qu'il propose. Il n'y a pas non plus obligation de notifier de nouvelles offres par cela seul que l'exproprié a émis des prétentions nouvelles (Civ. r. 5 déc. 1898, D. P. 99. 1. 503).

ART. 3. — FORMATION DU JURY.

§ 1er. — *Liste annuelle du jury* (R. 431 et s.; S. 324 et s.).

67. La liste des personnes qui peuvent être appelées à faire partie du jury d'expropriation est dressée par le conseil général dans sa session ordinaire d'août. — Les listes, dressées par arrondissement, sont déposées aux archives de la préfecture, et une expédition en est adressée au procureur général à la cour siège dans le département, au procureur de la République dans les autres départements; cette expédition est déposée au greffe. — Les noms à porter sur cette liste sont pris sur les listes électorales, en observant les règles posées pour les jurys d'assises par le Code d'instruction criminelle et les art. 1 à 5 de la loi du 21 nov. 1872 (D. P. 72. 4. 132). — Le conseil général désigne, pour chaque arrondissement, trente-six personnes au moins et soixante-douze au plus. La décision du jury serait nulle si la liste sur laquelle ont été choisis les jurés appelés à statuer sur l'indemnité comprenait, par exemple, 73 noms (Civ. c. 17 oct. 1900, D. P. 1902. 1. 85). — Par exception, le nombre des jurés a été fixé invariablement à six cents par le département de la Seine (art. 29), à deux cents pour l'arrondissement de Lyon (L. 22 juin 1864, D. P. 54. 4. 125). En cas, dans les départements où les circonstances l'exigent, le Gouvernement a été autorisé à augmenter, par des décrets rendus en Conseil d'État (L. 3 juill. 1880, D. P. 81. 4. 24), le nombre des personnes à désigner annuellement.

68. L'aptitude des jurés portés sur la liste à faire partie du jury de jugement cesse lorsque cette liste est renouvelée : un jury désigné par le tribunal et qui n'a pas commencé ses fonctions au moment du renouvellement n'a pas qualité pour siéger, et celui qui a commencé ses opérations ne peut connaître que des affaires portées au rôle de la session (Civ. c. 28 juin 1897, D. P. 98. 1. 224). — Les prescriptions de l'art. 29 touchent à l'ordre public, de sorte que les décisions d'un jury choisi sur une liste qui n'est pas dressée conformément aux prescriptions légales sont entachées d'une nullité absolue et peut être proposée pour la première fois devant la Cour de cassation. Il suffit, d'ailleurs, pour la régularité de la désignation du jury spécial, qu'elle ait été faite sur la liste du conseil général contenant le nombre de noms exigé par la loi, sans que l'on puisse se prévaloir de ce que ces noms y auraient été inscrits à tort (Civ. r. 19 févr. 1895, D. P. 95. 1. 341).

§ 2. — *Désignation des jurys spéciaux* (R. 438 et s.; S. 337 et s.).

69. La première chambre de la cour d'appel, dans le département où elle siège; dans les autres, la première chambre du tribunal du chef-lieu judiciaire (à l'exclusion des tribunaux des autres arrondissements : Civ. c. 30 juill. 1900, D. P. 1902. 1. 84), sur la réquisition du préfet par l'organe du procureur général ou du procureur de la République, ou sur la requête soit du concessionnaire soit de l'exproprié agissant en vertu de l'art. 55 (V. *infrà*, n° 153), désignent les personnes qui feront partie du jury spécial pour chaque expropriation. — Pendant les vacances, le choix du jury est fait par la chambre des vacations (L. 1841, art. 30, § 1er). La désignation des jurés est faite par délibération dans la chambre du conseil.

70. Les jurés doivent être choisis sur la liste dressée par le conseil général pour l'arrondissement où sont situés les biens, sauf dans le département de la Seine, où ils sont désignés sur la liste unique du département. — Doivent être exclus de la composition du jury (art. 30, § 2) : 1° les propriétaires, fermiers, locataires des terrains et bâtiments désignés en l'arrêté du préfet pris en vertu de l'art. 11; 2° les créanciers ayant inscription sur lesdits immeubles; 3° tous autres intéressés désignés ou intervenants en vertu des art. 21 et 22. Non seulement ces personnes ne peuvent faire partie du jury appelé à statuer sur l'indemnité due pour l'immeuble sur lequel elles ont ou prétendent avoir des droits, mais encore elles ne doivent pas être appelées à concourir à l'appréciation des indemnités qui peuvent être dues pour d'autres immeubles compris dans le même arrêté de cessibilité. Le fait qu'une de ces personnes, par exemple le créancier titulaire d'une inscription hypothécaire sur l'un des immeubles expropriés, aurait figuré au nombre des jurés, entraînerait la nullité de toutes les décisions intervenues dans les affaires auxquelles ce juré a pris part (Civ. c. 5 juill. 1898, D. P. 99. 1. 504). Ces causes d'exclusion ne peuvent être étendues; ainsi, on ne peut exclure du jury les propriétaires qui ont consenti la cession de leur propriété avec accord sur le prix; ceux dont les immeubles, portés sur le plan parcellaire, ne figurent pas à l'arrêté de cessibilité, etc.; les parties pouvant, d'ailleurs, les écarter par la récusation péremptoire (V. *infrà*, n° 82). — Les membres des tribunaux civils, les juges (mais non les juges suppléants : Civ. r. 2 févr. 1897, D. P. 99. 1. 507) composant les tribunaux de commerce, les juges de paix, ne peuvent faire partie du jury (L. 25 vent. an 8, art. 5). Mais leur présence dans un jury n'entraîne la nullité de la décision qu'autant que le magistrat directeur, en refusant d'admettre la cause d'incompatibilité qui réside en eux, a porté atteinte au droit de récusation des parties. Il faut en dire autant des maires, adjoints et conseillers municipaux de la commune expropriante, des administrateurs des bureaux de bienfaisance ou des compagnies qui poursuivent l'expropriation.

§ 3. — *Convocation des jurés et des parties* (R. 449 et s.; S. 361 et s.).

71. Le sous-préfet, et le préfet dans l'arrondissement chef-lieu, auxquels une expédition de la liste des jurés est transmise par le procureur de la République, se concertent avec le magistrat directeur pour fixer le jour de la réunion du jury et convoquent les jurés et les parties (art. 31). Ils ont qualité pour faire cette convocation dans tous les cas, que l'expropriation ait lieu au profit de l'État, d'un département, d'une commune ou d'un concessionnaire; mais la convocation peut avoir également lieu à la requête de la partie expropriante, spécialement à la requête du maire, lorsque les travaux à raison desquels l'expropriation a été prononcée sont des travaux communaux (Civ. r. 7 févr. 1898, D. P. 1900. 1. 236).

72. La convocation et la notification aux parties de la liste des jurés peuvent être faites par les huissiers, par les agents de l'Administration, tels que les commissaires de police, les porteurs de contrainte, le maire, lorsqu'il ne poursuit pas l'expropriation au nom de la commune, les gardes champêtres, les agents assermentés des compagnies de chemins de fer dans les expropriations poursuivies pour le compte de la compagnie s'ils y sont attachés. Mais la citation ne peut être faite par un agent, tel qu'un sergent de ville ou un appariteur, dont les procès-verbaux ne valent que comme simples renseignements. — D'ailleurs, l'incompétence de l'agent n'entraîne la nullité des opérations subséquentes de l'expropriation qu'autant que les jurés n'ont pas répondu à la convocation et que les parties n'ont pas comparu devant le jury.

73. Les parties qui doivent être convoquées sont celles qui ont des droits ou simplement des prétentions à une indemnité non réglée à l'amiable, alors même que l'Administration contesterait ces prétentions. — En dehors du cas de cession amiable, les notifications prescrites par l'art. 31 doivent être faites à tous ceux qui sont mentionnés au jugement d'expropriation ou qui, par suite de mutations survenues depuis, figurent à la matrice cadastrale comme propriétaires. Si le propriétaire inscrit est décédé au cours des opérations, la citation donnée à son nom n'en est pas moins valable. L'Administration peut aussi la faire collectivement à ses héritiers, et à son domicile; mais elle devrait citer individuellement les héritiers, s'ils s'étaient fait connaître. La notification doit également être faite aux intéressés qui ont été dénoncés ou se sont fait connaître dans les conditions prévues aux art. 21 et 22 (V. supra, nᵒˢ 52 et s.). — Enfin, lorsque le préfet ou le sous-préfet font les notifications, non comme représentants de la partie expropriante, mais comme agents de la puissance publique, l'expropriant doit, aussi bien que l'exproprié, recevoir la convocation et la notification de la liste du jury.

74. La notification doit être faite au domicile élu dans les conditions prévues par l'art. 15 (V. supra, nᵒ 36). Elle n'est valablement signifiée qu'à une partie capable d'ester en justice, et l'expropriant doit s'enquérir, à cet effet, de la capacité civile de l'exproprié. Par exemple, lorsque l'immeuble appartient à une femme mariée, la notification doit être faite à la fois au mari et à la femme; elle est faite au mari seul, si l'immeuble dépend de la communauté. De même, l'assignation doit être donnée à la fois au propriétaire et au conseil judiciaire, etc.

75. L'assignation donnée à l'exproprié pour comparaître devant le jury doit contenir notification d'un certain extrait de la délibération de la cour ou d'un tribunal qui a désigné les jurés, et la liste du jury, à peine d'une nullité, qui est d'ailleurs couverte par la comparution de la partie expropriée devant le jury sans protestations ni réserves. — L'irrégularité de la liste notifiée est également une cause de nullité, mais dans le cas seulement où elle est de nature à entraver l'exercice du droit de récusation appartenant aux parties (Civ. r. 12 juill. 1899, D. P. 1900. 1. 326).

76. La convocation notifiée aux parties doit enfin faire connaître le lieu, le jour et l'heure de la réunion du jury; la nullité des opérations serait la conséquence de toute erreur, de toute surcharge qui ne permettrait pas aux parties de connaître exactement les trois circonstances, à moins qu'elles n'aient comparu sans protestation. — Cependant, la partie qui a requis la convocation ne peut se plaindre de ce qu'on ne lui en a pas fait connaître le jour et l'heure.

77. La citation donnée aux jurés doit également leur faire connaître le lieu, le jour et l'heure de la réunion. — Le fait qu'un ou plusieurs jurés n'auraient pas été convoqués est une cause de nullité de la décision du jury, alors même qu'ils auraient été remplacés par des jurés complémentaires, si la citation n'a pu leur être remise par suite d'une erreur de désignation imputable à l'expropriant. Mais il n'y a pas nullité si l'expropriant s'est conformé, pour la désignation des jurés, aux indications de noms, prénoms et domicile fournies par la liste du conseil général et si l'agent chargé de la convocation a fait tout ce qui dépendait de lui pour que chacun des jurés auxquels elle s'adressait en fût touché (Civ. r. 14 nov. 1893, D. P. 94. 1. 170). Au cas où l'un d'eux n'aurait pas été trouvé au domicile indiqué, la citation pourrait être faite au parquet conformément à l'art. 69, § 8, c. pr. civ. (V. supra, Exploit, nᵒ 44), ou bien tant au domicile indiqué qu'au maire de la commune, conformément à l'art. 389 c. instr. cr. — Lorsqu'il a été impossible de citer un ou plusieurs des jurés, il y a simplement lieu de les remplacer comme absents dans la composition du jury spécial.

78. La convocation adressée aux parties et aux jurés doit, à peine de nullité de la décision, précéder de huit jours au moins celui de la réunion du jury (art. 31). Ce délai n'est que susceptible d'augmentation à raison des distances, et ne comprend ni le jour de la convocation, ni le jour de la réunion; par exemple, la citation donnée le 30 juillet pour le 7 août est tardive. Mais la tardiveté de la convocation n'entraîne nullité qu'autant qu'elle a empêché soit les parties, soit les jurés de comparaître; et l'exproprié qui comparaît sans protestation ni réserves ne peut exciper pour la première fois devant la Cour de cassation de ce qu'il n'a pas été convoqué à temps. — La partie qui a requis la convocation ne peut se prévaloir de ce que le délai de huit jours n'aurait pas été observé.

§ 4. — Magistrat-directeur (R. 460 et s.; S. 395 et s.).

79. La loi a placé près du jury, pour en diriger les opérations, un magistrat-directeur; il est commis par le jugement d'expropriation, qui désigne en même temps un autre membre du tribunal pour le remplacer au besoin. — Le magistrat-directeur du jury est assisté, auprès du jury spécial, par un greffier ou un commis-greffier du tribunal (art. 34); à leur défaut, par un citoyen spécialement assermenté pour cette circonstance et qu'il désigne.

§ 5. — Excuses et remplacement des jurés (R. 463 et s.; S. 417 et s.).

80. Les jurés désignés ne peuvent se dispenser de remplir leur mission : tout juré qui, sans motifs légitimes, manque à l'une des séances ou refuse de prendre part à la délibération, encourt une amende de 100 à 300 francs; cette amende est prononcée par le magistrat-directeur, qui statue en dernier ressort sur l'opposition du juré condamné (art. 32, § 1 à 3). Mais les jurés peuvent être dispensés de siéger quand ils font valoir une cause légitime d'excuse ou d'empêchement; cause qu'il appartient au magistrat-directeur d'admettre ou de rejeter (art. 32, § 4), comme aussi sur les exclusions ou les incompatibilités dont les causes ne seraient survenues que postérieurement à la désignation des jurés. Le pouvoir dont il jouit à cet égard est discrétionnaire et n'est pas susceptible d'être critiqué devant la Cour de cassation. Mais il ne peut, de son initiative propre, déclarer excusables et rayer de la liste du jury des jurés qui n'ont pas provoqué cette mesure, spécialement des jurés

qui n'ont pas été convoqués (Civ. c. 29 nov. 1893, D. P. 95. 1. 124).

81. Avant de procéder à la composition définitive du jury, il doit être institué une liste de seize noms, afin que les parties puissent intégralement exercer leur droit de récusation, sans que le nombre des jurés descende au-dessous de douze. A cet effet, le magistrat-directeur doit remplacer ceux qui ont été exclus ou excusés, les absents et les décédés, au moyen des jurés supplémentaires appelés dans l'ordre de leur inscription. Si les jurés titulaires et supplémentaires sont en nombre insuffisant, le magistrat-directeur a recours à des jurés complémentaires qu'il choisit sur la liste du conseil général, sans être tenu de suivre l'ordre de cette liste.

§ 6. — Récusations péremptoires (R. 473; S. 433 et s.).

82. L'expropriant et l'exproprié ont le droit d'exercer chacun deux récusations péremptoires (art. 34, § 2), c'est-à-dire dont il ne doit pas être donné de motifs, et cela indépendamment des récusations qui seraient fondées sur des causes légales d'exclusion. Le fait qu'une partie n'aurait pu exercer ces deux récusations entache les opérations par une nullité absolue, qui n'est pas couverte par son silence et son acceptation du débat devant le jury. — Chaque partie ne peut exercer que deux récusations, et le fait que l'une d'elles en aurait exercé une de trop entraînerait également la nullité absolue des opérations du jury.

83. Dans le cas où plusieurs intéressés figurent dans la même affaire, ils doivent s'entendre pour exercer les deux récusations qui appartiennent à la partie expropriée (art. 34, § 3). On considère comme une même affaire le règlement des indemnités qui se rapportent à l'expropriation d'un même immeuble sur lequel plusieurs personnes exercent un même droit ou des droits divers à des titres différents. Il n'y a pas même affaire dans le cas d'un ensemble d'expropriations renfermant plusieurs immeubles, par cela seul que ces immeubles auraient été compris dans une même instance administrative et une même procédure. L'entente entre les intéressés résulte suffisamment de la circonstance que les récusations ont été faites par l'un d'eux sans protestation de la part des autres.

84. Régulièrement, le droit de récusation s'exerce lors de l'appel qui est fait des jurés, après que les causes d'empêchement et d'exclusion ont été appréciées et que la liste du jury a été complétée à seize noms par l'adjonction des jurés supplémentaires et complémentaires; mais il peut s'exercer tant que le jury n'est pas définitivement constitué, notamment au moment où il est procédé à un second appel réclamé par une partie qui n'a pas exercé son droit lors du premier appel, à la condition que ni le magistrat-directeur ni la partie adverse ne s'opposent à ce nouvel appel.

85. Le magistrat-directeur est tenu, — c'est une formalité essentielle, — d'avertir les parties de leur droit de récusation, du moment où elles doivent l'exercer et des conditions dans lesquelles elles sont admises, sans être astreint pour cela à aucune formule sacramentelle; il suffit que le procès-verbal constate que les parties ont été averties. — D'ailleurs, le défaut d'avertissement ne peut être opposé par celui qui a exercé les deux récusations que la loi lui accorde, ou qui a déclaré accepter le jury constitué pour une affaire précédente.

§ 7. — Réunion de plusieurs affaires; catégories (R. 474 et s.; S. 445 et s.).

86. En principe, un jury unique doit être constitué pour chaque affaire, et ce jury doit, à peine de nullité, être constitué si l'intéressé le demande. Mais les parties peuvent valablement consentir à ce qu'il ne soit constitué qu'un seul jury pour plusieurs ou même pour toutes les affaires de la session, et à ce que ces affaires, d'abord divisées, soient réunies en une seule et même instance. — Toutefois, ce mode de procéder n'est régulier qu'autant : 1° que les parties sont averties par le magistrat-directeur de l'utilité de la jonction et des conséquences qu'elle peut avoir au point de vue de l'exercice du droit individuel de récusation ; 2° que les parties ont consenti à la jonction et se sont entendues pour les récusations à exercer dans l'intérêt de tous les expropriés. Ce consentement ne doit pas nécessairement être exprès et peut résulter des énonciations du procès-verbal ; il en est ainsi, par exemple, lorsqu'il résulte du procès-verbal que les parties, sur l'invitation du magistrat-directeur, ont exercé leur droit de récusation, que le jury s'est alors trouvé régulièrement composé pour toutes les affaires sans opposition des parties, et que celles-ci ont conclu et plaidé devant lui sans protestations ni réserves (Civ. r. 24 déc. 1900, D. P. 1901. 1. 233). — Le magistrat-directeur peut également diviser les affaires par catégories et attacher à chacune d'elles un jury spécial de jugement. De même que la jonction de toutes les affaires, cette division ne peut avoir lieu que du consentement exprès ou tacite des parties. Elle ne suppose nullement l'identité des litiges et des intérêts en cause.

§ 8. — *Constitution définitive du jury* (S. 450 et s.).

87. Lorsque les récusations ont été exercées, le magistrat-directeur doit procéder à la constitution définitive du jury. Il peut, dès le début de la session, constituer les jurys différents qui seront appelés à statuer sur chaque affaire indépendante, ou sur chaque catégorie d'affaires. Le magistrat-directeur peut aussi former successivement et au fur et à mesure les divers jurys.

88. Le jury de jugement est composé de douze membres (L. 1841, art. 35, § 1er). Lorsqu'il n'y a pas eu de récusations exercées, ou si elles n'ont été que partielles, le magistrat-directeur doit retrancher les derniers noms de la liste de seize ; cet ordre n'était pas observé, il en résulterait une nullité d'ordre public, qui pourrait être invoquée pour la première fois devant la Cour de cassation. — La régularité de la composition du jury doit être constatée à peine de nullité par les mentions du procès-verbal.

89. Lorsque la liste du jury est arrêtée et que les douze jurés sont présents et ont prêté serment, le jury est acquis aux parties et ne peut plus être modifié. On ne peut donc y introduire un juré titulaire absent lors de la formation du jury, qui y a été remplacé et se présenterait avant le commencement des débats. De même, le magistrat-directeur ne peut plus excuser un juré compris dans le nombre de douze, ni le remplacer. Le remplacement d'un juré peut, au contraire, avoir lieu tant que le jury n'est pas constitué. — Les jurés ne peuvent délibérer valablement qu'au nombre de neuf au moins (art. 35, § 2). D'où la nécessité de combler les vides qui peuvent se produire dans ses rangs, lorsque le nombre des jurés se trouve réduit au-dessous de ce nombre légal.

ART. 4. — INSTRUCTION ET JUGEMENT.

§ 1er. — *Rédaction du procès-verbal* (R. 462; S. 406 et s.).

90. Les opérations du jury sont constatées par un procès-verbal, rédigé par le greffier qui assiste le magistrat-directeur. Cet acte, destiné à fournir la preuve de la régularité des opérations et à faire foi de l'accomplissement des formalités légales,

doit contenir le détail exact des opérations et de tous les incidents qui peuvent se produire. Il est signé par le magistrat-directeur et le greffier et, sous cette condition, fait foi jusqu'à inscription de faux (Civ. r. 30 nov. 1897, D. P. 97. 1. 482). L'inscription de faux est portée, par voie de requête, devant la Cour de cassation ; elle n'est recevable qu'autant qu'elle est accompagnée d'indices rendant les faits allégués vraisemblables et fondée sur des documents de nature à être reçus en justice. La Cour de cassation, lorsqu'elle autorise l'inscription de faux, renvoie les parties devant un tribunal civil, pour faire statuer sur l'existence du faux, et surseoit à son arrêt sur le fond.

91. Le procès-verbal peut être rédigé sur une formule imprimée d'avance, à la condition qu'il existe une concordance parfaite entre les parties imprimées et les parties manuscrites. Le procès-verbal ne doit pas être nécessairement dressé chaque jour pour toutes les opérations de la journée ; il peut comprendre toutes les opérations du même jury se prolongeant plusieurs jours, et il suffit qu'il soit signé au moment de la clôture par le magistrat-directeur et le greffier.

§ 2. — *Serment des jurés* (R. 480 et s. ; S. 461 et s.).

92. Avant de commencer les opérations, chacun des membres du jury doit prêter serment « de remplir ses fonctions avec impartialité » (art. 36). L'emploi de toute autre formule qui altérerait la substance du serment n'impliquerait pas l'idée d'impartialité entraînerait la nullité du serment (Civ. r. 23 juin 1903, D. P. 1905, 1re partie). La prestation de serment a lieu dans une forme analogue à celle qui est prescrite par l'art. 372 c. instr. cr. C'est une formalité substantielle, qui seule investit les jurés de leur caractère légal. S'il y a plusieurs affaires distinctes soumises au même jury, il doit prêter serment pour chacune d'elles ; si les affaires sont réunies pour être soumises à un seul jury, ou classées par catégories, il suffit qu'il y ait prestation de serment avant les débats sur la première affaire de chaque catégorie. — Le procès-verbal doit, à peine de nullité, établir que le serment a été prêté, qu'il l'a été pour toutes les affaires ou catégories d'affaires, et en constater les termes.

93. La prestation du serment doit, à peine de nullité de la décision, précéder tout acte qui rentre dans la mission du jury (Civ. c. 3 janv. 1898, D. P. 99. 5. 355); ... notamment, la visite des lieux (Civ. c. 5 juin 1893, D. P. 93. 5. 293). Toutefois, on admet que la visite des lieux et les autres actes d'instruction auxquels les jurés peuvent être faits avant la prestation de serment, à titre purement officieux, sans que la nullité soit encourue. Le caractère officieux de la visite dépend des circonstances ; mais, en général, on lui reconnaît ce caractère lorsqu'elle n'a pas été ordonnée en séance publique sous une délibération, et que ni le magistrat-directeur ni le greffier n'y ont pris part. — De même, la communication des pièces administratives et des documents de l'affaire faite en dehors de l'audience, les explications fournies à certains jurés par les parties hors séance, ne sont pas des actes d'instruction proprement dite pour lesquels la prestation de serment soit indispensable. — La nullité résultant de l'omission du serment préalable à toute opération ne peut être couverte ni par une déclaration de la partie qu'elle renonce à s'en prévaloir et consent à ce que les opérations ne soient pas recommencées, ni par une prestation de serment ultérieure, faite du consentement

des parties et suivie de la reprise des conclusions et des débats oraux.

§ 3. — *Production des pièces.* — *Audiences, plaidoiries* (R. 485 et s. ; S. 474 et s.).

94. L'art. 37, § 1er, prescrit au magistrat-directeur de mettre sous les yeux du jury : 1° le tableau des offres et des demandes notifiées en vertu des art. 23 et 24 ; 2° les plans parcellaires, ou plutôt une copie exacte de ces plans, et les titres ou autres documents produits par les parties à l'appui des offres et demandes. — Les offres et les demandes ne doivent pas nécessairement être produites sous forme de tableau ; il suffit qu'on les soumette au jury les certificats de l'administration constatant l'offre et les exploits qui constatent les demandes des expropriés. — La production de ces pièces est une condition essentielle de la validité de la décision, et l'omission n'en serait couverte par aucune participation de la partie devant le jury que si elle avait renoncé à s'en prévaloir. Le procès-verbal doit en fournir la preuve au moyen de mentions suffisantes pour permettre de constater s'il a bien été fait remise de toutes les pièces qui doivent être soumises (Civ. r. 20 févr. 1899, D. P. 1900. 1. 237). — Quant au moment où la remise des pièces doit être faite, il est abandonné à la prudence du magistrat-directeur ; mais cette remise doit précéder la discussion à l'audience et surtout la clôture des débats. — La règle édictée par l'art. 37, § 1er, s'applique au cas où la demande d'indemnité a été reformée pour la première fois devant le jury, ou lorsqu'elle y a été modifiée ; le procès-verbal doit, à peine de nullité, constater la remise au jury des conclusions prises à cet effet. Il en est ainsi du moins lorsqu'il est établi que ces conclusions ont été rédigées par écrit (Civ. r. 19 mai 1902, D. P. 1902. 1. 401).

95. Les audiences sont présidées par le magistrat-directeur, qui en a la police et y exerce les pouvoirs déterminés par les art. 88 et s. c. pr. civ. ; il n'a pas les pouvoirs discrétionnaires du président d'assises. Il peut imposer silence aux parties, les rappeler, ainsi que leurs défenseurs, à la modération et au respect de la justice. Mais, en exerçant ses droits de police, il doit se garder de manifester son opinion sur les faits de la cause et sur la manière dont ils sont discutés, non plus que sur les arguments et moyens qui sont invoqués, notamment en refusant de communiquer au jury les documents produits par les parties. — Les parties peuvent développer elles-mêmes leurs moyens de défense (art. 37, § 2), ou les faire présenter par un mandataire de leur choix. — Les avocats et les agents de l'Etat n'ont pas besoin d'une procuration écrite.

§ 4. — *Mesures d'instruction que le jury peut prendre* (R. 495 et s. ; S. 493 et s.).

96. Le jury peut entendre toutes personnes qu'il juge aptes à l'éclairer (art. 37, § 3). Il jouit d'un pouvoir absolu pour décider s'il doit entendre telle ou telle personne ; mais il ne pourrait faire procéder ni à une expertise, ni à une enquête dans les conditions prévues par le Code de procédure civile. — Le jury peut aussi réclamer des employés des Contributions et de l'Enregistrement tous les renseignements qui lui paraissent utiles.

97. Le jury peut se transporter sur les lieux (art. 37, § 4) ; cette mesure est facultative pour le jury, qui peut refuser d'y procéder, malgré les conclusions prises à cet égard par les parties. Les parties doivent être mises en demeure d'assister à la visite des lieux, à peine de nullité de la décision du jury. Cette nullité serait, d'ailleurs, couverte à l'égard de la partie qui aurait, après la visite, fait valoir ses moyens de défense devant le jury sans se plaindre de ce que la visite n'aurait pas été annoncée (Civ. r. 8 mai 1899, D. P. 1900. 1. 325).

98. La visite des lieux peut être ordonnée à tout moment de l'instruction, même après la clôture des débats, même au cours de la délibération du jury, à la condition que les débats soient rouverts, pour permettre aux parties de présenter leurs observations et de discuter la régularité de la visite. Celle-ci peut être faite soit par le jury tout entier, soit par une délégation de quelques-uns de ses membres. Dans le premier cas, **tous** les membres du jury doivent y assister, et la décision rendue avec le concours de jurés n'ayant pas assisté à la visite serait nulle.

99. Le magistrat directeur ne doit pas nécessairement participer à la visite des lieux, sauf en matière de chemins vicinaux (V. *infra*, *Voirie*). Sa présence étant purement facultative et n'exigeant pas celle du greffier, le transport des jurés sur les lieux n'est pas constaté dans le procès-verbal. La régularité de la visite des lieux, notamment en raison de l'absence de quelques-uns des jurés, ne peut être contestée par la partie qui a pris part au débat oral sans protestations ni réserves (Civ. r. 30 mai 1890, D. P. 91. 1. 375).

100. En l'absence d'une prohibition inscrite dans la loi, le payement par l'expropriant ou par l'exproprié des frais de transport et de nourriture des jurés ne constitue pas un moyen de nullité qui puisse être invoqué par les parties intéressées, alors surtout qu'elles ont déclaré renoncer à se prévaloir de ce fait (Civ. r. 10 janv. 1898, D. P. 98. 1. 235).

§ 5. — *Publicité, prorogation, clôture de la discussion* (R. 504 et s.; S. 514 et s.).

101. Les opérations du jury, la discussion de l'indemnité et la lecture de la décision, doivent être publiques (art. 37, § 5). Cette publicité doit être, à peine de nullité, constatée par l'ensemble des énonciations du procès-verbal. — On a vu *supra*, n° 76, que le lieu de la réunion du jury doit être désigné et annoncé à l'avance; cette désignation est un des éléments de la publicité des débats. Mais au cours de l'instruction, si des raisons d'ordre et de service font changer le lieu des séances, il faut et il suffit que ce changement soit annoncé à l'avance en séance publique (Civ. r. 20 oct. 1903, D. P. 1904. 1. 128).

102. Le jury doit statuer successivement et sans interruption sur les affaires dont il a été saisi (art. 44). Mais cette règle ne s'oppose pas aux interruptions commandées par les besoins de l'instruction ou à un repos nécessité par les circonstances. D'autre part, le jury a la faculté de continuer à une autre séance une affaire commencée (art. 37, § 5) et d'interrompre la session pendant un court laps de temps. — Dans le cas d'un ajournement légitimement prononcé pour la suite d'une affaire, rien n'empêche le jury de procéder, dans l'intervalle, à l'examen d'autres affaires. — Il peut siéger les jours fériés.

103. Les jurés doivent s'abstenir, au cours de l'instance, de toute manifestation d'opinion, et ce à peine de nullité. Ainsi les opérations d'un jury ont été annulées par le motif que, à l'occasion d'une comparaison faite par l'avoué du poursuivant entre les offres de ce dernier et la demande de l'exproprié, un juré avait déclaré « qu'il y avait exagération » (Civ. c. 8 mars 1897, D. P. 97. 1. 415).

104. La clôture des débats est prononcée par le magistrat-directeur (art. 38, § 1er), avec l'assentiment du jury, qui seul peut décider que la cause est entendue. — La loi du 3 mai 1841 n'oblige pas le magistrat-

directeur à poser des questions au jury; mais elle ne le lui interdit pas lorsqu'il le juge nécessaire. Dans ce cas, les parties ont le droit de présenter leurs observations et de conclure à ce que telle ou telle question soit posée.

§ 6. — *Délibération et décision du jury* (R. 514 et s.; S. 530 et s.).

105. La clôture des débats prononcée, les jurés se retirent immédiatement dans leur chambre pour délibérer, sous la présidence de l'un d'eux qu'ils désignent à l'instant même (art. 38, § 2). Ce mode de procéder n'est obligatoire que pour la délibération finale, qui suit la clôture des débats; il n'est pas exigé pour les délibérations préliminaires que le jury est appelé à prendre au cours des débats; celles-ci peuvent avoir lieu à l'audience. — La disposition qui prescrit au jury de délibérer sans désemparer n'est pas tellement rigoureuse qu'on ne puisse suspendre la séance entre la clôture des débats et la délibération proprement dite pour un motif légitime, par exemple afin de donner aux jurés quelque repos. — Quant à la nomination du président du jury, on admet qu'elle peut avoir lieu en séance publique, dès que le jury est constitué; mais elle n'est obligatoire que pour la délibération sur l'indemnité, qu'elle doit toujours précéder.

106. Le jury peut, sans contrevenir à l'art. 38, délibérer dans la salle d'audience, pourvu que cette salle soit évacuée par le public et que le jury y soit laissé seul. Il suffit, dans ce cas, que le secret de la délibération résulte de l'ensemble des énonciations du procès-verbal, sans qu'il y ait à constater expressément l'évacuation de la salle par le public. S'il révèle, au contraire, que le public a eu libre accès dans la salle, la décision du jury est nulle.

107. L'art. 38, § 2, en prescrivant aux jurés de délibérer sans désemparer, a principalement pour objet de les soustraire à toute influence extérieure. En conséquence, depuis le moment où la délibération est ouverte jusqu'à celui où elle est close, ils ne doivent pas sortir de leur salle pour communiquer avec les parties et leur demander des renseignements, à peine de nullité. Les jurés ne peuvent pas davantage appeler dans leur salle, soit le magistrat-directeur, soit les parties ou l'une d'elles, soit toute autre personne, dans le but d'en obtenir des renseignements ou des explications. Mais l'introduction dans la salle des délibérations du jury d'une personne qui viendrait y accomplir un acte de sa mission, par exemple du greffier y apportant un document réclamé par le jury, ou de l'huissier de service appelé par le président, n'a rien d'irrégulier. Au reste, l'introduction d'une personne étrangère n'est une cause de nullité que lorsqu'elle a lieu *pendant* la délibération. Ainsi, *après* la clôture de la délibération, le magistrat-directeur peut donner au jury les indications de forme sur la manière de la rédiger, sans qu'il y ait nullité.

108. Seuls les jurés qui ont composé la liste de douze membres arrêtée après l'exercice du droit de récusation peuvent prendre part à la délibération. Aussi les jurys formés pour des affaires distinctes ou pour des catégories différentes d'affaires doivent-ils délibérer séparément sur chaque affaire ou catégorie, alors même qu'ils seraient en partie composés des mêmes membres. Mais un même jury peut délibérer simultanément sur toutes les affaires qui lui sont soumises et statuer en une seule fois sur toutes les indemnités. — La décision n'est valablement rendue que si, au moment où le jury se retire pour délibérer, les jurés sont en nombre légal et tous ont assisté à *tous* les actes de l'instruction. — La nullité qui résulte

de la participation à la délibération d'une personne étrangère au jury, ou d'un juré qui n'a pas assisté à toutes les opérations, est une nullité d'ordre public qui ne peut être couverte par le silence des parties.

109. La décision du jury doit être prise à la *majorité* absolue des voix (art. 38, § 3), sans qu'il soit besoin de recourir au scrutin secret. En cas de partage, la voix du président du jury est prépondérante (art. 38, § 4). Il n'est pas nécessaire que la décision du jury énonce qu'elle a été prise à la majorité ou à l'unanimité, ni par quel nombre de voix.

110. La décision n'est assujettie à aucune forme et n'est pas motivée : elle est écrite par le président ou l'un des jurés et signée par tous ceux qui y ont pris part, sans que l'absence d'une ou plusieurs signatures soit une cause de nullité, alors que, par son contexte ou par le procès-verbal, il est établi que tous y ont participé (Civ. c. 23 mai 1900, D. P. 1901. 1. 545). Il y aurait, au contraire, nullité si la décision était signée d'une personne qui n'aurait pas dû y prendre part. — Le magistrat-directeur, ne participant pas à la décision, ne doit pas la signer, sauf dans le cas de l'expropriation poursuivie dans les formes de la loi du 21 mai 1836, sur les chemins vicinaux; d'ailleurs, la signature du magistrat-directeur n'entraîne aucune nullité et rien n'établit qu'il ait pris part à la décision.

111. Lorsque les jurés rentrent en séance, le président du jury donne lecture de la décision et la remet au magistrat-directeur; la lecture peut également être faite par le magistrat-directeur ou le greffier. Lorsque la décision est irrégulière en la forme, obscure ou incomplète, le magistrat-directeur peut renvoyer le jury dans la salle des délibérations pour la rectifier; il doit même prescrire ce renvoi si, lors de la lecture, les jurés déclarent que la décision contient des erreurs matérielles; mais il ne pourrait l'ordonner en invitant le jury à reviser la décision au fond et à modifier l'indemnité qui lui paraît irrégulière, par exemple comme supérieure à la demande. — La décision une fois proclamée est irrévocable et n'est susceptible d'aucun autre recours que le pourvoi en cassation dans les cas prévus par l'art. 42 (V. *infra*, nos 144 et s.).

112. Le jury d'expropriation ne peut connaître que des affaires dont il a été saisi au moment de sa convocation (art. 44), c'est-à-dire de celles dont le règlement lui a été confié en vertu du jugement auquel se réfère la décision qui désigne et institue les jurés. — Il ne peut statuer, même du consentement des parties, à l'égard d'un immeuble qui n'a pas été compris au jugement d'expropriation.

113. Le jury ne peut se séparer qu'après avoir réglé toutes les indemnités dont la fixation lui a été déférée (art. 44).

114. Après la clôture des opérations du jury, les minutes des décisions et autres pièces qui s'y rattachent (notamment les actes de convocation des jurés et des parties, le procès-verbal des opérations du jury, le tableau des offres et demandes, le tableau des questions soumises au jury) sont déposées au greffe du tribunal civil de l'arrondissement (art. 46). Il en est ainsi même dans le cas où l'expropriation est poursuivie en vertu de la loi du 1836, sur les chemins vicinaux (V. *infra*, *Voirie*).

§ 7. — *Ordonnance d'exécution du magistrat-directeur* (R. 548 et s.; S. 566 et s.).

115. La décision du jury doit être déclarée exécutoire, et l'expropriant envoyé en possession, à charge de payer ou consigner l'indemnité, par une ordonnance que le magistrat-directeur rend immédiatement en séance publique, en présence des parties et des jurés. — Le procès-verbal doit constater régulièrement la lecture à l'audience publique, si cette lecture ne résulte pas de la minute même de l'ordonnance, et ce, à peine de nullité (Civ. c. 24 déc. 1900, D. P. 1901. 1. 238).

116. L'ordonnance d'exécution a tous les effets d'une décision judiciaire et emporte exécution parée. Elle ne peut, d'ailleurs, soit apporter à la décision un changement quelconque, soit trancher un litige accessoire. — L'ordonnance doit enfin taxer les dépens pour les actes postérieurs à son offre, les frais des actes antérieurs étant, dans tous les cas, à la charge de l'Administration (art. 41, § 3). C'est toujours l'ordonnance du 18 sept. 1833 qui sert de base au règlement des frais.

117. Quant à la répartition des dépens, si l'indemnité ne dépasse pas l'offre de l'Administration, les parties qui l'ont refusée sont condamnées aux dépens. Si l'indemnité est égale à la demande des parties, l'Administration est condamnée aux dépens. Enfin, si l'indemnité est à la fois supérieure à l'offre de l'Administration et inférieure à la demande des parties, les dépens sont compensés de manière à être supportés par les parties et l'Administration suivant le rapport de leur offre ou de leur demande avec la décision du jury. Par suite, les dépens ne peuvent, dans ce cas, être partagés par moitié (Civ. c. 12 déc. 1892, D. P. 93. 1. 556), ni mis en entier à la charge de l'expropriant. — Les expropriés autres que les femmes mariées, tuteurs et autres représentants des incapables énumérés aux art. 25 et 26, qui n'ont accepté les offres ni formulé de demande dans le délai d'un mois imparti par l'art. 27, doivent être condamnés aux dépens, alors même que l'indemnité serait supérieure à l'offre (art. 40, § 4; Civ. c. 14 avr. 1899, D. P. 1900. 1. 238).

§ 8. — *Difficultés auxquelles peut donner lieu la décision. — Compétence* (R. 569 et s.; S. 583 et s.).

118. Les tribunaux civils sont seuls compétents pour statuer sur les difficultés qui peuvent s'élever soit sur l'interprétation, soit sur l'exécution des décisions du jury. C'est à eux, par exemple, qu'il appartient exclusivement de connaître d'une demande tendant, par voie d'interprétation de la décision du jury, à faire réparer une erreur de contenance commise au préjudice du demandeur; ... d'une demande d'indemnité pour inexécution de travaux dont l'expropriant avait, devant le jury, promis l'exécution; ... des demandes tendant à obtenir le payement de l'indemnité; ... des difficultés relatives à l'exécution des traités amiables.

ART. 5. — ÉVALUATION DE L'INDEMNITÉ.

§ 1er. — *Principaux éléments de l'indemnité* (R. 570 et s.; S. 588 et s.).

119. Le jury est juge de la sincérité des titres et de l'effet des actes qui seraient de nature à modifier l'évaluation de l'indemnité (art. 48). Il lui appartient donc de faire état de ces actes, de les rejeter, au contraire, comme simulés ou de leur attribuer des conséquences autres que celles que les parties y attachent. — Mais ce n'est qu'au point de vue de la *quotité* de l'indemnité que le jury doit les examiner, et non au point de vue de l'existence même du *droit* à l'indemnité : à ce dernier point de vue, les tribunaux civils sont seuls compétents.

120. L'indemnité qui doit être allouée au propriétaire se compose de divers éléments : 1° En premier lieu, elle doit comprendre la valeur vénale de l'immeuble, c'est-à-dire la valeur que le propriétaire pourrait réaliser si, au moment où l'expropriation a lieu, son immeuble n'était pas atteint par les travaux

et qu'il fût l'objet d'une vente amiable. La plus-value éventuelle que, dans un délai plus ou moins rapproché, l'exécution des travaux pourra faire acquérir à la propriété ne doit donc pas être prise en considération; ... si ce n'est cependant dans la mesure où l'annonce des travaux a pu déjà accroître la valeur des immeubles appelés par leur situation à en profiter. Le jury peut, par exemple, tenir compte, dans son estimation, de la situation qu'un terrain occupe dans un quartier pour lequel des projets d'amélioration ont été faits, à la condition de ne faire acception, dans la détermination du chiffre de l'indemnité, que de la plus-value déjà effectivement acquise audit terrain en raison des projets d'amélioration dont il s'agit.

121. 2° L'usage que le propriétaire faisait de son immeuble doit être pris en considération : ainsi, l'expropriation d'une source antérieurement acquise pour le service d'une usine appartenant à l'exproprié donne lieu à indemnité, non pas seulement à raison de la propriété même de la source, mais aussi à raison du préjudice causé à l'usine par le détournement des eaux qui la mettaient en mouvement.

122. 3° Il y a lieu de tenir compte également de la valeur des objets mobiliers que le propriétaire a réellement attachés au fond à perpétuelle demeure, à l'exclusion de ceux qui y sont affectés d'une manière fictive, tels que les pailles et engrais. Il en est de même des richesses minérales en exploitation que le sol renferme, des redevances qui peuvent être dues de ce chef au propriétaire de la surface, et même des richesses minérales non exploitées (L. 29 déc. 1892, art. 13 et 20; D. P. 93. 4. 56; V. *infrà, Travaux publics*).

123. 4° Les bâtiments et plantations qui couvrent le sol, les améliorations qui y ont été faites, doivent également entrer dans le calcul de l'indemnité. Il en est autrement, toutefois, lorsque, à raison de leur date, ou de toutes autres circonstances dont l'appréciation est abandonnée au jury, celui-ci acquiert la conviction qu'elles ont été faites en vue d'obtenir une indemnité plus élevée (art. 52). — L'indemnité doit, d'après l'opinion générale, couvrir le propriétaire tant des frais qu'il aura à faire pour se procurer une nouvelle propriété que de ceux que l'expropriation a pu lui occasionner.

124. 5° Les dommages qui sont la conséquence directe et actuelle de l'expropriation, c'est-à-dire ceux qui proviennent de l'assiette des travaux tels qu'ils sont déterminés par les plans qui ont servi de base à l'expropriation, donnent lieu à indemnité. Il en est ainsi, par exemple, de l'impossibilité de louer l'immeuble, de la dépréciation résultant du morcellement de la propriété, de la suppression de servitudes, etc. — En ce qui concerne les dommages de cette nature, le jury seul est compétent à l'exclusion de la juridiction administrative. Mais il est incompétent pour évaluer une indemnité basée sur la possibilité d'un dommage futur qui serait, non pas une suite directe de l'expropriation, mais une conséquence des travaux entrepris à la suite de l'expropriation, telle que l'interdiction d'exploiter une carrière, la modification du régime des eaux d'irrigation, l'établissement et l'exploitation ultérieure d'un chemin de fer (Civ. c. 21 févr. 1899, D. P. 1900. 1. 237), et il ne doit, par conséquent, pas en tenir compte dans l'évaluation de l'indemnité, à peine de nullité. Cette nullité est d'ordre public; mais elle n'est encourue qu'autant qu'il est établi par le procès-verbal, les conclusions des parties ou la décision elle-même, que le jury a réellement compris dans le calcul de l'indemnité des dommages éventuels ou indirects. — Sauf le droit de recourir aux tribunaux de l'ordre administratif pour les dommages éventuels

lorsqu'ils se sont réalisés, le propriétaire est forclos de tout droit à indemnité pour les dommages qu'il n'a pas fait régler devant le jury, alors même qu'il aurait formulé des réserves.

125. Aux termes de l'art. 51, si l'exécution de travaux doit procurer une augmentation de valeur immédiate et spéciale au restant de la propriété, cette augmentation est prise en considération dans l'évaluation du montant de l'indemnité. Cette compensation de plus-value s'applique à tous les chefs d'indemnité, et non pas seulement au chef relatif aux dommages résultant de l'expropriation pour le surplus de la propriété. L'indemnité peut ainsi être abaissée jusqu'au chiffre des offres, si le jury estime que la plus-value acquise par le surplus de la propriété compense la valeur de l'emprise, et même être réduite à 1 franc si l'Administration n'a pas fait d'offres plus élevées. — La plus-value doit être *immédiate* et *spéciale*, en ce sens qu'elle doit porter sur la plus-value du restant de la propriété, et non sur la plus-value des fonds voisins.

§ 2. — *Conditions que doit réunir l'indemnité* (R. 623 et s.; S. 665 et s., 680 et s.).

126. 1° L'indemnité doit être fixée d'une façon claire, précise et définitive; la décision du jury est nulle lorsqu'elle est conçue en des termes équivoques qui rendent possibles des contestations ultérieures (Civ. c. 20 févr. 1899, D. P. 1900. 1. 237; 16 juill. 1900, D. P. 1902. 1. 84). — L'indemnité n'est pas incertaine, lorsqu'elle a été fixée en une somme en argent multipliée par un nombre ou une mesure n'offrant aucune incertitude; ... ou lorsque les parties tombent d'accord pour accepter ce mode de règlement, sauf vérification ultérieure du nombre ou de la mesure; ... ou enfin lorsqu'il existe entre elles un désaccord sur la contenance expropriée qui exige une fixation éventuelle de l'indemnité. — Le défaut de précision n'est, d'ailleurs, pas une cause de nullité, lorsqu'il est possible de combler les lacunes de la décision au moyen du procès-verbal, de l'ordonnance ou du jugement d'expropriation; par exemple, l'indemnité est suffisamment précise, bien qu'elle ne désigne pas nettement la partie expropriée de l'immeuble, si cette partie est indiquée avec précision dans le jugement. Il y aurait, au contraire, incertitude de la décision si, l'expropriation comprenant à la fois un immeuble indivis et des immeubles appartenant divisément à chacun des copropriétaires, elle ne fixait pas des indemnités distinctes pour l'immeuble indivis et pour chacun des autres immeubles. L'indemnité serait incertaine encore si elle était calculée pour le cas où l'expropriant n'exécuterait pas certains travaux déterminés, sans prévoir en même temps le cas où ces travaux seraient exécutés, et sans fixer la somme à payer au cas de cette hypothèse.

127. 2° L'indemnité doit, à peine de nullité, consister en une *somme d'argent*, à moins que les parties, et particulièrement l'exproprié, ne consentent à ce que le jury y fasse entrer d'autres éléments, tels que les matériaux de démolition, les récoltes et arbres existant sur l'immeuble, ou des travaux imposés à l'expropriant (Civ. c. 14 avr. 1899, D. P. 1900. 1. 236), ou enfin des terrains qui seraient abandonnés à l'exproprié. Au reste, le principe que l'indemnité doit consister en une somme d'argent n'est pas violé lorsque la décision laisse à l'expropriant, sous le consentement de l'exproprié, l'option entre une somme à payer et l'exécution de travaux ou certains abandons de matériaux ou récoltes.

128. 3° L'indemnité doit être *complète*, c'est-à-dire qu'elle doit porter sur tous les chefs de la demande sans exception. — Il importe peu que le jury ait réuni dans une seule allocation toutes les causes de dommage invoquées, pourvu qu'il résulte, tant des termes de la décision que de l'examen combiné de ces diverses parties, que toutes les causes y sont comprises. L'exproprié ne peut, d'ailleurs, se plaindre de ce qu'il lui est accordé une indemnité unique lorsqu'il a lui-même formulé une demande générale d'indemnité, et s'est borné à en décomposer les éléments, sans conclure pour chaque chef à une allocation distincte. — D'autre part, le jury ne doit statuer que sur les causes d'indemnité qui lui ont été formellement proposées, soit qu'elles figurent dans les offres ou dans la demande, soit qu'elles aient fait l'objet de conclusions spéciales, et non sur celles qui ont fait l'objet de simples réserves. Il n'est pas davantage obligé d'évaluer d'une manière spéciale un chef d'indemnité qui n'a été distingué ni dans les conclusions des parties ni dans le jugement d'expropriation.

129. La compétence du jury à l'égard des immeubles compris dans l'expropriation est déterminée par le jugement d'expropriation lui-même, et le jury ne peut ni l'étendre ni restreindre l'expropriation dans des limites fixées par le jugement (Civ. r. 8 mai 1899). Ainsi, on ne pourrait critiquer comme incomplète une décision qui ne comprendrait pas des parcelles ne figurant pas au jugement et que l'expropriant ou l'exproprié prétendaient faire évaluer par le jury. Pour qu'il en fût autrement, un accord formel des parties serait nécessaire ; et encore le jury ne serait-il pas obligé de tenir compte de cet accord. De même, rien ne l'oblige à se conformer, pour ses évaluations, à la méthode de calcul qui lui est proposée par l'expropriant ou l'exproprié ; il est maître de choisir la base d'évaluation qui lui paraît la plus convenable, dès que des conclusions formelles ne viennent pas s'opposer au mode de procéder qu'il adopte.

130. Lorsque le jury n'a statué explicitement que sur quelques-uns des chefs de la demande, sans qu'il résulte d'aucune des énonciations de la décision qu'il ait tenu compte des autres chefs, l'indemnité est considérée comme incomplète et la décision est nulle.

§ 3. — *Intéressés ayant droit à des indemnités distinctes* (R. 636 et s.; S. 709 et s.).

131. Le jury doit fixer une indemnité distincte pour chacun des expropriés (art. 39, § 1er). Mais il n'y est tenu qu'autant que les droits de chacun lui sont distinctement indiqués soit par la matrice cadastrale, soit par les demandes, significations ou conclusions des parties. De même, lorsqu'il s'agit d'une propriété, pour qu'il y ait obligation de fixer des indemnités distinctes, il faut que la part de chacun ait été déterminée ou que certains copropriétaires demandent une indemnité distincte de l'indemnité afférente à l'immeuble lui-même, par exemple à raison d'une industrie qui y est exercée par l'un d'eux. — Il y a lieu à la fixation d'indemnités distinctes, bien qu'il n'y ait qu'un exproprié, lorsque la demande comprend plusieurs chefs d'indemnité bien différents (Civ. r. 21 févr. 1899, D. P. 99. 1. 237); ... ou si les diverses parcelles dont se compose le terrain exproprié doivent être l'objet de prises de possession successives donnant lieu à des allocations différentes d'intérêts.

132. En cas d'usufruit, soit total, soit partiel, le jury n'est tenu de fixer qu'une seule indemnité sur laquelle le nu-propriétaire et l'usufruitier exercent leurs droits (art. 39, § 2); mais il est libre, sur les conclusions des intéressés, de fixer deux indemnités : l'une pour le propriétaire, l'autre pour l'usufruitier. En outre, l'usufruitier peut avoir droit à des indemnités accessoires

pour pertes de récoltes, déménagement, etc. — L'usufruitier, autre que les père et mère ayant l'usufruit légal des biens de leurs enfants, ne peut toucher l'indemnité qu'à la charge de donner caution (art. 39, § 2), et ce, alors même qu'il en aurait été dispensé par l'acte constitutif de l'usufruit. Mais cette question n'est pas soumise au jury ; elle est réglée devant les tribunaux ordinaires.

133. Les *droits d'usage et d'habitation* réglés par le Code civil ne donnent lieu, suivant l'opinion dominante, qu'à une indemnité, comme l'usufruit.

134. Le *locataire* et le *fermier* ont droit à une indemnité distincte de celle du propriétaire. Ce droit à indemnité est ouvert aussi bien lorsque le bail est sous seing privé que lorsqu'il est authentique, qu'il ait ou n'ait pas date certaine, même s'il est postérieur à la déclaration d'utilité publique, pourvu qu'il soit antérieur au jugement d'expropriation. Peu importerait qu'une clause du bail stipulât que le preneur devrait, en cas de vente, laisser les acquéreurs prendre possession des lieux loués sans indemnité (Paris, 22 déc. 1891, D. P. 92. 2. 40). Peu importerait également que l'expropriant eût déclaré qu'il respecterait les baux; le droit à indemnité n'en subsisterait pas moins, alors même que le locataire aurait conservé la jouissance jusqu'à l'expiration du bail, à moins qu'il n'eût contracté un nouveau bail avec l'expropriant. — Le locataire peut poursuivre lui-même le règlement de l'indemnité devant le jury dans les conditions prévues par l'art. 55 (V. *infrà*, n° 153) lorsque l'expropriant ne le poursuit pas, et ce, même après l'expiration du bail.

135. La résiliation des baux, qui résulte du jugement d'expropriation, s'applique pas, en cas d'expropriation partielle, aux portions d'immeubles qui ne sont pas expropriées ; et les baux portant sur les parties non expropriées de l'immeuble subsistent, alors même que l'expropriant deviendrait ultérieurement propriétaire de ces parcelles, notamment à la suite de la réquisition d'acquisition totale faite par le propriétaire. — La cession amiable, postérieure à la déclaration d'utilité publique, a les mêmes effets que le jugement, au point de vue de la résolution des baux et du droit pour le locataire de réclamer une indemnité. Il n'en est pas de même de la cession qui a précédé la déclaration d'utilité publique; les locataires, en pareil cas, ne peuvent réclamer aucune indemnité devant le jury.

§ 4. — *Difficultés étrangères au règlement de l'indemnité.*

A. — Pouvoirs du jury (R. 642 et s.; S. 718 et s.).

136. Le jury n'est, à aucun degré, juge du droit de l'exproprié à une indemnité. Lorsque les droits du réclamant sont contestés et toutes les fois qu'il s'élève des difficultés étrangères à l'évaluation même du montant de l'indemnité, celle-ci doit être réglée comme si les difficultés n'avaient pas été soulevées (Civ. c. 22 janv. 1901, D. P. 1902. 1. 110); ... et cela de telle façon qu'elle soit déterminée pour toutes les hypothèses qui peuvent être prévues et puisse s'appliquer aux diverses solutions que les juges compétents pourront donner au litige, sans qu'il y ait besoin de revenir devant le jury. — Le jury n'est obligé, toutefois, de recourir à la fixation d'une indemnité éventuelle qu'autant que le litige se produit d'ores et déjà devant lui et que les parties le réclament par leurs conclusions; mais il a la faculté d'y recourir, même d'office, lorsque la question litigieuse ressort nettement des débats.

137. Il y a litige sur le fond du droit lorsque contestation est élevée sur le principe même de l'indemnité, et non pas seulement sur ses bases et son importance.

Ainsi, les contestations sur le droit de propriété de l'exproprié, sur le droit à une indemnité, soit pour la totalité, soit pour partie des biens expropriés, sont des litiges sur le fond du droit. Un pareil litige existe également lorsque l'exproprié prétend que la contenance attribuée par l'expropriant à son immeuble n'est pas exacte, et prend des conclusions tendant à la fixation d'une double indemnité basée sur chacun des chiffres soutenus par les parties (Civ. c. 13 avr. 1897, D. P. 97. 1. 507); ... ou encore lorsque l'exproprié soutient que les terrains qui ont fait l'objet de la décision du jury n'étaient pas compris dans le jugement d'expropriation (Civ. c. 13 juin 1899, D. P. 1900. 1. 325).

138. Les contestations sur la compétence du jury et sur la nature et l'étendue de ses pouvoirs ne constituent pas des litiges sur le fond du droit au sens de l'art. 38; et c'est à tort qu'en présence d'une pareille contestation le magistrat-directeur, renvoyant les parties à se pourvoir devant la juridiction compétente pour statuer sur le fond du droit, ordonne que le jury sera appelé à se prononcer sur l'indemnité éventuellement attribuée à l'exproprié (Civ. c. 21 févr. 1899, D. P. 1900. 1. 237).

B. — Pouvoirs du magistrat-directeur (S. 744 et 745).

139. Le magistrat-directeur n'a, pas plus que le jury, le droit de trancher les difficultés qui s'élèvent entre les parties sur le fond du droit. Il ne lui appartient pas de décider, par une ordonnance, qu'il n'y a pas lieu de fixer une indemnité éventuelle ou des indemnités alternatives, ni de rejeter l'intervention des tiers qui se prétendent intéressés dans le sens de l'art. 22. Mais il n'excède pas ses attributions en refusant de faire fixer par le jury des indemnités alternatives ou éventuelles lorsqu'il n'existe pas de véritable litige sur le fond du droit et lorsque les parties, ou tout au moins l'une d'elles ne demandent pas, par des conclusions formelles, que ce mode de règlement soit adopté.

C. — Pouvoirs du tribunal (S. 746).

140. Le rôle du tribunal se borne à rechercher soit s'il y a lieu à indemnité, soit celle des indemnités fixées par le jury qui doit être payée ; il ne peut en discuter l'évaluation ni en modifier le chiffre. — Il est saisi par la partie la plus diligente, et juge le litige dans les formes ordinaires.

§ 5. — *Limites imposées au jury pour la fixation de l'indemnité* (R. 650 et s.; S. 747 et s.).

141. Le jury ne peut allouer, en aucun cas et à peine de nullité, une indemnité inférieure aux offres ou supérieure à la demande (art. 39, § 4). Les offres et la demande dont il s'agit ici sont celles qui ont été formulées dans les dernières conclusions prises d'une manière formelle devant le jury, et qui ont été notifiées en vertu des art. 23 et 24.

142. Pour apprécier la somme allouée par le jury est inférieure aux offres, on doit comparer le chiffre total de l'allocation au montant total des offres, sans tenir compte des divers éléments qui ont servi de base au calcul de l'indemnité. Toutefois, au cas où l'offre et la demande ont été divisée en chefs distincts, la nullité serait encourue si, sur un des chefs, l'indemnité était inférieure à l'offre, qu'il y ait ou non connexité entre eux. — S'il n'a pas été fait d'offre, l'indemnité ne peut être inférieure à la demande. Inversement, si l'exproprié, tout en contestant les offres, n'a pas, soit dans la notification de ces offres, soit devant le jury, précisé sa demande par l'indication d'un chiffre déterminé, le jury ne peut allouer une somme supérieure aux offres (Civ. c. 24 avr. 1899, D. P. 1900. 1. 238).

143. De même, c'est la décision dans son ensemble qu'il faut envisager pour reconnaître si l'indemnité est supérieure au montant total de la demande. Ainsi, lorsque, l'exproprié ayant demandé, outre une indemnité de tant par mètre pour diverses parcelles faisant partie d'un domaine, une indemnité générale de dépréciation, le jury a compris dans l'estimation desdites parcelles l'élément de dépréciation, en rejetant la demande totale relative à ce dernier chef, l'indemnité afférente à une parcelle déterminée ne peut être critiquée comme étant supérieure à la demande, bien qu'elle excède la somme demandée par mètre carré pour cette parcelle (Civ. r. 24 avr. 1894, D. P. 95. 1. 178). Mais il suffit, pour que la nullité soit encourue, que la décision du jury soit conçue dans des termes qui ne permettent pas de reconnaître si l'indemnité est, ou non, supérieure à l'ensemble des éléments compris dans la demande.

ART. 6. — VOIES DE RECOURS CONTRE LA DÉCISION DU JURY (R. 655 et s.; S. 762 et s.).

144. La décision du jury et l'ordonnance du magistrat-directeur ne sont susceptibles que d'une seule voie de recours, le pourvoi en cassation (art. 42, § 1er). Elles ne peuvent donc être l'objet d'opposition de la part des intéressés qui n'auraient pas comparu devant le jury, ni de requête civile, même en cas de refus ou d'omission de statuer. — La voie du recours en cassation n'est, d'ailleurs, ouverte que contre la décision ou l'ordonnance d'exécution, et non contre les ordonnances rendues en cours de procédure, comme celle, par exemple, qui déclarerait le jury incompétent pour statuer sur une demande en indemnité d'expropriation dont il a été saisi (Civ. r. 12 mars 1902, D. P. 1904. 1. 245); ces dernières ne peuvent être déférées à la Cour de cassation qu'avec la décision du jury, et en tant que leur irrégularité entraîne celle de cette décision.

145. Les cas dans lesquels le pourvoi est recevable sont limités par l'art. 42; il ne peut être formé que pour violation des art. 30, § 1er, 31, § 1er, 34, § 2 et 4, 35, 36, 37, 38, 39 et 40, c'est-à-dire des dispositions relatives : 1° aux formes prescrites par la loi pour la formation du jury spécial; 2° aux formalités à observer pour la convocation des jurés et des parties et la notification des noms des jurés; 3° aux devoirs du magistrat-directeur; 4° aux obligations du jury. — Mais la disposition de l'art. 42 ne fait pas obstacle à ce que le pourvoi soit fondé sur la violation de textes autres que la loi spéciale du 3 mai 1841, notamment sur la violation des règles générales d'ordre public sur la compétence, la composition des juridictions, l'excès de pouvoirs, etc. — Les moyens autres que ceux d'ordre public ne peuvent être présentés devant la Cour de cassation que s'ils ont été déjà invoqués devant le jury. C'est l'application d'une règle générale (V. *suprà, Cassation*, n°s 103 et s.).

146. Conformément à un autre principe d'une portée générale (V. *suprà, Acquiescement*, n° 29), le pourvoi est irrecevable de la part de celui qui a acquiescé à la décision du jury, par exemple de la part de l'exproprié qui a reçu sans réserves l'indemnité, ou de la part de l'expropriant qui a pris possession des biens expropriés, également sans réserves. — Le pourvoi formé par l'exproprié n'est pas recevable s'il était basé sur une irrégularité qui lui serait imputable. Il en est de même du pourvoi de l'exproprié fondé sur une irrégularité ne touchant pas à l'ordre public, et qu'il aurait couverte en

comparaissant devant le jury sans protestations ni réserves.

147. Sont recevables à se pourvoir non seulement ceux qui ont comparu devant le jury, mais encore tous ceux qui justifient d'un intérêt au règlement de l'indemnité. — Le pourvoi peut être formé ... par un mandataire verbal, et notamment par le préfet agissant au nom de l'Etat; ... par un *contribuable* exerçant à ses frais les actions que la commune néglige d'exercer, avec autorisation du conseil de préfecture : dans ce cas, le pourvoi doit être notifié à la commune, en même temps qu'au défendeur (Civ. r. 27 janv. 1892, D. P. 93. 1. 43).

148. Le délai pour former le pourvoi est de quinze jours à partir de la décision du jury et non de la signification de cette décision, qui n'est pas nécessaire pour faire courir le délai. Il en est ainsi même à l'égard d'une décision rendue par défaut, ou attaquée pour défaut de publicité par la partie qui a comparu devant le jury. — Le pourvoi est formé, notifié et jugé dans les mêmes conditions que le pourvoi contre le jugement d'expropriation (art. 42, § 2; V. *suprà*, n°s 38 et s.). La notification doit être faite dans la huitaine qui suit l'expiration du délai de quinzaine imparti pour la déclaration au greffe à tous ceux qui sont intéressés au maintien de la décision attaquée et qui sont intervenus devant le jury d'expropriation. — L'amende doit être consignée est de 150 francs; elle est réduite à 75 francs si la décision du jury a été rendue par défaut. Il doit être consigné autant d'amendes qu'il y a de décisions attaquées et de personnes ayant des intérêts différents.

149. Toute partie justifiant de son intérêt est recevable à intervenir devant la Cour de cassation, alors même qu'elle n'a pas figuré dans l'instance qui a donné lieu au pourvoi; ainsi, le propriétaire exposé à un recours éventuel de la part du fermier, peut intervenir sur le pourvoi formé par celui-ci (Civ. c. 12 juill. 1898, D. P. 99. 1. 51).

150. Le rejet du pourvoi a les mêmes conséquences qu'en toute autre matière; l'amende mise à la charge du demandeur est de 75 ou 37 fr. 50 (moitié du chiffre de l'amende), suivant les cas (V. *suprà*, n° 148).

151. En principe, la décision du jury est indivisible, et la nullité de l'une de ses parties entraîne la nullité de la décision entière (Civ. c. 12 déc. 1893, D. P. 95. 1. 46). Toutefois, lorsqu'il n'existe aucune connexité entre deux chefs distincts de la décision, la cassation peut être partielle et ne porter que sur l'un de ses chefs. — La cassation de la décision du jury a pour conséquence nécessaire la cassation de l'ordonnance du magistrat-directeur qui l'a rendue exécutoire. Au contraire, lorsque le pourvoi est dirigé contre cette ordonnance seule, la décision du jury subsiste malgré la cassation de l'ordonnance; mais l'Administration, étant privée du titre qui lui permet de se mettre en possession des terrains, ne peut plus les occuper, si elle ne l'a déjà fait; elle peut même être contrainte par l'exproprié à suspendre les travaux commencés, mais non forcée à détruire ceux qu'elle a déjà exécutés. — La cassation du jugement qui constate la cession amiable et désigne le magistrat-directeur entraîne celle de la décision du jury et de l'ordonnance du magistrat-directeur qui en ont été la suite (Civ. c. 20 déc. 1897, D. P. 99. 1. 258).

152. En règle générale, la Cour de cassation, lorsqu'elle casse la décision du jury, doit renvoyer l'affaire devant un autre jury, choisi dans le même arrondissement (art. 43). Aucun des membres du jury dont la décision a été cassée ne peut faire partie de ce nouveau jury, et ce à peine de nullité (Civ. c. 24 janv. 1898, D. P. 1900. 1. 235). — Par

exception, l'art. 43 confère à la Cour de cassation le pouvoir de renvoyer, suivant les circonstances, l'appréciation de l'indemnité à un jury choisi dans un arrondissement voisin, même appartenant à un autre département. — Il n'y a pas lieu, en général, de désigner un nouveau magistrat-directeur du jury (V. *suprà*, n° 79). Toutefois, il en est autrement en cas de renvoi devant un jury pris dans un autre arrondissement : le magistrat-directeur doit alors être choisi par les membres du tribunal de renvoi et par ce tribunal.

ART. 7. — RÈGLEMENT DE L'INDEMNITÉ A LA REQUÊTE DE L'EXPROPRIÉ (R. 684 et s.; S. 791 et s.).

153. L'exproprié a le droit de poursuivre lui-même le règlement de l'indemnité lorsque l'expropriant n'y procède pas dans les six mois du jugement d'expropriation (art. 55). — Le délai de six mois court du jour même du jugement. — La même faculté appartient à l'exproprié lorsqu'il y a eu cession amiable sans accord sur le prix six mois après le jugement de donné acte. — Le bénéfice de l'art. 55 peut être invoqué par tous ceux qui ont un pourvoi à exercer, à un titre quelconque, qualité pour réclamer une indemnité. Il ne peut l'être par ceux qui ont perdu le droit de former cette réclamation; ainsi, les intéressés qui n'ont pas été dénoncés ou ne se sont pas fait connaître dans les délais des art. 21 et 22, après la mise en demeure résultant des formalités de publicité du jugement d'expropriation, sont irrecevables à poursuivre le règlement de l'indemnité.

154. Lorsque l'exproprié agit en vertu de l'art. 55, l'expropriant n'est pas tenu de lui signifier ses offres, et il n'est pas obligé lui-même, bien qu'il en ait la faculté, de notifier sa demande; il suffit que les offres et demandes soient formulées dans les conclusions prises devant le jury. Mais l'exproprié est tenu de provoquer la réunion du jury, et, si celui-ci n'a pas été désigné ou si ses pouvoirs sont expirés par suite du renouvellement de la cour d'appel ou au tribunal civil du chef-lieu, à l'effet de faire composer cette liste. Il doit, à peine de nullité, notifier la liste du jury à l'expropriant; il lui appartient de convoquer le jury, après avoir fait fixer le jour et l'heure de la réunion par le magistrat-directeur; enfin il doit assigner l'expropriant devant le jury au moins huit jours à l'avance, et lui faire sommation de produire les plans parcellaires et les autres pièces nécessaires à l'évaluation de l'indemnité.

SECT. IV. — Payement des indemnités (R. 690 et s., S. 803 et s.).

155. La prise de possession par l'expropriant des immeubles compris dans l'expropriation est subordonnée au payement préalable de l'indemnité (art. 53). Jusque-là, l'exproprié conserve la possession à titre de garantie; il jouit d'un véritable droit de rétention; et le juge des référés est compétent pour ordonner la cessation de travaux qui auraient été entrepris avant que le payement eût été effectué (Civ. r. 18 oct. 1899, D. P. 1900. 1. 103).

156. Le payement doit comprendre le capital et les intérêts, sans aucune réduction autre que celle qui peut résulter de la condamnation de l'exproprié aux frais, si cette créance de l'expropriant est liquide. Ainsi, aucune circonstance, même la faillite du concessionnaire qui aurait poursuivi l'expropriation comme subrogé aux droits de l'Administration, ne peut obliger l'exproprié à recevoir une somme moindre que celle qui a été fixée par le jury, ... à moins qu'il n'ait volontairement abandonné la possession avant le payement de l'indemnité, ce qui le placerait, vis-à-vis du concessionnaire failli, au rang de simple créancier. Sa créance n'est d'ailleurs complètement garantie par la rétention de la possession que si l'indemnité a été fixée exclusivement en argent; s'il avait consenti à ce qu'elle comprît des travaux, il ne serait, à l'égard de ceux-ci, qu'un simple créancier.

157. Le droit de rétention appartient à tous les intéressés qui ont figuré devant le jury, aussi bien à l'usufruitier ou au locataire qu'au propriétaire; le locataire peut l'invoquer à l'égard non seulement de l'expropriant, mais aussi du propriétaire, à moins que la durée du bail ne soit expirée depuis le jugement d'expropriation. Le congé que l'expropriant aurait donné au locataire ne saurait le priver de son droit de rétention.

158. L'indemnité doit être payée à celui que la décision désigne comme ayant droit; et l'Administration, qui est irrecevable à contester son droit et à exiger de lui de plus amples justifications, se libère valablement entre ses mains. — Le payement est fait par le trésorier-payeur du département, sur mandat du préfet. — Si le payement n'a pas eu lieu, ou si l'indemnité n'a pas été consignée (V. *infrà*, n° 159) dans les six mois de la décision du jury, les intérêts courent de plein droit à l'expiration de ce délai (art. 55, § 2). Cette règle s'applique au cas où il y aurait eu cession amiable à la suite de la déclaration d'utilité publique, si la convention, en fixant le prix, n'a pas déterminé le point de départ des intérêts. Si la prise de possession a eu lieu antérieurement au règlement et au payement de l'indemnité, les intérêts courent du jour de la prise de possession.

159. Si les ayants droit refusent de recevoir les indemnités réglées par le jury, l'expropriant, malgré ce refus, est autorisé à prendre possession après offres réelles et consignation (art. 53, § 2 et 3). — Les offres réelles peuvent être faites au moyen d'un mandat délivré par l'ordonnateur compétent, visé par le payeur et payable sur une caisse publique, si les travaux sont exécutés par l'Etat, un département ou leurs concessionnaires. Dans les autres cas, notamment lorsqu'il s'agit de travaux communaux, il doit être procédé conformément au droit commun (V. *infrà*, Offres réelles). — Lorsque les expropriés ne peuvent recevoir l'indemnité à raison soit des inscriptions hypothécaires existant sur l'immeuble, soit d'autres obstacles de nature à inquiéter légitimement l'expropriant sur la validité du payement, tels par exemple que le pourvoi en cassation contre la décision du jury, l'existence d'un droit de retour sur le fonds exproprié, la dotalité d'un immeuble, etc., l'expropriant est dispensé de faire les offres réelles, et se libère de toute responsabilité en consignant l'indemnité (art. 54). Toutefois, il est obligé, comme tout acquéreur d'un immeuble dotal aliénable à charge de remploi (V. *infrà*, Régime dotal), de surveiller ce remploi; il n'est pas déchargé de cette obligation par le dépôt du prix à la Caisse des dépôts et consignations.

160. Les contestations auxquelles peut donner lieu soit la consignation, soit l'attribution de l'indemnité consignée, et toutes les difficultés relatives à la prise de possession avant payement, ressortissent aux tribunaux civils. Au contraire, l'autorité administrative est seule compétente pour statuer sur la question de savoir si le réclamant a encouru la déchéance quinquennale établie contre les créanciers de l'Etat par la législation spéciale sur la comptabilité publique. — L'expropriant dont l'immeuble a été occupé sans payement préalable et qui, au lieu de suivre les voies légales, a recours aux voies de fait, est passible des peines portées par les art. 438 et 479, § 11, c. pén.

SECT. V. — **Expropriation poursuivie par un concessionnaire** (R. 712 et s.; S. 823 et s.).

161. Il arrive fréquemment que les travaux ne sont pas directement exécutés par l'Etat, mais par un concessionnaire. Le concessionnaire, qui a un titre définitif et remplit les conditions dont l'autorité administrative est seule juge, est subrogé aux droits et obligations de l'Etat, notamment au droit de poursuivre l'expropriation (art. 63). Mais l'Etat seul peut subroger un concessionnaire dans ses droits; les communes doivent poursuivre l'expropriation en leur propre nom, sauf à assurer par un traité de concession l'exécution du service en vue duquel les travaux ont lieu (Av. Cons. d'Et. 24 mars 1891). — Les concessionnaires, pour poursuivre l'expropriation, sont soumis, devant les tribunaux, aux règles du droit commun. Ainsi, ils requièrent, directement et par ministère d'avoué, le tribunal de prononcer l'expropriation; font publier, afficher et notifier le jugement, etc. Cependant, l'Administration conserve le droit de faire toutes les diligences et de poursuivre l'accomplissement des formalités d'expropriation pour lesquelles le préfet agit comme représentant de l'autorité publique.

SECT. VI. — **Réquisition d'acquisition totale** (R. 728 et s.; S. 831 et s.).

162. Lorsque l'expropriation a pour effet de morceler un immeuble de telle façon que la portion restant au propriétaire devienne inutilisable ou à peu près, la loi lui reconnaît le droit d'exiger que l'expropriant l'acquière en entier (art. 50). — Ce droit de réquisition d'acquisition totale existe dans deux cas : a) Lorsque des bâtiments sont atteints par l'expropriation, l'acquisition totale peut être requise sans qu'il y ait à tenir compte de l'étendue de l'emprise; mais il est nécessaire que les bâtiments atteints forment un tout indivisible affecté au même usage. La disposition de l'art. 50 ne s'applique pas aux cours et jardins qui dépendent d'une maison; l'expropriation partielle d'une cour ou d'un jardin ne peut motiver l'acquisition totale de l'immeuble. — b) Lorsqu'il s'agit de terrains non bâtis, il faut, pour que l'acquisition totale puisse être requise : 1° que la portion restante n'excède pas le quart de la contenance totale; 2° que le propriétaire ne possède pas un terrain immédiatement contigu; 3° que la parcelle ainsi réduite soit inférieure à dix ares (art. 50, § 2). Ces trois conditions doivent être réunies; il n'en peut être exigé d'autres. La contiguïté, pour faire obstacle à la réquisition du propriétaire, doit être absolue; l'existence d'un fossé, d'un chemin public, etc., suffirait à la détruire. — L'obligation pour l'expropriant d'acquérir la parcelle de terrain réduite au quart de la contenance totale n'existe qu'autant que le propriétaire requiert cette acquisition par une déclaration formelle (Civ. r. 30 nov. 1896, D. P. 97. 1. 482).

163. La réquisition d'acquisition totale constitue, pour la partie de l'immeuble que l'expropriation n'atteint pas, une vente volontaire; d'où cette conséquence qu'elle ne peut être faite par les représentants des incapables qu'autant qu'ils y sont autorisés, et qu'elle exige, en cas de copropriété, le consentement de tous les copropriétaires, en cas d'usufruit, le consentement de l'usufruitier. Le locataire atteint partiellement par l'expropriation ne peut requérir l'expropriation totale en ce qui concerne le bail.

164. De ce que la réquisition d'acquisition totale constitue, de la part du propriétaire, une aliénation volontaire, il résulte que la partie de l'immeuble qui n'a pas été primitivement comprise dans l'expropriation arrive

à l'expropriant grevée des droits de servitude et autres droits réels que l'expropriation a pour effet d'éteindre, et que les baux ne sont pas résolus. — L'acquisition totale, au point de vue des droits réels et des baux, a tous les effets de l'expropriation pour l'ensemble de l'immeuble, lorsqu'elle a lieu en vertu du décret du 26 mars 1852 (V. *infrà*, Voirie).

165. La réquisition d'acquisition totale peut être adressée soit au magistrat-directeur, soit directement à l'expropriant. Elle n'est recevable qu'autant qu'elle est faite dans le délai de quinzaine à partir de la notification des offres par l'expropriant, ou dans le délai d'un mois lorsqu'il s'agit d'incapables agissant par un représentant. Mais la déchéance encourue par l'exproprié qui n'a pas observé ce délai n'est pas d'ordre public, et elle ne peut être invoquée que par l'expropriant. Celui-ci est tenu de signifier des offres nouvelles et de laisser à l'exproprié, avant la réunion du jury, un nouveau délai de quinzaine, à peine de nullité de la décision du jury.

SECT. VII. — **Droit de préemption ou de rétrocession** (R. 741 et s.; S. 853 et s.).

166. Lorsque les terrains expropriés, bâtis ou non bâtis, n'ont pas reçu la destination en vue de laquelle ils avaient été compris dans l'expropriation, mais dans ce cas seulement (Civ. r. 26 nov. 1901, D. P. 1902. 1. 354), les anciens propriétaires, ou leurs ayants droit, ont la faculté d'en demander la rétrocession (art. 60, § 1ᵉʳ). Peu importe que l'indemnité ait été fixée par le jury ou réglée amiablement. Mais l'art. 60 n'est pas applicable lorsque les terrains non utilisés ont été compris dans l'expropriation en vertu du décret du 26 mars 1852 (V. *infrà*, Voirie), ... ni quand ils ont été acquis sur la réquisition d'acquisition totale exercée par le propriétaire (art. 62). La préemption n'est pas non plus invocable lorsque l'art. 60 si les travaux ont été simplement ajournés (Req. 22 mars 1892, D. P. 93. 1. 422); il faut que l'on ait définitivement renoncé à les exécuter ou que les plans aient été modifiés. Il faut, en outre, que les terrains n'aient jamais été employés à leur destination nouvelle; ainsi, le droit de préemption n'existerait pas au cas où la voie ferrée, pour l'établissement de laquelle l'expropriation a eu lieu, a été délaissée après avoir été construite et utilisée pendant quelque temps.

167. Le droit de demander la rétrocession subsiste, au profit de l'ancien propriétaire, alors même que l'expropriant aurait, depuis l'expropriation, revendu les terrains non utilisés. D'autre part, si postérieurement à l'expropriation l'immeuble dont faisait partie le terrain exproprié avait été vendu par le propriétaire exproprié lui-même, c'est par ce dernier et non par l'acquéreur que pourrait être exercé le droit de rétrocession, à moins d'une stipulation contraire dans l'acte de vente.

168. C'est à l'autorité judiciaire qu'il appartient d'apprécier si celui qui réclame la rétrocession a qualité pour le faire, et d'ordonner cette rétrocession. Mais l'autorité administrative supérieure est seule compétente pour décider, sauf recours au Conseil d'Etat pour excès de pouvoir, si le terrain dont la rétrocession est demandée est devenu sans emploi.

169. L'Administration peut prendre l'initiative de rétrocéder les terrains qui ne sont pas utilisés; les propriétaires sont alors avertis qu'ils peuvent exercer le droit de préemption, par un avis publié dans les formes prescrites par l'art. 6 (V. *suprà*, nᵒˢ 17 et s.), et ils doivent, sous peine de déchéance, faire connaître leur intention dans un délai de trois mois à partir de cette publication (art. 61). Ce délai court contre les mineurs et les interdits. — L'avis publié, l'Administration ne peut plus le rétracter.

170. Le prix de la rétrocession est fixé à l'amiable ou par le jury, dans les formes déterminées pour la fixation de l'indemnité (art. 60, § 2). Toutefois, il n'est pas nécessaire de signifier des offres et demandes; il suffit que le chiffre en soit précisé devant le jury. — Sous la réserve que le prix de la rétrocession ne peut en aucun cas excéder la somme moyennant laquelle les terrains ont été acquis (art. 60, *in fine*), le jury est entièrement libre d'évaluer comme il l'entend les parcelles rétrocédées. Si la rétrocession ne porte que sur une partie de l'immeuble exproprié, il n'est pas obligé de fixer le prix d'après le rapport exact de l'indemnité à l'étendue de l'emprise et de la partie rétrocédée, et il doit tenir compte de toutes les circonstances qui peuvent donner plus ou moins de valeur à cette partie.

171. Le prix une fois fixé, les propriétaires doivent, à peine de déchéance, passer le contrat et payer le prix dans le mois. Il n'y a pas à distinguer, à cet égard, entre le cas où l'Administration a pris l'initiative de la rétrocession et celui où elle a été réclamée par le propriétaire, ni entre le cas où les terrains sont entre les mains de l'Administration et celui où ils sont entre les mains d'un concessionnaire.

SECT. VIII. — Expropriation en cas d'urgence et pour les travaux militaires.

§ 1er. — *Expropriation en cas d'urgence*
(R. 756 et s.; S. 873 et s.).

172. Dans les cas d'urgence, où les formalités de l'expropriation exigent des délais trop longs, la loi autorise, moyennant certaines précautions destinées à garantir les intérêts privés, la prise de possession des immeubles avant la fixation de l'indemnité par le jury (art. 65). — Par *urgence*, on entend soit les circonstances imprévues se produisant au cours des travaux et dont l'appréciation est abandonnée au Gouvernement, soit la nature des travaux eux-mêmes, soit l'étendue des intérêts compromis par des résistances injustifiées. — L'urgence est déclarée par décret soit avant, soit après le jugement d'expropriation. Elle ne peut porter que sur les terrains non bâtis (art. 65), c'est-à-dire qui ne sont pas couverts de constructions ou ne sont pas les dépendances nécessaires d'un bâtiment.

173. Après le jugement d'expropriation, l'ordonnance qui déclare l'urgence et le jugement sont notifiés, dans les formes prescrites par l'art. 15, aux propriétaires et aux détenteurs, avec assignation devant le tribunal civil à trois jours au moins, et énonciation de l'offre (art. 66). — Le jugement d'expropriation n'est ni publié ni affiché. L'exproprié déclare la somme dont il demande la consignation, et le tribunal en détermine le montant. Pour s'éclairer sur la valeur des terrains, il peut se transporter sur les lieux, ou commettre un juge, ou le juge de paix, pour les visiter. Cette opération doit être terminée dans les cinq jours du jugement qui l'ordonne; sur le vu du procès-verbal, le tribunal prononce dans les trois jours (art. 67 et 68). — La consignation doit comprendre, outre le principal, la somme nécessaire pour assurer, pendant deux ans, le payement des intérêts à 5 p. 100. — L'envoi en possession est ordonné par le président sur le vu du procès-verbal de consignation et sur une nouvelle assignation à deux jours au moins (art. 70). Il ne peut être demandé qu'après le jugement qui a prononcé l'expropriation. — Le jugement du tribunal et l'ordonnance d'envoi en possession peuvent être déférés à la Cour de cassation, mais ne sont susceptibles ni d'op-

position ni d'appel (art. 71). — Les dépens sont supportés par l'Administration et taxés par le président (art. 72).

174. La déclaration d'urgence ne change rien au mode de règlement de l'indemnité tel qu'il est fixé par la loi du 3 mai 1841; il y est procédé, après l'envoi en possession, dans les mêmes formes que si l'urgence n'avait pas été déclarée (art. 73).
Si l'indemnité fixée par le jury est supérieure à la consignation, le supplément doit, dans la quinzaine de la notification de la décision du jury, sinon le propriétaire peut s'opposer à la continuation des travaux par les voies de droit. — Le préfet doit établir à ce moment, par un arrêté, le décompte des intérêts et délivrer un mandat de payement pour l'excédent de l'indemnité sur la consignation. Dans le cas contraire, il prescrit la restitution au Trésor de l'excédent de consignation.

§ 2. — *Travaux militaires et de la marine*
(R. 784 et s.; S. 877 et s.).

175. Pour les travaux militaires et ceux de la marine nationale, les formalités préalables au jugement d'expropriation sont supprimées (art. 75); les dispositions des art. 5, 6 et 7 de la loi de 1841 ne sont pas applicables en pareil cas (Civ. r. 22 janv. 1895, D. P. 95. 1. 476). — La désignation des terrains soumis à l'expropriation est faite par le décret qui ordonne les travaux, et complétée, au besoin, par le préfet. Sur le vu de ce décret, qui lui est transmis par le préfet, et sans qu'un décret déclaratif d'utilité publique soit nécessaire, le procureur de la République requiert et le tribunal prononce l'expropriation. — Le jugement rendu, on se conforme aux règles de la loi du 3 mai 1841 pour la procédure ultérieure.

176. S'il s'agit de travaux de fortification urgents, l'expropriation est réglée par la combinaison de la loi du 30 mars 1831 et des dispositions des art. 16 à 20, ainsi que du titre 6 de la loi du 3 mai 1841 (art. 76, § 1er et 3). Un décret déclare l'utilité publique et l'urgence des travaux (L. 30 mars 1831, art. 2). Dans les vingt-quatre heures, sur la réquisition du préfet, le tribunal commet un juge qui, dans les dix jours, se transporte sur les lieux, où, en présence des parties convoquées par le maire, et d'experts désignés par les parties si elles le jugent à propos, et par le préfet, il est dressé un procès-verbal fournissant les renseignements nécessaires à l'évaluation des terrains à exproprier (L. 1831, art. 5 à 8). — Si les propriétaires maîtres de leurs droits consentent à la cession, il en est passé acte entre eux et le préfet (art. 9). Dans le cas contraire, sur le vu du procès-verbal de l'expert et du juge-commissaire, le tribunal, dans une audience tenue aussitôt après le retour du magistrat, détermine, sans qu'il y ait à citer les parties, l'indemnité de déménagement à payer aux détenteurs avant l'exproprié et l'indemnité provisionnelle à consigner avant la prise de possession, autorise le préfet à prendre possession, à charge de payer et consigner lesdites indemnités, et fixe le délai dans lequel les détenteurs sont tenus d'abandonner les lieux, délai qui ne peut excéder cinq jours pour les propriétés non bâties, et dix jours pour les propriétés bâties (L. 1831, art. 10). — Il est procédé au règlement définitif des indemnités suivant les règles tracées au titre 4 de la loi du 3 mai 1841 (art. 76, § 2).

177. Les règles qui précèdent s'appliquent à l'*occupation temporaire* aussi bien qu'à l'expropriation des terrains nécessaires pour les travaux de fortification urgents. Il en est ainsi, d'après la jurisprudence du Conseil d'État, même de celle qui attribue au jury le règlement des indemnités.

178. Les significations et notifications en matière d'expropriation sont faites à la diligence du préfet du département de la situation des biens (art. 57, § 1er), qui a également qualité pour les recevoir. Il n'en est ainsi, d'ailleurs, que dans les expropriations où le préfet agit comme représentant légal de l'État ou du département, et non dans celles qui sont poursuivies par un concessionnaire ou dans un intérêt communal; du moins le préfet ne conserve-t-il alors ce droit que pour les actes qu'il peut accomplir comme représentant de la puissance publique, la citation des jurés notamment (V. *supra*, n° 161.)

179. Les significations peuvent être faites par huissier ou par les agents de l'Administration dont les procès-verbaux font foi en justice (art. 57, § 2), sinon jusqu'à inscription de faux, du moins jusqu'à preuve contraire. — Ces agents sont : les gendarmes, les gardes champêtres pour les notifications intéressant la commune, les gardes et agents forestiers, les gardes du génie, les portiers-consigne des places de guerre, les conducteurs des ponts et chaussées, les piqueurs et cantonniers commissionnés et assermentés, les agents voyers, les porteurs de contraintes, les agents de la navigation, les commissaires de police, les employés des Contributions indirectes, des Douanes, les agents assermentés des compagnies de chemins de fer dans les expropriations intéressant ces compagnies. A cette énumération, il faut ajouter les maires, lorsque l'expropriation n'intéresse pas la commune. — Même lorsqu'elles sont faites par huissier, il n'est pas indispensable que les significations remplissent les conditions prescrites, pour la validité des exploits, par l'art. 61 c. pr. civ. (V. *supra*, Exploit, n°s 13 et s.).

SECT. X. — Enregistrement et timbre.

180. Les actes faits en vertu de la loi du 3 mai 1841 sur l'expropriation pour cause d'utilité publique sont visés pour timbre et enregistrés gratis (L. 3 mai 1841, art. 58). Ils sont également affranchis de tout droit d'hypothèque lors de la transcription des contrats d'acquisition au bureau des hypothèques (même article); mais cette exemption ne s'étend pas aux salaires dus au conservateur des hypothèques (Décis. min. Fin. 14 mars 1879; Instr. admin. Enreg. 12 mars 1879, n° 2615).

181. L'exemption est applicable, d'après les termes mêmes de l'art. 58 précité, à tous les actes de procédure, plans, procès-verbaux, certificats, significations, jugements, ainsi qu'aux contrats d'acquisition, quittances et autres actes faits en vertu de ladite loi. Les contrats d'acquisition doivent, pour bénéficier de cette exemption, être passés postérieurement à l'arrêté du préfet qui désigne spécialement les propriétés expropriées et s'appliquer à des parcelles indiquées dans cet arrêté.

182. La gratuité profite à l'acquisition de la totalité d'un immeuble faite sur la réquisition du propriétaire, conformément à l'art. 50 de la loi du 3 mai 1841 (Civ. r. 25 août 1851, D. P. 51. 1. 235). Elle s'applique également à l'acte constatant la rétrocession à l'exproprié ou à son concessionnaire de terrains non employés, ainsi qu'à l'acte par lequel l'exproprié renonce à faire usage de son droit de préemption, mais non à la cession par le propriétaire exproprié ou ses héritiers, à un tiers, du droit de préemption que la loi lui accorde sur les terrains non employés (Sol. admin. Enreg. 17 juin 1872, D. P. 73. 3. 86); ... dans la vente que l'expropriant, à un tiers, de parcelles non employées provenant de fonds expropriés seulement en partie et acquis en entier sur la réquisition des propriétaires (Req. 7 mai 1873, D. P. 73. 1. 359).

183. Outre les actes de la procédure et les contrats relatifs aux acquisitions de terrains spécialement désignés par la loi de 1841, tous les actes qui peuvent être considérés comme faits en vertu de la loi de l'expropriation doivent être affranchis de tout droit. C'est ainsi que l'exemption a été reconnue applicable : à la convention intervenue entre les parties constatée par le procès-verbal de ce magistrat, et de laquelle il résulte que l'indemnité a été fixée à l'amiable et stipulée payable, partie en espèces, partie au moyen de l'abandon à l'exproprié d'un immeuble désigné appartenant à l'expropriant (Civ. r. 23 févr. 1870, D. P. 70. 1. 418) ; aux récépissés délivrés par la Caisse des dépôts, en vue de constater la consignation par l'expropriant des indemnités dues aux expropriés (Sol. admin. Enreg. 12 janv. 1899) ; aux recours au Conseil d'Etat pour excès de pouvoirs (Cons. d'Et. 22 nov. 1878, D. P. 79. 3. 38), etc. — Mais ne bénéficie pas de l'exemption prononcée par l'art. 58 de la loi du 3 mai 1841, les actes qui ne sont pas une suite nécessaire de l'expropriation, tels que les emprunts contractés par l'expropriant pour acquitter les indemnités (Décis. min. Fin. 2 févr. 1857 ; Instr. admin. Enreg. n° 2093, § 1er).

184. Indépendamment des exemptions de droits qui viennent d'être indiquées, l'art. 58 de la loi du 3 mai 1841 autorise la restitution des droits perçus sur les acquisitions amiables faites antérieurement à l'arrêté préfectoral, lorsqu'il est justifié, dans le délai de deux ans, que les immeubles sont compris dans cet arrêté. Il importe peu que les cessions amiables aient été faites avant ou après la loi ou le décret déclarant l'utilité publique ; pour qu'il y ait lieu à restituer, la loi n'exige qu'une chose, c'est que, dans le délai de deux ans, il soit justifié que les immeubles ont été acquis en vue de l'utilité publique. Cette justification peut être faite à l'aide du décret déclaratif d'utilité publique, lorsque ce décret lui-même contient la désignation des terrains sujets à l'expropriation (Civ. r. 4 mai 1858, D. P. 58. 1. 275). — La restitution doit comprendre non seulement les droits d'enregistrement et de transcription, mais aussi les droits de timbre des minutes des actes d'acquisition et des plans y annexés (Sol. admin. Enreg. 18 oct. 1894, D. P. 95. 5. 537). La restitution des droits de timbre des expéditions peut également avoir lieu, mais sur la représentation matérielle des pièces timbrées, et il ne peut être suppléé à cette représentation par le certificat du notaire rédacteur attestant que ces documents ont été rédigés sur papier timbré.

185. Le délai de deux ans dans lequel doit être formée la demande en restitution court à dater de la perception des droits, en ce qui concerne les droits d'enregistrement et de transcription (Req. 7 déc. 1858, D. P. 59. 1. 31), et, en ce qui concerne les droits de timbre des actes, du jour de l'emploi du papier timbré, c'est-à-dire de la rédaction des actes (Sol. admin. Enreg. 18 oct. 1894, précitée).

186. L'exemption des droits d'enregistrement, de timbre et d'hypothèque établie par l'art. 58 de la loi du 3 mai 1841 a été étendue à tous les actes et contrats relatifs aux immeubles acquis pour les rues de Paris par simple mesure de voirie (Décr. 26 mars 1852, art. 2, § 5, D. P. 52. 4. 102 ; 27 déc. 1858, D. P. 59. 4. 2 ; 14 juin 1876, D. P. 76. 4. 113). L'art. 9 du décret du 26 mars 1852 ajoute que « les dispositions du présent décret pourront être appliquées à toutes les villes qui en feront la demande, par des décrets spéciaux rendus dans la forme des règlements d'administration publique ». — Pour les villes auxquelles

ce décret a été déclaré applicable, l'exemption s'applique à toute acquisition par simple mesure de voirie, qu'elle ait pour objet des immeubles bâtis ou non bâtis (Sol. admin. Enreg. 1er avr. 1893, D. P. 94. 2. 326).

187. Les dispositions de l'art. 58 de la loi du 3 mai 1841 ont été encore déclarées applicables à tous les actes ou contrats relatifs à l'acquisition de terrains, même clos ou bâtis, poursuivie en exécution d'un plan régulièrement approuvé pour l'ouverture, le redressement, l'élargissement des rues ou places publiques, des chemins vicinaux et des chemins ruraux reconnus (L. 13 avr. 1900, art. 3, D. P. 1900. 4. 33).

EXTRADITION

(R. v° *Traité international* ; S. *eod.* v°).

§ 1er. — *Fondement de l'extradition* (R. 269 et s. ; S. 24 et s.).

1. L'extradition est l'acte par lequel un gouvernement livre à un autre gouvernement qui le réclame, afin de le juger et de le punir, l'individu prévenu d'un crime ou d'un délit qu'il a commis sur le territoire de cet autre Etat.

2. L'Etat auquel la réclamation est adressée, dit *Etat de refuge*, n'est *obligé* de livrer les délinquants qu'après la conclusion d'un accord : traité ou convention de réciprocité ; et cette obligation n'est sanctionnée que par les modes ordinaires et imparfaits du droit international, c'est-à-dire, le plus souvent, la dénonciation du traité. La *faculté* d'accorder l'extradition est, d'ailleurs, indépendante de l'existence d'un traité ; quotidiennement certains Etats, notamment la France, réclament ou accordent des extraditions à d'autres Etats qui ne sont liés avec eux par aucune convention diplomatique.

§ 2. — *Conditions de l'extradition* (R. 280 et s. ; S. 32 et s.).

3. L'extradition ne peut être accordée que s'il ne s'agit pas d'un individu appartenant par sa nationalité à l'Etat requis. Un Etat n'extrade pas ses nationaux. Mais si le coupable n'a acquis la nationalité du pays de refuge qu'après l'accomplissement de son crime, le bénéfice de l'asile ne lui est pas acquis. Quand le réfugié n'est pas sujet de l'Etat requérant, l'Etat de refuge doit néanmoins le livrer, sans qu'il soit obligé de consulter l'Etat auquel le réfugié appartient.

4. L'extradition n'est jamais accordée pour des délits politiques (Pour la définition et le genre d'infraction, V. *supra*, *Délit politique*, n°s 1 et s.). En général, les traités actuellement en vigueur le stipulent formellement et ajoutent que l'extradé, livré pour un fait de droit commun, ne pourra jamais être jugé pour un crime ou délit antérieur de nature politique. Mais tous les traités reproduisent la clause dite *clause d'attentat*, qui dénie le caractère politique à l'attentat contre la personne du chef du gouvernement étranger ou contre celle d'un membre de sa famille, lorsque cet attentat constitue le fait soit de meurtre, soit d'assassinat, soit d'empoisonnement. D'autre part, les délits militaires, en particulier la désertion, ne donnent pas lieu à l'extradition, sauf lorsqu'il s'agit des matelots déserteurs de la marine marchande et même de la marine militaire.

5. En dehors des exceptions spécifiées ci-dessus, l'extradition s'applique à tous les crimes et aux délits qui, par leur gravité, portent atteinte à l'ordre social, à la condition toutefois, spécifiée dans la plupart des traités, que le fait similaire soit punissable dans le pays auquel l'extradition est réclamée.

6. Les faits que visent, en général, les conventions diplomatiques comme pouvant don

ner lieu à l'extradition sont : les crimes contre les personnes ; l'incendie ; certains faux ; le crime de fausse monnaie ; les vols qualifiés ; la banqueroute frauduleuse ; la corruption de fonctionnaires ; les crimes commis en mer ; les coups et blessures volontaires ayant causé une incapacité permanente ou temporaire de travail ; l'enlèvement de mineur ; la séquestration ; les menaces en vue d'extorquer de l'argent ou des valeurs ; l'abus de confiance et le détournement de dépôt ; l'escroquerie ; les actes pouvant mettre en danger la sécurité en chemin de fer ; la dégradation des propriétés ; la falsification nuisible de substances ou denrées alimentaires ; la dégradation ou destruction de tombeaux, de machines à vapeur ou d'appareils télégraphiques ; la dévastation de récoltes ou plants ; la destruction d'animaux ou d'instruments servant à l'agriculture ; l'opposition par voie de fait à l'exécution des travaux publics, etc.

§ 3. — *Procédure en matière d'extradition* (R. 306 et s. ; S. 48 et s.).

7. Le Gouvernement a seul qualité pour demander l'extradition à un pays étranger, ou pour la lui accorder. Cette règle ne souffre exception qu'à l'égard de certaines colonies éloignées (les Guyanes française et hollandaise, par exemple) dont les gouverneurs ont, en général, reçu le droit de demander et d'accorder directement l'extradition des malfaiteurs, afin d'éviter les longs délais qui rendraient la fuite de l'inculpé trop facile (V. notamment : Conv. entre la France et les Pays-Bas, du 3 août 1860, promulguée par décret du 18 oct. 1860, art. 2, D. P. 60. 4. 154 ; Conv. entre la France et l'Espagne, du 14 déc. 1877, approuvée par la loi du 8 juin 1878, art. 17, D. P. 78. 4. 95).

8. Quant aux commissions rogatoires, émanées de magistrats français, elles doivent, en principe, être transmises au garde des sceaux (V. *supra*, *Commission rogatoire*, n° 5), sauf quand il s'agit de commissions urgentes émanées de parquets de départements frontières.

9. En général, avant de demander l'extradition d'un inculpé en fuite, on réclame, afin d'éviter toute perte de temps, son arrestation provisoire. Régulièrement, cette mesure doit être demandée par le procureur de la République et transmise, par voie hiérarchique, au ministre des Affaires étrangères. Mais, en cas d'urgence, les magistrats et les préfets peuvent s'adresser directement aux autorités étrangères ou aux représentants de la France à l'étranger. Dans ce dernier cas, les magistrats doivent provoquer l'intervention du ministère des Affaires étrangères, afin que la demande d'extradition soit aussitôt formée ; car l'arrestation provisoire cesse, d'après certains traités, si l'extradition n'a pas été accomplie dans un certain délai.

10. La saisie et la remise des objets emportés par le fugitif peuvent être demandées en même temps que l'arrestation provisoire. Elles ont même toujours lieu, dans la pratique, encore qu'elles n'aient pas été demandées.

11. La demande d'extradition est formée par voie diplomatique. Le gouvernement requérant doit, à l'appui de sa demande, établir l'identité du fugitif, sa nationalité et sa condition, la condamnation ou l'accusation dont il est l'objet, la nature de l'infraction, la compétence du pouvoir qui poursuit.

12. Lorsque la demande d'extradition émane de la France, il faut distinguer suivant qu'il s'agit d'un accusé ou prévenu, ou bien d'un condamné. Dans le premier cas, il suffit, à l'égard de certains Etats (notamment la Suisse, l'Italie, l'Espagne, les Pays-Bas), de produire à la demande le mandat d'arrêt. D'autres Etats exigent l'arrêt ou l'ordonnance de renvoi. D'autres enfin, comme l'Angleterre et les Etats-Unis, sont plus rigoureux. Ils exigent la communication d'une partie de la procédure, laquelle est soumise à l'autorité judiciaire qui, après des débats contradictoires avec l'inculpé, rend la décision définitive sur l'extradition. Si le réfugié est un condamné, il suffit de joindre à la demande d'extradition une expédition du jugement ou de l'arrêt de condamnation.

13. Dans le cas où la demande d'extradition est adressée à la France par un gouvernement étranger, c'est le ministre des Affaires étrangères qui est saisi; il communique la demande au garde des sceaux, qui la transmet au ministre de l'Intérieur, et celui-ci ordonne des recherches à fin d'arrestation. Si l'arrestation est opérée, l'étranger est conduit devant le procureur de la République de l'arrondissement où elle a eu lieu, lequel procède immédiatement à l'interrogatoire de l'individu arrêté.

14. Lorsque celui-ci prétend qu'il appartient à la nationalité française ou que la demande d'extradition s'applique à un autre individu, s'il allègue un fait qui serait de nature à établir son innocence, ou enfin s'il demande à prouver que l'infraction dont il s'est rendu coupable ne rentre pas dans les termes du traité, le procureur de la République doit vérifier l'exactitude de ces allégations (Circ. min. Just. 12 oct. 1875).

15. Le procureur de la République demande ensuite à l'inculpé s'il consent, ou non, à être livré aux autorités du pays requérant sans attendre les formalités d'extradition. Puis il transmet son rapport au procureur général. Si l'étranger consent à être livré sans formalités, l'autorité administrative est prévenue par les soins de la Chancellerie, elle prend les mesures nécessaires pour le transfèrement de l'étranger à la frontière. Si, au contraire, l'étranger refuse d'être extradé avant l'accomplissement des formalités, le procureur général transmet le rapport du procureur de la République, avec les pièces qui l'accompagnent, au ministre de la Justice, qui soumet un décret d'extradition au président de la République. Le décret signé, la Chancellerie en transmet une ampliation au ministre de l'Intérieur, avec les divers documents joints à la demande; ce ministre prescrit au préfet du département où est détenu l'étranger d'assurer son transport à la frontière. L'acte qui accorde ou refuse l'extradition n'ayant rien de commun avec un jugement, le refus opposé par un pays ne saurait mettre obstacle à ce que l'extradition soit demandée à un autre gouvernement (Cr. r. 22 déc. 1889).

§ 4. — *Compétence en matière d'extradition* (R. 527 et s.; S. 74 et s.).

16. Lorsque l'extradition a été accordée, il importe peu qu'elle soit régulière. Les gouvernements contractants sont seuls juges de cette irrégularité, et le seul fait de la remise au Gouvernement français d'un accusé réfugié à l'étranger consacre la régularité de son extradition au regard des tribunaux, qui n'ont pas le pouvoir de contrôler ou d'interpréter cet acte de haute administration. Aussi la jurisprudence admet aujourd'hui, d'une façon constante, que l'extradé n'a aucun titre pour réclamer contre son extradition et en contester la régularité. Notamment, il n'est pas recevable à soutenir que l'extradition est nulle comme portant sur un fait non prévu par le traité (Cr. r. 26 avr. 1900, D. P. 1900. 1. 366). De même, l'extradé ne serait pas recevable à prétendre que l'extradition a été irrégulière comme ayant été opérée par fraude ou par violence.

17. Mais l'extradé ne peut être jugé pour des faits autres que ceux qui ont motivé son extradition, à moins qu'il n'y consente. Il est donc admis à se prévaloir des exceptions basées sur ce que l'extradition n'a pas été accordée pour les faits sur lesquels il est jugé, ou ne l'a été que pour quelques-uns d'entre eux. Il en est du moins ainsi lorsque l'instruction était close au moment où l'extradé a été remis à l'Etat requérant (Comp. *infrà*, n° 20). Si la prétention de l'extradé de n'avoir été livré que pour être jugé sur tel chef d'accusation à l'exclusion de tel autre paraît avoir un caractère sérieux, la juridiction saisie doit surseoir au jugement de l'affaire pour prendre auprès du gouvernement, par l'intermédiaire du ministère public, tous renseignements utiles.

18. L'extradé ne pouvant être jugé qu'à raison des faits pour lesquels l'extradition a été obtenue, la disjonction s'impose lorsque la prévention comprend des chefs auxquels l'extradition ne s'applique pas. La simple connexité de ces chefs avec ceux pour lesquels l'extradition a été consentie ne peut créer un obstacle à la disjonction. La disjonction ne serait impossible que s'il y avait une indivisibilité absolue. D'ailleurs, l'extradé ne pourrait se plaindre que la disjonction n'ait été opérée, s'il n'a pas été condamné à une peine plus forte que celle que comportait le fait pour lequel il a été extradé.

19. L'extradé n'a pas le droit d'exiger la production des actes qui constatent l'extradition, ni leur communication au défenseur dans les conditions prévues par l'art. 10 de la loi du 8 déc. 1897 (Cr. r. 2 juill. 1898).

20. Dans le cas où l'affaire était en cours d'instruction au moment où l'extradé a été remis à l'Etat requérant, l'information a lieu sur tous les chefs compris dans la poursuite, et l'ordonnance définitive renvoie l'extradé devant la juridiction compétente, comme si aucune extradition n'était intervenue, à raison de tous les faits pour lesquels il existe des charges suffisantes. Toutefois, en ce qui concerne les inculpations réservées, le juge évitera toute mesure exigeant le concours actif de l'inculpé, comme un interrogatoire, une confrontation.

21. Si la qualification donnée aux faits incriminés dans la requête d'extradition est modifiée au cours de l'instruction, la jurisprudence décide que l'extradition n'en conserve pas moins sa valeur: l'extradé doit être jugé selon le fait, et non selon l'infraction, cause de l'extradition. — Il en est de même si le changement de qualification, au lieu d'avoir eu lieu au cours de l'information, résulte des débats, des réponses du jury ou du jugement de condamnation.

22. Les faits demeurant la base de l'extradition, celle-ci subsiste quand même la qualification s'aggrave postérieurement à l'extradition. Notamment, l'extradition à raison du crime de meurtre s'applique nécessairement au meurtre accompagné de circonstances aggravantes (Cr. r. 2 juill. 1898). A plus forte raison l'extradition doit-elle être maintenue lorsque la qualification du fait est atténuée. Ainsi, l'extradition subsiste lorsque l'accusé, ayant été extradé à raison d'une accusation de viol et attentat à la pudeur avec violence, n'a été condamné que pour attentat à la pudeur. Il en est de même lorsque, l'extradition ayant eu lieu pour recel de vol qualifié, le verdict du jury réduit l'inculpation au délit de recel de vol simple.

23. Lorsque l'extradé consent à être jugé sur les chefs réservés, le juge peut passer outre aux réserves mises à l'extradition par l'Etat extradant.

24. Enfin, dans le cas d'*extradition volontaire*, c'est-à-dire lorsque le fugitif a consenti à être livré sans l'accomplissement des formalités diplomatiques, la jurisprudence française décide que l'extradé doit être assimilé au fugitif rentré volontairement en France et qui s'est librement constitué; qu'il n'a, par conséquent, aucun droit à se plaindre de l'inobservation des conditions applicables au cas d'extradition.

F

FAILLITE
LIQUIDATION JUDICIAIRE
BANQUEROUTE

(R. v° *Faillite et banqueroute*; S. v° *Faillites et banqueroutes, liquidations judiciaires*).

CHAP. Iᵉʳ. — DÉFINITION ET LÉGISLATION.

1. La *faillite*, la *liquidation judiciaire* et la *banqueroute* ont pour caractère commun de n'être applicables qu'aux débiteurs commerçants en état de cessation de payements; elles constituent les diverses situations juridiques dans lesquelles peuvent se trouver ces débiteurs. La *réhabilitation* constitue pour eux le moyen de sortir de ces situations.

2. La faillite, la banqueroute et la réhabilitation font l'objet du livre III du Code de commerce revisé par la loi du 28 mai 1838 (art. 437 à 614). — Ces dispositions ont été modifiées: 1° par la loi du 17 juill. 1856 (D. P. 56. 4. 114), qui a ajouté plusieurs alinéas à l'art. 541 pour réglementer le concordat par abandon d'actif; 2° par celle du 12 févr. 1872 (D. P. 72. 4. 34), qui a refondu les art. 450 et 550 pour régler la situation du bailleur des immeubles loués par le failli; 3° par celle du 4 mars 1889 (D. P. 89. 4. 9), qui, en instituant la liquidation judiciaire, a déclaré applicables à l'état de cessation de ses dispositions (art. 11 et 15, § 1, 3 et 4) et a modifié les art. 438, § 1ᵉʳ, 549 et 586-4° c. com.; 4° par celle du 6 févr. 1895 (D. P. 95. 4. 14), qui a modifié à nouveau l'art. 549; 5° par la loi du 30 déc. 1903 (D. P. 1904. 4. 1), relative à la réhabilitation des faillis, qui a modifié les art. 604 à 612 c. com. — La liquidation judiciaire a été instituée et organisée par la loi précitée du 4 mars 1889 (D. P. 89. 4. 9), dont l'art. 5 a été modifié par la loi du 5 avr. 1890 (D. P. 90. 4. 105).

CHAP. II. — DES FAILLITES.

SECT. Iʳᵉ. — Des conditions auxquelles est subordonnée la déclaration de la faillite.

3. Deux conditions sont nécessaires, mais suffisantes, pour qu'il puisse y avoir lieu à faillite: 1° la qualité de commerçant chez le débiteur; 2° la cessation de ses payements (Com. 188 et s.). — Mais leur réunion n'entraine plus obligatoirement la déclaration de faillite, comme autrefois: le commerçant en état de cessation de payements peut obtenir le bénéfice de la liquidation judiciaire s'il satisfait aux conditions spéciales indiquées *infrà*, n° 253.

§ 1ᵉʳ. — *Qualité de commerçant* (R. 46 et s.; S. 188 et s.).

4. Seuls, les commerçants peuvent être en faillite; les non-commerçants insolvables sont simplement en état de *déconfiture*.

5. La question de savoir quelles personnes ont la qualité de commerçant a été examinée *suprà*, *Acte de commerce*, n°ˢ 4 et s., et *Commerçant*, n°ˢ 2 et s. Il suffit d'observer ici que les règles de la faillite ne peuvent s'appliquer qu'à celui qui fait profession habituelle d'actes de commerce, qui fait un acte pour son compte et en son nom, et qui, en outre, a la capacité d'être commerçant. — Mais il ne faut pas confondre l'incapacité avec l'incompatibilité : l'incompatibilité entre le négoce et certaines professions comme celles de magistrat, d'officier ministériel (notaire, avoué, huissier, etc.), ne s'oppose pas à ce qu'en fait ces personnes puissent être réputées commerçantes, si, contrairement à la loi, elles font habituellement des actes de commerce, et, à ce titre, être déclarées en faillite, sans préjudice des peines disciplinaires auxquelles elles s'exposent.

6. Les personnes morales commerçantes peuvent être l'objet d'une déclaration de faillite, tout comme les personnes physiques; cette déclaration est donc possible en ce qui concerne les sociétés commerciales qui jouissent de la personnalité morale. Par suite, peuvent être déclarées en faillite les sociétés en nom collectif dont l'objet est commercial, les sociétés anonymes ou en commandite, quelque soit leur objet. Les sociétés peuvent même être déclarées en faillite bien qu'elles soient *dissoutes*, une société dissoute étant censée subsister pour les besoins de sa liquidation; ... ou bien qu'elles soient *nulles*, si la nullité n'est pas opposable aux tiers, si, par exemple, elles sont nulles pour n'avoir pas été publiées ou pour n'avoir pas été constituées conformément à la loi du 24 juill. 1867 : c'est seulement lorsqu'il y a intervention au débat des créanciers personnels des associés, lesquels peuvent exciper de la nullité tirée du défaut de publicité ou des formes constitutives de la société, aussi bien contre les créanciers sociaux que contre les associés, que la société frappée de cette nullité n'est pas susceptible d'être déclarée en faillite. — Au contraire, une association en participation, même commerciale, ne peut être déclarée en faillite : si le gérant de cette participation, seul connu des tiers, vient à cesser ses payements, il encourt la faillite; mais cette faillite est purement individuelle et n'étend pas ses effets aux participants; ces derniers ne peuvent être déclarés en faillite que si, exerçant pour leur propre compte un autre commerce, ils viennent à leur tour à cesser leurs payements; mais la faillite du gérant et celle du participant restent alors absolument distinctes (V. *infrà, Société*).

7. Une *association de fait*, c'est-à-dire un groupement d'associés qui a fonctionné comme une véritable personne morale, bien que l'existence de cette personne morale n'ait pas reçu la consécration légale, peut être déclarée en faillite (ou en liquidation judiciaire) (Civ. c. 12 nov. 1894, D. P. 95. 1. 38). Il en est de même de celui qui a fait partie d'une telle association et a participé à son administration (Montpellier, 4 déc. 1902, P. 1904. 2. 313).

8. Il n'est pas besoin qu'une personne soit actuellement commerçante pour qu'une déclaration de faillite puisse intervenir à son égard : un commerçant peut être l'objet d'une telle déclaration après qu'il a cessé son commerce. — La faillite d'un commerçant peut même être déclarée après son décès; elle ne peut toutefois être prononcée d'office par le tribunal, ni demandée par les créanciers, que l'année qui suit le décès (Com. 437, § 2 et 3).

§ 2. — *Cessation de payements* (R. 64 et s.; S. 249 et s.).

9. Le caractère essentiel de la cessation de payements consiste, de la part du débiteur, dans l'impossibilité ou le refus de payer les dettes liquides et exigibles : le refus de payer une dette litigieuse ne saurait donc servir de base à une déclaration de faillite. — Il faut, en outre, d'après une jurisprudence constante, que les dettes impayées soient des dettes commerciales : le refus d'acquitter une dette civile, même

exigible, ne peut entraîner la faillite du débiteur si celui-ci n'a pas cessé de faire honneur à ses engagements commerciaux. Toutefois, si le défaut de payement de dettes civiles ne suffit pas à lui seul pour constituer l'état de cessation de payements, il peut être un élément d'appréciation quand l'inexécution des obligations civiles concorde avec celle des dettes commerciales. — Il n'est pas nécessaire, d'ailleurs, que le débiteur ait cessé tous ses payements commerciaux ni même la généralité d'entre eux; c'est au tribunal à apprécier, *ex æquo et bono*, s'il y a eu, de la part du débiteur, simple retard à régler quelques factures, ou si, au contraire, ce défaut partiel de payement est l'indice de la ruine ou, tout au moins, d'un ébranlement du crédit suffisant pour le mettre dans l'impossibilité de faire face à tous ses payements. Le défaut de payement d'une seule dette commerciale pourrait même, suivant les circonstances, être considéré comme constituant une cessation de payements suffisante pour motiver la faillite, alors même que les autres créanciers resteraient dans l'inaction, ou même qu'il n'y aurait pas d'autre créance connue.

10. Les juges du fond constatent souverainement, quant à leur existence matérielle, à leur influence sur la situation commerciale du débiteur et à l'intention des parties, les faits constitutifs de la cessation de payements (Req. 23 mars 1904, D. P. 1904. 1. 232). Mais il appartient à la Cour de cassation de vérifier si les caractères légaux de la cessation de payements se rencontrent dans les faits relevés par les juges du fond.

11. Comment la cessation de payements se prouve-t-elle? Si le débiteur a déposé son bilan, ce dépôt constitue à lui seul une preuve suffisante (V. *infrà*, nos 23 et s.); sinon, le tribunal forme sa conviction d'après les éléments de la cause, en tenant compte des signes extérieurs par lesquels se manifeste le plus souvent la situation embarrassée des commerçants : protêts, assignations, jugement de condamnation, fermeture des magasins ou disparition du débiteur. A défaut de ces signes extérieurs, un débiteur peut aussi être considéré comme ayant cessé ses payements s'il ne soutient son crédit qu'à l'aide de moyens factices.

12. La cessation de payements d'une société en nom collectif ou en commandite implique celle de chacun des associés solidaires. Il ne s'ensuit point, cependant, que la faillite de ladite société entraîne nécessairement celle de ses associés : la société peut être mise en faillite et ses associés simplement en liquidation judiciaire, ou réciproquement. — Quant à la cessation de payements d'une société anonyme ou en commandite, elle implique celle ni des associés ni des commanditaires, ... alors même que les actionnaires seraient des administrateurs de la société, ... ou que ces commanditaires se seraient immiscés dans la gestion. — De même, si la cessation de payements d'une société en nom collectif ou en commandite implique celle des associés solidaires, la cessation de payements personnelle de l'un de ces associés, qui fait un commerce séparé, n'implique point celle de la société elle-même.

13. Une fois la cessation des payements constatée, le tribunal est légalement tenu de déclarer la faillite, ou tout au moins la liquidation judiciaire, si les conditions spéciales à cette dernière sont réunies (V. *infrà*, nos 255 et s.). Il n'a pas, notamment, à se préoccuper de la question de savoir si l'actif du débiteur est, ou non, supérieur à son passif, et il ne peut, par suite, ordonner une expertise à cet effet. — Il ne lui appartient pas davantage de se constituer juge de l'opportunité de la mesure réclamée ou de l'intérêt qu'elle présente.

14. Mais la cessation des payements est une condition nécessaire de la déclaration de faillite (ou de la liquidation judiciaire) : l'insolvabilité d'un commerçant, même dûment constatée, ne serait pas à elle seule suffisante s'il n'y avait pas eu de sa part cessation de payements effective.

15. La faillite (ou la liquidation judiciaire) ne peut, d'ailleurs, être déclarée que si la cessation des payements coexiste chez le débiteur avec la qualité de commerçant. Ainsi, un créancier ne peut faire déclarer en faillite son débiteur qui n'est devenu commerçant que postérieurement aux poursuites qu'il a dirigées contre lui, ou qui ne l'était plus lors des actes d'où l'on prétend induire l'état de cessation de payements (Req. 16 janv. 1901, D. P. 1902. 1. 251). Mais, à l'inverse, la faillite peut être prononcée contre un commerçant retiré des affaires ou décédé, si ce commerçant était déjà en état de cessation de payements au moment de sa retraite ou de son décès (Req. 23 mars 1904, D. P. 1904. 1. 232).

16. Il y a même trois hypothèses où la faillite ne peut être déclarée, malgré la coexistence, à une même époque, de la qualité de commerçant et de la cessation de payements chez le débiteur : 1o si, s'agissant d'un commerçant décédé, le décès remonte à plus d'un an (V. *supra*, no 8); 2o si le débiteur ou ses héritiers ont intégralement désintéressé les créanciers avant que le tribunal ait prononcé la faillite; 3o s'il a obtenu, dans le même délai, de *tous* ses créanciers, un concordat amiable, concordat qui n'est soumis, pour sa validité, qu'au droit commun des contrats, et par lequel lesdits créanciers lui accordent des délais (pacte d'atermoiement ou de sursis) ou même lui consentent une remise partielle de ses dettes, en stipulant en retour, soit le payement d'un certain dividende à des échéances déterminées, soit l'abandon de son actif (cession de biens volontaire ou contrat d'abandonnement). Il suffit, du reste, au débiteur, qui a des créanciers commerciaux et des créanciers civils, d'avoir le consentement des premiers; mais le refus d'un seul des créanciers commerciaux expose le débiteur à être déclaré en faillite, à moins que les créanciers qui ont consenti le concordat amiable ne s'entendent pour désintéresser le créancier dissident.

SECT. II. — Jugement déclaratif de faillite.

17. La faillite ne peut être déclarée que par jugement; une ordonnance ne suffirait pas. — Mais la jurisprudence admet, même depuis la loi du 4 mars 1889 (Civ. c. 15 févr. 1897, D. P. 97. 1. 112), que la faillite existe avant même d'être déclarée et par le fait seul de la cessation de payements; que, tout au moins, ce fait seul engendre un état virtuel de faillite, nécessairement préexistant à tout jugement déclaratif et produisant des conséquences importantes, dont les intéressés peuvent se prévaloir devant toute juridiction, non seulement commerciale, mais civile ou pénale; — ainsi les tribunaux civils peuvent, en l'absence d'un jugement déclaratif, faire application des dispositions du Code de commerce concernant la nullité des actes accomplis durant la période suspecte (Com. 446 et s.; V. *infrà*, nos 104 et s.), les restrictions aux droits de certains créanciers privilégiés et hypothécaires, tels que le vendeur de meubles et la femme mariée (Com. 550 et s.; V. *infrà*, nos 224 et s., 223 et s.), l'exercice du droit de revendication en matière de faillite (Com. 574 et s.; V. *infrà*, nos 210 et s.); — que, de même, les tribunaux répressifs peuvent, en l'absence d'un jugement déclaratif, statuer sur les crimes et délits commis en matière de faillite, et, notamment, connaître directement d'une poursuite en banqueroute, soit simple, soit frauduleuse (Com. 584 et s.; V. *infrà*, nᵒ 309). — Il va de soi, toutefois, que les tribunaux civils et répressifs ne peuvent constater la faillite que dans les circonstances où le tribunal de commerce lui-même pourrait la déclarer; ils ne pourraient notamment, plus d'un an après le décès d'un commerçant, rechercher et constater un état de cessation de payements, pour appliquer à l'hypothèque légale de sa femme les dispositions des art. 557 et s.

18. Un jugement déclaratif est, d'ailleurs, nécessaire, même dans le système de la jurisprudence, pour que les autres effets de la faillite puissent se produire, spécialement pour qu'il y ait lieu : 1ᵒ aux incapacités qui frappent la personne du failli; 2ᵒ à son dessaisissement; 3ᵒ à la suppression des voies d'exécution; 4ᵒ à la cessation du cours des intérêts; 5ᵒ à l'exigibilité des dettes non échues; 6ᵒ à l'organisation légale du régime de la faillite et à la nomination des agents et autorités qui y prennent part; 7ᵒ à l'application des règles spéciales au concordat; 8ᵒ à la constitution de l'état d'union entre les créanciers; 9ᵒ à l'attribution générale de compétence au tribunal de commerce qui a déclaré la faillite, soit au point de vue de la matière, soit au point de vue du domicile.

ART. 1ᵉʳ. — TRIBUNAL COMPÉTENT
(R. 77 et s., 1309 et s.; S. 267 et s.).

19. *Ratione materiæ*, les tribunaux de commerce (ou les tribunaux civils jugeant commercialement) sont exclusivement compétents pour déclarer la faillite.

20. *Ratione personæ*, le tribunal de commerce du domicile commercial du débiteur a seul qualité à cet effet. Un commerçant ne peut donc être déclaré en faillite qu'au lieu où il a son principal établissement commercial, et non au lieu où il n'a qu'un établissement accessoire ou même une simple résidence temporaire acquise en vue d'une entreprise déterminée. — De même, une société ne peut être déclarée en faillite là où elle a simplement une succursale, mais là seulement où elle a à la fois son siège social et son centre d'exploitation, et, si son siège social et son centre d'exploitation sont distincts, là où elle a son siège social, lorsque, d'ailleurs, ce siège social est sérieux et non purement nominal (Civ. régl. statu., 20 janv. 1897, D. P. 97. 1. 89). On admet, toutefois, que la faillite des associés solidaires d'une société peut être déclarée non seulement par le tribunal de leur domicile personnel, mais encore par celui qui prononce en même temps la faillite de cette société. — La jurisprudence considère, d'autre part, que lorsque le débiteur a changé de domicile dans l'intervalle compris entre la cessation de payements et le jugement déclaratif, le tribunal compétent est celui non du nouveau domicile, mais de l'ancien; pareillement, s'il s'agit d'un commerçant dont la profession est essentiellement nomade (marchand forain, directeur de cirque ambulant, etc.), le tribunal compétent est celui du lieu où il était installé lorsque s'est manifesté le désordre de ses affaires.

21. En principe, une même personne ne peut être à la fois l'objet de plusieurs déclarations de faillite; si donc deux tribunaux de commerce, considérant chacun le débiteur comme domicilié dans leur arrondissement, ont l'un et l'autre déclaré sa faillite, il y a lieu à règlement de juges pour déterminer lequel d'entre eux doit rester saisi (V. *infrà*, *Règlement de juges*). — De même, lorsque la faillite d'un associé solidaire a été déclarée à la fois par le tribunal de son domicile personnel et par celui du siège social, il y a lieu à régler de juges en désignant celui des deux tribunaux saisis qui peut le mieux assurer la gestion des intérêts engagés. — Cependant, par dérogation à la

règle de l'unité de faillite, la jurisprudence décide que lorsqu'une même personne possède plusieurs établissements absolument distincts, situés dans des ressorts différents, elle peut être l'objet de plusieurs déclarations de faillite correspondant chacune à l'un de ces établissements; ainsi, la déclaration de faillite d'un commerçant à raison de ses dettes personnelles, contractées dans un commerce séparé, ne met point obstacle à ce qu'il soit également déclaré en faillite comme membre d'une société en nom collectif; de même, un individu, bien que déclaré en faillite dans un arrondissement, peut l'être également dans un autre où il a un établissement entièrement distinct, alors surtout que les opérations de la première faillite ont été closes pour insuffisance d'actif ou que la deuxième cessation de payements s'est produite à l'occasion d'une industrie entreprise postérieurement à la première déclaration de faillite.

ART. 2. — MODE DE SAISINE DU TRIBUNAL COMPÉTENT.

22. La faillite peut être déclarée : ... soit sur la déclaration, par le débiteur, de la cessation de ses payements; ... soit à la requête d'un ou plusieurs créanciers; ... soit d'office (Com. 440).

§ 1ᵉʳ. — *Faillite déclarée sur l'aveu du débiteur* (R. 78 et s.; S. 294 et s.).

23. Non seulement le débiteur a le droit de demander lui-même sa mise en faillite en faisant l'aveu de la cessation de ses payements, mais la loi lui impose l'obligation de déclarer cette cessation, dans la quinzaine du jour où elle s'est produite, au greffe du tribunal de commerce de son domicile (Com. 438, § 1ᵉʳ, modifié par la loi du 4 mars 1889). Cette déclaration doit être accompagnée du dépôt du bilan ou indiquer les motifs qui empêcheraient le failli de le déposer. Le bilan contient l'énumération et l'évaluation de tous les biens mobiliers et immobiliers du débiteur, l'état des dettes actives et passives, le tableau des profits et pertes, le tableau des dépenses; il doit être certifié véritable, daté et signé par le débiteur (Com. 439). — A défaut, par ce dernier, de remplir ces formalités dans ledit délai de quinzaine, lequel comprend le jour de la cessation des payements, le débiteur ne peut être affranchi par le tribunal du dépôt ou de la garde de sa personne (Com. 456; V. *infrà*, nᵒ 67); et il peut être condamné comme banqueroutier simple (Com. 586-4ᵒ; V. *infrà*, nᵒ 311). — Mais ces règles sont personnelles au débiteur, en ce sens que, lorsqu'il est mort en état de cessation de payements, ses héritiers, loin d'être tenus de le déclarer et de provoquer sa faillite, n'ont même point qualité pour le faire.

24. Quant aux sociétés, la déclaration de cessation de leurs payements ne peut être faite par ceux de leurs membres qui sont simplement actionnaires ou commanditaires, mais seulement par leurs associés solidaires si elles sont en nom collectif ou en commandite, par leurs administrateurs si elles sont anonymes, ou encore par leurs liquidateurs lorsqu'elles sont dissoutes. Aucune sanction ne frappe, d'ailleurs, ni ces administrateurs ni ces liquidateurs faute d'opérer cette déclaration; la banqueroute simple peut, au contraire, être prononcée contre les associés solidaires qui n'effectuent point ladite déclaration dans la quinzaine de la cessation de payements, ou qui n'y comprennent point les noms de tous les associés solidaires (Com. 586-4ᵒ).

25. La déclaration par le débiteur commerçant de la cessation de ses payements fait preuve, à elle seule, de cette cessation, et oblige, par suite, le tribunal à prononcer

sa faillite ou tout au moins sa liquidation judiciaire, si les conditions spéciales à cette dernière sont réunies (V. *infrà*, nᵒˢ 255 et s.). — Mais les énonciations du bilan ne lient pas les créanciers, qui ont pleine liberté pour le contrôler; elles ne lient même point le failli à l'instar d'un aveu judiciaire : il a pu vouloir simplement faire connaître les prétentions de ses créanciers, sans pour cela renoncer à en contester le bien fondé.

§ 2. — *Faillite déclarée à la requête des créanciers* (R. 104 et s.; S. 302 et s.).

26. *Tous les créanciers*, sans exception, ont le droit de demander la faillite : ... quel que soit le montant de leur créance; ... quelle qu'en soit la nature, fût-elle purement civile, alors que, d'ailleurs, il y a cessation de payements des dettes commerciales (V. *supra*, nᵒ 9); ... quelle que soit leur qualité, fussent-ils non pas simplement des créanciers chirographaires, mais des créanciers privilégiés ou hypothécaires; ... quand même leur droit ne serait point exigible et que leur créance ne serait qu'à terme ou conditionnelle; ... lors même que se seraient de proches parents du débiteur, ses descendants, par exemple. — Une seule condition est exigée d'eux, c'est que leur titre soit certain et dûment établi.

27. Le droit de demander la faillite de leur débiteur peut même être exercé par les créanciers après un décès, pourvu toutefois que ce décès remonte à moins d'un an (V. *supra*, nᵒ 8), et ce, sans que les héritiers puissent leur opposer le délais pour faire inventaire et délibérer.

28. Ce droit est, d'autre part, essentiellement pécuniaire; il peut, par suite, être exercé non seulement par les créanciers eux-mêmes, mais encore de leur chef, par l'un quelconque de leurs propres créanciers, agissant en vertu de l'art. 1166 c. civ.; ainsi, le syndic de la faillite, représentant le failli, a qualité pour provoquer la faillite d'un débiteur de ce dernier. Pour les mêmes motifs, ce droit peut faire, de la part des créanciers, l'objet d'une renonciation valable.

29. La faculté de provoquer la faillite d'un commerçant en état de cessation de payements n'appartient pas à d'autres qu'à ses créanciers; notamment elle n'appartient ni à l'un de ses débiteurs, ni au ministère public, et ce, alors même qu'il s'agirait d'un notaire en fuite qui faisait le commerce. — De même, les actionnaires ou commanditaires d'une société ne peuvent, en cette seule qualité, poursuivre la faillite de cette société ou de ses gérants.

30. Les créanciers peuvent saisir le tribunal, soit par voie d'assignation donnée au débiteur, soit par voie de requête, sans mettre celui-ci en cause; mais, dans ce dernier cas, le tribunal peut toujours, si sa conviction n'est pas faite, ordonner que le débiteur soit mis en demeure de formuler ses observations. — Sur le rôle du tribunal ainsi saisi d'une demande en déclaration de faillite, et sur les limites de son pouvoir d'appréciation, V. *supra*, nᵒ 10.

§ 3. — *Faillite déclarée d'office* (R. 111 et s.; S. 315 et s.).

31. Le tribunal peut toujours déclarer d'office la faillite d'un commerçant en état de cessation de payements, ce commerçant fût-il décédé, pourvu toutefois que son décès remonte à moins d'un an (V. *supra*, nᵒ 8). — Il peut le faire soit spontanément, soit sur l'avis officieux du parquet, soit à la suite d'une requête présentée par le débiteur à fin de liquidation judiciaire, lorsque ce débiteur ne réunit point les conditions spéciales exigées pour l'obtention de ce bénéfice (V. *infrà*, nᵒˢ 255 et s.); il peut aussi convertir d'office la liquidation judiciaire eu faillite dans les cas indiqués *infrà*, nᵒ 303.

ART. 3. — FORMES ET CARACTÈRES LÉGAUX DU JUGEMENT DÉCLARATIF. DISPOSITIONS QU'IL CONTIENT. JUGEMENT DE REPORT DE LA FAILLITE (R. 103, 113 et s.; S. 317 et s.).

32. Le jugement déclaratif doit être prononcé en audience publique. Il contient, outre la déclaration de faillite, plusieurs dispositions qui en sont le corollaire ; il nomme un juge-commissaire (V. *infrà*, n° 133), un ou plusieurs syndics (V. *infrà*, n°s 122 et s.) ; il prescrit diverses mesures concernant les biens et la personne du failli (V. *infrà*, n°s 61 et s., 70 et s.) ; enfin, il fixe la date de la cessation des payements. — Cette dernière indication n'est pas toujours obligatoire : la date de la cessation des payements peut n'être déterminée que par une décision postérieure ; celle que fixe le jugement déclaratif est, en tous cas, purement provisoire, et peut ensuite être modifiée par le tribunal. Quant à l'époque jusqu'à laquelle ladite date peut ainsi être fixée ou modifiée par un jugement ultérieur, V. *infrà*, n° 57. Ce jugement ultérieur est rendu sur le rapport du juge-commissaire soit d'office, soit sur la poursuite de toute partie intéressée, par exemple des syndics, sur simple requête.

33. Les juges du fond ont un pouvoir discrétionnaire pour déterminer, dans chaque espèce, à quelle époque s'est manifestée la cessation de payements. Et ils doivent en reporter la date à cette époque, si éloignée soit-elle, dans le passé, du jugement déclaratif. — Toutefois, les caractères de la cessation de payements ne doivent pas, au point de vue de cette fixation de date, être appréciés autrement que pour déclarer la faillite ; en d'autres termes, le tribunal ne pourrait pas reporter la date de la cessation de payements à un moment où la faillite n'eût pu être prononcée si les créanciers l'avaient alors demandée. Ainsi, il n'aurait pas le droit de reporter la date de la cessation de payement à une époque où, quel que fût l'état d'insolvabilité du débiteur, il était à la tête de ses affaires et jouissait de tout son crédit, sans qu'il y ait eu aucune poursuite contre lui (Req. 12 janv. 1903, D. P. 1903. 1. 124). Pour les mêmes motifs, l'inexécution par un commerçant de ses engagements civils ne peut être prise pour point de départ de la cessation de payements ; elle peut seulement servir, concurremment avec l'inexécution des obligations commerciales, à fixer le jour où remonte cette cessation. De même encore, la cessation de payement d'un commerçant ne peut être reportée au jour où il a refusé d'acquitter une dette litigieuse ; il n'en serait autrement que si la contestation du débiteur n'était pas sérieuse et n'avait d'autre objet que de reculer sa chute. V. *supra*, n° 9).

34. Lorsqu'en fait le débiteur a cessé la généralité de ses payements, la date de la cessation doit être fixée au premier défaut de payement. Mais quelques refus de payement, attestant simplement un état de gène accidentelle et temporaire, sont insuffisants pour entraîner le report de la faillite à l'époque où le premier refus s'est manifesté. Cependant, un seul refus de payement peut, dans certaines circonstances, justifier le report de la faillite au jour où il s'est produit, si, par sa gravité exceptionnelle, il est le signe manifeste d'un ébranlement du crédit du commerçant.

35. Il n'est pas nécessaire, d'ailleurs, que les faits sur lesquels s'appuie le tribunal pour constater qu'à telle époque le débiteur avait cessé ses payements, aient été notoires. La faillite peut être reportée à une date où le débiteur paraissait encore au-dessus de ses affaires, s'il est établi qu'il n'a, depuis, continué son commerce qu'à l'aide d'expédients coupables et ruineux pour la masse

ou à l'aide de manœuvres frauduleuses. — Mais si le débiteur, sans fraude et de bonne foi, a eu recours, pour prolonger son existence commerciale, à des opérations licites en elles-mêmes, la faillite ne peut être reportée au jour de ces opérations, si d'ailleurs le failli a, depuis lors et pendant un certain temps, ponctuellement exécuté ses obligations commerciales. Ainsi, en cas de renouvellement de billets échus, la cessation de payements ne doit remonter à la date du renouvellement que si celui-ci n'était pour le débiteur, qui se savait dans l'impossibilité absolue de faire face à ses engagements, qu'un moyen de retarder de quelques jours sa faillite.

36. En cas de société en nom collectif ou en commandite, comme la cessation des payements de cette société implique celle de ses associés solidaires (V. *supra*, n° 12), il en résulte qu'en principe la date de la cessation de payements est la même pour la société et pour ses associés. Il en pourrait toutefois être autrement si ceux-ci s'étaient livrés à un commerce distinct de la société, la cessation de payements ayant pu se produire, pour cet établissement séparé, avant celle de ladite société.

37. Faute par le tribunal d'avoir fixé la date de la cessation de payements, soit dans le jugement déclaratif, soit dans un jugement postérieur, cette cessation de payements est réputée avoir eu lieu seulement le jour même de la déclaration de faillite (Com. 441 *in fine*), ou tout au moins, s'il s'agit d'une faillite après décès, le jour même du décès.

38. Le jugement déclaratif et le jugement fixant la date de la cessation de payements produisent effet *erga omnes*, c'est-à-dire non seulement à l'égard du failli et des créanciers présents à l'instance, mais à l'égard de tous les intéressés.

ART. 4. — PUBLICATION ET EXÉCUTION DU JUGEMENT DÉCLARATIF ET DU JUGEMENT FIXANT LA DATE DE LA CESSATION DE PAYEMENTS (R. 131 et s.; S. 355 et s.).

39. Le jugement déclaratif et le jugement fixant la date de la cessation de payements doivent être publiés tant au lieu où la faillite a été déclarée qu'aux lieux où le failli a des établissements commerciaux. Cette publication se fait au moyen de l'affichage d'un extrait des jugements, pendant trois mois, dans la salle d'audience du tribunal de commerce, et de l'insertion d'un semblable extrait dans les journaux d'annonces légales (Com. 442; V. *infrà*, Société). — Aucun délai n'est prescrit pour ladite publication; et même, les jugements non publiés ne produisent pas moins tous leurs effets légaux à compter de leur date; les tiers lésés par le défaut de publication ont seulement une action en dommages-intérêts contre les personnes auxquelles il est imputable, c'est-à-dire contre le greffier s'il s'agit d'un jugement déclaratif, contre le syndic s'il s'agit d'un jugement de report de la faillite. Les formalités d'affichage et d'insertion n'en ont pas moins une grande importance pratique, en ce qu'elles font courir contre le failli ou tout autre intéressé les délais d'opposition à ces jugements (V. *infrà*, n° 46). Leur date est constatée, en ce qui concerne l'affichage, par un procès-verbal d'huissier, et, en ce qui concerne l'insertion, par un exemplaire du journal certifié par l'imprimeur, légalisé par le maire et enregistré dans les trois mois de sa date.

40. Le jugement déclaratif est exécutoire par provision (Com. 440). Par suite, toutes les mesures conservatoires autorisées par la loi doivent être prises par le syndic provisoire nonobstant appel ou opposition. A plus forte raison ce jugement produit-il, aussitôt rendu, tous les effets légaux qui, sans exiger d'acte d'exécution proprement dit, créent

un état de choses nouveau; ainsi le droit d'exercer des poursuites individuelles cesse provisoirement, pour les créanciers, à dater du jour même du jugement (Com. 443), sauf à leur être restitué si la faillite est ultérieurement rapportée.

41. Le greffier du tribunal de commerce est même tenu, pour assurer l'exécution rapide du jugement, d'adresser sur-le-champ au juge de paix avis de la disposition de ce jugement qui a ordonné l'apposition des scellés (Com. 457); ... et, dans les vingt-quatre heures, le procureur de la République, extrait dudit jugement, mentionnant les principales indications et dispositions qu'il contient (Com. 459). D'ailleurs, lorsqu'il est par défaut, le jugement déclaratif doit nécessairement être exécuté dans les six mois de sa date, à peine d'être réputé non avenu (Pr. 156; V. *infrà*, *Jugement par défaut*). — Sur les cas où le jugement déclaratif est par défaut, V. *infrà*, n° 44.

42. Si les deniers appartenant à la faillite ne peuvent suffire immédiatement aux frais du jugement de déclaration de la faillite, d'affiche et d'insertion de ce jugement dans les journaux, d'apposition des scellés, d'arrestation et d'incarcération du failli, l'avance de ces frais est faite, sur ordonnance du juge-commissaire, par le Trésor public, qui en est remboursé par privilège sur les premiers recouvrements, sans préjudice du privilège du propriétaire (Com. 461).

ART. 5. — VOIES DE RECOURS.

§ 1er. — *Jugement déclaratif de faillite.*

43. Le jugement qui déclare la faillite est susceptible d'opposition ou d'appel. La question de savoir si le failli peut renoncer à user des voies de recours qui lui sont ouvertes est controversée; elle est résolue affirmativement par la jurisprudence (Req. 28 mars 1904, D. P. 1904. 1. 312).

A. — Opposition (R. 1331 et s.; S. 1335 et s.).

44. Le failli a le droit de former opposition au jugement déclaratif (Com. 580), lorsque ce jugement est rendu par défaut contre lui, c'est-à-dire : 1° si la faillite a été déclarée d'office; 2° si elle l'a été sur simple requête présentée par des créanciers; 3° si elle l'a été sur assignation de ces derniers, sans que le failli ait comparu; 4° et même, du moins suivant la jurisprudence, si elle l'a été sur sa propre déclaration de cessation de payements. L'opposition n'est pas recevable de sa part, au contraire, si le jugement a été rendu contradictoirement avec lui. Elle ne l'est pas davantage, bien que le jugement déclaratif ait été rendu par défaut, s'il y a acquiescé, ou si ce jugement n'est intervenu lui-même que sur une opposition formée à un premier jugement par défaut.

45. Opposition au jugement déclaratif peut également être formée par toutes les parties intéressées autres que le failli (Com. 580), aussi bien par les simples créanciers de ce dernier que par les diverses personnes aux droits desquels la faillite vient à porter atteinte, par exemple parce qu'elles ont fait avec le failli des actes tombant sous l'application des art. 446 et s., 550 et s. c. com.

46. L'opposition doit être formée par le failli ou ses héritiers dans la huitaine, et par toute autre partie intéressée dans le mois, de l'accomplissement des formalités de publicité prescrites par le jugement déclaratif, indépendamment de toute signification de ce jugement (Com. 580). — Sur le mode de constatation desdites formalités de publicité, V. *supra*, n° 39. — Ces délais ne varient pas avec les moyens invoqués à l'appui de l'opposition. Ils ne sont pas non plus susceptibles d'augmentation à raison des distances.

47. L'opposition doit être formée, suivant l'opinion générale, contre le syndic et contre le créancier à la requête duquel le jugement est intervenu.

48. Le tribunal saisi de l'opposition doit rétracter le jugement déclaratif, non seulement lorsque le failli n'était pas en état de cessation de payements lors de ce jugement, mais encore, selon la jurisprudence, s'il ne s'y trouve plus au moment où intervient le jugement sur l'opposition, parce qu'il a, par exemple, depuis le jugement déclaratif, désintéressé tous ses créanciers ou obtenu d'eux un contrat de remise ou d'atermoiement. Seulement, dans ce dernier cas, les dépens de l'instance doivent rester à sa charge. — Le jugement de rétractation est, d'ailleurs, opposable à tous les intéressés, parties ou non à ce jugement. Et il remet les choses au même état que si la faillite n'avait jamais existé; spécialement, il emporte nullité des poursuites exercées et des jugements obtenus en vertu de la déclaration de faillite contre le syndic.

B. — Appel (R. 1359 et s.; S. 1345 et s.).

49. Le failli peut toujours interjeter appel du jugement déclaratif, ce jugement fût-il par défaut, à la seule condition de n'y avoir point acquiescé. — Les créanciers ou autres intéressés ne peuvent, au contraire, en interjeter appel que s'ils y ont été parties.

50. L'appel doit être formé dans la quinzaine de la signification du jugement (Com. 582, § 1er), que ce jugement soit contradictoire ou par défaut.

51. Comme l'opposition (V. *supra*, n° 47), l'appel doit être dirigé contre le syndic et contre le créancier à la requête duquel a été rendu le jugement.

52. La faillite doit, d'ailleurs, être rapportée sur l'appel dans les mêmes cas que sur l'opposition, et ce rapport produit aussi les mêmes conséquences (V. *supra*, n° 48) (Paris, 29 juin 1894, D. P. 95. 2. 222).

C. — Autres voies de recours (S. 1360 et s.).

53. Le jugement déclaratif est susceptible de pourvoi en cassation, conformément au droit commun. — Il peut aussi être l'objet d'un règlement de juges, lorsque la faillite a été déclarée en même temps par des tribunaux différents (V. *supra*, n° 21). — Mais il ne peut être attaqué par la voie de la tierce opposition, après l'expiration des délais de l'opposition (V. *supra*, n° 46), laquelle n'est autre chose qu'une tierce opposition.

§ 2. — *Jugement rejetant une demande en déclaration de faillite* (R. 1363 et s.; S. 1350).

54. Ce jugement est soumis au droit commun quant aux voies de recours dont il est susceptible. Par exception, toutefois, il n'est susceptible d'appel que dans la quinzaine de sa signification, s'il a été rendu sur assignation, et même de sa prononciation, s'il est intervenu sur simple requête (Com. 582). — Aussi bien le jugement passé en force de chose jugée, qui repousse une demande en déclaration de faillite, parce qu'il n'est pas justifié, quant à présent, de l'état de cessation de payements, n'a-t-il qu'un caractère purement provisoire et ne saurait mettre obstacle à une déclaration de faillite ultérieure, si le nouveau jugement s'appuie sur des faits nouveaux.

§ 3. — *Jugement fixant la date de la cessation des payements* (S. 1363 et s.).

55. Les jugements fixant la date de la cessation des payements sont susceptibles d'opposition (Com. 580), soit de la part du failli lui-même, en tant, du moins, qu'il s'agit de faire fixer cette cessation à une date *postérieure* à celle déterminée par le tribunal : il serait, au contraire, sans qualité pour la faire reporter à une date *antérieure*; ... soit de la part de toute autre partie intéressée, même des simples créanciers chirographaires, qui peuvent agir à cet effet, soit individuellement, soit collectivement par l'intermédiaire du syndic représentant la masse.

56. Cette opposition doit être formée par le failli dans la huitaine, et par les autres intéressés dans le mois de l'accomplissement des formalités de publicité du jugement (Com. 580; V. *supra*, n° 39).

57. Le syndic et chacun des créanciers agissant individuellement, mais dans l'intérêt de la masse, et non dans son intérêt propre (Toulouse, 2 nov. 1902, D. P. 1903. 2. 208), peuvent, en outre, demander, par voie d'action principale, la modification de la date précédemment fixée, tant que n'est pas close pour l'ensemble des créanciers la procédure de vérification et d'affirmation des créances (Com. 581). Et cette action principale peut être introduite par une simple requête (Req. 1er août 1900, D. P. 1901. 1. 304).

58. Le tribunal peut même, d'office, modifier lui-même, jusqu'à cette époque, la date antérieurement fixée par lui, surtout s'il a déclaré ne la fixer que d'une façon provisoire, mais même s'il l'a fixée sans réserves.

59. Les jugements fixant la date de la cessation de payement sont, d'autre part, susceptibles d'appel de la part des mêmes personnes, dans les mêmes délais et dans les mêmes formes que le jugement déclaratif de faillite (V. *supra*, n°s 49 et s.).

60. Ils peuvent également être l'objet d'un pourvoi en cassation, conformément au droit commun. — Mais ils ne peuvent être attaqués par la voie de la tierce opposition après l'expiration des délais indiqués *supra*, n° 46.

SECT. III. — Effets du jugement déclaratif.

ART. 1er. — RELATIVEMENT A LA PERSONNE.

§ 1er. — *Incapacités* (R. 167 et s.; S. 371 et s.).

61. Le failli ne peut être inscrit sur la liste électorale politique pendant dix ans à partir de la déclaration de faillite. Il est inéligible aux diverses assemblées politiques et administratives tant qu'il n'est pas réhabilité (L. 30 déc. 1903, art. 1er).

62. Il n'est également ni électeur ni éligible : 1° aux tribunaux de commerce (L. 8 déc. 1883, art. 2-1° et 8, D. P. 84. 4. 9); ... 2° aux conseils de prud'hommes (L. 1er juin 1853, art. 6, D. P. 53. 4. 95); ... 3° aux chambres de commerce (L. 21 déc. 1871, D. P. 72. 4. 3; Décr. 22 janv. 1872, D. P. 72. 4. 27; L. 8 déc. 1883, D. P. 84. 4. 9); ... 4° aux chambres consultatives des arts et manufactures (Décr. 24 janv. 1872, art. 3 et 4).

63. Il est incapable d'exercer aucune fonction publique (Décr. 12 oct. 1794, 21 vend. an 3). — Il ne peut non plus être officier ministériel et, par conséquent, ne peut être notaire, avoué, greffier, huissier, etc. Il ne peut être ni agent de change ni courtier privilégié (Com. 83). — Il ne peut être juré en matière criminelle (L. 4 juin 1853, art. 2-9°, D. P. 53. 2. 96; L. 21 nov. 1872, art. 2-8°, D. P. 72. 4. 132), ... ni juré en matière d'expropriation pour cause d'utilité publique, ... ni témoin instrumentaire dans un acte notarié (L. 25 vent. an 11, art. 9), sauf dans un testament (Civ. 980). — Il ne peut davantage être gérant de journal.

64. Le failli ne peut exercer les droits attachés à la qualité de membre de la Légion d'honneur ou de décoré de la médaille militaire; il ne peut porter les insignes de ces ordres en ceux d'un ordre étranger (Décr. 16 mars 1852, art. 39, D. P. 52. 4. 77; Décr. 24 nov. 1852, art. 6 et 7, D. P. 52. 4. 213). — Il ne peut entrer à la Bourse (Com. 613), ... ni être admis à l'escompte de la Banque de France (Décr. 16 janv. 1808).

65. Mais il peut être choisi comme arbitre ou désigné comme expert, ou être témoin dans un acte de l'état civil (Civ. 37). — Il peut aussi exercer un commerce ou une industrie, être directeur de théâtre, faire le courtage des marchandises; toutefois, il ne peut être porté sur la liste des courtiers inscrits (L. 18 juill. 1866, art. 2-3°).

66. Il n'est privé non plus d'aucun office de famille et demeure investi, soit de la puissance maritale, soit de la puissance paternelle. — Il peut, de même, être tuteur ou membre d'un conseil de famille : c'est seulement par application de l'art. 444 c. civ., c'est-à-dire s'il est indigne ou incapable d'en exercer les fonctions, qu'il peut être exclu ou destitué de tutelle (V. *infra*, *Tutelle*).

§ 2. — *Incarcération.* — *Secours alimentaires* (R. 370 et s.; S. 769 et s.).

67. Le tribunal doit, par le jugement déclaratif, ordonner le dépôt de la personne du failli dans la maison d'arrêt pour dettes ou la garde de sa personne par un officier de police ou de justice, ou par un gendarme (Com. 455-1°). Cette mesure est entièrement distincte de la contrainte par corps, et la disposition qui la prescrit n'a pas été abrogée par la loi du 22 juill. 1867, portant abolition de la contrainte par corps en matière civile et commerciale. Le failli peut en être affranchi lorsqu'il s'est conformé aux art. 438 et 439, c'est-à-dire lorsqu'il a fait au greffe la déclaration de la cessation de ses payements et déposé son bilan ou fait connaître les motifs qui l'en empêchent, et que, d'autre part, il n'est point, au moment de la déclaration, incarcéré pour dettes ou pour autre cause; seulement, le chef du jugement qui affranchit ainsi le failli du dépôt ou de la garde de sa personne peut toujours, suivant les circonstances, être ultérieurement rapporté par le tribunal de commerce, même d'office (Com. 456). — Le failli cesse, d'ailleurs, à dater du jour même du jugement déclaratif, d'être contraignable par corps, dans les cas où cette voie d'exécution subsiste encore aujourd'hui (V. *supra*, *Contrainte par corps*, n°s 2 et s.); et il ne peut être reçu contre lui ni écrou ni recommandation (Com. 455-3°).

68. Les dispositions qui ordonnent le dépôt de la personne du failli dans une maison d'arrêt pour dettes ou la garde de sa personne sont exécutées à la diligence, soit du ministère public, soit du syndic de la faillite (Com. 460). — Elles ne sont pas, au reste, irrévocables, et le tribunal de commerce peut toujours, soit sur la proposition du juge-commissaire, soit à la demande des syndics ou du failli lui-même, autoriser la mise en liberté de ce dernier en lui donnant un sauf-conduit (Com. 472 et 473). — Cette mise en liberté peut être ordonnée même au profit du failli qui, au moment de la déclaration de faillite, se trouve déjà incarcéré à la requête d'un créancier (par suite d'une condamnation prononcée en matière pénale). Mais elle peut être accordée qu'à la charge par le failli de fournir caution de se représenter sous peine de payement d'une somme que les juges arbitreront et qui sera dévolue à la masse (Com. 472). — En outre, le sauf-conduit n'est jamais que provisoire et peut toujours être retiré par le tribunal.

69. Le failli peut, d'autre part, alors même qu'il est incarcéré, obtenir pour lui et sa famille, sur l'actif de sa faillite, des secours alimentaires qui sont fixés, sur la proposition des syndics, par le juge-commissaire, sauf appel au tribunal en cas de contestation (Com. 474).

ART. 2. — RELATIVEMENT AUX BIENS.

§ 1er. — *Résiliation de certains contrats* (S. 429 et s.).

70. La faillite entraîne la résiliation de plein droit des contrats *intuitu personæ* passés par le failli. Ainsi en est-il notamment du mandat reçu ou donné par ce dernier (V. *infrà*, *Mandat*). Et les actes passés après le jugement déclaratif avec le mandataire du failli sont nuls aussi bien que ceux passés directement avec le failli, même à l'égard des tiers de bonne foi ; ainsi, le payement d'un effet de commerce est nul, malgré la bonne foi du débiteur, même lorsqu'il a été fait aux mains d'un mandataire dont la faillite du mandant avait révoqué le mandat, et, par exemple, aux mains du tiers auquel le failli avait transmis l'effet par un endossement en blanc, lequel ne vaut que comme procuration, et, par suite, ne peut plus être rempli après la faillite de l'endosseur. — En matière de société, sauf clause contraire insérée dans les statuts, la faillite de l'un des associés personnellement obligé, associé en nom collectif ou commandité, entraîne également la dissolution de la société ; mais la faillite d'un actionnaire ou d'un commanditaire n'a pas le même effet (V. *infrà*, *Société*). — La faillite a pareillement pour conséquence la clôture immédiate du compte courant ouvert entre le failli et ses correspondants (V. *suprà*, *Compte courant*, n° 15). — De même elle met fin, dans la généralité des cas, aux concessions émanées de l'autorité publique, de l'État, des départements ou des villes. — De même encore, en matière d'assurance maritime, si l'assureur tombe en faillite lorsque le risque n'est pas encore fini, l'assuré peut demander caution ou la résiliation du contrat ; l'assureur a le même droit en cas de faillite de l'assuré (Com. 346 ; V. *suprà*, *Assurances maritimes*, n° 60).

71. Au contraire, la faillite ne résout pas, de plein droit, les contrats *non intuitu personæ* passés par le failli, spécialement le bail d'immeubles consenti à ce dernier. Le cocontractant du failli ne peut réclamer la résolution de ces contrats que conformément au droit commun, c'est-à-dire pour inexécution (Civ. 1184 ; V. *infrà*, *Obligations*). — Spécialement, le bailleur d'immeubles ne peut demander la résiliation du bail que pour des causes déjà nées à son profit ; par exemple pour défaut de payement de loyers échus, pour abus de jouissance des lieux loués. Encore ne peut-il former cette demande que dans des délais limités : le syndic a, en effet, pour les immeubles affectés à l'industrie et au commerce du failli, y compris les locaux dépendant de ces immeubles et servant à l'habitation du failli et de sa famille, huit jours à partir de l'expiration du délai accordé aux créanciers domiciliés en France pour la vérification de leurs créances (V. *infrà*, n° 160), pendant lesquels il peut notifier au propriétaire son intention de continuer le bail, à la charge de satisfaire à toutes les obligations du locataire. Or, d'une part, jusqu'à l'expiration de ces huit jours, le bailleur ne peut exercer aucune action ou résiliation ; il pourrait seulement reprendre possession des lieux loués si le droit lui en était acquis lors du jugement déclaratif, si par exemple le bail avait pris fin à cette époque ; d'autre part, si, avant l'expiration des huit jours, le syndic a notifié au propriétaire son intention de continuer le bail, notification qu'il ne peut faire qu'avec l'autorisation du juge-commissaire et le failli entendu, le bailleur

doit, dans les quinze jours de cette notification, introduire sa demande en résiliation ; faute par lui de l'avoir formée dans ce délai, il est réputé avoir renoncé à se prévaloir des causes de résiliation déjà existantes à son profit (Com. 450, modifié par la loi du 12 févr. 1872).

§ 2. — *Dessaisissement* (R. 179 et s. ; S. 387 et s.).

72. 1° *Époque à partir de laquelle se produit le dessaisissement.* — C'est seulement le jugement déclaratif, et non la simple cessation de payements, qui dessaisit le failli de l'administration de ses biens. Mais le jugement déclaratif produit cet effet de plein droit, du jour de sa date (Com. 443-1°), qu'il ait été ou non publié, et même dès la première heure de ce jour.

73. 2° *Biens atteints par le dessaisissement.* — Le dessaisissement est général et s'applique, non seulement à tous les biens meubles et immeubles possédés par le failli lors du jugement déclaratif, qu'ils dépendent ou non de son commerce, mais encore aux biens acquis par lui depuis le jugement et tant que la faillite n'est pas close (Com. 443-1°), ... soit à titre gratuit, par exemple par l'effet d'une donation ou d'une succession : lors donc qu'une succession vient à échoir au failli, son acceptation ou sa renonciation est sans effet à l'égard de la masse ; c'est au syndic qu'il appartient de se prononcer sur le parti à prendre, — ... soit à titre onéreux, par exemple par le travail personnel du failli ou au moyen d'un nouveau commerce entrepris par lui (V. *infrà*, n° 78). — Mais la masse ne peut profiter de ces acquisitions nouvelles que sous déduction des charges qui les grèvent. Par suite, notamment, en cas d'acquisition à cause de mort, les légataires peuvent invoquer l'hypothèque de l'art. 1017 c. civ., les créanciers du défunt et les légataires peuvent demander la séparation des patrimoines. — De même, les biens provenant de l'industrie personnelle du failli ou de l'exercice d'un nouveau commerce ne deviennent le gage des créanciers de la masse que sous déduction des dettes et charges dont cet actif nouveau peut se trouver grevé : les nouveaux créanciers ont, sur cet actif, un droit de préférence à l'encontre des créanciers antérieurs à la faillite qui, de leur côté, conservent pour eux seuls l'actif existant au jour de la faillite. — Mais ce droit de préférence n'appartient qu'aux créanciers nouveaux dont le droit est corrélatif à la création de l'actif nouveau ; quant aux créanciers dont les droits dérivent d'une autre cause, ces créanciers sont, au contraire, primés par les créanciers de la masse, même sur les biens nouveaux. Toutefois, suivant la jurisprudence, si, à raison des dettes nouvelles, une seconde faillite vient à être déclarée avant la clôture de la première, les créanciers de celle-ci n'ont de droit exclusif que sur l'actif antérieur à la déclaration de cette première faillite ; et ils doivent, sur l'actif postérieur, subir le concours de tous les créanciers nouveaux. La jurisprudence décide, en outre, qu'en cas de nouveau commerce entrepris par le failli, les juges peuvent, sur les produits de ce commerce, lui attribuer une rémunération de son travail.

74. Le dessaisissement doit être étendu même aux objets déclarés insaisissables pour des raisons d'humanité par l'art. 592 c. pr. civ., ainsi qu'aux pensions alimentaires adjugées par justice (Pr. 581-2°). Mais il ne s'applique pas aux sommes ou objets légués au failli avec déclaration d'insaisissabilité que si la libéralité est antérieure au jugement déclaratif, et non si elle lui est postérieure. Il n'est même aucunement applicable aux pensions et traitements dus par l'État, sauf dans la mesure où les lois et

règlements permettent de les saisir. — Quant aux rentes sur l'État, la jurisprudence la plus récente décide qu'elles sont comprises dans le dessaisissement en ce sens qu'elles sont susceptibles de saisie et de vente, de la part du syndic, toutes les fois que ces opérations ne nécessitent point l'intervention du Trésor public ; en d'autres termes, le syndic peut faire opérer la vente des rentes sur l'État s'il les trouve dans le portefeuille du failli ; il peut même former une opposition à l'effet de se les faire remettre par un tiers qui les détiendrait ; il lui est seulement interdit de pratiquer, à leur égard, une saisie-arrêt entre les mains du Trésor public (V. *infrà*, *Trésor public*). La même solution doit être donnée pour les lettres de gage ou obligations foncières émises par le Crédit foncier de France.

75. Le dessaisissement ne peut, en tous cas, s'appliquer qu'aux biens composant véritablement le patrimoine du failli. Il ne comprend donc point les biens dont celui-ci a simplement l'administration, à quelque titre que ce soit, et même ceux dont il a, en outre, la jouissance. Les revenus seuls de ces derniers biens sont soumis au dessaisissement. Encore ne deviennent-ils le gage de la masse que à la condition que les charges corrélatives soient exécutées ; ainsi, dans le cas où le failli a la jouissance légale des biens de ses enfants mineurs de dix-huit ans, la masse ne peut prétendre qu'à la partie des revenus restée libre aux mains du père après acquittement des charges énumérées en l'art. 385 c. civ. ; les mêmes principes doivent être appliqués au droit de jouissance qui, suivant les régimes, peut appartenir au mari sur la fortune de la femme.

76. En ce qui concerne les contrats d'assurances sur la vie contractés par le failli, V. *suprà*, *Assurances*, n° 161.

77. 3° *Effets du dessaisissement.* — Le dessaisissement n'a point pour effet d'enlever au failli la propriété de ses biens pour la transférer à la masse de ses créanciers ; par suite : 1° il n'est pas dû de droit de mutation, ni au moment où le dessaisissement du failli commence par la déclaration de faillite, ni au moment où il prend fin par l'effet du concordat ; 2° la faillite ne donne lieu à aucun droit de transcription.

78. Le dessaisissement ne frappe pas non plus le failli d'incapacité légale ; en conséquence, il ne peut se prévaloir d'un état de faillite pour faire annuler des actes passés par lui postérieurement au jugement déclaratif ; ces actes sont valables en eux-mêmes et obligatoires tant à son égard qu'à l'égard des tiers avec lesquels ils sont intervenus. — De même, l'état de faillite d'un commerçant ne fait nullement obstacle à ce qu'il acquière de nouveaux biens à l'aide de son travail personnel, ou même dans l'exercice d'une industrie ou d'un commerce, ou de tous actes juridiques faisant naître à son profit des obligations ; il lui est seulement interdit, à ce point de vue, de continuer l'exploitation de son fonds de commerce, ce fonds étant sous la mainmise du syndic, qui seul a le droit de l'exploiter dans les conditions déterminées par l'art. 470 c. com. (V. *infrà*, n° 155.) Mais il peut entreprendre un commerce similaire, pourvu toutefois que ce commerce, eu égard au lieu où il est exercé, ne doive pas avoir pour résultat un détournement de clientèle préjudiciable à la faillite. Et, dans l'exercice de ce nouveau commerce, la capacité du failli reste entière, sans qu'il y ait à distinguer entre des opérations minimes et des actes d'une plus ou moins grande importance, sauf toutefois le droit permanent de contrôle et de surveillance des créanciers de la faillite qui, par l'organe des syndics, peuvent toujours intervenir pour s'opposer à tout engagement du failli de nature à leur causer préjudice, et prendre les mesures nécessaires pour s'assurer le bénéfice des opérations nouvelles par lui faites, les produits du nouveau commerce du failli étant, en principe, le gage de la masse (V. *suprà*, n° 73).

79. A plus forte raison, s'il s'agit d'une société, le jugement déclaratif n'entraine-t-il point sa dissolution ; elle continue de subsister et d'avoir pour représentants ses gérants ou administrateurs en exercice (V. *infrà, Société*).

80. Le dessaisissement n'existe, d'autre part, que par rapport à la masse des créanciers ; mais il est complet, quant à elle, en ce qu'elle peut tenir pour non avenus tous les actes accomplis par le failli depuis le jugement déclaratif, alors qu'elle en éprouve quelque préjudice, et cela, quels que soient ces actes, que ce soient des actes de disposition ou des actes de simple administration. Même les obligations résultant d'un fait illicite, délit ou quasi-délit, commis par lui après la déclaration de faillite, sont inopposables à la masse. — Tout payement fait à lui fait depuis ce moment est donc nul à l'égard de celle-ci ; et, par suite, aucune compensation légale ne peut plus s'opérer à son détriment : le débiteur du failli, qui est en même temps son créancier, doit payer au syndic tout ce qu'il doit, et ne peut que produire à la faillite pour ce qui lui est dû, dès lors que la créance et la dette n'étaient pas l'une et l'autre liquides et exigibles au moment du jugement déclaratif. Il en est autrement, toutefois, si la créance et la dette proviennent d'une même cause ; ainsi, en cas de faillite du mari, la femme n'est pas tenue de payer à la masse le montant des récompenses qu'elle doit à la communauté, sauf à produire pour le montant de ses reprises, et à ne toucher que le dividende afférent à celles-ci ; récompenses et reprises se compenseront jusqu'à due concurrence.

81. Le dessaisissement conduit encore à décider qu'une donation d'immeuble, antérieurement faite par le failli, ne peut plus, au regard de la masse, être transcrite après le jugement déclaratif. — De même, en cas de cession de créance consentie par ledit failli, le cessionnaire ne peut plus, après ce jugement, signifier utilement la cession au débiteur cédé. — Pareillement, aucune inscription d'hypothèque ou de privilège ne peut être prise, à l'encontre de la masse, après le jugement déclaratif, ni même le jour où est intervenu ce jugement. Il en est ainsi, même pour les hypothèques légales, en tant du moins que ces hypothèques ne sont pas dispensées d'inscription, ... même pour les privilèges (comme celui du copartageant ou du vendeur), pour l'inscription desquels la loi accorde un certain délai, alors même que ce délai ne serait pas encore expiré lors du jugement déclaratif. Le vendeur ne peut pas davantage, après ce jugement, conserver son privilège en faisant transcrire son acte de vente. Par exception, toutefois, peuvent encore être prises, après le jugement déclaratif, les inscriptions purement conservatoires, telles que celles en renouvellement, celles ayant pour objet de garantir les intérêts non conservés par l'inscription principale, celles d'hypothèques légales dispensées d'inscription. A plus forte raison, peuvent encore être inscrits les privilèges et hypothèques nés postérieurement au jugement déclaratif ; ainsi, en cas de partage opéré après ce jugement, le copartageant créancier peut inscrire son privilège sur les immeubles mis dans le lot du failli débiteur.

82. Le dessaisissement a également pour conséquence d'enlever au failli l'exercice des actions, tant actives que passives, relatives à son patrimoine, pour le transférer au syndic, qui intente ces actions ou y défend, en son lieu et place (Com. 443-2°). — Cette

règle est générale et s'applique même aux procès commencés avant le jugement déclaratif ; toutefois, si l'instance engagée avant ce jugement est en état dans les termes de l'art. 343 c. pr. civ., la survenance de la faillite ne l'interrompt pas, et le jugement rendu contre le failli lui-même, après le jugement déclaratif, n'est pas nul faute d'avoir été prononcé contre le syndic ; mais, si l'affaire n'est pas en état, il y a lieu, d'après la jurisprudence dominante, à reprise d'instance (Paris, 1er juin 1900, D. P. 1902. 2. 195 ; V. *infrà*, *Reprise d'instance*). — La substitution du syndic au failli s'applique aux actions formées en vertu d'actes du failli postérieurs à la déclaration de faillite aussi bien qu'à celles dont la cause est antérieure. Mais le syndic, dans l'exercice des actions du failli, n'a d'autres droits que ceux appartenant à ce dernier ; il est donc soumis aux exceptions opposables à celui-ci et ne peut se prévaloir, à raison de sa propre condition, d'avantages que le failli lui-même ne serait pas autorisé à invoquer ; spécialement, si le failli est étranger, le syndic ne peut poursuivre devant les tribunaux français les débiteurs étrangers, quoique les créanciers soient français en majeure partie et le syndic également français. Le syndic ne peut, pour la même raison, contester les reconnaissances de dettes ou les payements faits par le failli, sans fraude, avant la période suspecte. — Inversement, la chose jugée avec le syndic est opposable au failli, et celui-ci ne peut, en conséquence, attaquer par la voie de la tierce opposition les décisions rendues contre ce syndic.

83. Mais le dessaisissement ne s'applique qu'aux biens : le failli conserve le droit d'ester en justice, soit en demandant, soit en défendant, lorsqu'il s'agit d'actions relatives à des droits exclusivement attachés à sa personne, par exemple des actions tenant à sa qualité de père, mère, fils, parent ou tuteur, telles que les actions en désaveu, destitution de tutelle, interdiction, dation de conseil judiciaire,... à sa qualité d'époux, telles que les actions en divorce ou en séparation de corps ou en nullité de mariage ; d'où cette conséquence que la femme d'un failli qui forme contre son mari une demande en séparation de corps ne doit pas mettre le syndic en cause. — De même, le failli garde l'exercice des actions intéressant sa personne physique, son honneur ou sa considération ; c'est à lui, par suite, qu'il appartient notamment d'exercer une action en diffamation ou une action en révocation de donation pour cause d'ingratitude. Inversement, lorsqu'il y a lieu de le poursuivre pour crime, délit ou contravention, c'est contre lui que les poursuites doivent être dirigées, et il en est ainsi même en ce qui concerne les réparations civiles qui peuvent être la suite des condamnations par lui encourues. — Les syndics peuvent, d'ailleurs, intervenir dans les actions personnelles ainsi intentées par le failli ou contre lui, pour la surveillance et la conservation des intérêts de la masse. Et, d'autre part, les condamnations prononcées contre le failli seul ne sont point opposables à la masse les syndics ne sont pas en cause. En conséquence, si les actions qui présentent un intérêt pécuniaire, tout en ayant pour objet essentiel la sauvegarde d'un droit personnel au failli, échappent au principe du dessaisissement, en ce sens qu'elles doivent être intentées par ou contre le failli, il y a lieu néanmoins de mettre le syndic en cause, à l'effet de rendre opposable à la masse le jugement à intervenir. Ainsi, la femme d'un failli qui forme contre lui une demande en séparation de biens doit assigner également le syndic ; et, si elle triomphe, chacun des deux défendeurs doit être condamnée aux dépens en ce qui le concerne, mais sans aucune solidarité

entre eux ; de telle sorte que ceux dus par le syndic doivent seuls être mis à la charge de la masse, tandis que ceux dus par le mari viennent à contribution (Civ. c. 11 déc. 1895, D. P. 1897. 1. 17). De même, l'action en révocation de donation pour cause d'ingratitude contre le failli donataire ne réfléchit contre la masse que si le syndic est mis en cause avec lui.

84. Même en ce qui concerne les actions purement pécuniaires, le failli possède le droit d'agir, soit concurremment avec les syndics, soit seul à leur défaut, toutes les fois que ses intérêts sont en opposition avec ceux de la masse. — En outre, s'il se livre à un nouveau commerce (V. *suprà*, n° 78), il a le droit d'exercer en justice, sans l'assistance du syndic, soit en demandant, soit en défendant, toutes les actions qui se rattachent à ce commerce, sauf au syndic à intervenir pour la conservation des droits de la masse et à prendre les mesures nécessaires à l'effet d'assurer à celle-ci le bénéfice pécuniaire des actions ainsi exercées par le failli.

85. Les juges peuvent toujours, au surplus, s'ils le jugent convenable, recevoir le failli partie intervenante dans les instances, quelles qu'elles soient, suivies ou intentées par le syndic (Com. 443-4°) ; et ce, alors même que cette demande en intervention du failli se produirait pour la première fois en appel. — Inversement, les tiers ont le droit de le mettre en cause en même temps que le syndic, s'ils ont un intérêt légitime à sa présence au procès. D'autre part, le failli qui est intervenu en première instance a qualité pour interjeter lui-même appel du jugement où il a été partie (Paris, 15 déc. 1900, D. P. 1904. 1. 577).

86. Mais le failli n'a pas qualité pour exercer les actions que le syndic négligerait d'exercer. Il peut toutefois faire tous actes conservatoires de ses droits, par exemple agir en justice à l'effet d'interrompre une prescription, signifier un jugement pour faire courir un délai d'appel. Il peut également, à titre conservatoire, faire dresser un protêt, produire dans un ordre, pratiquer une saisie-arrêt. La jurisprudence lui reconnaissait même, jusqu'à ces derniers temps, le droit d'interjeter appel d'un jugement portant préjudice à ses intérêts ; mais elle se prononce aujourd'hui en sens contraire (Req. 28 mars 1898, D. P. 98. 1. 559).

87. Le failli perd le droit de recevoir sa correspondance ; les lettres à lui adressées sont remises aux syndics, qui les ouvrent ; il peut seulement, s'il est présent, assister à l'ouverture (Com. 471, § 3). A plus forte raison cesse-t-il de tenir ses livres, lesquels sont également remis aux syndics (Com. 471, § 2).

88. Toutefois, bien que dessaisi, le failli n'en possède pas moins, sur les opérations de la faillite, un certain droit de surveillance. C'est ainsi qu'il doit être appelé à l'opération de clôture de ses livres (V. *infrà*, n° 147), ... lors de la demande d'autorisation adressée par les syndics au juge-commissaire, avant le concordat ou la formation de l'union, de procéder à la vente des effets mobiliers ou marchandises (V. *infrà*, n° 152), ... dans l'instance d'homologation de toute transaction sujette à cette formalité (V. *infrà*, n° 157), ... à la vérification des créances (V. *infrà*, n° 165), ... aux assemblées de créanciers convoquées à l'effet de délibérer sur le concordat (V. *infrà*, n° 172), ... au jugement à intervenir sur l'opposition au concordat (V. *infrà*, n° 179). C'est aussi au failli que les syndics doivent rendre leur compte définitif, après homologation du concordat, en présence du juge-commissaire (V. *infrà*, n° 182). Le failli doit être encore appelé au compte qui, en cas de formation de l'union, à défaut de concordat, et de

nomination de nouveaux syndics, doit être rendu à ces derniers par les syndics remplacés (V. *infrà*, n° 132), ... dans l'instance à fin d'autorisation, pour les syndics de l'union, de traiter, à forfait, de tout ou partie des créances du failli non recouvrées (V. *infrà*, n° 205), ... à l'assemblée des créanciers ou, après la liquidation complète de la faillite, les syndics de l'union doivent rendre leur compte définitif et où il doit être statué sur l'excusabilité du failli (V. *infrà*, n° 211).
— En outre, si le failli a été affranchi du dépôt ou s'il a obtenu un sauf-conduit, les syndics peuvent l'employer comme auxiliaire pour faciliter et éclairer leur gestion ; les conditions de son travail sont alors fixées par le juge-commissaire (Com. 488).

89. Lorsque c'est une société qui est en faillite, sont ses gérants ou administrateurs qui exercent en son nom les droits ainsi réservés par la loi à tout failli. — Si elle est à la fois en faillite et en état de dissolution, soit que la dissolution ait précédé, soit qu'elle ait suivi le jugement déclaratif, c'est au liquidateur qu'il appartient de la représenter pour l'exercice de ces droits.

§ 3. — *Cessation des voies d'exécution individuelles* (R. 221 et s. ; S. 506 et s.).

90. Non seulement les créanciers du failli ne peuvent plus, à compter du jugement déclaratif, exercer la contrainte par corps contre lui (V. *supra*, n° 67), mais ils ne peuvent, à partir de cette date, former aucune saisie, quelle qu'elle soit, sur ses biens, et, notamment, ni saisie-exécution sur ses meubles, ni saisie-arrêt entre les mains de ses débiteurs, ni saisie immobilière sur ses immeubles (Com. 571). — Ils ne peuvent davantage continuer la saisie qu'ils auraient commencée auparavant. Et même, la saisie-arrêt pratiquée avant la déclaration de faillite cesserait de produire effet, bien qu'un jugement l'ait validée, si ce jugement n'avait pas acquis force de chose jugée lors de cette déclaration (V. *infrà*, *Saisie-arrêt*). A plus forte raison, la saisie conservatoire formée avant le jugement déclaratif tombe-t-elle de plein droit par l'effet de ce jugement : le syndic prend la place du gardien constitué de la saisie.

91. Toutefois, les créanciers privilégiés spéciaux et les créanciers hypothécaires peuvent, malgré la faillite, et jusqu'à l'union, faire saisir les immeubles affectés à leur créance ; ils peuvent même continuer, après l'union, la saisie immobilière commencée auparavant (Com. 572). — Les créanciers privilégiés conservent également le droit de faire vendre les meubles dont ils sont nantis : ainsi en est-il spécialement des créanciers gagistes ; les syndics ont seulement le droit, à toute époque, pourvu qu'ils soient autorisés par le juge-commissaire, de retirer les gages au profit de la faillite en remboursant la dette (Com. 547 et 548). — Par exception, cependant, durant tout le temps donné au syndic pour lui notifier qu'il entend continuer le bail (V. *suprà*, n° 71), toutes voies d'exécution de la part du bailleur d'immeuble sont suspendues sur les effets mobiliers servant à l'exploitation du commerce ou de l'industrie du failli. Il n'en est autrement que dans le cas où il y a pour lui droit acquis de reprendre possession des lieux loués, si, par exemple, le bail est expiré au moment du jugement déclaratif ; en pareille hypothèse, il conserve l'exercice des voies d'exécution s'il s'agit. Il garde, en tous cas, même lorsque cet exercice lui est enlevé, le droit de prendre toutes mesures conservatoires, par exemple d'empêcher de dégarnir les lieux loués des objets qui s'y trouvent (Com. 450, modifié par la loi du 12 févr. 1872). — Quant aux autres créanciers privilégiés sur les meubles, et notamment à ceux qui ont un privilège général, ils ne peuvent exercer aucune voie d'exécution sur ces biens. — Les voies d'exécution dont

l'exercice reste possible d'après les règles qui précédent ne peuvent, du reste, être intentées ou suivies que contre le syndic, et non contre le failli (Com. 443-3°).

§ 4. — *Exigibilité des créances* (R. 224 et s. ; S. 531 et s.).

92. Le jugement déclaratif de la faillite rend exigibles, à l'égard du failli, les dettes passives non échues (Com. 441-1°), quelles qu'elles soient, civiles ou commerciales, chirographaires, hypothécaires ou privilégiées, alors même qu'il s'agirait d'obligations à primes émises par une société, et stipulées remboursables par voie de tirage au sort. — Il rend même exigible le capital des rentes dues par le failli, non seulement pour les arrérages courus jusqu'au jugement déclaratif, mais encore, s'il s'agit d'une rente perpétuelle, pour le capital aliéné (Civ. 1913), ... et, s'il s'agit d'une rente viagère, pour la somme qui, placée à fonds perdu au jour de la faillite, eu égard à l'âge du crédi-rentier à cette époque et aux autres éléments d'après lesquels les compagnies d'assurances établissent le taux des arrérages d'une rente viagère, lui procurerait une somme égale aux arrérages dont le failli s'était constitué le débiteur.

93. Les créanciers à terme peuvent, par suite, produire à la faillite comme si leur créance était échue, et cela pour son montant intégral, sans qu'il y ait lieu à déduction de l'escompte des intérêts restant à courir. — Toutefois, les porteurs d'obligations à primes émises par une société ne sont pas colloqués pour le capital de remboursement, comme des créanciers ordinaires, mais pour une somme comprenant : 1° le taux d'émission ; 2° les fractions d'intérêts réservées en vue de constituer la prime ; 3° une indemnité représentant l'accroissement progressif de la valeur des titres.

94. L'exigibilité résultant de la faillite confère, en outre, du moins suivant la jurisprudence, aux créanciers privilégiés et hypothécaires, le droit de poursuivre individuellement, tant qu'il n'y a pas état d'union, l'expropriation des immeubles affectés à leurs privilèges ou à leurs hypothèques (V. *suprà*, n° 91). — Mais cette exigibilité ne donne pas aux créanciers qui en bénéficient et sont en même temps débiteurs du failli le droit de compenser leur créance avec une dette antérieurement échue, la compensation n'étant possible qu'entre une créance et une dette toutes deux liquides et exigibles lors du jugement déclaratif (V. *suprà*, n° 80).

95. Ce n'est, au reste, qu'à l'égard du failli que la dette devient exigible : ses coobligés ou cautions continuent à jouir de l'avantage du terme ; lors donc que de plusieurs débiteurs solidaires l'un tombe en faillite, le créancier ne peut poursuivre les autres avant l'arrivée de ce terme ; de même, la faillite du débiteur principal n'autorise pas le créancier à agir, avant l'échéance, contre la caution. — Sur la question de savoir si le tiers détenteur d'un immeuble hypothéqué doit, à ce point de vue, être assimilé à une caution, V. *infrà*, *Privilèges et hypothèques*. — Sur le cas où c'est la caution qui est déclarée en faillite, V. *suprà*, *Cautionnement*, n° 13. — Cependant, par dérogation à ces règles, dans le cas de faillite du souscripteur d'un billet à ordre, de l'accepteur d'une lettre de change ou du tireur à défaut d'acceptation, les autres obligés sont déchus du bénéfice du terme en ce sens qu'ils sont tenus de donner caution pour le payement à l'échéance, s'ils n'aiment mieux payer immédiatement (Com. 444-2°) (V. *infrà*, *Lettre de change*).

96. Le bénéfice de l'exigibilité ne s'applique qu'aux créanciers à terme et ne s'étend point aux créanciers sous condition suspensive : ceux-ci ne peuvent donc participer

aux répartitions ; leur dividende est déposé à la Caisse des dépôts et consignations ; il n'est touché par eux que si la condition vient à se réaliser, et fait retour, dans le cas contraire, aux autres créanciers. Quant aux créanciers sous condition résolutoire, ils sont, au contraire, traités comme des créanciers purs et simples, sauf à eux à restituer si la condition s'accomplit.

97. Enfin, si la faillite rend exigibles les dettes à terme du failli, elle ne rend pas exigibles ses créances non échues. — Par exception, cependant, la faillite d'une société anonyme ou en commandite donne droit au syndic, suivant la jurisprudence, d'exiger immédiatement des actionnaires et des commanditaires la libération intégrale de leurs titres, encore que des délais de payement leur aient été accordés à cet effet lors de la souscription et ne soient pas encore échus. Et le syndic n'est même pas tenu de leur justifier la nécessité de cette libération intégrale pour faire face aux besoins de la liquidation. — Sur les exceptions que peuvent opposer au syndic les actionnaires et commanditaires, V. *infrà*, *Société*. — Il n'est pas douteux, en tous cas, que la faillite d'une société en nom collectif ou en commandite, entraînant celle de tous les associés solidaires, rend exigibles les versements à faire par ces derniers à la société, et même toutes les dettes sociales.

§ 5. — *Cessation du cours des intérêts* (R. 262 et s. ; S. 557 et s.).

98. Le jugement déclaratif arrête, à l'égard de la masse, le cours des intérêts des sommes dues par le failli (Com. 445-1°). Par suite, le créancier du failli dont la créance porte sur un capital déterminé, stipulé productif d'intérêts jusqu'au payement, n'est admis à la faillite que pour ce capital et pour les intérêts courus jusqu'au jugement déclaratif. — De même, si le montant nominal de la créance réclamée comprend non seulement le capital, mais encore les intérêts calculés jusqu'à l'échéance, le créancier ne peut produire ce pour ce montant nominal, mais seulement déduction faite de la portion d'intérêts correspondant à l'intervalle de temps compris entre le jugement déclaratif et l'échéance. — De même encore, le crédi-rentier d'une rente perpétuelle ou viagère ne peut produire pour les arrérages courus depuis le jugement, mais seulement pour ceux courus antérieurement et pour la somme représentant le capital de la rente. Sur le mode de calcul de cette rente, V. *suprà*, n° 92. — Quant à la détermination de la somme pour laquelle peuvent produire les porteurs d'obligations à prime d'une société, stipulées remboursables par voie de tirage au sort, V. *suprà*, n° 93.

99. Mais ce n'est qu'à l'égard de la masse que le cours des intérêts est arrêté par le jugement déclaratif. Il ne l'est point à l'égard du failli ; par suite, les créances portant intérêts au moment de la faillite continuent à en produire contre lui, et celles mêmes qui n'en portaient point en deviennent productives à son égard à compter de la production des créanciers à la faillite (Civ. r. 17 janv. 1893, D. P. 93. 1. 537). — Pareillement, les intérêts continuent à courir contre les cautions et les coobligés du failli.

100. La cessation des intérêts n'a pas lieu non plus à l'encontre des créances garanties par un privilège, par un nantissement ou une hypothèque, en ce sens du moins que les créanciers porteurs de titres de cette nature conservent leur droit aux intérêts, mais seulement sur les sommes provenant des biens affectés au privilège, à l'hypothèque ou au nantissement (Com. 445). — La jurisprudence dominante admet, d'ailleurs, que ces créanciers ont le droit d'imputer d'abord sur les intérêts de leur créance, par application de l'art. 1254 c. civ., les payements partiels par eux reçus dans la distribution de ces biens, et de produire à la faillite, comme créanciers chirographaires, pour le solde ainsi déterminé (Civ. c. 13 juill. 1896, D. P. 97. 1. 150).

§ 6. — *Hypothèque de la masse* (R. 494 et s.; S. 817 et s.).

101. A partir du jugement déclaratif, la masse a sur les immeubles du failli une véritable hypothèque (Com. 490 et 517). — Cette hypothèque, qui est une hypothèque légale et non une hypothèque judiciaire, grève non seulement les immeubles actuels du failli, mais encore ceux qu'il vient à acquérir avant la clôture de la faillite.

102. Elle doit être inscrite pour produire effet. Aussi la loi oblige-t-elle les syndics à en requérir sans délai l'inscription, laquelle est reçue sur un simple bordereau énonçant qu'il y a faillite et relatant la date du jugement par lequel ils ont été nommés (Com. 490). — Cette inscription présente, pour la masse, l'avantage de l'investir de la qualité de *tiers* au sens de la loi du 23 mars 1855 (V. *infrà, Transcription hypothécaire*). Par suite, les aliénations d'immeubles consenties par le failli, même à une époque antérieure à la cessation de payements, ne sont pas opposables à la masse lorsqu'elles n'ont pas été transcrites avant ladite inscription. De même, le vendeur d'immeubles dont le privilège est éteint, faute d'être conservé par une inscription spéciale ou par la transcription de l'acte de vente avant le jugement déclaratif, ne peut plus exercer son action résolutoire au sens de la loi du 23 mars 1855 (V. *infrà, Transcription hypothécaire*). Pur l'hypothèque légale a été inscrite. — L'inscription de cette hypothèque légale confère, en outre, à la masse, en cas de concordat, un droit de préférence sur les immeubles du failli à l'encontre des tiers à qui ce dernier, remis à la tête de ses affaires, pourrait consentir des droits, privilèges ou hypothèques.

§ 7. — *Annulation de certains actes antérieurs à la faillite.*

103. Il y a lieu de distinguer entre : 1° les actes accomplis au cours de la *période suspecte*, période embrassant l'intervalle de temps compris entre la cessation des payements et le jugement déclaratif, et même, dans certains cas, les dix jours qui ont précédé cette cessation, et 2° les actes accomplis antérieurement.

A. — *Actes passés durant la période suspecte* (R. 275 et s.; S. 575 et s.).

104. Parmi ces actes, il y en a quelques-uns qui sont *nuls de droit*, c'est-à-dire dont le tribunal doit nécessairement prononcer la nullité par cela seul qu'ils ont été faits par le débiteur depuis l'époque déterminée par les juges comme étant celle de la cessation de ses payements, ou dans les dix jours qui ont précédé cette époque (Com. 446). Ce sont : 1° *tous actes à titre gratuit*, quel que soit leur objet : transfert de propriété mobilière ou immobilière, renonciation à un droit, remise de dette, etc.; ... quelle que soit leur forme, fussent-ils déguisés sous l'apparence d'actes à titre onéreux. — En ce qui concerne l'attribution du bénéfice d'une assurance sur la vie, V. *suprà, Assurances*, n° 161. — Sur la question de savoir si la constitution de dot à l'un des époux est un acte à titre onéreux ou un acte à titre gratuit au regard des créanciers du constituant, V. *suprà, Dot*, n° 11. — Une donation, quoique antérieure par sa date aux dix jours qui ont précédé la cessation des payements du donateur, est, d'ailleurs, nulle de droit si c'est seulement après ces dix jours qu'elle a été acceptée, une donation ne devenant parfaite que par l'acceptation, ... ou, si l'ac-

ceptation qui en a été faite par acte séparé n'a été notifiée qu'après cette date, la notification étant également nécessaire pour que la donation soit réputée existante vis-à-vis du donateur (V. *suprà, Donation entre vifs*, n° 41). Mais la donation d'un immeuble, faite et régulièrement acceptée avant les dix jours antérieurs à la cessation de payements du donateur, n'est pas nulle de droit, quoiqu'elle n'ait été transcrite que depuis cette époque, la transcription n'étant qu'une formalité extrinsèque du contrat (V. *suprà, Donation entre vifs*, n° 59).

105. 2° *Tout payement de dettes non encore échues* au moment où il est effectué, quelle que soit la façon dont il est opéré, même s'il l'est en espèces ou en effets de commerce. — La jurisprudence en conclut que, lorsque, pour sûreté d'une lettre de change antérieurement tirée par lui, le failli remet, au cours de la période suspecte, une provision au tiré, cette remise est nulle de droit, sans distinction entre le cas où le tiré n'a pas accepté cette lettre et celui où il l'a acceptée : cette provision doit, dans tous les cas, être restituée à la faillite du tireur. — Mais n'est point nulle de droit la lettre de change tirée au profit d'un tiers qui lui en fournit la valeur, par un commerçant en état de cessation de payements sur un individu qui, à ce moment déjà, avait une provision entre les mains ; et ladite provision est acquise à ce tiers ou au tiers porteur qui lui a succédé, pourvu qu'il l'est consiste en marchandises, qu'elles aient été réalisées avant la déclaration de faillite du tireur, le droit de propriété sur une provision en marchandises à réaliser ne pouvant s'appliquer qu'au prix à en provenir par l'effet d'une vente ne peut plus être opérée qu'à la diligence du syndic et dans l'intérêt de la masse. De même, n'est point nulle de droit la négociation faite par le failli, durant la période suspecte, d'une lettre de change ni d'un effet porteur, avec affectation de la provision déjà existante dans les mains du tiré lorsque cette négociation et cette affectation de provision n'ont pas pour objet le payement de dettes antérieures non échues, mais sont le résultat d'opérations commerciales contemporaines de l'endossement. — Au reste, et malgré la généralité de la disposition annulant les payements de dettes non échues, une exception doit être admise pour le cas où une livraison d'objets individuellement déterminés aurait été faite par anticipation à un créancier d'ores et déjà propriétaire des corps certains, objet de la livraison.

106. 3° *Les payements de dettes échues* faits autrement qu'au moyen de la prestation de la chose due, et notamment ceux faits au moyen d'un transfert ou d'une cession de créances, d'une vente ou dation en payement de marchandises ou plus généralement de valeurs quelconques, mobilières ou immobilières. Spécialement, est nulle de droit, en cas de faillite de son mari, l'attribution en valeurs communes faite à la femme, durant la période suspecte, pour la couvrir de ses reprises, soit que cette femme renonce à la communauté, soit même qu'elle l'accepte. — Mais ne sont pas nuls de droit les payements effectués par la remise de l'objet même de la dette : par un versement en espèces s'il s'agit d'une dette pécuniaire, par la livraison des marchandises convenues s'il s'agit d'une dette de marchandises. — Ne sont même point nuls de droit les payements de dettes pécuniaires qui sont faits en *effets de commerce*, c'est-à-dire en valeurs de circulation dont la négociation est soumise aux règles tracées par le Code de commerce (Req. 28 oct. 1903, D. P. 1904. 1. 88). Ainsi, ne tombe pas sous l'application de l'art. 446 le payement d'une dette échue effectué au moyen de la remise ; ... d'une lettre de change, soit que cette lettre ayant été tirée par un

tiers, le failli l'endosse au profit de son créancier, soit qu'il la tire lui-même au profit de ce dernier, pourvu, dans ce dernier cas, qu'il y ait, à ce moment déjà, provision suffisante en espèces entre les mains du tiré ; ... d'un billet à ordre, soit que ce billet ayant été souscrit par un tiers, pourvu que ce tiers soit commerçant et qu'il ait souscrit le billet à raison de son commerce (Arrêt précité du 28 oct. 1903), le failli l'endosse au profit de son créancier, soit qu'il le souscrive directement au profit de celui-ci ; ... d'un chèque ; ... d'un warrant, endossé à son profit par un tiers et qu'il endosse lui-même au profit de son créancier. Mais n'est pas un payement en effets de commerce, et par suite, est nul de droit, le payement effectué par la remise de titres au porteur et de coupons échus de titres au porteur ; ... d'un récépissé, soit seul, soit accompagné du warrant, de marchandises déposées dans les magasins généraux, ... et même du warrant seul, si le failli est le dépositaire des marchandises et à lui-même détaché le warrant du récépissé pour l'endosser à son créancier.

107. La compensation *conventionnelle* n'est pas non plus possible durant la période suspecte. Mais il en est autrement, soit de la compensation *légale*, soit de la compensation *judiciaire*. — Sur la distinction entre la compensation conventionnelle, la compensation légale et la compensation judiciaire, V. *infrà, Obligations*.

108. En tous cas, ne sont pas nuls de droit, car ils ne constituent pas des payements, les envois d'argent ou de marchandises que le failli fait, au cours de la période suspecte, à celui avec lequel il est en compte courant ; ni les remises de valeurs ou de marchandises qu'il opère, durant cette période, en exécution d'une opération commerciale licite, par exemple d'un marché à livrer (Req. 10 déc. 1902, D. P. 1904. 1. 537) ; ni les novations auxquelles il consent ; en tous temps : ainsi, n'est pas nul de droit l'acte intervenu entre le créancier et son débiteur, postérieurement à la cessation de payements de ce dernier, et par lequel la dette, même échue, mais non payée, a été convertie en rente viagère.

109. 4° *Les hypothèques conventionnelles et les nantissements (gages ou antichrèses)*, par exemple, le nantissement d'un fonds de commerce (Civ. r. 15 déc. 1902, D. P. 1903. 1. 79), constitués pour sûreté de dettes nées antérieurement à leur constitution, ... sans distinguer suivant que ces dettes sont nées elles-mêmes durant la période suspecte ou sont d'origine antérieure, ni suivant qu'elles procèdent d'un contrat ou de tout autre cause : délit, quasi-délit, etc. — Sont également nulles de droit les *hypothèques judiciaires* résultant de jugements intervenus durant la période suspecte, lors même que la demande en justice aurait été formée avant cette période, ou qu'il s'agirait d'une condamnation à des dommages-intérêts à raison d'un délit ou quasi-délit ; du moins ces hypothèques judiciaires ne sont-elles opposables à la masse que dans la mesure où elles garantissent le payement des dépens auxquels le failli a été condamné.

110. La nullité de droit n'est applicable ni aux privilèges autres que le nantissement, ni aux hypothèques légales. Lors donc qu'au cours de la période suspecte la femme d'un failli s'engage solidairement avec son mari envers un des créanciers de ce dernier, fût-ce pour le payement d'une dette antérieurement contractée par lui, ne sont nulles de droit ni l'hypothèque légale garantissant le recours de la femme contre son mari à raison de cet engagement, ni même la subrogation dans cette hypothèque légale consenti par elle au profit du créancier.

111. Les hypothèques conventionnelles et les nantissements eux-mêmes ne sont pas nuls de droit s'ils sont constitués pour sûreté d'une dette en même temps contractée ou d'une dette future. Et, s'ils sont stipulés tout à la fois pour garantir de nouvelles avances faites depuis la période suspecte et des prêts antérieurs auxquels ils n'étaient pas attachés, ils ne doivent être annulés qu'à l'égard de ces derniers; à moins cependant que les avances nouvelles ne doivent être considérées comme le prix de la sûreté donnée au créancier pour les prêts antérieurs, auquel cas hypothèques et nantissements doivent être annulés pour le tout.

112. Quant aux actes passés par le failli durant la période suspecte, autres que ceux qui viennent d'être indiqués comme étant nuls de droit, ils ne sont frappés que d'une *nullité facultative* (Com. 447). — Ainsi en est-il : 1° des *payements de dettes échues, faits en espèces ou en effets de commerce*, s'il s'agit d'une dette pécuniaire, quelle que soit, d'ailleurs, la cause de cette dette, fût-ce un délit ou un quasi-délit, ... ou au moyen de la *livraison des marchandises convenues* s'il s'agit d'une dette de marchandises; 2° de tous autres *actes à titres onéreux*, et notamment : des ventes et achats, des constitutions de société, des remises faites en compte courant, des constitutions de dot, du moins dans l'opinion de la jurisprudence (V. *suprà*, *Dot*, n° 11); ... des constitutions d'hypothèque ou de nantissement faites pour garantir des obligations nées soit en même temps, soit postérieurement; ... des subrogations consenties par la femme du failli dans le bénéfice de son hypothèque légale au profit d'un créancier du mari; ... des transactions, bien que certaines décisions semblent les assimiler aux jugements (V. *infrà*, n° 114); ... enfin, d'après la jurisprudence la plus récente, des actes de partage, lesquels conservent, malgré la fiction légale de l'art. 883 c. civ., le caractère d'actes à titre onéreux (Req. 28 mai 1895, D. P. 96. 1. 154).

113. Ces actes ne peuvent être annulés par le tribunal qu'à la triple condition : 1° qu'ils soient postérieurs à la cessation des payements (la période suspecte ne comprend pas ici les dix jours qui ont précédé cette cessation); 2° qu'au moment où ils ont eu lieu, les parties avec lesquelles ils ont été passés avaient personnellement connaissance de l'état de cessation de payements du failli. Et, pour établir cette connaissance, il ne suffit pas de constater en fait que le créancier savait que le payement par lui provoqué entraînerait inévitablement, dans un délai plus ou moins rapproché, la cessation de payements et la faillite de son débiteur (Civ. c. 17 déc. 1902, D. P. 1903. 1. 24). — S'ils ont été passés avec plusieurs parties ayant un intérêt commun et indivisible, il ne suffirait pas que l'une d'elles eût connu la cessation de payements; il faut que toutes en aient eu connaissance. Ainsi, d'après la jurisprudence, la constitution de dot faite par un failli à l'un des époux n'est annulable que si tous deux ont connu la cessation des payements (Civ. c. 18 déc. 1895, D. P. 98. 1. 193); — 3° qu'ils soient préjudiciables à la masse. — Même lorsque ces conditions sont réunies, les tribunaux ne sont pas obligés de prononcer la nullité; ils ont, à cet égard, un plein pouvoir d'appréciation, et peuvent notamment tenir compte de la bonne ou de la mauvaise foi des parties.

114. D'après la jurisprudence, les jugements échappent à l'application des art. 446 et 447; il en est ainsi de tous les jugements, quels qu'ils soient, non seulement de ceux qui sont simplement déclaratifs de droits préexistants, mais même de ceux qui sont attributifs de droits nouveaux, comme par exemple le jugement validant une saisie-arrêt faite par un créancier du failli; de telle

sorte que ce créancier a un droit exclusif sur la créance saisie, et que le payement à lui fait par le tiers saisi ne peut être annulé, si, d'ailleurs, ledit jugement a acquis force de chose jugée avant la déclaration de faillite. Mais les syndics ont toujours le droit d'exercer contre tous les jugements intervenus durant la période suspecte les voies de recours dont ces jugements sont encore susceptibles de la part du failli (V. *infrà*, n° 156). Ils peuvent aussi, mais seulement s'il y a eu collusion entre les parties, former, dans l'intérêt de la masse, tierce opposition aux jugements rendus contre le failli en fraude des droits de cette dernière.

115. Aucune nullité, même facultative, ne frappe en tous cas, fussent-elles accomplies durant la période suspecte, les formalités de publicité d'actes passés antérieurement, comme la transcription d'une vente ou d'une donation d'immeubles consenties par le failli ... ou la signification de la cession ou de la constitution en gage d'une créance consentie par le failli. — De même les droits d'hypothèques et de privilèges valablement acquis peuvent être inscrits jusqu'au jour du jugement déclaratif (Com. 448-1°). Néanmoins, les inscriptions prises après l'époque de la cessation des payements, ou dans les dix jours qui précèdent, peuvent être déclarées nulles, s'il s'est écoulé entre la date de l'acte constitutif de l'hypothèque ou du privilège et celle de l'inscription, un délai de plus de quinze jours, outre un jour à raison de cinq myriamètres de distance entre le lieu où a été acquis le droit d'hypothèque ou de privilège et le lieu où l'inscription a été prise (Com. 448-2° et 3°). — Cette nullité est générale et s'applique, par suite, en principe, à tous les privilèges, même à ceux, comme celui du copartageant ou du vendeur, pour lesquels la loi accorde un délai, ainsi qu'à la transcription d'une vente faite au failli, en tant qu'elle a pour but la conservation du privilège du vendeur; ... à toutes les hypothèques, soit conventionnelles, soit judiciaires, soit légales, du moins lorsque ces dernières ne sont pas dispensées d'inscription, par exemple aux hypothèques légales de la femme mariée et du mineur après l'année de la cessation du mariage et de la tutelle. Elle n'atteint pas, toutefois, les inscriptions purement conservatoires, celles ayant pour objet de garantir les intérêts d'une créance hypothécaire ou privilégiée, celles d'hypothèques légales dispensées d'inscription. Elle est, d'ailleurs, *facultative* pour le tribunal, qui apprécie souverainement, d'après les circonstances, s'il doit, ou non, la prononcer, et qui peut même l'ordonner dans le cas où le créancier était de bonne foi et n'avait pas, en s'inscrivant, connaissance de la cessation des payements.

116. Les actes frappés soit d'une nullité de droit, soit d'une nullité facultative, ne le sont, au reste, que *relativement à la masse*. Par suite, cette nullité ne peut être invoquée que par la masse elle-même, représentée par le syndic (Grenoble, 10 janv. 1902, D. P. 1905. 1. 36). Elle ne peut donc l'être ni par les créanciers eux-mêmes agissant isolément; — ni par le failli, même concordataire; — ni par les parties avec lesquelles ces actes ont été passés; — ni, à plus forte raison, par les tiers. Il résulte de là qu'une fois la faillite définitivement close par l'union ou en cas de concordat, comme la masse est alors dissoute, nul ne peut plus s'en prévaloir. Il en est de même si, dès avant cette époque, la masse vient à y renoncer.

117. Pour le même motif, les nullités prononcées par les art. 446 et s. ne peuvent profiter qu'à la masse. — La jurisprudence décide toutefois que l'annulation d'une hypothèque n'a pas pour effet d'en

attribuer le bénéfice à la masse, mais de supprimer ladite hypothèque en faisant monter à son rang le créancier hypothécaire postérieur.

118. La nullité prononcée a pour effet d'obliger la partie avec laquelle a été passé l'acte annulé de rapporter à la masse les sommes ou valeurs reçues par elle en vertu de cet acte, avec les intérêts du jour où elles lui avaient été remises, et non pas seulement au jour de la demande en restitution. Mais, s'il s'agit d'un acte à titre onéreux, cette partie a droit, de son côté, à la restitution des sommes qu'elle a versées en exécution dudit acte. — Il n'y a pas, d'ailleurs, en principe, solidarité entre ceux qui, ayant touché collectivement une somme déterminée, sont ainsi contraints d'en faire le rapport à la masse; il n'en serait autrement que si, à raison des circonstances et de leur mauvaise foi manifeste, ils devaient être considérés comme les coauteurs d'un délit civil.

119. La règle que le rapport à la masse doit être opéré par celui qui a reçu le payement souffre exception en cas de lettre de change, de billet à ordre et de chèque : lorsque le montant de l'un de ces effets a été régulièrement payé à l'échéance et sans protêt au tiers porteur par le souscripteur, la restitution n'en peut être exigée de ce tiers porteur; elle ne peut l'être : 1° s'il s'agit d'une lettre de change ou d'un chèque, que contre celui pour le compte duquel cet effet a été tiré, c'est-à-dire le tireur ou le donneur d'ordre, suivant que ledit effet a été émis par le tireur pour son propre compte ou pour le compte d'un tiers; 2° s'il s'agit d'un billet à ordre, contre le premier endosseur de ce billet (Com. 449, § 1 et 2). Encore la restitution ne peut-elle être exigée de ces diverses personnes que s'il est prouvé qu'elles avaient connaissance de la cessation de payements à l'époque de l'émission du titre (Com. 449, § 3). — Mais l'exception dont il s'agit est limitative; et, par suite, c'est le tiers porteur qui est tenu au rapport, conformément au droit commun, lorsque le payement lui a été fait avant l'échéance, ou même à l'échéance, autrement qu'en espèces ou en effets de commerce; ... ou encore lorsqu'il ne lui a été fait qu'après protêt ou par une autre personne que le tiré ou le souscripteur, par exemple par le tireur ou par un endosseur.

B. — Actes antérieurs à la période suspecte (R. 343 et s.; S. 755 et s.).

120. Ces actes sont valables en principe. Ils peuvent toutefois être annulés pour cause de fraude aux droits des créanciers, conformément aux principes généraux de l'action paulienne (Civ. 1167) (V. *infrà*, *Obligations*). — Cette annulation peut même être poursuivie par chacun des créanciers individuellement, bien que le bénéfice en revienne à la masse entière, sans distinction entre les créanciers antérieurs et les créanciers postérieurs à l'acte attaqué.

121. En outre, des condamnations à des dommages-intérêts peuvent être prononcées contre les tiers ayant traité avec le failli avant la période suspecte, s'il y a eu de leur part, en l'absence même de toute complicité de fraude, dol ou faute lourde susceptible d'engager leur responsabilité dans les termes de l'art. 1382 c. civ. (V. *infrà*, *Obligations*).

SECT. IV. — Personnel de la faillite.

Art. 1er. — SYNDICS (R. 429 et s.; S. 797 et s.).

122. Les syndics ont pour mission essentielle d'administrer le patrimoine du failli et, au besoin, de le liquider. Leurs fonctions sont loin, toutefois, d'être les mêmes aux diverses époques de la faillite; à cet égard, ils sont de trois sortes : 1° les syndics *pro-*

visoires, lesquels sont exclusivement chargés de prendre, à la suite du jugement déclaratif, les mesures conservatrices et urgentes. Ils sont nommés par ce jugement lui-même; — 2° les syndics *définitifs*, dont le rôle principal est de faire tous les actes nécessaires à l'effet de mettre les créanciers en mesure de statuer en connaissance de cause sur la solution à donner à la faillite. Ils sont nommés également par le tribunal, mais après avis des créanciers présumés; à cet effet, le juge commissaire convoque ces derniers, aussitôt le jugement déclaratif intervenu, à se réunir dans un délai qui n'excède pas quinze jours, et consulte ceux présents à cette réunion tant sur la composition de l'état des créanciers présumés que sur la nomination des syndics définitifs; procès-verbal de cette délibération est alors transmis au tribunal, qui, sur le rapport du juge-commissaire, procède à cette nomination, sans être, d'ailleurs, tenu de suivre l'avis des créanciers (Com. 462, § 2 et 3); — 3° les syndics de l'*union ou du concordat par abandon d'actif*, lesquels ont surtout pour mission de liquider et qui sont nommés également par le tribunal, sur avis des créanciers et rapport du juge-commissaire, après que le concordat simple a été refusé au failli (Com. 529). Le tribunal peut, d'ailleurs, maintenir successivement, comme syndics définitifs et comme syndics de l'union ou du concordat par abandon d'actif, les personnes par lui primitivement désignées comme syndics provisoires (Com. 462, § 3; 529, § 2).

123. Les syndics sont choisis au gré du tribunal, soit parmi les créanciers, soit en dehors d'eux (Com. 464). Tout individu, même étranger, peut en effet être nommé syndic, dès lors qu'il n'est pas privé de ses droits civils, fût-il officier ministériel; exception n'est faite que pour les parents ou alliés du failli jusqu'au quatrième degré inclusivement (Com. 463). En fait, cependant, à Paris et dans les grandes villes, les syndics sont toujours pris parmi les mêmes personnes, pour lesquelles ces fonctions constituent une profession, et qui forment une véritable corporation reconnue par le tribunal.

124. Il peut n'être nommé qu'un syndic; mais il peut aussi en être nommé plusieurs, sans que cependant leur nombre, qui peut d'ailleurs être modifié à toute époque, puisse être porté à plus de trois (Com. 462, § 5). — L'adjonction d'un ou plusieurs syndics se fait comme la nomination des syndics définitifs (V. *supra*, n° 122), c'est-à-dire par jugement du tribunal, sur avis des créanciers et sur rapport du juge-commissaire (Com. 464).

125. Les syndics n'ont ni à prêter serment ni à fournir caution ou tout autre garantie. Certains tribunaux imposent toutefois aux syndics de profession, agréés par eux, l'obligation de former une bourse commune, destinée à constituer une garantie solidaire de leur gestion.

126. Les syndics, même de profession, ne sont ni des fonctionnaires ni des officiers ministériels. Ce ne sont pas davantage des commerçants. Mais ils ont le caractère de mandataires judiciaires, et doivent être, à ce titre, considérés comme gérant un ministère public; par suite, les art. 224 et 230 c. pén. sont applicables aux outrages par paroles, gestes ou menaces dont ils sont victimes.

127. C'est de la masse des créanciers que les syndics sont les mandataires : ils la représentent en exerçant pour elle les droits et actions qu'elle a, soit du chef du failli, soit de son propre chef. — Ils ne peuvent, toutefois, exercer certains de ces droits et actions que le failli dûment appelé, ou après avis des contrôleurs, ou même seulement avec l'autorisation soit du juge-commissaire, soit du tribunal, soit de la masse elle-même. — En outre, ils ne peuvent, en principe, garder de fonds entre leurs mains : les deniers provenant des ventes et recouvrements doivent être, sous la déduction des sommes arbitrées par le juge-commissaire pour le montant des dépenses et frais, versés immédiatement à la Caisse des dépôts et consignations; justification desdits versements doit même être faite au juge-commissaire dans les trois jours des recettes; et, en cas de retard, les syndics doivent les intérêts au taux légal des sommes qu'ils n'ont pas versées. D'autre part, les deniers déposés à la Caisse des consignations, soit par les syndics, soit par des tiers pour le compte de la faillite, n'en peuvent être retirés qu'en vertu d'une ordonnance du juge-commissaire, et après que les syndics, s'il existe des oppositions, en ont obtenu préalablement la mainlevée; le juge-commissaire peut, du reste, ordonner que le versement sera fait directement par la Caisse des consignations entre les mains des créanciers de la faillite, sur un état de répartition dressé par les syndics et ordonnancé par lui (Com. 489).

128. La responsabilité des syndics, comme celle de tous mandataires, est engagée lorsqu'ils ont agi en dehors de leur mandat, ou lorsqu'ils ont commis une faute dans l'exercice de ce mandat.

129. Lorsqu'il y a plusieurs syndics, ils ne peuvent, en principe, agir que collectivement; par suite, le concours de tous est, en règle générale, nécessaire à la validité de leurs actes de gestion et, notamment, des payements qui leur sont faits. Toutefois, le juge-commissaire peut donner à un ou plusieurs d'entre eux les autorisations spéciales à l'effet de faire séparément certains actes d'administration (Com. 465). — Dans ce dernier cas, ceux ainsi autorisés à agir seuls sont également seuls responsables; au contraire, tous les syndics sont responsables en commun des actes auxquels ils ont tous concouru, et même de ceux, fait par l'un d'eux seulement, contre lesquels ils n'ont point protesté. Et cette responsabilité est solidaire.

130. Les syndics, quels qu'ils soient, peuvent recevoir une indemnité dont le taux est laissé à la discrétion des syndics. La taxe en est faite, avec celle de leurs frais, par le juge-commissaire; elle est présentée par eux à l'assemblée des créanciers à laquelle ils rendent compte de leur gestion, puis déposée au greffe; opposition peut y être formée dans la huitaine par le failli et les créanciers, opposition sur laquelle il est statué par le tribunal en la chambre du conseil (L. 4 mars 1889, art. 15, § 3, et 20, § 1er). Le jugement ainsi rendu n'est pas susceptible d'appel (Limoges, 29 mai 1903, D. P. 1904. 2. 449). — L'indemnité dont il s'agit peut, d'ailleurs, être touchée par les syndics même avant la fin des opérations de la faillite, toutes les fois que, pour une cause quelconque, ils viennent à cesser leurs fonctions au cours de ces opérations.

131. Les syndics, n'étant point les représentants des créanciers pris individuellement, mais seulement de la masse, n'ont point d'action solidaire contre chacun de ces créanciers, à raison des effets de leur mandat, et spécialement à raison de la répétition de leurs avances; et ce, lors même qu'ils auraient été agréés par l'unanimité des créanciers.

132. En principe, les syndics provisoires conservent leurs fonctions jusqu'à la nomination des syndics définitifs; ces derniers les gardent eux-mêmes, soit jusqu'à leur remplacement par les syndics de l'union ou du concordat par abandon d'actif, soit jusqu'au vote du concordat simple; enfin, les syndics de l'union les conservent jusqu'à la clôture de la faillite (V. toutefois Com. 536, § 3, et *infra*, n° 203). — Les fonctions des syndics peuvent, d'ailleurs, prendre fin à toute époque par suite de décès, de démission volontaire ou même de révocation. Cette révocation ne peut être prononcée que par le tribunal, et seulement sur la proposition que lui en fait le juge-commissaire, soit d'office, soit sur les réclamations à lui adressées par les créanciers ou par le failli; si cependant, dans les huit jours, le juge-commissaire n'a pas fait droit aux réclamations qui lui ont été adressées, ces réclamations peuvent être portées directement devant le tribunal. Ce dernier statue en audience publique, après avoir entendu, en chambre du conseil, le rapport du juge-commissaire et les explications des syndics (Com. 467). — Les syndics sortants (ou leurs héritiers) doivent immédiatement rendre des comptes et se dessaisir de tous les titres, livres et papiers qu'ils tenaient de la faillite. Il est procédé à leur remplacement, s'il y a lieu, dans les mêmes formes que pour la nomination des syndics définitifs (Com. 464; V. *supra*, n°s 122 et s.).

Art. 2. — Juge-commissaire (R. 346 et s.; S. 761 et s.).

133. Le juge-commissaire est nommé par le jugement déclaratif lui-même (Com. 451). — Il est choisi parmi les membres du tribunal; il peut, d'ailleurs, être pris indifféremment parmi les juges titulaires ou les juges suppléants.

134. Ses fonctions sont multiples : 1° il est chargé spécialement d'accélérer et de surveiller les opérations et la gestion de la faillite (Com. 452, § 1er); — 2° il est appelé à donner son autorisation au syndic pour certains actes graves que la loi n'admet pas ce dernier à faire seul (V. *infra*, n°s 152 et s.); — 3° il fait convoquer les assemblées de créanciers par le greffier et en a la présidence; — 4° il statue sur les réclamations contestations, notamment sur les réclamations élevées contre les opérations des syndics (Com. 466; V. *supra*, n° 132); — 5° il fait au tribunal de commerce le rapport de toutes les contestations que la faillite peut faire naître et qui sont de la compétence du tribunal (Com. 452, § 2). Ce rapport est prescrit à peine de nullité du jugement. — La participation au jugement du juge-commissaire avec voix délibérative est, pareillement, indispensable. Et même, ledit jugement doit aussi, à peine également de nullité, mentionner que le juge-commissaire a fait son rapport et a pris part à la décision (Civ. c. 24 juill. 1893, D. P. 93. 1. 544); — 6° le juge-commissaire ordonnance les payements (Com. 489; V. *supra*, n° 127); — 7° il ordonne, s'il y a lieu, en cas d'union des créanciers ou de concordat par abandon d'actif, les répartitions de deniers à faire entre les créanciers (Com. 566; V. *infra*, n° 208).

135. Les ordonnances du juge-commissaire ne sont susceptibles de recours que dans les cas déterminés par la loi, c'est-à-dire dans les cas prévus par les art. 466, 474, 530 et 567 (Com. 453; V. *supra*, n°s 69, 132, et *infra*, n°s 201, 208). — Ce recours est porté devant le tribunal (Com. 453). Et la décision dont il est l'objet de ce recours est elle-même inattaquable (Com. 583-5°; V. *infra*, n° 253).

136. Le juge-commissaire désigné par le jugement déclaratif peut rester en fonctions jusqu'au concordat ou jusqu'à la clôture définitive de l'union; mais, à toute époque, le tribunal peut en nommer un autre à sa place (Com. 454), si son remplacement devient nécessaire, par exemple soit par suite de sa démission ou de son décès, soit à raison de son incurie. Ce remplacement se fait dans les mêmes formes que la nomination, c'est-à-dire par un jugement rendu publiquement. Et ce jugement n'est susceptible ni d'opposition, ni d'appel, ni de recours en cassation (Com. 583-1°; V. *infrà*, n° 253).

ART. 3. — CONTRÔLEURS (S. 137 et s., 784 et s.).

137. L'institution de contrôleurs est purement facultative de la part des créanciers, lesquels ont seuls le droit de les nommer. Toutefois, dès leur première réunion après le jugement déclaratif, les créanciers doivent être consultés par le juge-commissaire sur l'utilité d'en élire immédiatement (L. 1889, art. 9, § 2). Ils peuvent, du reste, en nommer à toute époque de la faillite, faute de le faire dans cette première assemblée (art. 9, § 3).

138. Les contrôleurs doivent être nécessairement choisis parmi les créanciers (L. 1889, art. 9, § 2). Il n'en peut être nommé qu'un ou deux (même article).

139. Les contrôleurs n'ont qu'une mission de surveillance : ils sont spécialement chargés de vérifier les livres du failli et de surveiller les opérations des syndics ; ils ont toujours le droit de demander compte de l'état de la faillite, des recettes effectives et des versements à faire (L. 1889, art. 10, § 1er). Ils sont, en outre, appelés à donner leur avis sur certains actes (V. *infrà*, n°s 156, 157), avis, d'ailleurs, simplement consultatif, et ne liant point ceux qui sont tenus de le requérir. — Leurs fonctions sont purement gratuites (L. 1889, art. 10, § 3). — Ils ne peuvent être déclarés responsables que des de faute lourde et personnelle. Et ils ne peuvent être révoqués que par le tribunal de commerce, sur l'avis conforme de la majorité des créanciers et la proposition du juge-commissaire (même paragraphe).

ART. 4. — MASSE DES CRÉANCIERS (R. 215 et s.; S. 476 et s.).

140. A partir du jugement déclaratif, les créanciers ne peuvent plus, en principe, agir individuellement et constituent une *masse* qui est représentée par le syndic. — Celui-ci est seul investi du droit d'exercer les actions intéressant la masse. Les créanciers ne peuvent donc pas, non seulement poursuivre contre leur débiteur le payement de leurs créances (V. *suprà*, n° 82), mais même exercer du chef du failli, en vertu de l'art. 1166 c. civ., les actions qui peuvent appartenir à ce dernier, ni intenter les actions en nullité ouvertes par l'art. 446 et s. c. com. contre les actes par lui passés durant la période suspecte (V. *suprà*, n° 104 et s.). Ils ne peuvent même intervenir individuellement dans les instances engagées ou soutenues par le syndic dans l'intérêt de la masse (Req. 12 mars 1900, D. P. 1900. 1. 271), ni former tierce opposition aux jugements ou arrêts intervenus contre lui.

141. Par exception, toutefois, les créanciers ont le droit individuel de former opposition ou d'interjeter appel contre le jugement déclaratif ou le jugement fixant la date de la cessation des payements (V. *suprà*, n°s 45, 49, 55 et 59), de contester, lors de la vérification des créances, chacune des créances produites, et même, suivant la jurisprudence, de soutenir individuellement en justice les contredits par eux élevés, sans être tenus de mettre les syndics en cause, de surveiller la gestion des syndics, de réclamer contre leurs actes et de demander leur révocation au juge-commissaire ou au tribunal (V. *suprà*, n° 132). — Les créanciers ont, en outre, le droit, même dans un intérêt collectif, de faire des actes conservatoires; par exemple, en cas de négligence du syndic, de signifier un jugement obtenu par ce dernier, à l'effet de faire courir le délai d'appel. — A plus forte raison

créanciers conservent-ils le droit d'agir individuellement et ne sont-ils point représentés par le syndic lorsqu'ils ont des intérêts distincts de ceux de la masse ou opposés. Ainsi en est-il spécialement des créanciers privilégiés et hypothécaires qui revendiquent un droit inhérent à la qualité spéciale de leur créance.

142. Sur l'application du principe de la suspension des poursuites individuelles, au cas où le failli est une société, V. *infrà*, *Société*.

143. Sur la question de savoir si la masse des créanciers doit être considérée, par rapport au failli, comme un tiers ou un ayant cause, V. *infrà*, *Preuve*.

SECT. V. — Procédure préparatoire de la solution de la faillite.

ART. 1er. — CONSTATATION DE L'ACTIF. — GESTION DES BIENS (R. 358 et s.; S. 447 et s.).

144. Tout jugement déclaratif doit ordonner l'apposition des scellés (Com. 455, § 1er; V. *suprà*, n° 40). Et avis doit en être sur-le-champ adressé au juge de paix par le greffier du tribunal de commerce, pour qu'il procède à cette apposition (Com. 457, § 1er; V. *suprà*, n° 41). Les syndics sont, en outre, tenus, si elle n'a pas eu lieu avant leur nomination, de requérir ce magistrat d'y procéder (Com. 468). Néanmoins, si le juge-commissaire estime que l'actif du failli peut être inventorié en un seul jour, il n'est point apposé de scellés, et il est immédiatement procédé à l'inventaire (Com. 455, § 2). — Mais, d'un autre côté, le juge de paix peut, même avant le jugement déclaratif, apposer les scellés, soit d'office, soit sur la réquisition d'un ou plusieurs greffiers, mais seulement en cas de disparition du débiteur ou de détournement de tout ou partie de son actif (Com. 457, § 2). — Dans tous les cas, le juge de paix doit donner, sans délai, au président du tribunal de commerce, avis de l'apposition des scellés (Com. 458, § 3).

145. Les scellés sont apposés sur les magasins, comptoirs, caisses, portefeuilles, livres, papiers, meubles et effets du failli (Com. 458, § 1er), et ce, s'il s'agit d'une société en nom collectif ou en commandite, non seulement au siège social, mais encore au domicile séparé de chacun des associés solidaires (Com. 458, § 2). — Toutefois, le juge-commissaire peut, sur la demande du syndic, le dispenser de faire placer sous les scellés ou lui permettre d'en faire extraire : 1° les vêtements, hardes, meubles et effets nécessaires au failli et à sa famille, et dont la délivrance est autorisée par le juge-commissaire, sur l'état que lui en soumettent les syndics ; 2° les objets sujets à dépérissement prochain ou à dépréciation imminente ; 3° les objets servant à l'exploitation du fonds de commerce, lorsque cette exploitation ne peut être interrompue sans préjudice pour les créanciers ; ces deux dernières catégories d'objets sont, de suite, inventoriées avec prisée par les syndics, en présence du juge de paix, qui signe le procès-verbal (Com. 469). — En outre, les livres sont extraits des scellés et remis par le juge de paix au syndic, après avoir été arrêtés par lui ; il constate sommairement, par son procès-verbal, l'état dans lequel ils se trouvent (Com. 471, § 1er). De même, les effets de portefeuille à courte échéance ou susceptibles d'acceptation, ou pour lesquels il faut faire des actes conservatoires, sont aussi extraits des scellés par le juge de paix, décrits et remis au syndic pour en faire le recouvrement ; le bordereau en est remis au juge-commissaire (Com. 471, § 2).

146. Dans les trois jours au plus tard de sa nomination, si les scellés ont été apposés avant cette nomination, ou de leur apposi-

tion, s'ils ne l'ont été qu'après, le syndic doit requérir leur levée et procéder à l'inventaire des biens du failli, en présence de ce dernier ou lui dûment appelé (Com. 479). Les officiers du ministère public peuvent également assister à cet inventaire (Com. 483, § 1er). Ledit inventaire est dressé en double minute par le syndic, à mesure que les scellés sont levés, et en présence du juge de paix, qui le signe à chaque vacation ; l'une de ces minutes est déposée au greffe du tribunal de commerce dans les vingt-quatre heures ; l'autre reste entre les mains du syndic. Ce dernier est, d'ailleurs, libre de se faire aider, pour la rédaction de l'inventaire comme pour l'estimation des objets, par qui il juge convenable. Il est, en outre, fait déclaration des objets qui, comme il a été dit *suprà*, n° 145, n'auraient pas été mis sous les scellés et auraient déjà été inventoriés et prisés (Com. 480). — En cas de déclaration de faillite après décès, lorsqu'il n'a point été fait d'inventaire antérieurement à cette déclaration, ou en cas de décès du failli avant l'ouverture de l'inventaire, il y est procédé immédiatement, dans les formes qui viennent d'être indiquées, et en présence des héritiers ou eux dûment appelés (Com. 481).

147. Les syndics doivent appeler le failli auprès d'eux pour clore et arrêter les livres en sa présence. [Cette opération se distingue de l'opération matérielle confiée au juge de paix par l'art. 471 (V. *suprà*, n° 145). Elle consiste à balancer les comptes divers, arrêter les soldes dus, etc.] Si le failli ne se rend pas à cette invitation, il est sommé de comparaître dans les quarante-huit heures au plus tard; mais, qu'il ait, ou non, obtenu un sauf-conduit, il peut comparaître par fondé de pouvoirs s'il justifie de causes d'empêchement reconnues valables par le juge-commissaire (Com. 475).

148. Dans le cas où le bilan n'aurait pas été déposé par le failli, les syndics doivent le dresser immédiatement à l'aide des livres et papiers de ce dernier et de tous autres renseignements, et le déposer au greffe du tribunal de commerce (Com. 476). — Le juge commissaire est autorisé à entendre le failli, ses commis et employés, et toute autre personne, tant sur ce qui concerne la formation de ce bilan que sur les causes et les circonstances de la faillite (Com. 477). — De leur côté, lorsqu'un commerçant a été déclaré en faillite après son décès, ou lorsqu'un failli vient à décéder après la déclaration de faillite, sa veuve, ses enfants, ses héritiers peuvent se présenter ou se faire représenter pour le suppléer dans la formation dudit bilan, ainsi que dans toutes les autres opérations de la faillite (Com. 478).

149. Les syndics sont, en outre, tenus, dans la quinzaine de leur entrée ou de leur maintien en fonctions, de remettre au juge-commissaire un mémoire ou compte sommaire de l'état apparent de la faillite, des principales causes et circonstances qu'elle paraît avoir. Le juge-commissaire transmet immédiatement les mémoires, avec ses observations, au procureur de la République; s'ils ne lui ont pas été remis dans les délais prescrits, il doit en prévenir ce magistrat et lui indiquer les causes du retard (Com. 482). — Les officiers du ministère public peuvent d'ailleurs, non seulement se transporter au domicile du failli et assister à l'inventaire (V. *suprà*, n° 146), mais encore requérir, à toute époque, communication de tous les actes, livres ou papiers relatifs à la faillite (Com. 483).

150. A compter de leur entrée en fonctions, les syndics sont tenus de faire tous actes pour la conservation des droits du failli contre ses débiteurs (Com. 490, § 1er); ils doivent, notamment, sans avoir besoin de se munir d'aucune autorisation, interrompre les prescriptions, pratiquer des saisies-arrêts. — Ils sont aussi tenus de requérir les inscriptions des privilèges ou des hypothèques sur les immeubles des débiteurs du failli, si elles n'ont pas été requises par lui; ils prennent ces inscriptions au nom de la masse, en joignant à leurs bordereaux un certificat constatant leur nomination (Com. 490, § 2). — Ils sont enfin tenus de faire inscrire, au nom de la masse des créanciers, sur les immeubles du failli dont ils connaissent l'existence, l'hypothèque légale qui résulte au profit de ladite masse du jugement déclaratif (Com. 490, § 3).

151. Les syndics doivent présenter à l'acceptation les effets de commerce du failli qui ne sont susceptibles et recouvrer ceux qui sont arrivés à échéance, ainsi que toutes autres créances, lesquelles ils ont, d'ailleurs, le droit de toucher sur leur simple quittance (Com. 471, § 2 et 3; 485).

152. Ils peuvent vendre, mais seulement avec l'autorisation du juge-commissaire, et le failli entendu ou dûment appelé, non seulement les objets sujets à dépérissement ou à dépréciation imminente ou dispendieux à conserver, mais encore tous autres objets mobiliers, corporels ou même incorporels (Com. 470; 486, § 1er). — Le juge-commissaire décide si la vente doit se faire soit à l'amiable, soit aux enchères publiques, et désigne, dans ce dernier cas, conformément aux règles indiquées *infrà*, Vente publique de meubles, la classe d'officiers publics préposés à cet effet, dans laquelle ils choisiront celui dont ils voudront employer le ministère (Com. 486, § 2 et 3).

153. Les syndics peuvent même, durant cette période préparatoire, procéder à la vente des immeubles du failli, à la condition toutefois que ce dernier y consente et qu'ils y soient, en outre, autorisés par le juge-commissaire et par le tribunal. — Cette vente n'est qu'une vente volontaire; l'adjudication ne vaut donc point purge de plein droit, et, en outre, la surenchère ouverte à tous, dont elle est susceptible, est la surenchère ordinaire du sixième, qui doit être faite dans la huitaine, et non la surenchère spéciale du dixième organisée par l'art. 573 c. com., pour laquelle un délai de quinzaine est accordé.

154. Les deniers provenant des ventes et recouvrements doivent être, sous la déduction des sommes arbitrées par le juge-commissaire pour le montant des dépenses et frais, versés immédiatement à la Caisse des dépôts et consignations (Com. 489). Cette règle ne s'applique qu'aux deniers faisant partie de la masse et constituant le gage commun des créanciers, à l'exclusion de ceux qui sont déjà sortis du patrimoine du failli, antérieurement à la cessation des payements, par exemple, par l'effet d'un transport consenti par le failli débiteur à un de ses créanciers et dûment signifié avant l'ouverture de la faillite (Req. 9 déc. 1901, D. P. 1903. 1. 115).

155. Les syndics peuvent, mais avec l'autorisation du juge-commissaire, continuer l'exploitation du fonds de commerce du failli, lorsque cette exploitation ne saurait être interrompue sans préjudice pour les créanciers (Com. 469, § 3; 470).

156. Ils exercent et soutiennent seuls les actions actives et passives qui appartiennent à la masse, soit du chef du failli, soit de son propre chef. Ils doivent, pour l'introduction ou la continuation des actions, prendre l'avis des contrôleurs; mais, cet avis n'ayant qu'un caractère consultatif (V. *supra*, n° 139), l'action intentée ou suivie sans qu'il ait été pris n'en est pas moins recevable, sauf la responsabilité du syndic, qui pourrait, à raison de cette omission, être condamné personnellement aux dépens ou même à des dom-

mages-intérêts (Civ. r. 15 déc. 1902, D. P. 1903. 1. 79).

157. Les syndics ne peuvent transiger sur toutes contestations intéressant la masse qu'après avis des contrôleurs, avec l'autorisation du juge-commissaire et le failli dûment appelé; si même l'objet de la transaction est d'une valeur indéterminée ou qui excède 300 francs, la transaction n'est obligatoire qu'après avoir été homologuée, savoir : par le tribunal de commerce pour les transactions relatives à des droits mobiliers, et par le tribunal civil pour les transactions relatives aux droits immobiliers; le failli est appelé à cette homologation et à, dans tous les cas, la faculté de s'y opposer; son opposition suffit même pour empêcher la transaction lorsque celle-ci a pour objet des biens immobiliers (Com. 487). — Les syndics ne peuvent également acquiescer, se désister d'une action ou faire une remise de dette que dans les conditions restrictives ainsi prescrites en matière de transaction. — Le compromis est même absolument interdit.

ART. 2. — CONSTATATION DU PASSIF. — VÉRIFICATION ET AFFIRMATION DES CRÉANCES.

158. Tous les créanciers chirographaires sont obligés de se soumettre aux formalités de la vérification et de l'affirmation des créances. — Mais les créanciers privilégiés ou hypothécaires n'y sont astreints que lorsqu'ils veulent prendre part à la distribution des deniers appartenant à la masse chirographaire, et non lorsqu'ils se bornent à poursuivre la réalisation du gage qui leur est spécialement affecté. Et les créanciers de la masse, étant créanciers de la faillite elle-même, n'y sont, au contraire, jamais assujettis.

159. Les créanciers qui veulent produire à la faillite doivent remettre leurs titres, soit au greffe, soit entre les mains des syndics. En faisant cette remise, chaque créancier est tenu d'y joindre un bordereau énonçant ses nom, prénoms, profession et domicile, le montant et les causes de sa créance, les privilèges, hypothèques ou gages qui y sont affectés. Ladite remise n'est assujettie à aucune forme spéciale. Le greffier et les syndics tiennent état des titres et bordereaux qui leur sont remis et en donnent récépissé. Le greffier n'est pas responsable des titres que pendant cinq années à partir du jour de l'ouverture du procès-verbal de vérification; les syndics sont responsables des titres, livres et papiers qui leur ont été remis, pendant dix ans, à partir du jour de la reddition de leurs comptes (L. 4 mars 1889, art. 11 et 20).

160. Les créanciers qui, à l'époque de la nomination des syndics définitifs (V. *supra*, n° 122), n'ont pas remis leurs titres, sont immédiatement avertis, par des insertions dans les journaux et par lettres du greffier, qu'ils doivent se présenter dans le délai de vingt jours à partir desdites insertions, aux syndics de la faillite, et leur remettre leurs titres accompagnés d'un bordereau indicatif des sommes par eux réclamées, si mieux ils n'aiment en faire le dépôt au greffe du tribunal de commerce; il leur en est donné récépissé. À l'égard des créanciers domiciliés en France, hors du lieu où siège le tribunal saisi de l'instruction de la faillite, ce délai est augmenté d'un jour par cinq myriamètres de distance entre le lieu où siège le tribunal et le domicile du créancier. À l'égard des créanciers domiciliés hors du territoire continental de la France, ce délai est augmenté conformément aux règles de l'art. 73 c. pr. civ. (Com. 492).

161. Les créanciers peuvent produire leurs titres et se présenter à la vérification et à l'affirmation en personne ou par fondés de pouvoirs. Ces pouvoirs doivent être donnés par écrit, mais ils peuvent l'être par

acte sous seing privé. — Ils peuvent, d'ailleurs, être conférés à toutes personnes qui, en vertu du droit commun, sont capables de recevoir un mandat, excepté cependant au juge-commissaire, au greffier et aux syndics, à moins que ces derniers ne fassent vérifier la créance par le juge-commissaire. La jurisprudence décide également que le pouvoir de vérifier et d'affirmer ne peut être conféré à un huissier.

162. La vérification commence dans les trois jours de l'expiration des délais impartis aux créanciers domiciliés en France pour déposer leurs titres. Elle se fait aux lieu, jour et heure indiqués par le juge-commissaire. L'avertissement aux créanciers, dont il est question *supra*, n° 160, contient mention de cette indication; néanmoins, les créanciers sont de nouveau convoqués à cet effet, tant par lettres du greffier que par insertion dans les journaux (Com. 493).

163. Aucun délai n'est fixé pour l'achèvement des opérations de la vérification; il faut seulement qu'elles soient continuées sans interruption (Com. 493); et, si une seule assemblée de vérification n'est pas suffisante, il en est tenu deux, et même davantage au besoin.

164. Les opérations sont closes par le juge-commissaire, qui en dresse procès-verbal. Ce procès-verbal indique le domicile des créanciers et de leurs fondés de pouvoirs; il contient la description sommaire des titres, mentionne les surcharges, ratures et interlignes, et exprime si la créance est admise ou contestée (Com. 495).

165. La vérification se fait en assemblée générale des créanciers, sous la présidence du juge-commissaire. Tout créancier porté au bilan peut y assister et fournir des contredits aux vérifications faites et à faire. Le failli a le même droit (Com. 494). — Les créances des syndics sont vérifiées par le juge-commissaire; les autres le sont contradictoirement entre le créancier et son fondé de pouvoir et les syndics, en présence du juge-commissaire, qui en dresse procès-verbal (Com. 493, § 2). — Dans tous les cas, le juge-commissaire peut, même d'office, ordonner la représentation des livres du créancier, ou demander, en vertu d'un compulsoire, qu'il en soit rapporté un extrait fait par les juges du lieu (Com. 496).

166. Si la créance est admise, les syndics signent, sur chacun des titres, la déclaration suivante : « Admis au passif de la faillite de … pour la somme de … ; » et le juge-commissaire vise la déclaration (Com. 497, § 1er). — Puis, dans la huitaine au plus tard après que sa créance a été vérifiée, chaque créancier est tenu d'affirmer, entre les mains du juge-commissaire, que ladite créance est sincère et véritable (Com. 497, § 2). L'admission n'a, d'ailleurs, qu'un caractère provisoire tant que l'affirmation n'a pas eu lieu; par suite, une créance peut être contestée, même après l'affirmation et jusqu'à l'affirmation. Mais, une fois affirmée, une créance ne peut plus être l'objet d'aucune contestation, non seulement quant à son existence ou à sa quotité, mais encore quant à sa qualité, et, par exemple, quant à sa nature de créance privilégiée (Req. 6 juin 1904, D. P. 1904. 1. 471). Il n'en serait autrement que si son admission n'avait eu lieu que sous réserve, ou si des manœuvres frauduleuses ou la force majeure n'avaient pas permis de faire la vérification exacte et sincère, ou si encore elle était nulle d'une nullité d'ordre public. — D'autre part, l'admission, même suivie d'affirmation, ne vaut point novation; en conséquence, le créancier qui n'a pas, lors de la vérification et de l'affirmation, réclamé le privilège attaché à sa créance, ou excipé de son hypothèque, n'est point pour cela déchu du droit de s'en prévaloir. Mais l'admission implique reconnaissance de la créance admise, et, comme telle, interrompt la prescription.

167. Si la créance est contestée, la contestation est renvoyée par le juge-commissaire devant la juridiction compétente. Mais, quelle que soit cette juridiction, c'est au tribunal de commerce de la faillite qu'il appartient de décider s'il y a lieu, ou non, de surseoir à la convocation de l'assemblée pour le concordat, jusqu'à ce qu'il ait été statué sur cette contestation (Com. 499, § 1er; 500, § 1er). — Au contraire, la question de savoir si, dans le cas où le sursis n'est pas ordonné, la créance contestée doit être admise par provision, n'est tranchée par le tribunal de commerce que lorsque la contestation est de sa compétence; c'est le tribunal civil qui la tranche lui-même pour les affaires dont il est saisi; et, quant aux créances qui sont l'objet d'une instruction criminelle ou correctionnelle, l'admission provisionnelle ne peut jamais être accordée (Com. 499, § 2; 500, § 2). — Il va de soi, d'ailleurs, que le créancier dont le privilège ou l'hypothèque seulement est contesté, est admis dans les délibérations de la faillite comme créancier ordinaire (Com. 501).

168. La procédure ordinaire est simplifiée, en cas de contestation devant le tribunal de commerce : 1° Le juge-commissaire peut, sans qu'il soit besoin de citation, renvoyer à bref délai devant le tribunal, qui juge sur son rapport (Com. 498, § 1er). — 2° Le tribunal peut ordonner qu'il soit fait, devant le juge-commissaire, enquête sur les faits, et que les personnes pouvant fournir des renseignements soient, à cet effet, citées par-devant lui (Com. 498, § 2).

169. A l'expiration des délais donnés aux créanciers domiciliés en France pour la vérification et l'affirmation de leurs créances (V. suprà, n° 160), il est passé outre à la formation du concordat et à toutes les opérations de la faillite (Com. 502). — A défaut de comparution et affirmation dans les délais qui leur sont applicables, les défaillants connus ou inconnus ne sont pas compris dans les répartitions à faire. Toutefois, la voie de l'opposition leur est ouverte jusqu'à la distribution des deniers inclusivement; les frais de l'opposition demeurent toujours à leur charge. Cette opposition ne peut suspendre l'exécution des répartitions ordonnancées par le juge-commissaire; mais, s'il y a procédé à des répartitions nouvelles avant qu'elle ait été jugée, ils y sont compris pour une somme qui est provisoirement déterminée par le tribunal et qui est tenue en réserve jusqu'au jugement de ladite opposition. S'ils se font ultérieurement reconnaître créanciers, ils ne peuvent rien réclamer sur les répartitions ordonnancées par le juge-commissaire ; mais ils ont le droit de prélever, sur l'actif non encore réparti, les dividendes afférents à leurs créances dans les premières répartitions (Com. 503).

SECT. VI. — Solutions de la faillite et clôture pour insuffisance d'actif.

170. La faillite peut recevoir trois solutions différentes : 1° le concordat simple; 2° le concordat par abandon d'actif; 3° l'union. — Aucune autre solution n'est possible; notamment, n'est pas valable et ne met pas fin à la faillite le concordat consenti au débiteur après le jugement déclaratif, fût-ce par l'unanimité des créanciers, autrement que dans les formes qui vont être indiquées pour le concordat simple.

ART. 1er — CONCORDAT SIMPLE.

§ 1er. — *Formation du concordat simple. — Homologation* (R. 672 et s.; S. 905 et s.).

171. Dans les trois jours qui suivent les délais prescrits pour l'affirmation des créances appartenant aux créanciers domiciliés en France dont le siège est le plus éloigné de la faillite (V. suprà, n° 160), le juge-commissaire fait convoquer par le greffier, pour les lieu, jour et heure qu'il indique, à l'effet de délibérer sur la formation du concordat, les créanciers dont les créances ont été vérifiées et affirmées ou admises par provision; cette convocation se fait par lettres individuelles, avec insertion dans les journaux indiquant l'objet de l'assemblée (Com. 504). Le failli est également appelé.

172. L'assemblée a lieu sous la présidence du juge-commissaire. Tous les créanciers vérifiés et affirmés, ou admis par provision, peuvent s'y présenter en personne ou par fondés de pouvoirs ; le failli est, au contraire, tenu de s'y présenter en personne s'il a été dispensé de la mise en dépôt ou s'il a obtenu un sauf-conduit, et il ne peut s'y faire représenter que pour motifs valables et approuvés par le juge-commissaire (Com. 505). — Si c'est une société qui est en faillite, elle est représentée à l'assemblée par ses gérants si elle est en nom collectif ou en commandite, par ses administrateurs si elle est anonyme ; mais des propositions de concordat ne peuvent être valablement faites en son nom que si elles ont été approuvées par tous les associés solidaires, dans les sociétés où il existe de tels associés, et par l'assemblée générale des actionnaires, dans les sociétés par actions.

173. Les syndics font à l'assemblée un rapport sur l'état de la faillite, sur les formalités qui ont été remplies et les opérations qui ont eu lieu ; ce rapport, signé d'eux, est remis au juge-commissaire (Com. 506). Puis le failli est entendu (Com. 506), et fait lui-même ses propositions de concordat.

174. Tout failli peut, en principe, obtenir un concordat. Il en est ainsi même des sociétés commerciales, pourvu toutefois qu'elles ne soient ni dissoutes ni nulles. — Par exception, cette faveur ne peut être accordée au failli condamné comme banqueroutier frauduleux. En outre, lorsqu'une instruction en banqueroute frauduleuse est simplement commencée contre lui, les créanciers sont convoqués à l'effet de décider s'ils se réservent de délibérer sur un concordat, en cas d'acquittement, et si, en conséquence, ils surseoient à statuer jusqu'à l'issue des poursuites; et ce sursis ne peut être prononcé qu'à la majorité en nombre et en sommes indiquée infrà, n° 175 (Com. 510). Un concordat peut, au contraire, être accordé au failli condamné comme banqueroutier simple; néanmoins, en cas de poursuites commencées à l'effet de le faire condamner comme tel, les créanciers peuvent surseoir à délibérer jusqu'à l'issue de ces poursuites, comme en cas de poursuites pour banqueroute frauduleuse (Com. 511).

175. Le concordat n'est valable que s'il est consenti par la majorité de tous les créanciers vérifiés et affirmés ou admis par provision, représentant, en outre, les deux tiers de la totalité des créances vérifiées et affirmées ou admises par provision (L. 4 mars 1889, art. 15, § 1er; 20). — Le droit de voter au concordat appartient à chacun des créanciers vérifiés et affirmés ou admis par provision.

176. Par exception, toutefois, les créanciers privilégiés ou hypothécaires, alors même qu'ils ont été vérifiés ou admis, n'ont pas voix aux opérations relatives au concordat, à moins qu'ils ne renoncent à leur privilège ou hypothèque; leur vote au concordat est même considéré comme emportant de plein droit cette renonciation (Com. 508), … bien que leur privilège ou leur hypothèque soit contesté au moment de ce vote, quel que soit le sort du concordat, qu'il soit refusé ou homologué ou même résolu (Req. 6 mars 1894, D. P. 94. 1. 489). Et cette déchéance peut être invoquée non seulement par la masse, mais encore par tous les intéressés (même arrêt). Mais le créancier qui a à la fois une créance chirographaire et une créance privilégiée ou hypothécaire a le droit de voter au concordat pour la première sans perdre le privilège ou l'hypothèque attaché à la seconde. — En tous cas, le vote au concordat n'emporte ladite renonciation que s'il émane d'une personne ayant capacité ou pouvoir pour la faire, … et seulement en tant qu'il s'agit de droits grevant les immeubles mêmes du failli : les privilèges et hypothèques dont sont frappés les biens appartenant à des coobligés ou à des tiers continuent de subsister.

177. Si aucune des deux majorités en nombre et en sommes n'est obtenue, le concordat est rejeté et l'union s'ouvre de droit, sans qu'aucune nouvelle proposition de concordat soit désormais recevable. — Si le concordat est consenti seulement par la majorité en nombre ou par la majorité en sommes, rien n'est définitif, et la délibération est remise à huitaine pour tout délai, à l'effet de statuer à nouveau sur le concordat, les résolutions prises et les adhésions données lors de la première assemblée demeurant alors sans aucun effet, et chaque créancier ayant le droit de voter comme il l'entend dans cette seconde réunion, sans être lié par son premier vote (Com. 509). — Si, enfin, le concordat réunit la double majorité en nombre et en sommes, il doit, à peine de nullité, être signé séance tenante (Com. 509).

178. Le concordat n'est obligatoire qu'après avoir été homologué par le tribunal de commerce. S'il a été obtenu à l'étranger, il ne peut être invoqué en France qu'autant que le jugement de la juridiction étrangère qui l'a homologué a été rendu exécutoire en France (Civ. r. 21 juill. 1903, D. P. 1903. 1. 594).

179. L'homologation est poursuivie à la requête de la partie la plus diligente (Com. 513, § 1er). Le tribunal ne peut statuer avant l'expiration des huit jours qui suivent le concordat (Com. 513, § 2). — Durant ces huit jours, tous les créanciers ayant eu le droit de concourir au concordat ont le droit d'y former opposition, même s'ils l'ont signé; il en est de même de ceux dont les droits ont été reconnus depuis. Ce droit n'appartient pas, au contraire, aux créanciers contestés non admis par provision, ni reconnus après le concordat, ni aux créanciers hypothécaires ou privilégiés, à moins qu'ils n'aient renoncé à leur privilège ou à leur hypothèque ; il n'appartient pas non plus au failli, ni aux syndics, sauf si ces derniers sont en même temps créanciers du failli (Com. 513, § 1 et 2). — L'opposition doit être motivée et contenir assignation à la première audience du tribunal de commerce ; elle doit être signifiée au failli et aux syndics, à peine de nullité. S'il n'a été nommé qu'un seul syndic, et que ce syndic soit lui-même opposant au concordat, il doit provoquer la nomination d'un nouveau syndic auquel il puisse faire cette signification (Com. 512, § 2 et 3).

180. Si le jugement de l'opposition est subordonné à la solution de questions étrangères, à raison de la matière, à la compétence du tribunal de commerce, ce tribunal surseoit à statuer jusqu'après la décision de ces questions ; il fixe seulement un bref délai dans lequel le créancier opposant doit saisir des juges compétents et justifier de ses diligences (Com. 512, § 4). — Le tribunal statue sur l'homologation du concordat et sur les oppositions par un seul et même jugement (Com. 513, § 2). Conformément à une règle générale en matière de faillite (V. suprà, n° 134), il ne peut, dans tous les cas, statuer sur l'homologation qu'après un rapport du juge-commissaire; ce rapport porte sur les caractères de la faillite et sur l'admissibilité du concordat (Com. 514). — Le tribunal n'a d'autre alternative que d'approuver ou de rejeter le concordat; il ne peut y apporter aucune modification. Il doit nécessairement refuser l'homologation en cas d'inobservation des règles prescrites pour la validité du concordat; il est, en outre, investi d'un pouvoir discrétionnaire qui l'autorise à le refuser, à raison des circonstances de fait dont il est souverain appréciateur, pour des motifs tirés de l'ordre public ou même de l'intérêt privé des créanciers (Paris, 17 juin 1903, D. P. 1903. 2. 248), alors même qu'aucun fait d'inconduite, de fraude ou de mauvaise foi ne serait allégué ou prouvé à la charge du failli (Com. 515). — Le refus d'homologation a pour effet de mettre le concordat à néant à l'égard de tous les créanciers, et de les constituer de plein droit en état d'union, sans même qu'un nouveau concordat puisse dorénavant leur être proposé.

181. Il importe, d'ailleurs, de remarquer qu'en cas de faillite d'une société en nom collectif ou en commandite, chacun des associés peut être traité, au point de vue du concordat, d'une façon différente des autres associés ou de la société elle-même : un concordat peut, par exemple, être accordé à l'un ou plusieurs d'entre eux et refusé aux autres ainsi qu'à la société (Com. 531, § 1er). — Deux délibérations sont toutefois nécessaires, mais suffisantes, pour qu'un concordat individuel puisse ainsi intervenir, alors qu'il y a refus du concordat social : 1° délibération des créanciers sociaux portant rejet des propositions de concordat faites au nom de la société; 2° délibération des créanciers personnels réunis aux créanciers sociaux pour voter sur le concordat particulier sollicité par l'associé, sans qu'il soit besoin, quant à ce concordat particulier, d'un vote préalable et distinct des créanciers sociaux. — En outre, du moins suivant la jurisprudence, le concordat particulier doit être demandé, à peine de nullité, dans la même séance que le concordat social.

§ 2. — Effets du concordat simple (R. 782 et s.; S. 939 et s.).

182. Aussitôt après que le jugement d'homologation est passé en force de chose jugée, les fonctions des syndics cessent de plein droit. Ceux-ci rendent au failli leur compte définitif en présence du juge-commissaire, et lui remettent, contre décharge de sa part, l'universalité de ses biens, livres, papiers et effets ; il est dressé du tout procès-verbal par le juge-commissaire, dont les fonctions prennent également fin. En cas de contestation, le tribunal statue (Com. 519).

183. En même temps que cessent les fonctions des syndics, cesse aussi, par voie de conséquence, le dessaisissement du failli (V. suprà, nos 72 et s.), qui reprend l'administration et la libre disposition de son patrimoine et, notamment, l'exercice de ses actions actives et passives. — Les créanciers peuvent toutefois stipuler, dans le concordat, qu'il ne pourra agir que sous la surveillance et même avec le concours d'une ou plusieurs personnes désignées par eux et appelées commissaires au concordat. La mission de ces commissaires varie, suivant l'étendue du mandat qui leur est conféré : parfois ce mandat consiste exclusivement à assister à la vente des biens du failli et à assurer la répartition du prix en provenant entre les créanciers; quelquefois, au contraire, le concordat porte sur le failli ne pourra faire aucun acte de disposition ou même d'administration sans leur consentement. — Le failli concordataire reste, d'ailleurs, frappé des incapacités qui l'atteignent dans ses droits civiques et politiques (V. suprà, nos 61 et s.).

184. Les créanciers recouvrent chacun leur droit de poursuite individuelle et peuvent exercer contre le failli toutes voies d'exécution à raison de ses dettes antérieures au concordat, à l'exception, toutefois, de la contrainte par corps (dans les cas où elle subsiste encore depuis la loi du 24 juill. 1867), dont le failli reste affranchi. — Le concordat forme même, entre le failli et ses créanciers, une sorte de transaction qui ne permet plus d'attaquer aucune des créances comprises dans le traité, s'il est d'ailleurs prouvé qu'il n'y a eu, lors de la vérification de ces créances, ni erreur dans la personne, ni erreur sur l'objet de la contestation. — Mais le concordat n'opère pas novation des créances contre le failli, et, par suite : 1° ces créances conservent le caractère civil ou commercial qui leur est propre; 2° l'homologation du concordat ne modifie point, pour les contestations auxquelles elles peuvent donner lieu, les règles de la compétence découlant de leur nature originaire; 3° le concordat n'emporte pas substitution de la prescription trentenaire aux prescriptions plus courtes qui, à raison de cette nature, pouvaient leur être applicables jusqu'alors.

185. Les créanciers sont seulement tenus de respecter les délais et les remises partielles de dettes par eux consentis dans le concordat. — Ces remises diffèrent essentiellement de la remise ordinaire de dette (V. infrà, Obligations), en ce qu'elles ne constituent pas des libéralités; de là, les conséquences suivantes : 1° elles laissent subsister à la charge du failli une obligation naturelle, quant à la portion de ses dettes excédant le dividende stipulé dans le concordat; le failli qui acquitte volontairement cette portion fait donc un payement valable et, dès lors, non sujet à répétition; 2° elles ne libèrent point les coobligés du failli, et les créanciers conservent leur action pour la totalité de leurs créances contre ces coobligés (Com. 545), mais à supposer, bien entendu, qu'ils n'aient touché aucun acompte : le payement d'un dividende par le failli réduit d'autant la créance, et ne laisse plus subsister le recours que pour la quotité restant due (Civ. c. 31 déc. 1902, D. P. 1903. 1. 110); 3° elles ne sont sujettes, dans le cas où le failli vient à succéder au créancier, ni à la réduction, ni au rapport des dons; suivant l'opinion générale, elles ne sont même pas assujetties au rapport des dettes lorsque le failli n'était débiteur du de cujus que par suite d'un acte à titre onéreux, vente, prêt à intérêt, etc.; elles n'y sont astreintes que si la dette provient d'un acte gratuit de la part du de cujus, spécialement d'un prêt sans intérêt.

186. La remise concordataire peut, au reste, n'être consentie que sauf le cas de retour à meilleure fortune. Cette clause n'a pas toujours la même portée ; elle signifie souvent que le failli sera de nouveau obligé civilement s'il revient à meilleure fortune; mais elle peut aussi avoir simplement voulu dire que le failli restera tenu d'une obligation naturelle. C'est aux juges du fond qu'il appartient de décider, d'après les circonstances, lequel de ces deux sens les parties ont entendu lui donner (Req. 4 juill. 1904, D. P. 1904. 1. 559).

187. Le concordat dûment homologué est opposable indistinctement à tous les créanciers du failli antérieurs audit concordat, portés ou non portés au bilan, vérifiés ou non vérifiés, et même à ceux qui, étant contestés, n'ont pas été admis à l'assemblée concordataire (Com. 516; Grenoble, 22 mai 1901, D. P. 1903. 2. 197). Exception n'est faite que pour les créanciers privilégiés et hypothécaires : les stipulations du concordat ne leur sont pas opposables et ne peuvent porter atteinte aux droits que la faillite de leur débiteur leur permet d'exercer (Req. 20 avr. 1904, D. P. 1905. 1. 37); ... à moins

qu'ils ne se présentent comme créanciers chirographaires, soit parce qu'ils ont renoncé à leurs privilèges et hypothèques, par exemple en votant au concordat (Com. 508; V. supra. n° 176), soit parce que les biens affectés à ces privilèges et hypothèques sont insuffisants pour les payer (Com. 556; V. infrà, n° 231). — Mais le concordat n'est pas opposable aux créanciers du failli postérieurs à ce concordat; à plus forte raison ne l'est-il pas aux tiers, autres que les créanciers du failli, et spécialement aux créanciers de la masse.

188. Le concordat accordé à une société en nom collectif ou en commandite simple profite non seulement à la société elle-même, mais encore aux associés solidaires, en ce sens que ces derniers ne sont tenus vis-à-vis des créanciers sociaux que dans les limites des créances sociales que dans les limites aux créanciers personnels des associés. — Lorsqu'au contraire le concordat est refusé à la société, le régime de l'union comprend tout l'actif social et les biens personnels de tous les associés, à l'exception, toutefois, de ceux qui ont obtenu un concordat particulier : ces derniers associés ne sont tenus sur leurs biens que dans la mesure du dividende par eux promis et sont déchargés de toute solidarité (Com. 531, § 2 et 3).

§ 3. — Annulation et résolution du concordat simple (R. 856 et s.; S. 964 et s.).

189. La condamnation du failli pour banqueroute frauduleuse entraîne de plein droit la nullité du concordat (Com. 522, § 1er). Et même, aussitôt que le failli est poursuivi pour banqueroute frauduleuse, et placé sous mandat de dépôt ou d'arrêt, le tribunal de commerce peut prescrire telles mesures conservatoires qu'il appartient; ces mesures cessent, d'ailleurs, de plein droit du jour de la déclaration qu'il n'y a lieu à suivre, de l'ordonnance d'acquittement ou de l'arrêt d'absolution (Com. 521). — Le concordat peut aussi être annulé pour cause de dol découvert depuis l'homologation et résultant, soit de la dissimulation de l'actif, soit de l'exagération du passif; il ne peut l'être pour aucun autre motif, même pour inobservation des conditions prescrites pour sa validité (Com. 518). La demande en annulation du concordat pour cause de dol ne peut être formée que pendant dix ans à compter du jour où le dol a été découvert. Elle peut l'être par chacun des créanciers auxquels le concordat est opposable.

190. Le concordat peut aussi être résolu en cas d'inexécution par le failli des engagements qu'il y a contractés (Com. 520, § 2). Cette résolution n'a pas lieu de plein droit; elle ne peut résulter que d'un jugement, rendu sur la demande des créanciers, lesquels, au lieu de la réclamer, peuvent poursuivre l'exécution forcée du concordat sur les biens de leur débiteur. Le tribunal peut, en outre, même dans le cas où l'inexécution est constante, accorder un délai de grâce à ce dernier. — L'action en résolution peut, au reste, être intentée individuellement par l'un quelconque des créanciers auxquels le concordat est opposable, et par cela seul que les conditions n'en ont pas été exécutées à son égard, alors même qu'elles auraient été exécutées à l'égard des autres créanciers. — Elle doit être formée non par voie de requête, mais par voie d'ajournement contre le failli ou, s'il est décédé, contre ses héritiers, en présence des cautions du concordat, s'il en existe, ou elles dûment appelées (Com. 520, § 2).

191. L'annulation ou la résolution du concordat ont pour effet de rouvrir la faillite. En conséquence, sur le vu de l'arrêt de condamnation pour banqueroute frauduleuse, ou par le jugement qui prononce cette annulation ou cette résolution, le tribunal de commerce nomme un juge-commissaire et un ou plusieurs syndics. Ces syndics peuvent faire apposer les scellés. Mais l'ancien bilan et l'ancien inventaire sont utilisés; les syndics dressent seulement un bilan supplémentaire et procèdent sans retard, avec l'assistance du juge de paix, sur l'ancien inventaire, au récolement des valeurs, actions et papiers, et font, s'il y a lieu, un supplément d'inventaire (Com. 522). — Les syndics font immédiatement afficher et insérer dans les journaux à ce destinés, avec un extrait du jugement qui les nomme, invitation aux créanciers nouveaux, s'il en existe, de produire dans le délai de vingt jours leurs titres de créances à la vérification; cette invitation se fait aussi par lettres du greffier, comme il a été dit *suprà*, n° 160. Il est procédé, sans retard, à la vérification des titres de créances produits en vertu de ces invitations. Mais il n'y a pas lieu à nouvelle vérification des créances antérieurement vérifiées et affirmées, sans préjudice du rejet ou de la réduction de celles qui, depuis, auraient été payées en tout ou en partie (Com. 523). — Ces opérations terminées, le failli peut obtenir un nouveau concordat, alors du moins que le premier a été simplement résolu; un nouveau concordat est au contraire impossible lorsque le premier a été annulé, soit pour cause de banqueroute frauduleuse, soit pour cause de dol. — S'il n'intervient pas de concordat, les créanciers sont de plein droit en état d'union, et ils sont convoqués à l'effet de donner leur avis sur le maintien ou le remplacement des syndics; mais il n'est procédé aux répartitions qu'après l'expiration, à l'égard des créanciers nouveaux, des délais accordés aux personnes domiciliées en France par les art. 492 et 497 c. com. (V. *suprà*, n° 160; Com. 524).

192. En principe, l'annulation ou la résolution du concordat font considérer le concordat comme non avenu, et ce rétroactivement et à l'égard de tous les intéressés. — Trois exceptions existent toutefois à cette règle : 1° La résolution du concordat ne libère pas les cautions qui y sont intervenues pour en garantir l'exécution totale ou partielle; l'annulation, seule, a cet effet (Com. 520). — 2° La loi restreint les effets de l'annulation ou résolution dans le passé au point de vue des remises concordataires, en ce que les créanciers antérieurs au concordat, qui ont touché une partie du dividende, ne sont pas admis à produire à la faillite réouverte pour le reliquat entier de leurs créances, mais pour la portion de leurs créances correspondant au dividende partiel qu'ils n'ont pas touché, l'autre portion étant, vis-à-vis de la masse, réputée éteinte par le payement à eux fait du dividende qui la représente (Com. 526). — 3° L'annulation ou la résolution n'ont pas pour effet de replacer rétroactivement le failli sous le coup du dessaisissement, en ce sens que les actes accomplis de bonne foi par le failli entre l'époque où il a été remis à la tête de ses affaires et l'annulation ou la résolution du concordat, ne peuvent être annulés ni en vertu de l'art. 443 c. com. (V. *suprà*, n°s 77 et s.), ni par application des art. 446 et s. c. com. (V. *suprà*, n°s 103 et s.); ils ne peuvent être attaqués que pour cause de fraude aux droits des créanciers, conformément à l'art. 1167 c. civ. (V. *suprà*, n° 120; Com. 525). — La Cour de cassation décide toutefois que cette restriction au principe de la rétroactivité de l'annulation ou de la résolution du concordat n'est applicable qu'aux actes faits par le failli concordataire postérieurement au concordat, à l'exclusion de ceux qui dérivent de faits antérieurs au concordat et se rattachent à son exécution, lesquels actes sont, au contraire, nuls ou annulables dans les termes des art. 443, 446 et 447 c. com. : tel serait, par exemple, le payement fait par le failli

à l'un des créanciers concordataires entre la conclusion et la résolution du concordat, sur des dividendes non encore échus et non distribués aux autres créanciers.

193. Il ne faut point, d'ailleurs, confondre avec la résolution du concordat la déclaration d'une seconde faillite pour le même commerçant avant que le concordat de la première faillite soit complètement exécuté : 1° La déclaration d'une seconde faillite a lieu pour cause de non payement des créanciers *postérieurs*, tandis que la résolution provient de l'inexécution du concordat conclu avec les créanciers *antérieurs*, lesquels ne sauraient, en aucun cas, être admis à demander une nouvelle déclaration de faillite par application du principe : *faillite sur faillite ne vaut.* — 2° Au cas de déclaration d'une seconde faillite, il y a deux faillites successives, et non pas réouverture d'une faillite close d'abord par un concordat; par suite, il y a lieu de remplir les mêmes formalités que pour la première faillite; il faut procéder à une nouvelle vérification des créances, et le jugement déclaratif doit fixer une nouvelle date pour la cessation des payements. Cette nouvelle cessation de payements produit, quant aux actes du failli, les mêmes effets que toute cessation de payements, et, dès lors, ouvre à la masse les actions en nullité de l'art. 446 et s. (V. *suprà*, n°s 103 et s.), à la différence du cas d'annulation ou de résolution du concordat. — Certaines règles, toutefois, sont communes à la résolution du concordat et au cas d'une faillite nouvelle : 1° Les droits des anciens créanciers, déjà payés en tout sur ou en partie dans leurs dividendes, sont les mêmes dans la seconde faillite qu'au cas de résolution, à l'égard des créanciers postérieurs au concordat (V. *suprà*, n° 192; Com. 526, § 2); 2° Les créanciers de la première faillite jouissent, relativement aux créanciers de la seconde, du bénéfice de l'hypothèque légale inscrite à leur profit sur les immeubles du failli en vertu des art. 490 et 517 (V. *suprà*, n° 101), hypothèque qui, d'ailleurs, comme au cas de résolution, ne s'applique qu'aux dividendes stipulés dans le concordat.

Art. 2. — Concordat par abandon d'actif (S. 978 et s.).

194. Le concordat par abandon d'actif est un traité par lequel le failli fait à ses créanciers l'abandon de tout ou partie de ses biens, en échange de sa libération pour le cas où les biens abandonnés ne suffiraient pas à les désintéresser complètement.

195. 1° *Formation du concordat par abandon.* — Les conditions de formation de ce concordat sont les mêmes que celles du concordat simple (Com. 541, § 2, modifié par la loi du 17 juill. 1856, D. P. 56. 4. 114; V. *suprà*, n° 171 et s.).

196. 2° *Effets du concordat par abandon.* — Le concordat par abandon diffère de concordat simple et se rapproche de l'union, en ce qu'il ne met pas fin au dessaisissement du failli pour les biens présents, ou pour la portion de ces biens qui ont fait l'objet de l'abandon, dans le cas où l'abandon n'est que partiel; au regard de ces biens, l'état de faillite subsiste, et les choses se passent comme s'il y avait union (Com. 541, § 4). Il est procédé, en conséquence, au maintien ou au remplacement des syndics, puis à la liquidation de l'actif abandonné, conformément aux règles indiquées *infrà*, n° 207.

197. Mais le failli est, après la vente de ses biens, libéré envers ses créanciers pour toute la portion de son passif non couverte par le produit de la vente. Le concordat par abandon contient donc nécessairement une remise, et cette remise est régie par les mêmes principes et présente les mêmes caractères que la remise contenue dans le concordat simple (V. *suprà*, n° 185); seulement, à la

différence de cette dernière remise, le montant n'en est pas fixé par avance et dépend du prix des ventes des biens compris dans l'abandon (Com. 541, § 3).

198. 3° *Annulation et résolution du concordat par abandon.* — Le concordat par abandon peut être annulé ou résolu pour les mêmes causes et de la même manière que le concordat simple (Com. 541, § 3; V. *suprà*, n°s 189 et s.).

Art. 3. — Union des créanciers (R. 916 et s.; S. 1046 et s.).

199. Les créanciers sont de plein droit en état d'union par cela seul qu'il n'y a pas de concordat, soit qu'il n'ait pu en être obtenu, soit que celui obtenu par lui vienne à être annulé ou résolu (Com. 527, § 1er).

§ 1er. — *Organisation de l'union.*

200. Aussitôt les créanciers en état d'union, le juge-commissaire doit les consulter tant sur les faits de la gestion que sur l'utilité du maintien ou du remplacement des syndics; les créanciers privilégiés, hypothécaires ou nantis d'un gage sont admis à cette délibération (Com. 529, § 2). — Il est dressé procès-verbal des dires et observations des créanciers, et, sur le vu de cette pièce, le tribunal maintient les anciens syndics ou en nomme de nouveaux (Com. 529, § 3). — Les syndics qui sont maintenus continuent leurs fonctions sans interruption; ceux qui ne le sont pas doivent rendre leurs comptes aux nouveaux syndics, en présence du juge-commissaire, le failli dûment appelé (Com. 529, § 4).

201. Le failli continue à être dessaisi. Mais, dès le début de l'union, les créanciers sont consultés sur la question de savoir si un secours peut être accordé au failli sur l'actif de la faillite. Lorsque la majorité de ceux qui sont présents se prononce pour l'affirmative, les syndics proposent la quotité de ce secours, lequel est fixé par le juge-commissaire, sauf recours au tribunal de commerce de la part des syndics seulement (Com. 530).

202. Après comme avant l'union, les créanciers continuent également à former une masse représentée par les syndics (Com. 532, § 1er); les syndics de l'union représentent donc à la fois le failli, dont le dessaisissement subsiste, et les créanciers, qui demeurent privés, en principe, comme ils l'étaient depuis le jugement déclaratif, de l'exercice de toute action et de toute voie d'exécution individuelle.

203. Les créanciers en état d'union sont convoqués au moins une fois dans la première année, et, s'il y a lieu, dans les années suivantes, par le juge-commissaire. Dans ces assemblées, les syndics doivent rendre compte de leur gestion. Ils sont maintenus ou remplacés dans l'exercice de leurs fonctions, suivant les formes indiquées *suprà*, n° 122 (Com. 536).

§ 2. — *Liquidation.*

204. A titre provisoire, les créanciers peuvent donner mandat aux syndics de l'union de continuer l'exploitation de l'actif. La délibération qui confère ce mandat doit en déterminer la durée et l'étendue et fixer les sommes qu'ils peuvent garder entre leurs mains à l'effet de pourvoir aux frais et dépens; elle ne peut être prise qu'en présence du juge-commissaire et à la majorité des trois quarts des créanciers en nombre et en somme; et la voie de l'opposition, qui n'est pas, d'ailleurs, suspensive de l'exécution, est ouverte contre cette délibération au failli et aux créanciers dissidents (Com. 532, § 2 à 5).

205. Les syndics peuvent transiger, au cours de l'union, mais seulement sous les mêmes conditions qu'ils le pouvaient durant la période préparatoire (V. *supra*, n° 157), à cette différence près, toutefois, que le failli ne peut plus, par son seul veto, empêcher une transaction même relative à des droits immobiliers (Com. 535). — Ils peuvent même être autorisés à traiter à forfait de tout ou partie des droits et actions dont le recouvrement n'a pas été opéré, et à les aliéner; mais cette autorisation ne peut leur être donnée que par le tribunal de commerce, le failli dûment appelé, et après délibération de l'assemblée des créanciers prise à la majorité en nombre, délibération que tout créancier peut, d'ailleurs, provoquer en s'adressant au juge-commissaire (Com. 570).

206. Les deniers provenant des ventes et recouvrements sont, sous la déduction des sommes arbitrées par le juge-commissaire pour le montant des dépenses et frais, versés immédiatement à la Caisse des dépôts et consignations (Com. 489, § 1er).

207. Mais, sauf cette exception, la mission essentielle des syndics de l'union est de procéder le plus promptement possible à la liquidation (Com. 532, § 1er). — A cet effet, ils ont tout pouvoir, non seulement pour recouvrer les créances du failli, mais encore pour réaliser son actif, le tout sous la surveillance du juge-commissaire et sans qu'il soit besoin d'appeler le failli (Com. 534). Aucune autorisation ne leur est même nécessaire pour la vente soit des meubles corporels (marchandises, effets mobiliers), soit des meubles incorporels (fonds de commerce, créances, etc.); cette vente doit seulement être faite aux enchères et par les officiers publics compétents d'après le droit commun. — L'autorisation du juge-commissaire leur est nécessaire, au contraire, pour la vente des immeubles; cette vente, dont les formalités doivent être commencées dans la huitaine de l'ouverture de l'union, a lieu suivant les formes prescrites pour la vente des biens de mineurs (Com. 572; V. *infra*, *Vente publique d'immeubles*). Elle doit être poursuivie, d'après l'opinion qui prévaut en jurisprudence, devant le tribunal du lieu de la faillite, et non devant celui dans le ressort duquel est situé l'immeuble (Toulouse, 24 févr. 1903, D. P. 1903. 2. 128). Et, du moins suivant l'opinion générale, l'adjudication opère, de lui-même, purge des hypothèques inscrites; de telle sorte qu'elle ne peut jamais être l'objet, de la surenchère de l'art. 2185 c. civ. (V. *infra*, *Privilèges et hypothèques*). Mais toute personne peut former enchère et, dans la quinzaine, une surenchère du dixième, au greffe du tribunal civil, dans les formes des art. 710 et 711 c. pr. civ. (V. *infra*, *Surenchère*). Toute personne est également admise à concourir à l'adjudication par suite de surenchère, adjudication qui est définitive et ne peut être suivie d'aucune autre surenchère (Com. 573).

§ 3. — *Répartition entre les créanciers.*

208. La répartition se fait entre les créanciers suivant leurs droits respectifs, tels qu'ils seront indiqués, *infra*, n°s 220 et s. Par suite, sur l'actif mobilier on prélève d'abord : 1° les frais et dépens de l'administration de la faillite; 2° les dépens des instances judiciaires que le syndic a soutenues au nom de la masse des créanciers et dans lesquelles il a succombé: dépens à raison desquels la partie gagnante est créancière de la faillite et n'est pas soumise à la contribution commune par voie de dividende (Civ. c. 17 oct. 1900, D. P. 1902. 1. 569); 3° les secours qui auraient été accordés au failli ou à sa famille; 4° les sommes dues aux créanciers privilégiés sur les meubles; 5° les sommes dues aux créanciers de la masse. Le reste est réparti entre tous les créanciers, au marc le franc de leurs créances vérifiées et affirmées (Com. 565). A cet effet, les syndics remettent tous les mois au juge-commissaire un état de situation de la faillite et des deniers déposés à la Caisse des dépôts et consignations; et, sans être obligé d'attendre que tout l'actif ait été réalisé, le juge-commissaire ordonne, s'il y a lieu, une répartition entre les créanciers, en fixe la quotité et veille à ce que tous les créanciers en soient avertis (Com. 566). Il y a lieu seulement, si l'on n'attend pas, pour opérer cette répartition, l'expiration des délais accordés pour produire aux créanciers domiciliés en pays étranger ou dans les colonies françaises, de mettre en réserve la part correspondant aux créances pour lesquelles ces créanciers sont portés sur le bilan. Si même ces créances ne paraissent pas portées sur le bilan d'une manière exacte, le juge-commissaire peut décider que la réserve sera augmentée, sauf aux syndics à se pourvoir contre cette décision devant le tribunal de commerce. Cette part est mise en réserve et demeure à la Caisse des consignations jusqu'à l'expiration des délais donnés à ces créanciers pour produire; après ces délais, faute par eux d'avoir fait vérifier leurs créances, elle est répartie entre les créanciers reconnus. Une pareille réserve est faite pour les créances contestées dont l'admission desquelles il n'a pas été statué définitivement, et les sommes ainsi réservées sont également réparties entre les créanciers reconnus, si les créances contestées sont définitivement rejetées (Com. 567 et 568). La jurisprudence décide, d'ailleurs, que lorsque les créanciers dont la part a été réservée viennent eux-mêmes à être reconnus, c'est à eux, et non à la masse, que reviennent les intérêts, servis par la Caisse des dépôts et consignations, des sommes représentatives de leur dividende (Paris, 28 févr. 1895, D. P. 95. 2. 296).

209. Quant à l'actif immobilier, le prix en est employé d'abord à payer les créanciers privilégiés et les créanciers hypothécaires; puis l'excédent est réparti, comme il vient d'être dit, entre tous les créanciers, au marc le franc de leurs créances vérifiées et affirmées (Com. 554, § 2). — Sur le droit, pour les créanciers privilégiés sur les immeubles et les créanciers hypothécaires, de participer à la fois à la répartition de l'actif mobilier et à celle de l'actif immobilier, V. *infra*, n° 232.

210. Nul payement ne doit être fait par les syndics que sur la représentation du titre constitutif de la créance; et les syndics doivent mentionner sur le titre la somme payée par eux ou ordonnancée. Néanmoins, en cas d'impossibilité de représenter le titre, le juge-commissaire peut autoriser le payement sur le vu du procès-verbal de vérification. Dans tous les cas, le créancier donne quittance en marge de l'état de répartition (Com. 569).

§ 4. — *Fin de l'union.*

211. Lorsque la liquidation de l'actif et sa répartition sont terminées, le juge-commissaire convoque une dernière assemblée, où le syndic leur rend compte de sa gestion, en présence du failli ou lui dûment appelé, et on dit les donnent leur avis sur l'excusabilité de ce dernier. Il est dressé, à cet effet, un procès-verbal sur lequel chacun des créanciers peut consigner ses dires et observations. Après la clôture de cette assemblée, l'union est dissoute de plein droit (Com. 537).

212. Par l'effet de la dissolution de l'union, l'état de faillite cesse. Le failli n'est plus, dès lors, frappé de dessaisissement; il reprend l'exercice de ses actions actives et passives et se trouve, relativement aux biens qu'il peut acquérir, replacé sous l'empire du droit commun. — Mais ses anciens créanciers recouvrent leur droit de poursuite individuelle tant contre sa personne que sur ses biens, dans la mesure où ils ne sont point payés (Com. 539, § 1er). Le failli reste, malgré l'union, frappé des incapacités qui l'atteignent dans ses droits civiques et politiques (V. *supra*, n° 61 et s.).

213. Les créanciers sont appelés à donner, dans l'assemblée finale de l'union, leur avis sur l'excusabilité du failli (Com. 573, § 3). Sur le vu de leur délibération, le tribunal de commerce apprécie s'il y a lieu, ou non, de déclarer le failli excusable. Il jouit à cet égard d'un pouvoir d'appréciation discrétionnaire (Com. 538). Toutefois, ne peuvent être déclarés excusables les banqueroutiers frauduleux, les stellionataires, les personnes condamnées pour vol, escroquerie ou abus de confiance, des comptables de deniers publics (Com. 540). — La déclaration d'excusabilité avait autrefois pour effet d'affranchir le failli de la contrainte par corps. Aujourd'hui, elle n'a plus guère qu'une valeur morale; mais il semble que le failli pourrait encore avoir intérêt à s'en prévaloir dans les cas exceptionnels où la contrainte par corps est restée susceptible d'être exercée, c'est-à-dire lorsqu'il s'agit d'une créance ayant sa cause dans une condamnation criminelle, correctionnelle ou de police. Décidé toutefois, en sens contraire, que, malgré l'excusabilité déclarée, le failli reste soumis à la contrainte par corps à raison des créances de cette nature, notamment lorsqu'il a été condamné pour faits de contrefaçon (Agen, 24 févr. 1902, D. P. 1902. 2. 249).

214. La dissolution de l'union a encore pour effet, soit de mettre fin aux fonctions des syndics, soit de faire disparaître la masse des créanciers; de telle sorte que les nullités des art. 446 et s. ne peuvent plus être invoquées, et que les actes visés par ces articles peuvent désormais être exécutés à l'encontre du failli et des créanciers (V. *supra*, n° 116).

215. La clôture de la faillite après union est, en principe, définitive; les anciens créanciers ne seraient donc point fondés, en cas de survenance d'un nouvel actif au failli, à demander la réouverture des opérations de la faillite; le droit de faire déclarer une faillite nouvelle n'appartient qu'aux créanciers nouveaux. — Si cependant on découvre, après la dissolution de l'union, des biens ayant appartenu au failli et qui, par suite d'une erreur ou d'un dol, n'ont pas été compris dans la liquidation, le dessaisissement du failli subsiste, avec tous ses effets, quant à ces biens; et, en ce qui les concerne, la faillite doit être réouverte (Civ. r. 4 janv. 1898, D. P. 98. 1. 228).

ART. 4. — CLÔTURE POUR INSUFFISANCE D'ACTIF (R. 905 et s.; S. 1027 et s.).

216. Si, faute de fonds au début de la faillite, le Trésor doit faire l'avance des frais du jugement déclaratif et des premiers actes qui suivent (V. *supra*, n° 42), il n'en est pas de même lorsque, plus tard, les ressources viennent à manquer pour continuer les opérations commencées; le tribunal de commerce peut alors, à quelque époque que ce soit, mais toutefois avant l'homologation du concordat ou la formation de l'union, prononcer, à la requête des intéressés ou même d'office, sur le rapport du juge-commissaire, la clôture des opérations de la faillite (Com. 527, § 1er).

217. Ce jugement, dont l'exécution reste suspendue pendant un mois à partir de sa date, fait rentrer les créanciers dans l'exercice de leurs actions individuelles, tant contre les biens que contre la personne du failli (Com. 527, § 2 et 3). Chacun d'eux peut donc non seulement agir en justice contre le failli et faire vendre ses biens, mais encore exercer contre lui la contrainte par corps (dans les cas où elle est encore applicable aujourd'hui), sans même que le failli puisse, comme en cas d'union (V. *suprà*, nº 213), y échapper au moyen d'une déclaration d'excusabilité.

218. Mais, à tous autres égards, la faillite subsiste. En conséquence, le failli reste frappé des déchéances civiques et politiques résultant du jugement déclaratif, et demeure également dessaisi, comme si le jugement de clôture n'était pas intervenu, à cette différence près qu'il peut défendre en justice aux actions individuelles intentées contre lui par ses créanciers. — De même, les syndics conservent leurs fonctions. C'est à eux seuls que continue d'appartenir, en principe, le droit d'intenter les actions du failli; et, si ce dernier peut défendre aux actions intentées contre lui, du moins n'a-t-il le droit d'intervenir dans l'instance. — De même encore, la masse subsiste; et, lorsque des créanciers, usant de leur droit de poursuites individuelles, sont parvenus à se faire payer sur le prix des biens saisis et vendus à leur requête, les autres ont le droit d'exiger, soit directement, soit par l'intermédiaire du syndic leur représentant, qu'ils partagent avec eux ce qu'ils ont reçu, de manière à ce que chacun ait un dividende dans les sommes touchées. Il en est ainsi surtout lorsque le jugement de clôture vient à être rapporté.

219. Le failli, ou tout autre intéressé, peut, en effet, à toute époque, faire rapporter le jugement de clôture par le tribunal, en justifiant qu'il existe des fonds pour faire face aux frais des opérations de la faillite, ou en faisant consigner entre les mains des syndics la somme suffisante pour y pourvoir (Com. 528, § 1er). Le tribunal peut même prononcer ce rapport d'office. — Le jugement de clôture, ainsi rapporté, est considéré comme non avenu, même dans le passé; toutefois, les frais des poursuites individuellement exercées par des créanciers en vertu de ce jugement doivent leur être préalablement remboursés (Com. 528, § 2).

SECT. VII. — Des différentes espèces de créanciers et de leurs droits en cas de faillite.

§ 1er. — *Créanciers chirographaires* (R. 1120 et s.; S. 1183).

220. Les créanciers chirographaires n'ont que le droit de se faire payer au marc le franc, après remboursement des créanciers qui peuvent invoquer une cause de préférence (Com. 565).

§ 2. — *Créanciers porteurs d'engagements souscrits par des coobligés ou des cautions* (R. 993 et s.; S. 1076 et s.).

221. Le créancier porteur d'engagements souscrits par des coobligés non solidaires, mais simplement conjoints, ne peut produire à la faillite de chacun d'eux que pour sa part et portion dans la dette.

222. Au contraire, lorsque les coobligés sont solidaires, le créancier a le droit, s'ils sont tous en faillite, de participer aux distributions de toutes les masses, pour la valeur nominale de son titre jusqu'à parfait payement en capital, intérêts et frais, et ce, bien que ces faillites se soient ouvertes successivement, et alors même qu'il aurait reçu des acomptes, soit à titre de dividendes dans les premières faillites liquidées, soit même comme créancier privilégié ou hypothécaire (Com. 542). — Cette règle est même applicable, du moins suivant l'opinion générale, soit lorsque le créancier a reçu un dividende dans la faillite de l'un des coobligés alors que tous les autres étaient encore *in bonis* :

si ceux-ci, ou plusieurs d'entre eux, sont ultérieurement déclarés en faillite, il peut produire à leur faillite sans déduction de ce dividende; — soit lorsqu'il a reçu un acompte d'un obligé solvable, mais postérieurement à la déclaration de faillite d'un ou de plusieurs autres coobligés : il n'est pas tenu de déduire cet acompte du montant de sa production; — soit en cas de créances garanties même par des cautions non solidaires : le créancier peut produire à la faillite de chacune d'elles pour l'intégralité de sa créance, sans être tenu de défalquer le dividende reçu dans la faillite du débiteur principal.

223. Aucun recours, à raison des dividendes payés, n'est ouvert aux faillites des coobligés les uns contre les autres, si ce n'est lorsque la réunion des dividendes que donneraient ces faillites excéderait le montant total de la créance, en principal et accessoires; auquel cas cet excédent serait dévolu, suivant l'ordre et la nature des engagements, à ceux des coobligés qui auraient les autres pour garants (Com. 543). — De même, le coobligé non failli qui, depuis la faillite de son coobligé, a versé un acompte au créancier, ne peut se faire admettre à cette faillite à raison dudit acompte, concurremment avec le créancier qui produit pour la valeur nominale de son titre. — La situation est toute autre lorsqu'aucun des coobligés n'était encore en faillite au moment où le créancier, porteur d'engagements solidaires, a reçu un acompte; ce créancier ne peut produire à la faillite d'un coobligé, postérieurement déclarée, que sous déduction de cet acompte (Com. 544, § 1er). Et le coobligé ou la caution qui a fait le payement partiel est également admis à cette faillite pour le montant dudit payement (Com. 544, § 2). La jurisprudence décide même que le dividende, revenant à la caution de ce chef, doit être touché intégralement par elle, sans que le créancier ait le droit de prendre, sur ce dividende, à l'exclusion des autres créanciers de la caution, une part afférente à ce dont son propre dividende est diminué par le concours de celle-ci à la faillite.

§ 3. — *Créanciers privilégiés et hypothécaires* (R. 1028 et s., 1065 et s.; S. 1094 et s., 1134 et s.).

224. 1º *Créanciers privilégiés.* — Les privilèges, soit généraux, soit spéciaux, sont les mêmes et s'exercent avec la même étendue et la même rang en cas de faillite qu'en cas de déconfiture, dès lors qu'ils ne tombent point, d'ailleurs, sous le coup des art. 446 à 448 (V. *suprà*, nos 109 et s., et *infrà*, *Privilèges et hypothèques*).

225. Par exception, toutefois, en matière de faillite, le salaire acquis aux ouvriers directement employés par le débiteur pendant les trois mois qui ont précédé la déclaration de faillite est admis au nombre des créances privilégiées, au même rang que le privilège établi par l'art. 2101 c. civ. pour le salaire des gens de service (V. *infrà*, *Privilèges et hypothèques*). — Sont également admis au même rang : 1º s'il s'agit d'appointements fixes, les salaires dus aux commis durant les six mois antérieurs à la déclaration de la faillite; 2º s'il s'agit de remises proportionnelles ou de suppléments d'appointements, les commissions qui leur sont définitivement acquises dans les trois derniers mois précédant le jugement déclaratif, alors même que la cause de la créance remonterait à une date antérieure (Com. 549, modifié par la loi du 4 mars 1889, art. 22, et par celle du 6 févr. 1895, D. P. 95. 4. 34).

226. D'autre part, le privilège établi par l'art. 2102-4º c. civ. au profit du vendeur de meubles n'est pas admis en cas de faillite (Com. 550), même lorsqu'il s'agit de meubles incorporels (V. *infrà*, *Privilèges et hypothèques*).

227. Enfin, le privilège accordé par l'art. 2102-1º c. civ. au profit du bailleur d'immeubles est considérablement restreint en matière de faillite. En effet, 1º ou le bail est résilié : le propriétaire d'immeubles affectés à l'industrie ou au commerce du failli n'a alors privilège que pour les deux dernières années de location échues avant le jugement déclaratif, pour l'année courante, ainsi que pour la somme due, en exécution du bail et à titre de dommages-intérêts; 2º ou le bail n'est pas résilié : le bailleur, une fois payé de tous ses loyers échus, ne peut aucunement exiger le payement de ceux en cours ou à échoir, alors du moins que les sûretés qui lui ont été données lors du contrat sont maintenues ou que celles qui lui ont été fournies depuis la faillite ont été jugées suffisantes. Si, au contraire, il y a vente et enlèvement des meubles garnissant les lieux loués, il peut exercer son privilège sur le prix des meubles ainsi enlevés ou vendus, pour les deux dernières années de loyers échus et pour les sommes à lui dues en exécution du bail ou à titre de dommages-intérêts, comme au cas de résiliation, et, en outre, quant aux loyers à échoir, pour une année à partir de l'expiration de l'année courante (Com. 550, modifié par la loi du 12 févr. 1872). — D'autre part, non seulement les syndics ont le droit, en l'absence d'une clause contraire du bail, de le céder ou de sous-louer, à la charge par eux ou leurs cessionnaires ou sous-locataires de maintenir dans l'immeuble gage suffisant et d'exécuter, au fur et à mesure, toutes les obligations résultant du bail, sans changer la destination des lieux loués; mais en outre, même si le bail contient interdiction de céder ou sous-louer, ce même droit leur appartient pour tout le temps à raison duquel le bailleur a touché ses loyers par anticipation, mais toujours sans que la destination des lieux loués puisse être changée (Com. 550). — Sur les effets de la faillite, au point de vue de la résiliation du bail et du droit de poursuite du bailleur, V. *suprà*, nº 91.

228. 2º *Créanciers hypothécaires.* — Lorsqu'elles ne tombent point sous le coup des art. 446 à 448 (V. *suprà*, nos 109 et s.), les hypothèques s'exercent également au même rang et avec la même étendue en cas de faillite qu'en cas de déconfiture. — Il n'en est autrement que pour l'hypothèque légale de la femme du failli, à laquelle la faillite apporte des restrictions importantes (V. *infrà*, nos 233 et s.).

229. Sauf les restrictions indiquées *suprà*, nos 224 et s., les créanciers, soit privilégiés, soit hypothécaires, conservent, malgré la faillite, leur droit de poursuite sur les biens affectés à leur créance.

230. Les créanciers ayant des privilèges généraux ne peuvent exercer ces privilèges sur les immeubles qu'à défaut ou en cas d'insuffisance des meubles (Civ. 2105). Par suite, si la distribution du prix des meubles a lieu la première, ils figurent à cette distribution jusqu'à parfait payement et gardent pour eux définitivement ce qu'ils en reçoivent, sauf, s'ils ne sont pas intégralement remboursés, à réclamer ensuite ce qui leur reste dû lors de la répartition du prix des immeubles. Si c'est, au contraire, ce dernier prix qui vient en commence par distribuer, ils ont également, sans doute, le droit de figurer à sa distribution pour la totalité de leur créance; mais ce qu'ils en reçoivent doit être par eux restitué à la masse hypothécaire, lorsque la distribution du prix des meubles, venant à s'ouvrir, suffit à les désintéresser (V. *infrà*, *Privilèges et hypothèques*).

231. Quant au créancier gagiste, il y a lieu de distinguer entre le cas où il fait vendre son gage avant les répartitions de deniers chirographaires et celui où il ne le fait qu'après. Dans le premier cas, si le prix de la vente excède sa créance, il ne touche que ce qui lui est dû, et l'excédent est recouvré par les syndics ; si ce prix est inférieur à sa créance, il vient à contribution pour le surplus, dans la masse, comme créancier ordinaire (Com. 548). Dans le second cas, il n'est point compris dans les répartitions chirographaires et n'est inscrit dans la masse que pour mémoire (Com. 546). — Cette règle ne s'applique, d'ailleurs, qu'au cas où l'objet du nantissement est la propriété du failli, et non au cas où le gage a été constitué par un tiers (Douai, 14 nov. 1901, D. P. 1903. 2. 158).

232. Une distinction doit également être faite pour les créanciers hypothécaires ou privilégiés sur certains immeubles, suivant que la distribution du prix de ces immeubles a eu lieu, ou non, avant celle du prix des autres biens. Lorsqu'elle a eu lieu auparavant, ces créanciers ont le droit, si elle n'a point suffi à les payer, de concourir, à proportion de ce qui leur reste dû, avec les créanciers chirographaires, pour les sommes appartenant à la masse chirographaire, pourvu toutefois qu'ils aient été vérifiées et affirmés, et à la charge par eux de subir les effets du concordat comme des créanciers ordinaires (Com. 552 et 555). — Lorsque, au contraire, c'est la distribution des deniers chirographaires qui a eu lieu la première, ils seulement ils peuvent, s'ils ont été vérifiés et affirmés, concourir à cette distribution pour tout ce qui leur est dû (Com. 553) ; mais ils conservent le droit de produire, à l'ordre ultérieurement ouvert, pour la totalité de leur créance. Seulement, ... ou bien, dans cet ordre, ils obtiennent une collocation intégrale : ils ne peuvent alors toucher le montant de cette collocation que sous la déduction des sommes par eux perçues dans la masse chirographaire ; les sommes ainsi déduites ne restent point, d'ailleurs, dans la masse hypothécaire, mais retournent à la masse chirographaire, au profit de laquelle il en est fait distraction (Com. 554) ; ... ou bien, ils n'obtiennent qu'une collocation partielle : leurs droits sur la masse chirographaire sont alors définitivement réglés d'après les sommes dont ils restent créanciers après cette collocation, et les deniers qu'ils ont touchés au delà de cette proportion, dans la distribution antérieure, leur sont retenus sur le montant de ladite collocation et reversés dans la masse chirographaire (Com. 555).

§ 4. — *Femme du failli* (R. 1076 et s. ; S. 1144 et s.).

233. Des restrictions nombreuses sont apportées aux droits de la femme du failli : 1° sous quelque régime qu'ait été formé le contrat de mariage, la présomption légale est que les immeubles acquis à titre onéreux, au cours du mariage, par la femme du failli, appartiennent à son mari, ont été payés de ses deniers et doivent être réunis à la masse de son actif (Com. 559). — La femme peut toutefois fournir la preuve du contraire, et cette preuve peut être faite par tous les moyens possibles, sauf s'il s'agit d'immeubles acquis par elle et en son nom en remploi de deniers provenant de succession ou de donation ; dans ce dernier cas, elle ne peut revendiquer ces immeubles qu'à la double condition : 1° qu'il ait été expressément stipulé, dans l'acte d'acquisition, que l'immeuble a été acquis pour servir d'emploi ; 2° que l'origine des deniers soit constatée par inventaire ou par tout autre acte authentique (Com. 558). — Mais la femme dont les apports en immeubles ne

sont pas tombés en communauté peut toujours reprendre ces immeubles en nature, ainsi que ceux qui lui sont survenus par succession ou donation entre vifs ou testamentaire (Com. 557). Elle ne peut, en tous cas, exercer son action en reprise qu'à la charge des dettes et hypothèques dont les immeubles revendiqués par elle sont légalement grevés, soit qu'elle s'y soit obligée volontairement, soit qu'elle y ait été condamnée (Com. 561).

234. 2° La femme ne peut reprendre en nature les effets mobiliers qu'elle s'est constitués par contrat de mariage, ou qui lui sont advenus par succession, donation entre vifs ou testamentaire, et qui ne sont pas entrés en communauté, que si elle en prouve l'identité au moyen d'un inventaire ou de tout autre acte authentique. A défaut, par la femme, de faire cette preuve, tous les effets mobiliers, tant à l'usage du mari qu'à celui de la femme, sous quelque régime qu'ait été contracté le mariage, sont acquis aux créanciers, sauf aux syndics à lui remettre, avec l'autorisation du juge-commissaire, les habits et linge nécessaires à son usage (Com. 560). — Il est cependant généralement admis aujourd'hui que la femme peut aussi revendiquer les meubles acquis par elle à titre onéreux durant le mariage, spécialement ceux acquis en emploi de deniers propres, et cela sans être tenue de justifier de sa propriété par aucun mode de preuve spécial, l'art. 558 ne s'appliquant qu'aux reprises immobilières.

235. 3° Suivant la Cour de cassation, la femme commune en biens ne peut exercer de reprises, même à titre de simple créancier chirographaire, à raison des effets mobiliers qu'elle a apportés lors du mariage ou qui lui sont advenus depuis, qu'à la condition d'établir leur origine et leur valeur par un acte authentique, comme dans le cas où elle agit comme propriétaire (V. *suprà*, n° 233). — En outre, si la femme a payé des dettes pour son mari, la présomption légale est qu'elle l'a fait des deniers de celui-ci, et elle ne peut, en conséquence, exercer de ce chef aucune action dans la faillite ; la preuve contraire lui est toutefois permise, et cette preuve peut être faite par tous les moyens possibles (Com. 562).

236. 4° Lorsque le mari était commerçant au moment de la célébration du mariage, ou lorsque, n'ayant pas alors d'autre profession déterminée, il est devenu commerçant dans l'année, l'hypothèque légale de la femme est restreinte aux immeubles qui appartenaient au mari à l'époque de la célébration du mariage ou qui lui sont advenus depuis par succession, donation ou testament (Com. 563). Elle ne s'étend donc pas aux biens que le mari a acquis à titre onéreux pendant le mariage, à l'exception de ceux dont il n'avait qu'une part indivise et qui sont devenus, par suite de partage ou de licitation, sa propriété exclusive. — En outre, dans la même hypothèse, l'hypothèque légale de la femme garantit seulement : *a*) les deniers et effets mobiliers qu'elle a apportés en dot ou qui lui sont advenus depuis le mariage par succession ou donation entre vifs ou testamentaire, et dont elle prouve la délivrance ou le payement par acte ayant date certaine ; *b*) le remploi de ses biens aliénés pendant le mariage ; *c*) l'indemnité des dettes par elle consenties avec son mari (Com. 563).

237. 5° La femme dont le mari était commerçant à l'époque de la célébration du mariage ou dont le mari, n'ayant pas alors d'autre profession déterminée, est devenu commerçant dans l'année, ne peut exercer dans la faillite aucune action à raison, soit des avantages portés à son profit au contrat de mariage, soit des donations à elle faites

par son mari durant le mariage. Mais, dans le même cas, et par voie de réciprocité, les créanciers du mari ne peuvent non plus se prévaloir des libéralités faites à ce dernier par sa femme (Com. 564). — Sur les effets de la faillite relativement au contrat d'assurance sur la vie contracté par le failli au profit de sa femme, V. *suprà*, *Assurances*, n° 161.

238. Les restrictions aux droits de la femme du failli peuvent, du reste, être invoquées non seulement par la masse des créanciers, représentée par les syndics, mais encore par tous intéressés, spécialement par les créanciers hypothécaires du mari, et par les tiers détenteurs d'immeubles acquis à titre onéreux et aliénés par lui à titre onéreux au cours du mariage. Spécialement, les créanciers hypothécaires peuvent réclamer l'application de l'art. 563, à l'effet de faire réduire la collocation assignée à la femme du failli en vertu de son hypothèque légale (Req. 20 avr. 1904, D.P. 1905. I. 36). Et même, suivant la jurisprudence qui consacre la théorie de la faillite virtuelle (V. *suprà*, n° 17), ces restrictions peuvent être prononcées, avant le jugement déclaratif, par les tribunaux civils, qui constatent simplement l'état de cessation de payements du mari.

§ 5. — *Créanciers de la masse* (R. 1126 et s. ; S. 1184 et s.).

239. Les créanciers de la masse, étant créanciers de la faillite, sont payés, par préférence à tous autres, sur l'actif de la faillite, et reçoivent, par conséquent, leur payement intégral, à la seule condition que cet actif soit suffisant pour les remplir de leurs droits.

SECT. VIII. — **De la revendication** (R. 1175 et s. ; S. 1231 et s.).

240. La revendication est recevable au profit de toute personne qui justifie être propriétaire d'une chose déterminée se trouvant en possession du failli. Spécialement, elle est possible au profit : 1° de celui qui a prêté des objets à usage au failli ou qui les lui a donnés en gage quand la dette garantie est éteinte ; — 2° de celui qui a confié du numéraire au failli à titre de dépôt régulier ; — 3° du participant dont l'associé a été déclaré en faillite, lorsqu'il y a copropriété entre eux ou que le participant est seul propriétaire des marchandises achetées par lui pour le compte commun et expédiées au failli. — Sur la question de savoir si, en cas de faillite du constructeur d'un navire à l'entreprise, l'armateur qui a versé des acomptes sur le prix au fur et à mesure de l'avancement de la construction peut revendiquer les portions terminées du bâtiment, V. *infrà*, *Navire*.

241. Peuvent aussi être revendiqués les effets de commerce et autres titres de créance non encore payés, et qui se trouvent en nature dans le portefeuille du failli lors du jugement déclaratif, lorsqu'ils ne lui ont été remis que pour leur recouvrement et à garder la valeur à sa disposition, ou lorsqu'ils auront été, de sa part, spécialement affectés à des payements déterminés (Com. 574). — La revendication n'est pas admise, au contraire, si, quand les titres se retrouvent plus en nature dans le portefeuille du failli, si par exemple ce dernier a fait lui-même, de l'effet qui lui avait été endossé à titre de procuration, un endos translatif de propriété ; ni lorsque le propriétaire de ces titres en a transmis la propriété au failli, par exemple lorsque celui-ci a reçu l'effet d'un porteur avec lequel il était en compte courant, et en a porté le montant au crédit du remettant (Paris, 2 déc. 1898, D. P. 99. 2. 89). — C'est d'ailleurs au revendiquant à établir sa qualité de propriétaire des .âtres ainsi que leur identité, double preuve qu'il peut faire, il est vrai, par tous les moyens possibles.

242. De même, peuvent être revendiqués, aussi longtemps qu'ils existent en nature, en tout ou en partie, les marchandises et autres objets consignés au failli à titre de dépôt ou pour être vendus pour le compte du propriétaire (Com. 575, § 1er), à la condition également, pour le revendiquant, de justifier, par tous les modes de preuves en son pouvoir, de son droit de propriété sur la chose réclamée et de l'identité de cette chose avec celle dont il prétend être propriétaire. — Peut même être revendiqué le prix ou la partie du prix desdits objets, s'ils ont été vendus par le failli, tant que ce prix n'a été ni payé ni réglé en valeurs, ni compensé en compte courant entre le failli et l'acheteur (Com. 575, § 2), et ce, même au cas où le failli commissionnaire répondrait, par l'effet de la convention appelée ducroire (V. suprà, Commissionnaire, no 14), de la solvabilité de ses acheteurs.

243. Quant au vendeur de meubles, non seulement il ne peut jamais exercer, en cas de faillite, le privilège de l'art. 2102-4e c. civ. (V. suprà, no 226); mais, en outre, dans le cas où, lors du jugement déclaratif, les objets vendus se trouvent déjà dans les magasins de l'acheteur failli, il n'a ni le droit de revendication établi par le même art. 2102-4e (Com. 550, § 1er; V. infrà, Privilèges et hypothèques), ni même le droit de résolution pour défaut de payement du prix fondé sur les art. 1184 et 1654 c. civ. (V. infrà, Vente); il est donc réduit à la situation d'un créancier chirographaire.

244. Si, au contraire, les marchandises ou d'autres objets vendus ne sont encore qu'en cours de route lors du jugement déclaratif, le vendeur non payé peut les revendiquer, à condition d'en prouver l'identité, tant que la tradition n'en a point été effectuée dans les magasins du failli (Com. 576, § 1er). — Par magasins du failli, il faut entendre, à cet égard, tout local dont celui-ci a la personnelle libre disposition, et de nature à persuader aux tiers qu'il est bien possesseur de la marchandise qui y est entrée, de telle sorte que son crédit s'en trouve augmenté. En conséquence, la revendication reste possible même après que la marchandise a été remise à une gare de chemin de fer par le vendeur, ou même est arrivée à la gare de destination, si l'acheteur n'en a pas pris la possession réelle, ... même après qu'elle a été livrée sur un bateau n'appartenant pas à l'acheteur et ne constituant ainsi qu'un simple moyen de transport. — Au contraire, la revendication cesse d'être recevable si les marchandises ont été chargées dans un bateau dont l'acheteur est propriétaire, ... si elles ont été remises par le vendeur dans un magasin général ou dans un entrepôt; ... ou si les marchandises étant livrées dans un port, l'acheteur en a pris possession effective en les réexpédiant lui-même à ses frais de ce lieu de destination convenu à un tiers auquel il les avait revendues (Req. 27 déc. 1904, D. P. 1905. 1. 75). Et même, pour toutes les marchandises telles que bois, charbons, pierres, non susceptibles d'être emmagasinées à raison de leur nature encombrante, on considère de même où elles étaient lors de la vente, si, après leur délivrance par le vendeur, elles ont été l'objet, de la part de l'acheteur, d'une prise de possession suffisamment caractérisée pour équivaloir à un véritable emmagasinement. De même, en cas de vente d'une coupe de bois, le parterre de la coupe sur lequel l'acheteur est autorisé à abattre, façonner et revendre le bois, doit être considéré, sauf clause contraire in-

tervenue entre les parties, comme le magasin de l'acheteur, et, par suite, en cas de faillite de l'acheteur, et, par suite, en cas de droit de revendiquer les bois déposés sur ce parterre.

245. La loi assimile à la tradition dans les magasins du failli celle qui est effectuée dans ceux du commissionnaire chargé de vendre les marchandises pour le compte du failli (Com. 576, § 1er), ... mais non le dépôt des marchandises fait par le vendeur dans le magasin d'un particulier, avec ordre à celui-ci de les tenir à la disposition de l'acheteur, lequel en a été avisé par le propriétaire dudit magasin (Civ. r. 12 mai 1903, D. P. 1903. 1. 415). — D'autre part, et même avant l'arrivée des marchandises dans les magasins du failli ou du commissionnaire, la revendication cesse d'être admissible, non seulement si elles ont été vendues sans fraude, sur factures et connaissements ou lettres de voiture signées par l'expéditeur (Com. 576, § 2), ou sur factures accompagnées de récépissés de chemins de fer, ... mais encore si elles sont constituées en gage; il n'est même pas besoin, en ce cas, de la remise simultanée d'un connaissement (ou d'une lettre de voiture ou d'un récépissé) et d'une facture; il suffit qu'il y ait un endos régulier, à titre de gage, de ce connaissement (ou de cette lettre de voiture ou de ce récépissé).

246. Si enfin les marchandises ou autres objets vendus n'ont encore été, lors du jugement déclaratif, ni délivrés au failli, ni expédiés soit à lui, soit à un tiers pour son compte, le vendeur, soit au comptant, soit même à terme, a le droit de les retenir (Com. 577), et, par suite, d'obtenir la résolution de la vente pour défaut de payement du prix. — Sur le point de savoir quand les objets vendus doivent être considérés comme délivrés au failli, V. suprà, no 243. — Mais, du moins suivant la jurisprudence, le vendeur ne peut réclamer des dommages-intérêts à raison de l'inexécution du marché (Req. 24 avr. 1903, D. P. 1904. 1. 229).

247. Les syndics ont toujours, d'ailleurs, la faculté, sous l'autorisation du juge-commissaire, d'arrêter la revendication en payant au vendeur le prix convenu entre lui et le failli (Com. 578). — Et, d'autre part, le vendeur, dans le cas où il exerce la revendication, est obligé de rembourser à la masse non seulement les acomptes reçus par lui sur le prix, mais encore toutes avances faites pour fret ou voiture, commission, assurance ou autres frais (Com. 576, § 3).

248. Les droits du vendeur sont plus étendus lorsqu'il a stipulé en sa faveur des garanties spéciales, notamment un privilège de gage; il peut alors, à défaut de payement, faire vendre aux enchères publiques les marchandises retenues par le failli et appliquer le produit de la vente à l'extinction, jusqu'à due concurrence, de sa créance (Civ. r. 25 mars 1902, D. P. 1903. 1. 174).

249. Aucun délai n'est prescrit pour l'exercice des demandes en revendication. — Elles doivent être adressées aux syndics, lesquels peuvent les admettre avec l'approbation du juge-commissaire; en cas de contestation, le tribunal prononce, après avoir entendu ce magistrat (Com. 579).

SECT. IX. — **Compétence** (R. 1308 et s.; S. 1315 et s.).

250. Les tribunaux de commerce sont exclusivement compétents non seulement pour statuer sur les questions dont la connaissance leur a été attribuée par un texte formel, et notamment pour déclarer la faillite (Com. 440), pour fixer la date de la cessation de payements (Com. 441), pour homologuer les transactions relatives à des droits

mobiliers (Com. 487), pour juger les oppositions au concordat et pour l'homologuer (Com. 512 et s.), pour trancher les contestations relatives au compte des syndics après homologation du concordat (Com. 519), etc.; ... mais encore pour connaître de tous les litiges nés de la faillite, qu'ils se réfèrent ou non à un acte commercial (Com. 635), et par suite, en particulier : 1o de tous les procès relatifs aux opérations de la faillite; 2o des actions en nullité d'actes passés par le failli au cours de la période suspecte; 3o des actions nées de la gestion des syndics; 4o des actions ayant pour but la reddition du compte de gestion de la faillite; 5o des actions intentées par les syndics en payement de leurs honoraires.

251. Dans tous ces cas, le tribunal de commerce compétent est exclusivement celui du domicile du failli, quelle que soit la nature de l'affaire (Pr. 59, § 7); ... que ces actions soient, ou non, exercées par la faillite ou contre elle, dès lors qu'elles sont nées de la faillite ou se rattachent directement à ses opérations (Nancy, 20 févr. 1894, D. P. 94. 2. 231; Req. 23 oct. 1894, D. P. 95. 1. 155), ... et alors même qu'il s'agirait de contestations qui, relatives à l'exécution de jugements commerciaux, seraient, en principe, de la compétence du tribunal du lieu où l'exécution se poursuit.

252. Le tribunal de commerce du domicile du failli cesse, au contraire, d'être compétent, et le droit commun reprend son empire, lorsque le litige a pour principe des faits antérieurs à la faillite, au lieu d'avoir pour cause l'ouverture ou l'administration de cette faillite (Req. 30 juill. 1894, D. P. 95. 1. 86).

SECT. X. — **Voies de recours** (R. 1331 et s.; S. 1334 et s.).

253. Ne sont susceptibles ni d'opposition ni d'appel ni de recours en cassation : 1o les jugements relatifs à la nomination ou au remplacement du juge-commissaire, à la nomination ou à la révocation des syndics; 2o les jugements qui statuent sur les demandes de sauf-conduit et sur celles de recours pour le failli et sa famille; 3o les jugements qui autorisent à vendre les effets ou marchandises appartenant à la faillite; 4o les jugements qui prononcent sursis au concordat ou admission provisionnelle de créanciers contestés; 5o les jugements par lesquels le tribunal de commerce statue sur les recours formés contre les ordonnances rendues par le juge-commissaire dans les limites de ses attributions (Com. 583).

254. Les voies de recours dont sont susceptibles le jugement qui déclare la faillite et celui qui fixe la date de la cessation de payements ont été indiquées suprà, nos 43 et s., 55 et s. — Quant aux autres jugements rendus en matière de faillite, ils demeurent, au point de vue des voies de recours, soumis à l'application pure et simple du droit commun. Toutefois, il ne peut être interjeté appel que dans les quinze jours de leur signification (Com. 582, § 1er), et ce, sans distinction entre le cas où ils sont contradictoires et celui où ils sont par défaut. Ce délai est, d'ailleurs, un délai franc, et s'augmente à raison d'un jour par cinq myriamètres pour les parties domiciliées à une distance excédant cinq myriamètres du lieu où siège le tribunal (Com. 582, § 2). — Doivent être considérés, à cet égard, comme rendus en matière de faillite, et, par suite, comme ne pouvant être frappés d'appel que dans ledit délai, les jugements intervenus à l'occasion de litiges pour lesquels le tribunal du domicile du failli est seul compétent (V. suprà, no 250), ... et, notamment, les jugements qui statuent sur l'excusabilité du failli.

CHAP. III. — DES LIQUIDATIONS JUDICIAIRES.

SECT. Irᵉ — Des conditions auxquelles est subordonnée l'ouverture de la liquidation judiciaire.

255. La liquidation judiciaire est une procédure de faveur ouverte exclusivement aux débiteurs commerçants en état de cessation de payements de bonne foi, qui en demandent le bénéfice dans les formes et délais impartis par la loi. — Les conditions auxquelles est subordonnée l'obtention de cette faveur sont de deux sortes : les unes ne sont autres que celles requises pour la déclaration de faillite (1° être commerçant ; 2° être en état de cessation de payements : V. *suprà*, n°ˢ 3 et 8.) ; les autres sont spéciales à la liquidation judiciaire ; ce sont : 1° une *requête* présentée par le débiteur dans certaines formes et dans certains délais ; 2° la *bonne foi* du débiteur.

§ 1ᵉʳ. — Requête émanée du débiteur (S. 59 et s.).

256. La liquidation judiciaire ne peut être ordonnée que sur une requête présentée par le débiteur lui-même, ou, s'il est décédé dans la quinzaine de la cessation de ses payements, par ses héritiers, à la condition qu'ils justifient de leur acceptation pure et simple ou bénéficiaire (L. 4 mars 1889, art. 2, § 1 et 3). Elle ne peut être prononcée ni d'office par le tribunal, ni à la demande des créanciers, même agissant du chef de leur débiteur par application de l'art. 1166 c. civ. : ils peuvent seulement mettre le débiteur en demeure d'opter entre la liquidation judiciaire et la faillite, en l'assignant dans les quinze jours de la cessation des payements.

257. La requête doit être datée et contenir les noms, qualité et domicile du requérant, la mention et la date de la cessation des payements, ainsi que l'objet de la demande. Elle doit, en outre, lorsqu'il s'agit d'une société en nom collectif ou en commandite, mentionner le nom et le domicile de chacun des associés solidaires (L. 1889, art. 3, § 1ᵉʳ).

258. Elle est signée, s'il s'agit d'une société en nom collectif ou en commandite, par celui ou ceux des associés qui ont la signature sociale (L. 1889, art. 3, § 1ᵉʳ), sans que cependant la signature de *tous* les associés soit indispensable (Paris, 1ᵉʳ mai 1890, D. P. 91. 2. 329) ; — s'il s'agit d'une société anonyme, par le directeur ou l'administrateur qui en exerce les fonctions (L. 1889, art. 3, § 2), sans que celui-ci ait besoin de prendre l'avis de l'assemblée générale des actionnaires (Paris, 7 août 1894, D. P. 95. 2. 266) ; — s'il s'agit d'une société dissoute, par le liquidateur social. Elle doit être accompagnée du bilan et d'une liste indiquant les noms et domiciles de tous les créanciers (L. 1889, art. 2, § 1ᵉʳ). — Sur les énonciations du bilan, V. *suprà*, n° 23.

259. La requête doit être déposée au greffe du tribunal de commerce dans les quinze jours de la cessation des payements s'il émane du débiteur lui-même, et dans le mois qui suit le décès, si elle émane de ses héritiers (L. 1889, art. 2, § 1 et 3). — La jurisprudence considère que ces délais sont de rigueur et décide, par suite, que le tribunal doit refuser la liquidation judiciaire lorsque la requête est présentée après leur expiration (Req. 10 juill. 1900, D. P. 1900. 1. 470).

§ 2. — Bonne foi du débiteur (S. 74 et s.).

260. Il est bien certain que le tribunal doit repousser la demande à fin de liquidation judiciaire si le débiteur se trouve être dans l'un des cas où la loi oblige à convertir en faillite la liquidation judiciaire même prononcée (V. *infrà*, n° 303), si, par exemple, il est convaincu d'avoir commis une fraude quelconque. Mais, en dehors même de ces cas, le tribunal n'est pas tenu d'admettre la requête : la jurisprudence décide, en général, que le bénéfice de la liquidation judiciaire ne peut être accordé qu'aux débiteurs malheureux et de bonne foi, et qu'il appartient aux juges de la refuser, s'il leur paraît, d'après les circonstances de fait souverainement appréciées par eux, que ces conditions ne sont pas réunies (Nîmes, 20 mai 1892, D. P. 92. 2. 529).

261. Dans le cas d'une société en nom collectif ou en commandite, dont la cessation de payements implique celle de ses associés solidaires (V. *suprà*, n° 12), le bénéfice de la liquidation judiciaire peut être accordé à l'un ou plusieurs de ces associés, et être refusé aux autres ou à la société elle-même (Paris, 21 mai 1890, D. P. 91. 2. 361).

SECT. II. — Jugement d'ouverture de la liquidation judiciaire (S. 77 et s.).

262. Comme la déclaration de faillite (V. *suprà*, n°ˢ 17 et s.), la liquidation judiciaire ne peut résulter que d'un jugement ; une simple ordonnance du président ne serait pas suffisante. Mais la jurisprudence décide qu'indépendamment de tout jugement ordonnant la liquidation judiciaire, et avant la prononciation de ce jugement, le fait seul de la cessation de payements produit des conséquences importantes dont les intéressés peuvent se prévaloir devant toute juridiction (V. *suprà*, n° 17).

263. Le tribunal compétent pour ordonner la liquidation judiciaire est le même que celui qui est compétent pour déclarer la faillite, c'est-à-dire le tribunal de commerce du domicile du débiteur (V. *suprà*, n°ˢ 18 et s.).

264. Le tribunal ne peut prononcer la liquidation judiciaire que sur une requête du débiteur ou de ses héritiers. — Sur la forme de cette requête et les délais dans lesquels elle doit être présentée, V. *suprà*, n°ˢ 256 et s.

265. Le jugement qui statue sur la demande d'admission à la liquidation judiciaire est délibéré en chambre du conseil et rendu en audience publique (L. 1889, art. 4). — Le débiteur doit être entendu en personne, à moins d'excuses reconnues valables par le tribunal (même article). — Le tribunal, saisi simultanément d'une requête à fin de liquidation judiciaire et d'une demande en déclaration de faillite, doit statuer sur le tout par un seul et même jugement (même article).

266. Le jugement qui prononce la liquidation judiciaire nomme, en même temps, un juge-commissaire (V. *infrà*, n° 291), et un ou plusieurs liquidateurs provisoires (V. *infrà*, n° 287). En outre, il fixe la date de la cessation des payements, ou du moins il *peut* la fixer, car cette date peut n'être déterminée par le tribunal, comme en matière de faillite (V. *suprà*, n° 32), que par une décision postérieure, ou même ne pas l'être du tout, auquel cas la cessation de payements est censée avoir eu lieu seulement le jour même du jugement prononçant la liquidation judiciaire, ou tout au moins, s'il s'agit d'un commerçant décédé, le jour même de son décès (V. *suprà*, n° 37). Toutes les règles admises en cas de faillite pour la fixation de l'époque de la cessation des payements (V. *suprà*, n°ˢ 32 et s.) sont, du reste, applicables en matière de liquidation judiciaire. — De même aussi que le jugement déclaratif de faillite (V. *suprà*, n° 38), le jugement d'ouverture de la liquidation judiciaire produit effet *erga omnes*.

267. Le jugement de liquidation judiciaire et, le cas échéant, le jugement fixant la date de la cessation des payements doivent être publiés comme le jugement déclaratif et le jugement de report de faillite (L. 1889, art. 4). V. *suprà*, n°ˢ 39 et s.

268. Le jugement de liquidation judiciaire est immédiatement exécutoire, et cela dans le cas même où, par exception, il est susceptible d'appel (L. 1889, art. 4, *in fine*). V. *infrà*, n° 269.

269. Le jugement qui prononce la liquidation judiciaire n'est susceptible d'aucune espèce de recours, pas même de pourvoi en cassation ni de tierce opposition (L. 1889, art. 4, § 3). Par exception, toutefois, il est susceptible d'appel, dans le délai de quinzaine comme le jugement déclaratif de faillite (V. *suprà*, n° 50), s'il est intervenu à la fois sur une requête à fin de liquidation judiciaire et sur une assignation en déclaration de faillite (même article). Et, dans ce cas, la cour doit rétracter la mise en liquidation judiciaire, si, au moment où elle statue, le débiteur n'est plus en état de cessation de payements, sauf à laisser les dépens à sa charge (Caen, 24 avr. 1895, D. P. 97. 2. 465).

270. Le jugement qui rejette une demande en liquidation judiciaire est, au contraire, assujetti au droit commun quant aux voies de recours dont il est susceptible ; et il peut, par suite, être attaqué par la voie de l'appel (Orléans, 9 mars 1894, D. P. 95. 2. 265), ... mais seulement dans la quinzaine de sa prononciation (Comp. *suprà*, n° 54).

271. Les voies de recours contre les jugements fixant la date de la cessation des payements sont les mêmes qu'en matière de faillite (V. *suprà*, n°ˢ 55 et s.).

SECT. III. — Effets du jugement d'ouverture de la liquidation judiciaire.

§ 1ᵉʳ. — Relativement à la personne (S. 87 et s.).

272. 1° Incapacités. — Le liquidé ne peut être nommé à aucune fonction élective, ou, s'il exerce une fonction de cette nature, il est réputé démissionnaire (L. 1889, art. 21). Il ne peut donc être président de la République, membre du Parlement (sénateur ou député), conseiller général ou d'arrondissement, conseiller municipal, maire ou adjoint (sauf à Paris où cette fonction n'est pas élective), délégué sénatorial, juge à un tribunal de commerce ou membre d'un conseil de prud'hommes, membre d'une chambre de commerce ou d'une chambre consultative des arts et manufactures. — Il est également frappé des déchéances que prononce le Code de commerce contre le failli (L. 1889, art. 24) ; il ne peut donc être agent de change ou courtier privilégié (Com. 613). — Mais, à tous autres points de vue, sa capacité reste entière. Il peut, notamment, être témoin dans un acte notarié, ou jouir : il conserve les droits attachés à la qualité de membre de la Légion d'honneur et de décoré de la médaille militaire ; il peut porter les insignes de ces ordres ainsi que ceux des ordres étrangers. — On doit aussi, semble-t-il, lui reconnaître le droit de figurer sur la liste des courtiers de marchandises inscrits, ou de faire escompter par la Banque de France les effets revêtus de sa signature.

274. 2° Incarcération. Secours alimentaires. — Le liquidé n'est point, comme le failli, assujetti à l'incarcération (V. *suprà*, n° 67).

275. Comme le failli, au contraire, il peut obtenir pour lui et sa famille, sur l'actif de sa liquidation, des secours alimentaires qui sont fixés, sur la proposition des liquidateurs, par le juge-commissaire, sauf appel au tribunal en cas de contestation (V. *suprà*, n° 69).

§ 2. — *Relativement aux biens*
(S. 92 et s.).

276. 1° *Résiliation de certains contrats.* — Les effets de la liquidation judiciaire sont identiques, sur ce point, à ceux de la faillite (V. *infrà*, n° 70). — Il y a lieu seulement d'observer qu'en cas de liquidation judiciaire, la notification au bailleur de la volonté de continuer le bail, dont il est parlé *infrà*, n° 278, doit être faite par le débiteur et les liquidateurs avec l'autorisation du juge-commissaire, les contrôleurs entendus, et qu'ils ont, pour la faire, un délai de huit jours à partir de la première assemblée de vérification (L. 1889, art. 18).

277. 2° *Restrictions aux droits du liquidé concernant la gestion de son patrimoine.* — Non seulement le liquidé conserve la gestion des biens appartenant à autrui dont il a l'administration légale (biens de ses enfants mineurs, propres de sa femme sous le régime de la communauté, etc.), mais, même en ce qui concerne ses biens propres, il n'est pas frappé de dessaisissement comme le failli; il reste à la tête de son patrimoine, et c'est lui-même qui fait les actes intéressant ce patrimoine. Le principe est même qu'il peut les faire seul. — De même, il conserve le droit de recevoir sa correspondance, il garde ses livres et tient lui-même sa comptabilité, sous réserve du droit de vérification des contrôleurs. Enfin, lorsqu'il a obtenu l'autorisation qui lui est nécessaire pour continuer son exploitation commerciale (V. *infrà*, n° 278), il peut faire seul, et sans l'assistance du liquidateur, les différents actes que comporte cette exploitation (Req. 28 oct. 1902, D. P. 1902. 1. 515).

278. Il est toutefois un grand nombre d'actes qu'il ne peut accomplir qu'avec l'assistance de son liquidateur, et même avec l'autorisation du juge-commissaire ou du tribunal. — Les actes pour lesquels l'assistance du liquidateur lui est nécessaire, mais suffisante, sont : 1° les actes conservatoires, tels que les interruptions de prescription, les inscriptions hypothécaires, etc. ; 2° le recouvrement des effets et créances exigibles; 3° la vente des objets sujets à dépérissement, ou dispendieux à conserver; 4° l'exercice des actions pécuniaires, mobilières ou immobilières, et la défense à ces mêmes actions (L. 1889, art. 6, § 1er), à l'exclusion des actions concernant des droits attachés à sa personne. Les tiers qui ont à exercer des actions contre lui peuvent le mettre en cause, en même temps que le liquidateur (Rouen, 10 mai 1902, D. P. 1904. 2. 182). — Les actes pour lesquels il lui faut non seulement l'assistance du liquidateur, mais l'autorisation du juge commissaire, sont : 1° la continuation de l'exploitation de son commerce ou de son industrie (L. 1889, art. 6, § 3); — 2° la notification à faire, s'il y a lieu, au bailleur d'immeuble, de la volonté de continuer le bail (L. 1889, art. 18; V. *supra*, n° 276); — 3° les cas de désistement, de renonciation ou d'acquiescement (L. 1889, art. 7, § 1er); — 4° les transactions. Si même l'objet de la transaction est indéterminé ou supérieur à 1500 francs, l'autorisation du juge commissaire n'est plus suffisante, et il faut l'homologation du tribunal, homologation du tribunal de commerce pour les transactions sur droits mobiliers, du tribunal civil pour les transactions sur droits immobiliers (L. 1889, art. 7, § 2 et 3). — Pour les désistements, renonciations, acquiescements et transactions, l'avis des contrôleurs, s'il y en a, doit, en outre, être demandé (L. 1889, art. 7, § 1 et 2, et art. 18).

279. Il y a même des actes qu'il est absolument interdit au liquidé de faire, fût-ce avec l'autorisation du tribunal : ce sont les aliénations autres que celles des objets sujets à dépérissement ou dispendieux à conserver (L. 1889, art. 5, § 3), notamment les ventes d'immeubles (Douai, 8 août 1894, D. P. 96. 2. 1). — D'autre part, aucune inscription de privilège ou d'hypothèque ne peut être prise sur les biens du liquidé, après le jugement qui déclare ouverte la liquidation judiciaire ou même le jour où est intervenu ce jugement (L. 1889, art. 5, § 2). — Sur l'application de cette règle, qui comporte les mêmes exceptions qu'en cas de faillite, V. *supra*, n° 81.

280. Le liquidé ne peut pas garder de fonds entre ses mains : ceux qui lui proviennent des recouvrements et ventes sont remis au liquidateur, qui les verse à la Caisse des dépôts et consignations (L. 1889, art. 6, § 5).

281. Du reste, ces restrictions au droit du liquidé de gérer son patrimoine ne sont édictées qu'en faveur de la masse : elle seule peut s'en prévaloir.

282. 3° *Cessation des voies d'exécution individuelles.* — Le jugement qui déclare ouverte la liquidation judiciaire a pour effet d'arrêter les voies d'exécution individuelles des créanciers, dans les mêmes conditions et sous les mêmes exceptions que le jugement déclaratif de faillite (L. 1889, art. 5, modifié par la loi du 5 avr. 1890; V. *supra*, n° 90).

283. 4° *Exigibilité des créances.* — Le jugement qui prononce la liquidation judiciaire produit également, à ce point de vue, les mêmes effets que le jugement déclaratif de faillite : il rend exigibles à l'égard du débiteur les dettes passives non échues (L. 1889, art. 8, § 1er; V. *supra*, n° 92). — De même, en cas de liquidation judiciaire, comme en cas de faillite du souscripteur d'un billet à ordre, de l'accepteur d'une lettre de change ou du tireur à défaut d'acceptation, les autres obligés sont tenus de donner caution pour le payement à l'échéance, s'ils n'aiment mieux payer immédiatement (V. *supra*, n° 95).

284. 5° *Cessation du cours des intérêts.* — De même encore que le jugement déclaratif de faillite, le jugement de liquidation judiciaire arrête, à l'égard de la masse, le cours des intérêts de toute créance non garantie par un privilège, par un nantissement ou par une hypothèque (L. 1889, art. 8, § 1er; V. *supra*, n° 98 et s.).

285. 6° *Hypothèque de la masse.* — La liquidation judiciaire emporte, comme la faillite, une hypothèque légale au profit de la masse. Il y a donc lieu d'étendre également ici les indications données *supra*, n°s 101 et 102, sous cette réserve toutefois qu'en cas de liquidation judiciaire cette hypothèque doit être inscrite par les liquidateurs dans les vingt-quatre heures de leur nomination, tandis qu'en cas de faillite aucun délai n'est prescrit aux syndics pour en requérir l'inscription (L. 1889, art. 4, § 1er).

286. 7° *Annulation de certains actes antérieurs à la liquidation judiciaire.* — Là encore, du moins suivant l'opinion qui prévaut en jurisprudence, il y a lieu d'appliquer en cas de liquidation judiciaire les mêmes règles qu'en cas de faillite, spécialement en ce qui concerne les nullités dont sont susceptibles les actes accomplis durant la période suspecte (Bordeaux, 9 mars 1896, D. P. 99. 2. 65; V. *supra*, n°s 103 et s.).

SECT. IV. — Personnel de la liquidation judiciaire.

§ 1er. — *Liquidateur judiciaire*
(S. 125 et s.).

287. Il y a trois sortes de liquidateurs judiciaires comme il y a trois sortes de syndics (V. *supra*, n° 123) : 1° des liquidateurs *provisoires* nommés par le jugement de liquidation judiciaire lui-même (L. 1889, art. 4); — 2° des liquidateurs *définitifs* nommés

aussi par le tribunal, mais après avis des créanciers présumés : à cet effet, dans les trois jours du jugement de liquidation judiciaire, le greffier informe les créanciers, par lettres et par insertions dans les journaux, de l'ouverture de la liquidation judiciaire, et les convoque à se réunir, dans un délai qui ne peut excéder quinze jours, dans une des salles du tribunal; le jour de la réunion est fixé par le juge-commissaire. Au jour indiqué, le débiteur, assisté des liquidateurs provisoires, présente un état de situation qu'il signe et certifie sincère et véritable, et qui contient l'énumération et l'évaluation de tous ses biens mobiliers et immobiliers, le montant des dettes actives et passives, le tableau des profits et pertes et celui des dépenses. Les créanciers donnent leur avis sur la nomination des liquidateurs définitifs, en même temps qu'ils sont consultés par le juge-commissaire sur l'utilité d'élire immédiatement parmi eux un ou deux contrôleurs (V. *infrà*, n° 292). Il est dressé de cette réunion et des dires et observations des créanciers un procès-verbal, lequel est signé par le juge-commissaire et par le greffier. Sur la vue de cette pièce et le rapport du juge-commissaire, le tribunal nomme les liquidateurs définitifs (L. 1889, art. 9); — 3° des liquidateurs de l'*union ou du concordat par abandon d'actif*, nommés également par le tribunal sur avis des créanciers (L. 1889, art. 15, § 2).

288. Les règles concernant la nomination et le remplacement des syndics (Com. 462 et s.; V. *supra*, n°s 122 et s.) s'appliquent à la nomination et au remplacement des liquidateurs (L. 1889, art. 4 et 9 combinés). — Il suffit de remarquer ici qu'en cas de liquidation judiciaire d'une société dissoute, le liquidateur social peut être nommé liquidateur judiciaire. Mais un nouveau liquidateur social doit alors être choisi à sa place pour que la société continue à avoir un représentant (L. 1889, art. 4, § 2). Le liquidateur social en fonctions au moment de l'ouverture de la liquidation judiciaire doit, en tous cas, rendre compte de sa gestion à la première réunion des créanciers (même article).

289. Les liquidateurs judiciaires sont soumis aux mêmes règles que les syndics au point de vue de leur nombre (V. *supra*, n° 124), du caractère de leurs fonctions (V. *supra*, n° 126), de leur responsabilité (V. *supra*, n° 128), de leur révocabilité (V. *supra*, n° 132), de l'indemnité à laquelle ils ont droit et du règlement de cette indemnité (V. *supra*, n° 130) (Limoges, 29 mai 1903, D. P. 1904. 2. 449).

290. Mais, à la différence des syndics, les liquidateurs n'administrent point le patrimoine du débiteur; ils n'ont d'autre mission que de surveiller ce dernier et de l'assister. Toutefois, au cas de refus du débiteur, ils peuvent procéder au recouvrement des effets et créances exigibles, faire tous actes conservatoires, vendre les objets sujets à dépérissement ou à dépréciation imminente ou susceptibles d'une dépréciation prochaine, intenter ou suivre toute action mobilière ou immobilière; mais l'autorisation du juge-commissaire leur est nécessaire à cet effet, sauf s'il s'agit d'une action à intenter, auquel cas il leur suffit de mettre le débiteur en cause. Ils sont, en outre, tenus de prendre l'avis des contrôleurs, s'il y en a, sur les actions à intenter ou à suivre (L. 1889, art. 6, § 2 et 10, § 2). — Il faut mettre à part les liquidateurs judiciaires de l'union et du concordat par abandon d'actif, lesquels liquident et réalisent l'actif comme de véritables syndics.

§ 2. — *Juge-commissaire* (S. 146).

291. Le mode de nomination ou de remplacement du juge-commissaire à la liquidation judiciaire est le même que celui du juge-commissaire de la faillite; ses fonctions sont également analogues à celles de ce dernier (V. *suprà*, nᵒˢ 134 et s.).

§ 3. — *Contrôleurs* (S. 137 et s.).

292. Les règles applicables aux contrôleurs en cas de liquidation judiciaire sont les mêmes qu'en cas de faillite (L. 1889, art. 24; V. *suprà*, nᵒˢ 137 et s.).

§ 4. — *Masse des créanciers* (S. 109 et s.).

293. Les créanciers ne peuvent agir individuellement et constituent une masse, comme en cas de faillite (V. *suprà*, nᵒˢ 140 et s.). — Cette masse est représentée, en principe, par le liquidateur, auquel il appartient notamment (c'est même une obligation pour lui : V. *infrà*, nᵒ 294), de faire inscrire son hypothèque légale (Paris, 18 juin 1897, D. P. 98. 2. 119). — Mais, le liquidateur n'ayant pas, sauf en cas de refus du débiteur, le pouvoir d'exercer les actions de ce dernier, les créanciers ont le droit d'intervenir dans les instances engagées pour ou contre le débiteur et le liquidateur, spécialement dans les instances en homologation de transaction (L. 1889, art. 7). Ils peuvent, de même, former tierce opposition aux jugements intervenus sur ces instances. — Ils ont, d'ailleurs, tous les droits individuels qu'ils gardent en matière de faillite (V. *suprà*, nᵒ 141), et, en outre, celui de demander la conversion de la liquidation judiciaire en faillite (L. 1889, art. 19; V. *suprà*, nᵒ 303).

SECT. V. — Procédure préparatoire de la solution de la liquidation judiciaire.

§ 1ᵉʳ. — *Constatation de l'actif et gestion des biens* (S. 150).

294. Il n'y a pas lieu à apposition de scellés en cas de liquidation judiciaire. Mais les liquidateurs provisoires, que le greffier doit prévenir immédiatement de leur nomination, arrêtent et signent les livres du débiteur dans les vingt-quatre heures de cette nomination, et procèdent avec celui-ci à l'inventaire (L. 1889, art. 4). — Dans le même délai, ils sont tenus de requérir les inscriptions des privilèges ou hypothèques du liquidé sur les biens de ses débiteurs, s'il ne les a point requises lui-même, et de faire inscrire au nom de la masse, sur les immeubles dudit liquidé, l'hypothèque légale qui résulte au profit de cette masse du jugement déclaratif (L. 1889, art. 4).

295. Quant à la gestion des biens du liquidé, c'est ce dernier qui en reste chargé, sous les restrictions indiquées *suprà*, nᵒˢ 277 et s., et sauf le droit pour le liquidateur judiciaire d'agir, en son refus, dans les cas énumérés *suprà*, nᵒ 290.

§ 2. — *Constatation du passif.* — *Vérification et affirmation des créances.*

296. Les règles de la faillite sont, en principe, applicables sur ce point à la liquidation judiciaire (V. *suprà*, nᵒˢ 158 et s.). — Toutefois, les délais de la procédure sont sensiblement abrégés : 1ᵒ Le procès-verbal même de la réunion des créanciers chargés d'examiner la situation du débiteur et de donner leur avis sur la nomination des liquidateurs définitifs (V. *suprà*, nᵒ 287) porte fixation par le juge-commissaire, dans un délai de quinzaine, de la date de la première assemblée de vérification des créances (L. 1889, art. 9, § 5). Et, le lendemain au plus tard de ladite réunion, les créanciers sont convoqués à cette première assemblée, par des lettres individuelles et par des insertions dans les journaux portant que ceux qui n'auraient pas fait à ce moment remise de leurs titres et bordereaux doivent faire cette remise dans le délai fixé pour la réunion de l'assemblée de vérification; ce délai peut, d'ailleurs, être augmenté par ordonnance du juge-commis-

saire, à l'égard des créanciers domiciliés hors du territoire continental de la France (L. 1889, art. 12). Le lendemain des opérations de la première assemblée de vérification, il est adressé, en la même forme que précédemment, une nouvelle convocation à tous les créanciers, invitant ceux qui n'ont pas produit à faire leur production et les prévenant que l'assemblée de vérification à laquelle ils sont convoqués sera la dernière; cette assemblée a lieu quinze jours après la première (art. 13, § 1 et 2). Toutefois, si des lettres de change ou des billets à ordre souscrits ou endossés par le débiteur et non échus au moment de cette dernière assemblée sont en circulation, les créanciers peuvent obtenir du juge-commissaire la convocation d'une nouvelle assemblée de vérification (art. 13, § 3). — 2ᵒ La vérification et l'affirmation des créances ont lieu dans la même réunion (art. 12, § 2).

SECT. VI. — Solutions de la liquidation judiciaire et clôture pour insuffisance d'actif (S. 159 et s.).

297. La liquidation judiciaire peut recevoir cinq solutions différentes : 1ᵒ le concordat simple; 2ᵒ le concordat par abandon d'actif; 3ᵒ l'union; 4ᵒ la clôture pour insuffisance d'actif; 5ᵒ la conversion en faillite. — Aucune autre n'est possible; notamment, sont nuls et sans effet, tant à l'égard des parties intéressées qu'à l'égard des tiers, tous traités ou concordats qui, après l'ouverture de la liquidation, n'ont pas été souscrits dans les formes prescrites pour le concordat simple (L. 1889, art. 16). Les auteurs sont divisés sur le point de savoir s'il en est ainsi dans le cas même où le traité serait consenti par l'unanimité des créanciers.

§ 1ᵉʳ. — *Concordat simple.*

298. La liquidation judiciaire est régie par les mêmes principes que la faillite en ce qui concerne la formation du concordat simple, ses effets, son annulation ou sa résolution (L. 1889, art. 15, 20 et 24; V. *suprà*, nᵒˢ 171 et s.). — Il n'en est autrement que pour les délais de convocation et de réunion de l'assemblée concordataire : c'est, en effet, dès le lendemain de la dernière assemblée, dans laquelle le juge-commissaire prononce la clôture de la vérification, que doivent être convoqués tous les créanciers, vérifiés ou admis par provision, à se réunir pour entendre les propositions de concordat du débiteur et en délibérer; et cette réunion doit elle-même avoir lieu quinze jours après la dernière assemblée de vérification. Toutefois, en cas de contestation sur l'admission d'une ou plusieurs créances, le tribunal de commerce peut augmenter ce délai, sans qu'il soit dérogé pour le surplus aux dispositions des art. 499 et 500 c. com. (L. 1889, art. 14).

§ 2. — *Concordat par abandon d'actif.*

299. Le concordat par abandon d'actif est soumis aux mêmes règles que le concordat simple quant à sa formation, son annulation ou sa résolution. — Mais les choses se passent, pour les biens qui font l'objet de l'abandon, comme s'il y avait union : il est procédé, en conséquence, au maintien ou au remplacement des liquidateurs, puis à la réalisation et à la répartition de l'actif abandonné, dans la forme indiquée *infrà*, nᵒ 300 (L. 1889, art. 15, § 2). Seulement, comme en cas de faillite, le débiteur peut, après la vente de cet actif, libéré envers ses créanciers pour toute la portion de son passif non couverte par le produit de la vente (V. *suprà*, nᵒ 197).

§ 3. — *Union.*

300. Si le débiteur n'obtient pas de concordat et que le tribunal estime qu'il n'y a

pas lieu de déclarer la faillite, les créanciers sont en état d'union; la liquidation judiciaire continue jusqu'à la réalisation et la répartition de l'actif; mais la mission des liquidateurs change absolument de caractère, et, de simples curateurs qu'ils étaient jusque-là, ils deviennent de véritables liquidateurs ayant sous leur propre du mot et ont les mêmes pouvoirs que des syndics; de telle sorte qu'au point de vue pratique, il n'existe aucune différence entre l'union en matière de faillite et l'union en matière de liquidation judiciaire (L. 1889, art. 19, § 2). Il y a donc lieu d'étendre à cette dernière les solutions données *suprà*, nᵒˢ 199 et s.

301. Le liquidé judiciaire peut, comme le failli (Com. 537), être déclaré excusable (Agen, 24 févr. 1902, D. P. 1902. 2. 249).

§ 4. — *Clôture pour insuffisance d'actif.*

302. Il peut y avoir lieu à clôture pour insuffisance d'actif en cas de liquidation judiciaire; les règles applicables sont les mêmes qu'en cas de faillite (V. *suprà*, nᵒˢ 216 et s.).

§ 5. — *Conversion de la liquidation judiciaire en faillite* (S. 166 et s.).

303. La conversion de la liquidation judiciaire en faillite ne peut résulter que d'un jugement du tribunal de commerce, rendu d'office ou sur la poursuite des créanciers (L. 1889, art. 19, § 1ᵉʳ). — Elle est *facultative*, c'est-à-dire laissée à la libre appréciation du tribunal : 1ᵒ s'il est reconnu que la requête à fin de liquidation judiciaire n'a pas été présentée dans les quinze jours de la cessation des payements; 2ᵒ si le débiteur n'obtient pas de concordat (art. 19, § 1-1ᵒ et 2ᵒ). — Elle est *obligatoire* et doit être prononcée à toute période de la liquidation judiciaire : 1ᵒ si, depuis la cessation de payements ou dans les dix jours précédents, le débiteur a consenti l'un des actes mentionnés dans les art. 446 à 449 c. com. (V. *suprà*, nᵒˢ 103 et s.), et si la nullité de cet acte a été déclarée par la juridiction compétente ou reconnue par les parties; 2ᵒ si le débiteur a dissimulé ou exagéré l'actif ou le passif, omis sciemment le nom d'un ou de plusieurs créanciers ou commis une fraude quelconque (Req. 2 févr. 1904, D. P. 1904. 1. 493). On ne saurait assimiler à une fraude le fait par le débiteur mis en liquidation judiciaire d'avoir refusé son concours aux opérations de la liquidation, notamment d'avoir omis de fournir les renseignements nécessaires sur son passif. Il y a cependant des décisions en sens contraire (V. notamment : Montpellier, 4 déc. 1902, D. P. 1904. 2. 313); 3ᵒ en cas d'annulation ou de résolution du concordat; 4ᵒ si le débiteur est condamné pour banqueroute simple ou frauduleuse (art. 19, § 2-1ᵒ à 4ᵒ). — Elle ne peut être ordonnée dans aucun autre cas.

304. Lorsque la liquidation judiciaire est ainsi convertie en faillite, les opérations de la faillite sont suivies aux derniers errements de la procédure de liquidation (L. 1889, art. 19, *in fine*). Si donc, en particulier, la faillite est déclarée après la clôture de la vérification des créances, cette vérification n'est pas recommencée, bien que les délais de la vérification en matière de faillite soient plus longs qu'en cas de liquidation judiciaire (V. *suprà*, nᵒ 296). — Toutefois, la défense de recommencer, lorsque la faillite est déclarée, les opérations qui lui sont communes avec la liquidation judiciaire et qui ont été accomplies, ne fait pas obstacle aux mesures qui sont la conséquence nécessaire de la déclaration de faillite ou qui n'ont pas été accomplies dans le cours de la liquidation judiciaire; en conséquence, le jugement qui déclare la faillite peut, le cas échéant, nommer des syndics provisoires quand même il y avait eu des liquidateurs définitifs sous l'empire de la liquidation judiciaire, et ordonner l'apposition des scellés sur les effets du failli (Req. 18 nov. 1891, D. P. 92. 1. 537). De même, le tribunal peut, en cas de conversion, changer la date de la cessation de payements, bien qu'il se soit écoulé plus de huit jours depuis la clôture définitive de la vérification des créances opérée déjà sous le régime de la liquidation judiciaire (Req. 19 févr. 1895, D. P. 95. 1. 422).

SECT. VII. — Des différentes espèces de créanciers et de leurs droits en cas de liquidation judiciaire.

305. Les droits respectifs des divers créanciers sont les mêmes en cas de liquidation judiciaire qu'en cas de faillite (L. 1889, art. 24; V. *suprà*, nos 220 et s.).

SECT. VIII. — De la revendication.

306. La revendication est admise dans la liquidation judiciaire dans les mêmes cas et sous les mêmes conditions que dans la faillite (L. 1889, art. 24; V. *suprà*, nos 240 et s.).

SECT. IX. — Compétence.

307. La compétence se détermine, en cas de liquidation judiciaire, d'après les mêmes principes qu'en cas de faillite (V. *suprà*, nos 250 et s.).

SECT. X. — Voies de recours.

308. Les jugements rendus en matière de liquidation judiciaire sont soumis, au point de vue des voies de recours, aux mêmes règles que ceux intervenus en matière de faillite (V. *suprà*, nos 253 et s.).

CHAP. IV. — Des banqueroutes, et des crimes et délits commis dans les faillites et liquidations judiciaires.

SECT. Ire. — Des banqueroutes
(R. 1383 et s.; S. 1394 et s.).

309. Peuvent seuls être déclarés en banqueroute les individus commerçants (et non les sociétés) en état de cessation de payements. — Mais, suivant la jurisprudence qui consacre la théorie de la faillite virtuelle (V. *suprà*, no 17), la banqueroute peut être prononcée par les tribunaux répressifs sans qu'il soit intervenu, au préalable, un jugement de déclaration de faillite ou de mise en liquidation judiciaire. Et ces tribunaux, saisis d'une poursuite en banqueroute, apprécient souverainement, d'après les circonstances, si le prévenu est vraiment un commerçant en état de cessation de payements, sans être liés par les décisions que la juridiction commerciale aurait déjà rendues sur ce point; de telle sorte qu'ils peuvent condamner pour banqueroute une personne que cette juridiction a refusé de déclarer en faillite ou en liquidation judiciaire.

310. La banqueroute peut être ou *simple* ou *frauduleuse*. — Sur la situation spéciale des agents de change ou des courtiers privilégiés au point de vue de la banqueroute, V. *suprà, Agent de change*, no 12.

311. La *banqueroute simple* est tantôt obligatoire et tantôt facultative, en ce sens que, dans certains cas, les juges doivent nécessairement la prononcer, tandis que, dans les autres, ils ont la faculté de la prononcer ou non, à leur gré. — Elle est obligatoire contre tout commerçant en état de cessation de payements qui se trouve dans l'un des cas suivants: 1o si ses dépenses personnelles ou les dépenses de sa maison sont jugées excessives; 2o s'il a consommé de fortes sommes, soit à des opérations de

pur hasard, soit à des opérations fictives de bourse ou sur marchandises; 3o si, dans l'intention de retarder sa faillite, il a fait des achats pour revendre au-dessous des cours; si, dans la même intention, il s'est livré à des emprunts, circulations d'effets de commerce ou autres moyens ruineux de se procurer des fonds; 4o si, après la cessation de ses payements, il a payé un créancier au préjudice de la masse (Com. 585). — Elle est facultative: 1o si le commerçant a contracté pour le compte d'autrui, sans recevoir des valeurs en échange, des engagements jugés trop considérables eu égard à sa situation lorsqu'il les a contractés; 2o s'il est de nouveau déclaré en faillite sans avoir satisfait aux obligations d'un précédent concordat; 3o si, étant marié sous le régime dotal ou séparé de biens, il ne s'est pas conformé aux art. 69 et 70 c. com.; 4o si, dans les quinze jours de la cessation de ses payements, il n'a pas fait au greffe la déclaration exigée par les art. 438 et 439 (V. *suprà*, no 23), ou si cette déclaration ne contient pas les noms de tous les associés solidaires; 5o si, sans empêchement légitime, il ne s'est pas présenté en personne aux syndics dans les cas où dans les délais fixés, ou si, après avoir obtenu un sauf-conduit, il ne s'est pas représenté à justice; 6o s'il n'a pas tenu de livres et fait exactement inventaire; si ses livres ou inventaires sont incomplets ou irrégulièrement tenus, ou s'ils n'offrent pas une véritable situation active ou passive, sans néanmoins qu'il y ait fraude (Com. 586).

312. La banqueroute simple est punie d'un emprisonnement d'un mois au moins et de deux ans au plus (Com. 584 et Pén. 402). C'est donc un simple délit; par suite: 1o la tentative n'en est pas punissable; 2o l'action en poursuite se prescrit par trois ans; 3o elle est de la compétence du tribunal de police correctionnelle. — La complicité n'est, d'ailleurs, point punissable en matière de banqueroute simple.

313. L'action peut être exercée par le ministère public, par tout créancier agissant individuellement, ou par les syndics au nom de la masse (Com. 584); toutefois, ces derniers ne peuvent l'intenter, ou se porter partie civile au nom de la masse, qu'après y avoir été autorisés par une délibération prise à la majorité individuelle des créanciers présents (Com. 589). — La question de savoir à qui incombent les frais de poursuite est réglée par les art. 587, 588 et 590 c. com.

314. Quant à la *banqueroute frauduleuse*, elle doit être prononcée contre tout commerçant en état de cessation de payements qui a soustrait ses livres, ou qui a détourné ou dissimulé une partie de son actif, ou qui, soit dans ses écritures, soit par des actes publics ou des engagements sous signature privée, soit par son bilan, s'est frauduleusement reconnu débiteur de sommes qu'il ne devait pas (Com. 591).

315. La banqueroute frauduleuse est punie des travaux forcés à temps (Pén. 402). — C'est donc un crime; par suite: 1o la tentative est punie comme l'acte consommé; 2o l'action en poursuite se prescrit par dix ans; 3o elle est de la compétence de la cour d'assises. — Cette cour n'en peut être saisie que par voie de citation directe, mais uniquement par un arrêt de renvoi de la chambre des mises en accusation. Ont d'ailleurs la faculté de se porter parties civiles: 1o les syndics au nom de la masse, même en l'absence de toute autorisation de l'assemblée des créanciers; 2o un ou plusieurs créanciers, agissant en leur nom personnel. — Les frais de poursuite sont supportés conformément aux dispositions de l'art. 592 c. com.

316. Tous arrêts et jugements de condamnation pour banqueroute simple ou

frauduleuse doivent être, aux frais des condamnés, affichés dans les salles d'audience du tribunal de commerce du failli et publiés par voie d'insertion dans un ou plusieurs journaux du ressort (Com. 600).

317. Dans tous les cas de poursuite et de condamnation pour banqueroute simple ou frauduleuse, la cour ou le tribunal saisi statuent, lors même qu'il y aurait acquittement: 1o d'office, sur la réintégration à la masse de tous biens, droits ou actions frauduleusement soustraits; 2o sur les dommages-intérêts qui seraient demandés et que le jugement ou l'arrêt arbitre (Com. 595). — Toutes les autres actions civiles demeurent soumises aux règles ordinaires de compétence (V. *suprà*, nos 250 et s.); et toutes les dispositions relatives aux biens, prescrites pour la faillite, sont exécutées sans qu'elles puissent être attribuées ni évoquées aux tribunaux de police correctionnelle, ni aux cours d'assises (Com. 601). Le syndic de la faillite sont cependant tenus de remettre au ministère public les pièces, titres, papiers et renseignements qui leur sont demandés (Com. 602); mais les pièces, titres et papiers ainsi délivrés par le syndic sont, pendant le cours de l'instruction, tenus en état de communication par la voie du greffe, dans les conditions indiquées par l'art. 603 c. com.

SECT. II. — Des crimes et délits commis par d'autres que le failli (R. 1483 et s.; S. 1448 et s.).

318. Doivent être condamnés aux peines de la banqueroute frauduleuse: 1o les individus convaincus d'avoir, dans l'intérêt du failli, soustrait, recelé ou dissimulé tout ou partie de ses biens, meubles ou immeubles, et ce, quand même ils n'auraient pas agi de complicité avec lui (Com. 593, § 1er). Toutefois, le conjoint, les descendants ou les ascendants du failli ou ses alliés aux mêmes degrés, qui auraient détourné, diverti ou recelé des effets appartenant à la faillite, sans avoir agi de complicité avec lui, sont simplement punis des peines du vol; mais, par dérogation à l'article 380 c. pén. (V. *infra, Vol*), ces peines leur sont applicables, alors même qu'ils n'ont pas agi dans l'intérêt du failli, mais dans leur intérêt personnel (Com. 594); 2o les individus convaincus d'avoir frauduleusement présenté dans la faillite et affirmé, soit en leur nom, soit par interposition de personnes, des créances supposées (Com. 593, § 2); 3o les individus qui, faisant le commerce sous le nom d'autrui ou sous un nom supposé, se sont rendus coupables des faits constitutifs de la banqueroute frauduleuse (Com. 593, § 3). — Dans ces divers cas, la cour ou le tribunal saisis statuent, lors même qu'il y aurait acquittement: 1o d'office sur la réintégration, à la masse des créanciers, de tous biens, droits ou actions frauduleusement soustraits; 2o sur les dommages-intérêts qui sont demandés (Com. 595).

319. Tout syndic qui s'est rendu coupable de malversation dans sa gestion est puni correctionnellement des peines de l'abus de confiance prononcées par l'art. 406 c. pén. (Com. 596). V. *suprà, Abus de confiance*, no 6.

320. Enfin, doit être puni correctionnellement d'une amende qui ne peut être au-dessus de 2000 francs et d'un emprisonnement qui ne peut excéder une année (sauf dans le cas où le coupable est syndic de la faillite et où cet emprisonnement peut être alors porté à deux ans), tout créancier qui a stipulé, du failli ou de toute autre personne, des avantages particuliers à raison de son vote dans les délibérations de la faillite (Com. 597), quel qu'ait été plus tard, d'ailleurs, l'effet de ce vote, comme aussi le failli, ou qui, sans vendre son vote, s'est fait consentir des avantages particuliers grevant cet actif, soit directement, soit indirectement (Com. 597). — La jurisprudence, qui consacre la théorie de la faillite virtuelle (V. *suprà*, n° 17), décide même que ces peines sont applicables, bien que le jugement déclaratif ne fût pas encore intervenu lors de la stipulation de ces avantages particuliers : il suffit qu'à ce moment la cessation de payements existât déjà et fût connue du créancier. Il en est ainsi, par exemple, en cas d'avantages particuliers concédés à un créancier pour obtenir son adhésion à un concordat amiable avant faillite.

321. Le tribunal correctionnel qui prononce lesdites peines doit, en outre, même d'office, déclarer les avantages particuliers nuls à l'égard de toutes personnes, et même à l'égard du failli ; en conséquence, le créancier est tenu de rapporter à qui de droit, c'est-à-dire, selon les cas, à la masse, au failli concordataire ou au tiers qui les avait versées, les sommes ou valeurs que ce créancier avait reçues en vertu des conventions annulées (Com. 598). — Toute personne intéressée à faire prononcer la nullité et à faire ordonner la restitution peut, d'ailleurs, si elle le préfère, porter son action devant le tribunal de commerce de la faillite (Com. 599).

322. Tous arrêts et jugements de condamnation rendus dans les divers cas qui précèdent doivent être publiés et affichés aux frais des condamnés, comme ceux rendus en matière de banqueroute (Com. 600).

CHAP. V. — De la réhabilitation

(Com. 604 et s., modifiés par la loi du 30 déc. 1903, D. P. 1904. 4. 1 ; Comp. R. 1538 et s.; S. 1485 et s.).

323. Est réhabilité de droit le failli (ou le liquidé judiciaire) qui a intégralement acquitté les sommes par lui dues, en principal, intérêts et frais. Toutefois, en ce qui concerne les intérêts, la loi n'exige pas le payement pour ceux qui remontent à plus de cinq ans (Com. 604, § 1er) ; le failli n'est pas tenu non plus, pour obtenir sa réhabilitation, de payer les intérêts des intérêts (Paris, 16 févr. 1900, D. P. 1902. 2. 43). Le payement doit, d'ailleurs, être réel et effectif, alors même que le débiteur aurait obtenu un concordat avec remise partielle de ses dettes. — Quant à l'associé solidaire qui veut se faire réhabiliter, il doit, d'une part, justifier du payement intégral des dettes sociales, même qu'un concordat particulier lui aurait été consenti (Com. 604, § 2), et, d'autre part, rapporter la preuve de sa libération envers ses coassociés dans le règlement de la portion contributive de chacun d'eux au passif de la société. — En cas de disparition, d'absence ou de refus de recevoir d'un ou de plusieurs créanciers, la somme due est déposée à la Caisse des dépôts et consignations, et la justification du dépôt vaut quittance (Com. 604, § 3).

324. La réhabilitation peut être obtenue, en cas de probité reconnue, après cinq ans à partir du jugement déclaratif de faillite : 1° par le failli qui, ayant obtenu un concordat, a, au moment de la demande, intégralement payé les dividendes promis. Cette disposition est applicable à l'associé d'une maison de commerce tombée en faillite, qui a obtenu des créanciers un concordat particulier ; 2° par celui qui justifie de la remise entière de ses dettes par ses créanciers ou de leur consentement unanime à sa réhabilitation (Com. 605).

325. Le failli (ou le liquidé) peut être réhabilité même après sa mort (Com. 614). — Le bénéfice de la réhabilitation commerciale est refusé aux personnes condamnées **pour banqueroute frauduleuse**, vol, escro-

querie ou abus de confiance (Com. 622, § 1er), sans qu'il y ait à distinguer suivant que les condamnations ont été prononcées avant ou après la faillite (Req. 21 avr. 1904, D. P. 1904. 1. 609). Toutefois, ces personnes sont admises à la réhabilitation lorsqu'elles ont été réhabilitées conformément aux art. 619 et s. c. instr. cr. (Com. 612). Mais la disposition de la loi du 30 déc. 1903 qui a consacré cette dernière solution n'a pas d'effet rétroactif et ne saurait, par suite, être invoquée à l'appui d'un pourvoi en cassation contre un arrêt rendu antérieurement à sa promulgation (Req. 21 avr. 1904, précité).

326. Toute demande en réhabilitation est adressée au procureur de la République de l'arrondissement dans lequel la faillite a été prononcée, avec les quittances et pièces qui la justifient. Ce magistrat en adresse des expéditions certifiées de lui au président du tribunal de commerce qui a déclaré la faillite, et au procureur de la République du domicile du demandeur, si celui-ci a changé de domicile depuis la faillite (ou la liquidation), en les chargeant de recueillir tous les renseignements qu'ils pourront se procurer sur la vérité des faits exposés (Com. 606). Copie de ladite requête reste affichée pendant un délai d'un mois dans la salle d'audience du tribunal ; avis en est donné par lettres recommandées à chacun des créanciers vérifiés à la faillite, ou reconnus par décision judiciaire postérieure, qui n'auront pas été intégralement payés dans les conditions de l'art. 604 (Com. 607). Tout créancier qui n'a pas été payé intégralement dans les conditions de l'art. 605, et toute autre partie intéressée, peut, pendant la durée de l'affaire, former opposition à la réhabilitation par simple acte au greffe, appuyé de pièces justificatives. Le créancier opposant peut, par requête présentée au tribunal et notifiée au débiteur, intervenir dans la procédure de réhabilitation (Com. 608). — Après l'expiration du délai, le résultat des enquêtes et les oppositions formées par les créanciers est communiqué au procureur de la République saisi de la demande et transmis par lui, avec son avis motivé, au président du tribunal de commerce (Com. 609).

327. Le tribunal appelle, s'il y a lieu, le demandeur et les opposants, et les entend contradictoirement en chambre du conseil. Le demandeur peut se faire assister d'un conseil. — Dans le cas de l'art. 604 (celui où la réhabilitation est de droit), il se borne à constater la sincérité des justifications produites ; et, si elles sont conformes à la loi, il prononce la réhabilitation. Dans le cas de l'art. 605 (celui où la réhabilitation n'est que facultative), il apprécie les circonstances de la cause. — Le jugement est rendu en audience publique. Il peut être frappé d'appel, tant par le demandeur que par le procureur de la République et par les créanciers qui sont intervenus dans l'instance, dans le délai d'un mois à partir de l'avis qui leur a été donné par lettres recommandées. Les créanciers opposants qui n'ont pas été parties dans l'instance sont également avisés du jugement ; ils peuvent exercer leur droit d'opposition devant la cour d'appel. — La cour d'appel statue après examen, et dans les mêmes formes que le tribunal (Com. 610). L'arrêt peut être l'objet d'un pourvoi en cassation, alors du moins qu'il est fondé uniquement sur des motifs de droit (Comp. Req. 19 avr. 1904, D. P. 1904. 1. 609).

328. Si la demande est rejetée, elle ne peut être reproduite qu'après une année d'intervalle. — Si elle est admise, le jugement ou l'arrêt est transcrit sur le registre du tribunal de commerce du lieu de la faillite et de celui du domicile du demandeur. Il est, en outre, adressé au procureur de la République qui a reçu la demande et, par les

soins de ce dernier, au procureur de la République du lieu de naissance du demandeur, qui en fera mention en regard de la déclaration de faillite, sur le casier judiciaire (Com. 611).

329. Les règles ci-dessus exposées sont applicables au liquidé judiciaire, comme au failli.

330. La réhabilitation a pour effet de faire cesser les incapacités diverses, civiques et politiques (V. *suprà*, n°s 61 et s.), qui continuent à frapper le failli (ou le liquidé), même après la clôture de la faillite (ou de la liquidation) ; notamment, elle lui rend le droit de se présenter à la Bourse (Com. 613).

CHAP. VI. — De la faillite ou de la liquidation judiciaire des étrangers en France, et des conflits de législation.

Art. 1er. — De la condition des étrangers en France au point de vue de la faillite ou de la liquidation judiciaire (S. 1510 et s.).

331. Les commerçants étrangers en état de cessation de payements peuvent être déclarés en faillite en France ou y être mis en liquidation judiciaire, non seulement lorsqu'ils ont été autorisés à s'établir leur domicile et qu'ils y possèdent un domicile de droit, mais encore lorsqu'ils n'y ont qu'un domicile de fait. — Les créanciers français ont même le droit de faire déclarer en faillite en France leur débiteur étranger, bien que celui-ci n'y ait ni domicile ni résidence.

332. Les sociétés commerciales étrangères en état de cessation de payements peuvent, de même, être déclarées en faillite en France ou y être mises en liquidation judiciaire, non seulement lorsqu'elles y ont leur siège social, mais encore lorsqu'elles y ont simplement leur centre d'exploitation (L. 4 mars 1889, art. 3, *in fine*). Leurs créanciers français peuvent même les y faire déclarer en faillite, bien qu'elles n'y possèdent aucune succursale. — Ces règles sont applicables même aux sociétés étrangères qui, à raison de leur nature, sont soumises à l'autorisation du Gouvernement français en vertu de la loi du 30 mai 1857 (V. *infrà*, *Société*), et qui ne l'ont pas obtenue.

333. Les créanciers étrangers sont, en principe, assimilés aux créanciers français, en ce qui concerne la faillite ou la liquidation judiciaire. Notamment, ils concourent aux répartitions sur un pied absolu d'égalité avec ces derniers. Pareillement, ils ont le droit de provoquer la déclaration de faillite de leur débiteur français ou étranger ; toutefois, comme les étrangers, à moins d'être admis à établir leur domicile en France, n'ont pas le bénéfice de l'art. 14 (V. *suprà*, *Étranger*, n° 51), ils ne peuvent demander devant un tribunal français la faillite de leur débiteur, si celui-ci n'était pas domicilié en France ou n'y possédait pas tout au moins un établissement commercial.

Art. 2. — Des conflits de législation (S. 1518 et s.).

334. Les jugements déclaratifs de faillite prononcés par les tribunaux étrangers n'ont pas, en principe, autorité de chose jugée en France. Par suite, tant qu'ils n'ont pas été rendus exécutoires en France par les tribunaux français, les créanciers conservent le droit d'y poursuivre individuellement leur débiteur et de l'y faire déclarer à nouveau en faillite ; mais ce dernier n'y est réputé frappé d'aucune incapacité ni de dessaisissement, et garde le droit d'administrer ses biens et d'en disposer. — La jurisprudence décide, toutefois, que les jugements déclaratifs étrangers font foi, par eux-mêmes, du mandat judiciaire donné aux syndics, en sorte que ceux-ci peuvent, sans exequatur, faire des actes conservatoires, par exemple apposer les scellés, recouvrer des créances, et même ester en justice devant les tribunaux français, tant en demandant qu'en défendant, comme représentants de la masse ou du failli. Mais les syndics ne peuvent, tant que le jugement déclaratif n'a pas été rendu exécutoire en France, ni procéder à aucun acte d'exécution, ni faire inscrire l'hypothèque légale, semblable à celle de l'art. 490 c. com. français (V. *suprà*, n° 101), que la loi étrangère admettrait au profit de la masse.

335. Quant au tribunal français compétent pour donner l'exequatur et au droit pour ce tribunal de reviser au fond le jugement étranger, V. *suprà, Étranger*, n° 89. — Il résulte, d'ailleurs, du traité francosuisse du 15 juin 1869 (D. P. 70. 4. 6) que le jugement déclaratif de faillite émané d'un tribunal suisse a, par exception, l'autorité de la chose jugée en France; et que, par suite, le commerçant dont la faillite a été déclarée par un tribunal suisse ne peut plus être postérieurement, à raison des mêmes faits, déclaré de nouveau en faillite par un tribunal français, bien que le jugement suisse n'ait pas encore reçu force exécutoire en France. Toutefois, le droit pour le syndic de réclamer l'application de la faillite aux biens meubles et immeubles situés en France reste subordonné à la délivrance de l'exequatur.

336. Un concordat obtenu en pays étranger est opposable de plein droit, en France, aux créanciers qui y ont adhéré; mais il n'est opposable aux autres que si le jugement étranger, homologuant ce concordat, a été rendu exécutoire par un tribunal français.

337. Pareillement, lorsque le failli est réhabilité par un jugement rendu dans le pays où la faillite a été déclarée, les incapacités dont il était frappé en France, par suite de l'exequatur accordé au jugement déclaratif étranger, ne cessent pas de plein droit, mais seulement lorsque le jugement de réhabilitation a été déclaré exécutoire par un tribunal français.

338. Toutes les formalités de la procédure de la faillite sont régies par la loi du tribunal devant lequel elle est ouverte; il en est ainsi, notamment, des formes et du mode de vérification des créances. — C'est également la loi de ce tribunal qui détermine à quelles conditions les actes passés par le failli au cours de la période suspecte sont nuls ou annulables. — Mais c'est d'après la loi nationale du failli que doivent être résolus les difficultés relatives à sa capacité de s'obliger. — Quant aux formes de la vente des biens du failli après union, aux droits réels, privilèges ou hypothèques prétendus sur ces biens, ils sont régis par la loi du lieu de leur situation.

CHAP. VII. — ENREGISTREMENT ET TIMBRE.

339. Les actes rédigés en exécution des lois relatives aux faillites et liquidations judiciaires, et dont l'énumération suit, sont exempts de la formalité du timbre et de l'enregistrement : les déclarations de cessations de payements; les bilans, les dépôts de bilans, les requêtes à fin de liquidation judiciaire; les affiches et certificats d'insertion relatifs à la déclaration de faillite et aux convocations des créanciers; les actes de dépôt des inventaires, des transactions et autres actes; les procès-verbaux d'assemblées, de dires, d'observations et de délibérations des créanciers; les états des créances présumées, les actes de produit; les requêtes adressées au juge-commissaire, les ordonnances et décisions de ce magistrat; les rapports et comptes des syndics; les états de répartition; les procès-verbaux de vérifica-

tion et d'affirmation des créances; les concordats ou atermoiements (L. 26 janv. 1892, art. 10, D. P. 92. 4. 9).

340. Le jugement qui déclare la faillite ou la liquidation judiciaire, et tous les autres jugements rendus en matière de faillite et de liquidation judiciaire, sont soumis au timbre et à l'enregistrement. Le droit à percevoir est, au minimum, de 4 fr. 50 pour les jugements interlocutoires ou préparatoires, et de 5 francs pour les jugements définitifs (même loi, art. 17, n°s 2 et 3).

341. Les procès-verbaux d'apposition, de reconnaissance et de levée de scellés et les inventaires sont assujettis chacun à un seul droit fixe de 3 francs, quel que soit le nombre des vacations (L. 22 frim. an 7, art. 68, § 2, n°s 1 et 3, R. v° *Enregistrement*, t. 21, p. 26; 24 mai 1834, art. 11; 28 févr. 1872, art. 4, D. P. 72. 4. 12).

342. Le certificat du greffier, délivré à l'Administration des postes pour obtenir la remise au syndic des lettres adressées au failli, est assujetti au timbre de dimension, et soumis à l'enregistrement au droit fixe de 1 fr. 50 (Décis. min. Fin. 7 août 1882, D. P. 84. 5. 215).

343. Les ventes, soit aux enchères publiques, soit à l'amiable, des effets et marchandises du failli, faites par le syndic, avec l'autorisation du juge-commissaire, ne sont sujettes qu'au tarif réduit de 0 fr. 50 pour cent (L. 22 frim. an 7, art. 69, § 5, n° 1; 24 mai 1834, art. 12). Cette réduction de tarif s'applique aux ventes de meubles incorporels, aux ventes de navires et aux ventes de fonds de commerce (Sol. admin. Enreg. 6 sept. 1872, D. P. 73. 5. 232). — Mais la réduction du droit ne s'applique pas aux ventes consenties volontairement par le failli avant la déclaration de faillite, encore bien qu'elles soient faites après la cessation de ses payements, ni à celles faites après le concordat, soit par le failli, soit par ses créanciers (Trib. civ. de Rouen, 23 mars 1883).

344. Les pièces et titres de créances produits à l'appui d'une demande d'admission au passif d'une faillite ou d'une liquidation judiciaire sont dispensés d'enregistrement, mais soumis au timbre (L. 24 mai 1834, art. 13; Sol. admin. Enreg. 10 févr. 1892). — Le récépissé des pièces et du bordereau de production délivré par le greffier, étant assimilé à un acte de dépôt, est dispensé de timbre et d'enregistrement (L. 26 janv. 1892, art. 10).

345. Le concordat amiable, ou arrangement intervenu entre un débiteur et ses créanciers, sans que le débiteur ait été déclaré en faillite ou, au cas de faillite, en dehors des conditions prévues par le Code de commerce pour les concordats, est sujet au droit proportionnel de 0 fr. 50 pour cent sur les sommes que le débiteur s'oblige à payer (L. 22 frim. an 7, art. 69, § 2, n° 4).

346. La transaction intervenue entre le syndic et un créancier de la faillite, par laquelle ce dernier fait remise d'une partie de sa créance, ne rentre dans aucune des exceptions établies pour la perception du droit d'enregistrement assujettissant les actes, en matière de faillite, et doit être assujettie, en conséquence, au droit ordinaire qui lui est applicable d'après sa nature (Trib. civ. de Lyon, 31 déc. 1891).

347. L'union des créanciers du failli, ne figurant pas au nombre des actes exemptés de la formalité par la loi de 1892, est soumise au droit fixe de 4 fr. 50 (L. 22 frim. an 7, art. 68, § 3, n° 6; 28 févr. 1872, art. 4).

348. L'inscription hypothécaire prise par le syndic en vertu de l'art. 490 c. com. n'est pas sujette à la taxe hypothécaire de 0 fr. 25 pour cent. Cette taxe ne devient exigible que sur l'inscription requise en vertu du juge-

ment d'homologation du concordat (L. 27 juill. 1900, art. 6, D. P. 1900. 4. 57).

349. Les quittances de répartitions opérées par les syndics ou liquidateurs, en cas d'union ou de concordat par abandon d'actif, sont soumises à la taxe judiciaire de 0 fr. 25 pour cent. Cette taxe doit être payée par les syndics ou liquidateurs dans la huitaine à compter du jour où la répartition a été ordonnée, sous peine d'en demeurer personnellement débiteurs (L. 26 janv. 1892, art. 16, § 1er, n° 1). Ces quittances sont également soumises au droit de timbre de 0 fr. 10 (même loi, art. 10, § 3).

350. La requête en réhabilitation doit être tarifée, comme acte judiciaire innomé, à 4 fr. 50 fixe (L. 22 frim. an 7, art. 68, § 1er, n° 51; 28 févr. 1872, art. 4), et l'arrêt d'admission ou de rejet au droit fixe de 25 francs (L. 26 janv. 1892, art. 17, n° 8).

351. Lorsque les deniers de la faillite sont insuffisants pour faire face aux frais, les actes soumis aux droits de timbre et d'enregistrement sont formalisés en débet (Com. 461; Sol. admin. Enreg. 4 janv. 1891).

FAUSSE MONNAIE

(R. v° *Faux et fausse monnaie*, n°s 17 et s.; S. eod. v°, n°s 8 et s.).

1. Les crimes et délits de fausse monnaie font l'objet des art. 132 à 135 et 138 c. pén., modifiés par la loi du 13 mai 1863 (D. P. 63. 4. 79). — Ces infractions portent exclusivement sur des *monnaies*; les textes précités ne s'appliquant pas à la contrefaçon des jetons ou des médailles. — Sur la contrefaçon des billets de banque, V. *supra, Contrefaçon des sceaux de l'État*, etc., n° 2.

2. La loi atteint ceux qui ont contrefait ou altéré des monnaies, ou participé à l'émission ou à l'exposition de ces monnaies contrefaites ou altérées ou à leur introduction sur le territoire français (Pén. 132 et 133). — La *contrefaçon*, c'est l'imitation frauduleuse de la monnaie véritable. — L'*altération* consiste dans le fait de modifier la substance des monnaies originaires véritables en soustrayant du métal par la lime, par un agent chimique ou par tout autre moyen. — Il y a *émission* dès que la monnaie est donnée en payement ou en échange. Lorsque l'émission est le fait d'une autre personne que celle qui a altéré ou falsifié ou fabriqué la monnaie, cette personne n'est punissable qu'autant qu'elle a connu la fausseté des pièces émises. — L'*exposition* consiste à mettre la monnaie en montre, à l'offrir aux regards du public; l'*introduction*, à la faire pénétrer sur le territoire français, à préparer ainsi une émission ou une exposition.

3. Le crime de fausse monnaie est l'objet de dispositions différentes suivant que la contrefaçon ou l'altération porte sur des monnaies ayant cours légal en France (Pén. 132) ou sur des monnaies étrangères (Pén. 133). Par monnaies ayant *cours légal*, il faut entendre, outre les monnaies françaises, celles qui, bien qu'émises à l'étranger, auraient cours forcé en France, à l'exclusion de celles qui sont simplement autorisées à circuler sur le territoire français en vertu de conventions diplomatiques (Cr. c. 29 mars 1890). Il a été jugé, à cet égard, que la convention monétaire connue sous le nom d'*Union latine*, conclue, en 1865, entre la France et différents pays, notamment la Belgique et l'Italie, n'a pas donné en France cours forcé aux monnaies de ces pays; qu'ainsi la contrefaçon de pièces belges ou italiennes n'est pas punissable aux termes de l'art. 132, mais seulement en vertu de l'art. 133 (Cr. c. 27 juill. 1883, S. n° 14). — Il va de soi que la contrefaçon d'une monnaie démonétisée ne tomberait pas sous le coup de l'art. 132.

4. La contrefaçon de monnaies ayant cours légal en France est punissable, soit qu'elle ait été commise en territoire français, soit qu'elle l'ait été en pays étranger. Dans ce dernier cas, le crime peut être poursuivi en France, alors même qu'il a été commis par un étranger, mais à la condition qu'il soit arrêté en France ou que son extradition soit obtenue. Si le coupable est un Français, la poursuite peut avoir lieu avant son retour en France (Instr. 5 et 7; V. *supra*, *Compétence criminelle*, n°s 19 et 22). Au contraire, la contrefaçon de monnaie étrangère n'est punie qu'autant que le crime a été commis en France (Pén. 133).

5. La peine est, en ce qui concerne les monnaies françaises, celle des travaux forcés à perpétuité, s'il s'agit de monnaies d'or ou d'argent (Pén. 132, § 1er), celle des travaux forcés à temps dans le cas où le crime a porté sur des monnaies de billon ou de cuivre (Pén. 132, § 3). Quant aux monnaies étrangères, qu'il s'agisse de monnaies d'or ou d'argent, de billon ou de cuivre, la peine est toujours celle des travaux forcés à temps (Pén. 133).

6. Indépendamment des contrefaçons ou altérations prévues et punies par les art. 132 et 133, sont également interdites la fabrication, la vente, le colportage et la distribution de toutes les *imitations* des monnaies ayant cours légal en France et des monnaies étrangères. La peine consiste dans un emprisonnement de 5 jours à 6 mois et une amende de 16 à 2 000 francs (L. 30 mars 1902, art. 57, D. P. 1902. 4. 60).

7. L'art. 134 c. pén. punit d'un emprisonnement de 6 mois à 3 ans ceux qui colorent en les blanchissant ou en les dorant les monnaies, dans le but de tromper sur la valeur du métal. Cette disposition n'est applicable qu'autant que le fait de blanchir ou de dorer les monnaies ne leur fera subir aucune altération dans leur essence, sinon on retomberait dans un des cas de l'art. 132 c. pén. — L'art. 134 punit de la même peine ceux qui ont participé à l'émission ou à l'introduction de monnaies ainsi colorées; il ne participe pas de l'exposition de ces monnaies qui, dès lors, n'est pas incriminée.

8. Deux hypothèses sont prévues par l'art. 135 c. pén. La première est celle de l'individu qui a reçu pour bonne et remis en circulation une pièce de monnaie contrefaite, altérée ou colorée dans l'ignorance de sa falsification. Dans ce cas, il n'y a ni crime ni délit (Pén. 135, § 1er). La seconde hypothèse est celle où le distributeur qui a reçu les pièces pour bonnes les remet en circulation *après en avoir vérifié et fait vérifier les vices* (Pén. 135, § 2); la peine est alors une simple amende. Il s'agit, dans cette seconde hypothèse, d'un cas d'excuse, et non pas d'un délit *sui generis*.

9. Sont exemptes de peines les personnes coupables de fabrication de fausse monnaie qui, avant toutes poursuites, en auront donné connaissance aux autorités. L'exemption de peine est acquise : 1° aux individus qui, n'étant pas encore poursuivis, ont donné connaissance du crime de fausse monnaie et en ont révélé les auteurs avant la consommation du crime; 2° à ceux qui, même après les poursuites commencées, ont procuré l'arrestation des autres coupables (Pén. 138). Il s'agit là d'un cas d'excuse absolutoire. — La loi ne visant expressément que les crimes prévus par l'art. 132, la jurisprudence en a conclu que l'exception dont il s'agit ne peut être invoquée par l'individu inculpé d'émission en France de fausses monnaies étrangères (Pén. 133).

10. La question de savoir dans quel cas il y a complicité du crime de fausse monnaie se résout d'après les règles générales posées par l'art. 60 c. pén. (V. *supra*, *Complice-complicité*, n°s 16 et s.).

11. L'amende établie par l'art. 164 c. pén. (V. *infra*, *Faux en écritures*, n° 46) s'applique au crime de fausse monnaie comme au faux proprement dit.

FAUX EN ÉCRITURES

(R. v° *Faux et fausse monnaie*; S. *eod.* v°).

ART. 1er. — DÉFINITION. — LÉGISLATION (R. 1 et s.; S. 1 et s.).

1. Le faux en écritures est l'altération de la vérité dans un écrit, de nature à porter préjudice à autrui, et commise dans une intention criminelle. — Le faux constitue, suivant les cas, un crime ou un délit. Les règles qui le concernent sont contenues dans les art. 145 à 164 c. pén., dont quelques-uns (153 à 161 et 164) ont été modifiés par la loi du 13 mai 1863 (D. P. 63. 4. 79).

ART. 2. — CARACTÈRES GÉNÉRAUX (R. 100 et s.; S. 110 et s.).

2. Comme il résulte de la définition qui en a été donnée ci-dessus, le crime (ou le délit) de faux se compose de trois éléments: l'altération de la vérité dans un écrit; l'intention frauduleuse; le préjudice ou la possibilité d'un préjudice.

3. 1° *Altération ou suppression de la vérité.* — L'altération de la vérité est l'élément essentiel du faux. L'expression, même dolosive ou dommageable, d'un fait vrai ne saurait jamais constituer un faux. Ainsi, l'individu qui fait devant un officier public une déclaration qu'il croit fausse, mais qui, en réalité, se trouve conforme à la vérité, ne commet pas un faux.

4. L'altération de la vérité doit se traduire dans un écrit. L'écrit peut être manuscrit ou imprimé. Ainsi la falsification de titres, valeurs, rentes, qui ne contiennent aucune écriture manuscrite, peut constituer un faux. De même, il y a faux dans le fait de contrefaire des billets de chemin de fer ou de théâtre, des bons de société de bienfaisance, des billets de loterie, etc.

5. L'altération n'est punissable que si elle porte sur des clauses, déclarations ou faits que l'acte avait pour objet de recevoir ou de constater (Pén. 147, *in fine*). Il faut que l'écrit soit destiné à servir de titre pour l'acquisition, la transmission, la constatation d'un droit, d'un état, d'une qualité. Si l'acte falsifié, altéré, n'était la source ou la preuve d'aucun droit, le faux n'existerait pas; par exemple, il n'y a pas crime de faux dans le fait, par un inculpé, de prendre un nom supposé dans un interrogatoire ou devant un tribunal; mais le faux punissable existe s'il a pris le nom et la signature d'un individu existant réellement (Cr. r. 19 févr. 1898, D. P. 1900. 1. 53). De même, le fait par un failli d'avoir, dans un bilan qu'il a déposé, frauduleusement exagéré son actif et diminué son passif, ne constitue pas le crime de faux, parce que le bilan n'a pour objet que d'indiquer la situation du failli, et qu'on ne saurait puiser dans ses énonciations aucune preuve ou présomption pouvant donner naissance à un droit quelconque.

6. Il est nécessaire enfin, lorsqu'il s'agit des crimes de faux prévus par les art. 145 à 152 c. pén., que le faux ait été commis suivant l'un des procédés déterminés par la loi, c'est-à-dire par les art. 145, 146 et 147 c. pén.

7. Le crime de faux doit être distingué du délit d'escroquerie commis à l'aide d'un faux nom, d'une fausse qualité, de fausses allégations. La distinction est parfois délicate lorsqu'il s'agit d'altérations de la vérité faites par écrit. Ces altérations peuvent constituer le crime de faux et, aux termes de l'art. 405 c. pén., *in fine*, elles sont réprimées comme telles; mais il n'en est pas ainsi dans tous les cas. Ainsi l'usurpation par écrit d'une fausse qualité ne constitue pas le crime de faux lorsqu'elle a été faite dans un acte ayant pour objet de constater si le déclarant avait ou non la qualité qu'il a prise (Pén. 147, *in fine*). — L'usurpation d'un faux nom n'est un faux que lorsqu'il y a eu apposition d'une fausse signature. Au contraire, la fabrication de lettres missives fausses ayant pour objet de faciliter ou de consommer des escroqueries constitue le crime de faux, alors même, suivant la jurisprudence, que la lettre serait signée d'un nom supposé. Toutefois, dans la pratique, des faits de ce genre ne donnent lieu habituellement qu'à de simples poursuites correctionnelles pour escroquerie. Quant à l'apposition d'une signature imaginaire au bas d'un effet de commerce, on n'hésite pas à la considérer comme un faux. — Le faux en écritures conserve, d'ailleurs, son individualité propre et son caractère criminel encore qu'il n'ait été que le moyen d'arriver à commettre une escroquerie; aussi la juridiction correctionnelle, saisie d'une poursuite de cette nature, doit-elle se déclarer incompétente.

8. La simulation concertée entre les parties, par la majoration du prix d'un immeuble entre un acheteur et un vendeur, pour fixer plus haut une hypothèque plus élevé, constitue, d'après la jurisprudence, le crime de faux. La question est discutée en doctrine.

9. Certaines déclarations unilatérales, même mensongères et relatées dans un acte public, ne revêtent pas les caractères du faux. Il en est ainsi, par exemple, de la fausse déclaration faite à la Régie par l'expéditeur de boissons, qui se fait délivrer un congé pour une quantité de boissons inférieure à celle qu'il va diriger chez le consommateur; ce dernier fait constitue un délit fiscal (L. 28 avr. 1816, art. 19, R. v° *Impôts indirects*, p. 410).

10. Il n'existe pas de faux punissable lorsque l'altération de la vérité se produit dans des comptes, mémoires, sur des chiffres ou des calculs. Il en serait autrement si les énonciations mensongères tendant à une augmentation frauduleuse de sommes dues étaient faites dans un acte ayant le caractère d'un titre, par exemple dans un mandat payable par le tiré, d'un hospice.

11. 2° *Intention frauduleuse.* — L'élément intentionnel qui doit se rencontrer dans tous les crimes est, en matière de faux, l'intention frauduleuse. Cette intention, c'est la volonté de se procurer à soi-même ou à d'autres des avantages ou profits illicites, ou encore de causer un préjudice à autrui (sur la nature de ce préjudice, V. *infrà*, n°s 12 et s.). — Il en est ainsi quand le faux a été commis par un fonctionnaire public aussi bien que lorsqu'il est le fait d'un particulier. Dans le cas où, par exemple, un officier ministériel, un notaire, un huissier, constate, comme ayant été accomplie, une formalité essentielle qui, en réalité ne l'a pas été, cette altération de la vérité ne constitue pas un faux criminel, mais une simple faute disciplinaire, si cet officier ministériel a eu pour but, non pas de porter préjudice, mais uniquement de se soustraire à une obligation imposée par la loi. Toutefois, la jurisprudence est incertaine sur ce point.

12. 3° *Préjudice possible.* — Le faux, — c'est le cas général, — a pour objet de procurer à son auteur un bénéfice pécuniaire, en nuisant à la fortune d'autrui, en compromettant un intérêt ou un droit. Il faut qu'il y ait eu violation du droit d'autrui; ainsi, le débiteur qui, ayant omis de se faire délivrer une quittance lors du payement, fabrique lui-même un reçu, ne commet pas un faux punissable. Cependant, sur ce dernier point, la jurisprudence s'est prononcée en sens contraire. — L'altération de registres domestiques ne pouvant, la plupart du temps, causer un préjudice, ne saurait, en général, constituer un des éléments du faux en écriture. Par exception toutefois, elle prend le caractère de faux quand elle a pour objet de préjudicier à un tiers en fournissant une présomption à l'appui d'une demande formée contre lui.

13. Le préjudice n'a pas besoin d'être matériel; un préjudice moral suffit. La contrefaçon d'écriture ou de signature commise dans un dessein criminel constitue le crime de faux, alors même que cette contrefaçon porterait atteinte, non pas à la fortune, mais exclusivement à la réputation ou à l'honneur de la personne au préjudice de laquelle elle est commise, comme le ferait notamment une dénonciation calomnieuse (Cr. r. 2 avr. 1896, D. P. 96. 1. 440).

14. Il n'est pas nécessaire, pour qu'il y ait faux, que le préjudice ait été réellement causé; il suffit que l'altération de la vérité ait pu le produire, qu'il ait été *possible* (Cr. r. 4 août 1892, D. P. 93. 1. 559), ce qu'il appartient aux juges du fait d'apprécier. Ainsi, le fait d'avoir, dans le but de faire croire qu'on est le fils légitime d'une personne déterminée, fabriqué ou fait fabriquer une fausse copie, certifiée par le maire, portant reproduction d'un acte extrajudiciaire signifié à la requête du prétendu père légitime, par lequel ce dernier proteste de son union en légitime mariage, constitue le crime de faux, cet acte pouvant servir à la preuve de la filiation légitime (Cr. r. 17 avr. 1863).

15. D'autre part, le préjudice peut affecter un intérêt public (soit d'ordre moral, soit d'ordre pécuniaire) aussi bien qu'un intérêt privé. Tel est le cas où le faux serait commis dans le but d'échapper au payement des droits d'enregistrement ou d'en modifier la liquidation ou l'assiette. De même, commet un faux celui qui altère, pour s'en approprier le bénéfice, un diplôme reconnaissant au titulaire la faculté d'exercer certaines professions (médecin, avocat, etc.). Il y a également faux punissable, comme portant atteinte à l'intérêt public, dans le fait de fabriquer une ordonnance médicale à l'effet d'obtenir d'un pharmacien la délivrance d'une substance toxique. — La jurisprudence admet, d'ailleurs, que l'altération de la vérité dans un acte authentique étant de nature à compromettre la sécurité des transactions pour l'atteinte qu'elle porte à la foi publique, le préjudice ou la possibilité du préjudice est toujours attaché à la falsification d'un acte notarié; que, de même, la possibilité du préjudice résulte nécessairement de l'altération d'une décision de justice, notamment d'une ordonnance de référé (Cr. r. 31 mai et 8 août 1895, D. P. 1900. 5. 353). Jugé, spécialement, que le fait de la supposition de personnes dans des actes notariés ou des actes de procédure, alors même qu'il s'agit de personnages purement imaginaires, est de nature à causer un préjudice à l'atteinte qu'il porte à la foi publique; qu'ainsi doit être tenu pour coupable de faux celui qui a frauduleusement inséré ou fait insérer dans les assignations, constitutions d'avoués, actes d'appel et pourvois en cassation, les noms, professions, etc., de personnages qu'il savait imaginaires ou qu'il a frauduleusement fait dresser par un notaire, sous un faux nom, une procuration et apposé ou fait apposer au bas de cet acte une fausse signature (Cr. r. 5 nov. 1903, D. P. 1904. 1. 25).

16. Au reste, l'éventualité du préjudice suffit pour rendre le faux punissable, quelle que soit la personne qui peut en être victime. Ainsi, en cas de fabrication d'un acte constatant la cession d'une créance à l'auteur du faux, le faux ainsi commis est punissable par cela seul qu'il est de nature à nuire au débiteur de la créance (Cr. r. 13 juill. 1899, D. P. 1903. 1. 164).

17. D'autre part, les nullités extrinsèques ou intrinsèques dont un acte faux (authentique ou sous seing privé) peut se trouver entaché n'en détruisent pas la criminalité. Ainsi, la nullité d'un acte notarié résultant de ce que toutes les parties n'y ont pas apposé leur signature n'empêche pas qu'il y ait faux punissable de la part du notaire qui a sciemment inséré dans cet acte des énonciations mensongères. De même, il y a faux dans l'insertion après coup d'un faux engagement dans un écrit sous seing privé, bien que cet engagement ne soit pas suivi d'un bon ou approuvé de la main du souscripteur. De même encore, le faux portant sur un prétendu acte de cession de créance tombe sous le coup de la loi pénale, sans qu'il y ait lieu de rechercher si, au moment où ce faux a été commis, ceux dont il avait pour objet de faire supposer l'intervention à la cession avaient encore qualité pour consentir celle-ci (Cr. r. 13 juill. 1899, précité).

ART. 3. — DES DIFFÉRENTES ESPÈCES DE FAUX.

§ 1ᵉʳ. — *Faux en écritures authentiques et publiques* (R. 171 et s.; S. 200 et s.).

18. Les actes dont l'écriture doit être considérée comme authentique et publique pour l'application des peines de faux sont : 1° les actes politiques, lois, décrets, traités de paix, d'alliance, de commerce, etc.; 2° les actes judiciaires, par exemple les jugements émanés des divers tribunaux, les procès-verbaux des officiers de police judiciaire, des gendarmes, les extraits de casier judiciaire, les rapports d'experts, etc.; 3° les actes administratifs, comme les arrêtés des ministres, conseils de préfecture, les actes de l'état civil, les listes de vote, les registres des receveurs de l'enregistrement, ceux des conservateurs des hypothèques, les registres portatifs des employés des Contributions indirectes, les registres des employés de l'octroi, les caractères et chiffres apposés par l'administration des Postes sur les lettres pour en exprimer les taxes et le poids, les mandats d'argent délivrés par cette administration (Cr. r. 16 mars 1895, D. P. 99. 5. 377), les bons délivrés par le Mont-de-piété, les mandats délivrés par un receveur général sur la Caisse publique, les registres de la comptabilité intéressant le Trésor public; 4° les actes publics publics mis à la disposition des parties pour constater leurs déclarations et conventions et leur donner le caractère de l'authenticité, par exemple les actes d'huissiers, ceux des commissaires-priseurs, des agents de change.

19. Les règles concernant le faux en écritures publiques varient suivant qu'il est commis par des fonctionnaires ou officiers publics ou par des particuliers.

A. — *Faux en écritures publiques commis par des fonctionnaires ou officiers publics* (R. 187 et s.; S. 212 et s.).

20. Les fonctionnaires ou officiers publics visés par la loi (Pén. 145 et 146) sont les personnes investies, d'une manière temporaire ou permanente, d'une délégation de l'autorité publique pour dresser les actes auxquels leur concours imprime le caractère d'actes authentiques et publics. Tels sont les notaires, huissiers, greffiers, économes des hospices. — Le faux, pour tomber sous le coup des art. 145 et 146 c. pén., doit avoir été commis par le fonctionnaire dans l'exercice de ses fonctions, dans un acte qui ne soit pas étranger à ces fonctions. De plus, il est nécessaire que son ministère lui confère le droit d'attester le fait qui est l'objet de la mention mensongère; par exemple, le no-

taire qui délivre des grosses ou expéditions de ses minutes avec une fausse mention d'enregistrement commet un faux dans l'exercice de ses fonctions, les notaires étant spécialement chargés de faire cette mention.

21. Le faux commis par les officiers publics peut être matériel ou intellectuel. — Le faux *matériel* (Pén. 145) est constitué par la falsification physique et corporelle d'un écrit. Il peut être commis : 1° par fausses signatures, lorsque celui qui souscrit un acte le signe d'un nom qui ne lui appartient pas; 2° par supposition de personnes, à la condition que la supposition ait été faite frauduleusement; 3° par altération, suppression, intercalation d'écritures sur les registres ou actes publics. — L'altération ou la suppression consistent en ce que les caractères graphiques de l'acte, écriture ou signature, subissent une retouche, qui les falsifie ou dénature. Dans le faux commis par écritures intercalées ou faites après confection ou clôture des actes ou registres, il n'existe pas d'altération matérielle physique des écritures déjà existantes. Il faut que l'altération ou l'intercalation porte sur une partie essentielle de l'acte ou de l'écriture, de manière que l'écrit falsifié produise ou puisse produire un effet différent de celui qu'il devait produire; tel est le cas, par exemple, où un avoué substitue une fausse date à un dire par lui fait au greffe.

22. Le faux *intellectuel* (Pén. 146) consiste dans l'altération de la substance de l'acte, des clauses qu'il doit contenir. Le faux intellectuel peut être commis soit en écrivant des conventions autres que celles tracées ou dictées par les parties, soit en constatant comme vrais des faits faux ou comme avoués des faits qui ne l'étaient pas, comme par exemple dans le cas où un notaire constate faussement dans un acte la présence de témoins à un payement dont la réalisation est faussement et frauduleusement attestée.

23. Le faux en écriture publique, qu'il soit matériel ou intellectuel, est puni des travaux forcés à perpétuité lorsqu'il est commis par des fonctionnaires publics (Pén. 145-146). Le simple particulier qui a coopéré à un faux commis par un fonctionnaire public est puni de la peine applicable à celui-ci. Il en serait autrement si l'officier public n'avait été qu'un instrument inconscient du crime; il ne resterait, en pareil cas, qu'un faux en écriture authentique commis par un particulier.

B. — *Faux en écritures publiques commis par de simples particuliers* (R. 228 et s.; S. 237 et s.).

24. Le faux dont il s'agit ici doit s'entendre non seulement du faux commis par des particuliers, mais aussi de celui qui est commis par des officiers publics agissant en dehors de leurs fonctions.

25. Le faux, prévu par l'art. 147 c. pén., peut être commis de trois manières : 1° Par *contrefaçon, altération d'écritures ou de signatures*. — Il y a fausse signature toutes les fois que celui qui souscrit un acte le signe d'un nom ou même d'un prénom qui ne lui appartient pas, alors même que ce nom ou ce prénom n'appartiendrait pas à autrui et serait purement imaginaire. La contrefaçon suppose qu'on a fabriqué l'écriture de l'acte tout entier. Par l'altération l'acte n'est falsifié qu'en partie; une rature suffit, mais il est nécessaire, pour que la rature constitue un faux, qu'elle porte sur une partie essentielle de l'acte, qu'elle en attaque la substance.

26. 2° Par *fabrication de conventions, dispositions, obligations ou décharges*. — Ce mode de faux s'opère soit par supposition d'écrits, soit par supposition de personne. Il a lieu par *supposition d'écrits* quand l'écrit fabriqué renferme, à la charge de la personne de qui il est supposé émaner, un acte rentrant dans l'une des quatre catégories d'actes visées par l'art. 147. Ainsi, commet le faux par supposition d'écrits portant obligation celui qui énonce, même d'une manière très brève, dans une lettre missive faussement signée du nom d'un tiers, une prétendue dette du signataire envers la personne à laquelle la lettre est adressée. Il y a faux par *supposition de personne*, par exemple, de la part du militaire qui se fait inscrire sous un faux nom sur le registre matricule d'un corps autre que celui dont il fait partie, ou de la part de celui qui se présente sous le nom d'un tiers au gardien d'une prison pour subir une peine au lieu et place d'un tiers, etc.

27. 3° Par *altération ou addition de clauses, de déclarations ou de faits que les actes avaient pour objet de recevoir et de constater*. — Tel est le cas, par exemple, où l'on fait inscrire sur les registres de l'état civil un enfant sous le nom d'une mère supposée. Mais le faux n'existe qu'autant qu'il porte sur des faits que l'acte a pour objet de constater : ainsi, ne constitue pas un faux punissable la déclaration d'une femme qui prend dans un acte de vente la fausse qualité de femme mariée, un tel acte n'étant pas destiné à constater cette qualité.

28. Le faux en écriture authentique et publique commis par des particuliers est puni des travaux forcés à temps. Il en est de même du faux en écritures de commerce et de banque, que vise également l'art. 147 (V. *infrà*, nos 29 et s.).

§ 2. — *Faux en écritures de commerce et de banque* (R. 287 et s. ; S. 269 et s.).

29. Les écritures de commerce et banque dont il est question dans l'art. 147 c. pén. doivent s'entendre, aux termes des art. 8 et s., 189, 632, 633 et 636 c. com., de tous les écrits concernant les actes de commerce et de banque. On peut faire rentrer tous ces écrits dans trois catégories :

30. 1° Les *effets de commerce*. — Ce premier groupe comprend : *a*) les lettres de change ; *b*) les billets à ordre, lorsqu'ils sont souscrits par un commerçant ou un comptable de deniers publics ou lorsqu'ils ont pour objet un fait de commerce (Com. 189, 637, 638). Ainsi, le fait de fabriquer un billet à ordre sous la fausse signature d'un commerçant constitue un faux en écriture de commerce ; *c*) les billets à domicile, lorsqu'ils réunissent les conditions nécessaires pour constituer un acte de commerce (V. *suprà*, *Acte de commerce*, nos 4 et s.) ; *d*) les chèques, lorsqu'ils sont tirés par un commerçant sur une maison de banque ou revêtus de la fausse signature d'un commerçant ; *e*) les récépissés ou warrants ; *f*) les endossements. Lorsque le faussaire a émis un titre à ordre (autre qu'une lettre de change) qui n'a point pour cause une opération de commerce, le faux est en écriture privée, et il conserve ce caractère alors même que le titre est plus tard endossé par un commerçant, cet endossement fût-il un acte de commerce ; *g*) les titres au porteur, lorsqu'ils sont émis par des sociétés ayant le caractère commercial.

31. 2° Les *livres de commerce*, que le faux ait été commis dans les livres obligatoires (livre journal, livre copie de lettres, livre des inventaires) ou dans les livres facultatifs, comme le registre d'entrée et de sortie des marchandises d'une maison de commerce, le carnet ou livre de banque, le livre de caisse.

32. 3° Les *écrits relatifs au commerce terrestre ou maritime*, comme, par exemple, lorsque le faux est commis par la fabrication de lettres ou dépêches télégraphiques de négociants à négociants, contenant demande de marchandises, ou par la falsification

d'un compte entre associés, arrêté en vue de spéculations commerciales, ou dans des écritures relatives aux différentes opérations d'une faillite.

§ 3. — *Faux en écritures privées* (R. 332 et s. ; S. 311 et s.).

33. Le faux en écritures privées, prévu par l'art. 150 c. pén., est celui qui est commis dans toutes les écritures autres que les écritures publiques ou commerciales. Ses caractères et ses éléments constitutifs sont les mêmes que pour les autres espèces de faux (V. *suprà*, nos 2 et s., 18 et s., 29 et s.).

34. Le faux en écritures privées peut être commis : 1° soit par *contrefaçon ou altération d'écritures ou de signatures*, par exemple par l'apposition, de la part d'un assuré, d'une fausse signature sur une police d'assurances (sur la vie ou contre l'incendie), par la fabrication d'une fausse quittance d'une somme d'argent ; — 2° soit par la *fabrication de conventions, dispositions, obligations ou décharges*, comme, par exemple, lorsqu'on énonce dans un billet soumis à la signature du débiteur une somme supérieure à celle pour laquelle ce débiteur, illettré, pensait s'engager. — La loi punit non seulement la fabrication de fausses conventions opérée lors de la rédaction des actes, mais en outre l'insertion de fausses conventions, après coup, dans des actes consommés. À cet égard, il convient de distinguer le faux de l'abus de blanc-seing. Si le blanc-seing a été confié à la personne qui en a abusé, le fait ne constitue qu'un délit (V. *suprà*, *Abus de confiance*, no 25). Au contraire, lorsque la personne qui a abusé du blancseing s'en est emparé par fraude, par adresse, ou même en est devenue possesseur par des circonstances fortuites, la supposition ou l'altération de l'acte conserve son caractère de faux ; — 3° soit par *addition ou altération des clauses, déclarations et faits*, lorsque le mensonge porte sur des parties substantielles de l'acte, par exemple quand il y a substitution frauduleuse d'une somme à une autre sur un billet.

35. La peine est celle de la réclusion (Pén. 150).

§ 4. — *Faux commis dans les passeports, permis de chasse* (R. 353 et s. ; 323 et s.).

36. En ce qui concerne les passeports et les permis de chasse, la loi punit, d'une part (Pén. 153), d'un emprisonnement de six mois au moins et de trois ans au plus : 1° la fabrication d'un faux passeport ou d'un faux permis de chasse ; 2° la falsification d'un passeport ou d'un permis de chasse originairement véritable ; 3° l'usage d'un passeport ou d'un permis de chasse fabriqué ou falsifié ; — d'autre part, d'un emprisonnement de trois mois à un an (Pén. 154) : 1° la supposition de noms dans les passeports ou permis de chasse et la participation des témoins qui concourent à la délivrance de ces actes (la loi n'incrimine que la supposition de noms, et non la supposition de prénoms ou de fausses qualités) ; 2° l'usage d'un passeport ou d'un permis de chasse délivré sous un autre nom. — L'usage délictueux ne résulte, d'ailleurs, pas de la seule possession du passeport ou du permis de chasse falsifié, mais seulement de son exhibition, lorsqu'elle est légalement requise (Cr. r. 13 déc. 1894, D. P. 99. 1. 457).

37. Les logeurs ou aubergistes qui, sciemment, inscrivent sur leurs registres, sous des noms faux ou supposés, les personnes logées chez eux, ou qui, de connivence avec eux, omettent de les inscrire, sont punis d'un emprisonnement de six jours à trois mois (Pén. 154).

38. L'art. 155 c. pén. édicte des pénalités contre les officiers publics qui enfreignent

leurs obligations relativement à la délivrance des passeports.

§ 5. — *Faux commis dans les feuilles de route* (R. 371 et s. ; S. 338 et s.).

39. Ce genre de faux n'existe qu'à une triple condition ; il faut qu'il y ait : 1° falsification de la feuille de route par fabrication ou altération ; 2° intention frauduleuse, constituée par la volonté de l'agent d'échapper à la surveillance de l'autorité ; 3° l'éventualité d'un préjudice, consistant dans la possibilité d'égarer cette surveillance. — La peine est un emprisonnement de six mois à trois ans. Cette peine est augmentée (Pén. 156, § 3 à 5) dans le cas où la falsification a eu pour but non seulement de tromper la surveillance de l'autorité, mais encore de percevoir des frais de route au préjudice du Trésor. — L'usage de la feuille de route fabriquée ou falsifiée est frappé des mêmes peines. — Celles-ci sont également applicables à l'individu qui se fait délivrer par l'officier public une feuille de route sous un nom supposé, ou qui fait usage d'une feuille de route délivrée sous un autre nom que le sien (Pén. 157). — Enfin l'art. 158 frappe l'officier public qui était instruit de la supposition de nom lorsqu'il a délivré la feuille de route.

§ 6. — *Faux commis dans les certificats* (R. 379 et s. ; S. 342 et s.).

40. La loi prévoit d'abord le cas de faux certificats de maladie et d'infirmités destinés à affranchir d'un service public. — Lorsque le certificat a été fabriqué par un particulier sous le nom d'un homme de l'art, la peine est un emprisonnement de un à trois ans (Pén. 159). — Quand le certificat émane d'un homme de l'art et atteste des maladies ou infirmités qui n'existent pas, il faut distinguer si le certificat a été délivré par complaisance (Pén. 160, § 1er) ou par suite de dons ou promesses qui auraient été faits au médecin (Pén. 160, § 2). Dans le premier cas, la peine est un emprisonnement d'un an à trois ans, et l'autre d'un an à quatre ans dans le second. Dans l'un et l'autre cas, le coupable peut, en outre, être privé des droits énoncés à l'art. 42 c. pén. pendant une durée de 5 à 10 ans. Dans le second cas, le corrupteur encourt les mêmes peines que l'homme de l'art qui a délivré le certificat.

41. La loi s'occupe, en second lieu, de réprimer la fabrication de certificats de bonne conduite ou d'indigence, ou autres circonstances propres à appeler la bienveillance du gouvernement ou des particuliers sur la personne y désignée et à lui procurer places, crédit ou secours (Pén. 161). Les *autres circonstances* dont parle l'art. 161 sont, par exemple, les incendies, inondations, épidémies ou même les malheurs individuels. — Lorsque le certificat est fabriqué sous le nom d'un fonctionnaire ou d'un officier public quelconque, la peine est un emprisonnement de six mois à deux ans (Pén. 161, § 1). La même peine est appliquée : 1° à celui qui falsifie un certificat de cette nature, originairement véritable, pour se l'approprier à une personne autre que celle à laquelle il a été primitivement délivré ; 2° à celui qui se sert du certificat ainsi fabriqué ou falsifié. — Quand le certificat a été fabriqué sous le nom d'un simple particulier, il n'y a délit, contrairement à la règle générale (V. *infrà*, n° 43), qu'autant qu'il en a été fait usage (Pén. 161, § 3). La peine est alors de quinze jours à six mois d'emprisonnement.

42. L'art. 162 c. pén. vise des certificats de toute autre nature que ceux qui viennent d'être énumérés. La fabrication de ces certificats constitue un crime s'il a pu en résulter soit une lésion envers des tiers, soit un préjudice envers le Trésor public (même article), et elle est punissable conformément aux dispositions relatives soit aux faux en écritures publiques ou authentiques, de commerce ou de banque, soit au faux en écritures privées. Le préjudice doit s'entendre non seulement du préjudice envers les intérêts pécuniaires et matériels de l'Etat, mais aussi d'un préjudice à ses intérêts généraux.

Art. 4. — Usage du faux (R. 406 et s.; S. 36 et s.).

43. L'usage d'une pièce fausse est un crime principal et distinct de la fabrication même de la pièce. Ainsi, celui qui a fait usage d'une pièce falsifiée est punissable, quoiqu'il ne soit pas l'auteur de la falsification ; et, à l'inverse, le falsificateur est punissable, quoiqu'il n'ait pas fait usage de la pièce falsifiée. — Toutefois, l'usage ne constitue un délit absolument distinct du faux qu'autant qu'il est imputé à tout autre qu'à l'auteur de la falsification. Quand c'est le faussaire lui-même qui fait usage de la pièce fausse, il ne se rend pas coupable de deux infractions et il n'encourt qu'une seule peine.

44. Le crime d'usage de pièce fausse exige, en premier lieu, qu'il ait été fait usage de la pièce, par exemple, en présentant à l'escompte un billet dont on connaît la fausseté, ou en produisant devant un arbitre commis par justice un acte de cession faussement fabriqué à l'effet d'établir une prétendue cession de créance (Cr. r. 13 juill. 1899, D. P. 1903. 1. 164). — En second lieu, il faut que la pièce dont il a été fait usage constitue un faux punissable : si la pièce falsifiée n'offre pas les éléments d'un faux criminel, l'usage de cette pièce ne peut entraîner aucune peine. Ainsi, depuis la loi du 2 juill. 1890 (D. P. 90. 4. 121), qui a abrogé les dispositions relatives aux livrets d'ouvriers, le fait d'avoir sciemment fait usage d'un livret d'ouvrier falsifié ne tombe plus sous l'application de l'art. 161 c. pén. (Cr. r. 18 avr. 1902, D. P. 1902. 5. 350). — Enfin, il est nécessaire que l'agent ait connu la fausseté de la pièce (Pén. 163).

45. La peine est celle des travaux forcés à temps lorsque la pièce dont il a été fait usage constitue un faux en écritures publiques ou authentiques, de commerce ou de banque (Pén. 148), et celle de la réclusion quand il ne s'agit que d'un faux en écritures privées (Pén. 151). — Quant aux peines applicables à quiconque fait usage des passeports, permis de chasse ou feuilles de route falsifiés ou délivrés sous un autre nom que le sien, V. *suprà,* n°* 36 et s., 39.

Art. 5. — Peines du faux (R. 426 et s.; S. 383 et s.).

46. En traitant, dans les articles qui précèdent, des diverses espèces de faux, on a indiqué les peines qui leur sont applicables. Indépendamment de ces peines, les coupables de faux ou d'usage de faux encourent une amende dont le minimum est de 100 francs, le maximum de 3000 francs, et qui peut même être portée jusqu'au quart du bénéfice illégitime que le faux a procuré ou tenté de procurer aux auteurs du crime ou du délit, à leurs complices ou à ceux qui ont fait usage de la pièce fausse (Pén. 164). Lorsque l'amende est portée à plus de 3000 francs, le jugement ou l'arrêt doit, à peine de nullité, constater le chiffre du bénéfice illégitime qui lui sert de base. — Cette amende est édictée impérativement, et elle doit être prononcée même lorsque l'admission des circonstances atténuantes abaisse la peine jusqu'à un simple emprisonnement (Cr. r. 22 déc. 1898, D. P. 99. 1. 496).

Art. 6. — Procédure en inscription de faux principal (R. 463 et s.; S. 393 et s.).

47. La procédure est la même pour toutes les espèces de faux. La poursuite est soumise aux règles générales de la procédure criminelle (Instr. 464), auxquelles le Code a ajouté quelques formes particulières indiquées aux art. 448 à 464 c. instr. cr.

48. Ces règles spéciales sont, notamment, les suivantes : d'abord, dès que des pièces sont arguées de faux, la justice peut les réclamer en quelques mains qu'elles se trouvent, même chez un avocat ou un conservateur des hypothèques, et les rechercher au moyen de visites domiciliaires et perquisitions partout où elle le juge nécessaire (Instr. 452). — Quand la pièce arguée de faux a été produite, elle est déposée au greffe, signée et paraphée par le greffier et par la personne qui l'a déposée (Instr. 448) ; mais ces formalités ne sont pas prescrites à peine de nullité. Puis on réunit des pièces susceptibles de permettre une comparaison d'écriture, à moins que l'existence du faux ne résulte suffisamment d'autres preuves. La juridiction qui déclare faux des actes authentiques doit ordonner qu'ils seront rétablis, rayés ou réformés (Instr. 463).

FAUX INCIDENT

(R. v° *Faux incident;* S. *eod. v°*).

1. On désigne sous ce nom la procédure à laquelle on a recours pour faire rejeter d'un procès, comme fausse ou falsifiée, une pièce produite au cours de l'instance. Elle constitue un incident de l'instance. — Le faux incident fait l'objet du titre 11 du livre 2 du Code de procédure civile (art. 214 à 251).

Art. 1er. — Caractères du faux incident (R. 11 et s.; S. 5 et s.).

2. A la différence du faux principal, procédure criminelle tendant à l'application des peines qui frappent le crime de faux, le faux incident est une procédure essentiellement civile ; elle ne tend qu'à la preuve de la fausseté de l'acte. — Le faux principal est toujours préjudiciel au faux incident, par application de la règle que « le criminel tient le civil en état ». Il faut que l'action publique soit engagée pour que l'instruction civile du faux incident soit suspendue. Une plainte non suivie d'instruction n'est pas suffisante ; mais, d'autre part, un arrêt de mise en accusation n'est pas nécessaire. Par exception, les juges civils ne sont pas tenus de surseoir : 1° lorsque la pièce arguée de faux ne leur paraît pas nécessaire au jugement de la cause (Pr. 250) ; 2° lorsque l'action civile est relative à l'état d'enfant légitime. D'ailleurs, la pièce arguée de faux ne perd sa force exécutoire que par l'arrêt de renvoi devant la cour d'assises (Civ. 1319; V. *infrà,* Preuve).

Art. 2. — Par qui, à quel moment et contre quelles pièces l'inscription de faux peut être formée (R. 27 et s.; S. 10 et s.).

3. Le droit de s'inscrire en faux incident n'appartient qu'aux parties qui figurent dans l'instance ou à leurs ayants cause. L'inscription de faux est, d'ailleurs, recevable de la part de ceux-là même qui ont concouru à la production de la pièce, si l'on prétend s'en prévaloir contre elles.

4. L'inscription de faux est toujours possible lorsqu'on se voit opposer une pièce fausse, le faux eût-il été découvert depuis plus de trente ans. Elle peut être formée en tout état de cause jusqu'à la clôture des débats, sauf aux juges à passer outre si elle leur paraît avoir un but dilatoire. Elle peut se produire pour la première fois en appel.

5. Pour qu'une pièce puisse être attaquée par l'inscription de faux, il suffit qu'elle ait été signifiée, communiquée ou produite dans le cours de la procédure. Sous le nom de *pièces,* il faut comprendre toutes sortes d'actes authentiques ou sous seing privé. L'inscription de faux est possible contre les jugements ou arrêts (Civ. 13 juill. 1898, D. P. 99. 1. 53), contre les livres de commerce, les pièces de comparaison produites au cours de l'instruction du faux, malgré le retard qui pourra en résulter.

6. On s'inscrit rarement en faux contre les actes sous seing privé, parce qu'ils peuvent être écartés par un moyen plus simple (V. *infrà, Vérification d'écritures*). L'inscription de faux serait cependant nécessaire si l'acte privé n'était pas écrit de la main du signataire ou s'il avait été falsifié. — Au contraire, l'inscription de faux est, en principe, nécessaire pour détruire la foi due à l'acte authentique. Il en est toutefois autrement : 1° lorsqu'une partie ne conteste pas la sincérité de l'officier public qui a reçu un acte, mais veut simplement faire établir qu'il a reçu de bonne foi des déclarations mensongères ; 2° lorsqu'on demande à prouver contre des énonciations de l'acte authentique étrangères aux stipulations des parties et que l'officier instrumentaire n'avait pas mission de constater, telles que l'état de démence d'une des parties ; 3° lorsqu'il s'agit d'un faux matériel, reconnaissable à la simple vue, ou même lorsque la fausseté de l'acte produit est révélée sous les yeux par les documents du procès. — L'inscription de faux n'est pas non plus nécessaire lorsqu'un tiers attaque un acte comme simulé.

Art. 3. — Conditions auxquelles est soumise l'inscription de faux (R. 59 et s.; S. 27 et s.).

7. 1° *Existence d'un faux.* — Le faux moral ou intellectuel donne lieu à l'inscription de faux comme le faux matériel (Sur les différentes espèces de faux, V. *suprà, Faux en écritures,* n°* 18 et s.). Mais, pour que l'inscription de faux soit recevable, il n'est pas nécessaire que le faux soit susceptible de tomber sous l'application de la loi pénale.

8. 2° *Existence d'une instance antérieure.* — L'inscription de faux n'est ouverte qu'autant qu'il existe une contestation principale à laquelle elle puisse se rattacher. Si donc l'instance est terminée par une décision passée en force de chose jugée, la partie qui a succombé n'est plus recevable à attaquer par la voie du faux incident civil la pièce sur laquelle cette décision est fondée. La voie criminelle pourrait, d'ailleurs, être employée, le cas échéant, ce qui permettrait d'attaquer ensuite la décision par la requête civile, si la pièce était reconnue fausse. — D'autre part, on ne peut, en prévision du cas où une pièce fausse serait invoquée dans l'avenir, agir au faux principal devant la juridiction civile. La plainte en faux criminel est la seule voie qui soit ouverte en pareil cas ; encore peut-elle faire défaut, soit parce que le faux ne tombe pas sous l'application de la loi pénale, soit parce que le crime, s'il existe, est éteint ou que son auteur est décédé.

9. 3° *Influence sur l'instance principale.* — L'inscription de faux ne doit être admise qu'autant que le jugement de faux incident doit influer sur la décision de l'instance principale.

Art. 4. — Fins de non-recevoir (S. 33 et s.).

10. L'inscription de faux est non recevable, comme contraire à l'autorité de la chose jugée, lorsque la pièce qu'on prétend attaquer a déjà été vérifiée dans une poursuite en faux principal ou incidente et reconnue sincère (Besançon, 2 janv. 1898, D. P. 98. 2. 479). — La vérification qui a été faite d'un acte sous seing privé dans une procédure en vérification d'écritures ne s'oppose pas à ce que cet acte soit ultérieurement l'objet d'une inscription de faux, et cela encore qu'il soit intervenu un jugement sur le fondement de ladite pièce comme véritable et que le demandeur en inscription de faux ait été partie dans l'instance de vérification (Pr. 214).

11. Ne constituent pas non plus des fins de non-recevoir contre l'inscription de faux : 1° l'approbation donnée antérieurement à la pièce postérieurement arguée de faux ; 2° la prescription de l'action en faux principal ou de l'action civile en réparation du préjudice ; 3° l'ordonnance de non-lieu ou l'arrêt d'acquittement intervenu sur les poursuites exercées pour crime de faux.

12. L'inscription de faux n'est pas recevable lorsque la nullité de l'acte attaqué peut être obtenue par les voies ordinaires de la procédure, comme dans le cas où il s'agit d'un acte dont il aurait été fait un usage frauduleux constituant moins un faux qu'un abus de mandat (Poitiers, 13 févr. 1855, D. P. 55. 2. 36).

ART. 5. — COMPÉTENCE, POUVOIRS DU JUGE, SURSIS, DÉSISTEMENT, TRANSACTION.

13. 1° *Compétence* (R. 43 et s. ; S. 21). — Bien que l'inscription de faux puisse être formée devant toutes les juridictions, tous les tribunaux ne peuvent pas en connaître : les tribunaux de commerce et les juges de paix sont, à cet égard, incompétents. Il en est de même des conseils de prud'hommes et des arbitres. — Lorsqu'une pièce produite devant une de ces juridictions, notamment devant un tribunal de commerce, est méconnue, déniée ou arguée de faux et que la partie persiste à s'en servir, il y a lieu à renvoi devant la juridiction civile, seule compétente pour apprécier la sincérité de la pièce, et de surseoir à statuer sur le fond (Orléans, 30 nov. 1896, D. P. 99. 2. 399). Mais ce renvoi n'est pas obligatoire dès qu'il existe dans la cause d'autres justifications de la demande, ou encore s'il est évident que l'exception n'est pas sincère et ne constitue qu'un expédient dilatoire (même arrêt).

14. Devant la Cour de cassation, on peut arguer de faux le jugement ou l'arrêt qui lui est déféré, notamment en tant que la minute ou l'expédition de cet arrêt aurait omis de mentionner le nom d'un magistrat qui avait réellement siégé dans l'affaire (Civ. 24 déc. 1895, D. P. 96. 1. 327). La Cour renvoie la procédure en faux devant le tribunal égal à celui dont la sentence est arguée de faux. — On ne peut, d'ailleurs, s'inscrire en faux contre une pièce ayant servi de base à la décision contre laquelle on se pourvoit : ce serait un moyen nouveau (Sur les moyens nouveaux, V. *suprà*, *Cassation*, n°s 108 et s.).

15. L'inscription de faux peut être formée devant le Conseil d'État ou le conseil de préfecture. Lorsqu'un acte administratif est argué de faux devant une juridiction civile, celle-ci ne peut statuer sur l'incident et doit surseoir jusqu'à ce que l'autorité administrative se soit prononcée sur la validité de cet acte.

16. 2° *Pouvoirs du juge* (R. 78 et s. ; S. 40 et s.). — Les juges devant lesquels est formée une demande d'inscription de faux sont tenus de statuer sur cette demande ; ils ne peuvent passer outre sans la rejeter ou l'admettre. Mais ils ne sont pas tenus d'épuiser tous les moyens d'instruction que la loi met à leur disposition, s'ils trouvent, dans les pièces produites et les faits de la cause, des éléments qui suffisent à former leur conviction. Ainsi ils peuvent, suivant les cas : 1° écarter la demande, si elle leur paraît visiblement mal fondée, notamment si la sincérité de la pièce contestée leur est démontrée par l'examen de son état matériel et par les circonstances (Req. 3 janv. 1900, D. P. 1900. 1. 96), ou si les faits articulés

ne sont pas pertinents (Cr. 30 oct. 1902, D. P. 1903. 5. 379), ou vraisemblables (Req. 16 mai 1898, D. P. 99. 1. 326). Ils jouissent à cet égard d'un pouvoir souverain d'appréciation (même arrêt) ; ... — 2° ou déclarer immédiatement que l'acte est faux (Civ. c. 9 févr. 1903, D. P. 1904. 1. 17) ; — ... 3° ou enfin laisser la procédure de faux suivre son cours. Il n'est pas besoin pour cela que la demande s'appuie sur des présomptions graves, précises et concordantes. Il suffit qu'il y ait doute.

17. 3° *Sursis* (R. 88 et s. ; S. 44). — Lorsqu'une inscription de faux est formée, le juge doit surseoir à statuer sur la demande principale. Cependant, si la pièce arguée de faux n'est pas nécessaire à la décision du procès, il statue en réservant les droits des parties quant à la pièce. D'ailleurs, il n'y a lieu à sursis qu'autant que l'inscription de faux a été régulièrement formée au greffe : toute intention de s'inscrire en faux, manifestée par d'autres moyens, est insuffisante pour justifier un sursis (Toulouse, 21 janv. 1897, D. P. 97. 2. 433). — Le juge peut aussi, suivant les circonstances, suspendre l'exécution de l'acte argué de faux (Civ. 1319). V. *infrà*, Preuve.

18. 4° *Désistement. Transaction* (R. 97 et s. ; S. 45 et s.). — Celui qui s'est inscrit en faux peut se désister de sa demande. — Les parties sont également libres de transiger ; mais la transaction ne peut être exécutée, si elle n'a été homologuée en justice, après avoir été communiquée au ministère public (Pr. 249). — Le tribunal saisi de la demande en inscription de faux est seul compétent pour homologuer la transaction. — Jusqu'à l'homologation, il ne peut être procédé à la suppression, à la réformation ou à la rectification de l'acte.

ART. 6. — PROCÉDURE DE FAUX INCIDENT.

19. La procédure d'inscription de faux se divise en trois périodes dont chacune se termine par un jugement distinct : dans la première, le débat porte sur la recevabilité de la demande ; dans la deuxième, sur l'admissibilité des moyens de faux ; et enfin, dans la troisième, sur la vérité ou la fausseté de la pièce attaquée. — La procédure peut s'arrêter dès la première phase. Le juge peut aussi statuer *de plano* sur le faux (V. *supra*, n° 17), ou statuer sur l'admissibilité des moyens sans avoir prononcé, par une décision préalable, l'admission de la demande.

20. Tout jugement d'instruction ou définitif, en matière d'inscription de faux, ne peut être rendu, à peine de nullité, que sur les conclusions du ministère public (Pr. 251).

§ 1er. — *Première période* (R. 105 et s. ; S. 52 et s.).

21. 1° *Sommation.* — Celui qui veut s'inscrire en faux doit sommer l'autre partie, par acte d'avoué à avoué, de déclarer si elle veut ou non se servir de la pièce, avec déclaration que, dans le cas où elle s'en servirait, il s'inscrira en faux (Pr. 215). Cette sommation, faite par acte d'avoué devant les tribunaux civils, par exploit devant les tribunaux de commerce ou en justice de paix, n'a pas besoin d'être signée par le demandeur.

22. 2° *Déclaration de la partie sommée.* — La partie sommée doit déclarer, dans les huit jours, par acte d'avoué, si elle entend ou non se servir de la pièce arguée de faux. Cette déclaration doit être signée du défendeur ou de son fondé de pouvoirs spécial (Pr. 216), à la fois sur la copie et sur l'original. — Le délai de huit jours n'est pas franc ; mais il doit augmenté à raison des distances (Pr. 1033). Il n'est pas prescrit à peine de déchéance ; les juges apprécient les causes du retard. — Si la partie

sommée ne fait pas cette déclaration, son adversaire peut se pourvoir à l'audience pour faire ordonner que la pièce sera rejetée (Pr. 217). Le tribunal a, d'ailleurs, un pouvoir discrétionnaire pour ordonner ce rejet ou l'écarter.

23. 3° *Déclaration de l'inscription de faux.* — Si le défendeur déclare qu'il veut se servir de la pièce, le demandeur déclare, par acte au greffe, qu'il entend s'inscrire en faux (Pr. 218). La loi ne fixe pas de délai pour cette déclaration ; mais, en cas de retard, l'autre partie peut poursuivre l'audience. La déclaration est faite par la partie ou son fondé de pouvoirs. L'avoué ne peut la faire qu'avec une procuration notariée *ad hoc* (Pr. 218).

24. 4° *Jugement sur la demande d'inscription de faux.* — Le tribunal statue ensuite sur la demande. S'il déclare l'inscription de faux recevable, il nomme un juge-commissaire. Sa décision, qui constitue un jugement interlocutoire, est susceptible d'opposition et d'appel. Elle doit être signifiée. La loi n'a fixé aucun délai pour cette signification ; mais, en cas de négligence, le tribunal pourrait, à la demande de la partie intéressée, fixer un délai, passé lequel la déchéance serait encourue.

§ 2. — *Deuxième période* (R. 151 et s. ; S. 70 et s.).

25. 1° *Dépôt au greffe de la pièce arguée de faux.* — L'inscription de faux étant jugée recevable, le défendeur doit remettre au greffe la pièce arguée de faux dans les trois jours de la signification du jugement (Pr. 219). Le dépôt pouvant être fait par l'avoué, ce délai n'est pas augmenté à raison des distances. Il n'est pas prescrit à peine de nullité. Le dépôt n'est pas nécessaire en cas de faux intellectuel.

26. Le dépôt effectué, le défendeur doit signifier au demandeur l'acte de mise au greffe, dans le délai de trois jours, sans augmentation à raison des distances (Pr. 219). Si le dépôt n'était pas effectué ou s'il n'était pas signifié, le demandeur pourrait, soit requérir le rejet de la pièce, soit obtenir l'autorisation de faire remettre lui-même la pièce au greffe (Pr. 220).

27. Si la pièce arguée de faux a été reçue en minute, l'envoi de cette minute peut être ordonné par le juge commissaire, sur la réquisition du demandeur (mais non d'office) (Pr. 221). — Les art. 221 à 224 contiennent diverses dispositions relatives à l'apport de la minute.

28. Le demandeur en faux (ou son avoué) a le droit de prendre communication au greffe des pièces arguées de faux (Pr. 228). Cette communication ne peut, d'ailleurs, être refusée au défendeur, sauf au greffier à prendre toutes les précautions nécessaires.

29. L'acte de dépôt de la pièce arguée de faux est signifié à l'avoué du demandeur. Il contient sommation d'être présent au procès-verbal, qui doit constater l'état de la pièce. Cette vérification a lieu ainsi après la sommation (Pr. 225). Ce procès-verbal est rédigé dans les formes prescrites par l'art. 227 c. pr. civ.

30. 2° *Articulation des moyens de faux.* — Dans les huit jours qui suivent le procès-verbal, le demandeur doit signifier au défendeur ses moyens de faux, lesquels contiendront les faits, circonstances et preuves par lesquels il prétend établir le faux (Pr. 229). Le défendeur répond par écrit aux moyens de faux, dans un autre délai de huit jours à partir de la signification (Pr. 230). Ces deux délais sont purement comminatoires.

31. 3° *Jugement sur les moyens de faux.* — Trois jours après les réponses du défendeur, la partie la plus diligente peut poursuivre l'audience. Le tribunal peut prendre trois partis : 1° ou bien rejeter la demande, si aucun moyen n'est admissible ; 2° ou proclamer immédiatement l'existence du faux, si elle lui paraît certaine ; 3° ou ordonner la preuve des moyens proposés. — Les juges apprécient souverainement la pertinence et l'admissibilité des faits articulés. S'ils ont des doutes sur la pertinence de certains faits, ils peuvent en renvoyer l'examen à la troisième période. Si aucun moyen proposé n'est admis présentement, mais que le tribunal ait des doutes, et qu'il n'est pas donné suite à l'inscription de faux, et l'examen desdits moyens est joint au fond du procès (Pr. 231).

§ 3. — *Troisième période* (R. 210 et s. ; S. 98 et s.).

32. 1° *Preuve du faux.* — Le jugement qui prononce l'admission des moyens de faux ordonne que la preuve en sera faite par titres, par témoins ou par experts, ou cumulativement, ou séparément par l'un de ces modes (Pr. 232).

33. a) *Enquête.* — La preuve testimoniale est recevable sans commencement de preuve par écrit, en vertu de l'art. 1348 c. civ. (V. *infrà*, *Preuve*). On suit les règles ordinaires des enquêtes, outre certaines formalités spéciales relatives à la présentation aux témoins des pièces arguées de faux et des pièces de comparaison (Pr. 234), et au cas où les témoins présenteraient certaines pièces lors de leur déposition (Pr. 235). — Les témoins instrumentaires d'un acte authentique peuvent être entendus dans l'enquête, qui a pour but d'établir les faits articulés comme moyens de faux contre cet acte, sauf au juge à n'avoir égard à leurs dépositions qu'avec beaucoup de circonspection.

34. b) *Expertise.* — Les experts sont désignés par le jugement (Pr. 232, *in fine*), et non choisis par les parties, comme en matière de vérification d'écritures (V. *infrà*, *Vérification d'écritures*). — Les pièces de comparaison sont désignées, quand les parties ne tombent pas d'accord, par le juge-commissaire ou par le tribunal. On remet aux experts le jugement qui a admis l'inscription de faux, les pièces prétendues fausses, le procès-verbal de l'état d'icelles, le jugement qui a admis les moyens de faux et ordonné l'expertise, les pièces de comparaison. Dans leur rapport, les experts mentionnent la remise desdites pièces, sans pouvoir en dresser procès-verbal, et l'examen auquel ils auront procédé. Il y a lieu, au surplus, d'observer les règles prescrites au titre *De la vérification des écritures* (Pr. 236).

35. 2° *Jugement sur le faux.* — L'instruction achevée, le jugement est poursuivi sur un simple acte (Pr. 238). — Avant qu'il soit statué sur le faux, le président peut délivrer un mandat d'amener contre l'auteur présumé du faux, s'il résulte de la procédure des indices de faux. Le ministère public pourrait également poursuivre le faux et requérir la suspension de l'instance civile jusqu'au jugement du faux par les tribunaux répressifs (Pr. 239, 240).

36. Le jugement civil sur le faux est rendu en la forme ordinaire. L'appréciation des faits rentre dans le pouvoir discrétionnaire du tribunal, qui n'est lié ni par l'enquête, ni par l'expertise.

37. Lorsque la pièce est reconnue fausse, le tribunal en ordonne, suivant les cas, la suppression, la lacération, la radiation en tout ou en partie, la réformation ou le rétablissement. Le tribunal ordonne par le même jugement à qui et par quelles voies les pièces apportées au greffe seront restituées (Pr. 241, 242).

38. Si la pièce est reconnue vraie, le demandeur est passible d'une amende, qui ne peut être inférieure à 300 francs (Pr. 246). L'amende est encourue bien que, l'inscription de faux ayant été admise, le demandeur

se soit désisté au cours de la deuxième ou de la troisième période. Une seule amende doit être prononcée, encore qu'il existe plusieurs pièces arguées de faux, s'il n'y a qu'une seule demande, et alors même qu'il y aurait plusieurs parties, si elles ont agi conjointement. L'action en payement de l'amende se prescrit par 30 ans et non par 3 ans. — Le demandeur peut, en outre, être condamné à des dommages-intérêts (Pr. 246). Le tribunal peut aussi ordonner à titre de réparation la suppression des écrits, l'impression et l'affiche du jugement, son insertion dans les journaux.

39. 3° *Exécution du jugement.* — L'exécution du jugement est suspendue pendant les délais d'appel, de requête civile et de pourvoi en cassation, tant en ce qui concerne la suppression, lacération, etc., de la pièce arguée de faux qu'en ce qui concerne la remise des pièces de conviction ou d'une amende de 100 francs, des dommages-intérêts des parties, d'interdiction et même de poursuites criminelles, s'il y a lieu (Pr. 241, 244). L'exécution est aussi suspendue par les délais d'opposition, mais non par ceux de la tierce opposition ou du désaveu.

ART. 7. — DU FAUX INCIDENT EN MATIÈRE CRIMINELLE (R. 266 ; S. 117 et s.).

40. Il y a lieu au faux incident en matière criminelle lorsqu'il s'est produit, au cours d'un procès, un acte contre lequel la partie à qui on l'oppose croit devoir s'inscrire en faux. Les art. 458 à 460 c. instr. cr. se réfèrent à cette matière.

41. Aux termes de l'art. 458, la partie qui a produit la pièce arguée de faux est sommée de déclarer si elle entend s'en servir (Comp. *suprà*, n° 21). La pièce est rejetée du procès si la partie déclare qu'elle ne veut pas s'en servir ou si, dans un délai de huitaine, elle ne fait aucune déclaration ; et il est passé outre à l'instruction et au jugement. Si la partie déclare qu'elle entend se servir de la pièce, l'instruction sur le faux est suivie incidemment devant la cour ou le tribunal saisi de l'affaire (Comp. *suprà*, n° 22 et 23). Toutefois, les juridictions extraordinaires (Cour de cassation, tribunal de simple police, tribunaux militaires) sont incompétentes. Devant la cour d'assises, la cour seule en connaît, à l'exclusion du jury.

42. Si la partie qui a argué de faux soutient que celui qui l'a produite est l'auteur ou le complice du faux, ou s'il résulte de la procédure que l'auteur ou le complice du faux soit vivant et l'action publique non éteinte par prescription, l'accusation est suivie criminellement, comme en cas de faux principal. La cour ou le tribunal décident s'il y a lieu à surseoir (Instr. 460) : le sursis, qui serait de droit si l'incident se produisait au civil, est facultatif au criminel.

43. La loi ne s'expliquant pas sur la procédure à suivre pour vérifier le faux incident au criminel, on applique, en général, les règles édictées pour la procédure du faux incident civil. C'est ainsi, notamment, que l'inscription de faux incident au cours d'un procès criminel ne peut résulter que d'une déclaration faite au greffe (Pr. 218 ; V. *suprà*, n° 23) (Cr. c. 1er mai 1897, D. P. 98. 1. 61).

ART. 8. — DU FAUX INCIDENT DANS QUELQUES MATIÈRES SPÉCIALES.

§ 1er. — *Douanes* (R. 273 et s. ; S. 123 et s.).

44. Le faux incident en matière de douanes est régi par l'art. 12, tit. 4, de la loi du 9 flor. an 7 (R. v° *Douanes*, p. 563), et les art. 9 et 10 de l'arrêté consulaire du quatrième jour complémentaire de l'an 12.

45. 1° *Déclaration d'inscription de faux.* — Une déclaration solennelle doit être faite par la partie elle-même ou par son fondé de pouvoirs spécial et authentique. Elle doit être écrite et signée de la main même de la partie ou de son mandataire. — Ces formalités sont prescrites à peine de nullité. Ainsi, est nulle la déclaration d'inscription de faux faite verbalement au greffe par un avoué non muni d'un pouvoir spécial notarié, déclaration dont le greffier a dressé acte et que l'inscrivant a signée (Douai, 15 nov. 1898, D. P. 99. 2. 480).

46. La déclaration d'inscription de faux doit être faite au plus tard à l'audience indiquée par la sommation de comparaître devant le tribunal qui doit connaître de la contestation. D'après la jurisprudence, elle ne serait pas recevable sur opposition, si le prévenu avait fait défaut. Mais la déchéance ne serait pas encourue si la citation n'avait pas été donnée régulièrement et de façon à mettre le prévenu en demeure d'user de la faculté qui lui appartient. Il en serait ainsi, par exemple, si la citation avait été remise par l'huissier, non au contrevenant lui-même, mais à une autre personne (Req. 28 juin 1894, D. P. 95. 1. 107).

47. 2° *Moyens de faux.* — Les moyens de faux doivent être déposés au greffe dans les trois jours de l'audience indiquée par la sommation, à peine de déchéance. Le tribunal statue sur l'admissibilité des moyens de faux. L'inscription de faux n'est accueillie qu'autant que les faits sur lesquels elle s'appuie, supposés vrais, sont de nature à faire disparaître la contravention. Le jugement est susceptible d'appel.

48. 3° *Instruction sur le faux.* — Si la déclaration d'inscription de faux vise un faux principal punissable, il y a lieu à renvoyer l'instruction devant la juridiction criminelle. Dans le cas contraire, le tribunal reste saisi de l'incident et procède conformément au droit commun. Le juge de paix, qui est généralement saisi des poursuites, connaît de l'incident de faux, par dérogation au droit commun (V. *suprà*, n° 13).

49. L'ordonnance de non-lieu rendue par le juge d'instruction ne fait pas obstacle à ce que la fausseté des procès-verbaux des agents des Douanes soit démontrée incidemment devant le tribunal saisi de la contestation.

§ 2. — *Contributions indirectes* (R. 298 et s. ; S. 128 et s.).

50. L'inscription de faux en cette matière est régie par les art. 40, 41 et 42 de la loi du 1er germ. an 13. — Les règles sont, en général, semblables à celles de l'inscription de faux en matière de douanes. On peut signaler cependant certaines différences. Ainsi, il n'est pas nécessaire que la déclaration d'inscription de faux soit écrite de la main du déclarant ou de son fondé de pouvoirs ; il suffit qu'elle soit signée de lui (Comp. *suprà*, n° 45). Si le prévenu a fait défaut, la déclaration peut être faite à partir du jour de la signification du jugement jusqu'à l'audience où doit être vidée l'opposition formée contre le jugement.

§ 3. — *Octroi* (R. 328 et s. ; S. 152 et s.).

51. On suit les règles du faux incident en matière criminelle (Instr. 458 et s.), complétées par celles du faux incident civil (Pr. 216 et s.).

§ 4. — *Forêts* (R. 322 et s. ; S. 146 et s.).

52. Les règles spéciales au faux incident en matière forestière sont contenues dans les art. 179 à 181 c. for. Ce sont, en général, celles qui sont suivies en matière de contributions indirectes. Il y a lieu de remarquer seulement que la déclaration doit être faite avant l'audience indiquée par la citation (Comp. *suprà*, nᵒ 50).

§ 5. — *Matières d'or et et d'argent.* — *Postes.*

53. V. *infrà*, *Matières d'or et d'argent*; *Postes et télégraphes.*

FAUX TÉMOIGNAGE

(R. vᵒ *Témoignage faux*; S. *eod.* vᵒ).

§ 1ᵉʳ. — *Caractères du faux témoignage* (R. 8 et s.; S. 6 et s.).

1. Le faux témoignage est la déposition mensongère faite par un témoin devant les juges saisis d'une contestation en matière criminelle, correctionnelle, de police ou civile. Il est prévu et réprimé par les art. 361 à 364 c. pén., modifiés par la loi du 13 mai 1863 (D. P. 63. 4. 79). — Les dispositions de l'art. 363 relatives au faux témoignage en matière civile ne sont pas applicables au faux témoignage devant le conseil de préfecture statuant, notamment, en matière électorale (Trib. corr. de Limoges, 6 mars 1901, D. P. 1902. 2. 134). — Au faux témoignage se rattache le crime ou le délit de subornation de témoins, visé par l'art. 365.

2. Ce délit ne peut être commis que par un témoin déposant sous la foi du serment. De là cette première conséquence que, nul ne pouvant être témoin dans sa propre cause, une déclaration mensongère faite par l'accusé ou le prévenu ne peut être considérée comme un faux témoignage. Mais un témoin qui fait une déposition mensongère commet un faux témoignage punissable, alors même qu'il n'aurait pu dire la vérité sans s'exposer à des poursuites, notamment à une inculpation de complicité avec l'accusé ou le prévenu. — Une seconde conséquence, c'est qu'il n'y a pas faux témoignage dans la fausse déclaration faite par une personne venant déposer à titre de simples renseignements, en vertu du pouvoir discrétionnaire du président des assises, par exemple, ou par une personne dispensée du serment à raison de son âge ou de précédentes condamnations judiciaires (V. *infrà*, *Serment*).

3. La déposition doit : 1ᵒ avoir été faite *en justice*, au cours d'un procès : les dépositions faites au cours de l'instruction préparatoire ne peuvent donner lieu à des poursuites pour faux témoignage ; — 2ᵒ être *contraire à la vérité* ; — 3ᵒ avoir le caractère d'une *déposition consommée* : le témoin échappera à l'inculpation de faux témoignage s'il s'est rétracté en matière criminelle avant la clôture des débats, en matière civile avant l'audition du témoin public, ou, en cas d'enquête faite devant un juge-commissaire, avant la clôture du procès-verbal d'enquête. Mais la remise à une autre session en matière criminelle, le sursis en matière correctionnelle, de police ou civile, s'ils ont été prononcés à raison des soupçons qui s'élèvent sur la sincérité de la déposition d'un témoin, ont pour effet de clore définitivement, à l'égard de ce témoin, les débats de l'affaire, et font obstacle à une rétractation ultérieure de sa part ; — 4ᵒ avoir causé ou être de nature à *causer un préjudice*. Pour que cette condition soit réalisée, il faut, en matière criminelle, correctionnelle ou de police, que le faux témoignage ait été commis *contre* l'accusé ou *en sa faveur*; le préjudice peut atteindre, dans le premier cas, l'accusé ou le prévenu ; dans le second cas, la partie publique ou la partie civile. En matière civile, le faux témoignage doit être de nature à nuire à l'une des parties. La réalisation du préjudice n'est, d'ailleurs, pas nécessaire; un préjudice possible suffit: ainsi, il a été jugé que le faux témoignage commis devant un tribunal correctionnel en faveur du prévenu est punissable comme

étant de nature à nuire à l'action publique, alors même que, malgré ce faux témoignage, le prévenu a été condamné (Chambéry, 14 févr. 1867, D. P. 67. 2. 84).

§ 2. — *Subornation de témoin* (R. 53 et s.; S. 19 et s.).

4. La subornation de témoin a pour but de déterminer un témoin à faire en justice une déposition contraire à la vérité. — Le crime ou le délit de subornation de témoin doit, d'après la jurisprudence la plus récente, être distingué de la provocation au faux témoignage, qui constitue un fait de complicité de ce dernier crime ou délit. C'est une infraction *sui generis* qui, à la différence de la provocation, peut exister sans qu'il y ait eu remise d'argent ou promesses faites, circonstance qui, relativement à la subornation, est aggravante, et non pas constitutive du crime. — Le suborneur ne peut, d'ailleurs, être poursuivi si le faux témoignage n'a pas été commis. — Il n'y a subornation punissable qu'autant que la déposition contenant le faux témoignage réunit les caractères énumérés *suprà*, nᵒˢ 2 et 3.

§ 3. — *Compétence et poursuites* (R. 76 et s.; S. 22 et s.).

5. Le faux témoignage, s'il a eu lieu au cours d'un procès criminel, est un crime ; c'est un délit s'il a eu lieu en matière correctionnelle, de police, ou civile; mais il revêt les caractères d'un crime, du moins en matière correctionnelle ou civile, si, pour le commettre, le témoin a reçu une récompense ou des promesses. — Les mêmes distinctions s'appliquent à la subornation de témoins.

6. Pour apprécier si un faux témoignage a été porté en matière criminelle ou correctionnelle, il faut avoir égard à la qualification légale des faits de la cause au moment où il a été porté et non à celle qui, adoptée comme résultat des débats, a servi de base à l'application de la peine à la partie poursuivie. Ainsi, le faux témoignage porté devant des juges appelés à statuer sur une accusation de crime est justiciable de la juridiction criminelle, alors même que l'accusé n'aurait été condamné que d'une peine correctionnelle, si le fait poursuivi n'a dégénéré en délit qu'après la réception du faux témoignage.

7. Le faux témoignage peut être l'objet d'une inculpation incidente à l'affaire principale, ou postérieure au jugement de cette affaire.

8. 1ᵒ *Inculpation incidente.* — Aux termes de l'art. 330 c. instr. cr., quand, au cours des débats d'un procès criminel, la déposition d'un témoin paraît fausse, le président de la cour d'assises peut le faire mettre en état d'arrestation, soit sur les réquisitions du ministère public, de la partie civile, de l'accusé, soit d'office. — C'est au président seul qu'il appartient, en pareil cas, de mettre le témoin en état d'arrestation; et, seul compétent pour prendre cette mesure, il peut en faire cesser l'effet et ordonner la mise en liberté du témoin, s'il vient à se rétracter avant la fin des débats. Toutefois, l'intervention de la cour d'assises ne serait une garantie de plus. Le président peut ordonner que le témoin suspect, sans être arrêté, sera seulement tenu en état de surveillance, en l'avertissant qu'il a le droit de revenir sur ses déclarations jusqu'à la clôture des débats (Cr. r. 8 févr. 1901, D. P. 1902. 5. 668). Il est, d'ailleurs, toujours libre de recourir ou non à ces mesures; sa décision à cet égard rentre dans l'exercice de son pouvoir discrétionnaire (Instr. 268; Cr. r. 28 avr. 1900, D. P. 1900. 1. 366). Et il peut refuser de les ordonner, contrairement aux conclusions du ministère public; mais ce refus n'empêche pas le ministère public d'exercer ultérieurement des poursuites.

9. Dans le cas de mise en accusation du témoin, le procureur général et le président remplissent, à son égard, le premier, les fonctions d'officier de police judiciaire; le second, les fonctions attribuées au juge d'instruction dans les autres cas (Instr. 330). — Le magistrat instructeur est uniquement chargé de réunir les preuves nécessaires pour mettre la chambre d'accusation à même de statuer sur la prévention; dès qu'il les a réunies, il les communique au procureur général, qui saisit directement la chambre d'accusation.

10. Lorsque le témoin suspect de faux témoignage est mis en état d'arrestation, le procureur général, la partie civile ou l'accusé peuvent immédiatement requérir et la cour ordonner le renvoi de l'affaire à la prochaine session (Instr. 331). Ce renvoi est facultatif. — Il semble résulter des décisions les plus récentes de la jurisprudence, d'une part, que le jugement de l'accusation principale ne doit pas précéder le jugement de l'accusation de faux témoignage; mais que, d'autre part, le président de la cour d'assises peut ordonner la jonction des deux procédures et soumettre les accusés au même débat. La procédure spéciale tracée par les art. 330 et 331 c. instr. cr. n'est pas, d'après la Cour de cassation (les cours d'appel et les auteurs sont divisés), applicable au faux témoignage porté devant le tribunal correctionnel. Celui-ci doit juger séance tenante le faux témoignage comme un délit d'audience, sauf, pour s'éclairer, à ordonner une instruction préalable. Mais la jurisprudence paraît autoriser le jugement simultané des deux préventions.

12. 2ᵒ *Inculpation postérieure au jugement de l'affaire principale.* — Lorsque le faux témoignage est poursuivi, non pas incidemment à l'affaire dans laquelle il a été commis, mais postérieurement au jugement de cette affaire, la poursuite est, conformément au droit commun, exercée par voie d'action principale, soit d'office par le ministère public, soit sur la plainte de la partie lésée.

§ 4. — *Peines* (R. 110 et s.; S. 31).

13. En matière criminelle, le faux témoin encourt la peine de la réclusion ; toutefois, si l'accusé a été condamné à une peine plus forte, le faux témoin subit la même peine (Pén. 361). — En matière correctionnelle, la peine est de 2 à 5 ans d'emprisonnement et d'une amende de 50 à 2 000 francs; si le prévenu est condamné à plus de 5 ans d'emprisonnement, le faux témoin doit subir la même peine (Pén. 362, § 1 et 2). — En matière de police, la peine est d'un emprisonnement de 1 à 5 ans et d'une amende de 16 à 500 francs (Pén. 362, § 3). — En matière civile, le faux témoin est puni d'un emprisonnement de 2 à 5 ans et d'une amende de 50 à 2 000 francs (Pén. 363). — En matière correctionnelle ou civile, le coupable peut, en outre, encourir la privation de certains droits et l'interdiction de séjour (Pén. 362, § 4, et 363.)

14. Dans le cas où le faux témoin a reçu de l'argent, une récompense quelconque ou des promesses, les peines sont aggravées. En pareil cas, en matière criminelle, la peine ne peut descendre au-dessous des travaux forcés à temps; en matière correctionnelle ou civile, la peine est celle de la réclusion ; en matière de police, un emprisonnement de 2 à 5 ans et une amende de 50 à 2 000 fr. Le coupable peut encourir, en outre, les peines accessoires prononcées par l'art. 362, § 4. Dans tous les cas, ce que le faux témoin a reçu est confisqué.

15. Les peines édictées contre le faux témoignage s'appliquent, suivant les mêmes distinctions, à la subornation de témoins.

FILIATION

(R. *v° Paternité et filiation*, n°s 1 et s.).

1. La *filiation* est le lien naturel ou civil qui unit un enfant au père et à la mère dont il est né ou dont il est réputé né. Le mot *paternité* désigne le même lien envisagé sous un autre aspect.

2. On distingue deux espèces de filiation et, par conséquent, de paternité : 1° la filiation *légitime*, qui dérive du mariage (V. *infrà, Filiation légitime*); 2° la filiation *naturelle*, qui résulte des relations illicites entre un homme et une femme non mariés l'un avec l'autre (V. *infrà, Filiation naturelle*). Lorsque le père et la mère de l'enfant naturel, ou l'un d'eux, étaient engagés dans les liens d'un mariage antérieur, la filiation est dite *adultérine*; lorsqu'ils étaient parents ou alliés à un degré qui ne permettait pas entre eux une union légitime, la filiation est dite *incestueuse* (V. *infrà, Filiation adultérine ou incestueuse*).

FILIATION ADULTÉRINE OU INCESTUEUSE

(R. *v° Paternité et filiation*, n°s 705 et s.; S. *eod. v°*, n°s 304 et s.).

1. La loi prohibe d'une façon absolue la reconnaissance des enfants adultérins ou incestueux (Civ. 335). — Si la reconnaissance émane de deux personnes dont l'une était libre et l'autre engagée dans les liens du mariage avec un tiers, la question de savoir quel effet on doit attribuer à cette reconnaissance se résout par une distinction : Lorsque la reconnaissance a eu lieu par deux actes séparés, celle qui émane de la personne non mariée est valable; celle de la personne mariée est seule nulle, comme entachée d'adultérinité. Si la reconnaissance a eu lieu par un seul acte, il n'y a, suivant l'opinion dominante, qu'une seule reconnaissance unique et indivisible, qui est complètement nulle (Trib. civ. d'Arcis-sur-Aube, 23 févr. 1893, D. P. 93. 2. 64). — Cette dernière solution s'applique également au cas de la reconnaissance unique, par une personne non mariée, mais avec désignation d'une personne mariée comme autre auteur de l'enfant, l'indivisibilité de l'aveu d'adultérinité, qui résulte de cette reconnaissance, ne permettant pas de lui donner effet, même à l'égard de l'auteur de la reconnaissance non marié.

2. En ce qui concerne l'enfant incestueux, s'il a été reconnu séparément, tant par le père que par la mère, on s'accorde à décider que l'une des reconnaissances est valable, et on donne généralement la préférence à celle qui est la première en date. — Pour le cas où la reconnaissance a eu lieu dans un seul et même acte par un homme et une femme parents au degré prohibé, la reconnaissance est nulle et ne peut produire aucun effet à l'égard de l'un ni de l'autre. Elle est également nulle lorsqu'elle émane de l'un seulement des auteurs de l'enfant, mais avec désignation de l'autre, parent ou allié au degré prohibé.

3. De même que la reconnaissance, la légitimation est impossible à l'égard des enfants adultérins ou incestueux (Civ. 331).

4. Pour savoir si l'enfant est adultérin, et si, par suite, sa reconnaissance ou sa légitimation est impossible, c'est au moment de sa conception qu'il faut se reporter : il sera réputé adultérin si, à ce moment, le père ou la mère étaient mariés, bien qu'au moment de la naissance ils fussent libres l'un et l'autre de tout lien conjugal. — L'époque de la conception doit être déterminée conformément aux présomptions établies par les art. 312 et s. c. civ. (V. *infrà, Filiation légitime*, n° 2 et s.); ainsi, pour que l'enfant soit réputé issu d'un commerce adultérin, il faudra que le mariage antérieur ait existé pendant tout l'intervalle entre le trois centième et le cent quatre-vingtième jour avant la naissance de l'enfant.

5. En ce qui concerne les enfants incestueux, la question s'est posée de savoir si l'enfant issu des relations de deux personnes entre lesquelles le mariage était prohibé pour cause de parenté ou d'alliance (oncle et nièce, tante et neveu, beau-frère et belle-sœur), pouvait être légitimé par le mariage subséquent de ses père et mère, rendu possible par une dispense obtenue du chef de l'État (V. *infrà, Mariage*). Suivant l'opinion qui a prévalu en jurisprudence, la légitimation est possible en pareil cas.

6. L'enfant adultérin ou incestueux a droit à des aliments (Civ. 762; V. *suprà, Aliments*, n° 3); mais, d'autre part, il ne peut lui être fait aucune libéralité par ses père et mère au delà des aliments (Civ. 908; V. *suprà, Dispositions entre vifs et testamentaires*, n° 46). — D'après la doctrine qui a prévalu, la reconnaissance volontaire d'un enfant adultérin ou incestueux est absolument nulle et ne peut ni lui nuire ni lui profiter (en ce sens, d'une part, il ne peut s'en prévaloir pour réclamer des aliments, et, d'autre part, elle ne peut lui être opposée pour le rendre incapable de recueillir les libéralités qui lui ont été faites par ses auteurs. Toutefois, dans le cas où la libéralité se trouverait contenue dans l'acte même portant la reconnaissance de la filiation adultérine ou incestueuse, elle pourrait être annulée en même temps que la reconnaissance, s'il paraissait au juge que l'une a été la cause déterminante de l'autre; telle est du moins la solution qui paraît généralement admise par la jurisprudence.

7. De même que les enfants adultérins et incestueux sont exclus du bénéfice de la reconnaissance et de la légitimation (V. *suprà*, n°s 1 et s.), de même il ne leur est pas permis d'agir en justice pour établir leur filiation. C'est ce qui résulte de l'art. 342, aux termes duquel « un enfant ne sera jamais admis à la recherche, soit de la paternité, soit de la maternité, dans les cas où, suivant l'art. 335, la reconnaissance n'est pas admise ». — Cette règle est absolue et s'applique même au cas où il y a eu enlèvement (Civ. 340). Si le ravisseur était un homme marié, ou si la femme enlevée était mariée, l'enfant dont la conception coïnciderait avec l'époque de l'enlèvement ne serait pas admis à la recherche de la paternité, celle-ci étant nécessairement adultérine.

8. La recherche de la filiation adultérine ne peut être faite *contre* l'enfant adultérin, pas plus qu'à son profit. C'est ainsi que les héritiers légitimes ne seraient pas admis à établir que le légataire universel de l'enfant était adultérin du testateur qui l'a institué, afin d'obtenir l'annulation des libéralités faites en sa faveur et de faire réduire son droit à des aliments (Comp. *suprà*, n° 6).

9. Les aveux volontaires d'une filiation adultérine, de la part de l'enfant, sont nuls comme les reconnaissances que les père et mère auraient faites, et ne peuvent produire d'effet ni à son profit ni à son préjudice.

10. La règle édictée par l'art. 342 ne fait pas obstacle, d'une façon absolue et dans tous les cas, à l'action en recherche de maternité exercée contre une femme mariée; cette action peut avoir pour objet d'établir en faveur du réclamant non pas une filiation adultérine, mais une filiation légitime, et, en ce cas, elle est recevable : c'est ce qui a lieu, notamment, lorsqu'un enfant, inscrit dans son acte de naissance comme fils naturel d'un père qui l'a reconnu et d'une mère non désignée, répudie cette reconnaissance et recherche la maternité contre une femme mariée, dans le but d'établir sa filiation légitime vis-à-vis du mari de cette femme en vertu de la présomption établie par l'art. 312.

11. Si la filiation adultérine ou incestueuse ne peut être directement constatée par une décision judiciaire, cette filiation peut résulter *indirectement* d'un jugement ou d'un arrêt. Il en est ainsi, par exemple, lorsqu'un jugement admet le désaveu intenté par le mari ses héritiers; ... l'enfant ayant triomphé dans l'action en réclamation d'état intentée contre sa mère, le mari prouve qu'il n'en est pas le père (Civ. 325); ... lorsque le mariage contracté entre deux parents au degré prohibé est annulé; etc... C'est dans ces différents cas que peuvent se produire les effets attribués à la filiation adultérine ou incestueuse par les art. 762 et 908 c. civ.

FILIATION LÉGITIME

(R. *v° Paternité et filiation*; S. *eod. v°*).

ART. 1er. — PRÉSOMPTIONS SUR LESQUELLES REPOSE LA FILIATION LÉGITIME (R. 24 et s.; S. 11 et s.).

1. L'art. 312 c. civ. établit, au profit de l'enfant conçu pendant le mariage, une présomption légale de légitimité en déclarant qu'il a pour père le mari. Cette présomption s'applique incontestablement à l'enfant qui non seulement a été conçu, mais est né pendant le mariage. — Elle s'étend aussi à l'enfant conçu pendant le mariage, mais né après sa dissolution (V. *infrà*, n° 28). — Quant à l'enfant né pendant le mariage, mais conçu antérieurement, V. *infrà*, n° 21.

2. Pour savoir si l'enfant a été conçu pendant le mariage, il faut déterminer l'époque à laquelle remonte la conception, et, à cet égard, la loi a fixé les limites extrêmes de la gestation la plus courte, qui est de cent quatre-vingts jours, et de la gestation la plus longue, qui est de trois cents jours. Ainsi, l'enfant est réputé conçu pendant le mariage quand il est né après le cent quatre-vingtième jour du mariage ou dans les trois cents jours après la dissolution du mariage.

3. D'après l'opinion dominante, les délais maximum et minimum de trois cents jours et de cent quatre-vingts jours se calculent non par heures, mais par jours, ou intervalles de vingt-quatre heures, de minuit à minuit. La jurisprudence est fixée en ce sens que le *dies a quo*, c'est-à-dire, suivant les cas, le jour de la célébration ou celui de la dissolution du mariage, ne doit pas être compris dans le délai de cent quatre-vingts jours. — Quant au *dies ad quem*, il faut distinguer : il est compris dans le délai *maximum*, en ce sens que l'enfant doit être réputé né dans ce délai par cela seul que la naissance a eu lieu avant l'heure de minuit qui sépare le trois centième du trois cent unième jour. Il en est autrement pour le délai *minimum* : le cent quatre-vingtième jour n'est pas compris dans le délai, en ce sens que l'enfant est réputé né après son expiration dès lors que la naissance a eu lieu le cent quatre-vingtième jour.

4. Aux termes des art. 312 et 313 c. civ., la présomption de paternité qui pèse sur le mari lorsque l'enfant a été ou est réputé avoir été conçu pendant le mariage peut être infirmée par la preuve soit d'une impossibilité physique, soit d'une impossibilité morale de cohabitation entre époux durant la période légalement présumée de la conception. Le mari peut alors désavouer l'enfant (V. *infrà*, n° 80 et s.).

5. Il y a impossibilité physique de cohabitation : 1° quand, pendant le temps compris entre le trois centième jour et le cent quatre-vingtième jour avant la naissance de l'enfant, le mari a vécu éloigné de sa femme ; 2° quand, durant ce même laps de temps, la cohabitation a été physiquement impossible par l'effet de quelque accident.

6. La loi n'a déterminé ni la distance qui doit séparer les époux, ni les caractères que l'*éloignement* doit présenter pour qu'on puisse dire que la cohabitation a été impossible. Ces deux points sont abandonnés à l'appréciation des tribunaux. Il a été jugé, à cet égard, que l'impossibilité physique de cohabitation requise par l'art. 312 pour permettre l'action en désaveu ne découle pas de ce fait que les époux ont habité dans des villes distinctes, alors qu'il n'a pas été matériellement au mari de se rendre auprès de sa femme à l'époque où se place la conception de l'enfant (Trib. civ. d'Autun, 20 déc. 1898, D. P. 1900. 2. 71). Dans tous les cas, il faut que l'éloignement ait été certain et continu pendant tout le temps dans lequel la conception peut se placer.

7. Il y aurait éloignement au sens de l'art. 312, si le mari avait été en état d'emprisonnement, de reclusion ou de détention, à la condition toutefois que la séparation ait été absolue, et qu'un fait tout rapprochement entre les époux eût été impossible au temps de la conception. Il en serait de même au cas où il aurait été interné dans une maison d'aliénés, à la condition que le rapprochement des époux n'ait pas été possible (Besançon, 8 mars 1899, D. P. 99. 2. 269. — V. toutefois : Grenoble, 22 févr. 1887, D. P. 90. 1. 377). — La détention de la femme pourrait aussi constituer une impossibilité physique de cohabitation, si la conception de l'enfant se plaçait à l'époque de cette détention.

8. Quant à l'*accident*, qui constitue la seconde cause d'impossibilité physique de cohabitation, on n'est pas d'accord sur le point de savoir si cette expression ne doit s'entendre que des blessures ou mutilations qui atteignent les organes de la génération, ou si elle comprend aussi les maladies internes. En tout cas, il appartient aux tribunaux d'apprécier si les faits invoqués étaient, ou non, de nature à empêcher tout rapprochement entre les époux. — On admet généralement que l'accident prévu par l'art. 312 n'est une cause de désaveu que s'il s'est produit postérieurement à la célébration du mariage. — A la différence de l'impuissance *accidentelle*, l'impuissance naturelle du mari n'est pas une cause de désaveu, alors même qu'elle serait patente et résulterait de quelque vice de conformation.

9. L'impossibilité morale de cohabitation résulte de certaines circonstances qui, bien que ne fournissant pas la preuve de l'impossibilité absolue de rapports physiques entre les époux, sont néanmoins assez puissantes pour donner au juge la certitude que ces rapports n'ont pas eu lieu. A cet égard, deux catégories de faits sont prises en considération par la loi, à l'exclusion de toutes autres : 1° l'adultère de la mère joint au recel, par celle-ci, de la naissance de l'enfant (Civ. 313, § 1er) ; 2° la naissance d'un enfant, survenue au cas de séparation de corps ou de divorce, trois cents jours après la décision qui a autorisé la femme à avoir un domicile séparé, ou moins de cent quatre-vingts jours après le rejet de la demande ou le réconcil (Civ. 313, modifié par les lois des 6 déc. 1850, 27 juill. 1884 et 18 avr. 1886). — Dans ces deux hypothèses, on ne peut exiger, pour que l'impossibilité de cohabitation soit reconnue, qu'il existe une distance plus ou moins grande entre les résidences des deux époux, ou un obstacle quelconque rendant leur cohabitation impossible.

10. L'adultère de la femme n'est point par lui-même une juste cause de désaveu ; il faut, outre l'adultère, que la naissance ait été cachée au mari. — Cette dissimulation, d'ailleurs, n'est pas suffisante pour justifier le désaveu ; elle constitue seulement une présomption grave, qui donne au mari le droit d'invoquer tous les faits propres à justifier qu'il n'est pas le père de l'enfant. En conséquence, le mari qui fonde sur l'art. 313 une action en désaveu doit prouver : 1° l'adultère de la femme ; 2° le recel de la naissance de l'enfant ; 3° enfin tous les faits quelconques de nature à établir sa non-paternité.

11. Dans le cas où la naissance de l'enfant a été cachée, il n'est pas nécessaire, pour que l'action en désaveu soit recevable, que l'adultère de la femme soit constaté par un jugement spécial rendu préalablement à l'introduction de cette action, ni même au cours de l'instance.

12. La jurisprudence admet même, contrairement à l'opinion de la plupart des auteurs, que, dans cette même hypothèse, il n'est pas besoin que l'adultère de la femme soit spécialement et directement prouvé, la preuve que le mari n'est pas le père de l'enfant emportant nécessairement la preuve de l'adultère. Jugé, toutefois, en dernier lieu, que le mari qui intente l'action en désaveu doit établir l'adultère d'une façon formelle, en même temps qu'il relève les autres circonstances d'où ressort sa non-paternité (Dijon, 28 juin 1899, D. P. 1900. 2. 71).

13. Il ne suffit d'ailleurs pas de prouver le fait de l'adultère ; il faut établir aussi sa coïncidence avec l'époque précise de la conception de l'enfant. Toutefois, si les circonstances rendaient vraisemblable la continuation des relations coupables dont l'existence à une époque antérieure aurait été positivement établie, les juges pourraient se contenter de cette preuve.

14. Il n'est pas douteux que le recel de la naissance doive faire l'objet d'une preuve directe (V. *infrà*, n° 15). Mais il n'est pas nécessaire que la preuve du recel de la naissance soit juridiquement constatée avant l'introduction de l'action en désaveu ; il suffit que le mari articule simultanément les faits propres à prouver le concours des trois conditions prévues par l'art. 313.

15. Pour prouver le recel, le mari doit établir, non pas qu'il a ignoré la naissance de l'enfant, mais qu'on lui a *volontairement* caché cette naissance. — Mais, lorsque cette dissimulation est prouvée, la circonstance que le mari aurait eu, par voie indirecte, connaissance de la grossesse et de l'accouchement ne saurait faire obstacle au désaveu (Civ. r. 5 août 1891, D. P. 91. 1. 567).

16. Quoique l'art. 313 ne parle que de la naissance, la jurisprudence incline à admettre que le recel de la grossesse peut, comme le recel de la naissance, autoriser le désaveu.

17. La preuve de la non-paternité du mari ne se confond pas avec celle de l'adultère de la femme et du recel de la naissance, et doit, en principe, être faite directement. Cependant, d'après certains arrêts, les juges pourraient puiser les motifs de leur décision dans les faits invoqués pour établir l'adultère de la femme et le recel de la naissance.

18. Il suffit que le mari propose tous les faits propres à convaincre le juge de sa non-paternité ; il n'a pas à faire la preuve, prohibée par la loi (V. *suprà*, *Filiation adultérine ou incestueuse*, n° 7 et s.), de la paternité adultérine d'un autre.

19. L'action en désaveu doit, dans le cas prévu par l'art. 313, § 1er, comme dans l'hypothèse prévue par le deuxième alinéa du même article (V. *infrà*, n° 20), être rejetée quand il y a eu réunion de fait entre les époux à l'époque probable de la conception.

20. Le divorce, ou la séparation de corps, fait cesser la présomption de paternité résultant du mariage, et le mari n'a aucune preuve à fournir dès lors que la conception de l'enfant doit être réputée postérieure à la date de l'ordonnance qui a autorisé la femme à avoir un domicile séparé, c'est-à-dire si l'enfant est né plus de trois cents jours après cette ordonnance (Civ. 313, § 2, modifié par la loi du 18 avr. 1886) ; il n'a pas à établir, notamment, que la naissance de l'enfant lui a été dissimulée. — La seule exception opposable à l'action en désaveu est alors celle résultant de la réunion des époux (Civ. 313, § 3). Si le fait de cette réunion est établi, l'action doit, par cela seul, être rejetée ; mais il faut que le rapprochement des époux ait été accompagné de circonstances rendant probables, ou tout au moins possibles, les relations intimes (Req. 20 juin 1892, D. P. 92. 1. 477).

21. L'enfant né avant le cent quatre-vingtième jour du mariage est réputé conçu avant le mariage, et, par suite, n'est pas couvert par la présomption légale de l'art. 312. Toutefois, il n'est pas illégitime de plein droit ; le mari a seulement le droit de le désavouer, et, si ce droit n'est pas exercé, il jouit du bénéfice de la légitimité, et cela indépendamment de toute reconnaissance antérieure au mariage.

22. Une question qui a été très discutée est celle de savoir si l'enfant né durant le mariage, mais conçu avant, doit être exclusivement assimilé (sauf la possibilité du désaveu) à l'enfant conçu pendant le mariage, ou s'il se trouve dans une situation semblable à celle de l'enfant légitimé par le mariage subséquent de ses père et mère (V. *infrà*, *Filiation naturelle*, n° 12). L'intérêt de la question se manifeste lorsque, à l'époque où se place la conception, il existait une impossibilité légale et absolue au mariage des père et mère, par exemple, si le père était engagé dans les liens d'un précédent mariage, obstacle qui a disparu depuis. D'après la doctrine qui a prévalu, on ne saurait faire abstraction de l'époque réelle de la conception et lui assigner fictivement une date postérieure à celle du mariage ; par suite, en pareille hypothèse, l'enfant, étant né d'un commerce adultérin, ne saurait être réputé légitime. Et on admet que l'état de l'enfant peut alors être attaqué par une action en contestation de légitimité, laquelle n'est pas soumise aux exceptions et prescriptions particulières à l'action en désaveu.

23. Le mari qui désavoue l'enfant né avant le cent quatre-vingtième jour du mariage n'a rien à prouver, sinon le fait de la naissance prématurée. — Mais certaines fins de non-recevoir peuvent lui être opposées (Civ. 314).

24. 1° La première est tirée de la connaissance qu'il aurait eue de la grossesse avant le mariage. Cette fin de non-recevoir est absolue, et le mari ne peut s'y soustraire sous aucun prétexte, par exemple en se prévalant de ce qu'il aurait été induit en erreur sur le point de départ de la grossesse et qu'il se serait trouvé dans l'impossibilité physique de cohabiter avec sa femme durant la période où se place la conception. La preuve de la fréquentation intime, même de la cohabitation, du futur mari avec la mère ne suffirait à elle seule pour établir qu'il a connu ou dû connaître la grossesse ; cependant il y aurait là un indice qui, joint à d'autres circonstances, pourrait constituer une preuve suffisante.

25. 2° La seconde fin de non-recevoir résulte de l'assistance du mari à l'acte de naissance ; mais sa seule présence ne suffit pas : il faut qu'il ait coopéré à l'acte en y apposant sa signature. En outre, il faut que l'acte ne contienne pas d'énonciations contraires à la présomption légale ; par exemple, si l'enfant y était désigné comme né de père inconnu, l'assistance du mari ne le rendrait pas non-recevable à désavouer. Il en serait de même s'il avait fait des protestations ou des réserves.

26. 3º Enfin l'action cesse encore d'être recevable quand l'enfant a été déclaré non viable. La déclaration de non-viabilité doit émaner d'un médecin.

27. La disposition de l'art. 314 n'est pas limitative, et on admet que, en dehors des cas qu'il prévoit, on peut exciper, contre l'action du mari, de tous les faits et circonstances de nature à établir son intention de considérer l'enfant comme sien; notamment, de la reconnaissance qu'il aurait faite de sa paternité par un acte quelconque, même sous seing privé ou par lettre.

28. Aux termes de l'art. 315 c. civ., « la légitimité de l'enfant né trois cents jours après la dissolution du mariage pourra être contestée. » L'enfant né dans les trois cents jours de la dissolution du mariage est donc légitime et protégé par la présomption légale de l'art. 312. — On admet toutefois que cette présomption tomberait dans le cas où l'enfant, étant né à une époque voisine de l'expiration des trois cents jours, aurait été reconnu par un tiers, avec l'agrément de la mère, comme son enfant naturel, surtout si cette reconnaissance s'est transformée en légitimation par suite du mariage de la mère avec l'auteur de la reconnaissance.

29. L'enfant né après l'expiration des trois cents jours n'est pas illégitime de plein droit; il conserve le bénéfice de la légitimité, tant que celle-ci n'est pas contestée. Mais, suivant l'opinion qui a prévalu, dès que la contestation de légitimité est soulevée, le juge n'a aucun pouvoir d'appréciation; il a seulement à rechercher s'il s'est, ou non, écoulé trois cents jours depuis la dissolution du mariage et, c'est à l'affirmative, la réclamation des intéressés doit nécessairement être admise. — Sur les caractères de l'action en contestation de légitimité, V. *infra*, nᵒˢ 54, 55.

ART. 2. — DU DÉSAVEU ET DE LA CONTESTATION DE LÉGITIMITÉ (R. 96 et s.; S. 53 et s.).

30. Le désaveu est l'action qui a pour objet de faire déclarer étranger au mari de la mère un enfant né ou conçu pendant le mariage et placé, par conséquent, sous l'égide de la présomption de paternité qui pèse sur le mari (V. *supra*, nᵒ 1). C'est au moyen du désaveu seulement que peut cesser cette présomption, lorsque l'enfant a été ou est réputé avoir été conçu pendant le mariage (Bastia, 18 avr. 1897, D. P. 98. 2. 494).

§ 1er. — *A qui appartient l'action en désaveu.*

31. L'action en désaveu appartient au mari et, de son vivant, à lui seul. Si le mari est interdit, son tuteur a, suivant l'opinion qui paraît prévaloir, qualité pour agir en son nom. Les créanciers ne peuvent exercer le désaveu en son nom. — De même, les créanciers de l'enfant contre lequel l'action en désaveu est intentée ne sont pas recevables à intervenir dans l'instance.

32. Les héritiers du mari ont, sous certaines conditions (V. *infra*, nᵒ 39 et s.), le droit d'exercer l'action en désaveu. Par *héritiers*, il faut entendre tous ceux qui représentent le mari à titre universel et continuent ainsi sa personne, c'est-à-dire : les héritiers légitimes, à condition qu'ils n'aient pas renoncé à la succession; les successeurs irréguliers (l'enfant naturel, le conjoint, l'État); le curateur à la succession vacante; les donataires ou légataires universels ou à titre universel, en concours avec les héritiers à réserve et à l'exclusion des héritiers non réservataires du défunt. L'action peut être intentée par les tuteurs des héritiers interdits, par leurs créanciers. L'action en désaveu n'appartient pas aux légataires particuliers. L'exercice en est refusé à la mère ainsi qu'aux héritiers de la mère. Le désaveu ne peut pas être exercé avant la naissance de l'enfant. Au contraire, il est généralement admis que le décès de l'enfant ne fait pas obstacle à l'exercice de l'action en désaveu et n'entraîne pas, d'autre part, l'extinction de l'action introduite contre lui.

§ 2. — *Exercice de l'action par le mari.*

33. Le délai imparti au mari pour intenter le désaveu est, en principe, d'un mois à partir de la naissance de l'enfant (Civ. 316, § 1er). Par exception, il est de deux mois si le mari était absent lors de l'accouchement, ou si on lui a caché la naissance de l'enfant.

34. Par *absent*, on doit entendre ici le mari qui se trouve éloigné du lieu de l'accouchement. — Il appartient aux tribunaux d'apprécier le degré d'éloignement nécessaire pour que le mari soit réputé avoir été sur les lieux et ait droit, par suite, au délai de deux mois. Le mari qui réside dans une commune voisine de celle où la femme est accouchée peut, suivant les cas, être ou n'être pas réputé absent au moment de l'accouchement. — Dans le cas d'éloignement, le délai ne court que du moment où le mari est de retour au lieu de la naissance de l'enfant ou du domicile conjugal; il en est ainsi même dans le cas où le mari aurait été antérieurement averti de la naissance de l'enfant.

35. Dans le cas de fraude employée pour cacher la naissance de l'enfant, le délai après lequel le mari n'est plus recevable à agir ne court que du jour où il a eu connaissance positive ou complète de la naissance de l'enfant et de la date de cette naissance; il ne suffit pas que le mari ait pu avoir des soupçons, même sérieux, ou qu'il lui ait été manifesté. — Le mari n'a d'ailleurs à prouver qu'une chose, c'est que la naissance lui a été cachée; ce n'est pas à lui à justifier du moment où il a découvert la fraude, et, dès lors, de la non-expiration du délai; il appartient, au contraire, à ses adversaires, qui prétendent que l'action est non recevable comme formée plus de deux mois après la découverte de la fraude, d'établir à quelle époque remonte cette découverte. Telle est, du moins, la doctrine qui paraît avoir prévalu en jurisprudence.

36. En cas de divorce ou de séparation de corps, le délai pour intenter l'action en désaveu est de deux mois, et il ne court contre le mari que du jour où il a eu la connaissance certaine de la naissance. Peu importe que la naissance ne lui ait pas été cachée.

37. On admet généralement qu'il y a lieu à désaveu lorsque l'enfant dont la naissance a été cachée au mari a été inscrit sur les registres de l'état civil sous de faux noms ou comme né de père et mère inconnus; que le mari, en pareil cas, n'est pas tenu d'attendre que l'enfant agisse en réclamation d'état, mais qu'il doit alors exercer l'action en désaveu dans les deux mois après la découverte de la fraude.

38. Les délais de l'art. 316 se comptent, d'après les règles ordinaires, de quantième à quantième, et non par révolution de trente jours. Le *dies a quo* n'est pas compris dans le calcul; le *dies ad quem* y est compris, comme dernier jour utile pour former le désaveu. — Ces délais courent même contre le mari mineur, mais non contre celui qui est en état de démence. — La demande formée après l'expiration des délais est sujette à une déchéance qui peut être opposée en tout état de cause, même en appel.

§ 3. — *Exercice de l'action par les héritiers du mari.*

39. L'action en désaveu n'appartient aux héritiers ou autres successeurs universels du mari qu'autant que celui-ci jouissait encore, lors de son décès, du droit de l'exercer. Ainsi, ils ne pourraient exercer cette action si le mari y avait renoncé, ou si, l'ayant intentée lui-même, il avait échoué dans sa réclamation; mais non dans le cas où le mari serait mort avant qu'elle fût jugée : en pareil cas, les héritiers continueraient l'instance engagée par leur auteur.

40. Les héritiers, lorsque l'action en désaveu leur appartient, peuvent l'exercer dans tous les cas que la loi l'accorde au mari, notamment : ... dans le cas d'adultère de la femme et de recel de l'enfant; ... dans le cas d'impuissance accidentelle du mari, encore que celui-ci fût mort sans avoir fait constater le fait;... dans le cas où l'enfant est né avant le cent quatre-vingtième jour du mariage.

41. Le délai accordé aux héritiers du mari pour former le désaveu est de deux mois, quel que soit le temps restant à courir du délai dont jouissait le mari. Il ne court que du jour où il s'est mis en possession des biens du mari, ou de l'époque où les héritiers ont été troublés dans leur possession (Civ. 317). Ce délai ne serait, d'ailleurs, pas applicable au cas où le mari serait mort après avoir intenté l'action en désaveu : les héritiers pourraient alors reprendre l'instance tant que celle-ci ne serait pas périmée d'après les règles du droit commun (Trib. civ. de Saint-Malo, 30 janv. 1897, D. P. 1900. 1. 321).

42. Pour qu'il y ait trouble à la possession, dans le sens de l'art. 317, il ne suffit pas que les héritiers aient *connaissance* des prétentions de l'enfant et des actes qu'il aurait faits pour atteindre son but, mais sans les inquiéter directement. Le trouble ne peut résulter que d'une demande ou d'un acte judiciaire signifié par eux-mêmes et faisant connaître aux héritiers du mari ses prétentions à la légitimité.

43. Le délai de deux mois accordé aux héritiers du mari n'est pas suspendu par le fait de leur absence au moment où l'enfant s'est mis en possession des biens du mari ou a troublé lesdits héritiers dans leur possession. Il n'est pas suspendu non plus par la minorité ou l'interdiction des héritiers.

44. Les héritiers du mari ne sont pas obligés d'attendre, pour exercer l'action en désaveu, que l'enfant leur trouble dans la jouissance de leurs droits et, en se mettant, par exemple, en possession des biens du mari décédé; mais du moins faut-il que l'enfant ait un acte de naissance ou une possession d'état qui le fasse considérer comme l'enfant légitime du défunt. Dans le cas contraire, ils ne seraient pas autorisés à agir tant que l'enfant n'élèverait pas la prétention de faire reconnaître sa filiation légitime à l'égard du défunt.

45. Les règles concernant la supputation des délais et la déchéance résultant de la tardiveté de l'action (V. *supra*, nᵒ 38) sont applicables aux héritiers du mari.

§ 4. — *Formes du désaveu.*

46. L'action en désaveu peut être introduite, soit par le mari, soit par ses héritiers, au moyen d'un acte extrajudiciaire (Civ. 318). Mais il n'est pas nécessaire de procéder ainsi; l'action en désaveu peut être introduite de *plano*. Cet acte extrajudiciaire a pour utilité de proroger, d'allonger les délais légaux. Il est en effet le point de départ d'un nouveau délai d'un mois pendant lequel l'action en désaveu peut être exercée. Au cas où l'action n'est pas introduite dans le mois, l'acte extrajudiciaire est réputé non avenu (Civ. 318). Mais la loi ne prononce pas d'autres sanctions; de sorte que, si les délais fixés par les art. 316 et 317 ne sont pas expirés, le mari ou ses héritiers sont encore recevables soit à signifier un nouvel acte extrajudiciaire, soit à intenter l'action de plano.

47. L'acte extrajudiciaire dont il s'agit peut être soit un acte notarié, soit un exploit d'huissier, soit même un écrit sous seing privé, pourvu qu'il ait acquis date certaine avant l'expiration du délai fixé par les art. 316 et 317. Il n'est pas indispensable que l'acte soit signifié.

48. L'action en désaveu doit être dirigée contre un tuteur ad hoc, c'est-à-dire un tuteur spécialement désigné pour représenter l'enfant dans l'instance. — Il n'est pas besoin de nommer à l'enfant, outre le tuteur ad hoc, un subrogé tuteur spécial.

49. La nomination d'un tuteur ad hoc est nécessaire dans tous les cas, que l'action soit intentée par le père durant le mariage, ou que, le mariage étant dissous, l'enfant ait pour tuteur ordinaire le père ou la mère ou un étranger non intéressé au procès. Il en est toutefois autrement dans le cas où le désaveu est intenté après la majorité de l'enfant, et si ce dernier n'est pas interdit. Il n'y a pas lieu non plus à la nomination d'un tuteur ad hoc lorsque le désaveu est formé après le décès de l'enfant, auquel cas c'est contre la mère de l'enfant désavoué que l'action doit être dirigée. Mais si l'action a été exercée du vivant de l'enfant, le décès de celui-ci, qui ne met pas fin à l'instance (V. suprà, n° 32, in fine), laisse subsister également les fonctions du tuteur ad hoc (Civ. c. 18 mai 1897, D. P. 98. 1. 97).

50. Il est généralement admis que le tuteur ad hoc doit être nommé non par le tribunal, mais, conformément au droit commun en matière de nomination de tuteur, par un conseil de famille. Ce conseil de famille est convoqué par le juge de paix, sur la réquisition du mari ou de ses héritiers. Il doit être composé, suivant les règles tracées en matière de tutelle, de parents pris moitié du côté paternel, moitié du côté maternel, ou d'amis à défaut de parents.

51. La mère doit être mise en cause dans l'action en désaveu (Civ. 318). Il n'est pas nécessaire qu'elle soit assignée dans le délai déterminé par l'art. 318. Mais, l'instruction ne procédant régulièrement qu'en sa présence, toute la procédure qui aurait précédé sa mise en cause serait nulle. — La mère peut interjeter appel ou se pourvoir en cassation contre toute décision rendue en matière de désaveu.

52. Suivant l'opinion dominante, l'action en désaveu doit être portée non pas devant le tribunal du lieu du domicile du tuteur ad hoc donné à l'enfant désavoué, mais devant le tribunal du domicile de l'enfant, domicile qui est, en principe, celui du mari (Req. 4 avr. 1905), et, si le désaveu est formé par les héritiers du mari contre l'enfant mineur, celui de sa mère tutrice ou de toute autre personne chargée de la tutelle.

53. L'action en désaveu, touchant à l'état des personnes, est dispensée du préliminaire de conciliation (V. suprà, Conciliation, n° 8). Elle peut être formée non seulement par voie d'action principale, mais aussi incidemment à une autre action, par exemple comme moyen de défense à la demande de l'enfant tendant à la rectification de son acte de naissance. Si l'enfant n'a pas les ressources nécessaires pour subvenir aux frais de sa défense, le tuteur ad hoc est fondé à exiger du désavouant la provision nécessaire pour subvenir à ces frais. — Ordinairement, les actions en désaveu soulèvent des questions de fait pour lesquelles il est nécessaire de recourir à une enquête; mais le tribunal peut se dispenser de recourir à cette mesure d'instruction, s'il existe dans la cause des présomptions suffisantes pour justifier la demande, par exemple dans le cas où la naissance a été cachée au mari. Les actions en désaveu doivent être communiquées au ministère public (V. infrà, Ministère public). — La décision qui statue définitivement sur l'action en désaveu a l'autorité de la chose jugée erga omnes à la condition, en cas de prédécès du mari, que tous les héritiers aient figuré dans l'instance.

§ 5. — Contestation de légitimité.

54. L'action en contestation de légitimité a, comme l'action en désaveu (V. suprà, n° 30), pour but de faire déclarer l'enfant étranger au mari de sa mère; mais, à la différence de celle-ci, elle suppose que l'enfant est né en dehors des conditions requises pour pouvoir invoquer la présomption pater is est quem nuptiæ demonstrant. Tel est le cas, notamment, où il est né plus de trois cents jours après la dissolution du mariage (Civ. 315; V. suprà, n°s 28, 29). Tel est encore le cas où il est né avant le cent quatre-vingt-tième jour du mariage si, à l'époque de la conception, il existait un obstacle absolu à la célébration du mariage entre les père et mère (V. supra, n° 22). — Du reste, l'expression contestation de légitimité est quelquefois employée même par la loi dans un sens large, comme comprenant aussi l'action en désaveu (Comp. Civ. 317).

55. L'action en contestation de légitimité diffère de l'action en désaveu, notamment, en ce qu'elle appartient non pas seulement au mari ou à ses héritiers, mais à toutes personnes ayant intérêt à l'exercer, et que, d'autre part, l'exercice n'en est subordonné à aucune condition de délai.

ART. 3. — PREUVES DE LA FILIATION LÉGITIME.

56. Celui qui revendique la qualité d'enfant légitime doit fournir la preuve : 1° de sa filiation, c'est-à-dire du lien qui le rattache à son père et à sa mère; 2° du mariage de ceux-ci, mariage qui seul peut donner à cette filiation la qualité de légitime.

§ 1er. — Preuve de la filiation (R. 203 et s.; S. 100 et s.).

57. 1° Preuve par l'acte de naissance. — La filiation, en ce qui concerne les enfants légitimes, se prouve régulièrement par les actes de naissance inscrits sur les registres de l'état civil (Civ. 319). Ainsi, la force probante de l'acte de naissance est subordonnée à son inscription sur les registres. — Sur le cas où l'acte a été rédigé sur une feuille volante, V. supra, Actes de l'état civil, n° 83.

58. Mais cette force probante ne disparaît pas nécessairement par cela seul que toutes les règles prescrites pour la rédaction des actes de naissance n'auraient pas été observées. Ainsi, suivant l'opinion générale, les tribunaux pourraient, suivant les cas, faire état d'un acte dressé sur la déclaration d'une personne qui n'aurait pas assisté à l'accouchement, ... ou sur une déclaration tardive.

59. D'autre part, bien que le nom du père n'ait pas été indiqué dans l'acte de naissance (Civ. 57), on admet que cet acte fait preuve de la filiation, même à l'égard du père, et rend applicable la présomption de paternité édictée par l'art. 312 c. civ. Il en est de même quelles que soient les énonciations que contienne l'acte de naissance relativement à la paternité. Ainsi, peu importe que l'enfant soit déclaré dans l'acte né de père inconnu, ou même que l'acte lui attribue pour père un autre que le mari. Peu importe encore que l'enfant soit désigné comme enfant naturel de la femme.

60. Mais, pour que la présomption de l'art. 312 soit applicable, il faut qu'il n'y ait pas de doute possible sur la maternité, que l'identité de la mère indiquée dans l'acte de naissance avec la femme mariée au prétendu père soit constante et résulte de cet acte même.

61. D'ailleurs, pourvu que cette identité soit certaine, la qualité sous laquelle est désignée la mère importe peu. Ainsi, la légitimité de l'enfant ne saurait être contestée par le motif que la mère est désignée sous son nom de fille, et comme non mariée (Bastia, 28 avr. 1897, D. P. 98. 2. 494). — Mais la présomption de paternité ne pourrait être invoquée si la mère était indiquée dans l'acte de naissance sous un nom supposé, ce qui nécessiterait un jugement pour établir son identité. Il en serait de même si l'acte de naissance ne contenait en ce qui concerne la mère, que des énonciations insuffisantes ou inexactes, qui laisseraient planer des doutes sur son identité.

62. L'acte de naissance fait en pays étranger a la même force probante que les actes reçus en France, pourvu qu'il ait été rédigé suivant les formes usitées dans ce pays.

63. La preuve résultant de l'acte de naissance n'est pas irréfragable; elle peut être détruite par la preuve contraire. Ainsi les juges peuvent, en se fondant sur les résultats d'une enquête ou sur des présomptions, décider que l'enfant n'est point le fils des époux que son acte de naissance lui attribue pour père et mère. Mais il en est autrement lorsque l'enfant a une possession d'état conforme à son acte de naissance (V. infrà, n° 77).

64. Pour prouver sa filiation, il ne suffit pas à l'enfant de produire un acte de naissance établissant cette filiation; il lui faut, en outre, justifier de son identité avec l'enfant désigné dans cet acte, si cette identité est contestée. La preuve la plus décisive est à cet égard la possession d'état. Il n'est d'ailleurs pas nécessaire, quand il s'agit de prouver seulement l'identité de l'enfant avec celui auquel s'applique l'acte de naissance, que la possession d'état réunisse les caractères exigés par l'art. 321 pour le cas où elle est invoquée comme preuve de la filiation; même imparfaite et partielle, elle est suffisante, dès lors qu'elle met hors de doute l'identité du réclamant avec l'enfant auquel s'applique l'acte de naissance.

65. À défaut de possession d'état, la preuve par témoins est admissible lorsqu'il s'agit seulement de prouver l'identité; et cela, du moins suivant l'opinion générale, bien qu'il n'existe ni commencement de preuve par écrit, ni présomptions ou indices résultant de faits dès lors constants. Ici ne s'applique pas la disposition de l'art. 323, qui suppose qu'aucun acte de naissance n'est invoqué par le réclamant (V. infrà, n°s 88 et s.).

66. En pareil cas, par dérogation à la règle générale édictée par l'art. 283 c. pr. civ. (V. infrà, Témoin), les parents ou alliés des parties, même à un degré plus rapproché que celui de cousin issu de germain, ne peuvent être reprochés, non plus que les serviteurs ou domestiques.

67. 2° Preuve par la possession d'état. — À défaut d'acte de naissance, la possession constante de l'état de filiation légitime suffit (Civ. 320). La loi a énoncé, non pas tous les faits propres à caractériser la possession d'état, mais les principaux d'entre eux (Civ. 321). Ils consistent en ce que le réclamant a toujours porté le nom du père dont il prétend être né; en ce que le père l'a traité comme son enfant et a pourvu, en cette qualité, à son éducation, à son entretien, à son établissement; en ce qu'il a été reconnu constamment pour tel dans la société; en ce qu'il a été reconnu pour tel par la famille. La réunion de tous ces faits n'est, du reste, pas nécessaire pour qu'il y ait possession d'état; et, à l'inverse, d'autres faits peuvent concourir à la constituer.

Les juges du fond ont un pouvoir souverain à l'effet d'apprécier les faits invoqués comme constituant la possession d'état et de décider s'ils sont, ou non, suffisants pour l'établir.

69. La possession d'état peut être invoquée dans tous les cas où l'enfant est dans l'impossibilité de représenter un acte de naissance, quelle que soit la cause de cette impossibilité. Ainsi l'enfant est admis notamment à s'en prévaloir sans être obligé de prouver la non-existence ou la destruction des registres de l'état civil. L'enfant n'est même pas tenu de faire connaître les motifs qui l'empêchent de produire l'acte de naissance.

70. La possession d'état prouve d'une façon directe et absolue à la fois la filiation paternelle et la filiation maternelle. Mais, si elle prouve la filiation, elle n'entraîne pas à elle seule la preuve de la légitimité : il faut prouver en outre l'existence d'un mariage entre les parents, durant lequel l'enfant sera né légitime, ou par lequel il aura été légitimé. L'acte de célébration du mariage des père et mère doit donc être représenté, à moins qu'ils ne soient décédés l'un et l'autre (V. *infrà*, nº 100).

71. De même que la preuve résultant du seul acte de naissance (V. *suprà*, nº 63), la preuve résultant de la possession d'état peut être combattue au moyen de la preuve contraire et par tous les moyens.

72. La possession d'état doit être *constante*, c'est-à-dire qu'elle doit se manifester par une suite non interrompue d'actes empreints du même caractère et remontant à la naissance de l'enfant. — Toutefois, on admet que l'interruption qui a pu se produire dans la possession d'état ne lui enlève pas nécessairement toute valeur; que l'enfant ne laisse pas de pouvoir l'invoquer si, par sa durée et par la nature des faits qui la constituaient, elle était nettement caractérisée et si, depuis qu'elle a cessé de se manifester par des actes positifs, elle n'a pas été contredite par d'autres faits. Il en serait autrement s'il était survenu des faits contradictoires avec la possession d'état antérieure de l'enfant; si, notamment, il avait eu, depuis l'interruption, une possession d'état toute contraire.

73. Suivant l'opinion généralement admise, la possession d'état n'est efficace qu'à la condition d'avoir existé à la fois à l'égard du père et à l'égard de la mère. Dans le cas contraire, elle serait dépourvue d'effet même à l'égard de celui des deux parents vis-à-vis duquel elle a existé.

74. La preuve de la possession d'état peut être faite par toutes sortes de moyens, c'est-à-dire non seulement par titres, mais encore par témoins ou au moyen de présomptions. — Cette preuve peut être admise sans qu'il soit besoin, comme dans le cas où la preuve testimoniale est invoquée pour prouver directement la filiation, qu'il existe soit un commencement de preuve par écrit, soit des présomptions ou indices graves (V. *infrà*, nº 86). Mais l'admission de la preuve testimoniale est, ici comme en toute autre matière, facultative pour le juge, qui peut refuser de l'ordonner s'il trouve, dans l'instruction du procès, les documents suffisants pour fixer son opinion. En cette matière, le témoignage des parents et des serviteurs ou domestiques doit être admis (Comp. *suprà*, nº 66).

75. La possession d'état peut aussi être établie tant par des titres personnels à celui auquel on la conteste que par des titres qui lui sont étrangers, tels, par exemple, que les actes de naissance de ses frères et sœurs.

76. La preuve de la filiation légitime qui résulte de la possession d'état peut être combattue par la preuve contraire (Req. 26 févr. 1900, D. P. 1900. 1. 249). Cette preuve contraire pourra consister à établir, par exemple, que l'enfant a en réalité une possession d'état différente de celle qu'il prétend s'attribuer. Elle pourrait résulter

aussi de la production d'un acte de naissance qui contredirait la possession d'état invoquée, si l'on établissait que ce titre s'applique au réclamant. Mais elle ne saurait résulter d'une déclaration tardive et intéressée émanée de l'un des époux.

77. L'acte de naissance et la possession d'état, pris isolément, suffisent pour constituer une preuve complète de la filiation, quoiqu'elle puisse être combattue par la preuve contraire. Mais, lorsque ces deux modes de preuve se trouvent réunis, la preuve de la filiation est irréfragable, tant en faveur de l'enfant que contre lui. Telle est la règle édictée par l'art. 322 c. civ.

78. Pour que l'art. 322 puisse être invoqué, il faut que l'identité de celui qui a la possession d'état avec celui qui est désigné dans l'acte de naissance soit certaine. Lorsque l'identité de l'enfant est contestée, c'est habituellement sous le prétexte qu'il y a eu substitution d'enfant. La preuve de cette prétendue substitution n'est pas toujours recevable; et, suivant la doctrine généralement admise, il y a lieu de distinguer : si l'on offrait de prouver que l'enfant qui a la possession d'état a été substitué, *depuis* la rédaction de l'acte de naissance, à celui dont la femme était accouchée, comme cette preuve tend à détruire l'identité de l'un avec l'autre et à établir que la possession d'état n'est pas conforme au titre, elle devrait être accueillie. Au contraire, l'offre de preuve ne serait pas recevable si l'on prétendait établir que la substitution a eu lieu *avant* la rédaction de l'acte de naissance, car la conformité du titre et de la possession ne serait pas infirmée par la preuve de cette substitution.

79. Du caractère absolu de la preuve de la filiation, lorsqu'elle résulte de la conformité de l'acte de naissance et de la possession d'état, il résulte d'abord que l'enfant ne peut réclamer un état autre que celui qui résulte de cet acte et de cette possession. D'autre part, l'état de l'enfant est, dans le même cas, à l'abri de toute atteinte de la part des tiers. C'est la situation normale dans laquelle se trouvent la très grande majorité des enfants légitimes.

80. La preuve qui résulte de la conformité de l'acte de naissance et de la possession d'état ne pourrait être ébranlée ni par l'inscription de faux, ni par l'allégation que l'enfant aurait été inscrit sur les registres de l'état civil sous de faux noms.

81. Mais la disposition de l'art. 322 n'est applicable qu'autant que la contestation porte sur la filiation elle-même. Ainsi, elle ne s'opposerait pas à ce que l'on contestât à des enfants, sans attaquer leur légitimité, le nom patronymique qui leur aurait été indûment attribué dans leur acte de naissance.

82. Au reste, c'est la filiation seule qui est mise hors de doute par le concours de l'acte de naissance et de la possession d'état conformes; pour établir la légitimité, il est nécessaire, comme dans le cas où l'on ne peut s'appuyer que sur la naissance ou sur la possession d'état pris isolément, de prouver l'existence d'un mariage entre le père et la mère (V. *infrà*, nº 96).

83. 3º *Preuve par témoins.* — Outre l'acte de naissance et la possession d'état, la loi admet, sous certaines conditions, la preuve par témoins comme moyen d'établir la filiation légitime (Civ. 323). Ce mode de preuve peut être employé non seulement par celui qui n'a ni titre ni possession d'état, mais par l'enfant qui, ayant un titre sans possession d'état, ou une possession sans titre, réclame un état que celui que lui donne ce titre ou cette possession. Mais on ne saurait y recourir à l'effet de contredire la preuve qui résulte de la réunion du titre et de la possession d'état

conforme (Civ. 322); notamment, de priver l'enfant du bénéfice de cette preuve et de lui faire attribuer la qualité d'enfant naturel.

84. La comparaison de l'art. 323 avec l'art. 46, aux termes duquel, lorsqu'il n'aura pas existé de registres de l'état civil ou qu'ils seront perdus, la preuve des mariages, naissances et décès sera faite, tant par témoins que par actes, a fait naître une difficulté (V. *suprà, Actes de l'état civil*, nºˢ 85 et s.). Elle est généralement résolue en ce sens que ces deux dispositions doivent être appliquées respectivement à des situations différentes : s'il n'a pas existé de registres, ou s'ils ont été perdus, la preuve par témoins suffit à établir *seule* la filiation, conformément à l'art. 46; si, au contraire, les registres existent, mais que l'acte de naissance de l'enfant ne s'y trouve pas, la preuve testimoniale n'est recevable que dans les conditions déterminées par l'art. 323.

85. L'art. 323 autorise la preuve par témoins : 1º à défaut de titre et de possession constante; ... 2º lorsque l'enfant a été inscrit sous de faux noms, ou comme né de père et mère inconnus. Dans ces deux derniers cas, suivant l'opinion qui a prévalu, l'enfant n'est pas obligé de recourir préalablement à l'inscription de faux pour détruire l'acte de naissance, cet acte ne faisant foi jusqu'à inscription de faux que dans ses énonciations relatives à ce qui a été personnellement constaté par l'officier de l'état civil.

86. La preuve testimoniale ne peut être admise qu'autant qu'il existe un commencement de preuve par écrit, ou lorsque des présomptions ou indices résultant de faits dès lors constants sont assez graves pour déterminer l'admission de cette preuve (Civ. 323, § 2). Lorsqu'il n'existe ni commencement de preuve par écrit, ni présomption résultant de faits dès lors constants, nulle personne ne peut être admise à la preuve testimoniale de sa filiation, quelle que soit la gravité des faits qu'elle articule et qu'elle offre de prouver. — D'autre part, la preuve par témoins peut être rejetée *de plano*, sur le motif que les faits articulés sont tellement invraisemblables, que cette invraisemblance équivaut à une impossibilité de prouver. — Et, à l'inverse, les juges peuvent faire droit à la demande, sans recourir à la preuve testimoniale, lorsque la preuve de la filiation prétendue résulte d'ores et déjà de l'ensemble des documents de la cause.

87. Aux termes de l'art. 324, « le commencement de preuve par écrit résulte des titres de famille, des registres et papiers domestiques du père ou de la mère, des actes publics et même privés, émanés d'une partie engagée dans la contestation ou qui y aurait été si elle était vivante. » Il résulte de cette disposition qu'en cette matière, par dérogation à la règle générale édictée par l'art. 1347 (V. *infrà, Preuve*), l'écrit invoqué comme commencement de preuve ne doit pas nécessairement émaner de celui contre lequel la demande est formée ou de la personne qu'il représente.

88. Mais il faut que cet écrit soit l'œuvre d'une personne décédée qui, si elle était vivante, aurait dans la contestation un intérêt contraire à celui du réclamant : tel serait le cas, par exemple, du fils, antérieurement décédé, des époux que le réclamant prétend avoir pour père et mère. Un acte émané d'une personne étrangère à la famille, et sans intérêt dans la contestation, ne saurait valoir même comme commencement de preuve.

89. Les lettres missives sont comprises parmi les actes privés dont parle l'art. 324 : elles ne peuvent toutefois être produites qu'avec le consentement de celui à qui elles ont été adressées. Mais on ne saurait attribuer la valeur d'un commencement de preuve par écrit à des actes de notoriété (V. toutefois Bordeaux, 29 juill. 1891, D. P. 93. 2. 199), ... ni à un acte de naissance qu'il est nécessaire de faire rectifier pour lui donner effet.

90. A supposer que l'acte invoqué soit au nombre de ceux que désigne l'art. 324, encore faut-il qu'il donne au fait allégué un degré de vraisemblance suffisant pour pouvoir être considéré comme un commencement de preuve : c'est là un point de fait qui est abandonné à l'appréciation discrétionnaire des tribunaux (Req. 12 juill. 1900, D. P. 1900. 1. 461).

91. Quant aux présomptions ou indices qui peuvent rendre admissible la preuve par témoins, ils doivent résulter de faits *dès lors constants*, c'est-à-dire ou avoués par la partie adverse, ou légalement établis. Ainsi, le réclamant ne serait pas recevable à offrir de prouver d'abord par témoins les faits desquels résulteraient des présomptions ou indices, pour pouvoir être admis ensuite à la preuve testimoniale de sa filiation. Il appartient, du reste, aux tribunaux d'apprécier si les présomptions ou indices que l'on invoque comme résultant de faits dès lors constants sont assez graves pour déterminer l'admission de la preuve testimoniale.

92. Les témoignages produits à l'effet d'établir la filiation légitime doivent porter sur un double fait, savoir : 1° l'accouchement de la mère ; 2° l'identité du réclamant avec l'enfant qu'elle a mis au jour.

93. La preuve résultant des témoignages invoqués dans les conditions déterminées par l'art. 323 peut être combattue par la preuve contraire ; et celle-ci peut être faite « par tous les moyens propres à établir que le réclamant n'est pas l'enfant de la mère qu'il prétend avoir, ou même, la maternité prouvée, qu'il n'est pas l'enfant du mari de la mère » (Civ. 325). La preuve testimoniale peut donc être invoquée par les adversaires du réclamant, sans qu'il soit besoin ici d'un commencement de preuve par écrit ou d'indices résultant de faits constants.

94. La preuve de la maternité, lorsqu'elle a pu être fournie, a pour conséquence normale de faire considérer le mari comme étant le père de l'enfant. Mais, en pareil cas, le mari n'est pas tenu, pour échapper à cette présomption de paternité, d'exercer le désaveu et de le justifier par l'une des causes que déterminent les art. 312 et s. ; il peut repousser cette présomption par tous les moyens propres à établir qu'il n'est pas le père du réclamant. Et on ne saurait non plus se prévaloir, contre le mari, de ce que les délais du désaveu seraient expirés.

95. La preuve de la maternité n'est, d'ailleurs, réputée faite à l'encontre du mari qu'autant qu'il a été mis en cause en même temps que la femme. Si l'action n'a été dirigée que contre la femme seule, le jugement qui déclare l'enfant né de celle-ci à une époque coïncidant avec l'existence du mariage n'a pas l'autorité de la chose jugée au regard du mari ; si donc ce dernier conteste la maternité reconnue par le jugement auquel il n'a pas été partie, le réclamant devra recommencer contre lui la preuve qu'il a déjà faite contre la femme. Si, la question de maternité une fois jugée en faveur de l'enfant, le mari demande à prouver qu'il n'est pas le père, la mère aura le droit d'intervenir dans l'instance.

§ 2. — *Preuve du mariage des père et mère* (R. 310 et s. ; S. 185 et s.).

96. L'enfant qui prétend établir sa légitimité doit, outre sa filiation, prouver le mariage de ses père et mère. Cette preuve ne peut être faite, en principe, qu'au moyen d'un acte de mariage inscrit sur les registres de l'état civil.

97. Une exception est apportée à cette règle par l'art. 197, aux termes duquel la légitimité d'un enfant issu de deux personnes qui ont vécu publiquement comme mari et femme, et qui sont tous deux décédés, ne peut être contestée sous le seul prétexte du défaut de représentation de l'acte de célébration, toutes les fois que cette légitimité est prouvée par une possession d'état qui n'est point contredite par l'acte de naissance.

98. Cette exception est applicable quelle que soit la cause qui rend impossible la représentation de l'acte de mariage, et non pas seulement au cas d'inexistence ou de destruction des registres de l'état civil ; elle peut être invoquée, notamment, quand le réclamant ignore le lieu du mariage de ses parents. — Il appartient du reste aux juges d'apprécier souverainement les causes pour lesquelles l'acte de mariage n'est pas produit.

99. De son vivant, l'enfant (ou son tuteur, durant sa minorité) a seul qualité pour se prévaloir de la disposition de l'art. 197. Après son décès, le droit est ouvert non seulement en faveur de ses descendants, mais au profit de tous ses héritiers, même des collatéraux.

100. L'art. 197 n'est applicable qu'autant que le père et la mère sont tous deux décédés : si l'un d'eux est vivant, l'enfant, même ayant le titre et la possession d'état d'enfant légitime, est tenu de représenter l'acte de célébration du mariage de ses père et mère, sauf le survivant des père et mère qui conteste la légitimité de l'enfant. — On n'est pas d'accord sur le point de savoir si la disposition de l'art. 197 doit être restreinte au cas de décès des père et mère, ou si l'application peut en être étendue par analogie au cas d'absence ou au cas de démence des père et mère.

101. Il doit être établi que les père et mère ont eu la possession d'état d'époux unis par mariage. Cette preuve doit être faite d'une façon directe et principale ; le réclamant ne peut se borner à établir qu'il a eu lui-même la possession d'état d'enfant légitime. — Cependant, rien ne s'oppose à ce que les juges puisent aux mêmes sources, et dans les mêmes documents et faits, et la preuve du mariage et la preuve directe de la filiation.

102. L'existence des faits desquels on prétend induire la possession d'état des père et mère peut être prouvée par tous les moyens possibles. L'appréciation de ces faits est abandonnée à la discrétion des tribunaux. Mais la seule cohabitation ne suffirait pas ; il faudrait, de plus, établir que les père et mère se sont présentés au public à titre d'époux ; que le père a toujours traité la mère comme sa légitime épouse, et que celle-ci a porté le nom du père ; que, dans les actes publics ou privés émanés d'eux, ils n'ont jamais répudié la qualité d'époux. — L'art. 197 peut être invoqué dans le cas même où les faits allégués comme constituant la possession d'état d'époux des père et mère sont postérieurs à la naissance de l'enfant dont la légitimité est en cause.

103. L'enfant doit avoir la possession d'état d'enfant légitime, et celle-ci doit, comme la possession d'état d'époux des père et mère (V. *suprà*, n° 101), être prouvée distinctement et principalement. — Ici encore (Comp. *suprà*, n° 102), les circonstances propres à établir la possession d'état sont appréciées souverainement par le juge.

104. Il faut enfin que la possession d'état d'enfant légitime dont se prévaut le réclamant ne soit pas contredite par son acte de naissance. Suivant l'opinion générale, l'enfant, pouvant ignorer le lieu où il est né, n'est pas tenu de représenter son acte de

naissance ; c'est à l'adversaire qui prétend que la possession est interdite par cet acte à le produire. — Mais, d'autre part, si l'acte de naissance est produit, il ne saurait, à lui seul, fût-il conforme aux prétentions de l'enfant, suppléer ici à la preuve de la possession d'état d'enfant légitime.

105. La possession d'état d'enfant légitime n'est pas contredite par l'acte de naissance par cela seul que cet acte ne donne pas à l'enfant la qualification de légitime. Ainsi, il n'y aurait pas contradiction si l'acte se bornait à dire que l'enfant est né de père et mère inconnus. Il en serait autrement s'il le qualifiait d'enfant naturel ; et l'art. 197 ne saurait alors être invoqué.

ART. 4. — DE L'ACTION EN RÉCLAMATION ET EN CONTESTATION D'ÉTAT.

§ 1er. — *Action en réclamation d'état* (R. 340 et s. ; S. 150 et s.).

106. L'action en réclamation d'état est celle qui a pour objet de faire reconnaître à une personne l'état qu'elle prétend lui appartenir et dont elle ne jouit pas en fait. Il y a lieu, pour l'enfant, d'intenter cette action : ... soit qu'il n'ait ni titre ni possession d'état d'aucune espèce ; ... soit que son titre le désigne comme né de père et mère inconnus ; ... soit qu'il ait ou le titre ou la possession d'un état autre que celui qu'il réclame.

107. L'action en réclamation d'état appartient d'abord à l'enfant de son vivant. Si l'enfant est mineur, il n'est pas nécessaire, comme dans le cas de désaveu, qu'on lui nomme un tuteur ad hoc (Rouen, 24 mars 1877, D. P. 77. 2. 193) ; mais il est loisible au tribunal de procéder à cette nomination s'il le juge utile.

108. Après la mort de l'enfant, elle passe, sous certaines conditions, à ses héritiers (V. *infrà*, n° 113 et s.).

109. Suivant l'opinion qui paraît avoir prévalu, les créanciers de l'enfant ont qualité pour exercer en son nom l'action en réclamation d'état, lorsque cette action a pour objet d'appuyer une demande présentant pour eux un intérêt pécuniaire et actuel. A plus forte raison, les créanciers de l'enfant ont-ils le droit d'intervenir dans l'instance introduite par leur débiteur.

110. L'action en réclamation d'état revêt, entre les mains de l'enfant, un caractère d'ordre public qui met obstacle à ce qu'elle soit l'objet de conventions privées. Ainsi, elle ne peut être l'objet d'une transaction, ni d'un compromis (Pr. 1004). De même, l'enfant ne peut valablement renoncer à son action, ni expressément, ni tacitement. De même encore, il ne pourrait s'en désister valablement, et il conserverait, malgré son désistement, le droit de l'intenter à nouveau. L'acquiescement au jugement rendu contre l'enfant serait également sans effet et n'enlèverait pas à celui-ci le droit d'user des voies de recours autorisées par la loi. Enfin, en vertu du même principe, l'action en réclamation d'état est imprescriptible à l'égard de l'enfant (Civ. 328). Celui-ci peut toujours l'intenter, tant qu'il est vivant, quel que soit le laps de temps qu'il ait laissé passer sans agir. Mais les droits pécuniaires qui dérivent de l'action en réclamation d'état sont, au contraire, susceptibles de prescription : si, par exemple, un enfant, après avoir été, sur la réclamation d'état, déclaré fils légitime de tel et telle, revendique la succession de ses père et mère ouverte à son profit depuis plus de trente ans, mais recueillie, à son défaut, par des collatéraux, ceux-ci pourront lui opposer la prescription.

111. Après le décès de l'enfant, ses héritiers ne peuvent exercer l'action en réclamation d'état que si leur auteur est décédé mineur ou dans les cinq années qui ont suivi sa majorité (Civ. 329). — S'il est mort sans avoir réclamé, plus de cinq ans après sa majorité, son silence constitue une présomption qu'il a lui-même reconnu n'avoir aucun droit ; et cette présomption ne peut être détruite par aucune preuve contraire : la fin de non-recevoir est absolue et péremptoire. Ainsi, les héritiers offriraient vainement de prouver que l'inaction du défunt, leur auteur, tient à ce qu'il ignorait ses droits, à moins toutefois que leurs adversaires n'eussent, par dol ou violence, par exemple en retenant des pièces décisives, empêché l'enfant de faire valoir ses droits.

112. À l'égard des héritiers, l'action en réclamation d'état n'a qu'un caractère purement pécuniaire. Elle peut donc être, de leur part, l'objet de transactions, compromis, désistements ou renonciations valables. D'autre part, l'action des héritiers est, suivant la règle générale, soumise à la prescription de trente ans (Civ. 2262).

113. Lorsque l'enfant est mort après avoir intenté l'action en réclamation d'état, celle-ci, se trouvant dans son patrimoine, passe à ses héritiers avec ses autres biens. Mais cette transmission ne s'opère pas lorsque l'enfant, avant son décès, s'est formellement désisté de cette action, ou lorsque, trois ans s'étant écoulés sans qu'il ait fait aucun acte de poursuite, l'action s'est éteinte par la péremption. Il en est de même lorsqu'il y a eu, de la part de l'enfant, transaction, désistement ou acquiescement.

114. On admet généralement que le désistement de l'enfant ou son inaction pendant trois ans éteint non seulement la procédure, mais l'action elle-même, à l'égard des héritiers ; que ceux-ci, dès lors, sont non recevables à l'intenter, alors même que leur auteur serait décédé avant d'avoir accompli sa vingt-sixième année.

115. Les auteurs sont divisés sur le point de savoir si le désistement ou la péremption d'instance, prévus par l'art. 330, produisent leur effet de plein droit, ou bien si le désistement doit avoir été accepté, la péremption d'instance demandée, conformément au droit commun.

116. Par *héritiers*, il faut entendre ici tous ceux qui sont appelés, soit par la loi, soit par la volonté de l'enfant, à recueillir sa succession ou une quote-part de sa succession, c'est-à-dire non seulement ses héritiers légitimes, mais encore ses successeurs irréguliers, tels que l'enfant naturel reconnu, le conjoint survivant, l'État, les légataires ou donataires universels ou à titre universel. Suivant la doctrine qui a prévalu, on doit comprendre parmi les *héritiers*, visés par les art. 329 et 330, les descendants directs de l'enfant ; l'action n'est donc pas imprescriptible à leur égard, comme à l'égard de l'enfant, et ils ne peuvent l'exercer que sous les conditions déterminées par les articles précités.

117. L'action en réclamation d'état peut être exercée par les créanciers de la succession ou par les créanciers des héritiers, agissant en vertu d'un intérêt pécuniaire et au nom des héritiers dans les termes de l'art. 1166 c. civ.

118. Les dispositions des art. 329 et 330 concernent exclusivement le cas où les héritiers de l'enfant réclament, du chef de celui-ci, un état dont il n'avait pas la possession durant sa vie (Req. 28 juin 1869, D. P. 71. 1. 327). Ainsi, elles ne sont pas applicables à l'action qui tend seulement à établir que l'enfant avait, à son décès, la possession d'état d'enfant légitime ; ... ni à la demande en rectification d'un acte de l'état civil, laquelle ne tend qu'à des erreurs matérielles dans les énonciations de cet acte, sans toucher à l'état de l'enfant.

119. L'art. 326 dispose que les tribunaux civils sont seuls compétents pour statuer sur les réclamations d'état. Il en résulte que les juridictions exceptionnelles, notamment les tribunaux de commerce, les juges de paix, les tribunaux criminels, les conseils de revision, sont absolument incompétents pour connaître des actions en réclamation d'état, même incidemment à une autre contestation dont ils seraient principalement saisis. Il en résulte encore que, par exception à l'art. 3 c. instr. cr., l'action civile en réclamation d'état ne peut jamais être portée devant les mêmes juges que l'action publique en suppression d'état. Aux termes du décret du 30 mars 1808 (art. 22), les actions en réclamation d'état devaient être jugées par les cours d'appel, en audience solennelle ; mais cette règle a été abrogée par un décret du 25 nov. 1899 portant que les appels des instances concernant l'état des personnes seront désormais jugés en audience ordinaire.

120. L'action criminelle contre un délit de suppression d'état ne peut commencer qu'après le jugement définitif sur la question d'état (Civ. 327), laquelle ne peut être tranchée que par la juridiction civile. Cette règle s'applique à tous les crimes ou délits par lesquels on a soustrait à un enfant son véritable état ou par lesquels on lui en a donné un autre que le sien. Il suffit que la preuve du fait incriminé soit subordonnée à une question d'état pour que cette question doive être préalablement tranchée par les tribunaux civils. La prohibition édictée par l'art. 327 est applicable notamment au cas où l'enfant a été privé de son état par suite d'un faux. Elle s'étend même à l'action en dommages-intérêts pour suppression d'état. Elle s'applique au cas de crime de *supposition de part*, lequel implique une question de filiation ; en pareil cas, l'action criminelle ne peut également être intentée avant que les parties intéressées aient fait statuer sur l'état de l'enfant. On admet généralement que l'art. 327 conserve son application après le décès de l'enfant tant que l'action en réclamation d'état peut être intentée par ses héritiers (V. *suprà*, n° 111).

121. Au contraire, la règle dont il s'agit cesse d'être applicable toutes les fois que le jugement de l'action publique ne doit pas préjuger la question d'état, alors même que le délit pourrait influer sur cet état. Il en est ainsi dans le cas d'attentats contre la personne même de l'enfant, tels que l'exposition, le délaissement, l'enlèvement, la suppression, le recelé de l'enfant ; les juges devant lesquels les infractions sont poursuivies ne sont pas obligés de surseoir au jugement de l'action criminelle jusqu'à ce qu'il ait été prononcé par la voie civile sur la question d'état.

122. Malgré la généralité de leurs termes, les art. 326 et 327 ne s'appliquent pas à toute espèce de réclamation d'état ; ils doivent être limités à la filiation. Ainsi ils ne sont pas applicables aux délits relatifs à l'état des époux ; ces délits peuvent être poursuivis par le ministère public, d'après les règles ordinaires de la compétence, et cela quand bien même la décision à intervenir devrait avoir pour résultat d'influer sur l'état des enfants, par exemple en leur enlevant la légitimité. Les tribunaux criminels sont d'ailleurs compétents pour statuer même sur les questions de filiation lorsqu'elles ne se présentent qu'incidemment et ne se rattachent pas au fait de l'accusation. Par exemple, lorsque, au cours d'un procès criminel, un témoin est reproché à raison de sa prétendue parenté avec l'accusé, et que cette parenté est contestée, la question de filiation qui en résulte peut être tranchée par la cour d'assises. Mais, en pareil cas, la décision rendue par la juridiction criminelle ne résout pas la question de filiation d'une manière générale et définitive ; elle est restreinte dans ses effets à l'objet spécial en vue duquel elle a été rendue.

123. Suivant l'opinion générale, l'application de l'art. 327 n'est pas restreinte au cas où, avant l'exercice de l'action publique ou le jugement de cette action, une action en réclamation d'état aurait été portée devant les tribunaux civils ; l'action criminelle en suppression d'état ne peut être poursuivie par le ministère public même lorsque les parties s'abstiennent, de sorte que l'inaction persistante de ces parties aura pour effet de paralyser indéfiniment l'exercice de l'action publique.

124. Non seulement il ne peut être statué sur l'action publique, mais cette action ne peut même être introduite tant que la question d'état n'a pas été jugée. La poursuite criminelle commencée avant le jugement au civil de la question d'état doit donc être annulée et les inculpés, s'ils avaient été mis en état d'arrestation, doivent être mis en liberté.

§ 2. — *De l'action en contestation d'état* (R. 380 et s. ; S. 167 et s.).

125. De même qu'un individu peut faire valoir ses droits à un état qu'il ne possède pas et qu'il prétend lui appartenir, de même on peut lui contester qu'il a et prétend être le sien. — La contestation d'état consiste à prétendre que telle personne n'est pas l'enfant légitime de telle autre, en déniant soit l'accouchement de la prétendue mère, soit l'identité de l'enfant qu'elle a mis au monde avec celui dont l'état est contesté. Elle ne doit pas être confondue avec la *contestation de légitimité*, qui s'applique uniquement à l'enfant qui, en raison de l'époque de sa naissance, n'est pas protégé par la présomption de paternité du mari (V. *suprà*, n° 54).

126. Il ne peut y avoir contestation d'état qu'autant que l'enfant a seulement, soit la possession de l'état qu'on prétend lui contester, soit un titre (c'est-à-dire un acte de naissance) qui le lui reconnaît ; l'action n'est pas recevable si l'enfant a en sa faveur un acte de naissance et une possession d'état conformes (Civ. 322, V. *suprà*, n° 77).

127. L'action en contestation d'état appartient à toute personne intéressée. Il n'est pas nécessaire que l'intérêt soit matériel ; il suffit d'un intérêt purement moral. Ainsi, les membres d'une famille peuvent contester la filiation de l'enfant dans le seul but de lui faire interdire de porter le nom et les titres distinctifs de la famille. Cette action peut être formée soit par voie principale, soit par voie d'exception, par exemple à l'occasion d'une action en pétition d'hérédité intentée par l'enfant.

128. De même que l'action en réclamation d'état (V. *suprà*, n° 110), la contestation d'état ne peut faire l'objet d'aucune convention, notamment d'une transaction ou d'un compromis. De même, le droit de l'exercer ne peut se perdre par l'effet d'une renonciation. — L'action en contestation d'état est imprescriptible tant à l'encontre de l'enfant qu'à l'égard de ses ayants droit ; la prescription peut courir seulement quant aux intérêts pécuniaires qui sont subordonnés à cette action.

129. Bien que les art. 326 et 327 ne visent que l'action en réclamation d'état, les règles qu'ils édictent s'appliquent également à la contestation d'état.

FILIATION NATURELLE

(R. v° *Paternité et filiation* ; S. *eod.* v°).

ART. 1er. — LÉGITIMATION DES ENFANTS NATURELS (R. 451 et s. ; S. 182 et s.).

1. La loi donne aux père et mère d'enfants naturels la faculté de leur conférer la légitimité. — Deux conditions sont exigées par la loi pour qu'il y ait légitimation : 1° le mariage des père et mère; 2° la reconnaissance de l'enfant (Civ. 331).

2. La légitimation ne peut résulter que d'un mariage régulièrement contracté. Mais un mariage *in extremis* serait suffisant pour opérer la légitimation. Il en serait de même d'un mariage *putatif* (Civ. 201-202) (V. *infrà, Mariage*). — La légitimation reste possible alors même que, depuis la conception ou la naissance de l'enfant, l'une des parties aurait contracté mariage avec un tiers si, postérieurement à la dissolution de ce mariage intermédiaire, les deux auteurs de l'enfant se mariaient ensemble.

3. Pour que le mariage opère la légitimation des enfants naturels, il est nécessaire que ceux-ci aient été reconnus avant ou tout au moins dans l'acte de célébration. Une reconnaissance faite ultérieurement serait inefficace à ce point de vue. Au reste, une reconnaissance expresse n'est indispensable que de la part du père; à l'égard de la mère, la reconnaissance peut résulter des circonstances prévues par l'art. 336 (V. *infrà*, n° 29), pourvu qu'elles se soient produites antérieurement au mariage.

4. Il n'est pas nécessaire que la reconnaissance de l'enfant par ses père et mère soit volontaire : une reconnaissance forcée, résultant d'un jugement rendu sur une action en recherche de paternité ou de maternité (V. *infrà*, n°s 41 et s.), a, en ce qui concerne la légitimation, les mêmes effets. Mais il faut, au moins d'après la doctrine généralement admise, que ce jugement ait été rendu avant le mariage.

5. Lorsque l'enfant a été reconnu, soit avant le mariage, soit dans l'acte de célébration, la légitimation s'opère de plein droit et sans qu'il soit nécessaire que l'intention de légitimer ait été déclarée dans ledit acte. Bien plus, la légitimation serait acquise nonobstant la volonté contraire qui serait exprimée par les père et mère. Réciproquement, l'enfant ne pourrait répudier le bénéfice de la légitimation.

6. Il doit être fait mention de la légitimation en marge de l'acte de naissance de l'enfant légitimé (Civ. 331), complétée par la loi du 17 mai 1897, § 2). Cette mention doit être inscrite d'office par l'officier de l'état civil (Comp. Civ. 49, et *suprà, Actes de l'état civil*, n° 58).

7. Une loi du 10 déc. 1850 (D. P. 51. 4. 9) a facilité, en même temps que le mariage des indigents, la légitimation de leurs enfants naturels (V. *infrà, Mariage*).

8. La légitimation peut être attaquée soit directement, lorsque les conditions exigées par la loi pour qu'elle s'accomplisse ne sont pas remplies, soit indirectement, par la contestation de la reconnaissance qui l'a précédée, lorsque cette reconnaissance est vicieuse, soit dans la forme, soit dans le fond : l'annulation de la reconnaissance entraîne forcément celle de la légitimation.

9. La légitimation, comme la reconnaissance, peut être attaquée par toute personne *ayant intérêt*. Il suffit d'un intérêt légitime né et actuel, soit pécuniaire, soit moral (Comp. Civ. 339, et *infrà*, n° 34). Ainsi, la reconnaissance et la légitimation peuvent être contestées par l'individu qui prétendrait être lui-même père naturel de l'enfant légitimé; ... par les auteurs mêmes de la légitimation, notamment par le père qui prétend qu'elle est mensongère, par l'enfant lui-même; ... par les collatéraux des époux (Paris, 4 avr. 1868, D. P. 70. 1. 241). Mais les intéressés ne sont plus recevables à contester la légitimation lorsqu'ils ont reconnu implicitement ou formellement la filiation de l'enfant.

10. La légitimation peut avoir lieu, après le décès de l'enfant, lorsque celui-ci a laissé des descendants, et, dans ce cas, elle profite

à ces descendants (Civ. 332). Mais la loi n'entend parler que des enfants légitimes ou légitimés de l'enfant naturel.

11. La légitimation n'est pas possible à l'égard des enfants adultérins ou incestueux (Civ. 331; V. *suprà, Filiation adultérine ou incestueuse*, n° 3). Mais l'inceste et l'adultère sont les seuls obstacles à la légitimation; celle-ci ne saurait être écartée sous prétexte qu'il existait lors de la conception un empêchement au mariage des père et mère. Tel serait le cas où l'un d'eux n'aurait pas eu alors l'âge requis pour contracter mariage. Toutefois, le jeune âge de l'auteur de la légitimation à l'époque de la conception serait une cause de nullité si les circonstances ne permettaient pas d'admettre qu'il ait pu avoir des relations avec la mère de l'enfant. De même, rien ne s'opposerait à la légitimation d'un enfant dont une veuve serait accouchée à une époque qui ferait remonter la conception dans l'intervalle des dix mois où il ne lui était pas possible de contracter un nouveau mariage.

12. La légitimation confère à l'enfant naturel tous les droits de la filiation légitime, non seulement vis-à-vis de ses père et mère, mais encore au regard de tous les membres de la famille, soit en ligne directe, soit en ligne collatérale (Civ. 333). — Mais elle ne produit d'effet qu'à partir de la célébration du mariage, et ne rétroagit ni au jour de la conception ni au jour de la naissance. Il en résulte que l'enfant légitimé ne peut élever aucune prétention sur les successions des membres de la famille ou sur les autres droits qui ont pu s'ouvrir avant le mariage. Il en résulte encore que, dans le cas où, depuis la conception de l'enfant naturel, il existât un mariage intermédiaire, dont la dissolution a rendu possible l'union de ses père et mère, l'enfant issu de ce mariage intermédiaire, quoique moins âgé, devrait être réputé l'aîné. Cette solution a, d'ailleurs, peu d'intérêt pratique; elle ne s'appliquerait guère qu'aux majorats, très rares aujourd'hui, qui se transmettaient à l'aîné des enfants mâles du titulaire (V. *infrà, Majorat*).

ART. 2. — RECONNAISSANCE DES ENFANTS NATURELS.

§ 1er. — *Reconnaissance volontaire* (R. 486 et s.; S. 202 et s.).

13. La reconnaissance est un acte essentiellement personnel; d'où il suit que le père et la mère ont seuls le droit de la faire, chacun en ce qui le concerne personnellement. Il en résulte que le père ou la mère dont le fils ou la fille aurait eu un enfant naturel ne peut le reconnaître pour son petit-fils; que la reconnaissance ne peut émaner non plus des héritiers ou des plus proches parents du père ou de la mère, ni des créanciers de ceux-ci, ni enfin du tuteur, dans le cas où le père ou la mère de l'enfant serait mineur ou en état d'interdiction judiciaire ou légale.

14. Pour reconnaître un enfant naturel, il n'est pas nécessaire d'avoir la capacité exigée par le droit commun pour la validité des contrats en général : ainsi le mineur, émancipé ou non, peut, seul et sans l'assistance de son tuteur, reconnaître un enfant naturel.

15. Il n'est pas nécessaire, pour la validité de la reconnaissance, que le mineur ait eu, au moment de la conception, l'âge déterminé pour le mariage; il suffit qu'en fait il fût, à cette époque, physiquement pubère. Mais la reconnaissance ne serait pas valable si, lors de la conception, le mineur n'avait pas la capacité d'engendrer. C'est d'ailleurs aux tribunaux seuls qu'il appartient d'apprécier si cette capacité existait ou non. Et l'officier de l'état civil ne

pourrait, sous le prétexte du jeune âge du déclarant, refuser de recevoir la reconnaissance (Lettre proc. Rép. trib. de la Seine, 17 sept. 1849, D. P. 50. 3. 28).

16. La reconnaissance peut être valablement faite par l'interdit pour cause de démence pendant un intervalle lucide; ... par un individu frappé d'interdiction légale; ... par celui qui est pourvu d'un conseil judiciaire sans l'assistance de ce conseil. — La femme mariée n'a pas besoin de l'autorisation de son mari pour reconnaître un enfant naturel qu'elle aurait eu avant son mariage (Alger, 11 janv. 1900, D. P. 1902. 2. 476). — Un prêtre catholique peut reconnaître un enfant naturel.

17. La reconnaissance peut être faite avant la naissance de l'enfant, à la condition, toutefois, que l'enfant soit déjà conçu. — Après le décès de l'enfant, elle peut avoir lieu dans le cas, tout au moins, où il a laissé des descendants légitimes, et elle profite alors à ces descendants. Et, suivant l'opinion générale, la reconnaissance est valable alors même que l'auteur de la reconnaissance n'aurait pas la volonté ou le pouvoir de légitimer ces descendants.

18. Dans le cas où l'enfant naturel est décédé sans postérité légitime, la question offre plus de difficulté, et elle est diversement résolue; mais, d'après l'opinion qui a prévalu, la reconnaissance de l'enfant naturel après un décès doit, dans tous les cas et sans distinction, être réputée valable, et elle confère à son auteur tous les avantages qui y sont attachés par la loi, notamment celui de recueillir la succession de l'enfant, sauf la faculté qu'a le juge de repousser la reconnaissance, s'il lui paraît qu'elle n'est pas sincère et n'a été dictée que par la cupidité (Rouen, 20 déc. 1899, D. P. 1901. 2. 71). — L'absence de l'enfant naturel n'est pas non plus un obstacle à sa reconnaissance.

19. La reconnaissance ne peut être faite que par acte authentique (Civ. 334). — En outre, elle n'est valable que si elle est faite devant un officier public ayant qualité pour la recevoir. Les officiers publics compétents pour recevoir l'acte authentique de reconnaissance sont, en première ligne, les officiers de l'état civil et les notaires.

20. L'officier de l'état civil est compétent pour recevoir la reconnaissance d'un enfant naturel, non seulement lorsque celle-ci est faite dans l'acte de naissance (Civ. 334), mais encore lorsqu'elle est faite postérieurement, par un acte distinct (Comp. Civ. 62). Dans les limites du territoire où il exerce ses fonctions, l'officier de l'état civil a qualité pour recevoir toute reconnaissance, quels que soient, d'ailleurs, le lieu de naissance et le domicile des personnes qui sont dénommées dans l'acte. Il peut recevoir la déclaration de reconnaissance non seulement à la mairie, mais dans un lieu quelconque, pourvu que ce soit dans les limites de son ressort. — Quand la reconnaissance a lieu devant l'officier de l'état civil, les formalités des actes de l'état civil doivent être observées (V. *suprà, Actes de l'état civil*); toutefois, l'inobservation d'une de ces formalités, par exemple l'absence de témoins, n'entraîne pas la nullité de l'acte.

21. Les notaires ne peuvent recevoir les actes de reconnaissance que dans les limites de leur ressort. L'acte notarié doit être dressé en minute; il serait nul s'il n'avait été dressé en simple brevet.

22. La reconnaissance volontaire d'un enfant naturel peut valablement résulter d'un aveu constaté judiciairement. Le juge de paix, lorsqu'il siège comme juge, a qualité pour constater authentiquement la reconnaissance volontaire faite devant lui incidemment à la contestation dont il est saisi. La reconnaissance faite au bureau de conciliation et consignée dans le procès-verbal du juge de paix est également une reconnaissance volontaire et authentique. Certains auteurs admettent même que le juge de paix a qualité, en dehors de ses fonctions de juge et de conciliateur, mais assisté de son greffier, pour recevoir la reconnaissance d'un enfant naturel et pour lui donner le caractère d'authenticité exigé par la loi.

23. Il est généralement admis que les greffiers, notamment les greffiers de justice de paix et les huissiers, sont incompétents pour recevoir la reconnaissance d'un enfant naturel. Il en est de même de tous autres fonctionnaires, notamment ceux de l'ordre administratif. Ainsi, est nulle la reconnaissance faite dans un engagement militaire, reçu par un maire en vertu des attributions que lui confèrent les lois sur le recrutement ; ... devant un commissaire de police, qui en a dressé procès-verbal ; ... devant un ministre du culte, qui en a fait mention dans un acte de baptême.

24. La reconnaissance peut être faite dans un acte authentique. Elle est valable même si le testament émane d'un Français résidant à l'étranger, si l'acte doit être considéré comme authentique d'après les lois du pays où il a été fait (Paris, 26 févr. 1896, D. P. 97. 2. 339). Au contraire, un enfant naturel ne peut être reconnu par testament olographe. Toutefois, la reconnaissance faite dans cette forme, quoique nulle relativement à la filiation, peut, suivant les circonstances et eu égard aux termes du testament, produire, en faveur de l'enfant auquel elle s'applique, l'effet d'un legs de la portion de biens afférente à la qualité d'enfant naturel reconnu. De même, il est généralement admis que la reconnaissance ne peut être faite dans un testament mystique.

25. De la règle édictée par l'art. 334, il résulte que la reconnaissance ne peut être faite par acte sous seing privé, sans qu'il y ait à distinguer si l'acte émane du père ou de la mère, s'il a été, ou non, volontairement reconnu. Telle est du moins la doctrine qui a prévalu. — Toutefois, suivant une opinion, un acte sous seing privé pourrait valoir comme reconnaissance d'enfant naturel s'il était déposé chez un notaire, avec réquisition adressée à celui-ci de le mettre au nombre de ses minutes et à la condition que l'acte de dépôt contint, sinon la copie intégrale, du moins une relation explicite des termes de l'acte déposé. Les lettres missives ayant le caractère d'écrits purement privés, un enfant ne peut être valablement reconnu par lettre missive.

26. La reconnaissance d'un enfant naturel peut être faite par mandataire ; mais la procuration à cet effet doit être donnée par acte authentique. — L'acte doit être dressé en minute ; une procuration passée en brevet est insuffisante. — La procuration doit, en outre, être spéciale. On ne saurait considérer comme suffisamment spéciale, bien que le contraire ait été jugé, une procuration qui se borne à déclarer que la mère de l'enfant à naître, qui doit être reconnu, a été confidentiellement désignée au mandataire, et qui, dès lors, ne détermine pas d'une façon précise l'enfant à reconnaître. — Elle peut toujours être révoquée par celui de qui elle émane tant que l'acte de reconnaissance n'a pas été passé.

27. La reconnaissance d'un enfant naturel est valable, bien qu'elle ne fasse pas l'objet unique ou même principal de l'acte qui la contient. D'autre part, il n'est pas nécessaire qu'elle soit formulée par une disposition proprement dite ; elle peut l'être en termes simplement énonciatifs, pourvu qu'il n'y ait aucune incertitude sur la volonté du père ou de la mère de faire la reconnaissance. Ainsi, la reconnaissance peut être contenue, par exemple, dans le contrat de mariage des père et mère de l'enfant. Elle peut résulter : ... 1º de la qualification de « son enfant naturel » donnée par le testateur, dans son testament public, à une personne qu'il gratifie d'un legs ; ... 2º de l'acte de mariage d'un enfant dans lequel il a pris la qualité de fils ou fille d'une personne qui a assisté audit acte pour donner son consentement au mariage. — Mais la simple énonciation, par l'officier de l'état civil, que la déclaration de naissance est faite par « un tel, père de l'enfant », n'équivaut pas à une reconnaissance de la part de ce dernier. La reconnaissance ne saurait même s'induire de ce que celui qui a déclaré la naissance a donné à l'enfant son propre nom de famille.

28. Les actes de reconnaissance doivent, d'ailleurs, être interprétés de bonne foi, et la validité n'en saurait être infirmée par les irrégularités ou omissions légères que l'on pourrait y relever.

29. Lorsque le père naturel, en reconnaissant l'enfant, soit dans l'acte de naissance, soit dans un acte postérieur, désigne la mère de l'enfant, sans la participation ou l'aveu de celle-ci, cette désignation est, vis-à-vis d'elle, sans aucun effet (Civ. 336). Mais, suivant l'opinion qui prévaut en doctrine et en jurisprudence, l'aveu de la mère suffit pour donner pleine force vis-à-vis d'elle à la reconnaissance faite par le père et dans laquelle elle est nommément indiquée. — Et cet aveu de la mère, pour produire l'effet d'une reconnaissance personnelle et directe, n'est soumis à aucune forme spéciale. Il n'est donc pas nécessaire qu'il soit fait par acte authentique, mais peut résulter d'un acte sous seing privé. Il peut même être tacite et résulter de circonstances qui ont précédé, accompagné ou suivi l'indication du nom de la mère par le père, par exemple de ce que la mère, ayant eu connaissance de la déclaration du père, ne l'a pas démentie et a constamment traité l'enfant comme sien. — L'aveu de la mère peut être établi par témoins ou par présomption.

30. Lorsque l'indication, par le mari de la mère de l'enfant naturel, et l'aveu de celle-ci sont antérieurs au mariage, la reconnaissance qui en résulte suffit, jointe à la reconnaissance expresse de la mère, pour que la légitimation puisse s'opérer.

31. Suivant l'opinion qui a prévalu dans la jurisprudence, l'indication de la mère dans l'acte de naissance d'un enfant naturel, suivi de son aveu, ne peut valoir comme reconnaissance lorsqu'elle émane de toute personne autre que le père ; elle n'a d'effet qu'autant que ce tiers était muni d'un pouvoir spécial de la mère, conformément au droit commun.

32. Il va de soi, d'ailleurs, que les indications émanées de la mère, dans l'acte par lequel elle reconnaît l'enfant, indications qui impliqueraient la paternité d'un tiers, seraient dépourvues de tout effet à l'égard de ce tiers, qui serait fondé à poursuivre la rectification dudit acte (Toulouse, 16 mai 1899, D. P. 1901. 2. 116).

33. La reconnaissance, une fois accomplie, ne peut être rétractée ; elle est irrévocable à l'égard de celui dont elle émane. Elle conserve ses effets alors même que les autres dispositions de l'acte qui la contient deviendraient caduques, comme dans le cas où elle aurait été faite dans un contrat de mariage qui n'aurait pas été suivi de la célébration du mariage projeté. — On n'est pas d'accord sur le point de savoir si l'irrévocabilité de la reconnaissance s'étend même au cas où elle est faite par acte authentique, ou si la révocation du testament fait alors tomber la reconnaissance.

34. Aux termes de l'art. 339, la reconnaissance peut être contestée par tous ceux qui y ont intérêt. Cet intérêt peut être soit pécuniaire, soit purement moral. — Ainsi, on doit admettre à contester la reconnaissance, à raison de l'intérêt pécuniaire qu'ils peuvent avoir à la faire annuler, les héritiers ou autres successeurs de l'auteur de la reconnaissance, en vue d'écarter celui-ci d'une succession actuellement ouverte. — D'autre part, sont recevables à contester la reconnaissance, à raison de l'intérêt moral qu'ils ont à son annulation, notamment : celui qui en est l'auteur ; l'enfant reconnu, qui peut avoir intérêt à contester un état qui n'est pas le sien ; le père ou la mère de l'auteur de la reconnaissance, la personne qui prétend que c'est elle, et non pas l'auteur de la reconnaissance, qui est le vrai père ou la vraie mère de l'enfant reconnu. La mère qui a reconnu l'enfant peut contester la reconnaissance faite par le prétendu père, et, réciproquement, le père a le même droit en ce qui concerne la reconnaissance émanée de la mère.

35. Les causes de nullité qui peuvent entacher la reconnaissance, et à raison desquelles celle-ci est susceptible d'être attaquée, sont de natures diverses. Ainsi, la reconnaissance peut être nulle pour incompétence du fonctionnaire qui l'a reçue, ou pour vice de forme (par exemple, si elle a été faite par acte sous seing privé). — Elle l'est encore lorsque le consentement de celui dont elle émane est entaché d'un des vices du consentement qui entraînent l'annulation des contrats en général, savoir l'erreur, le dol ou la violence. L'erreur n'est, d'ailleurs, une cause d'annulation de la reconnaissance qu'autant qu'elle porte sur l'élément essentiel de l'acte, c'est-à-dire sur la personne qui est l'objet de la reconnaissance, ou sur le fait même de la paternité, comme dans le cas où l'on établit que l'auteur de la reconnaissance était impubère à l'époque de la conception présumée de l'enfant, ou s'il est démontré qu'à l'époque de la naissance de l'enfant, la femme qui a fait la reconnaissance n'est point accouchée. D'autre part, la reconnaissance faite sur la menace de poursuites judiciaires ne saurait être considérée comme faite sous l'empire d'une violence de nature à vicier le consentement : il en est ainsi du moins à l'égard du père, puisque, la recherche de la paternité étant interdite (V. infrà, nº 41), ces poursuites ne pourraient pas aboutir. La reconnaissance est encore nulle lorsqu'elle est mensongère, la personne qui en est l'auteur ayant, pour un motif quelconque, reconnu l'enfant pour sien, alors qu'elle n'ignorait pas qu'il lui était étranger.

36. Suivant la doctrine généralement admise, diverses personnes qui ont intérêt à contester la reconnaissance sont recevables à l'attaquer dans tous les cas, quelle que soit la cause de nullité sur laquelle elles fondent leur contestation. Il en est ainsi même quand elles allèguent un vice du consentement chez celui dont émane la reconnaissance, bien qu'en général une telle cause de nullité soit purement relative et ne puisse être invoquée que par celui dont le consentement a été vicié et ses ayants cause à titre universel. De même, on admet que la demande en annulation de la reconnaissance, fondée sur ce qu'elle est mensongère, peut être invoquée même par l'auteur de la reconnaissance.

37. Lorsque la reconnaissance est contestée par un autre que l'enfant, celui-ci doit être mis en cause, s'il n'intervient pas spontanément dans l'instance. — Si l'enfant est mineur, la jurisprudence la plus récente paraît se prononcer en ce sens que l'enfant ne peut être valablement représenté par son père ni par sa mère naturels, et qu'il doit être pourvu d'un tuteur ad hoc.

38. Dans tous les cas où l'annulation de la reconnaissance est demandée, la preuve des faits qui l'invalident est à la charge des contestants; il en est ainsi, notamment, dans le cas où l'on soutient que l'auteur de la reconnaissance n'est pas le véritable père ou la véritable mère. Cette preuve peut être faite par tous les moyens possibles.

39. L'action en nullité de la reconnaissance, fondée sur ce que celle-ci ne serait pas l'expression de la vérité, est imprescriptible. Au contraire, l'action est prescriptible si elle a dérivé d'un vice du consentement de celui dont émane la reconnaissance. Il en serait de même, suivant l'opinion générale, dans le cas où elle est fondée sur un vice de forme. — Dans les cas où l'action est prescriptible, l'action en nullité peut également s'éteindre par la ratification ou la renonciation des personnes qui avaient le droit de l'intenter.

40. Si le même enfant a été reconnu par plusieurs hommes ou par plusieurs femmes, on admet généralement qu'il appartient aux juges d'apprécier, suivant les circonstances, quelle est, entre les reconnaissances successives, celle qui doit être réputée vraie; et ils doivent donner la préférence non pas à la première en date, mais à celle qui présente le plus grand intérêt pour l'enfant. Le témoignage de la mère est naturellement d'un grand poids, mais il ne saurait cependant être considéré comme irréfragable. Le fait que l'un de ceux qui ont reconnu l'enfant l'aurait ensuite légitimé par son mariage subséquent avec la mère ne suffirait pas non plus pour faire prévaloir sa reconnaissance.

§ 2. — Reconnaissance forcée.

A. — Recherche de la paternité (R. 598 et s.; S. 249 et s.).

41. En principe, la recherche de la paternité naturelle est interdite (Civ. 340). La paternité ne peut être recherchée, sous quelque prétexte que ce soit; et cette prohibition fait obstacle à toute demande impliquant la contestation de la paternité d'un individu qui ne s'est pas déclaré le père de l'enfant naturel, notamment à une demande en dommages-intérêts de la part de la mère, ou en pension alimentaire de la part de l'enfant. — Ce n'est pas seulement contre le père que la paternité naturelle ne peut être recherchée; elle ne peut l'être davantage contre l'enfant lui-même.

42. La disposition de l'art. 340 ne s'oppose pas à ce que l'enfant naturel se prévale d'un acte de reconnaissance émané de l'individu qu'il prétend être son père établisse, en cas de contestation, son identité avec l'enfant visé dans cet acte. Cette identité peut être établie par témoins ou au moyen d'indices ou de présomptions. Il y a, d'ailleurs, controverse sur le point de savoir si ces deux modes de preuve sont subordonnés, comme dans le cas où il s'agit de la recherche de la maternité (V. infrà, n° 53), à l'existence d'un commencement de preuve par écrit. — D'autre part, c'est une question délicate que de savoir si l'enfant peut être admis à prouver, en cas de dénégation, l'identité du père de qui émane la reconnaissance. L'opinion la plus probable, d'après l'ensemble des décisions qui ont été rendues sur ce point, peut se formuler ainsi : s'il y a similitude complète entre les nom, prénoms, etc., du père prétendu et ceux de l'auteur de la reconnaissance, l'enfant doit être admis à soutenir qu'il y a identité de personnes, et il appartiendra au prétendu père de faire, par tous les moyens, la preuve du contraire; si, au contraire, l'acte de reconnaissance ne crée pas, en faveur de l'identité, une preuve grave et précise, s'il a besoin d'être complété dans quelques-unes de ses énonciations, la demande est une véritable recherche de paternité, et elle ne doit pas être accueillie.

43. L'art. 340 ne saurait être invoqué

pour repousser l'action en dommages-intérêts dirigée contre un tiers qui, par ses manœuvres, aurait détourné quelqu'un de donner suite au projet de reconnaître un enfant naturel.

44. Une exception unique est apportée par la loi au principe de l'interdiction de la recherche de la paternité, pour le cas d'enlèvement de la mère; dans ce cas, le ravisseur peut être déclaré le père de l'enfant à la demande des parties intéressées, à la condition que l'époque de l'enlèvement se rapporte à celle de la conception. Il n'y a pas à distinguer suivant que la femme, victime de l'enlèvement, était majeure ou mineure. — Pour que le ravisseur soit déclaré le père de l'enfant, il n'est pas exigé qu'il y ait eu préalablement une condamnation, ni même des poursuites criminelles pour cause de rapt.

45. Suivant l'opinion qui semble prévaloir en jurisprudence, la recherche de la paternité n'est pas admise si l'enlèvement a eu lieu sans violence, par fraude ou séduction; l'application de l'art. 340 au rapt de séduction n'est admise qu'autant qu'il a été suivi de la séquestration de la femme.

46. On admet généralement que le viol doit être assimilé à l'enlèvement avec violence, au point de vue de l'application de l'art. 340. Pour apprécier s'il y a, entre l'époque de l'enlèvement et celle de la conception, la coïncidence exigée par l'art. 340, on a recours aux présomptions établies par les art. 312, 314 et 315 (V. supra, Filiation légitime, nos 2 et s., 23 et s., 28). D'ailleurs, alors même que cette coïncidence existe, la déclaration de paternité est toujours facultative pour les tribunaux, qui se décideront d'après les faits et circonstances.

47. La preuve, soit du fait de l'enlèvement, soit de toutes autres circonstances pouvant servir à former la conviction du juge sur la paternité du ravisseur, peut être faite par tous les moyens possibles, c'est-à-dire même par témoins, sans commencement de preuve par écrit.

48. On admet généralement que les parties intéressées que vise l'art. 340 sont seulement la mère et l'enfant, à l'exclusion de toute autre personne qui aurait intérêt à faire constater la paternité naturelle. — Dans le cas prévu par la seconde disposition de l'art. 340, l'enfant est naturel simple si la femme enlevée n'était pas mariée; ... adultérin si elle était mariée; ... incestueux s'il existait entre le ravisseur et la femme enlevée un lien de parenté de nature à rendre le mariage impossible.

49. Les tribunaux civils sont seuls compétents pour connaître de l'action en recherche de paternité en cas d'enlèvement (Civ. 326). Mais l'art. 327 n'est pas applicable à ce cas particulier; la juridiction criminelle n'est donc pas obligée de surseoir à statuer sur le délit d'enlèvement, jusqu'à ce qu'il ait été prononcé au civil sur la question de paternité.

B. — Recherche de la maternité (R. 614 et s.; S. 263 et s.).

50. A la différence de la recherche de la paternité, le législateur a admis la recherche de la maternité (Civ. 341, § 1er), mais en la soumettant à certaines conditions restrictives. L'action en recherche de maternité ne doit, d'ailleurs, pas être confondue avec celle qui tend à faire constater qu'un enfant a été réellement reconnu par sa mère (Comp. supra, n° 42) : dans cette dernière action, le débat porte uniquement sur le fait de la reconnaissance, et n'est pas soumise aux conditions déterminées par l'art. 341.

51. L'action en recherche de la maternité appartient à l'enfant, en faveur duquel elle a été instituée, et à lui seul de son vivant. Cependant, si l'enfant est mineur, elle peut

être exercée par le père qui l'a reconnu, alors du moins que celui-ci est en même temps le tuteur de l'enfant. Les créanciers de l'enfant ne peuvent l'intenter, si ce n'est, d'après certains auteurs, au point de vue des droits pécuniaires qui s'y rattachent. — Suivant l'opinion dominante en jurisprudence, cette action s'éteint par le décès de l'enfant et ne peut être exercée par aucun de ceux qui sont appelés à lui succéder, à quelque titre que ce soit. Si donc l'enfant n'a pas exercé l'action de son vivant, elle n'est pas transmissible même à ses héritiers légitimes.

52. Si la recherche de la maternité est admise de la part de l'enfant et à son profit, la jurisprudence décide, contrairement à l'opinion de nombreux auteurs, qu'elle ne peut, à l'inverse, être faite contre lui, notamment en vue de faire réduire, par application de l'art. 901 c. civ., les libéralités qu'il aurait reçues.

53. A défaut de preuve littérale, la maternité naturelle peut être prouvée par témoins; mais la preuve testimoniale n'est recevable qu'autant qu'il existe un commencement de preuve par écrit (Civ. 341, § 3). — Le commencement de preuve par écrit exigé par la loi ne peut être remplacé par les présomptions qui, aux termes de l'art. 323, § 2, rendent la preuve testimoniale admissible en cas de recherche de la maternité légitime. Mais, dès qu'il existe un commencement de preuve par écrit, les témoignages peuvent, conformément au droit commun (Civ. 1353), être suppléés par des présomptions graves, précises et concordantes. — La preuve de la maternité peut encore résulter de l'aveu fait par la mère, soit dans un acte authentique (par exemple, dans l'acte d'engagement militaire de l'enfant naturel : Comp. Limoges, 6 déc. 1886, D. P. 88. 2. 93),... soit en justice. — Suivant une opinion, l'enfant qui réclame sa mère pourrait, même à défaut de commencement de preuve par écrit, pour prouver le fait de sa filiation, déférer à sa prétendue mère le serment décisoire.

54. Pour que la réclamation de l'enfant soit admise, deux faits doivent être établis, savoir : d'une part, la prétendue mère est accouchée; d'autre part, qu'il y a identité entre le réclamant et l'enfant auquel elle a donné le jour. Suivant l'opinion qui a prévalu, l'art. 341 n'a porté trait seulement à la preuve de l'identité, et, pour que l'enfant soit admis à faire cette preuve, il n'est pas nécessaire que l'accouchement soit préalablement établi; le mode de preuve déterminé par cet article s'applique au fait complexe de la maternité qui comprend à la fois l'accouchement et l'identité de l'enfant. Ainsi, la preuve testimoniale est admissible à l'effet de prouver l'un et l'autre fait; mais qu'il s'agisse de prouver soit l'identité, soit l'accouchement de la prétendue mère, le commencement de preuve par écrit est nécessaire dans l'un et l'autre cas.

55. La doctrine et la jurisprudence sont divisées sur le point de savoir si, pour déterminer les caractères du commencement de preuve par écrit que prévoit l'art. 341, il y a lieu de se référer aux dispositions spéciales édictées par l'art. 324 en matière de filiation légitime; si, notamment, il n'est pas nécessaire que l'écrit émane de la personne même dont l'enfant prétend être né; ou si, au contraire, c'est le droit commun, c'est-à-dire la règle générale édictée par l'art. 1347 c. civ., qui doit être appliquée ici, et si, par conséquent, le commencement de preuve par écrit n'est tenu de produire ne peut résulter que d'écrits émanés de celui à qui l'on attribue la maternité.

56. Parmi les actes ou documents qui peuvent constituer un commencement de preuve par écrit et servir de base à la preuve testimoniale prévue par l'art. 341, on doit comprendre notamment les lettres missives. Cela n'est pas douteux en ce qui concerne les lettres émanées de la mère elle-même, alors, tout au moins, qu'elles ont été reconnues ou vérifiées en justice. Au surplus, s'il s'agit de lettres écrites non à l'enfant, mais à des tiers, ceux-ci en étant propriétaires, elles ne peuvent être produites en justice sans leur consentement (V. *infrà*, *Lettre missive*). — Quant aux lettres écrites par des tiers, elles ne peuvent être invoquées que si l'on admet que le commencement de preuve par écrit peut, en cette matière, émaner de personnes autres que la mère (V. *suprà*, n° 55).

57. La reconnaissance par acte sous seing privé, à la condition qu'elle ne laisse planer aucun doute sur l'enfant naturel qui s'en prévaut, peut également servir de commencement de preuve par écrit. — D'après la doctrine généralement admise, l'acte de naissance dans lequel la mère a été désignée sans sa participation, et qui, lorsque cette désignation émane d'une autre personne que du père, n'équivaut pas à une reconnaissance de la part de la mère, même lorsqu'il est suivi de son aveu (V. *suprà*, n° 31), ne peut davantage être invoqué comme constituant un commencement de preuve par écrit dans le sens de l'art. 341. Au contraire, d'après l'opinion qui semble prévaloir en jurisprudence, l'acte de naissance portant indication de la mère, sans son aveu, vaudrait non seulement comme commencement de preuve par écrit, mais comme preuve complète de l'accouchement, alors du moins que cette indication émane de ceux que la loi a chargés de faire la déclaration de naissance, par exemple, de la sage-femme qui a assisté à l'accouchement (Civ. r. 22 oct. 1902, D. P. 1902. 1. 539).

58. Mais cet acte n'établit pas à lui seul la filiation de celui qui intente l'action en recherche de maternité ; le demandeur doit prouver, en outre, son identité avec l'enfant dont la prétendue mère est accouchée, et il ne peut faire cette preuve par témoins qu'à la condition de s'appuyer sur un commencement de preuve par écrit résultant soit des titres de famille, soit des registres ou papiers domestiques du père ou de la mère, soit d'actes publics ou même privés émanés d'une partie engagée dans la contestation ou qui y aurait intérêt si elle était vivante (Civ. 324, 341) (même arrêt). Il n'est, d'ailleurs, pas nécessaire que ce commencement de preuve par écrit remplisse les conditions exigées par l'art. 1347 c. civ. (Agen, 28 mai 1901, D. P. 1902. 2. 78). — Il y a lieu de considérer comme un titre de famille ou papier domestique de la mère formant commencement de preuve par écrit de l'identité de l'enfant, l'extrait du registre d'exposition des enfants assistés, constatant le dépôt de l'enfant effectué par la mère dans un hospice. Il en est de même de lettres dictées par la mère illettrée à des mandataires, tels qu'un notaire, un instituteur public (même arrêt).

59. L'enfant est tenu d'établir non seulement sa propre identité, si elle est contestée, mais encore, le cas échéant, celle de la prétendue mère avec la femme désignée comme telle dans l'acte de naissance, laquelle doit être certaine.

60. La question de savoir si la possession d'état, qui est un des modes de preuve de la filiation légitime (V. *suprà*, *Filiation légitime*, n°ˢ 67 et s.), a le même effet à l'égard de la filiation naturelle, a été très controversée tant en doctrine qu'en jurisprudence. D'après le système qui paraît avoir prévalu, la possession d'état ne peut jamais être invoquée pour établir la filiation naturelle, ni à l'égard du père, ni à l'égard de la mère, et cela dans le cas même où cette pos-

session serait conforme à l'acte de naissance (Paris, 31 janv. 1902, D. P. 1902. 2. 251). L'enfant ne peut invoquer la possession d'état même à l'effet de prouver son identité. — D'autre part, on admet généralement que la disposition de l'art. 322, aux termes de laquelle l'état de l'enfant qui a une possession d'état conforme à son acte de naissance ne peut être contesté (V. *suprà*, *Filiation légitime*, n° 77), ne s'applique pas au cas où l'acte de naissance établit la filiation naturelle.

61. Conformément aux principes généraux qui régissent les questions d'état, l'action en recherche de la maternité ne peut faire l'objet de conventions privées ; l'enfant naturel ne peut donc renoncer au droit de rechercher sa mère. — De même, il ne peut transiger sur son état ; toutefois, les intérêts pécuniaires qui sont attachés à l'état d'enfant naturel peuvent être l'objet de conventions licites, notamment d'une transaction. — Enfin, l'action en recherche de la maternité est imprescriptible ; mais la prescription ordinaire est applicable aux intérêts pécuniaires résultant de la qualité d'enfant naturel.

62. La règle édictée par l'art. 326, qui attribue aux tribunaux civils une compétence exclusive pour statuer sur les réclamations d'état, s'applique à l'action en recherche de la maternité. — Il en est de même, suivant l'opinion générale, de l'art. 327, aux termes duquel l'action au criminel contre un délit de suppression d'état ne peut commencer qu'après le jugement définitif sur la question d'état.

ART. 3. — EFFETS DE LA FILIATION NATURELLE
(R. 657 et s. ; S. 286 et s.).

63. Au point de vue des droits civils ou politiques, il n'y a aucune différence entre les enfants naturels, reconnus ou non, et les enfants légitimes ; c'est seulement en ce qui touche les relations avec ses père et mère et avec leurs parents ou alliés que la situation de l'enfant naturel diffère de celle des enfants légitimes. — A ce point de vue, leurs droits sont restreints, en ce sens, notamment, qu'ils n'ont point, dans la succession de leurs père et mère, les mêmes droits que s'ils étaient légitimes (Civ. 338).

64. La reconnaissance ne crée de rapports de parenté civile qu'entre l'enfant qui en est l'objet et l'auteur ou les auteurs de la reconnaissance. Sauf en ce qui concerne les empêchements au mariage, l'enfant naturel est civilement étranger aux parents de ses père et mère. — On n'est pas d'accord sur le point de savoir s'il existe un lien de parenté civile entre les descendants légitimes de l'enfant naturel et ceux qui l'ont reconnu. L'intérêt de la question se présente au point de vue de l'obligation alimentaire (V. *suprà*, *Aliments*, n° 3) et du droit de succession (V. *infrà*, *Succession*).

65. L'enfant naturel prend le nom de celui de ses auteurs qui l'a reconnu. S'il a été reconnu par son père et par sa mère, il doit, suivant l'opinion dominante, prendre le nom de son père ; et, dans le cas où la reconnaissance du père interviendrait après celle de la mère, il serait obligé d'abandonner le nom de celle-ci. A défaut de reconnaissance, il ne peut porter ni le nom de son père, ni le nom de sa mère.

66. Sur la puissance paternelle qui appartient aux père et mère naturels, V. *infrà*, *Puissance paternelle*. — Sur la tutelle des enfants naturels, V. *infrà*, *Tutelle*.

67. Les père et mère naturels sont tenus, de la même façon que les père et mère légitimes, de nourrir, élever et entretenir l'enfant naturel qu'ils ont reconnu.

68. Sur l'obligation alimentaire qui résulte de la paternité ou de la maternité naturelle, V. *suprà*, *Aliments*, n° 3.

69. Le mari ou la femme peut, durant le mariage, reconnaître l'enfant naturel qu'il a eu antérieurement d'un autre que de son époux ; mais cette reconnaissance ne peut nuire ni à l'autre conjoint, ni aux enfants nés du mariage (Civ. 337). C'est là une disposition d'un caractère exceptionnel dont les effets ne doivent pas être étendus au delà de ses termes. Ainsi, elle n'est pas applicable à une reconnaissance faite avant le mariage, mais entachée d'une cause quelconque d'annulation, tel qu'un vice de consentement ou un vice de forme, et que l'époux dont elle émane a ratifiée pendant le mariage. Elle ne s'applique pas non plus au cas où l'enfant, reconnu par l'un des conjoints, est également né de l'autre conjoint, et la filiation de cet enfant peut être établie à l'égard de l'autre époux par l'effet, soit d'une reconnaissance volontaire, soit d'une recherche judiciaire (s'il s'agit de la mère). Enfin l'art. 337 est inapplicable quand la reconnaissance survient après la dissolution du mariage (Douai, 26 févr. 1903, D. P. 1904. 2. 385).

70. L'époux dont le mariage existait au moment de la reconnaissance, ou les enfants issus de ce mariage, sont seuls admis à se prévaloir de la disposition de l'art. 337. Elle ne peut être invoquée par des tiers, notamment... par un légataire universel (Trib. civ. de la Seine, 27 mai 1898, D. P. 99. 2. 306) ; ... par le conjoint de l'auteur de la reconnaissance qui l'a épousé après la dissolution du mariage pendant lequel la reconnaissance a eu lieu. Mais si, lors du décès de l'auteur de la reconnaissance, il ne restait pas d'enfants issus du mariage, les petits-enfants pourraient invoquer la disposition de l'art. 337. — On doit, pour l'application de cet article, assimiler les enfants légitimés aux enfants issus du mariage. Au contraire, les enfants qui seraient issus d'un mariage antérieur ne pourraient en réclamer le bénéfice. Il en serait de même, à l'inverse, des enfants issus d'un nouveau mariage contracté par l'auteur de la reconnaissance après la dissolution du mariage pendant lequel elle a été faite.

71. Après la dissolution du mariage, la reconnaissance intervenue pendant sa durée demeure sans effet, non seulement lorsqu'il existe des enfants issus du mariage (V. Civ. 337, § 2), mais encore lorsqu'il reste un époux auquel cette reconnaissance peut porter préjudice. L'époux survivant exercera donc les droits que la loi lui attribue sur la succession de l'auteur de la reconnaissance (V. *infrà*, *Succession*), sans que la présence de l'enfant naturel puisse restreindre dans une mesure quelconque l'exercice de ces droits. — De même, la reconnaissance ne pourra porter aucune atteinte aux libéralités que le survivant aurait reçues de son conjoint par contrat de mariage. En est-il de même des libéralités qui lui auraient été faites par ce dernier pendant le mariage? La question est discutée et, l'on n'est pas d'accord sur le point de savoir si le conjoint qui aurait, par exemple, été institué légataire universel par l'auteur de la reconnaissance pourrait se prévaloir de l'art. 337 pour écarter la réclamation de l'enfant naturel qui attaquerait ce legs comme portant atteinte à sa réserve.

72. L'art. 337 s'oppose à ce que les intérêts pécuniaires du conjoint ou des enfants nés du mariage soient lésés à aucun point de vue par la reconnaissance intervenue pendant le mariage. Ainsi l'enfant naturel, objet de cette reconnaissance, ne peut élever aucune prétention sur la succession de son auteur, à l'encontre des enfants issus du mariage ou de l'époux survivant. Il ne peut non plus, du moins suivant l'opinion générale, rien recevoir par donation ou testament au préjudice des mêmes personnes.

Mais cette disposition ne protège que les intérêts matériels et pécuniaires du conjoint et des enfants légitimes ; ainsi elle ne s'oppose pas à ce que l'enfant porte le nom, soit du père, soit de la mère qui l'a reconnu.

73. On admet généralement aussi que l'enfant naturel reconnu peut, nonobstant l'art. 337, réclamer des aliments de celui qui l'a reconnu. La demande de l'enfant devra être accueillie toutes les fois que l'auteur de la reconnaissance pourra fournir ces aliments sur des biens dont il a la libre disposition et dont il ne devra compte ni à son conjoint ni aux enfants nés du mariage ; tel est le cas du mari. Suivant la plupart des auteurs, les aliments peuvent être réclamés même sur les biens de la communauté, lorsqu'il s'agit d'un enfant reconnu par le mari ; au contraire, le mari ne peut être contraint de fournir des aliments sur les biens de la communauté à l'enfant naturel reconnu par sa femme durant le mariage. — Il y a encore controverse sur le point de savoir si l'enfant conserve le droit de réclamer des aliments après le décès du conjoint dont émane la reconnaissance.

74. Suivant l'opinion qui a prévalu en jurisprudence, la disposition de l'art. 337 s'applique non seulement au cas de reconnaissance forcée, mais au cas de reconnaissance volontaire. Sans doute, cette disposition ne s'oppose pas à ce qu'une demande en recherche de maternité soit intentée, au cours du mariage de la mère, par un enfant naturel, né avant le mariage, d'un autre que du mari ; mais la décision qui accueille cette action est sans effet à l'égard du mari et des enfants issus du mariage. Au reste, dans le cas où la réclamation de l'enfant s'appuierait sur l'aveu exprès ou tacite de la mère, antérieur au mariage, l'art. 337 serait inapplicable bien que l'existence de cet aveu n'eût été judiciairement constatée que depuis la célébration du mariage.

75. Une fois le mariage dissous, soit par le décès, soit par le divorce, l'enfant né avant sa célébration peut être valablement reconnu, encore qu'il existe des enfants issus de ce mariage, et la reconnaissance produit ses effets à l'encontre de ces enfants. Telle est du moins la doctrine généralement admise. — De même, la disposition de l'art. 337 n'est pas applicable à la constatation judiciaire, postérieurement à la dissolution du mariage, d'une reconnaissance antérieure au mariage. — Mais il en serait autrement si cette constatation avait pour base un commencement de preuve par écrit datant de l'époque où la prétendue mère était mariée à un tiers, ou des présomptions tirées de faits se rapportant à la même époque.

76. L'application de l'art. 337 ne saurait être écartée soit par l'effet d'une nouvelle reconnaissance qui interviendrait après la dissolution du mariage pendant lequel la première reconnaissance a eu lieu, soit par l'effet d'une action en recherche de maternité dans laquelle l'enfant, faisant abstraction de la reconnaissance dont il a été objet, prétendrait prouver directement sa filiation.

ART. 4. — ENREGISTREMENT ET TIMBRE.

77. Les reconnaissances d'enfants naturels avaient été soumises au droit fixe de 3 francs lorsqu'elles étaient faites par acte de célébration de mariage (L. 28 avr. 1816, art. 43, n. 22, R. v° *Enregistrement*, t. 21, p. 39), et au droit de 7 fr. 50 lorsqu'elles avaient lieu par acte séparé (même loi, art. 45, n° 7 ; L. 28 févr. 1872, art. 4, D. P. 72. 4. 12). Pour les reconnaissances passées devant l'officier de l'état civil, le droit était dû sur la première expédition de l'acte de reconnaissance.

78. Ces règles ont été abrogées par l'art. 9 de la loi du 31 mars 1903 (D. P. 1903. 4. 22), qui exempte du droit d'enregistrement

les reconnaissances d'enfant naturel, quelle qu'en soit la forme. — Les expéditions d'actes de l'état civil délivrées postérieurement à l'entrée en vigueur de la loi du 31 mars 1903 profitent de l'exemption accordée par l'art. 9, quelle que soit la date de la reconnaissance qu'elles contiennent (Instr. admin. Enreg. 25 avr. 1903, n° 3117, § 4).

79. La déclaration de paternité ou de maternité faite dans l'acte de naissance, présentant le caractère d'une reconnaissance, profite de la même exemption.

FONCTIONNAIRE PUBLIC

(R. v° *Fonctionnaire public*; S. *eod.* v°).

1. On entend par *fonctionnaire public*, en général, celui qui exerce une fonction publique, c'est-à-dire qui concourt d'une manière quelconque à la gestion de la chose publique. — Cette expression a un sens plus restreint dans les dispositions du Code pénal ; elle ne s'applique même pas toujours aux mêmes personnes ; il faut, dans chaque cas particulier, déterminer l'étendue qu'il convient de lui attribuer.

§ 1er. — *Quelles personnes sont fonctionnaires publics* (R. 46 et s.; S. 2 et s.).

2. Il est impossible de donner une énumération complète des fonctionnaires publics. Les principaux sont : les personnes investies du pouvoir exécutif : président de la République, ministres, préfets, etc...; les magistrats de l'ordre administratif ou judiciaire : membres de la Cour de cassation, des cours d'appel, des tribunaux de tous les degrés ; officiers de police judiciaire ; membres de la Cour des comptes, du Conseil d'État et des conseils de préfecture (ces fonctionnaires sont désignés par certains textes et ils sous le nom de *dépositaires de l'autorité publique* : V. Pén. 222 et s.); les membres du corps diplomatique ; ceux du corps enseignant ; les officiers de terre et de mer ; les agents chargés de l'assiette et de la perception des impôts ; ceux qui sont chargés de la direction ou de la surveillance des travaux publics, etc.

3. La jurisprudence a reconnu, spécialement, la qualité de fonctionnaires publics aux maires et à leurs adjoints, aux professeurs de facultés, aux commissaires de police, aux receveurs et percepteurs de deniers publics, aux percepteurs des contributions directes, aux employés des Contributions indirectes, aux receveurs municipaux, aux receveurs d'octroi, aux piqueurs et conducteurs des ponts et chaussées, aux huissiers (en ce qui concerne, spécialement, l'application de l'art. 114 c. pén.). — Au contraire, ne sont pas des fonctionnaires publics : les secrétaires de sous-préfectures, les secrétaires de mairies, le chef adjoint du cabinet d'un ministre, les chefs de division de préfecture, les directeurs de monts-de-piété, les agents et le caissier d'une caisse d'épargne, un 11 leur donne cette qualification, et, dès lors, l'usurpation des fonctions notariales tombe sous l'application de l'art. 258 c. pén., qui réprime toute immixtion sans titre dans des fonctions publiques.

4. Il ne faut pas confondre avec les fonctionnaires publics les agents de la force et les agents de l'autorité publique. — Par *agent de la force publique*, on désigne toute personne investie par la loi d'une mission coercitive, toute personne chargée, soit de procéder, soit de concourir,

en employant la force s'il est nécessaire, à l'exécution des commandements de l'autorité publique. La force publique se compose principalement de l'armée et de la gendarmerie, auxquelles il faut ajouter : les gardes champêtres et forestiers et les gardes particuliers ; les préposés des Douanes, lorsqu'ils procèdent à l'arrestation d'un contrevenant en vertu d'un réquisitoire du procureur de la République et pour l'exécution d'un jugement portant condamnation à la peine de l'emprisonnement (mais non les employés des Contributions indirectes : Cr. c. 1er mars 1844, R. p. 747) ; les agents de police (gardes ou sergents de ville, appariteurs, inspecteurs de police, officiers de paix) ; les agents des chemins de fer assermentés. — Les *agents de l'autorité publique* sont tous ceux qui, sans être revêtus d'aucune portion du pouvoir public, coopèrent cependant, dans un ordre inférieur, à l'accomplissement de la mission dévolue à l'autorité publique, soit en exerçant en son nom une certaine surveillance, soit en exécutant ses ordres. On peut citer, sous cette qualité : les gardes établis par les concessionnaires d'un droit de péage pour assurer la perception de ce droit (Orléans, 12 mai 1845, D. P. 45. 2. 175); ... les médecins inspecteurs d'eaux thermales (Cr. c. 16 mai 1860, D. P. 60. 1. 363).

§ 2. — *Mode de collation des fonctions publiques* (R. 62 et s.; S. 9 et s.).

5. Le président de la République nomme à tous les emplois civils et militaires. Ce n'est qu'en vertu d'une délégation que les ministres, les préfets et sous-préfets nomment un certain nombre de fonctionnaires (Décr. 25 mars 1852, D. P. 52. 4. 90 ; 13 avr. 1861, D. P. 61. 4. 49). — Ce droit de nomination est soumis à certaines restrictions dans quelques cas particuliers. Ainsi, les conseillers d'État ne peuvent être nommés que par un décret rendu en Conseil des ministres (L. 25 févr. 1875, art. 4 ; V. *supra*, *Conseil d'État*, n° 11). La même condition est exigée lorsqu'il s'agit de maintenir en fonctions au delà d'une période de trois ans les commandants du corps d'armée (L. 24 juill. 1873, art. 14, D. P. 73. 4. 81).

6. Pour exercer une fonction publique, il faut être Français. L'entière jouissance des droits civils est en outre exigée.

7. C'est une règle fondamentale de notre droit public que tous les emplois publics sont accessibles à tous les citoyens. Il y a été dérogé par la loi du 22 juin 1886, art. 4 (D. P. 86. 4. 57), qui interdit aux membres des familles ayant régné en France d'entrer dans les armées de terre et de mer et d'exercer aucune fonction publique, ni aucun mandat électif. L'application du principe est, d'ailleurs, entourée de garanties nécessaires et comporte de notables restrictions. Des conditions spéciales relatives à l'âge, au caractère moral, à la capacité, etc., sont exigées pour un grand nombre de fonctions. Il est des emplois qui ne peuvent être donnés qu'aux candidats qui remplissent des conditions d'aptitude déterminées ou ayant passé par des écoles spéciales. D'autres ne peuvent être donnés qu'à la suite et d'après les résultats d'un concours. Il est des nominations qui sont subordonnées à des conditions d'ancienneté ; c'est ce qui a lieu, dans une certaine mesure, pour une partie des grades de l'armée.

§ 3. — *Devoirs et obligations des fonctionnaires publics* (R. 88 et s.; S. 13 et s.).

8. Pour certaines fonctions, l'entrée en exercice a lieu qu'après la prestation d'un serment professionnel (V. *infrà*, *Serment*). Il en est pour lesquelles un cautionnement doit être fourni (V. *supra*, *Cautionnement de fonctionnaires*).

9. En règle générale, le fonctionnaire public est tenu de remplir lui-même les devoirs de sa charge, et il ne peut, même au cas où il se trouverait empêché, se substituer une autre personne; toutefois, dans certains cas exceptionnels, la loi autorise la délégation de tout ou partie des fonctions. Notamment le maire est seul chargé de l'administration de la commune; mais il peut, sous sa surveillance et sa responsabilité, déléguer par arrêté une partie des fonctions à un ou à plusieurs de ses adjoints, et, en l'absence ou en cas d'empêchement des adjoints, à des membres du conseil municipal; ces délégations subsistent tant qu'elles ne sont pas rapportées (V. *suprà, Commune,* n° 51). — Sur le droit de délégation que peuvent exercer les magistrats pour les actes de l'instruction, V. *suprà, Commission rogatoire,* et *infrà, Instruction criminelle.*

10. En général, le fonctionnaire est obligé de résider au lieu où il exerce ses fonctions (V. notamment *suprà, Cours et tribunaux,* n° 32). — Plusieurs catégories de fonctionnaires sont astreintes au port d'un costume (V. *infrà, Uniforme-Costume*). — Sur l'ordre des préséances, V. *infrà, Honneurs et préséances.*

11. En principe, les fonctionnaires publics auxquels une portion du territoire a été assignée pour l'exercice de leurs fonctions ne peuvent légalement agir hors de leur ressort. Cette règle est commune aux tribunaux, aux fonctionnaires, aux officiers ministériels. Toutefois elle n'est pas sans exception : ainsi des préposés de l'administration des Contributions indirectes, dont la résidence est fixée dans tel arrondissement, ont qualité pour verbaliser dans tel autre où ils ont constaté la contravention.

12. La sanction qui assure le respect par les fonctionnaires des obligations qui leur sont imposées consiste, suivant la gravité des cas, soit dans l'application d'une peine criminelle (V. *infrà, Forfaiture*), soit dans l'application de peines disciplinaires (V. notamment *suprà, Armée,* n°s 70 et s., *Discipline judiciaire, Enseignement,* n°s 69 et s., 110, 139).

13. Après le décès d'un fonctionnaire qui, à raison de la nature des fonctions qu'il a exercées, a pu être dépositaire de secrets ou de titres appartenant à l'Etat, le Gouvernement peut requérir l'apposition des scellés sur les papiers du défunt, à l'effet de rechercher si, parmi ces papiers, il n'en est pas qui appartiennent à l'Etat. L'Etat peut, en pareil cas, revendiquer dans la succession du fonctionnaire décédé ou dans celle de ses descendants tous les documents qui, par leur nature ou leur destination, étaient venus aux mains du fonctionnaire pour en user et les garder au profit du service dont il était chargé, et qui n'ont pas cessé d'être la propriété de l'Etat. Il en est autrement soit des recueils qui sont l'œuvre personnelle du fonctionnaire, soit des lettres et documents qu'il n'était pas tenu de conserver.

§ 4. — *Droits des fonctionnaires publics*
(R. 101 et s.; S. 17).

14. Les fonctionnaires publics reçoivent un traitement de l'Etat, et non des particuliers auxquels ils prêtent leur concours. Toutefois, les conservateurs des hypothèques et les greffiers des cours d'appel et des tribunaux reçoivent directement le prix des actes qui leur sont demandés. — Outre le traitement, certains fonctionnaires jouissent d'autres avantages : quelques-uns sont logés dans des bâtiments appartenant à l'Etat ou loués par lui (V. *suprà, Domaine de l'Etat,* n°s 14 et 15).

15. Les fonctionnaires obtiennent des congés de leurs supérieurs hiérarchiques. Il a été jugé, à cet égard, que lorsqu'un fonctionnaire a obtenu un congé auquel aucune disposition de loi ni de règlement ne lui conférait de droit, et qui lui a été accordé à titre purement gracieux, le retrait de ce congé est un acte administratif, qui n'est pas susceptible de recours par voie contentieuse devant le Conseil d'Etat (Cons. d'Et. 28 juin 1901, D. P. 1902. 3. 118).

16. Tous les fonctionnaires, civils et militaires (il en est de même des employés et ouvriers des administrations publiques), ont droit à la communication personnelle et confidentielle de toutes les notes, feuilles signalétiques et de tous autres documents composant leur dossier, soit avant d'être l'objet d'une mesure disciplinaire ou d'un déplacement d'office, soit avant d'être retardés dans leur avancement à l'ancienneté (L. 22 avr. 1905, art. 65).

§ 5. — *Cessation des fonctions publiques*
(R. 110 et s.; S. 18).

17. Les fonctions publiques peuvent cesser dans la personne de celui qui en est investi : 1° par le décès du titulaire; 2° par l'application de la peine de la dégradation civique (Pén. 34), laquelle est encourue de plein droit toutes les fois qu'il y a condamnation à une peine criminelle (Pén. 28), et peut être prononcée dans le cas des art. 114 c. pén. (V. *infrà, Liberté individuelle*), et 177 c. pén. (V. *infrà, Forfaiture*); 3° par l'application des art. 42 et 43 c. pén. (V. *infrà, Peine*); 4° par l'expiration du temps pour lequel les fonctions avaient été conférées, comme, par exemple, celles du président de la République (V. *infrà, Constitution et pouvoirs publics,* n° 4); 5° par l'application de l'art. 3 de la loi du 23 janv. 1873 sur l'ivresse publique (V. *infrà, Ivresse*); 6° par la démission acceptée par l'autorité; 7° par la révocation, en ce qui concerne les fonctionnaires amovibles. Pour certaines fonctions, la révocation est soumise à des conditions ou à des formalités qui doivent être observées (V. notamment, en ce qui concerne les conseillers d'Etat et les maîtres des requêtes au Conseil d'Etat, *suprà, Conseil d'Etat,* n° 11). Quant aux fonctionnaires inamovibles, ils ne peuvent être privés de leurs fonctions que dans certains cas et suivant des règles déterminées (V., pour les magistrats, *suprà, Discipline judiciaire,* n°s 17 et s.; pour les officiers de l'armée, *suprà, Armée,* n°s 70 et s.; pour les membres de l'Université, *suprà, Enseignement,* n°s 70, 110, 139); 8° par la mise à la retraite (V. *infrà, Pension*). — Sur le recours auquel peut donner lieu l'atteinte portée aux droits résultant de fonctions publiques, V. *suprà, Compétence administrative,* n° 101.

18. Il est certains fonctionnaires auxquels le Gouvernement peut laisser leur titre comme distinction honorifique, notamment les membres des cours et tribunaux. Les magistrats honoraires continuent à faire partie du corps auquel ils appartiennent; ils sont soumis aux mêmes règles disciplinaires que les magistrats en activité et bénéficient des certains privilèges (V. notamment *infrà, Mise en jugement des fonctionnaires publics*).

§ 6. — *Usurpation de fonctions publiques*
(R. 118 et s.; S. 24 et s.).

19. L'usurpation des titres ou fonctions publiques constitue un délit réprimé par les art. 258 et 259 c. pén. Le premier de ces articles concerne spécialement l'usurpation des fonctions; le second, le port illégal d'un costume, d'un uniforme, d'un titre, d'une décoration. — Sur ce second point, V. *infrà, Ordres civils et militaires, Uniforme-costume.*

20. Est puni d'un emprisonnement de deux à cinq ans, sans préjudice de la peine de faux, si l'acte offre le caractère de cette infraction (V. *infrà,* n° 27), quiconque s'est immiscé sans titre dans les fonctions publiques,

civiles ou militaires, ou a fait les actes d'une de ces fonctions (Pén. 258). La loi prévoit ici deux faits distincts : 1° la simple immixtion dans les fonctions publiques; 2° la perpétration des actes de ces fonctions. Mais l'art. 258 n'est applicable qu'autant que les faits d'immixtion ou de perpétration sont dégagés de toute circonstance qui en ferait un délit distinct; certains cas d'usurpation de fonctions sont, en effet, à raison de leur caractère particulier, l'objet d'une incrimination spéciale (V. notamment Pén. 93, 127 et 130, 196 et 197, 344).

21. Pour que le délit existe, il faut que l'usurpation se soit effectivement appliquée à une fonction publique. Ainsi, l'exercice illégal de la fonction d'avocat ne constitue pas le délit d'usurpation de fonctions publiques prévu par l'art. 258 c. pén., le ministère d'avocat ne conférant pas de fonctions publiques, mais donne lieu à l'application de la peine prononcée par l'art. 259 contre celui qui porte sans droit la robe d'avocat. Toutefois, il a été jugé que celui qui prend sans droit la qualité *d'inspecteur en chef de la sûreté* peut, bien que cette fonction n'existe pas, être déclaré coupable du délit prévu par l'art. 258 c. pén. pour s'être présenté sans titre comme agent du service de la sûreté (Cr. r. 7 déc. 1900, D. P. 1901. 1. 512).

22. En tous cas, il a pu être jugé que le fait, de la part de clercs de notaire, de procéder, en l'absence de ce notaire et en son lieu et place, à une vente publique de mobilier dont il était chargé, constitue le délit d'immixtion dans les fonctions publiques (Bourges, 19 janv. 1843, R. n° 119-2°). De même, l'officier municipal qui, au mépris d'un arrêté préfectoral emportant révocation de ses fonctions, préside l'assemblée électorale, commet le délit d'exercice illégal des fonctions publiques, bien qu'il n'ait pas été l'objet de la mise en demeure préalable prescrite par l'art. 85 de la loi du 5 avril 1884 (Cr. r. 12 mai 1894, D. P. 98. 1. 548). De même encore, commet le délit d'exercice illégal des fonctions publiques celui qui fait procéder à un simulacre d'élection municipale, puis à la nomination d'un maire ou d'un adjoint qu'il entend opposer au conseil municipal régulièrement élu, signe des mandats relatifs au traitement des gardes champêtres et de l'instituteur ainsi qu'au loyer de la salle d'école, et ne consent que sous la menace d'une arrestation à se dessaisir du sceau, des registres et des archives (même arrêt).

23. Le délit d'immixtion sans titre dans une fonction publique peut également résulter d'un ensemble de faits qui, sans constituer des actes déterminés et caractérisés de la fonction, présentent des manœuvres et une mise en scène de nature à faire croire au pouvoir du fonctionnaire prétendu. Il en est ainsi, notamment, quand un notaire destitué, voulant continuer, sous le titre d'agent d'affaires, l'exercice de ses fonctions notariales, a, par ses actes et ses manœuvres frauduleuses, trompé sciemment les clients dont il continuait à gérer les affaires en leur faisant croire qu'il pouvait, comme par le passé, dresser toutes espèces d'actes et que ceux par lui rédigés avaient la même valeur que les actes notariés (Cr. r. 13 déc. 1894, D. P. 98. 5. 647).

24. L'ingérence illégale dans le maniement des deniers communaux, lorsque cette ingérence a été reconnue par l'autorité compétente, est assimilée à l'immixtion sans titre dans les fonctions publiques prévue par l'art. 258 c. pén. (L. 5 avr. 1884, art. 155). Ainsi, par exemple, le maire qui obtient, à l'aide de mandats fictifs et majorés, le versement de sommes non dues aux titulaires de ces mandats et emploie les sommes ainsi obtenues au payement d'autres dépenses communales, commet le délit puni par l'art. 258 c. pén.

25. L'individu à qui la qualité de fonctionnaire public a été attribuée à tort par un tiers se rend coupable du délit d'usurpation de fonctions publiques s'il ne se borne pas à se laisser donner, sans y avoir droit, cette qualité, mais exerce en cette même qualité des actes déterminés.

26. Il ne faut pas considérer comme s'étant, dans le sens de l'art. 258, immiscé sans titre dans l'exercice de fonctions publiques, le fonctionnaire qui aura fait *incompétemment* des actes sortant des attributions à lui déléguées; ces actes pourraient être cassés, sans que le fonctionnaire fût passible d'aucune peine.

27. Si les actes faits par un individu sans titre constituent le crime de faux, il y a lieu d'appliquer les art. 147 et s. c. pén. (Pén. 258); mais il faut que les éléments du faux se trouvent réunis (V. *supra*, *Faux en écritures*, nos 2 et s.). Ainsi, l'on ne saurait faire résulter le crime de faux de la seule circonstance que l'agent se serait qualifié, dans ses actes, de fonctionnaire public; ce crime n'existe que si l'agent, en prenant une fausse qualité, a pris aussi un faux nom. En outre, lors même qu'il a pris le nom d'un fonctionnaire dans les actes qu'il a souscrits en cette qualité, il n'est pas coupable de faux s'il n'a causé aucun préjudice, soit à l'Etat, soit à des tiers.

§ 7. — *Crimes et délits contre les fonctionnaires publics* (R. 126 et s.; S. 28 et s.).

28. Il faut distinguer les crimes et délits consistant dans la résistance qui peut être opposée à l'exécution soit des lois, soit des ordres de l'autorité publique, soit enfin des mandats de justice ou jugements (Sur ce point, V. *infrà*, *Rébellion*), et les crimes et délits qui, sans avoir pour objet de mettre obstacle à l'accomplissement de la mission du fonctionnaire, s'attaquent à sa personne, dont le mobile est la haine ou la colère contre l'individu revêtu d'un caractère public. Ces derniers comprennent les outrages (V. *infrà*, *Presse-outrage*) et les violences commises envers les dépositaires de l'autorité et de la force publique (Pén. 228 à 233).

29. Les personnes protégées contre les violences sont (Pén. 228 à 230) : les magistrats de l'ordre administratif ou judiciaire, notamment les préfets, sous-préfets, maires et adjoints, juges de tout ordre, membres du ministère public, commissaires de police, soit quand ils exercent leurs fonctions d'officiers de police judiciaire, de ministère public près les tribunaux de simple police, soit lorsqu'ils exercent leurs fonctions relevant du pouvoir administratif; les officiers ministériels; les agents de la force publique (V. *supra*, n° 3); les citoyens chargés d'un ministère de service public, c'est-à-dire les fonctionnaires publics et ceux qui, sans exercer une fonction permanente, ont été l'objet d'une délégation de la puissance publique (V. *infrà*, *Presse-outrage*).

30. Les violences dont il est question aux art. 228 et s. c. pén. ne sont punies qu'autant qu'elles ont été commises contre les personnes visées par ces articles, soit dans l'exercice de leurs fonctions, c'est-à-dire lorsqu'elles font un des actes que la loi leur a donné mission de faire, soit à l'occasion de cet exercice. Il a été jugé, à cet égard, que le préfet qui fournit, non pas au Gouvernement, mais à des tiers désireux de toute qualité pour recevoir une telle communication, des renseignements sur l'attitude et les tendances politiques ou autres de tels ou tels de ses administrés, doit être considéré comme ayant agi, non dans l'exercice de ses fonctions, mais en dehors de cet exercice; que, dès lors, les violences inspirées contre lui par un sentiment de réprobation à l'égard

des agissements à lui reprochés, en de telles conditions, ne sauraient être envisagées comme des infractions commises à raison de ses fonctions ou à leur occasion; que, par suite, elles ne peuvent donner lieu à l'application des art. 228 et s. c. pén. (Trib. corr. de la Seine, 3 janv. 1905, D. P. 1905. 2. 16). Au contraire, un sous-préfet qui, dans une assemblée publique, dont la présidence lui est dévolue en sa qualité, s'efforce d'assurer le respect du gouvernement qu'il représente, remplit un devoir de sa fonction, et son intervention, en pareil cas, rentre dans l'exercice normal de ladite fonction; par suite, s'il est frappé à cette occasion, il doit être considéré comme ayant subi cet acte de violence dans l'exercice de ses fonctions (Cr. c. 15 févr. 1902, D. P. 1904. 1. 284). — La voie de fait contre un fonctionnaire non revêtu de son costume ou d'un signe distinctif de sa fonction n'est pas moins punissable; il suffit que sa qualité était connue de l'auteur de la voie de fait (V. *infrà*, *Uniforme-costume*).

31. Il n'est pas nécessaire, pour l'application des art. 228 et s. c. pén., que le magistrat ait agi *compétemment*, qu'il se soit tenu rigoureusement dans la limite de ses pouvoirs, dans l'exacte observation des règles auxquelles la loi a soumis son action officielle. Il n'est pas nécessaire non plus que les violences se rapportent à un fait, à un acte de fonctions, au moment qu'elle intervient pendant leur durée.

32. Les violences exercées contre les personnes protégées par les art. 228 à 233 c. pén. sont punies suivant leur gravité : 1° *Simples coups portés ou violences sans préméditation* n'ayant qu'un en soit résulté *ni effusion de sang, ni blessure, ni maladie* (Pén. 228 à 230). — Les violences dont il est question ici ne comprennent pas seulement les coups portés, mais toute espèce de violences ou voies de fait, alors même que leur auteur n'aurait pas frappé. Ainsi, tombe sous le coup de l'art. 228 le simple fait de cracher à la figure d'un magistrat, de lui déchirer sa robe ou d'arracher ses insignes. De même, cet article est applicable à l'individu qui, ayant saisi au cou un maire dans l'exercice de ses fonctions, a passé les deux mains dans sa cravate et l'a tiré à lui de toutes ses forces. De même, commet le délit de violences prévu par l'art. 230 celui qui, au moment de son arrestation, s'armant d'un couteau, fait, en écartant le bras, le geste d'en frapper un brigadier de gendarmerie (Cr. r. 11 nov. 1897).

33. La peine, lorsque la personne violentée est un magistrat de l'ordre administratif ou judiciaire, consiste dans un emprisonnement de deux à cinq ans. Le maximum de cinq ans est toujours prononcé si la voie de fait a eu lieu à l'audience d'une cour ou d'un tribunal. Le coupable peut en outre, dans les deux cas, être privé des droits mentionnés à l'art. 42 c. pén. et frappé de l'interdiction de séjour (Pén. 228). Il peut enfin, dans les cas les plus graves, s'il est violenté à s'éloigner pendant cinq à dix ans du lieu où siège le magistrat et d'un rayon de deux myriamètres (Pén. 229). — Si la violence a été exercée contre un officier ministériel, un agent de la force publique ou un citoyen chargé d'un ministère de service public, le coupable encourt un emprisonnement de un mois à trois ans et une amende de 16 à 500 francs.

34. 2° *Violences ayant occasionné effusion de sang, blessures ou maladie* (Pén. 231). — La peine est la réclusion, sans qu'il y ait à distinguer selon que les violences ont été commises contre un magistrat ou un officier ministériel, ou un agent de la force publique, ou un citoyen chargé d'un ministère de service public, ni suivant que les blessures sont graves ou légères, qu'elles ont entraîné une

incapacité de travail de plus de vingt jours ou qu'il y a eu simplement effusion de sang ou incapacité de travail. L'art. 231 est applicable, par exemple, aux violences exercées contre le doyen d'une faculté de droit, qui est un citoyen chargé d'un ministère de service public, à l'occasion de son ministère, notamment à la suite d'un échec éprouvé par le prévenu à un examen de droit, si ces violences ont été la cause d'effusion de sang, blessures ou maladie (Cr. c. 15 juin 1893, D. P. 95. 1. 403). — Si les violences ont déterminé la mort dans les quarante jours qui les ont suivies, la peine est celle des travaux forcés à perpétuité.

35. 3° *Coups portés avec préméditation ou guet-apens* (Pén. 232). — La loi suppose ici que les violences n'ont pas, comme dans le cas précédent, causé d'effusion de sang, blessures ou maladie. Elles sont néanmoins punies de la réclusion, s'il y a eu préméditation ou guet-apens. Il faut qu'il s'agisse de véritables violences, c'est-à-dire de coups portés; les simples voies de fait (V. *supra*, n° 31) ne donnent pas lieu à l'application de la peine prononcée par l'art. 232.

36. 4° *Coups portés ou blessures faites avec intention de donner la mort.* — La peine est celle de mort (Pén. 233), sans qu'il y ait à distinguer selon la qualité de la personne frappée. — L'auteur d'une tentative d'homicide envers une des personnes visées dans l'art. 233 encourt la même responsabilité pénale et doit être frappé de la peine édictée par cet article (Cr. r. 19 févr. 1898).

37. Sur la question de savoir si l'excuse de la provocation est admissible lorsqu'il s'agit de violences exercées contre des dépositaires de l'autorité ou de la force publiques, V. *infrà*, *Peine*.

FONDS DE COMMERCE

(R. v° *Industrie et commerce*, nos 374 et s.; S. *eod. v°*, nos 496 et s.).

1. Le fonds de commerce est généralement considéré comme une universalité de fait, composée de l'ensemble des éléments qui servent à un commerçant pour l'exercice de sa profession. Ces éléments sont, notamment : le droit au bail, le matériel, les marchandises, la clientèle et l'achalandage, le nom commercial et l'enseigne, et aussi les brevets d'invention, les marques de fabrique ou de commerce, les dessins et modèles industriels qui peuvent appartenir au commerçant. Tous ces éléments peuvent se trouver réunis; mais quelques-uns peuvent manquer, sans que le fonds cesse d'exister. On est d'accord pour n'y comprendre ni les créances, ni les dettes. — L'élément essentiel est l'achalandage. Aussi considère-t-on le fonds envisagé dans son ensemble comme un meuble incorporel. Cependant, d'après certaines décisions judiciaires, le fonds un meuble tantôt corporel, tantôt incorporel, selon que les éléments prépondérants qui entrent dans sa composition sont les meubles corporels ou les valeurs incorporelles.

2. De ce que le fonds de commerce est un meuble incorporel, il résulte, notamment : 1° que, s'il appartient à un mineur en tutelle, il ne peut être aliéné par le tuteur qu'en se conformant à la loi du 27 févr. 1880; 2° que ni l'art. 2279, ni l'art. 1141 c. civ. ne lui sont applicables. — Ce caractère devrait également servir à déterminer la compétence de l'officier ministériel chargé de procéder à la vente du fonds; mais la jurisprudence recherche, pour la détermination de la compétence, quel est le caractère, corporel ou incorporel, des éléments les plus importants, et attribue compétence au commissaire-priseur dans le premier cas, au notaire dans le second (Req. 25 juin 1895, D. P. 96. 1. 89).

ART. 1er. — VENTE D'UN FONDS DE COMMERCE.

§ 1er. — *Conditions de validité.*

3. La vente d'un fonds de commerce est soumise aux règles générales de la vente. Il suffira de signaler certaines particularités.

4. 1° *Consentement.* — Les vices du consentement qui peuvent entraîner l'annulation du contrat sont les mêmes que pour la vente en général. La lésion n'est jamais ici une cause de nullité. Mais lorsque le vendeur a exagéré son chiffre d'affaires, il y a lieu à une *réduction du prix*; et la jurisprudence décide que cette réduction peut être accordée en dehors de toute manœuvre dolosive (Civ. r. 15 févr. 1898, D. P. 98. 1. 192).

5. 2° *Capacité.* — Le *mineur* émancipé, habilité à faire le commerce (V. *suprà*, *Commerçant*, n°s 11 et s.), peut acheter ou vendre un fonds de commerce sans autorisation spéciale. — Pour le cas où le mineur est propriétaire d'un fonds de commerce, sans avoir été habilité à faire le commerce, V. *infrà*, *Tutelle*. — La *femme mariée*, autorisée à faire le commerce (V. *suprà*, *Commerçant*, n°s 20 et s.), peut acheter ou vendre un fonds de commerce sans autorisation spéciale.

6. 3° *Objet de la vente.* — La vente d'un fonds de commerce comprend l'ensemble des éléments qui le composent (achalandage, enseigne, droit au bail, marchandises, etc., et tous les accessoires du fonds, y compris, notamment, les livres et autres documents qui en constituent la comptabilité) (Paris, 24 déc. 1890, D. P. 93. 1. 33). Mais chacun des éléments peut être vendu isolément. En général, on vend séparément les marchandises, afin de bénéficier de la faveur de la loi du 28 févr. 1872 (D. P. 72. 4. 12), qui ne soumet la vente des marchandises qu'à un droit de 50 centimes pour cent, tandis que la vente du fonds supporte un droit de 2 francs pour cent (V. *infrà*, n° 36). — Parmi les éléments qui se trouvent compris dans la vente du fonds figure le *nom commercial* du cédant. Le cessionnaire a donc le droit d'en user, mais à la condition de se dire *successeur*. On décide généralement que l'exercice de ce droit est limité au temps nécessaire pour assurer la transmission de la clientèle. — Les *créances* et les *dettes* ne sont pas de plein droit comprises dans la cession (V. *suprà*, n° 1). Si elles y sont comprises par une convention spéciale, les créanciers acquièrent un nouveau débiteur sans perdre l'ancien, à moins qu'ils n'aient accepté expressément ou tacitement de libérer celui-ci. — Le cessionnaire peut aussi se prévaloir des contrats synallagmatiques passés par son cédant, par exemple d'un marché de fournitures, ou même (mais la question est discutée) des engagements des commis, spécialement des engagements des artistes dans une cession d'entreprise théâtrale.

7. L'achat ou la vente d'un fonds de commerce constituent-ils un acte de commerce? V. *suprà*, *Acte de commerce*, n° 6.

§ 2. — *Obligations du vendeur.*

8. 1° *Translation de la propriété.* — La propriété est transférée *erga omnes*, par le seul effet de la convention. La publication de l'acte de vente n'est pas nécessaire pour le transfert à l'égard des tiers. On n'applique pas l'art. 1141, aux termes duquel, de deux acheteurs successifs d'un même meuble, celui-là est préféré qui le premier s'est mis en possession (V. *suprà*, n° 2); la préférence se détermine par les dates des ventes.

9. L'acquéreur, devenu propriétaire du fonds par la seule convention, n'acquiert que les divers éléments qui le composent que par les procédés de transmission qui leur sont

propres. On appliquera donc l'art. 1141 aux meubles corporels, l'art. 1690 aux créances, tel que le droit au bail. Pour les brevets d'inventions, on observera l'art. 20 de la loi du 5 juill. 1844 (V. *suprà*, *Brevet d'invention*, n°s 74 et s.).

10. 2° *Délivrance.* — Il faut également appliquer à chaque élément les règles qui lui conviennent. En ce qui concerne la clientèle, la délivrance s'opère par la faculté que le vendeur donne à l'acquéreur d'en user; le cédant doit lui en faciliter la transmission; à cet effet, il doit mettre ses livres de commerce à la disposition du cessionnaire.

11. 3° *Garantie.* — Comme tout vendeur, le cédant d'un fonds de commerce est garant de l'éviction et des troubles de droit, avec les conséquences ordinaires. Le cédant répond également des vices cachés, s'il en existe. Il est enfin garant de son fait personnel. Cette garantie entraîne comme conséquence *l'interdiction de se rétablir* (V. *infrà*, *Industrie et commerce*).

§ 3. — *Obligations de l'acheteur.*

12. L'acheteur est tenu : 1° de prendre livraison de la chose; 2° d'en payer le prix. — En ce qui concerne la première obligation, la question de savoir si le vendeur peut se prévaloir de l'art. 1657, qui établit la résiliation de plein droit pour défaut de retirement à l'époque convenue, est controversée. La jurisprudence paraît incliner vers la solution affirmative. — Relativement au payement du prix, deux points sont à examiner : 1° la publicité que l'on a l'habitude de donner à la vente avant le payement du prix; 2° les garanties du payement.

13. 1° *Publication de la vente.* — *Opposition des créanciers.* — Il est d'usage que l'acheteur publie l'acte de cession, afin d'avertir les créanciers du vendeur qu'ils aient à faire opposition sur le prix. La publication résulte d'un avis inséré dans un journal d'annonces légales. — L'opposition des créanciers se fait généralement par simple lettre recommandée. Pour leur permettre de faire cette opposition, l'acheteur garde le prix pendant un délai variable selon les places de commerce, qui est généralement de dix jours. Après l'expiration du délai, les opposants sont convoqués. On procède à une distribution amiable; faute d'accord entre les parties, on suit la procédure ordinaire de la saisie-arrêt, en régularisant l'opposition, s'il y a lieu. Cet usage est généralement considéré comme obligatoire dans les villes où il existe (Paris, 29 avr. 1897, D. P. 98. 2. 37). L'acheteur engagerait sa responsabilité s'il ne faisait pas la publication, ou si, l'ayant faite, il se dessaisissait du prix avant l'expiration du délai d'usage. Cependant, on admet que les parties pourraient, par une convention spéciale, soustraire l'acheteur à cette obligation.

14. 2° *Garanties du payement.* — Le vendeur d'un fonds de commerce a, pour le payement de son prix, les garanties ordinaires du vendeur non payé, savoir : a) le *droit de rétention*; — b) le *droit de revendication*, dans les termes de l'art. 2102-4°, § 2, c. civ.; — c) le *privilège* du vendeur de meubles. Ce privilège porte sur le fonds envisagé comme universalité, sans égard aux modifications qui ont pu se produire dans sa composition. Il subsiste, dans une opinion, malgré la revente du fonds, suivie de sa livraison. La jurisprudence, tout en refusant, en général, le droit de suite au vendeur, lui permet de se faire payer sur le prix de la première revente, mais non sur celui des reventes ultérieures (V. toutefois Paris, 14 mai 1901, D. P. 1903. 2. 97). Pour parer au danger qui résulte de la revente avant l'exigibilité du prix, on stipule fréquemment que cette revente rendra le prix exigible : cette stipulation est utile, car il est

douteux que la revente entraîne à elle seule la déchéance du terme, sauf le droit pour le vendeur de pratiquer une saisie conservatoire; — d) le droit de *résolution*, pour défaut de payement du prix. Ce droit de résolution disparaît-il par la revente, ou peut-il être exercé contre le sous-acquéreur? La jurisprudence refusait en général l'action résolutoire dans ce cas; mais elle a décidé en dernier lieu qu'il y avait lieu de l'accorder (Paris, 22 mai 1901, précité). En cas de résolution, les parties doivent respectivement s'indemniser pour l'excédent ou le déficit des marchandises. Quant aux éléments séparables, ajoutés par l'acquéreur, tels qu'un brevet d'invention, ils restent à l'acquéreur, sauf aux parties à les joindre à la revente, moyennant indemnité, si elles y ont intérêt.

15. 3° *Influence de la faillite ou de la liquidation judiciaire.* — Si l'acheteur est mis en faillite ou en liquidation judiciaire, le vendeur conserve son droit de rétention; il peut donc retenir la chose, s'il ne l'a pas encore livrée; mais il perd son droit de revendication, son privilège (Com. 550) et même, suivant l'opinion générale, son action résolutoire, à moins qu'il ne l'ait intentée avant le jugement déclaratif (Req. 26 déc. 1900, D. P. 1901. 1. 218). V. *suprà*, *Faillite*, n° 243. — Pour éviter ces déchéances, le vendeur stipule fréquemment qu'il restera propriétaire jusqu'au payement intégral d'un certain nombre d'annuités et que, jusqu'à cette date, l'acquéreur ne sera que locataire. C'est un bail apparent, auquel les tribunaux peuvent donner son véritable caractère, qui est celui d'une vente. Il y a cependant des solutions divergentes. D'autre part, pour conserver son privilège malgré la faillite de l'acheteur, le vendeur se fait souvent donner le fonds en nantissement (V. *infrà*, *Nantissement*).

§ 4. — *Des intermédiaires dans la vente des fonds de commerce.*

16. Les cessions de fonds de commerce se font souvent par l'entremise d'intermédiaires, soit occasionnels, soit surtout professionnels. — Les intermédiaires mettent les parties en rapport, et généralement ils se chargent, en outre, de la rédaction de la vente et de l'accomplissement des formalités complémentaires (publication de la vente, réception des oppositions, répartition du prix). La jurisprudence les considère comme des mandataires et, toutes les fois que l'intermédiaire intervient professionnellement, elle voit dans le contrat qui le lie à son donneur d'ordre un mandat commercial et considère l'intermédiaire comme un agent d'affaires. Il en résulte que, dans tous ce cas : 1° la preuve du contrat peut s'établir par tous moyens; 2° les difficultés que peut soulever son exécution sont de la compétence des tribunaux de commerce.

17. L'intermédiaire a droit à un salaire. A défaut de stipulation spéciale, le montant en est fixé par le juge, eu égard aux peines et soins de l'intermédiaire et à ses débours. Généralement, le chiffre du salaire est fixé par la convention des parties, sous la forme d'un *bon de commission*. Les tribunaux se reconnaissent le pouvoir de le réduire lorsqu'il leur paraît en disproportion avec le service rendu (Comp. *suprà*, *Agent d'affaires*, n° 12). A défaut de clause spéciale dans la convention, le droit à la commission ne naît en général que si la vente se fait par les soins de l'intermédiaire; il ne suffit pas qu'il ait mis les parties en rapport, comme un courtier. Dans ce dernier cas, on lui alloue seulement un salaire pour ses peines et soins. Mais, en principe du moins, l'annulation de la vente ne fait pas disparaître le droit de l'intermédiaire aux honoraires stipulés.

18. L'intermédiaire n'a aucun privilège pour le payement de sa commission; il n'a pas davantage de droit de rétention sur le prix consigné entre ses mains. — On discute la question de savoir si l'intermédiaire peut obtenir, de chacune des parties, le montant intégral de la commission stipulée, lorsque l'une l'a chargé de vendre et l'autre d'acheter; la jurisprudence paraît admettre que c'est une question de fait à laisser à l'appréciation des tribunaux.

19. Dans l'exécution du mandat qu'ils ont reçu, notamment pour la rédaction de l'acte ou pour l'accomplissement des formalités légales, les intermédiaires peuvent commettre des fautes qui engagent leur responsabilité, conformément aux règles du droit commun applicables aux mandataires salariés. — Ils peuvent même être responsables envers les tiers, spécialement envers les créanciers opposants, s'ils ne tiennent pas compte de leur opposition.

ART. 2. — BAIL D'UN FONDS DE COMMERCE.

20. Les fonds de commerce peuvent être l'objet d'un contrat de louage. Ainsi, un tuteur pourra donner à bail le fonds appartenant à son pupille, qui n'est pas en âge d'exercer le commerce.

21. Les effets du contrat sont, en général, ceux qu'entraine le louage d'après le droit commun. Le bailleur est garant de son fait personnel, ce qui entraine l'interdiction de se rétablir. D'autre part, il est interdit au preneur de fonder un établissement concurrent au profit duquel il pourrait détourner la clientèle. Cette interdiction ne dure que jusqu'à l'expiration du bail, à moins qu'elle n'ait été stipulée pour une période plus longue. — Le bailleur a, pour le payement de ses loyers, un privilège. Ce privilège est limité à un double point de vue : 1° il n'existe que pour la fraction des loyers correspondant au bail du local; 2° il ne peut porter que sur les objets du fonds dont le bailleur n'est pas propriétaire. — En cas de faillite du preneur, le bailleur reprend, comme propriétaire, tous les éléments du fonds dont il a conservé la propriété.

ART. 3. — USUFRUIT D'UN FONDS DE COMMERCE.

22. Un fonds de commerce est généralement considéré comme un corps certain, susceptible d'un véritable usufruit, et non pas d'un quasi-usufruit (V. *infrà, Usufruit*). L'usufruit sur un fonds de commerce est rarement constitué à titre onéreux; ce qui est plus fréquent, c'est l'usufruit légal au profit des pore ou mère d'un enfant mineur, ou l'usufruit au profit du conjoint survivant. — Il y a lieu, en ce qui concerne les droits et les obligations de l'usufruitier, d'appliquer les règles du droit commun. L'usufruitier a le droit d'user du fonds suivant sa destination. Il fait le commerce en son propre nom, et peut être mis en faillite ou en liquidation judiciaire. La masse active se compose du droit d'usufruit lui-même, et non des éléments qui composent le fonds; il en serait autrement si le fonds faisait l'objet d'un quasi-usufruit.

ART. 4. — NANTISSEMENT DES FONDS DE COMMERCE.

23. V. *infrà, Nantissement*.

ART. 5. — DU FONDS DE COMMERCE DANS SES RAPPORTS AVEC LE RÉGIME MATRIMONIAL.

§ 1er. — *Régime en communauté*.

24. A défaut de contrat de mariage, le fonds de commerce qui peut appartenir à l'un des époux tombe en communauté. Il en est de même de celui qui est recueilli par les époux au cours du mariage, soit à titre onéreux, soit même à titre gratuit, à moins que l'acte de donation ou le testament ne spécifient qu'il restera propre au donataire ou au légataire (V. *supra, Communauté entre époux*, nos 18, 23).

25. La propriété du fonds peut, en vertu du contrat de mariage, être réservée à celui des époux à qui il appartient. Tel est le cas où le régime matrimonial adopté est celui de la communauté réduite aux acquêts (V. *supra, eod.*, nos 216 et s.). Il peut être stipulé aussi que le fonds, tout en devenant commun, pourra être repris par l'époux qui en fait l'apport en le précomptant sur part. Cette clause, fréquente dans les contrats de mariage, est connue sous le nom de *clause commerciale* ou de *fonds de commerce*. Lorsque la stipulation est faite au profit de la femme, elle lui attribue, en général, le droit de reprendre le fonds même en renonçant à la communauté.

26. La jouissance du fonds appartient toujours à la communauté. L'administration appartient au mari, non seulement lorsque le fonds est sa propriété ou est tombé en communauté, mais encore quand le fonds est resté propre à la femme; mais, en pareil cas, la femme s'en réserve généralement l'administration et se trouve ainsi habilitée à faire le commerce.

27. Le droit de disposer du fonds envisagé *in globo* appartient au mari, si le fonds est sa propriété ou s'il est commun. Il en est ainsi même lorsque le contrat de mariage contient la clause commerciale, sauf le cas de fraude. Spécialement, cette clause n'empêche pas le mari de faire l'apport dudit fonds dans une société formée avec un tiers, avec stipulation qu'à son décès son associé en deviendra seul propriétaire, à charge de payer une certaine somme aux ayants droit du *de cujus* (Req. 24 mars 1903, D. P. 1905. 1. 33).

28. Les dettes que le mari contracte en gérant le fonds l'obligent lui-même ainsi que la communauté. Celles que la femme contracte, lorsqu'elle fait le commerce avec l'autorisation du mari (V. *supra, Communauté entre époux*, n° 71), n'obligent pas seulement elle-même, mais aussi le mari et la communauté (V. *supra, Commerçant*, n° 25).

29. Après la dissolution de la communauté, le fonds resté propre à un époux est repris par lui. Celui qui est devenu commun est partagé, si la femme accepte la communauté, sous réserve de l'application de la *clause commerciale* (V. *supra*, n° 25). Pendant la durée de la liquidation, le fonds est géré par l'un des époux. S'il procède comme un simple administrateur intérimaire, tous les bénéfices tombent en communauté. Ils sont au contraire conservés par lui, si celui-ci ne s'est pas borné à une simple liquidation des opérations en cours, mais a géré dans son intérêt propre, à ses risques et périls, pendant une longue période (Civ. c. 11 mars 1891, D. P. 91. 1. 295).

§ 2. — *Autres régimes*.

30. 1° *Régime sans communauté*. — Le fonds de commerce du mari est géré par lui à son profit exclusif. Il en est de même du fonds appartenant à la femme; mais si la femme s'est réservé l'administration, les bénéfices qu'elle réalise sont, d'après l'opinion dominante, assimilés à des capitaux dont le mari a seulement la jouissance, à charge de les restituer (V. *supra, Communauté entre époux*, n° 272).

31. 2° *Séparation de biens*. — Chaque époux garde l'administration et la jouissance de son fonds.

32. 3° *Régime dotal*. — Le fonds est-il paraphernal, on applique les règles du régime de séparation de biens. Est-il dotal, ce sont les règles du régime de communauté qui doivent être suivies, sous cette réserve que la femme ne peut aliéner ce fonds, ni en compromettre la restitution par acte volontaire (V. *infrà, Régime dotal*).

ART. 6. — ENREGISTREMENT ET TIMBRE.

33. La loi du 28 févr. 1872 (D. P. 72. 4. 12) a soumis les mutations de fonds de commerce à une réglementation fiscale calquée sur celle des mutations immobilières (art. 7, 8 et 9).

34. 1° *Mutations soumises à l'enregistrement*. — Sont soumises à l'enregistrement obligatoire, dans un délai déterminé, les mutations de propriété à titre onéreux. — Pour être frappée par la loi de 1872, il faut que l'opération constitue une *mutation*; peu importe d'ailleurs la forme sous laquelle la mutation se présente : vente, échange, transaction, partage avec soulte, apport en société moyennant un équivalent, etc. — Si la mutation s'est faite sous condition suspensive, le droit n'est dû qu'à l'arrivée de la condition.

35. D'autre part, les art. 7, 8 et 9 de la loi de 1872 ne s'appliquent qu'aux *cessions de propriété ou d'usufruit de fonds de commerce* qui sont consenties *à titres onéreux*; elles ne peuvent être étendues aux mutations de propriété ou d'usufruit qui ont lieu à *titre gratuit* (Civ. r. 2 août 1886, D. P. 88. 1. 448), ni aux mutations de jouissance de fonds de commerce, même consenties à titre onéreux. Ces mutations restent soumises au droit commun, c'est-à-dire qu'elles ne sont assujetties aux droits afférents à chaque nature de contrat que si elles sont présentées volontairement à la formalité. C'est aux parties à prouver que la mutation s'est faite à titre gratuit, si le recouvrement du droit est poursuivi par l'Administration (Sol. admin. Enreg. 26 mai 1891).

36. 2° *Assiette et quotité de l'impôt*. — Le droit d'enregistrement des mutations de propriété à titre onéreux de fonds de commerce est de deux francs par cent francs (L. 28 févr. 1872, art. 7). Ce droit est liquidé sur le prix de tous les éléments qui constituent le fonds, c'est-à-dire l'achalandage, le droit au bail, le matériel, les brevets d'invention (Civ. 12 juill. 1897; Instr. admin. Enreg. n° 2965, § 5), les marchandises. — Si l'acte contient en même temps une cession de bail, le droit de 0 fr. 20 pour cent dû sur cette disposition (V. *infrà, Louage*). — Le droit applicable aux marchandises neuves, c'est-à-dire à celles qui font l'objet du commerce, est réduit à 50 centimes par cent francs, à la double condition qu'il soit stipulé pour elles un prix distinct, et qu'elles soient estimées article par article à leur valeur, soit même ou dans un état annexé (L. 28 févr. 1872, art. 7). Le tarif réduit peut être appliqué lorsque la vente des marchandises est seulement corrélative à la transmission du fonds, par exemple lorsque les marchandises sont vendues à une société à laquelle le fonds a été apporté. — Lorsque le fonds est vendu moyennant un prix ferme et les marchandises moyennant un prix à fixer ultérieurement, le droit est dû à 2 pour cent sur le prix des marchandises à évaluer provisoirement. Mais lors de la rédaction de l'état estimatif, la perception est revisée, et le droit est définitivement liquidé à 0 fr. 50 pour cent. L'état estimatif doit être enregistré dans les trois mois de l'entrée en possession.

37. La vente d'un fonds de commerce dépendant d'une faillite ou d'une liquidation judiciaire est soumise au droit de 50 centimes pour cent (L. 24 mai 1834, art. 12).

38. Les cessions de fonds de commerce situés sur le territoire de la ville de Paris sont, en outre, grevées de taxes additionnelles, dites de remplacement, comprenant : 1° une taxe de 1 fr. 25 pour cent sur les mutations de propriété à titre onéreux de fonds de commerce ; 2° une taxe de 0 fr. 32 pour cent sur les marchandises neuves, dans les cas où elles sont soumises au droit réduit de 0 fr. 50 pour cent au profit de l'Etat (L. 31 déc. 1900, art. 10, D. P. 1902. 4. 1).

39. 3° *Délais.* — Si la cession est réalisée par acte notarié, l'enregistrement doit avoir lieu dans les délais imposés aux notaires pour l'enregistrement de leurs actes. — Si l'acte de cession est sous seing privé, il doit être enregistré dans les trois mois de sa date. A défaut d'acte, il doit être fait une déclaration détaillée et estimative au bureau de l'enregistrement de la situation du fonds, dans les trois mois de l'entrée en possession. — Si l'entrée en possession est antérieure au contrat, c'est elle qui fait courir le délai d'enregistrement.

40. 4° *Preuve de la mutation.* — La mutation de propriété ou d'usufruit du fonds de commerce est suffisamment établie pour que l'Administration soit fondée à exiger les droits, et, le cas échéant, les amendes de retard, soit par des actes ou écrits révélant la mutation, tels que annonces dans les journaux, bail dans lequel où s'exploite le fonds, demande en décharge de patente, etc., soit par l'inscription au rôle des contributions du nom du nouveau possesseur et le payement fait en vertu de ces rôles, sauf preuve contraire (L. 28 févr. 1872, art. 9).

41. 5° *Pénalités.* — A défaut d'enregistrement ou de déclaration dans les délais, l'ancien et le nouveau possesseur sont tenus personnellement et sans recours, nonobstant toutes stipulations contraires, d'un droit en sus, lequel ne peut être inférieur à 50 francs en principal.

42. L'ancien possesseur peut s'affranchir du droit en sus mis à sa charge personnelle et du payement immédiat du droit simple en déposant, avant l'expiration du quatrième mois, dans un bureau d'enregistrement, l'acte constatant la mutation, ou, à défaut d'acte, en faisant la déclaration prescrite par le paragraphe 2 de l'art. 8 de la loi du 28 févr. 1872.

43. Pour les insuffisances de prix ou d'évaluation et les dissimulations qui peuvent être commises dans les ventes de fonds de commerce, V. *suprà, Enregistrement,* n°ˢ 33 et s.

FORÊTS

(R. v° *Forêts* ; S. v° *Régime forestier*).

1. La propriété boisée en France est soumise à une législation spéciale, celle qui résulte des dispositions du Code forestier, promulgué le 31 juill. 1827 (R. p. 102), et de l'ordonnance du 1ᵉʳ août 1827 (R. p. 111) rendue pour son exécution. Cette législation a d'ailleurs subi divers changements. Un certain nombre d'articles du Code forestier ont été modifiés, savoir : l'art. 106, par la loi du 14 juill. 1856 (D. P. 56. 4. 84) ; les art. 57, 144, 149, 188, 189, 193 à 195, 200, 201, 210 et 225, par la loi du 18 juin 1859 (D. P. 59. 4. 95) ; l'art. 105, par celle du 23 nov. 1883 (D. P. 84. 4. 1) ; enfin les art. 31, 103, 153 et 154, par deux lois du 23 juin 1898 (D. P. 98. 4. 3 et 4) qui ont, en outre, ont abrogé l'une l'art. 32, l'autre l'art. 153 c. for. — D'autre part, l'ordonnance du 1ᵉʳ août 1827 a été modifiée par les décrets des 22 nov. 1859 (D. P. 59. 4. 114), 31 juill. 1861 (D. P. 61. 4. 118), 3 mars 1874 (D. P. 74. 4. 71), 8 sept. 1878 (D. P. 79. 4. 61), 22 déc. 1879 (D. P. 81. 4. 40), 25 févr. 1886 (D. P. 88. 4. 14), 19 mars 1891 (D. P. 91. 4. 112). — La législation relative au *reboisement* et à la *restauration des terrains en montagne,* constituée d'abord par les lois des 28 juill. 1860 (D. P. 60. 4. 127) et 8 juin 1864 (D. P. 64. 4. 87), réside aujourd'hui dans la loi du 4 avr. 1882 (D. P. 82. 4. 89).

SECT. 1ʳᵉ. — Du régime forestier.

ART. 1ᵉʳ. — QUELS BOIS Y SONT SOUMIS (R. 141 et s. ; S. 25 et s.).

2. Le *régime forestier,* c'est-à-dire l'ensemble des règles tracées par la loi pour l'administration de la propriété forestière, ne s'applique pas à tous les bois et forêts indistinctement. Sont soumis à ce régime : 1° les bois et forêts qui font partie du domaine de l'Etat ; 2° les bois et forêts des communes et des sections de communes ; 3° les bois des établissements publics ; 4° les bois et forêts dans lesquels l'Etat ou les communes ou les établissements publics ont des droits de propriété indivis avec des particuliers (For. 1). — Ce régime s'étend, en outre, aux terrains qui, bien que non boisés, sont des dépendances ou des enclaves des bois soumis au régime forestier ; aux terrains en montagne restaurés par l'Etat après acquisition amiable ou expropriation, ou qui, appartenant à des communes ou à des établissements publics, ont été restaurés à l'aide de subventions de l'Etat ; aux terrains compris dans les périmètres de reboisement obligatoire sous l'empire de la loi du 28 juill. 1860.

ART. 2. — ADMINISTRATION FORESTIÈRE (R. 158 et s. ; S. 40 et s.).

3. Les biens soumis au régime forestier sont régis par l'administration des *Eaux et forêts* (Décr. 19 avr. 1898), qui dépend du ministère de l'Agriculture. — Le territoire de la France est divisé en *conservations,* comprenant chacune un ou plusieurs départements sans morcellement, divisées elles-mêmes en *inspections* et en *cantonnements.* Le personnel comprend : 1° les agents (conservateurs, inspecteurs, gardes généraux) ; 2° les préposés (brigadiers et gardes), qui ont la surveillance directe des forêts. — Les agents sont recrutés parmi les élèves de l'Ecole nationale forestière, et parmi les préposés qui réunissent certaines conditions d'aptitude et de service. — L'Ecole forestière établie à Nancy se recrute exclusivement parmi les élèves de cette école ont été réorganisée en dernier lieu par un décret du 15 oct. 1898.

4. Les gardes forestiers ne sont pas seulement responsables de leurs actes personnels ; ils sont passibles des mêmes amendes et indemnités que les délinquants lorsqu'ils n'ont pas dûment constaté les délits, dégâts, etc., commis dans leurs triages (For. 6). — Cette responsabilité spéciale ne peut être atténuée ni par la bonne foi du garde, ni par l'ordre reçus de ses supérieurs, ni même par un fait de force majeure, s'ils n'en ont immédiatement donné avis à leurs chefs.

5. Sauf les dispenses d'âge qui peuvent être accordées par le chef de l'Etat aux élèves de l'Ecole forestière, nul ne peut être nommé à un emploi forestier avant l'âge de vingt-cinq ans. — Les fonctions du service départemental sont incompatibles avec toutes fonctions administratives (électives ou non) et judiciaires. Elles ne peuvent être exercées qu'après une prestation de serment devant le tribunal civil, dont l'acte doit être enregistré au greffe sans la commission (For. 5).

6. L'administration des Forêts est, comme les autres administrations publiques, responsable envers les tiers des dommages causés par ses préposés dans l'exercice de leurs fonctions. L'action civile en responsabilité doit être dirigée contre le directeur général des Eaux et forêts, devant le tribunal de la Seine, toutes les fois qu'elle ne soulève que des questions de gestion et d'administration. Si le litige se complique de questions relatives à la propriété du sol des forêts ou de leurs produits, c'est contre le préfet et devant le tribunal du lieu où est située la forêt que l'action doit être portée.

ART. 3. — MARTEAUX ET MARQUES (R. 208 et s. ; S. 60 et s.).

7. L'administration des Forêts fait usage, pour la marque des bois, de marteaux dont la forme est différente suivant l'usage auquel ils sont affectés et la fonction de celui qui est appelé à s'en servir. Leur empreinte doit être déposée au greffe des cours d'appel ou des tribunaux de première instance (For. 7). — La contrefaçon ou la falsification des marteaux et des empreintes tombe sous le coup de l'art. 140 c. pén. (V. *suprà, Contrefaçon des sceaux de l'Etat, etc.,* n° 3). Mais l'art. 140 ne s'applique pas à la contrefaçon des griffes dont l'usage est autorisé par l'art. 79 de l'ordonnance du 1ᵉʳ août 1827, à l'effet de marquer les arbres trop faibles pour supporter l'empreinte du marteau (V. *suprà, eod. v°,* n° 7) qui est alors applicable. Quant à la contrefaçon des marteaux des particuliers (propriétaires de bois, adjudicataires de coupes dans les forêts soumises ou non au régime forestier, gardes particuliers), elle est prévue par l'art. 200 c. for. et punie d'un emprisonnement de trois mois à deux ans.

SECT. II. — Délimitation et bornage des bois soumis au régime forestier (R. 224 et s. ; S. 67 et s.).

8. On entend par *délimitation,* en matière forestière, la reconnaissance, au moyen des plans et des titres, de la ligne séparative de deux immeubles contigus et dont l'un est soumis au régime forestier ; le *bornage* est l'opération qui a pour objet de révéler cette ligne séparative par des signes matériels et durables appelés *bornes.* — La délimitation et le bornage des forêts soumises au régime forestier sont régis par les art. 8 à 14 c. for. Ces textes sont relatifs aux bois et forêts qui font partie du domaine de l'Etat ; mais les règles qu'ils contiennent s'appliquent également aux bois des communes et des établissements publics (For. 90) et aux bois indivis entre l'Etat, les communes ou les établissements publics et des particuliers (For. 113, 115).

9. La délimitation est *partielle* ou *générale.* La première est celle qui a lieu avec un ou quelques-uns seulement des propriétaires des parcelles riveraines de la forêt à délimiter ; elle peut être demandée soit par l'Administration forestière, soit par les propriétaires riverains de la forêt (For. 8). — La seconde est celle qui porte sur le périmètre total de la forêt ou sur toutes les parties de ce périmètre qui n'ont pas encore été délimitées ; c'est une opération d'ordre général ayant un caractère administratif, et qui ne peut être provoquée que par l'Administration forestière.

§ 1ᵉʳ. — *Délimitation partielle* (R. 244 et s. ; S. 73 et s.).

10. La délimitation est précédée d'une procédure administrative, qui s'ouvre par la remise au préfet du département où est située la forêt à délimiter, d'un mémoire contenant l'indication précise des parcelles riveraines dont on demande l'abornement. C'est là une formalité obligatoire pour celui qui réclame la délimitation, que ce soit un particulier ou l'Administration forestière (Ord. 1ᵉʳ août 1827, art. 57).

11. Si l'instruction qui suit le dépôt du mémoire aboutit à une entente entre l'Administration et les riverains, la délimitation a lieu par la voie *amiable* ou *administrative.* Le préfet prend un arrêté qui ordonne la délimitation. Cet arrêté désigne, parmi les agents forestiers, des experts pour représenter l'Etat et, s'il y a lieu, des géomètres chargés de les assister ; ceux-ci prêtent serment devant le tribunal civil de leur résidence.

L'arrêté décide également si le bornage sera effectué en même temps que la délimitation. Les experts procèdent à l'application des titres sur le terrain, en présence des riverains ou de leurs mandataires ; ces mandataires doivent être munis, soit d'une procuration authentique, soit d'un pouvoir sous seing privé enregistré et dûment légalisé.

12. Les opérations de délimitation amiable doivent être constatées par un procès-verbal accepté par l'Administration et par les riverains, qui doivent y apposer leur signature. Si la délimitation et le bornage ont lieu simultanément, il suffit d'un seul procès-verbal pour les deux opérations. Lorsque le procès-verbal de délimitation n'est pas accepté par le propriétaire riverain, l'Administration doit en poursuivre l'homologation devant le tribunal compétent, qui statue alors sur les prétentions respectives ; elle ne peut agir en dommages-intérêts (Civ. r. 13 mai 1896, D. P. 96. 1. 384). — La délimitation amiable ne devient, d'ailleurs, définitive qu'en vertu de l'homologation de l'Administration supérieure.

13. La délimitation partielle a lieu par la voie judiciaire lorsque l'Administration et les riverains n'ont pu convenir de la nécessité de l'opération, ou que, étant d'accord sur cette nécessité, ils n'ont pu s'entendre sur l'application de leurs titres respectifs. — L'action est intentée dans les formes ordinaires (For. 9, § 1er). Elle peut être exercée non seulement par les propriétaires riverains, mais aussi par tous ceux qui ont un droit réel sur un héritage limitrophe de la forêt (usufruitier, nu-propriétaire, usager, etc.).

14. Le litige doit être porté, soit devant le juge de paix, s'il n'y a pas contestation sur le droit de propriété des terrains à délimiter (L. 25 avr. 1838, art. 6-2e) ; soit devant le tribunal civil, s'il y a discussion sur la propriété de ces terrains ou sur les titres qui l'établissent. Les tribunaux ne peuvent être saisis qu'autant que la procédure administrative préalable a été suivie ; mais il suffit que l'Administration repousse la délimitation ou en conteste l'utilité pour qu'ils puissent l'être valablement.

§ 2. — *Délimitation générale* (R. 261 et s. ; S. 79 et s.).

15. La délimitation générale ne peut avoir lieu qu'à la condition d'être approuvée par le ministre de l'Agriculture après une enquête faite par les agents forestiers. — Un mémoire doit (comme dans le cas de délimitation partielle) être soumis au préfet. Sur la production de ce mémoire par l'Administration des Forêts, le préfet prend un arrêté qui ordonne de procéder à l'opération. Cet arrêté est publié et affiché dans les communes limitrophes et signifié, au moins deux mois à l'avance, à domicile des propriétaires riverains ou à celui des fermiers, gardes, etc. (For. 10, § 1er). Le délai de deux mois est franc, mais ne comporte aucune augmentation à raison des distances. — Les significations sont faites conformément aux prescriptions de l'art. 68 c. pr. civ. (V. *supra*, *Exploit*, nos 38 et s.). L'affichage et les publications sont constatés par des certificats adressés par les maires au préfet.

16. Les opérations ont lieu au jour indiqué par l'arrêté préfectoral, en présence ou en l'absence des riverains. Le procès-verbal est rédigé dans les formes déterminées par l'art. 61 de l'ordonnance du 1er août 1827, et, lorsqu'il y a des difficultés sur la fixation des limites, il fait mention des dires et réquisitions des parties. La minute en est déposée au secrétariat de la préfecture, et par extrait au secrétariat de la sous-préfecture, en ce qui concerne chacun des arrondissements sur le territoire duquel s'étend la forêt. Il en est donné avis par un arrêté du préfet, publié et affiché dans les communes limitrophes. Les intéressés peuvent en prendre connaissance. Ceux qui n'ont pas assisté aux opérations, et qui se sont contredites en temps utile, ont le droit de former opposition à la délimitation dans le délai d'une année à dater de la publication de l'arrêté (For. 11, § 1er).

17. La délimitation générale est, comme la délimitation partielle (V. *suprà*, n° 12), soumise à l'homologation du Gouvernement. Celui-ci doit, dans le délai d'un an susénoncé, déclarer s'il approuve ou s'il refuse d'homologuer le procès-verbal en tout ou en partie. Sa déclaration est rendue publique de la même manière que le procès-verbal de délimitation (For. 11, § 2 et 3). — Le décret d'homologation rend la délimitation définitive à l'égard des riverains qui n'ont élevé aucune réclamation soit lors de la rédaction du procès-verbal, soit dans l'année qui en a suivi la publication. Le silence gardé par le Gouvernement pendant l'année qui suit la publication du procès-verbal équivaut à une approbation (For. 12, § 1er). Le mois suivant, il est procédé à la délimitation par les agents de l'Administration forestière, en présence des parties ou elles dûment appelées par un arrêté du préfet publié ainsi qu'il a été dit *suprà*, n° 15 (For. 12, § 2).

18. La délimitation n'a d'effet qu'à l'égard des parties qui y ont été mises en cause ; elle n'est pas opposable aux tiers. Le décret d'homologation ne met pas obstacle à ce que les particuliers fassent valoir les droits qu'ils prétendent avoir sur les parcelles incorporées au Domaine ; il n'a d'autre effet que de soumettre ces parcelles au régime forestier jusqu'à ce que les tribunaux aient prononcé sur la question de propriété. Dans le cas même où la délimitation, entraînant l'aliénation de parcelles dépendant du domaine de l'État, doit être approuvée par une loi, celle-ci n'a pas pour effet de rendre la délimitation opposable aux tiers et de mettre obstacle à la revendication de leurs droits.

19. Les tribunaux compétents pour statuer sur les contestations ou sur les oppositions relatives aux délimitations générales (For. 13, § 1er) sont les tribunaux civils. Dans tous les cas, le jugement des réclamations sur le procès-verbal des experts qui ont opéré une délimitation générale ne peut être déféré aux juges de paix.

§ 3. — *Bornage* (R. 285 et s. ; S. 96 et s.).

20. Le *bornage* est le but final, la conséquence naturelle des opérations de délimitation. Cependant, il n'y a lieu d'y procéder que s'il n'existe pas de limites naturelles ou artificielles suffisamment stables ou apparentes et acceptées dans un acte régulier par les parties.

21. Le bornage est soit partiel, soit général, comme la délimitation à laquelle il fait suite. Il est *amiable*, lorsque les parties sont d'accord sur le résultat de la délimitation ou lorsqu'elles se sont désistées formellement de leurs protestations ; il est *judiciaire*, lorsqu'au contraire il s'élève des difficultés du fait soit des riverains, soit de l'Administration.

22. Le bornage s'opère soit *par bornage simple*, c'est-à-dire au moyen de bornes en pierres, de poteaux ou de fossés d'angles, placés sur la ligne de séparation, et dont les dimensions sont déterminées par des circulaires ministérielles ; soit *par ouvrages continus*, c'est-à-dire par l'établissement d'un fossé ou d'un autre ouvrage continu, mur, haie vive, servant de clôture à la forêt.

23. Les frais occasionnés par l'opération matérielle de bornage simple se partagent par moitié entre le propriétaire de la forêt et les riverains. Si le bornage se fait dans des conditions spéciales, notamment par *ouvrage continu*, tels que fossés de clôture, les frais en sont supportés pour le tout par la partie qui a requis ce mode de bornage ; et, en outre, le sol nécessaire à l'établissement des ouvrages doit être pris entièrement sur son terrain (For. 14). — Quant aux autres frais, ils sont supportés les uns par le propriétaire de la forêt, les autres exclusivement par le riverain ; d'autres enfin sont partagés entre le propriétaire de la forêt et les riverains. Le propriétaire de la forêt (État, commune, établissement public) prend à sa charge les frais de coopération de l'agent forestier qui lui a servi d'expert et les frais d'expédition des procès-verbaux de délimitation et de bornage. Les riverains supportent les droits de timbre de l'état de répartition des frais de délimitation et de bornage des forêts domaniales. Enfin les frais qui se partagent par moitié entre le propriétaire de la forêt et tous les riverains sont ceux de timbre, d'enregistrement et de signification des arrêtés de convocation, frais de voyage des experts, d'arpentage, de rédaction et de copie des minutes.

24. L'état des frais est dressé suivant les prescriptions de l'art. 66 de l'ordonnance du 1er août 1827 ; ils sont avancés par le propriétaire de la forêt et recouvrés par l'administration des Domaines contre les riverains qui les doivent, sans que cette administration puisse user à cet effet du droit de contrainte. En cas de refus de payer, ou de contestation, il ne peut être procédé par voie de contrainte administrative ; il doit être statué par les tribunaux.

SECT. III. — Aménagement (R. 300 et s. ; S. 109 et s.).

25. La gestion des forêts a pour objet leur conservation, leur amélioration et leur exploitation, dont les règles sont établies par l'Administration forestière. — Cette gestion comporte également l'aménagement proprement dit, qui est la détermination de l'âge des coupes à opérer et leur étendue. L'aménagement est réglé par des ordonnances ou décrets spéciaux pour chaque forêt (For. 15), ou par l'usage, pour les forêts qui n'ont été l'objet ni d'une ordonnance ni d'un décret (Ord. 1er août 1827, art. 73). Les agents des Forêts ne peuvent ni modifier l'aménagement décrété par le pouvoir exécutif, ni rien changer à l'usage suivi dans les exploitations.

SECT. IV. — Pénalités en matière forestière (R. 316 et s. ; S. 115 et s.).

26. Le Code forestier (tit. 12) prévoit et reprime toute une catégorie spéciale de délits et de contraventions. La pénalité, en matière forestière, est soumise à des règles générales différentes de celles qui ont été posées par le Code pénal, ces dernières demeurant toutefois applicables dans tous les cas où il n'y a pas été dérogé, soit expressément, soit implicitement.

27. Un principe domine la matière, c'est que le fait matériel qui constitue l'infraction suffit à la rendre punissable, malgré l'absence d'intention délictueuse, malgré la bonne foi ou l'erreur de celui qui l'a commise. De là la défense faite au juge de modérer les peines par l'admission des circonstances atténuantes (For. 203). On admet cependant qu'il y a lieu de décharger le délinquant de toute prévention en cas de force majeure résultant soit d'une contrainte irrésistible, physique ou morale, soit d'une infirmité (démence, imbécillité, stupidité mutité) assez grave pour exclure toute idée de responsabilité. On admet enfin l'excuse tirée de la minorité de seize ans.

28. Les règles générales en matière de complicité sont applicables aux infractions à la loi forestière. Toutefois, en cas de complicité par recel, la preuve des conditions légales de la complicité n'est à la charge de la partie poursuivante qu'en ce qu'elle est tenue d'établir la réception des objets enlevés ou détournés; elle n'a pas à prouver que le détenteur connaissait l'origine frauduleuse de ces objets. Le juge peut, d'ailleurs, admettre tous les moyens de preuve à l'effet d'établir l'ignorance de l'origine délictueuse des objets recelés, dès qu'ils ne sont pas en contradiction avec les énonciations du procès-verbal.

29. Le principe du non-cumul des peines ne s'applique pas en matière forestière : lorsqu'il s'agit de deux ou plusieurs délits punis d'une amende, ou d'une amende et de l'emprisonnement, les peines doivent être cumulées. Mais, d'après la jurisprudence de la Cour de cassation, s'il s'agit de deux délits emportant l'un et l'autre la peine de l'emprisonnement, la peine la plus longue doit être seule prononcée.

30. La pénalité en matière forestière a un caractère plutôt réel que personnel : elle a pour base la réparation du dommage, obtenue au moyen de peines pécuniaires infligées sous forme d'amende, de restitution, de dommages-intérêts, de frais, de préférence à l'emprisonnement. L'amende est calculée d'après le dommage éprouvé, et évaluée aussi exactement que possible. Elle conserve cependant le caractère fiscal qu'elle revêt dans certaines matières fiscales. L'emprisonnement est, en quelque sorte, un moyen de répression accessoire, le plus souvent facultatif pour le juge, et destiné surtout à frapper les délinquants d'habitude. — C'est en vertu du même principe que le législateur a investi l'administration des Forêts du droit de transiger et d'admettre les condamnés insolvables à se libérer au moyen de prestations en nature, dont l'emploi est déterminé par la loi (V. *infrà*, n°s 55, 84).

31. La *confiscation*, prononcée dans différents cas par le Code forestier, peut porter soit sur les produits forestiers à l'occasion desquels le délit a été commis, soit sur les instruments qui ont servi ou sont présumés avoir servi à commettre le délit, et cela alors même qu'ils seraient restés entre les mains du délinquant. Dans ce dernier cas, le tribunal peut, en prononçant la confiscation, imposer au prévenu l'obligation de payer une certaine somme pour le cas où il ne déposerait pas au greffe les objets confisqués.

32. Le Code forestier tient compte de trois circonstances aggravantes : 1° la récidive; 2° la nuit; 3° l'usage de la scie (For. 200). — Il y a récidive lorsque, dans les douze mois précédents, le délinquant a encouru un jugement définitif de condamnation pour un délit ou une contravention en matière forestière, alors même que l'effet de cette condamnation aurait été annulé par la grâce, ou une commutation de peine, ou même par une transaction postérieure au jugement de condamnation. L'amnistie seule empêcherait qu'il y eût récidive. — La récidive, ainsi que les deux autres circonstances aggravantes, ont pour effet d'élever au double la peine de l'amende ou de l'emprisonnement; elles n'entraînent pas nécessairement l'application de cette dernière peine, dans les cas où elle est facultative pour le juge. Elles peuvent, d'ailleurs, modifier la compétence lorsqu'elles ont pour effet d'élever au double la peine applicable à une infraction ayant le caractère de contravention de simple police au taux de la compétence des tribunaux correctionnels. — La réunion, dans un même délit, de deux circonstances aggravantes ne peut donner lieu qu'au simple doublement de la peine, comme si une seule de ces circonstances s'était produite.

33. Le Code forestier prononce dans des cas spéciaux des peines contre les fonctionnaires chargés de l'exécution des lois forestières, c'est-à-dire les agents et préposés forestiers, les préfets, les maires, les directeurs

des Domaines, etc., à raison des délits spéciaux qu'ils commettraient dans l'exercice de leurs fonctions (For. 18, 19, 21, 29, 52, 53, 81, 98, 100, 101, 102, 110). Ces fonctionnaires sont, en outre, passibles des peines portées par le Code pénal en cas de malversation, concussion ou abus de pouvoir (Pén. 173, 174, 175, 177 et 178, 183, 184, 186, 188 à 191, 196 à 198, 462; For. 207).

34. Les gardes forestiers qui se rendent coupables de crimes, de délits ou même de simples contraventions dans l'exercice de leurs fonctions d'officiers de police judiciaire doivent être déférés à la première chambre de la cour d'appel, par le procureur général (Instr. 479, 483, 484; Décr. 6 juill. 1810, art. 4; V. *infrà*, Mise en jugement des fonctionnaires publics). Le droit commun leur est, au contraire, applicable s'il s'agit d'un délit étranger à leurs fonctions d'officiers de police judiciaire. Enfin, la procédure de prise à partie peut seule être employée contre eux en cas de poursuite en dommages-intérêts pour réparation des fautes par eux commises dans l'exercice de ces mêmes fonctions.

35. L'art. 208 c. for. déclare les dispositions du Code pénal applicables dans tous les cas non spécifiés par ledit Code. De ce renvoi général, il résulte que les délits pouvant porter atteinte à la propriété forestière, et qui ne sont pas prévus par le Code forestier, sont passibles des peines portées par le Code pénal (Pén. 140, 141, 175, 388-2°, 400, 401, 408, 412, 434, 441, 444, 448, 456, 458 et 475).

SECT. V. — Constatation des infractions à la loi forestière (R. 385 et s.; S. 148 et s.).

36. Les préposés et gardes forestiers, ayant pour mission la garde et la surveillance des forêts, recherchent et constatent les délits et contraventions portant atteinte à la propriété forestière. C'est à cet égard, et pour toutes les matières à l'égard desquelles la loi leur attribue compétence, la qualité d'officiers de police judiciaire. Mais cette qualité ne leur appartient qu'en tant qu'ils la remplissent les fonctions pour la recherche des délits et contraventions en matière forestière, et dans les cas où les lois leur donnent compétence. Cette compétence est rigoureusement restreinte aux limites du territoire désigné dans leur commission et compris dans le ressort du tribunal devant lequel ils ont prêté serment.

37. Les infractions forestières peuvent en outre être constatées par la gendarmerie et par les gardes champêtres.

38. Pour l'accomplissement de leur mission, le Code donne aux préposés forestiers le droit : 1° de procès-verbal, 2° de saisie, 3° de séquestre, 4° de visite domiciliaire, 5° d'arrestation, 6° de réquisition de la force publique.

39. Les formes et les effets des procès-verbaux sont exposés *infrà*, Procès-verbal.

40. La *saisie* porte sur les objets qui ont servi à commettre le délit ou qui ont été acquis frauduleusement; elle a un caractère conservatoire et tend soit à donner au propriétaire de la forêt une garantie contre l'insolvabilité et le mauvais vouloir du délinquant, soit à mettre dans sa main les objets dont la confiscation doit être prononcée. Dans le premier cas, elle est facultative pour le garde; dans le second, elle est obligatoire, mais peut n'être pas effective, c'est-à-dire que le garde peut se contenter de déclarer la saisie en laissant les instruments entre les mains du délinquant.

41. Le *séquestre*, c'est-à-dire le dépôt de l'objet saisi entre les mains d'un tiers qui s'engage à le conserver et à le remettre qu'en vertu d'un ordre de l'autorité compétente, ne peut avoir lieu que dans les cas formellement spécifiés par l'art 161 c. for. (objets enlevés en délit, bestiaux trouvés en

délit, instruments, voitures et attelages des délinquants).

42. La *visite domiciliaire* est soumise aux conditions déterminées par l'art. 16 c. instr. cr., reproduites dans l'art. 161 c. for. (V. *infrà*, Procès-verbal); elle n'est régulière qu'autant qu'elle est la suite d'une opération forestière et a pour but la constatation d'un délit forestier.

43. Le droit d'*arrestation* (For. 163) appartient aux gardes forestiers et aux gardes particuliers (For. 189). — Les gardes ont le droit d'arrêter et de conduire devant le juge de paix ou le maire : 1° tout inconnu surpris en flagrant délit, quelque minime que soit la peine encourue (For. 163); 2° tout individu, inconnu ou non, surpris en flagrant délit ou dénoncé par la clameur publique, lorsque le délit emporte la peine de l'emprisonnement ou une peine plus grave (Instr. 16, § 4). — L'arrestation n'est obligatoire que pour le cas où le délinquant est inconnu. Il doit être conduit devant l'officier de police le plus rapproché; devant le maire par exemple, si l'arrestation a lieu dans une commune où ne réside pas le juge de paix. — L'arrestation à laquelle il est procédé par les gardes forestiers n'est que provisoire et momentanée; ce n'est qu'aux officiers de police judiciaire auxiliaires du ministère public qu'il appartient de prendre les mesures qui pourraient entraîner la prolongation de l'état d'arrestation.

44. Les agents et les gardes de l'Administration forestière ont enfin le droit de *requérir* directement la *force publique* pour la répression des délits ou des contraventions en matière forestière et pour la recherche et la saisie des bois coupés en délit, vendus ou achetés en fraude. La réquisition doit être exercée dans les formes déterminées par les art. 67 et s. du décret du 20 mai 1903, sur le service de la gendarmerie (D. P. 1904. 4. 45). V. *infrà*, Gendarmerie, n°s 14 et s.

45. La preuve des infractions en matière forestière se fait au moyen des procès-verbaux (V. *infrà*, Procès-verbal) et par témoins. La preuve testimoniale est admissible, en matière forestière, soit pour compléter la preuve écrite, soit pour la remplacer au besoin, conformément au droit commun en matière pénale et dans les conditions prévues par les art. 154 et 189 c. instr. cr.

SECT. VI. — Poursuites.

46. Les infractions à la loi forestière donnent généralement lieu à deux actions : 1° l'action publique ou pénale, ayant pour but l'application des pénalités édictées par le Code forestier; 2° l'action civile ou privée, ayant pour objet la réparation du dommage causé par l'infraction.

§ 1er. — *Exercice de l'action publique et de l'action privée* (R. 409 et s.; S. 160 et s.).

47. L'Administration forestière exerce, concurremment avec le ministère public, à l'égard des bois soumis au régime forestier, l'action en répression des délits et contraventions commis dans ces bois, et qui portent atteinte à la propriété forestière. Ces deux autorités peuvent agir soit ensemble, soit séparément, et, dès que l'action publique est mise en mouvement par une citation ou conservée par un appel à la matière de l'une, elle peut être suivie par l'autre. Spécialement, l'administration des Forêts a qualité pour interjeter appel sur l'action introduite par le ministère public (Cr. c. 3 juill. 1902, D. P. 1903. 5. 385). Mais il ne lui appartient pas de poursuivre les délits, même punis par la loi forestière, lorsqu'ils ne portent pas atteinte à la propriété forestière, comme par exemple les délits relatifs aux adjudications de coupes. D'autre part, elle n'a pas, en **général**, qualité pour poursuivre tous délits, même **de nature**

à porter préjudice à la propriété forestière, lorsqu'ils sont prévus soit par le Code pénal, soit par des lois spéciales autres que les lois forestières. Cependant, cette dernière règle n'est pas absolue. C'est ainsi qu'on reconnaît à l'administration forestière le droit d'exercer l'action publique à raison des délits de chasse, des délits prévus par les lois sur les mesures à prendre contre les incendies dans certaines régions boisées. Sauf ces exceptions, le droit de poursuite à l'égard de ces délits est réservé au ministère public. — La compétence de l'Administration forestière s'étend à tous les terrains soumis au régime forestier, qu'ils soient ou non plantés en bois, par exemple aux terrains en montagne restaurés ou mis en défens. — Dans les bois des particuliers, l'Administration forestière ne peut poursuivre que les délits de défrichement non autorisé (For. 219). Le ministère public est seul compétent pour exercer l'action publique à l'occasion des délits commis dans ces bois.

48. Les actions en répression des délits forestiers doivent, à peine de nullité, être intentées au nom et à la requête de l'Administration forestière; elle est ordinairement exercée à la diligence de l'inspecteur; mais elle peut l'être par tout autre agent délégué à cet effet.

49. L'action civile ou privée, résultant des délits ou contraventions en matière forestière, appartient principalement à l'Administration forestière; mais elle peut également être exercée par le ministère public, et, ce cas échéant, par les parties civiles auxquelles ces infractions portent préjudice, c'est-à-dire les propriétaires de bois soumis ou non au régime forestier.

§ 2. — *Restitutions, dommages-intérêts et frais* (R. 425 et s.; S. 171 et s.).

50. L'action privée a pour but d'obtenir les réparations civiles dues par les auteurs des infractions à la loi forestière. Ces réparations comprennent: 1° les restitutions, 2° les dommages-intérêts, 3° les frais.

51. La *restitution* des objets frauduleusement enlevés s'ajoute toujours à la peine, qu'il s'agisse de bois ou de tous autres produits du sol forestier. Les tribunaux doivent l'ordonner alors même qu'elle n'a pas été demandée, et il n'est même pas nécessaire qu'ils aient la preuve de l'enlèvement matériel du produit (For. 198). Elle se fait en nature lorsque le produit a été réellement saisi ou qu'il est représenté par le délinquant. Elle a lieu en argent dans le cas contraire et lorsque la nature du délit, tel un délit de pâturage, ne permet pas de la faire autrement (For. 199); elle consiste alors dans la valeur réelle de l'objet du délit.

52. Les *dommages-intérêts* sont en général facultatifs pour le juge (For. 198, 202), auquel il appartient d'apprécier, dans les termes du droit commun, si le délit a occasionné au propriétaire de la forêt un dommage actuel ou futur supérieur à la restitution de l'objet frauduleusement enlevé. Toutefois, la condamnation aux dommages-intérêts est obligatoire pour le juge, lorsqu'il s'agit de délits d'exploitation commis par les adjudicataires de coupes dans les forêts soumises au régime forestier, mais seulement dans les cas spécialement déterminés par un texte précis (For. 29, 33, 34, 36, 39, 40). — L'évaluation des dommages-intérêts est abandonnée au pouvoir d'appréciation des tribunaux quant au *maximum*; mais le *minimum* ne peut en être inférieur à l'amende simple prononcée par le jugement (For. 202), quand même il paraîtrait hors de proportion avec le préjudice causé (Cr. c. 17 oct. 1895, D. P. 97. 1. 397). Cette règle doit être appliquée alors même que la partie civile aurait demandé des dommages-intérêts inférieurs à l'amende ou qu'il n'y aurait pas eu d'amende prononcée. Le minimum des dommages-

intérêts reste fixé au chiffre ordinaire de l'amende, alors même que celle-ci est réduite de moitié par application de l'art. 69 c. pén. — Dans un cas spécial, celui où l'adjudicataire d'une coupe, dans une forêt soumise au régime forestier, n'a pas terminé l'abatage et la vidange dans les délais fixés par le cahier des charges, la règle ci-dessus reçoit exception, et le minimum des dommages-intérêts est fixé à la valeur estimative des bois restés sur pied ou gisant sur les coupes (For. 40).

53. L'Administration forestière qui succombe dans son action peut être condamnée à des dommages-intérêts envers le prévenu acquitté lorsque, agissant dans l'intérêt du domaine forestier, elle réclamait des restitutions et dommages-intérêts. Elle ne peut, au contraire, y être condamnée si elle a agi exclusivement dans l'intérêt public pour la répression d'une infraction étrangère à la conservation des forêts.

54. Les *frais*, avancés par la partie poursuivante, sont récupérés par elle en cas de condamnation du prévenu. — L'administration des Forêts est, au point de vue des frais, considérée comme une partie civile, même lorsqu'elle exerce l'action publique et se borne à requérir l'application des peines édictées par la loi pénale, sans réclamer de dommages-intérêts. Aussi est-ce à bon droit qu'en pareil cas elle est condamnée aux dépens, sauf son recours contre le condamné (Cr. r. 19 juill. 1895, D. P. 1900. 1. 511).

§ 3. — *Désistement et transaction* (R. 436 et s.; S. 178 et s.).

55. L'Administration forestière peut se *désister* de l'action qu'elle a introduite; elle peut également acquiescer aux décisions rendues contre elle. — Elle a aussi la faculté de *transiger*. Cette faculté lui appartient, en ce qui concerne les contraventions ou délits forestiers commis dans les bois soumis au régime forestier, sans distinction entre les bois qui appartiennent à l'État et ceux qui appartiennent aux communes et aux établissements publics; pour ces derniers, elle n'a pas à demander l'avis des conseils municipaux ou des commissions administratives, bien qu'elle ait la faculté de le faire et qu'elle en use quelquefois. Mais le droit de transiger ne lui appartient pas à l'égard des contraventions et délits commis dans les bois des particuliers, par exemple au cas de délit de défrichement sans autorisation; le ministre seul peut, en pareil cas, ordonner la cessation des poursuites et faire remise des condamnations.

56. La transaction peut intervenir: 1° avant citation; 2° après citation, mais avant jugement; 3° après jugement (For. 159). — La transaction *avant citation* n'est possible qu'à la suite d'un procès-verbal régulièrement dressé; il n'est pas nécessaire que procès-verbal ait été signifié, mais il faut qu'il ait été affirmé et enregistré. Cette transaction permet l'abandon des poursuites, moyennant le payement des frais de procès-verbal, qui doivent dans tous les cas être supportés par le délinquant. Elle éteint l'action publique, à la condition d'être proposée, consentie et exécutée dans les trois mois du jour de l'infraction et, lorsqu'elle est proposée par l'Administration forestière, dans les trente jours de la décision du conservateur.

57. La transaction *avant jugement* peut avoir lieu après la citation et la signification du procès-verbal. Elle peut être proposée par l'Administration ou demandée par les délinquants. Elle éteint l'action publique dans le cas même où les poursuites pourraient amener une condamnation à des peines corporelles. Il n'est pas nécessaire, pour que la transaction avant citation, qu'elle intervienne et soit exécutée dans les trois mois.

58. La transaction *après jugement*, lorsque le jugement n'est pas devenu définitif par l'expiration des délais d'opposition ou d'appel, éteint l'action publique, comme celle qui intervient avant jugement. Si, au contraire, le jugement est définitif, la transaction ne peut plus porter que sur les peines et réparations pécuniaires; elle n'efface pas la peine de l'emprisonnement, si cette peine a été prononcée.

59. Les transactions sont généralement instruites et réglées par les fonctionnaires locaux; mais elles ne deviennent définitives qu'après approbation: 1° par les conservateurs, lorsque les condamnations encourues ou prononcées, y compris les réparations civiles, ne s'élèvent pas au-dessus de 1 000 francs; 2° par le directeur des Eaux et forêts, quand les condamnations sont supérieures à 1 000 francs et inférieures à 2 000 francs; 3° par le ministre de l'Agriculture, quand elles s'élèvent au-dessus de 2 000 francs (Décr. 22 déc. 1879, art. 1er, D. P. 81. 4. 40; 10 janv. 1882; Arr. min. 11 janv. 1882).

60. Le droit de transaction attribué à l'Administration forestière est corrélatif au droit de poursuite qui lui appartient; il ne s'étend, par conséquent, qu'aux infractions pour lesquelles elle est investie de l'action publique. — L'Administration est libre d'user ou de s'abstenir d'user de son droit, suivant les circonstances, la nature de l'infraction, le caractère, les habitudes, la moralité, la fortune du délinquant.

§ 4. — *Extinction de l'action publique et de l'action privée* (R. 439 et s.; S. 198 et 199).

61. L'action publique s'éteint non seulement par la transaction, mais encore: 1° par la chose jugée; 2° par le décès du prévenu; 3° par l'amnistie; 4° par la prescription. L'action privée s'éteint par la chose jugée et par la prescription. — Il y a lieu, d'ailleurs, de se référer au droit commun, sous cette réserve toutefois que l'action publique n'est pas éteinte par la condamnation du prévenu à une peine plus forte que celle qui lui ferait encourir un délit antérieur à celui pour lequel il a été condamné, le principe du non-cumul des peines n'étant pas applicable en matière forestière. — L'action publique et l'action civile s'éteignent encore par la transaction, le désistement (V. *suprà*, n° 55 et s.) et l'acquiescement.

62. Les poursuites en matière forestière n'atteignent pas seulement les délinquants, mais aussi les personnes civilement responsables, c'est-à-dire celles qui ont autorité sur les maris, pères, mères, tuteurs et en général les maîtres et commettants (For. 206). — Cette responsabilité, réglée en principe par l'art. 1384 c. civ., est cependant plus rigoureuse que la responsabilité civile du droit commun; ainsi elle s'étend au mari pour les infractions commises par la femme. D'autre part, le maître et le commettant sont responsables même des infractions commises par leurs domestiques et préposés l'ont été en dehors de l'exercice de leurs fonctions. — La responsabilité dont il s'agit ne s'applique qu'aux condamnations civiles, c'est-à-dire aux restitutions, aux dommages-intérêts et aux frais; elle ne s'étend pas aux amendes. Elle n'est encourue qu'autant que la personne dont le mari, père, mère, tuteur, etc., sont responsables a été appelée en cause et reconnue coupable. L'action en responsabilité civile peut être portée, soit accessoirement à l'action principale devant le tribunal de répression, soit par voie principale devant le tribunal civil. Cette action ne pouvait, même avant la loi du 22 juill. 1867 (V. *suprà*, Contrainte par corps), donner lieu à la contrainte par corps (For. 206).

§ 5. — *Compétence* (R. 469 et s. ; S. 201 et s.).

63. Toutes les fois que l'action publique, en matière d'infraction aux lois forestières, est exercée par l'Administration forestière, le tribunal correctionnel est seul compétent, qu'il s'agisse d'un délit proprement dit ou d'une infraction ne donnant lieu qu'à des peines de simple police (For. 171 ; Cr. c. 3 mai 1895, D. P. 1901. 1. 342). — Au contraire, les poursuites exercées par le ministère public doivent être portées, conformément au droit commun, devant le tribunal correctionnel ou le tribunal de simple police, suivant que la peine applicable est ou non supérieure à cinq jours d'emprisonnement et à 15 francs d'amende. Toutefois, le tribunal correctionnel irrégulièrement saisi n'est pas tenu de se déclarer incompétent, à défaut d'une demande de renvoi.

64. L'action civile exercée accessoirement à l'action publique doit être portée, par la partie civile ou le ministère public, devant le tribunal correctionnel ou le tribunal de police, suivant les cas. C'est également devant le tribunal correctionnel que l'Administration forestière doit porter l'action civile, lorsqu'elle l'exerce séparément de l'action publique, par exemple au cas de décès du prévenu, d'amnistie, etc. C'est en ce sens que la jurisprudence paraît fixée, nonobstant un arrêt de la Cour de cassation (Cr. 9 mai 1879, D. P. 83. 1. 183), aux termes duquel c'est le tribunal civil qui serait seul compétent en pareil cas. La compétence exclusive de la juridiction correctionnelle a été reconnue en dernier lieu par un arrêt de la cour de Grenoble du 2 mai 1901 (D. P. 1902. 2. 441).

65. La compétence *ratione loci* des tribunaux se détermine en cette matière suivant les règles du droit commun.

SECT. VII. — Prescription (R. 486 et s. ; S. 209. et s.).

66. Les infractions qui ont fait l'objet d'un procès-verbal dans lequel les prévenus sont désignés se prescrivent par trois mois ; la prescription est de six mois, si le procès-verbal ne contient pas cette désignation (For. 185). Pour que l'auteur de l'infraction soit considéré comme désigné dans le procès-verbal, il n'est pas nécessaire qu'il le soit nominativement ; il suffit que la désignation soit telle qu'aucun doute ne puisse s'élever sur son identité. — Lorsque l'infraction n'a pas fait l'objet d'un procès-verbal, la prescription est de trois ans, s'il s'agit d'un délit puni d'une peine correctionnelle ; d'un an, s'il est puni d'une peine de simple police, conformément au droit commun. — La prescription court du jour de la clôture du procès-verbal (V. *infrà*, *Prescription criminelle*, *Procès-verbal*), et se règle d'après l'échéance du mois, de date à date. Lorsqu'il n'y a pas de procès-verbal ou s'il est irrégulier ou nul, la prescription court du jour où l'infraction a été commise.

67. La prescription établie par l'art. 185 peut être invoquée en tout état de cause, et, dès lors, pour la première fois en appel. Elle peut être opposée par les héritiers de l'auteur de l'infraction forestière actionnés au civil, comme représentants de celui-ci, en réparation du dommage qui est ré-sulté (Besançon, 15 juin 1898, D. P. 1903. 5. 32). — Cette prescription est susceptible des causes de suspension et d'interruption de droit commun établies par les art. 637 et 638 c. instr. cr. (V. *infrà*, *Prescription criminelle*). — Après une interruption, ce sont les délais de droit commun déterminés par le même Code qui recommencent à courir.

68. Les dispositions de l'art. 185 ne s'appliquent pas aux contraventions, délits et malversations commis par des agents, prépo-sés et gardes de l'Administration forestière dans l'exercice de leurs fonctions (For. 186) ; les délais de la prescription sont, à leur égard, ceux du droit commun. Mais c'est à une disposition exceptionnelle, qui ne doit pas être étendue aux gardes champêtres et gardes particuliers.

69. La prescription de la peine et des condamnations civiles est réglée par le droit commun.

SECT. VIII. — Procédure en matière d'infractions forestières (R. 493 et s. ; S. 219 et s.).

70. La citation est l'acte initial de la procédure, en matière d'infractions à la loi forestière. Elle peut être donnée soit par les gardes, soit par les huissiers, lorsque la poursuite a lieu à la requête de l'Administration forestière (For. 173) ; par les huissiers, ou exceptionnellement par la gendarmerie, lorsque la poursuite est intentée par le ministère public ; par les huissiers seuls, lorsqu'elle est donnée à la requête de la partie civile. Les gardes forestiers, lorsqu'ils font les citations, sont soumis aux mêmes obligations et responsabilités que les huissiers.

71. L'acte de citation doit contenir, à peine de nullité, la copie entière et exacte du procès-verbal et de l'acte d'affirmation (For. 172). — Cette règle souffre exception d'abord dans le cas où l'infraction n'a pas été constatée par un procès-verbal et, en outre, lorsque la poursuite n'est pas seulement fondée sur le procès-verbal, mais s'exerce après une instruction criminelle faite contradictoirement avec le prévenu : l'absence de la copie n'entraîne pas, dans ces cas, la nullité de la citation. — De plus, les citations en matière forestière sont assujetties aux formes des exploits en général, spécialement aux formalités imposées à peine de nullité par le Code de procédure civile et applicables aux citations en police correctionnelle (Instr. 182, 183 ; V. *infrà*, *Instruction criminelle*). La citation doit donc, outre la copie du procès-verbal et de l'acte d'affirmation, contenir une désignation de la partie poursuivante et du prévenu, suffisamment précise pour qu'il n'y ait aucun doute sur leur identité ; l'élection de domicile de l'agent forestier ou de la partie civile dans la ville où siège le tribunal saisi ; l'indication de ce tribunal et du jour de la comparution. Enfin elle doit être signée. L'original doit mentionner que le prévenu a reçu copie ou que le garde ou l'huissier a fait tout ce que la loi ordonnait d'accomplir pour qu'il fût réputé l'avoir reçue.

72. L'instruction orale devant les tribunaux correctionnels se poursuit, en matière forestière, d'après les règles générales consacrées par l'art. 190 c. instr. cr. Toutefois, l'affaire est exposée non par le ministère public, mais par l'agent forestier, qui prend et développe ses conclusions. Il peut le faire jusqu'à la clôture des débats, et même après le résumé et les conclusions du ministère public. — En appel, l'agent forestier reste chargé d'exposer l'affaire, mais seulement après le rapport du conseiller.

73. En matière forestière, comme en toute autre, le prévenu peut soulever des exceptions : les unes, comme celle qui est fondée sur l'irrégularité de la citation, doivent être élevées *in limine litis*. Il en est de même de l'inscription de faux contre le procès-verbal ; elle doit même être formée avant l'audience indiquée par la citation (For. 179). Les autres, telles que l'incompétence, la connexité, la nullité du procès-verbal, ba-sées sur l'inobservation des formalités essentielles, l'extinction de l'action publique par l'amnistie, la prescription, la chose jugée, la transaction, l'acquiescement, etc., peuvent être opposées en tout état de cause. Telle est encore l'exception de *propriété*. V. sur cette exception, qui est préjudicielle, sur les conditions auxquelles elle peut être admise et l'obligation pour le tribunal de surseoir à statuer (For. 182), *infrà*, *Question préjudicielle*.

SECT. IX. — Voies de recours (R. 556 et s. ; S. 231 et s.).

74. Les jugements rendus sur les poursuites en matière forestière sont susceptibles de recours par les voies ordinaires de l'opposition et de l'appel, et par la voie extraordinaire du pourvoi en cassation.

75. *L'opposition* ne peut émaner que du prévenu défendeur ; aucun congé-défaut ne peut être donné contre l'Administration forestière dans les instances qu'elle intente, le ministère public devant reprendre l'action en cas d'absence de ses agents. — Le prévenu est jugé par défaut lorsqu'il ne comparaît pas, ou qu'il n'est pas valablement repré-senté, ou enfin quand il refuse de se défendre au fond. Devant le tribunal correctionnel, il ne peut être représenté que par un avoué, et dans les cas seulement où la prévention n'entraîne pas l'emprisonnement. L'opposition doit être signifiée par huissier, tant au ministère public qu'à l'Administration forestière, avant l'expiration du délai légal. Les effets de l'opposition sont régis par les art. 187 et 188 c. instr. cr.

76. Les jugements de simple police sont susceptibles d'appel, dans les termes du droit commun (Instr. 172), c'est-à-dire de la part soit du prévenu, soit de la partie civilement responsable (V. *supra*, *Appel en matière criminelle*, n° 7). Quant aux jugements correctionnels, ils peuvent être frappés d'appel, suivant les cas, soit par le ministère public, soit par l'Administration forestière, soit par le prévenu, soit par la partie civilement responsable, soit enfin par la partie civile, mais seulement quant à ses intérêts civils (Instr. 202). L'appel est régi, en principe, par le droit commun, au point de vue soit de la forme, soit des effets qui en résultent. — Ce que l'on vient de dire de l'appel s'applique également au pourvoi en cassation.

77. L'appel et le pourvoi en cassation peuvent être intentés, au nom de l'Administration forestière, par les agents de celle-ci ; ils n'ont pas besoin d'y être autorisés, mais ne peuvent, sans une autorisation spéciale, se désister de leur appel (For. 183), ou de leur pourvoi.

SECT. X. — Exécution des jugements et arrêts.

ART. 1ᵉʳ. — JUGEMENTS CONCERNANT LES DÉLITS ET CONTRAVENTIONS COMMIS DANS LES BOIS SOUMIS AU RÉGIME FORESTIER (R. 578 et s. ; S. 239 et s.).

78. La mission de recouvrer les amendes, ainsi que les restitutions, frais et dommages-intérêts dus en vertu des condamnations prononcées en matière forestière, est confiée aux percepteurs des contributions directes (L. 30 déc. 1873, art. 25, D. P. 74. 4. 26).

79. Toute mesure d'exécution doit être précédée de la signification du jugement au condamné. Cette signification a lieu par simples extraits, contenant seulement les noms des parties et le dispositif (For. 209, § 1ᵉʳ), c'est-à-dire le montant des diverses condamnations prononcées et l'indication des articles de la loi en vertu desquels elles ont été infligées. — La signification des jugements par défaut peut être faite par les préposés forestiers ; c'est ce qui a lieu dans la pratique ; mais les jugements contradictoires ne peuvent être signifiés que par les huissiers ou les porteurs de contrainte, comme en matière de contributions directes. Les commandements et saisies sont faits par les huissiers au nom du procureur de la République, agissant à la requête des percepteurs sous la direction du receveur des finances.

80. Le délinquant qui n'acquitte pas volontairement les condamnations prononcées contre lui peut y être contraint, à la diligence de l'administration des Finances, par toutes les voies du droit commun, c'est-à-dire au moyen du commandement, de la saisie, de la vente et de la contrainte par corps. Les condamnations au profit de l'État sont, en outre, garanties par l'hypothèque judiciaire. — Les difficultés auxquelles peuvent donner lieu ces moyens d'exécution sont tranchées par les tribunaux civils, dans la forme prescrite par l'art. 17 de la loi du 27 vent. an 9, en matière d'enregistrement.

81. La contrainte par corps qui, en matière forestière, est obligatoire pour le juge, est indépendante de la peine de l'emprisonnement (For. 214). Les art. 211 à 214 c. for. ont conservé leur application depuis la loi du 22 juill. 1867, qui a laissé subsister ce mode d'exécution pour le recouvrement des amendes, dommages-intérêts et frais en matière correctionnelle et de simple police, sauf les modifications qui résultent de cette loi (V. *suprà*, *Contrainte par corps*, nᵒˢ 2 et s.); mais la contrainte par corps, en matière forestière comme en toute autre, ne peut être exercée que pour les condamnations pécuniaires; elle ne peut l'être pour obtenir la remise des objets dont la confiscation a été prononcée, ou l'exécution de toute obligation de faire imposée au condamné. D'autre part, comme elle suppose une condamnation prononcée, la contrainte par corps ne peut être exercée pour assurer l'exécution des transactions avant jugement.

82. L'incarcération a lieu dans les conditions déterminées par la loi du 22 juill. 1867 (V. *suprà*, *Contrainte par corps*, nᵒˢ 14 et s.). Sa durée est limitée conformément aux règles établies par la même loi. Celles qu'édictait l'art. 213 c. for. ont cessé d'être applicables, sauf toutefois, suivant une opinion, le paragraphe 4 de cet article, qui double la durée de la contrainte par corps en cas de récidive.

83. La contrainte par corps, étant abolie en matière civile, n'est plus ouverte contre les adjudicataires des coupes de bois soumis au régime forestier et leurs cautions, comme garantie de l'accomplissement de leurs obligations, ni contre les personnes civilement responsables (Comp. For. 24, 28, 206). Mais elle reste applicable aux personnes qui sont tenues des amendes aussi bien que des condamnations civiles encourues par les délinquants, notamment aux préposés forestiers à l'occasion des délits commis dans leurs triages, et qu'ils n'auraient pas constatés. Les immunités édictées en faveur de certaines personnes par la loi du 22 juill. 1867 (V. *suprà*, *Contrainte par corps*, nᵒ 7 et s.) sont d'ailleurs applicables en matière forestière.

84. L'administration des Forêts peut, au lieu d'exercer la contrainte par corps, convertir en prestations en nature les peines et réparations pécuniaires encourues ou prononcées pour délits commis dans les bois soumis au régime forestier (For. 210, modifié par la loi du 18 juin 1859; Décr. 21 déc. 1859, D. P. 59. 4. 115). Ce mode de libération n'est admis qu'à l'égard des seuls condamnés insolvables. — Les prestations consistent en journées de travail, ou en travaux à la tâche déterminés par l'inspecteur d'après le nombre des journées de travail nécessaires pour les accomplir. La valeur de la journée de travail est la même que pour les chemins vicinaux. Il est alloué au délinquant une certaine somme pour frais de nourriture; cette allocation est déduite de la journée de travail. Le délinquant peut être déclaré déchu du bénéfice de la libération au moyen des prestations, en cas d'inexactitude, de désobéissance, de négligence, malfaçon, etc. (Décr. 21 déc. 1859, art. 5 à 8).

85. Les condamnations pécuniaires prononcées en matière forestière se répartissent entre le propriétaire de la forêt et l'État. Les restitutions et les dommages-intérêts appartiennent au propriétaire de la forêt, que ce soit le domaine, une commune, un établissement public ou un particulier. Les amendes, les confiscations et les frais sont recouvrés au profit de l'État (For. 204). Lorsque le condamné a été admis à se libérer au moyen de prestations en nature ou lorsqu'il y a eu transaction, les prestations ou le produit de la transaction correspondant aux réparations civiles sont attribués au propriétaire de la forêt.

ART. 2. — **EXÉCUTION DES CONDAMNATIONS POUR DÉLITS COMMIS DANS LES BOIS NON SOUMIS AU RÉGIME FORESTIER** (R. 598 et s.; S. 264 et s.).

86. Les jugements emportant condamnation en faveur des particuliers pour réparation des délits et contraventions commis dans les bois qui ne sont pas soumis au régime forestier sont, à la diligence des propriétaires de ces bois, signifiés et exécutés suivant les mêmes formes et voies de contrainte que les jugements intervenus à la suite d'infractions commises dans les bois soumis au régime forestier. Ces jugements peuvent donc être signifiés par simples extraits. — Les particuliers doivent prendre toutes les mesures propres à assurer à leur profit le recouvrement des condamnations civiles; mais le recouvrement des amendes est, comme lorsqu'il s'agit des bois soumis au régime forestier, confié aux percepteurs des contributions directes. Pour ce recouvrement et celui des frais, mais non pour le recouvrement des réparations civiles, les condamnés insolvables peuvent être admis à se libérer au moyen de prestations en nature. Ces prestations sont exécutées sur les chemins vicinaux de la commune sur le territoire de laquelle le délit a été commis (For. 215, modifié par la loi du 18 juin 1859; Décr. 21 déc. 1859, art. 11 à 14).

SECT. XI. — Police et conservation des forêts.

87. Les dispositions du Code forestier destinées à assurer la protection de la propriété boisée sont réunies dans les titres 10 et 12 de ce Code : les unes sont applicables à tous les bois en général, les autres sont spéciales aux bois soumis au régime forestier.

ART. 1ᵉʳ. — **DISPOSITIONS APPLICABLES A TOUS LES BOIS ET FORÊTS EN GÉNÉRAL.**

§ 1ᵉʳ. — *Enlèvement des produits du sol* (R. 605 et s.; S. 268 et s.).

88. L'article 144 c. for. énumère un certain nombre de produits du sol forestier, autres que les arbres, dont l'enlèvement donne lieu à une amende calculée par charge d'homme, de bête de somme, de bête attelée, de tombereau ou charrette, et peut même entraîner un emprisonnement de trois jours au plus. Cette énumération n'est pas limitative; la prohibition d'enlèvement porte sur tout ce qui constitue un élément, un fruit ou un engrais du sol forestier, sans qu'il y ait à distinguer si l'objet est utile ou non, comme par exemple des œufs de fourmis, des truffes, etc. L'enlèvement des produits est punissable alors même qu'il serait autorisé en vertu du droit d'usage, si l'usager ne s'est pas conformé aux conditions prescrites par l'Administration forestière pour l'exercice de son droit.

89. La pénalité étant, en réalité, déterminée par le mode d'enlèvement employé, c'est d'après ce mode que la peine doit être fixée toutes les fois qu'il a été constaté, alors même que la quantité de matières réellement enlevée serait inférieure à celle que

comportait le mode d'enlèvement. D'ailleurs, le juge a nécessairement, à cet égard, une certaine latitude d'appréciation, l'art. 144 ne précisant en aucune façon ce qu'il faut entendre par une charge d'homme, de bête de somme, etc.

90. Les pénalités de l'art. 144 sont applicables dès qu'il y a eu extraction d'un produit forestier, cette extraction n'eût-elle pas été suivie d'enlèvement, et l'auteur du délit n'eût-il même pas eu l'intention de l'enlever. — Mais le délit n'existe que si l'extraction a eu lieu sans autorisation. En principe, cette autorisation doit être formelle et préalable; elle peut cependant résulter de certaines tolérances. Elle doit être accordée par le propriétaire de la forêt : pour certains matériaux de nature spéciale, par exemple les minerais, l'autorisation doit être précédée des formalités particulières à l'extraction des minerais (L. 21 avr. 1810, art. 67; V. *infra*, *Mines*).

91. L'extraction et l'enlèvement des produits forestiers, prévus par l'art. 144, peuvent donner lieu à l'allocation de dommages-intérêts, lorsqu'il en est résulté un préjudice pour le propriétaire de la forêt.

92. Les bois et forêts, soumis ou non au régime forestier, sont sujets, comme les autres terrains, à la servitude d'extraction de matériaux pour les travaux publics (For. 145). Toutefois il existe, à cet égard, une différence entre les bois soumis au régime forestier et ceux qui appartiennent à des particuliers. Les premiers continuent à bénéficier des atténuations que les art. 169 et s. de l'ordonnance du 1ᵉʳ août 1827 ont apportées à la rigueur de la loi du 16 sept. 1807; les seconds sont actuellement régis par la loi du 29 déc. 1892 (V. *infra*, *Travaux publics*). — Les bois soumis au régime forestier sont également assujettis, comme les autres propriétés, aux servitudes de grande voirie pour la construction et la réparation des routes, des chemins vicinaux et ruraux et des voies ferrées dont les bois riverains (L. 21 mai 1836, art. 17; Ord. 8 août 1845, art. 1 à 7; L. 15 juill. 1845, art. 3; L. 20 août 1881, art. 14).

§ 2. — *Passage en forêt avec des instruments prohibés* (R. 682 et s.; S. 287).

93. L'art. 146 c. for. interdit le port en forêt des serpes, cognées, haches, scies et autres instruments de même nature propres à couper le bois, à peine d'une amende de 10 fr. et de la confiscation desdits instruments. Cette disposition ne s'applique pas aux instruments qui ne sont propres qu'à couper de l'herbe (faux, faucille), alors du moins qu'il n'est pas établi qu'ils aient servi à couper du bois. — Il n'y a, d'ailleurs, infraction à l'art. 146 qu'autant que le porteur des instruments prohibés en est trouvé nanti en dehors des chemins ordinaires, c'est-à-dire non seulement des routes et des chemins vicinaux ou ruraux, mais aussi des sentiers de communication habituelle entre les diverses localités avoisinant la forêt, des chemins de vidange ou autres établis momentanément pour faciliter les exploitations, les sentiers, les tranchées, etc., qui limitent les coupes, ne rentrent pas dans la catégorie des chemins ordinaires. — Enfin, il n'y a infraction qu'autant que le porteur des instruments n'a pas reçu une autorisation du propriétaire de la forêt, autorisation qui, en pratique résulte du fait d'être employé à l'exploitation d'une coupe.

§ 3. — *Passage avec voitures hors des chemins ordinaires* (R. 692 et s.; S. 288 et s.).

94. Des dispositions analogues à celles de l'art. 146 c. for. atteignent l'introduction en forêt, en dehors des chemins ordinaires, des voitures attelées ou non et des bestiaux ou animaux de charge ou de monture (For. 147); ces dispositions supposent, bien entendu, que l'introduction n'a pas été autorisée ou n'est pas l'exercice d'un droit, tel que celui d'un adjudicataire, d'un usager, etc. — Le mot *voiture* s'applique à tout véhicule qui, mû par une ou plusieurs roues et conduit par des hommes ou des animaux, peut servir au transport des bois ou autres produits des forêts, et notamment aux brouettes. Quant aux routes et chemins *ordinaires*, ce sont uniquement ceux qui sont ouverts à tous et consacrés à l'usage du public, par opposition aux chemins forestiers ou privés, ouverts par le propriétaire sur son sol et maintenus à ses frais pour l'exploitation et le service de la forêt.

95. L'infraction à l'art. 147 est punie d'une amende dont le chiffre varie selon que le prévenu a introduit en forêt des voitures ou des animaux, et selon que le bois est âgé de moins de dix ans ou de dix ans et au-dessus. Pour les voitures, l'amende est de 10 francs ou de 20 francs ; pour les bestiaux non attelés, elle est réglée conformément aux dispositions de l'art. 199 c. for. relatives aux délits de pâturage (V. *infra*, n° 101). — Ces peines sont encourues sans préjudice des dommages-intérêts au cas où le propriétaire de la forêt a subi un préjudice (For. 147, § 4). Les dommages-intérêts ne peuvent alors être inférieurs à l'amende simple (For. 202). — Les poursuites peuvent être dirigées contre les conducteurs des voitures ou bestiaux, aussi bien que contre leurs propriétaires.

§ 4. — Pâturage (R. 712 et s. ; S. 291 et s.).

96. Le délit de pâturage est prévu et réprimé par l'art. 199 c. for. — Le fait seul d'introduire dans une forêt un animal de l'espèce de ceux qui sont désignés par l'art. 199, c'est-à-dire les porcs, les chevaux, ânes, mulets, moutons, chèvres, bœufs, vaches, veaux, suffit pour constituer le délit de pâturage, sans qu'il soit nécessaire que le fait même de pâturage ait été constaté par un procès-verbal. L'introduction d'autres animaux, tels que volailles, chiens, etc., peut seulement donner lieu à des dommages-intérêts, lorsqu'elle a occasionné un préjudice au propriétaire de la forêt.

97. L'art. 199 s'applique à tous les terrains qui sont soumis au régime forestier, c'est-à-dire placés sous la surveillance de l'Administration forestière, qu'ils soient ou non boisés ; il s'applique également aux terrains en nature de bois appartenant à des particuliers, même à ceux qui ont été couverts de semis ou de plantations pour être convertis en forêts.

98. La bonne foi du prévenu ne constitue pas une excuse du délit de pâturage ou d'introduction en forêt d'animaux ; elle peut seulement donner lieu à transaction. Au contraire, la force majeure résultant de l'état d'impraticabilité des chemins peut être considérée comme une excuse légitime, à la condition que cette impraticabilité soit réelle et absolue.

99. Les poursuites exercées en vertu de l'art. 199 doivent être dirigées contre le propriétaire des animaux trouvés en délit, et contre ce propriétaire seul, à l'exclusion du pâtre ; c'est du moins ce qui a été décidé en dernier lieu par la Cour de cassation (Cr. c. 13 juill. 1866, D. P. 66. 1. 454). En tout cas, si le pâtre et le propriétaire étaient poursuivis conjointement, il ne pourrait être prononcé qu'une seule amende par tête de bétail. — Le propriétaire des animaux, au point de vue de l'application de l'art. 199 c. for., est celui qui a la possession et la disposition des animaux, avec l'obligation de les loger et de les nourrir. Ainsi, celui qui, tout en ayant la propriété des animaux, n'en a pas la possession actuelle ni la disposition, par exemple le propriétaire d'animaux donnés à cheptel, n'est pas responsable de

leur introduction en forêt, et il pourrait même poursuivre le fermier qui les aurait introduits dans ses bois sans autorisation.

100. Celui qui est à la fois propriétaire et détenteur des animaux ne commet évidemment aucun délit s'il les fait pacager dans ses propres bois, à moins que ceux-ci ne rentrent dans une catégorie pour laquelle le pacage est interdit d'une manière absolue, tels que les dunes plantées en bois par l'Etat (Décr. 14 déc. 1810, art. 5) ou les terrains en montagne qui ont été l'objet de mesures de restauration ou de conservation.

101. Le délit de pâturage entraîne une amende, variable suivant l'espèce des animaux et l'âge du bois. Elle est de 1 franc pour un porc, 2 francs pour une bête à corne, 3 francs pour un cheval ou une bête de somme, 4 francs pour une chèvre, 5 francs pour un bœuf, une vache ou un veau. L'amende est doublée si le bois a moins de dix ans (For. 199 *in fine*). L'âge du bois est prouvé au moyen des procès-verbaux d'adjudication et de récolement des coupes, soit par témoins ; le procès-verbal, lorsqu'il énonce l'âge du bois, ne fait pas à cet égard preuve jusqu'à inscription de faux, comme pour le fait matériel de l'introduction des bestiaux. — L'art. 199 *in fine* prévoit également la condamnation des prévenus à des dommages-intérêts ; l'allocation en est facultative et applicable seulement au cas où il y a eu préjudice résultant de la destruction et de l'abroutissement des pousses constatés par le procès-verbal. En outre, la restitution doit nécessairement être prononcée en vertu des termes généraux de l'art. 198 c. for.

§ 5. — Feux dans l'intérieur ou à proximité des forêts (R. 755 et s. ; S. 302 et s.).

102. Il est interdit de porter ou allumer sans autorisation du feu dans l'intérieur et à la distance de 200 mètres des forêts, sous peine d'une amende de 20 à 100 francs, sans préjudice, en cas d'incendie, des peines portées par l'art. 458 c. pén. et de tous dommages-intérêts, s'il y a lieu (For. 148). — L'art. 458 c. pén. prévoit l'incendie causé par des feux allumés, ou par des feux ou lumières portés ou laissés, sans précautions suffisantes, *à moins de 100 mètres* des maisons, forêts, etc. C'est cet article qui est seul applicable en pareil cas ; si, au contraire, les feux ont été allumés, portés ou laissés à *plus de 100 mètres et à moins de 200*, c'est l'art. 148 c. for. qui doit être appliqué. D'autre part, l'art. 458 c. pén. n'est applicable qu'autant qu'il y a eu un incendie, tandis que le fait seul d'avoir allumé des feux à l'intérieur, ou à moins de 200 mètres des forêts, donne lieu à l'application de l'art. 148 c. for., alors même qu'aucun incendie ne s'est produit. — Ces dispositions (tant l'art. 148 c. for. que l'art. 458 c. pén.) ne sont, d'ailleurs, applicables qu'autant qu'il s'agit d'une forêt appartenant à autrui ; elles n'interdisent pas à un propriétaire d'allumer ou de porter du feu dans sa propre forêt, pourvu qu'il ne se trouve dans un rayon de 200 mètres aucune forêt appartenant à autrui. Elles ne s'appliquent pas non plus, même à l'égard des bois d'autrui, aux adjudicataires de coupes et à leurs préposés : ceux-ci peuvent établir des fourneaux ou fosses à charbon dans les lieux désignés par l'Administration et allumer des feux dans leurs loges et ateliers, qui doivent être établis sur les emplacements désignés par l'Administration (For. 38 et 42). Cette exception ne s'étend pas aux adjudicataires de coupes dans les bois des particuliers.

103. En droit, les art. 458 c. pén. et 148 c. for. interdisent la pratique de l'*écobuage*, opération qui consiste à brûler par petits tas ou fourneaux des mauvaises herbes, des feuilles sèches, du gazon, etc., afin d'en ré-

pandre les cendres sur le sol. Mais, en fait, l'écobuage à proximité des forêts de l'Etat, des communes et des établissements publics peut être autorisé par des arrêtés préfectoraux. Toutefois, si l'arrêté d'autorisation réserve dans le rayon de 200 mètres une zone (par exemple, un espace de 10 mètres joignant immédiatement la forêt) où l'écobuage est interdit, l'établissement de fourneaux dans cette zone tomberait sous le coup de l'art. 148 c. for. Le permissionnaire est responsable alors même que l'infraction serait le fait d'un préposé, tel qu'un fermier. — L'écobuage pratiqué sans autorisation dans le rayon de 200 mètres constitue donc une infraction à l'art. 148 c. for. S'il occasionne un incendie, il engage la responsabilité du propriétaire du sol, alors même que ce propriétaire ne l'aurait pas pratiqué lui-même ni ordonné, mais simplement toléré de la part d'ouvriers placés sous ses ordres. Mais le propriétaire n'est pas responsable de l'écobuage pratiqué sans autorisation par son fermier ou par l'entrepreneur du nettoyage d'un bois par lui fermé, auquel son traité interdisait l'usage du feu.

104. Dans la région des Maures et de l'Estérel, une loi du 19 août 1893 (D. P. 94. 4. 44) soumet à un régime spécial la pratique de l'écobuage, qui y faisait courir des dangers particuliers à la propriété boisée. De même, la loi du 21 févr. 1903 édicte des mesures spéciales pour protéger les forêts d'Algérie contre les incendies (V. *supra*, *Algérie*, n° 220).

105. Les dispositions de l'art. 148 c. for. s'appliquent également au *sartage*, opération qui consiste à brûler, dans une coupe exploitée, les résidus de l'exploitation.

§ 6. — Refus de secours par les usagers en cas d'incendie (R. 778 et 779).

106. L'art. 149 c. for. prévoit et punit de la privation de leur droit pendant un an au moins et cinq ans au plus, et en outre des peines portées par l'art. 475 c. pén. (V. *supra*, *Contravention*, n°s 54 et 75), le refus par les usagers de porter secours en cas d'incendie aux bois soumis à leur droit d'usage. Cette disposition s'applique à tous les bois, quel que soit le propriétaire. Les condamnations sont prononcées exclusivement par le tribunal correctionnel. — Les usagers qui *négligent* simplement de porter secours sont seulement passibles de l'amende portée par l'art. 475, n° 12, c. pén. ; ils n'encourent pas la privation temporaire du droit d'usage. C'est alors le tribunal de simple police qui est compétent.

§ 7. — Elagage et plantation des arbres de lisière, échenillage, essartement (R. 780 et s. ; S. 314 et s.).

107. Les arbres des forêts, sauf l'exception portée par l'art. 150 c. for. pour ceux de ces arbres qui étaient âgés de plus de trente ans lors de la promulgation du Code forestier (Ord. 1er août 1827, art. 176), sont soumis aux règles des art. 671 à 673 c. civ., modifiés par la loi du 20 août 1881 (V. *infra*, *Servitude*). Ces articles sont donc applicables en ce qui concerne : 1° la distance à observer pour la plantation d'arbres à proximité des héritages voisins (arbres de lisière) ; 2° l'élagage des branches des arbres de lisière ; 3° l'élagage des racines des mêmes arbres. Ils s'appliquent aussi bien aux forêts de l'Etat, des communes ou des établissements publics qu'à celles des particuliers.

108. Les règles du Code civil concernant la mitoyenneté sont également applicables, d'une manière générale, à la mitoyenneté dans les forêts (V. *infra*, *Servitude*).

109. Les mesures prescrites par les arrêtés préfectoraux pour arrêter ou prévenir les dommages causés à l'agriculture par les insectes ou végétaux nuisibles, notamment celles relatives à l'échenillage, sont applicables aux bois et forêts, mais seulement à une lisière de trente mètres (L. 24 déc. 1888, art. 2, § 1er; V. *suprâ*, *Agriculture*, n° 18).

110. L'Administration peut obliger le propriétaire des bois traversés par des routes nationales à les *essarter* dans la limite d'une ouverture de 60 pieds, quelle que soit la largeur de la route (V. *infrâ*, *Voirie*).

§ 8. — Coupe et enlèvement d'arbres
(R. 806 et s.; S. 323 et s.).

111. Le Code forestier, dans les art. 192, 193 et 194, prévoit les délits de coupe et d'enlèvement d'arbres ou de bois dans les bois et forêts soumis ou non au régime forestier. L'art. 192 réprime la coupe ou l'enlèvement d'arbres ayant plus de deux décimètres de tour, la circonférence étant mesurée à un mètre du sol. La pénalité est déterminée d'après l'essence et la circonférence des arbres. — Au point de vue de l'essence, les arbres sont divisés en deux classes; la première comprend les chênes, hêtres, charmes, ormes, frênes, érables, platanes, pins, sapins, mélèzes, châtaigniers, aliziers, noyers, sorbiers, cormiers, merisiers et autres arbres fruitiers; sauf en ce qui concerne les arbres fruitiers, cette énumération est limitative. Dans la seconde classe figurent les aunes, bouleaux, trembles, peupliers, saules et toutes les espèces non comprises dans la première classe. — Au point de vue de la circonférence, l'amende est fixée : pour la première classe, à 1 franc pour les deux premiers décimètres avec accroissement progressif de 10 centimes pour chacun des autres décimètres; pour les arbres de la seconde classe, elle est de 50 centimes pour chacun des deux premiers décimètres et de 5 centimes par chacun des autres décimètres. Un tableau annexé à l'art. 192 détermine l'amende pour chacune des dimensions des arbres. Le tribunal peut, d'ailleurs, s'il juge la répression au moyen de l'amende insuffisante, par exemple si l'infraction est l'œuvre d'un grand nombre de délinquants, prononcer un emprisonnement de un à cinq jours dans le cas où la coupe ou l'enlèvement d'arbres donne lieu à une amende qui n'excède pas 15 francs, et de deux mois au plus si l'amende est supérieure à cette somme. Dans ce dernier cas, la loi ne fixe pas de minimum, et l'emprisonnement peut être moindre de six jours. En cas de récidive, la peine de l'emprisonnement peut être portée au double (V. *suprâ*, n° 32), même lorsqu'elle n'a pas été infligée dans la première condamnation.

112. Le délit prévu par l'art. 192 est distinct des autres délits de même nature, tels que vol de bois dans les ventes, de récoltes, etc., prévus par le Code pénal, et de ceux de mutilation d'arbres et d'arrachement de tiges prévus par les art. 195 et 196 c. for. Il existe dès qu'il y a eu abattage de l'arbre, sans qu'il ait été enlevé, et alors même que l'auteur du délit n'aurait pas eu l'intention de l'enlever ultérieurement. Réciproquement, l'enlèvement est puni, même lorsqu'il a pour objet des arbres déjà abattus par un tiers. Ainsi, l'individu trouvé en dehors d'une forêt transportant des bois coupés en délit est passible des peines portées par l'art. 192, alors même qu'il aurait été étranger à l'abattage. Au surplus, il n'y a délit que si l'auteur de l'enlèvement n'a aucun droit de propriété sur les bois coupés ou enlevés.

113. L'art. 192 n'est applicable que dans les parties de forêts qui ne sont pas en exploitation; la coupe ou l'abattage dans une coupe affouagère ou dans une *vente* constitue un vol puni par l'art. 388 c. pén. Mais l'art. 192 doit être étendu aux adjudicataires et entrepreneurs des coupes qui abattent indûment des arbres en dehors des limites de la coupe qui leur est adjugée

ou qui, dans les forêts soumises au régime forestier, procèdent à des coupes avant la délivrance du permis d'exploiter. L'art. 192 s'applique enfin, dans les bois des particuliers, aux adjudicataires ou entrepreneurs qui abattent des arbres de réserve.

114. Le délit de coupe ou d'enlèvement ne comporte, comme tous les délits forestiers, ni circonstances atténuantes ni excuses tirées soit de la bonne foi, soit même des ordres d'un supérieur hiérarchique, si celui-ci n'avait pas qualité pour les donner. La force majeure seule peut être invoquée.

115. Lorsque le mesurage de la circonférence de l'arbre à un mètre du sol ne peut s'effectuer parce que l'arbre a été enlevé et façonné, il est fait sur la souche. Si la souche a été enlevée ou que l'arbre ait été retrouvé façonné, la circonférence doit être calculée en prenant la dimension totale des quatre faces de l'arbre équarri et en l'augmentant d'un cinquième (For. 193). Lorsque l'arbre et la souche ont disparu, l'amende doit être arbitrée par le tribunal d'après les documents du procès et, au besoin, après avoir entendu des témoins (For. 193).

116. Les mêmes règles s'appliquent à la coupe et à l'enlèvement des bois mesurant moins de deux décimètres de tour à un mètre du sol, c'est-à-dire du menu bois, des branches, des brins et des arbustes de toutes catégories, prévus par l'art. 194 c. for., § 2 et 3. Ce délit est, comme celui de l'art. 192, puni d'une amende et, au besoin, d'un emprisonnement de cinq jours au plus. L'amende est déterminée, non d'après la grosseur des arbres, mais d'après le mode d'enlèvement; elle est, pour chaque charretée, de 10 francs par bête attelée, de 5 francs par charge de bête de somme, et de 2 francs par fagot, fouée ou charge d'homme (For. 194). — L'expression *charretée* doit être entendue dans le sens de voiture attelée, quelle qu'en soit la nature; elle s'applique, par exemple, à un tombereau et même à un traîneau, bien qu'il ne soit pas porté sur des roues, dès lors qu'il est attelé d'animaux. Si l'on s'est servi d'un traîneau à bras, l'amende doit être calculée par charges d'hommes. — Lorsque les bois ont été réunis en fagots et ont été enlevés, l'amende s'évalue d'après le mode de transport, comme il vient d'être indiqué. Si les fagots n'ont pas été enlevés, elle s'évalue d'après leur nombre, quel qu'en soit le volume. Si enfin les bois sont restés répandus sur le terrain, l'amende peut être évaluée soit d'après le mode d'enlèvement présumé, soit d'après le nombre présumé de fagots qui auraient pu être confectionnés avec ces bois.

117. L'art. 194, § 3, prévoit la coupe ou l'enlèvement des arbres provenant de semis artificiels ou plantés de main d'homme dans les forêts depuis moins de cinq ans; il le punit d'une amende de 3 francs par arbre, quelle qu'en soit la grosseur, et d'un emprisonnement d'un mois au plus. La peine d'emprisonnement est obligatoire; mais la loi n'en ayant pas déterminé le minimum, elle peut être réduite à un jour.

§ 9. — Arrachement de plants (R. 851 et s.; S. 339).

118. L'arrachement de plants est puni d'une amende qui ne peut être moindre de 10 francs, ni excéder 300 francs, et d'un emprisonnement, facultatif pour le juge, d'un jour au plus (For. 195, § 1 et 2). Ces pénalités s'appliquent dans les arbres et bois dont les art. 192 et 194 prévoient la coupe et l'enlèvement, aux plants ou aux souches. — Si le délit a été commis dans un semis ou une plantation exécutés de main d'homme, l'emprisonnement s'ajoute nécessairement à l'amende pour une durée de quinze jours à un mois (For. 195, § 3). Cette disposition s'étend aux plants qui, sans avoir été semés

de main d'homme, sont l'objet de travaux et de soins destinés à favoriser leur germination ou leur croissance.

§ 10. — Mutilation d'arbres (R. 857 et s.; S. 340 et s.).

119. Le fait d'écorcer, éhouper ou mutiler des arbres est puni comme si les arbres avaient été coupés sur pied et des mêmes peines (For. 196). Peu importe qu'il n'y ait pas eu de dommage causé : l'intention de nuire suffit; mais cette intention est un élément essentiel du délit. — En réprimant l'écorcement, l'art. 196 ne fait aucune distinction sous le rapport des diverses essences. Ainsi, l'enlèvement en délit de l'écorce de chênes lièges dépendant d'un bois tombe sous l'application, non pas de l'art. 144 c. for., qui punit l'enlèvement de fruits et semences des bois, mais des dispositions plus sévères de l'art. 196. — L'art. 196 s'applique aux bois des particuliers comme aux bois soumis au régime forestier.

§ 11. — Enlèvement de chablis ou de bois de délit (R. 869 et s.; S. 345 et s.).

120. On entend par *chablis* les arbres abattus ou rompus par les vents, les orages, ou tous autres accidents; les *bois de délit* sont ceux sur lesquels un délit quelconque a été précédemment commis, soit par abattage, soit par écorcement ou mutilation. L'enlèvement réprimé par l'art. 197 n'est pas seulement le déplacement matériel des bois, mais tout acte d'appropriation, par exemple l'équarrissage. Il est puni des mêmes amendes et restitutions que si les bois avaient été abattus sur pied (For. 197; Comp. *suprâ*, n° 112). — Bien que l'art. 197 ne fasse pas mention de l'emprisonnement, cette peine peut s'ajouter aux amendes et restitutions dans les conditions où elle est applicable en vertu des art. 192 et 194 c. for.

ART. 2. — DISPOSITIONS APPLICABLES SEULEMENT AUX BOIS SOUMIS AU RÉGIME FORESTIER.

§ 1er. — Fours à chaux et à plâtre, briqueteries, maisons, ateliers, chantiers à façonner le bois (R. 879 et s.; S. 348 et s.).

121. Aucun four à chaux ou à plâtre, soit temporaire, soit permanent, aucune briqueterie ou tuilerie ne peuvent être établis dans l'intérieur et à moins d'un kilomètre des forêts, sans une autorisation délivrée par le préfet sur l'avis ou la proposition de l'agent forestier chef de service, à peine d'une amende de 100 à 500 francs et de la démolition des établissements (For. 151; Décr. 25 mars 1852, art. 3, tableau C, n° 8). La démolition est ordonnée par le préfet sur la demande de l'Administration forestière lorsqu'elle a été prescrite par le jugement. — L'art. 151 ne s'applique pas aux installations momentanées établies pour une seule cuite, non plus qu'aux usines autres que les fours à chaux, briqueteries ou tuileries, dès qu'elles sont installées à plus de 200 mètres des bois et forêts.

122. Une semblable interdiction atteint les maisons et autres enceintes ou hangars dans l'enceinte ou à moins d'un kilomètre des bois et forêts, sous peine d'une amende de 50 francs et de la démolition dans le mois à dater du jugement qui l'aura prescrite (For. 152). Cette prohibition atteint tous les édifices autres que les fours à chaux, ateliers et usines régis par les art. 151, 154 et 155 c. for.

123. L'autorisation nécessaire pour la construction des édifices est également exigée lorsqu'il s'agit de les réparer. Cette autorisation est accordée par le préfet, sous réserve de l'engagement pris par le concessionnaire de démolir à première injonction.

124. La prohibition formulée par l'art. 152 c. for. est une mesure d'ordre public qui ne peut être paralysée ni par un titre ni par la prescription.

125. L'art. 153 c. for. ayant été abrogé (L. 21 juin 1898, D. P. 99. 4. 3), aucune disposition légale ne s'oppose plus à la construction sans autorisation de maisons ou fermes à une distance moindre de 500 mètres des bois soumis au régime forestier. Mais il est interdit à ceux qui habitent des maisons ou fermes situées dans ce rayon d'y établir aucun atelier à façonner le bois, aucun chantier ou magasin pour faire le commerce du bois, sans la permission spéciale du préfet, sous peine de 50 francs d'amende et de la confiscation des bois. — Lorsque les permissionnaires ont subi une condamnation pour délit forestier, la permission peut leur être retirée par le préfet (For. 154, modifié par la loi du 21 juin 1898, D. P. 99. 4. 3). — Les ateliers, chantiers ou magasins interdits ne sont, d'ailleurs, que ceux qui sont destinés au commerce, et non ceux où les habitants travailleraient pour leur usage personnel.

126. Les infractions aux art. 151 et s. constituent des délits successifs auxquels la prescription ne saurait s'appliquer, et qui ne peuvent être couverts par la tolérance de l'Administration.

§ 2. — *Scieries isolées* (R. 934 et s.; S. 362 et s.).

127. Les usines à scier le bois, ou *scieries*, ne peuvent être établies à l'intérieur ou à moins de deux kilomètres des bois et forêts soumis au régime forestier sans une autorisation délivrée par le préfet, sous peine d'une amende de 100 à 500 francs et de la démolition dans le mois à dater du jugement qui l'a ordonnée (For. 155). — Cette prohibition ne s'applique pas aux scieries à bras, qui rentrent dans la catégorie des ateliers à façonner le bois prévus par l'art. 154 c. for. (V. *supra*, n° 125). — L'autorisation n'est nécessaire que pour l'établissement ou l'agrandissement des usines. Le propriétaire peut, sans autorisation spéciale, y faire toutes réparations; une nouvelle autorisation serait toutefois nécessaire pour reconstruire une usine totalement détruite.

128. Les dispositions des art. 154 et 155 ne sont pas applicables aux usines et aux maisons qui font partie de villes, villages ou hameaux formant une population agglomérée (For. 156), bien qu'elles se trouvent dans les rayons prohibés.

129. Il est défendu d'introduire dans les scieries autorisées, ou dans les chantiers qui en dépendent, des bois propres à être exploités sans qu'ils aient été préalablement reconnus par le garde forestier du canton et marqués de son marteau; cette opération doit avoir lieu dans les cinq jours après la déclaration préalable au transport, que l'exploitant doit faire des bois qu'il veut introduire dans l'usine. — L'infraction à cette prescription est punie d'une amende de 50 à 300 francs; en cas de récidive, l'amende est doublée et la suppression de l'usine peut être ordonnée par le tribunal (For. 158; Ord. 1er août 1827, art. 180).

130. Les agents forestiers et les gardes sont autorisés à perquisitionner dans les établissements autorisés, sans l'assistance d'un officier public, pourvu qu'ils se présentent au nombre de deux au moins, ou que l'agent ou garde soit accompagné de deux témoins domiciliés dans la commune (For. 157). — En fait, la soumission est rarement exigée de ceux qui sollicitent la permission d'ouvrir un établissement les oblige à souffrir de jour et de nuit la visite d'un ou de plusieurs agents ou préposés forestiers, sans qu'ils soient accompagnés d'un officier public ou de témoins.

SECT. XII. — **Aliénation des forêts de l'Etat et de leurs produits.**

ART. 1er. — ALIÉNATION DES BIENS DU DOMAINE FORESTIER (R. 971 et s.; S. 372 et s.).

131. Les forêts de l'Etat sont aliénables, comme les autres biens du domaine de l'Etat, par une loi. Elles sont susceptibles de prescription dans les mêmes délais et sous les mêmes conditions que les propriétés privées (Civ. 2227). — Au cas d'aliénation, la vente a lieu par adjudication, d'après un cahier des charges dont les conditions sont déterminées par des décrets et des arrêtés ministériels pris en exécution des lois autorisant les aliénations. — Les difficultés relatives à l'interprétation des ventes et des actes qui les ont préparées ressortissent aux conseils de préfecture. Au contraire, l'autorité judiciaire est compétente lorsqu'il s'agit, soit de déterminer les effets des actes de vente dont le sens ne présente aucune ambiguïté, soit de résoudre les questions de servitude, de propriété et de prescription (V. *supra*, *Compétence administrative*, n° 119; *Domaine de l'Etat*, nos 36 et 37).

ART. 2. — ALIÉNATION DES PRODUITS DU DOMAINE FORESTIER.

§ 1er. — *Adjudication des coupes* (R. 996 et s.; S. 381 et s.).

132. Le principal produit du domaine forestier est la vente des bois; ceux-ci, lorsqu'ils sont susceptibles d'être vendus, prennent le nom de *coupes*. On désigne également sous cette appellation, ou sous celle de *ventes*, les portions de la superficie d'une forêt qui doit être ou a été exploitée. — On distingue les coupes *ordinaires* et les coupes *extraordinaires*, celles-ci devant être autorisées par des décrets spéciaux (For. 16). A un autre point de vue, purement administratif, les coupes reçoivent, suivant leur but et leur objet, différentes dénominations qu'il est inutile de reproduire ici.

133. Les ventes dans les bois de l'Etat, qu'elles soient ordinaires ou extraordinaires, ne peuvent avoir lieu que par la voie d'une adjudication publique, précédée d'une publicité dont les formes sont déterminées par la loi (For. 17). Toute vente autrement que par adjudication publique serait considérée comme clandestine et nulle de chef. De plus, les fonctionnaires ou agents qui l'auraient ordonnée ou effectuée seraient solidairement passibles d'une amende de 3000 fr. au moins et de 6000 fr. au plus, et l'acquéreur encourrait une amende égale à la valeur des bois vendus (For. 18). — Doit également être annulée, quoique faite par adjudication publique, toute vente qui n'aurait pas été précédée des publications et affiches prescrites par l'art. 17, ou qui aurait été effectuée dans d'autres lieux ou à un autre jour que ceux indiqués par les affiches ou les procès-verbaux de remise de vente. Ces irrégularités entraînent contre les fonctionnaires qui s'en sont rendus coupables une condamnation solidaire à une amende de 1000 à 3000 fr.; les adjudicataires sont passibles de la même amende en cas de complicité (For. 19).

134. En principe, les adjudications de coupes sont soumises au droit commun, sauf les modifications de forme, qui résultent des dispositions du Code forestier et diffèrent légèrement suivant que les bois appartiennent à l'Etat, à une commune ou à un établissement public. Au reste, les adjudications, quelles qu'elles soient, sont précédées de mesures préparatoires concernant : l'établissement de l'*assiette* des coupes ordinaires par les conservateurs (les projets des coupes *extraordinaires* doivent être autorisés par décrets spéciaux. Ord. 1er août 1827, art. 71 et 73); l'*arpentage* et la *délimitation* des

coupes; le *balivage* et le *martelage*, c'est-à-dire la désignation et la marque des arbres qui doivent être conservés, ou *baliveaux*. Un procès-verbal du balivage et du martelage doit être dressé et déposé au secrétariat de la vente; il fait foi du nombre des arbres réservés, de l'assiette et des limites de la coupe, tant contre l'adjudicataire que contre l'administration des Forêts.

135. Les *conditions générales* des adjudications, applicables à toute la France, sont établies par un cahier des charges qui est établi chaque année par la direction des Forêts et approuvé par le ministre de l'Agriculture. Ces conditions sont donc susceptibles de varier annuellement. Le cahier des charges des ventes en bloc sur pied est applicable, en principe, à toutes les adjudications de produits forestiers faites par l'Administration; cependant, la vente sur pied par unités, la vente de bois façonnés, les adjudications des extractions de résine, etc., sont l'objet de conditions spéciales. Les adjudications sont encore, outre les conditions générales, soumises à des clauses particulières, spéciales à chaque conservation, et arrêtées par le conservateur. Elles sont relatées dans les procès-verbaux d'arpentage et de balivage, et dans les affiches.

136. Toute personne est, en principe, admise aux adjudications; cependant, certains fonctionnaires et leurs parents ou alliés jusqu'à un certain degré sont déclarés incapables d'y prendre part, sous des peines qui varient suivant l'influence plus ou moins grande que le contrevenant a pu exercer sur l'adjudication (For. 21). — Les incapables sont divisés en trois classes: la première comprend les agents et gardes forestiers et les agents forestiers de la marine, sur tout le territoire de la République; les fonctionnaires chargés de présider ou de concourir aux ventes, et les receveurs du produit des coupes, dans toute l'étendue du territoire où ils exercent leurs fonctions. La seconde classe se compose des parents et alliés en ligne directe, frères et beaux-frères, oncles et neveux des agents et gardes forestiers dans toute l'étendue du territoire pour lequel ces agents ou gardes sont commissionnés. — Enfin dans la troisième classe rentrent les conseillers de préfecture, les juges, officiers du ministère public et greffiers des tribunaux de première instance dans tout l'arrondissement de leur ressort.

137. Ces prohibitions ont pour sanction, à l'égard des fonctionnaires de la première classe : 1° un emprisonnement de six mois au moins et de deux ans au plus (Pén. 175); 2° une amende qui ne peut excéder le quart ni être moindre du montant de l'adjudication; 3° l'interdiction d'exercer à jamais aucune fonction publique (Pén. 175). — Les incapables de la deuxième classe ne sont point, par le seul fait de leur participation à une adjudication, passibles de peines corporelles; ils ne peuvent y être condamnés que comme complices d'un fonctionnaire passible de ces peines, si leur intention frauduleuse était établie. Mais, alors même qu'il n'y aurait eu de leur part aucune intention frauduleuse, ils sont, en cas d'infraction à l'art. 21, punis d'une amende égale à celle qui est édictée contre les fonctionnaires eux-mêmes. — Quant aux incapables de troisième classe, la loi ne prononce contre eux aucune peine, et se borne à les déclarer passibles de dommages-intérêts s'il y a lieu.

138. Toute association secrète ou manœuvre entre les marchands de bois ou autres, tendant à nuire aux enchères, à les troubler ou à obtenir les bois à plus bas prix, donne lieu à l'application des peines portées par l'art. 412 c. pén. (avec l'emprisonnement de quinze jours à trois mois et une amende de 100 à 5000 fr.), indépendamment de tous dommages-intérêts (For. 22). — Peu importe que les manœuvres n'aient pas abouti ; leur existence seule suffit pour caractériser le délit. En outre, l'adjudication prononcée au profit de l'association secrète ou des auteurs des manœuvres délictueuses doit être déclarée nulle, outre les dommages-intérêts et restitutions, s'il y a lieu. Ces peines, étant fixées par le Code pénal, peuvent être réduites par l'admission des circonstances atténuantes, contrairement à la règle générale en matière forestière (V. supra, n° 27).

139. Les affiches annonçant les adjudications, rédigées conformément à un modèle adopté par l'Administration, doivent être apposées au moins quinze jours à l'avance pour toute adjudication de bois dans les forêts de l'Etat, au chef-lieu du département, au lieu de la vente, dans la commune de la situation des bois et dans les communes environnantes (For. 17). — En général, l'adjudication a lieu au chef-lieu d'arrondissement de la situation des bois, sous la présidence du préfet ou du sous-préfet ; mais elle peut, avec autorisation du ministre, avoir lieu dans un autre arrondissement si l'Administration y voit avantage. En outre, si l'évaluation des coupes n'excède pas 500 francs, on peut, avec l'autorisation du préfet, procéder à l'adjudication dans une commune voisine de la vente et sous la présidence du maire. Dans tous les cas, la vente doit avoir lieu dans un lieu public, librement ouvert à tous.

140. Les modes d'adjudication sont réglés par les ordonnances des 1er août 1827 (art. 87-89) et 26 nov. 1836 (art. 1-2). L'art. 26 c. for. pose seulement en principe qu'elles auront « toujours lieu avec publicité et libre connaissance ». L'ordonnance de 1836 admet trois modes d'adjudication : 1° aux enchères et à l'extinction des feux ; 2° au rabais ; 3° sur soumissions cachetées. — L'adjudication, une fois prononcée, est définitive et ne peut, en aucun cas, donner lieu à surenchère (For. 25).

141. Les déclarations de command ne sont recevables que si elles sont faites immédiatement après l'adjudication et séance tenante (For. 23). Le président est seul compétent pour prononcer sur leur admissibilité. Si le command n'a pas donné de mandat à l'adjudicataire qui fait la déclaration, il est tenu d'accepter séance tenante.

142. Le procès-verbal de l'adjudication fait foi jusqu'à inscription de faux et emporte exécution parée (For. 28) ; mais, depuis la loi du 22 juill. 1867, les obligations résultant de l'adjudication ne sont plus sanctionnées par la contrainte par corps. La minute du procès-verbal est signée sur-le-champ par tous les fonctionnaires présents et par l'adjudicataire ou son fondé de pouvoir. — Dans les dix jours de l'adjudication et après l'acquittement des droits et frais, que le cahier des charges prescrit de payer immédiatement, une expédition du procès-verbal et un exemplaire du cahier des charges et des clauses spéciales sont remis à l'adjudicataire.

143. L'adjudicataire doit, au moment de l'adjudication, faire élection de domicile dans le lieu où l'adjudication a été faite ; faute de quoi, les actes postérieurs lui sont valablement signifiés au secrétariat de la sous-préfecture, qu'il s'agisse d'actes relatifs à l'exécution des clauses civiles de l'adjudication, ou de significations relatives à des délits forestiers relevés à sa charge (For. 27).

144. Chaque adjudicataire est tenu de donner, dans les cinq jours qui suivent celui de l'adjudication, une caution et un certificateur de caution reconnus solvables, lesquels s'obligent, solidairement avec lui, à toutes les charges et conditions de l'adjudication et au payement des dommages, restitutions et amendes qu'il pourrait encourir. Cette obligation existe alors même que le

payement doit avoir lieu au comptant. Toutefois, les cahiers des charges, depuis 1882, autorisent les adjudicataires à substituer aux cautions le dépôt d'un cautionnement en numéraire, ou en titres nominatifs de rentes sur l'Etat, égal au vingtième du montant de l'adjudication. — L'adjudicataire qui ne satisfait pas à ces obligations encourt la déchéance, et, en outre, le lot qui lui avait été adjugé est remis en adjudication à sa folle enchère.

145. Les adjudications de coupes entraînent, pour l'adjudicataire, l'obligation de payer : 1° un prix principal ; 2° les frais d'adjudication, les droits d'enregistrement, les frais accessoires d'adjudication.

146. Le prix principal de l'adjudication dans les forêts de l'Etat doit être payé tel qu'il a été fixé par le dernier rabais ou la dernière enchère, au moyen de quatre traites tirées par la caution sur l'adjudicataire, acceptées par ce dernier et endossées par le certificateur de caution, qui les passe à l'ordre du trésorier général du département, ou (s'il s'agit de coupes ordinaires des bois des communes ou des établissements publics) au receveur des communes ou établissements. Ces traites sont payables au domicile du trésorier général, les 31 mars, 30 juin, 30 septembre et 31 décembre de l'année qui suit l'adjudication. — Les adjudicataires des coupes de bois domaniaux peuvent toutefois être admis à se libérer au comptant dans les cinq jours de l'adjudication, moyennant un escompte, dont le taux est ordinairement fixé à 1 1/2 pour cent. — En cas de retard de payement, les intérêts courent de plein droit à partir du jour de l'exigibilité des sommes dues.

147. Le mode de payement indiqué supra, n° 146, s'applique qu'aux coupes domaniales, ordinaires ou extraordinaires, vendues sur pied, ou aux exploitations accidentelles d'importance telle qu'elles modifient l'assiette des coupes annuelles, ou aux coupes extraordinaires dans les forêts communales. Quant au prix des coupes ordinaires, extraordinaires ou accidentelles vendues après façonnage, à l'unité de mesure, des ventes de bois provenant des coupes accidentelles dont l'importance n'est pas de nature à modifier l'assiette des coupes annuelles, et de tous les menus produits spécifiés dans l'art. 1er de l'arrêté ministériel du 22 juin 1838, il doit être versé entre les mains du receveur des Domaines, sans traite (Arr. min. Fin. 31 mars 1863), au comptant ou à un terme qui ne peut excéder six mois.

148. Lorsque le payement a lieu par traites, il n'y a ni novation, ni dérogation aux droits résultant pour l'Etat des clauses et conditions du procès-verbal. Il n'y a donc pas lieu de faire protester les traites non payées à l'échéance, et la caution ne peut opposer aux poursuites le défaut de protêt. — D'autre part, en vertu d'une clause insérée aux cahiers des charges et dont la légalité a été reconnue par la Cour de cassation, le parterre de la coupe ne peut être considéré comme le magasin de l'acheteur, de sorte qu'en cas de faillite de l'adjudicataire, l'Etat peut exercer à la fois le privilège du vendeur d'objets mobiliers, le droit de revendication prévu par l'art. 576 c. com. en cas de faillite de l'acheteur, et le droit de rétention prévu par l'art. 577 c. com. dans la même hypothèse (V. supra, Faillite, n° 244 et s.). Il en est de même des communes, des établissements publics et des particuliers.

§ 2. — Compétence en matière d'adjudication.

A. — Compétence administrative (R. 1047 et s.; S. 404 et s.).

149. 1° Président des adjudications. — Toutes les contestations qui peuvent s'élever pendant les opérations d'adjudication, soit

sur la validité desdites opérations, soit sur la solvabilité de ceux qui auront fait des offres ou de leurs cautions, sont tranchées immédiatement par le fonctionnaire qui préside la séance d'adjudication (For. 20). Ces décisions sont souveraines et ne comportent aucun recours.

150. 2° Préfet. — Il lui appartient de prononcer la déchéance de l'adjudicataire qui n'a pas fourni les cautions exigées par le cahier des charges dans le délai prescrit (For. 24).

151. 3° Conseil de préfecture. — Il est compétent pour statuer sur la validité de la vente dans le cas, notamment, où l'on prétendrait que l'adjudication n'a pas eu lieu dans les formes prescrites par la loi, ou encore sur l'existence et la réalité d'un fait dont la constatation résulte, soit des actes administratifs qui ont précédé la vente, soit du procès-verbal d'adjudication.

B. — Compétence judiciaire (R. 1058 et s.; S. 407).

152. La compétence est judiciaire et les tribunaux civils sont compétents toutes les fois qu'il y a lieu de prononcer sur les contestations relatives à la vente des coupes de bois domaniaux ou communaux qui n'ont pas été formellement déférées par un texte législatif à la juridiction administrative, et sur les difficultés entre adjudicataires.

153. C'est au tribunal civil qu'il appartient de connaître des difficultés qui peuvent survenir au sujet des voies d'exécution, telles que saisie et vente, pratiquées contre les adjudicataires et leurs cautions ; il y est statué conformément au Code de procédure civile. — Toutefois, l'opposition aux contraintes délivrées par l'administration des Domaines contre les adjudicataires est jugée sur mémoires, suivant la procédure usitée en matière d'enregistrement, sauf lorsque le litige intéresse des tiers, tels que les créanciers de la caillite de l'adjudicataire ; dans ce cas, il doit être procédé suivant les règles ordinaires, dans les formes du droit commun. L'instance en opposition est, d'ailleurs, susceptible d'appel lorsque le litige est supérieur à 1 500 francs, à la différence de ce qui a lieu pour les affaires concernant le droit d'enregistrement (V. supra, Enregistrement, n° 174).

154. Enfin les tribunaux correctionnels sont compétents toutes les fois qu'il y a lieu à l'application d'une peine. Ils prononcent la nullité de l'adjudication lorsqu'elle est la conséquence du délit dont ils reconnaissent l'existence.

§ 3. — Exploitation des coupes (R. 1106 et s.; S. 411 et s.).

155. L'adjudicataire ne peut commencer l'exploitation avant d'avoir reçu un permis d'exploiter, à peine d'être poursuivi comme délinquant pour tous les bois qu'il aurait coupés (For. 30). Cependant il est, dès l'adjudication, propriétaire de la coupe et supporte, par suite, les pertes qui surviennent par cas fortuit. — Le permis d'exploiter n'est valable qu'autant qu'il est donné par écrit ; une autorisation verbale n'aurait aucune valeur.

156. Le permis est délivré par l'agent forestier local chef de service, c'est-à-dire l'inspecteur, dès que l'adjudicataire lui a fait remise des pièces exigées par l'art. 18 du cahier des charges (Ord. 1er août 1827, art. 92). Le refus de délivrer le permis d'exploiter ne peut donner lieu qu'à un recours par la voie hiérarchique, exercé par l'adjudicataire devant les supérieurs de l'agent chargé de la délivrance du permis. Mais, en cas d'insuccès de ce recours, l'adjudicataire pourrait intenter contre le préfet, représentant l'Etat, une action en dommages-intérêts devant les tribunaux ordinaires. — L'adjudicataire doit remettre le permis d'exploiter au chef du cantonnement dans lequel se trouve la coupe.

157. L'adjudicataire d'un produit forestier quelconque peut, s'il le juge à propos, avoir un facteur ou garde-vente agréé par l'agent forestier local et assermenté devant le juge de paix (For. 31, modifié par la loi du 21 juin 1898). Ce garde-vente est autorisé à constater, par des procès-verbaux soumis aux mêmes formalités que ceux des gardes forestiers, et faisant foi jusqu'à preuve contraire, les délits commis dans la vente et à l'ouïe de la cognée, c'est-à-dire dans une zone de 250 mètres à partir des limites de la coupe à exploiter.

158. L'adjudicataire étant, par le seul fait de la délivrance du permis d'exploiter, responsable des délits commis antérieurement dans la coupe (V. *infra*, n° 172), peut exiger qu'il soit procédé à la recherche des souches des arbres qui auraient été coupés en délit. C'est ce qu'on appelle le *souchetage*. Le souchetage doit être réclamé dans le mois qui suit l'adjudication et avant la délivrance du permis d'exploiter (Ord. 1er août 1827, art. 93). — L'adjudicataire peut également exiger le recensement des arbres de réserves, s'il estime qu'il y a eu erreur dans l'indication, faite au procès-verbal de balivage et martelage, du nombre des arbres qu'il aura à représenter après son exploitation. Mais s'il est reconnu qu'il n'y a pas de déficit, l'adjudicataire est tenu de payer une indemnité de 10 francs par journée de travail des agents forestiers et de 3 francs par journée de travail des gardes.

159. Des mesures rigoureuses sont prescrites par le Code forestier (tit. 3, sect. 4) afin d'empêcher les abus d'exploitation, de la part des adjudicataires, au préjudice soit de l'État, soit de ceux qui lui sont substitués en partie, tels qu'adjudicataires voisins ou concurrents. Ainsi l'assiette des coupes, déterminée d'une manière invariable par le procès-verbal d'arpentage, ne peut être changée sous quelque prétexte que ce soit, après l'adjudication (For. 29). S'il y a doute sur les limites de la coupe, l'adjudicataire doit en demander la détermination exacte à l'Administration; en cas de refus, il peut intenter contre l'État une action judiciaire, qui peut aboutir à une condamnation à des dommages-intérêts.

160. Le seul fait que des arbres ont été coupés au delà des pieds corniers et autres servant de bornes à la vente, alors même qu'ils feraient partie du lot d'un autre adjudicataire et seraient destinés à être abattus, constitue le délit d'*outrepasse*, réprimé par les art. 29, 34, 192 et s. c. for. La peine est une amende, qui est du triple de la valeur des bois non compris dans l'adjudication, si les bois n'ont pas une valeur supérieure à ceux de la coupe, et qui, s'ils sont de meilleure nature ou qualité, est égale à celle afférente aux bois coupés en délit. L'adjudicataire doit, en outre, restituer les bois coupés en dehors de la vente, ou en payer la valeur. Enfin il encourt une condamnation à des dommages-intérêts, laquelle est obligatoire et d'une somme double de l'amende, si les bois sont de meilleure nature ou qualité que ceux de la vente, et facultative dans le cas contraire (For. 29, 198). — La peine est encourue lors même que l'adjudicataire serait de bonne foi, son erreur ou celle de ses ouvriers provint-elle de fausses indications données par le garde du triage. Il importerait peu, également, que la coupe ne contînt pas le nombre d'arbres annoncé ou que l'adjudicataire n'eût coupé que le nombre d'arbres qui lui avaient été vendus.

161. Le délit d'*outrepasse* entraîne contre les agents forestiers qui l'ont permis ou toléré les mêmes amendes que contre l'adjudicataire. Il peut, en outre, y avoir lieu à l'application de l'art. 207 c. for. en cas de malversation, concussion ou abus de pouvoir de la part des agents, ou de tentative de corruption envers eux ou leurs préposés.

162. L'adjudicataire est également en délit lorsqu'il a coupé des arbres marqués ou désignés pour demeurer en réserve, et le délit existe alors même que le nombre d'arbres désignés excéderait celui qui est porté au procès-verbal de martelage (For. 33). Aucune compensation ne peut être admise entre les arbres de réserve coupés par erreur et les arbres non réservés de mêmes essence et dimension, que l'adjudicataire aurait laissés subsister pour remplacer les arbres abattus. Le *déficit de réserves* existe dès qu'il est constaté au procès-verbal de récolement (V. *infra*, n° 179), qui fait foi jusqu'à inscription de faux. De même, ni la bonne foi ni l'erreur ne peuvent atténuer la responsabilité de l'adjudicataire.

163. L'adjudicataire, en cas de déficit de réserves, est puni des amendes édictées par l'art. 192 c. for., augmentées du tiers lorsque la circonférence de l'arbre peut être constatée (For. 34). Il n'encourt pas la peine de l'emprisonnement porté par le même art. 192. Si, par suite de l'enlèvement des arbres et des souches, la circonférence ne peut être constatée, l'amende doit être de 50 francs au moins et de 200 francs au plus; de plus, il y a lieu à restitution et à dommages-intérêts obligatoires pour les tribunaux. — Ces peines sont encourues alors même que le déficit de réserves se complique d'un crime de droit commun, tel que l'apposition de marques fausses ou contrefaites dans les coupes marquées en réserve.

164. Dans les coupes marquées en délivrance, ou coupes *jardinatoires*, l'adjudicataire doit représenter les marques sur les souches des arbres abattus, ou prouver, au moyen d'un procès-verbal dressé par le garde-vente, s'il y en a un, et communiqué aux agents forestiers dans les délais de l'art. 45 c. for. (V. *infra*, n° 172), que la marque a été détruite par accident. — Il n'y a, d'ailleurs, délit par déficit de réserves qu'autant que les arbres ont été abattus; lorsqu'ils ont été endommagés ou mutilés par accident, la pénalité n'est pas encourue, pourvu que l'adjudicataire se soit conformé aux clauses du cahier des charges qui prévoient cette éventualité.

165. L'art. 35 c. for. interdit tout travail dans les forêts entre le moment où le soleil se couche et celui où il se lève, à peine de 100 francs d'amende. — Il est également interdit aux adjudicataires de procéder à l'écorcement sur pied des bois dans les ventes, à moins d'une autorisation expresse contenue dans le procès-verbal d'adjudication. L'infraction à cette prescription est punie d'une amende de 50 à 500 francs. Il y a lieu à la saisie des écorces et arbres écorcés comme garantie des dommages-intérêts auxquels l'adjudicataire doit être condamné, et dont le montant ne peut être inférieur à la valeur des arbres indûment pelés et écorcés (For. 36).

166. L'art. 37 c. for. punit d'une amende de 50 à 500 francs toute infraction aux clauses et conditions du cahier des charges relatives au mode d'abatage des arbres et au nettoiement des coupes. Cet article vise uniquement les infractions imputables à l'adjudicataire ou à ses ouvriers; il ne peut être appliqué au cas où un tiers aurait coupé des arbres au préjudice de l'adjudicataire à l'aide de procédés contraires aux prescriptions du cahier des charges. — L'amende prévue par l'art. 37 peut être prononcée cumulativement avec les peines prévues par d'autres dispositions du Code forestier. A l'amende s'ajoute la condamnation aux dommages-intérêts, laquelle d'ailleurs est facultative pour le juge, du moins d'après la jurisprudence qui paraît avoir prévalu.

167. L'adjudication d'une coupe implique pour l'adjudicataire, à moins d'une disposition contraire du cahier des charges, la faculté de faire du charbon, de débiter les bois, de loger les ouvriers dans des baraques, et d'allumer du feu pour leurs besoins. Mais cette faculté ne peut s'exercer que sur les emplacements que les agents forestiers désignent par écrit, sous peine d'une amende de 50 francs pour chaque fosse ou fourneau, loge ou atelier établis sans cette indication ou dans un autre lieu (For. 38). — Le refus d'indication par l'agent forestier des loges, fossés, etc., est un acte d'administration, qui ne peut être attaqué par la voie contentieuse et n'est susceptible que d'un recours gracieux par la voie hiérarchique; mais s'il cause un préjudice à l'adjudicataire, celui-ci peut réclamer des dommages-intérêts devant les tribunaux.

168. L'adjudicataire ne peut s'écarter des chemins qui lui sont désignés par l'Administration pour la vidange des bois provenant de l'exploitation de la coupe, soit dans le cahier des charges, soit dans le procès-verbal de l'adjudication (For. 39). Il peut toutefois obtenir du conservateur la délivrance d'autres chemins (Ord. 4 déc. 1844, art. 1er-4°), moyennant une indemnité à sa charge. — En cas d'impraticabilité accidentelle des chemins primitivement désignés, si l'Administration refusait à l'adjudicataire l'indication des chemins de vidange ou la désignation de nouveaux passages, l'adjudicataire pourrait réclamer des dommages-intérêts devant le tribunal civil. Mais il ne peut, malgré le mauvais état des chemins désignés, en pratiquer lui-même de nouveaux dans la forêt, ou faire usage d'un chemin destiné à la vidange d'une autre forêt. — La contravention à ces règles est punie d'une amende dont le minimum est de 50 francs et le maximum de 200, outre les dommages-intérêts qui sont obligatoirement prononcés par le tribunal.

169. L'adjudicataire d'une coupe est, par cela même qu'il en devient acquéreur, tenu d'effectuer la coupe des bois et la vidange des ventes dans le délai fixé par le cahier des charges, à moins d'une prolongation de délai qui peut être accordée par le conservateur (For. 40; Décr. 31 mai 1850, art. 1er). Il ne peut se soustraire à cette obligation soit en refusant le permis d'exploiter, soit même en payant son prix. — La pénalité prononcée par l'art. 40 pour infractions à ses prescriptions consiste en une amende de 50 à 500 francs, et en des dommages-intérêts dont le montant ne peut être inférieur à la valeur des bois restés sur pied ou gisant sur les coupes. Ces bois doivent être saisis à titre de garantie des dommages-intérêts.

170. La vidange de la coupe n'est réputée opérée qu'autant que les bois ont été emportés non seulement hors de la vente, mais hors du sol forestier, à moins qu'ils n'aient été déposés sur un terrain forestier riverain d'un cours d'eau et ne soient destinés à l'approvisionnement de Paris, les terrains forestiers étant, dans ce cas, comme tous les autres, grevés de la servitude imposée par l'ordonnance de 1672 (V. *infra*, *Ville de Paris*).

171. Les adjudicataires ne peuvent déposer dans leurs ventes d'autres bois que ceux qui en proviennent, même des brins de bois verts destinés à servir de marts, sous peine d'une amende de 100 à 1 000 francs (For. 43).

172. Tant qu'il n'a pas obtenu la décharge prévue par l'art. 51 c. for. (V. *infra*, n° 182), l'adjudicataire est responsable pénalement et civilement des délits découverts dans sa coupe ou à l'ouïe de la cognée, à moins que ces délits n'aient été constatés par des procès-verbaux du garde-vente, s'il y en a un, lesquels doivent être remis à l'agent forestier dans un délai de cinq jours (For. 45).

Cette responsabilité subsiste alors même que, depuis la vidange, il aurait été procédé au récolement sans réclamation du service forestier. De plus, l'adjudicataire est passible des peines de la récidive lorsque, dans les douze mois précédents, il a été condamné soit comme auteur, soit comme responsable d'un délit commis dans sa coupe, alors même qu'il ne serait pas l'auteur du nouveau délit, mais en serait simplement responsable pour ne l'avoir pas constaté.

173. L'adjudicataire ne peut échapper à la responsabilité qui lui incombe qu'autant que les délits ont été constatés par des rapports ou des procès-verbaux émanés de son garde-vente. Ces rapports et procès-verbaux ne peuvent, d'ailleurs, décharger l'adjudicataire qu'autant qu'ils sont revêtus de toutes les formes requises pour les procès-verbaux des gardes forestiers (For. 31, § 2). Ils doivent, en outre, être probants au fond, de manière à servir de base sérieuse à une poursuite, c'est-à-dire désigner l'auteur du délit ou du moins justifier des diligences faites pour le découvrir. — Il n'est pas suppléé au procès-verbal du garde-vente par un rapport qu'un garde forestier aurait rédigé sur le même délit, ou par le fait que l'adjudicataire l'aurait dénoncé lui-même, ou par le fait même que l'Administration connaissait et aurait pu poursuivre le délinquant. — Aujourd'hui, l'adjudicataire, qui n'est libre d'avoir non un garde-vente (V. *suprà*, n° 157), ne peut se soustraire à la responsabilité des délits commis dans sa vente quand il n'a pas constitué ce garde.

174. Lorsque, dans le cours de l'exploitation ou de la vidange, les préposés forestiers constatent par des procès-verbaux des vices ou délits d'exploitation, les poursuites peuvent être exercées immédiatement sans attendre l'époque du récolement; mais elles peuvent être différées jusqu'à cette opération (For. 44). Les procès-verbaux ainsi dressés ne sont pas soumis aux formes particulières aux procès-verbaux de récolement (V. *infrà*, n° 179), et, s'ils sont irréguliers ou insuffisants, ils ne font pas obstacle à une nouvelle constatation des délits dans le procès-verbal de récolement (For. 44). Il n'en serait autrement que s'il était intervenu, sur un premier procès-verbal, un jugement passé en force de chose jugée.

§ 4. — *Réarpentage et récolement* (R. 1329 et s.; S. 459 et s.).

175. L'art. 47 c. for. prescrit de procéder, dans les trois mois qui suivent l'expiration du délai accordé pour la vidange des coupes, au *réarpentage* et au *récolement*. — La première de ces opérations, qui a pour but de déterminer définitivement la surface exploitée, indiquée d'une manière provisoire dans le procès-verbal d'adjudication, n'est nécessaire que dans les coupes vendues à l'hectare ou à la contenance avec garantie de mesure. Elle est, dans les cas, aujourd'hui fort rares, où il y a lieu de l'accomplir, précéder le récolement. Cette seconde opération a pour objet de rechercher et de constater les délits d'exploitation à la charge de l'adjudicataire.

176. Le délai de trois mois dans lequel il doit être procédé au réarpentage et au récolement est un délai franc. S'il n'y est pas procédé dans ce délai, l'adjudicataire, pour échapper à la responsabilité spéciale qui pèse sur lui à raison de son exploitation, doit mettre l'Administration en demeure d'y procéder, par acte extrajudiciaire signifié par ministère d'huissier à l'agent forestier local chef de cantonnement. Si, dans le mois qui suit la signification de cet acte, il n'est pas procédé à l'opération, la responsabilité de l'adjudicataire est dégagée.

177. Le réarpentage et le récolement doivent être contradictoires. Tout au moins

l'adjudicataire doit-il avoir été régulièrement cité au moins dix jours à l'avance par un acte contenant l'indication des jours où ils auront lieu, et signifié par un préposé à son domicile réel ou au domicile élu, ou même, à défaut de domicile, au secrétariat de la préfecture ou de la sous-préfecture où la vente a été opérée (For. 48). Si, sur cette citation, l'adjudicataire ne comparaît pas ou ne se fait pas représenter, l'opération n'en est pas moins réputée contradictoire.

178. Les réarpentages sont exécutés par les agents forestiers (ordinairement par un sous-inspecteur) autres que ceux qui ont effectué le premier arpentage (Ord. 1er août 1827, art. 97). — Les adjudicataires ont le droit d'appeler un arpenteur de leur choix pour assister aux opérations du réarpentage, sans que leur abstention de ce droit fasse perdre à l'opération son caractère contradictoire (For. 49). Le procès-verbal de réarpentage doit être signé par l'adjudicataire ou son représentant.

179. Le récolement doit être opéré par deux agents au moins, en présence du garde du triage. Ces agents dressent un procès-verbal de l'opération, autant que possible sur les lieux, et contenant la description de l'état exact et naturel de la coupe au moment du recensement des arbres. Il est signé par les agents rédacteurs et par l'adjudicataire ou son fondé de pouvoirs (Ord. 1er août 1827, art. 98). En principe, le procès-verbal de récolement fait foi jusqu'à inscription de faux, soit à l'égard des formalités extrinsèques dont il mentionne l'accomplissement, telles que la date de l'opération, la présence de l'adjudicataire, etc., soit à l'égard des faits matériels constituant l'opération même du récolement.

180. L'annulation du procès-verbal de récolement peut être poursuivie devant le conseil de préfecture pour défaut de formes ou pour énonciations inexactes (For. 50, § 1 et 2), par exemple à raison d'erreurs dans les contenances ou dans le nombre des arbres recensés, etc. Cette juridiction est seule compétente pour statuer sur les demandes en nullité des procès-verbaux fondées sur les causes ci-dessus indiquées; l'adjudicataire ne peut s'inscrire en faux contre le procès-verbal devant le tribunal correctionnel qu'autant que la fausseté volontaire ou frauduleuse a été reconnue qu'après la décision du conseil de préfecture et du recours devant cette juridiction. — Le conseil de préfecture statue, sauf recours au Conseil d'État. Suivant l'opinion la plus accréditée, sa compétence lui permet seulement de confirmer ou d'annuler le procès-verbal, sans pouvoir le réformer. — L'action en nullité du procès-verbal doit être intentée dans le mois de la clôture des opérations. Ce délai est franc (For. 50, § 1er).

181. Lorsque le procès-verbal de récolement a été annulé, l'Administration a la faculté de le remplacer par un nouveau procès-verbal dans le mois qui suit la notification de la décision du conseil de préfecture (For. 50, § 3). Ce procès-verbal est assujetti aux mêmes formes et soumis aux mêmes recours que le premier.

§ 5. — *Décharge d'exploitation* (R. 1390 et s.).

182. L'adjudicataire peut être libéré de la responsabilité qui pèse sur lui à raison de son exploitation, soit par la mise en demeure prévue par l'art. 47 c. for. (V. *suprà*, n° 176), soit par la *décharge* prononcée par le préfet après le récolement et du consentement du conservateur (For. 51). — Si le préfet, auquel l'Administration ait élevé aucune contestation devant le conseil de préfecture, ou lorsque cette contestation a été jugée définitivement, refuse la décharge, l'adjudicataire est en droit de l'actionner

devant les tribunaux pour voir dire que le jugement tiendra lieu de décharge, ou tout au moins pour obtenir contre l'État une condamnation à des dommages-intérêts.

§ 6. — *Adjudication des produits accessoires* (R. 1393 et s.; S. 464 et s.).

183. Les produits accessoires des forêts sont aliénés d'après des règles différentes de celles qui sont applicables aux produits principaux. Les produits accessoires, dont la nomenclature est donnée, pour les forêts domaniales, par un arrêté ministériel du 22 juin 1838 (R. p. 436), modifié sur certains points par des décisions postérieures, sont ceux qu'on désigne sous le nom de *menus produits*. Ce sont: 1° les productions du sol autres que le bois (herbes, mousses, sables, etc.) et les menus bois non susceptibles d'être vendus avec toutes les formes prescrites pour les adjudications des coupes; 2° toutes les recettes diverses provenant des différents actes de la gestion de l'Administration forestière (redevances, locations, clauses pénales) autres que les ventes de bois. La vente de ces produits est autorisée sur estimation ou expertise; le prix en est payable d'avance toutes les fois que la somme due au Trésor est certaine et liquide; dans le cas contraire, au vu du procès-verbal de délivrance qui sert de titre de recouvrement au receveur.

184. L'Administration peut aussi autoriser l'extraction de certains des menus produits (souches, bruyères, etc.) qui ne sont pas susceptibles d'être vendus à prix d'argent, moyennant certaines prestations consistant en fourniture de graines ou redevances de culture. Mais, en principe, l'adjudication reste le mode d'aliénation des menus produits comme des produits principaux. Les règles des adjudications des coupes s'appliquent spécialement aux adjudications de *glandée, panage* ou *paisson*, avec cette différence que si la vente a été faite autrement que par adjudication publique ou n'a pas été précédée et accompagnée des formalités de publicité prescrites par le Code forestier, les fonctionnaires sont seulement passibles d'une amende de 100 à 1000 francs, et l'acquéreur d'une amende égale au prix de la vente (For. 53). D'autre part, les formalités sont simplifiées : c'est ainsi que la disposition de l'art. 17 c. for., qui prescrit l'affiche des ventes au chef-lieu du département, n'est pas applicable si la valeur des menus produits n'excède pas 500 francs : la vente peut avoir lieu dans les communes.

SECT. XIII. — **Droits d'usage dans les forêts.**

185. Avant la Révolution, il existait dans les forêts de l'État des droits d'usage dont la légitimité n'était pas toujours certaine. Des lois en date du 28 ventôse an 11 et du 14 ventôse an 12 (R. v° *Usage*, n° 252) mirent les usagers, dont les droits n'avaient pas été reconnus par des arrêtés du Conseil du roi, en demeure de produire leurs titres dans un certain délai, à peine de déchéance. Lors de la promulgation du Code forestier, les usagers dont les titres n'avaient pas été produits se trouvaient sous le coup de cette déchéance. Aussi l'art. 61 c. for. n'autorise-t-il à l'avenir l'exercice des droits d'usage dans les bois de l'État qu'au profit de trois classes d'usagers : 1° ceux dont les droits ont été reconnus fondés soit par des actes administratifs, soit par des actes judiciaires; 2° les usagers qui, à l'époque de la promulgation du Code forestier, étaient en instance soit administrative, soit judiciaire, à l'effet de faire reconnaître leurs droits; 3° les usagers qui, étant en jouissance au moment de la promulgation du Code forestier, intenteraient une action pour faire reconnaître leurs droits dans un délai de deux ans à partir de la promulgation dudit Code.

186. Ces dispositions n'étaient applicables qu'aux forêts domaniales de toute origine ; les droits d'usage dans les forêts des communes, des établissements publics et des particuliers, sont donc restés soumis au droit commun, sous réserve des dispositions des art. 111, 112, 118 à 121 c. for.

187. L'art. 62 c. for. a, d'autre part, interdit à l'avenir dans les forêts de l'État toute concession de droit d'usage de quelque nature et sous quelque prétexte que ce soit. Et cette interdiction a été étendue : 1° aux bois des communes et des établissements publics (For. 112); 2° aux bois indivis soumis au régime forestier (For. 114).

ART. 1ᵉʳ. — NATURE DES DROITS D'USAGE (R. vᵒ *Usage*, 314 et s.; S. vᵒ *Régime forestier*, 473 et s.).

188. L'usage forestier est un droit d'une nature spéciale, régi par la législation particulière des art. 61 à 85, 111, 112, 118 à 121 c. for. et par les articles du Code civil relatifs à l'usage et à l'usufruit, pour les cas qui n'ont pas été prévus par la législation particulière. Attaché au fonds et non à la personne, l'usage forestier a, dans une certaine mesure, le caractère de *servitude réelle discontinue*. Il est toutefois susceptible de s'acquérir par prescription, mais à la condition d'une possession utile à prescrire et conforme aux règles du Code forestier; par exemple, s'il s'agit d'un usage en bois, il faut que la possession soit précédée sinon d'une délivrance régulière, du moins d'actes équivalents, laissant supposer le consentement du propriétaire du fonds grevé. — La prescription n'est, d'ailleurs, possible qu'en ce qui concerne l'usage dans les bois des particuliers ; aucune concession d'usage n'étant permise dans les bois de l'État ni dans ceux des communes ou établissements publics, on en conclut que les droits d'usage ne peuvent s'y acquérir par prescription.

189. D'autre part, l'usage s'éteint par la prescription de trente ans. L'usager auquel cette prescription est opposée doit établir qu'il a exercé son droit, dans les conditions du Code forestier, depuis moins de trente ans (Pau, 15 janv. 1896, D. P. 97. 2. 105). La prescription extinctive des usages forestiers est soumise aux causes de suspension prévues par le Code civil.

190. De même que les droits d'usage s'éteignent par prescription, ils peuvent aussi, par ce moyen, être réduits ou modifiés dans leur mode d'exercice. Par exemple, un droit de chauffage concédé en termes généraux peut être réduit au bois mort si, pendant trente ans, le propriétaire a constamment refusé la délivrance de bois vif. — Cependant, l'exercice restreint du droit le conserve dans son ensemble à l'encontre du propriétaire si ce n'est ainsi, notamment, lorsque cet exercice n'a porté que sur une partie du fonds affecté, pourvu que ledit fonds appartienne à un même propriétaire ou à une communauté indivise; si le fonds était divisé, les parties sur lesquelles l'usage ne serait pas exercé pendant trente ans seraient affranchies.

191. Les droits d'usage peuvent être soumis par l'acte de concession à certaines redevances en faveur du propriétaire, au payement des contributions, des droits de garde, etc. Il est même de règle que l'usager supporte les contributions dans la proportion du profit qu'il retire de la servitude, bien que le titre ne lui impose pas cette charge, et qu'il contribue aux frais de garde.

192. L'exercice de tout droit d'usage est subordonné à la *délivrance* préalable de la part du propriétaire. La défense faite aux usagers d'user de leur droit avant d'avoir obtenu cette délivrance implique l'obliga-

tion, pour le propriétaire, d'y procéder, à peine de dommages-intérêts, lorsque l'usager l'a requise. — A défaut de demande, *l'usage ne s'arrérage pas*, et le propriétaire peut disposer de tout le produit de la forêt, sans que l'usager puisse s'autoriser de ce qu'il n'a pas réclamé de délivrance pendant une année pour en obtenir une plus étendue les années suivantes. Mais cette règle cesse d'être applicable lorsqu'il y a eu refus de délivrance et demande en justice ; l'usager a droit à toutes les annuités échues depuis l'acte introductif d'instance jusqu'au jugement définitif, et à des dommages-intérêts, si elles ne peuvent plus être délivrées en nature.

193. Au point de vue de leur objet, les usages se divisent en : 1° usages en bois ; 2° usages ayant pour objet la nourriture des animaux.

194. A. — *Usages en bois.* — Les usages en bois comprennent : 1° l'usage en bois de feu ou *affouage réel*, qui consiste à prendre dans une forêt le bois nécessaire au chauffage des habitants d'une commune ou portion de commune. Cet affouage, qui est une servitude réelle, ne doit pas être confondu avec l'affouage communal, qui consiste dans la répartition entre les habitants des communes du produit des bois dont elles sont propriétaires (V. *infra*, nᵒˢ 267 et s.). Il comprend le bois mort et le mort bois; suivant le titre limite l'usage à l'une ou l'autre de ces catégories. Par *bois mort*, il faut entendre celui qui n'est propre qu'à brûler, soit qu'il soit déjà tombé par terre, soit qu'il soit encore sur pied, à la condition qu'il soit mort naturellement, en dehors de tout sinistre et de toute circonstance exceptionnelle. Le *mort bois* consiste en arbres vifs, mais appartenant aux essences les moins précieuses de la forêt et qui ne sont propres qu'à faire des fagots. La détermination de ces essences présente quelques difficultés dans les provinces qui n'ont été annexées à la France qu'après l'ordonnance de 1669, et a donné lieu à des décisions variables de la part des tribunaux.

195. Le *marronnage* ou *usage au bois d'œuvre*, qui doit être fourni en bois propre à la construction et à la réparation des bâtiments. Il s'applique aux édifices communaux aussi bien qu'aux maisons particulières, et comprend à la fois les bois de charpente et ceux de menuiserie, tels que socles et plafonds, stalles d'écurie, axes de granges, portes, fenêtres, etc.

196. B. — *Usages ayant pour objet la nourriture des animaux.* — Les droits d'usage qui ont pour objet la nourriture des bestiaux prennent indifféremment les noms de *pâturage*, *pacage*, *dépaissance*, *vaine pâture*. Toutefois, il ne faut pas confondre la vaine pâture dans les bois et forêts avec la vaine pâture qui consiste dans le pâturage exercé en commun sur les terres d'une même commune. La première constitue une servitude réelle sur des terrains boisés ou dépendant des forêts, et ne peut être établie que par titres ou par la possession (dans les pays qui admettaient avant le Code civil ce mode d'acquisition des servitudes discontinues); la seconde est régie par des lois spéciales (V. *infra*, Usages ruraux). — Sous les dénominations de *panage*, *paisson* et *glandée*, on désigne le droit d'introduire des porcs dans les forêts pour s'y nourrir de graines ou de fruits sauvages.

ART. 2. — ÉTENDUE DES DROITS D'USAGE (R. vᵒ *Usage*, 407 et s.; S. vᵒ *Régime forestier*, 509 et s.).

197. L'étendue des droits d'usage forestier se règle, en général, par le titre qui les constitue ; ces droits peuvent absorber la totalité des produits de la propriété grevée, à la condition de rester dans les limites de

la *possibilité* de la forêt, à laquelle le propriétaire peut toujours la faire réduire. — Si le titre est muet, l'exercice du droit d'usage est limité à la fois par la possibilité de la forêt et par les besoins de l'usager. La limitation porte sur chacun des droits envisagé individuellement; ainsi, lorsqu'il y a plusieurs droits, ils ne peuvent être complétés et compensés l'un par l'autre, mais sont limités par les besoins de chacun des usagers et par les ressources forestières affectées spécialement à chaque nature de droits. Il n'y a, d'ailleurs, pas lieu, à moins que le titre ne contienne une disposition en ce sens, de *précompter* les ressources personnelles de l'usager, c'est-à-dire de les appliquer d'abord à ses besoins, en ne lui accordant la délivrance que pour le surplus.

198. A défaut des titres originaux, la plupart du temps disparus, on a recours, pour déterminer l'étendue du droit d'usage, aux actes récognitifs postérieurs, aux arrêts du Conseil qui reproduisent, sinon le texte, au moins la substance des actes primitifs. L'interprétation en est souvent des plus difficiles, et la jurisprudence a dû plutôt rechercher la commune intention des parties que s'attacher aux termes, souvent obscurs ou ambigus, de ces actes. Au point de vue du sens qu'il convient d'attribuer aux titres, l'exécution qui leur a été donnée a une importance d'autant plus grande qu'elle est plus rapprochée de l'époque où l'usage a été constitué. Enfin, en cas de doute, la question doit, en principe, être tranchée dans le sens le plus favorable au propriétaire de la forêt.

199. Quelle que soit l'étendue de l'usage, le propriétaire de la forêt n'en conserve pas moins la jouissance personnelle ; il reste maître de tirer parti de son fonds et d'y faire tous travaux d'entretien et d'amélioration qu'exige une bonne administration. Il peut même adopter tel mode d'aménagement qui lui convient, sous réserve des dommages-intérêts auxquels les usagers pourraient avoir droit, si le nouvel aménagement avait pour effet de diminuer la possibilité de la forêt et de porter atteinte à leurs droits. — Le droit du propriétaire ne va pas cependant jusqu'à lui permettre de faire, sans l'assentiment de l'usager, des travaux de défrichement qui auraient pour résultat de soustraire définitivement au droit d'usage une portion du fonds servant.

ART. 3. — POLICE DES DROITS D'USAGE.

§ 1ᵉʳ. — *Réduction des usages suivant l'état et la possibilité de la forêt* (R. vᵒ *Forêts*, 1402 et s.; S. 522 et s.).

200. L'exercice du droit d'usage, ne devant avoir lieu que dans les limites de l'état et de la possibilité de la forêt (V. *supra*, nᵒ 197), peut toujours être réduit lorsqu'il excède ces limites (For. 65). Cette règle est applicable non seulement aux forêts domaniales, mais encore à tous les bois soumis au régime forestier et, dans ces bois, elle s'étend à tous les usages quels qu'ils soient. Quant aux bois des particuliers, ils n'y sont assujettis qu'en ce qui concerne les usages relatifs à la nourriture des animaux (For. 119); pour les usages en bois, le droit commun leur reste applicable. — On entend par l'*état* d'une forêt, au point de vue des usages en bois, l'âge et la consistance du bois ; au point de vue du pâturage, il faut, en outre, tenir compte de la consistance du sol forestier. — La *possibilité* est la quantité de matières que l'on peut retirer annuellement de la forêt tout en maintenant sa production aussi constante que possible.

201. L'Administration forestière a seule qualité pour régler les droits d'usage suivant l'état et la possibilité de la forêt, sauf recours au conseil de préfecture et, en appel, au Conseil d'Etat ; ce dernier recours est suspensif (For. 65 ; Ord. 1er août 1827, art. 117). — La compétence du conseil de préfecture est exclusive toutes les fois où le litige porte sur l'exercice du droit d'usage, même s'il s'élève à l'occasion d'une instance sur l'existence du droit ; le tribunal civil, saisi de cette instance, doit surseoir à statuer. Mais cette compétence est limitée à l'appréciation en fait de la possibilité de la forêt ; le conseil de préfecture ne peut statuer sur les dommages-intérêts que l'usager prétendrait réclamer.

§ 2. — Exercice des droits d'usage pour la nourriture des bestiaux.

202. Les droits d'usage qui ont pour objet la nourriture des bestiaux ne peuvent s'exercer que dans les cantons déclarés *défensables*, c'est-à-dire les cantons qui sont jugés susceptibles de supporter, sans grand dommage, l'introduction du bétail (For. 67). La déclaration de défensabilité constitue le mode de délivrance prescrit par la loi pour les droits d'usage relatifs à la nourriture des bestiaux. Elle s'applique à tous les terrains boisés, soumis ou non au régime forestier, et ce, nonobstant tout titre ou possession contraire ; par exemple, l'Administration peut limiter la défensabilité d'une forêt à une étendue moindre que celle qui est grevée du droit d'usage en vertu du titre.

203. La défensabilité dans les forêts soumises au régime forestier est déclarée *chaque année* par l'Administration forestière dans un procès-verbal spécial à chaque canton abandonné au pâturage (For. 69). Comme la décision en matière de possibilité (V. *suprà*, n° 201), la déclaration de défensabilité est susceptible de recours devant le conseil de préfecture. — L'infraction consistant à introduire des bestiaux dans une forêt qui n'a pas été déclarée défensable est passible des peines portées par l'art. 199 c. for.

204. Pour les bois des particuliers, l'art. 119 c. for. (§ 1er) subordonne l'exercice des droits de pâturage, parcours, panage et glandée, à une déclaration de défensabilité faite par l'Administration forestière, suivant l'état et la possibilité des forêts reconnus par cette Administration. Mais l'Administration n'intervient que si elle en est requise et à défaut d'entente entre le propriétaire et l'usager. La mission des agents forestiers se borne alors à constater l'état matériel de la forêt et à exprimer, d'après cet état, sa possibilité relativement au droit d'usage, sans avoir aucun égard aux titres des usagers.

205. Les difficultés auxquelles la défensabilité des forêts particulières peut donner lieu sont de la compétence des tribunaux civils, alors même qu'il y a eu déclaration de défensabilité par les agents forestiers. C'est un point controversé que de savoir si cette déclaration a les caractères d'un acte administratif dont l'autorité s'impose aux tribunaux, ou si elle n'a pour eux que la valeur d'un simple renseignement ou avis, auquel ils ne sont pas tenus de se conformer. Dans tous les cas, la déclaration de défensabilité ne fait pas obstacle au pouvoir d'appréciation des tribunaux sur le point de savoir si le propriétaire a porté atteinte aux droits de l'usager par les modifications qu'il a pu faire dans les aménagements de la forêt.

206. La déclaration de défensabilité dans les bois qui ne sont pas soumis au régime forestier n'a pas besoin d'être renouvelée annuellement. Ses effets se perpétuent tant qu'un changement ne s'est pas produit dans l'état de la forêt et que le propriétaire ne manifeste pas la volonté de mettre en défens certaines parties de la forêt jusque-là affectées au pâturage. Dans ce dernier cas, les usagers sont en droit de contester ses prétentions devant les tribunaux.

207. L'exercice du droit de pâturage dans les forêts particulières est subordonné à la déclaration de défensabilité, nonobstant tous titres ou possession contraire ; cependant, il y a pu être dérogé à cette règle par des conventions postérieures à l'arrêt du Conseil d'Etat du 18 brum. an 14 (R. p. 54), ou tout au moins à la promulgation du Code forestier.

208. A défaut d'une disposition contraire du titre, les droits de pâturage et de panage ne peuvent être exercés pour les bestiaux destinés au commerce, c'est-à-dire qui ont été achetés pour être revendus après avoir été engraissés (For. 70).

209. Dans les bois soumis au régime forestier, les bestiaux ne peuvent aller au pâturage ou au panage qu'en suivant les chemins désignés à l'avance par l'autorité forestière (For. 71), sauf recours au ministre, puis au Conseil d'Etat. — En ce qui concerne les bois des particuliers, la désignation est faite par le propriétaire (For. 119, § 2), ou, en cas de difficulté, par le tribunal civil. — Si les chemins désignés traversent des taillis ou autres parties non défensables, il peut être fait, à frais communs entre les usagers et l'Administration, des fossés suffisamment larges et profonds, ou toute autre clôture, pour empêcher les bestiaux de s'introduire dans le bois (For. 71, § 2). Dans les bois des particuliers, les travaux de clôture sont faits à la charge de celui qui les requiert, c'est-à-dire, dans la plupart des cas, du propriétaire (Arg. Civ. 697-698).

210. Les usagers à titre individuel, dans une forêt, peuvent garder ou faire garder leur bétail dans les cantons défensables à garde séparée. Mais les usagers à titre collectif, tels les habitants d'une commune ou d'une section de commune, doivent réunir leurs bestiaux au troupeau commun confié à la garde d'un ou plusieurs pâtres désignés par la municipalité. Cette règle est applicable dans les bois des particuliers comme dans ceux qui sont soumis au régime forestier (For. 72, § 1er, 120). Elle est sanctionnée par une amende de 2 francs par tête de bétail conduite à garde séparée ; cette amende est infligée aux usagers propriétaires des animaux, et non aux pâtres.

211. Le troupeau commun de chaque commune ou section de commune ne doit contenir aucun mélange d'animaux appartenant à une autre commune ou section, à peine d'une amende de 5 à 10 francs et, en cas de récidive, d'un emprisonnement de cinq à dix jours. Cette pénalité est prononcée contre le pâtre seul, et non contre les usagers (For. 72, § 2).

212. Aux termes de l'art. 72, § 3, c. for., les communes et sections de commune usagères sont responsables des condamnations pécuniaires prononcées contre leurs pâtres ou gardiens, soit à raison des délits et contraventions prévus par le titre 3 du Code forestier, soit à raison de tous autres délits commis par ces pâtres pendant le temps et dans les limites du parcours. Cette responsabilité est toutefois limitée aux dommages-intérêts et aux frais ; elle ne s'étend pas aux amendes. La commune est recevable à intervenir dans l'instance sur la poursuite dirigée contre le pâtre.

213. Tous les bestiaux et porcs admis au pâturage et au panage dans les forêts de l'Etat et les terrains non boisés qui en font partie intégrante, doivent recevoir une marque spéciale différente pour chaque commune ou section de commune usagère (For. 73). Cette disposition est applicable aux forêts des particuliers (For. 120), mais non aux forêts des communes et des établissements publics (For. 112). Toute contravention à l'art. 73 entraîne contre l'usager une amende de 3 francs par chaque tête de bétail ou porc non marqué. — La marque est apposée au moyen d'un fer chaud, appartenant aux usagers et portant leur lettre ou leur signe, par les soins des agents forestiers. L'empreinte de la marque doit être déposée par tout usager au greffe du tribunal de première instance, et le fer servant à la marque au bureau de l'agent forestier local, le tout sous peine de 50 francs d'amende (For. 74). Ce dépôt n'est pas imposé aux usagers dont les droits s'exercent dans les bois des particuliers. La marque au moyen du fer chaud n'est pas non plus obligatoire en ce qui les concerne ; les parties peuvent adopter d'un commun accord, ou faire déterminer par le tribunal civil la nature de la marque. — En principe, la marque doit être celle de l'usager au moyen des bestiaux est celle de leur propriétaire, et non celle du propriétaire de la forêt.

214. L'art. 76 c. for. prévoit et réprime la *divagation* des bestiaux, c'est-à-dire le cas où des bestiaux faisant partie du troupeau commun sont trouvés, avec ou sans gardien communal, en dehors des cantons défensables ou des chemins désignés pour s'y rendre. Cette disposition est applicable à tous les bois grevés d'usage. — Le pâtre encourt une amende de 3 à 30 francs ; il peut en outre, en cas de récidive, être condamné à un emprisonnement de cinq à quinze jours. Cette pénalité est indépendante de celle qui est portée par l'art. 199 c. for. contre le propriétaire d'animaux trouvés divaguant dans les bois ; la poursuite peut donc être exercée à la fois contre le pâtre, en vertu de l'art. 76, et contre le propriétaire en vertu de l'art. 199, sans que celui-ci puisse arguer de ce que le pâtre commun n'a pas été choisi par lui, mais désigné par la commune.

215. L'Administration forestière détermine, d'après les droits des usagers, le nombre de porcs ou de bestiaux qui peuvent être admis au panage ou au pâturage. Le fait d'introduire au pâturage ou au panage un nombre de bestiaux ou de porcs supérieur à celui qui a été ainsi fixé est réprimé par l'art. 77 : il y a lieu, pour l'excédent, à l'application des peines portées par l'art. 199 c. for. — Cette disposition ne s'applique qu'aux bois soumis au régime forestier ; l'introduction dans une forêt particulière grevée de droit d'usage d'un plus grand nombre de bestiaux que celui qu'indique le titre, échappe, suivant l'opinion générale, à toute répression pénale, et peut seulement donner lieu à des dommages-intérêts. — La peine est encourue par les propriétaires des animaux trouvés en excédent ; elle n'atteint pas le pâtre chargé du troupeau.

216. Les usagers sont tenus de mettre des clochettes au cou de tous les animaux admis au pâturage. Il en est ainsi soit dans les forêts domaniales (For. 75), soit dans les bois des communes et des établissements publics (For. 112), soit dans les bois des particuliers (For. 20). Cette obligation est sanctionnée par une amende de 2 francs pour chaque bête qui serait trouvée sans clochette dans la forêt. La pénalité est encourue par l'usager et non pas le pâtre.

217. Dans les terrains en nature de bois et leurs dépendances, il est interdit aux usagers de faire conduire au pâturage des chèvres, moutons, brebis (For. 78, § 1er). — Cette prohibition est d'ordre public et doit être observée nonobstant tout titre ou possession contraire. Mais le Code forestier réservait aux usagers qui auraient joui du pacage supprimé, en vertu de titres valables ou d'une possession équivalente, la faculté de réclamer une indemnité, qui du reste ne devait leur être accordée que *s'il y avait lieu* (For. 78), c'est-à-dire s'il était justifié d'un préjudice souffert par les réclamants. L'indemnité dont il s'agit a été prescrite après trente ans écoulés depuis la promulgation du Code forestier, à moins que l'usager n'eût jamais cessé, nonobstant la prohibition de l'art. 78 c. for., d'user des droits dont il s'agit, du consentement du propriétaire. — Dans certaines contrées, la prohibition peut être levée par un décret à l'égard des *moutons et brebis* (For. 78, § 3).

218. Les dispositions de l'art. 78, § 1er et 2, sont applicables non seulement aux forêts domaniales, mais aussi aux bois des communes et des établissements publics (For. 112) et à ceux des particuliers (For. 120). Les prohibitions qu'elles édictent ont, même à l'égard des bois des particuliers, un caractère d'ordre public contre lequel ne peuvent prévaloir des titres soit antérieurs, soit postérieurs au Code forestier, ni une possession même immémoriale, sauf l'indemnité qui pourrait leur être allouée dans les conditions indiquées *supra*, n° 217.

219. La sanction des règles édictées par l'art. 78 consiste, à l'égard du propriétaire des animaux, en une amende double de celle qui est prononcée par l'art. 199 c. for., sans préjudice des dommages-intérêts, et, à l'égard du pâtre, en une amende de 15 francs. Les poursuites sont dirigées à la fois contre l'usager et contre le pâtre. Lorsque le propriétaire du troupeau est lui-même le gardien, l'amende de l'art. 199 c. for. peut seule être prononcée.

220. Les droits d'usage relatifs à la nourriture des porcs (*panage* ou *glandée*) ne peuvent être exercés que pendant une période de trois mois au plus. Il en est ainsi soit dans les bois soumis au régime forestier (For. 66, § 1er, 112), soit dans les bois des particuliers (For. 120). De plus (For. 66, § 2), dans les bois soumis au régime forestier, l'époque de l'ouverture du panage et de la glandée ou autres droits relatifs à la nourriture des porcs est déterminée chaque année par l'administration forestière. La décision prise à cet égard par le conservateur est notifiée à l'usager particulier ou au maire, investi du mandat légal de représenter les habitants des communes usagères. Cette décision est susceptible de recours au conseil de préfecture et, en appel, au Conseil d'État (For. 66, § 2).

§ 3. — *Exercice des droits d'usage en bois.*

A. — Règles communes à tous les usages (R. 1552 et s.; S. 567 et s.).

221. Une première règle commune à tous les usages en bois, est qu'aucun droit d'usage ne peut s'exercer légitimement dans une forêt sans délivrance préalable, qu'il s'agisse d'une forêt domaniale (For. 79), d'une forêt appartenant à une commune ou à un établissement public (For. 112), ou d'une forêt particulière (For. 120). — L'exercice d'un droit d'usage sans qu'il ait été procédé à la délivrance, tombe sous le coup des peines portées pour le simple emploi en délit (V. *supra*, n°s 111 et s.) (For. 79). Cependant les particuliers peuvent renoncer à leur droit d'obliger l'usager à réclamer la délivrance.

222. Les modes de délivrance varient suivant la nature des bois qui en sont l'objet. Le Code forestier ne s'occupe formellement que d'un mode de délivrance, la délivrance par coupe concernant le bois de chauffage. L'ordonnance du 1er août 1827 (art. 122 et 132) complète le Code en ce qui concerne la délivrance par stères du bois de chauffage, et la délivrance des bois de construction. — On admet généralement que les règles de délivrance formulées par ces dispositions ne sont obligatoires que pour le service forestier et ne sont imposées ni aux usagers, ni aux particuliers propriétaires de bois; mais les tribunaux s'y conforment le plus souvent lorsqu'ils ont à déterminer le mode de délivrance en cas de difficulté.

223. La seconde règle, posée dans l'art. 83 c. for. pour les bois de l'État, étendue aux bois des particuliers par l'art. 120, à l'exclusion des bois des communes et des établissements publics, est l'interdiction aux usagers de vendre ou d'échanger les bois de chauffage ou de construction qui leur sont délivrés, et de les employer à aucune destination autre que celle pour laquelle le droit leur a été concédé. — La disposition de l'art. 83 n'est pas d'ordre public, en ce sens qu'il peut y être dérogé par un titre ou une possession formellement contraire. C'est du moins ce que l'on peut induire de quelques arrêts.

224. Les infractions à l'art. 83 c. for. sont punies, s'il s'agit de bois de chauffage, d'une amende de 10 à 100 francs; s'il s'agit de bois à bâtir ou de tout autre bois non destiné au chauffage, d'une amende double de la valeur des bois, sans que cette amende puisse être inférieure à 50 francs. — Ces peines ne sont pas appliquées à l'acquéreur des bois d'usage, qui ne peut être poursuivi comme complice.

B. — Règles spéciales aux usages au bois mort (R. 1593 et s.; S. 576).

225. Ceux qui n'ont d'autre droit que de prendre le bois mort sec et gisant (c'est-à-dire détaché du sol et gisant à terre), ne peuvent, pour l'exercice de ce droit, se servir de crochets ou de ferrements, sous peine de 3 francs d'amende (For. 80). Cette disposition est applicable non seulement aux forêts domaniales, mais à celles des communes et des établissements publics (For. 112) et aux bois des particuliers (For. 120). L'expression *ferrements* employée par l'art. 80 comprend tout instrument propre à faire tomber le bois mort, tels que des crochets de bois ou autres. Mais la disposition de l'art. 80 est spéciale à l'usager au bois mort *gisant*; l'usager au bois *sec en estant* (c'est-à-dire encore sur pied, bien qu'ayant perdu sa force végétative) peut donc se servir d'instruments en fer pour l'exercice de son droit d'usage.

C. — Règles spéciales aux usages au bois de chauffage autre que le bois mort (R. 1598 et s.; S. 577).

226. L'exercice de l'usage au bois de chauffage autre que le bois mort, dans les forêts de l'État, des communes et des établissements publics, est soumis à des règles de police tracées : pour la délivrance par stères, par l'art. 79 c. for. et l'art. 122, § 1er, de l'ordonnance du 1er août 1827, pour la délivrance par coupes, tant par les art. 81 et 82 c. for. que par l'art. 122 précité, § 2, notamment en ce qui concerne l'obligation de *faire exploiter les bois par un entrepreneur spécial*. Mais ces articles ne sont pas applicables aux bois des particuliers.

227. Les bois de chauffage délivrés par stères sont mis en charge sur les coupes adjugées et fournies aux usagers par les adjudicataires aux époques fixées par le cahier des charges (Ord. 1er août 1827, art. 122). — Lorsqu'au contraire le bois de chauffage doit être délivré par coupes aux usagers, la coupe ne peut être faite que par un entrepreneur spécial choisi par eux et agréé par l'Administration forestière. L'exploitation individuelle des bois est un délit puni de la confiscation de la portion abattue afférente à chaque contrevenant (For. 81, § 2). De plus, les maires ou les agents forestiers qui ont permis ou toléré les faits de coupe individuelle sont punis d'une amende de 50 francs et personnellement responsables, sans pouvoir exercer aucun recours, de la mauvaise exploitation et de tous les délits qui peuvent avoir été commis.

228. En thèse générale, les entrepreneurs de coupes allouagères à délivrer aux usagers sont soumis à toutes les règles de police imposées aux adjudicataires de

coupes dans les forêts soumises au régime forestier; ils encourent les mêmes responsabilités et sont passibles des mêmes peines en cas de délits ou de contraventions. De plus, les usagers ou communes usagères sont garants solidaires des condamnations prononcées contre les entrepreneurs tant pour les amendes que pour les dommages-intérêts et les frais que les entrepreneurs peuvent encourir (For. 82).

D. — Règles spéciales aux usages au bois de construction (R. 1621 et s.; S. 578).

229. L'art. 84 c. for. impose à l'usager l'obligation de faire, dans le délai de deux ans, emploi des bois de construction à la destination pour laquelle ils ont été délivrés. Ce délai peut être prorogé par l'Administration. — La disposition de l'art. 84 est exclusivement applicable aux usagers dans les forêts domaniales.

230. Pendant le délai de deux ans fixé par l'art. 84, l'Administration forestière a le droit de surveiller l'emploi des bois délivrés. À l'expiration de ce délai, il est procédé à la vérification de l'emploi des bois de construction par des agents forestiers, qui dressent un procès-verbal de vérification. L'Administration forestière n'a pas à prouver que les bois n'ont pas reçu l'emploi auquel ils étaient destinés; il suffit que l'usager soit dans l'impossibilité de les représenter; le défaut de représentation établit contre lui une présomption d'emploi illégitime. — Le service forestier n'est d'ailleurs pas obligé d'attendre l'expiration du délai de deux ans, lorsqu'il a connaissance et peut constater que les bois n'ont pas été employés conformément à leur destination.

231. L'usager qui n'a pas fait un emploi des bois conforme à leur destination encourt l'amende portée par l'art. 83 c. for., pour la vente des bois d'usage, s'il ne les représente *en nature* (V. *supra*, n° 224). Les bois non employés sont saisis par l'Administration forestière, qui peut en disposer à son profit. — L'action en répression du délit doit être portée devant le tribunal correctionnel. Il en est de même de l'action en validité de saisie ou en restitution des bois non employés. Les frais de l'instance sont à la charge de l'usager.

§ 4. — *Dispositions générales applicables à tout droit d'usage* (R. 1628).

232. Il résulte de la combinaison des art. 57 et 85 c. for. que l'enlèvement non autorisé de glands, faînes ou autres fruits, semences ou productions des forêts, entraîne une amende double de celle qui est prononcée par l'art. 144 c. for. contre les tiers pour le même délit, et un emprisonnement de trois jours au plus, lequel est d'ailleurs facultatif pour le tribunal. — Cette disposition est générale et s'applique aussi bien dans les bois des particuliers que dans ceux qui sont soumis au régime forestier (For. 112, 120).

ART. 4. — EXTINCTION DES DROITS D'USAGE. — CANTONNEMENT, RACHAT.

§ 1er. — *Cantonnement* (R. v° *Usage*, 475 et s.; S. v° *Régime forestier*, 580 et s.).

233. Le *cantonnement*, d'après le Code forestier, est une opération qui consiste à convertir un droit d'usage, établi sur une forêt, en un droit de propriété sur une quote-part de cette forêt, dont toutes les autres parties se trouvent, au moyen de cette transformation, dégrevées de la servitude d'usage. — Le cantonnement ainsi compris diffère de celui qui était généralement pratiqué avant le Code forestier, et qu'on appelait aussi *aménagement-règlement*, dans lequel le propriétaire, conservant la propriété du tout, concédait seulement l'usage sur une partie de la forêt et gardait tous les produits de cette partie que l'usager n'absorbait pas. — Le cantonnement moderne constitue, pour le propriétaire, une faculté d'ordre public à laquelle il ne peut renoncer. Il s'applique seulement aux usages en bois (V. *infrà*, n° 249).

234. Le cantonnement peut être exercé dans tous les cas d'usage, dans les forêts des particuliers aussi bien que dans celles qui appartiennent à l'État, aux communes ou aux établissements publics (For. 63, 111, 118). Il est amiable ou judiciaire.

235. 1° *Cantonnement amiable.* — Les formalités à remplir pour arriver au cantonnement amiable dans les forêts domaniales et les conditions dans lesquelles il doit s'opérer sont actuellement déterminées par les décrets des 12 avril 1854 (D. P. 54. 4. 77) et 19 mai 1857 (D. P. 57. 3. 52). — La procédure administrative, réglée par les art. 6 et 7 du décret de 1854, est applicable aux bois des communes et des établissements publics; il en est autrement des dispositions du décret de 1857. — Quant aux bois des particuliers, aucun de ces textes ne leur est applicable.

236. 2° *Cantonnement judiciaire.* — Le cantonnement n'est réglé par les tribunaux qu'à défaut d'accord amiable. La compétence en cette matière appartient exclusivement aux tribunaux civils; et cette compétence s'applique non seulement à l'opération elle-même, mais à toutes ses suites.

237. Le propriétaire seul a le droit de provoquer le cantonnement; ce droit n'appartient pas à l'usager : la disposition contraire, contenue dans l'art. 5 de la loi du 28 août 1792, a été abrogée par le Code forestier. Mais cette disposition est restée en vigueur pour les droits d'usage autres que ceux en forêt, notamment pour les droits d'usage en marais (Req. 25 févr. 1885, D. P. 85. 1. 288).

238. Le propriétaire ne peut demander le cantonnement que pour la totalité de la servitude; l'usager a le droit de refuser tout cantonnement partiel. — Il n'est pas tenu de transmettre à l'usager une portion franche et quitte de toutes charges de servitudes. Il abandonne la propriété dans l'état où elle se trouve entre ses mains, et avec les servitudes qui la grèvent, sauf à en tenir compte dans l'estimation du cantonnement.

239. L'action en cantonnement est dirigée contre l'usager; si l'usager est une commune, contre le maire. Le propriétaire n'est pas tenu de mettre en cause tous les usagers, même lorsque les usages sont de même nature. Il n'est pas obligé non plus de proposer le cantonnement pour tous les usages différents qui grèvent la forêt, et peut se borner à tel ou tel d'entre eux.

240. La demande en cantonnement a pour effet d'arrêter l'extension de l'usage et de limiter le nombre des parties prenantes au nombre de feux ou de ménages existant à l'époque où l'action a été introduite. Il n'est pas tenu compte des variations qui peuvent se produire au cours de l'instruction de la demande. Mais celle-ci ne fait pas obstacle à l'extension du droit du propriétaire; par exemple, le propriétaire dont l'auteur, en constituant les droits d'usage, s'est réservé le droit d'établir dans la forêt une scierie et les bois nécessaires à l'alimenter, conserve le droit de prendre dans la forêt les arbres nécessaires, alors même que la scierie n'aurait pas été établie au jour de la demande.

241. En thèse générale, la demande en cantonnement n'a pas pour effet de suspendre les délivrances usagères, sauf à tenir compte, en faveur du propriétaire, de la plus-value résultant, pour la partie abandonnée à l'usager, des délivrances opérées dans d'autres parties, soit au moyen d'une réduction du canton abandonné, soit au moyen d'une indemnité.

242. Les cantonnements antérieurs au Code forestier, ou aménagements - règlements, ne font pas obstacle à l'action en cantonnement autorisée par l'art. 63 c. for. Mais alors le cantonnement ne peut plus s'exercer que sur la partie de l'immeuble affectée, dans l'aménagement, à l'exercice de l'usage. Il s'opère comme si l'usage n'avait pas été aménagé, c'est-à-dire le plus souvent par *capitalisation* (V. *infrà*, n° 244).

243. Le Code forestier n'établit aucune règle sur la manière dont le cantonnement doit être pratiqué; le règlement en est abandonné à la prudence du juge. Ainsi les dispositions des décrets de 1854 et de 1857, qui ont admis la capitalisation au denier vingt du revenu net du droit d'usage et concédé certains avantages aux usagers, tels que l'addition à la valeur réelle de l'émolument usager d'une somme égale à 15 p. 100 de cette valeur et le capital au denier vingt des frais de garde et d'impôt que les usagers auront à supporter après le cantonnement (Décr. 19 mai 1857, art. 10), ne s'imposent qu'à l'Administration dans ses offres de cantonnement amiable; elles ne sont nullement obligatoires pour les tribunaux. Ceux-ci ont donc la faculté de déterminer souverainement soit la valeur des droits d'usage à cantonner, soit le mode d'évaluation à leur appliquer.

244. Toutefois, le seul mode habituellement usité est celui qui est prescrit par la loi pour les bois soumis au régime forestier, c'est-à-dire le cantonnement par capitalisation. — Il comporte plusieurs opérations. Il y a lieu d'abord de fixer l'étendue de l'usage, notamment au moyen des titres s'il en existe, ou à défaut des titres, en établissant la moyenne annuelle des besoins des usagers. La consistance des droits d'usage étant ainsi déterminée, on l'évalue en argent, en tenant compte des conditions dans lesquelles l'usage s'exerçait, du prix des produits usagers dans la localité au moment du cantonnement, des frais de garde, de contributions, etc.

245. La capitalisation, qui porte sur le revenu net du droit d'usage, fait ressortir la valeur réelle en argent du droit d'usage. Elle s'opère habituellement au denier vingt, adopté par le décret de 1857 pour les cantonnements amiables dans les forêts domaniales. Mais les tribunaux sont libres d'adopter un taux différent, surtout si la capitalisation des immeubles se fait à un autre taux dans la région ou si d'autres circonstances les y déterminent.

246. Ces opérations terminées, il reste encore à désigner la partie de la forêt qui sera abandonnée à l'usager en pleine propriété et à en fixer la valeur : c'est la *formation du cantonnement*. Dans l'estimation du fonds abandonné, il y a lieu de tenir compte de tous les produits et avantages que l'usager peut en retirer, tels que les droits de chasse et de pêche.

247. Les frais des opérations judiciaires du cantonnement doivent être répartis dans les conditions du droit commun; la partie qui succombe devant, en principe, les supporter.

248. Dans le cantonnement judiciaire, les tribunaux ne sont pas tenus de recourir à une expertise; ils peuvent statuer directement lorsqu'ils ont des éléments suffisants de décision. Ils ne sont, d'ailleurs, pas liés par l'avis des experts.

§ 2. — *Extinction des droits d'usage autres que l'usage en bois.* — *Rachat* (R. v° *Usage*, 475 et s.; S. v° *Régime forestier*, 580 et s.).

249. Les droits d'usage dans les forêts, autres que les usages en bois, ne peuvent, soit dans les bois de l'État (For. 64), soit dans les bois des communes et des établissements publics (For. 112), soit dans les bois particuliers (For. 120), être convertis en cantonnement;

mais ils sont *rachetables* à prix d'argent. — Le propriétaire peut aussi, en entourant de clôtures tout ou partie de la forêt, la soustraire aux droits d'usage. Dans ce cas, les usagers sont recevables à réclamer une indemnité à partir du jour où la clôture a empêché l'exercice de leurs droits et à demander le rachat de ces droits. S'ils ne demandent pas ce rachat, ils ne peuvent obtenir qu'une indemnité annuelle correspondant à la valeur annuelle du droit.

250. Comme le cantonnement, le rachat est amiable ou judiciaire. Dans les bois domaniaux, le rachat amiable est poursuivi conformément aux dispositions du décret du 12 août 1854. L'appréciation du prix du rachat se fait comme celle du cantonnement et donne lieu aux mêmes opérations, sauf à celle de la formation du cantonnement. Le taux de capitalisation le plus généralement adopté est le denier vingt.

251. L'étendue de l'usage à racheter s'apprécie d'après : 1° les stipulations particulières énoncées dans les titres ou résultant de leur interprétation; 2° d'après la nature du droit; 3° d'après la durée de l'exercice du droit; 4° d'après l'espèce et la quotité des produits qui en sont l'objet; 5° d'après le nombre des parties prenantes, parmi lesquelles le propriétaire qui prétend exercer le rachat doit être compté; 6° pour les droits de pâturage, d'après le nombre des bestiaux qui y sont admis; 7° d'après l'état et la possibilité de la forêt; 8° d'après la défensabilité.

252. La règle d'après laquelle le propriétaire n'est tenu d'affranchir simultanément toute la forêt de tous les droits d'usage qui la grèvent (V. *suprà*, n° 239) est applicable aux usages qui ne sont pas susceptibles de cantonnement, comme à ceux qui peuvent être l'objet de ce mode de libération. Le propriétaire peut cantonner les usages en bois sans racheter les autres, et réciproquement.

253. Le rachat peut, à la différence du cantonnement, être partiel, c'est-à-dire ne porter que sur partie d'un usage. Il peut être exercé par un seul des propriétaires d'une forêt morcelée depuis qu'elle a été grevée du droit d'usage. — Il est un cas où le rachat ne peut être exercé : c'est celui où la jouissance du droit de pâturage appartenant à une commune est devenue d'une *absolue nécessité* pour les habitants (For. 64). C'est au conseil de préfecture, et en appel au Conseil d'État, qu'il appartient de juger de cette nécessité, même lorsqu'il s'agit d'un bois particulier.

SECT. XIV. — **Affectations à titre particulier dans les bois de l'État.**

254. À côté des droits d'usage, il existait dans certaines forêts des *affectations*; c'était une faculté anciennement accordée de prendre annuellement, dans les forêts de l'État, les bois nécessaires à l'alimentation d'un établissement d'industrie, moyennant une rétribution modique. Le Code forestier (art. 58) a supprimé toutes les affectations; la suppression, toutefois, ne devait se faire qu'après un délai de dix ans. Exception était faite pour les concessions reposant sur des titres valables et irrévocables, lesquelles étaient maintenues, à la condition par les concessionnaires, à peine de déchéance, de se pourvoir devant les tribunaux dans l'année à partir de la promulgation du Code forestier, pour faire reconnaître leurs droits. — La faculté de cantonnement a été étendue aux affectations dont le titre a été reconnu valable, et dans les mêmes conditions que pour les usages. — L'affectation établie en service d'une usine est éteinte de plein droit et sans retard, si le roulement de l'usine est arrêté pendant deux ans, sauf le cas de force majeure dûment constatée (For. 59).

SECT. XV. — Bois des communes et des établissements publics.

Art. 1er. — Soumission au régime forestier (R. 1706 et s.; S. 661 et s.).

255. Les bois des communes et des établissements publics sont soumis au régime forestier, lorsqu'ils sont reconnus susceptibles d'un aménagement et d'une exploitation régulière. Cette soumission peut être consacrée par une décision ministérielle, lorsque la commune ne la conteste pas; dans le cas contraire, il faut un décret spécial, qui n'est susceptible de recours au Conseil d'Etat que pour excès de pouvoirs ou omission des formalités essentielles; enfin, par des actes équivalents à ce décret spécial, tels par exemple qu'un décret autorisant des coupes extraordinaires sur la demande de la commune. Les conseils municipaux ou les administrateurs des établissements publics doivent être appelés à donner leur avis (For. 90, § 1er); mais il n'est pas nécessaire que cet avis soit favorable (Cons. d'Et. 3 août 1900, D. P. 1902. 3. 3). Il est procédé dans les mêmes formes à tout changement qui peut être demandé, soit de l'aménagement, soit du mode d'exploitation (For. 90, § 2).

256. En soumettant les bois des communes et des établissements publics au régime forestier, l'art. 50, § 3, déclare que « toutes les dispositions des six premières sections lui sont applicables, sauf les modifications et exceptions contenues dans le titre 6 ». Ces exemptions et modifications résultent des art. 93, 100, 102, 103 et 110 (V. infrà, nos 263, 265, 278, 284, 286).

257. Les formalités qui doivent précéder la soumission des bois des communes et des établissements publics au régime forestier sont, d'ailleurs, réglées par les art. 128 à 136 de l'ordonnance du 1er août 1827, et l'art. 3 du décret du 25 mars 1852. Il y a lieu, notamment, à une vérification contradictoire de l'état des bois, lorsqu'il y a contestation de la part de la commune ou des établissements publics, et le défaut de vérification serait, en ce cas, une cause de nullité (Cons. d'Et. 5 juill. 1895, D. P. 96. 3. 76).

258. Les terrains appartenant aux communes et aux établissements publics peuvent être soumis de plein droit au régime forestier en vertu de certaines lois spéciales, telles que la loi sur le reboisement, ou en raison de procès-verbaux de délimitation dans lesquels ils ont été compris, et qui ont été régulièrement approuvés. Enfin, dans la Savoie et le comté de Nice, le gouvernement peut soumettre les bois des communes au régime forestier, sans être astreint aux conditions exigées par l'art. 90 c. for.

259. Sur la demande des communes ou des établissements publics, et après des formalités analogues à celles qui sont prescrites pour leur soumission au régime forestier, les bois peuvent être distraits de ce régime. Ils peuvent l'être également par l'effet d'un jugement qui en enlève la propriété à la commune ou à l'établissement public.

260. Les terrains en nature de pâturage ou de friche appartenant aux communes peuvent être, sous l'initiative des communes ou de l'Administration forestière, reboisés et soumis au régime forestier dans les conditions analogues aux bois (For. 90, § 4). La conversion dont il s'agit ne s'applique plus aujourd'hui, en fait, qu'aux terrains situés en plaine ou sur des coteaux peu élevés. — En ce qui concerne les terrains en montagne, V. infrà, no 308 et s. — Si cette mesure est contestée, le conseil de préfecture est appelé à statuer, sauf recours au Conseil d'Etat.

Art. 2. — Défrichement (R. 1735 et s.; S. 675 et s.).

261. Les communes et établissements publics ne peuvent faire aucun défrichement de leurs bois sans une autorisation expresse et spéciale du Gouvernement; les infractions à cette règle sont sujettes aux mêmes peines que les défrichements opérés des bois des particuliers (V. infrà, nos 299 et s.) (For. 91). — La prohibition concerne tous les bois, qu'ils soient ou ne soient pas soumis au régime forestier considérés comme équivalents au défrichement, par interprétation de l'art. 219 c. for. (V. infrà, no 298). Mais elle ne s'applique pas aux actes qui ont pour objet l'amélioration de la forêt ou des travaux d'utilité publique.

Art. 3. — Partage de bois indivis entre plusieurs communes (R. 1742 et s.; S. 677).

262. La propriété des bois communaux ne peut jamais donner lieu à partage entre les habitants. Mais lorsque deux ou plusieurs communes possèdent un bois par indivis, chacune a le droit d'en provoquer le partage (For. 92). — Le préfet statue, après avis du service forestier, sur la demande en partage; sa décision est susceptible de recours au conseil de préfecture et au Conseil d'Etat. Le partage s'opère, en général, proportionnellement au nombre de feux que possède chaque commune, à moins qu'un titre contraire n'établisse un autre mode de procéder. — Sur la compétence, V. suprà, Commune, nos 401 et 402.

Art. 4. — Quart en réserve (R. 1745 et s.).

263. Un quart des bois appartenant aux communes et aux établissements publics doit être mis en réserve, lorsqu'ils possèdent au moins dix hectares de bois réunis ou divisés (For. 93, § 1er). Cette obligation ne s'applique pas aux bois qui ne sont pas soumis au régime forestier, ni à ceux qui sont totalement peuplés en arbres résineux (For. 93, § 2).

Art. 5. — Vente des produits (R. 1749 et s.; S. 679 et 680).

264. Les communes ne règlent pas elles-mêmes l'exploitation de leurs bois; mais il appartient aux conseils municipaux de fixer l'emploi des produits des coupes régulièrement autorisées; ils peuvent décider si ces produits seront partagés entre les habitants, ou bien seront vendus au profit de la caisse communale.

265. Les ventes de coupes sont faites à la diligence des agents forestiers, dans les mêmes formes que pour les bois de l'Etat, en présence du maire ou d'un adjoint pour les bois des communes, et d'un des administrateurs pour ceux des établissements publics, sans toutefois que l'absence de ces personnes, dûment appelées, entraîne la nullité des opérations. Toute vente ou coupe effectuée par l'ordre des maires ou des administrateurs des établissements publics en contravention à ces dispositions est nulle et entraîne, contre ceux qui l'ont ordonnée, une amende de 300 à 6000 francs, sans préjudice des dommages-intérêts (For. 100).

266. Les adjudications de menus produits sont soumises aux mêmes règles que celles des bois des communes (V. suprà, no 183).

Art. 6. — Affouage communal.

§ 1er. — Nature de l'affouage communal (R. 1761 et s.).

267. On distingue deux sortes d'affouage : 1° l'affouage réel, c'est-à-dire le droit qu'ont les habitants d'une commune de prendre du bois de chauffage dans une forêt appartenant à autrui, et qui est un droit d'usage (V. suprà, no 194); 2° l'affouage communal, c'est-à-dire le droit, inhérent à la qualité d'habitant et de chef de famille dans une commune propriétaire de bois, de participer aux produits en bois de chauffage et de construction d'une partie des forêts communales. C'est de cette seconde sorte d'affouage qu'il est ici question.

268. L'affouage ne donne droit, en principe, qu'aux bois communaux mis en coupe ordinaire de taillis. Les habitants n'ont droit aux coupes de futaie qu'autant que le conseil municipal décide que le bois de futaie sera délivré en nature aux habitants. Quant aux produits du quart en réserve (V. suprà, no 263), ils ne peuvent être compris dans l'affouage qu'exceptionnellement, avec l'autorisation du préfet, et moyennant l'imposition d'une taxe égale à l'estimation de la coupe.

§ 2. — Conditions nécessaires pour participer à l'affouage (R. 1780 et s.; S. 684 et s.).

269. Pour être admis au bénéfice de l'affouage, il faut avoir un domicile réel et fixe dans la commune (For. 105, modifié par la loi du 19 avr. 1901). Il n'est pas nécessaire que ce domicile soit établi depuis un certain laps de temps : aucune condition de stage et de résidence n'est imposée; mais la translation du domicile doit avoir eu lieu et être connue avant la publication du rôle. La qualité de Français n'est pas non plus exigée; l'étranger, s'il a été autorisé à établir son domicile en France, a le droit de participer à l'affouage comme le Français d'origine.

270. L'affouage dans les bois appartenant aux sections de communes se partage entre les habitants de ces sections dans les mêmes conditions que pour la commune. Lorsqu'une section est distraite d'une commune pour être réunie à une autre ou pour former une nouvelle commune, ses habitants continuent à participer à l'affouage dans l'ancienne commune à laquelle ils appartenaient la section.

271. Lorsqu'il se forme, dans une commune, une agglomération nouvelle autour d'une usine ou d'une manufacture, les habitants de cette agglomération ont droit à l'affouage s'ils sont dans les conditions de domicile prévues par l'art. 105 c. for. Il en est ainsi alors même qu'ils sont logés dans l'usine, s'ils sont locataires de leur logement et ne vivent pas dans la dépendance du propriétaire.

§ 3. — Mode de partage de l'affouage (R. 1808 et s.; S. 704 et s.).

272. Tous les usages qui diversifiaient, suivant les régions, le mode de partage de l'affouage ont été supprimés (For. 105, modifié par la loi du 19 avr. 1901). Les titres seuls ont été maintenus. Les conseils municipaux doivent donc se conformer, pour le partage des bois d'affouage, soit au nouvel art. 105, soit aux titres, qui doivent dans tous les cas prévaloir, à la condition d'avoir force probante.

273. Le partage de l'affouage, qu'il s'agisse de bois de chauffage ou de bois de construction, se fait de l'une des trois manières suivantes : 1° par feu, c'est-à-dire par chef de famille ou de ménage ayant domicile réel et fixe dans la commune avant la publication du rôle; 2° ou bien moitié par chef de famille ou de ménage et moitié par tête d'habitant remplissant les mêmes conditions de domicile; 3° ou bien par tête d'habitant ayant domicile réel et fixe dans la commune avant la publication du rôle (For. 105, modifié par la loi du 19 avr. 1901). — Pour l'application des deux premiers modes de partage, la qualité de chef de famille ou de ménage n'appartient qu'à l'individu ayant réellement et effectivement la charge et la direction d'une famille ou possédant un ménage distinct, où il demeure et où il prépare et prend sa nourriture. — Antérieurement à la loi du 19 avr. 1901, la qualité de chef de famille ou de maison, et par conséquent le droit à l'affouage, ont été reconnus au fils majeur, occupant un appartement indépendant de celui de son père, ayant un mobilier à lui, des ressources personnelles et des intérêts distincts de ceux de ce dernier; il en serait autrement s'il tenait ménage commun avec son père; ... au mineur orphelin qui habite dans la maison de son père défunt et non chez son tuteur, alors même qu'il prendrait ses repas chez son tuteur; ... aux filles majeures; ... aux veuves sans enfants; ... aux fonctionnaires domiciliés dans la commune; ... aux gendarmes qui y sont casernés, s'ils y ont transféré leur domicile réel; ... aux douaniers, etc. — Ces solutions paraissent encore applicables sous l'empire du nouveau texte de l'art. 105.

274. Chaque année, dans la session de mai, le conseil municipal détermine celui de ces trois modes de partage qu'il entend appliquer. Il peut aussi décider la vente de tout ou partie de l'affouage au profit de la caisse communale. En ce cas, la vente a lieu par voie d'adjudication publique, par les soins de l'Administration forestière (For. 105, § 7).

§ 4. — *Rôle et taxe d'affouage* (R. 1856 et s.; S. 714 et s.).

275. Les personnes admises à la distribution d'affouage sont inscrites nominativement sur un état appelé *rôle* ou liste d'affouage. Le rôle est préparé par le maire, et arrêté d'abord provisoirement par le conseil municipal. Il est publié et affiché dans les conditions déterminées par le préfet. Dans un délai qui est indiqué par les affiches, les intéressés peuvent soumettre leurs réclamations au conseil municipal, qui, après y avoir statué par des décisions qui n'ont aucun caractère contentieux, arrête définitivement le rôle d'affouage. La délibération du conseil municipal sur ce point est exécutoire par elle-même; le préfet peut seulement l'annuler dans les trente jours (L. 5 avr. 1884, art. 61, § 1er; 68, *in fine*).

276. Une taxe peut être imposée aux affouagistes lorsque les ressources de la commune ne sont pas suffisantes pour subvenir aux frais inhérents à la jouissance de la forêt affouagère, c'est-à-dire aux frais de garde, de contribution foncière et de régie énumérés à l'art. 109, § 1er. Le conseil municipal détermine le montant de cette taxe et la répartit sur chacun des lots d'affouage. La détermination prise à cet égard par le conseil municipal est soumise à l'approbation du préfet (V. *supra*, *Commune*, n° 239).

§ 5. — *Vente des portions affouagères* (R. 1853 et s.; S. 712 et s.).

277. Les portions affouagères peuvent être vendues par ceux auxquels elles sont attribuées. Celles qui n'ont pas été réclamées ou enlevées en temps utile par les bénéficiaires peuvent être vendues au profit de la commune, par les soins du maire et sans que l'intervention des agents forestiers soit exigée. Toutefois, suivant une opinion, cette intervention serait nécessaire si la totalité de la coupe affouagère avait été abandonnée par les ayants droit.

§ 6. — *Délivrance de l'affouage.*

278. Les coupes des bois communaux destinées à être partagées en nature pour l'affouage des habitants ne peuvent avoir lieu qu'après que la délivrance en a été préalablement faite par les agents forestiers. En principe, ces coupes ne peuvent être exploitées que par un entrepreneur spécial, nommé par le conseil municipal et agréé par l'Administration forestière, comme il est

prescrit par l'art. 81 c. for. pour les coupes des bois d'usage (V. *supra*, n° 227). Toutefois, le préfet peut, sur la demande du conseil municipal et l'avis conforme du conservateur des forêts, autoriser le partage sur pied des coupes. En cas de désaccord entre le conservateur et le préfet, le ministre de l'Agriculture est appelé à statuer. Si le partage sur pied est autorisé, l'exploitation a lieu sous la garantie de trois habitants solvables choisis par le conseil municipal, agréés par l'administration des Forêts et soumis solidairement à la responsabilité qui pèse sur les entrepreneurs des coupes dans les bois de l'Etat (For. 103, modifié par la loi du 21 juin 1898, D. P. 99. 4. 4). — Après l'exploitation opérée par l'entrepreneur, les lots sont distribués aux parties prenantes, conformément au rôle d'affouage.

§ 7. — *Contestations en matière d'affouage* (R. 1883 et s.; S. 720 et s.).

279. Les réclamations contre la liste affouagère doivent, à peine de forclusion pour l'année, être formées avant qu'elle ait été approuvée par le préfet, soit explicitement, soit implicitement, par l'expiration des trente jours pendant lesquels il peut annuler la délibération du conseil municipal (V. *supra*, n° 275). — Le conseil de préfecture est compétent lorsque le conseil municipal a réglé l'affouage contrairement aux dispositions de l'art. 105 c. for. ou à un titre déterminant le mode de partage dans la commune; mais c'est aux tribunaux civils qu'il appartient de connaître les contestations relatives à l'aptitude pour participer à l'affouage : questions de domicile, de qualité de chef de famille ou de maison, de nationalité. — Les réclamations contre la taxe ne peuvent porter que sur la répartition qui en est faite entre les affouagistes. Elles sont déférées au conseil de préfecture.

ART. 7. — GARDES DES BOIS DES COMMUNES ET DES ÉTABLISSEMENTS PUBLICS (R. 1917 et s.; S. 730 et s.).

280. Les communes et les établissements publics pourvoient à la garde de leurs bois au moyen de gardes spéciaux, dont le nombre est déterminé par le maire ou les administrateurs, sous réserve de l'approbation de l'Administration forestière (For. 94). Le préfet ne peut modifier le nombre des gardes sans l'assentiment des communes et des établissements publics; mais il peut s'opposer à toute augmentation ou diminution d'emploi, en refusant son approbation aux délibérations qui les décideraient. Les gardes sont nommés par le préfet, sur la présentation du conservateur (Décr. 25 mars 1852, art. 5).

281. Les gardes sont commissionnés par le conservateur, qui peut les suspendre de leurs fonctions; mais ils ne peuvent être destitués que par le préfet après avis du conseil municipal ou de la commission administrative. Leurs traitements sont réglés par le préfet, sur la proposition des mêmes assemblées; ces traitements sont à la charge des communes et des établissements publics, pour lesquels ils constituent une dépense obligatoire (For. 98).

282. Toutefois, l'Administration forestière, d'accord avec les communes et les établissements publics propriétaires des forêts, peut confier à un même individu la garde de bois appartenant aux communes ou établissements publics et d'un canton de bois de l'Etat. Dans ce cas, la nomination du garde appartient à l'Administration forestière, qui supporte une part proportionnelle de son salaire (For. 97).

283. Les gardes et brigadiers forestiers des communes et des établissements publics sont en tout assimilés aux gardes des bois

de l'Etat et soumis à l'autorité des mêmes agents. Ils prêtent serment dans les mêmes formes que les gardes domaniaux; leurs procès-verbaux ont la même valeur (For. 99).

ART. 8. — DISPOSITIONS SPÉCIALES AUX BOIS DES ÉTABLISSEMENTS PUBLICS (R. 1921 et s.).

284. L'art. 102 c. for., § 1er, prescrit de réserver en faveur des établissements publics, lors des adjudications des coupes ordinaires et extraordinaires des forêts leur appartenant, et sur un état fourni chaque année par les administrateurs et visé par le sous-préfet, les quantités de bois tant de chauffage que de construction nécessaires pour leur propre usage. Le surplus seulement peut être vendu par adjudication publique. — Les bois réservés ne peuvent être détournés de leur destination ni vendus ou échangés sans une autorisation du préfet, à peine, contre les administrateurs qui auraient consenti la vente, d'une amende égale à la valeur des bois, de la restitution des bois ou de leur valeur au profit de l'établissement public. Enfin les ventes ou échanges sont nuls (For. 102, § 2).

ART. 9. — REMBOURSEMENT DES FRAIS D'ADMINISTRATION DES BOIS (R. 1925 et s.; S. 735 et 736).

285. L'Etat est indemnisé des frais d'administration des bois des communes et des établissements publics au moyen d'un prélèvement de 5 pour cent sur les produits principaux des bois vendus ou délivrés en nature, sans toutefois que la somme remboursée par chaque commune ou établissement public puisse dépasser annuellement 1 franc par hectare des bois qui lui appartiennent (L. 14 juill. 1856, art. 14, modifié par la loi du 29 mars 1897, D. P. 97. 4. 38). Le mode de perception de la taxe est réglé par des instructions ministérielles des 11 juill. 1857, 10 nov. 1863 et 13 nov. 1874.

ART. 10. — PATURAGE (R. 1934 et s.; S. 737).

286. L'art. 110 c. for. reproduit, avec quelques modifications, les dispositions prohibitives de l'art. 78 c. for., concernant le pâturage des chèvres, brebis et moutons (V. *supra*, n°s 217 et s.; L. 4 avr. 1882, art. 7).

ART. 10. — EXERCICE DU DROIT D'USAGE (R. 1942 et s.; S. 738).

287. Aux termes de l'art. 112 c. for., toutes les dispositions de la huitième section du titre 3, sur l'exercice du droit d'usage dans les bois de l'Etat, sont applicables à la jouissance des communes et des établissements publics dans leurs propres bois, ainsi qu'aux droits d'usage dont leurs droits peuvent être grevés, sauf les modifications résultant du titre 6, et à l'exception des art. 61, 73, 74, 83 et 84 (V. *supra*, n°s 185, 213, 223, 229).

288. Les bois des communes et des établissements publics sont régis seulement, par la disposition de l'art. 70. On en conclut qu'une commune ou un établissement public, propriétaire de bois soumis au régime forestier, ne peut y louer le droit de pâturage sans le consentement du service forestier, qui permettrait au locataire d'introduire dans la forêt des bestiaux destinés au commerce, contrairement à la prohibition édictée par cet article (V. *supra*, n° 208).

SECT. XVI. — Affectations pour les services publics (R. 1965 et s.; S. 741 et s.).

289. La servitude du *martelage* des bois réservés pour la marine n'est plus appliquée: un décret du 16 oct. 1858 substitue un système de prélèvement, consistant dans les bois de l'Etat seulement, en une faculté de préemption attribuée au service de la marine sur certains bois distraits des coupes ordinaires par les soins du service forestier.

290. L'Administration forestière est chargée de délivrer au service de la Guerre les bois destinés à la défense des places de guerre et aux écoles d'artillerie.

SECT. XVII. — Bois des particuliers.

ART. 1ᵉʳ. — ADMINISTRATION ET JOUISSANCE. — GARDES PARTICULIERS (R. 1675 et s. ; S. 643 et s.).

291. Les particuliers ont la libre disposition de leurs bois ; ceux-ci ne sont pas soumis aux règles établies pour l'Administration et la jouissance des bois soumis au régime forestier. Cependant, l'exercice du droit de propriété a subi certaines restrictions nécessitées par des considérations d'intérêt public ; ces restrictions se réduisent aujourd'hui à l'interdiction du défrichement, dans les cas où l'Administration peut s'y opposer (V. infra, nᵒˢ 298 et s.).

292. Les propriétaires de bois non soumis au régime forestier règlent donc comme ils l'entendent l'aménagement et l'exploitation de leurs bois. Ils déterminent, dans les termes du droit commun, les conditions des ventes de coupes qu'ils consentent, sous les seules sanctions qui résultent des principes du droit civil.

293. Les propriétaires ont la faculté d'avoir des gardes particuliers pour la conservation de leurs bois (For. 117). Ces gardes doivent être agréés par le sous-préfet, sauf recours au préfet, et prêter serment devant le tribunal civil du ressort dans lequel sont situés les bois confiés à leur surveillance. — Pour être garde forestier, il faut être âgé de vingt-cinq ans accomplis, et remplir des conditions de moralité qui sont laissées à l'appréciation du sous-préfet. La loi n'a formulé aucune cause d'incompatibilité spéciale aux fonctions de garde particulier ; cependant, certains arrêts ont considéré que ces fonctions sont incompatibles avec la fonction de domestique à gages.

294. Les gardes ne sont pas tenus de revêtir, dans l'exercice de leurs fonctions, un uniforme spécial ; ordinairement, ils portent une plaque indiquant leurs fonctions. Ils peuvent être révoqués par la personne qui les a nommés, mais non par l'autorité administrative. — Il y a désaccord sur le point de savoir si leurs fonctions ne prennent pas fin par la mort du propriétaire.

ART. 2. — DÉLITS FORESTIERS. — POURSUITE (R. 1689 et s. ; S. 653 et s.).

295. Les délits qui peuvent être commis dans les bois des particuliers sont, en général, réprimés par les dispositions pénales du Code forestier (V. supra, nᵒˢ 26 et s.).

296. Les délits et contraventions commis dans les bois non soumis au régime forestier, notamment dans les bois des particuliers, sont recherchés et constatés tant par les gardes des bois et forêts des particuliers que par les gardes champêtres, les gendarmes et tous les officiers de police judiciaire chargés de rechercher les délits ruraux (For. 188, § 1ᵉʳ). Les gardes particuliers ont, comme les officiers de police judiciaire ci-dessus visés, qualité pour dresser des procès-verbaux faisant foi jusqu'à preuve contraire, et faire tous les actes de police judiciaire indiqués par les art. 61 et 62 c. for.

297. L'exercice des poursuites appartient au propriétaire, à l'usufruitier, et, pour les délits qui portent une atteinte directe et appréciable au fond même de la propriété, au nu-propriétaire. Les poursuites peuvent également être intentées par le ministère public. — Il n'est pas nécessaire que la citation contienne copie du procès-verbal. Celui qui exerce la poursuite peut agir à la fois devant le tribunal correctionnel en ré-

paration du délit consommé, et en référé pour faire ordonner des mesures conservatoires propres à en empêcher la continuation. Il peut transiger, mais seulement en ce qui concerne les réparations civiles, et non au point de vue de l'amende.

ART. 3. — DÉFRICHEMENT (R. 1976 et s. ; S. 750 et s.).

298. Les particuliers ont, en principe, le droit d'arracher ou de défricher les bois leur appartenant ; mais cet exercice est subordonné à celui qu'a l'Administration forestière de s'opposer au défrichement lorsque l'intérêt public paraît exiger la conservation de tout ou partie de la forêt. — Par défrichement, il faut entendre tout fait qui a pour résultat de transformer une forêt en un autre genre de culture et d'en empêcher le repeuplement, soit par l'arrachement des souches, soit même par des coupes accompagnées de faits de pacage qui détruisent les jeunes pousses.

299. Les bois des particuliers, à l'exception de ceux qui sont désignés dans l'art. 224 c. for. (V. infra, nᵒ 306), ne peuvent être défrichés sans une déclaration préalable faite à la sous-préfecture, suivie d'une instruction régulière (For. 219, § 1ᵉʳ, modifié par la loi du 18 juin 1859). La déclaration doit précéder de quatre mois le défrichement et être faite dans les formes prévues par l'art. 192 du décret du 22 nov. 1859. — Ce décret (art. 192 à 197), combiné avec les dispositions de l'art. 219, règle la procédure à suivre sur la déclaration de défrichement : reconnaissance de l'état et de la situation des bois ; décision du conservateur ou du ministre de l'Agriculture, suivant les cas.

300. Trois hypothèses peuvent se présenter : 1ᵒ le bois se trouve dans un des cas prévus par l'art. 224 c. for. : le conservateur informe alors le déclarant qu'il peut procéder au défrichement ; 2ᵒ le défrichement ne paraît au conservateur présenter aucun inconvénient : la question est soumise au ministre de l'Agriculture, qui statue ; si la décision est favorable, elle est notifiée au déclarant par le service des Forêts ; si elle est négative, l'Administration signifie son opposition au défrichement ; 3ᵒ le conservateur estime que le bois ne doit pas être défriché : il fait signifier au propriétaire la copie du procès-verbal de reconnaissance et l'invite à formuler ses observations ; il lui notifie ensuite une interdiction de défricher.

301. L'opposition de l'Administration ne peut être formée que pour une des causes énoncées dans l'art. 220 c. for., c'est-à-dire lorsque la conservation des bois est reconnue nécessaire : 1ᵒ au maintien des terrains sur les montagnes et sur les pentes ; 2ᵒ à la défense du sol contre les érosions et les envahissements des fleuves, rivières ou torrents ; 3ᵒ à l'existence des sources et cours d'eau ; 4ᵒ à la protection des dunes et des côtes contre les érosions de la mer et l'envahissement des sables ; 5ᵒ à la défense du territoire dans les limites de la frontière ; 6ᵒ à la salubrité publique. — La décision ministérielle qui s'oppose à son défrichement peut être attaquée pour vice de forme ou excès de pouvoir, mais non pour appréciation erronée de la cause de l'opposition.

302. L'opposition doit être signifiée au propriétaire, à la requête du conservateur, dans les quatre mois qui suivent le visa de la déclaration à la sous-préfecture. Elle doit faire connaître les motifs sur lesquels elle se fonde. Cette signification est une formalité substantielle, prescrite à peine de nullité de toute procédure ultérieure. Le préfet doit, dans le délai d'un mois, donner, en conseil de préfecture, un avis motivé sur l'opposition ; cet avis doit être notifié, à peine de nullité, dans les huit jours au propriétaire et au conservateur, et transmis

au ministre de l'Agriculture avec le dossier de l'affaire. Le ministre statue, la section de l'agriculture du Conseil d'État entendue. La décision du ministre doit être signifiée au déclarant dans les six mois à dater de la notification de l'opposition ; faute de quoi, le défrichement peut être effectué (For. 219).

303. Le défrichement indûment opéré est puni d'une amende calculée proportionnellement à la surface, et qui ne peut être moindre de 500 fr. ni supérieure à 1500 fr. Le propriétaire doit en outre, s'il en est ainsi ordonné par le ministre, rétablir les lieux défrichés en nature de bois dans un délai qui ne peut excéder trois années (For. 221). Faute par le propriétaire d'effectuer la plantation ou le semis dans le délai prescrit par la décision ministérielle, il y est pourvu à ses frais par l'Administration forestière (For. 222). — L'action relative à ce délit est prescrite par deux ans à dater de l'époque où le défrichement a été consommé (For. 225). — Elle est dirigée contre le propriétaire, alors même que les défrichements auraient été opérés par ses ouvriers malgré lui, s'il ne justifie d'aucunes poursuites contre les délinquants.

304. L'interdiction de défricher, prononcée par décision ministérielle, n'est pas limitée dans sa durée ; c'est une sorte de servitude légale grevant le bois. Dès lors, si le propriétaire ou ses ayants cause veulent obtenir une autorisation de défricher, ils sont tenus de s'adresser directement au ministre et de lui demander une nouvelle décision, sans pouvoir procéder dans les formes de l'art. 219 c. for.

305. Lorsque le propriétaire veut cultiver le sol de sa forêt en vue de réensemencement, il doit en demander l'autorisation aux agents forestiers qui, pour l'accorder, exigent de lui un engagement régulier de reboiser avant expiration du délai de deux ans fixé par l'art. 225 c. for. Le propriétaire ainsi autorisé est passible des peines édictées par l'art. 221, si le reboisement n'a pas lieu dans le délai de deux ans. — Le propriétaire peut aussi procéder par voie de déclaration, comme s'il s'agissait d'un défrichement définitif (V. supra, nᵒ 299). Cette déclaration est alors suivie d'une instruction dans la forme ordinaire ; toutefois, s'il y a opposition, la partie intéressée est avertie qu'après la notification qui lui en est faite, qu'il lui est loisible de procéder à l'opération projetée, sous la condition que le reboisement aura lieu dans un délai de deux ans après la consommation du défrichement.

306. L'art. 224 c. for. affranchit des formalités prescrites par l'art. 219, et spécialement de la déclaration de défrichement, les propriétaires de bois et de terrains qu'il énumère. Ce sont : 1ᵒ les jeunes bois pendant les vingt premières années de leur semis ou plantation, sauf le cas où il s'agit de bois replantés en exécution d'une décision ministérielle prise à la suite d'un boisement illégal. L'exemption ne s'applique pas non plus aux plantations en bois opérées sur les dunes en exécution du décret du 14 déc. 1810 (V. infra, Landes et dunes), ni aux reboisements opérés en vertu des lois du 28 juill. 1860 et 4 avr. 1882 ; 2ᵒ les parcs ou jardins clos attenant aux habitations ; 3ᵒ les bois non clos d'une étendue de moins de dix hectares, à moins qu'ils ne fassent partie d'un autre bois qui compléterait une contenance de dix hectares, ou qu'ils ne soient situés sur le sommet ou la pente d'une montagne, ce qu'il faut entendre de tout terrain fortement incliné, situé ou non en pays montagneux.

ART. 4. — EXERCICE DES DROITS D'USAGE.

307. Les dispositions contenues dans les art. 64, 66, § 1ᵉʳ, 70, 72, 73, 75, 76, 78, § 1 et 2, 79, 80, 83 et 85 c. for. sont applicables à l'exercice des droits d'usage dans les bois des particuliers. Ceux-ci y exercent les mêmes droits et la même surveillance que les agents du Gouvernement dans les forêts soumises au régime forestier (For. 190).

SECT. XVIII. — Restauration et conservation des terrains en montagne.

308. Des lois spéciales ont eu pour objet d'assurer la restauration et la conservation des montagnes en favorisant le reboisement de ces terrains. La loi du 4 avr. 1882 (D. P. 82. 4. 89), qui régit actuellement la matière, pourvoit à cet objet, soit au moyen de travaux exécutés par l'État ou par les propriétaires avec subvention de l'État, soit au moyen de mesures de protection (art. 1er).

309. L'expression *terrains en montagne* ne doit pas être restreinte au seul cas d'une masse considérable de terres ou de roches fort élevées au-dessus des terrains environnants; il faut l'entendre de toute masse de hauteurs à pente rapide plus ou moins élevée au-dessus des terrains voisins et située dans une région montagneuse. Elle ne s'applique pas aux collines, coteaux et autres pentes d'une déclivité peu considérable n'ayant que peu d'influence sur la formation des torrents et la production des inondations.

ART. 1er. — RESTAURATION DES TERRAINS EN MONTAGNE.

310. La restauration des terrains en montagne comporte tantôt le reboisement, tantôt le gazonnement, tantôt l'exécution de travaux d'art ayant pour objet de régler l'écoulement des eaux et de consolider les terrains qui, par leur nature ou leur situation, seraient facilement entraînés par les pluies ou la fonte des neiges. Elle est obligatoire lorsqu'elle est déclarée d'utilité publique; facultative, lorsqu'elle est exécutée par les propriétaires, en dehors des périmètres obligatoires, avec une subvention de l'État.

§ 1er. — *Restauration obligatoire* (S. 807 et s.).

311. L'Administration forestière a l'initiative des travaux; elle ne peut toutefois les proposer qu'autant que les terrains à restaurer sont situés en montagne, et que les travaux sont nécessités par la dégradation du sol et des dangers nés et actuels qui en résultent. Les études entreprises pour cet objet portent autant que possible sur toute l'étendue d'un bassin et sont poursuivies d'après des règles fixées par une instruction ministérielle du 12 déc. 1882. Lorsqu'elles sont terminées, le directeur général des forêts arrête définitivement le périmètre des travaux et renvoie le dossier au conservateur pour l'établissement du projet définitif.

312. Le projet est soumis à une enquête dans chacune des communes comprises dans le périmètre. Il est formé pour chaque commune un dossier spécial, dont les pièces doivent rester déposées aux mairies pour servir à l'enquête; ces pièces sont: 1° le procès-verbal de reconnaissance; 2° le plan des lieux; 3° l'avant-projet des travaux, qui en fait connaître la nature, l'importance et l'évaluation approximative. Les formes de ces différents documents sont réglées par le décret du 11 juill. 1882, art. 2.

313. L'enquête est ouverte, dans chaque commune intéressée, par arrêté du préfet, un mois au plus après la réception du dossier à la préfecture. L'arrêté prescrit, en outre, la convocation du conseil municipal; il est notifié au maire et porté à la connaissance des habitants par voie d'affiches et de publications. Le dossier doit rester déposé

à la mairie pendant trente jours, au bout desquels un commissaire enquêteur reçoit, durant trois jours consécutifs, les déclarations des habitants sur l'utilité publique des travaux projetés. L'accomplissement des formalités qui précèdent est constaté par un certificat du maire. L'enquête close, le registre des déclarations, signé par le commissaire enquêteur, est transmis au préfet avec l'avis motivé du commissaire (Décr. 11 juill. 1882, art. 3).

314. Le conseil municipal, convoqué par l'arrêté qui ordonne l'enquête ou par un arrêté séparé publié comme le premier, doit donner dans la huitaine son avis sur les travaux compris au projet, et désigner deux délégués qui sont choisis en dehors des propriétaires compris dans le périmètre et peuvent même n'être pas propriétaires dans la commune, pour faire partie de la commission spéciale prévue par l'art. 2, n° 4, de la loi du 4 avr. 1882. Le procès-verbal de la délibération du conseil municipal est immédiatement adressé au préfet, pour être joint au dossier.

315. La commission spéciale se réunit, sur la convocation du préfet, dans la quinzaine, et donne, dans le délai d'un mois à partir de l'arrêté de convocation, après examen du dossier de l'enquête, son avis motivé tant sur l'utilité publique de l'entreprise que sur les mesures d'exécution indiquées dans l'avant-projet (L. 4 avr. 1882, art. 2; Décr. 11 juill. 1882, art. 6). Elle se compose: 1° du préfet ou de son délégué, président, avec voix prépondérante; 2° d'un membre du conseil général et d'un membre du conseil d'arrondissement; 3° des deux délégués du conseil municipal; 4° d'un ingénieur des ponts et chaussées ou des mines désigné par le préfet; 5° d'un agent forestier également désigné par le préfet. — La commission spéciale délibère, successivement et séparément pour chaque commune, sur l'utilité de l'entreprise et sur les mesures d'exécution projetées par rapport à chacune d'elles.

316. L'avis de la commission spéciale obtenu, il reste à prendre l'avis du conseil général et du conseil d'arrondissement. Ces avis sont formulés soit au cours de la session ordinaire, soit, en cas d'urgence, dans une session extraordinaire.

317. L'instruction terminée, le préfet adresse le dossier au ministre de l'Agriculture, avec son avis motivé. L'affaire entre alors dans le domaine législatif; les travaux ne peuvent, en effet, être exécutés qu'autant qu'ils ont été déclarés d'utilité publique par une loi (L. 4 avr. 1882, art. 2). Celle-ci, une fois promulguée, est publiée et affichée dans les communes intéressées, par les soins du préfet, qui est également chargé de faire déposer à chacune des mairies un duplicata du plan du périmètre, et de notifier aux communes, aux établissements publics et aux particuliers, un extrait du projet et du plan contenant les indications relatives aux terrains qui leur appartiennent.

318. En règle générale, dans le périmètre fixé par la loi, les travaux de restauration sont exécutés par les soins de l'Administration et aux frais de l'État; exceptionnellement, ils peuvent l'être par les propriétaires (V. *infrà*, nos 324 et s.). — L'État acquiert, soit à l'amiable, soit par voie d'expropriation, les terrains nécessaires. Si la voie amiable réussit, les promesses de cession sont signées en double exemplaire; l'une des parties est remis au propriétaire. Dans le cas contraire, le préfet prend un arrêté de cessibilité, et il est procédé à l'expropriation conformément à la loi du 3 mai 1841, sauf qu'il n'y a pas lieu à l'enquête qui, dans la procédure ordinaire, suit la déclaration d'utilité publique. C'est également dans les formes de la loi du 3 mai 1841 que sont rendus les jugements de donné acte des cessions amiables et

qu'ont lieu les cessions des biens appartenant aux incapables (V. *suprà*, *Expropriation pour cause d'utilité publique*, nos 27, 28 et 31). — Lorsque les travaux portent sur des terrains domaniaux qu'il n'y a pas lieu d'exproprier, et qui sont grevés de droits d'usage, l'Administration doit remplir, à l'égard des bénéficiaires de ces droits, les formalités d'expropriation, conformément à la loi de 1841.

319. Les propriétaires de terrains compris dans les périmètres de restauration, particuliers, communes, établissements publics, peuvent, s'ils parviennent à s'entendre avec l'État avant le jugement d'expropriation, conserver la propriété de leurs terrains, en s'engageant à exécuter, dans un délai donné, avec ou sans indemnité, aux clauses et conditions convenues, les travaux de restauration qui leur seront indiqués, et à pourvoir à leur entretien sous le contrôle et la surveillance de l'Administration forestière (L. 4 avr. 1882, art. 4). Pour y parvenir, les propriétaires doivent faire connaître leur intention dans le délai de trente jours à partir de la notification qui leur est faite du projet et du plan (V. *suprà*, n° 317). — Une déclaration écrite est adressée, à cet effet, par les particuliers et associations syndicales au conservateur des forêts; par les communes, les établissements publics et les associations syndicales autorisées, au préfet, qui la transmet au conservateur.

320. Les particuliers, lorsque leurs déclarations sont acceptées par l'administration centrale des Forêts, à laquelle elles ont dû être transmises, ont un délai de quinze jours pour remettre au conservateur, en double minute, leur engagement d'exécuter les travaux contenant la justification des moyens d'exécution. Si la soumission est approuvée par le ministre, la minute sur laquelle cette approbation est écrite leur est renvoyée. — Pour les communes, les établissements et les associations syndicales autorisées, le délai de quinzaine est porté à trente jours, au cours desquels ils doivent remettre au préfet une délibération motivée des conseils municipaux ou des commissions administratives contenant acceptation des conditions imposées par l'Administration forestière. Cette acceptation est rendue définitive par l'approbation du préfet (Décr. 11 juill. 1882, art. 9 et 10, D. P. 82. 4. 95).

321. Le propriétaire qui ne remplit pas les formalités de déclaration ci-dessus exposées dans les délais impartis est réputé renoncer à son droit d'exécuter les travaux, et l'État peut poursuivre l'expropriation des terrains. — Pour les communes, établissements publics et syndicats autorisés, le refus d'allouer en temps utile les crédits ou les journées de prestation fixés par les conventions, tant pour l'exécution des travaux que pour leur entretien, entraîne également de plein droit la déchéance de la faculté de conserver la propriété des terrains (Décr. 11 juill. 1882, art. 11).

322. Si les travaux ne sont pas exécutés dans les délais voulus, ou convenablement entretenus, l'Administration peut procéder à l'expropriation des terrains. Une prorogation de délai peut être accordée par le ministre. — La déchéance du propriétaire n'est prononcée qu'après une procédure spéciale réglée dans les clauses de la convention intervenue avec l'État.

323. Les propriétaires qui veulent user de la faculté que la loi leur accorde de conserver la propriété de leurs terrains peuvent, dans ce but, constituer une association syndicale libre ou autorisée dans les termes de la loi du 21 juin 1865 (L. 4 avr. 1882, art. 4, § 3). Mais l'exercice du droit d'expropriation qui appartient aux associations syndicales autorisées est soumis aux règles de la loi du 4 avr. 1882: ces associations, même autorisées, ne pourraient donc exproprier des terrains non compris dans les périmètres de la restauration, qui seraient nécessaires pour l'exécution ou l'entretien de leurs travaux, qu'en vertu d'une loi.

§ 2. — *Travaux facultatifs* (R. 841 et s.).

324. Des subventions sont accordées aux propriétaires pour les inciter à concourir aux travaux de restauration des montagnes, en dehors des périmètres obligatoires, alors que les travaux étaient utiles au point de vue de l'intérêt général (L. 1882, art. 5). Ces subventions consistent soit en délivrance de graines ou de plants, soit en argent, soit en travaux.

325. Les formalités à remplir diffèrent suivant la qualité des propriétaires : les particuliers adressent une demande au conservateur ; les communes, les établissements publics, les associations pastorales et fruitières, au préfet, qui transmet la demande au conservateur avec avis motivé, s'il y donne son approbation. Seul le ministre de l'Agriculture accorde les subventions.

326. Les travaux entrepris à l'aide des subventions de l'État sont, le plus généralement, exécutés sous le contrôle et la surveillance des agents forestiers, ou même dirigés par eux, lorsque la subvention est donnée sous forme de travaux. En outre, d'ailleurs, l'allocation des subventions est entourée de mesures propres à assurer leur exact emploi et à empêcher les impétrants de les détourner de leur objet (Décr. 11 juill. 1882, art. 15).

327. Dans le cas où des terrains appartenant à des communes ou à des établissements publics, restaurés à l'aide de subventions, viennent à être distraits du régime forestier, la restitution des subventions peut être requise par l'administration des Forêts (Décr. 11 juill. 1882, art. 16).

§ 3. — *Soumission au régime forestier des terrains restaurés* (S. 847 et s.).

328. Les terrains qui sont restaurés par l'État au moyen du reboisement, après acquisition amiable ou par voie d'expropriation publique, sont soumis de plein droit au régime forestier. Quant aux terrains qui sont restaurés par l'État au moyen du gazonnement ou de travaux d'art, bien qu'aucun texte ne les soumette au régime forestier, ils sont, dans la pratique, administrés par les agents des forêts, mais seulement lorsqu'ils sont contigus à un terrain également boisé ou enclavé dans un terrain également reboisé. D'où cette conséquence que, en dehors de ces deux cas, les délits qui sont commis sur ces terrains ne peuvent être poursuivis que conformément au Code pénal et au Code d'instruction criminelle.

329. Les terrains compris dans les périmètres de restauration déclarés d'utilité publique, qui sont restés la propriété des communes et des établissements publics, ne sont pas soumis de plein droit au régime forestier ; ils peuvent l'être seulement moyennant l'accomplissement des formalités tracées par l'art. 90 c. for. Toutefois, quand ces terrains ont été restaurés à l'aide de subventions de l'État, ils sont soumis de plein droit au régime forestier (Décr. 11 juill. 1882, art. 16). — Quant aux terrains dont les particuliers ont conservé la propriété, ils ne sont jamais soumis au régime forestier, qu'ils aient été restaurés avec ou sans subvention de l'État.

330. Comme on l'a vu *suprà*, n° 306, le défrichement en est interdit, même dans les vingt premières années, pour les bois qui ont été semés ou plantés en exécution de la loi du 4 avr. 1882 (L. 1882, art. 6, § 1er). De plus, l'Administration peut toujours empêcher le défrichement de ces bois en vertu

des dispositions de l'art. 219. c. for. (V. *suprà*, n° 300).

ART. 2. — CONSERVATION DES TERRAINS EN MONTAGNE.

§ 1er. — *Mise en défens* (S. 853 et s.).

331. L'administration des Forêts peut requérir la *mise en défens* des terrains et pâturages en montagne appartenant aux communes, aux établissements publics et aux particuliers toutes les fois que l'état de dégradation du sol ne paraît pas encore assez avancé pour nécessiter des travaux de restauration. La mise en défens est prononcée par un décret en Conseil d'État (L. 4 avr. 1882, art. 7). — Les circonstances qui sont de nature à provoquer cette mesure sont abandonnées à l'appréciation de l'Administration, qui seule a qualité pour en prendre l'initiative.

332. L'étude des projets de mise en défens est faite par les agents des Forêts dans des conditions qui sont déterminées par les art. 17, 18 et 19 du décret du 11 juill. 1882 et l'instruction du 12 décembre de la même année. Ces projets sont soumis aux mêmes enquêtes et avis que les projets de restauration (L. 4 avr. 1882, art. 8, § 1er ; V. *suprà*, n°s 311 et s.). Le décret détermine la nature, la situation et les limites du terrain à interdire, la durée de la mise en défens et le délai pendant lequel les parties intéressées pourront procéder au règlement amiable de l'indemnité à accorder aux propriétaires pour privation de jouissance (L. 1882, art. 8, § 2). Il doit être publié et affiché dans la commune de la situation des lieux et notifié par extrait aux divers intéressés (Décr. 11 juill. 1882, art. 20).

333. La durée assignée à la mise en défens ne peut excéder dix ans. Lorsque la mise en défens a été prononcée pour une durée moindre, elle peut être prorogée jusqu'au maximum de dix ans par un nouveau décret. La prorogation doit alors être notifiée aux intéressés avant la fin de la dernière année de la première mise en défens. A l'expiration des dix années, l'État ne peut renouveler la mise en défens qu'à la condition d'acquérir les terrains à l'amiable ou par voie d'expropriation publique, s'il en est requis par les propriétaires (L. 1882, art. 8, § 5). Les propriétaires doivent être prévenus avant la fin de la dixième année, et invités à déclarer, dans le délai d'un mois, s'ils entendent requérir l'acquisition de leurs terrains par l'État.

334. Pendant la durée de la mise en défens, l'État peut exécuter, sur les terrains interdits, les travaux qu'il juge propres à obtenir le plus rapidement la consolidation du sol, à la condition de ne pas en changer la nature et sans qu'une indemnité quelconque puisse être exigée du propriétaire à raison de l'amélioration de sa propriété (L. 1882, art. 10).

335. Les propriétaires des terrains mis en défens ont droit à une indemnité évaluée d'après la perte réelle qu'ils éprouvent, en tenant compte de tous les éléments de préjudice qui peuvent être la conséquence de la mise en défens (L. 1882, art. 8). Cette indemnité est annuelle. Les annuités sont payées sur un mandat délivré par le conservateur pour l'année écoulée, dans le courant de janvier de l'année suivante. L'indemnité peut être fixée à l'amiable ; à défaut d'accord dans le délai fixé par le conservateur, le conseil de préfecture doit être saisi par le propriétaire. L'Administration peut également engager elle-même l'instance. La décision du conseil de préfecture peut être l'objet d'un recours au Conseil d'État, dans les formes du recours en matière de contributions directes, c'est-à-dire sans frais et sans ministère d'avocat.

336. Les indemnités accordées annuellement aux communes à raison de la privation des pâturages mis en défens sont versées dans la caisse communale ; elles doivent être affectées aux besoins communaux, et le surplus, et même le tout, s'il y a lieu, est distribué aux habitants par le conseil municipal (L. 1882, art. 9).

337. L'art. 11 de la loi du 4 avr. 1882 soumet au régime forestier les terrains mis en défens au point de vue de la constatation et de la poursuite des délits et contraventions, ainsi que de l'exécution des jugements. Les introductions de bestiaux et d'animaux de charge, de trait ou de monture dans les terrains mis en défens sont donc passibles des mêmes peines que si elles avaient eu lieu dans les bois soumis au régime forestier, alors même qu'elles seraient imputables aux propriétaires mêmes des terrains.

§ 2. — *Réglementation des pâturages communaux* (R. 870 et s.).

338. Certaines communes, dont le territoire est situé en pays de montagne, sont assujetties, en vertu de l'art. 12 de la loi du 4 avr. 1882, à l'obligation de réglementer leur pâturage. Ce sont celles qui sont inscrites sur un tableau annexé au décret du 11 juill. 1882 (D. P. 82. 4. 95) et revisé tous les ans. — Les projets de règlement des terrains appartenant aux communes, sur leur territoire ou le territoire d'autres communes, sont délibérés par les conseils municipaux. Ces projets indiquent la nature, les limites et la superficie totale des terrains communaux soumis au pâturage ; les limites, l'étendue des cantons qu'il y a lieu d'ouvrir aux troupeaux dans le cours de l'année, les chemins par lesquels les bestiaux doivent y accéder ; les diverses espèces de bestiaux et le nombre de têtes qu'il convient d'y introduire ; l'époque à laquelle commence et finit le pâturage suivant les cantons et la catégorie des bestiaux ; la désignation du pâtre ou des pâtres communs, et toutes autres conditions d'ordre et de police relatives à l'exercice du pâturage.

339. Chaque année, avant le 1er janvier, le projet est ainsi dressé et transmis en double minute au préfet, qui le communique au conservateur. Il est affiché et publié dans la commune, pour que les intéressés puissent en prendre connaissance ; ceux-ci doivent adresser, dans le mois qui suit la publication, leurs réclamations au préfet (L. 1882, art. 12 ; Décr. 11 juill. 1882, art. 24).

340. Si la commune refuse de se soumettre aux modifications proposées par l'Administration au projet de règlement, ou si le projet de règlement n'est pas soumis dans le délai légal à l'approbation du préfet, celui-ci peut dresser lui-même le règlement des pâturages (L. 1882, art. 13). Il doit toutefois, avant de statuer définitivement, prendre l'avis d'une commission composée : 1° du secrétaire général de la préfecture ou du sous-préfet, président ; 2° d'un conseiller général ; 3° du conseiller d'arrondissement le plus âgé du canton ; 4° d'un délégué du conseil municipal ; 5° d'un agent forestier.

341. Le règlement proposé par le conseil municipal est approuvé par le préfet est rendu exécutoire par ce dernier si, dans le mois qui a suivi l'accusé de réception de la délibération du conseil municipal, il n'a été l'objet d'aucune contestation (L. 1882, art. 14). Quant aux règlements d'office, ils constituent des arrêtés préfectoraux qui sont exécutoires après notification au maire de la commune intéressée.

342. Les infractions aux règlements de pâturage constituent des contraventions de simple police, soumises aux règles du droit commun au point de vue de la contestation et de la poursuite. Elles peuvent être constatées par tous les officiers de police judiciaire et sont frappées des peines portées par les art. 471 et 474 c. pén. L'art. 463, sur les circonstances atténuantes, leur est applicable (L. 4 avr. 1882, art. 15).

SECT. XIX. — Enregistrement et timbre.

343. Les actes de l'autorité administrative qui n'ont trait qu'à la conservation et à l'amélioration des bois sont exempts de timbre et d'enregistrement (L. 15 mai 1818, art. 80, R. v° *Enregistrement*, t. 21, p. 41).

344. Les adjudications ou ventes de gré à gré des coupes et des autres produits forestiers, les marchés pour travaux, les actes de cautionnement, doivent être timbrés et enregistrés au comptant (même loi, art. 78). — Quant aux actes relatifs à la vente des coupes ou des autres produits des bois de l'Etat, antérieurs et postérieurs, tels que les procès-verbaux d'arpentage, de balivage, de martelage, de récolement, les acquéreurs sont affranchis des frais afférents à la double formalité moyennant le payement d'une taxe de 1 fr. 50 pour cent du prix principal de l'adjudication (Décis. min. 4 juill. 1836). Cette taxe a été portée à 1 fr. 60 (Décis. min. Fin. 20 juill. 1872). Elle est liquidée sur le prix d'adjudication augmenté des charges. Les actes couverts par cette taxe sont visés pour timbre et enregistrés en débet. — La taxe de 1 fr. 60 pour cent n'est pas applicable aux adjudications concernant les bois des communes. Les actes relatifs à ces ventes sont, néanmoins, visés pour timbre et enregistrés en débet; mais les droits doivent être acquittés par les adjudicataires, à la caisse du receveur des Domaines, aussitôt après l'adjudication.

345. Les procès-verbaux d'adjudication sont soumis au droit proportionnel de 2 fr. pour cent sur le prix principal augmenté des charges. La taxe de 1 fr. 60 pour cent constitue une charge à ajouter au prix d'adjudication (Décis. min. Fin. 7 avr. 1883, D. P. 83. 5. 252). Il en est de même des droits de timbre et d'enregistrement, tant des procès-verbaux d'arpentage et de balivage que de la citation à récolement et du procès-verbal de récolement, qui sont payés par les adjudicataires de coupes de bois des communes et des établissements publics. Le droit proportionnel se perçoit, comme pour les ventes de meubles aux enchères publiques, sur le montant des sommes que contient cumulativement le procès-verbal (Sol. admin. Enreg. 11 avr. 1895, D. P. 96. 5. 261).

346. Le cautionnement fourni par l'adjudicataire est soumis au timbre et à l'enregistrement au droit proportionnel de 0 fr. 50 pour cent, liquidé comme le droit de vente (L. 22 frim. an 7, art. 69, § 2, n° 8, R. v° *Enregistrement*, t. 21, p. 26). Le certificat de caution est assujetti seulement au droit fixe de 3 francs.

347. Les procès-verbaux de délit des agents forestiers sont soumis au timbre et, doivent être enregistrés au bureau le plus voisin de la résidence de l'agent qui a verbalisé, dans les quatre jours qui suivent celui de l'affirmation ou celui de la clôture du procès-verbal, s'il n'est pas sujet à affirmation, sous peine d'une amende de 5 francs, en principal, pour chaque procès-verbal non enregistré, ou enregistré hors délai, et de nullité du procès-verbal (For. 170; L. 16 juin 1824, art. 10, R. v° *Enregistrement*, t. 21, p. 27; Cr. r. 8 janv. 1887, D. P. 87. 1. 367). — Ils sont assujettis au droit fixe de 2 francs (L. 28 avr. 1816, art. 43, n° 16, R. *ibid.*, p. 39, 19 févr. 1874, art. 2, D. P. 74. 4. 41; 28 avr. 1893, art. 22, D. P. 93. 4. 79).

348. Les jugements rendus par les tribunaux correctionnels, en matière forestière, sont enregistrés au droit fixe de 1 fr. 50 (L. 22 frim. an 7, art. 68, § 1er,

n° 48; 28 févr. 1872, art. 4, D. P. 72. 4. 12). Ils ne sont passibles que d'un seul droit, quelque soit le nombre des délinquants (L. 26 janv. 1892, art. 11, D. P. 92. 4. 9). — Lorsque le jugement ordonne une restitution en nature, il donne ouverture au droit de condamnation à 0 fr. 50 pour cent sur la valeur des objets à restituer et sur les dépens (L. 22 frim. an 7, art. 69, § 2, n° 9). — S'il ordonne, non pas la restitution de la chose elle-même, mais le payement de sa valeur en numéraire, la condamnation a le caractère de dommages-intérêts, et rend exigible le droit proportionnel de 3 francs pour cent, sur le montant des dommages-intérêts seulement (L. 22 frim. an 7, art. 69, § 5, n° 8; 26 janv. 1892, art. 16, § 7; Décis. min. Fin. 11 déc. 1893). — Enfin, lorsque le jugement porte, en même temps, condamnation à l'amende et à des dommages-intérêts ou à une restitution, le droit fixe n'est exigible que si le droit proportionnel n'atteint pas 1 fr. 50.

349. Quand les délits intéressent l'Etat, les communes et les établissements publics, les procès-verbaux et tous actes ou jugements ayant pour objet la poursuite ou la répression de ces délits sont visés pour timbre et enregistrés en débet, s'il n'y a pas de partie civile poursuivante, sauf à suivre le recouvrement des droits contre les condamnés (For. 170; L. 25 mars 1817, art. 74).

350. Les procès-verbaux de cantonnement sont soumis au timbre (L. 13 brum. an 7, art. 29, R. v° *Enregistrement*, t. 22, p. 737), mais ils sont enregistrés gratis (L. 22 frim. an 7, art. 70, § 2, n° 1).

351. Les actes relatifs aux coupes et arbres des bois communaux délivrés en nature pour l'affouage des habitants sont visés pour timbre et enregistrés en débet, et il n'y a lieu à la perception des droits que dans le cas de poursuites devant les tribunaux (For. 104).

352. Les quittances des taxes d'affouage sont exemptes du droit de timbre de 0 fr. 10 lorsqu'elles excèdent la somme de dix francs (Av. Cons. d'Et. 8 avr. 1838).

FORFAITURE ET DÉLITS COMMIS PAR LES FONCTIONNAIRES PUBLICS

(R. v° *Forfaiture et délits commis par les fonctionnaires publics*; S. eod. v°).

1. Le mot *forfaiture* est une qualification générale dans laquelle le Code pénal embrasse un ensemble d'infractions, dont chacune forme l'objet d'une incrimination spéciale. — Tout crime commis par un fonctionnaire public *dans ses fonctions* est une forfaiture (Pén. 166). Les simples délits ne constituent pas les fonctionnaires en forfaiture (Pén. 168). — Trois conditions sont donc nécessaires pour qu'il y ait forfaiture; il faut : 1° que le fait constitutif soit un crime; 2° que le crime ait été commis par un fonctionnaire public; 3° qu'il ait été commis par lui dans l'exercice de ses fonctions. — Tout crime exigeant l'intention criminelle, un fonctionnaire ne serait pas coupable de forfaiture, bien qu'il eût abusé de ses fonctions, s'il l'avait fait sans intention coupable. Par exemple, il n'y aurait pas lieu de dénoncer pour crime de forfaiture le procureur de la République qui, sans intention répréhensible, mais par fausse interprétation de l'art. 421 c. instr. cr., aurait fait arrêter illégalement le prévenu qui justifiait de son pourvoi.

2. Le Code pénal s'occupe de ces infractions principalement dans les art. 166 à 198 (liv. 3, tit. 1, sect. 2). Il faut y joindre diverses autres dispositions, notamment les art. 114 à 131, 234 à 236 du même Code. — Sur les poursuites qui peuvent être dirigées

contre les fonctionnaires, V. *infrà, Mise en jugement des fonctionnaires publics.*

ART. 1er. — CRIMES DONT LES FONCTIONNAIRES PEUVENT SE RENDRE COUPABLES CONTRE LA SÛRETÉ INTÉRIEURE OU EXTÉRIEURE DE L'ETAT, CONTRE LA LIBERTÉ DES CITOYENS ET EN MATIÈRE DE FAUX (R. 81; S. 11).

3. *Crimes contre la sûreté extérieure de l'Etat.* — V. *suprà, Crimes et délits contre la sûreté de l'Etat,* n°s 4 et s.

4. *Crimes contre la sûreté intérieure de l'Etat.* — V. *suprà, eod. v°,* n°s 26 et 27.

5. *Attentats à la liberté* (Pén. 114 et s.). — Les diverses atteintes qui peuvent être portées illégalement à la liberté individuelle des citoyens par les fonctionnaires publics sont : 1° les actes arbitraires ou attentatoires soit à la liberté individuelle, soit aux droits civiques d'un ou de plusieurs citoyens, lesdits actes ordonnés ou faits par un fonctionnaire public, un agent ou un préposé du Gouvernement; 2° le refus ou la négligence, par les fonctionnaires chargés de la police administrative ou judiciaire, de déférer à une réclamation légale tendant à constater les détentions illégales et arbitraires, et à dénoncer ces dernières à l'autorité supérieure; 3° diverses irrégularités commises par les gardiens ou concierges des prisons, et que la loi punit comme détentions arbitraires ; 4° les poursuites exercées ou les jugements rendus par les officiers de police judiciaire, procureurs généraux ou de la République, substituts ou juges, soit contre le chef de l'Etat ou les ministres, soit contre les membres du Parlement, sans que ces poursuites aient été autorisées conformément aux lois ; 5° enfin le fait par les procureurs généraux ou de la République, les substituts, les juges ou les officiers publics d'avoir retenu ou fait retenir un individu hors des lieux déterminés par le Gouvernement ou l'Administration, ou d'avoir traduit un individu devant une cour d'assises sans mise en accusation préalable (V., sur ces points, *infrà, Instruction criminelle, Liberté individuelle*).

6. *Faux commis dans l'exercice des fonctions.*—V. *suprà, Faux en écritures,* n°s 20 et s.

ART. 2. — COALITIONS DE FONCTIONNAIRES (R. 9 et s.; S. 12).

7. Tout concert de mesures contraires aux lois, pratiqué soit par la réunion d'individus ou de corps dépositaires de quelque partie de l'autorité publique, soit par députation ou correspondance entre eux, est puni d'un emprisonnement de deux mois au moins, et de six mois au plus, contre chaque coupable, qui peut, de plus, être condamné à l'interdiction des droits civiques et de tout emploi public pendant dix ans au plus (Pén. 123). — Si, par l'un des moyens exprimés à l'art. 123, il a été concerté des mesures contre l'exécution des lois ou les ordres du Gouvernement, la peine est le bannissement. — Si ce concert a eu lieu entre les autorités civiles et les corps militaires ou leurs chefs, ceux qui en ont été les auteurs ou provocateurs sont punis de la déportation ; les autres coupables sont bannis (Pén. 124). — Dans le cas où le concert a eu pour objet ou pour résultat un complot attentatoire à la sûreté de l'Etat, les coupables sont punis de la déportation dans une enceinte fortifiée (Pén. 123; L. 5 avr. 16 juin 1850, art. 1er). — Enfin, sont coupables de forfaiture et punis de la dégradation civique les fonctionnaires publics qui auront, par délibération, arrêté de donner d'empêcher ou de suspendre soit l'administration de la justice, soit l'accomplissement d'un service quelconque (Pén. 126). — Ces dispositions n'ont guère d'importance pratique, aucunes poursuites n'ayant jamais été exercées à raison du crime qu'elles prévoient.

ART. 3. — EMPIÉTEMENTS RÉCIPROQUES DES AUTORITÉS ADMINISTRATIVE ET JUDICIAIRE (R. 21 et s.; S. 13 et s.).

8. La séparation des pouvoirs législatif et exécutif et des autorités administrative et judiciaire est un des principes fondamentaux de notre droit public (V. suprà, Compétence administrative, nᵒˢ 2 et s.). — La sanction pénale de l'inobservation de ces principes se trouve dans les art. 127 et s. c. pén.

9. 1ᵒ Empiétements sur le pouvoir législatif. — Les juges, les procureurs généraux ou de la République ou leurs substituts, les officiers de police judiciaire, qui se sont immiscés dans l'exercice du pouvoir législatif soit par des règlements contenant des dispositions législatives, soit en arrêtant ou en suspendant l'exécution d'une ou de plusieurs lois, soit en délibérant sur le point de savoir si les lois seront publiées ou exécutées, sont coupables de forfaiture et punis de la dégradation civique (Pén. 127, § 1ᵉʳ). — D'autre part, les préfets, sous-préfets, maires et autres administrateurs qui se sont immiscés dans l'exercice du pouvoir législatif, ou qui se sont ingérés de prendre des arrêtés généraux tendant à intimer des ordres ou des défenses quelconques à des cours ou tribunaux, sont punis de la dégradation civique (Pén. 130).

10. 2ᵒ Empiétements des tribunaux sur l'Administration. — Les juges, les procureurs généraux ou de la République ou leurs substituts, les officiers de police judiciaire qui auraient excédé leurs pouvoirs en s'immisçant dans les matières attribuées aux autorités administratives, soit en faisant des règlements sur ces matières, soit en défendant d'exécuter les ordres émanés de l'Administration, ou qui, ayant permis ou ordonné de citer des administrateurs pour raison de l'exercice de leurs fonctions, auraient persisté dans l'exécution de leurs jugements ou ordonnances nonobstant l'annulation qui en aurait été prononcée ou le conflit qui leur aurait été notifié (Pén. 127, § 2). — La juridiction administrative est, en outre, protégée par le conflit contre les empiétements des tribunaux judiciaires (V. suprà, Conflit). L'art. 128 c. pén. protège l'exercice de la procédure de conflit en punissant d'une amende de 16 francs au moins et de 150 francs au plus « les juges qui, sur la revendication formellement faite par l'autorité administrative d'une affaire portée devant eux, auront néanmoins procédé au jugement avant la décision de l'autorité supérieure », et « les officiers du ministère public qui auront fait des réquisitions ou donné des conclusions pour ledit jugement ». Mais l'art. 128 n'est applicable qu'autant que le juge saisi d'un conflit régulièrement introduit a refusé d'y avoir égard et a statué au fond. Si le conflit est irrégulier ou tardif, c'est-à-dire s'il a été fait hors des termes et des délais fixés par l'ordonnance du 1ᵉʳ juin 1828, les juges peuvent statuer sur l'affaire dont ils sont saisis. — Enfin, l'art. 129 c. pén. prononce des peines contre les juges qui ont décerné des mandats contre les agents du Gouvernement sans l'autorisation de celui-ci. Cet article ne peut plus avoir d'application depuis le décret du 19 sept. 1870, qui a abrogé l'art. 75 de la constitution de l'an 8, et permis, à l'avenir, de poursuivre les fonctionnaires sans autorisation du Gouvernement.

11. 3ᵒ Empiétements de l'autorité administrative sur l'autorité judiciaire. — Lorsque les administrateurs entreprennent sur les fonctions judiciaires en s'ingérant de connaître des droits et intérêts privés du ressort des tribunaux et que, après la réclamation des parties ou de l'une d'elles, ils ont néanmoins décidé l'affaire avant que

l'autorité supérieure ait prononcé, ils sont punis d'une amende de 16 francs au moins et de 150 francs au plus (Pén. 131).

ART. 4. — SOUSTRACTIONS COMMISES PAR LES FONCTIONNAIRES PUBLICS.

§ 1ᵉʳ. — Soustractions commises par les dépositaires publics ou comptables (R. 28 et s.; S. 17 et s.).

12. Il s'agit ici de l'ancien crime de péculat, c'est-à-dire du détournement ou soustraction de deniers publics ou privés, ou effets publics en tenant lieu, ou de pièces, titres, actes, effets mobiliers, par un percepteur, commis à une perception, dépositaire ou comptable public (Pén. 169).

13. A. Eléments constitutifs. — Les éléments constitutifs de cette infraction sont au nombre de quatre. Il faut : 1ᵒ ... Que le coupable ait eu la qualité de comptable ou dépositaire public (V. l'énumération précédente; et, sur la qualification de comptable, V. Décr. 31 mai-11 août 1862). — La jurisprudence a fait rentrer dans ces qualifications : les percepteurs des droits d'octroi, les receveurs des hospices, les agents comptables des écoles primaires, les divers employés de l'administration des Postes, commis à une perception, même surnuméraires, coupables d'avoir soustrait ou détourné des deniers, effets ou valeurs en tenant lieu, lorsque ces choses sont venues en leurs mains à titre et par suite de perception. — Quant aux huissiers, greffiers et notaires, V. infrà, nᵒ 17.

14. Si la qualité de dépositaire ou comptable public n'est pas établie, le détournement peut constituer un délit d'abus de confiance ou de vol, et tomber, à ce titre, sous le coup de l'art. 408, ou d'autres dispositions pénales ; mais il ne constitue pas le crime de soustraction prévu par l'art. 169. Ainsi le garçon de bureau qui soustrait des sommes déposées, pour le compte de l'État, dans la caisse du bureau, commet un vol, mais ne commet pas le délit prévu par l'art. 169, car il n'est pas dépositaire des sommes qu'il a volées. De même, le maire qui emploie à sa propriété particulière des matériaux qu'il avait achetés pour servir à un travail communal n'est pas passible de l'art. 169, car il n'est pas dépositaire public de ces matériaux.

15. 2ᵒ ... Qu'il y ait eu un acte de détournement ou de soustraction. Indépendamment de la qualité de l'agent, il faut, pour que le crime ou le délit existe, qu'il y ait eu soustraction frauduleuse de deniers ou effets. Ainsi, il ne suffirait pas qu'il y eût dans la caisse un simple déficit, ce déficit pouvant être l'effet de causes diverses dans lesquelles il serait impossible de trouver les éléments d'un crime ou d'un délit imputable au comptable ou dépositaire ; il ne suffirait pas non plus qu'il y eût eu soustraction, si cette soustraction n'avait pas été commise avec l'intention de s'approprier frauduleusement les deniers ou effets soustraits. — Le caractère délictueux de détournement commis par un dépositaire public n'est pas effacé par la restitution des sommes détournées, effectuée postérieurement aux poursuites.

16. 3ᵒ ... Que le détournement ou la soustraction ait eu pour objet des choses comprises dans l'énumération de l'art. 169 (V. suprà, nᵒ 12) : deniers publics ou privés, c'est-à-dire des espèces monnayées ; effets actifs en tenant lieu, c'est-à-dire les valeurs de circulation comme les billets de banque, les lettres de change, les billets à ordre; pièces, qui doit s'entendre de celles qui ont une valeur estimative en deniers, telles qu'un mandat de payement; titres, c'est-à-dire les valeurs de bourse, cotées ou susceptibles de l'être, comme les rentes sur l'État, les actions ou obligations des compagnies financières ou

industrielles, titres d'emprunt de départements ou de communes ; actes, c'est-à-dire les écrits authentiques ou sous seings privés elles-mêmes ont constaté l'existence d'un droit susceptible d'être estimé et converti en argent ; effets mobiliers, c'est-à-dire les valeurs de même nature qui ne sont pas comprises dans l'énumération précédente.

17. 4ᵒ ... Que les choses détournées se soient trouvées entre les mains du dépositaire en vertu de ses fonctions. Il ne suffirait pas qu'elles y eussent été mises à l'occasion de ses fonctions. Ainsi le percepteur qui, ayant illégalement exigé ou reçu d'un adjudicataire un cautionnement en argent pour le verser à la Caisse des consignations, a détourné la somme remise à ce titre, ne peut être déclaré coupable que d'un simple abus de confiance ; la somme détournée n'ayant pas été reçue en vertu de ses fonctions, il n'y a pas, en pareil cas, détournement par un comptable. — A ce point de vue, il y a lieu de remarquer que les détournements de deniers commis par les notaires, huissiers ou autres officiers ministériels sont exclusivement régis par l'art. 408 c. pén. (V. suprà, Abus de confiance, nᵒ 21). Quant aux détournements commis par les greffiers, il faut distinguer : ceux-ci tombent sous le coup des art. 169 et s. c. pén. quand ils ont détourné des deniers ou valeurs entrés en leurs mains à titre d'intermédiaires entre le déposant et l'État, comme par exemple pour payer des droits de greffe ou d'enregistrement des jugements; au contraire, ces officiers publics sont passibles de l'art. 408 c. pén. dans les cas où ils ont détourné les deniers ou valeurs qui leur ont été confiés spontanément par les parties à titre d'émoluments.

18. B. Conditions de la poursuite. — S'il s'agit de deniers publics, la vérification des comptes du comptable accusé de détournements doit être faite, préalablement à toute poursuite répressive, par l'autorité administrative dont il est le préposé. Toutefois, la Cour de cassation fait exception à la règle qui exige une déclaration de débet pour le cas où le comptable ou dépositaire a été dénoncé au ministère public par le ministre même dont il est le subordonné; elle considère que la dénonciation est exclusive de l'approbation de la comptabilité. — S'il s'agit d'un détournement de deniers privés et que le fait ait été dénié par le comptable public, le premier acte des poursuites devra être d'établir ce dépôt, dont la preuve pourra être établie conformément aux règles du droit civil (V. infrà, Preuve).

19. C. Pénalités. — La peine est celle des travaux forcés à temps, si les choses détournées ou soustraites sont d'une valeur au-dessus de 3000 francs (Pén. 169). Cette valeur se détermine, non par le chiffre particulier de chaque détournement, mais par le chiffre total de tous les détournements poursuivis. — La même peine est encourue, quelle que soit la valeur des deniers ou des effets détournés ou soustraits, si cette valeur égale ou excède le tiers de la recette ou du dépôt, s'il s'agit de deniers ou effets une fois reçus ou déposés, soit le cautionnement, s'il s'agit d'une recette ou d'un dépôt attaché à une place sujette à cautionnement, soit, enfin, le tiers du produit commun de la recette pendant un mois, s'il s'agit d'une recette composée de rentrées successives et non sujette à cautionnement (Pén. 170). — Si les valeurs détournées sont au-dessous de 3000 francs et, en outre, inférieures aux mesures exprimées dans l'article précédent, la peine est un emprisonnement de deux ans au moins et de cinq ans au plus, et le condamné est, de plus, déclaré à jamais incapable d'exercer aucune fonction publique (Pén. 171). — Il est toujours prononcé contre le condamné une amende dont le maximum est le quart des restitutions et indemnités, et le minimum le douzième (Pén. 172).

§ 2. — *Suppression et destruction d'actes et titres commises par des fonctionnaires qui en étaient dépositaires* (R. 49 et s. ; S. 35 et s.).

20. Ce crime est puni par l'art. 173 c. pén. de la peine des travaux forcés à temps. — Pour qu'il existe, il faut : 1° que l'auteur du fait soit juge, administrateur, fonctionnaire ou officier public ; agent, préposé ou commis soit du Gouvernement, soit des dépositaires publics. L'art. 173 a été appliqué par la jurisprudence aux employés des Postes (receveurs, commis, surnuméraires, facteurs et garçons de bureau), qui détournent les valeurs se trouvant entre leurs mains, non à titre et par suite de perception (dans ce cas, il faudrait appliquer l'art. 169), mais pour en faire la transmission ; aux employés de chemins de fer qui s'approprient des valeurs à eux confiées.

21. 2° ... Que le fait ait été commis suivant l'un des modes de perpétration énoncés en l'art. 173 : destruction, suppression, soustraction ou détournement, commis avec une intention criminelle. Si la pièce se trouvait perdue par la simple négligence du fonctionnaire, la peine de l'art. 173 ne pourrait pas être appliquée à celui-ci.

22. 3° ... Que la soustraction porte sur des *actes* ou *titres*, c'est-à-dire des pièces dont la perte est de nature à causer un dommage quelconque, pécuniaire ou moral.

23. 4° ... Que l'acte ou le titre ait été remis au fonctionnaire à raison de ses fonctions ; autrement, le délit ne constituerait qu'un abus de confiance ordinaire. Ainsi, la soustraction d'un titre commise par un clerc de notaire dans l'étude où il est employé ne constitue pas le crime prévu par l'art. 173, mais rentre dans les prévisions des art. 254 et 255 c. pén.

24. Enfin, 5° il ne suffit pas que la pièce manque, que le fonctionnaire ou officier public qui en était dépositaire, mis en demeure de la restituer, ne fasse pas cette restitution ; il faut encore que l'intention coupable existe. Ainsi, si la pièce se trouvait perdue par la négligence, par le défaut de surveillance du dépositaire, sans doute ce dernier serait tenu de réparer le préjudice résultant de cette perte, il pourrait être condamné à des dommages-intérêts, mais il ne serait pas coupable du crime prévu et puni par l'art. 173. Au contraire, l'art. 254 c. pén. punit la simple négligence des greffiers, archivistes, notaires ou autres dépositaires publics qui laissent enlever les actes, registres et papiers confiés à leur garde.

Art. 5. — De la concussion (R. 58 et s. ; S. 40 et s.).

25. La concussion est le fait, pour les personnes énumérées à l'art. 174 c. pén., d'ordonner de percevoir, ou d'exiger, ou de recevoir ce qu'elles savent excéder ce qui est dû pour droits, taxes, contributions, deniers ou revenus, ou pour salaires ou traitements. — Il ne faut pas confondre la concussion avec le crime de corruption (V. *infrà*, n° 37 et s.), qui se distingue par la circonstance que le fonctionnaire coupable a reçu d'une personne un don ou présent que celle-ci était libre de ne pas lui faire (Cr. r. 24 févr. 1893, D. P. 93. 1. 393).

26. Trois conditions sont nécessaires pour qu'il y ait concussion : A. *Un abus de l'autorité dont le fonctionnaire est investi.* — La concussion, étant par elle-même un abus de la puissance publique, suppose nécessairement dans la personne de son auteur un caractère public. La perception illégitime qui serait faite par un simple particulier pourrait sans doute, suivant les circons-

tances, constituer tel ou tel délit ; elle ne pourrait être considérée comme un fait de concussion.

27. Les personnes qui rentrent dans les prévisions de l'art. 174 sont : 1° Les *fonctionnaires ou officiers publics*. Cette qualité, à l'égard des faits de concussion, est reconnue par la jurisprudence aux maires, secrétaires de mairie, receveurs municipaux, cadis algériens, gendarmes (mais la question est discutée à leur égard), gardes forestiers, gardes champêtres, préposés des douanes, préposés au service des ponts à bascule, entreposeurs de tabacs, médecins chargés de la protection des enfants du premier âge, gardiens-chefs des maisons d'arrêt, géomètres du cadastre, porteurs de contrainte ; — 2° Les *commis et préposés des fonctionnaires ou officiers publics*. Ce sont ceux qui, n'ayant reçu de l'autorité aucune délégation, aucun mandat, ne sont revêtus d'aucun caractère public, et qui, dans les actes de leurs fonctions, n'agissent pas en leur propre nom et de leur chef. Tels sont, notamment : l'adjudicataire des droits de place et de pesage dans une commune ou sur un champ de foire, le fermier des droits de hallage d'une commune, l'employé de chemin de fer chargé de faire des perceptions au profit de l'administration des Douanes, les clercs d'avoué, de notaire, d'huissier ; — 3° Les *officiers ministériels*. — La disposition de l'art. 174 est applicable aux notaires, avoués, huissiers, greffiers et commissaires-priseurs sous la distinction suivante : si l'officier ministériel est chargé d'opérer une *recette*, soit pour le compte du Trésor, comme les greffiers, en ce qui concerne les droits qu'ils perçoivent pour l'État, soit pour le compte des particuliers, comme les commissaires-priseurs ou les huissiers, en ce qui concerne les ventes dont ils doivent recevoir le prix, la perception de toute somme excédant ce qui est dû légalement constitue une concussion, pourvu, bien entendu, qu'elle ait eu lieu en connaissance de cause. Si, en dehors de ce cas de recette, l'officier ministériel exige un salaire supérieur à ce qui est dû, il ne commet qu'une infraction disciplinaire punissable d'après les lois spéciales relatives à ces sortes d'infractions.

28. Il est indispensable que la somme ait été remise au fonctionnaire ou exigée par lui à raison de sa qualité. Ainsi, le fait par un préposé des Douanes de recevoir une somme d'argent à titre de dépôt provisoire et à charge de la rendre ne constitue pas le délit de concussion, alors qu'il n'est ni établi, ni allégué que cet employé ait, en sa dite qualité, exigé ou reçu une somme pour droits ou taxes de douane (Cr. r. 24 oct. 1895).

29. B. *Une perception illégitime.* — Cette condition consiste en ce que le fonctionnaire, officier public, etc., ait ordonné de percevoir, ou ait exigé ou ait reçu ce qui n'était pas dû, ou plus qu'il n'était dû pour droits, taxes, contributions, deniers ou revenus, ou pour salaires ou traitements. Ainsi, la concussion n'est pas seulement celui qui exige, mais aussi celui qui reçoit ce qu'il *sait* n'être pas dû. — En outre, le fonctionnaire qui se ferait un profit illégitime au détriment de l'État, d'un département, d'une commune, tombe sous le coup de l'art. 174, aussi bien que celui qui exige d'un particulier ce qui ne lui est pas dû. Ainsi, il y a concussion dans le fait d'un gardien-chef des fournitures nécessaires aux détenus, qui réclame de l'Administration au delà de ce qu'il sait lui être dû. De même, un médecin inspecteur des enfants du premier âge nommé par le préfet commet un fait de concussion s'il exige ou reçoit, à raison de ses fonctions, une somme d'argent sur le budget départemental qu'il sait excéder ce qui lui est dû pour salaire ou pour traitement.

30. C. *La mauvaise foi*, c'est-à-dire la connaissance de l'illégitimité de la perception, de la part de l'agent. Ainsi, dans le cas où le fonctionnaire eût été de bonne foi, si c'était seulement par l'effet d'une erreur qu'il eût exigé ce qui n'était pas dû ou plus qu'il n'était dû, il ne pourrait être condamné comme coupable de concussion. — Mais le fonctionnaire qui fait une perception illégitime, la sachant illégale, commet une concussion, alors même qu'il n'a agi que sur l'ordre de son chef.

31. Lorsque la totalité des sommes indûment exigées ou reçues, ou dont la perception a été ordonnée, est supérieure à 300 francs, la peine est, pour les fonctionnaires ou les officiers publics, la réclusion, et, pour leurs commis ou préposés, de deux à cinq ans. Toutes les fois que la totalité des sommes n'excède pas 300 francs, les fonctionnaires ou les officiers publics ci-dessus désignés sont punis d'un emprisonnement de deux à cinq ans, et leurs commis ou préposés d'un emprisonnement d'une année au moins et de quatre ans au plus (Pén. 174). — Le coupable encourt, en outre, une condamnation à l'amende et diverses condamnations accessoires. — La tentative de délit de concussion est punissable comme le délit lui-même.

Art. 6. — Délits des fonctionnaires qui s'ingèrent dans les affaires ou commerces incompatibles avec leur qualité (R. 82 et s. ; S. 58 et s.).

32. Le Code pénal défend et punit (art. 175 et 176) toute immixtion des fonctionnaires publics dans les affaires ou commerces sur lesquels leur qualité leur donne quelque action. Tout fonctionnaire, tout officier public, tout agent du Gouvernement, qui, soit ouvertement, soit par actes simulés, soit par interposition de personnes, aura pris ou reçu quelque intérêt que ce soit dans les actes, adjudications, entreprises ou régies dont il a, ou avait, au temps de l'acte, en tout ou en partie, l'administration ou la surveillance, sera puni d'un emprisonnement de six mois au moins et de deux ans au plus, et condamné à une amende qui ne pourra excéder le quart des restitutions et des indemnités, ni être au-dessous du douzième. Il sera de plus déclaré à jamais incapable d'exercer aucune fonction publique. La présente disposition est applicable à tout agent du Gouvernement, qui aura pris un intérêt quelconque dans une affaire dont il était chargé d'ordonnancer le payement ou de faire la liquidation (Pén. 175).

33. La première condition de ce délit, c'est que l'auteur du fait incriminé ait la qualité de fonctionnaire public, d'officier public ou d'agent du Gouvernement. Cette expression comprend tous ceux qui, investis d'un mandat public, puisent, dans ce mandat, le droit de concourir à la gestion des affaires de l'État, du département, de la commune ou d'un établissement public quelconque. Cette qualité a été reconnue à un conseiller municipal qui, chargé par délibération du conseil, de prendre les mesures nécessaires pour l'alimentation d'une ville et d'obtenir du Gouvernement une part des blés réquisitionnés pendant le siège de Paris, avait pris livraison de ces blés pour son compte personnel, et avait partagé avec des associés les bénéfices résultant de la vente des subsistances ainsi obtenues, par réquisitions ou autres moyens, des subordonnés à son autorité (Cr. r. 29 nov. 1873, D. P. 74. 1. 327).

34. Le second élément du délit est l'existence d'un intérêt pris dans les actes, adjudications, entreprises ou régies. Le délit est commis dès que la convention illicite est formée, sans qu'il y ait à se préoccuper des suites de l'immixtion. Il a été jugé que le fait par un maire de prendre un intérêt dans une société ayant pour objet l'exploitation d'une source appartenant à la commune réunit tous les éléments constitutifs de l'ingérence prohibée par l'art. 175 c. pén., encore que l'association ait été déclarée nulle, comme fondée sur un acte de concession dépourvu de l'approbation de l'autorité administrative supérieure (Cr. r. 5 juin 1890, D. P. 91. 1. 42).

35. Le troisième élément du délit consiste dans cette circonstance que le fonctionnaire, officier public ou agent du Gouvernement avait, au temps de l'acte, l'administration ou la surveillance de l'affaire dans laquelle il a pris intérêt. — Il n'est pas nécessaire, du reste, qu'il ait eu seul cette administration ou cette surveillance : l'art. 175 dit *en tout ou en partie*; ainsi, il suffit qu'il ait pu, dans une mesure plus ou moins large, favoriser l'entreprise dans laquelle il a pris intérêt pour que le délit existe et que la peine puisse lui être appliquée.

36. Aux termes de l'art. 176, tout commandant des divisions militaires, des départements ou des places et villes, tout préfet ou sous-préfet, qui aura, dans l'étendue des lieux où il a droit d'exercer son autorité, fait ouvertement, ou par des actes simulés ou par interposition de personnes, le commerce de grains, grenailles, farines, substances farineuses, vins ou boissons, autres que ceux de ses propriétés, sera puni d'une amende de 500 francs au moins, de 10 000 francs au plus, et la confiscation des denrées appartenant à ce commerce. — Cet article n'a reçu jusqu'à présent aucune application.

ART. 7. — DE LA CORRUPTION DES FONCTIONNAIRES.

37. L'expression *corruption de fonctionnaire*, dans son acception générale, évoque l'idée de fonctionnaires qui trafiquent de leur pouvoir. Le Code pénal comprend sous ce titre, outre la *vénalité* du fonctionnaire, qui constitue la corruption proprement dite, le *trafic d'influence* et le fait du juge ou de l'administrateur qui, dans l'exercice de son autorité, se décide pour ou contre une partie par faveur ou inimitié pour elle, c'est-à-dire la *partialité* du fonctionnaire.

§ 1er. — Vénalité des fonctionnaires (R. 100 et s.; S. 63 et s.).

38. Le crime de corruption (Pén. 177), envisagé dans la personne de celui qu'on peut considérer comme en étant l'agent passif, implique l'existence de trois conditions principales : 1° *Qualité de la personne*. L'agent corrompu doit être investi d'une autorité, d'un pouvoir dont il a pu faire usage au profit du corrupteur. Celui qui agréerait des offres ou promesses, qui recevrait des dons ou présents pour faire ou ne pas faire une chose à l'égard de laquelle il serait dépourvu de tout pouvoir légal, pourrait être coupable d'escroquerie, il ne serait pas coupable de corruption. — Les personnes visées par l'art. 177 sont : tous fonctionnaires publics de l'ordre administratif ou judiciaire, tous agents ou préposés d'une administration publique. La jurisprudence a fait rentrer dans ces dénominations : les gendarmes, gardes forestiers, gardes champêtres, gardes particuliers, gardiens de prison, agents des douanes, les chefs de bureau ou de division ou employés de préfectures et sous-préfectures, les sous-chefs de section des ponts et chaussées, l'huissier qui reçoit de l'argent pour s'abstenir d'exécuter une contrainte par corps, les médecins-majors attachés à un corps de troupe et chargés de visiter les soldats qui demandent à être réformés pour infirmités contractées pendant le service (les médecins appelés au conseil de révision à donner leur avis sur les infirmités des jeunes gens qu'ils sont chargés d'examiner ne tombent pas sous l'application de l'art. 177, lorsqu'ils reçoivent des dons ou agréent des promesses pour être favorables à ces jeunes gens, ce cas spécial de corruption étant prévu et puni par la législation sur le recrutement de l'armée : L. 23 mars 1905, art. 81; V. *infrà*, *Recrutement de l'armée*), les secrétaires de mairies, les cantonniers, etc.

39. Mais, d'après la jurisprudence, l'expression *fonctionnaires publics* de l'art. 177 ne s'applique pas seulement aux citoyens revêtus à un degré quelconque d'une portion de la puissance publique; elle comprend encore ceux qui, investis d'un mandat public soit par une élection régulière, soit par une délégation du pouvoir exécutif, concourent à la gestion des affaires de l'Etat, du département ou de la commune (Cr. r. 24 févr. 1893, D. P. 93. 1. 393). Tels sont les sénateurs, députés, conseillers généraux, municipaux, etc.; ils encourent l'application de l'art. 177, § 1er, lorsqu'ils agréent des offres ou promesses, reçoivent des dons ou présents pour *faire un acte de leurs attributions*, notamment pour déterminer le sens de leur vote. Ces mêmes personnes tombent sous le coup d'une autre disposition de l'art. 177 lorsqu'elles ont trafiqué de leur influence (V. *infrà*, n° 43). — L'art. 177 est également applicable à l'arbitre ou expert nommé soit par le tribunal, soit par les parties, qui aura agréé des offres ou promesses ou reçu des dons ou présents pour rendre une décision ou donner une opinion favorable à l'une des parties (Pén. 177, § 3).

40. 2° *Offres ou promesses agréées, dons ou présents reçus*. — Le second élément du crime prévu et puni par l'art. 177 est que le fonctionnaire, agent ou préposé, ait agréé des offres ou promesses, reçu des dons ou présents. Il ne suffit pas, pour que le crime existe, que des offres ou promesses aient été faites au fonctionnaire, agent ou préposé; il faut encore qu'il les ait agréées. La loi punit le crime même de la fonction publique; aussi la qualification de corruption ne pourrait s'appliquer au fait du fonctionnaire qui aurait reçu, à titre d'étrennes ou comme marque de gratuité ou de reconnaissance, des dons ou présents, sans qu'il y ait du reste, entre lui et le particulier reconnaissant, cette convention préalable illicite, ce trafic de fonction, qui est de l'essence de la corruption. Le fonctionnaire corrompu est punissable, soit que le marché ait été conclu directement entre le corrupteur et le fonctionnaire, soit qu'il ait été conclu par des personnes interposées (Pén. 177, § 3).

41. 3° *Acte de la fonction*. — L'art. 177 exige que le fonctionnaire ait agréé les offres ou promesses, reçu les dons ou présents, pour faire un acte de sa fonction, acte même juste, mais non sujet à salaire, ou pour s'abstenir de faire un acte qui entrait dans l'ordre de ses devoirs. Il a été jugé que les maires, en Algérie, dans les communes de plein exercice, étant nécessairement consultés pour la nomination des caïds ou des muezzins, accomplissent un acte de leurs fonctions quand ils donnent leur avis sur la nomination de ces agents, et que le fait par un maire de recevoir de l'argent à l'occasion de renseignements à donner pour ces nominations tombe sous le coup de l'art. 177 (Cr. r. 19 avr. 1894, D. P. 98. 1. 494). — La corruption a lieu seulement s'il s'agit d'un *acte de la fonction*, c'est-à-dire d'un acte qui fait partie des attributions légales de celui qui l'accomplit ou qui s'abstient de l'accomplir. Si l'acte que le fonctionnaire accomplit ou dont il s'abstient à prix d'argent ne rentre pas dans l'ordre des devoirs que la loi lui impose, le fait peut constituer une escroquerie, mais non un acte de corruption.

Ainsi le fait, de la part d'un gendarme, de s'être fait remettre une somme d'argent en menaçant des individus de les conduire en prison s'ils n'effectuaient pas cette remise de fonds, et ce sous le prétexte d'irrégularité dans leurs passeports, ne constitue point le crime de corruption, prévu par l'art. 177 c. pén., mais bien le délit d'escroquerie.

42. La peine est la dégradation civique, et une amende double de la valeur des promesses agréées ou des choses reçues, sans que ladite amende puisse être inférieure à 200 francs (Pén. 177, § 1er). — Dans le cas où la corruption a pour objet un fait criminel emportant une peine plus forte que celle de la dégradation civique, cette peine plus forte doit être appliquée aux coupables (Pén. 178). — Si c'est un juge prononçant en matière criminelle ou un juré qui s'est laissé corrompre, soit en faveur, soit au préjudice de l'accusé, il est puni de la réclusion, outre l'amende ordonnée par l'art. 177 (Pén. 181). — Si, par l'effet de la corruption, il y a eu condamnation à une peine supérieure à celle de la réclusion, cette peine, quelle qu'elle soit, est appliquée au juge ou juré coupable de corruption (Pén. 182).

§ 2. — Trafic d'influence.

43. L'art. 177, § 4 à 6, ajoutés par la loi du 4 juill. 1889, punit des peines indiquées *suprà*, n° 42, toute personne investie d'un mandat électif, qui aura agréé des offres ou promesses, reçu des dons ou présents pour faire obtenir ou tenter de faire obtenir des décorations, médailles, distinctions ou récompenses, des places, fonctions ou emplois, des faveurs quelconques accordées par l'autorité publique, des marchés, entreprises ou autre bénéfices résultant de traités conclus également avec l'autorité publique, et aura ainsi abusé de l'influence, réelle ou supposée, que lui donne son mandat. — Toute autre personne qui s'est rendue coupable de faits semblables est punie d'un emprisonnement d'un an au moins et de cinq ans au plus, et d'une amende égale à celle prononcée par le premier paragraphe du présent article. — Les coupables peuvent, en outre, être interdits des droits mentionnés dans l'art. 42 c. pén., pendant cinq ans au moins et dix ans au plus, à compter du jour où ils auront subi leur peine (même article).

44. Les expressions « faveurs accordées par l'autorité publique » doivent s'entendre dans le sens le plus large, et comprennent toute décision favorable de l'autorité publique qui, au lieu d'être obtenue par des moyens légitimes, a été obtenue ou poursuivie par des moyens d'influence coupables ou aurait seulement donné lieu à des offres et promesses d'argent. Ainsi, tombe sous le coup de l'art. 177 le fait, pour un conseiller municipal, d'agréer une promesse d'argent pour obtenir ou tenter d'obtenir en faveur d'un jeune homme dispense du service militaire (Cr. r. 9 mai 1895, D. P. 1900. 1. 213). — Ces mêmes expressions s'appliquent aussi bien qu'à celles de l'autorité judiciaire. Spécialement, celui qui s'est fait souscrire un billet en assurant à celui qui le lui a souscrit que, grâce au concours d'un tiers qu'il ne nomme pas, il fera réussir un pourvoi en cassation dont le succès intéresse le souscripteur du billet, tombe sous le coup de l'art. 177, § 5 (Cr. r. 24 juin 1899, D. P. 1902. 1. 357). — La loi n'exige pas, pour l'application de l'art. 177, § 4 à 6, c. pén., que des démarches aient été faites pour déterminer la croyance à l'influence de celui qui reçoit des offres, promesses, dons ou présents; et même, d'après la Cour de cassation, de telles démarches, constituant l'escroquerie, rendraient ces dispositions inapplicables (Cr. c. 24 juin 1899, D. P. 1902. 1. 357).

§ 3. — *Partialité des fonctionnaires* (R. 136 et s.; S. 76).

45. Tout juge ou administrateur qui s'est décidé par faveur pour une partie ou par inimitié contre elle, est coupable de forfaiture et puni de la dégradation civique (Pén. 183). La faveur ou l'inimitié qui auraient pris naissance dans les passions politiques, dans l'esprit de parti, du moment qu'elles produiraient le même résultat, constitueraient le crime prévu par l'art. 183, aussi bien que celles qui découlent des sentiments privés.

46. Ce crime exige la réunion de trois conditions. Il faut : 1° que l'inculpé ait la qualité de juge, expression qui comprend les jurés, mais non les magistrats du ministère public, ou d'administrateur. La dénomination d'*administrateur*, moins large dans son acception que celle de fonctionnaire de l'ordre administratif, ne comprend que ceux qui sont dépositaires d'une portion du pouvoir exécutif, et qui, en cette qualité, ont le droit de prendre des arrêtés, comme les préfets, les sous-préfets, les maires, les directeurs des administrations publiques, mais non les simples agents ou préposés de ces administrations ; 2° que les sentiments de faveur ou d'inimitié auxquels a obéi le juge ou l'administrateur se soient manifestés par des faits extérieurs ; 3° qu'il y ait une décision du juge ou de l'administrateur et que cette décision soit susceptible d'effet.

§ 4. — *Des corrupteurs* (R. 147 et s.; S. 77 et s.).

47. La corruption d'un fonctionnaire suppose un agent actif de la corruption (le corrupteur). La loi punit quiconque aura contraint ou tenté de contraindre, par voies de fait ou menaces, corrompu ou tenté de corrompre par promesses, offres, dons ou présents, l'une des personnes de la qualité exprimée en l'art. 177, pour obtenir soit une opinion favorable, soit des procès-verbaux, états, certificats ou estimations contraires à la vérité, soit des places, emplois, adjudications, entreprises ou autres bénéfices quelconques, soit tout autre acte du ministère du fonctionnaire, agent ou préposé, soit enfin l'abstention d'un acte qui rentrait dans l'exercice de ses devoirs (Pén. 179).

48. La corruption active exige : 1° qu'il y ait eu dons ou promesses. Mais la loi n'exige pas que le fonctionnaire ait été l'objet de propositions verbales ou écrites ; la corruption, ou la tentative de corruption, résulte des offres ou promesses, dons ou présents faits dans l'intention de corrompre. Ainsi, il y a tentative de corruption dans le fait de remettre à un juge de paix, appelé à statuer sur un procès intéressant le corrupteur, un pli cacheté paraissant contenir des pièces de procédure, mais renfermant en réalité une somme d'argent (Cr. r. 28 janv. 1897) ; 2° qu'un fonctionnaire en ait été l'objet ; 3° que le corrupteur ait visé un acte de la fonction de l'agent. — L'art. 179 embrasse dans la généralité de ses termes tous les actes dépendant de la fonction que la corruption menace dans son indépendance. Ainsi, le fait de chercher à obtenir, par l'offre ou la promesse d'une somme d'argent, l'influence et le vote d'un conseiller municipal pour se faire donner une concession de travaux publics, rentre dans les prévisions de cet article, car il vise évidemment un acte de la fonction de conseiller municipal. De même, l'offre d'une somme d'argent faite par un fournisseur à un capitaine d'habillement afin que celui-ci, au sein du conseil d'administration, fasse frauduleusement obtenir une adjudication à ce fournisseur, constitue une tentative de corruption pour un acte qui est essentiellement relatif aux fonctions de l'officier dont il s'agit. — Le corrupteur est

punissable alors même que les actes qu'il a voulu obtenir du fonctionnaire sont justes, par exemple, le dépôt devant la Chambre des députés d'un rapport favorable de la part du rapporteur d'une commission (Cr. r. 28 oct. 1897) ; 4° que le corrupteur ait agi avec l'intention délictueuse. Cette intention est suffisamment caractérisée à l'égard d'un fournisseur militaire qui a remis à la femme de l'officier chargé de la réception des fournitures une enveloppe contenant des billets de banque justement refusés par l'officier (Cr. r. 5 mai 1899, D. P. 1900. 1. 143).

49. Les peines sont les mêmes que celles qui frappent la personne corrompue (Pén. 179, § 1er, *in fine*; V. *supra*, n° 42). Par dérogation à l'art. 2 c. pén. (V. *infra*, *Tentative*), ces peines ne sont pas applicables à la simple tentative de corruption non suivie d'effet, laquelle est punie seulement d'un emprisonnement de trois à six mois et d'une amende de 100 à 300 francs (Pén. 179, § 2). On reconnaît généralement qu'il n'y a pas à tenir compte de la disposition du paragraphe 1er du même article, d'après lequel la tentative dont il s'agit serait passible des mêmes peines que la corruption consommée.

ART. 8. — ABUS D'AUTORITÉ (R. 158 et s.; S. 86).

50. Le Code pénal distingue deux sortes d'abus d'autorité : 1° les abus d'autorité contre les particuliers : violation de domicile (V. *infra*, *Liberté individuelle*), déni de justice (V. *supra*, *Déni de justice*), violences employées sans motif légitime pour l'exécution d'un mandat de justice ou d'un jugement (V. *infra*, *Liberté individuelle*), suppression ou ouverture de lettres confiées à la poste (V. *infra*, *Postes*) ; 2° les abus d'autorité contre la chose publique, lesquels sont prévus par les art. 188 à 191 c. pén. et punis de la réclusion. Ces articles prévoient le fait de la part de fonctionnaires de requérir ou d'ordonner l'emploi de la force publique pour empêcher l'exécution d'une loi, la perception d'une contribution, l'application d'un ordre de l'autorité compétente. Ils ne paraissent pas avoir reçu d'application jusqu'à présent.

ART. 9. — DE L'EXERCICE DE L'AUTORITÉ PUBLIQUE ILLÉGALEMENT ANTICIPÉ OU PROLONGÉ (R. 172 et s.; S. 87 et s.).

51. Le délit d'exercice anticipé de l'autorité publique (Pén. 196) suppose chez l'agent la qualité de fonctionnaire public soumis à la prestation d'un serment (professionnel) avant d'entrer en fonctions, le défaut de prestation préalable de ce serment, et une faute à lui reprocher de ce chef. Il est puni d'une amende de 16 à 150 francs.

52. Le délit d'exercice de l'autorité publique illégalement prolongé (Pén. 197) exige la réunion de trois conditions : 1° l'auteur du délit doit être fonctionnaire public ; 2° il doit avoir continué ses fonctions après avoir perdu le droit de les exercer ; 3° il doit l'avoir fait dans une intention coupable. — L'art. 197 comprend dans la désignation générale de fonctionnaires tous les citoyens qui, sous une dénomination quelconque, ont été investis d'un mandat dont l'exécution se lie à un intérêt d'ordre public et qui, à ce titre, sont soumis à l'autorité du Gouvernement. Par exemple, les membres d'un conseil de fabrique qui, révoqués par un arrêt régulier porté à leur connaissance, continuent d'exercer leurs fonctions, tombent sous l'application de l'art. 197 c. pén. Cet article est également applicable au notaire qui, après son remplacement, délivre, même en vertu d'un traité secret passé avec son successeur, des expéditions ou extraits, certifiés par lui, des actes qu'il a reçus. — La peine est un emprisonnement de six mois à deux ans, une

amende de 100 à 500 francs, l'interdiction de l'exercice de toute fonction publique de cinq à dix ans à compter de l'exécution de la peine (Pén. 197).

ART. 10. — REFUS D'UN SERVICE LÉGALEMENT DU (R. 181 et s.; S. 91 et s.).

53. Tout commandant, tout officier ou sous-officier de la force publique, qui, après en avoir été légalement requis par l'autorité civile, a refusé de faire agir la force à ses ordres, est passible d'un emprisonnement d'un mois à trois mois, sans préjudice des réparations civiles qui pourraient être dues aux termes de l'art. 10 c. pén. (Pén. 234).

54. Il faut, d'après les termes mêmes de l'art. 234, que la réquisition émane de l'autorité civile. Les autorités civiles qui ont le droit de requérir l'action de la force publique sont les préfets, les sous-préfets, les maires et leurs adjoints, les officiers de police judiciaire, chacun dans le cercle de ses attributions (L. 21 oct. 1789 ; 26 et 27 juill.-8 août 1791 ; 28 germ. an 6, art. 140 ; Arr. 13 flor. an 7 ; Instr. 25, 99, 186 ; Ord. 29 oct. 1820 ; L. 10 avr. 1831, art. 1er; Décr. 4 oct. 1891, art. 64 ; Instr. min. 24 juin 1903, art. 3 ; V. aussi *infra*, *Gendarmerie*, n°s 14 et s.). — Les préposés des Douanes peuvent aussi la requérir pour la perception des droits d'importation et d'exportation, et pour la répression de la contrebande ; ... les administrateurs et agents forestiers, pour la répression des délits relatifs à la police et à l'administration forestière, parce que les gardes forestiers ne sont pas en force suffisante pour arrêter les délinquants ; ... les agents préposés à la perception des impôts, pour assurer la rentrée des contributions directes et indirectes ; ... les huissiers et autres exécuteurs des mandements de justice, pour assurer, lorsqu'il en est besoin, l'exécution des sentences, jugements et mandements dont ils sont chargés.

55. La réquisition doit être légale, c'est-à-dire faite dans les formes prescrites par la loi. Elle doit avoir lieu par écrit ; énoncer soit l'objet pour lequel la force publique est requise, soit le jugement ou l'ordre administratif en vertu duquel on la requiert ; en outre, si elle est adressée à la gendarmerie, énoncer la loi ou l'arrêté qui autorise (V. *infra*, *Gendarmerie*, n° 15). — La règle d'après laquelle la réquisition doit être faite par écrit n'est pas rigoureusement applicable dans les cas d'urgence, notamment dans ceux qui sont spécifiés par les art. 99 (prévenu qui tente de s'évader) et 108 c. instr. cr. (prévenu contre lequel est lancé un mandat de dépôt ou d'arrêt).

ART. 11. — PARTICIPATION DES FONCTIONNAIRES AUX CRIMES ET DÉLITS QU'ILS ÉTAIENT CHARGÉS DE SURVEILLER OU DE RÉPRIMER.

56. Hors les cas où la loi règle spécialement les peines encourues pour crimes ou délits commis par les fonctionnaires ou officiers publics, ceux d'entre eux qui auront participé à d'autres crimes ou délits qu'ils étaient chargés de surveiller ou de réprimer seront punis comme il suit : — S'il s'agit d'un délit de police correctionnelle, ils subiront toujours le *maximum* de la peine attachée à l'espèce du délit ; — s'il s'agit de crime, ils seront condamnés, savoir : à la reclusion, si le crime emporte contre tout autre coupable la peine du bannissement ou de la dégradation civique ; aux travaux forcés à temps, si le crime emporte contre tout autre coupable la peine de la reclusion ; et aux travaux forcés à perpétuité, lorsque le crime emporte contre tout autre coupable la peine de la déportation ou celle des travaux forcés à temps. — Au delà des cas qui viennent d'être exprimés, la peine commune est appliquée sans aggravation

(Pén. 198). Cet article ne statue que pour le cas où la loi n'a pas réglé spécialement les peines encourues pour crimes ou délits commis par les fonctionnaires ou officiers publics ; ainsi, lorsqu'il existe une disposition spéciale, c'est cette disposition, et non pas l'art. 198, qui doit être appliquée. La jurisprudence décide, par application de cette règle, que l'aggravation de peine prononcée par l'art. 198 est inapplicable aux délits de chasse qui sont l'objet d'une disposition spéciale, celle de l'art. 12, § 3, de la loi du 3 mai 1844 (V. *suprà, Chasse-louveterie*, n° 224). — La règle générale de l'art. 463 c. pén., relatif à la modération des peines quand il existe des circonstances atténuantes, ne reçoit pas exception à l'égard des crimes et délits prévus par l'art. 198 c. pén. ; l'obligation pour le juge de prononcer le maximum de la peine cesse donc lorsqu'il y a des circonstances atténuantes.

57. Il convient de rapprocher des dispositions celle de l'art. 462 c. pén., aux termes de laquelle, si les délits contre les propriétés ont été commis par les gardes champêtres ou forestiers, ou des officiers de police, à quelque titre que ce soit, la peine d'emprisonnement sera d'un mois au moins et d'un tiers au plus en sus de la peine la plus forte qui serait appliquée à un autre coupable du même délit. — L'art. 463, sur les circonstances atténuantes, est applicable aux cas prévus par l'art. 462, comme à ceux que vise l'art. 198 (V. *suprà*, n° 56).

ART. 12. — DÉLITS DIVERS RELATIFS A LA TENUE DES ACTES DE L'ÉTAT CIVIL, A L'ÉVASION DES DÉTENUS, A LA COMPLICITÉ AVEC LES FOURNISSEURS, AUX ATTENTATS AUX MŒURS (R. 196 et s. ; S. 96).

58. Sur les dispositions pénales par lesquelles le législateur a sanctionné les règles relatives à la tenue des registres de l'état civil, V. *suprà, Actes de l'état civil*, n°s 106 et s. — Sur les pénalités applicables aux huissiers, commandants de la force publique et préposés à la conduite, au transport ou à la garde des détenus, dans le cas d'évasion de ces derniers, V. *suprà, Évasion-recélé*, n°s 7 et s. — Sur les conditions dans lesquelles les fonctionnaires qui se rendent coupables d'attentats aux mœurs encourent l'aggravation de peines prononcée par l'art. 333 c. pén., V. *suprà, Attentats aux mœurs*, n° 21. — Sur les peines dont sont passibles les fonctionnaires publics qui ont aidé les fournisseurs aux armées de terre et de mer dans la consommation du crime prévu par les art. 430 et s. c. pén., V. *infrà, Marchés de fournitures*.

FRAIS ET DÉPENS

(R. v° *Frais et dépens* ; S. *eod.* v°).

SECT. Iʳᵉ. — Frais et dépens en matière civile.

§ 1ᵉʳ. — *Définition et législation* (R. 1 et s. ; S. 1 et s.).

1. On entend par frais et dépens les dépenses légales faites ou à faire à l'occasion d'un procès. — Les principales dispositions qui régissent la matière des frais et dépens en matière civile sont : 1° les art. 60, 130 à 183, 543, 544 et 1042 c. pr. civ. ; 2° trois décrets du 16 févr. 1807 : le premier, contenant le tarif des frais et dépens pour le ressort de la cour d'appel de Paris, modifié par celui du 26 déc. 1898 (D. P. 99. 4. 111) ; le second, relatif à la liquidation des dépens ; le troisième, qui rend commun à plusieurs cours d'appel et à plusieurs tribunaux le tarif des frais et dépens de ceux de Paris et en fixe la réduction pour les autres ; 3° l'ordonnance du 10 oct. 1841 (R. p. 69), contenant le tarif des frais et dépens relatifs aux

ventes judiciaires de biens immeubles ; 4° la loi du 25 oct. 1884 sur les ventes judiciaires d'immeubles (D. P. 85. 4. 9), qui exonère des droits de timbre, d'enregistrement, de greffe et d'hypothèque les actes rédigés pour parvenir à l'adjudication des immeubles dont le prix de vente ne dépasse pas 2 000 francs ; 5° les art. 4 à 25 de la loi de finances du 26 janv. 1892 (D. P. 92. 4. 9), qui a consacré d'importantes réformes en matière de frais de justice ; 6° la loi du 24 déc. 1897, concernant le recouvrement des frais dus aux notaires, avoués et huissiers (D. P. 98. 4. 1). Un décret du 15 août 1903 apportait des modifications considérables au tarif des frais et dépens devant les tribunaux de première instance et les cours d'appel, tels qu'ils étaient établis par le décret du 16 févr. 1807. Mais ce décret a été rapporté par un autre décret du 14 juin 1904.

§ 2. — *Caractères de la condamnation aux dépens* (R. 28 et s. ; S. 9 et s.).

2. Le principe de la condamnation aux dépens réside dans l'obligation née du contrat judiciaire qui s'est établi entre les parties par cela seul qu'elles se sont présentées devant la justice pour obtenir droit. D'où la conséquence que les dépens auxquels un débiteur a été condamné envers le créancier qui l'a poursuivi sont un accessoire de la créance et ne peuvent être exigés avant l'expiration du délai accordé au débiteur pour le payement du principal.

3. La condamnation aux dépens de la partie qui succombe est de droit ; les dépens doivent donc être alloués d'office par le tribunal, sans que la partie adverse ait pris de conclusions à cet égard (Req. 29 déc. 1897, D. P. 99. 1. 233), ... et sans qu'il soit nécessaire que les actes dont les frais restent à la charge du perdant soient spécifiés (même arrêt). Mais les dépens ne pourraient être alloués à titre de dommages-intérêts à une partie qui ne les aurait pas demandés.

§ 3. — *Contre qui la condamnation aux dépens peut ou doit être prononcée* (R. 53 et s. ; S. 29 et s.).

4. Une règle générale domine toute la matière, c'est que la partie qui succombe doit être condamnée aux dépens (Pr. 130).

5. Cette règle comporte certaines exceptions. D'abord, elle n'est pas applicable si le procès a été intenté ou soutenu au nom de l'État dans un intérêt d'ordre général, notamment par le ministère public, en matière d'actes de l'état civil, de mariage, etc. ; par le préfet, en matière de conflit, d'élections, de recrutement de l'armée (Pau, 22 juin 1892, D. P. 93. 2. 48) ; par les administrations publiques, telles que la régie de l'Enregistrement, celle des Contributions indirectes, etc. En pareil cas, l'État, s'il est condamné, supporte sans doute ses propres dépenses ; mais le particulier qui a plaidé contre lui et obtenu gain de cause n'obtient pas le remboursement de ses frais. La règle générale conserve, au contraire, son application lorsqu'il s'agit de litiges relatifs au domaine de l'État (ou des communes) : l'État qui succombe dans les actions domaniales supporte tous les dépens, y compris ceux de la partie adverse.

6. La disposition de l'art. 130 souffre encore exception dans certains cas où les dépens peuvent être mis à la charge de la partie gagnante. Il en est ainsi : 1° lorsque c'est par la faute de cette partie que les frais ont été inutiles (Civ. 1382), comme dans le cas où elle n'a que tardivement produit les titres qui condamnaient la prétention de son adversaire (Req. 24 oct. 1904, D. P. 1905. 1. 47), ... ou lorsqu'elle a, par son fait, rendu nécessaire une procédure que le litige ne comportait pas normalement : les frais de

cette procédure doivent être alors supportés par elle ; 2° lorsque, pour soutenir une prétention légitime, la partie gagnante s'est livrée à des injures gratuites à l'égard de son adversaire ou à des poursuites inutiles et vexatoires.

7. Le fait de résister judiciairement à une demande n'est, en général, que l'exercice d'un droit et ne saurait, par lui-même, exposer son auteur à une condamnation à des dommages-intérêts : il n'encourt cette condamnation qu'autant qu'une faute caractérisée peut être relevée à sa charge, 3° lorsque l'instance a eu lieu dans l'intérêt exclusif de la partie qui a obtenu gain de cause, comme dans le cas notamment où sa réclamation soulevait une question de capacité, dont le défendeur ne pouvait se faire juge (Trib. civ. de la Seine, 23 mai 1901, D. P. 1901. 2. 363). Décidé, dans le même ordre d'idées, que la partie dont la prétention est consacrée par les juges peut néanmoins être condamnée aux dépens si, à raison des difficultés que soulevait la situation en présence de laquelle il se trouvait, le défendeur n'a commis aucune faute en résistant à cette prétention ; qu'il en est ainsi, spécialement, du conservateur des hypothèques qui s'est refusé à radier, à la requête d'une femme séparée de corps, l'inscription de son hypothèque légale (Paris, 16 mai 1902, D. P. 1903. 2. 225).

8. La partie qui s'en rapporte à justice doit être condamnée aux dépens quand les conclusions de son adversaire ont été admises et que, par conséquent, elle a succombé.

9. Dans le cas où il y a plusieurs défendeurs, c'est le demandeur qui doit être condamné aux dépens envers celui d'entre eux qui a été mis hors de cause et qu'il a eu, par conséquent, tort d'assigner ; le défendeur qui succombe ne peut être condamné à supporter ces dépens qu'à titre de supplément de dommages-intérêts au regard du demandeur, à moins qu'il ne soit le garant du défendeur mis hors de cause et que celui-ci n'ait pris ses conclusions contre lui.

10. Au reste, pour pouvoir être condamné aux dépens, il faut être partie, c'est-à-dire avoir un intérêt personnel au procès. Cette condamnation ne peut pas être prononcée contre celui qui n'est venu au procès que pour représenter, assister ou autoriser une autre personne. Cette règle comporte diverses applications. Ainsi, le ministère public ne saurait être personnellement passible des dépens dans les instances où il a agi à un titre quelconque, dans l'intérêt de l'ordre public et de l'exécution des lois, sauf toutefois le cas de prise à partie (V. *infrà, Prise à partie*). Il en est de même du préfet qui agit au nom de l'État (Pau, 22 juin 1892, D. P. 93. 2. 48) ; ... du maire qui plaide, soit comme agent du pouvoir exécutif, soit au nom de la commune ; ... des mandataires légaux ou judiciaires, etc.

11. Toutefois, cette règle fléchit lorsque la condamnation aux dépens est la conséquence d'une faute personnelle imputable à celui qui agit pour le compte d'autrui ; les dépens peuvent alors être mis à la charge de ce dernier. Tel serait le cas du maire qui aurait procédé en justice sans s'être fait autoriser par le conseil municipal. De même, les avoués ou les huissiers qui ont excédé les bornes de leur ministère, les curateurs, héritiers bénéficiaires ou autres administrateurs qui ont compromis les intérêts de leur administration, peuvent être condamnés aux dépens en leur nom et sans répétition, sans préjudice des dommages-intérêts auxquels ils peuvent, en outre, être condamnés, et de l'interdiction ou de la destitution qu'ils peuvent encourir suivant la gravité des circonstances (Pr. 132). — Parmi les autres administrateurs auxquels la disposition de l'art. 132 serait applicable le cas échéant, on peut citer les administrateurs des bureaux de bienfaisance, les conservateurs d'hypothèques, les notaires, les curateurs ou liquidateurs de succession, les exécuteurs testamentaires, les envoyés en possession provisoire des biens d'un absent, les syndics de faillite (Req. 27 nov. 1893, D. P. 95. 1. 343). Mais c'est à tort que ces personnes sont condamnées personnellement aux dépens alors que, d'une part, il n'est pas constaté qu'ils ont compromis les intérêts de leur administration et que, d'autre part, il n'est relevé contre elles aucun fait motivant une condamnation à des dommages-intérêts. Ainsi jugé à l'égard de curateurs ou liquidateurs de succession (Civ. c. 3 janv. 1899, D. P. 99. 1. 48).

12. Le mari qui autorise sa femme à plaider, sans prendre personnellement aucunes conclusions, ne peut, en principe, être condamné aux dépens. Par exception, le mari peut être condamné personnellement aux dépens, alors même qu'il se serait borné à autoriser sa femme, s'il a un intérêt au procès ou s'il a permis d'intenter, par esprit de chicane, une action mal fondée, ou occasionné le procès par sa faute. — Le mari qui plaide personnellement en vertu du régime sous lequel il a contracté mariage supporte seul le dépens s'il succombe. Enfin, quelque soit le régime matrimonial des époux, la condamnation aux dépens peut être étendue au mari qui a procédé et conclu pour sa femme. Il en est ainsi, notamment, lorsque les époux sont mariés sous le régime dotal (Civ. c. 26 juin 1893, D. P. 94. 1. 405).

§ 4. — Compensation des dépens (R. 74 et s.; S. 49 et s.).

13. Les dépens ne sont pas toujours mis pour le tout à la charge de l'une des parties. Ils peuvent, dans certains cas, être répartis entre les plaideurs. Cette répartition peut avoir lieu d'abord par voie de *compensation*.

14. La compensation de dépens est soit simple (ou totale), quand chaque partie conserve à sa charge les frais qu'elle a faits ou avancés personnellement, soit proportionnelle (ou partielle), lorsqu'une partie, outre ses propres frais, est condamnée à payer une partie des frais de son adversaire.

15. Les frais du jugement, quand les dépens sont compensés purement et simplement, doivent être supportés par la partie qui le lève et qui le signifie, à moins que le juge n'en ait ordonné autrement. En cas de compensation partielle, la partie condamnée à payer une portion des dépens exposés par son adversaire supporte ces frais dans la même proportion que les autres dépenses faites par ce dernier. — En ce qui concerne les frais d'expertise, descente sur les lieux ou autres semblables, la partie qui les a avancés ne peut rien répéter au cas de compensation simple; au cas de compensation proportionnelle, elle peut réclamer des avances au prorata de la condamnation prononcée à son profit.

16. La compensation peut être prononcée : 1° dans le cas de parenté ou d'alliance des parties; 2° lorsque les parties succombent respectivement sur quelques chefs (V. 131). Elle ne peut l'être en dehors de ces deux cas.

17. 1° *Compensation entre parents ou alliés.* — Elle ne peut avoir lieu qu'entre conjoints, ascendants, descendants, frères et sœurs ou alliés au même degré. Cette énumération est d'ailleurs limitative; il est interdit d'ordonner la compensation au delà du degré légal.

18. La compensation, dans les procès entre personnes visées par l'art. 131, est, d'ailleurs, toujours facultative pour le juge (Req. 21 févr. 1899, D. P. 99. 1. 243). D'après la jurisprudence de la Cour de cassation, la compensation peut être prononcée dans une instance engagée entre parents au degré

légal, quoique lors du jugement l'instance ait été reprise par suite du décès de l'une des parties, avec des représentants n'ayant pas ce degré de parenté. Les dépens peuvent être compensés bien que l'alliance ait cessé par la mort de l'enfant qui l'avait produite. — La compensation peut avoir lieu dans une contestation entre époux séparés de corps (Lyon, 2 nov. 1899, D. P. 1902. 2. 215). Il en serait autrement s'il s'agissait d'un litige entre époux divorcés; mais les dépens de l'instance en divorce, même lorsque celui-ci est prononcé, peuvent être compensés, le procès ayant eu lieu entre conjoints (V. *suprà, Divorce*, n° 132). — L'art. 121 c. pr. civ. s'applique à tous les procès pouvant survenir entre les parents indiqués par la loi, même à la demande en mainlevée de l'opposition formée par un ascendant au mariage de son descendant. Elle ne souffre qu'une exception : celle qui résulte de l'art. 1080 c. civ. (V. *infrà, Partage d'ascendant*).

19. 2° *Compensation au cas où les parties succombent respectivement sur quelques chefs.* — Dans ce cas, comme dans le précédent, la compensation est facultative pour le juge; les dépens peuvent donc être mis en totalité à la charge de l'une des parties, bien qu'elle ne succombe que sur certains chefs ou même sur un seul chef de la contestation (Req. 23 déc. 1903, D. P. 1903. 1. 151). — Il n'en est statué, toutefois, qu'autant qu'il est statué entre tous les frais de l'instance, et non dans le cas où il statué distinctement sur chacun des chefs du litige; le juge ne peut alors compenser la partie qui succombe pas sur un chef, à en supporter les dépens.

20. Les dépens peuvent être compensés, non seulement lorsque les deux parties succombent respectivement sur certains chefs, mais encore dans le cas où la demande ne comprend qu'un seul chef, si le chiffre est réduit par le juge.

21. Lorsque le débiteur a fait des offres, il faut distinguer deux hypothèses : 1° les offres sont insuffisantes. Si le tribunal alloue au demandeur une somme moindre que la somme réclamée, il peut compenser les dépens. Si, au contraire, le jugement alloue au demandeur la somme entière qu'il réclamait, s'il lui donne gain de cause sur tous les points, il ne doit mettre à sa charge aucune partie des dépens, à moins qu'il n'y ait eu faute de sa part; — 2° les offres sont suffisantes. En ce cas, les dépens doivent être, en principe, supportés par le demandeur (Civ. c. 21 juill. 1902, D. P. 1902. 1. 392). — Quand le créancier accepte les offres du débiteur, il appartient au juge d'apprécier s'il y a lieu de le condamner à la totalité des frais déjà faits. Cette condamnation pourrait être prononcée si le procès avait été engagé sans nécessité et si l'offre avait été faite immédiatement.

22. Dans la pratique, les tribunaux, au lieu de compenser les dépens, les règlent souvent en ordonnant qu'il en sera fait masse et que chaque partie en supportera une fraction déterminée, la masse des dépens comprenant tous les frais qui ont été faits et ceux qui vont l'être, c'est-à-dire les frais du jugement et de la signification.

23. Dans certains cas, les juges peuvent décider que les dépens seront employés en frais généraux. Il en est ainsi, notamment, dans les instances en partage, où il est ordonné le plus souvent que les dépens seront employés en frais de partage. — Mais cette solution ne s'impose pas nécessairement. Ainsi, il a été jugé que, dans une instance en compte, liquidation et partage, les frais peuvent être mis à la charge de la partie qui succombe, au lieu d'être employés en frais privilégiés, si la mauvaise foi de cette partie

est évidente (Nancy, 19 mai 1894, D. P. 96. 2. 94). Les frais des procès soutenus, en cas de faillite, par les syndics dans l'intérêt de la masse des créanciers, sont privilégiés comme frais de justice sur tout l'actif du failli. — En ce qui concerne les frais d'une demande en délivrance de legs (Civ. 1016), V. *infrà, Legs.*

§ 5. — Pouvoirs du juge. Motifs de la condamnation (R. 38; S. 62 et 63).

24. D'une façon générale, les tribunaux jouissent, quant à la condamnation aux dépens, d'un pouvoir discrétionnaire, qui échappe au contrôle de la Cour de cassation. Ce pouvoir s'exerce principalement dans les cas où la compensation des dépens est autorisée par loi (V. *suprà*, n° 16 et s.). — Il est toutefois certaines règles dont l'observation s'impose au juge : telle est celle d'après laquelle la condamnation aux dépens ne peut être prononcée contre une partie qui a obtenu gain de cause sur tous les points; ... celle qui ne permet pas, en principe, de faire supporter les dépens à d'autres que les parties intéressées, etc.

25. La condamnation aux dépens, étant une conséquence de la condamnation principale, n'a pas besoin d'être spécialement motivée (Req. 10 déc. 1901, D. P. 1901. 1. 209). — Cette règle souffre exception : 1° dans le cas où la question des dépens a été l'objet d'une contestation particulière; 2° lorsque les dépens sont mis à la charge de la partie gagnante; 3° lorsqu'il s'agit de frais qui ne sont pas occasionnés par le procès et qui ne sont alloués qu'à titre de dommages-intérêts, tels que les droits d'enregistrement des actes produits dans la cause; 4° lorsque la condamnation est prononcée contre un mandataire légal en son nom personnel.

§ 6. — Division en matière de dépens (R. 93 et s.; S. 64 et s.).

26. En principe, lorsque plusieurs parties succombent sur une même demande, elles ne peuvent être condamnées solidairement aux dépens; la charge des dépens se divise entre elles (Civ. 1202; V. *infrà, Obligations*; Civ. c. 29 juin 1903, D. P. 1903. 1. 411).

27. Cette règle de la personnalité des dépens souffre deux exceptions : 1° la condamnation aux dépens peut être prononcée solidairement lorsque ces dépens sont adjugés à titre de dommages-intérêts, pour une faute ou des torts communs, notamment en cas de délits civils ou de délits prévus par la loi pénale. Mais le fait, de la part de plusieurs plaideurs, de s'être concertés pour une défense commune, ne constitue par leur part que l'exercice d'un droit. En conséquence, l'arrêt qui, pour condamner plusieurs parties solidairement aux dépens, se fonde uniquement sur ce que leur résistance se fait dans leur intérêt commun, manque de base légale (Civ. c. 18 mai 1898, D. P. 1900. 1. 326).

28. Le tribunal ne peut prononcer la solidarité qu'à la demande de parties intéressées; il suffit, d'ailleurs, qu'elles aient réclamé des dommages-intérêts. — La condamnation solidaire aux dépens doit, en ce cas, être accompagnée de la déclaration qu'elle est prononcée à titre de dommages-intérêts. Mais lorsque la solidarité dans la condamnation a pour base légale la participation à une faute commune, il n'est pas nécessaire que cette solidarité soit l'objet de motifs spéciaux dans l'arrêt, si le juge a, en vue, pour motiver sa décision sur le fond, d'établir la fraude et la participation simultanée des parties à cette fraude (V. *suprà*, n° 27).

29. 2° Le principe de la division des dépens souffre encore exception lorsque la condamnation principale porte sur une dette solidaire, la solidarité dans l'obligation impliquant la solidarité dans la condamnation aux dépens (Rennes, 25 janv. 1894, D. P. 95. 1. 192). Dans ce cas, la solidarité des dépens n'existe pas de plein droit ; le demandeur doit y conclure spécialement, et le jugement doit la prononcer.

30. Il y a controverse sur le point de savoir si l'obligation indivisible doit être assimilée pour les dépens à l'obligation solidaire. La jurisprudence la plus récente décide qu'en matière civile, quand la condamnation au principal n'a pas été prononcée solidairement, le juge ne peut prononcer la solidarité des dépens contre plusieurs défendeurs conjoints par l'unique motif que l'obligation principale était indivisible.

31. En principe, la division des dépens entre les parties condamnées s'opère par tête, et non en proportion de l'intérêt de chacune des parties en cause. — Si la présence et l'intérêt d'une partie ont exigé des frais qui n'eussent point été faits sans elle, ou si l'une des parties n'a pas eu besoin de procédures qui ont eu lieu sur la demande de ses consorts, les frais utiles à tous doivent seuls être divisés par tête ; chacun supporte en totalité les frais des actes à lui particuliers ou nécessités par sa présence.

32. Ces règles sur la division des dépens doivent être appliquées en l'absence de toute indication contraire ; mais il rentre dans le pouvoir discrétionnaire des tribunaux de fixer telle répartition que les circonstances paraissent rendre opportune, sans que leur décision à cet égard puisse donner ouverture à cassation.

§ 7. — *Étendue et limite de la condamnation* (R. 107 et s. ; S. 85 et s.).

33. Le plaideur qui succombe doit à son adversaire le remboursement des dépenses légales qui lui ont été occasionnées par le procès. Ces dépenses légales comprennent, notamment : 1° le coût des actes de procédure, tels que le prix du papier timbré employé pour ces actes ; les droits d'enregistrement auxquels ils donnent lieu. — Quant aux droits d'enregistrement qui peuvent être perçus sur des actes antérieurs qui ont été produits au cours de l'instance, ou dont l'existence a été révélée à l'administration par les débats ou par les énonciations du jugement, ils font également partie des dépens dans les deux cas suivants : *a*) s'il a été stipulé dans l'acte (ce qui est permis) que les droits d'enregistrement auxquels il pourra donner ouverture demeureront à la charge de la partie qui en aura rendu, par son fait, l'enregistrement obligatoire ; *b*) si une disposition spéciale du jugement condamne la partie perdante à payer ces droits à titre de dommages-intérêts, en réparation du préjudice qu'elle a causé en rendant l'instance nécessaire et occasionnant ainsi la perception des droits ; mais il faut que la condamnation soit prononcée à titre de dommages-intérêts sur conclusions spéciales, qu'elle soit motivée (du moins d'une manière implicite), qu'enfin le juge précise la faute commise et le préjudice éprouvé. — En dehors de ces deux cas, les droits d'enregistrement afférents aux actes produits au cours de l'instance ne sont pas compris dans les dépens. Il en est ainsi qu'il s'agisse d'actes que les lois fiscales prescrivent de présenter à l'enregistrement quand même ils ne seraient pas produits en justice, soit, selon la jurisprudence la plus récente, qu'il s'agisse d'actes non soumis par eux-mêmes à l'enregistrement et qui n'ont dû subir cette formalité qu'en raison de leur production en justice (Civ. c. 25 oct. 1904, D. P. 1905. 1. 34).

34. 2° Les émoluments du greffier (V. *infra*, *Greffe-greffier*).

35. 3° Les émoluments alloués aux huissiers ordinaires pour les actes de leur ministère, lesquels sont fixés, pour les instances devant les justices de paix, par les art. 21 à 23 du tarif de 1807 ; pour les instances devant les tribunaux inférieurs (civils et de commerce) et les cours d'appel, par les art. 27 à 66 du même tarif. — Les huissiers ont droit, notamment, à un salaire pour les copies de pièces qui doivent être données avec les exploits. Devant les tribunaux civils, ce salaire ne s'applique qu'aux copies que l'huissier a faites lui-même ; le droit de copies de pièces appartient à l'avoué quand les copies sont faites par lui (Tarif, art. 28, § 2) : ce n'est pas alors au taux de l'art. 28 qui est applicable ; l'avoué a droit à l'émolument plus élevé que fixent les art. 72, § 1er, et 89. — Les huissiers ont droit à des frais de transport (Tarif, art. 23, § 1er, et 66). — Il est alloué aux huissiers près les tribunaux inférieurs et les cours d'appel des émoluments pour le visa des actes assujettis à cette formalité (Tarif, art. 66). Cette allocation est refusée aux huissiers de justice de paix (art. 23, § 2). — Les émoluments des huissiers audienciers près les tribunaux de première instance et les cours d'appel sont réglés par les art. 152 à 158 du tarif. A ces dispositions, il y a lieu d'ajouter, pour les tribunaux de commerce, l'arrêté du 8 avr. 1848 (D. P. 48. 4. 67), qui réduit à 20 centimes le droit d'appel de causes dû aux huissiers audienciers près ces tribunaux.

36. 4° Les émoluments des avoués (devant les tribunaux civils et les cours d'appel). Ils diffèrent suivant qu'il s'agit de matières ordinaires ou de matières sommaires. — *a*) *Matières ordinaires*. — Les différents actes donnant lieu à des émoluments au profit de l'avoué sont énumérés dans les art. 70 à 79, 81 à 89 du tarif. D'autre part, il leur est dû des vacations dans les cas déterminés par les art. 90 à 94 ; il ne peut leur en être alloué plus de trois par jour quand ils opèrent dans le lieu de leur résidence. Cette règle s'applique aux notaires et à tous officiers ministériels, ainsi qu'aux experts (art. 151, § 5). — Il faut ajouter le droit de consultation, qui est alloué aux avoués par l'art. 68. Les dépenses qu'entraînent certaines procédures (poursuites de contribution, de saisie immobilière, d'ordre) font l'objet de dispositions spéciales (art. 95 à 139). Enfin, les art. 141 à 146 règlent les émoluments dus aux avoués pour divers actes particuliers.

37. *b*) *Matières sommaires*. — Les dépens qui entrent en taxe sont notablement réduits. Ils sont énumérés dans l'art. 67 du tarif, qui en indique le montant.

38. Les émoluments des avoués des cours d'appel sont taxés au même taux que ceux des avoués de première instance, avec une augmentation qui est, suivant les cas, du double ou la moitié en sus (art. 147).

39. Les avoués ne peuvent exiger de plus forts droits que ceux énoncés au tarif, à peine de restitution, dommages-intérêts, et d'interdiction, s'il y a lieu (art. 151, § 4). Cette disposition est générale et s'applique à tous les officiers ministériels. — Le tarif ne comprend d'ailleurs, que l'émolument net des avoués. Indépendamment de cet émolument, ils ont droit à des honoraires lorsqu'ils ont donné aux affaires de leurs clients des soins particuliers.

40. 5° Les honoraires de l'avocat. — Ils sont fixés par les art. 80 et 82 du tarif. Ils sont de 15 francs ou de 10 francs suivant les cas. Habituellement, ils sont remis à l'avocat par l'avoué, qui peut les répéter comme déboursés. — Devant les tribunaux de commerce, il n'est rien alloué pour la plaidoirie de l'avoué qui a assisté l'une des parties. De même, les honoraires de l'agréé n'entrent pas en taxe.

41. 6° Les frais de voyage de la partie. — La partie qui, domiciliée ailleurs, s'est transportée au lieu où siège le tribunal, a droit, pour frais de voyage, séjour et retour, à une allocation de 3 francs par chaque myriamètre de distance, à la condition par elle d'affirmer au greffe, assistée de son avoué, que le voyage a été fait « dans la seule vue du procès ». Cette allocation est toujours la même, quels que soient l'état et la profession de la partie. — Si la comparution d'une partie a été ordonnée par jugement, elle a droit, lorsque les dépens lui sont adjugés, à une taxe égale à celle d'un témoin (Tarif, art. 146). — Les frais de voyage, ainsi qu'ils sont établis par l'art. 146, ne sont pas dus en matière sommaire ; mais, d'après la Cour de cassation, ils peuvent être taxés comme déboursés (Tarif, art. 67, *in fine*) et *ex æquo et bono* par le juge. Ils ne sont pas alloués non plus en matière commerciale, sauf les dommages-intérêts qui peuvent être alloués à la partie pour le déplacement qui lui a été imposé inutilement par son adversaire de mauvaise foi. — Il n'est accordé aucuns frais de voyage dans les instances pendantes devant la justice de paix ; mais il en est dû si l'affaire est portée en appel devant le tribunal civil.

42. 7° Les honoraires des experts, dans les causes où une expertise a été ordonnée (Req. 10 déc. 1900, D. P. 1901. 1. 209). Ces honoraires consistent dans des vacations, dont le taux varie suivant la nature des expertises. Il est, en outre, alloué aux experts des frais de voyage et de nourriture (Tarif, art. 159 à 165). — En justice de paix, la taxe des experts est la même que celle des témoins. — Devant les tribunaux de commerce, la taxe des dépens comprend, le cas échéant, les honoraires de l'arbitre-rapporteur devant lequel les parties ont été renvoyées.

43. 8° En cas d'enquête, l'indemnité allouée aux témoins. Devant les tribunaux de première instance et les cours d'appel, cette indemnité est au maximum de 10 francs, au minimum de 2 francs ; elle est doublée si le témoin n'a pas été entendu le premier jour pour lequel il a été cité. Il faut y ajouter les frais de voyage, si le témoin est domicilié à plus de deux myriamètres du lieu où se fait l'enquête ; ils sont de 3 francs par myriamètre pour l'aller et le retour. — Lorsqu'il est procédé à une enquête en justice de paix, l'indemnité à laquelle ont droit les témoins consiste dans une somme équivalant à une journée de travail, et à une double journée si le témoin a été obligé de se faire remplacer dans sa profession. Il est taxé au témoin qui n'a pas de profession une somme de 2 francs. Des frais de voyage lui sont alloués, lorsqu'il est domicilié hors du canton, et à une distance de plus de deux myriamètres et demi du lieu de l'enquête (Tarif, art. 24).

44. 9° Les droits de timbre et d'enregistrement à la perception desquels le jugement donne lieu (Civ. c. 30 avr. 1895, D. P. 95. 1. 415) ; les frais de levée et de signification du jugement ou de l'arrêt (Civ. r. 9 janv. 1900, D. P. 1904. 1. 605).

45. 10° Enfin, en principe du moins, le coût des titres qu'une partie a été obligée de produire, et qui étaient indispensables à l'établissement de ses droits.

46. Les juges peuvent faire entrer dans les dépens les frais des actes antérieurs à l'engagement de l'instance, tels que sommations, commandements, offres réelles. — Mais ils ne peuvent, en principe, condamner aux dépens d'une autre instance, à moins que ce ne soit à titres de dommages-intérêts. — Cette règle n'est pas applicable aux frais d'un référé préparatoire et de l'expertise ordonnée dans ces conditions par le juge des référés vu l'urgence et parce qu'il devait être impossible d'y procéder ultérieurement ; ces frais restent nécessairement en suspens jusqu'à ce qu'il soit statué sur le principal, et il appartient, dès lors, au juge du principal de décider, d'après la sentence qu'il prononce, à qui ils doivent incomber (Req. 6 août 1894, D. P. 95. 1. 33).

47. La condamnation aux dépens ne comprend pas les faux frais, tels qu'honoraires d'avocats (en dehors de ceux fixés par le tarif : V. *suprà*, n° 40), consultations, frais de voyage extra-légaux, etc. Toutefois, le juge peut allouer à la partie qui a gagné son procès une somme d'argent représentant, à titre de dommages-intérêts, les faux frais qu'elle a dû faire ; mais il faut pour cela que la partie adverse ait, par son esprit de chicane et sa résistance injuste, rendu le procès nécessaire ou l'ait fait traîner en longueur.

48. Dans la condamnation aux dépens ne sont pas compris les frais de procédure et autres, qui sont nuls ou frustratoires (c'est-à-dire inutiles). Ces actes et procédures, de même que ceux qui ont donné lieu à une amende, sont à la charge des officiers ministériels qui les ont faits. En outre, ceux-ci sont passibles des dommages-intérêts de la partie et peuvent même être suspendus de leurs fonctions (Pr. 1.031). D'après la jurisprudence, les frais des actes ou procédures inutiles doivent être supportés par l'officier ministériel, alors même qu'il ne les a faits que sur l'ordre de son client.

49. Comme exemples d'actes frustratoires, on peut citer : 1° les frais du préliminaire de conciliation lorsque la loi ne l'exige pas (V. *suprà*, Conciliation, n°s 9 et s.) ; 2° les significations de conclusions faites en plus d'une copie à un même avoué représentant plusieurs parties ayant toutes le même intérêt ; 3° la signification de jugement faite à une partie qui n'est frappée par ce jugement d'aucune condamnation et qui n'aurait point là droit d'en interjeter appel. On admet, au surplus, que s'il existe des doutes sérieux sur l'utilité des frais, l'officier ministériel n'en doit pas supporter la charge. — En tout cas, la question de savoir si les frais sont frustratoires est appréciée souverainement par les juges du fond, qui jouissent sur ce point d'un pouvoir discrétionnaire (Req. 4 mars 1901, D. P. 1901. 1. 467).

§ 8. — *Distraction des dépens* (R. 119 et s. ; S. 101 et s.).

50. La distraction des dépens est un bénéfice de la loi qui permet à l'avoué, créancier de frais dont il a fait l'avance, d'en poursuivre directement le remboursement contre l'adversaire de son client, conjointement aux dépens envers ce dernier. — La distraction n'est accordée qu'aux avoués : le bénéfice n'en peut être étendu à d'autres officiers ministériels, par exemple aux huissiers. — Elle ne peut être prononcée au profit de l'avoué qui a cessé d'être le mandataire *ad litem* de son client (Nancy, 12 févr. 1898, D. P. 99. 2. 86).

51. Pour obtenir la distraction des dépens, l'avoué doit affirmer, lors de la prononciation du jugement, qu'il a fait la plus grande partie des avances. Elle ne peut être prononcée que par le jugement qui porte condamnation aux dépens : la taxe est alors poursuivie et l'exécutoire délivré au nom de l'avoué (Pr. 133).

52. La distraction embrasse tous les dépens adjugés à la partie qui a obtenu gain de cause, et est même réputée comprendre les frais occasionnés par la levée, l'enregistrement et la signification du jugement, actes qui sont le complément indispensable du jugement, sauf à exiger de l'avoué une nouvelle affirmation.

53. La distraction peut être demandée en cas de désistement, mais à la condition

que le désistement soit constaté par un jugement. Cependant, d'après quelques arrêts, l'existence d'un jugement ne serait pas nécessaire en pareil cas ; il en serait de même en cas d'acquiescement. L'avoué obtiendrait alors la distraction, soit en faisant dresser par son client acte du désistement et en requérant la distraction à son profit, soit en demandant au président de la prononcer dans l'ordonnance rendant la taxe exécutoire. — Mais la distraction n'est pas possible en cas de transaction (Nancy, 12 févr. 1898, D. P. 99. 2. 86), à moins que la transaction n'ait été conclue en fraude des droits de l'avoué.

54. La distraction n'a pas lieu de plein droit ; elle doit être requise par l'avoué. Toutefois, en matière d'ordre, la jurisprudence décide que l'avoué qui représente la masse des créanciers postérieurs aux collocations contestées (Pr. 760) n'a pas besoin de demander la distraction, cette demande n'étant exigée de lui que lorsqu'il assiste son client, et non lorsqu'il en est le représentant légal. La même solution serait applicable, en matière de distribution par contribution, à l'avoué le plus ancien des opposants (Pr. 667).

55. Lorsque le tribunal a ordonné la compensation pure et simple des dépens, l'avoué n'a pas droit à la distraction. En cas de compensation partielle, l'avoué de la partie gagnante peut obtenir la distraction jusqu'à concurrence de la partie des dépens à laquelle l'adversaire de son client a été condamné. — Si le jugement a fait masse des dépens et a condamné chacune des parties à en payer une quote-part, la distraction peut encore être prononcée, puisqu'il y a condamnation. Il y a controverse en ce qui concerne les effets de cette distraction. D'après le système qui a prévalu en jurisprudence, la distraction, lorsqu'il est fait masse des dépens dont une quote-part est mise à la charge de chacune des parties, ne peut valoir qu'en faveur de l'avoué dont la partie se trouve après liquidation créancière de l'autre, et seulement jusqu'à concurrence du point dont cette partie est en avance sur son adversaire, la distraction n'ayant plus d'objet si chacune des parties a dépensé une somme égale à celle qui est mise à la charge de l'autre.

56. D'après la jurisprudence, la distraction des dépens n'enlève pas à la partie gagnante le droit de poursuivre elle-même et ce droit n'est pas subordonné à la justification qu'elle a elle-même remboursé lesdits dépens à son avoué, qui en a fait l'avance (Paris, 13 mai 1901, D. P. 1901. 2. 437).

57. La partie perdante ne peut prendre les devants et payer les frais directement à son adversaire. Si elle l'a fait, l'avoué peut exiger un nouveau payement. D'autre part, le gagnant ne peut céder sa créance à un tiers au préjudice de son avoué.

58. Les dépens dont un avoué a obtenu la distraction à son profit constituent pour lui une créance personnelle contre la partie condamnée, laquelle ne peut, en conséquence, lui opposer les exceptions qui lui appartiendraient à l'encontre du client de l'avoué, notamment celle qui résulterait d'une compensation, ni se prévaloir d'une convention intervenue entre elle et ce même client, et qui anéantirait les effets du jugement (V. toutefois, en sens contraire : Trib. civ. de la Seine, 26 juin 1897, D. P. 1901. 1. 70).

59. L'action de l'avoué contre la partie perdante reste suspendue par l'appel du jugement qui a ordonné la distraction ; elle ne peut même être exercée, alors qu'il n'y ait pas appel, tant que les délais de l'appel ne sont pas expirés. Si le jugement est par défaut, l'opposition arrête aussi les poursuites de l'avoué, lors même qu'il n'y a pas d'appel. Mais, le pourvoi en cassation n'étant

pas suspensif en matière civile, le perdant est obligé de s'exécuter et de payer les frais après l'arrêt de la cour d'appel.

60. L'avoué qui a obtenu la distraction des dépens ne devient pas partie dans l'instance lorsqu'elle n'est pas terminée ; il ne fait qu'acquérir la créance de son client, créance qui reste subordonnée au sort de la condamnation principale prononcée en faveur de celui-ci ; en conséquence, l'avoué ne peut être mis en cause ni en appel, ni devant la Cour de cassation pour avoir à défendre une condamnation accessoire, entièrement subordonnée à une condamnation principale à laquelle il est personnellement étranger.

61. L'avoué conserve, d'ailleurs, contre son client, nonobstant la distraction, une action pour le payement de ses frais et avances ; mais il ne peut lui réclamer que le montant de l'exécutoire non frappé d'opposition, sans pouvoir y ajouter les sommes que le juge taxateur a retranchées.

§ 9. — *De la taxe et de la poursuite en payement des dépens* (R. 270 et s. ; S. 192 et s.).

62. La taxe ou liquidation des dépens est le règlement qui en est fait en justice, conformément aux dispositions du tarif. Ce règlement, exigé par la loi dans l'intérêt des parties, est une formalité obligatoire, à défaut de laquelle le règlement des dépens ne peut être poursuivi (L. 24 déc. 1897, art. 3, § 1er). — Sur le temps pendant lequel la taxe peut être demandée, V. *infrà*, Prescription civile.

63. Le droit de recourir à la taxe est d'ordre public, et, tant qu'il n'est pas éteint par la prescription, la partie peut demander qu'il y soit procédé nonobstant toute renonciation et règlement, ou même tout payement amiable, soit partiel, soit total (Trib. civ. de la Seine, 17 mai 1901, D. P. 1901. 2. 241).

64. En matière ordinaire, les dépens sont liquidés par le président du tribunal ou par le premier président de la cour d'appel où les frais ont été faits, ou, à leur défaut, par un juge ou un conseiller qu'ils auront désigné. S'il s'agit de frais relatifs à une instance, le magistrat taxateur doit, à moins d'empêchement, avoir pris part au jugement ou à l'arrêt (2e déc. 16 févr. 1807 ; L. 24 déc. 1897, art. 3, § 3). En matière de compte, liquidation et partage, les frais faits devant le tribunal sont taxés, à moins d'empêchement, par le juge-commissaire (L. 1897, art. 3, § 4). — Le juge taxe chaque article en marge de l'état des dépens en sus donner de motifs, réduit les demandes exagérées, rejette les actes frustratoires et ceux dont l'existence n'est pas justifiée, arrête et signe le total de chaque article, met le *taxé* sur chaque pièce justificative et parafe (2e déc. 16 févr. 1807, art. 4). L'indication du montant total est précédée de la mention : « taxé à la somme de... » Toute autre mention, alors surtout qu'elle serait de nature à porter atteinte à la dignité de l'officier ministériel, doit être considérée comme nulle et non avenue (Trib. civ. de Béziers, 21 juill. 1900, D. P. 1901. 2. 432).

65. En matière sommaire, la liquidation des dépens doit être faite par le jugement qui les a adjugés. A cet effet, dans les vingt-quatre heures qui suivent le prononcé, l'état des dépens adjugés est remis au greffier tenant la plume à l'audience, et l'état de la liquidation est inséré dans le dispositif du jugement (Pr. 543 ; 2e déc. 16 févr. 1807, art. 1er). La seule sanction de ces règles est que la partie qui a eu gain de cause, ou son avoué distractionnaire des dépens, conservent à leur charge les frais de la procédure extraordinaire de la liquidation à laquelle ils sont obligés de recourir, faute d'avoir veillé à l'insertion de la liquidation des dépens dans le dispositif de l'arrêt ou du jugement qui les adjugeait (Dijon, 28 juin 1901, D. P. 1903. 2. 217). — On admet, d'ailleurs, qu'il n'est pas nécessaire, pour la liquidation des dépens, d'obtenir un nouveau jugement, complétant celui qui les a adjugés ; la partie, ou son avoué, qui a obtenu la distraction des dépens en matière sommaire peut, comme en matière ordinaire, les faire taxer par un magistrat ayant pris part au jugement (Dijon, 28 juin 1901, précité).

66. En matière commerciale, comme en matière civile sommaire, les dépens sont liquidés par le jugement lui-même, et dans les mêmes conditions. Mais si le tribunal n'a pas procédé à cette liquidation, la solution indiquée *suprà*, n° 57, *in fine*, n'est pas applicable. Rien n'autorise un des juges ayant pris part au jugement à en faire ultérieurement la taxe (Dijon, 28 juin 1901, précité). En pareil cas, la partie à laquelle les dépens ont été adjugés ne peut, pour les faire liquider, qu'assigner son adversaire (la question est controversée de savoir si c'est le tribunal civil ou le tribunal de commerce qui doit être saisi), aux fins d'obtenir contre lui un nouveau jugement fixant exactement le chiffre des dépens qu'il doit payer (Riom, 14 avr. 1897, D. P. 98. 2. 214).

67. Les dépens exposés devant les juges de paix sont également liquidés conformément à l'art. 1er du 2e décret du 16 févr. 1807.

68. La taxe une fois arrêtée, les avoués et huissiers doivent, pour obtenir le payement des frais qui leur sont dus, signifier à la partie débitrice, par acte d'avoué à avoué, s'il y a avoué constitué, sinon à personne ou à domicile, l'état détaillé des frais taxés et l'ordonnance du magistrat taxateur revêtue sur minute de la formule exécutoire. Cette signification contient en outre, à peine de nullité : 1° constitution d'avoué pour le requérant ; 2° la déclaration que cette ordonnance deviendra définitive si elle n'est pas frappée d'opposition dans les délais déterminés ci-après (L. 24 déc. 1897, art. 4, § 1 et 2).

69. Dans les quinze jours de la signification, sauf l'application des dispositions des art. 73, 74 et 1033 c. pr. civ., l'ordonnance de taxe est susceptible d'opposition de la part tant de la partie débitrice que de la partie qui en est bénéficiaire. Le délai ci-dessus doit être observé à peine de déchéance. Il est susceptible d'augmentation à raison des distances, conformément aux art. 73, 74 et 1033 c. pr. civ. — Il est suspendu par la mort de l'une des parties ayant le droit d'opposition. — Il reprend son cours après une nouvelle signification faite au domicile du défunt, et à compter de l'expiration des délais pour faire inventaire et délibérer si cette signification a eu lieu avant que ces derniers délais fussent expirés. Cette signification peut être faite aux héritiers collectivement et sans désignation des noms et qualités (L. 24 déc. 1897, art. 4, § 3 et 4).

70. L'opposition est faite par acte d'avoué à avoué, s'il y a avoué constitué, sinon par ajournement (L. 1897, art. 4, § 3 *in fine*). Mais l'opposition n'est pas nulle pour avoir été faite par voie d'ajournement, alors qu'il y avait avoué constitué. — L'opposition doit, à peine de nullité, contenir avenir ou citation à comparaître un jour déterminé (Trib. civ. de Lyon, 22 juin 1899, D. P. 1901. 2. 196). Elle doit être motivée, et cela, suivant certaines décisions, également à peine de nullité (V. notamment : Trib. civ. de Lyon, 22 juill. 1899 précité, et 9 févr. 1900, D. P. 1901. 2. 196. — *Contra :* Douai, 5 août 1898, D. P. 1901. 2. 196). Et il a été jugé que le tribunal ne peut porter son examen que sur les griefs expressément formulés dans l'acte d'opposition, toute contestation nouvelle et postérieure à l'opposition étant

non recevable (Lyon, 20 juin 1899, D. P. 1901. 2. 425).

71. L'affaire est portée devant la chambre du conseil. Les débats ont lieu sans procédure (L. 1897, art. 4, § 5). Il ne doit donc pas être signifié de conclusions (Req. 7 mai 1903, D. P. 1903. 1. 217), ... et, alors même qu'en fait des conclusions auraient été déposées, leur signification n'est pas nécessaire (même arrêt). Le ministère public est entendu ; il doit l'être en la chambre du conseil et non en audience publique, à peine de nullité (Nancy, 6 juill. 1901, D. P. 1903. 2. 17). Le rapport d'un juge n'est pas exigé ; mais il est loisible au tribunal de recourir à cette mesure, s'il l'estime nécessaire pour éclairer son appréciation (même arrêt). Le jugement est rendu en audience publique ; il est susceptible d'appel dans les formes et cas ordinaires (L. 1897, art. 4, § 6).

72. La chambre du conseil devant laquelle est portée l'opposition à taxe est compétente, non seulement pour statuer en ce qui concerne le contrôle des tarifs appliqués, mais encore pour apprécier de tous les griefs quelconques soulevés contre la taxe (Trib. civ. de la Seine, 17 mai 1901, D. P. 1901. 2. 241), ... et notamment pour trancher la contestation soulevée sur l'existence d'un prétendu payement allégué par l'opposant qui soutient s'être ainsi libéré du montant des causes de l'ordonnance de taxe (Trib. civ. d'Arcis-sur-Aube, 27 juill. 1899, D. P. 1901. 2. 241), ... ou pour statuer sur l'exception libératoire tirée de la prescription (Trib. civ. de la Seine, 2 déc. 1898, D. P. 99. 2. 109), ... ou encore pour résoudre une question de droit se rattachant à l'état des frais qui y donne lieu, telle que celle de savoir si la taxe doit être faite comme en matière sommaire ou comme en matière ordinaire (Dijon, 28 juin 1901, D. P. 1903. 2. 219). Et le tribunal peut alors et doit même ordonner les mesures d'instruction et modes de preuve ordinaires, quand ils lui paraissent nécessaires pour la solution du litige (Trib. civ. d'Arcis-sur-Aube, 27 juill. 1899, précité).

73. La signification de l'ordonnance de taxe faite conformément aux prescriptions de la loi de 1897 interrompt la prescription et fait courir les intérêts.

74. L'ordonnance de taxe vaut titre exécutoire ; elle emporte hypothèque judiciaire. Mais elle ne peut être exécutée, ni l'inscription ne peut être valablement prise qu'après l'expiration du délai d'opposition (L. 1897, art. 4). — Elle n'a force de chose jugée qu'en ce qui concerne le chiffre auquel les frais ont été taxés, et il appartient à la partie ainsi condamnée débitrice d'une manière définitive de justifier de sa libération en rapportant la preuve des payements qu'elle a effectués, ou même en excipant de la prescription qui a pu s'accomplir à son profit (Req. 15 janv. 1901, D. P. 1901. 2. 217).

75. Les règles ci-dessus exposées s'appliquent aux frais non liquidés, réclamés par un avoué distractionnaire des dépens, contre la partie adverse condamnée à les payer. Toutefois, ce n'est cas : 1° le délai d'opposition n'est pas augmenté à raison des distances si le jugement ou l'arrêt sur le fond est contradictoire ; 2° l'appel n'est recevable que s'il y a appel de quelque disposition sur le fond (L. 1897, art. 5, § 1 et 2, 1° et 2°) ; néanmoins la Cour de cassation a décidé que l'appel contre le jugement rendu sur l'opposition à une ordonnance de taxe obtenue dans le cas de l'art. 5 de la loi du 24 déc. 1897 est recevable, même après un arrêt confirmatif du jugement rendu sur le fond, lorsque c'est seulement après cet arrêt que l'ordonnance a été levée et signifiée (Civ. r. 21 févr. 1905, D. P. 1905, 1re partie) ; 3° l'ordonnance de taxe peut être exécutée dès qu'elle a été signifiée, et l'inscription de l'hypothèque judiciaire peut être valablement

prise, même avant la signification. L'exécution de l'ordonnance de taxe est suspendue s'il y est fait opposition ou si la décision sur le fond est frappée d'opposition ou d'appel (L. 1897, art. 5, § 2-3°, § 3).

76. Les dispositions de la loi du 24 déc. 1897, d'où ressortent les règles qui précèdent, supposent que le recouvrement des frais est poursuivi par les officiers ministériels eux-mêmes, soit contre leur client, soit contre la partie adverse (en vertu de la distraction des dépens). Elles sont inapplicables au cas où la partie gagnante poursuit directement contre son adversaire le payement des dépens auxquels celui-ci a été condamné. Ainsi la signification que le créancier lui-même fait faire, à sa propre requête, à son débiteur, de la taxe des frais dus à son huissier ou avoué, n'est valable bien qu'elle ne contienne pas, ainsi que le prescrit l'art. 4 de la loi de 1897, de constitution d'avoué pour le requérant, ni la déclaration que la taxe deviendra définitive si elle n'est pas frappée d'opposition dans le délai de quinzaine (Trib. civ. de la Seine, 17 mai 1901, D. P. 1901. 2. 241). Jugé, de même, que lorsqu'une partie, en vertu de la grosse d'un arrêt qui constitue un titre exécutoire entre ses mains, poursuit contre son adversaire le recouvrement des dépens taxés, il n'est pas nécessaire que les états de frais taxés soient revêtus de la formule exécutoire conformément à la disposition de l'art. 4, § 1er, de la loi de 1897 (Req. 29 oct. 1900, D. P. 1901. 1. 23). Dans cette hypothèse, il y a lieu de suivre la procédure de taxe et d'opposition à la taxe organisée par le second décret du 16 févr. 1807, qui, en cette matière, constitue le droit commun.

77. L'art. 60 c. pr. civ. dispose que « les demandes formées pour frais par les officiers ministériels sont portées au tribunal où les frais ont été faits ». La compétence spéciale édictée par cet article s'applique non seulement aux dépens exposés au cours d'une instance, mais encore aux frais extrajudiciaires tels que ceux des exploits d'huissier. — Mais la jurisprudence est divisée sur le point de savoir si cette règle de compétence doit être restreinte aux demandes formées par les officiers ministériels à l'effet d'obtenir le payement de ce qui leur est dû à raison des actes de leur ministère, ou s'il y a lieu de l'étendre aux réclamations relatives aux peines et soins qu'ils auraient pris à titre de mandataires.

78. Il y a également controverse sur le point de savoir si le tribunal auquel l'art. 60 attribue compétence est le tribunal civil d'arrondissement, à l'exclusion de toutes autres juridictions (juge de paix, tribunal de commerce, etc.). C'est dans le sens de l'affirmative que la jurisprudence paraît se prononcer. Ainsi, aux termes d'un arrêt de la Cour de cassation, la demande en payement des frais formée par un huissier contre son client doit être portée devant le tribunal civil de première instance près duquel l'huissier exerce ses fonctions ; le juge de paix est incompétent pour connaître d'une telle demande, alors même que le montant de frais réclamés n'excéderait pas le taux de sa compétence ordinaire et qu'il s'agirait de frais faits devant son tribunal (Civ. c. 26 nov. 1889, D. P. 90. 1. 101). D'autre part, une jurisprudence plus récente, s'appuyant à la fois sur l'art. 60 et sur l'art. 3 de la loi du 24 déc. 1897, a décidé que les juridictions d'exception sont incompétentes pour statuer sur les demandes en payement des frais formées par les officiers ministériels ; qu'en conséquence, le tribunal civil seul peut être saisi de l'opposition à taxe, qu'il en est ainsi notamment pour les frais faits dans une procédure suivie devant le tribunal de commerce (Trib. civ. de Lyon, 21 déc. 1899, D. P. 1900. 2. 417). Conformément à cette jurisprudence, c'est devant le tribunal civil que doivent être portées les réclamations et contestations relatives aux honoraires des arbitres, rapporteurs et agréés près les tribunaux de commerce.

§ 19. — *Frais et dépens en matière de cassation* (R. 885 et s. ; S. 503 et s.).

79. Les dépens devant la Cour de cassation sont liquidés conformément au tarif fixé par le règlement de 1738 ; ils se composent des droits de greffe, d'enregistrement, de papier timbré et d'expédition et signification des mémoires et actes.

80. Les dépens de cassation ne suivent pas le sort de ceux du fond du procès. La Cour de cassation condamne définitivement la partie qui succombe devant elle aux dépens faits à l'occasion du pourvoi, sans qu'ils soient sujets à restitution. S'il y a cassation, ces dépens ne peuvent être mis à la charge de la partie qui a obtenu gain de cause devant la cour suprême, alors même qu'elle succomberait devant la cour ou le tribunal de renvoi. Il en est de même des frais de l'arrêt (ou du jugement) cassé (Civ. c. 11 juill. 1894, D. P. 95. 1. 525 ; 13 juin 1898, D. P. 1901. 1. 385). Au contraire, les frais de la procédure antérieure à cet arrêt peuvent être mis à la charge de celui qui, après avoir triomphé devant la Cour de cassation, succombe en fin de cause (Limoges, 4 avr. 1896, D. P. 97. 2. 273). La cour de renvoi doit donc séparer, dans son arrêt, ces deux sortes de frais.

SECT. II. — Frais et dépens en matière administrative.

81. V. *suprà, Conseil d'État*, nos 90 et s. ; *Conseil de préfecture*, nos 118 et s.

SECT. III. — Frais et dépens en matière criminelle.

82. Les dépens, en matière criminelle, correctionnelle ou de simple police, prennent particulièrement le nom de *frais de justice*. — Les principales dispositions législatives relatives aux frais de justice criminelle sont les art. 162, 176, 194, 211, 368 c. instr. cr. ; 55 c. pén. ; le décret du 18 juin 1811, contenant règlement pour l'administration en matière criminelle, correctionnelle et simple police, et tarif général des frais, modifié par le décret du 7 avr. 1813 (R. p. 67), et l'ordonnance du 28 nov. 1836 (R. p. 68).

ART. 1er. — PERSONNES QUI PEUVENT ÊTRE CONDAMNÉES AUX DÉPENS.

83. Les personnes contre lesquelles la condamnation aux dépens peut et doit être prononcée, suivant les distinctions ci-après, sont : l'inculpé, la partie civile, certaines administrations publiques, la partie civilement responsable.

§ 1er. — *Inculpé* (R. 974 et s. ; S. 537 et s.).

84. Lorsque, l'inculpé étant reconnu coupable, une peine est prononcée contre lui, il n'est pas douteux que les frais doivent être mis à sa charge. À l'inverse, lorsqu'il est renvoyé de la poursuite sans pénalité, il doit être exempt de la condamnation aux frais, et ceux-ci sont supportés par l'État. Toutefois, cette seconde règle comporte des restrictions.

85. La condamnation aux dépens ne peut jamais atteindre un prévenu acquitté. Lorsqu'un individu poursuivi à raison de plusieurs infractions a été acquitté sur certains chefs, il ne peut être condamné qu'aux frais relatifs à ceux sur lesquels porte la condamnation. Si plusieurs individus ont été compris dans une seule poursuite à raison d'un même fait, les prévenus reconnus coupables sont condamnés à tous les frais, même à ceux exposés contre les prévenus acquittés (Cr. c. 27 juill. 1894).

86. La règle est la même, en principe, dans le cas où l'inculpé bénéficie d'une excuse absolutoire ou péremptoire (V., sur les excuses de cette nature, *infrà*, Peine). Cependant, d'après la jurisprudence, certaines excuses, bien qu'ayant pour effet d'exempter le prévenu ou l'accusé de toute peine, ne le dispensent pas de la condamnation aux frais du procès ; telle est, notamment, celle prévue par l'art. 136 c. pén. en matière de fausse monnaie (V. *suprà*, *Fausse monnaie*, no 9).

87. La démence, entraînant l'acquittement du prévenu, a pour effet de l'exonérer de tous frais. Au contraire, la jurisprudence décide que les dépens doivent être mis à la charge du mineur contre lequel aucune peine n'est prononcée, parce qu'il est reconnu avoir agi sans discernement (Cr. c. 18 juill. 1889).

88. Le prévenu ne peut être condamné aux dépens quand il est absous, soit parce que les faits qui lui sont imputés ne caractérisent pas le délit faisant l'objet de la prévention, soit à raison d'une irrégularité du procès-verbal ou de la citation de nature à entraîner la nullité de la poursuite, soit parce que la poursuite, étant de celles que la loi subordonne à l'existence d'une plainte préalable (V. *suprà*, *Action publique*, no 38), a été engagée en l'absence de toute plainte.

89. Le décès de l'inculpé, s'il se produit pendant l'instance ou même après l'instance, pourvu que ce soit dans le délai de l'appel ou du pourvoi en cassation, s'oppose à sa condamnation aux dépens.

90. En matière correctionnelle ou de simple police, quand un prévenu condamné par défaut forme opposition, les frais de l'expédition et de l'enregistrement du jugement par défaut, ainsi que la signification de ce jugement, peuvent être laissés à la charge de ce prévenu, alors même qu'il serait acquitté sur cette opposition (Instr. 187, § 2). De même, en matière criminelle, lorsque l'accusé qui se représente après avoir été condamné par contumace vient à être acquitté, il doit être condamné aux frais qu'a entraînés sa contumace.

91. Au cas où la prescription de l'action publique était acquise à l'inculpé lorsque les poursuites ont été dirigées contre lui, et où, par suite, il est acquitté, les frais ne peuvent être mis à sa charge. Il en est de même lorsque l'inculpé a été indûment repris à raison d'une infraction qu'a déjà fait l'objet d'une sentence ayant l'autorité de la chose jugée. — Sur les effets de l'amnistie en ce qui concerne les frais de justice, V. *suprà*, Amnistie, no 15.

92. C'est une obligation pour le juge de condamner aux dépens la partie qui succombe. Et l'admission des circonstances atténuantes n'affranchit pas l'inculpé de cette condamnation. De même, le condamné qui, sur son appel, obtient une diminution de peine, doit néanmoins être condamné aux frais de l'instance d'appel. Si le juge a omis de prononcer la condamnation aux dépens, le prévenu ne peut en être tenu, à moins que l'appel ou le pourvoi de la partie civile ou du ministère public le jugement ne soit réformé sur ce point.

§ 2. — *Partie civile* (R. 988 et s. ; S. 571 et s.).

93. Celui qui se croit lésé par une contravention ou un délit, et qui dépose entre les mains du procureur de la République ou du juge d'instruction une plainte en déclarant se porter partie civile, doit consigner préalablement les frais présumés nécessaires pour la procédure (V. *infrà*, Instruction criminelle). À défaut de cette consignation, il n'est pas donné suite à la plainte, à moins que le ministère public ne la juge assez grave pour agir d'office (Décr. 18 juin 1811, art. 160). — En dehors de cette hypothèse, la partie lésée n'est jamais tenue de consigner les frais. Ainsi, elle est dispensée de la consignation en matière correctionnelle ou de simple police quand, au lieu d'adresser une plainte au parquet, elle use du droit de citation directe (V. *suprà*, *Action publique*, no 17 ; Cr. r. 1er juin 1893, D. P. 95. 1. 404), ou lorsqu'elle se constitue à l'audience, au cours d'un procès intenté d'office par le ministère public. En matière criminelle, la partie civile est, dans tous les cas, dispensée de la consignation préalable des frais de l'instance, dont l'avance est faite par le Trésor.

94. Les principes relatifs aux obligations de la partie civile, en ce qui concerne les frais de la justice criminelle, sont établis par les art. 66, 162, 194, 368 c. instr. cr., 157 et 158 du décret du 18 juin 1811. — Devant les tribunaux correctionnels ou de simple police, la partie civile est toujours condamnée aux frais, quelle que soit l'issue du procès, sauf son recours contre le prévenu si celui-ci est condamné. Devant la cour d'assises, au contraire, la partie civile n'est passible des frais que si elle a succombé dans l'instance (Décr. 18 juin 1811, art. 157 ; Instr. 368). Il en est ainsi non seulement dans les affaires criminelles, mais aussi dans les affaires correctionnelles dont la compétence est attribuée au jury, notamment en matière de presse (L. 29 juill. 1881, art. 58 *in fine*). — Lorsque l'accusé est acquitté ou absous, la partie civile est condamnée aux frais, et cela encore qu'elle obtienne contre celui-ci une condamnation à des dommages-intérêts. L'accusé peut toutefois être condamné à rembourser ces frais à la partie civile à titre de supplément de dommages-intérêts.

95. La partie civile qui s'est constituée en déposant sa plainte entre les mains du juge d'instruction ou au cours de l'instruction succombe s'il est rendu une ordonnance de non-lieu au profit de l'inculpé, et elle supporte alors les frais du procès, soit en matière criminelle, soit en matière correctionnelle. De même, la chambre des mises en accusation qui rend un arrêt de non-lieu doit mettre les dépens à la charge de la partie civile. Et, d'ailleurs, évident que le prévenu qui succombe ne saurait se faire un grief de ce que l'arrêt aurait omis de déclarer la partie civile tenue des frais, cette omission ne pouvant lui causer aucun préjudice, puisque c'est le prévenu qui, en définitive, doit supporter les dépens (Cr. r. 1er juin 1893, précité).

96. Dans le cas où la partie civile est tenue des frais de l'instance bien que le prévenu ait succombé (ce qui a toujours lieu en matière correctionnelle), celui-ci doit néanmoins être condamné aux dépens en même temps que la partie civile, et le Trésor pourra s'adresser à l'un ou à l'autre pour le recouvrement.

97. L'obligation de la partie civile, quant aux dépens, s'applique aux frais de procédure qui se réfèrent au procès engagé par elle et dans lequel elle est intervenue, depuis le premier acte de poursuite jusqu'à la solution définitive ; mais elle ne s'applique qu'à ces frais seulement. — Quand plusieurs délits sont relevés dans une même poursuite ou quand plusieurs inculpés y sont compris et que la partie civile ne s'est constituée qu'à l'égard de l'un de ces délits ou à l'encontre de l'un de ces inculpés, la responsabilité des frais afférents à des délits ou à des inculpés étrangers à la constitution de la partie civile peut lui incomber si la procédure a été indivisible ou si les frais ont été exposés à raison d'actes utiles à la poursuite. — La partie civile est tenue des frais d'appel lors même que l'appel n'émane pas d'elle, mais, par exemple, du ministère public, à la condition toutefois qu'elle ait été mise en cause.

98. Le recours de la partie civile contre le prévenu en matière correctionnelle ou de simple police embrasse tous les frais dont la partie civile est passible. Il y a toutefois certaines exceptions, comme, par exemple, pour les frais d'un incident soulevé par la partie civile et dans lequel elle a succombé. — Ce recours n'existe au profit de la partie civile qu'autant qu'il lui est accordé par une disposition expresse du jugement. A défaut d'une pareille disposition, la voie de l'appel est ouverte à la partie civile; elle pourrait aussi, le cas échéant, se pourvoir en cassation.

§ 3. — *Administrations publiques* (R. 998 et s.; S. 598 et s.).

99. Certaines administrations publiques, les communes et certains établissements publics sont, au point de vue des frais de justice, assimilés aux parties civiles (Décr. 18 juin 1811, art. 158). Une distinction doit toutefois être faite à cet égard : Lorsque la poursuite, intentée dans l'intérêt de l'administration publique, en vertu d'une loi spéciale, peut amener une recette à son profit, les frais doivent être supportés par cette administration. Au contraire, quand il s'agit de la répression dans le seul intérêt de la vindicte publique, de délits communs, et que les administrations publiques n'ont, dans la poursuite, qu'un but moral, les frais demeurent à la charge du Trésor; l'administration publique, dans ce second cas, est assimilée au ministère public (V. *infra*, n° 104) (Av. Cons. d'Et. 15 janv. 1834; Circ. min. Just. 19 juill. 1852).

100. Les administrations qui rentrent dans les termes de l'art. 158 du décret du 18 juin 1811 sont, notamment, les administrations des Contributions indirectes, de l'Enregistrement, des contributions diverses d'Algérie, celle des Forêts, pour tous les délits commis dans celle-ci au régime forestier, alors même qu'elle se bornerait à réclamer l'application des peines prévues par la loi pénale (Cr. r. 19 juill. 1895). Cette disposition s'applique également aux communes, lorsqu'il s'agit d'infractions commises contre les propriétés communales, les chemins vicinaux, les octrois municipaux, etc.

§ 4. — *Personnes civilement responsables* (R. 1023; S. 603 et s.).

101. Les personnes civilement responsables (V. *infrà*, *Responsabilité*) sont condamnées aux dépens en même temps que les auteurs des infractions dont elles répondent. — Pour que cette condamnation soit légalement prononcée contre une personne civilement responsable, il faut d'abord qu'elle ait été partie au procès, soit qu'elle ait été citée par le ministère public, soit qu'elle ait pris fait et cause pour l'inculpé dans les débats; il faut, en second lieu, que l'inculpé soit lui-même condamné aux frais.

102. La responsabilité civile, en ce qui concerne les dépens, s'applique en principe à toutes matières criminelles, correctionnelles ou de police, sans qu'il y ait à distinguer entre les infractions prévues par le Code pénal et celles qui sont réprimées par des textes spéciaux. Elle s'étend à tous les frais mis à la charge de l'inculpé. Si plusieurs personnes sont civilement responsables à raison d'un même fait, elles sont tenues, solidairement entre elles et avec les inculpés qui succombent, au payement des frais (Décr. 18 juin 1811, art. 156).

103. La personne condamnée comme civilement responsable est contrainte à payer à un recours contre l'auteur de l'infraction dont elle a dû répondre. Toutefois, si la faute devait être considérée comme personnelle à l'individu civilement responsable, ce dernier n'aurait aucun recours à exercer : tel est le cas d'une personne sous la garde de laquelle

se trouve un mineur poursuivi à raison d'une infraction et acquitté comme ayant agi sans discernement.

ART. 2. — PERSONNES QUI NE PEUVENT PAS ÊTRE CONDAMNÉES AUX DÉPENS (R. 1024 et s.; S. 606 et s.).

104. Le ministère public, devant toutes les juridictions répressives, est affranchi de la condamnation aux dépens. La même exception existe au profit des juges d'instruction et des chambres d'accusation. La seule voie ouverte contre le magistrat à qui l'on impute un dol, et duquel on se prétend en droit de réclamer des dommages-intérêts, est la prise à partie. Les administrations publiques, sauf dans les cas où elles sont assimilées aux parties civiles (V. *supra*, n°s 99 et 100), jouissent de la même immunité que le ministère public en ce qui concerne les frais, lorsqu'elles poursuivent certaines infractions et que leur action n'aboutit pas.

105. La condamnation aux frais ne peut être prononcée non plus contre les plaignants qui ne se sont pas constitués parties civiles; contre les rédacteurs des procès-verbaux qui constatent les infractions; contre les témoins entendus.

ART. 3. — FRAIS DONT LE CONDAMNÉ EST PASSIBLE.

§ 1er. — *Règles générales* (R. 1032 et s.; S. 613 et s.).

106. L'inculpé qui succombe doit être condamné à tous les frais, alors même que la poursuite avait reçu originairement une qualification plus grave que celle qui lui a été donnée, et que cette qualification primitive a entraîné des frais qu'on aurait pu éviter si, dès le principe, les faits avaient été justement appréciés. Par exemple, si l'information à laquelle a procédé le juge d'instruction n'a abouti qu'au renvoi du prévenu devant le tribunal de simple police, il y a lieu, si ce prévenu est déclaré coupable de l'infraction relevée dans l'ordonnance de renvoi, de le condamner à tous les frais, y compris ceux qu'a entraînés l'information. — Toutefois, la condamnation ne saurait comprendre les frais frustratoires. Par exemple, quand l'inculpé, avant d'être traduit régulièrement devant les juges compétents, a été l'objet d'une procédure annulée, bien qu'il soit, par suite, condamné régulièrement, il n'a pas à subir les frais de la procédure annulée.

107. Les frais des actes de procédure régulièrement accomplis sont, en principe, à la charge du prévenu qui succombe, alors même que ces actes seraient demeurés sans utilité. Il en est ainsi des frais de timbre et d'enregistrement, de certaines pièces du procès. De même, sont à la charge du prévenu qui succombe les frais de citation des témoins assignés à la requête du ministère public, encore qu'il s'agisse de témoins dont le juge a estimé l'audition inutile à la manifestation de la vérité.

§ 2. — *Frais de l'instance d'appel* (R. 1038 et s.; S. 623 et s.).

108. Ces frais sont, en principe, à la charge de la partie qui succombe (Instr. 176 et 221). L'application de cette règle comporte toutefois les distinctions suivantes : 1° le prévenu unique qui a fait appel de la décision qui l'a condamné supporte les frais des deux instances, s'il n'est pas acquitté par la juridiction d'appel, sans qu'il y ait à distinguer suivant que son appel aboutit à la confirmation pure et simple du jugement attaqué et celui où l'appelant obtient une atténuation de la peine; 2° si l'appelant, condamné sur plusieurs chefs par les premiers juges, n'est retenu que pour l'un ou plusieurs de ces mêmes chefs par la juridiction

d'appel, les frais qu'ont entraînés les infractions retenues par l'arrêt de la cour d'appel doivent seuls être mis à la charge du prévenu, à moins qu'on ne puisse les distinguer dans la masse des dépens; 3° lorsque, de plusieurs prévenus condamnés en première instance, quelques-uns seulement ont fait appel, les condamnés non appelants ne sont jamais exposés aux frais d'appel, qui sont supportés solidairement par les appelants condamnés en appel. Les appelants acquittés sont dispensés même des frais de première instance. — Les frais de l'appel interjeté par le ministère public ne doivent pas être mis à la charge du condamné si cet appel n'était pas fondé, c'est-à-dire lorsqu'il y a eu confirmation du jugement de première instance ou que la peine a été réduite. — Enfin, au cas où l'appel émane de la partie civile, celle-ci est, de toutes manières, responsable de tous les frais, sauf son recours, s'il y a lieu, contre le prévenu.

§ 3. — *Frais du pourvoi en cassation* (S. 626 et s.).

109. Le condamné qui se pourvoit et dont le pourvoi est rejeté doit être condamné aux frais envers le Trésor public.

110. En cas de pourvoi du ministère public contre un arrêt de relaxe, des distinctions sont nécessaires : 1° si le pourvoi est rejeté, aucune condamnation aux frais n'est prononcée; 2° s'il intervient une cassation, ou bien le prévenu bénéficie, devant le juge de renvoi, d'une nouvelle décision de relaxe, et il ne doit alors supporter aucuns frais; ou bien une condamnation est prononcée, et, dans ce cas, le prévenu est condamné aux frais tant de l'instance en cassation que de l'instance devant la juridiction de renvoi. Par exception, en matière de simple police, lorsque le ministère public obtient, sur son pourvoi, la cassation d'une décision de relaxe, les frais de l'instance en cassation ne doivent pas être mis à la charge du contrevenant condamné par le tribunal de renvoi.

111. Quant à la partie civile, elle ne peut être tenue des frais du pourvoi qu'autant qu'elle a été partie à l'instance de cassation, comme demanderesse, comme intervenante ou comme ayant été mise en cause. A cet égard, plusieurs hypothèses sont à considérer : Le pourvoi est-il rejeté, s'il émanait du condamné, la partie civile n'est pas tenue des frais en matière de grand criminel; elle aura à les payer s'il s'agit de matières correctionnelles, mais sauf son recours contre le condamné. Si le pourvoi émanait de la partie civile elle-même, elle en supporterait les frais, tant en matière criminelle qu'en toutes autres (Instr. 436). Si elle s'était désistée après s'être pourvue, elle aurait à payer tous les frais exposés par elle et par le défendeur au pourvoi. — Lorsque le pourvoi aboutit à un arrêt de cassation, la partie civile supporte les dépens si c'est le condamné qui a obtenu l'arrêt; si c'est la partie civile ou le ministère public, en matière criminelle, la partie civile est exemptée des dépens; en toutes autres matières, elle les supporte, sauf son recours contre le condamné. — Quant aux frais de procédure et aux actes antérieurs, soit postérieurs au pourvoi en matière criminelle, ils incombent, suivant l'issue du procès, à l'accusé, s'il est condamné, à la partie civile, dans le cas contraire. En matière correctionnelle et de police, ces frais sont toujours mis à la charge de la partie civile, sauf son recours contre le prévenu s'il est condamné. S'il obtient la cassation de l'arrêt qui l'a condamné et s'il succombe devant le juge de renvoi, il ne peut être condamné aux frais de l'instance en cassation; ces frais de l'instance qui a abouti à l'arrêt annulé ne peuvent pas non plus être mis à sa charge (Cr. c. 19 juill. 1891).

Toutefois, les dépens d'un arrêt qui a été annulé pour partie seulement par la Cour de cassation peuvent être mis à la charge du prévenu définitivement condamné (Cr. r. 13 juill. 1894).

112. En matière de revision, les frais sont mis à la charge du demandeur dans les cas et sous les conditions déterminées par l'art. 446 c. instr. cr.

ART. 4. — SOLIDARITÉ (R. 1046; S. 638 et s.).

113. La solidarité entre tous ceux qui sont condamnés comme coauteurs ou complices d'un même fait est de règle pour les frais en matière criminelle, qu'il s'agisse de crimes, de délits ou même de contraventions. — La condamnation solidaire aux dépens ne peut, d'ailleurs, être prononcée qu'autant qu'il s'agit des frais faits dans une poursuite où les coprévenus ont été compris simultanément. En cas de poursuites distinctes engagées contre plusieurs prévenus d'une même infraction, chacun d'eux ne peut être condamné qu'aux frais de la procédure qui lui est personnelle et ne doit pas supporter ceux des poursuites exercées contre ses coinculpés. — La solidarité entre les coauteurs, l'auteur principal et ses complices existe alors même que les degrés de responsabilité sont différents et les peines prononcées différentes aussi, pour les personnes poursuivies en même temps (V. toutefois *infrà*, nº 116).

114. Les frais des poursuites dirigées collectivement contre plusieurs accusés, comme coauteurs ou complices d'un même fait, sont supportés solidairement par chacun de ceux qui succombent, sans distinction entre ceux de ces frais qui concernent les accusés acquittés et ceux qui se rapportent aux accusés condamnés.

115. La solidarité subsiste, d'après la jurisprudence la plus récente, bien que, par suite d'incidents de procédure, les prévenus aient été condamnés successivement et non en même temps.

116. Les prévenus et accusés ne doivent être condamnés solidairement aux frais qu'autant qu'ils ont commis la même infraction. Dès lors, si, plusieurs coprévenus étant poursuivis à raison de plusieurs délits, l'un d'eux n'est condamné que sur l'un des chefs de prévention, il ne doit pas être condamné aux frais solidairement avec ses coprévenus pour les délits qui lui sont étrangers, alors du moins qu'il n'existe pas de connexité entre les différents chefs de prévention. De même, le complice qui n'est reconnu coupable que d'une partie des délits reconnus à la charge de l'auteur principal ne doit être condamné solidairement avec celui-ci qu'au payement des frais relatifs à ces délits.

117. Toutefois, dans trois cas exceptionnels, un condamné peut avoir à supporter des frais relatifs à des délits autres que ceux dont il est reconnu coupable : 1º les prévenus poursuivis simultanément pour plusieurs délits peuvent, quoiqu'un seul de ces délits leur soit commun, être condamnés solidairement à l'amende et aux frais, alors que ces délits n'ont pas entraîné pour leur constatation des frais distincts; 2º la condamnation solidaire aux frais doit être prononcée contre les prévenus de faits distincts, quand ils ont agi en vertu d'un *concert* frauduleux intervenu entre eux; 3º il en est de même lorsqu'il y a connexité entre les diverses infractions dont les uns ou les autres sont reconnus coupables.

118. Tout en prononçant la solidarité au regard du Trésor, les tribunaux peuvent répartir les frais entre les condamnés eu égard aux circonstances. A défaut d'une répartition faite par le jugement lui-même, la part contributoire des condamnés dans les frais de l'instance est égale pour tous. S'il se trouve parmi eux un ou plusieurs insolvables, la portion qui leur incombait se répartit également entre les condamnés solvables. — Celui qui, à sa demande ou sur les poursuites du Trésor, a payé, soit la dette entière, soit une somme supérieure à sa part, a un recours contre ses codébiteurs solidaires.

ART. 5. — COMPENSATION (R. 1045).

119. La compensation des dépens, admise en matière civile, ne l'est pas en matière criminelle. Ainsi les tribunaux ne peuvent compenser les dépens entre le prévenu et le Trésor public, ni entre le prévenu et la partie civile (Cr. c. 13 mai 1893).

ART. 6. — LIQUIDATION ET TAXE DES DÉPENS EN MATIÈRE CRIMINELLE.

§ 1er. — *Ce que comprennent les frais de justice* (R. 1048 et s.; S. 651 et s.).

120. On comprend dans les frais de justice criminelle tous les frais, même de police correctionnelle et de simple police, sans distinction entre les frais d'instruction et les frais de poursuite, dont l'énumération est donnée dans l'art. 2 du décret du 18 juin 1811. Les dépenses qui ne doivent pas être classées dans les frais de justice criminelle sont indiquées par l'art. 3 du même décret. Il y faut joindre les frais faits devant les tribunaux consulaires des Echelles du Levant et de Barbarie, qui demeurent à la charge du ministère des Affaires étrangères (L. 28 mai 1836, R. *v* Consuls, p. 270; Décis. garde des sceaux, 27 déc. 1872). — En outre, il est des dépenses qui ne constituent pas des frais de justice criminelle et qui sont, dans tous les cas, à la charge de l'État, sans recours contre les condamnés; ce sont les dépenses énumérées dans l'art. 162 du décret du 18 juin 1811.

121. De nombreuses circulaires du garde des sceaux confèrent aux parquets la mission de surveiller l'emploi des fonds de la justice criminelle et de contrôler la régularité et l'utilité des frais exposés.

122. Les actes des huissiers constituent un des premiers éléments des frais de justice criminelle. Les émoluments auxquels ils ont droit sont énumérés dans les art. 65 à 86 inclus du décret du 18 juill. 1811; ils sont relatifs, notamment, aux frais nécessités par les citations et significations. Mais en vue de diminuer les frais de justice, diverses circulaires de la chancellerie ont prescrit d'éviter d'avoir recours aux huissiers pour beaucoup des actes énumérés par le décret de 1811 et pour lesquels leur concours peut être évité. — La chancellerie recommande aux parquets de taxer les mémoires des huissiers avec rigueur et de ne passer en taxe que les frais justifiés. Pour contrôler les mémoires des frais présentés par les huissiers, les parquets tiennent un registre sur lequel sont mentionnées les significations qu'ils leur adressent.

123. En matière criminelle, le ministère des avoués n'est pas nécessaire; aussi les frais et émoluments des avoués ne sont pas compris parmi les frais de justice criminelle et ne sont pas de plein droit supportés par la partie qui succombe (Cr. c. 29 juin 1889). Mais si les tribunaux d'appréciation si ces frais ont été exposés utilement par la partie, dans un intérêt de légitime défense, et, dans ce cas, les tribunaux peuvent, à la condition de constater cette utilité, les comprendre dans les dépens dont sera tenue la partie qui succombe (Cr. r. 15 juill. 1897). La règle est la même pour les honoraires d'avocats (Cr. c. 7 janv. 1888). — Par exception, l'État et les administrations publiques qui agissent en son nom ne peuvent avoir à supporter, quand ils succombent, les frais de l'avoué au ministère duquel l'autre partie a

cru devoir recourir (Décr. 18 juin 1811, art. 3, nº 1).

124. La distraction des dépens au profit de l'avoué (V. *suprà*, nºs 50 et s.) peut être prononcée même en matière correctionnelle, quand il y a partie civile et que l'intervention d'un avoué est reconnue avoir été utile.

125. Les droits des greffiers près les tribunaux criminels sont réglés par les art. 41 à 64 (V. en outre *infrà*, Greffe-greffier).

126. Les témoins reçoivent, s'ils le demandent, une indemnité, qui est réglée par les art. 27 et s. du décret du 18 juin 1811. Si les témoins sont obligés de se transporter hors du lieu de leur résidence, il peut leur être alloué des frais de voyage et de séjour, déterminés par l'art. 96, nº 2, du décret de 1811; ces frais de séjour leur tiennent alors lieu de taxe. — L'indemnité accordée aux témoins n'est avancée par le Trésor qu'autant qu'ils ont été cités soit en vertu d'ordonnance rendue d'office, dans les cas prévus par les art. 269 et 303 c. instr. cr. (Décr. 1811, art. 33; L. 5 pluv. an 13, R. v. 66). Lorsque les prévenus accusés assignent ou font entendre, les indemnités dues à ces témoins sont à la charge desdits prévenus ou accusés, ainsi que le coût des citations (Instr. 321). Les témoins ont droit à l'indemnité non seulement lorsqu'ils ont été cités, mais aussi lorsqu'ils comparaissent sur simple avertissement (Instr. 147, 153, 169, 170). Il en est de même en cas de flagrant délit, lorsque les témoins comparaissent sur simple avertissement du procureur de la République.

127. En principe, les témoins qui reçoivent un traitement en raison d'un service public sur les fonds du Trésor, sur les fonds départementaux ou les fonds communaux, n'ont pas droit à la taxe de comparution (Décr. 1811, art. 32). Il ne leur est dû que le remboursement de leurs frais de voyage, et dans le cas seulement où ils sont domiciliés à plus d'un myriamètre.

128. Certains fonctionnaires sont l'objet de dispositions spéciales. Les gardes champêtres n'ont droit à aucuns frais de voyage, soit pour la remise qu'ils ont à faire de leurs procès-verbaux, soit pour la conduite des personnes arrêtées à l'autorité compétente; mais ils sont taxés de la même manière que les témoins ordinaires lorsqu'ils sont appelés à fournir en justice des explications sur les faits relatifs dans leurs procès-verbaux (Décr. 7 avr. 1813, art. 3). — Sont également traités comme témoins les gendarmes, les gardes forestiers, les gardes-pêche (Décis. garde des sceaux, 15 juin 1878), les facteurs des postes (Circ. garde des sceaux, 14 août 1876). Les gendarmes sont d'ailleurs, sur la réquisition du magistrat compétent, transportés gratuitement en chemin de fer au lieu où leur présence est nécessaire, tant à l'aller qu'au retour, et ils touchent des indemnités de déplacement déterminées par une circulaire du garde des sceaux du 11 févr. 1885.

129. Les médecins experts requis de procéder à des opérations de leur art reçoivent des émoluments déterminés par le décret du 21 nov. 1893, art. 4 et s. (D. P. 95. 4. 5). Les indemnités allouées aux sages-femmes sont réglées par l'art. 18 du décret de 1811. Celles des experts autres que les médecins et les interprètes sont déterminées par les art. 22 et 23 du décret de 1811. — Les médecins et experts sont indemnisés conformément aux dispositions précitées, et non pas taxés comme témoins, lorsqu'ils sont appelés devant les tribunaux pour donner des explications sur leurs rapports et opérations (Circ. garde des sceaux, 7 déc. 1861).

130. L'exécution des *mandats de justice*, les *arrestations* de prévenus, de condamnés, les *contraintes par corps* donnent lieu à des perceptions de frais et de primes de capture, qui sont réglées par des circulaires du garde des sceaux des 17 et 23 févr. 1897 (V. notamment, *infrà*, *Gendarmerie*, n° 32).

131. Les frais qu'entraîne la translation des prévenus rentrent dans les frais de justice criminelle. Il en est de même des frais de transport des pièces à conviction. La translation des prévenus doit avoir lieu à pied, au moyen du service de correspondance des brigades (Décr. 18 juin 1811, art. 4 ; Circ. garde des sceaux, 23 févr. 1887). — En principe, il n'est pas dû d'indemnité aux gendarmes pour l'escorte faite aux prisonniers dans ces conditions ; les frais en sont supportés par le budget du ministère de la Guerre. Mais on peut employer un moyen plus rapide, par exemple la voiture ou le chemin de fer, quand le procureur de la République ou le juge d'instruction le requièrent, quand le prévenu est dans l'impossibilité de marcher, ou encore quand celui-ci demande à être transporté à ses frais (V. *infrà*, *Gendarmerie*, n° 30). Lorsque la translation a lieu par voie ferrée, une réquisition est adressée à la compagnie de chemin de fer. Les gendarmes ont alors droit à une indemnité déterminée par le décret du 18 févr. 1863 (art. 132, § 2, 324), les circulaires du garde des sceaux des 18 avr. 1867 et 29 nov. 1884.

132. L'indemnité pour la garde des scellés est fixée par l'art. 37 du décret de 1811 et, pour les frais de mise en fourrière, par l'art. 39 du même décret et la circulaire du garde des sceaux du 23 févr. 1887.

133. Le port des lettres et paquets est déterminé par l'art. 18 de la loi du 5 mai 1855. Le coût varie entre 0 fr. 20 et 25 francs, suivant la nature de l'affaire. Les frais d'impression sont fixés par l'art. 104 du décret de 1811.

§ 2. — *Mode de payement et de recouvrement des frais.* — *Prescription* (R. 1167 et s. ; S. 703 et s.).

134. Les frais urgents (V. Décr. 1811, art. 134) sont acquittés sur simple taxe et mandat du juge mis au bas des réquisitions, copies de convocation ou de citation, états ou mémoires des parties (Décr. 1811, art. 135). Lorsqu'un témoin est hors d'état de fournir aux frais de déplacement, il lui est délivré par le président de la cour ou du tribunal du lieu de sa résidence ou, à son défaut, par le juge de paix, un mandat provisoire à compte sur ce qui pourra lui revenir pour son indemnité. Le mandat est acquitté par le receveur de l'Enregistrement (Décr. 1811, art. 135).

135. Les frais non urgents sont acquittés sur états ou mémoires taxés à la réquisition du ministère public, après vérification du parquet et visa du procureur général du ressort, par le président de la juridiction compétente. Pour obtenir payement, les parties prenantes établissent un mémoire en double expédition, qu'elles déposent au parquet avec les pièces justificatives. Une série de formalités sont ensuite accomplies, qui sont déterminées par les art. 470 du décret de 1811, 6 de l'ordonnance du 28 nov. 1838, et la circulaire du garde des sceaux du 23 févr. 1887.

136. Les mémoires qui ne sont pas présentés à la taxe du juge dans le délai d'un an à partir de l'époque où les frais ont été faits, ou dont le payement n'a pas été réclamé dans les six mois de leur date, ne peuvent être acquittés qu'autant qu'il est justifié que les retards ne sont point imputables à la partie dénommée dans l'exécutoire (Ord. 28 nov. 1838, art. 6).

137. Pour chaque affaire criminelle, correctionnelle ou de police, lorsque c'est le prévenu ou la partie civile qui succombe, il est dressé un état de liquidation des frais, et le président ou juge qui a rendu le jugement décerne exécutoire au bas dudit état

de frais contre la partie condamnée. Dans le cas où le jugement de condamnation ne contient pas la liquidation des dépens, il est suppléé à l'insuffisance du jugement au moyen d'un exécutoire délivré par le juge compétent au bas d'un état de liquidation (Décr. 1811, art. 163).

138. Sur le privilège qui garantit le recouvrement des frais de justice, V. *infrà*, *Privilèges et hypothèques*.

139. Le défaut de payement des frais mis à la charge du condamné est sanctionné par la contrainte par corps (Cr. r. 8 févr. 1895. V. *suprà*, *Contrainte par corps*, n° 2), qui s'applique même aux frais d'un incident soulevé par le prévenu au cours d'une instance correctionnelle.

140. En ce qui concerne la prescription des dépens, il semble, — mais la question est discutée, — que les frais exposés en matière criminelle, correctionnelle et de police doivent être considérés comme accessoires de la condamnation principale et soumis à la même prescription (Sur la durée de la prescription de la peine, V. *infrà*, *Prescription criminelle*).

ART. 7. — VOIES DE RECOURS (S. 715 et s.).

141. La partie qui croit avoir à se plaindre de la taxe peut y former opposition. Cette opposition doit être formée dans les trois jours à partir de la signification du jugement (Décr. 16 févr. 1807, art. 6). D'après la jurisprudence de la Cour de cassation, l'opposition à taxe doit être portée devant la chambre du conseil du tribunal de première instance. La prononciation du jugement a lieu publiquement

142. En principe, le tribunal statue en dernier ressort. Toutefois, la jurisprudence admet que les contestations sur la taxe des dépens sont sujettes à appel lorsqu'il y a un appel sur tout ou partie du fond, et que cet appel se trouve encore pendant. — Le pourvoi en cassation est également recevable (Cr. r. 23 déc. 1899, D. P. 1903. 1. 587).

SECT. IV. — **Enregistrement et timbre.**

143. Les états de frais remis au greffe par les avoués, ou par les parties dans les procédures dispensées du ministère des avoués, et destinés à être taxés par le juge, doivent, en principe, être rédigés sur papier timbré (L. 13 brum. an 7, art. 12). Cependant, les états remis en matière seulement ne sont pas assujettis au timbre lorsqu'ils ne consistent qu'en de simples notes, non signées, destinées à permettre de taxer les dépens dans le jugement (Décis. min. Fin. 13 avr. 1820).

144. L'exécutoire de dépens, qui consiste dans un extrait délivré par le greffier, en forme de grosse, et contenant les dispositions du jugement relatives aux dépens, est un acte judiciaire qui doit être dressé sur papier timbré et est soumis à l'enregistrement dans le délai de vingt jours, au droit fixe de 1 fr. 50 (L. 26 janv. 1892, D. P. 92. 4. 9).

145. L'ordonnance de taxe, exécutoire sur minute, rendue dans les termes de la loi du 24 déc. 1897, pour frais dus aux notaires, avoués et huissiers, donne lieu au droit fixe de 4 fr. 50 ou de 7 fr. 50, en principal, suivant qu'elle émane d'un juge de première instance ou d'un magistrat de cour d'appel (Sol. admin. Enreg. 11 juin 1898, D. P. 99. 2. 182).

146. Les états de frais taxés, mais non encore revêtus de la formule exécutoire, ne donnent ouverture qu'au droit fixe de 1 fr. 50, sans qu'il y ait à distinguer si la taxe émane d'un juge de première instance ou d'un magistrat de cour d'appel. Mais l'Administration est fondée à réclamer le supplément de droit de 4 fr. 50 ou de 7 fr. 50, si elle vient à acquérir ultérieurement la preuve que la

formule exécutoire a été inscrite sur l'état de frais, postérieurement à son enregistrement. Lorsque l'état de frais taxé et l'ordonnance suivie de la formule exécutoire font l'objet de deux écrits séparés, les deux droits de 1 fr. 50 sur l'état taxé et de 4 fr. 50 ou de 7 fr. 50 sur l'ordonnance sont concurremment exigibles (Sol. admin. Enreg. 15 nov. 1899, D. P. 1900. 5. 307). — Les états de frais taxés et rendus exécutoires doivent, comme actes judiciaires, être soumis à l'enregistrement dans le délai de vingt jours ; à défaut de dispositions spéciales, l'inaccomplissement de cette prescription n'entraîne aucune pénalité, si, d'ailleurs, les états sont présentés à la formalité avant tout usage en justice ou par acte public.

147. L'exploit de signification d'un exécutoire de dépens ou d'une ordonnance de taxe est assujetti au tarif des exploits en justice de paix, devant les tribunaux de première instance ou les cours d'appel, suivant que le titre émane de l'une ou l'autre de ces juridictions.

G

GARANTIE

1. En droit civil, on entend par *garantie* l'obligation qui incombe à une personne soit d'assurer à une autre la jouissance d'une chose ou d'un droit, soit de la protéger contre un dommage auquel elle est exposée, ou de l'indemniser quand elle a effectivement subi ce dommage. — Le *garant* est celui qui est tenu de cette obligation ; le *garanti*, celui au profit de qui elle existe.

2. La garantie peut être due dans des hypothèses très diverses, et les règles auxquelles elle est soumise varient suivant les cas. La loi s'en est occupée principalement en matière de vente, en raison de l'importance des obligations qui incombent au vendeur à ce point de vue (V. *infrà*, *Vente*). Mais on trouve aussi, dans différentes autres parties du Code civil, des dispositions relatives à la garantie (V. notamment, *suprà*, *Dot*, n° 9 ; *Échange*, n° 15 ; *infrà*, *Louage*, *Partage d'ascendant*, *Société*, *Succession*, *Transport-cession*, etc.).

3. V., sur la garantie en matière de procédure, *suprà*, *Exceptions et fins de non-recevoir*, n° 58 et s. ; ... sur la garantie d'intérêt en matière de chemin de fer, *suprà*, *Chemin de fer*, n° 16 et 17 ; ... sur la garantie des matières d'or et d'argent, *infrà*, *Matières d'or et d'argent*.

GARDE CHAMPÊTRE

(R. v° *Garde champêtre* ; S. *eod.* v°).

1. Les gardes champêtres sont des officiers de police judiciaire chargés de surveiller les propriétés rurales de toute espèce, et de constater les délits et contraventions qui portent atteinte à ces propriétés (L. 28 sept. 1791, tit. 1er, sect. 7, art. 1er, R. v° *Droit rural*, p. 203 ; Instr. 16). Ils sont aussi, en certains cas, agents de la force publique (V. *suprà*, *Fonctionnaire public*, n° 4). — Il y a lieu de distinguer deux sortes de gardes champêtres : ceux des communes et ceux des particuliers.

§ 1er. — *Des gardes champêtres des communes* (R. 5 et s.; S. 3 et s.).

2. Chaque commune est libre d'avoir un garde champêtre, d'en avoir plusieurs, ou de n'en pas avoir (L. 5 avr. 1884, art. 102, D. P. 84. 4. 25). Il est interdit à plusieurs communes de s'associer pour entretenir un seul garde champêtre.

3. Les gardes champêtres sont nommés par le maire; ils doivent, en outre, être agréés et commissionnés par le sous-préfet, ou, dans l'arrondissement du chef-lieu, par le préfet. Le conseil municipal n'intervient que pour statuer sur la création, le maintien ou la suppression de l'emploi et pour voter le traitement du garde champêtre. — Les gardes champêtres doivent être âgés au moins de vingt-cinq ans (L. 28 sept. 1791, tit. 1er, sect. 7, art. 5). Ils doivent être reconnus pour gens de bonnes mœurs (même article). — Les gardes champêtres peuvent être suspendus par le maire; la suspension ne peut durer plus d'un mois. Le préfet seul a le droit de les révoquer. Leur démission est acceptée par le maire.

4. Les gardes champêtres se trouvent placés sous la surveillance de trois autorités distinctes : comme agents communaux, ils sont soumis d'abord à l'autorité municipale, dont ils sont tenus de faire exécuter les règlements et les instructions. Comme agents de la force publique, ils sont placés sous la surveillance des commandants de brigades de gendarmerie (Décr. 20 mai 1903, art. 312). Ils sont tenus, également, d'informer les maires, et ceux-ci la gendarmerie, de tout ce qu'ils découvrent de contraire au maintien de l'ordre et de la tranquillité publique (Décr. 20 mai 1903, art. 316). Enfin, en qualité d'officiers de police judiciaire, ils sont placés sous la surveillance des procureurs de la République (Instr. 17).

5. Le salaire des gardes champêtres est à la charge des communes; il constitue une dépense obligatoire (L. 5 avr. 1884, art. 136) (V. *suprà*, *Commune*, n° 297). Le conseil municipal peut, à toute époque, supprimer le poste de garde champêtre, sans être tenu d'attendre que ce poste soit vacant. Mais la suppression d'emploi était motivée non sur l'intérêt de la commune, mais sur des considérations personnelles vis-à-vis du garde, donnant à la mesure le caractère d'une véritable révocation, cette révocation déguisée constituerait un excès de pouvoir, et la délibération du conseil municipal pourrait être annulée par le préfet, qui aurait la faculté d'inscrire d'office au budget de la commune le traitement du garde.

6. Avant d'entrer en fonctions, les gardes champêtres prêtent, devant le juge de paix, serment de veiller à la conservation de toutes les propriétés qui sont sous la foi publique et de toutes celles dont la garde leur aura été confiée par l'acte de nomination (L. 28 sept. 1791, sect. 7, art. 5). V. au surplus *infrà*, *Serment*.

7. Sur les procès-verbaux des gardes champêtres, V. *infrà*, *Procès-verbal*.

8. Le garde champêtre ne peut exercer ses fonctions que dans le territoire où il est assermenté. Les fonctions des gardes champêtres consistent tout d'abord à constater les délits ruraux : à ce titre, ils ont à veiller à la conservation de toutes les propriétés qui sont sous la foi publique et de toutes celles qui leur ont été confiées par leur acte de nomination, et à rechercher les délits et contraventions qui portent atteinte aux propriétés rurales et forestières (L. 1791, sect. 7, art. 5; Instr. 16). Ils ne peuvent constater les crimes qui portent atteinte à ces propriétés. — En second lieu, en matière de contraventions de police urbaine, les gardes champêtres ont à rechercher les contraventions aux règlements et arrêtés de police mu-

nicipale (L. 5 avr. 1884, art. 102), et les procès-verbaux qui constatent ces contraventions font foi jusqu'à preuve contraire. Mais ils sont sans qualité pour constater les autres contraventions urbaines, c'est-à-dire celles qui consistent dans des contraventions de police prévues par le Code pénal et commises dans l'intérieur d'une commune. — Les gardes champêtres ont, en troisième lieu, qualité pour dresser procès-verbal des contraventions et délits forestiers; ce point est certain en ce qui concerne les bois non soumis au régime forestier (For. 188); quant aux bois et forêts de l'État, des communes et des établissements publics et autres bois énumérés en l'art. 1er c. for., la jurisprudence paraît se prononcer pour l'incompétence des gardes champêtres.

9. Les gardes champêtres ont le devoir d'arrêter et de conduire devant le juge de paix ou devant le maire tout individu surpris en flagrant délit ou dénoncé par la clameur publique, lorsque ce délit entraîne la peine d'emprisonnement ou une peine plus grave. Ils ont également le droit de suivre les choses enlevées dans les lieux où elles ont été transportées, et de les mettre sous séquestre; mais ils ne peuvent s'introduire dans les maisons, ateliers, bâtiments, cours adjacentes et enclos, si ce n'est en présence du juge de paix ou de son suppléant, ou du commissaire de police, ou du maire ou de son adjoint (Instr. 16). Ils ont cependant la faculté de s'introduire seuls, et sans l'assistance d'aucun magistrat, dans les cabarets, cafés, boutiques et autres lieux ouverts au public (V. *infrà*, *Liberté individuelle*).

10. En dehors de la recherche et constatation des infractions rurales et forestières, les gardes champêtres ont reçu de diverses lois spéciales le droit de verbaliser dans certaines matières, notamment pour constater : les infractions en matière de chasse (L. 3 mai 1844, art. 22), de pêche fluviale (L. 15 avr. 1829, art. 36), les infractions à la loi tendant à réprimer l'ivresse publique (L. 23 janv. 1873, art. 13), à la police du roulage (L. 30 mai 1851, art. 15), à la police des chemins de fer (L. 15 juill. 1845, art. 23), les fraudes sur les tabacs (L. 28 avr. 1816), les infractions en matière de boissons, les contraventions aux lois et règlements de la grande voirie.

11. Sur l'interdiction de l'exercice de la chasse aux gardes champêtres ou forestiers des communes et établissements publics, ainsi qu'aux gardes forestiers de l'État, V. *suprà*, *Chasse-louveterie*, n° 64.

§ 2. — *Des gardes champêtres des particuliers* (R. 37 et s.; S. 42 et s.).

12. Tout propriétaire, nu-propriétaire, usufruitier, usager, fermier ou locataire, adjudicataire ou locataire de chasse, en un mot toute personne investie d'un droit de propriété ou de jouissance sur un terrain, a le droit d'avoir un garde particulier dont la nomination lui appartient (Décr. 20 mess. an 3, art. 4, R. p. 266). — Les gardes particuliers doivent avoir vingt-cinq ans accomplis (Décis. min. Just. 18 nov. 1878), jouir d'une bonne moralité (Décr. 20 mess. an 3, art. 2). Un garde particulier peut, en même temps, être le garde champêtre de la commune. On peut être à la fois le garde champêtre et le garde particulier du même propriétaire. De même, il n'est pas interdit au même individu d'être le garde particulier de plusieurs propriétaires.

13. La nomination de garde champêtre particulier est formulée par écrit dans un acte appelé *commission*, et qui n'est assujetti à aucune forme particulière de rédaction. Les gardes particuliers doivent être agréés par le sous-préfet (dans les arrondissements autres que celui du chef-lieu), qui a, à cet égard, un droit d'agrément discrétionnaire,

sauf recours au préfet. — **La demande tendant** à faire agréer les gardes particuliers doit être déposée à la préfecture. Il en est donné récépissé. Après l'expiration du délai d'un mois, le propriétaire qui n'a pas obtenu de réponse peut se pourvoir devant le ministre (L. 12 avr. 1892, art. 2, D. P. 92. 4. 43). Le droit d'agrément du sous-préfet n'est pas passé au préfet depuis la loi de 1892 (Req. 6 déc. 1893, D. P. 94. 1. 380). Les gardes particuliers prêtent serment devant le juge de paix (V. n° 6).

14. Les gardes particuliers ne pouvaient, autrefois, être révoqués que par la personne qui les avait nommés. Aujourd'hui, les préfets peuvent rapporter les arrêtés agréant les gardes particuliers (L. 12 avr. 1892, art. 1er).

15. Les attributions des gardes champêtres particuliers sont les mêmes que celles des gardes champêtres des communes; la seule différence consiste en ce que le garde champêtre d'un particulier n'exerce ses fonctions que dans les limites des propriétés de son maître, tandis que le garde champêtre de la commune les exerce sur tout le territoire de la commune.

§ 3. — *Crimes et délits commis par ou envers les gardes champêtres* (R. 46 et s.; S. 56 et s.).

16. Les gardes champêtres des communes et des particuliers jouissent, pour les crimes et délits commis par eux, dans l'exercice de leurs fonctions, du privilège de juridiction appartenant aux membres de l'ordre judiciaire (V. *infrà*, *Mise en jugement des fonctionnaires publics*). — Ils sont passibles de l'aggravation des peines portées contre les fonctionnaires à raison de certains délits, notamment à raison de certains délits, notamment à raison des faits prévus par les art. 114, 198, 462 c. pén. et art. 12 *in fine* de la loi du 3 mai 1844 (V. *suprà*, *Chasse-louveterie*, n° 224; *Forfaiture*, n°s 5, 55 et 56).

17. Les gardes champêtres sont protégés par des dispositions pénales particulières contre les auteurs de certaines infractions commises envers eux, et qui sont : 1° la rébellion (Pén. 209; V. *infrà*, *Rébellion*); 2° les violences (Pén. 230 à 233; V. *suprà*, *Fonctionnaire public*, n° 3); 3° les outrages (V. *infrà*, *Presse-outrage*).

§ 4. — *Enregistrement et timbre.*

18. Les actes de nomination des gardes champêtres des communes, rentrant dans la catégorie des actes administratifs, sont exempts de timbre et d'enregistrement; mais les commissions sont soumises au timbre (L. 15 mai 1818, art. 80, R. v° *Enregistrement*, t. 21, p. 41). Les actes de nomination de gardes particuliers sont assujettis au droit fixe de 3 francs; en ce sens, lieu n'y a qu'à la perception d'un seul droit fixe, quel que soit le nombre des propriétés gardées (Décis. min. Fin. 21 mai 1894, D. P. 95. 5. 258).

19. Les actes de prestation de serment des gardes champêtres des communes et des gardes particuliers sont assujettis au droit fixe de 4 fr. 50, lorsque le traitement est accessoire qu'ils reçoivent est inférieur à 4.000 francs (L. 28 févr. 1872, art. 4, D. P. 72. 4. 12; 28 avr. 1893, art. 26, D. P. 93. 4. 79). Si le traitement est supérieur à 4.000 francs, le droit à percevoir est de 22 fr. 50 (L. 22 frim. an 7, art. 68, § 6, n° 4, R. v° *Enregistrement*, t. 21, p. 26; 28 févr. 1872, art. 4).

20. Sur les procès-verbaux des gardes champêtres, V. *infrà*, *Procès-verbal*.

GENDARMERIE

(R. v° *Gendarme-gendarmerie*; S. eod. v°).

ART. 1er. — GÉNÉRALITÉS.

1. L'organisation et le service de la gendarmerie ont été réglementés par le décret du 20 mai 1903 (D. P. 1904. 4. 45), qui abroge dans son art. 323 toutes les dispositions antérieures concernant le même objet, sauf celles visées à l'art. 50 de ce décret, et qui sont relatives à l'avancement général dans l'armée.

2. La gendarmerie est une force instituée pour veiller à la sûreté publique et pour assurer le maintien de l'ordre et l'exécution des lois. Son action s'exerce sur toute l'étendue du territoire, ainsi qu'aux armées. Elle est particulièrement destinée à la sûreté des campagnes et des voies de communication (art. 1er).

3. Le corps de gendarmerie est une des parties intégrantes de l'armée; les dispositions générales des lois militaires lui sont applicables, sauf les modifications et les exceptions que son organisation et la nature mixte de son service rendent indispensables (art. 2). Il se compose : 1° d'un certain nombre de légions pour le service des départements et de l'Algérie; 2° de la gendarmerie des colonies ou des pays de protectorat; 3° de la légion de la garde républicaine (art. 10), laquelle reste constituée d'après les décrets qui l'ont organisée (art. 322), c'est-à-dire les décrets des 10 sept. 1870 et 5 juill. 1887.

4. Les militaires de la gendarmerie (officiers, sous-officiers, brigadiers et gendarmes) sont tenus, avant d'entrer en fonctions, de prêter, devant le tribunal de première instance, le serment dont la formule est indiquée à l'art. 5 du décret.

5. La gendarmerie, tout en étant sous les ordres du ministre de la Guerre, est placée dans les attributions des ministres de l'Intérieur, de la Justice, de la Marine et des Colonies (art. 4).

ART. 2. — ORGANISATION ET AVANCEMENT
DU PERSONNEL.

6. La gendarmerie est répartie sur tout le territoire par brigades à pied ou à cheval, dont l'effectif, variable, est en général de cinq hommes (art. 8). La gendarmerie d'un département forme habituellement une compagnie qui prend le nom de ce département. Plusieurs compagnies, selon l'importance du service et de l'effectif, forment une légion (art. 9), laquelle est commandée par un colonel ou un lieutenant-colonel (art. 12). En principe, le commandement et la direction du service de la gendarmerie appartiennent, dans chaque arrondissement administratif ou section d'arrondissement, à un officier du grade de capitaine, de lieutenant et de sous-lieutenant; dans chaque département, à un officier du grade de chef d'escadron (art. 9).

7. La hiérarchie militaire dans la gendarmerie des départements, de l'Algérie, des colonies et pays de protectorat est déterminée par l'art. 11.

8. Le recrutement des gendarmes se fait, en principe, parmi les sous-officiers et anciens sous-officiers de l'armée active, âgés de vingt-cinq ans au moins et trente-cinq au plus, ayant servi activement sous les drapeaux pendant deux ans et six mois au minimum (les anciens sous-officiers peuvent n'être rentrés dans leurs foyers que depuis moins de trois ans). Les autres conditions exigées et les formalités à remplir sont indiquées aux art. 15 à 18.

9. Les art. 23 à 31 traitent des démissions, renvois et retraites. Les pensions sont réglées par les art. 11 et s. de la loi du 18 août 1879 (V. infra, Pensions). — Quant à l'avancement, il fait l'objet des art. 33 à 41 pour les sous-officiers, brigadiers et gendarmes, et des art. 42 à 50 pour les officiers. — Le ministre de l'Intérieur est consulté pour la nomination aux divers grades et emplois d'officiers de la garde républicaine (art. 49).

ART. 3. — DE LA GENDARMERIE CONSIDÉRÉE DANS SES RAPPORTS AVEC LE POUVOIR CENTRAL ET LES AUTORITÉS CONSTITUÉES.

10. 1° *Rapports avec le pouvoir central.* — Le ministre de la *Guerre* a dans ses attributions l'organisation, le commandement, l'exécution réglementaire de toutes les parties du service : admission, avancement, démissions, ordre intérieur, discipline, solde, habillement, comptabilité, etc. (art. 54). — Il appartient au ministre de l'*Intérieur* de donner des ordres pour la police générale, pour la sûreté de l'État, et, en en donnant avis au ministre de la Guerre, pour le rassemblement des brigades en cas de service extraordinaire (art. 59). — Sont du ressort du ministre de la *Justice*, le service des officiers de gendarmerie et de certains commandants de brigade considérés comme officiers de police judiciaire (art. 62); ... du ministre de la *Marine*, la surveillance exercée par la gendarmerie sur les marins des équipages de la flotte jusqu'à leur embarquement, ainsi que la recherche des déserteurs de l'armée de mer (art. 63); ... du ministre des *Colonies*, 1° le service des officiers de gendarmerie considérés comme officiers de police judiciaire dans les colonies ou pays de protectorat autres que la Tunisie; 2° les compagnies ou détachements de gendarmerie coloniale pour l'administration, la comptabilité et la direction du service (art. 64 et 65). — La garde républicaine est placée, pour l'exécution du service de surveillance de la ville de Paris, sous la direction du préfet de police (art. 49).

11. 2° *Rapports avec les autorités constituées.* — La gendarmerie adresse des rapports et des communications à l'*autorité judiciaire* pour les faits qui peuvent motiver des poursuites (art. 51). Les commandants d'arrondissement reçoivent du procureur de la République et du juge d'instruction de leur arrondissement les réquisitions, demandes de renseignements, signalements, mandats et autres pièces que ces magistrats jugent utiles de leur adresser pour enquête ou exécution. Ils les transmettent aux chefs de brigade intéressés en y joignant, s'il y a lieu, les instructions nécessaires. — Ils adressent au procureur de la République de leur arrondissement des rapports concernant les événements extraordinaires tels que accidents et calamités publiques, grèves, émeutes, attentats, assassinats, incendies, provocation de militaires à l'indiscipline, etc. (art. 53 et 81). Ils lui adressent, en outre, les 1er et 15 de chaque mois, un relevé analytique sommaire des contraventions constatées par la gendarmerie de l'arrondissement pendant la quinzaine précédente. — Les chefs de brigades informent le juge de paix de leur canton des événements graves survenus dans la circonscription de la brigade. Ils transmettent les procès-verbaux dressés par la brigade en matière de simple police au commissaire de police ou au maire remplissant les fonctions de ministère public près le tribunal de simple police du canton (art. 81). — La gendarmerie notifie les citations adressées aux jurés de la cour d'assises; elle remet les significations et notifications en matière d'expropriation (art. 85). Elle peut aussi notifier les mandats de justice aux prévenus et les mettre à exécution (art. 83).

12. La gendarmerie adresse des rapports et fait des communications à l'*autorité administrative* pour les événements pouvant intéresser l'ordre public ou la sûreté générale (art. 51). À cet effet, le commandant d'un arrondissement (autre que celui du chef-lieu du département) envoie au sous-préfet le rapport de tous les événements qui peuvent intéresser l'ordre public. Le commandant d'arrondissement du chef-lieu de dépar-

tement envoie son rapport au commandant de la compagnie, qui le fait parvenir au préfet ou relate, pour ce fonctionnaire, les faits que le rapport contient dans un rapport d'ensemble établi pour plusieurs arrondissements. Les rapports concernant les événements extraordinaires (V. *supra*, n° 11) parviennent aux sous-préfets et au préfet, lequel les transmet au ministre de l'Intérieur s'il le juge convenable (art. 87). Les officiers et commandants d'arrondissement adressent, en outre, tous les cinq jours, aux sous-préfets, un tableau sommaire de tous les délits et de toutes les arrestations dont la connaissance leur est parvenue par les rapports des brigades (art. 88). — Sur le droit de réquisition des autorités administratives, V. *infra*, n°s 14 et s.

13. Enfin, la gendarmerie communique avec l'autorité militaire et lui fait des rapports sur les événements extraordinaires visés *supra*, n° 11, ainsi que sur les événements concernant les militaires (art. 51). — Les officiers de gendarmerie sont subordonnés aux généraux commandant les régions de corps d'armée et aux généraux de division ou de brigade commandant les subdivisions de région (art. 98).

14. 3° *Réquisitions.* — L'action des autorités civiles, administratives et judiciaires sur les réquisitions ne peut s'exercer que par des réquisitions, en ce qui concerne son emploi, c'est-à-dire quand il s'agit, soit d'exécuter un service déterminé ne rentrant pas expressément dans ses attributions (transport de pièces, communications urgentes, etc.), soit d'aller assurer le maintien de l'ordre sur des points où il est menacé, soit enfin de prêter main-forte aux diverses autorités (art. 67). — Les réquisitions des autorités civiles à la gendarmerie sont adressées, en principe, au commandant de la gendarmerie de l'arrondissement dans lequel est le lieu où elles doivent recevoir leur exécution. Ce n'est qu'en cas d'urgence qu'elles sont adressées directement à un commandant de brigade. Elles ne peuvent être données ni exécutées que dans la circonscription administrative ou judiciaire de celui qui les donne et dans la circonscription de gendarmerie de celui qui les exécute (art. 68). — Dans le cas où une réquisition paraîtrait abusive ou illégale, et soit que son exécution comporte un délai de temps, soit qu'elle puisse être différée sans inconvénient pour en référer à l'autorité militaire supérieure, celui à qui la réquisition est adressée en réfère à son supérieur hiérarchique dans les conditions indiquées par l'art. 69. Mais si l'autorité compétente qui a formulé la réquisition déclare formellement, sous sa responsabilité, que son exécution est urgente, il doit être obtempéré immédiatement à cette réquisition (art. 69, *in fine*).

15. Les cas où la gendarmerie peut être requise sont tous ceux prévus par les lois et les règlements, ou spécifiés par les ordres particuliers relatifs à son service (art. 72). — Les réquisitions doivent énoncer la loi qui les autorise, le motif, l'ordre, le jugement ou l'acte administratif en vertu duquel elles sont faites (art. 73). — Les réquisitions sont faites par écrit, signées, datées et dans la forme ci-après :

« RÉPUBLIQUE FRANÇAISE

« AU NOM DU PEUPLE FRANÇAIS

« Conformément à la loi... en vertu de... (loi, arrêté, règlement), nous requérons le... (grade et lieu de résidence) de commander, faire, ... se transporter, ... arrêter, etc., et qu'il nous fasse part (si c'est un officier) et qu'il nous rende compte (si c'est un chef de brigade) de l'exécution de ce qui est par nous requis au nom du peuple français. » — Dans les cas urgents, les autorités administratives et judiciaires peuvent employer exceptionnellement le télégraphe pour requérir la gendarmerie (art. 74).

16. Les militaires du corps de la gendarmerie qui refusent d'obtempérer aux réquisitions légales de l'autorité civile peuvent être réformés, d'après le compte qui en est rendu au ministre de la Guerre, sans préjudice des peines dont ils sont passibles si, par suite de leur refus, la sûreté publique a été compromise (art. 70) (V. *suprà*, *Forfaiture*, n°s 53 et s.).

17. Lorsque la gendarmerie est légalement requise pour assister l'autorité civile dans l'exécution d'un acte ou d'une mesure quelconque, elle ne doit pas être employée hors de la présence de cette autorité et elle ne doit l'être que pour assurer l'effet de la réquisition, et faire cesser, au besoin, les obstacles et empêchements (art. 76). Mais lorsque les autorités administratives ont adressé leurs réquisitions aux commandants de la gendarmerie, conformément à la loi, elles ne peuvent s'immiscer en aucune manière dans les opérations militaires ordonnées par ces officiers pour l'exécution desdites réquisitions. Les commandants de la force publique sont, dès lors, seuls chargés de la responsabilité des mesures qu'ils ont cru devoir prendre, et l'autorité civile qui a requis ne peut exiger d'eux que le rapport de ce qui aura été fait en conséquence de sa réquisition (art. 92).

18. De son côté, la gendarmerie (officiers et commandants de brigade) peut, pour les cas urgents, requérir directement l'assistance de la troupe, qui est tenue de déférer à cette réquisition et de lui prêter main forte (art. 109). — Sur les réquisitions adressées à la troupe par les autorités civiles, V. *suprà*, *Forfaiture*, n°s 53 et s.

ART. 4. — DEVOIRS, SERVICE ET DROITS DE LA GENDARMERIE.

19. 1° *Règles générales.* — Le service de la gendarmerie dans les départements se divise en service ordinaire et en service extraordinaire. Le service ordinaire est celui qui s'opère journellement ou à des époques déterminées, sans qu'il soit besoin d'aucune réquisition de la part des officiers de police judiciaire et des diverses autorités (V. *infrà*, n°s 22 et s.). Le service extraordinaire est celui dont l'exécution n'a lieu qu'en vertu d'ordres ou de réquisitions (V. *infrà*, n° 31) (art. 147).

20. La gendarmerie doit son assistance à toute personne qui la réclame dans un moment de danger (art. 303).

21. La gendarmerie ne peut opérer en dehors de la circonscription qu'elle est normalement chargée de surveiller, à moins d'ordres spéciaux ou en cas de force majeure, par exemple quand elle est à la poursuite de malfaiteurs (art. 309). Si la gendarmerie est attaquée dans l'exercice de ses fonctions, elle requiert, de par la loi, l'assistance des citoyens présents à l'effet de lui prêter main-forte, tant pour repousser les attaques dirigées contre elle que pour assurer l'exécution des réquisitions et ordres dont elle est chargée (art. 310). Les gardes forestiers concourent au besoin avec la gendarmerie au maintien de l'ordre public (art. 311, § 1er). La gendarmerie peut recueillir des renseignements auprès des gardes champêtres (lesquels sont placés sous la surveillance des commandants de brigades de gendarmerie, art. 312), des facteurs ruraux et des cantonniers (art. 311, § 4).

22. 2° *Service ordinaire.* — La gendarmerie a d'abord des attributions de police judiciaire. Sont officiers de police judiciaire auxiliaires du procureur de la République : les officiers de gendarmerie de tout grade ; les commandants de brigade en Algérie, les chefs de brigade en Tunisie, les sous-officiers de gendarmerie dans les autres colonies. — Les officiers de gendarmerie et les commandants de brigade, lorsqu'ils sont officiers de police judiciaire, ne peuvent, à raison de leur qualité d'officiers de police judiciaire, recevoir les plaintes ou les dénonciations des contraventions de simple police ; ils doivent renvoyer les plaignants ou les dénonciateurs par-devant le commissaire de police, le maire ou l'adjoint du maire, qui sont les officiers de police chargés de recevoir les plaintes et les dénonciations de cette nature (art. 114). Au contraire, ils peuvent recevoir les plaintes et dénonciations relatives aux crimes et aux délits correctionnels (art. 115 ; V. en outre *infrà*, *Instruction criminelle*). — La gendarmerie a également connaissance des crimes et délits par les recherches auxquelles elle se livre ; en effet, les fonctions habituelles et ordinaires des brigades sont de faire des tournées, courses ou patrouilles, sur les grandes routes, chemins vicinaux, dans les communes, hameaux, fermes et bois, enfin dans tous les lieux de leur circonscription respective (art. 149). Chaque commune doit être visitée au moins deux fois par mois de jour et une fois de nuit, et explorée dans tous les sens (art. 150). C'est dans ces tournées que les sous-officiers, brigadiers et gendarmes cherchent à savoir s'il a été commis quelque crime ou délit dans les communes qu'ils traversent (art. 151). Ils tâchent de connaître les noms, signalements, demeures ou lieux de retraite de ceux qui ont commis des crimes ou délits ; ils reçoivent les déclarations qui leur sont faites volontairement par les témoins, et les engagent à les signer, sans cependant pouvoir les y contraindre. Ils se mettent immédiatement à la poursuite de ces malfaiteurs pour les joindre, et, s'il y a lieu, pour les arrêter au nom de la loi (art. 152). Ils saisissent également les assassins, voleurs et délinquants, surpris en flagrant délit (Sur le flagrant délit, V. *infrà*, *Instruction criminelle*) ou poursuivis par la clameur publique, ainsi que ceux qui sont trouvés avec des armes ensanglantées ou d'autres indices faisant présumer le crime (art. 154). Tout individu ainsi arrêté en flagrant délit par la gendarmerie et contre lequel il n'est point intervenu de mandat d'arrêt ou un jugement de condamnation à des peines, en matière correctionnelle ou criminelle, est conduit à l'instant même devant le procureur de la République ; il ne peut être transféré ensuite dans une maison d'arrêt ou de justice qu'en vertu du mandat délivré par l'officier de police judiciaire (art. 306) (V. *infrà*, *Instruction criminelle*).

23. Dans le cas de danger grave et imminent, comme inondation, rupture de digues, incendie, avalanche, éboulement de terres ou de rochers, accidents naturels, les gendarmes se rendent sur les lieux au premier avis ou signal qui leur est donné, et télégraphient, avant de se mettre en route, au commandant d'arrondissement (art. 156). Les art. 157 et s. indiquent les dispositions spéciales que doit prendre la gendarmerie en présence d'un incendie.

24. La gendarmerie exerce une surveillance sur les repris de justice, les condamnés libérés (art. 164) ; elle s'assure de la personne des étrangers et de tout individu circulant dans l'intérieur de la France sans pièces d'identité (art. 165) ; elle se fait représenter les registres des logeurs et des aubergistes (art. 168). — Les brigades de gendarmerie conduisent devant le procureur de la République tout individu arrêté par ordre de l'autorité militaire comme ayant, soit dans les casernes ou autres établissements militaires, soit sur les terrains de manœuvres et autres lieux de réunion d'une troupe en service, été surpris en flagrant délit de provocation à l'indiscipline par discours, cris ou menaces, écrits, imprimés, vendus, distribués, mis en vente ou exposés, par placards ou affiches exposés aux regards du public (art. 177). Elles opèrent des arrestations ou dressent procès-verbal, suivant le cas, lorsque des individus portent atteinte à la tranquillité publique en troublant les citoyens dans l'exercice de leur culte ou exercent des violences contre les personnes (art. 178).

25. La gendarmerie surveille le colportage des livres, gravures et lithographies ; elle réprime la contrebande en matière de douanes et saisit les marchandises transportées en fraude (art. 180). — En matière de contributions indirectes, la gendarmerie constate par procès-verbal le colportage et la vente des tabacs, des poudres à feu, des allumettes, du phosphore et des cartes à jouer de contrebande. Elle saisit réellement ces objets. Elle arrête les délinquants. La gendarmerie relève également les contraventions aux lois sur la circulation des boissons, qu'elle ne saisit réellement que si le contrevenant est réputé insolvable. En matière de boissons, il n'y a lieu à arrestation que dans les cas de fraude prévus par les articles 46 de la loi du 28 avril 1816 et 12 de la loi du 21 juin 1873 (art. 181). — Elle constate les infractions aux lois sur les affiches, le timbre en matière de quittances, de connaissements, de marques de fabrique, de valeurs mobilières étrangères, sur la taxe des opérations de bourse et sur les patentes des marchands ambulants (art. 182).

26. Les officiers, sous-officiers, brigadiers et gendarmes ne peuvent, en l'absence de l'autorité judiciaire ou administrative, déployer la force des armes que dans les deux cas suivants : le premier, si des violences ou voies de fait sont exercées contre eux ; le second, s'ils ne peuvent défendre autrement le terrain qu'ils occupent, les postes ou les personnes qui leur sont confiés, ou, enfin, si la résistance est telle qu'elle ne puisse être vaincue autrement que par la force des armes (art. 174).

27. En ce qui concerne les visites domiciliaires, le décret de 1903 contient des règles précises sur les droits et obligations de la gendarmerie : La maison de chaque citoyen est un asile où la gendarmerie ne peut pénétrer sans se rendre coupable d'abus de pouvoir, sauf les cas déterminés ci-après : 1° pendant le jour, elle peut y pénétrer pour un motif formellement exprimé par une loi, ou en vertu d'un mandat spécial de perquisition décerné par l'autorité compétente ; 2° pendant la nuit, elle ne peut y pénétrer que dans les cas d'incendie, d'inondation ou de réclamations venant de l'intérieur de la maison. Dans les autres cas, elle doit prendre seulement, jusqu'à ce que le jour ait paru, les mesures indiquées à l'article 171. Le temps de nuit est ainsi réglé : du 1er octobre au 31 mars, depuis six heures du soir jusqu'à six heures du matin ; du 1er avril au 30 septembre, depuis neuf heures du soir jusqu'à quatre heures du matin (art. 169). Hors le cas de flagrant délit (V. *infrà*, *Instruction criminelle*), la gendarmerie ne peut s'introduire dans une maison malgré la volonté du maître (art. 170). — Lorsqu'il y a lieu de supposer qu'un individu déjà frappé d'un mandat d'arrestation, ou prévenu d'un crime ou délit pour lequel il n'y aurait pas encore de mandat décerné, s'est réfugié dans la maison d'un particulier, la gendarmerie peut seulement garder à vue cette maison ou l'investir, en attendant les instructions nécessaires pour y pénétrer, ou l'arrivée de l'autorité qui a le droit d'exiger l'ouverture de la maison pour y faire l'arrestation de l'individu réfugié (art. 171). — Les sous-officiers, brigadiers et gendarmes n'ont pas qualité pour faire des perquisitions domiciliaires ; ils ne peuvent qu'accompagner l'officier de police judiciaire, juge d'instruction ou procureur de la République, ou le juge de paix, le maire, l'adjoint ou le commissaire de police (art. 124). Mais ils ont le droit de s'introduire dans les enceintes, gares et débarcadères de chemins de fer, d'y circuler et stationner (art. 329). Ils ont également le droit de visiter les auberges, cafés, et même de s'en faire ouvrir les portes toutes les fois qu'ils constatent de l'extérieur une circonstance de nature à faire présumer une infraction à la défense de conserver des consommateurs après l'heure fixée. — V. aussi *infrà, Instruction criminelle*.

28. Quant à la police des routes, la gendarmerie dresse des procès-verbaux de contraventions en matière de grande voirie, telles qu'anticipations, dépôts de fumiers ou d'autres objets, et constate toutes espèces de détériorations commises sur les grandes routes, sur les arbres qui les bordent, sur les fossés, ouvrages d'art et matériaux destinés à leur entretien, ou contre quiconque, par imprudence ou involontairement, a dégradé ou détérioré, de quelque manière que ce soit, le matériel des lignes télégraphiques ou téléphoniques (art. 123). — Elle surveille l'exécution des règlements sur la police des fleuves et des rivières navigables ou flottables, des bacs et bateaux de passage, des canaux de navigation ou d'irrigation, des dessèchements généraux ou particuliers, etc. (art. 194). — Elle dresse des procès-verbaux : contre ceux qui commettent des contraventions de petite voirie dans les rues, places, quais et promenades publiques, hors du passage des grandes routes et de leur prolongement, sur les chemins vicinaux, ainsi que les canaux ou ruisseaux flottables appartenant aux communes (art. 197) ; contre les propriétaires de voitures automobiles, cycles ou autres moyens de transport, et les entrepreneurs de messageries publiques qui sont en contravention aux lois et règlements d'administration sur la police du roulage, aux arrêtés des préfets et des maires (art. 198) ; elle constate les voituriers, charretiers et tous conducteurs de voitures à se conformer à la loi et aux arrêtés concernant la police du roulage (art. 199). — Elle dresse procès-verbal contre ceux qui exercent publiquement et abusivement de mauvais traitements envers les animaux domestiques (art. 201).

29. La gendarmerie est chargée encore de protéger l'agriculture et de saisir tous individus commettant des dégâts dans les champs et les bois, dégradant la clôture des murs, haies ou fossés, lors même que ces délits ne seraient pas accompagnés de vols ; de saisir pareillement tous ceux qui sont surpris commettant des larcins de fruits ou d'autres productions d'un terrain cultivé. Elle dresse des procès-verbaux contre ceux qui auront causé des dégâts en allumant du feu dans les champs, près des maisons, jardins, bruyères, vergers, meules, etc., aux distances prohibées (art. 203). Elle surveille l'exécution des mesures relatives aux maladies contagieuses (V. *infrà, Salubrité publique*) (art. 207, 208), à l'échenillage (art. 209). Elle dresse des procès-verbaux contre les individus trouvés en contravention aux lois et règlements sur la chasse et la pêche (art. 210), sur les jeux de hasard (art. 212) ; elle surveille les vagabonds et gens sans aveu (art. 213). Elle a également des attributions relativement aux militaires en congé (art. 229) et à la police des localités occupées par les troupes en marche (art. 235).

30. Une attribution importante de la gendarmerie consiste dans le transfèrement des prisonniers. Les individus transférés aux frais du ministère de la Justice (les inculpés) sont, lorsqu'ils sont valides, conduits à pied de brigade en brigade. S'ils se trouvent dans l'impossibilité de marcher, ou s'ils veulent payer les frais du transport, on les conduit en voiture ou en chemin de fer (art. 242

et 244). Les individus transférés aux frais du ministère de l'Intérieur (les condamnés) ne sont pas tenus, quel que soit leur état de santé, de faire la route à pied (art. 243). — Les art. 257 et s. du décret sont relatifs au transfèrement des prisonniers militaires. — Enfin les art. 272 et s. édictent les règles concernant la responsabilité des chefs d'escorte, en même temps qu'ils indiquent les engins dont les gendarmes peuvent se servir à l'égard des prisonniers pour prévenir les évasions. Une indemnité est accordée aux gendarmes d'escorte (Circ. min. Just. 14 août 1876, 29 nov. 1884).

31. 3° *Service extraordinaire.* — Le service extraordinaire des brigades consiste à prêter main-forte, notamment : 1° aux préposés des Douanes, pour la perception des droits d'importation et d'exportation, pour la répression de la contrebande, ou de l'introduction sur le territoire français de marchandises prohibées ; 2° aux agents de l'Administration, pour la répression du maraudage, dans les forêts et sur les fleuves, lacs ou rivières ; 3° aux inspecteurs, receveurs des deniers de l'Etat, et autres préposés, pour la rentrée des contributions directes et indirectes ; ... 4° aux huissiers, et autres exécuteurs de mandements de justice, porteurs de réquisitions ou de jugements lorsqu'ils doivent justifier ; 5° aux commissaires de surveillance, gardes-barrières et autres agents préposés à la surveillance des chemins de fer (art. 290).

32. 4° *Primes de capture.* — Les militaires de la gendarmerie ont droit à des récompenses et gratifications qui leur sont accordées pour captures importantes et services signalés. Ces récompenses et gratifications sont réglementées au chapitre 8 du décret du 18 févr. 1863 (art. 276 et s.), qui traite des parts d'amendes, primes et gratifications sur des fonds spéciaux de divers départements ministériels, et s'occupe notamment des arrestations de déserteurs, forçats, condamnés aux travaux forcés ou à la reclusion, des frais de justice, des délits forestiers, des délits de chasse, des amendes en matière de roulage et de grande voirie, de contrebande et de fraude, etc. Ce décret a lui-même été modifié, en ce qui concerne l'arrestation des forçats et des condamnés aux travaux forcés ou à la reclusion (art. 283, 284 et 285), par celui du 2 juill. 1877 (D. P. 77. 4. 66), qui établit pour ces sortes d'arrestation une prime uniforme de 50 francs.

ART. 5. — PROCÈS-VERBAUX DE LA GENDARMERIE.

33. Sur ce point, V. *infrà, Procès-verbal.*

ART. 6. — CRIMES ET DÉLITS COMMIS CONTRE OU PAR LES MILITAIRES DE LA GENDARMERIE.

34. En ce qui concerne les crimes et délits commis contre les militaires de la gendarmerie, le décret de 1903 porte (art. 179), que tout individu qui outrage les militaires de la gendarmerie dans l'exercice de leurs fonctions est immédiatement arrêté et conduit devant l'officier de police de l'arrondissement, pour être jugé et puni suivant la rigueur des lois. Il y a donc lieu de s'en référer aux principes généraux. — Les militaires de la gendarmerie doivent être considérés comme des agents et commandants de la force publique ; les violences et les outrages exercés et proférés contre eux sont punis conformément aux art. 222 et s. c. pén. (V. *suprà, Fonctionnaire public*, n°s 28 et s., et *infrà, Presse-outrage*).

35. Quant aux crimes et délits commis par les militaires de la gendarmerie, le décret de 1903 porte (art. 903) : Tout acte de la gendarmerie qui trouble les citoyens dans

l'exercice de leur liberté individuelle est un abus de pouvoir ; les officiers, sous-officiers, brigadiers et gendarmes qui s'en rendent coupables encourent une peine disciplinaire, indépendamment des poursuites judiciaires qui peuvent être exercées contre eux. — Hors le cas de flagrant délit déterminé par les lois, la gendarmerie ne peut arrêter aucun individu, si ce n'est en vertu d'un ordre ou d'un mandat décerné par l'autorité compétente : tout officier, sous-officier, brigadier ou gendarme qui, en contravention à cette disposition, donne, signe, exécute ou fait exécuter l'ordre d'arrêter un individu, ou l'arrête effectivement, est puni comme coupable de détention arbitraire (art. 304). — Est puni de même, tout militaire du corps de la gendarmerie qui, même dans le cas d'arrestation pour flagrant délit, ou dans tous les autres cas autorisés par les lois, conduit ou retient un individu dans un lieu de détention non légalement et publiquement désigné par l'autorité administrative pour servir de maison d'arrêt, de justice ou de prison. Toutefois, la gendarmerie empêche la divagation des fous dangereux, s'en saisit, ainsi que de ceux qui lui seraient signalés comme évadés des établissements d'aliénés, et les remet sur-le-champ à l'autorité civile locale. Elle s'arrête le rôle de la gendarmerie. En aucun cas, les aliénés ne doivent être déposés dans les chambres de sûreté (art. 305). Ici encore, il faut s'en référer aux dispositions générales du droit pénal (V. *suprà, Forfaiture*, n° 5, et *infrà, Liberté individuelle*). — Sur le refus d'obtempérer aux réquisitions de l'autorité civile, V. *supra*, n° 16.

ART. 7. — ENREGISTREMENT ET TIMBRE.

36. L'acte constatant la prestation de serment d'un gendarme est exempt de timbre et d'enregistrement (Décis. min. Fin. 21 sept. 1821 ; Instr. admin. Enreg., n° 995).

37. Les engagements, enrôlements, congés, certificats, quittances pour prêt et autres pièces ou écritures concernant les gendarmes sont exempts du droit et de la formalité du timbre (L. 13 brum. an 7, art. 16, R. v° *Enregistrement*, t. 22, p. 737).

38. Les gendarmes peuvent constater les contraventions à la loi du 26 déc. 1890 (D. P. 91. 4. 50) et au décret du 18 févr. 1891 (D. P. 91. 4. 63), sur les affiches peintes. Il leur est accordé, à titre d'indemnité, un quart des amendes payées par les contrevenants (Décr. 18 févr. 1891, art. 10 et 11).

39. En ce qui concerne les procès-verbaux des gendarmes, V. *infrà, Procès-verbal.*

GRÂCE

(R. v° *Grâce et commutation de peine*; S. *eod.* v°).

§ 1ᵉʳ. — *Nature et caractère du droit de grâce* (R. 13 et s. ; S. 4 et s.).

1. La loi du 25 févr. 1875 (D. P. 75. 4. 30) confère au Président de la République le droit absolu de faire grâce ; elle réserve à la loi seule le pouvoir d'amnistier. — Sur les différences qui existent entre la grâce et l'amnistie, V. *supra, Amnistie*, n° 1. — Le décret qui octroie la grâce doit être, comme tous les décrets, contresigné par un ministre, qui en est ainsi responsable devant le Parlement.

2. Le droit de grâce ne peut s'exercer qu'à l'égard des individus condamnés par un jugement définitif. La grâce peut être accordée à tous les condamnés, quelle que soit la nature du crime ou du délit qui a motivé la condamnation, même aux personnes condamnées par la Haute Cour de justice. Seuls, les contumaces ne peuvent en bénéficier. — Le droit de grâce s'étend à toutes les peines : criminelles, correctionnelles, de simple police. Mais la question est très discutée de savoir s'il s'applique aux peines disciplinaires, prises contre les officiers ministériels par exemple. La chancellerie refuse de leur faire l'application du droit de grâce toutes les fois que la peine n'a pas été prononcée par un tribunal statuant en audience publique.

3. Peuvent faire l'objet d'une grâce : le bannissement, l'interdiction de séjour (L. 27 mai 1885, art. 19, D. P. 85. 4. 45); la confiscation, la contrainte par corps. — Au contraire, ne peuvent être remises que par voie de grâce : la dégradation civique, l'interdiction temporaire de certains droits. — L'obligation, pour les condamnés aux travaux forcés, de résider dans la colonie un temps égal à la durée de la condamnation s'ils ont été condamnés à moins de huit années, toute leur vie si la condamnation est supérieure à huit années, ne cesse pas par l'effet de la grâce, qui relève le condamné de la peine des travaux forcés, à moins que les lettres de grâce ne contiennent une disposition formelle à ce sujet. De même, les individus condamnés à la relégation ne peuvent être dispensés de l'internement perpétuel dans la colonie que par une disposition spéciale des lettres de grâce. — En ce qui concerne les amendes, celles qui ont le caractère de peines proprement dites peuvent seules être remises par la grâce; la grâce est inopérante à l'égard de celles qui ont le caractère de réparations civiles, notamment les amendes prononcées à la requête des administrations publiques des Contributions indirectes, Douanes, Forêts, Postes, Enregistrement.

4. La grâce peut être pleine et entière, c'est-à-dire faire remise de tout ce qui reste de la peine, ou bien n'en remettre qu'une partie. — La grâce peut aussi ne consister que dans la substitution d'une peine plus faible à une peine plus forte (*commutation de peine*); le chef de l'Etat substituera, par exemple, à une peine criminelle une peine correctionnelle, à une peine perpétuelle une peine temporaire de même nature. Mais la peine commuée ne peut pas être remplacée par une peine d'une autre nature; par exemple, la peine des travaux forcés ne peut être convertie en détention.

5. La grâce ne peut pas être refusée par le condamné qui en est l'objet.

6. Les grâces sont individuelles ou collectives. Les grâces *individuelles* sont accordées ou de propre mouvement, ou sur le recours en grâce formé soit par le condamné lui-même, ses parents ou amis, soit par les jurés qui ont rendu le verdict, soit même par la cour ou le ministère public. Les grâces *collectives* sont accordées à certaines époques de l'année, sur la proposition des directeurs de pénitenciers et de maisons centrales.

§ 2. — *Formalités relatives aux recours en grâce* (R. 36 et s.; S. 28 et s.).

7. Les demandes ou recours en grâce sont adressées au Président de la République, soit au ministre de la Justice. — L'instruction du recours est confiée à la direction des affaires criminelles et des grâces au ministère de la Justice. Une demande de renseignements est adressée au procureur général du ressort dans lequel la condamnation a été prononcée. Après instruction, le dossier est transmis au Président de la République, qui statue.

§ 3. — *Effets de la grâce* (R. 43 et s.; S. 35 et s.).

8. La grâce n'abolit ni le fait coupable, ni la condamnation; elle suppose, au contraire, l'un et l'autre. Elle laisse subsister le délit, la culpabilité du gracié. Elle fait cesser la peine, mais pour l'avenir seulement, jamais pour le passé. Elle n'empêche pas la condamnation de l'individu gracié aux peines de la récidive, s'il commet un nouveau délit. — La grâce reste sans effet : sur la dégradation civique, sur l'incapacité (pour les condamnés à une peine afflictive perpétuelle) édictée par l'art. 3 de la loi du 31 mai 1854 (D. P. 54. 4. 91) de disposer de leurs biens par donations entre vifs et testamentaire, et de recevoir à ce titre; sur la déchéance résultant de l'interdiction à temps de certains droits civiques, civils et de famille que les tribunaux peuvent prononcer aux termes des art. 9 et 42 c. pén. Le condamné ne peut être relevé de ces déchéances que par la réhabilitation. — Au contraire, l'interdiction légale, qui cesse avec la peine quand elle est la conséquence d'une peine temporaire, cesse aussi lorsque, accessoire d'une peine perpétuelle, cette peine est remise par la voie de la grâce.

GREFFE - GREFFIER
(R. v⁰ *Greffe - greffier*; S. *eod.* v⁰).

1. Le *greffier* est un fonctionnaire établi près chaque cour ou tribunal, et dont le principal emploi est d'écrire tous les actes du ministère des juges, d'en garder minute et d'en délivrer des expéditions. — Le secrétaire général du Sénat remplit les fonctions de greffier de la Haute Cour (L. 10 avr. 1889, art. 4). — Au conseil d'Etat, le greffier porte le titre de *secrétaire général* du Conseil et a rang de maître des requêtes; il y a aussi un *secrétaire du contentieux* (L. 24 mai 1872, art. 2). — Les *secrétaires-greffiers* des conseils de préfecture ne sont pas pourvus d'offices transmissibles; ils sont choisis par les préfets, parmi les employés des préfectures (L. 21 juin 1865, art. 7). — Les greffiers des conseils de prud'hommes prennent aussi le nom de *secrétaires*. — Il y a des greffiers près des conseils de guerre et de revision.

§ 1er. — *Organisation et tenue des greffes* (R. 14 et s.; S. 4 et s.).

2. Le personnel des greffes peut se composer : 1⁰ du greffier en chef, seul responsable de la conservation du dépôt des actes, de la fidélité des expéditions, etc.; 2⁰ de commis assermentés qui, sous la direction et la responsabilité du greffier, exercent les mêmes fonctions; 3⁰ de simples expéditionnaires, sans caractère légal. — En cas d'empêchement du greffier en chef et de ses commis, leurs fonctions peuvent être provisoirement remplies par un citoyen admis au serment par la cour ou le tribunal.

3. Les greffes sont des lieux publics. Ils sont ouverts tous les jours, excepté les dimanches et fêtes, aux heures déterminées par la cour ou le tribunal, de manière qu'ils soient ouverts huit heures par jour (Décr. 30 nov. 1808, art. 90). Les actes faits après l'expiration de l'heure fixée pour la fermeture du greffe sont, d'ailleurs, valables.

4. Sont à la charge des dépenses du greffe, c'est-à-dire les frais de bureau, papier libre, rôles, registres, encre, plumes, lumière et chauffage des commis. Les frais de reliure des arrêts et jugements rentrent dans les menues dépenses des cours et tribunaux et sont imputés sur les fonds qui leur sont alloués à ce titre. Il en est de même de l'achat des clous, de la toile et de la cire nécessaires pour l'apposition des scellés par les juges de paix.

5. Le *loyer* du greffe est à la charge du département, pour les greffes des cours et tribunaux de première instance, et de la commune, pour les greffes des tribunaux de paix.

6. En matière civile, les frais de port de lettres ou de paquets sont à la charge des greffiers. En matière criminelle, les greffiers en chef des cours d'appel et des tribunaux de première instance tiennent avec le bureau de poste de leur résidence un compte ouvert; le solde de ce compte est payé par le receveur de l'enregistrement.

7. En cas de déplacement du greffe ou de décès du greffier, il doit être dressé un inventaire sommaire et sans frais des registres et pièces du greffe.

§ 2. — *Conditions requises pour l'admission aux fonctions de greffier.* — *Incompatibilités* (R. 25 et s.; S. 6 et s.).

8. Pour être admis aux fonctions de greffier, il faut : 1⁰ jouir des droits civils et politiques; 2⁰ avoir satisfait aux lois sur le recrutement; 3⁰ être âgé de vingt-cinq ans accomplis, s'il s'agit d'une charge de greffier près d'une justice de paix, ou d'un tribunal de première instance de commerce, ou de secrétaire général du Conseil d'Etat; de vingt-sept ans, s'il s'agit d'une place de greffier près d'une cour d'appel ou de greffier en chef de la Cour de cassation; de trente ans, pour la charge de greffier en chef de la Cour des comptes : aucune dispense d'âge n'est accordée; 4⁰ être licencié en droit, s'il s'agit d'une charge de greffier près d'une cour d'appel, ou près la Cour de cassation, et avoir, dans le premier cas, suivi le barreau pendant deux ans. Pour tout autre greffier, aucune condition d'études préalables n'est exigée; mais si le candidat ne justifie d'aucun grade, il doit être soumis par le procureur de la République à un examen oral et écrit dont procès-verbal est adressé au ministre; 5⁰ n'être ni parent, ni allié jusqu'au degré d'oncle et de neveu inclusivement, d'un membre de la cour ou du tribunal auquel le candidat veut être attaché, à moins qu'il n'obtienne à cet égard une dispense du chef de l'Etat, laquelle n'est jamais accordée pour les greffes composés de moins de huit juges. L'alliance survenue depuis la nomination du titulaire n'empêche pas celui-ci de continuer ses fonctions; 6⁰ être présenté par le titulaire, sa veuve, ses héritiers ou ayants cause, à moins que le poste ne soit vacant. (Sur le droit qu'ont les greffiers ou leur ayant cause de présenter un successeur, V. *infrà, Office*). Le greffier de la Cour des comptes seul n'a pas ce droit; 7⁰ justifier d'un traité soit authentique, soit sous seing privé, contenant les conditions de la cession; 8⁰ être nommé par décret, sur la proposition du garde des sceaux (et sur celle du ministre des Finances, quand il s'agit de la nomination du greffier de la Cour des comptes). A cet effet, le candidat fait parvenir à la Chancellerie sa demande et les pièces à l'appui, au nombre desquelles figure un état des produits du greffe pendant les cinq dernières années; 9⁰ verser, avant son installation, un cautionnement (le greffier de la Cour des comptes qui n'a aucun maniement de fonds, ne verse pas de cautionnement); 10⁰ prêter le serment professionnel (V. *infrà, Serment*). — L'agrément du tribunal (spécialement, du tribunal de commerce) près duquel le greffier doit exercer ses fonctions, n'est pas exigé (Req. 13 avr. 1893, D. P. 93. 1. 225).

9. Les fonctions de greffier sont incompatibles avec celles : 1⁰ de juge, de membre du parquet; 2⁰ de préfet, de sous-préfet, de conseiller de préfecture, de secrétaire général; 3⁰ d'avoué, d'huissier, de notaire, de commissaire-priseur : toutefois, les fonctions de greffier de justice de paix sont compatibles (à Paris excepté) avec celles de commissaire-priseur; 4⁰ d'avocat; 5⁰ de secrétaire de mairie, de préfecture ou de sous-préfecture; 6⁰ d'instituteur primaire, de clerc de notaire, d'avoué, d'huissier; 7⁰ de maire, d'adjoint : toutefois, un greffier peut être membre d'un conseil général ou d'arrondissement, d'un conseil municipal, d'un bureau de bienfaisance ; *à fortiori*, peut-il faire partie du Parlement ; 8° avec toutes fonctions publiques sujettes à comptabilité pécuniaire, telles que celles de receveur d'enregistrement, des finances, des Contributions indirectes, d'employé des Douanes, Postes, etc., de conservateur des hypothèques ; 9° enfin avec toutes fonctions publiques salariées par l'Etat. — Le même individu ne peut être titulaire de deux offices de greffier. — Les greffiers doivent, en principe, s'abstenir de tout négoce et de tout mandat salarié.

10. Le titre de *greffier honoraire* peut être conféré par décret aux greffiers qui ont exercé leurs fonctions pendant trente années consécutives (Décr. 12 juill. 1899, D. P. 1902. 4. 48).

§ 3. — *Fonctions et prérogatives des greffiers* (R. 34 et s. ; S. 13 et s.).

11. Les principales fonctions des greffiers consistent : 1° à assister les tribunaux et les membres des tribunaux, à signer les jugements et les actes du juge, à conserver les archives des tribunaux ; 2° à délivrer les expéditions des minutes et actes judiciaires ; 3° à présider à certains actes d'instruction et d'exécution ; 4° à recevoir et à transmettre aux juges et aux parties les notifications qui les intéressent et à viser certains actes ; 5° à tenir certains registres et à fournir certains états ou tableaux.

12. Les greffiers sont fonctionnaires publics. — Ils font partie intégrante des cours et tribunaux auprès desquels ils exercent leurs fonctions, et dès lors ils ne peuvent y figurer à un second titre, notamment comme partie ou mandataire, ou comme syndic de la faillite d'une des parties, à peine de nullité des décisions et procédures dans lesquels ils auraient figuré en cette double qualité (Civ. c. 3 févr. 1892, D. P. 92. 1. 201 ; 30 juill. 1900, D. P. 1900. 1. 464). Ils ne sont pas magistrats, et par conséquent ne sont pas soumis aux règles de compétence exceptionnelle posées par l'art. 479 et s. c. instr. cr. — Ils ne sont pas, à proprement parler, des officiers ministériels.

13. Le greffier est présent à l'audience ou dans la chambre du conseil, quand le tribunal siège, ou partout ailleurs, quand le tribunal juge à propos de se déplacer. — A moins d'empêchement, c'est le greffier en chef qui assiste aux audiences solennelles et aux assemblées générales. Il peut, aux autres audiences, se faire remplacer par son commis-greffier. Les fonctions de greffier de la cour d'assises sont remplies, dans les départements où siège une cour d'appel, par le greffier de la cour ; dans les autres départements, par le greffier du tribunal (Instr. 253). — Les greffiers des cours et des tribunaux de première instance tiennent un registre de compte rendu sommaire des audiences (Décr. 28 nov. 1900, D. P. 1900. 4. 79).

14. Lorsque le greffier assiste le juge ou le tribunal, il écrit sous la dictée du juge ou du président ; il remplit le rôle de secrétaire et n'a aucune initiative. — Lorsqu'au contraire le greffier reçoit un *acte du greffe* proprement dit, la rédaction de cet acte lui est confiée. Ces actes sont ceux qui figurent sur les divers registres du greffe, tels que les déclarations affirmatives, déclarations de command, de surenchère, renonciations à succession ou à communauté, acceptations bénéficiaires, pourvois en cassation, appels ou oppositions en matière pénale, etc.

15. Lors même que le greffier écrit sous la dictée du magistrat, une certaine responsabilité pèse sur lui ; ainsi, lorsqu'un juge d'instruction entend des témoins, le greffier, en cas d'omission de une des formalités prescrites par la loi, est passible d'une amende de 50 francs (Instr. 77 et 78). L'inobservation des formalités relatives aux mandats de comparution, de dépôt, d'amener et d'arrêt est punie d'une amende de 50 francs au moins (Instr. 112).

16. Les greffiers doivent donner lecture des actes qu'ils rédigent aux parties ou aux avoués, et les leur faire signer. Mais aucune forme spéciale ne leur est imposée pour la rédaction des actes. — Bien qu'ils ne soient assujettis ni aux mêmes devoirs ni, en cas de négligence, aux mêmes peines que les notaires, ils n'en doivent pas moins éviter de laisser dans leurs actes des blancs, lacunes ou intervalles, de ne pas annexer à la minute les procurations des parties, de ne pas approuver les renvois ou ratures, de faire des surcharges, additions et interlignes. Ces défectuosités, qui sont pour les notaires des contraventions punissables d'amende, ne sont pour le greffier, *en matière civile*, et s'il n'est pas accusé de faux, que des inexactitudes qui ne peuvent donner lieu qu'à dommages-intérêts, s'il y a lieu, et à une peine disciplinaire. *En matière criminelle*, au contraire, ces inexactitudes entraînent souvent une amende contre le greffier.

17. Le soin de garder les archives du tribunal auquel ils sont attachés, c'est-à-dire les minutes des jugements, des ordonnances de référé, des exécutoires, des procès-verbaux d'enquête, de vérifications d'écriture, d'interrogatoires sur faits et articles, d'ordres, de contributions, les registres des actes du greffe, etc., est confié aux greffiers. — Les greffiers des tribunaux de première instance sont, en outre, dépositaires de l'un des doubles des registres de l'état civil et des pièces qui y sont annexées. Doivent aussi être déposés : les actes constitutifs de sociétés commerciales, aux greffes des tribunaux de commerce et des justices de paix (L. 24 juill. 1867, art. 55) ; les marques de fabrique, aux greffes des tribunaux de commerce (L. 23 juin 1857, art. 2) ; les signatures et parafes des notaires et des officiers de l'état civil, aux greffes des justices de paix (L. 2 mai 1861, art. 2). — Il est défendu, sous peine d'amende, à tout greffier, de recevoir aucun acte en dépôt sans dresser acte de ce dépôt (L. 22 frim. an 7, art. 43).

18. En principe, aucune pièce des archives du greffe ne peut être déplacée. Il faut cependant excepter : 1° le cas où les significations de jugements criminels ou de police se font sur minutes ; 2° le cas où l'huissier, qui a reçu un mandement du juge d'instruction pour instrumenter hors de son ressort, est obligé, pour obtenir son salaire, de joindre le mandement à son mémoire de frais ; 3° le cas où le tribunal ordonne une vérification d'écriture. — En matière de référé, l'ordonnance du président est souvent remise à l'exécutoire sur minute, laquelle est temporairement remise à l'avoué ou à l'huissier commis.

19. Les archives des greffes civils sont publiques, en ce sens que toute personne peut se faire délivrer expédition des pièces qui y sont déposées ; mais les parties n'ont pas le droit d'exiger la communication de ces pièces, ni d'en prendre elles-mêmes copie. — Cependant : 1° les fonctionnaires de l'Enregistrement ont droit de prendre communication, sur leur simple réquisition, des pièces déposées aux greffes et d'en tirer des extraits. — 2° Le ministère public peut exiger communication des actes du greffe, d'en récoler les minutes sur les répertoires. — 3° Les membres des tribunaux peuvent également en demander communication, sans avoir à donner le motif de leur demande. — Toutes ces communications ont lieu sans déplacement.

20. Les greffiers reçoivent en dépôt certains objets mobiliers, notamment les objets égarés ou confisqués, ou qui servent de pièces de comparaison ou de conviction. Mais ils ne doivent pas, sans y être autorisés, se rendre officiellement dépositaires de meubles qu'il plairait à des particuliers de leur apporter. — Les filets et engins de pêche saisis comme prohibés demeurent au greffe jusqu'après le jugement, pour être ensuite détruits. — Les objets d'or et d'argent confisqués pour contravention aux lois sur les droits de garantie sont remis à l'administration des Contributions indirectes. — Quant aux armes saisies, les préposés des Domaines ne peuvent en disposer qu'autant qu'elles n'ont pas été réclamées après le jugement définitif, ou après la prescription de l'action publique. L'inventaire en est dressé entre un préposé des Domaines et un fonctionnaire public délégué par le préfet ou le sous-préfet. Les autres objets, lorsqu'ils ne sont pas réclamés par les véritables propriétaires, sont remis à l'Etat. — Le greffier encourue une peine s'il détruit, supprime, soustrait ou détourne les actes et titres dont il est dépositaire en cette qualité (Pén. 173), V. *supra*, Forfaiture, n°s 20 et s.

21. Les greffiers délivrent des *expéditions* des jugements et autres actes déposés au greffe. — Lorsqu'il s'agit de délivrer une *grosse*, les greffiers ne peuvent donner que l'expédition intégrale de l'acte tout entier dont ils sont dépositaires. Lorsqu'il s'agit, au contraire, d'une *expédition* ordinaire, le greffier peut, si les parties l'en requièrent, ne délivrer que de simples *extraits* de l'acte.

22. Tandis que les notaires ne doivent délivrer expédition des actes qu'ils ont en dépôt qu'aux parties intéressées en nom dans l'acte, ou à leurs héritiers ou ayants cause, les greffiers sont tenus, au contraire, en matière civile, de délivrer des expéditions à tous requérants, sous peine de dommages-intérêts (Pr. 853). Il en serait autrement, d'après un arrêt (Aix, 11 janv. 1825, R. p. 563), d'une décision rendue en matière disciplinaire. — Le greffier, auquel une expédition est demandée, a droit d'exiger la consignation préalable d'une somme en représentant approximativement le coût. Si le chiffre de la somme demandée fait l'objet d'une contestation, c'est au président du tribunal auquel est attaché le greffier qu'il appartient de statuer. — Si le greffier refuse de délivrer expédition d'un acte, la partie intéressée doit l'assigner à bref délai, sans préliminaire de conciliation. L'affaire est jugée sommairement, et le jugement est exécutoire nonobstant opposition ou appel (Pr. 839, 840). — Il ne peut être délivré qu'une seule grosse, à moins d'autorisation donnée par ordonnance du président (Pr. 854).

23. Le greffier ne doit pas, pour l'exécution d'un jugement de condamnation, délivrer plus de deux extraits de ce jugement ; l'un est délivré au préfet et remis par lui aux gendarmes chargés d'opérer la translation, le second est envoyé au procureur de la République dans le ressort duquel se trouve la maison de détention. — Il est, en outre, remis à l'administration de l'Enregistrement un extrait pour le recouvrement de l'amende et des frais. — Sur le casier judiciaire, et la délivrance des extraits de ce casier, V. *supra*, Casier judiciaire, n°s 4, 7 et 8.

24. Les greffiers doivent tenir un certain nombre de *registres* prescrits soit par le Code de procédure civile, soit par le Code de commerce, soit par le Code d'instruction criminelle, soit par différentes dispositions de lois spéciales (L. 26 janv. 1892, art. 19 et s., D. P. 92. 4. 9 ; Décr. 28 nov. 1900, D. P. 1900. 4. 79). — Ces registres sont cotés et paraphés par le président du tribunal ou de la cour.

25. Les parquets des tribunaux de première instance doivent adresser au procureur général, dans les huit premiers jours d'avril ou de septembre de chaque année, un certain nombre d'états ou de tableaux énumérés par le décret du 30 mars 1808, art. 80

et 81 (R. v° *Organisation judiciaire*, p. 1493), et destinés à servir à l'établissement de la statistique judiciaire. Ce travail est confié aux greffiers. De semblables états sont demandés aux greffiers de la Cour de cassation, des cours d'appel, des justices de paix, des tribunaux de commerce et aux secrétaires des prud'hommes. — Les greffiers des cours et des tribunaux doivent transmettre chaque mois au parquet un extrait littéral du registre des comptes rendus sommaires des audiences, ainsi que le relevé du registre des pointes, auquel il sert de contrôle (Décr. 28 nov. 1900, art. 3). — Le relevé des liquidations et partages, tenu au greffe de chaque tribunal de première instance, est transmis tous les trois mois au procureur général par le procureur de la République (Décr. 7 sept. 1880, art. 4, D. P. 81. 4. 92; V. *infrà*, *Succession*). — Sur la confection des tables décennales des actes de l'état civil, V. *suprà*, *Actes de l'état civil*, n° 19.

26. Les greffiers de justice de paix partagent avec les notaires et les huissiers, dans les lieux où il n'existe pas de commissaires-priseurs, le droit de procéder aux ventes publiques de meubles (V. *suprà*, *Commissaire-priseur*, n° 6, et *infrà*, *Vente publique de meubles*). — Ils ont, concurremment avec les notaires, commissaires-priseurs, etc..., le droit de faire les ventes publiques de récoltes pendantes par racines (V. *infrà*, *Vente publique de récoltes*). — Ils peuvent rédiger et écrire les procès-verbaux des gardes champêtres et forestiers, dans le cas où ceux-ci ne peuvent ou ne savent le faire. Il en est de même des procès-verbaux d'experts, dans la même hypothèse (V. *infrà*, *Procès-verbal*). — Ils peuvent, d'ailleurs, être eux-mêmes experts ou arbitres.

27. Sur le droit qu'ont les greffiers, ou leurs ayants cause, de présenter un successeur, V. *suprà*, n° 8, et *infrà*, *Office*.

§ 4. — *Devoirs, discipline, responsabilité des greffiers* (R. 119 et s.; S. 37 et s.).

28. Les art. 1597 c. civ. et 713 c. pr. civ. défendent aux greffiers de devenir *cessionnaires de procès et droits litigieux* de la compétence du tribunal dans le ressort duquel ils exercent, ou de se rendre *adjudicataires* de biens dont la vente se poursuit à ce tribunal, à peine de nullité de l'adjudication et de tous dommages-intérêts (V. *infrà*, *Vente d'immeubles*, *Surenchère*). — Les acquisitions de coupes de bois appartenant à l'Etat, les adjudications de cantonnements de pêche fluviale, dans l'arrondissement de leur ressort, leur sont également interdites (For. 21; L. 15 avr. 1829, art. 15; V. *suprà*, *Forêts*, n° 136, et *infrà*, *Pêche fluviale*).

29. Les greffiers ne peuvent exiger d'autres émoluments que ceux établis par les tarifs (V. *infrà*, n° 36), ni aucun droit de prompte expédition, à peine de 100 fr. d'amende et de destitution (L. 21 vent. an 7, art. 23; Ord. 17 juill. 1825, art. 6; 9 oct. 1825, art. 5; Décr. 24 mai 1854, art. 12). — Ils doivent également refuser tout présent ou cadeau des parties, direct ou indirect (V. *supra*, *Forfaiture*, n° 40). — Les greffiers des tribunaux civils, des cours d'appel, des justices de paix et des tribunaux de commerce doivent inscrire au bas des expéditions qu'ils leur sont demandées le détail des déboursés et des droits auxquels chaque arrêt, jugement ou acte donne lieu. A défaut d'expédition, ils doivent faire cette mention sur les états signés d'eux et remis aux parties, à leurs avoués ou à leurs mandataires (Ord. 17 juill. 1821, art. 1er; Décr. 24 mai 1854, art. 9; Décr. 18 juin 1880, art. 15).

30. Les greffiers sont tenus de résider dans la ville où siège le tribunal ou la cour près lesquels ils sont établis. Ils ne peuvent s'absenter sans congé.

31. Les greffiers sont soumis à des règles de *discipline*. — Sur ces règles et les peines qu'ils peuvent encourir, V. *suprà*, *Discipline judiciaire*, n°s 25 et s.

32. Sur la *responsabilité* des greffiers, à raison des actes de leurs fonctions, V. *infrà*, *Responsabilité*. — Sur le délai après lequel les greffiers sont déchargés des pièces déposées au greffe, V. *infrà*, *Prescription civile*.

33. Les greffiers sont passibles d'une *amende*, dont le chiffre varie, dans des cas nombreux prévus par les lois civiles, pénales ou fiscales. — Ils sont soumis à une responsabilité entraînant une répression pénale dans les art. 169, 173, 254 et 255 c. pén. (V. *supra*, *Forfaiture*, n°s 12 et s., 20 et s., 25 et s.); 139 c. pr. civ. et 196 c. instr. cr. (V. *infrà*, *Jugement*); 244 c. pr. civ. (V. *supra*, *Faux incident*, n° 39).

§ 5. — *Traitements et émoluments des greffiers* (R. 135 et s.; S. 45 et s.).

34. Les greffiers touchent : 1° un traitement *fixe*. Le traitement fixe des greffiers et commis-greffiers des cours et tribunaux est déterminé par la loi du 30 août 1883 (D. P. 83. 4. 58).

35. 2° Des remises à eux allouées sur les droits de greffe. Ils continuent à percevoir ces remises, nonobstant la suppression des droits de greffe (V. *infrà*, n° 46).

36. 3° Des émoluments qui leur sont alloués pour la confection et la rédaction de divers actes de leur ministère. Ces émoluments consistent en : 1° droit de mise au rôle; 2° droit de rédaction et de transcription. — Le tarif en est réglé par le décret du 24 mai 1854, modifié par les décrets des 8 déc. 1862, 24 nov. 1871, 23 juin 1892. En outre, des émoluments leur sont alloués pour certains actes par diverses dispositions spéciales.

37. Les greffiers sont, entre les parties, une action personnelle *in solidum*, pour le remboursement de ce que celles-ci leur doivent. Ils peuvent même prendre contre elles *exécutoire*. Mais cet exécutoire ne comprend que leurs déboursés et avances de timbre et d'enregistrement; quant aux émoluments que la loi leur attribue, ils ne les obtiennent que par la voie ordinaire. — En ce qui concerne la compétence, on considère l'art. 60 c. pr. civ. comme applicable à l'action des greffiers en payement de ce qui leur est dû. — Sur cette disposition et les questions qu'elle soulève, V. *supra*, *Frais et dépens*, n°s 77 et s.

§ 6. — *Des commis-greffiers et des commis expéditionnaires* (R. 190 et s.; S. 94 et s.).

38. Le nombre des *commis-greffiers* assermentés dans chaque cour ou tribunal est fixé par le tableau A annexé à la loi du 30 août 1883. Ils sont présentés par le greffier et admis par la cour ou le tribunal. — En dehors de ces commis, qui reçoivent directement leur traitement de l'Etat, le greffier en chef peut, avec l'agrément de la cour ou du tribunal, faire assermenter d'autres commis, qu'il rétribue lui-même, s'ils sont nécessaires au service du greffe.

39. Les conditions de capacité exigées des candidats au poste de commis-greffiers sont les mêmes que pour les greffiers. Les incompatibilités sont identiques. Le greffier titulaire est responsable de ses commis, qui ne sont astreints à aucun cautionnement.

40. Les commis-greffiers prêtent serment. Ils ne sont pas fonctionnaires publics dans le sens des art. 254 et s. c. pén. Leur traitement est fixé par la loi du 30 août 1883.

41. Les *commis expéditionnaires* sont de simples scribes, sans caractère officiel, qui ne peuvent remplir aucune des fonctions attribuées aux greffiers à leurs commis assermentés. Ils sont rémunérés par le greffier en chef.

§ 7. — *Enregistrement et timbre.*

42. 1° *Enregistrement.* — Les actes de greffe doivent être soumis à la formalité de l'enregistrement dans le délai de vingt jours, à peine d'un droit en sus, à la charge du greffier (L. 22 frim. an 7, art. 20 et 35, R. v° *Enregistrement*, t. 21, p. 26).

43. Le taux du droit d'enregistrement a été fixé pour certains de ces actes, tels qu'en cassation (V. *supra*, *Appel en matière criminelle*, n°s 33 à 35; *Cassation*, n°s 213 et s.; *infrà*, *Jugement par défaut*). — Les autres actes, non prévus au tarif, sont assujettis aux droits de : 1 fr. 50, pour ceux passés aux greffes des justices de paix, des tribunaux de simple police, de police correctionnelle et des cours criminelles (L. 22 frim. an 7, art. 68, § 1er, n°s 46, 48 et 51; 28 févr. 1872, art. 4, D. P. 72. 4. 12); 4 fr. 50, pour ceux passés aux greffes des tribunaux civils et R. v° *Enregistrement*, t. 21, p. 39; 28 févr. 1872, art. 4); 7 fr. 50, pour ceux passés aux greffes des cours d'appel (L. 28 avr. 1816, art. 45, n° 6; 28 févr. 1872, art. 4).

44. Les greffiers ne peuvent délivrer en brevet, copie ou expédition, un acte soumis à l'enregistrement, ou agir en conséquence de cet acte, avant qu'il ait été enregistré, et ce, à peine d'une amende de 10 francs en principal (L. 22 frim. an 7, art. 41; 16 juin 1824, art. 10, R. v° *Enregistrement*, t. 21, p. 42). — Il leur est également interdit de rédiger un acte en vertu d'un écrit sous seing privé non enregistré, et ce, à peine d'une amende de 10 francs (L. 22 frim. an 7, art. 42; 16 juin 1824, art. 10). — Toutefois, les greffiers ne commettent une contravention qu'autant qu'ils agissent dans l'exercice de leurs fonctions, et non lorsqu'ils écrivent sous la dictée d'un des magistrats auxquels ils doivent leur concours (Décis. min. Int. et Fin. 12 nov. 1845, D. P. 53. 3. 71). — Enfin, il est défendu aux greffiers d'agir en vertu d'un acte ou écrit non timbré ou non revêtu du timbre prescrit, à peine d'une amende de 20 francs (L. 13 brum. an 7, art. 24 et 26, R. v° *Enregistrement*, t. 22, p. 737; 16 juin 1824, art. 10).

45. Par dérogation aux principes qui viennent d'être rappelés, les greffiers peuvent faire des actes en vertu et par suite d'actes sous seing privé non enregistrés en les énonçant dans leurs actes, mais sous la condition de les y annexer, de les soumettre en même temps à la formalité de l'enregistrement, et de devenir responsables, non seulement des droits d'enregistrement et de timbre, mais encore des amendes auxquelles les actes sous seing privé se trouveront assujettis (L. 22 avr. 1905, art. 10). L'administration de l'Enregistrement interprète cette disposition en ce sens que la faculté accordée pour les actes sous seing privé non enregistrés doit être étendue aux actes sous seing privé non timbrés (Instr. admin. Enreg. 23 avr. 1905, n° 3166).

46. Les droits de greffe, qui comprenaient, entre autres, un droit de mise au rôle, un droit de rédaction, un droit d'expédition, ont été supprimés par la loi du 26 janv. 1892 (D. P. 92. 4. 9) devant les justices de paix, les tribunaux civils et de commerce et les cours d'appel. Ils subsistent encore devant la Cour de cassation et le Conseil d'Etat.

47. 2° *Timbre.* — Les greffiers sont tenus d'employer le papier timbré pour les actes qu'ils rédigent et les extraits, copies ou expéditions qu'ils en délivrent (L. 13 brum. an 7, art. 12, § 4). Ils ne peuvent écrire sur les minutes ou feuilles d'audience, et sur les registres timbrés : plus de trente lignes à la page et de vingt syllabes à la ligne, sur une feuille au timbre de 0 fr. 60 ou 1 fr. 20; plus de quarante lignes à la page et de vingt-cinq syllabes à la ligne, lorsque la feuille est au timbre de 1 fr. 80 ; plus de cinquante lignes à la page et de trente syllabes à la ligne, lorsque la feuille est au timbre de 2 fr. 40, et ce, à peine d'une amende de 5 francs (Décr. 8 déc. 1862, D. P. 62. 4. 128). Cette interdiction ne s'applique pas aux minutes des actes et aux procès-verbaux écrits sur feuilles volantes, ni aux minutes des jugements de simple police (Trib. civ. de Gien, 4 mars 1873, D. P. 73. 3. 85). — Les expéditions délivrées par les greffiers des tribunaux civils de première instance, des tribunaux de commerce et des cours d'appel ne peuvent contenir plus de vingt lignes à la page de moyen papier, et douze à quatorze syllabes à la ligne (L. 21 vent. an 7, art. 6, R. v° *Enregistrement*, t. 22, p. 696 ; 26 janv. 1892, art. 4, D. P. 92. 4. 9). Cette disposition ne s'applique pas aux expéditions délivrées en matière de police correctionnelle ou criminelle, ni à celles délivrées par les greffiers des justices de paix en matière civile et par les secrétaires des conseils des prud'hommes, ces expéditions étant dispensées complètement du timbre (L. 26 janv. 1892, art. 12, § 1er). — La compensation, qui est admise pour le payement des droits de timbre, ne l'est pas pour les amendes ; il est dû une amende par page en contravention.

48. En principe, d'après les dispositions de l'art. 12-2°, § 1er, de la loi du 13 brum. an 7, les registres tenus dans les greffes sont sujets au timbre ; mais de nombreuses exceptions ont été apportées à cette règle. — Sont actuellement soumis au timbre : 1° les feuilles d'audience (Décr. 30 mars 1808). Les greffiers peuvent, toutefois, porter sur des feuilles visées pour timbre, en début, les jugements qui sont admis à l'enregistrement en débet ; 2° les cahiers ou registres des procès-verbaux de conciliation (Décis. min. Fin. 1818) ; 3° le registre des acceptations bénéficiaires de succession et des renonciations à communauté ou à succession (Décis. min. Fin. 9-12 mars 1808 ; Instr. admin. Enreg. 373, n° 1) ; 4° le registre des réquisitions à fin d'ouverture d'ordre et de contribution (Décis. min. Fin. 11 mai 1830) ; 5° le registre des soumissions de cautions ; 6° le registre des déclarations de cessation de fonctions des officiers publics (L. 25 niv. an 8, art. 5) ; 7° le registre des consignations de frais de transport faites en exécution des dispositions de l'art. 301 c. pr. civ. ; 8° le registre des déclarations affirmatives faites par les tiers-saisis (Pr. 571) ; 9° les registres des dépôts, et notamment ceux destinés à constater les dépôts d'actes de société, de dessins et de marque de fabrique. Pour les marques de fabrique, il est tenu, au greffe du tribunal de commerce, deux registres : l'un en papier libre, du format de 24 centimètres de largeur sur 40 de hauteur, sur lequel sont collés des exemplaires des marques déposées ; l'autre, en papier timbré, sur lequel sont rédigés les procès-verbaux de dépôt des marques (Décr. 26 juill. 1858, art. 4 et 5, D. P. 58. 4. 149) ; 10° le registre des productions faites au greffe dans les instructions par écrit (Pr. 96 et 108) ; 11° le registre des oppositions ou appels en matière civile ; 12° les registres des publications des contrats de mariage de commerçants, des demandes en séparation ou en divorce et des jugements, des débiteurs admis au bénéfice de cession et des contrats translatifs de propriété pour la purge des hypothèques légales ; 13° le registre destiné à mentionner les décisions portant interdiction ou nomination d'un conseil judiciaire (L. 16 mars 1893, art. 1 et 2, D. P. 93. 4. 38) ; 14° le registre destiné à l'inscription des nantissements de fonds de commerce (L. 1er mars 1898, D. P. 98. 4. 20) ; 15° le répertoire des actes soumis à l'enregistrement.

49. Sont, au contraire, dispensés du timbre : 1° le rôle général et les divers rôles particuliers (Décr. 30 mars 1808, R. v° *Organisation judiciaire*, p. 1493) ; 2° le registre destiné à mentionner les non-comparutions en conciliation (Pr. 58) ; 3° le plumitif destiné à prendre des notes d'audience ; 4° les divers registres tenus par les greffiers des tribunaux correctionnels ; 5° les registres des décisions du bureau d'assistance judiciaire ; 6° le registre contenant, pour chaque audience, l'indication sommaire des arrêts ou jugements rendus, avec les noms des magistrats y ayant participé (Décr. 28 nov. 1900, D. P. 1900. 4. 79) ; 7° le registre constatant le dépôt des signatures et paraphes des notaires et officiers de l'état civil (L. 2 mai 1861, art. 2, D. P. 61. 4. 54) ; 8° le registre d'inscription des élèves stagiaires de pharmacie et médecine, tenu par les greffiers des justices de paix, dans les communes où il n'existe pas d'école de pharmacie ou de médecine (L. 26 juill. 1860, art. 20, D. P. 60. 4. 96) ; 9° le registre d'inscription des diplômes de docteur en médecine, de chirurgien-dentiste et de sage-femme (L. 30 nov. 1892, art. 9, D. P. 93. 4. 8 ; Sol. admin. Enreg. 20 déc. 1893, D. P. 94. 5. 256) ; 10° le répertoire des casiers judiciaires ; 11° le registre constatant le dépôt annuel des registres de l'état civil et la table décennale des actes de l'état civil ; 12° le registre des liquidations et partages ordonnés par le tribunal (Décr. 7 sept. 1880, D. P. 81. 4. 92) ; 13° le registre des oppositions au remboursement de cautionnement des officiers ministériels (L. 25 niv. an 13, art. 2) ; 14° le registre d'ordre des appositions de scellés (Pr. 925) ; 15° le registre des transcriptions des commissions de fonctionnaires, officiers publics et autres (Décis. min. Fin. 21 mai 1864 ; Instr. admin. Enreg. n° 2286, § 3) ; 16° les registres de déclarations de faillites, dépôts de bilans, affirmations de créances, transcription des jugements de réhabilitation, et le registre où sont inscrits, pour chaque faillite, article par article, et à leurs dates respectives, tous les actes relatifs à la gestion des syndics (Décr. 25 mars 1880, D. P. 80. 4. 83) ; 17° le registre des saisies-arrêts sur les salaires et petits traitements des ouvriers et employés (L. 12 janv. 1895, art. 14, D. P. 95. 4. 13) ; 18° les registres tenus par les secrétaires des conseils des prud'hommes (L. 18 mars 1806, art. 21 et 29) ; 19° le registre des émoluments (L. 21 vent. an 7, art. 13 ; Décr. 24 mai 1854, art. 9).

GUERRE

(R. v° *Droit naturel et des gens* ; S. eod. v°).

§ 1er. — Notions générales (R. 99 et s. ; S. 47 et s.).

1. La guerre est la lutte armée entre deux États qui, ayant un différend, n'ont pu le régler à l'amiable. — Sur les solutions pacifiques dont les litiges internationaux sont susceptibles, V. *suprà*, Arbitrage international.

2. Pour qu'il y ait guerre internationale, il faut que les adversaires soient des États, c'est-à-dire des groupements souverains et indépendants. Autrement il y a guerre civile, et non guerre internationale. — On peut, à ce sujet, se demander quel est le caractère de la lutte qui s'élève entre États unis par un lien juridique. Il faut distinguer. Si ce lien juridique est un traité comparable à un traité d'alliance, comme c'est le cas dans les hypothèses de confédération d'États et de protectorat, la lutte est une véritable guerre. Si le lien juridique n'est pas assimilable à un traité, dans le cas d'un État fédéral notamment, la lutte n'est qu'une guerre civile.

3. La guerre civile se distingue de la guerre internationale à deux points de vue principaux : D'une part, dans la guerre civile, les adversaires du gouvernement légal ne sont que des insurgés et n'ont point droit au traitement de belligérants ni à l'application des lois de la guerre. D'autre part, les états tiers ne sont aucunement atteints par la lutte ; il ne peut donc être question, pour eux, de neutralité (V. *infrà*, Neutralité). Il convient de noter cependant que, dans certains cas, quand leurs intérêts se trouvent indirectement en jeu dans la lutte, les États tiers peuvent reconnaître aux insurgés comme belligérants. Ceci n'implique point reconnaissance de l'indépendance des insurgés et ne modifie pas leur situation vis-à-vis du gouvernement légal ; mais désormais ils auront les droits et les devoirs des États neutres.

4. L'état de guerre, bien que parfois inévitable, doit être régularisé et soumis à certaines lois. La guerre est un appel à la force, mais toute violence n'est pas permise. Les efforts des jurisconsultes et des gouvernements se sont portés surtout vers la limitation de l'emploi de la violence. Des conventions internationales ont réglementé certains points (Conventions de Genève et de La Haye, *infrà*, n° 23 ; Déclaration de Saint-Pétersbourg, *infrà*, n° 18). Un projet de déclaration sur les lois et coutumes de la guerre sortit, de même, des travaux d'une conférence internationale tenue à Bruxelles en 1874. Ce projet ne fut pas ratifié ; mais la conférence de La Haye de 1899 a discuté de nouveau la question. Il en est résulté un règlement du 29 juill. 1899, que seules, parmi les puissances représentées, la Chine et la Suisse n'ont pas signé. A ces conventions, il faut ajouter les instructions américaines pour les armées en campagne, — c'est un acte officiel, mais sans portée internationale, — et le Manuel des lois de la *guerre sur terre*, voté par l'Institut de droit international en 1880, à sa session d'Oxford.

5. On étudiera successivement, en s'inspirant de ces divers règlements : 1° la dédaration de guerre et ses effets ; 2° la conduite des hostilités ; 3° l'occupation ; 4° les règles propres à la guerre maritime. — Quant aux rapports entre les belligérants et les États neutres, V. *infrà*, Neutralité.

§ 2. — De la déclaration de guerre et de ses effets (R. 111 et s. ; S. 54 et s.).

6. On admet très généralement qu'avant de se livrer à des actes d'hostilité, l'État qui se prétend lésé doit déclarer à son adversaire son intention d'employer la force. L'acte officiel par lequel il indique ainsi son dessein est la déclaration de guerre. Une telle déclaration paraît indispensable pour fixer chaque État sur les intentions de son adversaire, pour prévenir les nationaux des deux pays, enfin pour avertir les États tiers des devoirs résultant de leur situation nouvelle de neutres.

7. Il n'y a pas de formes solennelles ou sacramentelles pour la déclaration de guerre. Ce qui importe seulement, c'est une manifestation claire d'intention avec la fixation précise du jour où commence l'état de guerre. Le rappel des agents diplomatiques ne suffit pas à donner cette indication d'une manière certaine. En fait, le plus souvent, la déclaration résulte de l'envoi d'un ultimatum, résumant les prétentions dernières de l'État qui l'envoie et annonçant l'intention d'user de la voie des armes pour les faire valoir si elles ne sont pas admises telles qu'elles sont formulées. — La pratique tend à respecter ces règles. On sait cependant que, lors de l'ouverture de la guerre russo-japonaise, le Japon se livra à des actes d'hostilité avant que les autorités russes pussent considérer comme une déclaration de guerre la simple rupture des relations diplomatiques.

8. La déclaration de guerre produit d'importants effets. Les uns sont relatifs à l'état des personnes et à la situation des biens des nationaux, les autres aux rapports diplomatiques entre les nouveaux belligérants.

9. 1° *Effets relatifs aux relations diplomatiques.* — La déclaration de guerre a pour première conséquence le rappel des ambassadeurs et consuls de chaque État chez son adversaire. La protection des nationaux restés sur le territoire ennemi est confiée aux ministres d'une puissance tierce.

10. Les traités conclus antérieurement sont-ils atteints par la survenance des hostilités? A cet égard, on distingue généralement. S'agit-il des traités conclus pour des situations qui supposent l'état de guerre, ils subsistent; s'agit-il de ceux conclus expressément en vue de l'état de paix (traités d'alliance), ils disparaissent. Pour les autres traités dont l'objet est compatible avec l'état de guerre (traités de navigation, de commerce, etc.), ils subsistent, les deux États en lutte ne cessant point de faire partie de la communauté internationale et d'avoir des obligations mutuelles; leur exécution est seulement suspendue, et elle devra reprendre de plein droit à la fin des hostilités. La pratique a une tendance marquée, cependant, à considérer que tous les traités disparaissent avec la survenance de l'état de guerre, et que, pour qu'ils puissent être remis en vigueur, une disposition expresse du traité de paix est nécessaire (Traité de Francfort, 10 mai 1871, art. 11; Traité gréco-turc, 12 déc. 1897, art. 12 et 13).

11. 2° *Effets quant aux personnes et aux biens des nationaux des deux pays.* — Chaque État a le droit de rappeler ceux de ses sujets qui sont chez son adversaire, et la pratique reste établie de lui interdire de retenir ceux de l'État ennemi établis chez lui, même s'ils font partie de la force armée. Par contre, il a le droit de les expulser individuellement ou en masse, si leur présence peut devenir dangereuse : la France expulsa en 1870 tous les Allemands habitant Paris; dans la guerre gréco-turque de 1897, la Turquie agit de même à l'égard de tous les Hellènes résidant sur le territoire ottoman.

12. La confiscation des biens des sujets ennemis n'est plus admise de nos jours. Il en est ainsi même pour les créances des sujets ennemis sur l'État et sur les regnicoles. On ne saisit plus de même les navires de commerce ennemis se trouvant dans les ports de l'État au moment de la déclaration de guerre; un délai pour se retirer leur est généralement accordé.

13. Par contre, chacun des États en lutte a le droit d'interdire à ses nationaux de commercer avec l'autre. Il est, d'ailleurs, libre de restreindre cette prohibition et d'accorder des tolérances. On défend fréquemment les assurances pour le compte de l'ennemi.

§ 3. — *De la conduite des hostilités* (R. 116 et s.; S. 62 et s.).

14. 1° *Des combattants et des non combattants.* — La guerre étant une lutte entre États, il s'ensuit que, dans la population, il faut distinguer entre les combattants et les non combattants. Tous supportent, au moins indirectement, les conséquences de la guerre; mais les premiers seuls prennent part effectivement à l'emploi de la violence; les autres doivent être respectés. Inversement, les combattants pris les armes à la main sont traités en prisonniers de guerre; les non combattants pris de même sont traités par l'État capteur suivant les nécessités que lui impose le soin de sa défense.

15. Sont compris parmi les combattants les hommes de l'armée régulière et les fonctionnaires de l'armée. Il faut y ajouter les membres des corps francs ou les volontaires.

Mais pour qu'ils puissent être assimilés aux soldats de l'armée régulière, il faut qu'ils aient à leur tête un chef responsable et soient organisés, qu'ils aient un signe distinctif, reconnaissable à distance, qu'ils conforment leurs armes ouvertement et qu'ils se conforment aux lois et coutumes de la guerre. Ils doivent, en outre, être reconnus et autorisé par le gouvernement au nom duquel ils combattent (Règl. de La Haye, art. 2).

16. Il peut arriver qu'à l'approche de l'ennemi, les habitants d'un pays se soulèvent pour repousser l'envahisseur. C'est l'hypothèse de la levée en masse. Les petits États ont évidemment tout intérêt à ce que les individus ainsi soulevés soient considérés comme belligérants. La question, soulevée à Bruxelles en 1874, puis à La Haye en 1899, a été résolue en leur faveur. La population d'un territoire non occupé qui prend ainsi les armes, à l'approche de l'ennemi, sans avoir eu le temps de s'organiser en corps francs, doit être considérée comme belligérante, si elle respecte les lois et coutumes de la guerre (Règl. de La Haye, art. 3).

17. 2° *Opérations de guerre.* — Tous les moyens de réduire l'adversaire ne sont pas licites. Un grand nombre sont interdits, soit comme barbares, soit comme perfides.

18. Il est interdit d'achever les blessés, de blesser ou de tuer l'ennemi qui se rend, de refuser de faire quartier. Rentre également dans les moyens interdits comme barbares l'emploi de certaines armes. La déclaration de Saint-Pétersbourg de 1868, à laquelle ont adhéré tous les États de l'Europe, a ainsi proscrit l'emploi de tous projectiles d'un poids inférieur à 400 grammes qui seraient explosibles ou chargés de matières fulminantes ou inflammables. La conférence de La Haye a voté une déclaration, que ni l'Angleterre ni les États-Unis n'ont signée, interdisant l'emploi de projectiles ayant pour but unique de répandre des gaz asphyxiants ou délétères. Les puissances se sont également interdit l'emploi des balles qui s'épanouissent et s'aplatissent facilement dans le corps humain (balles dum-dum). Une dernière déclaration non signée par l'Angleterre a interdit, pour une durée de cinq années, de lancer des projectiles et des explosifs du haut des ballons. Enfin l'emploi du poison, de quelque manière que ce soit, est unanimement prohibé.

19. Les moyens perfides sont de même prohibés. Il est donc défendu de manquer à la parole donnée, et d'employer tout stratagème fondé sur la violation des engagements et des devoirs imposés par les lois de la guerre (usage indû du pavillon parlementaire, par exemple) (Règl. de La Haye, art. 23). Quant aux ruses de guerre, elles sont licites, à condition d'être exemptes de perfidie (Règl. de La Haye, art. 24). L'usage, au milieu du combat, du drapeau de l'ennemi, dans le but d'induire celui-ci en erreur, est une perfidie.

20. On doit, par contre, considérer comme licites les autres procédés de destruction non barbares. Notamment, dans l'hypothèse du siège d'une place forte, l'assiégeant peut recourir au bombardement. Il en doit être ainsi pour toute ville qui manifestement veut se défendre. Il est d'usage, avant un bombardement, de prévenir les défenseurs de la place; mais cette formalité n'est pas indispensable (Règl. de La Haye, art. 26). L'assiégeant, dans le bombardement, doit éviter les destructions inutiles ou barbares. Enfin, s'il a le droit strict de refuser la sortie de la ville des bouches inutiles, l'humanité lui conseillera le plus souvent de l'autoriser.

21. On considère comme permis l'emploi d'espions; mais il va de soi que chacun des adversaires a le droit de prendre des précautions pour s'en préserver et de s'en défaire

quand il les saisit, à condition toutefois de les juger.

22. Les prisonniers de guerre sont au pouvoir du gouvernement ennemi. Celui-ci doit les traiter avec humanité; il peut les interner et les assujettir à un travail, mais il ne peut les assimiler à des individus subissant une peine. Dès la cessation des hostilités, les prisonniers doivent être rapatriés. Le règlement de La Haye a, pour la première fois, disposé qu'au début de la guerre, des bureaux de renseignements seraient établis dans chaque pays belligérant et, s'il y échet, dans les pays neutres, afin de centraliser et de fournir tous les renseignements relatifs aux prisonniers de guerre.

23. Le sort des militaires blessés est réglé par la convention de Genève du 22 août 1864. L'idée essentielle en est celle de l'inviolabilité (la convention emploie à tort le mot *neutralité*) des ambulances, des hôpitaux et de leur personnel. Ceux-ci doivent être protégés et respectés tant qu'il s'y trouve des malades ou des blessés, ou qu'il y en aura à relever ou à secourir. Le matériel et le personnel doivent être pourvus d'un signe distinctif, pavillon ou brassard blancs à croix rouge. Des sociétés privées se sont constituées dans chaque pays pour doubler le service officiel. Elles sont, en France, sous l'autorité du service de santé et ont droit aux immunités résultant de la convention de Genève.

24. Les blessés et les malades doivent être recueillis et soignés, à quelque nation qu'ils appartiennent. — S'ils tombent aux mains de l'ennemi, ils sont prisonniers de guerre. Ceux qui, après guérison, sont reconnus incapables de servir doivent être renvoyés; les autres blessés guéris peuvent être renvoyés également, à condition de ne pas reprendre les armes pendant toute la durée de la guerre.

25. 3° *Rapports entre belligérants.* — Les belligérants peuvent être amenés, au cours des hostilités, à conclure des accords. Les plus fréquents sont les suspensions d'armes, les armistices et les capitulations. — Les suspensions d'armes sont des conventions de très courte durée et exclusivement militaires.

26. L'armistice a un caractère diplomatique; c'est une convention plus générale que la suspension d'armes, à la fois politique et militaire, par laquelle les belligérants conviennent de suspendre les hostilités. Il est conclu par les chefs d'armées, mais a besoin d'être ratifié par les représentants de chaque gouvernement. Pendant l'armistice, les hostilités doivent cesser. On discute sur le point de savoir si les mesures purement défensives sont possibles : la question semble être tranchée, dans la pratique, par l'affirmative.

27. La capitulation intervient quand un général, désespérant de sauver une place, ne veut pas prolonger plus longtemps les souffrances des habitants et de la garnison. La législation interne de chaque État précise à quelles conditions un commandant de place peut capituler. — Au point de vue international, la validité d'une capitulation dépend seulement de l'accord des contractants. L'art. 35 du Règlement de La Haye dispose que les capitulations doivent tenir compte des règles de l'honneur militaire, et qu'une fois fixées, elles doivent être scrupuleusement observées par les deux parties.

28. Les individus chargés par leurs chefs de porter au commandant ennemi les propositions ou communications de ceux-ci portent le nom de *parlementaires*. Ils se dirigent vers l'ennemi accompagnés d'un tambour et d'un soldat porteur d'un fanion blanc. On n'est pas obligé de les recevoir; mais on ne doit ni tirer sur eux, ni user de violence à leur égard, ni les faire prisonniers.

§ 4. — *De l'occupation* (S. 82 et s.).

29. Lorsque le belligérant envahisseur a triomphé de toute résistance sur une partie du territoire envahi et qu'il s'y est installé, il y a *occupation*. Il faut donc à la fois que le souverain légal ne puisse plus exercer son autorité sur la partie du territoire en question et que l'armée ennemie y ait une autorité de fait. — L'occupation n'est qu'une situation provisoire; le souverain ancien continue d'être le souverain légal du territoire occupé. Ce n'est qu'à la conclusion de la paix que la situation pourra changer à cet égard légalement.

30. La législation de l'Etat occupé reste en vigueur durant l'occupation; l'occupant n'a le droit de faire que des règlements provisoires. Il doit, d'ailleurs, prendre toutes les mesures qui dépendent de lui en vue d'assurer l'ordre et la vie publics (Règl. de La Haye, art. 43).

31. Les juges nationaux continuent de même à rendre la justice conformément aux lois ordinaires et au nom du gouvernement légal. Sur ce dernier point, des difficultés s'élevèrent pendant l'invasion de 1870. A Nancy et à Laon, les Allemands exigèrent que la justice fût rendue au nom des hautes puissances allemandes. Dans ces deux villes, les tribunaux refusèrent de s'incliner et suspendirent le cours de la justice. La question ne fait plus doute aujourd'hui, et la règle ci-dessus est uniformément admise.

32. La situation politique des habitants ne changeant pas, l'occupant ne peut leur imposer un serment d'allégeance ni les contraindre à participer aux opérations militaires (Règl. de La Haye, art. 44, 45). Il doit respecter l'exercice du culte et les convictions religieuses des habitants (art. 46). Il lui est interdit de confisquer les biens et les propriétés privés. Il peut sans doute faire des réquisitions en nature ou en argent, mais sauf indemnité et en faisant en sorte que la prestation demandée n'implique pas une participation active aux hostilités.

33. Les fonctionnaires administratifs doivent, sauf ordre contraire de leur gouvernement, continuer leurs fonctions. L'occupant peut, d'ailleurs, les suspendre; en tout cas, il ne doit exiger d'eux ni la continuation de leurs fonctions, ni la prestation d'un serment.

34. L'occupant a le droit de percevoir les impôts; mais il est obligé de respecter l'assiette et le système d'impôts existants, et d'appliquer le produit de la perception aux frais d'administration du territoire occupé. Il peut cependant être amené à percevoir d'autres taxes, mais uniquement pour les besoins de l'armée ou de l'administration du territoire.

35. En ce qui concerne les droits de l'occupant sur les biens de l'Etat, l'armée ennemie peut saisir le numéraire, les fonds et les valeurs exigibles appartenant en propre à l'Etat, les dépôts d'armes, moyens de transport, magasins et approvisionnements, et, en général, toute propriété mobilière de l'Etat de nature à servir aux opérations de la guerre (art. 53). Quant aux édifices publics, immeubles, forêts et exploitations agricoles appartenant à l'Etat ennemi et se trouvant dans le pays occupé, l'occupant en perçoit les revenus; mais il doit sauvegarder le fond de ces propriétés et les administrer conformément aux règles de l'usufruit (art. 55).

36. Les biens des communes, ceux des établissements consacrés aux cultes, à la charité et à l'instruction, aux arts et aux sciences, même appartenant à l'Etat, doivent être traités comme la propriété privée. Toute saisie, destruction ou dégradation intentionnelle de semblables établissements, de monuments historiques, d'œuvres d'art et de science, est interdite.

§ 5. — *Des règles spéciales à la guerre maritime* (S. 94 et s.).

37. Lorsque la guerre se poursuit sur mer, elle exige, pour être efficace, l'emploi de procédés et de moyens spéciaux. — L'usage d'engins d'une violence extrême (torpilles, mines flottantes) n'est point prohibé. Il existe des règles particulières pour les blocus des ports de guerre ou de commerce, qui seront étudiées à propos de la neutralité (V. *infrà*, *Neutralité*). Il suffira de noter ici que, s'agissant des bombardements, la tendance est assez marquée à les interdire contre les ports exclusivement commerciaux.

38. La question des câbles sous-marins dans la guerre maritime est une des plus délicates. On distingue généralement plusieurs hypothèses. Ou bien le câble réunit deux points du territoire de l'un des deux belligérants, et dans ce cas chacun d'eux peut le rompre. Ou bien il unit les territoires des deux adversaires, et la même solution est encore donnée, encore que la destruction soit ici plus inutile que partout ailleurs. Ou bien le câble réunit deux territoires neutres, et la rupture en est interdite. Ou bien enfin il réunit un territoire neutre et un territoire belligérant: dans ce cas, on admet que le belligérant sur le territoire duquel vient aboutir le câble a le droit de le rompre; l'autre doit le respecter, sauf s'il vient à occuper le point d'atterrissage, et sauf en cas de blocus ou de contrebande de guerre, où il peut le rompre en haute mer (V. *infrà*, *Neutralité*). Cette dernière solution soulève d'ailleurs d'assez graves difficultés.

39. Enfin, à l'inverse de ce qui se passe dans les guerres continentales, la propriété privée ennemie n'est pas respectée dans la guerre maritime, quand elle est chargée sur vaisseau ennemi. — Sur le droit de capture et ses règles particulières, V. *infrà*, *Prises maritimes*.

40. La guerre navale entraîne des dangers particuliers; aussi la situation des blessés malades et naufragés a-t-elle été réglée spécialement par un acte signé, le 29 juillet 1899, à La Haye, qui étend à la guerre maritime les dispositions de la convention de Genève.

41. Les bâtiments hôpitaux militaires, et les bâtiments hospitaliers équipés par des sociétés privées ou des puissances neutres, doivent être respectés et exempts de capture, à la condition pour tous que leurs noms aient été notifiés à l'un ou aux deux belligérants suivant le cas, au moins avant leur mise en usage. Ces bâtiments ne doivent être utilisés pour aucun usage militaire. Ils doivent être distingués par une peinture blanche avec bande horizontale verte ou rouge, et être munis du pavillon prévu par la convention de Genève. Les embarcations portant et recueillant des blessés, malades ou naufragés, ne peuvent de même être capturées. Quant au personnel, il est inviolable.

42. Les marins malades ou naufragés tombés au pouvoir de l'ennemi sont traités en prisonniers de guerre. C'est à celui-ci de décider s'ils seront dirigés vers un port neutre ou vers un port de l'un ou l'autre des belligérants.

43. La convention de La Haye n'est applicable que dans les guerres s'élevant entre puissances signataires. Il en est de même du règlement sur les lois et coutumes de la guerre, et d'une façon générale, de toutes autres déclarations.

§ 6. — *Enregistrement et timbre.*

44. Les pièces et écritures de toutes sortes concernant les gens de guerre, tant pour le service de terre que pour le service de mer, sont exemptes de l'enregistrement et du timbre (L. 22 frim. an 7, art. 70, § 3-13°, R. v° *Enregistrement*, t. 21, p. 26; 13 brum. an 7, art. 16-1°, § 9, R. *eod.* v°, t. 22, p. 737).

H

HALLES, FOIRES ET MARCHÉS

(R. v° *Halles, foires et marchés*; S. *eod.* v°).

1. Les *halles* sont des emplacements couverts, disposés de manière à protéger et faciliter la vente des denrées; elles ne sont donc que des marchés couverts. — On nomme *foires* et *marchés* de grandes réunions de marchandises, de vendeurs et d'acheteurs, qui ont lieu à des époques fixes et sur des emplacements déterminés. Le mot *marchés* s'applique aussi aux emplacements où se tiennent ces réunions et qui, à la différence des halles, ne sont ni clos ni couverts. — Les marchés diffèrent des foires en ce qu'ils sont permanents, ou du moins se tiennent à des intervalles plus rapprochés. De plus, les marchés ont un certain caractère de spécialité, par rapport aux objets qui y sont vendus (marchés aux chevaux, aux grains, aux légumes, etc.); dans les foires, au contraire, sont réunis des objets de toute espèce.

§ 1er. — *Etablissement et suppression des halles, foires et marchés, autres que ceux de Paris* (R. 31 et s.; S. 24 et s.).

2. La jurisprudence administrative distingue trois classes de réunions commerciales: 1° les *foires* proprement dites, ouvertes au commerce de toutes espèces de denrées indistinctement; 2° les *marchés aux bestiaux*, plus spécialement consacrés à la vente des animaux de travail et de boucherie; 3° enfin les simples *marchés* destinés à approvisionner les communes en denrées supplémentaires, soit à fournir aux diverses industries les matières ou ustensiles qui leur sont nécessaires (grains, cuirs, etc.).

3. L'établissement, la suppression ou le changement des simples *marchés d'approvisionnement*, ainsi que l'emplacement où ils doivent se tenir, sont déterminés par le conseil municipal de la commune (Cons. d'Et. 29 juin 1894, D. P. 95. 3. 81); ... sauf au maire à prendre les mesures de police nécessaires pour le maintien de l'ordre, et notamment à interdire la tenue de marchés clandestins ou publics autres que ceux autorisés (C. r. 6 juin 1890, D. P. 90. 1. 492).

4. L'établissement, la suppression ou le changement des *foires et marchés*, *autres que les marchés d'approvisionnement*, sont proposés par délibération du conseil municipal de la commune ou doit se tenir la foire ou le marché (L. 5 avr. 1884, art. 67-13°, D. P. 84. 4. 25), et décidés souverainement par le conseil général du département où est située cette commune (L. 10 août 1871, art. 46-24°, D. P. 71. 4. 102; 16 sept. 1879, art. 1er, § 1er, D. P. 79. 4. 88). Préalablement à cette décision, des enquêtes doivent être faites dans tout le canton et, en dehors du canton, dans un rayon de deux myriamètres de la commune qui a formé la demande (Av. Cons. d'Et. 5 déc. 1872, D. P. 72. 3. 59). D'autre part, les conseils généraux des départements voisins, et quelques-unes des communes ainsi consultées appartiennent à ces départements, doivent être appelés à donner leur avis (L. 16 sept. 1879, art. 1er, § 2). — Quant à l'*emplacement* où se tiennent ces foires et marchés, c'est le conseil municipal de la commune intéressée qui seul le détermine, sous réserve de l'approbation du préfet (Cons. d'Et. 14 juin 1901, D. P. 1902. 3. 111).

§ 2. — *Propriété des halles et marchés* (R. 33 et s. ; S. 29).

5. Les marchés sont ordinairement établis sur des emplacements du domaine public municipal. Les halles sont également la propriété des communes qui les ont fait construire. On les considère alors comme des bâtiments publics, affectés à un service d'utilité générale. Elles sont, en conséquence, affranchies de la contribution des portes et fenêtres, mais restent soumises à la contribution foncière.

6. Il existe des halles, construites avant 1789, qui sont la propriété de particuliers (Décr. 15 mars 1790, tit. 2, art. 17 et s. ; R. p. 4 ; Instruct. 12-20 août 1790, chap. 3, art. 2, *ibid.*). — La commune où se trouve située une telle halle peut obliger son propriétaire à la lui vendre, s'il n'aime mieux la lui louer. Le prix du bail est, dans ce cas, fixé par le conseil de préfecture. Toutes les questions qui peuvent toucher l'exercice de ce droit, ou même son existence, sont de la compétence de la juridiction administrative. — Le droit d'option accordé aux propriétaires de halles de les vendre ou donner à bail aux communes ne s'applique qu'aux halles proprement dites, c'est-à-dire à des emplacements couverts, et non pas à des terrains ne servant de champ de foire ou de marché.

7. Aucun marché ne peut être établi, même dans des locaux n'appartenant pas à la commune, sans autorisation de la municipalité.

§ 3. — *Etablissement des tarifs des places dans les halles, foires et marchés* (R. 59 et s. ; S. 30 et s.).

8. Le tarif des droits à percevoir pour occupation des places dans les halles, foires et marchés, est établi par délibération du conseil municipal de la commune, approuvée par le préfet. Le maire prend un arrêté pour mettre en vigueur le tarif ainsi arrêté. — Ce tarif peut tenir compte tant de la superficie occupée que de la nature ou de la quantité des marchandises mises en vente. — La convention intervenue entre une commune (ou son fermier) et le commerçant à qui une place est concédée sur un marché n'est pas un contrat de bail, et les droits de place ne constituent pas des loyers, mais des taxes de la même nature que celles des octrois municipaux ; d'où il suit que le recouvrement de ces taxes n'est pas garanti par le privilège du bailleur (Aix, 9 mai 1892, D. P. 92. 2. 376).

9. Les infractions à l'arrêté qui fixe le prix des places dans un marché ne constituent pas des contraventions de police, et ne peuvent donner lieu qu'à une action portant sur l'intérêt privé de la commune. — Les contestations, en cette matière, sont assimilées aux contestations en matière de contributions indirectes ; elles sont donc portées devant les tribunaux de première instance jugeant sur mémoires, sans plaidoiries, et en dernier ressort (Civ. c. 29 déc. 1903, D. P. 1904. 1. 175), sans qu'il y ait à distinguer entre les contestations qui portent sur l'exigibilité et celles qui portent sur la quotité de la taxe réclamée (même arrêt). Toutefois, si le litige soulève une question d'interprétation du bail passé avec l'occupant, cette question préjudicielle doit être jugée par le conseil de préfecture (Civ. c. 3 août 1896, D. P. 97. 1. 11; Comp. *infra*, nos 12 et s.).

10. La prescription est acquise au redevable pour les droits qui n'ont pas été réclamés dans l'espace d'un an à partir de l'époque où ils étaient exigibles (Décr. 1er germ. an 13, art. 50; Trib. civ. de Dieppe, 19 nov. 1901, D. P. 1904. 1. 529).

11. Le produit des droits de place dans les marchés, etc., fait partie des revenus ordinaires de la commune (V. *supra*, Commune, no 249).

§ 4. — *Ferme des droits de location dans les halles et marchés. — Obligations et droits du fermier. — Compétence* (R. 69 et s. ; S. 36 et s.).

12. Les droits de place peuvent être recouvrés en régie ou affermés ; en ce dernier cas, il est procédé à la location par voie d'adjudication. Ils peuvent aussi être concédés au constructeur de la halle. Quand les droits sont concédés, la commune doit se réserver le droit de modifier les tarifs suivant les besoins de l'agriculture et du commerce (Av. Cons. d'Et. 9 janv. 1833). Un cahier des charges imposé au fermier ou au concessionnaire l'empêche de porter atteinte à la liberté du commerce en établissant des privilèges dans la distribution des places ou en créant à son profit certains monopoles. Le fermier ne peut rien exiger en sus du tarif, sous peine d'être poursuivi comme concussionnaire (V. *supra*, Forfaiture, nos 25 et s.); Cr. c. 18 nov. 1858, D. P. 58. 5. 204).

13. Le fermier substitué à la commune n'a, comme la commune elle-même, pour se faire payer des droits de location, qu'une action civile. — L'autorité judiciaire, compétente pour connaître des difficultés qui s'élèvent entre le fermier et les redevables pour l'application du tarif, l'est également pour interpréter ce tarif et n'a pas à en renvoyer préalablement l'interprétation à l'autorité administrative.

14. L'autorité judiciaire est également compétente pour connaître des contestations entre la commune et le fermier des droits de place relativement à l'exécution du bail. D'ailleurs, ces contestations ne sont pas, comme celles qui portent sur l'application des tarifs (V. *supra*, no 9), soumises aux règles du contentieux des contributions indirectes ; c'est donc la procédure ordinaire qui doit être suivie, et elles sont jugées en premier ressort si le chiffre de la demande excède 1500 francs (Civ. r. 19 nov. 1902, D. P. 1903 1. 506). Mais lorsque cette contestation porte sur le sens du bail, elle doit être portée devant la cour de préfecture. Celui-ci ne peut statuer sur l'interprétation qu'à titre préjudiciel, ou par renvoi ordonné par l'autorité judiciaire (V. *supra*, no 9).

15. L'autorité judiciaire est encore seule compétente pour connaître des questions qui peuvent s'élever sur l'existence et la validité des baux, sur les dommages-intérêts réclamés à raison de l'inexécution de ces baux, ou sur la responsabilité encourue à l'égard des tiers par le concessionnaire, dans l'exercice de son exploitation.

§ 5. — *Police des halles, foires et marchés* (R. 75; S. 40 et s.).

16. Il appartient au maire de prescrire le jour, l'heure et la place où, soit toutes les denrées, soit certaines d'entre elles, devront être vendues. Il peut défendre aux marchands de se présenter au marché, d'y exposer et d'y vendre avant une heure déterminée, et d'une façon générale, prescrire toutes les mesures d'ordre et de police qu'il juge nécessaires. — Mais il ne peut créer de monopole au profit des marchands établis dans la localité. Il n'a pas le droit d'interdire l'entrée du marché aux marchands forains, mais doit se borner à leur défendre de vendre ailleurs qu'au marché, aux jours et heures où il se tient. Il ne peut non plus favoriser certains marchands de la localité en leur adjugeant le droit exclusif de vendre dans les marchés.

17. Dans les communes où il existe des marchés publics, les maires peuvent interdire la vente sur la voie publique ailleurs que sur ces marchés ; mais cette interdiction ne peut avoir pour effet d'empêcher les marchands établis dans la localité de vendre dans leurs boutiques. Ceux-ci peuvent seulement être astreints à l'obligation d'apporter toutes leurs marchandises au marché pour y être vérifiées avant d'être livrées à la consommation. Quant aux marchands forains, le maire peut leur interdire, en outre, de vendre les marchandises qu'ils apportent ailleurs qu'au marché, de les exposer en vente en un lieu autre que celui désigné dans l'arrêté. — L'infraction à ces prescriptions constitue une contravention punie par l'art. 471, § 15, c. pén.; mais le concessionnaire des droits de place sur le marché est sans droit pour se porter partie civile afin d'obtenir réparation du dommage à lui causé par la privation des droits qui auraient dû être perçus à son profit (Cr. c. 25 janv. 1894, D. P. 98. 1. 249).

18. C'est à l'autorité municipale ou au fermier des droits de place qu'il appartient de désigner à chacun des commerçants qui doivent prendre part à une foire ou à un marché l'emplacement qui lui est attribué (Trib. civ. de Châteauroux, 13 mars 1901, D. P. 1903. 2. 166. — *Contra* : Trib. civ. de Gaillac, 5 mai 1903, D. P. 1903. 2. 407).

§ 6. — *Dispositions spéciales aux halles et marchés de Paris*.

19. V. *infra*, Ville de Paris.

§ 7. — *Enregistrement et timbre*.

20. Les concessions temporaires de la jouissance d'emplacements dans les halles et marchés couverts d'une ville, faites aux marchands, constituent des mutations de jouissance d'immeubles dans le sens de la loi du 23 août 1871, et tombent, en conséquence, sous l'application des dispositions de cette loi concernant les locations verbales d'immeubles, aussi bien lorsqu'elles sont consenties directement par la municipalité que lorsqu'elles sont faites par les concessionnaires des marchés, encore que la ville se soit réservé la faculté de retirer la concession dans certaines éventualités (Décis. min. Fin. 30 sept. 1873, D. P. 75. 3. 7; Req. 12 mai 1875, D. P. 75. 1. 430). Il en serait autrement, et le droit de bail ne serait pas dû, si la ville avait la faculté de déposséder arbitrairement le concessionnaire. — De même, on ne saurait voir des locations verbales passibles du droit proportionnel de 0 fr. 20 pour cent dans les concessions faites à des marchands forains, sans place fixe, pour étaler leurs marchandises sur la voie publique, moyennant une taxe payable par jour, cette taxe, qui est perçue au lieu même, ne représentant que l'indemnité due à la commune pour ses frais de police et de surveillance.

HARAS

(R. vo *Haras*; S. eod. 1o).

1. Les haras sont des établissements destinés à la reproduction, à l'élève et à l'amélioration des chevaux de race. Cette institution, dont l'organisation actuelle remonte au décret organique du 19 déc. 1860 (D. P. 61. 4. 14), est régie par la loi du 29 mai 1874 (D. P. 75. 4. 6), à laquelle il faut ajouter celle du 14 août 1885 (D. P. 86. 4. 55), traitant spécialement de la surveillance des étalons.

2. L'administration centrale des haras forme une direction dépendant du ministère de l'Agriculture. Sa composition est déterminée par la loi du 29 mai 1874, art. 1er. Il existe, auprès du ministre de l'Agriculture, un conseil supérieur des haras, qui a été réorganisé par la même loi (art. 2).

3. Un arrêté réglementaire du ministre de l'Agriculture, du 1er sept. 1883, définit les attributions des fonctionnaires des haras, et règle les différentes parties du service. — Les fonctionnaires (officiers des haras) sont recrutés parmi les élèves diplômés de l'école des haras du Pin. Cette école a été rétablie par la loi du 29 mai 1874 (art. 3), et réorganisée par les décrets des 20 juill. 1892 et 26 sept. 1899 (D. P. 1900. 4, table, col. 17). Les élèves, pour y être admis, doivent produire le diplôme de l'Institut agronomique (V. *supra, Enseignement*, n° 181).

4. L'administration des Haras ne possède plus guère de haras proprement dits. Elle entretient seulement, dans ses *dépôts d'étalons*, un certain nombre de reproducteurs dont l'effectif est fixé par une loi (V. L. 24 juill. 1900, D. P. 1900. 4. 85). Chaque année, à l'époque de la monte, les étalons des dépôts sont répartis en diverses *stations de monte*, où ils se trouvent à la disposition et à la portée des éleveurs.

5. L'Administration intervient encore dans la production et l'élevage par l'organisation des *concours hippiques*, ou en distribuant des subventions pour les courses de chevaux (V. *supra, Courses de chevaux*, n° 6) et les écoles de dressage, des primes aux pouliches et poulinières et des primes de dressage.

6. Elle favorise aussi la reproduction des chevaux de race pure en leur donnant une garantie officielle par l'institution du *Studbook* (Ord. 3 mars 1833). C'est un registre où sont inscrits les chevaux de pur sang, dont la généalogie et la pureté de race ont été dûment constatées. L'admission des chevaux à l'inscription est prononcée par une commission nommée par le ministre de l'Agriculture. — Il existe aussi des Studbooks pour les chevaux de demi-sang, qui sont organisés d'une manière analogue.

7. L'Administration des haras exerce enfin une surveillance sur les étalons appartenant aux particuliers. Cette surveillance a été organisée et sanctionnée par la loi du 14 août 1885. — Les étalons peuvent être, suivant leurs qualités, soit *approuvés*, soit simplement *autorisés*. Dans les deux cas, des brevets sont délivrés aux propriétaires. A défaut de brevet, un certificat peut être délivré à tout cheval qui, quoique d'une valeur moindre que les étalons autorisés, est cependant capable de reproduire sans détériorer l'espèce. A la différence du brevet d'approbation ou d'autorisation, ce certificat est obligatoire pour les animaux destinés à la monte, du moins qu'ils sont employés à la monte des juments appartenant à *d'autres que le propriétaire*.

8. Le certificat institué par la loi de 1885 ne peut être refusé qu'aux chevaux atteints de maladies ou de tares transmissibles et qui se trouvent limitativement déterminées par l'art. 6 de cette loi (le cornage et la fluxion périodique). Le certificat ne saurait donc être refusé à un cheval affecté d'autres vices, comme la pousse, les jardons, les suros. Il est accordé ou refusé par une commission nommée par le ministre, et n'est valable que pour un an.

9. Les infractions à la loi de 1885 sont punies d'une amende de 50 à 500 francs, prononcée contre le propriétaire et le conducteur de l'étalon non muni du certificat et illégalement employé à la monte (art. 4). Cette amende ne peut être réduite au dessous de ce taux par l'admission de circonstances atténuantes ; en cas de récidive, elle est du double. D'autre part, les propriétaires qui ont fait saillir leurs juments par un

étalon ni approuvé, ni autorisé, ni muni du certificat encourent une amende de 16 à 50 francs (art. 5). Enfin l'arrêté ministériel du 12 sept. 1886 prive de toutes les primes d'approbation auxquelles il aurait droit, l'éleveur qui entretient un étalon corneur ou fluxionnaire.

10. L'exécution de la loi de 1885 est assurée par les agents de police judiciaire, comme les gendarmes, gardes champêtres, etc., et par les fonctionnaires de l'administration des Haras dûment assermentés qui peuvent dresser procès-verbal des contraventions (art. 6). Pour faciliter la surveillance, l'Administration fait marquer au feu, sous la crinière, tout étalon approuvé, autorisé ou muni du certificat ; en cas de retrait du brevet d'approbation ou d'autorisation ou du certificat, l'étalon reçoit une autre marque au-dessus de la marque primitive (art. 3).

HAUTE COUR DE JUSTICE

(R. v° *Organisation judiciaire ;* S. v° *Haute Cour de justice ;* Note, D. P. 1903. 2. 345 et s.).

1. La Haute Cour de justice est une juridiction placée par la Constitution en dehors et au-dessus des tribunaux ordinaires ; elle forme une juridiction spéciale pour certaines infractions qui mettent en péril les institutions politiques, ou pour certaines personnes à raison de leur rang ou de leur dignité.

§ 1er. — Organisation.

2. Le Sénat est constitué en Haute Cour de justice, pour statuer sur les attentats contre la sûreté de l'Etat, par décret du président de la République, rendu en Conseil des ministres (L. const. 16 juill. 1875, art. 12). L'organisation du Sénat en Cour de justice est réglée par les art. 6 et s. de la loi du 10 avr. 1889 (D. P. 89. 4. 36), rendue en exécution de la loi constitutionnelle du 16 juill. 1875 (art. 12, § 5).

3. La Haute Cour se réunit sur la simple convocation de son président (H. C. de j. 24 juin 1901). Le décret qui constitue le Sénat en Haute Cour de justice fixe le jour et le lieu de sa première réunion. La Cour a toujours le droit de désigner un autre lieu pour la tenue de ses séances (L. 10 avr. 1889, art. 1er).

4. La présidence de la Haute Cour est dévolue au président du Sénat ou, à son défaut, à l'un des vice-présidents désigné par le Sénat (L. 10 avr. 1889, art. 15). Les fonctions de procureur général sont remplies par un membre des cours d'appel ou de la Cour de cassation, nommé par le président de la République ; le procureur général est assisté d'un ou plusieurs avocats généraux choisis et nommés dans les mêmes conditions (L. 10 avr. 1889, art. 3).

5. Tout sénateur est, de droit, membre de la Haute Cour de justice (L. 10 avr. 1889, art. 2). Il n'y a de causes d'incompatibilité, d'exclusion, de dispense légale que celles qui sont, en quelque sorte, de droit commun pour toute juridiction répressive, ou qui résultent d'un texte spécial à la Haute Cour de justice (L. 10 avr. 1889, art. 28 et 30). Mais ceux des sénateurs soumis au renouvellement triennal, qu'ils soient ou non réélus postérieurement au décret de convocation de la Haute Cour, perdent leur qualité de juges à la Haute Cour et ne peuvent plus, à partir de l'expiration de leur mandat sénatorial, connaître des faits incriminés (L. 10 avr. 1889, art. 2, § 3). En outre, cessent de pouvoir siéger comme juges, les sénateurs qui n'ont pas assisté à toutes les audiences de la cause (L. 1889, art. 16). Il faut considérer comme audience de la cause celle consacrée par le Sénat à entendre le décret qui le constitue en Haute Cour de

justice et le réquisitoire du procureur général, et à prononcer l'arrêt ordonnant qu'il soit procédé à l'instruction (H. C. de j. 11 nov. 1899) ; en conséquence, les sénateurs qui n'ont pas assisté à cette audience ne peuvent pas faire partie de la Haute Cour.

6. L'accusé a le droit de récusation, mais seulement à l'encontre des sénateurs membres de la commission d'instruction (L. 10 avr. 1889, art. 16, § 3. — Sur la commission d'instruction, V. *infrà*, n° 13). — Le droit de récusation est dénié, d'une manière absolue, au ministère public. A défaut de récusation par la défense, les sénateurs membres de la commission d'instruction conservent le droit de siéger et de concourir au jugement. En fait, ils ont siégé lors de la première réunion du Sénat en Haute Cour (août 1889, aff. général Boulanger, Dillon, Rochefort) ; ils se sont abstenus spontanément lors de l'affaire Déroulède, Marcel Habert, Buffet, de Lur-Saluces et autres (H. C. de j., septembre 1899 ; février 1900 ; juin 1900).

§ 2. — Compétence.

7. La compétence de la Haute Cour de justice ne s'étend, à raison des personnes, qu'au jugement du président de la République et des ministres (L. const. 24 févr. 1875, art. 9 ; L. const. 16 juill. 1875, art. 12) ; à raison de la matière, elle comprend la connaissance des attentats contre la sûreté de l'Etat (mêmes articles).

8. Il faut comprendre, sous la dénomination d'attentats contre la sûreté de l'Etat, tous les actes attentatoires qui peuvent compromettre la sûreté intérieure ou extérieure de l'Etat, crimes prévus et punis par le livre 3, titre 1er, chapitre 1er du c. pén., art. 75 à 108 (H. C. de j. 13 nov. 1899 ; V. *supra, Crimes et délits contre la sûreté de l'Etat*). Notamment, le Sénat est compétent pour connaître de simples complots, c'est-à-dire de complots considérés isolément, non connexes à un attentat. Ainsi, il a été jugé que la Haute Cour de justice est compétente pour juger les complots dont le but soit de détruire, soit de changer le Gouvernement, soit d'exciter les citoyens ou habitants à s'armer contre l'autorité constitutionnelle, alors même qu'elle n'est pas saisie d'une accusation d'attentat (H. C. de j. 30 oct. et 13 nov. 1899, D. P. 1903. 2. 345).

9. La Haute Cour de justice est compétente pour connaître d'une infraction quelconque, s'il y a indivisibilité entre cette infraction et un crime rentrant dans sa compétence. La même solution ne semblerait pas devoir être étendue au cas de simple connexité (V. *supra, Compétence criminelle*, n° 26). Cependant, l'opinion contraire est soutenue, et paraît confirmée par la jurisprudence des Hautes Cours de justice qui, à plusieurs reprises, se sont déclarées compétentes pour connaître d'infractions connexes (H. C. de j. 30 oct. 1899, 4 janv. 1900, D. P. 1903. 2. 345). — En tout cas, la compétence de la Haute Cour s'étend aux coauteurs ou complices qui ne sont pas eux-mêmes justiciables de cette juridiction.

10. La Haute Cour de justice, bien que saisie en vertu d'un décret, peut et doit, *in limine litis*, avant toute mesure d'instruction, vérifier sa compétence sur les déclinatoires proposés par les parties ou même d'office, en appréciant si les actes énoncés dans le réquisitoire comportent la qualification légale d'un des crimes qui rendent les accusés justiciables de la Haute Cour (L. 10 avr. 1889, art. 17). Il faut même admettre que la commission sénatoriale, chargée de faire l'instruction (V. *infrà*, n° 13) et de prononcer sur la mise en accusation (V. *infrà*, n° 14), peut décliner sa propre compétence.

11. La compétence du Sénat est facultative (en matière d'attentats), en ce sens que le chef de l'Etat la confère à la Chambre haute par un décret, quand il le juge nécessaire. Il peut, lorsque les faits ne sont pas graves, les laisser à la compétence de la cour d'assises. Si l'attentat n'a fait courir aucun péril à l'Etat, on le laisse juger par le jury dans les formes ordinaires; au contraire, l'attentat qui a été la cause d'un trouble profond doit être déféré à la Haute Cour de justice.

§ 3. — Procédure.

12. Lorsque le Sénat est constitué en Haute Cour de justice pour juger le Président de la République ou les ministres, la mise en accusation ne peut être prononcée que par la Chambre des députés (L. const. 16 juill. 1875, art. 12); mais aucune loi, jusqu'à présent, n'a indiqué la procédure à suivre pour le jugement. — Dans le cas, au contraire, où, s'agissant de statuer sur un attentat contre la sûreté de l'Etat (V. suprà, nos 8 et s.), le Sénat est constitué en Haute Cour de justice par un décret du président de la République (V. supra, no 2), la procédure à suivre devant cette assemblée est organisée par la loi du 10 avr. 1889, art. 6 et s.

13. Le Sénat entend en audience publique la lecture du décret qui le constitue en Haute Cour de justice et le réquisitoire du procureur général. Puis il ordonne qu'il sera procédé à l'instruction (L. 1889, art. 6). L'instruction et la mise en accusation sont confiées à une commission de neuf sénateurs, nommés au scrutin de liste, en séance publique et sans débats, chaque année au début de la session ordinaire. Cette commission élit un président (art. 7). L'accusé procède à l'instruction, assisté et suppléé, au besoin, par des membres de la commission désignés par elle. Il est investi des pouvoirs attribués par le Code d'instruction criminelle au juge d'instruction (V. infrà, Instruction criminelle, nos 23 et s.). Il a, de plus que le juge d'instruction, le pouvoir de décerner un mandat d'arrêt sans qu'il soit besoin des conclusions du ministère public. Du reste, il ne rend point d'ordonnances (art. 8). — La commission d'instruction statue sur les nullités invoquées contre les divers actes accomplis et qu'elle ait fonctionné (H. C. de j. 20 oct. 1899), et sur les demandes de mise en liberté provisoire (L. 1889, art. 8).

14. Lorsque l'instruction est terminée, la commission d'instruction devient chambre d'accusation et, à ce titre, prononce sur la mise en accusation (L. 1889, art. 9 et s.). La commission peut prononcer la mise en accusation ou rendre un arrêt de non-lieu. — La commission d'instruction est dessaisie et ses pouvoirs sont épuisés par le prononcé de l'arrêt de mise en accusation ou de non-lieu.

15. Les décisions ou arrêts de la commission d'instruction ne sont susceptibles d'aucun recours (H. C. de j. 15 nov. et 26 déc. 1899). Ainsi, le ministère public ne peut même pas se pourvoir contre un arrêt de non-lieu de la chambre d'accusation. Toutefois, les décisions de la commission sur la compétence peuvent être portées par le prévenu devant le Sénat (L. 1889, art. 17).

16. Pour compléter ces règles de procédure édictées par la loi du 10 avr. 1889, il y a lieu de se référer au droit commun. Notamment, la loi du 8 déc. 1897, sur l'instruction préalable (V. infrà, Instruction criminelle, nos 57 et s.), s'étend de plein droit à la juridiction du Sénat (H. C. de j. 18 sept. 1899, D. P. 1903. 2. 345). Toutefois, parmi ses dispositions, il en est qui ne peuvent être observées à la lettre. Ainsi, il a été jugé que la disposition de l'art. 10 de la loi du 8 déc. 1897, qui prescrit la communication de la procédure au conseil de l'inculpé la veille de chacun des interrogatoires, n'est pas applicable au cas de pluralité d'inculpés compris dans la même instruction, en ce sens qu'il peut être procédé le même jour à l'interrogatoire de plusieurs d'entre eux : il suffit que le magistrat instructeur donne lecture à chacun des inculpés des interrogatoires qui ont le même jour précédé le sien; il peut même n'en pas donner connaissance sans qu'il en résulte aucune violation de la loi (H. C. de j. 12 oct. 1899, ibid.). De même, au cas de pluralité d'accusés, des communications individuelles et successives ne sont pas indispensables; il appartient seulement au magistrat instructeur, quand la communication est collective, d'augmenter, s'il y a lieu, le délai imparti par la loi dans la mesure qui lui paraît nécessaire à la sauvegarde des droits de la défense (même arrêt).

17. L'accusé doit être assisté d'un conseil. La désignation d'office revient à l'accusé, à défaut par celui-ci d'avoir fait choix d'un défenseur, doit être faite devant le Sénat constitué en Haute Cour de justice, aussitôt après l'instruction est terminée, avant l'arrêt de mise en accusation; cette désignation incombe au président de la commission d'instruction (L. 10 avr. 1889, art. 9, § 1er). Mais depuis la loi du 8 déc. 1897 précitée, l'accusé est autorisé à se faire assister d'un avocat dès sa première comparution devant la commission d'instruction, ou à demander au président de cette commission la désignation d'un avocat d'office; cette désignation d'office n'est obligatoire pour le président de la commission d'instruction qu'une fois l'instruction terminée. Mais l'inculpé n'a pas le droit d'exiger l'assistance de plusieurs avocats aux interrogatoires ou aux confrontations; la présence d'un conseil unique suffit (H. C. de j. 12 oct. 1899, D. P. 1903. 2. 345). De même, par application de l'art. 11 de la loi du 8 déc. 1897, la Haute Cour de justice ne peut statuer sur la demande en liberté provisoire d'un accusé qu'en cas de renvoi à une autre session (H. C. de j. 23 nov. 1899).

§ 4. — Jugement.

18. Les règles relatives au jugement de l'affaire devant la Haute Cour de justice se trouvent dans les art. 15 à 24 de la loi du 10 avr. 1889. — Les débats sont publics (art. 15). Le président de la Haute Cour de justice a la direction des débats (art. 15) et la police des débats; il exerce le pouvoir discrétionnaire dont est investi le président de la cour d'assises (Sur ce pouvoir, V. infrà, Instruction criminelle, nos 128 et s.). — Les débats se comportent, en général, comme devant les cours d'assises; notamment, on observera les règles relatives au débat oral, à l'audition des témoins, au serment qu'ils doivent prêter, etc. (H. C. de j. 23 nov., 13 déc., 26 déc. 1899; V. aussi infrà, Instruction criminelle, nos 126 et s.; Témoin).

19. Les dispositions des art. 181, 504, 505 c. instr. cr. (V. supra, Cours et tribunaux, nos 39 et s., 48) sont applicables devant la Haute Cour. Ainsi, il peut être prononcé des condamnations contre l'accusé soit pour délit d'offense au Président de la République, soit pour délit d'outrages par paroles envers les membres de la Haute Cour (H. C. de j. 18 nov. 1899, 29 nov. 1899, 29 déc. 1899, D. P. 1903. 2. 345) ou des mesures disciplinaires contre les avocats qui proféreraient des paroles offensantes pour les membres de la Haute Cour (H. C. de j. 12 juin 1835, 13 nov. 1849, 6 déc. 1899). — De même, en vertu de la loi du 9 sept. 1835 (V. infrà, Instruction criminelle, no 145), la Haute Cour peut ordonner l'exclusion des accusés qui troublent l'audience par leurs clameurs (H. C. de j. 25 nov. 1899, 20 déc. 1899). Toutefois, la durée de l'expulsion a toujours été limitée à un certain nombre d'audiences, ou tout au moins elle n'a jamais dépassé l'audience consacrée au réquisitoire du procureur général.

20. Le mode de délibération et de votation est déterminé par les art. 19, 20 et 22 de la loi du 10 avr. 1889, qui permet l'admission des circonstances atténuantes (art. 23), dans la mesure indiquée par cet article.

21. Les décisions de la Haute Cour de justice ne sont susceptibles d'aucun recours (L. 1889, art. 25).

22. Pour le jugement des contumaces, la Haute Cour de justice doit observer les règles prescrites par les art. 465, 466, 467 c. instr. cr. (V. supra, Contumace). La composition de la Haute Cour est, en principe, la même que pour le jugement des accusés présents (V. aussi supra, no 5).

HOMICIDE

(R. vo Crimes et délits contre les personnes; S. eod. vo).

ART. 1er. — HOMICIDE VOLONTAIRE.

1. L'homicide volontaire constitue un crime. Il prend, suivant les cas, diverses dénominations : meurtre, assassinat, parricide, infanticide, empoisonnement. Ces différents crimes sont prévus par les art. 295 à 308 c. pén. À l'empoisonnement se rattache l'infraction consistant dans l'administration de substances nuisibles à la santé (V. infrà, nos 19 et 20).

§ 1er. — Meurtre (R. 5 et s.; S. 4 et s.).

2. Le meurtre est l'homicide volontaire simple, sans circonstances aggravantes. Il comporte, comme tous les autres crimes, un élément matériel : l'acte homicide ou pouvant donner la mort, et un élément moral : la volonté ou intention de tuer. Si l'acte capable de donner la mort ne l'a pas occasionnée, il y a tentative, punissable comme le crime lui-même (Pén. 2; V. infrà, Tentative). En ce qui concerne l'élément moral, la volonté de tuer, il est admis qu'il y a meurtre alors même que l'homicide volontaire est exécuté sur une personne autre que celle que le meurtrier se proposait de tuer.

3. La peine du meurtre est celle des travaux forcés à perpétuité (Pén. 304, § 3). La peine de mort peut être encourue à raison de la concomitance du meurtre avec un autre crime ou de sa corrélation avec un délit (Pén. 304, § 1er et 2).

4. 1o Concomitance d'un meurtre avec un autre crime. — Le meurtre est frappé de la peine de mort lorsqu'il est concomitant avec un autre crime, par exemple avec un viol ou un vol qualifié. Le meurtre doit avoir été précédé, accompagné ou suivi de l'autre crime. Il faut que les deux crimes aient été commis dans le même trait de temps; mais la simultanéité suffit, sans qu'il soit nécessaire qu'il y ait corrélation entre le meurtre et le second crime. Peu importe la nature du second crime; ainsi, il peut constituer lui-même un autre meurtre, commis par exemple, par le même individu, sur une tierce personne venue au secours de la première victime. La tentative d'un crime étant considérée comme le crime lui-même, l'art. 304 c. pén. est applicable encore qu'il s'agisse d'une tentative de meurtre suivie de la tentative d'un autre crime.

5. 2o Concomitance d'un meurtre avec un délit. — Dans cette seconde hypothèse, la peine applicable est également la peine de mort. Il ne suffit plus alors, comme dans l'hypothèse précédente, qu'il y ait simultanéité entre les deux infractions, il faut qu'il y ait un rapport de cause à effet entre le meurtre et le délit; la loi exige que le meurtre ait eu pour objet « soit de préparer, faciliter ou exécuter un délit, soit de favoriser la fuite ou d'assurer l'impunité des auteurs ou complices de ce délit », comme dans le cas où le meurtre aura pour objet de faire disparaître une personne témoin d'un délit de vol. Il n'est pas nécessaire que le meurtre et le délit aient le même auteur. La nature du délit n'importe pas plus ici que celle du crime concomitant dans la première hypothèse. Tous les faits qualifiés délits peuvent concourir à l'aggravation, notamment les délits de chasse. Le délit peut même, d'après la jurisprudence, être une soustraction entre conjoints ou parents au degré de l'art. 380 c. pén., laquelle n'est pas punissable.

§ 2. — Assassinat (R. 41 et s.; S. 36 et s.).

6. L'assassinat, c'est le meurtre commis avec préméditation ou guet-apens (Pén. 296). Il est puni de mort (Pén. 302).

7. La préméditation (Pén. 297) consiste dans le dessein formé, avant l'action, d'attenter à la personne d'un individu déterminé, ou même de toute personne quelconque qui serait trouvée ou rencontrée. D'ailleurs, l'erreur dans la personne n'exclut pas la préméditation; le fait d'attenter à la vie d'une personne autre que celle que l'on croit tuer peut constituer un assassinat. Peu importe aussi que le dessein de tuer soit dépendant de quelque circonstance ou de quelque condition. La préméditation diffère de la volonté criminelle non préméditée, élément de meurtre, et qui surgit tout à coup; elle implique une résolution arrêtée de sang-froid, mûrie, réfléchie.

8. Le guet-apens (Pén. 298) consiste dans le fait d'attendre plus ou moins de temps, dans un ou divers lieux, un individu pour lui donner la mort. Le guet-apens suppose nécessairement la préméditation; il n'en est qu'une espèce, caractérisée par un fait extérieur. Au contraire, même en l'absence de guet-apens, il peut y avoir préméditation, puisque cette circonstance peut résulter de tout autre fait.

§ 3. — Parricide (R. 56 et s.; S. 52 et s.).

9. Le meurtre des père et mère légitimes, naturels ou adoptifs, ou de tout autre ascendant légitime, est qualifié *parricide* (Pén. 299). Le parricide n'est pas un meurtre accompagné d'une circonstance aggravante, c'est un crime spécial et d'une nature déterminée, c'est un crime *sui generis*. Il se compose de deux éléments : 1° le meurtre; 2° la qualité de la victime, qui forme non une circonstance aggravante, mais un élément constitutif du crime de parricide. Les circonstances de préméditation et de guet-apens sont indifférentes pour l'application de la peine, en ce qui concerne le crime de parricide. — Les alliés, en cette matière, ne sont pas assimilés aux parents; ainsi, on ne saurait considérer comme un parricide le meurtre d'un gendre sur son beau-père ou sur sa belle-mère. Le meurtre des père ou mère naturels ne prend le caractère de parricide que s'il est commis par un enfant légalement reconnu. Si la filiation adultérine ou incestueuse se trouvait constatée par la force des choses, en dehors de toute reconnaissance volontaire (qui est interdite par la loi), ou de toute action judiciaire, comme conséquence, notamment, d'un désaveu pour cause d'adultérinité, ou de l'annulation d'un mariage pour cause de bigamie ou de parenté au degré prohibé, le meurtrier pourrait être déclaré parricide. Si l'accusé niait la filiation légitime, naturelle ou adoptive que l'accusation lui attribue, la solution de la question appartiendrait à la juridiction criminelle (au jury).

10. Le parricide est puni de la peine de mort (Pén. 302), alors même qu'il aurait été commis sans préméditation ni guet-apens (V. *suprà*, n° 9). Le condamné à mort pour parricide est conduit sur le lieu de l'exécution en chemise, nu-pieds et la tête couverte d'un voile noir; il est exposé sur l'échafaud pendant qu'un huissier fait au peuple lecture de l'arrêt de condamnation (Pén. 13).

La jurisprudence décide que la peine du parricide est encourue par le complice et par le coauteur du parricide. Au contraire, l'enfant complice d'un meurtre sur la personne de son ascendant n'encourt pas l'aggravation de peine. Le parricide n'est jamais excusable (Pén. 323); mais la peine doit être réduite conformément à l'art. 67 c. pén. quand il a été commis par un mineur de seize ans.

§ 4. — Infanticide (R. 78 et s.; S. 71 et s.).

11. L'infanticide est le meurtre ou l'assassinat d'un enfant nouveau-né (Pén. 300, modifié par la loi du 21 nov. 1901, D. P. 1902. 4. 17). Trois conditions sont nécessaires pour constituer ce crime : 1° le meurtre ou l'assassinat d'un enfant; 2° que l'enfant ait vécu; 3° que l'enfant soit nouveau-né.

12. *Première condition.* — L'art. 300 ancien c. pén. ne distinguait pas si le meurtre de l'enfant avait été commis avec ou sans préméditation. Toutes les fois que l'on se trouvait en présence du meurtre d'un enfant nouveau-né, il y avait présomption légale que le crime avait été prémédité. Le texte nouveau distingue entre le cas où l'infanticide a été commis avec préméditation et celui où il a eu lieu sans préméditation. La règle édictée par la loi nouvelle fait ainsi rentrer, à ce point de vue, l'infanticide dans le droit commun (V. *suprà*, n° 2 et 6). — Pour qu'il y ait infanticide, il faut que l'homicide de l'enfant soit accompagné de la volonté de tuer; l'intention formelle de donner la mort doit résulter des faits constatés; ainsi, il ne suffirait pas d'une intention malveillante qui se manifesterait par un défaut de soins (Sur le défaut de soins envers les enfants, V. *suprà*, *Coups et blessures*, n°s 17 et s.).

13. *Deuxième condition.* — Il faut que l'enfant soit *né vivant*. Les violences exercées sur le cadavre d'un enfant mort-né, même avec intention de lui donner la mort, ne constituent pas un infanticide. Mais il n'est pas nécessaire que l'enfant soit né *viable*; il y a infanticide dès lors que l'enfant a existé, sans qu'il soit besoin qu'il ait vécu de la vie extra-utérine, c'est-à-dire que la respiration se soit effectuée. Le meurtre de l'enfant naissant, commis *in ipso partu*, encore au sein de sa mère, est un infanticide.

14. *Troisième condition.* — L'enfant doit être *nouveau-né*. La loi n'a pas défini cette expression. D'après la jurisprudence, il y a infanticide tant que la vie de l'enfant n'est pas entourée des *garanties communes* et que le crime peut effacer jusqu'aux traces de la naissance. Au contraire, il n'y a plus infanticide, s'il y a meurtre, dès que la naissance est constatée, notoire. Il en résulte qu'il ne saurait y avoir infanticide à l'égard de l'enfant non encore inscrit sur les registres de l'état civil. D'ailleurs, la question de savoir quand un enfant est nouveau-né est une question de fait qui doit être résolue par les tribunaux.

15. L'infanticide, qu'il ait été commis avec ou sans préméditation, était, dans tous les cas, puni de mort par l'ancien art. 302 c. pén. La nouvelle disposition édictée par la loi du 21 nov. 1901, qui forme le paragraphe 2 de cet article, établit une première distinction entre le cas où le crime est commis par la mère, coauteur ou complice, et le cas où le crime est commis par un autre que la mère, qu'il soit coauteur ou complice. Puis, conformément à la distinction posée par l'art. 300 nouveau, la loi nouvelle frappe la mère coupable d'infanticide d'une peine différente suivant qu'il y a eu assassinat ou meurtre de l'enfant; dans le premier cas, la peine est celle des travaux forcés à perpétuité; dans le second, celle des travaux forcés à temps. En ce qui concerne les complices ou coauteurs de la mère, ils demeurent sous l'empire du droit commun : suivant que

l'infanticide aura été, ou non, commis avec préméditation, ils seront frappés des peines du meurtre ou de l'assassinat.

§ 5. — Empoisonnement (R. 94 et s.; S. 86 et s.).

16. Tout attentat à la vie d'une personne, par l'effet de substances qui peuvent donner la mort plus ou moins promptement, de quelque manière que ces substances aient été employées ou administrées, et quelles qu'en aient été les suites, est qualifié empoisonnement (Pén. 301). Il est puni de la peine de mort (Pén. 302, modifié par la loi du 21 nov. 1901).

17. Le premier élément constitutif de l'empoisonnement, c'est l'attentat à la vie, qui suppose la volonté de donner la mort et l'exécution consommée, ou seulement tentée, de ce dessein. Par conséquent, si le poison n'a été administré que par inattention, maladresse, erreur, le fait pourra présenter les caractères de l'homicide par imprudence, il ne sera pas qualifié empoisonnement. Le crime n'est d'ailleurs pas subordonné à la condition d'un fait d'homicide consommé; il existe alors même que le poison ne produit pas ses effets. La question de savoir dans quel cas il y a soit simple préparation, soit tentative, soit consommation de l'attentat, est parfois délicate. Si le poison a été administré, si les substances vénéneuses ont été absorbées par la victime, quelles que soient les suites de l'attentat, le crime est exécuté, consommé, irrévocablement commis; l'empoisonneur lui-même ne l'effacerait pas en donnant à sa victime l'antidote qui lui conserve la vie. Si le poison n'a pas été administré, il y aura, suivant les cas, simple préparation échappant à toute répression ou tentative punissable à l'égal du crime consommé. Le fait de concerter l'empoisonnement, l'apprêt du poison et sa remise à l'individu chargé de l'administrer, ne sont que des actes préparatoires qui ne tombent pas sous le coup de la loi. Pour qu'il y ait tentative, il faudra, par exemple, que le poison ait été mêlé aux aliments et présenté à celui dont on veut la mort, ou, au moins, laissé à sa disposition. Il y a là, au surplus, une question d'appréciation qu'il appartiendra au jury de résoudre.

18. Le deuxième élément du crime, c'est l'administration de substances *capables de donner la mort*. Il faut entendre, par là, des substances que les hommes de l'art rangent dans la catégorie des poisons proprement dits. Si la substance est inoffensive, quelle que soit l'intention de celui qui l'administre, il n'y a ni empoisonnement, ni tentative d'empoisonnement. De même, si l'empoisonneur mêle au poison un autre agent ou le neutralise (par exemple, du vin à de l'acide sulfurique), alors même qu'il a certainement l'intention d'attenter à la vie de la victime, le fait ne constitue ni empoisonnement, ni tentative de ce crime, parce que, la substance cessant d'être vénéneuse au moment où elle est administrée, l'élément physique de l'incrimination fait défaut. Mais, lorsqu'il s'agit d'une substance vénéneuse, il y a empoisonnement bien que la substance, au lieu d'être administrée en une seule fois, soit partagée en petites doses et administrée à des intervalles plus ou moins longs, de manière à ne pas compromettre subitement la vie, mais à la miner, à la détruire lentement, en simulant les effets et le cours d'une maladie. C'est au jury qu'il appartient de décider si telle substance st, ou non, de nature à causer la mort.

§ 6. — Administration de substances nuisibles à la santé (R. 195 et s.; S. 227 et s.).

19. Cette infraction consiste à occasionner à autrui une maladie ou une incapacité de travail personnel, en lui administrant volontairement des substances nuisibles à la santé (Pén. 317). Elle diffère de l'empoisonnement en ce que, dans ce dernier crime, les substances administrées doivent être de nature à donner la mort (V. *suprà*, n° 18), tandis que l'art. 317 réprime l'administration de substances seulement nuisibles à la santé.

20. En principe, l'infraction dont il s'agit constitue un délit passible d'un emprisonnement d'un mois à cinq ans et d'une amende de 16 à 500 francs ; la peine d'interdiction de séjour peut être accessoirement prononcée. — Le fait devient un crime, puni de la reclusion, si la maladie ou l'incapacité de travail personnel a duré plus de vingt jours. Si c'est un descendant qui a commis le délit ou le crime envers un des ascendants spécifiés en l'art. 312 (V. *suprà, Coups et blessures*, n° 18), la peine est celle des travaux forcés à temps ou de la reclusion, suivant que la durée de la maladie ou de l'incapacité de travail a ou non excédé vingt jours.

ART. 2. — SUICIDE (R. 124 et s. ; S. 124 et s.).

21. La loi ne punit ni le suicide, ni, par conséquent, la tentative de suicide.

22. La complicité du suicide n'est pas possible légalement parlant, puisqu'il ne peut y avoir de complice, dans le sens de la loi pénale, qu'accessoirement à un fait criminel ou délictueux. Ainsi, celui qui a concouru à un suicide par provocation, ou en fournissant les moyens de le commettre, ou même par aide ou assistance dans les faits qui l'ont préparé, facilité ou consommé, n'encourt pas plus de peine que le suicide lui-même. Mais si le tiers, ne se bornant pas à des actes d'assistance, a, sur la prière de la victime, porté lui-même le coup mortel, son acte devient un crime principal, un meurtre rentrant dans la définition de l'homicide volontaire. Toutefois, le consentement de la victime sera une atténuation de la culpabilité du meurtrier.

ART. 3. — CASTRATION (R. 191 et s. ; S. 225 et 226).

23. La castration est l'ablation ou la mutilation des organes génitaux soit chez l'homme, soit chez la femme. Ce crime, qui se produit très rarement, est puni des travaux forcés à perpétuité, et de la peine de mort, si la mort en est résultée avant l'expiration des quarante jours qui auront suivi le crime (Pén. 316).

ART. 4. — HOMICIDE INVOLONTAIRE (R. 198 et s. ; S. 233 et s.).

24. L'homicide involontaire peut être le résultat d'un accident ou d'une faute. Dans le premier cas, il ne constitue ni crime ni délit, et ne donne même pas lieu à une condamnation civile. Par exemple, c'est l'homicide causé par des ouvriers travaillant à un bâtiment, lorsqu'ils ont pris la précaution d'avertir les passants ou de mettre les signaux convenus ; ou encore, ce sera l'homicide causé par l'écroulement des tribunes d'un hippodrome, envahies subitement par la foule au moment d'un orage (Req. 22 janv. 1872, D. P. 72. 1. 102).

25. Lorsque l'homicide résulte d'une faute, il forme le délit prévu et réprimé par l'art. 319 c. pén. et puni, par cet article, d'un emprisonnement de trois mois à deux ans et d'une amende de 50 à 600 francs. Il se distingue de l'homicide volontaire en ce que son auteur n'a pas l'intention d'attenter à la personne lésée. D'ailleurs, toute faute ne suffit pas pour rendre l'agent passible des peines de l'art. 319. Il faut, d'après les termes de cet article, qui sont limitatifs, que l'homicide ait été commis « par maladresse, imprudence, inattention, négligence ou inobservation des règlements ». À défaut de l'une de ces cinq

circonstances, l'homicide involontaire ne constitue ni crime, ni délit, ni contravention et ne donne lieu à l'application d'aucune peine. L'existence de la faute doit donc être constatée par le juge du fait, qui statue souverainement à cet égard. Au reste, l'homicide involontaire n'est punissable que s'il existe, entre cet homicide et la faute relevée à la charge du prévenu, une relation de cause à effet ; il faut qu'il soit établi que la mort est bien le résultat de la faute.

26. La *maladresse* consiste tantôt dans un fait matériel, par exemple dans le fait du maçon qui laisse tomber sur un passant une pierre qu'il tient dans les mains, ou dans le fait de celui qui, voulant lancer une pierre à un chien, atteint et tue un passant ; tantôt dans un fait moral dérivant de l'ignorance ou de l'impéritie de son auteur, par exemple dans le fait de l'entrepreneur qui a construit un édifice dont l'écroulement a causé la mort d'une ou de plusieurs personnes, par suite d'un vice de construction ou d'un vice du sol (Cr. r. 24 nov. 1865, D. P. 67. 1. 459) ; ou dans le fait de l'architecte qui a tracé le plan d'une voûte à arête dont la chute a amené la mort d'un ouvrier, alors que la voûte a été conçue et exécutée par lui dans des conditions d'aplatissement excessif qui devaient en faire craindre la non-solidité (Cr. r. 25 nov. 1873, D. P. 76. 1. 461).

27. L'homicide causé par *imprudence* est celui que son auteur aurait pu éviter s'il avait été prudent et prévoyant. Il est fait de fréquentes applications de l'art. 319 dans cette hypothèse aux conducteurs de voitures (à traction animale ou à traction mécanique) qui causent un homicide par la rapidité de leur allure. Souvent l'homicide est déclaré avoir été commis à la fois par imprudence et par inobservation des règlements (V. *infrà*, n° 29).

28. Le troisième cas de faute est la *négligence* ou l'*inattention*. Ces deux termes caractérisent à peu près la même faute, celle qui résulte de l'omission d'une précaution commandée par la prudence, et dont l'observation eût prévenu l'accident. Tel est le cas du conducteur de voiture qui ne se tient pas à la portée de ses chevaux et dont la négligence a pour résultat un homicide. De même, il y a imprudence, inattention ou négligence de la part de l'architecte d'une ville qui, ayant été invité à vérifier la solidité des estrades et barrières disposées pour une fête publique, ne s'est livré à aucune vérification personnelle et s'est contenté du rapport d'un subalterne, manifestement incomplet, qu'il a signé sans examen : cet architecte est pénalement responsable de l'accident survenu dans ces circonstances.

29. L'*inobservation des règlements*, à raison de l'homicide qui en est résulté, rend le contrevenant passible des peines édictées par l'art. 319, alors même qu'aucun fait particulier de maladresse, d'imprudence, d'inattention ou de négligence ne peut être reproché au prévenu. Les règlements dont l'inobservation entraîne l'application de l'art. 319 sont les règlements administratifs ou de police pris par l'autorité compétente dans l'intérêt de la sûreté ou de la sécurité publiques. On peut, à titre d'exemple, citer le cas du propriétaire d'un terrain clos qui néglige d'entourer, conformément aux prescriptions d'un règlement de police, un puits existant dans cette propriété et qui est ainsi la cause d'un accident survenu à une personne tombée dans le puits. Les conducteurs de voiture peuvent tomber sous le coup de l'art. 319 à raison de l'homicide involontaire qu'ils ont commis en négligeant d'observer soit l'obligation de se tenir constamment à la tête de leurs chevaux, soit les règlements concernant le chargement, la rapidité ou la mauvaise direction des voitures (V. *suprà, Contravention*, n° 64).

30. L'application de l'art. 319 a donné lieu à quelques difficultés en ce qui concerne les personnes exerçant l'art de guérir. On distingue entre la simple application de théories ou de méthodes médicales, appartenant exclusivement au domaine des controverses scientifiques, et l'inobservation des règles de prudence et de bon sens auxquelles est soumis l'exercice de toute profession. Dans le premier cas, la responsabilité civile ou pénale de l'homme de l'art ne saurait être engagée. Dans le second cas, au contraire, s'il y a eu de la part du médecin faute lourde, négligence, maladresse visible, impéritie ou ignorance des choses que tout homme de l'art doit savoir, le principe de la responsabilité pénale est applicable, et l'homme de l'art doit être soumis à l'application de l'art. 319 c. pén. s'il est résulté un homicide de sa maladresse. Il en est ainsi, par exemple, du médecin qui prescrit à un malade une potion dans laquelle entrent 4 grammes de cyanure de potassium, alors dont l'effet est l'empoisonnement du malade dès la première cuillerée. — Les pharmaciens sont également responsables, aux termes des art. 319 et 320, des accidents graves qui peuvent résulter dans leurs officines de leur maladresse, leur imprudence, inattention, négligence ou inobservation des règlements. La circonstance qui engage le plus souvent la responsabilité des pharmaciens est la méprise qui leur fait donner une substance pour une autre, un poison pour un remède.

31. Si l'homicide involontaire est imputable à plusieurs personnes, il engage conjointement la responsabilité pénale de chacune d'elles, et elles encourent individuellement les peines de l'art. 319 c. pén. Si la faute est commune à l'auteur de l'imprudence et à la victime, la faute de celle-ci laisse néanmoins subsister la responsabilité *pénale* de l'auteur de l'imprudence. — Au point de vue de la responsabilité civile en pareille hypothèse, V. *infrà, Responsabilité...* ; et spécialement en matière d'accidents du travail, V. *suprà, Accidents du travail*, n° 3 et 6.

32. Les peines étant personnelles, nul ne peut, en principe, être déclaré pénalement responsable du fait d'autrui. Ainsi, le propriétaire qui a chargé un maçon de la construction de sa maison *en lui laissant le soin de choisir les matériaux et de diriger les ouvriers*, ne peut être déclaré responsable pénalement de la faute de l'entrepreneur dans la disposition d'un échafaudage. Mais la responsabilité pénale de l'homicide peut être engagée par le fait d'un tiers à l'égard de l'individu qui, par une faute à lui propre, est à considérer comme en ayant été la *cause*, quoiqu'il n'en soit pas personnellement l'auteur. Ainsi, l'entrepreneur de travaux et le surveillant des mêmes travaux peuvent être pénalement responsables de l'accident causé à l'un de leurs ouvriers par les fausses manœuvres d'autres ouvriers, alors qu'à raison de leur nature particulière du travail à effectuer l'entrepreneur aurait dû donner des instructions spéciales et le chef des travaux surveiller l'opération.

33. Le propriétaire d'un animal est responsable pénalement de la mort d'homme causée par cet animal, s'il y a eu de la part de ce propriétaire imprudence, inattention, négligence ou inobservation des règlements dans les termes de l'art. 319. Il en est ainsi, par exemple, du propriétaire d'un cheval qui, connaissant la vivacité ou le vice de cet animal, en a imprudemment confié la conduite à un tiers, sous la direction duquel ce cheval a causé un accident à autrui.

34. Sur les *blessures* involontaires, V. *suprà, Coups et blessures*, n° 25 et s.

ART. 5. — HOMICIDES ET BLESSURES NON QUALIFIÉS CRIME NI DÉLIT.

35. L'homicide (il en est de même des coups et blessures) peut être commis dans des circonstances qui en font disparaître la culpabilité. Ce sont là des applications de principes généraux qui seront exposés *infrà*, *Responsabilité pénale*.

HONNEURS ET PRÉSÉANCES

(R. v° *Préséance, Honneur, Cérémonie ; S. eod. v°*).

1. Les dignitaires et fonctionnaires, les différents corps constitués, qui composent la hiérarchie politique, administrative et judiciaire de l'État, ont entre eux des droits de préséance et des obligations de courtoisie et de déférence qui sont soumis à des règles précises. — Ces règles sont, d'une manière générale, établies par le décret du 24 messidor an 12 (R. p. 369), qui contient encore les dispositions fondamentales de la matière. Ce décret, toutefois, a été modifié dans plusieurs de ses parties par ceux du 15 août 1851 (D. P. 51. 4. 185), portant règlement des honneurs et des visites à bord des bâtiments de la flotte; du 19 avr. 1852 (D. P. 52. 4. 135), fixant les préséances entre les grands corps de l'Etat; du 1er mars 1854, sur la gendarmerie; du 13 oct. 1863 (D. P. 64. 4. 4) et du 23 oct. 1883, sur le service dans les places de guerre et les villes de garnison, remplacés aujourd'hui par le décret du 4 oct. 1891 (D. P. 92. 4. 37), qui règle dans son titre 7 (art. 246 à 349) les rangs et préséances dans les armées de terre et de mer et les honneurs militaires. Il faut ajouter à ces textes les dispositions relatives aux honneurs civils qui sont contenues dans les décrets, en partie abrogés, du 28 déc. 1875 (D. P. 76. 4. 80) et du 29 sept. 1876 (D. P. 77. 4. 9). — Le décret de messidor détermine également les autorités chargées des invitations aux cérémonies publiques, la manière dont les diverses autorités sont placées dans les cérémonies, etc.

2. Les honneurs se divisent en *honneurs civils* et *honneurs militaires*. — Tout ce qui regarde les honneurs civils est réglé par la deuxième partie du décret de messidor an 12, dont les dispositions ont seulement subi quelques modifications de détail. Ces honneurs sont dus : au Président de la République (tit. 3, art. 21 et 22); aux ministres (tit. 7, art. 3 et 4); aux maréchaux et enraux (tit. 8, art. 6 et 7); au Conseil d'Etat (tit. 10, art. 4); aux ambassadeurs et étrangers (tit. 13, art. 3); aux généraux de division et aux vice-amiraux (tit. 14, art. 24; *Adde* : Décr. 28 déc. 1875, art. 9 et 10, § 3; Décr. 29 sept. 1876, art. 1er); aux généraux de brigade et aux contre-amiraux (tit. 15, art. 7); aux préfets (tit. 17, art. 15 à 19); aux commandants d'armes (tit. 18, art. 9); aux archevêques et évêques (tit. 19, art. 9 et 10); aux cours de justice : Cour de cassation, cours d'appel, cours d'assises (tit. 20, art. 9 et 10).

3. Pour les honneurs militaires, ce sont les dispositions des art. 252 et s. du décret du 4 oct. 1891 qui doivent être : aujourd'hui appliquées (V. également : Circ. min. Int. 16 mai 1889; Circ. min. Guerre 22 mai 1876; Circ. min. Guerre 3 janv. 1878). — Ils sont réglés, en ce qui concerne : le Président de la République par les art. 262, 263, 281, 292, 297, 301; ... les ministres, par les art. 253, 262, 264, 282, 287, 292, 297, 302, 306; V. aussi Décr. 1er mars 1854, art. 143; ... les maréchaux et amiraux, par les art. 253, 262, 265, 292, 295, 303, 306; ... le Conseil d'Etat, le Sénat et la Chambre des députés, par les art. 282, 287, 292, 299; ... les grands-croix, grands officiers et commandeurs de la Légion d'honneur, par l'art. 292; ... les ambassadeurs français et étrangers, par l'art. 347; ... les généraux de division et les vice-amiraux, par les art. 253, 262, 282, 283, 287, 292, 297, 298, 303, 306; ... les généraux de brigade et les contre-amiraux, par les

art. 253, 262, 267, 284, 287, 292, 297, 303, 306; ... les préfets, par les art. 253, 271, 284, 287, 292, 297, 298, 306; ... les commandants d'armes, par les art. 253, 262, 285, 287, 291, 292, 308; ... les archevêques et évêques, par l'art. 253; ... les cours de justice, par les art. 282, 287, 292, 299, 300; ... les officiers avec troupe, par les art. 255, 292 et s., 308, 309; ... les intendants et sous-intendants, par les art. 253, 255, 270, 291, 306; ... les contrôleurs de l'armée, par les art. 253, 270, 292.

4. Les honneurs funèbres sont réglés, en ce qui concerne les honneurs militaires, par les art. 310 à 337 du décret du 4 oct. 1891, et en ce qui concerne les honneurs civils, par l'art. 16, tit. 26, du décret du 24 mess. an 12. Ces honneurs ne doivent pas être rendus lorsque le défunt a manifesté une volonté contraire et que la famille l'a notifiée à qui de droit.

HONORAIRES, SALAIRES ÉMOLUMENTS

(R. v° *Honoraires, Salaires, Emoluments ; S. eod. v°*).

1. Les *honoraires* sont la rétribution que reçoivent, en rémunération de leurs services, les personnes qui exercent une profession dite libérale (avocats, officiers ministériels, médecins, etc.). — Le mot *émolument* désigne spécialement la rétribution allouée pour un acte de procédure ou autre à celui qui l'a fait. — On emploie parfois aussi dans le même sens le mot *salaire* (notamment pour désigner les rétributions payées par les parties au conservateur des hypothèques).

2. On a exposé *supra*, *Agent d'affaires*, n° 12 et s.; *Agent de change*, n° 26; *Agréé*, n° 6 et 7; *Arbitrage*, n° 74 et s.; *Architecte*, n° 3; *Avocat*, n° 23 et s.; *Avoué*, n° 20 et s.; *Commissaire-priseur*, n° 9; *Expertise*, n° 51; et *infrà*, *Huissier*, les notions relatives aux honoraires auxquels peuvent avoir droit les personnes exerçant les diverses professions qui font l'objet de ces articles (V. aussi *supra*, *Frais et dépens*, n°s 8 et s.). — Quant aux honoraires des ingénieurs, des mandataires, des médecins, des notaires, V. *infra*, *Mandat; Médecine; Notaire; Travaux publics*.

3. Les honoraires sont dus *solidairement* par ceux qui ont demandé les conseils ou les travaux pour lesquels ils sont dus. — Ils sont une dette *personnelle*, en ce sens qu'on n'en est pas déchargé par la cession totale ou partielle des droits à l'occasion desquels ils sont dus. — En principe, une fois payés, ils ne sont pas sujets à restitution (V. toutefois Trib. civ. de la Seine, 1er mars 1905). — Cependant, la taxe des honoraires dus aux notaires, aux avoués ou aux huissiers peut être faite par le client, alors même que ces honoraires auraient été l'objet d'un règlement amiable volontairement exécuté (V. *suprà*, *Frais et dépens*, n°s 62 et s.).

HOSPICES — HÔPITAUX

(R. v° *Hospices-hôpitaux; S. eod. v°*).

1. Les *hôpitaux* sont des établissements dans lesquels sont reçus et traités les indigents malades. — Les *hospices* sont des établissements qui reçoivent et entretiennent les vieillards indigents, les incurables, les orphelins pauvres, les enfants abandonnés, les aliénés.

ART. 1er. — CONDITIONS D'EXISTENCE DES HÔPITAUX ET HOSPICES (R. 31 et s.; S. 8 et s.).

2. Nul ne peut, sans autorisation spéciale, fonder un hôpital ou un hospice (Édits de déc. 1666 et art. 1749). Cette règle s'applique aussi bien aux établissements privés qu'aux établissements publics; à ceux qui ne solli-

citent pas la reconnaissance d'utilité publique, comme à ceux qui sollicitent cette reconnaissance, destinée à leur assurer la personnalité civile; à ceux qui sont fondés par une seule personne, comme à ceux qui sont créés par une association.

3. Pour obtenir l'autorisation de fonder un hôpital ou un hospice, on doit adresser au préfet une demande accompagnée d'une expédition de l'acte constitutif de la fondation. Le préfet prend les avis du conseil municipal et du sous-préfet et transmet le tout, avec son propre avis, au ministère de l'Intérieur, sur le rapport duquel le décret d'autorisation est, s'il y a lieu, rendu, le Conseil d'Etat entendu.

4. La nécessité de l'autorisation préalable pour la création d'établissements hospitaliers n'existe plus lorsque l'établissement à créer doit être la simple dépendance d'un établissement public déjà existant. Ainsi, la commission administrative des hôpitaux d'une commune peut fonder librement des hôpitaux et hospices qui n'auront pas de personnalité distincte de celle des autres établissements hospitaliers de la commune. — D'autre part, un conseil général a le droit de créer, sans autorisation préalable, des hôpitaux ou hospices départementaux (L. 10 août 1871, art. 46-20°, D. P. 71. 4. 102). Mais il ne peut prendre en mains l'administration de cet établissement ou le déléguer à une commission dans le sein de laquelle il se réserverait la prépondérance.

5. De même que pour la fondation d'un hospice, un décret est nécessaire pour sa suppression. Il en est de même pour la transformation d'un hospice en bureau de bienfaisance.

6. Les hôpitaux et hospices ne sont pas compris parmi les établissements dangereux, insalubres et incommodes. Le propriétaire voisin de l'un de ces établissements ne pourrait donc en demander la suppression. — Toutefois, si l'exécution des travaux de construction ou d'aménagement lui cause un préjudice certain et actuel, il peut réclamer une indemnité devant le conseil de préfecture, compétent pour statuer sur les difficultés naissant de l'exécution de travaux publics.

7. Les hôpitaux et hospices constituent des personnes morales distinctes des communes, et sont soumis aux mêmes règles que les particuliers, dans leurs rapports avec elles. — L'ensemble des hôpitaux et hospices d'une même commune constitue une seule personne morale, dont les intérêts sont gérés par une commission administrative unique (V. *infrà*, n°s 8 et s.), alors même qu'un ou plusieurs de ces hôpitaux seraient établis sur le territoire d'une autre commune.

ART. 2. — PERSONNEL ADMINISTRATIF DES HÔPITAUX ET HOSPICES.

§ 1er. — *Commission administrative* (R. 40 et s.; S. 14 et s.).

8. L'administration des hôpitaux et hospices est confiée, dans chaque commune, à une *commission administrative*. — Cette commission est composée du maire et de six membres renouvelables, dont deux nommés par le conseil municipal et quatre désignés par le préfet (L. 5 août 1879, art. 1er, D. P. 80. 4. 1). Le nombre de ces membres peut, en raison des circonstances, être augmenté par décret rendu en Conseil d'Etat (même loi, art. 2). — C'est le préfet qui statue sur les contestations relatives à l'élection des délégués du conseil municipal. Sa décision, si elle annule l'élection, peut être déférée au Conseil d'Etat pour excès de pouvoir. Si cette décision est attaquée pour un motif de pur fait, l'affaire doit être portée devant le ministre, avant de l'être devant le Conseil d'Etat. Le conseil de préfecture est incompétent pour statuer sur des contestations de cette nature.

9. Les délégués du conseil municipal suivent le sort de cette assemblée, quant à la durée de leur mandat. Les autres membres renouvelables sont nommés pour quatre ans. Chaque année, la commission se renouvelle par quart; les membres sortants sont rééligibles. Ne sont pas éligibles ou sont révoqués de plein droit les membres qui se trouveraient dans un des cas d'incapacité prévus par les lois électorales. L'élection des délégués du conseil municipal a lieu au scrutin secret, à la majorité absolue des voix. Après deux tours de scrutin, la majorité relative suffit, et, au cas de partage, le plus âgé des candidats est élu (L. 1879, art. 4). — Le conseil municipal peut choisir ses délégués en dehors de ses membres, et même parmi les personnes non domiciliées dans la commune. — Il est recommandé aux préfets de choisir, à moins d'impossibilité, les membres à leur nomination en dehors du conseil municipal, afin d'éviter toute confusion entre l'administration de la commune et celle des établissements hospitaliers. La seule voie de recours contre les nominations faites par la commission ou du recours pour excès de pouvoir. — Dans les communes de cinq cents habitants et au-dessus, les pères, fils, frères et alliés au même degré ne peuvent faire partie de la même commission administrative.

10. Les commissions peuvent être dissoutes et leurs membres révoqués par le ministre de l'Intérieur. En cas de dissolution ou de révocation, la commission est remplacée ou complétée dans le délai d'un mois. Les délégués des conseils municipaux ne peuvent, s'ils sont révoqués, être réélus pendant une année. En cas de renouvellement total ou de création nouvelle, les membres à la nomination du préfet sont, sur sa proposition, nommés par le ministre de l'Intérieur (L. 1879, art. 5).

11. Les fonctions de membre de la commission sont gratuites (L. 21 mai 1873, art. 3, § 3, D. P. 73. 4. 67). — La commission doit se réunir à des époques fixes. — Elle ne peut délibérer qu'à la majorité des membres qui la composent. Le président a voix prépondérante, en cas de partage. — La présidence appartient au maire ou à l'adjoint, ou au conseiller municipal remplissant *dans leur plénitude* les fonctions de maire. La commission nomme tous les ans un vice-président. En cas d'absence du maire et du vice-président, la présidence appartient au plus ancien des membres présents, et, à défaut d'ancienneté, au plus âgé (L. 21 mai 1873, art. 3).

12. Les instructions ministérielles conseillent d'éviter, autant que possible, de confier les fonctions de membres des commissions administratives des hospices : aux médecins de ces établissements, à leurs fournisseurs, débiteurs, locataires, aux conseillers de préfecture, aux adjoints au maire de la commune. — Les ministres du culte peuvent être désignés soit par le conseil municipal, soit par le préfet; mais cette nomination est purement personnelle : en cas de décès du curé, son successeur ne le remplace pas de plein droit.

13. Les membres des commissions administratives ne sont pas des dépositaires ou agents de l'autorité publique, ou des citoyens chargés d'un mandat ou d'un service public, dans le sens de l'art. 31 de la loi du 29 juill. 1881 (V. *infrà*, *Presse-outrage*). — Ils ne sont pas des officiers publics ou ministériels, et l'art. 408, § 2, c. pén. (V. *suprà*, *Abus de confiance*, n° 19, 21) ne leur est pas applicable.

14. Les règles ci-dessus, sur la constitution des commissions administratives, reçoivent des dérogations lorsqu'il existe des

ordonnances, décrets et autres actes du pouvoir exécutif des desquels certains hospices et bureaux de bienfaisance sont organisés d'une manière spéciale. En ce cas, l'Administration doit assurer la stricte exécution des volontés des fondateurs.

15. Tous les six mois, la commission administrative désigne un de ses membres pour remplir les fonctions d'*ordonnateur*, chargé de signer tous les mandats. Les fonctions d'ordonnateur peuvent être indéfiniment exercées par le même membre de la commission. Chacun des membres de la commission est, à son tour, désigné par ses collègues pour remplir, pendant un nombre de jours déterminé par le règlement de service intérieur, les fonctions d'*administrateur de service* chargé de la surveillance effective des établissements administrés par la commission.

§ 2. — *Agents de l'administration.*

16. La commission administrative a sous ses ordres, pour le service hospitalier, des agents de divers ordres, savoir : un secrétaire, un receveur, un économe, des employés, des médecins, chirurgiens et pharmaciens, des aumôniers, des sœurs hospitalières, des infirmiers et servants.

17. 1° Le *secrétaire* est nommé par la commission, qui peut le révoquer avec l'approbation du préfet. Il n'y a pas incompatibilité absolue entre les fonctions de secrétaire et celles de receveur ou d'économe (L. 21 mai 1873, art. 6, D. P. 73. 4. 67).

18. 2° Les *receveurs* des établissements charitables sont nommés par les préfets sur la présentation des commissions administratives. En cas de refus motivé par le préfet, les commissions sont tenues de présenter d'autres candidats. Les receveurs ne peuvent être révoqués que par le ministre de l'Intérieur. — Lorsque les revenus cumulés des hospices et des bureaux de bienfaisance n'excédent pas 30000 francs, la gestion financière de ces établissements est confiée de droit au receveur municipal. Au-dessus de cette limite, la recette des établissements de bienfaisance peut être confiée à un receveur spécial. — Le receveur de l'hospice est, de droit, receveur du bureau de bienfaisance. — Les receveurs doivent exercer personnellement leurs fonctions et ne peuvent se faire représenter par un fondé de pouvoir que temporairement et en cas d'absence autorisée. — Ils ne peuvent cumuler leurs fonctions avec celles de maire, adjoint, conseiller municipal, membre du conseil de préfecture, des commissions administratives des établissements de bienfaisance, juge, notaire, avocat, avoué, huissier, commissaire-priseur, agent de change, courtier, secrétaire de mairie, commis de préfecture, sous-préfecture, trésorerie générale, recette particulière, receveur buraliste des Contributions indirectes, débitant de tabac. — Les receveurs des établissements hospitaliers ne peuvent ni exercer une profession, une industrie ou un commerce quelconque, ni prendre un intérêt dans les adjudications, marchés, fournitures et travaux concernant les services de dépenses ou de recettes qu'ils effectuent. — Ils peuvent être secrétaire ou économe des hospices.

19. Les receveurs ne peuvent entrer en fonctions qu'après avoir fourni un cautionnement, dont le taux varie suivant le montant du traitement, qui est fourni en numéraire, en immeubles ou en rentes sur l'État, et avoir prêté serment devant le préfet ou le sous-préfet.

20. Les receveurs hospitaliers, autres que ceux de Paris et Lyon, ont un traitement fixe, arrêté par le préfet, sur la proposition du trésorier général, d'après les bases établies par les art. 2, 3, 4 et 8 du décret du 1er janv. 1877. — Tout traité entre les administrations hospitalières et les receveurs, à

l'effet de réduire les traitements de ceux-ci, est nul.

21. Les trésoriers généraux et les receveurs particuliers des finances sont chargés de surveiller les caisses et la tenue des écritures des receveurs des établissements de bienfaisance.

22. 3° L'*économe* est nommé par la commission administrative, mais ne peut être révoqué par elle qu'avec l'approbation du préfet. — Son traitement est fixé par la commission administrative. — Les incompatibilités sont les mêmes pour l'économe que pour le receveur (V. *suprà*, n° 18). — Sont assujettis à un cautionnement les économes des établissements hospitaliers où la valeur des denrées et objets de consommation atteint au moins 20000 francs. — Les comptes annuels de l'économe sont présentés à la commission administrative qui les apure, sauf approbation du préfet. — L'inspection des services de l'économe est faite par les préfets, sous-préfets et inspecteurs généraux des services administratifs. — Un décret du 9 sept. 1899 a promulgué un règlement sur la tenue de la comptabilité des économes des établissements publics d'assistance (V. *infrà*, *Secours publics*).

23. 4° Les *employés* affectés aux bureaux de l'administration ou au service matériel sont nommés et révoqués par la commission administrative, qui fixe le chiffre de leur traitement.

24. 5° Les *médecins, chirurgiens et pharmaciens* sont nommés par la commission administrative; elle ne peut les révoquer qu'avec l'autorisation du préfet (L. 7 août 1851, art. 14). Le règlement intérieur peut décider que le recrutement des médecins et chirurgiens attachés à l'établissement aura lieu par voie de concours. Il en est ainsi notamment à Paris. — Des élèves internes ou externes peuvent être adjoints aux médecins et chirurgiens pour les assister et les suppléer au besoin. — Les hospices peuvent vendre des remèdes à l'extérieur (V. *infrà*, *Médecine-pharmacie*).

25. 6° Les *aumôniers* catholiques sont nommés et révoqués par l'évêque du diocèse; les aumôniers protestants le sont par le préfet. — Le traitement des aumôniers, dans les établissements est comprise, est une dépense ordinaire.

26. 7° Le service intérieur peut être confié à des *sœurs hospitalières*. — Les traités passés pour le service des hôpitaux entre ces établissements et les congrégations doivent être approuvés par les préfets (L. 7 août 1851, art. 8). Ces traités constituent de véritables contrats de droit civil dont l'interprétation rentre dans la compétence de l'autorité judiciaire.

27. 8° Les *infirmiers, domestiques* et *gens de peine* attachés à l'administration et au service des hospices sont nommés et révoqués par l'Administration. — Leur nombre et leur traitement sont réglés par le préfet sur la proposition de la commission administrative.

ART. 3. — BIENS, DETTES ET CHARGES DES HOPITAUX ET HOSPICES.

§ 1er. — *Dotation des hospices et hôpitaux* (R. 65 et s.; S. 35 et s.).

28. La dotation des hospices se compose : 1° des biens qui leur ont été restitués en vertu de la loi du 16 vend. an 5 (R. p. n.); 2° des biens qui leur ont été restitués par l'État à titre de remplacement de leurs propriétés aliénées par suite de la loi du 25 mess. an 2; 3° des rentes foncières qui leur ont été restituées; des rentes nationales qui leur ont été données en payement; des rentes celées et des domaines nationaux usurpés qu'ils ont été autorisés à revendiquer contre les détenteurs qui en jouissaient sans titre légal;

4° des immeubles, rentes ou capitaux provenant de legs ou donations; **5°** des rentes sur l'Etat acquises avec les capitaux provenant soit de dons et legs, soit de remboursements par des débiteurs, et des rentes sur particuliers provenant soit de leur dotation originaire, soit des rentes restituées en remplacement de leurs biens vendus, soit de fondations.

29. Sauf en cas de placement de fonds provenant soit de dons ou legs, soit du prix d'immeubles aliénés, qui sont toujours réglementés par la décision qui autorise l'acceptation de la libéralité, ou par l'arrêté préfectoral qui autorise l'aliénation de l'immeuble, c'est en rentes sur l'Etat que doivent être placés les fonds disponibles des établissements hospitaliers. — Ce placement est effectué en vertu d'une délibération de la commission administrative (ou, à Paris, d'une décision du directeur de l'Assistance publique, précédée d'un avis du conseil de surveillance). Les fonds sont versés par le receveur de l'hospice entre les mains du receveur général du département, qui effectue immédiatement l'achat de la rente et remet le certificat d'inscription au receveur hospitalier. Les titres achetés sont nominatifs ou au porteur; mais les premiers doivent être préférés. — Toutefois, les établissements publics de bienfaisance sont autorisés à employer leurs fonds à l'acquisition de lettres de gage du Crédit foncier, dans tous les cas où ils seraient autorisés à les employer en acquisition de rentes sur l'Etat (Décr. 28 févr. 1852, art. 46).

30. Les fonds libres destinés à l'acquittement de dépenses déjà votées sont versés au Trésor par les receveurs lorsqu'ils dépassent la somme de 100 francs. Aucune autorisation n'est nécessaire pour ces versements. Le taux des intérêts servis par le Trésor, pour les fonds ainsi placés, est de 2 pour 100. Ces fonds ne peuvent être retirés par le receveur que sur l'autorisation de l'ordonnateur de l'établissement hospitalier, corroborée par une autorisation du sous-préfet si la somme à retirer dépasse 300 francs, ou du préfet si elle dépasse 1 000 francs (V. infrà, Trésor public). — Les établissements hospitaliers peuvent déposer, avec l'autorisation du ministre, leurs fonds libres à la Caisse nationale d'épargne, jusqu'à concurrence de 8 000 francs. — Sur l'aliénation des rentes appartenant aux hospices, V. infrà, n° 48.

§ 2. — *Ressources éventuelles des hospices* (R. 114 et s.; S. 52 et s.).

31. Ces ressources sont les suivantes : **1°** les *subventions accordées par l'Etat, le département ou la commune.*

32. **2°** Les subventions sur *le produit des octrois municipaux.* — Ces subventions sont facultatives, quelle que soit l'époque où les octrois ont été créés.

33. **3°** Le *produit des amendes encourues par les comptables des hospices* qui n'ont pas présenté leurs comptes dans les délais prévus par les règlements (L. 5 avr. 1884, art. 159, D. P. 84. 4. 25).

34. **4°** Les *produits de certaines confiscations :* les dons ou présents reçus par le fonctionnaire qui s'est rendu coupable du délit prévu par l'art. 177 c. pén. (V. supra, *Forfaiture*, n° 38 et s.), sont confisqués au profit des hospices du lieu où la corruption a été commise (Pén. 180). — Le gibier mis en vente ou colporté en temps prohibé est saisi et livré à l'établissement de bienfaisance le plus voisin, en vertu d'une ordonnance du juge de paix, ou, à son défaut, d'une autorisation du maire. Les frais de transport de ce gibier sont à la charge de l'établissement auquel il est destiné, à moins que cet établissement ne le refuse (V. supra, *Chasse-louveterie*, n° 168). Le gibier saisi pour infraction aux droits de douane est, non pas attribué aux hospices, mais vendu par l'Administration à charge de réexpédition. — En cas de condamnation pour fraude dans la vente des marchandises, si les objets sont propres à un usage alimentaire ou médical, le tribunal peut les attribuer aux établissements de bienfaisance (L. 27 mars 1851, art. 5).

35. **5°** Les *bonis et bénéfices des monts-de-piété.* — Lorsque la dotation d'un mont-de-piété suffit à couvrir ses frais généraux et à abaisser le taux de l'intérêt légal à 5 pour 100, si ce mont-de-piété existe comme établissement distinct de tous autres, un arrêté du préfet peut, sur l'avis du conseil municipal, attribuer ses excédents de recette aux hospices ou autres établissements de bienfaisance. Si, au contraire, le mont-de-piété a été fondé avec le concours d'établissements hospitaliers, il doit verser à l'administration de bienfaisance dont il est l'annexe tous ses excédents de recettes, déduction faite des frais de régie et charges de l'établissement (V. infrà, *Mont-de-piété*).

36. **6°** Dans les communes autres que Paris, le *tiers du produit des concessions dans les cimetières* (V. supra, *Commune*, n° 248). A Paris, un arrêté préfectoral, pris après délibération du conseil municipal, fixe le tarif des concessions perpétuelles dans les cimetières et détermine la part qui, sur le prix de chaque concession, sera attribuée aux hospices dans le produit des concessions. — La part touchée par les hospices dans le produit des concessions figure dans leurs revenus ordinaires; elle doit être affectée au payement des dépenses ordinaires de ces établissements, et non capitalisée. C'est au conseil municipal qu'il appartient de déterminer, avec l'approbation du préfet, si la part revenant aux pauvres dans le prix des concessions sera attribuée aux hospices ou aux bureaux de bienfaisance, ou partagée entre eux, et dans quelle proportion.

37. **7°** Le *tiers du produit du prélèvement opéré en faveur des œuvres de bienfaisance, sur les paris mutuels* reçus par les sociétés de courses de chevaux approuvées, lequel est affecté à l'agrandissement et à la construction des hôpitaux nécessités par l'application de la loi du 15 juill. 1893 (D. P. 94. 4. 23), sur l'assistance médicale (L. 2 juin 1891, art. 5, D. P. 91. 4. 49; 16 avr. 1895, art. 47, D. P. 95. 4. 92). V. infrà, *Jeu-pari, Secours publics.*

38. **8°** Les *droits sur les spectacles, concerts,* etc. — Sur le *droit des pauvres*, V. infrà, *Théâtre - spectacle.*

39. **9°** Les *journées des militaires et des détenus.* — V. infrà, n° 81.

40. **10°** Le *produit du travail des indigents et des enfants admis dans les hospices.* — Les hospices doivent avoir des ateliers de travail appropriés à l'âge et aux infirmités de ceux qui y sont entretenus (L. 16 mess. an 7, art. 13). Les deux tiers du produit du travail sont versés dans la caisse des hospices; le tiers restant est remis aux indigents, soit à la fin de chaque semaine ou de chaque mois, soit à leur sortie, suivant le mode fixé par la commission administrative.

41. **11°** Les *droits sur les effets mobiliers des indigents décédés dans les hospices* (L. 15 pluv. an 13, art. 7). — Un avis du Conseil d'Etat du 14 oct. 1809 attribue aux hospices les effets mobiliers des personnes décédées dans ces établissements, après y avoir été entretenues gratuitement. Cette attribution a lieu à titre de dédommagement des dépenses occasionnées, et le droit des hospices est, non pas un droit de succession, mais une simple créance. — Il ne s'applique qu'aux objets de peu de valeur, vêtements, linge, etc., à l'usage personnel des malades; on ne peut l'étendre à une somme d'argent ou à des valeurs trouvées parmi ces effets; mais si ces sommes ou valeurs ont une certaine importance, l'établissement a un recours contre les héritiers du défunt, qui ne peut plus, en ce cas, être considéré comme indigent. Si les héritiers du malade payent tous les frais de son séjour, l'établissement ne peut retenir les effets mobiliers laissés par lui à son décès. — Ces dispositions ne sont applicables ni aux militaires ni aux marins décédés dans les hospices après y avoir été traités aux frais de l'Etat. — Sur l'attribution des biens des enfants assistés décédés (L. 27 juin 1904, art. 41 et s.), V. infrà, *Secours publics.*

42. **12°** Les *sommes payées par les individus admis à titre de pensionnaires;* les *offrandes, dons et quêtes.* — V. infrà, n° 73, et *Secours publics.*

§ 3. — *Charges, dettes, hypothèques, impôts* (R. 131 et s.; S. 81 et s.).

43. Aucune dette ne peut être contractée par un établissement hospitalier, sans qu'un crédit ait été ouvert pour l'acquitter ou que l'autorisation de s'obliger ait été donnée par l'autorité supérieure. — Si le créancier d'un hospice n'a contre lui qu'un titre non exécutoire, il doit, en cas de contestation, intenter son action devant les tribunaux, conformément aux règles de compétence du droit commun, mais en tenant compte des prescriptions spéciales aux actions à intenter contre les établissements publics (V. infrà, n°s 111 et s.). En principe, ces contestations sont de la compétence de l'autorité judiciaire, sauf celles concernant les travaux publics (V. infrà, *Travaux publics*). — Si, au contraire, le créancier est muni d'un titre *exécutoire*, il le peut, pour obtenir son payement, recourir aux voies d'exécution indiquées par le livre cinquième du Code de procédure civile ; il doit se pourvoir administrativement, pour obtenir son payement. La vente des biens mobiliers et immobiliers des établissements de bienfaisance non affectés à un service public peut, sur la demande d'un créancier porteur d'un titre exécutoire, être autorisée par le préfet.

44. Si une hypothèque grève les biens donnés à un hospice, le créancier ne peut poursuivre l'expropriation par les voies du droit commun ; il doit avoir recours à la réclamation par voie administrative. — Si, au contraire, l'hypothèque a été consentie par l'administration hospitalière dûment autorisée, le créancier se trouve implicitement autorisé à user, le cas échéant, de son droit hypothécaire et à poursuivre selon le droit commun l'expropriation de l'immeuble affecté. — Le créancier qui a obtenu une condamnation contre un hospice peut prendre une inscription hypothécaire sans en vertu du jugement. — Les hospices et établissements de bienfaisance ne jouissent pas, comme les communes, de la faculté de ne pas remplir les formalités de purge des hypothèques et de transcription de leurs acquisitions d'immeubles, dans les cas et sous les conditions indiquées par le décret du 14 juill. 1866 (V. infrà, n° 54).

45. Une saisie-arrêt ne peut être formée à la requête d'un créancier, sur des fonds dus à un établissement de bienfaisance; mais le créancier peut saisir-arrêter les sommes dues à un tiers par un de ces établissements. Le créancier forme alors son opposition entre les mains du receveur.

46. Les hôpitaux et hospices sont, à raison de leurs biens productifs de revenus, soumis aux mêmes impôts que les particuliers; ils doivent, en outre, acquitter sur ces biens la taxe des biens de mainmorte (L. 20 février 1849; V. infrà, *Impôts directs*). — Quant à leurs biens non productifs de revenus, ils sont exempts de l'impôt foncier et de celui des portes et fenêtres. — L'impôt personnel et mobilier, ne pouvant atteindre une personne morale, ne frappe point les hospices. Ils sont également exempts de l'impôt des patentes, lors même qu'ils feraient exécuter par leurs pensionnaires quelques travaux de peu d'importance. — Ils ne peuvent être soumis à l'impôt des prestations que pour les hommes, chevaux et voitures qu'ils emploieraient à une exploitation distincte de l'établissement.

ART. 4. — GESTION DES ADMINISTRATEURS (R. 149 et s.; S. 89 et s.).

47. Les commissions administratives sont exclusivement chargées de la gestion des biens des hôpitaux, sauf contrôle du préfet (L. 7 août 1851, art. 8). Il leur appartient donc de décider si elles exploiteront elles-mêmes ces biens, ou si elles les affermeront. — En ce qui concerne l'affectation des biens au service hospitalier ou leur classement dans le patrimoine privé des établissements, les délibérations par lesquelles les commissions administratives changeraient en totalité ou en partie l'affectation des locaux ou objets immobiliers ou mobiliers, dans l'intérêt d'un service public ou privé quelconque, ou mettraient à la disposition soit d'un autre établissement public ou privé, soit d'un particulier lesdits locaux et objets, ne sont exécutoires qu'après avis du conseil municipal, et en vertu d'un décret rendu sur la proposition du ministre de l'Intérieur (L. 5 avr. 1884, art. 120).

48. Lorsque les biens sont exploités directement par l'Administration des hospices, leurs produits en nature sont perçus par l'économe, sous sa responsabilité et sans aucune responsabilité du receveur, qui ne fait figurer ces revenus que pour ordre dans ses comptes. — Sur la gestion des sources et établissements d'eaux minérales appartenant à des hospices, V. *suprà, Eaux minérales et thermales*, nos 22 et 23.

49. En ce qui concerne les baux, il appartient à la commission des hospices d'en régler les conditions lorsque leur durée n'excède pas dix-huit ans pour les biens ruraux, et neuf ans pour les autres biens (L. 1851, art. 8, § 3). Les baux d'une durée plus longue sont soumis à l'approbation du préfet, et à certaines formalités préalables, conformément à l'arrêté du 7 germ. an 9 (R. p. 63). — En principe, les baux des biens des hospices et hôpitaux doivent se faire aux enchères publiques et par-devant notaire (Décr. 12 août 1807, R. vº *Louage administratif*, p. 523). — Sur la gestion des bois des hospices, V. *suprà, Forêts*, nos 255 et s.; ... un louage du droit de chasse sur leurs propriétés, V. *suprà, Chasse-louveterie*, nº 101.

50. Les commissions administratives assurent contre l'incendie les immeubles qu'elles gèrent, sans que leurs délibérations, à cet égard, soient soumises à l'approbation de l'Administration. — Les receveurs des établissements sont tenus de veiller à la conservation de tous les privilèges et hypothèques leur appartenant, d'en requérir l'inscription, et de tenir registre desdites inscriptions et des poursuites et diligences. Les administrateurs s'assurent chaque mois des diligences des receveurs par la vérification de leurs registres (Arr. 19 vendém. an 12, art. 1 et 4). Le receveur qui négligerait de prendre inscription ou laisserait passer les délais voulus soit pour le renouvellement des inscriptions, soit pour assurer les droits de préférence de l'établissement, répondrait sur ses biens personnels des résultats de sa négligence. Les administrateurs qui auraient omis les vérifications ci-dessus prescrites pourraient être également déclarés responsables.

51. Les radiations, réductions ou cessions d'hypothèques judiciaires ou conventionnelles appartenant aux hospices ne peuvent être opérées qu'en vertu soit de jugements passés en force de chose jugée, soit d'autorisations spéciales du conseil de préfecture,

données sur la demande de la commission administrative (Décr. 11 therm. an 12, R. p. 67). — Quant aux hypothèques légales frappant les biens des comptables hospitaliers, s'il s'agit d'un établissement ayant plus de 30 000 francs de revenus, la radiation ou réduction est ordonnée par la Cour des comptes; dans le cas contraire, elle est prononcée par le conseil de préfecture, sauf appel devant la Cour des comptes (L. 16 sept. 1807, art. 13 et s.). — La radiation ou réduction de l'hypothèque grevant les biens des économes est prononcée par le préfet.

52. Les emplois des capitaux en rentes sur l'Etat sont opérés en vertu d'une simple délibération de la commission administrative.

ART. 5. — ACQUISITIONS, ALIÉNATIONS ET CONTRATS DIVERS (R. 173 et s.; S. 102 et s.).

53. 1º *Acquisitions.* — Il appartient à la commission administrative de régler par ses délibérations les acquisitions d'immeubles, à moins que la dépense, totalisée avec les dépenses de même nature pendant le même exercice, n'excède les limites des ressources que l'établissement peut se procurer sans autorisation spéciale, auquel cas l'approbation préfectorale est nécessaire (L. 7 août 1851, art. 10; L. 5 avr. 1884, art. 68, § 3). — Quand l'acquisition est ainsi subordonnée à l'autorisation préalable, l'arrêté préfectoral doit être précédé, en ce qui concerne l'assistance publique de Paris, d'une demande du directeur, d'un avis du conseil de surveillance et d'un avis du conseil municipal, et, en ce qui concerne les autres établissements hospitaliers, d'une délibération de la commission administrative et d'un avis du conseil municipal. — La nullité résultant du défaut d'autorisation dans les formes ci-dessus n'est que *relative*; l'hospice seul peut l'invoquer; le vendeur, même de bonne foi, est non-recevable à s'en prévaloir.

54. La forme authentique, quoique non prescrite par les lois et règlements, pour l'acte de vente, est cependant généralement employée. — Une circulaire du ministre des Finances du 30 juin 1869 énonce les pièces dont le comptable de l'établissement devra exiger la production avant de payer le prix convenu. — Le vendeur peut, avec l'autorisation du préfet, être dispensé, par la commission administrative, de produire les pièces attestant l'accomplissement des formalités de la purge des hypothèques, s'il s'agit d'acquisition dont le prix ne dépasse pas 500 francs (Décr. 7 juin 1875, art. 1er, D. P. 76. 4. 14).

55. Les hospices ne peuvent acquérir d'autres immeubles que ceux destinés à leur service public. — Les hospices ne tenant pas de la loi du 3 mai 1841 le droit d'exproprier, c'est la commune qui doit, le cas échéant, poursuivre l'expropriation pour cause d'utilité publique des immeubles dont l'acquisition est nécessaire aux établissements hospitaliers.

56. 2º *Aliénations.* — Les aliénations d'immeubles appartenant aux établissements hospitaliers ne peuvent avoir lieu qu'en vertu d'une délibération de la commission administrative approuvée par le préfet, après avis conforme du conseil municipal (L. 7 août 1851, art. 10; L. 5 avr. 1884, art. 68, § 2). En principe, la vente doit avoir lieu par adjudication publique. — Les règles imposées aux hospices pour les aliénations d'immeubles leur sont aussi imposées pour les aliénations de rentes sur l'Etat.

57. Les ventes d'objets mobiliers doivent être autorisées par le préfet. Elles se font en général aux enchères publiques, par les commissaires-priseurs ou autres officiers ministériels. Le préfet peut autoriser la vente à l'amiable sur la demande motivée de la commission administrative : la vente est faite, en ce cas, par les soins de l'économe, qui verse immédiatement le prix au receveur.

58. Il est interdit, sous peine de nullité, aux administrateurs de se rendre acquéreurs de biens appartenant aux établissements confiés à leurs soins (Civ. 1596). V. *infra, Vente.*

59. 3º *Echanges.* — Les règles qui précèdent s'appliquent aux échanges des biens des hospices.

60. 4º *Emprunts.* — Les délibérations des commissions administratives des établissements charitables concernant les emprunts sont exécutoires en vertu d'un arrêté du préfet, sur avis conforme du conseil municipal, lorsque la somme à emprunter ne dépasse pas le chiffre des revenus ordinaires de l'établissement et que le remboursement doit être effectué dans un délai de douze années. Si la somme à emprunter dépasse ledit chiffre ou si le délai de remboursement excède douze années, l'emprunt ne peut être autorisé que par décret. Ce décret est rendu en Conseil d'Etat, si l'avis du conseil municipal est contraire, ou s'il s'agit d'un établissement ayant plus de 100 000 francs de revenus. L'emprunt ne peut être autorisé que par une loi, lorsque la somme à emprunter dépasse 100 000 francs, ou lorsque ladite somme, réunie aux chiffres d'autres emprunts non encore remboursés, dépasse 500 000 francs (L. 5 avr. 1884, art. 168). Pour l'assistance publique de Paris, la délibération de la commission administrative est remplacée par une demande du directeur, accompagnée d'un avis du conseil de surveillance (L. 10 janv. 1849, art. 1 et 5).

61. En règle générale, l'Administration n'autorise les emprunts que pour une durée de dix à douze ans, et lorsque leur remboursement peut s'effectuer facilement sur les revenus ordinaires. — Les hospices peuvent emprunter, soit à la Caisse des dépôts et consignations, soit au Crédit foncier, soit aux particuliers. — Les emprunts aux particuliers peuvent être réalisés soit de gré à gré, au moyen d'un contrat soumis à l'approbation préfectorale, soit par voie d'adjudication, sur un cahier des charges dressé par la commission administrative et régulièrement approuvé; soit par voie d'émission publique d'obligations; ces émissions d'obligations sont réglementées par un décret du 23 juin 1879 et une circulaire du 24 août 1879.

62. 5º *Transactions.* — V. *suprà, Commune*, nº 482.

63. 6º *Compromis.* — Les établissements publics ne peuvent jamais compromettre (Pr. 83 et 1004).

64. 7º *Donations entre vifs et testamentaires.* — V. *suprà, Dispositions entre vifs et testamentaires*, nos 53 et s.

65. 8º *Fondations de lits et de services religieux.* — V. *infra, Secours publics.*

66. 9º *Quêtes, troncs et collectes.* — V. *infra, Secours publics.*

67. 10º *Constructions et réparations d'immeubles* (R. 200 et s.; S. 128 et s.). — Les commissions administratives peuvent faire exécuter, sur les crédits ouverts à leurs budgets, par voie de concession amiable et sans aucune autorisation, les travaux ordinaires de simple entretien dont la dépense ne dépasse pas 300 francs. Elles peuvent même passer ces marchés de gré à gré, à quelque somme qu'ils s'élèvent, dans un certain nombre de cas énumérés par l'ordonnance du 14 nov. 1837 et l'instruction générale du 20 juin 1859, art. 1022. Tous les marchés de gré à gré passés par les hospices doivent être écrits et non verbaux, à moins qu'il ne s'agisse de marchés relatifs à des denrées de consommation n'excédant pas une durée d'une année (V. *suprà, Commune*, nos 407 et s.; *infrà, Marché de fournitures, Travaux publics*).

68. Si les constructions ou réparations dépassent 300 francs et n'excèdent pas 3000 francs, il est nécessaire de faire dresser un devis; mais la commission administrative peut, soit passer un marché de gré à gré, soit procéder par adjudication. La délibération peut être annulée par le préfet, dans le délai de trente jours à partir de la notification officielle. — S'il s'agit de travaux dont la valeur excède 3000 francs, ou de travaux d'entretien pour une durée de plus d'une année, c'est le préfet qui, sur la proposition de la commission administrative (à Paris, du directeur de l'Assistance publique), et après avis du conseil de surveillance), et après avis du conseil municipal, statue par arrêté sur le projet de travaux. — La décision, qu'elle émane du préfet ou de la commission administrative, doit être rendue sur le vu d'un devis, d'un cahier des charges et de plans. — Sur le dépôt de garantie à effectuer par le soumissionnaire, la publicité, l'adjudication, l'approbation de l'adjudication, la réalisation du cautionnement, la réception des travaux, la liquidation et le payement des sommes dues aux entrepreneurs, V. *infrà, Travaux publics*. — Sur la compétence en matière d'adjudications de travaux des établissements de bienfaisance, V. *suprà, Compétence administrative*, n° 114, et *infrà*, n° 115.

69. 11° *Marchés de fournitures* (R. 205 et s. ; S. 134 et s.). — On doit, au point de vue de l'étendue des pouvoirs de la commission administrative en matière de marchés de fournitures, distinguer suivant que les marchés sont conclus pour une année ou pour une durée plus longue. Les règles applicables sont, dans le premier cas, les mêmes que pour les travaux inférieurs à 3000 francs ; dans le second cas, les mêmes que pour les travaux d'une valeur supérieure à 3000 francs. — Sur la rédaction du cahier des charges, la publicité, l'adjudication, l'approbation de l'adjudication, la résiliation du marché, V. *infrà, Marché de fournitures*.

ART. 6. — FONCTIONNEMENT DU RÉGIME HOSPITALIER (R. 219 et s. ; S. 136 et s.).

70. 1° *Admission dans les hôpitaux et hospices*. — La loi du 7 août 1851 (art. 1er) ouvre les hôpitaux à tous les individus tombés malades dans la commune. Le bénéfice de cette disposition s'étend même aux nationaux étrangers. — Lorsque, dans la commune où un indigent tombe malade, il n'existe aucun établissement hospitalier, cet individu doit, s'il y a impossibilité de le soigner à domicile, être admis dans l'hôpital auquel la commune est rattachée pour le traitement de ses malades, en vertu de l'art. 3 de la loi du 15 juill. 1893. — Sur les formalités à remplir, en ce cas, et sur le remboursement des frais de journées à l'hôpital qui a reçu le malade, V. *infrà, Secours publics*.

71. Sur les conditions dans lesquelles les hospices reçoivent : ... les enfants assistés ; ... les malades admis à l'assistance médicale gratuite, V. *infrà, Secours publics*.

72. Un règlement particulier détermine les conditions de domicile et d'âge nécessaires pour être admis dans chaque hospice destiné aux vieillards et infirmes (L. 7 août 1851, art. 2 et 8). — Sur l'admission dans les asiles volontaires, V. *infrà, Secours publics* ; ... dans les asiles départementaux d'aliénés, V. *suprà, Aliénés*, n°s 19 et s. ; ... dans les dépôts de mendicité, V. *infrà, Vagabondage - mendicité*.

73. Les hospices reçoivent parfois des pensionnaires payants. Le contrat qui intervient alors entre l'hospice et le pensionnaire est un contrat commutatif et non un contrat de bienfaisance.

74. 2° *Renvoi, sortie*. — Les renvois sont prononcés par la commission administrative, soit comme mesure disciplinaire, pour motifs graves, soit comme mesure administrative, lorsque le malade est guéri ou reconnu

incurable. — Le malade peut sortir définitivement lorsqu'il en exprime la volonté.

75. 3° *Secours à domicile*. — Les commissions administratives des hôpitaux et hospices peuvent, avec l'assentiment du conseil municipal et l'approbation du préfet, disposer des revenus hospitaliers, jusqu'à concurrence du quart, pour les affecter au traitement des malades à domicile et à l'allocation de secours annuels en faveur des vieillards ou infirmes placés dans leurs familles. La portion des revenus ainsi employés peut être portée au tiers, avec l'assentiment du conseil général (L. 21 mai 1873, art. 7). — Les secours ne peuvent être accordés que pour venir en aide aux indigents âgés ou infirmes placés dans leurs familles ; ils ne peuvent servir à placer des vieillards ou des malades dans des familles étrangères, comme cela a lieu pour les enfants assistés. Cette assistance à domicile a lieu de concert avec les bureaux de bienfaisance. Ces derniers ne sont donc nullement exonérés du traitement des malades à domicile (V. *infrà, Secours publics*). — Sur l'assistance aux vieillards et incurables au moyen de pensions constituées par les communes avec l'aide des départements et de l'Etat (L. 29 mars 1897, art. 43 ; L. 30 mars 1902, art. 61), V. *infrà, Secours publics*.

76. 4° *Décès*. — Sur les obligations des directeurs d'hôpitaux, lors du décès des malades en traitement (Civ. 80), V. *suprà, Actes de l'état civil*, n° 64.

77. 5° *Inhumations*. — En principe, les personnes décédées dans les établissements hospitaliers doivent être inhumées dans le cimetière communal, à moins que leurs corps ne soient réclamés par leurs familles. Cependant les hospices peuvent être autorisés par décret à établir des cimetières spéciaux, pour leur usage particulier.

78. 6° *Autopsie et dissection des cadavres*. — A Paris, l'autopsie ne peut avoir lieu que si le corps n'est pas réclamé par la famille, ou, quand il est réclamé par celle-ci, si elle n'a pas déclaré formellement s'opposer à cette opération. Sont admis à s'opposer à l'autopsie les époux, ascendants, descendants, oncles, tantes, frères, sœurs, neveux et nièces du défunt. — L'autopsie ne peut être faite que vingt-quatre heures après le décès. Elle a lieu dans l'intérieur de l'hôpital. — Les corps non réclamés des malades décédés dans les hôpitaux sont envoyés à l'amphithéâtre d'anatomie et à l'école de médecine pour y servir aux travaux de dissection.

79. 7° *Règlementation du service intérieur*. — Le service intérieur est régi par un règlement particulier proposé par la commission administrative et approuvé par le préfet. Ce règlement détermine, indépendamment des dispositions d'ordre et de police concernant le service intérieur, le nombre des fonctionnaires et employés divers (L. 7 août 1851, art. 8).

ART. 7. — SERVICE DES ADMINISTRATIONS DE LA JUSTICE, DE LA GUERRE ET DE LA MARINE (R. 301 et s. ; S. 195 et s.).

80. 1° *Détenus civils*. — Les frais d'entretien des détenus dans les hôpitaux sont remboursés par les entrepreneurs des services pénitentiaires.

81. 2° *Militaires et marins*. — Il doit y avoir au moins un hôpital militaire par région de corps d'armée et dans les gouvernements de Paris et de Lyon. Dans les localités où il n'y a pas d'hôpitaux militaires, et dans celles où ils sont insuffisants, les hôpitaux civils sont tenus de recevoir et traiter les malades militaires. L'Etat doit à ces établissements une allocation égale aux frais qui leur incombent par suite du traitement des malades militaires (L. 7 juill. 1877, D. P. 78. 4. 2). — En principe, le régime des malades militaires, les conditions et le

prix de leur traitement, doivent être arrêtés par des conventions spéciales intervenues entre le ministère de la Guerre et la commission administrative, approuvées par le conseil municipal et ratifiées par le ministre de l'Intérieur. — Les frais d'installation des salles militaires dans les hôpitaux civils sont à la charge du Trésor ; les villes ne sont tenues d'y contribuer que dans les cas et dans les proportions où elles en ont pris l'engagement. — Un décret du 1er août 1879 (D. P. 80. 4. 55) a réglé l'organisation des services hospitaliers militaires dans les hôpitaux civils.

ART. 8. — COMPTABILITÉ DES ÉTABLISSEMENTS CHARITABLES.

82. La *comptabilité* des établissements hospitaliers est soumise aux règles de la comptabilité des communes (L. 7 août 1851, art. 12, D. P. 51. 4. 154; Décr. 31 mai 1862, art. 457 et s., D. P. 62. 4. 83; V. *suprà, Commune*, n°s 316 et s. ; Comp. *infrà, Trésor public*).

§ 1er. — *Budget* (R. 308 et s. ; S. 203 et s.).

83. Les recettes et dépenses des hospices ne peuvent être faites qu'en vertu du *budget* de chaque exercice. — L'exercice financier commence le 1er janvier et finit le 31 décembre. La période d'exécution des services d'un budget embrasse, en outre, un délai expirant le 31 mars suivant, accordé pour achever les opérations relatives au recouvrement des produits, à la constatation des droits acquis, à la liquidation, à l'ordonnancement et au payement des dépenses. — Les budgets de chaque exercice sont délibérés par les commissions dans leur session d'avril, et soumis aux conseils municipaux, lors de leur session de mai.

84. Les recettes et dépenses des hôpitaux et hospices sont divisées en recettes et dépenses ordinaires et extraordinaires. Les art. 548 et s. du décret du 31 mai 1862 énumèrent les recettes et dépenses comprises dans chacune de ces catégories.

85. En principe, les budgets des établissements hospitaliers sont définitivement réglés par les préfets. Cependant, ceux des établissements dont les revenus atteignent au moins trois millions sont réglés par décret. — Si, pour quelque cause que ce soit, le budget n'a pas été arrêté avant le commencement de l'année à laquelle il se rapporte, les recettes et dépenses ordinaires continuent, jusqu'à l'approbation de ce budget, à être faites conformément à celui de l'année précédente. — L'autorité supérieure ne peut pas inscrire d'office un crédit ou une dépense au budget des hospices, à moins qu'il ne s'agisse du payement d'une dette et de la recette à provenir du prix de la vente de biens à aliéner pour faire face à ce payement. — Les *crédits supplémentaires* rendus nécessaires par suite d'imprévision ou d'insuffisance des crédits ouverts au budget sont ouverts, après délibération de la commission administrative, par les décisions spéciales de l'autorité investie du droit de régler le budget.

§ 2. — *Comptabilité en espèces* (R. 320 et s. ; S. 214 et s.).

86. 1° *Recettes*. — Les receveurs des établissements hospitaliers ont seuls qualité pour recevoir et pour payer. Toute recette effectuée sans leur intervention pourrait être déclarée non valable à l'égard du débiteur qui aurait payé et donner lieu contre toute autre personne qui l'aurait indûment reçue, à la responsabilité du receveur, à la responsabilité qui existe en cas de comptabilité occulte (V. *infrà, Trésor public*).

87. Les receveurs font, contre tous les débiteurs en retard, les exploits, significations, poursuites et commandements néces-saires, empêchent les prescriptions, veillent à la conservation des domaines, droits, privi-lèges et hypothèques, etc. — Les poursuites, s'il y a lieu d'en exercer contre les débi-teurs, ont lieu conformément aux règles du droit commun si le titre est exécutoire.

88. Les recettes des établissements de bienfaisance peuvent s'effectuer sur des états dressés par le maire, sur la proposition de la commission administrative. Ces états sont exécutoires après qu'ils ont été visés par le sous-préfet. Les oppositions, lorsque la ma-tière est de la compétence des tribunaux ordinaires, sont jugées comme affaires som-maires, et la commission administrative peut y défendre sans autorisation du conseil de préfecture.

89. Les receveurs délivrent quittance de toutes les sommes ou objets en nature ver-sés à leur caisse. Ces quittances sont déta-chées du journal à souche.

90. Lorsque le percepteur exerce les fonctions de receveur d'un établissement hospitalier, l'État n'est pas responsable, vis-à-vis de cet établissement, des détournements commis à son préjudice par le percepteur.

91. 2° *Dépenses*. — Aucune dépense ordinaire ou extraordinaire ne peut être acquittée que sur les crédits régulièrement ouverts au budget de l'établissement. — Tou-tefois, l'Administration supérieure peut, en cas de refus ou de négligence des adminis-trations hospitalières, ordonner l'exécution de dépenses présentant un caractère d'in-contestable urgence.

92. La *liquidation* des dépenses a pour objet la constatation des droits des créanciers avant l'émission des mandats de payement. Elle s'opère, sous la responsabilité de l'or-donnateur, par le contrôle des pièces justifi-catives constatant l'exécution des travaux ou fournitures et la quotité de la somme due.

93. L'*ordonnancement* des dépenses est fait par un des administrateurs, chargé, sous le titre d'*ordonnateur*, de la signature de tous les mandats. Nul créancier ne peut obtenir payement que sur le vu d'un de ces mandats.

94. Les crédits sont spéciaux et limités à l'exercice pour lequel ils ont été ouverts. Les ordonnateurs et receveurs ne peuvent donc admettre que les mandats portant sur un crédit régulièrement autorisé et spécial à l'objet auquel ils s'appliquent ; ces mandats doivent être afférents à l'exercice auquel la dépense se rattache. — Les mandats sont payables jusqu'au dernier jour du mois de la clôture de l'exercice. Passé ce délai, ils sont annulés, sauf réordonnancement de la dépense.

95. Les receveurs ne peuvent refuser le payement des mandats que : 1° lorsque la somme ordonnancée ne porte pas sur un crédit ouvert ou excède ce crédit ; — 2° lors-que les pièces produites sont insuffisantes ou irrégulières ; — 3° lorsqu'il y a oppo-sition dûment signifiée contre le payement réclamé ; — 4° lorsque les mandats sont pré-sentés après la clôture de l'exercice ; — 5° lorsque, par suite de retards dans les recouvrements des revenus, il y a insuf-fisance de fonds dans la caisse du receveur. — Tout refus ou tout retard de payement de la part du receveur doit être motivé dans une déclaration immédiatement délivrée par ce dernier au porteur du mandat, lequel peut se pourvoir auprès de la commission administrative. — Tout receveur qui a indûment refusé ou retardé un payement régulier, ou n'a pas délivré au porteur du mandat la déclaration motivée de son refus, est passible de dommages-intérêts.

96. 3° *Caisse*. — Chaque comptable ne doit avoir qu'une seule caisse dans laquelle sont réunis tous les fonds appartenant aux divers services dont il est chargé. — Il peut

verser les sommes qui dépassent les besoins du service chez le receveur général ou par-ticulier.

97. 4° *Comptes de gestion des receveurs*. — Les prescriptions relatives au compte de gestion sont les mêmes pour les communes et pour les établissements hospitaliers (V. *suprà, Commune*, n° 342 et s.). — Lorsque le receveur des finances constate des irrégu-larités graves dans la gestion d'un receveur d'établissement de bienfaisance, il peut placer près de lui un agent spécial chargé de le diriger, lui faciliter la régularisation de ses écritures et lui indiquer les moyens d'accé-lérer la rentrée de l'arriéré. — Les préfets sont également autorisés à envoyer, aux frais du comptable suspendu par suite de retard ou d'irrégularité dans la rédaction de ses comptes, un commissaire chargé d'apurer sa comptabilité. Les honoraires de ces agents sont réglés par le préfet.

§ 3. — *Comptabilité en matières* (R. 366 et s.; S. 232).

98. L'économe doit passer écriture et rendre compte de l'entrée et de la sortie des objets de consommation. Cette comptabilité en matières se subdivise en *comptabilité des produits* et *comptabilité de consomma-tion*. — L'administration de chaque établis-sement fixe la somme qui doit être mise, chaque mois, à la disposition de l'économe, pour solder les menues dépenses courantes. — V. Décr. 9 sept. 1899-13 févr. 1900, por-tant règlement sur la comptabilité des éco-nomes des établissements d'assistance.

§ 4. — *Compte d'administration* (R. 368 et s.; S. 333).

99. Les *comptes d'administration* sont présentés aux commissions administratives du 1er au 15 avril. Ils sont transmis, avec les pièces justificatives et l'avis du conseil municipal, au sous-préfet qui les fait par-venir, avec son avis, au préfet. — Les comptes financiers de l'assistance publique à Paris, et ceux des établissements ayant trois millions de revenus au moins, sont réglés par décret.

100. Le compte d'administration se divise en deux parties : l'une, *financière*, donne le compte en recettes et dépenses des opé-rations effectuées pendant l'exercice ; l'autre, qui constitue le *compte moral*, présente : 1° le mouvement de la population des hos-pices et les observations auxquelles donnent lieu la population et la mortalité ; 2° les augmentations ou diminutions survenues dans les revenus, les améliorations intro-duites dans la régie des biens ; 3° l'organi-sation du service de santé, les changements qui y ont été opérés, ses résultats, les ma-ladies qui ont été traitées, et les cas parti-culiers qui offrent quelque intérêt ; 4° l'état des bâtiments sous le rapport de la distri-bution, de la salubrité et de la facilité du service, les améliorations accomplies, celles qu'ils exigent encore ; 5° les observations que suggèrent les dépenses ordinaires et extra-ordinaires de l'exercice, la masse des con-sommations qui ont eu lieu, le mode suivi pour pourvoir aux approvisionnements.

§ 5. — *Surveillance, vérification et juge-ment de la comptabilité* (R. 370 et s.; S. 234 et s.).

101. La comptabilité du receveur et de l'économe est surveillée : 1° par la com-mission administrative, qui peut toujours vérifier les services, les caisses et les livres ; — 2° par le maire, qui, en cas d'irrégu-larité ou de déficit, peut prononcer la sus-pension et établir un gérant provisoire sur la réquisition du receveur des finances ; — 3° par le sous-préfet et le préfet, qui sont tenus de faire vérifier la situation du rece-veur au moins deux fois par an et toujours

à la fin de l'année, et qui peuvent le sus-pendre dans les cas précités ; — 4° par les inspecteurs généraux des établissements de bienfaisance ; — 5° par le ministre de l'In-térieur, qui approuve ou annule les mesures provisoires adoptées contre les receveurs, et les révoque s'il y a lieu. — D'autre part, ils sont soumis à la surveillance des receveurs des finances, qui peuvent requérir leur sus-pension ou même la prononcer s'il y a ur-gence, et qui répondent de leur gestion lorsque les comptables réunissent à leurs fonctions celles de percepteur ; par les ins-pecteurs des finances, qui peuvent égale-ment les suspendre ; par le ministre des Finances ; enfin par le conseil de préfecture et la Cour des comptes, juges des comptes.

102. Les comptes du receveur doivent être présentés à la vérification du receveur des finances avant le 16 avril de chaque année. — En cas de retard, le receveur peut être condamné par l'autorité chargée de le juger à une amende de 10 à 100 francs par mois de retard pour les receveurs justi-ciables des conseils de préfecture, et de 50 à 500 francs par mois pour ceux qui sont jus-ticiables de la Cour des comptes. Ces amendes sont attribuées aux communes et établisse-ments que concernent les comptes en retard.

103. Les comptes de gestion des *receveurs* sont jugés : par la Cour des comptes pour les établissements dont les revenus excèdent 30000 francs ; par les conseils de préfecture pour les établissements dont les revenus n'excèdent pas 30000 francs, sauf recours à la Cour des comptes. Ces comptes doivent, avant leur présentation, être vérifiés par les conseils municipaux et par les receveurs des finances. La même compétence s'applique au compte d'administration.

104. Les comptes des *économes* sont con-trôlés par la commission administrative et se confondent dans le compte du receveur dans le cas celui d'administration. — La com-mission administrative procède à cet examen comme elle le fait pour les comptes du rece-veur. Sa délibération est adressée au préfet, pour être approuvée s'il y a lieu.

105. Lorsque le comptable veut dégager sa responsabilité et obtenir le remboursement de son cautionnement, il doit obtenir son *quitus*, c'est-à-dire la preuve qu'il est déclaré quitte et libéré en ce qui con-cerne les actes de sa gestion.

Art. 9. — Responsabilité civile des admi-nistrateurs, agents et comptables des établissements de bienfaisance (R. 393 et s.; S. 242 et s.).

106. Les administrateurs des établisse-ments hospitaliers sont responsables, aux termes du droit commun, des fautes qu'ils peuvent commettre dans l'exercice de leurs fonctions. Ils sont tenus *solidairement* entre eux de leur gestion et de ses suites ; mais l'administrateur qui a été poursuivi a, contre chacun de ses collègues, un recours pour le montant de la part de celui-ci. — L'admi-nistrateur qui a compromis, par une faute *personnelle*, les intérêts de leur adminis-tration peuvent être condamnés aux dépens en leur nom personnel et sans répétition (Pr. 132 ; V. *suprà, Frais et dépens*, n° 11). — Les administrateurs qui, sans autorisa-tion, contracteraient un emprunt, ordon-neraient des fournitures ou des travaux, n'engageraient pas l'établissement ; ils n'obli-geraient qu'eux-mêmes, sur tous leurs biens.

107. La responsabilité du comptable, si elle se rattache à sa comptabilité, est jugée administrativement (V. *suprà*, n° 103). Si elle provient d'une faute ou d'une erreur de gestion étrangère à sa comptabilité, la contestation est portée devant les tribunaux de droit commun.

108. L'application du cautionnement du comptable au profit de l'établissement créancier a lieu dans deux cas : celui de *déficit* et celui de *débet*. — Le *débet* est le résultat du jugement intervenu à la suite de l'examen du compte qui constitue le comptable débiteur envers l'établissement. — Il y a *déficit* quand le comptable ne représente pas en espèces, en valeurs ou en pièces de dépense régulières, la totalité des recettes qu'il a effectuées. Ni le chef de l'Etat, ni la commission administrative ne peuvent faire remise aux comptables hospitaliers des débets à leur charge.

109. Le maniement des fonds des hospices par des personnes autres que le receveur constitue une *comptabilité occulte*. L'autorité compétente pour juger les comptes doit, dès que des faits de comptabilité occulte lui sont signalés, déclarer leur auteur comptable de deniers publics et fixer le délai dans lequel il produira un compte en due forme. La compétence du conseil de préfecture ou de la Cour des comptes, pour le jugement des comptables occultes, est déterminée par le chiffre de la comptabilité ordinaire de l'établissement (V. *suprà*, n° 103).

110. Les établissements eux-mêmes sont civilement responsables des dommages résultant soit de fautes commises par leurs agents, dans l'exercice de leurs fonctions (Civ. 1384), soit de l'imprévoyance de leurs règlements. — L'appréciation des responsabilités encourues est de la compétence de l'autorité judiciaire; mais l'interprétation du règlement de l'hospice, si elle est nécessaire, est de la compétence de l'autorité administrative.

Art. 10. — Contentieux.

§ 1er. — *Actions en justice* (R. 408 et s.; S. 256 et s.).

111. Les actions judiciaires qui intéressent les hospices doivent être l'objet d'une délibération de la commission administrative (L. 7 août 1851, art. 9). En outre, le conseil municipal doit être préalablement consulté sur toutes les actions judiciaires, autres que les actions possessoires, que l'on se propose d'exercer au nom des hospices. L'autorisation du conseil de préfecture n'est plus exigée aujourd'hui qu'en cas de désaccord entre le conseil municipal et l'établissement (V. *suprà*, *Etablissements publics et d'utilité publique*, n° 4).

112. Les établissements hospitaliers sont représentés, en justice, non par le receveur, mais par le maire, président de la commission administrative. — Les demandes sont dispensées du préliminaire de conciliation (Pr. 49). Elles doivent être communiquées au ministère public (Pr. 83), qui, d'ailleurs, n'a pas qualité pour former une demande dans l'intérêt d'un établissement hospitalier.

113. Sur les pouvoirs de la commission administrative, et les autorisations qui peuvent être nécessaires pour juger la commission puisse acquiescer, V. *suprà*, *Acquiescement*, n° 8; ... ou se désister, V. *suprà*, *Commune*, n° 454.

§ 2. — *Compétence* (R. 450 et s.; S. 278 et s.).

114. Le principe qui détermine la compétence du pouvoir administratif et du pouvoir judiciaire, dans les contestations intéressant les hospices, c'est que l'autorité administrative est seule compétente toutes les fois qu'il s'agit d'interpréter un acte émané d'elle. Il appartient, au contraire, aux tribunaux civils de statuer sur toutes les questions de propriété et de contrats qui ne peuvent être résolues que par les principes du droit civil et ne prennent pas leur origine dans des actes administratifs dont l'interprétation donnerait lieu à un litige (V. *suprà*, *Compétence administrative*, n°s 2 et s., 28 et s.).

115. Les travaux pour construction ou réparation des bâtiments affectés au service public des établissements hospitaliers sont des travaux publics, et les contestations relatives à ces travaux sont de la compétence exclusive des tribunaux administratifs, à moins que les travaux ne soient que l'accessoire de fournitures objet d'un marché. — Au contraire, les travaux concernant le domaine patrimonial des hospices, c'est-à-dire leur domaine productif de revenus, ne sont pas des travaux publics, et les contestations auxquelles ils donnent lieu sont de la compétence des tribunaux de droit commun.

116. D'une manière générale, les tribunaux ordinaires sont seuls compétents pour connaître des demandes en dommages-intérêts contre les hospices, à raison des délits ou quasi-délits imputables aux préposés ou agents dont ils sont responsables. — Il a cependant été jugé que, lorsque les poursuites exercées contre le médecin en chef et les administrateurs d'un hôpital, comme responsables des suites d'une opération mal pratiquée par un interne, font naître la question de savoir si le médecin en chef a pu régulièrement confier à cet interne l'exécution de l'opération, l'autorité administrative doit statuer préjudiciellement sur ce point par interprétation des règlements du service des hôpitaux (Cons. d'Et. 10 mars 1858, D. P. 58. 3. 68).

Art. 11. — Action de l'autorité supérieure administrative sur les hôpitaux et hospices. — Inspecteurs généraux et des finances (R. 466 et s.; S. 289 et s.).

117. L'Etat a, sur tous les établissements publics de bienfaisance, des pouvoirs de tutelle et de contrôle. Son action s'exerce principalement par l'intermédiaire du ministre de l'Intérieur et de ses agents. — Il existe au ministère de l'Intérieur une *direction de l'assistance et de l'hygiène publiques*, composée de quatre bureaux (V. *infrà*, *Secours publics*).

Art. 12. — Des hôpitaux et hospices de Paris (R. 471 et s.; S. 297 et s.).

118. V. *infrà*, *Ville de Paris.*

Art. 13. — Enregistrement et timbre.

119. Les hospices et hôpitaux étant classés parmi les établissements publics lorsqu'ils sont la propriété de l'Etat, d'un département ou d'une commune, et parmi les établissements d'utilité publique lorsqu'ils constituent une institution privée, il y a lieu de se référer, pour l'application des droits d'enregistrement et de timbre auxquels ils sont soumis, aux règles indiquées *suprà*, *Etablissements publics et d'utilité publique*, n°s 19 et s.

120. En ce qui concerne les biens qui leur sont transmis par décès, il convient de faire remarquer, toutefois, que les droits de mutation par décès ne sont pas exigibles lorsque la dévolution a lieu à un autre titre qu'au titre successif. C'est en ce sens qu'il a été décidé : 1° que l'attribution aux hospices, à défaut de réclamation par la famille, des biens laissés à leur décès par les enfants abandonnés qu'ils ont recueillis, ne donne pas lieu à la perception des droits de mutation, cette attribution étant faite à titre d'indemnité (Décis. min. Fin. 23 juin 1858, D. P. 59. 3. 55); 2° que les effets mobiliers provenant des malades soignés gratuitement dans les hospices et attribués par la loi à ces établissements ne sont pas assujettis au droit de mutation par décès (Décr. en Cons. d'Et. 3 nov. 1809; Décis. min. Fin. 11 avr. 1883, D. P. 84. 3. 32).

HUISSIER

(R. v° *Huissier*; S. eod. v°).

1. Les *huissiers* sont les officiers ministériels chargés par la loi des significations judiciaires ou extrajudiciaires, de l'exécution forcée des actes publics et du service intérieur des tribunaux. — Le texte fondamental en cette matière est le décret du 14 juin 1813 (R. p. 157), qui a réglé d'une manière générale l'organisation et le service des huissiers.

§ 1er. — *Nomination; incompatibilités* (R. 14 et s.; S. 2 et s.).

2. Les huissiers sont nommés par le chef de l'Etat, sur la proposition du ministre de la Justice. — Tout candidat doit remplir les conditions suivantes : 1° être Français ou naturalisé Français; 2° être âgé de vingt-cinq ans accomplis; 3° avoir satisfait aux lois du recrutement; 4° avoir travaillé pendant deux ans, soit dans l'étude d'un notaire ou d'un avoué, soit chez un huissier; ou pendant trois ans au greffe d'une cour d'appel ou d'un tribunal de première instance; 5° avoir obtenu de la chambre de discipline un certificat de moralité, de bonne conduite et de capacité. Un recours contre la décision de la chambre, qui accorde ou refuse ledit certificat, peut être formé devant le tribunal de première instance, savoir : dans le premier cas, par le procureur de la République; dans le second, par la partie intéressée; 6° produire en original ou en expédition le traité passé entre le candidat et l'huissier démissionnaire; 7° produire la démission de l'huissier, lorsque c'est lui-même qui présente son successeur, ou, s'il est décédé, son acte de décès; en cas de destitution du titulaire qu'il s'agit de remplacer, le candidat doit être produire par le tribunal; 8° produire une expédition de la délibération du tribunal constatant l'admission du candidat.

3. L'huissier nommé doit, avant d'entrer en fonctions, verser un cautionnement (V. *suprà*, *Cautionnement de fonctionnaires*), et prêter serment de se conformer aux lois et règlements concernant son ministère et de remplir ses fonctions avec exactitude et probité (Décr. 1813, art. 7).

4. Les fonctions d'huissier sont *incompatibles* avec *toutes* les fonctions publiques salariées; avec les fonctions de notaire, de greffier, d'avocat ou d'avoué près une cour ou un tribunal, d'agréé près d'un tribunal de commerce, de commissaire de police, mais non avec les fonctions de maire ou d'adjoint.

5. Le titre d'*huissier honoraire* peut être conféré par décret, sur la proposition de la chambre de discipline, aux huissiers qui ont exercé leurs fonctions pendant vingt années consécutives (Décr. 15 mai 1904, art. 1er).

§ 2. — *Caractère et attributions* (R. 20 et s.; S. 7 et s.).

6. Les huissiers sont fonctionnaires publics. — Pour les conséquences qui résultent de cette qualité, V. *suprà*, *Fonctionnaire public*, n°s 5 et s.

7. Les attributions des huissiers consistent, d'une manière générale, à faire tous les significations extrajudiciaires, toutes significations nécessaires pour l'instruction des procès, ainsi que tous actes et exploits requis pour l'exécution des ordonnances de justice, jugements et arrêts, tels que les commandements, les saisies. C'est aux huissiers qu'il appartient de notifier les contraintes en matière d'enregistrement (V. *suprà*, *Enregistrement*, n° 163).

8. Le droit de signifier les actes n'est pas dans tous les cas exclusivement réservé aux huissiers. Ainsi : 1° les notaires peuvent faire concurremment avec eux les protêts; 2° les gardes forestiers ont le droit de faire toutes citations et significations d'exploits en matière de délits forestiers (For. 173; V. *suprà*, *Forêts*, n° 70); — 3° les assignations aux contrevenants, en matière de contributions indirectes, peuvent être signifiées par les employés de la Régie (Décr. 1er germ. an 13, art. 28; L. 15 juin 1835); — 4° les préposés des douanes ont qualité pour faire tous exploits et autres actes de justice (ce qui ne comprend pas les actes d'exécution) dans les affaires de leur administration (L. 6 août 1791, tit. 13, art. 19); — 5° en matière d'expropriation pour cause d'utilité publique, les agents de l'administration peuvent faire, à la requête du préfet, toutes les significations et notifications nécessaires (V. *supra*, *Expropriation pour cause d'utilité publique*, n° 179); — 6° les gardes du génie assermentés ont le droit de notifier les citations et les arrêtés des conseils de préfecture, en matière de contraventions dans la zone des servitudes militaires (Cons. d'Et. 19 janv. 1882; V. *infra*, *Place de guerre*); — 7° les témoins appelés à la requête du ministère public devant les conseils de guerre sont cités par le ministère des agents de la force publique (L. 4 juin 1857, art. 102; V. *infra*, *Justice militaire*); — 8° en matière de contrainte par corps, le ministère des huissiers n'est pas indispensable, lorsqu'il s'agit de l'exécution des condamnations qui sont prononcées au profit de l'Etat, cas auquel toutes les poursuites peuvent être faites par les porteurs de contraintes (V. *supra*, *Contrainte par corps*, n° 15); — 9° la signification par huissier des requêtes introductives d'instance, en matière contentieuse, devant les conseils de préfecture, n'est que facultative (L. 22 juill. 1889, art. 1, 4); — 10° en matière disciplinaire, la citation, dans certains cas, est donnée non par exploit d'huissier, mais par simple lettre (V. notamment, Décr. 1813, art. 81, 82); — 11° la signification des décisions administratives en matière contentieuse peut être faite soit par huissier, soit par voie de notification administrative.

9. Les huissiers peuvent être chargés par le ministère public d'exécuter les mandats d'amener, de dépôt; d'arrêter le prévenu, accusé ou condamné, en vertu d'un mandat d'arrêt, d'ordonnance de prise de corps, d'arrêt ou jugement; d'extraire les prisonniers, les conduire devant le juge et de dresser les procès-verbaux de perquisition dans le cas de l'art. 109 c. instr. cr.; de publier à son de trompe ou de caisse et d'afficher les ordonnances qui doivent être publiées contre les contumax (V. *supra*, *Contumace*, n° 4); ... de dresser les procès-verbaux d'écrou et d'assister à l'inscription de l'écrou, lorsque le prévenu se trouve incarcéré (Décr. 18 juin 1811, art. 71). — Ils peuvent signifier, à la requête du ministère public, tous actes et jugements *sur minute* (Décr. 18 juin 1811, art. 70). — Il en est de même en toute matière, en cas d'urgence, lorsque le tribunal l'a ainsi ordonné; mais, en général, ils ne peuvent faire leurs significations que sur des grosses ou expéditions régulières. — Les huissiers ont aussi le droit de requérir la force publique, qui doit leur prêter main-forte toutes les fois qu'ils demandent son assistance (Décr. 18 juin 1811, art. 77).

10. En matière civile, les huissiers ne peuvent instrumenter que dans l'étendue du ressort du tribunal de première instance de leur résidence (Décr. 14 juin 1813, art. 24), c'est-à-dire dans les limites de l'arrondissement où il est établi. — En matière criminelle, correctionnelle ou de simple police, les huissiers ne peuvent instrumenter hors du canton de leur résidence sans un ordre exprès du parquet ou du juge d'instruction; ils peuvent, en vertu d'un ordre du procureur général, se transporter dans tout le ressort de la cour d'appel (Décr. 18 juin 1811, art. 84; 14 juin 1813, art. 29 et 33).

11. Les huissiers impriment à leurs actes le caractère authentique (V. *supra*, *Exploit*, n° 11). — Dans certains cas exceptionnels,

ils ne peuvent procéder qu'avec l'assistance de témoins; il en est ainsi, notamment : 1° en cas de saisie mobilière (Pr. 585); 2° lorsqu'ils procèdent à une vente publique d'objets mobiliers (L. 22 pluv. an 7, art. 5; V. *infra*, *Saisie-exécution*, *Vente publique de meubles*).

12. Sur le droit qui appartient aux huissiers, concurremment avec d'autres officiers ministériels, de procéder aux ventes publiques de meubles, V. *infra*, *Vente publique de meubles*.

§ 3. — *Devoirs et obligations des huissiers* (R. 56 et s., 81 et s.; S. 23 et s., 36 et s.).

13. L'huissier doit faire par lui-même les significations dont il est chargé, sinon il est passible des condamnations prononcées par l'art. 45 du décret de 1813 (V. *supra*, *Exploit*, n° 6). Si même il résulte de l'instruction que l'huissier a agi frauduleusement, il doit être poursuivi criminellement et puni des peines portées par l'art. 146 c. pén. (Décr. 14 juin 1813, art. 45). — L'huissier qui omet de remettre copie de l'exploit qu'il a été chargé de signifier est, comme celui qui fait remettre ladite copie par un tiers, passible des peines portées par l'art. 45 du décret du 14 juin 1813.

14. L'huissier a le droit, et même le devoir, de s'introduire au domicile des parties auprès desquelles il est envoyé, surtout lorsqu'il s'agit d'exploits de nature à provoquer une réponse. Par suite, quand l'entrée de ce domicile ne lui est pas refusée, il peut y rester, malgré la résistance de la personne à qui les actes doivent être signifiés, pendant le temps nécessaire pour dresser son procès-verbal.

15. Les formalités auxquelles sont assujettis les exploits sont exposées *supra*, *Exploit*, n°s 4 et s., 13 et s.

16. Sur les formes à observer par l'huissier, pour assurer le *secret des actes* par lui signifiés, lorsque la copie est remise à toute autre personne que celle-même ou le procureur de la République (L. 15 févr. 1899, art. 1er; Décr. 13 nov. 1899; Décr. 25 juill. 1903), V. *supra*, *Exploit*, n°s 50 et s.

17. Les huissiers ne peuvent devenir cessionnaires des procès, droits et actions litigieux de la compétence du tribunal dans le ressort duquel ils exercent leurs fonctions (Civ. 1597). — Pour les *ventes de meubles*, ils sont astreints à certaines formalités et ne peuvent se rendre *adjudicataires* sous certaines peines, qui, en cas de récidive, vont jusqu'à la suspension (V. *infra*, *Vente publique de meubles*). — En cas de *détournement du prix* des ventes par eux effectuées, ils tombent sous le coup des art. 169 et s. c. pén. (V. *supra*, *Forfaiture*, n°s 12 et s.).

18. Sur les devoirs des huissiers qui procèdent à des saisies mobilières, V. *infra*, *Saisie-exécution*; ... à des saisies-arrêts, V. *infra*, *Saisie-arrêt*; ... à des offres réelles, V. *infra*, *Obligations*.

19. Les huissiers sont tenus de prêter leur ministère toutes les fois qu'ils en sont requis, et sans acception de personnes. En cas de refus, ils peuvent être destitués, sans préjudice de tous dommages-intérêts (Décr. 18 juin 1811, art. 85; Décr. 14 juin 1813, art. 42). Un huissier ne peut même refuser de faire un acte, sous prétexte qu'il serait irrégulier et nul; tout ce qu'il peut exiger, en ce cas, c'est une réquisition spéciale qui mette à couvert sa responsabilité. Il n'en serait autrement que si l'acte violait la loi d'une façon flagrante, comme, par exemple, si on demandait à l'huissier de pratiquer une saisie-arrêt sans aucun titre. — Cependant, on admet, en général, qu'un huissier peut se refuser à signifier les actes et exploits de son ministère, autres que l'exploit d'ajournement en matière civile, qui lui sont remis tout rédigés sur timbre par la partie, son mandataire ou son avoué, alors même qu'on

offrirait de lui payer intégralement les émoluments alloués par le tarif.

20. Un huissier ne peut instrumenter pour lui-même, à peine de nullité. — Mais il peut instrumenter soit pour la communauté d'huissiers dont il fait partie, soit pour une société anonyme ou en commandite dont il est membre.

21. En règle générale, un huissier ne peut non plus, à peine de nullité, instrumenter pour ses parents et alliés et ceux de sa femme, en ligne directe, ni pour ses parents et allié collatéraux jusqu'au degré de cousin issu de germain inclusivement (Pr. 66), ni pour ses parents et alliés *naturels* dont il est susceptible d'hériter (Pr. 4). — Toutefois, lorsqu'il s'agit d'affaires de la compétence des juges de paix, il est seulement défendu aux huissiers d'instrumenter pour leurs parents et alliés en ligne directe, pour ses parents et alliés au même degré (Pr. 4). — Il n'est pas interdit à l'huissier d'instrumenter *contre* ses parents ou alliés.

22. Les huissiers ne peuvent, sous peine de désaveu, faire aucun acte au nom d'une partie, sans un pouvoir tacite ou exprès (V. *supra*, *Désaveu*, n°s 2 et s.). — La remise de l'acte ou du jugement leur vaut pouvoir d'instrumenter, en conséquence de cet acte, et pour toutes exécutions autres que la saisie immobilière, pour laquelle ils ont besoin d'un pouvoir spécial (Pr. 556; V. *infra*, *Vente judiciaire d'immeubles*). — L'huissier porteur du titre d'une créance a qualité pour en recevoir le payement.

23. Les huissiers ne peuvent faire aucune signification ni exécution, depuis le 1er octobre jusqu'au 31 mars, avant six heures du matin et après six heures du soir, et, depuis le 1er avril jusqu'au 30 septembre, avant quatre heures du matin et après neuf heures du soir, non plus que les jours de fête légale, si ce n'est en vertu de permission du juge, dans le cas où il y aurait péril en la demeure (Pr. 1037; V. *supra*, *Exploit*, n° 36).

24. Les huissiers sont tenus de se renfermer dans les bornes de leur ministère. — Sur la sanction de cette règle (Pr. 132), V. *supra*, *Frais et dépens*, n° 11.

25. En principe, il est interdit aux huissiers de faire l'encaissement des effets de commerce portant la mention « retour sans frais », et qui, par conséquent, ne doivent pas être protestés à défaut de payement (Req. 12 févr. 1878, D. P. 78. 1. 417). Toutefois, cet encaissement est toléré par la chancellerie dans les localités autres que les villes chefs-lieux de département ou d'arrondissement, ou qui sont le siège d'un tribunal de commerce (Circ. 20 juin 1882).

26. Il est interdit aux huissiers d'assister comme conseils ou de représenter comme mandataires les parties devant les tribunaux de paix, à peine d'une amende de 25 à 50 francs (L. 25 mai 1838, art. 18), ... à moins qu'ils ne soient parents ou alliés en ligne directe, ou tuteurs desdites parties (Pr. 86). — Cette interdiction s'applique même au préliminaire de conciliation. Elle ne s'étend pas aux clercs d'huissiers (Civ. c. 30 juin 1903, D. P. 1903. 1. 478). — Il est défendu aux huissiers, sous peine d'être remplacés, de tenir auberge, cabaret, café, tabagie ou billard, même sous le nom de leurs femmes, à moins qu'ils n'y soient spécialement autorisés (Décr. 14 juin 1813, art. 41).

§ 4. — *Emoluments des huissiers* (R. 42 et s.; S. 16 et s.).

28. Les huissiers ne peuvent exiger de plus forts droits que ceux qui leur sont alloués par le tarif, sous peine de restitution et d'interdiction (Décr. 16 févr. 1807, tarif, art. 66), et même de destitution et d'une amende de 500 à 6000 francs, en matière criminelle (Décr. 18 juin 1811, art. 64, 86). — Sur la quotité des droits dus aux huissiers pour leurs actes, V. *suprà, Frais et dépens*, n°s 35, 122.

29. La loi n'accorde aux huissiers, en cas de *transport*, qu'une journée au plus pour tous frais de déplacement (Décr. 1807, art. 23, § 1er, et 66). Et il n'est jamais alloué qu'un seul droit de transport pour la totalité des actes que l'huissier fait dans une même course et dans le même lieu : ce droit est partagé en autant de portions égales entre elles qu'il y a d'originaux d'actes; et à chacun de ces actes, l'huissier applique l'une desdites portions, le tout à peine de rejet de la taxe ou de restitution envers la partie, et d'une amende qui ne peut excéder 100 francs, ni être moindre de 20 francs. En outre, tout huissier qui charge un huissier d'une autre résidence d'instrumenter pour lui, à l'effet de se procurer un droit de transport qui ne lui aurait pas été alloué s'il eût instrumenté lui-même, est puni d'une amende de 100 francs. L'huissier qui a prêté sa signature est puni de la même amende. En cas de récidive, l'amende est double et l'huissier est destitué. Dans tous les cas, le droit de transport indûment alloué ou perçu est rejeté de la taxe ou restitué (Décr. 14 juin 1813, art. 35, 36).

30. Bien que la loi punisse d'une autre frauduleux des huissiers qui a pour objet d'augmenter les frais de transport, la partie n'en demeure pas moins entièrement libre dans son choix, et on ne peut lui faire grief de ce qu'elle n'a pas donné sa confiance à celui des huissiers de l'arrondissement dont la résidence offrait le plus d'économie. Ainsi, l'huissier établi au chef-lieu d'arrondissement peut faire des significations d'actes dans tout canton de cet arrondissement, même dans ceux où résident d'autres huissiers. Le droit de transport lui est dû en entier, et il est passé en taxe à la partie qui a eu recours au ministère de cet huissier.

31. Les huissiers n'ont pas le droit d'ajouter au coût des actes qu'ils signifient une somme de 10 centimes pour remboursement du timbre du répertoire sur lequel ils doivent inscrire ces actes.

32. Sur la question de savoir à qui, des huissiers ou des avoués, appartient le droit de copies de pièces, V. *suprà, Frais et dépens*, n° 35.

33. Sur le tribunal compétent pour connaître de l'action en payement des frais d'un huissier, V. *suprà, Frais et dépens*, n° 71. — Sur la prescription applicable à cette action, V. *infrà, Prescription civile.* — Sur la taxe des frais des huissiers et sur la procédure à suivre pour le recouvrement de ces frais (L. 24 déc. 1897, art. 3 et s.), V. *suprà, Frais et dépens*, n°s 62 et s.

34. Les huissiers ont droit de *retenir* les actes qu'ils ont faits, jusqu'à ce qu'ils soient payés ; mais ils ne peuvent retenir les titres que jusqu'au payement de leurs déboursés.

35. Il est interdit aux huissiers de consentir aux parties des rabais sur les tarifs de leurs frais. La convention passée à cet égard entre un huissier et un avoué serait nulle. Serait nulle, de même, l'association conclue entre deux titulaires pour l'exploitation en commun de leurs offices.

36. Dans l'exercice de leurs fonctions, les huissiers sont des mandataires. Ils peuvent donc exercer toutes les actions qui dérivent en leur faveur du mandat. Par suite, ils peuvent obliger leurs mandants à leur rembourser les frais et avances qu'ils ont faits pour l'exécution du mandat (Civ. 1999), et les indemniser des pertes qu'ils ont subies à l'occasion de leur gestion, sans imprudence qui leur soit imputable (Civ. 2000).

§ 5. — *Résidence des huissiers* (R. 94 et s.; S. 43 et s.).

37. Il appartient aux tribunaux de première instance de fixer la résidence des huissiers de leur ressort. Ceux-ci sont tenus de la garder, sous peine d'être remplacés (Décr. 14 juin 1813, art. 16). Cette résidence doit, autant que possible, être fixée au chef-lieu de canton, ou dans l'une des communes qui en sont le plus rapprochées (même décret, art. 17 et 18). — Les tribunaux de première instance ont aussi le droit de changer la résidence des huissiers de leur ressort, toutes les fois que les besoins du service et l'intérêt des justiciables l'exigent. Leurs décisions à cet égard sont souveraines et ne sont susceptibles d'aucun recours.

§ 6. — *Responsabilité des huissiers.*

38. Sur la responsabilité que peuvent encourir les huissiers, V. *infrà, Responsabilité.*

§ 7. — *Chambre de discipline. — Peines disciplinaires* (R. 117 et s.; S. 56 et s.).

39. Il y a *communauté* entre tous les huissiers en fonctions dans le ressort de chaque tribunal de première instance (Décr. 14 juin 1813, art. 49). — Chaque communauté a une chambre de discipline présidée par un *syndic* (art. 52). — Le nombre des membres de la chambre de discipline varie suivant le nombre des huissiers exerçant dans l'arrondissement. — Dans chaque chambre il y a, outre le syndic, un *rapporteur*, un *trésorier* et un *secrétaire* (art. 54).

40. Les membres de la chambre de discipline sont élus par l'assemblée générale des huissiers, au scrutin secret et à la majorité absolue. Ils sont nommés, sans désignation de fonctions, par bulletin de liste contenant un nombre de noms qui ne peut excéder celui des membres à nommer (Décr. 1813, art. 60). — La chambre de discipline est renouvelée tous les ans par tiers, ou, si le nombre n'est pas susceptible de cette division, par portions les plus approchantes du tiers (Décr. 1813, art. 62).

41. La chambre tient ses séances au chef-lieu d'arrondissement : elle s'assemble au moins une fois par mois. Le syndic la convoque extraordinairement quand il le juge convenable, ou sur la demande motivée de deux autres membres. Il est tenu de la convoquer toutes les fois qu'il en reçoit l'ordre du président du tribunal de première instance ou du procureur de la République (Décr. 1813, art. 67 et s.).

42. La chambre de discipline est chargée : 1° de veiller au maintien de l'ordre et de la discipline parmi les huissiers de l'arrondissement et à l'exécution des lois et règlements qui concernent les huissiers ; 2° de prévenir ou concilier tous différends qui s'élèvent entre les huissiers relativement à leurs droits, fonctions et devoirs, et, en cas de non conciliation, de donner son avis sur ces différends ; 3° de s'expliquer, par forme d'avis, sur les plaintes ou réclamations de tiers contre des huissiers à raison de leurs fonctions, et sur les réparations civiles qui pourraient résulter de ces plaintes ou réclamations ; 4° de donner son avis sur les difficultés qui s'élèvent au sujet de la taxe de tous frais et dépens réclamés par des huissiers. Lorsque la chambre n'est point assemblée, cet avis peut être donné par un de ses membres, à moins que l'objet de la contestation ne soit d'une importance majeure ; 5° d'appliquer certaines peines disciplinaires et de dénoncer au parquet les faits qui donneraient lieu à des peines excédant sa compétence ; 6° de délivrer, s'il y a lieu, tous certificats de moralité, de bonne conduite et de capacité à ceux qui se présentent pour être nommés huissiers ; 7° de s'expliquer sur la conduite et la moralité des huissiers en exercice, toutes les fois qu'elle en est requise par les cours et tribunaux, ou le ministère public ; 8° de représenter tous les huissiers sous le rapport de leurs droits et

intérêts communs et d'administrer la *bourse commune* (Décr. 1813, art. 70).

43. Le *syndic* a la police de la chambre. Il agit pour elle et en son nom. Il correspond avec le président du tribunal et le ministère public ; sauf, en cas d'empêchement, la délégation au rapporteur (Décr. 1813, art. 76).

44. Le *rapporteur* défère à la chambre, soit d'office, soit sur la provocation des parties ou d'un membre de la chambre, les faits qui peuvent donner lieu à des mesures de discipline contre des membres de la communauté. Il recueille tous renseignements sur ces faits, ainsi que sur les affaires qui doivent entrer à la connaissance de la chambre, et lui en fait son rapport. — Le *trésorier* tient la bourse commune. — Le *secrétaire* rédige les délibérations de la chambre ; il garde les archives et délivre les expéditions (Décr. 1813, art. 77 et s.).

45. Les règles concernant la juridiction de la chambre de discipline sont celles qui sont exposées *suprà, Discipline judiciaire*, n°s 31 et s. — Sur les pouvoirs disciplinaires des tribunaux à l'égard des huissiers, V. *suprà, eod. v°,* n°s 35 et s.

46. Les décisions disciplinaires prises contre les huissiers sont soumises aux règles générales exposées *suprà, Discipline judiciaire*, n° 12 et s. — Sur les voies de recours dont elles sont susceptibles, V. *suprà, eod. v°,* n°s 14 et s., 35, 39.

47. L'action disciplinaire est indépendante de l'action criminelle et n'empêche pas l'application du Code pénal aux faits délictueux commis par les huissiers (V. *suprà, Chose jugée*, n°s 123 et s.).

48. Lorsqu'un huissier est frappé de suspension, la chambre peut déléguer un ou plusieurs membres de la corporation pour exploiter l'étude de l'huissier suspendu ; les produits de l'office appartiennent à ces délégués.

§ 8. — *Bourse commune* (R. 125 et s.; S. 64 et s.).

49. Dans chaque communauté d'huissiers il y a une *bourse commune* destinée à subvenir aux dépenses de la communauté et à distribuer des secours tant aux huissiers en exercice indigents, âgés et hors d'état de travailler, qu'aux huissiers retirés pour cause d'infirmité et de vieillesse, mais non destitués, et aux veuves et orphelins d'huissiers (Ord. 26 juin 1822, art. 1er, R. p. 161). Elle se forme : 1° d'une portion qui ne peut être au-dessous d'un vingtième ni excéder le dixième des émoluments attribués à chaque huissier pour les originaux de tous exploits ou procès-verbaux portés à son répertoire, et fixés soit à la requête des parties, soit à la réquisition et sur la demande du ministère public ; 2° du quart des amendes prononcées contre les huissiers pour délits ou contraventions relatifs à l'exercice de leur ministère (Décr. 14 juin 1813, art. 91 et s.; Ord. 26 juin 1822, art. 2, 11).

50. Les versements sont faits par trimestres entre les mains du trésorier, dans les quinze jours qui suivent le trimestre expiré (Ord. 1822, art. 7). L'huissier produit une copie de son répertoire sur papier libre (art. 8). Le syndic peut faire représenter l'original (Décr. 14 juin 1813, art. 99). — Le refus de payer les droits à la bourse commune et de remettre copie du répertoire est puni d'une amende de 100 francs ; la remise d'une copie du répertoire non conforme à l'original est punie d'une amende de 100 francs pour chaque article omis ou infidèlement transcrit. Ces amendes sont prononcées par le tribunal civil (Décr. 1813, art. 73, 98 et s.).

51. Les quatre cinquièmes des fonds versés à la bourse commune peuvent être employés par la chambre aux besoins de la communauté et aux secours à accorder. Le dernier cinquième et ce qui n'est pas employé sur les autres forment un fonds de réserve placé en rente sur l'État. Les intérêts sont successivement accumulés avec le capital jusqu'à ce que l'intérêt annuel de la réserve suffise à la destination déterminée par l'art. 1er de l'ordonnance du 26 juin 1822 (Ord. 1822, art. 9).

§ 9. — Des huissiers audienciers (R. 138 et s.; S. 66 et s.).

52. Les cours et tribunaux choisissent les huissiers qu'ils jugent les plus dignes de leur confiance, pour le service intérieur de leurs audiences (Décr. 30 mars 1808, art. 5 ; Décr. 14 juin 1813, art. 2). Ce sont les *huissiers audienciers*. — Le nombre en est déterminé par chaque tribunal, selon les besoins du service. — Ils sont renouvelés au mois de novembre de chaque année ; les membres en exercice peuvent être réélus (Décr. 14 juin 1813, art. 1er).

53. Les huissiers audienciers ont seuls le droit et sont tenus de faire, près leurs cours et tribunaux respectifs, le service personnel aux audiences, assemblées, enquêtes, interrogatoires ou autres commissions, ainsi qu'aux parquets (Décr. 30 mars 1808, art. 95 ; Décr. 14 juin 1813, art. 20). Ils sont chargés de maintenir la police des audiences, de faire sortir ceux qui les troublent (Décr. 30 mars 1808, art. 96). — Ils font l'appel des causes dans l'ordre de leur placement au rôle général (Décr. 1808, art. 21).

54. 1° *Huissiers audienciers de la Cour de cassation et du Conseil d'État* (R. 146 et s.; S. 67). — Il y a près la Cour de cassation huit huissiers audienciers, nommés et révocables par elle. Dans la ville où elle siège, c'est-à-dire à Paris, ces huissiers ont seuls, et à l'exclusion de tous autres, le droit : 1° de signifier les arrêts d'admission; 2° de faire des significations d'avocat à avocat. Ces exploits, s'ils étaient faits par des huissiers ordinaires, seraient nuls (Civ. c. 25 mars 1903, D. P. 1903. 1. 484). Ils ont, d'ailleurs, pour tous autres actes, les mêmes droits que les autres huissiers du ressort du tribunal de la Seine.

55. Les huissiers à la Cour de cassation sont en même temps huissiers au Conseil d'État, avec les mêmes attributions.

56. 2° *Huissiers audienciers des cours d'appel et des cours d'assises* (R. 149 et s.; S. 68). — Les huissiers audienciers près les cours d'appel ont le droit d'y faire exclusivement les significations d'avoué à avoué (Décr. 14 juin 1813, art. 26), et de toucher les émoluments fixés pour les appels de cause (Décr. 16 févr. 1807, art. 157 et 158). Ils sont chargés de faire le service des audiences de la cour d'assises, au siège de la cour d'appel. Près des autres cours d'assises, les huissiers audienciers sont désignés par le procureur de la République, de concert avec le président, parmi les huissiers du tribunal (Décr. 6 juill. 1810, art. 116 et s.).

57. Ces huissiers ne peuvent instrumenter que dans l'arrondissement de leur résidence, comme les huissiers ordinaires, et non dans tout le ressort de la cour.

58. 3° *Huissiers audienciers des tribunaux de première instance* (R. 153 et s. ; S. 69 et s.). — Les huissiers audienciers des tribunaux de première instance font exclusivement, près leurs tribunaux, les significations d'avoué à avoué (Décr. 14 juin 1813, art. 26). — Ils ont un droit exclusif aux émoluments alloués pour l'appel des causes, pour la publication du cahier des charges de toute espèce de vente, pour les publications lors de l'adjudication préparatoire et définitive (Décr. 16 févr. 1807, art. 152 à 156).

59. Les tribunaux de première instance sont, en outre, dans l'usage de confier à leurs huissiers audienciers la signification des actes qui doivent être faits par huissiers commis (V. infrà, n° 62). Mais ces huissiers n'ont à cet égard aucun privilège. — En matière criminelle et de police correctionnelle, tous actes signifiés à la requête du ministère public doivent être faits par les huissiers audienciers des tribunaux établis dans les lieux où ils sont signifiés, ou par les huissiers des tribunaux de paix. Il ne peut jamais être alloué de frais de transport, à moins que l'huissier n'ait été formellement autorisé à porter ces actes hors du lieu de sa résidence.

60. 4° *Huissiers audienciers des justices de paix* (R. 159 et s. ; S. 71). — Tous les huissiers d'un même canton ont le droit de donner toutes citations et de faire tous actes devant la justice de paix. Dans les villes où il y a plusieurs justices de paix, les huissiers exploitent concurremment dans le ressort de la juridiction assignée à leur résidence. Tous les huissiers du même canton sont tenus de faire le service des audiences et d'assister le juge de paix toutes les fois qu'ils en sont requis ; les juges de paix choisissent leurs huissiers audienciers (L. 25 mai 1838, art. 16). — Dans toutes les causes, excepté celles qui requièrent célérité et celles dans lesquelles le défendeur est domicilié hors du canton ou des cantons de la même ville, il est interdit aux huissiers de donner aucune citation en justice, sans qu'au préalable le juge de paix ait appelé, sans frais, les parties devant lui (art. 17, modifié par la loi du 2 mai 1855). Sur les formes dans lesquelles a lieu cet appel, V. *suprà*, *Conciliation*, nos 34 et s. — En cas d'infraction à ces prescriptions, le juge de paix peut défendre à l'huissier de citer devant lui, pendant un délai de quinze jours à trois mois, sans appel, et sans préjudice de l'action disciplinaire des tribunaux et des dommages-intérêts des parties, s'il y a lieu (art. 19).

61. Les huissiers audienciers près les justices de paix n'ont pas de privilège spécial pour les actes de cette juridiction. Toutefois, l'appel des causes leur appartient exclusivement. Il en est de même de la signification des jugements par défaut, à moins que le juge de paix n'ait commis un autre huissier (Pr. 20).

§ 10. — Des huissiers commis (R. 165 et s. ; S. 72 et s.).

62. Dans certaines circonstances prévues par la loi, les juges doivent *commettre* un huissier, c'est-à-dire ordonner que tels actes ne pourront être faits que par tel huissier;... par exemple, l'assignation à bref délai, la signification d'un jugement par défaut, quelle que soit la juridiction qui l'ait rendu, les notifications prévues par les art. 2183 et 2185 c. civ., etc.

§ 11. — Enregistrement et timbre.

63. Les actes de prestation de serment des huissiers sont soumis à l'enregistrement. Le droit à percevoir varie suivant que l'huissier est attaché à une justice de paix ou à un tribunal. Dans le premier cas, le droit est de 4 fr. 50 (L. 22 frim. an 7, art. 68, § 3, n° 3, R. v° *Enregistrement*, t. 21, p. 26; 28 févr. 1872, art. 4, D. P. 72. 4. 12); dans le second, il est de 22 fr. 50 (L. 22 frim. an 7, art. 68, § 6, n° 4; 28 févr. 1872, art. 4).

64. Les huissiers sont tenus de faire enregistrer les actes de leur ministère dans le délai de quatre jours, soit au bureau de leur résidence, soit au bureau du lieu où les actes ont été faits, à peine d'une amende de 5 francs en principal et de nullité de l'exploit non enregistré dans le délai (L. 22 frim. an 7, art. 20, 26 et 34; 16 juin 1824, art. 10).

65. En ce qui concerne l'obligation imposée aux huissiers de soumettre à la formalité, avant de les énoncer dans les actes de leur ministère, tous autres actes en vertu desquels ils doivent agir, V. *suprà*, *Enregistrement*, nos 119 et s. — La loi du 22 avr. 1905 (art. 10) a étendu aux huissiers les facilités accordées aux notaires par l'art. 13 de la loi du 16 juin 1824, de faire usage d'actes sous seing privé non enregistrés et non timbrés, à la condition de les annexer à leurs actes et de les soumettre en même temps à la formalité.

66. Quant au taux des droits d'enregistrement à percevoir et aux obligations auxquelles sont soumis les huissiers en matière de timbre, V. *suprà*, *Exploit*, nos 55 et s., 69 et s.

67. Les copies collationnées faites par les huissiers constituent des actes judiciaires et sont, comme telles, soumises au droit fixe de 1 fr. 50 (Sol. admin. Enreg. 30 déc. 1857).

68. Tous les actes de la chambre des huissiers, soit en minute, soit en expédition, à l'exception des certificats et autres pièces délivrées aux candidats ou à des individus quelconques, dans leur intérêt personnel, sont exempts du timbre et de l'enregistrement, comme pièces d'ordre intérieur (Décr. 14 juin 1813, art. 89).

69. Sur les répertoires dont la tenue est imposée aux huissiers par les lois des 22 frim. an 7 et 26 janv. 1892, V. *suprà*, *Enregistrement*, nos 131 et s. — L'huissier qui omet de porter un protêt sur le répertoire spécial dont la tenue lui est imposée par l'art. 176 c. com. (V. *suprà, eod. v°*, n° 134), contrevient, non pas aux lois fiscales de l'an 7 et de 1892, mais aux prescriptions de l'art. 176 précité, qui édicte des pénalités spéciales (destitution, dépens, dommages-intérêts envers les parties). En conséquence, l'infraction doit être signalée par les agents de l'Enregistrement aux magistrats du parquet, qui peuvent seuls faire citer l'huissier contrevenant devant le tribunal (Sol. admin. Enreg. 23 janv. 1877, D. P. 77. 5. 430).

70. Les huissiers sont soumis aux dispositions des art. 52 et 54 de la loi du 22 frim. an 7, qui prescrivent la communication aux préposés de la Régie des actes et répertoires dont ils sont dépositaires (V. *suprà*, *Enregistrement*, n° 142); mais, comme ils ne conservent pas minute des actes qu'ils rédigent, sauf des procès-verbaux de ventes de meubles aux enchères, la vérification des employés de la Régie ne peut s'exercer que sur ces procès-verbaux et sur leurs répertoires.

I

IMPÔTS DIRECTS

(R. v° *Impôts directs*; S. eod. v°).

SECT. Irᵉ. — **Notions générales.**

1. On appelle *impôts directs*, ou *contributions directes*, les impositions foncières ou personnelles, c'est-à-dire assises directement sur les fonds de terre ou sur les personnes, qui se lèvent par les voies du cadastre ou des rôles de cotisation et qui passent immédiatement du contribuable cotisé au percepteur chargé d'en recevoir le produit.

2. Les contributions directes sont : 1° la contribution *foncière*, qui comprend la contribution sur les propriétés non bâties et celle sur les propriétés bâties ; 2° la contribution *personnelle et mobilière*, qui se compose de deux taxes : la taxe personnelle et la taxe mobilière ; 3° la contribution des *portes et fenêtres* ; 4° la contribution des *patentes*. — Au principal de ces taxes viennent s'ajouter de nombreux *centimes additionnels* établis au profit de l'Etat, des départements et des communes.

3. Des *taxes* multiples ont été assimilées, pour l'assiette, le recouvrement et le contentieux, aux contributions directes. Certaines sont perçues au profit de l'Etat, d'autres au profit des communes ou de certains établissements publics. Parmi les taxes perçues au profit de l'Etat, les unes sont établies en représentation d'un autre impôt non acquitté par les assujettis (taxe des biens de mainmorte, redevances minières, taxe militaire). — D'autres constituent des impôts somptuaires et forment le complément de l'impôt personnel et mobilier (taxe sur les billards, les cercles, les chevaux et voitures, les vélocipèdes). — D'autres, enfin, constituent la rémunération d'un service rendu par l'Etat aux particuliers ou le remboursement d'avances faites par l'Etat pour des dépenses qui incombent aux particuliers (droits de vérification des poids et mesures, alcoomètres et densimètres, droits de visite des pharmacies, drogueries et épiceries, des fabriques de margarine, d'inspection des fabriques d'eaux minérales, droits d'épreuve des appareils à vapeur, rétribution des délégués à la sécurité des ouvriers mineurs, des ingénieurs employés par les particuliers, taxes établies pour remboursement des travaux de curage, des travaux exécutés dans les mines ou dans les cours d'eau non navigables). — Pour les taxes établies au profit des communes, de l'Algérie, des colonies, V. *supra*, *Algérie*, n° 26 ; *Colonies*, n° 44 ; *Commune*, n°s 232 et s.

4. Les contributions directes se divisent en impôts de *répartition* et en impôts de *quotité*. Les premiers sont ceux dont le total, fixé d'avance par la loi, est réparti par elle entre les départements, puis réparti par les assemblées locales entre les arrondissements, les communes et les contribuables. Les seconds sont ceux dont la base seule est fixée par le législateur, le produit restant indéterminé. La contribution foncière des propriétés non bâties, la contribution personnelle mobilière et celle des portes et fenêtres sont des impôts de répartition ; les autres contributions et les taxes assimilées sont des impôts de quotité.

SECT. II. — Personnel en matière de contributions directes.

ART. 1er. — PERSONNEL PARTICIPANT A L'ASSIETTE DES IMPOTS DIRECTS

5. L'assiette des contributions directes est le résultat d'une collaboration entre des agents de l'Etat (les agents de l'administration des Contributions directes et le préfet) d'une part, et les représentants des contribuables (conseils généraux, conseils d'arrondissement et commissions de classificateurs et de répartiteurs), d'autre part.

§ 1er. — *Administration des Contributions directes* (R. 360 et s. ; S. 178).

6. L'administration des Contributions directes a été organisée par la loi du 3 frim. an 8 (R. p. 260). Ce service comprend le service central et le service local.

7. I. — Le service central est actuellement organisé par le décret du 1er déc. 1900, sur l'organisation de l'administration centrale du ministère des Finances. A la tête de ce service est un *directeur général*, qui a la surveillance et la direction de toutes les opérations relatives à l'assiette et à la répar-

tition des impôts, l'instruction des réclamations, etc.

8. II. — Le service local est organisé encore aujourd'hui conformément à la loi du 3 frim. an 8. Dans chaque département il y a une *direction des Contributions directes*, composée d'un directeur, d'un inspecteur et d'un certain nombre de contrôleurs. A ces agents il faut ajouter les géomètres du cadastre.

9. Le *directeur* a des attributions multiples. Il lui appartient, notamment, de rédiger les matrices des rôles d'après le travail préliminaire des agents spéciaux, de dresser les projets de répartition des contingents qui doivent être soumis au conseil général et au conseil d'arrondissement. En matière cadastrale, il dirige et surveille toutes les parties du travail, sous l'autorité du préfet. Il donne son avis sur les réclamations de toute nature présentées en matière de contributions directes, soit par les communes, soit par les contribuables ; il statue sur les demandes en décharge ou réduction qui lui paraissent fondées, quand le maire et les répartiteurs ont donné un avis favorable (L. 6 déc. 1897, art. 13, D. P. 98. 4. 17) ; il délivre les ordonnances de dégrèvement et non-valeurs (L. 26 juill. 1893, art. 74, D. P. 94. 4. 53) ; etc.

10. Les *contrôleurs* sont chargés du travail des mutations. Ce sont eux qui recensent la matière imposable. Ils assistent les répartiteurs. Ils rédigent les matrices de chaque commune. Ils sont chargés d'instruire toutes les réclamations dirigées soit contre la cadastre, soit contre les rôles. — Les *inspecteurs* surveillent le travail des contrôleurs et remplacent, au besoin, soit les contrôleurs, soit le directeur. Ils contribuent aux travaux du cadastre.

11. Depuis la loi du 17 mars 1898, qui prévoit et facilite des travaux de réfection du cadastre (V. *infra*, n° 207), un décret du 9 juin 1898 a reconstitué un service du cadastre. Il a été créé au ministère des Finances un service du renouvellement ou de la revision et de la conservation du cadastre.

§ 2. — *Organes représentant les contribuables.* — *Préfet* (R. 151 et s. ; S. 68 et s.).

12. Les conseils généraux et d'arrondissement opèrent la répartition des contingents entre les arrondissements et les communes, et statuent sur les réclamations des conseils municipaux et d'arrondissement. La commission départementale est chargée d'approuver le tarif des évaluations cadastrales (L. 10 août 1871, D. P. 71. 4. 102).

13. La répartition dans l'intérieur de la commune est opérée par une *commission de répartiteurs*. Cette commission se compose du maire et d'un adjoint, et de cinq membres nommés par le sous-préfet sur une liste double présentée par le conseil municipal et choisie parmi les propriétaires imposés à la contribution foncière, dont deux sur cinq doivent être pris parmi ceux qui ne résident pas habituellement dans la commune. Elle est constituée pour un an. — Les fonctions de répartiteur sont obligatoires et ne peuvent être refusées que pour des motifs prévus par la loi (L. 3 frim. an 8 ; Arr. 19 flor. an 8, R. v° *Organisation administrative*, p. 606 ; L. 5 avr. 1884, art. 61, D. P. 84. 4. 25). A Paris, ces fonctions sont exercées par des agents permanents nommés par le préfet à la suite d'un examen ; ils forment une commission (dite des Contributions directes), qui évalue les éléments imposables et donne son avis sur toutes les réclamations (L. 23 frim. an 3, R. v° *Ville de Paris*, p. 144 ; Arr. Cons. 5 mess. an 8 ; L. 24 juin 1880, D. P. 81. 4. 62).

14. Le *préfet* dirige tous les travaux du

cadastre. Il rend exécutoires tous les rôles de contributions directes et de taxes assimilées. Il statue sur les demandes en remise ou en modération et, sur les états de cotes irrecouvrables présentés par les percepteurs. Il nomme certains percepteurs des Contributions directes.

15. Les *maires* sont chargés de faire publier dans chaque commune les rôles rendus exécutoires par le préfet (L. 4 mess. an 7, art. 5, R. p. 259 ; L. 10 juill. 1901, art. 17, § 1er, D. P. 1901. 4. 57).

ART. 2. — SERVICE DU RECOUVREMENT (R. 371 et s. ; S. 179 et s.).

16. Le service du recouvrement est confié à l'administration du Trésor. — Les principaux agents du recouvrement des contributions directes sont les *percepteurs*. Ils ont été créés par la loi du 5 vent. an 12, art. 9 (R. p. 264). Ils sont répartis sur le territoire. La circonscription de chaque percepteur est fixée par le ministre des Finances sur le rapport du directeur général des Contributions directes (Arr. min. 9 janv. 1841). — Un décret du 24 mars 1896 a supprimé les perceptions dans les villes chefs-lieux d'arrondissement comptant moins de 20000 habitants, et dévolu, dans ces villes, les fonctions de percepteur au receveur municipal. Les perceptions sont divisées, d'après leur produit, en quatre classes.

17. En principe, nul ne peut être nommé percepteur s'il n'a été deux ans percepteur surnuméraire. Les surnuméraires sont recrutés par voie de concours. Certaines catégories de personnes sont dispensées du surnumérariat (Décr. 13 mars 1900, art. 7, D. P. 1900. 4. 48). — Les percepteurs sont assujettis à l'obligation de verser un cautionnement dont les bases sont fixées par la loi du 27 févr. 1884 (D. P. 84. 4. 95).

18. La fonction essentielle des percepteurs est d'effectuer et de poursuivre le recouvrement de toutes contributions directes et taxes y assimilées. Ils sont, en outre, receveurs de droit des communes et des établissements communaux de bienfaisance ayant moins de 60000 francs de revenus ordinaires (L. 25 févr. 1901, art. 50, D. P. 1901. 4. 33). Ils peuvent aussi être chargés de recouvrer les recettes et de payer les dépenses des établissements publics, notamment des associations syndicales (Décr. 9 mars 1894, art. 59, D. P. 95. 4. 63).

19. Les percepteurs prennent en charge le montant des rôles qui leur sont envoyés par les receveurs particuliers. Par cette prise en charge, ils s'obligent à recouvrer le montant intégral des sommes portées sur le rôle et à en effectuer le versement dans les caisses du Trésor avant la fin de la troisième année. A cette époque, ils soldent de leurs propres deniers le montant des cotes ou portions de cotes et de frais de poursuite restant à recouvrer. Par ce versement, ils sont subrogés à tous les droits et privilèges que le Trésor avait sur les biens des contribuables et deviennent créanciers personnels des contribuables en retard ; ils exercent contre eux les moyens ordinaires de poursuites. Si le percepteur reste trois ans sans exercer de poursuites contre les contribuables, ceux-ci sont libérés et peuvent opposer la prescription au percepteur (L. 3 frim. an 7, art. 149).

20. Les percepteurs sont déchargés de leur responsabilité : 1° par les versements qu'ils effectuent dans les caisses du Trésor ; 2° par les ordonnances de dégrèvement qui sont délivrées après des décisions contentieuses qui ont admis les réclamations de certains contribuables ; 3° par les arrêtés du préfet ou du ministre accordant des remises ou modérations ; 4° par les arrêtés des conseils de préfecture, des préfets ou des ministres statuant sur les états de cotes indûment imposées et sur les états de cotes irre-couvrables présentés par les percepteurs (L. 3 juill. 1846, art. 6, D. P. 46. 3. 114; 22 juin 1854. D. P. 54. 4. 116). Enfin 5e, comme tous les comptables, ils peuvent, en cas de vol ou en cas de force majeure, tel qu'un incendie, obtenir décharge de leur responsabilité (V. *infrà, Trésor public*).

21. Les *receveurs particuliers des Finances* sont recrutés, moitié parmi les percepteurs ayant cinq années au moins d'exercice, moitié parmi les fonctionnaires comptant au moins cinq années de services civils ou militaires. — Ils versent un cautionnement, conformément aux dispositions de la loi du 31 juill. 1867, art. 28 (D. P. 67. 4. 146), et des décrets des 16 sept. 1867 (D. P. 68. 4. 18) et 22 juill. 1891 (D. P. 92. 4. 29).

22. Les receveurs particuliers surveillent la gestion des percepteurs pour tous les services dont ceux-ci sont chargés. Ils en sont responsables. — Lorsque les contribuables sont en retard de payer, c'est par le receveur qu'est décernée la contrainte qui, rendue exécutoire par le préfet ou le sous-préfet, permettra au percepteur d'engager les poursuites contre les redevables du Trésor. Si un déficit se révèle dans la caisse d'un percepteur, le receveur est tenu d'en solder immédiatement le montant avec ses fonds personnels; il est alors subrogé aux droits du Trésor sur les biens du percepteur. Il peut, d'ailleurs, si le déficit provient d'un cas de force majeure ou de circonstances indépendantes de sa surveillance, obtenir du ministre décharge de sa responsabilité; le ministre statue, après avis de la section des Finances du Conseil d'Etat, et sauf recours contentieux au Conseil d'État (Décr. 31 mai 1862, art. 338, D. P. 62. 4. 83). — Les receveurs particuliers qui ont pris en charge le montant des rôles de leur arrondissement ont jusqu'au 30 novembre de l'année qui suit pour en effectuer le versement au Trésor. À cette date, ils versent de leurs deniers personnels ce qui n'est pas encore recouvré et sont subrogés aux droits de l'Etat, tant sur les percepteurs que sur les contribuables (Décr. 31 mai 1862, art. 324).

23. Il existe, dans chaque département, un *trésorier-payeur général*. Les deux tiers des vacances dans les emplois de trésorier-payeur général sont réservés aux receveurs particuliers et aux autres candidats appartenant ou ayant appartenu à un service ressortissant au ministère des Finances. Le reste est abandonné au choix du Gouvernement (Décr. 22 juill. 1882). — Sur le cautionnement des trésoriers-payeurs généraux, V. L. 31 juill. 1867, art. 28; 28 avr. 1893, art. 55, D. P. 93. 4. 79; Décr. 20 juin 1893, D. P. 94. 4. 80.

24. Les trésoriers-payeurs généraux prennent en charge le montant des rôles de leur département. Ils dirigent et centralisent la perception. Avant la mise en recouvrement des rôles, ils vérifient les calculs et la légalité des taxes. Ils sont tenus de vérifier la caisse et les livres du receveur particulier. Au point de vue de la rentrée de l'impôt, leur responsabilité est la même que celle des receveurs particuliers. Ils sont responsables de la gestion, tant des receveurs que des percepteurs.

25. Les poursuites en matière de contributions directes sont exercées par des agents spéciaux, les *porteurs de contraintes*. Ces agents sont à la disposition du receveur particulier des Finances dans chaque arrondissement et ne peuvent être employés que par les percepteurs que d'après leur ordre. Ils doivent être toujours porteurs de leur commission.

26. Les sommations, commandements, saisies et ventes que comportent les poursuites se font par ministère d'huissier. Tou-

tefois, en ce qui touche les ventes, dans les localités où existent des commissaires-priseurs, ce sont ces officiers ministériels qui doivent les effectuer. Quant aux sommations et aux commandements, les lois du 13 avr. 1898, art. 53 (D. P. 98. 4. 98) et du 25 févr. 1901, art. 49 (D. P. 1901. 4. 33) ont autorisé l'administration des Finances à les faire remettre par les facteurs des postes. Un décret du 24 avr. 1902 a déterminé les formes suivant lesquelles ces notifications doivent être faites. D'autre part, un décret du 25 avr. 1902 a modifié le tarif des huissiers et des frais de garde en matière de contributions directes.

SECT. III. — Répartition et assiette des Contributions directes (R. 10 et s., 151 et s., 172 et s., 245 et s., 256 et s., 338 et 339; S. 18 et s., 68 et s., 80 et s., 128 et s., 133 et s., 172 et s.).

ART. 1er. — CONFECTION DES MATRICES DES RÔLES ET TRAVAIL DES MUTATIONS.

27. L'assiette des contributions directes comprend, pour toutes ces contributions, les opérations de recensement de la matière imposable, l'établissement des matrices des rôles et leur tenue au courant au moyen du travail des mutations, l'établissement des rôles annuels. Il faut y ajouter, pour les impôts de répartition, la détermination des contingents par les répartements et sous-répartements.

28. Les matrices des rôles sont des volumes dans lesquels sont réunis, par commune, tous les renseignements dont l'Administration a besoin pour asseoir l'impôt, assigner à chaque contribuable sa part dans les rôles. Une fois établies, elles doivent être constamment tenues au courant des modifications qui se produisent dans la matière imposable. Cette opération porte le nom de *travail des mutations*. Il est régi par des instructions ministérielles du 6 avr. 1881 pour la contribution des patentes, et du 2 mars 1886 pour toutes les autres contributions.

29. Si, à propos du travail des mutations, des contestations viennent à s'élever entre les contrôleurs d'une part, et les maires ou répartiteurs d'autre part, il est statué sur ces différends par le préfet, sauf recours au ministre des Finances.

ART. 2. — RÈGLES SPÉCIALES AUX IMPÔTS DE RÉPARTITION.

30. Aussitôt que les agents des contributions directes ont rassemblé les renseignements qui sont de nature à modifier les contingents de la contribution foncière des propriétés non bâties, de la contribution personnelle mobilière et de la contribution des portes et fenêtres, le directeur dresse un état de ces mutations, qu'il transmet au ministre des Finances. Les faits qui peuvent ainsi influer sur les contingents sont : pour l'impôt foncier, les accroissements et pertes de matières imposables (alluvions, atterrissements, corrosions, bois de l'Etat aliénés, biens du Domaine public déclassés et vendus) ; pour les autres contributions, les constructions nouvelles, démolitions ; pour les portes et fenêtres, les variations dans la population. — D'après ces états, le ministre des Finances dresse le projet de budget. La loi des Contributions directes homologue ou modifie, s'il y a lieu, ces propositions et détermine les contingents départementaux.

31. Le contingent du département est réparti entre les arrondissements par le conseil général, et par les conseils d'arrondissement entre les communes. Cette double opération est faite conformément à l'art. 37 de la loi du 10 août 1871, et aux art. 40, 45, 46 de celle du 10 mai 1838.

32. La session d'août du conseil général est précédée et suivie de la session des conseils d'arrondissement. Dans la première partie de leur session, ces derniers délibèrent sur les réclamations qui leur sont adressées par les conseils municipaux. Les communes qui se trouvent trop imposées pendant une année, demandent une réduction de contingent à l'exercice suivant : ces réclamations sont adressées au préfet, qui les communique au directeur, qui fait sur chacune d'elles un rapport motivé. Le conseil d'arrondissement statue en premier ressort sur les réclamations. — Au cours de la même session, le conseil d'arrondissement, de son côté, peut réclamer contre le contingent assigné à l'arrondissement. — Ces diverses réclamations sont soumises au conseil général, qui statue sur celles du conseil d'arrondissement et prononce définitivement sur celles des communes.

33. Après avoir statué sur les réclamations, le conseil général assigne à chaque arrondissement son contingent, conformément aux règles établies par les lois. Dans sa seconde session, le conseil d'arrondissement répartit le contingent entre les communes. Pour cette répartition, il peut ne pas tenir compte des états dressés par le service des Contributions directes, qui ne valent que comme renseignements. — Le conseil d'arrondissement a un pouvoir propre pour fixer le contingent communal. Toutefois, ce pouvoir est restreint par les décisions du conseil général sur les réclamations des communes, auxquelles le conseil d'arrondissement est tenu de se conformer.

34. Les décisions du conseil général en cette matière échappent à tout recours devant la juridiction administrative. Les arrondissements ou communes lésés ne peuvent les déférer au Conseil d'Etat statuant au contentieux par la voie du recours pour excès de pouvoir (Cons. d'Et. 28 déc. 1894). C'est une question controversée que de savoir si ces décisions peuvent être annulées par application de l'art. 33 de la loi du 10 août 1871, par un décret rendu dans la forme des règlements d'administration publique (V. *suprà, Département, arrondissement et canton*, n° 88).

35. La répartition entre les contribuables est faite par la commission des répartiteurs et le contrôleur. Le rôle des répartiteurs est presque nul en matière de contribution foncière : par suite du principe de la fixité des évaluations cadastrales (V. *infrà*, n° 221), ils n'ont à donner leur avis que sur les matières imposables nouvelles. — Pour les portes et fenêtres, leur rôle consiste à aider le contrôleur à faire un recensement complet des ouvertures imposables. — Au contraire, en matière d'impôt personnel-mobilier, ce sont les répartiteurs qui dirigent le travail de répartition, assistés par le contrôleur. Ils dressent la liste de tous les habitants passibles de taxe personnelle et dressent une liste préparatoire de ceux qu'ils proposent d'exempter de tout ou partie de la contribution. Ils fixent les évaluations des valeurs locatives qui servent de base à la taxe mobilière.

ART. 3. — CONFECTION DES RÔLES ANNUELS.

36. Le rôle est un extrait de la matrice comprenant : 1° les noms, prénoms et professions, demeures et bases de cotisation de chaque contribuable ; 2° l'indication de la somme qu'il a à payer pour chaque contribution, tant en principal qu'en centimes additionnels.

37. Cette détermination de la somme due par chaque contribuable s'obtient de façon différente suivant qu'il s'agit d'impôt de quotité ou d'impôt de répartition. Pour les impôts de répartition, en divisant le contingent assigné à la commune par le total des revenus cadastraux ou matriciels des propriétés non bâties ou des locaux servant à l'habitation, on obtient le centime le franc. Puis, en multipliant par le centime le franc le revenu cadastral ou le loyer matriciel de chaque contribuable, on obtient en francs et centimes ce qu'il a à payer. Toutefois, pour la contribution personnelle mobilière, cette détermination du centime le franc n'a lieu qu'après détermination par le conseil municipal des exemptions pour cause d'indigence et après déduction du produit de la taxe personnelle. — Pour la contribution des portes et fenêtres, on applique le tarif légal à chaque classe ou catégorie d'ouvertures d'après le total porté à la matrice. On constate quel serait, d'après ce tarif, le produit général de la contribution pour la commune ; on divise le contingent effectif en principal et accessoires par le produit du tarif légal, et le centime le franc qui en résulte, multiplié par chaque taxe du tarif légal, détermine le tarif définitif pour chaque catégorie d'ouvertures.

38. Sur la feuille de tête du rôle, on inscrit le principal de chaque contribution, les centimes additionnels généraux, départementaux et communaux, les frais de perception et la réimposition. La réunion de ces totaux forme le montant total des contributions à comprendre dans le rôle ; on y ajoute les frais d'avertissement. Il y a lieu de calculer par avance les proportions suivant lesquelles le produit total de chaque contribution se répartit entre l'Etat, le département, la commune et les fonds de non-valeurs et de réimposition. Les frais de confection et d'impression des rôles sont une dépense qui incombe à l'Etat (L. 18 juill. 1892, D. P. 93. 4. 74).

39. Il existe diverses espèces de rôles : 1° les rôles *primitifs* ou *généraux*. Depuis les circulaires des 9 et 18 sept. 1844, il est dressé un rôle pour les contributions foncière, des portes et fenêtres et personnellemobilière, et un pour les patentes.

40. 2° Les rôles *spéciaux*, relatifs aux diverses taxes assimilées. Ils peuvent en comprendre une ou plusieurs. Quant aux centimes additionnels, ceux qui n'ont pu être compris dans les rôles généraux peuvent faire l'objet de rôles spéciaux.

41. 3° Les rôles *supplémentaires*, émis en cours d'année pour atteindre des éléments d'imposition, non compris dans le rôle primitif. La faculté pour l'Administration d'émettre des rôles supplémentaires est exorbitante du droit commun et ne lui est reconnue par la jurisprudence que quand un texte formel la lui attribue (V. les numéros suivants).

42. Diverses lois (V. notamment L. 17 juill. 1819, art. 12) ont prévu que des rôles particuliers pourraient être dressés lorsque des biens sortent du domaine de l'Etat pour entrer dans celui des particuliers. En dehors de cette hypothèse, aucune loi n'autorise à émettre des rôles supplémentaires pour réparer les omissions du rôle foncier primitif. Dans le cas où une propriété nouvellement imposable doit augmenter les contingents, elle est imposée sur un rôle particulier jusqu'à ce que les conseils locaux aient pu comprendre ces accroissements dans leurs opérations. Ce n'est que lorsque les contingents ont été modifiés que les rôles particuliers se fondent dans le rôle général (L. 8 août 1890, art. 10, D. P. 90. 4. 79).

43. Les rôles supplémentaires proprement dits, c'est-à-dire ceux qui sont établis en cours d'année soit pour saisir des matières imposables nouvelles, soit pour réparer les omissions du rôle primitif, ne sont autorisés par la loi que pour la contribution des patentes (L. 15 juill. 1880, art. 28, D.P. 81. 4. 1), la taxe des biens de mainmorte (L. 29 déc.

1884, art. 2, D. P. 85. 4. 38), les taxes sur les billards et les cercles (Décr. 27 déc. 1871, art. 6, D. P. 72. 4. 21), les droits de vérification des poids et mesures (Ord. 17 avr. 1839, art. 52, R. v° *Poids et mesures*, p. 990), la taxe sur les chevaux et voitures (L. 29 déc. 1884, art. 3), sur les vélocipèdes (L. 28 avr. 1893, art. 11, D. P. 93. 4. 84), la taxe sur les chiens (Décr. 4 août 1855, art. 11, D. P. 55. 4. 54), la taxe des prestations (L. 24 févr. 1900, art. 9, D. P. 1900. 4. 32). — Au contraire, il ne peut être émis de rôles supplémentaires ni pour la contribution des portes et fenêtres, ni pour la contribution personnelle-mobilière. Toutefois, pour cette dernière contribution, les contribuables omis qui réclament leur inscription au rôle dans les trois mois peuvent être imposés par un rôle supplétif (L. 21 avr. 1832, art. 28, R. p. 269).

44. Enfin, 4° on donne le nom de rôle *auxiliaire* à un titre établi dans le cas où un propriétaire use de la faculté qui lui appartient (L. 4 août 1844, art. 6, R. p. 272), de charger ses fermiers du soin de payer sa contribution foncière en son lieu et place : le rôle auxiliaire a pour but de répartir la cote du propriétaire entre ses fermiers. Ce rôle n'est, d'ailleurs, pas un véritable titre de perception et n'a aucun caractère exécutoire.

45. Les rôles, une fois dressés par les agents des Contributions directes, ne peuvent être mis en recouvrement qu'en vertu de l'autorisation législative. La loi des contributions directes, votée au mois de juillet, n'autorise que les opérations préparatoires de répartition et de sous-répartition des contingents et d'établissement des rôles. C'est seulement la loi portant fixation du budget général des recettes et des dépenses qui autorise la mise en recouvrement. Par exception, les rôles des taxes de prestations peuvent être émis par le préfet avant le vote de la loi générale des recettes (Disposition finale de la loi annuelle des contributions directes).

46. L'opération qui autorise les comptables à mettre le rôle en recouvrement, ou l'*émission* du rôle, est l'œuvre du préfet. Elle consiste dans l'apposition, au bas du rôle, d'une formule exécutoire dans laquelle le préfet certifie en avoir vérifié le contenu, en arrête le montant, mande aux percepteurs d'en faire le recouvrement et enjoint à tous les contribuables, à leurs représentants (fermiers, locataires, régisseurs et administrateurs) d'acquitter les sommes qui y sont portées. L'émission des rôles doit avoir lieu dans les dix jours de leur réception par le préfet (Arr. 16 therm. an 8, art. 13, R. p. 261). — Le préfet seul a qualité pour mettre en recouvrement un rôle de contributions directes ou taxes assimilées. Les ministres pour l'Etat, les préfets eux-mêmes pour les départements, les maires pour les communes, les commissions administratives pour les établissements publics, peuvent dresser contre leurs débiteurs des états nominatifs, qui sont exécutoires par eux-mêmes ou par le visa qu'y appose le préfet ou le sous-préfet. Mais ces états diffèrent profondément des rôles ; leur force exécutoire est beaucoup moins grande : elle est suspendue par une opposition formée par le débiteur, tandis que les réclamations formées contre le rôle n'en arrêtent pas l'exécution ; il faut une décision de justice infirmant le rôle pour que sa force exécutoire soit brisée. — A raison des privilèges exceptionnels qui s'attachent aux rôles, les préfets ne peuvent recouvrer par ce procédé que celles des recettes qui sont classées par le pouvoir législatif comme contributions directes ou assimilées à ces contributions pour le recouvrement (Cons. d'Et. 21 mai 1886). Le rôle, alors même qu'il aurait été irrégulièrement établi, ne peut être attaqué par la voie du recours pour excès de pouvoir.

47. Les rôles, une fois revêtus de la formule exécutoire par le préfet, sont envoyés avec les avertissements individuels qui ont été préparés dans les bureaux des directeurs, et avec les formules de patente, aux trésoriers-payeurs généraux, qui prennent en charge le montant de ces rôles et répartissent entre les receveurs particuliers des finances la partie des rôles, les avertissements et les formules qui les concernent. Les receveurs font la même opération à l'égard des percepteurs. Chaque comptable prend en charge le montant du rôle dont le recouvrement lui incombe. — Les percepteurs, dès qu'ils ont reçu les rôles des contributions directes et des taxes assimilées, en informent les maires, chargés de procéder à la publication desdits rôles. Les maires accomplissent cette formalité le dimanche qui suit la réception de l'avis transmis par le percepteur, et font connaître sans retard aux comptables la date de la publication (L. 10 juill. 1901, art. 17, D. P. 1902. 4. 57).

48. Indépendamment de la publication générale des rôles qui est faite par le maire, chaque contribuable doit recevoir un avertissement qui lui indique la somme totale qu'il doit payer, tant en principal qu'en centimes additionnels. Ces avertissements indiquent, en chiffres, la part de contribution qui revient à l'Etat, au département et à la commune ; la date de la loi de finances ; celle de la publication du rôle ; les bases d'imposition du contribuable (revenu cadastral, loyer matriciel, nombre d'ouvertures, profession exercée, etc...); le centime le franc. Il doit être délivré un avertissement à chacun des locataires ou fermiers compris dans les rôles auxiliaires (L. 30 mars 1902, art. 9, § 1er, D. P. 1902. 4. 60). — Les frais d'impression, de confection et de distribution des avertissements sont à la charge des contribuables, à raison de 5 centimes par avertissement (L. 15 mai 1818, art. 51, R. p. 265). Dans le cas prévu par l'art. 9, § 1er, précité, de la loi du 30 mars 1902, c'est le propriétaire déclarant qui supporte les frais d'avertissement (même article, § 2).

ART. 4. — PRINCIPE D'ANNUALITÉ DES ROLES.

49. Les impôts ne sont consentis par les Chambres que pour un an. Il en résulte que les rôles de contributions directes sont annuels. Le principe de l'annualité emporte les conséquences suivantes :

50. 1° Il ne peut être émis de rôles embrassant une période supérieure à une année. Par exception, lorsque des constructions nouvelles, reconstructions et additions de constructions ont été omises par suite du défaut de déclaration, l'Administration peut réclamer aux propriétaires de ces maisons la taxe des années écoulées depuis leur achèvement, pourvu que la taxe ne soit pas plus que quintuplée (L. 8 août 1890, art. 10). On peut donc réclamer par un seul rôle la contribution foncière de cinq années.

51. 2° Les rôles doivent être émis et publiés dans l'année à laquelle ils se rapportent. — Par exception, en matière de patente, le rôle supplémentaire du quatrième trimestre est publié dans le cours de l'année suivante ; les contribuables omis qui sont ressaisis par ce rôle doivent payer intégralement leur patente de l'année échue.

52. 3° Les contributions directes sont établies d'après les faits existant au 1er janvier de l'année à laquelle elles s'appliquent. La situation des contribuables à cette date fixe les droits du Trésor. — Par dérogation à ce principe : a) la contribution foncière des propriétés non bâties est imposée, non d'après le revenu net existant au 1er janvier, mais d'après le revenu qui est inscrit à la matrice cadastrale; b) de même, la contribution fon-

91

cière des propriétés bâties est établie pour dix ans, d'après la valeur locative de l'immeuble au jour de la clôture du procès-verbal des évaluations dans la commune ; c) la redevance proportionnelle sur les mines est établie sur le revenu net de la mine, calculé d'après les produits de l'exploitation de l'année précédente; d) la taxe sur les cercles, sur le nombre des cotisations payées dans le cours de l'année précédente.

53. 4° La contribution, établie d'après les faits existant au 1ᵉʳ janvier, est due pour l'année entière. Aucun événement survenant en cours d'année (mort du contribuable, destruction de la matière imposable, changements de résidence) n'a pour effet de modifier les droits du Trésor par rapport aux contribuables, ni de dispenser ceux-ci d'acquitter intégralement leur contribution. D'autre part, l'apparition en cours d'année de nouveaux éléments d'imposition ne peut autoriser l'Administration à réclamer de nouvelles sommes. Il n'en est autrement que dans le cas où des dispositions spéciales l'ont autorisée à émettre des rôles supplémentaires. — En matière de patente, la loi du 15 juill. 1880 a dérogé au principe d'annualité, d'une part, en autorisant l'émission de quatre rôles supplémentaires, et d'autre part en permettant aux contribuables de se prévaloir de certains faits survenant en cours d'année pour demander décharge ou réduction de leur contribution. En cas de cession d'établissement, ils peuvent faire transférer les douzièmes non encore échus au nom du cessionnaire. En cas de fermeture de l'établissement par suite de décès, de faillite déclarée ou de liquidation judiciaire, le contribuable ou ses héritiers peuvent en obtenir décharge.

54. 5° La contribution d'une année est indépendante de celle de l'année qui précède et de celle de l'année suivante. La non imposition pendant une année ne confère pas un droit à en être exempté les années suivantes. A l'inverse, le contribuable qui a payé sans réclamer pendant une année peut réclamer l'année suivante. La réclamation formée contre la contribution d'une année ne dispense pas le contribuable de la renouveler contre la contribution de l'année suivante, alors même que la première ne serait pas encore jugée ou même qu'il aurait obtenu gain de cause. — D'autre part, les conseils de préfecture et le Conseil d'État ne sont pas liés par ce qui a été jugé par eux sur la réclamation de l'année précédente. Ces décisions ne peuvent aucun droit soit en faveur, soit à l'encontre des contribuables. On ne peut invoquer en cette matière l'autorité de la chose jugée.

55. Par exception, en matière de contribution foncière, le principe de la fixité des évaluations cadastrales prévaut contre le principe d'annualité. Ainsi, une demande en décharge ou classe qui a été rejetée ne peut plus être renouvelée les années suivantes s'il ne se produit des faits nouveaux. — Il en est de même en matière de contribution foncière des propriétés bâties : la loi du 8 août 1890 a établi une fixité décennale des évaluations. Les évaluations ne peuvent être contestées que pendant les six mois qui suivent le premier rôle et les trois mois qui suivent le second; passé ce délai, les évaluations ne peuvent plus être discutées que s'il se produit un fait nouveau (destruction, transformation en bâtiment rural). Ainsi le contribuable qui, lors de l'émission du premier rôle, a réclamé et fait reviser par les tribunaux administratifs le travail des évaluations, a épuisé son droit et ne peut plus contester la valeur locative les années suivantes. De même, ce qui a été jugé par ces tribunaux sur la réclamation de la première année les lie pour les années suivantes jusqu'à la fin de la période.

SECT. IV. — Recouvrement des contributions directes.

ART. 1ᵉʳ. — NOTIONS GÉNÉRALES SUR LE RECOUVREMENT (R. 416 et s.; S. 187 et s.).

56. Seuls les percepteurs ont titre pour effectuer le recouvrement des contributions directes appartenant au Trésor public et de toutes contributions locales et spéciales établies dans les formes voulues par la loi (Règl. 21 déc. 1839, art. 87). Immédiatement après la publication du rôle, le percepteur est tenu de faire parvenir aux contribuables les avertissements dressés par le directeur des Contributions (Ord. 19 nov. 1817; Règl. 1839, art. 10).

57. Le percepteur ne peut rien changer aux avertissements. Il doit cependant en compléter les énonciations en y inscrivant la date de la publication du rôle, la désignation du local où il en fera la perception dans la commune, les lieux, jours et heures où son bureau est ouvert aux contribuables.

58. La distribution des avertissements peut être faite par les porteurs de contraintes, par les gardes champêtres ou par la poste (Instr. 1859, art. 71). L'avertissement est remis au contribuable ou à son représentant s'il n'habite pas la commune, et, s'il n'y a pas de représentant, on peut le lui faire parvenir par le percepteur du lieu de son domicile.

59. Les contributions directes sont payables en douze parties égales, dont chacune est exigible le 1ᵉʳ du mois le mois précédent (L. 3 frim. an 7, art. 146 ; 16 therm. an 8, art. 1ᵉʳ, R. p. 261; Règl. 1839, art. 1ᵉʳ; Instr. 1859, art. 6). — Par exception, quand le rôle des patentes n'est publié qu'après le 1ᵉʳ mars, les douzièmes échus sont immédiatement exigibles ; le recouvrement en est fait par parties égales, en même temps que celui des douzièmes non échus. La cote est divisée en autant de fractions qu'il reste de mois à courir, y compris celui de l'émission (L. 15 juill. 1880, art. 29).

60. Parmi les taxes assimilées, il en est qui ne sont pas divisibles (taxe sur les cercles, droits de vérification des poids et mesures, alcoomètres et densimètres, droits de visite des pharmacies, drogueries, fabriques et dépôts d'eaux minérales, impôts arabes, taxe sur les vignes, etc., d'une manière générale, toutes celles dont l'assiette est confiée à d'autres agents que ceux des Contributions directes).

61. La divisibilité des contributions étant établie dans l'intérêt des contribuables, ceux-ci ne sont pas obligés d'en profiter. Ils ne peuvent non plus obliger le percepteur à recevoir moins d'un douzième. Le contribuable, après avoir effectué un payement intégral, ne peut réclamer le remboursement des termes non échus. Au payement par douzième prévu par la loi, les contribuables peuvent, d'accord avec les percepteurs, substituer le payement à des dates déterminées.

62. Dans certains cas, la loi retire aux contribuables le bénéfice du terme et du payement par fractions. Ainsi, les marchands ou colporteurs, les directeurs de troupes ambulantes, les entrepreneurs d'amusements et jeux publics non sédentaires, et tous autres patentables dont la profession n'est pas exercée à demeure fixe, doivent d'acquitter le montant total de leur cote au moment où la patente leur est délivrée (L. 15 juill. 1880, art. 29). Les agents des Contributions directes doivent, à la demande qui leur en est faite, délivrer les formules de patente à ces catégories de contribuables sur justification du payement intégral des droits, et ce même avant l'émission du rôle (art. 34).

63. En cas de déménagement hors du ressort de la perception, comme en cas de décès, de faillite et de vente volontaire ou

forcée, la contribution personnelle mobilière est exigible pour la totalité de l'année courante (L. 21 avr. 1832, art. 22). En matière de patente, seuls le déménagement hors du ressort de la perception et la vente volontaire ou forcée entraînent la déchéance du terme (L. 15 juill. 1880, art. 30). Le déménagement dans le ressort de la perception ne rend pas la cote immédiatement exigible. — Ces dispositions analogues ont été édictées pour la taxe sur les billards, la taxe sur les cercles et la taxe sur les chiens (Décr. 27 déc. 1871, art. 2 et 4; 30 août 1890, art. 3; 30 déc. 1890, art. 3; 4 août 1895, art. 4). Ces restrictions au principe de la divisibilité sont exceptionnelles et ne doivent pas être étendues par voie d'analogie aux autres contributions ou taxes.

64. Les contributions directes sont à la fois quérables : quérables, en ce sens que les percepteurs sont tenus de se rendre, à des jours déterminés, dans les communes de leur perception autres que celle où ils sont obligés de résider; portables, en ce sens que les contribuables sont tenus de porter leur argent au bureau du percepteur. — Les percepteurs doivent indiquer sur les avertissements le lieu choisi pour bureau de perception dans chaque commune et les jours et heures de recette. Le percepteur n'a pas le droit d'obliger le contribuable qui se présente pour payer ses contributions à produire son avertissement ou les quittances des versements antérieurs.

65. Les contributions directes sont, en principe, payables en argent (L. 3 frim. an 7, art. 1ᵉʳ). Le percepteur ne peut être tenu d'accepter que des monnaies ou billets ayant cours légal. — Les payements doivent être faits conformément aux lois sur la composition monétaire des payements, c'est-à-dire que la monnaie de cuivre ou de billon de fabrication française ne peut être employée dans les payements, si ce n'est de gré à gré, que pour l'appoint de 5 francs (Décr. 18 août 1810; V. infra, Obligations).

66. Les rentiers peuvent compenser les arrérages de leurs titres avec leurs contributions directes, moyennant une déclaration au trésorier-payeur général (L. 14 avr. 1819, art. 6). D'autre part, les contribuables peuvent se libérer de certaines contributions en opérant le délaissement des terrains à raison desquels ils sont imposés (V. notamment L. 3 frim. an 7, art. 66).

67. Les percepteurs sont tenus de délivrer immédiatement quittance de toutes les sommes qui leur sont versées. Ils doivent, en outre, émarger au rôle chaque payement au moment où il a lieu et en présence du contribuable ; mais il n'est pas nécessaire que l'émargement soit fait en toutes lettres (L. 26 sept. - 2 oct. 1791, art. 13; 3 frim. an 7, art. 140-142 ; Décr. 31 mai 1862, art. 30; L. 29 mars 1897, art. 35). Le défaut d'émargement est puni d'une amende de 10 à 25 francs ; l'obligation de délivrer une quittance n'est, au contraire, sanctionnée par aucune peine.

68. Les percepteurs sont tenus de délivrer aux contribuables, sans frais, autant de duplicata que ceux-ci en demandent, s'ils en ont besoin pour justifier des payements de leurs contributions (L. 10-20 juill. 1791, art. 4). Ces quittances et duplicata (Décr. 10-17 juin 1791, art. 10) sont extraits de livres à souche dont la tenue est prescrite aux percepteurs pour toutes les recettes qu'ils effectuent (Instr. 1859, art. 75).

69. Le contribuable qui produit ses quittances prouve par là sa libération, alors même que l'émargement n'aurait pas eu lieu (Av. Cons. d'Ét. 19 avr., 8 oct. 1816 et 4 mai 1822). S'il a perdu sa quittance, l'émargement au rôle suffit pour prouver sa libération. Celui qui ne justifie ni par la production de la quittance, ni par l'émargement, ni par aucun autre acte, du payement qu'il prétend avoir fait, n'est pas fondé à demander l'annulation des poursuites dirigées contre lui (Cons. d'Et. 21 juill. 1876).

70. Les payements effectués par les contribuables doivent être imputés selon les règles posées par le Code civil (art. 1253 et s.). Le contribuable a le droit d'indiquer la contribution qu'il préfère acquitter. S'il ne le fait pas, l'imputation doit être faite de la manière qui est la plus avantageuse au débiteur. Ainsi un versement unique fait par un contribuable débiteur de plusieurs contributions doit se répartir proportionnellement entre ces contributions, et non être imputé pour la totalité sur l'une d'elles (Cons. d'Et. 17 févr. 1888, D. P. 89. 5. 142).

ART. 2. — PERSONNES CONTRE LESQUELLES LE RECOUVREMENT PEUT ÊTRE POURSUIVI.

71. Le recouvrement s'opère, en principe, sur le contribuable dont le nom est inscrit sur le rôle. La contribution est une obligation personnelle qui engage le contribuable sur tous ses biens meubles et immeubles, et dont il ne peut se libérer que par le payement.

72. Quand le contribuable est une personne morale, les contributions auxquelles elle est imposée constituent pour elle une dépense obligatoire. — Si la commune n'a pas de ressources suffisantes pour acquitter ses contributions avec ses ressources ordinaires, le montant peut en être réparti entre les habitants sous la forme d'une imposition extraordinaire. S'il s'agit d'une contribution sur des biens dont tous les habitants profitent également, l'imposition porte sur les quatre contributions directes. S'il s'agit de pâturages communaux à la jouissance desquels une partie seulement des habitants a droit, la répartition de la contribution n'a lieu qu'entre les ayants droit, proportionnellement à leur jouissance respective (L. 26 germ. an 11, R. p. 263). S'il s'agit de biens sectionnaires, l'imposition ne portera que sur les habitants et propriétaires de la section.

73. Si, en principe, c'est au contribuable nominativement inscrit au rôle que doit être d'abord réclamé le payement de ses contributions, des tiers peuvent néanmoins, dans certains cas, être poursuivis à raison de ces contributions :

74. 1° Les *héritiers* ou autres ayants cause à titre universel des contribuables. — Lorsqu'un contribuable vient à décéder en cours d'année, ses héritiers sont tenus d'acquitter la contribution due sur la cote personnelle mobilière (L. 21 avr. 1832, art. 21). Le percepteur peut, avant le partage de la succession, demander amiablement à ceux qui l'administrent le payement des contributions. S'il craint la disparition de l'actif, il peut faire apposer les scellés, ou, si d'autres créanciers ont déjà pris cette mesure, faire opposition aux scellés et se présenter à la liquidation de la succession pour faire valoir le privilège du Trésor (Civ. 821). Il peut, sans être tenu d'observer les formes et délais imposés par le Code civil aux créanciers, faire procéder contre les détenteurs de la succession à la saisie des meubles et récoltes, par application de la loi du 12 nov. 1808 (R. p. 264). — Malgré la disposition contraire contenue dans le règlement du 21 déc. 1839 sur les poursuites, les héritiers ne peuvent être poursuivis à raison des contributions dues par leur auteur.

75. Les héritiers qui ont répudié la succession ne peuvent être poursuivis (Cons. d'Et. 29 mars 1901). Ceux qui ne l'ont acceptée que sous bénéfice d'inventaire ne peuvent l'être que jusqu'à concurrence de la valeur des biens qu'ils ont recueillis. Ceux qui l'ont acceptée purement et simplement sont

tenus : 1° personnellement, sur l'ensemble de leur fortune, mais jusqu'à concurrence de leur part héréditaire ; 2° réellement, comme détenteurs de biens provenant du redevable, mais seulement si ces biens sont affectés au privilège du Trésor, et jusqu'à concurrence de leur valeur.

76. Les *légataires universels* ou à *titre universel* sont assimilés aux héritiers *ab intestat*. — Le légataire particulier ne peut être poursuivi qu'en vertu de l'action réelle, à raison de l'objet remis dans la succession dont il est détenteur.

77. Quand la succession se partage entre un nu-propriétaire et un usufruitier, c'est au second que le percepteur doit s'adresser de préférence (Civ. 608). Le nu-propriétaire poursuivi peut se refuser à payer la cote en désignant l'usufruitier (Cons. d'Et. 3 mai 1890).

78. Telles sont les obligations des héritiers en ce qui touche les contributions échues et celles de l'année courante imposées au nom de leur auteur. Quant aux années suivantes, il faut distinguer : 1° en ce qui concerne la contribution foncière, d'après l'art. 36 de la loi du 3 frimaire an 7, les agents des contributions ne pouvant faire de mutations autrement que sur la demande des intéressés (V. *suprà*, n° 35), l'ancien propriétaire doit rester imposé au rôle ; c'est aux héritiers à provoquer la mutation de cote, en indiquant les noms des nouveaux propriétaires de chacun des immeubles de la succession. Les mêmes règles sont applicables à la contribution des portes et fenêtres. — Au contraire, pour la contribution personnelle, si un contribuable est imposé au rôle l'année qui suit celle de sa mort, ses héritiers sont fondés à demander décharge. — Pour la contribution mobilière, la solution, d'après la jurisprudence, dépend des circonstances. Si les héritiers du contribuable ont, après la mort de leur auteur, continué à occuper la même habitation ou l'ont gardée à leur disposition, ils ne peuvent se prévaloir de ce que, par erreur, la taxe aurait été inscrite au nom du défunt, pour demander décharge. Il en est autrement si l'habitation a été dégarnie de ses meubles et n'est pas restée à la disposition des héritiers. En matière de patente, si les héritiers continuent l'exercice de la profession, l'imposition sera due ; elle ne le sera pas dans le cas contraire.

79. 2° La *veuve* du contribuable. — En principe, la veuve ne peut être tenue des contributions dont son mari était redevable que s'il y avait communauté de biens entre elle et ce dernier, et suivant les règles applicables à toutes autres dettes du mari. Toutefois, si, l'année qui suit le décès, la contribution mobilière est encore assise au nom du défunt pour un appartement occupé par sa veuve, celle-ci doit dans tous les cas acquitter l'impôt (Cons. d'Et. 2 août 1851).

80. 3° Les *fermiers* et *locataires.* — Les fermiers sont obligés de payer, en l'acquit des propriétaires ou des usufruitiers, la contribution foncière due pour les biens qu'ils ont pris à ferme, et les propriétaires ou usufruitiers doivent recevoir le montant des quittances pour comptant sur le prix des fermages ou loyers, à moins que le fermier ou locataire n'en soit chargé par son bail (L. 3 frim. an 7, art. 147 ; 12 nov. 1808, art. 2). Les fermiers ou locataires peuvent être poursuivis pour ces contributions, comme les propriétaires eux-mêmes (Régl. 1839, art. 13).

81. Comme l'héritier, le fermier est tenu : *réellement* à raison des loyers qu'il doit à son propriétaire, *personnellement* en sa qualité de fermier. L'action réelle ne peut s'exercer contre lui s'il ne doit rien à son propriétaire ou s'il ne détient aucun objet mobilier qui lui appartienne. Mais l'action personnelle peut, même en ce cas, être dirigée contre lui, puisqu'il est tenu de faire

l'avance de la contribution foncière de l'année courante, et alors même qu'il aurait payé des fermages par anticipation. Quant à la contribution de l'année écoulée, elle ne doit être réclamée au fermier que jusqu'à concurrence des loyers qu'il doit, et qui sont affectés au privilège du Trésor. Enfin, pour les contributions antérieures à l'année échue, elles ne peuvent être réclamées au fermier que par voie de saisie-arrêt. — D'ailleurs, si le recouvrement sur le fermier paraît incertain au percepteur, celui-ci peut inviter le propriétaire à acquitter directement l'impôt (Instr. 1859, art. 82).

82. Le fermier n'est tenu personnellement de la contribution foncière que pour l'immeuble qu'il tient à ferme (Civ. c. 4 déc. 1895, D. P. 96. 1. 345). Pour la contribution foncière des autres immeubles du même propriétaire, on ne peut agir que par voie de saisie-arrêt sur les deniers dont il se trouverait débiteur envers son bailleur.

83. Bien que l'art. 147 de la loi du 3 frim. an 7 semble soumettre à la même règle les locataires de propriétés bâties et les fermiers de biens ruraux, les premiers ne sont pas tenus de faire l'avance des contributions ; ils sont simplement obligés, comme tiers détenteurs, de verser entre les mains des percepteurs, jusqu'à concurrence des contributions échues, les sommes qu'ils doivent au propriétaire (V. *infrà*, n°s 85 et s.).

84. Sur la faculté accordée au propriétaire, qui a plusieurs fermiers dans la même commune, de faire répartir entre eux la contribution foncière qu'ils devront payer en son acquit, V. *suprà*, n° 44.

85. 4° Les *débiteurs* et *détenteurs de deniers* provenant de redevables. — Tous fermiers, locataires, receveurs, économes, notaires, commissaires-priseurs et débiteurs de deniers provenant du chef des redevables et affectés au privilège du Trésor public sont tenus, sur la demande qui leur en est faite, de payer en l'acquit des redevables, sur le montant des fonds qu'ils doivent ou qui sont entre leurs mains, jusqu'à concurrence de tout ou partie des contributions dues par ces derniers. Les quittances des percepteurs pour les sommes légitimement dues, leur sont allouées en compte (L. 12 nov. 1808, art. 2). Lesdits séquestres et dépositaires sont même autorisés à payer directement les contributions qui se trouveraient dues avant de procéder à la délivrance des deniers (Régl. 1839, art. 14).

86. La loi limite expressément le droit du Trésor au cas où les sommes détenues par les tiers saisis sont affectées au privilège du Trésor. A l'égard des objets mobiliers autres que l'argent qui seraient aux mains de débiteurs du redevable, le percepteur peut exercer le privilège du Trésor par voie de saisie-exécution, mais non par voie de demande directe.

87. Le détenteur ou débiteur n'est tenu qu'à raison et jusqu'à concurrence des sommes qu'il doit ou qu'il détient. Cependant, la loi du 12 nov. 1808 confère au Trésor, contre ce tiers, une action personnelle. Le fait de la détention des sommes affectées au privilège du Trésor le rend débiteur personnel du Trésor. Il est soumis aux mêmes poursuites que le redevable lui-même.

88. Les acquéreurs d'immeubles ne peuvent être poursuivis qu'indirectement, à titre de détenteurs de fruits naturels ou civils produits par l'immeuble et grevés du privilège du Trésor. Le Trésor n'ayant pas de privilège sur l'immeuble ni sur le prix de l'immeuble, l'acquéreur n'est pas débiteur personnel de la contribution foncière du vendeur. — Quant aux acquéreurs d'objets mobiliers affectés au privilège du Trésor, ils ne peuvent être poursuivis si la vente a été faite de bonne foi, si l'objet a été livré à l'acquéreur et le prix payé; si le prix n'a pas encore été payé, il constitue une somme provenant du redevable, qui est affectée au privilège du Trésor.

89. On ne peut poursuivre personnellement les individus désignés sur le rôle comme représentants du contribuable, ni la personne qui, en cours d'année, succède à une autre dans un appartement, ni un associé pour la patente d'un autre associé.

90. 5° Les *propriétaires* et *principaux locataires*. — D'après les art. 22 et 23 de la loi du 21 avr. 1832 et d'après l'art. 30 de la loi du 15 juill. 1880, les propriétaires, et, à leur place, les principaux locataires, peuvent être déclarés responsables du payement des contributions personnelle-mobilière et des patentes de leurs locataires. — La jurisprudence n'applique ces dispositions qu'aux propriétaires de biens urbains, à l'exclusion des propriétaires de biens ruraux (Cons. d'Et. 11 janv. 1889).

91. Lorsqu'il existe un principal locataire, sa responsabilité se substitue complètement à celle du propriétaire (Cons. d'Et. 23 janv. 1899). — Par principal locataire, il faut entendre seulement celui qui a pris à bail une maison entière qu'il reloue ensuite à un ou plusieurs locataires, administrant la maison et en percevant les revenus. Mais ce caractère ne doit pas être attribué à celui qui sous-loue un appartement ou un magasin dépendant d'un immeuble dont il n'a pas la jouissance totale. En pareil cas, la responsabilité incombe au propriétaire, et non au locataire qui a sous-loué (Cons. d'Et. 30 oct. 1901).

92. La responsabilité des propriétaires et principaux locataires n'est engagée que dans le cas de déménagement normal ou furtif du locataire. La jurisprudence a refusé de l'étendre au cas de vente volontaire ou forcée (Cons. d'Et. 26 janv. 1889, D. P. 90. 3. 47). — Par déménagement, il faut entendre le départ du locataire de la maison avec enlèvement de ses meubles. Il n'y a pas déménagement si le locataire change d'appartement dans la même maison. La responsabilité du propriétaire n'est pas engagée si le locataire disparaît en laissant tous ses meubles ou son matériel. Mais il n'y a pas lieu de distinguer suivant que le déménagement du locataire a eu lieu dans le ressort ou en dehors du ressort de la perception (Cons. d'Et. 4 déc. 1901).

93. Pour échapper à la responsabilité qui lui incombe, le propriétaire (ou principal locataire) doit accomplir certaines formalités. Les prescriptions de la loi à cet égard diffèrent suivant qu'il s'agit de la contribution personnelle-mobilière ou de la contribution des patentes. — Dans le premier cas, le propriétaire doit, un mois avant l'époque fixée pour le déménagement, se faire représenter par le locataire les quittances de sa contribution. Si le locataire ne représente pas ces quittances, le propriétaire doit, dans les trois jours, avertir le percepteur (L. 21 avr. 1832, art. 22, § 2). En cas de déménagement furtif, le propriétaire s'exonère de toute responsabilité en faisant constater le fait par le juge de paix, le maire ou le commissaire de police, dans les trois jours (L. 21 avr. 1832, art. 23, § 1er). Ce délai court du jour où s'est effectué le déménagement, et non de celui où le propriétaire en a eu connaissance (Cons. d'Et. 23 déc. 1901).

94. S'il s'agit de la contribution des patentes, le propriétaire doit, comme pour la contribution personnelle-mobilière, donner avis du déménagement un mois avant l'époque où il doit avoir lieu. — En cas de déménagement furtif, il doit en donner avis au percepteur dans les huit jours. Il en est de même si le terme est devancé; cette circonstance est assimilée au déménagement furtif. Le percepteur a seul qualité, dans l'un et

l'autre cas, pour recevoir l'avis du déménagement; une déclaration faite au commissaire de police, par exemple, serait insuffisante (Cons. d'Et. 23 déc. 1901, précité).

95. Quant à l'étendue de la responsabilité encourue par les propriétaires ou principaux locataires à défaut de déclaration régulière, il faut distinguer encore entre les deux espèces de contributions. — S'il s'agit de la contribution mobilière, la responsabilité est plus ou moins étendue suivant que le déménagement a lieu dans le ressort ou en dehors du ressort de la perception. Dans le premier cas, le propriétaire ne doit que les termes de la contribution échus au moment du déménagement (Cons. d'Et. 4 déc. 1901); ce qui comprend, d'ailleurs, non seulement les termes échus sur l'année courante, mais encore ceux de la contribution des années précédentes (Cons. d'Et. 28 janv. 1899). Si le déménagement avait lieu dans le ressort de la perception avant la publication du rôle ou avant l'échéance du premier douzième, le propriétaire n'encourrait aucune responsabilité (Cons. d'Et. 10 nov. 1899). Si le déménagement a eu lieu hors du ressort de la perception, la contribution du locataire devenant dans ce cas immédiatement exigible en totalité, le propriétaire en est responsable (Cons. d'Et. 24 févr. 1900).

96. En ce qui touche les contributions des patentes, la responsabilité est limitée par la loi à deux douzièmes de la contribution, le douzième échu et le douzième courant (L. 15 juill. 1880, art. 30). Peu importe que le douzième échu soit afférent à l'année précédente, la responsabilité des propriétaires n'étant pas limitée à la contribution de l'année courante (Cons. d'Et. 28 janv. 1899).

97. La loi est plus rigoureuse pour les logeurs en garni que pour les autres propriétaires. Ils sont responsables de la contribution de leurs locataires, nonobstant toutes déclarations. Ils ne peuvent donc échapper à cette responsabilité (L. 1832, art. 23, § 2). Mais on ne peut considérer le simple départ du locataire du logement garni qu'il occupait, en l'absence d'objets mobiliers saisissables lui appartenant, comme un déménagement au sens de la loi; la responsabilité édictée par l'art. 23, § 2, n'est donc pas applicable en pareil cas (Cons. d'Et. 23 déc. 1901).

98. Le propriétaire ou principal locataire qui, faute de déclarations prescrites, se voit réclamer par le percepteur les contributions de son locataire ne peut demander que celui-ci soit préalablement discuté. Par la faute qu'il a commise en ne faisant pas la déclaration prescrite, il est devenu débiteur personnel de la contribution de son locataire. Toutefois, le locataire qui a déménagé reste débiteur principal de la contribution, et, si on lui en réclame le payement, il ne peut demander que le propriétaire soit poursuivi de préférence à lui (Cons. d'Et. 1er juill. 1899).

ART. 3. — POURSUITES.

99. Les contribuables qui n'ont pas acquitté le montant de leurs taxes ou contributions directes dans les dix jours qui suivent l'échéance des délais fixés par les lois y sont contraints dans les dix jours suivants (L. 17 brum. an 5, art. 3, R. p. 238). — Les règles concernant les poursuites en matière de contributions directes sont contenues dans la loi du 17 brum. an 5, dont les dispositions doivent être combinées avec celles de l'arrêté du 16 therm. an 8, des lois des 15 mai 1818, 9 févr. 1877, 18 nov. 1897, 13 avr. 1898, art. 53; 25 févr. 1901, art. 49; 30 mars 1902, art. 48; du décret du 24 avr. 1902, art. 1er. Il y a lieu de se référer également au règlement-type en date du 21 déc. 1839, élaboré par le ministre des Finances, et revisé sur certains points en 1859.

100. Le percepteur ne peut commencer les poursuites avec frais contre le contri-

buable retardataire qu'après l'avoir prévenu par une sommation gratuite huit jours avant le premier acte qui doit donner lieu à des frais (L. 15 mai 1818, art. 51). Cette sommation n'est pas un acte de poursuite, mais un second avertissement par lequel le contribuable est invité à s'acquitter dans la huitaine, sous peine d'y être contraint. Elle n'est pas assujettie au timbre. — La sommation sans frais est un préalable nécessaire aux poursuites. Elle est déposée au domicile du redevable s'il réside dans la commune, sinon à son représentant; le délai de huit jours est un délai franc (Règl. 1839, art. 2).

101. Aucune poursuite donnant lieu à des frais ne peut être exercée dans une commune qu'en vertu d'une contrainte décernée par le receveur particulier des Finances, rendue exécutoire par le sous-préfet, et désignant nominativement les contribuables à poursuivre (V. *supra*, *Contrainte*, n° 4). Une expédition de cette contrainte reste aux mains du percepteur, l'autre est remise à l'agent chargé des poursuites (Règl. 1839, art. 27; Arr. 16 therm. an 8, art. 30). Elle est exécutoire par elle-même, mais n'emporte pas hypothèque. Elle peut viser les contribuables de plusieurs communes. — Un décret du 18 nov. 1897, abrogeant l'art. 40 de l'arrêté du 16 therm. an 7, a supprimé la formalité qui consistait, à l'arrivée d'un agent de poursuite dans une commune, à faire publier la contrainte par les soins du maire. Il résulte de cette suppression que la contrainte a aujourd'hui une durée limitée.

102. Le percepteur, ayant reçu la contrainte, engage les poursuites contre les contribuables retardataires. Depuis la loi du 9 févr. 1877, le premier acte de poursuite est la sommation avec frais. Elle est notifiée à chaque redevable par un bulletin imprimé sur papier jaune (Règl. 1839, art. 46). Le coût de cet acte est proportionnel à l'importance de la somme due.

103. Trois jours francs après la notification de la sommation avec frais, vient le commandement. Après ce délai, le percepteur doit dresser un état nominatif des contribuables qui ne se sont pas libérés sur la sommation avec frais, et demander au receveur de décerner une nouvelle contrainte. Celle-ci comprend l'ordre de procéder à la saisie, si le contribuable ne se libère pas dans le délai de trois jours à compter de la signification du commandement (Règl. 1839, art. 55, 56).

104. Les commandements sont imprimés sur papier bleu. Le commandement est un acte de poursuite judiciaire. Il doit contenir, aussi bien sur la copie que sur l'original, les indications ordinaires des exploits (Pr. 61; V. *supra*, *Exploit*, n° 13). Indépendamment des mentions ordinaires des exploits, il doit: 1° contenir celle du titre en vertu duquel se fait la poursuite, c'est-à-dire des articles du rôle où est établie la cote du contribuable, et de la contrainte; 2° indiquer le coût de l'acte; 3° contenir élection de domicile par le percepteur dans les communes où les exécutions doivent avoir lieu (Pr. 584). Il doit être signé, à peine de nullité, par l'agent qui le signifie. — Le commandement est signifié à personne ou à domicile. La signification peut être faite au redevable lui-même, en quelque lieu que l'agent de poursuites le rencontre. Si la signification est faite à domicile, la copie doit, en l'absence du redevable, être remise à un parent ou serviteur, ou à leur défaut à un voisin ou au maire (Pr. 68). — Lorsque copie de l'exploit est remise à toute autre personne que la partie elle-même, elle doit être sous enveloppe fermée (L. 15 févr. 1899; V. *supra*, *Exploit*, n° 50 et s.). L'agent des poursuites doit, en ce cas, apposer sur le pli fermé le cachet de la recette des Finances

(Avis sect. fin. Cons. d'Et. 16 mai 1899). Cette prescription doit être observée à peine de nullité (Trib. civ. de Tarbes, 11 juill. 1899).

105. L'Administration n'est pas obligée de recourir aux porteurs des sommations avec frais pour la notification des actes de poursuites; elle peut, à cet effet, employer les agents des postes (L. 1898, art. 18, D. P. 98. 4. 97). Les sommations avec frais à distribuer par le service des postes peuvent être expédiées sous pli fermé, sans perdre le bénéfice du tarif édicté par l'art. 34 de la loi du 26 juill. 1893 (D. P. 94. 4. 45) pour les avis en partie imprimés, expédiés sous forme de lettre ouverte aux deux extrémités et concernant le recouvrement des sommes dues à l'Etat, aux départements, aux communes et aux associations syndicales autorisées (L. 30 mars 1902, art. 48, D. P. 1902. 4. 60). Un règlement d'administration publique du 24 avr. 1902 a déterminé les formalités à suivre lorsque les sommations et commandements seraient notifiés par les agents des postes.

106. La saisie des meubles et effets ou celle des fruits pendants par racines ne peut avoir lieu que trois jours après la signification du commandement. Elle est effectuée en vertu de la même contrainte (Règl. 1839, art. 63). Il n'y a pas lieu de renouveler le commandement, même si la saisie a eu lieu plus de trois jours après. La saisie-brandon ne peut avoir lieu que dans les six semaines qui précèdent l'époque ordinaire de la maturité des fruits (Règl. 1839, art. 64). Si les récoltes sont coupées ou cueillies, il faut procéder par voie de saisie-exécution. — Les saisies s'exécutent dans les formes prescrites pour les saisies judiciaires, c'est-à-dire pour les saisies-exécution (Règl. 1839, art. 66).

107. La saisie est exécutée nonobstant toute opposition, sauf à l'opposant à se pourvoir devant le sous-préfet (Règl. 1839, art. 67); les poursuites étant faites en vertu de contraintes administratives, les tribunaux judiciaires ne peuvent ordonner leur suspension. Les oppositions sont insérées dans le procès-verbal de saisie ou faites par acte séparé signifié au percepteur par huissier. — Si, au moment où la saisie est pratiquée, le contribuable demande, par une déclaration écrite, à se libérer, l'agent de poursuite suspend la saisie, et, par la quittance du percepteur, il inscrit dans son procès-verbal le motif qui a fait suspendre son opération (Règl. 1839, art. 68).

108. La saisie ne doit porter que sur les meubles qui sont la propriété du redevable. Si les meubles saisis appartiennent à des tiers, ceux-ci peuvent les revendiquer. — La demande en revendication ne peut être portée devant les tribunaux ordinaires qu'après avoir été soumise par l'une des parties intéressées à l'autorité administrative, c'est-à-dire au préfet. Cette formalité n'est pas prescrite à peine de nullité de la demande, ou du moins elle n'entraîne qu'une nullité relative, ainsi qu'il est couverte si le comptable conclut au fond (Cons. d'Et. 6 mars 1901). — La demande en revendication est jugée par le tribunal civil au lieu de la saisie comme en matière sommaire.

109. Un gardien est commis à la conservation des objets saisis. Le saisi est mis en demeure de présenter un gardien volontaire qui, s'il le fait le garantit solvable, doit être accepté. S'il n'en présente pas, l'agent de poursuite en commet un d'office. Ce gardien est responsable des objets saisis. Le tarif des frais de garde a été fixé par décret du 25 avr. 1902.

110. Certains objets sont déclarés insaisissables pour contributions arriérées (Règl. 1839, art. 77). L'énumération qui en est faite reproduit en termes à peu près identiques la disposition générale contenue dans l'art. 592 c. pr. civ. — La saisie d'objets insaisis-

sables expose l'agent à une amende, mais n'entraîne pas la nullité de la saisie.

111. A défaut d'objets saisissables, l'agent de poursuite dresse, sur papier libre, en présence de deux témoins, un procès-verbal de carence, lequel est notifié par le maire, et dispensé de timbre et d'enregistrement (Règl. 1839, art. 78).

112. Aucune vente ne peut s'effectuer qu'en vertu d'une autorisation spéciale du sous-préfet, accordée sur la demande du percepteur par l'intermédiaire du receveur (Règl. 1839, art. 79). La vente ne peut avoir lieu moins de huit jours francs après la clôture du procès-verbal de saisie. Ce délai peut être abrégé avec l'autorisation du sous-préfet; plus souvent, il est prolongé.

113. Les ventes de meubles sont faites par les commissaires-priseurs dans les villes où ils sont établis (L. 28 juill. 1820, art. 31). Toutes autres ventes sont faites par les porteurs de contraintes dans les formes prescrites pour les ventes par autorité de justice.

114. Avant de procéder à la vente, l'officier public qui en est chargé doit en faire la déclaration au bureau de l'Enregistrement, à peine de 20 francs d'amende (L. 22 pluv. an 7, R. v° *Enregistrement*, t. 21, p. 35; 16 juin 1824, art. 10, *ibid.*, p. 42). La vente doit avoir lieu, à moins de circonstances exceptionnelles, aux jours et heures ordinaires du marché, ou un dimanche. Elle est annoncée un jour d'avance par des placards ou par la voie des journaux. L'agent de poursuite doit être assisté de deux témoins domiciliés dans la commune où se fait la vente. Les objets sont adjugés au plus offrant. Après deux tentatives infructueuses, il est dressé un procès-verbal de carence. Le prix des objets vendus est payé au comptant.

115. Le percepteur doit être présent à la vente ou s'y faire représenter pour en recevoir les deniers. Il est responsable desdits deniers (Règl. 1839, art. 84). — Lorsque ceux-ci proviennent de la vente des objets affectés au privilège du Trésor, le percepteur peut exiger leur versement immédiat. Si les objets vendus n'étaient pas affectés à ce privilège, l'officier qui préside à la vente doit consigner les deniers.

116. Après avoir reçu le produit de la vente, le percepteur émarge les rôles jusqu'à concurrence des sommes dues par le saisi, et lui en délivre quittance. Il conserve le surplus jusqu'après la liquidation des frais, délivre au contribuable une reconnaissance portant obligation de lui en rendre compte et de lui restituer l'excédent s'il y a lieu. Ce compte est rendu à la réception de l'état des frais régulièrement taxés, inscrit à la suite du procès-verbal de vente, et signé contradictoirement par le percepteur et le contribuable (Règl. 1839, art. 85).

117. Lorsque des poursuites doivent être dirigées contre des tiers, on agit par voie de sommation directe, conformément à la loi du 12 nov. 1808, si les deniers sont affectés au privilège du Trésor, et, dans le cas contraire, par voie de saisie-arrêt, dans les formes prévues par le Code de procédure civile (art. 557 et s.).

118. Lorsque le percepteur est averti d'un commencement d'enlèvement furtif de meubles ou de fruits et qu'il peut craindre la disparition du gage du Trésor, il a le droit, s'il y a déjà eu un commandement, de faire procéder immédiatement à la saisie-exécution, sans attendre le délai de trois jours francs. Si le commandement n'a pas encore été notifié, il constitue un gardien chargé de surveiller les meubles. Si les poursuites n'étaient pas encore commencées, il ne peut procéder que par voie de saisie-arrêt. A l'égard des marchands ambulants, il peut procéder à la saisie sans commandement préalable, avec autorisation du président du tribunal ou du juge de paix.

119. Tout ce qui concerne les frais qu'entraînent les poursuites, le coût des actes, comprenant le salaire des agents de poursuites, est fixé conformément au tarif arrêté par le préfet en vertu du pouvoir réglementaire qui lui est conféré à cet égard par l'art. 51 de la loi du 15 mai 1818. — Les frais de saisie et de vente sont réglés par vacations. Il faut y faire entrer les frais d'annonces et d'impression. Ces sommes se partagent entre les receveurs, les percepteurs et les agents de poursuites.

120. Les états de frais, certifiés par les agents de poursuites, signés par le percepteur, vérifiés par le receveur particulier, sont transmis au sous-préfet, qui les arrête et les rend exécutoires (Arr. 16 therm. an 8, art. 47). Cet arrêté emporte exécution forcée. Les contribuables dénommés dans cet état peuvent être poursuivis en vertu d'un rôle. — Le sous-préfet, d'office ou sur la réclamation du contribuable, peut réduire les états de frais. Tous actes de poursuites irréguliers, frustratoires ou arbitraires, doivent être rejetés de l'état de frais et mis à la charge de l'agent qui les aura exécutés ou du comptable qui les aura provoqués (Règl. 1839, art. 105).

121. Les réclamations dirigées contre les poursuites n'en suspendent pas l'exercice. Quant aux demandes en décharge ou réduction, elles n'ont d'effet suspensif que dans le cas prévu par l'art. 28 de la loi du 21 avr. 1832, modifié par la loi du 13 juill. 1903, art. 17 (D. P. 1903. 4. 73).

122. Les percepteurs qui ont laissé passer trois années, à compter du jour où les rôles leur ont été remis, sans faire de poursuites contre un contribuable ou qui, après avoir commencé des poursuites, les ont abandonnées pendant trois ans, sont déchus de leurs droits contre les redevables. Ce délai écoulé, toutes poursuites leur sont interdites (L. 3 frim. an 7, art. 149-150; Arr. 16 therm. an 8, art. 17; Règl. 1839, art. 18). Comp. *supra*, n° 19. — Les frais de poursuites sont soumis à la même prescription que les contributions. A leur égard, le délai court de l'année pendant laquelle ils sont mis en recouvrement (Instr. 1859, art. 93).

123. La sommation sans frais et la contrainte n'interrompent pas la prescription. Il en est autrement de la sommation avec frais, du commandement, de la saisie, d'une saisie-arrêt, d'une citation du redevable devant les tribunaux (Civ. 2244), d'un acte du redevable impliquant reconnaissance de sa dette. L'interruption de la prescription à l'égard du contribuable conserve les droits du Trésor contre les tiers qui sont, le cas échéant, obligés de payer la contribution du redevable (Civ. 2250).

Art. 4. — Droits qui garantissent le recouvrement des contributions directes et taxes assimilées.

124. Le recouvrement des contributions directes est garanti par un privilège, dont l'assiette et l'étendue diffèrent suivant qu'il s'agit de la contribution foncière ou des autres contributions directes (V. *infrà*, *Privilèges et hypothèques*). — Indépendamment de ce privilège, le Trésor peut exercer, sur les biens des redevables, les droits qui appartiennent à tout créancier (L. 12 nov. 1808, art. 3). Ainsi, l'administration des Contributions directes a le droit de poursuivre l'expropriation forcée des biens du redevable (Av. Cons. d'Et. 27 févr. 1812). Le règlement de 1839 (art. 12bis) exige, pour cela, une autorisation spéciale du ministre des Finances, sur la proposition du receveur particulier et l'avis du préfet. En pareil cas, le Trésor n'a pas de privilège.

Sect. V. — Réclamations.

125. Les réclamations auxquelles peuvent donner lieu l'assiette et le recouvrement des contributions directes sont : 1º les demandes en décharge ou en réduction, formées par les personnes qui se prétendent indûment imposées ou surtaxées; — 2º les demandes en inscription formées par celles qui se prétendent omises; — 3º les demandes en mutation de cote ou en transfert, par lesquelles les réclamants demandent soit l'inscription à leur nom des cotes imposées au nom d'un tiers, soit l'inscription au nom d'un tiers des cotes mises à leur charge; — 4º les réclamations cadastrales; — 5º les demandes en annulation de poursuites et en remboursement des frais auxquels elles ont donné lieu; — 6º les demandes en remboursement formées par les personnes non inscrites sur les rôles, et prétendant avoir été contraintes par des poursuites illégales à payer des sommes qu'elles ne devaient pas; — 7º les demandes en remise ou modération, tendant à obtenir des dégrèvements à titre gracieux; — 8º les réclamations formées par les percepteurs relativement à leurs états de cotes indûment imposés.

ART. 1er. — RÉCLAMATIONS CONTENTIEUSES.

§ 1er. — *Demandes en décharge ou réduction.*

A. — Présentation des demandes.

125. En principe, le contribuable inscrit sur le rôle a seul qualité pour former la réclamation. — Lorsque ce contribuable est un incapable, la réclamation doit émaner de son représentant légal. Ainsi, la réclamation d'une femme mariée doit être présentée par son mari; celle d'un mineur, par le père, administrateur légal, ou par son tuteur; celle d'un interdit, par son tuteur. S'il s'agit d'une personne morale, la réclamation ne peut être présentée que par le fonctionnaire qui a qualité pour agir en son nom : pour la commune, par le maire; pour le département, par le préfet; pour l'Etat, par le ministre des Finances, s'il s'agit des biens du Domaine privé de l'Etat, et par les autres ministres s'il s'agit de biens affectés à un service public.

127. En dehors du cas d'incapacité du contribuable, nul n'est admis à introduire ou soutenir une réclamation pour autrui s'il ne justifie d'un mandat régulier. A peine de nullité, il doit être produit en même temps que la réclamation, lorsque celle-ci est introduite par le mandataire (L. 13 juill. 1903, art. 17). — Aucune restriction n'est, d'ailleurs, apportée à la liberté du contribuable en ce qui touche le choix de son mandataire. — Ces dispositions ont pour but de réglementer la forme du mandat. Elles infirment implicitement pour l'avenir les décisions où la jurisprudence avait admis la recevabilité de réclamations présentées par des tiers non porteurs d'un mandat spécial, par exemple, les réclamations présentées par un associé principal contre la patente de ses associés, ou par un préposé à la gestion d'une maison de commerce pour le compte de ses patrons. Mais il semble qu'après comme avant la loi du 13 juill. 1903, devraient être déclarées valables les réclamations formées, notamment, par les locataires d'un terrain où a été construit un immeuble, contre la contribution assignée à raison de ce bâtiment au propriétaire du terrain (Cons. d'Et. 24 nov. 1882); ... par l'acquéreur d'une propriété foncière, contre la contribution inscrite au nom du précédent propriétaire, à la condition que cette réclamation puisse être considérée comme une demande en mutation de cote (Cons. d'Et. 20 juill. 1883); ... par un héritier contre la contribution inscrite au nom de son auteur (Cons. d'Et. 19 nov. 1898); ... par les tiers poursuivis en payement des contributions des contribuables, tels que les propriétaires poursuivis pour les contributions de leurs locataires ayant déménagé ou

les fermiers, locataires, dépositaires ou débiteurs détenteurs de deniers affectés au privilège du Trésor (Cons. d'Et. 1er juin 1904); ... par un syndic de faillite contre les contributions qui auraient été assignées à un failli postérieurement à la déclaration de faillite, si on l'a poursuivi pour en obtenir le payement (Cons. d'Et. 29 nov. 1880). Dans ces divers cas, les tiers qui réclamaient sans mandat contre les contributions inscrites au nom d'autres contribuables pouvaient se prévaloir d'un intérêt personnel, et cela paraît devoir suffire, même sous l'empire de la loi nouvelle, pour que la réclamation soit recevable.

126. Les réclamations sont présentées sous forme de requête. La demande en décharge doit mentionner, à peine de non-recevabilité, la contribution à laquelle elle s'applique et, à défaut de la production de l'avertissement, l'article du rôle sous lequel figure cette contribution; elle doit encore contenir, indépendamment de l'indication de son objet, l'exposé sommaire des moyens par lesquels on prétend la justifier. Il est formé une demande distincte pour chaque commune (L. 13 juill. 1903, art. 17). — Il va de soi que la réclamation doit être signée par le réclamant ou par son mandataire.

129. La réclamation doit contenir les conclusions du réclamant et ses principaux moyens. Les contribuables peuvent continuer à réunir dans une seule requête les diverses contributions auxquelles ils sont imposés dans une même commune (Cons. d'Et. 17 mars 1900). Ils doivent joindre à leurs réclamations l'avertissement, ou bien indiquer le numéro de l'article du rôle qui motive la réclamation. — Ces mentions sont prescrites à peine de non-recevabilité de la réclamation.

130. Les contribuables doivent présenter des réclamations individuelles. Une réclamation collective n'est valable qu'en ce qui touche le premier dénommé dans la requête. Ainsi jugé en matière de taxes syndicales (Cons. d'Et. 8 nov. 1901). Les réclamants ne sont plus obligés de joindre à leur requête la quittance des termes échus de la contribution contre laquelle ils réclament. Cette formalité, supprimée par la loi du 6 déc. 1897 (art. 12), n'a pas été rétablie par la loi du 13 juill. 1903.

131. La demande doit être adressée au préfet ou au sous-préfet dans les trois mois de la publication du rôle. — L'irrégularité de la publication empêcherait le délai de courir; mais le fait que le rôle aurait été publié un jour de semaine, non le dimanche, ne constitue pas une irrégularité de nature à empêcher le délai de courir (Cons. d'Et. 16 févr. 1901). Les réclamations ne sont recevables qu'autant que la publication a eu lieu; celles qui auraient précédé la publication seraient rejetées comme prématurées.

132. Le délai fixé par la loi est un délai franc. Si par exemple un rôle est publié le 10 janvier, les réclamations seront recevables jusqu'au 11 avril inclusivement. Lorsque le dernier jour du délai est un jour férié, le délai est prorogé au lendemain (Pr. 1033, art. 3, et Cons. d'Et.). — modifié par la loi du 13 avr. 1895, D. P. 95. 4. 71).

133. Ce délai est d'ordre public. Lorsqu'il est expiré, ni les agents de l'Administration, ni les tribunaux ne peuvent relever le contribuable de la déchéance encourue. Celle-ci doit être opposée d'office par les juges. Elle peut l'être en tout état de cause, même en appel. — Pour échapper à cette déchéance, les contribuables allègueraient vainement qu'ils n'ont pas reçu leur avertissement ou l'ont reçu tardivement, ou qu'il renferme des inexactitudes. Ils ne peuvent arguer ni de leur minorité, ni de la loi, ni des obstacles à l'exercice du droit de réclamer résultant de leur état de maladie,

de leur minorité, de leur faillite ou d'une absence. Ils ne peuvent se prévaloir d'une réclamation qu'ils auraient présentée pour un exercice précédent et qui ne serait pas encore jugée ou l'aurait été à leur profit. Enfin, ils ne peuvent alléguer qu'ils n'ont connu qu'après l'expiration des délais les éléments qui leur permettaient de former leur réclamation.

134. Le délai court du jour de la publication des rôles contre tout contribuable qui, sans résider dans la commune où il est imposé, y possède une propriété, une habitation meublée à sa disposition, un établissement commercial où il a un représentant ou un préposé. — En matière de patente, dans le cas prévu par l'art. 28 de la loi du 15 juill. 1880, le délai de réclamation court du jour de la fermeture de l'établissement par suite du décès ou de la faillite des patentables, ou du jour de la cession de l'établissement ou de la publication du rôle supplémentaire dans lequel est compris le cessionnaire. En matière de prestations en nature, lorsque le rôle est publié avant le 1er janvier, c'est du 1er janvier, et non du jour de la publication, que court le délai.

135. L'art. 17 de la loi du 13 juill. 1903 réserve les délais qui auraient été établis par des lois spéciales. Ces délais exceptionnels sont les suivants : 1º Dans le cas où, par suite de *faux* ou *double emploi*, des cotes seraient indûment imposées dans les rôles des contributions directes ou des taxes y assimilées, le délai pour la présentation des réclamations ne prend fin que trois mois après que le contribuable aura eu connaissance officielle des poursuites dirigées contre lui par le percepteur pour le recouvrement de la cotisation indûment imposée (L. 29 déc. 1884, art. 4, D. P. 85. 4. 38). Il y a double emploi lorsqu'un contribuable est imposé dans deux cotisations à raison des mêmes éléments. Il y a faux emploi lorsqu'il est imposé par erreur dans une commune où il ne possède aucun élément d'imposition. Pour qu'il y ait faux emploi, il ne suffit pas que certains éléments soient indûment taxés; il faut que l'intégralité de cote soit imposée à tort; autrement dit, peuvent seuls bénéficier de ce délai exceptionnel les demandes en décharge, et non les demandes en réduction. — Le point de départ du délai étant la connaissance officielle des poursuites, la remise de l'avertissement, même une sommation sans frais, ne suffisent pas pour le faire courir. Il faut que le contribuable ait reçu notification d'une sommation avec frais. Toutefois, si le contribuable avait payé la contribution qu'il prétend entachée de faux ou de double emploi, ce payement suffirait à établir qu'il a eu connaissance de l'imposition, et il ne pourrait réclamer plus de trois mois après.

136. 2º Tout contribuable qui se trouve imposé à tort ou surtaxé, soit dans les rôles généraux des quatre contributions directes, soit dans ceux de la taxe des prestations en nature, peut en faire la déclaration à la mairie du lieu de l'imposition, dans le mois qui suit la publication du rôle. Cette déclaration est reçue sans frais ni formalités, sur un registre tenu à la mairie, et doit être signée par le réclamant ou son mandataire. Celles de ces déclarations qui, après un examen sommaire, peuvent être reconnues immédiatement fondées, sont analysées par les agents des Contributions directes sur un état qui est revêtu de l'avis du maire ou des répartiteurs, suivant les cas, ainsi que de celui du contrôleur et du directeur (L. 21 juill. 1887, art. 2, D. P. 87. 4. 96). Lorsque le maire et les répartiteurs, d'une part, et le directeur des Contributions directes, d'autre part, sont d'avis d'accueillir intégralement ces déclarations, le dégrèvement est, sans autre formalité, prononcé par le directeur (L. 6 déc. 1897, art. 13, D. P. 98. 4. 16). — Le délai d'un mois donné au contribuable par l'art. 2 de la loi du 21 juill. 1887 doit se combiner avec le délai général de la loi du 13 juill. 1903. Après notification de la décision qui rejette la réclamation faite par voie de déclaration, le contribuable a encore, pour former une réclamation par la voie ordinaire, soit la fin du délai de trois mois à partir de la publication du rôle, soit un délai spécial d'un mois si le délai normal est expiré.

137. 3° Les contribuables peuvent réclamer contre le classement de leurs propriétés non bâties dans les six mois de la mise en recouvrement du premier rôle cadastral : passé ce délai, ils ne peuvent réclamer une revision de ce classement qu'en cas de perte de revenu provenant de causes postérieures et étrangères au classement et indépendantes de la volonté du propriétaire. Leurs réclamations doivent être alors présentées dans les six mois de la mise en recouvrement du premier rôle qui suit cet événement (L. 15 sept. 1807, art. 27, R. p. 264; Ord. 3 oct. 1821, R. p. 267; Règl. 10 oct. 1821).

138. 4° Après chaque évaluation décennale des propriétés bâties ou après la première imposition d'une maison, le propriétaire a un délai de six mois, à compter de la publication du premier rôle, pour réclamer contre l'évaluation attribuée à son immeuble (L. 8 août 1890, art. 7, D. P. 90. 4. 79).

139. 5° D'après l'art. 17 de la loi du 21 juin 1865 (D. P. 65. 4. 77), un propriétaire compris dans une association syndicale peut, dans un délai de quatre mois à partir de la notification du premier rôle des taxes, contester sa qualité d'associé ou la validité de l'association.

140. Une fois la réclamation formée dans le délai légal, elle ne peut plus être étendue à partir de ce délai. Celui qui a demandé une réduction ne peut demander décharge, ni une réduction plus forte, ni substituer à une demande en décharge une demande en transfert ou en mutation de cote, ni réclamer contre une autre contribution que celle qui formait l'objet de sa demande primitive. Toute demande nouvelle, tout chef de conclusions présenté après l'expiration des délais doit être déclaré non-recevable. — Mais ne constituent pas une demande nouvelle des conclusions à fin de réduction substituées, en dehors du délai, à une demande en décharge. De même, le contribuable est recevable, après l'expiration des délais, à présenter des moyens nouveaux (Cons. d'Et. 28 déc. 1900).

141. Pour que la réclamation soit considérée comme présentée dans le délai légal, il faut non seulement qu'elle ait été écrite par le réclamant et mise à la poste, mais encore qu'elle soit parvenue et qu'elle ait été enregistrée à la préfecture avant l'expiration de ce délai (L. 13 juill. 1903, art. 27).

B. — Instruction des demandes (R. 458 et s.; S. 224 et s.).

142. Une fois enregistrée, la réclamation est transmise au directeur, qui est chargé d'en diriger l'instruction.

143. Les demandes qui sont entachées d'un des vices de forme prévus aux paragraphes 2 et 3 de l'art. 17 de la loi du 13 juill. 1903 doivent, avant toute instruction au fond, être déposées à la préfecture ou à la sous-préfecture, conformément aux dispositions de l'art. 29 de la loi du 21 avr. 1832. Les intéressés sont avisés, en même temps, qu'ils sont admis à la régulariser par la simple production des pièces ou indications dont l'absence aura été constatée. La régularisation peut valablement être faite dans les dix jours qui suivent la réception

de cet avis, et dans tous les cas jusqu'à l'expiration des délais fixés pour la présentation des réclamations (L. 13 juill. 1903, art. 17, § 4).

144. La réclamation est renvoyée par le directeur au contrôleur, qui vérifie les faits et donne son avis, après avoir pris celui du maire ou des répartiteurs (L. 21 avr. 1832, art. 29). Ceux-ci sont consultés sur les réclamations relatives aux impôts de répartition et à certaines taxes assimilées, telles que les taxes sur les chevaux et voitures, les chiens et les prestations. En matière de patente, le maire seul est appelé à donner son avis. La consultation des répartiteurs ou du maire est une formalité substantielle.

145. Lorsque le maire ou les répartiteurs, d'une part, et le directeur des Contributions directes, d'autre part, sont d'avis d'accueillir intégralement une demande en décharge ou en réduction, le dégrèvement est, sans autre formalité, prononcé par le directeur. Le même mode de procéder est employé à l'égard des déclarations faites à la mairie, en conformité de l'art. 2 de la loi du 21 juill. 1887, et des états particuliers des cotes indûment imposées par l'art. 3 de la même loi (L. 6 déc. 1897, art. 13, D. P. 98. 4. 16). — Si le directeur n'estime pas la réclamation fondée ou si l'avis du maire ou des répartiteurs est défavorable, le conseil de préfecture est appelé à statuer; le réclamant est invité à prendre communication du dossier à la sous-préfecture et à faire connaître, dans les dix jours, s'il veut fournir de nouvelles observations ou recourir à la vérification par voie d'expertise (L. 21 avr. 1832, art. 29). L'avis du dépôt du dossier à la sous-préfecture est une formalité essentielle. — Si, à la suite de la notification de cet avis, le réclamant produit de nouvelles observations, il est procédé, sur ces observations, à une nouvelle instruction par le contrôleur et le directeur. Mais, cette fois, ces avis ne sont plus communiqués obligatoirement au réclamant (Cons. d'Et. 28 déc. 1900).

146. Le contribuable peut toujours réclamer l'expertise. Mais il doit le faire soit dans sa requête primitive, soit avant l'expiration du délai de dix jours à lui imparti dans l'avis qui lui est donné du dépôt du dossier à la sous-préfecture. A plus forte raison, n'est-il pas recevable à demander l'expertise pour la première fois devant le Conseil d'Etat.

147. Si l'expertise n'a pas été demandée, le conseil de préfecture peut statuer sur la réclamation sans ordonner d'office cette mesure d'instruction. Au contraire, quand elle a été demandée régulièrement, elle est obligatoire. — La jurisprudence a cependant admis que, dans certains cas, le conseil pouvait se dispenser d'ordonner l'expertise; il en est ainsi : 1° toutes les fois qu'elle aurait un caractère frustratoire, soit parce que la réclamation paraît évidemment fondée, soit parce qu'au contraire elle doit être rejetée par une fin de non-recevoir; 2° lorsque la question soulevée par la réclamation est une question de droit, qui échappe à la compétence des experts (Cons. d'Et. 18 janv. 1895); 3° lorsque, même à supposer exactes les allégations du réclamant, sa demande ne pourrait être admise (Cons. d'Et. 4 mai 1894, 8 juill. 1899); 4° lorsque l'expertise n'a été demandée qu'après l'expiration du délai de dix jours prévu par l'art. 29 de la loi du 21 avr. 1832 (Cons. d'Et. 26 déc. 1891); 5° enfin, en matière de contribution foncière, lorsque les réclamations tendraient à faire modifier des évaluations devenues définitives (Cons. d'Et. 21 avr. 1899).

L'expertise doit avoir lieu dans les formes tracées par la loi du 17 juill. 1895 (art. 16). En matière de contributions directes, soit de taxes assimilées dont l'assiette et la répartition sont confiées à l'administration des Contributions directes, toute

expertise demandée par un contribuable ou ordonnée d'office par le conseil de préfecture est faite par trois experts, à moins que les parties ne consentent à ce qu'il y soit procédé par un seul. Dans ce dernier cas, l'expert est nommé par le conseil de préfecture. Si l'expertise est confiée à trois experts, l'un d'eux est nommé par ce conseil, chacune des parties étant appelée à nommer son expert.

149. En ce qui concerne les causes de récusation, on suit les principes généraux de la procédure : la récusation n'est admise que s'il y a incompatibilité absolue entre la situation personnelle de l'expert et le mandat qui lui est confié. Ainsi, le fait que l'un des experts aurait bu ou mangé avec l'une des parties n'est pas un motif de récusation (Cons. d'Et. 2 mars 1883). Les fonctionnaires publics ne peuvent être récusés à raison de leur seule qualité (Cons. d'Et. 8 juill. 1897), mais dans le cas seulement où ils auraient été, en cette qualité, appelés à donner leur avis sur l'affaire, comme, par exemple, les agents des Contributions directes ou les répartiteurs. — La récusation doit être proposée au début même des opérations; à plus forte raison ne pourrait-elle être invoquée pour la première fois devant le Conseil d'Etat (Cons. d'Et. 2 déc. 1899). — Les experts ne sont pas tenus de prêter serment (Cons. d'Et. 21 nov. 1896).

150. Le contrôleur fixe le jour et l'heure où il se rendra dans la commune pour procéder à l'expertise, et il en prévient, dix jours au moins à l'avance, par lettre spéciale, les experts, le maire et le réclamant, et se fait accuser réception (L. 2 mess. an 7, art. 28 et 30, R. p. 250). Il notifie en même temps au réclamant les noms de l'expert de l'Administration et de celui désigné par le conseil de préfecture. — Le réclamant peut assister à l'expertise ou s'y faire représenter par un fondé de pouvoirs.

151. Les experts doivent s'attacher essentiellement à la constatation des faits. Ils ne rempliraient pas leur mission s'ils se bornaient à émettre un avis non motivé. Dans aucun cas ils ne peuvent se dispenser de se rendre sur les lieux et d'examiner les locaux ou objets sur lesquels porte le litige (Arr. 24 flor. an 8, art. 5, R. p. 260; Cons. d'Et. 23 janv. 1880, D. P. 80. 5. 114). — Le contrôleur dresse procès-verbal des opérations des experts, et exprime son avis sur le résultat de ces opérations.

152. Si l'expertise ne lui fournit pas tous les renseignements qu'il estime nécessaires, le conseil de préfecture peut encore prescrire une autre vérification, qui sera faite contradictoirement avec le réclamant par l'inspecteur des Contributions directes ou un contrôleur différent de celui qui a déjà donné son avis (L. 26 mars 1831, R. p. 268). Mais aucune autre mesure d'instruction n'est possible en matière de contributions directes : il ne peut y avoir ni visite de lieux (Cons. d'Et. 3 févr. 1900), ni enquête (Cons. d'Et. 27 oct. 1900).

153. La procédure à l'audience du conseil de préfecture est la même que celle des affaires ordinaires (V. supra, Conseil de préfecture, n°s 82 et s.). La forme des arrêtés est également soumise aux règles ordinaires (V. supra, cod. v°, n°s 89 et s.).

154. Lorsque la réclamation n'a pas été jugée dans les six mois qui ont suivi sa présentation, le contribuable a la faculté, dans la limite du dégrèvement sollicité par lui, de différer le payement des termes qui viendraient à échoir de la contribution contestée, à la condition d'avoir préalablement, dans sa demande, manifesté cette intention et fixé le montant ou les bases du dégrèvement auquel il prétend (L. 13 juill. 1903, art. 17, § 7).

155. Par dérogation au droit commun

(V. *suprà*, *Conseil de préfecture*, n⁰ 100), c'est le directeur des Contributions directes qui est chargé d'informer le contribuable ou le ministre des arrêtés rendus par le conseil de préfecture (Cons. d'Et. 29 mars 1895, D. P. 96. 3. 25). Il n'est pas tenu de notifier une copie intégrale de l'arrêté. Il suffit que la notification fournisse à l'intéressé des renseignements suffisants pour lui permettre de se pourvoir en connaissance de cause (Cons. d'Et. 29 mars 1895, précité). — Le contribuable qui a reçu notification de la décision ne peut exiger du greffier du conseil de préfecture une expédition gratuite sur papier libre. Il doit payer les frais de copie (L. 2 mess. an 7, art. 28).

§ 2. — *Autres réclamations contentieuses.*

156. 1⁰ *Demandes en inscription.* — L'art. 28 de la loi du 21 avr. 1832 reconnaît aux contribuables omis sur le rôle d'une commune le droit de réclamer leur inscription par la voie contentieuse. Cette demande doit être formée dans les trois mois de la publication du rôle. Pour qu'elle soit accueillie, le contribuable doit justifier qu'il aurait dû être inscrit au rôle au 1ᵉʳ janvier. La commune peut avoir intérêt à est admise à contredire à ces demandes. Les contribuables ne peuvent réclamer contre l'omission d'autres contribuables.

157. 2⁰ *Demandes en mutation de cote.* — Les demandes en mutation de cote ne sont admises qu'en matière de contribution foncière et de contribution des portes et fenêtres (L. 2 mess. an 7, art. 5; 24 flor. an 8; 8 juill. 1852). — En matière de contribution foncière, les demandes en mutation de cote peuvent être formées par celui qui prétend n'être pas ou n'être plus propriétaire de l'immeuble à raison duquel il a été imposé, soit par celui qui prétend être devenu propriétaire de cet immeuble, soit par le propriétaire qui demande que l'impôt soit transféré à l'usufruitier, soit par le propriétaire d'un terrain sur lequel un locataire a bâti, soit enfin par le conjoint survivant qui demande que la cote soit transférée aux héritiers du conjoint décédé. — En matière de contribution des portes et fenêtres, les demandes peuvent être formées par l'ancien et le nouveau propriétaire et par le locataire qui, imposé nominativement, a quitté la maison avant l'ouverture de l'exercice.

158. Les faits qui servent de fondement à une demande en mutation de cote doivent être antérieurs à l'ouverture de l'exercice. — Les demandes en mutation doivent être présentées dans les trois mois de la publication des rôles. Les délais spéciaux qui restreignent la possibilité de réclamer en matière de contribution foncière ne s'appliquent pas à ces sortes de demandes (Cons. d'Et. 27 déc. 1901). Au contraire, en matière de contribution des portes et fenêtres, le réclamant peut bénéficier des délais de la loi du 29 déc. 1884.

159. Le demandeur en mutation de cote doit désigner la personne au nom de laquelle il prétend faire transférer la cote. Cette personne doit être mise en cause. Si elle consent à la mutation, le conseil de préfecture peut l'ordonner. Si elle s'y oppose, la question litigieuse étant le plus souvent une question de propriété, le conseil doit surseoir à statuer jusqu'à ce que les parties aient fait juger leurs droits respectifs par l'autorité judiciaire. La décision de cette autorité s'impose au conseil de préfecture.

160. 3⁰ *Demandes en transfert de patente.* — D'après l'art. 28 de la loi du 15 juill. 1880, il n'y a lieu à transfert de patente que dans le cas de cession d'établissement, c'est-à-dire quand le patentable vend son fonds avec sa clientèle et tout ce qui constitue les éléments de son commerce, de son industrie ou de sa profession, à une autre personne.

Le transfert de patente peut être demandé soit par le cédant, soit par le cessionnaire.

161. La demande de transfert n'a pas pour but, comme la demande de mutation de cote, de redresser une erreur d'impôt commise sur le rôle, mais de permettre à un contribuable régulièrement imposé de faire passer une partie de sa contribution sur la tête d'un nouveau contribuable. Elle peut être formée pendant tout le temps qui s'écoule entre le jour de la cession et l'expiration d'un délai de trois mois qui court du jour où le cessionnaire a été imposé sur le rôle supplémentaire par double emploi avec le cédant.

162. Le transfert de la patente est demandé au préfet, et non au conseil de préfecture. La décision est administrative et prise sans que la demande ait été communiquée à l'autre partie intéressée. Elle est notifiée par le directeur aux parties et au percepteur. — La décision du préfet doit être déférée au conseil de préfecture, qui peut alors ordonner le transfert.

163. D'après le décret du 27 déc. 1871 (D. P. 72. 4. 21), relatif à la taxe sur les billards, en cas de cession d'établissement, le cédant peut faire transférer sa cote à son successeur.

164. 4⁰ *Réclamations cadastrales* (V. *infrà*, n⁰ˢ 215 et s.).

165. 5⁰ *Demandes en annulation des poursuites et en décharge de frais de poursuites.* — Les contribuables poursuivis peuvent former deux espèces de réclamations. Tantôt ils contestent la contribution qui leur est assignée; ils forment alors une demande en décharge ou en réduction, qui est instruite dans les formes indiquées *suprà*, n⁰ˢ 142 et s.: l'annulation des actes de poursuite sera une conséquence du succès de cette demande. Tantôt le contribuable, sans contester son imposition, critique les poursuites elles-mêmes et se plaint qu'elles n'aient pas été faites régulièrement. Il s'agit alors d'un débat entre le contribuable et le percepteur, qui doit être instruit contradictoirement. Si les actes du percepteur sont annulés, les frais restent à sa charge.

166. 6⁰ *Demandes en remboursement.* — Les demandes qui tendent à la restitution de sommes indûment payées ne peuvent émaner des contribuables eux-mêmes. Ceux-ci, qui avaient à leur disposition la voie de la demande en décharge ou en réduction et n'en ont pas usé dans les délais, ne sont plus recevables, après avoir payé, à demander la restitution des sommes versées par eux (Cons. d'Et. 9 juill. 1886, D. P. 88. 3. 4). — Cette voie de recours n'est ouverte qu'aux tiers poursuivis en l'acquit de contribuables en retard. Leur réclamation n'est admise qu'autant qu'ils justifient de poursuites dirigées contre eux. S'ils ont payé volontairement les contributions dues par une personne inscrite au rôle, ils peuvent avoir une action civile contre cette personne; mais ils n'ont pas pour cela qualité pour former devant le conseil de préfecture, soit une demande en décharge au nom du contribuable, soit une demande en remboursement en leur propre nom.

167. 7⁰ *Etats de cotes indûment imposées.* — Dans les trois mois de la publication des rôles, les percepteurs forment, s'il y a lieu, pour chacune des communes de leur perception, des états présentant la nature de contribution, les cotes qui leur paraissent avoir été indûment imposées, et adressent ces états aux préfets et sous-préfets par l'intermédiaire des receveurs des finances (L. 3 juill. 1846, art. 6, D. P. 46. 3. 115). Les cotes indûment imposées aux rôles des contributions directes qui n'auraient pas été comprises dans les états présentés par les percepteurs dans les trois premiers mois de l'exercice, et dont l'irrecouvrabilité serait

d'ailleurs dûment constatée, peuvent être portées sur les états de cotes irrecouvrables rédigés en fin d'année et être allouées en décharge par les conseils de préfecture (L. 22 juill. 1854, art. 16, D. P. 54. 4. 116).

§ 3. — *Voies de recours contre les arrêtés des conseils de préfecture.*

168. Les arrêtés rendus par les conseils de préfecture en matière de contributions directes sont susceptibles d'*opposition*, dans les mêmes personnes qui l'opposition, dans sions émanées des conseils de préfecture (V. *suprà*, *Conseil de préfecture*, n⁰ˢ 106 et s.). — L'opposition suspend l'exécution de l'arrêté, à moins qu'il n'en ait été autrement ordonné par la décision qui a statué par défaut.

169. Ces arrêtés peuvent aussi, le cas échéant, être attaqués par la *tierce opposition*. Cette voie de recours est ouverte aux mêmes personnes qui l'opposition, lorsqu'elles n'ont pas reçu communication de la réclamation. D'autre part, la commune peut, en matière de contributions directes, former tierce opposition lorsque les répartiteurs n'ont pas été consultés. La tierce opposition n'est assujettie à aucun délai.

170. Les arrêtés du conseil de préfecture peuvent être déférés au Conseil d'Etat par voie d'appel. Les règles du droit commun sont, en principe, applicables à ce recours (V. *suprà*, *Conseil d'Etat*, n⁰ˢ 34 et s.). Toutefois, il est dispensé du ministère des avocats au Conseil d'Etat (V. *suprà*, *eod.* v⁰, n⁰ 36). — Sur les conditions dans lesquelles le Conseil d'Etat statue en pareille matière, V. *suprà*, *eod.* v⁰, n⁰ 29 et s.

§ 4. — *Frais des instances.*

171. Les sommes dues à titre de contributions directes ne sont jamais productives d'intérêts. — Les seuls dépens que comporte les réclamations en matière de contributions directes sont les frais d'expertise et les frais de timbre.

172. 1⁰ Les *frais d'expertise* sont supportés par la partie qui succombe. Ils peuvent être compensés en tout ou partie. A moins de circonstances particulières, le réclamant doit être considéré comme succombant dans ses prétentions s'il n'obtient pas un dégrèvement plus élevé que celui qui avait été proposé par le directeur avant l'expertise (Cons. d'Et. 2 déc. 1887, D. P. 89. 3. 26). — La liquidation des frais d'expertise est faite conformément au droit commun (V. *suprà*, *Conseil de préfecture*, n⁰ 118 et s.). — Les frais mis à la charge du réclamant sont recouvrés sur lui par le percepteur en vertu d'un arrêté préfectoral enjoignant au redevable de se libérer dans le délai d'un mois. A défaut de payement dans ce délai, ils donnent lieu aux mêmes poursuites que les cotes auxquelles ils se réfèrent. En cas d'irrecouvrabilité constatée, ils peuvent être admis en non-valeurs.

173. 2⁰ *Frais de timbre.* — Lorsqu'à la suite d'une réclamation reconnue fondée, il y a lieu de rembourser des contributions, droits ou taxes quelconques indûment perçus, le Trésor, le département, la commune ou l'établissement public pour le compte duquel la perception a été faite rembourse au pétitionnaire, en même temps que le principal, le montant des droits de timbre auxquels a été assujettie la pétition.

174. En ce qui concerne les réclamations en décharge ou en réduction de contributions directes ou de taxes y assimilables, les frais de timbre de la demande introductive d'instance, sauf le cas d'exemption de ces frais prévu par l'art. 28 de la loi du 21 avr. 1832, sont compris dans les dépens de l'instance, et les art. 61 et 65 de la loi du 22 juill. 1889 leur sont applicables (L. 29 mars 1897, art. 42). — Les frais de timbre et d'enregistrement du mandat sont, comme les frais de timbre de la demande, compris dans les dépens de l'instance ; ils sont liquidés et attribués ou compensés dans les conditions prévues au dernier paragraphe de l'art. 42 de la loi du 29 mars 1897 (L. 13 juill. 1903, art. 17).

ART. 2. — RÉCLAMATIONS GRACIEUSES. DEMANDES EN REMISE OU MODÉRATION.

175. Les demandes en remise ou modération visent des cotes justement établies dans le principe, mais que la perte totale ou partielle de ses revenus a mis le contribuable dans l'impossibilité de payer. — Ces demandes peuvent être formées, d'abord, dans le cas de perte totale ou partielle des revenus des propriétés non bâties par suite d'événements extraordinaires, tels que grêle, gelée, inondation, incendie, etc.; les propriétaires sont recevables à demander remise ou modération de leur imposition de l'année (L. 15 sept. 1807, art. 37, R. p. 264). — Lorsque les pertes ont frappé une partie notable de la commune, la demande peut être présentée par le maire dans l'intérêt collectif de ses administrés. Le maire peut aussi réclamer au nom des habitants s'il s'agit d'un incendie ou de tout autre sinistre ayant atteint un grand nombre de propriétés bâties (Arr. 24 flor. an 8, art. 26). — Les contribuables sont également admis à se pourvoir en modération en cas de démolition, même volontaire, de leurs bâtiments durant le cours de l'exercice pour lequel ils ont été imposés.

176. D'autre part, les contribuables peuvent se pourvoir en remise ou modération lorsqu'ils ont éprouvé une perte de revenus par suite de vacance de maisons ou de chômage d'usines (L. 15 sept. 1807, art. 38). Ils peuvent solliciter le dégrèvement à titre gracieux de tout ou partie de leur cotisation pour cause d'indigence ou de gêne (Instr. 26 prair. an 8).

177. Enfin, la loi du 21 juill. 1897 (art. 1er) autorise à demander remise ou modération de leur contribution foncière les contribuables français qui, ne payant à l'Etat qu'une contribution foncière de 25 francs au plus, affirment qu'ils ne sont pas inscrits à cette contribution pour d'autres cotes, et que la part de leur contribution mobilière revenant à l'Etat n'excède pas 20 francs.

178. Les demandes en remise ou en modération individuelles ou collectives, pour pertes résultant d'événements extraordinaires, doivent être produites dans les quinze jours qui suivent ces événements. S'il s'agit de pertes de récoltes, elles doivent être présentées quinze jours au moins avant l'époque habituelle de l'enlèvement des récoltes. — Les demandes en dégrèvement pour cause de démolition en cours d'année doivent être reçues dans les quinze jours de l'achèvement de la démolition. — Les réclamations pour vacance de maisons ou chômage d'usines doivent être produites dans les quinze jours qui ont suivi soit la cessation de la vacance ou du chômage, soit l'expiration des différentes périodes pour lesquelles, suivant la nature de la contribution ou de la propriété, le dégrèvement est susceptible d'être obtenu. — Ces délais sont de rigueur ; seul le ministre peut relever de la déchéance les demandes tardives.

179. Les demandes en remise pour cause d'indigence ou de gêne peuvent être présentées à toute époque (Instr. gén. 29 janv. 1898, art. 48-52). — Quant aux demandes relatives aux petites cotes foncières (V. suprà, n° 177), elles ne peuvent être présentées plus d'un mois après la publication du dernier rôle comportant soit l'inscription du contribuable à la contribution personnelle-mobilière, soit l'inscription au rôle de la contribution foncière des propriétés non bâties d'une des cotes qui doivent être mentionnées dans sa déclaration (Décr. 4 déc. 1897, art. 7, D. P. 98. 4. 96).

180. C'est au préfet qu'il appartient de statuer sur les demandes en revision ou en modération (Arr. 24 flor. an 8, art. 28), sauf recours au ministre des Finances. — Les demandes doivent être adressées à la préfecture, pour l'arrondissement chef-lieu, ou à la sous-préfecture pour les autres arrondissements (Instr. 29 janv. 1898, art. 80). Elles sont vérifiées conformément aux règles contenues dans l'Instruction générale du 29 janv. 1898, et spécialement, en ce qui concerne les petites cotes foncières visées par la loi du 21 juill. 1898, par le décret du 4 déc. 1897.

181. À la suite des décisions gracieuses du préfet ou du ministre des Finances accordant aux réclamants des dégrèvements, les ordonnances de dégrèvement et non-valeurs sur contributions directes et taxes assimilées sont délivrées par le directeur et envoyées par lui au trésorier-payeur général, qui les transmet au percepteur. Le directeur prévient de cet envoi, par une lettre d'avis, la partie intéressée en l'invitant à se présenter au bureau pour émarger l'ordonnance après en avoir reçu le montant (L. 26 juill. 1893, art. 74). Il en est de même en ce qui concerne les dégrèvements prononcés par les décisions contentieuses, soit du conseil de préfecture, soit du Conseil d'Etat. — Les ordonnances de dégrèvement ne comprennent pas les frais de poursuites reconnus irrecouvrables. Les préfets délivrent pour ces frais, au profit des percepteurs, des mandats imputables sur les fonds de non-valeurs.

ART. 3. — RÈGLES DE COMPÉTENCE.

182. Les règles de compétence relatives au contentieux des contributions directes sont posées dans l'art. 4 de la loi du 28 pluv. an 8 (R. v° Organisation administrative, p. 604), aux termes duquel les conseils de préfecture jugent les demandes en décharge ou réduction. L'art. 5 de la loi du 2 mess. an 7, l'art. 2 de l'arrêté du 24 flor. an 8 et l'art. 13 de la loi du 8 juill. 1852 leur attribuent le jugement des demandes en mutation de cote; l'art. 28 de la loi du 15 juill. 1880, celui du recours contre les arrêtés préfectoraux ordonnant un transfert de patente. D'après l'art. 6 de la loi du 3 juill. 1846 et l'art. 16 de la loi du 21 juin 1854, ils statuent sur les états de cotes indûment imposées dressés par les percepteurs.

183. Pour que le conseil de préfecture soit compétent, il faut qu'il s'agisse de contributions directes ou de taxes assimilées à ces contributions par un texte législatif. Il faut, en outre, que la demande présentée au conseil de préfecture ait le caractère d'une demande en décharge ou en réduction ou d'une réclamation qui puisse lui être assimilée. Telles sont, par exemple, les demandes tendant à faire reconnaître un droit à une exemption perpétuelle ou temporaire, les demandes tendant à l'annulation des poursuites effectuées en vue du recouvrement.

184. Un contribuable n'est pas recevable à réclamer contre la fixation du contingent du département ou de la commune dans les impôts de répartition. A cet égard, il n'y a pas d'autre voie de recours que celle organisée par la loi du 10 août 1871 (D. P. 71. 4. 102). — Le conseil de préfecture est de même incompétent pour connaître d'une demande en réduction qui serait fondée sur l'exagération du contingent mis à la charge de la commune (Cons. d'Et. 26 févr. 1894); ... qui tendrait soit à la refonte complète des rôles (Cons. d'Et. 28 janv. 1876), soit à l'imposition de quelques contribuables indûment omis (Cons. d'Et. 3 mars 1876).

185. Le conseil de préfecture ne peut statuer que sur des conclusions se rattachant à l'assiette ou au recouvrement de la taxe. Des conclusions à fin d'indemnité ne pourraient être valablement jointes à une demande en décharge ou en réduction (Cons. d'Et. 9 avr. 1897). — Il ne lui appartient pas de juger les actions en dommages-intérêts dirigées contre l'Etat ou contre ses agents à raison des poursuites qu'ils auraient dirigées contre les contribuables (Cons. d'Et. 7 févr. 1890). — Enfin, il n'est pas compétent à l'égard des demandes qui ont le caractère de demandes en remise ou en modération (Cons. d'Et. 19 mars 1898).

186. De la compétence absolue et exclusive des conseils de préfecture pour juger les demandes en décharge ou réduction, la jurisprudence a conclu que le conseil de préfecture a qualité pour rechercher et vérifier si l'impôt a une base légale. Ainsi, il peut, à l'occasion d'une demande en dégrèvement, se prononcer sur la validité de tous les actes administratifs en vertu desquels l'impôt est établi : il apprécie, par exemple, si la commission des répartiteurs qui a participé à la confection des rôles a été régulièrement nommée et composée.

187. En matière de taxes communales, le conseil de préfecture vérifie si le conseil municipal était régulièrement composé quand il a voté la taxe, si sa délibération a été prise dans les formes légales et a été régulièrement approuvée. Lorsque la loi subordonne l'établissement d'une taxe communale à l'insuffisance des revenus ordinaires, il peut apprécier si cette condition est réalisée. S'agit-il de taxes de pavage, il vérifie s'il existe d'anciens textes permettant de réclamer cette contribution aux propriétaires riverains. En matière de taxes syndicales, il peut rechercher si l'association syndicale a été régulièrement constituée, quelles sont ses limites, s'il existe d'anciens règlements ou d'anciens usages, s'ils ont été exactement appliqués, etc.

188. Les demandes des contribuables tendant à la suspension des poursuites sont, après avoir été soumises au sous-préfet, portées devant le conseil de préfecture (Cons. d'Et. 18 juill. 1872). — Quant aux demandes en annulation des actes de poursuites, il y a lieu de distinguer : les oppositions aux poursuites, même judiciaires, peuvent être portées directement devant le conseil de préfecture lorsqu'elles sont fondées sur un moyen tiré de l'inexistence de la dette, de l'irrégularité du rôle, de l'extinction de la dette par le payement ou la prescription de l'irrégularité de poursuites administratives.

189. La demande en nullité fondée sur l'irrégularité en la forme des actes de poursuites est de la compétence du conseil de préfecture, si l'on se trouvait encore dans la phase administrative des poursuites. Si l'on était entré, dans la notification du commandement, dans la phase judiciaire, c'est la juridiction civile qui devrait être saisie.

190. Lorsque des tiers sont poursuivis en payement des contributions d'un redevable, le conseil de préfecture est compétent s'ils sont devenus débiteurs personnels du Trésor. Il juge, par exemple, les demandes en décharge de responsabilité des propriétaires et principaux locataires qui ont laissé déménager leurs locataires sans avertir l'Administration. Il connaît de même des actions des héritiers, des fermiers et locataires, quand elles tendent à mettre en question la dette du contribuable envers le Trésor. — Au contraire, lorsque les tiers poursuivis contestent soit leur qualité d'héritiers, de fermiers ou de locataires, soit leur qualité de débiteurs ou de détenteurs d'objets provenant des redevables, soit l'affectation de ces deniers ou objets au privilège du Trésor, soit la propriété des meubles saisis, toutes ces questions échappent à la compétence du conseil de préfecture et doivent être portées devant les tribunaux judiciaires.

191. Ces tribunaux sont également compétents pour apprécier si les dépositaires publics ont encouru ou non une responsabilité en se dessaisissant des deniers provenant du redevable qui se trouvaient entre leurs mains. — Il leur appartient encore de statuer sur les contestations qui s'élèvent soit entre le percepteur et les tiers, soit entre ceux-ci et les contribuables auxquels ils réclament le remboursement des sommes payées ou leur acquit.

192. Les demandes en dommages-intérêts formées contre les percepteurs par les contribuables irrégulièrement poursuivis relèvent de la compétence des tribunaux judiciaires ou de celle du Conseil d'Etat, suivant que l'action est fondée sur une faute personnelle ou une faute de service.

193. Enfin, les tribunaux judiciaires sont compétents, par application de la disposition finale des lois annuelles de finances, pour connaître des actions dirigées par les contribuables contre les percepteurs, quand ceux-ci ont mis en recouvrement un impôt illégal, c'est-à-dire non autorisé par la loi. Ils ont un délai de trois ans pour demander devant la juridiction civile la restitution de l'impôt indû.

SECT. VI. — Contribution foncière.

194. La contribution foncière est assise sur toutes les propriétés foncières, bâties ou non bâties, sans autre exception que celles déterminées par la loi pour l'encouragement de l'agriculture ou dans l'intérêt général de la société (L. 3 frim. an 7, art. 2). Mais, depuis la loi du 8 août 1890 (D. P. 90. 4. 79), il y a lieu de distinguer entre l'impôt portant sur les propriétés non bâties et celui qui porte sur les propriétés bâties. Ces deux catégories de fonds ne sont pas soumises au même régime d'impôt. Sur les propriétés non bâties, l'impôt foncier est demeuré un impôt de répartition ayant pour base le cadastre. L'impôt sur les propriétés bâties est un impôt de quotité, qui a pour base les évaluations décennales faites par l'administration des Contributions directes.

195. D'une façon générale, tous les immeubles situés sur le territoire français sont assujettis à l'impôt foncier. Il en est ainsi des propriétés de l'Etat, des départements, des communes ou des établissements publics, comme de celles des particuliers, sauf certaines exemptions (V. infrà, nos 197 et s.).

ART. 1er. — PROPRIÉTÉS NON BATIES.

§ 1er. — *Règles d'évaluation* (R. 11 et s.; S. 19 et s.).

196. On doit comprendre dans les propriétés non bâties, outre le fonds de terre, les bâtiments ruraux, les dépendances des canaux de navigation et les voies principales des chemins de fer. — Les principes applicables à l'évaluation du revenu de ces fonds sont indiqués dans la loi du 3 frim. an 7 et le recueil méthodique des lois et instructions sur le cadastre. La contribution est assise sur les propriétés foncières à raison de leur revenu net imposable. Le revenu net pour les terres est ce qui reste au propriétaire, déduction faite, sur le produit brut, des frais de culture, semence, récolte et entretien (L. 3 frim. an 7, art. 3). — Il est formé une année commune en additionnant ensemble un certain nombre de produits et en divisant la somme totale par le nombre d'années. On obtient ainsi le produit net moyen. Le revenu imposable est le produit net moyen calculé sur un nombre d'années déterminé (art. 4). La loi et le recueil précité sindiquent comment pour chaque espèce

de culture on arrive à déterminer ce revenu net moyen.

§ 2. — *Exemptions* (R. 49 et s.; S. 29 et s.).

197. Les rues, places publiques servant aux foires et marchés, les grandes routes, les chemins publics vicinaux, les rivières ne sont pas imposables (L. 3 frim. an 7, art. 103). Il faut y ajouter les carrefours, les fontaines publiques, les ponts, les promenades publiques, les boulevards, les ruisseaux, les lacs, les rochers nus et arides (Rec. méth., art. 399). Au contraire, les rues privées et les chemins de halage sont imposables.

198. Les domaines nationaux non productifs sont évalués en la même forme et sur le même pied que les propriétés particulières de même nature, et ils ne sont pas cotisés tant qu'ils n'ont pas été vendus ou loués (L. 3 frim. an 7, art. 106; Rec. méth., art. 401). Ceux qui sont productifs sont évalués et cotisés comme les propriétés particulières de même nature et d'égal revenu (L. 3 frim. an 7, art. 108). L'Etat est imposable à raison des terrains dépendant des fortifications d'une place affermée par l'autorité militaire. Les forêts domaniales, quoique productives de revenus, sont exemptées d'impôt foncier (L. 19 vent. an 9, R. p. 262).

199. La loi du 3 frim. an 7 a établi un certain nombre d'exemptions dans l'intérêt de l'agriculture. — Parmi ces exemptions, il en est qui constituent plutôt une garantie contre une augmentation éventuelle d'impôt qu'un dégrèvement. Ainsi, la cotisation des marais desséchés ne peut être augmentée pendant les vingt-cinq premières années après le dessèchement (L. 3 frim. an 7, art. 111). La même garantie est accordée pendant dix ans aux terres vaines et vagues depuis quinze ans, qui sont mises en culture autre que la vigne ou les arbres fruitiers; pendant vingt ans, aux terres vaines et vagues ou en friche depuis quinze ans qui sont plantées en vignes, mûriers ou autres arbres fruitiers; pendant trente ans, aux terres en friche depuis dix ans, qui sont plantées ou semées en bois (même loi, art. 112 à 114).

200. D'autres exemptions se traduisent par un dégrèvement partiel ou total de la contribution actuellement établie sur les parcelles transformées. Ainsi, le revenu imposable des terrains déjà en valeur qui sont plantés en vignes, mûriers ou autres arbres fruitiers, ne peut être évalué, pendant les quinze premières années de la plantation, qu'au taux de celui des terres d'égale valeur non plantées (L. 3 frim. an 7, art. 115). Le revenu imposable de tout terrain défriché qui vient à être planté ou semé en bois est réduit des trois quarts pendant les trente premières années de la plantation ou du semis, quelle qu'ait été la nature de culture du terrain avant le défrichement (art. 116, modifié par la loi du 29 mars 1897, art. 3). Les semis et les plantations de bois sur le sommet et le penchant des montagnes, sur les bases et dans les landes, sont exemptés de tout impôt pendant trente ans (For. 226, modifié par la loi du 18 juin 1859).

201. L'art. 15 de la loi du 17 juill. 1895, modifiant l'art. 117 de la loi du 3 frim. an 7, dispose que pour jouir de ces divers avantages, le propriétaire doit former une réclamation qui suit celle de l'exécution des travaux et dans les trois mois de la publication des rôles. Cette réclamation est présentée, instruite et jugée comme les demandes en décharge ou réduction.

202. D'après la loi du 1er déc. 1887 (D. P. 88. 4. 1), dans les arrondissements déclarés atteints par le phylloxera, les terrains plantés ou replantés en vignes âgées de moins de quatre ans lors de la promulgation de la loi,

étaient exemptés de l'impôt foncier. Ils ne devaient y être soumis que lorsque les vignes auraient dépassé la quatrième année. Le même privilège a été étendu aux plantations à venir, soit dans les arrondissements déclarés atteints, soit dans ceux qui le seraient postérieurement. Il n'y a pas à distinguer suivant la nature des plants et le mode de culture. La même parcelle ne peut jouir à deux reprises de cette exemption. — D'après un décret du 21 juin 1894, les vignes constituées et reconstituées au moyen de porte-greffes sont admises, comme les vignes plantées ou replantées en producteurs directs, à jouir de l'exemption pendant les quatre années qui suivent celle de la replantation. — Les terrains qui sont exploités à la fois en vignes et en autre culture ne sont appelés à jouir de l'exemption que pour la portion du revenu cadastral afférente à la vigne (Décr. 2 mai 1888, art. 4, D. P. 88. 4. 43). — L'exemption cesse le 31 décembre de l'année au cours de laquelle les plants ou greffes compteront quatre années révolues d'existence (art. 6). Elle est acquise à partir du 1er janvier de l'année qui suit celle pendant laquelle la plantation ou replantation a été effectuée.

203. Le décret du 2 mai 1888 oblige tout propriétaire qui veut jouir de cette exemption à adresser à la préfecture ou à la sous-préfecture une déclaration contenant l'indication exacte des terrains par lui nouvellement plantés ou replantés. Les déclarations sont établies sur les formules imprimées tenues dans toutes les mairies à la disposition des intéressés. Elles doivent être faites au plus tard dans les trois mois de la publication du rôle de l'année où l'exemption est acquise. Elles n'ont pas besoin d'être renouvelées. Les contribuables dont les déclarations, après vérification, n'ont pas été accueillies en sont avisés par le directeur; ils ont un délai d'un mois pour réclamer de ce chef contre leur cotisation.

§ 3. — *Répartition de la contribution foncière entre les arrondissements et les communes* (R. 151 et s.; S. 68 et s.).

204. Les contingents de chaque département sont fixés par le pouvoir législatif. Ils ont encore aujourd'hui pour base la répartition opérée par la loi du 15 mai 1818. Les bases de cette répartition entre les départements étaient : 1o les résultats déjà obtenus par le cadastre ; 2o les données fournies par la comparaison des baux, des ventes faites dans diverses localités ; 3o enfin, tous les autres renseignements qui sont au pouvoir de l'Administration et qui font connaître l'étendue du territoire ou la matière imposable de chaque département.

205. La loi du 31 juill. 1821 (art. 19) a décidé que les bases prescrites par l'art. 38 de la loi du 15 mai 1818, pour parvenir à l'évaluation des revenus imposables des départements, seraient appliquées aux communes et aux arrondissements par une commission spéciale qui serait formée dans chaque département. Ce travail devait servir de renseignement aux conseils généraux du département et aux conseils d'arrondissement pour fixer les contingents en principal des arrondissements et des communes. D'après l'art. 20 de la même loi, les opérations cadastrales destinées à rectifier la répartition individuelle devaient être circonscrites dans chaque département. — Depuis lors, les contingents des départements, arrondissements et communes n'ont subi que peu de modifications. Il y a lieu de noter seulement que, à la suite de travaux d'évaluation qui ont été poursuivis de 1879 à 1885, la loi du 8 août 1890 a accordé à un certain nombre de départements des dégrèvements s'élevant au total à 15,267,977 francs. D'après l'art. 14 de la même loi, les résultats de ces travaux d'évaluation ont dû servir de renseignements aux conseils généraux et aux conseils d'arrondissement pour fixer les contingents en principal des arrondissements et des communes.

§ 4. — *Répartition entre les contribuables* (R. 82 et s.; S. 48 et s.).

206. Le contingent assigné à chaque commune est réparti entre les divers propriétaires inscrits au rôle de cette commune, proportionnellement aux revenus pour lesquels ils figurent à la matrice cadastrale. — Le *cadastre* est un plan où se trouvent figurés, parcelle par parcelle, tous les immeubles dont l'ensemble forme le territoire de la commune. On appelle *parcelle* tout morceau de terrain qui se distingue des morceaux voisins par la nature de sa culture ou par la personne du son propriétaire. La *matrice cadastrale* est un registre où, sous le nom de chaque propriétaire, sont inscrites les différentes parcelles, dans l'ordre des sections et des numéros, avec la mention, pour chaque parcelle, de sa section, du numéro des plans, du lieu dit, de la nature de la culture, de la contenance, de la classe et du revenu imposable.

207. La confection d'un cadastre parcellaire fut prescrite par la loi du 15 sept. 1807. Ce cadastre fut achevé vers 1850; mais on reconnut que, sur beaucoup de points, ses indications ne correspondaient pas à la réalité des faits et qu'il y avait lieu de le refaire. Une loi du 7 août 1850 (art. 7) a autorisé les communes cadastrées depuis trente ans au moins à procéder à la révision de leur cadastre, sur demande du conseil municipal et avis conforme du conseil général. — Une loi du 17 mars 1898 (D. P. 98. 4. 38) a édicté des mesures financières destinées à rendre plus rapides et plus économiques la révision du cadastre, en mettant à la disposition des communes les ressources spéciales nécessaires (art. 1 et 2). Les opérations sont confiées, dans chaque commune, à une commission ou à un syndicat (art. 3-6). La loi donne au plan cadastral revisé dans ces conditions une autorité qu'il n'avait pas dans la législation antérieure (art. 7 et 8).

208. La confection du cadastre comprend plusieurs séries d'opérations : les travaux d'art, l'expertise, les travaux administratifs. I. *Travaux d'art.* — Ils comprennent : 1° la délimitation des communes ; — 2° la division de chaque commune en sections ; — 3° la triangulation, opération géométrique qui a pour but, en fixant d'avance avec précision des points déterminés, de faciliter l'arpentage et de faire reconnaître aisément les erreurs qui y seraient commises ; — 4° l'arpentage, qui consiste dans le mesurage de chaque parcelle. Il y est procédé suivant les règles tracées par un règlement du 10 oct. 1821.

209. D'après la loi du 17 mars 1898 (art. 5 et 6), la commission ou le syndicat chargé de la révision du cadastre doit : 1° procéder à la recherche et à la reconnaissance des propriétés apparents ; 2° constater, s'il y a lieu, l'accord des intéressés sur les limites de leurs immeubles et, s'ils le désirent, en diriger le bornage (qui, à la différence de la délimitation, est facultatif : art. 3, § 2) ; 3° en cas de désaccord, les concilier si possible ; 4° déterminer provisoirement les limites, à défaut de conciliation ou de composition des intéressés. Cette délimitation provisoire est notifiée aux intéressés, qui ont un délai d'un an pour s'entendre sur leurs limites ou pour introduire une action devant la juridiction compétente. Passé ce délai, les limites deviennent définitives, sauf les droits du propriétaire réel lorsqu'il viendra à se révéler.

210. Après l'achèvement des travaux techniques, le plan cadastral est déposé pendant trois mois à la mairie de la commune, où les intéressés sont admis à en prendre connaissance. A défaut de réclamation dans ce délai, les résultats de l'arpentage sont réputés conformes à la délimitation (L. 1898, art. 9).

211. II. *Expertise.* — Elle a pour but d'assigner à chaque parcelle son revenu. Les classificateurs désignés par le conseil municipal parmi les propriétaires, dont deux doivent avoir leur domicile hors de la commune, opèrent d'abord la classification des terres, c'est-à-dire déterminent en combien de classes chaque nature de propriété doit être divisée à raison des divers degrés de fertilité des terrains et de la valeur du produit. La classification terminée, les classificateurs procèdent à l'évaluation du revenu imposable de chaque nature de culture et de chaque classe, en prenant pour base de leur estimation la moyenne par hectare du produit net des parcelles choisies pour types (Règl. 15 mars 1827, art. 67).

212. Le tarif ainsi établi est déposé à la mairie, où les intéressés peuvent, pendant quinze jours, en prendre connaissance et produire leurs observations. Le conseil municipal donne son avis motivé et propose, s'il y a lieu, des modifications au tarif. Enfin, il est soumis à la commission départementale, qui doit l'approuver (L. 10 août 1871, art. 87). — Cela fait, les classificateurs, assistés du contrôleur, entreprennent le classement, c'est-à-dire la distribution des différentes parcelles dans les classes établies. Les intéressés peuvent assister au classement et présenter leurs observations (Règl. 10 oct. 1821 et 15 mars 1827).

213. III. *Travaux administratifs.* — Ces travaux, qui sont confiés au directeur, consistent à dresser les états de section, la matrice cadastrale et le rôle cadastral.

214. Lorsque le cadastre d'une commune est achevé, les propriétés doivent conserver l'allivrement qui leur a été attribué tant que ce cadastre ne sera pas révisé. — Le principe de la fixité des évaluations cadastrales est absolu. Il s'oppose à ce que le revenu imposable des propriétés soit rehaussé, quelle que soit la plus-value qui puisse leur advenir, par suite soit de travaux d'amélioration, soit de circonstances accidentelles.

§ 5. — *Réclamations cadastrales* (R. 92 et s.; S. 52 et s.).

215. On désigne sous le nom de *réclamations cadastrales* les demandes en décharge ou en réduction de contribution foncière qui sont fondées sur des irrégularités commises dans la confection du cadastre. Elles relèvent, à ce titre, de la compétence du conseil de préfecture. Au contraire, toutes les réclamations qui seraient formulées par des intéressés au cours de la confection du cadastre devraient être portées devant le préfet, puis devant le ministre, et finalement devant le Conseil d'Etat, par la voie du recours pour excès de pouvoir.

216. Les réclamations cadastrales ont nécessairement un caractère individuel. Il n'appartient pas à un contribuable de demander par la voie contentieuse la révision de l'ensemble du cadastre de la commune (Cons. d'Et. 1er juill. 1892). Mais chaque propriétaire peut, à propos de son imposition qu'il estime mal établie, critiquer chacune des opérations cadastrales qui lui fait grief dans la mesure de son intérêt. Ainsi, il peut contester la délimitation de la commune, si, par suite d'une erreur commise dans cette opération, des parcelles, à lui appartenant, se trouvent imposées dans deux communes. Le conseil de préfecture apprécie à quelle commune la parcelle appartient, et statue sans être tenu de renvoyer cette question de limite à l'autorité administrative (Cons. d'Et. 3 mai 1890, D. P. 91. 3. 106). Mais un contribuable qui est victime d'un double emploi ne peut demander à la juridiction administrative d'ordonner une revision de la délimitation, quelque intérêt qu'il puisse avoir à ce que ses propriétés se trouvent dans une commune plutôt que dans une autre (Cons. d'Et. 18 août 1864).

217. L'arpentage peut donner lieu à des réclamations. Le propriétaire qui s'aperçoit qu'on a assigné à sa parcelle une contenance supérieure à la réalité peut, à toute époque, réclamer contre cette erreur d'arpentage (Cons. d'Et. 18 juin 1866). La réclamation doit être présentée dans les trois mois de la publication de chaque rôle (Cons. d'Et. 30 juill. 1901). Un propriétaire peut également, à toute époque, demander décharge de la contribution afférente à des parcelles qu'il ne possède plus, notamment parce qu'elles ont été corrodées par les eaux ou réunies au domaine public (Cons. d'Et. 29 janv. 1863).

218. Les propriétaires peuvent contester l'ensemble des travaux d'expertise, en alléguant que les classificateurs ont été irrégulièrement désignés. Mais, en principe, la classification échappe à la critique; ainsi, les classificateurs apprécient souverainement en combien de classes il y a lieu de diviser une nature de propriété. Cependant, lorsqu'il est reconnu par le conseil de préfecture que des immeubles ont un revenu inférieur à celui des immeubles compris dans les classes établies lors de la confection du cadastre, il peut décider que ces immeubles formeront une classe à part (Cons. d'Et. 30 nov. 1900).

219. Le tarif des évaluations est susceptible d'un triple recours : 1° Les intéressés peuvent, s'ils estiment que la commission cadastrale s'est trompée en fait, en appeler au conseil général; 2° s'ils estiment qu'elle a commis une erreur de droit, ils peuvent déférer sa décision au Conseil d'Etat par la voie du recours pour excès de pouvoir; 3° lorsqu'un propriétaire possède à lui seul la totalité ou la presque totalité d'une nature de culture, il peut contester le tarif des évaluations, qui se confond pour lui avec le classement. Son recours doit être formé, devant le conseil de préfecture, dans un délai de six mois à compter de la publication du premier rôle cadastral (Règl. 15 mars 1827, art. 81). En pareil cas, le conseil de préfecture peut modifier le tarif s'il le juge les évaluations exagérées.

220. Aux termes de l'art. 9 de l'ordonnance du 3 oct. 1821, tout propriétaire est admis à réclamer contre le classement de ses fonds pendant les six mois qui suivent la mise en recouvrement du premier rôle cadastral. Les réclamations sont instruites et jugées dans les formes prescrites par l'arrêté du 24 flor. an 8 (même ordonnance, art. 10).

221. Le délai de six mois expiré, le classement est définitif; les erreurs qu'il contient sont couvertes. Les réclamations tendant à obtenir un abaissement de classe ou la réparation d'une erreur sont frappées de déchéance. — Cette déchéance est opposable à toutes les réclamations, sans qu'il y ait lieu de distinguer suivant que le propriétaire était ou non propriétaire au moment du cadastre. Elle est opposable aux acquéreurs, alors même qu'ils réclament dans les six mois de leur acquisition. Même des erreurs matérielles de classement ne peuvent être rectifiées après ce délai.

222. Mais les propriétaires conservent le droit de réclamer pour des causes postérieures et étrangères au classement. L'art. 31 du règlement du 10 oct. 1821 dispose que les propriétaires sont admis à réclamer à toute époque lorsque la diminution qu'ils éprouvent dans leur revenu imposable provient de causes postérieures et étrangères au classement, telles que cessions de terrain à la voie publique, disparition de fonds par suite de corrosion ou d'envahissement par les eaux, enfin perte de revenu d'une propriété dont la valeur, justement évaluée le principe, aura été diminuée par suite d'événements imprévus et indépendants de la volonté du propriétaire.

223. Pour qu'une demande en descente de classe soit recevable, il faut que la diminution de revenu soit due à une cause étrangère au classement, qu'elle provienne de causes extraordinaires, imprévues, et indépendantes de la volonté du propriétaire, que la diminution de revenu soit permanente et qu'elle soit spéciale à la propriété. Si l'événement de force majeure n'a détruit que la récolte d'une année, sans porter atteinte au fonds lui-même, le propriétaire pourra demander seulement une remise ou une modération. — Lorsque vient à se produire un de ces événements qui permettent de former une demande en révision de classement, celle-ci est recevable dans les six mois de la publication du premier rôle qui suit cet événement. Si la demande est rejetée par le conseil de préfecture ou le Conseil d'Etat, il y a chose jugée, et, à moins de faits nouveaux, la même réclamation ne peut être renouvelée l'année suivante.

ART. 2. — PROPRIÉTÉS BATIES.

§ 1er. — *Propriétés qui tombent sous le coup de l'impôt* (R. 10).

224. La loi du 8 août 1890 (art. 4) a décidé qu'à partir du 1er janvier 1891, il ne serait plus assigné de contingent aux départements, arrondissements et communes en matière de contribution foncière sur les propriétés bâties. — Au point de vue de l'impôt, on considère comme propriété bâtie la superficie occupée par les bâtiments et l'élévation. La superficie est imposée sur la contribution foncière des propriétés non bâties d'après son revenu cadastral, qui est celui des meilleures terres labourables de la commune. L'élévation est imposée d'après les règles posées par les lois des 8 août 1885 (D. P. 86. 4. 40) et 8 août 1890 (D. P. 90. 4. 76), combinées avec les dispositions demeurées en vigueur de la loi du 3 frim. an 7.

225. Les immeubles qui doivent être considérés comme *bâtis* au point de vue de l'impôt sont, d'abord, toutes les constructions élevées sur des fondations en maçonnerie. Ainsi, des pavillons élevés dans les villes par des compagnies d'omnibus et de tramways sont imposables ou non, suivant qu'ils reposent avec ou sans fondation sur le sol de la voie publique. De même, sont imposables comme fixées au sol à perpétuelle demeure, les cales de radoub ou les machines à mater les navires, les bordigues, les piscines d'un établissement thermal, une glacière consistant en une cavité circulaire avec des parois en maçonnerie.

226. D'après l'art. 2 de la loi du 18 juill. 1886 (R. p. 271), les bains et moulins sur bateaux, les bacs, bateaux de blanchisserie et autres de même nature, lors même qu'ils ne sont point construits sur piliers ou pilotis et sont seulement retenus par des amarres, sont imposables à la contribution foncière.

227. La loi du 29 déc. 1884, art. 1er (D. P. 85. 4. 39), a assimilé aux propriétés bâties les terrains non cultivés employés comme chantiers, lieux de dépôt de marchandises, ou destinés à un usage analogue, à la condition qu'ils soient affectés à l'usage du commerce ou de l'industrie. — Par application de cette loi, sont traités comme terrains industriels les emplacements loués à des usiniers ou à des commerçants à titre de lieux de dépôt, ou mis gratuitement à leur disposition pour servir de dépôt de bois.

§ 2. — *Exemptions* (R. 49 et s.; S. 29 et s.).

228. 1o D'après l'art. 85 de la loi du 3 frim. an 7, les bâtiments consacrés aux exploitations rurales, tels que les granges, écuries, greniers, caves, celliers, pressoirs et autres destinés à loger les bestiaux des fermes et des métairies, ou à serrer les récoltes, ainsi que les cours desdites fermes et métairies, ne sont soumis à la contribution foncière qu'à raison des terrains qu'ils enlèvent à la culture, évalués sur le pied des meilleures terres labourables de la commune. Le bénéfice de ces dispositions est étendu aux bâtiments qui servent à loger, indépendamment des bestiaux des fermes et métairies, le gardien de ces bestiaux (L. 8 août 1890, art. 5). Ces constructions, n'étant imposées qu'en raison du terrain qu'elles couvrent, sont exemptées de la contribution sur les propriétés bâties.

229. Les bâtiments ci-dessus énumérés ne sont exemptés qu'autant qu'ils se trouvent dans une commune rurale, et qu'ils sont effectivement employés à une exploitation rurale. L'exemption est refusée aux locaux de même nature qui constituent des dépendances de maisons d'habitation, ou qui servent à l'exploitation d'un commerce ou d'une industrie.

230. 2o Sont exemptés, d'après l'art. 105 de la loi du 3 frim. an 7 et l'art. 403 du *Recueil méthodique*, les bâtiments appartenant à l'Etat, aux départements, aux communes, aux établissements d'utilité publique de bienfaisance et du culte, à la condition qu'ils soient affectés à un service public et ne soient pas productifs de revenus. Ainsi, les propriétés des personnes morales administratives qui ne sont pas employées au service public, tels que les prés qui seraient laissés par une fabrique à la disposition du desservant, sont imposables. D'autre part, les propriétés des personnes morales administratives, même affectées à un service public, doivent être cotisées si ce service est productif de revenus. Il en est ainsi des chemins de fer exploités par l'Etat (L. 22 déc. 1878, art. 9), des halles et marchés, abattoirs des villes, des bâtiments et canalisations assurant la distribution de l'eau ou de la lumière. Les établissements de bienfaisance sont également imposables pour ceux de leurs bâtiments où ils reçoivent des pensionnaires payants (Cons. d'Et. 26 mars 1886). Enfin, les bâtiments, même affectés à des services publics, sont imposables s'ils sont la propriété de particuliers et ont été loués par les administrations publiques.

231. 3o D'après l'art. 88 de la loi du 3 frim. an 7, les maisons, fabriques et manufactures, forges, moulins et autres usines nouvellement construits, ne sont soumis à la contribution foncière que la troisième année après leur construction. Le terrain qu'ils enlèvent à la culture continue à être cotisé jusqu'alors comme il l'était auparavant. Il en est de même pour tous autres édifices nouvellement construits ou reconstruits : le terrain est seul cotisé pendant les deux premières années. — L'art. 9 de la loi du 8 août 1890 a complété cette disposition : les constructions nouvelles, les reconstructions et les additions de construction sont imposées par comparaison avec les autres propriétés bâties de la commune où elles sont situées. Elles ne sont soumises à la contribution foncière que la troisième année après leur achèvement. Sont considérées comme constructions nouvelles, la conversion d'un bâtiment rural en maison ou en usine, et l'affectation de terrains à des usages commerciaux ou industriels dans les conditions indiquées à l'art. 1er de la loi du 29 déc. 1884. Pour jouir de cette exemption temporaire, le propriétaire doit faire, à la mairie de la commune où sera élevé le bâtiment passible de

la contribution, et dans les quatre mois à partir de l'ouverture des travaux, une déclaration indiquant la nature du bâtiment, sa destination et la désignation, d'après les documents cadastraux, du terrain sur lequel il doit être construit (art. 9). Les constructions nouvelles, les reconstructions non déclarées ou déclarées après l'expiration du délai fixé par l'article précédent sont soumises à la contribution foncière à partir du 1er janvier de l'année qui suit celle de leur achèvement. Elles sont imposées au moyen de rôles particuliers jusqu'à ce qu'elles aient été comprises dans les rôles généraux. Leurs cotisations, tant en principal qu'en centimes additionnels, sont égales à celles que supporteront pour l'année en cours les immeubles de même nature et de même importance ; mais elles sont multipliées par le nombre d'années écoulées entre celles où les constructions nouvelles, les reconstructions et les additions de reconstruction auront été achevées, et celles où elles auront été découvertes, y compris cette dernière année, sans toutefois pouvoir être plus que quintuplées (L. 8 août 1890, art. 10). — L'exemption est subordonnée à une déclaration faite à la mairie. Une déclaration verbale suffit (Cons. d'Et. 28 janv. 1901).

232. 4o Sont exemptés d'impôt foncier pendant cinq ans, à partir de l'achèvement de la construction, les habitations à bon marché. Cette exemption cesserait de plein droit si, par suite de transformations ou d'agrandissements, l'immeuble perdait le caractère d'une habitation à bon marché et acquérait une valeur sensiblement supérieure au maximum légal. — Pour être admis à jouir du bénéfice de cette exemption, on doit produire, dans les formes et délais fixés par l'art. 9 de la loi du 8 août 1890 (V. *suprà*, n° 231), une demande qui sera instruite et jugée comme les demandes en décharge et en réduction de contributions directes. Cette demande peut être formulée dans la déclaration, exigée par le même article, de tout propriétaire ayant l'intention d'élever une construction passible de l'impôt foncier (L. 30 nov. 1894, art. 9, D. P. 95. 4. 41).

§ 3. — *Règles d'évaluation* (R. 36 et s.: S. 22 et s.).

233. La contribution foncière des propriétés bâties est réglée en raison de la valeur locative de ces propriétés, telle qu'elle résulte de la revision décennale effectuée conformément à l'art. 8, § 1 et 3, de la loi du 8 août 1890. Le taux de cette contribution est fixé en principal à 3,20 pour cent de la valeur locative ainsi déterminée (L. 8 août 1890, art. 5; 13 juill. 1900, art. 2).

234. A la différence de la contribution des propriétés non bâties, qui est assise sur un revenu moyen calculé une fois pour toutes (V. *suprà*, n° 214), la contribution foncière des propriétés bâties est assise sur le revenu net des maisons et usines calculé sur la valeur locative actuelle (L. 8 août 1885, art. 34). Les commissions chargées de recenser et d'évaluer les propriétés bâties ont dû déterminer la valeur locative réelle de ces immeubles. C'est une date à laquelle ont été arrêtés pour chaque commune les procès-verbaux de ces commissions que l'on doit se placer pour apprécier si la valeur locative assignée à chaque immeuble est ou non exagérée, sans qu'il y ait à tenir compte des modifications qui ont pu se produire postérieurement à cette date.

235. Pour déterminer la valeur locative d'un immeuble bâti, il y a lieu d'abord d'y comprendre tout ce qui peut être considéré comme une dépendance nécessaire de la maison d'habitation ou de l'usine. S'agit-il d'une maison d'habitation ? Il faut faire entrer en compte les caves, greniers, écuries, remises, buanderies, les cours qui, en servant d'accès à l'habitation, sont une dépendance nécessaire, la loge du concierge (Cons. d'Et. 8 août et 25 oct. 1895, D. P. 96. 5. 158; 4 mars 1898; 14 mai 1898, D. P. 99. 5. 190). Au contraire, il n'y a pas lieu de comprendre dans l'évaluation des jardins attenant à l'habitation, mais n'en dépendant pas nécessairement (Cons. d'Et. 18 mars 1898). — S'agit-il d'usines ou autres bâtiments industriels, on doit comprendre dans la valeur locative non seulement les bâtiments, mais encore la force motrice qui met en mouvement les machines et l'outillage, tous les appareils et machines qui, étant vissés, boulonnés ou même posés sur des assises en maçonnerie ou sur des chassis en bois fixés au sol à perpétuelle demeure, sont immeubles par destination (Cons. d'Et. 26 nov. 1897, D. P. 99. 5. 189). La force motrice qui doit entrer en compte est la force motrice existante et non celle qui est effectivement utilisée (Cons. d'Et. 29 janv. 1901).

236. Pour apprécier la valeur locative, l'Administration peut avoir recours à tous les documents propres à l'éclairer, notamment aux baux. À défaut de renseignements fournis par des baux, la valeur locative peut être déterminée par comparaison avec celle d'immeubles ayant fait l'objet de baux, ou, en dernier lieu, par l'appréciation directe des agents de l'Administration.

237. La valeur locative réelle ou brute une fois déterminée, il y a lieu, pour obtenir le revenu net imposable, d'opérer les déductions légales prescrites par l'art. 2 de la loi du 13 juill. 1900. Ces déductions sont de 25 pour cent pour les maisons d'habitation, de 40 pour cent pour les établissements industriels. Doivent être considérés comme ayant le caractère d'établissements industriels, notamment : les locaux employés par une société pour le blanchissage des effets de troupe ; les locaux servant à l'emmagasinage de papiers neufs ou vieux, au tri des vieux papiers et à la fabrication des sacs ou étuis en papier ; un parc à huîtres; un bâtiment renfermant les machines servant à la fabrication du beurre et du fromage; les bâtiments d'un dock-entrepôt autres que ceux servant au logement des employés ou aux bureaux.

§ 4. — *Réclamations contre les évaluations des propriétés bâties* (S. 61 et 62).

238. La loi du 8 août 1890 a appliqué en partie aux propriétés bâties le principe de la fixité des évaluations cadastrales. Elle a disposé (art. 7, § 1er) que les propriétaires des propriétés bâties ne pourraient réclamer contre l'évaluation attribuée à leurs immeubles que pendant six mois à partir de la publication du premier rôle dans lequel ces immeubles auront été imposés, et pendant trois mois à partir de la publication du second rôle. Ce délai a encore été prorogé d'une année par l'art. 33 de la loi du 18 juill. 1892 (D. P. 93. 4. 75). — Ces délais expirés, les propriétaires, en ce qui touche les rôles subséquents, sont admis à réclamer pendant les trois mois de la publication des rôles lorsque, par suite de circonstances exceptionnelles, leur immeuble aura subi une dépréciation (L. 1890, art. 7, § 2).

239. En dehors des cas ci-dessus indiqués, aucune demande en décharge ou en réduction n'est recevable, sauf dans le cas où l'immeuble serait en tout ou en partie détruit ou converti en bâtiment rural (L. 1890, art. 7, § 3). Passé les délais fixés par les lois de 1890 et de 1900, on ne peut plus critiquer les évaluations en se fondant sur leur exagération. — Deux catégories de faits permettent cependant de réclamer : 1° des faits volontaires de la part du propriétaire, tels que la destruction totale ou partielle de l'immeuble, à laquelle il faudrait assimiler l'enlèvement des matériaux industriels qui

le garnissaient (Cons. d'Et. 22 mars 1901, D. P. 1902. 3. 69); ... ou encore la transformation de l'immeuble en bâtiment rural ; 2° des faits indépendants de la volonté du propriétaire, qui doivent présenter un caractère *exceptionnel*. — N'ont pas ce caractère : la baisse générale des loyers dans la commune ou dans un quartier, la gêne temporaire causée par des travaux publics, la résiliation d'un bail, la construction dans la commune d'un grand nombre d'immeubles, la diminution de vue, l'ouverture, à côté d'un hôtel, d'un établissement concurrent, la fermeture d'un pensionnat, une crise ou une transformation industrielle (Cons. d'Et. 23 févr. et 24 mai 1895, 31 janv. 1896, 29 oct. 1898, 3 mars et 4 mai 1900, 22 mars et 18 déc. 1901). Au contraire, la jurisprudence a considéré comme circonstances exceptionnelles entraînant une dépréciation, le déplacement d'un marché pour les maisons riveraines de la place où il se tenait, l'établissement, dans le voisinage, d'un champ de tir ou d'un champ d'épandages de vidange, et, pour une maison et une cité ouvrières, la démolition de l'usine (Cons. d'Et. 28 déc. 1894, D. P. 95. 3. 86; 21 avr. 1899, 5 juill. 1901).

240. Les évaluations servant de base à la contribution foncière des propriétés bâties sont revisées tous les dix ans (L. 8 août 1890, art. 8, § 1er). Une loi du 13 juill. 1900, visant la première revision décennale qui devait être effectuée en vertu de la loi de 1890, a décidé que la propriété foncière des propriétés bâties serait, à partir du 1er janv. 1901, réglée en raison de la valeur locative desdites propriétés, telle qu'elle résulterait de cette revision (art. 2). Aux termes de l'art. 3 de la même loi, les propriétaires ont été admis à réclamer contre les évaluations résultant de la revision décennale pendant six mois à partir de la publication des rôles de 1901, et pendant trois mois à partir de la publication des rôles de 1902 et de 1903.

241. Par exception au principe de la fixité des évaluations, s'il se produit dans l'intervalle des revisions décennales une dépréciation générale des propriétés bâties, soit de l'intégralité, soit d'une fraction notable d'une commune, le conseil municipal a le droit de demander qu'il soit procédé à une nouvelle évaluation des propriétés bâties de l'ensemble de la commune, à la charge pour celle-ci de supporter les frais de l'opération. Les évaluations ainsi établies doivent être néanmoins renouvelées à l'expiration de la période décennale en cours (L. 8 août 1890, art. 8, § 2). — Si une baisse générale des loyers peut justifier une revision générale des évaluations, une hausse générale qui viendrait à se produire, dans l'intervalle de deux revisions, n'autoriserait pas l'Administration à provoquer ou prescrire une revision en sa faveur, non plus qu'elle ne peut faire rehausser la valeur locative d'une maison ou réparer une erreur ou une omission (Cons. d'Et. 30 nov. 1901).

242. Les évaluations étant fixées pour dix ans, le contribuable qui a réclamé contre l'évaluation de son immeuble, et dont la demande a été rejetée, ne peut renouveler sa demande, en dehors des cas prévus par l'art. 7 de la loi du 8 août 1890; il a épuisé son droit jusqu'à la prochaine évaluation. Inversement, s'il a obtenu une réduction, cette réduction lie pour les années suivantes l'Administration et les tribunaux administratifs, qui doivent la confirmer (Cons. d'Et. 1er févr. 1896).

ART. 3. — Ou et par qui est due la contribution foncière (R. 133 et s.; S. 63 et s.).

243. La contribution foncière est due dans la commune où se trouvent les immeubles.

244. Elle est due, en principe, par le

propriétaire. Si la propriété est divisée entre un nu-propriétaire et un usufruitier, c'est celui-ci qui doit l'impôt. Par exception, le preneur emphytéotique est imposable (Av. Cons. d'Et. 2 févr. 1809, R. p. 265). L'usager ne l'est point (Cons. d'Et. 22 juill. 1898). — Le concessionnaire de travaux publics n'est pas imposable à raison des immeubles qu'il a construits et qu'il exploite; c'est le concédant qui doit être imposé (Cons. d'Et. 18 déc. 1901). — Les locataires, en principe, ne sont pas personnellement imposables à la contribution foncière. Il en est autrement toutefois du locataire d'un terrain qui a construit un bâtiment sur ce terrain.

SECT. VII. — Contribution personnelle mobilière.

245. La contribution personnelle mobilière a pour but de frapper les revenus non atteints par la contribution foncière et révélés par des signes extérieurs, tels que le loyer, les domestiques, les chevaux et voitures, les cheminées. Créée par la loi du 13 févr. 1791 (R. p. 229), elle a été réorganisée par la loi du 21 avr. 1832 (R. p. 269). — Elle se compose de deux taxes : 1° la taxe personnelle, qui est une sorte de capitation; 2° la taxe mobilière, qui, sous la forme d'un impôt sur le loyer d'habitation, joue le rôle d'un impôt sur l'ensemble des revenus du contribuable et se superpose à la contribution foncière.

246. Ces deux contributions sont réunies et sont établies par voie de répartition entre les départements, les arrondissements, les communes et les contribuables (L. 21 avr. 1832, art. 8). — Les Chambres sont saisies d'un projet de loi qui tend à supprimer la contribution personnelle mobilière et son annexe, la contribution des portes et fenêtres, et à les convertir en un impôt général sur le revenu.

§ 1er. — *Assiette de la taxe personnelle* (R. 172 et s.; S. 80 et s.).

247. La taxe personnelle se compose de la valeur de trois journées de travail. Le conseil général, sur la proposition du préfet, détermine le prix moyen de la journée de travail dans chaque commune, sans pouvoir néanmoins le fixer au-dessous de 50 centimes ni au-dessus de 1 fr. 50 (L. 21 avr. 1832, art. 10). — La taxe personnelle est établie sans égard aux facultés des contribuables. Elle est la même pour tous les contribuables habitant la même commune. La taxe personnelle est due par chaque habitant, homme ou femme, jouissant de ses droits et non réputé indigent (L. 21 avr. 1832, art. 14).

248. La première condition pour être imposable, c'est d'être *habitant*, c'est-à-dire d'avoir à la commune une résidence d'assez longue durée pour être considéré comme habituelle. A partir de quelle durée de résidence devient-on un habitant? La loi ne le dit pas ; c'est une question de fait laissée à l'appréciation des tribunaux. — Il n'y a pas de distinction entre les Français et l'étranger : l'étranger qui vient se fixer en France, non seulement d'une manière définitive, mais pour une période d'une certaine durée, peut être assujetti à l'impôt.

249. La seconde condition, c'est de *jouir de ses droits*. Sont considérés comme jouissant de leurs droits les veuves et les femmes séparées de leur mari, les garçons et les filles majeurs ou mineurs ayant des moyens suffisants d'existence, soit par leur fortune personnelle, soit par la profession qu'ils exercent, lors même qu'ils habitent avec leur père, mère, tuteur ou curateur (L. 1832, art. 12). Par jouissance des droits, on l'entend donc : 1° la libre possession de soi, l'indépendance personnelle; 2° la possession de moyens d'existence. Ainsi, une femme mariée, même séparée de biens, mais vivant avec son mari, ne jouit pas de ses droits; elle est sous l'autorité du mari, qui est seul imposable. Elle ne devient imposable personnellement que si elle est séparée de corps, ou si le mariage est rompu par le divorce.

250. En principe, les enfants mineurs ne sont pas réputés jouir de leurs droits, à moins qu'ils n'aient des moyens suffisants d'existence ou une fortune personnelle, comme dans le cas où ils ont recueilli une succession. — Quant aux enfants majeurs, la solution varie suivant les cas : l'enfant majeur qui exerce une fonction rétribuée, un métier, une profession pour son compte, est imposable, alors même qu'il continuerait à habiter dans la demeure de ses parents. De même, celui qui habite en dehors du domicile de la famille, par exemple l'étudiant qui va occuper dans une autre ville que celle où résident ses parents un logement pour suivre les cours, alors même qu'il n'aurait pas de ressources personnelles autres que la pension que lui fournit sa famille, est présumé jouir de ses droits. Il en est de même lorsqu'il réside dans une école, telle que l'Ecole normale supérieure, ou un grand séminaire (Cons. d'Et. 23 juill. 1892, D. P. 93. 3. 103; 6 nov. 1896, D. P. 98. 3. 19).

251. Une jurisprudence constante considère les domestiques comme ne jouissant pas de leurs droits dans le sens de la loi. Mais on ne reconnaît la qualité de domestique qu'à ceux qui sont attachés au service de la personne, du ménage ou de l'exploitation rurale; on ne l'étend pas à des personnes qui occupent un rang plus élevé, telles que les précepteurs, les institutrices, dames de compagnie, intendants, hommes d'affaires, régisseurs, gardes particuliers. En somme, rentrent seuls dans la dénomination de domestiques les gens de maison (cuisiniers, valets et femmes de chambre, cochers), les valets d'écurie ou de ferme, quelquefois les jardiniers.

252. On peut être imposable alors même qu'on ne jouit pas de la plénitude de sa liberté. Un individu ayant une fortune personnelle, mais interdit et interné dans une maison d'aliénés ou dans un établissement d'épileptiques, est imposable (Cons. d'Et. 26 nov. 1897, D. P. 99. 3. 12). Sont également imposables les religieux et religieuses vivant dans un cloître.

§ 2. — *Assiette de la contribution mobilière* (R. 186 et s.; S. 84 et s.).

253. D'après l'art. 13 de la loi du 21 avr. 1832, la contribution mobilière est établie sur toute habitation meublée que le contribuable *a à sa disposition* au 1er janvier. Il n'est pas indispensable que l'habitation soit occupée effectivement; mais il faut que le contribuable la destine à son habitation personnelle ou à celle de sa famille, et qu'il puisse y venir à sa volonté s'y installer. Ainsi, n'est pas imposable un propriétaire ou un principal locataire pour des appartements qu'il destine à la location (Cons. d'Et. 22 janv. 1892).

254. Il ne suffit pas que le contribuable ait à sa disposition un local où l'on puisse venir s'installer, il faut encore qu'il soit meublé. Il faut aussi que l'habitation meublée soit à la disposition du contribuable pour une certaine durée. On n'est pas imposable à raison des séjours momentanés que l'on fait dans des maisons louées pour la saison des eaux ou des bains de mer, ou pour la durée des vacances (Cons. d'Et. 5 mai 1894, D. P. 95. 3. 51). Au contraire, le contribuable qui a loué une maison à l'année et qui l'a meublée est imposable, alors même qu'en fait il ne l'aurait pas occupée, ou n'en aurait occupé qu'une partie, ou ne l'aurait occupée que pendant quelques semaines. C'est ainsi des pavillons que les propriétaires se réservent dans une exploitation, pour aller

les habiter pendant les vendanges, ou d'un pied à terre qu'ils se réservent dans la demeure de leurs fermiers.

255. Pourvu que l'habitation soit meublée et reste à la disposition du contribuable, il importe peu que celui-ci soit ou non propriétaire des meubles qui la garnissent. Aussi les personnes logées en garni sont-elles passibles de la contribution mobilière, pourvu que cette habitation présente un caractère suffisant de permanence (L. 21 avr. 1832, art. 16).

256. Il importe peu que le logement occupé le soit à titre onéreux ou à titre gratuit. C'est ainsi que les fonctionnaires, les ecclésiastiques et les employés civils et militaires logés gratuitement dans les bâtiments appartenant à l'Etat, aux départements, aux arrondissements, aux communes ou aux hospices, sont imposables d'après la valeur locative des parties de ces bâtiments affectées à leur habitation personnelle (L. 21 avr. 1832, art. 15). — Quant aux particuliers qui, jouissant de leurs droits, habitent chez des tiers, ils sont passibles de la contribution mobilière si une partie de l'habitation commune est affectée exclusivement à leur usage personnel. Lorsque cette condition est réalisée, il est indifférent que le titulaire du bail soit imposé pour la totalité de l'appartement. Au contraire, les personnes qui, logées chez autrui, n'y ont pas de logement distinct, ne sont pas imposables.

257. Les parties de bâtiments consacrées à l'habitation personnelle doivent seules être comprises dans l'évaluation. On doit tenir compte dans cette évaluation non seulement des locaux servant au logement du contribuable, de sa femme, de ses enfants, de ses domestiques, mais encore des pièces, même démeublées, qui serviraient de chambres de débarras, des ateliers, galeries de tableaux, bibliothèques, buanderies. Il faut même tenir compte de la valeur locative des écuries et remises, cours et jardins, qui constituent des dépendances nécessaires de la maison d'habitation.

258. Sont passibles de la contribution mobilière, quoique possédés par un être impersonnel, des locaux servant uniquement, sinon à l'habitation continue, du moins à des réunions périodiques, par exemple les cercles civils ou militaires (Cons. d'Et. 24 mars 1900, D. P. 1901. 3. 51), les locaux affectés aux bureaux d'un journal ou d'une société d'assurances mutuelles (Cons. d'Et. 16 nov. 1900), etc.

259. Au contraire, il y a lieu de déduire de la valeur locative servant de base au calcul de la contribution mobilière : 1° les bâtiments servant à une exploitation rurale, c'est-à-dire ceux qui sont exempts de la contribution foncière des propriétés bâties (L. 26 mars 1831, art. 81, R. p. 268); 2° ceux qui servent de magasins, boutiques, ateliers et autres locaux servant au commerce et à l'industrie, à raison desquels les contribuables payent patente; 3° les locaux destinés au logement des élèves dans les écoles et pensionnats; 4° les locaux affectés à l'exercice d'une fonction publique, ou même d'une profession libérale, telle que celle de médecin, d'avocat, dans la mesure où ils ne se confondent pas avec l'habitation personnelle du contribuable. — Si les locaux professionnels, par exemple, le cabinet d'un médecin ou d'un avocat, font partie intégrante de l'appartement du contribuable, s'ils ne peuvent être distingués, on ne peut opérer la déduction de leur valeur locative. C'est pour la même raison que les propriétaires qui, louant meublés des appartements faisant partie de leur habitation personnelle, sont de ce fait imposés à la patente, sont néanmoins passibles de la contribution mobilière à raison des mêmes locaux, s'ils s'en servent pendant quelques mois chaque année

pour leur usage personnel (Cons. d'Et. 4 août 1899).

260. L'évaluation se fait d'après la valeur locative des locaux imposables. — La valeur locative qui doit servir de base à la contribution mobilière n'est ni le revenu cadastral, ni la valeur locative inscrite au rôle de la contribution foncière des propriétés bâties, ni celle inscrite au rôle de la patente pour le droit proportionnel. La contribution personnelle mobilière étant un impôt de répartition (V. *infrà*, n° 269), le loyer matriciel porté sur le rôle peut être atténué par la répartition de façon à n'avoir plus aucun rapport avec la réalité des faits. La seule condition exigée, c'est qu'il y ait égalité proportionnelle entre toutes les évaluations d'une même commune et que la proportion d'atténuation soit la même pour toutes les habitations.

261. Pour déterminer la valeur locative, les répartiteurs peuvent s'en rapporter aux indications des baux; mais ils sont libres de les écarter si elles leur paraissent inexactes. Ils peuvent procéder par voie de comparaison avec d'autres locaux dont la valeur locative est connue. — L'art. 4 de la loi du 13 juill. 1903 a autorisé un nouveau mode de détermination de la valeur locative : dans les chefs-lieux de départements et dans les communes dont la population agglomérée dépasse 5 000 habitants, les loyers servant de base à la contribution mobilière peuvent, sur la demande du conseil municipal, être déterminés en déduisant de la valeur locative d'habitation de chaque contribuable, à titre de minimum de loyer, une somme constante dont la quotité est fixée par cette assemblée. Cette somme peut être augmentée d'un dixième par chaque personne, en plus de la première, qui se trouve à la charge du contribuable et à son domicile, sans que, toutefois, la déduction totale puisse dépasser le double du minimum de loyer. Sont seuls considérés comme personnes à la charge du contribuable les enfants ayant moins de seize ans révolus, les enfants âgés ou infirmes ; les enfants orphelins ou abandonnés, et l'un recueillis (L. 20 juill. 1904, D. P. 1904. 4. 65). Les délibérations prises à ce sujet par les conseils municipaux ne sont exécutoires qu'après avoir été, sur les propositions conformes du directeur des Contributions directes, approuvées par le préfet. La déduction dont il s'agit n'est applicable qu'aux contribuables qui ont leur domicile réel dans la commune; elle n'est effectuée que pour leur habitation principale, lorsqu'ils ont plusieurs habitations dans une commune.

§ 3. — *Exemptions* (R. 230 et s.; S. 109 et s.).

262. Les agents diplomatiques ne sont imposables, pour l'hôtel de l'ambassade, ni à la taxe personnelle ni à la taxe mobilière (V. *suprà*, *Agent diplomatique*, n° 17). A l'égard des consuls, le principe est celui de la réciprocité (V. *suprà*, *Consul*, n° 12).

263. Aux termes de l'art. 14 de la loi du 21 avr. 1832, les officiers de terre et de mer ayant des habitations particulières, soit pour eux, soit pour leur famille, les officiers sans troupes, officiers de gendarmerie et de recrutement, les employés de la guerre et de la marine dans les garnisons et dans les ports, sont imposables à la contribution personnelle mobilière d'après le même mode et dans la même proportion que les autres contribuables. Il y a donc exception pour toutes personnes appartenant à l'armée et ne rentrant pas dans la catégorie visée par cet article; d'une façon générale, les officiers *avec troupes* sont affranchis de la contribution personnelle mobilière.

264. Les père et mère de sept enfants vivants, mineurs, légitimes ou reconnus, assujettis à une contribution personnelle mobilière égale ou inférieure à 10 francs en principal, sont exonérés d'office de cette contribution (L. 8 août 1890, art. 31). Pour bénéficier de cette exemption, il faut avoir, au 1ᵉʳ janvier, sept enfants vivants (Cons. d'Et. 28 oct. 1899).

265. Toutes les personnes imposables aux termes de l'art. 12 de la loi de 1832 doivent être portées sur la matrice par les répartiteurs (art. 17). Lors de la formation de la matrice, le travail des répartiteurs est soumis au conseil municipal, qui désigne les habitants qu'il croit devoir exempter de toute cotisation et ceux qu'il juge convenable de n'assujettir qu'à la taxe personnelle (art. 18). — D'après la jurisprudence du Conseil d'Etat, l'exemption pour cause d'indigence est une faveur accordée discrétionnairement par le conseil municipal. Les contribuables que le conseil municipal a refusé d'exempter comme indigents n'ont pas de recours par la voie contentieuse; ils ne peuvent former qu'une demande en remise ou en modération.

266. En principe, les exemptions pour cause d'indigence doivent être nominatives. Toutefois, dans les grandes villes, le Conseil d'Etat a admis que les conseils municipaux pouvaient exempter comme indigents les contribuables payant un loyer inférieur à un certain chiffre, à la condition qu'il serait stipulé dans les délibérations certaines exceptions tirées de la situation individuelle du contribuable (Cons. d'Et. 14 mai 1891, D. P. 92. 3. 112; V. L. 31 déc. 1900 (D. P. 1902. 4. 1) répartissant la contribution personnelle mobilière de Paris). Il y aurait abus de pouvoir à exempter sans restriction tous contribuables payant un loyer inférieur au chiffre limite, alors même qu'ils seraient imposés à d'autres contributions (Cons. d'Et. 11 juin 1880, D. P. 81. 3. 42). Il y aurait de même abus de pouvoir à exempter de contributions certaines personnes à raison des services qu'elles rendent à la commune, par exemple, les pompiers, le curé ou l'instituteur. — Quand des exemptions irrégulièrement accordées entraînent une augmentation du contingent communal pour les contribuables, ceux-ci peuvent se plaindre d'être surtaxés (Cons. d'Et. 4 févr. 1898, D. P. 99. 5. 192).

§ 4. — Lieu où est due la contribution personnelle mobilière.

267. La contribution personnelle n'est due que dans la commune où le contribuable a son domicile réel (L. 21 avr. 1832, art. 13). Par domicile réel, il ne faut pas entendre le domicile prévu par le Code civil, mais la résidence de fait. C'est au juge à apprécier dans quelle commune le contribuable a sa résidence principale, son principal établissement. Les circonstances qui peuvent servir à le déterminer sont l'exercice d'une fonction ou d'une profession, l'inscription sur les listes électorales, mais plus souvent la résidence habituelle.

268. La contribution mobilière est due dans chacune des communes où le contribuable a des habitations meublées à sa disposition. — Lorsque, par suite de changement de domicile, un contribuable se trouve imposé dans deux communes, quoique n'ayant qu'une seule habitation, il ne doit la contribution que dans la commune de sa nouvelle résidence (L. 21 avr. 1832, art. 13). Si le contribuable n'est pas imposé dans sa nouvelle résidence, mais a été maintenu dans l'ancienne à raison d'une maison ou d'un appartement qu'il n'habitait plus au 1ᵉʳ janvier, la jurisprudence fait les distinctions suivantes : le changement de résidence a-t-il précédé le travail des mutations, le contribuable doit obtenir décharge dans son ancienne résidence, où il n'a été maintenu que par suite d'une erreur des répartiteurs; a-t-il eu lieu postérieurement à ce travail, le contribuable n'est fondé à demander décharge que s'il a été imposé dans sa nouvelle résidence, ou s'il y a demandé son inscription dans les formes et délais légaux, ou encore s'il justifie qu'il a dans cette commune une cause légale d'exemption. A défaut de ces conditions, il ne peut demander décharge ni se prévaloir, pour obtenir réduction, de ce que la valeur locative du nouveau logement serait inférieure à celle de l'ancien.

§ 5. — Répartition de la contribution personnelle mobilière (R. 245 et s.; S. 128 et s.).

269. La contribution personnelle mobilière est un impôt de répartition. La loi du 21 avr. 1832, pour déterminer les contingents départementaux, dispose que la somme de 34 millions, à laquelle était fixé le rendement total de l'impôt, serait répartie pour un tiers au centime le franc du montant des taxes personnelles des rôles de 1831; pour un tiers d'après les contingents de 1830; pour un tiers d'après les valeurs locatives réelles d'habitation. L'art. 2 de la loi du 4 août 1844 (R. p. 272) disposa qu'à partir du 1ᵉʳ janv. 1846 le contingent de chaque département serait diminué du montant en principal des cotisations personnelles et mobilières afférentes aux maisons qui auraient été détruites; qu'à partir de la même époque, ce contingent serait augmenté proportionnellement à la valeur locative des maisons nouvellement construites ou reconstruites, à mesure que ces maisons seraient assujetties à la contribution foncière; que l'augmentation serait du vingtième de la valeur locative réelle des locaux consacrés à l'habitation personnelle; qu'enfin, l'état, par département, des diminutions et augmentations, serait annexé au budget de chaque année. Par le mécanisme de cette loi, au fur et à mesure que les anciennes constructions disparaissent et sont remplacées par des nouvelles, la péréquation s'opère entre les contingents. L'art. 10 de la loi du 8 août 1890 dispose également que les constructions nouvelles viendront en accroissement des contingents de la contribution personnelle mobilière. Toutefois, le contingent de cette contribution ne sera augmenté qu'à partir de l'année où lesdites constructions seront comprises aux rôles généraux, sous réserve, lorsqu'il y aura lieu, des dispositions de l'art. 2 de la loi du 4 août 1844.

270. L'art. 3 de la loi du 10 juill. 1901 (D. P. 1902. 4. 57) apporta une modification importante dans les contingents départementaux, en disposant que le contingent en principal de la contribution personnelle mobilière serait réparti entre les départements proportionnellement à l'ensemble des valeurs locatives d'habitations constatées par les agents des Contributions directes dans le travail de revision des évaluations des propriétés bâties qu'ils ont effectué en 1899 et en 1900 en exécution des lois des 8 août 1898 et 10 mars 1899. Mais cette péréquation ayant eu pour effet de surcharger certains départements, arrondissements et communes, la loi du 30 mars 1902, art. 2 et 7 (D. P. 1902. 4. 60), vint atténuer la portée de la réforme adoptée l'année précédente : dans toute commune dont le contingent en principal a été augmenté du fait de l'art. 3 de la loi du 10 juill. 1901, tout contribuable qui, par suite de l'augmentation ainsi apportée au contingent communal, aura à supporter une augmentation du taux de sa cote mobilière en principal et centimes généraux de plus de 5 p. 100, obtiendra d'office remise du montant de cette augmentation. Toutefois, seront exceptés du dégrèvement d'office les contribuables dont les contributions personnelles mobilières pour 1902 sont supérieures à 125 francs.

271. Le contingent assigné à chaque département est réparti entre les arrondissements par le conseil général, et entre les communes par les conseils d'arrondissement, d'après le nombre des contribuables passibles de la contribution personnelle et d'après les valeurs locatives d'habitation (L. 21 avr. 1832, art. 9). A cet effet, le directeur des Contributions directes forme chaque année un tableau présentant par arrondissements et communes le nombre des individus passibles de la taxe personnelle et les montants de leurs valeurs locatives d'habitation. Ce tableau sert de renseignement pour la répartition de la contribution personnelle et mobilière (art. 11).

272. La répartition entre les contribuables du contingent assigné à une commune se fait de la manière suivante : après désignation, par le conseil municipal, des contribuables qu'il juge à propos d'exempter comme indigents, on multiplie le nombre des contribuables maintenus sur le rôle par le prix de trois journées de travail fixé par le conseil général. Le produit de cette multiplication donne le contingent personnel. Ce qui reste est réparti en taxe mobilière sur tous les contribuables non exemptés. A cet effet, on divise le contingent mobilier de la commune par le total des loyers matriciels; on obtient ainsi le centime le franc qui est appliqué au loyer de chaque contribuable.

273. Les lois du 21 avr. 1832 (art. 20) et 3 juill. 1846 (art. 5) autorisent les villes qui ont un octroi à faire la répartition de leur contingent personnel mobilier d'une manière différente. Dans ces villes, le contingent personnel mobilier peut être payé en tout ou en partie par les caisses municipales, sur la demande qui en est faite aux préfets par les conseils municipaux. Ces conseils déterminent la partie du contingent qui doit être prélevée sur les revenus de l'octroi. La portion à percevoir au moyen d'un rôle est répartie, en cotes mobilières seulement, au centime le franc des loyers d'habitation, après déduction des faibles loyers que les conseils municipaux croient devoir exempter de la cotisation. Les délibérations prises par les conseils municipaux ne reçoivent leur exécution qu'après avoir été approuvées par décret. La loi du 3 juill. 1846 autorise les conseils municipaux à faire cette répartition, soit au centime le franc des loyers d'habitation, soit d'après un tarif gradué en raison de la progression ascendante de ces loyers. Ainsi, les dégrèvements accordés aux contribuables sont en raison inverse de leur loyer. Tout le montant de ces dégrèvements doit être reporté sur l'octroi, de façon que les contribuables qui ne bénéficient d'aucune exemption ne subissent au moins aucune surcharge. S'il en était autrement, les contribuables non exemptés seraient fondés à réclamer une réduction.

274. Dans les départements et communes dont le contingent s'est trouvé augmenté par l'art. 3 de la loi du 10 juill. 1901, ce qui a produit une plus-value dans le rendement des centimes, les conseils généraux et municipaux sont autorisés à affecter l'excédent des recettes résultant de cette allocation à l'acquittement partiel de la contribution personnelle mobilière (L. 30 mars 1902, art. 4 et 5). Les sommes mises à la disposition des communes par les deux articles précédents pour servir à l'acquittement de la contribution personnelle mobilière sont réparties entre les contribuables compris dans les rôles de 1902, soit au centime le franc des loyers matriciels, soit d'après un tarif gradué en raison inverse de la progression ascendante de ces loyers, conformément à la loi du 3 juill. 1846. Ces délibérations municipales ne sont exécutoires qu'après avoir été approuvées par le préfet (L. 30 mars 1902, art. 6).

SECT. VIII. — Contribution des portes et fenêtres.

275. Créée par la loi du 4 frim. an 7 (R. p. 246), la contribution des portes et fenêtres a été réorganisée par la loi du 21 avr. 1832 (R. p. 269). — Sur le projet de loi qui en propose la suppression, V. *suprà*, n° 246.

§ 1er. — *Assiette de la contribution* (R. 256 et s. ; S. 133 et s.).

276. L'assiette de la contribution des portes et fenêtres est déterminée par l'art. 4 de la loi du 4 frim. an 7. La contribution est établie sur les portes et fenêtres donnant sur les rues, cours ou jardins des bâtiments et usines, sur tout le territoire de la République. — En principe, l'impôt porte sur les ouvertures des bâtiments passibles de la contribution foncière. Par suite, les constructions qui ne sont pas jugées imposables à cette dernière contribution, tels que les kiosques lumineux et les pavillons posés sans fondation par les compagnies d'omnibus ou de tramways, ne sont pas passibles de l'impôt des portes et fenêtres. Inversement, les bacs, bateaux de blanchisserie ont été imposés ensemble aux deux contributions par l'art. 2 de la loi du 18 juill. 1836. De même, toutes les constructions, même légères, reposant sur des fondations et ayant le caractère d'immeubles, sont imposables à raison de leurs ouvertures.

277. Les ouvertures des constructions nouvelles ne sont pas exemptées pendant deux années (Comp. *suprà*, n° 231) : elles doivent être cotisées dès le 1er janvier de l'année qui suit le moment où la maison devient habitable. — A l'inverse, dès que la maison cesse d'être habitable soit pour cause de vétusté, soit par suite de travaux de transformation exécutés par le propriétaire, l'immeuble cesse d'être passible de l'impôt des portes et fenêtres.

278. Dans les bâtiments, sont seules imposables les ouvertures donnant accès à des locaux ou servant à éclairer les locaux destinés à l'habitation des hommes. — Il faut, d'ailleurs, entendre cette expression dans un sens large. Ainsi, les fenêtres dites mansardes et autres ouvertures pratiquées dans la toiture des maisons sont imposables lorsqu'elles éclairent des chambres habitables, des greniers destinés à l'habitation, des magasins, l'escalier qui dessert tous les étages de la maison. En ce qui touche les ouvertures de locaux tels que les fournils, bûchers, fruitiers, celliers, buanderies, écuries, remises, cabinets d'aisances, il y a lieu de distinguer suivant qu'ils se trouvent dans les bâtiments séparés de la maison d'habitation ou qu'ils en font partie intégrante ; dans ce dernier cas seulement, leurs ouvertures sont imposables. Si les locaux éclairés par ces ouvertures doivent être habitables, il n'est pas nécessaire qu'ils soient habités.

279. Dans les usines et bâtiments commerciaux ou industriels, il y a lieu, pour l'exemption accordée aux ouvertures des manufactures (V. *infrà*, n° 285), d'assujettir à l'impôt les ouvertures servant à éclairer tous les locaux où sont réunis les ouvriers : ateliers, magasins, hangars, bureaux, buffets, salles de recettes. Au contraire, ne sont pas imposables, comme ne servant pas à éclairer des locaux destinés à l'habitation des hommes, les ouvertures de remises à wagons ou à locomotives, réservoirs d'eau, bâtiments recouvrant des machines à vapeur ou servant de réservoirs et d'étuves pour sécher le sable.

280. Les portes qui ne servent qu'à des communications intérieures ne doivent pas être cotisées ; et l'on doit considérer comme intérieure toute porte qui, de la maison

d'habitation, ne donne accès au dehors, à la cour ou au jardin, qu'au moyen d'un passage par une autre porte ; au contraire, est imposable toute porte qui donne accès à la maison, alors même que cet accès serait indirect, comme la porte d'une cour ou d'un jardin qu'il faut traverser pour avoir accès à la maison. Il importe peu que la cour intérieure à laquelle la porte donne accès soit couverte d'un vitrage.

281. Les ouvertures non munies de clôture ne sont pas imposables ; mais, pourvu qu'elles soient closes, il importe peu que le mode de clôture consiste en volets, châssis mobiles ou dormants, en vitrages, en canevas, en toile ou en papier. — Les œils-de-bœuf ou vitrages placés au-dessus des portes ne forment pas une ouverture distincte. Il en est autrement des jours de souffrance. Les vitrages des boutiques sont considérés comme des fenêtres. — Tant que des ouvertures ne sont pas définitivement condamnées ou murées, elles sont imposables, alors même qu'on ne s'en sert pas habituellement.

§ 2. — *Exemptions* (R. 276 et s. ; S. 143 et s.).

282. 1° Les bâtiments ruraux n'étant pas passibles de l'impôt foncier en vertu de la loi du 3 frim. an 7 (art. 85), leurs ouvertures ne sont pas cotisables (L. 4 frim. an 7, art. 5). Il faut seulement que l'affectation de ces bâtiments au service d'une exploitation rurale soit permanente et exclusive.

283. 2° Sont exemptées, les ouvertures des bâtiments employés à un service public civil, militaire ou d'instruction, ou aux hospices. A la différence de ce qui a lieu pour l'impôt foncier (V. *suprà*, n° 230, *in fine*), l'exemption de la contribution des portes et fenêtres est accordée à la seule condition que l'immeuble soit affecté à un service public. Peu importe que le bâtiment soit propriété publique ou privée : l'exemption de la contribution des portes et fenêtres a été accordée à des bâtiments pris à bail par des administrations publiques pour l'installation de leurs services. D'autre part, les ouvertures de bâtiments tels que halles, marchés, abattoirs, usines de distribution d'eau ont été exemptées, bien que ces services publics soient productifs. Les ouvertures des établissements d'instruction sont exemptées quand il s'agit d'écoles publiques, et imposées quand il s'agit d'écoles privées. Il en est de même pour les établissements de bienfaisance.

284. 3° Les logements des fonctionnaires publics dans les bâtiments appartenant à l'Etat, aux départements ou aux communes, ne sont pas considérés comme affectés à un service public ; en conséquence, les fonctionnaires, les ecclésiastiques et les employés civils et militaires logés gratuitement dans ces bâtiments, sont imposés nominativement pour les portes et fenêtres des parties de ces bâtiments à leur habitation personnelle (L. 21 avr. 1832, art. 27). Il z'y a exception que pour les officiers avec troupes, logés dans des bâtiments militaires (Cons. d'Et. 6 nov. 1897).

285. 4° Les propriétaires des *manufactures* ne sont taxés que pour les fenêtres de leurs habitations personnelles et de celles de leurs concierges et commis. — Les ouvertures des *ateliers* et des *usines* sont, au contraire, imposables. Entre l'atelier et la manufacture il n'y a qu'une différence d'importance : doivent être considérés comme des ateliers, au sens de la loi fiscale, les locaux de petites dimensions, où des ouvriers en petit nombre travaillent éclairés par un petit nombre d'ouvertures. La manufacture diffère de l'usine en ce que le travail manuel y prédomine, tandis que là où c'est le travail mécanique qui l'emporte, l'établissement est une usine.

286. 5° Sont exemptes pendant trois mois les ouvertures pratiquées dans des logements déclarés insalubres pour l'exécution de travaux d'assainissement (L. 13 avr. 1850, D. P. 50. 4. 74 ; 15 févr. 1902, D. P. 1902. 4. 41) ; ... pendant cinq ans, les ouvertures des maisons individuelles ou collectives destinées à être louées ou vendues comme habitations à bon marché (L. 30 nov. 1894, art. 9, D. P. 95. 4. 41).

§ 3. — *Répartition de la contribution des portes et fenêtres* (R. 338 et s. ; S. 172 et 173).

287. Quoique étant un impôt de répartition, la contribution des portes et fenêtres est établie d'après un tarif, qui a été fixé par l'art. 27 de la loi du 21 avr. 1832. D'après ce tarif, les maisons sont divisées en deux groupes : celles qui ont une à cinq ouvertures et celles qui ont six ouvertures et plus. Pour les premières, il n'y a pas de distinction entre les portes et les fenêtres ; le taux varie uniquement à raison du nombre des ouvertures et du chiffre de la population. Pour les secondes, le tarif distingue entre : 1° les portes cochères, charretières ou de magasins ; 2° les portes ordinaires et fenêtres des deux premiers étages ; 3° les fenêtres du troisième étage et les étages supérieurs.

288. Le chiffre de la population, suivant lequel varie le tarif applicable aux ouvertures, est constaté par les recensements quinquennaux. D'après l'art. 4 de la loi du 4 août 1844, s'il s'élève des difficultés relativement à la catégorie dans laquelle une commune doit être rangée, pour l'application du tarif des portes et fenêtres, la réclamation du conseil général du département ou de la commune, ou celle de l'administration des Contributions directes, est instruite et jugée conformément aux dispositions de l'art. 22 de la loi du 28 avr. 1816, c'est-à-dire après avoir été soumise au préfet qui, après avoir pris l'avis des sous-préfets et du directeur, la transmet, avec son propre avis, au directeur général. Sur le rapport de ce fonctionnaire, il est statué par le ministre des Finances, sauf recours au Conseil d'Etat, et la décision du préfet est exécutée provisoirement. — La question ne rentre pas dans le contentieux des Contributions directes. Aucun particulier n'a qualité pour contester les résultats du recensement ni des décrets rectificatifs. D'autre part, les contribuables ne sont pas recevables, à propos de leur cote de contributions, à contester devant le conseil de préfecture le chiffre de la population (Cons. d'Et. 29 mars 1901, D. P. 1902. 5. 178).

289. Dans les villes et communes au-dessus de 5 000 âmes, la taxe correspondant au chiffre de leur population ne s'applique qu'aux habitations comprises dans la partie agglomérée, telle qu'elle a été déterminée par le dernier décret de dénombrement (L. 30 juill. 1885, art. 3, D. P. 86. 4. 1). Les habitations de la banlieue sont portées dans la classe des communes rurales. Les conseils municipaux ont la faculté de demander que les ouvertures de la partie non agglomérée soient, en ce qui concerne la répartition individuelle, taxées d'après le tarif afférent à la population totale. Le conseil général statue sur leur demande après avis du directeur des Contributions directes (art. 5).

290. A Paris, Lyon, Bordeaux, existent, en vertu de lois spéciales, des tarifs exceptionnels combinés de façon à tenir compte à la fois de la valeur locative et du nombre des ouvertures. La contribution comporte un droit fixe et un droit proportionnel. La taxe sur les usines et chantiers est réduite au droit fixe, sans droit proportionnel. Aucune distinction n'est faite entre les maisons à moins de six ouvertures et celles de six ouvertures et plus. Le droit proportionnel est calculé sur la valeur locative qui sert de base à la contribution foncière; il est soumis, par suite, au principe de la fixité des évaluations.

291. Les contingents des départements, des arrondissements et des communes sont augmentés à raison des constructions nouvelles et diminués de la part afférente aux ouvertures des constructions démolies (L. 17 août 1835, art. 2, R. p. 271). D'autre part, lorsque, par suite du recensement officiel de la population, une commune passe dans une catégorie inférieure ou supérieure à celle dont elle faisait partie, le contingent du département dans la contribution des portes et fenêtres est diminué ou augmenté de la différence résultant du changement de tarif (L. 4 août 1844, art. 3).

292. Le directeur établit chaque année un tableau présentant : 1° le nombre des ouvertures imposables des différentes classes; 2° le produit des taxes d'après le tarif; 3° le projet de la répartition. Ce tableau sert de renseignement au conseil général et aux conseils d'arrondissement pour fixer le contingent des arrondissements et des communes (L. 21 avr. 1832, art. 26). Si, d'après ce tarif, la somme à payer par la commune est supérieure à la somme qui lui est assignée comme contingent, il est fait une déduction proportionnelle sur chaque cote. Au cas contraire, où le contingent dépasse la somme qui résulterait de l'application du tarif, il est fait, pour chaque cote, une augmentation proportionnelle (L. 13 flor. an 10, art. 20, R. p. 263).

§ 4. — *Sur qui pèse la contribution des portes et fenêtres.*

293. Elle est exigible contre les propriétaires, usufruitiers, principaux locataires, sauf leur recours contre les locataires particuliers pour le remboursement de la somme due à raison des locaux par eux occupés (L. 4 frim. an 7, art. 12). Dans l'intention du législateur, la contribution est due, en définitive, par le locataire. En conséquence, lorsque le bail ne contient aucune stipulation à cet égard, le propriétaire a le droit d'exercer son recours contre ses locataires.

SECT. IX. — **Contribution des patentes.**

294. La contribution des patentes, créée par la loi du 2-17 mars 1791 (R. v° *Patente,* p. 44), est un impôt spécial sur les revenus produits par le travail. Etablie d'abord plus particulièrement sur le commerce et l'industrie, elle a été étendue, dans la suite, à certaines professions libérales. La législation a été codifiée une première fois par la loi du 25 avr. 1844 (R. v° *Patente,* p. 49), remplacée aujourd'hui par la loi du 15 juill. 1880 (D. P. 81. 4. 1). Cette dernière loi a d'ailleurs été modifiée, dans quelques-unes de ses dispositions, par des lois postérieures, notamment par celle du 19 avril 1905.

295. A la différence des impôts précédents, la contribution des patentes est un impôt de quotité. Elle est perçue en vertu d'un tarif.

296. La contribution des patentes est un impôt général sur le produit du travail, c'est-à-dire que, sauf les exemptions limitativement énumérées par la loi, tout individu, Français ou étranger, qui exerce en France, d'une manière habituelle et pour son compte, un commerce, une industrie ou une profession, est imposable (L. 1880, art. 1er).

ART. 1er. — PERSONNES ET PROFESSIONS ASSUJETTIES A LA PATENTE (R. v° *Patente,* 216 et s.; S. *eod.* v°, 533 et s.).

297. Pour que la patente soit due, il faut qu'il y ait exercice d'une profession, c'est-à-dire accomplissement habituel des actes qu'elle comporte. Par suite, il n'y a pas à tenir compte des faits accidentels, qui sont inopérants soit pour rendre patentable un individu qui n'exerce aucune profession, soit pour modifier les droits dont un patentable est passible.

298. La patente n'est due qu'autant que les actes constitutifs de la profession (actes de fabrication, de vente ou services personnels) ont été réellement effectués au cours de l'exercice. Ainsi, n'est pas imposable comme loueur d'appartements meublés celui qui, pendant l'année, n'a pas mis sa maison en location (Cons. d'Et. 5 mars 1892); ni, comme entrepreneur, celui qui n'a pas exécuté de travaux. Toutefois, pour entraîner décharge de la patente, il faut que cette absence d'actes professionnels soit volontaire : si, par exemple, le patentable a tenu des marchandises à la disposition du public et ne les a gardées sans les vendre que par suite du défaut de clients, il reste néanmoins passible de la patente (Cons. d'Et. 25 mai 1894).

299. Il faut que les actes constitutifs de la profession imposable donnent lieu à une rémunération pécuniaire : celui qui accomplit gratuitement ces actes n'est pas passible de patente (Cons. d'Et. 24 mars 1900). D'autre part, la rémunération doit avoir pour objet la réalisation d'un gain, et non d'une économie. C'est pour cette raison que la jurisprudence déclare non imposables à la patente les sociétés coopératives de consommation, qui achètent en gros les marchandises qu'elles revendent en détail à leurs membres associés, dans le but de procurer à ceux-ci une économie, et non de réaliser un gain pour elles-mêmes (Cons. d'Et. 7 juin 1878, D. P. 78. 3. 103).

300. L'exercice de la profession doit être productif de bénéfice. D'ailleurs, l'exercice même de la profession est un signe extérieur qui fait présumer l'existence de bénéfices. Le patentable n'est pas admis à prouver qu'il n'en a pas réalisé : l'absence ou la modicité des bénéfices réalisés peut justifier une demande en remise, mais non une demande en décharge.

301. Il faut, pour que la patente soit due, que l'exercice de la profession ait lieu en France, ou du moins que les actes essentiels de la profession y soient accomplis. Il ne suffirait pas, par exemple, qu'un commerçant opérant exclusivement à l'étranger eût en France sa comptabilité et ses écritures, pour y être patentable (Cons. d'Et. 20 avr. 1894, D. P. 95. 3. 53). Mais s'il fait des ventes en France, ou même des approvisionnements de marchandises destinées à être réexpédiées et revendues à des maisons situées à l'étranger, il est imposable.

302. Sont également imposables les étrangers qui ont en France leurs commerces, industries ou professions, soit qu'ils n'opèrent qu'en France, soit qu'ils y possèdent une succursale, ou un représentant à poste fixe qui agit pour leur compte. Toutefois, l'étranger qui opère dans ces conditions n'est imposable en France qu'à raison des opérations qu'il y effectue et peuvent constituer une profession différente de celle qui est exercée à l'étranger.

303. Par une exception inhérente à l'exercice de cette profession, les commis-voyageurs étrangers, bien qu'ils ne possèdent en France aucun établissement, sont imposables; ils sont traités, relativement à la patente, sur le même pied que les commis-voyageurs français chez les autres nations (L. 15 juill. 1880, art. 24). Les seuls pays qui assujettissent nos commis-voyageurs de commerce à un droit de patente ou à un droit équivalent sont : la Belgique, le Danemark, les Pays-Bas, la Russie, la Suède et Norvège et la Suisse.

304. Les administrations publiques qui, dans l'intérêt du public, exploitent certaines industries ou se sont chargées de certains services qu'elles font payer peuvent-elles être assujetties à la patente? Il y a lieu de distinguer. L'Etat n'est pas imposable à raison des ateliers de constructions, des chantiers, arsenaux, fonderies, manufactures d'armes, poudreries, manufactures d'allumettes, de tabacs, de tapisseries, de ses imprimeries. Il n'y a d'exception à ce principe que pour les chemins de fer de l'Etat, assujettis à la patente par l'art. 9 de la loi du 22 déc. 1878 (D. P. 79. 4. 10).— Les communes sont chargées d'un certain nombre de services productifs de revenus (distributions d'eau, d'éclairage, halles et marchés, abattoirs, bureaux de poids publics, entrepôts). Lorsque ces services sont affermés, ce sont les fermiers ou concessionnaires qui, percevant les revenus, sont imposés à la patente. Au cas d'exploitation directe en régie, à la ferme ou à la concession, les communes sont imposables, d'après la jurisprudence, sauf en ce qui concerne le service de l'eau. Au cas d'exploitation directe en régie, les communes sont autorisées à créer, gérer et exploiter divers établissements utiles au commerce (magasins généraux, salles de ventes publiques, entrepôts, hangars, docks, etc.). Elles mettent ces divers établissements ou appareils à la disposition du public, qui leur paye des redevances; mais ces redevances étant calculées de façon à ne procurer aucun bénéfice aux chambres, elles ne paraissent pas devoir être imposées. Cependant, la jurisprudence est hésitante.

305. Dès lors que les actes professionnels sont accomplis en vue de la rémunération payée par le public, la patente est due, et il n'y a pas à établir de distinction ou à accorder de dispenses à raison de la destination qui serait donnée aux produits du commerce, de l'industrie ou de la profession. Beaucoup de congrégations ou d'associations poursuivant un but charitable sont ainsi imposées à la patente à raison d'établissements où l'on fait travailler les personnes recueillies et où le produit du travail est vendu au profit de l'œuvre (Cons. d'Et. 3 févr. 1888). Quant aux établissements charitables qui reçoivent à la fois des pensionnaires et des indigents, il y a lieu de rechercher quel est leur caractère dominant.

306. Des tableaux annexés à la loi sur les patentes contiennent une énumération détaillée des professions assujetties à la patente. En vertu du principe de généralité de la patente (V. *supra*, n° 296), les commerces, industries ou professions non dénommés dans ces tableaux n'en sont pas moins assujettis à la contribution. Les droits auxquels ils doivent être soumis sont réglés d'après l'analogie des opérations ou des objets de commerce, par un arrêté spécial du préfet, rendu sur la proposition du directeur des Contributions directes, après avis du maire. Tous les cinq ans, des tableaux additionnels, contenant la nomenclature des commerces, professions et industries classées par voie d'assimilation depuis trois années au moins, sont soumis à la sanction législative (L. 15 juill. 1880, art. 4).

307. Les arrêtés d'assimilation sont valables même s'ils n'ont pas été publiés ou communiqués aux intéressés. Le préfet ne peut procéder par arrêté d'assimilation qu'à l'égard des professions complètement omises aux tableaux. Ainsi, lorsqu'une profession est dénommée au tarif, sans qu'aucune distinction y soit faite entre les opérations de gros et celles de détail, l'exercice de cette profession dans les conditions du commerce en gros ne peut être considéré comme non prévu par le tarif, et ne saurait être l'objet d'une imposition par voie d'assimilation (Cons. d'Et. 9 nov. 1889, D. P. 91. 3. 31).

DICT. DE DROIT.

93

Art. 2. — Personnes et professions exemptées de la patente (R. v° *Patente*, 237 et s. ; S. *eod.* v°, 580 et s.).

308. Les exemptions de la patente sont totales ou partielles. Les premières sont énumérées dans l'art. 17 de la loi du 15 juill. 1880, modifié dans certaines de ses dispositions par la loi du 19 avr. 1905 (art. 8). Sont exempts : 1° Les fonctionnaires et employés salariés de l'Etat, des départements et des communes, en ce qui concerne seulement l'exercice de leurs fonctions. Ceux des fonctionnaires ou employés qui joignent à leurs fonctions l'exercice d'une profession différente peuvent être imposés à la patente. Par exemple, le débitant de tabac est exempt comme fonctionnaire ; mais s'il vend en outre des articles de mercerie, d'épicerie, il est imposable.

309. 2° Les artistes, c'est-à-dire les peintres, les sculpteurs, graveurs et dessinateurs ne vendant que le produit de leur art ; les professeurs de belles-lettres, de sciences et arts d'agrément ; les instituteurs primaires, sages-femmes, professeurs, journalistes, les artistes dramatiques. — Les peintres verriers, les sculpteurs ornemanistes, les graveurs sur bois, sont imposables. Il en est de même des artistes musiciens qui se font entrepreneurs de concerts, des artistes dramatiques qui deviennent directeurs de spectacles. Les sages-femmes cessent d'être exemptes lorsqu'elles tiennent une maison d'accouchements ; les professeurs, s'ils tiennent un établissement ouvert au public (pension, institution, gymnases, cours). Cependant, les établissements privés d'enseignement primaire sont exempts. Sont exempts aussi les éditeurs de feuilles périodiques, pourvu qu'ils ne soient pas en même temps imprimeurs.

310. 3° Les laboureurs et cultivateurs, seulement pour la vente et la manipulation des récoltes et fruits provenant des terrains qui leur appartiennent ou par eux exploités, et pour le bétail qu'ils y élèvent, qu'ils y entretiennent et qu'ils y engraissent. — L'exemption est accordée à celui qui ne vend que le produit de ses récoltes, alors même que celles-ci auraient subi chez le producteur un certain travail ; ... au propriétaire qui ne vend que le bois de ses domaines, même converti en charbon ou en planches, le vin, le cidre ou l'huile fait avec ses raisins, ses pommes ou ses olives, ou l'alcool qu'il a obtenu par la distillation de ses vins, cidres, marcs, betteraves, etc. Quant aux éleveurs, ils n'ont droit à l'exemption que s'ils ne vendent que du bétail élevé, entretenu et engraissé sur les terres par eux exploitées ; elle ne s'étend pas à ceux qui sont obligés, pour nourrir les animaux qu'ils achètent, de se procurer d'autres fourrages que ceux provenant des terres leur appartenant.

311. 4° Les exploitants de mines. — Mais l'exemption ne s'étend pas à la transformation des matières extraites. Ainsi, le concessionnaire qui transforme le charbon en coke ou en agglomérés, celui qui a un fourneau pour faire subir au minerai extrait un traitement métallurgique, sont imposables. L'exemption ne s'étend pas aux exploitants de carrières : ceux-ci sont imposables, alors même qu'ils n'exploitent que les carrières qui leur appartiennent.

312. 5° Les pêcheurs, même lorsque la barque qu'ils montent leur appartient, les ostréiculteurs qui vendent les huitres engraissées sur leurs parcs, mais non les adjudicataires du droit de pêche dans les rivières. Sont aussi exempts les propriétaires et fermiers de marais salants.

313. 6° Les propriétaires qui louent accidentellement une partie de leur habitation personnelle, lorsque, d'ailleurs, cette location ne présente aucun caractère périodique.

— Cette exemption ne peut être invoquée par ceux qui, *habituellement*, mettent leurs villas en location pendant la saison des bains de mer ou des eaux.

314. 7° Les compagnies d'assurances mutuelles régulièrement autorisées, les caisses d'épargne et de prévoyance administrées gratuitement (à l'exclusion des établissements qui, sous couleur d'épargne ou de capitalisation, ne constituent que des sociétés financières). — Sont exemptes également : les sociétés de crédit agricole (L. 5 nov. 1894, D. P. 95. 4. 25), les caisses d'assurances mutuelles agricoles, les sociétés d'habitations à bon marché (L. 30 nov. 1894, art. 13, D. P. 95. 4. 41). — Les sociétés coopératives de consommation et les économats, lorsqu'ils possèdent des établissements, boutiques ou magasins pour la vente ou la livraison des denrées, produits ou marchandises, sont passibles du droit de patente au même titre que les sociétés ou particuliers possédant des établissements, boutiques ou magasins similaires. Toutefois, les syndicats agricoles et les sociétés coopératives de consommation qui se bornent à grouper les commandes de leurs adhérents et à distribuer dans leurs magasins de dépôt les denrées, produits ou marchandises qui ont fait l'objet de ces commandes, ne sont pas soumis à la patente (L. 19 avr. 1905, art. 9).

315. 8° Les associés en commandite ;

316. 9° Les cantiniers attachés à l'armée ;

317. 10° Les écrivains publics ;

318. 11° Les capitaines de navires de commerce ne naviguant pas pour leur compte ;

319. 12° Les commis et toutes les personnes travaillant à gages, à façon ou à la journée, dans les magasins, boutiques ou ateliers des personnes de leur profession. L'exemption accordée aux commis a soulevé des difficultés en ce qui concerne son application aux commis-voyageurs, chargés de placer les produits de leur patron ; la solution qui paraît prévaloir est qu'ils ne peuvent réclamer l'exemption que s'ils sont employés par une seule maison, dont ils touchent un traitement fixe, auquel peuvent s'ajouter des frais de voyage. S'ils sont rémunérés par des remises proportionnelles aux opérations qu'ils font, ils deviennent des représentants de commerce opérant pour leur compte, et passibles, à ce titre, de la patente. Il en est de même de celui qui voyage pour placer les marchandises de plusieurs maisons.

320. 13° Les ouvriers travaillant chez eux ou chez les particuliers, sans compagnons ni apprentis, soit qu'ils travaillent à façon, soit qu'ils travaillent pour leur compte et avec des matières qui leur appartiennent, qu'ils aient ou non une enseigne ou une boutique. Ne sont pas considérés comme compagnons ou apprentis la femme travaillant avec son mari, ni les enfants non mariés travaillant avec leurs père et mère, ni le simple manœuvre dont le concours est indispensable à l'exercice de la profession ; les ouvriers travaillant en chambre avec un apprenti âgé de moins de seize ans ; la veuve qui continue, avec l'aide d'un seul ouvrier ou d'un seul apprenti, la profession précédemment exercée par son mari. — L'exemption ne peut être accordée à ceux dont le métier exige une participation personnelle due à leur expérience, à leur talent, à leurs connaissances, tels qu'un pharmacien, un dessinateur, etc. Elle doit être aussi refusée à ceux qui exercent leur profession dans des conditions qui en font un véritable commerce.

321. 14° Les personnes qui vendent en ambulance, soit dans les rues, soit dans les lieux de passage, soit dans les marchés, des fleurs, de l'amadou, des balais, des statues et figures de plâtre, des fruits, légumes, poissons, du beurre, des œufs, du fromage et autres menus comestibles. — Ne sont traités comme marchands vendant en ambu-

lance dans les marchés que ceux qui n'y possèdent pas une place fixe. L'exemption intégrale doit être refusée à ceux qui se rendent chaque semaine dans un marché pour y vendre à une place déterminée. Il faut, en outre, qu'ils n'aient nulle part un établissement fixe et permanent où ils exercent leur commerce.

322. 15° Les savetiers, les chiffonniers au crochet, porteurs d'eau à la bretelle ou avec voitures à bras, rémouleurs ambulants, gardes-malades.

323. 16° L'entrepreneur de l'abatage et du façonnage des bois sur pied, quand le prix des entreprises n'excède pas 500 francs.

324. 17° Le fabricant travaillant exclusivement à métiers à façon, dont le droit fixe, calculé au tarif légal, n'excède pas 21 francs en principal.

325. Tous ceux qui vendent en ambulance des objets non compris dans les exceptions déterminées par l'art. 17, et tous marchands sous échoppe ou en étalage, sont passibles de la moitié des droits que payent les marchands qui vendent les mêmes objets en boutique (L. 1880, art. 18). Toutefois, cette disposition n'est pas applicable aux bouchers, épiciers et autres marchands ayant un étalage permanent, ou occupant des places fixes dans les halles et marchés. Ainsi, pour avoir droit à la réduction de moitié des droits, il faut ne pas avoir d'étal permanent.

326. Les offices ministériels et les professions libérales, assujettis à la patente, bénéficient aussi d'une exemption partielle : ils ne sont pas imposées au droit fixe, mais seulement au droit proportionnel. Cette exemption s'applique aux architectes, avocats au Conseil d'Etat, avocats à la cour d'appel, avoués, chefs d'institution et maîtres de pension, chirurgiens, commissaires-priseurs, dentistes, greffiers, ingénieurs civils, mandataires agréés près les tribunaux de commerce, notaires, médecins, vétérinaires.

327. Les patentables des 7° et 8° classes du tableau A sont exempts du droit proportionnel dans les communes ayant moins de 20 000 âmes. Dans les communes qui ont une population supérieure, ils doivent le droit proportionnel, sauf ceux qui vendent en ambulance, en étalage ou sous échoppe. Sont encore exempts du droit proportionnel : les loueurs d'une chambre meublée ; les individus qui exploitent à bras des moulins ou autres usines à moudre, battre, triturer, broyer, pulvériser, presser, pour la valeur locative de ces usines ; les loueurs de chambres ou appartements meublés, mais seulement pour leur habitation personnelle ; les fabricants travaillant exclusivement à métiers à façon et les mouliniers en soie travaillant exclusivement à façon, dont le droit fixe, calculé suivant le tarif légal, n'excède pas 150 francs en principal ; si le droit fixe excède 150 francs, sans dépasser 450 francs, le droit proportionnel est perçu pour moitié (L. 17 juill. 1889, art. 2, modifié par la loi du 19 avr. 1905). — Certains patentables ne sont assujettis au droit proportionnel que sur leur maison d'habitation, à l'exclusion des locaux professionnels. — Enfin, le droit proportionnel est réduit de moitié pour les individus vendant en ambulance, en étalage ou sous échoppe (L. 15 juill. 1880, art. 28) patentables autres que celles énumérées en l'art. 17.

Art. 3. — Personnalité de la patente (R. v° *Patente*, 301 et s. ; S. *eod.* v°, 663 et s.).

328. Les patentes sont personnelles et ne peuvent servir qu'à ceux qui les ont prises (L. 15 juill. 1880, art. 20, § 1er). — En conséquence serait que chaque associé d'un individu se livrant à un commerce, industrie ou profession assujetti à la patente, devrait être tenu de se munir lui-même d'une patente, comme participant de fait et d'intérêt à ce commerce, à cette industrie ou à cette profession. Mais de nombreuses dérogations ont été apportées au principe.

329. Une première dérogation a été édictée en faveur de l'association conjugale. Le mari et la femme, même séparés de biens, ne doivent qu'une patente, à moins qu'ils n'aient des établissements distincts, auquel cas chacun doit avoir sa patente et payer séparément les droits fixe et proportionnel (L. 1880, art. 19). Soit que le mari exerce seul, soit qu'il se fasse aider par sa femme dans l'exercice de sa profession, il est seul imposable quand il y a unité d'établissement. Quand la femme exerce seule, c'est elle qui est imposable, quel que soit le régime matrimonial sous lequel elle est mariée (Cons. d'Et. 14 déc. 1888). Si le mari participe au commerce exercé par sa femme, la patente peut être indifféremment inscrite au nom de l'un ou de l'autre.

330. Quant aux sociétés commerciales, il faut distinguer : Dans les sociétés en nom collectif, l'associé principal paye seul la totalité du droit fixe afférent à la profession. Le même droit est divisé en autant de parts égales qu'il y a d'associés en nom collectif, et une de ces parts est imposée à chaque associé secondaire. Néanmoins, pour les associés habituellement employés comme simples ouvriers dans les travaux de l'association, cette part ne doit jamais dépasser le vingtième du droit fixe imposable au nom de l'associé principal. L'associé principal et les associés secondaires sont imposés au droit fixe dans les communes où sont situés les établissements, boutiques et magasins qui y donnent lieu. — Le droit proportionnel est établi sur la maison d'habitation de l'associé principal, et sur tous les autres locaux qui servent à la société pour l'exercice de son industrie. La maison d'habitation de chacun des autres associés est affranchie du droit proportionnel, à moins qu'elle ne serve à l'exercice de l'industrie sociale. En ce cas, elle est, de même que les autres locaux servant à l'industrie sociale, imposable au nom de l'associé principal (L. 1880, art. 20). — Quant à la détermination de l'associé principal, on doit considérer, en général, le premier en nom dans l'acte de société, s'il a la gestion des affaires et, dans le cas contraire, l'associé qui, parmi ceux qui prennent part à la gestion, a la plus forte mise de fonds.

331. Par exception aux dispositions qui précèdent, dans les sociétés en nom collectif qui sont passibles des droits de patente pour l'exercice de professions rangées dans le tableau C annexé à la loi de 1880, et tarifées en raison du nombre des ouvriers, machines, instruments, moyens de production ou autres éléments variables d'imposition, l'associé principal seul est imposé au droit fixe ; les autres associés en sont affranchis. — Par exception aux mêmes dispositions, dans les sociétés en nom collectif qui sont passibles des droits de patente pour l'exercice de professions rangées dans le tableau B, le droit de patente des associés autres que l'associé principal, établi conformément à l'art. 20, ne porte pas sur les employés et autres éléments variables d'imposition (art. 21).

332. Dans les sociétés en commandite, les gérants sont traités comme les associés en nom collectif. Les commanditaires qui ne participent pas à la gestion et ne sont que des bailleurs de fonds sont exempts de tout droit.

333. Les sociétés ou compagnies anonymes, ayant pour but une entreprise industrielle ou commerciale, sont imposées pour chacun de leurs établissements à un seul droit fixe, sous la désignation de l'objet de l'entreprise, sans préjudice du droit proportionnel. Les actionnaires ne sont pas imposables en cette qualité ; seule la société, personne morale, est imposée. Elle est imposée nominativement et non pas sous le nom de ses agents à qui est confiée la direction. — Du reste, la patente assignée à la société ne dispense aucun des sociétaires ou actionnaires du payement des droits de patente auxquels ils pourraient être personnellement assujettis pour l'exercice d'une industrie particulière. Les gérants et associés solidaires des sociétés en commandite sont soumis à la même règle (art. 22).

334. En principe, ceux-là seuls sont assujettis à la patente qui travaillent pour leur propre compte. C'est sur cette règle qu'est fondée l'exception dont jouissent les commis, employés, etc. (V. supra, n° 319). La loi y apporte une exception en ce qui touche les colporteurs : tout individu transportant des marchandises de commune en commune, lors même qu'il vend pour le compte de marchands ou de fabricants, est tenu d'avoir une patente personnelle qui est, selon les cas, celle de marchand forain avec balle, avec bête de somme ou voiture à bras, avec voiture à deux roues ou à quatre roues à un ou plusieurs colliers, celle de marchand forain sur bateau ou celle de marchand de vin vendant au moyen de wagons-réservoirs (L. 1880, art. 23, modifié par la loi du 19 avr. 1905).

ART. 4. — PROPORTIONNALITÉ DE LA PATENTE.

335. En principe, la contribution des patentes doit être, aussi exactement que possible, proportionnelle à l'importance des bénéfices de chaque contribuable. Ces bénéfices ne sont l'objet d'aucune vérification de la part des agents du fisc, ni d'aucune déclaration de la part des patentables. Ils sont évalués au moyen de signes extérieurs qui les font présumer. Ces signes, qui ont été multipliés par la loi, sont : 1° le chiffre de la population de la commune où le commerce est exercé ; 2° la nature de la profession exercée ; 3° les conditions d'exercice de cette profession (opérations de gros, demi-gros et détail ; exercice simultané de plusieurs professions dans le même établissement, ou d'une profession unique dans des établissements distincts) ; 4° le nombre des établissements ; 5° le nombre des ouvriers ou employés ; 6° le nombre des machines et autres éléments de production ; 7° la valeur locative de la maison d'habitation ; 8° la valeur locative des ateliers, boutiques, magasins et tous autres locaux servant à l'exercice de la profession et de l'outillage des établissements industriels. — Les six premiers signes servent à déterminer le droit fixe ; les deux autres, le droit proportionnel.

ART. 5. — DROIT FIXE.

§ 1er. — *Population* (R. v° Patente, 15 et s. ; S. eod. v°, 61 et s.).

336. Les professions qui sont imposées eu égard au chiffre de la population sont réparties dans les tableaux A et B. — Le premier constitue un tarif général, le second un tarif exceptionnel. Les communes sont divisées en neuf catégories. Paris forme une catégorie spéciale ; elle ne se distingue de celle qui la suit (celle des villes de plus de 100000 âmes) que pour les trois premières classes de professions, le tarif des cinq dernières étant le même pour les deux catégories.

337. Les tarifs établis eu égard à la population sont appliqués d'après les résultats du dernier dénombrement (L. 15 juill. 1880, art. 5, § 1er). La population normale ou municipale doit seule servir de base à l'assiette de l'impôt. — Après chaque recensement, s'il ressort que ses résultats doivent modifier les tarifs, le préfet, sur le rapport du directeur des Contributions directes, prend un arrêté pour régulariser la perception. Les réclamations auxquelles peut donner lieu cet arrêté sont instruites et jugées d'après la loi du 4 août 1844, conformément aux dispositions de l'art. 22 de la loi du 28 avr. 1816 (V. supra, n° 288, ce qui a été dit à l'occasion de la contribution des portes et fenêtres).

338. Les charges qui peuvent résulter des variations de la population ont été atténuées pour les communes par l'art. 5, § 2, de la loi de 1880 : quand la population fait passer une commune dans une catégorie supérieure à celle dont elle faisait précédemment partie, l'augmentation du droit fixe n'est appliquée que pour moitié pendant les cinq premières années. La réduction de droit fixe prévue par ce paragraphe a été étendue, dans les villes dont la population totale est de plus de 5000 âmes, aux portions de territoire qu'un nouveau démembrement fait passer de la partie non agglomérée dans la partie agglomérée (L. 19 avr. 1905, art. 1er). — Dans les communes dont la population totale est de plus de 5000 âmes, les patentables exerçant dans la partie non agglomérée, telle qu'elle résulte du tableau de dénombrement, des professions imposées eu égard à la population, payent le droit fixe d'après le tarif applicable à la population non agglomérée. Les patentables exerçant lesdites professions dans la partie agglomérée payent le droit fixe d'après le tarif applicable à la population totale (L. 15 juill. 1880, art. 6, modifié par la loi du 19 avr. 1905, art. 2).

339. Par dérogation à la règle générale, certaines professions (agents de change, assureurs maritimes, banquiers, etc.) sont imposées à un tarif supérieur à celui qui résulterait de la population, si elles sont exercées dans des communes pourvues d'un entrepôt réel. L'augmentation des droits se produit, que l'entrepôt soit général ou spécial à certaines natures de marchandises.

§ 2. — *Nature de la profession* (S. v° Patente, 40 et s.).

340. Les diverses professions ont été réparties entre trois tableaux A, B, C, d'après une sorte de hiérarchie. Le tableau A comprend les professions commerciales imposées d'après un tarif général et eu égard à la population. Les professions sont divisées en 8 classes, d'après les bénéfices qu'elles sont présumées donner. Le droit fixe applicable aux patentables des 6e, 7e et 8e classes a été réduit par la loi du 19 avr. 1905 (art. 3). Le tableau B comprend un certain nombre de professions qui, à raison de leur importance particulière, sont imposées d'après un tarif exceptionnel. Enfin, le tableau C comprend l'industrie, qui est imposée sans égard à la population.

§ 3. — *Conditions d'exercice de la profession* (S. v° Patente, 46).

341. Les professions sont réparties entre les différentes classes du tableau A, d'après les conditions dans lesquelles elles s'exercent. Les marchands peuvent vendre en gros, en demi-gros, en détail et petit détail ; vendre les marchandises sur place ou les expédier au loin ; exercer leur profession en boutique, en magasin, ou n'avoir ni l'un ni l'autre. S'ils sont fabricants en même temps que marchands, ils peuvent fabriquer pour leur compte ou sur commande ou à façon.

342. Sont marchands en gros ceux qui vendent *principalement* à d'autres marchands. Pour savoir si la vente a été faite principalement aux marchands ou aux consommateurs, la jurisprudence du Conseil d'Etat s'attache tantôt au nombre, tantôt à l'importance des ventes, tantôt à ces deux signes ensemble. Le plus souvent, on recherche quelle somme représente l'ensemble des ventes faites aux marchands, comparé au produit des ventes faites aux consommateurs. — Par exception, pour certains commerces, et en vertu de dispositions spéciales du tarif, c'est exclusivement la quantité ou le poids des marchandises vendues qui doit être pris en considération, abstraction faite de la nature de la clientèle ; c'est le cas pour les marchands de bois, de fer en barre, de charbon, de graines, de vins.

343. Le marchand en demi-gros est celui qui vend *habituellement* aux détaillants et aux consommateurs. Pour qu'un patentable soit réputé marchand en demi-gros, il faut que les clients marchands soient de simples détaillants et qu'ils ne constituent pas la seule clientèle du patentable ; il faut, en outre, que les ventes aux consommateurs l'emportent sur les ventes aux détaillants ou du moins les équilibrent.

344. Le marchand en détail est celui qui ne vend qu'aux consommateurs. — Certaines professions, telles que celle de marchand de vins, s'exercent dans des conditions telles, qu'il a fallu créer pour elles la classe de la vente au *petit détail*.

345. Le tableau A comprend non seulement des marchands, mais encore des fabricants qui vendent le produit de leur industrie. Dans ce tableau, on distingue, pour beaucoup de professions, entre celui qui fabrique pour son compte et celui qui fabrique à façon : ce dernier ne se rencontre que dans les trois dernières classes du tableau A. Le fabricant qui travaille pour son compte est plus imposé que celui qui travaille sur commande. Quelquefois, les droits varient suivant les procédés de fabrication employés.

§ 4. — *Nombre des établissements* (R. vº Patente, 26 et s. ; S. eod. vº, 80 et s.).

346. Le droit fixe varie encore suivant que le contribuable se livre à une profession unique ou qu'il en exerce plusieurs, et qu'il a, pour l'exercice de sa ou de ses professions, un ou plusieurs établissements. — Aux termes de l'art. 8 de la loi du 15 juill. 1880, « le patentable ayant plusieurs établissements, boutiques ou magasins de même espèce ou d'espèces différentes est, quel que soit le tableau auquel il appartient comme patentable, passible d'un droit fixe en raison du commerce, de l'industrie ou de la profession exercée dans chacun de ces établissements, boutiques ou magasins. »

347. Pour qu'il y ait *établissement* aux termes de la loi, il faut une installation ayant un caractère sinon de permanence, du moins de périodicité et de fixité relatives ; il ne suffit pas, pour être imposable dans une commune, d'y venir de temps en temps accomplir les actes de sa profession. Ainsi, les commerçants d'une localité qui se rendent les jours de marché dans une localité voisine pour y vendre leurs marchandises sont réputés ne pas y avoir d'établissement tant qu'ils vendent sur le carreau des halles, ou avec étalage sur la place publique ou sur des bancs mobiles, sur des étaux ou des échoppes. Ceux qui vendent dans les halles ne sont censés avoir un établissement que s'ils y ont une place fixe. Quant aux marchands dits *déballeurs*, leur situation est réglée comme il suit par la loi du 19 avr. 1905 (art. 11) : ils sont imposables sous la qualification de marchands forains, et soumis, en matière de patente, aux règles applicables à cette profession. Ils sont imposés, suivant les cas, en qualité de marchands forains avec balle, avec bête de somme ou voiture à bras, avec voiture à deux roues ou à quatre roues à un ou plusieurs colliers, d'après le poids et le volume de leurs marchandises. Lorsque les déballeurs prolongent leur séjour dans une même localité au delà de huit jours, ils sont passibles,

à partir du premier du mois de leur arrivée, d'un supplément de droit égal à la différence entre le montant des droits de patente primitifs ou supplémentaires déjà imposés et le montant des droits qu'ils payeraient comme marchands sédentaires dans cette localité. Ces dispositions ne s'appliquent pas au simple colporteur ou marchand forain qui, dans les communes visitées par lui, offre ses marchandises en vente, soit sur la voie publique, soit sur le marché.

348. La présence permanente dans une commune d'un préposé du patentable ne suffit pas à constituer un établissement, si ce préposé n'a pas mission de traiter avec le public et est dépourvu de pouvoirs propres. De même, les ouvriers disséminés travaillant pour le patentable ne constituent pas des établissements, non plus que les dépôts de marchandises où ne s'effectue aucune vente.

349. Il n'y a *pluralité d'établissements* qu'autant que le commerce ou la profession s'exerce simultanément dans chacun d'eux. L'art. 8 de la loi du 15 juill. 1880 est inapplicable au patentable qui se déplace avec tout son établissement pendant une partie de l'année. — Enfin, lorsque des professions ne peuvent s'exercer qu'en dehors du domicile du patentable et en des endroits différents, l'établissement suit la personne du patentable.

350. Lorsqu'un patentable exerce plusieurs professions différentes, le seul fait qu'il exerce chacune d'elles dans un local distinct suffit pour prouver la pluralité d'établissements. Il n'est pas nécessaire que ces établissements se trouvent dans des communes différentes. Ils peuvent se trouver dans la même ville et même dans le même immeuble, pourvu que les locaux affectés à chaque profession soient réellement séparés. Le seul fait que les locaux seraient reliés entre eux par des communications intérieures ne suffit pas à leur faire considérer comme constituant un établissement unique, s'ils ont des accès indépendants sur la voie publique.

351. Lorsqu'il s'agit de maisons secondaires, de succursales, d'agences, de bureaux dans lesquels on fait les mêmes opérations que dans l'établissement principal, la séparation des locaux ne suffit pas à établir la dualité d'établissements. La jurisprudence exige qu'il y ait dans la succursale un préposé spécial, chargé de diriger la succursale, et investi à cet effet de pouvoirs propres. Quelquefois aussi la tenue d'une comptabilité distincte est un critérium. Lorsque le préposé est muni de pouvoirs très étendus, qu'il représente le patentable, qu'il l'engage par ses décisions, qu'il reçoit les clients et traite avec eux et qu'il arrête les conditions de contrat, un tel centre d'affaires constitue certainement un établissement. Mais il n'est même pas nécessaire que le préposé spécial ait des pouvoirs suffisants pour rendre le contrat parfait. Ainsi, constituera un établissement le local géré par un préposé qui, après avoir reçu les ordres des clients, arrête avec eux la nature et la quantité des objets à livrer, se borne à les transmettre à la maison principale, ou à exécuter les ordres reçus de cette maison en livrant les marchandises vendues, alors qu'il ne peut faire aucun marché sans en référer à l'établissement central.

352. Dans les professions industrielles, il n'y a lieu de considérer comme établissements que les centres de fabrication permanents où s'accomplissent les actes essentiels de la profession, qui sont pourvus d'un matériel, d'une comptabilité propres, et d'où les marchandises sortent à l'état de produits marchands. Il ne sont pas imposables au droit fixe de simples ateliers, des chantiers, magasins ou autres locaux servant uniquement au

dépôt des matières premières, des combustibles ou des produits fabriqués, des ateliers où l'on répare l'outillage. On doit considérer comme ne formant qu'un seul établissement un ensemble d'industries, d'ateliers et de bâtiments renfermés dans une même clôture de murs, de grilles, de barrières, de haies, de fossés, ou situés dans un même lieu dit, affectés à des travaux de même nature ou de nature différente, concourant à un même résultat industriel, lorsque d'ailleurs les travaux exécutés pour le compte du même individu ou de la même société sont placés sous une seule et même direction.

353. L'imposition d'un droit fixe par établissement aurait été particulièrement rigoureux pour les industriels obligés d'avoir leurs magasins de vente à distance de leurs usines et fabriques. L'art. 9 de la loi du 15 juill. 1880 apporte une atténuation à la rigueur du principe. D'après cet article, le patentable qui exploite un établissement industriel et qui n'y effectue pas la vente de ses produits est exempt du droit fixe pour le magasin séparé dans lequel sont vendus exclusivement en gros les seuls produits de sa fabrication. Toutefois, si la vente a lieu dans plusieurs magasins, l'exemption n'est applicable qu'à celui de ses magasins qui est le plus rapproché du centre de l'établissement de fabrication. Les autres sont imposés conformément à l'art. 8.

354. L'exemption du droit fixe sur le magasin de vente ne peut être obtenue que si l'on remplit les diverses conditions posées par l'art. 9. Le fabricant ne peut réclamer cette exemption que s'il a été imposé comme fabricant. Or l'Administration peut à son choix imposer les fabricants travaillant pour le commerce, quand ils occupent plus de dix ouvriers, soit comme industriels d'après les règles du tableau C, soit comme marchands d'après celles du tableau A : le patentable qui aura été imposé comme marchand ne pourra prétendre à l'exemption.

355. Quand plusieurs professions sont exercées dans le même établissement, le patentable ne peut être soumis qu'à un seul droit fixe ; ce droit est le plus élevé des droits fixes afférents à ces diverses professions. Par suite, lorsque toutes ces professions sont classées dans le tableau A ou que, classées dans les tableaux B et C, elles ne comportent que des droits fixes ou des taxes déterminées, le patentable est dispensé tout droit fixe pour les autres professions exercées par lui. Lorsque les professions exercées comportent soit seulement des taxes variables, soit à la fois des taxes variables et des taxes déterminées, le patentable doit être assujetti aux taxes variables d'après tous les éléments d'imposition afférents aux professions exercées ; mais il ne doit qu'à la plus élevée des taxes déterminées (L. 1880, art. 7).

356. Lorsque les professions exercées sont les unes du tableau A, les autres des tableaux B et C, il faut rechercher si le droit fixe du tableau A est plus élevé que l'ensemble des éléments variables des tableaux B et C. On ne doit jamais cumuler un droit fixe du tableau A avec des taxes variables des tableaux B et C.

§ 5. — *Nombre des employés* (R. vº Patente, 188 et s. ; S. eod. vº, 68 et s.).

357. La loi du 15 juill. 1880 soumet les patentables désignés dans le tableau B, c'est-à-dire ceux du haut commerce, indépendamment d'une taxe déterminée invariable pour chaque catégorie de population, à une taxe complémentaire par personne employée, en sus du nombre de cinq, aux écritures, aux caisses, à la surveillance, aux achats et aux ventes intérieures et extérieures. Les employés occupés d'un autre titre, tels que les garçons de recettes, le bureau ou de magasin, les commissionnaires, porteurs, camionneurs ou cochers, ne sont pas compris dans les éléments de cette taxe. On ne considère pas comme des employés les administrateurs d'une société, les directeurs d'une agence, d'une maison de banque. Dans les personnes *préposées aux ventes*, ne doivent être compris ni les commis-voyageurs, ni les teneurs de livres, ni les caissiers, ni les employés chargés du matériel; mais il faut compter les apprentis vendeurs et les manutentionnaires qui aident les vendeurs.

358. Les lois des 17 juill. 1889, 8 août 1890 et 28 avr. 1893 ont introduit dans la tarification de certaines professions du tableau B le principe de la progression. La taxe par employé prévue par le tableau B est doublée lorsque le nombre des employés dépasse 200, et triplée quand il dépasse 1000. — La loi du 28 avr. 1893 a établi des règles spéciales pour les grands magasins, c'est-à-dire ceux où l'on vend plusieurs espèces de marchandises et ceux où l'on vend en demi-gros ou en détail soit des vêtements confectionnés, soit des objets de quincaillerie, de ferronnerie et des articles de ménage, soit de l'épicerie, des liqueurs et des conserves. Les grands magasins sont divisés en deux catégories, suivant qu'ils occupent plus ou moins de 200 employés. Dans le premier cas, l'établissement est assujetti à une taxe déterminée unique, variable avec le chiffre de la population et suivant que l'établissement compte plus ou moins de 100 employés. A partir de 201 employés, les grands magasins sont assujettis à autant de taxes déterminées qu'ils comptent de spécialités, c'est-à-dire de groupes de professions diverses exercées dans le même établissement. Ces spécialités sont au nombre de seize. Chacun de ces groupes de professions est assujetti à une taxe déterminée dont le montant varie selon le chiffre de la population et selon le nombre des employés. Les localités sont à cet égard divisées en trois catégories : les villes de plus de 100000 âmes, celles de 50001 à 100000 âmes, celles de 50000 âmes et au-dessous. Les magasins sont divisés en quatre catégories, suivant que le nombre des employés est de 201 à 400, de 401 à 800, de 801 à 1600, de 1601 et plus. Indépendamment de cette taxe déterminée, les grands magasins payent tous une taxe par employé en sus des dix premiers, dont le taux varie suivant le chiffre de la population et s'accroît uniformément de 10 francs par centaine et par tête, chaque employé étant par exemple taxé 25 francs pour la première centaine, 35 francs pour la seconde, 45 francs pour la troisième et ainsi de suite. — Quant aux catégories d'employés qui doivent entrer dans le calcul de la taxe, ce sont les mêmes que celles indiquées pour les autres professions du tableau B.

359. Dans le tableau C, les droits sont établis sans égard à la population, d'après un tarif spécial à chaque industrie ou profession, et la plupart d'entre elles reposent sur les éléments de production (métiers, machines, ouvriers). Tantôt la loi dispose simplement que la taxe est calculée par ouvrier, tantôt elle ajoute quelques mentions qui précisent et restreignent la portée du mot *ouvrier*. Parfois le tarif indique les catégories d'ouvriers dont il n'y aura pas à tenir compte. Même quand le tarif ne contient pas de mentions restrictives, on ne doit tenir compte que des ouvriers qui concourent réellement à la production, à la fabrication proprement dite, sans qu'il y ait à distinguer s'ils travaillent à forfait ou à la journée, ou sous la surveillance de facteurs de fabrique, ou s'ils sont disséminés.

360. Dans les établissements pour lesquels le droit de patente est réglé suivant le nombre des ouvriers, les individus au-dessous de seize ans et au-dessus de soixante-cinq ne doivent être comptés dans les éléments

de cotisation que pour la moitié de leur nombre (L. 15 juill. 1880, art. 10). Les fractions ne comptent pas. Les femmes employées comme ouvrières sont comptées comme les hommes. La femme et les enfants qui travaillent dans l'établissement de leur mari ou de leur père sont décomptés.

§ 6. — *Nombre des machines* (R. v° *Patente*, 196 et s. ; S. *eod.* v°, 65 et s.).

361. De même que les ouvriers, les machines entrant dans le calcul de la taxe variable sont celles qui constituent des éléments de production. Il n'y a donc pas lieu de compter les machines accessoires, qui concourent plus ou moins directement à la mise en œuvre des matières premières ou à la livraison des produits fabriqués, mais ne sont pas destinées à opérer les transformations essentielles. Il n'en est pas de même lorsque, par leur importance et leur affectation, les éléments de production servent à l'exercice d'une industrie spéciale, alors même qu'elle se confond avec celles que le patentable exerce simultanément, et qu'il s'agit de la fabrication d'une seule espèce d'objets. Si, par exemple, dans un même établissement, un patentable file de la laine, la tisse, la foule, la tricote et lui donne les apprêts nécessaires pour en faire un tissu, il exerce en réalité plusieurs professions auxquelles le tarif assigne des éléments de cotisation spéciaux, et il est imposable au droit fixe à raison des broches, des métiers à tisser, des machines à fouler et des ouvriers teinturiers et apprêteurs.

362. Pour beaucoup d'industriels, le droit fixe varie suivant le nombre des machines ou appareils qu'ils emploient. Tantôt le tarif indique les machines qui'il faut faire entrer en compte, tantôt il établit des gradations, de manière à proportionner les droits à l'importance des établissements. Ainsi, pour un armateur, les droits diffèrent suivant que ses navires sont à vapeur ou à voile; pour un fabricant de chaussures et un fabricant à métiers, suivant que les machines sont actionnées par la main de l'homme ou par un moteur mécanique. Pour certaines industries, les droits sont réduits quand l'industrie n'est pas exercée toute l'année. Parfois le droit varie suivant la capacité ou les dimensions des machines.

363. Dans les usines qui fonctionnent exclusivement à l'aide de moteurs hydrauliques, le droit fixe est réduit de moitié pour ceux des éléments de cotisation qui, par manque ou crue d'eau, sont périodiquement forcés de chômer pendant une partie de l'année équivalente au moins à quatre mois (L. 15 juill. 1880, art. 11). Il n'est pas nécessaire que les quatre mois soient consécutifs, ni que le chômage ait été total. L'article 11 ne peut profiter qu'aux patentables du tableau C.

364. Diverses professions peuvent, suivant leur importance ou les conditions dans lesquelles elles sont exercées, être imposées suivant les règles d'un tableau ou celles d'un autre. Ainsi, les intermédiaires de commerce sont passibles des droits du tableau A ou du tableau B, selon qu'ils opèrent en détail ou en gros. Les fabricants travaillant pour le commerce et occupant plus de dix ouvriers sont passibles des droits du tableau A ou de ceux du tableau C : on applique celui qui est le plus avantageux pour le fisc.

ART. 6. — DROIT PROPORTIONNEL.

§ 1er. — *Habitation. — Locaux professionnels.* — *Outillage* (R. v° *Patente*, 153 et s.; S. *eod.* v°, 466 et s.).

365. Le droit proportionnel est établi sur la valeur locative tant de la maison d'habitation que des magasins, boutiques, usines, ateliers, hangars, remises, chantiers et autres locaux servant à l'exercice des pro-

fessions imposables. Il est dû même si le logement et les locaux occupés sont concédés à titre gratuit (L. 15 juill. 1880, art. 12, § 1er).

366. L'impôt, en tant qu'il atteint la maison d'habitation, se superpose à la contribution mobilière. — Dans un cas seulement, le patentable peut demander à n'être pas imposé sur sa maison d'habitation : si l'industrie pour laquelle il est assujetti à la patente ne constitue pas sa profession principale et s'il ne l'exerce pas lui-même, il ne paye le droit proportionnel que sur la maison de l'agent préposé à l'exploitation (art. 14, § 2). Cette disposition a été appliquée à un individu dont la profession principale était celle d'exploitant de mines et qui, en outre, faisait exploiter des fours à chaux par l'intermédiaire de préposés logés à proximité des fours (Cons. d'Et. 30 mai 1866). Pour pouvoir se prévaloir de cette disposition, il faut que le patentable ne participe en rien à l'exercice de la profession.

367. La maison qui doit servir de base au droit est la maison habituelle et principale du patentable. Peu importe que l'habitation se trouve réunie aux locaux professionnels ou qu'elle en soit distincte ; elle peut même se trouver dans une commune différente. — Dans les sociétés en nom collectif, c'est sur la maison de l'associé principal qu'est établi le droit. En ce qui concerne les autres associés, V. *infrà*, n° 370.

368. Si, indépendamment de la maison dont il fait sa résidence habituelle et principale et qui, dans tous les cas, sauf l'exception ci-après, doit être soumise au droit proportionnel, le patentable possède, soit dans la même commune, soit dans des communes différentes, une ou plusieurs maisons d'habitation, il ne paye le droit proportionnel que pour celles de ses maisons qui servent à l'exercice de sa profession (L. 15 juill. 1880, art. 14, § 1er). D'autre part, en vertu d'une disposition exceptionnelle, le médecin qui se transporte annuellement dans une ville d'eaux ou une station balnéaire ou thermale pour y exercer sa profession, et qui ne se livre pas ailleurs à l'exercice de la médecine, n'est imposable au droit proportionnel sur l'habitation que pour la maison qu'il occupe pendant la saison balnéaire ou thermale, même si cette maison ne constitue pas son habitation habituelle et principale (L. 19 avr. 1905, art. 4).

369. Comme pour la contribution mobilière (V. *suprà*, n° 257), il y a lieu, dans l'évaluation de la valeur locative de la maison d'habitation, de comprendre non seulement les locaux servant à l'habitation proprement dite, mais encore les dépendances nécessaires. Quant aux locaux professionnels, l'énumération qu'en donne l'art. 12 de la loi de 1880 n'est pas limitative. Par exemple, un médecin est imposable non seulement pour son cabinet de consultation, mais encore pour un local affecté à une clinique où il donne des consultations gratuites. Sont imposables les salles de ventes servant aux commissaires-priseurs, les locaux mis dans une bourse à la disposition des agents de change, les bureaux des employés, les pavillons d'une compagnie de tramways, les dépôts de marchandises, même s'ils sont en plein air.

370. La maison d'habitation des associés secondaires est affranchie des droits proportionnels, à moins qu'elle ne serve à l'exercice de l'industrie sociale. En ce cas, elle est, ainsi que les autres locaux servant à cette industrie, imposable au nom de l'associé principal. La même distinction est applicable au logement du directeur d'une société anonyme, ses préposés, employés, contremaîtres et ouvriers.

371. Le droit proportionnel, pour les usines et les établissements industriels, est calculé sur la valeur locative de ces établissements pris dans leur ensemble et munis de tous leurs moyens matériels de production (L. 1880, art. 12, § 4). L'évaluation doit donc comprendre l'outillage fixe ou mobile, ainsi que la force motrice.

372. Pour qu'un patentable soit imposable à raison des divers éléments indiqués ci-dessus, il faut qu'il ait ces éléments à sa disposition. Il n'est, d'ailleurs, pas nécessaire qu'il en soit propriétaire ou locataire ; le droit proportionnel est dû même sur les locaux concédés à titre gratuit (L. 1880, art. 12, § 2). Il cesse de l'être si le bâtiment vient à être supprimé ou à perdre sa destination.

373. Il n'est pas nécessaire que l'occupation par le patentable soit permanente et exclusive ; il suffit qu'elle ait un certain caractère de fixité et de périodicité. Enfin, il suffit que les éléments possédés par le patentable aient pu être utilisés par lui ; peu importe qu'il ne s'en soit pas effectivement servi.

374. Il arrive souvent que certains locaux servent à plusieurs destinations (on les désigne sous le nom de *locaux mixtes*). — Tel est le cas où le patentable habite des locaux en commun avec d'autres personnes, parents ou non ; il ne doit être imposé que sur les locaux dont il dispose à titre privatif, et sur sa part de jouissance dans ceux qui servent à l'usage commun. Mais quand il est chef de famille et qu'il a, comme tel, la libre disposition de l'habitation, il doit être imposé pour la valeur totale de l'habitation, sans aucune déduction.

375. D'autre part, le même local peut être simultanément utilisé par plusieurs patentables pour l'exercice de leur profession : par exemple, plusieurs patentables peuvent prendre le même représentant, et celui-ci peut effectuer dans les mêmes locaux les opérations que lui confient ses divers mandants. Chacun de ces patentables est alors imposable au droit proportionnel à raison de ce local. S'il est possible de localiser chaque profession dans des pièces distinctes et séparées, on fait la ventilation entre chaque patentable ; sinon, chacun est imposable pour la valeur intégrale.

376. A l'égard des patentables sans domicile fixe, le droit proportionnel est fixé uniformément à une somme égale au tiers du droit fixe, sans préjudice du supplément qui devra leur être réclamé s'ils viennent à occuper des locaux susceptibles de servir de base au calcul exact du droit et donnant lieu à une taxe plus élevée que celle à laquelle ils ont été primitivement assujettis. — Les mêmes dispositions s'appliquent aux patentables qui demandent, en dehors de la commune de leur domicile, la délivrance d'une patente dans les conditions prévues par l'art. 34 de la loi du 15 juill. 1880 (L. 19 avr. 1905, art. 7) (V. *infrà, Patente*).

§ 2. — *Détermination de la valeur locative* (R. v° *Patente*, 166 et s.; S. eod. v°, 493 et s.).

377. La valeur locative qui sert de base au droit proportionnel de patente est le loyer qu'obtiendrait le propriétaire du local ou de l'outillage, s'il le louait ; c'est la valeur réelle, courante, représentée par le prix de location lors de l'estimation, en supposant le bailleur chargé des dépenses ordinaires qui incombent au propriétaire. Il n'y a pas lieu de s'attacher aux valeurs locatives qui ont servi de base à la contribution mobilière ou à la contribution foncière.

378. Trois procédés sont indiqués par le législateur pour la détermination de la valeur locative réelle : les baux, la comparaison, l'appréciation directe. — Les agents doivent donner la préférence aux baux, à condition toutefois que ceux-ci ne présentent pas un caractère frauduleux ou exceptionnel. Lorsque des baux mettent à la charge des locataires des dépenses qui devraient incom-

ber au propriétaire, la valeur locative se trouve augmentée d'autant. A l'inverse, elle doit être réduite si le propriétaire est resté grevé de charges qui incombent normalement au locataire. La valeur locative imposable ne peut être fixée d'après le prix du bail, si le locataire a exécuté des travaux qui ont accru cette valeur.

379. Lorsqu'il n'existe pas de baux réguliers, les agents doivent comparer les locaux avec d'autres locaux affermés. Les termes de comparaison, pour les maisons d'habitation, sont pris en général dans la même commune, et autant que possible dans le même quartier. Pour les établissements industriels, on peut chercher même dans d'autres départements.

380. Il n'est permis de recourir à l'appréciation directe qu'à défaut de termes de comparaison. On peut alors déterminer la valeur locative en appliquant à la valeur en capital des bâtiments et de l'outillage un taux d'intérêt de 5 p. 100 pour les bâtiments et l'outillage fixe, et de 10 p. 100 pour l'outillage mobile, qui est exposé à une détérioration plus rapide.

§ 3. — *Taux du droit proportionnel* (R. v° *Patente*, 163 et s.; S. eod. v°, 502 et s.).

381. Le taux du droit proportionnel est fixé conformément au tableau D annexé à la loi (L. 15 juill. 1880, art. 13). Ce taux varie du cinquième au soixantième. Pour la maison d'habitation, le taux varie du cinquième au vingtième.

382. Le taux afférent aux locaux professionnels différant souvent de celui qui est applicable à la maison d'habitation, il y a lieu de distinguer ce qui doit être considéré comme locaux servant à l'habitation. La question se pose, notamment, en ce qui concerne les locaux affectés par un patentable au logement de son personnel. D'une façon générale, ces locaux ne sont passibles du droit de patente qu'autant que les besoins de l'exploitation exigent que les employés ou les ouvriers soient logés dans l'établissement ; dans le cas contraire, ces logements ne doivent pas être considérés comme des dépendances des locaux imposables. Il a été décidé que lorsque le patentable est imposé sur sa propre habitation, les autres logements doivent être imposés au taux des locaux professionnels. Il en est autrement si les agents logés représentent le patentable.

383. En cas de pluralité de professions, si le patentable exerce dans un même local ou dans des locaux non distincts plusieurs industries ou professions passibles d'un droit proportionnel différent, il paye ce droit d'après le taux applicable à la profession qui comporte le taux le plus élevé. Si les locaux sont distincts, il paye pour chaque local le droit proportionnel attribué à l'industrie ou à la profession qui y est spécialement exercée. Dans tous les cas, le droit proportionnel est établi sur la maison d'habitation d'après le taux applicable à celle des professions imposées au droit fixe qui comporte le taux le plus élevé (L. 15 juill. 1880, art. 15, modifié par la loi du 19 avr. 1905). Les magasins de vente distincts d'un établissement industriel qui bénéficient de l'exemption du droit fixe accordée par l'art. 9 de la loi du 15 juill. 1880 (V. *supra*, n. 353) doivent être considérés comme des dépendances de l'établissement industriel et imposés au même taux.

ART. 7. — **ANNUALITÉ DE LA PATENTE** (R. v° *Patente*, 336 et s.; S. eod. v°, 696 et s.).

384. La contribution des patentes est annuelle, comme les autres contributions directes (V. *supra*, n° 49). En conséquence, elle doit être établie d'après les faits existants au 1er janvier, et, en principe, cette imposition est due pour l'année entière. Il

importe peu que le patentable cesse au cours d'année l'exercice de son commerce, soit volontairement, soit contraint et forcé. — Mais à ces principes, plusieurs dérogations sont apportées par la loi du 15 juill. 1880, soit dans l'intérêt des patentables, soit dans celui du fisc.

385. A. — Les patentables peuvent, en cas de cession d'établissement en cours d'année, demander le transfert au cessionnaire des douzièmes restant à échoir sur la patente du cédant. On ne doit pas profiter de cette cession pour modifier les bases d'imposition. Le transfert n'est possible que si le cessionnaire peut être subrogé entièrement aux obligations du cédant envers l'Etat. — D'autre part, en cas de fermeture de la maison de commerce par suite de décès, de faillite déclarée ou de liquidation judiciaire du patentable, les héritiers ou le patentable peuvent demander décharge des douzièmes restant à échoir. Il n'y a fermeture que lorsqu'on a cessé d'écouler les marchandises.

386. B. — La loi permet l'émission de rôles supplémentaires au moyen desquels peuvent être imposés : 1° ceux qui entreprennent en cours d'année une profession sujette à patente, à partir du premier du mois dans lequel ils ont commencé à exercer ; 2° à partir du 1er janvier de l'année, ceux qui entreprennent une profession qui, de sa nature, n'est pas susceptible de s'exercer toute l'année ; 3° ceux qui ont repris en cours d'année une profession qu'ils exerçaient l'année précédente, et qu'ils avaient interrompue au 1er janvier ; 4° ceux qui ont été omis dans les rôles primitifs ; 5° ceux qui modifient en cours d'année leur profession d'une façon qui les rend passibles de droits plus élevés.

387. S'il est permis, au moyen de rôles supplémentaires, de réparer des omissions, il est impossible de rectifier des erreurs d'imposition, de qualification ou d'évaluation. Cependant, si le contribuable réclame contre les droits qui lui sont assignés, le juge peut, avant de lui accorder décharge ou réduction, examiner quels droits il devrait si fait avait été bien qualifié, et rejeter sa demande si ces droits exigent être plus élevés ou égaux.

ART. 8. — **TAXE ADDITIONNELLE A L'IMPOT DES PATENTES.**

388. A l'impôt des patentes se rattachent les contributions spéciales destinées à subvenir aux dépenses des bourses et chambres de commerce. Ces contributions sont réparties sur les patentables des trois premières classes du tableau A et certains patentables du tableau B. Les associés des établissements rentrant dans les catégories de patentables ne sont assujettis à ces taxes que dans le cas où ils sont personnellement imposés et dans la mesure de cette imposition (L. 1880, art. 38).

SECT. X. — **Centimes additionnels** (R. 341 et s.; S. 175 et s.).

369. On appelle *centimes additionnels* une surtaxe proportionnelle au capital des contributions directes. Cette surtaxe est établie au profit soit de l'Etat, soit des départements, soit des communes ; et elle est votée, suivant les cas, par le législateur, les conseils généraux ou les conseils municipaux. Les centimes additionnels se divisent, par suite, en centimes *généraux*, *départementaux* ou *communaux*. — Les centimes sont encore *généraux* ou *spéciaux*, suivant qu'ils n'ont pas ou qu'ils ont, au contraire, reçu d'une affectation particulière.

390. 1° *Centimes établis au profit de l'Etat.* — Il existe un certain nombre de centimes généraux qui n'ont pas d'affectation spéciale et sont établis au profit de l'Etat, dans l'unique but d'augmenter ses ressources. D'autres centimes perçus au profit de l'Etat ont une affectation spéciale. Ce sont : 1° les centimes de l'instruction primaire, établis par la loi du 19 juill. 1889; — 2° les centimes des fonds de non - valeurs et de réimposition. Ces centimes, dont le nombre varie suivant les contributions, sont destinés à couvrir les insuffisances de rendement du principal, lesquelles peuvent être produites par les décharges, réductions, remises ou modérations accordées aux contribuables. — 3° les centimes pour frais de confection des rôles spéciaux d'impositions extraordinaires départementales ou communales (L. 4 août 1849, art. 9); — 4° les centimes pour frais de premier avertissement (L. 25 mars 1817, art. 71); — 5° les centimes de perception, destinés à rémunérer les percepteurs.

391. Les centimes additionnels portent sur les contributions personnelles mobilières des portes et fenêtres et des patentes (à l'exclusion de la contribution foncière). Ceux qui s'ajoutent à la contribution personnelle mobilière ne portent pas sur le principal de la taxe personnelle, mais seulement sur celui de la taxe mobilière (L. 21 avr. 1832, art. 19). — Certaines catégories de centimes additionnels ne portent que sur la contribution des patentes. Ce sont : 1° ceux qui sont destinés à pourvoir aux dépenses ordinaires ou extraordinaires des chambres et bourses de commerce (L. 23 juill. 1820 ; 15 juill. 1880, art. 33); 2° ceux qui sont destinés à constituer le fonds de garantie créé par la loi du 9 avr. 1898, et à l'aide duquel l'Etat peut payer, au lieu et place des patrons défaillants, les indemnités dues aux victimes des accidents du travail (V. *supra, Accidents du travail*, n° 57).

392. 2° *Centimes départementaux et communaux.* — V. supra, Commune, n°° 226 et s.; *Département, arrondissement et canton*, n°° 100 et s., 109.

393. 3° *Par qui sont dus les centimes additionnels.* — Tous les contribuables de la commune doivent acquitter les centimes. L'Etat, qui n'est pas passible de l'impôt pour ses biens, doit acquitter les centimes départementaux et communal (L. 3 frim. an 7; 8 mai 1869). — Les centimes étant le complément des contributions auxquelles ils s'ajoutent, le seul fait d'être inscrit sur le rôle d'une contribution entraîne nécessairement l'imposition d'un contribuable à tous les centimes ordinaires ou extraordinaires qui seront votés pour la même année. Il n'y a pas à rechercher la destination des centimes; ainsi, un contribuable ne peut, pour n'être pas imposé, se prévaloir de ce qu'il n'a pas intérêt aux dépenses que ces centimes ont pour but de payer. Parfois, cependant, certains centimes ne portent pas sur tous les habitants : il en est ainsi dans les cas prévus par les art. 106 et 131 de la loi du 5 avr. 1884 (V. supra, Commune, n°° 442, 481).

394. 4° *Assiette des centimes additionnels.* — Les centimes additionnels n'ont pas d'individualité propre; leur quotité dépend de celle du principal. Dès lors, les contribuables ne peuvent fonder leurs réclamations que sur les illégalités commises dans l'établissement de ces impositions. Le conseil de préfecture est compétent pour vérifier la légalité de l'imposition. Un contribuable est recevable et fondé à se plaindre, si le conseil municipal était irrégulièrement composé quand il a voté l'imposition ou si celle-ci n'a pas été approuvée par l'autorité compétente. Dans le cas où l'imposition de centimes est subordonnée à l'insuffisance des revenus ordinaires, le contribuable peut demander décharge des centimes spéciaux, s'il est en mesure de prouver que les ressources ordinaires de la commune sont suffisantes, ou même qu'elles l'auraient été si on n'avait pas grossi le budget des dépenses de dépenses illégales. Mais quand il s'agit de centimes qui n'ont pas d'affectation spéciale, tels que

les centimes ordinaires départementaux ou communaux, le contribuable n'est pas recevable à discuter l'emploi plus ou moins légal que les conseils locaux font des ressources qu'ils ont été autorisés à voter (Cons. d'Et. 29 juin 1900).

395. Le produit des centimes variant avec les mouvements du principal, toute réduction du principal amène une diminution du produit des centimes. Pour éviter la perturbation qu'une telle réduction du principal pourrait avoir sur les finances départementales et communales, l'art. 26 de la loi du 8 août 1890 a décidé qu'à l'avenir, pour le calcul du produit des centimes départementaux et communaux, on prendrait pour base le montant du principal inscrit aux rôles en 1890, en tenant compte toutefois des mouvements de la matière imposable. La part du produit total afférente à ce dernier principal doit être répartie entre les contribuables à raison du principal de leurs cotisations individuelles, telles qu'elles ont été réglées en vertu de la loi du 8 août 1890. — C'est là une disposition impérative qu'il n'appartient pas aux conseils généraux et municipaux de méconnaître (Décr. 17 déc. 1892). Ceux-ci ne peuvent donc prendre pour base de l'établissement des centimes un contingent en principal autre que celui de 1890 (Cons. d'Et. 6 janv. 1900). — L'art. 26 de la loi du 8 août 1890 est applicable même aux départements qui n'ont pas profité du dégrèvement accordé par cette loi (Cons. d'Et. 24 déc. 1897).

SECT. XI. — Taxes assimilées aux contributions directes.

396. Ces taxes sont assez nombreuses. On ne traitera ici que des plus importantes, savoir : la taxe des biens de mainmorte ; les redevances minières; la taxe sur les billards; la taxe sur les cercles; la taxe sur les voitures, chevaux, mules et mulets; la taxe sur les vélocipèdes; la taxe sur les chiens. A l'exception de cette dernière taxe, elles sont toutes perçues au profit de l'Etat.

§ 1er. — *Taxe des biens de mainmorte* (R. v° Taxes, 3 et s.; S. eod. v°, 5 et s.).

397. La loi du 20 févr. 1849 (D. P. 49. 46) a établi sur les biens immeubles passibles de la contribution foncière appartenant aux départements, communes, hospices, séminaires, fabriques, consistoires, congrégations religieuses, établissements de charité, bureaux de bienfaisance, sociétés anonymes et tous les établissements publics légalement autorisés une taxe annuelle représentative des droits de transmission entre vifs et par décès. — L'art. 2 de la loi du 31 mars 1903 (D. P. 1903. 4. 17) dispose que cette taxe est due par toutes les collectivités qui ont une existence propre et qui subsistent indépendamment des mutations qui peuvent se produire dans leur personnel, à l'exception des sociétés en nom collectif et des sociétés en commandite simple. Cette disposition a pour objet de mettre fin aux incertitudes qui existaient sur le point de savoir si l'énumération de la loi de 1849 était énonciative ou limitative. Ainsi, toute personne morale est imposable à la taxe de mainmorte, à l'exception de celles qui en sont expressément exceptées. Une société anonyme est imposable, même si elle n'est pas commerciale (Cons. d'Et. 9 mars 1900).

398. Cette taxe ne porte que sur les biens immeubles bâtis ou non bâtis. Les droits d'usage, les servitudes ne sont pas imposables. En l'absence d'une disposition analogue à celle de la loi du 18 juill. 1836 (V. supra, n° 226), les bains et moulins sur bateaux, bacs-bateaux de blanchisserie et autres de même nature, quoique imposés à la contribution foncière, ne sont pas passibles de la taxe de mainmorte.

399. Les personnes morales sont imposables sur tous ceux de leurs immeubles qui sont *passibles* de la contribution foncière. Ce n'est pas au fait que l'immeuble est imposé qu'il faut s'attacher, mais au fait qu'il est imposable. Un immeuble peut être imposé à la taxe de mainmorte, alors qu'il ne l'a pas été en fait à la contribution foncière (Cons. d'Et. 9 nov. 1895, D. P. 96. 3. 88). Inversement, si un immeuble a été imposé à tort à la contribution foncière, le fait de n'avoir pas réclamé contre cette contribution ne rendra pas le contribuable non-recevable à réclamer contre la taxe de mainmorte. Quant aux départements, communes, établissements publics qui sont exemptés d'impôt foncier pour ceux de leurs immeubles affectés à des services publics non productifs de revenus, cette exemption suffit à les rendre non passibles de la taxe de mainmorte; de même, les exemptions temporaires d'impôt foncier entraînent de plein droit l'exemption de la taxe.

400. La loi du 14 déc. 1875 (D. P. 76. 4. 48) exempte de la taxe les sociétés anonymes ayant pour objet exclusif l'achat et la vente d'immeubles, en ajoutant toutefois que la taxe continuera d'être perçue sur les immeubles exploités par la société ou qui ne sont pas destinés à être vendus. Ainsi, sont imposables les sociétés qui s'occupent de location, d'échange, de mise en valeur, d'exploitation.

401. D'après l'art. 3 de la loi du 31 mars 1903, la taxe est calculée à partir du 1er janv. 1903, à raison de 114 centimes et demi par franc du principal de la contribution foncière des propriétés bâties, et de 70 centimes par franc du principal de la contribution foncière des propriétés non bâties. Elle continuera à être soumise aux décimes auxquels sont assujettis les droits d'enregistrement. Lorsque les établissements n'ont que la nue propriété, les droits ne sont calculés que sur la moitié de la valeur des biens. La taxe de mainmorte étant calculée d'après les mêmes bases que la contribution foncière, ces bases restent immuables pendant la période décennale et ne peuvent pas être révisées (Cons. d'Et. 27 nov. 1897). Les établissements qui deviennent imposables en cours d'année, ou ceux qui auraient été omis au rôle primitif, peuvent être repris par des rôles supplémentaires (L. 29 déc. 1884, art. 2).

§ 2. — *Redevances minières* (R. v° Mines, 270 et s.; S. eod. v°, 315 et s.).

402. Les propriétés minières ne sont pas assujetties à l'impôt foncier, ou du moins elles ne sont imposables que pour leur superficie; d'autre part, les exploitants de mines sont exempts de patente (V. supra, n° 311). La loi du 21 avr. 1810 (R. v° Mines, p. 618) a remplacé les impôts par des redevances qui ont une assiette spéciale. Ces redevances sont de deux sortes : l'une fixe, l'autre proportionnelle.

403. D'après le décret du 6 mai 1811, la redevance fixe est annuelle et réglée d'après l'étendue de la concession : elle est de 10 francs par kilomètre carré (L. 21 avr. 1810, art. 34). On s'attache à la superficie concédée, et non à la superficie exploitée.

404. La redevance proportionnelle est assise sur les produits de l'extraction. Elle ne peut s'élever au delà de 5 pour cent du produit net (L. 21 avr. 1810, art. 33 et s.). C'est donc le produit net qui sert de base à l'impôt, et, dès lors, si les dépenses d'exploitation dépassent les recettes, aucune redevance n'est due. Le produit net s'obtient en déduisant les dépenses de l'exploitation proprement dites du produit brut. La redevance due pour une année se calcule sur les produits de l'extraction pendant l'année précédente.

405. Pour calculer le produit brut, il y a lieu de constater le cube des quantités extraites, et d'en déterminer la valeur sur le carreau de la mine. Quand les produits sont vendus sur le carreau, il n'y a qu'à appliquer les prix de vente aux quantités de produits de diverses qualités. Si les produits sont vendus en dehors de la mine, les prix sont ramenés à ce qu'ils seraient si les ventes avaient lieu sur le carreau. Si la compagnie dispose d'un chemin de fer minier, ou d'un canal faisant partie intégrante de la mine, le carreau de la mine se trouve transporté à l'extrémité de la ligne. Lorsque l'exploitant de la mine emploie lui-même les produits extraits dans des usines, ces usines doivent être considérées comme des entreprises distinctes de la mine; on détermine la valeur des produits extraits d'après les prix de vente consentis à d'autres consommateurs, et, s'il consomme tout le cube extrait, on procède par comparaison ou par appréciation directe. — On déduit ensuite du produit brut les dépenses d'exploitation (salaires des ouvriers, entretien des travaux souterrains, puits, galeries, mise en action et entretien des machines et appareils, entretien des bâtiments); les frais d'occupation de terrains, etc.; les travaux de premier établissement (forage des puits, percement des galeries, établissement de bâtiments); l'entretien des voies de communication, mais seulement quand elles constituent une partie intégrante de la mine; les frais de bureau, de direction, de comptabilité, de surveillance; les indemnités tréfoncières; les subventions spéciales dues à raison des dégradations causées par le transport de matériaux nécessaire à l'exploitation de la mine.

§ 3. — *Taxe sur les billards* (S. vᵒ *Taxes*, 103 et s.)

406. D'après l'art. 8 de la loi du 16 sept. 1871 (D. P. 71. 4. 89), les billards sont soumis à une taxe qui est graduée suivant la population de la localité où ils se trouvent. Cette taxe frappe les billards publics, c'est-à-dire ceux qui existent dans les cafés, cercles, etc., aussi bien que ceux appartenant à des particuliers. — Il n'existe aucune exception. Mais la taxe s'applique aux seuls billards anglais ou hollandais, ni à ceux qui se trouvent chez les fabricants ou marchands, en attendant la vente. — Pour qu'un billard soit imposable, il n'est pas nécessaire que le propriétaire s'en serve; il suffit qu'il soit à sa disposition.

407. Les possesseurs de billards sont tenus de les déclarer à la mairie de la commune où se trouvent les billards. Les déclarations sont reçues du 1ᵉʳ octobre au 31 janvier au plus tard. Il en est délivré récépissé. La déclaration n'a pas besoin d'être renouvelée; elle conserve son effet jusqu'à déclaration contraire, et la taxe continue à être perçue sur le pied de l'année précédente, tant qu'il n'y a pas lieu à changement. Le retard et l'inexactitude de la déclaration sont punis du doublement de la taxe (L. 1871, art. 10).

§ 4. — *Taxe sur les cercles* (S. vᵒ *Taxes*, 111 et s.).

408. La loi du 16 sept. 1871 (art. 9) a établi une taxe sur les cercles, sociétés et lieux de réunions où se payent des cotisations. L'assiette en est réglée actuellement par la loi du 8 août 1890, art. 33 (D. P. 90. 4. 83).

409. Quant à la quotité de la taxe elle est plus ou moins élevée, suivant le chiffre atteint par la cotisation et le montant de la valeur locative. A ce point de vue, les cercles sont divisés en trois catégories (L. 1890, art. 33). — La taxe a une double base; elle est établie à la fois sur le montant des cotisations, y compris les droits d'entrée, et

sur le montant de la valeur locative des bâtiments et locaux à l'usage du cercle. — Il faut entendre par *cotisations*, toutes les sommes que les sociétaires ou abonnés payent régulièrement chaque année. En dehors du prix même de l'abonnement, les cotisations peuvent comprendre des sommes applicables à des dépenses telles que les frais de représentations, d'éclairage, les étrennes obligatoires aux domestiques du cercle, les frais de réparations. Mais il ne faut pas considérer comme des cotisations des frais accessoires, tels que le prix des jeux ou des consommations. Quant à la valeur locative des locaux et bâtiments à l'usage du cercle, elle se détermine d'après les règles ordinaires.

410. Sont exempts de la taxe : 1ᵒ les sociétés de bienfaisance et de secours mutuels, ainsi que les sociétés exclusivement littéraires, scientifiques, agricoles, musicales. Mais ces dernières ne bénéficient de l'exemption qu'autant que leurs réunions ne sont pas quotidiennes. Ainsi, ont été déclarées imposables les sociétés de bibliothèque municipales, les cercles catholiques ouvriers, qui possèdent des locaux mis tous les jours à la disposition de leurs membres, et où ceux-ci trouvent les mêmes distractions que dans les cercles (Cons. d'Et. 31 juill. 1874, 11 nov. 1893, 26 avr. et 21 juin 1895); — 2ᵒ les sociétés ayant pour objet exclusif des jeux d'adresse ou des exercices spéciaux, tels que chasse, sport nautique, exercices de gymnastique, jeux de paume, jeux de boules, jeu de tir au fusil, au pistolet, à l'arc, à l'arbalète, et dont les réunions ne sont pas quotidiennes (L. 5 août 1874, art. 7). Cette exemption ne peut profiter à une société de vélocipédique, qui met tous les jours des salons de lecture et de correspondance à la disposition de ses membres (Cons. d'Et. 2 févr. 1900); — 3ᵒ les associations d'étudiants des facultés de l'Etat, lorsque ces associations sont exclusivement scientifiques ou littéraires, et qu'en outre toutes ces réunions sont reconnues par les autorités préfectorale et universitaire (L. 30 mars 1888, art. 13, D. P. 88. 4. 24).

411. Les gérants, secrétaires ou trésoriers sont assujettis à une déclaration indiquant le nombre des abonnés, le montant des cotisations et des droits, les bâtiments et locaux des cercles. La déclaration est faite d'après les abonnés de l'année précédente. Elle doit être renouvelée avant le 31 janvier (Décr. 30 déc. 1890, art. 1ᵉʳ, D. P. 91. 4. 108). Les déclarations tardives ou inexactes entraînent doublement de taxe (L. 1871, art. 10). Si un cercle vient à être dissous ou fermé au cours d'une année, la taxe est payée immédiatement. A cet effet une déclaration spéciale doit être faite dans les dix jours. Il est établi un rôle spécial, et le redevable doit acquitter le montant de la taxe dans les dix jours de la réception de l'avis qui lui aura été adressé (Décr. 30 déc. 1890, art. 3). A défaut de cette déclaration, la taxe peut être portée au rôle général de l'année suivante (Cons. d'Et. 24 mars 1899, D. P. 1900. 3. 82).

§ 5. — *Taxe sur les voitures, chevaux, mules et mulets* (S. vᵒ *Taxes*, 62 et s.).

412. Cette taxe, établie pour la première fois par la loi du 2 juill. 1862, a été supprimée en 1865, puis rétablie par la loi du 23 juill. 1872 (D. P. 72. 4. 123). — Elle s'applique : 1ᵒ aux voitures suspendues destinées au transport des personnes; 2ᵒ aux chevaux servant à atteler les voitures imposables; 3ᵒ aux chevaux de selle (L. 1872, art. 5); 4ᵒ aux mules et mulets de selle, et à ceux qui servent à atteler les voitures imposables (L. 24 déc. 1879, art. 2, D. P. 80. 4. 75); 5ᵒ aux voitures automobiles (L. 3 avr. 1898, D. P. 98. 4. 97; 13 juill. 1900, D. P. 1901. 4. 29).

413. En ce qui touche les voitures, il suffit, pour qu'elles soient imposables, qu'elles soient suspendues et destinées au transport des personnes. Ne sont pas assujetties à la taxe les voitures non suspendues qui ne servent qu'au transport des marchandises. — Peu importe la forme et la dénomination de la voiture. Il faut toutefois qu'il s'agisse d'une véritable voiture. On a refusé ce caractère à un fauteuil roulant (Cons. d'Et. 6 août 1875), ... à une charrette destinée à l'amusement des enfants, à laquelle on pouvait atteler une chèvre ou un âne (Cons. d'Et. 15 déc. 1899, 1ᵉʳ juin 1900).

414. Il importe peu que le propriétaire de la voiture s'en serve effectivement. La taxe reste due même si la voiture est mise en vente (Cons. d'Et. 8 nov. 1895); ... même si la voiture est démontée ou en mauvais état, et hors d'état de servir en son état actuel, alors qu'il y a à distinguer le cas où du moins qu'elle n'a besoin que d'un rapide remontage.

415. Quant aux voitures automobiles, elles sont imposables, d'après la législation actuelle, sans qu'il y ait à distinguer si elles sont ou non suspendues (L. 13 avr. 1898, art. 3; 13 juill. 1900, art. 5 et 6).

416. Sont seuls imposables, les chevaux et mulets de selle ou servant à atteler des voitures imposables. La taxe est due à raison d'un bardot (Cons. d'Et. 11 mai 1901, D. P. 1902. 3. 95), ... mais non pour une pouliche de moins de trois mois, qui n'a jamais été attelée à une voiture imposable ni montée autrement que pour le concours des primes (Cons. d'Et. 4 mars 1901). Les chevaux de course sont imposables (Cons. d'Et. 3 juill. 1896). Au contraire, un cheval très vieux, que les maladies rendent impropre à tout travail, doit être exempté (Cons. d'Et. 31 janv. 1896).

417. Sont exempts de la taxe : 1ᵒ les chevaux et voitures possédés en conformité des règlements du service militaire et administratif. Les divers ministres ont dressé des tableaux contenant l'énumération des fonctionnaires tenus, d'après les règlements spéciaux de leurs services respectifs, de posséder des chevaux et voitures (Circ. 21 et 24 mars, 10 juin 1873, 7 janv. 1874, 21 janv. et 22 juill. 1882). Les fonctionnaires auxquels les règlements imposent l'obligation d'avoir un cheval ne peuvent réclamer l'exemption pour la voiture à laquelle ils l'attellent; — 2ᵒ les juments et étalons exclusivement consacrés à la reproduction (L. 2 juill. 1884, art. 7); — 3ᵒ les voitures et chevaux affectés exclusivement au service des voitures publiques soumises aux droits perçus par l'administration des Contributions indirectes, qu'elles fassent un service régulier ou qu'elles soient à la disposition du public; — 4ᵒ les chevaux et voitures possédés par les marchands de chevaux, carrossiers, marchands de voitures et exclusivement destinés à la vente ou à la location.

418. La taxe est réduite de moitié pour les chevaux et voitures imposables, lorsqu'ils sont employés habituellement pour le service de l'agriculture ou d'une profession quelconque donnant lieu à l'application du droit de patente. Sont exclues du bénéfice de cette exemption les professions libérales. Les patentables qui exercent ces professions restent passibles, pour leurs chevaux et voitures, de la taxe entière (L. 23 juill. 1872, art. 6, modifié par la loi du 22 déc. 1879, D. P. 80. 4. 75). Cependant, la loi du 4 juill. 1899, art. 4 (D. P. 1900. 4. 31), a accordé le bénéfice de la réduction à la demi-taxe aux docteurs en médecine, officiers de santé et médecins-vétérinaires.

419. L'art. 8 de la loi de 1872 assujettit à la taxe les *possesseurs* de chevaux et voitures imposables. Il n'est pas nécessaire d'être propriétaire du cheval ou de la voiture; ainsi, la taxe est due par le locataire.

D'après l'art. 4 de la loi du 17 juill. 1895 (D. P. 96. 4. 36), les voitures, chevaux, mules et mulets fournis, par les loueurs ou carrossiers, à des particuliers qui les logent dans des locaux à leur disposition, sont imposés au nom de ces derniers à la contribution sur les chevaux et voitures, alors même que les voitures, chevaux, etc., seraient toujours entretenus aux frais des loueurs, marchands ou carrossiers, et conduits par une personne à leur service. — Un propriétaire n'est pas imposable à raison d'un cheval donné en cheptel à son métayer (Cons. d'Et. 23 déc. 1900).

420. Le tarif d'après lequel est établie la taxe résulte de la combinaison des lois des 2 juill. 1862, 22 déc. 1879, 13 juill. 1900. La somme à payer varie suivant la population de la localité où la taxe est due et, en outre, pour les voitures, suivant qu'elles sont à quatre ou à deux roues; pour les automobiles, suivant qu'elles sont à une ou deux places, ou à plus de deux places.

421. Les contribuables sont tenus de faire la déclaration des voitures et chevaux à raison desquels ils sont imposables et d'indiquer les différentes communes où ils ont des habitations, en désignant celles où ils ont des éléments de cotisation en permanence. Les possesseurs de voitures automobiles doivent indiquer, dans les déclarations qu'ils sont tenus de faire, la force en chevaux-vapeurs du moteur (L. 13 juill. 1900, art. 5). — Les déclarations sont valables pour toute la durée des faits qui y ont donné lieu; elles doivent être modifiées dans le cas de changement de résidence hors de la commune ou du ressort de la perception, et dans le cas de modifications survenues dans les bases de la cotisation.

422. Les personnes qui, dans le courant de l'année, deviennent possesseurs de voitures ou de chevaux imposables doivent la contribution à partir du premier du mois dans lequel le fait s'est produit, et sans qu'il y ait lieu de tenir compte des taxes imposées au nom des précédents possesseurs. Lorsque, à raison d'une résidence nouvelle, le contribuable devient passible d'une taxe supérieure à celle à laquelle il a été assujetti au 1er janvier, il doit un droit complémentaire égal au montant de la différence, et calculé à partir du premier du mois dans lequel le changement de résidence s'est produit. Dans l'un et l'autre cas, les contribuables sont tenus de faire de nouvelles déclarations (L. 23 juill. 1872, art. 8, § 2, et 9).

423. Les déclarations doivent être faites, ou modifiées s'il y a lieu, le 15 janvier au plus tard. Les déclarations faites en cours d'année doivent l'être dans un délai de trente jours à partir de la date à laquelle se sont produits les faits susceptibles de motiver l'imposition d'une taxe nouvelle ou d'un supplément de taxe (L. 1872, art. 9, § 2). A défaut de déclaration, le contrôleur y supplée d'office. — Il y a lieu à doublement de la taxe si la déclaration n'a pas été faite, ou si elle l'a été d'une manière incomplète ou inexacte. La déclaration est incomplète lorsque le contribuable déclare un nombre d'éléments imposables inférieur à celui qu'il possède, ou s'il omet d'indiquer que ses éléments le suivent dans une autre commune où le tarif est plus élevé. Elle est inexacte s'il déclare des éléments d'une autre nature que ceux qu'il possède. Le contribuable ne peut, pour échapper à la pénalité, se prévaloir de sa bonne foi ni de l'ignorance de la loi.

424. Dans quel lieu la taxe est-elle due? Si le contribuable a plusieurs résidences, il est, pour les chevaux et voitures qui le suivent habituellement, imposé dans la commune où il est soumis à la contribution personnelle; mais la contribution est établie

suivant le tarif de la commune dont la population est la plus élevée. Pour les chevaux et voitures qui restent habituellement attachés à l'une des résidences, le contribuable est imposé dans la commune de cette résidence, et suivant la taxe afférente à la population de cette commune (L. 2 juill. 1862, art. 10).

§ 6. — Taxe sur les vélocipèdes (S. vo *Taxes*, 93 et s.).

425. La loi du 28 avr. 1893, art. 10 (D. P. 93. 4. 84), a établi une taxe sur les vélocipèdes ou appareils analogues. Le tarif a été fixé de la manière suivante par l'art. 5 de la loi du 13 avr. 1898 : 6 francs pour les machines à une place, 12 francs pour les machines à deux places, 6 francs pour chaque place en sus. Ces taxes comprennent les centimes pour non-valeurs et frais de perception. — Pour les vélocipèdes et appareils analogues munis d'une machine motrice, la taxe est portée au double (art. 6).

426. La taxe est due pour un vélocipède de petite dimension servant à l'amusement des enfants, mais muni de tous les organes de ce genre de machines (Cons. d'Et. 7 avr. et 3 août 1900); ... pour un appareil dit *draisine*, actionné par un levier mû à la main, qui sert à surveiller les voies ferrées et ne peut évoluer que sur ces voies (Cons. d'Et. 27 mai 1898). Au contraire, les voiturettes Bollée, qui n'ont pas de pédales pouvant, même éventuellement, suppléer le moteur, ne peuvent être rangées parmi les vélocipèdes (Cons. d'Et. 8 nov. 1901).

427. Le vélocipède reste imposable entre les mains de son possesseur tant qu'il n'est pas devenu impropre à tout service. Lors même que les roues auraient été démontées, si elles sont susceptibles d'un remontage rapide, la taxe est due (Cons. d'Et. 5 nov. 1897).

428. Sont exemptés : 1o les vélocipèdes possédés par les marchands et exclusivement destinés à la vente; 2o les vélocipèdes possédés en conformité des règlements militaires ou administratifs (L. 1893, art. 10). — D'après l'art. 6 de la loi du 13 juill. 1900, sont seuls considérés comme possédés en conformité de règlements militaires ou administratifs, pour l'application de l'art. 10 de la loi du 28 avr. 1893 : 1o les vélocipèdes de toute nature possédés par les administrations publiques, civiles ou militaires; 2o les vélocipèdes de toute nature possédés par les fonctionnaires, employés ou agents des mêmes administrations, lorsque l'usage leur en est obligatoirement prescrit par un règlement officiel; — 3o les vélocipèdes ordinaires à une place possédés à titre facultatif par les mêmes agents, lorsque la partie de leurs émoluments soumise à la retenue pour les pensions civiles est inférieure à 1 500 francs, et qu'en outre ils utilisent habituellement ces vélocipèdes pour l'exécution du service.

La taxe est due par les *possesseurs*. A la différence de la contribution des chevaux et voitures (V. *supra*, no 419), les loueurs de vélocipèdes sont imposables à raison des appareils qu'ils louent (L. 28 avr. 1893, art. 10, *in fine*). — Lorsque des vélocipèdes sont possédés par des personnes, majeures ou mineures, ne jouissant pas de leurs droits, dans le sens de la loi du 21 avr. 1832, le père, mère, tuteur ou curateur de ces personnes leur sont substitués pour les obligations et les charges résultant des articles précédents. La taxe est imposée en leur nom et recouvrée sur eux (art. 17).

430. La taxe est due dans la commune où les vélocipèdes imposables séjournent le plus habituellement (art. 12). — Les contribuables sont tenus de déclarer les vélocipèdes à raison desquels ils sont imposables. Cette déclaration est faite à la mairie de

la commune où la taxe est due. — Les déclarations doivent, d'après l'art. 7 de la loi du 13 avr. 1898, contenir l'indication de la nature des vélocipèdes et de leur nombre de places. Elles doivent être modifiées pour toute la durée des faits qui y ont donné lieu. Elles doivent être modifiées au cas de changement dans les bases de la taxe ou dans le lieu de son imposition.

431. Les déclarations sont faites, ou modifiées s'il y a lieu, le 31 janvier au plus tard. Lorsqu'on devient possesseur en cours d'année, la taxe est due à partir du premier mois dans lequel a commencé la possession, et la déclaration doit être faite dans les trente jours de la date des faits qui motivent l'imposition. Les taxes sont doublées pour les éléments imposables non déclarés, ou déclarés inexactement ou tardivement (L. 28 avr. 1893, art. 12; 13 avr. 1898, art. 7; Cons. d'Et. 24 avr. 1901). — Les déclarations ne doivent pas être renouvelées, à moins d'événements motivant un supplément de taxe. Ainsi une nouvelle déclaration n'est pas nécessaire lorsque le possesseur du vélocipède transporte sa résidence, au cours de l'année, dans une autre commune (Cons. d'Et. 21 nov. 1896, D. P. 98. 3. 24).

432. La loi du 13 avr. 1898 (art. 8) a prescrit que tout appareil devrait être muni d'une plaque de contrôle. Ces plaques sont valables pour une durée de quatre ans (L. 24 févr. 1900, art. 4, D. P. 1900. 4. 32). Les possesseurs doivent faire graver leur nom et leur adresse sur leurs plaques. Celles-ci leur sont remises par les percepteurs, qui remplacent gratuitement celles-ci devenues inutilisables. — Ceux qui ont perdu leur plaque peuvent en obtenir une nouvelle en faisant une déclaration dans les deux jours. Ceux qui ont vendu leur vélocipède doivent remettre leur plaque, faute de quoi ils sont maintenus au rôle l'année suivante.

§ 7. — Taxe sur les chiens (R. vo *Taxes*, 42 et s.; S. eod. vo, 41 et s.).

433. La taxe sur les chiens a été établie par la loi du 2 mai 1855 (D. P. 55. 4. 54). Un règlement d'administration publique a été pris le 4 août 1855 (D. P. 55. 4. 82), pour l'exécution de cette loi. — C'est une taxe communale, en ce sens que le produit en est versé dans la caisse de la commune (L. 5 avr. 1884, art. 133, § 14). Elle est obligatoire pour toutes les communes (V. *supra*, *Commune*, no 232).

434. La taxe ne peut excéder 10 francs, ni être inférieure à 1 franc (L. 1855, art. 2). Les tarifs à appliquer dans chaque commune sont réglés par des décrets rendus en Conseil d'Etat, sur la proposition des conseils municipaux et après avis des conseils généraux, ou d'office, sur la proposition du préfet; ils peuvent être révisés à la fin de chaque période de trois ans (même loi, art. 3 et 4).

435. La taxe n'est pas la même pour tous les chiens; ceux-ci sont répartis en deux catégories : la première, celle qui est soumise à la taxe la plus élevée, comprend les chiens d'agrément ou servant à la chasse; la seconde, les chiens de garde ou tous autres ne rentrant pas dans la première catégorie. Ceux qui peuvent être classés à la fois dans l'une ou dans l'autre catégorie sont rangés dans celle dont la taxe est la plus élevée (Décr. 1855, art. 1er). — Tous les chiens, sans exception, sont assujettis à la taxe, à l'exception seulement des jeunes chiens qui, à l'époque où naît l'obligation d'acquitter la taxe, sont encore nourris par leur mère (Cons. d'Et. 21 avr. 1858, D. P. 59. 3. 53).

436. Les possesseurs de chiens sont tenus, du 1er octobre au 15 janvier, de faire, à la mairie de leur résidence habituelle, une déclaration indiquant le nombre de leurs chiens et les usages auxquels ils sont destinés (Décr. 1855, art. 5). Cette déclaration une fois faite, n'a pas besoin d'être renouvelée les années suivantes; ses effets subsistent jusqu'à déclaration contraire. Une déclaration nouvelle n'est désormais obligatoire qu'en cas de modification dans le nombre ou la destination des chiens entraînant une aggravation de taxe, ou lorsque le contribuable change de résidence hors de la commune ou du ressort de la perception (Décr. 3 août 1861, D. P. 61. 4. 116). Les déclarations sont inscrites sur un registre spécial; il en est donné récépissé au déclarant (Décr. 1855, art. 6). — La déclaration doit être faite par le possesseur du chien, alors même qu'il n'en est pas propriétaire (Décr. 1855, art. 5). Par *possesseur*, il faut entendre celui qui détient le chien d'une façon continue et habituelle, et non celui qui n'en a que la détention accidentelle et passagère.

437. La rédaction de l'état matriciel et la confection du rôle ont lieu conformément aux art. 7 à 9 du décret du 4 août 1855, modifiés par le décret du 22 déc. 1886 (D. P. 87. 4. 59).

438. Sont passibles d'une triple taxe : le possesseur d'un ou plusieurs chiens qui omet d'en faire la déclaration; ... celui qui fait une déclaration incomplète ou inexacte (Décr. 1855, art. 10). Ces pénalités sont encourues même en cas de négligence excusable ou d'erreur.

439. Sur les autres taxes perçues au profit des communes, V. *supra*, *Commune*, nᵒˢ 233 et s.

SECT. XII. — **Enregistrement et timbre.**

§ 1ᵉʳ. — *Enregistrement.*

440. Les rôles, extraits de rôles, quittances de contributions et taxes locales, ordonnances de décharge ou de réduction, remise ou modération d'imposition, sont exempts de la formalité de l'enregistrement (L. 22 frim. an 7, art. 70, § 3, nᵒ 5 et 6, R. vᵒ *Enregistrement*, t. 21, p. 26).

441. Les procès-verbaux et les porteurs de contrainte ne sont soumis ni au timbre ni à l'enregistrement; mais le commandement qui précède les saisies et ventes est assujetti à ces droits (L. 16 therm. an 8, art. 29; R. p. 261).

442. Les jugements des tribunaux en matière de contributions publiques ou locales sont assujettis aux mêmes droits d'enregistrement que ceux rendus entre particuliers (L. 28 avr. 1816, art. 39, R. vᵒ *Enregistrement*, t. 21, p. 39).

443. Les actes de poursuites et tous autres actes, soit en action, soit en défense, ayant pour objet le recouvrement des contributions publiques ou locales, sont enregistrés gratis, lorsqu'il s'agit de cotes n'excédant pas 100 francs (L. 16 juin 1824, art. 6, R. vᵒ *Enregistrement*, t. 21, p. 42). On doit entendre par *cote*, non le montant de l'article du rôle, mais la part de chaque impôt afférente à un immeuble déterminé, à une profession spéciale, à un commerce distinct (Instr. gén. sur les réclamations, jointe à la Circ. gén. de la Dir. gén. des Contrib. dir. du 27 févr. 1892, nᵒ 805, art. 18). En conséquence, c'est seulement le total de la cote ou de chacune des cotes faisant l'objet de la poursuite qu'on doit considérer pour l'application de l'art. 6 de la loi du 16 juin 1824, et non le total des cotes de différentes natures comprises dans la réclamation, ni le total de l'article du rôle concernant le débiteur poursuivi. Si le contribuable se libère dans les quatre jours de l'acte de poursuite, cet acte est enregistré gratis, quel que soit le montant de la cote. Cette libération doit être indiquée sur le répertoire du porteur de contraintes et certifiée par le percepteur au pied de l'acte (Décis. min. Fin. 27 mars 1822 et 26 déc.

1884; Instr. admin. Enreg. nᵒˢ 1038 et 1475).

444. Les réclamations formées en vue d'obtenir une réduction ou décharge d'impôts directs sont dispensées du droit d'enregistrement (L. 21 avr. 1832, art. 28 et 30; 28 juill. 1889, art. 11). Mais la procuration donnée par le réclamant à un tiers dans le but de présenter et soutenir sa demande de dégrèvement doit, à peine de nullité, être écrite sur papier timbré et enregistrée, à moins que la demande à laquelle elle s'applique n'ait pour objet une cote inférieure à 30 francs. Les frais de timbre et d'enregistrement du mandat sont, comme les frais de timbre de la demande, compris dans les dépens de l'instance (L. 11 déc. 1902, art. 6, D. P. 1903. 4. 6; 13 juill. 1903, art. 17, D. P. 1903. 4. 75).

§ 2. — *Timbre.*

445. Les rôles ou états dressés pour le recouvrement des contributions directes ou taxes assimilées, et les extraits qui en sont délivrés, sont exempts du timbre (L. 13 brum. an 7, art. 16-1ᵉ et 2ᵉ; R. vᵒ *Enregistrement*, t. 22, p. 737). Les rôles des taxes locales perçues dans l'intérêt particulier des communes, telles que taxes de pavage, de balayage, etc., sont assujettis à l'impôt du timbre (Civ. r. 2 juin 1875, D. P. 75. 1. 432).

446. Les extraits du cadastre sont exempts du timbre lorsqu'ils sont joints à une demande de dégrèvement (Décis. min. Fin. 14 nov. 1821; Instr. admin. Enreg. nᵒ 1006); mais ils doivent être timbrés lorsqu'ils sont annexés à un acte notarié dans l'intérêt particulier des parties (Sol. admin. Enreg. 25 juin 1831).

447. Les demandes en décharge ou réduction doivent être écrites sur papier timbré à peine de non-recevabilité; elles sont cependant dispensées du timbre lorsque la cote est moindre de 30 francs (L. 21 avr. 1832, art. 28). — Les demandes en remise ou modération sont soumises aux mêmes règles; toutefois, lorsque la demande en remise est fondée sur des pertes subies ou sur l'indigence du contribuable, elle est considérée comme une demande de secours et, partant telle, exemptée du droit et de la formalité du timbre (Circ. admin. Contrib. dir. 17 févr. 1872, nᵒ 507). — En ce qui concerne les poursuites exercées par l'Administration contre les redevables, les actes purement administratifs, tels que l'avertissement, la sommation, la contrainte et le bulletin délivré en cas d'envoi d'un garnisaire sont exempts du timbre (L. 25 mars 1817, art. 72; Décis. min. Fin. 23 juill. 1832; Circ. min. Fin. 12 avr. 1837). Il en est de même des avis des répartiteurs, du directeur des Contributions directes, des rapports des experts (L. 21 avr. 1832, art. 28 et 30), des procès-verbaux de dires rédigés par les contrôleurs des Contributions directes, ainsi que des observations produites par les réclamants (Circ. admin. Contrib. dir. 12 févr. 1873, D. P. 73. 5. 209). Mais, lorsque la poursuite prend un caractère judiciaire et tend à une saisie-arrêt ou à une saisie-exécution, les actes, à partir du commandement, doivent être sur timbre.

448. Pour les droits d'enregistrement et de timbre à appliquer aux actes de la procédure devant le conseil de préfecture, V. *supra*, *Conseil de préfecture*, nᵒˢ 123 et s.; ... devant le Conseil d'Etat, V. *supra*, *Conseil d'Etat*, nᵒ 101.

449. Les quittances que délivrent les percepteurs en matière de contributions directes ou de taxes assimilées sont exemptes de timbre (L. 13 brum. an 7, art. 16, nᵒ 1). Pour les autres contributions, les quittances sont exemptes de timbre lorsqu'elles n'excèdent pas 10 francs, et soumises à un droit de timbre de 0 fr. 25 lorsque la somme

quittancée est supérieure (L. 8 juill. 1865, art. 4, D. P. 65. 4. 101; 23 août 1871, art. 20-4ᵉ, D. P. 71. 4. 54).

IMPÔTS INDIRECTS

(R. vᵒ *Impôts indirects*; S. *eod.* vᵒ).

1. Les mots *impôts indirects* ou *contributions indirectes*, pris dans un sens général, désignent les impôts qui, reposant pour la plupart sur des objets de consommation ou des services rendus, sont perçus par simple application d'un tarif, sans établissement d'un rôle nominatif, sans détermination individuelle des redevables. Ces taxes ou impôts sont, pour la plupart, étudiés aux articles concernant les objets auxquels ils s'appliquent (V. *supra*, *Douanes*, *Enregistrement*, et *infra*, *Matières d'or et d'argent*, *Navigation*, *Pêche fluviale*, *Poudres et salpêtres*, *Sels*, *Sucre*, etc.). — On n'exposera ici que ce qui a trait aux impôts concernant les boissons, les vinaigres, les bougies, les cartes à jouer, les huiles végétales, les huiles minérales, les monopoles d'État des tabacs et des allumettes. Ces divers impôts rentrent dans les attributions de l'administration des Contributions indirectes et en constituent la partie la plus importante.

SECT. Iʳᵉ. — **Administration des Contributions indirectes** (R. 5 et s.).

2. L'administration des Contributions indirectes, dépendant des services du ministère des Finances, constitue une régie financière. Elle comprend : 1ᵒ l'*Administration centrale*, dont l'organisation est aujourd'hui régie par le décret du 1ᵉʳ déc. 1900 relatif à l'organisation de l'administration centrale du ministère des Finances; 2ᵒ le *service local* ou *départemental*, qui se divise en service sédentaire et en service actif, à un autre point de vue, en service de direction, service de contrôle, et service de perception ou d'exécution. — Dans chaque département, la direction et la surveillance du service appartiennent à un *directeur*, assisté de *sous-directeurs* placés dans les arrondissements; d'*inspecteurs*, qui sont essentiellement des vérificateurs; enfin, de *contrôleurs*, qui sont moins des vérificateurs que des agents d'exécution.

3. Les *receveurs principaux*, établis au chef-lieu des directions et sous-directions, centralisent les opérations de recettes et de dépenses de tous les comptables de leur ressort; ils sont justiciables de la Cour des comptes. Dans les villes et les communes importantes, des *receveurs particuliers sédentaires* sont chargés de percevoir les droits. Enfin, dans les campagnes, des *receveurs ambulants* sont chargés de l'assiette et de la perception des droits et centralisent les recettes des *receveurs buralistes*. Ceux-ci ont pour attributions spéciales de recevoir les déclarations des redevables, de délivrer les expéditions ou titres de mouvement nécessaires à la régularité des transports et de percevoir les droits exigibles au comptant. Le service départemental comprend, en outre, des *commis principaux* participant à la constatation des droits et à la surveillance dans les établissements industriels assujettis : les *commis*, les *préposés* et les *surnuméraires*.

SECT. II. — **Impôt sur les boissons.**

4. Cette section comprend l'exposé de diverses règles d'une portée générale en matière de contributions indirectes, mais qui trouvent leur application principalement en ce qui concerne l'impôt des boissons, de beaucoup le plus important de tous les impôts indirects.

ART. 1ᵉʳ. — GÉNÉRALITÉS (R. vᵒ *Impôts indirects*, 21 et s.; S. vᵒ *Vins et boissons*, 16 et s.).

5. La législation fiscale des boissons se compose d'un nombre considérable de lois, décrets et ordonnances, et principalement de la loi du 28 avr. 1816 (R. p. 410), qui constitue le véritable Code des contributions indirectes ; de la loi du 29 déc. 1900 (D. P. 1901. 4. 1), complétée par les art. 13 à 19 de la loi de finances du 30 mars 1902 (D. P. 1902. 4. 65) et les art. 12 à 28 de la loi du 31 mars 1903 (D. P. 1903. 4. 17). — Les droits qu'elle applique sont actuellement ceux de *circulation*, sur les boissons hygiéniques ; d'*entrée*, sur les alcools et spiritueux ; de *consommation*, sur les spiritueux ; de *fabrication*, sur les bières ; de *licence*.

6. En général, tous les liquides ayant la nature de boissons vineuses ou alcooliques, le vin, le cidre, le poiré, la bière, les alcools, eaux-de-vie et liqueurs, sont soumis à l'impôt. — Dans le langage fiscal actuel, la dénomination de *vin* est réservée exclusivement au produit de la fermentation des raisins frais (L. 14 août 1889, art. 1er ; 6 avr. 1897, art. 1 et 3). Au point de vue de l'impôt, on range dans la catégorie des vins le vin *moût* ou non cuvé et les *vins mousseux*, tandis que les *vins alcoolisés*, les *vermouts*, les *vins de liqueur ou d'imitation*, les *vins de marc*, les *vins de sucre*, les *piquettes*, les vins de *raisins secs* ou autres *vins artificiels* et les *raisins secs* à boisson, tout en étant compris dans le régime des boissons soumises aux droits, sont l'objet de dispositions spéciales.

7. Les *vendanges* et les fruits destinés par leur nature à faire des boissons (raisins, pommes et poires) sont imposés au lieu et place des boissons qu'ils doivent produire ; toutefois, les pommes et poires dites franches et douces, qui sont destinées à être consommées en nature sur la table, échappent à l'impôt.

8. Les *alcools* et *eaux-de-vie* comprennent l'eau-de-vie de cerises ou *kirschwasser*, les fruits à l'eau-de-vie, l'eau de genièvre, le rack, le rhum, le tafia et, en général, tous les liquides alcooliques. — L'*alcool dénaturé* n'est assujetti qu'à un droit de circulation, du moins lorsque le redevable s'est conformé aux prescriptions réglementaires qui concernent ce produit (V. *infrà*, n° 52).

9. En thèse générale, la loi ne reconnaît pas de gradation dans l'évaluation des boissons qu'elle soumet à son tarif ; chaque espèce est assujettie à un droit fixe, abstraction faite de sa valeur intrinsèque. Il n'y a d'exception que pour les *liqueurs* ou *esprits* sur lesquels le droit est perçu d'après l'échelle indiquée par l'aréomètre ou alcoomètre, et les *bières*, qui sont imposées d'après la richesse saccharine des moûts. — La plupart des droits sont fixés à raison de tant l'hectolitre. A l'exception des boissons alcooliques, les liquides en bouteilles sont comptés pour un litre par bouteille et un demi-litre par demi-bouteille. — Enfin, certains droits varient suivant le lieu de destination des boissons ou la population du lieu de perception.

ART. 2. — DROITS SUR LES BOISSONS.

§ 1er. — *Droit de circulation.*

A. — Exigibilité du droit (R. 21 et s., 404 et s.;
S. v° *Vins et boissons*, 24 et s.).

10. Le droit de circulation n'est, en principe, imposé qu'à l'occasion du déplacement des boissons hygiéniques, c'est-à-dire le *vin* cuvé ou non cuvé, les vins mousseux, vins doux naturels, etc. ; les *piquettes*, c'est-à-dire le produit de l'épuisement des marcs par l'eau avec ou sans addition d'alcool ou de sucre (L. 6 avr. 1897, art. 3) ; les *cidres, poirés et hydromels* (L. 28 avr. 1816, art. 1er ; 25 mars 1817, art. 85 ; 29 déc. 1900, art. 1er). Le droit de circulation est également exigé pour les *lies de vin* non complètement desséchées ; les *raisins secs* destinés à la fabrication familiale des vins dits de raisins secs ;

les *vendanges fraîches* circulant hors de l'arrondissement de récolte et des cantons limitrophes, en quantités supérieures à 10 hectolitres (1 mètre cube). — Les *bières* et les *préparations pharmaceutiques* à base d'alcool, ayant exclusivement le caractère de médicaments, échappent à ce droit.

11. Le droit de circulation est exigible, quelles que soient la quantité des boissons déplacées et la distance où elles sont transportées, dès l'instant qu'elles sont extraites de la propriété où elles étaient emmagasinées, qu'elles empruntent ou non la voie publique ; quelle que soit la qualité des expéditeurs et des destinataires, autres que les entrepositaires ; quel quelque soit le lieu de destination (V. toutefois, *infrà*, n° 14).

12. Le droit de circulation, dans les villes à octroi et qui possèdent un service de surveillance effective et permanente aux entrées, peut, à la demande des conseils municipaux, être remplacé par un même droit de circulation sur les fruits à cidre ou à poiré récoltés ou introduits dans le lieu sujet. Les conseils municipaux peuvent demander, en outre, la suppression de toute formalité de circulation sur les cidres et poirés à l'intérieur du lieu sujet (L. 31 mars 1903, art. 30, § 1er ; Circ. min. 31 mars 1903, n° 518).

13. Le droit de circulation comporte certaines exemptions résultant soit de dispositions légales, soit de tolérances administratives. Ainsi sont exemptés du droit de circulation : les petites quantités de boissons transportées à dos d'homme ou à bras des pressoirs aux caves et celliers, à la condition que les vendanges ou fruits qui ont servi à les produire proviennent de la récolte du transporteur, et que le transport ait lieu dans l'étendue du canton de récolte ou des communes limitrophes dépendant ou non du même département (L. 29 déc. 1900, art. 2, § 2) ; ... les petites quantités de vin (dans la limite de trois bouteilles par personne) transportées par les voyageurs à titre provisoire de voyage (L. 28 avr. 1816, art. 18), et même de spiritueux jusqu'à concurrence de 20 centilitres ; ... les boissons qu'il est d'usage de faire porter aux champs pour les ouvriers agricoles, au moment de certains travaux de la campagne ; les boissons à emporter, vendues par les détaillants, jusqu'à concurrence de 6 litres pour les vins et cidres, et de 2 litres pour les spiritueux, dans les villes, de 4 litres pour les vins et de 6 litres pour les cidres, dans les campagnes (il n'existe pas, dans les campagnes, de tolérance pour les spiritueux) ; ... les échantillons de commerce, dans les flacons d'une contenance n'excédant pas 25 centilitres pour les vins et 10 centilitres pour les spiritueux, et jusqu'à concurrence de 3 litres de vin et de 1 litre de spiritueux pour un même destinataire ; ... les produits à base alcoolique (eau de Cologne, etc.) enlevés de chez les marchands ou fabricants non soumis à l'exercice, jusqu'à concurrence de 2 litres d'alcool. — L'exemption des droits de circulation est encore accordée : 1° aux vins, cidres et poirés, qu'un récoltant fait transporter de son pressoir ou d'un pressoir public à ses caves et celliers, ou de l'une à l'autre de ses caves, dans le canton de récolte ou dans les communes limitrophes ; 2° pour les boissons de même espèce, qu'un colon partiaire, fermier ou preneur à bail emphytéotique à rente, remet au propriétaire ou reçoit de lui, dans les mêmes limites, en vertu de baux authentiques ou d'usages notoires. Dans ces deux cas, l'exemption est subordonnée à la justification par l'expéditeur, lors du premier envoi, de son droit à l'exemption et à la déclaration des quantités récoltées ; en outre, les boissons doivent être accompagnées d'un laissez-passer

(L. 25 juin 1841, art. 15, R. p. 426 ; 29 déc. 1900, art. 2, § 2 ; Circ. min. 29 déc. 1900, n° 423 ; 1er avr. 1902, n° 486). — Enfin, les héritiers et autres successeurs universels, à l'exclusion des légataires à titre universel ou particuliers, sont exempts du droit de circulation pour le transport dans leurs caves des boissons dont ils héritent.

14. Les boissons enlevées à destination des zones franches, des colonies françaises ou de l'étranger ; celles qui sont embarquées sur les navires de l'État pour la consommation des équipages, et sur les navires armés pour la grande pêche, sont affranchies du droit de circulation (L. 28 avr. 1816, art. 5).

15. Dans certains cas, l'exigibilité du droit de circulation est différée ; ainsi, les négociants munis d'une licence de marchand en gros ou de distillateur, bénéficiant du crédit des droits, peuvent, à la condition de se munir d'un acquit-à-caution, ne pas payer le droit au moment de l'enlèvement des boissons à destination de leurs caves, si elles sont situées dans un lieu où le commerce des boissons n'est pas affranchi de la surveillance de la Régie (L. 29 déc. 1900, art. 2, § 1er). La même faculté appartient aux débitants établis dans une commune de 4 000 habitants et au-dessus (L. 29 déc. 1900, art. 2, § 2 et 3 ; 30 mars 1902, art. 17).

B. — Titres de mouvement. Expéditions (R. 31 et s.;
S. v° *Vins et boissons*, 37 et s.).

16. Aucun enlèvement ni transport de boissons ne peut être fait sans déclaration préalable de l'expéditeur ou de l'acheteur (L. 28 avr. 1816, art. 6). Pour les enlèvements de vins de plus de 20 hectolitres, lorsque la déclaration n'est pas faite par le détenteur actuel des boissons, elle doit être accompagnée d'une attestation de ce dernier confirmant la réalité de l'opération (L. 18 juill. 1904, art. 2, D. P. 1904. 4. 61). D'autre part, le conducteur doit être muni d'une expédition appropriée à la nature des boissons transportées (L. 28 avr. 1816, art. 6). — Le mot *expédition* s'applique aux différents titres de mouvement ; il désigne : 1° le *congé*, délivré après acquittement des droits ; 2° l'*acquit-à-caution*, délivré moyennant l'engagement souscrit par le demandeur, et garanti par la signature d'une caution, d'acquitter l'impôt éventuellement dans un lieu où sont transportés. L'acquit-à-caution est ordinaire ou recommandé (L. 29 déc. 1900, art. 3, § 2 ; Circ. min. 29 déc. 1900, n° 423) ; 3° le *passavant*, qui est délivré pour accompagner les boissons circulant en franchise du droit, lorsque la fraude n'est pas à craindre ; 4° le *laissez-passer*, qui est tantôt *provisoire* et destiné à être remplacé par un titre définitif, comme dans le cas prévu par l'art. 43 de la loi du 21 avr. 1832, ou *définitif* (ventes en gros par les débitants de boissons hygiéniques et de spiritueux, transport en franchise des récoltants, etc.). — Les expéditions sont de couleur différente, suivant la nature des boissons qu'elles accompagnent.

17. Les expéditions relatives aux enlèvements d'alcools et de spiritueux doivent fournir des indications spéciales, qui sont déterminées par les lois des 21 juin 1873, art. 6, § 2 (D. P. 73. 4. 89) ; 16 déc. 1897, art. 7 (D. P. 98. 4. 28), et le décret du 29 nov. 1898 (D. P. 1900. 4. 7). Lorsqu'il s'agit de petites quantités de spiritueux expédiés en bouteilles, les déclarations et expéditions sont remplacées par des vignettes, mises en vente dans les bureaux de tabac, et portant des numéros distincts suivant le degré alcoolique ; ces vignettes doivent être apposées sur les bouteilles de manière que le milieu de la bande recouvre le bouchon, et que les extrémités recouvrent le col de la bouteille (Circ. min. 11 août 1888, n° 525 ; 29 déc. 1900, n° 423, § 4).

18. Les acquits-à-caution délivrés pour les expéditions de boissons à l'étranger, dans les zones franches, en Corse, en Algérie et aux colonies, indiquent le lieu de sortie ou le port d'embarquement. L'acquit-à-caution n'est déchargé que si l'expéditeur se conforme à cette indication. Pour les spiritueux transportés soit de France (y compris la Corse) en Algérie, soit d'Algérie en France (y compris la Corse), soit de France en Corse ou réciproquement, les acquits-à-caution ne sont déchargés qu'après arrivée au port de débarquement, et après payement ou consignation des droits établis dans le pays de destination (L. 30 mars 1902, art. 13).

19. Les expéditions doivent concorder avec le chargement : elles reproduisent la déclaration ; celle-ci doit, par conséquent, énoncer tous les éléments de l'expédition : 1° les quantités, espèces et qualités des boissons (L. 28 avr. 1816, art. 10) : s'il s'agit de vin, on doit indiquer si c'est du vin blanc ou du vin rouge ; s'il s'agit d'alcool, le degré et la provenance, eau-de-vie de marc, de fécule, etc. Il y a toutefois une tolérance légale de 1 pour cent sur la contenance et le degré, à la condition que l'inexactitude de la déclaration soit le résultat d'une erreur exclusive de toute tentative de fraude (L. 21 juin 1873, art. 7, § 3) ; de plus, l'administration admet une tolérance de 5 pour cent sur les vins, et de 10 pour cent sur les cidres (Cir. min. 10 juill. 1896, n° 168). La déclaration doit, en outre, énoncer le nombre de litres, le nombre et la nature des fûts ou des vases qui contiennent les boissons ; 2° les noms, prénoms, demeure et profession de l'expéditeur, du voiturier et de l'acheteur ou destinataire. Pour ce dernier, toutefois, les indications peuvent n'être pas fournies au bureau de départ, mais seulement au bureau de destination (L. 28 avr. 1816, art. 10 ; 21 avr. 1832, art. 43, § 2). La déclaration d'enlèvement sous un nom supposé est punie des peines portées par l'art. 1er de la loi du 28 févr. 1872 (L. 6 avr. 1897, art. 4, D. P. 97. 4. 47 ; 16 déc. 1897, art. 8, § 3, D. P. 98. 4. 28) ; 4° les principaux lieux de passage que devra traverser le chargement ; 5° les divers modes de transport qui seront successivement employés (L. 28 févr. 1872, art. 1er, § 1er).

20. Le titre de mouvement mentionne la durée du transport, qui est fixée par l'Administration en raison des distances, des moyens de transport, et lorsqu'on doit en employer plusieurs, en distinguant les diverses phases de l'opération (L. 28 avr. 1816, art. 13 ; 19 juill. 1880, art. 13, D. P. 81. 4. 44). Les boissons doivent parvenir à destination et être déchargées rigoureusement dans les limites de temps imparti, sous les peines déterminées par les lois des 28 avr. 1816, 28 févr. 1872, 21 juin 1873 et 19 juill. 1880. — C'est le voiturier, à moins que le retard du transport ne provienne du fait de l'expéditeur, qui est responsable de la contravention. Celle-ci résulte du fait seul du retard, indépendamment de toute intention frauduleuse, et ne comporte d'autre excuse que la force majeure dûment constatée par le service de la Régie ou toute autorité municipales. — Le délai de transport peut, d'ailleurs, être prolongé par l'Administration ; il doit l'être, en cas de séjour en cours de route, de toute la durée de l'interruption (L. 28 avr. 1816, art. 13). En pareil cas, le conducteur est tenu de faire, dans les vingt-quatre heures et, sauf le cas de force majeure, avant tout débarquement, une *déclaration de transit* au bureau de la Régie ; cette déclaration n'est pas obligatoire si l'arrêt dure moins de vingt-quatre heures (L. 28 avr. 1816, art. 14 ; Circ. min. 30 avr. 1855, n° 285). Les expéditions sont, au moment de cette déclaration, déposées au bureau de la Régie ;

elles y sont visées et conservées jusqu'à la reprise du transport (même article).

21. Les boissons en transit sont déposées soit dans les magasins des *transitaires*, c'est-à-dire des entrepositaires qui font profession de recevoir les boissons dont le transport est interrompu, soit chez toute autre personne, à la condition qu'elles soient emmagasinées séparément de toutes autres boissons en la possession du dépositaire, et soient représentées à toute réquisition des employés de la Régie. Elles ne doivent subir que les opérations nécessaires à leur conservation, et sous la surveillance des employés de la Régie. C'est là, d'ailleurs, une règle applicable au transport tout entier ; pendant sa durée, les seules opérations permises, ouillage, rabattage ou transvasion, ne peuvent avoir lieu qu'en présence des employés de la Régie, qui en font mention sur le titre de mouvement. Si elles sont nécessitées par force majeure, elles peuvent avoir lieu sans déclaration préalable, à charge pour le conducteur de faire constater l'accident par les employés de la Régie, ou, à leur défaut, par les autorités locales (L. 28 avr. 1816, art. 15). — Pour le transit dans les lieux sujets au droit d'entrée, V. *infrà*, n° 32. — La reprise du transport des boissons en transit doit être précédée d'une déclaration faite par le dépositaire et le conducteur, l'un et l'autre responsables. Les expéditions sont rendues après vérification des boissons (L. 28 avr. 1816, art. 14).

22. Aux termes de l'art. 8, § 1er, de la loi du 16 déc. 1897, lorsque le chargement des spiritueux dépasse l'hectolitre en alcool pur, la Régie doit exiger que l'acquit-à-caution délivré pour accompagner le chargement soit visé, en cours de transport, à un ou plusieurs bureaux des contributions indirectes, des douanes ou de l'octroi. Le défaut d'accomplissement de cette obligation entraîne la non-décharge de l'acquit-à-caution (L. 16 déc. 1897, art. 8, § 1er). Cette disposition a été étendue aux chargements de vins de plus de 20 hectolitres (L. 18 juill. 1904, art. 1er, D. P. 1904. 4. 61).

23. Les boissons ne peuvent être livrées, à peine de contravention, dans un autre lieu de destination que celui qui a été déclaré, s'il n'a été changé en cours de route au moyen d'une déclaration nouvelle, qui ne donne lieu à aucun droit et contre délivrance d'une nouvelle expédition. — Si, au moment du déchargement, les boissons présentent un déficit, il n'y a contravention qu'autant que ce déficit est supérieur à la déduction allouée, d'après les distances parcourues, la nature des boissons, les moyens de transport, la saison, etc., par l'art. 16 de la loi du 28 avr. 1816 : cette déduction peut être de 5 pour cent pour les vins, de 10 pour cent pour les cidres et poirés, de 4 pour cent pour les liqueurs et alcools.

24. En cours de route, les voituriers, bateliers, etc., qui transportent des boissons, doivent exhiber immédiatement les expéditions dont ils sont porteurs, et laisser vérifier la conformité du chargement, à toute réquisition des agents des Contributions indirectes, des douanes et des octrois, et de tous les employés qui ont qualité pour dresser les procès-verbaux (L. 28 avr. 1816, art. 17 ; 23 avr. 1836, R. p. 426). Faute par eux de se conformer à cette obligation, les boissons doivent être immédiatement saisies et confisquées ; les parties du chargement pour lesquelles les formalités prescrites ont été remplies, et celles qui ne sont pas soumises aux exercices des employés, doivent être restituées à leurs propriétaires.

25. Les destinataires de boissons spiritueuses ayant à parcourir plus de 2 myriamètres sont astreints, pour obtenir la décharge des acquits-à-caution, à produire les lettres de voiture, bulletins de transport,

connaissements, etc., propres à établir l'identité des spiritueux représentés et de ceux qui ont été expédiés des points de déclaration (L. 28 févr. 1872, art. 2).

C. — *Pénalités* (R. 110 et 111 ; S. v° *Vins et boissons*, 87 et s.).

26. Les pénalités en matière de circulation des boissons sont : 1° l'*amende* de 500 à 1 000 francs, pour les spiritueux (L. 28 févr. 1872, art. 1er ; 21 juin 1873, art. 6, § 1er ; 19 juill. 1880, art. 11 et 13, § 5 ; 16 déc. 1897, art. 8, § 3, et 11, § 2 et 3 ; 29 déc. 1900, art. 10, § 4, 14, § 2, 3 et 4) ; de 200 à 1000 francs, avec minimum de 500 francs en cas de récidive, pour les vins, cidres, poirés et hydromels (L. 28 avr. 1816, art. 19 ; 21 juin 1873, art. 7, § 1 et 2) ; 2° la *confiscation* des boissons composant tout chargement qui voyage sans titre ou sous un titre inapplicable. Elle ne s'étend pas aux moyens de transport, sauf, suivant un arrêt, lorsqu'ils sont spécialement agencés pour la fraude (Bordeaux, 13 déc. 1900) ; 3° l'*emprisonnement*, encouru en cas de fraude dissimulée sous vêtements ou au moyen d'engins prohibés pour le transport des alcools et spiritueux dans le rayon de prohibition des villes sujettes au droit d'entrée, et en cas de fraudes commises dans les distilleries à l'aide de souterrains ou de tout autre moyen dissimulé d'adduction ou de manœuvre d'alcool (L. 21 juin 1873, art. 12 ; 16 déc. 1897, art. 11, § 6).

27. L'expéditeur est, en première ligne, responsable de la conformité des expéditions aux chargements expédiés, de l'arrivée des boissons à destination et, concurremment avec ses voituriers et le destinataire, de la production des expéditions. Sa responsabilité cesse cependant si la contravention est le fait soit du transporteur, soit du destinataire, et s'il en rapporte la preuve. — Le transporteur, également responsable des contraventions de circulation, peut échapper aux poursuites si, étant de bonne foi et n'ayant pris aucune part à la fraude, ni commis aucune faute personnelle, il met, par une désignation exacte et régulière, l'administration en mesure de poursuivre utilement l'auteur de la fraude (L. 21 juin 1873, art. 13). — Les poursuites peuvent enfin être dirigées, après la livraison des boissons, contre le destinataire ; l'action de la Régie est valable dès qu'elle s'exerce contre le détenteur des objets trouvés en fraude, quel qu'il soit.

§ 2. — *Droit d'entrée*

A. — **Exigibilité du droit** (R. 112 et s. ; S. v° *Vins et boissons*, 99 et s.).

28. Le droit d'entrée perçu au profit du Trésor est distinct du droit de circulation et des droits d'octroi perçus au profit des communes. Il ne frappe plus aujourd'hui que les spiritueux (L. 29 déc. 1900, art. 1er) et les vins alcoolisés. Il grève donc les eaux-de-vie, esprits, rhums, tafias, liqueurs, fruits à l'eau-de-vie, absinthes et autres liquides alcooliques non dénommés, les vernis à l'alcool, les produits liquides de la parfumerie à base d'alcool, eaux de Cologne, de senteur, etc., les vermouts et vins de liqueur ou d'imitation, etc. Sont exemptés de ce droit : les spiritueux embarqués à bord des bateaux de pêche lorsque la sortie en est constatée, ceux qui sont consommés en rade et qui ont été déclarés comme existant à bord d'un navire en relâche pour la consommation de l'équipage, ou qui sont à bord des navires de l'État, les échantillons (Comp. *supra*, n° 13), les alcools transformés en vinaigres, les préparations pharmaceutiques, les alcools employés à la fabrication des éthers, sulfates de carbone, etc., fabriqués et vendus dans l'intérieur d'une ville, les alcools dénaturés (V. *infrà*, n° 52).

29. Le droit d'entrée est imposé, en raison de l'introduction ou de la fabrication des boissons grevées dans les villes et les communes ayant une population agglomérée de 4 000 âmes, dans toute l'étendue de l'agglomération, y compris les faubourgs. Hors de l'agglomération, dans les habitations éparses, entièrement séparées du lieu sujet, le droit d'entrée n'est dû que par les débitants (L. 28 avr. 1816, art. 20 et 21; L. 12 déc. 1830, art. 3). La quotité du droit varie suivant la population de la commune. Elle est fixée, pour les communes de 4 000 à 6 000 âmes, à 7 fr. 50 par hectolitre d'alcool pur; de 6 001 à 10 000 âmes, à 11 fr. 25; de 10 001 à 15 000 âmes, à 15 francs; de 15 001 à 20 000 âmes, à 18 fr. 75; de 20 001 à 30 000 âmes, à 22 fr. 50; de 30 001 à 50 000 âmes, à 26 fr. 50; au-dessus de 50 000 âmes, à 30 francs (L. 26 mars 1872, art. 5). Le classement des villes est établi par le préfet. Si des difficultés s'élèvent à ce sujet, il est statué par le ministre des Finances, sauf recours au Conseil d'Etat (L. 28 avr. 1816, art. 22).

30. Le droit d'entrée est perçu soit aux bureaux établis aux diverses entrées de la commune, soit au bureau central, suivant que la ville sujette est *fermée* ou *ouverte*. Dans les villes qui possèdent des octrois, les préposés de l'octroi peuvent être chargés de le percevoir. Dans ces villes et dans les villes fermées, la déclaration et le payement des droits doivent être faits au bureau d'entrée, avant l'introduction des spiritueux. Dans les villes ouvertes, l'acquittement du droit n'a lieu qu'après l'introduction; mais il doit précéder la remise des boissons au destinataire et même leur déchargement (L. 28 avr. 1816, art. 24, 25). De plus, l'introduction des boissons ne peut avoir lieu qu'aux heures déterminées par l'art. 26 de la loi de 1816.

31. C'est au transporteur qu'incombe l'obligation de faire la déclaration. Le destinataire n'est pas, en principe, responsable du défaut de déclaration; il n'en serait autrement que si les boissons avaient été suivies à vue depuis leur introduction en fraude.

32. La déclaration est toujours obligatoire, même quand il s'agit de boissons destinées à l'entrepôt. Quant au payement du droit d'entrée, sauf dans ce dernier cas (V. *infrà*, n° 33), il doit être effectué toutes les fois que les spiritueux sont destinés à la consommation intérieure. En cas de contestation, le droit d'entrée est consigné entre les mains du receveur. Il doit également être consigné ou faire l'objet d'un cautionnement, lorsque les boissons traversent simplement le lieu sujet sans escorte, ou y séjournent moins de vingt-quatre heures. Le conducteur est, en ce cas, muni d'un passe-debout, et la caution n'est libérée ou les droits consignés ne sont restitués qu'autant que la sortie des boissons est constatée. Lorsqu'il est possible de faire escorter les boissons, aucune de ces formalités n'est exigée (L. 1816, art. 28). Les mêmes formalités sont applicables lorsque les spiritueux sont conduits à un marché dans un lieu sujet (L. 1816, art. 29).— Lorsque les spiritueux séjournent plus de vingt-quatre heures dans un lieu sujet, il y a lieu à déclaration de transit; la consignation ou le cautionnement subsistent jusqu'à ce que la sortie des spiritueux ait été constatée (L. 1816, art. 30).

B. — Entrepôt (R. 135 et s.; S. v° *Vins et boissons*, 127 et s.)

33. D'une manière générale, on entend par *entrepôt*, en matière de boissons, la faculté concédée à certaines personnes d'introduire dans un lieu sujet au droit d'entrée ou au droit d'octroi, et en franchise de ces droits, des boissons destinées à être consommées dans ce lieu ou hors de ce lieu, et sauf payement du droit sur les quantités non représentées. L'expression *entrepôt* désigne également le local où les boissons sont admises en franchise. Actuellement, l'entrepôt n'existe, au point de vue des impôts indirects, que pour les spiritueux; il n'existe pour les vins, cidres, poirés et hydromels qu'au point de vue des droits d'octroi.

34. Il existe deux sortes d'entrepôts; les entrepôts *publics* et *réels* dans des locaux placés sous la clef de la Régie, et les entrepôts *à domicile* ou *fictifs* dans les magasins, caves ou celliers des redevables; l'entrepôt à domicile n'existe pas à Paris (L. 28 avr. 1816, art. 39), et dans les villes sujettes aux droits d'entrée ou d'octroi ayant un entrepôt public, la faculté d'entrepôt à domicile peut être supprimée à la demande des conseils municipaux (L. 28 juin 1833, art. 9). L'entrepôt n'est accordé qu'à ceux qui introduisent dans le lieu sujet une quantité minimum de 4 hectolitres d'eau-de-vie ou esprit; mais celui qui jouit de l'entrepôt peut recevoir en moindre quantité de nouveaux produits (L. 28 avr. 1816, art. 31). — Les personnes admises à l'entrepôt sont : les négociants ou propriétaires récoltants (même article); ... les bouilleurs et distillateurs de profession (L. 28 avr. 1816, art. 32); ... les particuliers qui reçoivent pour un temps limité des boissons destinées à être envoyées à la campagne ou dans une autre résidence (art. 34); ... les services de la guerre et de la marine (Décr. 31 janv. 1809); ... les marchands en gros (L. 21 avr. 1832, art. 38); ... les liquoristes marchands en gros (L. 24 juin 1824, art. 4). — La durée de l'entrepôt est illimitée.

35. La déclaration d'entrepôt doit être faite au moment où le droit d'entrée devrait être payé (V. *suprà*, n° 32); elle indique les magasins, caves ou celliers où les boissons doivent être déposées, et donne lieu à un *bulletin d'entrepôt*, qui constitue la base sur laquelle les employés établissent l'*acte de prise en charge* : cette prise en charge a pour résultat de soumettre les entrepositaires à l'*exercice*, c'est-à-dire aux vérifications que les employés de la Régie peuvent effectuer au domicile du redevable. Ils sont, en effet, passibles du droit sur les quantités manquantes qu'ils ne justifient pas avoir fait sortir du lieu sujet. Leur obligation, à cet égard, doit être garantie par une caution solvable, qui s'engage solidairement avec eux au payement des droits. — Pour échapper à ce payement, l'entrepositaire doit établir, à l'aide des bulletins d'expédition et des certificats de sortie, qu'il a expédié au dehors les liquides imposés ou, au moyen d'une déclaration d'entrepôt au compte du nouvel entrepositaire, qu'il les a transférés dans un autre entrepôt, ou, au moyen des quittances ou des bulletins justificatifs du droit d'entrée, qu'il les a livrés à des débitants ou consommateurs du lieu sujet. Il n'est, d'ailleurs, passible des manquants qu'autant qu'ils excèdent les déductions légales admises pour coulage et ouillage (V. *infrà*, n° 71), ou qu'il n'en obtient pas de l'Administration la décharge pour perte accidentelle; enfin, il peut être *déchargé judiciairement* en cas de perte provenant de force majeure. — Pour les manquants dont il ne peut fournir la justification, l'entrepositaire est soumis, à la fin de chaque trimestre, au payement du droit d'entrée (L. 28 avr. 1816, art. 37).

C. — Fabrication de boissons dans le lieu sujet (R. 132; S. v° *Vins et boissons*, 118 et s.).

36. La fabrication et la préparation des eaux-de-vie et esprits, dans les localités sujettes au droit d'entrée, sont régies par des dispositions spéciales : toute personne qui fabrique ou prépare des alcools ou liqueurs doit en faire la déclaration au bureau de la Régie, au moins douze heures avant la première fabrication de l'année. Elle doit, en outre, acquitter immédiatement le droit d'entrée si elle ne réclame pas la faculté d'entrepôt (L. 28 avr. 1816, art. 36; 25 juin 1841, art. 17). Les quantités de spiritueux fabriquées ou préparées sont constatées au moyen de l'exercice.

D. — Contraventions. — Pénalités (R. 150; S. v° *Vins et boissons*, 111, 114 et s., 130 et s.).

37. Pour constater les contraventions aux règles relatives au droit d'entrée, les employés peuvent visiter les voitures de transport en commun et les voitures de charge. Sauf dans les villes où il existe un octroi, les voitures particulières suspendues et les personnes seules entrant dans le lieu sujet sont exemptes de cette visite; mais elles peuvent, en cas de soupçon de fraude, être conduites devant un officier de police ou devant le maire pour y être visitées s'il y a lieu (L. 28 avr. 1816, art. 44).

38. Les contraventions au droit d'entrée sont punies de la confiscation des boissons et d'une amende de 100 à 200 francs, et, dans le cas de fraude par voiture particulière suspendue dans une localité n'ayant pas d'octroi, d'une amende de 1 000 francs (L. 28 avr. 1816, art. 46; 29 mars 1832, art. 8; 24 mai 1834, art. 9). — Lorsqu'il y a fraude par *escalade* (c'est-à-dire en faisant passer les boissons par-dessus les murs du lieu sujet, quel que soit le moyen employé), par *souterrain* ou *à main armée*, les contrevenants sont passibles d'une peine correctionnelle de six mois d'emprisonnement, outre l'amende et la confiscation (L. 28 avr. 1816, art. 46, § 2). — Les contrevenants arrêtés sont retenus jusqu'à la décision de l'autorité judiciaire. — En outre, en cas de fraude dissimulée sous vêtements ou au moyen d'engins disposés pour l'introduction de spiritueux dans un lieu sujet, ou leur transport dans un rayon de un myriamètre pour les villes de 100 000 âmes et au-dessus, et de 5 kilomètres pour les villes de moins de 100 000 âmes, à partir des limites de l'octroi, la peine est l'emprisonnement de six jours à six mois (L. 21 juin 1873, art. 12, D. P. 73. 4. 88). Cette peine se cumule avec la confiscation et l'amende prévues par l'art. 6 de la même loi. La même peine est applicable aux complices de la fraude, c'est-à-dire : 1° à tous ceux qui ont concouru, organisé ou sciemment procuré les moyens ayant servi à la commettre; 2° à ceux qui, soit à l'intérieur du lieu sujet, soit à l'extérieur, dans les limites du rayon prohibé, ont formé ou sciemment laissé former dans leurs propriétés ou dans les locaux tenus par eux à location, des dépôts clandestins destinés à opérer le vidage ou le remplissage des engins de fraude (art. 12 précité).

39. Les transporteurs sont, en principe, pénalement responsables des contraventions en matière d'entrée, sauf à eux à invoquer l'immunité spécifiée à l'art. 13 de la loi du 21 juin 1873 (V. *suprà*, n° 27).

§ 3. — *Droit de consommation* (R. 386 et s.; S. v° *Vins et boissons*, 198 et s.).

40. Le droit de consommation est spécial aux liquides alcooliques; il frappe non seulement les spiritueux destinés à la consommation de bouche, mais les autres liquides alcooliques non dénommés (L. 29 déc. 1900, art. 1er, § 5). Il frappe également, d'après des règles spéciales (V. *infrà*, n°s 45 et s.), les vins alcoolisés, les vermouts et les vins de liqueur ou d'imitation, les vins de raisins secs et les raisins secs à boisson, les essences alcooliques de fruits, tous les liquides alcooliques provenant de la fermentation des raisins secs avec les produits spécifiés en l'art. 9 de la loi du 26 juill. 1890, l'alcool méthylique non consommable. — Il comprend, pour les spiritueux, le droit de circulation, et devient exigible dès que les boissons sont enlevées ou déplacées (L. 1816, art. 87).

41. Perçu sur l'alcool pur contenu dans les liquides alcooliques, le droit de consommation est taxé en raison de la richesse alcoolique de ces liqueurs, sur le pied de 220 francs par hectolitre d'alcool pur. — Sauf pour les petites quantités, qui bénéficient des tolérances administratives, toute quantité de spiritueux enlevée ou déplacée, en cercles ou en bouteilles, est imposée, et la quantité d'alcool pur déterminée en centilitres.

42. Le droit de consommation comporte certaines exemptions. Ainsi, sont affranchis du droit : les spiritueux transportés par une personne non soumise à l'exercice d'une cave lui appartenant à une autre lui appartenant également (L. 1816, art. 90) ; ... les spiritueux que des bouilleurs de cru transportent de leur brûlerie dans leurs caves et magasins (L. 1816, art. 90, § 2) et, jusqu'à concurrence de la quantité qui leur est allouée en franchise pour consommation familiale, de leur brûlerie à leur domicile (L. 31 mars 1903, art. 19 ; V. infrà, n° 97) ; ... les alcools destinés à être transformés en vinaigre (L. 17 juill. 1875, art. 6) ; ... les préparations pharmaceutiques ayant exclusivement le caractère de médicaments ; ... les vins alcoolisés et spiritueux exportés à l'étranger ou aux colonies (L. 1816, art. 87, § 2) ; ... les spiritueux embarqués pour l'avitaillement des navires de l'Etat, la grande pêche, l'étranger ou les colonies.

43. Le droit de consommation est payé à l'enlèvement pour les spiritueux destinés aux simples consommateurs établis dans les localités qui ne sont pas sujettes au droit d'entrée et n'ont pas de taxe d'octroi sur l'alcool. Sur les spiritueux expédiés sous acquit-à-caution aux débitants et sur ceux qui sont expédiés aux consommateurs dans les localités ayant plus de 4000 âmes de population agglomérée ou pourvues d'un octroi, le droit est exigible au moment de l'introduction. Dans les localités de moins de 4000 habitants et n'ayant pas d'octroi, il doit être acquitté dans les quinze jours qui suivent l'expiration du délai fixé pour le transport. Pour les débitants qui vendent accidentellement des boissons les jours de fête ou de foire, le droit est exigible immédiatement (L. 29 déc. 1900, art. 4).

44. La constatation du degré alcoolique des spiritueux pour la perception du droit de consommation, ou dans les transactions privées, ne peut être faite qu'au moyen de l'alcoomètre centésimal de Gay-Lussac; elle doit être opérée à la température de 15 degrés (L. 7 juill. 1881, D. P. 82. 4. 6; 28 juill. 1883, D. P. 83. 4. 95). Les règles suivant lesquelles il doit y être procédé, la vérification des alcoomètres et thermomètres dont la possession est obligatoire pour tous les patentés faisant le commerce des alcools en gros et demi-gros (L. 1881, art. 3), sont déterminées par un décret du 27 déc. 1884 (D. P. 85. 4. 78) ; les contraventions ce décret sont punies des peines portées par l'art. 479 c. pén. (L. 1881, art. 5).

Art. 3. — Vins soumis à des régimes spéciaux.

45. Certaines boissons, tout en ne rentrant pas dans la définition du vin donnée par la loi (V. suprà, n° 6), reçoivent cette dénomination dans l'usage. Ces boissons sont soumises à des régimes spéciaux. S'il s'élève une contestation sur la nature d'une boisson présentée comme vin, la difficulté doit être soumise aux commissaires experts institués par l'art. 19 de la loi du 27 juill. 1822 et par la loi du 7 mai 1881 (L. 43 avr. 1898, art. 21, § 4, D. P. 98. 4. 111). La décision de ces experts a le caractère définitif d'une sentence arbitrale, et ils sont seuls compétents pour trancher le différend; les tribunaux ne peuvent, sur ce point spécial, résoudre le litige par leurs propres lumières, et sont

tenus de recourir à la commission d'expertise (Civ. c. 15 avr. 1899, D. P. 1901. 1. 245).

46. Les *vins vinés ou alcoolisés* sont ceux dont la force est supérieure à 15 degrés (L. 1er sept. 1871, art. 3, D. P. 71. 4. 78). Le vinage ou alcoolisation des vins est interdit, sauf pour les vins de liqueur et ceux qui sont destinés à l'exportation (L. 24 juill. 1894, art. 2, § 1er, D. P. 94. 4. 105; Décr. 19 avr. 1898). Entre 15 et 21 degrés de force alcoolique, ces vins sont traités comme vins et payent : 1° le droit de circulation ; 2° le double droit sur l'alcool, pour la quantité d'alcool comprise entre 15 et 21 degrés. — Les vins titrant plus de 21 degrés sont soumis pour leur quantité totale au droit sur l'alcool (L. 1er sept. 1871, art. 3). — Un régime de faveur est accordé aux vins qui sont connus comme titrant naturellement de 15 à 18 degrés (L. 2 août 1872, art. 3; Circ. min. 19 sept. 1872, n° 67). Cette disposition ne peut s'appliquer qu'à certains vins des Pyrénées-Orientales. — Les vins alcoolisés pour l'exportation sont affranchis du double droit sur l'alcool, sous la condition que l'alcoolisation soit effectuée au lieu de sortie ou d'embarquement (Décr. 17 mars 1852, art. 21, § 4, D. P. 52. 4. 72).

47. Les *vermouts et autres vins apéritifs* et *vins de liqueur ou d'imitation* sont imposés pour leur force alcoolique totale avec un minimum de perception de 16 degrés pour les vermouts et de 15 degrés pour les vins de liqueur ou d'imitation; ils sont passibles des demi-droits de consommation d'entrée et d'octroi jusqu'à 15 degrés, droits pleins au-dessus de 15 degrés (L. 13 avr. 1898, art. 21, § 1er). L'alcool employé à leur fabrication est déchargé, les frais de surveillance de la Régie sont à la charge des fabricants (L. 1898, art. 21, § 2 et 3).

48. On entend par *vins doux naturels* des vins d'une richesse alcoolique naturelle d'au moins 14 degrés, mais dont on arrête la fermentation par le *mutage*, opération qui consiste dans l'addition d'une certaine quantité d'alcool. Leur fabrication doit être précédée d'une déclaration faite six ou dix jours à l'avance, selon qu'il existe ou non un poste d'employés de la Régie dans la commune. Le mutage opéré chez les viticulteurs en présence du service donne droit à décharge du demi-droit de consommation sur l'alcool employé (L. 13 avr. 1898, art. 22, § 2). Ces vins supportent les droits généraux et locaux applicables aux vins proprement dits, y compris les doubles droits applicables à l'alcool de surface au delà de 15 degrés, les frais de surveillance et les droits de circulation avec désignation sur l'expédition. — Le droit de vins naturels leur est appliqué par opposition aux *mistelles* ou produits obtenus par le versement d'alcool sur le moût de raisins frais non fermenté, et dont la richesse totale alcoolique est fournie par l'alcool ajouté.

49. La fabrication commerciale des *vins de raisins secs* ou autres vins artificiels, dans la composition desquels entre l'alcool, est soumise à un régime spécial, réglé principalement par la loi du 26 juill. 1890 (D. P. 90. 4. 129), la loi du 6 août 1897 (art. 2 et 3) et le décret du 7 oct. 1890 (art. 9 à 20). — Ces vins supportent les droits sur l'alcool (droits de consommation et d'entrée) pour la richesse alcoolique totale acquise ou en puissance (L. 6 avr. 1897, art. 1er, D. P. 97. 4. 47) et un droit de fabrication variant suivant leur richesse alcoolique (L. 1890, art. 1er; 11 janv. 1892, art. 12). Ils sont soumis aux mêmes formalités à la circulation que les spiritueux. Enfin, ils ne peuvent être mis en vente que sous leur désignation, laquelle doit figurer sur les récipients, livres, factures, etc. ; les titres de mouvement qui doivent les accompagner sont de couleur spéciale (L. 14 août 1889, art. 3). Cette prescription est sanctionnée par une amende de 25 à 500 francs, un

emprisonnement de dix jours à trois mois, et, si le tribunal l'ordonne, l'affichage du jugement. — Les sanctions pénales, en cette matière, sont celles qu'édictent les art. 6 de la loi du 14 août 1889, 10 de la loi du 26 juill. 1890, et 4 de la loi du 6 avr. 1897.

50. En outre, les raisins secs à boisson sont grevés d'un droit de circulation de 6 francs par 100 kilogrammes, s'ils sont à destination des particuliers pour leur consommation de famille, droit qui peut être garanti au moyen d'un acquit-à-caution ; ceux qui sont destinés à la fabrication industrielle du vin ne peuvent circuler qu'en vertu d'acquits-à-caution garantissant le payement du droit général de consommation à raison de 30 litres d'alcool par 100 kilogrammes (L. 6 avr. 1897, art. 2) et, suivant les prétentions de la Régie, du droit de fabrication et du droit d'octroi (Circ. min. 12 août 1897, n° 226). Les contraventions à l'art. 2 de la loi de 1897 sont punies des peines portées à l'art. 1er de la loi du 28 fév. 1872, sauf l'application de l'art. 463 c. pén. sur les circonstances atténuantes (L. 6 avr. 1897, art. 5). — Les raisins secs, de même que les vins de raisins secs, ne sont pas sujets au droit d'entrée (L. 29 déc. 1900, art. 1er, § 1er). — Les raisins secs de table ou de pâtisserie sont exempts des droits et formalités qui précèdent.

51. Les *vins de marc* et les *vins de sucre*, les *cidres* et *boissons de cidre* ayant un degré alcoolique supérieur à trois degrés, et les *poirés* produits autrement que par la fermentation des pommes et poires fraîches, de l'eau sucrage, ou sucrage, ne peuvent être fabriqués ni circuler en vue de la vente, et leur détention à un titre quelconque est interdite à tout négociant entrepositaire ou débitant, si ce n'est pour la consommation familiale. Les boissons de marc, dites *piquettes*, provenant de l'épuisement des marcs dans l'eau, sans addition d'alcool, de sucre ou de matières sucrées, peuvent circuler à destination des particuliers pour la consommation familiale, moyennant un droit de circulation d'un franc par hectolitre (L. 6 avr. 1897, art. 7). Les infractions à ces dispositions sont punies des peines portées à l'art. 1er de la loi du 28 fév. 1872 (L. 1897, art. 4).

Art. 4. — Alcools dénaturés.

52. Les *alcools dénaturés* de manière à ne pouvoir être consommés comme boisson échappent aux droits d'entrée et de consommation et sont simplement soumis à un *droit de statistique* de 25 centimes par hectolitre d'alcool (L. 24 juill. 1843, art. 1er, § 2; 2 août 1872, art. 4; 6 avr. 1897, art. 1er, D. P. 98. 4. 27; 29 déc. 1900, art. 15). Ils ne peuvent être grevés d'aucune taxe d'octroi (L. 31 mars 1903, art. 28). Mais ce régime exceptionnel est subordonné ... à une autorisation personnelle délivrée annuellement aux dénaturateurs et vendeurs par la Régie (L. 16 déc. 1897, art. 1er, § 1er; L. 1897, art. 1er, 31 et s., D. P. 1900. 4. 5) ; ... à l'inscription régulière de leurs opérations, de leurs réceptions et livraisons sur des registres dont la tenue leur est imposée (L. 1897, art. 4; Décr. 1898, art. 22) ; ... à la dénaturation des alcools d'après les procédés fixés par le ministre des Finances avec les dénaturants fournis par l'Etat, sauf dispense accordée par le ministre des Finances sur l'avis du comité consultatif des arts et manufactures (L. 1897, art. 3; Décr. 1er juin 1898, art. 8) ; ... à la condition que les alcools reçoivent la destination en vue de laquelle ils ont été dénaturés. Lorsque ces conditions ne sont pas remplies, les alcools restent soumis aux droits d'entrée et de consommation. — Dans les industries où, au cours des manipulations, l'alcool disparaît ou est transformé, les industriels peuvent être affranchis de la tenue des registres mentionnés ci-dessus moyennant l'engagement de supporter les frais de la surveillance des employés de la Régie (L. 1897, art. 4).

53. La loi du 16 déc. 1897 (art. 5) assimile à l'alcool ordinaire, ou alcool éthylique, les alcools méthyliques ou *esprits de bois*, qui peuvent être aujourd'hui produits à un état de pureté suffisant pour être employés non seulement à la préparation de certains produits pharmaceutiques et de parfumerie, mais encore à la fabrication de diverses boissons spiritueuses. Ces alcools et les autres alcools analogues ne sont exempts de droits qu'autant qu'ils sont impropres à la consommation comme boissons en nature ou après mélange, c'est-à-dire qu'autant qu'ils renferment au moins 5 pour cent d'acétone et 3 pour cent d'impuretés pyrogénées (Circ. min. 1er sept. 1900, no 413; Décis. comité consult. des arts et manuf. 14 mars 1900). L'alcool méthylique consommable n'est admis au bénéfice de la franchise qu'autant qu'il est employé à des usages industriels dans les conditions déterminées par le décret du 16 août 1900.

54. Les contraventions aux dispositions de la loi du 16 déc. 1897 et du décret du 1er juin 1898 sont punies d'une amende de 500 à 5000 francs, qui est doublée en cas de récidive, avec la confiscation des appareils et liquides saisis et sans préjudice du payement des droits fraudés. De plus, pour les contraventions consistant dans la revivification, la tentative de revivification d'alcools dénaturés, les manœuvres ayant pour objet soit de détourner les alcools dénaturés ou présentés à la dénaturation, soit de faire accepter à la dénaturation des alcools déjà dénaturés, dans la vente ou détention de spiritueux préparés avec des alcools dénaturés ou des mélanges d'alcool éthylique et méthylique, l'amende est de 5000 à 10000 francs, à laquelle s'ajoute un emprisonnement de 6 jours à 6 mois. — Les mêmes peines sont applicables aux complices (L. 1897, art. 11).

ART. 5. — DÉBITANTS DE BOISSONS (R. 164 et s.; S. vo *Vins et boissons*, 140 et s.).

§ 1er. — *Débitants de profession.*

55. Les débitants de boissons, c'est-à-dire ceux qui vendent des boissons en détail, soit à consommer sur place, soit à emporter, et dont l'art. 50 de la loi de 1816 donne l'énumération, ne sont plus astreints au droit de détail (L. 29 déc. 1900). Ils restent toutefois tenus de faire, avant de commencer leur débit, au bureau de la Régie, une déclaration de profession, indépendamment de la déclaration administrative qui leur est imposée par l'art. 2 de la loi du 17 juill. 1880 (D. P. 80. 4. 93). Cette déclaration doit faire connaître les quantités et espèces des boissons soumises aux droits qu'ils possèdent, soit à leur débit, soit ailleurs, tant pour la vente que pour leur consommation personnelle. Les débitants doivent, en outre, indiquer leur qualité par une enseigne ou bouchon (L. 1816, art. 50). — Dans certains cas, ils peuvent être astreints à fournir un cautionnement (L. 2 août 1872, art. 6, § 2 déc. 1900).

56. Dans les communes où il n'existe pas de surveillance effective et permanente aux entrées, ils sont soumis pour leurs caves, magasins et autres locaux affectés au commerce, mais non pour les locaux privés qu'ils habitent avec leur famille, aux visites et vérifications des agents de la Régie pour l'application des lois concernant les fraudes commerciales et fiscales. Ces visites peuvent avoir lieu même les dimanches et jours fériés, pendant le jour et les heures de nuit où le débit est ouvert (L. 1816, art. 56), et être aussi nombreuses que les employés de la Régie le jugent à propos, sans que ceux-ci soient tenus de se faire assister par un officier de police judiciaire ou de se

munir d'un ordre d'un employé supérieur. Le débitant est tenu d'ouvrir ses caves et magasins et d'assister à la visite, mais n'est pas obligé de prêter aux agents assistance dans leurs opérations; tout empêchement, tout trouble qu'il apporterait à la visite le rendrait passible des peines portées par l'art. 14, § 1er et 3, de la loi du 29 déc. 1900 (L. 29 déc. 1900, art. 5, § 2). — Le fait par des débitants de cacher ou dissimuler des boissons, tout au moins les spiritueux, dans leurs maisons ou ailleurs, est passible des peines prévues par les art. 7 de la loi du 2 août 1872, 1er de la loi du 28 févr. 1873 et 7 de la loi du 21 juin 1873. Ceux qui recevraient dans des locaux à leur disposition des boissons qu'ils sauraient appartenir à un débitant, marchand en gros ou un distillateur seraient passibles, comme complices du recel, des peines prévues par l'art. 9 de la loi du 21 juin 1873.

57. Les spiritueux détenus par les débitants donnent lieu à un compte, tenu comme celui des marchands en gros, et qui est destiné à constater les excédents sur les quantités entrées et révélées par acquits-à-caution (L. 29 déc. 1900, art. 6). Ces excédents sont saisissables (Circ. min. 29 déc. 1900, no 423).

58. Les débitants ne peuvent faire de ventes en gros que dans des futailles contenant au moins un hectolitre (L. 1816, art. 57) ou en paniers de 25 bouteilles, pour les vins, cidres, poirés et hydromels (Circ. min. 20 sept. 1836, no 129). Lorsqu'ils cessent leur commerce, ils doivent en faire une déclaration à la Régie et retirer leur enseigne ou bouchon; pendant trois mois, ils restent soumis à toutes les obligations imposées aux vendeurs en détail, notamment aux visites des employés de la Régie (L. 1816, art. 67). La continuation des ventes constitue une contravention.

§ 2. — *Débit de boissons par les propriétaires récoltants.*

59. La fabrication des vins, cidres ou poirés non destinés à la vente est libre dans toutes ses phases, aussi bien chez ceux qui ont acheté les vendanges ou fruits que chez les récoltants; les déclarations de fabrication ne sont exigées que des débitants, mais les récoltants qui veulent se livrer à la vente au détail de leurs boissons sont tenus à toutes les obligations imposées aux débitants de profession, déclaration énonçant les boissons en leur possession et les quantités qu'ils entendent vendre au détail, soumission à l'exercice, payement de la licence, etc. (L. 1816, art. 85; 29 déc. 1900, art. 8, § 1er). Leurs ventes doivent être limitées aux boissons de leur cru et, en principe, être opérées par eux-mêmes ou par des domestiques à leurs gages, dans des maisons à eux appartenant ou louées par bail authentique (L. 1816, art. 85; Circ. min. 30 oct. 1857, no 506). La vente en gros des boissons non déclarées pour la vente au détail reste entièrement libre.

§ 3. — *Fabrication des vins, cidres, poirés ou hydromels destinés à la vente par les non récoltants.*

60. Les non récoltants qui fabriquent en vue de la vente des vins, cidres, poirés ou hydromels doivent en faire préalablement la déclaration à la Régie, qui peut suivre les fabrications et en constater les résultats (L. 29 déc. 1900, art. 8, § 2; Circ. min. 5 mars 1901, no 436). Ils sont, en outre, soumis, suivant la nature de leurs ventes, aux obligations générales imposées soit aux débitants de profession, soit aux marchands en gros (V. *supra*, nos 55 et s., et *infra*, nos 63 et s.). Les vendanges destinées à leur fabrication peuvent être reçues sous acquit-à-caution (L. 1900, art. 8, § 3). Dans les

villes où la perception du droit de circulation sur les cidres et poirés est remplacée par un droit de circulation sur les fruits servant à les produire (V. *suprà*, no 12), les débitants sont admis à fabriquer librement ces boissons (L. 31 mars 1903, art. 30, § 1er; Circ. min. 31 mars 1903, no 518).

§ 4. — *Contraventions. — Pénalités.*

61. Les personnes qui sont convaincues de faire le commerce en détail des boissons sans déclaration préalable, ou après déclaration de 300 à 1000 francs si leur commerce se borne aux vins, cidres, poirés et hydromels, et de la confiscation des boissons. Elles peuvent, toutefois, échapper à cette dernière peine et obtenir la restitution des boissons saisies, en payant une somme de 1000 francs indépendamment de l'amende prononcée par le tribunal de répression (L. 1816, art. 95). Si le commerce a pour objet des spiritueux, l'amende est de 500 à 5000 francs (L. 28 févr. 1872, art. 1er).

62. Les autres contraventions se rapportant au commerce en détail des boissons tombent, s'il s'agit de spiritueux, sous l'application de l'art. 1er, précité, de la loi du P. 72. 4. 130); s'il s'agit de vins, cidres, poirés ou hydromels, elles sont réprimées par l'art. 7 de la loi du 21 juin 1873 (V. *supra*, no 26). Il est de même des infractions prévues par les art. 5, 6 et 8 de la loi du 29 déc. 1900, c'est-à-dire de l'opposition par les débitants aux visites et vérifications des employés de la Régie; des contraventions concernant les comptes de spiritueux; de celles commises par les propriétaires récoltants vendant en détail des boissons de leur cru, ou par des non récoltants qui fabriquent des vins, cidres, etc., en vue de la vente.

ART. 6. — MARCHANDS EN GROS (R. 296 et s.; S. vo *Vins et boissons*, 167 et s.).

63. Le commerce en gros, au sens de la législation sur les boissons, est celui qui a pour objet des boissons en quantités de 25 litres et au-dessus, tant en cercles qu'en bouteilles (Décr. 17 mars 1852, art. 16). Les marchands en gros sont, aux termes de l'art. 97 de la loi de 1816, les négociants, courtiers, facteurs, commissionnaires, commissionnaires de roulage, dépositaires, distillateurs, bouilleurs de profession ou autres qui veulent faire le commerce de boissons en gros. Les particuliers peuvent aussi être considérés comme marchands en gros à raison des boissons qu'ils reçoivent ou expédient, soit pour leur propre compte, soit pour le compte d'autrui, quand leurs expéditions et réceptions atteignent les quantités prévues par le décret de 1852 précité (L. 1816, art. 98). D'ailleurs, c'est la corrélation entre l'achat et la vente qui forme seule le négoce; ainsi le propriétaire qui vend les boissons de son cru n'est pas considéré comme marchand en gros alors qu'il en achète d'autres pour sa consommation personnelle et ne les revend pas. Il en est de même : ... des particuliers recevant accidentellement une pièce, une caisse ou un panier de vin pour le partager avec d'autres personnes, pourvu que l'expédition mentionne les noms des copartageants et la quantité destinée à chacun d'eux, on que l'expédition primitive soit échangée au bureau de la Régie contre de nouveaux titres pour la répartition du vin aux véritables destinataires (L. 1816, art. 99; Circ. c. 22 mars 1900, D. P. 1902. 1. 85); ... des personnes qui, en cas de changement de domicile, vendent des boissons qu'elles ont reçues pour leur consommation; ... des héritiers ou successeurs qui vendent les boissons dépendant de la récolte ou des provisions du défunt, pourvu que celui-ci ne fût ni marchand en gros, ni débitant, ni fabricant de boissons (L. 1816, art. 99).

64. Les marchands en gros sont tenus de déclarer les quantités, espèces et qualités des boissons dont ils sont propriétaires ou copropriétaires, tant dans le lieu de leur domicile que dans tout autre endroit, y compris celles provenant de leur récolte (L. 1816, art. 97); ... de se munir d'une licence (V. *infrà*, n° 120); ... de ranger distinctement dans leurs magasins les liqueurs, les fruits à l'eau-de-vie et les eaux-de-vie en bouteilles par degré de force alcoolique, et d'indiquer ce degré par des étiquettes apparentes (L. 26 mars 1872, art. 7). — Sous peine de saisie, ils sont tenus de représenter les expéditions, c'est-à-dire les acquits-à-caution et autres pièces équivalentes, pour toutes les boissons introduites dans leurs magasins (L. 1816, art. 100, § 1er).

65. Les boissons existant chez les marchands en gros peuvent, après avoir été reconnues conformes aux expéditions par le service de la Régie, être l'objet de transvasements, de mélanges, de coupages hors de la présence des employés (L. 1816, art. 100), ... à la condition, sauf pour les eaux-de-vie et esprits, qui peuvent être mélangés avec de l'eau sans préjudice pour la Régie ou le commerce, que les coupages et mélanges soient opérés au moyen de boissons de mêmes nature et espèce prises dans les mêmes magasins, de sorte qu'il ne puisse résulter de ces mélanges aucune augmentation de quantité. Tout excédent qui ne serait pas accompagné d'une expédition constituerait une contravention.

66. Les établissements des marchands en gros sont soumis aux exercices et vérifications des employés de la Régie, qui peuvent y procéder sur l'ordre préalable d'un employé supérieur et sans l'assistance d'un officier de police judiciaire (L. 1816, art. 97, 100, 101; 23 avr. 1836, n° 3). Ces vérifications sont contrôlées au moyen des registres portatifs tenus par les employés de la Régie, et qui contiennent un compte d'entrées et de sorties dont les *charges* sont établies d'après les expéditions d'entrée des boissons en magasin, et les *décharges* d'après les expéditions de sortie. Les excédents reconnus et non justifiés constituent une contravention passible d'amende et de confiscation (L. 29 déc. 1900, art. 7, § 2).

67. Les vérifications sont de deux sortes : 1° à la fin de chaque trimestre, pour procéder au recensement des boissons en magasin, c'est-à-dire constater les quantités restantes et le degré des spiritueux (L. 1816, art. 101, § 1er); 2° dans le cours du trimestre, pour s'assurer si les boissons reçues ou expédiées ont été soumises au droit de circulation ou autres droits dont elles sont passibles (L. 1816, art. 101, § 2). La Régie est libre d'y procéder aussi souvent qu'elle le juge à propos. — Les vérifications ne peuvent avoir lieu qu'entre le lever et le coucher du soleil; elles portent sur les celliers, caves, magasins et autres locaux où sont déposées des boissons non destinées à la consommation du marchand en gros (L. 1816, art. 101, § 3). Celui-ci est tenu d'accompagner ou faire accompagner les employés par un préposé ayant pouvoir de le représenter, à peine des pénalités portées par les art. 101 à 106 de la loi de 1816.

68. Dans la pratique, on procède à l'établissement du compte par voie de *recensement*. Cette opération n'est soumise à aucun mode particulier. Les agents peuvent soit recourir au mesurage et jaugeage des tonneaux et des fûts, soit se borner à recevoir la déclaration imposée aux marchands en gros par l'art. 9 de la loi du 19 juill. 1880 (D. P. 81. 4. 44), et à la contrôler. Cette déclaration doit relater fût par fût, récipient par récipient, les quantités existant en magasins et le degré des spiritueux, en spécifiant la nature exacte de chaque boisson. — En raison des causes multiples qui peuvent entraîner un écart d'appréciation entre ces déclarations et les vérifications, la loi accorde aux marchands en gros et aux fabricants de liqueurs une tolérance, en plus ou en moins, de 5 pour cent sur leurs déclarations de contenance et de degré (L. 19 juill. 1880, art. 10). Cette tolérance s'applique, d'ailleurs, exclusivement aux déclarations prescrites par l'art. 9 de la loi de 1880, et non aux excédents que révèle la comparaison de la balance des registres portatifs des employés de la Régie avec les quantités dont l'existence en magasin est reconnue matériellement. Tout excédent constaté à la balance finale du compte donne lieu à procès-verbal (L. 29 déc. 1900, art. 7, § 2).

69. Les marchands en gros et les fabricants de liqueurs sont tenus, avant de faire usage des vaisseaux qui ont une capacité supérieure à dix hectolitres, d'en déclarer la contenance au bureau de la Régie. Cette contenance est vérifiée dans les conditions prescrites par les art. 116 et 117 de la loi de 1816. La contenance est indiquée sur chaque foudre par les soins du négociant et à ses frais (L. 19 juill. 1880, art. 5).

70. Les contraventions aux art. 8, 9 et 10 de la loi de 1880 sont passibles, indépendamment de la confiscation des boissons saisies, d'une amende de 200 à 1000 francs, s'il s'agit de vins, cidres, poirés ou hydromels, et de 500 à 5000 francs s'il s'agit de spiritueux (L. 1880, art. 11).

71. La loi admet, pour le règlement des comptes des marchands en gros : 1° des déductions pour coulage de route; 2° une tolérance de 1 pour cent sur la contenance ou le degré pour les déclarations d'expédition des spiritueux; 3° une tolérance de 5 pour cent sur les déclarations (V. *suprà*, n° 19); 4° une déduction pour *ouillage, coulage, soutirage, affaiblissement de degré et autres déchets* (L. 1816, art. 103). Cette déduction, qui doit couvrir tous les manquants pour quelque cause que ce soit, varie suivant la nature des boissons. Pour les vins, elle est de 8, 7 ou 6 pour cent, suivant la classe dans laquelle le département est rangé (tableaux 1 et 2 annexés à l'ordonnance du 21 déc. 1838); pour les cidres, poirés et hydromels, elle est invariablement de 7 pour cent (Ord. précitée, art. 1er); pour les spiritueux, elle est de 7 pour cent lorsqu'ils sont logés dans des fûts en bois (Décr. 4 déc. 1872, D. P. 73. 4. 16), et de 3 pour cent lorsqu'ils sont logés dans tous autres récipients (L. 16 déc. 1897, art. 10, § 1er, D. P. 98. 4. 27; Décr. 29 nov. 1898, art. 5). — Les industriels (liquoristes, parfumeurs) qui transforment l'alcool en spiritueux composés, étant exposés à subir des déperditions plus importantes que les autres entrepositaires, ont droit à un supplément de déduction dans la limite de 3 pour cent des quantités d'alcool afférentes aux produits fabriqués dans l'intervalle de deux recensements (L. 16 déc. 1897, art. 10, § 2 à 5; Décr. 29 nov. 1898, art. 6).

72. Les diverses déductions dont il vient d'être parlé une fois faites, les quantités de boissons prises en charge au compte des marchands en gros et autres entrepositaires, qui n'existent plus dans leurs magasins, et dont la disparition n'est pas justifiée par une expédition régulière, constituent des *manquants*. L'existence de manquants ne constitue pas le marchand en gros en contravention, mais donne lieu simplement au payement des droits afférents à la nature des boissons pour lesquelles ils sont constatés (L. 24 juin 1824, n° 3, art. 2 et 5; 28 avr. 1816, art. 31, § 1er; 29 déc. 1900, art. 7, § 1er). Ces droits, bien qu'immédiatement exigibles, ne sont définitivement acquis à la Régie, suivant une opinion, qu'au mois de décembre de chaque année, lors de l'arrêté du compte définitif du mouvement annuel de chaque marchand en gros, après compensation à cette époque. Pour les négociants qui ont droit au double taux de déduction sur l'alcool (L. 1897, art. 10; V. *suprà*, n° 71), comme utilisant à la fois des fûts en bois et d'autres récipients, les manquants ne sont réglés qu'au moment des arrêtés de fin d'année ou de clôture des comptes (Décr. 29 nov. 1898, art. 5), sauf lorsque la déduction la plus élevée (7 pour cent) est déjà absorbée (Circ. min. 6 déc. 1898, n° 311).

73. Dans les cas de force majeure, les tribunaux peuvent accorder aux redevables décharge des manquants, lorsque la force majeure est légalement établie et que l'identité des boissons détruites et des boissons à la charge des redevables est constatée. Enfin, l'Administration, à défaut d'une disposition légale, admet que la déduction dont la perte par accident est dûment constatée par des procès-verbaux administratifs doivent être passées en décharge au compte des marchands en gros ou entrepositaires, et ne viennent pas grossir les déchets en atténuation desquelles les déductions légales sont accordées.

74. Les marchands en gros sont tenus de présenter une caution solvable, s'engageant solidairement à payer les droits de régie ou d'octroi constatés à leur charge (L. 21 avr. 1882, art. 38; 2 août 1872, art. 6; Circ. min. 19 sept. 1872, n° 67). — Le cautionnement s'étend à la période annuelle complète du 1er janvier au 31 décembre, et ne peut être résilié que d'un commun accord entre la caution et la Régie, ou en cas soit de faillite, soit de liquidation judiciaire du redevable : la caution est libérée des faits postérieurs à la faillite; si elle devient insolvable, la Régie peut en exiger une nouvelle. Les règles du droit commun sont d'ailleurs applicables au cautionnement (V. *suprà*, *Cautionnement*).

75. Les marchands en gros peuvent effectuer au détail, en toute quantité et pour toute destination, des ventes de boissons de toute espèce, à la condition de se munir d'expéditions prises au bureau de la Régie, et d'avoir des magasins de détail séparés, n'ayant avec les magasins de gros et les ateliers de fabrication d'autre communication que la voie publique (L. 19 juill. 1880, art. 7, D. P. 81. 4. 44).

76. Les marchands en gros qui cessent leur commerce ne sont astreints par aucune loi à faire une *déclaration de cesser*. Lorsqu'elle est faite, cette déclaration rend immédiatement exigibles les droits sur les boissons qui restent en la possession du déclarant, et ceux qui sont applicables aux manquants résultant de l'apurement d'un compte. Elle ne peut être faite tant que le marchand conserve des boissons au delà de ce qui est nécessaire pour la consommation de sa maison (L. 1816, art. 105).

77. L'exercice du commerce en gros des boissons sans déclaration préalable, la continuation de ce commerce après une déclaration de cesser, l'exercice d'un commerce de détail concurremment avec un commerce de gros sans avoir des locaux séparés, sont passibles d'une amende de 500 à 5000 francs et de la confiscation des boissons, s'il s'agit de spiritueux; de 500 à 2000 francs, s'il s'agit de vins, cidres, poirés ou hydromels (L. 1816, art. 106; 2 août 1872, art. 7). Pour ces dernières boissons, le contrevenant peut obtenir mainlevée de la saisie en payant, indépendamment de l'amende, une somme de 2000 francs. — Les autres contraventions relatives au commerce des boissons en gros tombent sous le coup : pour les spiritueux, des art. 7 de la loi du 2 août 1872 et 1er de la loi du 28 févr. 1872; pour les vins, cidres et poirés, de la loi du 21 juin 1873, art. 7 (amende de 200 à 1000 francs et confiscation des boissons saisies). Pour les excédents de boissons, la loi applicable est celle du 29 déc. 1900, art. 7, § 2, et 14, § 1er.

ART. 7. — BRASSERIES (R. 338 et s.; S. v° *Vins et boissons*, 196 et 197).

78. Le régime fiscal des bières et brasseries est actuellement réglé par les art. 6 à 17 de la loi de finances du 30 mai 1899 (D. P. 99. 4. 77), qui ont remplacé les art. 107 à 137 de la loi de 1816, et par le décret du 30 mai 1899 (D. P. 1900. 4. 15), pris en exécution de la loi du même jour.

79. Les bières donnent lieu : au profit du Trésor, à un droit de fabrication de 0 fr. 25 par degré-hectolitre de moût et à un droit de licence ; au profit de certaines villes, à des droits d'octroi. Le droit de fabrication est exigible indépendamment de toute vente ou consommation, et grève le fabricant seul, que ce soit un brasseur de profession qui fabrique pour le commerce, ou soit un particulier, soit un établissement (collège, maison d'éducation, établissement public) qui ne fabrique que pour sa consommation. Toutefois, le droit de licence n'est exigible de ces derniers que s'ils emploient des chaudières d'une capacité supérieure à 8 hectolitres.

80. Le droit de fabrication est imposable pour toutes les espèces de bières ; mais les levains de bière exclusivement destinés à la panification, qui ne peuvent être transformés en boisson, et le produit pharmaceutique connu sous le nom de *malt français* et ayant le caractère purement médicamenteux, y échappent (Cr. r. 13 nov. 1886). L'exemption de ce droit est également acquise aux bières que les propriétaires et fermiers fabriquent pour la consommation de leur maison avec des matières provenant de leur récolte et au moyen de chaudières fixes ou mobiles, d'une contenance inférieure à 5 hectolitres (L. 30 mai 1899, art. 11 ; Décis. min. 9 févr. 1901). Ils doivent toutefois faire une déclaration verbale ou écrite préalable à chaque opération, et ne pas faire sortir les bières de la maison où elles ont été fabriquées, sauf par petites quantités, portées à bras ou à dos d'hommes, pour les besoins des ouvriers agricoles employés dans les champs (art. 11, § 2). L'exemption du droit de fabrication existe encore, sous forme de restitution de ce droit, pour les bières exportées à l'étranger ou dans les colonies françaises, pour celles qui sont extraites des fabriques avec acquit-à-caution pour être transformées en vinaigre ; enfin, pour les bières importées en France, qui supportent des droits de douane.

81. Les brasseurs de profession sont assujettis à un certain nombre d'obligations destinées à empêcher les fraudes. Ces obligations sont, d'ailleurs, également imposées aux particuliers qui fabriquent pour leur consommation avec des matières ne provenant pas de leur récolte, pendant les périodes de fabrication. Ces obligations consistent, en premier lieu, dans des déclarations, qui sont réglementées par le décret du 30 mai 1899 : déclarations ... de profession (art. 1er, § 2) ; ... de contenance de chaudières, bacs, cuves et vaisseaux à demeure (*ibid.*); ... des tuyaux, pompes, élévateurs, conduits et caniveaux (art. 5, § 4 et 6) ; ... de fabrication ou de mise de feu (art. 10, 11, 17) ; ... de scellement des appareils (art. 8, § 7, 8, 9). D'autres obligations ont trait aux chaudières, qui ne peuvent avoir une contenance inférieure à 8 hectolitres et doivent

être fixées à demeure (L. 30 mai 1899, art. 7), au numérotage, au mesurage des appareils, etc. (Décr. 30 mai 1899, art. 2 et s.), à l'apposition sur leurs établissements d'une enseigne apparente (Décr. 30 mai 1899, art. 1er). — En outre, les brasseurs sont soumis à l'exercice de jour et de nuit, même en cas d'inactivité de leurs établissements, par les employés de la Régie et des octrois, dans leurs maisons, brasseries, ateliers, magasins, caves et celliers. Ils doivent présenter et soumettre à ces visites toutes les bières qu'ils ont en leur possession, fabriquées ou simplement en cours de fabrication. Les brasseurs, toutefois, peuvent s'affranchir des visites de nuit, pendant les périodes d'inactivité, en faisant apposer des scellés sur leurs appareils, ou en adoptant un système de distillation agréé par l'Administration, ou en munissant, pendant le travail, leurs appareils de distillation d'un compteur agréé et vérifié par l'Administration (L. 30 mai 1899, art. 8, § 2, 3, 4; Décr. 30 mai 1899, art. 8 et 9). — Enfin, il ne doit y avoir aucune communication intérieure entre les brasseries et les bâtiments non occupés par le brasseur et ceux dans lesquels il se livre à la fabrication ou au commerce des substances saccharifères (L. 30 mai 1899, art. 8, § 5).

82. Les brasseurs ont avec la Régie, pour les droits constatés à leur charge, un compte ouvert qui est réglé et soldé chaque mois (Décr. 30 mai 1899, art. 22, 23) ; les droits sont recouvrés à titre de droits constatés, et payés soit en numéraire, soit en obligations cautionnées à quatre mois de date, conformément aux dispositions de la loi du 15 févr. 1875 (V. *supra*, *Douanes*, n° 51). Le contrôle de fabrication et la constatation des droits ont lieu dans les formes déterminées par les art. 12 et s. du décret de 1899.

83. Le décret du 30 mai 1899 règle encore (art. 19, 20 et 21, modifiés par les décrets du 18 avr. 1901 et 10 juill. 1903), en exécution de l'art. 14 de la loi du 30 mai 1899, les conditions auxquelles sont subordonnés l'introduction et l'emploi en brasserie des succédanés du malt (mélasses, glucoses, maltoses, maltines, sucs végétaux et autres substances sucrées analogues), les bases d'imposition des produits régulièrement employés et des manquants constatés.

84. Les excédents de fabrication constatés par les vérificateurs de la Régie, donnent lieu au payement du double droit de 25 centimes (soit 50 cent.) lorsque cet excédent est compris entre 10 et 15 pour cent de la quantité déclarée (L. 30 mai 1899, art. 9; 29 déc. 1900, art. 1er, § 2) ; ... au payement du droit de 5 francs par degré-hectolitre au-dessus de 15 et jusqu'à 20 pour cent inclusivement de cette même quantité. Enfin, un excédent de plus de 20 pour cent suppose une déclaration frauduleuse, et entraîne le payement du droit de 5 francs sur la totalité des quantités reconnues (L. 1899, art. 9). Les détournements de moûts donnent lieu à un droit de 5 francs par degré-hectolitre (L. 1899, art. 10; Décr. 1899, art. 12, 13, 18). Les contraventions aux dispositions de la loi et du décret du 30 mai 1899 sont punies d'une amende de 1000 francs, sans préjudice du payement des droits fraudés, avec faculté pour le tribunal d'admettre le bénéfice des circonstances atténuantes (L. 1899, art. 8 § 3 et 4). L'emploi d'appareils clandestins, l'existence de tuyaux ou conduits dissimulés et non déclarés, sont réprimés par une amende de 3000 à 10000 francs, sans que le bénéfice des circonstances atténuantes puisse être accordé ; en cas de récidive, l'amende est doublée et l'usine peut être fermée (L. 30 mai 1899, art. 16, § 1 et 2).

ART. 8. — DISTILLERIES (S. v° *Vins et boissons*, 209 et 210).

§ 1er. — Règles générales. — Législation.

85. En général, on appelle *distillateurs* ou *bouilleurs* tous ceux qui distillent des substances susceptibles de produire de l'alcool; mais on applique, dans un sens plus restreint, l'appellation de *distillateurs* à ceux qui opèrent sur les betteraves, les mélasses, les grains, les pommes de terre et autres substances farineuses ou sucrées, celle de *bouilleurs* à ceux qui distillent des vins, cidres, poirés, marcs, lies et fruits. On distingue encore les *distillateurs* ou *bouilleurs de profession*, c'est-à-dire ceux qui distillent pour leur propre compte, ou pour le compte des propriétaires, le produit des récoltes d'autrui, des *bouilleurs de cru*, c'est-à-dire de ceux qui distillent les vins, cidres, etc., provenant de leur récolte.

86. La législation des distilleries est contenue dans les art. 138 à 143 de la loi du 28 avr. 1816, complétée par les art. 8, 9 et 10 de la loi du 20 juill. 1837 et par des règlements d'administration publique pris en exécution de l'art. 3 de la loi du 21 mars 1874, à savoir : le décret du 18 sept. 1879 (D. P. 80. 4. 68), dit règlement A ; le décret du 19 sept. 1879 (D. P. 80. 4. 70), dit règlement A *bis* ; et le décret du 15 avr. 1881 (D. P. 81. 4. 118), dit règlement B. — Le premier de ces décrets concerne les distilleries industrielles, dans lesquelles l'Administration juge utile d'établir un service de surveillance permanente de jour et de nuit, pendant toute la durée des travaux : ce sont celles qui rectifient soit des flegmes, soit des esprits imparfaits fabriqués dans d'autres établissements, ou qui, mettant en œuvre des matières autres que des vins, cidres, poirés, marcs et fruits, obtiennent par de simples distillations des produits propres à être livrés directement à la consommation. Le décret du 19 sept. 1879 est relatif aux distilleries agricoles, c'est-à-dire à celles qui mettent en œuvre des matières autres que des vins, cidres, poirés, lies, marcs et fruits, qui ne reçoivent aucune quantité de spiritueux du dehors, et ne produisent que des flegmes expédiés soit en totalité chez les rectificateurs, soit, à titre de tolérance, en totalité ou en partie chez des dénaturateurs. Le décret du 15 avr. 1881 s'applique : 1° aux distilleries de vins, cidres, poirés, lies, marcs, fruits qui ne se trouvent pas dans les conditions voulues pour jouir de l'exemption accordée aux bouilleurs de cru; 2° aux distilleries industrielles qui ne sont pas régies par le décret du 18 sept. 1879, c'est-à-dire à celles qui, mettant en œuvre des produits autres que les vins, cidres, etc., ou recevant des esprits du dehors, obtiennent par de simples distillations ou par des opérations de rectification des produits propres à être livrés directement à la consommation, et qui ne sont pas soumises à une surveillance permanente ; 3° aux distilleries ambulantes.

§ 2. — Distillateurs de profession.

87. Les distillateurs de profession sont, en premier lieu, au point de vue des déclarations de profession, de la prestation de caution, de la licence, de la représentation des expéditions, de la soumission à l'exercice, astreints à toutes les obligations imposées aux marchands en gros (L. 1816, art. 139, 141; 20 juill. 1837, art. 9 et 10; Régl. A, art. 23; Règl. A *bis*, art. 17; Régl. B, art. 15 à 19; 29 déc. 1900, art. 9, § 2; 31 mars 1903, art. 18). Ils sont, en outre, soumis à des déclarations relatives aux alambics et autres appareils propres à la distillation (V. *infra*, n°s 108 et s.) et à des déclarations de fabrication déterminées par l'art. 9, § 2, de la loi du 29 déc. 1900, et l'art. 18 de la loi du 31 mars 1903. — Les délais dans lesquels doivent être faites les déclarations tant de profession, avant chaque campagne, que de fabrication, sont déterminés par le décret du 18 janv. 1901.

88. Les obligations particulières imposées aux distillateurs ou bouilleurs de profession, selon qu'ils appartiennent à telle ou telle classe, sont déterminées par les règlements des 18 et 19 sept. 1879 et 15 avr. 1881.

89. Les visites et vérifications des employés de la Régie et des employés d'octroi (L. 30 mai 1899, art. 8, § 1er), ne sont pas subordonnées à l'assistance d'un officier de police judiciaire ni à l'ordre préalable d'un employé supérieur ; elles peuvent avoir lieu de jour et de nuit, même en cas d'inactivité des établissements (L. 30 mai 1899, art. 8, § 1er). Néanmoins, pendant les périodes d'inactivité, le distillateur peut s'affranchir des visites de nuit sous certaines conditions (L. 30 mai 1899, art. 8, § 2, 3, 4; Décr. 10 août 1899, art. 1 et s., D. P. 1900. 4. 21). Les obligations des distillateurs, relativement aux visites et vérifications, sont sensiblement les mêmes que celles que doivent remplir les marchands en gros (L. 28 avr. 1816, art. 125; 30 mai 1899, art. 7, § 1er). — Nulle communication ne doit exister entre les ateliers de distillation et les bâtiments voisins (V. *suprà*, n° 81.)

90. Les directeurs de la Régie sont autorisés à convenir de gré à gré, avec les bouilleurs proprement dits, d'une base de conversion en alcool pour les vins, cidres, poirés, marcs ou fruits (L. 1816, art. 142). Cette base, établie après que la Régie a fait procéder à des essais, s'applique exclusivement aux matières pour lesquelles a été convenue, déjà prises en charge, et doit être renouvelée pour chaque quantité de matières ou de boissons nouvellement introduites.

91. Les pénalités applicables aux infractions en matière de distillerie consistent dans une amende de 500 à 5 000 francs et la confiscation des boissons saisies. Sont frappées de ces peines les contraventions se rapportant à la distillation, les contraventions aux dispositions des règlements d'administration publique sur les distilleries (L. 21 mars 1874, art. 3); le recel par un tiers de spiritueux appartenant à un distillateur ou bouilleur (L. 21 juin 1873, art. 9); la fraude sous vêtement ou au moyen d'engins prohibés; les fraudes commises à l'aide de souterrains ou de tout autre mode d'adduction ou de transport dissimulé de l'alcool. Ces deux dernières contraventions sont, en outre, punies d'un emprisonnement de six jours à six mois (L. 21 juin 1873, art. 6, § 1er). Enfin, l'inobservation des prescriptions des art. 9, 2, de la loi du 29 déc. 1900, de l'art. 18 de la loi du 31 mars 1903, est punie des peines prononcées par les art. 14, § 2 et 3, de la loi du 29 déc. 1900, et 26 de la loi du 31 mars 1903.

§ 3. — *Bouilleurs de cru.*

92. Le bouilleur de cru est le propriétaire fermier ou métayer qui distille les vins, cidres, poirés, marcs, cerises, prunes et prunelles provenant exclusivement de sa récolte (L. 20 juill. 1837, art. 10; 10 août 1839, art. 15). Ainsi, n'est pas bouilleur de cru celui qui distille des matières autres que celles qui viennent d'être énumérées (grains, pommes de terre, etc.), même provenant de sa récolte, ni celui qui distille des matières d'achat ou les ajoute à celles qui proviennent de sa récolte. Par propriétaire, fermier ou métayer, il faut entendre celui qui a la jouissance de la récolte d'un domaine, tel qu'un usufruitier ou un colon partiaire.

93. Les bouilleurs de cru sont soumis à un régime spécial, qui a été modifié à plusieurs reprises. Le privilège qui en résul-

tait à leur profit a été soumis en dernier lieu à d'importantes restrictions, notamment par la loi de finances du 31 mars 1903 (D. P. 1903. 4. 17). Plusieurs dispositions de cette loi ont, d'ailleurs, été modifiées par la loi du 22 avr. 1905, fixant le budget de l'exercice 1905. D'autres modifications plus importantes y sont apportées par le projet de loi, actuellement en discussion, sur le régime des boissons.

94. Le privilège de bouilleur de cru consistait, d'après la législation antérieure à la loi du 31 mars 1903, dans la dispense des formalités auxquelles sont soumis les producteurs d'alcool, d'où découlait implicitement pour eux la faculté de consommer sur place, sans payement des droits, les eaux-de-vie de leur fabrication. La loi de 1903 ne conserve ce privilège qu'aux récoltants qui ne cultivent pas une superficie de vignes ou un nombre d'arbres fruitiers susceptibles de produire plus de 50 litres d'alcool pur (art. 21). Les autres sont soumis au contrôle de leurs opérations, et, sauf certaines allocations en franchise, sont tenus au payement ou à la garantie des droits sur les produits par eux fabriqués.

95. Le privilège des bouilleurs de cru est refusé à ceux qui, quelle que soit leur capacité de production, dans le rayon de franchise déterminé par l'art. 20 du décret du 17 mars 1852, exercent par eux-mêmes, ou par l'intermédiaire d'associés, la profession de débitant ou de marchand en gros de boissons (L. 29 déc. 1900, art. 10, § 1er); ... pour toute la durée de la campagne en cours et la campagne de l'année suivante, aux bouilleurs de cru convaincus d'avoir enlevé ou laissé enlever de chez eux des spiritueux sans expédition ou avec expédition inapplicable (indépendamment des peines principales) (L. 1900, art. 10, § 4), cette dernière disposition n'étant pas applicable à ceux qui font usage d'alambics ambulants d'une contenance supérieure à 5 hectolitres (L. 1900, art. 10, § 3); ... aux bouilleurs qui ajoutent aux matières premières provenant de leur récolte des produits susceptibles d'en augmenter la teneur en alcool (Décr. 19 août 1903, art. 1er); ... aux bouilleurs qui reçoivent du dehors des matières premières de la nature de celles qu'ils veulent distiller, à moins qu'ils ne déclarent, avant de commencer les travaux, la quantité de ces matières en leur possession et ne prennent l'engagement de les représenter à toute réquisition du service jusqu'à l'achèvement de la distillation. Les bouilleurs rentrant dans ces catégories sont soumis au régime des bouilleurs de profession, et les dispositions du règlement B (V. *suprà*, n° 87) leur sont applicables (Décr. 19 août 1903, art. 1er). Il en était de même, aux termes de l'art. 10, § 2, de la loi du 29 déc. 1900, des bouilleurs de cru qui font usage soit d'appareils à marche continue, pouvant distiller par vingt-quatre heures plus de 200 litres de liquide fermenté, soit d'appareils chauffés à la vapeur, soit d'alambics ordinaires dont la contenance totale est supérieure à 5 hectolitres ; mais cette disposition a été abrogée par la loi du 22 avr. 1905 (art. 16).

96. Les bouilleurs de cru qui ne rentrent dans aucune des catégories qui précèdent, peuvent procéder aux fabrications soit à leur domicile, soit dans d'autres locaux ou emplacements désignés par elle (L. 31 mars 1903, art. 20, § 1er), soit enfin dans les locaux ou sur les emplacements que la Régie désigne elle-même dans chaque commune, après avis du conseil municipal, avec indication des jours et heures où la distillation pourra s'effectuer (L. 22 avr. 1905, art. 12). Ceux dont la récolte est susceptible de produire plus de 50 litres d'alcool pur sont soumis à une prise en charge provisoire avant toute fabrication,

d'après le volume des matières premières qu'ils ont déclaré vouloir mettre en distillation et suivant leur rendement minimum présumé en alcool (Décr. 19 août 1903, art. 2 à 6). Les employés peuvent, entre le moment où est reçue la déclaration de fabrication et celui où il est procédé à l'inventaire prévu par l'art. 19 de la loi du 31 mars 1903, effectuer des vérifications aux jours et heures pendant lesquels la brûlerie aura à déclaré que la brûlerie sera en activité, tant dans ses ateliers que dans les locaux où il existe des matières destinées à la fabrication, ou des spiritueux fabriqués (Décr. 19 août 1903, art. 7). Le bouilleur doit y assister ou se faire représenter par un délégué. — Un compte de fabrication est tenu dans les conditions spécifiées par l'art. 11, § 1er et 9, § 1er, du décret de 1903. La balance de ce compte, destinée à déterminer la quantité d'alcool dont le bouilleur doit définitivement rendre compte, et qui doit être soumise à l'impôt, est établie dans les conditions fixées par l'art. 10 du décret du 19 août 1903, au moment de l'inventaire qui suit la fabrication.

97. Que la distillation ait lieu à domicile ou que les eaux-de-vie fabriquées au dehors y aient été ramenées au moyen d'un acquit-à-caution, les producteurs ont la faculté soit d'acquitter immédiatement l'impôt sur les quantités d'alcool en leur possession, soit de demander l'ouverture d'un compte d'entrepôt (L. 31 mars 1903, art. 19, § 1er). Dans le premier cas, les droits sont immédiatement liquidés, déduction faite, s'il y a lieu, de l'allocation en franchise de 10 pour cent sur le produit de la campagne avec un minimum de 20 litres d'alcool pur (même art., § 2). Dans le second cas, le compte d'entrepôt est ouvert et chargé des quantités reconnues exister au jour de l'inventaire ; il est déchargé des quantités expédiées en vertu de titres de mouvement réguliers. Le compte est réglé par campagne. Tout manquant après défalcation de la déduction légale ordinaire de 7 pour cent (V. *suprà*, n° 71), et, s'il y a lieu, de l'allocation de la franchise, est immédiatement imposable (art. 19, § 3); il en est de même des manquants existant, défalcation faite des déductions ordinaires pour déchets, au moment où la fabrication commence pour la campagne suivante, et constatés lors du récolement qui sert de déclaration de fabrication (même art., § 3; Décr. 19 août 1903, art. 12). — L'allocation prévue par l'art. 19, § 2 et 3, précité, est accordée en franchise, à titre définitif, sans qu'elle puisse être, en tout ou en partie, reprise en charge lors d'une distillation ultérieure (L. 22 avr. 1905, art. 15).

98. Le fait que les bouilleurs de cru d'être détenteurs, avec le crédit des droits, d'esprits ou d'eaux-de-vie pris en charge à leur compte, ne donne d'une manière permanente au service l'accès de leur domicile ni des locaux où sont enfermés ces produits ; cet accès n'est ouvert que pour l'inventaire et le récolement (L. 31 mars 1903, art. 19, § 3).

99. Les allocations en franchise ne sont pas faites au profit des bouilleurs de cru assimilés aux bouilleurs de profession (V. *suprà*, n° 95). Elles ne sont pas non plus accordées pour le stock d'alcool existant au moment de la première fabrication et que le bouilleur est tenu de déclarer; ce stock acquitte immédiatement les droits ou donne lieu à l'ouverture d'un compte, sauf pour les quantités à l'égard desquelles le bouilleur justifie du payement des droits (L. 31 mars 1903, art. 20, § 2).

100. Les distillations à domicile avec des alambics ambulants sont soumises à une déclaration de fabrication, qui peut être faite par le loueur d'alambic muni d'un pouvoir du bouilleur; le délai est réduit à trois jours pour le premier bouilleur de la commune chez lequel il est fait usage de l'alambic, et à deux heures pour ceux qui suivent (Décr. 19 août 1903, art. 13, § 3). Les bouilleurs doivent représenter au service un extrait du cahier-journal du loueur, qui leur est remis par ce dernier (L. 29 déc. 1900, art. 11 ; 31 mars 1903, art. 16), et sont soumis aux visites et vérification du service (Décr. 19 août 1903, art. 7). — Les quantités d'alcool qui doivent servir de base à la liquidation des droits sont déterminées conformément à l'art. 10 du décret du 19 août 1903 (V. ce décret, art. 13, § 5).

101. Les conditions dans lesquelles les bouilleurs de cru peuvent faire distiller hors de leur domicile, dans des locaux et sur des emplacements publics ou privés agréés par l'Administration, sont réglées : ... quant à l'établissement des ateliers de distillation, par les art. 13 et 14 du décret du 19 août 1903 (V. L. 31 mars 1903, art. 20) ; ... quant aux obligations des récoltants, par les art. 15, 16, § 1 et 2, du même décret ; ... quant aux obligations des exploitants d'ateliers publics de distillation, par les art. 16, 17 et 18 de ce décret. Pour la vérification des quantités produites et par conséquent imposables, il est tenu : 1° un compte général de l'alcool représenté par les matières premières et les produits fabriqués, établi sur le registre de l'exploitant (art. 18, § 1er et 5), et celui-ci est personnellement responsable des droits exigibles pour les manquants (art. 18, § 6) ; 2° un compte individuel des opérations faites pour chaque récoltant (art. 18, § 2 et 3).

102. L'art. 22 de la loi du 31 mars 1903 prévoit l'organisation de syndicats professionnels ou d'associations coopératives de bouilleurs de cru, dans le but de distiller en commun les récoltes de leurs membres. Les gérants de ces associations ont donc la faculté de mélanger les matières formant l'apport des sociétaires ; mais il ne peut être mis en œuvre que les produits récoltés par les membres du syndicat ou de l'association (§ 1er). — Les membres sont personnellement dispensés de toute déclaration et affranchis de tout exercice. Ils sont solidairement responsables de toutes les infractions à la loi commises dans le local commun (§ 4) ; toutefois, les syndicats ou associations peuvent présenter à l'agrément de l'administration deux de leurs membres qui seront solidairement responsables des infractions commises dans le local commun et des droits sur les manquants constatés, sauf leur recours contre les membres du syndicat ou les associés (L. 22 avr. 1905, art. 18). — Les déclarations de constitution des brûleries syndicales, de fabrication, etc., sont à la charge des gérants ou délégués des associations (Décr. 19 août 1903, art. 19). Les visites et vérifications des employés de la Régie sont effectuées au local syndical ; d'une manière générale, ce local, quant à son agencement et aux opérations qui y sont pratiquées, est placé sous l'empire des règles applicables aux bouilleurs de cru distillant chez eux la totalité de leur récolte (Circ. min. 24 août 1903, n° 538).

103. Les art. 13 et 14, § 2, de la loi du 22 avr. 1905 accordent aux bouilleurs de cru qui distillent ou font distiller leurs produits sur les emplacements ou dans les locaux publics prévus par l'art. 12 de la même loi (V. supra, n° 96) des avantages analogues à ceux qui sont concédés aux propriétaires, fermiers, etc., réunis en syndicat, conformément à l'art. 22 de la loi de 1903 (V. le numéro qui précède).

104. Les matières premières apportées soit aux locaux et emplacements prévus à l'art. 12 de la loi du 22 avr. 1905, soit à la brûlerie d'un syndicat professionnel ou d'une société coopérative de distillation, ainsi que les eaux-de-vie emportées de ces locaux, emplacements et brûleries, doivent être accompagnées d'un acquit-à-caution, dont le coût est fixé à 0 fr. 10 cent., timbre compris. Les eaux-de-vie ne peuvent être enlevées qu'après reconnaissance du service ou, à défaut, à la fin des opérations de distillation de chaque journée (L. 22 avr. 1905, art. 14, § 1er).

105. Le privilège accordé aux petits récoltants qui justifient qu'ils ne cultivent pas une superficie plus considérable de vignes ou un plus grand nombre d'arbres fruitiers, à l'état de rapport normal, qu'il n'est nécessaire pour la production moyenne de 50 litres d'alcool pur suivant l'usage du pays, d'être dispensés de tout contrôle, n'existe qu'à l'égard des produits susceptibles d'être distillés par les bouilleurs de cru (V. supra, n° 92) et provenant de leur récolte ; il est, de plus, subordonné à la condition que le bouilleur distille chez lui, c'est-à-dire dans son domicile ou sur un terrain attenant à sa maison, de telle sorte qu'il ne soit pas obligé d'employer la voie publique pour ramener chez lui les eaux-de-vie fabriquées. Cependant, dans certains cas et sous certaines conditions, la Régie admet que la distillation peut avoir lieu chez un voisin possesseur d'appareil (Lettre autogr. 21 nov. 1903, n° 85). — La seule formalité imposée aux bouilleurs de cru jouissant du bénéfice de l'art. 21 est la déclaration de fabrication (L. 31 mars 1903, art. 21 ; Décr. 19 août 1903, art. 21), qui doit faire connaître le lieu et la consistance des moyens de production (étendue des vignes ou nombre des arbres à fruits). La superficie de vignes et le nombre d'arbres de haute tige à fruit correspondant à la force productive maximum de 50 litres d'alcool pur, ainsi que la dimension des arbres fruitiers réputés être à l'état de rapport normal, sont déterminés dans chaque département par un arrêté ministériel (L. 1903, art. 21, § 2, modifié par la loi du 22 avr. 1905, art. 17). Le récoltant peut également, dans sa déclaration, opter pour celui ou ceux des produits visés dans l'arrêté ministériel qu'il désire distiller ; sa capacité de production est alors appréciée uniquement au point de vue de ce produit (Lettre autogr. 30 oct. 1903, n° 79). — Les produits de la distillation, tant qu'ils ne sont pas déplacés, ne sont soumis ni aux droits, ni au contrôle des employés ; ceux-ci, toutefois, peuvent pénétrer pendant la fabrication dans le local où elle a lieu, pour s'assurer que les matières mises en œuvre sont bien celles que comporte la déclaration de fabrication.

106. Sous quelque règle qu'ils soient placés les bouilleurs de cru peuvent obtenir décharge des matières premières et des spiritueux dont la perte a été régulièrement constatée (Décr. 19 août 1903, art. 2, § 2). Ils peuvent aussi en obtenir décharge par voie judiciaire en cas de force majeure (V. supra, n° 73). Ils peuvent également obtenir décharge des manquants provenant des déficits de rendement ou des déchets de fabrication, dans les conditions déterminées par le décret de 1903 (art. 2, § 6).

107. Les contraventions commises par les bouilleurs de cru peuvent entraîner les peines prévues par l'art. 14 de la loi du 29 déc. 1900 et 20 de la loi du 31 mars 1903.

§ 4. — Contrôle des alambics.

108. Le contrôle des alambics comporte des obligations imposées, les unes aux fabricants et marchands d'alambics, les autres aux détenteurs de ces appareils.

A. — Fabrication et commerce d'alambics.

109. Les fabricants et marchands d'appareils propres à la distillation en vue de la fabrication ou du repassage d'eaux-de-vie ou d'esprits sont tenus de faire une déclaration de profession au bureau de la Régie. Ils doivent, en outre, déclarer le nombre, la nature et la capacité des appareils ou portions d'appareils qu'ils ont en leur possession (L. 31 mars 1903, art. 12, § 1 et 2 ; Circ. min. 4 avr. 1903, n° 520) ; inscrire sur un registre coté et paraphé par le directeur ou le sous-directeur des Contributions indirectes leurs fabrications et réceptions, leurs livraisons au fur et à mesure de l'achèvement de la réception ou de la livraison des appareils ou portions d'appareils (L. 29 déc. 1900, art. 12, § 3 ; 31 mars 1903, art. 12, § 3 ; Décr. 19 août 1903, art. 1er) ; enfin, déclarer les cessions qui leur sont faites par des particuliers (L. 29 déc. 1900, art. 12, § 3, in fine). Enfin, les fabricants et marchands sont soumis aux visites et vérifications des employés de la Régie dans leurs ateliers, magasins et autres locaux professionnels.

B. — Détention d'alambics.

110. Tous les détenteurs d'appareils ou portions d'appareils à distiller ou à repasser les eaux-de-vie et esprits sont obligés d'en déclarer, dans les cinq jours de leur entrée en possession, à la recette buraliste, le nombre, la nature et la capacité (L. 29 déc. 1900, art. 12, § 1er ; 31 mars 1903, art. 14, § 1er). Ces appareils sont poinçonnés par le service des Contributions indirectes (L. 1900, art. 12, § 4 ; 31 mars 1903, art. 14, § 2), qui déterminent leur contenance et leur force productive (Décr. 19 août 1903, art. 5, § 1er) ; ils doivent être scellés pendant les périodes où il n'en est pas fait usage (L. 1903, art. 14, § 3 ; Décr. 1903, art. 6), et représentés à toute réquisition du service (L. 1903, art. 14, § 4).

111. Tant qu'ils ont la libre disposition des appareils, les détenteurs sont astreints de jour et de nuit dans leurs maisons, ateliers, magasins, caves et celliers, au contrôle du service et des employés de l'octroi (L. 30 mars 1902, art. 14 ; 30 mai 1899, art. 8). Les bouilleurs de cru n'y sont astreints que de jour et seulement dans le local où se trouve l'appareil (L. 1903, art. 14, § 4). Les détenteurs d'alambics peuvent, d'ailleurs, s'affranchir des visites à domicile en déposant leur appareil, préalablement scellé, dans un local agréé par l'Administration, une salle de mairie par exemple (L. 1903, art. 14, § 3). — Tout obstacle ou opposition aux vérifications constitue une contravention réprimée par l'art. 14 de la loi du 29 déc. 1900 (L. 1903, art. 26).

112. Des dispenses du scellement des alambics et des visites de nuit peuvent, dans certains cas, être accordées personnellement par la Régie, sur l'avis du comité consultatif des arts et manufactures, et sous les conditions déterminées par l'Administration ; mais ces dispenses individuelles peuvent toujours être révoquées (L. 31 mars 1903, art. 15). — Il existe enfin des tolérances administratives, telles que la dispense du scellement pour les appareils ou portions d'appareils neufs détenus pour la vente par les fabricants et marchands, etc. (Circ. min. 24 août 1903, n° 537 ; Lettre autogr. 30 oct. 1903, n° 79).

113. Le détenteur d'un appareil ou portion d'appareil, qui veut le détruire, doit en faire la déclaration à la recette buraliste ; l'opération doit avoir lieu en présence des employés, qui en dressent procès-verbal (Décr. 19 août 1903, art. 7).

C. — Circulation, vente et location des alambics.

114. La circulation des alambics ou portions d'alambics, à l'exception des alambics des loueurs ambulants (V. infra, n° 115), ne peut avoir lieu en dehors des propriétés privées qu'en vertu d'acquits-à-caution. Ces acquits-à-caution sont déchargés lorsque les appareils ont été reconnus au lieu de destination ou à la sortie du territoire, s'ils sont exportés (L. 31 mars 1903, art. 13, § 1er; Décr. 19 août 1903, art. 3). L'expéditeur est responsable de la non-représentation des appareils, s'il ne met l'Administration en situation d'exercer des poursuites efficaces contre le véritable auteur de la contravention (L. 1903, art. 13, précité; Circ. min. 4 avr. 1903, n° 520).

115. Les alambics des loueurs ambulants doivent être accompagnés d'un permis de circulation. Tout loueur ambulant doit, à son arrivée dans chaque commune, déclarer au bureau de la Régie les personnes pour le compte desquelles l'appareil doit être successivement utilisé; ... tenir un cahier-journal, à lui remis par la Régie, relatant le jour, l'heure et le lieu où commence et s'achève chacune des opérations, les quantités et espèces de matières mises en œuvre, et leur produit à la fin de chaque journée : ce résultat doit être contresigné par le producteur; une expédition en est remise au service et une au producteur (L. 31 mars 1903, art. 16; Circ. min. 4 avr. 1903, n° 520). Le loueur est responsable de l'observation de ces prescriptions (art. 16 précité, § 4).

§ 5. — *Liquoristes, fabricants de liqueurs* (S. v° *Vins et boissons*, 211 et s.).

116. La fabrication des liqueurs composées peut être exercée par des distillateurs, à la condition que les locaux où ils se livrent à cette fabrication soient distincts de ceux dans lesquels ils distillent les alcools et n'aient avec eux aucune communication intérieure. Cette fabrication est également l'œuvre d'industriels spéciaux, les *liquoristes*. Les liquoristes peuvent, à leur choix, se soumettre aux obligations imposées soit aux débitants de boissons, soit aux marchands en gros. Ils sont tenus, dans tous les cas, de faire une déclaration préalable au bureau de la Régie (L. 24 juin 1824, art. 1er).

117. Les liquoristes marchands en gros établis dans des lieux sujets au droit d'entrée sont toujours considérés comme entrepositaires (L. 1824, art. 4). Les manquants en liqueurs relevés dans leurs magasins donnent lieu au payement immédiat des droits, les excédents donnent lieu à une prise en charge, s'ils n'affectent pas en même temps le compte d'alcool; dans le cas contraire, ils sont saisissables. — Les marchands en gros ont droit aux déductions pour ouillage, coulage, etc., et à la déduction pour déchets de fabrication admise au fur du 16 déc. 1897 (V. *suprà*, n° 71).

ART. 9. — DROIT DE LICENCE (R. 401 et s.; S. v° *Vins et boissons*, 215 et s.).

118. La licence est une sorte de brevet ou permis d'exploitation, dont la délivrance est généralement subordonnée au payement d'un *droit*, et qui est exigé de toutes les personnes qui exercent un commerce ou une industrie soumise à l'action des contributions indirectes et obligées à une déclaration préalable. Le droit de licence, perçu au profit du Trésor, est indépendant des droits de licence établis au profit des communes en remplacement des droits d'octroi sur les boissons hygiéniques (V. *infra*, *Octroi*). — Il est en quelque sorte dû par l'établissement plutôt que par la personne; d'où il résulte que le commerçant est tenu de prendre autant de licences qu'il a d'établissements, quoique en fait sa profession et son industrie soient une; ... que plusieurs associés ne sont tenus de prendre qu'une licence pour un seul établissement, et que la continuation de commerce dans un même établissement par une personne différente ne donne pas lieu à la délivrance d'une nouvelle licence. La licence

prise pour un établissement s'étend à ses dépendances et annexes.

119. La quotité du droit de licence varie selon la nature du commerce et de l'industrie (L. 29 déc. 1900, art. 1er, § 6; 30 mars 1902, art. 18) et, pour certaines catégories de redevables, soit d'après la population municipale totale de la localité et la classe dans laquelle ils sont rangés, soit en raison de l'importance de leurs ventes ou de leur fabrication. Le droit est augmenté de décimes.

120. Sont assujettis à la licence, d'abord tous ceux qui se livrent à un commerce ou à une industrie ayant trait aux boissons, savoir : les débitants de boissons (V. Circ. min. 23 janv. 1901, n° 981; 1er avr. 1902, n° 486); les marchands en gros (à l'exception des marchands en gros de bière) (L. 29 déc. 1900, art. 1er, § 6); les brasseurs; les bouilleurs et distillateurs; les fabricants de liqueurs; les dénaturateurs d'alcool et les fabricants de produits à base d'alcool dénaturé.

121. Le tarif des droits de licence des débitants varie suivant deux éléments : d'une part, la classe dans laquelle le débitant figure au point de vue de la patente, et, d'autre part, la population de la commune où est situé l'établissement (L. 29 déc. 1900, art. 1er, § 6). — Pour les marchands en gros, la taxe de licence est proportionnelle à l'importance des ventes effectuées du 1er janvier au 31 décembre de chaque année, et suivant une division en trois classes pour lesquelles le droit est respectivement de 50, 75 et 125 francs par trimestre (L. 29 déc. 1900, art. 1er, § 6 précité). — La licence des *brasseurs* est calculée sur le nombre de degrés-hectolitres fabriqués dans l'année (L. 30 mars 1902, art. 19) et comporte sept catégories avec un droit minimum de 87 fr. 50, décimes compris, pour les industriels qui ne produisent pas annuellement plus de 5000 degrés-hectolitres, et un maximum de 250 francs pour ceux qui en fabriquent plus de 150000. — La licence des distillateurs et bouilleurs de profession est également proportionnelle, dans une certaine mesure, à l'importance de la fabrication et graduée de 10 à 15 ou 30 francs, suivant que la production d'alcool pendant l'année est comprise entre 50 et 150, ou dépasse 150 hectolitres (L. 29 déc. 1900, art. 1er, § 6).

122. Indépendamment des personnes faisant le commerce des boissons, la licence est exigée ... des fabricants de bougies et d'acide stéarique; ... des fabricants de cartes à jouer; ... des fabricants et entrepositaires d'huiles végétales; ... des fabricants de salpêtre (V. *infra*, *Poudres et salpêtres*); ... des fabricants de sucres ou de glucoses et des raffineurs (V. *infra*, *Sucre*); ... des fabricants et marchands en gros de vinaigre et d'acide acétique; ... des entrepreneurs de voitures publiques.

123. En principe, le droit de licence est dû par trimestre; par exception, il est exigible par année pour les entrepreneurs de voitures publiques, les marchands et fabricants de bougies et acide stéarique, les fabricants de sucres et glucoses, les raffineurs, les fabricants et marchands en gros de vinaigre. Il est, en général, payé comptant, sauf lorsqu'il est proportionnel à l'importance des ventes ou fabrications; il est alors perçu sur un état de produits. Le recouvrement en est fait par l'administration des Contributions indirectes dans les formes propres à cette administration.

124. Les contraventions en matière de licence sont punies d'une amende de 300 fr., augmentée en cas de fraude du quadruple des droits fraudés (L. 28 avr. 1816, art. 171, § 3).

ART. 10. — RÉGIME DES BOISSONS DANS LES VILLES DE PARIS ET DE LYON.

125. La loi du 29 déc. 1900, art. 1er, § 1er, en supprimant les droits d'entrée sur les boissons hygiéniques, a par là même supprimé les taxes de remplacement établies

pour Paris par la loi du 28 avr. 1816 (art. 92) et pour Lyon par le décret du 30 janv. 1871 et soumis ces villes au régime général concernant les vins, cidres, poirés et hydromels. La taxe de remplacement se trouve, de même, supprimée en fait en tant qu'elle s'appliquait aux spiritueux : le droit de consommation et le droit d'entrée doivent, aujourd'hui, figurer distinctement, sous leurs dénominations propres, dans les états et registres de comptabilité; les villes de Paris et de Lyon sont donc encore sous ce rapport rentrées dans le droit commun.

126. Paris reste toutefois soumis à des règles spéciales. C'est ainsi, notamment, qu'aux termes de l'art. 3 de la loi du 18 juill. 1904 (D. P. 1904. 4. 61), est interdite dans la ville de Paris toute préparation de liquides fermentés autres que les bières et les cidres provenant exclusivement de la mise en œuvre de pommes ou poires fraîches. Cette disposition est sanctionnée par les peines énoncées à l'art. 1er de la loi du 28 févr. 1872. D'autre part, la fabrication des cidres, à Paris, est soumise à des règles spéciales (L. 3 juill. 1846, art. 11, D. P. 46. 3. 116; Ord. 18 juill. 1847, D. P. 47. 2. 126). — La détention de tous appareils propres à la distillation en vue de la fabrication ou du repassage d'eaux-de-vie ou esprits est prohibée à Paris (L. 31 mars 1903, art. 14, § 5, et 26). — Enfin, l'entrepôt à domicile y est interdit (V. *suprà*, n° 34); mais il existe à Paris un entrepôt réel, soumis à un régime spécial (Décr. 30 mars 1808, 11 avr. et 5 déc. 1813, 2 janv. 1814; Ord. 27 oct. 1819, 17 févr. 1830, 7 janv. et 22 mars 1833, R. p. 405, 407, 420, 423, 424).

127. Le droit de licence est actuellement exigible à Paris comme dans les autres villes. A défaut de déclaration par le contribuable, l'Administration a la faculté d'imposer d'office la licence à toute personne inscrite au rôle des patentes pour une profession impliquant le commerce des boissons, au moyen d'un rôle rendu exécutoire par le préfet (L. 29 déc. 1900, art. 1er, § 12).

ART. 11. — RÈGLES DIVERSES.

§ 1er. — *Des acquits-à-caution* (R. 404 et s., S. v° *Vins et boissons*, 40 et s.).

128. Tout ce qui concerne les acquits-à-caution délivrés par la régie des Contributions indirectes est réglé suivant les dispositions de la loi du 22 août 1791, spécialement du titre 3 de cette loi, dont la plupart sont reproduites par l'ordonnance du 11 juin 1816 (R. p. 418) (L. 1816, art. 230; V. *suprà*, *Douanes*, n°s 66 et s.). — Les acquits-à-caution, extraits d'un registre à souche, sont délivrés par les receveurs buralistes pour les diverses matières imposables qui font partie des contributions indirectes. Leur forme varie selon les cas dans lesquels ils sont délivrés, mais contient engagement par l'expéditeur des marchandises de rapporter, dans un délai déterminé, un certificat de l'arrivée desdites marchandises à leur destination déclarée ou de leur sortie du territoire français, et de se soumettre, à défaut de cette justification, à payer, sauf certaines exceptions, le double des droits que l'acquit a eu pour objet de garantir (Ord. 11 juin 1816, art. 1er; L. 21 juin 1873, art. 10, modifié par l'art. 2, § 1er, de la loi du 29 déc. 1900; Décr. 17 mars 1852, art. 22; L. 13 avr. 1898, art. 21; Décr. 1er juin 1898, art. 28; etc.). — Cet engagement doit être garanti par une caution solvable et solidaire, généralement spéciale, mais qui peut, pour les propriétaires récoltants et les marchands en gros de boissons, être remplacée par un engagement général annuel s'appliquant indistinctement à tous les acquits-à-caution que le redevable souscrira dans l'année (Circ. 21 juin 1875, n° 157; 20 oct. 1882, n° 352). Cet engagement peut être résilié au gré des parties.

Les cautions sont admises par les receveurs sous leur responsabilité. — La durée du cautionnement spécial à un acquit-à-caution est limitée au délai de quatre mois fixé pour la prescription de l'action de la Régie contre le soumissionnaire de l'acquit et sa caution (V. *infrà*, n° 130).

129. Les acquits accompagnant des marchandises à destination de l'étranger sont déchargés à la frontière, après la sortie du territoire ou l'embarquement; quant aux marchandises enlevées pour l'intérieur, la décharge a lieu après prise en charge des quantités énoncées au payement des droits (Ord. 11 juin 1816, art. 2). — Les certificats de décharge sont signés par deux employés au moins et enregistrés au lieu de destination (Ord. 11 juin 1816, art. 3, § 1er). Ils sont considérés comme actes authentiques faisant foi jusqu'à inscription de faux. Il doit en être délivré un duplicata sur papier timbré aux frais du réclamant, à toute réquisition. — Lorsque les marchandises ne sont pas ou ne sont qu'en partie représentées, la décharge ne peut avoir lieu, au moins pour les quantités non représentées; un procès-verbal doit être dressé, qui entraîne le payement des doubles droits sur les manquants ou les excédents (Ord. 1816, art. 4).

130. L'expéditeur soumissionnaire de l'acquit-à-caution doit rapporter au bureau d'enlèvement le certificat de décharge de cet acquit dans le délai de deux mois qui suivent l'expiration du délai fixé par l'expédition, si le lieu de destination est dans le département, de trois mois s'il est hors du département; il a droit alors à l'annulation de son engagement et de celui de la caution ou à la restitution des sommes consignées (Ord. 1816, art. 1 et 6; Circ. 30 janv. 1834, n° 75). Si les certificats de décharge ne sont pas rapportés dans le délai prescrit par la soumission et s'il n'y a pas eu consignation au départ, les préposés à la perception décernent contrainte contre les soumissionnaires ou leurs cautions pour le payement des doubles ou quadruples droits. L'action de la Régie doit être exercée, sous peine de déchéance, dans le délai de 4 mois à partir de l'expiration du délai (L. 21 juin 1873, art. 8, D. P. 73. 4. 89). Ce délai est réduit à quarante jours, au cas où il s'agit d'acquits-à-caution recommandés (L. 29 déc. 1900, art. 3, § 2) — Lorsque les soumissionnaires rapportent, dans le terme de six mois après l'expiration du délai de quatre mois fixé pour la prescription de l'action de la régie, le certificat de décharge en bonne forme, délivré en temps utile, les sommes qu'ils ont payées leur sont remboursées; mais, après ce délai de six mois, aucune réclamation n'est admise, et les doubles et quadruples droits sont acquis à la Régie, l'un comme perception ordinaire, l'autre à titre d'amende (Ord. 11 juin 1816, art. 8 et 9).

§ 2. — *Visites et vérifications* (R. 416 et s., S. v° *Vins et boissons*, 222 et s.).

131. Chez les redevables assujettis à l'exercice, les visites et vérifications peuvent être effectuées sans l'assistance d'un officier de police et l'ordre d'un employé supérieur lorsqu'elles ne portent pas sur le domicile privé du redevable (L. 28 avr. 1816, art. 295-236). Elles ne peuvent avoir lieu, en principe, avant le lever et le coucher du soleil. — Chez les particuliers et les redevables qui ne sont pas assujettis à l'exercice, les visites ne peuvent avoir lieu que sur l'ordre d'un employé supérieur, du grade de contrôleur au moins, et avec l'assistance d'un officier public ou de police (juge de paix, maire, adjoint, commissaire de police, à l'exclusion toutefois des commissaires spéciaux de police). L'ordre doit être spécial, nominatif, daté, signé, et exhibé à la personne chez laquelle la visite a lieu. Il doit, à

peine de nullité, indiquer sommairement les motifs sur lesquels la Régie base son soupçon de fraude. Il doit être, avant toute visite, visé par l'officier de police judiciaire qui accompagne les agents; il doit, en outre, avant toute perquisition, être lu à l'intéressé ou à son représentant, qui est invité à le viser. Sur la demande de l'intéressé ou de son représentant, copie de l'ordre de visite lui est remise dans les trois jours (L. 1816, art. 237, § 1er, complété par la loi du 22 avr. 1905, art. 19). — Le défaut d'ordre ou d'assistance de l'officier public entraînerait l'application des peines portées par l'art. 184 c. pén. pour violation de domicile. — Les visites ne peuvent avoir lieu que pendant le temps où l'officier public a lui-même le droit d'entrer dans une maison, c'est-à-dire de 6 heures du matin à 6 heures du soir du 1er octobre au 31 mars, et de 4 heures du matin à 9 heures du soir entre le 1er avril et le 30 septembre.

132. Les formalités prescrites par l'art. 237, § 1er, de la loi de 1816 ne sont pas obligatoires lorsque les employés effectuent une visite domiciliaire chez des particuliers pour y suivre les marchandises de fraude qui y ont été introduites au moment où elles allaient être saisies (L. 1816, art. 237, § 2). Toutefois, même lorsqu'ils sont à la poursuite, il est interdit aux employés de la Régie de pénétrer de nuit dans le domicile des particuliers. — Le refus de subir la visite ne constitue pas une contravention; il appartient seulement à l'officier de police qui accompagne les employés d'user des moyens de contrainte dont la loi l'investit pour vaincre la résistance qu'on lui oppose.

§ 3. — *Rébellions et voies de fait* (R. 436).

133. Les rébellions et voies de fait contre les employés donnent lieu à l'application par les tribunaux des peines prononcées par les art. 209 à 216, 218, 230 à 233 c. pén., indépendamment des amendes et confiscations qui peuvent être encourues par les contrevenants. Quand les rébellions ou voies de fait ont été commises par un débitant de boissons, le tribunal doit ordonner, en outre, la fermeture du débit pendant un délai de trois mois au moins et de six mois au plus (L. 1816, art. 238). — L'opposition à l'exercice ou aux fonctions des employés de la Régie ne constitue pas à elle seule une rébellion, si elle ne se produit pas au moyen d'une attaque ou d'une résistance avec violence ou voies de fait; elle constitue seulement une contravention fiscale.

§ 4. — *Droits, décimes* (S. v° *Vins et boissons*, 221).

134. En matière de contributions indirectes, certains droits fixés en principal, les amendes déterminées par transaction ou prononcées par un jugement définitif, sont susceptibles de décimes, c'est-à-dire de taxes supplémentaires s'élevant généralement à deux décimes et demi par franc (L. 6 prair. an 7, art. 1er. — L. 28 avr. 1816, art. 302; 6 mars 1817, art. 123; 14 juill. 1855, art. 5; 30 déc. 1873, art. 2; 2 juin 1875, art. 6). Les décimes ne sont dus qu'autant qu'ils sont imposés par une disposition au moins implicite de la loi, telle que celle qui fixe une taxe *en principal*. Dans les lois récentes, les décimes sont fréquemment compris dans les tarifs de droits. — Pour les amendes, le tribunal, en prononçant la condamnation au principal, doit statuer en même temps sur les conclusions de la partie poursuivante, sur la condamnation aux décimes et demi-décimes (L. 13 avr. 1900, art. 3, D. P. 1900. 4. 33).

§ 5. — *Droit des employés à une part des amendes et confiscations* (S. v° *Vins et boissons*, 230 et s.).

135. Les employés des Contributions indirectes sont admis au partage du produit

des amendes et confiscations. Cette matière est réglementée aujourd'hui, d'une manière générale et uniforme, par la loi du 26 juill. 1893, art. 32 (D. P. 94. 4. 46), et le décret du 22 avr. 1898.

§ 6. — *Registres de la Régie*.

136. Les *portatifs* ou registres portatifs sont les registres dans lesquels les employés de la Régie ouvrent, au nom des redevables, les comptes destinés à retracer, d'après le résultat des visites et exercices, le mouvement des matières ou des valeurs sur lesquelles sont calculés les droits à acquitter. Ils contiennent également la mention des licences et des déclarations de cessation de commerce. Ils doivent être cotés et paraphés par le juge de paix (L. 1816, art. 241), à peine de nullité des actes qui y seraient inscrits; ils ne doivent contenir ni surcharges ni ratures, et doivent être signés des deux employés (L. 1816, art. 241, 242). Les actes qui y sont inscrits sont néanmoins valables, bien que signés par un seul employé (L. 16 sept. 1871, art. 28). — Les actes inscrits par les employés sur les registres portatifs font foi jusqu'à inscription de faux (L. 1816, art. 242). Cette disposition paraît difficile à concilier avec celle de l'art. 24 de la loi du 30 déc. 1903, aux termes duquel les procès-verbaux des agents des Contributions indirectes ne font foi que jusqu'à preuve contraire; mais l'art. 242 ne figurant pas au nombre des textes abrogés par cet article, la question reste douteuse. — Les autres registres de la Régie doivent être cotés et paraphés par un fonctionnaire désigné par le sous-préfet (L. 1816, art. 241). Les redevables peuvent, avec l'autorisation du juge de paix, prendre sur place connaissance de ceux sur lesquels sont constatés les droits leur sont réclamés (L. 2 août 1872, art. 8, § 2).

ART. 12. — ACTION EN PAYEMENT DES DROITS (R. 444 et s.; S. v° *Vins et boissons*, 233 et s.).

137. A défaut de payement des droits par les redevables, le recouvrement en est poursuivi par voie de contrainte décernée par le receveur (V. *supra*, *Contrainte*, n° 7). — La Régie jouit d'un privilège sur les meubles et effets mobiliers des comptables pour leurs débets, et sur ceux des redevables pour les droits (V. *infrà*, *Privilèges et hypothèques*). Ce privilège n'est pas opposable à la revendication, par leurs propriétaires, des marchandises en nature qui se trouvent sous balle ou sous corde (Décr. 1er germ. an 13, art. 47). D'autre part, la faillite du redevable ne peut porter atteinte aux droits de la Régie; elle n'interrompt pas les poursuites, ne l'oblige ni aux productions ni aux vérifications, et lui laisse le droit d'exercer son privilège pour la totalité de sa créance.

138. La prescription est acquise à la Régie, contre toutes les demandes en restitution de droits et de marchandises, par le délai de six mois; au redevable, pour les droits que la Régie n'aurait pas réclamés, par le délai d'un an. — Cette dernière prescription est interrompue par la signification d'une contrainte, même non suivie d'effet. Elle ne peut être acquise ni dans le cas de manœuvres frauduleuses qui auraient trompé l'Administration sur l'exigibilité des droits, ni en cas de poursuites commencées, alors même qu'elles auraient subi une interruption de plus d'une année. — La prescription annale ne peut être invoquée contre les poursuites tendant au recouvrement d'amendes dues pour contraventions. — En ce qui concerne la prescription en matière d'acquits-à-caution, V. *supra*, n° 130.

ART. 13. — COMPÉTENCE (R. 459 et s.; S. v° *Vins et boissons*, 247 et s.).

139. Le contentieux des contributions indirectes est de la compétence de l'autorité judiciaire civile ou correctionnelle, suivant qu'il s'agit du fond des droits ou de la poursuite des contraventions (L. 5 vent. an 12, art. 88 et 90). Mais la juridiction des référés ne s'exerce pas en cette matière; il ne lui appartient pas de statuer, notamment, sur une opposition à contrainte (V. *supra*, *Contrainte*, nos 22 et 23).

140. Les préposés des contributions indirectes sont protégés par les dispositions des art. 224 et 227 c. pén., comme citoyens chargés d'un ministère public; les actes de violence commis contre eux ou qui leur seraient imputés sont du ressort de la juridiction correctionnelle.

141. Le tribunal correctionnel est seul compétent pour connaître des faits constitutifs de la contravention et prononcer les peines applicables sur les poursuites soit de la Régie, soit du ministère public (L. 5 vent. an 12, art. 90; 28 avr. 1816, art. 46; 21 juin 1873, art. 15). Juge de l'action, il est en même temps juge de l'exception, même tirée du fond du droit, et n'a pas à surseoir à statuer en renvoyant les parties devant le tribunal civil : sa compétence territoriale et personnelle est déterminée par le Code d'instruction criminelle.

ART. 14. — PROCÉDURE EN MATIÈRE CIVILE.

142. Les contestations civiles sur le fond des droits, ou qui y sont nécessairement connexes, sont instruites et jugées d'après la procédure spéciale en matière d'enregistrement (L. 5 vent. an 12, art. 88; V. *supra*, *Enregistrement*, nos 162 et s.); mais cette procédure ne s'étend pas aux instances incidentes qui naissent de l'instance en payement des droits, ou qui s'y rattachent indirectement. En d'autres termes, la compétence et la procédure spéciales sont applicables lorsque l'action a pour base, non la violation des règles du droit commun, mais une contravention aux lois fiscales; au contraire, la procédure du droit commun doit être observée si l'action procède de faits qui n'influent en rien sur la validité des poursuites, telle qu'une action en dommages-intérêts fondée sur la négligence des employés de l'État.

143. Tous les moyens de preuve sont ouverts au redevable pour se défendre contre l'action de la Régie. Les frais qui peuvent être mis à la charge de la partie qui succombe sont uniquement, comme en matière d'enregistrement, ceux du papier timbré des significations et de l'enregistrement des jugements, sauf lorsqu'il y a eu expertise, dont les frais doivent être supportés par la partie perdante.

ART. 15. — PROCÉDURE EN MATIÈRE DE POURSUITE DES CONTRAVENTIONS (R. 483 et s.; S. vo *Vins et boissons*, 261 et s.).

144. 1o *Procès-verbaux.* — Les contraventions sont constatées par des procès-verbaux (V. *infra*, *Procès-verbal*).

145. 2o *Procédure.* — La procédure à suivre pour le jugement des contraventions en matière de contributions indirectes, réglée par le décret du 1er germ. an 13, déroge sur plusieurs points à la procédure ordinaire du Code d'instruction criminelle, qui reste, d'ailleurs, applicable dans tous les cas sur lesquels ce décret garde le silence.

146. En matière de contributions indirectes, l'action publique peut être exercée soit par la Régie, soit par le ministère public. Le droit de poursuite appartient à l'*Administration seule*, à l'exclusion du ministère public, pour les contraventions aux lois sur les contributions indirectes, du moins quant aux amendes et à la confiscation, et lorsque l'infraction fiscale n'est pas passible d'emprisonnement. Lorsqu'il s'agit d'infractions de droit commun, poursuivies par le ministère public, la Régie peut intervenir si l'instruction révèle une contravention fiscale connexe. De plus, dans tous les cas où l'action appartient à la Régie, l'exercice en est subordonné à l'existence d'un procès-verbal régulier. A la différence du ministère public, elle peut se désister de son action.

147. En principe, le ministère public ne peut agir que comme partie jointe dans la poursuite des contraventions en matière de contributions indirectes, lorsqu'elles sont seulement passibles d'amende et de confiscation. Mais le ministère public a le droit de poursuivre les contraventions passibles de la peine d'emprisonnement, les délits de droit commun connexes à une infraction de la loi fiscale. En principe, son action n'est point subordonnée à l'existence ou à la validité d'un procès-verbal.

148. La citation devant le tribunal doit être donnée, à peine de déchéance, dans les trois mois de la date du procès-verbal si le prévenu est en liberté, dans le mois à partir de l'arrestation s'il est arrêté. Mais aucun délai n'est prescrit pour la rédaction du procès-verbal, qui peut être rédigé tant que l'action publique n'est pas prescrite. Lorsqu'il s'agit d'une contravention passible de l'emprisonnement et qu'il appartient au ministère public de poursuivre, l'action publique n'est prescrite que par le délai de trois ans à dater de l'infraction, conformément aux art. 637 et 638 c. instr. cr., que la citation soit donnée par la Régie ou par le ministère public.

149. Le tribunal correctionnel est saisi soit par la citation directe donnée à la requête de la Régie, soit par une requête de la Régie à fin de confiscation des objets trouvés en fraude et saisis sur un individu inconnu, soit par la comparution volontaire du prévenu, soit par une ordonnance de renvoi du juge d'instruction lorsque l'affaire a donné lieu à une instruction.

150. Sur l'inscription de faux, V. *supra*, *Faux incident*, no 50.

151. 3o *Jugement.* — En matière de contributions indirectes, comme en toute autre matière correctionnelle, les jugements définitifs contradictoires ou par défaut sont susceptibles d'appel. Il en est de même des jugements interlocutoires; par exemple, est susceptible d'appel le jugement qui ordonne une expertise pour déterminer la nature d'un produit sur laquelle le juge ne se considère pas comme suffisamment éclairé par le procès-verbal.

152. L'appel peut être formé par la Régie, représentée par le directeur du département et par le ministère public, chacun pour les instances où ils ont le droit d'exercer l'action publique principale; par le prévenu; enfin par les personnes civilement responsables (Décr. 1er germ. an 13, art. 31-32). Dans les affaires où l'action publique est exercée par le ministère public, les délais de l'appel seront réglés par les art. 203 et 204 c. instr. cr. L'appel de la Régie doit être notifié, sans déclaration au greffe, soit à la personne, soit au domicile réel de l'intimé (Décr. 1er germ. an 13, art. 32). Contre la Régie, l'appel ne peut être valablement formé que par une déclaration au greffe, qui doit lui être notifiée à peine de nullité. — Quant au délai, l'appel formé soit par la Régie, soit par le prévenu, doit être fait dans la huitaine à partir de la *signification* du jugement (Décr. 1er germ. an 13, art. 32), et non dans les dix jours de la *prononciation*, comme dans le cas où l'art. 203 c. instr. cr. est applicable. — L'instruction de l'appel a lieu, aussi bien que l'instruction devant le tribunal correctionnel, dans les formes prescrites par le Code d'instruction criminelle.

153. Le décret du 1er germ. an 13 ne renferme aucune disposition relative aux jugements par défaut; on doit donc se conformer, en cette matière, au droit commun. Il en est de même pour le pourvoi en cassation.

154. Les propriétaires des marchandises sont responsables du fait de leurs facteurs, agents ou domestiques, en ce qui concerne les droits, confiscations, amendes et dépens (Décr. 1er germ. an 13, art. 35, V. *supra*, *Douanes*, nos 201 et s.). Le prévenu ne peut, au contraire, exercer aucun recours en garantie pour les condamnations qui sont prononcées contre lui, à raison de l'infraction qu'il a personnellement commise. Il ne peut donc appeler le propriétaire des marchandises comme garant devant le tribunal correctionnel.

155. Les condamnations pécuniaires prononcées contre plusieurs coauteurs d'une contravention en matière de contributions indirectes sont solidaires (Décr. 1er germ. an 13, art. 37). Il n'y a donc lieu de prononcer qu'une seule amende solidaire pour un même fait de fraude, quel que soit le nombre des individus qui y ont coopéré. — En principe, les auteurs directs de la fraude sont seuls punissables; mais dans plusieurs cas la législation déclare les complices passibles des mêmes peines (L. 26 mars 1872, art. 10; 21 juin 1873, art. 9 et 12; 31 déc. 1873, art. 6; 16 déc. 1897, art. 11; 29 déc. 1900, art. 14; 31 mars 1903, art. 26).

156. La législation fiscale n'admet pas les excuses tirées de la bonne foi ou de l'erreur des contrevenants, de la tolérance de l'Administration, du peu d'importance de l'infraction ou du préjudice causé à l'État. Mais l'excuse tirée de la force majeure peut être admise dans certains cas (V., notamment, L. 28 avr. 1816, art. 15 et 16), de même que celle tirée de la démence du prévenu et, pour la peine de l'emprisonnement, l'excuse tirée de la minorité de seize ans (Pén. 67 et 69). Enfin, l'admission des circonstances atténuantes et l'application de l'art. 463 c. pén. ont été introduites dans la législation (L. 21 juin 1873, art. 15; 29 mars 1897, art. 19).

157. 4o *Transactions.* — La Régie a le droit de transiger sur le montant des condamnations éventuelles ou définitives relatives à toutes les contraventions en matière de contributions indirectes, c'est-à-dire sur les amendes et confiscations (V. toutefois *infra*, *Matières d'or et d'argent*); mais elle ne peut transiger sur les droits et taxes irrévocablement acquis au Trésor par suite d'une condamnation ayant force de chose jugée (V. *supra*, *Action publique*, no 15), ni sur la peine de l'emprisonnement prononcée : cette peine ne peut faire l'objet que d'une mesure de grâce émanant du Président de la République.

SECT. III. — Impôt sur les vinaigres (S. vo *Vins et boissons*, 336 et s.).

158. Les vinaigres, qu'ils soient naturels ou produits au moyen d'une fabrication industrielle, et l'acide acétique sont assujettis à un droit de consommation (L. 17 juill. 1875, art. 1er, D. P. 76. 4. 15). Les fabricants de vinaigre sont par suite assujettis aux formalités imposées aux marchands en gros, notamment à la licence et à l'exercice des employés de la Régie (art. 7). — Les contraventions aux dispositions de la loi du 17 juill. 1875 sont punies d'une amende de 200 à 1000 francs, sans préjudice de la confiscation des objets saisis et du remboursement des droits fraudés (art. 9).

SECT. IV. — Impôt sur les bougies.

159. L'impôt sur les bougies a été établi par l'art. 9 de la loi du 30 déc. 1873 (D. P. 74. 4. 30), complétée par le règlement du 8 janv. 1874 (D. P. 74. 4. 33), dont les art. 10 et 15 ont été modifiés par le décret du

17 sept. 1896 (D. P. 97. 4. 90). Cet impôt de 30 francs les 100 kilogrammes, décimes compris, porte sur : 1° les matières de fabrication des bougies et cierges, notamment l'acide stéarique et la cire ; 2° sur les chandelles et bougies, même de suif, à mèche tissée, tressée ou moulinée ayant subi une préparation chimique. La circulation de l'acide stéarique en masse ou blocs, plaques ou tablettes, ne peut avoir lieu que sous plomb de la douane ou de la Régie et en vertu d'acquits-à-caution garantissant le quadruple du droit (Décr. 1874, art. 18). Les produits exportés sont déchargés de l'impôt. Les fabricants sont assujettis à un droit de licence de 25 francs, décimes compris, et à la déclaration de fabrication ; les marchands, à une déclaration de commerce, et soumis aux dispositions de la loi de 1816 (art. 235 à 238 et 245) sur les visites et vérifications (L. 30 déc. 1873, art. 13 et 14). Les bougies, pour être mises en vente, doivent être réunies en paquets revêtus de vignettes timbrées aux frais des fabricants (Décr. 1874, art. 6). — Les fabrications journalières sont relevées sur un registre, prises en charge et revêtues de vignettes (Décr. 1874, art. 7). Le crédit de l'impôt est accordé jusqu'après l'enlèvement (même article). La surveillance s'exerce exclusivement chez les fabricants.

160. La fabrication clandestine d'acide stéarique, de bougies ou de produits assimilés est punie, outre la confiscation, d'une amende de 300 à 3000 francs. Toute autre contravention, soit à la loi, soit aux dispositions du règlement de 1874, est punie, outre la confiscation, d'une amende de 100 à 1000 francs.

SECT. V. — Impôt sur les huiles.

ART. 1er. — HUILES VÉGÉTALES OU ANIMALES.

161. Les huiles végétales ou animales, introduites ou fabriquées dans les villes d'une population agglomérée de 4000 âmes au moins, ayant un droit d'octroi sur lesdites huiles, sont grevées d'un droit d'entrée (L. 31 déc. 1873, art. 4, D. P. 74. 4. 30). Exception est faite cependant pour : 1° les huiles nécessaires à la fabrication ou à l'entretien des machines des filateurs de laine, fabricants de tissus de laine, de toile cirée ou de taffetas ciré, teinturiers, tanneurs, corroyeurs, mégissiers et autres industriels : cette exception est subordonnée à la condition que les fabricants demandent l'entrepôt et payent les frais de surveillance (L. 31 déc. 1873, art. 1) ; 2° la déduction que les lieus en flesse accordée par la loi du 25 mars 1817 (art. 99) pour les huiles fabriquées à l'intérieur : la déduction pour compte de pressoir est fixée par arrêté du préfet en conseil de préfecture (même art. 99) ; 3° les huiles conduites dans un lieu sujet pour la traverser, soit pour y être vendues à un marché, soit pour y séjourner moins de 24 heures sous la condition de caution, du passe-debout ou d'escorte ; 4° les huiles végétales ou animales employées au compte de l'Etat par ses agents directs dans les établissements militaires.

162. Le droit sur les huiles atteint tous les corps gras d'origine végétale ou animale qui ont le nom ou la propriété de l'huile, telles que les huiles de pied de bœuf, de poisson, les huiles concrètes de palme, de coco, de palmiste, l'huile de foie de morue. Les conserves de poisson sont taxées pour la proportion d'huile qu'elles contiennent et qui a été fixée à 20 pour cent.

163. Le droit est perçu soit sur une déclaration d'entrée, soit par voie de redevance ou d'abonnement. La redevance permet aux villes qui conservent ou établissent des droits d'octroi sur les huiles de s'affranchir du droit d'entrée en versant au Trésor une redevance égale à la moyenne du produit de ce droit pendant les deux dernières années, sans

cependant qu'il puisse dépasser le montant des taxes d'octroi (L. 22 déc. 1878, art. 4 ; 31 déc. 1873, art. 5). Les tarifs du droit d'entrée sont établis par la loi du 31 déc. 1873 (art. 4, précité). — Dans les villes où l'abonnement est établi, l'entrée et la fabrication des huiles sont affranchies de toute formalité. Dans les autres, les marchands et fabricants sont soumis aux obligations (déclarations de commerce et de quantités en magasin, vérifications trimestrielles et autres, payement des droits sur les manquants, déclarations de cessation de commerce) imposées aux marchands en gros de boissons (V. suprà, n°s 64 et s.).

164. Les contraventions aux dispositions édictées ou remises en vigueur par les art. 4 et 5 de la loi du 31 déc. 1873 sont punies, outre la confiscation, d'une amende de 200 à 1000 francs. Si la fraude a eu lieu en voiture suspendue, l'amende est de 1000 à 3000 francs ; ... au moyen d'engins disposés à cet effet, de la même peine et d'un emprisonnement de six jours à six mois ; par escalade, souterrain, ou à main armée, d'un emprisonnement d'un mois à un an. Les complices, c'est-à-dire ceux qui ont concerté, organisé ou sciemment procuré les moyens à l'aide desquels la fraude a été commise, sont passibles des mêmes peines (L. 31 déc. 1873, art. 6).

ART. 2. — HUILES MINÉRALES.

165. Les huiles minérales, qui avaient été frappées, par les lois des 16 sept. 1874 (art. 4) et 29 déc. 1873, d'un droit de fabrication supprimé par la loi du 27 juill. 1884 (D. P. 96. 4. 18), supportent aujourd'hui une taxe de fabrication de 1 fr. 25 par 100 kilogrammes, ou de 1 franc par hectolitre. Cette taxe grève les huiles minérales brutes à leur entrée en raffinerie (L. 31 mars 1903, art. 31). Un décret d'administration publique du 9 août 1903 (D. P. 1904. 4. 34) règle les conditions d'application de cette taxe.

166. Les huiles minérales imposables sont celles qui ne contiennent pas plus de 90 pour cent de produits lampants et qui ne sont pas susceptibles, dans l'état où elles sont importées, de brûler dans des lampes d'un usage courant (L. 30 juin 1893, art. 1er, D. P. 94. 4. 95).

167. La taxe est perçue par le service des Contributions indirectes dans les usines dans le voisinage desquelles ne fonctionne pas un entrepôt de Douanes ; dans les autres, par l'administration des Douanes. La perception peut s'être soit à l'entrée en raffinerie, soit à l'importation ou à la sortie d'entrepôt de l'huile brute ; il en est justifié, dans ce dernier cas, par un titre de mouvement délivré par l'administration des Douanes. Ce titre, ou, à son défaut, un acquit-à-caution, permet seul l'entrée en raffinerie des huiles brutes. Le payement peut être effectué en numéraire ou au moyen d'obligations cautionnées dans les conditions déterminées par la loi du 15 févr. 1875 (V. suprà, Douanes, n° 51).

168. La loi du 31 mars 1903, en rétablissant un droit de fabrication sur les huiles minérales brutes, n'a sanctionné que par la peine en vigueur n'art. 5 de la loi du 16 sept. 1871, ni l'art. 2 de la loi du 28 juill. 1875 applicables aux contraventions avant la suppression du droit de fabrication en 1884. Le payement du droit peut donc seulement être poursuivi par voie de contrainte après procès-verbal administratif.

SECT. VI. — Impôt sur les cartes à jouer.

169. L'impôt sur les cartes à jouer participe des monopoles de l'Etat, par l'obligation où sont les fabricants de se fournir, auprès de la Régie, de papier filigrané et de feuilles de moulage, toute contrefaçon en étant interdite sous peine de contravention. La

législation applicable à la matière comprend les arrêtés des 3 pluv. an 6, 19 flor. an 6 ; la loi du 5 vent. an 12 ; les décrets des 11 therm. an 12, 1er germ. an 10 (art. 10 à 12), 4 prair. an 13, 16 juin 1808, 9 févr. 1810 ; la loi du 28 avr. 1816, art. 170 ; l'ordonnance du 18 juin 1817 ; les lois des 3 juin 1836, 7 août 1850, 1er sept. 1871 (D. P. 71. 4. 78) ; le décret du 26 mars 1889 (D. P. 90. 4. 34) ; la loi du 28 déc. 1895, art. 23-24 (D. P. 96. 4. 46) ; les décrets des 31 déc. 1895 (D. P. 96. 4. 108), 18 juin 1899-20 juin 1900.

170. On distingue, en France, trois espèces de cartes : 1° les cartes au portrait français intérieur, fabriquées avec le papier filigrané et les moulages de la Régie pour l'impression des points et les feuilles de figure et d'as de trèfle. Ces derniers portent, outre la couronne de feuilles de chêne, le timbre créé par le décret du 12 avr. 1890. Les cartes au portrait français se subdivisent en 2° les cartes au portrait français extérieur, qui ne diffèrent des précédentes que par l'absence de timbre et l'impression du mot extérieur sur la carte ; — 3° les cartes au portrait étranger, destinées surtout à l'exportation et qui sont fabriquées sur papier libre avec des moules appartenant aux fabricants, mais sous la surveillance de la Régie.

171. Nul ne peut fabriquer des cartes à jouer sans être pourvu d'une commission délivrée par les directeurs des Contributions indirectes ; elle ne peut être refusée ni retirée, sauf dans le cas de fraude constatée. Tout fabricant doit, de plus, fournir une caution solvable pour la garantie des droits de toute nature dont il peut être redevable (L. 28 déc. 1895, art. 23, § 3), et se munir d'une licence (100 francs par an). Il doit tenir un registre de vente, soit pour l'intérieur, soit pour l'exportation.

172. Les enveloppes des jeux de cartes sont réglées par les décrets du 9 févr. 1810 (art. 4) et 31 déc. 1895 (art. 1er, § 1 et 2) : une bande de contrôle doit entourer sur toutes les cartes destinées à être vendues en France ; les employés de la Régie marquent d'un timbre humide à la fois la bande et l'enveloppe de chaque jeu (Circ. 5 avr. 1872).

173. Le droit sur les cartes, aujourd'hui fixé par l'art. 23 de la loi du 28 déc. 1895 (D. P. 96. 4. 46), est exigible dès l'apposition des bandes de contrôle et payable soit au comptant, soit en obligations cautionnées à quatre mois jusque la somme à payer, d'après chaque décompte, s'élève à 300 francs au moins (L. 17 févr. 1875, art. 2-3). Sur les comptes et inventaires, V. Décr. 31 déc. 1895, art. 4, § 6, 7. — La fabrication illicite des cartes est punie : 1° de la confiscation ; 2° d'une amende de 1000 à 3000 francs, laquelle, en cas de récidive, doit toujours être de 3000 francs (L. 1816, art. 166).

174. La vente des cartes à jouer est, comme la fabrication, subordonnée à l'obtention d'une commission délivrée par la Régie, à la tenue d'un registre d'achat et d'un registre de vente et à l'obligation de se fournir exclusivement chez les fabricants. La vente et le colportage de cartes à jouer, sans autorisation ou commission, donne lieu aux mêmes peines que la fabrication illicite (L. 1816, art. 166).

175. Les propriétaires ou gérants d'établissements où le public est admis sont tenus de tenir un registre relatant leurs achats de jeux de cartes ; ils ne peuvent faire ces achats que chez les fabricants ou les débitants commissionnés. L'usage des cartes prohibées dans ces établissements est interdit sous les peines portées par l'art. 166 de la loi de 1816 (art. 167 de cette loi). Les commis, serviteurs ou domestiques des maisons de jeu ne peuvent vendre des cartes sous bandes ou sans bandes, neuves ou ayant servi (Arr. 9 flor. an 6, art. 11 ; Décr. 4 prair. an 13, art. 1er).

176. Les cartes de cercles (à l'exception des cercles d'officiers), clubs, casinos, sont frappées d'un impôt spécial et doivent être fabriquées spécialement pour cet usage (L. 28 déc. 1895, art. 23 et 24 ; Décr. 31 déc. 1895, art. 1er, § 3, art. 2, § 3, art. 3, 4, § 9 ; Circ. 26 mars 1896, n° 161).

177. Pour assurer la perception des droits sur les cartes à jouer, les employés de la Régie peuvent procéder aux exercices, visites et vérifications chez les fabricants et débitants de cartes, dans les cafés, auberges, débits de boissons, bals, et d'une manière générale dans tous les établissements où le public est admis, y compris les cercles, clubs et casinos (Arr. 3 pluv. an 6, art. 12 ; L. 28 avr. 1816, art. 167 ; Décr. 31 déc. 1895, art. 2 et 4), dans les conditions prévues par l'art. 235 de la loi de 1816.

SECT. VII. — Allumettes chimiques.

ART. 1er. — ORGANISATION DU MONOPOLE (S. 64 et s.).

178. Le *monopole* de la fabrication et de la vente des allumettes chimiques, attribué à l'Etat par la loi du 2 août 1872 (D. P. 72. 4. 131), est exploité directement par l'Etat depuis le 1er janv. 1890 (L. 27 déc. 1889, D. P. 90. 4. 125). — Les établissements sont gérés par le service des manufactures de l'Etat. L'administration des Contributions indirectes est chargée du recouvrement de la valeur des allumettes ainsi que de la surveillance et de la répression de la fraude.

179. Le monopole de l'Etat comprend « tous les objets quelconques préparés ou amorcés de manière à pouvoir s'enflammer ou produire du feu par frottement ou par tout moyen autre que le contact direct avec une matière en combustion » (L. 4 sept. 1871, art. 3, D. P. 72. 4. 79). Il est donc applicable non seulement aux allumettes proprement dites, mais à tous les appareils qui donnent du feu par les mêmes procédés, à l'exclusion de ceux qui produisent le feu par des moyens mécaniques ou chimiques, tels que les lampes dites *pyrophores*, qui diffèrent essentiellement des allumettes par leur nature, leurs dimensions, leur prix, leur destination et leur usage ordinaire. Il comprend la fabrication et la vente des allumettes indigènes ainsi que l'achat des allumettes étrangères, et s'exerce sur toute l'étendue du territoire, y compris la Corse, le pays de Gex et la zone neutralisée de la Haute-Savoie, bien qu'en fait il ne soit pas appliqué dans ces dernières régions, qui jouissent, en outre, d'un tarif spécial pour la vente (Décr. 19 juin 1890). Il ne s'applique pas à l'Algérie.

180. Tout négociant patenté qui en fait la demande à la Régie peut, à la condition de fournir une caution ou de consigner les droits, de se soumettre aux visites et vérifications et de s'engager à tenir un registre détaillé des entrées et sorties, être admis à exercer le commerce en gros des allumettes. Les marchands en gros s'approvisionnent directement dans les manufactures de l'Etat. De même, les commerçants patentés sont admis à faire des allumettes aux consommateurs moyennant la déclaration prescrite par l'art. 26 du décret du 29 nov. 1871 (D. P. 71. 4. 83). La vente en détail des allumettes est obligatoire pour les débitants de tabac (Circ. min. 30 déc. 1889).

ART. 2. — CONTRAVENTIONS (S. 76 et s.).

181. Les contraventions relatives aux allumettes chimiques, tout en étant prévues par des dispositions spéciales (L. 4 sept. 1871, art. 5 ; 28 janv. 1875, art. 2 et 3, D. P. 75. 4. 89 ; 28 juill. 1875, D. P. 76. 4. 20 ; 16 avr.

1895, art. 18 à 20 et 22, D. P. 95. 4. 110), rentrent, en général, dans la catégorie des contraventions de contributions indirectes. Elles sont passibles de l'amende, de la confiscation et de l'emprisonnement, peines qui sont applicables dans les mêmes conditions que dans toute autre matière des contributions indirectes. L'amende, notamment, a plutôt le caractère de réparation civile que celui d'une peine.

182. Ces contraventions consistent dans : 1° la *vente en fraude d'allumettes chimiques à domicile ou le colportage*, punis d'une amende de 300 à 1000 francs et de la confiscation des allumettes saisies, des ustensiles servant à la vente et des moyens de transport (L. 2 août 1872, art. 1er ; 28 janv. 1875, art. 3 ; 28 avr. 1816, art. 222, R. p. 410), sans préjudice de l'arrestation et de la détention ; 2° le *simple transport d'allumettes pour le compte des fraudeurs et des contrebandiers*, puni d'une amende de 100 à 1000 francs et de la confiscation des allumettes et des moyens de transport, sauf au prévenu à invoquer l'immunité de l'art. 13 de la loi du 21 juin 1873 (V. L. 16 avr. 1895, art. 19, § 2 et 3) ; 3° la *détention d'allumettes de fraude*, c'est-à-dire ne provenant pas des boîtes et paquets revêtus des timbres-vignettes de l'Etat, punie d'une amende de 10 francs par kilogramme d'allumettes saisies, sans que la condamnation puisse être inférieure à 100 francs, ni supérieure à 3000 francs, et de la confiscation (L. 28 juill. 1875, art. 1er, § 1er ; L. 28 avr. 1816, art. 217 et 218).

183. La détention d'allumettes de fraude est punissable quelque minime que soit leur quantité, quelle que soit la partie du domicile privé ou des magasins et autres locaux destinés au public où la constatation a été faite. Les allumettes, même celles qui proviennent des manufactures de l'Etat, ne peuvent être détenues en quantité de plus d'un kilogramme, si elles ne sont contenues dans des boîtes ou paquets fermés revêtus des timbres ou vignettes de l'Administration (L. 28 juill. 1875, art. 1er). Toutefois, la limite de un kilogramme n'est pas applicable aux aubergistes, débitants, hôteliers et, en général, à tous ceux qui mettent gratuitement et ostensiblement des allumettes à la disposition du public, sous réserve des peines portées contre ceux qui seraient reconnus détenteurs d'allumettes de provenance frauduleuse (L. 28 juill. 1875, art. 1er, § 2).

184. L'art. 20, § 4, de la loi du 16 avr. 1895 punit d'une amende de 100 francs à 1000 francs, et de la confiscation des objets saisis la *détention*, pour la fabrication préalable au bureau de la Régie, des *ustensiles, instruments ou mécaniques affectés à la fabrication des allumettes*, des bois d'allumettes blanches ou soufrées ayant moins de 10 centimètres de longueur, de mèches d'allumettes de cire ou de stéarine, de matières propres à la préparation des pâtes chimiques, des boîtes vides et des cartons destinés à contenir des allumettes.

185. La *fabrication frauduleuse* des allumettes chimiques entraîne une amende de 300 à 1000 francs, un emprisonnement de six jours à six mois, la confiscation des allumettes et des instruments et ustensiles servant à la fabrication, sans préjudice de l'arrestation et de la détention des contrevenants. — Les mêmes pénalités sont applicables à la simple détention des pâtes phosphorées propres à la fabrication des allumettes (L. 28 juill. 1875, art. 3 ; 16 avr. 1895, art. 19, § 1er, 20, § 1er, 2, 3). En cas de récidive, l'amende ne peut être inférieure à 500 francs (L. 16 avr. 1895, art. 20, § 1er).

186. Enfin l'art. 5 de la loi du 4 sept. 1871 punit d'une amende de 100 à 1000 francs et de la confiscation les infractions des *débitants*, c'est-à-dire des marchands en gros et en détail, autres que celles qui sont visées

par les lois des 28 janv. 1875, 28 juill. 1875 et 16 avr. 1895.

187. Les infractions aux lois constitutives du monopole des allumettes peuvent être constatées par les employés des Contributions indirectes, des Octrois et des Douanes, par les gendarmes, les gardes forestiers et généralement tout employé assermenté. — Ces agents ont qualité pour opérer la saisie des allumettes et des moyens de transport. — Leurs procès-verbaux sont soumis aux formes et prescriptions établies par le décret du 1er germ. an 13 (V. *infrà, Procès-verbal*).

188. Les agents des Contributions indirectes peuvent, pour rechercher les faits de fraude, procéder à des visites domiciliaires. Ces visites ne peuvent avoir lieu chez les particuliers qui ne sont ni marchands en gros ou en détail, ni commissionnaires, que dans les formes prescrites par l'art. 237 de la loi du 28 avr. 1816, c'est-à-dire avec l'assistance d'un magistrat ou officier de police, et sur l'ordre d'un employé supérieur de la Régie.

189. Les individus trouvés vendant en fraude à domicile ou colportant des allumettes de fraude, ceux qui sont inculpés de fabrication frauduleuse doivent être arrêtés, constitués prisonniers par les agents qui ont qualité pour constater les contraventions. Ceux qui sont pris en flagrant délit doivent être conduits devant le juge compétent, qui statue de suite par une décision motivée sur leur emprisonnement ou leur mise en liberté (L. 28 janv. 1875, art. 3 ; 28 avr. 1816, art. 1er ; 16 avr. 1895, art. 19, § 1er et 20, § 1er). Les contrevenants qui sont condamnés sont, après jugement, maintenus en état de détention jusqu'à ce qu'ils aient acquitté le montant des condamnations pécuniaires prononcées contre eux ou jusqu'à l'expiration du délai fixé pour la contrainte par corps (L. 1895, art. 19, § 1er ; 28 avr. 1816, art. 25).

190. L'administration des Contributions indirectes a seule le droit de poursuite en matière d'allumettes chimiques, excepté lorsque la loi prononce la peine de l'emprisonnement ; en ce cas, le ministère public a qualité pour agir isolément. — Les poursuites sont, suivant la règle générale en matière de contributions indirectes (V. *suprà*, n° 148), prescrites par un délai de trois mois. Elles ont lieu devant le tribunal correctionnel, et en suivant la procédure applicable à la matière des contributions indirectes.

ART. 3. — IMPORTATION ET EXPORTATION (S. 74 et 75).

191. L'importation des allumettes, prohibée d'une manière absolue, ne peut avoir lieu que pour le compte de l'Etat et moyennant un droit de 12 francs par 100 kilogrammes pour les allumettes en bois et de 20 francs pour les autres. — L'exportation peut être faite, soit directement par les manufactures, soit par les marchands ou détaillants, à la condition que les chargements soient expédiés dans des caisses plombées par la Régie et en vertu d'acquits-à-caution.

ART. 4. — RÉGIME DU PHOSPHORE.

192. Indépendamment des formalités qui régient le commerce du phosphore à raison du caractère vénéneux de cette substance (L. 19 juill. 1845 ; V. *infrà, Substances vénéneuses*), la loi du 16 avr. 1895 (art. 21) en a soumis la fabrication, la circulation, la vente et l'emploi à une réglementation fiscale, qui a fait l'objet d'un décret du 19 juill. 1895 (D. P. 96. 4. 107). — Les contraventions à ce décret forment une catégorie unique de contraventions, toutes punies de la même peine, à savoir d'une amende de 100 à 1000 francs, sans préjudice de la confiscation des objets saisis (L. 16 avr. 1895, art. 20, § 3 ; Trib. corr. de Dijon, 18 mars

1898, D. P. 99. 2. 162). — L'arrestation préventive et l'emprisonnement après jugement des prévenus doivent être appliqués, comme aux contraventions en matière d'allumettes (Dijon, 21 janv. 1903).

SECT. VIII. — Tabacs.

ART. 1er. — ADMINISTRATION DES TABACS (R. 547 et s.;.S. 5 et s.).

193. L'administration des Tabacs est distincte de l'administration des Contributions indirectes. L'administration générale des Tabacs a dans son ressort la fabrication du tabac, les approvisionnements et en général les travaux qui en dépendent; elle comprend un service central, établi au ministère des Finances, et des services extérieurs. Le service central comprend un directeur général et deux administrateurs placés à la tête des bureaux. Les services extérieurs sont : 1o le service des manufactures, fabrications et constructions; 2o le service des manufactures, contrôle et comptabilité; 3o le service de la culture et des magasins en France et en Algérie. — Le service de la vente reste entre les mains de l'administration des Contributions indirectes; il est confié : 1o aux entreposeurs chargés de l'approvisionnement en gros et de la vente aux débitants; 2o aux débitants qui vendent aux consommateurs.

194. Les *entreposeurs* sont nommés par le ministre des Finances sur la proposition du directeur général des Contributions indirectes (Décr. 29 oct. 1875 , art. 1er). Ils sont soumis au contrôle de l'administration des Tabacs, à celui de l'administration des Contributions indirectes et à celui de la Cour des comptes. Ils sont astreints à un cautionnement.

195. Les *débitants* de tabac, placés directement sous la direction et la surveillance de l'administration des Contributions indirectes, sont nommés, pour les débits dont le produit dépasse 1000 francs, par le ministre des Finances, et par le préfet pour les autres débits (Décr. 28 nov. 1873; 30 janv. 1884). — Une commission centrale, instituée auprès du ministre des Finances, et des commissions départementales, sont chargées d'examiner les demandes et de dresser les listes de candidats. Les titulaires doivent être choisis sur ces listes. — En principe, les titulaires des bureaux de tabac sont tenus de les gérer personnellement; mais la cession de la gérance est tolérée par l'Administration, et, en fait, la majeure partie des bureaux de tabac n'est pas gérée par les titulaires. Toutefois, la cession n'est valable qu'autant qu'elle a été soumise au contrôle de l'Administration et approuvée par elle (Douai, 13 avr. 1897, D. P. 98. 2. 205). — Les débitants ne sont pas astreints au cautionnement ni justiciables de la Cour des comptes.

ART. 2. — CULTURE DU TABAC (R. 559 et s.; S. 16 et s.).

196. La culture du tabac n'est pas libre. Elle n'est admise que dans vingt-deux départements; encore les cultivateurs doivent-ils se munir d'une autorisation, sous peine d'une amende de 50 ou 150 francs par cent pieds de tabac, suivant que la culture a lieu en terrain ouvert ou clos de murs (L. 1816, art. 180 et 181). Les permissions, délivrées dans les formes prévues par les art. 2 et 3 de la loi du 12 févr. 1835, sont personnelles; elles peuvent toutefois être cédées par les propriétaires à leurs fermiers ou cultivateurs de l'agrément de la Régie (L. 21 déc. 1872, D. P. 73. 4. 9). — Les cultivateurs sont tenus de représenter le produit de leur récolte, à peine de payement du droit calculé sur le prix du tabac de cantine pour les manquants (L. 1816, art. 182), et d'anéantir les tiges et souches après la récolte (L. 1816, art. 196). Ils concourent pour les quatre cinquièmes à l'approvisionnement des manufactures de l'Etat.

197. Les réclamations de droits sur les manquants sont faites et poursuivies par voie d'états de recouvrement dressés par les agents du service des tabacs : les droits sont payés à titre de créance de l'Administration, et non d'amende. — Les contestations sur les états de recouvrement doivent être portées, dans le délai d'un mois, devant le conseil de préfecture (L. 1816, art. 201, 214). La force majeure seule, constatée dans les formes prévues par l'art. 197 de la loi du 28 avr. 1816, peut donner lieu à une modération des droits.

198. La culture du tabac pour l'exportation est régie par les art. 202 à 214 de la loi de 1816; elle est permise sous condition d'une autorisation subordonnée à la solvabilité des cultivateurs et d'exportation avant le 1er avril, sauf une prolongation qui ne peut dépasser le 1er septembre. Après ce délai, les tabacs doivent être mis en entrepôt dans les magasins de la Régie; ils ne peuvent circuler qu'avec un laissez-passer de la Régie dès qu'ils sortent de chez le cultivateur. Les tabacs non emportés ni mis en entrepôt dans les délais sont saisis et confisqués.

ART. 3. — CIRCULATION DES TABACS (R. 572 et s.; S. 25 et s.).

199. Les tabacs en feuilles ne peuvent circuler sans acquit-à-caution, ou avec un laissez-passer, s'il s'agit de tabacs cultivés en vue de l'approvisionnement de la Régie, et transportés du domicile du cultivateur au magasin de réception, ou de tabacs destinés à l'exportation. — Quant aux tabacs fabriqués, ils ne peuvent circuler sans un laissez-passer dans la proportion de 1 à 10 kilogr., sans un acquit-à-caution au delà de 10 kilogr.

ART. 4. — FABRICATION, VENTE, IMPORTATION, DÉTENTION (R. 553 et s.; S. 29 et s.).

200. Par suite du monopole qui appartient à l'Etat, la fabrication du tabac est interdite aux particuliers et constitue de leur part une contravention. Sont considérés et punis comme fabricants frauduleux, les particuliers chez lesquels il est trouvé des ustensiles, machines ou mécaniques propres à la fabrication ou à la pulvérisation et, en même temps, des tabacs en feuilles ou en préparation, quelle qu'en soit la quantité, ou plus de 10 kilogrammes de tabac fabriqué non revêtu des marques de la Régie (L. 1816, art. 221, § 1er). — La même prohibition s'étend à la fabrication des cigarettes pour autrui, en vue d'un profit, avec du tabac de la Régie; cette fabrication est réprimée même lorsqu'elle est accidentelle (L. 1816, art. 221, § 2; 16 avr. 1895, art. 17). Sont interdits également et punis comme contraventions la vente par toutes autres personnes que les débitants et le colportage du tabac (L. 1816, art. 222).

201. La détention du tabac en feuilles est prohibée pour tous autres que les cultivateurs autorisés : nul ne peut avoir en provision du tabac fabriqué autre que celui des manufactures nationales, et cette provision ne peut excéder 10 kilogr., à moins que les tabacs ne soient revêtus des marques et vignettes de la Régie (L. 1816, art. 217). Quant au tabac étranger, il ne peut être détenu en quantités constituant une *provision*; les tribunaux ont à cet égard un pouvoir discrétionnaire d'appréciation. — La détention du tabac de cantine, en quelque quantité que ce soit, est interdite partout où la vente n'en est pas autorisée. Dans les localités où cette vente est permise, les particuliers ne peuvent en avoir en leur possession une quantité supérieure à 5 kilogrammes.

202. La fabrication et le commerce des préparations pouvant servir à la même destination que le tabac, alors même qu'elles n'en auraient aucunement l'apparence, est interdite (L. 12 févr. 1835, art. 5).

203. Les tabacs étrangers ne peuvent être, en principe, importés que pour le compte de la Régie; toutefois, ils peuvent être introduits par petites quantités par les particuliers pour leur usage personnel, moyennant le payement de droits de douane.—Pour combattre la contrebande à la frontière, des zones ont été établies dans lesquelles la vente du tabac est autorisée à prix réduits. Les zones sont déterminées par des règlements d'administration publique (L. 1er déc. 1875, art. 1er; Décr. 28 mai 1879, 11 août 1881, 26 juill. 1882).

ART. 5. — CONSTATATION ET POURSUITE DES CONTRAVENTIONS. — PEINES (S. 591 et s.; S. 49 et s.).

204. La constatation de la fraude, en matière de tabacs, appartient aux employés des contributions indirectes, des douanes et des octrois, aux gendarmes, préposés forestiers, gardes champêtres, et généralement tous employés assermentés : ces agents ont qualité pour dresser procès-verbal et pour procéder à la saisie des tabacs et appareils prohibés, des chevaux et moyens divers de transport, enfin pour constater la fraude des fraudeurs et colporteurs (L. 1816, art. 223). Ils ne peuvent procéder à des visites domiciliaires, en vue de rechercher la fraude sur les tabacs, que dans les conditions déterminées par l'art. 237 de la loi de 1816 (V. supra, no 131). La preuve de la fraude peut être faite, comme dans toute la matière des contributions indirectes (V. supra, no 154).

205. La responsabilité civile, édictée d'une manière générale, en matière de contributions indirectes, par l'art. 35 du décret du 1er germ. an 13, contre les propriétaires des marchandises saisies, est applicable en matière de tabacs (V. supra, no 154).

206. Les peines applicables aux contraventions en matière de tabac sont, en général, la confiscation et l'amende (L. 22 avr. 1816, art. 216, 218, 219, 221, 222). Le taux des amendes qui, d'après la loi de 1816, variait, suivant les cas, entre un minimum de 100 francs et un maximum de 3 000 francs, a été doublé par la loi du 30 mars 1903 (art. 39, § 1er). En outre, ceux qui sont convaincus d'avoir fabriqué, vendu ou transporté du tabac en fraude, quelles que soient l'espèce et la provenance de ce tabac, sont passibles d'un emprisonnement de six jours à six mois et, en cas de récidive, d'un mois à un an (même art., § 2).

SECT. IX. — Enregistrement et timbre.

207. Les quittances et acquits-à-caution délivrés par les agents des contributions indirectes sont exempts de la formalité du timbre et de l'enregistrement (L. 22 frim. an 7, art. 70, § 3, no 5, R. vo *Enregistrement*, t. 21, p. 26; 15 mai 1818, art. 80, R. eod. vo, t. 21, p. 41).

208. La régie des Contributions devant faire l'avance des frais de poursuite et des droits de timbre et d'enregistrement, dans toutes les affaires poursuivies à sa requête et dans son intérêt ou celui de ses agents, les actes faits à sa requête sont enregistrés au comptant (Ord. 22 mai 1816, art. 4, § 2; Instr. admin. Enreg. no 726).

209. 1o *Enregistrement.* — Les procès-verbaux dressés par les agents doivent être enregistrés dans les quatre jours de leur date et soumis au droit fixe de 2 francs (L. 28 avr. 1816, art. 43, no 16, R. vo *Enregistrement*, t. 21, p. 39; 28 févr. 1872, art. 4, D. P. 72. 4. 12; 28 avr. 1893, art. 22, D. P. 93. 4. 79). — Si, au lieu de dresser procès-verbal, les agents font souscrire une reconnaissance, cette reconnaissance n'est assujettie qu'au droit fixe de 1 franc, comme acte tendant au recouvrement de l'impôt (Circ. admin. Contrib. ind. 11 août 1882, n° 345). Il en est de même des cautionnements contenus dans les procès-verbaux (Décis. min. Fin. 25 nov. 1806 ; Instr. admin. Enreg., n° 323) et des actes de constitution d'un gardien (Décis. min. Fin. 30 juin 1859 ; Instr. admin. Enreg., n° 2155, § 2).

210. Les actes de poursuite pour le recouvrement des contributions indirectes sont soumis au droit fixe de 1 franc, mais seulement lorsque la somme principale excède 100 francs (L. 22 frim. an 7, art. 68, § 1er, n° 30 ; 16 juin 1824, art. 6 ; 19 févr. 1874, art. 2, D. P. 74. 4. 41 ; 26 janv. 1892, art. 7, D. P. 92. 4. 9 ; 28 avr. 1893, art. 22). Lorsque la somme réclamée est de 100 francs et au-dessous, les actes sont enregistrés gratis. Tandis qu'en matière de contributions directes on doit considérer, pour l'application de cette règle, le montant intégral de chaque cote (V. *suprà, Impôts directs,* n° 443), on ne tient compte, en matière de contributions indirectes, que du montant du droit qui donne lieu à la poursuite (Décis. min. Fin. 11 déc. 1900 ; Instr. admin. Enreg. n° 3114, § 3).

211. Les jugements rendus en matière de contributions indirectes sont assujettis aux mêmes droits d'enregistrement que ceux rendus entre particuliers (L. 28 avr. 1816, art. 39).

212. 2° *Timbre.* — Les registres des receveurs des contributions indirectes sont exempts du timbre (L. 13 brum. an 7, art. 16-2°, § 3, R. v° *Enregistrement,* t. 22, p. 737).

213. Les expéditions et quittances délivrées par les employés des contributions indirectes sont marquées d'un timbre spécial dont le prix est de 10 centimes, et qui est perçu par la Régie (L. 28 avr. 1816, art. 243). Ce timbre spécial est applicable à tous les droits encaissés par l'administration des Contributions indirectes, spécialement aux quittances délivrées par les receveurs au sujet des indemnités dues par les communes pour les frais auxquels donne lieu l'exercice chez les assujettis (Décis. min. Fin. 17 oct. 1871, D. P. 74. 5. 491). Mais il ne s'applique qu'aux actes émanés des agents de l'Administration. Les quittances données à l'Administration doivent être timbrées à 0 fr. 10 ou à 0 fr. 25, suivant qu'elles émanent de particuliers ou de comptables. — Les pièces revêtues du timbre spécial des Contributions indirectes se trouvent par là même dispensées du timbre des quittances établi par la loi du 23 août 1871 ; mais les pièces soumises au droit de timbre de dimension fixé par les lois sur le timbre y demeurent assujetties (Sol. admin. 16 nov. 1893 ; Circ. admin. Contrib. ind. 14 déc. 1893, D. P. 95. 5. 529).

214. Les copies des procès-verbaux signifiées par les agents de l'administration des Contributions indirectes peuvent être rédigées sur papier ordinaire de la débite, ou sur des formules revêtues du timbre extraordinaire ou du timbre mobile. Mais les significations d'actes faites à la requête de ladite Administration par ministère d'huissier doivent être écrites sur du papier copie (L. 29 déc. 1873, art. 2 à 5, D. P. 74. 4. 96 ; Instr. admin. Enreg. 15 févr. 1875, n° 2504, D. P. 75. 5. 439).

INCENDIE

(R. v° *Dommage-destruction,* n° 5 et s. ; S. *eod.* v°, n° 14 et s.)

1. L'art. 434 c. pén., qui prévoit le crime d'incendie, a été successivement modifié par la loi du 28 avr. 1832 et par celle du 13 mai 1863 (D. P. 63. 4. 79) qui prévoit, en en graduant la criminalité, six classes d'in-

cendie. — Ces différentes catégories offrent un caractère commun : pour qu'il y ait crime d'incendie, le feu doit avoir été mis *volontairement,* c'est-à-dire par vengeance ou par intention de nuire.

ART. 1er. — DES DIFFÉRENTS CRIMES D'INCENDIE PRÉVUS PAR L'ART. 434 C. PÉN.

§ 1er. — *Incendie soit de lieux habités ou servant à l'habitation, soit de voitures ou wagons réputés habités* (R. 37 et s. ; S. 17 et s.).

2. La première classe comprend les crimes d'incendie prévus par l'art. 434, § 1 et 2 ; ils sont passibles de la peine de mort, encore que la chose incendiée appartienne à l'auteur de l'incendie.

3. Le premier paragraphe de l'art. 434 vise l'incendie de lieux *habités* ou *servant à l'habitation,* tels que édifices, navires, bateaux, magasins, chantiers ou autres lieux destinés à l'habitation. Il n'est pas nécessaire que les lieux soient réellement habités *au moment* de l'incendie. — Les dispositions de l'art. 390, relatif au vol dans une maison habitée, sont applicables, d'après la jurisprudence, aux cas d'incendie. Aussi les expressions « maisons habitées » ou « servant à l'habitation » s'entendraient non seulement des édifices eux-mêmes, mais encore de toutes leurs dépendances, comme les cours, basses-cours, écuries, granges ; mais il faut que ces bâtiments soient compris dans l'enceinte générale de la maison habitée : il ne suffirait pas qu'ils y fussent *attenants.* — Quant aux édifices servant à la réunion des citoyens, comme les églises, tribunaux, théâtres, etc., ils doivent être rangés dans la catégorie de ceux dont il est question au paragraphe 3 de l'art. 434 (V. *infrà,* n° 6).

4. La loi assimile à l'incendie de lieux habités ou servant à l'habitation le fait de mettre le feu soit à des voitures ou wagons contenant des personnes, soit à des voitures ou wagons ne contenant pas de personnes, mais faisant partie d'un convoi qui en contient (Pén. 434, § 2). Cette dernière disposition s'applique aux trains mixtes contenant à la fois des wagons de voyageurs et des wagons de marchandises, et même aux simples trains de marchandises, qui emportent toujours avec eux un certain nombre d'agents de l'exploitation. — Si le feu est mis à des wagons, chargés ou non de marchandises, qui ne font point partie d'un convoi contenant des personnes, ce cas rentre dans la troisième classe d'incendie, prévue par le paragraphe 5 de l'art. 434 (V. *infrà,* n° 8 et 11).

5. L'art. 434, § 2 et 5, ne vise que l'incendie des voitures ou wagons de chemin de fer, et non toutes les voitures en général. Ainsi, l'incendie volontaire d'une voiture en station dans une rue et ne contenant que des marchandises ne constitue que la contravention de dommage causé aux propriétés mobilières d'autrui (V. *suprà, Contraventions,* n° 81 et s. ; Cr. c. 22 déc. 1898, D. P. 99. 1. 489).

§ 2. — *Incendie de lieux non habités ou ne servant pas à l'habitation, de forêts, bois taillis et récoltes sur pied, appartenant à autrui* (R. 58 et s. ; S. 32 et s.).

6. Dans cette hypothèse. où l'incendie ne menace plus directement la vie des personnes, mais s'attaque à la propriété d'autrui, la peine n'est plus que celle des travaux forcés à perpétuité (Pén. 434, § 3).

7. Cette disposition vise d'abord les lieux non habités ou ne servant pas à l'habitation ; on y comprend, lorsqu'ils remplissent la condition précitée, les constructions de toute nature, ainsi que les bateaux, navires, magasins, chantiers, granges, hangars ; ce sont des lieux qui, lorsqu'ils sont habités ou servent à l'habitation, rentrent dans la pre-

mière catégorie indiquée *suprà,* n° 3 et 4. — Le paragraphe 3 de l'art. 434 vise en second lieu des lieux non susceptibles d'habitation : les forêts, bois taillis et récoltes sur pied. — L'expression *bois* doit s'entendre de terrains d'une vaste étendue couverts d'arbres, et non de groupes d'arbres.

§ 3. — *Incendie des bois et récoltes abattus, des voitures ou des wagons ne faisant pas partie d'un convoi contenant des personnes* (R. 68 et s. ; S. 35 et s.).

8. L'art. 434, § 5, punit des travaux forcés à temps celui qui aura volontairement mis le feu soit à des pailles ou récoltes mises en meules ; soit à des bois disposés en tas ou en stères, soit à des voitures ou wagons chargés ou non de marchandises ou autres objets mobiliers ne faisant pas partie d'un convoi contenant des personnes, si ces objets ne lui appartiennent pas.

9. Les récoltes et pailles doivent avoir été mises en tas ou en meules ; ce paragraphe serait inapplicable à l'incendie de bottes de chaume. En outre, il faut qu'elles soient encore dans les champs ; lorsqu'elles ont été engrangées ou transportées dans un édifice quelconque, alors même qu'elles y seraient en tas ou en meules, elles sont protégées par les pénalités plus sévères qui frappent l'incendie du lieu où elles ont été transportées.

10. L'art. 434, § 5, sauvegarde les bois abattus, non plus comme récoltes, mais comme bois, en se bornant à exiger qu'ils aient été mis en tas ou en stères. Ainsi, il est applicable aux bois qui, ayant été vendus par leur propriétaire, ont perdu leur caractère de récoltes pour devenir des marchandises, et cela quand même ils ne seraient plus dans la forêt où ils ont été abattus, mais auraient été transportés et déposés, par exemple, dans les lieux d'embarquement ou de formation des trains.

11. En ce qui concerne les voitures ou wagons, l'art. 434, § 5, ne peut s'appliquer qu'aux voitures ou wagons isolés sous un hangar ou sur une voie de garage ; car, s'ils faisaient partie d'un train de marchandises quelconque, ce train contiendrait des agents de l'exploitation et rentrerait dans l'hypothèse prévue *suprà,* n° 4.

§ 4. — *Incendie de sa propre chose par le propriétaire ou sur son ordre* (R. 85 et s. ; S. 43 et s.).

12. L'incendiaire de sa propre chose n'est puni, sauf lorsqu'il s'agit d'un édifice habité ou servant à l'habitation (V. *suprà,* n° 2 et s.), que lorsqu'il a volontairement, par le fait de l'incendie, *causé préjudice à autrui.* — Aux termes des paragraphes 4 et 6 de l'art. 434, celui qui, en mettant ou en faisant mettre le feu à l'un des objets énumérés soit au paragraphe 3 (V. *suprà,* n° 6 et 7), soit au paragraphe 5 (V. *suprà,* n° 8 et s.), et *à lui-même appartenant,* a volontairement causé un préjudice à autrui, est puni des travaux forcés à temps dans le premier cas (Pén. 434, § 4), de la réclusion dans le second (Pén. 434, § 6).

13. Par propriétaire, il faut entendre le propriétaire *exclusif* : le co-propriétaire, l'associé, le nu-propriétaire, l'usufruitier, l'usager, l'emphytéote, le propriétaire qui loue ou afferme sa chose, ne peuvent être considérés comme propriétaire exclusifs et doivent être, le cas échéant, punis comme incendiaires de la chose d'autrui. Ainsi, l'incendie, par le mari, d'une chose propre à sa femme constitue l'incendie de la chose d'autrui, alors même que le mari en aurait la jouissance et l'administration. — Quant au préjudice volontaire causé à autrui, il suffit d'un dommage *quelconque* ; il peut consister, par exemple, dans la privation, pour un vendeur, de son privilège, ou, pour un créancier hypothécaire, de la sûreté de son hypothèque. Une hypothèse plus fréquente est celle du propriétaire qui allume l'incendie dans le but de toucher une indemnité d'assurance supérieure à la valeur actuelle de son immeuble.

14. Celui qui a mis le feu sur l'ordre du propriétaire est frappé des mêmes peines que celui-ci, et, de même que lui, il ne les encourt qu'autant que l'incendie a causé un préjudice à autrui.

§ 5. — Incendie par communication
(R. 97 et s.; S. 54 et s.).

15. Celui qui a communiqué l'incendie à l'un des objets énumérés dans les précédents paragraphes, en mettant volontairement le feu à des objets appartenant soit à lui, soit à autrui, et placés de manière à communiquer ledit incendie, est puni de la même peine que s'il avait directement mis le feu à l'un desdits objets (Pén. 434, § 7).

16. Les *objets de communication* de l'incendie peuvent être des objets *quelconques*, même des objets dont la destruction ne constituerait qu'un délit (V. *infrà*, n° 25) ou une simple contravention (V. *suprà*, *Contravention*, n°s 81 et s.). — Ils doivent avoir été placés de manière à communiquer le feu. Il faut que le feu ait été réellement communiqué; ainsi, il n'y a pas de crime si les objets, bien que placés pour communiquer le feu à l'une des choses énumérées en l'art. 434, n'ont pu y allumer l'incendie; l'incrimination ne peut porter alors que sur l'incendie des choses consumées.

17. Le feu doit avoir été mis volontairement aux objets de communication; mais il n'est pas nécessaire de prouver qu'il y a eu volonté de communiquer le feu aux objets que l'incendie a ultérieurement atteints; l'intention de communiquer le feu résulte du seul fait qu'il a été mis à des objets quelconques disposés de manière à le communiquer. Toutefois, ce n'est là qu'une présomption qui peut être combattue par toute espèce de moyens.

§ 6. — Incendie ayant occasionné la mort
(R. 109 et s.; S. 58 et s.).

18. Lorsque l'incendie, dans les cas prévus par les paragraphes 3 et suivants de l'art. 434, a occasionné la mort d'une ou plusieurs personnes se trouvant dans les lieux incendiés au moment où il a éclaté, la loi prononce la peine de mort (Pén. 434, § 8).

19. L'incendiaire ne peut être puni de la peine capitale que si, en mettant le feu, il s'est trouvé dans un des cas rigoureusement prévus par l'art. 434. L'art. 434, § 8, n'est donc pas applicable, par exemple, au fait d'incendie prévu et puni par l'art. 458 c. pén. (V. *infrà*, n° 25); en pareil cas, il ne pourrait y avoir lieu qu'à l'application des peines de l'homicide par imprudence.

20. La loi suppose ici que la mort d'une ou plusieurs personnes s'est produite accidentellement et en dehors de toute volonté homicide de la part de l'incendiaire. S'il en était autrement, on rentrerait dans le cas de meurtre ou d'assassinat, et il y aurait alors une double incrimination : l'incendie volontaire, considéré en lui-même; l'homicide volontaire. Il suffit, d'ailleurs, que la mort soit due à l'incendie lui-même; il n'est pas nécessaire que la victime ait été trouvée morte sur le lieu même de l'incendie. — Enfin, l'art. 434, § 8, n'est pas applicable, si l'incendie a occasionné non la mort, mais des blessures, quelque graves qu'elles soient.

21. Les personnes qui ont péri doivent s'être trouvées dans les lieux incendiés au moment même où le feu a éclaté, ou, plus exactement, au moment où le feu *a été mis*, ce qui exclut le cas de mort des personnes accourues du dehors sur le lieu de l'incendie, par exemple pour porter des secours.

ART. 2. — DESTRUCTION CAUSÉE PAR L'EFFET D'UNE MINE (R. 112 et s.; S. 64 et s.).

22. Ce crime est prévu par l'art. 435 c. pén., modifié par la loi du 2 avr. 1892 (D. P. 92. 4. 42). Le nouvel art. 435, dans son paragraphe 1er, prononce les peines portées par l'art. 434, suivant les distinctions qui y sont établies (V. *suprà*, n°s 2 et s.), contre ceux qui auront détruit volontairement, *en tout ou en partie*, ou tenté de détruire par l'effet d'une mine ou *de toute autre substance explosible*, les édifices, habitations, digues, chaussées, navires, bateaux, véhicules de toutes sortes, magasins ou chantiers, ou leurs dépendances, ponts, voies publiques ou privées et généralement tous objets mobiliers ou immobiliers, de quelque nature qu'ils soient. La loi applique les peines de l'incendie volontaire à la destruction par l'effet de toute substance explosible; elle assimile la destruction partielle à la destruction totale; elle comprend, dans son énumération, tous les objets mobiliers ou immobiliers susceptibles d'être détruits par une explosion.

23. Dans son paragraphe 2, le nouvel art. 435 assimile à la tentative de meurtre prémédité le dépôt, dans une intention criminelle, sur une voie publique ou privée, d'un engin explosif.

24. Enfin, dans ses deux derniers paragraphes, le nouvel art. 435 décide que les personnes coupables des crimes mentionnés dans cet article seront exemptes de peines si, avant la consommation de ces crimes et avant toutes poursuites, elles en ont donné connaissance et révélé les auteurs aux autorités constituées, ou si, même après les poursuites commencées, elles ont procuré l'arrestation des autres coupables. Néanmoins, elles peuvent être frappées, pour la vie ou à temps, de l'interdiction de séjour.

ART. 3. — DÉLIT D'INCENDIE PAR IMPRUDENCE, MALADRESSE OU INOBSERVATION DES RÈGLEMENTS (R. 132 et s.; S. 77 et s.).

25. L'incendie des propriétés mobilières ou immobilières d'autrui, qui a été causé soit par la vétusté ou le défaut soit de réparation, soit de nettoyage des fours, cheminées, foyers, maisons ou usines prochaines, ou par des feux allumés dans les champs à moins de cent mètres des maisons, édifices, forêts, bruyères, bois, vergers, plantations, haies, meules, tas de grains, pailles, foins, fourrages ou tout autre dépôt de matières combustibles, ou par des feux ou lumières portés ou laissés sans précaution suffisante, ou par des pièces d'artifices allumées ou tirées par négligence ou imprudence, est puni d'une amende de 50 à 500 francs (Pén. 458).

26. L'art. 458 c. pén. vise ainsi quatre cas délictueux : l'incendie allumé par suite de : 1° *Vétusté ou défaut de réparation ou de nettoyage des fours*, délit qui se distingue de la contravention prévue par l'art. 471, n° 1, c. pén. (V. *suprà*, *Contravention*, n° 18), en ce qu'il résulte de l'incendie, tandis que la contravention existe, abstraction faite de tout incendie, par le seul fait de la vétusté ou de la dégradation.

27. 2° *Feux allumés dans les champs* à une distance de moins de cent mètres des maisons, etc. Ce délit se distingue de ceux prévus : *a*) par l'art. 10, tit. 2, de la loi du 28 sept.-6 oct. 1791, complété par les art. 10, 11 et 12 de la loi du 21 juin 1898 (D. P. 98. 4. 125); *b*) par l'art. 148 c. for., qui interdit de porter ou d'allumer le feu dans l'intérieur ou à moins de deux cents mètres des bois ou forêts soumis ou non au régime forestier, et par l'art. 42 du même Code, qui défend aux adjudicataires des coupes à leurs garde-ventes et ouvriers d'allumer du feu ailleurs que dans leurs loges ou ateliers (V. *suprà*, *Forêts*, n°s 102 et s.). Ainsi,

en cas de feu allumé entre cent et deux cents mètres d'une forêt, c'est le Code forestier qui est applicable (V. *suprà*, *eod. v°*, n° 102).

28. 3° *Feux ou lumières portés ou laissés sans précautions suffisantes.*

29. 4° *Pièces d'artifices tirées par imprudence ou négligence;* délit qui se distingue de la contravention prévue par l'art. 471, n° 2, c. pén. (V. *suprà*, *Contravention*, n° 19).

INCIDENT
(R. v° *Incident*; S. *eod. v°*).

1. Le mot *incident* désigne tous les événements qui se produisent dans une instance, et en modifient le cours ordinaire (exceptions, mesures d'instruction, reprise ou péremption d'instance, constitution de nouvel avoué, etc.). Dans un sens plus restreint, il désigne : 1° les demandes additionnelles formées par le demandeur, et les demandes reconventionnelles du défendeur; 2° les demandes en intervention formées par les tiers. On ne s'occupe ici que de la première catégorie. Pour la seconde, V. *infrà*, *Intervention*.

2. La demande incidente, qu'elle soit formée par le demandeur (demande additionnelle), ou par le défendeur (demande reconventionnelle), a tantôt un caractère provisoire, et elle nécessite alors une solution avant le jugement du fond, comme la demande d'une provision alimentaire, d'un séquestre, etc., tantôt un caractère définitif, et, en ce cas, elle ne peut être tranchée qu'avec le fond, comme une demande de fruits, de dommages-intérêts, ou d'exécution provisoire.

3. Pour être recevable, la demande incidente doit être connexe à la demande principale; son caractère est d'être née à l'occasion et dans le cours d'une instance principale (Req. 8 juill. 1902, D. P. 1902. 1. 399). Lorsqu'elle n'offre pas ce caractère, elle constitue elle-même une demande principale et doit faire l'objet d'une instance distincte. Elle ne peut pas non plus être formée contre une partie en une qualité autre que celle en laquelle cette partie a été actionnée. Ces demandes additionnelles ne peuvent être formées pour la première fois en appel que dans la mesure où les demandes nouvelles y sont recevables (V. *suprà*, *Demande nouvelle*, n°s 15 et s.). — En ce qui concerne les demandes incidentes du défendeur. V. *suprà*, *Demande reconventionnelle*. — Sur les questions de compétence que font naître les demandes additionnelles et reconventionnelles, V. *suprà*, *Compétence civile des tribunaux d'arrondissement*, n° 6.

4. Les demandes incidentes, additionnelles ou reconventionnelles, sont formées par un simple acte contenant le moyen et les conclusions, avec offre de communiquer les pièces justificatives sur récépissé, ou par dépôt au greffe (Pr. 337). Elles peuvent même être formées verbalement à la barre du tribunal, si le défendeur a un avoué. De même, la réponse faite par une partie à une demande incidente est valable sous forme de simples conclusions et dispense de la formalité de l'exploit introductif d'instance (Rouen, 18 mars 1892, D. P. 94. 2. 167). — En matière commerciale, ces mêmes demandes peuvent être formées par conclusions déposées devant le tribunal, lorsque les deux parties sont présentes; sinon, un ajournement serait nécessaire.

5. Toutes demandes incidentes doivent être formées en même temps; les frais de celles qui seraient proposées postérieurement, et dont les causes auraient existé à l'époque des premières, ne pourraient être répétées (Pr. 338, § 1er).

6. Aux termes de l'art. 338, § 2, les demandes incidentes sont jugées par préalable, s'il y a lieu. Il appartient donc aux juges d'apprécier souverainement s'il y a lieu de statuer sur un incident par un jugement séparé et distinct, ou de le joindre au fond.

INDUSTRIE ET COMMERCE

(R. v° *Industrie et commerce*; S. *eod. v°*).

ART. 1er. — ORGANISATION INDUSTRIELLE ET COMMERCIALE.

1. 1° *Ministère du Commerce et de l'Industrie.* — L'Administration du commerce forme un département distinct, qui, depuis 1886, est appelé ministère du Commerce et de l'Industrie. Ce ministère comprend les directions suivantes : 1° la direction du personnel et de la comptabilité; 2° la direction de l'enseignement technique; 3° la direction de l'assurance et de la prévoyance sociales; 4° la direction du travail; 5° la direction du commerce et de l'industrie.

2. Au ministère du Commerce sont attachés différents conseils ou comités consultatifs. Ce sont : 1° le conseil supérieur du commerce et de l'industrie, qui a pour attribution de donner son avis sur toutes les questions d'intérêt général qui lui sont soumises par le ministre; 2° le comité consultatif des arts et manufactures, qui a pour fonction principale d'émettre des avis sur les questions relatives aux établissements insalubres ou incommodes, aux brevets d'invention, aux tarifs de douane; 3° le conseil supérieur de statistique; 4° le conseil supérieur du travail, qui a dans ses attributions l'étude et l'examen des projets relatifs à la législation du travail et aux questions ouvrières; 5° l'Office du travail, qui est chargé de recueillir, coordonner et publier toutes les informations relatives au travail; 6° l'Office national du commerce extérieur, qui a pour mission de fournir aux industriels et commerçants les renseignements de toute nature pouvant concourir au développement du commerce avec les pays étrangers, les colonies et pays de protectorat; 7° le comité consultatif des assurances contre les accidents du travail; 8° le conseil supérieur de l'enseignement technique; 9° la commission supérieure des expositions internationales (V. *infrà*, n° 8); 10° la commission supérieure du travail des enfants employés dans l'industrie (V. *infrà*, *Travail*); 11° la commission supérieure de la Caisse nationale des retraites pour la vieillesse (V. *infrà*, *Secours publics*); 12° le conseil supérieur des habitations à bon marché (V. *infrà*, *eod. v°*).

3. 2° *Représentation des intérêts commerciaux, industriels et ouvriers.* — Cette représentation est assurée par diverses institutions publiques ou privées. Les principales sont les *chambres de commerce*. Il y a au moins une chambre de commerce par département (L. 9 avr. 1898, art. 1er, D. P. 99. 4. 12). Elles sont chacune créées par décret rendu dans la forme des règlements d'administration publique; le décret d'institution détermine la circonscription de chaque chambre, qui s'étend toujours à tout le département, s'il n'en existe pas d'autre dans ce département (art. 2). Le nombre des membres de chaque chambre de commerce est aussi fixé par décret; il ne peut être inférieur à neuf (art. 3). Ces membres sont élus pour six ans et indéfiniment rééligibles; le renouvellement a lieu par tiers (art. 5). Les chambres de commerce nomment parmi leurs membres un bureau composé d'un président, d'un ou plusieurs vice-présidents, d'un secrétaire et d'un trésorier (art. 8); leurs fonctions sont gratuites (art. 10).

4. Les chambres de commerce sont, auprès des pouvoirs publics, les organes des intérêts commerciaux et industriels de leur cir-

conscription (L. 9 avr. 1898, art. 1er). Elles ont pour attributions de donner les renseignements et avis qui leur sont demandés par le Gouvernement sur les questions industrielles et commerciales. Elles peuvent aussi, de leur propre initiative, présenter leurs vues sur les moyens d'accroître la prospérité de l'industrie et du commerce, notamment à l'aide de la législation industrielle et commerciale, des tarifs de douanes, des tarifs des transports, et de tous autres intéressant le commerce et l'industrie (art. 11, 12 et 13). Elles peuvent être autorisées à fonder et à administrer des établissements tels que magasins généraux, salles de ventes publiques, entrepôts, bans d'épreuves pour les armes, bureaux de conditionnement et titrage, expositions permanentes et musées commerciaux, écoles de commerce, écoles professionnelles, cours publics; elles peuvent, avec l'autorisation ministérielle, acquérir les bâtiments nécessaires à ces établissements ou à leur propre installation (art. 14). Elles peuvent être déclarées concessionnaires des travaux publics, ou chargées de services publics, comme ceux des ports ou voies navigables (art. 15). Elles correspondent directement avec le ministre, et peuvent correspondre entre elles et avec les chambres consultatives des arts et manufactures (art. 17 et 18).

5. Les chambres de commerce sont des établissements publics (L. 9 avr. 1898, art. 1er); elles peuvent, par suite, acquérir, posséder, aliéner, contracter et ester en justice. Il est pourvu à leurs dépenses ordinaires au moyen d'une imposition additionnelle au principal de la contribution des patentes (art. 21). Elles peuvent aussi être autorisées à contracter des emprunts pour les travaux d'utilité générale qu'elles entreprennent; elles font face au service de ces emprunts au moyen de leurs ressources ordinaires, ou au moyen de péages ou droits spéciaux établis en vertu de lois ou de décrets (art. 22 et 23). Elles peuvent se concerter entre elles pour la création ou l'entretien d'établissements d'intérêt commun et contracter, à cet effet, des emprunts collectifs (art. 24). Il existe aussi des chambres de commerce françaises dans différentes villes étrangères.

6. Les *chambres consultatives des arts et manufactures* sont, en ce qui concerne les intérêts industriels, des attributions analogues à celles des chambres de commerce. Elles sont de même composées de membres nommés à l'élection pour six ans et renouvelables par tiers. Mais, à l'inverse des chambres de commerce, dont l'importance et le nombre tendent à augmenter, les chambres consultatives des arts et manufactures jouent un rôle plus effacé, et leur nombre diminue; elles disparaissent peu à peu là où des chambres de commerce sont instituées.

7. En dehors des chambres de commerce et des chambres consultatives des arts et manufactures, qui ont un caractère public et officiel, les intérêts commerciaux, industriels et ouvriers trouvent leur représentation dans différentes institutions privées, parmi lesquelles il faut surtout citer les syndicats professionnels (V. *infrà*, *Syndicats professionnels*).

8. 3° *Expositions.* — La commission supérieure des expositions, qui siège au ministère du Commerce, a pour attributions principales l'étude de toutes les questions relatives aux expositions, la préparation des expositions en France, et la participation de l'industrie et du commerce nationaux aux expositions étrangères. L'organisation administrative et financière de chaque exposition est réglée par des dispositions qui varient beaucoup, suivant les cas. Les expositions donnent aussi lieu à une série de mesures relatives aux récompenses à décerner, aux

facilités de transport et aux exemptions fiscales accordées aux produits exposés, aux moyens d'assurer aux exposants une protection efficace contre la contrefaçon.

9. 4° *Conservatoire des arts et métiers.* — Cette institution a un double objet; elle comprend à la fois un établissement d'instruction industrielle (V. *suprà*, *Enseignement*, n° 182), et un établissement scientifique, véritable musée de l'industrie. Le Conservatoire des arts et métiers est investi de la personnalité civile (L. 13 avr. 1900, art. 32, D. P. 1900. 4. 33). Son organisation et son fonctionnement sont réglés par un décret du 19 mai 1900.

10. 5° *Musées commerciaux.* — Plusieurs grands centres industriels ont été pourvus, dans ces derniers temps, de *musées commerciaux*, c'est-à-dire d'expositions permanentes de matières premières et de produits ouvrés intéressant plus particulièrement leur région. Ces établissements sont à la charge des villes, des chambres de commerce ou associations privées qui les ont fondés; l'Etat ne contribue à leur création et à leur entretien que par des subventions renouvelables.

ART. 2. — DE LA LIBERTÉ DU COMMERCE ET DE L'INDUSTRIE.

§ 1er. — *Principes généraux* (R. 157 et s., 210 et s.; S. 2 et s., 101 et s.).

11. La loi du 2 mars 1791, art. 7 (R. v° *Organisation économique*, p. 1286), en décidant que « toute personne pourra faire tel négoce, exercer telle profession, art ou métier qu'elle trouvera bon », a proclamé le principe de la liberté du commerce et de l'industrie, qui n'a cessé depuis lors d'être la base de notre régime économique. Cette liberté souffre toutefois certaines exceptions fondées sur des considérations d'ordre public, et qui ont pour effet de soumettre diverses industries à une réglementation spéciale. L'exercice d'une profession commerciale ou industrielle assujettit celui qui l'exerce à l'impôt spécial de la patente (V. *suprà*, *Impôts directs*, n°s 294 et s.).

12. Le droit de faire le commerce ou d'exercer une industrie, bien qu'absolu ou presque, n'appartient intégralement qu'aux personnes pleinement capables. — Sur les conditions auxquelles est subordonnée la faculté, pour certains incapables, de faire le commerce, V. *suprà*, *Commerçant*, n°s 11 et s. — Sur la condition des étrangers, au point de vue de l'exercice du commerce et de l'industrie, V. *suprà*, *Étranger*, n°s 26 et s.

13. Un certain nombre de fonctions de l'ordre judiciaire, administratif ou militaire, sont incompatibles avec l'exercice d'un commerce (V. *suprà*, *Commerçant*, n°s 8 et s.).

14. Toute personne peut cumuler plusieurs commerces ou industries, à condition d'observer les obligations afférentes à celles des industries qui seraient réglementées. La loi, cependant, édicte parfois des incompatibilités qui rendent ce cumul impossible; c'est ainsi qu'un pharmacien ne peut, dans les mêmes lieux ou officines, faire aucun autre commerce ou débit que celui de drogues ou préparations médicinales (L. 21 germ. an xi, art. 32, R. v° *Médecine*, p. 563). — Le bénéficiaire d'un monopole ne peut pas non plus en user pour exercer une autre industrie cumulativement avec celui qui en est l'objet : ainsi, une compagnie de chemin de fer, si elle peut accomplir des actes se rattachant à l'œuvre de transport, tels que camionnage, exploitation de buffets, et même d'hôtels situés dans les gares, etc., ne pourrait faire le commerce du charbon sans s'exposer à une action en indemnité de la part des commerçants auxquels elle ferait concurrence (V. *suprà*, *Chemin de fer*, n° 15).

15. Toute industrie et tout commerce peuvent, en principe, être exercés en tout lieu. Tout établissement peut être librement transféré d'un lieu dans un autre. Pour les exceptions que cette règle comporte, V. *infrà*, n°s 20 et s.

16. Le commerce et l'industrie peuvent s'exercer en tout temps, de nuit comme de jour, les jours fériés comme les autres, sauf en ce qui concerne certaines industries réglementées (V. *infrà*, n°s 17, 20 et s.). Cependant, même en ce qui concerne les industries libres, la loi réglemente le travail dans les établissements industriels proprement dits, quant à l'âge d'admission, à la durée du travail de jour et de nuit, au repos hebdomadaire et aux conditions d'hygiène et de sécurité, suivant certaines distinctions d'âge et de sexe (V. *infrà*, *Travail*).

17. Bien que la loi du 18 nov. 1814, qui rendait obligatoire le repos du dimanche, ait été abrogée par la loi du 12 juill. 1880 (D. P. 80. 4. 92), les autorités municipales peuvent prohiber le travail du dimanche dans certains lieux déterminés soumis à leur surveillance, notamment dans les abattoirs, en vue d'y assurer le bon ordre, la salubrité ou la sécurité.

18. Chacun peut travailler comme il l'entend, employer telle matière première qu'il lui plaît, l'ouvrer selon ses procédés et lui donner les formes, couleurs et dimensions qui sont à sa convenance, marquer ces produits ou ne les pas marquer, sauf diverses règles relatives à certaines industries réglementées et à la propriété des dessins et des marques (V. *infrà*, *Propriété industrielle*).

19. Le principe de la liberté du commerce et de l'industrie ne saurait avoir pour effet d'autoriser l'industriel ou le commerçant à causer abusivement un préjudice aux tiers. C'est ainsi que les voisins, obligés de supporter les inconvénients normaux résultant de la proximité d'un établissement industriel ou commercial, installé et exploité sans faute (Civ. c. 11 nov. 1896, D. P. 97. 1. 10), ne sont pas tenus de souffrir les inconvénients excédant les obligations ordinaires du voisinage et provenant d'une faute imputable à l'exploitant, telle que défectuosité de l'installation ou abus d'exploitation : les voisins peuvent, dans ce cas, obtenir des dommages-intérêts et réclamer l'exécution des mesures propres à mettre fin à la situation dommageable, sans qu'on puisse leur opposer l'autorisation administrative qui doit, dans certains cas, précéder l'ouverture de l'établissement (V. *infrà*, *Manufactures et établissements dangereux; Responsabilité*). D'autre part, nonobstant le principe de la liberté du commerce et de l'industrie, les commerçants et industriels sont tenus de s'abstenir de tous actes de concurrence déloyale (V. *suprà*, *Propriété industrielle*).

§ 2. — *Des industries réglementées ou monopolisées* (R. 173 et s., 219 et s.; S. 17 et s., 127 et s.).

20. En face des industries libres se placent les industries dont l'exercice est, pour des raisons dictées par l'intérêt public, soumis à des conditions spéciales, qui constituent autant de restrictions à la liberté du commerce et de l'industrie et qui résultent soit d'arrêtés pris par les maires, dans la limite de leurs droits de police (L. 5 avr. 1884, art. 97, D. P. 84. 4. 25), soit de textes législatifs spéciaux. — L'exercice de quelques industries est même exclusivement réservé à certaines personnes ou à certaines administrations et font ainsi l'objet de monopoles. Il est généralement admis que les actes portant réglementation d'une industrie doivent s'interpréter étroitement quant aux restrictions qu'ils établissent, et largement quant aux libertés qu'ils réservent. Il a été jugé, par exemple, que le règlement dispensant de l'obligation de l'apport au marché les denrées expédiées à des destinations parti-

culières fait profiter de cette dispense même les destinataires commerçants achetant pour revendre (Ch. réun. r. 24 mars 1858, D. P. 58. 1. 139).

21. L'exercice de certaines professions commerciales est subordonné à une autorisation ou à une déclaration préalable.

22. 1° *Bouchers, boulangers*. — V. *suprà*, *Commune*, n°s 149 et s., 154 et s. — Sur la taxe du pain et de la viande, V. *suprà*, *eod.* v^o, n° 161.

23. 2° *Brocanteurs*. — La loi du 15 févr. 1898 (D. P. 98. 4. 25), qui a eu pour objet de mettre fin à la diversité de la réglementation antérieure sur la matière, astreint les brocanteurs à certaines obligations. Est considéré comme soumis à la loi « tout revendeur de vieux meubles, langes, hardes, bijoux, livres, vaisselles, armes, métaux, ferrailles et autres objets et marchandises de hasard ou qui achète ces mêmes marchandises neuves de personnes autres que celles qui les fabriquent ou en font le commerce (art. 1er) ». — La loi ne vise pas les commerçants patentés établis en boutiques et exerçant des professions spéciales, telles que celle de bijoutier (Trib. corr. de la Seine, 15 janv. 1899, D. P. 99. 2. 149), qui vendent habituellement des marchandises neuves achetées par eux aux fabricants ou marchands en gros et qui ne trafiquent qu'accidentellement sur des marchandises d'occasion. Elle ne vise pas davantage les commerçants s'occupant d'achat et de vente des reconnaissances du mont-de-piété. Mais elle s'applique aux brocanteurs en boutique comme aux brocanteurs ambulants.

24. Tout brocanteur est tenu : 1° de se faire préalablement inscrire sur les registres ouverts à cet effet à la préfecture de police, s'il habite Paris ou dans le ressort de la préfecture de police, ou à la préfecture du département s'il habite ; à cet effet, il doit présenter sa patente ou un certificat d'individualité et il lui est remis un bulletin d'inscription qu'il est tenu de présenter à toute réquisition; 2° d'avoir un registre coté et paraphé par le commissaire de police ou, à son défaut, par le maire, et sur lequel il est tenu d'inscrire, jour par jour et sans blanc ni rature, les noms, surnoms, qualités et demeures de ceux avec qui il contracte, ainsi que la nature, la qualité et le prix desdites marchandises : il doit présenter ce registre tenu en état à toute réquisition; 3° en cas de changement de domicile, de faire une déclaration au commissariat de police ou, à défaut, à la mairie tant du lieu qu'il quitte qu'au commissariat ou à la mairie du lieu où il va s'établir (art. 1er).

25. Le brocanteur ambulant doit, en outre, porter ostensiblement et présenter à toute réquisition la médaille qui lui a été délivrée et sur laquelle sont inscrits ses nom, prénoms et numéro d'inscription; il est, de plus, soumis à toutes les mesures de police prescrites pour la tenue des foires et marchés par les arrêtés préfectoraux et municipaux (art. 3). Toute contravention à ces prescriptions est punie d'une amende de 1 à 5 francs et, en cas de récidive, d'un emprisonnement d'un à cinq jours ou d'une amende de 10 à 15 francs, ou de l'une de ces peines seulement (art. 1er, § 3).

26. Il est défendu aux brocanteurs d'acheter aucun objet mobilier d'enfants mineurs sans le consentement exprès et écrit des père, mère ou tuteur, ni d'acheter d'aucune personne dont les noms et demeure ne leur soient pas connus, à moins que l'identité n'en soit certifiée par deux témoins connus qui devront signer au registre, sous peine d'un emprisonnement de 5 jours à un mois et d'une amende de 5 à 100 francs (art. 2). L'art. 463 c. pén., relatif aux circonstances atténuantes, est applicable aux infractions prévues par la loi (art. 4).

27. Sur la déclaration et le registre imposés aux fabricants et marchands d'ouvrages d'or et d'argent, ainsi que sur les titres et proportions de métal fin prescrites dans ces ouvrages et sur la garantie de ces titres par le poinçon de l'Etat, V. *infrà*, *Matières d'or et d'argent*.

28. 3° *Colporteurs, crieurs, chanteurs*. — Le colportage des marchandises est libre, sauf des obligations spéciales au point de vue de la patente, qui est personnelle et doit être payée en bloc (V. *supra*, *Impôts directs*, n° 62), ... sauf aussi les interdictions dont peut être frappé le colportage des viandes et denrées comestibles, dans un intérêt de salubrité publique (V. *supra*, *Commune*, n° 155). Mais les maires peuvent subordonner à leur autorisation la profession de crieur public, de crieur de ventes, d'objets perdus ou d'annonces diverses, de chanteur sur la voie publique; ils peuvent même interdire les cris d'annonce et interpellations aux passants faites de l'intérieur des maisons ou boutiques (Cr. r. 28 janv. 1898, sol. impl., D. P. 1900. 1. 28).

29. Le colportage et la distribution, sur la voie publique ou en tout autre lieu public, de livres, écrits, brochures, journaux, dessins, gravures, lithographies ou photographies, sont l'objet d'une législation spéciale, qui exige notamment une déclaration préalable (V. *infrà*, *Presse-outrage*). De même, l'annonce des journaux et autres écrits imprimés, distribués ou vendus dans les rues et lieux publics est réglée par la loi du 19 mars 1889 (D. P. 89. 4. 48), qui limite les indications qu'elle peut contenir (V. *infrà*, *eod.* v°). Le colportage et l'annonce des journaux, étant réglementés par des lois, ne peuvent faire l'objet de réglementation par voie d'arrêtés ou règlements municipaux : toutefois, si les maires ne peuvent soumettre le colportage et l'annonce des journaux à des conditions non prévues par la loi, il leur est loisible de prendre les mesures de nature à assurer la tranquillité publique sans porter atteinte à la liberté du colportage, notamment d'interdire aux colporteurs d'annoncer leur passage à son de trompe ou de se réunir en groupes (Cons. d'Et. 19 mai 1899, D. P. 1900. 3. 81).

30. 4° *Afficheurs*. — Depuis la loi du 29 juill. 1881 (D. P. 81. 4. 65), l'affichage est libre : les maires ne peuvent donc, en principe, prendre sous forme d'arrêtés ou de règlements aucune mesure restrictive de la liberté de l'affichage (V. *supra*, *Affiche*, n° 5). Mais ils peuvent, dans l'intérêt de la tranquillité publique, interdire les exhibitions d'emblèmes n'ayant pas le caractère d'affiches, de drapeaux, par exemple (Cr. r. 4 nov. 1902, D. P. 1903. 1. 558). — Doit-on assimiler les emblèmes ou à de véritables affiches les châssis transparents sur lesquels on fait apparaître des dessins ou annonces? Le Conseil d'Etat et la Cour de cassation sont en désaccord à cet égard. — Sur le droit de timbre en matière d'affiches, V. *supra*, *Affiche*, n° 18 et s. — Sur le délit d'outrage aux bonnes mœurs commis par voie d'affiche, V. *infrà*, *Presse-outrage*.

31. 5° *Imprimeurs, libraires, journalistes*. — V. *infrà*, *Presse-outrage*.

32. 6° *Débits de boissons*. — C'est aujourd'hui la loi du 17 juill. 1880 (D. P. 80. 4. 93), abrogeant le décret du 29 déc. 1851 (D. P. 52. 4. 23), qui règle l'existence des cafés, cabarets et débits de boissons à consommer sur place. Elle exige, sous peine de 16 à 100 francs d'amende, une déclaration à l'autorité municipale quinze jours avant leur ouverture, huit jours avant toute translation d'un lieu dans un autre et quinze jours avant tout changement de propriétaire ou de gérant (art. 2 et 3).

33. L'exploitation des débits de boissons est interdite, sous peine de 16 à 100 francs d'amende susceptible, en cas de récidive, d'être portée au double et d'être accompagnée de celle de six jours à un mois d'emprisonnement (art. 8), aux mineurs non émancipés et aux interdits (art. 5), aux individus condamnés pour crimes de droit commun ou condamnés à un emprisonnement d'un mois au moins pour vol, recel, escroquerie, filouterie, abus de confiance, recel de malfaiteurs, outrage public à la pudeur, excitation de mineurs à la débauche, tenue d'une maison de jeu, vente de marchandises falsifiées et nuisibles à la santé, ou pour infraction, étant débitants de boissons, aux art. 1 et 2 de la loi du 23 janv. 1873 sur la répression de l'ivresse publique (art. 6 et 7). Cette incapacité est perpétuelle en cas de condamnation pour crime. Elle cesse cinq ans après la peine en cas de condamnation pour délit si, pendant ces cinq années, n'est survenue aucune condamnation correctionnelle à l'emprisonnement (art. 6). Le débitant exclu de cette profession par suite des condamnations prévues par les art. 6 et 7 ne peut être employé, à quelque titre que ce soit, dans l'établissement qu'il exploitait, comme attaché au service de celui auquel il aurait vendu ou loué ou par qui il ferait gérer ledit établissement, ni dans l'établissement qui serait exploité par son conjoint, même séparé (art. 7).

34. La loi permet aux maires, les conseils municipaux entendus, et sans préjudicier aux droits acquis, de déterminer les distances auxquelles les établissements ne pourront être installés autour des édifices consacrés au culte ou à l'instruction, ou autour des cimetières et hospices (L. 1880, art. 9). — L'ouverture accidentelle d'un café ou débit à l'occasion d'une foire, d'une vente ou d'une fête publique est subordonnée, non à une déclaration, mais à une autorisation de l'autorité municipale, sous peine de fermeture immédiate et d'une amende de 16 à 100 francs. — Les maires, sans pouvoir porter atteinte à la liberté du commerce des débits de boissons telle qu'elle est réglée par le législateur, en limitant, par exemple, le nombre des débits pouvant être ouverts dans la commune, conservent leur droit de police en vue du maintien de l'ordre, de la salubrité et de la décence publiques dans les cafés, et peuvent prendre à cet égard des arrêtés sanctionnés par les peines de simple police (L. 17 juill. 1880, art. 11; L. 5 avr. 1884, art. 97-3°). Sur l'étendue de ces pouvoirs du maire, V. *supra*, *Commune*, n° 129 et s. — L'Algérie est soumise, par un décret du 25 mars 1901 (D. P. 1903, 4ᵉ partie, table alphab., col. 5-6), à un régime spécial qui limite le nombre des débits par commune et en soumet l'ouverture à une autorisation préalable.

35. 7° *Théâtres, spectacles.* — Sur la liberté des théâtres, les pouvoirs de police de l'autorité municipale en ce qui concerne l'ordre, la sécurité et la salubrité dans les théâtres et spectacles, l'interdiction des théâtres d'enfants et la protection des enfants employés dans les spectacles sédentaires ou ambulants, V. *infrà*, *Théâtre - spectacle*.

36. 8° *Établissements dangereux, insalubres ou incommodes.* — V. *infrà*, *Manufactures et ateliers dangereux*.

37. 9° *Entreprises de vidanges.* — V. *infrà, Vidange*.

38. 10° *Monts-de-piété, magasins généraux, salles de ventes.* — Les monts-de-piété sont soumis au régime des autorisations par décret; l'établissement ou la tenue de maisons de prêts sur gages sans autorisation constitue même un délit (V. *infrà, Mont-de-piété; Prêt sur gage*).

39. Les magasins généraux ou docks ne peuvent être établis ni fermés qu'en vertu d'une autorisation préfectorale. — Sur les conditions de cette autorisation et le régime auquel sont soumis les magasins généraux, V. *infrà, Magasins généraux*.

40. L'ouverture des salles de ventes publiques de marchandises aux enchères et en gros est subordonnée à une autorisation donnée par un arrêté préfectoral, rendu après avis de la chambre de commerce, ou, à son défaut, de la chambre consultative des arts et manufactures et du tribunal de commerce, et qui doit imposer à l'exploitant de la salle un cautionnement de 3 000 à 30 000 francs, susceptible d'être élevé jusqu'à 100 000 francs sur la demande expresse de la chambre de commerce ou, à son défaut, du tribunal de commerce : ce cautionnement peut être fourni en argent, en rentes, en obligations cotées à la Bourse ou par une première hypothèque sur des immeubles d'une valeur double de la somme garantie (Décr. 12 mars 1859, art. 1 et 2, D. P. 59. 4. 20; 9 juin 1896, D. P. 97. 4. 88). — Sur le régime auquel sont soumises les différentes catégories de ventes publiques et sur les personnes ayant qualité pour y procéder, V. *infrà, Vente publique d'immeubles, Vente publique de marchandises neuves, Vente publique de meubles*.

41. 11° *Bureaux de placement.* — Les bureaux qui s'occupent du placement des ouvriers, employés ou domestiques, sont soumis à des règles différentes suivant qu'ils sont payants ou gratuits.

42. Les bureaux payants ne peuvent s'ouvrir qu'en vertu d'une autorisation de l'autorité municipale. Celle-ci a la faculté de régler le tarif des droits qui peuvent y être perçus et, avec l'approbation du préfet, de retirer la permission aux individus condamnés pour les crimes et délits prévus par l'art. 15, § 1, 3, 4, 5, 6, 14 et 15, et par l'art. 16 du décret du 2 févr. 1852 (D. P. 52. 4. 49), aux individus condamnés pour délit de coalition, à ceux qui seraient condamnés à l'emprisonnement pour infraction aux dispositions légales et aux règlements municipaux relatifs aux bureaux de placement (Décr. 25 mars 1852, D. P. 52. 4. 101).

43. Les bureaux payants peuvent, depuis la loi du 14 mars 1904 (D. P. 1904. 4. 19), être supprimés par un arrêté pris à la suite d'une délibération du conseil municipal, moyennant une indemnité représentant le prix de vente de l'office et qui, à défaut d'entente, est fixée par le conseil de préfecture (art. 1ᵉʳ, § 1ᵉʳ; art. 11-1°); cette indemnité, entièrement à la charge des communes, doit être fixée, pour les bureaux supprimés, dans le délai de cinq ans à dater de la promulgation de la loi nouvelle, d'après leur état à l'époque de cette promulgation (art. 11-2° et 4°). Les bureaux créés après la promulgation de la loi n'ont droit, en cas de suppression, à aucune indemnité (art. 1ᵉʳ, § 2). Enfin, le bureau faisant, dans une commune, le placement pour une même profession doivent obligatoirement être supprimés tous à la fois par un même arrêté municipal (art. 11-3°). — La loi exige, d'un autre côté, que les frais de placement soient entièrement supportés par les employeurs, sans qu'aucune rétribution puisse être reçue des employés (art. 11-6°).

44. Les bureaux de placement gratuits créés par les municipalités, les syndicats professionnels, les bourses du travail, les compagnonnages, les sociétés de secours mutuels et toutes autres associations légalement constituées, ne sont soumis à aucune autorisation; mais, à l'exception des bureaux créés par les municipalités, ils sont astreints à une déclaration préalable à la mairie, qui doit être renouvelée à tout changement de local (L. 1904, art. 3).

45. L'autorité municipale peut prendre les arrêtés nécessaires pour assurer, dans les bureaux gratuits ou payants, l'ordre, l'hygiène et la loyauté de la gestion (L. 1904,

art. 7). Aucun hôtelier, logeur, restaurateur ou débitant de boissons ne peut joindre à son établissement la tenue d'un bureau de placement (art. 8). Il y a désaccord sur le point de savoir si l'hôtelier autorisé, antérieurement à la promulgation de la loi, à joindre à son établissement un bureau de placement, est actuellement obligé de l'en disjoindre (Paris, 26 nov. 1904, D. P. 1905. 1. 17; Rouen, 1ᵉʳ déc. 1904, D. P. 1905. 1. 20). — La loi impose en outre à chaque commune l'obligation d'ouvrir à la mairie un registre constatant les offres et demandes d'emploi, qui devra être mis gratuitement à la disposition du public; les communes comptant plus de 10 000 habitants sont même tenues de créer un bureau municipal (art. 4).

46. La loi frappe d'une amende de 16 à 100 francs et d'un emprisonnement de six jours à un mois, ou de l'une de ces deux peines seulement, l'infraction aux règlements pris en vertu de l'art. 7, la tenue ou la gérance d'un bureau clandestin ou le simple fait d'y être employé, l'infraction à la prescription de l'art. 11, § 6, le fait par le gérant ou employé d'un bureau gratuit de recevoir une rétribution à l'occasion d'un placement, l'infraction à la disposition de l'art. 8, le maximum des deux peines devant être appliqué au délinquant lorsqu'il aura été prononcé contre lui, dans les douze mois précédents, une condamnation pour les deux derniers de ces délits. L'art. 463 c. pén., relatif aux circonstances atténuantes, et la loi du 26 mars 1891 (D. P. 91. 4. 24), relative au sursis à l'exécution de la peine, sont applicables à toutes ces infractions (art. 6, 9, 11, § 7).

47. Ne sont pas soumis aux prescriptions de la loi nouvelle les bureaux de nourrices, qui restent régis par la loi du 23 déc. 1874 (V. *infrà, Nourrice*), ni les agences théâtrales, les agences lyriques et les agences pour cirques et music-halls. Ces agences restent exclusivement régies par le décret du 25 mars 1852; elles sont, par suite, assujetties, dans tous les cas, à une autorisation du maire, ne peuvent être supprimées en dehors des cas où le décret de 1852 permet le retrait de la permission, et échappent aux diverses prescriptions des art. 8, 11, § 6, et autres de la loi nouvelle; en outre, les pénalités applicables semblent devoir rester celles prévues par le décret de 1852, c'est-à-dire une amende de 1 à 15 francs et un emprisonnement de cinq jours au plus, avec application du maximum en cas de récidive (Décr. 25 mars 1852, art. 4).

48. 12° *Industries s'exerçant sur la voie ou dans les lieux publics.* — Les industries s'exerçant sur la voie publique ou dans les lieux publics peuvent être soumises à l'autorisation préalable des maires, à moins qu'elles n'en aient été affranchies par une législation spéciale. — V., sur les pouvoirs des maires, *supra, Commune*, n° 120, et, en ce qui concerne l'industrie des loueurs de voitures, *infrà, Voiture*. — Les entreprises de transport par eau sont soumises au pouvoir réglementaire des préfets (V. *infrà, Voirie par eau*).

49. En ce qui concerne les sociétés anonymes, les associations de la nature des tontines et les sociétés d'assurances sur la vie, V. *infrà, Société*; ... les caisses d'épargne, V. *supra, Caisses d'épargne*; ... le commerce et la fabrication des armes et substances explosibles, V. *supra, Armes*, nᵒˢ 17 et s.; *infrà, Poudres et salpêtres*; ... les entreprises de transport d'émigrants, V. *supra, Émigration*; ... le régime des mines, V. *infrà, Mines, minières et carrières*; ... l'exploitation des eaux minérales, V. *supra, Eaux minérales et thermales*, nᵒˢ 16 et s.; ... la fabrication et le commerce des médicaments, plantes médicinales, drogues et substances vénéneuses, V. *infrà, Médecine-pharmacie, Substances vénéneuses*.

50. Un certain nombre d'industries, soumises ou non à la nécessité d'une autorisation ou déclaration préalable, peuvent être assujetties, dans l'intérêt du bon ordre, de la sûreté et de la salubrité publiques, à diverses restrictions relatives au temps, au lieu ou au mode d'exercice. V., d'une façon générale, *suprà, Commune,* nᵒˢ 117, 129 et s., 142 et s., et, pour chacune des industries visées, l'article correspondant à ces industries, notamment, *suprà, Affiche,* nᵒˢ 5, 7; *Eaux minérales et thermales,* nᵒ 17; *Halles, foires et marchés,* nᵒˢ 16 et s.; *infrà, Machines à vapeur; Manufactures, fabriques et ateliers dangereux; Médecine-pharmacie; Mines, minières et carrières; Mont-de-piété; Prêt sur gage; Théâtre-spectacle; Voiture; Warrants, etc.*

51. Aux termes de lettres patentes du 12 oct. 1650 non abrogées, les serruriers ne doivent faire aucune ouverture de serrures qu'en présence du maître de la maison en laquelle ils ont été requis de se transporter; ils ne doivent faire aucune clef que sur remise de la serrure ou d'une clef servant de modèle, la fabrication d'une clef sur modèle de cire, de terre ou autres patrons leur étant interdite, le tout sous peine d'amende et même de prison, en cas de récidive.

52. Sur les prohibitions que rencontrent le commerce et l'industrie dans le voisinage des douanes, des places de guerre ou des forêts, V. *suprà, Douanes,* nᵒˢ 69 et s.; *Forêts,* nᵒˢ 121 et s.; *infrà, Place de guerre.*

53. L'État s'est réservé pour lui-même le droit exclusif d'exercer certaines industries et s'est ainsi constitué des monopoles. Ces monopoles, qui sont plus ou moins absolus, visent : la fabrication et la vente des tabacs et des allumettes chimiques (V. *suprà, Impôts indirects,* nᵒˢ 178 et s., 193 et s.); la fourniture du papier filigrané et des feuilles de moulage aux fabricants de cartes à jouer; la fabrication des monnaies et la frappe des médailles; la fabrication des poudres et salpêtres; l'exploitation des postes, télégraphes et téléphones (V. *suprà, Impôts indirects,* nᵒ 169; *infrà, Monnaie; Postes et télégraphes; Poudres et salpêtres*). — Sur le droit exclusif des communes en ce qui concerne le service extérieur des pompes funèbres, et sur celui des fabriques, consistoires, etc., relativement à la fourniture des objets destinés au service des funérailles dans les édifices religieux et à la décoration de ces édifices (L. 28 déc. 1904), V. *infrà, Sépulture.*

54. Certaines industries ne peuvent être exercées qu'en vertu d'une concession administrative ou législative; ce sont celles des chemins de fer et des mines (V. *suprà, Chemin de fer,* nᵒˢ 4 et s., et *infrà, Mines, minières et carrières*).

55. Les titulaires de certaines professions sont nommés ou commissionnés par le Gouvernement avec monopole résultant de la limitation de leur nombre. La plupart de ces professions, celles de notaire, d'avoué, d'huissier, par exemple, sont étrangères au commerce; mais certaines, comme celles d'agent de change ou de courtier, ont le caractère commercial (V. *suprà, Agent de change,* nᵒ 12; *Courtier,* nᵒ 1).

56. Les maires ne peuvent, sous prétexte de veiller au bon ordre, à la sûreté et à la salubrité publiques, investir de monopoles soit une administration, soit des personnes déterminées, en violation du principe de la liberté de l'industrie. Mais l'étendue de leurs pouvoirs soulève de nombreuses difficultés, ainsi que les droits respectifs des communes, des industriels concurrents et des particuliers, notamment en ce qui concerne le droit exclusif accordé à certaines personnes ou compagnies pour les transports en commun

et pour la fourniture du gaz et de l'électricité en vue de l'éclairage public ou privé (V. *suprà, Commune,* nᵒˢ 411 et s.). — L'autorité municipale peut légalement instituer des facteurs ou agents commissionnés pour procéder, à l'exclusion de tous autres intermédiaires, à la vente des denrées dans les halles et marchés (V. *infrà, Ville de Paris*). — Sur le privilège des peseurs et mesureurs publics, V. *infrà, Poids et mesures.*

§ 3. — *Des restrictions conventionnelles à la liberté du commerce et de l'industrie* (R. 214 et s.; S. 107 et s.).

57. Il peut être apporté par les conventions, dans un intérêt privé, des restrictions à la liberté du commerce et de l'industrie. Ces clauses restrictives ne sont reconnues valables par la jurisprudence que si elles se revêtent pas un caractère absolu; elles sont, au contraire, frappées de nullité si elles renferment une prohibition illimitée d'exercer un commerce ou une industrie.

58. Est nul, non seulement l'engagement que prendrait un employé ou un ouvrier de rester toute sa vie au service du même patron (Civ. 1780), mais encore l'engagement de ne jamais, et en aucun lieu, travailler chez un autre patron, de ne s'immiscer dans aucun commerce similaire ni comme chef, ni comme commanditaire, ni comme employé; l'employé doit, par contre, restituer les sommes qu'il aurait reçues pour prix d'une telle interdiction. Au contraire, l'engagement de ne pas s'établir ou s'employer est reconnu valable s'il est limité, soit quant au temps, soit quant au lieu; il en est ainsi, par exemple, de l'engagement pris par un employé, pour le cas où il sortirait de chez son patron, de ne pas travailler pour un autre patron de la même localité vendant les mêmes articles, ou de ne pas exercer une industrie similaire dans un certain rayon. — Est également valable l'engagement de n'exercer aucun commerce similaire ou d'occuper un emploi dans quelque lieu que ce soit, si l'interdiction est limitée à un certain temps (à moins qu'en fait, et eu égard à l'âge de l'employé, cette interdiction n'apparaisse, en réalité, comme devant durer toute sa vie). A plus forte raison doit-on considérer comme valable l'interdiction limitée à la fois quant au temps et quant au lieu, telle que l'interdiction de s'employer dans une maison similaire pendant un certain temps et dans un certain rayon. Il appartient aux juges du fait d'interpréter la convention, et ils peuvent, malgré ses termes généraux, l'interpréter dans le sens d'une interdiction limitée, et par suite valable.

59. Une renonciation peut intervenir valablement, dès lors qu'elle est limitée non seulement entre un patron et son commis, mais encore entre deux commis s'interdisant, par exemple, d'entrer ou de rentrer isolément chez un patron déterminé.

60. Sont encore valables, à raison de leur caractère spécial et limité : l'engagement pris par un fabricant de ne livrer certains produits qu'à un commerçant déterminé; ... l'engagement pris par divers commerçants ou industriels de ne pas vendre à certaines personnes ou de ne vendre qu'à certains prix, ou de limiter leur production (V. cependant *infrà,* nᵒ 68 et s.); ... l'engagement pris par divers chefs d'industries similaires de ne pas ouvrir leurs établissements à certains jours, par exemple les dimanches et jours fériés.

61. La convention par laquelle le vendeur d'un fonds de commerce s'interdit d'une façon absolue d'exercer un commerce semblable est radicalement nulle (Req. 17 janv. 1898, D. P. 98. 1. 324; Civ. r. 14 mars 1904, D. P. 1904. 1. 613). Mais l'interdiction est valable si elle est limitée quant au temps ou quant au lieu : telle serait la

clause par laquelle un commerçant, en vendant son fonds, s'interdirait de faire valoir directement ou indirectement, dans la même ville, un établissement de même nature, de s'y intéresser ou d'y être employé. La Cour de cassation a même déclaré valable l'engagement pris par le vendeur de procédés ou brevets pour armements de guerre, de n'exercer aucun commerce analogue ou concurrent en quelque lieu que ce soit, et pendant vingt-cinq ans, par le motif qu'à raison de l'âge du cédant (46 ans), la durée de l'interdiction pouvait n'être pas considérée comme perpétuelle, et que l'interdiction même ne s'appliquait qu'à certains produits déterminés (Civ. r. 2 juill. 1900, D. P. 1901. 1. 294). Elle a été jusqu'à déclarer valable une interdiction conçue dans les termes les plus absolus, par le motif du fait qu'avaient pu l'interpréter comme étant limitée, l'interdiction devant prendre fin par l'abandon du commerce cédé par l'acheteur ou ses ayants droit, ou par la disparition de la chose (Civ. r. 9 févr. 1898, D. P. 1903. 1. 605).

62. L'interdiction de faire concurrence à l'établissement que l'on a cédé peut trouver également sa place soit dans un acte de société stipulant, par exemple, que, dans le cas d'abandon du fonds social à l'un des associés après dissolution de la société, l'autre associé ne pourra placer, dans certaines localités, les produits industriels faisant l'objet de la société, soit dans le cahier des charges relatif à la licitation d'un fonds de commerce appartenant à une société ou à des copropriétaires par indivis, et qui porterait interdiction, pour tous autres colicitants que l'adjudicataire, d'exercer, dans un rayon déterminé, une industrie similaire. Il a même été jugé qu'en matière de liquidation de société, les tribunaux peuvent ordonner que la vente du fonds de commerce social aura lieu sous la condition, imposée aux vendeurs, de ne pas faire le même commerce pendant un certain temps et à une certaine distance du magasin vendu (Civ. r. 9 janv. 1884, D. P. 85. 1. 32). — Sur les conséquences de la vente d'un fonds de commerce, quant à l'usage du nom que le vendeur a attaché à son fonds, V. *infrà, Propriété industrielle.*

63. La promesse de ne pas faire concurrence s'impose aux héritiers ou successeurs universels du vendeur, et peut être invoquée par les héritiers ou successeurs universels de l'acheteur. Il est même généralement admis qu'une telle promesse peut être invoquée par les acquéreurs successifs du fonds cédé et contre les successeurs du vendeur, dans la branche de commerce dont il se serait réservé l'exploitation. Mais la solution de ces questions dépend essentiellement de l'intention des parties, qu'il appartient aux juges du fond d'apprécier souverainement; c'est ainsi qu'il a pu être décidé que l'acquéreur d'un fonds de commerce en détail, qui a stipulé que son vendeur ne pourrait exploiter à l'avenir le même commerce qu'en gros, est sans action contre celui qui a acquis le fonds de commerce en gros du vendeur, et y a adjoint un commerce de détail, s'il résulte des circonstances que son intention a été uniquement de se garantir contre la concurrence personnelle de son vendeur (Douai, 4 déc. 1900, D. P. 1900. 2. 187). — Quand l'engagement de ne pas faire concurrence est pris par un employé envers son patron, son effet s'étend activement aux ayants cause du patron; mais, sauf intention contraire des parties, on considère que l'employé est tenu passivement, à l'exclusion de ses héritiers.

64. Il va de soi que l'employé sortant ou le vendeur d'un fonds ne peuvent faire indirectement ce qu'ils ne peuvent faire directement; le vendeur, par exemple, ne peut fonder un établissement similaire à celui qu'il a cédé, sous le nom de son fils, jouant le rôle de simple prête-nom.

65. C'est d'ailleurs aux juges du fait qu'il appartient, d'un façon générale, d'interpréter, selon l'intention des parties, le sens et l'étendue des clauses prohibitives. Ainsi, l'engagement pris par un vendeur de ne pas fonder un établissement similaire lui interdit de concourir à la fondation d'un tel établissement, par exemple en fournissant les fonds nécessaires; mais la convention des parties pourrait être interprétée en sens inverse, notamment s'il est établi que c'est seulement contre le prestige du nom et de l'activité du vendeur que l'acquéreur a voulu se prémunir. De même, par interprétation de l'intention des parties, il est généralement décidé que celui qui, propriétaire d'un immeuble dans lequel il exploite un commerce, vend son fonds de commerce en s'interdisant d'en rétablir un similaire, conserve le droit, quand son acquéreur a transporté ailleurs son commerce, de louer l'immeuble à une personne exerçant ce même commerce, alors du moins qu'il n'est établi à sa charge aucune connivence avec son locataire en vue d'une concurrence illicite (Paris, 21 févr. 1900, D. P. 1900. 2. 476). — Il appartient enfin aux juges du fond de déterminer, par interprétation des conventions, soit la nature des opérations prohibées, en appréciant notamment si telle industrie est similaire à telle autre, soit l'étendue de la circonscription interdite.

66. En cas d'inexécution de ces sortes d'engagements, les tribunaux peuvent condamner la partie à des dommages-intérêts et ordonner la cessation de l'infraction, sous une astreinte fixée par chaque jour de retard. Mais si une clause pénale a été prévue au contrat, le juge ne peut, en principe, qu'en allouer le montant à celui qui l'a stipulée.

67. Les conventions entre vendeur et acquéreur d'un fonds de commerce peuvent ne contenir aucune clause portant interdiction de faire concurrence. Il est généralement admis aujourd'hui que l'obligation de garantie dont le vendeur est tenu vis-à-vis de l'acheteur (Civ. 1626) suffit pour lui interdir, malgré le silence du contrat, tout acte de nature à diminuer l'achalandage et à détourner la clientèle du fonds cédé (Civ. r. 9 févr. et 11 mai 1898, D. P. 1903. 1. 605). Le vendeur, à raison de cette même obligation de garantie, ne pourrait pas davantage favoriser un établissement rival de l'établissement cédé, par exemple en détournant, au profit de l'établissement créé par son fils postérieurement à la cession, la clientèle de la maison cédée (Paris, 21 nov. 1893, D. P. 94. 2. 93). Il appartient aux tribunaux d'ordonner dans chaque espèce les mesures propres à assurer le respect par le vendeur de son obligation de garantie, en déterminant, notamment, le rayon dans lequel il lui sera interdit de se rétablir.

§ 4. — *Des rapports entre producteurs et consommateurs et des mesures destinées à en assurer la loyauté* (R. 226 et s.; S. 133 et s.).

68. Le consommateur est libre d'acheter ou de ne pas acheter. Il est libre d'acheter à qui il lui plaît; c'est ainsi qu'un règlement municipal ne pourrait interdire aux particuliers de s'approvisionner de viande hors de la commune (V. *supra*, *Commune*, nᵒˢ 154 et 155). Des difficultés spéciales se sont élevées au sujet des droits des consommateurs vis-à-vis des compagnies concessionaires de l'éclairage ou de la distribution des eaux dans les villes (V. *supra*, *eod.* vᵒ, nᵒˢ 415 et s., 419 et s.). — Les consommateurs peuvent s'interdire mutuellement d'user d'un produit tant que le prix n'en aura pas été abaissé,

à condition, du moins, de ne pas user de moyens frauduleux qui pourraient constituer soit un délit puni par l'art. 419 c. pén. (V. *infra*, nᵒ 72), soit un quasi-délit envers le producteur lésé.

69. Le producteur est libre de vendre ou de ne pas vendre : c'est ainsi que tout commerçant, un hôtelier ou un restaurateur, par exemple, peut, pour des motifs de convenance personnelle que les tribunaux n'ont pas à apprécier, refuser de vendre à telle personne ou lui interdire l'accès de ses locaux. Il en serait différemment s'il était intervenu un engagement, soit envers une personne déterminée, soit même envers tout venant : il a été jugé que le fait de stationner sur une place à ce destinée constitue, de la part du cocher de fiacre, une offre au public qui l'oblige à transporter toute personne qui le requiert; que l'entrepreneur de transport qui a établi un service régulier entre deux localités, a publié ses tarifs et n'a aucun concurrent, est obligé de satisfaire aux demandes du public. — La faculté de refuser de traiter avec telle ou telle personne peut cesser soit par l'effet d'une disposition légale spéciale, soit par le seul fait que celui qui exerce l'industrie est investi d'un monopole : le régime de la taxe, qui peut aujourd'hui encore être imposé par règlement municipal aux bouchers et boulangers, les oblige à vendre à quiconque offre de payer comptant le prix de la taxe (V. *supra*, *Commune*, nᵒ 161). Les compagnies de chemin de fer, investies d'un monopole, sont obligées de déférer aux demandes du public dans les termes des règlements et tarifs (V. *supra*, *Chemin de fer*, nᵒ 119 et s.). De même, le directeur d'un casino créé dans l'intérêt général sur un terrain communal, avec subvention de la ville, qui s'est interdit la fondation d'établissements analogues, ne peut refuser l'entrée à une personne quelconque, sans justifier de motifs légitimes qu'il appartient aux tribunaux d'apprécier (Req. 19 févr. 1896, D. P. 96. 1. 449).

70. Les producteurs et consommateurs fixent librement les conditions de leurs transactions. L'autorité administrative ne peut intervenir, dans la fixation du prix, qu'en vertu de textes spéciaux : c'est ainsi que des lois spéciales qui permettent à l'autorité municipale de taxer le pain et la viande (V. *supra*, *Commune*, nᵒ 161). On admet toutefois que le droit pour l'autorité d'imposer une tarification encore se déduire de la faculté qui lui appartient d'accorder ou de refuser arbitrairement l'autorisation d'exercer une industrie, la tarification constituant l'une des conditions auxquelles peut être subordonnée l'autorisation : sont légaux les règlements municipaux fixant un tarif pour les voitures de place autorisées à stationner sur la voie publique. En dehors de ces deux cas, toute tarification serait illégale : telle serait une tarification imposée aux entreprises de vidanges (V. *infra*, *Vidange*).

71. Le législateur est intervenu pour assurer la loyauté des rapports entre producteurs et consommateurs, en autorisant la création de « poids publics », c'est-à-dire en permettant d'attribuer dans les halles, marchés et ports, à des personnes choisies par le préfet et assermentées, le droit exclusif de peser, jauger et mesurer les marchandises (V., sur les conditions d'établissement de ce monopole et sur son étendue, *infra*, *Poids et mesures*). La loyauté dans les transactions commerciales est encore garantie par une série de lois répressives, relatives aux fraudes dans la fabrication et la vente des denrées et marchandises, et aux tromperies sur la nature, la qualité ou la quantité des marchandises vendues (V. *infra*, *Vente de substances falsifiées*). V. également, sur les fraudes en matière artistique, *infra*,

Propriété littéraire et artistique. — Sur les marques destinées à éclairer les acheteurs sur la matière ou la qualité de certains produits, V. *infra*, *Matières d'or et d'argent*; *Propriété industrielle*.

§ 5. — *Des atteintes à la liberté du commerce et de l'industrie : coalition, accaparement, etc.* (R. 410 et s.; S. 530 et s.).

72. L'art. 419 c. pén., toujours en vigueur, punit d'un emprisonnement d'un mois à un an et d'une amende de 500 à 10 000 francs, sans préjudice de la possibilité de l'interdiction de séjour pour une durée de deux à cinq ans, d'une part, la réunion ou la coalition entre les principaux détenteurs d'une même marchandise ou denrée, tendant à ne pas la vendre ou à ne la vendre qu'un certain prix; d'autre part, l'emploi, en dehors de toute coalition, de moyens frauduleux quelconques, quand ces faits auront opéré la hausse ou la baisse du prix des denrées ou marchandises, ou des papiers et effets publics, au-dessus ou au-dessous des prix qu'aurait déterminés la concurrence naturelle et libre du commerce. Ces peines sont portées au double, si la coalition ou les manœuvres ont eu pour objet des grains, grenailles, farines, substances farineuses, pain, vin ou toute autre boisson.

73. Le délit de coalition n'existe qu'à plusieurs conditions : 1ᵒ Il suppose tout d'abord une entente entre personnes ayant des intérêts distincts : la formation d'une société, personne morale unique et seule détentrice des produits, ne saurait constituer une coalition, à moins que la société ne soit fictive et n'ait d'autre but que de dissimuler une coalition véritable.

74. 2ᵒ La coalition doit exister entre détenteurs d'une marchandise ou denrée. On est d'accord pour donner à ces expressions un sens étendu : le mot *détenteur* s'applique à tous ceux qui détiennent une marchandise à un titre quelconque, notamment comme fabricants, marchands, propriétaires, fermiers; mais il ne saurait s'appliquer aux simples consommateurs de certains produits qui s'engagent, sans manœuvres frauduleuses, à ne pas user de ces produits tant que le prix n'en sera pas abaissé : une telle coalition pouvant pas même un quasi-délit civil. Le mot *marchandises*, accompagné d'ailleurs de celui de denrées, s'applique à toutes les choses qui sont l'objet d'un trafic, y compris les choses incorporelles, comme celles qui font l'objet des contrats de transport, d'affrètement, d'assurance, y compris également les papiers et effets publics, spécialement visés par la loi, à l'exclusion, d'après le dernier état de la jurisprudence, des actions de société purement privées.

75. 3ᵒ Il ne suffit pas que la coalition ait lieu entre détenteurs d'une marchandise; il faut qu'elle ait lieu, sinon entre tous les détenteurs du produit, du moins entre les principaux d'entre eux. Ainsi, ne donnerait pas lieu à l'application de l'art. 419 la coalition concertée entre certains détenteurs dont l'action ne saurait avoir d'influence sérieuse sur le marché. C'est là une question de fait livrée à l'appréciation souveraine des tribunaux.

76. 4ᵒ Il faut enfin que la coalition ait eu pour but et pour effet une hausse ou une baisse sur les prix normaux devant résulter de la libre concurrence. Ce que la loi, à cet égard, a voulu frapper, c'est la constitution, au profit des coalisés, d'un véritable monopole leur procurant des bénéfices exagérés, et imposant aux consommateurs des prix écrasants. Tel est le cas pour les industriels qui s'unissent pour régler sagement leur production et obvier à l'avilissement des prix. Ce qui distingue donc la coalition illicite de l'entente licite, c'est que la première a un but de spéculation destiné à fausser les conditions du marché, tandis que la seconde n'a pour objet que de maintenir les prix à un taux suffisamment rémunérateur. Aussi, s'il a été jugé que les détenteurs de certaines eaux minérales, coalisés dans le but d'empêcher la vente à certains négociants ou de leur imposer des prix supérieurs à ceux qui seraient résultés normalement de la libre concurrence, commettent le délit prévu par les art. 419 et 420 c. pén. (Paris, 28 févr. 1888, D. P. 93. 2. 69), il a été décidé, d'autre part, qu'il n'y a pas coalition punissable dans le fait, par un syndicat d'éditeurs, de fixer, d'accord avec les libraires détaillants, un prix au-dessous duquel le détaillant ne devra pas vendre les livres au public, dès lors que ces mesures sont prises uniquement dans un intérêt professionnel respectable (Paris, 14 janv. 1902, D. P. 1903. 2. 297).

77. Ainsi qu'il a été dit *supra*, n° 72, tous les moyens frauduleux ayant pour but et pour effet de produire une hausse ou une baisse factice des prix de marchandises quelconques, tels que faits faux ou calomnieux semés à dessein dans le public, offres faites au prix que demandaient les vendeurs eux-mêmes, accaparement systématique de certaines marchandises, etc., sont punissables indépendamment de toute coalition et quand bien même ils ne seraient le fait que d'une seule personne. — Ils sont également punissables quelle que soit la qualité de ceux de qui ils émanent, que ceux-ci aient ou non des intérêts distincts, qu'ils soient ou non détenteurs de marchandises; ainsi, un abaissement de prix, obtenu frauduleusement par des consommateurs, donne lieu aux peines portées par la loi.

78. Aux sanctions pénales de l'art. 419 c. pén. s'ajoute une sanction civile, qui consiste dans la nullité des conventions contraires à la liberté commerciale, et par suite à l'ordre public (Civ. 6, 1131, 1133), sanction applicable même aux actes qui ne tomberaient pas sous le coup de la loi pénale, faute d'un élément exigé par elle. — Il appartient aux tribunaux d'apprécier en fait, dans chaque espèce, l'atteinte que les conventions litigieuses sont susceptibles de porter à la liberté du commerce : c'est ainsi qu'ont été annulées les conventions destinées à faire réussir un vaste projet d'accaparement sur les cuivres, bien qu'un des éléments du délit prévu par l'art. 419 fît défaut, et des conventions par lesquelles tous les fabricants d'une région, sauf un, s'étaient concertés dans le seul but d'empêcher dans cette région l'établissement d'une fabrique concurrente (Bordeaux, 2 janv. 1900, D. P. 1901. 2. 150). Par contre, a été jugé licite le syndicat formé entre producteurs de phosphate d'un arrondissement fixant, de concert, l'importance de leur production, à l'effet d'en assurer l'écoulement, quand aucune hausse ou baisse factice n'a été exercée sur le cours des phosphates (Paris, 10 avr. 1891, D. P. 93. 2. 69).

79. Au point de vue civil comme au point de vue criminel, le délit de coalition existe bien qu'il n'ait porté préjudice qu'à un seul individu.

INSTITUT DE FRANCE

(R. v° *Organisation de l'Instruction publique*, n°⁵ 462 et s.; S. *eod.* v°, n° 363).

1. L'Institut de France, qui se rattache aux anciennes Académies fondées au XVIIᵉ siècle, et dont la création remonte à la constitution du 5 fruct. an 3, a été réorganisé par une ordonnance du 31 mars 1816 (R. p. 1347) resté en vigueur dans ses dispositions essentielles. — Il se compose de cinq Académies : l'Académie française, l'Académie des Ins-

criptions et Belles-Lettres, l'Académie des Sciences, l'Académie des Beaux-Arts, l'Académie des Sciences morales et politiques (Ord. 1816, art. 1ᵉʳ; 26 oct. 1832, R. *eod.* v°, p. 1355).

2. Chaque Académie a son régime indépendant, et la libre disposition des fonds qui lui sont spécialement affectés (Ord. 1816, art. 3). Toutefois, l'agence, le secrétariat, la bibliothèque et les autres collections de l'Institut sont communes aux cinq Académies (art. 4). — Les propriétés communes aux cinq Académies sont régies et administrées, sous l'autorité du ministre de l'Instruction publique, par une commission centrale administrative, composée de deux membres élus par chaque Académie et les secrétaires perpétuels (Ord. 1816, art. 5; Décr. 12 mai 1884, D. P. 85. 4. 20). Les propriétés et fonds particuliers à chaque Académie sont régis, en son nom, par les bureaux ou commissions instituées dans les formes établies par ses règlements particuliers (Ord. 1816, art. 6).

3. L'Institut et chacune des cinq Académies qui le composent constituent des personnes morales et des établissements publics (V. *supra*, *Établissements publics et d'utilité publique*, n° 8). Ils peuvent recevoir des dons et legs. Ceux qui sont faits à l'Institut sont acceptés par la commission centrale administrative; ceux qui s'adressent aux Académies sont acceptés par le secrétaire perpétuel de l'Académie instituée légataire. L'acceptation ne peut avoir lieu qu'avec l'autorisation du Gouvernement (V. *supra*, *Dispositions entre vifs et testamentaires*, n° 64).

INSTRUCTION CRIMINELLE

(R. v° *Instruction criminelle*; S. v° *Procédure criminelle*).

SECT. Iʳᵉ. — De la police judiciaire et des différents agents qui l'exercent.

ART. 1ᵉʳ. — RÈGLES GÉNÉRALES (R. 230 et s.; S. 378 et s.).

1. La police judiciaire a pour objet de rechercher les délits, d'en rassembler les preuves et d'en livrer les auteurs aux tribunaux chargés de les punir. — Elle est exercée par les officiers de police judiciaire désignés dans l'art. 9 c. instr. cr. et dénommés officiers ordinaires de la police judiciaire. Ce sont : les juges d'instruction, les procureurs de la République et leurs substituts, les commissaires de police, les officiers de gendarmerie, les gardes champêtres et les gardes forestiers.

2. De nombreux auxiliaires ont été donnés aux officiers de police judiciaire. Ils sont compris sous la dénomination d'agents secondaires de la police judiciaire et se rangent en trois catégories : 1° les *agents spéciaux adjoints à la police judiciaire*, qui recherchent et constatent, par procès-verbaux, certaines infractions. Ce sont : les agents de l'administration des Forêts (agents forestiers et gardes-vente); les agents de l'administration des Ponts et Chaussées et des Mines (ingénieurs des ponts et chaussées, ingénieurs des mines, conducteurs et piqueurs des ponts et chaussées, cantonniers chefs, gardes-mine, agents de la navigation, gardes d'écluse et de halage, gardes des chaussées et des digues, commissaires de surveillance des chemins de fer, gardes-pêche); les agents de l'administration de l'Enregistrement, des Contributions indirectes (employés des contributions indirectes, des octrois, des bureaux de garantie), des Douanes, des Postes et Télégraphes; les membres de l'Administration militaire désignés par l'art. 84 c. just. mil. pour l'armée de terre; les membres de l'Administration maritime désignés par l'art. 114

c. just. mil. pour l'armée de mer; les inspecteurs de l'instruction publique; les inspecteurs et inspectrices du travail; certains agents d'administrations diverses, comme les vérificateurs des poids et mesures, les agents voyers, les autorités sanitaires; les consuls français en pays étranger; les sous-officiers de gendarmerie et gendarmes; — 2° les *agents de police*, qui ont seulement mission de rechercher les délits et d'en instruire l'autorité, sans avoir le droit de les constater; leurs rapports, qualifiés communément improprement procès-verbaux, ne lient pas le juge, n'ont aucune force probante, ne valent que comme simples renseignements n'ont d'autorité devant les tribunaux que lorsqu'ils sont appuyés par des preuves légales; — 3° les *agents de la force publique*, qui ne sont, en général, appelés qu'à prêter main-forte aux agents de la police judiciaire.

3. Le procureur général a la haute direction de la police judiciaire; mais il n'est pas rangé au nombre des fonctionnaires qui exercent la police judiciaire; il ne peut donc faire, ni personnellement, ni par délégation, aucun des actes attribués à la police judiciaire, sauf dans les cas spéciaux visés par les art. 464 et 484 c. instr. cr., et dans le cas prévu par l'art. 480 du même Code. — Les cours et tribunaux sont chargés de concourir accidentellement à la police judiciaire dans les cas prévus par les art. 303, 330, 462, 464, 479, 481, 483, 504, 505 c. instr. cr. Les cours d'appel peuvent ordonner des poursuites conformément à l'art. 236 c. instr. cr. et à l'art. 11 de la loi du 20 avr. 1810; elles ont également le droit d'injonction sur les officiers de police judiciaire dans les formes fixées par les art. 281 et 282 c. instr. cr.

4. Chacun des agents de la police judiciaire doit circonscrire son action dans les limites fixées par la loi, à peine de nullité des actes qui excéderaient sa compétence d'attribution, c'est-à-dire ceux que leur qualité ne lui conférerait pas le droit de faire ou qui excéderaient sa compétence territoriale. Ils ne peuvent valablement remplir leurs fonctions qu'autant qu'ils ont prêté le serment exigé par la loi. Tout officier de police judiciaire qui refuse de faire acte de ses fonctions, sur la réquisition du particulier lésé par le délit, commet envers ce dernier un déni de justice et peut être *pris à partie*.

5. Les *préfets*, et, à Paris, le préfet de police sont appelés, aux termes de l'art. 10 c. instr. cr., à prêter leur concours à la police judiciaire. Ils sont investis de toutes les attributions qui appartiennent aux juges d'instruction en tant qu'officiers de police judiciaire, et même, d'après la jurisprudence, ils peuvent accomplir tous les actes qui rentrent, d'une manière générale, dans les attributions du juge d'instruction, notamment faire procéder à l'arrestation des personnes inculpées de crimes ou de délits. Ils doivent se conformer, pour constater les crimes et les délits, aux règles prescrites par le Code d'instruction criminelle. Le préfet n'a pas le droit d'instruire concurremment avec le procureur de la République, ni avec le juge d'instruction. Il est dessaisi dès qu'ils se saisissent de l'affaire. Depuis plusieurs années, des projets de lois ont été déposés devant le Parlement, qui tendent soit à la limitation des pouvoirs des préfets, soit même à la suppression de l'art. 10 c. instr. crim.

ART. 2. — COMMISSAIRES DE POLICE, MAIRES ET ADJOINTS, OFFICIERS DE GENDARMERIE, JUGES DE PAIX (R. 280 et s.; S. 411 et s.).

6. Les *commissaires de police* ont pour attributions ordinaires de donner avis au procureur de la République de tout crime ou délit dont ils acquièrent la connaissance dans l'exercice de leurs fonctions et de transmettre à ce magistrat tous les renseignements et procès-verbaux qui s'y rattachent (Instr. 29); de recevoir les rapports, dénonciations et plaintes relatifs aux contraventions de police; de rechercher et de constater les contraventions de police et les contraventions qui sont sous la surveillance spéciale des gardes champêtres et forestiers (Instr. 11). Les commissaires de police ont, comme auxiliaires du procureur de la République, qualité pour faire des constatations dans le cas de flagrant délit ou dans le cas de réquisition de la part d'un chef de maison (Instr. 49). Dans la pratique, bien que la doctrine ne leur reconnaisse pas ce droit, ils constatent dans tous les cas les crimes et les délits. — En dehors des attributions qui leur sont conférées par les dispositions du Code d'instruction criminelle, les commissaires de police tiennent de diverses lois spéciales le droit de rechercher et de constater certaines contraventions, spécialement en matière de poids et mesures (Arr. 19 prair. an 9, art. 16; Ord. 18 déc. 1825, art. 2; Ord. 17 avr. 1839, art. 29 et 34; R. v° *Poids et mesures*, p. 986 et 989); de grande voirie (L. 29 flor. an 10, art. 2; R. v° *Voirie par terre*, p. 189); de police de roulage (L. 30 mai 1851, art. 15, D. P. 51. 4. 78); de protection des enfants employés dans les professions ambulantes (L. 2 nov. 1892, art. 17, § 2, D. P. 93. 4. 25). Ils ont, comme tout officier de police judiciaire, le pouvoir de constater les délits de pêche, les contraventions relatives à la circulation des vélocipèdes et des automobiles. Ils ne peuvent, sous l'empire de la législation actuelle, pénétrer dans les usines et manufactures, en vue de constater les contraventions aux lois sur le travail, que si ces contraventions leur ont été dénoncées ou si elles sont venues à leur connaissance, ou dans le cas de flagrant délit, ou encore dans le cas de mandat décerné par le juge d'instruction (Comp. *suprà*, *Commissaire de police*, n°s 10 et s.).

7. Les *maires* et *adjoints* sont investis, en matière de police judiciaire, des mêmes fonctions que les commissaires de police; mais ils ne peuvent les exercer que dans deux cas : 1° celui où il n'y a pas de commissaire de police dans la commune; 2° celui où le commissaire de police est empêché. — Leurs procès-verbaux font foi jusqu'à preuve du contraire et n'ont pas besoin d'être affirmés.

8. Les fonctions des *juges de paix* consistent uniquement à donner avis au procureur de la République des délits et des crimes dont ils ont acquis la connaissance dans l'exercice de leurs fonctions; ils n'ont aucunement le droit de constater même les simples contraventions de police.

9. Les *officiers de gendarmerie* ont la qualité d'officiers de police judiciaire. Leurs fonctions, déterminées par les art. 29, 48 et 49 c. instr. cr., sont sensiblement les mêmes que celles des commissaires de police (V. aussi Décr. 20 mai 1903, art. 119 et s., et *suprà*, *Gendarmerie*, n°s 22 et s.). — Sur les attributions des commissaires de police, des maires et des juges de paix, des officiers de gendarmerie comme auxiliaires du procureur de la République, V. *infrà*, n°s 17 et s.

Art. 3. — GARDES CHAMPÊTRES ET FORESTIERS (R. 290 et s.; S. 427 et s.)

10. Les gardes champêtres et forestiers, institués spécialement pour rechercher et constater les délits ruraux et forestiers (Instr. 16, § 1er), ont, en outre, qualité pour constater par des procès-verbaux les contraventions, notamment en matière de réglements et arrêtés relatifs à la police municipale, de chasse, de pêche fluviale, d'ivresse publique. Ils exercent leurs fonctions : les gardes champêtres communaux, sur tout le territoire communal; les gardes des particuliers, dans les limites des propriétés confiées à leur surveillance; les gardes forestiers, dans l'arrondissement du tribunal près duquel ils sont assermentés, pour tous les bois situés dans cet arrondissement, qu'ils soient soumis au régime forestier ou qu'ils appartiennent à des particuliers (V. *suprà*, *Chasse-louveterie*, n° 184; *Forêts*, n° 36; *Garde champêtre*, n° 8). — Les gardes champêtres et forestiers ont le droit, dans les limites de leur territoire, de suivre les choses enlevées par les délinquants dans les lieux où elles ont été transportées et de les mettre sous séquestre (Instr. 16, § 3; For. 161). Les gardes champêtres et forestiers sont sans qualité pour procéder à une visite domiciliaire, hors le cas où elle est faite à la suite d'objets enlevés. De plus, ils ne peuvent s'introduire dans le domicile des citoyens sans être accompagnés de l'un des fonctionnaires désignés dans l'art. 16 c. instr. cr. Dans le cas où ils voudraient y pénétrer seuls et sans assistance, la simple opposition de l'habitant pourrait les faire tomber sous le coup de l'art. 184 c. pén. (V. *infrà*, *Liberté individuelle*). Mais ils peuvent, sans commettre d'illégalité, s'introduire seuls et sans l'assistance d'aucun magistrat dans les cafés, cabarets, boutiques et autres lieux toujours ouverts au public, à l'effet d'y constater les contraventions dont la recherche leur est confiée. — Ils ne peuvent faire de perquisition la nuit, sauf dans les maisons ouvertes au public (cafés, débits de boissons, maisons de jeux, maisons de tolérance), pendant que ces maisons sont effectivement ouvertes à tout le monde. — Lorsqu'une visite domiciliaire a été faite sans l'assistance d'un des officiers désignés par la loi, le procès-verbal, d'après la Cour de cassation, est nul et ne peut servir de base à la poursuite si l'introduction a eu lieu par violence, ou du moins à l'insu ou malgré l'opposition du citoyen, et dans ce cas seulement. Il n'y a aucune nullité en cas de consentement exprès ou tacite de celui-ci. — En cas de refus, de la part des fonctionnaires désignés par l'art. 16 c. instr. cr., d'accompagner les gardes qui les en requièrent, ceux-ci ne pourraient passer outre; mais ce refus d'assistance pourrait constituer, suivant les cas, le délit prévu par l'art. 234 c. pén. (V. *suprà*, *Forfaiture*, n° 52 et s.) ou la contravention prévue par l'art. 475, n° 12, c. pén. (V. *suprà*, *Contravention*, n° 75). — Les gardes champêtres et forestiers ont le droit d'arrestation provisoire au cas de flagrant délit (Instr. 16, § 4) (expression qui comprend ici même les contraventions). Si l'infraction est de nature à entraîner une peine d'emprisonnement, ils doivent, non pas mettre le délinquant en prison, mais le conduire devant le juge de paix ou le maire, qui le placera sous mandat d'amener si le fait est de nature à entraîner une peine afflictive ou infamante, ou le mettra en liberté après l'avoir interrogé si le fait constitue simplement un délit.

Art. 4. — PROCUREUR DE LA RÉPUBLIQUE (R. 309 et s.; S. 453 et s.)

11. Le procureur de la République est personnellement chargé de rechercher et de poursuivre les crimes et les délits (Sur la poursuite des crimes et délits, et sur l'exercice de l'action publique, V. *suprà*, *Action publique*, n° 4 et s.). — Il reçoit, de plus, les dénonciations et les plaintes des particuliers, ainsi que les rapports de ses procès-verbaux des agents auxiliaires et inférieurs exerçant sur tous les points de l'arrondissement. Son parquet, en un mot, est le centre où aboutissent toutes les investigations de la police judiciaire. Il est assisté dans ses fonctions par des substituts, et, s'il y a lieu, par des juges suppléants. Le procureur de la République a le droit de requérir directement la force publique (Instr. 25). La réquisition doit être rédigée par écrit. — Il est tenu, aussitôt que les délits parviennent à sa connaissance, d'en donner avis au procureur général et d'exécuter ses ordres relativement à tous actes de police judiciaire. Enfin, il doit pourvoir, en principe, à l'envoi, à la notification et à l'exécution des ordonnances rendues par le juge d'instruction.

12. En cas de flagrant délit, la loi délègue au procureur de la République, exceptionnellement et temporairement, certains pouvoirs du juge d'instruction (Instr. 32 et s.). Le délit est *flagrant* soit lorsqu'il se commet actuellement, soit lorsqu'il vient de se commettre. Le délit est *réputé* flagrant, soit lorsque la clameur publique désigne hautement l'auteur de l'infraction qui vient d'être tentée ou consommée, soit lorsque le prévenu est trouvé saisi d'objets faisant présumer qu'il est auteur ou complice, pourvu que ce soit dans un temps voisin du délit (Instr. 41). — Il y a divergence entre la théorie et la pratique sur le point de savoir si les pouvoirs spéciaux attribués au procureur de la République doivent être restreints au cas où le fait flagrant est de nature à entraîner une peine afflictive et infamante. Dans la pratique, il est rare que les officiers du parquet revendiquent le droit d'instruire en présence d'un simple délit flagrant; mais l'usage s'est introduit de reconnaître, en fait, ce droit aux officiers de police judiciaire auxiliaires du procureur de la République (Sur les droits et obligations de ces derniers, V. *infrà*, n° 17).

13. Le procureur de la République, suppléant le juge d'instruction dans tous les actes de son ministère, en cas de flagrant délit, procède sommairement aux actes les plus urgents de l'information préparatoire : transport sur les lieux, saisie des pièces à conviction; il interpelle le prévenu, reçoit les déclarations des personnes présentes, des parents, des voisins. Le procureur de la République peut faire des visites domiciliaires dans l'habitation du prévenu et de ses complices. Mais il lui est interdit, comme du reste au juge d'instruction et à ses auxiliaires, de faire des perquisitions pendant la nuit; le temps de nuit, en cette matière, est déterminé par l'art. 1037 c. pr. civ. La défense d'entrer pendant la nuit dans le domicile des particuliers souffre exception dans les cas d'incendie, d'inondation, de réclamation venant de l'intérieur (L. 22 frim. an 8, art. 76, R. v° *Droit constitutionnel*, p. 313), ou, lorsqu'il s'agit de lieux publics, de maisons de jeux ou de débauche, pendant tout le temps où ils sont ouverts au public (L. 19-22 juill. 1791, art. 8 et s., R. v° *Lois codifiées*, p. 229; Décr. 24 sept. 1792, R. v° *Liberté individuelle*, p. 17; 28 germ. an 6, R. v° *Gendarmerie*, p. 456). — Le procureur de la République saisit des pièces à conviction, les papiers, les lettres missives; il peut même, comme juge instructeur, en opérer la saisie à la poste, quel qu'en soit le propriétaire. Les *papiers* déposés à titre confidentiel chez un avocat, un avoué, un notaire, en cette qualité, et les lettres missives, ne peuvent être saisis. La saisie d'une lettre missive adressée par un prévenu à son avocat constituerait une violation du droit de la défense. Les objets saisis seront clos et cachetés en présence du prévenu, sous peine que ces formalités soient néanmoins prescrites à peine de nullité.

14. Le procureur de la République possède le droit d'arrestation en cas de crime flagrant et de flagrant délit correctionnel (Instr. 40). Il peut, si l'inculpé se disculpe, révoquer le mandat d'amener qu'il avait décerné. — Dans le cas où il en est requis par un chef de maison, le procureur de la République possède, lorsqu'il s'agit de crimes et délits, flagrants ou non, commis dans l'intérieur de la maison, les mêmes attributions que celles qui lui sont attribuées en cas de flagrant délit (Instr. 46).

15. Il appartient au procureur de la République d'exercer des poursuites à l'égard de toutes personnes, quelles que soient leur position et leur qualité, sauf à l'égard : 1° des membres des pouvoirs publics : président de la République; ministres, pour crimes et délits commis dans l'exercice de leurs fonctions (quant à ces derniers, cependant, l'incompétence absolue du ministère public est contestée); des membres de l'une ou de l'autre Chambre (ceux-ci, pendant la durée des sessions, ne peuvent être poursuivis, sauf en cas de flagrant délit, sans une autorisation préalable de l'Assemblée à laquelle le membre appartient : V. *suprà*, *Constitution et pouvoirs publics*, n° 21); 2° des membres de l'ordre judiciaire, qui ne peuvent être déférés à la cour d'appel que par le procureur général (V. *infrà*, *Mise en jugement des fonctionnaires publics*); 3° des militaires des armées de terre et de mer : le ministère public, saisi d'une plainte contre un militaire ou un marin, doit recueillir les preuves du fait, mais à charge de les transmettre, sans délai, au général commandant le corps d'armée ou au préfet maritime (V. *infrà*, *Justice militaire*, *Justice maritime*).

16. Le procureur de la République compétent est celui du lieu du crime ou délit, ou celui de la résidence du prévenu, ou enfin celui du lieu où le prévenu est trouvé (Instr. 23); lorsqu'il s'agit de crimes ou délits commis hors du territoire français dans les cas énoncés aux art. 5, 6 et 7 c. instr. cr., c'est le procureur de la République du lieu où réside le prévenu, ou celui du lieu où il est trouvé, ou celui de sa dernière résidence connue (Instr. 24).

ART. 5. — OFFICIERS DE POLICE AUXILIAIRES DU PROCUREUR DE LA RÉPUBLIQUE (R. 389 et s.; S. 496 et s.).

17. On comprend sous cette dénomination les juges de paix, les officiers de gendarmerie. les maires et adjoints, les commissaires de police. Lorsqu'il n'y a pas flagrant délit, ces officiers ne font aucun acte d'instruction. à moins qu'ils n'en aient reçu une délégation spéciale de la loi ou du juge; ils ne font aucun acte de poursuite. Ils reçoivent et transmettent sans délai les dénonciations des crimes et délits au procureur de la République (Instr. 48, 50, 54). donnent avis à celui-ci des crimes et délits dont ils acquièrent la connaissance et lui transmettent les renseignements, procès-verbaux et actes qui y sont relatifs (Instr. 29).

18. Dans le cas de flagrant délit et dans le cas de réquisition d'un chef de maison. ils exercent les attributions exceptionnelles d'instruction confiées en ce cas au procureur de la République (V. *suprà*, n°s 12 et 13). D'après un usage dont la légalité est contestée par beaucoup d'auteurs, les officiers auxiliaires, tout au moins les juges de paix et les commissaires de police, peuvent faire des perquisitions et des arrestations, non seulement en cas de *crime* flagrant. mais aussi en cas de *délit* flagrant et même, hors le cas de flagrant délit. en cas de nécessité. Lorsque le procureur de la République ou le juge d'instruction sont arrivés sur les lieux, l'officier auxiliaire perd le pouvoir de faire des constatations. à moins qu'il n'y soit autorisé. — Les divers auxiliaires ont, d'ailleurs, respectivement un droit égal, et le premier qui procède doit continuer, malgré l'intervention d'un de ses collègues. Les officiers de police auxiliaires du procureur de la République

ont le droit de requérir la force armée (Instr. 25).

ART. 6. — JUGE D'INSTRUCTION.

§ 1er. — *Institution du juge instructeur*
(R. 395 et s.; S. 508 et s.).

19. Le juge d'instruction est un juge titulaire ou un juge suppléant. désigné par décret pour faire l'instruction pendant trois ans, période qui peut être continuée sans nouvelle délégation. Dans les villes où il n'y a qu'un juge d'instruction, s'il est absent ou empêché, le tribunal désigne l'un des juges pour le remplacer. Dès le retour du titulaire, le juge délégué doit se dessaisir même des instructions commencées. — Dans les tribunaux où il existe deux ou plusieurs juges d'instruction (Paris, Lyon, Marseille, Bordeaux, Lille, Rouen, Saint-Étienne, Toulouse, Versailles. Alger), ces divers magistrats se suppléent en cas d'empêchement.

20. Le juge d'instruction est placé sous la surveillance du procureur général quant aux fonctions de la police judiciaire. Mais, si le procureur général peut lui demander compte de l'état des affaires dont il est saisi et lui donner des instructions pour faire cesser les retards qu'elles éprouvent, il ne lui appartient pas de lui prescrire la marche à suivre, ni d'ordonner la délivrance de mandats. blâmer tels actes accomplis régulièrement par le juge. — Sur l'incompatibilité des fonctions de juge d'instruction avec les autres fonctions judiciaires, V. *suprà*, *Cours et tribunaux*, n° 73; ... sur la récusation du juge d'instruction, V. *infrà*, *Récusation*; ... sur la prise à partie du juge d'instruction, V. *infrà*, *Prise à partie*.

21. La compétence du juge d'instruction consiste dans le droit d'instruire *certains faits*, contre *certaines personnes*, dans *certains lieux*. — En ce qui concerne les faits et les personnes, les règles sont les mêmes pour le juge d'instruction que pour le procureur de la République (V. *suprà*, n°s 11 et s.). Toutefois, à l'égard des membres des deux Chambres, le juge d'instruction peut faire certains actes qui ne sont pas de nature à entraver la liberté d'un sénateur ou du député, comme des auditions de témoins, des expertises. En ce qui concerne les militaires, V. *infrà*, *Justice militaire*, *Justice maritime*.

22. À l'égard de la compétence territoriale. sont également compétents : le juge d'instruction du lieu du crime ou du délit, celui de la résidence du prévenu, celui du lieu où le prévenu peut être trouvé. En cas de concurrence entre deux juges d'instruction également compétents. l'affaire appartient à celui qui a été le premier saisi (V., au surplus, *suprà*, *Compétence criminelle*, n° 6 et s.). Les règles de la compétence du juge d'instruction sont d'ordre public; l'exception peut être élevée devant le juge d'instruction *ratione materiæ*, *personæ*, *loci*; l'incompétence doit être déclarée par le juge même d'office; elle ne peut être couverte et elle peut être proposée en tout état de cause. En pratique, quand plusieurs juges d'instruction également compétents se trouvent simultanément saisis de la même affaire, ces magistrats s'entendent pour laisser l'instruction à celui d'entre eux qui paraît le mieux placé pour arriver à la manifestation de la vérité; les autres rendent alors des ordonnances de dessaisissement.

§ 2. — *Attributions du juge d'instruction*
(R. 424 et s.; S. 543 et s.).

23. Les fonctions de juge d'instruction consistent, en général, à instruire les procédures criminelles. Ce magistrat a un double caractère : juge d'instruction, il accomplit ou ordonne tous les actes qui constituent l'instruction préalable ou préparatoire (V. *infrà*, n° 40 et s.); comme officier

de police judiciaire, il possède éminemment le droit de recherche et de constatation des délits, il a la plénitude des pouvoirs de cette police et la prééminence sur les autres officiers.

24. La séparation de la poursuite et de l'instruction est une règle fondamentale. — Sauf en cas de flagrant délit (V. *suprà*, n° 13), le procureur de la République doit seul poursuivre et le juge d'instruction seul informer. Du principe de cette séparation des deux pouvoirs, il résulte d'abord que le juge d'instruction ne peut (sauf le cas de flagrant délit et le cas de plainte de la partie lésée avec constitution de partie civile) commencer une instruction sans un réquisitoire du procureur de la République (le réquisitoire introductif) et, en second lieu, que les officiers du ministère public sont sans qualité pour faire aucun des actes qui constituent l'instruction. Toutefois, même lorsque le juge d'instruction a été saisi, l'officier du ministère public peut, soit pendant l'instruction, soit après l'ordonnance de renvoi du juge d'instruction ou l'arrêt de renvoi de la chambre d'accusation, interroger sommairement l'inculpé, dresser des procès-verbaux de renseignements, faire procéder à une enquête, recevoir certaines déclarations; mais ces actes constituent de simples renseignements et non des actes d'instruction (V. cependant *infrà*, n° 123).

25. Le juge d'instruction, saisi par le réquisitoire introductif, n'est pas tenu d'ouvrir d'information si le fait ne lui paraît pas constituer un crime ou un délit, ou si l'action publique est suspendue par une question préjudicielle, ou si elle est arrêtée par l'absence d'une plainte nécessaire, ou enfin si elle est éteinte par la prescription ou par une autre cause : dans ces divers cas, il devra statuer par une ordonnance de non-lieu. Mais il ne pourrait pas se dispenser d'informer sous le prétexte que le prévenu peut être cité directement devant le tribunal ou que l'information ne peut pas aboutir. — Le juge d'instruction est irrévocablement saisi par le réquisitoire introductif; il ne peut être dessaisi que par une ordonnance émanée de lui, ou par un arrêt de la cour d'appel. Au cours de l'information, le juge, quand il y a lieu, ordonne la communication de la procédure (Instr. 94, § 2), au procureur de la République. qui prend ses réquisitions et renvoie les pièces : le juge statue, par voie d'ordonnance, sur ces réquisitions. La communication est de rigueur au début de l'instruction, si le juge est saisi autrement que par le ministère public (Instr. 70). Il en est de même avant l'ordonnance de clôture. En dehors de là, la communication n'est de rigueur qu'avant le mandat d'arrêt (Instr. 94, § 2), la mainlevée de tout mandat de dépôt ou d'arrêt (Instr. 94, § 3), la mise en liberté provisoire (Instr. 113).

26. Le juge a le droit d'apprécier librement l'opportunité des mesures qui sont requises par le ministère public, avant de les ordonner; mais son refus d'obtempérer à une réquisition du parquet doit être formulé et déclaré dans une ordonnance et, en cas d'opposition à l'ordonnance, le conflit est vidé par la chambre d'accusation (V. *infrà*, n° 29). — La procédure terminée, le juge d'instruction la communique au parquet, qui lui adresse ses réquisitions (Instr. 127); celles-ci sont suivies de l'ordonnance de clôture.

27. Le juge d'instruction est saisi soit par le ministère public (c'est le cas le plus fréquent), soit par la plainte de la partie lésée, avec constitution de partie civile (V. *infrà*, n° 87), soit par le renvoi d'une autre chambre d'accusation, tribunal de simple police, correctionnel, cour d'assises), soit par le fait lui-même s'il est flagrant (V. *suprà*, n° 50). — Le juge est saisi de l'action publique, et, s'il y a une partie civile, de l'action civile. Il est saisi du fait dénoncé et non de la poursuite contre tel ou tel individu dénommé dans le réquisitoire introductif ou dans la plainte. Aussi a-t-il le droit d'inculper des *coauteurs ou complices* que ne lui désignait pas le procureur de la République. Mais, hors le cas de flagrant délit, il ne peut faire porter l'instruction sur des faits autres que ceux qui lui ont été déférés, alors même qu'ils seraient connexes. Il doit se borner à les constater et en donner avis au procureur de la République, pour être, par celui-ci, requis ce qu'il appartiendra (Paris, 18 mars 1897 et 7 juill. 1903, D. P. 1904. 2. 275).

28. Les décisions rendues par le juge d'instruction et par lesquelles il statue soit sur les réquisitions du ministère public, soit sur les demandes de la partie civile, soit sur les exceptions du prévenu, ou prescrit d'office des mesures d'instruction, prennent le nom d'*ordonnances*. Ce sont de véritables jugements. Elles sont de diverses sortes : ordonnances de transport, de perquisition, de délégation, de communiqué, ordonnances statuant sur des incidents, ordonnances de clôture. Sur ces dernières, V. *infrà*, nᵒˢ 68 et s.

29. Les ordonnances sont susceptibles d'être attaquées par la voie de l'appel (que l'on nomme *opposition*) devant la chambre des mises en accusation. — Le ministère public (le procureur de la République dans les vingt-quatre heures, le procureur général dans les dix jours) peut faire opposition à toutes les ordonnances. Par l'opposition du ministère public, la chambre d'accusation se trouve pleinement saisie de l'action publique et peut, dès lors, rendre un arrêt plus favorable à l'inculpé que l'ordonnance attaquée. — Quant à la partie civile, elle ne peut faire opposition qu'aux ordonnances *faisant grief à ses intérêts civils*. L'art. 135 c. instr. cr. indique certains exemples auxquels il faut ajouter : l'ordonnance qui déclare n'y avoir lieu d'informer; l'ordonnance de renvoi devant un tribunal incompétent. La partie civile a, pour former opposition, un délai de vingt-quatre heures à partir de la signification qui doit lui être faite par le ministère public (et non par le juge d'instruction : Cr. c. 8 août 1901, D. P. 1903. 1. 495). Cette signification est nécessaire pour faire courir le délai; la connaissance acquise ne saurait y suppléer (Cr. c. 28 févr. 1902, D. P. 1903. 5. 426). L'opposition de la partie civile produit les mêmes effets que celle du ministère public; elle opère à la fois dans l'intérêt de l'action civile et dans l'intérêt de l'action publique; par suite, la juridiction saisie à la suite de l'annulation de l'ordonnance doit statuer aussi bien sur l'application de la peine que sur les dommages-intérêts. — Le prévenu n'a le droit d'opposition que : 1ᵒ quand la mise en liberté provisoire lui a été refusée (Instr. 114); 2ᵒ lorsqu'il a excipé de l'incompétence et que le juge s'est déclaré compétent (Instr. 539). — L'opposition n'est pas suspensive. Cependant, en matière de mise en liberté provisoire, le recours est suspensif, sauf dans le cas où il est exercé par le procureur général.

30. Le juge d'instruction *peut* se saisir d'*office* dans tous les cas réputés flagrants délits et en cas de réquisition d'un chef de maison. A ces fonctions viennent s'ajouter les pouvoirs qui appartiennent dans le même cas au procureur de la République. Il a donc le droit d'entendre des témoins sans citation préalable, celui de faire arrêter l'inculpé présent sur un simple ordre verbal, celui de faire exécuter lui-même ses ordonnances. — On discute la question de savoir si les actes faits par le juge d'instruction en cas de flagrant délit, et transmis au parquet, obligent le procureur de la République à

poursuivre ou si celui-ci peut classer l'information.

ART. 7. — ARRESTATION EN CAS DE FLAGRANT DÉLIT; PERQUISITIONS ET VISITES DOMICILIAIRES (S. 596 et s.).

31. L'arrestation a pour objet de conduire l'inculpé devant le magistrat qui doit l'interroger; elle est permise, en cas de flagrant délit, à tous les officiers et agents de la police judiciaire (V. *suprà*, nᵒˢ 10, 13, 17, 30), et même aux simples citoyens sans ordre préalable. Mais elle n'est pas autorisée dans le cas de réquisition d'un chef de maison. — Dans les communes chefs-lieux judiciaires, l'inculpé est conduit devant le procureur de la République; dans les autres communes, il est conduit devant le maire, le commissaire de police ou le juge de paix. Si c'est devant le procureur de la République que l'inculpé est amené, ce magistrat peut donner une réquisition et demander au juge d'instruction de décerner un mandat, ou traduire sur-le-champ l'inculpé à l'audience du tribunal en vertu de la loi du 20 mai 1863 (D. P. 63. 4. 109) sur les flagrants délits, avec ou sans mandat de dépôt. Si l'individu est conduit devant un juge inférieur, celui-ci peut soit le mettre en liberté, soit le faire conduire au parquet. — Si l'arrestation est maintenue, l'inculpé est mis en état de détention préventive sur un mandat d'arrestation. Le droit de décerner ce mandat appartient, en principe, au juge d'instruction et, dans certains cas, spécialement en cas de flagrant délit, au procureur de la République, à ses auxiliaires et aussi au préfet (à Paris, au préfet de police), lorsque ces derniers agissent comme juges d'instruction.

32. Sur les perquisitions et les visites domiciliaires des agents de la police judiciaire, V., d'une façon générale, *infrà*, *Liberté individuelle*; spécialement, en ce qui concerne à cet égard les gardes champêtres et forestiers, V. *suprà*, nᵒ 10; *Forêts*, nᵒ 42; *Garde champêtre*, nᵒ 9; ... les préposés des Contributions indirectes, V. *suprà*, *Impôts indirects*, nᵒ 131; ... les préposés des douanes, V. *suprà*, *Douanes*, nᵒ 151 et s. — Quant aux perquisitions en matière de postes, V. *infrà*, *Postes*; ... de garantie d'or et d'argent, V. *infrà*, *Matières d'or et d'argent*; ... de servitudes militaires, V. *infrà*, *Place de guerre*; ... de poids et mesures, V. *infrà*, *Poids et mesures*; ... d'inspection du travail des enfants et des femmes, V. *infrà*, *Travail*; ... de police de la pharmacie, V. *infrà*, *Médecine-pharmacie*.

SECT. II. — **De l'instruction préalable ou écrite, jusqu'à l'ordonnance de règlement.**

33. L'instruction préparatoire est obligatoire à deux degrés (juge d'instruction et chambre d'accusation), s'il y a crime, et, facultative, à un degré s'il y a délit. Elle est écrite; mais depuis la loi du 8 déc. 1897, elle a cessé d'être secrète et non contradictoire (Sur cette loi, V. *infrà*, nᵒˢ 57 et s.).

ART. 1ᵉʳ. — DÉNONCIATIONS, PLAINTES ET CONSTITUTION DE PARTIE CIVILE (R. 457 et s.; S. 642 et s.).

34. 1ᵒ *Dénonciation.* — La *dénonciation* est l'acte par lequel on fait connaître à la justice l'existence d'une infraction. La dénonciation qui fait la partie lésée par l'infraction s'appelle *plainte*. La plainte, s'il s'y joint une demande de réparation du dommage, devient la constitution de partie civile. — On distingue la dénonciation officielle et la dénonciation privée.

35. La *dénonciation officielle* est celle par laquelle les fonctionnaires, autres que

ceux qui sont chargés de rechercher les faits punissables, sont tenus de donner avis au procureur de la République des crimes et délits dont ils auraient acquis la connaissance dans l'exercice de leurs fonctions. Si l'avis a le caractère de la dénonciation calomnieuse, son auteur peut être poursuivi par la voie correctionnelle (Pr. 373; V. *suprà*, *Dénonciation calomnieuse*). Mais le fonctionnaire dénonciateur ne peut jamais, même s'il a agi avec intention dolosive, être attaqué en réparation civile par le dénoncé, si ce n'est par la voie de la prise à partie. Il en est ainsi quel que soit le juge qui a prononcé l'acquittement : cour d'assises, tribunal correctionnel ou de police. — La *dénonciation privée* comprend la *dénonciation civique*, commandée par la loi (Instr. 80) à toute personne qui aura été témoin d'un attentat soit contre la sûreté publique, soit contre la vie ou la propriété d'un individu, et la *dénonciation volontaire*, d'un usage beaucoup plus fréquent, faite aux officiers publics compétents pour la recevoir (V. *suprà*, nᵒ 17), par toute personne qui a connaissance, même par voie indirecte, d'un crime ou d'un délit. Un incapable (mineur, femme mariée, etc.) peut se porter dénonciateur. Le dénonciateur ne peut se désister de sa dénonciation. Sur la responsabilité des dénonciateurs, V. *infrà*, nᵒ 44.

36. 2ᵒ *Plaintes.* — Les plaintes (V. *suprà*, nᵒ 34) sont adressées au procureur de la République, à ses auxiliaires ou au juge d'instruction. Les formes prescrites par l'art. 31 c. instr. cr. (V. *suprà*, *Dénonciation calomnieuse*, nᵒ 5 et s.) ne sont pas nécessaires à la validité de la plainte, même lorsque celle-ci, comme en matière de diffamation ou d'adultère, forme la base de la poursuite. Les personnes qui ont qualité pour recevoir les plaintes ne peuvent, à moins que les faits dénoncés ne constituent aucun fait punissable, se refuser à les recevoir; mais le procureur de la République n'est pas tenu de poursuivre (V. *suprà*, *Action publique*, nᵒ 18). D'autre part, la transmission de la plainte par le procureur de la République au juge d'instruction n'oblige pas celui-ci à y donner suite. — Le désistement du plaignant ne saurait le décharger de sa responsabilité civile ou pénale à l'égard du prévenu (V. *infrà*, nᵒˢ 42 et 44), ni arrêter l'action publique, même (sauf en matière de diffamation et d'adultère) si le délit ne peut être poursuivi que sur la plainte de la partie lésée (V. *suprà*, *Action publique*, nᵒ 32). — Le plaignant peut, aussi être obligé de se porter partie civile, revendiquer les objets qui lui ont été pris. Le tribunal peut même ordonner la restitution d'office.

37. 3ᵒ *Constitution de partie civile.* — La partie lésée a la faculté de se constituer partie civile (V. *suprà*, nᵒ 34), sans qu'il soit nécessaire qu'elle ait préalablement déposé une plainte. La constitution de partie civile ne résulte que d'une déclaration positive et formelle ou de conclusions à fin de dommages-intérêts. Elle ne saurait résulter ni du simple versement au greffe d'une somme à titre de provision sur les frais du procès criminel, ni de la déclaration d'un témoin à l'audience qu'il a l'intention de se porter partie civile.

38. On peut se porter civile : 1ᵒ par le dépôt d'une *plainte* accompagnée de constitution, devant le procureur de la République, ses auxiliaires, le procureur général ou le juge d'instruction; 2ᵒ par *intervention*: la partie lésée peut intervenir sur les poursuites du ministère public, en toute matière. Lorsque la partie plaignante s'est constituée partie civile dans l'instruction écrite, son intervention dans les débats est de droit; lorsqu'elle intervient seulement pendant les débats, son intervention doit être régularisée par un donné acte, ou, en cas de contestation, par un arrêt ou jugement. La partie lésée peut intervenir même après avoir été entendue comme témoin (V. *infrà*, *Témoin*).

39. La partie civile n'a pas besoin d'être représentée par un avoué. Elle a le droit, en toute matière, de soutenir sa demande elle-même ou par un avocat ou un fondé de pouvoirs. La constitution ne peut avoir lieu pour la première fois en appel ou devant la Cour de cassation. Mais le droit de se porter partie civile subsiste jusqu'à la clôture des débats, c'est-à-dire, en matière correctionnelle ou de police, jusqu'à la prononciation du jugement, et, devant la cour d'assises, jusqu'à ce que la clôture des débats ait été prononcée par le président. — Devant la cour d'assises, la partie civile qui s'est constituée avant la clôture des débats peut conclure, c'est-à-dire former sa demande en dommages-intérêts même après la déclaration du jury, tant que l'arrêt de condamnation n'est pas rendu, et, au cas de verdict négatif, même après l'ordonnance d'acquittement; 3° par *citation directe* (V. le numéro suivant).

40. La partie lésée peut, par une citation qui tient lieu de plainte, traduire directement le prévenu devant le tribunal correctionnel ou de police et, en matière de presse, même devant la cour d'assises. La qualité de partie civile découle nécessairement de la citation directe. Cette citation doit : 1° contenir élection de domicile dans le lieu où siège le tribunal, si la partie civile n'y demeure pas; 2° énoncer les faits, à peine de nullité, sans qu'il soit toutefois nécessaire, sauf en matière de presse, de les qualifier (sur les formes spéciales de la citation directe en matière de presse, V. *infrà*, *Presse-outrage*). En matière forestière (For. 172) et de pêche fluviale (L. 15 avr. 1829, art. 49), il doit être remis copie du procès-verbal de l'acte d'affirmation, à peine de nullité. La citation de la partie civile n'est pas nulle du fait qu'elle n'indique pas le texte de la loi pénale applicable, ou ne précise pas d'une façon exacte la date des faits, ou ne désigne pas exactement la partie civile, si aucun doute n'est possible sur l'individualité et la qualité du poursuivant, ou parce qu'elle ne contient aucune demande de dommages-intérêts. D'ailleurs, les nullités de la citation sont couvertes si elles n'ont pas été invoquées avant toute défense au fond (V. au surplus, *suprà*, *Exceptions et fins de non-recevoir*, n° 82).

41. La partie civile a le droit de se désister de son action. Son désistement, qui doit être signifié au ministère public et au prévenu, peut être donné dans une forme quelconque, pourvu qu'il soit exprès. Il peut être donné sous condition, par exemple sous condition de *payement*, et, en ce cas, la non-exécution des conditions donne le droit à la partie civile de reprendre son action. Si le désistement est donné dans les vingt-quatre heures qui suivent la constitution, la partie civile n'est tenue qu'aux frais antérieurs à la signification du désistement, elle n'est plus tenue des frais postérieurs. Après ce délai, elle peut encore se désister; mais elle sera tenue de tous les frais (Instr. 66).

42. Le désistement de la partie civile éteint l'action elle-même, et, s'il a été donné purement et simplement, la partie ne peut plus intervenir dans le cours de la procédure; mais elle peut encore porter son action devant le tribunal civil (V. *suprà*, *Action civile*, n° 27). Ce désistement est, d'ailleurs, sans influence sur les poursuites du ministère public, bien que celles-ci aient été provoquées par la partie civile ou que l'action soit de celles qui ne peuvent être mises en mouvement que sur la plainte de la partie lésée (sauf en matière d'adultère, de dif-

famation, et dans le cas de poursuites exercées par certaines administrations : V. *suprà*, *Action publique*, n°ˢ 15 et 32). — Enfin il ne soustrait pas la partie civile à la responsabilité qui lui incombe en cas de plainte injuste, non plus qu'aux poursuites qui pourraient être exercées contre elle en vertu de l'art. 373 c. pén., si la plainte était calomnieuse.

43. En matière criminelle, la partie civile n'est jamais tenue à la consignation préalable des frais. En matière correctionnelle et de police, elle doit, si elle agit par voie de plainte, déposer, sauf si elle est indigente, avant toute poursuite, au greffe ou au receveur de l'enregistrement, la somme présumée nécessaire pour les frais de la procédure; cette somme est fixée par le ministère public ou le juge d'instruction. La partie n'est pas assujettie à cette obligation si elle se constitue par voie d'intervention ou si elle agit par citation directe. — La partie civile, dans les affaires soumises au jury, n'est tenue du payement des frais que si elle succombe. Dans les procès en matière correctionnelle et de simple police, elle est toujours condamnée aux frais, sauf son recours contre le prévenu.

44. La partie civile peut, sauf au cas où elle s'est bornée à intervenir, être condamnée aux peines portées par l'art. 373 c. pén. contre les auteurs de dénonciations calomnieuses. Elle peut, en outre, même en cas de simple intervention, être condamnée, ainsi que les dénonciateurs et les plaignants, à des dommages-intérêts. — Devant la cour d'assises, l'accusé acquitté *pourra* obtenir des dommages-intérêts contre ses dénonciateurs (Instr. 358 et 359), s'ils ont agi témérairement ou imprudemment. L'accusé qui aura connu ses dénonciateurs avant la fin de la session portera son action devant la cour d'assises ; il la portera, au contraire, devant le tribunal civil, s'il ne les a connus qu'après la clôture de la session. — Les tribunaux correctionnels et de simple police ont, comme les cours d'assises, le droit de connaître de la demande en dommages-intérêts formée par le prévenu relaxé contre la partie civile qui a agi témérairement ou de mauvaise foi. Cette responsabilité peut même incomber à une Administration (spécialement, à celle des Contributions indirectes) qui a signifié par erreur, à un individu, un jugement par défaut rendu contre un homonyme (Cr. r. 15 juin 1872, D. P. 72. 1. 206). — Le prévenu relaxé pourrait aussi, d'après la jurisprudence, porter son action devant le tribunal civil. Mais il semble que, devant les tribunaux correctionnels et de simple police, l'inculpé relaxé ne saurait être admis à conclure à des dommages-intérêts contre le dénonciateur ou le plaignant, qui n'est point partie au procès. — Le prévenu peut également demander des dommages-intérêts à la partie civile au cas où la poursuite n'aurait pas été jusqu'au jugement et aurait pris fin par un non-lieu.

45. La partie civile peut : 1° devant le juge d'instruction : notamment, décliner sa compétence, demander le renvoi pour suspicion légitime, former opposition à ses ordonnances; 2° devant la chambre d'accusation : fournir des mémoires; 3° devant le tribunal de simple police et de police correctionnelle : prendre toutes conclusions qu'elle jugera utiles dans l'intérêt de son action, plaider la première (Sur son droit d'appel, V. *suprà*, *Appel en matière criminelle*, n° 13); 4° devant la cour d'assises : faire citer des témoins, adresser, pendant les débats, des questions à l'accusé ou aux témoins, par l'intermédiaire du président, prendre des conclusions, demander l'arrestation d'un faux témoin et le renvoi à une autre session. Sur le recours en cassation, V. *suprà*, *Cassation*, n° 136.

ART. 2. — TRANSPORTS SUR LES LIEUX, PERQUISITIONS, COMMISSIONS ROGATOIRES (R. 555 et s.; S. 781 et s.).

46. Au cours du *transport sur les lieux*, le juge d'instruction peut procéder à la constatation du corps du délit et de l'état des lieux, et accessoirement aux perquisitions, à l'audition des témoins, à l'arrestation et à l'interrogatoire des prévenus. Cette mesure d'instruction, qui peut être ordonnée en matière correctionnelle et criminelle, est laissée à l'entière appréciation du juge d'instruction. Le juge d'instruction n'est tenu d'en donner avis à personne, si ce n'est au procureur de la République, qui doit, d'ailleurs, se transporter avec le juge d'instruction.

47. Le juge d'instruction a le droit de pratiquer d'office des *perquisitions* et saisies, et il reste juge de l'opportunité de celles qui lui sont demandées par le ministère public. Dans la pratique, suivant un usage admis, il se fait remplacer, sauf en cas de transport sur les lieux, par le juge de paix, le commissaire de police ou le maire, auquel il délivre un mandat de perquisition. — Quant aux formes à observer, aux heures auxquelles peuvent avoir lieu les visites domiciliaires et aux restrictions admises en pareil cas, les règles que doit observer le juge d'instruction sont les mêmes que celles que doit suivre le procureur de la République en cas de flagrant délit (V. *suprà*, n°ˢ 13 et 14). La perquisition doit être faite en présence du prévenu, si celui-ci est arrêté.

48. La commission rogatoire est la délégation émanant d'un juge d'instruction (ou d'un tribunal), donnée à un autre magistrat (ou à un tribunal) à l'effet de procéder à un acte d'instruction auquel il ne peut ou ne veut se livrer. La loi reconnaît au juge d'instruction le droit de donner des délégations ou commissions rogatoires : 1° dans le cas d'audition de témoins hors d'état de se déplacer ou résidant hors de l'arrondissement du juge; 2° pour des perquisitions à faire hors de cet arrondissement (Instr. 83, 84 et 90). Mais on admet généralement que ces dispositions ne sont pas limitatives; le droit de délégation est général, et le juge d'instruction peut donner des délégations pour tous les actes de ses fonctions, y compris les mandats de comparution ; il n'y a d'exception que pour les autres mandats (d'arrêt, etc.) (Comp. *suprà*, *Commission rogatoire*).

49. Le juge commettant peut déléguer, pour des opérations à faire : 1° hors de son arrondissement, exclusivement le juge d'instruction du lieu et, dans le cas de flagrant délit, le juge de paix du lieu (Instr. 283); 2° dans son arrondissement, un officier de police judiciaire auxiliaire du procureur de la République, spécialement un juge de paix, un commissaire de police, un maire. C'est du moins ce qu'admet la jurisprudence. A Paris, on a créé à cet effet un commissaire de police spécial, le *commissaire aux délégations judiciaires*. — Le juge délégué a le droit de *subdélégation*.

50. Sur l'audition des témoins, V. *infrà*, *Témoin*. — Sur les expertises, V. *suprà*, *Expertise*, n° 8.

ART. 3. — MANDATS. — INTERROGATOIRE DU PRÉVENU. — MISE AU SECRET.

§ 1ᵉʳ. — *Mandats* (R. 607 et s.; S. 813 et s.).

51. On entend par *mandats* les ordres émanés de l'autorité judiciaire pour l'arrestation préalable des délinquants. On en distingue quatre sortes : le mandat de comparution, le mandat d'amener, le mandat de dépôt, le mandat d'arrêt.

52. Le mandat de *comparution* et le mandat d'*amener* n'ont pour objet que d'appeler ou de contraindre à comparaître devant le juge instructeur, pour être interrogé par lui, l'individu inculpé d'un crime ou d'un délit. Le mandat de *dépôt* et le mandat d'*arrêt* sont des ordonnances en vertu desquelles l'inculpé, mis en détention préventive, est écroué et retenu à la maison d'arrêt. — Ces mandats sont délivrés, en principe, par le juge d'instruction et, en cas de flagrant délit, par le procureur de la République; exceptionnellement, par les magistrats appelés à remplir les fonctions de juge d'instruction (Instr. 235, 484) et par les cours et tribunaux (Instr. 193, 214).

53. Le choix du mandat, même en matière correctionnelle, est laissé au juge. — Le mandat de comparution est facultatif pour lui, en toute matière, même si le fait est passible d'une peine afflictive et infamante; cependant, au cas où le fait, bien que qualifié délit, n'est passible que d'une peine pécuniaire, le juge ne peut délivrer qu'un mandat de comparution. — Le mandat d'amener est employé même contre des inculpés passibles d'un emprisonnement dont le maximum n'excède pas deux ans. Il n'est obligatoire que lorsque l'inculpé, appelé par mandat de comparution, a fait défaut. — Le mandat de dépôt et le mandat d'arrêt font commencer la détention préventive. Ils sont décernés quand il y a des indices graves contre le prévenu, et supposent que le fait sur lequel on instruit entraîne l'emprisonnement ou des peines plus graves. Mais ils sont facultatifs en ce sens que, même en matière criminelle, le juge d'instruction n'est jamais obligé de les décerner. Les mandats d'arrêt et de dépôt ont entre eux la plus grande analogie, et sont décernés indifféremment l'un pour l'autre; en fait, le juge d'instruction décerne le mandat de dépôt contre l'inculpé *présent*, après interrogatoire, et le mandat d'arrêt contre l'inculpé *en fuite*.

54. La durée de la détention préventive est illimitée. Elle peut être suspendue d'office par mainlevée de mandat (Instr. 94, § 3; V. *infrà*, n° 64), ou, sur la demande du prévenu, par la mise en liberté provisoire (V. *infrà*, n° 65 et s.). — D'autre part, pour les inculpés de délits passibles d'un emprisonnement inférieur à deux ans, la mise en liberté est de droit, cinq jours après l'interrogatoire, en faveur de ceux qui sont domiciliés et qui n'ont encore été condamnés ni pour crimes, ni à un emprisonnement de plus d'une année. — Sur le régime de la détention préventive, V. *infrà*, *Peine, Prisons.*

55. Tous les mandats, sans distinction, sont exécutoires sur tout le territoire de la République, à la diligence du procureur de la République. Il doit en être fait exhibition et délivré copie au prévenu par l'agent qui en est porteur. Ils donnent le droit (à l'exception du mandat de comparution) de requérir l'assistance de la force publique et de faire la perquisition de la personne du prévenu. Les agents de la force publique peuvent, pour s'assurer de sa personne, pénétrer dans le domicile du prévenu; pour procéder à sa recherche dans un domicile autre que le sien, il leur faut un mandat spécial de perquisition. Cette perquisition, bien que le contraire soit admis par certains auteurs, ne peut avoir lieu légalement la nuit que dans les cas exceptionnels où les fonctionnaires publics auraient le droit de pénétrer eux-mêmes dans le domicile pour y constater des crimes et des délits (V. *suprà*, n° 13).

56. Le mandat de comparution étant une simple injonction à comparaître devant le juge d'instruction, l'agent doit se borner à en faire l'exhibition au prévenu et à lui en délivrer copie; il se retire ensuite sans s'occuper de la manière dont le prévenu entend se conformer à l'injonction. Lorsqu'il s'agit d'un mandat d'amener, le prévenu est tenu de suivre l'officier qui en est porteur, et celui-ci, en cas de refus, a le droit de requérir la force publique. Si le prévenu n'est pas trouvé par les agents porteurs du mandat d'amener, ces derniers doivent faire viser l'original par le maire ou le commissaire de police et, en outre, d'après la jurisprudence, remettre la copie, suivant les distinctions établies pour les ajournements (Pr. 68 et 69; V. *suprà*, *Exploit*, n°s 38 et s.), aux parents, voisins ou maire, ou l'afficher à la porte du tribunal.

§ 2. — *Interrogatoire du prévenu.* — *Loi du 8 déc.* 1897 (R. 619 et s.; S. 820 et s.).

57. Le juge d'instruction doit procéder à l'interrogatoire immédiat de l'inculpé en cas de mandat de comparution, et, en cas de mandat d'amener, dans les vingt-quatre heures de l'entrée de l'inculpé dans la maison d'arrêt ou de dépôt. A l'expiration de ce délai, l'inculpé est conduit d'office et sans aucun nouveau délai, par les soins du gardien-chef, devant le procureur de la République, qui requiert du juge d'instruction l'interrogatoire immédiat. En cas de refus, d'absence ou d'empêchement dûment constaté du juge d'instruction, l'inculpé est interrogé sans retard, sur les réquisitions du ministère public, par le président du tribunal ou par le juge qu'il désigne; à défaut de quoi, le procureur de la République ordonne la mise en liberté immédiate de l'inculpé (Instr. 93, modifié par la loi du 8 déc. 1897, art. 2, D. P. 97. 4. 113). Cette procédure vise uniquement le cas où l'inculpé a été arrêté en vertu d'un mandat d'amener décerné par le juge d'instruction; lorsque le prévenu est en liberté, aucune disposition de loi ne prescrit dans quel délai doit avoir lieu son premier interrogatoire (Cr. r. 11 mai 1900).

58. Le magistrat instructeur doit, lors de la première comparution et avant de commencer l'interrogatoire, constater l'identité de l'inculpé. On recourt pour cet objet aux renseignements anthropométriques. Puis, le magistrat fait connaître à l'inculpé les faits qui lui sont imputés et reçoit ses déclarations, après l'avoir averti qu'il est libre de ne pas en faire. Si l'inculpation est maintenue, le magistrat donne avis à l'inculpé de son droit de choisir un conseil, et, à défaut de choix, il lui en fait désigner un d'office, si l'inculpé le demande. Ces avertissements et formalités doivent être mentionnés au procès-verbal d'interrogatoire (L. 8 déc. 1897, art. 3). Mais le juge d'instruction n'est pas tenu de désigner un avocat d'office à un inculpé qui n'en fait pas la demande, si d'ailleurs il a été averti de son droit (Cr. r. 12 mai 1899). — L'inculpé détenu ne peut être interrogé ou confronté, à moins qu'il n'y renonce expressément, qu'en présence de son conseil ou lui dûment appelé; celui-ci est convoqué par lettre missive au moins vingt-quatre heures à l'avance (L. 1897, art. 9, § 2). D'ailleurs, le juge d'instruction n'est obligé de surseoir à la confrontation d'un inculpé avec des témoins à raison de l'absence du conseil lorsqu'il est établi que celui-ci a été régulièrement convoqué et que la procédure a été mise à sa disposition la veille de la confrontation (Cr. r. 16 nov. 1900). — La procédure doit être mise à la disposition du conseil la veille de chacun des interrogatoires; l'accomplissement de cette formalité doit, à peine de nullité, être constaté par une mention spéciale sur chaque interrogatoire (Cr. c. 12 oct. 1901). Cette dernière règle n'est pas applicable lorsqu'il ne s'agit que d'une confrontation portant uniquement sur les déclarations des témoins et qui n'a pas le caractère d'un véritable interrogatoire (Cr. r. 11 févr. 1899, 17 mars 1899). Le juge d'ins-

truction n'est, d'ailleurs, pas tenu de communiquer à l'inculpé lui-même le dossier de la procédure, ni de lui faire donner copie des pièces (Cr. r. 2 mai 1903, D. P. 1905. 1. 23).

59. Il doit être immédiatement donné connaissance au conseil de toute ordonnance du juge par l'intermédiaire du greffier (L. 1897, art. 10, § 2), spécialement d'une ordonnance de soit-communiqué (Cr. c. 24 juin 1898). Mais cette obligation ne s'applique qu'aux seules ordonnances du juge qui constituent des actes de juridiction; par les expressions *ordonnance du juge*, la loi de 1897 n'a pas entendu comprendre toutes mesures prises par le juge, tous ordres par lui donnés, qui ne constituent à proprement parler que des formalités ou des actes d'instruction. Ainsi, l'obligation de communication ne s'applique ni à une ordonnance portant commission rogatoire pour faire certaines constatations, ni à une ordonnance de désignation d'expert (Cr. r. 8 déc. 1899, D. P. 1903. 1. 457; 16 févr. 1901, D. P. 1901. 1. 288).

60. La loi du 8 déc. 1897 ne régit que les actes d'information auxquels il est procédé par le juge d'instruction (Cr. r. 11 août 1899), et à la condition qu'ils soient antérieurs à l'ordonnance qui le dessaisit (Cr. r. 24 déc. 1898). Aucune de ses dispositions ne vise les actes d'enquête préliminaire auxquels il est procédé par le procureur de la République ou par ses auxiliaires (Cr. r. 11 août 1899). Elle est inapplicable dans le cas où l'on suit la procédure des flagrants délits (Cr. r. 12 mars 1898, D. P. 98. 1. 208). Ainsi, un procureur de la République n'est tenu, en interrogeant l'inculpé conduit devant lui en état de flagrant délit, en vertu de la loi du 20 mai 1863, ni de l'avertir qu'il est libre de ne pas faire de déclaration, ni de lui donner avis de son droit de choisir un conseil (Cr. r. 12 mars 1898, précité). De même, le juge d'instruction qui, requis d'informer un flagrant délit, se transporte sur les lieux et procède à l'interrogatoire de l'inculpé, a la faculté de ne pas observer les formalités (Cr. r. 28 juill. 1899). Mais cette faculté reconnue au juge d'instruction n'existe que pour les interrogatoires auxquels il est procédé au cours du transport et non pour ceux qui ont lieu postérieurement (Cr. r. 28 juill. 1899, précité). De même encore, il n'y a pas lieu à l'observation des règles de la loi de 1897 en cas d'instruction faite devant la chambre d'accusation en vertu, soit des art. 228, 231 (c. instr. cr., soit de l'art. 235, lorsque la chambre délègue un de ses membres pour procéder à un supplément d'information (Cr. r. 20 mars 1903, D. P. 1904. 1. 477); ... ni au cas où il est procédé à un supplément d'information par le président des assises (Cr. r. 27 sept. 1897); ... ni, à plus forte raison, au cas d'une enquête faite par un inspecteur des postes d'après les règlements de son administration (Cr. r. 11 févr. 1899). — La loi de 1897 n'est applicable qu'au cas où le prévenu a satisfait au mandat de comparution décerné contre lui, et non lorsqu'il s'est soustrait par la fuite à toute mesure d'instruction contradictoire (Cr. r. 11 août 1898). Comp. *suprà*, n° 57, *in fine*.

61. Aucun grief ne peut être tiré de ce que le juge d'instruction, avant d'inculper un prévenu et de prendre parti sur sa mise en prévention, l'avait d'abord cité comme témoin et avait reçu sa ce titre, sans se conformer aux prescriptions des art. 3, § 1er, et 2, 9, 10 de la loi de 1897, ces explications pour s'éclairer sur sa participation aux faits relevés dans le réquisitoire (Cr. r. 8 déc. 1899, D. P. 1900. 1. 31).

62. Le juge d'instruction n'a pas qualité, soit pour procéder à l'annulation de l'acte entaché d'une des nullités prévues par la loi du 8 déc. 1897, soit pour recommencer spontanément cet acte. Il doit, en pareil cas, mettre l'inculpé, son conseil présent ou dûment appelé, en demeure de déclarer s'il entend opposer la nullité et, au cas de l'affirmative, communiquer sa procédure au procureur de la République, à l'effet de saisir, par voie d'opposition à l'ordonnance de soit-communiqué, la chambre des mises en accusation, à qui il appartient d'ordonner la suppression du dossier des actes déclarés nuls et de la procédure ultérieure (Cr. r. 8 déc. 1899, précité).

§ 3. — *Interdiction de communiquer* (R. 692 et s.; S. 846).

63. La *mise au secret*, établie par le Code d'instruction criminelle (art. 613 et 618), a été réglementée, sous le nom d'*interdiction de communiquer*, par la loi du 14 juill. 1865 (D. P. 65. 4. 145), qui a ajouté une disposition à l'art. 613, puis par la loi du 8 déc. 1897, art. 8. Il résulte de cette dernière loi que l'inculpé peut toujours, et sans aucune exception, aussitôt après sa première comparution, librement communiquer avec son conseil. Celui-ci n'a plus besoin d'un *permis de communiquer*, mais seulement d'une pièce attestant qu'il est le défenseur de l'inculpé. — A l'égard de toutes autres personnes que le conseil, l'interdiction de communiquer est maintenue, sauf dans le cas où l'inculpé est détenu dans une prison soumise au régime cellulaire, et ladite interdiction ne peut, en aucun cas, dépasser vingt jours. — En ce qui concerne le droit de visite, le juge d'instruction a toujours la faculté de ne laisser pénétrer que les personnes auxquelles il croit devoir remettre une permission spéciale.

ART. 4. — LIBERTÉ PROVISOIRE ET CAUTIONNEMENT (R. 697 et s.; S. 864 et s.).

64. La détention préventive peut être suspendue par la *mainlevée du mandat de dépôt ou d'arrêt*, ordonnée par le juge d'instruction, même d'office, mais sur les conclusions conformes du procureur de la République. Cette mainlevée ne pourrait pas être soumise à la condition d'un cautionnement. — C'est un simple acte d'instruction, et la partie civile n'est pas admise à attaquer l'ordonnance qui la prononce. Elle peut toujours être révoquée par un nouveau mandat de dépôt ou d'arrêt.

65. La détention préventive est susceptible également d'être suspendue au moyen d'une ordonnance de mise en liberté provisoire, rendue sur la demande du prévenu. Cette ordonnance est un acte de juridiction, à la différence du cas de mainlevée de mandat. La mise en liberté provisoire *peut* être accordée en toute matière; dans certains cas, elle est de droit (V. *supra*, n° 54). La mise en liberté provisoire peut être demandée en tout état de cause. Il n'appartient qu'au juge d'instruction de statuer sur la demande tant qu'il n'a pas rendu son ordonnance de clôture. Lorsqu'il s'est dessaisi par cette ordonnance, son pouvoir a été égard et transféré à la juridiction qui est saisie. Ainsi, la chambre d'accusation est compétente pour statuer sur la demande tant qu'elle ne s'est pas dessaisie par un arrêt, et même, en cas de pourvoi contre l'arrêt de renvoi, pendant l'instance en cassation. En cas de renvoi devant la juridiction correctionnelle, c'est à cette juridiction qu'il appartient d'accueillir ou de refuser la demande. Si l'affaire a été renvoyée devant la cour d'assises, aucune juridiction ne peut, après le rejet du pourvoi contre l'arrêt de renvoi, statuer sur la demande de mise en liberté provisoire. La cour d'assises, en thèse générale, n'a pas, en effet, ce droit; toutefois, l'art. 11 de la loi du 8 déc. 1897 autorise la cour d'assises, qui prononce le renvoi de l'affaire à une autre session, à statuer sur la mise en liberté provisoire de l'accusé. Ce droit n'appartient en aucun cas à la Cour de cassation. En cas de règlement de juges, la demande en liberté est soumise, pendant l'instance en cassation, à la chambre d'accusation.

66. La requête par laquelle le prévenu demande sa mise en liberté provisoire n'est soumise à aucune forme; une simple lettre pourrait suffire. Elle est notifiée à la partie civile. La décision qui statue sur la demande peut être attaquée par voie d'opposition ou d'appel par le procureur de la République, la partie civile ou le prévenu dans le délai uniforme de vingt-quatre heures (pour ces deux derniers, le délai ne court qu'à partir de la notification), et par le procureur général dans les dix jours de sa date. Si la décision émane de la cour d'appel ou de la cour d'assises, elle est susceptible de pourvoi en cassation : le délai est également de vingt-quatre heures.

67. La liberté provisoire n'est accordée qu'à la double condition que le requérant : 1° de prendre l'engagement de se représenter à tous les actes de la procédure et pour l'exécution du jugement; 2° d'élire domicile dans la ville où siège la juridiction saisie de la demande. Elle peut être ordonnée : 1° sans caution; 2° avec caution (cautionnement *réel* fourni en espèces par l'inculpé ou un tiers, ou cautionnement *immobilier*); 3° avec cautionnement personnel, c'est-à-dire avec l'engagement pris par un tiers de faire représenter l'inculpé ou, à défaut, de verser la somme déterminée. — Le chiffre du cautionnement est fixé par la juridiction compétente. Le cautionnement est divisé en deux parties : la première garantit la représentation de l'inculpé et, dès que l'accusé manque à son engagement sans motif légitime, elle est acquise au fisc, alors même qu'il se représenterait à des actes postérieurs (en cas d'acquittement, cette partie du cautionnement peut être restituée (Instr. 122). La seconde partie garantit, en cas de condamnation, le payement, dans l'ordre suivant : 1° des frais faits par la partie publique; 2° de ceux avancés par la partie civile; 3° des amendes; mais elle ne garantit pas les dommages-intérêts que peut encourir l'inculpé. Les contestations sont vidées, en chambre du conseil, par la juridiction dont émane la condamnation (Instr. 124, § 4). — La liberté provisoire prend fin en cas de non-représentation de l'inculpé, ou si des circonstances nouvelles (préparatifs de fuite, aliénations frauduleuses) rendent la détention nécessaire, ou par l'arrêt de renvoi devant la cour d'assises, ou enfin lorsqu'il intervient un jugement ou arrêt définitif sur la prévention.

ART. 5. — DE L'ORDONNANCE DU JUGE D'INSTRUCTION QUAND LA PROCÉDURE EST COMPLÈTE (R. 783 et s.; S. 931 et s.).

68. La juridiction du juge d'instruction a été organisée par la loi du 17 juill. 1856 (D. P. 56. 4. 123), qui a supprimé la chambre du conseil. Le juge d'instruction, saisi par le réquisitoire introductif du procureur de la République, doit, avant tout, s'assurer de sa propre compétence (V. *supra*, *Compétence criminelle*, n°s 55 et s., 73 et s.), examiner si l'action dont il est saisi est recevable et si le fait constitue un crime, un délit ou une contravention. Il examine ensuite s'il existe des charges suffisantes ou des indices suffisants. Lorsque la procédure est achevée, le juge d'instruction rend une *ordonnance de soit-communiqué*, en vertu de laquelle les pièces de la procédure sont communiquées au procureur de la République, qui l'examine et rend un réquisitoire définitif. Ces réquisitions peuvent tendre soit à un non-lieu, soit à un plus ample informé, soit au renvoi devant le tribunal de simple police ou correctionnel, soit (en cas de crime) à la transmission des pièces au procureur général. Elles n'engagent point le juge d'instruction, qui reste libre de s'y conformer ou non.

69. Statuant alors sur les réquisitions du ministère public, le juge d'instruction rend : 1° soit une *ordonnance de non-lieu*, par laquelle il déclare n'y avoir lieu de continuer la poursuite; cette ordonnance est motivée *en fait* si elle porte qu'il n'existe pas de charges suffisantes soit de l'existence du délit, soit de la culpabilité de l'inculpé, ou *en droit*, si elle affirme que le fait, bien qu'établi, n'est pas punissable, ou que l'action publique est prescrite (Sur l'autorité des ordonnances de non-lieu, au point de vue de la chose jugée, V. *supra*, *Chose jugée*, n°s 68 et s.; sur les charges nouvelles qui peuvent autoriser une reprise d'instruction, V. *infrà*, n° 114); 2° soit une *ordonnance de renvoi* ou *de renvoi*, par laquelle le juge d'instruction déclare qu'il y a lieu à suivre et renvoie l'inculpé, comme prévenu de telle infraction, devant la juridiction compétente. Le renvoi peut être ordonné devant le tribunal de police (le prévenu est alors mis en liberté) ou devant le tribunal correctionnel. Dans l'un et l'autre cas, l'ordonnance est non pas attributive, mais seulement indicative de juridiction, en ce sens que le tribunal doit examiner sa compétence et se déclarer incompétent s'il y a lieu. — Si le juge d'instruction estime que le fait est de nature à être puni de peines afflictives ou infamantes, il rend une *ordonnance de transmission*, par laquelle il ordonne que le dossier de la procédure soit transmis par le procureur de la République au procureur général, qui le transmet à la chambre d'accusation.

70. Les ordonnances doivent contenir des motifs et un dispositif prononçant formellement sur la compétence, l'énonciation du délit et de ses circonstances, avec l'indication de la loi pénale qui le prévoit et le punit. Les ordonnances sont communiquées au procureur de la République, qui est chargé de leur exécution et qui use, s'il le juge à propos, de son droit d'appel. Dans la pratique, on signifie au prévenu les ordonnances de transmission (en cas de prévention de crime), mais non les ordonnances de renvoi en police correctionnelle ou en simple police. Mais il convient de rappeler que l'art. 10 de la loi du 8 déc. 1897 exige qu'il soit donné immédiatement connaissance de toute ordonnance au conseil de l'inculpé. La signification des ordonnances qui intéressent la partie civile doit être faite dans les vingt-quatre heures de la date de l'ordonnance à la partie civile, à son domicile réel ou élu (Instr. 135; V. *supra*, n° 29). — Sur l'opposition aux ordonnances du juge d'instruction, V. *supra*, n° 29; V. aussi *supra*, *Appel en matière criminelle*, n°s 2 et s.

SECT. III. — Instruction préalable en cas de flagrant délit (S. 972 et s.).

71. En matière correctionnelle, lorsque l'inculpé a été saisi en état de flagrant délit (L. 20 mai 1863, D. P. 63. 4. 109), la poursuite et le jugement des délits sont accélérés dans le but d'abréger la détention préventive. La poursuite n'intervient pas, et la poursuite est concentrée entre les mains du procureur de la République; les délais sont abrégés, les formes des citations simplifiées. Le recours à cette procédure est purement facultatif (V. *infrà*, n° 72). — L'application de la loi de 1863 exige la réunion des conditions suivantes : qu'il s'agisse d'un flagrant délit; que le prévenu ait été arrêté et conduit devant le procureur de la République; qu'il ne s'agisse pas d'un délit dont la procédure est réglée par des lois spéciales, et que la poursuite ne soit pas susceptible d'entraîner la relégation.

72. L'instruction confiée au procureur de la République se réduit à un interrogatoire obligatoire, qui doit avoir lieu le jour même, et à un mandat de dépôt facultatif. L'interrogatoire permet au magistrat de s'éclairer et de mettre l'inculpé en liberté; s'il le retient, il peut, au cas où il le juge préférable, ne pas suivre la procédure des flagrants délits et, soit saisir le juge d'instruction, soit citer directement le prévenu devant le tribunal correctionnel conformément au droit commun. — Le procureur de la République ne peut mettre l'inculpé sous mandat de dépôt qu'à la condition de le traduire sur-le-champ à l'audience du tribunal ou à celle du lendemain. En fait, la loi n'est pas observée à la lettre sur ce point. — Sur les modifications apportées aux principes généraux par la loi de 1863 en ce qui concerne les règles de la saisine, V. *infrà*, n° 99.

SECT. IV. — **Instruction devant les tribunaux de police simple et correctionnelle.**

ART. 1er. — **TRIBUNAL DE SIMPLE POLICE** (R. 864 et s.; S. 981 et s.).

73. Le tribunal de police est saisi : 1° par la citation directe donnée par le plaignant ou le ministère public au contrevenant et aux personnes civilement responsables (Instr. 145); 2° par la comparution volontaire des parties à la suite d'un simple *avertissement* (Instr. 147); 3° par le renvoi prononcé soit par le juge d'instruction (Instr. 145, 147, 129) (ce qui suppose que l'infraction avait, au premier aspect, l'apparence d'un crime ou d'un délit), soit par la chambre d'accusation, soit par le tribunal correctionnel, soit par la Cour de cassation (après cassation d'un précédent jugement) (Instr. 427). — Ces renvois ne sont, d'ailleurs, qu'indicatifs, et non attributifs de juridiction, et le juge peut décliner sa compétence.

74. En cas de non-comparution du contrevenant, le simple avertissement est insuffisant pour saisir le tribunal; il est nécessaire de délivrer une citation au non-comparant. Ainsi, nul ne peut être condamné s'il n'a pas comparu volontairement ou s'il n'a été régulièrement cité comme prévenu. Notamment, celui qui n'a été cité et n'a comparu que comme témoin dans une instance introduite contre un tiers ne peut être condamné comme coupable de la contravention poursuivie ou d'une contravention connexe.

75. En principe, la citation doit être, à peine de nullité, donnée par un huissier (Instr. 145). Elle ne pourrait être donnée, par exemple, par un garde champêtre. Tous les huissiers du ressort du tribunal de première instance dans le ressort duquel se trouve le tribunal de simple police ont qualité pour donner la citation. — Sur les citations délivrées à la requête de certaines administrations publiques, V. *supra*, *Douanes*, n° 187; *Forêts*, n° 70; *Impôts indirects*, n°s 148 et s.

76. Le Code d'instruction criminelle ne mentionne que deux formalités devant être observées dans l'exploit de citation : la première est la fixation du délai pour comparaître (Instr. 146). Le délai de comparution ne peut être moindre de vingt-quatre heures, avec l'obligation de l'augmenter proportionnellement à la distance du domicile de l'assigné au tribunal compétent, à raison d'un jour par trois myriamètres, à peine de nullité tant de la citation que du jugement qui serait rendu par défaut (Instr. 146). Mais, dans les cas urgents, on peut abréger les délais et citer les parties même dans le jour et à heure indiqué (Instr. 146). — De la nécessité de ce délai de vingt-quatre heures, la jurisprudence a fait résulter celle d'indiquer sur la citation la date à laquelle celle-ci a été délivrée. Et la Cour de cassation a déclaré nulle une citation dans laquelle la date de la signification était restée en blanc, ce qui rendait impossible de vérifier si le délai de vingt-quatre heures avait été observé (Cr. c. 3 avr. 1888, D. P. 88. 1. 494). Mais il n'y aurait pas nullité si une autre mention de l'exploit permettait de suppléer à l'absence de date.

77. La seconde formalité exigée pour la validité de l'exploit de citation consiste dans l'obligation de remettre une copie de l'exploit au contrevenant et, quand il y en a une, à la partie civilement responsable (Instr. 145).

78. En dehors de ces formalités inscrites dans la loi, la jurisprudence a posé les principes suivants quant aux autres énonciations que doit contenir la citation. Tout d'abord, il est nécessaire que la citation mentionne la contravention pour laquelle on est poursuivi, ou tout au moins se réfère à un procès-verbal qui la constate. Mais cette mention n'a pas besoin d'être détaillée; il suffit que la citation énonce le fait sur lequel le prévenu est appelé à se défendre. — Il n'est pas exigé que le libellé de la citation contienne le texte ou l'indication des lois ou règlements dont la violation est imputée au contrevenant. Mais il faut, tout au moins, que celui-ci n'ait pas pu être trompé par des indications inexactes (Cr. r. 29 déc. 1894, D. P. 98. 5. 328; 12 nov. 1896). Il faut, en outre, énoncer le nom du prévenu; mais il est inutile d'indiquer ses prénoms, à moins que l'énonciation de ceux-ci ne soit nécessaire pour éviter une confusion.

79. Sur la forme dans laquelle doit être remise la copie de l'exploit, V. *supra*, *Exploit*, n°s 50 et s. — Sur l'acte d'appel, V. *supra*, *Appel en matière criminelle*, n°s 14 et 15.

80. Le contrevenant n'est pas tenu de comparaître en personne; il peut se faire représenter par un fondé de pouvoirs. La procuration peut être verbale s'il ne s'élève pas de contestation sur son existence, sinon elle doit être écrite. Une femme mariée a le droit de se faire représenter sans l'autorisation de son mari. — On admet, en général, que le tribunal de police peut ordonner la comparution personnelle du contrevenant. Le contrevenant peut être assisté d'un défenseur.

81. L'instruction doit avoir lieu et le jugement doit être prononcé dans l'auditoire du tribunal. Un jugement prononcé au domicile du juge, même les portes ouvertes, serait nul. La publicité de l'audience doit être constatée pour toutes les audiences de la cause. — Toute l'instruction se fait à l'audience; toutefois, certains actes, comme les expertises, peuvent être faits en dehors.

82. Le premier acte de l'instruction est la lecture des procès-verbaux, s'il y en a. L'omission de cette formalité pourrait entraîner la nullité du jugement, si le procès-verbal avait été la seule base de la sentence. Sur l'audition des témoins, V. *infrà*, *Témoin*. — Le juge ne peut refuser d'entendre les témoins produits par le ministère public que s'il tient la contravention pour établie, et ceux des contrevenants que s'il tient pour constants les faits allégués par la défense. — Après que toutes les preuves ont été produites, le plaignant, s'il y en a un, prend ses conclusions, par lui-même ou par un représentant. Ces conclusions peuvent tendre à une audition de témoins, une expertise, etc.; le juge a la faculté de les rejeter. Le contrevenant présente ensuite sa défense, sans prestation de serment; il ne peut jamais être soumis à un interrogatoire. Il peut présenter toutes exceptions et fins de non-recevoir admises en matière de contravention, proposer une visite des lieux, etc. — Enfin le ministère public résume l'affaire et donne ses conclusions. Sa présence est exigée, à peine de nullité, à tous les actes de l'instruction, à toutes les audiences et à la prononciation du jugement. Le jugement doit, à peine de nullité, constater que le ministère public a été entendu sur tous les incidents du débat ou a été mis en demeure de conclure; la loi n'a prescrit pas de termes sacramentels pour cette constatation, et les notes d'audience du greffier pourraient suppléer au silence du jugement à cet égard (Cr. r. 10 juill. 1863, D. P. 63. 1. 483). — Le prévenu et la partie civile peuvent répliquer et prendre des conclusions jusqu'à la clôture des débats, qui n'est fixée que par le prononcé du jugement. Mais il n'est pas nécessaire que la parole ait été donnée en dernier lieu au prévenu, s'il ne l'a pas demandée (Comp. *infrà*, n° 150).

83. Les contraventions sont établies par tous les modes de preuve admis par la loi (l'énumération de l'art. 154 c. instr. cr. n'est donc pas limitative), notamment par : 1° Les *procès-verbaux*. Le juge de police, saisi d'une contravention établie par un procès-verbal régulier et faisant foi jusqu'à preuve contraire, ne peut refuser de tenir la contravention pour constante et s'abstenir de la réprimer tant qu'une preuve contraire n'est offerte contre les énonciations du procès-verbal, ni se fonder, pour prononcer la relaxe des inculpés, uniquement sur les dires des contrevenants que s'il tient pour constants les faits allégués par la défense. D'autre part, l'irrégularité ou l'insuffisance d'un procès-verbal peut être suppléée par l'aveu ou par la preuve testimoniale (V. en outre *infrà*, *Procès-verbal*); — 2° Les *dépositions de témoins*. Ceux-ci doivent prêter serment; le juge pourrait, sans excès de pouvoir, faire état de témoins entendus sans prestation de serment et à titre de simple renseignement (V. *infrà*, *Témoin*); — 3° L'*aveu du contrevenant*; il est suffisant pour motiver une condamnation; — 4° L'*expertise*. Lorsque cette mesure est demandée par les parties, le juge ne peut l'écarter que s'il la déclare non pertinente, inutile ou frustratoire (V. en outre *supra*, *Expertise*, n°s 72 et s.); — 5° La *visite des lieux* (V. *supra*, *Descente sur lieux*).

84. Le juge de police, comme les autres tribunaux de répression, ne doit former sa conviction que d'après l'instruction orale faite devant lui et en présence des parties. Il ne peut fonder son jugement ni sur des renseignements particuliers recueillis en dehors de l'audience, par exemple sur les déclarations écrites qu'on lui aurait pas comparu (Cr. c. 28 nov. 1902, D. P. 1904. 1. 159); ... ni sur sa connaissance personnelle des lieux et des faits; ... ni même sur des renseignements recueillis *tant à l'audience qu'autrement*; ... ni par des documents non communiqués aux parties.

85. Le juge de police doit statuer par un jugement, dans tous les cas, lors même qu'il y aurait désistement de la plainte ou que le ministère public abandonnerait la poursuite. Il doit statuer sur *toutes* les réquisitions du ministère public et *toutes* les conclusions des parties. — L'acquittement ne peut être prononcé que si le fait ne constitue ni délit, ni contravention de police; il ne peut être basé sur une seule cause que s'il n'admet pas, ni uniquement sur l'abandon de la prévention par le ministère public. Il doit être pur et simple. Le juge ne peut, en prononçant l'acquittement, adresser une injonction au prévenu, ni le condamner aux frais ou prononcer la confiscation des objets saisis, à moins que la confiscation ne soit ordonnée par la loi (V. *infrà*, *Peine*).

ART. 2. — **TRIBUNAL CORRECTIONNEL.** (R. 914 et s.; S. 1084 et s.).

86. Le tribunal correctionnel est saisi : 1° par *citation directe*, c'est-à-dire par une citation non précédée d'une instruction préparatoire, délivrée à la requête du ministère public, d'une administration publique, ou du particulier lésé ; — 2° par la *comparution volontaire*, en cas d'accord entre les parties ou sur simple avertissement du ministère public ; — 3° par le *renvoi prononcé par une autre juridiction*, c'est-à-dire le juge d'instruction, la chambre d'accusation, la Cour de cassation, ou encore le tribunal de simple police, dans le cas de l'art. 160 c. instr. cr.; — 4° par la *conduite immédiate de l'inculpé devant le tribunal*, en cas de flagrant délit (V. *suprà*, n° 31).

87. De même qu'en matière de simple police (V. *suprà*, n° 74), l'avertissement ne peut suffire que s'il est suivi d'une comparution volontaire. Le prévenu *averti* qui ne se présente pas ne peut être condamné sur défaut ; une nouvelle citation est alors nécessaire. Il en est de même lorsque l'affaire a été remise, en l'absence du prévenu, bien qu'elle ait été remise à une date déterminée (Cr. c. 9 juill. 1897), ou lorsque l'affaire, même en présence du prévenu, a été remise à une date indéterminée (Cr. c. 30 sept. 1897). — Quant aux formes de la citation, il est admis, d'une manière générale, que, malgré l'insuffisance des textes du Code d'instruction criminelle, on doit, en principe, écarter, en matière correctionnelle, l'application des règles établies par le Code de procédure civile. Les seules formalités obligatoires sont les suivantes :

88. L'exploit de citation doit être fait et signifié par un huissier. Il peut l'être également, mais seulement en cas de nécessité urgente et absolue, par les gendarmes (L. 5-15 pluv. an 13. art. 1er, R. v° *Gendarme*, p. 472). Les agents appartenant à des administrations publiques ont le droit de donner des citations au nom de l'État (V. *suprà*, n° 75).

89. Lorsque le prévenu est cité directement par la partie civile, celle-ci doit faire élection de domicile dans la ville où siège le tribunal (Instr. 183). La partie civile qui n'a pas rempli cette formalité perd tout droit d'opposer le défaut de signification des actes qui doivent lui être notifiés.

90. Les citations doivent contenir certaines énonciations. En premier lieu, si elle émane de la partie civile, la citation doit contenir élection de domicile dans la ville où siège le tribunal. En second lieu, elle doit énoncer les faits reprochés au prévenu (Instr. 183). Cette obligation paraît s'imposer non seulement aux citations données à la requête de la partie civile, mais aussi à celles données à la requête du ministère public. L'énonciation relative aux faits est suffisante lorsque ceux-ci sont assez clairement énoncés pour que le prévenu puisse se défendre. Pourvu que l'objet de la prévention soit clairement articulé, il n'est pas nécessaire que les faits soient détaillés et précisés, ni que les circonstances constitutives du délit soient énumérées. D'un autre côté, lorsque, s'agissant d'une poursuite sur information, les faits ont été portés à la connaissance du prévenu au cours de l'information, par exemple par les interrogatoires subis devant le juge d'instruction, il est inutile que la citation contienne l'énonciation des faits (Cr. r. 6 nov. 1890).

91. L'exploit de citation doit indiquer suffisamment le prévenu en le désignant par son nom patronymique et, s'il y a plusieurs personnes du même nom, en y ajoutant son prénom. Il suffirait même que le prévenu fût désigné par une qualification qui lui serait exclusivement personnelle (par exemple le rédacteur en chef d'un journal). À défaut d'indication suffisante, la citation serait nulle.

92. Il est nécessaire que la citation indique le tribunal qui doit statuer sur la plainte et la date du jour où l'affaire sera jugée. Mais il n'est besoin d'indiquer ni la chambre du tribunal devant laquelle l'affaire sera appelée, ni l'heure de l'audience (Cr. c. 11 mai 1894, D. P. 98. 1. 519). De même, il n'est pas exigé que la citation contienne la qualification des faits et l'indication de la loi pénale (Cr. r. 21 sept. 1899).

93. Il faut au moins un délai de trois jours francs (un délai plus long n'entraînerait donc pas nullité), outre un jour par trois myriamètres, entre la citation et le jour de la comparution (Instr. 184). L'inobservation de cette disposition n'entraîne pas, comme l'inobservation du délai en matière de simple police, la nullité de la citation et du jugement par défaut rendu contre la personne citée (V. *suprà*, n° 76), mais seulement la nullité du jugement par défaut (Cr. c. 5 déc. 1895, D. P. 96. 1. 335). De même qu'en matière de simple police (V. *suprà*, n° 76), de la nécessité de ce délai résulte celle d'indiquer la date de la citation. Mais l'erreur de date ou l'absence de cette indication ne pourrait pas entraîner nullité, s'il était constant que le prévenu avait été assigné en temps utile pour l'audience où l'affaire a été jugée.

94. Les règles ci-dessus subissent quelques modifications lorsque la citation est délivrée en matière de presse (V. *infrà*, *Presse-outrage*).

95. Bien que la loi ne l'exige pas expressément, comme en matière de simple police (V. *suprà*, n° 77), la remise au prévenu d'une copie de la citation est une formalité substantielle, dont l'inobservation est une cause de nullité (Cr. c. 14 févr. 1889).

96. Par dérogation au principe posé *suprà*, n° 87, qui écarte en matière criminelle les règles établies pour les exploits en matière civile, on applique aux exploits donnés devant les tribunaux correctionnels les dispositions concernant la remise de la copie (Pr. 68 et 69, § 8). Si, par exemple, le domicile de la personne citée est inconnu, la partie est citée au lieu de sa résidence actuelle ; si ce lieu n'est pas connu, l'exploit est affiché à la principale porte du tribunal où l'affaire doit être portée, et une seconde copie est donnée au ministère public, qui doit viser l'original (V. *suprà*, *Exploit*, n° 44) (Cr. r. 10 juin 1898).

97. En ce qui touche la mention de la personne à laquelle est laissée la copie ou *parlant à* (Pr. 61, § 2), la jurisprudence ne prononce la nullité d'une citation qui ne contient pas la mention du *parlant à* que si, le prévenu n'ayant pas comparu, il n'est pas établi qu'il ait eu connaissance de la citation. Au contraire, il n'y a pas lieu d'annuler la citation, bien que l'huissier n'ait pas indiqué la personne à laquelle il a remis la copie ou n'ait pas fait mention du *parlant à*, s'il est établi que le prévenu a reçu en temps utile la copie qui lui était destinée (Cr. r. 12 janv. 1901, D. P. 1901. 1. 289).

98. La disposition de l'art. 68 c. pr. civ., modifié par la loi du 15 févr. 1899 (D. P. 99. 4. 9), suivant laquelle la copie d'un exploit remise à toute autre personne que la partie elle-même doit être délivrée sous enveloppe fermée (V. *suprà*, *Exploit*, n°s 50 et s.), s'applique aux exploits contenant citation en matière criminelle. La nullité édictée par l'art. 70 c. pr. civ. est encourue dans le cas où les exploits ne sont pas délivrés sous enveloppe fermée (Cr. r. 12 janv. 1901, précité). En outre, la copie tenant lieu d'original pour la partie à laquelle elle a été signifiée, il y a lieu de déclarer nulle la citation devant le tribunal correctionnel dont la copie ne porte pas qu'elle a été remise sous enveloppe fermée (Paris, 25 juin 1901, D. P. 1901. 2. 422).

99. Le tribunal correctionnel est saisi soit par la traduction immédiate, sans citation, de l'inculpé à la barre (L. 20 mai 1863, art. 1er), soit, si le prévenu ne doit être jugé qu'à l'audience du lendemain, par une citation (art. 2). — Les témoins peuvent être verbalement requis, sans citation, de comparaître à l'audience. Un délai de trois jours au moins doit être accordé à l'inculpé qui le demande, pour préparer sa défense (art. 4).

100. Le tribunal correctionnel, comme les autres tribunaux de répression, ne peut prononcer de peines que contre les individus à l'égard desquels il a été régulièrement saisi ; spécialement le juge d'appel ne pourrait condamner, comme complices, des personnes qui, en première instance, n'avaient été citées que comme civilement responsables. À l'égard des faits sur lesquels le tribunal correctionnel peut statuer, la prévention est déterminée, en cas de citation directe, par les termes de la citation ; en cas de renvoi, par les termes de l'ordonnance de renvoi. Néanmoins, un prévenu qui y consent formellement peut être jugé sur des faits non relevés dans la citation ou l'ordonnance. — Sur le droit qu'a le juge de modifier la qualification du fait objet de la prévention, V. *suprà*, *Compétence criminelle*, n° 69.

101. Le prévenu d'un délit emportant la peine de l'emprisonnement est obligé de comparaître en personne pour l'instruction et le prononcé du jugement, sauf le droit qui lui appartient de faire défaut. Mais cette obligation ne s'applique pas aux jugements rendus sur les incidents ou les exceptions indépendantes du fond, par exemple, sur une exception d'incompétence, quand elle n'est pas inséparable du fond (Cr. c. 10 mars 1900, D. P. 1903. 1. 69). Au reste, la règle dont il s'agit n'est pas prescrite à peine de nullité, et si, de fait, le prévenu a été représenté, sans qu'aucune opposition se soit produite à l'audience, il n'en saurait tirer aucun grief (Cr. r. 14 déc. 1901, D. P. 1903. 1. 621). — Lorsque le délit n'entraîne pas la peine d'emprisonnement, le prévenu peut se faire représenter par un avoué ou tout autre mandataire (Instr. 185). — La partie civile et la partie civilement responsable peuvent, dans tous les cas, se faire représenter par un avoué, sauf le droit pour le tribunal d'ordonner leur comparution.

102. Les prévenus ont, sans distinction, depuis la loi du 8 déc. 1897, la faculté de se faire désigner un défenseur d'office, faculté qui était réservée auparavant aux indigents et aux relégables. La loi de 1897 a, en outre, autorisé la défense à prendre, pendant toute la durée de l'instruction, connaissance de la procédure, la veille de chaque interrogatoire de l'inculpé (V. *suprà*, n° 58).

103. L'instruction à l'audience doit présenter les trois caractères suivants : 1° *Publicité* : la publicité est, à peine de nullité, exigée pour toutes les audiences (sauf le cas de huis clos) et pour le prononcé du jugement (V. *infrà*, *Jugement*) ; — 2° *Contradiction* : le prévenu doit, à peine de nullité, avoir connaissance de tous les actes d'instruction et de toutes les pièces de la procédure ; d'autre part, le juge ne peut se prononcer que d'après les résultats du débat contradictoire ; — 3° *Caractère oral du débat* : la juridiction de jugement ne peut prononcer sur l'information préalable ; elle doit entendre à l'audience l'inculpé, les témoins, les experts. Néanmoins, cette règle ne s'impose pas, en matière correctionnelle, avec la même rigueur que devant la cour d'assises. Ainsi, le tribunal correctionnel peut ordonner la lecture, à l'audience correctionnelle, de la déposition d'un témoin absent ou décédé, ou d'un témoin qui doit être ultérieurement entendu, à la condition, sous ce dernier cas, que la lecture soit faite hors la présence du témoin.

104. Les preuves, en matière correctionnelle, sont les mêmes que celles qui sont admises en matière de simple police (V. *supra*, n° 83). Les magistrats peuvent puiser leur conviction dans tous les documents versés aux débats et soumis à la libre discussion des parties (Cr. c. 9 janv. 1904, D. P. 1904. 1. 625). Mais ils doivent, en cas de condamnation, affirmer, en termes non équivoques, la culpabilité du prévenu et ne pas se borner, par exemple, pour le dire coupable de vol, à déclarer qu'il est à présumer que le prévenu a soustrait frauduleusement les objets qu'il désirait vendre. — Lorsque le délit est subordonné, comme en matière d'abus de confiance, à la préexistence d'un contrat, l'existence de ce contrat doit être prouvée en suivant les règles prescrites par le droit civil. — Les auditions de témoins et toutes les autres mesures d'instruction ou demandes de preuve émanant du prévenu peuvent être refusées par le tribunal, s'il ne les juge pas nécessaires à la manifestation de la vérité.

105. L'ordre établi par la loi pour l'instruction à l'audience comporte (Instr. 190) : la lecture des procès-verbaux ; l'audition des témoins (V. *infra*, *Témoin*) ; la représentation des pièces à conviction ; l'interrogatoire du prévenu, qui n'est pas prescrit, d'ailleurs, à peine de nullité ; la défense du prévenu et des personnes civilement responsables ; l'audition de la partie civile ; les conclusions du ministère public, dont la présence à toutes les audiences doit être expressément constatée, ainsi que son audition ; à peine de nullité du jugement, même sur les incidents ayant un caractère contentieux. Cet ordre peut être interverti. Le prévenu et les personnes responsables ont le droit de répliquer au ministère public. Mais il n'est pas nécessaire, d'après la jurisprudence, que la parole leur soit donnée en *dernier lieu* (Comp. *infra*, n° 150) : le prévenu qui n'a pas demandé à user de son droit de réplique ne peut donc se faire un moyen de nullité de ce qu'il n'a pas été invité à le faire (Cr. r. 10 juill. 1868, D. P. 69. 1. 118). — Le tribunal peut ordonner une instruction complémentaire et charger un de ses membres, ayant siégé dans l'affaire, d'y procéder. Le résultat de l'information complémentaire doit être communiqué au prévenu et publiquement discuté. — Le débat n'est clos, comme devant le tribunal de police (V. *supra*, n° 81), que par le prononcé du jugement. — En cas d'acquittement, le prévenu est, immédiatement et nonobstant appel, mis en liberté.

106. Sur l'instruction devant les cours d'appel, V. *supra*, *Appel en matière criminelle*, n°ᵈ 14 et s., 29 et s.

SECT. V. — Des mises en accusation.

ART. 1ᵉʳ. — INSTRUCTION DEVANT LA CHAMBRE D'ACCUSATION (R. 1036 et s. ; S. 1219 et s.).

107. Les pièces de la procédure et de l'information une fois transmises à la cour, à la suite soit de l'ordonnance de transmission du juge d'instruction (V. *supra*, n° 69), soit d'un arrêt de règlement de juges de la Cour de cassation (V. *infra*, *Règlement de juges*), ou d'un arrêt de cassation d'une chambre d'accusation, le procureur général doit faire son rapport dans les dix jours (Instr. 217, § 1ᵉʳ) ; mais ce délai n'est pas prescrit à peine de nullité. Le ministère public n'est pas tenu d'avertir le prévenu de l'arrivée des pièces. Le prévenu et la partie civile ont la faculté, dans le délai ci-dessus, de fournir des mémoires (Instr. 217, § 2) ; mais cette faculté n'implique point, pour le procureur général, l'obligation de communiquer les pièces de la procédure pour la réduction de ces mémoires. Il en est ainsi même depuis la loi du 8 déc. 1897 ; aujourd'hui encore, la défense n'a pas les moyens de se produire utilement devant la chambre d'accusation.

108. La chambre d'accusation doit statuer dans les trois jours qui suivent le rapport du procureur général (Instr. 219) ; mais ce délai n'est pas prescrit à peine de nullité. — Elle apprécie souverainement s'il y a lieu, ou non, à un supplément d'information. — Sur l'organisation de la chambre d'accusation, V. *supra*, *Cours et tribunaux*, n°ˢ 94 et 95 ; sur ses attributions : en ce qui concerne les oppositions à ordonnances du juge d'instruction, V. *supra*, n° 29 ; en ce qui concerne les demandes de mise en liberté provisoire, V. *supra*, n° 65.

109. La chambre d'accusation statue à nouveau, après le juge d'instruction, dans la plénitude du droit que la loi lui confère ; elle doit considérer les faits sous tous leurs aspects, régulariser, compléter les qualifications adoptées par le juge d'instruction ; elle doit même relever tous les faits qui ressortent de la procédure, encore qu'ils ne soient été ni compris dans l'ordonnance définitive, ni même dans le réquisitoire introductif. Toutefois, le pouvoir de la chambre d'accusation comporte une restriction, en ce qu'il ne peut s'exercer qu'à l'égard des prévenus renvoyés devant elle. En outre, le droit de modifier la qualification des faits incriminés n'existe qu'à la condition que l'action publique ait été régulièrement mise en mouvement quant au délit relevé dans la qualification nouvelle ; ainsi, la chambre d'accusation ne peut pas substituer à un délit de droit commun un délit pour lequel le droit de poursuite est subordonné à une plainte de la partie lésée. La chambre d'accusation est compétente pour statuer sur toutes les exceptions qui tendent à faire disparaître le délit ou le crime, sauf sur les excuses atténuantes de la pénalité. Elle doit statuer sur toutes les conclusions du prévenu.

110. La chambre d'accusation apprécie souverainement les traces du délit et les indices de culpabilité. Elle doit *motiver* ses décisions et s'expliquer sur l'existence des faits et leur qualification, afin de permettre à la Cour de cassation d'exercer son contrôle. La chambre d'accusation renvoie l'inculpé devant la cour d'assises, le tribunal correctionnel ou le tribunal de simple police. Le renvoi prononcé, sa juridiction est épuisée et elle ne peut réparer les erreurs ou omissions de ses arrêts. — Elle a la seule qualité pour décerner l'ordonnance de prise de corps qui termine l'arrêt de mise en accusation (Instr. 126) et fait cesser, au cas où elle a été ordonnée, la mise en liberté provisoire.

111. La chambre d'accusation a le droit d'annuler tout acte de l'instruction qui lui paraît irrégulier (V. aussi, *supra*, n° 62). Ses décisions doivent être *motivées*, sauf lorsqu'elle rend un arrêt de pure instruction par exemple si elle ordonne une information nouvelle. Elle doit également préciser si elle statue en fait ou en droit, de manière à rendre possible le contrôle de la Cour de cassation. Ses arrêts encourent la cassation s'ils contiennent une contradiction entre les faits qu'ils énoncent et les conséquences qu'elle en tire, comme dans le cas, par exemple, où la chambre d'accusation qualifierait d'homicide par imprudence des faits qui, d'après ses constatations, constitueraient des coups et blessures volontaires ayant entraîné la mort. L'arrêt de la chambre d'accusation doit déterminer avec soin le fait imputé au prévenu, en spécifiant toutes les circonstances de nature à en aggraver ou à en atténuer la criminalité ; l'exposé sommaire et la qualification devant se trouver, à peine de nullité, soit dans l'arrêt qui la précède. — L'arrêt de renvoi peut formuler d'une manière alternative les chefs d'accusation admis contre l'inculpé.

112. Le délai du pourvoi en cassation contre l'arrêt de la chambre d'accusation est de cinq jours (Sur la computation de ce délai, V. *infra*, n° 122) pour les demandes en nullité fondées sur l'une des causes énumérées en l'art. 299 c. instr. (Instr. 296, 298) ; le délai est de trois jours si le pourvoi est fondé sur d'autres moyens. (Instr. 373) — Le défaut de pourvoi contre l'arrêt de la chambre d'accusation couvre les vices de la procédure antérieure à cet arrêt (V., au surplus, *supra*, *Cassation*, n° 181).

ART. 2. — DROIT D'ÉVOCATION DE LA CHAMBRE D'ACCUSATION. — SURVENANCE DE CHARGES NOUVELLES (R. 1140 et s. ; S. 1266 et s.).

113. En dehors de l'évocation proprement dite, qui consiste dans le dessaisissement du juge inférieur par le juge supérieur, la loi (Instr. 235) confère à la chambre d'accusation, dans toutes les affaires dont elle est saisie, le droit d'ordonner *d'office* des poursuites soit à l'égard d'individus impliqués dans les procédures en cours, soit à l'égard de faits connexes aux infractions qui concernent les informations qui lui sont soumises (V. *supra*, *Action publique*, n° 21).

114. Lorsque la chambre d'accusation a rendu un arrêt portant qu'il n'y a pas lieu à renvoi (devant la cour d'assises, le tribunal correctionnel ou le tribunal de simple police), toute nouvelle poursuite est interdite, sauf dans le cas où, l'arrêt étant motivé en fait, il survient des *charges nouvelles* (V. *supra*, *Chose jugée*, n° 69). Il faut entendre, par cette dernière expression, les déclarations de témoins, pièces et procès-verbaux qui, n'ayant pû être soumis à l'examen de la cour, sont cependant de nature, soit à fortifier les preuves que la cour a trouvées trop faibles, soit à donner aux faits de nouveaux développements utiles à la manifestation de la vérité. — Les juridictions d'instruction ont qualité pour décider s'il y a lieu de reprendre une information sur charges nouvelles ; mais c'est aux juges du fond qu'il appartient naturellement de se prononcer sur le caractère et la valeur de ces charges. Lorsqu'il s'agit d'une ordonnance de non-lieu non attaquée, le droit de reprendre l'information n'appartient qu'au juge d'instruction ; si l'ordonnance de non-lieu a été confirmée par la chambre d'accusation, cette juridiction seule a le droit d'apprécier les charges nouvelles.

ART. 3. — ACTE D'ACCUSATION (R. 1185 et s. ; S. 1276 et s.).

115. Lorsque la chambre d'accusation a rendu l'arrêt par lequel elle renvoie l'accusé devant la cour d'assises, le procureur général (ou l'un de ses avocats généraux ou substituts), sur le vu de cet arrêt et après un nouvel examen de la procédure, rédige et signe (à peine de nullité) l'acte d'accusation. — L'acte d'accusation doit contenir l'indication du nom et de la désignation de l'accusé, sans que des erreurs puissent entraîner la nullité de cet acte, si elles ne laissent aucune incertitude sur l'individualité de l'accusé.

116. L'arrêt de renvoi et l'acte d'accusation doivent être signifiés à l'accusé, à peine de nullité des débats et de la condamnation ; il lui est laissé copie du tout. La notification doit, à peine de nullité, être faite à la *personne* même de l'accusé, lorsque celui-ci est détenu. Mais la nullité résultant de ce que, dans l'exploit, le *parlant à* est resté en blanc, est couverte si, dans son interrogatoire devant le président, l'accusé a formellement reconnu avoir reçu notification et copie tant de l'arrêt de renvoi que de l'acte d'accusation. S'il y a plusieurs accusés, l'arrêt de renvoi et l'acte d'accusation doivent être signifiés à chacun séparément. — Ces deux actes doivent être signifiés en entier. Les erreurs ou omissions contenues dans la copie signifiée peuvent devenir une cause de nullité lorsqu'elles sont de nature à empêcher l'accusé de procéder en pleine'connaissance à la préparation de ses moyens de défense. Toutefois, les erreurs ou omissions de l'arrêt de renvoi peuvent se rectifier ou se compléter par l'acte d'accusation, et réciproquement. Les formules imprimées ne sont pas interdites pour les notifications de ces deux actes. — Lorsqu'il s'agit d'un accusé en fuite, n'ayant ni domicile ni résidence connus en France, la notification doit être faite suivant les règles posées par l'art. 69-8° c. pr. civ. (V. *suprà*, *Exploit*, n° 44).

SECT. VI. — Instruction intermédiaire devant la cour d'assises (R. 1248 et s.; S. 1353 et s.).

117. Dans les vingt-quatre heures de la signification à l'accusé de l'arrêt de renvoi et de l'acte d'accusation, les pièces du procès sont envoyées au greffe du lieu où doit siéger la cour d'assises, et l'accusé transféré dans la maison de justice de ce lieu. Ce délai de vingt-quatre heures n'est pas substantiel, mais le transfèrement tardif de l'accusé lui donne le droit de demander à ne pas être jugé dans la session qui est ouverte.

118. L'accusé, dans les vingt-quatre heures au plus tard après son arrivée dans la maison de justice, doit être interrogé par le président des assises, ou, en cas d'absence ou d'empêchement de ce magistrat, par le président du tribunal (Instr. 293). Ce délai n'est pas non plus prescrit à peine de nullité, mais l'interrogatoire est une formalité substantielle dont l'omission ou la constatation irrégulière entraîne la nullité de toute la procédure. Cet interrogatoire n'est pas exigé en matière de presse. — Le président de la cour d'assises ou le président du tribunal peuvent déléguer le magistrat qui leur convient pour procéder à cet interrogatoire; celui-ci a lui-même un droit de subdélégation (Instr. 266).

119. Lorsque l'affaire est renvoyée soit à une autre session, soit à une autre cour d'assises par suite de l'annulation, par la Cour de cassation, de l'arrêt de condamnation, l'interrogatoire ne doit pas être renouvelé. — Aucune forme sacramentelle n'est imposée pour l'interrogatoire lui-même(Cr. r. 13 sept. 1900, D. P. 1904. 1. 251); la loi est satisfaite lorsque le président a demandé à l'accusé s'il persistait dans ses précédents interrogatoires, et que mention a été faite des réponses de l'accusé ou de son refus de répondre. S'il y a plusieurs accusés, chacun ne doit être interrogé que sur les faits qui lui sont spécialement reprochés. L'interrogatoire doit être daté; c'est de cette date que court le délai de cinq jours imparti à l'accusé pour se pourvoir contre l'arrêt de renvoi (V. *infrà*, n° 122). On peut se servir, pour la rédaction de l'interrogatoire, de formules manuscrites préparées d'avance et même de formules imprimées. L'approbation des ratures ou surcharges n'est nécessaire que si elles portent sur une partie substantielle de l'acte, par exemple sur le nom de l'accusé. Il en serait de même si, dans la réponse de l'accusé, le mot *non* avait été apposé en surcharge sur un autre mot. La jurisprudence exige, à peine de nullité, que l'interrogatoire soit signé du magistrat qui l'a fait subir et.du greffier. La signature de l'accusé n'est pas obligatoire.

120. Le président est tenu, à peine de nullité, de désigner d'office un défenseur à l'accusé qui n'en a pas choisi; celui-ci doit être interpellé sur ce point. La nullité est couverte si, lors du tirage du jury et des débats, l'accusé a été assisté du défenseur. Un seul défenseur peut être désigné pour plusieurs accusés.

121. Les conseils des accusés ont le droit de prendre, à leurs frais, copie de toutes les pièces et de tous les actes, sans exception, de la procédure. Indépendamment de ce droit, l'art. 305 c. instr. cr. exige que l'on remette aux accusés une copie gratuite des procès-verbaux constatant le délit et des déclarations écrites des témoins. L'obligation de remettre copie ne s'étend ni à de simples renseignements recueillis par le ministère public, ni à des interrogatoires, ni à des rapports d'expert, ni à un procès-verbal de visite des lieux. Il n'y a lieu à délivrance que d'une seule copie, dans tous les cas et quel que soit le nombre des accusés. — D'ailleurs, le défaut de remise à l'accusé des pièces visées dans l'art. 305 précité ne saurait entraîner nullité, tout au moins lorsque ni l'accusé ni son conseil n'ont, par une demande formelle, élevé de réclamations pendant les débats. A plus forte raison les inexactitudes ou omissions qui peuvent se trouver dans la copie des pièces ne sauraient vicier la procédure (Cr. r. 5 sept. 1901, D. P. 1903. 1. 622). La remise de ces pièces doit avoir lieu le plus tôt possible, mais aucun délai n'est prescrit; elle peut cependant n'être faite que la veille des débats.

122. Le président, dans l'interrogatoire préalable prescrit par l'art. 293 c. instr. cr., est tenu d'avertir l'accusé qu'un délai de cinq jours lui est accordé pour se pourvoir contre l'arrêt de renvoi (V. *suprà*, n°s 112 et 119). L'interrogatoire, et par conséquent l'avertissement, doivent régulièrement suivre la signification de l'arrêt de renvoi et de l'acte d'accusation (V. *suprà*, n° 119); mais cette double formalité peut'être remplie avant la signification précitée. Dans ce dernier cas, le délai de cinq jours court non pas à partir de l'interrogatoire, mais à partir de la signification de l'arrêt de renvoi et de l'acte d'accusation. — Les débats devant la cour d'assises ne peuvent s'ouvrir tant que le délai de cinq jours n'est pas expiré. Ce délai de cinq jours est un délai *plein*, mais non un délai *franc*; le jour de l'interrogatoire n'est pas compté dans le délai, qui comprend, au contraire, le jour au terme. Ainsi, lorsque l'avertissement est donné le 14, les débats ne peuvent s'ouvrir que le 20 au plus tôt; d'autre part, le pourvoi formé le 20 serait tardif. L'inobservation de ce délai entraîne nullité des débats, sauf le cas où l'accusé y a renoncé. L'accusé a, en effet, le droit de renoncer au bénéfice du délai de cinq jours et de consentir à être jugé avant son expiration; une fois sa renonciation exprimée d'une façon formelle, il ne peut la rétracter pour aucun motif.

123. Après l'arrêt de renvoi, le droit d'entendre des témoins et de procéder à une information supplémentaire n'appartient qu'au président des assises, qui d'ailleurs peut déléguer à cet effet un de ses assesseurs, la juge d'instruction ou un officier de police judiciaire. Les actes d'instruction, d'après la jurisprudence la plus récente, ne peuvent plus être opérés sur les ordres du parquet sans l'intervention du président (Cr. c. 16 juill. 1892, D. P. 93. 1. 431). Mais les officiers du ministère public conservent le droit de recueillir les renseignements propres à éclairer la justice dans les procès criminels (Cr. r. 5 sept. 1901, précité).

124. Le président de la cour d'assises a, seul avant l'ouverture des débats, et concurremment avec la cour d'assises après l'ouverture des débats, le droit d'ordonner la jonction ou la disjonction de plusieurs affaires. Cette faculté n'est pas limitée au cas, prévu par l'art. 307 c. instr. cr., où il existe plusieurs actes d'accusation contre différents accusés à raison du même crime : la jonction est encore autorisée chaque fois qu'elle paraît utile à la manifestation de la vérité; par exemple, il y a lieu à jonction

d'actes d'accusation dressés contre différents accusés à raison de crimes distincts mais connexes, ou d'actes d'accusation dressés en même temps contre le même accusé à raison de crimes différents. — L'ordonnance de jonction n'a pas besoin d'être signifiée à l'accusé ou aux accusés. — Lorsque deux ou plusieurs affaires ont été jointes, les nullités qui entachent l'une des accusations réagissent sur l'ensemble des débats et en entraînent la nullité en entier.

125. Lorsque l'acte d'accusation contient plusieurs infractions non connexes, le droit de requérir la disjonction des poursuites appartient exclusivement au procureur général (Instr. 308). Le président peut ordonner d'office la disjonction, et la cour d'assises a le même droit (V. *suprà*, n° 124). La disjonction peut être ordonnée, sauf le cas d'indivisibilité absolue, dans les circonstances les plus diverses. Si, après l'ouverture des débats, un des accusés s'est évadé, sa cause doit être disjointe d'avec celle des accusés présents.

SECT. VII. — Débats devant la cour d'assises.

126. Trois organes distincts, ayant chacun son rôle propre, concourent à ces débats: 1° la cour d'assises elle-même; 2° le président de la cour d'assises; 3° le jury (Sur l'organisation de la cour d'assises, V. *suprà*, *Cours et tribunaux*, n°s 97 et s.); … du jury, V. *infrà*, *Jury*).

ART. 1er. — POUVOIRS RESPECTIFS DE LA COUR D'ASSISES ET DU PRÉSIDENT. — POUVOIR DISCRÉTIONNAIRE DU PRÉSIDENT (R. 2154 et s.; S. 1696 et s.).

127. Le président et la cour d'assises ont des fonctions distinctes et qui ne doivent pas être confondues. Tout empiétement de l'une des deux autorités sur les attributions de l'autre est une cause de nullité.

128. En dehors de la police de l'audience et de la direction des jurés dans l'exercice de leurs fonctions (Instr. 267), le président de la cour d'assises est investi d'un pouvoir discrétionnaire, en vertu duquel il peut prendre sur lui tout ce qu'il croit utile pour découvrir la vérité (Instr. 268), et qu'il exerce sans contrôle, sans avoir aucun compte à rendre à qui que ce soit, et sans que l'accusé, pas plus que le ministère public, aient le droit d'en appeler aucun droit de réquisition (Cr. r. 8 févr. 1901, D. P. 1902. 5. 668). Ce pouvoir est, d'ailleurs, incommunicable et ne peut être délégué.

129. L'énumération des actes rentrant dans l'exercice du pouvoir discrétionnaire du président est impossible, ces actes variant selon les circonstances et les besoins; l'art. 269 c. instr. cr. en indique un certain nombre, mais cette indication n'est pas limitative. — Le pouvoir discrétionnaire peut être exercé sur la demande des parties ou du ministère public. Mais le président n'a aucun compte à rendre à qui que ce soit des décisions qu'il prend à cet égard; il est également le maître de revenir sur sa première décision pour la modifier ou la rétracter, suivant les circonstances.

130. Le président peut, en vertu de son pouvoir, faire lire toutes les pièces qu'il regarde comme utiles à la manifestation de la vérité, par exemple les déclarations et interrogatoires de l'accusé devant le juge d'instruction; et même les pièces et lettres missives étrangères à la procédure et inconnues de l'accusé, ou encore une note dont un témoin est porteur, une lettre anonyme, un jugement du tribunal correctionnel devant lequel l'accusé avait d'abord été cité. Le président jouit de la même latitude pour ordonner la lecture d'une pièce que pour l'ordonner. — Il a la faculté d'ordonner une expertise, une vérification d'écritures, l'audition d'hommes de l'art. — Il a le pouvoir de faire joindre au dossier une pièce nouvelle, sauf à l'accusé à en prendre connaissance; de faire distribuer aux jurés toutes pièces et documents nécessaires à leur faciliter l'intelligence des débats, spécialement, l'acte d'accusation ou un extrait de cet acte, les procès-verbaux, l'indication des chefs d'accusation, un plan des lieux.

131. Sur l'exercice du pouvoir discrétionnaire du président en matière d'audition de témoins à titre de renseignement et en matière de lecture de déclarations écrites de témoins, V. *infrà, Témoins.*

132. C'est à la cour d'assises qu'il appartient de prononcer lorsqu'il s'élève une question contentieuse qui ne touche pas à l'exercice du pouvoir discrétionnaire. Ainsi, c'est elle seule qui décide s'il y a lieu, au cas où il y a eu débat entre le ministère public et l'accusé, d'ordonner ou non une nouvelle délibération du jury, ou de statuer sur la position des questions au jury, ou sur la position d'une question à un témoin.

133. Les arrêts de la cour d'assises sur les incidents contentieux doivent, à peine de nullité, être prononcés l'accusé et le ministère public entendus (Cr. r. 16 janv. 1902, D. P. 1902. 5. 194). — S'il s'agit d'un acte qui rentre dans le pouvoir discrétionnaire du président, la cour ne peut statuer que pour se déclarer incompétente. Par exemple, il y aurait nullité si la cour d'assises ordonnait l'audition d'un témoin à titre de renseignement (Cr. r. 16 mars 1901, D. P. 1902. 5. 193). — Mais en ce qui concerne les mesures ordinaires d'instruction, telles qu'une expertise, la levée et la communication d'un plan au jury, un transport sur les lieux, il appartient à la cour, aussi bien qu'au président, de les ordonner lorsqu'elles lui semblent nécessaires à la manifestation de la vérité (Cr. r. 16 janv. 1902, précité).

ART. 2. — FONCTIONS DU MINISTÈRE PUBLIC.

134. V. *infrà, Ministère public.*

ART. 3. — DROITS ET DEVOIRS DES JURÉS.

135. Les jurés ont l'obligation d'écouter attentivement les débats. — Ils ont le droit, en passant par l'intermédiaire du président, ou en demandant l'autorisation à celui-ci, de faire poser ou de poser des questions à l'accusé et aux témoins (Instr. 319, § 4).

136. Les jurés ne doivent pas faire connaître leur opinion sur l'affaire avant leur délibération. Le juré qui exprime manifestement son opinion se met dans l'impossibilité de concourir au jugement de l'accusation. Il y a manifestation d'opinion de la part d'un juré qui déclare après l'audition d'un témoin : « Monsieur le président, ces faits me paraissent très concluants, » ou : « C'est encore une escroquerie » (Cr. c. 31 août 1893, D. P. 96. 1. 429). Au contraire, on ne saurait voir une manifestation d'opinion ni dans l'observation faite par un juré demandant à poser une question à un témoin : « Cette question est importante, » ou : « C'est grave » (Cr. r. 13 sept. 1866, D. P. 66. 5. 107), ni dans une exclamation comme celle-ci : « Mais alors il y a préméditation ! » etc., qui peut être considérée comme interrogative plutôt qu'affirmative. — Quand un juré a manifesté son opinion, on doit, d'après la jurisprudence la plus récente, si des jurés suppléants ont été adjoints au jury, exclure le juré qui a manifesté son opinion et le remplacer par un juré suppléant (Cr. c. 19 janv. 1900, D. P. 1900. 1. 116); il n'y a pas lieu d'annuler les débats et de renvoyer l'affaire à une autre session. Si, au contraire, aucun juré suppléant n'a été adjoint, il y a nécessité pour la cour d'assises de prononcer le renvoi.

137. Tant que les débats ne sont pas ouverts, les jurés peuvent librement communiquer au dehors. Mais à partir de l'ouverture des débats, toute communication portant sur les faits du procès leur est interdite, à peine de nullité, qu'elle ait lieu soit avec des personnes étrangères, soit avec des témoins en *particulier.* Ils peuvent, d'ailleurs, communiquer entre eux. Les communications *faites* par un juré doivent être distinguées des communications *reçues* par lui; celles-ci ne deviennent une cause de nullité que lorsqu'elles ont été reçues volontairement, et encore faut-il qu'elles soient relatives à l'affaire. — En ce qui concerne les communications qui ont lieu pendant la suspension des débats, la jurisprudence se montre moins rigoureuse; cependant, d'après certains arrêts, elles peuvent être une cause de nullité si, ayant trait aux faits de la cause, elles ont pu exercer sur l'opinion du juge une influence illégale (Cr. r. 16 mars 1901, Sol. implicite).

138. La nullité soit pour manifestation d'opinion, soit pour communication prohibée, ne peut être prononcée que si le fait est bien établi, et cette preuve ne peut résulter que des déclarations du procès-verbal des débats. La Cour de cassation ne peut ordonner d'enquête pour établir qu'il y a eu manifestation d'opinion ou communication prohibée (Cr. r. 23 déc. 1899, D. P. 1900. 1. 115).

ART. 4. — SURSIS OU RENVOI DE L'AFFAIRE (R. 2000 et s.; S. 1617 et s.).

139. *Avant l'ouverture des débats,* tant que la cour d'assises n'est pas encore saisie du fait, il appartient au président seul de prononcer sur tous sursis et renvois, soit d'office, soit sur la demande de l'accusé; à partir du moment où la cour est saisie du fait et tout étant prêt pour le débat, c'est la cour qui prononce sur le renvoi à une autre session. Le président ou la cour ont un pouvoir souverain pour accorder ou refuser le sursis ou le renvoi. Après le tirage du jury, on ne peut renvoyer l'affaire à un autre session que le ministère public et l'accusé y consentent.

140. *Pendant les débats,* la cour d'assises peut, en cas de non-comparution d'un témoin, sur la demande du ministère public ou de l'accusé, ou même d'office, ordonner le renvoi de l'affaire à une autre session. Ce renvoi doit être ordonné avant que les débats soient ouverts par la déposition du premier témoin inscrit sur la liste (Instr. 354). La cour peut également refuser le renvoi. — De même, au cas où un témoin suspect de faux témoignage est mis en état d'arrestation (Instr. 330), la cour *peut,* sur la réquisition du ministère public ou de la partie civile, ou même d'office, ordonner le renvoi à une autre session (Instr. 331). Lorsque le renvoi a été prononcé, la jurisprudence, dans son dernier état, n'exige pas que l'accusation de faux témoignage soit jugée préalablement à l'accusation principale. — En dehors de ces deux cas de renvoi prévus par la loi, il est admis que l'affaire peut être renvoyée à une autre session toutes les fois qu'il se produit un événement de nature à entraver la marche régulière de la justice et la manifestation de la vérité, spécialement lorsqu'il y a lieu de recourir à un supplément d'information, d'entendre de nouveaux témoins, en cas de maladie de l'accusé ou du ministère public, ou lorsqu'un des jurés ne peut continuer à siéger et qu'il n'y a pas de jurés suppléants (Pour le cas de manifestation d'opinion, V. *supra*, n° 136). — La cour d'assises peut aussi, dans certains cas, renvoyer à un autre jour de la session.

141. *Après la clôture des débats,* dans le cas où l'accusé a été déclaré coupable, la cour d'assises peut ordonner le renvoi de l'affaire à une autre session, pour y être soumise à un nouveau jury (V. *infrà,* n° 184).

ART. 5. — OUVERTURE, CONTINUITÉ ET SUSPENSION DES DÉBATS. — PUBLICITÉ; HUIS CLOS (R. 2066 et s.; S. 1644 et s.).

142. D'après l'art. 405 c. instr. cr., les débats doivent s'ouvrir immédiatement après la formation du tableau du jury; mais l'inobservation de cette règle n'est pas une cause de nullité. Les accusés sont avisés du jour de leur comparution devant la cour d'assises par la notification de la liste des témoins (V. *infrà, Témoins*) et de la liste des jurés (V. *infrà, Jury*); aucun autre avertissement n'est prescrit par la loi (Cr. r. 19 mai 1900, D. P. 1901. 1. 176). — La continuité des débats n'est pas prescrite à peine de nullité; les débats peuvent être suspendus pour le repos nécessaire des jurés ou de l'accusé, ou pour compléter une preuve, par exemple pour entendre un témoin.

143. La publicité des débats est obligatoire dans toutes les phases des débats devant la cour d'assises. Cependant, le huis clos peut être ordonné par la cour lorsque la publicité est dangereuse pour l'ordre public ou les mœurs. En ce cas, le huis clos doit être restreint aux seuls débats, y compris la lecture de l'arrêt de renvoi et de l'acte d'accusation. Il peut être restreint à une partie des débats. L'arrêt qui ordonne le huis clos doit être motivé. — Malgré le huis clos prononcé, les arrêts incidents, rendus au cours des débats, sauf certaines décisions qui font partie intégrante des débats, doivent, comme l'arrêt définitif, être prononcés en audience publique. Le procès-verbal des débats doit constater, à peine de nullité, que la publicité de l'audience a été rétablie avant la clôture des débats. — Il n'est d'ailleurs pas nécessaire de lever le huis clos pour permettre au président de rendre les ordonnances qui rentrent dans l'exercice de son pouvoir discrétionnaire (Cr. r. 16 mars 1901, D. P. 1903. 1. 29).

ART. 6. — OPÉRATIONS DIVERSES QUE COMPORTENT LES DÉBATS. — CLOTURE DES DÉBATS (R. 2198 et s.; S. 1718 et s.).

144. La cour ayant pris séance, les jurés se placent dans l'ordre désigné par le sort (V. *infrà, Jury*) sur les sièges séparés du public (Instr. 309). L'accusé est amené à la barre libre d'entraves, et seulement accompagné de gardes (Instr. 310). La loi n'entend parler que des entraves corporelles; et il ne résulterait aucune nullité de ce que l'accusé aurait comparu à l'audience revêtu d'un costume semblable à celui des détenus, ou ayant au cou une corde avec une planchette qui portait son numéro d'écrou (Cr. r. 4 août 1904, D. P. 1904. 1. 416). — Le président constate l'identité de l'accusé en lui demandant ses nom et prénoms, âge, profession, domicile, lieu de naissance, donne au conseil de l'accusé l'avertissement prescrit par l'art. 311 c. instr. cr. et adresse aux jurés le discours prescrit par l'art. 312 du même Code. — Les jurés titulaires et suppléants prêtent serment individuellement en répondant chacun à l'interpellation du président : « Je le jure. » Le juré qui refuse de prêter le serment prescrit par l'art. 312 précité se met dans l'impossibilité de remplir sa mission et doit être remplacé; il encourt, de plus, la pénalité fixée par les art. 396 et 398 c. instr. cr. Ces formalités préliminaires accomplies, commencent les débats proprement dits.

145. Le président avertit l'accusé d'être attentif à ce qu'il va entendre. L'accusé qui par ses clameurs cause un trouble à l'audience peut être expulsé (L. 9 sept. 1835, art. 10) et réintégré en prison. Puis il ordonne au greffier de lire l'arrêt de renvoi et l'acte d'accusation, et dit à l'accusé : « Voilà ce dont vous êtes accusé; vous allez entendre les charges qui seront produites contre vous » (Instr. 313, 314). — L'exposé du ministère public prescrit par l'art. 315 n'a généralement pas lieu en pratique. Le ministère public présente ensuite la liste des témoins (Sur la liste et la notification des témoins, V. *infrà*, *Témoin*), qui, après l'appel fait par le greffier, se retirent dans la chambre qui leur est destinée (Instr. 316).

146. Le président procède alors à l'interrogatoire de l'accusé. C'est une mesure qui n'est pas expressément prescrite par la loi, et dont l'accomplissement est facultatif pour le président. — Lorsqu'il y a plusieurs accusés, le président peut en interroger un ou plusieurs en l'absence des autres, à la condition de rendre compte à ceux-ci, avant de reprendre les débats, de ce qui s'est passé en leur absence. Le président peut de même, pendant l'audition des témoins, faire sortir un des accusés.

147. Après l'interrogatoire général de l'accusé, le président procède à l'audition des témoins (Sur ce point, V. *infrà*, *Témoin*), dont les dépositions peuvent nécessiter l'interrogatoire de l'accusé sur certains points particuliers; après chaque déposition, la parole doit être donnée à l'accusé (Instr. 319, § 1er). — Dans le cours ou à la suite des dépositions, le président fait représenter à l'accusé et aux témoins les pièces à conviction (Instr. 329); mais cette prescription est purement facultative. — La lecture de certaines pièces à l'audience rentre dans l'exercice du pouvoir discrétionnaire du président (V. *suprà*, n° 130, et, spécialement, pour la lecture des déclarations écrites de témoins, *infrà*, *Témoin*).

148. Lorsque l'accusé ne comprend pas la langue française, on doit, à peine de nullité, lui nommer un interprète; il y a lieu également à la nomination d'un interprète lorsque l'un des témoins parle un idiome que l'accusé ne comprend pas. — Il suffit, pour être interprète, d'être âgé de vingt et un ans; l'interprète peut être un étranger, ou même une femme. Mais on ne peut, même du consentement de l'accusé ou du ministère public, le prendre parmi les juges, jurés ou témoins, ni même parmi les personnes entendues à titre de simples renseignements par le président. L'interprète peut être récusé par l'accusé et par le ministère public (Instr. 332). — L'interprète doit prêter, d'après la formule de l'art. 332 c. instr. cr., le serment de *traduire fidèlement*, et cette formalité, prescrite à peine de nullité, doit, sous la même sanction, être constatée au procès-verbal. — Il ne suffit pas qu'un interprète soit nommé à l'accusé, il faut que le procès-verbal constate qu'il a assisté à la séance et fourni son ministère toutes les fois qu'il a été utile; on présume qu'il en a été ainsi lorsqu'il est constaté que l'interprète n'a cessé d'être présent et d'assister l'accusé (Cr. r. 4 août 1904, D. P. 1904. 1. 466). — L'office de l'interprète se borne à la traduction de ce qui est nécessaire pour que l'accusé ait une parfaite intelligence de ce qui se dit aux débats. Il n'est pas nécessaire de lui traduire les parties des débats où il peut être suppléé par son conseil, ou celles qui sont inutiles à sa défense, par exemple la formule du serment prêté par les témoins, ou la lecture de l'arrêt de renvoi et de l'acte d'accusation, alors que ces actes lui ont été notifiés et qu'il en a pris connaissance tant par lui que par son défenseur, ou le réquisitoire du ministère public, à moins

qu'il ne le demande, ou encore la plaidoirie de son défenseur. Mais il est indispensable de traduire les déclarations de l'accusé, des témoins, de la partie civile, des experts; les lectures faites en vertu du pouvoir discrétionnaire du président; la réquisition du ministère public pour l'application de la peine; les questions posées au jury, à moins toutefois, — c'est du moins ce que paraît admettre la jurisprudence, — qu'elles ne soient conformes à l'arrêt de renvoi et à l'acte d'accusation. — En Algérie, il existe des emplois d'interprètes judiciaires (V. *suprà*, *Algérie*, n° 155).

149. Si l'accusé est sourd-muet et ne sait pas écrire, le président doit nommer d'office pour son interprète la personne qui a le plus l'habitude de converser avec lui; celle-ci peut être prise parmi les témoins. Les fonctions de l'interprète en ce cas et les formalités à observer sont les mêmes que celles qui sont exposées au numéro précédent (Instr. 333).

150. A la suite des dépositions des témoins, on procède à l'audition de la partie civile ou de son conseil, et au réquisitoire du ministère public. Puis la parole est donnée à l'accusé ou à son conseil. La réplique est permise à la partie civile et au ministère public. Mais l'accusé ou son conseil doivent toujours avoir la parole les derniers (Instr. 335, § 1 à 3). — L'interversion que le président a pu introduire dans l'ordre des débats ne saurait constituer une cause de nullité, lorsque ni l'accusé ni son défenseur n'y ont formé opposition, et qu'en fait ils ont eu la parole les derniers.

151. La clôture des débats (Instr. 335, § 4) est ensuite prononcée par le président, et toute discussion est alors interdite. Néanmoins, lorsqu'après la clôture le président s'aperçoit d'une omission, il peut prononcer la réouverture des débats et réparer cette omission. — Autrefois, le président, après la clôture des débats, en faisait le résumé; aujourd'hui il lui est interdit, à peine de nullité, de résumer les moyens de l'accusation et de la défense (Instr. 336, modifié par la loi du 19 juin 1881, § 1er). Toutefois, il est permis au président de faire, au commencement des débats, un exposé général de l'affaire; il peut encore, avant la clôture des débats, fournir aux jurés les explications propres à guider leur verdict. Il a même été jugé qu'on ne saurait voir un résumé illégal des débats dans le fait, par le président des assises, d'avoir dit aux jurés que « durant sa longue carrière de magistrat, il n'avait jamais vu de cause aussi abominable » (Cr. r. 18 janv. 1900, D. P. 1900. 1. 119). Mais le droit du président est renfermé dans ces limites, et toute allocution qu'il prononcerait pourrait être considérée comme un résumé entraînant la nullité des débats.

ART. 7. — LECTURE, POSITION ET REMISE DES QUESTIONS AU JURY.

§ 1er. — *Lecture des questions* (R. 2927 et s.; S. 2089 et s.).

152. Aussitôt après la clôture des débats, le président, auquel appartient seul le droit de poser les questions, donne ou fait donner lecture au jury des questions qui sont soumises à sa délibération (Instr. 336, § 2). On doit tenir pour nulles les questions que le jury poserait d'office. — Il n'est pas absolument indispensable que *lecture* publique soit faite des questions; mais il est exigé à peine de nullité que le président donne connaissance à l'accusé des questions posées au jury. Cette obligation existe non seulement pour les questions résultant de l'arrêt de renvoi, mais aussi pour celles résultant des débats.

§ 2. — *Quelles questions doivent être posées* (R. 2481 et s.; S. 1835 et s.).

153. Les questions qui doivent être posées au jury sont, d'une part, celles qui résultent

de l'arrêt de renvoi et de l'acte d'accusation; d'autre part, celles qui sont résultées des débats.

154. 1° *Questions résultant de l'arrêt de renvoi et de l'acte d'accusation.* — Ces questions doivent être posées au jury telles qu'elles résultent de l'arrêt de renvoi ; elles sont en même temps conformes au résumé de l'acte d'accusation, qui reproduit le dispositif de l'arrêt de renvoi (Instr. 337). Il y a nullité si les questions diffèrent dans leur substance de l'arrêt de renvoi. Mais il n'est pas nécessaire qu'elles soient conçues dans des termes identiques à ceux de l'arrêt de renvoi et de l'acte d'accusation; il suffit qu'elles en reproduisent la substance. Ainsi, le président peut, dans les questions, apporter, à l'arrêt de renvoi, des modifications soit dans les termes employés, en y ajoutant ou retranchant des mots (Cr. r. 6 janv. 1900, D. P. 1900. 1. 56), ou en faisant des substitutions d'expression; soit dans la qualification, à la condition de ne pas modifier les caractères du fait incriminé; soit en ajoutant une circonstance, si elle ne modifie ni la criminalité du fait ni la gravité de la peine. — Les questions doivent être posées de manière à reproduire l'accusation tout entière et à la purger complètement; il faut donc qu'elles portent sur tous les chefs de l'accusation, y compris les circonstances aggravantes; d'un autre côté, on ne peut poser de question au jury sur les faits qui sont l'objet de l'accusation, sans toutefois qu'il y ait à tenir compte des circonstances accessoires ou inutiles. D'ailleurs, l'accusé ne peut se faire un moyen de l'inobservation de cette double prescription que s'il en a subi un préjudice.

155. 2° *Questions résultant des débats.* — Le président peut seul, et sans consulter la cour d'assises, poser au jury une question résultant des débats; il peut le faire soit sur la réquisition du ministère public, soit sur la demande de l'accusé, soit même d'office. Mais s'il s'élève des réclamations au sujet de la position des questions, il naît alors un incident contentieux, et c'est à la cour d'assises de statuer. Les questions résultant des débats peuvent porter même sur des faits que l'arrêt de renvoi a écartés, pourvu que ce ne soit pas pour des raisons de droit. En outre, le président peut poser des questions soit sur des faits accessoires du fait principal (par exemple, dans une accusation de vol avec violences, poser une question de coups et blessures volontaires), soit sur des faits qui se rattachent au fait principal (par exemple, dans une accusation de banqueroute, poser une question relative à l'irrégularité des écritures de commerce). Il peut également poser une question qui modifie la qualification du fait primitif (par exemple, dans une accusation de viol, poser la question d'attentat à la pudeur). — Il est permis de poser à l'égard du complice la question de savoir s'il est auteur principal, et réciproquement, ou à l'égard de l'auteur principal d'un vol la question de recel des objets volés, ou encore une question relative à la tentative du crime qui fait l'objet de l'accusation. Mais lorsque le fait nouveau résultant des débats constitue par lui-même un délit ou un crime distinct et essentiellement différent de celui qui est relevé par l'accusation, il ne peut être l'objet d'une question spéciale à soumettre au jury; par exemple, dans une accusation d'infanticide, on ne peut pas poser la question de crime de suppression d'enfant, ou la question de tentative d'avortement. — Enfin, les questions relatives à des faits résultant des débats peuvent porter sur une circonstance aggravante.

156. Lorsque l'accusé propose pour excuse un fait admis comme tel par la loi, le président doit, à peine de nullité, interroger le jury sur ce point (Instr. 339). La position d'une question d'excuse peut aussi être demandée par le ministère public, et elle peut être posée d'office si elle résulte des débats. Le président ou, en cas d'incident contentieux, la cour d'assises, a le droit d'examiner au préalable si le fait, tel qu'il est articulé par l'accusé, rentre dans les cas d'excuse prévus et définis par la loi, et, s'il le reconnaît, il y a obligation absolue de poser la question (Cr. c. 18 janv. 1902, D. P. 1904. 1. 156; 21 août 1902, D. P. 1904. 5. 218). Constituent des faits d'excuse légale donnant lieu à une question d'excuse, par exemple : en matière de meurtre, la provocation, alors même, d'après la jurisprudence, qu'elle concourrait avec la circonstance de préméditation ou de guet-apens; en matière d'émission de fausse monnaie, la réception pour bonnes de ces monnaies dont l'accusé avait vérifié les vices (Pén. 135, § 2), ou la dénonciation des auteurs ou complices. — Les faits justificatifs ne constituent pas des excuses légales; ils n'ont pas besoin d'être l'objet d'une question distincte au jury et sont compris dans la question intentionnelle résumée dans le mot *coupable*. Il en est ainsi des faits de contrainte ou de force majeure, de démence de l'accusé, de légitime défense. — Si l'accusé a moins de seize ans, le président doit poser, à peine de nullité, la question de discernement (Instr. 340).

§ 3. — *Distinction entre les points de fait, qui doivent faire l'objet de questions au jury, et les points de droit, dont la solution appartient à la cour d'assises.*

157. Les jurés sont appelés à statuer sur le fait qui est la matière de l'accusation et sur la culpabilité de l'accusé; la cour prononce son arrêt en le basant sur leur déclaration. Le jury étant le juge unique du fait, la loi pénale doit être appliquée aux faits énoncés dans la déclaration du jury, sans que la cour d'assises puisse rien ajouter à ceux que le jury a reconnus constants. — C'est au jury exclusivement qu'il appartient de statuer sur l'identité de l'accusé, sur son âge (quand il s'agit de déclarer s'il a plus ou moins de seize ans), sur toutes les circonstances du fait et les circonstances aggravantes, sur l'existence des faits d'excuse, sur l'existence de circonstances atténuantes (V. *infrà*, n° 177). De même, c'est au jury que doivent être soumis les *éléments de fait* d'où résulte la qualité de l'accusé, par exemple, dans une accusation de banqueroute frauduleuse, la qualité de commerçant failli ; dans une accusation de faux en écritures de commerce, la qualité de commerçant; dans une accusation de parricide, la question de filiation.

158. Le droit de statuer sur les points de droit est réservé exclusivement à la cour d'assises; elle assigne aux faits reconnus par le jury leur qualification légale et décide s'ils tombent sous l'application de la loi. Ainsi, c'est à la cour qu'il appartient de déclarer si, dans une accusation de faux, les faits reconnus constants par le jury constituent un faux en écriture authentique ou en écriture de commerce, ou simplement un faux en écriture privée; si, dans une accusation de viol ou d'attentat à la pudeur, l'accusé avait autorité sur la victime. Le droit d'apprécier si l'accusé est ou non en état de récidive appartient également à la cour d'assises.

§ 4. — *Position des questions.*

159. 1° *Éléments constitutifs du fait principal.* — *Circonstances aggravantes.* — Les questions posées au jury doivent, à peine de nullité, comprendre tous les éléments qui, par leur réunion, constituent le crime et tous les faits caractéristiques de chacune des circonstances aggravantes. Mais l'omission contenue dans une question posée au jury ne saurait constituer un moyen de cassation lorsque cette question est complétée par une référence formellement indiquée aux questions antérieures. D'ailleurs, l'irrégularité des questions ne peut donner lieu à ouverture à cassation de la part de l'accusé qu'autant que celui-ci a intérêt à s'en prévaloir. — On doit soumettre au jury d'abord les éléments constitutifs du fait principal, puis ceux qui caractérisent les circonstances aggravantes.

160. Au point de vue de la nécessité de relever, dans la question relative au fait principal, tous les éléments constitutifs de ce fait, on peut indiquer, à titre d'exemple, que la question posée au jury doit, dans une accusation : *d'avortement*, spécifier que l'avortement a été *procuré* (et non *provoqué*); — *de coups et blessures*, mentionner que les coups ont été portés et les blessures faites *volontairement*; — *de fausse monnaie*, relever, en ce qui concerne l'omission ou l'introduction, que l'accusé avait connaissance de la fausseté de la monnaie et que la monnaie contrefaite avait cours légal en France; — *de faux*, mettre le jury à même de déclarer si le faux a été commis de l'une des manières indiquées soit par l'art. 145 c. pén., soit par l'un des articles suivants, sans toutefois qu'il soit nécessaire d'interroger le jury sur l'existence ou la possibilité du préjudice, quand cette éventualité de préjudice résulte des faits énoncés dans la question ou de la nature de la pièce fausse; — *d'homicide volontaire*, mentionner : 1° si l'accusé a volontairement porté des coups et fait des blessures; 2° si ces coups et blessures volontaires ont occasionné la mort; 3° s'ils ont été donnés avec l'intention de la provoquer. — Au point de vue de la nécessité de relever les éléments caractéristiques des circonstances aggravantes, le jury, en ce qui concerne, par exemple, la circonstance d'effraction, ne doit pas être interrogé par cette question : « le vol a-t-il été commis à l'aide d'effraction? » il faut que la question sur l'effraction constate que cette effraction, soit intérieure, soit extérieure, a été exécutée dans les circonstances prévues par les art. 395 et 396 c. pén. De même, en ce qui concerne la circonstance d'usage de fausse clef, aggravante du crime de vol, la question doit mentionner que l'usage des fausses clefs a eu lieu dans un édifice, un parc ou un enclos.

161. 2° *Complicité.* — Il est nécessaire d'énoncer, dans les questions sur la complicité, tous les éléments légaux de la complicité. Il ne suffirait pas de poser la question : « Un tel est-il complice? » Il faut indiquer en quoi consiste la complicité qui lui est imputée, spécifier si la complicité a eu lieu par provocation, ou par instruction, ou par aide et assistance, et, dans ce dernier cas, si le complice a agi sciemment (Cr. c. 3 févr. 1900, D. P. 1900. 1. 276). Le président de la cour d'assises n'est pas tenu, en matière de complicité, de poser au jury des questions distinctes, lorsque, comme dans les cas de l'art. 60 c. pén., les différents faits relevés par l'accusation se rattachent tous au même genre de complicité. La réunion des modes de complicité énumérés dans l'art. 60 précité peut avoir lieu dans une forme alternative, sous une même question. Au contraire, la complicité par recel et l'un des modes de complicité énumérés dans l'art. 60 c. pén. ne peuvent être confondus dans une question unique; par exemple, serait nulle la question dans laquelle on demanderait au jury si l'accusé s'est rendu coupable de complicité d'un vol ou de recel des objets en provenant. De même, on ne peut demander au jury de dire si l'accusé est auteur ou complice.

162. Au point de vue des questions sur la complicité dans leurs rapports avec les questions sur le fait principal, il est à remarquer, tout d'abord, que la complicité supposant toujours l'existence d'un fait principal, il ne peut y avoir de déclaration légale de complicité qu'après une déclaration explicite ou implicite d'un fait principal criminel; mais il n'est pas nécessaire que la criminalité de ce fait soit constatée à l'égard de l'auteur principal. Lorsque le complice comparaît seul, il est de toute nécessité que le jury soit d'abord interrogé, non sur la culpabilité de l'auteur principal, mais, abstraction faite de toute criminalité de sa part, sur l'existence du fait criminel dont celui-ci aurait été l'auteur. — Les circonstances aggravantes d'un crime, régulièrement constatées à l'égard de l'auteur principal, s'étendent de droit aux complices, sans qu'il y ait lieu de poser une question à l'égard de ceux-ci; il en est ainsi, qu'il s'agisse des circonstances aggravantes qui se rattachent au mode matériel de perpétration du crime ou de celles qui ne s'y rattachent que par un lien intellectuel, comme la préméditation ou le guet-apens (Sur la règle différente en ce qui concerne les coauteurs, V. *infrà*, n° 169). A l'inverse, lorsque les circonstances aggravantes ont été écartées pour l'auteur principal, elles ne peuvent être reconnues à la charge du complice.

163. 3° *Tentative.* — Les questions posées au jury doivent comprendre tous les éléments constitutifs de la tentative, tels que la définit l'art. 2 c. pén., c'est-à-dire spécifier si la tentative a été manifestée par un commencement d'exécution et si elle n'a manqué son effet que par des circonstances indépendantes de la volonté de son auteur. Toutefois, et par exception, la tentative d'attentat à la pudeur constituant par elle-même un crime, il suffit que la question soit posée au jury dans les termes des art. 331 et 332 c. pén. — Les deux éléments de la tentative n'ont pas besoin de faire l'objet de deux questions distinctes.

164. 4° *Question de culpabilité, de volonté, d'intention.* — La question : « L'accusé est-il coupable? » réunit l'élément intentionnel et l'élément matériel, et il ne doit pas être posé de question sur l'intention criminelle. Ainsi, en matière de faux, la question n'a pas besoin de spécifier l'intention *frauduleuse* de l'accusé. Cependant, pour certains crimes, en matière d'avortement, de coups et blessures, d'homicide volontaire, d'incendie volontaire (Cr. c. 7 févr. 1896, D. P. 97. 1. 173), la circonstance de volonté ou de connaissance constitue un élément formel de la criminalité et de la culpabilité, et il faut demander au jury si le crime a été commis volontairement ou sciemment; mais ces dernières expressions n'ont rien de sacramentel, et on peut employer des termes équivalents (V. aussi, *suprà*, n° 160).

165. 5° *Désignation de l'auteur du fait; de la date, du lieu, des détails du crime; de la victime.* — La personne de l'accusé doit être clairement désignée; cependant, la Cour de cassation ne relève pas de nullité du cas où, sans désigner l'accusé par son nom patronymique, la question est seulement conçue dans ces termes : « L'accusé est-il coupable d'avoir, à ... » — L'indication exacte de la date du crime n'est pas rigoureusement nécessaire, notamment, ou prétend qu'il est âgé de moins de seize ans ou qu'il a agi sans discernement, ou quand il s'agit, en matière d'attentat à la pudeur, de déterminer l'âge de la victime. — La mention exacte du lieu du crime n'est indispensable que si le lieu forme une circonstance caractéristique du crime. — La victime du crime doit être clairement désignée; mais cette désignation n'est pas indispensable; elle n'est nécessaire que si elle a pour but de caractériser le fait ou de l'aggraver, comme, en matière de viol, s'il s'agit d'une personne soumise à l'autorité de l'auteur du crime. — Il n'est pas utile de spécifier les détails ou les circonstances accessoires du crime.

§ 5. — *Complexité.*

166. La *complexité*, c'est-à-dire la réunion d'éléments multiples dans une même question, est prohibée, dans une certaine mesure du moins, par la législation actuelle (L. 13 mai 1836, art. 1er, R. p. 341). Il résulte de cette législation, d'abord, qu'il est permis de réunir dans la même question toutes les circonstances constitutives soit du fait principal, soit d'une circonstance aggravante, mais qu'il est interdit à peine de nullité, pour vice de complexité, de réunir dans une même question soit le fait principal et une circonstance aggravante, soit plusieurs circonstances aggravantes ; le fait principal et chacune des circonstances aggravantes doivent donc faire l'objet d'autant de questions distinctes. Ainsi, l'âge de la victime étant une circonstance constitutive, et non une circonstance aggravante, du crime d'attentat *sans violence* à la pudeur d'enfants de moins de treize ans, le jury peut être interrogé par une même question sur le fait en lui-même et sur l'âge de l'enfant. De même, la qualité d'enfant nouveau-né est constitutive du crime d'infanticide ; elle peut donc être comprise dans la question principale. De même encore, la qualité de fils de la victime étant constitutive du crime de parricide, il y a lieu de la comprendre dans la question principale posée au jury (Pour le cas où le parricide a été commis simultanément avec un meurtre sur d'autres personnes, V. *infrà*, n° 168). Au contraire, dans le cas de *viol* ou d'attentat à la pudeur *avec violence*, l'âge de la victime, étant une circonstance aggravante, ne peut être réuni au fait constitutif du crime et doit, par suite, faire l'objet d'une question distincte et séparée. En matière de coups et blessures volontaires ayant occasionné la mort sans intention de la donner, il doit, à peine de nullité, être posé une question distincte sur le résultat des coups et blessures, lequel n'est, dans ce cas, qu'une circonstance aggravante. De même, la préméditation est une circonstance aggravante qui doit faire l'objet d'une question spéciale au jury. En matière d'incendie volontaire, la circonstance d'habitation est aggravante dans le cas où l'édifice incendié appartenait à autrui, et constitutive si l'édifice appartenait à l'accusé ; il faudrait donc, dans le premier cas, poser séparément la question d'habitation. — A l'inverse, la réunion, dans une même question, de tous les éléments du crime n'est pas obligatoire, et le président peut, s'il le juge utile, séparer ces éléments et les faire figurer dans des questions distinctes.

167. La complexité peut résulter, en second lieu, de ce qu'une seule question comprend plusieurs chefs distincts d'accusation ou plusieurs objets d'un même fait. Chaque chef distinct d'accusation doit faire l'objet d'une question séparée. Si, par exemple, deux crimes résultent des faits poursuivis, il y a lieu d'interroger successivement le jury sur chacun d'eux. Spécialement, la question unique posée au jury relativement à divers abus de confiance commis par l'accusé au préjudice de personnes différentes est nulle comme entachée de complexité. De même, dans le cas où une accusation de faux porte sur la fabrication de plusieurs pièces et sur des faits différents d'usage de ces pièces, il y a lieu de poser une question spéciale pour chacun des faits de fabrication et d'usage des pièces fabriquées. De même encore, ou ne peut réunir dans une même question les faits de complicité spécifiés dans l'art. 60 c. pén. et ceux de la complicité par recel prévus par l'art. 63 du même code, ces deux ordres de faits constituant des crimes distincts (Cr. c. 31 mars 1900, D. P. 1900. 1. 402). — Mais des faits de même nature, quoique distincts, peuvent être compris dans une même question, lorsqu'ils forment une série d'actes successifs ayant le même caractère, liés par la même pensée criminelle, pratiqués à l'égard de la même personne, entraînant les mêmes conséquences légales, et que, par leur étroite corrélation, ils ne constituent en réalité qu'un seul chef d'accusation. Ainsi, on peut comprendre dans une même question, en matière d'abus de confiance, plusieurs détournements commis par l'accusé au préjudice de la même personne et sans qu'il soit possible de les distinguer par l'assignation d'une date ; en matière d'attentat aux mœurs, plusieurs attentats à la pudeur commis par l'accusé sur la même personne, à la condition d'indiquer les limites de l'époque au cours de laquelle ils se sont succédé.

168. La complexité peut résulter en troisième lieu, au cas où il y aurait plusieurs victimes et lorsque les faits incriminés constituent des crimes distincts, de ce qu'il n'a pas été posé autant de questions qu'il y a de victimes ; mais, si les faits incriminés se rattachent à un seul crime, une seule question suffit. Ainsi, un crime de parricide doit faire l'objet d'une question distincte, quand bien même il aurait été commis simultanément avec un attentat à la vie d'autres personnes, par un fait unique, tel qu'un empoisonnement dans lequel ont en même temps péri des frères et des sœurs. Au contraire, si l'attentat dont plusieurs personnes ont été simultanément victimes ne constitue qu'un même crime d'homicide, une seule question suffit (Cr. r. 25 janv. 1894, D. P. 95. 1. 55).

169. Le complexité peut, en quatrième lieu, résulter de ce qu'une même question s'applique à plusieurs accusés. Sur le fait principal, des questions distinctes doivent être posées pour chaque accusé. En ce qui concerne les circonstances aggravantes, lorsqu'il s'agit de circonstances comme la préméditation et le guet-apens, qui résultent de faits d'ordre moral, il doit être posé une question spéciale à chaque coauteur. Mais, lorsque la circonstance aggravante tient à un fait matériel, comme en matière de vol les circonstances de maison habitée ou de pluralité de personnes ou d'effraction, une seule question (comme pour les complices, V. *suprà*, n° 161) suffit pour les divers coauteurs, après qu'il a été répondu séparément relativement à chacun d'eux sur le fait principal.

170. Les questions *alternatives* sont une forme de la complexité, et elles entraînent nullité au cas où les crimes prévus par ces questions ne sont pas punissables des mêmes peines. Au contraire, une seule question peut être posée lorsque les deux faits, objets de l'alternative, sont punis de la même peine, ou si l'alternative réunit les divers modes de perpétration d'un même crime ; par exemple, en matière de banqueroute frauduleuse, la dissimulation et le détournement d'actif (Comp. pour le cas de complicité, *supra*, n° 161).

§ 6. — *Réclamations sur la position des questions* (R. 2906 et s. ; S. 2081 et s.).

171. L'accusé a le droit de réclamer sur la position des questions. — Les réclamations sont jugées non par le président seul, mais par la cour d'assises, et en présence de l'accusé ; elle statue par un arrêt motivé. La décision sur le point de savoir s'il y a, ou non, lieu de poser une question est souveraine.

§ 7. — *Avertissements aux jurés ; remise des questions et des pièces du procès. — Sortie de l'accusé* (R. 2926 et s. ; S. 2087 et s.).

172. Le président, avant de remettre les questions au jury, doit, à peine de nullité, donner, oralement, deux avertissements aux jurés, l'un relatif aux circonstances atténuantes, par lequel il avertit le jury que s'il pense, *à la majorité*, qu'il existe en faveur de l'accusé des circonstances atténuantes, il doit en faire la déclaration en ces termes : « A la majorité, il y a des circonstances atténuantes en faveur de l'accusé, » l'autre par lequel il avertit le jury que le vote doit avoir lieu au scrutin secret (Instr. 341). L'omission de ces deux formalités ou le défaut de leur constatation au procès-verbal entraîne nullité. Cependant, la nullité n'est pas encourue pour le défaut d'avertissement relatif aux circonstances atténuantes si celles-ci ont été reconnues en faveur de l'accusé.

173. La feuille des questions est remise par le président des assises aux jurés, en la personne du chef du jury (Instr. 341). Les questions, posées par le président, sont écrites par lui ; le défaut de date, de signature du président ou du greffier sur la feuille des questions n'entraîne pas nullité. Mais les ratures ou surcharges, tout au moins lorsqu'elles portent sur des énonciations substantielles, doivent être approuvées par le président. — Le président remet également aux jurés toutes les pièces du procès, même les interrogatoires de l'accusé. Mais la conviction des jurés devant se former d'après le débat oral, il en résulte que ces pièces leur sont remises à titre de simple renseignement ; et même, le défaut de remise des pièces aux jurés n'entraîne pas nullité, sauf lorsque l'accusé a pris des conclusions pour réclamer l'observation de cette formalité. Il en résulte encore qu'en ce qui concerne les pièces antérieures à l'arrêt de renvoi, la communication de pièces irrégulières ne peut faire naître une nullité ; pour les pièces postérieures à l'arrêt de renvoi, leur irrégularité autorise seulement la cour à décider qu'elles ne seront pas remises au jury. — Par exception, les déclarations écrites des témoins ne doivent pas être remises au jury. Les lettres missives ne sauraient être considérées comme des dépositions de témoins, et elles peuvent, même s'il s'agit de lettres anonymes, être remises aux jurés, à la condition, toutefois, que l'accusé en ait eu connaissance. D'ailleurs, le fait de remettre aux jurés des déclarations écrites de témoins ne constitue pas une cause de nullité.

174. Les jurés se retirent dans la salle de leurs délibérations, et le président fait sortir l'accusé de l'audience (Instr. 342). Mais cette dernière formalité n'est pas prescrite à peine de nullité, et l'accusé peut rester dans la salle d'audience pendant la délibération du jury.

ART. 8. — DÉLIBÉRATION ET DÉCLARATION DU JURY.

§ 1er. — *Formes de la délibération* (R. 2996 et s. ; S. 2121 et s.).

175. La délibération du jury est essentiellement secrète ; aussi n'en est-il pas tenu procès-verbal. Avant de commencer la délibération, le chef des jurés lit à ceux-ci la déclaration dont le texte est indiqué par l'art. 342 c. instr. cr., et qui doit être affichée dans leur chambre. Le principe contenu dans cette déclaration est que les jurés doivent se déterminer par leur *intime conviction*, sans être assujettis à aucune règle quant à l'appréciation des preuves rapportées contre l'accusé ou des moyens de sa défense. Il leur est recommandé, d'ailleurs, de faire abstraction des dispositions de la loi pénale, et de ne pas considérer les suites que pourra avoir, par rapport à l'accusé, la déclaration qu'ils ont à faire.

176. Les jurés, une fois entrés dans leur chambre de délibération, ne peuvent plus en sortir que pour donner leur déclaration (Instr. 343, § 1er), sauf le droit du président des assises de les rappeler à l'audience pour rectifier une erreur dans la position des questions. Les jurés doivent délibérer dans la chambre qui leur est affectée; toute délibération des jurés à l'audience est nulle; toute rectification, à l'audience, de la déclaration entraîne également nullité, sauf s'il s'agit d'une rectification matérielle, par exemple une erreur de date. — Il est interdit aux jurés, sous peine d'amende, de sortir individuellement sans motif légitime, et de communiquer au dehors pendant la délibération. La communication pourrait même entraîner nullité si elle était de nature à exercer une influence illégale sur la délibération. — Nul ne peut, pendant la délibération, entrer dans la salle sans une permission écrite du président (Instr. 343, § 2). Celui-ci ne peut même s'y rendre que sur une invitation expresse des jurés. — Enfin, le président de la cour d'assises doit donner l'ordre écrit et spécial au chef de la gendarmerie de garder les issues de la chambre des délibérations (Instr. 343, § 3); mais cet ordre n'est pas prescrit à peine de nullité.

177. Le chef du jury lit successivement chacune des questions posées, et le vote a lieu ensuite au scrutin secret, tant sur le fait principal et les circonstances aggravantes que sur l'existence des circonstances atténuantes (Instr. 345). Le chef du jury remet à chaque juré un bulletin sur lequel celui-ci écrit secrètement son vote, et les bulletins sont déposés dans une urne. Il dépouille chaque scrutin en présence des jurés; le résultat est inscrit en marge ou à la suite de la question résolue, et les bulletins sont immédiatement brûlés (L. 13 mai 1836, art. 2, 3 et 5).

178. La décision du jury, tant contre l'accusé que sur les circonstances atténuantes, se forme à la majorité, c'est-à-dire à la majorité simple, sans que l'on doive jamais exprimer le nombre de voix. La déclaration doit mentionner, à peine de nullité, l'existence de cette majorité (Instr. 347, modifié par la loi du 9 juin 1853), tant en ce qui concerne le fait principal, les circonstances aggravantes, les circonstances atténuantes, que les réponses négatives aux questions d'excuse, qui constituent des décisions contre l'accusé. La mention *à la majorité* est substantielle et sacramentelle; elle ne peut être remplacée par aucune autre expression et doit même être, à peine de nullité, écrite en toutes lettres; néanmoins, une simple incorrection d'orthographe ne saurait entraîner nullité. — Il n'y a pas lieu de mentionner que les réponses favorables à l'accusé ont été prises à la majorité; mais l'inobservation de cette règle, ainsi que l'omission de la mention de l'existence de la majorité en ce qui concerne les circonstances atténuantes, ne peut donner lieu qu'à une cassation dans l'intérêt de la loi.

§ 2. — *Déclaration du jury* (R. 3054 et s.; S. 2138 et s.).

179. Le jury doit répondre distinctement et séparément aux diverses questions qui lui sont posées. Une réponse unique et collective à plusieurs questions est nulle comme complexe. — Le jury ne peut ni modifier, ni rectifier les questions posées, ni en ajouter à celles qui lui ont été soumises soit comme résultant de l'acte d'accusation, soit comme résultant des débats. Ainsi ne peut-il, après avoir déclaré l'accusé non coupable comme auteur principal, le déclarer d'office coupable comme complice, ou déclarer coupable d'attentat à la pudeur un accusé de crime de viol. — Si les questions ont été posées d'une manière incomplète ou insuffisante, le jury, obligé de s'y conformer, aura vidé seulement une partie de l'accusation, et il y aura nullité. De même, l'accusation ne sera pas purgée si la déclaration ne comprend pas des réponses à toutes les ques-

tions; il en est ainsi, notamment, lorsque la question à laquelle il n'a pas été répondu est relative soit à une circonstance caractéristique du crime, ou à une circonstance aggravante, ou à un fait d'excuse. Toutefois, une question subsidiaire ne peut devenir l'objet d'une réponse du jury qu'autant que la question principale a été l'objet d'une réponse négative. Ainsi, la réponse affirmative du jury sur la question principale d'homicide volontaire le dispense de répondre à la question subsidiaire d'homicide involontaire.

180. Une déclaration dont les différentes parties sont *contradictoires* ne peut servir ni à une condamnation ni à un acquittement; il n'y a pas alors réellement de déclaration. Mais la contradiction qui ne vicie qu'une partie des questions ne nuit pas aux autres questions régulièrement résolues; de plus, l'arrêt de la cour d'assises ne doit pas être annulé, même en présence de déclarations contradictoires, si une réponse régulière sur les autres chefs justifie la peine appliquée. On peut citer comme exemples de déclaration contradictoire : la déclaration du jury qui reconnaît l'accusé coupable : 1° d'avoir porté volontairement un coup qui a causé la mort d'un individu; 2° d'avoir commis cet homicide par imprudence ou maladresse; ... la déclaration qui, en matière d'homicide, est affirmative sur la préméditation et négative sur la préméditation. Au contraire, il n'y a pas contradiction, dans une accusation de coups et blessures, entre la réponse du jury, négative quant à la question de dessein de donner la mort, et la réponse affirmative quant à la préméditation. De même, la déclaration négative du jury sur une première question concernant la culpabilité de l'accusé, comme auteur d'un homicide volontaire qui n'était imputé qu'à lui, ne présente pas de contradiction avec la déclaration affirmative sur les questions relatives aux circonstances aggravantes de préméditation et de guet-apens, car de ces déclarations il résulte seulement qu'un crime a été commis avec ces circonstances aggravantes, mais que l'accusé n'en était pas l'auteur. A plus forte raison, lorsque l'accusation renferme deux accusations distinctes, ces infractions peuvent être l'objet de déclarations opposées. Lorsque différentes circonstances aggravantes peuvent exister séparément, comme, en matière de vol, la question de maison habitée et celle d'effraction extérieure, la différence de réponse sur chacune d'elles n'est pas contradictoire. — Les réponses ambiguës, obscures ou équivoques sont également irrégulières et entraînent nullité, ainsi qu'une réponse faite à une *déclaration alternative*, c'est-à-dire d'une même réponse faite à des alternatives qui s'excluent l'une l'autre; mais il n'y a pas nullité si chacun des termes dont se compose la déclaration alternative justifie l'application de la peine.

181. Au point de vue de la contradiction des réponses du jury, en matière de complicité, il a été maintes fois décidé qu'il y a contradiction dans les réponses du jury qui affirment la culpabilité de l'accusé à la fois comme seul auteur principal et comme complice du même crime. Lorsqu'un crime ou un délit a été commis par plusieurs, chacun des délinquants peut être déclaré auteur de ce crime ou de ce délit et complice du même fait par rapport à ses coauteurs, à moins que les faits de complicité relevés ne soient inconciliables avec une coopération directe à titre de coauteur. — Il n'y a aucune contradiction dans les réponses négatives aux questions relatives à l'accusé comme auteur principal, et affirmatives aux questions subsidiaires tendant à le faire déclarer coupable de complicité du même fait. — La réponse négative à l'égard de l'auteur principal n'est pas contradictoire avec la réponse affirmative

à l'égard du complice, lorsque cette double décision a été déterminée, non par l'inexistence du fait, mais par une différence d'appréciation de la criminalité de l'intention.

182. Lorsque deux ou plusieurs individus sont poursuivis comme coauteurs d'un crime, les charges peuvent être reconnues exister à l'égard des uns sans exister à l'égard des autres; ainsi, les réponses affirmatives quant à l'un d'eux ne sont pas contradictoires avec les réponses négatives concernant les autres. — En ce qui concerne les circonstances aggravantes à l'égard des coauteurs, il faut distinguer, d'un côté, les circonstances aggravantes *réelles*, — comme, en matière de vol, les circonstances de nuit, de réunion, de maison habitée, de violence; en matière de suppression d'enfant, la circonstance que l'enfant a vécu, — et pour lesquelles il y a contradiction si la réponse du jury écarte pour certains accusés telles de ces circonstances qu'il admet pour les autres, — et, d'un autre côté, les circonstances aggravantes *morales*, comme la préméditation ou le guet-apens, qui affectent la criminalité non au regard du fait, mais au regard de l'agent lui-même, et qui peuvent comporter des réponses différentes pour chaque accusé. — La déclaration du jury est contradictoire lorsqu'elle déclare plusieurs accusés coupables, et qu'elle est négative sur la circonstance de pluralité d'auteurs (Cr. c. 3 févr. 1900, D. P. 1900. 1. 276).

183. C'est, en principe, au jury, et non à la cour d'assises, qu'il appartient de reconnaître et de déclarer l'existence des *circonstances atténuantes* (V. *supra*, n° 177). Il n'est pas posé de question sur ce point; il y est suppléé par l'avertissement du président (V. *supra*, n° 172). Le jury ne doit pas donner de réponse négative sur les circonstances atténuantes, son silence sur ce point prouve qu'aucune circonstance semblable n'a été reconnue. Il faut une réponse distincte sur les circonstances atténuantes, et il y a nullité si la réponse : « L'accusé est-il coupable? » le jury répond : « Oui, avec circonstances atténuantes. » — Par exception, c'est à la cour d'assises de déclarer les circonstances atténuantes si le fait poursuivi est un délit ou si ce fait, par suite de l'absence de circonstances aggravantes ou de l'admission de la question d'excuse (sauf au cas d'excuse de minorité), dégénère en délit. — En matière de presse, on est divisé sur la question de savoir à qui appartient le droit de déclarer les circonstances atténuantes. En fait, les cours laissent cette faculté au jury.

184. Lorsque les jurés ont terminé leur déclaration, ils rentrent dans l'auditoire et reprennent leur place. Le chef du jury, ou un des autres jurés le remplaçant, donne, sur l'invitation du président des assises, lecture de la déclaration, en présence de la cour et des jurés. Le défenseur de l'accusé peut assister à cette lecture, l'accusé n'y doit pas assister, mais sa présence ne saurait être une cause de nullité. Le chef du jury, pour faire cette lecture, se lève, place la main sur son cœur et dit : « Sur mon honneur et ma conscience, » devant Dieu et devant les hommes, la déclaration du jury est... » (Instr. 348.) La lecture et la présence de la cour et de tous les jurés sont, ainsi que leur constatation au procès-verbal, prescrites à peine de nullité.

185. La déclaration du jury doit être signée : 1° par le chef du jury désigné par le sort, ou par son remplaçant qui, avant de la remettre au président, appose sa signature, en présence de tous les jurés, au bas de la déclaration, de manière à ce qu'elle s'applique avec certitude à l'ensemble de la déclaration; 2° par le président des assises; 3° par le greffier (Instr. 349). — L'absence d'une de ces signatures est une cause de nullité (Cr. c. 30 mars 1900, D. P. 1900. 1. 447). Il n'est pas nécessaire que la déclaration soit datée, ni qu'elle indique le lieu où le jury a siégé.

186. Les ratures, renvois et interlignes contenus dans la déclaration du jury doivent être approuvés par le chef du jury, sous peine d'être considérés comme non avenus, avec les conséquences qui en peuvent résulter au point de vue de la nullité. Il en est de même des surcharges, dont la non-approbation entraine nullité, si elles portent sur une énonciation substantielle, par exemple, dans une accusation de vol, sur la réponse du jury relative à la circonstance aggravante d'effraction (Cr. c. 15 juin 1900, D. P. 1900. 1. 480).

187. Au cas où la déclaration du jury est irrégulière dans la forme, obscure, incomplète ou contradictoire quant au fond, la cour d'assises, à l'exclusion du président, ordonne le renvoi du jury dans la salle de ses délibérations. Le renvoi par le président seul n'entraine pas nullité, s'il n'a pu en résulter pour l'accusé aucun préjudice ou s'il s'agissait de rectifier une irrégularité purement matérielle. Le renvoi peut être ordonné même après la lecture de la déclaration à l'accusé (Sur cette lecture, V. infrà, n° 188). Le renvoi est ordonné par un arrêt motivé, et s'il s'élève un incident contentieux, le ministère public et le défenseur de l'accusé doivent être entendus. — Les jurés, renvoyés dans la salle de leur délibération, reprennent la plénitude de leur liberté, au point de pouvoir modifier complètement leur verdict. Il doit être donné lecture, dans les conditions indiquées suprà, n° 184, des questions et des réponses auxquelles se rapportent les rectifications qui ont été provoquées. — Lorsque les réponses du jury sont complètes, claires et concordantes, la cour d'assises commet un excès de pouvoirs en renvoyant le jury dans la chambre de ses délibérations ; mais il n'y a pas nullité s'il n'en est résulté aucun préjudice pour l'accusé ou que le jury n'a pas modifié sa première déclaration.

188. Après la lecture du verdict à la cour par le chef du jury, le président fait rentrer l'accusé dans la salle d'audience, et le greffier lit en sa présence la déclaration du jury (Instr. 357). Cette seconde lecture, ainsi que sa constatation au procès-verbal, est une formalité substantielle, dont l'inobservation entraine la nullité des débats (Cr. c. 1er juill. 1897, D. P. 97. 1. 503).

189. La déclaration du jury, lorsqu'elle est régulière, est absolument acquise à l'accusé après cette seconde lecture. Elle est définitive et souveraine et ne peut être l'objet d'aucun recours. Les points résolus par le jury ne peuvent, sous aucun prétexte, être remis en question devant la Cour de cassation. Par exemple, on ne saurait, devant cette Cour, critiquer la déclaration du jury portant que le vol, objet de la poursuite, a été commis dans une maison habitée.

190. La déclaration du jury sert de base à la décision de la cour d'assises. Il est interdit à celle-ci d'interpréter une déclaration régulière ou de l'étendre au delà de ses termes ; mais elle doit prononcer en tenant compte de tous les faits reconnus constants par le jury, fait principal et circonstances aggravantes. — La cour d'assises ne peut valablement prendre pour base de son arrêt une déclaration irrégulière du jury, par exemple une déclaration incomplète, en ce qu'elle laisse sans réponse des questions sur les circonstances aggravantes. — La nullité d'une ou plusieurs réponses entraine la nullité des autres réponses même régulières, si les différentes parties de l'accusation sont indivisibles ou connexes. Mais quand il n'existe pas de lien nécessaire et que les réponses se rapportent à des faits indépendants les uns des autres, la nullité

d'une partie de la déclaration ne saurait entrainer la nullité de l'autre partie. — Sur l'effet de la déclaration du jury en cas de renvoi après cassation devant une autre cour d'assises, V. suprà, Cassation, n° 204.

191. Une dérogation notable au principe de l'irrévocabilité de la déclaration du jury résulte de la disposition de l'art. 352 c. instr. cr., aux termes duquel, dans le cas seulement où l'accusé est reconnu coupable, et si la cour est convaincue que les jurés, en observant les formes, se sont trompés au fond, elle déclare qu'il est sursis au jugement et renvoie l'affaire à une autre session. Après la déclaration du second jury, la cour ne peut ordonner un nouveau renvoi. — Nul ne peut provoquer cette mesure ; la cour ne peut l'ordonner que d'office.

ART. 9. — ARRÊT DE LA COUR D'ASSISES. — ORDONNANCE D'ACQUITTEMENT (R. 3562 et s. ; S. 2276 et s.).

192. Lorsque l'accusé a été déclaré coupable, le procureur général doit, à peine de nullité, faire sa réquisition pour l'application de la peine. La partie civile, s'il y en a une, fait la sienne pour les restitutions et dommages-intérêts (Instr. 362). Le président, à peine de nullité, interpelle l'accusé (ou son défenseur) pour lui demander s'il n'a rien à dire pour sa défense (Instr. 363, § 1er). Toutefois, la nullité, en cas d'inobservation de cette formalité, n'est pas encourue au cas où la cour a prononcé la peine la plus douce ou quand la peine à prononcer est invariable, comme la peine de mort (Cr. r. 2 avr. 1896, D. P. 96. 1. 431).

193. La cour entre alors en délibération ; les juges délibèrent à voix basse dans l'auditoire, ou se retirent à cet effet dans la chambre du conseil. Puis l'arrêt est prononcé publiquement, à haute voix, par le président. Avant le prononcé de l'arrêt, le président est tenu de lire le texte de la loi sur lequel il est fondé ; ce texte doit être inséré par le greffier dans l'arrêt (Instr. 369, § 2 et 3). Cette lecture et cette insertion ne sont pas prescrites à peine de nullité. — La minute de l'arrêt est signée par tous les juges qui l'ont rendu (Instr. 370, § 1er) ; mais cette formalité ne parait pas obligatoire à peine de nullité. — L'arrêt de la cour d'assises est, d'ailleurs, soumis, pour sa rédaction, aux règles générales de tous les jugements. Il doit être motivé (V. infrà, Jugement). Les arrêts incidents ne sont pas rédigés en minute, mais consignés dans le procès-verbal des débats. — En présence de la déclaration du jury, l'accusé et son défenseur ne peuvent plus plaider que le fait est faux ; mais ils sont autorisés, après l'avertissement donné par le président, à discuter sur la qualification légale des faits ou sur l'application de la peine, ou enfin sur les dommages-intérêts réclamés par la partie civile (Instr. 363, § 2). — Après avoir prononcé l'arrêt, le président avertit l'accusé qu'il a trois jours francs pour se pourvoir en cassation (Instr. 371).

194. Lorsque l'accusé a été déclaré non coupable par le jury, le président rend une ordonnance d'acquittement et ordonne que l'accusé sera mis immédiatement en liberté (Instr. 358). — L'accusé acquitté peut réclamer des dommages-intérêts à la partie civile, et à ses dénonciateurs en cas de calomnie. — En ce qui concerne la décision sur l'action civile et la restitution des pièces à conviction, V. aussi suprà, Compétence criminelle, n°s 78 et s. ; 81. — Sur la règle d'après laquelle toute personne acquittée légalement ne peut plus être reprise ni accusée à raison du même fait, V. suprà, Chose jugée, n° 105.

195. Si les jurés ont déclaré l'accusé coupable, mais d'un fait non puni par la loi, la cour d'assises, et non le président, prononce l'absolution de l'accusé (Instr. 364).

196. Lorsque l'arrêt a été rendu, et que l'avertissement prescrit par l'art. 371 c. instr. cr. a été donné, la juridiction de la cour d'assises est épuisée, et elle ne pourrait plus statuer sur des conclusions prises ultérieurement par l'accusé (Cr. r. 16 janv. 1903, D. P. 1904. 1. 480). Mais la cour, qui n'a pas statué sur les conclusions de la partie civile prises au cours des débats, en demeure néanmoins saisie, et il lui appartient de prononcer sur ces conclusions à une audience ultérieure (Cr. r. 23 janv. 1890, D. P. 90. 1. 322).

ART. 10. — PROCÈS-VERBAL DES DÉBATS (R. 3638 et s. ; S. 2302 et s.).

197. Le procès-verbal des débats, dressé par le greffier (Instr. 372, § 1er), a pour objet de constater officiellement l'exécution des formalités prescrites par la loi. — Il peut former un seul contexte avec le procès-verbal de la formation du jury. Un seul procès-verbal peut constater les débats d'une affaire qui a duré plusieurs audiences. Il est interdit de se servir de procès-verbaux, manuscrits ou imprimés, rédigés d'avance (Instr. 372, § 3). — La loi n'exige pas expressément que le procès-verbal soit daté ; mais il doit, à peine de nullité, être signé à la fois par le président et le greffier (Instr. 372, § 3). De même, les interlignes, renvois, ratures, surcharges qui s'y trouvent doivent être approuvés par le président et par le greffier, à peine de nullité, s'ils portent sur une nullité substantielle.

198. Le procès-verbal doit cnostater, à peine de nullité, l'accomplissement de toutes les formalités substantielles ; celles dont l'exécution y est mentionnée sont légalement présumées avoir été accomplies ; les autres sont présumées avoir été omises. — Il y a lieu de mentionner, notamment : la présence des magistrats composant la cour d'assises, président, assesseurs, ministère public, et celle des jurés ; les formalités relatives à l'audition des témoins, spécialement la prestation du serment prescrit par l'art. 317 c. instr. cr. ; la position et la lecture des questions, les réclamations qui ont pu se produire à cet égard ; les avertissements au jury ; la lecture de la déclaration à l'accusé, les conclusions de l'accusé et de la partie civile ; les réquisitions du ministère public ; la publicité des débats. — Il est, au contraire, interdit, à peine de nullité, de mentionner au procès-verbal des débats : les réponses de l'accusé, alors du moins qu'elles impliquent quelque aveu de sa part ou qu'elles ont une relation quelconque avec la culpabilité ; les dépositions des témoins, lorsqu'elles se rapportent à la culpabilité de l'accusé, sauf l'application de l'art. 318 c. instr. cr., dans le cas où les déclarations orales d'un témoin diffèrent de sa précédente déclaration (V. infrà, Témoins).

199. Le procès-verbal des débats, comme tout acte authentique, fait foi jusqu'à inscription de faux des constatations relatives aux formalités substantielles. Toutefois, celles qui constatent la prestation de serment d'un témoin ne sauraient prévaloir contre les déclarations contraires de la cour d'assises, lorsqu'il s'est élevé, au sujet de ces énonciations, une question contentieuse que ladite cour a été appelée à trancher (Cr. c. 5 sept. 1895, D. P. 96. 1. 505).

SECT. VIII. — Enregistrement et timbre.

200. Les procès-verbaux, actes, jugements et arrêts en matière criminelle, lorsqu'il n'y a pas de partie civile, sont exempts des formalités du timbre et de l'enregistrement, ou visés pour timbre et enregistrés gratis (L. 22 frim. an 7, art. 70, § 2, n° 3, et § 3, n° 9, R. v° Enregistrement, t. 21, p. 26 ; Ord. 22 mai 1816, art. 1er, R. eod. v°,

t. 21, p. 41). — Lorsqu'il y a une partie civile, les droits sont acquittés par elle. A cet effet, le greffier peut exiger d'avance la consignation entre ses mains du montant des droits. A défaut de cette consignation et de l'accomplissement de la formalité dans le délai prescrit, le recouvrement du droit ordinaire et du droit en sus est poursuivi contre la partie civile, par le receveur de l'enregistrement, sur l'extrait du jugement que le greffier est tenu de lui délivrer dans les dix jours qui suivent l'expiration du délai fixé pour l'enregistrement; le tout conformément à l'art. 37 de la loi du 22 frim. an 7 (Ord. 22 mai 1816, art. 2).

201. Dans les affaires de police correctionnelle ou de simple police qui sont poursuivies à la seule requête du ministère public, sans partie civile, ou même à la requête d'une commune, d'un établissement public ou d'une administration publique, autre que la Régie des Contributions indirectes, agissant dans l'intérêt de l'Etat, la partie poursuivante n'est pas tenue de consigner d'avance le montant des frais de poursuite ni des droits d'enregistrement auxquels peuvent donner lieu les jugements; mais les minutes de ces jugements sont enregistrées en débet, et la rentrée des droits est suivie contre les parties condamnées (Ord. 22 mai 1816, art. 4).

202. Les exploits en matière de simple police, correctionnelle ou criminelle, lorsqu'ils sont soumis aux droits, sont passibles d'un droit fixe de 1 franc (L. 22 frim. an 7, art. 68, § 1er, n° 48; 19 févr. 1874, art. 2, D. P. 74. 4. 41); 26 janv. 1892, art. 7, D. P. 92. 4. 9; 28 avr. 1893, art. 22, D. P. 93. 4. 79). — Les actes, jugements et arrêts de simple police et des tribunaux correctionnels et criminels sont, dans le même cas, assujettis au droit fixe de 1 fr. 50 cent. (L. 22 frim. an 7, art. 68, § 1er, n° 48; 28 févr. 1872, art. 4, D. P. 72. 4. 12).

INTERDICTION

(R. v° *Interdiction — Conseil judiciaire; S. eod. v°*).

1. L'interdiction est la situation dans laquelle se trouvent placés les individus privés de leur capacité juridique soit par l'effet d'une condamnation pénale (interdiction *légale*), soit à raison de leur état mental (interdiction *judiciaire*). C'est le second cas qu'il est ici question. Il fait l'objet du chapitre 2 du titre 11 du livre 2 du Code civil (art. 489 à 512). En ce qui concerne l'interdiction légale, V. *infrà, Peine.*

Art. 1er. — Causes de l'interdiction. — Personnes qui peuvent être interdites (R. 19 et s.; S. 14 et s.).

2. L'interdiction peut être prononcée pour cause d'imbécillité, de démence ou de fureur (Civ. 489). Ces diverses causes n'en forment en réalité qu'une seule : l'aliénation mentale, qui consiste dans l'absence ou l'altération de la raison ou du discernement. — Il appartient aux tribunaux d'apprécier souverainement, suivant les circonstances particulières de chaque cause, si les conditions caractéristiques de l'aliénation mentale se trouvent réunies chez la personne dont l'interdiction est demandée (Req. 5 nov. 1900, D. P. 1901. 1. 41). N'est, d'ailleurs, pas nécessaire que les facultés mentales soient totalement oblitérées; une altération partielle de ces facultés peut suffire pour faire prononcer l'interdiction, si elle ne permet pas à celui qui en est atteint de gouverner raisonnablement sa personne et ses biens. Les maladies ou infirmités physiques, si graves qu'elles soient, ne peuvent, par elles-mêmes, donner lieu à l'interdiction. Il en est ainsi, notamment, de la surdi-mutité. D'autre part, l'ivrognerie, l'alcoolisme, tant qu'il n'en

résulte pas une altération morbide des facultés mentales, ne peuvent être invoqués comme cause d'interdiction. Pour qu'il y ait lieu à interdiction, il faut que l'imbécillité, la démence, la fureur, soient à l'état habituel. Il importe peu, d'ailleurs, que cet état présente des intervalles lucides.

3. Bien que la loi (art. 489) ne parle que du majeur, on admet que le mineur, émancipé ou non, peut être interdit : cette mesure peut présenter de l'intérêt, surtout lorsque le mineur approche de sa majorité et qu'il y a lieu de craindre qu'en sortant de la tutelle il ne se livre à des actes nuisibles à ses intérêts. Une femme mariée peut être frappée d'interdiction. — En ce qui concerne l'étranger, V. *suprà, Etranger,* n° 71.

Art. 2. — Quelles personnes peuvent ou doivent provoquer l'interdiction (R. 30 et s.; S. 22 et s.).

4. Le droit de provoquer l'interdiction appartient : 1° aux parents de la personne à interdire; 2° à son conjoint; 3° dans certains cas, au ministère public. Aucune autre personne n'est admise à l'exercer. Ainsi, les créanciers d'un aliéné ne seraient pas recevables à demander son interdiction. L'interdiction ne pourrait être provoquée par l'aliéné lui-même dans un intervalle lucide.

5. La loi confère le droit de provoquer l'interdiction à *tout parent*, quel que soit le degré de parenté, et alors même qu'il existerait des parents plus proches. Toutefois, on admet généralement que la demande ne peut être formée que par des parents de degré successible, c'est-à-dire au douzième degré au plus. — Les alliés n'ont pas, comme les parents, le droit de provoquer l'interdiction. Ainsi, ce droit n'appartient pas, par exemple, au beau-père ou à la belle-mère à l'égard de leur gendre, ou réciproquement. — Le droit d'agir en interdiction appartient aux parents mineurs ou interdits, et peut être exercé en leur nom par leur tuteur, ou par le subrogé tuteur si c'est l'interdiction du tuteur lui-même qu'il s'agit de provoquer. On admet généralement que le tuteur (ou le subrogé tuteur) n'a pas besoin de l'autorisation du conseil de famille pour exercer cette action. — La femme mariée, si elle est demanderesse en interdiction, doit procéder sans autorisation. Si c'est l'interdiction de son mari qu'elle poursuit, l'autorisation lui est donnée par la justice. — Le droit de provoquer l'interdiction est attaché à la personne; si donc celui qui a formé la demande vient à décéder pendant l'instance, l'action s'éteint. Toutefois, l'instance pourrait être reprise par d'autres parents ayant comme lui le droit d'agir.

6. S'il s'agit d'un cas de fureur, le ministère public a le devoir, dans le silence des parents et de l'époux du furieux, d'agir lui-même par action principale. Dans les cas de démence ou imbécillité, le ministère public ne doit agir lui-même que lorsque l'individu qu'il s'agit d'interdire n'a ni époux, ni épouse, ni parents connus (Civ. 491).

7. Les parents ou autres personnes auxquelles appartient le droit de provoquer l'interdiction peuvent intervenir dans une instance déjà engagée par l'un d'eux, soit pour expliquer leur abstention et aider le demandeur à combattre la demande, soit pour appuyer celle-ci. Mais cette intervention ne peut, en principe, se produire en cause d'appel (Comp. Pr. 466; V. *infrà, Intervention*). Toutefois, elle serait recevable dans le cas où le tribunal aurait rejeté la demande en interdiction, de la part des membres du conseil de famille qui a donné son avis sur l'état de la personne à interdire (Comp. Pr. 894; V. *infrà,* n° 13). — L'intervention d'un ami ne serait jamais recevable en première instance, et elle ne pourrait l'être en appel que dans les cas

dont on vient de parler, si l'intervenant avait fait partie du conseil de famille. — Les créanciers de l'aliéné, qui n'ont pas le droit de poursuivre son interdiction, ne sont pas recevables à intervenir dans l'instance engagée à cet effet.

Art. 3. — Procédure et formes à suivre pour parvenir a l'interdiction (R. 52 et s.; S. 38 et s.).

8. La procédure en interdiction est dirigée contre l'individu à interdire, et celui-ci doit toujours être mis personnellement en cause. Il en est ainsi même quand cet individu est un incapable, notamment lorsqu'il est placé dans un établissement d'aliénés. Dans ce cas, l'aliéné n'est pas, comme dans les instances ordinaires (V. *suprà, Aliénés,* n° 46), représenté par un mandataire ad litem, et il n'y a pas lieu de le pourvoir d'un administrateur qui serait chargé de l'assister dans la procédure. S'il s'agit d'un mineur en tutelle, c'est également contre lui que la demande doit être introduite; mais on admet généralement que le tuteur doit aussi être mis en cause. Si la demande en interdiction est formée par le tuteur du mineur, elle doit être intentée tant contre le mineur que contre le subrogé tuteur ou contre le tuteur ad hoc. De même, le père, administrateur légal, qui veut poursuivre l'interdiction de son fils mineur, doit préalablement, ou l'émanciper, ou lui faire nommer un tuteur ad hoc. Au contraire, lorsque l'action en interdiction est dirigée contre un majeur pourvu d'un conseil judiciaire, il n'est pas nécessaire, nonobstant la règle générale édictée par les art. 499 et 513 c. civ., d'appeler le conseil judiciaire dans l'instance. De même, si le défendeur est un mineur émancipé, la mise en cause de son curateur n'est pas nécessaire. La femme mariée dont l'interdiction est poursuivie doit, comme dans tous les cas où une action est dirigée contre elle, être dûment autorisée à ester en justice. Il y a lieu d'appliquer ici les règles ordinaires (V. *supra,* n° 5).

9. Le tribunal compétent est, suivant la règle du droit commun, celui du domicile du défendeur, ou, s'il n'avait pas de domicile, celui de sa résidence (Pr. 59-1°).

10. La demande en interdiction est formée par une requête présentée au tribunal et qui doit énoncer les faits d'imbécillité, de démence ou de fureur sur lesquels elle est fondée. On doit y indiquer les témoins à faire entendre et y joindre les pièces justificatives, s'il y en a. On admet, en général, que ces formalités ne sont pas prescrites à peine de nullité. Il est nécessaire, toutefois, que les faits sur lesquels s'appuie la demande soient au moins sommairement indiqués. — Le président communique la requête au ministère public, et commet un juge pour faire un rapport (Civ. 493; Pr. 891-892).

11. Sur le rapport du juge et les conclusions du ministère public, le tribunal ordonne que le conseil de famille donnera son avis sur l'état de la personne dont l'interdiction est demandée (Pr. 892). Le tribunal ne peut jamais prononcer l'interdiction avant d'avoir pris l'avis du conseil de famille; il peut, au contraire, sans prendre cet avis, rejeter de plano la demande, si elle lui paraît manifestement dénuée de fondement, ou encore si le demandeur est sans qualité pour agir. Le tribunal peut, d'ailleurs, avant de statuer sur la requête, ordonner la comparution personnelle du défendeur pour l'entendre en la chambre du conseil; sa seule mission à ce moment est d'apprécier si les faits articulés sont pertinents et s'il y a lieu d'ordonner la réunion du conseil de famille. Toutefois, le défendeur averti de la présentation de la requête serait libre, s'il le jugeait à propos, d'entrer en cause pour défendre dès ce moment à la poursuite dirigée contre lui.

12. Le jugement qui statue sur la requête doit être rendu en chambre du conseil. Il est généralement admis en jurisprudence que ce jugement qui, en principe, est rendu hors la présence du défendeur, peut être frappé par lui d'opposition. — Si la requête en interdiction est rejetée par le tribunal comme non pertinente, le demandeur peut se pourvoir devant la cour d'appel, qui est saisie par une requête adressée au premier président. A l'inverse, le défendeur intervenu devant le tribunal pour s'opposer à l'admission de la requête peut également se pourvoir par la voie de l'appel contre le jugement qui reconnaît la pertinence des faits et ordonne la réunion du conseil de famille. Ce jugement ne peut être déclaré exécutoire nonobstant opposition (Civ. 2001).

13. Le conseil de famille appelé à donner son avis sur la demande d'interdiction doit être formé suivant les règles prescrites pour la formation du conseil de famille des mineurs (Civ. 494; Pr. 892; V. *infrà, Tutelle*). Il y a lieu d'en exclure les personnes incapables de faire partie du conseil de famille aux termes des art. 442 et s. Il existe, en outre, une cause d'incapacité spéciale au cas d'interdiction : ceux qui auraient provoqué l'interdiction ne peuvent faire partie du conseil de famille (Civ. 495). Cette exclusion ne saurait être étendue ni au conjoint, ni aux enfants du demandeur. D'autre part, elle ne s'applique pas au conjoint ni aux enfants de celui dont l'interdiction est prononcée; bien qu'ils soient demandeurs à l'interdiction, ils peuvent être admis à faire partie du conseil de famille. Toutefois, ils n'y ont que voix consultative (Civ. 495). Ils ont, au contraire, voix délibérative, comme les autres membres du conseil, s'ils n'ont pas eux-mêmes demandé l'interdiction (C. cass. de Belgique, 21 juin 1894, D. P. 96. 2. 92). — L'inobservation des règles tracées par la loi pour la composition du conseil de famille entraîne-t-elle la nullité des délibérations de ce conseil? Il y a lieu d'appliquer, à cet égard, les mêmes solutions que lorsqu'il s'agit du conseil de famille d'un mineur (V. *infrà, Tutelle*).

14. La mission du conseil de famille consiste simplement « à donner son avis sur l'état de la personne dont l'interdiction est demandée » (Civ. 494). Il n'a pas à se prononcer sur le bien fondé de la demande, à dire s'il y a lieu, ou non, de prononcer l'interdiction. Il y a lieu d'appliquer ici la règle générale d'après laquelle, lorsque les délibérations du conseil de famille ne sont pas unanimes, l'avis de chacun des membres dissidents doit être mentionné au procès-verbal. La délibération du conseil de famille constitue une formalité substantielle dans la poursuite en interdiction; si donc cette délibération n'avait pas été prise, ou si elle était nulle, l'irrégularité qui en résulterait vicierait toute la procédure ultérieure, qui devrait être mise à néant.

15. Une seconde formalité essentielle est l'interrogatoire du défendeur, auquel il doit être procédé par le tribunal (Civ. 496). Avant qu'il y soit procédé, la requête introductive d'instance et l'avis du conseil de famille doivent être signifiés au défendeur (Pr. 893). Cette signification n'est pas prescrite à peine de nullité; toutefois, si elle n'avait pas eu lieu, le défendeur pourrait exiger que l'interrogatoire fût retardé ou recommence. — L'interrogatoire doit avoir lieu à peine de nullité (Req. 7 févr. 1893, D. P. 93. 1. 152). Cependant, si le défendeur refusait de se laisser interroger, il ne serait pas recevable à se plaindre de l'omission de cette formalité (même arrêt). Au reste, l'omission de l'interrogatoire fait obstacle seulement à ce que l'interdiction soit prononcée; mais, de même que le tribunal peut rejeter la demande sans que le conseil de famille ait été consulté,

de même il pourrait prononcer ce rejet sans avoir procédé à l'interrogatoire (Chambéry, 5 juill. 1898, D. P. 99. 2. 247).

16. Le jugement qui ordonne l'interrogatoire, de même que celui qui ordonne la réunion du conseil de famille, est susceptible d'opposition de la part du défendeur (Req. 11 mai 1892, motifs, D. P. 93. 1. 452). Dans la pratique, les deux mesures sont souvent ordonnées par un même jugement. Ce mode de procéder est régulier; il suffit que la délibération du conseil de famille précède l'interrogatoire. Si le tribunal rejette la demande sans ordonner l'interrogatoire, son jugement est susceptible d'appel de la part du demandeur. Si, au contraire, il ordonne l'interrogatoire malgré l'opposition du défendeur, celui-ci peut se pourvoir par la voie de l'appel.

17. L'interrogatoire doit avoir lieu en la chambre du conseil. Toutefois, si le défendeur ne peut s'y présenter, il y a lieu de commettre un juge pour l'interroger en sa demeure (Civ. 496). Ce juge peut être un membre du tribunal saisi, soit d'un autre tribunal, mais non un juge de paix. Il est assisté du greffier. Le ministère public est, dans tous les cas, présent à l'interrogatoire (Civ. 496). — Le tribunal a la faculté d'ordonner un second interrogatoire, si le premier lui paraît insuffisant.

18. Après le premier interrogatoire de celui dont l'interdiction est poursuivie et à toute époque de la procédure (Req. 6 févr. 1900, D. P. 1900. 1. 160), il peut être nommé un administrateur provisoire pour prendre soin de la personne et des biens du demandeur (Civ. 497). Cette mesure est facultative; il appartient aux juges d'en apprécier l'opportunité. La nomination de l'administrateur provisoire doit être faite par le tribunal statuant en la chambre du conseil. Elle peut avoir lieu d'office ou être provoquée par le demandeur en interdiction. Le tribunal jouit d'un pouvoir discrétionnaire quant au choix de l'administrateur provisoire. — Le jugement qui nomme cet administrateur est susceptible d'opposition, s'il est rendu par défaut, lorsque le défendeur n'a pas été assigné pour voir prononcer la nomination de l'administrateur et n'a pas été représenté devant le tribunal par un avoué, alors même qu'il aurait comparu à l'interrogatoire. L'appel doit aussi être ouvert au défendeur conformément au droit commun (Bruxelles, 24 avr. 1900, D. P. 1901. 2. 127).

19. L'administrateur provisoire ne peut faire que les actes d'administration, et il doit même se borner aux actes d'administration indispensables. S'il y avait nécessité de faire des actes excédant ces limites, il devrait recourir à l'autorisation de justice. Mais le jugement même qui nomme l'administrateur peut lui donner expressément le pouvoir de faire certains actes, même des actes de disposition, par exemple de contracter des emprunts. L'administrateur provisoire n'a pas qualité pour représenter en justice le défendeur à l'interdiction, à moins qu'il n'ait reçu cette mission du tribunal. Les tiers qui ont des actions à exercer contre le défendeur peuvent valablement agir contre lui tant que l'interdiction n'est pas prononcée, sauf, pour plus de sûreté, à mettre en cause l'administrateur provisoire, qui aurait alors la faculté de demander au tribunal les pouvoirs nécessaires pour défendre à l'action. — A moins qu'il ne soit réellement en état d'aliénation mentale et sauf l'application de l'art. 503 c. civ. (V. *infrà*, n° 41), le défendeur à l'interdiction conserve, malgré la nomination de l'administrateur provisoire, l'exercice de tous ses droits civils; l'administrateur pourrait seulement former opposition aux actes du défendeur qui lui paraîtraient contraires aux intérêts de celui-

ci. L'administrateur provisoire doit prendre soin, non seulement des biens, mais aussi de la personne du défendeur; il peut, notamment, à ce titre, requérir son placement dans un établissement d'aliénés. La responsabilité de l'administrateur provisoire doit être appréciée conformément aux règles du mandat (Civ. 1992). A la différence du tuteur, il n'est soumis ni à l'hypothèque légale, ni à l'obligation de payer les intérêts des sommes dont il n'a pas fait emploi; il devrait seulement, suivant le droit commun, les intérêts des sommes qu'il aurait employées à son profit personnel (Civ. 1996); il a droit à l'intérêt des avances qu'il a faites, à dater du jour où elles sont constatées (Civ. 2001). Si la demande en interdiction est rejetée, les fonctions de l'administrateur prennent fin dès le jour où le jugement est devenu définitif. Lorsque, au contraire, l'interdiction est prononcée, l'administrateur reste en fonctions jusqu'à la nomination du tuteur.

20. A la suite de l'interrogatoire, le défendeur est assigné pour voir prononcer l'interdiction. L'exploit d'assignation doit contenir la copie du procès-verbal de l'interrogatoire (Comp. Pr. 65). Si l'interrogatoire et les pièces produites sont suffisants, et si les faits peuvent être justifiés par témoins, le tribunal peut recourir à une enquête (Pr. 893). Régulièrement, cette mesure n'est ordonnée qu'après que le défendeur a été appelé devant le tribunal; toutefois, rien ne s'oppose à ce qu'elle soit sollicitée antérieurement par une requête émanée du demandeur. Dans tous les cas, le jugement qui ordonne l'enquête peut être frappé d'opposition par le défendeur, s'il a été rendu par défaut; il est aussi susceptible d'appel de la part de l'une ou l'autre partie. L'enquête a lieu en la forme ordinaire; toutefois, le tribunal peut ordonner, si les circonstances l'exigent, qu'elle sera faite hors de la présence du défendeur, qui alors sera représenté par son conseil (Pr. 893). — Le tribunal peut aussi, s'il le juge utile, ordonner une expertise médicale.

ART. 4. — JUGEMENT DÉFINITIF. — VOIES DE RECOURS (R. 119 et s.; S. 98 et s.).

21. Les débats doivent avoir lieu et le jugement être rendu en audience publique (Civ. 498). Le tribunal peut ou rejeter la demande, ou prononcer l'interdiction, ou enfin se borner à nommer au défendeur un conseil judiciaire, c'est-à-dire, en général, en raison de la faiblesse d'esprit du défendeur (V. *suprà, Conseil judiciaire*). Dans la première hypothèse, le demandeur doit être condamné aux dépens, et il peut même être condamné à des dommages-intérêts envers le défendeur. Dans la seconde hypothèse, c'est contre le défendeur que la condamnation aux dépens doit être prononcée, et, d'après la Cour de cassation, il en est de même dans le troisième cas, c'est-à-dire lorsque le tribunal, en rejetant la demande en interdiction, nomme au défendeur un conseil judiciaire.

22. L'instance en interdiction s'éteint par le décès de la personne dont l'interdiction est demandée. — Sur le cas où c'est le demandeur qui décède en cours d'instance, V. *suprà*, n° 5, *in fine*. — Cette instance, comme toutes celles qui se réfèrent à la capacité des personnes, ne comporte pas de désistement (Caen, 27 déc. 1899, D. P. 1900. 2. 16). De même, l'interdit ne peut valablement acquiescer au jugement d'interdiction.

23. Le jugement qui statue sur la demande d'interdiction est susceptible d'opposition, s'il a été rendu par défaut. La tierce opposition serait ouverte au profit des tiers si la demande avait été formée d'accord avec le défendeur, en fraude de leurs droits. — Le jugement peut être frappé d'appel soit par le défendeur, soit par le demandeur, dans les termes du droit commun. Il peut aussi y avoir appel de la part des membres du conseil de famille, lorsque la demande a été rejetée d'une manière absolue ou lorsqu'elle a abouti à la nomination d'un conseil judiciaire (Pr. 894). La cour peut interroger de nouveau, ou faire interroger par un magistrat commis à cet effet, la personne dont l'interdiction est demandée (Civ. 500). Il lui appartient d'apprécier la nécessité de cette mesure (Req. 23 févr. 1898, D. P. 98. 1. 220). Si l'interrogatoire avait été omis en première instance, il pourrait y être procédé pour la première fois en appel.

24. Tout jugement ou arrêt portant interdiction ou nomination de conseil judiciaire doit être, à la diligence des demandeurs, levé, signifié à partie et inscrit dans les dix jours sur les tableaux affichés dans la salle de l'auditoire et dans les études des notaires de l'arrondissement du tribunal qui a rendu le jugement (Civ. 501, § 1er). Il n'est, d'ailleurs, pas nécessaire que le jugement soit signifié aux notaires de l'arrondissement; il suffit qu'un extrait en soit remis au secrétaire de la chambre des notaires. Mais chaque notaire n'en est pas moins tenu de s'enquérir personnellement de tous les jugements portant interdiction ou dation de conseil judiciaire, et il serait responsable des omissions qui se rencontreraient dans le tableau affiché dans son étude, sans être admis à se prévaloir de ce que ce tableau serait conforme au tableau dressé au secrétariat de la chambre de discipline (Civ. r. 19 oct. 1897, D. P. 98. 1. 41). — Le jugement qui prononce l'interdiction ou nomme un conseil judiciaire doit être affiché comme il est dit ci-dessus, alors même qu'il serait frappé d'appel; mais s'il vient à être infirmé, il y a lieu de rayer sur la liste des interdits (ou des individus pourvus d'un conseil judiciaire) le nom du défendeur, et de supprimer l'affiche de l'auditoire du tribunal. Si c'est la cour d'appel qui, infirmant le jugement par lequel la demande avait été repoussée, prononce l'interdiction ou nomme un conseil judiciaire, l'arrêt doit être affiché comme aurait dû l'être le jugement. Dans le cas où l'interdiction a été prononcée par le tribunal, l'arrêt confirmatif doit être rendu public comme l'a été le jugement et dans la même forme.

25. D'autre part, un extrait sommaire du jugement ou arrêt doit être transmis par l'avoué qui a obtenu la décision au greffe du tribunal *du lieu de naissance* du défendeur dans le mois du jour où la décision a acquis l'autorité de la chose jugée. Cet extrait doit être mentionné, dans un délai de quinze jours, par le greffier, sur un registre spécial dont toute personne peut prendre communication et se faire délivrer copie. A l'égard des individus nés à l'étranger, les extraits de jugements ou arrêts portant interdiction ou nomination de conseil judiciaire doivent être inscrits sur un registre ou casier central tenu au greffe du tribunal de la Seine. En ce qui concerne les individus nés dans les colonies françaises, l'inscription doit avoir lieu à la fois au greffe du tribunal de leur lieu de naissance et au greffe du tribunal de la Seine. Toute contravention aux dispositions ci-dessus, commise par les greffiers ou avoués, est punie d'une amende de 50 francs, sans préjudice de tous dommages-intérêts (Civ. 501, § 2 et 3, ajoutés par la loi du 16 mars 1893).

26. Une autre formalité résulte de l'art. 92, § 29, du décret du 16 févr. 1807 (Tarif civil) : c'est l'insertion du jugement, par extrait, dans un journal judiciaire, s'il en existe dans l'arrondissement. Mais cette formalité n'est pas obligatoire.

ART. 5. — EFFETS DE L'INTERDICTION (R. 152 et s.; S. 118 et s.).

27. L'interdit est, en ce qui concerne le gouvernement de sa personne et la gestion de ses biens, assimilé au mineur (Civ. 509).

Il est donc incapable d'agir par lui-même et doit être pourvu d'un tuteur et d'un subrogé tuteur (Civ. 505). Le tuteur doit, en principe, être nommé, par le conseil de famille. Cette nomination peut avoir lieu dès que le jugement qui prononce l'interdiction a été signifié à partie et qu'il s'est écoulé huit jours depuis la prononciation du jugement. Le délai d'appel n'est pas suspensif, et il n'est pas nécessaire, avant de procéder à la nomination du tuteur et du subrogé tuteur, d'attendre l'expiration de ce délai. Mais, s'il est interjeté appel du jugement avant la réunion du conseil de famille, il ne pourra être procédé à la nomination du tuteur et du subrogé tuteur que si le jugement est confirmé, et après la signification de l'arrêt.

28. 1° *Organisation de la tutelle des interdits.* — Cette organisation est, en principe, et sauf certaines différences indiquées ci-après, la même que celle de la tutelle des mineurs (V. *infrà*, *Tutelle*). Ainsi, le conseil de famille chargé de nommer le tuteur de l'interdit doit être composé suivant les règles contenues dans les art. 495 et s. On admet généralement qu'il n'y a pas lieu d'appliquer ici l'exclusion prononcée par l'art. 495 c. civ. contre les parents qui ont provoqué l'interdiction. Quant à la femme de l'interdit, elle ne fait point nécessairement partie de ce conseil; mais il y a lieu de lui reconnaître, bien que ce point soit contesté, le droit d'être entendue sur le choix du tuteur, et d'exposer notamment les raisons qu'il y aurait de lui confier la tutelle.

29. Il n'y a lieu, en cas d'interdiction, ni à la tutelle légitime des ascendants, ni à la tutelle testamentaire. Mais la règle suivant laquelle la tutelle est dative reçoit exception en faveur du mari, qui est de plein droit tuteur de sa femme interdite (Civ. 506). Cette tutelle n'existe pas lorsque les époux sont séparés de corps; le tuteur de la femme interdite doit alors être nommé par le conseil de famille. Quant à la femme, elle n'est pas de droit tutrice de son mari interdit; elle peut seulement être nommée tutrice par le conseil de famille. La femme est libre de refuser la tutelle qui lui est ainsi déférée. En cas de séparation de corps, la tutelle, soit de la femme, soit du mari frappé d'interdiction, ne peut être dévolue à son conjoint.

30. A la différence du tuteur du mineur, le tuteur de l'interdit peut demander à être remplacé au bout de dix ans d'exercice. Toutefois, cette disposition n'est pas applicable au conjoint, aux ascendants et aux descendants de l'interdit quand ils sont chargés de la tutelle (Civ. 508).

31. 2° *Administration de la personne de l'interdit.* — Il appartient au conseil de famille de décider, selon les caractères de la maladie dont l'interdit est atteint et l'état de sa fortune, s'il sera traité dans son domicile ou s'il sera placé dans une maison de santé ou dans un hospice (Civ. 510, § 2). Le conseil de famille détermine aussi, dès le début de la tutelle, la somme à laquelle pourra s'appliquer la dépense annuelle de l'interdit (Civ. 510, § 1er). Cette somme sera prise d'abord sur les revenus de l'interdit, lesquels doivent être essentiellement employés à adoucir son sort et à accélérer sa guérison (Civ. 510, § 1er). Mais, en cas d'insuffisance de revenus, surtout si l'interdit n'avait pas d'enfants, le conseil de famille pourrait permettre d'entamer le capital.

32. 3° *Administration des biens de l'interdit.* — Les biens de l'interdit sont administrés par son tuteur, qui a seul qualité pour les actes relatifs à son patrimoine. — La gestion de l'interdit est soumise aux mêmes règles que celles du tuteur du mineur. C'est ainsi, notamment, que les restrictions apportées aux pouvoirs des tuteurs

par la loi du 27 févr. 1880 (D. P. 80. 4. 47), en ce qui concerne l'aliénation des valeurs mobilières, s'appliquent à la tutelle des interdits. Le tuteur peut et doit recevoir, dès le commencement de la tutelle, le compte de l'administrateur provisoire nommé pendant le procès d'interdiction, si ce n'est pas lui-même qui a rempli les fonctions d'administrateur (Civ. 505).

33. 4° *Effets de l'interdiction relativement aux droits du conjoint de l'interdit.* — Lorsque c'est la femme qui est interdite, et qu'elle a pour tuteur son mari, les droits de ce dernier, tant sur la personne que sur les biens de sa femme, ne sont en rien diminués; ils sont, au contraire, augmentés, en ce sens que le mari, investi de la tutelle, aura le droit d'administrer les biens de la femme dans le cas même où ce droit ne lui appartiendrait pas en vertu du régime matrimonial. On se demande toutefois si c'est au mari qu'il appartient de déterminer la résidence de sa femme, ou si cette détermination reste dans les attributions du conseil de famille, suivant la règle édictée par l'art. 510, § 2; les auteurs sont divisés sur ce point. — On s'accorde d'ailleurs à admettre l'application de cette règle dans le cas où le mari n'est pas le tuteur de sa femme, notamment parce qu'il s'est fait excuser, sauf au mari, s'il se trouve lésé par la décision du conseil de famille, à en poursuivre la réformation devant le tribunal.

34. Dans le cas où c'est le mari qui est interdit, la femme, si c'est elle qui est tutrice, a, en principe, tous les pouvoirs qui résultent de cette qualité. Toutefois, ces pouvoirs peuvent être limités par suite du droit qui appartient au conseil de famille, en conférant la tutelle à la femme, de régler la forme et les conditions de son administration (Civ. 507). — De reste, la femme tutrice de son mari interdit n'est pas relevée de l'incapacité dont elle est frappée comme femme mariée; c'est par la justice que lui est donnée, le cas échéant, l'autorisation dont elle a besoin pour contracter ou plaider (V. *supra*, *Autorisation maritale*, n° 20 et s.). — Quand la tutelle du mari sera confiée à un autre qu'à la femme, ce tuteur exerce tous les droits du mari tant sur les biens personnels de celui-ci que sur les biens de la communauté ou même de la femme; mais il n'exerce pas la puissance maritale, qui est attachée à la personne du mari, et c'est par la justice que la femme doit être autorisée quand il y a lieu.

35. 5° *Effets de l'interdiction relativement aux enfants de l'interdit.* — En cas d'interdiction du père, la puissance paternelle passe à la mère, sans qu'il y ait à distinguer suivant que la tutelle de l'interdit est dévolue à la mère ou à un étranger. Lorsque c'est le survivant des père et mère qui est frappé d'interdiction, la puissance paternelle est exercée non par le tuteur de l'interdit, mais par le tuteur qui devra être nommé aux enfants et sous l'autorité du conseil de famille. — Sur la question de savoir qui a qualité pour consentir au mariage de l'enfant ou pour l'émanciper, V. *supra*, *Emancipation*, n° 3, et *infra*, *Mariage*.

36. En cas de mariage d'un enfant de l'interdit, le conseil de famille de l'interdit (non celui de l'enfant) est appelé à régler la dot ainsi que les autres conventions matrimoniales, sauf l'homologation de sa décision par le tribunal, qui statue sur les conclusions du ministère public (Civ. 511). La constitution de dot ne peut être faite qu'à titre d'avancement d'hoirie; le conseil de famille ne pourrait pas autoriser la constitution de dot par préciput, en dispensant du rapport l'enfant bénéficiaire. La règle édictée par l'art. 511 ne s'applique qu'au cas où l'enfant est doté sur les biens de l'interdit; le conseil de famille n'a pas à intervenir lorsque cet enfant se dote avec ses propres biens ou lorsqu'il est doté par un tiers. L'art. 511 est applicable lorsqu'il s'agit du mariage non seulement des enfants de l'interdit, mais aussi de ses autres descendants légitimes qui se trouvent être ses héritiers présomptifs, ou de ses enfants naturels. — Il y a lieu d'en étendre l'application au cas où il s'agit d'un établissement autre que celui résultant d'un mariage, tel que l'acquisition d'une étude d'officier ministériel ou d'un fonds de commerce.

37. 6° *A partir de quel moment l'interdiction produit ses effets.* — L'interdiction produit ses effets à partir du jugement qui la prononce, sans qu'il soit nécessaire que ce jugement soit signifié (Civ. 502). Dès le jour où il est rendu, l'interdit se trouve frappé de l'incapacité qui en est la conséquence. L'appel n'est pas suspensif, en ce sens que si le jugement est ensuite confirmé par la cour, les actes que l'interdit aura passés dans l'intervalle entre le jugement et l'arrêt seront nuls. — Le jugement d'interdiction produit ses effets immédiatement, aussi bien lorsqu'il est rendu par défaut que lorsqu'il est contradictoire ; s'il est frappé d'opposition et que l'opposition soit ensuite rejetée après avoir été déclarée recevable en la forme, l'incapacité de l'interdit aura commencé dès le jour du jugement par défaut, et non pas seulement du jour du débouté d'opposition. — Si la demande d'interdiction, ayant été d'abord rejetée par le tribunal, n'avait été prononcée que sur l'appel, ses effets ne dateraient, bien entendu, que du jour de l'arrêt. L'inaccomplissement des formalités prescrites par l'art. 501 c. civ. ne peut pas être invoqué par les tiers qui ont traité avec l'interdit. Mais ces tiers, s'ils ignoraient l'incapacité de leur cocontractant, pourraient recourir contre ceux qui, y étant obligés par la loi, ont omis de remplir lesdites formalités, c'est-à-dire contre les demandeurs à l'interdiction qui ont négligé de requérir la publication et contre les officiers ministériels qui ont omis d'y procéder.

38. 7° *Etendue de l'incapacité dont l'interdit est frappé.* — D'après la disposition de l'art. 502 c. civ., conçue en termes généraux, l'incapacité de l'interdit s'étendrait à tous les actes juridiques, quelle qu'en soit la nature. Il est toutefois des actes auxquels elle ne s'applique pas : tels sont le mariage (V. *infrà*, *Mariage*) ; ... la reconnaissance d'enfant naturel (V. *suprà*, *Filiation naturelle*, n° 16), et même, suivant une opinion, les donations entre vifs ou testamentaires (V. *suprà*, *Dispositions entre vifs et testamentaires*, n° 32). — La nullité prononcée par l'art. 502 atteint les jugements qui seraient rendus à l'égard de l'interdit en personne et non représenté par son tuteur. Ces jugements, s'ils étaient en dernier ressort, pourraient être attaqués par la requête civile.

39. Les actes passés par l'interdit sont nuls de droit (Civ. 502) ; ce qui signifie, non pas qu'ils sont inexistants et qu'il n'est pas nécessaire que la nullité en soit prononcée, mais qu'à la différence des actes passés par le mineur ils doivent être déclarés nuls, sans qu'il y ait lieu d'examiner si l'interdit a, ou non, été lésé. D'autre part, les tiers ne seraient pas admis à réclamer le maintien de ces actes en offrant de prouver qu'ils ont été passés dans un intervalle lucide. La nullité des actes passés par l'interdit est purement relative, en ce sens que les tiers avec lesquels l'interdit a traité n'ont pas le droit d'invoquer cette nullité. Mais les ayants cause de l'interdit ont, comme lui, le droit de s'en prévaloir ; ce droit appartiendrait, par exemple, à l'acquéreur d'immeubles de l'ex-interdit, à l'encontre de ceux auxquels celui-ci en aurait consenti la vente pendant l'interdiction (Alger, 25 oct.

1897, D. P. 98. 2. 448). La nullité est susceptible de se couvrir par une confirmation ou ratification émanée soit de l'incapable, après qu'il a recouvré sa capacité, soit de ses représentants légaux. L'action en nullité se prescrit par dix ans à partir du jour où l'incapacité a cessé, par la mainlevée de l'interdiction ou par le décès de l'interdit.

40. L'interdit n'est pas responsable du dommage causé par délits ou quasi-délits, s'il était en état de démence au moment où il les a commis. Si, au contraire, il se trouvait à ce moment dans un intervalle lucide, il doit subir les conséquences de l'acte dommageable, tant au point de vue civil qu'au point de vue pénal.

41. L'interdiction n'ayant effet que du jour du jugement (V. *suprà*, n° 37), les actes que l'interdit a passés avant le jugement sont valables en principe. Toutefois, les actes antérieurs à l'interdiction peuvent être annulés non seulement lorsqu'il est prouvé que l'interdit était en état de démence au moment de l'acte, mais encore, sans que cette preuve soit fournie, à la seule condition, pour le demandeur, d'établir que la cause de l'interdiction était déjà notoire à ce moment (Civ. 503). En principe, il n'est pas nécessaire, pour que l'acte puisse être annulé en vertu de l'art. 503, que l'existence notoire de la démence ait été connue du tiers qui a traité avec le futur interdit. Du reste, les juges ne sont pas tenus de prononcer la nullité de l'acte passé antérieurement à l'interdiction : ils jouissent d'un pouvoir discrétionnaire pour apprécier l'opportunité de l'annulation, en tenant compte des circonstances, et notamment de la bonne foi du tiers qui a traité avec le futur interdit.

42. Les actes postérieurs à l'interdiction étant nuls de droit, tandis que les actes antérieurs sont seulement susceptibles d'être annulés en égard aux circonstances, il importe de savoir exactement la date des engagements conclus par une personne interdite. On admet, en général, que la date figurant dans l'acte doit être présumée sincère, et que, par conséquent, c'est à l'interdit qui en conteste l'exactitude, et prétend qu'il y a antidate, à prouver son allégation. — La question de savoir si la fausseté de la date doit être prouvée par écrit, à moins que l'intérêt du litige n'excède pas 150 francs ou qu'il y ait un commencement de preuve par écrit, a été diversement résolue ; l'opinion qui paraît prévaloir est que la preuve testimoniale et les présomptions sont admissibles dans tous les cas et sans restriction.

43. Un individu non interdit peut demander l'annulation des actes qu'il prétend avoir passés alors qu'en fait il était dans un état d'aliénation mentale. Il appartient alors aux tribunaux d'apprécier si la démence existait, ou non, au moment de l'acte. — On discute sur le point de savoir si la nullité, en pareil cas, n'est que relative, de telle sorte que l'incapable seul ait le droit de s'en prévaloir, ou si elle est absolue et susceptible, par suite, d'être invoquée par toute personne intéressée.

44. Lorsqu'une personne est décédée sans que son interdiction ait été prononcée ni provoquée, les actes qu'elle a passés ne peuvent plus être attaqués pour cause de démence, à moins que la preuve ne résulte de l'acte même ou de la démence ne résulte de l'acte attaqué (Civ. 504). Par *interdiction prononcée*, il faut entendre une interdiction encore existante au moment du décès : si l'interdiction avait été levée, les actes passés postérieurement à la mainlevée ne seraient pas attaquables. De même, l'interdiction *provoquée* doit s'entendre d'une instance encore pendante au moment du décès : si la demande en interdiction avait été éteinte par le désistement du demandeur ou la péremption, la situation serait la même que si l'interdiction n'avait pas été provo-

quée. Lorsque l'interdiction du *de cujus* a été prononcée ou provoquée avant son décès, les héritiers, pour obtenir l'annulation de l'acte, ne sont pas tenus d'établir que leur auteur était en état de démence au moment de l'acte ; il leur suffit d'établir que la cause de l'interdiction existait notoirement à l'époque où l'acte a été fait. Dans le cas où l'interdiction n'a été ni prononcée ni provoquée, l'acte doit fournir à lui seul la preuve complète de la démence, et non pas seulement un commencement de preuve.

45. La disposition de l'art. 504 ne s'applique pas aux actes à titre gratuit : ces actes peuvent être attaqués pour cause de démence après le décès de leur auteur, quand même son interdiction n'a été ni prononcée ni provoquée et quoique la démence ne résulte pas de l'acte (Civ. 901 ; V. *suprà*, *Dispositions entre vifs et testamentaires*, n° 20).

ART. 6. — DE LA MAINLEVÉE DE L'INTERDICTION (R. 236 et s. ; S. 184 et s.).

46. L'interdiction cesse avec les causes qui l'ont déterminée (Civ. 512) ; c'est-à-dire qu'il y a lieu à mainlevée de l'interdiction lorsque l'interdit a cessé d'être dans un état habituel d'imbécillité, de démence ou de fureur.

47. La mainlevée peut être demandée par l'interdit lui-même, et cela, du moins d'après l'opinion dominante (*Contrà* : Bordeaux, 23 mai 1899, D. P. 99. 2. 370), sans l'assistance de son tuteur. Elle peut l'être aussi par son tuteur, son subrogé tuteur, par les membres du conseil de famille, enfin par tous ceux auxquels la loi reconnaît le droit de provoquer l'interdiction. Il n'est pas nécessaire que la demande en mainlevée soit formée contre une personne déterminée. — Le conseil de famille ou quelques-uns de ses membres peuvent intervenir sur la demande pour la combattre devant le tribunal. La même faculté doit être reconnue à tout parent ayant le droit de demander l'interdiction. Quant au juge, il peut intervenir, soit comme délégué du conseil de famille, soit comme parent de l'interdit.

48. Le tribunal compétent pour statuer sur la demande en mainlevée est celui du domicile de l'interdit. La demande est instruite et jugée dans la même forme que la demande en interdiction (V. *suprà*, n°s 10 et s., 21 et s.). L'instance en mainlevée, comme l'instance en interdiction, s'éteint par le décès de l'interdit. Il en est ainsi alors même que la mainlevée a déjà été prononcée par le tribunal, si le jugement est frappé d'appel, en sorte que l'interdit se trouve être mort, en état d'interdiction et que les actes qu'il aura faits postérieurement au jugement demeurent frappés de nullité.

ART. 7. — ENREGISTREMENT ET TIMBRE.

49. Les jugements et arrêts rendus en matière d'interdiction sont soumis aux droits suivants : jugements des tribunaux civils portant interdiction, 7 fr. 50 (L. 26 janv. 1892, art. 17, n° 7, D. P. 92. 4. 9) ; — jugements rejetant une demande d'interdiction, 20 francs (même article, n° 6) ; — jugements portant mainlevée d'interdiction, 7 fr. 50 (même article, n° 4) ; — arrêts des cours d'appel portant interdiction, 37 fr. 50 (même article, n° 10) ; — arrêts rejetant une demande d'interdiction, 30 francs (même article, n° 9) ; arrêts portant mainlevée d'interdiction, 25 francs (même article, n° 8).

50. L'extrait sommaire du jugement ou arrêt prononçant une interdiction est transmettre par l'avoué qui l'a obtenu au greffe du tribunal civil du lieu de résidence du défendeur (L. 16 mars 1893, art. 1er, D. P. 93. 4. 38), doit être enregistré au droit de 1 fr. 50 en principal, avant qu'il en soit fait usage par le greffier (Décis. min. Fin. 19 mai

1893, D. P. 95. 5. 251). La mention de cet extrait, par le greffier, sur un registre spécial, prescrite par l'art. 1er de la loi du 16 mars 1893, n'a pas le caractère d'un acte proprement dit et, par suite, n'est pas assujettie à la formalité de l'enregistrement (Instr. admin. Enreg. 31 mai 1894, D. P. 95. 5. 251). Mais le certificat du greffier constatant l'inscription est soumis au timbre et doit être enregistré dans le délai de vingt jours au droit fixe de 1 fr. 50 (Décis. min. Fin. 19 mai 1893, précitée).

INTERROGATOIRE SUR FAITS ET ARTICLES

(R. v° *Interrogatoire sur faits et articles;* S. eod. v°).

1. L'interrogatoire sur faits et articles est un acte judiciaire fait à la requête d'une partie pour parvenir, à l'aide des réponses de son adversaire, à la découverte de la vérité des faits qu'elle a articulés. Cette procédure fait l'objet du titre 15 du livre 2 de la 1re partie du Code de procédure civile (art. 324 à 336); elle se distingue de la *comparution* des parties, notamment, en ce que : 1° elle est ordonnée sur requête et non après plaidoiries; 2° elle a lieu devant un juge commissaire et non à l'audience; 3° la partie requérante n'a pas le droit d'y assister.

2. 1° *Qui peut requérir l'interrogatoire sur faits et articles.* — Peuvent requérir l'interrogatoire sur faits et articles : les demandeurs principaux ou intervenants, les défendeurs principaux ou les garants. — Le ministère public ne peut le demander, à moins qu'il ne soit partie principale. — L'interrogatoire ne peut être ordonné d'office par le juge.

3. 2° *Qui peut être interrogé sur faits et articles.* — Toutes les parties demanderesses ou défenderesses, principales ou intervenantes, peuvent être interrogées sur faits et articles. Cependant, le ministère public ne peut l'être, même s'il est partie principale. — Les tiers étrangers au procès ne peuvent être interrogés sur faits et articles. On ne peut que les entendre dans les formes de l'enquête.

4. Les parties ne peuvent être interrogées que si elles sont capables de disposer de la chose qui fait l'objet de la contestation à propos de laquelle a lieu l'interrogatoire. Ainsi, le mineur ou l'interdit ne peuvent être interrogés. Le tuteur ne peut être interrogé que sur les faits relatifs à sa gestion ou aux droits mobiliers du pupille ou de l'interdit, à la condition, d'ailleurs, qu'il ne s'agisse pas de faits antérieurs à la gestion : par exemple, le tuteur ne pourrait être interrogé au sujet d'une créance que le mineur aurait recueillie dans la succession de son père, et dont l'existence est contestée. — Le mineur émancipé n'est tenu de répondre à un interrogatoire que dans les causes où il s'agit de l'administration de ses biens ou de son commerce. — La femme mariée peut être interrogée d'abord sur tout ce qui concerne l'administration de ses biens, dans la mesure où cette administration lui appartient. Elle peut aussi être interrogée dans une contestation concernant soit l'administration de ses biens par son mari, soit même la communauté. Il y a cependant des décisions en sens contraire sur ce dernier point. — Quant au mari, il ne peut être interrogé sur des faits se référant à une action dans laquelle sa femme seule est partie.

5. Les sociétés civiles, les sociétés en nom collectif sont interrogées dans la personne de tous ou de quelques-uns de leurs membres; les sociétés en commandite, dans la personne des membres responsables; les sociétés anonymes, dans la personne de leurs représentants légaux. — Les administrations de l'État,

les communes, les établissements publics doivent nommer un agent muni d'un pouvoir spécial dans lequel les réponses seront expliquées et affirmées véritables. Le juge peut, en outre, interroger les administrateurs et agents qui leur sont personnels pour y avoir, par le tribunal, tel égard que de raison (Pr. 336). — L'agent désigné en vertu de cet article doit être un agent de l'administration intéressée; un avoué ne pourrait être chargé de cette mission.

6. 3° *En quelles matières et dans quels cas l'interrogatoire peut-il être ordonné?* — L'interrogatoire peut être ordonné en toutes matières (Pr. 324), ordinaires ou sommaires, et devant toutes les juridictions, même devant les arbitres, sauf devant les juges de paix.

7. Il peut être ordonné, en principe, sur toutes sortes de faits, même lorsque la preuve testimoniale n'est pas recevable, même pour prouver contre et outre le contenu aux actes, à moins qu'il ne s'agisse de faits affirmés par l'officier public, auquel cas il faudrait recourir à l'inscription de faux. — Cependant, l'interrogatoire ne peut être ordonné dans les causes où l'aveu des parties est inutile, ni sur les faits dont la preuve est interdite, comme la recherche de la paternité. Mais on admet généralement qu'une partie peut être interrogée sur des faits immoraux ou même criminels qui lui seraient imputés.

8. Pour que des faits puissent être l'objet d'un interrogatoire, il faut qu'ils soient à la fois pertinents et concluants, ce qui est laissé à l'appréciation des tribunaux. Les faits tendant à établir l'existence d'un droit ne sont pas pertinents, lorsqu'il y a chose jugée ou lorsque la prescription est acquise; mais l'interrogatoire pourrait porter sur des faits interruptifs de prescription. — Les faits doivent, en outre, être personnels à la partie interrogée. Les personnes tenues au secret professionnel ne peuvent être interrogées sur les faits qu'elles connaissent en cette qualité (Grenoble, 13 août 1902, D. P. 1903. 2. 452).

9. 4° *Quand l'interrogatoire doit-il être demandé?* — L'interrogatoire peut être requis en tout état de cause, pourvu qu'il ne retarde ni l'instruction, ni le jugement (Pr. 324); il peut même être ordonné pour la première fois en appel. Les juges du fond apprécient souverainement si la demande est formée en temps utile. En principe, l'interrogatoire ne saurait être ordonné après la mise en délibéré; cependant, le juge pourrait rouvrir les débats s'il le croyait utile.

10. 5° *De la demande d'interrogatoire et du jugement qui l'ordonne. Voies de recours.* — L'interrogatoire est demandé par requête (Pr. 325) et non à l'audience, alors même que l'affaire est sommaire; mais cette manière de procéder ne semble pas requise à peine de nullité. La requête doit contenir l'articulation des faits. Elle est remise au président, qui fait le rapport ou commet un juge à cet effet, en chambre du conseil. Elle n'est pas signifiée à la partie adverse.

11. Le jugement est prononcé à l'audience (Pr. 325). Il n'énonce pas les faits qui font l'objet de l'interrogatoire, et dont la partie à interroger ne peut avoir connaissance qu'au moment de la signification.

12. Après de longues controverses, la jurisprudence paraît fixée en ce sens que ce jugement d'appel (Req. 28 juill. 1903, D. P. 1903. 1. 585).

13. Le jugement qui ordonne l'interrogatoire ne désigne pas le juge pour y procéder. Le président est de droit chargé de cette mission; mais il peut commettre un juge pour la remplir à sa place (Pr. 325 *in fine*). En cas d'éloignement, le président commet, s'il y a lieu, le président du tribunal dans le ressort duquel la partie réside, ou le juge de paix du canton de cette résidence (Pr. 326).

14. 6° *Procédure de l'interrogatoire.* — *Délai.* — L'indication du jour et de l'heure où l'interrogatoire doit avoir lieu est faite par le juge commissaire au bas de l'ordonnance qui l'a nommé (Pr. 327). Si c'est le président qui rend l'ordonnance, l'indication est faite par lui au bas de l'expédition du jugement. Dans la pratique, cette indication a lieu sur une requête présentée soit au président, soit au juge qui le remplace.

15. La requête, le jugement du tribunal et l'ordonnance du juge-commissaire doivent être signifiés par le même exploit à personne ou à domicile, vingt-quatre heures avant l'interrogatoire, avec assignation par huissier commis (Pr. 329). Le délai de vingt-quatre heures se compte *de hora ad horam;* il n'est donc pas franc, mais s'augmente à raison des distances.

16. La partie est obligée de comparaître et de répondre. Si elle ne comparaît pas ou si elle refuse de répondre, il en est dressé procès-verbal sommaire, et les faits peuvent être tenus pour avérés. En cas d'empêchement justifié, le juge indique un autre jour pour l'interrogatoire, sans nouvelle assignation (Pr. 332). Si l'empêchement est de nature à se prolonger, le juge se transporte au lieu où la partie est retenue (Pr. 328), ou renvoie l'interrogatoire devant le président du tribunal du lieu où elle se trouve. La partie qui a fait défaut, mais non celle qui a refusé de répondre, peut d'ailleurs toujours demander à être interrogée si elle se présente avant le jugement, à charge de payer les frais du premier procès-verbal et de sa signification (Pr. 331). Elle peut même user de cette faculté en appel.

17. L'interrogatoire porte sur les questions contenues dans la requête et qui ont été aussi portées d'avance à la connaissance de la partie interrogée; mais le président ou le juge peut d'office en poser d'autres. La partie doit répondre en personne, sans pouvoir lire aucun projet de réponse par écrit, sans assistance de conseil (Pr. 333). L'adversaire ne peut assister à l'interrogatoire. Les réponses doivent être précises et pertinentes.

18. L'interrogatoire achevé est lu à la partie avec interpellations de déclarer si elle a dit la vérité et si elle persiste. Elle signe le procès-verbal, et, si elle ne sait ou ne veut signer, il en est fait mention. Les additions qu'elle peut faire sont mises en marge ou à la suite de l'interrogatoire. Elles lui sont également lues et elles sont signées, comme ses premières réponses (Pr. 334). Le juge et le greffier signent aussi le procès-verbal.

19. 7° *Effets de l'interrogatoire.* — La partie qui veut faire usage de l'interrogatoire le fait signifier à avoué par un simple acte; puis avenir est donné pour l'audience (Pr. 335). Il ne pourrait être tenu compte d'un interrogatoire non signifié.

20. Sur la force probante des réponses faites dans un interrogatoire sur faits et articles, V. *infra, Preuve.*

21. Le refus de répondre n'implique pas nécessairement un aveu; le juge peut seulement tenir les faits articulés pour avérés (Pr. 330) eu égard aux circonstances (Riom, 29 mars 1902, D. P. 1903. 2. 209). Le silence de l'interrogé ne pourrait être interprété contre lui, si les faits n'étaient pas pertinents.

22. 8° *Frais.* — Les frais de l'interrogatoire, y compris ceux du déplacement de l'interrogé, du juge et du greffier, sont à la charge de la partie qui succombe.

23. 9° *Enregistrement et timbre.* — Les interrogatoires sur faits et articles doivent être écrits sur papier timbré. Ils sont soumis à la formalité de l'enregistrement et assujettis aux droits de : 1 fr. 50 en justice de paix (L. 22 frim. an 7, art. 68, § 1er, n° 46, R. v° *Enregistrement.* t. 21, p. 26); 4 fr. 50 devant les tribunaux de première instance (même loi, art. 68, § 2, n°ˢ 6 et 7 ; 28 avr. 1816, art. 44, n° 10, R. v° cit., t. 21, p. 39) ; 7 fr. 50 devant les cours d'appel (L. 28 avr. 1816, art. 45, n° 6) ; 1 fr. 50 en matière correctionnelle ou criminelle (L. 22 frim. an 7, art. 68, § 1ᵉʳ, n° 48).

INTERVENTION
(R. v° *Intervention* ; S. *eod.* v°).

1. L'intervention est l'acte par lequel un tiers, qui n'était pas originairement partie dans une contestation judiciaire, s'y présente pour y prendre part et faire valoir ses droits ou soutenir ceux d'une partie principale. Elle peut être volontaire ou forcée. Elle peut se produire en matière administrative comme en matière civile ou criminelle.

ART. 1ᵉʳ. — INTERVENTION VOLONTAIRE EN MATIÈRE CIVILE.

2. L'intervention peut être dirigée à la fois contre le demandeur et le défendeur ; elle peut l'être seulement contre l'une des parties, si l'intervenant a le même intérêt que l'autre. — L'intervenant est assimilé à un demandeur, notamment au point de vue de la caution *judicatum solvi*, lorsqu'il intervient contre les deux parties ou se joint au demandeur. Son action n'est jamais introductive d'instance et se trouve, à ce titre, dispensée du préliminaire de conciliation. — L'intervention peut se produire soit en première instance, soit en appel.

§ 1ᵉʳ. — *Des personnes qui peuvent intervenir* (R. 20 et s. ; S. 6 et s.).

3. 1° *En première instance.* — L'intervention, en première instance, est soumise à la seule condition que l'intervenant justifie, dans les termes du droit commun, d'un intérêt dans le débat dont le tribunal est saisi (Req. 13 mai 1896, D. P. 96. 1. 493). — Un intérêt même *indirect* justifie l'intervention. Cet intérêt doit être *actuel* ; il peut, d'ailleurs, avoir un caractère, bien que le droit ne soit pas exigible, ou même bien qu'il soit simplement éventuel (Orléans, 31 mars 1892, D. P. 92. 2. 365). Il appartient aux tribunaux de juger si l'intérêt allégué justifie l'intervention.

4. Il suit de là que le droit d'intervention appartient non seulement aux tiers qui auraient le droit de faire tierce opposition, mais à tous les intéressés. Il appartient, spécialement : 1° aux créanciers, même en l'absence de toute fraude du débiteur, à moins que le débat ne porte sur un droit exclusivement attaché à la personne. Spécialement, le créancier hypothécaire, bien que son titre soit postérieur au jugement qui a dénié le droit de propriété du débiteur sur l'immeuble grevé, est néanmoins recevable à intervenir dans une instance relative à la propriété de cet immeuble (Paris, 27 mai 1900, D. P. 1904. 2. 177). — Les créanciers du failli peuvent-ils intervenir dans les instances engagées avec le syndic ? V. *suprà*, Faillite, n° 140 ; — 2° à l'acquéreur ou au cessionnaire, dans les causes engagées avec son vendeur ou son cédant, relativement au droit vendu ou cédé (par exemple, le cessionnaire d'un bail, dans un litige pendant entre son cédant et le bailleur, au sujet de la consistance des lieux loués : Paris, 10 nov. 1896, D. P. 97. 2. 188) ; — 3° au garant (par exemple, au vendeur d'un immeuble grevé d'hypothèque dans l'instance en déclaration d'hypothèque introduite contre un acheteur : Trib. civ. de Lille, 3 mai 1897, D. P. 1900. 2. 259), au codébiteur solidaire, à la caution , aux personnes civilement responsables dans les instances où se discutent les droits qui donnent lieu à un recours contre eux ; — 4° à l'héritier, dans les contestations intéressant la succession, à l'exécuteur testamentaire dans celles qui intéressent les dernières volontés du défunt.

5. Un *intérêt d'honneur* est suffisant pour légitimer l'intervention. Ainsi un tiers, étranger aux débats, qui se plaint d'allégations diffamatoires ou d'injures contenues dans les plaidoiries ou dans les mémoires produits au procès, aurait le droit d'intervenir. A plus forte raison ce droit appartient-il à l'avoué ou à l'avocat des parties en cause, lorsqu'ils se prétendent diffamés ou injuriés par l'adversaire. — De même, un notaire peut intervenir dans une instance, où un testament par lui rédigé est argué de faux ou de nullité, alors surtout qu'il a à redouter une action en garantie.

6. Le droit pour une corporation (notaires, avoués, huissiers...) d'intervenir dans le procès soutenu par l'un de ses membres à l'effet de lui prêter secours, autrefois très contesté, est admis aujourd'hui par la jurisprudence la plus récente. — On reconnaît aussi aux syndicats professionnels le droit d'intervenir lorsque la solution du litige engagé est de nature à porter atteinte aux intérêts professionnels dont la défense leur appartient (Besançon, 14 nov. 1900, D. P. 1903. 2. 82).

7. 2° *En appel.* — L'intervention n'est recevable, en appel, que de la part de ceux qui auraient droit de former tierce opposition au jugement ou à l'arrêt. Pour pouvoir intervenir en appel, deux conditions sont donc nécessaires ; il faut : a) *N'avoir pas figuré en première instance.* Ainsi, celui qui a été partie à un jugement dont il n'a pas émis appel est irrecevable à intervenir devant la cour sur l'appel interjeté par d'autres parties, bien que son intervention n'ait d'autre objet que d'adhérer aux conclusions de cet appel (Req. 9 janv. 1900, D. P. 1903. 1. 321) ; — b) *Eprouver un préjudice.* La jurisprudence, se montrant de plus en plus favorable à l'intervention en cause d'appel, admet que l'intervention est recevable en appel par cela seul que le jugement ou l'arrêt est de nature à causer à l'intervenant un préjudice même indirect et éventuel, en formant un préjugé contraire à ses prétentions. Il n'est pas nécessaire, pour justifier l'intervention, que le préjudice résulte du jugement dont est appel ; il suffit qu'il puisse résulter de l'arrêt, notamment en cas d'infirmation du jugement (Lyon, 27 janv. 1897, D. P. 1902. 1. 321).

8. Par application de ces principes, le droit d'intervention appartient notamment : aux créanciers, chirographaires ou hypothécaires, lorsqu'ils ne basent pas leur droit sur l'art. 1166, mais se fondent sur le dol et la fraude de leur débiteur ; ... au garant, en matière de garantie simple ou de garantie formelle ; ... à l'acquéreur ou au cessionnaire, dans l'appel des jugements qui affectent la chose vendue ou cédée, lorsqu'ils sont postérieurs à l'aliénation ; ... aux héritiers ou légataires universels, dans les contestations intéressant la succession ; ... à l'exécuteur testamentaire, lorsqu'il y a contestation sur l'exécution du testament, etc.

9. Le tiers qui se prétend lésé par des motifs d'un jugement, notamment en ce qu'il serait diffamatoire pour lui, n'est pas recevable à intervenir en appel pour demander la suppression de ces motifs, alors que le dispositif ne contient aucune disposition ni aucune expression qui le concerne (Limoges, 27 juin 1890, D. P. 92. 2. 384). Mais on admet aujourd'hui que la publication d'écrits injurieux et diffamatoires en appel contre un tiers autoriserait l'intervention de celui-ci.

10. La jurisprudence n'est pas encore nettement fixée sur la question de savoir si les compagnies d'officiers ministériels, dont l'intervention en première instance est admise (V. *suprà*, n° 6), peuvent intervenir en appel dans un procès soutenu par un de leurs membres et qui met en question un droit intéressant la compagnie entière. (V. pour

l'affirmative, en ce qui concerne les syndicats professionnels, Besançon, 14 nov. 1900, cité *suprà*, n° 6).

11. L'intervention en cause d'appel ne peut être reçue, lorsqu'elle ne tend qu'à formuler des réserves, ou à réclamer des mesures conservatoires, ou à adhérer aux conclusions des parties.

12. Lorsqu'une demande nouvelle est exceptionnellement recevable en appel (V. *suprà*, Demande nouvelle, n°ˢ 15 et s., 31 et s.), un tiers peut y intervenir aux mêmes conditions qu'en première instance.

13. L'intervenant ne peut soulever devant la cour des questions étrangères à l'objet du litige soumis au premier juge ; mais il peut élever, dans son intérêt personnel, des prétentions qui, non produites jusque-là, se rattachent étroitement aux conclusions déjà prises par les parties.

14. 3° *En cassation.* — L'intervention devant la Cour de cassation est régie par le règlement de 1738 (V. *suprà*, Cassation, n° 75).

§ 2. — *De la recevabilité de l'intervention par rapport à l'état de la cause* (R. 102 et s. ; S. 50 et s.).

15. L'intervention peut se produire tant que les débats sont ouverts (Paris, 10 déc. 1901, D. P. 1905. 2. 128). Toutefois, elle ne peut retarder le jugement de la cause principale quand celle-ci est en état (Pr. 340), c'est-à-dire lorsque l'instruction de la cause principale est achevée. Il appartient alors au juge de la recevoir ou de la rejeter, suivant les circonstances.

16. Si la recevabilité de l'intervention est contestée, le tribunal peut ou bien statuer immédiatement, ou bien joindre l'incident au fond. Dans le cas où l'affaire principale s'instruit par écrit, la contestation est portée à l'audience (Pr. 341).

§ 3. — *Formes de l'intervention.*

17. Devant les tribunaux civils, l'intervention est formée par requête (Pr. 339), c'est-à-dire par conclusions signifiées d'avoué à avoué (Paris, 10 déc. 1901, précité). Cependant, si une des parties n'avait pas d'avoué, il conviendrait de signifier un exploit. — Cette requête est adressée au tribunal et signifiée aux avoués de la cause, mais n'a pas besoin d'être répondue par le tribunal. Elle contient : 1° les moyens et conclusions ; 2° les noms, demeure, profession et domicile de l'intervenant ; 3° la copie des pièces justificatives. L'omission de ces formalités n'entraînerait pas la nullité de l'intervention ; en tous cas, la nullité, si elle existait, devrait être proposée avant les conclusions au fond. Les parties adverses peuvent répondre à la requête qui leur est notifiée, aucun délai n'est imparti pour la réponse.

18. Devant les tribunaux de commerce, la demande en intervention doit être formée par exploit d'ajournement ; elle n'est pas recevable quand elle se produit sous forme de conclusions prises à la barre (Angers, 24 févr. 1891, D. P. 94. 2. 497). Il en est de même en justice de paix.

§ 4. — *Effets de l'intervention.* — *Instruction.* — *Jugement sur le fond* (R. 124 et s. ; S. 59 et s.).

19. L'intervention admise, l'intervenant est partie dans la cause. Il peut invoquer le jugement, comme il peut se le voir opposer ; et il ne peut l'attaquer que par les voies de recours ouvertes aux parties, appel, opposition, pourvoi en cassation ; il ne peut user de la tierce opposition.

20. L'intervention, n'étant pas introductive d'instance, n'est qu'une annexe de la demande principale ; aussi son sort est-il lié au sort de celle-ci, de sorte que, si la demande principale est irrégulièrement formée, l'intervention tombe. De même, l'irrecevabilité de la demande principale entraîne celle de l'intervention (Douai, 26 juill. 1897, D. P. 98. 2. 123), à moins que cette irrecevabilité ne tienne à des motifs exclusivement personnels au demandeur, tels qu'un défaut de qualité (Rouen, 5 mars 1890, D. P. 92. 2. 320). Toutefois, le désistement de la demande, signifié depuis l'intervention, n'éteint l'instance, à l'égard de l'intervenant, qu'autant que celui-ci ne s'y oppose pas, à moins que l'intervenant n'agisse que pour faire valoir les droits de l'une des parties. A l'inverse, l'acquiescement du défendeur à la demande principale ne lierait pas l'intervenant dont les intérêts seraient distincts.

21. En principe, l'intervention s'instruit de la même façon que la demande principale; toutefois, dans les affaires où il a été ordonné une instruction par écrit, si l'intervention est contestée, l'incident est porté à l'audience (Pr. 341). — L'intervenant peut provoquer toutes les mesures d'instruction que comporte la cause, mais à la condition qu'il n'ait pas déjà été procédé à la mesure requise. Il ne peut critiquer la procédure antérieure à son intervention, si l'irrégularité en a été couverte.

22. Il est statué sur le fond de l'intervention en même temps que sur la demande principale, par un seul jugement (Paris, 10 déc. 1901, précité).

ART. 2. — DE L'INTERVENTION FORCÉE OU DE L'ASSIGNATION EN DÉCLARATION DE JUGEMENT COMMUN (R. 142 et s.; S. 63 et s.).

23. L'intervention forcée se manifeste soit par une *mise en cause*, lorsqu'on prend des conclusions contre un tiers en vue de le faire condamner, soit par une action en *déclaration de jugement commun*, quand on ne le cite que pour voir dire qu'il y a chose jugée par un arrêt contre lui que contre l'intervenant.

24. 1° *Qui peut être forcé d'intervenir.* — Tout tiers, qui pourrait recommencer une instance sur la même question, peut être mis en cause ou assigné en déclaration de jugement commun. — L'intervention forcée peut se produire même en appel, à l'égard de ceux qui auraient le droit de former tierce opposition (Civ. r. 21 oct. 1895, D. P. 96. 1. 417); elle peut même avoir lieu pour la première fois en cassation (V. *supra*, *Cassation*, n° 75). — L'assignation en déclaration d'arrêt commun n'est possible qu'à l'égard de ceux qui n'ont pas été mis en cause en première instance (Civ. r. 31 déc. 1900, D. P. 1903. 1. 17); et auxquels il ne pourrait préjudicier le jugement à rendre (Req. 6 mars 1903, D. P. 1903. 1. 576).

25. 2° *Compétence.* — Le tribunal saisi de la demande principale est compétent pour connaître de l'incident, pourvu que l'objet de la mise en cause n'échappe pas à sa juridiction *ratione materiæ*.

26. 3° *Procédure.* — La demande en intervention forcée est dispensée du préliminaire de conciliation (V. *supra*, *Conciliation*, n°10). Elle est formée par exploit d'ajournement. Cet exploit doit, notamment, indiquer l'objet de la demande (Pr. 61); et il doit faire connaître non seulement l'objet de la contestation déjà engagée entre les parties, mais, en outre, l'objet de la demande formée contre le tiers (Req. 16 déc. 1891, D. P. 93. 1. 284). — L'intervention ne peut préjuger le jugement de la cause principale; formée tardivement, elle n'est pas recevable et doit être portée, comme demande principale, devant le tribunal compétent.

27. 4° *Jugement. Voies de recours.* — Le jugement sur l'intervention forcée peut être rendu après celui qui statue sur la demande principale. Il est susceptible d'appel.

28. 5° *Mise hors de cause.* — Une partie qui n'a plus d'intérêt au débat peut être mise hors de cause; des conclusions expresses ne sont pas nécessaires.

ART. 3. — DE L'INTERVENTION EN MATIÈRE CRIMINELLE (R. 165 et s.; S. 73 et s.).

29. La victime d'une infraction peut se porter partie civile devant la juridiction répressive jusqu'à la clôture des débats (V. *supra*, *Instruction criminelle*, n° 39). C'est, sous un autre nom, une intervention.

30. L'intervention est encore recevable de la part de la personne civilement responsable du délit poursuivi, jusqu'au moment où la décision définitive est rendue.

31. Enfin, en matière d'accidents du travail, le droit d'intervenir dans l'instance engagée devant le tribunal correctionnel par l'ouvrier, victime d'un accident, contre le tiers responsable de cet accident, résulte, pour le patron de l'ouvrier, de l'art. 7 de la loi du 9 avr. 1898, modifié par la loi du 22 mars 1902 (Cr. c. 13 févr. 1904, D. P. 1904. 1. 533).

32. Toute autre intervention est irrecevable. Ainsi, le tiers qui se prétend injurié ou diffamé dans le cours d'un procès criminel ne peut se pourvoir que par la voie principale. Ainsi encore, le bâtonnier de l'ordre des avocats n'a pas le droit d'intervenir, dans l'intérêt de l'ordre, devant un tribunal correctionnel, pour demander qu'un avoué ne soit pas admis à présenter la défense orale de la partie civile (Cr. r. 24 juill. 1897, D. P. 98. 1. 552).

ART. 4. — DE L'INTERVENTION EN MATIÈRE ADMINISTRATIVE (R. 158 et s.; S. 72).

33. V. *supra*, *Conseil d'Etat*, n° 68; *Conseil de préfecture*, n° 70 et s.

IVRESSE
(S. v° *Ivresse publique*).

1. Aucune disposition pénale, jusqu'à la loi du 23 janv. 1873 (D. P. 73. 4. 18), ne réprimait directement l'ivresse, qu'atteignaient seules des mesures réglementaires prises par des autorités locales contre les faits publics d'ivresse et contre les débitants de boissons. La loi de 1873 a eu pour objet de combler cette lacune.

2. Cette loi ne punit les faits d'ivresse qu'à la double condition qu'il s'agisse d'*ivresse manifeste*, et qu'ils se soient produits dans un *lieu public* (art. 1er). Les lieux publics sont, d'une part, ceux destinés au passage : rues, chemins, places, etc., d'autre part, ceux où tout le monde peut entrer soit gratuitement, soit en payant. La publicité ne se rencontre pas dans le cas, par exemple, où un individu serait trouvé en état d'ivresse dans un champ, à dix heures du soir et à vingt mètres d'une cantine destinée à recevoir des ouvriers; ... ou dans le corridor d'une maison, alors même qu'il aurait été expulsé de ce corridor, puis entraîné sur la voie publique par les agents de police (Trib. pol. de Fougères, 27 sept. 1900, D. P. 1902. 2. 19). — L'art. 11 *autorise* le transport, au poste le plus voisin, de toute personne trouvée en état d'ivresse dans un lieu public.

3. L'ivresse, lorsqu'elle se produit pour la première fois, n'est punie que d'une amende de 1 à 5 francs (L. 1873, art. 1er, § 1er), sans que la peine de l'emprisonnement puisse, en outre, être prononcée. — En cas de première récidive les règles générales édictées par les art. 474 et 483 c. pén. sont applicables (L. 1873, art. 1er, § 2). Cette première récidive peut, d'ailleurs, résulter non seulement de deux faits successifs d'ivresse manifeste, mais encore d'un fait d'ivresse précédé ou non d'une contravention quelconque. — C'est au tribunal de simple police qu'il appartient d'en connaître (Cr. c. 18 févr. 1893, D. P. 94. 1. 142).

4. En cas de *nouvelle récidive* (conformément à l'art. 483, c'est-à-dire commise dans

le ressort du même tribunal), dans les douze mois qui ont suivi la deuxième condamnation, l'ivresse prend le caractère d'un délit : l'inculpé est justiciable du tribunal correctionnel et passible d'un emprisonnement de six jours à un mois et d'une amende de 16 à 300 francs (L. 1873, art. 2, § 1er).

5. Celui qui, ayant été condamné en police correctionnelle pour ivresse, depuis moins d'un an, se rend de nouveau coupable du même délit, encourt une condamnation à un mois d'emprisonnement et à 300 francs d'amende, avec faculté, pour le tribunal, d'élever la peine d'emprisonnement à deux mois d'emprisonnement et l'amende à 600 francs (L. 1873, art. 2, § 2). — Certaines incapacités sont, en outre, édictées par l'art. 3 de la loi de 1873. — Pour la troisième récidive, il n'est pas nécessaire que le dernier fait se soit produit dans le même ressort que les faits précédents.

6. Les autres dispositions de la loi de 1873 ont pour but de prévenir l'ivresse en frappant les débitants de boissons qui fournissent sciemment à un individu de quoi se enivrer. — L'art. 4 prévoit le fait, par un cabaretier ou débitant, de donner à boire à des gens manifestement ivres ou de les recevoir dans leurs établissements. Peu importe que la boisson ait été fournie gratuitement, et même, suivant un arrêt (Cr. c. 3 nov. 1894, D. P. 98. 1. 436), que le cabaretier l'ait donnée en dehors de son établissement. — Il punit, en second lieu, le fait de servir à des mineurs de moins de 16 ans des boissons renfermant de l'alcool et pouvant produire l'ivresse, parmi lesquelles il faut comprendre même le vin, la bière, le cidre. Dans ce second cas, le débitant est exonéré de toute peine s'il prouve qu'il a été trompé sur l'âge du mineur. Il est à remarquer que la loi n'interdit pas aux débitants de recevoir des mineurs de seize ans; ainsi, un mineur peut aller chez un cabaretier pour y prendre de la nourriture.

7. Les contraventions réprimées par l'art. 4 sont passibles d'une amende de 1 à 5 francs. Les cas de récidive sont l'objet de dispositions analogues à celles qui ont été exposées *supra*, n°* 3 et s. (L. 1873, art. 3, § 3, 5 et 6). Dans le cas de troisième récidive, le juge peut ordonner la fermeture de l'établissement pendant un mois (art. 6).

8. Enfin, est puni d'un emprisonnement de six mois à un mois et d'une amende de 16 à 300 francs quiconque aura fait boire jusqu'à l'ivresse un mineur âgé de moins de seize ans. L'application de ce texte n'est pas restreinte aux seuls cabaretiers et débitants; le fait est puni quel qu'en soit l'auteur.

9. Les peines d'amende et d'emprisonnement prononcées par la loi de 1873 peuvent être atténuées par l'admission de circonstances atténuantes (L. 1873, art. 9, § 1er); mais cette disposition est sans application en ce qui concerne la peine prononcée par l'art. 1er, § 1er, le chiffre de l'amende ne pouvant être abaissé au-dessous de 1 franc. — Les dispositions de l'art. 59 c. pén., concernant la complicité, ne sont pas applicables en cette matière (art. 9, § 2). — Le tribunal correctionnel, qui aura prononcé des condamnations pour faits d'ivresse, peut ordonner l'affichage de son jugement (art. 8).

10. Le texte de la loi sur l'ivresse doit être affiché à la porte des mairies et dans la salle principale de tous les cabarets, cafés ou débits de boissons (art. 12).

IMPRIMERIE DE LA JURISPRUDENCE GÉNÉRALE DALLOZ

DALLOZ

DICTIONNAIRE

PRATIQUE

DE DROIT

Publié sous la direction de MM.

Gaston GRIOLET | Charles VERGÉ
Docteur en droit | Maître des requêtes honoraire

Avec le concours de **M. KŒHLER,** docteur en droit,

Et la collaboration de plusieurs magistrats et jurisconsultes.

Deuxième livraison

ÉDITION 1909

PARIS

BUREAU DE LA JURISPRUDENCE GÉNÉRALE DALLOZ

19, RUE DE LILLE, 19

R. DE RIGNY, Administrateur

IMPRIMERIE DE LA JURISPRUDENCE GÉNÉRALE DALLOZ